BASLER KOMMENTAR

Zivilgesetzbuch I

BASLER KOMMENTAR

Zivilgesetzbuch I

Art. 1– 456 ZGB

3. Auflage

Herausgeber

Heinrich Honsell
Professor an der Universität Zürich

Nedim Peter Vogt
Rechtsanwalt in Zürich

Thomas Geiser
Professor an der Universität St. Gallen

Helbing & Lichtenhahn
Basel · Genf · München

Bibliographische Information Der Deutschen Bibliothek

Die Deutsche Bibliothek verzeichnet diese Publikation in der
Deutschen Nationalbibliographie; detaillierte bibliographische Daten sind im
Internet abrufbar: http://dnb.ddb.de

Zitiervorschlag: BSK ZGB I-Bearbeiter/in, Art. 29 N 4

ISBN 10: 3-7190-2526-8
ISBN 13: 978-3-7190-2526-7
© 2006 by Helbing & Lichtenhahn Verlag, Basel

Vorwort zur dritten Auflage

Gesetzgebung und Rechtsprechung unterliegen heute einem schnellen Wandel. Während bis in die 90er Jahre des letzten Jahrhunderts sich das Parlament bemüht hat, im Kernbereich der grossen Kodifikationen Änderungen immer nur in grösseren Paketen vorzunehmen, ist es in den letzten Jahren vermehrt dazu übergegangen, beim Auftauchen eines vereinzelten – tatsächlichen oder vermeintlichen – Misstandes gesetzgeberische Aktivitäten zu entwickeln. Entsprechend zahlreich sind die in den letzten vier Jahren erfolgten Gesetzesänderungen. Teilweise handelt es sich um grundsätzliche, teilweise um nebensächliche Punkte, die allerdings häufig grössere Auswirkungen auf das gesamte Zivilrecht haben. Zudem besteht bei punktuellen Revisionen immer die Gefahr, dass die Kohärenz der Gesetzgebung leidet. Auch wenn die Änderungen nicht immer unmittelbar in diesem Band kommentierte Gesetzesbestimmungen betroffen haben, haben sie dennoch häufig auf diese ihre Auswirkungen.

So sind seit der letzten Auflage insbesondere folgende Revisionen erfolgt:

- Änderung von Art. 473 ZGB (so genannter Achtelsstreit);

- Anpassung an das Haager Adoptionsübereinkommen und über Massnahmen zum Schutz des Kindes bei internationalen Adoptionen (BG-HAÜ);

- Änderungen der rechtlichen Stellung der Tiere vom 4. Oktober 2002 (Tiere sind keine Sachen mehr);

- Möglichkeit die Nutzniessung auf einen Teil eines Grundstückes zu beschränken (Änderung vom 20. Juni 2003);

- Erste BVG-Revision mit Blick auf das Stiftungsrecht und den Vorsorgeausgleich im Scheidungsrecht;

- Verkürzung der Trennungsfrist im Scheidungsrecht auf zwei Jahre (Änderung vom 19. Dezember 2003);

- Einführung der elektronischen Führung der Personenstandsregister (Änderung vom 5. Oktober 2001);

- Bundesgesetz über die elektronische Signatur (vom 19. Dezember 2003);

- Festlegung der Beitragspflicht von Vereinsmitgliedern (Änderung vom 17. Dezember 2004);

- Revision des Stiftungsrechts (Änderung vom 8. Oktober 2004);

- Bundesgesetz über die eingetragene Partnerschaft gleichgeschlechtlicher Paare (vom 18. Juni 2004).

Herausgeber und Verlag hoffen, mit dieser Neuauflage dem Bedürfnis der Praxis Rechnung zu tragen und sind für Anregungen und Kritik dankbar. Sie danken allen Autoren und Autorinnen für ihre Mitarbeit. Dank gebührt auch dem Verlag Helbing & Lichtenhahn und seinen MitarbeiterInnen, welche die Herstellung mit grosser Sorgfalt betreut haben.

Zürich und Bern im Juli 2006   Die Herausgeber

Verzeichnis der Autorinnen und Autoren

Regina E. Aebi-Müller, Prof. Dr. iur.,
Fürsprecherin
Professorin an der Universität Luzern
Art. 181–251

Kurt Affolter, lic. iur.
Fürsprecher und Notar in Ligerz
Art. 405, 406, 451–453

Piera Beretta, Dr. iur., LL.M.
Advokatin in Basel, Lehrbeauftragte
für Privatrecht an der Universität Basel
Art. 31–34

Yvo Biderbost, Dr. iur.
Leiter Rechtsdienst der
VormBehörde Zürich, Lehrbeauftragter
an der Universität Luzern
Art. 417–419

Margrith Bigler-Eggenberger,
Dr. iur., Dr. h.c.
alt Bundesrichterin
Art. 11–21

Peter Breitschmid, Dr. iur.
Professor an der Universität Zürich
Art. 131–134, 144–147, 264–269c,
276–295, 307–327, 386–391

Roland Bühler, Dr. iur.
Rechtsanwalt in Zürich und Trimbach SO
Art. 29, 30, 160, 270

Rolando Forni, Dr. iur.
alt Bundesrichter
Art. 426–430, 454–456

Thomas Geiser, Dr. iur.
Professor an der Universität St. Gallen
Art. 104–110, Vorbem. zu 111, 373–378,
396–397f, 405a, 415, 416, 420–425,
431–450

Andreas Girsberger, Dr. iur., LL.M.
Rechtsanwalt in Zürich
Art. 331–333

Urs Gloor, Dr. iur.
Bezirksrichter in Zürich,
Rechtsanwalt in Meilen
Art. 111–113, 121, 125–130, 137,
140, 143

Harold Grüninger, Dr. iur.
Rechtsanwalt in Zürich und Basel,
Notar in Basel
Art. 80–89bis, 335, 349–359

Markus Guggenbühl, Dr. iur., LL.M.
Rechtsanwalt in Zürich
Art. 32–34

Albert Guler, lic. iur.
Leiter Recht, Amt für Jugend und
Berufsberatung des Kantons Zürich,
Horgen
Art. 398–404, 413

Christoph Häfeli, lic. iur./dipl.
Sozialarbeiter HFS
Professor HSA Luzern Hochschule
für Soziale Arbeit, Fachhochschule
Zentralschweiz
Art. 379–385

Peter Hänseler, Dr. iur., LL.M.
Rechtsanwalt, Zürich
Art. 336–348

Franz Hasenböhler, Dr. iur.
em. Professor an der Universität Basel;
Rechtskonsulent
Art. 163–168, 173, 174, 178, 179

Heinz Hausheer, Dr. iur., Dr. h.c., MCL
(University of Chicago),
em. Professor der Universität Bern
Art. 181–251

Anton Heini, Dr. iur.
Rechtsanwalt, em. Professor
an der Universität Zürich
Art. 60–79

Verzeichnis der Autorinnen und Autoren

Willi Heussler, lic. iur.
Fürsprecher und Notar, Sektion
Bürgerrecht und Personenstand
des DVI des Kantons Aargau
Art. 39–51, 94–96

Heinrich Honsell, Dr. iur.
Professor an der Universität Zürich
Art. 1–4

Claire Huguenin, Dr. iur., LL.M.
Rechtsanwältin, Professorin
an der Universität Zürich
Art. 27, 52–59

Bruno Huwiler, Dr. iur.
Rechtsanwalt, Professor an den
Universitäten Bern und Basel
Art. 90–93

Thomas Koller, Dr. iur.
Professor an der Universität Bern
Art. 328–330

Ernst Langenegger, lic. iur.
Rechtsanwalt, Soziale Dienste Zürich
Art. 360–372, 392–395

Urs Lehmann, lic. iur., LL.M.
Rechtsanwalt in Zürich
Art. 336–348

Christoph Leuenberger, Dr. iur., LL.M.
Kantonsrichter, Titularprofessor
an der Universität St. Gallen
Art. 135, 136, 138, 139

Audrey Leuba, Dr. iur.
Professorin an der Universität Genf
Art. 407–412, 414

Adolf Lüchinger, Dr. iur., Dr. h.c.
alt Bundesrichter
Art. 104–110, Vorbem. zu 111

Andreas Meili, Dr. iur.
Rechtsanwalt in Zürich
Art. 28–28f

Caterina Nägeli, Dr. iur.
Rechtsanwältin in Zürich
Art. 35–38

Andrea Opel, lic. iur.
Wissenschaftliche Assistentin
an der Universität Basel
Art. 163–168, 173–174, 178–179

Giorgio Piatti, lic. iur.
Rechtsanwalt, Gerichtsschreiber
am Bundesgericht
Art. 426–430, 454–456

Urs Scherrer, Dr. iur.
Lehrbeauftragter
an der Universität Zürich
Art. 60–79

Hans Schmid, Dr. iur.
Oberrichter in Zürich
Art. 5–10

Matthias Schwaibold, Dr. iur.
Rechtsanwalt in Zürich
Art. 28g–281

Ivo Schwander, Dr. iur.
Professor an der Universität St. Gallen
Art. 159, 161–162, 169–172, 175–177

Ingeborg Schwenzer, Dr. iur., LL.M.
Professorin an der Universität Basel
Art. 252–263, 271–275a, 296–306

Annette Spycher, Dr. iur., LL.M.
Fürsprecherin in Bern
Art. 125–130, 143

Daniel Staehelin, Prof. Dr. iur.
Advokat und Notar in Basel,
Art. 22–26

Daniel Steck, Dr. iur.
alt Oberrichter, Greifensee
Art. 114–120, 148, 149

Benno Studer, Dr. iur.
Fürsprecher und Notar
in Laufenburg/AG
Art. 334–334bis

Hermann Walser, Dr. iur.
Rechtsanwalt in Uster
Art. 122–124, 141, 14

VIII

Inhaltsverzeichnis

Inhaltsverzeichnis

Abkürzungsverzeichnis

a	(vor Gesetz oder Artikel) alt, d.h. früheres/r
a.A.	anderer Ansicht, am Anfang
a.a.O.	am angeführten Ort
a.E.	am Ende
a.F.	alte Folge
AGE	Arbeitsgericht
a.M.	anderer Meinung; am Main
a.o.	ausserordentlich
aArt.	frühere Fassung des betreffenden Artikels
AB	Aufsichtsbehörde; Amtsbericht (gefolgt von der amtlichen Abkürzung des Kantons)
ABGB	Allgemeines Bürgerliches Gesetzbuch für Österreich vom 1. Juni 1811
abl.	ablehnend
ABOW	Amtsbericht über die Rechtspflege des Kantons Obwalden (Sarnen)
Abs.	Absatz, Absätze
ABSH	Amtsbericht des Obergerichts an den Grossen Rat des Kantons Schaffhausen (Schaffhausen)
abw.	abweichend
AcP	Archiv für die civilistische Praxis (Tübingen)
AG	Aktiengesellschaft
AGB	Allgemeine Geschäftsbedingungen
AGVE	Aargauische Gerichts- und Verwaltungsentscheide (Aarau)
AHV	Alters- und Hinterlassenenversicherung
AHVG	Bundesgesetz vom 20. Dezember 1946 über die Alters- und Hinterlassenenversicherung (SR 831.10)
AHVV	Verordnung vom 31. Oktober 1947 über die Alters- und Hinterlassenenversicherung (SR 831.101)
AISUF	Arbeiten aus dem juristischen Seminar der Universität Freiburg Schweiz (Freiburg i.Ü.)
AJP	Aktuelle Juristische Praxis (St. Gallen)
al.	alinea
allg.	allgemein

Abkürzungsverzeichnis

aSchKG	Bundesgesetz über Schuldbetreibung und Konkurs vom 11. April 1889, in Kraft bis 31. Dezember 1996
ALV	Arbeitslosenversicherung
AmtlBull	Amtliches stenographisches Bulletin der Bundesversammlung (vor 1967: StenBull)
AmtsGer	Amtsgericht (gefolgt von der amtlichen Abkürzung des Kantons [Bsp.: AmtsGer BE])
ANAG	Bundesgesetz vom 26. März 1931 über Aufenthalt und Niederlassung der Ausländer (SR 142.20)
Anm.	Anmerkung(en)
AppGer	Appellationsgericht (gefolgt von der amtlichen Abkürzung des Kantons [Bsp.: AppGer BS])
AppHof	Appellationshof (gefolgt von der amtlichen Abkürzung des Kantons [Bsp.: AppHof BE])
AR GVP	Ausserrhodische Gerichts- und Verwaltungspraxis (Herisau)
Art.	Artikel (im Singular oder Plural)
art.	article (= Art.)
AS	Eidgenössische Gesetzessammlung. Amtliche Sammlung der Bundesgesetze und Verordnungen. Titel seit 1948: Sammlung der eidgenössischen Gesetze. Amtliche Sammlung der Bundesgesetze und Verordnungen. Seit 1969: Sammlung der Eidgenössischen Gesetze
ASA	Archiv für Schweizerisches Abgaberecht (Bern)
ASR	Abhandlungen zum schweizerischen Recht (Bern)
AT	Allgemeiner Teil
Aufl.	Auflage
AVG	Bundesgesetz vom 6. Oktober 1989 über die Arbeitsvermittlung und den Personalverleih (*Arbeitsvermittlungsgesetz;* SR 823.11)
AVIG	Bundesgesetz vom 25. Juni 1982 über die obligatorische Arbeitslosenversicherung und die Insolvenzentschädigung (*Arbeitslosenversicherungsgesetz;* SR 837.0)
AVS	Assurance-vieillesse et survivants (s. AHV)
BB	Bundesbeschluss
BBl	Bundesblatt
BBSG	Bundesbeschluss vom 6. Oktober 1989 über eine Sperrfrist für die Veräusserung nichtlandwirtschaftlicher Grundstücke und die Veröffentlichung von Eigentumsübertragungen von Grundstücken (aufgehoben)
Bd.	Band

Bde.	Bände
BE	Bern
bearb.	bearbeitet (von ...)
Bem.	Bemerkung(en)
Best.	Bestimmung
betr.	Betreffend
BewG	Bundesgesetz vom 16. Dezember 1983 über den Erwerb von Grundstücken durch Personen im Ausland (SR 211.412.41)
BewV	Verordnung vom 1. Oktober 1984 über den Erwerb von Grundstücken durch Personen im Ausland (SR 211.412.411)
bez.	bezüglich
BezGer	Bezirksgericht (gefolgt von der amtlichen Abkürzung des Kantons [Bsp.: BezGer ZH])
BezRat	Bezirksrat (gefolgt von der amtlichen Abkürzung des Kantons [Bsp.: BezRat ZH])
BfS	Bundesamt für Statistik
BG	Bundesgesetz
BGB	Bürgerliches Gesetzbuch für das Deutsche Reich vom 18. August 1896
BGBB	Bundesgesetz vom 4. Oktober 1991 über das bäuerliche Bodenrecht (SR 211.412.11)
BGBB-Bearbeiter	Kommentar zum Bundesgesetz über das bäuerliche Bodenrecht vom 4. Oktober 1991, Brugg 1995
BGBl	(österreichisches) Bundesgesetzblatt
BGBl I, II, III	Bundesgesetzblatt der Bundesrepublik Deutschland, mit I oder ohne Ziffer = Teil I; mit II = Teil II; mit III = Teil III
BGE	Entscheidungen des Schweizerischen Bundesgerichtes. Amtliche Sammlung (Lausanne)
BGer	Schweizerisches Bundesgericht in Lausanne
BGG	Bundesgesetz von 17. Juni 2005 über das Bundesgericht (*Bundesgerichtsgesetz;* SR 173.110, BBL 2005 4045)
BGH	Bundesgerichtshof (Deutschland)
BG-HAÜ	Bundesgesetz vom 22. Juni 2001 zum Haager Adoptionsübereinkommen und über Massnahmen zum Schutz des Kindes bei internationalen Adoptionen (SR 211.221.31)
BGHZ	Entscheidungen des deutschen Bundesgerichtshofes in Zivilsachen (Detmold)

Abkürzungsverzeichnis

BJ	Bundesamt für Justiz
BJM	Basler Juristische Mitteilungen (Basel)
BK	Berner Kommentar (Bern), s. Literaturverzeichnis
BL	Basel-Landschaft
BlSchK	Blätter für Schuldbetreibung und Konkurs (Wädenswil)
BLVGE	Basellandschaftliche Verwaltungsgerichtsentscheide (Liestal)
BN	Der Bernische Notar (Bern)
BR	Bundesrat; im Zusammenhang mit Zitaten: Mitteilungen zum privaten und öffentlichen Baurecht (Freiburg i.Ü.)
BS	Basel-Stadt; Bereinigte Sammlung der Bundesgesetze und Verordnungen 1848–1947
Bsp.	Beispiel
Bst.	Buchstabe
BStP	Bundesgesetz vom 15. Juni 1934 über die Bundesstrafrechtspflege (SR 312.0)
BstPra	Basellandschaftliche und Baselstädtische Steuerpraxis
BT	Besonderer Teil
BTJP	Berner Tage für die juristische Praxis (Bern)
BüG	Bundesgesetz vom 29. September 1952 über Erwerb und Verlust des Schweizer Bürgerrechts (*Bürgerrechtsgesetz;* SR 141.0)
BV	Bundesverfassung der Schweizerischen Eidgenossenschaft vom 18. April 1999 (SR 101)
BVerwG	(deutsches) Bundesverwaltungsgesetz
BVG	Bundesgesetz vom 25. Juni 1982 über die berufliche Alters-, Hinterlassenen- und Invalidenvorsorge (SR 831.40)
BVR	Bernische Verwaltungsrechtsprechung (Bern; bis 1976: MBVR)
BVV 2	Verordnung vom 18. April 1984 über die berufliche Alters-, Hinterlassenen- und Invalidenvorsorge (SR 831.441.1)
BZP	Bundesgesetz vom 4. Dezember 1947 über den Bundeszivilprozess (SR 273)
bzw.	beziehungsweise
ca.	zirka
CC belge	Code civil belge
CC fr.	Code civil français vom 21. März 1804, mit seitherigen Änderungen

CC it.	Codice civile italiano vom 16. März 1942
CC span.	Codigo civil español
CCom fr.	Code de commerce français
CCom it.	Codice di commercio italiano
CCS	Code civil suisse/Codice civile svizzero
CEDH	Convention de sauvegarde des droits de l'homme et des libertés fondamentales, du 4 novembre 1950 (= EMRK)
ch.	chiffre
CHSS	Soziale Sicherheit (Bern; bis 1993: ZAK)
CIEC	Commission international de l'état civil
d.h.	das heisst
d.i.	das ist
dass.	dasselbe
DBG	Bundesgesetz vom 14. Dezember 1990 über die direkte Bundessteuer (SR 642.11)
ders.	derselbe (Autor)
dgl.	dergleichen
dies.	dieselbe (Autorin), dieselben (Autoren)
diesbez.	diesbezüglich
Dig	Digesta Iustiniani
DIP	Droit international privé
DISP	Dokumente und Informationen zur Schweizerischen Orts-, Regional- und Landesplanung (Zürich)
Diss.	Dissertation
DJT	Deutscher Juristentag
DNotZ	Deutsche Notar-Zeitschrift (München)
DSG	Bundesgesetz vom 19. Juni 1992 über den Datenschutz (SR 235.1)
dt.	deutsch
E	Entwurf
E.	Erwägung(en)
EAZW	Eidgenössisches Amt für das Zivilstandswesen
ebd.	ebenda
ed.	editit = editiert
EDI	Eidgenössisches Departement des Innern

Abkürzungsverzeichnis

EG	Einführungsgesetz (gefolgt vom betreffenden Gesetz [Bsp.: EGSchKG])
EGG	Bundesgesetz vom 12. Juni 1951 über die Erhaltung des bäuerlichen Grundbesitzes (aufgehoben)
EGMR	Europäischer Gerichtshof für Menschenrechte in Strassburg
EGV	Vertrag zur Gründung der Europäischen Gemeinschaften vom 25. März 1957 in der Fassung des Europäischen Unionsvertrages vom 7. Februar 1992
EGVSZ	Entscheide der Gerichts- und Verwaltungsbehörden des Kantons Schwyz
eidg.	eidgenössisch
Eidg. AGB	Eidgenössisches Amt für Grundbuch- und Bodenrecht (bis 1991: Eidg. GBA)
Eidg. GBA	Eidgenössisches Grundbuchamt (ab 1991: Eidg. AGB)
Einl.	Einleitung
EJPD	Eidgenössisches Justiz- und Polizeidepartement
ELG	Bundesgesetz vom 19. März 1965 über Ergänzungsleistungen zur Alters-, Hinterlassenen- und Invalidenversicherung (SR 831.30)
ELV	Verordnung 15. Januar 1971 über die Ergänzungsleistungen zur Alters-, Hinterlassenen- und Invalidenversicherung vom (SR 831.301)
EMRK	Konvention vom 4. November 1950 zum Schutze der Menschenrechte und Grundfreiheiten (SR 0.101)
EntG	Bundesgesetz vom 20. Juni 1930 über die Enteignung (SR 711)
EOG	Bundesgesetz vom 25. September 1952 über den Erwerbsersatz für Dienstleistende und bei Mutterschaft (*Erwerbsersatzgesetz;* SR 834.1)
EOV	Verordnung vom 24. November 2004 zum Erwerbsersatzgesetz (SR 834.11)
ESchG	Erbschafts- und Schenkungssteuergesetz
et al.	et alii = und andere
etc.	et cetera = usw.
EU	Europäische Union
EuGH	Gerichtshof der Europäischen Gemeinschaften
EuGRZ	Europäische Grundrechte-Zeitschrift (Kehl am Rhein; Strassburg)
EurEntfÜ	Europäisches Übereinkommen vom 20. Mai 1980 über die Anerkennung und Vollstreckung von Entscheidungen über

	das Sorgerecht für Kinder und die Wiederherstellung des Sorgerechts (SR 0.211.230.01)
EVG	Eidgenössisches Versicherungsgericht in Luzern
evtl.	eventuell
EWR	Europäischer Wirtschaftsraum
EWRV	Abkommen über den Europäischen Wirtschaftsraum vom 2. Mai 1992
Extraits	Extraits des principaux arrêts du Tribunal cantonal et de décision du Conseil d'Etat du Canton de Fribourg (Freiburg i.Ü.; seit 1992: RFJ = FZR)
f.	und folgende (Seite, Note usw.)
FamPra.ch	Die Praxis des Familienrechts (Bern)
FamRZ	Zeitschrift für das gesamte Familienrecht (Bielefeld)
ff.	und folgende (Seiten, Noten usw.)
FFE	Fürsorgerische Freiheitsentziehung
FG	Festgabe
FMedG	Bundesgesetz vom 18. Dezember 1998 über die medizinisch unterstützte Fortpflanzung (*Fortpflanzungsmedizingesetz;* SR 810.11)
FN	Fussnote
Fr.	Franken
frz.	französisch
FS	Festschrift
FuR	Familie und Recht (Bonn)
FZG	Bundesgesetz vom 17. Dezember 1993 über die Freizügigkeit in der beruflichen Alters-, Hinterlassenen- und Invalidenvorsorge (*Freizügigkeitsgesetz;* SR 831.42)
FZR	Freiburger Zeitschrift für Rechtsprechung (Freiburg i.Ü.; bis 1992: Extraits = RFJ)
FZV	Verordnung vom 3. Oktober 1994 über die Freizügigkeit in der beruflichen Alters-, Hinterlassenen- und Invalidenvorsorge (*Freizügigkeitsverordnung;* SR 831.425)
G	Gesetz
GBA	Grundbuchamt
GBV	Verordnung vom 22. Februar 1910 betreffend das Grundbuch (SR 211.432.1)
gem.	gemäss
Ger	Gericht

Abkürzungsverzeichnis

GestG	Bundesgesetz vom 24. März 2000 über den Gerichtsstand in Zivilsachen (*Gerichtsstandsgesetz;* SR 272)
GG	Grundgesetz für die Bundesrepublik Deutschland vom 23. Mai 1949
ggf.	gegebenenfalls
gl.A.	gleicher Ansicht
gl.M.	gleicher Meinung
GmbH	Gesellschaft mit beschränkter Haftung
GS	Gedächtnisschrift
GuR	Gesetz und Recht
GVG	Gerichtsverfassungsgesetz (gefolgt von der amtlichen Abkürzung des Kantons [Bsp.: GVG ZH])
GVP-SG	St. Gallische Gerichts- und Verwaltungspraxis (St. Gallen)
GVP-ZG	Gerichts- und Verwaltungspraxis des Kantons Zug
h.A.	herrschende Ansicht
h.L.	herrschende Lehre
h.M.	herrschende Meinung
HEntfÜ	(Haager) Übereinkommen vom 25. Oktober 1980 über die zivilrechtlichen Aspekte internationaler Kindesentführung (SR 0.211.230.02)
HGB	Handelsgesetzbuch für das Deutsche Reich vom 10. Mai 1897
HGer	Handelsgericht (gefolgt von der amtlichen Abkürzung des Kantons [Bsp.: HGer ZH])
HMG	Bundesgesetz vom 15. Dezember 2000 über Arzneimittel und Medizinprodukte (*Heilmittelgesetz;* SR 812.21)
Hrsg./hrsg.	Herausgeber(in)/herausgegeben (von) (durch)
HRegV	Handelsregisterverordnung vom 7. Juni 1937 (SR 221.411)
Hs.	Halbsatz
i.A.	im Allgemeinen
i.c.	in casu = im Falle
i.d.F.	in der Fassung (von ...)
i.d.R.	in der Regel
i.E.	im Ergebnis
i.e.	id est = das heisst
i.e.S.	im engeren Sinne
i.f.	in fine = am Ende
i.i.	in initio

i.K.	in Kraft
InvV	Verordnung vom 16. November 1994 über die Errichtung des Nachlassinventars für die direkte Bundessteuer (SR 642.113)
i.S.	im Sinne; in Sachen
i.S.v.	im Sinne von
i.Ü.	im Üchtland
i.V.m.	in Verbindung mit
i.w.S.	im weiteren Sinne
ibid.	ibidem = daselbst, am gleichen Ort, an gleicher Stelle
inkl.	inklusive
insb.	insbesondere
Int./int.	international
IPR	Internationales Privatrecht
IPRax	Praxis des internationalen Privat- und Verfahrensrechts (Bielefeld)
IPRG	Bundesgesetz vom 18. Dezember 1987 über das Internationale Privatrecht (SR 291)
it.	italienisch
IV	Invalidenversicherung
IVG	Bundesgesetz vom 19. Juni 1959 über die Invalidenversicherung (SR 831.20)
IVV	Verordnung vom 17. Januar 1961 über die Invalidenversicherung (SR 831.201)
IZPR	Internationales Zivilprozessrecht
JA	Juristische Arbeitsblätter (Berlin)
JAR	Jahrbuch des Schweizerischen Arbeitsrechts (Bern)
JBl	Juristische Blätter (Wien); Journal of Business Law (London)
J.C.P.	Juris-Classeur Périodique (La Semaine Juridique) (Paris)
JdT	Journal des Tribunaux (Lausanne)
Jh.	Jahrhundert
Jher.Jb.	Jherings Jahrbücher für Dogmatik des Bürgerlichen Rechts (Jena)
jur.	juristisch(e)
JuS	Juristische Schulung (München/etc.)
JustizDir	Justizdirektion (gefolgt von der amtlichen Abkürzung des Kantons [Bsp.: JustizDir BE])

Abkürzungsverzeichnis

JustizKomm	Justizkommission (gefolgt von der amtlichen Abkürzung des Kantons [Bsp.: JustizKomm LU])
JZ	(deutsche) Juristen-Zeitung (Tübingen)
kant.	kantonal
Kap.	Kapitel
KassGer	Kassationsgericht (gefolgt von der amtlichen Abkürzung des Kantons [Bsp: KassGer ZH])
KG	Bundesgesetz vom 6. Oktober 1995 über Kartelle und andere Wettbewerbsbeschränkungen (*Kartellgesetz;* SR 251)
KGer	Kantonsgericht (gefolgt von der amtlichen Abkürzung des Kantons [Bsp.: KGer GR])
KJHG	(deutsches) Kinder- und Jugendhilfegesetz vom 26. Juni 1990 (BGBl I 1163)
KKG	Bundesgesetz vom 23. März 2001 über den Konsumkredit (SR 221.214.1)
Komm.	Kommentar, Kommentierung
KOV	Verordnung des Bundesgerichts vom 13. Juli 1911 über die Geschäftsführung der Konkursämter (SR 281.32)
KRK	s. UN-KRK
KS	Kreisschreiben
Kt.	Kanton
KVG	Bundesgesetz vom 18. März 1994 über die Krankenversicherung (SR 832.1)
l.c.	loco citato = am angeführten Ort
LDIP	franz. Fassung des IPRG, s. dort
LEG	Bundesgesetz über die Entschuldung landwirtschaftlicher Heimwesen vom 12. Dezember 1940 (aufgehoben)
LG	Landgericht
LGVE	Luzerner Gerichts- und Verwaltungsentscheide (Luzern)
lit.	litera = Buchstabe
LPG	Bundesgesetz vom 4. Oktober 1985 über die landwirtschaftliche Pacht (SR 221.213.2)
LS	Zürcher Loseblattsammlung (Zürcher Gesetzessammlung)
LugÜ	(Lugano) Übereinkommen vom 16. September 1988 über die gerichtliche Zuständigkeit und die Vollstreckung gerichtlicher Entscheidungen in Zivil- und Handelssachen (SR 0.275.11)
LwG	Bundesgesetz vom 29. April 1998 über die Landwirtschaft (*Landwirtschaftsgesetz;* SR 910.1)

m.a.W.	mit anderen Worten
m.Bsp.	mit Beispiel(en)
m.E.	meines Erachtens
Medialex	Zeitschrift für Kommunikationsrecht (Bern)
m.Hw.	mit Hinweis(en)
MK	Münchner Kommentar
m.Nw.	mit Nachweis(en)
m.V.	mit Verweis(en)
m.w.Bsp.	mit weiteren Beispielen
m.w.Hw.	mit weiteren Hinweisen
m.w.Nw.	mit weiteren Nachweisen
m.w.V.	mit weiteren Verweisen
MBVR	Monatsschrift für bernisches Verwaltungsrecht und Notariatswesen (Bern; seit 1976: BVR)
MDR	Monatsschrift für Deutsches Recht (Köln)
Mitt.	Schweizerische Mitteilungen über gewerblichen Rechtsschutz und Urheberrecht (Zürich, bis 1984; seit 1985: SMI, s. dort; seit 1997: SIC, s. dort)
Mitt.Anthrop.Ges.	Mitteilungen der Anthropologischen Gesellschaft in Wien
mp	Mietrechtspraxis: Zeitschrift für schweizerisches Mietrecht (Basel)
MSA	(Haager) Übereinkommen vom 5. Oktober 1961 über die Zuständigkeit der Behörden und das anzuwendende Recht auf dem Gebiet des Schutzes von Minderjährigen (SR 0.211.231.01)
MSchG	Bundesgesetz vom 28. August 1992 über den Schutz von Marken und Herkunftsangaben (*Markenschutzgesetz;* SR 232.11)
mtl.	monatlich(e)
MünchKomm BGB	Münchner Kommentar zum Bürgerlichen Gesetzbuch
MVG	Bundesgesetz vom 19. Juni 1992 über die Militärversicherung (SR 833.1)
N	Note(n), Randnote(n)
NAG	Bundesgesetz betreffend die zivilrechtlichen Verhältnisse der Niedergelassenen und Aufenthalter vom 25. Juni 1891 (aufgehoben)
NJW	Neue Juristische Wochenschrift (München)
no.	numéro(s) = Nr.

Abkürzungsverzeichnis

NR	Nationalrat
Nr.	Nummer(n)
Nw.	Nachweis(e)
NZZ	Neue Zürcher Zeitung (Zürich)
o.	oben
o.Ä.	oder Ähnliches
o.e.	oben erwähnt
OG	Bundesgesetz vom 16. Dezember 1943 über die Organisation der Bundesrechtspflege (*Bundesrechtspflegegesetz;* SR 173.110)
OGer	Obergericht (gefolgt von der amtlichen Abkürzung des Kantons [Bsp.: OGer BE])
OGH	(österreichischer) Oberster Gerichtshof
OHG	Bundesgesetz vom 4. Oktober 1991 über die Hilfe an Opfer von Straftaten (*Opferhilfegesetz;* SR 312.5)
ÖJZ	Österreichische Juristen-Zeitung (Wien)
o.O.	ohne Ort
OR	Bundesgesetz vom 30. März 1911 betreffend die Ergänzung des Schweizerischen Zivilgesetzbuches (Fünfter Teil: Obligationenrecht) (SR 220)
PatG	Bundesgesetz vom 25. Juni 1954 betreffend die Erfindungspatente (*Patentgesetz;* SR 232.14)
PAVO	Verordnung vom 19. Oktober 1977 über die Aufnahme von Kindern zur Pflege und zur Adoption (SR 211.222.338)
PGB	Privatrechtliches Gesetzbuch
PGR	Liechtensteinisches Personen- und Gesellschaftsrecht vom 20. Januar 1926
PKG	Die Praxis des Kantonsgerichtes von Graubünden (Chur)
pr	principium = Anfang
Pra	Die Praxis; Die Praxis des Bundesgerichts (Basel)
PrHG	Bundesgesetz vom 18. Juni 1993 über die Produktehaftpflicht (*Produktehaftpflichtgesetz;* SR 221.112.944)
Prot.	Protokoll
PVG	Praxis des Verwaltungsgerichtes des Kantons Graubünden (Chur)
PVÜ	Pariser Verbandsübereinkunft zum Schutz des gewerblichen Eigentums, Fassung der Revision von Stockholm am 14. Juli 1967 (SR 0.232.04)

RabelsZ	Zeitschrift für ausländisches und internationales Privatrecht, begründet von Ernst Rabel (Berlin/Tübingen)
RAMA	(Recueil) Assurance-maladie et accidents: jurisprudence et pratique administrative (deutsch: RKUV) (Bern)
RB	Rechenschaftsbericht (gefolgt von der amtlichen Abkürzung des Kantons [Bsp.: RB ZH])
RBOG	Rechenschaftsbericht des Obergerichts des Kantons Thurgau (Frauenfeld)
RBUR	Rechenschaftsbericht über die Rechtspflege des Kantons Uri (Altdorf)
RCDIP	Revue critique de droit international privé (Paris)
RDAF	Revue de droit administratif et de droit fiscal (Lausanne)
recht	recht, Zeitschrift für juristische Ausbildung und Praxis (Bern)
RegRat	Regierungsrat (gefolgt von der amtlichen Abkürzung des Kantons [Bsp.: RegRat SO])
Rep	Repertorio die Giurisprudenza Patria (Bellinzona)
resp.	respektive
rev.	revidiert
RFJ	Revue fribourgeoise de jurisprudence (= FZR) (Freiburg i.Ü.)
RGZ	Entscheidungen des Deutschen Reichsgerichts in Zivilsachen (Leipzig)
RIDC	Revue internationale de droit comparé (Paris)
RJB	Revue de la Société des juristes bernois (Bern) = ZBJV
RJJ	Revue jurassienne de Jurisprudence (Pruntrut)
RJN	Recueil de jurisprudence neuchâteloise (Neuenburg)
RKUV	Rechtsprechung und Verwaltungspraxis Kranken- und Unfallversicherung
RL	Richtlinie
RMSR	Revue médicale de la Suisse Romande (Lausanne)
RPR	Rekurspraxis der Regierung des Kantons Graubünden
RRE	Entscheide des Regierungsrates (gefolgt von der amtlichen Abkürzung des Kantons [Bsp.: RRE ZG])
Rsp.	Rechtsprechung
RVJ	Revue valaisanne de jurisprudence (Sitten)
Rz	Randziffer(n)
s.	siehe

Abkürzungsverzeichnis

s.a.	siehe auch
s.o.	siehe oben
s.u.	siehe unten
SAeZ	Schweizerische Ärztezeitung (Bern)
SAG	Schweizerische Aktiengesellschaft (Zürich; seit 1990: SZW)
SAMW	Schweizerische Akademie der medizinischen Wissenschaften
SAV	Schweizerischer Anwaltsverband (Bern)
sc.	scilicet = d.h. = nämlich
SchKG	Bundesgesetz vom 11. April 1889 über Schuldbetreibung und Konkurs (SR 281.1)
SchKK	Schuldbetreibungs- und Konkurskammer
SchlT	Schlusstitel
SemJud	La semaine judiciaire (Genf)
SG	St. Gallen
SHAB	Schweizerisches Handelsamtsblatt (Bern)
SIA	Schweizerischer Ingenieur- und Architektenverband
SIC	Schweizerische Mitteilungen über Immaterialgüterrecht (Zürich; bis 1997: SMI, s. dort)
sic!	Zeitschrift für Immaterialgüter-, Informations- und Wettbewerbsrecht (Zürich)
SJK	Schweizerische Juristische Kartothek (Genf)
SJZ	Schweizerische Juristen-Zeitung (Zürich)
SKöF	Schweizerische Konferenz für öffentliche Fürsorge
SMI	Schweizerische Mitteilungen über Immaterialgüterrecht (Zürich; bis 1984: Mitt., s. dort; seit 1997: SIC, s. dort)
SOG	Solothurnische Gerichtspraxis (Solothurn)
sog.	so genannt(e/s)
spez.	speziell
SPR	Schweizerisches Privatrecht (Basel)
SR	Systematische Sammlung des Bundesrechts (Systematische Rechtssammlung)
ST	Der Schweizer Treuhänder (Zürich)
StAZ	Das Standesamt (Frankfurt a.M.)
StE	Der Steuerentscheid, Sammlung aktueller steuerrechtlicher Entscheidungen (Basel)

StenBull	Amtliches stenographisches Bulletin der Bundesversammlung (seit 1967: AmtlBull)
StGB	Schweizerisches Strafgesetzbuch vom 21. Dezember 1937 (SR 311.0)
StHG	Bundesgesetz vom 14. Dezember 1990 über die Harmonisierung der direkten Steuern der Kantone und Gemeinden (SR 642.14)
StR	Ständerat in Zusammenhang mit Zitaten: Steuer Revue (Muri bei Bern)
str.	streitig
SUVA	Schweizerische Unfallversicherungsanstalt, Luzern
SVG	Strassenverkehrsgesetz vom 19. Dezember 1958 (SR 741.01)
SVIT-K	Schweizerisches Mietrecht, Kommentar, herausgegeben vom Schweizerischen Verband der Immobilientreuhänder (SVIT), Zürich 1991
SVZ	Schweizerische Versicherungs-Zeitschrift (Bern etc.)
syst. Teil	systematischer Teil
SZIER	Schweizerische Zeitschrift für internationales und europäisches Recht (Zürich)
SZS	Schweizerische Zeitschrift für Sozialversicherung und berufliche Vorsorge (Bern)
SZW	Schweizerische Zeitschrift für Wirtschaftsrecht (Zürich; bis 1989: SAG)
TDP	Traité de droit privé suisse (= SPR)
TEG	(österreichisches) Todeserklärungsgesetz von 1950 (BGBl 1951/23)
Trib cant	Tribunal cantonal
u.	unten
u.Ä.	und Ähnliche(s)
u.a.	und andere(s); unter anderem (anderen)
u.a.m.	und andere(s) mehr
u.E.	unseres Erachtens
u.U.	unter Umständen
UeB	Übergangsbestimmung
UNKRK	UNO-Konvention vom 20. November 1989 über die Rechte des Kindes (SR 0.107)
unveröff.	unveröffentlicht(er)
UR	Uri

Abkürzungsverzeichnis

URG	Bundesgesetz vom 9. Oktober 1992 über das Urheberrecht und verwandte Schutzrechte (*Urheberrechtsgesetz;* SR 231.1)
UStÜ	(Haager) Übereinkommen vom 2. Oktober 1973 über das auf Unterhaltspflichten anzuwendende Recht (SR 0.211.213.01)
UStÜK	(Haager) Übereinkommen vom 24. Oktober 1956 über das auf Unterhaltsverpflichtungen gegenüber Kindern anzuwendende Recht (SR 0.211.221.431)
usw.	und so weiter
UVG	Bundesgesetz vom 20. März 1981 über die Unfallversicherung (SR 832.20)
UVÜ	(Haager) Übereinkommen vom 2. Oktober 1973 über die Anerkennung und Vollstreckung von Unterhaltsentscheidungen (SR 0.211.213.02)
UVV	Verordnung vom 20. Dezember 1982 über die Unfallversicherung (SR 832.202)
UWG	Bundesgesetz vom 19. Dezember 1986 gegen den unlauteren Wettbewerb (SR 241)
v.a.	vor allem
VAdoV	Verordnung vom 29. November 2002 über die Adoptionsvermittlung (SR 211.221.36)
VBB	Verordnung vom 4. Oktober 1993 über das bäuerliche Bodenrecht (SR 211.412.110)
VBK	Konferenz der kantonalen Vormundschaftsbehörden
VE	Vorentwurf
VEB	Verwaltungsentscheide der Bundesbehörden (Bern, bis 1964/65; seither: VPB, s. dort)
Veröff.	Veröffentlichung
VerschG	(deutsches) Verschollenheitsgesetz vom 15. Januar 1951, BGBl I 63, BGBl III 4 Nr. 401-6
VerwGer	Verwaltungsgericht (gefolgt von der amtlichen Abkürzung des Kantons [Bsp.: VerwGer GR])
VfGH	(Österreichischer) Verfassungsgerichtshof
VG	Bundesgesetz vom 14. März 1958 über die Verantwortlichkeit des Bundes sowie seiner Behördenmitglieder und Beamten (*Verantwortlichkeitsgesetz;* SR 170.32)
vgl.	vergleiche
VMWG	Verordnung vom 9. Mai 1990 über die Miete und Pacht von Wohn- und Geschäftsräumen (SR 221.213.11)
VO	Verordnung

Vorbem.	Vorbemerkung(en)
VormBehörde	Vormundschaftsbehörde
VPB	Verwaltungspraxis der Bundesbehörden (Bern, seit 1964/65; früher: VEB, s. dort)
VRekKomm	Verwaltungsrekurskommission
VSAV	Vereinigung Schweizerischer Amtsvormünder
VVAG	Verordnung des Bundesgerichts vom 17. Januar 1923 über die Pfändung und Verwertung von Anteilen an Gemeinschaftsvermögen (SR 281.41)
VVG	Bundesgesetz vom 2. April 1908 über den Versicherungsvertrag (*Versicherungsvertragsgesetz;* SR 221.229.1)
VwVG	Bundesgesetz vom 20. Dezember 1968 über das Verwaltungsverfahren (SR 172.021)
VZG	Verordnung des Bundesgerichts vom 23. April 1920 über die Zwangsverwertung von Grundstücken (SR 281.42)
WEFV	Verordnung vom 3. Oktober 1994 über die Wohneigentumsförderung mit Mitteln der beruflichen Vorsorge (SR 831.411)
w.Nw.	weitere Nachweise
WuR	Wirtschaft und Recht (Zürich)
z.B.	zum Beispiel
Z.Kinder-Jugendpsychiat	Zeitschrift für Kinder- und Jugendpsychiatrie (Bern)
z.T.	zum Teil
ZAK	Zeitschrift für die Ausgleichskassen der AHV ... (Bern; seit 1993: CHSS)
ZBGR	Schweizerische Zeitschrift für Beurkundungs- und Grundbuchrecht (Wädenswil)
ZBJV	Zeitschrift des Bernischen Juristenvereins (= RJB, Bern)
ZBl	Schweizerisches Zentralblatt für Staats- und Verwaltungsrecht (Zürich; bis 1988 ZSGV)
ZEV	Zeitschrift für Erbrecht und Vermögensnachfolge (München)
ZfJ	Zentralblatt für Jugendrecht und Jugendwohlfahrt (Köln)
ZfRV	Zeitschrift für Rechtsvergleichung, internationales Privatrecht und Europarecht (Wien)
ZGB	Schweizerisches Zivilgesetzbuch vom 10. Dezember 1907 (SR 210)
ZGRG	Zeitschrift für Gesetzgebung und Rechtsprechung Graubünden (Chur)

Abkürzungsverzeichnis

ZH	Zürich
ZHR	Zeitschrift für das gesamte Handelsrecht (Heidelberg; seit 1962: Zeitschrift für das gesamte Handels- und Wirtschaftsrecht)
Ziff.	Ziffer(n)
zit.	zitiert
ZivGer	Zivilgericht
ZK	Zürcher Kommentar (Zürich), s. Literaturverzeichnis
ZNR	Zeitschrift für neuere Rechtsgeschichte (Wien)
ZöF	Zeitschrift für öffentliche Fürsorge (Zürich)
ZPG	Zivilprozessgesetz (gefolgt von der amtlichen Abkürzung des Kantons [Bsp.: ZPG SG])
ZPO	Zivilpozessordnung (gefolgt von der amtlichen Abkürzung des Kantons [Bsp.: ZPO ZH])
ZPR	Zivilprozessrecht
ZR	Blätter für Zürcherische Rechtsprechung (Zürich)
ZSGV	Schweizerisches Zentralblatt für Staats- und Gemeindeverwaltung (Zürich; ab 1989: ZBl)
ZSR	Zeitschrift für Schweizerisches Recht (Basel)
ZStrR	Schweizerische Zeitschrift für Strafrecht (Bern)
ZStV	Zivilstandsverordnung vom 28. April 2004 (SR 211.112.1)
ZSVR	Zürcher Studien zum Verfahrensrecht (Zürich, seit 1978; früher: Zürcher Schriften zum Verfahrensrecht)
ZUG	Bundesgesetz vom 24. Juni 1977 über die Zuständigkeit für die Unterstützung Bedürftiger (*Zuständigkeitsgesetz;* SR 851.1)
ZVglRWiss	Zeitschrift für vergleichende Rechtswissenschaft; Archiv für Internationales Wirtschaftsrecht (Heidelberg)
ZVW	Zeitschrift für Vormundschaftswesen (Zürich)
ZWR	Zeitschrift für Walliser Rechtsprechung (Sitten)
zzt.	zurzeit
ZZW	Zeitschrift für Zivilstandswesen (Bern)

Literaturverzeichnis

BK-BEARBEITER/IN	Berner Kommentar zum Schweizerischen Privatrecht, Bern ab 1910, unterschiedliche Auflagen, die Nachweise beziehen sich auf die laufende Auflage
Botschaft Revision Eherecht	Botschaft über die Änderung des Schweizerischen Zivilgesetzbuches (Wirkungen der Ehe im allgemeinen, Ehegüterrecht und Erbrecht) vom 11.7.1979, BBl 1979 II 1191 ff. (Sonderdruck Nr. 79.043)
Botschaft Revision Scheidungsrecht	Botschaft über die Änderung des Schweizerischen Zivilgesetzbuches (Personenstand, Eheschliessung, Scheidung, Kindesrecht, Verwandtenunterstützungspflicht, Heimstätten, Vormundschaft und Ehevermittlung) vom 15.11.1995, BBl 1996 I 1 ff. (Sonderdruck Nr. 95.079)
BRÜCKNER	Christian Brückner, Das Personenrecht des ZGB, Zürich 2000
BSK IPRG-BEARBEITER/IN	Heinrich Honsell/Nedim Peter Vogt/Anton K. Schnyder (Hrsg.), Kommentar zum Schweizerischen Privatrecht, Internationales Privatrecht, Basel 1996
BSK OR I-BEARBEITER/IN	Heinrich Honsell/Nedim Peter Vogt/Wolfgang Wiegand Basler Kommentar zum Schweizerischen Privatrecht, Obligationenrecht I (Art. 1–529 OR), 3. Aufl., Basel/Genf/München 2003
BSK OR II-BEARBEITER/IN	Heinrich Honsell/Nedim Peter Vogt/Rolf Watter (Hrsg.), Basler Kommentar zum Schweizerischen Privatrecht, Obligationenrecht II (Art. 530–1186 OR), 2. Aufl., Basel/Genf/München 2002
BUCHER, A. Personen	Andreas Bucher, Natürliche Personen und Persönlichkeitsschutz, 3. Aufl., Basel 1999
DERS. personnes physiques	Andreas Bucher, Personnes physiques et protection de la personnalité, 4. Aufl., Basel 1999
DERS. DIP Bd. II	Andreas Bucher, Droit international privé suisse, Bd. II: Personnes, Famille, Successions, Basel 1992
BUCHER, E. AT	Eugen Bucher, Schweizerisches Obligationenrecht, Allgemeiner Teil, 2. Aufl., Zürich 1988
DERS. BT	Eugen Bucher, Schweizerisches Obligationenrecht, Besonderer Teil, 3. Aufl., Zürich 1988
BVK-BEARBEITER/IN	Kommentar zur Bundesverfassung der Schweizerischen Eidgenossenschaft, 6. Lieferung Basel/Zürich/Bern 1996
DESCHENAUX/STEINAUER Successions	Henri Deschenaux/Paul-Henri Steinauer, Droit des successions, 7. Aufl., Freiburg i.Ü. 1993
DIES. Personnes	Henri Deschenaux/Paul-Henri Steinauer, Personnes physiques et tutelle, 4. Aufl., Bern 2001

Literaturverzeichnis

DESCHENAUX/STEINAUER/ BADDELEY	Henri Deschenaux/Paul-Henri Steinauer/Margareta Baddeley, Les effets du marriage, Bern 2000
DRUEY Erbrecht	Jean Nicolas Druey, Grundriss des Erbrechts, 5. Aufl., Bern 2002
FRITZSCHE/WALDER	Schuldbetreibung und Konkurs nach schweizerischem Recht, Bd. I, 3. Aufl., Zürich 1984; Bd. II, 3. Aufl., Zürich 1993
GAUCH/SCHLUEP/ SCHMID/REY	Peter Gauch/Walter R. Schluep/Jörg Schmid/Heinz Rey (Hrsg.), Schweizerisches Obligationenrecht, Allgemeiner Teil, 2 Bde., 8. Aufl., Zürich 2003
GUHL/KOLLER GUHL/SCHNYDER GUHL/DRUEY	Theo Guhl/Alfred Koller/Anton K. Schnyder/Jean Nicolas Druey, Das Schweizerische Obligationenrecht, 9. Aufl., Zürich 2000
GULDENER ZPR	Max Guldener, Schweizerisches Zivilprozessrecht, 3. Aufl., Zürich 1979
FamKomm Scheidung/ BERARBEITER/IN	Ingeborg Schwenzer (Hrsg.), Fam Kommentar Scheidung, Bern 2005
HÄFELI, Wegleitung	Christoph Häfeli, Wegleitung für vormundschaftliche Organe, 4. Aufl., Zürich 2005
HÄFELIN/HALLER	Ulrich Häfelin/Walter Haller, Schweizerisches Bundesstaatsrecht: die neue Bundesverfassung, 6. Aufl., Zürich 2005
HÄFELIN/MÜLLER	Ulrich Häfelin/Georg Müller, Allgemeines Verwaltungsrecht, 4. Aufl., Zürich 2002
HANDKOMM- BEARBEITER	Jolanta Kren Kostiewicz/Ivo Schwander/Stephan Wolf (Hrsg.), ZGB Handkommentar, Schweizerisches Zivilgesetzbuch, Zürich 2006
HAUSHEER/AEBI-MÜLLER	Heinz Hausherr/Regina E. Aebi-Müller, Das Personenrecht des Schweizerischen Zivilgesetzbuches, Bern 2005
HAUSHEER/REUSSER/ GEISER	Heinz Hausherr/Ruth Reusser/Thomas Geiser, Kommentar zum Eherecht, Bern 2005
HEGNAUER Kindesrecht	Cyril Hegnauer, Grundriss des Kindesrechts und des übrigen Verwandtschaftsrechts, 5. Aufl., Bern 1999
HEGNAUER/BREITSCHMID	Cyril Hegnauer/Peter Breitschmid, Grundriss des Eherechts, 4. Aufl., Bern 2000
INTKOMMEMRK- BEARBEITER/IN	Wolfram Karl/Herbert Miehsler/L. Wildhaber, Internationaler Kommentar zur Europäischen Menschenrechtskonvention, 3. Lieferung, Köln usw. 1995
IPRG-KOMMENTAR- BEARBEITER/IN	Daniel Girsberger/Anton Heini/Max Keller/Jolanta Kren Kostkiewicz/Kurt Siehr/Frank Vischer/Paul Volken (Hrsg.), Zürcher Kommentar zum IPRG. Kommentar zum Bundesgesetz über das internationale Privatrecht (IPRG) vom 18. Dezember 1987, 2. Aufl., Zürich 2004

MEIER-HAYOZ/ FORSTMOSER	Arthur Meier-Hayoz/Peter Forstmoser, Schweizerisches Gesellschaftsrecht, 9. Aufl., Bern 2004
MEIER-HAYOZ/ VON DER CRONE	Arthur Meier-Hayoz/Hans Caspar von der Crone, Wertpapierrecht, 2. Aufl., Bern 2000
MESSMER/IMBODEN	Georg Messmer/Hermann Imboden, Die eidgenössischen Rechtsmittel in Zivilsachen: Berufung, zivilrechtliche Nichtigkeitsbeschwerde und staatsrechtliche Beschwerde, Zürich 1992
PEDRAZZINI/OBERHOLZER	Mario M. Pedrazzini/Niklaus Oberholzer, Grundriss des Personenrechts, 4. Aufl., Bern 1993
POUDRET/SANDOZ-MONOD	Jean-François Poudret/Suzette Sandoz-Monod, Commentaire de la loi fédérale d'organisation judiciaire, Bd. I (art. 1–40), Bern 1990; Bd. II (art. 41–82), Bern 1990; Bd. V (art. 136–171), Bern 1992
REY Sachenrecht	Heinz Rey, Die Grundlagen des Sachenrechts und das Eigentum, Bd. I, 2. Aufl., Bern 2000
RIEMER Personenrecht	Hans Michael Riemer, Personenrecht des ZGB, Studienbuch und Bundesgerichtspraxis, 2. Aufl., Bern 2002
DERS. Einleitungsartikel	Hans Michael Riemer, Die Einleitungsartikel des Schweizerischen Zivilgesetzbuches (Art. 1–10 ZGB), 2. Aufl., Bern 2003
DERS. Sachenrecht	Hans Michael Riemer, Die beschränkten dinglichen Rechte, Grundriss des schweizerischen Sachenrechts, Bd. II, 2. Aufl., Bern 2000
DERS. Vormundschaftsrecht	Hans Michael Riemer, Grundriss des Vormundschaftsrechts, 2. Aufl., Bern 1997
SCHMID	Jörg Schmid, Einleitungsartikel des ZGB und Personenrecht, Zürich 2001
SCHWENZER	Ingeborg Schwenzer, Obligationenrecht. Allgemeiner Teil, 3. Aufl., Bern 2003
STAEHELIN/SUTTER	Adrian Staehelin/Thomas Sutter, Zivilprozessrecht nach den Gesetzen der Kantone Basel-Stadt und Basel-Landschaft unter Einbezug des Bundesrechts, Zürich 1992
SPR	Schweizerisches Privatrecht, Basel/Stuttgart-Freiburg, ab 1967, unterschiedliche Auflagen, die Nachweise beziehen sich auf die laufende Auflage
STETTLER Droit Civil I	Martin Stettler, Représentation et protection de l'adulte, 4. Aufl., Freiburg i.Ue. 1997
SUTTER/FREIBURGHAUS	Thomas Sutter/Dieter Freiburghaus, Kommentar zum neuen Scheidungsrecht, Zürich 1999
TERCIER Personnalité	Pierre Tercier, Le nouveau droit de la personnalité, Zürich 1984

Literaturverzeichnis

TRECHSEL	Stefan Trechsel, Schweizerisches Strafgesetzbuch, Kurzkommentar, 2. Aufl., Zürich 1997
TUOR/SCHNYDER/ SCHMID/RUMO-JUNGO	Peter Tuor/Bernhard Schnyder/Jörg Schmid/Alexandra Rumo-Jungo, Das Schweizerische Zivilgesetzbuch, 12. Aufl., Zürich 2002
VOGEL/SPÜHLER ZPR	Oskar Vogel/Karl Spühler, Grundriss des Zivilprozessrechts und des internationalen Zivilprozessrechts der Schweiz, 8. Aufl., Bern 2005
VON TUHR/PETER	Andreas von Thur/Hans Peter, Allgemeiner Teil des schweizerischen Obligationenrechts, Bd. I, 3. Aufl., Zürich 1979
VON TUHR/ESCHER	Andreas von Thur/Arnold Escher, Allgemeiner Teil des schweizerischen Obligationenrechts, Bd. II, 3. Aufl., Zürich 1974
VON TUHR/ESCHER/PETER	Allgemeiner Teil des schweizerischen Obligationenrechts, Supplement, 3. Aufl., Zürich 1984
WERRO	Franz Werro, Concubinage, mariage et démariage, 5. Aufl., Bern 2000
ZK-BEARBEITER/IN	Zürcher Kommentar zum Schweizerischen Zivilgesetzbuch, Zürich ab 1909, unterschiedliche Auflagen, die Nachweise beziehen sich auf die laufende Auflage

Schweizerisches Zivilgesetzbuch

Vom 10. Dezember 1907

Einleitung

Art. 1

A. Anwendung des Rechts

[1] **Das Gesetz findet auf alle Rechtsfragen Anwendung, für die es nach Wortlaut oder Auslegung eine Bestimmung enthält.**

[2] **Kann dem Gesetze keine Vorschrift entnommen werden, so soll das Gericht[1] nach Gewohnheitsrecht und, wo auch ein solches fehlt, nach der Regel entscheiden, die es als Gesetzgeber aufstellen würde.**

[3] **Es folgt dabei bewährter Lehre und Überlieferung.**

A. Application de la loi

[1] La loi régit toutes les matières auxquelles se rapportent la lettre ou l'esprit de l'une de ses dispositions.

[2] A défaut d'une disposition légale applicable, le juge prononce selon le droit coutumier et, à défaut d'une coutume, selon les règles qu'il établirait s'il avait à faire acte de législateur.

[3] Il s'inspire des solutions consacrées par la doctrine et la jurisprudence.

A. Applicazione del diritto

[1] La legge si applica a tutte le questioni giuridiche alle quali può riferirsi la lettera od il senso di una sua disposizione.

[2] Nei casi non previsti dalla legge il giudice decide secondo la consuetudine e, in difetto di questa, secondo la regola che egli adotterebbe come legislatore.

[3] Egli si attiene alla dottrina ed alla giurisprudenza più autorevoli.

Literatur

Schweiz: AMSTUZ/NIGGLI, Wittgenstein III, Vom Gesetzeswortlaut und seiner Rolle in der rechtswissenschaftlichen Methodenlehre, in: FS Hans Peter Walter, Bern 2005, 9; BEGUELIN, Das Gewohnheitsrecht in der Praxis des Bundesgerichts, Bern 1968; BIAGGINI, Verfassung und Richterrecht, Diss. Basel 1991; DERS., «Ratio legis» und richterliche Rechtsfortbildung, in: «Ratio legis» Kolloquium der Jur. Fak. der Univ. Basel, Basel 2001, 51 ff. (zit.: Ratio legis); DERS., Methodik in der Rechtsanwendung, in: Peters/Schefer (Hrsg.), Grundprobleme der Auslegung aus Sicht des öffentlichen Rechts, Bern 2004, 27 ff.; E. BUCHER, Drittwirkung der Grundrechte?, SJZ 1987, 37 ff.; BUHOFER, Case Law, Rechtsvergleichende Analyse eines Begriffs, recht 2001, 11 ff.; BURCKHARDT, Die Lücken des Gesetzes und die Gesetzesauslegung, Bern 1925; CARONI, Einleitungstitel des Zivilgesetzbuches, Basel 1996; DESCHENAUX, Le titre préliminaire du Code Civil, in: Gutzwiller et al. (Hrsg.), Traité de droit civil Suisse, Freiburg i.Ü. 1969, 287; FLEINER, Die verfassungsrechtliche Bedeutung von Art. 1 Abs. 2 ZGB, in: GS Jäggi, Freiburg 1977, 315; GMÜR, Die Anwendung des Rechts nach Art. 1 des Schweizerischen Zivilgesetzbuches, Bern 1908; HÄFELIN, Bindung des Richters an den Wortlaut des Gesetzes, FS Hegnauer, Bern 1986, 111 ff.; HAUSHEER/JAUN, Die Einleitungsartikel des Schweizerischen Zivilgesetzbuches, Bern 2003; HILTI, Die endlose Parallelimport-Diskussion – oder «rechtsdogmatische Auslegung» und «wirtschaftspolitische Betrachtungsweise», recht 2000, 259 ff.; HONSELL, Teleologische Reduktion versus Rechts-

---

[1] Gemäss Ziff. I 4 des BG vom 26. Juni 1998 über die Änderung des ZGB, in Kraft seit 1. Jan. 2000 (AS 1999, 1118–1144; BBl 1996 I 1 ist «der Richter» durch «das Gericht» ersetzt. Die frz. und it. Fassung ist unverändert. Auch die anderen Gesetzesstellen in OR und ZGB, in denen vom Richter die Rede ist, wurden nicht angepasst. Man fragt sich, was diese partielle Kosmetik soll.

missbrauch, in: FS Mayer-Maly, Wien/New York 1996, 369 ff.; DERS., Naturrecht und Positivismus im Spiegel der Geschichte, in: FS Koppensteiner, Wien 2001, 593 ff.; DERS., Analogie und Restriktion im römischen Recht – vom Wortlaut zum Sinn, FS Kramer, Honsell et al. (Hrsg.), Basel 2004, 193 ff.; HUTTER, Die Gesetzeslücke im Verwaltungsrecht, Freiburg i.Ü. 1989; HUWILER, Aequitas und bona fides als Faktoren der Rechtsverwirklichung: Zur Gesetzgebungsgeschichte des Rechtsmissbrauchsverbotes (Art. 2 Abs. 2 ZGB), Beiheft 16 zur ZSR 1994, 57–93; JAUN, Die teleologische Reduktion im schweizerischen Recht, Diss. Bern 2000; DERS., Die teleologische Reduktion – ein trojanisches Pferd in der schweizerischen Methodenlehre, ZBJV 2001, 21 ff.; KRAMER, Juristische Methodenlehre, 2. Aufl. Bern 2005; DERS., Teleologische Reduktion – Plädoyer für einen Akt methodentheoretischer Rezeption, in: Rechtsanwendung in Theorie und Praxis, Symposium zum 70. Geburtstag von Meier-Hayoz, Beiheft 15 zur ZSR 1993, 65 ff.; DERS., Analogie und Willkürverbot, St. Galler Festgabe zum Schweizerischen Juristentag, Bern 1981, 114; DERS., Konvergenz und Internationalisierung der juristischen Methode, in: Assmann/Brüggemeier/Sethe (Hrsg.), Unterschiedliche Rechtskulturen – Konvergenz des Rechtsdenkens, Baden-Baden 2001, 31 ff.; KUSTER, Die Auslegung contra verba legis am Beispiel von Art. 650 Abs. 3 OR, AJP 1998, 425 ff.; LANZ, Die wirtschaftliche Betrachtungsweise im schweizerischen Privatrecht, Diss. Bern 2000; LIVER, Der Wille des Gesetzes, Rektoratsrede, Bern 1954; MEIER-HAYOZ, Der Richter als Gesetzgeber, Zürich 1951; DERS., Strategische und taktische Aspekte der Fortbildung des Rechts, JZ 1981, 417 ff.; DERS., Der Richter als Gesetzgeber, in: FS Guldener, Zürich 1973, 189 ff.; MERZ, Die Revision der Verträge durch den Richter, in: Ausgewählte Abhandlungen zum Privat- und Kartellrecht, Bern 1977, 213 ff.; G. MÜLLER, Elemente einer Rechtsetzungslehre, Zürich 1999; J. P. MÜLLER, Elemente einer schweizerischen Grundrechtstheorie, Bern 1982, 80 ff.; DERS., Verfassung und Gesetz: Zur Aktualität von Art. 1 Abs. 2 ZGB, recht 2000, 119 ff.; OTT, Gedanken zu Art. 1 ZGB, SJZ 1987, 191 ff.; PICHONNAZ/VOGENAUER, Le «pluralisme pragmatique» du Tribunal fédéral: une méthode sans méthode, AJP 1999, 417 ff.; PROBST, Die Änderung der Rechtsprechung, Basel 1993; DERS., Die Grenze des möglichen Wortsinns: methodische Fiktion oder hermeneutische Realität, FS Kramer, Honsell et al. (Hrsg.), Basel 2004, 249 ff.; REICHEL, Zu den Einleitungsartikeln des Schweizerischen Zivilgesetzbuches, FS Stammler, Berlin 1926, 281 ff.; RIEMER, Zur sogenannten «teleologischen Reduktion», recht 1999, 176 ff.; J. SCHMID, Die Einleitungsartikel des ZGB und Personenrecht, Zürich 2001; SCHUBARTH, Der Richter zwischen Rationalität und Sensibilität, recht 1995, 155 ff.; STROLZ, Ronald Dworkins Theorie der Rechte im Vergleich zur gesetzgeberischen Methode aus Art. 1 Abs. 2 und 3 ZGB, Zürich 1991; WIEGAND/BRÜLHART, Die Auslegung von autonom nachvollzogenem Recht der Europäischen Gemeinschaft, Schweizer Schriften zur europäischen Integration 23, Bern/Zürich 1999; H. P. WALTER, Der Methodenpluralismus des Bundesgerichts bei der Gesetzesauslegung, recht 1999, 157 ff.; ZÄCH, Der Einfluss von Verfassungsrecht auf das Privatrecht bei der Rechtsanwendung, SJZ 1989, 1 ff., 25 ff.; ZELLER, Auslegung von Gesetz und Vertrag, Zürich 1989 (zit. Auslegung); DERS., Treu und Glauben und Rechtsmissbrauchsverbot, Zürich 1981 (zit. Treu und Glauben).

Ausland: ADOMEIT, Rechtstheorie für Studenten, 4. Aufl. Heidelberg 1998; ALEXY, Theorie der juristischen Argumentation, 3. Aufl. Frankfurt a.M. 1996; BRANDENBURG, Die teleologische Reduktion, Göttingen 1983; BUNG, Subsumtion und Interpretation, Baden-Baden 2004; BYDLINSKI, Juristische Methodenlehre und Rechtsbegriff, 2. Aufl. Wien 1991 (zit. Methodenlehre); DERS., Grundzüge der juristischen Methodenlehre, Wien 2005; DERS., Hauptpositionen zum Richterrecht, JZ 1985, 149 ff.; CANARIS, Systemdenken und Systembegriff in der Jurisprudenz, 2. Aufl. Berlin 1983; DERS., Die Feststellung von Lücken im Gesetz, 2. Aufl. Berlin 1983; DERS., Die verfassungskonforme Auslegung und Rechtsfortbildung im System der juristischen Methodenlehre, FS Kramer, Honsell et al. (Hrsg.), Basel 2004, 141 ff.; CHRISTENSEN/KUDLICH, Theorie richterlichen Begründens, Berlin 2001; COING, Juristische Methodenlehre, Berlin 1972; EHRLICH, Die juristische Logik, 2. Aufl. Tübingen 1925; DERS., Über Lücken im Recht, Juristische Blätter 1888, 447 ff.; ENGISCH, Logische Studien zur Gesetzesanwendung, 3. Aufl. Heidelberg 1963; ESSER, Grundsatz und Norm in der richterlichen Fortbildung des Privatrechts, Tübingen 1956, Nachdruck 1990; DERS., Vorverständnis und Methodenwahl in der Rechtsfindung, Frankfurt a.M. 1970; DERS., Bemerkungen zur Unentbehrlichkeit des juristischen Handwerkszeugs, JZ 1975, 555 ff.; GADAMER, Wahrheit und Methode, 5. Aufl. Tübingen 1986; GRABAU, Über die Normen zur Gesetzes- und Vertragsinterpretation, Berlin 1993; HECK, Gesetzesauslegung und Interessenjurisprudenz, Tübingen 1914; DERS., Begriffsbildung und Interessenjurisprudenz, Tübingen 1932; HIRSCH, Rechtsanwendung, Rechtsfindung, Rechtsschöpfung, Heidelberg 2003; KANTOROWICZ (Gnaeus Flavius), Der Kampf um die Rechtswissenschaft, Heidelberg 1906; KAUFMANN, Analogie und Natur der Sache, 2. Aufl. Heidelberg 1982; DERS., Das Verfahren der Rechtsgewinnung. Eine rationale Analyse, Deduktion, Induktion, Abduktion, Analogie, Erkenntnis, Dezision, Macht, München 1999; KELSEN, Reine Rechtslehre, 2. Aufl. Wien 1976; KLUG, Jur. Logik, 4. Aufl. Berlin 1982; DERS., Rechtslücke und Rechtsgeltung, FS Nipperdey Bd. 1, München und Berlin 1965; LANGENBUCHER, Die Entwicklung und Auslegung von Richterrecht – Eine methodologische Untersuchung zur richterlichen Rechtsfortbildung im deutschen Zivilrecht, Diss. München 1996; LANGHEIN, Das Prinzip der Analogie als juristische Methode, Berlin 1992; LARENZ, Methodenlehre der Rechtswissenschaft, 6. Aufl. Heidelberg 1991; DERS./CANARIS, Methodenlehre der Rechtswissenschaft, 3. Aufl. Heidelberg 1995, 71 ff.; LINHART, Internationales Einheitsrecht und einheitliche Auslegung, Tübingen 2005; MELIN, Gesetzesauslegung in den USA und in Deutschland, Tübingen 2005; MÖLLERS, Doppelte Rechtsfortbildung contra legem? – Zur Umgestaltung des Bürgerlichen Gesetzbuches durch den EuGH und nationale Gerichte, EuR 1998, 20 ff.; MÜLLER/CHRISTENSEN, Jur. Methodik, 9. Aufl. Berlin 2004; NEUNER, Die Rechtsfindung contra legem, 2. Aufl. München 2005; PAWLOWSKI, Methodenlehre für Juristen: Theorie der Norm und des Gesetzes, Heidelberg 1999; RADBRUCH, Rechtsphilosophie, 2. Aufl. Heidelberg 2003; RAISCH, Juristische Methoden – Vom antiken Rom bis zur Gegenwart, Heidelberg 1995; RÖTHEL, Normkonkretisierung im Privatrecht, Tübingen, 2004; RÜTHERS, Rechtstheorie, 2. Aufl. München 2005; DERS., Demokratischer Rechtsstaat oder oligarchischer Richterstaat?, JZ 2002, 365 ff.; RÜTHERS/HÖPFNER, Analogieverbot und subjektive Auslegungsmethode, JZ 2005, 21 ff.; SCHILCHER/KOLLER/FUNK (Hrsg.), Regeln, Prinzipien und Elemente im System des Rechtes, Wien 2000; STEINER, Judicial Discretion and the Concept of Law, Cambridge Law Journal 1976, 135 ff.; VOGEL, Juristische Methodik, Berlin 1998; VOGENAUER, Die Auslegung von Gesetzen in England und auf dem Kontinent I/II, Tübingen 2001; DERS., Eine gemeineuropäische Methodenlehre des Rechts: Plädoyer und Programm, ZEuP 2005, 2 ff.; WANK, Grenzen richterlicher Rechtsfortbildung, Diss. Köln 1978; WIEACKER, Gesetz und Richterkunst, Karlsruhe 1958; ZIPPELIUS, Juristische Methodenlehre, 9. Aufl. München 2005; ZITELMANN, Lücken im Recht, Leipzig 1903.

I. Gesetzesanwendung nach Art. 1 Abs. 1

Rechtsanwendung im kontinentaleuropäischen Gesetzesrecht *(codified law)* ist *Subsumtion* des Falles unter eine Norm, was i.d.R. eine Auslegung derselben notwendig macht. Nach Abs. 1 findet das Gesetz auf alle Rechtsfragen Anwendung, für die es nach **Wortlaut** oder **Auslegung** eine Bestimmung enthält. Der französische und italienische Text formulieren abweichend Buchstabe oder Geist (la lettre ou l'esprit, la lettera od il senso). Man hat diese Alternative als «missverständlich» bezeichnet (KRAMER, 74). Sie ist dies freilich weit weniger als die in völkerrechtlichen Verträgen nicht selten verwendete Formulierung, der Vertrag sei nach «Buchstaben *und* Geist» auszulegen, was ein klarer Widerspruch und damit eine fehlerhafte Anweisung ist, denn es geht ja um die Auflösung des Widerspruchs zwischen beiden, um ein *entweder – oder.* Aus der Formulierung der Vorschrift darf nicht der Schluss gezogen werden, dass der Wortlaut Vorrang vor der Auslegung hat. Zwar beginnt jede Auslegung beim Wortlaut (s. N 3), doch hat die ratio legis Vorrang (s. N 4), wenn Wortlaut und Sinn (Zweck) nicht übereinstimmen. Fälle der Rechtsanwendung, die allein nach dem Wortlaut entschieden werden können, die m.a.W. so klar sind, dass man auf die Sinnfrage verzichten kann, sind nicht so häufig wie der Laie gemeinhin annimmt. Zum einen gibt es unbestimmte, unklare oder mehrdeutige Begriffe; z.B. kann unklar sein, ab welcher Zahl von Bäumen man von einem Wald reden kann, bei welcher Lautstärke Lärm beginnt, wann genau «bei Einbruch der Dunkelheit» ist usw. Wir finden in Gesetzen *deskriptive Begriffe,* deren Bedeutung bei Unklarheit nach dem (gewöhnlichen) Sprachgebrauch empirisch ermittelt werden muss, ebenso *normative,* die vom Richter eine Wertung verlangen, z.B. der wichtige Grund für eine Kündigung, das offenbare Missverhältnis bei der Übervorteilung (Art. 21 OR). Eine Wertung verlangen insb. auch die *Generalklauseln* von Art. 2 (Treu und Glauben) oder Art. 20 OR (Sittenwidrigkeit). Aber auch wenn der Wortlaut an sich eindeutig ist, kommt man bei der Rechtsanwendung oft nicht ohne Rückgriff auf die ratio legis aus. Dafür ein Beispiel:

Das Verbot «Betreten des Rasens verboten» ist sprachlich an sich eindeutig. Die einfache, vom Rechtsanwender zu entscheidende Frage, ob auch das Befahren darunter fällt, ist nach dem Wortlaut klar zu verneinen, nach dem Sinn (Auslegung) hingegen ohne weiteres zu bejahen. Der Begriff des Betretens (also mit den Füssen) ist zu eng. Das ergibt sich ohne weiteres aus der ratio des Verbots, das den Rasen schützen will, der durch Befahren vielleicht noch mehr beschädigt wird als durch Betreten. Den richtigen Begriff verwendet die englische Version *keep out of grass*. Spricht das Gesetz nur von Bürgern, so könnte zweifelhaft sein, ob darunter auch die Bürgerinnen fallen (vgl. auch N 11). Früher war das generische Verständnis des Maskulinums allgemein gebräuchlich, heute geht es mehr und mehr verloren, denn es sind wieder Verdoppelungen wie *Bürger und Bürgerinnen* Mode geworden. Gleichwohl fordert und gestattet die ratio legis und das Gleichbehandlungsgebot von Art. 8 Abs. 3 BV (vgl. N 18) diese Auslegung. Die Zürcher Juristenfakultät promoviert allen Ernstes *Doktorinnen und Doktoren* des Rechts. Das erinnert an das skrupulöse filius/filiave der römischen Zwölftafeln, das im klassischen Recht überwunden war (Paul. D. 50,16,84: *filii* appellatione omnes liberos intelligimus). Auch wenn Art. 1 in der Fassung Eugen Hubers nur vom Richter sprach, war die Einbeziehung der Richterin selbstverständlich. Unlängst hat der Gesetzgeber/dieGesetzgeberin diese «Diskriminierung» durch Verwendung des geschlechtsneutralen Begriffes «Gericht» beseitigt. Der Rückgriff auf die ratio legis ermöglicht jedoch den Verzicht auf solche Kunstgriffe ebenso, wie die (vor allem bei Wiederholungen) umständliche Nennung beider Geschlechte. Ein anderes Beispiel ist der altertümliche Begriff des Vierfüsslers (quadrupes) in der Tierhalterhaftung der Zwölftafeln, den man auf Zwei- und Mehrfüssler erstreckt hat, so dass das Gesetz z.B. auch auf einen Strauss anwendbar war (dazu HONSELL, FS Kramer, 2004, 193 f.). Wo der Wortlaut eindeutig ist und die Norm alle Fälle richtig erfasst und umgekehrt Fälle nicht erfasst, auf welche die ratio nicht zutrifft, benötigt man im Ergebnis keine Auslegung (näher N 3 f.), doch ist schon diese Feststellung ein Akt der Auslegung.

2   Art. 1 Abs. 1 enthält zwei Begriffspaare: «Recht und Gesetz» sowie «Anwendung und Auslegung». In der Marginalie zu Art. 1 heisst es «Anwendung *des Rechts*», im Gesetzestext «Das *Gesetz* findet ... Anwendung». Setzt also der Gesetzgeber des ZGB in altpositivistischer Manier Recht und Gesetz gleich? Schon die Erwähnung des Gewohnheitsrechts in Abs. 2 zeigt, dass dies nicht so ist. Man ist versucht, die österreichischen Zweifel an der Gesetzeskraft von Marginalien (vgl. BK-MEIER-HAYOZ, N 97; dort die Nachweise der herrschenden schweizerischen Gegenansicht) auf die Schweiz zu übertragen. Dies wäre jedoch überflüssig. Wie Art. 1 Abs. 2 zeigt, beruht die Differenz zwischen Marginalie («Recht») und Text («Gesetz») nicht auf theoretischer Distinktion, sondern ist zufällig. Das zeigt auch die französische Fassung, die in der Marginalie ebenfalls loi hat und nicht droit. Die italienische verwendet wieder beide Begriffe (diritto – legge).

3   Auszugehen ist stets vom **Wortlaut**. Dieser ist Gegenstand der Auslegung und, wenn man so will, ihr starting point (KRAMER, 51). Dies gilt auch für die Vertragsauslegung. Der Wortlaut ist der Gegenstand und nicht das Mittel der Auslegung (so aber die h.L., die im Wortlaut nur ein Mittel zur Eruierung des Willens sieht, vgl. BK-KRAMER, Art. 18 N 22; zur Vertragsauslegung, näher Art. 2 N 13). Zumindest schief ist es auch, den Wortlaut als Auslegungselement zu bezeichnen (KRAMER, 74).Verfehlt ist schliesslich die gelegentlich erhobene Forderung, der Richter dürfe die Grenzen des Wortlauts nicht überschreiten (ZELLER, Auslegung, 153 ff.; F. MÜLLER, Rz 304 ff.; OTT, 195). Deshalb ist auch die in der Judikatur (BGE 111 V 357 ff., 363; 103 Ia 233 ff., 237; 103 Ia 394 ff., 403) öfter zu findende Einschränkung nicht zutreffend, der Richter dürfe in objektiv-zeitgemässer Auslegung einer Gesetzesnorm einen Sinn geben, der für den historischen Gesetzgeber infolge eines Wandels der tatsächlichen Verhältnisse nicht voraussehbar war

..., *wenn er noch mit dem Wortlaut des Gesetzes vereinbar sei.* Auch der mehrfach betonte Satz, dass der Rechtsanwender an einen klaren Wortlaut grundsätzlich gebunden ist
(BGE 114 II 404 ff.; BGE 121 III 460 ff., 465: «La loi s'interprète en premier lieu selon
sa lettre.»), ist in dieser Allgemeinheit unzutreffend. Die Auslegung kann über den Wortlaut hinausführen. Entscheidend ist nicht der vordergründig klare Wortlaut ..., «sondern
der wahre Rechtssinn welcher durch die anerkannten Regeln der Auslegung zu ermitteln
ist» (BGE 111 Ia 292 ff., 297). Entscheidend ist nicht der Wortlaut, sondern die *ratio
legis* (dazu unten N 4 u. 11), die sich nicht auf eine einzelne Bestimmung und auch nicht
notwendig auf das fragliche Gesetz beschränkt, sondern aus einer der Gesamtrechtsordnung immanenten Teleologie zu gewinnen ist. Der mögliche Wortsinn ist nur die Grenze
der *Auslegung.* Jenseits dieser nicht scharf zu ziehenden Grenze beginnt die richterliche
Rechtsfortbildung in Form der *Analogie* oder der *teleologischen Restriktion.* Dieser Zusammenhang wird von BGE 128 I 34, 41 E. 3b klar formuliert: «Der Balancegedanke des
Prinzips der Gewaltenteilung bestimmt nicht allein die Gesetzesauslegung im herkömmlichen Sinn, sondern führt darüber hinaus zur Massgeblichkeit der bei der Auslegung
gebräuchlichen Methoden auf den Bereich richterlicher Rechtsschöpfung, indem ein vordergründig klarer Wortlaut einer Norm entweder auf dem Analogieweg auf einen davon
nicht erfassten Sachverhalt ausgedehnt oder umgekehrt auf einen solchen Sachverhalt
durch teleologische Reduktion nicht angewandt wird».

Die prima facie gleichberechtigte Erwähnung von **«Wortlaut»** und **«Auslegung»** legt die
Annahme nahe, es handle sich um zwei verschiedene Arten der Rechtsanwendung. Dies
ist jedoch unzutreffend. Gemeint ist damit nur, dass es Fälle gibt, in denen der Wortlaut
klar ist, der Rechtsanwender also nicht auslegen muss, und andere in denen dies notwendig ist. In beiden Fällen geht es um die Sinnermittlung. Hierbei stellt sich die Frage inwieweit man vom Wortlaut i.S.d. gewöhnlichen Sprachgebrauchs abweichend auf den
Sinn rekurrieren darf. Es geht um das alte Gegensatzpaar Buchstabe/Sinn (Geist), lettre/
esprit, scriptum/sententia (beim Vertrag Wortlaut/Wille – verba/voluntas). Auslegung ist
ein hermeneutischer Prozess, der den Sinn eines Textes erschliesst (vgl. BETTI, Allgemeine Auslegungslehre als Methodik der Geisteswissenschaften, Tübingen 1967; zur
Hermeneutik vgl. insbesondere GADAMER, Wahrheit und Methode, Band 1: Grundzüge
einer philosophischen Hermeneutik, 6. Aufl. Tübingen 1990; SCHLEIERMACHER, Hermeneutik und Kritik [Hrsg. M. Frank], Frankfurt a.M. 1977; DILTHEY, Die Entstehung der
Hermeneutik, 1900). Jede Interpretation ist Verstehen, Sinnermittlung. Ihr Gegenstand
sind insbesondere in der Jurisprudenz, wie auch in den Geisteswissenschaften und der
Religion meistens Texte. Interpretieren kann man aber auch Kunstwerke. Auf die zentrale
Bedeutung des Verstehens für alle Auslegung hat auch MINDERLING, Rechtsnorm und
Verstehen, Bern 1971 hingewiesen. Die **sens-clair-Regel** (in claris non fit interpretatio;
ähnlich schon Dig. 31, 25, 1), welche die Auslegung bei klarem Wortlaut verbietet, rich-
tet sich vor allem gegen Wortverdrehung und Advokatenrabulistik. Sie ist nur ein rhetori-
scher Topos, dessen Gegenstück lautet, dass es nicht auf den Wortlaut, sondern auf den
Willen (Sinn) ankommt (vgl. z.B. § 133 BGB, Art. 18 OR; vgl. auch Dig. 50, 16, 219).
Eine solche **sola scriptura-Doktrin**, wie sie Martin Luther vertreten hat (auf den übrigens auch der Spruch «gute Juristen, böse Christen» zurückgeht), entspringt naiver
Wortgläubigkeit von Laien und ist methodisch falsch. Selbst wenn der Wortlaut an sich
klar ist, kann die Auslegung einen abweichenden Sinn bevorzugen (ebenso KRAMER, 73
FN 148 m.Nw. zu der in dieser Frage nicht einheitlichen Rsp.). Das Gegenstück zu diesem Bekenntnis zum Wortlaut ist der alte auch von Paulus (2. Brief an die Korinther 3,6)
überlieferte Satz «der Buchstabe tötet, aber der Geist macht lebendig», der dem positiven
Gesetz kritisch gegenübersteht (vgl. auch Jesaja 32,16: «Das Recht wohnt in der Wüste,
aber die Gerechtigkeit weilt in den Gärten»). Die öfter zu lesende Feststellung des BGer,

4

das Gericht sei an einen «klaren und unzweideutigen Gesetzeswortlaut gebunden» (BGE 125 III 57 ff., 58 f. E. 2b; Pra 2001, 601, 603, E. 2b) ist in dieser Form unrichtig (s. auch J. SCHMID, N 138 f.). Richtig sagt demgegenüber BGE 124 III 229 ff., 235 f. E. 3c: «Das Gesetz ist in erster Linie aus sich selbst, d.h. nach Wortlaut, Sinn und Zweck und den ihm zugrunde liegenden Wertungen und Zielsetzungen auszulegen; dabei hat sich die Gesetzesauslegung von dem Gedanken leiten zu lassen, dass nicht schon der Wortlaut die Rechtsnorm darstellt, sondern das an Sachverhalten verstandene und konkretisierte Gesetz; gefordert ist die sachlich richtige Entscheidung im normativen Gefüge, ausgerichtet auf ein befriedigendes Ergebnis aus der ratio legis». Ähnlich BGE 128 I 34, 41 E. 3b: «Danach muss das Gesetz in erster Linie aus sich selbst heraus, das heisst nach Wortlaut, Sinn und Zweck und den ihm zugrunde liegenden Wertungen auf der Basis einer teleologischen Verständnismethode ausgelegt werden. Auszurichten ist die Auslegung auf die ratio legis, die zu ermitteln dem Gericht bzw. dem zur Entscheidung berufenen Organ allerdings nicht nach ihren eigenen, subjektiven Wertvorstellungen, sondern nach den Vorgaben des Gesetzgebers aufgegeben ist». Einerseits ist vor einem vorschnellen Rückgriff auf eigene Wertvorstellungen zu warnen. Andererseits ist die im Anschluss an ESSER (Vorverständnis und Methodenwahl) vielfach üblich gewordene Feststellung, jede Auslegung sei stets und unvermeidbar vom subjektiven *Vorverständnis* des Normanwenders geprägt, stark überzeichnet. Übertreibend in dieser Richtung zuletzt VAN SPYK, recht 2005, 213 ff. m.w.Nw.; differenzierend KRAMER, 265 ff., der für möglichste Objektivität plädiert und gleichzeitig betont, das man nicht jedes persönliche Werturteil als irrational abqualifizieren kann. Das *angelsächsische Recht,* das im Privatrecht überwiegend Fallrecht *(case law)* ist und traditionell viel weniger Gesetze kennt als das kontinentaleuropäische Recht, und das vielleicht auch wegen der freiheitsbeschränkenden Wirkung der Gesetze lange Zeit einer strikten Buchstabenauslegung verhaftet war (zur sog. «golden rule» s. VOGENAUER, 855 ff.), hat das enge Haften am Wort in der zweiten Hälfte des vorigen Jahrhunderts nicht zuletzt unter dem Einfluss des EU-Rechts überwunden (Lord DENNING in einer Entscheidung des Court of Appeal Corocraft Ltd. v. Pan American Airways Inc., 1969, 1 Q.B. 616 ff.: «It is the age-old conflict which exists between the most eminent judges whether to give the words a literal or liberal interpretation. I take my stand on a liberal interpretation, remembering that ‹the letter killeth, but the Spirit gives life›» [vgl. dazu Paulus, Kor. 3, 6]; s. ferner Lord GRIFFITH in House of Lords, Pepper v. Hart, I All ER 42 ff., 50: «The days have long passed when the courts adopted a strict constructionist view of interpretation which required them to adopt the litteral meaning of the language. The courts now adopt a purposive approach which seeks to give effects to the true purpose of legislation»; vgl. dazu VOGENAUER, 963 ff.; KRAMER, in: Assmann u.a. [Hrsg. 2001], Unterschiedliche Rechtskulturen – Konvergenz des Rechtsdenkens, 31 ff., 35; MELIN, 56 ff. – zur US-amerikanischen Gesetzesauslegung). Eine ähnliche Entwicklung ist auch in den USA zu beobachten. Gleichwohl ist nicht zu verkennen, dass die Auslegung im angelsächsischen Recht immer noch weit enger ist und mehr zu einem Haften am Buchstaben tendiert als in den meisten Ländern des europäischen Kontinents. Wortlaut und Auslegung bedingen einander, stehen in einem dialektischen Verhältnis. Das hat schon die antike Rhetorik erkannt, in welcher der Gegensatz von Wortlaut und Sinn (beim Vertrag auch: Wille) als Auslegungstopoi verwendet wurden (scriptum/sententia, verba/voluntas). Eine Prävalenz des Sinns vor dem Wortlaut kommt auch in dem berühmten Satz des Celsus (Dig. 1, 3, 17) zum Ausdruck: scire leges non hoc est verba earum tenere, sed vim ac potestatem. Auch dieser Satz war allerdings keine Maxime juristischer Auslegungskunst mit alleinigem Geltungsanspruch, wie man ihn heute versteht, sondern ein rhetorischer Topos gegen eine zu enge Wortauslegung. Eine fast gleichlautende Formulierung finden wir in der antiken Rhetorikliteratur. In Quintilians Deklamationen, Mai. 33 heisst es: multo ergo invenientur frequenter, quae legum verbis non teneantur, sed vim ac potestatem. Wie etwa die Gegenposition argumentieren konnte, kann man bei Cicero, de inventione 2, 127 f. lesen: Iudicem legi parere, non interpretari legem oportere ... eos qui iudicent certum quod sequantur nihil habiturus, si semel ab scripto recedere consueverint – Der Richter soll das Gesetz befolgen und nicht interpretieren ... die Richter hätten künftig keinen sicheren Halt mehr, wenn man sich einmal daran gewöhnt habe, vom Geschriebenen abzuweichen. Die Partei, die sich auf den Wortlaut des Gesetzes berief, beschwor die Heiligkeit der Gesetze. Die andere, die den Wortlaut gegen sich hatte, betonte den Sinn und argumentierte mit der notwendigen Lückenhaftigkeit des Gesetzes, der Billigkeit usw. Damals wie heute galt wohl, dass die Position desjenigen, der sich auf den Wortlaut des Gesetzes berufen konnte, günstiger war und leichter zu verteidigen. Die Entscheidung für den Wortlaut des Gesetzes, welcher die Rechtssicherheit verkörpert, oder den Sinn des Gesetzes, der die Einzelfallgerechtigkeit repräsentiert, hing ganz vom jeweiligen Standpunkt ab. Hierzu entwickelte die *antike Rhetorik* einen Katalog ausgefeilter Argumente. Es ging um die Kunst des in utramque partem Argumentierens, mit dem von Protagoras (überspitzt formulierten) Ziel, die schwächere Sache zur stärkeren zu machen. Für den Nutzen dieser Technik, die eine Parallele in der aus These und Antithese gewonnenen Synthese hat, spricht noch heute, dass es in der Jurisprudenz oft weniger um Wahrheiten geht, als um überzeugende Argumente.

II. Entstehungsgeschichte

Es war die Idee von EUGEN HUBER, das Lückenproblem im ZGB zu regeln und ihm eine Lösung zu geben, die ohne Vorbild war. Bestärkt haben ihn in dieser Intention die Werke von drei Gelehrten: GÉNY, STAMMLER und VANGEROW (vgl. STROLZ, 25 ff.; HUWILER, Beiheft 16 zur ZSR 1994, 83 ff.). GÉNY hatte 1899 in seiner Methodenlehre (Méthode d'interprétation et sources en droit privé positif I, Paris 1954, 460) postuliert, dass ein Richter angesichts einer Lücke so entscheiden solle, wie es der Gesetzgeber täte, wenn er die Frage zu regeln hätte. HUBER hatte GÉNYS Buch vor der Veröffentlichung des VE zum ZGB gelesen und trat später in Korrespondenz mit ihm. Mit STAMMLER war HUBER seit gemeinsamen Jahren in Halle (1888–1892) befreundet. Bei STAMMLER (Die Lehre von dem richtigen Rechte, Berlin 1902, 272) findet sich der Gedanke, dass dann, wenn für einen Sachverhalt nicht einmal über einen Analogieschluss eine gesetzliche Regelung gefunden werden kann, eine Norm zu bilden ist (wobei STAMMLER allerdings nicht sagt, dass dies Aufgabe des Richters wäre). VANGEROWS Pandektenlehrbuch war HUBER natürlich bekannt. Er zieht es in einer Notiz auf dem Titelblatt eines Exemplars des Vorentwurfs zum ZGB von 1900 heran (HUWILER, Beiheft 16 zur ZSR 1994, 84). VANGEROW zitierte JULIAN Dig. 1, 3, 12. Dieser Text (zu ihm BUND, 76 ff.) beruft den, qui iurisdictioni praeest, zur Lückenfüllung. Das war zwar im römischen Recht nicht der Richter, sondern der Prätor, doch bezog man die Stelle im 19. Jh. längst auf richterliche Aufgaben. GÉNY, STAMMLER und VANGEROW haben HUBER im Konzept von Art. 1 nur bestärkt. Von der Notwendigkeit einer derartigen Lückenfüllungsvorschrift hatten ihn zuvor die Lücken in kantonalen Gesetzgebungen überzeugt (STROLZ, 29).

III. Rechtsvergleichung

Verhältnismässig viele Privatrechtskodifikationen verzichten auf methodische Normen über Rechtsanwendung, z.B. das deutsche BGB (anders noch § 1 des 1. Entwurfs). Sparsam ist auch der französische Code Civil. Art. 4 f. CC fr. stellt ein *Rechtsverweigerungsverbot* auf. Eine «insuffisance de la loi» ist danach nur ein Vorwand des entscheidungsunwilligen Richters. Art. 5 verbietet es den Richtern, ihren Entscheidungen eine allgemeine Fassung zu geben, die über den ihnen vorliegenden Fall hinausgreift. Das neue Nederlands Burgerlijk Wetboek überlässt den Umgang mit Auslegung, Analogie und Lückenfüllung ähnlich dem BGB der Praxis und der Wissenschaft, nachdem man 1956 die Arbeit am entsprechenden Teil des «Inleidinge Titel», der von MEIJERS konzipiert worden war, eingestellt hatte. Art. 4 dieses Titels hatte für den Fall des Fehlens einer passenden Regelung auf Gewohnheiten und subsidiär auf die Billigkeit verwiesen.

7   Ausführlichere Rechtsanwendungsvorschriften finden sich im österreichischen ABGB (§§ 6 u. 7), im italienischen Codice Civile (Art. 12 ff.), im spanischen Codigo civil (Art. 3 u. 4) sowie im portugiesischen Código Civil (Art. 9 und 10). Zu diesen gesetzlichen Interpretationsregeln s. GRABAU, a.a.O. Auch das ABGB verknüpft Auslegung und Anwendung und gibt dem Richter eine Rangfolge der Interpretationsverfahren vor. Zunächst soll er nach der «eigentümlichen Bedeutung der Worte in ihrem Zusammenhang» (§ 6 ABGB), weiter nach der klaren Absicht des Gesetzgebers (§ 6) fragen. An deren Rekapitulation in § 7 stellt sich heraus, dass der natürliche Sinn eines Gesetzes gemeint ist. Das Gesetz rechnet mit Lücken und verweist auf die Analogie und *natürliche Rechtsgrundsätze*. Vorentwürfe sahen noch den *référé législatif* mit *authentischer Interpretation* durch den Gesetzgeber vor (dazu zuletzt MIERSCH, Der sog. référé législatif, Baden-Baden 2000). Das Corpus iuris Iustinians und das preussische ALR Friedrichs des Grossen enthielten gar ein *Kommentierverbot*.

IV. Anwendungsbereich

8   In ständiger Praxis wendet das BGer den Grundsatz von Art. 1 Abs. 2 auch im *öffentlichen Recht* an (FLEINER, 315, 319 f.). Analogie ist also auch hier zulässig. Allerdings fällt die Begründung dieser Praxis nicht so leicht (s.u. N 4–6 und zu Art. 2). Sie hat grössere Schwierigkeiten zu überwinden und erfolgt auch weniger durchgängig. Während jedermann einsieht, dass es nicht angeht, dass sich die öffentliche Hand nicht gemäss Treu und Glauben verhält, ist zum öffentlichen Recht mit seinen politischen Bezügen vorstellbar, dass dem einzelnen Rechtsanwendungsorgan die Rechtsfortbildung verwehrt wird. Es überrascht daher nicht, dass zur öffentlich-rechtlichen Relevanz des Art. 1 Abs. 2 längst nicht so viele Entscheide angeführt werden können. Zu erwähnen sind immerhin BGE 99 Ib 280 sowie IMBODEN/RHINOW, Schweizerische Verwaltungsrechtsprechung 1, Basel 1976, 144 ff. Im Besonderen Teil des Strafrechts gibt es wegen *nulla poena sine lege praevia* keine richterliche Rechtsfortbildung. Doch bleibt eine extensive Auslegung zulässig und diese lässt sich von der Analogie nicht klar abgrenzen. Dass ein Eingriff der Justiz in die Legislative nicht droht, hat FLEINER, 315 ff. gegen ROELLECKE darzulegen versucht. Er hat überzeugend gezeigt, dass Art. 8 BV verletzt wäre, würde die den Richtern durch Art. 1 Abs. 2 eingeräumte Befugnis den Verwaltungsbehörden vorenthalten bleiben (a.a.O., 316). Dass es dennoch an verfassungsrechtlichen Bedenken gegenüber der richterlichen Regelungsbefugnis nicht fehlt, ergibt sich aus der vorzüglichen Analyse von BIAGGINI, 339 ff. Das Analogieverbot wird vor dem Hintergrund der Forderung nach einer *lex clara* und *certa* nach Klarheit und Bestimmtheit des Gesetzes (vgl. Art. 1 StGB) verständlich: Die Handlungsfreiheit des Bürgers sollte nur auf einer klaren gesetzlichen Grundlage eingeschränkt werden können. Das besagt der Satz nulla poena sine lege. Ebenso wie im Strafrecht kann man bei staatlichen Eingriffsgesetzen, namentlich im Steuerrecht, für ein Analogieverbot plädieren. Dass aber auch im weiten Bereich der staatlichen Verwaltung und des Gesetzesvollzugs die Analogie unzulässig sei, wie z.B. der österreichische Verwaltungsgerichtshof annimmt, kann nicht einleuchten. Zunehmend wird das auch im österreichischen Verwaltungsrecht anerkannt, doch sind

die Nachwirkungen des Positivismus und der Reinen Rechtslehre Kelsens immer noch spürbar.

V. Anwendung und Auslegung

1. Der herkömmliche Interpretationskanon

Seit dem älteren gemeinen Recht wird zwischen grammatischer und logischer Auslegung **9** unterschieden (vgl. COING, Europäisches Privatrecht, Bd. 2, München 1989, 254). Der **Interpretationskanon** von vier «*Elementen*» oder Kriterien *der Auslegung* geht auf SAVIGNY zurück (System des heutigen Römischen Rechts, Bd. 1, Berlin 1840, 212 ff.): Das grammatische, das logische, das historische und das systematische. Das **grammatische** Element hat das Wort zum Gegenstand und seine Bedeutung nach dem jeweiligen Sprachgebrauch (dazu schon oben N 1), aber auch die Syntax. Hierbei sind gegebenenfalls die drei Amtssprachen gleichwertig heranzuziehen. So ist z.B. in der deutschen Fassung von Art. 120 Abs. 1 OR unklar, ob sich in der Formulierung «*Geldsummen oder andere Leistungen, die ihrem Gegenstande nach gleichartig sind ...*» der Relativsatz (und damit das Erfordernis der Gleichartigkeit) nur auf *andere Leistungen* bezieht oder auch auf *Geldsummen*. BGE 63 II 393 f. verweist zutreffend auf den eindeutigen französischen und italienischen Text. Diese verwenden nicht Relativsätze, sondern Genetivattribute, wodurch klar wird, dass sich die Gleichartigkeit nur auf die 2. Alternative bezieht *(autre prestations de même espèce, altre prestazioni della stessa specie)*. Da demnach für Geldsummen keine Gleichartigkeit vorausgesetzt wird, lässt BGE a.a.O. die Verrechnung auch bei Fremdwährungsschulden generell zu und nicht nur in den Grenzen von Art. 84 Abs. 2 OR. Das **historische** Element hat den Willen des Gesetzgebers zum Gegenstand. Heranzuziehen sind die Gesetzesmaterialien, namentlich die Botschaft des Bundesrates, die Parlaments- und Kommissionsprotokolle, auch Vorentwürfe usw. Freilich muss sich aus ihnen die Auffassung des Gesetzgebers zweifelsfrei ergeben (BGE 112 II 1 ff., 4 E. 4a; 122 III 49 ff., E. 5a 474; 124 II 193 ff.). Stellungnahmen einzelner Abgeordneter in kontroverser Diskussion genügen nicht (ausführlich KRAMER, 104 ff., 121 ff.). Die Verwendung dieser sog. Gesetzesmaterialien usw. wurde in Kontinentaleuropa nach anfänglichen Zweifeln allgemein zugelassen. Auch im angelsächsischen Recht hat man den Grundsatz, dass Parlamentsprotokolle (der «Hansard») nicht herangezogen werden dürfen (exclusionary rule), inzwischen aufgegeben (House of Lords, Pepper v. Hart, I All ER 42 ff.; vgl. dazu VOGENAUER, 967 ff.; KRAMER, in: Assmann u.a. [Hrsg. 2001], Unterschiedliche Rechtskulturen – Konvergenz des Rechtsdenkens 31 ff., 35). Dem historischen Element kommt umso mehr Gewicht zu, je jünger eine Vorschrift ist (KRAMER, 104 ff. m.Nw.). Neben dem Willen des Gesetzgebers kann bei den grossen Zivilrechtskodifikationen auch das römisch-gemeine Recht herangezogen werden, an das man sich stark angelehnt hat (vgl. HONSELL, Das rechtshistorische Argument in der modernen Zivilrechtsdogmatik, Akten des 26. Deutschen Rechtshistorikertages, Frankfurt 1987, 299 ff.; ebenso KRAMER, 121).

Das **systematische** Element bezieht sich auf den «inneren Zusammenhang», welcher alle Rechtsinstitute und Rechtsregeln zu einer widerspruchsfreien Einheit verknüpft (SAVIGNY, a.a.O., 213). Heute nehmen einige die grammatisch-logische Auslegung zusammen (manche nennen sie auch sprachlich-grammatikalische, z.B. KRAMER, 50). Richtiger ist es wohl, das logische Element zum systematischen zu stellen (SAVIGNY, 227; BYDLINSKI, 442). Das **logische** Element erschöpft sich nicht in den bekannten logischen Schlussfiguren, zu denen neben dem Subsumtionsschluss auch das argumentum a fortiori («Erst recht – Schluss»), die deductio ad absurdum (dazu DIEDERICHSEN, FS Larenz, München 1973, 155), der Grössenschluss (a minore ad maius, a maiore ad minus), das argumentum e silentio und das argumentum e contrario zählen (näher KRAMER, 180 ff.); ebenso der (umstrittene) Satz, dass Ausnahmevorschriften eng auszulegen sind (singularia non sunt extendenda, dazu N 15). Zutreffend weist jedoch KRAMER, 72 FN 142 darauf hin, dass diese Argumente letztlich nur überzeugen, wenn sie teleologisch begründet sind.

10 Das **systematische** Element verlangt Beachtung des **Kontextes** und eine **widerspruchsfreie Interpretation**. Schon Celsus (Dig. 1, 3, 24) hat gesagt, dass es gegen das bürgerliche Recht verstösst, eine Vorschrift anzuwenden, wenn man nicht das ganze Gesetz gelesen hat. Die juristische Logik besteht in der Hauptsache in der Vermeidung von Widersprüchen und in einer inneren Folgerichtigkeit, die dem Gedanken der Rechtseinheit Rechnung trägt. Wertungswidersprüche und Antinomien sind zu vermeiden. Widersprüche von Gesetzen beseitigt man mit dem Satz von der lex posterior oder der lex specialis. Suspekt war für SAVIGNY das **teleologische** Element (a.a.O., 220: «Ungleich bedenklicher, und nur mit grosser Vorsicht zulässig, ist der Gebrauch des Gesetzesgrundes zur Auslegung des Gesetzes.»). Erst unter dem Eindruck von JHERING (Der Zweck im Recht, Leipzig 1877) wurde die teleologische Auslegung, die sich am Zweck einer Regelung orientiert, als Interpretationsverfahren anerkannt und in der Folge (Interessenjurisprudenz) in den Vordergrund gerückt. Eine Rangordnung der Auslegungskriterien besteht jedoch heute ebenso wenig wie zu SAVIGNYS Zeit (vgl. BYDLINSKI, Methodenlehre, 423 ff.). SAVIGNY (a.a.O., 215) sagt zutreffend, es handle sich nicht um Arten der Auslegung, unter denen man nach Geschmack und Belieben wählen könne, sondern um «verschiedene Tätigkeiten, die vereinigt wirken müssen, wenn die Auslegung gelingen soll». Problematisch ist der sog. «Methodenpluralismus» des BGer (etwa BGE 110 Ib 1, 8; 128 I 34, 41 E. 3b). Kritisch zu diesem Beliebigkeit suggerierenden Begriff KRAMER, 109 f., 151 f. m.Nw.; PICHONNAZ/VOGENAUER, AJP 1999, 417 ff.; zustimmend hingegen WALTER, recht 1999, 157 ff.; Kritik an der Kritik übt BIAGGINI, Ratio legis, 67 f.; DERS., Methodik der Rechtsanwendung, 43 f. Richtig ist, dass die einzelnen Elemente oft gehäuft auftreten, manchmal in Widerstreit stehen oder ambivalent sind (BIAGGINI, Ratio legis, 51, 60 ff.) und dass es eine allgemein anerkannte Reihenfolge oder Hierarchie nicht gibt. Gleichwohl sollte man heute den Vorrang der teleologischen Interpretation grundsätzlich anerkennen. Zu beginnen ist aber zweckmässigerweise stets mit der grammatischen Auslegung, freilich ohne strikte Bindung an den Wortlaut. Kein Interpretationstopos sollte a priori vernachlässigt werden. Das stärkste Gewicht kommt nach nunmehr allgemeiner Überzeugung der Frage nach dem Zweck einer Regelung zu. In deren Beantwortung sollte jeder Auslegungsprozess einmünden. Zur Stellung der verschiedenen Interpretationsmethoden zueinander s. noch SCHÄFFER, Kriterien juristischer Auslegung, in: Grundfragen und aktuelle Probleme des öffentlichen Rechts (= FS Rill, Griller et al. [Hrsg.], Wien 1995), 595, 620 ff.; w.Nw. bei KRAMER, 151 ff.

2. Objektive und subjektive Auslegung

11 Die Unterscheidung zwischen **subjektiver** und **objektiver**, *entstehungszeitlicher* oder *geltungszeitlicher* **Auslegung** (eingehend dazu KRAMER, 104 ff.; BIAGGINI, Ratio legis, 61 f.) stellt der Interpretation nach den Intentionen des Verfassers eine Interpretation nach einem allgemeinen zeitgenössischen, jedermann zugänglichen Verständnis gegenüber. Die subjektive Auslegung deckt sich teilweise mit der *historischen,* die objektive mit der *teleologischen.* Auch dieser Gegensatz ist ambivalent. Es gibt Fälle, in denen dem Gesetz (oder der Gesamtrechtsordnung) ein neuer objektiver Sinn entnommen wird, der vom subjektiven Willen des Gesetzgebers abweicht. RADBRUCH hat dies mit der pointierten Formulierung ausgedrückt, das Gesetz könne klüger sein als seine Verfasser (Rechtsphilosophie, 107). Dies ist ein überspitztes Bonmot mit einem wahren Kern. Das BGer vertritt im Ergebnis einen ähnlichen Standpunkt, wenn es sagt, das Gesetz entfalte ein

eigenständiges, vom Willen des Gesetzgebers unabhängiges Dasein (BGE 124 V 185 ff.; 13 Ia 309 ff., 314; krit. dazu KRAMER, 113 f.; BIAGGINI, Ratio legis, 54 N 14). Weitgehend unstreitig ist jedenfalls, dass der Richter vom Willen des Gesetzgebers (sofern sich dieser überhaupt ermitteln lässt) abweichen kann, wenn sich die Verhältnisse oder die Rechtsanschauungen geändert haben. Dann ist er entgegen einer Methodenformel des BGer (vgl. oben N 3) auch an die Wortlautgrenze nicht gebunden. Häufiger ist aber der Fall, dass die ratio legis im Gesetzestext nur unvollkommen zum Ausdruck kommt. Die regelnde Voraussicht des Gesetzgebers bleibt stets und notwendig hinter der Vielfalt des Lebens zurück, denn menschliche Voraussicht ist begrenzt. Hier kommt dem Richter die Aufgabe zu, neue Fälle, an die der Gesetzgeber nicht gedacht hat, nach der (objektiv-teleologisch zu ermittelnden) ratio legis zu lösen. Beispiele einer subjektiven oder objektiven Auslegung sind die gegensätzlichen Entscheide des BGer zur Frage des Frauenstimmrechts. Während noch BGE 83 I 173 ff., 179 das Frauenstimmrecht für den Kanton Waadt mit dem schlichten Hinweis abgelehnt hatte, der Gesetzgeber von Art. 23 der Kantonsverfassung hätte mit «tous les Suisses» nur Männer gemeint, entschied BGE 116 Ia 359 ff. mehr als dreissig Jahre später, die Begriffe «Landleute» und «Schweizer» (Art. 16 Abs. 1 KV Appenzell I.Rh.) erfassten trotz des anders lautenden Willens des historischen Gesetzgebers objektiv und konform zur Bundesverfassung auch Frauen. Die Auslegung rechtsgeschäftlicher Regelungen ist stärker an subjektiven, die von allgemein verbindlichen Vorschriften stärker an objektiven Gesichtspunkten orientiert. Doch trägt schon die Lehre vom *Empfängerhorizont* (vgl. HECK, AcP 112, 1914, 43; BGE 111 II 276 ff., 279 und 287; 113 II 49 ff., 50) objektive Elemente in die Auslegung von Rechtsgeschäften hinein, während die historische, aber auch die teleologische Interpretation subjektive Elemente bei der Auslegung von Normen zur Geltung bringt. Zu weit ginge es allerdings, wollte man der Empfehlung von LARENZ (AT des deutschen bürgerlichen Rechts, München 1967, § 18 II) folgen und alle Rechtsgeschäfte oder wenigstens alle Verträge normativ interpretieren. Schwierigkeiten bereitet die Auslegung von Kollektivverträgen mit normativer Wirkung, wie sie den *Gesamtarbeitsverträgen* zukommt. Nach vorherrschender Ansicht sind deren normativ wirkende Bestimmungen wie Gesetze zu interpretieren (KGer ZG JAR 1990, 150; REHBINDER, Schweizerisches Arbeitsrecht, 15. Aufl., Bern 2002, N 517). Es sollte aber die vertragliche Komponente solcher Regelungen nicht völlig ausgeblendet werden. So können z.B. die Vertragsverhandlungen zur Interpretation herangezogen werden. Die Grundsätze der Gesetzesinterpretation können auch bei *Gesellschaftsstatuten* in Betracht kommen. Allerdings ist diese Frage kontrovers (vgl. einerseits BGE 26 II 284, andererseits BGE 107 II 179 ff., 186; differenzierend FORSTMOSER/MEIER-HAYOZ/NOBEL, Schweizerisches Aktienrecht, Bern 1996, § 7 N 33 ff. m.Nw.).

3. Extensive und restriktive Auslegung/Analogie und teleologische Restriktion

Zwischen **extensiver und restriktiver Auslegung** unterscheidet man je nach dem Verhältnis zwischen Auslegungsergebnis und interpretiertem Rechtssatz. Die extensive (ausdehnende) Auslegung erstreckt eine Vorschrift auch auf Fälle, die von ihrem Wortlaut nicht ohne weiteres erfasst werden. Dies kann sich daraus ergeben, dass die Textierung sowohl ein weiteres wie ein engeres Verständnis zulässt, aber auch daraus, dass man die miterfassten Fälle als so ähnlich ansieht, dass ihre rechtliche Gleichbehandlung angemessen erscheint. Wenngleich die Grenze zwischen extensiver Auslegung und **Analogie** fliessend ist, gehört die Analogie nicht mehr zur Auslegung nach Abs. 1, sondern zur Rechtsfortbildung modo legislatoris nach Abs. 2 (wie hier KRAMER, 173 ff.; anders noch EUGEN HUBER [354], der die Analogie zu Abs. 1 gerechnet und eine Lücke erst angenommen hat, wenn ein Fall auch durch Analogie nicht gelöst werden konnte; ebenso

12

JAUN, ZBJV 137, 31 m.w.Nw.). Ein derart weiter Interpretationsbegriff entspricht indes nicht der allgemeinen Hermeneutik, nach der die Auslegung ihre Grenze am möglichen Wortsinn findet. Dementsprechend wird auch in der juristischen Methodenlehre die Analogie ganz allgemein mit dem Lückenbegriff in Verbindung gebracht.

13 Die **Abgrenzung zwischen Analogie und extensiver Auslegung** ist im Besonderen Teil des **Strafrechts** problematisch, wo wegen des rechtsstaatlichen Gebotes *nulla poena sine lege certa et praevia* (vgl. Art. 1 StGB; s. auch Art. 103 Abs. 2 GG) ein **Analogieverbot** (zum Nachteil des Angeklagten) besteht (s. KRAMER, 35 FN 22, 55 m.Nw.). So notwendig dies vom rechtsstaatlichen Standpunkt ist, so schwierig ist die Abgrenzung im Einzelfall. Heute würden wir kaum mehr eine eigene Norm für notwendig halten, damit der Stromdiebstahl nicht ungestraft bleibt (vgl. Art. 142 StGB – Entziehung von Energie), sondern würden den Fall unter den Diebstahltatbestand von Art. 139 StGB subsumieren. Anderseits kann man bezweifeln, ob das Entfliegenlassen eines Kanarienvogels wirklich als Sachbeschädigung zu qualifizieren ist, ob ein Damenschuh mit Bleistiftabsatz oder eine glühende Herdplatte gefährliche Werkzeuge sind usw. (diese Beispiele stammen aus der deutschen Strafrechtsjudikatur). Dies waren Auslegungskünste, mit denen zur Vermeidung von Strafbarkeitslücken die extensive Auslegung strapaziert wurde. Zutreffend hält das BGer eine Auslegung nach Sinn und Zweck auch im Strafrecht für zulässig: «Art. 1 StGB lässt jede Auslegung zu, die dem wahren Sinn des Gesetzes entspricht, wie er sich aus den dem Gesetz innewohnenden Wertungen und seinem Zweckgedanken logisch ergibt. Art. 1 StGB verbietet bloss, über den dem Gesetz bei richtiger Auslegung zukommenden Sinn hinauszugehen, also neue Straftatbestände zu schaffen oder bestehende derart zu erweitern, dass die Auslegung durch den Sinn des Gesetzes nicht mehr gedeckt wird» (BGE 121 IV 380 ff., 385 m.w.Nw.). Die Grenze zwischen extensiver Auslegung und Analogie bildet der mögliche Wortsinn (**a.M.** zu Unrecht RÜTHERS/HÖPFNER, JZ 2005, 21, die meinen, nicht der Wortlaut, sondern der historische Normzweck bilde die Grenze zwischen Auslegung und Analogie). Jeder Begriff hat einen Kern, einen Hof und einen äusseren Kreis, der die Grenze des Wortsinns markiert. An dieser Betrachtung sollte man festhalten, wenngleich diese Grenze fliessend und meist nicht klar zu ziehen ist (KRAMER, 47 f.). So kann man z.B. fragen, ob unter den Begriff Schüler auch Berufsschüler fallen oder gar Hochschüler, ob unter Eltern auch die Grosseltern zu verstehen sind usw. Liegt der zu subsumierende Begriff noch im Bereich des möglichen Wortsinns, handelt es sich um extensive Auslegung. Liegt er ausserhalb, ist der Fall jedoch ähnlich und trifft die ratio legis (der Gesetzeszweck) auf ihn genauso zu, dann geht es um Analogie. In unserem Beispiel wird man für den Berufsschüler eine extensive Auslegung bejahen können. Dagegen ist mit den Studenten (Hochschülern) oder gar mit dem Kursteilnehmer einer Volkshochschule die Grenze des möglichen Wortsinns und damit zur Analogie wohl überschritten. Im Wege der Analogie könnte man z.B. die Gefährdungshaftung des Eisenbahngesetzes auf Seilbahnen erstrecken. Doch nimmt die h.L. hier irrig an, dass Tatbestände der Gefährdungshaftung wegen des angeblich elementaren Verschuldensprinzips – ähnlich dem strafrechtlichen Analogieverbot – einer Analogie nicht zugänglich seien (dagegen etwa HONSELL, Die Reform der Gefährdungshaftung, ZSR 1997, 297 ff.). Im Zivilrecht ist die Analogie jedoch generell zulässig, sofern ihre Voraussetzungen vorliegen.

14 Vom Standpunkt der Logik kann man statt einer **Analogie** stets auch einen **Umkehrschluss** (argumentum e contrario, vgl. schon oben N 9) annehmen. Beide Schlüsse sind – rein formal betrachtet – gleichwertig. Nennt Art. 156 OR nur den Fall der treuwidrigen Vereitelung einer (aufschiebenden) Bedingung, so kann man mit dem Umkehrschluss den Gegenfall der treuwidrigen Herbeiführung einer (auflösenden) Bedingung als vom Gesetzgeber nicht gleichgestellt abweisen oder man kann unter Hinweis auf die Ähnlich-

keit der Fälle und die Identität der ratio legis eine analoge Anwendung empfehlen (so die h.L.). Sagt Art. 185 Abs. 3 OR, dass die Gefahr beim aufschiebend bedingten Kaufvertrag erst mit dem Eintritt der Bedingung übergeht und erwähnt das Gesetz den Fall der auflösenden Bedingung nicht, so kann man rein formal wiederum einen Umkehrschluss (so die h.L.) oder eine Analogie bilden. Dasselbe gilt für die Frage, ob Konkretisierung und Gefahrübergang beim Versendungskauf nur für den Gattungskauf gelten (Art. 185 Abs. 2 OR) oder ob die Vorschrift auf den Stückkauf analog anzuwenden ist (so die h.L.). Ob das eine oder das andere richtig ist, sagt uns erst die Teleologie und auch das historische Element (vgl. oben N 9 ff.) kann zu dieser Frage herangezogen werden. Zum qualifizierten Schweigen s. N 32.

Im Allgemeinen sind extensive Auslegung und Analogie häufiger als restriktive Interpretation und Umkehrschluss (argumentum e contrario). Auslegung und Analogie sind unverzichtbar, weil (gesetzliche) Begriffe häufig unscharfe Grenzen haben oder weil der Gesetzgeber an benachbarte Fälle oft nicht gedacht hat (vgl. schon oben N 11).

Eine ausdehnende Auslegung soll nach immer noch vorherrschender Ansicht nicht zulässig sein, wenn es sich um eine **Ausnahmebestimmung** handelt. Dies sagt die auf zwei Papinian-Stellen (Dig. 40, 5, 23, 3 und Dig. 41, 2, 44, 1) zurückgehende Parömie *singularia non sunt extendenda,* wonach Ausnahmevorschriften nicht ausgedehnt werden dürfen, d.h. eng auszulegen sind. Dieser Grundsatz ist (zusammen mit dem strafrechtlichen Analogieverbot) in Art. 14 CC it. normiert. Er gilt jedoch nicht, wenn der scheinbaren Ausnahmevorschrift ein auf Verallgemeinerung angelegtes Prinzip zugrunde liegt. **15**

Das Gegenstück zur extensiven Interpretation/Analogie liegt vor, wenn der in einer Bestimmung enthaltene Rechtsgedanke weniger weit reicht als der Text. Die dann gebotene **einschränkende Auslegung** hat wiederum nur eine fliessende Grenze zur **teleologischen Restriktion**, deren Zulässigkeit von einer Mindermeinung immer noch bestritten wird (vgl. N 17). Allerdings darf die teleologische Reduktion nur zur Rückführung des Normtextes auf die ratio legis, nicht aber zur Nichtanwendung unwillkommener Regelungen eingesetzt werden. Hiezu ist sie ebenso ungeeignet wie die insgesamt verunglückte Lehre von den *unechten Lücken* (gegen diese KRAMER, Beiheft 15 zur ZSR 1993, 65 ff., 71 ff. und HUWILER, Beiheft 16 zu ZSR 1994, 57, 88). Bedenklich wäre es nämlich, zunächst eine teleologische Restriktion einer unwillkommenen Regelung zu unternehmen, um dann eine Lücke in derselben zu konstatieren und diese durch analoge Heranziehung einer willkommenen Regelung zu schliessen. Der unwillkommenen Regelung ist, solange sie nicht gegen fundamentale Rechtsgrundsätze verstösst, im gewaltenteilenden Rechtsstaat nur mit dem Instrument rechtspolitischer Kritik beizukommen. Richtig ist auch, dass sich der Rechtsanwender über einen **klaren Wortlaut** nur dann hinwegsetzen darf, wenn eine abweichende ratio legis hinreichend begründbar ist (vgl. N 11). Dafür nur ein Beispiel: Obwohl Art. 120 Abs. 1 OR ganz eindeutig die Fälligkeit *beider* Forderungen als Voraussetzung der Verrechnung nennt («… insofern beide Forderungen fällig sind …»), genügt es nach allgemeiner Meinung, wenn die Schuld des Verrechnenden erfüllbar ist, denn der Schuldner darf nach Art. 81 OR vor Fälligkeit erfüllen. Zur Vermeidung eines Normwiderspruchs wird nach der Teleologie gegen den klaren Wortlaut entschieden. **16**

Die schweizerische Doktrin hat lange Zeit die Möglichkeit einer **teleologischen Restriktion** oder **Reduktion** bei sog. «rechtspolitischen» oder «unechten» Lücken mit der Begründung negiert, dass diese in Art. 1 nicht vorgesehen sei. Eine Korrektur könne nur in Ausnahmefällen über Art. 2 Abs. 2 erfolgen (ebenso neuerdings wieder RIEMER, recht 1999, 176 und JAUN, ZBJV 137, 21 m.w.Nw., die sich in diesem Punkt zu Unrecht auf eine eigenständige schweizerische Methode berufen). Hingegen wird die teleologische **17**

Restriktion vom Bundesgericht und einem Teil der Lehre anerkannt (BGE 121 III 219 ff., 224 E. 1d/aa – Praxisänderung; BGE 123 III 292 ff., 297 E. 2e/aa; 128 I 34, 41 E. 3b; KRAMER, Beiheft 15 zur ZSR 1993, 72; DERS., 161, 164 ff.; HONSELL, FS Mayer-Maly, 369, 374 ff.; CARONI, 151 f.; LANZ, 160 ff., 165 ff.). Für ein zu weit greifendes Gesetz, das Fälle erfasst, die es nach seinem Zweck (telos) nicht regeln will, ist schon der Ausdruck Lücke verfehlt, denn das Gesetz enthält gerade keine Lücke (s. KRAMER, Beiheft 15 zur ZSR 1993, 72; HONSELL, FS Mayer-Maly, 369, 374 ff.). Namentlich ZITELMANN, 19, 23 ff. hat diesen Lückenbegriff in Auseinandersetzung mit der positivistischen Theorie der Begriffsjurisprudenz (vgl. statt aller BERGBOHM, Jurisprudenz und Rechtsphilosophie I, 1892, 372 ff.) verwendet, welche davon ausging, dass ein auch noch so lückenhaftes Gesetz keine Lücken hat, weil eben jeder Anspruch, den das Gesetz nicht kennt, abzuweisen ist und umgekehrt eine Ausnahme, die das Gesetz nicht macht, nicht anzuerkennen ist (sog. negativer Satz; vgl. auch unten N 26). Dieser extrem positivistische Standpunkt ist längst überholt und die Zulässigkeit der Analogie allgemein anerkannt. In der antiken Rhetorik gab es auch für die teleologische Interpretation zwei gegensätzliche Topoi. War der Wortlaut des Gesetzes für den Parteistandpunkt günstig, sagte man: *lege non distinguente nec nostrum est distinguere* – Wo das Gesetz nicht unterscheidet sollen auch wir nicht unterscheiden. Das Argument der Gegenposition lautete: *cessante ratione cessat lex ipsa* – Mit dem Zweck entfällt das Gesetz selbst. Beide Sätze können in dieser Verallgemeinerung heute keine Geltung mehr beanspruchen. Anerkannt ist aber die Notwendigkeit und Legitimität der teleologischen Auslegung und Rechtsfortbildung. Nicht haltbar ist es, wenn die ältere Lehre zwar die Analogie zulassen will, nicht hingegen die teleologische Restriktion. Denn restriktive und extensive Auslegung bzw. teleologische Restriktion und Analogie sind nur die zwei Seiten derselben Münze, sind spiegelbildliche Vorgänge mit fliessenden Grenzen (dies wird von JAUN, ZBJV 137, 34 zu Unrecht bestritten). Auch wenn man mit JAUN und EUGEN HUBER die Analogie zu Abs. 1 stellt und nicht zu Abs. 2 (oben N 12) lässt sich daraus kein Argument gegen die Zulässigkeit der teleologischen Restriktion gewinnen. Ob der Gesetzgeber einen Fall nicht geregelt hat, weil er ihn nicht gesehen hat oder ob er einen Fall in abstrakter Formulierung versehentlich mitgeregelt hat, weil er seinen Ausnahmecharakter nicht gesehen hat, macht keinen Unterschied. Stets geht es nur darum, dass der Wortlaut mit der ratio legis nicht in Einklang steht, einmal ist er zu weit, das andere Mal zu eng. JAUN, 32 ff. will einen Unterschied zwischen Analogie und Restriktion darin sehen, dass Erstere eine notwendige Gesetzesergänzung darstelle, Letztere hingegen eine «rechtspolitisch motivierte Berichtigung eines unbefriedigenden Gebotsinhalts». Auch das ist unzutreffend. Die Restriktion ist wie die Analogie nur zulässig, wenn sich eine vom Wortlaut abweichende ratio legis erweisen lässt. Sie ist, wie bereits betont wurde, kein Instrument zur Berichtigung bloss unerwünschter oder unbefriedigender Normen. Es kann also nicht eingewandt werden, dass es sich bei der teleologischen Reduktion um eine Rechtsfortbildung contra legem handle, denn sie richtet sich nur gegen den Wortlaut *(contra verba legis)* steht aber im Einklang mit dem Sinn und Zweck des Gesetzes *(secundum rationem legis)*. Der Vorwurf mangelnder Gesetzestreue, der Aufweichung der Gesetzesgeltung und des Verstosses gegen die Gewaltenteilung (usw.) ist also unberechtigt. Der «horror» iudicandi contra legem ist unangebracht. Es geht nicht um Gesetzestreue, sondern um die Frage, ob man sich (wenn sich beides nicht deckt) am Sinn oder am Wortlaut orientiert. Allerdings ist dabei der Unterschied zwischen der lex lata und der lex ferenda zu beachten, auch wenn die Grenze im Rahmen der richterlichen Rechtsfortbildung manchmal fliessend und schwierig zu ziehen ist. Die Kunst liegt in der sorgfältigen Beachtung der Interpretationskriterien und des Gesetzeszwecks. Auch im angelsächsischen Recht, das in der Moderne am längsten am Wortlaut festgehalten hat, wird die atavistische Wortbindung nicht zuletzt unter europäischen Einflüssen zunehmend aufgegeben (oben N 3). Schliesslich kann man auch aus der Formulierung von Art. 1 Abs. 2 nicht herleiten, dass das Gesetz nur die Analogie zulasse, nicht hingegen die Restriktion. Zwar heisst es in der deutschen Fassung «kann dem Gesetz keine Vorschrift entnommen werden …». Diese Formulierung beschränkt sich aber nur vordergründig auf das Fehlen einer Norm. Dass damit auch falsche Verallgemeinerungen erfasst werden, zeigt insbesondere der italienische Text: «Nei casi non previsti dalla legge …» (ausführlich dazu HONSELL, FS Mayer-Maly, 369, 374 ff. m.w.Nw.). Was die alte Theorie vom Normenmissbrauch anlangt, der nur ausnahmsweise mit Art. 2 Abs. 2 bekämpft werden könne, so ist einzuwenden, dass ein Rechtsmissbrauch immer etwas Individuelles ist (Art. 2 N 28), zur Korrektur eines gegenüber der ratio legis zu weiten Wortlautes eignet sich das Rechtsmissbrauchsverbot nicht (vgl. die Beispiele der treuwidrigen Berufung auf den Formmangel oder auf die Nichtigkeit eines Verjährungsverzichts Art. 2 N 44 u. 47). Mit der Anerkennung der teleologischen Restriktion durch das BGer besteht zum Zwecke der Normenkorrektur kein Bedarf mehr für die allgemeine und zu weit gehende «Funktion des Art. 2 Abs. 2 ZGB, die formelle Gültigkeit positiver Rechtssätze zu beschränken oder aufzuheben, wo immer der Richter das im Interesse der materiellen Gerechtigkeit als geboten erachtet» (so BGE 72 II 39 ff., 42 – zur rechtsmissbräuchlichen Berufung auf Formmangel; zu diesen und weiteren Fällen s. Art. 2 N 45 ff.). Allerdings stehen in der Judikatur bislang beide Begründungswege nebeneinander, und es bleibt abzuwarten, ob die Rsp. die Normenkorrektur über Art. 2 zugunsten der teleologischen Restriktion zurücknimmt. Obwohl anerkannt ist, dass eine Entscheidung contra verbum et rationem legis nicht zulässig ist (LARENZ/CANARIS, 245 ff.; BYDLINSKI, Methodenlehre, 496, 500; s. dagegen NEUNER, 132 ff., 184 f. u. passim, der sich sowohl gegen die Verschleierung von contra legem-Entscheidungen als auch gegen eine manipulative Verwendung des Lückenbegriffs wendet), versucht man sie, wo man sie doch zulässt, mit viel Argumentationsaufwand als gesetzesgemäss darzustellen (LARENZ, Methodenlehre, 377 ff.; LARENZ/CANARIS, a.a.O.; BYDLINSKI, Methodenlehre, a.a.O.). Ein prominentes Beispiel für eine contra legem-Entscheidung in der deutschen Rsp. ist die Zubilligung einer Geldentschädigung für Ehrverletzung entgegen dem ausdrücklichen Verbot des § 253 BGB. Der BGH hat diese Vorschrift in seiner ersten Entscheidung, dem Herrenreiter-Fall (BGHZ 26, 394) nicht einmal erwähnt und später im Ginsengwurzel-Fall (BGHZ 35, 363, 367 f.) die These nachgeschoben, die Geldentschädigung bei Verletzung des allgemeinen Persönlichkeitsrechts sei durch Art. 1 und 2 GG geboten. Das BVfG hat diese Rsp. im Soraya-Beschluss (BVfGE 34, 269 = NJW 1973, 1221) bestätigt und gemeint § 253 BGB sei vorkonstitutionelles verfassungswidriges Recht und daher eo ipso unwirksam.

4. Verfassungskonforme Interpretation

Verfassungskonforme Interpretation (dazu CANARIS, FS Kramer 141 ff.; J. P. MÜLLER, **18** recht 2000, 119 ff.; ZÄCH, SJZ 1989, 1, 7) zielt darauf, angesichts mehrerer möglicher Auslegungen derjenigen den Vorzug zu geben, bei der die gesetzliche Regelung mit der Verfassung im Einklang steht. Sie spielt trotz der Vorbehalte von BETTERMANN (Die verfassungskonforme Auslegung: Grenzen und Gefahren, Heidelberg 1986) insbes. dort eine Rolle, wo mit anerkannten Auslegungsverfahren ein Gesetz als nicht verfassungswidrig erwiesen werden kann. Die verfassungskonforme Interpretation berührt sich jedoch auch mit der mittelbaren Grundrechtsdrittwirkung (vgl. Art. 2 N 5), denn bei dieser sind die Generalklauseln des Zivilrechts (insbes. Art. 2 und Art. 20 OR) im Lichte der Grundrechte zu interpretieren (ZÄCH, SJZ 1989, 1, 7). Zur Frage der *Drittwirkung der Grundrechte* und zum Verhältnis von Art. 2 und BV s. Art. 2 N 5. Ein weit über die verfassungskonforme Interpretation hinausgehendes Problem stellt die *Grundrechtsinterpretation* des *deutschen Bundesverfassungsgerichts* dar. Diese ausfernde Rechtsprechung entnimmt den überwiegend deklamatorischen bzw. programmatischen Grundrechten wie Eigentums-, Meinungs- oder Religionsfreiheit, sowie den ideologie-gesteuerten, generalklauselartigen Maximen wie Freiheit, Gleichheit oder Gerechtigkeit (usw.) im Wege der *«Konkretisierung einer Wertordnung»* Details, die darin nicht enthalten sind. Sie erklärt Gesetze für verfassungswidrig, die mit diesen vom Gericht erst selbst entwickelten Massstäben nicht vereinbar sind. Diese Rechtsprechungspraxis überschreitet die Grenzen richterlicher Rechtsfortbildung und ist oft kritisiert worden (aus der kaum überschaubaren Literatur nur RÜTHERS, JZ 2002, 365 ff.; DEPPENHEUER, Die Methoden der Verfassungsinterpretation, FS Kriele, München 1997, 457; GROSSFELD, Götterdämmerung?, Zur Stellung des Bundesverfassungsgerichts, NJW 1995, 1719 ff.; HESSE, Grenzen der Verfassungsgerichtsbarkeit, FS H. Huber, Bern 1981, 261 ff.; ISENSEE, Bundesverfassungsgericht – quo vadis? JZ 1996, 1085 ff.; MÖLLERS, Wandel der Grundrechtsjudikatur, NJW 2005, 1973 ff.; OSSENBÜHL, in: Verfassungsgerichtsbarkeit und Gesetzgebung, Symposion Lerche, hrsg. v. Badura/Scholz, München 1998, 49 ff., 55 ff.; SCHULZE-FIELITZ, Das Bundesverfassungsgericht in der Krise des Zeitgeists, AöR 1997, 1 ff.; VOLKMANN, Veränderungen der Grundrechtsdogmatik, JZ 2005, 261 ff.). Diese Linie des Bundesverfassungsgerichts führt gleichermassen zu einer Jurifizierung der Politik wie zu einer Politisierung der Justiz, sie verstösst gegen die Gewaltenteilung und das Demokratieprinzip. Sie hat in der Schweiz, in der es keine verfassungsgerichtliche Gesetzesprüfung gibt, keine Parallele.

5. Interpretation von EU-Recht und Internationalen Abkommen

19   Ein Beitritt der Schweiz zur *Europäischen Union* würde die Stellung der schweizerischen Richter einschränken (zu ihr im Hinblick auf die EU JACOT-GUILLARMOD, ZSR 1993 II, 229 ff. und SCHWEIZER, ebd., 576 ff.). Abzulehnen ist allerdings das Postulat, von der Schweiz autonom nachvollzogene Richtlinien (wie etwa das sog. Swisslex-Paket, z.B. das ProduktehaftpflichtG und das KonsumkreditG) seien **richtlinienkonform** zu interpretieren, weil anders die angestrebte partielle Europakompatibilität nicht erreicht werde (so WIEGAND/BRÜLHART, 29 ff.). Die Rsp. des EuGH kann, muss aber nicht herangezogen werden. Richtig ist allerdings, dass eine ausschliesslich national orientierte Methode heute nicht mehr zeitgemäss ist und dass ein «methodisches ius commune europaeum» ein Desiderat bleibt (KRAMER, in: Assmann u.a. [Hrsg.] 2001, Unterschiedliche Rechtskulturen – Konvergenz des Rechtsdenkens 31 ff.; zum rechtsvergleichenden Argument s. auch N 36). Eine nicht nationalstaatliche, sondern **autonome Interpretation** ist bei internationalen Konventionen im Interesse einer einheitlichen Anwendung geboten und wird z.B. im *UN-Kaufrecht* (Art. 7) ausdrücklich gefordert.

VI. Das Gewohnheitsrecht als subsidiäre Rechtsgrundlage

1. Begriff und Funktion

20   Nach Art. 1 Abs. 2 hat der Richter (zunächst) nach **Gewohnheitsrecht** zu entscheiden, wenn dem Gesetz keine Vorschrift entnommen werden kann. Beim Gewohnheitsrecht handelt es sich also um eine sekundäre Rechtsquelle zur Ausfüllung von Gesetzeslücken (BK-MEIER-HAYOZ, N 243 ff.; DESCHENAUX, SPR II, 102, vgl. aber auch 104, wonach unechte Lücken [rechtspolitische Lücken] nicht durch Gewohnheitsrecht gefüllt werden können; HAUSHEER/JAUN, Art. 1 ZGB N 31). Dagegen vermag das Gewohnheitsrecht Gesetzesrecht nach h.L. grundsätzlich nicht *abzuändern* (BK-MEIER-HAYOZ, N 247; DESCHENAUX, SPR II, 105). Wo gesetztes Recht besteht, ist kein Raum für derogierendes Gewohnheitsrecht (BGE 119 Ia 59 ff., 62 f. E. 4: Wegen der kantonalen Zuständigkeit zur Bekämpfung von Missbräuchen im Zinswesen nach Art. 73 Abs. 2 OR wird ein kantonaler Höchstsatz für Konsumkredite von 15% jährlich nicht durch Bundeszivilrecht derogiert. Für ein abweichendes Bundesgewohnheitsrecht ist kein Raum, wenn die Kantone im Rahmen ihrer Kompetenz eine gesetzliche Regelung erlassen haben). BGE 115 II 401 ff., 411 hat die Frage, ob es *derogierendes Gewohnheitsrecht* gibt, offen gelassen. Sie wird heute ganz überwiegend verneint. Im römischen Recht wurde sie dagegen bejaht (Dig. 1, 3, 32). Man kann allerdings fragen, ob es mit dem Vertrauensschutz vereinbar ist, namentlich belastende Gesetze, die seit langem vergessen sind, nach ihrer Wiederentdeckung ohne weiteres anzuwenden. Über den *Stellenwert* des Gewohnheitsrechts im Rahmen der Rechtsquellenlehre herrscht Streit. In Deutschland stellt man es wegen Art. 20 Abs. 3 GG dem Gesetzesrecht gleich. Schon in der Antike hat man dem geschriebenen Gesetz (lex scripta) das ungeschriebene (lex non scripta) gleichgestellt. Der positivistische Zweig der österreichischen Rechtslehre leugnet den Rechtsquellencharakter des Gewohnheitsrechts zu Unrecht mit der Begründung, dass das Bundes-Verfassungsgesetz die Rechtserzeugung abschliessend regle, das Gewohnheitsrecht aber nicht nenne (vgl. SCHÄFFER, Verhandlungen des 5. österr. Juristentages I/1B, 1973, 34 ff. und 46 ff.). Nach § 10 ABGB sind Gewohnheiten nur zu berücksichtigen, wenn ein Gesetz sich auf sie bezieht. Damit ist auch dem Gewohnheitsrecht der Boden entzogen (**a.M.** RUMMEL/ BYDLINSKI, Komm. AGBG § 10 N 2, 3. Aufl. 2000). Gewohnheitsrecht im Sinne von Art. 1 Abs. 2 ist nach der Rechtsprechung eine *längere Zeit andauernde, auf Rechtsüberzeugung beruhende Übung* (BGE 119 Ia 59 ff., 62; 105 Ia 80 ff., 84; 56 I 42; 81 I 26 ff., 34; Bernischer Appellationshof in Zivilsachen ZBJV 76 [1940], 143 ff.). Eine **Übung** (longa consuetudo) in diesem Sinn liegt vor bei einem länger andauernden, höchstens durch Einzelfälle unterbrochenen Brauch. Es handelt sich um ein äusseres, faktisches Erfordernis. Diese Übung muss von einer **Rechtsüberzeugung** der beteiligten Rechtsgenossen getragen sein, d.h. sie müssen von der Verbindlichkeit dessen, was angewandt wird, überzeugt sein (opinio iuris oder necessitatis; s. BGE 119 Ia 59 ff., 62 E. 4b). Auch wenn man an diese antiquierten Erfordernisse keine zu hohen Anforderungen stellt, wird man kaum Beispiele für Gewohnheitsrecht finden. **Bundesgewohnheitsrecht** setzt voraus, dass die Übung gesamtschweizerischen Charakter hat, damit sie als subsidiäre Rechtsquelle i.S.v. Art. 1 Abs. 2 Anwendung finden kann. Dabei reicht es aus, dass sich die Übung überall dort, wo das fragliche Institut verwendet wird, durchgesetzt hat und von den Beteiligten befolgt wird (vgl. ZK-DÜRR, N 433; TUOR/SCHNYDER/SCHMID, 40). Unerheblich ist, ob das Gewohnheitsrecht schon vor Erlass des ZGB oder erst nachher entstanden ist (BK-MEIER-HAYOZ, N 239).

2. Bedeutung des Gewohnheitsrechts

Das **Gewohnheitsrecht** ist für das schweizerische Privatrecht von *geringer Bedeutung*. **21**
Es finden sich nur wenige Fälle, in denen Gewohnheitsrecht angenommen wird, und auch diese erfüllen zumeist die Kriterien nicht. Hierher gehört etwa BGE 98 II 15 ff., 20 (elektive Konkurrenz von Gewährleistung und Irrtum, unten N 23). Gewohnheitsrechtliche Geltung wird auch dem Nominalismusprinzip bei der Geldsummenschuld zuerkannt. Dies bedeutet, dass eine Geldsummenschuld ohne Rücksicht auf eine zwischenzeitliche Geldentwertung zum Nennwert zu tilgen ist (näher HONSELL, FS H. Lange, Frankfurt a.M. 1992, 509, 513; das Nominalismusprinzip [Franken gleich Franken] gilt allerdings nicht bei Hyperinflation; hier ist eine Anpassung nach der clausula rebus sic stantibus möglich vgl. Art. 2 N 19). Familienfideikommisse werden teilweise durch Gewohnheitsrecht geregelt (vgl. Art. 335 Abs. 2, dazu Justizkommission Luzern, ZBGR 12 [1931], 12 Nr. 5 = SJZ 27 [1930/31], 61). Auch der zum alten Scheidungsrecht entwickelten Möglichkeit, die Unterhaltsbeiträge nach Art. 151 ZGB (alt) nachträglich abzuändern, wurde

gewohnheitsrechtlicher Charakter beigemessen (SCHUMACHER, Die Abänderbarkeit der Unterhaltsersatzrente nach Art. 151 Abs. 1 ZGB, SJZ 87 [1991], 93, 94). Über das Recht der «Totenfürsorge», d.h. über den Umgang mit der Leiche, befinden nach Gewohnheitsrecht grundsätzlich die nächsten Angehörigen (BK-MEIER-HAYOZ, Das Eigentum, Syst. Teil, N 134; HEGNAUER, ZVW 1997, 124).

3. Die Feststellung von Gewohnheitsrecht

22 Der Richter ist verpflichtet, **Gewohnheitsrecht** *von Amtes wegen* anzuwenden, unabhängig davon, ob und inwieweit ihm die Parteien dessen Existenz nachweisen. Der Grundsatz «iura novit curia» gilt auch hier. Zur Feststellung von Gewohnheitsrecht kann der Richter auf juristische Literatur, Gerichtsurteile, Äusserungen und Handlungen der beteiligten Kreise und der mit dem Recht vertrauten Lokalbehörden (BGE 35 I 447) sowie auf Expertisen abstellen (BK-MEIER-HAYOZ, N 241; DESCHENAUX, SPR II, 104; HAUSHEER/JAUN, Art. 1 ZGB N 34, 41).

4. Gewohnheitsrecht und Gerichtspraxis

23 Ob eine länger andauernde, ununterbrochene und unwidersprochene **Gerichtspraxis** zur Entstehung von Gewohnheitsrecht führen kann, ist umstritten (vgl. BK-MEIER-HAYOZ, N 248 ff.; HAUSHEER/JAUN, Art. 1 ZGB N 37; ablehnend RIEMER, Einleitungsartikel, § 4 N 124 f., insb. N 127 f.; DESCHENAUX, SPR II, 105). Dagegen spricht, dass trotz des Vertrauensschutzes der Rechtsunterworfenen eine **Praxisänderung** auch bei langjähriger Rechtsprechung möglich ist (vgl. z.B. BGE 102 II 313 ff.: Änderung einer fast fünfzigjährigen Praxis; zur Praxisänderung s. PROBST a.a.O. und BIAGGINI, Ratio legis, 51 ff.). Nach BGE 98 II 15 ff., 20 handelt es sich bei der elektiven Konkurrenz von Gewährleistung und Irrtum um Gewohnheitsrecht. Da eine Rechtsüberzeugung der Bürger fehlt, wird man dies jedenfalls bei Zugrundelegung der tradierten Definition ablehnen müssen. Eine ständige Rechtsprechung (Gerichtsgebrauch – usus fori) hat, wiewohl de facto für die Instanzgerichte und für das Publikum verbindlich, nicht die Qualität von Gewohnheitsrecht. Eine Gerichtspraxis ist nur (aber immerhin) als Hilfsmittel bei der Auslegung und Lückenfüllung heranzuziehen (vgl. Art. 1 Abs. 3).

5. Verhältnis zu Übung/Ortsgebrauch nach Art. 5 Abs. 2

24 **Übung** und **Ortsgebrauch** (im wirtschaftlichen Bereich spricht man auch von **Usancen, Handelsbräuchen** usw.) spiegeln die partikulären, regionalen Auffassungen und Gewohnheiten wider. Sie sind nach Art. 5 Abs. 2 im Fall einer Verweisung des Gesetzes anzuwenden, ohne dass ihnen dabei der Charakter von Gewohnheitsrecht zukommen muss. Im Gegensatz zum Gewohnheitsrecht setzen sie weder einen gesamtschweizerischen Charakter noch eine Rechtsüberzeugung der Beteiligten voraus (DESCHENAUX, SPR II, 103). Übung und Ortsgebrauch gelangen zudem – im Gegensatz zum Gewohnheitsrecht, welches eine (sekundäre) Rechtsquelle des Bundesrechts bildet – nur als mittelbares eidgenössisches Gesetzesrecht zur Anwendung. Dies wirkt sich auf die Zulässigkeit der eidgenössischen Rechtsmittel aus: Während eine Verletzung von Gewohnheitsrecht als Verletzung von Bundesrecht auf Bundesebene mit der eidgenössischen Berufung zu rügen ist (BK-MEIER-HAYOZ, N 241; DESCHENAUX, SPR II, 104), ist für Übung oder Ortsgebrauch zu differenzieren. Die Feststellung, ob eine Übung bzw. ein Ortsgebrauch besteht und mit welchem Inhalt, ist Gegenstand der staatsrechtlichen Beschwerde. Dagegen ist eine Überschreitung des von der Verweisungsnorm gesetzten Rahmens mit der eidgenössischen Berufung zu rügen (vgl. HAUSHEER/JAUN, Art. 1 ZGB N 40).

VII. Gesetzeslücken

1. Gibt es Rechtslücken?

Obwohl das Gesetz nicht von **Lücken** spricht, hat die Frage, ob es Lücken gibt und was 25 unter ihnen zu verstehen ist, lebhafte Diskussionen ausgelöst (eine ausführliche neuere Darstellung findet sich bei KRAMER, 162 ff., dort auch zu der mühevollen und unfruchtbaren Diskussion über zahllose Arten von Lücken). Ein altes positivistisches Dogma ging dahin, dass es zum Wesen jeder Rechtsordnung gehöre, *lückenlos* zu sein (ROSS, Theorie der Rechtsquellen, Leipzig 1929; KELSEN, Reine Rechtslehre, Wien 1960, 251). Wo die Rechtsordnung keine Vorschrift zur Verfügung stelle, seien daher alle Begehren abzuweisen. Verwandt ist der von ZITELMANN, 19 aufgestellte *«allgemeine negative Satz»*, nach dem Ansprüche und Pflichten, die nicht in einer positiven Norm begründet sind, nicht bestehen (dagegen BYDLINSKI, Methodenlehre, 236 f.). Dass die Reine Rechtslehre das Lückenproblem «sinnvoll einzustellen und zu bewältigen vermag», ist die These von WALTER, GS Ringhofer, 1995, 197, 220, der eine genaue Analyse der Behandlung des Lückenproblems durch den österreichischen VfGH präsentiert. Ohne auf die alten positivistischen Dogmen zurückzugreifen, hat OTT, SJZ 1987, 193, 196 ff., die Existenz von Gesetzeslücken bestritten. Er geht von der Definition der «Lücke» im Duden aus und findet im ZGB nichts Passendes. Erst wenn eine Lücke gefüllt sei, erweise sie sich als eine solche. Diese Ansicht verfehlt die Praxis und das Gesetz. Von allen europäischen Gesetzgebern bekennen sich nur der schweizerische und der österreichische so offen zur *Möglichkeit der Unvollständigkeit ihrer Regelung.* Zu Art. 1 Abs. 2 als Eingeständnis der Lückenhaftigkeit treffend GMÜR, Das Schweizerische ZGB verglichen mit dem Deutschen BGB, Bern 1965, 49; FLEINER, 321; MERZ, ZfRV 1977, 162, 165.

2. Das Verhältnis der Lückenfüllung zum Rechtsverweigerungsverbot

Richterliche Rechtsfortbildung ist schon deshalb unentbehrlich, weil jede Gesetzesord- 26 nung lückenhaft ist, sei es von Anfang an oder durch Änderung der Verhältnisse. Der Richter muss entscheiden, auch wenn eine gesetzliche Regelung fehlt (**Rechtsverweigerungsverbot,** dazu E. SCHUMANN, ZZP 1968, 79 ff.; FÖGEN, FS Kramer, Basel 2004, 3 ff.). Häufig wird die in Art. 1 Abs. 2 ausgesprochene *Berufung des Richters zur Lückenfüllung* als eine Konsequenz des in der Tat geltenden Rechtsverweigerungsverbots gedeutet (dies sogar bei CANARIS, 59 ff.). Sie folgt aus dem Gebot (Art. 8 Abs. 1 BV) Gleiches gleich und Ungleiches ungleich zu behandeln (KRAMER, 178, der treffend von einem Analogie*gebot* spricht). Es ist aber durchaus vorstellbar, dass sich eine Rechtsordnung mit Rechtsverweigerungsverbot dem altpositivistischen, von OTT, SJZ 1987, 193 ff. erneuerten Dogma anschliesst, in Wahrheit gebe es keine Rechtslücken. Andererseits kann eine Ordnung ohne Rechtsverweigerungsverbot dem Richter Techniken der Lückenfüllung wie die Analogie anbieten. Dies war im römischen Recht der Fall und hatte sozialgeschichtlich gut fassbare Gründe. In der antiken Polis war es jedermanns Bürgerpflicht, ein Richteramt zu übernehmen. So konnte es leicht geschehen, dass ein iudex überfordert war. Um der quasideliktischen Haftung des iudex qui litem suam fecit zu entkommen, gestattete man ihm den Eid, dass ihm die Sache nicht klar sei (iurare sibi non liquere; dazu MAYER-MALY, FS Matscher, 1993, 349 ff.). Dennoch pflegte man die Analogie (vgl. BUND, 76 ff.). Die Verknüpfung der Lückenfüllung mit dem Rechtsverweigerungsverbot ist eine typische, nicht eine notwendige.

3. Was ist eine Lücke?

27   Eine praktikable und daher zweckmässige Definition besagt, dass eine **Rechtslücke** eine *planwidrige Unvollständigkeit einer Regelung* ist. Diese gebräuchlich gewordene Definition geht auf CANARIS, 30 zurück, dessen etwas weitere Definition so lautet: «Die Lücke ist eine planwidrige Unvollständigkeit des positiven Rechts (d.h. des Gesetzes innerhalb der Grenzen seines möglichen Wortsinnes und des Gewohnheitsrechts)». Wesentlich sind also zwei Elemente: die **Unvollständigkeit** und die **Planwidrigkeit**. Wurde etwas absichtlich nicht geregelt (z.B. viele Fragen der privaten Schiedsgerichtsbarkeit im IPRG, vgl. BGE 118 II 199 ff., 200 und dazu BUCHER, RJB 1988, 265 ff.), ist der Ausdruck «Lücke» unangebracht.

28   Für einen etwas weiteren Lückenbegriff ist DESCHENAUX, Le titre préliminaire du Code Civil, 93, eingetreten. Er bezieht in die nach Art. 1 Abs. 2 zu schliessenden Lücken auch die *«lacunes occultes»* ein, die dadurch entstanden sind, dass sich der Gesetzgeber schlecht ausgedrückt hat.

4. Arten von Lücken

29   In der Literatur finden sich viele **Arten von Lücken** (KRAMER, a.a.O.). Der Grossteil von ihnen ist wissenschaftlich wertlos, weil er nicht zu besonderen Rechtsfolgen führt und nur Verwirrung stiftet (KRAMER, 162 ff.; CANARIS, 129 ff.). Dies gilt etwa für die Unterscheidung zwischen echten und unechten, gesetzesimmanenten und rechtspolitischen Lücken, Gebots- und Wertungslücken, logischen und ethischen, anfänglichen und nachträglichen, primären und sekundären sowie formellen und materiellen Lücken. Allerdings empfehlen auch CANARIS, 139 und KRAMER, 162 ff. Einteilungen, die nicht ohne weiteres eingängig sind.

30   Auch die in Praxis und Lehre längere Zeit dominierende *Unterscheidung zwischen* **echten** *und* **unechten Lücken,** die auf ZITELMANN (Lücken im Recht, 1903; Kritik bei CANARIS, 131 ff.) zurückgeht und von BK-MEIER-HAYOZ, N 271 ff., weiterentwickelt wurde, stösst in neuerer Zeit auf berechtigte Kritik (vgl. besonders KRAMER, 167; DERS., Beiheft 15 zur ZSR 1993, 71 ff. und HUWILER, Beiheft 16 zur ZSR 1994, 88). Nach dieser zeitweise h.L. lag eine echte, rechtssystematische Lücke immer dann vor, wenn das positive Recht zwar ein bestimmtes Ordnungsgebiet absteckt, dann aber zu einer Frage, die in dieses Gebiet fällt, keine Antwort gibt. Zur Beendigung der terminologischen Verwirrung empfiehlt es sich, den Lückenbegriff in der Hauptsache auf die Fälle der (nach der gesetzesimmanenten Teleologie) *planwidrigen Unvollständigkeit* zu beschränken, also auf die **Analogie** (vgl. oben N 12 ff.). Bei dieser ist das Gesetz zu eng gefasst. Fälle, die nach dem Gesetzeszweck geregelt sein müssten, bleiben ungeregelt, weil der Gesetzgeber sie nicht gesehen hat. Im umgekehrten Fall, in dem das Gesetz zu weit gefasst ist, weil der Gesetzgeber in notwendiger abstrakter Formulierung («overinclusive») irrtümlich Fälle mitgeregelt hat, die vom Gesetzeszweck nicht erfasst werden (teleologische Restriktion oder Reduktion) ist der Lückenbegriff (rechtspolitische Lücke) missverständlich, denn hier liegt im Wortsinn keine Lücke vor. Im Übrigen sollte man es bei der bis auf das römische Recht zurückgehenden Unterscheidung der richterlichen Rechtsfortbildung *iuris civilis adiuvandi, supplendi und corrigendi gratia* bewenden lassen. Wenn sich auch prätorische Rechtssetzung und richterliche Rechtsfortbildung nur cum grano salis vergleichen lassen, wird damit die richterliche Tätigkeit treffend beschrieben: Er entscheidet *secundum, praeter* oder *contra legem,* wendet das Gesetz an, legt es aus, ergänzt und korrigiert es bisweilen, wo der sorgfältig zu ermittelnde – und keineswegs bloss unterstellte – Gesetzeszweck (das telos) dies erfordert (oben N 16).

5. «Negative Entstehungsgeschichte» und «qualifiziertes Schweigen»

Nicht jeder Gesetzgeber, der in einem bestimmten Ordnungsgebiet eine Frage offen lässt, 31
muss sie übersehen haben. Verhältnismässig oft wird eine bestimmte Regelung einer
Frage erwogen, dann aber doch nicht getroffen. Man kann in solchen Fällen von einer
«negativen Entstehungsgeschichte» sprechen. Lehrreich ist der Fall von BGE 83 III
147 ff.: Es ging um das Schicksal der Wohlfahrtseinrichtung einer in Konkurs gefallenen
Firma. Ein für solche Fälle vorgesehener Abs. 3 von Art. 690 des Entwurfs einer Revision des Handelsrechts hätte lauten sollen: «Soweit der beim Konkurs der Gesellschaft
vorhandene Fonds nicht zur Deckung von Ansprüchen von Bezugsberechtigten dient und
der Stiftungszweck nicht mehr erreichbar ist, fällt das Stiftungsvermögen der Gesellschaft zu». Die Klägerin, der Personal-Fürsorgefonds der Firma, hielt dafür, ein Zugriff
auf das Konkursvermögen der Stifterfirma stehe der Stiftung nur zu, wenn und soweit sie
dieser Mittel zur Erfüllung des Stiftungszweckes bedürfe. Dem hielt BGE 83 III 147 ff.,
152 mit Recht entgegen, gerade der Umstand, dass bei der Gesetzesrevision eine bestimmte Lösung erwogen wurde, dann aber keinen Eingang in das Gesetz gefunden habe,
spreche gegen die Annahme einer Lücke. In einem solchen Fall gilt die alte, bei der Gesetzesrevision nicht beseitigte Regelung. In Fällen dieser Art eine ausfüllungsbedürftige
Lücke anzunehmen, hiesse die politische Entscheidung unterlaufen. Selbst wenn sonst
alle Voraussetzungen für eine Lückenfüllung nach Art. 1 Abs. 2 und 3 gegeben wären,
hätte sie zu unterbleiben.

Von einem **«qualifizierten Schweigen des Gesetzes»** spricht man im Anschluss an BK- 32
Meier-Hayoz, N 255 ff., wenn ein Gesetz Punkte, die es hätte regeln können, bewusst
ungeregelt gelassen hat. In derartigen Fällen ist es etwas schwerer als bei der «negativen
Entstehungsgeschichte» herauszufinden, ob auch eine Lückenfüllung ausgeschlossen
werden sollte oder ob – wie es der Gesetzgeber des BGB oft getan hat – die Klärung
einer Frage der Rechtsprechung überantwortet werden sollte. Es bedarf einer Untersuchung der jeweiligen Gesetzgebungsgeschichte.

Bei der Prüfung der Frage, ob eine ausfüllungsbedürftige Lücke oder negative Entste- 33
hungsgeschichte bzw. qualifiziertes Schweigen vorliegt, kommt der *historischen Interpretation* erheblich grössere Bedeutung zu als bei anderen Interpretationsproblemen (vgl.
BGE 103 Ia 288 ff., 290 f.; 115 II 97 ff., 99). Neben den Fällen, in denen der Gesetzgeber ein Problem zwar gesehen hat, aber nicht regeln wollte, stehen die viel häufigeren, in
denen er ein Problem nicht gesehen hat und vielleicht auch nicht sehen konnte (zur planwidrigen Lücke s. N 27 u. 30).

VIII. Die richterliche Rechtsfortbildung modo legislatoris

1. Herkunft und Anwendungsbereich

Art. 1 nimmt v.a. wegen der **richterlichen Rechtsfortbildung modo legislatoris** nach 34
Abs. 2 unter den europäischen Privatrechtskodifikationen eine Sonderstellung ein. So
bewundernswert dieses methodische Glanzstück Eugen Hubers ist, so verfehlt wäre es,
daraus eine Antithese zum denkenden Gehorsam des kontinentalen Durchschnittsrichters
ableiten zu wollen. Die Freiheit der richterlichen Rechtsfortbildung in den Ländern des
europäischen Kontinents unterscheidet sich kaum von der schweizerischen. Art. 1 regelt
in Abs. 1 die richterliche Rechtsanwendung und -auslegung und in Abs. 2 und 3 die richterliche Rechtsfortbildung. Die Entscheidung eines konkreten Interessenkonflikts erfordert – wenn es sich um geglückte richterliche Rechtsfortbildung handeln soll – die Aufstellung einer auch in anderen Fällen solcher Art brauchbaren Regel. Dies gilt auch für

die Analogie, die ja ohne eine allgemeinere Regel nicht auskommt, welche das tertium comparationis zwischen dem gesetzlich geregelten Fall und dem ungeregelten darstellt. Sie enthält in ihrem ersten Teil einen induktiven Schluss, mit welchem die Regel gewonnen wird, im zweiten einen deduktiven, mit dem der neue Fall entschieden wird. EUGEN HUBER hat richtig gesehen, dass jede Begründung in einer gewissen Verallgemeinerung besteht, die auch Nachbarfälle einbeziehen muss, will die Entscheidung nicht rein dezisionistisch bleiben. Das ist im Kern auch die Methode des angelsächsischen case law. Die Anweisung erinnert an den Kant'schen kategorischen Imperativ, findet sich aber schon in der Nikomachischen Ethik des Aristoteles (1137b; dazu, dass EUGEN HUBER diese Stelle gekannt hat, eingehend HUWILER, Beiheft 16 zur ZSR 1994, 83 f. N 131; zum Ganzen HONSELL, FS Mayer-Maly, 369 ff.; DERS., FS Koppensteiner, 593 ff.). Aristoteles erzählt dort die Anekdote, dass Solon, der Gesetzgeber Athens, für 10 Jahre nach Ägypten gehen wollte. Die besorgten Bürger fragten ihn, wie denn seine Gesetze angewandt werden sollten, wenn man ihn nicht mehr fragen könne. Er antwortete, sie sollten so entscheiden wie der Gesetzgeber, wenn er im Lande wäre. Auch die Regelbildung im Fallrecht folgt unausgesprochen diesen Grundsätzen. Das gilt auch für die rule im angelsächsischen case law. Der Spruch des Richters ist Fallentscheidung und Regelbildung zugleich. Der Richter hat den ihm vorliegenden Fall nicht nach seinen besonderen Umständen und dann etwa gar noch nach Billigkeit zu entscheiden, sondern eine Regel zu bilden, nach der alle derartigen Fälle entschieden werden können. Die französische Fassung von Art. 1 Abs. 2 spricht sogar von mehreren Regeln und schliesst damit eine «Fallnorm» im Sinn von FIKENTSCHER (Methoden des Rechts, Bd. 5, Tübingen 1977) aus. In diesem Sinne liegt in der Tat richterliche Normsetzung vor. Sie erfolgt nicht frei, sondern mit Blick auf das, was der Gesetzgeber getan hätte. Der Richter hat demgemäss nochmals teleologisch zu denken, aber nicht mehr zu interpretieren.

35   Müssig ist die Frage, ob **Analogie und teleologische Restriktion unter Abs. 1 oder Abs. 2** fallen, weil (extensive) Auslegung und Analogie nicht scharf zu trennen sind (unscharfer möglicher Wortsinn als Grenze, oben N 12 ff.). Sie werden expressis verbis in Art. 1 nicht genannt. EUGEN HUBER (354) hat die Analogie noch zur Auslegung nach Abs. 1 gerechnet (ebenso JAUN, ZBJV 137, 31 m.w.Nw.). Für ihn lag eine nach Abs. 2 u. 3 zu behandelnde Lücke erst vor, wenn eine Analogie nicht möglich ist (oben N 12). Dazu passt, dass in der Anweisung von Abs. 2 und 3 die Analogie nicht genannt wird. Nach heutigem Verständnis hingegen und auch nach der Formulierung in Abs. 2 («kann dem Gesetz keine Vorschrift entnommen werden») hängen Lückenfüllung und Analogie thematisch zusammen und gehören zu Abs. 2. Diese Norm wird vielfach als Hauptansatz einer Gesetzesauslegung nach dem Normzweck angesehen. Nach BK-MEIER-HAYOZ, N 136 will die Vorschrift nicht eine Frage der Terminologie bereinigen, sondern «eine bestimmte methodologische Anweisung geben». Die richterliche Regelbildung nach Art. 1 Abs. 2 kann erst erfolgen, wenn weder das Gesetz und seine Interpretation noch das Gewohnheitsrecht eine Antwort geben. Zur Korrektur von missglücktem oder gar unwillkommenem Gesetzesrecht ist sie nicht berufen (vgl. nur BGE 107 Ib 98 ff., 106; 108 Ib 78 ff., 82; 111 Ib 227 ff., 229). Im Hinblick auf die fliessende Grenze zwischen Auslegung und Analogie ist auch eine exakte Grenzziehung zwischen Abs. 1 und Abs. 2 nicht möglich. Ist eine Lücke nicht durch Gesetz, sondern durch *Verordnung* zu schliessen, so hat das zur Lückenfüllung berufene Organ nicht wie ein Gesetzgeber, sondern wie eine zum Erlass von Verordnungen berufene Verwaltungsbehörde zu denken (insoweit zutreffend BGE 112 Ib 39 ff., 46).

36   Der Richter ist aber auch zur **Rechtsfortbildung** in Fällen aufgerufen, in denen es keine Anknüpfung für Analogien gibt und sich kein einschlägiger Normzweck finden lässt. KRAMER, 207 ff. nennt dies «gesetzesübersteigendes Richterrecht». Hierbei handelt es

sich nicht um eine völlig freie richterliche Rechtsfortbildung, etwa im Sinne der Frei-rechtsschule, sondern der Richter ist an die bewährte Lehre und Überlieferung gebunden. Darüber hinaus hat er die *Gesamtrechtsordnung* und *allgemeine Rechtsgrundsätze* zu beachten. § 7 ABGB verweist ihn auf die «natürlichen Rechtsgrundsätze», Art. 12 Abs. 2 CC it. auf die «principi generali dell'ordinamento giuridico dello Stato». Zu den allge-meinen Rechtsgrundsätzen zuletzt KRAMER, FS Bydlinski, 197. Nach BGE 90 II 100 ff., 107 ist eine Lösung zu suchen, «die sich folgerichtig in das Gefüge der gesetzlichen Be-stimmungen einordnen lässt.» Ein Leitprinzip ist die Widerspruchsfreiheit der Rechts-ordnung und die Vermeidung wertungsmässiger Antinomien. Hier sind auch die *Rechts-vergleichung* sowie *ökonomische Argumente* zu berücksichtigen (näher KRAMER, 229 ff., 233 ff.; insbes. zur Rechtsvergleichung auch HONSELL, FS 50 Jahre Bundesgerichtshof, II 927 und STOLL, FS Bydlinski, 429). Schliesslich kann der Richter Lösungen durch Konkretisierung der Generalklauseln gewinnen.

2. Bewährte Lehre und Überlieferung als Hilfsmittel der Lückenfüllung

In der *Auswahl der Regel*, nach der er als Gesetzgeber entscheiden würde, ist der Richter   **37** nicht frei. Art. 1 Abs. 3 schreibt ihm vor, «bewährter Lehre und Überlieferung» zu fol-gen. Die Basis für eine rechtspolitische Willensbildung des Richters ist also schmal (MEIER-HAYOZ, JZ 1981, 421). Der Gesetzgeber hat die sprachliche Form einer Deskrip-tion im Präsens gewählt und sich damit einem «Rechtswirkungssatz» (vgl. GMÜR, Rechtswirkungsdenken in der Privatrechtsgeschichte, Bern 1981) wie «Heirat macht mündig» genähert. In Wahrheit stellt er jedoch ein Gebot auf. Art. 1 Abs. 3 will keine richterliche Eigenwertung. Insofern stimmt die Vorschrift mit allen Bestimmungen über-ein, die auf die guten Sitten verweisen (vgl. Art. 19, 20, 41 Abs. 2 OR). Art. 1 Abs. 3 will auch kein «Richterrecht» als solches. Zu beachten ist ferner, dass das Gesetz den Richter nicht auf die Demoskopie verweist, ja sogar deren Heranziehung entgegensteht. Eine andere Frage ist, ob Demoskopie als Beweismittel, etwa in Wettbewerbsangelegenheiten (vgl. MAYER-MALY, JBl 1968, 57 ff.; MATSCHER, Österr. Blätter für gewerblichen Rechtsschutz und Urheberrecht, Wien 1970, 90 ff.), in ein Verfahren eingebracht werden darf.

Wie STROLZ, 158 ff. richtig bemerkt, hat die Orientierung am Bewährten eine starke In-   **38** tegrationsfunktion. Zum Grad der Anerkennung des Bewährten und der Bindung an das-selbe unterscheiden sich die verschiedenen Fassungen des ZGB in bemerkenswerter Wei-se. Nach der französischen Fassung hat sich der Richter bloss inspirieren zu lassen. Nach der italienischen Fassung kommt es darauf an, ob eine Lehre oder Judikatur die meiste Zustimmung erfahren hat («*piu* autorevoli»). Der deutsche Text begnügt sich mit dem Umstand des Bewährt-Seins. Die **bewährte Lehre** ergibt sich v.a. aus ihrer Argumenta-tionskraft. Die Zahl ihrer Vertreter ist nur ein Indiz (STROLZ, 47). *Books of Authority*, wie sie das angelsächsische Recht kennt, sind dem schweizerischen Recht unbekannt. Als bewährte Lehre hat v.a. die in der Schweiz selbst entwickelte zu gelten. Als Grundlage einer Rezeption im Ausland entwickelter Lehrgebäude wie z.B. der deutschen Betriebs-risikolehre ist Art. 1 Abs. 3 nicht geeignet (vgl. BRÜHWILLER, ZSR 1988 I 553, 567 f.). Dagegen sind die Traditionen des gemeinen Rechts (ius commune) zur bewährten Lehre zu rechnen. Gefestigte ausländische Rechtsprechung wird mit Vorteil herangezogen, wenn es an schweizerischen Entscheidungen fehlt (vgl. N 39). Zum *Verhältnis* zwischen bewährter Lehre und *Überlieferung* (= Gerichtspraxis) hat BUCHER, ZSR 1983 II 251, 302 ff. die These aufgestellt, bei der Rechtsinhaltsbestimmung bedeute die Wissenschaft alles, das richterliche Präjudiz an sich nichts. Abgesehen davon, dass es nicht um die Herkunft der Argumente geht, sondern um ihre Qualität, wäre es unrealistisch anzuneh-men, dass Richter eher den Überlegungen einzelner Gelehrter folgen als den bewährten

Maximen der Judikatur. Dass das Gesetz die bewährte Lehre vor der Überlieferung nennt, ist bedeutungslos.

39 Zur **bewährten Überlieferung** gehört in erster Linie die **Gerichtspraxis,** insb. die Entscheide des BGer. Der Stellenwert der «*Präjudizien*» ist höher einzuschätzen als BK-MEIER-HAYOZ, N 497 ff. dies tut. Auch wenn es keine Bindung (stare decisis) gibt, wie im angelsächsischen Recht, sind die Instanzgerichte zwar nicht de jure, wohl aber de facto an die Rsp. des BGer gebunden. Auch das BGer selbst nimmt eine *Praxisänderung* nur vor, wenn es dafür überzeugende Gründe gibt. Ist dies nicht der Fall oder halten sich Gründe und Gegengründe die Waage, so ist es ein Gebot der Rechtssicherheit und des Vertrauensschutzes bei der bisherigen Rsp. zu bleiben (zum Problem der Praxisänderung oben N 23; s. ferner PROBST und BIAGGINI, Ratio legis, 51 ff.; KRAMER, 250 ff.).

Art. 2

B. Inhalt der Rechts-verhältnisse

I. Handeln nach Treu und Glauben

[1] **Jedermann hat in der Ausübung seiner Rechte und in der Erfüllung seiner Pflichten nach Treu und Glauben zu handeln.**

[2] **Der offenbare Missbrauch eines Rechtes findet keinen Rechtsschutz.**

B. Etendue des droits civils

I. Devoirs généraux

[1] Chacun est tenu d'exercer ses droits et d'exécuter ses obligations selon les règles de la bonne foi.

[2] L'abus manifeste d'un droit n'est pas protégé par la loi.

B. Limiti dei rapporti giuridici

I. Osservanza della buona fede

[1] Ognuno è tenuto ad agire secondo la buona fede così nell'esercizio dei propri diritti come nell'adempimento dei propri obblighi.

[2] Il manifesto abuso del proprio diritto non è protetto dalla legge.

Literatur

Vgl. die Literaturhinweise zu Art. 1; dazu:

Schweiz: BERGER, Abschied vom Gefahrensatz?, recht 1999, 104 ff.; DERS., Verhaltenspflichten und Vertrauenshaftung, Diss. Bern 2000; BISCHOF, Vertragsrisiko und clausula rebus sic stantibus, Diss. Zürich 1983; BRECHBÜHL, Haftung aus erwecktem Konzernvertrauen, Diss. Bern 1998; BÜRGI, Ursprung und Bedeutung der Begriffe «Treu und Glauben» und «Billigkeit» im schweizerischen Zivilrecht, Bern 1939; BURKHARDT, Vertragsanpassung bei veränderten Umständen in der Praxis des schweizerischen Privatrechts, Diss. Bern 1996; CASANOVA, Die Haftung der Parteien für prozessuales Verhalten, insbesondere aus Art. 41 ff. OR, Diss. Freiburg 1982; CHAPPUIS/WINIGER (Hrsg.), La responsabilité fondée sur la confiance – Vertrauenshaftung, Zürich 2001; DELCO, Die Bedeutung des Grundsatzes von Treu und Glauben beim Ersatz reiner Vermögensschäden, Diss. Zürich 2000; FORSTMOSER/MEIER-HAYOZ/NOBEL, Schweizerisches Aktienrecht, Bern 1996; FRICK, Culpa in contrahendo – Eine rechtsvergleichende und kollisionsrechtliche Studie, Diss. Zürich 1992; GONZENBACH, Culpa in contrahendo im schweizerischen Vertragsrecht, Bern 1987; HARTMANN, Die vorvertraglichen Informationspflichten und ihre Verletzung, Diss. Freiburg 2001; HONSELL, Die Haftung für Auskunft und Gutachten, insbesondere gegenüber Dritten, in: A. Koller (Hrsg.), Beiträge der Haftpflicht- und Versicherungstagung, 2005, 169 ff.; KELLER, Ist eine Treu und Glauben verletzende Schädigung widerrechtlich?, recht 1987, 136 f.; KOLLER, Der gute und der böse Glaube im allgemeinen Schuldrecht, Freiburg 1994; DERS., Haftung für positive Vertragsverletzung, AJP 1992, 1483 ff.; DERS., Schweizerisches Obligationenrecht Allgemeiner Teil, Band I, Bern 1996; KOSTKIEWICZ, Vertrauenshaftung im schweizerischen IPR, ZBJV 2001, 161 ff.;

KUNZ, Die Klagen im schweizerischen Aktienrecht, Zürich 1997; KUZMIC, Haftung aus «Konzernvertrauen», Diss. Zürich 1998; LEHMANN, Missbrauch der aktienrechtlichen Anfechtungsklage, Diss. Zürich 2000; LOSER, Konkretisierung der Vertrauenshaftung, recht 1999, 73 ff.; LUTZ, Die Massnahmen gegen die missbräuchliche Inanspruchnahme von Doppelbesteuerungsabkommen, Diss. Zürich 2000; MEIER-HAYOZ/ZWEIFEL, Der Grundsatz der schonenden Rechtsausübung im Gesellschaftsrecht, in: FS Westermann, Karlsruhe 1974, 383 ff.; MERZ, Vom Schikaneverbot zum Rechtsmissbrauch, ZfRV 1977, 162 ff.; DERS., Auslegung, Lückenfüllung und Normberichtigung, AcP 1963, 305 ff.; MOSER, Die Haftung gegenüber vertragsfremden Dritten, Diss. Bern 1998; MOSER/BERGER, Vertrauenshaftung auch im Bankgeschäft – zur Haftungsgrundlage und zu den Grenzen von Aufklärungspflichten, AJP 1999, 541 ff.; OFTINGER/STARK, Schweizerisches Haftpflichtrecht, Bd. II/1: Besonderer Teil: Verschuldenshaftung und gewöhnliche Kausalhaftungen, 4. Aufl. Zürich 1987; PIOTET, culpa in contrahendo, Bern 1963; REY, Rechtsmissbrauch und Richterrecht, SJZ 1984, 1 ff.; DERS., Rechtliche Sonderverbindung und Rechtsfortbildung, in: FS M. Keller, Zürich 1989, 231 ff.; RIEMER, Vertragsumgehung sowie Umgehung anderer rechtsgeschäftlicher Rechte und Pflichten, ZSR 1982, 357 ff.; DERS., Prozessführung «in guten Treuen» (§ 64 Abs. 3 ZPO, Art. 156 Abs. 3 OG) – zwischen «Treu und Glauben» (Art. 2 ZGB) und «gutem Glauben» (Art. 3 ZGB), in: FS 125 Jahre Kassationsgericht des Kantons Zürich, Zürich 2000; VON STEIGER, Unzulässige Rechtsausübung, insbesondere die Verwirkung, ZSR NF 75 I 1956, 13 ff.; STURM, Der Rechtsmissbrauch im Schweizer Recht – Ein Überblick über die neuere Judikatur des BGer, SJZ 1993, 373 ff.; TRUEB, Der Rechtsmissbrauch (Schikane) im modernen Recht, Bern 1909; VOGEL, Grundriss des Zivilprozessrechts, 7. Aufl. Bern 2001; WALTER, Vertrauenshaftung im Umfeld des Vertrages, ZBJV 1996, 273 ff.; DERS., Die Vertrauenshaftung: Unkraut oder Blume im Garten des Rechts?, ZSR 120 I 2001, 79 ff.; WEBER-DÜRLER, Vertrauensschutz im öffentlichen Recht, Frankfurt 1983; WIEGAND, Von der Obligation zum Schuldverhältnis, recht 1997, 85 ff.; DERS., Formungültigkeit und Vertrauenshaftung, Bemerkungen zu einem bemerkenswerten Urteil des Bundesgerichtes, recht 1999, 225 ff.; DERS., Die Leistungstörungen, recht 1984, 18 ff.; DERS., Die Verhaltenspflichten, in: FS Gagnér, München 1991, 147 ff.; WICK, Die Vertrauenshaftung im schweizerischen Recht, Versuch einer kurzen Orientierung nach dem Swissair-Entscheid, AJP 1995, 1270 ff.; WIDMER/COTTIER (Hrsg.), La bonne foi et l'abus de droit, Enseignement de 3ème cycle de droit 1992, Fribourg 1994; ZELLER, Zum Begriff der «Missbräuchlichkeit» im Schweizerischen Privatrecht, ZSR 1990 I, 261 ff.

Ausland: BAUMS, Empfiehlt sich eine Neuregelung des aktienrechtlichen Anfechtungs- und Organhaftungsrechts, insbesondere der Klagemöglichkeiten von Aktionären?, Gutachten F zum 63. Deutschen Juristentag, München 2000; BROWNSWORD/HIRD/HOWELLS (Hrsg.), Good Faith in Contract, Dartmouth 1999; CANARIS, Die Vertrauenshaftung im deutschen Privatrecht, München 1981; BYDLINSKI, Skizzen zum Verbot des Rechtsmissbrauchs im österreichischen Privatrecht, FS Krejci, Wien 2001, 1079 ff.; DETTE, Venire contra factum proprium nulli concedītur, Berlin 1985; ESSER, § 242 BGB und die Privatautonomie, JZ 1956, 555 ff.; DERS., Wandlungen von Billigkeit und Billigkeitsrechtsprechung im modernen Privatrecht, in: Summum ius – summa iniuria, Tübingen 1963, 22 ff. 197; FASTRICH, Richterliche Inhaltskontrolle im Privatrecht, München 1992; HAFERKAMP, Die heutige Rechtsmissbrauchslehre – Ergebnis nationalsozialistischen Rechtsdenkens?, Baden-Baden 1995; KNÖDLER, Rechtsmissbrauch im öffentlichen Recht, Diss. Berlin 1999; LEVI, L'abuso del diritto, Milano 1993; MADER, Rechtsmissbrauch und unzulässige Rechtsausübung, 1994; RIEZLER, Venire contra factum proprium, Leipzig 1912; ROTH, in Münchner Komm. zu § 242 BGB; ROTONDI, L'abuso di diritto, Rivista di diritto civile 15, Pavia 1922, 105 ff.; J. SCHMIDT, in Staudinger, Komm. zu § 242 BGB; SCHÜTZ, UN-Kaufrecht und Culpa in contrahendo, Diss. Heidelberg 1995; SIEBERT, Vom Wesen des Rechtsmissbrauches, Berlin 1935; R. SINGER, Das Verbot widersprüchlichen Verhaltens, München 1993; SONNENBERGER, Treu und Glauben – ein supranationaler Grundsatz? Deutsch-französische Schwierigkeiten der Annäherung, Berlin/New York 1996; STEIN/JONAS, Kommentar zur Zivilprozessordnung, 22. Aufl., Tübingen 2002; STRÄTZ, Treu und Glauben, Paderborn 1974; VOYAME/COTTIER/ROCHA, L'abus de droit et les concepts équivalents, Cambridge 1990; WIEACKER, Zur rechtstheoretischen Präzisierung des § 242 BGB, Tübingen 1956; ZIMMERMANN/WHITTAKER, Good faith in European contract law, Cambridge 2000.

I. Einleitung

1. Aufbau der Vorschrift

1 Mit Art. 2 wendet sich das ZGB dem *Inhalt der Rechtsverhältnisse* zu. Dabei verbindet es zwei Anordnungen, die einerseits eng miteinander verwandt, andererseits aber unter mehreren Aspekten voneinander verschieden sind: das Gebot des Handelns nach **Treu und Glauben** (Abs. 1) und die Verweigerung von Rechtsschutz für **offenbaren Rechtsmissbrauch** (Abs. 2) (HAUSHEER/JAUN, Art. 2 ZGB N 1). Das *Verhältnis zwischen Abs. 1 und Abs. 2* ist umstritten. Ein Teil der älteren Lehre nimmt an, dass die beiden Normen spiegelbildlich zueinander stehen (vgl. Nachweise bei DESCHENAUX, SPR II, 147). Demnach sollten sie denselben Grundsatz einmal positiv (Abs. 1) und einmal negativ ausgedrückt (Abs. 2) enthalten. Diese Auffassung findet sich z.T. auch in der bundesgerichtlichen Rechtsprechung, indem der Rechtsmissbrauch oftmals als eine Verletzung des Gebotes von Treu und Glauben behandelt wird (vgl. z.B. BGE 125 III 257 ff., 259 f. E. 2b; 123 III 233 ff., 240). Die herrschende Lehre betont dagegen die unterschiedlichen Funktionen der beiden Absätze. Demnach soll sich das Gebot von Treu und Glauben in Abs. 1 auf Auslegung und Ergänzung von Gesetz und Rechtsgeschäft beziehen, während das Rechtsmissbrauchsverbot in Abs. 2 ZGB der Korrektur von Gesetzen und Verträgen im Einzelfall dient (vgl. BGE 120 III 131 ff., 134; BK-MERZ, N 25 ff. m.w.Nw.; ZK-BAUMANN, N 21 ff.; CARONI, 192; DESCHENAUX, SPR II, 147 f.; RIEMER, Einleitungsartikel, § 5 N 4 ff., insb. N 12).

2 ZELLER, Treu und Glauben, 171 entnimmt einer Gegenüberstellung der Entwicklungen von Treu und Glauben einerseits und des Rechtsmissbrauchsverbots andererseits zwei voneinander unabhängige und selbständige Entwicklungslinien. HUWILER, Beiheft 16 zur ZSR 1994, 57, 74 ff. hat jedoch gezeigt, dass das *Rechtsmissbrauchsverbot* und der Grundsatz von *Treu und Glauben* auch in ihrer kodifikationsgeschichtlichen Entwicklung enger miteinander *zusammenhängen*. Dafür sprechen auch die französischen und italienischen Randtitel der Vorschrift. Hier wie dort wird die allgemeine Regel einer ethisch orientierten Konkretisierung für den Einzelfall unterworfen. Das Instrumentarium differiert freilich: Art. 2 Abs. 1 statuiert zusätzliche Pflichten oder modifiziert bestehende; Abs. 2 droht die Verweigerung von Rechtsschutz an.

2. Zweck und Bedeutung der Vorschrift

3 Art. 2 enthält nach BGE 83 II 345 ff., 348 f. einen «Grundsatz allgemeinster Art», nach BGE 45 II 398 eine «Schranke aller Rechtsausübung». Es handelt sich um eine **Generalklausel**, welche die Gerichte zu gerechten Einzelfallentscheidungen ermutigt und eine richterliche Rechtsfortbildung ermöglicht. Dabei sind die Gerichte auf weitere Wertungen angewiesen, die sich aus dem Begriff Treu und Glauben nicht immer ableiten, aber doch wenigstens an ihm festmachen lassen. Aufgabe der Kommentierung ist es, die Kasuistik zu Art. 2 im Hinblick auf solche Wertungen zu analysieren und in Fallgruppen zu systematisieren. Eine verbreitete Auffassung (BGE 44 II 445; BK-MERZ, N 30; ZELLER, Treu und Glauben, 176) geht dahin, dass Art. 2 keinen selbständigen bzw. überhaupt *keinen Rechtssatz,* sondern eine Rechtsanwendungsnorm enthalte. Diese Auffassung ist Missverständnissen ausgesetzt. Ihre Bewertung hängt davon ab, was man unter einem Rechtssatz versteht. Meint man damit die Bezeichnung aller Voraussetzungen des Eintretens einer bestimmten Rechtsfolge, ist sie richtig, aber banal. Vollständige Rechtssätze in diesem Sinne findet man in Gesetzen kaum. Meint man dagegen, Art. 2 habe einen anderen und eher geringeren Stellenwert als eine beliebige Regel des materiellen Rechts (z.B. des Gewährleistungsrechts), so wird man der eminenten Bedeutung der Vorschrift nicht gerecht. Diese will zwar die Bestimmungen des Zivilrechts (und auch anderer Rechtsbe-

reiche) nicht allgemein für bestimmte Arten von Fällen ausser Kraft setzen, sondern den Richter (bzw. das sonst zuständige Rechtsanwendungsorgan) lediglich anweisen, «besonderen Tatsachen Rechnung zu tragen, die nur dem einzelnen Falle eigen sind» (BGE 85 II 111 ff., 114; 87 II 147 ff., 154). Doch gilt das für diese Fälle relevante Recht nur so, wie es sich aus Treu und Glauben sowie dem Missbrauchsverbot ergibt. *Treu und Glauben* ist mit dem *guten Glauben* von *Art. 3* nicht identisch, obgleich die historischen Wurzeln dieselben sind und in der französischen und italienischen Fassung in beiden Fällen von bonne foi bzw. buona fede die Rede ist. In Art. 3 bedeutet Gutgläubigkeit in bestimmten Fällen, in welchen der Schutz des redlichen Geschäftsverkehrs dies erfordert, dass man ein Recht auch von einem Nichtberechtigten erwerben kann, wenn man den Mangel der Berechtigung weder gekannt hat, noch hätte kennen müssen (vgl. Art. 3 N 3). Hingegen betrifft Treu und Glauben nach Art. 2 Abs. 1 den Inhalt und die Auslegung von Verträgen. Das Prinzip von Treu und Glauben ist in dem Sinne **zwingend,** dass Redlichkeit, Vertrauensschutz usw. nicht wegbedungen werden können. Hingegen steht es den Parteien frei, vertraglich andere Regelungen zu treffen als sie aus Art. 2 entwickelt worden sind. So können sie z.B. die zu Art. 2 entwickelten Schutzpflichten abschwächen oder den Vertrag anpassungsfester machen als dies nach den Grundsätzen der Geschäftsgrundlage der Fall wäre (MünchKomm-ROTH, 242 BGB Rz 76).

3. Anwendungsbereich

Beide Absätze von Art. 2 gelten nicht nur für den Bereich des Privatrechts, für den sie **4** ursprünglich konzipiert sind, sondern für die Gesamtrechtsordnung. In ihnen kommen *allgemeine Rechtsprinzipien* zum Ausdruck (BGE 79 III 66; HAUSHEER/JAUN, Art. 2 ZGB N 156; ähnlich BGHZ 85, 48: «ein das ganze Rechtsleben beherrschender Grundsatz»). Treu und Glauben gilt auch im Bereich des Prozessrechtes, und zwar sowohl im Zivil- als auch im Strafprozessrecht (vgl. dazu N 54 ff.). Wie Art. 9 der neuen **Bundesverfassung** vom 18. April 1999 (BV) nun ausdrücklich festlegt (unter der alten BV wurde das Gebot staatlichen Handelns nach Treu und Glauben aus Art. 4 altBV abgeleitet), gilt der Grundsatz von Treu und Glauben auch im **öffentlichen Recht** und bindet sämtliche staatlichen Organe. Daneben wurde in Art. 5 Abs. 3 BV ein für die gesamte Rechtsordnung im Sinne einer grundlegenden Handlungsmaxime geltendes Prinzip von Treu und Glauben verankert (Botschaft über eine neue Bundesverfassung vom 20. November 1996, BBl 1997 I 134; BGE 9.5.2000 K 23/98; vgl. zum alten Recht schon BGE 76 I 190; ferner BGE 121 II 5 ff., 7; 115 Ib 517 ff., 554; 88 I 145 ff., 148; 89 I 170 ff., 175 und 430 ff., 435. Über Treu und Glauben im öffentlichen Recht ZK-BAUMANN, N 28, 32 ff., 488 ff.; DESCHENAUX, SPR II, 160; HAUSHEER/JAUN, Art. 2 ZGB N 153 ff.; PICOT, ZSR 1977, II 115 ff. und 289 ff.). Der Grundsatz von Treu und Glauben schützt den Bürger u.a. in seinem berechtigten Vertrauen auf behördliches Verhalten und bedeutet z.B., dass falsche Auskünfte von Verwaltungsbehörden unter bestimmten Voraussetzungen eine vom materiellen Recht abweichende Behandlung des Rechtsuchenden gebieten (vgl. BGE 9.5.2000 K 23/98; 121 V 65 ff., 66 E. 2a mit Hinweisen). Die Verwaltung unterliegt den «exigences de la sécurité de droit» (BGE 89 I 430 ff., 435). Bei Irrtümern im Zug einer Verwaltungsmassnahme kann daher auf Art. 2 zurückgegriffen werden (DICKE, ZSR 1984 I, 525, 527). Bürger, die auf die Ausschöpfung ihrer Einspruchsmöglichkeiten gegenüber obrigkeitlicher Planung in der begründeten Erwartung verzichten, durch das Planungsresultat zu der von ihnen angestrebten Form der Grundstücksnutzung zu gelangen, können sich nach den zutreffenden Entscheiden von BGE 76 I 190; 88 I 145 ff., 148 auf Art. 2 Abs. 1 berufen. Nicht vereinbar mit Treu und Glauben ist auch die dauerhafte Verwendung eines enteigneten Grundstücks für einen anderen als den Enteignungszweck (BGE 89 I 170 ff., 175).

5 Die Grundrechte der Verfassung strahlen auf das Zivilrecht aus. Nach einer in Deutschland entwickelten Lehre spielen die Grundrechte im Privatrecht mittelbar eine Rolle. Sie sind nämlich zur Konkretisierung der Generalklauseln heranzuziehen. Die These von der **mittelbaren Grundrechtsdrittwirkung** über die Generalklauseln stammt der Sache nach von BOSCH/HABSCHEID (Vertragspflicht und Gewissenskonflikt, JZ 1954, 213 ff.) und ist später von DÜRIG (Grundrechte und Zivilrechtsprechung, FS Nawiasky [1956], 157 ff.), aufgegriffen und ausgebaut worden. Zum Verhältnis von **Privatrecht und Verfassung** siehe auch GEIGER, Die Grundrechte in der Privatrechtsordnung, Stuttgart 1960; HUECK, Der Grundsatz der gleichmässigen Behandlung im Privatrecht, 1958; LEISNER, Grundrechte und Privatrecht, 1961; SCHWABE, Die sogenannte Drittwirkung der Grundrechte, München 1971; in neuerer Zeit haben sich aus privatrechtlicher Sicht vor allem CANARIS (Grundrechte und Privatrecht, AcP 184 [1984], 201 ff.) und DIEDERICHSEN, (Das Bundesverfassungsgericht als oberstes Zivilgericht, AcP 198 [1998], 171 ff.) kritisch mit dem Thema befasst. Für die Schweiz vgl. die Kontroverse zwischen J. P. MÜLLER, 1982, 80 ff. und E. BUCHER, SJZ 1987, 37 ff.; dazu noch ZÄCH, SJZ 1989, 1 ff., 25 ff.; s. auch Art. 1 N 18.

6 Die Auffassung von BGE 102 II 55 ff., es sei nach kantonalem Recht und nicht nach Art. 2 zu beurteilen, ob ein Gemeinwesen beim Abschluss eines verwaltungsrechtlichen Vertrages, der kantonalem Recht untersteht, den Grundsatz von Treu und Glauben verletzt hat, ist jedenfalls seit der Verankerung von Treu und Glauben als Verfassungsprinzip nicht mehr zu halten. Die Rechtsprechung zum verfassungsrechtlichen Vertrauensschutz gilt auch unter der Herrschaft von Art. 9 BV.

4. Entstehungsgeschichte

7 Das Prinzip von Treu und Glauben geht zurück auf die **bona fides** des römischen Rechts. Es handelt sich um ein Hendiadyoin. Glauben ist zu verstehen i.S.v. Vertrauen. Fides und aequitas (Treue/Vertrauen und Billigkeit) sind von griechischen Ideen beeinflusst, wie schon die Wortverwandtschaft zeigt (pistis und epeikia). Dazu kommt noch der im mittelalterlichen Recht entwickelte Treuegedanke (zu diesem HUECK, Der Treuegedanke im modernen Privatrecht, München 1947), wo die personale Komponente eine grössere Rolle spielte. Zum Einfluss der aristotelischen *Epikie* und der römischen bona fides auf die heutigen Vorstellungen von Treu und Glauben s. auch BK-MERZ, N 9; HUWILER, Beiheft 16 zur ZSR 1994, 58. Doch sind auch Unterschiede unübersehbar: Im heutigen Verständnis ergeben sich die Anforderungen von Treu und Glauben eher aus *Standards einer nicht an bestimmte philosophische Konzeptionen gebundenen Sozialmoral* und weniger aus dem Streben nach Billigkeit im Einzelfall (dazu s. die Kommentierung von Art. 4; ferner GERNHUBER, in: Summum ius summa iniuria, Tübingen 1963, 205 ff.; v. HOYNINGEN-HUENE, Die Billigkeit im Arbeitsrecht, München 1978). Die römische bona fides war vielschichtig: Zum einen kennzeichnete sie eine Teilgruppe der Kontrakte (die negotia bonae fidei im Gegensatz zu den negotia stricti iuris), bei denen die vertragsethische Pflicht, das gegebene Wort zu halten, auch rechtlich anerkannt wurde. Zum andern war sie ein durchgängiges, auch im Verkehr mit Nichtbürgern gültiges Rechtsprinzip.

8 In Art. 2 vereinen sich zwei Rechtsgedanken: In Abs. 1 die **bona fides** der Römer, in Abs. 2 die römische **exceptio doli** (HUWILER, Beiheft 16 zur ZSR 1994, 59 ff.). Die exceptio doli hatte schon im **römischen Recht** zwei Anwendungsfälle: die gemeinrechtlich sog. exceptio doli praeteriti oder specialis, welche die Arglist bei Vertragsschluss betraf, und die exceptio doli praesentis oder generalis, mit welcher ein widersprüchliches Verhalten insbesondere eine unzulässige Rechtsausübung durch Erhebung einer nur nach strengem und formalem Recht begründeten, aber materiell unbegründeten Klage bekämpft wurde. Die Klageformel mit der Einrede lautete z.B. bei der Vindikation: Si paret Aulus Agerius dominum esse ex iure Quiritium nisi in ea re aliquid dolo malo Auli Agerii *factum est vel fiat* quanti ea res est Numerius Negidius Aulo Agerio condemnato, si non paret absolvito: Wenn es sich erweist, dass A.A. Eigentümer ist nach Zivilrecht, so soll N.N. verurteilt werden, es sei denn, dass in dieser Sache etwas durch böse Absicht des A.A. geschehen ist oder geschieht; wenn es sich nicht erweist, soll er freigesprochen werden. So erklärt sich der Zusammenhang zwischen Arglist und unzulässiger Rechtsausübung (Rechtsmissbrauch). Namentlich in ihrer zweiten Funktion diente die exceptio doli als prätorische Rechtsschöpfung der Abwehr nur formaler Ansprüche, des nudum ius Quiritium. Ein klassischer Fall war die erwähnte Vindikation des formalen Nocheigentümers, der die Sache ohne Beachtung der Form (Manzipation) verkauft und übergeben hatte. Hier gewährte der Prätor gegen die Herausgabeklage die exceptio rei venditae ac traditae, einen Anwendungsfall der exceptio doli. Interessanterweise macht es das BGer heute noch genauso: Haben die Parteien den formnichtigen Grundstückskauf freiwillig erfüllt, so kann die Rückforderung unter Berufung auf die Nichtigkeit mit dem Einwand des Rechtsmissbrauchs bekämpft werden (vgl. N 45 f., dort auch zur Kritik dieser eher atavistischen Methode). Im Bereich der meisten Verkehrsgeschäfte, die Verträge nach Treu und Glauben waren, benötigte man die exceptio doli nicht, denn hier ergab sich die Negation des dolus schon aus dem Prinzip der bona fides. Heute ist sie so gesehen überflüssig, denn das Prinzip von Treu und Glauben beherrscht das gesamte Privatrecht und gilt auch im öffentlichen Recht. Das ist auch einer der Gründe, weshalb man den Rechtsmissbrauch in Deutschland nicht kodifiziert, sondern sich mit dem *Schikaneverbot* des § 226 BGB begnügt hat. Freilich hat die deutsche Rechtsprechung die unzulässige Rechtsausübung wiederum aus dem Prinzip von Treu und Glauben entwickelt. Auch der VE (zum ZGB) von 1900 kannte nur ein ins Sachenrecht eingebettetes Schikaneverbot (Art. 644 Abs. 2 VE). Dieses untersagte den Eigentumsgebrauch, wenn er einzig zu dem Zweck erfolgte, einem anderen Schaden zuzufügen. Schon HUBERS Erläuterungen des VE (III 34) reklamierten für dieses Schikaneverbot eine weit tragende Bedeutung. Dabei stellte er sehr allgemein auf das Fehlen eines schutzwürdigen Interesses ab. Der Bundesratsentwurf von 1904 sah erstmals ein allgemeines Rechtsmissbrauchsverbot vor (dazu HUWILER, Beiheft 16 zur ZSR 1994, 66 ff.). Von der Redaktionskommission wurde beschlossen, dass nur dem offenbaren Rechtsmissbrauch Rechtsschutz zu versagen sei. Bei der Behandlung des Entwurfs in den Eidgenössischen Räten wurde die Auffassung artikuliert, dass der Missbrauch in Wahrheit gar nicht zur Berechtigung gehöre (sog. Innentheorie vgl. N 25). Diese Auffassung kommt auch im Randtitel zu Art. 2 zum Ausdruck, der den Inhalt der Rechtsverhältnisse als Thema der Vorschrift nennt.

5. Rechtsvergleichung

Das Gebot des Handelns nach Treu und Glauben und das Verbot des Rechtsmissbrauchs **9** finden sich auch in den meisten **anderen Rechtsordnungen.** Für das französische und das italienische Recht sind Art. 1134 f. CC fr. bzw. Art. 1374 f. CC it. zu nennen. In Deutschland nehmen § 157 BGB zur Vertragsauslegung und § 242 BGB zum Schuldinhalt auf diesen Massstab Bezug. Positivierte, aber relativ eng gefasste Rechtsmissbrauchsverbote findet man in § 226 BGB und in § 1295 Abs. 2 des österreichischen ABGB, die nur die Schikane regeln. Das Rechtsmissbrauchsverbot des Art. 2 Abs. 2 geht weit über ein *Schikaneverbot* hinaus und setzt weder Schädigungsabsicht noch Sittenwidrigkeit voraus. Anders als § 242 BGB oder Art. 1134 f. CC fr. wendet sich Art. 2 Abs. 1 nicht nur an den jeweiligen Schuldner, sondern auch an den, der sein Recht ausübt (MERZ, ZfRV 1977, 162, 168). Im deutschen Recht hat man den Rechtsmissbrauch nicht kodifiziert. Rsp. und Lehre haben aber aus dem Prinzip von Treu und Glauben (§ 242 BGB) die Figur der *unzulässigen Rechtsausübung* entwickelt, die weitgehend mit dem Rechtsmissbrauchsverbot des schweizerischen Rechts identisch ist. Treu und Glauben findet sich schliesslich in Art. 1.7 der UNIDROIT Principles of International Commercial Contracts: Each party must act in accordance with good faith and fair dealing in international trade.

10 Art. 2 ist eine **Generalklausel.** Daneben stehen zahlreiche **Spezialbestimmungen,** die auf denselben Massstab abstellen und ihn konkretisieren. Obwohl heute – anders als im Römischen Recht – das gesamte Recht unter dem Regime von Treu und Glauben steht, erwähnt der Gesetzgeber die Geltung des Prinzips in einigen Fällen besonders. So gilt nach Art. 156 OR eine Bedingung als erfüllt, wenn ihr Eintritt von einem Vertragsteil wider Treu und Glauben verhindert worden ist (dazu BGE 117 II 286 ff., 289; SECRÉTAN, FS Simonius, 1955, 351, 357). Kündigungen von Arbeits- (Art. 304 Abs. 2, 336 OR) und Mietverträgen (Art. 271 Abs. 1 OR) dürfen nicht missbräuchlich sein, bzw. nicht gegen Treu und Glauben verstossen. Bei der Auslobung muss der zurücktretende Ankündigende dem anderen die Aufwendungen ersetzen, die dieser in *guten Treuen* gemacht hat (Art. 8 OR). Ein Deckungs- oder Selbsthilfeverkauf ist in guten Treuen durchzuführen (Art. 191 OR), das bedeutet, dass man die Sache nicht im Hinblick darauf verschleudern darf, dass der säumige Käufer die Differenz zahlen muss. Dasselbe gilt für die umgekehrte Konstellation des Deckungskaufs (Art. 215 OR). Bei der Rechtsmängelhaftung muss sich der schadenersatzberechtigte Käufer vom wahren Eigentümer gemäss dem Eviktionsprinzip verklagen lassen, es sei denn, er hat das Recht des Eigentümers in guten Treuen anerkannt (Art. 194 OR). Der Arbeitnehmer hat die Interessen des Arbeitgebers in guten Treuen zu wahren (Art. 321a OR). Art. 398 Abs. 2 OR betont die Pflicht zur getreuen Ausführung des Auftrags. Hinweise auf Treu und Glauben finden sich auch bei der einfachen Gesellschaft (Art. 547 Abs. 2 OR), der Aktiengesellschaft (Art. 717 OR) und der Genossenschaft (Art. 866 OR). Vereinzelt wird das Prinzip auch im ZGB erwähnt (vgl. Art. 92, 198 Ziff. 2, 327 Abs. 2). Zur Abgrenzung zwischen Art. 2 Abs. 2 und Art. 27 vgl. ZR 1999, 111, 118 f.: Im Fall von Überschneidungen hat Art. 2 Abs. 2 als Generalklausel zurückzutreten. Art. 28 OR ist als eine den Art. 2 ergänzende Sonderregel anzusehen: BK-SCHMIDLIN, Art. 28 N 14.

II. Art. 2 Abs. 1

1. Allgemeines

11 Das Gebot des Handelns nach Treu und Glauben richtet sich an alle Rechtssubjekte und ordnet eine Haltung gegenseitiger Rücksichtnahme an, und zwar sowohl bei der **Rechtsausübung** als auch bei der **Pflichterfüllung** (vgl. BK-MERZ, N 17; DESCHENAUX, SPR II, 145; HAUSHEER/JAUN, Art. 2 ZGB N 3).

Eine bedeutende Rolle spielt das Prinzip von Treu und Glauben einmal auf der Ebene des Vertrages, insbesondere bei der **Inhaltsbestimmung,** bei der **Auslegung und Vertragsergänzung,** zum anderen bei der Bestimmung des **Umfangs der Leistungspflicht.** So werden **Nebenpflichten** aus Art. 2 Abs. 1 hergeleitet (vgl. N 16). Auch die **culpa in contrahendo** (unten N 17) wird vielfach auf Art. 2 gestützt. Ebenso die ergänzende Vertragsauslegung oder die Figur des Wegfalls der **Geschäftsgrundlage** (unten N 12 f., 19). Auch der Satz, dass schon der Abschluss eines Schiedsvertrages zum Verhalten nach Treu und Glauben verpflichtet (BGE 111 Ib 73 ff., 75), lässt sich aus der Konzeption von Art. 2 Abs. 1 ableiten. Zu Art. 2 Abs. 1 **Fallgruppen** zu bilden, ist erheblich schwieriger als bei Abs. 2. Dies liegt v.a. daran, dass die Beschränkung der Rechtsausübung durch

Treu und Glauben oft mit anderen Schranken der Privatautonomie (wie den guten Sitten oder dem Rechtsmissbrauchsverbot) konkurriert. Überdies fällt ins Gewicht, dass die Einzelfallbezogenheit der Vorschrift (vgl. N 3) die Herausarbeitung von Fallgruppen erschwert. Die Anwendungsfälle des Abs. 1 divergieren untereinander stärker als die des Abs. 2 oder die der Art. 19 und 20 OR. Eine zusätzliche Schwierigkeit ergibt sich daraus, dass mehrere mögliche Fallgruppen sich mit den zum Rechtsmissbrauch eingebürgerten überschneiden (vgl. etwa BGE 120 II 31 ff. zur Androhung der Kündigung wegen Säumnis des Mieters in der Zinszahlung, wenn der Vermieter es unterlassen hat, sich darüber zu vergewissern, ob der geforderte Betrag geschuldet war).

2. Vertragsauslegung und Vertragsergänzung nach Treu und Glauben

Jede rechtsgeschäftliche Regelung kann *auslegungsbedürftig* oder *lückenhaft* sein. In **12** beiden Fällen richtet sich ihre Beurteilung nach Treu und Glauben. Das bedeutet: Stehen mehrere Interpretationsmöglichkeiten zur Wahl, ist diejenige vorzuziehen, deren Ergebnis Treu und Glauben am besten entspricht; erweist sich eine rechtsgeschäftliche Regelung als lückenhaft, so hat ihre Ergänzung nach den Massstäben von Treu und Glauben zu erfolgen. Verstösst eine rechtsgeschäftliche Regelung dagegen bei jeder denkbaren Interpretation gegen Treu und Glauben, so ist sie nicht geltungsfähig. Auch diese Konklusion wird auf Art. 2 gestützt. So sagt MERZ, Ausgewählte Abhandlungen zum Privat- und Kartellrecht, Bern 1977, 269, Art. 2 sei nicht etwa nur für die Auslegung und Ergänzung der Rechtsgeschäfte von Bedeutung, sondern stelle eine «Schranke aller Rechtsausübung» dar, die Inhalt und Umfang eines Vertrages zu bestimmen vermöge. Die Kontrolle an sich klarer Rechtsgeschäfte anhand des Art. 2 wird in den meisten Fällen über dessen Rechtsmissbrauchsverbot möglich sein. Sobald über dieses hinausgegriffen wird, ist Vorsicht am Platz. Die Art. 19 und 20 OR, die über schuldrechtliche Verträge hinaus Bedeutung haben (vgl. BK-KRAMER, Art. 19/20 N 9 ff.), genügen in vielen Fällen auch, um treuwidrigen Rechtsgeschäften die Geltung zu versagen.

a) Vertragsauslegung

Die Orientierung an Treu und Glauben trägt ein objektivierendes Element in die **Aus-** **13** **legung** rechtsgeschäftlicher Verpflichtungen hinein. Es kommt darauf an, wie sich die Bedeutung einer Erklärung nach den Standards von Treu und Glauben darstellt. Entscheidend ist der **Empfängerhorizont** (dazu schon oben Art. 1 N 11). Diese Orientierung bedeutet, dass die Geschäftsauslegung entgegen dem Anschein von Art. 18 OR nicht dem «wirklichen Willen» des Erklärenden, sondern dem zu folgen hat, was die jeweiligen Erklärungsempfänger nach Treu und Glauben verstehen durften und mussten (sog. **Vertrauensprinzip**): BGE 123 III 18 ff., 22 und 165 ff., 168; 116 II 225 ff., 236; 116 Ia 56 ff., 58; 113 II 49 ff., 50; 93 II 272 ff., 275; 93 I 506 ff., 511; 90 II 449 ff., 454; 87 II 231 ff., 242; 80 II 26 ff., 31; 69 II 322. H.L. und Rsp. unterscheiden *tatsächlichen* und *normativen Konsens* BK-KRAMER, Art. 1 N 121; GAUCH/SCHLUEP/SCHMID/REY, N 309 ff., 1222 ff.; SCHWENZER, OR AT, N 29.02; HAUSHEER/JAUN, Art. 2 ZGB N 21 ff., insbes. 25 ff.; KOLLER, OR AT I, N 375 f.; BGE 123 III 35 ff.; 119 II 396 ff., 397; 119 II 177 ff.; 116 II 695 ff.; 115 II 484 ff.). Dass Willenserklärungen nach Treu und Glauben aus der Sicht des redlichen Empfängers zu interpretieren sind, ist selbstverständlich. Die h.L. muss dies indessen besonders betonen, weil sie unrichtig davon ausgeht, es komme für den Konsens zunächst auf den tatsächlichen inneren Willen des Erklärenden an. Diese romanistische Prämisse ist falsch. Art. 1 OR stellt in allen drei Sprachen klar auf die Willensäusserung ab und nicht auf den inneren Willen. Es gilt – von den Fällen des Art. 18 OR (gemeinsame Falschbezeichnung und Simulation) abgesehen – grundsätzlich nicht die Willenstheorie, sondern die Erklärungstheorie. Die h.L. macht aus den Ausnahmefällen des Art. 18 OR das Prinzip und kommt so zu einem Widerspruch zu Art. 1 ZGB, der zugunsten von Art. 18 OR aufzulösen sei. Es ist selbstverständlich, dass bei falsa demonstratio und Simulation nur der wirkliche Wille zählt. Mehr sagt die Vorschrift auch nicht, trotz der zu weit gefassten Marginalie «Auslegung der Verträge, Simulation». Die Richtigkeit der hier vertretenen Auffassung zeigt sich auch an der Regelung der Willensmängel in Art. 23 ff. OR (wo entgegen BGE 113 III 116 ff., 117 der Anfechtungstheorie zu folgen ist): Käme es auf den inneren Willen an, wären Dissens und Irrtum identisch und es bedürfte keiner weiteren Regelung des Irrtums. Nicht die Willens-, sondern die Erklärungstheorie ist durch die Vertrauenstheorie zu modifizieren. Daher ist es überflüssig, stets gebetsmühlenartig auf den normativen Konsens zu verweisen. Dieser kommt nur ins Spiel, wenn die Erklärung nicht klar ist (vgl. HONSELL, Willenstheorie oder Erklärungstheorie?, in: FS Walter, Bern 2005, 335). Eine weitere Folge der irrigen Betrachtungsweise der h.L. ist es, dass man bei der Vertragsauslegung immer wieder liest, der Wortlaut sei ein Auslegungsmittel. Das stimmt nur, wenn man den inneren Willen erforschen will. Bei richtiger Betrachtung ist der Wortlaut der Auslegungsgegenstand und das erste Auslegungskriterium ist das grammatisch-logische, nicht der Wortlaut (vgl. Art. 1 N 3).

b) Unklarheitenregel

14   Ist eine vertragliche Regelung unklar, kommen Treu und Glauben nach h.L. unter Umständen in Gestalt der **Unklarheitenregel** (interpretatio contra proferentem) zum Zug (vgl. BGE 97 II 72 ff.; 122 III 118 ff.; 121 E. 2a; 122 V 142 ff., 146 E. 4c; 124 III 155 ff., 158 E. 1b; BK-MERZ, N 157; ZK-BAUMANN, N 90; HAUSHEER/JAUN, Art. 2 ZGB N 41): Wer formuliert hat, muss im Zweifel, d.h. wenn zwei ungefähr gleich einsichtige Auslegungen in Frage kommen (Pra 1997, 288, 290 f.), die für ihn nachteiligere Deutungsmöglichkeit gegen sich gelten lassen. Entgegen der h.L. hat die Unklarheitenregel jedoch mit Treu und Glauben nichts zu tun (zur Herkunft der interpretatio contra proferentem aus dem römischen Sakralrecht s. HONSELL, 2. FS Kaser, Wien 1986, 73 ff.).

c) Vertragsergänzung

15   Eine **Vertragslücke** liegt vor (zu ihr BK-MERZ, N 131 ff.; ZK-BAUMANN, N 66 ff.; BSK OR I-SCHLUEP/AMSTUTZ, Einl. vor Art. 184 ff., N 45 ff.; DESCHENAUX, SPR II, 170; GAUCH/SCHLUEP/SCHMID/REY, N 1248; ZELLER, Auslegung, 487 ff.), wenn sich eine vertragliche Regelung als unvollständig erweist, weil eine Rechtsfrage, die den Vertragsinhalt betrifft, nicht oder nicht vollständig geregelt ist (z.B. wurden im Fall von BGE 88 II 498 ff., 508 beim Abschluss von Dienstbarkeitsverträgen über eine Wasserentnahme die hydrologischen Zusammenhänge nicht erfasst). Die *Lückenschliessung* durch den Richter hat in einem solchen Fall nach Treu und Glauben zu erfolgen. § 157 BGB ordnet das sogar ausdrücklich an. Der Richter stellt bei der Vertragsergänzung auf den sog. hypothetischen Parteiwillen (zu diesem BGE 64 II 235 f.; 83 II 297 ff., 308 f.; 90 II 235 ff.) bzw. auf den Sinn und Zweck des Vertrages ab (so BGE 83 II 297 ff., 309; 90 II 235 ff., 244). Es kommt m.a.W. darauf an, wie die Parteien als vernünftige und redliche Vertragspartner die betreffende Frage geregelt hätten (BGE 115 II 484 ff., 488; 111 II 260 ff., 262; 107 II 144 ff., 149). Dabei wird jedoch nicht der empirische Wille ermittelt, den die Parteien tatsächlich gehabt hätten, sondern es wird diejenige Lösung gewählt, die sich aufgrund der Regel von Treu und Glauben im Hinblick auf die gesamten Umstände (d.h. nach der Natur des Geschäftes) aufdrängt (DESCHENAUX, SPR II, 172; vgl. auch ZK-JÄGGI/GAUCH, Art. 18 N 537 und GAUCH/SCHLUEP/SCHMID/REY, N 1259 f.: Füllung der Vertragslücke mit einer Norm, die der Individualität des Vertrages gerecht wird).

d) Begründung von Nebenpflichten

Die gesetzliche Regelung der einzelnen Vertragsverhältnisse umschreibt neben den 16
Hauptpflichten oftmals auch vertragliche **Nebenpflichten.** Daneben können diese in be-
liebigem Umfang durch die Parteien vereinbart werden. Schliesslich werden auch aus der
auf Treu und Glauben gestützten Verpflichtung zum loyalen Verhalten zahlreiche Nebenpflichten, namentlich Sorgfalts-, Obhuts-, Aufklärungs-, Informations- und Beratungs-
pflichten abgeleitet, die eine positive Vertragsverletzung oder culpa in contrahendo
(N 17) begründen können (BGE 114 II 57 ff., 65; 113 IV 68 ff., 73; vgl. zur Definition
und Tragweite der Nebenpflichten BGE 129 III 611 E. 4.2.1; ZK-JÄGGI/GAUCH, Art. 18
N 422 ff.; BSK OR I-WIEGAND, Einl. zu Art. 97–100 N 5, Art. 97 N 34 f.; DERS., Die
Leistungsstörungen, recht 1984, 18 ff.; DERS., Die Verhaltenspflichten, in: FS Gagnér,
München 1991, 147 ff.; HAUSHEER/JAUN, Art. 2 ZGB N 61, 66; KOLLER, Haftung für
positive Vertragsverletzung, AJP 1992, 1483, 1490; WALTER, ZBJV 1996, 278; DERS.,
ZSR 120 I 2001, 79; vgl. auch BK-MERZ, N 265 ff.; ZK-BAUMANN, N 289 ff.; HART-
MANN N 51 ff.). Solche Nebenpflichten setzen zwar einen Vertrag als Rechtsgrund ihrer
Entstehung voraus, doch werden sie auch ohne entsprechende Willensäusserung – ge-
wissermassen automatisch – Vertragsinhalt (BK-MERZ, N 260 ff.; BSK OR I-WIEGAND,
Einl. zu Art. 97–100, Art. 97 N 34 f.; WALTER, ZBJV 1996, 279). Dazu gehört etwa die
vertragliche Nebenpflicht des Architekten, den Bauherrn auf die Notwendigkeit einer
Haftpflichtversicherung hinzuweisen (BGE 111 II 72 ff.), die Pflicht einer Transportun-
ternehmung zur Sicherung ihrer Skipiste und zur Stellung eines Rettungsdienstes (BGE
113 II 246 ff. = Pra 1987, 803 ff.) oder die Pflicht des Arztes, den Patienten über medizinische Risiken, therapiegerechtes Verhalten (BGE 116 II 519 ff., 521 f. E. 3b; 108 II
59 ff.) und über wirtschaftliche Besonderheiten, namentlich über eine fehlende Versiche-
rungsdeckung aufzuklären (BGE 119 II 456 ff.). Die Tendenz zur immer weiter gehenden Annahme solcher Nebenpflichten hat eine erhebliche Haftungsausweitung zur Folge,
denn ihre Verletzung wird als positive Vertragsverletzung sanktioniert (BSK OR
I-WIEGAND, Art. 97 N 6; HAUSHEER/JAUN, Art. 2 ZGB N 61; WALTER, ZBJV 1996, 280,
gegen diese Konzeption KOLLER, Haftung für positive Vertragsverletzung, AJP 1992,
1483, 1490 f.).

3. Verschulden bei Vertragsverhandlungen (culpa in contrahendo)

Auf Art. 2 Abs. 1 lässt sich auch die **culpa in contrahendo** (zu ihr GONZENBACH, Culpa 17
in contrahendo im schweizerischen Vertragsrecht, Bern 1987; BSK OR I-WIEGAND, Einl.
zu Art. 97–100 N 10; WALTER, ZBJV 1996, 281) stützen (BGE 90 II 449 ff., 454; BK-
MERZ, N 264; ZK-BAUMANN, N 14c, 144 ff.; BSK OR I-WIEGAND, Einl. zu Art. 97–100
N 10; GAUCH/SCHLUEP/SCHMID/REY, N 962a ff.; HAUSHEER/JAUN, Art. 2 ZGB N 70 f.).
Dabei wird angenommen, dass sich aus dem Verhandlungsverhältnis als rechtlicher Sonderbeziehung eine Reihe aus dem Grundsatz von Treu und Glauben abgeleiteter Pflichten
ergeben, etwa Aufklärungs-, Informations-, Schutz- und Mitwirkungspflichten. Die Annahme einer Aufklärungspflicht spielt auch bei der *Täuschung* nach *Art. 28 OR* eine
Rolle. Verschweigen von wahren Tatsachen ist im Gegensatz zum Vorspiegeln falscher
Tatsachen nur arglistig, wenn ausnahmsweise eine Aufklärungspflicht besteht. Diese
kann sich aus der Auslegung des Vertrages, der Verkehrssitte, den Umständen des Einzelfalles, einem Wissens- oder Informationsgefälle usw. ergeben. In welchem Mass die Parteien einander aufzuklären haben, hängt auch von der Natur des Vertrages ab, der Art wie
sich die Verhandlungen abwickeln, sowie von den Absichten und Kenntnissen der Beteiligten. Treu und Glauben können z.B. fordern, dass man bei Vertragsverhandlungen den
Partner in gewissem Umfang über die Umstände orientiert, die seinen Entschluss, den
Vertrag einzugehen oder bestimmte Bedingungen anzunehmen, beeinflussen können

(BGE 6.9.2000 4C. 26/2000; 116 II 431 ff., 434 E. 3a; 105 II 75 ff., 80 E. 2a, Pra 1965, 145, SCHWENZER, OR AT, N 38.06). Doch lässt sich diese offenbar in Anlehnung an Art. 24 Abs. 1 Ziff. 4 entwickelte Formel nicht verallgemeinern, denn im Prinzip besteht eine solche Pflicht nicht. Eine Aufklärungspflicht wird weiter angenommen, wenn nach Treu und Glauben eine Mitteilung erwartet werden kann (BGE 116 II 431 ff., 434; 117 II 218 ff., 228). Treuwidrig handelt z.B., wer seinem Verhandlungspartner Planungsunterlagen vorenthält, von denen ihm klar sein muss, dass sie für diesen von grossem Interesse sind. Doch ist niemand gehalten, im Interesse des Verhandlungspartners umsichtiger zu sein, als dieser es selber ist oder sein kann. Daher handelt nicht gegen Treu und Glauben, wer bei Vertragsverhandlungen nicht nach Irrtümern des Gegners forscht, die dieser bei gehöriger Aufmerksamkeit selbst hätte wahrnehmen können (BGE 102 II 81 ff., 84). Es ist also Zurückhaltung geboten, denn grundsätzlich muss sich jede Partei selbst informieren, und nicht jede Ausnutzung eines Informationsvorsprungs ist unzulässig. Auch soll die Hürde des absichtlichen Verschweigens oder Schädigens, die Art. 28 und 41 Abs. 2 OR errichten, nicht generell durch Konstatierung von (fahrlässig verletzbaren) Aufklärungspflichten wieder beseitigt werden. Man kann wohl nicht Aufklärung über alle Umstände verlangen, bei deren Kenntnis der andere den Vertrag nicht oder nicht zu den vereinbarten Konditionen geschlossen hätte. Dann wäre es z.B. nicht mehr erlaubt, ein «Schnäppchen» zu machen, eine Explorationsgesellschaft etwa müsste beim Kauf von Schürfrechten den Grundeigentümern genaue Aufklärung über die zu erwartenden Bodenschätze geben usw. Die Frage, ob blosses Verschweigen wahrer Tatsachen Arglist sein kann, wurde – wie Cicero (de officiis 3, 65 ff.) berichtet – schon im Altertum diskutiert und im römischen Recht klar verneint. Man verlangte ein Vorspiegeln falscher Tatsachen, also fraudulöses Handeln, eine Machination. Im Strafrecht klingt diese Vorstellung nach, wenn Art. 146 StGB alternativ zum Vorspiegeln eine *Unterdrückung* von Tatsachen verlangt (ausführlich hierzu HONSELL, FS Gauch [2004] 101 ff.).

4. Vertrauenshaftung

18   Schliesslich wird nach deutschem Vorbild zunehmend eine ausservertragliche Haftung aus dem *Vertrauensprinzip* (vgl. dazu zuletzt EUGEN BUCHER, Vertrauenshaftung: Was? Woher? Wohin?, in: FS Walter [2005] 231 ff.), aus *culpa in contrahendo* oder, was meist dasselbe bedeuten soll, aus einem gesetzlichen Schutzverhältnis aus besonderem Kontakt hergeleitet und als «dritte Spur» zwischen Vertrag und Delikt bezeichnet (so etwa BGE 120 II 331, 336 f. – «Swissair»; 124 III 297 – Telecolumbus; BGE 130 III 345 – Liegenschaftenschätzer). In den beiden erstgenannten Entscheidungen ging es um die Haftung aus «erwecktem Konzernvertrauen», Verwendung des Swissair-Logos durch eine Tochtergesellschaft, die in Konkurs gefallen war (ablehnend HONSELL, Haftung aus «Konzernvertrauen» im schweizerischen Recht, in: GS Sonnenschein [2003] 661; AMSTUTZ/WATTER, Konzernhaftung, AJP 1995, 502 ff.; GONZENBACH, Senkrechtstart oder Bruchlandung? – Unvertraute Vertrauenshaftung aus «Konzernvertrauen», recht 1995, 117 ff.; WICK, Die Vertrauenshaftung im schweizerischen Recht, AJP 1995, 1280; vgl. auch LUTTER, Haftung aus Konzernvertrauen?, in: GS Knobbe-Keuk [1997] 232 ff., 240 f.; WIEGAND, Vertrauenshaftung: BGE 121 III 350, ZBJV 1997, 114 ff.; VON DER CRONE/WALTER, Konzernerklärung und Konzernverantwortung, SZW 2001, 53 ff.; vorsichtig DRUEY, SZW 1995, 93 ff.). Allerdings hat das BGer dann wieder zurückbuchstabiert und einschränkend festgestellt, dass eine Haftung aus Konzernvertrauen nur unter strengen Voraussetzungen angenommen werden kann. Der Geschäftspartner des Tochterunternehmens muss danach dessen Kreditwürdigkeit selbst überprüfen und kann das Bonitätsrisiko nicht einfach auf die Muttergesellschaft abwälzen (BGE 124 III 297, 304 E. 6a). Die blosse Werbung mit dem Namen der Mutter reicht also nicht (ein «schnellwachsendes Unternehmen der Telecolumbus-Gruppe»). Das Bundesgericht bejaht allerdings seither eine Haftung aus culpa in contrahendo, bzw. aus dem Oberbegriff der *Vertrauenshaftung*. Voraussetzung der Haftung aus erwecktem und enttäuschtem Vertrauen ist, so das Bundesgericht, dass die Beteiligten in eine sogenannte «rechtliche Sonderverbindung» zueinander getreten sind, welche rechtfertigt, die aus Treu und Glauben hergeleiteten Schutz- und Aufklärungspflichten eingreifen zu lassen. Eine derartige Sonderverbindung entstehe aus bewusstem oder normativ zurechenbarem Vorverhalten der in Anspruch genommenen Person. Ein unmittelbarer Kontakt zwischen dem Schädiger und dem Haftpflichtigen sei nicht unabdingbar. Es genüge, dass die in Anspruch genommene Person explizit oder normativ zurechenbar kundgetan hat, für die Richtigkeit bestimmter Äusserungen einzustehen und der Ansprecher im berechtigten Vertrauen darauf Anordnungen getroffen hat, die ihm zum Schaden gereichten. Eine Vertrauenshaftung wird angenommen bei der falschen, unentgeltlichen Auskunft eines Rechtsanwalts (BGE 124 III 363 E. 5, Vertrauenshaftung neben Delikt) und dem Grundsatz nach auch für den Gutachter einer Expertise, die Dritten vorgelegt wird (BGE 130 III 345 – Liegenschaftenschätzer = AJP 2005, 350 mit Anm. PLOTKE; dazu A. KOLLER, in: Neue und alte Fragen im Baurecht, hrsg. v. Koller, Haftung einer Vertragspartei für den Schaden eines vertragsfremden Dritten, 1, 22 ff.; HÜRLIMANN/SIEGENTHALER, Die Haftung des Liegenschaftsschätzers gegenüber einem vertragsfremden Dritten, BR 2004, 1055 ff.; GAUCH, Der Schätzer und die Dritten, FS Wiegand, 2005, 823; HONSELL, Die Haftung für Auskunft und Gutachten, insbesondere gegenüber Dritten, in: Koller [Hrsg.], Beiträge der Haftpflicht- und Versicherungsrechtstagung, 2005, 169 ff.); dort wurde die Haftung im Ergebnis allerdings abgelehnt. Das Gutachten, das ursprünglich für eine Bank im Rahmen eines Hypothekarkredits bestimmt war, ist zwei Jahre später dem Käufer vorgelegt worden. Angesichts dieser Rechtsprechung muss man feststellen, dass Art. 2 zum umfassenden Ansatz für eine **Vertrauenshaftung** im schweizerischen Privatrecht geworden ist (vgl. WALTER, ZBJV 1996, 273; DERS., ZSR 2001 I 79 ff.; s. auch die Beiträge in CHAPPUIS/WINIGER, Hrsg., La responsabilité fondée sur la confiance – Vertrauenshaftung, Zürich 2001; kritisch zur Vertrauenshaftung HONSELL, Haftpflichtrecht, 4. Aufl., Zürich 2005, 55 f. mit umfangreichen Nachweisen; DERS., Die Haftung für Auskunft und Gutachten, insbesondere gegenüber Dritten, in: Beiträge der Haftpflicht- und Versicherungstagung [Hrsg. A. Koller], 2005, 169 ff.; SCHWENZER, OR AT, N 52.01 ff.; C. WIDMER, ZSR 2001, 101 ff.).

5. Vertragsanpassung bei veränderten Verhältnissen (clausula rebus sic stantibus)

Auch die **clausula rebus sic stantibus** bzw. die Figur des **Wegfalls der Geschäftsgrundlage** beruhen auf Treu und Glauben (dazu BISCHOFF, Vertragsrisiko und clausula rebus sic stantibus, Zürich 1983; BÜHLER, FS Giger, Zürich 1989, 35 ff.; rechtsvergleichend ABAS, Rebus sic stantibus, Köln 1993; BK-MERZ, N 181 ff.; ZK-BAUMANN, N 444 ff.; E. BUCHER, AT, 204; CARONI, 207; DESCHENAUX, SPR II, 200; HAUSHEER/ JAUN, Art. 2 ZGB N 105; BGE 117 II 218 ff., 224; 118 II 297 ff., 300; 97 II 390 ff., 398 E. 6; BSK OR I-WIEGAND, Art. 18 N 95 ff.; **a.M.** teilweise ZK-JÄGGI/GAUCH, Art. 18 N 561 ff. und GAUCH/SCHLUEP/SCHMID/REY, N 1280 ff., insb. 1293 m.w.Nw., welche die Vertragsanpassung als Problem der Lückenfüllung verstehen). Der *Grundlagenirrtum* nach Art. 24 Abs. 1 Ziff. 4 OR betrifft zunächst das Problem des anfänglichen Fehlens der Geschäftsgrundlage. Ob man auch den späteren Wegfall damit lösen kann, hängt von der strittigen Frage ab, ob sich der Irrtum auch auf eine zukünftige Entwicklung beziehen darf (bejahend etwa BGE 117 II 218 ff., 224; 118 II 297 ff., 300; zust. BK-KRAMER, Art. 18 N 306 ff.; SCHWENZER, OR AT, N 37.30, 37.33; **a.M.** zu Recht BK-MERZ, N 194, GAUCH/SCHLUEP/SCHMID/REY, N 801 ff.). Die Judikatur stützt die clausula – m.E. un

19

richtig – nicht auf Abs. 1, sondern auf Abs. 2. Nach ihr hat der Richter einen Vertrag anzupassen oder notfalls aufzuheben, wenn z.b. durch nachträgliche, *nicht voraussehbare* Umstände ein derart offenbares Missverhältnis zwischen Leistung und Gegenleistung eingetreten ist, dass das Beharren einer Partei auf dem Anspruch als missbräuchlich erscheint (BGer 30.3.2004 4C. 49/2004; BGE 127 III 300 E. 5; 122 III 97 E. 3a; Pra 1997, 288 – grundlegende Änderung der Verhältnisse; BGE 101 II 17 ff., 19, 21 – normale Inflation ist voraussehbar; 100 II 345 ff., 349; 97 II 390 ff., 398; nicht dagegen eine Hyperinflation; zum wirtschaftlichen Umbruch und zur Hyperinflation nach dem Ersten Weltkrieg s. noch BGE 59 II 372 ff., 378; 48 II 252 u. 47 II 440 ff., 457; s. auch BSK OR I-WIEGAND, Art. 18 N 104 mit zahlreichen Nachweisen). Nicht voraussehbar sind z.B. *Katastrophen* wie Krieg oder wirtschaftlicher Zusammenbruch ganzer Volkswirtschaften. Doch darf man die clausula nicht hierauf beschränken (BSK OR I-WIEGAND, Art. 18 N 106). Ist die Änderung voraussehbar, so scheidet eine Berufung auf die clausula aus (BGer 30.3.2004 4C.49/2004; BGE 127 III 300 ff., 302 E. 5). Das gilt z.B. für Gesetzesänderungen. Eine Änderung der Geschäftsgrundlage kommt namentlich bei *Dauerschuldverhältnissen oder sonstigen langfristigen Verträgen (long term contracts)* in Betracht, nicht hingegen bei sog. Einmalschuldverhältnissen, die sich in einem einmaligen Leistungsaustausch ohne Zeitfaktor erschöpfen. Sie ist nicht leichthin anzunehmen, sondern nur in Ausnahmefällen, denn im Grundsatz gilt der Satz pacta sunt servanda. Insbesondere ist zunächst nach der vertraglichen Risikoverteilung zu fragen. Die betroffene Partei muss übliche oder übernommene Geschäftsrisiken selbst tragen. Ist eine *Anpassung* möglich, so geht sie als der geringere Eingriff der *Auflösung* vor. Zu den aus dem US-amerikanischen Recht stammenden sog. *Neu-* oder *Nachverhandlungspflichten* (renegotiations): HORN, AcP 1981, 257 ff; kritisch MARTINEK, Die Lehre von den Neuverhandlungspflichten, AcP 198 (1998), 329 ff. m.w.Nw.; s. ferner BK-KRAMER, Art. 18 N 283 ff.; BSK OR I-WIEGAND, Art. 18 N 121 f; vgl. auch die UNIDROIT Principles of International Commercial Contracts Art. 6.2.2 (hardship) und 6.2.3 (renegotiations). Rechtsvergleichend zum Wegfall der Geschäftsgrundlage ROTH, FS Krejci, Wien 2001, 1251 ff. – zum deutschen und österreichischen Recht; FRICK, Arbitration and Complex International Contracts, Zürich 2001.

6. Kündigung von Dauerschuldverhältnissen aus wichtigem Grund

20   Auf Treu und Glauben wird der allgemeine Grundsatz gestützt, dass **Dauerschuldverhältnisse** aus **wichtigem Grund** vorzeitig **gekündigt** werden können, wenn deren Fortsetzung einer Partei nicht mehr zumutbar ist (vgl. BGE 17.2.2000 4P. 172/1999; 120 II 155 ff., 166 E. 6a; 117 II 604 ff., 606 E. 3 mit Hinweisen).

7. Prinzip der Verhältnismässigkeit, Wahl des milderen Mittels

21   Das Prinzip der **Verhältnismässigkeit** spielt im öffentlichen Recht eine grössere Rolle als im Privatrecht. Im Hinblick auf die Privatautonomie gilt es nicht bei der Festlegung von Leistung und Gegenleistung. Dies wird schon daran deutlich, dass Art. 21 OR ein offenbares Missverhältnis verlangt. Nach BGE 115 II 232 ff., 237 sind die Parteien sogar frei, ein beliebiges Ungleichgewicht zu vereinbaren, solange die subjektiven Voraussetzungen der Übervorteilung nicht vorliegen; in der Berufung auf diese Freiheit liegt auch kein Rechtsmissbrauch. Anders ist dies, wo es um die *Reaktion auf ein Fehlverhalten* geht. Hier kann gegebenenfalls das Prinzip der Verhältnismässigkeit bzw. der *Wahl des milderen Mittels* zu beachten sein: Dies kommt z.B. in Betracht bei geringfügigen Fehlbeträgen oder Fehlern, kleinen Verfehlungen, unbedeutenden Überschreitungen einer vertraglichen Leistungsfrist, nicht relevanten Abweichungen von Kreditivbedingungen

usw. Manche sprechen auch von *Übermassverbot,* wodurch die Problematik mehr in Richtung Rechtsmissbrauch gerückt wird (Einzelheiten bei STAUDINGER/SCHMIDT, § 242 BGB Rz 779 ff., 784 ff., mit Beispielen und Nw., s. auch N 40, 41).

8. Gebot der schonenden Rechtsausübung

Auch das Gebot **schonender Rechtsausübung** wird teilweise aus dem Grundsatz von   **22**
Treu und Glauben abgeleitet (PIOTET, SPR V/1, 587; andere Autoren ordnen es dem Rechtsmissbrauchsverbot zu: BK-MERZ, N 393 ff.; vgl. auch ZK-BAUMANN, N 295 ff.). Nach dieser Maxime ist für den Fall, dass ein Berechtigter von seinem Recht ohne Nachteil auf verschiedene Arten Gebrauch machen kann, diejenige Art der Rechtsausübung zu wählen, die für den Verpflichteten am wenigsten schädlich ist (BGE 131 III 459 ff., 462 f. E. 5.3 m.Nw.). Die Hauptbedeutung des Gebotes der schonenden Rechtsausübung liegt im Sachenrecht, insbesondere im *Immobiliarsachenrecht.* Hier finden sich mehrere Bestimmungen, die dieses Prinzip in der einen oder anderen Form verwirklichen (vgl. z.B. Dienstbarkeiten: Art. 737 Abs. 2, Durchleitungsrecht: Art. 692 Abs. 1, Notweg: Art. 694 Abs. 3). S. auch BK-MERZ, N 393 ff. mit einem Beispiel aus Holland: Der Standort einer Windturbine im Garten ist so zu wählen, dass sie die Aussicht des Nachbarn möglichst wenig behindert. Ein weiteres, in der Lehre diskutiertes Anwendungsgebiet betrifft *den Minderheitenschutz im Gesellschaftsrecht* (BK-MERZ, N 326, 399; ZK-BAUMANN, N 301; FORSTMOSER/MEIER-HAYOZ/NOBEL, § 39 N 95; MEIER-HAYOZ/ ZWEIFEL, Der Grundsatz der schonenden Rechtsausübung im Gesellschaftsrecht, in: FS Westermann, Karlsruhe 1974, 383 ff.). In der bundesgerichtlichen Rechtsprechung zum Minderheitenschutz hat dieser Ansatz bislang wenig Niederschlag gefunden (vgl. BGE 102 II 265 ff.; 99 II 55 ff.; 117 II 290 ff.; vgl. aber BGE 121 III 219 ff., 238 E. 3, wo das Gebot der schonenden Rechtsausübung für das Aktienrecht ausdrücklich anerkannt wird). Ein Verstoss gegen das Gebot der schonenden Rechtsausübung kann schliesslich auch im Bereich des *Vertragsrechts* vorliegen (BGE 118 II 157 ff., 167 – heimtückische Art der Kündigung eines Franchisevertrages; BGer 5.8.2004 4C.174/2004 – Kündigung eines Arbeitverhältnisses nicht rechtsmissbräuchlich, beide Entscheide betreffen keine typischen Fälle des Grundsatzes der schonenden Rechtsausübung

9. Treu und Glauben als deliktische Schutznorm?

Art. 2 ist nach h.L. **keine deliktsrechtliche Schutznorm.** Ihr Konzept weist die Vor-   **23**
schrift dem Vertragsrecht zu; denn es setzt bereits bestehende Rechte und Pflichten voraus (HONSELL, Haftpflichtrecht, 4. Aufl., Zürich 2005, 26; BGE 124 III 297 ff., 301 E. 5c; zust. BERGER, recht 1999, 104 ff.; HAUSHEER/JAUN, Art. 2 ZGB N 69 f.). Die Gegenmeinung bejaht den Schutznormcharakter (ZK-BAUMANN, N 24; KELLER/SCHÖBI, Das Schweizerische Schuldrecht, Bd. I, 3. Aufl., Basel/Frankfurt a.M. 1988, 44; KELLER, recht 1987, 136 f.; REY, FS Keller, 1989, 231 ff.; GAUCH/SWEET, FS Keller, 1989, 117 ff.; DELCO, 24 ff. u. passim; ebenso Art. 46 VE-OR zum Haftpflichtrecht). Die Problematik dieser These besteht darin, dass sie eine wichtige Begrenzung des Deliktsrechts missachtet: Die grundsätzliche Nichtersatzfähigkeit reiner (primärer) Vermögensschäden. Nicht beifallswert insb. DELCO, a.a.O., der für den Schutznormcharakter von Art. 2 plädiert, gerade um auch im Deliktsrecht zum Ersatz reiner Vermögensschäden zu gelangen. Die Ablehnung des Schutznormcharakters schliesst nicht aus, in Art. 2 die Grundlage der *culpa in contrahendo* (dazu oben N 17) oder einer eng begrenzten *Vertrauenshaftung* (N 18) zu sehen, denn insoweit handelt es sich um vertragsähnliche Sonderverbindungen (Quasikontrakt).

III. Art. 2 Abs. 2

1. Begriff und Wesen des Rechtsmissbrauchs

24 Art. 2 Abs. 2 verhindert die Durchsetzung bloss formaler Rechte, wenn diese in offensichtlichem Widerspruch steht zu elementaren ethischen Anforderungen (BGE 131 V 97 ff., 102 E. 4.3; BGE 128 III 206 E. 1c; BGE 125 III 257 ff., 261 E. 2b; 86 II 165 ff., 167). Eine allgemein anerkannte **Definition des Rechtsmissbrauchs** ist nicht möglich. Der Ausdruck geht auf eine Wendung im Institutionenlehrbuch des Gaius zurück. Dort hiess es unter 1, 53: male enim nostro iure uti non debemus (d.h.: wir dürfen unser Recht nicht schlecht gebrauchen). Diese Wendung brachte jedoch kein durchgängiges Prinzip zum Ausdruck, weil es auch das (rhetorische) Gegenargument gab, dass niemand arglistig handelt, der von seinem Recht Gebrauch macht (Dig. 50, 17, 55: nullus videtur dolo facere, qui suo iure utitur). Der Widerspruch zwischen den beiden Aussagen ist damit zu erklären, dass es sich um rhetorische Topoi handelte, die nicht mit einem Anspruch auf Allgemeingültigkeit verbunden waren, sondern verwendet wurden, wie sie gerade passten (ähnlich KRELLER, Deutsche Landesreferate zum II. Int. Kongress für Rechtsvergleichung, Berlin 1937, 5; MADER, 25).

25 Die Schwierigkeit der Definition des Rechtsmissbrauchs ergibt sich weiter daraus, dass sich über die Beschaffenheit der nicht auszuübenden Berechtigung zwei Auffassungen anscheinend unversöhnlich gegenüberstehen: Nach der einen (**«Innentheorie»**, vertreten besonders von SIEBERT und CARONI, 195; vgl. auch BK-MERZ, N 28; DESCHENAUX, SPR II, 146) beschränkt das Missbrauchsverbot schon den Inhalt des betreffenden Rechts, das Ausübungsverbot beschränkt aus dieser Sicht nur ein scheinbares Recht. Nach der anderen Auffassung (**«Aussentheorie»**) begründet das Missbrauchsverbot eine Ausübungsschranke, eine Art von Gegenrecht. In Wahrheit besteht zwischen beiden Theorien (zu ihnen MADER, 113 ff.) kein echter Gegensatz. Sowohl von aussen wirkende wie immanente Begrenzungen eines Rechts können einem *Rechtsschutz* (und von diesem spricht Art. 2 Abs. 2) entgegenstehen.

26 Erblickt man den Inhalt von Art. 2 Abs. 2 mit ZELLER, Treu und Glauben, 361 darin, dass ein *regeldurchbrechendes Korrekturprinzip* einem krassen Missbrauch der Regelhaftigkeit des Regel-Rechts entgegengesetzt wird, so gerät man nicht nur ins Unanschauliche, sondern lässt ein zentrales Beschreibungselement, den Missbrauch, undefiniert. Aus diesem Grund wäre es auch verfehlt, mit REICHEL, 321 darauf abzustellen, ob der objektiv durch die Rechtsausübung verursachte Schaden eines anderen ausser allem Verhältnis zu den irgendwie beachtlichen Vorteilen des Berechtigten steht. Differenzen zwischen Schadensbeträgen können für sich allein den Vorwurf nicht tragen, der im Missbrauchsverdikt steckt. Am einfachsten und zugleich klarsten ist es, den Rechtsmissbrauch als **Inanspruchnahme einer Berechtigung** bzw. eines Vorgehens zu kennzeichnen, die sich mit grundlegenden **Prinzipien der Rechtsordnung** nicht verträgt.

27 Es ist nicht zu verkennen, dass dieser Umschreibung des Rechtsmissbrauchs eine *Unschärfe* anhaftet. Der Gesetzgeber trägt dem dadurch Rechnung, dass er nicht bei jedem, sondern nur bei **offenbarem Rechtsmissbrauch** den Rechtsschutz verweigert. «Offenbar» ist nicht nur ein gesetzgeberischer Kraftausdruck. Auf diese Annahme läuft die missverständliche Aussage von ZELLER, Treu und Glauben, 364 hinaus, «offenbar» habe in Art. 2 Abs. 2 «keine selbständige Bedeutung». Nur evidente Fälle lösen das Verdikt des Abs. 2 aus (zur Evidenz s. MAYER-MALY, Der Jurist und die Evidenz, FS Verdross, München 1971, 259 ff.). Bestehen Zweifel an der Rechtsmissbräuchlichkeit eines Vorgehens, so ist der Rechtsschutz nicht zu versagen.

Abs. 2 stellt eine Vorschrift für die **Lösung von Einzelfällen** dar. Sie setzt, wie BGE 111 **28** II 242 ff., 243 richtig sagt, nicht allgemein Bestimmungen des Zivilrechts für bestimmte Arten von Fällen ausser Kraft. Daher ist es nicht richtig, einem nach Art. 129, 140 OR unwirksamen Verjährungsverzicht auf dem Umweg über die Replik des Rechtsmissbrauchs de facto zur Wirksamkeit zu verhelfen (vgl. dazu N 44 u. 47). Entgegen einer verbreiteten Auffassung ist daher die generelle Schliessung sog. unechter, also rechtspolitischer Lücken über Art. 2 Abs. 2 abzulehnen (so aber BGE 104 II 348 ff., 356; 120 III 131 ff., 134 E. 3b m.w.Nw.; BK-MERZ, N 25; ZK-BAUMANN, Vorbem. Art. 1 und 4 ZGB N 78 ff.; DESCHENAUX, SPR II, 149; BK-MEIER-HAYOZ, Art. 1 N 295 ff.; JAUN, ZBJV 137, 21 ff.; dagegen HONSELL, FS Mayer-Maly, 369 ff.; HUWILER, Beiheft 16 zur ZSR 1994, 82 f.; LANZ, ZBJV 137, 1 ff., 17; vgl. auch Art. 1 N 17). Die Bestimmung zielt auch nicht darauf, neben das kodifizierte Recht eine zweite, rechtsethisch ansprechendere Ordnung zu stellen. Ihre Domäne ist vielmehr der Einzelfall mit den gerade ihm eigentümlichen Aspekten. Sie dient nur der Abwehr individuellen Rechtsmissbrauchs, nicht der generellen Normenkorrektur.

Der Tendenz, im Zweifel Rechtsmissbrauch zu verneinen, entspricht die allgemein aner- **29** kannte Maxime, die Berufung auf Rechtsmissbrauch nur als *ultima ratio* (d.h.: als letzten Ausweg) zuzulassen (vgl. BK-MERZ, N 40; ZK-BAUMANN, N 14b, 21; DESCHENAUX, SPR II, 153 f.; HAUSHEER/JAUN, Art. 2 ZGB N 7, 14, 89 f.; ZELLER, Treu und Glauben, 331 f. und 362 f.). An ihr manifestiert sich auch der enge Zusammenhang zwischen dem Rechtsmissbrauchsverbot und der exceptio doli generalis (dazu DESCHENAUX, SPR II, 146 f.; HAUSHEER/JAUN, Art. 2 ZGB N 7; STURM, SJZ 1993, 373).

2. Abgrenzungen

Bei einer Vorschrift, die, wie das Rechtsmissbrauchsverbot, trotz des gesetzlichen Auf- **30** trages zu einer behutsamen, ja restriktiven Handhabung, zu einer Fülle von Judikatur geführt hat, ist die Abgrenzung besonders wichtig. Gegenüber allen Arten der **Auslegung** (vgl. MADER, 132 ff.) ergibt sich die Grenze daraus, dass auf das Missbrauchsverbot erst zurückzugreifen ist, wenn kein Auslegungsergebnis erzielt werden kann, das den Vorwurf des Rechtsmissbrauchs vermeidet.

Ferner ist die Missbrauchsprüfung vom Verbot der **Gesetzesumgehung** und der Umge- **31** hung von Vertragsbestimmungen abzugrenzen (vgl. BGE 125 III 257 ff., 262 E. 3b; 115 II 175 ff., 179; DESCHENAUX, SPR II, 157; HAUSHEER/JAUN, Art. 1 ZGB N 214 ff., Art. 2 ZGB N 44; MADER, 136 ff.; ZELLER, Treu und Glauben, 316 und 341). Entweder ist die umgangene Gesetzes- oder Vertragsbestimmung nach ihrem Sinn und Zweck auch auf das Umgehungsgeschäft anwendbar, dann untersteht ihr auch dieses. Oder die umgangene Bestimmung ist nach ihrem Sinn und Zweck auf das Umgehungsgeschäft nicht anzuwenden, dann bleibt dieses ihr entzogen und wirksam (ZK-JÄGGI/GAUCH, Art. 18 N 171). Mit Recht lehnt die h.L. (BK-MERZ, N 93; ZK-BAUMANN, N 53 f.; DESCHENAUX, SPR II, 157 f.) daher eine Einordnung der **Gesetzesumgehung** beim Rechtsmissbrauch ab. Gesetzesumgehungen sind durch eine extensive Auslegung der umgangenen Norm (oder durch eine analoge Anwendung derselben) zu lösen (KRAMER, 188 m.w.Nw.). Einem treuwidrigen Verhalten zwecks **Umgehung eines Vertrages** ist durch extensive Auslegung der umgangenen Vorschrift Rechnung zu tragen (BK-MERZ, N 94; DESCHENAUX, SPR II, 158; HAUSHEER/JAUN, Art. 2 ZGB N 44; RIEMER, ZSR 1982, 357 ff.).

Entbehrlich ist eine Abgrenzung des Rechtsmissbrauchs von der **Schikane** (vgl. dazu **32** N 38 f.), von der einige ausländische Kodifikationen (§ 226 BGB, § 1295 Abs. 2 ABGB) allein sprechen. Wie heute anerkannt ist (vgl. BK-MERZ, N 14, 344 ff.; ZK-BAUMANN, N 295 ff.; STURM, SJZ 1993, 374; RIEMER, Einleitungsartikel, § 5 N 40), stellt die Schikane eine besondere Erscheinungsform des Rechtsmissbrauchs dar. **Art. 8 UWG** erklärt die Verwendung missbräuchlicher Allgemeiner Geschäftsbedingungen für unlauter. Dies ist indes kein Fall des Rechtsmissbrauchs. Verfehlt ist nach einhelliger Meinung die Beschränkung des Art. 8 UWG auf die Fälle der Irreführung.

33 Von der **Sittenwidrigkeit** (Art. 19, 20 OR) unterscheidet sich der Rechtsmissbrauch hauptsächlich dadurch, dass sich für jene anerkannte Standards herausgebildet haben, nach denen man die Grenzen rechtsgeschäftlicher Gestaltungsmacht beurteilt, während beim Rechtsmissbrauch die Einzelfallbewertung eine noch grössere Rolle spielt als bei der Sittenwidrigkeitskontrolle. Die treffende Kennzeichnung durch BK-MERZ, N 103, dass Art. 2 im Unterschied zu Art. 19 und 20 OR keine Schranke der rechtsgeschäftlichen Freiheit aufrichte, sondern innerhalb dieser den Inhalt der einzelnen Rechte und Pflichten näher bestimme («Innentheorie», vgl. N 25), ändert nichts daran, dass in die Praxis zum Missbrauchsverbot gehörende Argumente vermischt mit Argumenten zur Sittenwidrigkeitskontrolle vorgebracht werden und in der Tat sowohl unter dem einen wie unter dem anderen Aspekt ins Gewicht fallen.

3. Rechtsnatur: Zwingendes Recht

34 Art. 2 Abs. 2 ist **zwingendes Recht** (a.M. DESCHENAUX, SPR II, 154 und teilweise BK-MERZ, N 101; ZK-BAUMANN, N 43, wonach sich die Frage, ob es sich beim Rechtsmissbrauch um zwingendes oder um nachgiebiges Recht handelt, nicht einheitlich beantworten lässt). Es geht nicht an, jene elementaren Grundanschauungen einer Rechtsordnung, die ein Verhalten erst als rechtsmissbräuchlich erscheinen lassen, zur Disposition der Beteiligten zu stellen. Obwohl häufig von einer *Einrede* des Rechtsmissbrauchs gesprochen wird, ist dessen Vorliegen nach gefestigter Rechtsprechung und Lehre (BGE 121 III 60 ff., 61; 95 II 109 ff., 115; 86 II 221 ff., 232; 79 II 405; BK-MERZ, N 99; ZK-BAUMANN, N 42; DESCHENAUX, SPR II, 154) **von Amtes wegen** zu beachten. Das ergibt sich schon aus der gesetzlichen Anordnung, Rechtsschutz zu versagen. Diese Rechtsfolge stellt das Gesetz nicht zur Disposition der Beteiligten.

4. Anwendungsbereich

35 Ebenso wie das Gebot des Handelns nach Treu und Glauben gilt das Verbot des Rechtsmissbrauchs nicht nur für den Bereich des ZGB, das OR und das übrige **Privatrecht,** sondern auch für das **öffentliche Recht** (BK-MERZ, N 63 ff.; ZK-BAUMANN, N 34 ff., 488 ff.; DESCHENAUX, SPR II, 159; ZELLER, Treu und Glauben, 320 ff.; DERS., ZSR 1990 I, 262; vgl. N 4). Dies ergibt sich nun auch aus Art. 9 BV, wonach jede Person einen Anspruch darauf hat, von den staatlichen Organen ohne Willkür und nach Treu und Glauben behandelt zu werden. Früher wurde das Verbot des Rechtsmissbrauches auf Art. 4 altBV gestützt: vgl. BGE 94 I 351 ff.; 94 I 365 ff., 374; 94 III 78 ff., 82 E. 4. Insbesondere gilt das Rechtsmissbrauchsverbot auch im Verwaltungsrecht (BGE 88 I 145 ff., 148; 89 I 170 ff., 175; 112 Ib 1 ff., 4), im Zivilprozessrecht (vgl. N 54 ff.) sowie im Schuldbetreibungs- und Konkursrecht (vgl. N 75 ff.). Nach h.L. und Rechtsprechung gilt das Rechtsmissbrauchsverbot im Bereich des **kantonalen Privatrechts** als ungeschriebenes kantonales Recht (BGE 111 II 62 ff., 63; 83 II 345 ff., 351; BK-MERZ, N 68; ZK-BAUMANN, N 31; DESCHENAUX, SPR II, 159).

5. Rechtsvergleichung

36 Das *französische Zivilrecht* regelt den Rechtsmissbrauch (*«abus de droit»*) nur punktuell, wie in Art. 618 CC fr. für den Fruchtgenuss. Es hat sich jedoch eine weit ausgreifende Lehre vom abus de droit entwickelt (zu ihren Verzweigungen eingehend FERID/

SONNENBERGER, Das französische Zivilrecht, Bd. I/1, 2. Aufl., Heidelberg 1994, 1 C 144 f.). Das *österreichische ABGB* von 1811 lehnte ein Schikaneverbot wie im Allgemeinen Landrecht für die preussischen Staaten (I 8, 27 f.) ab (MADER, 157) und führte ein solches erst 1916 unter dem Eindruck des *deutschen BGB* ein, dessen § 226 bestimmt: «Die Ausübung eines Rechtes ist unzulässig, wenn sie nur den Zweck haben kann, einem anderen Schaden zuzufügen». Der CC it. enthält wie der CC fr. kein allgemeines Verbot des Rechtsmissbrauchs. Punktuell findet man es im Hinblick auf die elterliche Gewalt in Art. 330. Buch 3 des *Nieuw Nederlands burgerlijk Wetboek* behandelt in Art. 13 den Rechtsmissbrauch in einer über das dort geregelte Vermögensrecht hinausgreifenden Weise. In einem ersten Absatz wird ganz allgemein gesagt, dass der Inhaber eines Rechts dieses nicht in einem Ausmass ausüben darf, das missbräuchlich wäre. Dann wird in Abs. 2 eine beispielhafte Typologie des Rechtsmissbrauchs geboten. Genannt werden die nur in der Absicht der Schädigung eines anderen erfolgende Rechtsausübung, die Ausübung zu einem anderen als den dem Recht zugedachten Zweck sowie die Disproportionalität zwischen den Interessen des Berechtigten und des Betroffenen. Schliesslich wird in Abs. 3 gesagt, dass es Rechte gibt, deren Natur ihren Missbrauch ausschliesst.

6. Fallgruppen

a) Zur Methode

Wie bei vielen unbestimmten, insb. wertungsbezogenen Rechtsbegriffen lässt sich auch   **37** beim Rechtsmissbrauch der Wirkungsbereich am besten durch die Bildung von der Rechtsprechung folgenden Fallgruppen erfassen, wobei allerdings Überschneidungen in Kauf genommen werden müssen. Gegen diese *Methode* hat sich zwar WEBER, AcP 1992, 516 ff., ausgesprochen, doch ist seinen Argumenten nicht zu folgen (so für den Rechtsmissbrauch MADER, 92 und allgemein MAYER-MALY, AcP 1994, 105, 132 ff.). Das Verdienst, den Bereich des Rechtsmissbrauchs durch **Fallgruppenbildung** konkretisiert zu haben, gebührt v.a. BK-MERZ, N 285 ff. Es liegt in der Natur jeder Fallgruppenbildung, dass ein Autor mehr und der andere weniger Gruppen bildet. Darin liegt kein methodischer Mangel, weil die Fallgruppen selbst keine Rechtssätze, sondern *Typen* darstellen, die sich teilweise überschneiden. Der bloss *typenhafte Charakter* der zum Rechtsmissbrauch entwickelten Fallgruppen bringt es mit sich, dass es auch Fälle von Rechtsmissbrauch ausserhalb der formulierten Fallgruppen gibt.

b) Fehlendes Interesse (unnütze Rechtsausübung)

Diese Fallgruppe ist teilweise mit dem Begriff der **Schikane** deckungsgleich. Diese   **38** schliesst nicht nur das Fehlen eines schutzwürdigen Interesses an der Rechtsausübung, sondern auch eine auf irgendwelche Unbill oder Belästigung (nicht aber notwendig auf Schädigung: BÖHM/MAYER-MALY, in: Rotondi, Inchieste di diritto comparato 7, Padova 1979, 223, 229 ff.; HAUSHEER/JAUN, Art. 2 ZGB N 93) gerichtete *Absicht* ein.

Wesentliche Grundlage des allgemeinen Rechtsmissbrauchsverbots ist die Einsicht in die   **39** Verknüpfung eines Rechts mit dem durch dieses zu schützenden **Interesse.** Fehlt das Interesse oder ist es nur von geringer Schutzwürdigkeit, wird die Rechtsausübung zur Schikane. Im Immobiliarsachenrecht hat das Schikaneverbot zwar einen Schwerpunkt (vgl. Art. 667) und in der Gesetzgebungsgeschichte des ZGB überdies seinen Ausgangspunkt (vgl. BK-MERZ, N 15; ZK-BAUMANN, N 64, 304; DESCHENAUX, SPR II, 179; ZELLER, Treu und Glauben, 185; HUWILER, Beiheft 16 zur ZSR 1994, 66 ff.). Als allgemein privatrechtlicher Grundsatz war es aber nie auf das Sachenrecht beschränkt. In der Spruchpraxis der Gerichte wird es überraschend selten herangezogen. So entschied BGE 115 III 18 ff. auf Einstellung einer Betreibung, weil diese offensichtlich Ziele verfolge,

die nicht das Geringste mit der Zwangsvollstreckung zu tun hätten (dazu HAUS-
HEER/JAUN, Art. 2 ZGB N 94; STURM, SJZ 1993, 374), sondern in erster Linie auf Belästigung ziele. So ist es rechtsmissbräuchlich, wenn die Beseitigung einer Mauer verlangt
wird, welche unmittelbar vor einer zweiten Mauer steht, welche der Kläger dulden muss
und die den Zutritt von Luft und Licht in gleichem Masse hemmt (BGE 40 II 339). Dagegen standen Fälle wie der von Art. 142 Abs. 2 des alten Scheidungsrechts (Verlust des
Rechtes, sich einer Scheidung zu widersetzen) dem Grundsatz nemo auditur turpitudinem suam allegans (vgl. NIEDERLÄNDER, FS Gutzwiller, 1959, 623 ff.) näher als dem
Schikaneverbot. Der nemo-auditur-Grundsatz kann auch ohne Existenz eines Rechts, um
dessen missbräuchliche Ausübung gestritten wird, eingreifen (dies zu BGE 104 II 145 ff.
und STURM, SJZ 1993, 375).

c) Dolo agit, qui petit, quod (statim) redditurus est

40   Zur Fallgruppe der unnützen Rechtsausübung gehört auch die Parömie **dolo agit, qui
petit, quod (statim) redditurus est** (Dig. 50, 17, 173, 3; vgl. hierzu auch DESCHENAUX,
SPR II, 180). Wenn die Durchsetzung eines Anspruchs sogleich zu einem Rückforderungsanspruch des Verpflichteten führen würde, kann ausnahmsweise Rechtsmissbrauch
vorliegen. Solche Fälle sind allerdings selten, da der Schuldner i.d.R. die Möglichkeit
hat, die Einrede der Verrechnung oder ein Zurückbehaltungsrecht geltend zu machen.
Beispiele finden sich bei BK-MERZ, N 365 ff. und STAUDINGER/SCHMIDT § 242 BGB
Rz 778: Der Herausgabeanspruch bei Fehlen eines Mietvertrages besteht nicht, wenn der
Eigentümer aus einem Vorvertrag zum Abschluss eines Mietvertrages verpflichtet ist
(OLG Köln NJW-RR 1992, 1162, 1163); die Löschung eines Grundbucheintrages kann
nicht verlangt werden, wenn eine schuldrechtliche Pflicht zur Eintragung besteht (BGHZ
38, 122, 126); kein Minderungsrecht bezüglich eines Leasing-Objektes wegen Mängel,
wenn dem ein gleich hoher Schadenersatzanspruch des Leasinggebers gegenübersteht
(BGH Der Betrieb 1987, 631 f.); nach Beendigung eines Pachtverhältnisses kann der
Verpächter nicht sowohl Restzahlungsansprüche gegenüber dem Pächter als auch den
Anspruch auf Kaution geltend machen, da er bei Erfüllung des Zahlungsanspruches die
Kaution sofort wieder zurückgeben müsste (BGH NJW 1981, 967, 977); vgl. auch BGE
123 III 220 ff., 230 E. 4d: Ein prozessuales Kostenerstattungsbegehren ist rechtsmiss-
bräuchlich, wenn der Kläger das Zugesprochene dem Beklagten als Schadenersatz gleich
wieder zurückerstatten müsste. Zum Rechtsmissbrauch bei Garantie und Akkreditiv s.
N 48.

d) Krasses Missverhältnis der Interessen

41   Rechtsmissbrauch wird nicht nur bei vollständigem Fehlen eines Interesses angenommen, sondern auch dann, wenn zwischen dem Interesse des Berechtigten und demjenigen
des Verpflichteten ein **krasses Missverhältnis** besteht. Ein solches Missverhältnis vermag allerdings nur einen Anspruch auf Tun oder Unterlassen und die Ausübung einer
Berechtigung, insbesondere der Eigentumsbefugnisse, abzuändern, nicht jedoch einen
Anspruch auf Lieferung einer Sache oder auf Zahlung einer Summe (BK-MERZ, N 372;
ZK-BAUMANN, N 303; DESCHENAUX, SPR II, 181; HAUSHEER/JAUN, Art. 2 ZGB N 93,
97 f.), denn insoweit ist Art. 21 OR einschlägig. Die Geltendmachung einer geringfügigen Zeitüberschreitung bei einem geringen Interesse des Gläubigers an der Einhaltung
der Frist und einem sehr erheblichen Interesse des Schuldners an der Vermeidung der
Folgen der Fristversäumnis kann rechtsmissbräuchlich sein (s. auch oben N 21). Bei einer Kündigung mit einer Verspätung von fast drei Wochen ist dies jedoch nicht der Fall
(BGE 108 II 190 ff., 192). Wird ein Darlehen von 70 000 Franken mit der Abrede gewährt, dass der Gläubiger das Darlehen kündigen kann, wenn der Schuldner mit Zinszah-

lungen in Rückstand gerät, so ist eine Kündigung nicht schon dann möglich, wenn der Zahlungsrückstand nur 12 Franken beträgt (BGE 38 II 459 ff.). Andererseits ist nach BGE 89 II 232 ff., 235 die Zurückhaltung des Werklohnes «ein zulässiges und zweckmässiges Mittel zur Durchsetzung des Verbesserungsanspruches». Nicht einleuchtend ist indes, dass dies auch für untergeordnete Mängel gelten soll. Die Zurückhaltung der gesamten Vergütung kann bei unbedeutenden Mängeln gegen Art. 2 Abs. 1 verstossen (anders offenbar BGE a.a.O.; wie hier BSK OR I-ZINDEL/PULVER, Art. 372 N 12 m.w.Nw.; ebenso für das österr. Recht BYDLINSKI, FS Krejci, Wien 2001, 1089 m.w.Nw.), der auch das Prinzip der *Verhältnismässigkeit* umfasst (Beispiele dazu bei STAUDINGER/SCHMIDT § 242 BGB 779 ff.; s. auch oben N 21). Die Zurückhaltung des Werklohnes darf allerdings die voraussichtlichen Nachbesserungskosten in einem gewissen Umfang übersteigen.

Ein *krasses* **Leistungsmissverhältnis** wird ebenfalls (vgl. BGE 107 II 343 ff.) als Indiz **42** für einen Rechtsmissbrauch angesehen (STURM, SJZ 1993, 373, 378 f.). Doch ist zu beachten, dass das Rechtsmissbrauchsverbot kein generelles Hindernis für die mit der Privatautonomie verbundene Möglichkeit darstellt, disproportionale Leistungen zu vereinbaren oder einzufordern (s. auch oben N 21; BGE 115 II 232 ff., 236 f.; HAUSHEER/JAUN, Art. 2 ZGB N 97; zur Frage, inwiefern das Verbot des Rechtsmissbrauches einem Sozialschutz dienen kann, s. CARONI, 195 ff.). Das Rechtsmissbrauchsverbot kann nicht zu einer Vertragsanfechtung wegen laesio enormis führen, wie sie § 934 ABGB kennt. Das gesetzliche Instrument zur Bekämpfung der Übervorteilung ist Art. 21 und 20 OR.

e) Widersprüchliches Verhalten (venire contra factum proprium)

Diese Fallgruppe des Rechtsmissbrauchs fasst zwei im gemeinen Recht etablierte und in **43** der Dogmatik zu den Kodifikationen (vgl. WIELING, AcP 1976, 334 ff.; SINGER; MADER, 104 ff.) fortlebende Maximen zusammen: die Unbeachtlichkeit einer **protestatio facto contraria** und die Ablehnung eines **venire contra factum proprium** (vgl. BK-MERZ, N 400 ff.). Als protestatio facto contraria (vgl. Dig. 1, 7, 25 pr.) bezeichnet man eine Erklärung, die dem Verhalten des Erklärenden widerspricht. Zugrunde liegt der Gedanke, dass das Verhalten den Willen verlässlicher bekundet als die Erklärung (vgl. BK-MERZ, N 455 ff.; Zweifel allerdings bei BYDLINSKI, Privatautonomie und objektive Grundlagen des verpflichtenden Rechtsgeschäfts, Wien/New York 1967, 94 ff.). Beim venire contra factum proprium liegt zwiespältiges Verhalten vor, das als solches treuwidrig erscheint. Es gibt zwar keinen allgemeinen Grundsatz der Gebundenheit an das eigene Handeln (BK-MERZ, N 401; HAUSHEER/JAUN, Art. 2 ZGB N 130; MADER, 104; SINGER, 49 ff.), doch greift in vielen Fällen schutzwürdiges Vertrauen darauf ein, dass sich der Partner *konsequent* verhalten werde (für diesen Schwerpunkt SINGER, 354 f.). Nach der bundesgerichtlichen Rechtsprechung (BGE 125 III 257 ff., 259 E. 2a; 121 III 350 ff., 353 E. 5b; 115 II 331 ff., 338 E. 5a; vgl auch BK-MERZ, N 401 f.) liegt rechtsmissbräuchliches Verhalten nur vor, wenn das frühere Verhalten ein schutzwürdiges Vertrauen begründet hat, welches durch die neue Handlung enttäuscht würde. Der Vertrauende muss Dispositionen getroffen haben, die sich angesichts der neuen Situation nunmehr als nachteilig erweisen (BGE 121 III 350 ff., 353 E. 5b; 110 II 494 ff., 498). Er lässt etwa rechtserhaltende Fristen verstreichen, unterlässt die Regressnahme auf Dritte, weil er mit der eigenen Inanspruchnahme nicht gerechnet hat oder setzt andere prozessrelevante oder tatsächliche Handlungen, die er ohne den vom Partner geschaffenen Vertrauenstatbestand so nicht vorgenommen hätte (BGE 17.2.2000 4C. 421/1999; BK-MERZ, N 407 f.).

Bei widersprüchlichem Verhalten lassen sich verschiedene Unterfallgruppen unterscheiden, wobei die nur zum Teil hierher gehörenden Fälle der «unzulässigen Berufung auf

Formmängel» (vgl. N 45 f.) und der «verzögerten Rechtsausübung» (vgl. N 49) *auch* wegen ihrer praktischen Bedeutung gesondert dargestellt werden.

44 Widersprüchliches Verhalten kann insb. bei der **Unvereinbarkeit zweier Verhaltensweisen** vorliegen (vgl.: HAUSHEER/JAUN, Art. 2 ZGB N 135; BGE 108 II 523 ff., 525: Der Elternteil, der sich nicht ernstlich um sein Kind gekümmert hat, kann sich einer Adoption nicht widersetzen). Das Gleiche gilt für den Fall, dass die begründeten Erwartungen des andern enttäuscht werden. Das ist etwa anzunehmen, wenn sich der Verpflichtete auf eine Verjährung oder Verwirkung beruft, obwohl er deren Eintritt durch arglistiges Verhalten bewirkt hat (BGE 113 II 264 ff., 269 E. 2e; 108 II 278 ff., 287 E. 5c; 89 II 256 ff., 262 E. 4; BK-MERZ, N 410 ff.; CARONI, 208 f.; HAUSHEER/JAUN, Art. 2 ZGB N 136; s. auch N 47). Bei Geltendmachung der Verjährungseinrede trotz vorgängigen Verzichts lässt die h.L. den Einwand des Rechtsmissbrauchs zu, obgleich Art. 129, 141 OR die Verjährung der Parteidisposition entziehen. Hingegen wird die Berufung auf die sich aus *arbeitsrechtlichen Grundsätzen* (vgl. Art. 329 Abs. 2 OR) ergebenden Nichtigkeit einer Vereinbarung selbst dann nicht als rechtsmissbräuchlich qualifiziert, wenn der Betreffende der unzulässigen Regelung zuvor zugestimmt hat (OGer AG JAR 1993, 175). Denn wenn die Rechtsordnung einer gesetzlichen Regelung so grosse Bedeutung zumisst, dass sie diese der Parteiendisposition entzieht, kann die Durchsetzung der gesetzlichen Regelung an sich nicht als rechtsmissbräuchlich qualifiziert werden (vgl. auch die Beispiele N 45). Zur Wahrung des Schutzzwecks von **zwingendem Recht** ist es grundsätzlich nicht rechtsmissbräuchlich, wenn eine Partei nachträglich die Ungültigkeit einer Vertragsbestimmung wegen eines Verstosses gegen zwingendes Recht geltend macht, obwohl sie dieser Bestimmung zugestimmt hat; ansonsten würde dem Arbeitnehmer der mit der zwingenden Bestimmung gewährte Schutz auf dem Wege über Art. 2 wieder entzogen (BGE 129 III 493 E. 5; 129 III 171; BGer 4.5.2005 4C 42/2005; 15.11.2000 4C. 233/2000; 17.2.2000 4C.421/1999; 126 III 337 ff., 344 E. 7; 110 II 168 ff., 371 E. 3c). Eine Berufung auf das Rechtsmissbrauchsverbot scheidet auch aus, wenn die Formvorschrift nicht nur dem Schutz der Parteien dient, sondern auch im Interesse des *ordre public* aufgestellt wurde; deshalb stellt die Berufung auf die Nichtigkeit einer nur kirchlich geschlossenen Ehe keinen Rechtsmissbrauch dar (BGE 114 II 1 ff.); ebenso wenig die Berufung auf die Nichtigkeit einer Probezeitverlängerung nach Art. 334 Abs. 2 OR, welcher der Arbeitnehmer selbst zugestimmt hat (BGE 109 II 449 ff., 452 E. 2b) oder das Verlangen der Grundbuchberichtigung nach einem Verstoss gegen die lex Friedrich (BGE 109 II 428 ff.). Rechtsmissbrauch ist nur beim Vorliegen zusätzlicher besonderer Umstände anzunehmen. Das ist etwa der Fall, wenn die sich auf zwingendes Recht berufende Partei die dagegen verstossende Vereinbarung im eigenen Interesse und in Kenntnis der Unzulässigkeit selber vorgeschlagen und damit beim Rechtserwerb unredlich gehandelt hat (BGE 81 II 627 ff., 632 E. 3; Zürcher Handelsgericht ZR 49 [1950], 367 ff.; Bernischer Appellationshof in ZBJV 86 [1950] 40 ff. E. 2).

f) Rechtsmissbräuchliche Berufung auf einen Formmangel oder auf die Nichtigkeit eines befristeten Verjährungsverzichts

45 Einen wichtigen Fall widersprüchlichen Verhaltens stellt die **rechtsmissbräuchliche Berufung auf Formmängel** dar. Zur Berufung auf **Formmängel beim Liegenschaftskauf** s. N 46. Die Berufung auf die Missachtung eines im beiderseitigen Interesse aufgestellten Schriftlichkeitsgebotes (wie dem von Art. 347a OR) ist rechtsmissbräuchlich, wenn man der am Mangel leidenden Vereinbarung während längerer Zeit vorbehaltlos nachgelebt hat (vgl. auch BGE 123 III 70 ff., 75 E. 3d: Der vereinbarte Mietzins wurde vom geschäftserfahrenen Mieter während Jahren vorbehaltlos bezahlt, so dass der Vermieter keinen Anlass hatte, an der Gültigkeit der Vereinbarung zu zweifeln). Rechtsmissbräuchlich handelt auch ein Mieter, der sich auf Formungültigkeit beruft, obwohl er in Kenntnis der Formvorschrift von Art. 18 BMM (Bundesbeschluss über Massnahmen gegen Missbräuche im Mietwesen vom 30. Juni 1972, aufgehoben) ausdrücklich auf deren Einhaltung verzichtet und die getroffene Vereinbarung freiwillig erfüllt hat (BGE 110 II 494 ff., 497 f. E. 4). Zu Unrecht lässt das BGer (JAR 1992, 317) das Kriterium der vorbehaltlosen Erfüllung während längerer Zeit nur für den Fall gelten, dass sich der Arbeitgeber auf den Formmangel beruft. Die Berufung auf einen Formfehler bei der Kündigung des Mietvertrages nach Art. 266*l* OR soll rechtsmissbräuchlich sein, wenn der Fehler für den Vertragspartner unschwer erkennbar ist und die Einrede nicht unverzüglich erhoben wird, sondern z.B. erst im Rahmen eines Ausweisungsverfahrens (ZK-HIGI, Art. 266*l* N 26).

Nach ständiger Rechtsprechung zum **Liegenschaftskauf** (insbesondere zum sog.   **46** Schwarzkauf) ist der Vertrag zwar wegen Formmangels nach Art. 11 Abs. 2 OR nichtig, die Berufung auf einen Formmangel aber rechtsmissbräuchlich:

a) wenn der Vertrag von beiden Parteien in Kenntnis des Formmangels *freiwillig* und *irrtumsfrei erfüllt* worden ist (BGE 123 III 74 ff., 75; 112 II 330 ff., 332 E. 2; 112 II 107 ff.; 104 II 99 ff., 101; 98 II 313 ff., 316; 93 II 97 ff., 105; 90 II 154 ff., 156, 295 ff., 299 u. öfter);

b) wenn diejenige Partei, die sich darauf beruft, den *Formmangel arglistig herbeigeführt* hat (BGE 88 II 18 ff., 24 m.w.Nw.);

c) bei *zweckwidriger Berufung* auf den Formmangel (BGE 86 II 398 ff., 403); z.B. wenn sich eine Partei hinterher auf die Ungültigkeit beruft, weil das Geschäft sie reut.

Der wichtigste Fall ist derjenige der **beiderseitigen Erfüllung.** Hier ist es in der Tat so, dass die Judikatur kaum jemals die Anwendung von Art. 2 verneint hat. BGE 104 II 99 ff., 101 hat zwar starre Regeln abgelehnt und auf die Umstände des Einzelfalles abgestellt, was aus Gründen der Rechtssicherheit problematisch ist. BGE 112 II 330 ff., 333 stellt dagegen mit der wünschenswerten Deutlichkeit klar, dass es bei beiderseitiger Erfüllung keiner weiteren Umstände bedarf. Es bestehe eine *Vermutung des Rechtsmissbrauchs.* Im Ergebnis kann man also von einer *De facto-Gültigkeit* des erfüllten nichtigen Vertrages sprechen.

Die Lehre lehnt die Heranziehung von Art. 2 überwiegend ab (vgl. z.B. BK-MEIER-HAYOZ, Art. 657 N 130 ff.; BK-KRAMER, Art. 18 N 195; GAUCH/SCHLUEP/SCHMID/REY, N 562; wohl auch ENGEL, AT, 264 f.; der bundesgerichtlichen Rechtsprechung zustimmend: BK-GIGER, Art. 216 N 418 ff.; SCHWENZER, OR AT, N 31.36 ff.). In der Tat liegt der Gedanke der *Heilung* durch Erfüllung näher als die etwas atavistisch anmutende Konstruktion der Einschränkung der Nichtigkeit durch den Rechtsmissbrauch. Denkbar ist auch eine unterschiedliche Behandlung von Verpflichtungs- und Verfügungsgeschäft in Bezug auf die Nichtigkeit, also Ungültigkeit im Sinne einer *Naturalobligation.* Der Erfüllungsanspruch scheitert an der Ungültigkeit, hingegen ist die Rückforderung des freiwillig Geleisteten ausgeschlossen.

Rechtsvergleichend ist anzumerken, dass der Gesichtspunkt der Konvaleszenz in § 313 Satz 2 BGB enthalten ist. Danach wird das formungültige Geschäft mit Eintragung im Grundbuch wirksam. Noch weiter geht das italienische Recht, das eine Heilung nicht nur bei formpflichtigen Verträgen vorsieht, sondern darüber hinaus in Art. 1441 ff. CC it. einen relativen Nichtigkeitsbegriff statuiert und die Nichtigkeitsklage bei freiwilliger Erfüllung verwehrt (Art. 1444 II CC it.). Dem Gedanken der Naturalobligation folgt hingegen § 1432 ABGB, wonach die Kondiktion bei Formnichtigkeit ausgeschlossen ist.

Rechtsmethodisch schliesslich ist darauf hinzuweisen, dass in diesen Fällen die Einschränkung der Nichtigkeit sachgerecht nicht über den Rechtsmissbrauch nach Art. 2 Abs. 2 erfolgt, sondern über eine teleologische Reduktion der in Art. 216 u. 11 Abs. 2 OR unterschiedslos angeordneten Nichtigkeit. Dies gilt überall dort, wo der Zweck der Formvorschrift eine Rückabwicklung nicht fordert, wie insbesondere bei beiderseitiger Erfüllung. Der Rechtsmissbrauch ist stets ein individueller und kann nicht dazu dienen, eine zu weit gefasste gesetzliche Vorschrift einzuschränken. Dies ist das Feld der teleologischen Reduktion (vgl. Art. 1 N 16 f.). Die Rechtsfortbildung hat heute freiere Möglichkeiten als der römische Prätor (oben N 8). Die Vorzugswürdigkeit dieses Ansatzes ergibt sich weiter daraus, dass Formgebote nicht zur Disposition der Beteiligten stehen und daher auch durch das Rechtsmissbrauchsverbot nicht relativiert werden sollten (s. N 44).

47 Eine weitere Fallgruppe ist die treuwidrige Geltendmachung der Nichtigkeit eines **Verzichts auf die Einrede der Verjährung** (s. schon N 44). Nach Art. 141 Abs. 1 OR kann auf die Einrede der Verjährung im Voraus nicht verzichtet werden. Auch eine Verlängerung der Frist ist unwirksam (Art. 129 OR). Nach ganz h.L. ist dies aus Gründen des ordre public (Rechtsfriede) zwingend. Verzichtet der Schuldner gleichwohl, weil eine Unterbrechung durch Anerkenntnis (Art. 135 Ziff. 1 OR, § 1497 ABGB, § 208 BGB) im Hinblick auf eine noch ausstehende Klärung des Anspruchs nicht möglich ist, aber eine Unterbrechung durch Klageerhebung (usw.) dem Grundsatz der Prozessökonomie widerspräche, so hilft die Rechtsprechung mit der Replik des Rechtsmissbrauchs, wenn trotz zunächst erklärtem (unwirksamem) Einredeverzicht nach Eintritt der Verjährung die Einrede der Verjährung erhoben wird. Auch hier erweist sich schliesslich das Postulat nach Gerechtigkeit inter partes stärker als das formal zwingende Recht. Als gesetzgeberischen Grund für diese Regelung, die wir auch in § 225 alt BGB, § 1502 ABGB und Art. 2220 Code Civil finden, lesen wir in den Motiven zum BGB (I 291): «Der Verkehr erträgt es nicht, dass lange verschwiegene, in der Vergangenheit vielleicht weit zurückliegende Tatsachen zur Quelle von Anforderungen in einem Zeitpunkt gemacht werden, in welchem der in Anspruch genommene Gegner infolge der verdunkelnden Macht der Zeit entweder nicht mehr oder nur schwer noch in der Lage ist, die ihm zur Seite stehenden entlastenden Umstände mit Erfolg zu verwerten. [...] Geschieht im Einzelfall der materiellen Gerechtigkeit Eintrag, geht der Berechtigte seines wohlbegründeten Anspruchs durch die Verjährung verlustig, so ist dies ein Opfer, das der Betroffene dem Gemeinwohl bringen muss.» ENDEMANN, Lehrbuch des Bürgerlichen Rechts, § 92, 1 hat den Sinn der Verjährung plastisch zusammengefasst: «Das Bestehende darf nicht durch halbvergessene Ansprüche beunruhigt, der Beweis der Erfüllung vergilbter Verpflichtungen nicht mehr vom Urenkel gefordert werden.» Diese Formulierung hatte allerdings die viel zu lange 30-jährige Verjährungsfrist von § 195 alt BGB und § 1478 ABGB vor Augen. Die Gerichte überzeugt es offenbar nicht, dass der Betroffene dem Gemeinwohl ein Opfer bringen muss, von dem sein Schuldner treuwidrig profitiert. Zwar bleibt man dabei, dass der Verzicht unwirksam ist, doch kann der Gläubiger der Verjährungseinrede die Replik des Rechtsmissbrauchs entgegenhalten (BGE 69 II 103 ff., 105; 89 II 256 ff., 262 E. 4; 95 I 512 ff., 521 E. 6; ebenso das österreichische Recht OGH SZ 47/17; 48/67; 48/79; ZVR 1972/158; 1985/173; anders noch ÖRZ 1955, 111 u. EvBl 1956/189; Weiteres bei SCHWIMANN/MADER, § 1451 ABGB Rz 15 ff.). Auch im deutschen Recht löste man die Fälle über den Rechtsmissbrauch (RG JW 1937, 27; BGH VersR 1963, 145; NJW 1974, 1285); s. aber § 202 Abs. 2 BGB n.F., der jetzt eine Verlängerung der Verjährungsfrist bis zu 30 Jahren zulässt. BGE 108 II 278 ff., 287 E. 5c und 113 II 264 ff., 269 E. 2e; ganz ähnlich BGE 89 II 256 ff., 262; Pra 1982, 753, 754 lassen die Replik des Rechtsmissbrauchs immer dann zu, «wenn sie (sc. die Verjährungseinrede) gegen erwecktes Vertrauen verstösst, der Schuldner insbesondere ein Verhalten gezeigt hat, das

den Gläubiger bewogen hat, rechtliche Schritte während der Verjährungsfrist zu unterlassen, und das seine Säumnis auch bei objektiver Betrachtungsweise als verständlich erscheinen lässt». Besser als ein Rekurs auf den Rechtsmissbrauch erscheint auch hier eine teleologische Restriktion (HONSELL, FS Mayer-Maly, 369; vgl. N 47 und Art. 1 N 17). Art. 141 OR lässt sich auch in dem Sinne interpretieren, dass *im Voraus* bedeutet, dass ein Verzicht im Vertrag, der den Anspruch begründet, nicht möglich ist, sehr wohl aber vor Ablauf der Verjährung (in diesem Sinne HONSELL, VersR 1975, 104; MADER, JBl 1986, 1; siehe auch MADER, Rechtsmissbrauch, 258 Rz 395 m.w.Nw.; ähnlich SPIRO, FS Neumayer, 1983, 543). Zwar ist richtig, dass der Gesetzgeber von Art. 141 OR – ebenso wie der Gesetzgeber von § 1502 ABGB und Art. 2220 Code Civil – mit *im Voraus* den Eintritt der Verjährung gemeint hat. Ein Verzicht sollte – was dem Einredecharakter entspricht – erst nach Eintritt der Verjährung möglich sein. Doch sollte man dem teleologischen Argument Vorrang einräumen, weil das Verbot bei einem prozessvermeidenden Verzicht kurz vor Eintritt der Verjährung sinnwidrig ist.

g) Missbräuchliche Inanspruchnahme von Bankgarantien und Akkreditiven

Von einiger praktischer Bedeutung sind auch die Fälle des Missbrauchs von abstrakten **48** **Garantien,** Zahlungsversprechen «auf erstes Anfordern» oder **Akkreditiven.** Die Berufung auf die *Dokumentenstrenge* bzw. die *Einredeabstraktheit* kann in Ausnahmefällen *rechtsmissbräuchlich* sein. Allerdings gilt im Grundsatz das Prinzip: «Erst zahlen, dann prozessieren». Die Inanspruchnahme einer Garantie lässt sich in einem vereinfachten Verfahren durchsetzen. Der Begünstigte kommt so zunächst rasch in den Besitz der Garantiesumme. Im nachfolgenden Verfahren über den materiellen Anspruch hat er als Beklagter die vor allem hinsichtlich der Beweislast günstigere Parteirolle. Er ist der beatus possidens. Diese Rollenverteilung soll grundsätzlich nicht verändert werden. In wenigen, schwer abgrenzbaren Sonderfällen ist jedoch der Einwand des Rechtsmissbrauchs zulässig. Lehre und Rechtsprechung gewähren dem Garanten gegenüber dem Zahlungsanspruch des Begünstigten unter strengen Anforderungen die Einrede des Rechtsmissbrauchs. Erforderlich ist, dass der Garant *eindeutig* und *zweifelsfrei* nachgewiesen hat, dass dem Begünstigten unter keinem vernünftigerweise in Betracht kommenden Aspekt ein Zahlungsanspruch zusteht (DOHM, Bankgarantien im internationalen Handel, Bern 1985, N 241; ZOBL, Die Bankgarantie im schweizerischen Recht, in: Wiegand [Hrsg.], Berner Bankrechtstag Bd. 4, Personalsicherheiten, Bern 1997, 44; GIGER, Missbrauchsproblematik bei Bankgarantien, in: Mél. Piotet, Berne 1990, 247, 261; ZR 1989 Nr. 60). Eine Rolle spielt auch der umgekehrte Fall, wenn die Bank beim Dokumentenakkreditiv auf der Vorlage vertragskonformer Dokumente besteht, obwohl die Tatsache der ordnungsgemässen Lieferung feststeht. BGE 115 II 67 ff., 71 f. hat die Berufung auf das Fehlen des vereinbarten «receipt» trotz Feststehens ordnungsgemässer Lieferung als rechtsmissbräuchlich qualifiziert (kritisch dazu LANZI/WILLE, SZW 1990, 56 ff.; BÄR, ZBJV 1991, 264 ff.). Rechtsmissbrauch kann auch bei *zweckwidrigem Abruf* einer Garantie für eine andere als die zu sichernde Forderung vorliegen (BGE 122 III 321 ff., 323; ZR 1987 Nr. 40; ZOBL, 44; ZK-BAUMANN, N 363), nicht hingegen, wenn zwischen den Parteien des Valutaverhältnisses «Meinungsverschiedenheiten» hinsichtlich der ordnungsgemässen Vertragserfüllung bestehen (DOHM, N 229), weil z.B. strittig ist, ob die gelieferte Maschine das zugesicherte Produktionsvolumen tatsächlich erbringt (Beispiel bei DOHM, N 232 – Rechtsposition des Käufers ist nicht völlig unvertretbar und abwegig). In allen Fällen müssen die Tatsachen, welche den Mangel im Valutaverhältnis bewirken, *evident* und *liquide beweisbar* sein (ZOBL, a.a.O., 44; ZR 1989 Nr. 60; 1987 Nr. 40, 91; 1986 Nr. 23; BGE 122 III 321 ff.; ebenso das deutsche und das österreichische Recht, vgl. etwa BGH NJW 2000, 1563; BGHZ 101, 91; 90, 292; BYDLINSKI, FS

Krejci, 1094 m.w.Nw.). Teilweise wird die Auffassung vertreten, der Garant dürfe die Zahlung nur gestützt auf ein richterliches Urteil oder eine einstweilige Verfügung verweigern, das dem Begünstigten die Inanspruchnahme der Garantie verbietet (BGE 100 II 145 ff., 151 betr. Akkreditiv; unveröffentlichter BGer-Entscheid vom 19.9.1984, zit. bei KLEINER, Bankgarantie, 4. Aufl., Zürich 1990, N 21.53 FN 96; SCHÖNLE, Missbrauch von Akkreditiven und Bankgarantien, SJZ 1983, 53 ff., 75). Nach anderer Ansicht genügt eine klare Aktenlage, so dass es nicht notwendig ist, zusätzliche Beweismittel heranzuziehen, zu Beweisaufnahmen zu schreiten oder Dritte in den Streit einzubeziehen (DOHM, N 235; auf die Aktenlage stellt jetzt auch BGE 122 III 321 ff., 323 ab).

h) Verzögerte Rechtsausübung

49 In einer **verzögerten Rechtsausübung** ist bisweilen Treuwidrigkeit (vgl. BGE 118 II 50 ff., 56), bisweilen Rechtsmissbrauch (ZK-BAUMANN, N 385 ff.; CARONI, 209; DESCHENAUX, SPR II, 184; HAUSHEER/JAUN, Art. 2 ZGB N 137), dann wieder Sittenwidrigkeit (BGE 85 II 120 ff., 129) gesehen worden. Als Grundsatz ist jedoch festzuhalten, dass das blosse Zuwarten mit der Geltendmachung eines Anspruches nach konstanter Rechtsprechung des Bundesgerichtes keinen Rechtsmissbrauch begründet (BGE 125 I 14 ff., 19 E. 3g; 110 II 273 ff., 275 E. 2; 105 II 39 ff., 42 E. b), weil ein Gebot zügiger Rechtsausübung grundsätzlich nicht besteht (vgl. BGE 109 III 18 ff., 20 und 111 III 21 ff., 23). In der Regel liegt also kein rechtsmissbräuchliches Verhalten vor, wenn eine vertragliche oder gesetzliche Frist ausgenützt wird, da es nicht angeht, solche Fristen auf dem Umweg über Art. 2 generell zu verkürzen. Innerhalb einer Verjährungsfrist darf daher eine Verwirkung des Anspruches wegen verzögerter Rechtsausübung nur mit grosser Zurückhaltung angenommen werden (BGE 94 II 37 ff., 41 E. 6b). Zum Zeitablauf müssen weitere Umstände hinzutreten, welche die Rechtsausübung mit der früheren Untätigkeit des Berechtigten in einem unvereinbaren Widerspruch erscheinen lassen (BGE 130 III 306 E. 5.1; 129 III 493, 498 E. 5.1 m.w.Nw.; 129 III 171, 175 E. 2.4; 127 III 506, 513 E. 4a; 125 I 14 ff., 19 E. 3g; 124 II 436 ff., 453 E. 10e/dd), es müssen m.a.W. Umstände hinzutreten, die das Zuwarten als Verstoss gegen Treu und Glauben qualifizieren (BGE 116 II 428 ff., 431 E. 2; 110 II 273 ff., 275; vgl. auch BGE 107 II 231 ff., 232; 95 II 109 ff., 116; 94 II 37 ff., 41 f.; BK-MERZ, N 522 ff.; ZK-BAUMANN, N 391 ff.; DESCHENAUX, SPR II, 184 f.; HAUSHEER/JAUN, Art. 2 ZGB N 137). Solche Umstände sind etwa anzunehmen, wenn aus dem Stillschweigen mit Sicherheit auf einen Verzicht geschlossen werden darf. Ferner wenn dem Partner aus der Verzögerung Nachteile erwachsen (BGE 106 II 320 ff., 324; 99 II 109 ff., 116; 53 II 169) oder falls damit eine Beweisverdunkelung herbeigeführt werden soll (BGE 95 II 109 ff., 116). Treuwidrig handelt ein Vermieter, der zur Begründung des Eigenbedarfs Umstände geltend macht, die bereits zur Zeit des Vertragsabschlusses eingetreten waren. Diese richtige Auffassung eines obiter dictum in BGE 118 II 50 ff., 56 ist dahin zu ergänzen, dass die relevanten Umstände auch bekannt sein mussten. Nicht Treu- sondern Sittenwidrigkeit nahm BGE 85 II 120 ff., 129 bei 20-jährigem Zuwarten mit einer Urheberrechtsklage an. Sind die verzögert eingeklagten Ansprüche unverzichtbar (wie es bei einigen Ansprüchen aus Arbeitsverhältnissen der Fall ist), so steht die Gefahr eines Unterlaufens der Unabdingbarkeit der Annahme von Rechtsmissbrauch entgegen (BGE 105 II 39 ff., 41 f.; KassGer ZH SJZ 1987, 67; vgl. HOFMANN, Verzicht und Vergleich im Arbeitsrecht, Bern 1985). Die Nichtausübung einer *Dienstbarkeit* während längerer Zeit führt nicht per se zum Untergang, eine Eigentumsfreiheitsersitzung ist ausgeschlossen (BGE 95 II 605, 610 E. 2a; 123 III 461 E. 3a); zur Begründung eines Rechtsmissbrauchs müssten besondere Umstände hinzutreten (BGer v. 2.3.2004 5C.232/2003 E. 5.1 insoweit in BGE 130 III 306 nicht mit abgedruckt; s. noch BGE 127 III 506, 513 E. 4a).

i) Treuwidrigkeit beim Rechtserwerb

Eine allgemeine Regel, dass nur ein Rechtstreuer sein Recht ausüben dürfe, besteht nicht **50**
(treffend MERZ, ZfRV 1977, 162, 172; DESCHENAUX, SPR II, 188). Der Satz *fidem fra-*
genti fides frangitur ist unserer Rechtsordnung jedenfalls in dieser Allgemeinheit fremd.
So lehnt es das BGer etwa im Recht des *unlauteren Wettbewerbs* ab, den Rechtsschutz
mit der Begründung zu versagen, der Kläger habe ebenfalls einen Wettbewerbsverstoss
begangen (BGE 81 II 65, 70 E. 4 s. auch BGE 104 II 124, 129).

Die Parömie *nemo turpitudinem suam allegans auditur* (niemand wird gehört, wenn er
sich [zur Begründung seines Anspruchs] auf eigene Sittenwidrigkeit berufen muss, vgl.
NIEDERLÄNDER, FS Gutzwiller, 1959, 623; HONSELL, Die Rückabwicklung sittenwidriger oder verbotener Geschäfte, München 1974, 61; DESCHENAUX, SPR II, 186) oder der
vergleichbare, angelsächsische Einwand der *unclean hands* (dazu PRÖLSS, ZHR 132
[1969] 35) enthalten den Gedanken der **Rechtschutzverweigerung,** der ebenfalls mit
dem Rechtsmissbrauch verwandt ist. Sie gehen aber in ihrer allgemeinen Form ebenfalls
zu weit und bedürfen deshalb sorgfältiger Begrenzung (näher HONSELL, a.a.O., 61 ff.,
123 f.). Allenfalls kann der unredliche oder sonst anstössige *Erwerb einer Rechtsposition*
einer Berufung auf dieselbe entgegenstehen (vgl. ZK-BAUMANN, N 247; MADER, 103).

Anwendungsfälle der Rechtsschutzverweigerung wegen Treubruch beim Rechtserwerb
sind, wie STURM, SJZ 1993, 373, 378 richtig sieht, relativ selten. Zu erwähnen sind BGE
105 III 18 ff. und 114 II 79 ff. Im ersten Fall wurde eine ausländische Gegenpartei zu
Vergleichsgesprächen in die Schweiz gelockt, um bei ihrem Eintreffen einen Arrest zu
erwirken. Der Vollzug des rechtsmissbräuchlich erworbenen Arrests wurde verweigert.
Im zweiten Fall wurde eine Kündigungsanfechtung abgewiesen, der ein völlig aussichts-
loses Verfahren vorangegangen war, das die Mieterin vom Zaun gebrochen hatte. Der
Kondiktionsausschluss bei sitten- oder gesetzwidrigen Leistungen nach **Art. 66 OR** geht
auf den gemeinrechtlichen Satz *in pari turpitudine melior est causa possidentis* (bei beiderseitiger Sittenwidrigkeit ist die Position des Besitzers die bessere) zurück. Die Vorschrift ist entgegen der Judikatur mit der h.L. auf die Fälle des sog. Gaunerlohnes zu
beschränken. Eine allgemeine Rechtsschutzverweigerung bei sitten- oder gesetzwidrigem
Verhalten lässt sich ihr nicht entnehmen (ausführlich HONSELL, a.a.O.; DERS., in: Zim-
mermann [Hrsg.], Rechtsgeschichte und Privatrechtsdogmatik, Heidelberg 1999, 473 ff.).

j) Zweckwidrige Verwendung eines Rechtsinstituts

Rechtsmissbrauch kann auch vorliegen, wenn ein mit einem Rechtsinstitut (z.B. dem **51**
Eigentum) verknüpftes subjektives Recht (z.B. ein Unterlassungsanspruch) in einer Weise
ausgeübt wird, die über den Sinn dieses Rechtsinstituts hinausgeht oder dasselbe in
Frage stellt. In der Lehre wird dies als zweckwidrige Verwendung von Rechtsinstituten
(HAUSHEER/JAUN, Art. 2 ZGB N 125), zweckwidrige Rechtsausübung (ZK-BAUMANN,
N 323 ff.) oder als **Institutsmissbrauch** (z.B. RAISER, in: Summum ius summa iniuria,
Tübingen 1963, 145 ff. und BYDLINSKI, 2. FS Wilburg, Graz 1975, 60) bezeichnet. In der
Dogmengeschichte lässt es sich öfter beobachten, dass ein Rechtsinstitut von der Juris-
prudenz einem vom Gesetzgeber nicht bedachten Zweck zugeführt wird. Für diesen
«konstruktiven Institutsmissbrauch» bietet insbesondere das Römische Recht mit seinem
altzivilen Formalismus Beispiele in Fülle (s. etwa JHERING, Geist des Römischen Rechts
auf den verschiedenen Stufen seiner Entwicklung, 5. Aufl., Leipzig 1906, 242 ff., 262 ff.).
Rechtsmissbrauch liegt jedoch vor, wenn der Rückgriff auf das Rechtsinstitut mit dem
vom Gesetzgeber angestrebten Zweck nichts mehr zu tun hat oder diesen gar ad absurdum führt. Hauptfall der zweckwidrigen Verwendung eines Rechtsinstitutes war bis vor
kurzem die sog. *Bürgerrechtsehe,* die nur zur Erlangung des Schweizerbürgerrechts ein-

gegangen wurde (vgl. dazu DESCHENAUX, SPR II, 164 m.w.Nw.). Auch die missbräuchliche Inanspruchnahme einer Bankgarantie (vgl. oben N 48) wird gelegentlich hierher gestellt (so HAUSHEER/JAUN, Art. 2 ZGB N 129; vgl. BGE 122 III 321 ff.). Zum Institutsmissbrauch kann man aber auch den Missbrauch der Privatautonomie (vgl. MADER, 147 ff.) und die missbräuchliche Inanspruchnahme verfahrensrechtlicher Befugnisse (vgl. BGE 105 III 18 ff. und MADER, 149 ff.) rechnen. Doch führt in vielen Fällen die Annahme eines als Rechtsmissbrauch qualifizierten Institutsmissbrauchs nur zu einer Duplizierung eines durch die Sittenwidrigkeitsschranke oder das Verbot der Gesetzesumgehung ohnedies erreichbaren Rechtsschutzes (ähnlich MADER, 155). Die Ausübung von Gestaltungsrechten (z.B. durch Kündigung) ist rechtsmissbräuchlich, wenn sie als Antwort auf zulässige Rechtsausübung (z.B. Anspruchsdurchsetzung) erfolgt («*Rachekündigung*»; vgl. Art. 336 Abs. 1 lit. d OR und OGer AG JAR 1991, 232; Art. 271a Abs. 1 lit. a OR).

52 Eine zweckwidrige Verwendung einer **juristischen Person** kann vorliegen, wenn ein Alleinaktionär die von ihm beherrschte AG zur Umgehung von Verboten missbraucht. Das Rechtsmissbrauchsverbot führt in solchen Fällen dazu, dass sich der Alleinaktionär nicht auf die rechtliche Personenverschiedenheit zwischen ihm und der AG berufen kann (sog. **Durchgriff**). Nach der bundesgerichtlichen Rechtsprechung wird ausnahmsweise über die rechtliche Selbständigkeit hinweggesehen, wenn diese im Einzelfall rechtsmissbräuchlich geltend gemacht wird. Überwiegend wird der Durchgriff als ein Problem von Abs. 2 verstanden (BGE 102 III 165 ff., 170; 92 II 160 ff., 164; 85 II 111 ff., 114 f.; 81 II 534 ff., 540 f.; 71 II 272 ff.; BGer SZW 1999, 258), doch wird Art. 2 auch ohne nähere Angabe herangezogen. In den zitierten Entscheiden handelt es sich überwiegend um den sog. umgekehrten Durchgriff, d.h. die Haftbarmachung der Gesellschaft für Pflichten des Gesellschafters. Zu den Fallgruppen und Voraussetzungen des Durchgriffes s. etwa FORSTMOSER/MEIER-HAYOZ/NOBEL, § 62 N 47 ff. Die Heranziehung von Art. 2 hat in diesen Fällen (übrigens ähnlich wie bei der Geschäftsgrundlage) den Vorteil, dass eine umstrittene Rechtsfigur – hier der «Durchgriff» – nicht generell anerkannt zu werden braucht, aber dennoch angemessene Einzellösungen erzielt werden. So kommt es etwa nach BGE 81 II 455 ff. darauf an, ob «Machenschaften» stattgefunden haben. Solche lagen auch im Fall von BGE 71 II 272 ff. vor. Dagegen verneinte BGE 85 II 111 ff., 115 die Verrechnungspflicht einer Einmann-AG, deren einziger Aktionär aus einem ihn persönlich betreffenden Geschäft einem Schuldner der AG etwas schuldig geblieben war. Rechtsmissbrauch kann auch vorliegen, wenn die juristische Person vorgeschoben wird, um Gesetzes- oder Vertragspflichten zu umgehen, z.B. ein Konkurrenzverbot (BGer v. 13.3.2000, 5C. 23/2000; 71 II 272 ff., 274; 125 III 257 ff., 261 E. 2b; vgl schon BGE 41 II 520 ff., 527 f. E. 1) oder wenn die juristische Person fremdgesteuert ist.

53 Zur zweckwidrigen Verwendung eines Rechtsinstituts zählt auch der **Missbrauch einer rechtsgeschäftlichen Vertretungsmacht.** Das Risiko eines Vollmachtsmissbrauchs trägt grundsätzlich der Vertretene. Zu diesem Grundsatz gibt es zwei Ausnahmen: Bei Kollusion zwischen Vertreter und Vertragspartner: Hier liegt Sittenwidrigkeit oder Verbotsverstoss vor, das Geschäft ist nach Art. 20 OR nichtig (BK-ZÄCH, Art. 38 N 18). Hingegen liegt ein nach Abs. 2 zu beurteilender Vollmachtsmissbrauch vor, wenn das Handeln des Vertreters formal von der Vertretungsmacht gedeckt ist, aber den Interessen des Vertretenen in treuwidriger Weise zuwiderläuft und der Vertragspartner dies weiss oder erkennen muss (im deutschen Recht verlangt man einen evidenten Vollmachtsmissbrauch; zum schweizerischen Recht näher BK-ZÄCH, Art. 38 N 17, 19 ff.). Abweichend will WATTER (Die Verpflichtung der AG durch rechtsgeschäftliches Handeln ihrer Vertreter, Prokuristen und Organe speziell bei sog. «Missbrauch der Vertretungsmacht», Diss. Zürich 1985, N 12 ff., 28 ff.; s. auch BSK OR I-WATTER, Art. 33 N 13) die Abstraktheit der Vollmacht einschränken und das Können auf das Dürfen beschränken, so dass die Fälle nach den

Grundsätzen der Vollmachtsüberschreitung zu lösen sind und ein Rekurs auf Art. 2 entbehrlich wird. Nach h.L. ist der Vollmachtsmissbrauch von der Vollmachtsüberschreitung zu unterscheiden und abzugrenzen. Bei Letzterer handelt der Vertreter ohne Vollmacht, das Geschäft ist nach Art. 38 OR zu beurteilen. Vollmachtsmissbrauch kann auch vorliegen, wenn der Vertreter dem formalen *Verbot des Selbstkontrahierens* oder der Doppelvertretung dadurch ausweicht, dass er dem Vertretenen einen Untervertreter oder sich selbst einen Vertreter bestellt.

7. *Rechtsmissbrauch im Prozessrecht, insbesondere im Zivilprozessrecht*

a) *Allgemeines*

Das Gebot des Handelns nach Treu und Glauben und das Verbot des Rechtsmissbrauches **54** gilt auch im **Prozessrecht**: BGE 23.1.2001 6A.47/2000; 121 I 30 ff., 37 f. E. 5 f. mit Hinweisen; 120 V 412 ff., 419 E. 6a: Der kantonale Richter verstösst gegen Treu und Glauben, wenn er ein nicht unterzeichnetes Rechtsmittel als unzulässig beurteilt, ohne eine kurze Nachfrist für die gültige Unterzeichnung zu setzen; BGE 97 III 7 ff., 10; 107 V 187 ff., 189; 113 Ib 296 ff., 298; 115 Ia 12 ff., 15: Das einmal entstandene Prozessrechtsverhältnis verpflichtet die Parteien, nach Treu und Glauben sich so zu verhalten, dass ihnen das Verfahren betreffende Entscheide zugestellt werden können, und zwar sowohl im **Zivil-** (vgl. N 56 ff.) als auch im **Strafprozess** (BGE 125 IV 79 ff.: rechtsmissbräuchliche Beteiligung des Opfers am Strafverfahren; BGE 104 IV 90 ff., 94; 105 IV 229 ff.: missbräuchliche Ausübung des Strafantragsrechts); kein treuwidriges Handeln des Verurteilten, wenn er die Freigabe der Kaution verlangt, nachdem er im Laufe des Strafvollzuges die Flucht ergriffen hat (BGE 107 Ia 206 ff., 211 E. 3); wer in Kenntnis der Zusammensetzung des Gerichts dessen prozessleitende Verfügungen nicht angefochten hat, kann sich nicht kurz vor der Hauptverhandlung auf die Garantie des verfassungsmässigen Richters berufen (BGE 114 Ia 349). Die Bindung an Treu und Glauben gilt nicht nur für die Bundesgerichte, sondern – als kantonales Verfahrensrecht – auch für die **kantonalen Gerichte**: BGE 111 II 67 ff. Es gilt auch im **schiedsgerichtlichen Verfahren** (vgl. BGE 111 Ia 72 ff., 74 f.) und im **Zwangsvollstreckungsrecht** (vgl. N 75 ff.).

Der Rechtsmissbrauch im **Zivilprozessrecht** wird im Folgenden gesondert dargestellt. **55** Die einzelnen Fälle lassen sich teilweise verschiedenen Fallgruppen zuordnen. Überwiegend handelt es sich um Ausnutzung formaler Rechtspositionen und um Institutsmissbrauch. Dass der Grundsatz von Treu und Glauben sowie das Rechtsmissbrauchsverbot auch im Zivilprozessrecht gelten, ist heute in Lehre und Rechtsprechung allgemein anerkannt (BGE 123 III 220 ff., 228 E. 4d; 111 II 62 ff., 66 f. E. 3; 105 II 149 ff., 155 E. 3; 102 II 12 ff., 16; 101 Ia 39 ff., 44 E. 3; 89 I 246 ff., 249; 84 I 56 ff., 62; 83 II 345 ff., 349 ff.; Deschenaux, SPR II, 159; Lehmann, N 11 ff.; Casanova, 126 ff.; vgl. auch Stein/Jonas/Schumann, 20. Aufl., Einl. N 243 ff.) und die meisten kantonalen Zivilprozessordnungen enthalten entsprechende Bestimmungen (z.B. § 50 ZPO ZH). Allerdings ordnet das Bundesgericht das Verhalten nach Treu und Glauben im Zivilprozess noch dem kantonalen Verfahrensrecht zu (BGE 111 II 62 ff., 66 f. E. 3). Dies wird in der Lehre zu Recht kritisiert (Vogel/Spühler, 6. Kap. N 89). Mit der Einführung einer eidgenössischen Zivilprozessordnung wird die bundesrechtliche Natur dieses Grundsatzes nicht mehr zweifelhaft sein.

b) *Institutsmissbrauch im Zivilprozess im Allgemeinen*

Das Rechtsmissbrauchsverbot schützt zunächst die Prozessbeteiligten und die staatlichen **56** Instanzen vor missbräuchlicher Inanspruchnahme einzelner *prozessualer Befugnisse* durch eine Partei (z.B. Missbrauch des Zeugnisverweigerungsrechts oder des Rechts, einen Richter abzulehnen; vgl. FRANK/STRÄULI/MESSMER, Kommentar zur Zürcherischen Zivilprozessordnung, 3. Aufl., Zürich 1997, § 50 N 15 ff.). Richtet der Gläubiger einer unverteilten Erbschaft den Zahlungsbefehl gegen einen Miterben, von dem er annimmt, dass dieser den Rechtsvorschlag unterlassen werde, während er den Miterben, von dem er mit Sicherheit einen Rechtsvorschlag zu gewärtigen hat, übergeht, so handelt er rechtsmissbräuchlich (BGE 107 III 7 ff.). Diese Entscheidung ist im Hinblick auf Art. 65 Abs. 3 SchKG vertretbar, aber nicht verallgemeinerungsfähig. Grundsätzlich kann der Gläubiger bei der Gesamtschuld wählen, wen er verklagen will. Weiter untersagt die Generalklausel von Art. 2 Abs. 2 die Verwendung des *Klagerechts als solches* zur Verfolgung *zweckwidriger Interessen.* Im letzteren Fall handelt es sich um **institutionellen Missbrauch.** Ein institutioneller Missbrauch des *Klagerechts* ist insbesondere gegeben, wenn sich der Kläger den **Lästigkeitswert der Klage abkaufen** lässt. Die Kommerzialisierung der eigenen Rechtsposition ist sittenwidrig, und ein entsprechendes Verhalten einer Prozesspartei verstösst gegen das Rechtsmissbrauchsverbot (BGE 123 III 101 ff., 105 f. E. 2c; LEHMANN, N 79 ff., 360 ff.; BK-KRAMER, Art. 19/20 OR N 193; BSK OR I-HUGUENIN, Art. 19/20 N 39; VON TUHR/PETER, 259; GUHL/KOLLER, § 7 N 33 f.). Das BGer ist allerdings zurückhaltend in der Annahme von Rechtsmissbrauch. In BGE 115 II 232 ff. hielt es den Rückzug einer *Baueinsprache* gegen Einräumung einer Dienstbarkeit und Verpflichtung zur Bezahlung von CHF 84 000 nicht für rechtsmissbräuchlich, weil die Einsprache nicht aussichtslos war und die bezahlte Summe als Abgeltung der Chancen und Vorteile der Einsprache angesehen werden konnte (dazu ZUFFEREY, Baurecht 1990, 67; MERZ, ZBJV 1991, 237 ff.; SALZMANN, ST 1990, 401 f.; unten N 58 ff.). Hingegen hielt BGE 123 III 101 ff. den Rückzug einer Baueinsprache gegen Bezahlung von CHF 30 000 für sittenwidrig, weil das vereinbarte Entgelt keinen Nachteilsausgleich darstellte. Die Rückforderung der Ablösesumme wurde jedoch unter Hinweis auf Art. 63 OR (irrtumsfreie und freiwillige Zahlung) verneint (vgl. dazu BÜCHI, AJP 1998, 102 ff. und unten N 58 f.). Dies ist abzulehnen. War der Vertrag sittenwidrig und stand dem Empfänger kein Anspruch zu, hätte die Heranziehung von Art. 30 Abs. 2 OR näher gelegen (vgl. N 61).

57 Die Gefahr eines Institutsmissbrauchs besteht auch bei **aktienrechtlichen Anfechtungsklagen** nach Art. 706 OR (LEHMANN, N 79 ff.; KUNZ, 169 f., vgl. auch N 59). Im Verfahren «Canes/Nestlé» (BGE 117 II 290 ff.) vertrat das BGer die Auffassung, die Erhebung einer Anfechtungsklage verstosse insbesondere dann gegen das Rechtsmissbrauchsverbot, wenn das Ziel des Klägers einzig darauf gerichtet sei, der Gesellschaft einen Schaden zuzufügen oder sich das Anfechtungsrecht gegen die Gewährung von Sondervorteilen abkaufen zu lassen (vgl. E. 2a dieses Entscheids, abgedruckt in AJP 1992, 110 f. – das Gericht hat den Missbrauch im Ergebnis jedoch verneint; vgl. auch ZR 47 Nr. 4, S. 11: Erhebung einer Anfechtungsklage zur Erzwingung einer Abstandszahlung – Missbrauch offen gelassen). Im deutschen Aktienrecht gibt es zahlreiche missbräuchliche Anfechtungsklagen (vgl. insb. BGHZ 107, 296; BGH ZIP 1989, 1388; BGH ZIP 1990, 1560; SCHMIDT, § 245 GrossKomm AktG, N 47 ff.). Der deutsche Gesetzgeber erwägt zur Zeit eine Gesetzesänderung zur Verminderung des Missbrauchspotentials (dazu BAUMS, 144 ff.).

c) Elemente des Institutsmissbrauchs im Zivilprozessrecht

58 Eine zweckwidrige Verwendung des Klagerechts ist allgemein dann anzunehmen, wenn eine Partei die Zwangslage der Gegenpartei (N 59) bewusst ausnützt (N 62) um diese auf dem Vergleichsweg zu einem ungerechtfertigten Sondervorteil (N 60 f.) zu zwingen (vgl. BGer AJP 1992, 111 E. 2a; BGE 123 III 101 ff., 105 f.; LEHMANN, N 350 ff., 384 ff.).

Die **Zwangslage** besteht im Schädigungspotential, welches mit der zeitlichen Verzöge- 59
rung eines geplanten Geschäftes durch das Ergreifen von Rechtsbehelfen verbunden ist
(BGE 123 III 101 ff., 105 E. 2c). Die Blockierung des beabsichtigten Geschäfts kann
beispielsweise durch Einsprache gegen eine Baubewilligung oder gegen die Eintragung
eines GV-Beschlusses im Handelsregister erfolgen (Art. 32 Abs. 2 HRegV, vgl. dazu
BGE 97 II 185 ff.; 97 I 481 ff.; LEHMANN, N 130 ff., 721 ff.; KUNZ, 169 f.; DRUEY,
157 f.; BÖCKLI, N 1917; FORSTMOSER/MAYER-HAYOZ/NOBEL, § 25 N 77).

Die Vermeidung eines Verzögerungsschadens stellt für die betroffene Partei einen öko- 60
nomischen Vorteil dar, den sich ein Missbrauchskläger in Form von ungerechtfertigten
Sondervorteilen abgelten lassen kann. Der Sondervorteil kann bestehen in einer übermässigen Vergleichszahlung für den Klagerückzug (d.h. eigentlicher «Klageabkauf»)
oder in einer Gegenleistung, die in keinem sachlichen Zusammenhang mit dem Prozessgegenstand steht und die auch bei Gutheissung der Klage unter keinem Rechtstitel verlangt werden könnte (z.B. Einsatz einer aktienrechtlichen Anfechtungsklage als Mittel
zur Einflussnahme auf die Geschäftsführung oder als Druckmittel in einem feindlichen
Übernahmekampf, sog. «Greenmailing», vgl. dazu LEHMANN, N 403–439).

Schwierigkeiten bereitet die Abgrenzung zwischen dem missbräuchlichen *Abkauf des* 61
Lästigkeitswertes der Klage und der an sich zulässigen Forderung eines Ausgleiches von
Rechtsnachteilen, welche bei Verzicht auf die Durchsetzung eines allenfalls bestehenden
Anspruchs im Vermögen des Klägers bestehen bleiben (vgl. BGE 115 II 232 ff., 235 f.;
123 III 101 ff., 103 ff.). Aufgrund des in Art. 2 Abs. 2 enthaltenen Evidenzerfordernisses
sollte ein Missbrauch erst dann bejaht werden, wenn der Kläger *offensichtlich* mehr bzw.
etwas anderes fordert, als er bei Gutheissung sämtlicher Rechtsbegehren im besten Fall
zugesprochen erhielte. Insofern ist dem BGer zuzustimmen, das den Missbrauchseinwand nur in krassen Fällen zulässt (BGE 123 III 101 ff., 105 f. E. 2c, oben N 27). Die
Abgrenzung zwischen dem zulässigen Ausgleich von Rechtsnachteilen und der unzulässigen Kommerzialisierung von Klagerechten sollte analog zur Rechtslage bei Übervorteilung nach Art. 21 OR und Drohung nach Art. 30 Abs. 2 OR erfolgen (BGE 115 II 232 ff.,
236 f. E. 4d; vgl. auch BGE 125 III 353 ff.; LEHMANN, N 368 ff.; BSK OR I-HUGUENIN,
Art. 21 N 5 ff.; BSK OR I-SCHWENZER, Art. 30 N 8 f.; BK-SCHMIDLIN, Art. 29/30
N 38 ff., N 47 ff.; BK-KRAMER, Art. 21 N 16 ff.).

Fraglich ist, ob der Einwand des Rechtsmissbrauchs ausgeschlossen sein soll, wenn die 62
beklagte Partei selber die *Initiative* ergriffen und dem Kläger einen unangemessenen
Vergleichsvorschlag unterbreitet hat (so BGE 123 III 101 ff., 108 f. E. 3c in Bezug auf
den Rückforderungsanspruch). Richtig erscheint, dass der Institutsmissbrauch im Prozessrecht nicht allein aufgrund objektiver Kriterien (Zwangslage und Sondervorteil, oben
N 59–61) bejaht werden darf, sondern dass zusätzlich in subjektiver Hinsicht ein **bewusstes Ausnützen** der Zwangslage durch den Missbrauchskläger bzw. umgekehrt die
Unfreiwilligkeit der Leistung eines Sondervorteils durch den Prozessgegner vorausge-
setzt werden muss (LEHMANN, N 377 ff., 440 ff.; zur Frage des Verschuldens als Element
des Rechtsmissbrauchsverbots vgl. N 79). Ein Institutsmissbrauch kommt somit nicht in
Frage, wenn der Beklagte den Abschluss eines Vergleiches sucht, um den Kläger zum
Rückzug der Klage zu bewegen (analog zu Art. 21 OR, vgl. BGE 92 II 168 ff., 177 f.
E. 5b; 54 II 188 ff., 190 E. 1; E. BUCHER, AT, 233 f.; BSK OR I-HUGUENIN, Art. 21
N 14). Dabei kommt es aber lediglich auf den Willen der Parteien an und nicht auf das
äussere Kriterium der *Initiative.* Denkbar ist nämlich der Fall, dass ein Missbrauchs-
kläger die Formulierung von konkreten Abfindungszahlungen bewusst unterlässt in der
Erwartung, die Gegenpartei werde sich unter dem Druck einer drohenden Schädigung
an ihn wenden und ihm ein übermässiges Vergleichsangebot unterbreiten. Der Miss-

Heinrich Honsell 55

brauchseinwand setzt somit nicht voraus, dass die Anregung zum Vergleich von der erpresserischen Partei ausgegangen ist (analog zu Art. 21 OR, vgl. BGE 123 III 292 ff., 305 E. 7; LEHMANN, N 442, 454; BK-KRAMER, Art. 21 N 33; GAUCH, recht 1998, 55, 65; ebenso die h.L. und Rspr. in Deutschland, BGH ZIP 1990, 168; BGH ZIP 1990, 1560; GrossKomm/SCHMIDT, § 245 AktG N 53, 55). Das subjektive Ausnützen betrifft eine innere Haltung des Missbrauchsklägers, die nur auf indirektem Weg anhand von *Indizien* bewiesen werden kann (zur Beweisproblematik LEHMANN, N 444 ff.).

d) Verhältnis zwischen Institutsmissbrauch und Erfolgsaussichten der Klage

63   Unklar ist, ob der Einwand des Institutsmissbrauchs einer materiell an sich begründeten Klage entgegengehalten werden kann. In BGE 123 III 101 ff. hat das BGer den Missbrauchseinwand zugelassen, obwohl der Baugesuchsgegner **verfahrensrechtliche Mängel** geltend machte, die teilweise berechtigt waren. Der Entscheid beruhte auf der Überlegung, dass ein finanzieller Ausgleich von Rechtsnachteilen in Form eines Klageabkaufes nur bei *materiellen* Mängeln eines Bauvorhabens in Frage komme (ein solcher Ausgleich von Rechtsnachteilen lag dem Entscheid BGE 115 II 232 ff. zugrunde).

64   Aus dieser Rspr. sollte aber nicht gefolgert werden, dass der Einwand des Institutsmissbrauchs bei **materiell begründeten Klagen** von vornherein auszuschliessen ist (ähnlich BÜCHI, AJP 1998, 104; ZUFFEREY, Baurecht 1990, 67 ff.; SALZMANN, ST 1990, 401 f.). Ein Institutsmissbrauch kann *unabhängig von den Erfolgsaussichten* des Rechtsbegehrens vorliegen, sobald die zweckwidrigen Ziele des Klägers derart überwiegen, dass ein schutzwürdiges Interesse an der materiellen Beurteilung der Klage nach Treu und Glauben nicht mehr angenommen werden kann (ausführlich dazu LEHMANN, N 310 ff., 336 ff.; ebenso die Rspr. in Deutschland, BGHZ 107, 297; BGH ZIP 1989, 1388; ZIP 1990, 1560; und BVerfG ZIP 1990, 228; ähnlich die Rspr. in Österreich, OGH SZ 59/159).

e) Rechtsfolgen des Institutsmissbrauchs

65   Der institutionelle Missbrauch eines Klagerechts führt zum Verlust des **Rechtsschutzinteresses** (BGE 86 II 165 ff., 167; 107 II 179 ff., 182 E. 2; 111 Ia 148 ff. m.w.Nw.; LEHMANN, N 9–64). Der Richter kann das Verhalten des Missbrauchsklägers zusätzlich disziplinarisch ahnden (vgl. § 50 Abs. 3 ZPO ZH).

66   Für verursachten **Schaden** haftet der Missbrauchskläger bei absichtlichem oder zumindest grobfahrlässigem Verhalten nach Deliktsrecht (BGE 117 II 394 ff.; 112 II 32 ff.; 88 II 276 ff.; OFTINGER/STARK, II/1 § 16 N 163 ff., N 170; LEHMANN, N 858 ff.; CASANOVA, 105 ff., 146 ff.). Für die Erwirkung unbegründeter vorsorglicher Massnahmen sehen die kantonalen Prozessgesetze strengere Haftungsnormen vor, die weder Widerrechtlichkeit noch Verschulden voraussetzen (vgl. § 230 ZPO ZH; ebenso Art. 273 SchKG; LEHMANN, N 868 ff.).

67   Die **Rückforderung** der bezahlten Vergleichssumme wurde in BGE 123 III 101 ff., 106 ff. E. 3 mit dem Argument verneint, die Prozesspartei habe freiwillig geleistet. Sofern die betroffene Prozesspartei das missbräuchliche Verhalten des Klägers jedoch nachzuweisen vermag, sollte eine Rückforderung der erzwungenen Abfindungsleistung gestützt auf Art. *30 Abs. 2 OR* zugelassen werden (vgl. BGE 125 III 353 ff.; 110 II 132 ff., 135 E. 4; 84 II 621 ff., 624 E. 2a; vgl. auch LEHMANN, N 365 ff.; BÜCHI, AJP 1998, 105).

f) Nutzlose Rechtsausübung im Zivilprozess

Gegen das Verbot der nutzlosen Rechtsausübung verstösst ein Kläger, der eine Klage **68** erhebt bzw. hartnäckig an einer Klage festhält, obwohl das **Klageziel** *bereits erreicht* ist bzw. mit Sicherheit *nicht mehr erreicht werden kann* (vgl. dazu LEHMANN, N 471 ff.).

Nutzlos ist etwa die Anfechtung eines GV-Beschlusses einer Aktiengesellschaft nach **69** Art. 706 OR, wenn nicht die Aufhebung des Beschlusses, sondern vielmehr dessen Bestätigung verlangt wird (BGE 122 III 279 ff.); eine Klage ist nutzlos, wenn sich mit dem Prozess überhaupt kein vernünftiger Zweck erreichen lässt (BGE 93 II 11 ff., 17) oder wenn das Festhalten an der Klage nur noch den Zweck haben kann, «den Prozess um des Prozessierens willen fortzuführen» (BGE 86 II 165 ff., 170); ein Verfahren betreffend Mietausweisung wird nutzlos, nachdem der Mieter die Wohnung verlassen hat (BGE 85 II 286 ff., 289 f. E. 2); eine aktienrechtliche Anfechtungsklage wird nutzlos, nachdem der mangelhafte Beschluss durch die GV widerrufen worden ist (ZR 90 Nr. 61); nutzlos ist schliesslich das Festhalten an einem Begehren um Wiedereintragung einer Kommanditgesellschaft nach dem Tod des unbeschränkt haftenden Gesellschafters (BGE 60 I 23, 30 E. 3) oder das Festhalten an einer Klage trotz Anerkennung der Begehren durch die Gegenpartei (ZR 82 Nr. 92, 235).

Bei anfänglicher Nutzlosigkeit wird der Richter auf die Klage wegen fehlenden Rechts- **70** schutzinteressen *nicht eintreten*. Tritt die Nutzlosigkeit erst im Verlauf des Verfahrens ein, ist die Klage als *gegenstandslos* abzuschreiben.

g) Schikanöse Rechtsausübung im Zivilprozess

Ein Kläger verstösst gegen das Schikaneverbot, wenn er eine materiell aussichtslose **71** Klage (N 63 f., 72) wider besseres Wissen, d.h. mutwillig oder leichtsinnig (N 73), erhebt (vgl. LEHMANN, N 577 ff.).

Für die Annahme einer **objektiven Aussichtslosigkeit** genügt es nicht, dass die Verlust- **72** gefahren des Prozesses die Gewinnaussichten übersteigen (im Gegensatz zum Massstab der Aussichtslosigkeit bei der unentgeltlichen Prozessführung, vgl. BGE 122 I 267 ff., 271 E. 2b; 119 Ia 251 ff., 253 E. 2b; OGer Luzern SJZ 2001 Nr. 11, 258 f.). Objektive Aussichtslosigkeit im Sinne des Schikaneverbotes ist erst dann anzunehmen, wenn von vornherein feststeht, dass das Klagebegehren unter keinen Umständen gutgeheissen werden kann (LEHMANN, N 609 ff.; CASANOVA, 134 ff.; MÜLLER, 40).

Mutwilliges bzw. **leichtsinniges Prozessieren** liegt vor, wenn «die Partei die Aussichts- **73** losigkeit bei der ihr zumutbaren vernunftgemässen Überlegung ohne weiteres erkennen konnte, den Prozess aber trotzdem führt» (BGE 124 V 285 ff., 288 E. 3b; ebenso BGE 112 V 333 ff., 334 f. E. 5a; 111 Ia 148 ff., 150; 91 IV 225 ff., 227; FRANK/STRÄULI/ MESSMER, a.a.O., § 50 N 14). Das Handeln und die Kenntnis von Rechtsvertretern und Anwälten sind dem Wissen und Willen der Prozessparteien zuzurechnen (BGE 121 IV 317, 324 E. 4; 120 III 107, 109 E. 4; 119 II 84; 105 II 149, 157 f.; CASANOVA, 135). Das Wissen der Prozessparteien ist *ex ante* zu beurteilen, d.h. der Richter hat auf die Verhältnisse und den Kenntnisstand im Zeitpunkt der Klageerhebung abzustellen (ebenso die Rspr. zur unentgeltlichen Rechtspflege, BGE 101 Ia 34 ff.).

Wenn die Erhebung eines offensichtlich aussichtslosen Rechtsmittels bzw. einer offen- **74** sichtlich aussichtslosen Klage nur den Zweck haben kann, eine **Verzögerung des Verfahrens** herbeizuführen, spricht man von **trölerischer Prozessführung** (BGE 118 II 87 ff.; FRANK/STRÄULI/MESSMER, a.a.O., § 50 N 14; CASANOVA, 125; LEHMANN, N 635 ff.; MÜLLER, 3 ff.). Diese kann als Unterfall des Schikaneverbotes angesehen werden. Auf rechtsmissbräuchliche Rechtsmittel braucht nicht eingetreten zu werden (BGE 107 Ia 206 ff., 211; 111 Ia 150 ff. E. 4). Treu und Glauben gebieten zudem, dass ein Ablehnungsanspruch nach Kenntnis des Ausstandsgrundes unverzüglich geltend gemacht wird, ansonsten tritt Verwirkung ein (BGE 121 I 225 ff., 229; vgl. aber auch BGE 13.2.2001 1P. 638/2000: kein Rechtsmissbrauch, wenn ein Ausstandsbegehren in Aussicht gestellt, aber erst einen Monat später eingereicht wird).

8. Rechtsmissbrauch im Zwangsvollstreckungsrecht

75 Das Rechtsmissbrauchsverbot gilt auch für das Zwangsvollstreckungsrecht und ist insbesondere im Bereich des Betreibungsrechts von Bedeutung: vgl. BGE 118 III 33 ff. E. 3e; 117 III 44 ff., 46; 116 III 70 ff., 73; 113 III 2 ff., 3 E. 2a; 110 III 35 ff., 37; 107 III 33 ff., 38 E. 4. Eine Betreibung ist rechtsmissbräuchlich, wenn sie offensichtlich Ziele verfolgt, die nicht das Geringste mit der Zwangsvollstreckung zu tun haben, wie z.B. Kreditschädigung, Verwirrung, Schikanierung des Schuldners (BGE 115 III 17 ff.; SJZ 1946, 362: Wiederholte Betreibung für kleinere Teilbeträge einer grösseren fälligen Forderung; vgl. dazu HAUSHEER/JAUN, Art. 2 ZGB N 94; STURM, SJZ 1993, 374).

76 Eine **Arrestlegung** ist hinterlistig und rechtsmissbräuchlich, wenn sich der Schuldner zu Vergleichsverhandlungen mit dem Gläubiger in die Schweiz begeben hat (BGE 105 III 18 ff., 19). Aus einem wegen Rechtsmissbrauch aufgehobenen Arrest darf auch ein Drittgläubiger keinen Nutzen ziehen. Hat er vom Rechtsmissbrauch Kenntnis, darf er nicht die aus dem aufgehobenen Arrest stammenden und noch beim Betreibungsamt liegenden Vermögenswerte des Schuldners zu seinen Gunsten verarrestieren lassen (BGE 108 III 118 ff., 119). In BGE 83 II 345 ff., 347 wurde eine rechtsmissbräuchliche Begründung des Arrestgerichtsstandes angenommen: Der schweizerische Käufer einer vorausbezahlten Ware erhob Mängelrüge, die vom ausländischen Verkäufer zurückgewiesen wurde. Um für den Mängelprozess einen Gerichtsstand in der Schweiz zu begründen, tätigte er einen zweiten Kauf anderer Ware und erwirkte dann Arrest auf die Ware und den bei der Bank einbezahlten Preisbetrag (vgl. zu diesem Entscheid BK-MERZ, N 548).

77 Nach BGE 121 III 20 ff. sind bei der Berechnung des **Existenzminimums** nach Treu und Glauben nur diejenigen Beträge zu berücksichtigen, die vom Schuldner tatsächlich bezahlt werden.

78 Verlangt der Gläubiger gestützt auf ein **vollstreckbares Urteil** die definitive Rechtsöffnung, kann der Schuldner nur in ganz eingeschränktem Umfang die Einrede erheben, die Vollstreckung des Urteils (nicht das Urteil selbst) sei rechtsmissbräuchlich (BGer, ZBJV 1994, 382; BSK SchKG-STAEHELIN, Art. 81 N 17; gegen Annahme von Rechtsmissbrauch OGer ZH, SJZ 1975, 165). In Deutschland geht die Rechtsprechung dagegen wesentlich weiter und lässt auch eine Überprüfung des Urteils selbst zu (vgl. zum sog. Urteilsmissbrauch PALANDT/THOMAS § 826 BGB, Rz 46 m.Nw.). Erscheint die Vollstreckung des Urteils aufgrund von Tatsachen, welche erst nach dem Urteil eingetreten sind, als rechtsmissbräuchlich, so muss der Schuldner das Urteil durch den ordentlichen Richter abändern lassen und kann sich nicht darauf beschränken, gegen die Vollstreckung die Einrede des Rechtsmissbrauches zu erheben (BSK SchKG-STAEHELIN, Art. 81 N 17). Rechtsmissbräuchlich kann das Vorgehen des Staates sein, der eine vollstreckbare Verfügung in Betreibung setzt, obwohl er weiss, dass diese inhaltlich unrichtig ist (BSK SchKG-STAEHELIN, Art. 81 N 17 m.Nw.). Bei der Vollstreckung ausländischer Urteile ist der Rechtsmissbrauch als Verletzung des ordre public (Art. 27 Abs. 1 IPRG, Art. 27 Ziff. 1 LugÜ) zu beachten (BSK SchKG-STAEHELIN, Art. 81 N 17).

9. Subjektive Tatbestandselemente des Rechtsmissbrauchs

Nach einer verbreiteten Ansicht (BK-MERZ, N 105; ZELLER, Treu und Glauben, 185) ist **79** **Verschulden** keine notwendige Voraussetzung der Qualifikation eines Verhaltens als Rechtsmissbrauch. Diese Auffassung verträgt sich jedoch schlecht mit dem im Missbrauch unvermeidlich steckenden Vorwurf. Es ist zwar nicht auf eine konkrete Schädigungsabsicht oder auf eine andere spezielle Form der Arglist abzustellen, doch kann der Annahme eines «unverschuldeten Rechtsmissbrauchs» nicht das Wort geredet werden. Voraussetzung ist allerdings nicht Kenntnis der Wertung, die zum Rechtsmissbrauch führt, sondern nur Kenntnis des Sachverhalts, der den Vorwurf begründet.

Art. 3

II. Guter Glaube **¹ Wo das Gesetz eine Rechtswirkung an den guten Glauben einer Person geknüpft hat, ist dessen Dasein zu vermuten.**

² Wer bei der Aufmerksamkeit, wie sie nach den Umständen von ihm verlangt werden darf, nicht gutgläubig sein konnte, ist nicht berechtigt, sich auf den guten Glauben zu berufen.

II. Bonne foi ¹ La bonne foi est présumée, lorsque la loi en fait dépendre la naissance ou les effets d'un droit.

² Nul ne peut invoquer sa bonne foi, si elle est incompatible avec l'attention que les circonstances permettaient d'exiger de lui.

II. Effetti della buona fede ¹ Quando la legge fa dipendere un effetto giuridico dalla buona fede di una persona, la buona fede si presume.

² Nessuno può invocare la propria buona fede quando questa sia incompatibile con l'attenzione che le circostanze permettevano di esigere da lui.

Literatur

Schweiz: BÄR, Der öffentliche Glaube des Handelsregisters, in: Berner Festgabe zum Schweizerischen Juristentag, Bern 1979, 131 ff.; BIRCHER, Gutgläubiger Erwerb des Forderungspfandrechtes, Diss. Bern 1946; CARONI, Einleitungstitel des Zivilgesetzbuches, Basel 1996; GUISAN, La protection de l'acquéreur de bonne foi en matière mobilière, Diss. Lausanne 1970; HINDERLING, Die Tragweite des Gutglaubensschutzes für den Erwerb von Schuldbrief und Gült, BJM 1966, 213 ff.; HURST-WECHSLER, Herkunft und Bedeutung des Eigentumserwerbs kraft guten Glaubens nach Art. 933 ZGB, Diss. Zürich 2000; A. KARRER, Der Fahrniserwerb kraft Guten Glaubens im internationalen Privatrecht, Diss. Zürich 1968; KISS-PETER, Guter Glaube und Verschulden bei mehrgliedrigen Organen, BJM 1990, 281 ff.; KOLLER, Der gute und der böse Glaube im allgemeinen Schuldrecht, Freiburg i.Ü. 1984; MEIER, Der gute und böse Glauben im Erbrecht, Diss. Zürich 1924; PATRY, La notion de la bonne foi subjective, ZBJV 1955, 409 ff.; PFISTER, Der Schutz des öffentlichen Glaubens im schweizerischen Sachenrecht, Diss. Zürich 1969; PIOTET, La bonne foi et sa protection en droit privé suisse, SJZ 1968, 81 ff. und 100 ff.; REICHEL, Gutgläubigkeit beim Fahrniserwerb, (Grünhuts) Zeitschrift für das Privat- und öffentliche Recht der Gegenwart 42 (1916), 173 ff. (zit. REICHEL, Gutgläubigkeit); RIEMER, Prozessführung «in guten Treuen» (§ 64 Abs. 3 ZPO, Art. 156 Abs. 3 OG) – zwischen «Treu und Glauben» (Art. 2 ZGB) und «gutem Glauben» (Art. 3 ZGB), in: FS 125 Jahre Kassationsgericht des Kantons Zürich, Zürich 2000; SCHMID, Zum Begriff des guten Glaubens im schweizerischen Recht, SJZ 1967, 305 ff.; SCHNYDER, Der gute Glaube im Immobiliarsachenrecht, ZBGR 1985, 65 ff.; STOFFEL, Die Zurechnung des guten oder bösen Glaubens nach schweizerischem Privatrecht, Diss. Freiburg i.Ü. 1963; WALTER, Die Wissenszurechnung im Schweizerischen Privatrecht, Diss. Bern 2005; WEINBERG, Der Schutz des guten Glaubens im Grundpfandrecht, Diss. Zürich 1950; WUBBE, Le possesseur de bonne foi vu par les juristes romains et modernes, Freiburg i.Ü. 1963.

Ausland: BROWNSWORD/HIRD/HOWELLS (Hrsg.) Good faith in contract, Aldershot 1999; BUCK, Wissen und juristische Person, Tübingen 2001; CORTEN, L'utilisation du «raisonnable» par le juge international, Bruxelles 1997; J. HAGER, Verkehrsschutz durch redlichen Erwerb, München 1990; KEINATH, Der gute Glauben im UN-Kaufrecht, Konstanzer Schriften zur Rechtswissenschaft, Bd. 115, Konstanz 1997; H. MÜLLER, Gedanken zum Schutz des Guten Glaubens in rechtsvergleichender Sicht, ZfRV 4, 1963, 2 ff.; NEUNDÖRFER, Die Bedeutung des Vertrauens bei den Gutglaubensvorschriften, Diss. Frankfurt a.M. 1998; PETERS, Der Entzug des Eigentums an beweglichen Sachen durch gutgläubigen Erwerb, Tübingen 1991; TIEDTKE, Gutgläubiger Erwerb im bürgerlichen Recht, im Handels- und Wertpapierrecht sowie in der Zwangsvollstreckung, 1985; TROJE, «Guter Glaube», Handwörterbuch zur deutschen Rechtsgeschichte, Bd. 1, 1971, Sp. 1866 ff.; UNRAU, Gutglaubensschutz bei der Ablösung von Grundpfandrechten: zugleich ein Beitrag zu der Frage nach der Möglichkeit gutgläubigen Erwerbs kraft Gesetzes, Diss. Kiel 1993; WEHMANN, Gutgläubiger Fahrniserwerb bei alternativ zum fehlenden Eigentum des Veräusserers wirkenden Übertragungshindernissen: der gutgläubige Erwerb vom Minderjährigen und bei Verfügungsbeschränkungen, Göttingen 1988; H. P. WESTERMANN, Die Grundlagen des Gutglaubensschutzes, JuS 1963, 1 ff.

I. Allgemeines

1. Konzeption und Bedeutung der Vorschrift

1 Art. 3 regelt an sich nur zwei Fragen: die **Vermutung des guten Glaubens** und das Entfallen des Gutglaubensschutzes bei **mangelnder Aufmerksamkeit.** Dennoch ist die Bestimmung als eine Art **allgemeiner Teil** für alle Rechtsvorschriften anzusehen, die den guten Glauben betreffen (BK-JÄGGI, N 11). Sie ist als sedes materiae der Ort, an dem die vom Gesetz offen gelassene Frage, worin guter Glaube eigentlich besteht, erörtert wird. Im Zusammenhang mit dieser Vorschrift wird üblicherweise auch dargestellt, in welchen Fällen Gutglaubensschutz gewährt wird und worin er besteht. Daher reicht die Bedeutung von Art. 3 erheblich über den (besonders hinsichtlich des Abs. 1) verhältnismässig kleinen Anwendungsbereich hinaus. In ihrem Gebotscharakter unterscheiden sich die beiden Absätze des Art. 3 voneinander. Abs. 1 statuiert eine Beweisregel, Abs. 2 fordert ein Werturteil über die Aufmerksamkeit des Gutgläubigen (s. BK-JÄGGI, N 113).

2. Der Sinn der in Art. 3 enthaltenen Regelungen

2 Der Grund (die ratio legis) für die Vermutung des guten Glaubens liegt weniger in einer Präsumtion allgemeiner Redlichkeit als in den **Beweisschwierigkeiten,** denen jeder positive Nachweis des guten Glaubens als innerer Tatsache ausgesetzt ist. Er müsste dem Nachweis von Indizien für ein Fehlen des guten Glaubens gleichkommen und liefe daher auf einen negativen Beweis hinaus. Der Grund für den Gutglaubensschutz, zu dem die Vermutung von Art. 3 Abs. 1 führen kann, besteht nach h.L. entweder in einer *geringeren Schutzwürdigkeit* des Gegeninteressenten oder im **öffentlichen Interesse** an Verkehrs- und Rechtssicherheit (vgl. BK-JÄGGI, N 58 ff.), häufig in beidem zugleich. ZK-BAUMANN, N 11 ordnet die von BK-JÄGGI, N 57 und DESCHENAUX, SPR II, 219/220 als separate Kategorie betrachtete Fallgruppe «Verhalten des Gegeninteressenten» ebenfalls dem Verkehrsschutzinteresse zu. In Wahrheit liegen regelmässig beide Aspekte vor: So setzt z.B. der gutgläubige Erwerb im Mobiliarsachenrecht nach Art. 933 neben dem objektiven Rechtsscheintatbestand des Besitzes und der Gutgläubigkeit des Erwerbers voraus, dass der Eigentümer (Gegeninteressent) die Sache dem Nichtberechtigten anvertraut hat («man muss seinen Glauben dort suchen, wo man ihn gelassen hat»). Erst dies rechtfertigt in Verbindung mit dem guten Glauben des Erwerbers den Eigentumsverlust im Interesse des öffentlichen Verkehrs. Die in Abs. 2 statuierte Unzulässigkeit der Berufung auf guten Glauben resultiert aus einer **Interessenabwägung,** nach der die Interessen des

Gutgläubigen zurücktreten, wenn dieser es an der gebotenen Aufmerksamkeit fehlen lässt (vgl. BK-JÄGGI, N 108 f.).

3. Abgrenzungen des Gutglaubensschutzes

a) Treu und Glauben

Der gute Glaube und **Treu und Glauben** haben verschiedene Bedeutungen innerhalb des **3** gleichen Sinnbereichs (so zutreffend BK-MERZ, N 82). Im französischen und italienischen Text wird im Anschluss an die römische bona fides begrifflich kein Unterschied zwischen «gutem Glauben» und «Treu und Glauben» gemacht, sondern sowohl in Art. 2 als auch in Art. 3 von «bonne foi» bzw. «buona fede» gesprochen. Der Grund dafür sind die gemeinsamen Wurzeln der beiden erst in der modernen Dogmatik getrennten Rechtsfiguren (ZK-BAUMANN, Vorb. Art. 2/3, N 2). Gemeinsam ist beiden Kategorien, dass sie das Verhalten im Rechtsverkehr einer ethischen Anforderung unterwerfen. Sie unterscheiden sich jedoch dadurch voneinander, dass mit dem guten Glauben auf ein subjektives Tatbestandsmerkmal, mit Treu und Glauben auf einen objektiven Massstab abgestellt wird (s. ZELLER, Treu und Glauben, 1981, 254 f.). Der gute Glaube ist Voraussetzung für einen Rechtserwerb vom Nichtberechtigten (v.a. im Sachen- und im Wertpapierrecht). Trotz gemeinsamer historischer Wurzel unterscheidet er sich vom Prinzip von Treu und Glauben nach Art. 2 Abs. 1. Dieses betrifft den Inhalt und die Auslegung von Verträgen. Der gute Glaube ist eine *Eigenschaft* einer an einem Rechtsfall beteiligten Person; Treu und Glauben stellt einen *Beurteilungsmassstab* für deren Verhalten dar. Es fehlt aber nicht an Verbindungslinien: Unredliches Vorgehen verstösst regelmässig gegen Treu und Glauben. Die Bereiche, in denen der gute Glaube einerseits, Treu und Glauben andererseits zum Zug kommen, sind teilweise komplementär: Geht es um den guten Glauben, so sollen Konsequenzen eines an sich mit der Rechtsordnung nicht konformen Verhaltens eingeschränkt oder aufgehoben, Defekte von Rechtspositionen ausgebessert werden. Geht es dagegen um Treu und Glauben, so erfährt – besonders in den Fällen von Art. 2 Abs. 2 – ein formal rechtmässiges Verhalten rechtliche Missbilligung. Die beiden Normen hängen auch insofern eng zusammen, als die Schranke des guten Glaubens in Art. 3 Abs. 2 eine rechtliche Beurteilung des in Art. 3 Abs. 1 enthaltenen Tatbestandes nach dem objektiven Massstab von Art. 2 Abs. 1 verlangt. Treu und Glauben kann einer Berufung auf Gutgläubigkeit entgegenstehen (vgl. KOLLER, N 123, 637, 667).

b) Vertrauensschutz

Wie der Gutglaubensschutz ist die Respektierung schutzwürdigen Vertrauens ein die gesamte **4** Rechtsordnung durchziehendes Prinzip, ein *«fundamentaler Rechtsgrundsatz»* i.S.v. BYDLINSKI, Fundamentale Rechtsgrundsätze, Wien 1988. Der **Vertrauensschutz** führt nicht nur zu Haftungsfolgen (zu diesen für das deutsche Recht CANARIS, Die Vertrauenshaftung im deutschen Privatrecht, München 1971), sondern auch zu rechtsgeschäftlichen Bindungen. Allerdings ist der Vertrauensschutz längst nicht so oft positiviert worden wie der Gutglaubensschutz. Er besteht in der Ordnung der Rechtsgeschäfte im Schutz des Vertrauens auf das Vorliegen eines bestimmten Erklärungswillens. Da es beim Vertrauensschutz nicht essentiell darauf ankommt, ob eine rechtliche Position einen Defekt hat, wäre es unpassend, ihn als Sonderfall des Gutglaubensschutzes zu qualifizieren (in diesem Sinne auch KOLLER, N 42 f. und die h.L.).

4. Rechtsgeschichte

Die Vermutung des guten Glaubens beruht auf der gemeinrechtlichen Parömie *bona fides* **5** *praesumitur*. Schon in einer von ACCURSIUS stammenden Glosse zu Justinians Institutionen II 6 pr (Glosse Qui bona fide) hiess es, der gute Glaube werde immer vermutet (bona fides praesumitur semper). Wie LAUTERBACHS Collegium theorico-practicum (Bd. 3, 1711, 279) zeigt, behauptete sich die Vermutung der Gutgläubigkeit im gesamten gemeinen Recht; ihr Schwerpunkt lag beim Ersitzungsbesitz (In dubio tamen haec bona fides tam ab initio quam in progressu adesse praesumitur; vgl. COING, Europäisches Privatrecht, Bd. 1, München 1985, 185). Anders als das moderne Recht (z.B. Art. 933) kannte das römische Recht keinen sofortigen gutgläubigen Erwerb vom Nichteigentümer, es war stets die Ersitzung während einer bestimmten Frist nötig (HONSELL, Römisches Recht, 6. Aufl., Berlin 2005, 64 ff.).

II. Begriff

1. Der Begriff des guten Glaubens

6   Nach dem Begriff des guten Glaubens zu fragen, wie es z.B. BK-JÄGGI, N 16 ff., PIOTET, 81 ff. und KOLLER, N 25 ff. tun, bedeutet keinen Rückfall in «Begriffsjurisprudenz». Das wäre nur der Fall, wollte man die Definition zum Ausgangspunkt der Rechtsfolgenbestimmung machen. Statt eines solchen deduktiven Verfahrens ist jedoch ein induktives angezeigt: Durch *Trennung des Allgemeinen vom Besonderen,* d.h. durch Abstraktion, soll das Essentielle des guten Glaubens ermittelt werden.

7   Das **Gesetz** definiert den Begriff des guten Glaubens nicht, sondern *setzt* ihn *voraus* (vgl. BGE 99 II 131 ff., 146). Anders als § 932 Abs. 2 des deutschen BGB sagt Abs. 2 von Art. 3 nicht, wann guter Glaube nicht vorliegt, sondern, wann man sich nicht auf ihn berufen kann. Es fehlt auch eine negative Definition. Mittelbar folgt aber – zumindest wenn man, wie ZK-BAUMANN, N 2 ff., bei der Gutgläubigkeit auf das Element des subjektiven Rechtsbewusstseins verzichtet – aus dem Gesetz, dass guter und böser Glaube komplementäre Begriffe sind. Dies zeigt beispielsweise Art. 64 OR, bei welchem die Wendung «nicht in gutem Glauben» in der französischen und italienischen Fassung durch «de mauvaise foi» bzw. «di mala fede» ersetzt wird (ZK-BAUMANN, N 4; vgl. auch BK-JÄGGI, N 23). Gutgläubig ist demnach, wer nicht bösgläubig ist.

8   Antworten auf die Frage, worin guter Glaube bestehe, findet man v.a. im **Schrifttum.** Definitionen der Rechtsprechung stellen sich zumeist als Rezeptionen aus diesem dar. So folgt die Aussage von BGE 99 II 131 ff., 147, der gute Glaube bestehe darin, dass trotz eines Rechtsmangels das Unrechtsbewusstsein fehle, den Darlegungen von BK-JÄGGI, N 16 ff.

9   Die Unterschiede in den wissenschaftlichen Definitionsversuchen haben in erster Linie terminologische Gründe und beruhen weniger auf sachlichen Meinungsgegensätzen. Das wird an den Ausführungen von PIOTET, SJZ 1968, 87 f., besonders deutlich. BK-JÄGGI, N 30 gelangte zu folgender *Kurzdefinition:* «Guter Glaube ist das Fehlen des Unrechtsbewusstseins trotz eines Rechtsmangels». KOLLER, N 50 erscheint diese Definition einerseits zu weit, andererseits zu eng. Zu weit erscheint sie ihm, weil bei JÄGGI Sachverhalte als Rechtsmängel erfasst würden, die keine seien. Zu eng erscheint sie ihm, weil sie einige Rechtsmängel (wie die, auf die Art. 64 OR zur Anwendung komme) nicht erfasse. JÄGGIS griffige Kurzdefinition ist aber auch noch unter anderen Aspekten der Kritik ausgesetzt. Mit dem Wort «Rechtsmangel» gebraucht sie, wenngleich in Übereinstimmung mit Rechtsprechung und Schrifttum, einen missverständlichen Ausdruck (dazu N 16). Zur Frage, ob Gutglaubensschutz auch ohne wirklichen Defekt der Rechtsposition (etwa wegen Verkennen oder Unkenntnis derselben) vorstellbar ist, enthält sie ebenso wenig einen Vorbehalt wie zu der wichtigeren Frage, ob das Fehlen des Unrechtsbewusstseins irgendeine Qualifikation (z.B. Entschuldbarkeit) aufweisen muss. JÄGGIS Definition wurde von

RIEMER, Einleitungsartikel, § 6 N 3 f. übernommen. DESCHENAUX, SPR II, 197 dagegen hat entgegen JÄGGIS Auffassung, die er als ethisches Verständnis des guten Glaubens charakterisierte, an der älteren und zunächst stärker verbreiteten Formel festgehalten, die er als psychologische etikettierte: Guter Glaube sei «ignorance d'un vice juridique» (= Nichtkenntnis eines Rechtsmangels, so ZK-EGGER, N 4). Diese ältere Auffassung wurde von PIOTET, SJZ 1968, 82 ff. verteidigt. Auch ZK-BAUMANN, N 2 ff. gelangt zu dem Ergebnis, dass das **subjektive Rechtsbewusstsein** für die Anwendung von Art. 3 nicht von entscheidender Bedeutung ist. Als gutgläubig soll derjenige gelten, der nicht bösgläubig ist. Bösgläubig ist, wer, gemessen am Massstab von Treu und Glauben (Art. 2), wusste, wissen musste oder wissen konnte, dass eine fehlerhafte Rechtsstellung vorliegt. Ein subjektives Unrechtsgefühl kann zwar, muss aber nicht vorliegen. KOLLER, N 71 ff. verneint die Möglichkeit eines einheitlichen Gutglaubensbegriffes für eine auf einen Rechtsmangel bezügliche Bewusstseinslage.

Hier wird von einem Gutglaubensbegriff ausgegangen, der JÄGGI und der neueren Praxis **10** grundsätzlich folgt, doch einige Modifikationen empfiehlt. Demnach wird als guter Glaube *das einer Rechtfertigung zugängliche Fehlen eines Unrechtsbewusstseins trotz eines Defektes der rechtlichen Position* bezeichnet. Diese Definition kann jedoch nur den «Begriffskern» (vgl. BYDLINSKI, 118 f.) des guten Glaubens erfassen und dient nicht der Abgrenzung des Gutglaubensschutzes oder der Gewinnung anderer Rechtsfolgen.

2. Die Einheitlichkeit des Gutglaubensbegriffes

Die nach wie vor herrschende Ansicht (der KOLLER, N 64 ff. entgegentritt) nimmt einen **11** **einheitlichen Gutglaubensbegriff** an (dazu beachtenswert BROGGINI, ZSR 1958, 358 f.). Sollte dies bedeuten, dass in den verschiedenen Fällen des Gutglaubensschutzes unter gutem Glauben stets genau dasselbe, nie mehr und nie weniger, verstanden werden müsste, wäre diese Auffassung unhaltbar. Von einem einheitlichen Gutglaubensbegriff kann jedoch schon dann in sinnvoller Weise die Rede sein, wenn bestimmte *Grundelemente des guten Glaubens* überall dort eine Rolle spielen, wo man auf ihn abstellt. Daher steht es der Anerkennung eines einheitlichen Gutglaubensbegriffes nicht entgegen, dass die Rechtsprechung bei der Konkretisierung des guten Glaubens seit BGE 57 II 253 ff. zwischen dem rechtsgeschäftlichen und dem nicht rechtsgeschäftlichen Bereich unterscheidet. In Letzterem (z.B. beim Bauen auf fremdem Grund) kommt es darauf an, ob unredliches, also moralisch verwerfliches Verhalten ausgeschlossen erscheint (BGE 99 II 131 ff., 146). In Ersterem ist massgeblich, dass ein auf einem entschuldbaren Irrtum beruhender Glaube an das Vorliegen einer in Wahrheit fehlenden Tatsache vorliegt (wiederum BGE 99 II 131 ff., 146). Diesem Fall ist übrigens jener gleichzuhalten, in dem die relevante Tatsache zwar ohnedies gegeben ist, aber aus Unkenntnis oder wegen Angst vor Beweisschwierigkeiten nicht geltend gemacht wird. So hat man es im römischen Recht oft vorgezogen, statt mit der durch Beweisprobleme belasteten Eigentumsklage (der rei vindicatio) mit einer auf gutgläubigen Ersitzungsbesitz gestützten Klage (der actio Publiciana, vgl. § 372 ABGB) vorzugehen. Die heutige Präferenz für die Besitzrechtsklage (Art. 934 Abs. 1 und 936 Abs. 1) gegenüber der Eigentumsklage (vgl. REY, Sachenrecht, 2. Aufl., Bern 2000, 451) ist ebenso zu erklären. Entgegen BK-JÄGGI, N 31 ist es also nicht sinnlos, bei fehlerfreiem Erwerb nach dem guten Glauben des Verfügenden oder des Erwerbenden zu fragen.

Der Sinn der Anerkennung eines einheitlichen Gutglaubensbegriffes liegt nicht zuletzt in **12** dem Versuch, bei der *Konkretisierung von Einzelvorschriften* des Gutglaubensschutzes nach Möglichkeit in Übereinstimmung mit den zu Art. 3 entwickelten Grundsätzen vorzugehen. In beifallswerter Weise hat dies BGE 116 II 459 ff., 461 für die Relation zwischen Art. 3 und Art. 976 OR getan, der die gutgläubige Leistung an den Inhaber eines hinkenden Inhaberpapiers behandelt. Dem heute gefährdeten Postulat der Einheit der Rechtsordnung dient man durch das Festhalten an einem einheitlichen Gutglaubensbegriff besser als durch die Kultivierung möglicher, unbestreitbar gegebener Differenzierungsansätze (dies gegen KOLLER, N 71 ff., dessen Argumente zu punktuell bleiben). Gegen die Ausbildung **typenhafter Fallgruppen** innerhalb einer einheitlichen Konzeption des guten Glaubens ist allerdings nichts einzuwenden. Ähnlich ZK-BAUMANN, N 48 ff., der weder die Reichweite des Gutglaubensschutzes bei jeder einzelnen Bestimmung neu erschliessen, noch alle Gutglaubenstatbestände über einen Leisten schlagen will. So kann es die kontext- und interessengerechte Auslegung einer lex specialis zu Art. 3 erfordern, dessen weit gesteckten Anwendungsbereich einzuschränken. Etwa bei Art. 28 Abs. 2 OR. Hier drängt es sich auf, den Passus «Kennen oder Kennen Sollen» im Wege der teleologischen Reduktion auf «Kennen» zu beschränken, will man nicht zum Ergebnis gelangen, dass eine fremd verursachte Täuschung, die weniger verpönt ist als eine selbst verursachte, dem Anfechtenden das Geltendmachen der Anfechtung unter leichteren Voraussetzungen erlaubt (HUGUENIN, Die absichtliche Täuschung durch Dritte, SJZ 1999, 261 ff.).

3. Die Elemente des guten Glaubens

a) Der Defekt in der Rechtsposition

13   Es hat sich eingebürgert, von einem **«Rechtsmangel»** als Ausgangspunkt des guten Glaubens zu sprechen (vgl. z.B. BK-JÄGGI, N 31–34; BGE 99 II 131 E. 6d; BGer v. 9.6.2004 4C.84/2004). Man meint damit das Fehlen einer rechtserzeugenden oder das Vorliegen einer rechtshindernden Tatsache (KOLLER, N 48). Die Verwendung des Ausdrucks «Rechtsmangel» (das französische vice de droit ist insofern besser) ist aber missverständlich und man sollte darauf verzichten. Dass der Gebrauch des Ausdrucks «Rechtsmangel» *vom Wortsinn her unpassend* ist, hat KOLLER, N 51 gesehen. Seine Kritik beruht auf drei Gründen: 1. Der Terminus verdecke die Einsicht, dass auch ein rein faktisches Verhältnis erfasst werden könne. 2. Er leiste der Auffassung Vorschub, beim Rechtsmangel handle es sich immer um einen Mangel in Bezug auf einen Rechtserwerb oder Rechtsbestand. 3. Erwecke der Ausdruck die Vorstellung, ein Rechtsmangel könne nur vorliegen, wenn etwas mangle, nicht auch, wenn etwas zu viel vorhanden sei, z.B. ein Grundlagenirrtum. Dennoch verwendet er den kritisierten Terminus, weil ein besserer nicht zur Verfügung stehe. Dies trifft nicht zu. Eher könnte man KOLLERS Vorgangsweise damit begründen, dass eingebürgerte Terminologien erfahrungsgemäss nur schwer abzuschütteln sind. Doch steht dem Gebrauch des Ausdrucks ein anderer, von KOLLER nicht berücksichtigter Einwand entgegen, der so schwer wiegt, dass eine Revision der bisherigen Ausdrucksweise geboten erscheint: *Das Wort «Rechtsmangel» ist im juristischen Sprachgebrauch schon anderweitig besetzt.* Es bezeichnet den Grund des in den Art. 192–196 OR geregelten Gewährleistungsfalles der Entwehrung (Eviktion). Danach liegt ein Rechtsmangel vor, wenn der Kaufgegenstand durch Rechte eines Dritten belastet ist, welche die Rechtsstellung des Käufers beeinträchtigen und die bereits zur Zeit des Vertragsabschlusses bestanden (BSK OR I-HONSELL, Vorbem. zu Art. 192–210 N 5). Zu diesen beeinträchtigenden Rechten ist insbesondere das Eigentum eines Dritten zu zählen. Rechtsmängel i.S. der kaufrechtlichen Gewährleistungsordnung können zwar einen Gutglaubensschutz auslösen, sie erschöpfen aber nicht dessen Bandbreite. Es hiesse also, die Laien und manche Juristen in die Irre führen, wollte man für den Grundtatbestand des Art. 3 am Begriff «Rechtsmangel» festhalten. Es stehen genug Ausdrucksweisen zur Verfügung, die weniger missverständlich sind. Eine von ihnen ist «Defekt in der

Rechtsposition», von dem in der Folge hauptsächlich (also ohne terminologische Zwanghaftigkeit) gesprochen werden soll.

BK-JÄGGI, N 32–34 hat *dreierlei mögliche Defekte* von Rechtspositionen unterschieden: **14** 1. Eigenes rechtswidriges Verhalten des Gutgläubigen; 2. Rechtswidriges Verhalten eines anderen Beteiligten; 3. Mangelhaftes, aber nicht rechtswidriges Verhalten eines anderen Beteiligten. KOLLER, N 53 f. ist dieser Dreiteilung entgegengetreten. Als Bezeichnung der hauptsächlichen **Typen möglicher Defekte** ist sie aber doch sinnvoll. Dagegen ist KOLLER, N 27–29 darin zu folgen, dass die Defekte einer Rechtsposition entgegen BK-JÄGGI, N 53 nicht als Verhalten, sondern als rechtlich erhebliche Umstände mit nachteiligen Wirkungen zu qualifizieren sind. Diese können darin bestehen, dass ein Recht nicht entsteht, eine Pflicht nicht entfällt, ein Recht untergeht oder eine Pflicht entsteht. Wie KOLLER, N 33 f. zutreffend bemerkt, wirken sich manche Defekte ohne weiteres aus, während bei anderen zusätzliche Voraussetzungen gegeben sein müssen. Ein Beispiel für die erste Art stellt das Kontrahieren in fremdem Namen ohne Vertretungsmacht dar. Zur zweiten Art gehört die Schadenersatzpflicht des falsus procurator, bei der es auf zusätzliche Voraussetzungen wie die Urteilsfähigkeit des Vertreters ankommt.

b) Die Bewusstseinslage des Gutgläubigen

Die psychische Situation des Gutgläubigen wurde lange Zeit *negativ definiert.* Zunächst **15** sah man in ihr das **Fehlen der Kenntnis** (bzw. Fehlen fahrlässiger Unkenntnis) von einem rechtlichen Defekt, die «Nichtkenntnis eines Rechtsmangels» (vgl. z.B. bei REICHEL, FS Stammler, 1926, 315; ZK-EGGER, N 4; PIOTET, SPR II, 81; ZK-BAUMANN, N 2; w.Nw. bei KOLLER, N 60, Anm. 70). Unzutreffend erscheint die von BK-JÄGGI, N 30 formulierte Definition des guten Glaubens als «Fehlen eines Unrechtsbewusstseins trotz Kenntnis der Rechtslage»; zustimmend allerdings BGE 99 II 131 ff., 147: Der gute Glaube bestehe darin, dass trotz eines Rechtsmangels das Unrechtsbewusstsein fehle. Das Fehlen des Unrechtsbewusstseins setze nicht notwendig die Unkenntnis des Rechtsmangels voraus. So sei beim Bauen mit fremdem Material oder auf fremdem Boden ein Fehlen des Unrechtsbewusstseins beim Material- oder Grundeigentümer nicht bloss dann anzunehmen, wenn dieser nicht weiss, dass auf fremdem Boden bzw. mit fremdem Material gebaut wird, sondern auch dann, wenn er das zwar weiss, aber z.B. deswegen, weil er an das Einverständnis des andern Teils glaubt, gleichwohl nicht im Bewusstsein handelt, etwas Unredliches zu tun. – Kritisch zu diesem Entscheid KOLLER, N 61. Nach h.L. ist die Bewusstseinslage des Gutgläubigen nicht von Bedeutung. Will man sie gleichwohl nicht ausklammern, so erscheint es erwägenswert, sie als **Annahme der Rechtmässigkeit der eigenen Rechtsposition** aufzufassen und damit zugleich als *Überzeugung, keine fremde Rechtsposition zu beeinträchtigen.*

Mit der Ermittlung der Bewusstseinslage eines Gutgläubigen ist die Anerkennung einer **16** **Bedeutung des Rechtsgefühls** (zu diesem E. RIEZLER, Das Rechtsgefühl, 3. Aufl., München 1946/69; Lampe [Hrsg.], Das sogenannte Rechtsgefühl, Bd. 10 des Jahrbuchs für Rechtssoziologie und Rechtstheorie, Opladen 1985) verbunden. Allerdings genügt dessen Existenz in einer bestimmten Richtung für den guten Glauben nicht. Vielmehr werden an diesen *zusätzliche Anforderungen* wie der Einsatz gebotener *Aufmerksamkeit* (s. Art. 3 Abs. 2) gestellt. Es ist eine blosse Zweckmässigkeitsfrage, ob man diese Zusatzanforderungen schon in die Definition der relevanten Bewusstseinslage hereinnimmt. Unzweckmässig wäre es, Streitfragen über die Intensität der Zusatzanforderungen (z.B. hinsichtlich des Verschuldungsgrades bei der Vernachlässigung von Aufmerksamkeit) in der Definition des guten Glaubens einer Vorabentscheidung zuzuführen. Doch ist es andererseits sinnvoll, durch einen Vorbehalt deutlich zu machen, dass nicht jedwede Annahme der Rechtmässigkeit für den guten Glauben ausreicht. Dieser kann nur als *berechtigte* Annahme der Rechtmässigkeit anerkannt werden. Insoweit ist BK-JÄGGI, N 40 nicht zu folgen, wenn er sich gegen die Auffassung wendet, guter Glaube setze entschuldbare Unkenntnis des rechtlichen Defekts voraus.

17 Die *möglichen Ursachen* für die Situation des Gutgläubigen werden dagegen von BK-JÄGGI, N 39–42 treffend erfasst. Es sind dies mangelhafte Vorstellungen über rechtserhebliche Tatsachen, qualifizierte Unklarheit über rechtliche oder tatsächliche Verhältnisse (so eine falsche, aber vertretbare Rechtsansicht, eine missglückte rechtsgeschäftliche Regelung oder die Unbeweisbarkeit eines rechtlichen Defekts – dies alles freilich nur als Beispiel) und Störungen des Rechtsbewusstseins. **Irrtum** oder **Unkenntnis** stehen in aller Regel am Ausgangspunkt des guten Glaubens. Entgegen PIOTET, SPR II, 81 dürfen sie einander jedoch nicht gleichgesetzt werden. Irrtum ist Existenz einer unzutreffenden, Unkenntnis Abwesenheit jedweder relevanten Vorstellung. Für die Frage der Rechtfertigung der unzutreffenden Annahme von Rechtmässigkeit können sich aus diesem Unterschied je nach der Sachlage beträchtliche Konsequenzen ergeben.

c) Die günstige Rechtswirkung – ein Element des guten Glaubens?

18 BK-JÄGGI, N 30 bezeichnet es als feststehend, dass guter Glaube geeignet ist, eine für die Person, deren Bewusstsein in Frage steht, **günstige Rechtswirkung** auszulösen. Daran ist richtig, dass guter Glaube oft eine solche Rechtswirkung mit sich bringt und dass man von ihm spricht, wenn eine solche erstrebt wird. Doch gibt es genug Fälle, in denen gutem Glauben eine günstige Rechtswirkung versagt bleibt. Diese kann daher nicht zu seinen Wesenselementen gezählt werden.

4. Das Verhältnis des guten Glaubens zum bösen Glauben

19 Böser Glaube ist das Unrechtsbewusstsein dessen, der sich objektiv unrichtig verhält (BK-JÄGGI, N 44). Er ist der «dolus» in einem weiten Sinn, der nicht nur die arglistige Absicht erfasst. Besteht eine solche Übereinstimmung zwischen dem Rechtsbewusstsein und der Rechtslage mit dem Mangel, erzeugt Letzterer seine normalen Folgen (DESCHE-NAUX, SPR II, 213 f.). Dies meint BK-JÄGGI, N 47 wenn er schreibt, dem bösen Glauben komme keine rechtliche Bedeutung zu.

20 Die herrschende Lehre (BK-JÄGGI, N 43; KOLLER, N 2 und 132; ZK-BAUMANN, N 2) hält guten und bösen Glauben für **Komplementärbegriffe.** Wer nicht als gutgläubig gelten kann, wird als bösgläubig angesehen. Diese Auffassung ist aber nicht einsichtig, wenn man mit der Bejahung von Bösgläubigkeit ein ethisches Unwerturteil verbindet, wie es die umgangssprachliche Bedeutung des Ausdrucks nahe legt. Entgegen BK-JÄGGI, N 107 kann von einem Sprachgebrauch keine Rede sein, wenn wie in BGE 79 II 59 ff., 62 der als bösgläubig bezeichnet wird, der sich wegen unzureichender Aufmerksamkeit nicht auf seinen guten Glauben berufen kann. Es handelt sich vielmehr um eine gekünstelt-fachsprachliche Ausdrucksweise, die vom Laien nicht nachvollzogen werden kann. Sie wird auch fachsprachlich fallen gelassen, wenn JÄGGI selbst (BK, N 134) über die urteilsunfähigen Personen sagt, sie könnten weder gut- noch bösgläubig sein. Daher empfiehlt es sich, innerhalb der nicht gutgläubigen Personen zu unterscheiden (vgl. die beachtenswerten Differenzierungsansätze von KOLLER, N 139): Denen, die bloss nicht alle Voraussetzungen für die Bejahung von gutem Glauben erfüllen, sind die wirklich Bösgläubigen gegenüberzustellen. Zu ihnen gehören nur die Arglistigen und jene, deren Fahrlässigkeit so gross ist, dass sie die Grenze zur Arglist erreicht. Es liegt auf der Hand, dass diese Unterscheidung praktische, hauptsächlich schadenersatzrechtliche Konsequenzen hat.

III. Anwendung und Wirkungen

1. Anwendung

a) Anwendungsbereich

Abs. 1 kommt jedenfalls immer dann zum Zug, wenn das *Gesetz* eine Rechtswirkung an **21** den guten Glauben einer Person knüpft. Dieses Gesetz muss kein privatrechtliches sein. BGE 111 Ib 213 ff., 221 rechnet den Schutz des guten Glaubens neben dem Verhältnismässigkeitsprinzip zu den «allgemeinen verfassungs- und verwaltungsrechtlichen Prinzipien des Bundesrechts». Im Zivilrecht ist der zu lösende Interessengegensatz durch das Gesetz selbst, unter jeweiligen Voraussetzungen, ein für alle Mal zugunsten einer Partei geregelt. Im öffentlichen Recht hingegen ruft der aus dem Grundsatz von Treu und Glauben hergeleitete Vertrauensschutz in jedem Fall erneut nach einer Abwägung der widerstreitenden Interessen in dem Sinne, dass selbst bei gegebenen Voraussetzungen dem Vertrauensschutz nur dann zum Durchbruch verholfen wird, wenn ihm keine öffentlichen Interessen entgegenstehen (BGE 120 V 319 ff.). Die von Art. 3 Abs. 1 statuierte Vermutung verändert auch dann die Beweislast, wenn Gutglaubensschutz nicht einer positiven Anordnung entnommen, sondern als Konkretisierung eines **allgemeinen Rechtsprinzips** anerkannt wird. Daher ist die Ansicht von KOLLER, N 164 abzulehnen, unmittelbare Anwendung könnte Art. 3 nur auf «formelle» Gutglaubensvorschriften finden. Als formelle Gutglaubensvorschriften bezeichnet KOLLER, N 7 jene, die ausdrücklich auf den guten Glauben Bezug nehmen, als materielle jene, die Gutglaubensschutz erschliessen, ohne ausdrücklich vom guten Glauben zu sprechen.

Gegenüber **Sonderbestimmungen** tritt die Anwendbarkeit v.a. von Art. 3 Abs. 2 zurück. **22** Dort, wo Schutzvorschriften nicht so sehr auf der Unkenntnis des Mangels, sondern mehr auf dem fehlenden Bewusstsein der Unrechtmässigkeit beruhen, ist Abs. 2 nicht anwendbar (DESCHENAUX, SPR II, 227). Gutglaubensvorschriften, die einen Gutgläubigen unter allen Umständen schützen, machen Abs. 2 unanwendbar (KOLLER, N 165). Lediglich bei Arglist und grober Fahrlässigkeit schliesst Art. 966 Abs. 2 OR Gutglaubensschutz aus und auch von den geringeren Sorgfaltsanforderungen des Art. 1006 Abs. 2 OR kann nicht auf die strengeren des Art. 3 Abs. 2 zurückgegriffen werden (BK-JÄGGI, N 110). Den Art. 979 Abs. 2, 1007 und 1146 Abs. 2 OR zufolge ist der Erwerber eines Inhaber- oder Ordretitels, der sein Recht gemäss dem verurkundeten Inhalt geltend macht, nur dann bösgläubig, wenn er wissentlich zum Nachteil des Schuldners gehandelt hat (DESCHENAUX, SPR II, 227). In allen diesen Fällen kommt es zu einer gewöhnlichen Anwendung des Grundsatzes vom Vorrang der lex specialis. Man sollte hier aber trotz PIOTET, SPR II, 102 f. nicht von einer Derogation des Art. 3 Abs. 2 sprechen, da nicht dessen Geltung, sondern bloss seine Anwendbarkeit in Frage steht. Keine Anwendung findet Abs. 2 ferner dort, wo guter Glaube trotz Kenntnis eines Rechtsmangels möglich ist (Näheres bei BK-JÄGGI, N 112).

b) Die Allgemeinheit des Gutglaubensschutzes

Nach der herrschenden Auffassung (BK-JÄGGI, N 11–13; ZK-BAUMANN, N 17; DESCHE- **23** NAUX, SPR II, 221; KOLLER, N 6) kennt das ZGB und das schweizerische Privatrecht überhaupt keinen *allgemeinen Gutglaubensschutz*. Ein solcher Schutz habe stets eine gesetzliche Anordnung zur Voraussetzung. KOLLER, N 6 spricht gar von Ausnahmetatbeständen und auch ZK-BAUMANN, N 31 weist auf den *Ausnahmecharakter* des Art. 3 hin: Der gute Glaube werde nur dort geschützt, wo der Gesetzgeber dies ausdrücklich anordne oder sich dies einwandfrei über die Auslegung aus dem Gesetz herleiten lasse. Daran ist richtig, dass Art. 3 keinen generellen Gutglaubensschutz statuiert, sondern für den Fall des Eingreifens von Gutglaubensschutz eine Vermutung des guten Glaubens aufstellt. Es wäre jedoch ein Rückfall in Gesetzespositivismus, wollte man die Entscheidung der Frage, ob Gutglaubensschutz eingreift, allein davon abhängig machen, ob eine positive Anordnung desselben vorhanden ist. Zunächst einmal ist davon auszugehen, dass auch die Vorschriften, die Gutglaubensschutz anordnen, als *analogiefähig* anzusehen sind (vgl. BGE 88 II 422 ff., 429). Selbst dann, wenn man sie mit KOLLER, N 6 als Bestimmungen für Ausnahmetatbestände anzusehen hätte, wäre zu fragen, wie weit das diesen Ausnahmen zugrunde liegende Prinzip reicht (vgl. BYDLINSKI, 440). Darüber hinaus ist jedoch anzunehmen, dass der Gutglaubensschutz ein allgemeines Rechtsprinzip darstellt (in diesem Sinne auch BGE 111 Ib 213 ff., 221). Das bedeutet nicht, dass er stets in Anspruch genommen werden kann. Sieht man auf die Fälle, in denen er in Betracht kommt, so stellt sich heraus, dass er erheblich öfter gewährt als versagt wird. Daher kann die Behauptung gewagt werden, dass er entgegen der herrschenden Auffassung im Zweifel zusteht. Auch nach BK-JÄGGI, N 91 soll der Richter einen Rechtsgenossen im Zweifel als Ehrenmann behandeln. Für ZK-BAUMANN, N 31 hingegen rechtfertigt sich eine **Ausweitung des Gutglaubensschutzes** nur selten. Vielmehr soll der konkrete Einzelfall über die Missbrauchsregel des Art. 2 korrigiert werden.

c) Gutglaubensvorschriften

24   Die **Terminologie** des Gesetzes in Bezug auf die Gutglaubensvorschriften ist nicht einheitlich. Teils verwendet es ausdrücklich die Formulierungen «guter Glauben» (z.B. Art. 933, Art. 167, 976 OR) oder «böser Glauben» (z.B. Art. 521, 678 OR), teils behilft es sich mit Umschreibungen der Gutgläubigkeit wie «kennen oder kennen sollen» (z.B. Art. 974, 26 OR), Handeln «im Vertrauen auf» (z.B. Art. 164 OR) oder «ohne Arglist oder grobe Fahrlässigkeit» (z.B. Art. 1030 OR). Weitere Beispiele bei ZK-BAUMANN, N 18 f.; BK-JÄGGI, N 65 und DESCHENAUX, SPR II, 222.

25   Die Gutglaubensvorschriften gelangen dann zur Anwendung, wenn **Interessen Dritter** betroffen sind. ZK-BAUMANN, N 22 will auch die von BK-JÄGGI, N 71 als Zweiparteienverhältnisse bezeichneten Fälle den Dreiparteien-Konstellationen zuordnen. Er argumentiert damit, dass der Grund für den vom Gesetzgeber angeordneten Gutglaubensschutz immer das öffentliche Interesse am Funktionieren des Rechtsverkehrs sei und daher in jedem solchen Fall Rechtsmängel vorlägen, die nicht ausschliesslich das Verhältnis der Vertragsparteien beträfen.

26   Wenngleich nach der hier vertretenen Ansicht der Gutglaubensschutz nicht notwendig eine *spezielle gesetzliche Anordnung* voraussetzt, ist es doch aufschlussreich, sich jene **Tatbestände** zu vergegenwärtigen, für die eine solche vorliegt. Es sind dies insb. (eine umfassende Übersicht findet sich bei ZK-BAUMANN, N 19):

a) Art. 122 Abs. 2 (Ausschluss der Nichtigerklärung einer Ehe mit einer schon verheirateten Person, wenn diese Ehe seither aufgehoben wurde und der Partner des Bigamisten in gutem Glauben war);

b) Art. 174 Abs. 3 (Schutz des gutgläubigen Dritten bei gerichtlichem Entzug der ehelichen Vertretungsbefugnis bis zu deren Veröffentlichung);

c) Art. 714 Abs. 2 (gutgläubiger Eigentumserwerb an beweglichen Sachen);

d) Art. 884 Abs. 2 (gutgläubiger Pfandrechtserwerb; vgl. BGE 83 II 126 ff.);

e) Art. 895 Abs. 3 (Retentionsrecht an einer nicht dem Schuldner gehörenden Sache; vgl. BGE 85 II 580 ff.);

f) Art. 933 (Gutglaubenserwerb von anvertrauten Sachen);

g) Art. 935 (Schutz des gutgläubigen Erwerbers von Geld- und Inhaberpapieren);

h) Art. 938 ff. (sog. juventianische Grundsätze: Verantwortlichkeit des gut- und des bösgläubigen Besitzers; vgl. BGE 84 II 253 ff.);

i) Art. 973 Abs. 1 (Schutz des guten Glaubens auf den Grundbuchstand; vgl. BGE 109 II 102 ff.).

Vorschriften, die vom bösen Glauben oder vom Fehlen des guten sprechen, haben eine den Gutglaubensvorschriften verwandte Funktion. Dies gilt etwa für Art. 672 zum Bau auf fremdem Grund (vgl. BGE 82 II 283 ff.) und für Art. 936 (Herausgabepflicht eines nicht gutgläubigen Besitzers).

Im Bereich des OR ist häufiger zweifelhaft bzw. umstritten, ob eine Bestimmung zu den Gutglaubensvorschriften gehört. Mit KOLLER, N 37 ist dies für Art. 28 Abs. 2 OR (Täuschung einer Vertragspartei) zu bejahen. Gutglaubensschutz prägt auch den Art. 18 Abs. 2 OR (s. BSK OR I-ZELLER, 1. Aufl., Art. 18 N 27–30 sowie KOLLER, N 594 ff.). Die berechtigte Gutgläubigkeit des Partners eines Irrenden spielt nach Art. 26 OR eine entscheidende Rolle (vgl. KOLLER, N 45 f. und 438 ff.). Für den Gutglaubensschutz im Bereicherungsrecht stellen die Art. 64 f. OR die sedes materiae dar (vgl. KOLLER, N 494 ff.). Art. 167 befreit den gutgläubigen Schuldner, der nach Abtretungsanzeige an den Zessionar zahlt (dazu BGer v. 9.6.2004 4C.84/2004). In Art. 200 OR geht es um den alten Rechtsgedanken des caveat emptor (vgl. BSK OR I-HONSELL, Art. 200 N 1), nicht um Gutglaubensschutz (ebenso KOLLER, N 39).

Als **«Gesetz»,** das eine Rechtswirkung an den guten Glauben einer Person knüpft, kommen auch Nebengesetze aller Art, Gewohnheitsrecht und durch lückenfüllenden Richterspruch (Art. 1 Abs. 2) geschaffenes Recht in Betracht (BK-JÄGGI, N 79). Gutglaubensvorschriften finden sich insbesondere auch im Patentrecht (Art. 29, 31, 33, 34 PatG), Schuldbetreibungsrecht (Art. 203, 204, 284 SchKG), Sozialversicherungsrecht (Art. 25 Abs. 1 S. 2 ATSG), Strassenverkehrsrecht (Art. 66, 75 SVG), Schifffahrtsrecht (Art. 33 SchRG, Art. 55 SSG) und im Versicherungsrecht (Art. 73 VVG).   **27**

2. Die Vermutung des guten Glaubens

a) Die Gutglaubensvermutung

Der normative Kern von Art. 3 Abs. 1 besteht in der Aufstellung einer *Vermutung.* Die soll nach BK-JÄGGI, N 98 keine «Vermutung im strengen Sinn» sein, nach KOLLER, N 177 mit einer «wirklichen» **Vermutung** nichts zu tun haben. Dies ist nicht einzusehen. Das Wesen von Vermutungen besteht darin, die *Beweislast* gegenüber der in Art. 8 aufgestellten Regel zu verschieben. Man kann dem Gesetz, wenn es in Art. 3 Abs. 1 von einer Vermutung spricht, nicht unterstellen, dass es dieser eine andere Funktion als die normale zuweist. Zutreffend kennzeichnet BGE 107 II 440 ff., 456 die Bedeutung des Art. 3 Abs. 1 dahin, dass die Vorschrift die Beweislast dem Gegeninteressenten auferlege.   **28**

Entgegen BK-JÄGGI, N 81 ist dem Art. 3 Abs. 1 ein *allgemeines Rechtsgebot* zu entnehmen. Dieses geht eben dahin, dass guter Glaube zu vermuten ist, wenn ein Rechtssatz auf ihn abstellt. Dieser Rechtssatz kann sich nicht nur aus einem Gesetz, sondern auch aus Gewohnheitsrecht oder aus richterlicher Lückenfüllung oder Rechtsfortbildung ergeben. Vermutet wird nach dem eindeutigen Gesetzestext der gute Glaube als solcher (so auch DESCHENAUX, SPR II, 215) und nicht etwa bloss die Unkenntnis eines «Rechtsmangels» (so aber BK-JÄGGI, N 86). Zweifelhaft und umstritten ist dagegen, ob die in Art. 3 Abs. 1 aufgestellte **Vermutung** auch die *gebotene* **Aufmerksamkeit** umfasst, auf die es nach Art. 3 Abs. 2 ankommt. BGE 70 II 103 ff., 106 und BK-JÄGGI, N 87 und 117 bejahen ein   **29** so weites Wirkungsfeld von Art. 3 Abs. 1, KOLLER, N 180 verneint es. Seiner Ansicht ist zu folgen, da Art. 3 Abs. 2 nicht die von der Vermutung erfasste Frage regelt, ob guter Glaube vorliegt, sondern der Frage gilt, ob man berechtigt ist, sich auf vorliegenden guten Glauben zu berufen. Zu dieser Frage stellt das Gesetz keine Vermutung auf. BGE 113 III 397 ff., 399 lässt eine Antwort auf die Frage, ob auch die Anwendung der gebotenen Aufmerksamkeit (i.S.v. Art. 3 Abs. 2) vermutet werde, dahingestellt. Nach HAUSHEER/ JAUN, Art. 3 ZGB N 36 besteht zwischen den beiden Auffassungen vom Ergebnis her kein Unterschied: Unabhängig davon, welcher der Vorzug gegeben wird, obliegt die Beweislast für die Nichtanwendung der geforderten Aufmerksamkeit gemäss Art. 8 dem Gegeninteressenten (vgl. BGE 113 II 397 ff., 399). Steht der gute Glaube ohnedies fest, so kommt die Vermutung des Art. 3 Abs. 1 nicht zum Zug. Ist das Fehlen des guten Glaubens dagegen bloss wahrscheinlich, so behält die Vermutung entgegen BK-JÄGGI, N 95 ihre Bedeutung.

b) Der Beweis des guten Glaubens

30 Da der gute Glaube als solcher kaum beweisbar ist, gilt ein Beweis des guten Glaubens regelmässig irgendwelchen Tatsachen, die auf einen solchen schliessen lassen. **Beweispflichtig** ist im Wirkungsbereich von Art. 3 Abs. 1 der Gegeninteressent, vgl. BGE 107 II 440, 456. Ohne Art. 3 Abs. 1 wäre der Gutgläubige beweispflichtig, da der gute Glauben eine Tatsache ist, aus welcher der angeblich Gutgläubige i.S.v. Art. 8 Rechte ableitet. Etwas anderes gälte nur, wenn von der Gutglaubensvorschrift selbst (z.B. Art. 39 Abs. 1 OR) die Beweislast dem Gegeninteressenten aufgebürdet würde oder sich bereits aus Art. 8 eine Beweislast des Gegeninteressenten ergäbe (vgl. KOLLER, N 176). Da einzig der gute Glaube vermutet wird, unterliegt der Grundtatbestand, dessen zusätzliches Element der gute Glaube bildet, der gewöhnlichen Beweislastverteilung von Art. 8 (BK-JÄGGI, N 96; HAUSHEER/JAUN, Art. 3 ZGB N 35). Die Frage des Unrechtsbewusstseins gehört zum inneren Tatbestand und ist daher Tatfrage, die nach Massgabe von Art. 105 Abs. 2 OG von der Tatsacheninstanz verbindlich festgestellt wird. Demgegenüber gilt die Frage nach der Anwendung der gebotenen Aufmerksamkeit als frei überprüfbare Rechtsfrage, soweit es darum geht festzustellen, ob sich jemand angesichts der jeweiligen tatsächlichen Verhältnisse auf den guten Glauben berufen kann (BGE 122 V 221 ff.; 102 V 245 ff., 246 E. b; s. auch unten N 38).

3. Die Entkräftung der Gutglaubensvermutung

a) Die Widerlegung der Gutglaubensvermutung

31 Art. 3 Abs. 1 stellt nicht eine unwiderlegbare («praesumptio iuris et de iure»), sondern eine **widerlegbare Vermutung** («praesumptio iuris») auf. Widerlegt werden kann sie durch den Nachweis des Fehlens einer ihrer Prämissen (z.B. des Besitzes als Voraussetzung gutgläubiger Ersitzung), durch Nachweis des Eingreifens der Gegenregel von Art. 3 Abs. 2 oder durch Nachweis des Bestehens von bösem Glauben bzw. wenigstens des eindeutigen Fehlens von gutem Glauben. Ist eine Widerlegung der Gutglaubensvermutung gelungen, so bleibt es dem, der sich auf guten Glauben beruft, unbenommen, dessen Beweis bei eigener Beweislast anzutreten (ebenso BK-JÄGGI, N 102).

b) Der Ausschluss des Gutglaubensschutzes wegen fehlender Aufmerksamkeit

32 Wer bei Anwendung der gebotenen Aufmerksamkeit nicht in den zum guten Glauben gehörenden Irrtum verfallen wäre, ist ebenso wenig berechtigt, sich auf guten Glauben zu berufen, wie der, bei dem dieser überhaupt nicht gegeben ist. Art. 3 Abs. 2 setzt nicht nur

die **Gutglaubensvermutung ausser Kraft,** sondern schneidet überdies die Berufung auf einen guten Glauben ab, zu dessen Annahme es gar keiner Vermutung bedürfte. Es kommt also nicht darauf an, ob das Gesetzeswort «konnte» als «könnte» zu lesen ist, wie BK-JÄGGI, N 104 und KOLLER, N 137 meinen. Da die Aufmerksamkeit auf die Kenntnis des Tatbestandes abzielt, bezieht sich Art. 3 Abs. 2 lediglich auf den Fall, in dem der gute Glaube auf der Unkenntnis eines Rechtsmangels beruht (BK-JÄGGI, N 105).

Das Wort *«berufen»* im Gesetzestext legt die Annahme nahe, es gehe in erster Linie um   33
ein Verhalten im Prozess. Die Vorschrift enthält jedoch auch eine materiellrechtliche Aussage, allerdings eine Fiktion: Wer die gebotene Aufmerksamkeit vernachlässigt hat, gilt nicht als gutgläubig, auch wenn er es ist. «Bösgläubig» sollte man ihn aber trotz BGE 36 II 353 ff., 356 f.; 47 II 263, 264 und 79 II 59 ff., 62 nicht nennen (ebenso BK-JÄGGI, N 107). Es liegt, um mit KOLLER, N 143 zu sprechen, vielmehr «unberechtigter guter Glaube» vor.

Die Vernachlässigung gebotener Aufmerksamkeit zieht das *Entfallen des Gutglaubens-*   34
schutzes nur dann nach sich, wenn sie für die Entstehung des guten Glaubens **kausal** war. Hätten gebotene Erkundigungen keine Aufklärung gebracht, bleibt es beim Gutglaubensschutz. Daher liess BGE 100 II 8 ff., 16 bei einem Ankauf alter Münzen von einer seriösen Bank den Gutglaubensschutz nicht daran scheitern, dass Nachfragen bei der Polizei und nach dem Vorbesitzer unterblieben waren. Es ist unerheblich, ob man für Fälle dieser Art mit KOLLER, N 137 ein besonderes Kausalitätserfordernis aufstellt oder sie einfach der Frage zuweist, welche Aufmerksamkeit geboten war.

Uneinigkeit besteht darüber, ob die Unterlassung gebotener Aufmerksamkeit als *Rechts-*   35
pflichtverletzung und überdies als Verschulden – bejahendenfalls mit welchem Grad – einzustufen ist. BK-JÄGGI, N 109 hat eine Rechtspflichtverletzung und ein «Verschulden im Rechtssinne» verneint. KOLLER, N 140 ff. schliesst sich dagegen denen an, die von **«Verschulden»** sprechen, fügt allerdings hinzu, er meine nicht *Verschulden* im haftpflichtrechtlichen Sinne. ZK-BAUMANN, N 58 will den Ausdruck Verschulden vermeiden und stattdessen von der «Vorwerfbarkeit des fehlerhaften Verhaltens» des vermeintlich Gutgläubigen sprechen. Dies mit der Begründung, dass die Ausserachtlassung der gebotenen Aufmerksamkeit nicht zu einem Schaden bei einem anderen, sondern lediglich dazu führe, dass die eigentliche Rechtslage wieder an die Stelle des falschen Rechtsscheines trete. Ist wie in BGE 105 IV 303 ff., 306 von «Fahrlässigkeit» die Rede, so liegt darin entgegen KOLLER, N 142 kein Gegensatz zur Annahme von Verschulden. Fahrlässigkeit ist eine Verschuldensform. In Wahrheit liegt ein Verschulden besonderer Art vor: das *Verschulden gegen sich selbst*. Es wird einem nicht vorgeworfen, nimmt aber die Möglichkeit, sich auf eine Rechtsposition zu berufen. Verletzt wird nicht eine Pflicht, sondern eine Obliegenheit. Gutgläubigkeit ist nicht nur bei Kenntnis ausgeschlossen, sondern auch bei fahrlässiger Unkenntnis. Unklar ist, ob nur *grobe Fahrlässigkeit* schadet oder auch einfache. Gegen die Ansicht, dass der Gutglaubensschutz nur bei grober Fahrlässigkeit entfällt, hat sich besonders PIOTET, SPR II, 100 f. gewandt; auch KOLLER (N 149 m.w.Nw. Fn 149 auch zur Gegenmeinung) und ZK-BAUMANN (N 59) lassen jeden Grad von Fahrlässigkeit für den Ausschluss des Gutglaubensschutzes genügen (ebenso BGE 119 II 23, 27 E. 3c = Pra 1995, 38 ff., 40 – obiter). Die im Hinblick auf die Gutglaubensvermutung vielleicht sachgerechte, generelle Beschränkung auf grobe Fahrlässigkeit lässt sich Art. 3 nicht entnehmen. Dies schliesst aber nicht aus, in Einzelfällen Gutgläubigkeit trotz leichter Fahrlässigkeit anzunehmen (so z.B. BGE 112 V 103 E. 2c; 110 V 180 E. 3c; EGV C82/04 v. 30.12.04 – zu Unrecht bezogene Leistungen der Sozialversicherung). Grobe Fahrlässigkeit wird gelegentlich auch vom Gesetz vorausgesetzt, z.B. im Wertpapierrecht (Art. 1000, 1006 Abs. 2 OR).

36 Massgebend ist immer die Aufmerksamkeit des durch den Gutglaubensschutz Begünstigten (ZK-BAUMANN, N 49). Das Verhalten der durch den Gutglaubensschutz benachteiligten Partei wird allerdings insofern berücksichtigt, als es nicht dazu beitragen darf, dass die begünstigte Person den Defekt in der rechtlichen Position nicht erkennt bzw. erkennen kann oder muss (vgl. BGE 103 II 326 ff., wo der gute Glaube des Überbauenden auch dann bejaht wird, wenn dieser mindestens ohne grobe Fahrlässigkeit annimmt, der Nachbar sei mit dem Überbau einverstanden).

37 Das Gesetz gibt keine Auskunft darüber, *welche Aufmerksamkeit* verlangt wird, damit jemand berechtigt bleibt, sich auf seinen guten Glauben zu berufen. In der Lehre gehen die Auffassungen auseinander. Dass Sorgfalt wie in eigenen Angelegenheiten genügen könne, wird allerdings nicht vertreten. Vielmehr herrscht Einigkeit darüber, dass ein **objektiver Massstab** anzulegen ist. Dafür hat sich auch BGE 79 II 59 ff., 64 ausgesprochen. Die Stimmen, nach denen es auf die Aufmerksamkeit eines Durchschnittsmenschen ankommt, überwiegen (ZK-BAUMANN, N 60; DESCHENAUX, SPR II, 230; NOBEL, Entscheide zu den Einleitungsartikeln, Bern 1977, 226; KOLLER, N 146). BK-JÄGGI, N 114 dagegen fordert ein «hohes Mass» an Aufwand von Geisteskraft, Arbeit, Zeit und Sachgütern. Dies ist übertrieben und kann aus dem Wort «Aufmerksamkeit», auf das sich JÄGGI beruft, nicht abgeleitet werden.

38 Den *«Durchschnittsmenschen»*, von dem in Lehre und Judikatur gerne gesprochen wird, gibt es allerdings nicht. Vielmehr hat der Richter gemäss Art. 4 nach **freiem Ermessen** zu urteilen, wann die nach den Umständen gebotene Aufmerksamkeit vorliegt (vgl. BGE 94 II 297 ff.; 116 II 459 ff.; 121 III 176 ff.). Nach ZK-BAUMANN, N 50 ist das Mass der gebotenen Aufmerksamkeit in persönlicher, sachlicher und zeitlicher Hinsicht je separat zu prüfen. In persönlicher Hinsicht soll auf die Aufmerksamkeit des Durchschnittsmenschen mit vergleichbarer Bildung und Funktion, in sachlicher Hinsicht auf die konkreten Umstände des Falles und in zeitlicher Hinsicht auf die konkreten Umstände wie auch objektivierend-persönliche Folgerungen daraus abgestellt werden. ZK-BAUMANN, N 52 betont, dass der Richter bezüglich jeder dieser drei Ebenen zwar eine freie Beweiswürdigung vorzunehmen habe, im Bereich des Gutglaubensschutzes aber keine Billigkeitsentscheidungen zu fällen seien. Auch nach BK-JÄGGI, N 120 f. kommt es bei der Ausübung des Ermessens darauf an, ob der Gutgläubige so unaufmerksam war, dass die ratio legis den Ausschluss des Gutglaubensschutzes rechtfertigt. Der Einzelfall sei mit der typischen Interessenlage, die von der anzuwendenden Einzelvorschrift vorausgesetzt wird, zu vergleichen. Zwar könnten besondere Umstände zugunsten oder zulasten des Gutgläubigen berücksichtigt werden, doch müsse sich der Richter im Interesse der Rechtssicherheit an die gesetzlichen Erfordernisse des Gutglaubensschutzes halten, auch wenn das Ergebnis im Einzelfall nicht befriedige.

39 Wie KOLLER, N 147 richtig gesehen hat, ist **Typenbildung** unerlässlich und auch ZK-BAUMANN, N 48 ff. teilt die Gutglaubenstatbestände in «gewöhnliche», «durch besondere (reduzierte) Aufmerksamkeitserfordernisse qualifizierte» und «durch die Wirkung öffentlicher Register und amtlicher Publikationen qualifizierte» ein. Die Typenbildung kann insb. – wie in BGE 106 Ib 106 ff. – an den Erwerbszweig des Gutgläubigen anknüpfen. Bei der Typenbildung haben die Gerichte einen beträchtlichen Ermessensspielraum. Eine erhöhte Sorgfaltspflicht kommt in solchen Branchen zum Tragen, in denen ein Angebot von Waren zweifelhafter Herkunft möglich ist. Wegen ungenügender Aufmerksamkeit wurde der gute Glaube in drei Fällen des Handels mit Occasionswagen verneint (BGE 79 II 59 ff.; 107 II 41 ff.; 113 II 397 ff.). Gutgläubigkeit angenommen wurde dagegen in BGE 121 III 345 ff. und in einem Entscheid über Antiquitätenhandel (BGE 122 III 1 ff.). Ungenügende Aufmerksamkeit wurde auch einem Finanzdirektor einer Holdinggesellschaft vorgeworfen, der ein Geschäft mit einer Gegenpartei tätigte, die eine vorhandene Vollmacht in erkennbarer Weise missbrauchte (BGE 119 II 23 ff., 27 E. 3c = Pra 1995, 38 ff.). Bei Übertretung einer Vollmacht begründen nach Auffassung des BGer nur ernste Zweifel Bösgläubigkeit, bei Vollmachtsmissbrauch hingegen sollen schon relativ schwache Zweifel genügen (BGE a.a.O.). Das Bundesgericht verneinte in verschiedenen Entscheiden den guten Glauben einer Bank, so in BGE 112 II 450 ff., wo Letztere sich nicht über den genauen Umfang einer vom Vertreter behaupteten Vollmacht erkundigte, in BGE 116 II 689 ff., wo sie auf die Vorlage einer Vollmacht überhaupt verzichtete oder in BGE 106 Ib 93 ff., in welchem eine Bank Pflichtlager-Bestände eines Importeurs zu Pfand nahm, ohne irgendwelche Abklärungen zu treffen. Ausreichende Aufmerksamkeit attestierte das Bundesgericht hingegen dem Erwerber eines Grundstückes, der keine eingehenden Nachforschungen anstellte, um einem fehlerhaften Grundbucheintrag auf die Spur zu kommen (BGE 109 II 102 ff.) und einem Bauunternehmer, der einen Auftrag für einen für die Hotelliegenschaft nützlichen Ausbau von einem Hotel-Geranten entgegennahm, ohne sich sorgfältig über dessen Eigentümerstellung zu erkundigen (BGE 95 II 221 ff.). In BGE 126 III 505 ff. wiederum wurde die Gutgläubigkeit des Erwerbers eines Grundstückes verneint und ihm daher der Anspruch der Bauhandwerker auf Errichtung des gesetzlichen Grundpfandes (Art. 837 Abs. 1 Ziff. 3) entgegengehalten. Sein Wissen um die Zustimmung der Verkäuferin/Vermieterin zu baulichen Veränderungen durch die Mieterin und die diesbezüglichen Bauhandwerksarbeiten begründeten eine Erkundigungsobliegenheit. Zudem sei es ihm im konkreten Fall zumutbar gewesen, sich über die Zahlungsfähigkeit der Mieterin zu erkundigen. Hat der Mieter die Arbeiten in Auftrag gegeben, so setzt ein Bauhandwerkerpfandrecht die Zustimmung des Eigentümers voraus (BGE 126 III 505, 507 E. 4a). Es genügt aber, wenn der Eigentümer den Anschein der Zustimmung erweckt hat (BGer v. 21.7.1999 5C.118/1999; 12.4.2005 5C.208/2004). Nicht geschützt ist der gute Glaube eines Vermieters im Rahmen von Art. 271a Abs. 1 OR betreffend der Zustellung der Kündigung an die Ehegatten in BGE 115 II 361 ff. Eine reiche Kasuistik findet sich bei ZK-BAUMANN, N 53 ff.

Eine allgemeine Erkundigungspflicht gibt es nicht. Nur wer begründeten Verdacht hat, **40** muss Abklärungen treffen (BK-JÄGGI, N 128). Die *Erfassung der Rechtslage* gehört ebenso zur gebotenen Aufmerksamkeit wie die Ermittlung und Beachtung tatsächlicher Verhältnisse. Es kann aber – angesichts der Normenflut immer öfter – Situationen geben, in denen trotz Rechtsirrtums den Anforderungen an die Aufmerksamkeit Genüge getan wurde. Ein starres error iuris nocet («Rechtsirrtum schadet») wäre verfehlt. Daher geht der Satz, echter **Rechtsirrtum** schade dem Gutgläubigen (BK-JÄGGI, N 130), zu weit; zum Problemkomplex vgl. MAYER-MALY, AcP 1970, 133 ff.

Die Existenz **öffentlicher Bekanntmachungen** und **öffentlicher Register** kann Auf- **41** merksamkeitsanforderungen auslösen. Die Register haben jedoch unterschiedlichen Stellenwert. Auf die Unkenntnis einer Eintragung im Grundbuch oder im Handelsregister kann man sich nicht berufen (Art. 970 Abs. 3, Art. 933 Abs. 1 OR). Daran kann lediglich die Bindung an Treu und Glauben etwas ändern (BGE 106 II 346 ff., 351). Ebenso wenig liess die Praxis nach Art. 249 aZGB den Einwand der Unkenntnis eines Eintrags im Güterrechtsregister gelten. Dieses wurde mit Inkrafttreten des neuen Eherechts vom 5.10.1987 auf den 31.12.1987 geschlossen (Art. 10e SchlT ZGB). Sinngemäss schliesst das Gesetz in Art. 375 Abs. 3 auch den Einwand der Unkenntnis einer veröffentlichten Bevormundung aus (BGE 57 II 389 ff., 391 f.; 87 III 29 ff., 31). Die Unterlassung der Einsicht in andere Register, insb. in das Eigentumsvorbehaltsregister, verstösst grundsätzlich nicht gegen die gebotene Aufmerksamkeit (BGE 42 II 578 ff.; 56 II 186 ff.; 60 II 191 ff.). Doch können besondere Verdachtsgründe eine Einsicht erforderlich machen: BGE 107 II 41 ff., 42 f. Dasselbe soll für das Zivilstandsregister gelten (BK-JÄGGI,

N 147). Auch die Verkehrsübung kann eine Einsicht als geboten erscheinen lassen. So gehört für einen Gebrauchtwagenhändler die Nachschau im Eigentumsvorbehaltsregister zur gebotenen Aufmerksamkeit (KOLLER, N 158). Nach der Verkehrsübung richtet sich auch die gebotene Reaktion auf Anzeigen von Wertpapierverlusten (BK-JÄGGI, N 147). Ist bei gehöriger Aufmerksamkeit die Unrichtigkeit eines Registereintrages erkennbar, schliesst dies die Berufung auf den guten Glauben aus: Abs. 2 gilt auch hier (BK-JÄGGI, N 148). Der Schutz des guten Glaubens in den Grundbucheintrag (Art. 973 Abs. 1) beispielsweise gilt also nicht absolut; vielmehr darf sich auch im Zusammenhang mit dem Grundbuch derjenige nicht auf seinen guten Glauben berufen, welcher bei der Aufmerksamkeit, wie sie nach den Umständen von ihm verlangt werden darf, nicht gutgläubig sein konnte (BGE 127 III 440 ff.). Andererseits soll Gutglaubensschutz auch bei einem unrichtigen und für den Gutgläubigen günstigen Eintrag eintreten, wenn dieser das Grundbuch gar nicht eingesehen hat (BGE 44 II 469). Fälle, in denen jemand geradezu von der Gegenpartei abgehalten wird, Einsicht in öffentliche Register zu nehmen oder amtliche Publikationen zu lesen, sollen nach ZK-BAUMANN, N 88 gemäss den zu Art. 2 entwickelten Regeln beurteilt werden und nicht nach Art. 3. Zum genauen Wirkungsbereich der verschiedenen Registereinträge vgl. ZK-BAUMANN, N 72 ff. Zur speziellen Frage des gutgläubigen Erwerbs in Kantonen, in denen noch kein eidgenössisches Grundbuch eingerichtet ist, s. SCHMID-TSCHIRREN, Rechtswirkungen und Rechtswirkungsprobleme kantonaler Publizitätseinrichtungen, ZBGR 1999, 209 ff.

4. Gutglaubensschutz

42 Gutglaubensschutz besteht darin, dass die rechtlichen Konsequenzen des Defektes der Rechtsposition des Gutgläubigen aufgehoben (BK-JÄGGI, N 74 ff.; KOLLER, N 114 ff.) oder abgeschwächt (BK-JÄGGI, N 77; KOLLER, N 127 ff.) werden. ZK-BAUMANN, N 96 ff. und 101 ff., spricht – wie das Bundesgericht (BGE 107 II 440 ff.) – von **der heilenden und der mildernden Wirkung** des guten Glaubens. Bei der Verwendung des Ausdrucks Heilung ist insofern Vorsicht geboten, als es nur in einem bescheidenen Teil um den Entfall von Gültigkeitshindernissen für ein Rechtsgeschäft geht, den man in erster Linie Heilung («Konvaleszenz») nennt. Was im Einzelnen gilt, ist den im betreffenden Fall anwendbaren Bestimmungen zu entnehmen. Um die *positive Wirkung des Gutglaubensschutzes* an Stelle der negativen Wirkung des Defektes der Rechtsposition herbeizuführen, soll es nach BK-JÄGGI, N 74, KOLLER, N 118 und BGE 39 II 560 nicht erforderlich sein, dass sich der Gutgläubige auf seinen guten Glauben beruft. Damit verträgt es sich – zumindest auf den ersten Blick – schlecht, dass der 2. Abs. von Art. 3 ausdrücklich die Berechtigung zur Berufung auf den guten Glauben regelt. Immerhin lässt sich die Annahme vertreten, dass Art. 3 Abs. 2 die (ohnedies etwas akademische) Möglichkeit einer amtswegigen Wahrnehmung von Gutgläubigkeit nicht ausschliesst. Die Wirkungen des Gutglaubensschutzes sind von Amtes wegen zu berücksichtigen (ZK-BAUMANN, N 95) und auf die durch den Gutglaubensschutz bewirkte Rechtslage kann sich jedermann berufen (KOLLER, N 121). Die Gutglaubensbestimmungen regeln nur die Stellung des Gutgläubigen. Sie beziehen sich nicht auf das Verhältnis zwischen dem bisher Berechtigten und dem unberechtigten Veräusserer (BK-JÄGGI, N 78; ZK-BAUMANN, N 95).

43 Im Fall der «heilenden» Wirkung des guten Glaubens wird der Rechtsschein, von dem der Gutgläubige ausgegangen ist, zur wirklichen Rechtslage (ZK-BAUMANN, N 96). Das Gesetz fingiert die Mängelfreiheit des Tatbestandes. Der gute Glaube heilt den Rechtsmangel völlig, sogleich und von Gesetzes wegen (BK-JÄGGI, N 74; BGE 39 II 560 ff.). In positiver Hinsicht hat dies zur Folge, dass das fehlerhafte Recht wie ein fehlerfreies behandelt wird, der vom Nichtberechtigten Fahrniseigentum Erwerbende also beispielsweise dinglich berechtigt wird (Art. 714 Abs. 2); in negativer Hinsicht, dass sich die fehlerhafte Rechtsstellung nicht auswirkt, der Gutgläubige daher nichts herauszugeben hat und auch keinen Schadenersatz leisten muss (BK-JÄGGI, N 75/6; ZK-BAUMANN, N 97/8, beide mit weiteren Beispielen).

Die Abschwächung der Konsequenzen eines Defektes der Rechtsposition kann darin bestehen, dass **44**

a) dem Gutgläubigen die Möglichkeit zur Umgestaltung der Rechtslage eröffnet wird, er aber die benachteiligte Partei dafür zu entschädigen hat (vgl. Art. 673, 674 Abs. 3, BK-JÄGGI, N 77);

b) die Wirkung des Defekts gemildert wird, indem der Gutgläubige eine bessere Behandlung erfährt als der Bösgläubige (vgl. Art. 934 Abs. 2, 938 Abs. 2, 939 Abs. 1, 528, 579, 672, ZK-BAUMANN, N 101);

c) sich der Defekt der Rechtsposition zwar voll auswirkt, dem Gutgläubigen aber Schadenersatzansprüche oder andere Ansprüche eröffnet werden (vgl. Art. 672 Abs. 1, Art. 26, 36 Abs. 2, 39 Abs. 1, 320 Abs. 3 OR, KOLLER, N 128);

d) andere, i.E. für den Gutgläubigen günstigere Defektsfolgen eintreten (dazu KOLLER, N 129).

5. Einzelfragen

a) Zeitpunkt und Dauer des guten Glaubens

Der Zeitpunkt oder die Dauer, während welchem/r der gute Glaube bestehen muss, wird **45** in Einzelvorschriften bestimmt oder folgt aus deren Zweck (BK-JÄGGI, N 131 mit Beispielen; ZK-BAUMANN, N 47). Prinzipiell muss er in dem Zeitpunkt vorliegen, in dem das Recht erworben wird (Besitzübergabe, Eintragung im Grundbuch usw.), bei der Ersitzung bis zu deren zeitlicher Vollendung (vgl. REY, Sachenrecht, 2. Aufl., Bern 2000, N 1530, 1779), bei der Anscheinsvollmacht im Zeitpunkt des Vertragsschlusses mit dem falsus procurator. Ist der kritische Zeitpunkt vorbei oder die Dauer verstrichen, können dem Gutgläubigen weder Unaufmerksamkeit noch die Erkenntnis des früheren Rechtsmangels schaden (BK-JÄGGI, N 132; DESCHENAUX, SPR II, 223). Nur in diesem Sinn gilt der Grundsatz **«mala fides superveniens non nocet»**. Zur Unschädlichkeit der mala fides superveniens bei der Extratabularersitzung s. REY, a.a.O., N 1623.

b) Die Person des Gutgläubigen

Massgebend ist der gute Glaube der durch die Gutglaubensvorschrift geschützten Person. **46** Der **Urteilsunfähige** ist weder gut- noch bösgläubig (BK-JÄGGI, N 134); er kann aber durch sein Handeln seine Lage weder deliktisch (sieht man von der Billigkeitshaftung nach Art. 54 OR einmal ab) noch rechtsgeschäftlich verschlechtern. Ein **Rechtsnachfolger** tritt grundsätzlich in die Stellung ein, welche der gute oder böse Glauben seines Vorgängers geschaffen hat. Auf seine eigene Kenntnis kommt es nicht an (BK-JÄGGI, N 135; DESCHENAUX, SPR II, 224). Dies folgt für die gesetzliche Erbfolge schon aus dem allgemeinen Satz «nemo plus iuris ad alium transferre potest, quam ipse habet» (Ulpian, D. 50, 17, 54). Bei rechtsgeschäftlichem Erwerb führt Gutgläubigkeit des Vormannes zum Eigentumserwerb, mithin erfolgt die Zweitveräusserung nicht mehr durch einen Nichtberechtigten, so dass es jedenfalls im Regelfall auf den guten Glauben nicht mehr ankommt. Ein altes Problem ist allerdings der *Rückerwerb* durch den (bösgläubigen) nichtberechtigt Verfügenden nach vorgängigem gutgläubigen Erwerb. Hier ist strittig, ob man den Eigentumserwerb zulassen bzw. wie man den Nichterwerb begründen soll (für Ersteres WIEGAND, JuS 1971, 62; MünchKomm-QUACK, 3. Aufl., München, 1977, § 932

Rz 62 ff.; PALANDT/BASSENGE, 60. Aufl., München 2001, § 932 Rz 17; dagegen zu Recht LOPAU, JuS 1971, 233; BRAUN, ZIP 1998, 1469). Anders als beim gutgläubigen Erwerb stellt sich bei der **Ersitzung** die Frage der *Anrechnung der gutgläubigen Besitzzeit* des Rechtsvorgängers. Nach Art. 941 wird dem gutgläubigen Rechtsnachfolger die Dauer des gutgläubigen Besitzes des Vorgängers angerechnet.

c) Wissenszurechnung

47 Bei der **Stellvertretung** kann sich der Vertretene, vorausgesetzt er ist selbst gutgläubig oder hat sich am Geschäft nicht unmittelbar beteiligt, auf den guten Glauben (Nichtwissen und Nichtwissenmüssen) seines gewillkürten oder gesetzlichen Vertreters berufen, muss sich aber auch dessen bösen Glauben zurechnen lassen (BGE 26 II 462 ff.; 37 II 126 ff.; BK-JÄGGI, N 137). Umgekehrt kann sich der bösgläubige Vertretene trotz des Repräsentationsprinzips nicht auf den guten Glauben seines Vertreters berufen (BK-JÄGGI, N 138; ZK-BAUMANN, N 36). Man kann also sagen, dass der Schutz einer Gutglaubensbestimmung in Stellvertretungsfällen grundsätzlich nur angerufen werden kann, wenn sowohl Vertreter als auch Vertretener gutgläubig sind. Die h.L. will diese Grundsätze allerdings zu Unrecht nur bei der Spezialvollmacht anwenden (BSK OR I-WATTER, Art. 32 N 25 m.Nw.). Dieselben Regeln gelten für die indirekte Stellvertretung (BK-JÄGGI, N 137). Zur Wissenszurechnung bei einem Fall der Doppelvertretung s. BGE 112 II 503 ff., 505 f. E. 3.

Eine andere Frage ist, ob der **gute Glaube des Dritten** die Wirkung haben kann, die fehlende Vertretungsmacht des Vertreters zu ersetzen. Dies beurteilt sich nach den Regeln der Anscheins- bzw. Duldungsvollmacht (s. oben N 44; zur Wirkung der speziellen Gutglaubensvorschriften des Stellvertretungsrechts von Art. 33 Abs. 3, 34 Abs. 3, 36 Abs. 2, 37 und 39 OR vgl. KOLLER, N 186 ff.). In BGE 116 II 689 ff., 692 behandelt das Bundesgericht einen Dritten, der bei einem Vollmachtsmangel die nach Art. 3 Abs. 2 geforderte Aufmerksamkeit bei der Abklärung des Vertretungsverhältnisses ausser Acht lässt, so als habe er den Vollmachtsmangel gekannt. Bei Vertretung ohne Vertretungsmacht schliesst Fahrlässigkeit des Dritten den Anspruch gegen den falsus procurator aus Art. 39 OR nicht aus, sondern führt zu einer Herabsetzung des Schadenersatzanspruchs in analoger Anwendung von Art. 44 OR (BGE a.a.O.). Die Vorschriften über die Anscheinsvollmacht können auf einen gesetzlichen Vertreter nicht analog angewandt werden. Der gute Glaube ist hier so wenig zu schützen wie derjenige an die Handlungsfähigkeit. BGE 107 II 105 ff., 115/6 lässt jedoch obiter den guten Glauben bei Unkenntnis einer Interessenkollision (Art. 392 Ziff. 2) zwischen Mündel und **gesetzlichem Vertreter** zu. ZK-BAUMANN, N 27 hält eine solche Ausdehnung des Gutglaubensschutzes im Fall der Interessenkollision bei gesetzlicher Vertretung für unnötig: Der Gegenpartei sei zuzumuten, dass sie eine Genehmigung durch die Vormundschaftsbehörde verlange, bei welcher diese auch prüfe, ob ein Interessenkonflikt vorliegt.

48 Für **Verhandlungsgehilfen** i.S.v. Art. 101 OR gelten dieselben Regeln wie für Vertreter. Das Wissen und Wissensollen von Betriebsangehörigen bildet eine Einheit und ist dem Geschäftsherrn zuzurechnen (BK-JÄGGI, N 140). In BGE 106 Ib 93 ff., 106, in welchem es um eine Bank ging, die unbesehen Lagerbestände eines Importeurs zu Pfand nahm, ohne irgendwelche Abklärungen vorzunehmen, und die sich deshalb nicht auf den guten Glauben berufen konnte, entschied das Bundesgericht, dass es der Bank als Geschäftsherrn auch zuzumuten sei, das Bankpersonal so zu instruieren, dass es alle Umstände erfasse, die als bekannt vorausgesetzt würden.

49 Bei **juristischen Personen** ist von dem Grundsatz auszugehen, dass sie stets in dem Mass als gut- oder bösgläubig gelten, als es die für sie handelnden Organpersonen sind.

Setzt sich ein Organ aus mehreren Personen zusammen oder bestehen mehrere Organe, so genügt der böse Glaube einer einzigen Person, um den Gutglaubensschutz für die juristische Person auszuschliessen (BK-JÄGGI, N 141; DESCHENAUX, SPR II, 225). Nach h.L. in Judikatur und Literatur ist dies dahin zu präzisieren, dass der AG das Wissen aller an dem konkreten Geschäft irgendwie beteiligten Personen zuzurechnen ist, ebenso dasjenige von Organen, die von dem Geschäft hätten wissen müssen (BGE 109 II 338 ff., ausführlich behandelt in: WALTER, 190 ff. insbes. 236 ff.; 89 II 239 ff.; 56 II 188; BSK OR II-WATTER, Art. 718 N 35 m.w.Nw.; KISS-PETER, 300). Die Frage, ob die juristische Person ihre einmal erworbene Kenntnis über den Defekt der rechtlichen Position behält, wenn das betreffende *Organmitglied ausgeschieden* ist, neue Organmitglieder bestellt wurden und diese nun, ohne Kenntnis vom fraglichen Sachverhalt zu haben, für die juristische Person handeln, ist in Deutschland umstritten. Nach K. SCHMIDT (Gesellschaftsrecht, 4. Aufl., Köln 2002, 284 ff.) soll die juristische Person nicht durch die Ablösung ihrer Organe das zurechenbare Wissen abstreifen können. Diese in Literatur und Rechtsprechung verbreitete Ansicht wird aus der Organtheorie abgeleitet. BUCK, 243 will der juristischen Person aber auch nach der Organtheorie das Wissen eines ausgeschiedenen Organs nicht zurechnen, weil sich aus Letzterer keine «ewige Verhaftetheit» des Wissens ableiten lasse und bereits das Reichsgericht in seiner als Beleg für die Geltung der Organtheorie oft zitierten Entscheidung RG JW 1935, 2044 ausführe, dass das Wissen jedes Einzelnen, der *im entscheidenden Zeitpunkt* gesetzlicher Vertreter sei, der juristischen Person innewohne (weitere Argumente bei BUCK, 241 ff.).

Insbesondere in **grossen Unternehmen** findet infolge betriebswirtschaftlich notwendiger **50** Geschäftsaufteilung auf der Mitarbeiterebene eine **Wissensaufspaltung** statt. Es stellt sich daher die Frage, ob auch das jeweilige Teilwissen der Mitarbeiter zusammengerechnet werden kann, mit der Folge einer Wissenszurechnung bei der jur. Person. Grundsätzlich gilt auch hier, dass keine Kenntniszurechnung erfolgt, wenn Handelnder und Wissender nicht identisch sind, es sei denn, der Wissende hätte auch von diesem Geschäft wissen müssen (N 48). Allerdings gibt es Ausnahmen von dieser Regel: So können Undurchsichtigkeiten einer internen Funktionsverteilung und die mit der arbeitsteiligen Organisation verbundenen Risiken im Allgemeinen nicht zulasten Dritter gehen. Das Risiko aus der Wissensaufteilung soll derjenige tragen, der sie veranlasst hat und durch zweckmässige Organisation beherrschen kann (BUCK, 315; BGH JZ 1996, 731, 733). Die für die Risikoverteilung massgeblichen Kriterien können der Vertrauensgedanke, der Grundsatz, dass jeder für die zu seinem Gefahrenkreis gehörenden Personen verantwortlich sein soll, und Aspekte der Sicherheit oder Leichtigkeit des Verkehrs sein (BUCK, 315). Um die Kenntnis einer Abteilung einer juristischen Person auch für andere Abteilungen zuzurechnen, wird ausserdem auf das Argument der Einheit der juristischen Person abgestellt (RG JW 1911, 925). Dabei gehört es nach CANARIS, Bankvertragsrecht, 3. Aufl., Berlin 1989, N 106 zum Betriebs- und Organisationsrisiko einer grösseren Organisation, ob und wie sie die sofortige Weiterleitung von Informationen gewährleistet. Hingegen lehnt BUCK, 461 eine Lösung der Wissensaufspaltungsfälle über die Statuierung von Organisationspflichten mit ausführlicher Begründung ab. Vielmehr sei auf den Grundsatz von Treu und Glauben und den in diesem zum Ausdruck kommenden Vertrauensschutzgedanken zurückzugreifen und so die Frage zu beantworten, ob sich die Organisationseinheit auf die tatsächlich bestehende Unkenntnis auch gegenüber Dritten berufen könne. Diese Lösung habe den Vorteil, dass der Kenntnisbegriff nicht verformt werde und es nicht nötig sei, die bestehenden Zurechnungskriterien auf ungerechtfertigte Weise auszudehnen. Eine Wissenszusammenrechnung scheidet mangels Redemöglichkeit ferner dann aus, wenn dem gesellschaftliche Verschwiegenheitspflichten entgegenstehen. Dabei sei es einerlei, ob sich die Geheimhaltungspflicht aus Gesetz, Satzung oder Anstellungsvertrag ergibt. Die legitime Beschränkung des Informationsflusses innerhalb einer Organisation spielt auch wegen des verbotenenen **Insiderhandels** eine Rolle. Sie kann durch den Aufbau von Wissensschranken innerhalb der Organisation, sogenannte «**Chinese Walls**», erreicht werden (Näheres bei WATTER, SJZ 1991, 109 ff.; BUCK, 464 ff.). Chinese Walls sind durch organisatorische Massnahmen umgesetzte Übereinkünfte, wonach sensible Informationen, die in einem Geschäftsbereich anfallen, weder direkt noch indirekt jenen Personen zur Verfügung gestellt werden, die in anderen Geschäftsbereichen oder für andere Kunden tätig sind (EISELE, Insiderrecht und Compliance, WM 1983, 1024). Diese Abschottung von Vertrauensbereichen und Lenkung des Informationsflusses erfolgt durch personelle und räumliche Trennung und die Unterbindung von Kommunikationsmöglichkeiten, indem beispielsweise Zugriffsberechtigungen auf unterschiedliche Daten für bestimmte Mitarbeiter eingeschränkt werden (BUCK, 499 ff.).

51   Art. 718*a* Abs. 2 OR bestimmt für das Aktienrecht, dass eine Beschränkung der in Art. 718*a* Abs. 1 OR umschriebenen gesetzlichen Vertretungsmacht, mit Ausnahme der im Handelsregister eintragbaren Beschränkungen, gegenüber gutgläubigen Dritten keine Wirkung hat. Der gute Glaube wird dabei nach Art. 3 Abs. 1 vermutet (ZOBL, Probleme der organschaftlichen Vertretungsmacht, ZBJV 1989, 297). Die Einwendung, jemand habe eine gegenüber Dritten wirksam gewordene Eintragung nicht gekannt, ist ausgeschlossen (Art. 933 Abs. 1 OR). Ist eine Beschränkung der Vertretungsmacht jedoch nicht im Handelsregister eingetragen, so kann sie dem Dritten nur entgegengehalten werden, wenn der Beweis gelingt, dass er sichere Kenntnis davon hatte (Art. 933 Abs. 2 OR). Bei einer nicht eintragbaren Beschränkung muss geprüft werden, ob sich die Gutgläubigkeit nach **Art. 3 Abs. 2 oder** nach **Art. 933 Abs. 2 OR** richtet. Von Bedeutung ist die Beantwortung dieser umstrittenen Frage, weil im Gegensatz zu Art. 933 Abs. 2 OR bei Art. 3 Abs. 2 bereits leichte Fahrlässigkeit zur Annahme von Bösgläubigkeit genügt (vgl. BGE 77 II 138 ff., 143; MERZ, Vertretungsmacht und ihre Beschränkungen im Recht der juristischen Personen, der kaufmännischen und der allgemeinen Stellvertretung, FS Harry Westermann, Karlsruhe 1974, 407; ROTH, Strenges oder billiges Recht: zum Umfang handelsrechtlicher Vertretungsmacht, in: ZSR 1985 I, 294 f.; WATTER, Die Verpflichtung der AG durch rechtsgeschäftliches Handeln ihrer Stellvertreter, Prokuristen und Organe speziell bei sog. «Missbrauch der Vertretungsmacht», Diss. Zürich 1985, 51 ff. und 175 ff.). ZOBL, 299 spricht sich für die Anwendung von Art. 3 aus, weil dieser als allgemeiner Teil all jener Tatbestände aufgefasst wird, die eine Rechtswirkung an den guten Glauben knüpfen.

52   Gut- oder bösgläubig ist eine **Personenmehrheit** ohne Rechtspersönlichkeit nur in ihrer *Gesamtheit*. Lediglich wenn alle Mitglieder der Gemeinschaft gutgläubig sind, kann sich diese auf den guten Glauben ihres Vertreters berufen. Den bösen Glauben eines Vertreters muss sie sich anrechnen lassen (BK-JÄGGI, N 143; DESCHENAUX, SPR II, 225). Der Grund dafür, dass Bösgläubigkeit eines einzigen Mitglieds ausreicht, um den Gutglaubensschutz für alle wegfallen zu lassen, ist nach ZK-BAUMANN, N 39 derselbe wie bei der Stellvertretung, weil bei der Personenmehrheit alle Beteiligten entweder in der Rolle des Vertreters oder des Vertretenen sind. Anders BK-JÄGGI, N 143, der auf die Umstände des Einzelfalles abstellen und daher Gutglaubensschutz gewähren will, wenn nur einer unter vielen bösgläubig ist. Im deutschen Recht verlangt man bei der Gesamthand (Erbengemeinschaft, Personengesellschaft usw.) Gutgläubigkeit jedes einzelnen Gesamthänders (PALANDT/BASSENGE, § 932 Rz 7; SCHMIDT, Gesellschaftsrecht, 3. Aufl., Köln 1997, 293, wonach seit BGHZ 132, 30 die Differenzierungen hinsichtlich der Wissenszurechnung bei juristischen Personen und Personengesellschaften aufzugeben ist; ebenso BUCK, 8 f.). Bei Erwerb zu *Miteigentum* (nach Quoten) erwirbt lediglich der Bösgläubige seinen Anteil nicht (PALANDT/BASSENGE, a.a.O.).

IV. Rechtsvergleichung und Internationales Privatrecht

Nur wenige **ausländische Rechtsordnungen** enthalten eine so umfassende Gutglau- **53**
bensvermutung wie die schweizerische. Dieser nachgebildet ist Art. 3 des 3. Teiles des
Liechtensteinischen Zivilgesetzbuches (Personen- und Gesellschaftsrecht). Für den Bereich des Vermögensrechts enthält Art. 11 von Buch 3 des Nieuw Nederlands Burgerlijk
Wetboek eine ziemlich weit gefasste Vorschrift, die aber in der Gutglaubensvermutung
mehr Zurückhaltung an den Tag legt. Hängt eine Rechtswirkung vom guten Glauben
einer Person ab, so wird dieser verneint, wenn die Person die Tatsachen oder das Recht,
auf die sich der gute Glaube bezieht, kannte oder kennen musste. Die Annahme von
Kenntnis (und damit die Verneinung von gutem Glauben) wird durch die Unmöglichkeit
von Nachforschungen nicht ausgeschlossen, wenn zureichende Gründe für Zweifel bestehen. Kann ein öffentliches Register konsultiert werden, so schliesst Art. 23 die Berufung auf guten Glauben überhaupt aus. Die in Art. 2268 des CC fr. ausgesprochene Vermutung des guten Glaubens bezieht sich auf den Ersitzungsbesitz. Doch gehen in
der Rechtspraxis Gutglaubensschutz und Gutglaubensvermutung erheblich weiter (vgl.
Ferid/Sonnenberger, Das französische Zivilrecht, I/1, 2. Aufl., 1994, 1 C 128 und 1 F
948). Erweitert kehrt sie in Art. 1147 Abs. 3 CC it. wieder, dort auf jedweden Besitz gemünzt: «La buona fede è presunta e basta che vi sia stata al tempo dell'acquisto». Daneben bringt der Codice Civile viele Gutglaubensvorschriften zu Einzelthemen (z.B.
Art. 1479 zum Kauf), wobei häufig (z.B. in Art. 1415 bezüglich der Simulation) auf
Art. 1147 Bezug genommen wird. Im deutschen BGB enthält die Regelung des gutgläubigen Fahrniserwerbs vom Nichteigentümer in § 932 Abs. 2 eine negativ gefasste Legaldefinition des guten Glaubens: «Der Erwerber ist nicht in gutem Glauben, wenn ihm bekannt oder infolge grober Fahrlässigkeit unbekannt ist, dass die Sache nicht dem
Veräusserer gehört». Eine positivierte Gutglaubensvermutung fehlt, doch ist Gutgläubigkeit die Regel, Bösgläubigkeit die Ausnahme. Die Beweislast für Bösgläubigkeit trägt
deshalb der Eigentümer. Die Gerichte sind freilich bei Annahme von Bösgläubigkeit
grosszügig (MünchKomm-BGB/Quack § 932 Rz 70). Zum deutschen Recht wird bisweilen, zum österreichischen dagegen regelmässig von Redlichkeit statt von gutem
Glauben gesprochen. § 328 S. 2 ABGB («Im Zweifel ist die Vermutung für die Redlichkeit des Besitzes») deutet man als eine allgemeine Redlichkeitsvermutung (Spiel-
büchler, in: Rummel, Kommentar zum ABGB, 2. Aufl., 1990, 354).

Eine Gutglaubensvorschrift enthält auch Art. 7 Abs. 1 **UN-Kaufrecht** (Wahrung des gu- **54**
ten Glaubens im internationalen Handel). Trotz ihrer systematischen Stellung hat die
Norm nicht bloss die Bedeutung einer reinen Auslegungsvorschrift, sondern dient – nach
heute überwiegenden Meinung im internationalen Schrifttum – ausserdem als Verhal-
tensmassstab für die Vertragsparteien, zur Lückenfüllung und zur interessengerechten
Anpassung unbilliger Verträge.

Bestimmt das **internationale Privatrecht**, dass auf einen Sachverhalt mit Auslandsbe- **55**
rührung schweizerisches Recht anwendbar ist, gilt für Gutglaubensfragen Art. 3 nebst
den anderen einschlägigen Bestimmungen des schweizerischen Rechts. Es wird die Ansicht vertreten, dass sich für den Teilnehmer am internationalen Rechtsverkehr erhöhte
Anforderungen an die gebotene Aufmerksamkeit ergeben können. Allerdings soll bezüglich der im Ausland vorzunehmenden Abklärungen ein vernünftiges Mass angenommen
werden, damit der internationale Rechtsverkehr nicht in unzumutbarer Weise erschwert
wird. Eine Grenzziehung ist nur im Einzelfall möglich (ZK-Baumann, N 107). Das
IPRG selbst enthält einige wenige Bestimmungen zum Gutglaubensschutz (Art. 36, 57,
102, 126, 158 IPRG). Lehre und Rechtsprechung wenden das Prinzip des guten Glaubens
aber auch dort an, wo das IPRG schweigt.

Heinrich Honsell   79

Art. 4

III. Gerichtliches Ermessen	**Wo das Gesetz das Gericht auf sein Ermessen oder auf die Würdigung der Umstände oder auf wichtige Gründe verweist, hat es seine Entscheidung nach Recht und Billigkeit zu treffen.**
III. Pouvoir d'appréciation du juge	Le juge applique les règles du droit et de l'équité, lorsque la loi réserve son pouvoir d'appréciation ou qu'elle le charge de prononcer en tenant compte soit des circonstances, soit de justes motifs.
III. Apprezzamento del giudice	Il giudice è tenuto a decidere secondo il diritto e l'equità quando la legge si rimette al suo prudente criterio o fa dipendere la decisione dall'apprezzamento delle circostanze, o da motivi gravi.

Literatur

Schweiz: BÜRGI, Ursprung und Bedeutung der Begriffe «Treu und Glauben» und «Billigkeit» im schweizerischen Zivilrecht, Bern 1939; DIENER, Das freie Ermessen, Diss. Zürich 1920; ENGLER, Die Überprüfung von Ermessensentscheiden gemäss Art. 4 ZGB in der neueren bundesgerichtlichen Rechtsprechung, Diss. Freiburg 1974; GERMANN, Zur Problematik der Ermessensentscheide, FG E. Ruck, Basel 1952, 173 ff.; MANAÏ, Le juge entre la loi et l'équité, Lausanne 1985; PERINI, Richterliches Ermessen bei der Schadensberechnung, Diss. Zürich 1994; ROGGWILLER, Der «wichtige Grund» und seine Anwendung in ZGB und OR, Diss. Zürich 1956.

Ausland: CHRISTENSEN/KUDLICH, Theorie richterlichen Begründens, Berlin 2001; ESSER, Wandlungen von Billigkeit und Billigkeitsrechtsprechung im modernen Privatrecht, in: Summum ius – summa iniuria, Tübinger Ringvorlesung, Tübingen 1963, 22 ff.; FASTRICH, Richterliche Inhaltskontrolle im Privatrecht, 1992; GERNHUBER, Die Billigkeit und ihr Preis, in: Summum ius – summa iniuria, Tübinger Ringvorlesung, Tübingen 1963, 205 ff.; HELD-DAAB, Das freie Ermessen, Diss. Berlin 1995; V. HOYNINGEN-HUENE, Die Billigkeit im Arbeitsrecht, München 1978; MADER, in: Staudingers Kommentar zum BGB, 13. Aufl., §§ 315–319; MAYER-MALY, Das Ermessen im Privatrecht, in: Im Dienst an Staat und Recht, FS Melichar, 1983, 441 ff.; NEUMANN-DUESBERG, Gerichtliche Ermessensentscheidungen nach §§ 315 ff. BGB, Juristenzeitung 1952, 705 ff.; RÜMELIN, Die Billigkeit im Recht, Tübingen 1921; STICKELBROCK, Inhalt und Grenzen richterlichen Ermessens im Zivilprozess, Köln 2001; WEITZEL, Justitiabilität des Rechtsetzungsermessens, Diss. Münster 1997.

I. Normzweck

1 Art. 4 weist das Gericht an, seine Entscheidung nach «Recht und Billigkeit» zu treffen, wenn ihm das Gesetz einen Ermessensspielraum einräumt. Es handelt sich um eine Rechtsanwendungsnorm, deren Zweck es ist, eine formale Anleitung für die gerichtliche Ermessenstätigkeit aufzustellen und diese auf gewisse oberste materielle Prinzipien auszurichten (ROGGWILLER, 40). Sie ist in das ZGB aufgenommen worden, um der Auffassung entgegenzutreten, eine gesetzliche Verweisung auf richterliches Ermessen ermächtige Gerichte zu Entscheidungen nach Gutdünken (eingehend MANAÏ, 53 ff. m.w.Nw.; BK-MEIER-HAYOZ, N 2). Sie erweitert jedoch den Entscheidungsspielraum des Gerichts. Im Hinblick auf die mit der Betonung des Ermessens verbundene Flexibilität und Elastizität hat man geradezu von einem «Richtlinienstil» namentlich des OR gesprochen (MERZ, Das schweizerische Obligationenrecht von 1881, in: 100 Jahre Obligationenrecht, 1982; KRAMER, Die Lebenskraft des Obligationenrechts, ZSR 1983 I 241 ff.; BUCHER, Hundert Jahre Obligationenrecht, ZSR 1983 II, 250 ff.). In den Fällen, wo das Gesetz eine Entscheidung an das Gericht delegiert, ist dieses verpflichtet, nach «Recht und Billigkeit» und damit nach **objektiven Kriterien** zu urteilen und sich nicht von seinen persönlichen Gefühlen leiten zu lassen. Art. 4 bezweckt eine objektiv angemessene

Entscheidung des **Einzelfalls** aufgrund der Würdigung der individuellen und konkreten Interessenlage (BK-MEIER-HAYOZ, N 16) und dient damit einer punktuellen Verwirklichung **materieller Gerechtigkeit** im Rahmen der Rechtsanwendung (HAUSHEER/JAUN, Art. 4 ZGB N 1–3).

II. Anwendungsbereich

Nach dem Gesetzestext setzt der Auftrag zur Entscheidung «nach Recht und Billigkeit»   **2** voraus, dass eine Vorschrift dem Gericht entweder Ermessen einräumt, ihm eine Würdigung der Umstände aufträgt oder auf die Existenz eines wichtigen Grundes abstellt. Damit ist der Anwendungsbereich von Art. 4 allerdings nur unscharf umrissen. Nach allgemeiner Auffassung hat eine Entscheidung überall da «nach Recht und Billigkeit» zu ergehen, wo dem richterlichen Ermessen ein Spielraum gewährt wird (BGE 94 II 342 ff., 347). Dies kann sich auch aus anderen Gesetzesformulierungen ergeben oder ist durch Auslegung zu ermitteln (BK-MEIER-HAYOZ, N 56; DESCHENAUX, SPR II, 136; CARONI, 182).

Der Verweis auf das **«Ermessen»** findet sich in zahlreichen Bestimmungen des OR so-   **3** wie vereinzelt im ZGB. Insbesondere der Anspruch auf Schadenersatz wird in mehreren Fällen in das Ermessen des Gerichts gestellt (s. etwa Art. 39 Abs. 2, 47, 422 Abs. 1 OR). Ob das Gesetz einfach auf das «Ermessen» oder auf das «freie» oder «billige Ermessen» verweist oder sagt, das Gericht solle, wo es der Billigkeit entspricht, auf Schadenersatz erkennen, macht keinen Unterschied (BK-MEIER-HAYOZ, N 62; DESCHENAUX, SPR II, 137). Auf ein Ermessen des Gerichtes gemäss Art. 4 weisen auch die Begriffe «Angemessenheit» und «angemessen» hin (BK-MEIER-HAYOZ, N 71; ZK-DÜRR, N 57). So liegt nach Art. 47 OR die Festlegung der Höhe der Genugtuung im Ermessen des Gerichtes (BGE 123 III 10 ff., 12 f.); ebenso die Bestimmung des Herabsetzungsbetrages gemäss Art. 375 Abs. 2 OR infolge Überschreitung des Kostenansatzes bei Bauwerken auf dem Grundstück des Bestellers (BGE 115 II 460 ff., 462) und die Kundschaftsentschädigung des Agenten nach Vertragsbeendigung gemäss Art. 418u OR. Nicht um ein *Rechtsfolgeermessen* im Sinne von Art. 4, sondern um ein Tatbestandsermessen im Rahmen der richterlichen Beweiswürdigung handelt es sich beim «Ermessen» in Art. 717 Abs. 2 ZGB (str., **a.M.** BSK ZGB II-SCHWANDER, Art. 717 N 3; MANAÏ, 105) und in Art. 42 Abs. 2, 202 Abs. 2, 274d Abs. 3, 343 Abs. 4 OR (s. N 13).

Mit dem im Rahmen von Art. 4 relevanten Verweis auf die Würdigung der (bisweilen   **4** len auch «besonderen», «ausserordentlichen» oder «aussergewöhnlichen») **Umstände** (s. etwa Art. 3 Abs. 2, 274a Abs. 1, 333 Abs. 1, 398 Abs. 3, 692 Abs. 2, 693 Abs. 2, 707 Abs. 2, 766, 926 Abs. 3 ZGB und Art. 147 Abs. 2, 205 Abs. 2 OR) delegiert das Gesetz die Umschreibung des *Normtatbestands* an das Gericht (ZK-DÜRR, N 59). Das Gericht hat alle wesentlichen Faktoren des Einzelfalles zu bestimmen bzw. «nach Recht und Billigkeit» festzulegen, unter welchen die entsprechende Rechtsfolge eintreten soll. Auf die Würdigung aller Umstände wird das Gericht etwa bei Festsetzung der Entschädigungshöhe im Rahmen von Art. 336a Abs. 2 (BGE 119 II 157 ff., 159), Art. 337c Abs. 3 (BGE 123 III 391 ff., 394) und Art. 339c Abs. 2 OR (BGE 115 II 30 ff., 32) verwiesen. Davon zu unterscheiden ist die beweisbezogene Würdigung des konkreten Sachverhalts (kritisch zu dieser Unterscheidung ZK-DÜRR, N 59 ff.).

Auf das Vorliegen **wichtiger Gründe** stellen etliche Bestimmungen des ZGB und OR ab.   **5** Ihr praktischer Hauptanwendungsfall liegt im Rücktritt von einem Rechtsverhältnis (s. etwa Art. 343 Ziff. 5 ZGB, Art. 266g Abs. 1, 297 Abs. 1, 337 Abs. 1, 527 Abs. 1, 545 Abs. 2 OR). Sie werden aber auch – wie in Fragen der Namensänderung (vgl. Art. 30

Abs. 1; dazu zuletzt BGE 124 III 401 ff. m.w.Nw.) – zum Kriterium für die *Zulassung eines* grundsätzlich *nicht vorgesehenen Aktes* gemacht. So kann nach Art. 176 Abs. 1 Ziff. 3 und 185 bei Vorliegen wichtiger Gründe die Gütertrennung angeordnet oder gemäss Art. 115 die Ehe vor Ablauf der Trennungsfrist geschieden werden (zuletzt BGE 127 III 342 ff., 345). Auch kann der Richter gemäss Art. 712*r* Abs. 2 aus wichtigen Gründen die Verwaltung einer Stockwerkeigentümergemeinschaft abberufen (BGE 126 III 177 ff., 178) oder nach Art. 736 Ziff. 4 OR die Aktiengesellschaft auflösen (BGE 126 III 266 ff., 273). Wie bei der Würdigung der Umstände hat das Gericht festzustellen, ob die tatsächlichen Umstände eines konkreten Sachverhalts rechtlich geeignet sind, die entsprechende Rechtsfolge auszulösen (ZK-DÜRR, N 64; ROGGWILLER, 36).

6 Der Delegationsgedanke kann auch in anderer Weise zum Ausdruck kommen, namentlich durch **Kann-Vorschriften** oder die Verwendung der Worte «billig», «angemessen», «erheblich», «tunlich», «gebührend», «verhältnismässig» oder «zumutbar» (s. Beispiele bei MANAÏ, 106 f.). Jedoch kann nicht in jeder Verwendung eines unbestimmten Begriffes ein Verweis auf die Billigkeit erblickt werden (BK-MEIER-HAYOZ, N 68; DESCHENAUX, SPR II, 137 f.). Vielmehr ist durch Auslegung zu ermitteln, ob eine durch den Gesetzgeber eingeräumte Ermächtigung zur Ausübung richterlichen Ermessens besteht. So kann in der Vorschrift des Art. 736 Abs. 1 bzw. 743 Abs. 2 trotz entsprechender Formulierung kein Verweis auf die Billigkeit gesehen werden (**a.A.** BK-MEIER-HAYOZ, N 64), wohl aber bei Art. 736 Abs. 2. Nach der Rechtsprechung liegt er auch Art. 205 Abs. 2 (BGE 119 II 197 ff., 199) und Art. 651 Abs. 2 (SemJud 1993, 530 ff.) zu Grunde, ebenso Art. 951 Abs. 2 OR (BGE 118 II 322 ff., 324: Verwechslungsgefahr bei Firmennamen; s. auch ZR 90, Nr. 58). Auch die Festsetzung von Renten-, Pensions- und Unterhaltsbeiträgen (s. etwa Art. 125 Abs. 1, 137 Abs. 2, 173 Abs. 3, 285 Abs. 1, 286 Abs. 1) liegt im gerichtlichen Ermessen, und zwar selbst dann, wenn der Gesetzeswortlaut keinen Hinweis darauf enthält (BGE 107 II 406 ff., 410; 124 III 193 ff., 195: Zahlungsbedingungen des Lidlohns). Nach BGE 123 III 110, 112 ist auch die Adäquanzformel «nach Recht und Billigkeit» zu konkretisieren. Die Abwägung der Interessen in Art. 28 Abs. 2 ist mit einem Ermessen verbunden (BGE 126 III 305 ff., 306; 126 III 209 ff., 212 m.w.Nw.); ebenso die Abwägung der gegenläufigen Interessen von Grundeigentümern im Rahmen von Art. 684 (BGE 114 II 230 ff., 237).

7 Art. 4 nennt ausdrücklich nur das Gericht, ist aber auch von **Verwaltungsbehörden** zu beachten. Zur Entscheidung nach Billigkeit im Schiedsgericht s. N 12. Art. 4 gilt für das gesamte Zivilrecht (DESCHENAUX, SPR II, 130 f.), seine Missachtung stellt eine Verletzung von Bundesrecht dar (BGE 81 II 408 ff., 410).

III. Das Wesen der Billigkeitsentscheidung

1. Recht und Billigkeit

8 Ausgangspunkt der juristischen Orientierung an der **Billigkeit** ist die Einsicht, dass das Gesetz als allgemeine Bestimmung seiner Natur nach nicht für alle Einzelfälle immer das Richtige treffen kann. Diese Erkenntnis gilt insbesondere in Bereichen, die einer Änderung der technischen Verhältnisse und Wertanschauungen unterworfen sind (BK-MEIER-HAYOZ, N 38; ROGGWILLER, 16 f.). Durch Ermessenseinräumung und Verweisung auf die Billigkeit wird verhindert, dass die Anwendung der generell-abstrakten Norm infolge Veränderung der Anschauungen und Verhältnisse zu unangemessenen Entscheidungen führt. Die Einsicht, dass eine allgemeine Regel immer nur eine beschränkte Anzahl Einzelfälle antizipieren kann, hat schon bei ARISTOTELES in der Nikomachischen Ethik (V 1137a, 31 ff.) und in der Rhetorik (I 1374a, 26 ff.) klaren Ausdruck gefunden. Dem

Einzelfall gerecht zu werden ist das hauptsächliche Bestreben jeder auf Billigkeit gegründeten Rechtsanwendung. Für den nach Billigkeit vorgehenden Richter ist diese daher nicht nur jene stumme Gottheit, die nicht gehört werden kann und deren Forum allein das Gewissen darstellt, von der KANT (Metaphysik der Sitten, ed. WEISCHEDEL, Bd. 8, 34 f.) sprach. Massgeblich ist, dass sie für Fallentscheidungen die Konvergenz mit dem allgemeinen Rechtsbewusstsein herstellt (V. HOYNINGEN-HUENE, 17). Sie kann auch ohne zu berichtigendes Gesetz zum Zug kommen. Billigkeit ist mehr als ein «vagabundierendes Element der Rechtsgestaltung» (so aber ESSER, 23). Sie ist ein Instrument zur Herstellung einer Konkordanz von Wertbewusstsein und Wertverwirklichung (vgl. GERNHUBER, 206).

Für Art. 4 sind Recht und Billigkeit nicht zwei voneinander verschiedene, einander gar **9** entgegenstehende Beurteilungsgrundlagen. Vielmehr gehört die Billigkeit selbst zum Recht. Mit dem Hendiadyoin **«Recht und Billigkeit»** greift das Gesetz eine eingebürgerte, umgangssprachliche Ausdrucksweise auf, nach welcher das Zusammenspiel der beiden Worte eine zwar nicht präzise fixierte, aber den Umrissen nach geläufige Bedeutung zukommt. «Recht und Billigkeit» bedeutet nichts anderes als «billiges Recht», d.h. das im Einzelfall «richtige Recht», welches nicht modo legislatoris, sondern kasuistisch gefunden wird (BK-MEIER-HAYOZ, N 11 ff.; DESCHENAUX, SPR II, 131; dazu unten N 10). Dabei hat das Gericht **alle sachlich wesentlichen Umstände des Einzelfalls** zu berücksichtigen und seinen Entscheid nach **objektiven** Gesichtspunkten zu fällen (BK-MEIER-HAYOZ, N 46 ff.; GERMANN, 181 ff.; CARONI, 184).

2. Abgrenzungen

a) Verhältnis zur Lückenfüllung nach Art. 1 Abs. 2

Anders als bei einer lückenfüllenden Entscheidung nach Art. 1 Abs. 2 stellt das Gericht **10** bei einer Entscheidung nach Art. 4 *keine Regel* auf. Während bei der ergänzenden Rechtsfindung in erster Linie die generelle Norm aufgestellt werden soll, nach welcher der konkrete Sachverhalt zu beurteilen ist, steht beim Ermessensentscheid der konkrete Fall mit seinen besonderen Umständen und dessen möglichst angemessener Beurteilung im Vordergrund (GERMANN, 186). Entsprechend hat auch das BGer wiederholt schematische Lösungen abgelehnt (BGE 115 II 30 ff., 34 ff.: Abgangsentschädigung; BGE 115 II 460 ff., 462: Herabsetzung des Werklohns bei unverhältnismässiger Kostenüberschreitung; BGE 122 I 101 ff., 106 f.: Anspruch auf Existenzsicherung; BGE 123 III 110, 113: Adäquanz im Haftpflicht- und Sozialversicherungsrecht; BGE 127 III 153 ff., 157: Verwarnungen vor fristloser Entlassung). Art. 4 dient nicht der Lückenfüllung, sondern der Anwendung von Gesetzesrecht, weil der Gesetzgeber bewusst eine Entscheidungskompetenz an das Gericht delegiert hat und somit keine planwidrige Unvollständigkeit i.S.v. Art. 1 Abs. 2 vorliegt (ROGGWILLER, 24 f.; ZK-DÜRR, N 8; anders aufgrund des verfehlten Lückenbegriffs die h.L., s. BK-MEIER-HAYOZ, N 18 f.; DESCHENAUX, SPR II, 130; RIEMER, Einleitungsartikel, § 4 N 114, N 139 ff., N 150 f.; zum hier verwendeten Lückenbegriff s. Art. 1 N 27 u. 30). Inhaltlich besteht der Unterschied darin, dass der konkrete Billigkeitsentscheid im Gegensatz zur Regelbildung grundsätzlich ohne Berücksichtigung der Berechenbarkeit künftiger Entscheide erfolgen kann (BK-MEIER-HAYOZ, N 18). Der Unterschied zwischen kasuistischer und legislatorischer Entscheidung darf allerdings nicht überbewertet werden. In der Praxis zeigen sich Tendenzen gegenseitiger Angleichung, indem einerseits durch das Erfordernis der objektiven Begründung und die Bindung an das Gleichbehandlungsgebot jeder Billigkeitsentscheidung die Tendenz zur Generalisierung innewohnt, andererseits die Lückenfüllung modo legislatoris regelmässig mit Blick auf ein billiges Ergebnis im konkreten Fall erfolgt (BK-MEIER-HAYOZ,

N 19 ff.; ZK-Dürr, N 12 ff.; Germann, 185 f. je m.w.Nw.). Kramer, Juristische Methodenlehre, 2. Aufl., Bern 2005, 201 kommt folgerichtig zum Ergebnis, die Vorgehensweise bei Art. 1 Abs. 2 und Art. 4 sei in ihrer methodischen Grundausrichtung identisch.

b) Verhältnis zu Art. 2

11 Art. 2 und 4 stimmen zwar im Bestreben überein, im Einzelfall ein unbilliges Ergebnis zu vermeiden. Während Art. 2 jedoch im Einzelfall als Korrektiv für eine qualifiziert unangemessene gesetzliche Regelung wirkt, wird durch Art. 4 im Einzelfall fehlendes Gesetzesrecht im Hinblick auf ein billiges Ergebnis ergänzt (BK-Meier-Hayoz, N 23; ZK-Dürr, N 17). Ein Umkehrschluss, dass überall dort, wo das Gesetz dem Gericht kein Ermessen einräumt, auch ein unbilliges Ergebnis hingenommen werden müsste, darf aus Art. 4 nicht gezogen werden. Zwar bleibt in diesen Fällen kein Raum für einen Entscheid «nach Recht und Billigkeit» i.S.v. Art. 4, doch erfolgt die Korrektur z.B. im Wege der Auslegung oder über das Gebot von Treu und Glauben, welches ebenfalls an der Billigkeit orientiert ist (dazu Art. 2 N 7). *Das gesamte Recht steht unter dem Gebot von Treu und Glauben* und damit mittelbar auch unter dem der Billigkeit. Die Unterscheidung zwischen *strengem Recht* und Billigkeit (*ius strictum* und *ius aequum, civil law* und *equity*) ist dem schweizerischen Recht fremd. Allerdings gibt es Rechtsbereiche, die der Billigkeit mehr oder weniger verschlossen sind, wie etwa Form- und Fristvorschriften usw.

c) Verhältnis zu privatautonom eingeräumter Entscheidung nach Billigkeit

12 Befugnis und Auftrag zur Entscheidung nach Recht und Billigkeit gehen in den von Art. 4 erfassten Fällen vom Gesetz aus. In den Grenzen der Privatautonomie können jedoch auch die Parteien eine Entscheidung nach Billigkeit vereinbaren. In **Schiedsverträgen** findet sich häufig die Ermächtigung des Schiedsgerichts, nach **Billigkeit** zu entscheiden (Art. 187 Abs. 2 IPRG; Art. 31 Abs. 3 Interkanton. Schiedskonkordat). Strittig ist, in welchem Umfang das Gericht diesfalls von der Beachtung des (anwendbaren) Rechts befreit ist. Nach BGE 107 Ib 65 f. = Pra 1981, 583 ff.) ist das Schiedsgericht in diesem Fall sowohl vom Verfahrensrecht als auch vom materiellen Recht einschliesslich zwingenden Rechts befreit, unter Vorbehalt des ordre public (dies wird insbesondere bezüglich des Verfahrensrechts als zu weitgehend kritisiert, vgl. Rüede/Hadenfeldt, Schweiz. Schiedsgerichtsrecht, 2. Aufl., Zürich 1993, 279 ff., 281; IPRG-Karrer, Art. 187 N 189 m.Nw.). Zu eng ist hingegen die Auffassung, ein «Billigkeitschiedsgericht» habe das positive Recht so lange zu berücksichtigen, als dieses nicht zu unbilligen Entscheidungen führt (so aber Inderkum, Der Schiedsrichtervertrag, Diss. Freiburg i.Ü. 1989, 91; dagegen zu Recht Rüede/Hadenfeldt, 282). Ähnliche Bedeutung haben Klauseln, die auf «aequum und bonum» verweisen oder eine «amiable composition» usw. vorsehen (weitere bei IPRG-Karrer, Art. 187 N 191 ff.). In den Grenzen der Privatautonomie, also v.a. im Rahmen der guten Sitten, ist es den Kontrahenten weiter unbenommen, die **Leistungsbestimmung** dem **billigen Ermessen eines Dritten** (nicht nur eines Gerichts) oder sogar eines Vertragsteils zu überantworten (BK-Meier-Hayoz, N 25). Die dabei zu beachtenden Grundsätze normieren die §§ 315–319 des deutschen BGB eingehend; Art. 1592 CC fr. und § 1056 ABGB legen zwar die Möglichkeit der Drittbestimmung eines Kaufpreises fest, sagen aber nichts über den Bestimmungsspielraum. Dieser beruht nicht auf einem gesetzlichen Auftrag, sondern auf dem Willen der Kontrahenten. Es können jedoch die meisten zu Art. 4 entwickelten Grundsätze entsprechende Anwendung finden (BK-Meier-Hayoz, N 27; ZK-Dürr, N 29).

d) Verhältnis zur freien Beweiswürdigung

Die **freie Beweiswürdigung** ergibt sich aus dem kantonalen Prozessrecht, sofern sie **13** nicht von Bundesrechts wegen vorgeschrieben ist (Art. 8 N 78 m.w.Nw.). Im Gegensatz zu Art. 4 geht es hier nicht um Rechtsfindung, sondern um Sachverhaltsfeststellung. Die – auf materieller Ebene stattfindende – rechtliche Würdigung der tatsächlichen Umstände nach «billigem Recht» ist zu unterscheiden von der – auf formell-rechtlicher Ebene stattfindenden – Feststellung der Tatsachen nach freiem Ermessen. Massgebend bei der Sachverhaltsfeststellung ist die *Überzeugung* des Gerichts, bei der es auf die Interessenlage der Beteiligten nicht ankommt; für ein gerichtliches Ermessen nach Art. 4 bleibt kein Raum. Freie Beweiswürdigung gebieten ausdrücklich Art. 145 Abs. 1, 717 Abs. 2 (str.; BK-MEIER-HAYOZ, N 61; ZK-DÜRR, N 56; ZK-SCHERRER, Art. 717 N 87; DESCHE-NAUX, SPR II, 132 f.; HAUSHEER/JAUN, Art. 4 ZGB N 6, insb. 10; **a.M.** BSK ZGB II-SCHWANDER, Art. 717 N 3; MANAÏ, 105) und Art. 42 Abs. 2 (BGE 122 III 219 ff., 222; BK-BREHM, Art. 42 N 53; GERMANN, 176; PERINI, 75), 202 Abs. 2, 274*d* Abs. 3, 343 Abs. 4 OR. Obschon Einwirkungen des materiellen Rechts auf das (kantonale) Prozessrecht eine bekannte Erscheinung darstellen, darf bei gesetzlicher Ermessenseinräumung i.S.v. Art. 4 nicht generell auf die Einräumung eines Tatbestandsermessens im Rahmen der freien Beweiswürdigung geschlossen werden (so implizit BGE 122 III 219 ff., 222 f.; ZK-DÜRR, N 34; DESCHENAUX, SPR II, 133; **a.A.** BK-MEIER-HAYOZ, N 30).

IV. Schranken der Ermessensausübung

Das gerichtliche Ermessen ist als Ausnahme vom Gesetzanwendungsprinzip nach Art. 1 **14** Abs. 1 von vornherein auf den Anwendungsbereich des Art. 4 beschränkt (ZK-DÜRR, N 79; BK-MEIER-HAYOZ, N 42; ROGGWILLER, 33). Das Gesetz selber hat also eine gerichtliche Entscheidung nach Recht und Billigkeit vorzusehen (**«äussere Schranke»**, vgl. BK-MEIER-HAYOZ, N 40; ROGGWILLER, 32). Das Gericht ist dabei an Zweck, Inhalt und Umfang der eingeräumten Ermächtigung sowie an die dem Gesetz zugrunde liegenden Zielsetzungen und Wertungen gebunden (HAUSHEER/JAUN, Art. 4 ZGB N 19; ROGGWIL-LER, 34), sofern es nicht gerade nach dem Zweck der betreffenden Billigkeitsnorm davon befreit werden soll (ROGGWILLER, 34 f.). Wird die durch Gesetz eingeräumte Ermächtigung überschritten, so liegt eine Ermessensüberschreitung vor (BK-MEIER-HAYOZ, N 42; DESCHENAUX, SPR II, 139).

Die an der Einzelfallgerechtigkeit orientierte Billigkeitsentscheidung steht in einem **15** Spannungsverhältnis zur Rechtssicherheit und Rechtsgleichheit (BK-MEIER-HAYOZ, N 34 f.; ZK-DÜRR, N 81; ROGGWILLER, 15 ff.). Um der Gefahr der Willkür und der Ungewissheit der Rechtsunterworfenen entgegenzutreten, verpflichtet Art. 4 das Gericht, sein Urteil von einem **objektiven Standpunkt** aus zu fällen (**«innere Schranke»**, ROGGWILLER, 31). Insofern handelt es sich nicht um ein völlig freies, sondern um ein «gebundenes Ermessen» (BK-MEIER-HAYOZ, N 48 m.w.Nw.). Methodisch hat sich das Gericht mit allen **wesentlichen Einzelheiten** des Sachverhalts auseinander zu setzen und nach Massgabe der individuellen Interessenlage ein sachlich begründetes Urteil zu fällen. Recht und Billigkeit ist daher nicht gleichzusetzen mit Mitleid, Gnade oder Laune; es darf kein beliebiger, sondern es soll der im Einzelfall richtige Entscheid getroffen werden (GERMANN, 180; ROGGWILLER, 31). Die **objektive Interessenabwägung** soll die Gefahr der Subjektivität begrenzen und bewirken, dass in einem anderen Fall, bei dem alle wesentlichen Umstände identisch sind, gleich entschieden wird (BK-MEIER-HAYOZ, N 21). Dass dies nicht losgelöst vom Vorverständnis und Rechtsgefühl des Gerichts erfolgt, ist unbestreitbar, doch verlangt Art. 4 die Offenlegung und Objektivierung der Kriterien und damit intersubjektive Nachprüfbarkeit.

V. Die Kontrolle von Billigkeitsentscheidungen

16 Das **BGer** bejaht im **Berufungsverfahren** grundsätzlich ein **freies Prüfungsrecht** von Ermessensentscheidungen, nach ständiger Rechtsprechung setzt es eigenes Ermessen allerdings nur mit **Zurückhaltung** an die Stelle desjenigen der Vorinstanz (BGE 83 II 356 ff., 361; 98 II 164 ff., 166; 100 II 76 ff., 81; 100 II 435 ff., 437; 105 II 65 ff., 66; 108 II 30 ff., 32; 109 II 389 ff., 391; 115 II 30 ff., 32; 115 II 460 ff., 462; 116 II 145 ff., 149; 117 II 6 ff., 8; 118 II 50 ff., 55; 119 II 157 ff., 160; 119 II 197 ff., 199; 120 II 280 ff., 283; 122 III 219 ff., 222; 122 III 358 ff., 360; 123 III 10 ff., 13; 124 III 401 ff., 402; 126 III 305 ff., 306; 127 III 136 ff., 141; 127 III 153 ff., 155; 127 III 289 ff., 293; BGer JAR 1994, 232, 233). Es schreitet nur ein, wenn die kantonale Instanz

a) grundlos von in Lehre und Rechtsprechung anerkannten Grundsätzen abgegangen ist (so besonders BGE 115 II 30 ff., 32);

b) rechtserhebliche Umstände ausser Acht gelassen hat (daher darf der Richter z.B. nicht bei dem mathematisch starren Schematismus irgendwelcher Richtlinien verharren, wenn es um eine Billigkeitsentscheidung zur Überschreitung von Werkkosten geht; vgl. BGE 115 II 460 ff., 462; s. auch BGE 116 II 145 ff., 151 f.: unrichtige Spesenabrechnung);

c) Umstände berücksichtigt hat, die für den Entscheid im Einzelfall keine Rolle hätten spielen dürfen (BGE 116 II 145 ff., 151 f.);

d) eine «offensichtlich unbillige» Ermessensentscheidung getroffen hat, die sich als «in stossender Weise ungerecht» erweist (BGE 115 II 30 ff., 32 f.).

17 Das **BGer** begründet seine Zurückhaltung mit der besseren Kenntnis der kantonalen Behörden über örtliche und personale Gegebenheiten, Anschauungen und Gepflogenheiten (BGE 83 II 356 ff., 361 betreffend Unterhaltsbeiträge; 105 II 65 ff., 66 f. und 117 II 6 ff., 8 f. betreffend Namensänderung), übt sie jedoch zu Recht auch in Fällen, wo diese keine massgebliche Rolle spielen. Damit respektiert es das Wesen des Ermessens, denn es macht keinen Sinn, eine vertretbare Ermessensentscheidung durch eine andere zu ersetzen. Man stösst auf ein Paradebeispiel eines «judicial self-restraint». Mit seiner Zurückhaltung und der Beschränkung auf die vier Fallgruppen trägt das BGer dem Umstand Rechnung, dass ein bloss vertretbares, aber bei pflichtgemässem Gebrauch des Ermessens methodisch konsistentes Urteil keine Rechtsverletzung darstellt; eine solche liegt erst bei qualifizierten Ermessensfehlern vor (Ermessensmissbrauch, Ermessensüberschreitung, Ermessensunterschreitung).

VI. Rechtsvergleichung

18 Auch in anderen Kodifikationen finden wir die Billigkeit, allerdings meist nur zu Einzelthemen. Im **deutschen BGB** spielt sie v.a. in den §§ 315–319 eine Rolle (Leistungsbestimmung durch Dritte, dazu N 12). Man erörtert hier jedoch alle Überlegungen zu einer *«Billigkeitskontrolle»* von Rechtsgeschäften (vgl. FASTRICH, 14 ff.; STAUDINGER/MADER, Rz 3 ff. zu § 315 BGB). Diese geht weiter als eine blosse Kontrolle der Sittenwidrigkeit. Im **französischen Recht** bestimmt nach Art. 1135 CC fr. l'équité neben loi und usage den Inhalt der Obligation. Sie wird mit jener équité naturelle übereinstimmen, auf die es nach Art. 565 CC fr. bei Eigentumserwerb durch accession ankommt. Im **CC it.** findet man viele Verweisungen auf die equità (z.B. Art. 1226, 1374, 1450, 1467 f., 1660, 1664, 1733, 1736, 2045), aber keine Grundsatzvorschrift wie Art. 4. Zum Obligationsinhalt stimmt Art. 1374 **CC it.** mit Art. 1135 CC fr. überein. Im **österreichischen** ABGB finden sich keine entsprechenden Vorschriften. Der Redaktor des ABGB, ZEILLER, lehnte jede Billigkeitsrechtsprechung ab (vgl. MAYER-MALY, in: Selb/Hofmeister [Hrsg.], Forschungsband Franz von Zeiller, Wien 1980, 10).

Art. 5

C. Verhältnis zu den Kantonen **I. Kantonales Zivilrecht und Ortsübung**	**¹ Soweit das Bundesrecht die Geltung kantonalen Rechtes vorbehält, sind die Kantone befugt, zivilrechtliche Bestimmungen aufzustellen oder aufzuheben.** **² Wo das Gesetz auf die Übung oder den Ortsgebrauch verweist, gilt das bisherige kantonale Recht als deren Ausdruck, solange nicht eine abweichende Übung nachgewiesen ist.**
C. Droit fédéral et droit cantonal I. Droit civil et usages locaux	¹ Les cantons ont la faculté d'établir ou d'abroger des règles de droit civil dans les matières où leur compétence législative a été maintenue. ² Le droit cantonal précédemment en vigueur est tenu pour l'expression de l'usage ou des usages locaux réservés par la loi, à moins que l'existence d'un usage contraire ne soit prouvée.
C. Rapporti col diritto cantonale I. Diritto civile dei Cantoni ed uso locale	¹ I Cantoni sono autorizzati ad emanare ed abrogare disposizioni di diritto civile nelle materie riservate al diritto cantonale. ² Quando la legge si riferisce all'uso od all'uso locale, il diritto cantonale finora esistente vale come espressione dei medesimi, in quanto non sia provato un uso che vi deroghi.

Literatur

FRANK/STRÄULI/MESSMER, Kommentar zur Zürcherischen Zivilprozessordnung, 3. Aufl. Zürich 1997; GYGI, Zur Rechtsetzungszuständigkeit des Bundes auf dem Gebiete des Zivilrechtes (BV 64), ZSR 1976 I 343 ff.; E. HUBER, Erläuterungen zum Vorentwurf, 2. durch Verweisungen auf das ZGB und Beilagen ergänzte Ausgabe, 1914; M. KAUFMANN, Einstweiliger Rechtsschutz. Die Rechtskraft im einstweiligen Verfahren und das Verhältnis zum definitiven Rechtsschutz, Diss. Bern 1993; KLEY-STRULLER, Kantonales Privatrecht, Veröffentlichungen des Schweiz. Instituts für Verwaltungskurse an der Hochschule St. Gallen, Bd. 37, St. Gallen 1992; MARTI, Perspektiven für das Zusammenspiel von Privatrecht und öffentlichem Recht in der Schweiz des 21. Jahrhunderts (Art. 5 und 6 ZGB), in: Gauch/Schmid (Hrsg.), Die Rechtsentwicklung an der Schwelle zum 21. Jahrhundert, Zürich 2001, 21 ff.; MEIER, Grundlagen des einstweiligen Rechtsschutzes, Zürich 1983 (zit. Grundlagen); DERS., Auflösung des geschriebenen Rechts durch allgemeine Prinzipiennormen, in: Meier/Ottomann, Prinzipiennormen und Verfahrensmaximen, Zürich 1993 (zit. Prinzipiennormen); NOBEL, Entscheide zu den Einleitungsartikeln. Einführung zu Art. 1–10 ZGB anhand der neueren Zivilrechtspraxis, Bern 1977; SPÜHLER, Die Praxis der staatsrechtlichen Beschwerde, Bern 1994; VOGEL, Probleme des vorsorglichen Rechtsschutzes, SJZ 1980, 89 ff; WALTER, Bundesprivatrecht und kantonales Zivilprozessrecht, BJM 1995, 281 ff.; WIDMER, Normkonkurrenz und Kompetenzkonkurrenz im schweizerischen Bundesstaatsrecht, Diss. Zürich 1966.

I. Allgemeines

1. Normzweck

Art. 5 Abs. 1 regelt die **Konkurrenz der zivilrechtlichen Gesetzgebungskompetenzen**   **1** **von Bund und Kantonen.** Zusammen mit Art. 51 SchlT schliesst er in diesem Bereich gestützt auf Art. 122 Abs. 1 BV kantonales Legiferieren grundsätzlich aus, eröffnet den

Kantonen aber mittels Vorbehalten zugunsten des kantonalen Zivilrechts dennoch einen schmalen Bereich partikulärer Rechtsetzung.

2 Art. 5 Abs. 2 setzt voraus, dass der Bundesgesetzgeber für einzelne Fragen auf **Übung und Ortsgebrauch** verweisen kann und befasst sich insoweit mit dem kantonalen Zivilrecht, als es den Inhalt von Übung und Ortsgebrauch wiedergibt.

2. Vorrang des Bundeszivilrechts

a) Bundesgesetzgebungskompetenz

3 Gemäss Art. 122 Abs. 1 BV ist die Gesetzgebung auf dem Gebiet des Zivilrechts Sache des Bundes. Es handelt sich um eine **umfassende Gesetzgebungskompetenz,** die das gesamte Gebiet des Zivil- oder Privatrechts erfasst, soweit der Begriff des Zivilrechts nach schweizerischer Auffassung reicht (BK-HUBER, Art. 6 N 7 ff.; ZK-MARTI, N 91 ff., 123 ff. Vorbem. Art. 5 und 6). Der Begriff *civil rights* nach Art. 6 Ziff. 1 EMRK hat einen weiteren Inhalt als der des Zivilrechts und darf nicht mit jenem verwechselt werden.

4 In sachlicher Hinsicht kann Art. 122 Abs. 1 BV nicht entnommen werden, welche Materien zum Zivilrecht zu zählen sind. Nach h.L. und Praxis ist es notwendig, die **Abgrenzung vom öffentlichen Recht** von Fall zu Fall zu suchen. Diesem Zwecke dienen die Interessentheorie, die Funktionstheorie, die Subjekttheorie, die Subjektionstheorie, die Rechtsformentheorie, auch die Lehre vom zwingenden und nachgiebigen Recht (BK-HUBER, Art. 6 N 110 ff.; ZK-MARTI, N 50 ff. Vorbem. Art. 5 und 6; DESCHENAUX, SPR II, 15 ff.; BVK-KNAPP, aArt. 64 N 12 ff.; HAUSHEER/JAUN, N 6.06 ff.; POUDRET/SANDOZ-MONOD, Titre II N 2.2). In der Praxis werden *jene Kriterien herangezogen, die den konkreten Gegebenheiten am besten gerecht* werden (BGE 109 Ib 149 E. 1b; 105 II 234). Die Grenzen bleiben fliessend und der Kompetenzbereich des Bundes zur Legiferierung im Bereich des Zivilrechts kann nicht zum Voraus scharf umrissen werden (zur «modalen» Art dieser Kompetenz vgl. WIDMER, 26, 61 ff.).

5 Art. 122 Abs. 1 BV beinhaltet jedoch nicht eine ausschliessliche Bundeskompetenz mit ursprünglich derogatorischer Kraft, so dass die kantonale Rechtsetzungskompetenz auch dann ausgeschlossen wäre, wenn der Bund seine Kompetenz nicht ausschöpft. Es handelt sich vielmehr um den Regelfall einer Bundeskompetenz mit **nachträglich derogatorischer Kraft** (auch *konkurrierende Kompetenz* genannt) in dem Sinne, dass die ursprünglich bestehende kantonale Kompetenz zunächst weiterbesteht, aber in dem Umfange hinfällig wird, als der Bund legiferiert hat (HÄFELIN/HALLER, N 1092 ff.; BVK-SALADIN, aArt. 3 N 203 ff.; BVK-KNAPP, aArt. 64 N 28; DESCHENAUX, SPR II, 38 f.).

6 Von seiner umfassenden Gesetzgebungskompetenz hat der Bund mit dem Erlass der Zivilrechtskodifikationen ZGB und OR (und mit seiner Spezialgesetzgebung) erschöpfend Gebrauch gemacht (**Grundsatz der Gesamtkodifikation;** ZK-MARTI, N 17 ff.; BK-LIVER, N 8; BK-HUBER, Art. 6 N 8; HAUSHEER/JAUN, N 5.09; HÄFELIN/HALLER, N 1189). Der Schöpfer des ZGB, EUGEN HUBER (Erläuterungen, 39), ist von der Lückenlosigkeit zwar nicht des Gesetzes, aber der (Bundeszivil-) Rechtsordnung ausgegangen und wollte kantonales Recht nur im Rahmen der vom Bundesgesetzgeber zugelassenen Ausnahmen gestatten (**a.M.** PIOTET, TDP I/2, N 21).

7 Die **Kantone haben somit neben dem Bund keine Kompetenz zum Erlass zivilrechtlicher Normen** (vgl. aber Art. 6). Im Falle von *Gesetzeslücken* greifen die Art. 1 und 4, für kantonales Recht bleibt kein Raum. Auch das *ungeschriebene Bundeszivilrecht* (allgemeine Rechtsgrundsätze, Gewohnheitsrecht, Richterrecht) geht dem kantonalen Recht vor (BK-HUBER, Art. 6 N 8, 16; BVK-KNAPP, aArt. 64 N 31, 43; DESCHENAUX, SPR II,

25; JAGMETTI, SPR I, 244; KLEY-STRULLER, 34 f., 37; HÄFELIN/HALLER, N 1189; vgl. BJ VPB 1981, 284 zur richterlichen Praxis zum IPR vor dessen Kodifikation, welche keine kantonale Ergänzung zuliess). Dies folgt aus Art. 49 BV und ebenso aus Art. 51 SchlT, wonach mit dem Inkrafttreten «dieses Gesetzes» die zivilrechtlichen Bestimmungen der Kantone aufgehoben sind, soweit nicht bundesrechtlich etwas anderes vorgesehen ist (BK-BECK, Art. 51 SchlT N 5 f.; ZGB-KLEY, Art. 51 SchlT N 1 ff.), endlich aus Art. 5 und 6. Alles kantonale Privatrecht muss weichen, selbst wenn es geeignet wäre, das Bundesrecht zu ergänzen (BK-LIVER, N 45; BK-HUBER, Art. 6 N 21; DESCHENAUX, SPR II, 38 f.). Das BGer lässt z.B. ergänzendes kantonales Mietrecht, welches direkt in das Vertragsverhältnis eingreift, nicht zu (BGE 131 I 333 E. 2.2; 117 Ia 330 E. 2; 113 Ia 143 E. 9d = Pra 1988, 562; vgl. aber u. Art. 6 N 14, 29).

Der Grundsatz ist vom BGer nicht konsequent durchgehalten worden, wenn es den Kantonen in ihrem öffentlich-rechtlichen Bereich gelegentlich den **Einsatz «zivilrechtlicher Mittel»** gestattet hat (u. Art. 6 N 31). Daraus wird auch der Schluss gezogen, mit Art. 122 Abs. 1 BV sei dem Bund wohl ein Sachgebiet umfassend zur Gesetzgebung zugeschieden worden, jedoch nicht ausschliesslich, was den Kantonen erlaube, eigenes Zivilrecht zu setzen, sofern der Bund nicht abschliessend legiferiert habe (BVK-SALADIN, aArt. 2 UeB N 39 im Anschluss an GYGI; vgl. ferner BVK-KNAPP, aArt. 64 N 44; BK-HUBER, Art. 6 N 168 ff.; BK-BECK, Art. 51 SchlT N 10). PIOTET kommt zum nämlichen Resultat, weil das Prinzip der Ausschliesslichkeit der Kodifikation nicht auf der Verfassung, sondern nur auf Gesetz (Art. 5 Abs. 1 und Art. 51 SchlT) beruhe und daher nicht über den sachlichen Anwendungsbereich der Kodifikation (bzw. der Spezialgesetzgebung) hinausreichen könne. Jenseits dieser Grenze hätten die Kantone nach wie vor die konkurrierende Kompetenz zur Schaffung von Zivilrecht (PIOTET, TDP I/2, N 17 ff., bes. N 22). **8**

b) Formelles Bundeszivilrecht

Weite Bereiche der Zivilgesetzgebung des Bundes sind dem öffentlichen Recht zuzuordnen. Es handelt sich um **formelles Bundeszivilrecht** (BK-HUBER, Art. 6 N 105 ff.; ZK-MARTI, N 94 ff.; DESCHENAUX, SPR II, 21; BVK-KNAPP, aArt. 64 N 33 ff.), wie z.B. der Fürsorgerische Freiheitsentzug. Auch dieses Recht ist *Zivilrecht i.S.v. Art. 122 Abs. 1 BV*, da es Materien beschlägt, die trotz ihrer öffentlich-rechtlichen Natur der Ergänzung oder Verwirklichung des materiellen Zivilrechtes dienen (BK-HUBER, Art. 6 N 106; BGE 108 Ib 397; zur Verfassungsmässigkeit z.B. des BewG vgl. BJ VPB 1982, 153). **9**

Ein gewisser **Widerspruch** besteht, wenn aufgrund der Kompetenz, Zivilrecht zu erlassen, öffentliches Recht geschaffen wird (GYGI, 346; BVK-SALADIN, aArt. 2 UeB N 34), doch die **Verfassungsmässigkeit dieses Rechts** wird nicht ernsthaft bezweifelt (BK-HUBER, Art. 6 N 107; BVK-KNAPP, aArt. 64 N 40 ff.). **10**

Doppelnormen sind Bestimmungen, in denen sowohl ein öffentlich-rechtlicher als auch ein privatrechtlicher Rechtssatz enthalten sind (Art. 686, 699, 836 ZGB; BK-MEIER-HAYOZ, Art. 680 N 34 ff.; ZK-MARTI, Vorbem. zu Art. 5 und 6 N 70 ff.; BGE 106 Ib 231; 106 Ib 47; 90 I 206; BGer ZBl 1970, 410). **11**

c) Derogatorische Kraft des Bundeszivilrechts

Dem **Bundeszivilrecht widersprechendes kantonales Recht** wird als *«ungültig»*, *«nichtig»*, *«wirkungslos»* bezeichnet (ZK-MARTI, Vorbem. zu Art. 5 und 6 N 262 ff.; BK-LIVER, N 44 f.; BK-HUBER, Art. 6 N 26; BK-BECK, Art. 51 SchlT N 14; BGer 5P.302/2003 E. 2.1). Gestützt auf widersprechendes kantonales Recht ergangene Anwen- **12** dungsakte sind gewöhnlich nur anfechtbar (HÄFELIN/Haller, N 1191 ff.; BVK-SALADIN, aArt. 2 UeB N 42 ff.).

13 Die Anwendung Bundesrecht widersprechenden kantonalen Zivilrechts stellt eine **Bundesrechtswidrigkeit** dar. **Rechtsschutz** gewährt das BGer bisher im Rahmen von *Berufung und Nichtigkeitsbeschwerde* gemäss Art. 43 OG und Art. 68 OG (POUDRET/SANDOZ-MONOD, Art. 43 N 1.6.1 f.; Art. 68 N 3). Subsidiär zu diesen Rechtsmitteln ist *staatsrechtliche Beschwerde* wegen Verletzung von Art. 49 Abs. 1 BV möglich, welche Rüge vom BGer frei geprüft wird (ZK-MARTI, Vorbem. Art. 5 und 6 N 279 ff.). Mit Inkrafttreten des **BGG** wird die Bundesrechtswidrigkeit (Art. 95) neu mit *Beschwerde in Zivilsachen* gemäss Art. 72 ff. geltend zu machen sein, allenfalls mit *subsidiärer Verfassungsbeschwerde* gemäss Art. 113 ff., letzteres jedoch nur wegen Verletzung von verfassungsmässigen Rechten.

3. Verfahrens- und Vollstreckungsrecht

14 Die **Vollzugskompetenz** zur Regelung der Durchsetzung des Bundeszivilrechts **verbleibt** gemäss Art. 122 Abs. 2 BV **den Kantonen** noch auf Zusehen (soweit es nicht um Organisation und Verfahren des Bundesgerichtes geht, ZK-MARTI, Vorbem. Art. 5 und 6 N 156 ff.) und solange geniessen sie in diesem Bereich von Verfassungs wegen eine **Substanzgarantie.** *Dem Bund steht es aber zu,* organisatorische und verfahrensrechtliche Bestimmungen aufzustellen, soweit dies *zur Durchsetzung des Bundeszivilrechts nötig erscheint* (BGE 107 Ib 164; BJ VPB 1981, 284). Ferner darf das *kantonale Prozessrecht, auch unter dem Aspekt der Bundestreue, die Verwirklichung des Bundeszivilrechts nicht hindern* (Art. 44 BV; HÄFELIN/HALLER, N 1112; BK-HUBER, Art. 6 N 47; BVK-SALADIN, aArt. 3 N 216; BVK-KNAPP, aArt. 64 N 69 ff., 74; BGE 122 I 18 E. 2c/aa; BGE 121 III 249). Die Kantone haben endlich die *Verwirklichung des Bundesprozessrechtes* im Auge zu behalten und ihre Verfahren so auszugestalten, dass der Anschluss an die Bundesrechtsmittel gewahrt bleibt (POUDRET/SANDOZ-Monod, Art. 48 N 1.2.4; BGE 119 II 183; vgl. zum Ganzen auch WALTER, passim).

15 Der Bund hat jedoch mit seiner zivilrechtlichen Gesetzgebung immer wieder in das kantonale Prozess- und Gerichtsverfassungsrecht eingegriffen, ohne sich sonderlich um die erwähnte Substanzgarantie zu kümmern, was die **Frage der Verfassungsmässigkeit** solcher Eingriffe aufgeworfen hat (BVK-Knapp, aArt. 64 N 67; ferner MEIER, Prinzipiennormen, 35 ff.). Diese Diskussion ist mit der (zur Zeit noch nicht in Kraft gesetzten) **Neufassung** von **Art. 122 Abs. 1 BV** *obsolet* geworden (u. Art. 6 N 9). Die Gesetzgebungsarbeiten zur Schaffung einer Schweizerischen Zivilprozessordnung sind im Gange.

16 Das **internationale Prozess- und Vollstreckungsrecht** der Schweiz findet sich im IPRG und im LugÜ geregelt. Vereinheitlicht ist im IPRG auch die **internationale Schiedsgerichtsbarkeit.** Die auf **Geldzahlung oder Sicherheitsleistung gerichtete Zwangsvollstreckung** ist mit dem SchKG seit 1889 (Revision 1994) bundesrechtlich normiert. Die Verfassungsgrundlage fand sich in Art. 64 Abs. 1 aBV. Die revidierte BV enthält keine entsprechende Kompetenznorm, weil es als unstritten befunden wurde, dass das Betreibungs- und Konkursrecht als vollstreckungsrechtliches Pendant zum Zivilrecht Bundessache darstelle (BBl 1997 I 339).

17 **Weitere Schranken** findet das kantonale Prozess- und Gerichtsorganisationsrecht direkt in der *Bundesverfassung* (Art. 9, 29–32, 44 Abs. 2) und in der EMRK, welche das Verfahrensrecht aller Stufen in der Schweiz erheblich beeinflusst (Pra 1993, 545 ff.; KLEY-STRULLER, 47 ff.; MEIER, Prinzipiennormen, 25 ff.).

II. Vorbehaltenes kantonales Zivilrecht

1. Die Vorbehalte zugunsten des kantonalen Zivilrechts

Nach dem Gesagten findet kantonales Zivilrecht nur so weit Raum, als ihm vom Bundes-   **18**
gesetzgeber im Rahmen eines Vorbehaltes eingeräumt wird. Diese **Vorbehalte** werden
als **echte** bezeichnet, da sie für die Geltung des materiellen kantonalen Zivilrechtes *konstitutive Wirkung* haben (BK-LIVER, N 12; JAGMETTI, SPR I, 249; KLEY-STRULLER, 36;
PIOTET, TDP I/2, N 44). Innerhalb dieser Vorbehalte sind die Kantone befugt, früheres
kantonales Recht in Geltung zu behalten, abzuändern oder neu zu schaffen (ZK-MARTI,
N 32; JAGMETTI, SPR I, 246).

Davon sind die **unechten Vorbehalte** *zugunsten des kantonalen öffentlichen Rechtes* zu   **19**
unterscheiden, welchen hauptsächlich *deklaratorische Wirkung* zugesprochen wird (ZK-
MARTI, N 45 ff.; BK-LIVER, N 13; JAGMETTI, SPR I, 247; KLEY-STRULLER, 36; u. Art. 6
N 1).

Die **verpflichtenden Vorbehalte** sind jene Vorschriften, welche die Kantone gemäss   **20**
Art. 52 SchlT erlassen müssen, weil sie für die Anwendung des Bundeszivilrechts not-
wendig sind. Es sind öffentlich-rechtliche Vorschriften über die Zuständigkeit von kan-
tonalen Behörden sowie Bestimmungen über Einrichtungen, deren Benutzung vom
Bundesprivatrecht vorgeschrieben sind (Register; Bekanntmachungen; zur öffentlichen
Beurkundung s. BGE 113 II 501 E. 3; ferner ZK-MARTI, N 85 ff.; BK-LIVER, N 17, 37;
PIOTET, TDP I/2, N 52 ff.; KLEY-STRULLER, 27).

Letztere Bestimmungen werden als **formelles Zivilrecht der Kantone** bezeichnet; sie   **21**
bedürfen gemäss Art. 52 Abs. 3 SchlT der *Genehmigung des Bundesrates,* welche aber
nicht bewirkt, dass der kantonale Erlass nicht mehr richterlich überprüft werden könnte
(BK-LIVER, N 63; BK-HUBER, Art. 6 N 93 f.; BK-BECK, Art. 52 SchlT N 9 ff.). Solche
Vorschriften können von den Kantonen auch auf dem *Verordnungsweg* erlassen werden
(Art. 52 Abs. 2 SchlT).

Grundlage allen materiellen Zivilrechts der Kantone bilden die **ermächtigenden, zutei-**   **22**
lenden und übergangsrechtlichen Vorbehalte, welche v.a. im ZGB, aber auch in der
Spezialgesetzgebung des Bundes, nicht zuletzt im bäuerlichen Bereich (LPG; BGBB)
anzutreffen sind (Übersicht bei ZK-MARTI, N 161 ff. und PIOTET, TDP I/2, passim). Mit
dem Bestand des Bundesrechts wandelt sich auch der Bestand der Vorbehalte und damit
jener des materiellen kantonalen Zivilrechts.

Als **Quellen des kantonalen Zivilrechts** sind v.a. die *Einführungsgesetze zum ZGB* zu   **23**
erwähnen (*Memorial des EJPD* an die Kantone vom 24.7.1908. Zur Einführung des
schweizerischen Zivilgesetzbuches, BBl 1908 IV 505 ff.). Im Übrigen kann dieses Recht,
soweit es nicht von Bundesrechts wegen gesetztes Recht sein muss, auch *Gewohnheitsrecht* darstellen oder auf *Ortsgebrauch* beruhen (BK-LIVER, N 37, 39 ff.; JAGMETTI,
SPR I, 253 ff.; KLEY-STRULLER, 38 ff.).

Die Vorbehaltsnormen müssen nicht ausdrücklich formuliert sein, sondern können auch   **24**
durch Auslegung gewonnen werden, wobei angesichts des das Bundesrecht beherrschenden Kodifikationsprinzipes die **Vermutung gegen das Vorliegen «stillschweigender»
Vorbehalte** spricht (BK-LIVER, N 34; JAGMETTI, SPR I, 251; PIOTET, TDP I/2, N 45;
HAUSHEER/JAUN, N 5.10; BGE 113 Ia 309 E. 3b).

Erklärt ein Kanton einen **Gesamtarbeitsvertrag** oder einen **Rahmenmietvertrag** als   **25**
allgemeinverbindlich, so entsteht damit *kein kantonales Zivilrecht* (KGer VD JdT 1968
III 5; ZK-MARTI, N 63 ff.). Die von den Kantonen zu erlassenden **Normalarbeitsver-**

träge (Art. 359, insb. Abs. 2 OR), die *objektives Zivilrecht* beinhalten, bilden dagegen *Vorbehaltsmaterie* (ZK-MARTI, N 63 und 291 f.).

2. Ermächtigende Vorbehalte

26 Die **ermächtigenden Vorbehalte** haben *fakultativen Charakter* (ZK-MARTI, N 77 ff.); sie gestatten den Kantonen, von den Regeln des Bundesrechtes abzuweichen, ansonsten es bei letzteren sein Bewenden hat (Art. 53 Abs. 2 SchlT; vgl. Art. 376, 423, 552, 609), oder vom Bundesrecht zur Verfügung gestellte Institute keine Wirksamkeit entfalten (Art. 349, 828, 843; BK-LIVER, N 18; PIOTET, TDP I/2, N 61 ff.). Weitere Vorbehalte ermächtigenden Charakters finden sich in Art. 383, 466, 688 (betr. Kapprecht und Anries), 795; in Art. 186, 236, 257e, 270 OR, ferner im bereits erwähnten bäuerlichen Sonderrecht (LPG, BGBB).

3. Zuteilende Vorbehalte

27 Die **zuteilenden Vorbehalte** überlassen eine Einzelfrage oder ein ganzes Teilgebiet der Gesetzgebung der Kantone. Sie werden, da die Kantone im entsprechenden Bereich tätig werden müssen, auch *«obligatorische Vorbehalte»* genannt (ZK-MARTI, N 80 ff.). Trotzdem springt der Bund nicht ein, falls die Kantone zu legiferieren unterlassen. Eine allfällige Lücke wäre durch kantonales Gewohnheitsrecht oder Verkehrssitte zu füllen (RIEMER, Einleitungsartikel, § 8 N 8; PIOTET, TDP I/2, N 64 ff.). Solche Vorbehalte finden sich im Sachenrecht (Art. 686 [betr. das kantonale private Baurecht, welches zunehmend durch kantonales öffentliches Baurecht ersetzt wird; BGE 129 III 161], 688 [betr. kantonales Pflanzenrecht, BGE 122 I 81 E. 2a = Pra 1997, 7; ferner BGE 126 III 452, wonach Art. 684 im Sinne einer Mindestgarantie den kantonalen Vorschriften vorgeht; BGE 132 III 6, wonach dies nicht gilt, wenn der Kanton die Materie öffentlich-rechtlich geregelt hat], Art. 695, 697, 709, 740) und in Art. 59 Abs. 3, welcher die Grundlage der juristischen Personen des kantonalen Zivilrechts bildet (BK-RIEMER, Art. 52–59, syst. Teil N 133 f.; JAGMETTI, SPR I, 265 ff.; BGE 83 II 353).

4. Übergangsrechtliche Vorbehalte

28 Diese Vorbehalte ermöglichen den Kantonen die **Beibehaltung ihres bisherigen Rechtes,** wobei es v.a. noch um das Weiterbestehen der das eidgenössische Grundbuch ersetzenden kantonalen Einrichtungen geht (BK-LIVER, N 25; BK-MUTZNER, Art. 46 SchlT und Art. 48 SchlT; DESCHENAUX, SPR V/3/I, 36 ff.). Aus dem Gebiet des materiellen Rechts können die Art. 17 ff. SchlT erwähnt werden, die das Weiterleben alter dinglicher Rechte der Kantone ermöglichen (ZK-MARTI, N 53 ff.; KLEY-STRULLER, 221 ff.; BGE 75 II 131 E. 1: *altrechtliches Stockwerkeigentum;* KGer VS RVJ 1987, 293: *«droit d'herbe»;* OGer ZH und BGer ZR 1975, 130: *alt-zürcherische Reallast*).

5. Rechtsschutz

29 Vom **BGer** wird die **Anwendung des kantonalen Rechts** nicht geprüft (Art. 43, 55 Abs. 1 lit. c OG; MESSMER/IMBODEN, N 80, 115; POUDRET/SANDOZ-MONOD, Art. 43 N 1.4; BK-LIVER, N 60; BGer ZR 1975, 179 E. 1b), selbst dann nicht, wenn sich daran bundesrechtliche Folgen knüpfen (BGE 119 II 89 E. 2c; 117 II 286 E. 4c). Willkür kann jedoch mit *staatsrechtlicher Beschwerde* wegen Verletzung von Art. 9 BV gerügt werden (ZK-MARTI, N 160; MESSMER/IMBODEN, N 149; BGer 1P.28/2002). Nach Inkrafttreten des **BGG** bietet sich die Möglichkeit der *Beschwerde in Zivilsachen* (Art. 72 ff. i.V.m. Art. 95), aber beschränkt auf die Verletzung von Grundrechten und von allfälligen kantonalen verfassungsmässigen Rechten nach Massgabe von Art. 106 Abs. 2.

III. Übung und Ortsgebrauch

1. Verkehrssitte und Verkehrsübung

Wenn das Gesetz in Art. 5 Abs. 2 von «**Übung und Ortsgebrauch**» spricht, meint es **30**
damit **Erscheinungen der Verkehrssitte,** worunter die den Geschäftsverkehr beherrschenden tatsächlichen Übungen bzw. allgemein befolgten Verhaltensweisen in bestimmten Situationen verstanden werden (BK-Liver, N 67; Deschenaux, SPR II, 46; Haus-
heer/Jaun, N 5.19; BSK OR I-Schluep/Amstutz, Einl. vor Art. 184 N 53).

Die **Verkehrssitte ist eine Tatsache,** stellt selber keine Rechtsquelle dar und ist bes. vom **31**
Gewohnheitsrecht zu unterscheiden (ZK-Marti N 215; BK-Liver, N 73, 109; ZK-
Jäggi/Gauch, Art. 18 OR N 392).

Wo das Gesetz selber auf die «*Übung*», auf den «*Ortsgebrauch*» oder auch auf das «*Üb-* **32**
liche» verweist, enthält es eine sog. **Lücke intra legem;** eine **Blankett- oder Richtli-**
niennorm hält den Richter an, ausserhalb des positiven Rechtes liegende Faktoren zu
beachten (BK-Meier-Hayoz, Art. 1 N 265 f.).

Macht der Gesetzgeber von dieser Möglichkeit Gebrauch (vgl. die Zusammenstellung in **33**
BK-Liver, N 85 f.), werden Übung und Ortsgebrauch **mittelbares Gesetzesrecht** und
bilden insoweit Teil des objektiven Rechts (ZK-Marti, N 217; Deschenaux, SPR II, 47;
ZK-Jäggi/Gauch, Art. 18 OR N 522; BK-Kramer, Art. 18 OR N 242; BGE 94 II 159;
91 II 358), wobei dessen Tragweite im Einzelfall aufgrund der jeweiligen Verweisung
festgelegt werden muss (ZK-Marti, N 248 ff.).

Die Begriffe **Übung und Ortsgebrauch** finden gelegentlich auch im **öffentlichen Recht** **34**
Anwendung (VerwGer ZH ZBl 1978, 130: Begriff der Familienwohnung gemäss Woh-
nerhaltungsG).

Davon zu unterscheiden ist die **Verkehrsübung i.S.v. Handelsbrauch,** auch **Usanz** ge- **35**
nannt, die mangels eines gesetzlichen Verweises nur zu beachten ist, wenn sie zufolge
Konsenses der Parteien Vertragsinhalt wird, aber als Hilfsmittel bei der *Vertragsaus-*
legung herangezogen wird und bei der *Vertragsergänzung* Bedeutung gewinnt (Merz,
SPR VI/1, 44 ff.; ZK-Jäggi/Gauch, Art. 18 OR N 404 ff. und 520 ff.; Gauch/Schluep/
Schmid/Rey, N 1218 f.; BK-Kramer, Art. 18 OR N 29 f., 242 ff.; BK-Merz, Art. 2
N 143 f.). In allen diesen Fällen beruht die Geltung der Übung auf dem rechtsgeschäftli-
chen Verkehr und nicht auf Gesetz. **Art. 5 Abs. 2 findet keine Anwendung.**

Die Randnoten 36–39 entfallen.   **36–39**

2. Inhalt, Entstehung und Feststellung

Mit den Begriffen «**Übung**» und «**Ortsgebrauch**» will der Gesetzgeber nicht zwei ver- **40**
schiedene Arten der Verkehrssitte bezeichnen und einen Unterschied zwischen solchen
mit beschränkt-territorialer Geltung und anderen mit branchenmässiger Differenzierung
machen. Beide Bezeichnungen stehen für **partikuläre Besonderheiten** (ZK-Marti,
N 212 f.; BK-Liver, N 89; Deschenaux, SPR II, 46).

Übung und Ortsgebrauch können neben einer **regionalen** auch eine **branchenspezifische** **41**
Komponente beinhalten (vorab im Bereich des Vertragsrechts, ZK-Marti, N 240). Auch
ein *Handelsbrauch* kann, wenn er auf einem Verweis des Gesetzgebers beruht, zu objektivem Recht aufrücken (z.B. Art. 429 Abs. 2 OR; BK-Kramer, Art. 18 OR N 242; ZK-
Jäggi/Gauch, Art. 18 OR N 522; BGE 91 II 358). Aus dem Marginale «Ortsübung» ergibt sich jedoch, dass Übung und Ortsgebrauch örtlich differenziertes Recht darstellen,

und nur für solches gilt die Vermutung von Abs. 2 (ZK-MARTI, N 225; PIOTET, TDP I/2, N 70; BK-LIVER, N 90; DESCHENAUX, SPR II, 46). Die *Übungen i.S.v. Handelsbräuchen* können internationale, nationale oder nur örtliche Geltung *(Platzusanz)* haben (ZK-JÄGGI/GAUCH, Art. 18 OR N 396 f.; ZK-Marti, N 211 und N 243 f.).

42 Damit eine Übung oder ein Ortsgebrauch entsteht, muss es zu einer **Regelbildung** kommen, indem sich die jeweils Beteiligten in bestimmten Einzelfällen über einen längeren Zeitraum hinweg (überwiegend) in gleicher Weise verhalten (ZK-JÄGGI/GAUCH, Art. 18 OR N 392; E. BUCHER, AT, 188; OGer UR RBUR 1976, 43). Die Regel muss sich innerhalb der Verweisung halten und den **Anforderungen der Gerechtigkeit** entsprechen, damit nicht eine *Unsitte* als Übung oder Ortsgebrauch Schutz findet (ZK-MARTI, N 255; DESCHENAUX, SPR II, 49; BGE 94 II 157: keine schützenswerte Usanz, wonach Heizungsfirmen das Wasser nicht prüfen; BGE 114 Ib 238 = Pra 1989, 207: Im Malcantone begründen missbräuchliche Einfriedungen keinen Ortsgebrauch).

43 Ob heute angesichts der pluralistischen Gesellschaftsverhältnisse und der hohen Mobilität überhaupt noch **neue Ortsgebräuche** entstehen können, ist fraglich. Neue Handelsübungen dürften demgegenüber immer wieder aus den Bedürfnissen, auch aus allgemeinen Vertragsbedingungen, herauswachsen (ZK-JÄGGI/GAUCH, Art. 18 OR N 403).

44 Im Einzelnen ist zu prüfen, auf welche **Kriterien** bei der Feststellung des Bestehens einer **Übung** oder eines **Ortsgebrauches** zu achten ist. Ist für den ortsüblichen Kündigungstermin die Anzahl Umzüge massgebend (OGer ZH ZR 1963, 96) oder die Anzahl Verträge, die ein bestimmtes Kündigungsziel enthalten (MietGer Uster ZR 1982, 288)? Ist im Zusammenhang mit der Unzulässigkeit von Immissionen (Art. 684 ZGB) auf die lokale Gepflogenheit abzustellen (BGE 101 II 248: Nächtlicher Weidegang mit umgehängter Glocke; OGer ZH ZR 2000, 1 E. 5: Läuten der Kirchenglocken in Zürich-Wipkingen), oder auf das, was «in der Schweiz allgemein üblich» ist (BGE 94 I 286 = Pra 1968, 484: von öffentlichen Verkehrswegen ausgehender Lärm), oder auf die planungsrechtliche Situation (vgl. N 50a)?

45 Ein hoher Stellenwert kommt dem **Gerichtsgebrauch** zu, welcher das Bestehen einer Übung oder eines Ortsgebrauches, oft auch aufgrund eigener Erfahrung der Richter, definiert, so bei den ortsüblichen Kündigungsterminen im Mietrecht (OGer UR RBUR 1976, 43; MietGer Uster und OGer ZH ZR 1982, 288; KGer SG GVP 1988, 99; BK-LIVER, N 102; ZK-HIGI, Art. 266b OR N 21 ff.).

46 Soweit *Verkehrsübungen* nicht, wie gewisse Usanzen, schriftlich kodifiziert sind *(Incoterms,* GAUCH/SCHLUEP/SCHMID/REY, N 2121; Beispiele aus dem Früchte- und Gemüsehandel: KGer VS RVJ 1983, 291; KGer VS RVJ 1975, 287), sind sie *schwierig festzustellen* (BK-LIVER, N 102). Übung und Ortsgebrauch sind von Amtes wegen anzuwenden, können aber auch **zum Beweis verstellt** werden (BK-LIVER, N 103 f.; FRANK/STRÄULI/MESSMER, § 133 ZPO N 9). Für den Beweis der Orts- oder Quartierüblichkeit eines Mietzinses verlangt die Praxis i.d.R. fünf Vergleichsmietzinse (BGE 114 II 362; Art. 269 lit. a OR; Art. 11 VMWG).

47 Randnote 47 entfällt.

3. Bedeutung des kantonalen Rechts

48 Art. 5 Abs. 2 stellt die **widerlegbare Vermutung** auf, dass das *bisherige kantonale Recht* als Ausdruck von Übung und Ortsgebrauch gilt (ZK-MARTI, N 268 ff.; Steuerrekurskommission VS RVJ 1988, 77; OGer BE ZBJV 1924, 557, je zur Zugehöreigenschaft von Hotelmobiliar).

Diesem bisherigen **kantonalen Recht,** welches mit Inkrafttreten des ZGB seine Geltung **49** verloren hat, kommt nicht die Wirkung vorbehaltenen kantonalen Zivilrechts zu; es enthält lediglich eine **Aussage über Tatsachen,** nämlich darüber, was im Kanton üblich und gebräuchlich ist. Diese Aussage kann sich auch als unrichtig, überholt erweisen (ZK-MARTI, N 268; BK-LIVER, N 91 ff.).

Den Kantonen ist es nicht verwehrt, tatsächlich bestehendem *Ortsgebrauch* allenfalls **50** auch durch **neues kantonales Recht** im obgenannten Sinne Ausdruck zu verleihen (BK-LIVER, N 95 ff.; JAGMETTI, SPR I, 258; ZK-MARTI, N 62 und 265 ff.).

Dem **kantonalen öffentlichen Bau- und Planungsrecht** kommt die Bedeutung eines **50a** *Indizes für den Ortsgebrauch* gemäss Art. 684 Abs. 2 ZGB zu, da es heute weitgehend bestimmt, was an Einwirkungen zulässig ist (BGE 132 III 49 betr. Grossveranstaltungen rund um die «Landiwiese» in Zürich-Wollishofen; BGE 129 III 161). Im Entscheid BGer 5C.14/2004 betr. das jährlich während eines Wochenendes auf einem in Guggisberg BE gelegenen bäuerlichen Anwesen durchgeführte «Keltenfest» spielte dieses Kriterium allerdings keine Rolle.

4. Rechtsschutz

Als Teil des objektiven Bundesrechtes unterliegen Übung und Ortsgebrauch i.S.v. Art. 5 **51** Abs. 2 an sich der Überprüfung durch das BGer. Bei der **Feststellung des Inhaltes von Übung und Ortsgebrauch** handelt es sich aber nach dessen Praxis um eine **Tatfrage,** weshalb sich das *BGer im Berufungsverfahren* insoweit als an die Feststellungen der Vorinstanz gebunden erachtet, als nicht eine Verletzung von Art. 8 in Frage steht (Art. 63 Abs. 2 OG; ZK-MARTI, N 275 f.; BGE 117 II 286 E. 5a; 113 II 27). Vorbehalten bleibt die staatsrechtliche Beschwerde wegen Willkür. Im Rahmen der nach Inkrafttreten des **BGG** zu erhebenden *zivilrechtlichen Beschwerde* (Art. 72 ff.) gilt grundsätzlich das Nämliche (Art. 105 Abs. 1), doch kann das BGer die Sachverhaltsfeststellung der Vorinstanz von Amtes wegen berichtigen oder ergänzen, wenn sie offensichtlich unrichtig ist oder auf einer Rechtsverletzung im Sinne von Art. 95 beruht (Abs. 2).

Der Prüfung des Bundesgerichtes *im Berufungsverfahren* unterliegende **Rechtsfrage** ist **52** demgegenüber jene nach der **Tragweite des gesetzlichen Verweises und nach dem Begriff der Übung oder des Ortsgebrauchs** (BK-LIVER, N 105 f.; DESCHENAUX, SPR II, 49; MESSMER/IMBODEN, N 95; POUDRET/SANDOZ-MONOD, Art. 63 N 4.6.1; BGE 101 II 251). Bilden Übung und Ortsgebrauch Elemente einer Interessenabwägung, greift das BGer nur zurückhaltend in das Ermessen des kantonalen Richters ein (BGE 114 II 237). Auch hier greift nach Inkrafttreten des **BGG** die *zivilrechtliche Beschwerde* (Art. 72 ff.), bzw. die *subsidiäre Verfassungsbeschwerde* (Art. 113 ff.).

Art. 6

II. Öffentliches Recht der Kantone	**¹ Die Kantone werden in ihren öffentlich-rechtlichen Befugnissen durch das Bundeszivilrecht nicht beschränkt.** **² Sie können in den Schranken ihrer Hoheit den Verkehr mit gewissen Arten von Sachen beschränken oder untersagen oder die Rechtsgeschäfte über solche Sachen als ungültig bezeichnen.**
II. Droit public des cantons	¹ Les lois civiles de la Confédération laissent subsister les compétences des cantons en matière de droit public.

Hans Schmid

[2] Les cantons peuvent, dans les limites de leur souveraineté, restreindre ou prohiber le commerce de certaines choses ou frapper de nullité les opérations qui s'y rapportent.

II. Diritto pubblico cantonale

[1] Il diritto civile federale non limita le competenze di diritto pubblico dei Cantoni.

[2] I Cantoni possono, nei limiti della loro sovranità, interdire o limitare il commercio di determinate cose o dichiarare nulli i rapporti contrattuali relativi alle medesime.

Literatur

Vgl. die Literaturhinweise zu Art. 5 sowie WARTMANN, Der Dienstvertrag nach Bundeszivilrecht und das kantonale öffentliche Recht in der neueren Rechtsprechung des Bundesgerichts, Diss. Zürich 1958.

I. Allgemeines. Normzweck

1. Absatz 1

1   **Art. 6 Abs. 1** beschlägt auf erstes Zusehen im Unterschied zu Art. 5 kein Konkurrenzproblem (o. Art. 5 N 1), da es sich auch ohne diese Bestimmung verstehen würde, dass das Bundeszivilrecht den den Kantonen zustehenden Bereich öffentlich-rechtlicher Rechtssetzung nicht einschränkt. Soweit also dieser Bestimmung nur *deklaratorische Wirkung* zukommt, kann sie als **unechter Vorbehalt** bezeichnet werden (BVK-SALADIN, aArt. 2 UeB N 33; ZK-MARTI, N 23 ff.; BK-HUBER, N 68; DESCHENAUX, SPR II, 13).

2   Art. 6 will jedoch mehr, wie deutlich aus der Bemerkung von E. HUBER hervorgeht, dass das Privatrecht nach den verschiedensten Richtungen der **Ergänzung** durch das öffentliche Recht bedürfe, insb. durch polizeiliche Anordnungen und Wohlfahrtseinrichtungen. Ausdrücklich erwähnt er Polizeivorschriften über das Lehrlingswesen, über Schutzvorrichtungen für Arbeiter oder über die Organisation des Kreditwesens. Er mass daher Art. 6 Abs. 1 *«für die sozialen Reformen die grösste Tragweite»* zu (E. HUBER, 39 f.). So ist Art. 6 auch stets verstanden worden, weshalb dem kantonalen öffentlichen Recht eine **expansive Kraft** beigemessen wird, eine *rechtliche Einwirkungsmöglichkeit der Kantone auf Verhältnisse, die bereits vom Bundeszivilrecht geordnet sind* (BGE 132 III 49 [Art. 5 N 50a]; BGE 119 Ia 59 E. 2c; 113 Ia 309 E. 3b; BK-HUBER, N 70 ff.; DESCHENAUX, SPR II, 14; ZK-MARTI, N 45 ff.; PIOTET, TDP I/2, N 31 ff.; teilweise **a.M.** WIDMER, 69 f.).

3   Es besteht somit eine **konkurrierende Zuständigkeit** in gleichen Sachgebieten, nämlich *des Bundes, soweit Zivilrecht zu setzen ist, und der Kantone im öffentlich-rechtlichen Bereich,* aber eingeschränkt durch die derogatorische Kraft des Bundesrechts, sei dieses zivilrechtlicher oder öffentlich-rechtlicher Art (BVK-SALADIN, aArt. 2 UeB N 37). Das widerspricht der Konzeption von Art. 122 Abs. 1 BV, weshalb Art. 6 Abs. 1 zutreffend als *verfassungsinkonform und verunglückt* bezeichnet wird (BVK-SALADIN, aArt. 2 UeB N 38; **a.M.** ZK-MARTI, N 44; WIDMER, 71 f.). Auch wenn sich der Vorbehalt zugunsten des kantonalen öffentlichen Rechts dogmatisch nicht befriedigend erklären lässt, was zu einer gewissen Rechtsunsicherheit führt, so ist er dennoch als vom Gesetzgeber so gewollt hinzunehmen.

4   Die Kantone sind aus **sozialpolitischen und polizeilichen Motiven** tätig geworden und haben im Bereich des Arbeits- und Mietrechts, auch des Gewerberechts, ergänzend zum Bundeszivilrecht legiferiert (BVK-SALADIN, aArt. 2 UeB N 36). Die damit verbundenen

Abgrenzungsprobleme haben denn auch das BGer unter dem Titel «derogatorische Kraft des Bundesrechts» immer von neuem beschäftigt.

Trotzdem nimmt die Bedeutung dieser Bestimmung laufend ab (BK-HUBER, N 147; 5 DESCHENAUX, SPR II, 28; MARTI, 25), weil das materielle und formelle Bundeszivilrecht ständig ausgebaut wird und auch das immer mehr um sich greifende öffentliche Recht des Bundes die kantonalen Rechtsetzungsmöglichkeiten einschränkt. Nicht zu verkennen ist aber, dass gelegentlich **kantonale Lösungen für die Entwicklung des Bundesrechts Pilotfunktion** ausüben (BGE 102 Ia 372 und 98 Ia 491 = Pra 1973, 131 betr. Sicherheitsleistungen bei Mietverträgen; vgl. auch die ältere Judikatur betr. kantonale Regelungen zum Arbeitsrecht, BK-HUBER, N 215 ff.).

2. Absatz 2

Nach h.L. kommt **Art. 6 Abs. 2** neben Abs. 1 **keine selbständige Bedeutung** zu, son- 6 dern er hebt lediglich einen besonderen Anwendungsfall kantonaler Regelung, jenen der (ganz oder beschränkt) **verkehrsunfähigen Sachen,** hervor (ZK-MARTI, N 391 ff.; BK-HUBER, N 6, 245 ff.; BK-MEIER-HAYOZ, Das Eigentum, syst. Teil N 198 ff.; DESCHE-NAUX, SPR II, 35). Historisch gesehen wollte diese Norm die Kompetenz der Kantone sicherstellen, Eingriffe in das Bundeszivilrecht vorzusehen z.B. bezüglich des Verkehrs mit Giften, zum Pflanzenschutz, zur Ordnung der Verhältnisse an Kirchenörtern, zur Wahrung von Kunstaltertümern (E. HUBER, 40).

3. Rechtsschutz

Zur Rüge der **Verletzung des Bundeszivilrechts** zufolge Anwendung kantonalen öffent- 7 lichen Rechtes und zur Geltendmachung *unrichtiger Anwendung des kantonalen öffentlichen Rechtes* kann auf das in Art. 5 N 13 und 29 Ausgeführte verwiesen werden.

Randnote 8 entfällt. 8

II. Vorbehaltenes öffentliches Recht der Kantone

1. Abgrenzungen

Nicht alle kantonalen öffentlich-rechtlichen Regelungen, die einen Bezug zum Bundes- 9 zivilrecht aufweisen, fallen unter Art. 6. Ausgenommen ist das **kantonale Zivilprozessrecht.** Solange Art. 122 Abs. 2 BV in der heutigen Fassung noch Bestand hat (o. Art. 5 N 14 f.), findet es hier eine selbständige Geltungsgrundlage und seine Substanzgarantie (BK-HUBER, N 45; HABSCHEID, N 30; CARONI, 236; PIOTET, TDP I/2, N 28; RIEMER, Einleitungsartikel, § 10 N 16; BGE 113 Ia 309 E. 3b; andere Auffassungen bei ZK-MARTI, N 160 ff. und BGE 104 Ia 105 E. 4a, ferner BGE 122 I 18 E. 2b/aa). Wenn allerdings die 2000 von Volk und Ständen angenommene neue Fassung von Art. 122 Abs. 1 BV in Kraft tritt, wird die Gesetzgebung auf dem Gebiet des Zivilprozessrechts ebenfalls Bundessache (BBl 1999, 8633; zum Strafprozessrecht vgl. die bereits in Kraft getretene analoge Neufassung von Art. 123 Abs. 1 BV). Es handelt sich um eine Gesetzgebungskompetenz mit nachträglich derogatorischer Kraft, welche das bestehende kantonale Recht in dem Umfange dahinfallen lässt, als der Bund seine Kompetenz ausschöpft. Bei dieser veränderten Sachlage spricht nichts entgegen, *auf allfällig verbleibendes kantonales Zivilprozessrecht die zu Art. 6 Abs. 1 entwickelten Prinzipien anzuwenden.* Ausgenommen ist auch das **formelle Zivilrecht der Kantone** (o. Art. 5 N 21; BK-HUBER, N 52; PIOTET, TDP I/2, N 30) und die **analoge Anwendung des Bundeszivilrechts als**

kantonales öffentliches Recht (BK-HUBER, N 58 ff.; DESCHENAUX, SPR II, 20 ff.; BGE 122 III 101 E. 2; 108 II 490 E. 7; 96 I 324 E. 3; 89 II 203).

2. Schranken des öffentlichen Rechts der Kantone

a) Grundsatz

10   Gemäss ständiger Praxis des Bundesgerichtes können die Kantone im öffentlichen Interesse Vorschriften aufstellen, welche die zivilrechtliche Ordnung ergänzen. Die Schranken dieser expansiven Kraft des öffentlichen Rechtes lassen sich jedoch nicht in allgemeiner Form umschreiben. Zulässig ist eine entsprechende Rechtsetzung, sofern der Bundesgesetzgeber **nicht eine abschliessende Ordnung** geschaffen hat, wenn die kantonalen Bestimmungen einem **schutzwürdigen öffentlichen Interesse** entsprechen und **nicht gegen den Sinn und Geist des Bundeszivilrechts** verstossen (BGE 131 I 333 E. 2.1; 124 I 107 E. 2a = Pra 1997, 722; 122 I 18 E. 2b/aa; 119 Ia 59 E. 2b; 114 Ia 350 E. 4a = Pra 1989, 951; BGE 113 Ia 309 E. 3b; 112 II 422 E. 4 = Pra 1988, 57; BGE 110 Ia 111 E. 3b; 109 Ia 61 E. 2a = Pra 1983, 697; BGE 98 Ia 491 = Pra 1973, 131; HÄFELIN/ HALLER, N 1190; ZK-MARTI, N 234; RIEMER, Einleitungsartikel, § 10 N 19 ff.; BVK-KNAPP, aArt. 64 N 54; SPÜHLER, N 663). Vereinzelt wird überdies betont, dass sich die **Kantone öffentlich-rechtlicher Methoden** zu bedienen hätten (BGE 112 Ia 382 E. 5 = Pra 1988, 575; BGE 102 Ia 372 E. 2; 101 Ia 502 E. 2b; 98 Ia 491 E. 3 = Pra 1973, 131; BVK-KNAPP, aArt. 64 N 53, 55).

11   Nicht nur das Bundeszivilrecht, auch **das öffentliche Recht des Bundes, besonders das Verfassungsrecht, geht allem kantonalen Recht vor** (BGE 109 Ia 61 E. 2a = Pra 1983, 697; BGE 88 I 168 = Pra 1963, 20). Im Zusammenhang mit Art. 6 sind daher die **Grundrechte,** darunter die *Wirtschaftsfreiheit* (Art. 27 BV) besonders zu beachten. *Einschränkungen der Grundrechte* (i.S. von Freiheitsrechten, HÄFELIN/HALLER, N 302) bedürfen der *gesetzlichen Grundlage,* müssen durch ein *öffentliches Interesse* oder durch den *Schutz von Grundrechten Dritter* gerechtfertigt sowie *verhältnismässig* sein und dürfen den *Kerngehalt der Grundrechte* nicht antasten. Bezüglich der Wirtschaftsfreiheit sind den Kantonen protektionistische Massnahmen überhaupt untersagt (ausser übergangsrechtlich noch im Gastgewerbe, Art. 196 Ziff. 7 BV), während für so genannte **grundsatzkonforme Eingriffe** konkurrierend mit dem Bund nach wie vor **auch die Kantone** zuständig geblieben sind (Art. 94 Abs. 1 und Abs. 4, 95 Abs. 1 BV; HÄFELIN/HALLER, N 657 ff.). Der Bund sorgt ausserdem gemäss Art. 95 Abs. 2 BV und mit dem Binnenmarktgesetz (BGBM) für einen *einheitlichen schweizerischen Wirtschaftsraum.* Dazu und zum BG über die Freizügigkeit der Anwältinnen und Anwälte, BGFA, vom 23. Juni 2000 u. N 18 f.

11a   Aus der Praxis seien genannt: BGE 124 I 107 = Pra 1997, 722 betr. Verknüpfung staatlicher Hilfe an Unternehmen mit deren Anschluss an einen Gesamtarbeitsvertrag; BGE 119 Ia 348 = Pra 1994, 701 betr. Wohnungsrequisition und Zwangsvermietung; BGE 119 Ia 355 = Pra 1991, 761 betr. unzulässige Domizilvorschriften für Architekten; BGE 120 Ia 286; 120 Ia 299; 119 Ia 59 E. 6 f. betr. Begrenzungen bei Konsumkrediten; BGE 116 Ia 345 E. 5 betr. rätoromanische Beschriftung von Reklameanlagen zum Schutz der rätoromanischen Sprache; BGE 109 Ia 61 E. 3 = Pra 1983, 697 betr. Aufsicht über Unternehmungen für temporäre Arbeit; BGE 102 Ia 533 E. 3d = Pra 1977, 593 betr. Vergabe staatlicher Architektur- und Ingenieuraufträge nur an einem GAV angeschlossene Büros; BGE 101 Ia 502 betr. Bewilligungspflicht für den Abbruch und den Umbau von Wohnhäusern mit Kontrolle der Mietzinse und Verkaufspreise; BGE 99 Ia 604 E. 4 f. betr. Pflicht zum Bau von Wohnungen, die den Interessen der Allgemeinheit dienen, und betr. Beschränkungen hinsichtlich Mieten und Verkaufspreisen; BGE 99 Ia 35 betr. Abbruchverbot von Wohnhäusern; BGE 88 I 248 = Pra 1963, 153 betr. Vorkaufs- und Enteignungsrecht zugunsten des Staates zur Erstellung von Wohnungen zu mässigen Preisen; VPB 1983, 58 betr. öffentlich-rechtliche Vorkaufs-, Kaufs- und Rückkaufsrechte zugunsten der Gemeinde.

Im Einzelnen gibt die wiedergegebene Definition immer wieder Anlass zu schwierigem   **12**
Abwägen. Dem BGer kommt dabei ein **erheblicher rechtspolitischer Spielraum** zu, weil es eine *Verletzung von Art. 49 Abs. 1 BV* im Verfahren der staatsrechtlichen Beschwerde (inskünftig im Rahmen der Beschwerde in Zivilsachen nach Art. 72 ff. BGG) *mit voller Kognition* prüft (BVK-SALADIN, aArt. 2 UeB N 62). Generell kann gesagt werden, dass es sich bei seinen Entscheidungen in erster Linie vom Element des öffentlichen Interesses leiten lässt (BK-HUBER, N 209 mit älterer Kasuistik). Je stärker dieses öffentliche Interesse gewichtet wird, desto eher ist das BGer bereit, öffentlich-rechtliche kantonale Eingriffe in das Gebiet des Bundeszivilrechts zu tolerieren.

b) Öffentliches Interesse

Mit verschiedenen Formulierungen bringt die Rechtsprechung zum Ausdruck, dass nicht   **13**
jedes öffentliche Interesse zur Rechtfertigung kantonaler Regelungen hinreicht. Das Interesse muss *«erheblich», «schutzwürdig», «überwiegend»* oder *«haltbar», «pertinent»* sein (ältere Judikatur bei BK-HUBER, N 209; ferner ZK-MARTI, N 298 ff.; DESCHENAUX, SPR II, 27 f.; WARTMANN, 52; ähnlich die Rechtsprechung zu Art. 31 Abs. 2 aBV: BVK-RHINOW, aArt. 31 N 164 ff.). Nach der Auffassung von HUBER (a.a.O.) geht es in erster Linie um die **polizeiliche Gefahrenabwehr und nicht um Sozialgestaltung,** die in den wesentlichen Teilen dem Bund vorbehalten bleibe. Die Rechtspraxis hält sich allerdings nicht an diese Grenzziehung und hat auch sozialpolitisch motivierte Eingriffe zugelassen, besonders auf dem Gebiet des Arbeitsrechts (BK-HUBER, N 215 ff.; WARTMANN, 51 ff.; ferner BVK-RHINOW, aArt. 31 N 198).

Im Vordergrund steht das immer wieder aktuelle wirtschafts- und sozialpolitische Prob-   **14**
lem der **Wohnungsnot** und des *Schutzes des Interesses der Mieter an der Bereitstellung preisgünstigen Wohnraumes.* Für Genf hat das BGer 1993 *notlageartige Verhältnisse* festgestellt und deshalb geschützt, dass leer stehende Wohnungen vom Staat requiriert und zwangsvermietet werden können (BGE 119 Ia 348 = Pra 1994, 701; anders noch BGE 112 Ia 382 E. 5 = Pra 1988, 575). Ebenfalls in Genf ist es nach einem Gesetz von 1996 möglich, die Mieten von renovierten Wohnungen einer zeitlich beschränkten staatlichen Kontrolle zu unterwerfen (BGer 1P.20/2005 – die Regelung als solche war nicht angefochten). Zürich durfte zum Schutz der Wohnungssuchenden eine Tarifordnung für die Vermittlung von Wohn- und Geschäftsräumen einführen (BGE 110 Ia 111 E. 4). Zulässig war im Kanton Waadt eine spezielle Bewilligungspflicht für Abbruch und Umbau von Wohnhäusern samt einer Kontrolle der Mietzinse und Verkaufspreise (BGE 101 Ia 502 E. 2b). Die Stadt Lausanne darf ein Gemeindereglement aufstellen, wonach sie für 15% der von ihr subventionierten Wohnungen die Mieter bestimmen kann (BGE 131 I 333). Genf durfte eine Pflicht zum Bau von Wohnungen, die den Bedürfnissen und dem Interesse der Allgemeinheit dienen und Beschränkungen hinsichtlich der Mieten und des Verkaufspreises von Wohnungen einführen (BGE 99 Ia 604; vgl. auch 99 Ia 35 E. 3b betr. Abbruchverbot von Wohnhäusern in Basel-Stadt und dito 89 I 460 = Pra 1964, 107 betr. Genf; BGE 89 I 178 betr. Waadt). Zulässig war in Genf auch eine Initiative auf Einführung eines Enteignungsrechts zum Bau billiger Wohnungen (BGE 88 I 248 = Pra 1963, 153). Hierher gehören ferner die (heute obsoleten) kantonalen Vorschriften über die von Mietern geleisteten Sicherheiten (BGE 102 Ia 372 für Genf; 98 Ia 491 = Pra 1973, 131 betr. Waadt).

Hans Schmid 99

15 In Betracht fällt das **gesundheitspolizeiliche Interesse** (BVK-KNAPP, aArt. 64 N 51). Es wurde v.a. zur Begründung (heute obsoleter) *arbeitsrechtlicher Ferien-, Arbeitszeit- und Lohnregelungen* herangezogen, was in der Lehre auf Kritik stiess (BK-HUBER, N 215 ff.; WIDMER, 68 ff.; WARTMANN, 51 ff.). Auf dem nämlichen Interesse beruht die *kantonale Gesundheitsgesetzgebung im engeren Sinne,* soweit sie im Bereiche medizinischer Tätigkeit und des Umganges mit Arzneimitteln zivilrechtliche Belange tangiert (BK-HUBER, N 251; zur Regelung der Abgabe von Medikamenten durch Ärzte einerseits [Selbstdispensation] und Apotheken andererseits im Kt. Zürich vgl. BGer 2P.131/2004). Auch eine kantonale Regelung im Bereich der *Schulzahnpflege* wurde gesundheitspolizeilich motiviert (Zwangsbehandlung, BGE 118 Ia 427 E. 9b). Statthaft sind kantonale Regelungen über das Verhältnis zwischen Arzt und Patient in öffentlichen und *privaten* Spitälern, welche die *Macht des Arztes beschränken* (BGE 114 Ia 350 E. 4b).

16 **Fiskalische Interessen** werden schwach gewichtet. Es wurde als unzulässig betrachtet, die Ausstellung der Erbbescheinigung davon abhängig zu machen, dass die Erben eine Erklärung unterzeichnen, die es den Behörden erlaubt, sich bei den Banken zu erkundigen, jedenfalls soweit eine solche Verpflichtung nicht auf gesetzlicher Grundlage beruht (BGE 96 I 714 E. 4 = Pra 1971, 465). Unzulässig ist es, den Eigentumsübergang im Grundbuch nicht zu vollziehen, solange die auf dem Grundstück geschuldeten Steuern nicht bezahlt sind (BGE 106 II 81 E. 2 = Pra 1980, 597; anders noch BGE 83 I 206 = Pra 1957, 336 und BK-HUBER, N 239). Geschützt wurde hingegen eine kantonale Ordnung, wonach die Bestimmungen über das öffentliche Inventar für Steuerforderungen nicht anwendbar sind (BGE 102 Ia 483 E. 6; RIEMER, Einleitungsartikel, § 10 N 5, 24).

17 Zum **Schutz des Schuldners und des schwächeren Vertragspartners** (BK-HUBER, N 241 ff.) kann auf Entscheide zum Mieterschutz (o. N 13) und ältere Entscheide zum Schutz der Arbeitnehmer verwiesen werden (o. N 15). Hierher gehört ferner der *Schutz der Konsumkreditnehmer vor übermässiger Verschuldung* gemäss Art. 73 Abs. 2 OR (BGE 120 Ia 286; 120 Ia 299; 119 Ia 59, vgl. nunmehr auch das neue KKG, insb. Art. 7). Für die Immobilienmäkelei ist der Erlass einer Tarifordnung zulässig (BGE 110 Ia 111 E. 3).

18 Kantonale, grundsatzkonforme (o. N 10), Eingriffe in den Bereich des Bundeszivilrechts sind auch mit **gewerbepolizeilicher Motivation** möglich. Unter Art. 33 aBV und Art. 5 aUeB (vgl. zu beiden Bestimmungen die Kommentierung von BVK-BLOIS) waren die Kantone befugt, die Ausübung der wissenschaftlichen («freien») Berufsarten von einem Fähigkeitsausweis abhängig zu machen (BGE 119 Ia 35 betr. Rechtsanwälte; BGE 117 II 47 = Pra 1991, 887; BGE 116 Ia 335 E. 3c = Pra 1991, 761; BGE 112 Ia 30 betr. Architekten). Die Kantone durften zum Schutz des Publikums auch für nicht-wissenschaftliche Berufsarten Bewilligungspflichten oder weitere Eingriffe in die Berufsausübung vorsehen, welche primär auf Art. 31 Abs. 2 aBV abgestützt worden sind (BVK-RHINOW, aArt. 31 N 193 und 197), sekundär aber auch unter dem Aspekt von Art. 6 geprüft werden konnten (BGE 117 II 286 E. 4 betr. Bernische Immobilienmäkler). Für die Immobilienmäkelei sind kantonale Tarifordnungen als zulässig erachtet worden (BGE 110 Ia 111 E. 3). Geschützt wurde ein Genfer Erlass, der die Unternehmungen für temporäre Arbeit und die Personalrekrutierungsbüros den Bestimmungen unterstellt, die für die gewerblichen Arbeitsvermittlungsbüros gemäss AVG gelten (BGE 109 Ia 61 E. 2 = Pra 1983, 697). **Heute** kann der Bund gemäss Art. 95 Abs. 1 BV Vorschriften über die Ausübung der privatwirtschaftlichen Tätigkeit erlassen. Art. 95 Abs. 2 BV verlangt zudem einen **einheitlichen schweizerischen Wirtschaftsraum.** Der Bund gewährleistet, dass Personen mit einer wissenschaftlichen Ausbildung oder mit einem eidgenössischen, kantonalen oder kantonal anerkannten Ausbildungsabschluss ihren Beruf in der ganzen Schweiz ausüben können. Das **Binnenmarktgesetz** (BGBM) sichert in Art. 2 den Anbietern den freien Marktzugang, soweit die Ausübung der betreffenden Erwerbstätigkeit im Kanton oder der Gemeinde ihrer Niederlassung oder ihres Sitzes zulässig ist. Beschränkungen dieses Rechts sind nur erlaubt, wenn sie auch für ortsansässige Personen gelten, zur *Wahrung überwiegender öffentlicher Interessen* unerlässlich (dazu Abs. 2) und *verhältnismässig* sind. Kantonale oder kantonal anerkannte Fähigkeitsausweise zur Ausübung einer Erwerbstätigkeit gelten unter Vorbehalt zulässiger Einschränkungen nach Art. 3 BGBM auf dem gesamten Gebiet der Schweiz (*Freizügigkeit*, Art. 4 BGBM). Das *öffentliche Beschaffungswesen* ist in Art. 5 BGBM den gleichen Regeln unterstellt. In den genannten Bereichen dürfte Art. 6 **keine selbständige Rolle** mehr spielen.

Rechtsanwälte geniessen (aufgrund nach wie vor kantonaler Anwaltspatente, die bei **19** Verlust der Vertrauenswürdigkeit des Inhabers – über das disziplinarische Berufsausübungsverbot von Art. 17 BGFA hinaus – nach kantonalem Recht auch entzogen werden dürfen, BGer 2P.274/2004 E. 1.2 und 3.2) **Freizügigkeit** nach Massgabe des *Bundesgesetzes über die Freizügigkeit der Anwältinnen und Anwälte* (BGFA). Die anwaltlichen **Berufsregeln** werden nunmehr in Art. 12 BGFA einheitlich geregelt; vgl. dazu die Kommentierung von FELLMANN in: Fellmann/Zindel, Kommentar zum Anwaltsgesetz, Zürich 2005).

Aus Gründen des **Sprachenschutzes** darf die Gemeinde Disentis in ihrer Bauordnung **20** vorschreiben, dass Reklameanlagen in romanischer Sprache zu beschriften sind (BGE 116 Ia 345 E. 6).

c) Keine abschliessende Ordnung des Bundes

Ob der Bund eine bestimmte Materie **abschliessend geregelt** und dadurch eine ergän **21** zende kantonale Gesetzgebung ausgeschlossen hat, ist von Fall zu Fall zu entscheiden, etwa danach, ob eine zwingende Regelung besteht, welche den Kantonen keine Freiräume belässt, oder ob von einem qualifizierten Schweigen auszugehen ist (ZK-MARTI, N 248 ff.; BVK-KNAPP, aArt. 64 N 55; HANGARTNER, AJP 1994, 1309).

Keine abschliessende Regelung enthält die bundesrechtliche Regelung der Elternrechte **22** und der Kinderschutzmassnahmen soweit, als sie gesundheitspolizeiliche Massnahmen der Kantone nicht ausschliesst (BGE 118 Ia 427 E. 9b, Schulzahnpflege). Das Firmenrecht der Art. 944 ff. OR ist nicht in dem Sinne abschliessend, dass es nicht öffentlichrechtlichen Beschränkungen des Kantons unterworfen werden könnte (o. N 20). Die Kantone dürfen das Auftragsrecht des Bundes hinsichtlich des Verhältnisses zwischen Arzt und Patient in öffentlichen und privaten Spitälern erweitern, indem sie den Patienten zusätzliche Rechte verleihen und die Macht des Arztes beschränken (BGE 114 Ia 350 E. 4b). Die Bestimmungen über den Persönlichkeitsschutz (Art. 28 ff.) schliessen ein behördliches Recht auf Richtigstellung im Zusammenhang mit der Ausübung hoheitlicher Befugnisse in einem kantonalen Pressegesetz nicht aus (BGE 112 Ia 398 E. 4 = Pra 1987, 889). Die Regelung des Mäklervertrages ist nicht in dem Sinne abschliessend, dass sie kantonale Tarifordnungen verbieten würde (BGE 110 Ia 111 E. 3c). Das AVG erfasst die Unternehmungen für temporäre Arbeit nicht (BGE 109 Ia 61 E. 2b = Pra 1983, 697). Das Mietrecht des Bundes schloss kantonale Beschränkungen weder hinsichtlich der Mietzinse (BGE 101 Ia 502; 99 Ia 604 E. 6c; anders 89 I 178) noch des Schutzes geleisteter Sicherheiten aus (BGE 102 Ia 372 E. 2). Das Abzahlungs- und Vorauszahlungsrecht schloss ein kantonales gewerbepolizeiliches Verbot des Abschlusses von Abzahlungsverträgen im Hausierhandel nicht aus (BGE 91 I 197).

Als **abschliessend** wurde die Legitimation der «nahestehenden Person» im Verfahren der **23** fürsorgerischen Freiheitsentziehung nach Art. 397d beurteilt (BGE 122 I 19 E. 2c/bb).

Abschliessend ist auch die Regel von Art. 20 AVG, die einen erweiterten kantonalen Schutz ausschliesst (BGE 120 Ia 89 = Pra 1995, 6). Die Regelung der Öffentlichkeit des Grundbuches gemäss Art. 970 ZGB wurde als abschliessend qualifiziert (BGE 112 II 422 E. 4 = Pra 1988, 57; vgl. jetzt Art. 970a). Eine umfassende Ordnung bildet die bundesrechtliche Mieterschutz-Regelung hinsichtlich des Kündigungsrechts des Vermieters (BGE 88 I 168 E. 3d = Pra 1963, 30). Art. 51 Abs. 2 OR bildet für die kantonalem öffentlichem Recht unterworfenen Pensionskassen eine abschliessende Regelung, indem Abtretungen von Rechten des Geschädigten an den Haftpflichtigen oder die Subrogation, auch wenn im kantonalen Recht vorgesehen, ausgeschlossen bleiben (BGE 115 II 24 E. 2b = Pra 1989, 585).

d) Kein Verstoss gegen Sinn und Geist des Bundeszivilrechts

24 An den **fundamentalen Grundsätzen des Bundeszivilrechts** darf der kantonale Gesetzgeber nicht rühren. In diesem Bereich spricht die Lehre von *unbedingter derogatorischer Kraft des Bundesrechts*. Erwähnt werden etwa der Persönlichkeitsschutz, die Regeln über Treu und Glauben und den Rechtsmissbrauch, die Vorschriften über die Rechts- und Handlungsfähigkeit (ZK-Marti, N 330 ff.; BK-Huber, N 170 ff.; Deschenaux, SPR II, 30; BGE 102 Ia 483 E. 6c). Eine selbständige Bedeutung kommt diesem Kriterium nicht zu, denn es sind stets Fälle, in denen der Bund abschliessend legiferiert hat.

25 Im Übrigen sollen die kantonalen Vorschriften **den vom Bundesgesetzgeber verfolgten Zielen nicht zuwiderlaufen.** Dies betrifft namentlich die zentralen Institute der Vertragsfreiheit und des Eigentums. In diesem Bereich soll dem Bundeszivilrecht eine *bedingte derogatorische Kraft* zukommen (Deschenaux, SPR II, 31). Ähnlich wird bei kantonalen Beschränkungen der Wirtschaftsfreiheit gefordert, dass ihr «*Kerngehalt*» unangetastet bleibe (BVK-Rhinow, aArt. 31 N 214 f.).

26 Die kantonale Gesetzgebung darf das **Privateigentum nicht aushöhlen.** Während eine kantonale Initiative wegen Verstosses gegen das Eigentumsrecht ungültig erklärt wurde, welche Bodenpreise einfrieren und leer stehende Wohnungen zwingend in den Markt einbeziehen wollte (BGE 112 Ia 382 E. 5 = Pra 1988, 575), gilt nun eine Beschränkung des Eigentümers durch Wohnungsrequisition und Zwangsvermietung auf das «nackte Eigentum» als zulässig (BGE 119 Ia 348 = Pra 1994, 701). Abbruchverbote für Wohnhäuser verstossen nicht gegen die Eigentumsgarantie, weil die wesentlichen, aus dem Eigentum sich ergebenden Befugnisse erhalten bleiben (BGE 101 Ia 502; 99 Ia 35 E. 3c; vgl. auch 88 I 248 E. II/3 = Pra 1963, 153). Ein kantonales Gesetz, das den Untergrund in die ausschliessliche Verfügungsgewalt des Kantons stellt, steht mit der Sachenrechtsordnung des Bundes nicht im Widerspruch (BGE 119 Ia 390 E. 5d). Zulässig ist ein kantonales Verbot von Geldspielautomaten (BGE 120 Ia 126 E. 5, wobei hier die Prüfung nur unter dem Aspekt von Art. 22ter aBV erfolgte).

27 Immer wieder wird gegen kantonale Erlasse die bundesrechtliche **Vertragsfreiheit** gemäss Art. 19 OR angerufen. Diese hat keine absolute Geltung, doch werden ihre Grenzen vom Bundesrecht umschrieben (BK-Huber, N 181 f.; Deschenaux, SPR II, 31 f.). Sie umfasst die Inhaltsfreiheit, die Abschlussfreiheit, die Partnerwahlfreiheit, die Aufhebungs- oder Änderungsfreiheit und die Formfreiheit (BSK OR I-Huguenin, Art. 19/20 N 4). Kantonale Schranken sollen die Ausnahme darstellen, weil das *Bundeszivilrecht eine freiheitliche Ordnung* sein will (BK-Huber, N 184).

28 Die **ältere Praxis** befasste sich vornehmlich mit der Vertragsfreiheit im arbeitsrechtlichen Bereich (BK-Huber, N 185; Wartmann, 48), was heute angesichts der umfassenden Bundesregelung des Arbeitsrechtes kaum mehr eine Rolle spielen wird.

Kasuisitik: Die Solidarhaftung der in ungetrennter Ehe lebenden Gatten für die Ge-   **29**
samtsteuer verstösst nicht gegen Eherecht (BGE 124 III 370). Unmittelbare gesetzliche
Steuerpfandrechte des kant. Rechts sind nur zulässig für Steuerforderungen, die eine
besondere Beziehung zum belasteten Grundstück aufweisen (BGE 122 I 351 E. 2a);
eine öffentlich-rechtliche Eigentumsbeschränkung betr. Ausnützungsübertragung hat vor
Art. 812 Abs. 2 ZGB Bestand (BGE 121 III 242). Kein unzulässiger Eingriff in die Vertragsfreiheit liegt vor, wenn die Kantone, gestützt auf ein schutzwürdiges öffentliches
Interesse, für Mäkler eine Tarifordnung aufstellen (BGE 110 Ia 111 E. 3c). Gewisse
kantonale Bestimmungen über die Gestaltung der Mietzinse und Verkaufspreise von
Wohnungen verletzen die Vertragsfreiheit nicht, wenn es darum geht, jedermann eine
angemessene Wohnung zu sichern, und keine allgemeine Kontrolle eingeführt wird
(BGE 101 Ia 502 E. 3b). In ähnlichem Zusammenhang wurde argumentiert, die Vertragsfreiheit sei wegen der Verwendung von Formularverträgen ohnehin teilweise fiktiv
(BGE 99 Ia 604 E. 6c). Die Stadt Lausanne darf in die Vertragsfreiheit eingreifen, indem sie vorschreibt, dass sie für 15% der von ihr subventionierten Wohnungen die Mieter bestimmen kann (BGE 131 I 333 E. 2.3). Ein Einfrieren von Bodenpreisen und der
zwingende Einbezug von Wohnungen in den Markt wurde wegen ihres allgemeinen und
undifferenzierten Charakters als Verstoss gegen die Vertragsfreiheit gewertet (BGE 112
Ia 382 E. 5 = Pra 1988, 575; anders nun BGE 119 Ia 348 = Pra 1994, 701; o. N 14).
Eingriffe in die Vertragsfreiheit wurden auch zur Regelung der von Mietern geleisteten
Sicherheiten geschützt (BGE 102 Ia 372 E. 5; 98 Ia 491 E. 4 = Pra 1973, 131). Als
bundesrechtswidrig wurde eine kantonale Regelung des An- und Vorauszahlungsvertrages erachtet, die für den Vertragsschluss eine bestimmte Form vorsah und die Vertragsfreiheit einschränkte (BGE 85 I 17; vgl. BK-Huber, N 176). Ein kantonales Enteig-
nungsgesetz verstösst gegen die Formvorschriften des Bundeszivilrechts, wenn es eine
einfache schriftliche Zustimmungserklärung des Eigentümers das ordentliche Enteig-
nungsbewilligungsverfahren ersetzen lässt (BGE 102 Ia 553). Keine Verletzung des
Bundeszivilrechtes war in einer kantonalen Reichtumssteuer zu erblicken (BGE 99 Ia
638). Unter Umständen können die bundesrechtlichen Vorschriften über den Auftrag
erweitert und verstärkt werden (BGE 114 Ia 350 ff. E. 4b = Pra 1989, 951). Statthaft
war ein kantonales Verbot des Abschlusses von Abzahlungsverträgen im Hausierhandel
(BGE 91 I 197).

e) Verwendung öffentlich-rechtlicher Mittel

Die Kantone dürfen gestützt auf Art. 6 kein Zivilrecht setzen, sondern haben sich **öffent-**   **30**
lich-rechtlicher Mittel zu bedienen (o. N 10). Das BGer vertritt daher den Standpunkt,
es dürfe das kantonale ergänzende Mietrecht nicht direkt in das Vertragsverhältnis eingreifen (Art. 5 N 7). Damit ist auch hier die *Gratwanderung der Unterscheidung des
öffentlichen Rechts vom Zivilrecht* anzutreten.

Die **Haltung des BGer ist uneinheitlich.** Wenn das Anliegen gewichtig genug erscheint,   **31**
ist das Gericht nicht abgeneigt, zivilrechtliche, vertragsgestaltende Eingriffe der Kantone
zuzulassen (BGE 85 I 17 E. 9). In einer älteren Praxis ist vom *«Arbeiten mit zivilrechtlichen Mitteln»* gesprochen worden, was zu Kritik führte (BK-Huber, N 168 ff., 215;
Wartmann, 61; Widmer, 68 ff.), aber auch Zustimmung gefunden hat (Deschenaux,
SPR II, 32 f., 34 Anm. 52; BVK-Knapp, a Art. 64 N 44 f.; o. Art. 5 N 8).

f) Gesetzliche Grundlage

In der bundesgerichtlichen Umschreibung nicht enthalten, aber dennoch verlangt, ist das   **32**
Erfordernis der **gesetzlichen Grundlage** allfälliger kantonaler Eingriffe in das Gebiet

des Bundeszivilrechtes. Ein Erlass auf Verordnungsstufe genügt nicht (BGE 96 I 714 E. 4 = Pra 1971, 465, o. N 16; BGer in: NZZ 1993 Nr. 283, 49 betr. eine ungenügend verankerte Zürcher Psychotherapeutenregelung).

3. Verstoss gegen vorbehaltenes kantonales öffentliches Recht

33 Wird **zwingendes kantonales Recht** missachtet, tritt dieses an die Stelle abweichender Vereinbarungen der Parteien. So ersetzt die zwingende Tarifordnung eine überschiessende Honorarvereinbarung.

34 Grundsätzlich steht es den Kantonen auch zu, ein bestimmtes, von ihrem öffentlichen Recht normiertes Verhalten **disziplinarisch oder strafrechtlich** abzusichern (DESCHE-NAUX, SPR II, 33 f.; BK-HUBER, N 202 ff.), was z.B. bei den von einem Fähigkeitsausweis abhängigen Berufsarten angetroffen wird.

35 Fraglich kann sein, inwieweit gegen kantonales öffentliches Recht verstossende Rechtsgeschäfte der **Nichtigkeit** gemäss Art. 20 OR verfallen. Dies ist grundsätzlich zu verneinen, wenn der *Abschluss eines Rechtsgeschäftes bloss der einen Vertragspartei verboten* ist (BGE 117 II 286 E. 4 und 62 II 111 E. 2b betr. Mäkler ohne kantonale bzw. fremdenpolizeiliche Bewilligung; BGE 117 II 47 E. 2a = Pra 1991, 887 betr. Vertrag mit einem Architekten ohne kantonale Berufsausübungsbewilligung; BGE 114 II 280 = Pra 1989, 148 betr. Vertrag mit Arbeiter ohne Grenzgängerbewilligung; BK-HUBER, N 196; BK-KRAMER, Art. 19/20 OR N 136 ff.; BSK OR I-HUGUENIN, Art. 19/20 N 17).

36 Verstösst jedoch der **Inhalt eines Rechtsgeschäfts** gegen kantonales öffentliches Recht, führt das zur *Nichtigkeit,* wenn diese Folge unerlässlich ist, um das gewünschte Ziel zu erreichen (BK-HUBER, N 199 ff.; DESCHENAUX, SPR II, 33) und sie entweder im Gesetz ausdrücklich angeordnet ist oder sich aus dem Sinn und Zweck der verletzten Norm ergibt (GAUCH/SCHLUEP/SCHMID/REY, N 684; VON TUHR/PETER, 253; VON TUHR/ESCHER, 344, Anm. 13a; BK-KRAMER, Art. 19/20 OR N 135, 321 f.; BSK OR I-HUGUENIN, Art. 19/20 N 54; BGE 117 II 47 E. 2a = Pra 1991, 877; BGE 110 Ia 111; 84 II 424 E. 2 = Pra 1959, 7; BGE 80 II 327 E. 2; 41 II 480).

37 Derartige **Nichtigkeitsfälle** sind selten. Die in den Vorauflagen erwähnten anwaltsrechtlichen Verbote sind heute nach Bundesrecht (Art. 12 BGFA) zu beurteilen. Erwähnt werden kann weiterhin die fiduziarische Abtretung einer Forderung zwecks Umgehung des – nach wie vor von den Kantonen umschriebenen – Anwaltsmonopols (HandelsGer ZH ZR 1999, 103; BGE 87 II 203). Ob wegen Verletzung kantonalen Rechts zu Recht auf Nichtigkeit erkannt wurde, wird vom BGer im Berufungsverfahren nicht geprüft (BGE 117 II 286 E. 4c; Art. 5 N 29). Inskünftig steht die Beschwerde in Zivilsachen nach Art. 72 ff. **BGG** zur Verfügung, indes voraussichtlich nur wegen Verletzung verfassungsmässiger Rechte.

Art. 7

D. Allgemeine Bestimmungen des Obligationenrechtes	**Die allgemeinen Bestimmungen des Obligationenrechtes über die Entstehung, Erfüllung und Aufhebung der Verträge finden auch Anwendung auf andere zivilrechtliche Verhältnisse.**
D. Dispositions générales du droit des obligations	Les dispositions générales du droit des obligations relatives à la conclusion, aux effets et à l'extinction des contrats sont aussi applicables aux autres matièrs du droit civil.

Hans Schmid

D. Disposizioni generali del Codice delle obbligazioni	Le disposizioni generali del Codice delle obbligazioni relative alla conclusione, all'adempimento ed alla risoluzione dei contratti sono applicabili anche ad altri rapporti di diritto civile.

Literatur

Vgl. die Literaturhinweise zu Art. 5.

I. Normzweck

Mit der Inkraftsetzung des ZGB auf den 1.1.1912 wurde das seit 1883 geltende OR ebenfalls revidiert und dem ZGB als dessen fünfter Teil angegliedert. Da davon abgesehen wurde, einen «Allgemeinen Teil» der schweizerischen Zivilrechtskodifikation voranzustellen, soll Art. 7 ausdrücklich festhalten, «*dass es allgemeine Grundsätze gibt, die für das Zivilrecht schlechthin gelten, und dass für die Gewinnung dieser Regeln die für einzelne Anwendungsfälle aufgestellten Bestimmungen des OR in erster Linie zu Hilfe zu nehmen sind*» (ZK-LIEBER, N 28; BK-FRIEDRICH, N 6; ferner DESCHENAUX, SPR II, 51). Art. 7 ZGB soll **den Zusammenhang zwischen ZGB und OR** speziell betonen (ZK-LIEBER, N 3; BK-FRIEDRICH, N 34).   **1**

II. Geltung der Bestimmungen des ZGB für das gesamte Bundeszivilrecht

Aus diesem systematischen Zusammenhang ergibt sich, was im Gesetz nicht ausdrücklich gesagt wird, dass die **im ZGB enthaltenen allgemeinen Rechtsgrundsätze,** wie sie namentlich im Einleitungsartikel und im Personen- und Sachenrecht enthalten sind, für das gesamte Bundeszivilrecht Geltung haben (BK-FRIEDRICH, N 41 f., 70; ZK-Lieber, N 99 ff.; DESCHENAUX, SPR II, 63 ff.; HAUSHEER/JAUN, N 4.05 ff.; MERZ, SPR VI/1, 39; GAUCH/SCHLUEP/SCHMID/REY, N 17).   **2**

III. Geltung der Bestimmungen des OR für das gesamte Bundeszivilrecht

Angesichts der in Art. 7 ZGB festgeschriebenen Verweisung auf das OR ist zu prüfen, welches die generell anzuwendenden Bestimmungen des OR sind, auf welche anderen zivilrechtlichen Verhältnisse sie übertragen werden können und auf welche Weise die Übertragung stattfinden soll (DESCHENAUX, SPR II, 52). Zur *Kasuistik* s. BK-FRIEDRICH, N 72 ff.   **3**

In Betracht kommen nicht nur die in Art. 7 ZGB genannten Bestimmungen über die Entstehung, Erfüllung und Aufhebung der Verträge (ZK-LIEBER, N 51 ff.), sondern **alle «Allgemeinen Bestimmungen»** des OR (ZK-LIEBER, N 86 ff.), also betr. Verjährung (BGE 124 III 370 E. 3a), Bedingungen, Solidarität, Abtretung (dazu ZK-SPIRIG, Vorbem. zu Art. 164–174 N 6, Art. 164 N 160), Schuldübernahme, ferner die Grundsätze bei unerlaubter Handlung und ungerechtfertigter Bereicherung, auch Bestimmungen mit allgemeiner Bedeutung des Besonderen Teiles (ZK-LIEBER, N 97 ff.) wie über die Geschäftsführung ohne Auftrag (BGE 123 III 161; 81 II 431 E. 4; BK-FRIEDRICH, N 35 ff.; DESCHENAUX, SPR II, 52 ff.; BSK OR I-BUCHER, Einl. vor Art. 1 N 32; VON TUHR/PETER, 3 f.; BK-KRAMER, Allg. Einl. N 11; GAUCH/SCHLUEP/SCHMID/REY, N 16; MERZ, SPR VI/1, 38 f.).   **4**

Unter dem **Begriff «andere zivilrechtliche Verhältnisse»** sind *sämtliche Rechtsverhältnisse* zu verstehen, auf welche die allgemeinen Bestimmungen des OR Anwendung finden können, v.a. auf Rechtsgeschäfte und rechtlich erhebliche Handlungen gemäss ZGB   **5**

(Verträge, Beschlüsse, einseitige rechtsgeschäftliche Erklärungen, Ausübung von Gestaltungsrechten, Tathandlungen), soweit sie **Zivilrecht des Bundes,** auch ausserhalb des ZGB, darstellen (ZK-Lieber, N 107 ff.; BK-Friedrich, N 43 ff.; Deschenaux, SPR II, 55 f.). Im kantonalen Zivilrecht gelten obligationenrechtliche Bestimmungen als *subsidiäres kant. Recht* (ZK-Lieber, N 113).

6   Die **Art der Übertragung von OR-Vorschriften** erfolgt *analog,* weil dabei stets die besondere Natur des in Frage stehenden Rechtsverhältnisses berücksichtigt werden muss (ZK-Lieber, N 37 ff.; BK-Friedrich, N 50). Es kann auch sein, dass die Regeln des OR *unmittelbar anwendbar,* oder *nicht anwendbar* sind.

7   **Unmittelbare Anwendung** kommt in Frage, wenn direkt auf das OR verwiesen wird oder das Zivilrecht obligationenrechtliche Begriffe verwendet, z.B. Schadenersatz und Genugtuung (ZK-Lieber, N 39 ff.; BK-Friedrich, N 55 ff., 65 ff.; Deschenaux, SPR II, 58 ff.).

8   **Unanwendbar** sind die Vorschriften des OR, wenn sich das aus der gesetzlichen Anordnung oder aus dem Sinn und Zweck des betreffenden Institutes ergibt (ZK-Lieber, N 42 ff.; BK-Friedrich, N 60 ff.; Deschenaux, SPR II, 60 f.). So findet die Verjährungsfrist von Art. 127 OR auf die Klage nach Art. 30 Abs. 3 ZGB keine Anwendung (BGE 118 II 1 E. 4 f. = Pra 1993, 347).

9   Im Übrigen ist bei der **analogen Übertragung** zu prüfen, ob die OR-Regel zu einer sachlich richtigen Ergänzung des Zivilrechtes führt. Allenfalls kommt auch eine nur hilfsweise Berücksichtigung in Frage (ZK-Lieber N 37 ff.; BK-Friedrich, N 58 f., 61; Deschenaux, SPR II, 61 ff.). So können die Art. 23 ff. OR über die Willensmängel analog auf familienrechtliche Rechtsgeschäfte angewendet werden (BGE 101 II 203), ebenso auf den Widerruf des Rückzuges eines Patentgesuches (BGE 102 Ib 115 E. 2 = Pra 1976, 606); analog sind die Regeln über den Grundlagenirrtum auf Erbverträge anzuwenden (BGE 99 II 382 E. 4); Art. 75 OR über die Fälligkeit findet auch auf andere zivilrechtliche Verhältnisse Anwendung, u.a. auf die eherechtliche Vorschlagsforderung (BGE 116 II 225 E. 5a); im Bereich erbrechtlicher Verfügungen sind Formvorschriften gemäss Art. 11 OR einschränkend auszulegen (BGE 116 II 117 E. 7b; 112 II 23).

IV. Übertragung zivilrechtlicher Bestimmungen auf das öffentliche Recht

10   Gewisse Regeln wie Art. 1, 2, 8 ZGB und obligationenrechtliche Normen (z.B. über ungerechtfertigte Bereicherung, Verrechnung, Verjährung) können auch **im öffentlichen Recht analoge Anwendung** finden, jedoch nicht aufgrund von Art. 7, sondern auf dem Wege der *Füllung von Gesetzeslücken* (ZK-Lieber, N 114 ff.; BK-Meier-Hayoz, Art. 1 N 48 ff.; BK-Friedrich, N 47 ff. mit älterer Judikatur; Deschenaux, SPR II, 57; BK-Kummer, Art. 8 N 53 ff.). In diesem Bereich kann eine Verletzung übernommener zivilrechtlicher Regeln nicht mittels Berufung an das BGer gerügt werden, weil keine Zivilrechtsstreitigkeit vorliegt (BK-Friedrich, N 48; BGE 108 II 490 E. 7; 89 II 268 E. a), entsprechend wird nach dem Inkrafttreten des **BGG** auch die Beschwerde in Zivilsachen nicht zur Verfügung stehen. Möglich ist die analoge Übertragung von Art. 139 OR auf die Frist für die Arrestprosequierungsklage (BGE 108 III 41 E. 4). Auf das aus Steuersolidarität entstehende Regressverhältnis kann Bundeszivilrecht nur als kantonales Ersatzrecht angewendet werden (BGE 108 II 490 E. 4, 7); Bestimmungen des OR können als ergänzendes kantonales Recht auf eine öffentlich-rechtliche kantonale Genossenschaft angewendet werden (BGE 96 I 324 E. 3); als kantonales Ersatzrecht können die Art. 41 ff. OR für die Haftung des Gemeinwesens aus unerlaubter Handlung herangezogen werden (BGE 89 II 268 E. a).

Art. 8

E. Beweisregeln

I. Beweislast

Wo das Gesetz es nicht anders bestimmt, hat derjenige das Vorhandensein einer behaupteten Tatsache zu beweisen, der aus ihr Rechte ableitet.

E. De la preuve

I. Fardeau de la preuve

Chaque partie doit, si la loi ne prescrit le contraire, prouver les faits qu'elle allègue pour en déduire son droit.

E. Prove

I. Onere della prova

Ove la legge non disponga altrimenti, chi vuol dedurre il suo diritto da una circostanza di fatto da lui asserita, deve fornirne la prova.

Literatur

BAUMGÄRTEL, Die Befundsicherungspflicht – ein Weg zur Behebung der Beweisnot im Zivilprozess? in: FS Walder, Zürich 1994, 143 ff.; BEGLINGER, Beweislast und Beweisvereitelung im Zivilprozess, ZSR 1996 I 470 ff.; BRÖNNIMANN, Die Behauptungs- und Substanzierungslast im schweiz. Zivilprozessrecht, ASR 522, Bern 1989 (zit. Behauptungslast); DERS., Beweisanspruch und antizipierte Beweiswürdigung, in: FS Vogel, Freiburg 1991, 161 ff.; DERS., Die Behauptungslast, in: Leuenberger, Beweis, 47 ff.; BÜHLER, Beweiswürdigung, in Leuenberger, Beweis, 71 ff.; DERS., Beweismass und Beweiswürdigung bei Gerichtsgutachten, in: Fellmann/Weber (Hrsg.), Der Haftpflichtprozess, Zürich 2006, 37 ff.; BÜHLER/EDELMANN/KILLER, Kommentar zur aargauischen Zivilprozessordnung, 2. Aufl. Aarau/Frankfurt a.M./Salzburg 1998; FRANK/STRÄULI/MESSMER, Kommentar zur Zürcherischen Zivilprozessordnung, 3. Aufl. Zürich 1997; VON GREYERZ, Der Beweis negativer Tatsachen, Diss. Bern 1963; GUGGENBÜHL, Die gesetzlichen Vermutungen des Privatrechts und ihre Wirkungen im Zivilprozess, Diss. Zürich 1990; GULDENER, Beweiswürdigung und Beweislast nach schweizerischem Zivilprozessrecht, Zürich 1955 (zit. Beweis); HALDY, La protection des intérêts des parties et des tiers dans la procédure probatoire ou les limites du droit à la preuve, in: Leuenberger, Beweis, 101 ff.; HOHL, Le degré de la preuve, in: FS Vogel, Freiburg 1991, 125 ff.; DIES., Le degré de la preuve dans les procès au fond, in Leuenberger, Beweis, 127 ff.; DIES., Procédure civile, Tome I, Berne 2001, HUGUENIN, Behauptungslast, Substantiierungspflicht und Beweislast, Diss. Zürich 1980; M. KAUFMANN, Einstweiliger Rechtsschutz. Die Rechtskraft im einstweiligen Verfahren und das Verhältnis zum definitiven Rechtsschutz, Diss. Bern 1993; DERS., Bewiesen? Gedanken zu Beweislast – Beweismass – Beweiswürdigung, AJP 2003, 1199 ff.; U. KAUFMANN, Freie Beweiswürdigung im Bundesprivatrecht und in ausgewählten Zivilprozessordnungen, Diss. Zürich 1986; KOFMEL, Das Recht auf Beweis im Zivilverfahren, ASR 538, Bern 1992; KOFMEL EHRENZELLER, Das Recht auf Beweis im Zivilverfahren – ein Überblick unter besonderer Berücksichtigung der neuen Bundesverfassung, in Leuenberger, Beweis, 139 ff.; KOZIOL, Der Beweis des natürlichen Kausalzusammenhanges, in: Koller (Hrsg.), Haftpflicht- und Versicherungsrechtstagung 1999, St. Gallen 1999, 79 ff.; LEUCH/MARBACH/KELLERHALS/STERCHI, Die Zivilprozessordnung für den Kanton Bern, 5. Aufl. Bern 2000; LEUENBERGER (Hrsg.), Der Beweis im Zivilprozess, Schriften der Stiftung schweizerischer Richterinnen und Richter, 1, Bern 2000 (zit: Beweis); DERS., Glaubhaftmachen, in: Leuenberger, Beweis, 107 ff.; LEUENBERGER/UFFER, Kommentar zur Zivilprozessordnung des Kantons St. Gallen, Bern 1999; LIEBER, Die neuere kassationsgerichtliche Rechtsprechung zum Beweisrecht im Zivilverfahren, in: FS 125 Jahre Kassationsgericht des Kantons Zürich, Zürich 2000, 221 ff.; MEIER, Grundlagen des einstweiligen Rechtsschutzes, Zürich 1983 (zit. Grundlagen); DERS., Beweislastverteilung im schweizerischen Recht, ZSR 1987 I 705 ff.; DERS., Das Beweismass – ein aktuelles Problem des schweizerischen Zivilprozessrechts, BJM 1989, 57 ff.; DERS., Auflösung des geschriebenen Rechts durch allgemeine Prinzipiennormen, in: Meier/Ottomann, Prinzipiennormen und Verfahrensmaximen, Zürich 1993 (zit. Prinzipiennormen); DERS., Beweisrecht – ein Model Law, AJP 1998, 1155 ff.; MÜLLER, Der Ausforschungsbeweis, Diss. Zürich 1991; NIGG, Das Beweisrecht bei internationalen Privatrechtsstreitigkeiten, Diss. St. Gallen 1999; DIES., Das Beweisrecht bei internationalen Privatrechtsstreitigkeiten. Ein Überblick, in: Leuenberger, Beweis, 35 ff.; NOBEL, Entscheide zu den Einleitungsartikeln. Einführung zu Art. 1–10 ZGB anhand der neueren Zivilrechtspraxis, Bern 1977; OBERHAMMER, Antipizierte Beweiswürdigung: Verfahrensmangel als Prozessgrundsatz?, in: Richterliche Rechtsfortbildung in Theorie und Praxis, FS H. P. Walter, Bern 2005, 507 ff.; ORLANDO, Beweislast und Glaubhaftmachung im vorsorglichen Rechtsschutz, Gedanken zu einem Entscheid des Bundesgerichtes, SJZ 1994, 89 ff.; PAULUS, Die Beweisvereitelung in der Struktur des deutschen Zivilprozesses, AcP 1997, 136 ff.; RUMO-JUNGO, Entwicklungen zu Art. 8 ZGB, in: GAUCH/SCHMID (Hrsg.), Die Rechtsentwicklung an der Schwelle zum 21. Jahrhundert, Zürich 2001, 39 ff.; SCHMID, Art. 8 ZGB: Überblick und Beweislast, in: Leuenberger, Beweis, 11 ff.; DERS., Zum Beweislastvertrag, SJZ 2004, 477 ff.); SCHUMACHER, Beweisprobleme im Bauprozess, in: FS Eichenberger, Aarau 1990, 157 ff.; SCHWAB, Zur Umkehr moderner Beweislastlehren von der Normentheorie, in: FS Bruns, Köln/Berlin/Bonn/München 1978, 505 ff.; SPÜHLER, Die Praxis der staatsrechtlichen Beschwerde, Bern 1994; DERS., Behauptungslast und Beweiswürdigung bei hochtechnischen Zusammenhängen, in: Leuenberger, Beweis, 93 ff.; SUTTER, Die Beweislastregeln unter besonderer Berücksichtigung des verwaltungsrechtlichen Beweisverfahrens, St. Gallen 1988; VOGEL, Probleme des vorsorglichen Rechtsschutzes, SJZ 1980, 89 ff.; DERS., Umkehrung der Beweislast in Rechtsmissbrauchsfällen, recht 1984, 104 ff.; DERS., Freibeweis in der Kinderzuteilung, in: FS Hegnauer, Bern 1986, 609 ff.; DERS., Das Recht auf den Beweis, recht 1991, 38 ff.; WALDER-RICHLI, Zivilprozessrecht, 4. Aufl., Zürich 1996; WALTER G., Das Recht auf Beweis im Lichte der Europäischen Menschenrechtskonvention (EMRK) und der Schweizerischen Bundesverfassung, ZBJV 1991, 309 ff.; WALTER H. P., Tat- und Rechtsfragen, in: Fellmann/Weber (Hrsg.), Der Haftpflichtprozess, Zürich 2006, 15 ff.; WOHLFAHRT, Die Umkehr der Beweislast, St. Galler Diss., Bamberg 1992.

I. Allgemeines. Normzweck

1. Beweisrecht

1 Unter *Beweisen* ist die «Tätigkeit der Beibringung der Gründe für die Wahrheit bzw. Unwahrheit einer behaupteten Tatsache, kurz: die Darlegung der Wahrheit» zu verstehen. Der *Beweis* ist der «Erfolg dieser Handlung». Der nämliche Begriff wird auch für das einzelne Beweismittel verwendet. **Mit Beweisen und Beweis befasst sich das Beweisrecht,** welches sich in die Teilgebiete *Beweisanspruch, Beweismass, Beweislast, Beweisführung und Beweiswürdigung* gliedern lässt.

2. Gegenstand des Beweises

2 **Gegenstand des Beweises** bilden *äussere und innere Tatsachen* (soweit sie erheblich sind, BGE 116 II 357 E. 2c; 114 II 289 E. 2a), *Übungen und Ortsgebräuche* i.S.v. Art. 5 Abs. 2 (Art. 5 N 46) und das *Gewohnheitsrecht* (BK-KUMMER, N 86 ff.; VOGEL/SPÜHLER, N 10.5 ff.; BK-MEIER-HAYOZ, Art. 1 N 241). Beim *Nachweis ausländischen Rechts* gemäss Art. 16 Abs. 1 Satz 3 IPRG handelt es sich nicht um einen Beweis im eigentlichen Sinne, sondern um das Aufzeigen der ausländischen Rechtsquellen sowie allenfalls von Literatur und Judikatur; grundsätzlich ist das ausländische Recht von Amtes wegen festzustellen (BGE 121 III 440; 119 II 93; ferner VOGEL/SPÜHLER, N 6.65a; IPRG-Kommentar-KELLER/GIRSBERGER, Art. 16 N 37 ff.; IPRG-MÄCHLER-ERNE; Art. 16 N 15 f.).

3 **Kein Beweisthema** bilden nach dem Grundsatz *«iura novit curia»* die *Rechtssätze* (BK-KUMMER, N 11; VOGEL/SPÜHLER, N 10.10; zum ausländischen Recht o. N 2), sodann *notorische Tatsachen,* die als offenkundig gelten (BGE 117 II 321 E. 2; 112 II 172 E. I/2c). Tatsachen, die sich aus einer *tatsächlichen Vermutung* ableiten lassen, bedürfen keines weiteren Beweises (VOGEL/SPÜHLER, N. 10.50; STAEHELIN/SUTTER, 156; u. N 85 ff; HOHL, Procédure civile, N 934 ff.).

3. Normzweck

4 Art. 8 regelt die **Beweislastverteilung** und damit die **Folgen der Beweislosigkeit.** Wenn der Richter in Würdigung von Beweisen zur Überzeugung gelangt, eine Tatsachenbe-

hauptung sei bewiesen, ist die *Frage der Beweislastverteilung gegenstandslos.* Von Letzterem scheint das BGer selbst bei falscher Beweislastverteilung auszugehen (Pra 1995, 232 E. 4c); das ist problematisch, wenn die falsche Beweislastverteilung die Nennung der Beweismittel und damit das Beweisergebnis beeinflusst hat. Jedenfalls trägt der nach Art. 8 ZGB Beweisbelastete die *Gefahr des Misslingens des Beweises* und damit des Unterliegens im Prozess, weil diesfalls zu seinem Nachteil entschieden werden muss (BGE 119 II 114 E. 4c; 118 II 142 E. 3a; BK-KUMMER, N 23; GULDENER, Beweis, 16 f.; HABSCHEID, N 642; VOGEL/SPÜHLER, N 10.27; DESCHENAUX, SPR II, 242 f.; POUDRET/SANDOZ-MONOD, Art. 43 N 4.2.2; HOHL, Procédure civile, N 1163). Das gilt auch unter der Herrschaft der Offizialmaxime (OGer ZH ZR 2004, 285).

Überdies verbrieft Art. 8 gemäss ständiger Lehre und Rechtsprechung ein **Recht auf** 5
Beweis (u. N 6 ff.).

II. Beweisanspruch (Recht auf Beweis)

Wenn Art. 8 mit der Beweislastverteilung die Folgen der Beweislosigkeit regelt, setzt er 6
voraus, dass die beweisbelastete Partei zum Beweis überhaupt zugelassen wird. Die beweisbelastete Partei hat deshalb ein aus Art. 8 ableitbares **Recht auf Beweis.** Es ist der *bundesrechtliche Anspruch der beweispflichtigen Partei,* in allen Zivilstreitigkeiten für rechtserhebliche Sachvorbringen zum Beweis zugelassen zu werden, wenn ihr Beweisantrag nach Form und Inhalt den Vorschriften des kantonalen Rechtes entspricht (BGE 123 III 35 E. 2b; 122 III 219 E. 3c; BK-KUMMER, N 74 ff.; KOFMEL, 26 ff.; WALTER G., ZBJV 1991, 315, HOHL, Procédure civile, N 1135 ff.). Die angebotenen Beweismittel müssen jedoch erheblich und tauglich sein (BGE 122 III 219; 111 II 156 E. 1b; 107 II 105 E. 6c; VOGEL, recht 1991, 42). Nach KOFMEL EHRENZELLER (154 ff.) kann das Recht auf Beweis nur nach Massgabe von Art. 36 BV durch Beweisverbote eingeschränkt werden. Zum Interessenkonflikt zwischen Geheimhaltungsinteressen und dem Recht auf Beweis vgl. die Arbeit von HALDY.

Verletzung des Rechts auf Beweis liegt vor, wenn der Richter über eine rechtserhebli- 7
che Tatsache nicht Beweis führen lässt, obgleich er die diesbezüglichen Sachvorbringen weder als erstellt noch als widerlegt erachtet; ferner, wenn eine Klage zu Unrecht als unsubstanziert abgewiesen wird (BGE 123 III 35; 114 II 289 E. 2a; 111 II 270 E. 5c; 108 II 314 E. 4; 105 II 143 E. 6a/aa); eine neuere Lehrmeinung wertet mit guten Gründen auch zahlreiche *Beweisverbote des kantonalen Prozessrechts* als Verletzung des bundesrechtlichen Beweisanspruches (KOFMEL, 296 ff.; WALTER G., ZBJV 1991, 323 ff.). Das Recht auf Beweis wäre auch verletzt, wenn der Beweisbelastete nur zum Beweis zugelassen würde, falls er vorab eine Vermutungsbasis für seine Behauptung schaffen, bzw. diese glaubhaft machen müsste (BGE 124 III 10).

Art. 8 gewährleistet auch das **Recht auf Gegenbeweis.** Von der Abnahme der Gegenbe- 8
weise darf nur abgesehen werden, wenn der Richter aufgrund einer Würdigung der erhobenen Beweise zur festen Überzeugung gelangt, der Hauptbeweis sei unumstösslich erbracht (Pra 1995, 548 E. 1a; BGE 120 II 393 E. 4b; 115 II 305; HOHL, Procédure civile, N 1158 ff.).

Das Recht auf Beweis verlangt nach einem **ordentlichen Prozess.** Ein *summarisches* 9
Verfahren mit Beweismittelbeschränkung, das trotz illiquidem Sachverhalt zu einem definitiven Entscheid führt, verletzt Art. 8 (BGE 120 II 352 E. 3 = Pra 1995, 944; BGE 113 II 465 E. 5c = Pra 1989, 928; BGE 104 II 216 E. 2c; BK-KUMMER, N 84). Anders, wenn sich das Gesetz mit Glaubhaftmachung begnügt (u. N 20 ff.).

10 Im **Bereich des SchKG** ist das Recht auf Beweis *analog* zu beachten, bes. im Beschwerdeverfahren (BGE 108 III 1; 105 III 107 E. 5b).

11 Das Recht auf Beweis gehört auch zu dem in Art. 29 Abs. 2 BV verbrieften **Anspruch auf rechtliches Gehör.** Darnach muss die Behörde dem Betroffenen Gelegenheit geben, Beweisanträge zu stellen, an der Beweiserhebung teilzunehmen und sich zum Ergebnis des Beweisverfahrens zu äussern (BGE 119 Ia 260 E. 6a; BVK-MÜLLER, aArt. 4 N 106; KOFMEL, 23 ff.; MEIER, Prinzipiennormen, 42).

12 Der *Unterschied zwischen Art. 8 ZGB und Art. 29 Abs. 2 BV* liegt darin, dass der Anspruch auf rechtliches Gehör auch die Verkürzung prozessualer Rechte abdeckt, während Art. 8 durch eine blosse Beschränkung der Beweisabnahme noch nicht verletzt wird (BGE 114 II 289 E. 2a; VOGEL, recht 1991, 38 f.). Als Richtschnur kann gelten, dass das völlige Unterlassen eines Beweisverfahrens zu einer entscheidrelevanten, bestrittenen Tatsachenbehauptung eine Verletzung von Art. 8 darstellt (BGE 115 II 305), während die Nichtabnahme einzelner Beweismittel Art. 8 nicht verletzt (BGE 115 II 440 E. 6b), sondern als Gehörsverweigerung oder willkürliche Beweiswürdigung, demnach als Verletzung von Bundesverfassungsrecht zu betrachten ist (KassGer ZH ZR 1996, 225; vgl. ferner WALTER H. P., 28 f.).

12a Mit Inkrafttreten des **BGG** verliert die Unterscheidung auf Bundesebene an prozessualer Bedeutung für die Wahl der Rechtsmittel (Berufung oder staatsrechtliche Beschwerde), weil sowohl die Verletzung des Rechts auf Beweis (Art. 8 ZGB) als auch Verletzung des Gehörsanspruchs (Art. 29 Abs. 2 BV) oder willkürliche Beweiswürdigung (Art. 9 BV) mit der *Beschwerde in Zivilsachen* vor Bundesgericht gerügt werden können (Art. 72 ff. i.V.m. Art. 95 BGG). Die Differenzierung bleibt insoweit beachtlich, als Art. 106 Abs. 2 BGG die Prüfung der Verletzung von verfassungsmässigen Rechten nach wie vor von einer ausdrücklichen Rüge abhängig macht.

13 Das Recht auf Beweis kann nur auf Art. 8 abgestützt werden, wenn es um Sachverhalte geht, die nach Bundeszivilrecht zu beurteilen sind (BGE 124 III 134 E. 2/bb = Pra 1998, 455). Namentlich **im öffentlichen Recht wird das Recht auf Beweis durch Art. 29 Abs. 2 BV** garantiert (Pra 2003, 1033; KOFMEL, 23 Anm. 117, 78).

14 **Völkerrechtlich** ist das Recht auf Beweis in *Art. 6 Ziff. 1 EMRK* verbrieft (KOFMEL, 29 ff.; WALTER G., ZBJV 1991, 316 ff.; kritisch MEIER, Prinzipiennormen, 32, 70).

III. Beweismass

1. Grundsatz

15 Das **Beweismass** bestimmt, ob der Richter für das Vorhandensein einer bestimmten Tatsache einen strikten Beweis verlangt, oder sich mit einem minderen Grad an Sicherheit begnügt. Dieser Massstab hat weder mit Beweislast noch mit Beweiswürdigung direkt etwas zu tun. Möglich sind *Abstufungen von der Gewissheit bis zur blossen Wahrscheinlichkeit bzw. Glaubhaftmachung* (HOHL, FS Vogel, 126 f.; DIES., Procédure civile, N 1057 ff.; MEIER, BJM 1989, 57; HABSCHEID, N 635; HUGUENIN, 184 ff.).

16 Fraglich ist, ob das Beweismass ebenfalls aus Art. 8 abzuleiten ist, zum Kreis der ungeschriebenen zivilprozessualen Normen im Bundesrecht gehört, oder sich aus dem übrigen Bundeszivilrecht, d.h. aus der jeweils zur Anwendung gelangenden Rechtsnorm ergibt (BGE 124 III 5 E. 4; 115 II 440 E. 6a; HOHL, FS Vogel, 146 ff.; DIES., Procédure civile, N 1059; MEIER, BJM 1989, 77; WALTER H. P., 29). In allgemeiner Weise folgt aus Art. 8, dass ein Beweis nur erbracht ist, wenn er das erforderliche Mass an Überzeugung schafft. Im Einzelfall ist dieses Mass jedoch nicht aus Art. 8 ableitbar, sondern wird **aus der konkret zur Anwendung gelangenden materiellen Norm** gewonnen.

Verschiedentlich spricht das Gesetz von **Sicherheit oder Gewissheit** (Art. 34, 510   **17**
Abs. 2, 511 Abs. 1; HOHL, FS Vogel, 136; DIES., Procédure civile, N 1063 f.; MEIER, BJM 1989, 70; für das öffentliche Recht: BGE 112 Ib 65 = Pra 1986, 744). In der Theorie eine Stufe darunter liegt die **an Sicherheit grenzende Wahrscheinlichkeit** (BK-KUMMER, N 72; HOHL, FS Vogel, 150; HABSCHEID, N 635), welche sich jedoch, da es keine absolute Gewissheit gibt, von der Stufe der Gewissheit wenig unterscheidet (vgl. aber BGE 124 III 414 E. 3). Als **Regelbeweismass** gilt, dass der Beweis erbracht ist, wenn der Richter aufgrund objektiver Gesichtspunkte von der Verwirklichung einer Tatsache überzeugt ist und allfällig vorhandene Zweifel nicht als erheblich erscheinen, was *deutlich mehr sein muss als eine bloss überwiegende Wahrscheinlichkeit* (HOHL, FS Vogel, 156; MEIER, BJM 1989, 60 ff.; BGE 130 III 321 E. 3.2; 128 III 271 E. 2 b/aa). Soweit die Praxis von «striktem» oder «strengem» Beweis spricht, ist dieses Regelbeweismass gemeint (z.B. BGE 131 III 115; BGer. 4C.332/2002 E. 3). Mit gutem Grund wird die Auffassung vertreten, es genüge, mit den beiden Beweismassen *Gewissheit und hohe Wahrscheinlichkeit* (u. N 18) zu arbeiten (HOHL, Procédure civile, N 1094 f.).

Aus der Natur der Sache kann sich ergeben, dass sich der Richter dennoch mit einer auf   **18**
der *Lebenserfahrung (auf tatsächlichen Vermutungen,* u. N 85 ff.) beruhenden **überwiegenden Wahrscheinlichkeit** begnügen muss, was wiederum deutlich mehr sein muss als eine Wahrscheinlichkeit von 51% (HOHL, Procédure civile, N 1096: Andere Möglichkeiten oder Hypothesen sind vorhanden, scheinen aber keine entscheidende Rolle gespielt zu haben). Dies gilt für den *Nachweis der Unfreiwilligkeit des Schadensereignisses* im Versicherungsrecht (BGE 130 III 321 E. 3.3; 128 III 271 E. 2b/aa). Auf Beweisschwierigkeiten nimmt Art. 42 Abs. 2 OR beim *Nachweis des Schadens* Rücksicht (BGE 131 III 360 E. 5.1; 128 III 271 E. 2 b/aa; 122 III 219 E. 3a; Pra 1995, 548 E. 3b; BK-KUMMER, N 70, 245; HOHL, FS Vogel, 136; MEIER, BJM 1989, 68; SCHUMACHER, 172 ff.). Die gleiche Norm kommt analog beim *Nachweis* von geleisteten *Überstunden* zur Anwendung (Pra 2004, 490 E. 4). Überwiegende Wahrscheinlichkeit genügt für den Nachweis des natürlichen, adäquaten, psychologischen oder hypothetischen *Kausalzusammenhanges* (VOGEL/SPÜHLER, N 10.26a; HOHL, FS Vogel, 142 f.; MEIER, BJM 1989, 72 ff.; KOZIOL, 92 ff.; BGE 128 III 271 E. 2 b/aa; 124 III 155 E. 3; 121 III 358 E. 5; Pra 1995, 548 E. 1b; BGE 115 II 440 E. 6a; 113 Ib 420 E., 3; OGer ZH ZR 1989, 209 für den Fall, dass der Kausalzusammenhang wegen des ärztlichen Behandlungsfehlers nicht mehr nachgewiesen werden kann). Es kann u.U. selbst ein rein zeitlicher Zusammenhang genügen (BGer in mp 1993, 28). Überwiegende Wahrscheinlichkeit genügt für den *Nachweis sexueller Beziehungen* i.S.v. Art. 262 (BGE 95 II 77 E. 1 = Pra 1970, 17; 75 II 102; HOHL, FS Vogel, 137 f.; VOGEL/SPÜHLER, N 10.52 f.; POUDRET/SANDOZ-MONOD, Art. 43 N 4.6). Weiteres bei HOHL, Procédure civile, Rz 1067 ff.).

Das Beweismass der überwiegenden Wahrscheinlichkeit findet auch im **Sozialversiche-**   **19**
rungsrecht Anwendung (Pra 1994, 587 E. 4c; BGE 117 V 376 E. 3a; 117 V 360 E. 4a).

2. Glaubhaftmachung

Beweisbares kann auch Gegenstand der blossen **Glaubhaftmachung** sein, was vom Be-   **20**
weismass der überwiegenden Wahrscheinlichkeit unterschieden werden muss (BGE 130 III 321 E. 3.3). Nach der von GULDENER (ZPR, 323 Anm. 27) geprägten Formulierung braucht, wenn das Gesetz nur Glaubhaftmachen verlangt, nicht die volle Überzeugung des Gerichtes begründet werden, sondern es genügt, wenn für das Vorhandensein einer

Tatsache eine *gewisse Wahrscheinlichkeit spricht, auch wenn das Gericht noch mit der Möglichkeit rechnet, dass sie sich nicht verwirklicht haben könnte.* Glaubhaftmachen ist weniger als Beweis, aber mehr als Behaupten; es erfordert einen *«Beweisansatz»,* das Vorliegen bestimmter objektiver Anhaltspunkte, die auf das Vorhandensein der behaupteten Tatsachen schliessen lassen (BGE 125 III 368 E. 4; 120 II 393 E. 4c; 88 I 11 E. 5a; LEUENBERGER, Glaubhaftmachen, 108 f.; VOGEL/SPÜHLER, N. 10.25; MEIER, Grundlagen, 145; M. KAUFMANN, 58; ORLANDO, SJZ 1994, 90).

21 **Hauptbereich der Glaubhaftmachung** sind die *vorläufigen Entscheide,* darunter bes. die *vorsorglichen Massnahmen* und die richterlichen Entscheide im summar. Verf. gemäss *SchKG.* Glaubhaftmachen genügt ferner für verschiedene *prozessrechtliche Entscheide* (LEUENBERGER, Glaubhaftmachen, 110 ff.). Die Regelungen finden sich im *materiellen Bundeszivilrecht* (z.B. Art. 28c, 961 Abs. 3 ZGB; Art. 14 UWG; Art. 67 Abs. 2 PatG, dazu BGE 116 II 357 E. 4a), im *Prozessrecht* (z.B. Art. 81 Abs. 2 BZPO; § 110 und § 222 Ziff. 3 ZPO ZH) und im *SchKG.* Vereinzelt genügt Glaubhaftmachen **zur Begründung einer Vermutung** (Art. 256b Abs. 2; 260b Abs. 2).

22 Glaubhaftmachung bedeutet **Reduktion des Beweismasses.** Beweismittel werden nur erhoben, soweit dies ohne Verzug möglich ist (LEUENBERGER, Glaubhaftmachen, 118; STAEHELIN/SUTTER, 176; M. KAUFMANN, 52 ff.; ORLANDO, SJZ 1994, 91).

23 Im Übrigen gelten für die Glaubhaftmachung die **gleichen Regeln wie für den Beweis,** insb. auch hinsichtlich der Verteilung der Last des Glaubhaftmachens und des Risikos der Nicht-Glaubhaftigkeit, welche den Beweislastregeln folgt (ORLANDO, SJZ 1994, 92 f.; LEUENBERGER, Glaubhaftmachen, 119 A. 60). Eine andere Meinung, welche Art. 8 bei vorsorglichen Massnahmen *«in seinem eigentlichen Ausmass gar nicht zum Tragen»* kommen lassen will (BGE 118 II 376 E. 3; FRANK/STRÄULI/MESSMER, § 110 N 5) verkennt, dass der Unterschied zwischen Beweisen und Glaubhaftmachen *nicht qualitativer, sondern quantitativer Natur* ist.

IV. Beweislast

1. Anwendungsbereich der Beweislastregel

24 Art. 8 findet auf **alle dem Bundeszivilrecht angehörenden Rechte und Rechtsverhältnisse** Anwendung (Art. 7 N 2; BGE 124 III 134 E. 2bb; 123 III 35 E. 2d; BK-Kummer, N 48 ff.).

25 Im **kantonalen Zivilrecht** ist die Beweislastverteilung ebenfalls kantonalen Rechtes. Art. 8 kann dennoch Anwendung finden, aber als kantonale Rechtsregel (BGE 82 II 120 E. 3; KassGer ZH ZR 1989, 216; BK-KUMMER, N 56 f.; DESCHENAUX, SPR II, 245). Nach kantonalem Recht beantwortet sich die Frage, ob und wie Privateigentum an öffentlichen Sachen bewiesen werden kann (Art. 664 Abs. 2; BGE 123 III 454 E. 3b).

26 Im **Bereich des SchKG** gilt die Beweislastverteilung gemäss Art. 8 direkt, soweit das Bundeszivilrecht die Entscheidgrundlage bildet (FRITZSCHE/WALDER, I, 148). Im Übrigen, so namentlich im Beschwerdeverfahren nach Art. 17 SchKG, findet Art. 8 ZGB *analoge Anwendung* (AMONN/WALTHER, § 6 N 57; LORANDI, Betreibungsrechtliche Beschwerde und Nichtigkeit, Basel/Genf, München 2000, Art. 20a SchKG N 62; BGer 7B 176/2001; BGE 113 III 89 = Pra 1987, 547). Der Schuldner hat z.B. die Erhebung des Rechtsvorschlages zu beweisen (FRITZSCHE/WALDER, I, 208; ferner BGE 117 III 44 E. 2a = Pra 1991, 892; BGE 117 III 29 E. 3 = Pra 1993, 45; BGE 117 III 10 E. 5c; 114 III 51; 108 III 107 E. 3; 107 III 1 E. 1; 106 III 9 = Pra 1980, 773; BGE 105 III 107 E. 5b).

Für das **übrige öffentliche Recht** befürworten Lehre und Praxis überwiegend eine *ana-* **27**
loge Anwendung von Art. 8, weil diese Bestimmung einen Rechtsgrundsatz von allgemeiner Bedeutung enthält (o. Art. 7 N 10; BGE 122 II 397 E. 2b; 112 Ib 65 E. 3 = Pra
1986, 744; 106 Ib 77 E. 2a/aa). Zum *Verfahrensrecht:* BGE 122 I 97 E. 3b betr. Zustellung eines Urteilsdispositives; BGE 122 III 249 E. 3b/cc zur Beweislast für kompetenzbegründende Tatsachen; für das *Sozialversicherungsrecht:* 114 Ia 1 E. 8c; 111 V 197
E. 6b; 107 V 161 E. 3a. Vgl. ferner KÖLZ/BOSSHART/RÖHL, Kommentar zum Verwal-
tungsrechtspflegegesetz des Kantons Zürich, 2. Aufl., Zürich 1999, § 7 N 5, Vorbem.
§§ 19–28 N 69; BK-KUMMER, N 55; DESCHENAUX, SPR II, 245; POUDRET/SANDOZ-
MONOD, Art. 43 N 4.1.4; Kritik bei SUTTER, 217 ff.

Im **Strafprozess** gilt die aus Art. 6 Ziff. 2 EMRK und Art. 29 Abs. 2 BV abgeleitete **Un-** **28**
schuldsvermutung «in dubio pro reo». Sie regelt die *Beweislastverteilung* zulasten der
untersuchenden und anklagenden Partei, meist des Staates, und beinhaltet gleichzeitig
eine *Beweiswürdigungsregel* (BGE 120 Ia 31 E. 2; BVK-MÜLLER, aArt. 4 N 131; SPÜH-
LER, N 510; WOHLFAHRT, 101 f.). Anders beim *Gutglaubensbeweis* bei der üblen Nachrede gemäss Art. 173 Ziff. 2 StGB, wo den Beschuldigten die Beweislast trifft (TRECH-
SEL, Art. 173 N 10).

2. Behauptungs- und Substanzierungslast

Die Festlegung des relevanten Beweisthemas setzt voraus, dass die entsprechenden Tat- **29**
sachenbehauptungen in den Prozess eingeführt worden sind. Mit der Beweislast geht
daher die **Behauptungslast** einher, welche auch eine **Bestreitungslast** mit einschliesst
(BK-KUMMER, N 39 ff.; HABSCHEID, N 650; STAEHELIN/SUTTER, 105 f.; VOGEL/
SPÜHLER, N 10.54; HUGUENIN, 5 f.; BRÖNNIMANN, Behauptungslast, 130 ff.; HOHL, Procédure civile, N 787 ff., N 802 f.). Die Bestreitung hat so präzis zu sein, dass sie einer
konkreten Behauptung zugeordnet werden kann und eine entsprechende Beweisauflage
erlaubt (BGE 117 II 113; HOHL, Procédure civile, N 802).

Die **Bestreitungslast** darf jedoch *nicht zu einer Umkehr der Beweislast* führen, indem **30**
die beweisfreie Partei dartun müsste, weshalb eine von ihr bestrittene Behauptung unrichtig sei (BGE 117 II 113; 115 II 1; 105 II 143; BRÖNNIMANN, Behauptungslast,
186 ff.; DERS. in Leuenberger, Beweis, 62 ff.). Eine *erweiterte Bestreitungslast* gilt jedoch im Rahmen des Beweises negativer Tatsachen (VON GREYERZ, 62 ff.; HOHL, Procédure civile, N 804 f.) und trifft auch den Patienten im Zusammenhang mit seiner hypo-
thethischen Einwilligung zum Eingriff (BGE 117 Ib 197 E. 5). Die Bestreitung kann
qualifiziert genannt werden, wenn sie sich nicht in der Verneinung einer Tatsachenbehauptung erschöpft, sondern in einer eigenen, abweichenden Sachdarstellung besteht. In
der Regel darf eine solche nicht gefordert werden (SCHMID, 15 f.).

Unter dem Regime der **Verhandlungsmaxime** obliegt es (unter Vorbehalt der richterli- **31**
chen Fragepflicht) den Parteien, die nötigen Tatsachenbehauptungen aufzustellen. Was
nicht behauptet ist, darf vom Richter nicht berücksichtigt werden und kann nicht zum
Beweis verstellt werden; was nicht bestritten wird, gilt als zugestanden und bedarf ebenfalls keines Beweises. Die Verhandlungsmaxime ist ein Institut des kantonalen Prozessrechts, weshalb sich die *Behauptungslast* nicht aus Art. 8 ableiten lässt, auch wenn deren
Verteilung der Beweislast folgt (BGE 108 II 337; 97 II 339 E. 1b; 97 II 216 E. 1; BK-
KUMMER, N 39; VOGEL/SPÜHLER, N 10.54; HOHL, Procédure civile, N 751 ff.; BRÖNNI-
MANN, Behauptungslast, 156 ff.; POUDRET/SANDOZ-MONOD, Art. 43 N 4.2.1). Art. 8
schränkt auch die Kantone in der Ausgestaltung der Verhandlungs- und Eventualmaxi-
men nicht ein (BGE 116 II 594 E. 3a; 116 II 196 E. 3a).

32 Die in vielen Fällen schon von Bundesrechts wegen vorgeschriebene **Untersuchungsmaxime** führt dazu, dass sich auch der Richter an der Sammlung des Prozessstoffes beteiligen muss und entsprechend auch von Amtes wegen Beweis abzunehmen hat (VOGEL/SPÜHLER, N 6.55; STAEHELIN/SUTTER, 108 ff.). In diesem Bereich wäre der Begriff *«Behauptungslast»* entbehrlich (BK-KUMMER, N 12 ff., 41; HABSCHEID, N 651; DESCHENAUX, SPR II, 239).

33 Die **Substanzierungspflicht** ist ein Aspekt der Behauptungslast und somit Ausfluss der Verhandlungsmaxime. Substanzieren heisst *Tatsachenbehauptungen so konkret formulieren,* dass substanzierte Bestreitung möglich ist oder der Gegenbeweis angetreten werden kann (BGE 127 III 365 E. 2b). Für die Substanzierung einer *Bestreitung* genügt es, wenn sie einer bestimmten Tatsachenbehauptung zugeordnet werden kann (BGE 115 II 1; 105 II 143 E. 6a/bb; vgl. o. N 30). Das Mass der Substanzierung ergibt sich aus dem materiellen Bundesrecht (BGE 127 III 365 E. 3; VOGEL/SPÜHLER, N 10.55; KOFMEL, 220 f.).

33a Das **Geständnis** (Zugabe) ist die ausdrückliche Anerkennung einer gegnerischen Tatsachenbehauptung gegenüber dem Gericht. Enthält es Zusätze oder Einschränkungen («ja, aber»), wird es als *qualifiziert* bezeichnet. Ob das qualifizierte Geständnis teilbar ist, d.h. nur als Ganzes oder auch in Teilen als Zugabe behandelt werden darf, ist nach der Beschaffenheit des einzelnen Falles zu beurteilen (WALDER-RICHLI, § 29 N 3 f.; SCHMID, 16 f. m.w.H., auch im Zusammenhang mit der Bedingungsproblematik, u. N 45a).

3. Arten des Beweises

34 Der Beweis, der eine bestimmte Tatsachenbehauptung erhärten soll, wird **Hauptbeweis** genannt. Dieser Hauptbeweis ist i.e.S. Gegenstand der Beweislast, weil mit seinem Scheitern die *Beweislosigkeit* eintritt und davon auszugehen ist, die fragliche Tatsache habe sich nicht verwirklicht (BK-KUMMER, N 106; GULDENER, ZPR, 327 f.; VOGEL/ SPÜHLER, N 10.21; STAEHELIN/SUTTER, 158).

34a Die **Hauptbeweislast ist unteilbar,** weil ein geteiltes Beweisrisiko auch zu einer Teilung des davon abhängenden materiellen Anspruches müsste führen können (WALDER-RICHLI, § 28 N 24; GULDENER, Beweis, 21, SCHMID, in Leuenberger, Beweis, 20; HOHL, Procédure civile, N 1173 ff.). Wenn der Gekündigte die Beweislast für den missbräuchlichen Kündigungsgrund und für die Kausalität des Missbrauchstatbestandes für die Kündigung trägt, muss nicht der die Kündigung aussprechende Arbeitgeber seinerseits den Hauptbeweis dafür erbringen, dass er aus nicht missbräuchlichen Gründen gekündigt hat (u. N 63; a.M. BezGer. Bülach ZH, ZR 1996, 227; ArbeitsGer. ZH ZR 1994, 126).

35 Der gegen eine *gesetzliche Vermutung* zu führende Beweis ist ebenfalls Hauptbeweis und wird **Beweis des Gegenteils** genannt (BGE 120 II 393 E. 4b; 113 II 397 E. 2a; 110 II 1 E. b; BK-KUMMER, N 108; DESCHENAUX, SPR II, 249; STAEHELIN/SUTTER, 158; HABSCHEID, N 646; HOHL, Procédure civile, N 1133 f.). Scheitert dieser Beweis, bleibt es bei der Vermutung. Ähnlich verhält es sich mit dem *dispositiven Recht:* Wer eine davon abweichende Vereinbarung behauptet, trägt hiefür, quasi für das Gegenteil, die Beweislast (BK-KUMMER, N 255, 342; z.B.: BSK OR I-ZINDEL/PULVER, Art. 373 N 37, Art. 374 N 17; OGer ZH ZR 1996, 84).

36 Der nicht beweisbelasteten Partei steht es frei, den **Gegenbeweis** zu führen. Dieser wird nur relevant, wenn der Hauptbeweis angetreten wird und nicht scheitert. Der Gegenbeweis ist schon geglückt, wenn er das Ergebnis des Hauptbeweises so erschüttert, dass zuungunsten des Beweisbelasteten zu entscheiden ist (BGE 120 II 393 E. 4b; BGE 115 II 305; BGE 76 II 188 E. 3; BK-KUMMER, N 107; DESCHENAUX, SPR II, 249; VOGEL/ SPÜHLER, N 10.22.; HOHL, Procédure civile, N 1158 ff.). Ein *erweitertes (qualifziertes)*

Gegenbeweisthema ist gegeben, wenn die bestreitende Partei eine eigene, abweichende Sachdarstellung behauptet (BGE 130 III 321 E. 3.4).

4. Beweislastverteilung

a) Generalklausel

Dass Art. 8 eine **Beweislastverteilungsregel** enthalte, wird namentlich von MEIER (ZSR **37** 1987 I 705; ferner von SPIRO, Die Begrenzung privater Rechte durch Verjährungs-, Verwirkungs- und Fatalfristen, I, Bern 1975, 869 ff.; GUGGENBÜHL, 62 ff.; WOHLFAHRT, 33 ff.) in Frage gestellt. Danach wollte der Gesetzgeber nur klarstellen, dass die Beweislastfrage vom Bundesrecht beantwortet werde, im Übrigen aber die Beweislastverteilung Lehre und Praxis überlassen (MEIER, a.a.O., 707 f.).

Nach herrschender Lehre und Praxis sind jedoch die **Grundsätze der Beweislastvertei-** **38** **lung** in Art. 8 enthalten; sie können teils von ausdrücklichen Beweislastregeln abgeleitet, teils aus dem Aufbau der Rechtssätze und aus ihrer systematischen Stellung, also auf dem *Wege der Auslegung des materiellen Rechtes gewonnen* werden (**Normentheorie;** BGE 130 III 321 E. 3.1; 128 III 271 E. 2a/aa; BK-KUMMER, N 117, 125 ff., 144; GULDENER, ZPR, 325 f.; WALDER-RICHLI, § 28 N 6 ff.; STAEHELIN/SUTTER, 178 f.; VOGEL/ SPÜHLER, N 10.34 ff.; HOHL, Procédure civile, N 1166 ff., 1177 ff.; LEUENBERGER/ UFFER, Vorbemerkungen vor Art. 90 ff. N 3; HABSCHEID, N 644; HUGUENIN, 97 ff.; POUDRET/SANDOZ-MONOD, Art. 43 N 4.2.2). Massgebend ist die Unterscheidung in *rechtsbegründende, rechtsaufhebende (bzw. rechtsvernichtende) und rechtshindernde Tatsachen.* Art. 8 ist deshalb wie folgt zu verstehen: Derjenige hat das Vorhandensein einer behaupteten Tatsache zu beweisen, der aus ihr Rechte oder aber den Untergang von Rechten oder Pflichten ableitet (GULDENER, Beweis, 26), oder, es übernimmt jede Partei die Beweislast für die Tatsachen, welche die Voraussetzung der Rechtsnorm bilden, die sie zu ihren Gunsten anführt (DESCHENAUX, SPR II, 252 f.).

Es liefert also Art. 8 für den Einzelfall direkt keine Lösung, weshalb er auch als *«Leer-* **39** *formel»* bezeichnet worden ist (HUGUENIN, 122; ähnlich ZK-EGGER, N 5). Nach hier vertretener Auffassung stellt diese Norm eine **Generalklausel** dar, die nicht unmittelbar vollziehbar ist, sondern der konkreten Umsetzung bedarf (BGE 128 III 271 E. 2 a/aa; HAUSHEER/JAUN, N 7.27; BK-KUMMER, N 128). Als *Sachnorm* enthält die Generalklausel dennoch eine Weisung im oben N 38 umschriebenen Sinne, als *Ermächtigungsnorm* erlaubt sie die Mitberücksichtigung der *Angemessenheit der Verteilung des Beweisrisikos,* denn diejenige Partei soll den aus der Beweislosigkeit resultierenden ungünstigen Entscheid tragen, für die diese Folge nach objektiven Gesichtspunkten als weniger unbillig erscheint (BK-KUMMER, N 114, 134; MEIER, ZSR 1987 I 716 f.; u. N 59; zur Generalklausel allgemein BK-MERZ, Art. 2 N 29 ff.).

Im Anwendungsbereich des **UN-Kaufrechts** (CISG) ist jede Partei, wenn keine aus- **39a** drücklichen Beweislastregeln vorhanden sind, für die tatsächlichen Voraussetzungen der ihr günstigen Norm beweispflichtig (N 38 a.E.). Beruft sich eine Partei auf eine Ausnahmeregel, hat sie deren tatsächliche Voraussetzungen zu beweisen. Schliesslich gilt, dass Tatsachen aus einem Bereich, welcher einer Partei deutlich besser bekannt ist als der anderen, diejenige Partei nachweisen muss, welche die Herrschaft über diesen Bereich hat (*Beweisnähe;* BGE 130 III 258 E. 5.3).

Angesichts der reichen Bundesgerichtspraxis (ältere Kasuistik im Detail aufgearbeitet bei **40** BK-KUMMER, Art. 8 und bis ca. 1980 bei HUGUENIN), deren Resultate von keiner Seite grundlegend angezweifelt werden, dürfen die theoretischen Unterschiede nicht überbewertet werden (MEIER, ZSR 1987 I 737; HUGUENIN, 128).

41 Mit der **Parteirolle** im Prozess hat die Beweislast nichts zu tun (GULDENER, Beweis, 28; BK-KUMMER, N 214 ff.; DESCHENAUX, SPR II, 259; STAEHELIN/SUTTER, 178; POUDRET/SANDOZ-MONOD, Art. 43 N 4.2.3). Auch bei einer *negativen Feststellungsklage* trifft deshalb den Beklagten die Beweislast für die Tatsachen, aus denen er das Recht ableitet, auf dessen Nichtbestand der Kläger klagt (WALTER G., Zur Abweisung einer negativen Feststellungsklage, ZBJV 1987, 553 ff., 557). Zum Beweis neuer Tatsachen aber, wenn der Kläger die *Einrede der abgeurteilten Sache* zu widerlegen hat, s. BGE 112 II 268 E. I/1b und 3a.).

41a Der Kläger trägt analog zu Art. 8 die Beweislast für die **Prozessvoraussetzungen,** der Beklagte für Prozesshindernisse (GULDENER, ZPR, 325 Anm. 41; HABSCHEID, N 649; o. N 27).

b) Rechtserzeugende Tatsachen

aa) Grundsatz

42 Wer eine **Berechtigung** behauptet, hat sie, bzw. die der Berechtigung zugrunde liegenden Tatsachenbehauptungen zu beweisen (zur Aktivlegitimation BGE 123 III 60 E. 3a). Regelmässig sind positive Voraussetzungen nachzuweisen, so der Abschluss eines Vertrages, gelegentlich auch negative, wie das Fehlen eines Rechtsgrundes bei der Bereicherungsklage (BK-KUMMER, N 146 ff.; DESCHENAUX, SPR II, 254, HOHL, Procédure civile, N 1184).

43 Der **Fortbestand** eines Rechtes oder Rechtsverhältnisses ist nicht zusätzlich zu beweisen (BK-KUMMER, N 156 ff.; DESCHENAUX, SPR II, 254; BGE 125 III 78 E. 3 = Pra 1999, 506).

bb) Neuere Kasuistik zu den rechtserzeugenden Tatsachen

44 Das Geltendmachen von **Abwehrrechten** setzt den Nachweis der zu schützenden Rechtsposition sowie deren Verletzung voraus. Das gilt z.B. für *Eigentum* und *Besitz* (BK-KUMMER, N 150; BK-STARK, Art. 928 ZGB N 52), auch für den *Schutz vor Namensanmassung* (Art. 29 Abs. 2; BGE 112 II 369).

45 Wer aus **Delikt** Rechte ableitet, hat die Haftungsvoraussetzungen zu beweisen. Das gilt auch für den Bereich des *unlauteren Wettbewerbs* (BGE 114 II 91 E. 3). Der Geschädigte trägt die Beweislast für die Störungswirkung einer Persönlichkeitsverletzung (BGE 123 III 385 E. 4a); für die eine Kausalhaftung begründenden Umstände (z.B. für den Werkmangel, BGE 123 III 306 E. 3b = Pra 1997, 910; 108 II 184). Bei der Gefährdungshaftung beweist er, dass der Schaden durch den Betrieb eines Fahrzeuges oder einer Anlage verursacht wurde (BGE 107 II 269 E. 1b).

45a Wer aus **Vertrag** fordert, hat dessen Zustandekommen und dessen Inhalt zu beweisen. So beweist der Arbeitnehmer die vertragliche Verpflichtung des Arbeitgebers zur Gewährung von Ferien und ihr Entstehen durch die Dauer des Arbeitsverhältnisses (BGE 128 III 271 E. 2 a/bb). Wird Leistung unter Hinweis auf eine **aufschiebende Bedingung** verweigert, trägt der Ansprecher die Hauptbeweislast für den von ihm behaupteten unbedingten Vertrag, während die aufschiebende Bedingung Gegenbeweisthema darstellt («Leugnungstheorie» gegen «Einredetheorie»; vgl. SCHMID, 23 f. m.w.H. und 33, Bsp. 4; ZK-OSER/SCHÖNENBERGER, Vorbem. Art. 151–157 OR N 19; VON TUHR/ESCHER, II, 263; GULDENER, Beweis, 66; BÜHLER/EDELMANN/KILLER, § 119 N 6; OGer ZH ZR 1996, 84; **a.M.** insbes. KUMMER, N 258 ff.; OR-EHRAT, N 14 zu Art. 151 OR).

Wer **Schadenersatz aus Vertrag** beansprucht, hat den *Schaden,* auch aus entgangenem **46** Gewinn, die *Vertragsverletzung und den Kausalzusammenhang* zu beweisen, selbst wenn die schädigende Handlung in einer Unterlassung besteht (BGE 124 III 155 E. 3; 123 III 241 E. 3a; 117 II 256 E. 2b; 115 II 440 E. 4a; 115 II 1). Der Mieter von Skiern beweist, dass der Unfall auf das mangelhafte Einstellen der Sicherheitsbindungen zurückzuführen ist (BGE 107 II 426 E. 3b); wer sich auf Widerruf zur Unzeit beruft, hat den daraus fliessenden Schaden nachzuweisen (BGE 109 II 231 E. 3c/aa = Pra 1984, 33); Billigkeitsgründe, die einen Vergütungsanspruch des Unternehmers bei teilweisem Untergang des Werkes begründen, sind rechtserzeugend (BGE 123 III 183 E. 3d).

Besonders für die **Ärztehaftpflicht** gilt: Nach Auftragsrecht hat der Geschädigte einen **47** Kunstfehler, den Schaden und den adäquaten Kausalzusammenhang zwischen Kunstfehler und Schaden zu beweisen, während das Verschulden des Arztes vermutet wird (BGE 105 II 284 = Pra 1980, 362; BGE 113 Ib 420 E. 1). Die objektiv gebotene Sorgfalt wird bei der vertraglichen Haftung von der Vertragsverletzung erfasst. Richtet sich die Haftpflicht bei öffentlichen Spitälern nach den Regeln der Staatshaftung, zählt die Sorgfaltspflichtverletzung zur ebenfalls vom Geschädigten zu beweisenden Widerrechtlichkeit (BGE 115 Ib 175 E. 2b). Ähnlich beim **Architekten;** der Bauherr beweist den Schaden und den Kausalzusammenhang (BGE 127 III 543 = Pra 2001, 1177; 111 II 72 E. d).

Der **Vertretene** beweist die Sachumstände, die ihn zum Gläubiger des Dritten machen **48** (BGE 117 II 387 E. 2e = Pra 1992, 678).

Wer aus **ungerechtfertigter Bereicherung** fordert, trägt die Beweislast dafür, dass der **49** vom Gegner erlangte Vorteil eines Rechtsgrundes entbehrt (BGE 106 II 29 = Pra 1980, 488). Daher trägt, wer einen Kontokorrent-Saldo anerkannt hat, die Beweislast für dessen Unrichtigkeit (BGE 104 II 190 E. 3a; vgl. auch BGer SemJud 1994, 269; **a.M.** BUCHER, recht 1994, 168 ff.). Gleich verhält es sich bei der **Rückforderungsklage** nach Art. 86 SchKG (BGE 119 II 305 = Pra 1994, 739).

Dem Schuldner obliegt die Beweislast für die richtige **Erfüllung** des Vertrages (BGE **50** 132 III 186 E. 5.1.; 111 II 263 E. 1b). Wer eine **vertragliche Vergütung** oder eine Erhöhung derselben fordert, trägt die Beweislast für deren Voraussetzungen (Arbeitslohn: BGE 125 III 78 E. 3 = Pra 1999, 506; Werklohn: BGE 127 III 519 = Pra 2001, 1177; 113 II 513 E. 5 = Pra 1989, 80; BGE 112 II 500 E. 3c = Pra 1987, 914; Kundschaftsentschädigung des Agenten: BGE 103 II 277 E. 2; Vergütung des Frachtführers: BGE 109 II 231 E. 3c/aa = Pra 1984, 33).

Speziell zur **Mietzinserhöhung:** Der Vermieter trägt die Beweislast dafür, dass er sich **51** für eine Erhöhung auf einen dem Mieter rechtsgenüglich mitgeteilten Erhöhungsgrund stützt (BGE 116 II 594 E. 3a), für die Sachumstände, welche eine Erhöhung begründen (BGE 114 II 361 E. 3), so auch dafür, dass die Vergleichsmietzinse der Senkung der Hypothekarzinse angepasst worden sind (BGE 127 III 41 = Pra 2001, 121; 123 III 317 E. 4d); «*in jedem Fall*» dafür, dass die Erhöhung nicht missbräuchlich ist (BGE 113 II 303 E. 2e = Pra 1988, 743; vgl. aber u. N 72).

Bei der **Sachgewährleistung** hat der Besteller (Käufer) zu beweisen, wann der gerügte **52** Mangel für ihn erkennbar geworden ist, und wann, wie und wem er die Rüge mitgeteilt hat (BGE 107 II 172 E. 1a). Bes. die Entdeckung eines Mangels ist eine innere Tatsache, von der im Allgemeinen nur er selber Kenntnis hat (BGE 118 II 142 E. 3a). In diesem Sinne trägt der Besteller (Käufer) die Beweislast für die Rechtzeitigkeit der Rüge (SCHMID, 24 f. m.w.H.). Nicht beweisen muss er jedoch, weil negativ und unbestimmt, dass seine Rüge nicht verspätet ist, bzw. dass er den Mangel nicht schon früher entdeckt hat (u. N 73).

53   Die Einhaltung einer **Verwirkungsfrist** ist generell eine rechtsbegründende Tatsache (BGE 118 II 142 E. 3a; BK-KUMMER, N 151). Läuft dem Berechtigten eine **Frist ab Kenntnisnahme einer Tatsache,** hat er den Sachumstand zu beweisen, der ihm diese Kenntnis verschafft hat (BGE 118 II 1 E. 6a = Pra 1993, 347 zu Art. 30 Abs. 3; BK-KUMMER, N 316; vgl. u. N 78).

54   Bei der **Liquidation einer einfachen Gesellschaft** trägt die fordernde Partei die Beweislast dafür, dass die andere Partei für einen Fehlbetrag verantwortlich ist (BGE 108 II 212 E. 6b).

54a Die **Verkehrsdurchsetzung einer Marke** ist vom Inhaber der Marke zu beweisen, auch wenn die Marke mit dem Vermerk «durchgesetzte Marke» eingetragen ist (BGE 130 III 478).

55   Aus dem ZGB: In der **güterrechtlichen Auseinandersetzung** trägt jeder Ehegatte die Beweislast dafür, dass ein Vermögensobjekt zu seinem eingebrachten Gut gehört (BGE 107 II 119 E. 4). Wer eine Beteiligungsforderung geltend macht, weist nach, dass entsprechende Vermögenswerte zum Zeitpunkt der Auflösung des Güterstandes vorhanden gewesen sind. Jener Ehegatte, der eine Hinzurechnung nach Art. 208 Abs. 1 verlangt, muss deren Voraussetzungen beweisen (BGE 118 II 27 E. 2 f.). Wer die **Berichtigung der Wertquote** eines Stockwerkeigentumsanteils verlangt, beweist die Änderung der Berechnungsgrundlagen (BGE 127 III 142 E. 3).

c) Rechtsvernichtende und rechtshindernde Tatsachen

aa) Grundsatz

56   **Rechtsvernichtend** sind Tatsachen, die ein zunächst bestehendes Recht zum Erlöschen gebracht haben, während als **rechtshindernd** jene bezeichnet werden, die dem Entstehen einer Berechtigung von Anfang an entgegenstehen und als *«negative Voraussetzungen»* der rechtserzeugenden Tatsachen begriffen werden können (BK-KUMMER, N 160 ff.). Die Unterscheidung ist beweisrechtlich nicht von Bedeutung, weil die Beweislastverteilung nicht von dieser Differenzierung abhängt (DESCHENAUX, SPR II, 255 f. und Anm. 44).

57   Demgegenüber bietet die **Unterscheidung der rechtsbegründenden und rechtshindernden Tatsachen** Probleme. Von dieser Unterscheidung hängt die Beweislastverteilung und damit das Beweisrisiko ab (BK-KUMMER, N 166).

bb) Neuere Kasuistik zu den rechtsvernichtenden Tatsachen

58   Der Schuldner beweist den **Untergang seiner Verpflichtung** zufolge *Tilgung, Erlass, Unmöglichkeit.* So beweist der Arbeitgeber, dass und wie viele *Ferientage der Arbeitnehmer bereits bezogen* hat (BGE 128 III 271 E. 2 a/bb). Der Schuldner trägt die Beweislast der *Verjährung* (BGE 111 II 55 = Pra 1985, 374), ferner für den Untergang einer Berechtigung zufolge *Ausübung eines Gestaltungsrechts* (z.B. *Kündigung, Rücktritt, Geltendmachung von Willensmängeln;* BGE 125 III 78 = Pra 1999, 506) wie auch für dessen Voraussetzungen (so beweist der Versicherer die Verletzung einer Anzeigepflicht gemäss Art. 6 VVG; BGE 129 III 510 E. 4). Das gilt auch, wenn ein Gestaltungsrecht *durch Klage* auszuüben ist (BK-KUMMER, N 152, 162); wer die *Ungültigkeit* einer Verfügung von Todes wegen geltend macht, beweist das Vorliegen von Ungültigkeitsgründen (Art. 519) und hat bei einer Falschdatierung nachzuweisen, weshalb Gewissheit über den genauen Zeitpunkt der Testamentserrichtung erforderlich sein soll (BGE 116 II 117 E. 7d). Dass die *Erbteilung bereits erfolgt* ist, ist rechtsvernichtend und im Erbteilungsprozess von demjenigen zu beweisen, der sich darauf beruft (OGer ZH ZR 2004, 129). Der Haftpflichtige beweist die Voraussetzungen der *Vorteilsanrechnung* (BGE 128 III 22).

cc) Neuere Kasuistik zu den rechtshindernden Tatsachen

Als **Kriterium der Unterscheidung** von den rechtsbegründenden Tatsachen dient der   59
systematische Aufbau der Rechtssätze (BK-KUMMER, N 166 ff.). So gelten z.B. dilatorische Einreden (verzögerliche im Gegensatz zu den peremptorischen, o. N 58) als rechtshindernd; Art. 82 OR aber ändert nichts an der Beweislast für die behauptete Erfüllung (BK-KUMMER, N 266 ff.; DESCHENAUX, SPR II, 257, Anm. 46). Weiteres Kriterium ist die Unterscheidung nach *Regel und Ausnahme* (BK-KUMMER, N 173 ff.; DESCHENAUX, SPR II, 257; GULDENER, ZPR, 326; NOBEL, 310 f.; BGE 132 III 186 E. 5.1.; **a.M.** MEIER, ZSR 1987 I 733 f.), schliesslich das Kriterium der *Angemessenheit* (BK-KUMMER, N 181 ff.), bei welchem es vorab um eine Wertung der Nachteile der Parteien im Falle einer durch das Scheitern des Beweises verursachten «Fehlentscheidung» geht (o. N 39). In der neueren Praxis findet dieses Kriterium nur beiläufige Erwähnung (BGE 111 II 156 E. 3b). Abzulehnen ist es auf jeden Fall, die Beweislast nach der konkreten Beweislage im aktuellen Fall zu verteilen (für eine Typisierung auch MEIER, ZSR 1987 I 739), weil sonst die Verteilung des Beweisrisikos unkalkulierbar würde (HOHL, Procédure civile, N 1168).

Nicht die **Urteilsfähigkeit** (Handlungs-, Deliktsfähigkeit) als rechtsbegründende Tat-   60
sache ist nachzuweisen, sondern **deren Nichtvorhandensein** als rechtshindernder Umstand (BGE 117 II 231 E. 2b; 116 II 117 E. 8; OGer ZH ZR 1997, 213; GULDENER, Beweis, 38 ff.; BK-BUCHER, Art. 16 N 125; BK-KUMMER, N 220 ff.). Wenn aber über die Urteilsfähigkeit eines *Fahrzeuglenkers* Ungewissheit besteht, so ist es gemäss Art. 59 Abs. 1 SVG Sache des Halters, der sich befreien will, das grobe Verschulden und damit die Urteilsfähigkeit des Getöteten zu beweisen (BGE 105 II 209 E. 3).

Wer die **Wirksamkeit eines Rechtsgeschäftes** in Frage stellt, hat die Sachumstände zu   61
beweisen, die der Gültigkeit entgegenstehen (BK-KUMMER, N 289 ff.). Das gilt für die *Simulation* eines Rechtsgeschäfts (BGE 112 II 337 E. 4; BK-KUMMER, N 179); für die Sachvoraussetzungen der *Nichtigkeit* (zur Patentnichtigkeit BGE 108 II 154 E. 3a); für *Willensmängel* (BK-KUMMER, N 292 ff.), z.B. für Abgabe einer Schuldanerkennung unter Furcht, wobei die Einräumung übermässiger Vorteile nach Art. 30 Abs. 2 OR dem Eintritt der rechtshindernden Wirkung des Willensmangels ihrerseits hindernd entgegensteht und daher vom Anfechtungsgegner zu beweisen ist (BGE 110 II 132 E. 4). Der Schuldner beweist die Voraussetzungen für eine *Herabsetzung der Konventionalstrafe* (BGE 114 II 264; 103 II 109; BK-KUMMER, N 170). Wer bei einem Termingeschäft den Spieleinwand erhebt, trägt die Beweislast für die eigene Spielabsicht und für deren der Gegenpartei leichte Erkennbarkeit (BGE 120 II 42 E. 3b; BK-GIOVANOLI, Art. 513 OR N 34). Es handelt sich dabei um rechtshindernde Tatsachen; einer gegen Spielabsicht gerichteten Vermutung bedarf es entgegen der Formulierung des BGer nicht.

Entlastungsgründe verschiedenster Art sind rechtshindernder Natur. Der Schädiger   62
muss mit dem Einwand zugelassen werden, dass der Schaden unabhängig von seinem Verhalten wegen späterer hypothetischer Ereignisse ohnehin eingetreten wäre (BGE 115 II 440 E. 4a, c). Im Rahmen der *Ärztehaftpflicht* kann der Arzt nachweisen, dass ihm der Kunstfehler nicht zum Verschulden gereicht (Art. 97 OR; BGE 105 II 284 E. 1 = Pra 1980, 362); ihn trifft die Beweislast für die Aufklärung des Patienten und für den Rechtfertigungsgrund dessen Einwilligung (BGE 115 Ib 175 E. 2b), und – bei ungenügender Aufklärung des Patienten – für die Voraussetzungen der Annahme einer hypothetischen Einwilligung (BGE 124 III 155 E. 3d; Pra 1995, 234 E. 4; BGE 119 II 456 E. 4; 117 Ib

197 E. 5; vgl. auch HONSELL, Die zivilrechtliche Haftung des Arztes, ZSR 1990 I 135 ff.). Bei der *Haftung aus Vertrag* (*Vermietung* von Skiern mit falsch eingestellter Bindung) kann sich der Schuldner mit dem Beweis entlasten, die nach der Erfahrung und nach den Umständen gebotene Sorgfalt angewendet zu haben (BGE 107 II 426 E. 3b; es bleibt unklar, ob das Verschulden oder die Adäquanz des Kausalzusammenhanges angesprochen ist). Bei *Schädigung durch Unterlassung* trägt bei gegebener Garantenstellung und Handlungspflicht der Schädiger (Vormund) die Beweislast dafür, dass er die gebotene Handlung vorgenommen hat (BGE 115 II 15 E. 3b). Der *Fahrzeughalter* beweist, dass der geschädigte Beifahrer wusste, dass das Fahrzeug entwendet war (SVG 75; BGE 124 III 182 E. 3). Er trägt auch die Beweislast für die in Art. 59 Abs. 1 SVG genannten Entlastungsgründe (BGer 4C.332/2002), ebenso wie der Tierhalter nach Art. 56 Abs. 1 OR (BGE 131 III 115).

63   Den **Rechtsmissbrauch** hat der ihn Einwendende zu beweisen (BK-KUMMER, N 177; GULDENER, Beweis, 38). Der *Rentenverpflichtete* beweist, dass die Berechtigte eine neue, eheähnliche Lebensgemeinschaft eingegangen ist (BGE 109 II 188 E. 2). Wer *Lösungs- und Unterlassungsansprüche* aus Immaterialgüterrecht oder ähnliche Ansprüche aus Firmenrecht oder Wettbewerbsrecht verletzt, trägt die Beweislast für die Verwirkung der Rechte des Verletzten, d.h. für die Duldung und für den Erwerb eines eigenen wertvollen Besitzstandes (BGE 109 II 338 E. 2a). Der Mieter, der rechtsmissbräuchlich eine Mietzinserhöhung anficht, verliert den Anspruch auf gesetzlichen Kündigungsschutz, doch hat der *Vermieter* den missbräuchlichen Charakter der Anfechtung nachzuweisen (BGE 114 II 79 E. 3a = Pra 1988, 625). Ebenso trägt im Arbeitsrecht derjenige die Beweislast, der sich auf die Missbräuchlichkeit der seitens der anderen Partei erfolgten Kündigung gemäss Art. 336 OR beruft (BGE 123 III 246 E. 4b; 121 III 60 E. 3b; o. N 34a).

64   Ein typisches Beispiel für die Problematik der **Unterscheidung der rechtsbegründenden von den rechtshindernden Tatsachen** bietet Art. 269 OR. *Mietzinse sind missbräuchlich,* wenn sie u.a. auf einem *offensichtlich übersetzten Kaufpreis* beruhen. Als offensichtlich übersetzt gilt gemäss Art. 10 VMWG jener Kaufpreis, der den Ertragswert einer Liegenschaft, berechnet nach den orts- oder quartierüblichen Mietzinsen für gleichartige Objekte, erheblich übersteigt. Hat nun der Käufer und neue Vermieter, der den Mietzins erhöhen will, zu beweisen, dass der von ihm bezahlte Kaufpreis nicht offensichtlich übersetzt ist *(rechtserzeugend),* oder muss er nur beweisen, dass er den Kaufpreis X bezahlt hat, was den Mietzins Y erfordert *(rechtserzeugend),* während der die Erhöhung bestreitende Mieter den Beweis für die Übersetztheit des Preises zu erbringen hat *(rechtshindernd)?* Den Ausschlag gibt das systematische Argument, dass es sich bei Art. 269 ff. OR um eine *Missbrauchsgesetzgebung* handelt, welche von der Zulässigkeit der Kostenmiete ausgeht, weshalb der Mieter die Beweislast für die Übersetztheit des Preises trägt (OGer.ZH und BGer in MRA 1995, 3 ff. und 195 ff.; ferner BGer in mp 1996, 159 E. 3d). Macht der Mieter eine *Mietzinsreduktion nach Art. 259a OR* geltend, hat er lediglich die Mangelhaftigkeit der Mietsache zu beweisen, nicht auch, dass er dafür nicht verantwortlich ist. Für letztere, rechtshindernde Tatsache trägt der Vermieter die Beweislast (OGer BL BJM 2000, 141).

5. Spezielle Beweislastregel, gesetzliche Vermutung, Fiktion

65   Das Gesetz enthält neben Art. 8 spezielle **Beweislastregeln.** Diese können der Grundregel folgen (Art. 32 Abs. 1, 200 Abs. 1, 248 Abs. 1 ZGB; Art. 42 Abs. 1, 204 Abs. 2 OR; Art. 59 Abs. 1 SVG, dazu BGE 111 II 89 E. 1 = Pra 1985, 450; Art. 20 PatG; Art. 5 PrHG; Art. 13a UWG unklar, da die Beweislastverteilung dem richterlichen Ermessen anheim gestellt bleibt), oder von ihr abweichen (Art. 40e Abs. 3, 222 OR, dazu BSK

OR I-GIGER, Art. 222 N 21 ff.). Einige dieser Normen nennen auch gleich die *materielle Rechtsfolge* für den Fall der Beweislosigkeit (Annahme des gleichzeitigen Versterbens Mehrerer, Art. 32 Abs. 2; Annahme von Miteigentum, Art. 200 Abs. 2 und 248 Abs. 2; Anbringen eines Vermerkes bei den Daten, wenn weder deren Richtigkeit noch Unrichtigkeit bewiesen ist, Art. 15 Abs. 2 DSG).

Als *Beweislastregel* wird Art. 3 verstanden. Beweisbelastet ist nach Abs. 1 wer den **bösen**   **66**
Glauben behauptet, ebenso, wer i.S.v. Abs. 2 die Anwendung der gebotenen Aufmerksamkeit bestreitet (BGE 121 III 109 E. 4a = Pra 1995, 931; 119 II 23 E. 3a = Pra 1995, 38; BGE 113 II 397 E. 2a, b; BK-KUMMER, N 354; BK-JÄGGI, Art. 3 N 98, 116.). Für gesetzliche Vermutung tritt dagegen SCHNYDER (ZBJV 1955, 126) ein. Ebenso wird Art. 17 OR als Beweislastregel verstanden (BK-SCHMIDLIN, Art. 17 OR N 50 ff.), aber auch als gesetzliche Vermutung interpretiert, wonach das abstrakte Schuldbekenntnis das Vorhandensein eines Rechtsgrundes vermuten lässt (BK-BECKER, Art. 17 OR N 2; VOGEL/ SPÜHLER, N 10.47). Beweislastregel ist ferner Art. 97 Abs. 1 OR, wonach der Schuldner den rechtshindernden Exkulpationsbeweis zu erbringen hat (BK-KUMMER, N 353).

Die **gesetzliche Vermutung** *(praesumptio iuris)* ist widerlegbar; sie setzt einen bestimm-   **67**
ten Sachverhalt voraus, eine Vermutungsbasis, von welcher auf einen anderen Sachverhalt oder auf eine Berechtigung geschlossen wird. Der Vermutungsträger hat lediglich die *Vermutungsbasis zu beweisen* (welche mittels *einfachen Gegenbeweises* zerstört werden kann); dem Gegner steht der **Beweis des Gegenteils** offen (o. N 35 f.).

Es werden **Tatsachen- und Rechtsvermutungen** unterschieden. Bei den ersteren betrifft   **68**
die Vermutung einen *Sachumstand* (Art. 32 Abs. 2, 195a Abs. 2 ZGB; Art. 16 Abs. 1, 170 Abs. 3, 176 Abs. 3, 190 Abs. 1, 220, 481 Abs. 2 OR; vgl. GUGGENBÜHL, 26). Bei der Rechtsvermutung wird *von einer Vermutungsbasis aus auf ein Recht oder Rechtsverhältnis* geschlossen (Art. 200 Abs. 3 und BGE 118 II 27 E. 2; Art. 226, 255, 262, 670, 930; Art. 17 OR, dazu GUGGENBÜHL, 46).

Kasuistik: Zur *Eigentumsvermutung* nach Art. 930: Der Besitzer eines Inhabersparheftes   **69**
muss nicht beweisen, dass es ihm geschenkt wurde (Pra 1995, 232 E. 4c). Der Besitzer von Inhaberaktien hat auch als Fiduziar die gesetzliche Vermutung für sich, der aus den Aktien Berechtigte zu sein (BGE 109 II 239 E. 2a). Zum *Mietvertrag:* Liegt einer der im Gesetz genannten Erhöhungsgründe vor, besteht eine widerlegbare Vermutung dafür, dass der Mietzins nicht missbräuchlich ist. Der Vermieter hat die Vermutungsbasis zu beweisen (in diesem Sinne ist BGE 113 II 303 E. 2e = Pra 1988, 743 zu verstehen, wonach der Vermieter immer die Beweislast dafür trägt, dass der Mietzins nicht missbräuchlich ist); der Mieter trägt die Beweislast dafür, dass der Vermieter entgegen der Vermutung einen übersetzten Ertrag erzielt (BGE 124 III 10; 114 II 361 E. 5; 116 II 594 E. 6a). Wird einem einzelnen Gesellschafter die *Geschäftsführung der einfachen Gesellschaft* überlassen, besteht im internen Verhältnis die gesetzliche Vermutung, dass er die Gesellschaft oder sämtliche Gesellschafter gegenüber Dritten vertreten kann. Im externen Verhältnis ist die Vermutung unwiderlegbar (BGE 124 III 355; zur Fiktion u. N 74). Zur Vermutung zugunsten eines *patentierten* Verfahrens gemäss Art. 67 Abs. 1 PatG s. BGE 116 II 357 E. 4a.

Gemäss Art. 6 GlG wird eine Diskriminierung vermutet, wenn sie von der betroffenen   **69a**
Person glaubhaft gemacht wird. Diese Bestimmung wird als gesetzliche Vermutung aufgefasst, bei welcher Vermutungsbasis und behaupteter Sachverhalt zusammenfallen (VOGEL/SPÜHLER, N 10. 47; LEUENBERGER, Glaubhaftmachen, 115; RUMO-JUNGO, 56; BGE 130 III 145 E. 4; 127 III 207). Sie kann jedoch auch als blosse Senkung des Beweismasses erklärt werden (SCHMID, 30; u. N 71a).

70 Die **Fiktion** *(praesumptio iuris et de iure)* ist eine vom Gesetz aufgestellte, an eine Fiktionsbasis geknüpfte, *nicht widerlegbare Tatsachen- oder Rechtsvermutung:* Fiktion von Miteigentum der Ehegatten (Art. 200 Abs. 2; 248 Abs. 2, o. N 65), des Scheiterns der Ehe nach zweijähriger Trennung der Ehegatten nach Art. 114; Fiktion des Eintrittes der Bedingung nach Art. 156 OR; des Verzichtes auf Wandelung nach Art. 207 Abs. 3 OR (BK-KUMMER, N 344 ff.; DESCHENAUX, SPR II, 267 f.). Fiktion einer rechtsgeschäftlichen Bindung der Handelnden zum Vertragspartner bei Handeln im Namen der künftigen AG (Art. 645 Abs. 1 OR; BGE 123 III 24 E. 2d S. 29).

6. Umkehr der Beweislast

71 Eine **Umkehr der Beweislast** zufolge *Beweisschwierigkeiten* findet grundsätzlich nicht statt. Die Praxis hilft u.U. mit einer *Senkung des Beweismasses* (HOHL, in Leuenberger, 137 f.) oder mit *tatsächlichen Vermutungen* (u. N 87) und es kann den Gegner aus Treu und Glauben eine *Mitwirkungspflicht* bei der Abklärung des Sachverhaltes treffen, indem er den Gegenbeweis anzutreten hat (BGE 119 II 305 = Pra 1994, 739; BGE 114 II 91 E. 3); Verweigerungshaltung kann bei der Beweiswürdigung berücksichtigt werden (BK-KUMMER, N 184 ff.; DESCHENAUX, SPR II, 259 f.; VON GREYERZ, 51 ff.; WOHLFAHRT, 22 ff.; POUDRET/SANDOZ-MONOD, Art. 43 N 4.2.3).

71a **Glaubhaftmachung** eines Sachverhaltes bewirkt **an sich keine Beweislastumkehr,** ausser sie genügt als Basis einer *gesetzlichen Vermutung* (Art. 256b Abs. 2 und Art. 260b Abs. 2) oder wird vom Gesetzgeber i.S. einer *Beweislastregel* vorgeschrieben. Das ist umstritten für Art. 6 GlG, Art. 12 Abs. 3 MSchG und Art. 67 Abs. 2 PatG, weil diese Bestimmungen auch so verstanden werden können, dass der Gesetzgeber für den Hauptbeweisbelasteten lediglich eine Beweiserleichterung durch Senkung des Beweismasses vorsieht mit der Folge, dass die Gegenpartei, um die blosse Glaubhaftigkeit zu widerlegen, im Ergebnis doch den vollen Gegenbeweis liefern muss (MSchG-DAVID, N 15 zu Art. 12; BLUM/PEDRAZZINI, Das schweiz. Patentrecht, III, 2. Aufl. Bern 1975, N 3 zu Art. 67; BGE 116 II 357 E. 4a; a.M. LEUENBERGER, Glaubhaftmachen, 114 ff.; BGE 127 III 207 E. 3a; o. N 69a). Keine Beweislastumkehr wird dadurch bewirkt, dass sich bereits eine Instanz mit einer Streitlage befasst und aufgrund einer vorläufigen Beurteilung einen *prima-facie-Entscheid* gefällt hat, der noch in einem ordentlichen Prozessverfahren geprüft werden kann. Gewährung der provisorischen Rechtsöffnung, Bewilligung des Rechtsvorschlages wegen mangelnden neuen Vermögens, Erstreckung des Mietverhältnisses durch die Schlichtungsbehörde ändern nichts an der Beweislast im nachfolgenden ordentlichen Prozess, denn die Beweislastverteilung ist materiellrechtlicher Natur und wird durch das Ergebnis eine vorläufigen Beweiswürdigung nicht beeinflusst (SCHMID, 26 f.).

72 Es trifft nicht zu, dass sog. **negative Tatsachen** generell nicht zu beweisen sind; dem steht schon das Gesetz entgegen (Art. 17, 64, 97 OR). Nach konstanter Praxis des Bundesgerichtes findet Art. 8 auch dann Anwendung, wenn es um den Beweis negativer Tatsachen geht (BGE 119 II 305 = Pra 1994, 739; zur ungerechtfertigten Bereicherung vorn N 49). Wenn ein direkter Beweis des Negativen nicht möglich ist, ist er indirekt über positive Sachumstände zu führen (BK-KUMMER, N 194; DESCHENAUX, SPR II, 262; STAEHELIN/SUTTER, 182; zu einer allfälligen Mitwirkungspflicht des Gegners s.o. N 71).

73 **Beweislastumkehr** kann aber in Frage kommen, wenn es um den Nachweis *unbestimmter Negativa* geht. Dies ist v.a. für auf ein Nicht-Tun gerichtete Obligationen von Relevanz: Verzichtet der Gläubiger beim Schuldnerverzug auf nachträgliche Leistung, hat er nicht das Ausbleiben der Leistung zu beweisen; der Verpflichtete hat auch nicht zu be-

weisen, dass er das Konkurrenzverbot nicht verletzt hat (BK-KUMMER, N 196 ff.; DE-
SCHENAUX, SPR II, 262 f.; MEIER, ZSR 1987 I 734). Für den Beweis des Nichtgebrauchs
einer Marke o. N 71a. Den Beweis, dass die Kenntnis einer Tatsache erworben worden
ist, erbringt derjenige, der daraus ein Recht ableitet. Der Beweis aber, dass diese Kennt-
nis nicht schon früher erworben wurde, ist, da negativ und unbestimmt, nicht zu führen
(BGE 118 II 1 E. 6a = Pra 1993, 347). Weitere Kasuistik bei VON GREYERZ, 75 ff. Auch
Beweisvereitelung kann eine Beweislastumkehr zur Folge haben (u. N 81); ebenso die
Verweigerung der Auskunftserteilung oder Rechnungslegung trotz einer im Rahmen
einer Stufenklage ergangenen dahinzielenden Verurteilung (BGE 123 III 140 E. 2c;
HOHL, Procédure civile, N 1202).

V. Beweisführung

Die eigentliche **Beweisführung** (von der Partei aus gesehen) oder **Beweisabnahme**   **74**
(vom Richter aus betrachtet) wird vom kantonalen Prozessrecht geregelt. Dies betrifft
zunächst die Formalien des Beweisverfahrens (BGE 106 III 49 = Pra 1980, 773; BGE
105 III 107 E. 5b; VOGEL/SPÜHLER, N 10.80 ff.; HABSCHEID, N 653 ff.; LIEBER, 229 ff.),
welche allerdings den Anforderungen des in Art. 8 verankerten Beweisanspruchs und des
Grundsatzes der Gewährung des rechtlichen Gehörs gemäss Art. 29. Abs. 2 BV gerecht
werden müssen (KOFMEL, 296 ff.).

Die Zulässigkeit der **Beweismittel** richtet sich gemeinhin nach kantonalem Prozessrecht   **75**
und folgt nicht aus Art. 8 (BK-KUMMER, N 60 ff.; HABSCHEID, N 663 ff.; STAEHELIN/
SUTTER, 159; VOGEL/SPÜHLER, N 10.94 ff.; LIEBER 234 ff.; BGE 122 III 219 E. 3c; 109
II 26 E. 3b; 106 III 49 = Pra 1980, 773; BGE 105 III 107 E. 5b); es stehen daher nicht in
allen Kantonen die gleichen Beweismittel zur Verfügung, was den Prozessausgang wesentlich beeinflussen kann. So darf im Kt. Zürich nur eine der Parteien zur Beweisaussage unter der Strafdrohung von Art. 306 StGB zugelassen werden (KassGer ZH, ZR 2005,
94). Diesem Mangel wird, solange das Prozessrecht nicht vereinheitlicht ist, nur dadurch
gesteuert, dass einerseits die Verwirklichung des Bundesprivatrechts zur Leitschnur genommen wird (STAEHELIN/SUTTER, 158 f.; HINDERLING/STECK, 559) und andererseits
kantonale Beweisregeln (VOGEL/SPÜHLER, N 10.71 ff.) am Beweisanspruch von Art. 8
gemessen werden und Beweisverbote nur als zulässig gelten, wenn sie eine gesetzliche
Grundlage haben, verhältnismässig sind, einem überwiegenden öffentlichen Interesse
entsprechen und den Kerngehalt des Rechts auf Beweis wahren (KOFMEL, 296 ff.;
KOFMEL EHRENZELLER, 153 ff.; WALTER G., ZBJV 1991, 326 f.; vgl. u. N 84).

Gelegentlich *schreibt das Bundeszivilrecht selber bestimmte Beweismittel vor* (z.B.   **76**
persönliche Anhörung oder Expertise; BK-KUMMER, N 63; STAEHELIN/SUTTER, 159;
POUDRET/SANDOZ-MONOD, Art. 43 N 4.50.1 ff.).

Aus der von Bundesrechts wegen im Interesse des Kindeswohles geltenden Offizial- und   **77**
Untersuchungsmaxime wird für die *Kinderzuteilung* der **Freibeweis** abgeleitet. Der
Richter kann alle tauglichen Ermittlungsmethoden anwenden, ohne an das kantonale
Beweismittelsystem gebunden zu sein (BGer AJP 1992, 129; VOGEL, FS Hegnauer, 625;
SUTTER/FREIBURGHAUS, Art. 145 ZGB N 1 und 16; FamKomm Scheidung/FANKHAUSER,
Art. 145 ZGB N 4b; BSK-ZGB I-LEUENBERGER, N 8 zu 139). Nach einer neueren Lehr-
meinung sollen allgemein als Ausfluss des Grundsatzes der freien richterlichen Beweis-
würdigung *Lücken in der Beweisführung* auf dem Wege des Freibeweises geschlossen
werden können (HABSCHEID, N 663).

VI. Beweiswürdigung

1. Freie Beweiswürdigung

78 Die erhobenen Beweismittel sind vom Richter in Bezug auf ihre *Beweiskraft zu würdigen.* Damit befasst sich Art. 8 nicht (BGE 122 III 219 E. 3c; 117 III 29 E. 3 = Pra 1993, 45; BGE 115 II 484 E. 2b; 114 II 289 E. 2a). Ob der **Grundsatz der freien Beweiswürdigung** gilt, wonach der Richter das Beweisergebnis nach freier Überzeugung und unabhängig von Regeln über den Wert von Beweismitteln würdigt, ergibt sich nach traditioneller Anschauung aus dem kantonalen Prozessrecht, soweit nicht von Bundesrechts wegen die freie Beweiswürdigung vorgeschrieben ist (BGE 117 III 29 E. 3 = Pra 1993, 45; BK-KUMMER, N 64 ff.; DESCHENAUX, SPR II, 241; GULDENER, Beweis, 2 f.; STAEHELIN/SUTTER, 175 f.; VOGEL/SPÜHLER, N 10.66; U. KAUFMANN, 40 ff.; POUDRET/SANDOZ-MONOD, Art. 43 N 4.7).

79 Indes handelt es sich bei der freien Beweiswürdigung um einen **allgemeinen Grundsatz des modernen Prozessrechts,** wie er in Art. 40 BZPO seinen Niederschlag gefunden hat (HABSCHEID, N 661 ff.). Das Prinzip wird als uneingeschränkte *Würdigungs- und Verwertungsfreiheit* aufgefasst, wonach *alle Arten von Beweismitteln* zuzulassen sind, soweit sie beweistauglich sind (BÜHLER, Beweiswürdigung, 75 f.; DERS., Beweismass und Beweiswürdigung, 45; LEUENBERGER/UFFER, Art. 101 N 1 lit. a; vgl. o. N 77). Es wird sowohl aus dem Recht auf Beweis abgeleitet (KOFMEL, 237 f.), als auch aus dem materiellen Bundesrecht, das es zu verwirklichen gilt (BÜHLER/EDELMANN/KILLER, Vorbem. §§ 195–269 N 17; BÜHLER, Beweiswürdigung, 78; DERS., Beweismass und Beweiswürdigung, 51; M. KAUFMANN, in AJP 2003, 1199 ff., 1201).

80 Im Rahmen der Beweiswürdigung hat sich der Richter mit dem Beweisergebnis auseinander zu setzen; bezüglich der tatsächlichen Annahmen trifft ihn eine **Begründungspflicht** (Pra 1995, 548 E. 5b; Pra 1994, 550 E. 1d; MESSMER/IMBODEN, N 125 Anm. 37; POUDRET/SANDOZ-MONOD, Art. 51 N 4; U. KAUFMANN, 118 f.).

81 Zur allfälligen *Mitwirkungspflicht des Prozessgegners* bei der Beweisführung s. N 71. Zur **Beweisvereitelung** s. GULDENER, ZPR, 326 Anm. 44. Es handelt sich um rechtswidriges und schuldhaftes Verunmöglichen der Beweisführung durch die gegnerische Partei mittels Manipulation, Beseitigung oder Zurückhaltung von Beweismitteln (PAULUS, 136 ff.), sei es – in einem weiteren Sinne – schon vorprozessual durch Verletzung materiellrechtlicher Gebote (Pflicht zur Führung und Aufbewahrung der Buchhaltung) oder sei es – in einem engeren Sinne – im Prozesse selbst durch Verletzung des Grundsatzes von Treu und Glauben in der Prozessführung (Verletzung einer Editionspflicht, OGer ZH; ZR 2005, 147). Für solche Fälle wird teils eine Umkehr der Beweislast postuliert (VOGEL/SPÜHLER, N 10.44, u.H. auf BezGer. Meilen ZH ZR 1999, 139 betr. Verschrottung des zu begutachtenden Autos; KantonsGer. ZG SJZ 1998, 366; BEGLINGER, 491 ff.; DESCHENAUX, SPR II, 260; BK-Kummer, N 191; WOHLFAHRT, 23f), teils eine Lösung über die Beweiswürdigung gesucht oder je nach Intensität des zu ahndenden Verhaltens beides vorgeschlagen (SCHMID, 28). Auch eine Verschärfung des Beweismasses kommt in Frage (KantonsGer SG, SJZ 2004, 511 zufolge fahrlässiger Verletzung des Veränderungsverbotes gemäss Art. 68 VVG), oder Gewährung einer Beweiserleichterung, indem an Stelle der konkreten Berechnung der Wert eines Wertschriftendepots aufgrund der Entwicklung des SPI geschätzt wird (OGer ZH, ZR 2005, 149).

82 Eine wichtige bundesrechtliche **Ausnahme** von der freien Beweiswürdigung findet sich bezüglich des Beweiswertes von öffentlichen Urkunden in Art. 9.

2. Antizipierte Beweiswürdigung

Art. 8 steht einer **antizipierten** oder **vorweggenommenen Beweiswürdigung** nicht ent- **83**
gegen (Pra 2001, 388 E. 3; BGE 122 III 219; Pra 1995, 548, E. 1a; BGE 115 II 440
E. 6b; 114 II 289 E. 2a; 109 II 26 E. 3b). Sie liegt vor, wenn weitere Beweisabnahme
wegen bereits feststehenden Beweisergebnisses abgelehnt wird, oder wenn Beweismittel
als vorweg untauglich ausgeschieden werden (BRÖNNIMANN, FS Vogel, 172 ff.; VOGEL/
SPÜHLER, N 10.79b; POUDRET/SANDOZ-MONOD, Art. 43 N 4.4.1; SPÜHLER, N 508; KOF-
MEL EHRENZELLER, 158 f.; LIEBER, 243 f.). Auf das Erheben des *Gegenbeweises* darf nur
verzichtet werden, wenn der Hauptbeweis unumstösslich erbracht ist, was nur gestützt
auf tatsächliche Vermutungen als unzulässig gilt (BGE 115 II 305).

Angebotene Beweismittel dürfen nur in **engen Schranken** übergangen werden: Wenn **84**
der *Hauptbeweis bereits erbracht* ist (z.B. durch Expertise), muss er nicht noch zusätzlich (z.B. durch Zeugen) erhärtet werden. Hingegen könnte sich der Richter nicht von der
Abnahme der Gegenbeweismittel dispensieren. Sodann sind *objektiv untaugliche Beweismittel* nicht zu erheben. Zeugen fallen gewöhnlich nicht in diese Kategorie (BRÖNNI-
MANN, FS Vogel, 179 ff.; HABSCHEID, N 559; STAEHELIN/SUTTER, 177; OBERHAMMER,
passim). Zum Sonderfall der antizipierten Beweiswürdigung im *Revisionsverfahren* ZR
2004, 78

3. Indizien und tatsächliche Vermutungen

Eine Frage der Beweiswürdigung und nicht von Art. 8 ist die *mittelbare Beweisführung* **85**
durch **Indizien** (BGE 114 II 289 E. 2a; 109 II 338 E. 2d; 104 II 68 E. 3b), mit deren
Hilfe auf Tatbestandsmerkmale geschlossen werden kann (BK-KUMMER, N 93;
DESCHENAUX, SPR II, 236; HOHL, Procédure civile, N 958 ff.).

Die **tatsächliche Vermutung** *(praesumptio hominis, natürliche Vermutung, richterliche* **86**
Vermutung, Lebenserfahrung) gehört ebenfalls zum Komplex der Beweiswürdigung. Sie
beruht auf Indizien, aus denen mittels *Wahrscheinlichkeitsüberlegungen* und aufgrund
der Lebenserfahrung auf einen nicht direkt bewiesenen Sachumstand geschlossen wird.
Die Beweislastverteilung wird davon nicht berührt; der Beweisbelastete hat die für die
Vermutung benötigten Indizien *(Vermutungsbasis)* darzutun (BGE 117 II 256 E. 2b; BK-
KUMMER, N 142 f., 362 ff.; DESCHENAUX, SPR II, 264; HABSCHEID, N 647; HUGUENIN,
141 ff.; SCHUMACHER, 169 ff.; HOHL, Procédure civile, N 958 ff.; o. N 18).

Sie dient der **Beweiserleichterung,** hat aber *keine Umkehr der Beweislast* im techni- **87**
schen Sinne zur Folge (BGE 123 III 241 E. 3a; Pra 1995, 456 E. 2c; BGE 117 II 256
E. 2b; 116 II 357 E. 4a; 110 II 1). Dem Gegner steht der Gegenbeweis offen, den er
durch den Nachweis von Zweifeln an der Richtigkeit der Indizien und der daraus gezogenen Schlussfolgerungen erbringen kann (VOGEL/SPÜHLER, N 10.51; HABSCHEID,
N 388 f.; SCHUMACHER, 181; z.B. BGE 112 II 268 E. I/3a). Dennoch wird in diesem Zusammenhang auch von Beweislastumkehr gesprochen (BGE 114 II 295 E. 1b; 109 II 188
E. 2; ferner OGer ZH und KassGer ZH ZR 1989, 209; GULDENER, ZPR, 326; VOGEL,
recht 1984, 109; offen gelassen in BGE 111 II 156 E. 3b).

Kasuistik aus der jüngeren Bundesgerichtspraxis: Tatsächliche Vermutung der Urteilsun- **88**
fähigkeit bei Schwächezuständen (BGE 124 III 5 E. 1b; 117 II 231 E. 2b; 116 II 117
E. 8; BK-BUCHER, Art. 16 N 126 f.); Vermutung einer trotz Zeitablaufs anhaltend störenden Auswirkung der Verletzung, wenn der Eingriff in die Persönlichkeit schwer ist (BGE
123 III 385 E. 4c; 122 III 449 E. 2b); Vermutung, dass ein Konkubinat nach fünfjähriger
Dauer eine der Ehe vergleichbare Gemeinschaft bildet (BGE 114 II 295 E. 1b; 109 II 188

E. 2); der Echtheit eines offentsichtlich einwandfrei erscheinenden Schriftstücks (BGE 132 III 140 E. 4.1.2; 113 III 89 = Pra 1987, 547); dass eine Versicherungsgesellschaft eingehende Gelder gewinnbringend anlegt (BGE 123 III 241 E. 3a); der Umwandlung einer Fremdwährung in die Währung mit gesetzlichem Kurs am Wohnsitz des Gläubigers durch denselben (BGE 117 II 256 E. 2b); dass der Betroffene kein schützenswertes Interesse an einer Gegendarstellung mehr hat, wenn er mit der Anrufung des Richters nach Verweigerung der Gegendarstellung durch das Medienunternehmen länger als 20 Tage zögert (BGE 116 II 1 E. 4b); eines hypothetischen, ebenfalls zum Schadenseintritt führenden Geschehensablaufs (BGE 115 II 440 E. 5b); dass der Arzt nicht alle gebotenen Vorkehren getroffen hat, wenn eine zum voraus erkennbare negative Auswirkung der Behandlung eintritt (BGE 120 II 250 E. 2c = Pra 1995, 456); dass sich auch nach zehn Jahren die Verhältnisse betr. Sogwirkung zugunsten des Grossverteilers und zulasten der Detailhändler nicht wesentlich verändert haben (BGE 112 II 268 E. I/3a); über die Voraussehbarkeit einer Gefahr (BGE 111 II 72 E. 3a); dass der Preis dem Verkehrswert einer Ware entspricht und der Minderwert des Preises mit den Reparaturkosten übereinstimmt (BGE 111 II 162 E. 3b, c); *keine tatsächliche Vermutung* besteht für die Liquidität eines Käufers (BGE 111 II 156).

89 Einzelne dieser Vermutungen (anhaltende Störung der Persönlichkeitsverletzung; Konkubinat als der Ehe vergleichbare Gemeinschaft, Verlust des schützenswertes Interesses an der Gegendarstellung) werden auch als **vom Richter geschaffene gesetzliche Vermutungen** begriffen, was eine echte Beweislastumkehr zur Folge hätte (MEIER, BJM 1989, 75; VOGEL/SPÜHLER, N 10.48b; VOGEL, recht 1984, 109). Praktische Bedeutung kommt der Differenzierung kaum zu.

VII. Beweisverträge

90 **Beweisführungsverträge** beinhalten vertragliche Beweisregeln, sei es über den Einsatz von Beweismitteln, sei es über deren Beweiswert. Sie gelten mit Ausnahme der Vereinbarung eines *Schiedsgutachtens,* welches ein Institut des Bundeszivilrechts ist, als unzulässig (BK-KUMMER, N 371; FRANK/STRÄULI/MESSMER, vor § 133 ZPO N 11; DESCHENAUX, SPR II, 268 f.; GULDENER, Beweis, 70 f.; BK-FELLMANN, Art. 394 OR N 161 ff.; differenzierend U. KAUFMANN, 109 ff.).

91 Die Zulässigkeit von **Beweislastverträgen** ist umstritten. Während sie KUMMER (BK, N 376) ablehnt, wird sie im allg. bejaht, soweit die Parteien über das fragliche Rechtsverhältnis disponieren können (GULDENER, Beweis, 70; DESCHENAUX, SPR II, 269; VOGEL/SPÜHLER, N 10.57; U. KAUFMANN, 111; WOHLFAHRT, 36 ff., insb. für internationale Rechtsgeschäfte). Der VE der Expertenkommission zu einer Schweizerischen Zivilprozessordnung vom Juni 2003 schlägt einen neuen Art. 8 Abs. 2 ZGB vor: «Die Parteien können die Beweislast durch schriftliche Vereinbarung regeln, sofern sie über das Recht frei verfügen können» (SCHMID, Zum Beweislastvertrag, SJZ 2004, 477 ff.).

VIII. Internationales Privatrecht

92 Die **Beweislastregeln** gehören zum materiellen Recht. Kommt daher nach den Regeln des IPRG ausländisches Recht zur Anwendung, ist dieses auch für die Beweislastverteilung massgebend (lex causae). **Beweisführung und Beweiswürdigung** unterstehen demgegenüber der lex fori (ausführlich die Publikationen von G. NIGG; ferner BK-KUMMER, N 378 ff.; KELLER/SIEHR, Allg. Lehren des internationalen Privatrechts, Zürich 1986, 599; BGE 115 II 300 E. 3 = Pra 1990, 169; BGE 107 II 484 E. 1).

IX. Rechtsschutz

Jede **Verletzung bundesrechtlicher Beweisvorschriften, bes. von Art. 8,** kann gemäss   **93**
Art. 43 Abs. 3 OG mit der *Berufung* an das BGer gerügt werden (BGE 130 III 321 E. 5).
Von Bedeutung ist daher, wie weit der Anwendungsbereich von Art. 8 und des aus ihm
abgeleiteten **Rechts auf Beweis** gezogen wird (o. N 7, 12). Auf jeden Fall prüft das BGer
die **richtige Verteilung der Beweislast** frei (POUDRET/SANDOZ-Monod, Art. 43 N 4.2.3).
Mit Inkrafttreten des **BGG** steht hiefür die *Beschwerde in Zivilsachen* zur Verfügung
(Art. 72 ff. i.V.m. Art. 95; WALTER H. P., 30 ff.). Zur Rüge der Verletzung ausländischer
Beweislastregeln siehe Art. 96 BGG. Betr. Abgrenzung zu Art. 9 und 29 Abs. 2 BV siehe
o. N 12 f.

Ob die richtigen **Anforderungen an das Beweismass** gestellt wurden, ist eine vom   **94**
BGer im *Berufungsverfahren* überprüfbare Frage des Bundesrechts. Ebenso beurteilt sich
nach Bundesrecht, ob im Einzelfall das **festgesetzte Beweismass erreicht** worden ist
(BGE 116 II 357 E. 4a; BK-KUMMER, N 73; POUDRET/SANDOZ-MONOD, Art. 51 N 4).
Die Grenze zur im Berufungsverfahren unüberprüfbaren Beweiswürdigung ist in diesem
Bereich fliessend. Mit der neuen *Beschwerde in Zivilsachen* können diese Fragen weiter-
hin vor das BGer gebracht werden, wobei *Verletzung von Verfassungsrecht speziell gerügt* werden muss (Art. 106 Abs. 2 **BGG**).

Im *Berufungsverfahren* führt die Verletzung der vom Grundsatz der freien Beweiswürdi-   **95**
gung abgeleiteten **Begründungspflicht** (o. N 80) zur Aufhebung des Entscheides und
zur Rückweisung an die Vorinstanz gemäss Art. 51 Abs. 1 lit. c OG (Pra 1995, 548
E. 5b), ebenso im künftigen *Beschwerdeverfahren* gemäss Art. 112 Abs. 3 i.V.m. Abs. 2
lit. b **BGG.**

Bei Nichterreichen der Streitwertgrenze für eine *Beschwerde in Zivilsachen* wird   **96**
inskünftig die *subsidiäre Verfassungsbeschwerde* **wegen Verletzung von Art. 9 und 29
Abs. 2 BV** möglich sein (Art. 113 ff. **BGG**).

Ist die *freie Beweiswürdigung* ausdrücklich *im Bundeszivilrecht* vorgesehen, kann deren   **97**
Verletzung mit *Berufung* vor das BGer gebracht werden. Im Übrigen sind eine fehlerhafte **Feststellung des Sachverhaltes** und eine **fehlerhafte Beweiswürdigung** mit
staatsrechtlicher Beschwerde zu rügen, wobei sich das BGer auf eine Willkürprüfung
beschränkt (BGE 130 III 321 E. 5). Das gilt auch für die Rüge der *Verletzung der Mitwirkungspflicht* bei der Beweiserhebung (BGE 119 II 305 = Pra 1994, 739). Mit Inkrafttreten des **BGG** steht für alle diese Fragen die *Beschwerde in Zivilsachen* zur Verfügung,
eventuell die *subsidiäre Verfassungsbeschwerde* (Art. 72 ff. und Art. 113 ff. **BGG**). Auch
hier ist zu bedenken, dass die Verletzung von Verfassungsrecht ausdrücklich gerügt werden muss (Art. 106 Abs. 2).

Die Art des Rechtsschutzes bei **tatsächlichen Vermutungen** hängt davon ab, ob die Zu-   **98**
lässigkeit einer vom Gericht angenommenen Vermutung als **Tatfrage oder Rechtsfrage**
qualifiziert wird (VOGEL/SPÜHLER, N 13.162 ff.; WALTER H. P., 33 ff.).

Grundsätzlich stellen die aus einer tatsächlichen Vermutung gezogenen Schlüsse **Be-**   **99**
weiswürdigung dar *(Tatfrage),* die nicht auf der Anwendung von Bundeszivilrecht beruht und daher der Beurteilung durch das BGer im Berufungsverfahren entzogen ist. Dies
ist der Fall, wenn sich der Sachrichter bloss auf die allgemeine Lebenserfahrung stützt,
um aus den Gesamtumständen des konkreten Falles oder den bewiesenen Indizien auf
einen bestimmten Sachverhalt zu schliessen (BGE 123 III 241 E. 3a; Pra 1995, 456
E. 2c; BGE 117 II 256 E. 2a, b). Bis anhin war hier staatsrechtliche Beschwerde zu erheben, während inskünftig die *Beschwerde in Zivilsachen* (Art. 72 ff. i.V.m. Art. 95 **BGG**)

zulässig sein wird, jedoch eingeschränkt auf die (ausdrücklich zu erhebende) Rüge der Verletzung von Verfassungsrecht (Art. 9 und Art. 29 Abs. 2 BV).

100   *Erfahrungssätze* jedoch, die über den konkreten Sachverhalt hinaus Bedeutung haben und gleichsam die **Funktion von Normen** übernehmen, überprüft das BGer heute im *Berufungsverfahren* frei (*Rechtsfrage,* WALTER H. P., 34 f.; BGE 130 III 182 E. 5.5.2; Pra 1995, 548 E. 3b; BGE 117 II 256 E. 2b; 115 II 440 E. 5b). Diese Praxis wird zu Recht als *«wenig durchsichtig»* kritisiert (MEIER, BJM 1989, 78; HUGUENIN, 190 ff.; SCHU-MACHER, 196 f.), wird aber wohl auch unter der Herrrschaft des **BGG** insofern ihre Bedeutung behalten, als diesbezüglich die *Beschwerde in* Zivilsachen mit freier Kognition des Bundesgerichtes zulässig sein wird (Art. 106 Abs. 1).

Art. 9

II. Beweis mit öffentlicher Urkunde	[1] **Öffentliche Register und öffentliche Urkunden erbringen für die durch sie bezeugten Tatsachen vollen Beweis, solange nicht die Unrichtigkeit ihres Inhaltes nachgewiesen ist.**
	[2] **Dieser Nachweis ist an keine besondere Form gebunden.**
II. Titres publics	[1] Les registres publics et les titres authentiques font foi des faits qu'ils constatent et dont l'inexactitude n'est pas prouvée.
	[2] La preuve que ces faits sont inexacts n'est soumise à aucune forme particulière.
II. Prova dei documenti pubblici	[1] I registri pubblici ed i pubblici documenti fanno piena prova dei fatti che attestano, finché non sia dimostrata l'inesattezza del loro contenuto.
	[2] Questa prova non è soggetta ad alcuna forma speciale.

Literatur

BRÜCKNER, Schweizerisches Beurkundungsrecht, Zürich 1993 (zit. Beurkundungsrecht); DERS., Der Umfang des Formzwangs beim Grundstückkauf, ZBGR 1994, 1 ff.; BÜHLER, Öffentliche Urkunden des Aktienrechts als Handelsregisterbelege, ZBGR 1982, 321 ff.; GULDENER, Grundzüge der freiwilligen Gerichtsbarkeit in der Schweiz, Zürich 1954 (zit. Freiw. Ger.); HUBER, Die öffentliche Beurkundung als Begriff des Bundesrechts, ZBGR 1988, 228 ff. = ZBJV 1967, 249 ff.; JAMETTI GREINER, Die vollstreckbare öffentliche Urkunde, BN 1993, 37 ff.; KELLERHALS, Vollstreckbare öffentliche Urkunden aus schweizerischer Sicht – Bemerkungen zur Ausgangslage, BN 1993, 1 ff.; MEIER, Internationales Zivilprozessrecht und Zwangsvollstreckungsrecht, 2. Aufl., Zürich 2005; KLEY-STRULLER, Kantonales Privatrecht, Veröffentlichungen des Schweizerischen Instituts für Verwaltungskurse an der Hochschule St. Gallen, 37, St. Gallen 1992; NOBEL, Entscheide zu den Einleitungsartikeln. Einführung zu Art. 1–10 ZGB anhand der neueren Zivilrechtspraxis, Bern 1977; NOTTER, Vollstreckbare öffentliche Urkunden, ZBGR 1993, 84 ff.; H. SCHMID, Negative Feststellungsklagen, AJP 2002, 774 ff.; Prof. J. SCHMID, Thesen zur öffentlichen Beurkundung, ZBGR 1993, 1 ff.; Notariatsinsp. J. SCHMID, Ungereimtes in Art. 949a ZGB und in der Änderung 1994 der eidg. Grundbuchverordnung, ZBGR 1995, 261 ff.; DERS. (Hrsg.), Die Belehrungs- und Beratungspflicht des Notars, Zürich 2006.

I. Allgemeines. Normzweck

1   Art. 9 Abs. 1 enthält nach seiner Formulierung eine vom Grundsatz der freien Beweiswürdigung abweichende **gesetzliche Beweisregel,** wonach öffentliche Register und öffentliche Urkunden für die durch sie bezeugten Tatsachen vollen Beweis erbringen

(Art. 8 N 82). Es führt demnach Art. 9 **nicht zu einer Umkehr der Beweislast.** Der Nachweis der Unrichtigkeit ihres Inhaltes ist gemäss Abs. 2 an keine besondere Form gebunden.

Praktisch kommt diese Beweisregel dennoch einer **gesetzlichen Vermutung** gleich; darnach wäre als Vermutungsbasis nur der Registereintrag bzw. die öffentliche Urkunde zu beweisen und deren Richtigkeitsvermutung mit dem *Beweis des Gegenteils* zu widerlegen (HAUSHEER/JAUN, N 7.82; ZK-EGGER, N 10; BK-KUMMER, N 38; DESCHENAUX, SPR II, 276). Der *Grundbucheintrag und die Vormerkung* begründen darüber hinaus eine widerlegbare *Vermutung des dinglichen Rechtes* nach Massgabe von Art. 937 (DESCHENAUX, SPR V/3/I, 10, 144, 158; V/3/II, 720). Anders die Anmerkung und die «übrigen Eintragungen» tatsächlicher Natur im Grundbuch (DESCHENAUX, SPR V/3/I, 161, 437). **2**

Mit dieser Beweisregel will der Bundesgesetzgeber, wenn er die öffentliche Beurkundung vorschreibt oder die Eintragung in öffentliche Register verlangt, über die materielle Wirkung der Eintragung hinaus, mit welcher sich Art. 9 nicht befasst (DESCHENAUX, SPR II, 276), den **Beweiswert** dieser solennen Akte einheitlich i.S. einer **erhöhten Beweiskraft** regeln (DESCHENAUX, SPR II, 271). **3**

Der **Anwendungsbereich** dieser Norm beschränkt sich auf die Register und öffentlichen Urkunden des **Bundeszivilrechts.** Keine verstärkte Beweiskraft i.S.v. Art. 9 geniessen die *öffentlichen Urkunden des kantonalen Rechts* wie etwa amtliche Befundaufnahmen, eidesstattliche Erklärungen (u. N 4a) oder Gerichtsprotokolle. Ortsangaben im Rubrum eines Gerichtsentscheides beurkunden deshalb keinen Wohnsitz i.S. von Art. 9 (BGE 96 II 161 E. 3). Die Beweiskraft von Urkunden des kantonalen Rechts folgt aus demselben, jedoch unter dem Vorbehalt des Grundsatzes der freien Beweiswürdigung (z.B. § 234 ZPO ZH; § 1 NotariatsG ZH; § 154 Abs. 1 GVG ZH; BK-KUMMER, N 14 ff.; DESCHENAUX, SPR II, 272). Keine Wirkung nach Art. 9 haben kantonale Register über Personen mit Berufsausübungsbewilligung (BGE 117 II 47 = Pra 1991, 877 betr. Architekten; unten N 5). **4**

Auch wenn **eidesstattliche Erklärungen** für den Gebrauch im Ausland gestützt auf Art. 11 Abs. 3 IPRG abgenommen werden, ist damit keine Überprüfung des Wahrheitsgehalts der Erklärung selbst durch den Notar vorgesehen. Eid oder eidesstattliche Erklärung begründen keine besondere strafrechtliche Verantwortlichkeit und die von der Urkundsperson nicht überprüfte Behauptung gewinnt dadurch nicht an Beweiskraft (StrafGer.BS SJZ 2000, 194 = ZBGR 2000, 389 mit Bem. der Redaktion; vgl. auch FRANK, Eid und eidesstattliche Erklärung, sind sie Allheilmittel? FS 125 Jahre Kassationsgericht des Kantons Zürich, Zürich 2000, 193 ff.; BRÜCKNER, Beurkundungsrecht, N 1075). **4a**

Eine eigene, mit Art. 9 ZGB übereinstimmende Regel kennt Art. 8 Abs. 2 SchKG für die **Protokolle der Betreibungs- und Konkursämter** (BGE 121 III 81 E. 4b; 119 III 97 E. 2). Öffentliche Urkunde ist die **Zustellbescheinigung** gemäss Art. 72 Abs. 2 SchKG (BGE 117 III 10 E. 5c), ebenso das **Scheidungsurteil,** wenn es die in Art. 143 Abs. 1 geforderten Angaben verurkundet (SUTTER/FREIBURGHAUS, Art. 143 N 15 ff.). Inwieweit Art. 9 auch ausserhalb des Bundeszivilrechtes als **allgemeiner Rechtssatz** Geltung beanspruchen kann, ist dem die betreffende Register oder Urkunde beherrschenden Recht zu entnehmen (BK-KUMMER, N 17; DESCHENAUX, SPR II, 272). Die Beweiskraft eines Passes, eines Dienstbüchleins ergibt sich demnach nicht unbesehen aus Art. 9 (BK-KUMMER, N 12), auch nicht die Beweiskraft eines Eintrages im Anwaltsregister nach Art. 5 BGFA. **5**

6   Art. 18 Abs. 2 BewV, wonach öffentliche Urkunden beweiskräftig sind, *«wenn keine Anhaltspunkte dafür bestehen, dass die Tatsachen nicht zutreffen»*, steht mit diesem Zusatz nicht in einem Gegensatz zu Art. 9, sondern will die Behörde lediglich auf die **Untersuchungsmaxime** verpflichten (BGE 100 Ib 465 E. 3; 113 Ib 289 E. 4c = Pra 1988, 219).

II. Öffentliche Urkunden und Register

1. Allgemeines

7   Während der Randtitel nur vom Beweis mit öffentlichen Urkunden spricht, unterscheidet Art. 9 zwischen öffentlichen Urkunden und öffentlichen Registern. Unter **öffentlicher Urkunde i.w.S.** ist die *Feststellung bundesrechtlich bezeichneter Tatsachen oder Willenserklärungen durch eine zuständige Urkundsperson in gesetzlich geregeltem Verfahren* zu verstehen (BK-KUMMER, N 37). Sie kann **Register** sein oder als Resultat der öffentlichen Beurkundung eine **öffentliche Urkunde i.e.S.** Der französische Gesetzestext unterscheidet besser zwischen dem Oberbegriff *«titres publics»* (öffentliche Urkunden i.w.S.) im Marginale und den beiden Unterbegriffen *«registres publics»* (öffentliche Register) und *«titres authentiques»* (öffentliche Urkunden i.e.S.) im Text.

2. Öffentliche Register

8   **Einheitlich** geregelt ist die Errichtung der öffentlichen *Register,* welche vorab Publizitätswirkungen dienen, während bei den v.a. privaten Zwecken dienenden *Beurkundungen* **keine Vereinheitlichung** besteht (ZK-EGGER, N 7 f.; BK-KUMMER, N 19).

9   **Öffentliche Register** bezwecken die **Publizität von Tatsachen und Rechtsverhältnissen.** Zu nennen sind aus dem ZGB das Personenstandsregister, das Grundbuch, das Viehverschreibungsprotokoll, das Eigentumsvorbehaltsregister; aus dem OR das Handelsregister; ferner aus der Spezialgesetzgebung das Schiffsregister, das Markenregister, das Muster- und Modellregister, das Register über die Topographien, das Patentregister, das Register der Datensammlungen. Das Bundesrecht regelt selber die Voraussetzungen der Eintragung, die Eintragungspflicht und ihre Durchsetzung, die Form der Anmeldung, die Überprüfungspflicht der Registerbehörde, Haftung und Aufsicht. Den Kantonen verbleiben allenfalls organisatorische Fragen (GULDENER, Freiw. Ger., 45 ff.; BK-KUMMER, N 22; DESCHENAUX, SPR II, 273; vgl. Art. 5 N 20 f.).

10   Amtliche **Registerauszüge** (Art. 105 GBV; Art. 138 ZStV; Art. 9 Abs. 2 und 3 HRegV) sind selber nicht Register, aber öffentliche Urkunden (BK-KUMMER, N 23; DESCHENAUX, SPR II, 273; DESCHENAUX, SPR V/3/I, 174).

11   **Öffentliche Register** können bei gegebener gesetzlicher Grundlage auch **elektronisch geführt** werden. Art. 949a sieht die Ermächtigung der Kantone vor, das *Grundbuch mittels Informatik* zu führen. Der Bundesrat regelt u.a. den Vorgang, durch welchen die Eintragungen rechtswirksam werden. So kann den auf den Geräten des Grundbuchamtes in Schriften und Zahlen lesbaren Angaben über das Grundbuch die Rechtswirkung des Hauptbuches zukommen (Art. 111b Abs. 1 GBV). Dem Papierausdruck kommt keine Grundbuchwirkung zu, kann jedoch, wenn unterzeichnet, öffentliche Urkunde sein (BSK ZGB II-SCHMID, N 7 f. zu Art. 949a). Beim *Handelsregister* können die Verzeichnisse elektronisch geführt werden, ausnahmsweise auch das Hauptregister (Art. 15a HRegV). Im Zivilstandswesen führt der Bund eine zentrale Datenbank (Art. 45a ZGB); die Beurkundung des Personenstands erfolgt ausschliesslich elektronisch (Art. 39 ZGB und Art. 15 ZStV).

3. Öffentliche Urkunden i.e.S.

a) Zweck der öffentlichen Beurkundung

Das Bundeszivilrecht schreibt für bestimmte Rechtsakte die **öffentliche Beurkundung** 12
vor, welche zu einer *öffentlichen Urkunde i. e.S. («titre authentique»)* führen. Sie bedeutet die **Feststellung bundesrechtlich bezeichneter Tatsachen oder Willenserklärungen durch eine Urkundsperson in einem gesetzlich geregelten Verfahren** (BGE 99 II
159 E. 2a; 96 II 167; 90 II 281 f.; GULDENER, Freiw. Ger., 93; BK-BECK, Art. 55 SchlT
N 4; KLEY-STRULLER, 59; HUBER, ZBGR 1988, 228 f.; SCHMID, ZBGR 1993, 2; BÜH-
LER, ZBGR 1982, 323) und dient den *Parteiinteressen* (der Förderung der Klarheit des
Geschäftes und dem Schutz vor übereilter Bindung), der *Schaffung zuverlässiger Grund-
lagen für Registereinträge* und der *verstärkten Beweiskraft* (BGE 118 II 32 E. 3d; ZK-
EGGER, N 2 f.; BK-KUMMER, N 24 f.; DESCHENAUX, SPR II, 273 f.; KLEY-STRULLER, 61;
SCHMID, ZBGR 1993, 1; BÜHLER, ZBGR 1982, 356 ff.). Aus dem ZGB sind als Beispie-
le die Art. 81, 184, 499, 512, 657, 712d Abs. 3, 799 Abs. 2 zu erwähnen; aus dem OR die
Art. 90, 216, 493 Abs. 2, 629).

b) Bundesrechtliche Minimalanforderungen

Das **Verfahren der öffentlichen Beurkundung** ist freiwillige Gerichtsbarkeit und unter- 13
liegt, Spezialbestimmungen des Bundesrechtes vorbehalten (z.B. Art. 499 ff.; BK-BECK,
Art. 55 SchlT N 12), *kantonaler Regelung* (Art. 55 SchlT); es sind jedoch gewisse sich
aus dem Bundeszivilrecht ergebende **Minimalanforderungen** zu beachten:

Die öffentliche Urkunde kann sich weder in einem Tonträger noch in einem elektroni- 14
schen Datenträger verkörpern, sondern besteht aus einem **ohne technische Hilfsmittel
lesbaren Schrifttext** (BK-KUMMER, N 32; BRÜCKNER, Beurkundungsrecht, N 1331 ff.;
KLEY-STRULLER, 69; BK-SCHMIDLIN, Allg. Erläuterung zu Art. 12–15 OR N 4 ff.), oder
in einem (rechtskräftig erklärten) **Grundbuchplan** (BK-KUMMER, N 12; DESCHENAUX,
SPR V/3/I, 62; OGer ZH ZR 1989, 203 E. 3). Der Beurkundungsakt kann sich denn auch
nicht vor einem Bildschirm abspielen (SCHMID, ZBGR 1995, 264).

Der **Anwendungsbereich der strengen Formvorschriften** ergibt sich aus dem Bundes- 15
zivilrecht (BK-KUMMER, N 26; ZK-EGGER, N 9; KLEY-STRULLER, 59; BK-BECK, Art. 55
SchlT N 14).

Der Inhalt der Urkunde muss von einer am Beurkundungsakt mitwirkenden **Urkunds- 16
person** (Person öffentlichen Glaubens) als richtig bescheinigt sein (BK-KUMMER, N 25;
BK-BECK, Art. 55 SchlT N 11; DESCHENAUX, SPR II, 275). Das kann im Rahmen der
freiwilligen Gerichtsbarkeit auch der *Richter* sein, der z.B. eine Erbenbescheinigung ausstellt.

Im **Hauptverfahren** muss die Urkundsperson den Parteien den **Inhalt des Rechtsge- 17
schäftes** zur Kenntnis bringen, von den Parteien die vorbehaltlose *Bestätigung* entgegennehmen, dass der Urkundeninhalt ihrem wirklichen Willen entspricht, die *Urkunde unterzeichnen* und den Beurkundungsakt *ohne wesentliche Unterbrechung* durchführen
(BGE 125 III 131 E. 5; SCHMID, ZBGR 1993, 3; HUBER, ZBGR 1988, 241 ff.; vgl. auch
BK-BECK, Art. 55 SchlT N 10).

c) Freizügigkeit

Im **interkantonalen Verhältnis** können öffentliche Beurkundungen grundsätzlich an 18
einem beliebigen Ort erfolgen und die nach den dort geltenden Verfahrensvorschriften
errichtete Urkunde muss von jedem Kanton anerkannt werden. Bezüglich der Begrün-

dung (bzw. Aufhebung und Änderung) von dinglichen Rechten an Grundstücken können jedoch die Kantone die öffentliche Beurkundung durch eine Urkundsperson am Ort der gelegenen Sache und nach den Verfahrensvorschriften der lex rei sitae vorschreiben (BGE 113 II 501 zu ZH § 237 EGZGB betr. ehevertraglicher Begründung von Miteigentum; zustimmend KLEY-STRULLER, 66 ff.). Diese Beschränkung der Freizügigkeit findet generelle Kritik (BK-MEIER-HAYOZ, Art. 657 N 100 ff.; SCHMID, ZBGR 1993, 10; ferner BK-BECK, Art. 55 SchlT N 19 ff.), und wird speziell abgelehnt, soweit sich die Begründung dinglicher Rechte zwar aufgrund eines öffentlich beurkundeten Ehevertrages, aber aussergrundbuchlich vollzieht (Art. 656 Abs. 2, 665 Abs. 3; HAUSHEER/REUSSER/GEISER, Art. 184 N 12, Art. 182 N 53).

19 Im **internationalen Verhältnis** stellt sich die Frage, inwieweit im Ausland errichtete öffentliche Urkunden in der Schweiz anerkannt werden. Neben der allgemeinen Bestimmung von Art. 31 IPRG sind auch Staatsverträge wie etwa Art. 50 LugÜ oder das Übereinkommen über das auf die Form letztwilliger Verfügungen anzuwendende Recht zu beachten (SCHMID, ZBGR 1993, 11 ff.). Die Anerkennung schweizerischer Urkunden im Ausland ist eine Frage des IPR des Anerkennungsstaates (SCHMID, ZBGR 1993, 14 ff.). Zur Rechtslage vor Inkrafttreten des IPRG s. BK-BECK, Art. 55 SchlT N 32 ff.

20 Art. 50 LugÜ führt neu **öffentliche Urkunden** ein, **die in einem Vertragsstaat vollstreckbar erklärt** werden können. Darunter werden öffentliche Urkunden über eine Willenserklärung verstanden, welche die *Einleitung des Vollstreckungsverfahrens ohne Mithilfe des Richters* erlaubt. Die vollstreckbare öffentliche Urkunde enthält einen *Prozessvertrag,* mit dem sich die Parteien vertraglich für einen Anspruch einer sofortigen Zwangsvollstreckung unterwerfen (BRÜCKNER, Beurkundungsrecht, N 2653 ff.; KROPHOLLER, Europ. Zivilprozessrecht, 8. Aufl., Frankfurt a.M. 2005, zu Art 57 EuGVO/ Art. 50 LugÜ; KELLERHALS, BN 1993, 2; JAMETTI GREINER, BN 1993, 41). Zu den vollstreckbaren öffentlichen Urkunden in Nachbarrechten und zu ihrer Behandlung in der Schweiz s. JAMETTI GREINER, BN 1993, 43 ff.; NOTTER, ZBGR 1993, 84 ff.; SCHMID, AJP 2002, 782 f.; MEIER, Int. Zivilprozessrecht, 33 f.). Dem schweizerischen Recht sind solche Urkunden unbekannt, und es ist derzeit ungewiss, ob und in welcher Ausgestaltung sie mit einer künftigen Schweizerischen Zivilprozessordnung eingeführt werden.

III. Verstärkte Beweiskraft

1. Gegenstand der verstärkten Beweiskraft

21 Die Beweisregel von Art. 9 bezieht sich nicht auf die **Echtheit der Urkunde.** Im Bestreitungsfall ist die Authentizität zu beweisen, wobei es dem kantonalen Prozessrecht nicht zusteht, hierüber Beweisregeln, gesetzliche Vermutungen oder Beweislastregeln aufzustellen, soweit es jedenfalls um öffentliche Urkunden des Bundeszivilrechts geht (**a.M.** ZK-EGGER, N 11; BK-KUMMER, N 39; DESCHENAUX, SPR II, 276; HAUSHEER/JAUN, N 7.86; VOGEL/SPÜHLER, N 10.112). Die *Beweislast* folgt Art. 8 (die Echtheit hat zu beweisen, wer aus der Urkunde Rechte ableitet) und es gilt der Grundsatz der freien richterlichen Beweiswürdigung. Die Lehre nimmt jedoch eine *tatsächliche Vermutung für die Echtheit unverdächtiger Urkunden* an (ZK-EGGER, N 11; BK-KUMMER, N 39; **a.M.** GULDENER, ZPR, 333 Anm. 8; o. Art. 8 N 86 ff.) und das BGer auferlegt entsprechend demjenigen die (Gegen-)Beweislast, der die Fälschung einer einwandfrei erscheinenden Urkunde behauptet (BGE 132 III 140 E. 4.1.2; 113 III 89 = Pra 1987, 547; Art. 8 N 61).

22 **Beurkundungsmängel,** also Fehler beurkundungsrechtlicher Natur, können das Entstehen der Urkunde als öffentliche und damit die Verstärkung ihrer Beweiskraft verhindern

(BK-KUMMER, N 54). Nicht verlangt ist jedoch, dass sich die Einhaltung der Verfahrensvorschriften nur aus der Urkunde selbst beweisen lassen; Zeugenbeweis ist zulässig
(BGE 112 II 23). Davon zu unterscheiden sind **Formmängel,** welche die Ungültigkeit
des beurkundeten Geschäfts zur Folge haben (BRÜCKNER, Beurkundung, N 1475 ff.;
DERS., ZBGR 1994, 2). Hier ist am konkreten Fall zu prüfen, welchen Teilen der Urkunde
dennoch verstärkte Beweiskraft zukommt (BK-KUMMER, N 52 f.).

2. *Beweisverstärkter Urkundeninhalt*

Die **verstärkte Beweiskraft der öffentlichen Urkunde** beruht auf der **Parteien und**   **23**
Urkundsperson treffenden Wahrheitspflicht (HUBER, ZBGR 1988, 239). Das Er-
schleichen einer falschen Beurkundung durch eine Partei ist strafbar (Art. 253 StGB;
BRÜCKNER; Beurkundungsrecht, N 305 ff.). Bei einer blossen **Beglaubigung** (einer
Unterschrift, Kopie, Übersetzung) geht es nur um eine *Echtheitskontrolle;* der Urkunden-
inhalt wird deswegen nicht verstärkter Beweiskraft teilhaftig (BK-KUMMER, N 42;
DESCHENAUX, SPR II, 277; BRÜCKNER, Beurkundungsrecht, N 3303 ff., 3388 ff.,
3431 ff.).

Die **verstärkte Beweiskraft** erstreckt sich auf das, was die Urkundsperson kraft eigener   **24**
Wahrnehmung **als richtig bescheinigt** (BGE 110 II 1 E. 3). Beim **Beurkundungsvor-**
gang werden *Tatsachen* bescheinigt (BGE 122 III 150 E. 2b), nämlich die Identität der
Erklärenden, ihre Handlungs- und Urteilsfähigkeit und ihr Erklärungswille. Beim öffentlichen Testament gehört die Bestätigung der Testierfähigkeit seitens der Zeugen nicht
zum beweisverstärkten Urkundeninhalt. Sie ist lediglich Indiz für die Urteilsfähigkeit,
die aufgrund der Lebenserfahrung ohnehin zu vermuten ist (BGE 124 III 5 E. 1c).

Auch **Registereinträge** bescheinigen einen Sachverhalt, der den eingetragenen Bestand   **25**
von Rechten oder Rechtsverhältnissen begründet; der Registereintrag bietet jedoch gewöhnlich keine Gewähr für den Bestand der aufgeführten Rechte. Eine *Eintragung im*
Patentregister belegt die Patenterteilung, beweist aber nicht den Bestand des Patentes;
die *Eintragung im Eigentumsvorbehaltsregister* beweist die Anmeldung des Vorbehaltes,
nicht aber die Gültigkeit des Veräusserungsgeschäftes oder das Eigentum des Veräusserers (GULDENER, Freiw. Ger., 43 f.; DESCHENAUX, SPR II, 277 Anm. 32). Der Eintrag
einer Marke im *Markenregister* als «durchgesetzte Marke» beweist nicht deren Verkehrsdurchsetzung, da im Eintragungsverfahren Glaubhaftmachung der Durchsetzung genügt
(BGE 130 III 478. Der *Grundbucheintrag* dagegen begründet über diese Beweiskraft
hinaus die Vermutung des Rechtes selbst (BGE 96 II 325 E. 6b; Art. 937; o. N 2).

Wenn die Abgabe einer *rechtsgeschäftlichen Erklärung* festzustellen ist, knüpft sich an   **26**
die Urkunde **keine verstärkte Beweiskraft für die Richtigkeit oder Ernsthaftigkeit**
des Erklärungsinhaltes (BGE 110 II 1 E. 3a). Hingegen wird eine *tatsächliche Vermutung*
für die Richtigkeit der Erklärung angenommen, die auf der Erfahrung beruht, dass das
Verfahren der öffentlichen Beurkundung von der Abgabe falscher oder nicht ernst ge-
meinter Erklärungen abhält (BK-KUMMER, N 44; BÜHLER, ZBGR 1982, 357; o. Art. 8
N 86 ff.).

Der Urkundeninhalt geniesst Beweisverstärkung im Rahmen der die Urkundsperson tref-   **27**
fenden **bundesrechtlichen Prüfungspflicht** (GULDENER, Freiw. Ger., 10; BK-KUMMER,
N 47; DESCHENAUX, SPR II, 277). Bei *Inventaren* kommt es darauf an, ob ihr Inhalt
durch die Urkundsperson materiell geprüft worden ist. Deshalb enthält Art. 195a Abs. 2
eine eigene Richtigkeitsvermutung, die über Art. 9 hinausreicht (GULDENER, Freiw. Ger.,
10 f.; BK-KUMMER, N 45). Die Prüfungspflicht des *Handelsregisterführers* ist in Art. 940
OR und Art. 21 HRegV umschrieben. Die Bundesgerichtspraxis hat sie bezüglich der

materiellen Eintragungsvoraussetzungen auf die Verletzung klaren Rechts beschränkt (GULDENER, Freiw. Ger., 46; BSK OR II-ECKERT, Art. 940 N 22 ff.; BÜHLER, ZBGR 1982, 347 ff.; BGE 117 II 186 E. 1).

28 Nur **jener Teil** einer öffentlichen Urkunde ist **beweisverstärkt,** für den die **Form der öffentlichen Urkunde erforderlich** ist; das sind die objektiven *Essentialien des Geschäftes sowie Nebenabreden,* die für die Feststellung des Geschäftswillens der Parteien wesentlich sind, ferner die *subjektiv wesentlichen Vertragspunkte* (BK-KUMMER, N 48 ff.; DESCHENAUX, SPR II, 277; BK-KRAMER, Art. 11 OR N 97; KLEY-STRULLER, 68 f.; BGE 118 II 32 E. 3d; 113 Ib 289 E. 4c = Pra 1988, 219; BGE 113 II 402 E. 2a; 100 Ib 465 E. 5).

IV. Entkräftung

29 Der **Beweis der Unrichtigkeit der öffentlichen Urkunde** kann mit allen Beweismitteln geführt werden. Es gilt der Grundsatz der freien Beweiswürdigung (BK-KUMMER, N 64 ff.; DESCHENAUX, SPR II, 278; BGE 96 II 325 E. 6c).

30 Da Art. 9 eine Beweisregel und keine gesetzliche Vermutung darstellt, ist gegen die öffentliche Urkunde **Gegenbeweis** zu führen (HABSCHEID, N 682), nicht der Hauptbeweis für das Gegenteil, wie dies bei einer gesetzlichen Vermutung der Fall wäre (o. Art. 8 N 35 f.); es muss nicht der «*richtige Sachverhalt*» bewiesen werden (BK-KUMMER, N 65). Allerdings ergibt sich aus der Natur der Sache, dass das Beweismass für den Gegenbeweis gegenüber öffentlichen Urkunden hoch anzusetzen ist, weshalb der Unterschied zu einer gesetzlichen Vermutung kaum ins Gewicht fällt.

31 Als **Gründe zur Entkräftung des Beweiswertes** einer öffentlichen Urkunde kommen in Frage, dass es zufolge eines Beurkundungsmangels an der Beweisverstärkung fehlt, dass sie nicht den wirklichen Parteiwillen enthält und deshalb einen Formmangel aufweist, dass das beurkundete Geschäft anfechtbar ist oder einen rechtswidrigen Inhalt aufweist, dass ein Aufhebungsvertrag zustande gekommen ist.

32 **Berichtigung** des Eintrages in einem *öffentlichen Register* ist möglich, soweit das Bundeszivilrecht ein Berichtigungsverfahren zur Verfügung stellt wie die Grundbuchberichtigungsklage von Art. 975. Die Berichtigung hat zum Ziel, die formelle mit der materiellen Rechtslage in Einklang zu bringen (BK-KUMMER, N 70; GULDENER, Freiw. Ger., 65 f.). Unter Umständen sind auch *öffentliche Urkunden i.e.S.* einer Berichtigung zugänglich (Ergänzung von Inventaren, Richtigstellung von Erbenbescheinigungen; GULDENER, Freiw. Ger., 64 f.; BGE 104 II 82). Das gerichtliche Verfahren der freiwilligen Gerichtsbarkeit kennt hiezu spezielle Revisionsvorschriften (§ 212 Abs. 4 ZPO ZH).

V. Internationales Privatrecht

33 Die Beurteilung der **Echtheit einer ausländischen öffentlichen Urkunde** richtet sich gemäss KUMMER (BK, N 71 f.) nach der lex fori und zwar nach dem jeweiligen Prozessrecht. Nach hier vertretener Auffassung richtet sich die Beweislast nach dem anwendbaren materiellen Recht, welches jene Frage regiert, für die die betreffende ausländische Urkunde als Beweismittel vorgelegt wird, also *nach der lex causae* (o. N 21).

34 Da es sich bei Art. 9 um eine Beweisregel handelt, die den Grundsatz der freien richterlichen Beweiswürdigung durchbricht, richtet sich die **Frage nach der verstärkten Beweiskraft** einer ausländischen Urkunde *nach der lex fori,* also nach dieser Bestimmung (Art. 8 N 92), nicht nach ausländischem Recht. Zu prüfen ist jedoch, ob die ausländische

Urkunde nach dem ihre Errichtung beherrschenden fremden Recht jene Minimalvoraussetzungen erfüllt, die das Bundeszivilrecht an eine öffentliche Urkunde richtet, während es nicht entscheidend darauf ankommt, ob das ausländische Recht selber die Urkunde mit verstärkter Beweiskraft ausstattet (teilweise **a.M.** BK-KUMMER, N 75).

Entfaltet eine *im Ausland errichtete öffentliche Urkunde Rechtswirkungen im Inland* **35**
(**Freizügigkeit,** o. N 19), ist ohnehin die Anwendung von Art. 9 gegeben (BK-KUMMER, N 76; vgl. auch BK-BECK, Art. 55 SchlT N 39 ff.). Weder eine Art. 9 Abs. 1 übersteigende Beweiskraft nach ausländischem Recht (Annahme einer Fiktion) noch eine Beschränkung des Gegenbeweises nach Abs. 2 könnte berücksichtigt werden (BK-KUMMER, N 77).

VI. Rechtsschutz

Ein Verstoss gegen Art. 9 kann gemäss Art. 43 Abs. 3 OG mit Berufung an das BGer als **36**
Verletzung einer bundesrechtlichen Beweisvorschrift gerügt werden (POUDRET/SANDOZ-MONOD, Art. 43 N 4.5.3), ab Inkrafttreten des **BGG** mit der *Beschwerde in Zivilsachen* (Art. 72 ff. i.V.m. Art. 95).

Art. 10

III. Beweis-vorschriften	**Wo das Bundesrecht für die Gültigkeit eines Rechtsgeschäftes keine besondere Form vorsieht, darf das kantonale Recht auch für die Beweisbarkeit des Rechtsgeschäftes eine solche nicht vorschreiben.**
III. Règles de procédure	La loi cantonale ne peut faire dépendre de formes spéciales la preuve des droits et des obligations dont la validité n'est subordonnée à aucune forme par la législation fédérale.
III. Disposizioni circa le prove	Se il diritto federale non fa dipendere la validità di un negozio giuridico dall'osservanza di una forma speciale, il diritto cantonale non può prescrivere una forma speciale neppure per la prova del medesimo.

Literatur

Vgl. die Literaturhinweise zu Art. 8.

Die Bestimmung **verhindert** die indirekte Einführung von **kantonalen Formvorschrif-** **1**
ten für die vom Bundesrecht geregelten Rechtsgeschäfte durch *kantonale Beweisvorschriften.* Sie wurde dadurch veranlasst, dass einige welsche Kantone die aus dem französischen Recht übernommene Regel kannten, wonach für gewisse Rechtsgeschäfte nur der Urkundenbeweis zugelassen ist (Art. 1341 CC fr.; BK-KUMMER, N 1 ff.; DESCHENAUX, SPR II, 279 ff.; ZK-EGGER, N 5 f.; NOBEL, 337; POUDRET/SANDOZ-MONOD, Art. 43 N 4.5.4). Den gleichen Zweck verfolgt das «Wiener Kaufrecht» in seinem Art. 11.

Art. 10 wäre entbehrlich. Kantonale Vorschriften, welche die Beweismittel für be- **2**
stimmte Rechtsgeschäfte einengen würden, verstiessen sowohl gegen das Recht auf Beweis nach Art. 8 als auch gegen den Grundsatz, dass das kantonale Verfahrensrecht die Verwirklichung des Bundeszivilrechts nicht verhindern darf (Art. 5 N 14).

3 Beurteilt sich das fragliche Rechtsverhältnis nach **ausländischem Recht,** so folgt auch
eine Beweisvorschrift wie Art. 1341 CC fr. dem anwendbaren materiellen Recht, weil
diese Frage wohl nicht anders zu behandeln ist, als wenn das fremde Recht für die Gültigkeit des Rechtsgeschäftes direkt bestimmte Formvorschriften normieren würde (BGE
102 II 270 E. 3). Sollte das ausländische Recht aber andere Beweisvorschriften aufstellen
(z.B. einen qualifizierten Zeugenbeweis verlangen), die in die Beweisführung und in die
Beweiswürdigung eingreifen, müsste es der lex fori, also den hiesigen Grundsätzen des
Rechtes auf Beweis und der freien Beweiswürdigung, weichen (BK-KUMMER, Art. 8
N 381; o. Art. 8 N 92).

Erster Teil: Das Personenrecht

Erster Titel: Die natürlichen Personen

Erster Abschnitt: Das Recht der Persönlichkeit

Vorbemerkungen zu Art. 11–21

Der erste Teil des ZGB umfasst das **Personenrecht.** Damit wird zum Ausdruck gebracht, **1** dass der Mensch als vernunftbegabtes Wesen, das der Selbstbestimmung und Selbstverantwortlichkeit zugänglich ist, Ausgangspunkt und wichtigste Grundlage der Privatrechtsordnung sein soll. Das entspricht der Tradition westeuropäischer Rechtsüberzeugung. «Kein Recht ohne Person, der es zukommt, die es geltend zu machen berechtigt ist, keine Person ohne Recht …» (BK-BUCHER, Einl. zum Personenrecht N 3; PEDRAZZINI/ OBERHOLZER, 19 Rz 1.2; 22 Rz 1.3.2). Der erste Titel behandelt deshalb die rechtliche Stellung *der natürlichen Person* (Art. 11–51 ZGB), der zweite Titel ist der rechtlichen Konstruktion der *juristischen Person* gewidmet (Art. 52–89bis ZGB).

Erstes Anliegen des Gesetzgebers war somit, die **Subjekte der Privatrechtsord- 2 nung** festzulegen und die Voraussetzungen zu umschreiben, die gegeben sein müssen, damit einem Subjekt Rechtsstellung zukommen kann. Person im Rechtssinne ist stets ein Rechtsbegriff; die Rechtsordnung und damit der Gesetzgeber bestimmen, wer Person-Qualität im Rechtssinne haben soll (ZK-EGGER, Art. 11 N 1 ff.; BK-BUCHER, Einl. zum Personenrecht N 5; TUOR/SCHNYDER/SCHMID, 67 ff.). Das ist nicht nur die *natürliche Person,* sondern kann auch ein Personenverband oder eine Anstalt sein, für die die allgemeinen Regeln des ersten Titels sinngemäss gelten, soweit sie ihrer Natur nach nicht ausschliesslich den natürlichen Menschen voraussetzen (vgl. dazu die Bem. zu den Art. 52–89bis ZGB; Art. 530 ff. OR; BK-BUCHER, Einl. zum Personenrecht N 5).

Für den schweizerischen Gesetzgeber ist es selbstverständlich, dass der *Mensch,* die na- **3** türliche Person, in erster Linie Träger von Rechten und Pflichten, somit Rechtssubjekt sein soll (A. BUCHER, Personen, N 19). Das gilt indessen nicht nur für die Privatrechtsordnung. Die natürliche Person ist nicht nur befähigt, kraft ihrer natürlichen Eigenschaften privatrechtliche Ansprüche und Verpflichtungen zu haben oder zu begründen, sondern ihr stehen v.a. die *Grundrechte der BV, der EMRK und der Internationalen Pakte über bürgerliche und politische Rechte resp. über wirtschaftliche, soziale und kulturelle Rechte je vom 16.12.1966,* in Kraft seit 18.9.1992, aber auch das *Übereinkommen über die Rechte des Kindes* vom 20.11.1989, ratifiziert am 13.12.1996 (SR 0.107) und schliesslich die in Bundes- oder kantonalem Recht vorgesehenen *Leistungsansprüche* zu; sie ist auch Adressatin der *Verpflichtungen des öffentlichen Rechts* (Sozialversicherungsrecht, Steuerrecht usw.; vgl. dazu z.B. PEDRAZZINI/OBERHOLZER, 22 f. m.V.; BK-BUCHER, Einl. zum Personenrecht N 8 ff.; A. BUCHER, Personen, N 21; vgl. BGE 97 I 45; 113 Ia 257). Die beiden der Rechtsperson zuerkannten Fähigkeiten oder Eigenschaften, die **Rechts- und Handlungsfähigkeit** ebenso wie deren rechtliche Voraussetzungen und gesetzliche Schranken haben demnach eine sehr weitgefasste Bedeutung (vgl. BK-BUCHER, Art. 11 N 29 ff.; RIEMER/RIEMER-KAFKA, Entwicklungen im Personenrecht [natürliche Personen], SJZ 1999, 433).

Art. 11

A. Persönlichkeit im Allgemeinen I. Rechts- fähigkeit	[1] **Rechtsfähig ist jedermann.** [2] **Für alle Menschen besteht demgemäss in den Schranken der Rechtsordnung die gleiche Fähigkeit, Rechte und Pflichten zu haben.**
A. De la person- nalité en général I. Jouissance des droits civils	[1] Toute personne jouit des droits civils. [2] En conséquence, chacun a, dans les limites de la loi, une aptitude égale à devenir sujet de droits et d'obligations.
A. Personalità in genere I. Godimento dei diritti civili	[1] Ogni persona gode dei diritti civili. [2] Spetta quindi ad ognuno, nei limiti dell'ordine giuridico, una eguale capacità d'avere diritti ed obbligazioni.

Literatur

BIGLER-EGGENBERGER, Die bundesgerichtliche Rechtsprechung zu Art. 4 Abs. 2 aBV, recht 1/94, 1 ff.; DIES., Art. 4 Abs. 2/8 Abs. 3 BV – eine Erfolgsgeschichte?, ZBl 106/2, 2005, 57 ff.; BRÜCKNER CHRISTIAN, Das Personenrecht des ZGB, Zürich 2000; BUCHLI-SCHNEIDER, Künstliche Fortpflanzung aus zivilrechtlicher Sicht, Bern 1987; DEUTSCH, Embryonenschutz in Deutschland, NJW 1991, 721 ff.; DUBLER-NÜSS, Les nouveaux modes de procréation artificielle et le droit suisse de la filiation, Basel 1988; FRANK, Die künstliche Fortpflanzung beim Menschen im geltenden und im künftigen Recht, Zürich 1989; GEISER, Rechtliche Aspekte der Gentechnologie beim Menschen, Pro Juventute-Thema 1990; DERS., Demenz und Recht: Regulierung, Deregulierung, ZVW = RDT Zürich, 2003, 97 ff.; GIESEN, Ethische und rechtliche Probleme am Ende des Lebens, JZ 1990, 929 ff.; HAUSHEER, DNS-Analyse und Recht: eine Auslegeordnung, ZBJV 1992, 493 ff.; HAUSHEER/MÜLLER-AEBI, Das Personenrecht des schweiz. Zivilgesetzbuches, Bern 2005; HEGNAUER, Künstliche Fortpflanzung und persönliche Freiheit, Bem. zu BGE 115 Ia 246 ff., ZBl 1991, 341 ff.; MANSEES, Jeder Mensch hat ein Recht auf Kenntnis seiner genetischen Herkunft, NJW, 1988, 298 ff.; PIOTET, La personne majeure de mois de 18 ans révolus penfelle fester? Mélanges J.P. Sortois, Bruxelles 2002, 487 ff.; RAMM, Die Fortpflanzung – ein Freiheitsrecht?, JZ 1989, 861 ff.; RIEMER HANS MICHAEL/RIEMER-KAFKA, Entwicklungen im Personenrecht (natürliche Personen), SJZ 2000, 445 ff.; DIES., SJZ 2002, 471 ff.; SALADIN, Rechtliche Aspekte der Gentechnologie, Colloquium Generale der Universität Bern, Bern 1988, 199 ff.; SCHUBARTH/ALBRECHT, Kommentar zum StGB, BT, Bd. 2, Bern 1990; SCHWEIZER, Grundrechtsfragen der Gentechnologie, ZBl 1989, 397 ff.; DERS., Verfassungs- und völkerrechtliche Vorgaben für den Umgang mit Embryonen, Föten sowie Zellen und Geweben, Zürich 2002; STÜRNER, Die Unverfügbarkeit ungeborenen menschlichen Lebens und die menschliche Selbstbestimmung, JZ 1990, 709 ff.; TRÖNDLE, Der Schutz des ungeborenen Lebens, Zeitschrift für Rechtsphilosophie 1989, 54 ff.; TRÖSCH, Die Gentechnologie im öffentlichen Recht des Bundes, ZBl 1989, 377 ff.; VAN DEN ENDEN, Recht auf einen würdigen Tod, Freidenker, 1986, 18 ff.

Literatur zum IPR: Gesetzesentwurf der Expertenkommission und Begleitbericht Eidg. Justizabteilung; HANGARTNER, Die allgemeinen Bestimmungen des BG über das Internationale Privatrecht, Veröffentlichungen des Schweiz. Instituts für Verwaltungskurse an der Hochschule St. Gallen, Neue Reihe Bd. 29, St. Gallen 1988; KNOEPFLER/SCHWEIZER, Précis de droit international privé suisse, Bern 1990; SCHNYDER, Das neue IPR-Gesetz, 2. Aufl. 1990; SCHWANDER, Einführung in das internationale Privatrecht, 1. Bd. AT, 2. Aufl. 1990.

I. Begriffliches

1. Allgemeines

Das Gesetz spricht in der Marginale zu Art. 11 von «Persönlichkeit im allgemeinen», was **1** dazu verleiten könnte, im «Schutz der Persönlichkeit» des Art. 27 ff. das Pendant dazu zu erblicken. Gemeint ist in Art. 11 die Person als Trägerin von Rechten und Pflichten innerhalb der Rechtsgemeinschaft. Meines Erachtens geht der Begriff der **Persönlichkeit** in den Art. 27 ff. demgegenüber in einem gewissen Sinn über jenen eher rechtstechnisch gemeinten des Art. 11 hinaus, indem zwar einerseits die Unverzichtbarkeit der Rechts- und Handlungsfähigkeit stipuliert (Art. 27 Abs. 1), aber darüber hinaus auch die gesamte Freiheit und Gleichheit des Menschen und ebenso der juristischen Personen besonders geschützt wird (Art. 27 Abs. 2; vgl. ZGB-HUGUENIN, N 2; N 5; Bem. zu Art. 28 ff., insb. ZGB-HUGUENIN, N 5 ff. zu Art. 28; auch BK-BUCHER, N 14 ff., 20; ZK-EGGER, N 3 f.; PEDRAZZINI/OBERHOLZER, 24 f.; BRÜCKNER, N 5; vgl. auch Art. 328 OR: Schutz der Persönlichkeit des Arbeitnehmers und der Arbeitnehmerin).

2. Rechtsfähigkeit

Der Begriff der Persönlichkeit (personnalité, personalità) i.S. des Art. 11 ist identisch mit **2** dem des Rechtssubjekts, dem **Rechtsfähigkeit** (jouissance des droits civils oder auch capacité civile passive; godimento dei diritti civili) zusteht. Das lässt sich dem Wortlaut dieser Vorschrift entnehmen. Jedermann ist rechtsfähig; d.h. das, was die Gesetzgebung mit Rechtsfähigkeit umschreiben will, die umfassende Rechtsstellung der *Persönlichkeit,* wird jeder Person im Rechtssinne, v.a. aber jeder lebenden natürlichen Person zugesprochen (vgl. dazu BK-BUCHER, N 18 ff.; A. BUCHER, Personen, N 22a m.H. auf BGE 116 II 351; BRÜCKNER, N 6 ff.; PEDRAZZINI/OBERHOLZER, 24 f. Rz 2.1.2, 2.1.2.1; vgl. auch BGE 129 I 302 betr. postmortalem Persönlichkeitsschutz; SJZ 99/2003 Nr. 20, 535). Der Begriff des rechtsfähigen Menschen wird weit verstanden; er umfasst Mann wie Frau, Kind wie Greis oder Greisin. Art. 11 lässt grundsätzlich auch keine Ungleichbehandlung der in der Schweiz wohnhaften Ausländer und Ausländerinnen zu.

Für alle Menschen gilt die Fähigkeit, Rechte und Pflichten *zu haben.* Die natürliche Per- **3** son wird somit grundsätzlich und spätestens vom Zeitpunkt der Geburt hinweg zum Trä- ger bzw. zur Trägerin der Rechte, welche die Gesetzgebung als ihr zukommend betrach- tet oder die der Person «zurechenbar» sind (BK-BUCHER, N 8, 11 f., 18 ff.). Als Korrelat dazu hat die Person aber auch – jedenfalls grundsätzlich – als i.d.R. selbstverantwortli- ches, vernünftiges Wesen für die rechtlichen Folgen ihres Handelns einzustehen. Und zwar («Schuldverhaft ist abgeschafft», Art. 59 Abs. 3 aBV, in der nachgeführten BV ge- strichen) tritt hier die **Handlungs-,** insb. die **Vermögensfähigkeit** als wesentliches Ele- ment der Pflichtfähigkeit in den Vordergrund, wozu sich als Korrelat die Partei- wie auch die Betreibungs- und Prozessfähigkeit gesellt. Hier finden sich die Berührungspunkte zwischen der Rechts- und der Handlungsfähigkeit (BK-BUCHER, N 13, 25, 30 ff.; BRÜCKNER N 11 m.H. in FN 3 auf HAUSHEER/MÜLLER-AEBI, Ziff. 02.01; vgl. dazu die Art. 12–19, u. N 4 ff.).

II. Inhalt der Rechtsfähigkeit

Die Fähigkeit, Rechte und Pflichten zu haben, gilt für die Rechtsperson in einem umfas- **4** senden Sinn. Alle Rechte sind gemeint, die ihr in ihrer Eigenschaft als Mensch zustehen, solche relativ oder absolut höchstpersönlicher Natur wie auch bloss obligatorische Rech- te, soweit sie durch die Rechtsordnung geschützt und durch sie nicht eingeschränkt sind

(GROSSEN, SPR II, 289; bez. der juristischen Personen vgl. ZGB-HUGUENIN, Art. 52 N 1; PEDRAZZINI/OBERHOLZER, 27 Rz 2.1.3.2). Die **Rechtsfähigkeit** umfasst sämtliche von der Rechtsordnung dem Rechtssubjekt zuerkannten Rechte, also z.b. die Heirats- wie die Erbfähigkeit ebenso wie die Prozess- und Betreibungsfähigkeit, wobei die Letzteren wie die Parteifähigkeit teilweise – aus Zweckmässigkeitsgründen – auch Gebilden zuerkannt wird, die keine Rechtspersönlichkeit besitzen, wie z.b. öffentlich-rechtliche Vorsorgeeinrichtungen (vgl. dazu BK-BUCHER, N 76 ff.; BGE 76 III 60; 96 III 100; 99 III 4; 100 III 19 E. 1; 102 Ib 315 E. 1a; 127 V 29, 33 E. 2 m.H. auf BGE 113 V 198 und RSAS 1990, 93; nicht publ. BGE vom 7.4.1994; vgl. auch Art. 53 N 4 f.; 6 ff.; 11 ff., insb. N 13) oder Stockwerkeigentümerschaft i.S. von Art. 712l (vgl. BGE vom 27.1.2000 mit Hinw. auf 125 II 348 E. 2; vgl. auch Art. 73 BVG und Art. 48ter AHVG: dazu neben BGE 127 V 29, 33 E. 2 auch BGE 112 II 88 E. 1).

III. Gleichheit

1. Allgemeines

5   Heute entspricht es einer Selbstverständlichkeit, dass die **Rechtsfähigkeit** allen Menschen gleicherweise zuerkannt wird. Art. 11 Abs. 2 sagt denn auch ausdrücklich, dass *allen Menschen die gleiche Fähigkeit, Rechte und Pflichten zu haben, zusteht.* Das ist ein Grundsatz, der sich auf Art. 4 Abs. 1 aBV zurückführen lässt und nunmehr durch Art. 7 ff. BV, insbesondere durch das Grundrecht auf **Menschenwürde** unterstrichen wird (St.Galler Komm-SCHWEIZER (1. Aufl.), N 19 ff. zu Art. 8 BV; St.Galler Komm-MASTRONARDI (1. Aufl.), N 16 zu Art. 7 BV; BGE 127 I 6). Dessen Einschränkung setzt – wie dies Art. 11 Abs. 2 antönt – eine eindeutige gesetzliche Regelung voraus (BK-BUCHER, N 117 ff.; GROSSEN, SPR II, 292 f.; GUTZWILLER, SPR II, 472; BRÜCKNER, N 17 ff.; A. BUCHER, Personen, N 24; zur Rechtsprechung bez. der Rechtsetzung: BGE 120 I a 433 E. 2b; 118 V 225 E. 2b; 118 I b 241 E. 4c; 118 I a 1 E. 3a; 118 I a 305 E. 7a und in der Rechtsanwendung: BGE 124 IV 47 E. 2c; 122 I 104 E. 3; 122 II 451 E. 4a; 117 I a 259 E. b; 111 I b 219 E. 4).

2. Relativierung der Rechtsgleichheit

6   Indessen gewährt Art. 11 Abs. 2 so wenig wie Art. 4 aBV oder Art. 8 BV eine absolute Rechtsgleichheit. Nach der bundesgerichtlichen Rechtsprechung ist das **Gleichbehandlungsgebot** nur verletzt, wenn unter mehreren zu regelnden tatsächlichen Verhältnissen rechtliche Unterscheidungen getroffen werden, die sich nicht auf ernsthafte sachliche Gründe stützen lassen oder für die ein vernünftiger Grund nicht ersichtlich ist. Umgekehrt ist das Gleichbehandlungsgebot aber auch verletzt, wenn tatsächliche Verhältnisse gleich behandelt werden, die voneinander in wesentlicher Hinsicht abweichen und einer unterschiedlichen Behandlung bedürfen (BGE 100 I a 328; 112 I a 251; auch beispielsweise BGE 120 I a 169; 121 I 51; 100 E. 4a; 121 II 204 E. 2a; 122 II 117 E. 2b; 123 I 109; 123 II 11 E. 3; 124 I 62 E. 5a; 172 E. 2e; 251 E. 6; 299 E. 3b; 124 II 213 E. 8d; 382 E. 8c/bb; 124 V 15 E. 2a; 125 I 1, 4 E. 2b/aa; 125 I 161, 163 E. 3b; 125 I 173, 178 E. 6b; 125 II 326, 345 E. 10b; 125 III 214 E. 4; 125 IV 2 E. 5b; 125 V 221, 226 E. 3b; 127 I 192 E. 5; 127 V 255 E. 3b; 128 I 312 E. 7b; 129 I 3 E. 3; 268 E. 3.2; 129 V 111 E. 1.2.1; 130 V 31 E. 5.2). Nur im Wesentlichen Gleiches ist demzufolge nach Massgabe seiner Gleichheit rechtlich gleich, Ungleiches aber nach Massgabe seiner Ungleichheit rechtlich ungleich zu behandeln.

7   Der Grundsatz gleicher Rechtsfähigkeit bedeutet nicht, dass der Gesetzgeber nicht für verschiedene Personen oder Personengruppen **unterschiedliche Vorschriften** aufstellen

darf. Art. 11 Abs. 2 gesteht die gleiche Fähigkeit, Rechte und Pflichten zu haben, nur «in den Schranken der Rechtsordnung» zu (s.u. N 9 ff.).

3. Exkurs: Geschlechtergleichheit

Mit der Einführung von Art. 4 Abs. 2 aBV am 14.6.1981 (nunmehr unverändert Art. 8 **8** Abs. 3 BV; in Satz 2 entsprechend der bundesgerichtlichen Praxis ergänzt durch Bezug auf «tatsächliche Gleichstellung») ist im Besonderen die **Gleichbehandlung von Frau und Mann** betont worden. Dieser ausschliesslich auf die Gleichheit der Geschlechter ausgerichtete Verfassungsgrundsatz hat v.a. *indirekte,* aber teils auch *direkte Auswirkungen* auf das Privatrecht. Die direkte Auswirkung oder **Drittwirkung** gilt gemäss Art. 8 Abs. 3 Satz 3 BV für den *Grundsatz der Lohngleichheit* als unmittelbar anwendbare Vorschrift im öffentlichen wie im privaten Arbeitsvertragsrecht (nunmehr konkretisiert durch das Gesetz vom 24.3.1995 über die Gleichstellung von Frau und Mann [GlG; SR 220]). Damit wird Art. 11 Abs. 2 im Bereich des Arbeitsrechts konkretisiert mit verbindlichen Auswirkungen auf das Verhältnis zwischen Privaten (Art. 4 Abs. 2 Satz 3 aBV; vgl. dazu BIGLER-EGGENBERGER, 2; DIES., Die bundesgerichtliche Rechtsprechung zur Lohngleichheit – eine kritische Bestandesaufnahme, AJP 2002, 1269; BGE 113 I a 107 ff.; zu neuesten Praxis vgl. BGE 125 III 368; 126 II 219 E. 4a; 127 III 207; 130 III 159). Darin liegt ein wichtiger Eingriff in die **Privatautonomie** der VertragspartnerInnen.

Die indirekten Auswirkungen berühren die frühere Ungleichheit der Ehegatten im **Ehe- und Ehegüterrecht** sowie im Kindesrecht (BK-HAUSHEER/REUSSER/GEISER, N 7 ff. der Vorbem. vor aArt. 159 ff., aArt. 159 N 18, aArt. 163 N 5; zur neuen Rechtspraxis z.B. BGE 114 II 16 E. 4; 115 II 11 E. 5a, b; 121 I 97 ff.; 123 III 6 E. 3c; 127 III 136 E. 2). Aber auch andere Rechtsbereiche sind davon berührt: z.B. BGE 111 I b 3; 116 I a 379 E. 10; 116 I b 283 E. b, c; 297 E. 7; 116 V 323; 118 V 3 E. 3 u.v.a.m.).

Art. 4 Abs. 2 aBV und Art. 8 Abs. 3 BV haben **Einschränkungen** der gesetzlichen **8a** Gleichbehandlung von Frau und Mann grundsätzlich fallen gelassen (vgl. BK-BUCHER, N 126; DESCHENAUX/STEINAUER, Personnes, 4. Aufl., Rz 47–48a; PEDRAZZINI/OBER-HOLZER, 54 f.; BGE 127 III 214 E. 4, 5b; 129 I 269 E. 3.3). Sie gilt im Gegensatz zum allgemeinen, relativen Gleichheitsgebot grundsätzlich *absolut* (vgl. BGE 109 I b 81 und 117 V 318: Rentenalter; 116 I a 359: Stimmrecht in Appenzell IRh; 123 I 152; 125 I 21: Quoten; auch 127 III 214 E. 4, 5b; 129 I 269 E. 3.2., 3.3), wobei allerdings Ausnahmen (v.a. solche biologischer und funktionaler Art; aber auch BGE 116 I b 270; 116 I b 284: Familienlasten; 121 I 97: Motivation des verdienenden Eheteils) zugelassen werden müssen. *Rechtsungleichheit* zwischen den Geschlechtern bleibt somit teilweise bestehen, vor allem, wenn dies der Gesetzgeber will (z.B. Namensrecht in Art. 160; vgl. aber BGE 131 III 201), aber auch nach der (hinsichtlich indirekter Rechtsungleichheit resp. Diskriminierung zurückhaltenden) Rechtsprechung dann, wenn überzeugende, einleuchtende Gründe gegen eine absolute Gleichbehandlung vorgebracht werden: vgl. BGE 109 II 95: Namensrecht; 110 I a 11: Steuerrecht; 113 I 107; 117 I a 270; 118 I a 35; 126 III 395; 130 III 158 E. 3. 1 m.H.: Lohngleichheit; weiter BGE 116 I b 270; 284: Sonntags- und Nachtarbeit; vgl. auch z.B. 121 I 97; 123 III 6: Fehlbetragsverteilung im Ehetrennungs- und Scheidungsverfahren; bei Lohnungleichheit gemäss GlG siehe z.B. BGE 125 II 385; 125 II 530; 541; 126 II 217).

Der Gleichheitssatz der nachgeführten BV enthält nunmehr vier Unterteilungen: Abs. 1 **8b** von Art. 8 BV enthält das allgemeine Rechtsgleichheitsgebot, das für *alle Menschen gilt* (BGE 129 I 397 E. 3.2.2), Abs. 2 verbietet die Benachteiligungen bestimmter Gruppen von Menschen im Blick auf die Dominanz anderer Gruppen; dies soll durch Rechtsprechung und Gesetzgebung geschehen (BGE 126 II 392 E. 6a; 126 V 73 E. 4c/bb). Satz 3 führt das im Verhältnis der beiden Geschlechter anwendbare **Differenzierungsverbot** und **Egalisierungsgebot** weiter, und Abs. 4 gesteht Behinderten einen verfassungsrechtlichen Anspruch auf Massnahmen zur Erleichterung ihrer Integrierung in das Leben Nichtbehinderter zu (vgl. BG über die Beseitigung von Benachteiligungen von Menschen mit Behinderungen vom 13.12.2002 (BehiG)).

IV. Schranken der Rechtsfähigkeit

1. Allgemeines

9   Art. 11 Abs. 2 gesteht die Fähigkeit, Rechte und Pflichten zu haben, nur in den **Schranken** der Rechtsordnung zu. Eine Schranke liegt zunächst in der *Relativierung der Rechtsgleichheit,* denn weder Art. 4 Abs. 1 aBV resp. Art. 8 Abs. 1 und 2 BV noch Art. 11 Abs. 2 gewährleisten eine absolute Gleichheit. Das liesse sich im Blick auf die Unterschiede des menschlichen Daseins und die Vielfalt der Verhältnisse auch nicht verwirklichen, ohne stossende Ungerechtigkeiten zu bewirken. Das im Privatrecht geltende Gleichheitsgebot setzt denn auch *gleiche tatsächliche Verhältnisse* voraus. Eine **Abweichung** von der Gleichbehandlung ist daher gestattet, wenn sich eine solche aus ernsthaften sachlichen Gründen aufdrängt (BGE 100 I a 328; 114 I a 2 E. 3; 223 E. 2b; 323 E. 3a; 118 I a 2 E. 3a; z.B. auch 121 I 15 E. 2b; 122 I 66 E. 3a; 122 III 131 E. 2a; 123 I 5 E. 4a; 124 I 250 E. 5; 124 V 139 E. 2b 125 I 168 E. 2a; 125 II 15 E. 3a; 134 E. 5b; vgl. auch o. N 8) oder andere Verfassungsrechte für ein Abweichen sprechen (siehe Schwimmvorschriften aus religiösen Gründen: BGE 119 I a 178 und bezügl. Kleidervorschriften aus religiösen Gründen BGE 123 I 312: Beides im Blick auf das nunmehr geltende Gebot der Gleichberechtigung von Frau und Mann recht fragwürdige Entscheide).

10   Der Grundsatz der Gleichbehandlung richtet sich v.a. an *Gesetzgebung und Rechtsanwendung.* Allerdings steht dem Gesetzgeber die Befugnis zu, eine unterschiedliche Behandlung in Bezug auf den Bereich der Rechtsfähigkeit, der Gattung der Rechte und Pflichten, welche dem Rechtssubjekt zustehen, vorzusehen (vgl. BGE 114 I a 329). Doch müssen Ausnahmen vom Gebot, dass die Rechtsfähigkeit allen Menschen gleicherweise zusteht, einschränkend ausgelegt werden (A. BUCHER, Personen, N 25). Die der Gesetzgebung gesetzte **Schranke** liegt praktisch nur in der **BV** resp. in der **EMRK** und insbesondere **den beiden UNO-Pakten:** z.B. ist die Ungleichbehandlung der Ehegatten im Namensrecht (Art. 160) vom EGMR i.S. Burghartz gegen die Schweiz als EMRK-widrig bezeichnet worden (BGE 115 II 193; Entscheid EGMR vom 22.2.1993, Nr. 49/1992–394/472. Sodann z.B. auch BGE 122 I 385).

11   Angesichts der grundsätzlichen **Freiheit** der Rechtssubjekte sind diese bei der Regelung ihrer vertraglichen Beziehungen frei und insofern – aber auch nur innerhalb der Schranken des Gesetzes (s. z.B. Art. 27; OR I-HUGUENIN, Art. 20 N 12 f.) – ebenfalls nicht an den Gleichheitsgrundsatz gebunden (BK-BUCHER, N 122; vgl. aber die unterschiedlichen Auffassungen bezüglich des Anspruchs auf Gleichberechtigung der Geschlechter: BIGLER-EGGENBERGER, Rechtsgleichheit und Vertragsgleichheit, AJP 1997, 18 ff. und G. MÜLLER, Gleichbehandlung der Geschlechter und Vertragsfreiheit in: EHRENZELLER et al. [Hrsg.], Der Verfassungsstaat vor neuen Herausforderungen, FS für Yvo Hangartner, St. Gallen/Lachen 1998, 627 ff.; BGE 114 I a 329 E. 2b; auch EMMENEGGER, Feministische Kritik des Vertragsrechts, Freiburg 1999).

12   Für die **Rechtsanwendung** gilt, dass im Hinblick auf Art. 11 Abs. 2 sowohl bei Auslegung eines Gesetzes als auch im Zusammenhang mit der **Vertragsauslegung** von der *Vermutung* der Absicht, alle Beteiligten oder Betroffenen gleich behandeln zu wollen, ausgegangen werden muss. In Zweifelsfällen kommt daher – neben der Aufgabe verfas-

sungskonformer Auslegung – dem in Art. 11 Abs. 2 festgehaltenen Grundsatz grosse Bedeutung zu.

2. Weitere Einschränkungen

Weitere Abweichungen vom Grundsatz des Art. 11 Abs. 2 sieht die Gesetzgebung in verschiedener Hinsicht vor: **13**

– Im **Alter** kann eine Einschränkung liegen. Zwar ist auch das unmündige Kind aller Rechte fähig, die ihm um seiner Persönlichkeit willen zustehen (Art. 19 Abs. 2; vgl. BGE vom 27.7.1998 i.S. Ch. C. gegen Eidg. Polizeiabteilung; nunmehr das Übereinkommen über die Rechte des Kindes vom 20.11.1989, dazu z.B. BGE 128 I 66 E. 2–5; 124 III 93 E. 3b; 129 IV 220 E. 2.2) und wird es aus unerlaubten Handlungen schadenersatzpflichtig (Art. 19 Abs. 3). Aber das Alter als Ausdruck genügender Reife (Mündigkeit) spielt eine entscheidende Rolle für die selbständige Begründung und Geltendmachung von Rechten oder die Inanspruchnahme aus Verträgen (vgl. nicht publ. Entscheid vom 2.4.1996 i.S. M. A. c. TAdm du canton de Vaud; vgl. auch Art. 304/305 N 5 f.). Das Alter ist massgebend für das Verlöbnis (Art. 90 Abs. 2), die Ehefähigkeit (Art. 94), die Anerkennung der Elternschaft (Art. 260 N 8 ff.), die Adoption (Art. 264a f.; vgl. nicht publ. Entscheid vom 30.8.1996 i.S. G. H. gegen Gemeinde- und Kirchendirektion des Kt. Bern), die Bestimmung der Religionszugehörigkeit (Art. 303 Abs. 3), für die Ablehnung der Vormundschaft (Art. 383 Ziff. 1), die Mitwirkung der Bevormundeten, die indessen bei Urteilsunfähigkeit an der Vertretungsfeindlichkeit gewisser höchstpersönlicher Rechte scheitert und geradezu zu einem Fehlen der Rechtsfähigkeit führen kann (vgl. Art. 406 N 51), die Testierfähigkeit (BGE 124 III 5) und die Fähigkeit zur Schliessung eines Erbvertrags (Art. 467, Art. 468), aber auch für das Aufenthalts- resp. Nachzugsrecht Verwandter gemäss Art. 17 Abs. 2 ANAG (vgl. BGE 120 I b 257) oder das Nachzugsrecht von Minderjährigen (vgl. nicht publ. Entscheid vom 27.4.1998 i.S. S. Ch c. TI cons.Stato). Desgleichen ist die Vertretungsmöglichkeit ausgeschlossen etwa für ein urteilsunfähiges Kind (BGE 117 II 7 = Pra 1992, 127; BGE vom 27.7.1998 i.S. Ch. C. und B. G. c. OFP et Ethiopie; Art. 304/305 N 5). Das Alter kann aber auch nach oben eine Grenze setzen: z.B. Art. 70 Abs. 5 LWG und BGE vom 7.6.2004 i.S. A.X und B.X c. Regierungsrat des Kantons Zürich und Rekurskommission des Eidg. Volkswirtschaftsdepartementes; BGE 124 I 297: Altersgrenze von 70 Jahren für die Ausübung des Notariatsberufs ist nicht willkürlich und verstösst nicht gegen das Rechtsgleichheitsgebot, was im Blick auf Art. 8 Abs. 2 BV heute kaum mehr so allgemein gültig sein dürfte. Bezüglich des Alters entstehen mit der wachsenden Gruppe der Höchstbetagten neue Probleme (z.B. bei Altersdemenz oder Alzheimerkrankheit; vgl. GEISER, Demenz und Recht, 97 ff.).

– **Geistige und körperliche Fähigkeiten** (Art. 13, 16, 90 (Verlöbnis); Art. 94 (Ehevoraussetzungen); Art. 104–110 (Ehenichtigkeit resp. -ungültigkeit); Art. 111–116 (Ehetrennung und Ehescheidung); Art. 256–258 (Ehelichkeitsanfechtung); Art. 259 Abs. 2 und 3 (Anfechtung der Kindesanerkennung); Art. 261–263 (Feststellung der Vaterschaft); Art. 265 Abs. 2 (Rechte der zu adoptierenden Person und der natürlichen Eltern); Art. 266 Abs. 2 (Recht des Ehegatten oder der Ehegattin der zu adoptierenden Person); Art. 369; auch etwa – v.a. bei Senilität – Art. 372, 383 Ziff. 2, 397a ff.). Bestimmte Rechte – wie etwa Art. 105 Ziff. 2 (Urteilsunfähigkeit); Testierfähigkeit (Art. 467) – kommen für Geisteskranke nicht in Frage, sofern sie im Zeitpunkt der Wahrnehmung bestimmter Rechte oder dauernd urteilsunfähig sind (zum alten Recht siehe BGE 117 II 6. aArt 97 ist mit der Revision der Vorschriften über die Eheschliessung per 1.1.2000 gestrichen worden). Wer infolge Geisteskrankheit urteilsunfähig ist, kann z.B. keinen neuen Wohnsitz begründen (vgl. Art. 23 N 9; Art. 25 N 11).

– Die **Ehre** resp. deren Aberkennung kann zur Einschränkung der Rechtsfähigkeit führen, die aber heute keine grosse Rolle mehr spielt: Art. 384 im Vormundschaftsrecht, Art. 477, 503, 540 im Erbrecht. Zum früheren Recht noch z.B. BGE 29 II 114; 44 II 77; 51 II 273 ff.; 67 II 128; 69 II 286; 84 II 366; 85 I 30. Seit BGE 107 I a 52 = Pra 1971, 496 ff. lassen sich öffentlich-rechtliche Ehrenfolgen bei fruchtloser Pfändung und Konkurs nicht mehr halten. Weder die Ausstellung von Verlustscheinen noch ein Konkurs vermögen daher die Rechtsfähigkeit einzuschränken.

– Schliesslich können Schranken der Rechtsfähigkeit mit Bezug auf die **Staatsangehörigkeit,** wenn auch weniger im Privat- als im öffentlichen Recht, gegeben sein (vgl. z.B. Art. 895 OR für das Privatrecht; vgl. BSK OR II-WERNLI, Art. 895 N 1, 3); dann auch die Vorschriften über die Seeschifffahrt unter Schweizer Flagge vom 23.9.1953/14.12.1965, BG über die Nutzbarmachung der Wasserkräfte vom 22.12.1916, BB über die Bewilligungspflicht für den Erwerb von Grundstücken durch Personen im Ausland vom 23.3.1961/30.9.1965/16.12.1983: Hier wird allerdings auf den Wohnsitz abgestellt. Weiter sei auf die Ausländer- und Asylgesetzgebung verwiesen (ANAG: vgl. BGE 120 I b 257 ff. bez. des Aufenthalts- und Nachzugsrechts; BGE 126 II 377: Nichtverlängerung einer Aufenthaltsbewilligung eines invalid gewordenen Ausländers; ferner etwa BB über Zwangsmassnahmen im Asylrecht). Und schliesslich vgl. Art. 1 und Art. 2 AHVV, Art. 1 IVG (wobei internationale Verträge und nunmehr die bilateralen Verträge mit der EU Schweizer und Schweizerinnen und Ausländerinnen wie Ausländer gleichstellen. Auch die Staatsangehörigkeit spielt somit nicht mehr durchwegs die Rolle, die ihr in früheren Jahren zugekommen ist).

V. Beginn und Ende

1. Fehlen der Rechtsfähigkeit

14 Das Fehlen der Rechtsfähigkeit und der rechtlichen *Folgen* daraus hat seine Bedeutung v.a. für die – noch nicht entstandenen oder aufgelösten – **juristischen Personen.** So kommt z.B. der Gläubigergemeinschaft gemäss Art. 1157 OR keine Rechtsfähigkeit, wohl aber eine beschränkte Parteifähigkeit zu (BGE 113 II 285 E. 2). Zu dieser Problematik sei auf die Kommentierung zum 2. Titel (Art. 52 ff.) verwiesen.

14a Aber auch Personen, die wegen ihres (Kindes-)**Alters** oder einer **Geisteskrankheit** oder wegen **Schwachsinns** nicht urteilsfähig sind, sind bezüglich aller, auch der höchstpersönlichen Rechte rechtsunfähig (z.B. urteilsunfähiges minderjähriges Kind ist nicht handlungsfähig und damit auch nicht prozessfähig, BGE 117 II 6; auch BGE vom 27.7. 1998 i.S. CH. C/B. G. c. OFP et Ethiopie; bezüglich des ungeborenen Kindes während der Schwangerschaft vgl. BRÜCKNER, N 50 ff.).

2. Tod

15 Grundsätzlich keine Rechtsfähigkeit kommt dem oder der **Toten** zu (Art. 31; BRÜCKNER, N 60 ff.; BGE 101 II 177: Organentnahme; 104 II 225: Schutz des Persönlichkeitsrechts; 120 III 39: gegen Verstorbene ist Arrest nicht möglich; 123 I 119; vgl. auch 81 II 385 bez. des Anspruchs auf Genugtuung unter gewissen Voraussetzungen; BK-BUCHER, N 67, 70, 74). Die Rechte, die dem Menschen um seiner Persönlichkeit willen zustehen, erlöschen mit dem Tod (bestätigt in BGE 129 I 310 E. 1.2.4. Bezügl. persönlicher Freiheit und Tod: BGE 129 I 173; 127 I 115). Im Gegensatz dazu kann die verstorbene Person z.B. Vermögensrechte vererben, also über den Tod hinaus Rechtswirkungen weiter dauern lassen bzw. erzeugen (vgl. Art. 470, 560). Indessen gesteht die neueste Rechtsprechung grundsätzlich dem toten Menschen die *Menschenwürde* zumindest für eine

gewisse Zeit nach dem Eintritt des Todes, für eine so genannte «zone tabou» zu (vgl. StGB-Schubarth, Art. 137 StGB N 61–63). Während dieser allenfalls bis zur Beerdigung begrenzten Zeit bleiben dem oder der Toten höchstpersönliche Rechte erhalten (BGE 118 IV 319 E. 2: Fall Barschel). Die Frage der **Grundrechtsfähigkeit** des/der Toten ist in der Lehre umstritten (vgl. BGE 97 I 221 ff., besonders 229 m.V.; vgl. auch den Hinweis auf Art. 175 StGB in BGE 118 IV 153 E. 2 [Persönlichkeitsrecht eines Verstorbenen und Wissenschaftsfreiheit]), wird vom Bundesgericht aber heute klar verneint (vgl. obigen Entscheid i.S. +X,+Y und Z). Doch ergibt sich nunmehr aus Art. 7 BV stillschweigend das verfassungsmässige Recht auf würdige Beerdigung (vor 1.1.2000 = Art. 53 Abs. 2 aBV) und damit die Rechtsfähigkeit des/der Verstorbenen in einem besonderen Fall, der sich ja nach schweizerischer Rechtsauffassung weder als Sache noch als herrenloses Gut betrachten lässt (bejahend BGE 97 I 229: subjektives öffentliches Recht des Toten; in der nachgeführten Verfassung muss auf Art. 7 zurückgegriffen werden, da Art. 53 aBV ersatzlos gestrichen worden ist, vgl. Botschaft «Reform der BV» vom 20.11.1996, 141).

3. Das ungeborene Kind

Dem ungeborenen Kind, dem **nasciturus,** steht eine *bedingte* Rechtsfähigkeit zu. Es **16** kann unter dem Vorbehalt, dass es «lebend geboren wird», Rechte erwerben (Art. 31 Abs. 2; auch Art. 544 Abs. 1, vgl. ZGB II-Schwander, Art. 544 N 2 ff.; BK-Bucher, N 70, 103; A. Bucher, Personen, N 203; 205; Pedrazzini/Oberholzer, 30 ff. Rz 2.2.3.3; Hausheer/Aebi (1999), Ziff. 03.05–09; Dies. (2005), Ziff. 02.09.; Brückner, N 42 ff., 50 ff.; Deschenaux/Steinauer, Personnes, Rz 460 ff.; 467). Das heisst, die rechtlichen Wirkungen der Tatbestände, welche dem nasciturus Rechte anwachsen lassen, stehen unter der aufschiebenden Bedingung der *Lebendgeburt* und sei es auch nur für einen kurzen Augenblick.

Die Entwicklung der *Gentechnologie* und insb. die *Fortpflanzungsmedizin* haben die **17** Diskussion um die Rechtsfähigkeit des **Embryos** anwachsen lassen. In der Literatur wird die *bedingte* Rechtsfähigkeit ausgeweitet und sogar von **Grundrechten** gesprochen, die bereits den Keimzellen teilweise zuerkannt werden, was m.E. gerade angesichts der wissenschaftlichen Entwicklung und der damit aufgeworfenen schwierigen Fragen der Gentechnologie zu weit geht (vgl. BGE 115 I a 234 ff.). Vgl. nunmehr Art. 119 BV: Fortpflanzungsmedizin und Gentechnologie im Humanbereich, mit Schutz des Erbgutes in Keimzellen und Embryonen, womit der Verwendung des Embryos zu wissenschaftlichen Zwecken Schranken gesetzt und allgemein die Gentechnologie begrenzt wird. Aus der Vielfalt der Literatur: Brückner, N 56 ff. m.H. auf die Lehre in FN 29 ff. insbesondere zur Frage der Rechtsstellung des Embryos in vitro; auch Deschenaux/Steinauer, Personnes, Rz 460 ff.; 467 mit Hinw. auf weitere Literatur; ablehnend Geiser, 24; kritisch Ramm, 861 ff., v.a. 867; bejahend Hegnauer, ZBl 1991, 344 ff.; Saladin, 199 ff., der auf Seite 222 vom Anspruch auf Befreiung von besonders schweren Erbkrankheiten spricht; Schweizer, 399 ff., der auf Seite 404 vom Recht des Embryos auf unversehrtes, unmanipuliertes, individuelles Erbgut spricht (vgl. zu diesen schwierigen Fragen auch BGE 119 I a 460).

VI. Zugehörige Begriffe

Der aus der Lehre des *Prozessrechts* stammende Begriff der **Parteifähigkeit** ist in dem- **18** jenigen der Rechtsfähigkeit enthalten, geht aber darüber hinaus (vgl. BK-Bucher, N 31 f.). Die Parteifähigkeit beinhaltet die Befugnis, als Partei in einem Zivil-, Straf- oder Verwaltungsverfahren aufzutreten und vom materiellen Recht verliehene subjektive

Rechte in eigenem Namen im Prozess geltend zu machen (aktive Parteifähigkeit) oder aus behaupteten subjektiven Rechten eines andern in eigenem Namen eingeklagt zu werden (passive Parteifähigkeit). Sie steht neben der **Prozessfähigkeit** und gehört ebenso zur Handlungsfähigkeit (s. Art. 12 N 24 f.; vgl. nicht publ. BGE vom 27.7.1998 i.S. Ch. C. gegen Eidg. Polizeiabteilung m.H. auf BGE 122 II 130 E. 2b: ein urteilsunfähiges minderjähriges Kind ist nicht handlungsfähig, und gegen es kann kein Vermögensarrest gelegt werden). Ähnlich der Begriff der **Betreibungsfähigkeit** im Vollstreckungsrecht (vgl. zum Ganzen BK-BUCHER, N 31; GULDENER, ZPR, 112 ff.; KUMMER, Grundriss des Zivilprozessrechts, 3. Aufl. 1978, 61 ff.; ZR 1913, 211 f.).

19   Kasuistik: Zur negativ beantworteten Frage der **Partei- und Prozessfähigkeit** einer einfachen Gesellschaft vgl. BSK OR II-WERNLI, Art. 707 N 21 m.H. auf die Kontroverse in der Lehre oder einer Geschäftsstelle: BGE 96 III 103. Sodann 113 II 283: Die Gläubigergemeinschaft bei Anleihensobligationen i.S.v. Art. 1164 Abs. 1 OR ist nicht zur Erhebung einer Prospekthaftungsklage gemäss Art. 1156 Abs. 3 OR resp. Art. 752 OR aktivlegitimiert. Sie ist nicht rechtsfähig. Zur Frage der Parteifähigkeit einer unverteilten Erbschaft in einem Zivilprozess: Die *passive* Parteifähigkeit wird als Teil des Bundesrechts bejaht (GULDENER, Bundesprivatrecht und kantonales Zivilprozessrecht, ZSR 1961 II 37; BGE 113 III 79; BJM 1973, 171. Nichtigkeit einer Betreibungshandlung, die von einer Gläubigerin erwirkt wird, der die juristische Persönlichkeit abgeht: BGE 114 III 63 E. 1a; 115 III 14 E. 2; 120 III 13 E. 1b; nun auch BGE 127 V 29: zur Bejahung der Parteifähigkeit von Beruflichen Vorsorgeeinrichtungen ohne juristische Persönlichkeit; zur Verneinung der Parteifähigkeit eines Kantons in öffentlich-rechtlichen Lohnstreitigkeiten BGE 120 Ia 95, zur Verneinung der Parteifähigkeit einer Stockwerkeigentümergemeinschaft BGE vom 27.1.2000 i.S. AX und BX c. Kanton Aargau, Kanton Graubünden in E. 2b betr. Doppelbesteuerung).

VII. Rechtsnatur

20   Art. 11 ist **zwingendes Recht,** das der Verfügung der Rechtssubjekte entzogen ist (vgl. auch ZGB-HUGUENIN, N 5 und N 20 zu Art. 27).

21   Die Frage der **Rechtsfähigkeit,** deren Vorhandensein oder Fehlen ist *von Amtes wegen* zu beachten. Das heisst, die Gerichte haben das Vorhandensein oder Fehlen der Rechtsfähigkeit selbst dann zu prüfen, wenn sich die Prozessparteien nicht darauf berufen. Das spielt aber praktisch ausschliesslich im Zusammenhang mit Fragen um die juristische Person und deren allfällige Parteifähigkeit eine Rolle. Entsprechende Judikatur findet sich v.a. im Betreibungsrecht und berührt die Frage der *Betreibungsfähigkeit* (s. zu Art. 53: BGE 80 III 9; 51 III 15 m.V.; 51 III 66; 73 III 62; PKG 1961, 161; zu fehlender juristischer Persönlichkeit: PKG 1952, 118; VAR 1929, 164; VAR 1936, 216; dann aber auch BGE 120 Ia 95 E. 1, worin einem Kanton bei Lohnstreitigkeiten im öffentlichen Dienstrecht die Parteifähigkeit und damit die Legitimation zur Erhebung einer staatsrechtlichen Beschwerde abgesprochen worden ist oder BGE 113 II 113 E. 1: eine Behörde – z.B. Vormundschaftsbehörde – kann nicht staatsrechtliche Beschwerde erheben, sondern die Parteifähigkeit steht lediglich dem Gemeinwesen zu).

VIII. Prozessuales

22   Rechtsfähigkeit ist nach schweizerischem Rechtsverständnis die unabdingbare Voraussetzung für die Stellung der Person im Rechtsleben. Rechtsfähigkeit ist daher **zu vermuten.** Einschränkungen sind zu beweisen von derjenigen Partei, die daraus für sich Rechte ableitet (Art. 8).

IX. IPR

1. Zuständigkeit

Unter Vorbehalt anders lautender gesetzlicher Bestimmungen unterstehen die personenrechtlichen Verhältnisse natürlicher Personen dem Recht und der Gerichtsbarkeit ihres **Wohnsitzes** (Art. 33 Abs. 1 IPRG; IPRG-JAMETTI GREINER/GEISER, N 4 ff.). **23**

2. Anwendbarkeit

Nach Art. 34 Abs. 1 IPRG beurteilt sich die Rechtsfähigkeit nach dem **schweizerischen Recht.** Rechtsfähigkeit als *Voraussetzung* jeden subjektiven Rechts oder als *Eigenschaft* der rechtlichen Persönlichkeit ist für die schweizerische Rechtsordnung derart grundlegend und wichtig, dass davon abweichenden ausländischen Ordnungen der **ordre public** entgegenzuhalten ist (IPRG – Gesetzesentwurf der Expertenkommission und Begleitbericht, 83; BK-BUCHER, N 135 m.V. auf das Beispiel nationalsozialistischer Gesetzgebung, die den Juden die Rechtsfähigkeit aberkannt hatte, was dem schweiz. ordre public «aufs Schroffste» widerspricht; GUTZWILLER, SPR II, 556; IPRG-JAMETTI GREINER/GEISER, Art. 34 N 1, Art. 35 N 11; OGer ZH, 25.9.1942, SJZ 1942/1943, 302). **24**

3. Beginn und Ende der Rechtsfähigkeit

Art. 34 Abs. 2 IPRG sieht eine *offene Lösung* vor; d.h. **Anknüpfungstatbestand** für die Bestimmung des massgebenden Rechts ist das *Rechtsverhältnis, welches die Rechtsfähigkeit voraussetzt.* Mit Blick auf die von Rechtsordnung zu Rechtsordnung unterschiedlichen Regelungen soll bei Fragen nach der rechtlichen Stellung des *nasciturus* oder der Verstorbenen die Rechtsfähigkeit das rechtliche Schicksal der Hauptfrage teilen, in deren Zusammenhang sie sich stellt (vgl. Begleitbericht, 83; vgl. IPRG-JAMETTI GREINER/GEISER, Art. 34 N 6 ff.). **25**

Art. 12

II. Handlungsfähigkeit **1. Inhalt**	**Wer handlungsfähig ist, hat die Fähigkeit, durch seine Handlungen Rechte und Pflichten zu begründen.**
II. Exercice des droits civils 1. Son objet	Quiconque a l'exercice des droits civils est capable d'acquérir et de s'obliger.
II. Esercizio dei diritti civili 1. Oggetto	Chi ha l'esercizio dei diritti civili ha la capacità di acquistare diritti e di contrarre obbligazioni con atti propri.

Literatur

Vgl. die Literaturhinweise zu Art. 11.

I. Vorbemerkung und Begriff

1 Der Gesetzgeber stellt neben die *Rechtsfähigkeit* als weitere Voraussetzung der «Persönlichkeit» die **Handlungsfähigkeit.** Die Rechtsfähigkeit (jouissance de droits civils, godenza dei diritti civili) ist die *Grundvoraussetzung* für die Stellung der Person und ihrer Beteiligung an der Rechtsordnung, ja, ist Voraussetzung der Persönlichkeit überhaupt (dem Sklaven ging die Rechtsfähigkeit ab, desgleichen sprach das nationalsozialistische «Recht» den Juden die Rechtsfähigkeit ab; in gewissen amerikanischen Staaten hat die Verurteilung zur Todesstrafe den Verlust der zivilen Rechtsfähigkeit zur Folge; in Österreich zieht der Eintritt in ein Kloster eine Beschränkung der zivilen Rechtsfähigkeit nach sich). Die Handlungsfähigkeit (exercice des droits civils oder capacité civile active, esercizio dei diritti civili) unterscheidet sich von der Rechtsfähigkeit dadurch, dass jene erst das *Wirken,* die *aktive Betätigung* innerhalb der Rechtsordnung ermöglicht. Handlungsfähigkeit gesteht dem rechtsfähigen Menschen zu, aktiv, durch Handlungen und Unterlassungen am Rechtsleben teilzunehmen. Inwieweit diese Möglichkeit aber umgesetzt werden kann, bestimmen die Regeln zur Handlungsfähigkeit.

2 **Rechtsfähigkeit** und **Handlungsfähigkeit** überschneiden sich manchmal (vgl. BGE vom 27.1.2000 i.S. A.X und B.X c. Kanton Aargau und Kanton Graubünden, E. 2b). Für ein bestimmtes Recht können die für beide Begriffe geltenden Voraussetzungen durchaus die gleichen sein (GROSSEN, SPR II, 313; TUOR/SCHNYDER/SCHMID, 73; PEDRAZZINI/OBERHOLZER, 56 f., Rz 3.1.1 und 3.1.2; BRÜCKNER, N 146 f.; BK-HAUSHEER/REUSSER/GEISER, Art. 183 N 7; SPÜHLER/FREI-MAURER, N 52 zu Art. 143 aZGB: keine Scheidungsklage für urteilsunfähige Person, **a.M.** BUCHER, N 250 zu Art. 19, HEGNAUER/BREITSCHMID [4. Aufl.], 12.13, 12.14). Während die **Rechtsfähigkeit** jedermann im Rahmen der Rechtsordnung gleicherweise zusteht, baut die Handlungsfähigkeit gewissermassen auf ihr auf, ist aber durch die Art ihrer Voraussetzungen begrenzt. D.h. bei der **Handlungsfähigkeit** ist ein Ausschluss und sind gewisse Abstufungen möglich, je nach Alter (Art. 13/14; vgl. z.B. Art. 260 N 8), Gesundheitszustand (Art. 16; z.B. im Verfahren um Entzug der Handlungsfähigkeit: nicht publ. BGE vom 28.6.1996 i.S. M. M. c. Ti Dip. istituzioni. Vgl. auch Art. 304/305 N 2) und geistiger Reife der konkret in Frage stehenden Person oder je nach Art der vorgenommenen Handlungen (A. BUCHER, Personen, N 40). Jede handlungsfähige Person ist notwendigerweise rechtsfähig, aber nicht jede rechtsfähige Person ist eo ipso auch handlungsfähig (wie z.B. das Kleinkind, die Urteilsunfähigen, dann grundsätzlich die Unmündigen oder Entmündigten, Art. 17/18).

3 Wie die Rechtsfähigkeit **wirkt** auch die Handlungsfähigkeit *über das Privatrecht weit hinaus.* So etwa ist die Handlungsfähigkeit – vermutungsweise in gleicher Bedeutung (vgl. BK-BUCHER, Einl. zum Personenrecht N 9, Vorbem. vor Art. 12–19 N 8 ff.; ZK-EGGER, N 5) – wesentlich für das Verwaltungsrecht; ebenso ist sie grundsätzlich unentbehrlich für das Zivil-, Betreibungs- und Strafverfahren (BGE vom 27.7.1998 i.S. Ch. C c. OJP et Ethiopie: fehlende Prozessfähigkeit für ein kleines Kind und damit auch fehlende Handlungsfähigkeit). Die Art. 12–19 sind *in allen Rechtsbereichen zu beachten,* was jedenfalls in diesem Rahmen die klassische Zweiteilung in Privat- und öffentliches Recht zugunsten des Gedankens **der Einheit der Rechtsordnung** auflöst.

II. Inhalt des Art. 12

1. Allgemeines

4 Das Gesetz umschreibt den **Inhalt** der Handlungsfähigkeit ganz knapp: Wer handlungsfähig ist, hat die Fähigkeit, durch seine Handlungen Rechte und Pflichten zu begründen.

Damit wird die Fähigkeit der natürlichen Person (sowie grundsätzlich auch der juristi-   **5**
schen Person, Art. 52 ff.; vgl. ZGB-HUGUENIN zu Art. 53 N 6, 11–14) gemeint, aus eigenem Antrieb und eigenem Wollen Rechte zu erwerben, sie zu verändern oder untergehen
zu lassen und für die entsprechenden Rechtsfolgen persönlich einzustehen. Die voll
handlungsfähige Person kann auch Verpflichtungen begründen. Diese Fähigkeit steht
nur der **mündigen** und **urteilsfähigen** Person zu (vgl. dazu Kommentierung zu den
Art. 13 ff.; BGE 122 II 130 E. 2b).

2. Zweck und Funktion

Menschliche *Verhaltensweisen* sind von grosser Vielfalt. Sie können Folgen zeitigen, die   **6**
ausserhalb des Rechts liegen (Moral, Sitte). Sie können eine inhaltlich vom objektiven
Recht bestimmte **Rechtsfolge** auslösen (z.B. Scheidung; Kindesanerkennung; Verfügung
über den Tod hinaus), wobei sich die Frage nach der individuellen **Verantwortlichkeit**
für diese Rechtsfolgen stellt. Oder aber es gibt die breite Palette von Tatbeständen **autonomer Rechtsgestaltung** durch das einzelne Rechtssubjekt (Rechtsgeschäfte, einseitige
Rechtshandlungen), und es gibt schliesslich die **unerlaubten Handlungen** mit ihren
spezifischen Rechtswirkungen (Schadenersatz, Genugtuung oder Straffolgen).

Nicht jedes Rechtssubjekt ist in gleicher Weise in der Lage, durch eigenes Verhalten   **7**
rechtsgestaltend zu wirken. Unterschiedliche geistig-charakterliche Reife und Eignung
bewirken unterschiedliche Fähigkeiten, die **Verantwortung** für eigenes Verhalten und
die dadurch ausgelösten Rechtsfolgen tragen zu können. Hier kann sich die Notwendigkeit eines **Schutzes** zeigen (z.B. infolge Kindesalters, hohen Greisenalters, wegen Geisteskrankheit). Der *Zweck* des Handlungsfähigkeitsrechts und die *Funktion* der Handlungsfähigkeit beruhen denn auch im *Schutz der Person* vor den ordentlichen Rechtsfolgen ihres Verhaltens, falls diese infolge ihres Alters (Art. 13, 14; vgl. nicht publ. BGE
vom 27.7.1998 i.S. Ch. C. c. OFP et Ethiopie [Art. 14 BZPO]: Unzulässigkeit eines
Arrestes gegenüber einem kleinen (erst sechsjährigen) Kind wegen fehlender Handlungsunfähigkeit; auch BGE 122 II 130 E. 2b) oder infolge der Beeinträchtigung oder gar
Fehlens ihrer Einsicht und ihres Willens für ihr Verhalten überhaupt nicht oder nicht
voll verantwortlich gemacht werden kann (Art. 18 und 369; BK-BUCHER, Vorbem. zu
Art. 12–19 N 45 ff.; Art. 12 N 97 a.E.; PEDRAZZINI/OBERHOLZER, 59). Siehe hierzu die
Art. 18 und 19, wobei v.a. in Art. 19 Abs. 2, aber auch in den Art. 323 Abs. 1, Art. 305
(Art. 304/305 N 2; Art. 323 N 9 ff.), Art. 409 f. und 412 die (kluge) Rücksichtnahme des
Gesetzgebers auf die *Entwicklungsfähigkeit* der Persönlichkeit zutage tritt.

3. Relativität und Zeitpunkt

Die Fähigkeit, durch seine Handlungen die ordentlichen, von der Rechtsordnung an die-   **8**
ses Verhalten geknüpften Rechtsfolgen tragen zu können, zeigt sich immer nur in einem
bestimmten Verhalten (BK-BUCHER, N 11, 14; BGE 124 III 5 E. 1a: im Zusammenhang
mit dem Abschluss eines öffentlichen Testaments [vgl. dazu die Besprechungen in JdT,
1998 I 361; AJP 1998, 730; ZGBR 80/1999, 318]; auch BGE 117 II 231). Die Handlungsfähigkeit ist insofern nicht ein für alle Male gegeben. Sie kann z.B. im Falle des
Abschlusses eines Mietvertrags gegeben sein; geht es um dessen Kündigung, kann die
Handlungsfähigkeit fehlen (vgl. SJZ 1994, 290).

Für die Beurteilung, ob Handlungsfähigkeit gegeben ist, kommt es auf den **Zeitpunkt**   **9**
der Vornahme der Handlung oder der Abgabe einer Erklärung resp. des Zugehens oder
Eintreffens der Erklärung im Herrschaftsbereich des Empfängers an (BK-BUCHER,
N 16 f.; VON TUHR/PETER, § 22/II/1, 168; BGE 124 III 5 E. 4 bezüglich des Zeitpunktes
der Testierfähigkeit bei Errichtung eines öffentlichen Testamentes).

4. Art der Handlungen

a) Allgemeines

10 «Handlungen» i.S. des Art. 12 sind alle jene Akte, die für die Auslösung der regulären Rechtsfolgen Handlungsfähigkeit zur Voraussetzung haben. Aber auch «Nicht-Handeln» kann rechtliche Wirkungen zeitigen, v.a. durch **Unterlassungen** (dazu BK-BUCHER, N 93–99; z.B. BGE 75 II 192: zur Unterlassung einer fristgerecht einzureichenden Herabsetzungsklage durch Urteilsunfähige). Dann aber kann auch bloss faktisches Verhalten, so etwa die so genannten **rechtsgeschäftsähnlichen Handlungen** (dazu BK-BUCHER, N 78–85; A. BUCHER, Personen, N 42 f.), rechtliche Wirkungen auslösen, wobei in der Lehre umstritten ist, ob dafür grundsätzlich ebenfalls Handlungsfähigkeit zu fordern ist (vgl. BK-BUCHER, N 78). Unter dem Gedanken des *Schutzzwecks* dürfte es richtig sein, den bei Rechtsgeschäften geltenden Gedanken, dass Handlungsunfähige durch ihre eigenen Handlungen, allenfalls schon durch ihr bloss faktisches Verhalten, keinen Schaden erleiden sollen, auch darauf sinngemäss anzuwenden (vgl. N 15).

b) Im Einzelnen (vgl. dazu die ausführliche Systematisierung bei BK-BUCHER, N 35–90; auch A. BUCHER, Personen, N 44 ff.)

11 Das Kriterium der «Begründung von Rechten und Pflichten» in Art. 12 ist insofern zu eng, als selbstverständlich auch für die durch *Handlungen* (oder ein Unterlassen) bewirkte *Veränderung* der Rechtslage und ebenso für die *Aufhebung von Rechten und Pflichten* grundsätzlich volle Handlungsfähigkeit erforderlich ist (vgl. ZK-EGGER, N 4). Die Abgrenzung im einzelnen, konkreten Fall ist aber nicht dem Gesetz selbst zu entnehmen, sondern Doktrin und Praxis überlassen.

12 Die **zweiseitigen Rechtsgeschäfte** (Verträge) setzen in Form von Verpflichtungsgeschäften ebenso wie in Form von Verfügungsgeschäften Handlungsfähigkeit voraus (dazu BK-BUCHER, N 41–47; A. BUCHER, Personen, N 46; in N 47 weist dieser Autor auf die Bedeutung der Verfügungsmacht hin, die z.T. für die Verfügungsfähigkeit unabdingbar ist: z.B. Art. 204 SchKG; Art. 498, 499, 585; z.B. bezüglich Ehevertrag, wofür aber nur Urteilsfähigkeit, nicht auch Mündigkeit vorausgesetzt wird, vgl. Art. 183 N 2 ff.; BK-HAUSHEER/REUSSER/GEISER, Art. 183 N 6 ff.; BK-SPÜHLER/FREI-MAURER, aArt. 143 N 49 f.).

13 Desgleichen steht ausser Zweifel, dass auch die Vornahme **einseitiger Rechtsgeschäfte,** z.B. Testament, Kündigung eines Miet- oder Arbeitsvertrags an die Voraussetzung der Handlungsfähigkeit geknüpft ist (im Einzelnen BK-BUCHER, N 49–55). Für die Ausübung *subjektiver Rechte,* die nicht rechtsgeschäftlicher Natur sind, genügt freilich *Urteilsfähigkeit* (vgl. BK-SPÜHLER/FREI-MAURER, Art. 183 N 6).

14 **Mehrseitige Rechtsgeschäfte** (z.B. Gründung einer juristischen Person) bedürfen grundsätzlich für alle Beteiligten der Handlungsfähigkeit, ebenfalls für die Teilnahme an korporativen Beschlüssen (Vereinsversammlung, Generalversammlung; Vorstands- oder Verwaltungsratsbeschlüsse). Allerdings dürfte es in diesen Bereichen – v.a. bei Mitgliedschaft in Vereinen – teilweise auch genügen, *Urteilsfähigkeit* vorauszusetzen und bei Unmündigen oder Entmündigten, die z.B. Vereinsmitglieder sind, die *stillschweigende Einwilligung* oder konkludente Genehmigung durch die gesetzliche Vertretung zu vermuten. Die Mitgliedschaft bei einem Verein und die Teilnahme an Beschlüssen erfordert mit Blick auf deren höchstpersönliche Natur ohnehin Urteilsfähigkeit (Art. 19; BK-BUCHER, N 61; BRÜCKNER, N 211 ff., 217).

15 Schliesslich ist m.E. grundsätzlich auch für die Abgabe **rechtsgeschäftsähnlicher** Willenserklärungen Handlungsfähigkeit notwendig. Das folgt aus der *Schutzfunktion* der

Handlungsfähigkeit, soll doch nicht etwa die Person für Rechtsfolgen in stärkerem Masse einzustehen haben, die nur rechtsgeschäftsähnliche Willenserklärungen abgibt, als jene, die rechtsgeschäftlich handelt (z.B. Fristansetzung zu nachträglicher Erfüllung i.S.v. Art. 107 Abs. 1 OR; Weigerung des Schuldners, seine Leistungen zu erbringen; Erhebung von Mängelrügen [Art. 201 Abs. 1 OR]; Eigentumsübertragung durch Sachübergabe; vgl. im Einzelnen BK-BUCHER, N 68–74).

Bei der **Entgegennahme von empfangsbedürftigen rechtsgeschäftlichen Willenserklärungen** ist regelmässig zumindest *Urteilsfähigkeit* erforderlich (BGE 75 II 193 E. 3; BK-BUCHER, N 86). In der Lehre wird einerseits nicht nur beim Erklärenden, sondern auch beim Adressaten volle Handlungsfähigkeit vorausgesetzt (VON TUHR/PETER, § 27/III, 209), andererseits wird einer *Differenzierung* das Wort geredet (BK-BUCHER, N 89 ff.). Dem ist m.E. zu folgen: Massgebend muss sein, ob durch den Eingang der Erklärung beim Empfänger für diesen «Rechte und Pflichten» begründet werden, die vorher nicht bestanden haben und Ausfluss der Erklärung sind. Das träfe z.B. grundsätzlich bei Kündigung einer Wohnung zu (vgl. aber SJZ 1994, 291, wo weiter unterschieden wird, ob der unmündigen oder entmündigten Person vom gesetzlichen Vertreter gestattet wird, selbständig zu leben und einen eigenen Haushalt zu begründen).   **16**

Aber auch ein **Anhörungsrecht** z.B. des Kindes im Scheidungsverfahren setzt lediglich Urteilsfähigkeit voraus: BGE 122 III 401; BGE vom 22.12.1997 i.S. L. X. C. M. F.; BGE 126 III 498 E. 4a; SCHWEIGHAUSER, AJP 1998, 837 ff. (vgl. Art. 133 Abs. 2, 134 Abs. 1).   **16a**

Man kann mit A. BUCHER, Personen, N 49/50 zusammenfassend sagen, dass Art. 12 sich auf alle Handlungen bezieht, somit Handlungsfähigkeit voraussetzt, deren Rechtswirkungen an eine **Willenserklärung** gebunden sind, und zwar unabhängig davon, ob diese Wirkungen unmittelbar von der Erklärung erfasst werden oder sich indirekt daraus ergeben (z.B. Mangel in der Vertragserfüllung, Willensmängel).   **16b**

c) Ausnahmen

Ausnahmen von der Regel, dass Empfangnahme einer Willenserklärung oder der Abschluss von Rechtsgeschäften Handlungsfähigkeit voraussetzt, bestehen in den Fällen der Art. 19, 304 und 306 (Art. 304/305 N 3 f.; Art. 306 N 2 ff.) insoweit, als die fehlende Mündigkeit durch die vorgängige oder nachträgliche **Zustimmung** der gesetzlichen Vertretung ersetzt werden kann. Hier spricht man von **beschränkter Handlungsunfähigkeit** (in Unterscheidung zur *beschränkten Handlungsfähigkeit* der verbeirateten Person gemäss Art. 395 [BK-SCHNYDER/MURER, Vorbem. zu Art. 369–375 N 4; Art. 395 N 63 ff.] oder der unter elterlicher Sorge stehenden Kinder gemäss Art. 305: ZGB-SCHWENZER, Art. 304/305 N 2; vgl. BGE 108 II 92).   **17**

Ausnahmen sind weiter gegeben in den Fällen der Art. 19 Abs. 2, Art. 306 (ZGB-SCHWENZER, Art. 306 N 2), Art. 323 Abs. 1 (ZGB-BREITSCHMID, Art. 323 N 4 f.), Art. 412. Hier besteht im Rahmen der Erlangung unentgeltlicher Vorteile, *eigener Berufsausübung* oder *eigener Haushaltführung,* also in streng begrenztem Umfange, trotz Unmündigkeit oder Entmündigung **volle Handlungsfähigkeit** (s.u. N 20 f. und die Bem. zu Art. 19). In diesen Fällen wird von Sonderfällen der Handlungsfähigkeit gesprochen (vgl. auch BGE vom 2.4.1996 i.S. M. A. C. TAdm Vaud: Nach Ansicht des BGer kann eine urteilsfähige minderjährige Person, die getrennt von ihrer Familie lebt und sich der Volljährigkeit nähert, selbst um eine Niederlassungsbewilligung bemühen).   **18**

5. Umfang der Handlungsfähigkeit

19 Handlungsfähigkeit ist grundsätzlich *voll gegeben oder sie fehlt* (Art. 18). Abstufungen sieht das Gesetz nicht vor (DESCHENAUX/STEINAUER, Personnes, 4. Aufl., Rz 54, 55; PEDRAZZINI/OBERHOLZER, 58 Rz 3.2.1; BK-BUCHER, Vorbem. zu Art. 12–19 N 23 ff.: «**Alles-oder-Nichts-Prinzip**». Vgl. auch OR II-WERNLI, Art. 707 N 15, 21). Das heisst, dass mit Bezug auf eine bestimmte Handlung (oder Unterlassung) Handlungsfähigkeit vorliegt oder – wenn Unmündigkeit, Entmündigung oder Urteilsunfähigkeit nachgewiesen ist – dass sie fehlt. Das bedeutet, dass die betroffene Person ohne Mitwirkung der gesetzlichen Vertretung keine «Rechte oder Pflichten begründen» kann. Die Vertretung muss entweder *mitwirken* oder bei Urteilsunfähigkeit der vertretenen Person *allein* in deren Interesse handeln.

20 Milderungen dieses «Alles-oder-Nichts-Prinzips» sieht das Gesetz zugunsten *unmündiger oder entmündigter Urteilsfähiger* vor: Diesen wird teilweise eine **beschränkte Handlungsunfähigkeit** zugestanden (vgl. o. N 17 f.; Art. 19 Abs. 2, 305, 323, 412; vgl. auch Art. 395. BGE 112 II 103 E. 2; nicht publ. BGE vom 28.6.1996 i.S. M. M. c. TI Dip. istituzioni mit Verweis auf BK-BUCHER, Art. 19 N 269 und 313; BK-HAUSHEER/ REUSSER/GEISER, Art. 185 N 13 ff., 44; Art. 187 N 24; BK-SCHNYDER/MURER, Art. 367 N 33; Art. 373 N 113; Vorbem. zu Art. 369–375 N 4; Art. 386 N 52, 66, 84, 85 f.; Art. 395 N 63 ff.).

21 Die *urteilsfähigen Unmündigen* oder Entmündigten geniessen **volle Handlungsfähigkeit,** wenn es um die *Ausübung höchstpersönlicher Rechte* geht oder wenn sie unentgeltliche Vorteile erlangen (Art. 19 Abs. 2; BK-HAUSHEER/REUSSER/GEISER, Art. 160 N 15; Art. 265 N 6. Vgl. BGE 107 II 22; 119 II 4 E. 4b; BK-HEGNAUER, Art. 265 N 10).

22 Im Blick auf die an Rechtshandlungen beteiligten **Dritten** erweist sich das «Alles-oder-Nichts-Prinzip» u.U. als recht hart, lässt sich doch besonders **Urteilsunfähigkeit** nicht leicht erkennen. Die Folge fehlender Handlungsfähigkeit ist grundsätzlich **Nichtigkeit** des Vertrags oder der Willenserklärung (Ausnahmen s. Art. 19 N 3, 13). Das heisst, diese Handlungen (oder auch Unterlassungen) entfalten keine – oder zumindest nicht die *ordentlichen* – Rechtswirkungen. Diese Nichtigkeit kann jederzeit geltend gemacht werden, was für gutgläubige betroffene Dritte hart sein kann. Diese sind auf **Bereicherungs- oder Vindikationsansprüche** und auf **Schadenersatz** verwiesen.

23 Grundsätzlich erweist sich die gesetzliche Lösung dennoch im Blick einerseits auf den dem Handlungsfähigkeitsrecht zugrunde liegenden **Schutzgedanken** (vgl. GROSSEN, SPR II, 314 f.) und anderseits unter dem Gesichtspunkt der Rechtssicherheit als richtig. Ein Vertrag v.a. kann nur entweder gültig oder ungültig sein; Zwischenstufen sind da nicht denkbar. Wohl aber steht der Praxis offen, im **Deliktsrecht** – etwa ähnlich der Lösung des modernen Strafrechts (verminderte Zurechnungsfähigkeit) – auf Grade der **Urteilsunfähigkeit** Rücksicht zu nehmen, trotz Art. 19 Abs. 3. Zumindest bietet Art. 54 Abs. 1 OR im Rahmen des richterlichen Ermessens eine gesetzliche Grundlage für **billige Lösungen** im konkreten Einzelfall (vgl. BK-BUCHER, Art. 12 N 6, Vorbem. zu Art. 12–19 N 24; OR I-SCHNYDER, Art. 54 N 1, 3, 8 f.; GROSSEN, SPR II, 315).

6. Der Handlungsfähigkeit verwandte Begriffe

a) Parteifähigkeit; Prozessfähigkeit

24 Nach ständiger bundesgerichtlicher Rechtsprechung bildet die **Parteifähigkeit** (capacité d'être partie, capacità d'essere parte) einen Teil der Rechtsfähigkeit (BGE 117 II 494 E. 2; vgl. vorn Art. 11 N 18 f.). Sie besagt, dass grundsätzlich jede Person als Trägerin von Rechten und Pflichten und in eigenem Namen in prozessualen Verfahren als Partei, als Kläger und Klägerin oder als Beklagte oder Beklagter auftreten kann. Parteifähigkeit ist das prozessuale Spiegelbild der **Rechtsfähigkeit.** Es handelt sich zwar um einen *prozessrechtlichen Begriff,* der zumeist mit «Aktivlegitimation» und «Passivlegitimation» umschrieben wird. Ob sie gegeben ist oder nicht, beurteilt sich aber nach materiellem (Bundes)Recht. Das führt dazu, dass die damit zusammenhängenden Fragen vom BGer im Berufungsverfahren geprüft werden können (Art. 43 OG; BGE 77 II 9 E. 1; 108 II 399 E. 2a; 117 II 494 E. 1; 118 I a 236 E. 3b; BGE vom 25.6.2001 i.S. M. P. und G. P. c. AB-SchKG Solothurn, E. 4a). In öffentlich-rechtlichen Angelegenheiten spielt die Frage der Parteifähigkeit ebenfalls eine Rolle, vor allem bei der Frage nach der Legitimation eines Organs resp. eines Gemeinwesens zur Erhebung der staatsrechtlichen Beschwerde: BGE 120 I a 95: fehlende Parteifähigkeit eines Kantons in Lohnstreitigkeiten gemäss Art. 4 Abs. 2 aB/Art. 8 Abs. 3 Satz 3 BV; BGE 124 I 336: Parteifähigkeit einer Gemeinde anstelle der Vormundschaftsbehörde. Sodann im Entmündigungsverfahren: nicht publ. BGE vom 28.6.1996 i.S. M. M. c TI Dip. istituzioni; BGE vom 2.4.1996 i.S. M. A. c. TAdm VD, in RDAF 1997 1159 E. 2b: urteilsfähiger Minderjähriger, der ohne Vertretung einen Anwalt beauftragt und Rechtsmittel einlegt; dazu GULDENER, ZPR, 3. Aufl., Zürich 1979, 128 Ziff. 2. Auch bezüglich des Besuchsrechts des Vaters: nicht publ. BGE vom 17.11.1994, in SJZ 1995, 656 ff. m.H.).

Auch die **Prozessfähigkeit** (capacité d'ester en justice, capacità processuale; Art. 14   **25** BZP) ist ein prozessualer Begriff. Er fliesst aus der Handlungsfähigkeit, reicht so weit wie diese und setzt Urteilsfähigkeit voraus. Prozessfähigkeit bedeutet die Fähigkeit, einen Prozess in eigenem Namen zu führen oder durch eine selbst gewählte Vertretung führen zu lassen (vgl. Judikatur in N 24). Auch die Prozessfähigkeit ist bundesrechtlich geregelt, und zwar auch in dem den Kantonen noch verbliebenen zivilprozessualen Kompetenzbereich (BK-BUCHER, Vorbem. zu Art. 12–19 N 10–20, Art. 12 N 23 ff., 92a; GULDENER, ZPR, 112 ff.; BK-SPÜHLER/FREI-MAURER, N 44 ff. zu aArt. 141: Voraussetzungen für die Prozessfähigkeit der Erben in einem Scheidungsverfahren; BGE 48 II 29 E. 3; 98 I a 324; 116 II 385, 387 E. 4; 117 II 494 E. 1; 124 I 336; 132 I 5 E. 3.1. Das gilt gleicherweise für das Schuldbetreibungs- und Konkursrecht: BGE 99 III 6 E. 3, 4; BGE vom 25.6.2001 i.S. M. P. und G. P. c. AB-SchKG Solothurn, E. 4a. Zur Prozessfähigkeit öffentlichrechtlicher Vorsorgeeinrichtungen ohne juristische Persönlichkeit vgl. BGE 127 V 33 E. 2).

Die *Prozessfähigkeit* beinhaltet die Fähigkeit, vor Gericht Anträge zu stellen und Partei-   **26** handlungen im Prozess vorzunehmen. Insoweit wird auch von **Postulationsfähigkeit** gesprochen (BGE 132 I 5 E. 3.2). Diese Letztere bezieht sich auf den durch das Prozessrecht geregelten Gang des Verfahrens, während sich die Prozessfähigkeit auf die Verfügung über die im Streit stehenden materiellrechtlichen Ansprüche bezieht. Fehlt die *Postulationsfähigkeit* (Art. 29 Abs. 5 OG), ist ein *Rechtsbeistand* zu bestellen; an der Prozessfähigkeit als solcher ändert sich aber nichts (BGE 132 I 5 f. E. 3.3). Fehlt es hingegen an der Prozessfähigkeit, kann die prozessunfähige Person – mit Ausnahme der Geltendmachung höchstpersönlicher oder relativ höchstpersönlicher Rechte (nicht publ. BGE vom 2.4.1996 i.S. M. A. c. TAdm Vaud in RDAF 1997 1159; Art. 183 N 3; dazu gehört z.B. die Geltendmachung des Rechts auf Aufenthalt eines ausländischen urteilsfähigen Minderjährigen) – nur durch ihre gesetzliche Vertretung handeln (Eltern gemäss Art. 304; Vormund gemäss Art. 421 Ziff. 8; die verbeiratete Person durch den Beirat/die Beirätin: Art. 395 Ziff. 1; BK-Schnyder/Murer, Art. 373 N 113. BGE 47 II 11; 77 II 9; 118 I a 236 E. 3a). Bez. der Anforderungen an Prozessfähigkeit im **Scheidungsverfahren** zu altem Recht vgl. BK-BÜHLER/SPÜHLER, Art. 158 N 19 [neues Recht: Art. 135 ff.]; ZR 1949, 96 ff.; ZR 1949, 236 f. Daran dürfte das neue Recht nichts geändert haben (zum Ganzen vgl. PraxKomm/SCHWENZER (Hrsg.), Art. 111 ff.).

b) Verfügungsfähigkeit; Verfügungsmacht

27 Auch die **Verfügungsfähigkeit,** d.h. die Fähigkeit, rechtsverbindlich über sein Vermögen zu verfügen, also es zu übertragen, zu belasten oder darauf zu verzichten, setzt Handlungsfähigkeit voraus. Die Verfügungsfähigkeit, die innerhalb der Schranken der Rechtsordnung jedermann zusteht, ist im Übrigen eine Folge der Rechtsfähigkeit (BK-BUCHER, Art. 11 N 34).

28 Davon zu unterscheiden ist die **Verfügungsmacht** (pouvoir de disposer, potere di disposizione). Sie fällt im Normalfall mit der Verfügungsfähigkeit zusammen, kann aber bei einer bestimmten Person mit Bezug auf eine bestimmte Vermögensmasse eingeschränkt oder aufgehoben sein, so insbesondere im Kindesrecht (Art. 318 ff.) und Eherecht (Art. 169 N 15 ff. m.H. auf die unterschiedliche Auffassung in der Lehre bezüglich der Rechtsnatur der Zustimmung; desgl. BK-HAUSHEER/REUSSER/GEISER, Art. 169 N 37 ff.; auch STETTLER/GERMANI, SPR III, N 252 ff.; insb. N 290 ff. zu aArt. 169 ZGB/494 Abs. 1; 226b Abs. 1, 228 Abs. 1 und 271a OR; Art. 178 N 12; BK-HAUSHEER/REUSSER/GEISER, Art. 178 N 13; Art. 260 N 8). Das bedeutet, dass die dispositionsunfähige Person über gewisse *Bestandteile* ihres Vermögens nicht frei verfügen kann, dazu vielmehr der Zustimmung oder Einwilligung des Ehegatten/der Ehegattin resp. Dritter bedarf. Trotzdem vorgenommene Verfügungen wären mit Bezug auf diese Vermögensbestandteile ungültig. Die dispositionsunfähige Person kann auch keine *Haftung* für das ihrer Verfügung entzogene Vermögen begründen (BK-BUCHER, Art. 11 N 35; A. BUCHER, Personen, N 47).

29 Kasuistik:

– Der *Konkursit* kann nicht über die zur Konkursmasse gehörenden Vermögenswerte verfügen (Art. 204 Abs. 1 aSchKG; BGE 54 I 264; 55 III 169).

– Desgleichen fehlt dem *Schuldner, der Schuldnerin* im Falle einer **Pfändung** (Art. 96 SchKG; BGE 75 IV 64; 83 III 4), im Falle einer **Arrestierung** (Art. 275 SchKG) oder bei **Stundung** (Art. 298 SchKG; Art. 310 ff. SchKG [Art. 311 ff. aSchKG]) die Verfügungsfähigkeit über das gepfändete oder verarrestierte Vermögen (BGE 56 III 96 E. 5). Allfällige Verfügungen des Schuldners/der Schuldnerin wären nichtig (BGE 26 I 251 E. 2; 96 III 96; aber 102 III 20; s.a. BGE 97 III 21 E. 2c: die **Unterlassung der Mitteilung** an den Grundbuchführer i.S.v. Art. 101 SchKG und Art. 15 Abs. 1 lit. a VZG macht eine Pfändung nicht ungültig); zum **Nachlassvertrag** (Art. 310 Abs. 1 SchKG [Art. 311 aSchKG]) vgl. BGE 51 III 76, wo Nichtigkeit bejaht wurde, obwohl der Sachwalter der Verfügung des Schuldners zugestimmt hatte. Zur Verfügungsfähigkeit bei Anmeldung eines Inhaberschuldbriefs im Grundbuch: BGE 121 III 104.

– Besondere Vorschriften bez. der *Dispositionsfähigkeit* der Ehegatten kennt das **neue Eherecht:** Im Gegensatz zur Dominanz des Ehemannes im alten Ehegüterrecht herrscht nunmehr *Gleichheit* zwischen den Ehegatten. Auch die Ehefrau geniesst volle Handlungs- und damit grundsätzlich gleiche **Dispositionsfähigkeit** wie der Ehemann. Umgekehrt gesagt wird die Verfügungsfähigkeit der Ehegatten in gleicher Weise für beide Ehepartner beschränkt: ZGB-HAUSHEER, Art. 201 N 16 und ausserhalb des Eherechts: ZGB-HAUSHEER, Art. 201 N 17; ZGB-HAUSHEER, Art. 222 N 21 f.; ZGB-HAUSHEER, Art. 227/228 N 3 ff.; STETTLER/GERMANI, SPR III, N 250, 252 ff., 294 ff., 300 ff., 309. Im Weiteren s. Art. 229: Ausübung eines Berufes oder Gewerbes mit Mitteln des Gesamtgutes, Art. 230: Ausschlagung einer Erbschaft oder Annahme einer überschuldeten Erbschaft.

– Allgemein sind die Ehegatten in der Vertretung der ehelichen Gemeinschaft gleicherweise eingeschränkt: Art. 159 Abs. 2 (ZGB-SCHWANDER, Art. 159 N 9, 12), Art. 166 (ZGB-HASENBÖHLER, Art. 166 N 3, 6 ff.), Art. 169 (ZGB-SCHWANDER, Art. 169, N 15 f.); s.a. obige Literaturangaben. Ihnen kommt nur eine **beschränkte Verfügungsbefugnis** bez. der gemieteten oder gekauften Wohnung oder dem Haus der Familie zu; Art. 178: Beschränkungen der Verfügungsbefugnis zur Sicherung der wirtschaftlichen Grundlagen der Familie (BGE 120 III 67 ff.: zum Verhältnis der Art. 178/145 zu Art. 95 Abs. 3 SchKG; BGE 118 II 378 E. 3b; zum Gesamten BK-HAUSHEER/REUSSER/GEISER, aArt. 159–180; A. BUCHER, Personen, N 96 f.).

– Ferner ist die **Dispositionsunfähigkeit** der unter elterlicher Sorge stehenden Kinder zu nennen (Bem. zu Art. 296 und Art. 301–306).

– Die unter Beiratschaft gestellte Person kann in den in Art. 395 aufgeführten Fällen nicht über ihr Vermögen verfügen (ZGB-LANGENEGGER, N 7 f.; 15 f. zu Art. 395).

– Gewisse belastende Rechtsgeschäfte sind der **Verfügungsfähigkeit** Handlungsunfähiger und ihrer gesetzlichen Vertretung entzogen (ZGB-LEUBA, N 2 zu Art. 408; vgl. Art. 19 N 24).

– Rechts- und Handlungsfähigkeit einer Stiftung, die in ihrem Bestand bestritten ist: Art. 393 ZGB, SJZ 99 (2003) Nr. 24, 634 f. («eigene Art der Handlungsfähigkeit»).

c) Vertrags- oder Geschäftsfähigkeit

Die **Vertrags- oder Geschäftsfähigkeit** entspricht der Handlungsfähigkeit i.e.S. Diese **30** ist grundsätzlich unabdingbar, um Verträge in eigenem Namen oder durch freigewählte Stellvertretung abschliessen (Vertragsfähigkeit), rechtswirksame Willenserklärungen abgeben und entgegennehmen (Geschäftsfähigkeit) sowie Verpflichtungsgeschäfte vornehmen zu können (vgl. BGE 44 II 456 f.; zum Ganzen VON TUHR/PETER, § 27/III, IV; auch ZGB-HAUSHEER, Art. 183 N 1 ff. bezüglich des Abschlusses eines Ehevertrags).

d) Ehe- und Testierfähigkeit

Damit wird zum Ausdruck gebracht, dass das Eingehen einer Ehe und die ehevertrag- **31** liche, testamentarische oder erbvertragliche Verfügung über das Vermögen grundsätzlich Handlungsfähigkeit voraussetzen. Art. 90 Abs. 2 bringt das bereits für das *Verlöbnis* zum Ausdruck; Art. 94 resp. Art. 104–110 umschreiben die Anforderungen an die **Ehefähigkeit** (vgl. noch zum alten Recht BGE 109 II 273; auch ZR 1949, 217 ff.). Diese setzt Mündigkeit, d.h. das 18. Altersjahr, und Urteilsfähigkeit voraus (s. Art. 14 f.; Art. 14 N 13 ff.; Art. 15 N 1). Eine entmündigte Person bedarf der Zustimmung der gesetzlichen Vertretung (Art. 94 Abs. 2). Was die **Testierfähigkeit** betrifft, s. BGE 117 II 231; 124 III 5 E. 1; dann auch die Art. 467 und Art. 468, wobei der Erstere, der das 18. Altersjahr als zweite Voraussetzung neben der Urteilsfähigkeit nennt, infolge der Herabsetzung des Mündigkeitsalters nunmehr volle Handlungsfähigkeit verlangt (vgl. Bem. zu Art. 14 f.; zum Ganzen vgl. BK-WEIMAR, Art. 457–480).

e) Deliktsfähigkeit

Deliktsfähigkeit ist Teil der Handlungsfähigkeit, wird aber auch ausdrücklich Unmündi- **32** gen und Entmündigten zuerkannt, sofern sie *urteilsfähig* sind (Art. 19 Abs. 3). Selbst Urteilsunfähige können – allerdings nur aus *Billigkeitsgründen* – für die Folgen eines von ihnen verursachten Schadens verantwortlich gemacht werden (OR I-SCHNYDER, Art. 54 N 6; vgl. Art. 17/18 ZGB; BK-BUCHER, Vorbem. zu Art. 12–19 N 24). Für Kinder und entmündigte Hausgenossen hat das Familienhaupt einzustehen, falls es die erforderliche Aufsichtspflicht verletzt hat (Art. 333).

f) Betreibungsfähigkeit

33 Die betreibungsrechtliche Handlungsfähigkeit richtet sich nach den Art. 12–19. Um selbst betreiben zu können oder betrieben zu werden, also um **Betreibungsfähigkeit** zu haben, ist deshalb Handlungsfähigkeit und damit auch Urteilsfähigkeit und Mündigkeit erforderlich. Fehlt diese, sind die entsprechenden Erklärungen und Verfügungen dem gesetzlichen Vertreter zuzustellen: Art. 68c SchKG, aArt. 47 SchKG (BGE 30 I 431; 47 III 211; 65 III 47; 66 III 25; 76 III 60; 96 III 4; 99 III 6; 100 III 19 E. 1). Gegen eine handlungsunfähige Person persönlich gerichtete Betreibungshandlungen wären nichtig (FRITZSCHE/WALDER, I, 75; BGE 90 III 15. Vgl. auch BGE 113 III 1). Für die Abgabe einer Insolvenzerklärung vgl. BJM 1957, 168 f.; ZGBR 26, 310. Zur Betreibung, die freies Kindesvermögen betrifft, BGE 106 III 9.

34 Der Betreibungs- oder Konkursbeamte hat sich, wie auch die Aufsichtsbehörde (BGE vom 25.6.2001 i.S. M.P und G. P. c. AB-SchKG Solothurn: Abklärung, ob tatsächlich eine krankhafte psychopathische Querulanz vorliegt), zu vergewissern, ob die **Voraussetzungen** der *Betreibungsfähigkeit* gegeben sind, darf aber nur untätig bleiben, wenn die Voraussetzungen (Mündigkeit Art. 14, Urteilsfähigkeit Art. 16) klarerweise fehlen oder erhebliche Zweifel daran bestehen (FRITZSCHE/WALDER, I, 85 N 44; BGE 65 III 47; 104 III 6).

III. Voraussetzungen

35 Die Voraussetzungen der Handlungsfähigkeit bestehen aus einem *formalen* Element, der Erreichung eines bestimmten Alters, also **Mündigkeit** oder **Volljährigkeit** (Art. 14) oder im **Fehlen einer Entmündigung** sowie in einem *subjektiven* Moment, der **Urteilsfähigkeit** (Art. 16).

36 Fehlt es an der Urteilsfähigkeit, ist die betroffene Person **voll handlungsunfähig;** sie vermag keine Rechte zu begründen und hat grundsätzlich auch nicht für die – ordentlichen – Rechtsfolgen ihres Verhaltens einzustehen. Dies selbst dann nicht, wenn sie nicht entmündigt ist (BGE 77 II 9). Fehlt es an der Mündigkeit (und auch an der Urteilsfähigkeit), ist ebenfalls grundsätzlich Handlungsunfähigkeit die Folge. Die Handlungsunfähigkeit ist aber nur *beschränkt,* wenn die unmündige Person urteilsfähig ist. Die unmündige urteilsfähige Person ist somit **beschränkt handlungsunfähig** (oben N 20, 21; Art. 19; BRÜCKNER, N 173 f.).

37 Davon wird die **beschränkte Handlungsfähigkeit** der verbeirateten Person unterschieden (Art. 395; TUOR/SCHNYDER/SCHMID, 74; BK-BUCHER, Art. 19 N 1 f.; BRÜCKNER, N 172).

IV. Folgen

38 Das Fehlen der Handlungsfähigkeit bewirkt **Nichtigkeit** der Rechtshandlungen (BK-BUCHER, Vorbem. zu Art. 12–19 N 46, Art. 12 N 142 ff.; ZGB-HAUSHEER, Art. 183 N 11; SJZ 1994, 291; dazu Art. 12 N 22 und Bem. zu Art. 17/18). Das heisst, solche Handlungen werden als nicht erfolgt betrachtet; entsprechenden Prozesshandlungen darf keine Folge gegeben werden (GULDENER, ZPR, 115). Das rechtfertigt sich aus dem **Schutzgedanken** der Handlungsfähigkeit heraus und ist auch einfach und folgerichtig, was für gutgläubige Dritte aber oft hart erscheint und die Verkehrssicherheit belasten kann (vgl.

die Kritik bei BK-BUCHER, Vorbem. zu Art. 12–19, N 44 ff.). Das Gesetz bringt indessen Korrekturen in Art. 19 Abs. 2 und Abs. 3 an, die sachgerecht sind, gerade mit Blick auf die relativ grosse Selbständigkeit heranwachsender Kinder und Jugendlicher im heutigen Alltags-, Freizeit- und Geschäftsleben.

V. Prozessuales

Die Vorschriften zur **Handlungsfähigkeit** (Art. 12–19) stellen **zwingendes Recht** dar, das durch Privatvereinbarungen nicht abgeändert werden kann (Art. 27 Abs. 1 ZGB; Art. 20 OR; BK-BUCHER, N 5; OR I-HUGUENIN JACOBS, Art. 19/20 N 70).   **39**

Die Handlungsfähigkeit wird **vermutet.** Ihr Fehlen oder ihre Einschränkung hat zu beweisen, wer *Handlungsunfähigkeit* behauptet (ZK-EGGER, N 9; GROSSEN, SPR II, 314 A nm.10; BGE vom 10.5.1995 i.S. Assurance Maladie paritaire du Bois et du Bâtiment c. J. Y. C.; vgl. BGE 124 III 5 E. 1b und 117 II 231 E. 2b mit weiteren Hinweisen, bezüglich der Testierfähigkeit; 117 II 541 E. 4; 45 II 43; BGE vom 21.1.1964 i.S. Z. c. O. K. & Cie). Das folgt nicht etwa aus Art. 8, sondern ergibt sich bereits daraus, dass Handlungsfähigkeit als *Eigenschaft der Persönlichkeit* vorausgesetzt ist. Der Geschäftsverkehr soll grundsätzlich davon ausgehen dürfen, dass, wer daran teilnimmt, auch fähig ist, in eigenem Namen Rechtswirkungen auslösen zu können (allerdings BGE 66 III 25: Der Eintrag einer Einzelfirma im Handelsregister schafft keine Vermutung für das Vorliegen der Handlungsfähigkeit).   **40**

Die *prozessuale* Handlungsfähigkeit, also die **Prozessfähigkeit** bestimmt sich nach Bundesrecht (BGE 77 II 9 E. 1; 117 II 494, s. N 25; 127 V 33 E.2). Das gilt ebenso für die **Parteifähigkeit** (BGE 113 II 285 f. E.2).   **41**

Besonderheiten bestehen im Zusammenhang mit der **öffentlichen Beurkundung:** Die Urkundsperson hat sich über das Vorliegen der Voraussetzungen der Handlungsfähigkeit – Mündigkeit, Urteilsfähigkeit – grundsätzlich zu vergewissern. Doch steht ihr lediglich eine *formale* Prüfungsbefugnis zu. Der Urkundsperson steht nicht zu, die Eintragung im Grundbuch zu verweigern, weil der Verdacht auf Urteilsunfähigkeit und damit auf das Fehlen der Handlungsfähigkeit besteht. Solange vielmehr eine nach Grundbuchrecht verfügungsberechtigte Person nicht infolge eines Entscheides der zuständigen Behörde in ihrer **Handlungsfähigkeit** beschränkt ist, ist einer im Übrigen ordnungsgemässen Anmeldung Folge zu leisten (BGE 112 II 26; 117 II 541; doch vgl. auch BGE 126 III 309). Die Urkundsperson darf nicht entsprechende Abklärungen vornehmen, etwa gar eine psychiatrische Expertise anordnen.   **42**

Auf eine von einer handlungsunfähigen Person **ohne Mitwirkung** der gesetzlichen Vertretung eingereichte Klage oder ein Rechtsmittel kann nicht eingetreten werden (ZBJV 1946, 430; BGE 52 II 99; ZR 1928, 124/125; ZR 1931, 185/186; BGE vom 9.2.1988 i.S. J. C. c. Tribunal Administratif de Neuchâtel; BGE 105 II 248; 114 I a 362 E. 7b/bb; 116 II 387; 117 II 6; BGE vom 11.5.1994 i.S. F. M. c. TI Dip. istituzioni; aber BGE vom 2.4.1996 i.S. M. A. c. TAdm Vaud, in RDAF 1997 1159). Gleiches Art. 287 gilt für die fehlende Parteifähigkeit einer Behörde, i. c. der Vormundschaftsbehörde i.S.v. Art. 287 (BGE 113 II 113 E.1).   **43**

Den von einer handlungsunfähigen Person eingereichten materiellen und prozessualen Begehren kommt **keine rechtliche Wirkung** zu, solange die gesetzliche Vertretung nicht zugestimmt oder sie nachträglich genehmigt hat (BlSchK 1969, 30; BJM 1968, 172; BlSchK 1973, 78; vgl. BGE 102 III 138 f.; BGE vom 25.6.2001 i.S. M. P. und G. P. c. AB-SchKG Solothurn). Anders verhält es sich bez. Verfahren, deren Gegenstand gerade   **44** die Prüfung der – streitigen – Handlungsfähigkeit ist (BK-BUCHER, N 12; BGE 117 I a 236; nicht publ. BGE vom 28.6.1996 i.S. M. M. c. TI Dip. istituzioni; vom 11.5.1994 i.S. M. u. P., E. 2a). Dementsprechend ist die an Handlungsunfähige gerichtete Vorladung grundsätzlich, aber nicht immer, nichtig, ebenso ein Säumnisurteil infolge Nichterscheinens. Derartige nichtige Entscheidungen sind jederzeit und von Amtes wegen zu beachten; eine Heilung ist nicht möglich. Vorladungen sind demgemäss an die gesetzliche Vertretung zu richten, allerdings unter Vorbehalt beschränkter Handlungsunfähigkeit gemäss Art. 19 Abs. 2, 305, 412 oder bei Nähe urteilsfähiger Unmündiger zur Mündigkeit (vgl. Art. 68c/d SchKG).

45   Diese Grundsätze sind Bestandteil des schweizerischen **ordre public** (BGE 81 I 139).

46   Im **Zwangsvollstreckungsrecht** kann sich die bevormundete schuldnerische Person, gegen die eine Lohnpfändung verfügt worden ist, nicht selbständig wegen Verletzung von Art. 93 SchKG beschweren (BGE 75 III 79; 88 III 7). Siehe aber die Rechtsprechung zu Art. 92 SchKG (vgl. Art. 19 N 23 und BGE 68 III 16; 71 III 2; 102 III 138; zum Ganzen FRITZSCHE/WALDER, I, 75, 81). Hingegen hat sie – wie der Vormund – Anspruch auf Zustellung einer Abschrift der Pfändungsurkunde (BlSchK 1963, 47; Art. 114 SchKG).

47   Zur Frage des Zeugnis- resp. Auskunftsverweigerungsrechts eines vierjährigen Mädchens im Strafverfahren s. BGE 120 IV 217.

VI. IPR

1. Allgemeines

48   Unter altem Recht beurteilte sich die Handlungsfähigkeit internationalprivatrechtlich allgemein nach dem **Heimatrecht** (vgl. BK-BUCHER, Vorbem. zu Art. 12–19 N 99 ff.; Gesetzesentwurf und Begleitbericht, 83; zur Handlungsfähigkeit speziell der ausländischen Ehefrau mit Wohnsitz in der Schweiz: BGE 99 II 241 E. 1, wo allerdings auf die Tendenz hingewiesen wurde, das anwendbare Recht an den **Wohnsitz** oder die «résidence habituelle», also an den Aufenthaltsort anzuknüpfen; zur alten Praxis ferner BGE 82 II 169; 88 II 1). Im alten Recht unterschied schweizerisches Recht je nachdem, ob es um Schweizer im Ausland oder um Ausländer in der Schweiz ging (vgl. BK-BUCHER, N 77–80, 121 ff.) und ob eine spezielle Art der Handlungsfähigkeit zur Diskussion stand. Heute nunmehr Art. 34 und 35 IPRG: Die Handlungsfähigkeit untersteht dem Recht am Wohnsitz. Ein Wechsel des Wohnsitzes berührt die einmal erworbene Handlungsfähigkeit nicht.

2. Zuständigkeit

49   Für personenrechtliche Verhältnisse sind nach Art. 33 Abs. 1 IPRG die schweizerischen Gerichte oder Behörden am **Wohnsitz** zuständig. Siehe dazu IPRG-JAMETTI GREINER/ GEISER, Art. 33 N 1 ff., insbes. N 6, Art. 34 N 12.

3. Anwendbares Recht

50   Nach Art. 34/35 IPRG wird nunmehr die Rechts- und Handlungsfähigkeit nach dem Recht am **Wohnsitz** beurteilt (vgl. OR I-VOGT, Art. 240 N 8 m.H.; nicht publ. BGE vom 2.4.1996 i.S. M. A. c. TAdm Vaud, publ. in RDAF 1997 1159, bezüglich der Prozessfähigkeit eines unmündigen, urteilsfähigen Ausländers). Für das anwendbare Recht wird – entgegen dem Vorschlag der Expertenkommission, die entsprechend den neueren Tendenzen in der Doktrin für die Anwendung des Rechts am gewöhnlichen Aufenthalt eintrat – auf den Wohnsitz abgestellt. Der Gesetzgeber zog somit den *Grundsatz der Integration* jenem des *blossen äusseren Anscheins* vor.

Art. 35 IPRG schreibt auch vor, dass ein **Wechsel des Wohnsitzes** *die einmal erworbene Handlungsfähigkeit* nicht berühre.   51

Die **Prozess- und Betreibungsfähigkeit** als Ausfluss der Handlungsfähigkeit folgt deren internationalprivatrechtlichen Anknüpfung. Das ist vom Bundesrecht vorgegeben, was den kantonalen Zivilprozessrechten allfällige abweichende Anknüpfungen verbietet (BK-BUCHER, Vorbem. zu Art. 12–19 N 87, Art. 12 N 24a; vgl. IPRG-JAMETTI GREINER/GEISER, Art. 35 N 8). Wird schweizerisches Recht anwendbar, kommt nur Bundesrecht in Frage.   52

Die **Postulationsfähigkeit,** d.h. die Fähigkeit, selber oder durch eine selbst gewählte Rechtsvertretung prozessuale Handlungen vorzunehmen, richtet sich nach der lex fori (IPRG-JAMETTI GREINER/GEISER, Art. 35, N 8).   52a

4. Wirkungen

Die Frage nach den **Wirkungen** einer im Einzelfall vorhandenen oder nicht vorhandenen Handlungsfähigkeit beurteilt sich in internationalprivatrechtlichen Sachverhalten ebenfalls nach dem **Recht des Wohnsitzes.**   53

5. Rechtsfolgen der Handlungsunfähigkeit

Anderes gilt wohl für die *Rechtsfolgen,* die allenfalls wegen Unwirksamkeit einer Rechtshandlung infolge **Handlungsunfähigkeit** eintreten. Die Rechtsfolgen sind nicht mehr von der Handlungsfähigkeit und dem dafür anwendbaren Recht bestimmt. Für diese Rechtsfolgen, also Vindikations-, Bereicherungs- und Schadenersatzansprüche gelten internationalprivatrechtlich vielmehr je die dafür vorgesehenen Zuständigkeiten und Rechtsordnungen (Art. 97 und 99 ff. IPRG für die Zuständigkeit und das anwendbare Recht in sachenrechtlichen Fragen; Art. 127 und 128 IPRG bez. Zuständigkeit und Anküpfung bei ungerechtfertigter Bereicherung; Art. 129 und 132 ff. für Deliktsrecht. Auch IPRG-JAMETTI GREINER/GEISER, Art. 35 N 9 ff.).   54

Siehe aber Art. 36 IPRG, wonach der **Verkehrsschutz** einer besonderen Regelung ruft: Hier spielt die Anküpfung an das Recht des Staates, in dem das Rechtsgeschäft vorgenommen worden ist (zum Ganzen IPRG-JAMETTI GREINER/GEISER, Art. 36 N 2 ff.).   55

Art. 13

2. Voraussetzungen **a. Im Allgemeinen**	**Die Handlungsfähigkeit besitzt, wer mündig und urteilsfähig ist.**
2. Ses conditions a. En général	Toute personne majeure et capable de discernement a l'exercice des droits civils.
2. Condizioni a. In genere	Chi è maggiorenne e capace di discernimento ha l'esercizio dei diritti civili.

I. Allgemeines

1 Art. 13 hält die beiden **Voraussetzungen** fest, die *zwingend* erfüllt sein müssen, um durch Handlungen rechtliche Wirkungen herbeiführen zu können. Die Handlungsfähigkeit besitzt nur, wer **mündig** (Art. 14 f.) und **urteilsfähig** (Art. 16) ist.

II. Voraussetzungen

2 Das formale Element **der Mündigkeit,** das einerseits auf das Erreichen eines *bestimmten Alters* abstellt und andererseits das Fehlen der Entmündigung voraussetzt (A. BUCHER, Personen, N 55, 57; Art. 17), und das subjektive **der Urteilsfähigkeit,** das auf der Vernunft, der Einsicht und der Fähigkeit eines eigenen Willens beruht, sind unerlässliche Bedingungen der Handlungsfähigkeit. Fehlt es an einer der beiden Voraussetzungen, ist das betreffende Rechtssubjekt grundsätzlich *handlungsunfähig* (Art. 12 N 19 ff.; Art. 17).

III. Zweck

3 Die beiden Voraussetzungen der Handlungsfähigkeit dienen dem **Schutz** der Rechtssubjekte vor den Folgen ihrer Handlungen resp. ihres Verhaltens (BK-BUCHER, Art. 12 N 39; s.o. Art. 12 N 7). Fehlt die *Mündigkeit,* wird angenommen, es fehle an genügender objektiver Reife des Verstandes und deshalb an der erforderlichen *Einsicht* in die Folgen des konkreten Handelns. Desgleichen entfällt mit dem *Fehlen der* **Urteilsfähigkeit** die für das Wirken im Rechtsleben erforderliche *Vernunft* oder Erkenntnisfähigkeit (Verstandesdefekt) und ggf. der notwendige freie Wille (Willensdefekt). Fehlt es daran, ist Handlungsunfähigkeit gegeben. Es ist – soweit nicht die elterliche Sorge (zum neuen Begriff vgl. rev. ZGB mit Geltung ab 1.1.2000;) gegeben ist (ZGB-SCHWENZER, N 4 ff. zu Art. 296) – eine Verbeiratung (Art. 395; s.u. N 6) oder Entmündigung anzuordnen (ZGB-LANGENEGGER, N5 zu Art. 368; N 7 f., N 16–18, 29 zu Art. 369 ff.).

IV. Beschränkung

4 Indessen begrenzt die Gesetzgebung die rechtlichen Folgen fehlender **Handlungsfähigkeit** infolge **Unmündigkeit:** Die urteilsfähige unmündige Person wird in ihrer «beschränkten Handlungsunfähigkeit», so der etwas verwirrliche Begriff (BK-BUCHER, N 4; A. BUCHER, Personnes, N 528; ZGB-SCHWENZER, N 3 zu Art. 304/305; ZGB-BREITSCHMID, N 9 ff. zu Art. 323.; BRÜCKNER, N 173 f.) stark der Stellung des voll Handlungsfähigen angenähert. Zur Erlangung unentgeltlicher Vorteile oder für die Ausübung höchstpersönlicher Rechte sind urteilsfähige Unmündige voll handlungsfähig (Art. 19 Abs. 2; für Bevormundete Art. 409, 410; 412; 420), und sie werden aus unerlaubten Handlungen auch voll schadenersatzpflichtig (Art. 19 Abs. 3). Zudem ist für ein *Verlöbnis* Mündigkeit nicht erforderlich (aber vgl. Art. 90 Abs. 2: Ohne Zustimmung der gesetzlichen Vertretung kein Einstehen für die Folgen eines Verlöbnisbruchs).

5 Insofern hat das Gesetz das sonst bestehende «Alles-oder-Nichts-Prinzip» zugunsten einer Zwischenstufe durchbrochen (vgl. BK-BUCHER, N 4; PEDRAZZINI/OBERHOLZER, 59; vgl. Art. 19 N 1 ff., 17).

6 Eine weitere Zwischenstufe besteht mit der **Beiratschaft** gemäss Art. 395: Die verbeiratete Person ist in ihrer *Handlungsfähigkeit* beschränkt (Marginale zu Art. 395) und in den dort aufgeführten Handlungen auf *die Mitwirkung des Beirats/der Beirätin* als gesetzlicher Vertretung angewiesen. Der verbeirateten Person ist somit im Falle einer *Mitwir-*

kungsbeiratschaft insb. die **Prozessfähigkeit** allgemein sowie die **Geschäftsfähigkeit** mit Bezug auf besonders risikoreiche Geschäfte und im Falle der *Verwaltungsbeiratschaft* die **Verfügungsfähigkeit** bez. des Vermögens entzogen.

Fehlt die zweite, *bedeutsamere Voraussetzung* der Handlungsfähigkeit, d.h. die **Urteilsfähigkeit** als subjektives Element, liegt **volle Handlungsunfähigkeit** vor (Art. 18). Hier greifen die Figuren der **elterlichen Sorge** (Art. 296 ff.) und der **Entmündigung** ein (Art. 369 ff.). Die vom urteilsunfähigen Rechtssubjekt vorgenommenen Handlungen lösen grundsätzlich keinerlei Rechtswirkungen aus, unabhängig davon, ob Mündigkeit gegeben ist oder nicht (vgl. dazu die Bem. zu Art. 16–18).   **7**

Kasuistik: BGE 56 I 143; 69 I 220: Für ein urteilsunfähiges Kind ist für den Einspruch gegen die Vaterschaftsanerkennung die gesetzliche Vertretung erforderlich (ZGB-SCHWENZER, N 11 zu Art. 256; N 15 zu Art. 259); BGE 122 III 401: Das urteilsfähige Kind ist im Scheidungsverfahren seiner Eltern bezüglich des persönlichen Verkehrs anzuhören (BGE vom 22.12.1997 i.S. L. X. c. M. F.); BGE 44 II 456: Mit der Heirat verliert die Frau ihre Verpflichtungsfähigkeit nicht (altes Recht); 75 II 357: Abschluss eines formbedürftigen Vertrags durch Entmündigte ohne Mitwirkung des Vormundes/der Vormünderin. Nach Wegfall der Vormundschaft kann eine nachträgliche Genehmigung ohne Einhaltung der Form, selbst konkludent, erfolgen; nicht publ. BGE vom 2.4.1996 i.S. M. A. c. TAdm Vaud: Es werden keine wesentlichen Prozessregeln verletzt, wenn Prozessakten nicht an den Beistand, sondern an die urteilsfähige unmündige Person geleitet werden.   **8**

V. IPR

Für die Entscheidung über die Voraussetzungen der Handlungsfähigkeit verweist Art. 35 f. IPRG auf das **Wohnsitzrecht** (s. Art. 12 N 48 ff.). Das galt bereits unter altem Recht: BGE 110 II 162 = Pra 1984, 665: Für die Beurteilung der Handlungsfähigkeit eines Schenkers ist das Recht an dessen Wohnsitz massgebend (vgl. IPRG-JAMETTI GREINER/GEISER, Art. 35 N 1 ff., insb. N 5 ff., 13, 18). Auch nicht publ. BGE vom 2.4.1996 i.S. M. A. c.TAdm Vaud E. 3: Ob eine ausländische Person mündig ist, beurteilt sich i.S. des Art. 35 IPRG nach dem Recht des Wohnsitzes. Das bedeutet, dass ein Wohnsitzwechsel die einmal erworbene Handlungsfähigkeit nach schweizerischem Recht unberührt lässt (A. BUCHER, Personen, N 56). Vgl. aber auch Art. 36 IPRG und JAMETTI GREINER/GEISER, Art. 36, N 1, N 4, N 9 ff.).   **9**

Art. 14

b. Mündigkeit	**Mündig ist, wer das 18. Lebensjahr vollendet hat.**
b. Majorité	La majorité est fixée à 18 ans révolus.
b. Maggiore età	È maggiorenne chi ha compito gli anni diciotto.

Literatur

Botschaft des Bundesrates über die Änderung des Schweizerischen Zivilgesetzbuches (Herabsetzung des zivilrechtlichen Mündigkeits- und Ehefähigkeitsalters, Unterhaltspflicht der Eltern) vom 17.2.1993, BBl 1993 I 1169 ff. (zit. Botschaft); AmtlBull StR 1993, 659 ff.; AmtlBull NR 1994, 929 ff.; GEISER, Mündig mit 18: Selbständig, aber schlechter geschützt, plädoyer 10/1992, 35 ff.; PIOTET, La personne majeure de moins de 18 ans révolus peut-elle tester? In: Mélanges Jean-Pierre

Sortais, recueil de travaux offerts à J.P. Sortais, Brüssel 2002, 487 ff.; REUSSER, Die Herabsetzung des Mündigkeitsalters auf 18 Jahre und deren Auswirkungen auf unsere Rechtsordnung, ZBJV 1995, 699 ff.; RIEMER/RIEMER-KAFKA, Entwicklungen im Personenrecht, SJZ 1995, 333 f.; SCHWANDER, Die Herabsetzung des Mündigkeitsalters und ihre Auswirkungen, AJP 1996, 9 ff.; SUTTER-SOMM, Die Herabsetzung des zivilrechtlichen Mündigkeits- und Ehefähigkeitsalters auf 18 Jahre, ZVW 1994, 221 ff., STETTLER, L'obligation d'entretien à l'égard de l'enfant, ZBJV 1992, 136 f.

I. Vorbemerkungen

1   Seit den siebziger Jahren wird die Frage diskutiert, von welchem **Alter** an die jungen Menschen genügend geistige, physische und psychische Reife haben, um in *Eigenverantwortung* im Rechtsleben selbständig bestehen zu können. In der Revision des Kindesrechts im Jahre 1976 wurde die bisher übliche Altersgrenze wieder übernommen, obwohl die Frage der Herabsetzung des Mündigkeitsalters bereits seit einiger Zeit diskutiert worden war. Erste Revisionsbestrebungen, einem internationalen Trend folgend, das Mündigkeitsalter für Jugendliche herabzusetzen, scheiterten noch in einer Volksabstimmung vom 18.2.1979 (Botschaft, 1178).

2   In der Folge allerdings senkten zunächst sämtliche Kantone und sodann auch die Eidgenossenschaft am 3.3.1991 *das Wahl- und Stimmrechtsalter* auf 18 Jahre (Art. 74 Abs. 2 BV). Der eidgenössische Verfassungsgeber betrachtete dies als «würdiges Geschenk an die Jugend zur 700-Jahrfeier». Folgerichtig, auch wenn ein Konnex zwischen den politischen Rechten und der zivilrechtlichen Handlungsfähigkeit keineswegs zwingend ist, wollte der **Zivilrechtsgesetzgeber** nicht zurückstehen (Botschaft, 1170; BK-BUCHER, Vorbem. vor Art. 12–19 N 2). Trotz kritischer und warnender Stimmen, die weder ein praktisches Bedürfnis für eine Änderung des Mündigkeitsalters auszumachen vermochten (GEISER, 35 ff.; AmtlBull NR, 931: Votum von NR Judith Stamm; AmtlBull NR, 964: Votum von NR Poncet; AmtlBull StR, 659: Votum von StR Morniroli) noch die für dessen Änderung geltend gemachten Gründe als überzeugend betrachteten, wurde der Vorlage des Bundesrates zur Revision der Art. 14 und 15 nebst einer Reihe davon betroffener anderer Bestimmungen im Zivil- und öffentlichen Recht am 23.9.1993 vom Ständerat und am 8.6.1994 vom Nationalrat zugestimmt.

3   Ins Feld geführt wurde v.a. die **internationale Entwicklung:** Im Gefolge einer Empfehlung des Europarates aus dem Jahre 1972 hatten *praktisch alle europäischen Staaten* (mit Ausnahme Österreichs [19 Jahre] und Liechtensteins [wie die Schweiz 20 Jahre]) das Mündigkeitsalter auf 18 Jahre gesenkt (aArt. 14 Abs. 2; Botschaft, 1177). Mit der Herabsetzung des Mündigkeitsalters auch in der Schweiz sollte zudem *internationalprivatrechtlich* eine *Vereinfachung* angestrebt werden (s.u. N 36 ff.). Ferner sollte gemäss *aArt. 4 Abs. 2 BV* bez. der **Ehefähigkeit** die *Rechtsgleichheit* verwirklicht werden (E Art. 96 ff.; Botschaft, 1180; neu Art. 94 Abs. 1; Botschaft vom 15.11.1995 Ziff. 222.2). Mit der Herabsetzung des Stimm- und Wahlrechtsalters wollte man junge Menschen vermehrt in das politische Geschehen einbinden. Und schliesslich sollte der grösseren Freiheit und Selbständigkeit der Jugendlichen und ihrem eigenständigeren Verhalten in der Gesellschaft ganz allgemein Rechnung getragen werden; alles in allem wurden kaum handlungsfähigkeitsrechtliche Beweggründe in den Vordergrund geschoben und entsprechende Fragen über eine mögliche Abkehr vom Prinzip des Schutzes junger Menschen gestellt (vgl. BK-BUCHER, N 36 f.).

4   Freilich konnten die mit einer **Herabsetzung des Mündigkeitsalters** verbundenen *Gefahren* und Auswirkungen (z.B. Verschuldung auf Jahre hinaus; Verkürzung der elterlichen Unterhaltspflicht, Auswirkungen im Adoptions-, Straf- und Massnahmenrecht, im

Sozialversicherungsrecht; Nachzugsrecht i.S. des ANAG) nicht übersehen werden. Es mussten deshalb um *des Schutzes der 18- bis 20-jährigen Jugendlichen willen* verschiedene **Sicherungen** eingebaut werden (s. N 29 ff.), dies eine notwendige Konsequenz der Revision und der damit verbundenen rechtlichen *Schlechterstellung* der jungen Menschen. Damit wird aber auch die ganze Widersprüchlichkeit aufgezeigt, die in der Herabsetzung des Mündigkeitsalters liegt.

II. Begriffliches

Mündigkeit oder *Volljährigkeit* (majorité civile, maggiore età; hier in einem engen Sinn) 5 ist die *formale* der beiden Voraussetzungen *der Handlungsfähigkeit* (Art. 13; BK-BUCHER, N 13). Sie bedeutet das Erwachsensein in rechtlicher Hinsicht. Ein rechtlich erheblicher Unterschied zwischen den beiden Begriffen Mündigkeit und Volljährigkeit besteht nicht mehr (zur Geschichte BK-BUCHER, N 4 ff., 28 ff.; A. BUCHER, Personen, N 57).

Mündigkeit wird im Gesetz nicht näher umschrieben. Dieser Begriff steht für das Er- 6 reichen eines bestimmten **Alters** als Ausdruck einer vermuteten genügenden **Reife des Rechtssubjekts** sowie des damit einhergehenden *Rechts auf Selbstbestimmung.* Mündigkeit besagt, dass eine – formelle – Voraussetzung der Handlungsfähigkeit erreicht ist, dass das Rechtssubjekt damit einen **Status** im Rechtsleben erreicht hat, der *ipso iure* den Wegfall *elterlicher oder vormundschaftlicher Sorge* bewirkt und ihm grundsätzlich die volle privatrechtliche Selbstverantwortlichkeit i.S. der **Geschäfts- und Deliktsfähigkeit** vermittelt (BK-BUCHER, N 41).

Der **Eintritt der Mündigkeit** muss somit nicht durch behördlichen Akt festgestellt wer- 7 den (Art. 431 Abs. 1). Das gilt sowohl für den jungen Menschen unter *elterlicher Sorge* als auch für die Personen, welche infolge Fehlens der elterlichen Gewalt (Art. 296, 311 Abs. 2, 368 Abs. 1, 431) unter *Vormundschaft* gestellt worden sind. Muss die Vormundschaft oder allenfalls die elterliche Sorge aus einem der im Gesetz genannten Gründe (Art. 368 ff.) weiterdauern, ist ein Entmündigungsverfahren einzuleiten (BK-BUCHER, N 45).

Das Gesetz zieht die **Altersgrenze** bei nunmehr **18 Jahren** (bis zum Inkraftsetzen der 8 neuen Ordnung durch den Bundesrat im Jahre 1995 war mündig, wer das 20. Altersjahr vollendet hatte, aArt. 14 Abs. 1). Wer das 18. Altersjahr vollendet hat, ist somit automatisch mündig. Ist die 18-jährige Person urteilsfähig, was zu vermuten ist, besitzt sie die Fähigkeit, im Rahmen des Gesetzes (Art. 11 und 12) unbeschränkt Rechte zu begründen und für Verpflichtungen in Anspruch genommen zu werden. Sie hat voll für ihre Handlungen im gesamten Bereich des Rechtslebens einzustehen; sie ist ehemündig (Art. 94).

Mündigkeit ist in einem engeren und in einem weiteren Sinn zu verstehen. Der Begriff 9 der Mündigkeit steht einerseits im Gegensatz zu demjenigen der **Unmündigkeit,** *der Minderjährigkeit.* Der unmündigen Person fehlt die *genügende Reife,* die vom Gesetzgeber mit dem Mündigkeitsalter verbunden wird. Unmündigkeit bedeutet aber nicht in jedem Fall völliges Fehlen der Handlungsfähigkeit. Man spricht etwa von «gradueller» Handlungsfähigkeit der Unmündigen, was allerdings nicht unbestritten ist. Doch hat das kaum praktische Bedeutung (vgl. dazu Art. 12, 19; auch PEDRAZZINI/OBERHOLZER, 57 Rz 3.1.3 f.).

In einem weiteren Sinn steht **Mündigkeit** im Gegensatz zum Fehlen von Entmündi- 10 gungsgründen (Art. 369 ff.). Eine über 18-jährige (bisher 20-jährige) Person wird dadurch, dass sie infolge Fehlens der Urteilsfähigkeit oder aus andern Gründen entweder wieder unter die elterliche Sorge gestellt (Art. 385 Abs. 3) oder bevormundet wird (Art. 369 ff.), *nicht wieder unmündig i.S. der Minderjährigkeit.* Insofern unterscheidet sich Volljährigkeit vom breiteren Begriff der Mündigkeit.

11 Eine Reihe von Bestimmungen umschreiben **Sondertatbestände** der Mündigkeit: Art. 94 (Ehemündigkeit), Art. 303 Abs. 3 (Religionsmündigkeit), Art. 467 (Testiermündigkeit). Vgl. auch Art. 264a Abs. 2, 264b Abs. 2 (Mündigkeit zur Adoption). Siehe dazu allgemein BK-Bucher, N 12; im Speziellen etwa Vorbem. zu Art. 264–269 N 10; Art. 266 N 4; Art. 304/305 N 2 f.

III. Beginn und Ende

1. Beginn

12 Mündigkeit beginnt mit dem Erreichen des 18. Altersjahres. Das bedeutet, dass Volljährigkeit **mit dem 18. Geburtstag** eintritt (s. ZK-Egger, N 2; BK-Bucher, N 44 m.V. auf die gleiche Auffassung im ausländischen Recht); anders, aber im Gegensatz zur allgemeinen Auffassung in der Bevölkerung die alten Kommentatoren (vgl. BK-Gmür/ Hafter, 2. Aufl. 1919, N 6, die von der *Vollendung* des 20. [heute 18.] Altersjahres ausgehen).

2. Exkurs

13 Alt Art. 14 Abs. 2 sah vor, dass Mündigkeit durch *Heirat* erworben werden konnte. «Heirat macht mündig». Dieser **Erwerbsgrund** galt allerdings nur für Minderjährige. Wer durch behördlichen Akt entmündigt worden war oder gemäss Art. 385 Abs. 3 nach Erreichen der Volljährigkeit weiterhin der elterlichen Gewalt unterstand, vermochte durch Eheschliessung nicht Mündigkeit zu erlangen (BGE 54 II 429 ff.; BK-Bucher, N 57 ff.).

14 Mit der **Herabsetzung des Mündigkeitsalters** auf 18 Jahre für *beide Geschlechter* entfällt die Sonderbestimmung des Art. 14 Abs. 2. Das bedeutet, dass zwar formale Gleichstellung i.S. des Art. 4 Abs. 2 aBV (heute Art. 8 Abs. 3 BV) hergestellt, zugleich aber auch der 17-jährigen Frau die rechtliche Möglichkeit genommen wird, bereits früher ehefähig erklärt zu werden (aArt. 96 Abs. 2). Ihr wird zugemutet, bis zum 18. Altersjahr mit einer Heirat selbst dann zu warten, wenn sie schwanger ist (vgl. Botschaft, 1183). Auch wenn das – v.a. nach der grundsätzlichen rechtlichen Gleichstellung der ehelichen und ausserehelichen Kinder (s. bez. der Ausnahmen: Art. 270 Abs. 2, 271 Abs. 2; ZGB-Bühler, N 8 zu Art. 270; ZGB-Schwenzer, N 8 f. zu Art. 271) und den veränderten Sitten und Gebräuchen (faktische Anerkennung des Konkubinats) – vernünftig erscheint, zeigt sich jedoch, dass Frauen in dieser Hinsicht praktisch eine Verschlechterung ihrer Rechtsstellung erfahren.

15 **Unmündige** können nunmehr keine Ehe mehr eingehen. Art. 98 ist folgerichtig mit der Revision des Art. 14 gestrichen und Art. 94 Abs. 1 (im Zusammenhang mit der Revision des Scheidungsrechts auf 1.1.2000) neu gefasst worden.

16 Allerdings verliert der Grundsatz **«Heirat macht mündig»** im *internationalprivatrechtlichen* Bereich nicht jede Wirkung, behalten doch jüngere Eheleute, die Wohnsitz in der Schweiz nehmen, die *nach ihrem Heimatrecht erworbene Mündigkeit* (N 41; IPRG-Jametti Greiner/Geiser, Art. 35 N 6).

17 Die **Mündigerklärung** gemäss Art. 15 verliert mit der Herabsetzung des Mündigkeitsalters ebenfalls jede Notwendigkeit und entfällt daher als weiterer Erwerbsgrund mit der Revision des Art. 14 (vgl. Botschaft, 1181; vgl. IPRG-Jametti Greiner/Geiser, Art. 35 N 22).

3. Beendigung

Art. 14 stellt **zwingendes Recht** dar; die Mündigkeit kann nicht durch Parteiabrede auf- **18** geschoben oder aufgehoben werden.

Mündigkeit im weiteren Sinn kann nur **aufgehoben** werden durch *behördlichen Akt,* mit **19** welchem die elterliche Sorge wiederhergestellt (Art. 385 Abs. 3) oder ein Vormund (Art. 385 Abs. 1) bzw. ein Beirat (Art. 395, 417; BK-SCHNYDER/MURER, Art. 395 N 63 ff.) eingesetzt wird. Für einen derartigen Eingriff in den Status des Menschen als handlungsfähige Person müssen genau umschriebene, gesetzlich vorgesehene Gründe gegeben sein. Mit *deren Wegfall* wird auch die *Mündigkeit in diesem weiteren Sinne* ohne weiteres wieder hergestellt (ZGB-GEISER, N 3 zu Art. 431; Abs. 2 wurde mit der Revision des Mündigkeitsalters gestrichen). Das gilt auch für die Vormundschaft über Unmündige (Art. 431 Abs. 1; BK-BUCHER, N 48) sowie jene über Strafgefangene, sofern sie endgültig und unbedingt entlassen werden (ZGB-GEISER, N 9 zu Art. 432 Abs. 1; BK-BUCHER, N 49; vgl. BGE 114 II 210 E. 6). In diesen Fällen entsteht die Mündigkeit ohne weiteres. Im Falle einer bedingten Strafentlassung wird die Mündigkeit i.w.S. erst *nach Ende der Probezeit* automatisch wieder hergestellt (vgl. dazu Art. 432 Abs. 2; auch BK-BUCHER, N 49, 72, 77 f.).

In allen andern Fällen kann Mündigkeit nur durch *behördlichen Aufhebungsakt* wieder **20** hergestellt werden. Massgebend ist hier der **Zeitpunkt** der Rechtskraft eines letztinstanzlichen Entscheids oder – bei Nichtergreifen eines Rechtsmittels – der Zeitpunkt der Eröffnung des Aufhebungsentscheids.

Die mündige Person kann in ihrer Handlungsfähigkeit durch **Beiratschaft** beschränkt **21** werden (dazu Art. 395 und Art. 12 N 37; Art. 13 N 6; Art. 19; BK-BUCHER, N 94 ff.).

IV. Unmündigkeit

1. Grundsatz

Wer **unmündig** (oder entmündigt) ist, ist ipso iure **nicht handlungsfähig** (Art. 12 N 18, **22** 20 f.; u. N 23; vgl. BGE vom 6.3.2001 i.S. S.E. und A.E. c Verwaltungsgerichtspräsidium von Appenzell AhR; BGE vom 27.7.1998 i.S. C. und G. c. OFP und Ethiopie, E. 2c/bb bezüglich der Prozessfähigkeit von 6-, 14- und 16-jährigen Kindern; vgl. auch BGE 120 I a 369) und kann daher durch seine Handlungen und Unterlassungen grundsätzlich keine Rechtsfolgen auslösen, aber auch nicht zur Verantwortung gezogen werden. Das wird in Art. 17 ausdrücklich festgehalten (s. Bem. zu Art. 17). Zur beschränkten Handlungsunfähigkeit s. Art. 19 N 1 ff. und o. Art. 12 N 19 ff.

2. Dreistufigkeit

So einfach ist die Sache freilich nicht. Auch die unmündige Person, sofern sie *urteils-* **23** *fähig* ist, ist zumindest in eingeschränktem Mass handlungsfähig. In der Lehre wird von einer **Drei-, teils einer Vierstufigkeit** (BRÜCKNER, N 175) gesprochen: *volle Handlungsfähigkeit* (Art. 13–16) *und daneben die volle Handlungsunfähigkeit, beschränkte Handlungsfähigkeit* (Verheiratete, Art. 395) und *beschränkte Handlungsunfähigkeit* der Unmündigen (und Entmündigten, vgl. Art. 19). Das war denn auch der Grund für eine gewisse Opposition gegen die Herabsetzung des Mündigkeitsalters, weil dem Anliegen, urteilsfähige Unmündige selbständig an der Geschäftswelt teilnehmen zu lassen, in begrenztem Rahmen im Gesetz ja bereits Rechnung getragen wird.

24 Die **volle Handlungsfähigkeit** besitzt die *urteilsfähige* mündige Person bezüglich aller Rechte und die unmündige oder entmündigte Person bez. der *höchstpersönlichen Rechte* bzw. der *Schadenszufügung* an Dritte (Art. 19 Abs. 2 und 3; DESCHENAUX/STEINAUER, Personnes, 4. Aufl., Rz 151 ff., 238 ff.; PEDRAZZINI/OBERHOLZER, 76 f.; Botschaft, 1173 ff.). Die urteilsfähige unmündige Person kann ferner *unentgeltliche Vorteile* erlangen.

25 Die **bedingte Handlungsfähigkeit** oder beschränkte Handlungs*un*fähigkeit besagt, dass eine *urteilsfähige* unmündige Person grundsätzlich wie eine urteilsfähige mündige Person *jede* rechtsgeschäftliche Handlung vornehmen kann. Die rechtlichen Wirkungen treten allerdings im Gegensatz zu den voll Handlungsfähigen nur ein, wenn die **gesetzliche Vertretung** ihre Zustimmung erteilt (Art. 19 Abs. 1, insb. Art. 296 Abs. 1, 304–306, 318, 368 Abs. 1 i.V.m. 410 Abs. 1; ZGB-SCHWENZER, N 3 ff. zu Art. 305, N 2 ff. zu Art. 306). Für diese Zustimmung ist *keine besondere Form* erforderlich, sie kann vorgängig, gleichzeitig oder nachträglich erfolgen. Ob ausdrücklich oder stillschweigend, ist ohne Bedeutung, ausser für Abzahlungsverträge gemäss Art. 226b Abs. 2 und 3 OR (Art. 226b N 5, 1. Aufl.).

26 Einzelne Bestimmungen des ZGB gewähren den urteilsfähigen Unmündigen eine **spezielle Handlungsfähigkeit** in Bezug auf *ein Sondervermögen* (Art. 322 Abs. 1 [Art. 322 N 4 f.] und Art. 323 [Art. 323 N 4 ff.]; auch Art. 412; Art. 414 bez. der entmündigten Person; BGE 112 II 102). Vgl. im Einzelnen die Bem. zu Art. 19.

3. Besonderheiten

27 Selbständig entscheiden kann die erst *16-jährige Person* über ihre *Religionszugehörigkeit* (Art. 49 Abs. 3 BV, Art. 303 Abs. 3; Art. 303 N 6 f.; vgl. nunmehr auch Art. 11 Abs. 2 BV betr. Grundrechtsfähigkeit).

28 Das über *16-jährige Kind* kann ausserdem im Falle einer Fürsorgerischen Freiheitsentziehung selber **richterliche Beurteilung** verlangen (ZGB-BREITSCHMID, N 10 zu Art. 314a).

28a Bereits dem über 12-jährigen Kind steht ein unbeschränktes **Anfechtungsrecht** i.S. des Art. 259 Abs. 2 zu (ZGB-SCHWENZER, Art. 259 N 15).

V. Übergangsbestimmungen und Schwierigkeiten

1. Schwierigkeiten

29 Die Herabsetzung des Mündigkeitsalters auf 18 Jahre bringt Probleme in verschiedener Hinsicht. So gilt dies etwa bezüglich des Einbezugs von über 18-jährigen, aber noch nicht 20-jährigen Kindern in das Anwesenheitsrecht von ausländischen Personen i.S. des Art. 17 ANAG (nicht publ. BGE vom 27.4.1998 i.S. S. CH. c. TI Cons. Stato: Nachdem der Italienisch-Schweizerische Staatsvertrag vom 10.8.1964 eine Verbesserung v.a. für Kinder bezüglich des Familiennachzugs angestrebt hat, darf die Herabsetzung des Mündigkeitsalters keinen Einfluss auf den Familiennachzug – i.S. eines Ausschlusses – haben). Vor allem gilt es, **Übergangsregelungen** zur Frage der zeitlichen Geltung von Unterhaltsbeiträgen für junge Erwachsene zu treffen (Art. 277 Abs. 2; ZGB-BREITSCHMID, N 7 f. der Vorbem. zu Art. 276–295 N 7 f.; N 4, 10 zu Art. 277) und im Verfahren auf Scheidung der Eltern (aArt. 156; heute Art. 133 Abs. 1) sowie zur Frage der Adoption (Art. 264; 266 Abs. 1; vgl. dazu nicht publ. BGE vom 30.8.1996 i.S. G. H. c. Jugend-, Gemeinde- und Kirchendirektion des Kantons Bern betr. Adoption einer –

innert zwei Jahren nach Inkrafttreten des rev. Art. 14 zwanzig Jahre alt gewordenen – Person: Art. 12a Abs. 2 SchlT ZGB. Das Bundesgericht lässt in solchen Fällen weiterhin die Vorschriften über die Adoption Unmündiger gelten, weil die Betroffenen durch Herabsetzung des Mündigkeitsalters bezüglich der Aussichten auf eine erfolgreiche Adoption nicht benachteiligt werden sollen; vgl. BK-HEGNAUER, Art. 264 N 27; Art. 268 N 25; STETTLER, SPR III/2, 149). Ausserdem kann die Herabsetzung des Mündigkeitsalters Auswirkungen auf das Strafrecht haben (vgl. BGE 109 IV 45 E. 5). Zu den sich stellenden übergangsrechtlichen Fragen siehe auch SCHWANDER, Herabsetzung, 11 ff.

a) Unterhaltsbeiträge im Scheidungsverfahren der Eltern

Um die Verschlechterung der rechtlichen Situation der 18- bis 20-Jährigen mit Bezug auf **30** ihren Anspruch, Unterhalt von ihren Eltern zu beziehen, in Grenzen zu halten, hat die Gesetzgebung aArt. 156 Abs. 2 (heute Art. 133 Abs. 1, PraxKomm/WIRZ, Art. 133 N 16) ergänzt. Es wird in Form einer Kannvorschrift vorgesehen, dass der **Unterhaltsbeitrag** *im Scheidungsurteil auch über die Mündigkeit hinaus festgelegt werden kann* (vgl. dazu bereits die Rechtsprechung in BGE 112 II 202 E. 2). Mit Eintreten der Mündigkeit aber muss sich eine Abänderungsklage gegen das nunmehr mündige Kind richten (PraxKomm/LEUENBERGER, Art. 135 N 4, 17). Ein Verzicht des obhuthabenden Elternteils auf Unterhaltsbeiträge für das inzwischen mündig gewordene Kind ist nicht möglich: PraxKomm/LEUENBERGER, Art. 137 N 23; auch BK-BÜHLER/SPÜHLER, aArt. 145 N 241).

b) Übrige Fälle

Mit der Mündigkeit entfällt die **voraussetzungslose Unterhaltspflicht der Eltern** **31** (Art. 277 Abs. 1; Art. 277 N 4 ff., 8, 10). Um der Gefahr zu begegnen, dass mit der Herabsetzung des Mündigkeitsalters die berufliche Ausbildung der Jugendlichen gefährdet wird, sieht Art. 277 neu vor, dass das mündige Kind, das noch keine angemessene Ausbildung hat, von seinen Eltern während der Dauer seiner Ausbildung **Unterhalt** verlangen kann, *bis diese ordentlicherweise abgeschlossen* werden kann. Vorausgesetzt wird freilich auch, dass diese Leistungen der Eltern über das 18. Altersjahr ihrer Kinder hinaus *zumutbar* sind (Botschaft, 1183 f.; AmtlBull NR, 662 f.). Damit sollte auch das eher enge Verständnis des BGer von Art. 277 gelockert werden (vgl. BGE 118 II 98 E. 4a; 117 II 372 f. E. 5b, 374; 117 II 130 E. 3b; 115 II 128 E. 4d; 114 II 207 E. 3; 113 II 376 E. 2; 111 II 410; die mit Recht kritischen Ausführungen von HEGNAUER, Kindesrecht, 5. Aufl., 1999, N 20.02; 20.24 mit Hinw. auf BGE 118 II 97; STETTLER, ZBJV 1992, 136 f.; im Übrigen sei auch hierzu auf Bem. zu Art. 276–29 verwiesen).

2. Übergangsrecht

a) Unterhaltsrecht

In einer neuen Bestimmung, **Art. 13c** SchlT, wird festgelegt, dass *Unterhaltsbeiträge,* **32** die vor Inkrafttreten des neuen Art. 14 für Kinder «bis zur Mündigkeit» festgesetzt worden sind, *bis zum vollendeten 20. Altersjahr* geschuldet werden.

b) Adoption

Dem bisherigen Art. 12a SchlT, der den Grundsatz der Fortdauer des bisherigen Rechts **33** festschreibt, ist neu ein Abs. 2 beigefügt worden. Darin wird festgehalten, dass Personen, die beim Inkrafttreten des neuen Art. 14 noch nicht 20 Jahre alt sind, dies aber innert zwei Jahren nach Inkrafttreten der Gesetzesnovelle am 1. Januar 1996 werden, auch **nach Eintritt der Mündigkeit** *noch nach den Bestimmungen über die Unmündigen* *adoptiert werden können* (vgl. nicht publ. BGE vom 30.8.1996 i.S. G. H. c. Jugend-, Gemeinde- und Kirchendirektion des Kantons Bern, E. 3a; BK-HEGNAUER, Art. 264 N 27, Art. 268 N 25). Dies aus der Erkenntnis heraus, dass die **Erwachsenenadoption** an strengere Voraussetzungen – z.B. fünf Jahre Aufenthalt in der adoptionswilligen Familie, die selbst keine Nachkommen haben darf (Art. 266) – gebunden ist, so dass z.B. nach neuem Recht eine 16-jährige Person, die bis zum 18. Altersjahr bei ihren adoptionswilligen Pflegeeltern lebt, gar nicht mehr adoptiert werden könnte (Art. 266; vgl. ZGB-BREITSCHMID, Art. 266 N 4 f.).

34 Vorausgesetzt wird aber nach nArt. 12a Abs. 2 SchlT, dass das **Gesuch** innert zweier Jahre seit Inkrafttreten des Gesetzes und *vor* dem 20. Geburtstag der zu adoptierenden Person eingereicht wird. Das Gesuch ist – sofern die materiellen Voraussetzungen einer Adoption erfüllt sind – erneuerbar, aber wenn inzwischen die Mündigkeit eingetreten ist, sind die Bestimmungen über die Erwachsenenadoption anzuwenden (nicht publ. BGE vom 30.8.1996 i.S. G. H. c. Jugend-, Gemeinde- und Kirchendirektion, E. 4). Über 18-jährige (nach Heimatrecht) unmündige ausländische Personen können nur nach den Bestimmungen über die **Erwachsenenadoption** adoptiert werden (ZGB-BREITSCHMID, Vorbem. zu Art. 264–269c N 10).

c) Feststellung und Anfechtung eines Kindesverhältnisses

35 Schwierigkeiten ergeben sich mit der **Herabsetzung des Mündigkeitsalters** für Kinder, die in *Abstammungsprozessen* an die *Jahresfrist nach Erreichen des Mündigkeitsalters* gebunden sind (Art. 256c Abs. 2; auch Art. 256 Abs. 1 Ziff. 2; Art. 256 N 3 ff.; Art. 260 N 8). Um zu vermeiden, dass 18- bis 20-jährige Jugendliche nach Erreichen ihres Mündigkeitsalters keine selbständige **Abstammungsklage** mehr erheben können, wird in *nArt. 13b SchlT* vorgesehen, dass, wer nach Inkrafttreten des neuen Gesetzes mündig wird, *in jedem Fall noch während eines Jahres eine Klage auf Feststellung oder Anfechtung des Kindesverhältnisses einreichen kann* (vgl. Botschaft, 1185).

VI. IPR

36 Nach Art. 35 IPRG untersteht die *Handlungsfähigkeit* dem *Recht am Wohnsitz*. Das bedeutet, dass sich die **Mündigkeit einer Ausländerin oder eines Ausländers** mit Wohnsitz in der Schweiz nach *schweizerischem Recht* bestimmt. Vgl. aber o. N 16; SCHWANDER, Herabsetzung, 17. Zum Ganzen vgl. IPRG-JAMETTI GREINER/GEISER, Art. 35 N 1–13; N 18. (Auch ZGB-LANGENEGGER, N 5 zu Art. 368).

37 Nach Satz 2 von Art. 35 IPRG berührt ein **Wechsel des Wohnsitzes** die einmal erworbene Handlungsfähigkeit nicht. Das bedeutet wiederum, dass eine an einem ausländischen Wohnsitz erworbene Mündigkeit mit der Wohnsitznahme in der Schweiz nicht verloren geht (IPRG-JAMETTI GREINER/GEISER, Art 35 N 18 f.).

38 Wichtig ist zudem, dass auf Schweizer Bürgerinnen und Schweizer Bürger mit Wohnsitz im Ausland grundsätzlich das **Recht ihres Wohnsitzes** Anwendung findet. Doch ist gemäss Art. 14 Abs. 2 IPRG eine Rückverweisung auf das schweizerische Recht zu beachten, was freilich in der Lehre umstritten ist (vgl. SCHWANDER, Herabsetzung, 17; vgl. auch IPRG-MÄCHLER-ERNE, Art. 14 N 9 ff., 15 f.; IPRG-JAMETTI GREINER/GEISER, Art. 35 N 14 ff.).

39 Besondere Bestimmungen über die Mündigkeit finden sich in *Art. 12 MSA und in Art. 1 Abs. 4 des Haager Übereinkommens vom 24.10.1956 (UstÜK)*. Vgl. auch die UNO-Konvention über die Rechte des Kindes vom 20.11.1989.

Für die Schweiz ist das *Haager Übereinkommen (MSA) vom 5.10.1962 am 4.2.1969,*   **40**
dasjenige vom 24.10.1956 (UStÜK) am 17.1.1965 und die Kinderkonvention am
26.3.1997 in Kraft getreten. Nach Art. 1 Abs. 2 IPRG bleiben diese völkerrechtlichen
Verträge vorbehalten. Das kann für Ausländerinnen und Ausländer von einer gewissen Bedeutung sein, für die nach ihrem Heimatrecht die Rechtsregel «Heirat macht
mündig» gilt. Diese behalten mit der Wohnsitznahme in der Schweiz ihre Mündigkeit (vgl. N 16, 36; vgl. aber auch IPRG-Siehr, N 9 zu Art. 44 f. IPRG und Schwander,
12, 18).

«Heirat macht mündig» gilt für **unmündige ausländische Personen** gemäss neu   **41**
Art. 45a IPRG (IPRG-Siehr, N 1 ff.) nach wie vor: Haben sie Wohnsitz in der Schweiz,
werden sie mit der Eheschliessung in der Schweiz oder mit Anerkennung der im Ausland
geschlossenen Ehe mündig (A. Bucher, Personen, N 59).

Art. 15

Aufgehoben

Diese Bestimmung ist mit der Revision vom 23.9.1994 aufgehoben worden (s. Art. 14   **1**
N 1 ff.).

Im Blick auf das **neue Mündigkeitsalter** wäre eine noch frühere Ansetzung der Mün-   **2**
digkeit durch behördlichen Akt auch gar nicht mehr zu rechtfertigen, ganz abgesehen
davon, dass bereits bisher die Tragweite dieser Vorschrift äusserst gering war (BK-
Bucher, N 11). Den praktischen Bedürfnissen des Geschäftslebens vermochte die Einwilligung der Eltern resp. des Vormundes nach Art. 19 Abs. 1 und Art. 410–412 voll zu
genügen.

Dazu kam, dass mit dem rev. Kindesrecht das erwerbstätige Kind in Art. 323 Abs. 1 für   **3**
eigenen Arbeitserwerb oder für Vermögen, das der Ausübung eines Gewerbes oder Berufs dient, voll handlungsfähig geworden ist (Art. 323 N 3 ff.; vgl. auch Art. 412 bez. der
Bevormundeten).

Art. 15 ist daher schon bisher weitgehend toter Buchstabe geblieben.   **4**

Art. 16

d. Urteils-fähigkeit	**Urteilsfähig im Sinne dieses Gesetzes ist ein jeder, dem nicht wegen seines Kindesalters oder infolge von Geisteskrankheit, Geistesschwäche, Trunkenheit oder ähnlichen Zuständen die Fähigkeit mangelt, vernunftgemäss zu handeln.**
d. Discernement	Toute personne qui n'est pas dépourvue de la faculté d'agir raisonnablement à cause de son jeune âge, ou qui n'en est pas privée par suite de maladie mentale, de faiblesse d'esprit, d'ivresse ou d'autres causes semblables, est capable de discernement dans le sens de la présente loi.
d. Discernimento	È capace di discernimento, nel senso di questa legge, qualunque persona che non sia priva della facoltà di agire ragionevolmente per effetto della sua età infantile o di infermità o debolezza mentale, di ebbrezza o di uno stato consimile.

Literatur

BINDER, Die Geisteskrankheit im Recht, Zürich 1952; DERS., Die Urteilsfähigkeit in psychologischer, psychiatrischer und juristischer Sicht, Zürich 1964; DESCHENAUX, La protection juridique du handicapé mental en droit privé, Mémoires publiés par la Faculté de droit de l'Université de Genève No. 37, 1972; KIELHOLZ/STOLL u.a., Geisteskraft und Geistesstörung im Alter. Ärztliche Betrachtungen zum Altersproblem, Zürich 1954; ROTH, Anforderungen an die Urteilsfähigkeit, in Schweiz. Archiv für Neurologie und Psychiatrie 1959, 266 ff.; REETZ Peter, Die Urteilsunfähigkeit: eine Lotterie? In: Figures juridiques/Rechtsfiguren, Mélanges Pierre Tercier; FS Pierre Tercier, Zürich 2003, 199 ff.; SANDOZ-MONOD, Le point sur le droit de la famille, SJZ 2000, 138; SPIRIG, Die Geistesstörung im ZGB, unter spezieller Berücksichtigung des Eherechts, Diss. Zürich 1963; WALDMANN, Altersgrenzen im Recht, in: Mensch und Staat, FS Th. Fleiner, Freiburg 2003, 46 ff.; WENGER, Die Eheschliessung nach schweizerischem Recht, Frankfurt/Berlin 1965; WERRO, La capacité de discernement et la faute dans le droit suisse de la responsabilité, Freiburg i.Ü., 2e éd. 1986; WESSNER, Le discernement: Contre la notion de capacité restreinte en droit de la responsabilité civile, RSJ 1989, 336; WYRSCH, Über psychische Norm und ihre Beziehung zur Urteils- und Zurechnungsfähigkeit, ZStrR 1958, 382 ff.

I. Begriff und Inhalt

1 Die *formale Voraussetzung* der Handlungsfähigkeit ist die *Mündigkeit* (Art. 14 N 5) und das Fehlen eines Entmündigungsgrundes. Dazu kommt als *subjektive Voraussetzung* in Art. 16 die **Urteilsfähigkeit** (capacité de discernement; discernimento) als natürliche, biologisch-psychologische Eigenschaft. Sie umschreibt, unter welchen Voraussetzungen sich die Rechtssubjekte selbstverantwortlich im Rechtsleben bewegen können. Die Urteilsfähigkeit ist das eigentliche Herzstück der Handlungsfähigkeit (vgl. BK-BUCHER, N 2; A. BUCHER, Personen, N 73 ff.; PEDRAZZINI/OBERHOLZER, 63 Rz 3.2.3.1). Ihr Fehlen verhindert in aller Regel den Eintritt rechtlicher Wirkungen (s. Art. 12 N 38, 54 und Art. 18 N 2; vgl. BGE vom 29.3.2001 i.S. P. R. K. c. IVS Zürich; BGE 130 I 337) oder schützt Rechtsansprüche, auf die eine urteilsunfähige Person verzichtet hat (siehe BGE 117 II 596 f. E. 4; BGE vom 29.3.2001 E. 2b), während selbst die unmündige oder entmündigte, aber urteilsfähige Person in bestimmten Bereichen rechtwirksam handeln kann.

2 Die **Urteilsfähigkeit** wird vom Gesetz negativ und etwas verkürzt umschrieben: Urteilsfähig ist, wem nicht wegen seines Kindesalters oder infolge von Geisteskrankheit, Geistesschwäche, Trunkenheit oder ähnlichen Zuständen die Fähigkeit mangelt, vernunftgemäss zu handeln (zum Begriff vgl. BGE 127 I 19 E. 7b ff.; 124 III 5 E. 1a/b; 120 V 435; nicht publ. BGE vom 2.2.2000 i.S. F. S. c. TC Valais. Zum Begriff vgl. auch Art. 185 N 32; BSK ZGB II-STARK, Art. 920 N 9 ff., Art. 922 N 28 ff., Vorbem. zu Art. 926–229). Ihr Vorhandensein wird vermutet (BGE vom 25.6.2001 i.S. M. P. und G. P. c. AB SchKG Solothurn E. 4a) und darf nicht leichthin verneint werden (das gilt insbesondere bei Querulanz, aber auch ganz allgemein: BGE vom 25.6.2001 i.S. M. P. und G. P. c. AB SchKG Solothurn; 118 I a 236 E. 2b; 98 I a 324 E. 3 m.w.H.).

3 Die Urteilsfähigkeit ist demnach die *Abwesenheit der* **Urteilsunfähigkeit** oder – positiv – die Fähigkeit, vernunftgemäss zu handeln. Das heisst urteilsfähig ist, wer einerseits über ein **intellektuelles** Moment verfügt, nämlich über die *Fähigkeit, den Sinn und Nutzen sowie die Wirkungen eines bestimmten Verhaltens einsehen und abwägen zu können.* Anderseits muss ein **Willensmoment** gegeben sein, nämlich die Fähigkeit, gemäss der Einsicht und nach *freiem Willen* handeln zu können (ZK-EGGER, N 2 ff.; BK-BUCHER, N 6, 44 ff.; Art. 264b N 8; BGE 124 III 5 E. 1a; 117 II 231 E. 2a m.V.; 113 V 63 E. 2c; 111 V 58 E. 3a; 90 II 11; BGE vom 21.9.1989 i.S. J.-J. M. c. autorité tutélaire du canton de Vaud; BGE i.S. M. T. c. Hoirie A. T. vom 13.9.1984).

Diese Fähigkeit vernunftgemässen Handelns wird vom Gesetzgeber als *nicht* bestehend **4** vermutet, wenn **bestimmte Zustände** gegeben sind, die nach der Lebenserfahrung oder medizin-wissenschaftlicher Erkenntnis eine für das Rechtsleben genügende Einsicht, Vernunft oder Widerstandskraft gegen allfälligen Druck von innen (seelische Erregbarkeit, geistige Unreife oder Krankheit) oder von aussen (Dritteinflüsse) zu verhindern geeignet sind (BGE 124 III 15 E. 4b; BGE vom 29.3.2001, E. 2b). Das Gesetz nennt z.B. das Kindesalter, Geisteskrankheit, Geistesschwäche, Trunkenheit und «ähnliche Zustände». Dazu gehört nach der Rechtsprechung auch die psychopathische Querulanz, die sich in einer Reihe abnormer Reaktionen von Personen zeigt und die auf eine psychisch krankhafte Persönlichkeitsentwicklung zurückzuführen sind (die Betroffenen versuchen ihr eigenes, zumeist falsch beurteiltes Recht in übertriebener, nicht mehr einfühlbarer und unangemessener Weise durchzusetzen).

Die genannten «Zustände» und die daraus fliessende **Unfähigkeit,** vernunftgemäss zu **5** handeln und/oder einem Einfluss widerstehen zu können, müssen **kumulativ** gegeben sein, um **Urteilsfähigkeit** ausschliessen zu können (BGE 39 II 200; 55 II 229 E. 4; 77 II 99 E. 2; 117 II 233; BK-BUCHER, N 43). Das heisst: Selbst eine unmündige oder eine geisteskranke Person kann die Fähigkeit haben, mit vernünftiger Einsicht und mit frei gebildetem Willen z.B. bei der Vornahme gewisser Alltagsgeschäfte zu handeln (vgl. BK-BUCHER, N 12, 73; BGE 124 III 5 E. 1a; 117 II 232 E. 2a; 111 V 61 E. 3a). Letzteres ist z.B. im Zustand einer Regression der Krankheit oder während eines luziden Intervalls möglich: BGE 117 II 235; 108 V 126; 124 III 5. Ebenso wenig ist von vornherein urteilsunfähig, wer unvernünftig gehandelt hat, aber ohne dass ein vom Gesetz vorgesehener Krankheitszustand festzustellen ist. Darin kann indessen ein Indiz für einen solchen «Zustand» liegen (BGE 124 III 5; 117 II 233; 39 II 198 E. 3). Doch mag weder ein absonderliches Wesen gewisser «Originale» noch auch bloss eine vorübergehende Gemütsaufwallung, wie sie jeden Menschen treffen kann, die Ursache für ein rechtswirksames unvernünftiges Verhalten darzustellen (ZK-EGGER, N 11). Das vermag die Urteilsfähigkeit für sich allein nicht auszuschliessen.

Die Urteilsunfähigkeit braucht daher **nicht von Dauer** zu sein; sie kann auch bloss vor- **5a** übergehend sein (PEDRAZZINI/OBERHOLZER, 67 f. Rz 3.2.3.2.4; vgl. ZR 1979, 129 ff.). In einzelnen Sachverhalten geht das Gesetz allerdings von dauernder Urteilsunfähigkeit aus: So u.U. nach Art. 94 i.V.m. 105 Ziff. 2, 258 Abs. 1, 264b Abs. 2, 265c Ziff. 1; Art. 406, vgl. ZGB-AFFOLTER, Art. 406 N 51.

II. Die einzelnen Erfordernisse der Urteilsfähigkeit

1. Allgemeines

In der Rechtsprechung wird immer wieder betont, die Urteilsfähigkeit bestehe aus *zwei* **6** *Elementen:* einem **intellektuellen,** das darin besteht, den Sinn, Nutzen und die Tragweite einer bestimmten Handlung zu erkennen und zu würdigen. Sodann muss ein zweites Element, das **willensmässige** (volontaire oder caractériel) gegeben sein, nämlich die Fähigkeit, gemäss dieser Einsicht vernünftig zu handeln, und zwar aus freiem Willen (BGE 127 I 6, 19 E. 7b; 124 III 7 E. 1a; 120 V 435; 117 II 231; 111 V 58). Das sind die beiden Grundlagen, die es in jedem einzelnen Fall aufgrund sämtlicher konkreter Umstände zu prüfen gilt (vgl. dazu einlässlich BK-BUCHER, N 13 ff., 42 ff.; BGE vom 21.9.1989 i.S. J. J. M. c. Chambre des tutelles du TC VD; vom 2.2.2000 i.S. F. S. c. TC Valais), wobei aber zu beachten ist, dass das Verhalten des Menschen, seine Motivbildung wie auch seine gesamte Emotionalität äusserst komplex sind. Die juristische Umschreibung ist deshalb in der Praxis manchmal zu eng.

2. Erfordernis der verstandesgemässen Einsicht

7 **Urteilsfähigkeit** setzt stets ein *gewisses Mass* an *Fähigkeit intellektueller Einsicht und rationaler Beurteilung, Denkvermögen und Urteilskraft* voraus. In der Praxis spricht man von der **Fähigkeit zur richtigen Beurteilung der konkreten Lage;** *sie geht demjenigen ab, der sich wegen seines Geisteszustandes oder seiner schwer gestörten seelischen Beschaffenheit in Angelegenheiten der in Frage stehenden Art kein vernünftiges Urteil bilden kann* (BGE 77 II 100; demgegenüber aber BGE 109 II 273 zur Einsichtsfähigkeit einer Debilen gemäss aArt. 97; auch ZR 1949, 217 ff; BGE vom 29.3.2001 i.S. PR. K c. IVS Zürich: schwere seelische Störung im Zeitpunkt der Zusprechung einer IV-Rente und des Verzichts darauf; BK-BUCHER, N 44; ZK-EGGER, N 4; PEDRAZZINI/OBER-HOLZER, 70 ff.; HAUSHEER/AEBI-MÜLLER (2005), 06.24 ff.).

8 Diese **vernünftige Einschätzung** der konkreten Vorgänge und Verhaltensweisen fehlt, wenn jemand unter Verfolgungswahn leidet, jedoch nicht, wenn er oder sie an Hexen und Geister glaubt (BGE i.S. L. c. B. vom 29.9.1958). Sie kann auch bei bloss *instinktivem* Handeln fehlen (BGE 77 II 97).

9 Eine einlässliche, differenzierte Betrachtung und Aufgliederung in die einzelnen «Bestandteile» der **intellektuellen Erfordernisse** finden sich im BK-BUCHER, N 45 und N 61 m.V. auf die Literatur; vgl. auch ZK-EGGER, N 5.

Kasuistik dazu: BGE 44 II 120: Fähigkeit der Motivbildung; Bestimmung des Verhaltens durch vernunftmässig erkannte Beweggründe; BGE i.S. La Continentale c. CFF vom 27.6.1983: Urteilsfähigkeit des Lokomotivführers bejaht trotz unerklärbaren Verhaltens; BGE 117 II 591: Auch die willentliche Herbeiführung eines versicherten Ereignisses setzt Urteilsfähigkeit voraus (Tötung der Ehefrau mit nachfolgendem Suizid; zur Abgrenzung Suizid-Unfall vgl. BGE 129 V 98 E. 3, BGE vom 14.2.2002 i.S. S. c. SUVA und Verwaltungsgericht des Kantons Bern; vom 9.1.2004 i.S. E. c. Alliance Suisse-Versicherungsgesellschaft und Kanton Luzern, Verwaltungsgericht, E. 3); Urteilsfähigkeit eines angeblich schwachsinnigen, an Geister und Hexen glaubenden Landwirts, der sein Heimwesen aus Gesundheitsgründen zu angemessenem Preis an einen andern Landwirt verkaufte: BGE vom 29.9.1958 i.S. L. c. B; BGE 124 III 5: Vermutung der *Urteilsunfähigkeit* infolge hohen Alters und im Blick auf verschiedentliche Abänderung des Testaments und auf unverständliche Anordnungen in öffentlichem Testament; BGE vom 29.3.2001 i.S. P. R.K c. IVS Zürich: unverständlicher Verzicht auf eine volle IV-Rente.

3. Erfordernis der Willensbildung und des vernünftigen Einsatzes des Willens ohne Druck

10 Die Praxis nennt als zweites Element der Urteilsfähigkeit die Fähigkeit, einen vernunftgemässen **Willen** bilden und diesem eigenen Willen gemäss vernünftig handeln zu können («Agir en fonction de cette compréhension raisonnable, selon sa libre volonté»: BGE 127 I 6 E. 7a, b; 124 III 5; 117 II 231 m.V. auf BGE 39 II 200; 55 II 229; 77 II 99; sodann BGE 111 V 58; i.S. Sch. c. Sch. und Kons. vom 23.6.1994 E. 4a; vom 2.2.2000 i.S. F. S. c. TC Valais). Dieser freie Wille ist gegeben, wenn die betroffene Person fremder Beeinflussung im normalen Umfang Widerstand zu leisten vermag und sich auch durch andere Umstände nicht über Gebühr beeinflussen lässt (Beispiel einer Schülerin, die aus Angst, die Schulstunde zu versäumen, auf einen fahrenden Zug aufspringt: BGE 102 II 363; heute allerdings Problem der überstarken Werbung unter Einbezug von Kindern und Jugendlichen und deren Kauflust: z.B. mobiles Telefon oder Markenartikel!).

11 Unter dem Begriff des **Handelns** sind alle rechtserheblichen Handlungen, v.a. *rechtsgeschäftliche oder rechtsgeschäftsähnliche Willenserklärungen* zu verstehen. Deren Gültigkeit hängt davon ab, ob die sich rechtsgeschäftlich erklärende Person die Fähigkeit gehabt hat, fremder Willensbeeinflussung zu widerstehen. Das Erklärte muss dem eigenen Willen der erklärenden Person entsprechen (BK-BUCHER, N 62 f.; BGE 77 II 100; 90 II 11; 102 II 367; 117 II 231 E. 2a m.H.; 124 III 5 E. 1).

Blosser *Wankelmut* genügt i.d.R. nicht, um Urteilsunfähigkeit bejahen zu können, wohl **12** aber **Willensschwäche** derart, dass entweder kritiklos ein fremder Wille zu Eigen gemacht wird oder aber die Unfähigkeit besteht, trotz andern Wollens dem Einfluss einer Drittperson zu widerstehen. In beiden Sachverhalten ist der geäusserte Wille nicht der eigene, und fremder Wille kann einer dergestalt willensschwachen Person nicht zugerechnet werden. Dies allerdings nur, wenn die Willensschwäche oder Beeinflussbarkeit das *normale Mass* übersteigt, wenn das Verhalten im Hinblick auf die Persönlichkeit der Handelnden nicht mehr *adäquat* erscheint (BGE 39 II 197 ff. und 124 III 5: Testierfähigkeit; 55 II 229: Verkauf eines Grundstücks durch einen Geisteskranken; ZR 1978, 110 ff.: Kaufrechtsvertrag bei hohem Alter; BGE 77 II 99: Beeinflussbarkeit eines Schwachsinnigen; BGE i.S. Th. c. Hoirie Th. vom 13.9.1984: wenig intelligente und arterosklerotische Frau, die ohne Grund Liegenschaften an die Kinder ihres Mannes aus dessen erster Ehe verkaufte, weil sie den Pressionen nicht Widerstand leisten konnte; BGE i.S. B. c. B. vom 25.4.1991, wo trotz enormer seelischer Belastung der Frau genügende Willenskraft resp. Widerstandskraft bez. Zustimmung zur Adoption des eigenen Kindes nicht verneint wurde; BGE 126 III 309 E. 3b f.: Rangrücktritt des lebenslangen Wohnrechts einer alten entmündigten Person nachrangig zu einer Hypothek ohne Mitwirkung der VB; BGE vom 2.2.2000 i.S. F. S.: Behaupteter Zwang zur Kündigung der Anstellung: Rückzug der eigenen Kündigung wegen behaupteten fehlenden eigenen Willens).

Stets aber ist erforderlich, dass eine **übermässige Beeinflussbarkeit** *tatsächlich Auswir-* **13** *kungen* auf den Abschluss eines Geschäfts resp. auf die Abgabe einer Willenserklärung rechtsgeschäftlicher oder rechtsgeschäftsähnlicher Natur gehabt hat. Urteilsunfähigkeit setzt m.a.W. voraus, dass wirklich ein übermässiger Einfluss auf die handelnde Person ausgeübt worden ist, sich der Mangel an Widerstandskraft auch tatsächlich ausgewirkt hat (BGE 77 II 100; 127 I 6 E. 7c). Nicht vorausgesetzt wird, dass unzulässige Mittel eingesetzt worden sind, um die Handlung zu bewirken.

III. Die einzelnen «Zustände»

1. Kindesalter

Der Gesetzgeber spricht in Art. 16 lediglich allgemein von **Kindesalter** (le jeune âge, **14** l'età infantile), ohne eine altersmässige Abstufung für den absoluten oder bloss relativen Ausschluss der Urteilsfähigkeit vorzusehen. Dies im Gegensatz zum Strafrecht (Art. 82 Abs. 1 und 2, 89, 100 Abs. 1 StGB) sowie zu ausländischen Rechtsordnungen, etwa § 104 Ziff. 1 BGB, § 828 Abs. 1 BGB, wonach unter dem siebten Altersjahr **absolute Urteilsunfähigkeit,** ab dem 8. Altersjahr jedenfalls **Deliktsfähigkeit** grundsätzlich zu bejahen ist (vgl. BK-BUCHER, N 68, 132; A. BUCHER, Personen, N 78 und zur Relativität N 86 ff.; BGE 90 II 9; vgl. auch 104 II 186 sowie BGE vom 6.3.2002 i.S. S.E. u. A.E. c. Verwaltungsgerichtspräsidium von Appenzell A.Rh., E. 1). Das schweizerische Recht ist in dieser Hinsicht offener (vgl. BGE 107 II 22; 119 II 4 E. 4b; 122 II 130; 122 II 401; Art. 265 N 7; BK-HEGNAUER, N 10).

Wenn das Gesetz von Kindesalter spricht, ist damit nicht einfach die *unmündige,* also die **15** noch nicht 18-jährige Person gemeint. Ebenso wenig sind einfach die Vorschriften über die *Strafmündigkeit* zu beachten. Auch hier gilt der Grundsatz der **Relativität:** Von Fall zu Fall soll untersucht werden, ob im Blick auf die *konkrete* Handlung die Entwicklung des Kindes und seine geistig-psychische Reife der vom Gesetz geforderten **Vernunft** und **Selbstverantwortlichkeit** entspricht (vgl. z.B. BGE 90 II 9; 107 II 22; 119 II 4 E. 4b; 122 III 401 [vgl. dazu SCHWEIGHAUSER, Bespr. dieses Entscheides in AJP 1998, 837 ff.]; u. N 34; vgl. BGE 120 I a 369). Deshalb vermag auch z.B. Art. 314a Abs. 2 keine allgemein gültige Alterslimite für das Begehren um Aufhebung einer Fürsorgerischen Freiheitsentziehung durch 16-jährige Kinder zu schaffen (A. BUCHER, Personen, N 88).

16   Im Bereich des **Vertragsrechts** (vgl. heute aber die Konsumfreudigkeit von Kindern, so etwa den Kauf und intensiven Gebrauch mobiler Telefone bereits durch kleinere [z.B. 10-jährige] Kinder!) dürfte i.d.R. ein *höheres Alter* vorausgesetzt werden als etwa im **Deliktsrecht** (vgl. auch BK-BUCHER, N 68, 109, 119 ff.; PEDRAZZINI/OBERHOLZER, 73 Rz 3.2.3.4.1). Hier kann das *Unrechtsbewusstsein* schon bei kleineren Kindern eher vorausgesetzt werden. In einem nicht publizierten Entscheid (i.S. B. c. D. vom 13.2.1963) ist die Urteilsfähigkeit bei einem 14-jährigen Knaben mit Recht bejaht worden, der mit einer Gummilitze Agraffen aus isoliertem Kupferdraht gegen ein anderes Kind geschleudert und es am Auge verletzt hat. Gleiches dürfte wohl die Regel sein bei Verletzungen durch die verbreitete *Gewalt* auf Schulplätzen durch Kinder und auch bei andern unerlaubten Handlungen (heute wird gar von Schutzgelderpressung durch Kinder und Jugendliche gesprochen! Vgl. im Übrigen Bem. und Kasuistik zu Art. 19).

17   Im Bereich des **Schuldrechts** dürfte heute ebenfalls im Blick auf die **Kinderarbeit** und die Bezahlung relativ hoher Taschengelder an Kinder die Urteilsfähigkeit infolge des Kindesalters weniger leicht zu verneinen sein. Indessen spielt hier ohnehin – mit Ausnahme des Art. 323 Abs. 1; ZGB-BREITSCHMID, N 2 ff. – diese Frage keine grosse Rolle, bedarf es doch beim Abschluss schuldrechtlicher Verträge regelmässig der *Zustimmung der gesetzlichen Vertretung,* die allerdings je nach konkreter Situation stillschweigend vorausgesetzt werden darf (BGE 56 I 143; 69 I 220; dazu BK-HEGNAUER, Art. 302–337 N 6; Art. 304/305 N 3).

18   Auch hier gilt aber, dass jede generalisierende Regel zu vermeiden ist (vgl. BK-BUCHER, N 9. 36, 69, 133; A. BUCHER, Personen, N 88 mit kritischem Hinweis auf die Botschaft betr. den Beitritt der Schweiz zum Übereinkommen von 1989 über die Rechte des Kindes, BBl 1994 V 1 ff., 65). Es kommt stets auf die **konkreten Umstände** an.

19   Zur Frage der genügenden Urteilsfähigkeit eines nur *4-jährigen Kindes,* dem das *Aussageverweigerungsrecht* nach kantonaler Strafprozessordnung in einem Strafverfahren gegen seinen Vater zugebilligt wurde, s. BGE 120 IV 217! Das Problem ist in diesem Entscheid allerdings auf die kantonale Verfahrensordnung abgeschoben worden. Zu dieser Problematik auch BGE vom 27.7.1998 i.S. Ch. C. gegen Bundesamt für Polizeiwesen m.H. auf BGE 122 II 130 E. 2b: Hier stand die Prozessfähigkeit eines kleineren Kindes zur Diskussion. Zur – schwierigen – Frage der **Schuldfähigkeit von Kindern** s. im Weiteren BGE 66 II 200; 67 II 52; 70 II 140; 71 II 121; 72 II 198; 72 II 204; 89 II 60; 90 II 12; BK-BUCHER, N 117 ff.

20   Die Frage der **Urteilsfähigkeit** stellt sich zudem bei der **Adoption,** steht doch die Gerichtspraxis zu Art. 265 Abs. 2 auf dem Standpunkt, dass zumindest *zehnjährige* Kinder i.d.R. fähig sein dürften, über die Tragweite ihrer Adoption eine eigene Ansicht zu haben und einen entsprechenden Willen bilden zu können (vgl. BGE 107 II 22: Zustimmung eines 14-jährigen Kindes, nicht aber eines 10-jährigen; 107 II 23: das Kind ist auf jeden Fall so früh wie möglich über die Familienverhältnisse aufzuklären; 119 II 4 E. 4b; ZGB-BREITSCHMID, Art. 265 N 6 ff. m.H.; dieser Autor geht davon aus, dass bei Kindern über 14 Jahren die Urteilsfähigkeit zu vermuten ist, N 7; BK-BUCHER, N 70).

Neu hat nach Art. 144 Abs. 2 das Gericht oder eine beauftragte Person im Scheidungs-   **20a**
verfahren die betroffenen Kinder persönlich anzuhören, soweit nicht u.a. ihr Alter dagegen spricht. Diese Möglichkeit der **persönlichen Anhörung** bestand nach der Rechtsprechung bereits unter altem Recht (BGE 122 III 401; vgl. PraxKomm/SCHWEIGHAUSER,
Art. 144 N 3; nunmehr ZGB-BREITSCHMID, N 15 zu Art. 133). Neu ist diese Anhörung
zwingend für ältere Kinder, wobei die Gesetzgebung auch hier keine starre Altersgrenze
vorgesehen hat (PraxKomm-SCHWEIGHAUSER, N 19 f. m.H. auf BGE 124 III 90: Kinder
ab acht Jahren sollten immer angehört werden, bezüglich jüngerer Kinder ist das (kluge)
Ermessen der Gerichte gefragt).

Anerkannt ist, dass bei der Durchsetzung **höchstpersönlicher Rechte** die Anforderungen   **21**
an die Urteilsfähigkeit von Kindern nicht zu hoch geschraubt werden dürfen. In der kantonalen Rechtsprechung wird dementsprechend etwa Kindern die Befugnis zur Einlegung von Rechtsmitteln zuerkannt (vgl. BK-BUCHER, N 71 m.V.; vgl. BGE vom 8.6.1993
i.S. S. c. VerwGer LU, worin auf eine staatsrechtliche Beschwerde eines 17-Jährigen
betr. unentgeltliche Rechtspflege in einem Verfahren um Fürsorgerische Freiheitsentziehung vom BGer eingetreten wurde, allerdings m.V. darauf, dass zwar ein über 16-
Jähriger gegen die Fürsorgerische Freiheitsentziehung gerichtliche Beurteilung verlangen
kann, aber für die Prozessführung um Übernahme allfälliger Prozesskosten wohl die
Mitwirkung der Inhaberin resp. des Inhabers der elterlichen Gewalt oder des Vormundes
nötig wäre; auch nicht publ. BGE vom 2.4.1996 i.S. M. A. c. TAdm Vaud: unmündiger,
aber kurz vor der Mündigkeit stehender Ausländer, der sich gegen die Wegweisung resp.
die Verweigerung einer Aufenthaltsbewilligung zur Wehr setzt.

2. Greisenalter

Das Gesetz grenzt mit Recht die **alten und sehr alten Menschen** im Zusammenhang mit   **22**
der Urteilsfähigkeit nicht einfach aus; sondern auch sie kommen in den Genuss der vermuteten Urteilsfähigkeit. Dennoch stellt sich mit der *hohen Lebenserwartung* in der
Rechtspraxis immer häufiger das Problem der **Urteilsunfähigkeit** sehr alter Personen.
Die Gefahr einer Verminderung der Geisteskräfte und einer *übermässigen Beeinflussbarkeit* sowie der *Fremdsteuerung* ihres *Willens* gerade etwa im Blick auf die **Testierfähigkeit** oder die Veräusserung einer allfälligen Liegenschaft zu Schleuderpreisen lässt sich
nicht übersehen (vgl. BK-BUCHER, N 72, 126–128, 134; 124 III 9 E. 2–4).

Kasuistik: BGE i.S. D. und M. c. D. vom 5.10.1966: selbst der provisorische Entzug der   **23**
Handlungsfähigkeit bedeutet nicht die Testierunfähigkeit; BGE 124 III 5: Zusammenfassung der von der Rechtsprechung zur Testierfähigkeit entwickelten Grundsätze, die
nicht nur für eigenhändige, sondern auch für öffentlich beurkundete letztwillige Verfügungen gelten; ZR 1978, 110 ff.: Abschluss eines Kaufrechtsvertrags über Liegenschaften; BGE i.S. M. T. c. Hoirie d'A. T. und Kons. vom 13.9.1984: Verkauf von Liegenschaften durch arterosklerotische Frau; BGE i.S. S. D. c. L. vom 21.12.1987 in SemJud
1988, 286: Auseinandersetzung mit der Beweisbarkeit einer Urteilsunfähigkeit bei Beginn des geistigen Abbaus; BGE i.S. Sch. c. Sch. und Kons. vom 23.6.1994: im Interesse
der Beibehaltung eines Testaments [favor testamenti] strenge Anforderungen an den Beweis einer Urteilsunfähigkeit; BGE i.S. S. c. Fondation F. J. und Kons. vom 22.9.1992;
das hohe Alter kann Anlass zur Untersagung des Notariatsberufs geben: BGE 124 I 297;
auch Appellationsgericht des Kantons Basel-Stadt vom 22.12.2004 betr. Erbunwürdigkeit
(Testament zugunsten des Anwaltes der alten Frau), in plädoyer 4/05, 67 ff.

3. Geisteskrankheit

Die **Geisteskrankheit** (maladie mentale, infirmità mentale) scheint besonders geeignet   **24**
zu verhindern, dass vernunftgemässe Einsicht oder das Bewusstsein, gemäss dieser Ein-

sicht vernünftig zu handeln, bejaht werden könnte. Dieser Krankheitszustand spielt denn auch nicht nur im Rahmen des Art. 16, sondern überall im Zivilrecht eine bedeutsame Rolle (ausser Art. 16 s. Bem. zu Art. 18; Art. 369: Grund für Entmündigung).

25   Dennoch bedeutet das Vorliegen einer Geisteskrankheit *nicht zwangsläufig* auch **Urteilsunfähigkeit.** Die Praxis geht vielmehr davon aus, es bedürfe trotz festgestellter Geisteskrankheit eines aufgrund konkreter Umstände geführten Nachweises, dass es mit Bezug auf bestimmte Rechtshandlungen an der Fähigkeit vernünftiger Einsicht und vernünftigen Handelns i.S.v. Art. 16 fehle: BGE 44 II 449; 56 II 162; 88 IV 114; ZR 1967, 344. Die Urteilsfähigkeit lässt sich nicht losgelöst von der individuellen, konkreten Situation beurteilen. (vgl. BGE vom 2.2.2000 i.S. F. S. c. TC Valais m.H. auf BGE 117 II 231 E. 2a; 118 I a 236 E. 2b; 124 III 5 E. 1a; BGE vom 14.2.2002 i.S. S.c. SUVA und Verwaltungsgericht des Kantons Luzern E. 1b, 4; GROSSEN, SPR II/2, 38)

26   Der **Begriff** der **Geisteskrankheit** (wie auch der Geistesschwäche) stammt aus der Psychiatrie. Der *medizinische* Begriff ist weiter gefasst als der *juristische,* auf welchen es aber in der Praxis ankommt (BGE 117 II 235; vgl. A. BUCHER, Personen, N 79. Zum Begriff i.S. des aArt. 141 speziell HINDERLING/STECK, 1995, S. 132 ff. mit Hinw. auf BGE vom 8.7.1970 i.S. M. C. M.). Nicht jede medizinisch festgestellte Geisteskrankheit darf deshalb zum Schluss verleiten, es liege Urteilsunfähigkeit im Rechtssinne vor. Es kommt auf die Fassungs- und Urteilskraft der betroffenen Person mit Bezug auf die konkrete Handlung an. Wesentlich ist, ob diese Person in der Lage ist, die Bedeutung und Tragweite eines rechtlich bedeutsamen Verhaltens zu erkennen (vgl. BGE 109 II 276; 124 III 5; 127 I 6) und ihren Willen gemäss dieser Einsicht zu steuern. Geisteskrankheit im Rechtssinne ist daher nur gegeben, wenn *eine ausserhalb der Norm stehende, als abnormal empfundene krankhafte Störung der seelischen oder geistigen Funktionen oder des Willens vorliegt,* die in ihren Ausprägungen vom so genannten Normalbürger oder der Normalbürgerin als *uneinfühlbar* empfunden wird und auf eine *schwere Beeinträchtigung der Fähigkeit vernunftgemässen Überlegens und Handelns schliessen lässt* (vgl. auch Art. 467/468 N 12, 16). Entscheidend ist zudem, dass sich diese geistige oder seelische Störung in dem in Frage stehenden Lebensbereich äussert und dass sie hinreichend intensiv ist (vgl. BGE 62 II 263; 85 II 457; 88 IV 111; 89 I a 107; 98 I a 324; 111 V 58; 117 II 231; 118 I a 236; 124 III 5; 127 I 6; ZK-EGGER, N 13; BK-BUCHER, N 73, 129).

27   Bei schwerer und offensichtlicher Geisteskrankheit ist es freilich nicht erforderlich, einen **strengen Beweis der Urteilsunfähigkeit** zu leisten (vgl. u. N 48 und z.B. BGE vom 3.6.1992 i.S. R. G.-A. c. SUVA; auch BGE vom 2.2.2000 i.S. F. S. c.TC Valais m.H. auf BGE 98 I a 324 E. 3 und 108 V 121 E. 4; vgl. zu Art. 115: ZGB-STECK, N 20). Nach der Praxis genügt ein sehr hoher Wahrscheinlichkeitsgrad, mit dem ernsthafte Zweifel am Fehlen der Urteilsfähigkeit ausgeräumt wird (BGE 108 V 121 E. 4; 98 I a 324 E. 3; BGE vom 2.2.2000 E. 2 m.H. auch auf 117 II 231; insbes. auch 124 III 5 E. 1b). Es kann umgekehrt aber ein Zustand der *Regression* oder zumindest ein sog. **lucidum intervallum** vorliegen, während welchem durchaus vernunftgemässe Einsicht und eine entsprechende Willensfassung und -steuerung angenommen werden kann (BGE 124 III 5). Doch dürfte v.a. bei gewichtigeren Rechtsgeschäften Vorsicht am Platze sein, besonders dann, wenn (noch) keine Entmündigung erfolgt ist.

28   Eine *Entmündigung wegen Geisteskrankheit* (Art. 369) stösst für sich allein die **Vermutung** der Urteilsfähigkeit nicht um (BGE vom 23.8.1993 i.S. FAMA caisse-maladie et accidents c. H., E. 4, publ. in Kranken- und Unfallversicherung: Rechtsprechung und Verwaltungspraxis (Bundesamt für Sozialversicherung), Bern 1993, 166 unter Hinweis auf eine andere, aber kritisierte Auffassung in BGE 105 II 212 f. E. 3, die denn auch in der neuesten Rechtsprechung nicht mehr vertreten wird: BGE 117 II 231; auch BGE 112

IV 9; aber zur Lehre s. z.B. ZK-EGGER, N 16; BK-KUMMER, Art. 8 N 221; ZGB-LANGENEGGER, N 22 zu Art. 369).

4. Geistesschwäche

Die moderne Psychiatrie trifft kaum mehr Unterscheidungen zwischen den schwer abgrenzbaren Begriffen der Geisteskrankheit und **Geistesschwäche** (DESCHENAUX/STEINAUER, Personnes, 4. Aufl., Rz 122, 122a–c; BK-BUCHER, N 77). Fest steht nur, dass Geistesschwäche im Gegensatz zur Geisteskrankheit *keine Krankheit* ist, sondern eine angeborene oder durch Unfall oder – heute – u.U. durch sehr hohes Alter erworbene Schwäche der geistigen Fähigkeiten und der Urteilskraft (ZGB-LANGENEGGER, N 23 zu Art. 369). In der Rechtspraxis zu Art. 16 spielt eine Abgrenzung denn auch keine Rolle (BK-BUCHER, N 77). **Urteilsfähigkeit** ist ungeachtet des behaupteten Vorliegens einer Geistesschwäche in allen ihren Elementen zu prüfen. Wie bei Geisteskrankheit gilt auch bei Geistesschwäche (Debilität; Imbezillität; heute vermehrt Altersdemenz und Alzheimerkrankheit im fortgeschrittenen Stadium), dass ein solcher Zustand allein noch nicht Urteilsfähigkeit ausschliesst (vgl. BGE vom 29.9.1958; ZR 1931, 261; ZR 1950, 158; BGE 96 II 375; 97 II 303; 117 II 231; 124 III 5; ZGB-LANGENEGGER, N 24 zu Art. 369). 29

Im Speziellen zur **Ehefähigkeit** einer Geistesschwachen nach altem Recht BGE 109 II 273 E. 2, E. 3: Entscheidend ist, ob die Verlobten im Hinblick auf den geplanten Eheschluss mit dem konkreten Partner die zur freien Eingehung der Ehe nötige Reife haben und als fähig betrachtet werden können, auf vernünftige Weise Wesen und Bedeutung der Ehe und der damit verbundenen Pflichten zu erfassen (vgl. auch BGE 77 II 12). Das dürfte sinngemäss auch heute noch gelten (aArt. 97 Abs. 2 ist per 1.1.2000 [Revision der Eheschliessungs- und Scheidungsvorschriften] gestrichen worden). 30

5. Trunkenheit und «ähnliche Zustände»

Trunkenheit meint eine Schädigung der geistigen Fähigkeiten und der Besonnenheit durch **Alkohol- oder anderen Drogenabusus** (vgl. SJZ 1992, 271; ZGB-LANGENEGGER, N 5 zu Art. 370). Es geht dabei aber nicht zwingend um einen *Dauerzustand,* also etwa um eine infolge Alkohol- oder Drogenmissbrauchs eingetretene Hirnschädigung oder Persönlichkeitsveränderung. Sondern auch ein lediglich **vorübergehender Zustand** der Trunkenheit kann Urteilsunfähigkeit bewirken. Wesentlich ist die durch Trunkenheit im Zeitpunkt der Vornahme der Rechtshandlung eingebüsste Fähigkeit vernünftigen Überlegens und die allenfalls beeinträchtigte Steuerung des eigenen Willens. Zum Begriff der Trunksucht, die als Entmündigungsgrund des Art. 370 eine Rolle spielt, s. BGE 38 II 434; auch BGE 127 II 122 e.3C; 129 II 82 e.4. Auch *Gewohnheitstrinker* oder -trinkerinnen sind nicht ohne weiteres urteilsunfähig; hier gilt die Bem. zur Geisteskrankheit (o. N 25). 31

Eine nur **vorübergehende Trunkenheit** hat u.U. Auswirkungen auf die Folgen: ist sie *schuldhaft* verursacht, treten für **unerlaubte Handlungen** die Haftungsgrundsätze des Art. 41 ff. OR ein; bei unverschuldeter Urteilsunfähigkeit ist eine Lösung über Art. 54 Abs. 2 OR zu finden (vgl. OR I-SCHNYDER, Art. 54 N 10 ff. m.V.; BK-BUCHER, N 79 f. Vgl. BGE 112 IV 9 zur Frage einer vorübergehenden Trunkenheit, weswegen Gewahrsam i.S.v. Art. 137 StGB nicht als aufgehoben betrachtet werden konnte). 32

«Ähnliche Zustände» entsprechen den der Trunkenheit vergleichbaren Erscheinungen, also z.B. schwere Drogensucht oder Tablettenabhängigkeit. Auch andere vorübergehende Zustände mit ähnlichen Wirkungen werden von der Lehre hierunter subsumiert: Fieber- 33 delirium, starke Medikamente, Hypnose, Bewusstlosigkeit, Schlafwandel (BK-GMÜR, 2. Aufl. 1919, N 12; TUOR/SCHNYDER/SCHMID, 75; A. BUCHER, Personen, N 81; ZGB-LANGENEGGER, N6 zu Art. 370).

33a   Die vom Gesetz genannten Ursachen, welche die Fähigkeit vernunftgemässen Handelns beeinträchtigen, sind abschliessend gemeint (A. BUCHER, Personen, N 77). Die als «ähnlich» bezeichneten Zustände dürfen nicht beliebig ausgeweitet werden. Liegen andere Gründe für eine Beeinträchtigung vor, sei es des Verstandes oder des Willens, wie z.B. Hass oder Wut, so haben diese nicht zwingend den Verlust der **Urteilsfähigkeit** im Rechtssinne zur Folge.

IV. Relativität der Urteilsfähigkeit

34   Die **Urteilsfähigkeit** beurteilt sich nach ständiger Rechtsprechung nie *abstrakt,* auch nie ein für alle Male bez. einer bestimmten Person. Es kommt vielmehr darauf an, ob Urteilsfähigkeit für ein **konkretes Rechtsgeschäft, eine konkrete rechtsgeschäftliche oder rechtsgeschäftsähnliche Handlung** oder ein **Delikt** zu *einem bestimmten Zeitpunkt* und für den Zustand einer konkreten, daran beteiligten Person zu bejahen ist. Urteilsfähigkeit ist somit ein **relativer** Begriff. Sie muss bezogen auf einen konkreten Rechtsakt und *im Zeitpunkt der Vornahme* gegeben sein (ZR 1967, 344; BGE 90 II 9 = Pra 1964, 153 ff.; BGE 98 I a 326 = Pra 1972, 583 f.; BGE 102 II 367; 105 II 211; 109 II 273; 111 V 61 E. 3a; 117 II 231; 124 III 5; vgl. auch BGE i.S. F. S. c. TC Valais vom 2.2.2000 E. 2d; vom 29.3.2001 i.S. P. R. K. c. IVS Zürich, E. 2b; ZK-EGGER, N 6, 13; BK-BUCHER, N 87 ff.; A. BUCHER, Personen, N 83 ff.).

35   Je nach Schwierigkeit und Tragweite der Handlung sind demnach auch *unterschiedliche Anforderungen* an Vernunft, Bewusstsein und Entschlusskraft zu stellen. Wo der **Schutz** des oder der Handelnden dies besonders erfordert, sind *strenge Anforderungen* an die Urteilsfähigkeit zu stellen (vgl. BGE i.S. B. c. Regierungsrat des Kantons Thurgau vom 25.4.1991, wo diesem Grundsatz allerdings gerade nicht entsprochen wurde. Es ging um die Rücknahme einer in schwerst depressivem Zustand abgegebenen Zustimmung einer allein erziehenden Mutter zur – inzwischen erfolgten – Adoption). Umgekehrt sind an die Urteilsfähigkeit keine strengen Anforderungen zu stellen, wenn es z.B. nur um die üblichen Alltagshandlungen oder auch um die Begründung eines Wohnsitzes geht, eine vorhandene **Geisteskrankheit** aber noch eine vernünftige Willensbildung gestattet (BGE i.S. R. c. Schweizerische Ausgleichskasse vom 21.10.1992; BK-BUCHER, Art. 23 N 28, 130), oder wenn es um die Wahrung der Rechte in einem Entmündigungsverfahren (nicht publ. BGE vom 28.6.1996 i.S. M. M. c. TI Dip. istituzioni) oder um Beauftragung eines Anwaltes geht (BGE 121 IV 10 E. 1 m.H.; BGE vom 2.4.1996 i.S. A. M. c. TAdm Vaud, in RDAF 1997 1159; BK-BUCHER, Art. 19 N 199, 313; BK-SCHNYDER/MURER, Art. 386 N 86). Desgleichen sind geringe Anforderungen an die Urteilsfähigkeit zu stellen, wenn ein neuer Wohnsitz nach Errichtung einer Beistandschaft begründet wird (BGE 126 III 415).

36   Die **Urteilsfähigkeit** kann somit je nach Art und Tragweite des konkreten Rechtsaktes und auch je nach der zu einem bestimmten Zeitpunkt gegebenen persönlichen Situation variieren. Die geistigen Anforderungen sind dementsprechend *geringer für die Geschäfte des täglichen Verkehrs* als für *komplexere* Handlungen (Eheschliessung [s. aber BGE 109 II 273!]; Ehe- und Erbverträge; Kaufverträge über Liegenschaften; Gesellschaftsverträge; vgl. auch BK-BUCHER, N 90 ff.; ZK-EGGER, N 7; BGE 117 II 231; BGE vom 2.2.2000 i.S. F. S. c. TC Valais: Kündigung der Arbeitsstelle angeblich unter Zwang; BGE vom 29.3.2001 i.S. P. R. K. c. IVS Zürich: unverständlicher Verzicht auf IV-Rente in schwer psychisch geschädigtem Zustand).

Bei rechtsgeschäftlichem und deliktischem Handeln können sich ebenfalls unterschied-   37
liche Anforderungen an die Urteilsfähigkeit ergeben: Die **Geschäftsfähigkeit** kann schon
bejaht werden, wenn die handelnde Person sich über den tatsächlichen Sinn ihres Verhaltens, besonders über die *wirtschaftliche Tragweite* ihres Handelns Rechenschaft geben
kann. Dagegen bedarf es für die **Deliktsfähigkeit** des seelischen Vermögens, über Moral
und Schuld resp. Selbstverantwortung für das eigene Tun (oder Unterlassen) nachdenken
und das Unrecht des eigenen Verhaltens einsehen zu können, doch eher höherer Anforderungen (ZK-EGGER, N 7; als Beispiele: BGE 117 II 591; 74 II 203 = Pra 1966, 237 ff.;
s.aber o. N 14 ff. zum Kindesalter).

Die *Vernünftigkeit* der Handlung selbst steht nicht in Frage. Die Frage nach der Urteils-   38
fähigkeit soll nicht zu einer *Inhaltskontrolle* des rechtlichen Verhaltens werden (BK-
BUCHER, N 83, vgl. N 93). Eine an sich unvernünftige Rechtshandlung lässt deshalb noch
nicht auf **Urteilsunfähigkeit** schliessen, wie auch umgekehrt nicht jeder noch so vernünftig und sinnvoll erscheinende Akt Zeichen bestehender Urteilsfähigkeit ist (BGE 39
II 196; 43 II 744; 55 II 157). In der Unvernünftigkeit kann allerdings ein Indiz für Urteilsunfähigkeit liegen, sofern unter allen Gesichtspunkten die Gründe für die Vornahme
des Rechtsaktes uneinfühlbar sind (BGE 117 II 231; 124 III 5; BGE vom 25.6.2001 i.S.
M. P. und G. P. c. AB-SchKG Solothurn m.H. auf 118 I a 336 E. 2b; 98 I a 324 E. 3:
schwere psychopathische Querulanz).

Die Urteilsfähigkeit muss im **Zeitpunkt** der Vornahme des Rechtsakts gegeben sein. Ob   39
sie vorher oder nachher gefehlt hat, ist unerheblich (BGE 44 II 118; 90 II 9; 108 V 121;
111 V 58; 117 II 231; ZR 1979, 129 ff.). Hat sie vor und nach dem massgebenden Zeitpunkt bestanden, müssen allerdings *Indizien* vorhanden sein, aus denen auf die Urteilsunfähigkeit im massgebenden Zeitpunkt geschlossen werden kann (BGE 117 II 231 und 124
III 5: Testierfähigkeit verneint selbst bei Errichtung eines öffentlichen Testaments). Es
kommt nicht darauf an, dass Dritte, Vertragspartner/innen oder allfällige Verwandte zu
erkennen vermögen, ob eine Urteilsunfähigkeit von Dauer oder nur vorübergehend ist.
Die Bestimmungen über die Handlungsfähigkeit dienen dem **Schutz** der Urteilsunfähigen selbst und nicht jenem der Drittpersonen (vgl. TUOR/SCHNYDER/SCHMID, 76; BK-
BUCHER, N 21 ff., 40; A. BUCHER, Personen, N 88; BGE 55 II 157 f.; 89 II 389 f.).

Anders als im **Strafrecht** (Art. 10, 11 StGB) gibt es im Zivilrecht grundsätzlich **keine**   40
Abstufungen der Urteilsfähigkeit (BGE 85 II 221; 111 V 61 E. 3a). Entweder besteht die
Fähigkeit, mit Bezug auf einen konkreten Rechtsakt vernunftgemäss zu handeln oder sie
fehlt. Das ergibt sich aus dem im Zivilrecht notwendigen Interesse an der **Geschäfts-**
und Rechtssicherheit.

Dieses **Alles-oder-Nichts-Prinzip** gilt grundsätzlich sowohl im **Vertrags-** als auch im   41
Deliktsrecht: Ein Vertrag oder eine rechtswidrige Handlung entfalten rechtliche Folgen
nur beim Vorliegen der Urteilsfähigkeit. Das hat für Vertragspartner und -partnerinnen
manchmal fatale Folgen; sie sind u.U. auf **Schadenersatzforderungen** verwiesen
(Art. 41 ff. OR), wobei im Rahmen des Art. 43 OR einem mehr oder weniger ausgeprägten Grad der **Schuldfähigkeit** resp. der *Möglichkeit unterschiedlicher Interessen* – z.B.
Vermögenslage der urteilsunfähigen schädigenden Person, Bestehen einer Haftpflichtversicherung – Rechnung getragen werden kann (vgl. BGE 102 II 229 f.; 55 II 38; dazu
vgl. BK-BUCHER, N 4a, 110 ff.; OR I-SCHNYDER, Art. 41 N 25).

Im Falle **unerlaubter Handlungen** gesteht das Gesetz – und teilweise die Rechtspre-   42
chung – ebenfalls zu, dass zu stossende Ergebnisse beim Fehlen der **Urteilsfähigkeit**
oder deren zeitweisem Ausfall wie bei einem minderen Grad von Schuldfähigkeit zu
mildern seien (vgl. BGE 102 II 363 E. 4; 111 II 89; 113 V 61; 111 III 26). So verweist

Art. 54 OR die Gerichte auf **billiges Ermessen** (OR I-SCHNYDER, Art. 41 N 51 f., Art. 54 N 1 ff.).

43   Das bedeutet aber keineswegs die indirekte Einführung einer *Stufenfolge der Urteilsfähigkeit,* sondern lediglich eine Milderung der rechtlichen Konsequenzen v.a. zugunsten Dritter aufgrund spezieller gesetzlicher Vorschriften, die infolge der **Urteilsunfähigkeit** ihrer Vertragspartner oder Vertragspartnerinnen oder ihrer Schädigerinnen und Schädiger u.U. erheblich betroffen sind. Mit der Urteilsfähigkeit wird **bezweckt,** nur die selbstverantwortliche Person voll für die Rechtsfolgen ihres Handelns einstehen zu lassen. Urteilsunfähige können grundsätzlich keine Rechtsfolgen treffen (vgl. u. Art. 18 N 2 ff.), was v.a. dort stossend sein kann, wo diese vermögend sind. Sie sollen aber **geschützt** werden (BGE 55 II 157 f.; 89 II 389 f.), und diesem Zweck dient u.a. das «Alles-oder-Nichts-Prinzip» (BK-BUCHER, N 3 und Vorbem. zu Art. 12–19 N 23).

V. Folgen

44   Urteilsunfähige vermögen grundsätzlich mit ihren Handlungen (oder Unterlassungen) **keine Rechtswirkungen** herbeizuführen; entsprechende Handlungen sind **nichtig** und können jederzeit aufgehoben werden (dazu Art. 18 N 2, 6; vgl. insb. für die Schenkung Art. 240, OR I-VOGT, Art. 240 N 4; Art. 241 OR, OR I-VOGT, Art. 241 N 1 f.; BGE 124 III 5; BGE vom 29.3.2001 i.S. P. R. K. c. IVS Zürich).

45   Urteilsfähigkeit ist – als subjektiver Aspekt – Voraussetzung der **Schuldfähigkeit** und ist daher für die *Verschuldenshaftung* unabdingbar, hingegen für die *Kausalhaftung* irrelevant. Zum Ganzen BSK OR I-SCHNYDER, Art. 41 N 51 f., Art. 43 N 14, Art. 54 N 1 ff. insbes. N 7; auch BK-BUCHER, N 108 ff.).

46   Allerdings besteht dort, wo es nicht um höchstpersönliche Rechte geht, die Möglichkeit der **Zustimmung** oder nachträglichen **Genehmigung** von Handlungen und Willensäusserungen durch die **gesetzliche Vertretung** (Art. 19 Abs. 1 und 2; ZGB-SCHWENZER, N 2 ff. zu Art. 304 [Art. 304/305 N 2 ff.]; ZGB-LEUBA, N 16 ff. zu Art. 407; N 3 ff. zu Art. 409). Das gilt z.B. bei der Behandlung von Geisteskranken (vgl. BGE 114 I a 350 bez. der Tragweite der persönlichen Freiheit im Verhältnis Patientinnen-Arzt oder Ärztin; Einwilligung der gesetzlichen Vertretung oder einer den Patient/innen nahe stehenden Person in einen psychochirurgischen Eingriff; BGE 127 I 6: Zwangsmedikation einer psychisch schwer kranken Person; auch BGE 117 II 6: Namensänderungsgesuch im Namen des urteilsunfähigen Kindes; BGE vom 6.3.2001 i.S. S.E. und A.E. c. Verwaltungsgerichtspräsident A.Rh E. 1; BGE 119 II 4 E. 4b; dazu Art. 30 N 6; Zustimmung zur Adoption; Art. 264 N 6, 8; Art. 265 N 6 ff.; Art. 306 N 2: Stellvertreter/in braucht nicht handlungsfähig zu sein; Beitritt zu einem Verein: BK-BUCHER, Art. 19 N 281).

VI. Prozessuales

1. Gesetzliche Vermutung

47   Die Urteilsfähigkeit wird bei erwachsenen Personen **vermutet** (praesumptio facti; BGE 124 III 5; 118 I a 236; 117 II 231; 117 II 541; 112 II 26; RKUV 1993, 166; BGE 108 V 126; 105 II 212; 98 I a 325; 90 II 12; BGE vom 16.10.1969 i.S. L.-W. c. Schweiz. Stiftung Pro Juventute; ZK-EGGER, N 16; BK-BUCHER, N 126 f., 135).

2. Beweislast

48   Die **Beweislast** obliegt somit derjenigen Person, welche die **Urteilsfähigkeit** bestreitet. Diese hat nachzuweisen, dass zum *massgebenden Zeitpunkt* die Fähigkeit vernunftge-

mässen Handelns gefehlt hat (ZR 1978, 110 ff.; BGE 74 II 205; 77 I 235; 90 II 9; 98 I a 324; BK-BUCHER, N 125 ff., 129 ff.; BK-KUMMER, Art. 8 N 220 ff.). Ist im Einzelfall aber Geisteskrankheit, Geistesschwäche oder Trunkenheit *offenkundig* und unbestritten, hat z.B. ein Testamentsinhalt und der allgemeine Gesundheitszustand der testierenden Person die grosse Wahrscheinlichkeit einer **Urteilsunfähigkeit** aufgezeigt, so erfolgt eine **Umkehr der Beweislast.** Das heisst, die Beweislast liegt dann bei derjenigen Person, welche für den massgebenden Zeitraum *Urteilsfähigkeit* behauptet (vgl. auch BGE 124 III 5: Umkehr der Beweislast, wenn genügend Indizien für das Fehlen der Testierfähigkeit vorliegen; auch BGE vom 2.2.2000 i.S. F. S. c. TC Valais E. 2d). In der Regel aber begründet dieser Umstand nur eine die Beweisführung erleichternde **tatsächliche Vermutung** für Urteilsunfähigkeit (BGE vom 3.6.1992 i.S. G.-A. c. SUVA E. 2c: Beweislast in Sozialversicherungsprozessen; BGE 115 V 113 m.V.; sodann BGE vom 21.12.1987 i.S. M.-J. D.-S. c. S. L., in SemJud 1988, 286; BGE vom 27.6.1983 i.S. La Continentale c. Tribunale di appello del Cantone Ticino, E. 2c; BGE vom 16.10.1969 i.S. L.-W. c. Schweiz. Stiftung Pro Juventute; BGE 56 II 161 E. 2; vom 5.10.1966 i.S. D. und Kons. c. D. Vgl. auch BGE vom 20.11.1991 i.S. P. L. S. c. CAG Genevoise, E. 3).

3. Grad des Beweises

Hier zeigt sich wiederum eine **Folge der Relativität** der Urteilsfähigkeit: Je nach Rechtsakt sind *unterschiedliche Anforderungen* an den Beweis zu stellen. Vor allem bei Bestreitung der Urteilsfähigkeit von Verstorbenen (speziell im Zusammenhang mit Testamentsanfechtungen, vgl. ZR 1963, 59 ff.; BGE vom 21.12.1987 i.S. D. und Kons. c. L. in SemJud 1988, 286) wäre ein strenger Beweis über deren Geisteszustand kaum möglich (BGE 124 III 8 E. 1; 117 II 234 m.V.). In der Regel dürfte ein *hoher Grad der Wahrscheinlichkeit* genügen (vgl. BGE 44 II 449; 74 II 202; 91 II 327; BGE vom 23.5.1991 i.S. B. c. M.-R.; BGE vom 15.6.1994 i.S. G. J. c. Association du Bien des Aveugles; BGE 124 III 9 E. 2–4; 108 V 121; 111 V 58; vgl. auch BK-BUCHER, N 144 ff.; A. BUCHER, Personen, N 91 f.). Es muss für den fraglichen Zeitpunkt nur *jeder ernsthafte Zweifel* ausgeschlossen werden können. Hohe Anforderungen an den Nachweis der Urteils*unfähigkeit* werden im Rahmen des *Adoptionsrechts* gestellt (BGE 109 II 276 E. 3; z.B. BK-HEGNAUER, Art. 265a N 16, Art. 265c N 18; BK-BUCHER, N 105, 144, Art. 19 N 266). Gleiches gilt im Schenkungsrecht (BSK OR I-VOGT, Art. 241 N 2). Zum Scheidungsanspruch s. ZR 1949, 96 ff.; ZBJV 1956, 233 f.; kritisch HINDERLING/STECK, 1995, 130 m.H. auf FN 17 [aArt. 97 Abs. 2 ist per 1.1.2000 aufgehoben worden]; zustimmend MERZ, ZBJV 1960, 399 in seiner Kritik an BGE 78 II 101; 77 II 12 [vgl. auch u. N 57]). Der Grundbuchverwalter oder die -verwalterin hat die Urteilsfähigkeit der verfügenden Person nur zu prüfen, wenn das Fehlen dieser Fähigkeit offensichtlich oder notorisch ist (A. BUCHER, Personen, N 92a; BGE 124 III 341; 117 II 541; 112 II 26).

4. Beweismittel und deren Würdigung

Ausser **Indizien** und dem **Zeugenbeweis** erweist sich für den Nachweis einer Urteilsunfähigkeit die Anordnung einer *medizinischen* **Expertise** oft als unumgänglich. Das BGer schliesst *aus dem Bundesrecht* auf eine entsprechende Pflicht der Gerichte, jedenfalls dort, wo es um Fragen geht, die sie selbst – auch nicht aus eigener *Lebenserfahrung* heraus – nicht sachkundig beantworten können (BGE 47 II 122; 51 II 93; 55 II 226; 76 IV 143: Es kann auch auf ein früheres Gutachten zurückgegriffen werden; 98 I a 324; 108 V 126; 117 II 234/235; ZK-EGGER, N 17; BK-BUCHER, N 144, 148 ff.). Die Verweigerung einer Expertise durch den kantonalen Sachrichter wird so zur *Frage des Bundesrechts* i.S.v. Art. 43 Abs. 1 OG; ebenso ergibt sich die Fragestellung an die Expert/innen aus dem Bundesrecht.

51 In der **Würdigung** *der Beweise* mit Einschluss der Expertise bleibt der Sachrichter/die Sachrichterin indessen auf die freie Überzeugung verwiesen (BGE 50 II 93). Diese **freie Würdigung** greift auch bei Zeugenaussagen von *Urkundspersonen;* deren Aussagen kommt gegenüber Aussagen von «gewöhnlichen» Zeugen oder Zeuginnen, die die verstorbene Person noch persönlich gekannt haben, kein stärkeres Gewicht zu (BGE 124 III 5; 117 II 234; 39 II 199; vgl. BK-BUCHER, N 136 ff.).

52 Die Feststellungen *über den Geisteszustand einer Person* zu einem *bestimmten Zeitpunkt* und *über Art und Auswirkungen der festgestellten geistigen Störung* sind **tatsächlicher Natur.** Desgleichen wird als **Tatfrage** betrachtet, weil auf Beweiswürdigung beruhend, die Feststellung über die hohe Wahrscheinlichkeit (BGE 124 III 5; 91 II 338 = Pra 1966 Nr 64; 90 II 12 = Pra 1964, 153). Hingegen gilt als **Rechtsfrage** – und kann somit dem BGer mit Berufung i.S.v. Art. 43 OG unterbreitet werden – die Frage, ob die aus dem geistigen Zustand gezogenen Schlussfolgerungen richtig seien. Ferner ist Rechtsfrage, ob vom richtigen Begriff der Urteilsfähigkeit ausgegangen worden ist (BGE 91 II 338 = Pra 1966 Nr. 64; 90 II 12 = Pra 1964, 153; BGE vom 25.4.1969 i.S. S. c. F.; BGE vom 25.2.1966 i.S. C. c. C; BGE vom 23.6.1994 i.S. Sch. c. Sch. und Kons.; BGE i.S. J. c. Association du Bien des Aveugles vom 15.6.1994) oder schliesslich, ob zu Recht auf die allgemeine **Lebenserfahrung** abgestellt worden ist. Diese Unterscheidungen haben Bedeutung für das ordentliche Rechtsmittel der Berufung beim BGer (Art. 43 OG, 55 Abs. 1 lit. d OG, 63 Abs. 2 OG; vgl. BK-BUCHER, N 158). Das BGer behält sich auch vor, darüber zu befinden, ob die erhobenen Beweise eine hinreichende Entscheidungsgrundlage ergeben oder ob eine Aktenergänzung i.S.v. Art. 64 OG notwendig sei (BGE 44 II 185; BGE vom 25.6.2001 i.S. M. P. und G. P. c. SchKG-AB Solothurn, E. 4b/c).

5. Zur Prozessfähigkeit im Besonderen

a) Allgemeines

53 **Prozessfähigkeit** ist eine besondere Form der Handlungsfähigkeit (Art. 14 BZP; BGE 132 I 1 ff.). Sie ist die Fähigkeit, im Prozess als Partei aufzutreten und Prozesshandlungen (Klageabstand, Klagerückzug, Rechtsmittel etc.) vorzunehmen. Das setzt aber **Urteilsfähigkeit** voraus (s. Art. 12 N 25 f.; ZR 1949, 96 ff., 236 f.; ZR 1967, 344).

b) Im Rechtsmittelverfahren

54 Im Bereich des **Verfahrensrechts** werden an die Urteilsfähigkeit als Voraussetzung der Prozessfähigkeit *geringe Anforderungen* gestellt, wenn es um **höchstpersönliche Rechte** geht (ZR 1949, 96 ff., 236 f.; BGE 77 II 11; 99 III 8; BGE vom 13.11.1979 i.S. R. c. G; BGE 118 I a 236; BGE vom 11.5.1994 i.S. F. M. c. TI Dip.istituzioni, E. 2a.; BGE vom 2.4.1996 i.S. M. A. c.TAdm Vaud, in RDAF 1997 1159 E. 2b; BK-BUCHER, N 96 ff.). Dazu gehört nach allgemeiner Auffassung besonders die Befugnis, *Rechtsmittel* einzureichen (vgl. BGE vom 27.7.1998 i.S. C. C. et B. G. c. OFP et Ethiopie; Fehlen der Prozessfähigkeit wegen Kindesalters und mangels der Geltendmachung eines höchstpersönlichen Rechts, mit Verweis auf 120 I a 369). Das gilt insbesondere, wenn gerade die *Frage der Prozessfähigkeit* (bei Querulanten) umstritten ist (vgl. BGE i.S. B. c. URA Bern, Staatsanwaltschaft und Anklagekammer des OGer vom 27.11.1992; BGE i.S. Omkarananda c. KassGer ZH vom 2.9.1992; BGE 118 I a 236). Denn anders könnte sich eine betroffene Person nicht wirksam gegen die Verneinung ihrer Prozessfähigkeit zur Wehr setzen (auch BGE vom 28.6.1996 i.S. M. M. c. TI Dip. istituzioni m.H.).

c) Beim Fehlen der Prozessfähigkeit

Fehlt aber die **Prozessfähigkeit,** so tritt das Gericht auf ein Rechtsmittel nicht ein. Das   55
gilt im Besonderen bei psychopathischen Querulanten (BGE 118 I a 236; BGE vom
15.11.1985 i.S. B. c. J., wo eine Abteilung des BGer gestützt darauf, dass die kantonalen
Gerichte wie auch eine andere Abteilung des BGer den Rechtsuchenden infolge mangelnder Urteilsfähigkeit als prozessunfähig erklärt haben, nicht auf die Eingabe eingetreten ist; vgl. BGE 116 II 386 E. 2; BGE vom 11.9.1995 i.S. A. F. T. c. U.A AG E. 1b,
E. 2a; auch BGE vom 8.8.1995 i.S. R. J. W. c. Staatsanwaltschaft AG, wo festgehalten
wird, dass ein Strafverfahren auch gegen eine nicht voll prozessfähige Person durchgeführt werden darf. Gleiches gilt für Auskunftspersonen. Doch der Verteidiger/die Vertei-
digerin muss demgegenüber **voll prozessfähig,** d.h. sowohl mündig als auch urteilsfähig
sein; auch ZR 1949, 360 f.).

Umgekehrt aber liesse sich sachlogisch nicht rechtfertigen, im **Rechtsmittelverfahren**   56
gegen eine *Entmündigung* oder im *Verfahren auf Aufhebung einer Vormundschaft* unter
Berufung auf die fehlende **Urteilsfähigkeit** auf das Rechtsmittel nicht einzutreten; und
zwar gilt das selbst dann, wenn die Eingaben zum Schluss führen, die Person sei urteils-
unfähig (BGE 77 II 11; 85 II 221; BGE vom 11.5.1994 i.S. M. und P., E. 2a m.H. auf 118
I a 239 E. 3a; BGE vom 28.6.1996 i.S. M. M. c. TI Dip. istituzioni). Steht daher im Ver-
fahren die Frage der Handlungs- resp. der Urteilsfähigkeit im Streit, muss auf ein
Rechtsmittel z.B. der zu entmündigenden Person eingetreten werden (vgl. e contrario
BGE vom 9.2.1988 i.S. J. C. c. Tribunal Administratif du Canton de Neuchâtel, E. 4;
BGE vom 15.11.1985 i.S. J. B. c. J.J., E. 1 und 2; auch BGE vom 22.8.1989 i.S. R. S. c.
OGer LU, E. 1, E. 4). Andererseits wurde die Urteilsfähigkeit vorfrageweise nicht geprüft bei Berufung gegen ein *die Eheeinsprache* gutheissendes Urteil (BGE 31 II 199)
oder gegen *Verweigerung der Zustimmung zur Heirat seitens des Vormundes* (BGE 42 II
423; vgl. aber BGE 109 II 273).

d) Im Scheidungsverfahren im Besonderen

Im **Scheidungsprozess** steht nach der Rechtsprechung fest, dass die *beklagte* Partei,   57
wenn sie urteilsunfähig ist, sich durch den Vormund vertreten lassen kann (BGE 85 II
224). Dem oder der Beklagten wird aber die Befugnis zugestanden, *selbständig* Abweisung der Klage zu beantragen, wenn er oder sie sich einigermassen Rechenschaft über
den Streit und dessen Folgen geben kann (vgl. BGE 77 II 11; ZR 1949, 236 f.). Die von
der gesetzlichen Vertretung ausgehende *Scheidungsklage* für eine urteilsunfähige Person
ist hingegen bisher nicht zugelassen worden, desgleichen keine Widerklage (BGE 68
II 146; 78 II 101; 85 II 223; 114 I a 362; BK-BUCHER, N 99; N 250; BK-SPÜHLER/
FREI-MAURER, Ergänzungsband II, N 52 zu aArt. 143; a.M. HEGNAUER/BREITSCHMID,
N 12.14). In einem neueren Entscheid hat das BGer erklärt, es habe bei der die Scheidung begehrenden Partei stets **höhere Anforderungen** an die Urteilsfähigkeit gestellt als
auf Seiten der beklagten Partei. Im jüngeren Schrifttum scheine sich aber die Meinung
durchzusetzen, dass eine Änderung der Rechtsprechung angezeigt wäre und dem Vormund die Befugnis zuzuerkennen sei, im Namen des urteilsunfähigen Mündels die
Scheidungsklage einzureichen. Die Notwendigkeit einer solchen Änderung der Rechtsprechung wurde indessen bezweifelt, und die Frage konnte bisher letztlich offen bleiben, nicht zuletzt deswegen, weil im konkreten Fall die *Urteilsfähigkeit im Zeitpunkt der
Klageeinreichung* feststand, sodann aber, weil im Hinblick auf die **Relativität der Ur-
teilsfähigkeit** es eher selten sein dürfte, dass ihr Vorhandensein mit Bezug auf die
Ausübung des Scheidungsanspruchs zu verneinen wäre (BGE 116 II 385 m.v.H.; zum
Ganzen auch BK-SPÜHLER/FREI-MAURER, aArt. 143 N 49 ff., N 56 m.H.; HINDERLING/
STECK, 548 ff.; A. BUCHER, Personen, N 248 zu Art. 19).

57a   Fehlt die **Urteilsfähigkeit,** ist auch der **Abschluss eines Ehevertrags** i.S. des Art. 183 nicht möglich (Art. 183 N 2, 4; BK-HAUSHEER/REUSSER/GEISER, Art. 183 N 7). Allerdings wird im Rahmen der Art. 181 ff. Urteilsfähigkeit bereits bejaht, wenn eine hinreichende Einsicht in das Wesen und die Tragweite eines Ehevertrags angenommen werden darf (BK-HAUSHEER/REUSSER/GEISER, Art. 183 N 6). Für eine dauernd urteilsunfähige Ehepartei kann die gesetzliche Vertretung beim Gericht die Gütertrennung beantragen (Art. 185 N 31, 35; BK-HAUSHEER/REUSSER/GEISER, Art. 185 N 9, 40). Für das zwingende Zusammenwirken der Ehegatten im Rahmen des Ehe- und Ehegüterrechts (Gütergemeinschaft, Errungenschaftsbeteiligung), wenn die eine oder andere Ehepartei urteilsunfähig ist, vgl. Art. 183 N 6 ff.; Art. 185 N 31 ff.; Art. 169 N 15 f., 20; Art. 170 N 7).

e) Im Betreibungsverfahren

58   Zur Frage der **Betreibungsfähigkeit,** die ebenfalls Urteilsfähigkeit – nebst Mündigkeit – voraussetzt, s. BGE 65 III 47; 66 III 27; 99 III 4; 104 III 6; FRITZSCHE/WALDER, I, 75. Sie ist eine notwendige Voraussetzung jeder Betreibung und ist von Amtes wegen zu prüfen, wenn berechtigte Zweifel an ihrem Vorhandensein bestehen (BGE 91 III 45; 104 III 6 f.).

f) Im strafrechtlichen Verfahren

59   Die **strafrechtliche** Prozessfähigkeit wird unter dem Gesichtspunkt der Urteilsfähigkeit heute mit Recht leichter bejaht, als dies der früheren Praxis entsprochen hat (vgl. BGE 88 IV 114; 124 I 336).

g) Urteilsfähigkeit im öffentlich-rechtlichen Verfahren

60   Im **öffentlichen Recht** wird auf den zivilrechtlichen Begriff und die Praxis zu Art. 16 abgestellt. Dazu BGE 108 V 121; 111 V 58; 127 I 18 E. 7a KU Vers.: Rechtsprechung u. Verwaltung 1993, 166 zur Verwaltungsgerichtsbeschwerde in Sozialversicherungssachen; BGE 118 I a 236; 114 I a 350 zur staatsrechtlichen Beschwerde.

VII. IPR

61   Nach der alten Rechtsordnung von vor 1988 beurteilten sich die Voraussetzungen der **Handlungsfähigkeit** und damit im Besonderen der Urteilsfähigkeit nach **Heimatrecht** (BGE 82 II 171 E. 2). Dieser – heute durch Art. 35 IPRG überholte – Grundsatz galt freilich nur bedingt für Ausländer/innen, welche in der Schweiz Rechtsgeschäfte abgeschlossen hatten. Sie können sich auf ihre fehlende Handlungsfähigkeit nicht berufen, wenn diese ihnen nach **schweizerischem Recht** zur Zeit der Vornahme der Rechtshandlung zustand (BGE 108 V 124; 111 V 58 E. 3b). Im Falle einer Bestreitung der Handlungsfähigkeit und deren Voraussetzungen waren diese zunächst nach schweizerischem Recht zu beurteilen; lediglich beim Fehlen der Handlungsfähigkeit stellte sich die Frage nach Heimatrecht (z.B. Frage der *Mündigkeit*).

62   Heute untersteht die für die **Prozessfähigkeit** massgebende Handlungsfähigkeit gemäss Art. 35 IPRG dem Recht am **Wohnsitz;** dessen Wechsel berührt die einmal erworbene Handlungsfähigkeit nicht (IPRG-JAMETTI GREINER/GEISER, Art. 35 N 5 ff., 13; WALDER, Einführung in das Int. Zivilprozessrecht der Schweiz, Zürich 1989, 189). Diese Grundsätze gelten nicht nur für das Privat-, sondern ebenso für das *Sozialversicherungsrecht.*

Art. 17

III. Handlungs-unfähigkeit

Handlungsunfähig sind die Personen, die nicht urteilsfähig, oder die unmündig oder entmündigt sind.

1. Im Allgemeinen

III. Incapacité d'exercer les droits civils

Les personnes incapables de discernement, les mineurs et les interdits n'ont pas l'exercice des droits civils.

1. En général

III. Incapacità civile

1. In genere

Le persone incapaci di discernimento, i minorenni e gli interdetti sono privati dell'esercizio dei diritti civili.

I. Allgemeines

Art. 17 setzt dem in Art. 12 und 13 umschriebenen Begriff der Handlungsfähigkeit jenen der **Handlungsunfähigkeit** gegenüber. Es handelt sich um eine negativ formulierte Bestätigung der Regel von Art. 13 (BK-BUCHER, N 1). Allerdings wird in Art. 17 präzisiert, dass die beiden in Art. 13 genannten Voraussetzungen, die Mündigkeit und Urteilsfähigkeit, zu ergänzen sind durch das *Fehlen der Entmündigung*. 1

II. Begriff

Handlungsunfähigkeit ist die *Unfähigkeit zur persönlichen Vornahme rechtlich erheblicher Handlungen* (oder Unterlassungen). Vgl. dazu Art. 12 N 1 ff., insb. N 7 ff. 2

Das Fehlen *auch nur einer* der drei Voraussetzungen der Handlungsfähigkeit genügt, dass grundsätzlich **Handlungsunfähigkeit** angenommen werden muss. Das gilt jedenfalls, wenn es an der *Urteilsfähigkeit* infolge Vorliegens eines der in Art. 16 genannten Gründe (o. Art. 16 N 1, 44; Art. 18 N 3, 6) gebricht (vgl. PEDRAZZINI/OBERHOLZER, 76 Rz 3.2.4.1). **Urteilsunfähige Personen** sind nicht in der Lage, durch ihre Handlungen rechtliche Wirkungen auszulösen. Anders bei Unmündigen oder Entmündigten: Ihnen gesteht das Gesetz teilweise eine «beschränkte» Handlungsunfähigkeit (Art. 19 Abs. 1, 305, 306 Abs. 1, 410, 412, 414; SJZ 1994, 291) resp. eine begrenzte Handlungsfähigkeit (Art. 395: Verbeiratung) und u.U. gar die volle Handlungsfähigkeit (Art. 19 Abs. 2) sowie die volle Deliktsfähigkeit zu (Art. 19 Abs. 3). 3

Der (etwas verwirrliche) Begriff der «beschränkten» Handlungsunfähigkeit ist im Übrigen nicht zu verwechseln mit der durch Beiratschaft gemäss Art. 395 bewirkten **Beschränkung der Handlungsfähigkeit** (siehe o. Art. 12 N 17, 37; Art. 13 N 6; BRÜCKNER, N 181 ff.). Unmündige und Entmündigte sind grundsätzlich nicht handlungsfähig. Lediglich soweit sie i.S.v. Art. 16 als urteilsfähig betrachtet werden können, gesteht das Gesetz ihnen gemäss Art. 19 in gewissen Bereichen zu, durch persönliche Handlungen rechtliche Folgen begründen zu können. Anders im Falle des Art. 395 (ZGB-LANGENEGGER, N 4 ff.): Hier ist, weil es um *mündige Personen* geht, grundsätzlich Handlungsfähigkeit vorausgesetzt, die aber bei Vorliegen der im Gesetz genannten Gründe zum Schutz vor den Folgen besonders gefährlicher Rechtsvorkehren beschränkt wird. 4

III. Zweck

Die Vorschriften über die Handlungsunfähigkeit dienen dem **Schutz** der betroffenen Urteilsunfähigen, Unmündigen und Entmündigten im Rechtsverkehr (o. Art. 12 N 7; Art. 16 5

N 39). Der Gesetzgeber geht davon aus, dass diesen Personen die Fähigkeit für eine voll wirksame Betätigung im Rechtsraum abgeht.

6 Diese absolute Unfähigkeit wird allerdings allein bei *Urteilsunfähigen* bejaht. Sämtliche Personen, auf die einer der in Art. 16 genannten Gründe zutrifft, können im Rechtsleben nie durch ihr persönliches Verhalten Rechtsfolgen herbeiführen. Das gilt selbst dann, wenn die Urteilsunfähigkeit von Dritten nicht wahrgenommen wird, auch nicht wahrgenommen werden kann, was v.a. bei gewissen Formen von Geisteskrankheit ohne weiteres möglich ist. Diese strenge Regelung, die nahezu den Verlust der Rechtsfähigkeit bedeutet (vgl. Art. 304/305 N 2; BGE 114 I a 350, 363 = Pra 1989, 951; Art. 406 N 51), dient dem **Schutz** der urteilsunfähigen und deshalb handlungsunfähigen Person und geht damit dem Gutglaubensschutz Dritter vor (vgl. Art. 16 N 39; vgl. BGE vom 27.7.1998 i.S. Ch. C. c. Bundesamt für Polizeiwesen). Darauf, ob eine Entmündigung unterlassen oder noch nicht verfügt worden ist, kann es demnach auch gegenüber **gutgläubigen Dritten** nicht ankommen (BGE 77 II 7; 89 II 390; BRÜCKNER, N 264 ff.).

IV. Folgen

7 Die **Folge** der vollen Handlungsunfähigkeit ist grundsätzlich **Nichtigkeit** der Rechtshandlungen (Art. 12 N 38; BK-BUCHER Art. 17/18 N 136 f.; ZR 1979, 129 ff.; BGE 117 II 18). An sich können sich alle Beteiligten darauf berufen (BGE 117 II 24 E. 7a), und sie kann jederzeit und gegenüber jedermann, auch gegenüber gutgläubigen Dritten, geltend gemacht werden (SJZ 1994, 291; BK-BUCHER, N 3). Vorbehalten bleibt aber das **Rechtsmissbrauchsverbot** (Art. 2 und Art. 18 N 10; auch BGE vom 10.12.1984 i.S. H. R. c. A. Z., E. 6). Die von handlungsunfähigen Personen vorgenommenen Rechtshandlungen bleiben nichtig, selbst wenn später die Handlungsfähigkeit erlangt wird (vgl. ZR 1951, 155 ff.).

8 **Die Zustimmung** des gesetzlichen Vertreters ist **wirkungslos.** Anders verhält es sich nur bei den beschränkt Handlungsunfähigen (VON TUHR/PETER, § 27 III, IV), also bei Unmündigen und Entmündigten, die urteilsfähig sind, im Falle des Art. 19 Abs. 1, wo Rechtsverbindlichkeit mit der – auch nachträglichen – Zustimmung der gesetzlichen Vertretung möglich ist (vgl. Art. 19 N 7, 10 f., 13; vgl. BGE vom 22.7.1988 i.S. J.-C. T. c. Winterthur Versicherungsgesellschaft bez. einer Auszahlung von Pensionskassengeldern).

9 Allerdings kann sich der mit den Regeln über die **Handlungsunfähigkeit** bezweckte **Schutz** der Unmündigen oder Entmündigten auch in sein Gegenteil verkehren, denn auch allfälligen Vertragspartner/innen ist es möglich, sich auf Handlungsunfähigkeit und damit auf Ungültigkeit des Rechtsgeschäfts zu berufen. Hier treten u.U. die Regeln über die *missbräuchliche* Geltendmachung der Ungültigkeit in Funktion (BGE 117 II 18 E. 7a; vgl. o. N 7).

10 Den betroffenen Personen bleibt bei wichtigen Rechtshandlungen, die vorwiegend in Art. 19 Abs. 2 und 3 festgehalten sind, die **volle Handlungsfähigkeit,** aber nur bei **Urteilsfähigkeit:** so die Erlangung unentgeltlicher Vorteile, die Ausübung höchstpersönlicher Rechte, auch die Verpflichtung durch unerlaubte Handlungen. Ausserdem können *urteilsfähige* Unmündige und Entmündigte im gesamten Bereich der Geschäfte, die Handlungsfähigkeit erfordern, ohne weiteres rechtswirksam handeln, wenn die gesetzliche Vertretung vor- oder nachher zustimmt (vgl. o. N 8; Art. 19 Abs. 1 und die Bem. dazu; nicht publ. BGE vom 28.6.1996 i.S. M. M. c. TI Dip. istituzioni: freie Ausübbarkeit absoluter Persönlichkeitsrechte; BK-BUCHER, Art. 19 N 269, 313; BK-SCHNYDER/MURER, Art. 373 N 113; vgl. z.B. auch Art. 410 und 412).

V. IPR

Die Vorschriften über die **Handlungsunfähigkeit** gehören zum **ordre public** (vgl. BGE 11
81 I 139).

Die **Handlungsunfähigkeit** sowie deren Wirkungen unterstehen ebenso dem **Recht am** 12
Wohnsitz wie die Handlungsfähigkeit (Art. 35 IPRG; o. Art. 12 N 48 ff.; Art. 16 N 61).
Dies im Gegensatz zur alten Ordnung, welche an das **Heimatrecht** angeknüpft hat (BGE
61 II 12; 82 II 169; 88 II 1).

Aus Gründen des **Verkehrsschutzes** allerdings sieht Art. 36 IPRG eine besondere Rege- 13
lung vor: Wer ein Rechtsgeschäft vorgenommen hat, obwohl er nach dem Recht an seinem Wohnsitz handlungsunfähig war, kann sich auf seine Handlungsunfähigkeit nicht
berufen, wenn er nach dem Recht des Staates, in dem er das Rechtsgeschäft vorgenommen hat, handlungsfähig gewesen wäre, es sei denn, die andere Partei habe seine
Handlungsunfähigkeit gekannt oder hätte sie kennen müssen (vgl. dazu IPRG-JAMETTI
GREINER/GEISER, Art. 36 N 1 ff.).

Für **familien- und erbrechtliche Rechtsgeschäfte** sowie für **Rechtsgeschäfte über** 14
dingliche Rechte an Grundstücken gilt freilich diese Sonderregel nicht (Art. 36 Abs. 2
IPRG; IPRG-JAMETTI GREINER/GEISER, Art. 35 N 9, Art. 36 N 9 ff.).

Kasuistik: BGE 77 II 7: Auf **Handlungsunfähigkeit** kann sich auch berufen, wer trotz 15
Urteilsunfähigkeit nicht entmündigt worden ist. 76 IV 142: Wer an einer progressiven
Psychose leidet, ist nicht partei- und prozessfähig. BGE vom 27.7.1998: Einem urteilsunfähigen unmündigen Kind steht die **Prozessfähigkeit** nicht zu. 78 II 99: Auf Scheidung
klagen kann nur, wer urteilsfähig ist; hingegen muss der Widerstand gegen die Scheidung
richterlich geprüft werden, auch wenn die beklagte Partei nicht urteilsfähig ist. ZR 1951,
155 ff.: Nachträglich entdeckte Urteilsfähigkeit einer Partei im Scheidungsverfahren ist
Grund für Revision. BGE 89 II 387: Die Einrede der Urteilsunfähigkeit anlässlich der
Errichtung eines Wertpapiers kann dem gutgläubigen Erwerber gegenüber nicht wirksam
erhoben werden, wohl aber gegenüber dem gutgläubigen Dritterwerber eines Schuld-
briefs. 112 II 26: Solange eine nach dem Grundbuch verfügungsberechtigte Person nicht
zufolge eines förmlichen Entscheids der zuständigen Behörde in ihrer Handlungsfähigkeit beschränkt ist, ist einer im Übrigen ordnungsgemässen Anmeldung Folge zu leisten.
BGE vom 22.7.1988: Für eine handlungsunfähige Person muss die gesetzliche Vertretung, allenfalls nach Einholung der Zustimmung der Vormundschaftsbehörde gemäss
Art. 421 Ziff. 8, ein Rechtsmittel einreichen; ein Kind kann keinen Prozess gegen eine
Blockierung seines Vermögens führen. Damit sind keine höchstpersönlichen Rechte verbunden: BGE vom 27.7.1998 i.S. Ch. C. und B. G. c. OFP und Ethiopie m.H. auf 120 I a
369. Ausnahmen gelten nur für höchstpersönliche Rechte. 114 II 182 E. 2: Bei Eintritt
der Handlungsfähigkeit vor Ablauf der (bundesrechtlichen) Berufungsfrist ist grundsätzlich ein Gesuch um Wiederherstellung der Frist einzureichen. BGE vom 18.5.1990: Bei
beschränkter Handlungsfähigkeit fehlt die Prozessfähigkeit; die betroffene Person kann
die Feststellung ihres Erbteils nur über ihren Beirat verlangen, nach Zustimmung der
Vormundschaftsbehörde. 117 II 541: Ausübung eines Vorkaufsrechts. Vgl. aber das neue
Scheidungsrecht in Art. 134: Recht des Kindes auf Abänderung der scheidungsrechtlichen Nebenfolgen: PraxKomm/WIRZ, N 1, N 7 und 8. Insbesondere geniesst das Kind
sinngemäss nach Art. 134 und ausdrücklich nach Art. 12 UNKRK bestimmte Rechte:
PraxKomm/WIRZ, Art. 134 N 9.

Art. 18

2. Fehlen der Urteilsfähigkeit	**Wer nicht urteilsfähig ist, vermag unter Vorbehalt der gesetzlichen Ausnahmen durch seine Handlungen keine rechtliche Wirkung herbeizuführen.**
2. Absence de discernement	Les actes de celui qui est incapable de discernement n'ont pas d'effet juridique; demeurent réservées les exceptions prévues par la loi.
2. Mancanza di discernimento	Gli atti di chi è incapace di discernimento non producono alcun effetto giuridico, riservate le eccezioni stabilite dalla legge.

I. Grundsatz

1   Die **Urteilsfähigkeit** ist die wichtigste Voraussetzung der Handlungsfähigkeit (vgl. Art. 13 N 1, auch Art. 16 N 1). Fehlt sie, geht den betroffenen Personen die Fähigkeit ab, durch ihr persönliches Verhalten (Handeln oder Unterlassen) rechtliche Wirkungen herbeizuführen. Sie sind dann voll **handlungsunfähig**.

2   Die **Urteilsfähigkeit** wird in Art. 16 umschrieben. Art. 18 umschreibt die **Wirkungen** der **Urteilsunfähigkeit** auf die **Handlungsfähigkeit.** Fehlt es infolge des Kindesalters oder infolge von Geisteskrankheit, Geistesschwäche, Trunkenheit oder ähnlichen Zuständen an der Fähigkeit, vernunftgemäss zu handeln, entfällt jede **rechtliche Verantwortlichkeit** für die Folgen des Tuns oder Unterlassens, und es sind keine rechtlichen Verpflichtungen möglich, wie dies Art. 18 unter sinngemässer Bezugnahme auf Art. 17 und Art. 12 f. umschreibt. Die Folge ist die Nichtigkeit des Rechtsgeschäfts oder anderer Rechtshandlungen (z.B. Kündigung einer Wohnung oder der Anstellung, vgl. BGE vom 2.2.2000 i.S. F. S. c. TC Valais; A. BUCHER, Personen, N 98 ff.). Die von Urteilsunfähigen vorgenommenen Handlungen sind indessen rechtlich dort beachtlich, wo die Rechtsordnung nicht ein *bewusstes* und *willentliches* Handeln verlangt oder u.U. auch im Falle eines Rechtsmissbrauchs (vgl. z.B. im Deliktsrecht Art. 54 OR [OR I-SCHNYDER, Art. 54 N 1, 3] und u. N 17 ff.; BRÜCKNER, N 271, 273 ff. m.H. in N 275 FN 141 auf BGE 102 II 363. Der öffentliche Glaube geht aber auf jeden Fall vor: Art. 973; BGE 89 II 387).

II. Bedeutung

1. Geschäftsfähigkeit

3   Der wohl wichtigste Bereich des Rechtslebens umfasst das *Geschäftsleben,* und darin ist die **Geschäftsfähigkeit** als besondere Art der **Handlungsfähigkeit** unabdingbar mitenthalten. Sie setzt Urteilsfähigkeit auf Seiten beider Vertragspartner voraus. Fehlt diese, entfällt die Möglichkeit, rechtswirksam **Willenserklärungen** abgeben zu können (BK-BUCHER, Art. 12 N 31 ff., Art. 17/18 N 3 ff.). Die geschäftsunfähige Person kann somit weder rechtsgültige *Verträge* schliessen noch durch *Annahmeerklärungen* Verträge zum Abschluss bringen, noch kann eine sachenrechtliche Verfügung getroffen werden, und zwar weder ausdrücklich noch durch Stillschweigen oder durch nicht sofortige Ablehnung (vgl. Art. 395 OR; OR I-WEBER, Art. 395 N 2 ff. und 7; A. BUCHER, Personen, N 96 f.; bezüglich der Stellvertretung, die nicht handlungsfähig zu sein braucht, vgl. BK-BUCHER, Art. 19 N 335; Art. 306 N 2). Grundsätzlich ist auch eine nachträgliche Genehmigung nicht möglich, es sei denn, die Urteilsunfähigkeit sei nur vorübergehender Art und sei für die Annahmeerklärung oder für den Vertragsschluss im massgebenden Zeitpunkt weggefallen.

2. Deliktsunfähigkeit

Die **Deliktsunfähigkeit** liegt in der Urteilsunfähigkeit begründet (ZK-EGGER, N 5). Un- **4**
erlaubtes Handeln setzt **Schuldfähigkeit** voraus. Wem die subjektive Fähigkeit abgeht,
Einsicht in die Fehlerhaftigkeit, Unmoralität oder gar Verwerflichkeit seines Tuns zu
haben und gemäss dieser Einsicht zu handeln, kann rechtlich für die Folgen seines Tuns
oder Unterlassens grundsätzlich nicht zur Verantwortung gezogen werden (vgl. Art. 16
N 43). Das gilt unzweifelhaft für kleine Kinder unter fünf Jahren, aber auch für Personen, auf die einer der in Art. 16 genannten Gründe offensichtlich oder nachweisbar zutrifft. Vgl. aber die gesetzliche Einschränkung dieses Grundsatzes in Art. 19 Abs. 3 ZGB
und in Art. 54 Abs. 1 OR sowie BK-BUCHER, Art. 17/18 N 50. Vgl. auch BK-KRAMER,
Art. 21 OR N 40, 45.

Diese Deliktsunfähigkeit hängt allerdings ab vom Mass an **Urteilskraft,** welches sich **5**
aus den konkreten Umständen im Einzelfall ergibt. Auch für die **Deliktsunfähigkeit** gilt
der Grundsatz der **Relativität** (Art. 16 N 34 ff.; BGE 43 II 208; 98 I a 324; 108 V 121;
109 II 273; 111 V 58; 117 II 231; 118 I a 236; BGE vom 1.11.1994 i.S. M. C. c. R. T.;
A. BUCHER, Personen, N 100).

III. Folgen der Urteilsunfähigkeit

Art. 18 schreibt die rechtliche **Unwirksamkeit** der von Urteilsunfähigen vorgenom- **6**
menen Rechtshandlungen (oder auch Unterlassungen, siehe A. BUCHER, Personen,
N 101 ff.) vor. Solche Handlungen sind somit grundsätzlich **nichtig,** d.h. die Ungültigkeit
kann jederzeit und von jedermann geltend gemacht werden (Art. 16 N 44 ff.; BGE 117 II
18; BGE vom 1.11.1994 i.S. M. C. c. R. T.; BGE vom 8.8.1995 i.S. R. J. W. c. Staatsanwaltschaft AG, E. 2e; vgl. BGE 111 V 62 E. 4). Das ist die Konsequenz des **Schutzzwecks,** welcher insb. auch Art. 18 zugrunde liegt (Art. 12 N 7; vgl. auch BGE vom
2.2.2000 i.S. F. S. c.TC Valais m.H. auf 117 II 18 E. 7a S. 24).

Es wird etwa gefragt, ob die Berufung auf **Nichtigkeit** eingeschränkt werden müsste, v.a. **7**
dort, wo das **Vertrauen** der Vertragspartei verletzt wird. Doch ist entscheidend der erwähnte **Schutzgedanke,** und zwar allein zugunsten der *handlungsunfähigen* Person. Dieser Schutzgedanke darf nicht in sein Gegenteil verkehrt werden. Zur Milderung dieser –
v.a. für gutgläubige Dritte oft stossenden – Folge trägt bei, dass in der Praxis an die Bejahung der *Urteilsunfähigkeit strenge Anforderungen* zu stellen sind und dass auch der
Grundsatz der **Relativität** zu beachten ist (vgl. BK-KRAMER, Art. 21 OR N 41). Ausserdem lässt die Rechtsprechung und Lehre ausnahmsweise Korrekturen über das **Rechtsmissbrauchsverbot** zu (Art. 2 Abs. 2; ZK-EGGER, N 13 f.; BK-BUCHER, Art. 17/18
N 59 ff.). Diese Folge trifft freilich zur Hauptsache die mit Handlungsunfähigen geschäf-
tenden Vertragspartner/innen. Die Rechtsprechung hat sich dazu erstmals in BGE vom
10.12.1984 i.S. H. R. c. A. Z., E. 6 und sodann in BGE 117 II 18 sowie in SJZ 1994, 290
in positivem Sinn geäussert.

Exkurs: Andere Rechtsgebiete, so das italienische (Art. 1425 CC it.), das *englische* und **8**
französische (Art. 1125 CC fr.) Recht, gehen grundsätzlich von der **Rechtsgültigkeit** von
Handlungen Urteilsunfähiger aus. Derartige Handlungen sind lediglich *anfechtbar* und –
im englischen Recht – zudem nur bei Bösgläubigkeit der Vertragsgegner/innen, also
dann, wenn diese die **Urteilsunfähigkeit** der mitwirkenden Person gekannt haben oder
hätten kennen müssen. Im französischen Recht ist das Handeln der urteilsunfähigen Personen nur wirkungslos, wenn es nach einer Entmündigung oder nach Ableben der betroffenen Person innert Frist angefochten wird. Nach einer Entmündigung soll die Berufung

auf die frühere Urteilsunfähigkeit nur möglich sein, wenn diese bekannt, nach dem Ableben nur, wenn vor dem Ableben der betroffenen Person die Entmündigung eingeleitet worden ist oder das angefochtene Rechtsgeschäft selbst die mangelnde **Urteilsfähigkeit** aufzeigt (ZK-EGGER, N 8; BK-BUCHER, Art. 17/18 N 126 ff., insb. N 129 f.).

IV. Ausnahmen vom Grundsatz der Nichtigkeit

9 Art. 18 stellt die Folgen fehlender Urteilsfähigkeit unter den **Vorbehalt** gesetzlicher **Ausnahmen.** Diese Vorschrift ist insofern zu eng gefasst, als darin ausdrücklich nur die Folgen fehlender **Urteilsfähigkeit** festgehalten sind. Doch ist das lediglich die wichtigste Komponente der Handlungsfähigkeit; diese entfällt u.U. auch bei fehlender *Mündigkeit* oder bei *Entmündigung* (Art. 19 Abs. 1). Es sei diesbezüglich auf die einlässliche Darstellung im BK-BUCHER, Art. 17/18 N 7 ff., 11 ff. verwiesen (ferner auch DESCHENAUX/STEINAUER, Personnes, 4. Aufl., Rz 211 ff.; ZK-EGGER, N 7 ff.).

10 Wenn Art. 18 von den **gesetzlichen Ausnahmen** spricht, so ist das – wie erwähnt – *zu eng:* Richtiger wäre von den Ausnahmen zu sprechen, die durch die *gesamte Rechtsordnung* vorzusehen sind (DESCHENAUX/STEINAUER, Personnes, 4. Aufl., N 60 ff. und N 286 ff.). Damit ist auch das Verbot des **Rechtsmissbrauchs** zu beachten (vgl. Art. 17 N 7; auch o. N 7; Art. 19 N 25; vgl. Art. 2 N 32 ff. m.H. auf BGE 86 II 167; zum Gutglaubensschutz BK-BUCHER, Art. 17/18 N 147 ff., auch N 165 ff.; BGE 117 II 18), wobei freilich die Bösgläubigen definitionsgemäss urteilsfähig sein müssen. Denn in der Bösgläubigkeit liegt ein Willens- und Schuldelement.

1. Die wichtigsten Ausnahmen

11 a) Im **Personenrecht** können Urteilsunfähige *tatsächlichen Aufenthalt* nehmen und damit auch Wohnsitz begründen (Art. 23 f.; BK-BUCHER, Art. 17/18 N 67).

12 b) Im **Eherecht** kann die vorübergehende Behebung der Urteilsunfähigkeit oder die Heilung der Geisteskrankheit (Art. 105 Ziff. 2; ZGB-GEISER/LÜCHINGER, N 9 ff.; auch N 5 zu Art. 107 Ziff. 1 [vorübergehende Urteilsunfähigkeit]) zur **Beschränkung** der Anfechtungs- und Ungültigkeitsklage führen (Art. 106, 109). Die im Zusammenhang mit der Revision des Scheidungsrechts neu geregelten Voraussetzungen der Eheschliessung (Art. 90 ff.) kennen grundsätzlich keine Einschränkung der **Handlungsfähigkeit** mehr (A. BUCHER, Personen, N 94). Daher bleibt praktisch nur die **Anfechtbarkeit** einer Ehe, wenn ein Ehegatte bei der Trauung aus einem vorübergehenden Grunde nicht urteilsfähig gewesen ist (Art. 107 Ziff. 1; ZGB-GEISER/ LÜCHINGER, N 5).

12a Gewisse Rechtsgeschäfte sind nach dem **Eherecht** nur mit der Zustimmung des Partners oder der Partnerin gültig: z.B. Art. 169; 201 Abs. 2, 226b, 228; 494 OR. Das hat aber nichts mit der Frage der Urteilsunfähigkeit zu tun, sondern ist Folge des partnerschaftlichen Gedankens des revidierten Eherechts.

13 c) Im **Scheidungsrecht** kann sich die beklagte urteilsunfähige Person *einem Scheidungsbegehren widersetzen,* aber nicht selbst auf Scheidung klagen, und zwar selbst dann nicht, wenn die Geisteskrankheit Ursache der Zerrüttung gewesen ist: BGE 92 II 139. Anders wäre es nur, wenn er oder sie trotz der Krankheit im massgebenden Zeitpunkt urteilsfähig gewesen war (dazu auch: BGE 116 II 336; 92 II 138; 51 II 365; BK-BÜHLER/SPÜHLER, Art. 141, N 13 f.). Urteilsunfähige können nur *objektive* Zerrüttungsgründe setzen, was nach neuem Recht indessen unwesentlich ist, kennt doch das rev. Scheidungsrecht mit Ausnahme des Art. 115 keine besonderen Scheidungsgründe

mehr, vgl. Art. 111, 114, 115 ZGB; dazu PraxKomm/FANKHAUSER, Vorbem. zu Art. 111–116; Art. 115 N 1, 4 ff.

d) Das Fehlen der **Urteilsfähigkeit** hindert nicht die rechtswirksame Verurteilung zu **14** **Vermögensleistungen** des *nichtehelichen Vaters* (s. zu altem Art. 323: BGE 71 II 16 E. 2). Wohl aber können gegenüber einer urteilsunfähigen Person grundsätzlich keine **Genugtuungsansprüche** geltend gemacht werden, setzen diese doch widerrechtliches und schuldhaftes Verhalten voraus. Vgl. allerdings nunmehr BSK OR I-SCHNYDER, Art. 49 N 15 f.; BGE 97 II 348.

e) Im **Adoptionsrecht** können Urteilsunfähige zwar nicht adoptieren, aber adoptiert **15** werden. Ist das Kind urteilsfähig, so ist zur Adoption seine Zustimmung notwendig (Art. 265 Abs. 2; Art. 265c N 6 ff.; Art. 265c N 6). Von einer Urteilsunfähigkeit ist bei Kindern im vorschulpflichtigen Alter auszugehen. Bei kleineren Schulkindern kommt es grundsätzlich darauf an, ob sie wenigstens mit Bezug auf die mit der Adoption konkret verbundenen Wirkungen einsichts- und willensfähig sind. Beim älteren Kind zwischen 10 und 14 Jahren ist auf die konkreten Umstände abzustellen (BGE 107 II 22; 119 II 4 E. 4b; BK-HEGNAUER, Art. 265 N 10; Art. 265 N 6 ff.; ZGB-BREITSCHMID, N 6 ff. zu Art. 265). Ist es aber bevormundet, ist die Adoption – auch wenn das Kind urteilsfähig ist – nur mit Zustimmung der vormundschaftlichen Aufsichtsbehörde möglich (Art. 265 Abs. 3; ZGB-BREITSCHMID, Art. 265 N 11). Auch die Erteilung oder Verweigerung der **Zustimmung zur Adoption** setzt Urteilsfähigkeit voraus, wobei an diese hohe Anforderungen zu stellen sind (BK-HEGNAUER, Art. 265a N 14, 16; für den Fall der dauernden Urteilsunfähigkeit vgl. Art. 265c und BK-HEGNAUER, N 18 ff.). Gemäss Art. 12 der **UNKRK** sind Kinder in das Adoptionsverfahren *zwingend* einzubeziehen (BGE 122 III 401: Bei einem 6-jährigen Kind, das bisher den Vater nicht gekannt hat, ist ein **Anhörungsrecht** verneint worden; SCHWEIGHAUSER, Bespr. dieses Entscheides in AJP 1998, 837 ff.)

f) Bezüglich der **Anerkennung** und des **Anfechtungsrechts** bei Vaterschaft: ZGB- **15a** SCHWENZER, Art. 256 N 11 (vgl. auch SANDOZ-MONOD in SJZ 2000, 138 zu einem Entscheid der Aufsichtsbehörde des Kantons Neuenburg: Ein urteilsunfähiges Kind muss ein Interesse an der Erhebung einer Vaterschaftsklage nachweisen); ZGB-SCHWENZER, Art. 258 N 2; Art. 259 N 15; Art. 260 N 1, 9: Urteilsunfähige Personen können die Vaterschaft nicht anerkennen, auch nicht mit Zustimmung der gesetzlichen Vertretung, da es um ein höchstpersönliches Recht geht: ZGB-SCHWENZER, Art. 260a N 9; Art. 261 N 5: Aber ein urteilsunfähiges Kind muss bei gerichtlicher Anfechtung vom Beistand/der Beiständin (Art. 309; ZGB-BREITSCHMID, Art. 309 N 1 ff.) oder vom Vormund vertreten werden.

g) **Vormundschaftsrecht:** Art. 375 Abs. 3: Beim Ausbleiben der Publikation kann eine **16** Entmündigung gegenüber gutgläubigen Dritten nicht angerufen werden (BK-BUCHER, Art. 17/18 N 165; ZGB-Geiser, N 6 ff.; N 15). Bis zur Publikation kann somit eine urteilsunfähige Person grundsätzlich noch Rechtsgeschäfte abschliessen, Prozesse führen und einseitige Rechtshandlungen insoweit gültig vornehmen, als der Drittperson das Fehlen der Urteilsfähigkeit nach Treu und Glauben nicht klar sein muss.

h) Der Erwerb von **Erbschaften** und damit die **Erbenqualität** ist unabhängig vom Vor- **17** liegen der Urteilsfähigkeit möglich (Art. 560). Die Errichtung eines Testaments setzt hingegen Urteilsfähigkeit (und 18. Altersjahr, heute also *Mündigkeit*) voraus, aber das von einer urteilsunfähigen Person errichtete **Testament** bleibt in Kraft, wenn es nicht innert Frist angefochten wird (Art. 519 Abs. 1 Ziff. 1).

i) Im **Sachenrecht:** Keine Urteilsfähigkeit ist erforderlich beim **Fund** (Art. 720; **18** Art. 723). Eine urteilsunfähige Person erwirbt eine fremde Sache durch **Verarbeitung**

(Art. 726), durch **Verbindung** und **Vermischung** (Art. 727), *nicht* hingegen durch **Aneignung** (Art. 718). Das Eigentum geht nicht verloren mit der **Preisgabe durch Dereliktion** (Art. 729). Denn hierfür ist eine **Willensentscheidung** erforderlich, die zur Urteilsfähigkeit zwingend gehört. Das hat zur Folge, dass bei Urteilsunfähigkeit die **Bösgläubigkeit** i.S.v. Art. 726 Abs. 2 grundsätzlich entfällt. Gleiches gilt für den **Besitzerwerb** (Art. 919 ff.; BK-Bucher, Art. 17/18 N 34 ff., 76; ZGB II-Stark, Art. 920 N 9 ff., Art. 922 N 28 ff., Art. 933 N 15) und die **ungerechtfertigte Bereicherung** (Art. 62 f. OR; vgl. OR I-Schulin, Art. 62 N 1 ff.; zum Schuldrecht BK-Bucher, Art. 17/18 N 44 ff.). Im Falle einer urteilsunfähigen Person ist ein Rangrücktritt nicht möglich ohne Zustimmung der Vormundschaftsbehörde (BGE 126 III 309 E. 3b f.; Art. 421 Ziff. 2).

19 k) Keine Urteilsfähigkeit wird verlangt für die wirksame Erbringung einer Leistung auf **Auslobung** (Art. 8 OR; BK-Bucher, Art. 17/18 N 46, 101).

Die *Ersatzpflicht* i.S.v. Art. 97 OR kann durch den Nachweis der eigenen Urteilsunfähigkeit ausgeschlossen werden (BK-Bucher, Art. 17/18 N 61).

Für **Verzugszinsen** wird unabhängig vom Verschulden und damit auch bei Urteilsunfähigkeit gehaftet (BK-Bucher, Art. 17/18 N 63).

2. Besonderheit im Deliktsrecht

20 **Unerlaubte Handlungen,** begangen durch urteilsunfähige Personen, ziehen grundsätzlich trotz **Widerrechtlichkeit** (Art. 41 OR) – mangels Schuldfähigkeit – keine Rechtsfolgen nach sich. Art. 54 OR sieht indessen eine *Milderung* dieser strengen Regel aus Billigkeitsgründen vor (dazu vgl. Art. 16 N 37, 42, 45; A. Bucher, Personen, N 106, N 109 ff.):

a) Die **Haftung** für unerlaubte Handlungen ist überall da möglich, wo kein (vorsätzliches oder fahrlässiges) schuldhaftes Verhalten vorausgesetzt wird: Art. 52 Abs. 2 OR; Art. 55 f. OR; Art. 58 OR (OR I-Schnyder, Art. 58 N 3 f.; BK-Bucher, Art. 17/18 N 95 ff.); Art. 333; Art. 679 (OR I-Schnyder, Art. 52 N 8); die Urteilsunfähigen sind in diesen Fällen – bez. Entlastungsbeweis – ungeschützt. Hier gilt **richterliches Ermessen.**

b) Auch Art. 54 OR sieht bei Urteilsunfähigkeit zivilrechtliche Folgen vor. Es handelt sich um eine Art **Kausalhaftung,** die für den gesamten Bereich vertraglicher wie ausservertraglicher Haftung anwendbar ist (vgl. zum Ganzen OR I-Schnyder, Art. 54 N 1 ff.; BK-Bucher, Art. 17/18 N 49, 82 ff., 102 m.V. auf Lehre und Rechtsprechung).

21 Art. 54 OR hat insofern *umfassende Bedeutung,* als er sich nicht auf **Vermögensschaden** beschränkt, sondern auch Grundlage für **Genugtuungsansprüche** gegenüber Urteilsunfähigen sein kann (BGE 74 II 212 f.; s. aber o. N 14). Ausserdem geht diese Bestimmung über lediglich unerlaubte Handlungen hinaus: Sie ist auch auf **Vertragsverletzungen** durch Urteilsunfähige anwendbar (BGE 102 II 229 f.). Desgleichen fällt **treuwidriges Verhalten** beim Abschluss eines Vertrags mit gutgläubigen Personen darunter (culpa in contrahendo). Eine durch Urteilsunfähige geschädigte Person ist also nicht einfach auf die auf Entmündigte begrenzten Rechtsbehelfe des Art. 411 Abs. 2 angewiesen – nicht jede urteilsunfähige Person steht im Zeitpunkt ihres deliktischen oder vertraglichen Verhaltens unter Vormundschaft –, sondern die *Billigkeitsregel* des Art. 54 OR soll sinngemäss auf alle Fälle der Kausal- und Verschuldenshaftung angewandt werden können. Diese Kausalhaftung beruht auf **Billigkeitsüberlegungen.** Die urteilsunfähige Person soll dort, wo ihr dies zumutbar ist, für die Gefahren und Schäden einstehen, die aus ihrem Zustand und Verhalten den Mitmenschen und Kontrahenten gegenüber entstehen (BGE 102 II 230; ZR 1957, 152 f.; ZR 1977, 246 ff.; Art. 16 N 41 f.). Indessen ist zu beachten, dass Urteilsunfähige nicht schlechter gestellt sein dürfen als schuldfähige Personen (BK-BUCHER, N 83).

Bei selbstverschuldeter, nur **vorübergehender Urteilsunfähigkeit** (Trunkenheit und 22
ähnlichen Zuständen wie z.B. Drogen; Tablettensucht, Schlafwandel, Art. 16 N 31 ff.)
haftet die urteilsunfähige Person vollumfänglich, soweit sie nicht den **Exkulpationsbeweis** erbringen kann, d.h. wenn sie nicht beweisen kann, dass der Zustand der Urteilsunfähigkeit nicht von ihr selbst herbeigeführt worden ist. Diese Sondervorschrift ist eng
auszulegen; d.h. bei selbstverschuldeter vorübergehender Urteilsunfähigkeit haben Billigkeitsüberlegungen keinen Raum (vgl. BGE 111 II 267; 103 II 335 = Pra 1978, 203;
OR I-SCHNYDER, Art. 54 N 10 ff.).

Kasuistik: 23

– Erteilung oder Verweigerung der Zustimmung zur Adoption setzt Urteilsfähigkeit voraus: BK-HEGNAUER, Art. 265a N 14, Art. 265c N 18 ff.; vgl. o. N 15.

– Urteilsfähigkeit ist notwendig für eine Klage auf Zusprechung mit Standesfolge i.S.v.
 aArt. 323: BGE 71 II 16. Siehe dazu o. N 15.

– Die Setzung eines Erbunwürdigkeits- oder Enterbungsgrundes ist, als quasideliktisches Verhalten, an Urteilsfähigkeit geknüpft: BGE 74 II 206 E. 2.

– Nur bei Urteilsfähigkeit beginnen die mit der Testamentseröffnung zusammenhängenden Fristen zu laufen: BGE 75 II 193 (s. dazu auch BK-BUCHER, Art. 17/18 N 56 m.V.
 auf Art. 30 Abs. 3; Art. 75; Art. 137 Abs. 2).

– Keine besonderen Anforderungen an den Nachweis der *Urteilsunfähigkeit*. Grosse
 Wahrscheinlichkeit genügt, v.a., wenn es um den Geisteszustand *verstorbener* Personen geht: BGE 124 III 5; BGE vom 15.6.1994 i.S. A. C. c. Association du Bien des
 Aveugles m.H. auf BGE 117 II 231; BGE 91 II 338 = Pra 1966, 237; auch BGE 74 II
 205; ZR 1963, 59 ff.

– BGE vom 2.2.2000 i.S. F. S. c. TC VS: Keine allzu hohen Anforderungen an Beweis
 der Urteilsunfähigkeit bei Entlassung.

– Anwendbarkeit der Art. 12 und 18 im *Sozialversicherungsrecht* und Relativität der
 Urteilsfähigkeit: BGE 108 V 128; 111 V 62; 98 I a 324 E. 3; BGE vom 28.8.1990 i.S.
 K. B. c. Intras; BGE vom 10.5.1995 i.S. Assurance Maladie paritaire du Bois et du
 Bâtiment c. J. Y. C.

– Nichtigkeit der Zustellung einer Krankenversicherungsverfügung an urteilsunfähige
 Person: BGE vom 28.8.1990 i.S. K. B. c. Intras, E. dd.

– Gültigkeit einer Austrittserklärung einer urteilsunfähigen Person gegenüber Krankenkasse: BGE 111 V 62.

– Kein gültiger Verzicht auf klar festgestellten Anspruch auf eine volle IV-Rente durch
 die urteilsunfähige Person und deshalb Anspruch auf weiter gehende Nachzahlung der
 Rente i.S. der Art. 48 Abs. 2 Satz 2 i. V. mit Art. 48 Abs. 1 IVG: BGE vom 29.3.2001
 i.S. P. R. K. c. IVS Zürich, E. 2a, 3a.

– Prüfungsbefugnis eines Grundbuchverwalters/einer Grundbuchverwalterin: Sie kann
 sich nur auf die Prüfung des formellen Vorliegens der Handlungsfähigkeit, nicht aber
 der Urteilsfähigkeit einer verfügenden Person beziehen, sofern die Urteilsunfähigkeit
 nicht offenkundig ist: BGE 112 II 26. In diesem Zusammenhang auch BGE 89 II 390:
 Schutz des guten Glaubens zugunsten des *Dritterwerbers,* nicht aber des Vertragspartners der urteilsunfähigen Person. Vgl. auch BGE 126 III 309.

– Bei nur vorübergehender Urteilsunfähigkeit Möglichkeit der Wiederherstellung einer versäumten Rechtsmittelfrist: BGE 114 II 181; auch BGE vom 8.8.1995 i.S. R. J. W. c. Staatsanwaltschaft AG E. 2e.

– Fortschreitende Psychose als Grund für die Urteilsunfähigkeit und Bestellung einer gesetzlichen Vertretung in einem laufenden Prozess nur bei Offensichtlichkeit, dass Wahnideen vorliegen: BGE vom 21.9.1989 i.S. J. J. M. c. Chambre des tutelles du Tribunal cantonal du Canton de Vaud.

– Ob Urteilsfähigkeit vorhanden ist, ist vom Gericht von Amtes wegen zu prüfen: BGE 116 II 386; 118 I a 236; BGE vom 11.9.1995 i.S. A. F. T. c. UA AG. Vgl. bez. der prozessualen Handlungsfähigkeit in Zivilprozessen: BGE 48 II 28; in der Zwangsvollstreckung: 81 I 143.

– Auswirkungen einer auf Seiten der klagenden Partei *nach* Einreichen einer Scheidungsklage eingetretenen Urteilsunfähigkeit auf die Fortsetzung des Scheidungsverfahrens: BGE 116 II 336.

– Fehlen der Urteilsfähigkeit (im Zusammenhang mit der Frage nach dem Vorliegen der Handlungsfähigkeit) führt zur Nichtigkeit des Rechtsgeschäfts (BGE vom 2.2.2000 E. 2c). Einer besonderen Anfechtung bedarf es nicht. Grundsätzlich können sich sämtliche Beteiligten auf diese Nichtigkeit berufen (BK-BUCHER, Art. 17/18 N 151 ff.). Wenn diese Rechtsfolge allerdings über den Schutzzweck des Gesetzes hinausgeht (vgl. BK-BUCHER, Art. 17/18 N 126 ff., 153), muss *missbräuchliche* Berufung auf diese Ungültigkeit ausgeschlossen werden können: BGE 117 II 18.

– Urteilsfähigkeit ist zu vermuten. Diese Vermutung kann mit Sachverständigengutachten widerlegt werden, *ausnahmsweise* aber auch damit, dass ein langjähriges querulatorisches Verhalten zwingend zum Schluss führt, dass das Verhalten der betroffenen Person auf keiner vernünftigen Überlegung mehr beruht, sondern nur noch als Ausdruck einer schweren psychischen Störung gewertet werden kann: BGE vom 27.11.1992 i.S. F. B. c. J.H; BGE vom 21.10.1994 i.S. V. G. c. Rekurskommission Staatsanwaltschaft ZH; vgl. auch BGE vom 25.6.2001 i.S. M. P. und G. P. c. AB-SchKG Solothurn, E. 4a.

– Prozessfähigkeit als Voraussetzung für ein Eintreten auf das Rechtsmittel eines psychopathischen Querulanten verneint: BGE 118 I a 236; s.a. BGE 99 III 6 ff. E. 4. Aber bis zur definitiven gerichtlichen Feststellung der Prozessunfähigkeit der betroffenen Person muss dieser die Möglichkeit gewahrt bleiben, den Prozess zu führen. Denn sonst könnte sie sich nicht wirksam gegen die Verneinung der Prozessfähigkeit zur Wehr setzen. Eine staatsrechtliche Beschwerde gegen ein die Prozessfähigkeit verneinendes Urteil muss daher zugelassen werden.

– Prozessfähigkeit wird bejaht bei minderjährigen Urteilsfähigen, die höchstpersönliche Rechte geltend machen und z.B. einen Anwalt bestellen und selbst ein Rechtsmittel einlegen können: BGE vom 2.4.1996 i.S. M. A. c. TAdm Vaud, in RDAF 1997 1159, E. 2b m.H. auf GULDENER, ZPR, 128 Ziff. 2.

– Erklärung gegenüber urteilsunfähiger Person: Nur rechtswirksam, wenn die Urteilsfähigkeit im massgebenden Zeitpunkt gegeben ist. Das gilt auch, wenn die Abgabe der Erklärung in einer Kündigung eines Mietvertrags besteht. Um wirksam zu sein, muss diese Erklärung an die gesetzliche Vertretung der Gekündigten gerichtet werden. Sämtliche Rechtsgeschäfte und rechtsgeschäftsähnlichen Willensbezeugungen einer voll urteils- und damit handlungsunfähigen Person sind nichtig. Konkret Rechtsmissbrauch verneint: Mietgericht Uster vom 23.7.1992 in SJZ 1994, 290.

Art. 19

3. Urteilsfähige Unmündige oder Entmündigte	[1] Urteilsfähige unmündige oder entmündigte Personen können sich nur mit Zustimmung ihrer gesetzlichen Vertreter durch ihre Handlungen verpflichten.

[2] Ohne diese Zustimmung vermögen sie Vorteile zu erlangen, die unentgeltlich sind, und Rechte auszuüben, die ihnen um ihrer Persönlichkeit willen zustehen.

[3] Sie werden aus unerlaubten Handlungen schadenersatzpflichtig.

3. Mineurs et interdits capables de discernement	[1] Les mineurs et les interdits capables de discernement ne peuvent s'obliger par leurs propres actes qu'avec le consentement de leur représentant légal.

[2] Ils n'ont pas besoin de ce consentement pour acquérir à titre purement gratuit, ni pour exercer des droits strictement personnels.

[3] Ils sont responsables du dommage causé par leurs actes illicites.

3. Minorenni od interdetti capaci di discernimento	[1] I minorenni e gli interdetti capaci di discernimento non possono obbligarsi coi loro atti senza il consenso del loro legale rappresentante.

[2] Senza questo consenso possono conseguire vantaggi gratuiti ed esercitare i diritti inerenti alla loro personalità.

[3] Essi sono tenuti a risarcire i danni cagionati con atti illeciti.

Literatur

GONTERSWEILER-LÜCHINGER, Die Wahrung höchstpersönlicher Rechte handlungsunfähiger und beschränkt handlungsfähiger Personen, Diss. Zürich 1955; HEGNAUER, Die Vertretung Unmündiger durch die Eltern beim Erwerb des Schweizer Bürgerrechts, ZBl 1979, 64 ff.; HETTESHEIMER, Die Fähigkeit Minderjähriger zu selbständigem rechtsgeschäftlichem Handeln. Eine rechtsvergleichende Darstellung. Diss. Tübingen 1956; JENTSCH, Die Geschäftsfähigkeit Minderjähriger im deutschen, schweizerischen, französischen und englischen Recht. Diss. Bonn 1966; KOBER, Die beschränkte Handlungsfähigkeit des urteilsfähigen Minderjährigen, Diss. BS 1938; LINDEGGER, Die Rechte des Mündels im Schweizerischen ZGB, Diss. Bern 1952; SCHMID, Das rechtsgeschäftliche Handeln des unter elterlicher Gewalt stehenden Minderjährigen, Diss. Zürich 1950; PIOTET, La personne majeure de moins de 18 ans révolus peut-elle tester?, in Mélanges J.-P. Sortois, Bruxelles 2002, 487 ff.; STOCKER, Fragen der prozessualen Handlungsfähigkeit des Nichtmündigen, in: Probleme und Ziele der vormundschaftlichen Fürsorge, Zürich 1963, 195–202.

I. Tragweite von Art. 19

1. Grundsatz der beschränkten Handlungsunfähigkeit

Handlungsfähigkeit ist eine unabdingbare Bedingung für die aktive und passive Teilnahme am Rechtsleben (BGE 69 II 69 f.). Handlungsfähigkeit besitzt, wer urteilsfähig und mündig ist (Art. 13), resp. wer nicht wegen eines Entmündigungsgrundes i.S. der Art. 368 ff. unter Beiratschaft (Art. 395: Beschränkung der Handlungsfähigkeit) oder unter Vormundschaft gestellt ist. **1**

Urteilsfähigkeit und **Mündigkeit** resp. das Fehlen eines Entmündigungsgrundes sind somit notwendige Bedingungen der Handlungsfähigkeit. Fehlen beide oder auch nur eine dieser Voraussetzungen, gilt die betroffene Person grundsätzlich als **handlungsunfähig** (Art. 13 und 17). **2**

Margrith Bigler-Eggenberger 195

2. Ausnahmen

3 Dabei will es die Gesetzgebung indessen nicht bewenden lassen. Das Gesetz unterscheidet vielmehr: Fehlt die Urteilsfähigkeit, ist die Herbeiführung rechtlicher Wirkungen grundsätzlich ausgeschlossen (Art. 18). Fehlt es hingegen lediglich an der Mündigkeit oder ist die Entmündigung angeordnet worden, so wird differenziert: a) im Bereiche der Rechtsgeschäfte wird die fehlende Handlungsfähigkeit durch die Mitwirkung einer gesetzlichen Vertretung wieder hergestellt. Die neuere Lehre spricht von einer **beschränkten Handlungsunfähigkeit** der urteilsfähigen unmündigen oder entmündigten Person (Art. 19 Abs. 1; Art. 14 N 24; Art. 17 N 4; BK-BUCHER, N 2, im Gegensatz zur älteren Lehre, die von beschränkter Handlungsfähigkeit spricht und damit den Unterschied zum Marginale zu Art. 395 verwischt. A. BUCHER, Personen, N 118, hält es ebenfalls für «angemessener», von beschränkter Handlungsfähigkeit zu sprechen). Diese umfasst in besonderen Bereichen die Fähigkeit, rechtswirksam gewisse Rechtsgeschäfte abzuschliessen (Art. 19 Abs. 1 und 2) sowie die Verschuldensfähigkeit urteilsfähiger Unmündiger und Entmündigter festzuschreiben. In diesem Rahmen wird ihnen die **Handlungsfähigkeit** zuerkannt (Art. 19 Abs. 2, Art. 19 Abs. 3).

3. Tragweite

4 Die Regelung des Art. 19 mit den Ausnahmen von der grundsätzlichen Handlungsunfähigkeit wirkt sich nicht nur im Privatrecht, sondern ebenso im **öffentlichen Recht** aus (BK-BUCHER, N 6, 22; ZK-EGGER, N 5; Art. 410 N 5). Das zeigt sich insb. im Zusammenhang mit der **Betreibungsfähigkeit** (BGE 40 III 268; 50 III 126; 104 III 5 E. 2; FRITZSCHE/WALDER, I, 75, 81), aber auch mit der **Prozessfähigkeit:** vgl. BGE vom 28.6.1996 i.S. M. M. c. TI Dip. istituzioni mit Verweis auf BGE 47 II 11; 77 II 9; 118 I a 239; vom 9.2.1988 i.S. J. C. c. TAdm. Neuchâtel m.V. auf BGE 65 I 267; 77 II 10; dann BGE vom 22.8.1989 i.S. B.Sch. c. OGer LU; 88 IV 111 E. 3; 112 IV 9; 112 II 102; 116 II 385 E. 4; 117 II 6; BGE vom 11.5.1994 i.S. F. M. c. TI Dip. istituzioni; BGE vom 10.5.1995 i.S. Assurance Maladie paritaire du Bois et du Bâtiment c. J. Y. C.; BGE vom 8.8.1995 i.S. R. J. W. c. Staatsanwaltschaft AG (BK-BUCHER, N 126, 152, 269, 313; ZK-EGGER, N 5). Art. 19 hat darüber hinaus aber auch Auswirkungen auf das Betreibungsrecht (s. Art. 68c und d SchKG); BGE 106 III 9 E. 2, 3), indem nach Art. 19 Abs. 1 (und Art. 68c SchKG) die Betreibungsurkunden der gesetzlichen Vertretung zugestellt werden müssen, während im Rahmen der erweiterten oder besonderen Befugnisse gemäss Art. 321 Abs. 2 und 414 (mit Zustimmung der gesetzlichen Vertretung den Minderjährigen oder Entmündigten überlassenes Vermögen, u. N 26) sowie Art. 323 und 412 (zur Berufsausübung freigegebenes Vermögen) und Art. 323 und 414 (Arbeitserwerb) die Unmündigen und Entmündigten voll betreibungsfähig sind (vgl. ZR 1944, 83).

II. Die nach Art. 19 Abs. 1 beschränkt Handlungsunfähigen

1. Kreis der Personen

5 Art. 19 Abs. 1 umschreibt den **Kreis der beschränkt Handlungsunfähigen:** Urteilsfähige Unmündige und Entmündigte können am Rechtsleben teilhaben; sie verpflichten sich grundsätzlich mit ihren Handlungen. Die vollen Rechtswirkungen – stets in ihrer Person und nicht in jener der Vertretung – treten allerdings nur ein, wenn die gesetzliche Vertretung zugestimmt hat (zur Funktion der gesetzlichen Vertretung siehe A. BUCHER, Personen, N 121–127; BGE 112 II 103 E. 2).

2. Voraussetzungen

Urteilsfähigkeit, also die Fähigkeit vernunftgemässen Handelns und die Fähigkeit, sich **6**
fremdem Willen in genügender Weise widersetzen zu können, ist unabdingbare Voraussetzung. Urteilsfähige **Unmündige** sind die unter 18 Jahre alten Personen (s. Art. 14
N 8); Entmündigte sind nach Art. 369 ff. unter Vormundschaft gestellte Personen. Im
Rahmen von Art. 19 Abs. 1 genügt bereits eine **vorläufige Entziehung** der Handlungsfähigkeit (Art. 386 Abs. 2; ZK-EGGER, N 2), um – bei Vorliegen der Urteilsfähigkeit –
von beschränkter Handlungsunfähigkeit ausgehen zu können. Auch entmündigte Geisteskranke gehören in luziden Invervallen zu dieser Kategorie (BGE 124 III 5).

3. Gesetzliche Vertretung

Urteilsfähige Unmündige oder Entmündigte können sich durch ihre Handlungen rechts- **7**
wirksam nur mit **Zustimmung** ihrer **gesetzlichen Vertretung** verpflichten. Der **Schutzgedanke** spielt in diesem Zusammenhang ganz ähnlich wie im Rahmen der Art. 16–18.
Es kommt für die Beurteilung der Rechtswirksamkeit eines Geschäfts deshalb nicht auf
die Gut- oder Bösgläubigkeit der sich verpflichtenden unmündigen oder entmündigten,
aber urteilsfähigen Personen an (vgl. PEDRAZZINI/OBERHOLZER, 82; DESCHENAUX/
STEINAUER, Personnes, 4. Aufl., Rz 281 ff.; A. BUCHER, Personen, N 128 ff.; mit Recht
relativierend BK-BUCHER, N 80 f., auch N 103 mit differenzierter Auffassung).

Die **gesetzliche Vertretung** Unmündiger wird i.d.R. von **beiden Eltern** ausgeübt **8**
(Art. 296 f.; ZGB-SCHWENZER, Art. 297 N 2 ff.; anders bei Aufhebung des gemeinsamen
Haushalts oder der Scheidung, N 5 ff., N 11 ff. Neu nunmehr Art. 133 mit der in Abs. 3
ausnahmsweise vorgesehenen gemeinsamen elterlichen Sorge; vgl. dazu auch Art. 298a.
Vgl. zum neuen Recht PraxKomm/WIRZ, Art. 133 N 19 ff.; Art. 298a N 4 ff. Zur alten
ablehnenden Praxis noch BGE 123 III 445; 117 II 523 = Pra 1992, 384 ff.). Im Falle
einer **Trennung** oder **Scheidung** nach richterlicher Anordnung steht diese dem einen
oder der andern und nur ausnahmsweise beiden Eltern gemeinsam zu (Art. 133; Art. 273;
298a). Beim **Tod** des einen Elternteils fällt die elterliche Sorge und damit die gesetzliche
Vertretung von Gesetzes wegen dem überlebenden Elternteil zu (Art. 297 Abs. 3). Sind
die Eltern nicht miteinander verheiratet, wird die gesetzliche Vertretung grundsätzlich
durch die Mutter ausgeübt (Art. 298 Abs. 1). Lediglich in **Ausnahmesituationen** – bei
Entzug der elterlichen Sorge, Tod der allein die elterliche Sorge tragenden Mutter – hat
die Vormundschaftsbehörde dem Kind einen Vormund zu bestellen, oder sie kann dem
Vater die elterliche Sorge übertragen (Art. 298 Abs. 2; s. zu gemeinsamer elterlicher Sorge nicht verheirateter Paare: Art. 298a; BGE 114 II 415; 117 II 524; s.a. Art. 368).

Bei **Entmündigung** i.S.v. Art. 368 ff. wird die gesetzliche Vertretung vom Vormund aus- **9**
geübt. Art. 19 Abs. 1 wird so durch Art. 410 und Art. 411 ergänzt. Diese Bestimmungen
sind gemäss Art. 304 Abs. 3 und 305 Abs. 1 sinngemäss auf die unter elterlicher Gewalt
stehenden Kinder anwendbar (A. BUCHER, Personen, N 130).

4. Art gesetzlicher Vertretung

Art. 19 Abs. 1 spricht von **Zustimmung** der gesetzlichen Vertretung bei **Verpflichtungs- 10
geschäften** (vgl. auch Art. 410 Abs. 1). Die Zustimmung kann *formlos* erfolgen; sie kann
ausdrücklich oder stillschweigend gegeben werden, und zwar selbst dann, wenn für das
Rechtsgeschäft eine bestimmte Form verlangt wird (DESCHENAUX/STEINAUER, Personnes, Rz 248a; BK-BUCHER, N 61; BGE 117 II 18). Die Schriftlichkeit ist aber immer
gefordert im Falle der Art. 226, 226b Abs. 2,3 OR; Art. 340 OR, Art. 184 ZGB. Erfolgt
sie zum Voraus, spricht man von **Ermächtigung,** erfolgt sie im Nachhinein, liegt eine

Genehmigung vor. Die gesetzliche Vertretung kann aber selbstverständlich auch *zusammen* mit den Unmündigen oder Entmündigten am Vertragsschluss unmittelbar **mitwirken** (vgl. BK-BUCHER, N 36 ff., 47 ff., 64 ff.).

11 Es steht auch nichts dagegen, dass die gesetzliche Vertretung eine Art **genereller Zustimmung** für eine ganze Reihe von Verpflichtungsgeschäften erteilt, sofern diese überblickbar und in ihren potentiellen Auswirkungen berechenbar bleiben (BK-BUCHER, N 96 ff.; PEDRAZZINI/OBERHOLZER, 90; A. BUCHER, Personen, N 131; BGE 117 II 18; 106 I b 193; 75 II 337).

5. Wirkung der Zustimmung

12 Die von urteilsfähigen Unmündigen und Entmündigten vorgenommenen Rechtshandlungen und rechtsgeschäftsähnlichen Erklärungen bleiben bis zur **Zustimmung** durch die gesetzliche Vertretung in der Schwebe. Deren Vertragspartei bleibt bis zur Zustimmung oder bis zu deren Verweigerung an den Vertrag gebunden (BGE 54 II 429; 117 II 22 E. 5b; SJZ 1994, 290 ff.). Sie wird aber frei, wenn die Genehmigung nicht innerhalb einer **angemessenen Frist** erfolgt, die sie selber ansetzen oder durch das Gericht ansetzen lassen kann. Das ist für urteilsfähige Entmündigte ausdrücklich in Art. 410 Abs. 2 festgehalten. Dieser Grundsatz gilt aber selbstverständlich sinngemäss auch für urteilsfähige Unmündige (BK-BUCHER, N 8; vgl. DERS., Art. 17/18 N 139, 155 f.; BGE 117 II 18 E. 5b; 112 II 103 E. 2).

13 Wird die Zustimmung **verweigert** oder bleibt die angesetzte Frist ungenutzt, fällt das Rechtsgeschäft dahin. Allfällige bereits erbrachte Leistungen müssen zurückerstattet werden, sei es in natura, sei es allenfalls nach den Regeln der **ungerechtfertigten Bereicherung** (Art. 62 ff. OR; A. BUCHER, Personen, N 218 ff.). Vgl. dazu bez. der entmündigten Person ausdrücklich Art. 411 Abs. 1. Analog gilt dies selbstverständlich auch für Unmündige. Zu erwähnen ist auch Art. 411 Abs. 2: Bei fälschlicher, *verschuldeter* Vorgabe voller Handlungsfähigkeit werden *urteilsfähige* Unmündige und Entmündigte dem gutgläubigen Vertragspartner gegenüber nach Art. 41 ff. OR schadenersatzpflichtig (BGE 79 II 356). Siehe dazu auch die Verantwortlichkeit des Familienoberhaupts nach Art. 333: Art. 333 N 4.

14 Ein **nachträglicher Widerruf** der Zustimmung ist grundsätzlich unmöglich, v.a. dort, wo der Vertragspartner oder die Vertragspartnerin von der Zustimmung bereits Kenntnis erhalten hat und die Wirkungen der Zustimmung ex tunc einsetzen (vgl. BK-BUCHER, N 68 f. zu vorgängiger Ermächtigung, N 70 ff. zu nachträglicher Genehmigung). Ein nachträglicher Widerruf ist aber nicht wirkungslos (BGE 62 II 262).

15 Gegen die Verweigerung einer Zustimmung durch die die *Vormundschaft* ausübende Person ist **Beschwerde** i.S.v. Art. 420 möglich (ZGB-GEISER, N 1 ff.); eine gleiche Befugnis steht den Unmündigen gegenüber einer Verweigerung der Zustimmung durch ihre Eltern nicht zu (BK-BUCHER, N 78 f.; A. BUCHER, Personen, N 134). Hier wären u.U. Massnahmen i.S. der Art. 307 ff. denkbar, jedoch nur bei Gefährdung des Kindeswohls; vgl. Art. 307 N 4 ff.

6. Verpflichtungshandlungen

a) Im Allgemeinen

16 Urteilsfähige Unmündige und Entmündigte sind demnach grundsätzlich **verpflichtungsunfähig**. Das heisst, ihnen geht die Fähigkeit ab, Rechtsgeschäfte, die Verpflichtungsgeschäfte sind, aber auch rechtsgeschäftsähnliche Handlungen mit verpflichtendem Cha-

rakter vorzunehmen oder verpflichtende empfangsbedürftige Willenserklärungen von Drittpersonen entgegenzunehmen. Die **Zustimmung** der gesetzlichen Vertretung ist im Rahmen des Art. 19 Abs. 1 unabdingbar (vgl. o. N 10 ff. Siehe heute die Problematik um die Benützung mobiler Telefone bereits durch kleinere Kinder und die Folgekosten dazu!).

Zwar sind Verpflichtungsgeschäfte urteilsfähiger Unmündiger und Entmündigter *nicht* 17 *nichtig* (BGE 112 II 102), aber sie bleiben in ihrer rechtlichen Wirksamkeit in der Schwebe, bis die **Zustimmung** der gesetzlichen Vertretung vorliegt oder diese – ausdrücklich oder auch stillschweigend – verweigert wird. Verweigerung hat Nichtigkeit zur Folge (A. BUCHER, Personen, N 136). Das Geschäft wird erst gültig, wenn die Vertretung es genehmigt hat. Erfolgt diese Zustimmung in Form einer Einwilligung oder nachträglichen Genehmigung, treten die Rechtswirkungen **rückwirkend** mit dem Abschluss des Geschäfts in Kraft.

Allerdings muss die Zustimmung oder deren Verweigerung **innert angemessener Frist** 18 erfolgen (ZGB-Audrey Leuba, N 22 ff. zu Art. 410 Abs. 2). Es ist den handlungsfähigen Vertragspartnern oder Vertragspartnerinnen, die bis zum Zeitpunkt der Einwilligung oder der nachträglichen **Genehmigung,** aber auch bis zur allfälligen Verweigerung an den Vertrag gebunden bleiben, nicht zumutbar, auf längere Zeit im Ungewissen über die Gültigkeit oder Ungültigkeit des Geschäfts zu bleiben (vgl. BGE 117 II 18). Unmündige können nach Eintritt ihrer Mündigkeit die ohne Zustimmung der gesetzlichen Vertretung abgeschlossenen Geschäfte selbst genehmigen. Gleiches gilt für bisher urteilsfähige Entmündigte nach Aufhebung der Vormundschaft. Ob eine Zustimmung erforderlich ist oder nicht, beurteilt sich nach der rechtlichen Folge eines Rechtsgeschäfts oder einer rechtsgeschäftsähnlichen Willenserklärung (ZK-EGGER, N 6 f.; BK-BUCHER, N 160).

Art. 19 Abs. 1 bezieht sich auf sämtliche Rechtshandlungen, welche für die urteilsfähi- 19 gen Unmündigen und Entmündigten *Belastungen* nach sich ziehen oder *Rechtsverluste* bewirken. Hierher gehört der weite Bereich des **Vertragsrechts:** also insb. das Eingehen von Schuldverpflichtungen, das Ausstellen von Schuldanerkennungen, der Verzicht auf Leistungen Dritter, das Ausstellen von Saldoquittungen. Ohne Zustimmung ungültig ist aber auch die **Entgegennahme von Leistungen** als Gläubiger, die Entgegennahme von *belastenden* **Willenserklärungen** wie Kündigung, Rücktritt, Widerruf, aber auch Stundung und Verzicht oder die Ausübung von Kaufs-, Vorkaufs- und Rückkaufsrechten (vgl. u. N 30). Aber auch die Entgegennahme von Erfüllungshandlungen von Seiten der Vertragspartner/innen bedarf der Zustimmung, würden doch damit eigene Rechte untergehen.

Hingegen können **beschränkt Handlungsunfähige** ohne Mitwirkung ihrer gesetzlichen 19a Vertretung gültig Willenserklärungen entgegennehmen, die *nur die erklärende handlungsfähige Drittperson belasten:* Offerten, Schuldanerkennung, Verzicht und Stundung von Seiten der Vertragsgegner/innen. Sie können auch Erklärungen abgeben, die einen *Rechtsverlust verhüten* oder *Rechte begründen:* Mahnung (Art. 102 Abs. 1 OR), Fristansetzung (Art. 107 OR), Mängelrüge (Art. 201 OR). Beschränkt Handlungsunfähige können zudem einem Vertrag zu ihren Gunsten beitreten (Art. 112 OR).

b) Besondere Vorschriften

Zu erwähnen sind: Art. 90 Abs. 2: **Eingehen eines Verlöbnisses,** welches nur Verpflich- 20 tungen auslöst, wenn die gesetzliche Vertretung zugestimmt hat. Die **Auflösung des Verlöbnisses** allerdings kann – da höchstpersönlicher Natur – vom urteilsfähigen Unmündigen und Entmündigten ohne Mitwirkung der gesetzlichen Vertretung vorgenommen werden (vgl. BGE 117 II 7 E. 1b absolut – relativ höchstpersönliche Rechte). Art. 94 Abs. 2: Das **Eingehen einer Ehe** durch Entmündigte bedarf der Zustimmung ihres Vormundes. Mit der Herabsetzung des Mündigkeitsalters auf 18 Jahre entfällt wohl regelmässig die Pflicht der Eltern resp. des Vormundes, die Zustimmung zur Heirat zu erteilen, da eine Ehemündigerklärung nicht mehr möglich ist und da im europäischen Bereich wohl kaum mehr unter 18-Jährige zu heiraten beabsichtigen (vgl. Art. 14 N 12 ff.).

20a   Ausdrücklich vorgeschrieben ist in Art. 260 Abs. 2 ferner, dass die **Anerkennung** *eines ausser der Ehe geborenen Kindes* nur mit Zustimmung der gesetzlichen Vertretung rechtsgültig erfolgen kann (ZGB-SCHWENZER, N 1, 8 ff.). Art. 183 Abs. 2: Für den **Abschluss eines Ehevertrags** ist zwingend die Zustimmung der gesetzlichen Vertretung Unmündiger und Entmündigter vorgeschrieben (vgl. dazu ZGB-HAUSHEER, N 2 ff.). Die Zustimmung des *Vormundes* ist notwendig für den **Kauf eines Grundstücks** durch eine ausländische minderjährige Person in der Schweiz: BGE 106 I b 193. Gleiches gilt für die *Begründung eines Kaufsrechts* zugunsten einer urteilsfähigen entmündigten Person, sofern an den Vorteil eine Verpflichtung geknüpft ist: BGE 54 II 429.

21   Zu den **Besonderheiten** gehören auch die Art. 395 (Beiratschaft) und die Art. 421 und 422: Zur rechtswirksamen Vornahme gewisser *Geschäfte von erheblicher finanzieller* oder *persönlicher Tragweite* ist die Zustimmung des Beirates unumgänglich. Im Vormundschaftsrecht ist neben der Zustimmung des Vormundes auch jene der Vormundschaftsbehörde und in einigen Fällen gar jene der vormundschaftlichen Aufsichtsbehörde notwendig (PEDRAZZINI/OBERHOLZER, 91 f.). Diese Vorschriften über die **Mitwirkung** der vormundschaftlichen Organe sind aber *nicht* auf urteilsfähige Unmündige anwendbar (BK-BUCHER, N 33; ZGB-GEISER, N 2, 5 ff.; N 12 ff. zu Art. 421; N 27 ff. zu Art. 422).

c) Sog. «verbotene» Geschäfte

22   Unter dem Gesichtspunkt der **Schutzbedürftigkeit** Unmündiger oder Entmündigter untersagt die Gesetzgebung die Vornahme bestimmter Geschäfte von besonderer Tragweite. Sie sind in den Art. 304 Abs. 3 und 408 ausdrücklich genannt: **Bürgschaften, erhebliche Schenkungen** zulasten der Unmündigen und Entmündigten (OR I-VOGT, N 4 zu Art. 240), die **Errichtung von Stiftungen** (vgl. BGE 63 II 130; 69 II 70). In der Lehre wird diese gesetzgeberische Sonderregelung als zu weitgehend kritisiert (vgl. BK-BUCHER, N 17). Indessen steht der Schutzzweck, der die Art. 14 ff. durchzieht, auch hier m.E. mit Recht im Vordergrund (vgl. BSK OR I-PESTALOZZI, Art. 492 N 5; vgl. BGE 114 I a 362 E. 7b/bb; 116 II 387 E. 4). Dennoch abgeschlossene «verbotene» Rechtsgeschäfte sind nichtig (a.a.O. N 6).

22a   Die Lehre hat aus demselben Grund den in Art. 408 festgehaltenen Katalog auf den **Abschluss von Erbverträgen ausgedehnt**. Ein solcher ist – anders als für Eheverträge (Art. 183 Abs. 2) – für urteilsfähige Unmündige und Entmündigte weder mit noch ohne Zustimmung der gesetzlichen Vertretung möglich (BK-BUCHER, N 19 m.V. auf die Erbrechts-Kommentare; Art. 183 N 2). Davon ausgenommen sind nur die *ausschliesslich begünstigenden Erbverträge* (BK-BUCHER, N 30, 168, 276). In diesem Zusammenhang ist auch zu erwähnen, dass die Kindesmutter als gesetzliche Vertreterin ihres Kindes niemals gültig auf Kinderalimente verzichten kann: BGE 69 II 70 und PraxKomm/Leuenberger, Art. 137 N 23; OR I-Vogt, N 4 zu Art. 240.

7. Ausweitung der Befugnisse der urteilsfähigen Unmündigen und Entmündigten

23   Um der Realität im Wirtschaftsleben Rechnung zu tragen, hat der Gesetzgeber in Art. 323 Abs. 1 i.V.m. Art. 305 zugunsten urteilsfähiger Unmündiger und in Art. 412,

414 zugunsten urteilsfähiger Entmündigter volle **Handlungsfähigkeit** dort zuerkannt, wo das Kind oder die bevormundete Person mit Zustimmung der gesetzlichen Vertretung Vermögen zur freien Nutzung und Verwaltung zugeteilt erhält, einen *Beruf* oder ein *Geschäft* ausübt oder in einem Arbeitsprozess steht. In diesem Rahmen besitzen die urteilsfähigen Unmündigen und Entmündigten die eigene, freie Verwaltung und Nutzung; sie sind insoweit im Genuss der **vollen Geschäftsfähigkeit,** und sie dürfen als Selbständigerwerbende auch gültig Bürgschaften eingehen (vgl. ZGB-SCHWENZER, Art. 304/305 N 1 ff., 5 f.; ZGB-BREITSCHMID, Art. 323 N 4 ff.; OR I-PESTALOZZI, Art. 492 N 5 m.V. auf die Rechtsprechung; auch BK-BUCHER Art. 19 N 9, 36, 528). Sie haften aber mit ihrem ganzen Vermögen (vgl. BK-BUCHER, Art. 19 N 7, N 96 ff.; A. BUCHER, Personen, N 147; OR I-VOGT, Art. 240 N 4 f.; BGE 63 II 130; 112 II 102; 115 II 306 = Pra 1990, 34; 117 II 7 = Pra 1992, 127; neu auch Art. 46 Abs. 1 i.V.m. Art. 25 Abs. 1 ZGB resp. Art. 68c Abs. 2 SchKG).

In diesem Rahmen sind die urteilsfähigen Unmündigen und Entmündigten auch voll **23a** aktiv und passiv **betreibungsfähig.** So steht ihnen z.B. die Befugnis zu, sich selbständig gegen eine Verletzung von Art. 92 SchKG zur Wehr zu setzen: ZR 1944, 83; BGE 72 III 2; 75 III 80; 85 III 165 E. 3; 88 III 7; 102 III 139 E. 2b; 106 III 9. Insoweit besteht auch **volle Prozessfähigkeit:** GROSSEN, SPR II/2, 44 N 48; W. STOCKER, Fragen der prozessualen Handlungsfähigkeit des Nichtmündigen, 194 ff.; STRÄULI/MESSMER, N 13, 15 zu § 27/28 ZPO ZH; WALDER, Der neue Zürcher Zivilprozess, Zürich 1977, 131; GULDENER, ZPR, 128; HABSCHEID, Droit judiciaire suisse, 2. Aufl. Genf 1981, 187; ZK-EGGER, Art. 411 N 17; BK-BUCHER, N 103 ff., 128 f.; BGE 112 II 102 E. 2; vgl. auch BGE vom 2.4.1996 i.S. M. A. c. TAdm Vaud.

8. Exkurs

Grundsätzlich ist die Zustellung des Zahlungsbefehls oder der Pfändungsurkunde an die **24** voll oder beschränkt Handlungsunfähigen – in Missachtung von Art. 68c Abs. 1 SchKG (s. aber Art. 68c Abs. 2 SchKG) – statt an deren gesetzliche Vertretung **nichtig** (vgl. BGE 128 III 103 E. 1b: nichtige Zustellung bei blosser Landesabwesenheit des Verwaltungsrates). Dagegen kann jederzeit Beschwerde geführt werden (Art. 17 ff. SchKG). Im Rahmen der Art. 323 Abs. 1 i.V.m. Art. 305 sowie des Art. 412 i.V.m. Art. 414 erfolgt die rechtsgültige Zustellung von Betreibungsurkunden aber an urteilsfähige Minderjährige und Entmündigte *persönlich* (vgl. dazu FRITZSCHE/WALDER, I, 81; Botschaft vom 8.5.1991, 01.034, 50 f. zu Art. 68c Abs. 2 SchKG).

Bemerkung: Für verbeiratete Personen gilt nach Art. 68c Abs. 3 die Zustellung nur als erfolgt, wenn sie neben dem Schuldner oder der Schuldnerin auch dem Beirat oder der Beirätin zugestellt wird, dies aber nur im Falle einer Verwaltungsbeiratschaft, sofern die Gläubigerschaft auch aus dem Vermögen des Schuldners oder der Schuldnerin Befriedigung verlangt.

9. Rechtsmissbrauchsverbot

Unter gewissen Umständen kann ausnahmsweise das **Rechtsmissbrauchsverbot** des **25** Art. 2 Abs. 2 als Korrektur zugunsten der Vertragspartner/innen von beschränkt Handlungsunfähigen eingreifen. So etwa, wenn urteilsfähige Unmündige oder Entmündigte die Zustimmungsbedürftigkeit zu einem Rechtsgeschäft oder zu einer Willenserklärung **bösgläubig** verschwiegen oder Mündigkeit vorgetäuscht haben und sich im Nachhinein gegenüber der **gutgläubigen** Vertrags- oder Geschäftspartei auf Ungültigkeit des Geschäfts resp. des Vertrags oder der Willenserklärung berufen. Oder auch, wenn die *Gegenpartei* in Kenntnis der Zustimmungsbedürftigkeit auf der Erfüllung durch die beschränkt Handlungsunfähigen beharrt, im Nachhinein aber die Erbringung der eigenen vertraglichen Leistung verweigert. So etwa bei Entgegennahme einer Arbeitsleistung durch Kinder oder entmündigte Personen (vgl. ZK-EGGER, N 7; vgl. A. BUCHER, Personen, N 144; zur rechtsmissbräuchlichen Berufung auf Urteils- und Handlungsunfähigkeit s.a. BGE vom 10.12.1984 i.S. H. R. c. A. Z., E. 6).

III. Erlangung unentgeltlicher Vorteile (Art. 19 Abs. 2)

1. Der Grundsatz

26   Urteilsfähige Unmündige und Bevormundete vermögen **Vorteile** zu erlangen, soweit sie **unentgeltlich** sind (acquérir à titre purement gratuit; conseguire vantaggi gratuiti), ohne dass die Zustimmung der gesetzlichen Vertretung nötig ist (z.B. Geschenke, Art. 239, 241 OR, Vermächtnis Art. 484). Rechtsgeschäfte oder die Abgabe und Entgegennahme von Willenserklärungen werden somit ohne Einwilligung oder Genehmigung der Eltern resp. des Vormundes nur rechtswirksam, wenn sie *keine Verpflichtung* oder Belastung zur Folge haben (A. BUCHER, Personen, N 149). Sie müssen *ausschliesslich* bezwecken, den Unmündigen oder Entmündigten *Rechte einzuräumen oder sie von Verbindlichkeiten zu befreien.* In diesem Rahmen kommt den urteilsfähigen Unmündigen und Entmündigten **volle Geschäftsfähigkeit** zu (vgl. BK-BUCHER, N 158; BRÜCKNER, N 211 ff.; PEDRAZZINI/OBERHOLZER, 87).

27   Diese Regel gilt nur gegenüber beschränkt Handlungsunfähigen, d.h. *urteilsfähigen* Unmündigen oder Entmündigten, nicht aber gegenüber Urteilsunfähigen (Art. 18; vgl. BK-BUCHER, N 157). Diese Letzteren können somit ohne Mitwirkung ihrer gesetzlichen Vertretung nicht rechtswirksam **aneignen** (Art. 658, 718; ZGB-SCHWANDER, N 4 f. zu Art. 718) oder **Schenkungen erwerben** (Art. 240 OR; OR I-VOGT, N 4 ff.). Darin zeigt sich der Zweck der Regelung der Handlungsfähigkeit: Nur die *Willenserklärung* der vernunftbegabten und verantwortungsbewussten Personen kann rechtliche Wirkungen zeitigen.

2. Vorbehalt

28   Vorbehalten bleibt aber auch bei urteilsfähigen Unmündigen oder Entmündigten die **Einsprache** der gesetzlichen Vertretung (OR I-VOGT, Art. 241 N 1 ff.; BK-BUCHER, N 163). Damit wird allerdings nichts am Grundsatz des Art. 19 Abs. 2 geändert, sondern lediglich aus *familienrechtlichen* Motiven die Möglichkeit einer Untersagung durch die gesetzliche Vertretung – Eltern, Vormund – vorgesehen. Das dürfte v.a. bei Sachverhalten wichtig sein, wo z.B. spätere negative Auswirkungen einer Schenkung befürchtet werden (z.B. Renovationskosten einer geschenkten Liegenschaft; vgl. aber A. BUCHER, Personen, N 149).

29   Es rechtfertigt sich, *zurückhaltend* bei der Annahme zu sein, es lägen **unentgeltliche Vorteile** vor. Für eine Ausweitung des Begriffs besteht denn auch, wie die Lehre mit Recht festhält (vgl. BK-BUCHER, N 160 m.V. auf die Doktrin), von der Sache her kein Interesse. Im Übrigen ergibt sich eine **restriktive Auslegung** aus dem französischen Gesetzestext (acquérir à titre purement gratuit).

3. Einzelne Tatbestände von Geschäften, die unentgeltliche Vorteile bringen

30   – **Schenkungen,** aber nur soweit sie ohne Auflage erfolgen, also ohne geldwerte Gegenleistung oder **ohne Verhaltenspflichten** (vgl. dazu BK-BUCHER, N 161 ff.). Vorbehalten bleibt Art. 241 Abs. 2 OR, d.h. das Erfordernis nachträglicher Genehmigung durch die gesetzliche Vertretung (s.o. N 27).

- **Abschluss eines Schulderlassvertrags** (Art. 115 OR; OR I-GONZENBACH, Art. 115 N 5).

- **Abschluss eines Bürgschaftsvertrags** als Gläubiger (Art. 492 ff. OR; vgl. aber insb.OR I-PESTALOZZI, Art. 492 N 1, 4, 5; BGE 63 II 130).

- **Erlangung einer unentgeltlichen Option** (vgl. BGE 54 II 435). Zur *Ausübung* einer Option (z.B. Kaufsrecht) bedarf es aber der Zustimmung der gesetzlichen Vertretung.

- **Aneignung** von Fahrnis (Art. 718) oder u.U. von Grundstücken (Art. 658; s. aber N 28), d.h. Eigentumserwerb an herrenlosen Sachen durch Inbesitznahme mit dem Willen, Eigentum zu erwerben.

- **Abschluss eines lediglich berechtigenden Erbvertrags:** Art. 468 hat die sich verpflichtenden Erblasser oder Erblasserinnen im Auge, die voll handlungsfähig, also auch mündig sein müssen. Für die lediglich begünstigten «Vertragserb/innen» gelten aber die Regeln des Art. 19 Abs. 2. Das heisst, dass urteilsfähige Unmündige und Entmündigte einen sie begünstigenden Erbvertrag schliessen können, weil hier ein unentgeltlicher Vorteil ohne Belastung oder Preisgabe eines Anspruchs vorliegt (BK-BUCHER, N 168). Wäre es anders, würden beschränkt Handlungsunfähige rechtlich benachteiligt, was gerade nicht der Sinn von Art. 19 Abs. 2 sein kann.

- **Einseitige Rechtsgeschäfte, Willenserklärungen** und weitere Rechtsvorkehren: z.B. Kündigung eines unverzinslichen Darlehens; Rückforderung einer geliehenen Sache (Art. 309 f. OR), Erhebung von Mängelrügen beim Kauf (Art. 201 OR), *nicht* aber Zurückweisung einer mangelhaften Ware, weil darin Geltendmachung des Wandelungsanspruchs, d.h. des Verzichts auf Minderung, liegt; Widerruf einer Schenkung (Art. 250 f. OR); Erklärung des Beitritts zu einem zugunsten Unmündiger geschlossenen Vertrag nach Art. 112 Abs. 3 OR; Anmeldung einer Forderung im Konkurs des Vertragspartners, der Vertragspartnerin (der Schuldnerschaft) oder bei erbrechtlichem Rechnungsruf gemäss Art. 582.

- **Entgegennahme von Willenserklärungen,** wenn der empfangenden Person daraus keinerlei Verpflichtungen erwachsen: z.B. Entgegennahme von *Offerten,* von *Vollmachten,* der Genehmigung eines vollmachtlos geschlossenen Geschäfts (Art. 32 f., 38 OR).

- **Erbringung einer Leistung bei Auslobung** nach Art. 8 OR (vgl. OR I-BUCHER, Art. 8 N 8).

- **Erwerb von Ansprüchen auf Verwendungsersatz** als Geschäftsführer/in ohne Auftrag (Art. 422 OR; BK-BUCHER, N 175; vgl. OR I-WEBER, Art. 422 N 3).

- **Durch private Schuldübernahme kostenlos gestellte Geschäfte:** Damit werden Sachverhalte nach Art. 175 ff. OR erfasst (vgl. dazu OR I-TSCHÄNI, Art. 175 N 6 ff., Art. 176 N 1 ff.).

4. Nicht erfasste Geschäfte

- **Entgegennahme geschuldeter Leistungen:** Darin liegt nach unbestrittener Lehrmeinung *kein unentgeltlicher Vorteil* i.S.v. Art. 19 Abs. 2 (vgl. BK-BUCHER, N 178 ff.), weil der Empfänger/die Empfängerin nicht bloss eine Leistung (aus Vertrag oder deliktischem Verhalten) erhält, sondern gleichzeitig einen Leistungsanspruch verliert.   31

  Allerdings findet die Regel des Art. 19 Abs. 1 Anwendung, d.h. mit Zustimmung der gesetzlichen Vertretung wird der Schuldner oder die Schuldnerin der Unmündigen oder Entmündigten mit Erbringung der Leistung an diesen befreit, wie wenn sie an den Vormund/die Vormündin oder an die Eltern erbracht worden wäre.

– **Fund:** daraus erwachsen Pflichten (Art. 720 ff.), deren Nichterfüllung u.U. eine Haftung begründen kann.

5. Im Besonderen: Das Prozessführungsrecht

32   **Prozessführung** selbst von Geschäften, die *unentgeltliche Vorteile* bringen können, ist für Unmündige und Entmündigte ohne Mitwirkung der gesetzlichen Vertretung *nicht* zulässig. Mit der Prozessführung ist stets die Gefahr eines Rechtsverlusts und des Kostenrisikos verbunden. Kantonale Rechte, welche die Prozessführung beschränkt Handlungsunfähiger zulassen, verstossen gegen materielles Bundesrecht (vgl. BK-BUCHER, N 184 f.; BGE 42 II 55; 44 II 29 E. 3; 77 II 9 E. 1; 81 I 143 E. 3; 82 II 173; 98 I a 324 E. 3; BGE vom 25.6.2001 i.S. M. P. und G. P. c. AB-SchKG Solothurn), ganz im Unterschied zur Prozessführung über *höchstpersönliche Rechte* (BGE 48 II 29 E. 3; 79 II 115 f. E. 3; 127 IV 196 E. 5b/ee; vgl. BV Art. 11 Abs. 2; betr. Namensänderung BGE vom 6.3.2001, i.S. S.E. und A.E. c. Verwaltungsgerichtspräsident von A.Rh, E. 1; vgl. bezüglich der Erlangung des Anwesenheitsrechts durch einen Unmündigen: BGE vom 2.4.1996 i.S. M. A. c. TAdm Vaud; BK-BUCHER, N 185, 206; GROSSEN, SPR II, 328).

IV. Ausübung höchstpersönlicher Rechte

1. Begriff und Bedeutung

33   Während Art. 19 Abs. 2 von Rechten spricht, welche den urteilsfähigen Unmündigen oder Entmündigten «um ihrer Persönlichkeit willen» zustehen, hat die Rechtsprechung den Begriff der **höchstpersönlichen Rechte** geprägt (zum Begriff vgl. DESCHENAUX/ STEINAUER, Rz 220 ff.). Das sind Rechte, die sich durch ihren hohen *persönlichkeitsbezogenen Gehalt* auszeichnen. Sie unterscheiden sich von allen andern Rechten dadurch, dass urteilsfähige Unmündige oder Entmündigte allein handeln können, aber die Ausübung dieser Rechte ist im Falle der **Urteilsunfähigkeit** nicht möglich, weil eine Vertretung ausgeschlossen ist (BGE 116 II 385, insb. 391; schon 41 II 556; auch 117 II 6; TUOR/SCHNYDER/SCHMID, 79 f.). Rechte, die der sie ausübenden Person um ihrer Persönlichkeit willen zustehen, setzen **Urteilsfähigkeit** voraus.

34   Es sind Rechte, die nicht zu den Vermögensrechten gehören, so insb. die **Persönlichkeitsrechte** (Art. 28 ff.), die **Statusrechte** (Art. 111 ff. (Ehescheidung; wobei aber für deren Nebenfolgenregelung die Mitwirkung der gesetzlichen Vertretung erforderlich ist); 252 ff.; Rechte der zu adoptierenden Person (Art. 265 Abs. 2) und des Ehegatten/der Ehegattin der zu adoptierenden Person (Art. 266 Abs. 2); Recht des Kindes, sich dem Besuchsrecht eines Elternteils zu widersetzen: BGE 120 I a 369) und gemäss Art. 146 Abs. 3 im Scheidungsverfahren der Eltern einen Beistand zu verlangen; Recht der Minderjährigen, in einem sie betreffenden Entmündigungsverfahren (Art. 385 Abs. 2) selbst zu handeln; auch Art. 397a, 397d, 420, 433 Abs. 3; ferner BGE 112 IV 10 E. 1: Bestellung einer gewillkürten Stellvertretung zur Erhebung einer eidg. Nichtigkeitsbeschwerde), die persönlichkeitsbezogenen **Familien- und Erbrechte** (vgl. im Einzelnen BK-BUCHER, N 221 ff.; auch Art. 259 N 15; Art. 260 N 1, 8 f.; Art. 261 N 5; Art. 304/305 N 5; BK-HAUSHEER/REUSSER/GEISER, Art. 183–185 N 7).

2. Gesetzliche Vertretung?

35   Bei der Geltendmachung solcher höchstpersönlichen Rechte ist jede gesetzliche Stellvertretung ausgeschlossen. Personen, denen die **Urteilsfähigkeit** abgeht, können daher derartige Rechte überhaupt nicht ausüben und nicht geltend machen (vgl. o. N 33 und

Art. 11 Abs. 2 BV; Tragweite: BGE 126 II 389 E. 5b–d; 129 III 255 E. 3.4.2). Eine allfällige Zustimmung der gesetzlichen Vertretung vermöchte deren Ungültigkeit nicht zu heilen (BGE 116 II 385; 114 I a 362).

3. Absolut und relativ höchstpersönliche Rechte

Die Unmöglichkeit, derartige Rechte ausüben zu können, kann stossend sein und hebt im **36** Grunde für Urteilsunfähige die allgemeine Voraussetzung der Rechtspersönlichkeit, die **Rechtsfähigkeit** (Art. 11) in diesem Bereich auf. Um diese Folge möglichst einzuschränken, unterscheidet die Rechtsprechung in Übereinstimmung mit der Lehre zwischen **absolut** und **relativ** höchstpersönlichen Rechten (vgl. GROSSEN, SPR II/2, 47; BK-BUCHER, N 206, 230, 235; A. BUCHER, Personen, N 153 ff.; DESCHENAUX/STEINAUER, Personnes, Rz 220 ff.; 228 ff.; BK-BUCHER, N 234 f. zu Art. 109 ZGB; BGE 114 I a 350; 117 II 6 betr. Namensänderung; 99 I a 561, 566 E. 3c betr. Recht auf Namen).

Während die **absoluten** höchstpersönlichen Rechte eine gesetzliche Vertretung absolut **37** ausschliessen, was zur Unmöglichkeit ihrer Ausübung durch urteilsunfähige Minderjährige und Entmündigte führt (BGE 116 II 385, 387 E. 4, 362; 114 I a 350 E. 7b/bb; auch TUOR/SCHNYDER/SCHMID, 80 f.), verlangen die **relativen** höchstpersönlichen Rechte im Falle der Urteilsunfähigkeit eine Vertretung. Es sind somit Rechte, welche die berechtigte Person, wenn sie urteilsfähig ist, selbst ausüben kann, für deren Wahrnehmung sie aber im Falle der Urteilsunfähigkeit die Zustimmung der gesetzlichen Vertretung verlangen kann (BGE 117 II 7; 112 IV 10 E. 1). Das zwingt die Praxis zu einer Zurückhaltung in der Annahme von absolut höchstpersönlichen Rechten, denn anders würden Urteilsunfähige in wichtigen Bereichen ihrer Rechtsfähigkeit beraubt (Art. 11, 18).

Die Mitwirkung der gesetzlichen Vertretung ist teilweise im Gesetz ausdrücklich vorge- **38** schrieben: Art. 90 Abs. 2 (Verlöbnis), Art. 183 Abs. 2 (Ehevertrag), Art. 260 Abs. 2 (Anerkennung der Vaterschaft), Art. 265 Abs. 3 (Zustimmung zur Adoption durch VB). Darüber hinaus hat die Rechtsprechung die gesetzliche Vertretung urteilsunfähiger Unmündiger vorgesehen: z.B. die Einreichung von **Namensänderungsgesuchen** durch die Inhaberin der elterlichen Gewalt im Namen ihrer kleinen Kinder (BGE 117 II 6; 115 II 306; 110 II 433; 109 II 177; 108 II 248; 105 II 242; 96 I 426; vgl. BGE vom 6.3.2001 i.S. S.E. u. A.E. c.Verwaltungsgerichtspräsident A.Rh E. 1); auch für die **Prozessführung:** BGE vom 2.4.1996 i.S. M. A. c. TAdm Vaud; vom 22.8.1989 i.S. Sch. c. OGer LU; BGE 114 I a 104 f.; 112 II 102. Bei strafprozessualen Zwangsmassnahmen und der Einlegung von Rechtsmitteln vgl. dagegen BGE vom 11.9.1995 i.S. A. F. T. c. Untersuchungsrichteramt Aargau; auch BGE vom 8.8.1995 i.S. R. J. W. c. Staatsanwaltschaft Aargau, E. 2.

In der Frage der Abgrenzung zwischen absolut und relativ höchstpersönlichen Rechten **39** kommt dem **richterlichen Ermessen** und damit auch der Beachtung der konkreten Umstände und Interessenlage erhebliche Bedeutung zu (Art. 4).

4. Kasuistik

a) Absolut höchstpersönliche Rechte

– Über seine *religiöse Zugehörigkeit* kann allein das *urteilsfähige* über 16 Jahre alte **40** Kind befinden: Art. 303 Abs. 3.

– Klage auf Genugtuung bei Verlöbnisbruch unter altem Recht (BGE 41 II 553).

– Eheanfechtung nach Art. 107 f. (noch zu altem Recht: BGE 41 II 556).

– *Ungültigerklärung einer Ehe:* Art. 107 Ziff. 1 (noch zu altem Recht: BGE 41 II 553).

– *Begehren um Scheidung der Ehe* (BGE 78 II 99; 88 II 477; 116 II 385).

– Anerkennung eines Kindes: Art. 252 Abs. 2.; ZGB-SCHWENZER, Art. 256 N 1 1; DIES., Art. 258 N 2, 3; DIES., Art. 260 Abs. 2 N 1.

– Anfechtung der Ehelichkeit durch Ehemann (zu altem Recht: BGE 89 I 92) und durch das Kind, allerdings unter dem Vorbehalt von Art. 258 (bei Urteilsunfähigkeit des Ehemannes geht das Klagerecht an die Grosseltern väterlicherseits).

– Zustimmung des Kindes nach Art. 265 Abs. 2 (vgl. BK-HEGNAUER, Art. 265a N 15; Art. 265c N 6, 8). Ist das Kind aber bevormundet, kann selbst bei Urteilsfähigkeit die Einwilligung in die Adoption nur mit Zustimmung der vormundschaftlichen Aufsichtsbehörde gültig erteilt werden (Art. 265 Abs. 3).

– *Einreichung einer Beschwerde* nach Art. 420 wie auch die Einreichung anderer Rechtsmittel über den Streit um Fragen der Handlungsfähigkeit (BGE 117 I a 236) und anderer höchstpersönlicher Rechte im Zusammenhang mit einer Bevormundung und dem vorläufigen Entzug der Handlungsfähigkeit (BGE 112 IV 10 E. 1; BGE vom 28.6.1996 i.S. M. M. c. TI Dip. istituzioni; vom 11.5.1994 i.S. M. u. P., E. 2a; auch BGE 118 I a 239 E. 3a; 77 II 9 E. 2; BK-BUCHER, Art. 19 N 199, 313; BK-SCHNYDER/MURER, Art. 386 N 86). Allerdings entfällt diese beschränkte Prozessfähigkeit bei Urteilsunfähigen (BGE 114 I a 362 E. 7b/bb).

– *Gesuch um Aufhebung einer Bevormundung*, Wahl einer frei gewählten Rechtsvertretung zur Durchsetzung dieser Rechte. *Für die Fürsorgerische Freiheitsentziehung* s. Art. 397d; Art. 397e Ziff. 2, Ziff. 3 (BGE vom 27.1.1979 i.S. H. c. Vormundschaftsbehörde Gais; auch BGE vom 8.6.1993 i.S. S. c. OGer LU, teilweise publiziert in BGE 119 I a 134).

– Letztwillige Verfügungen: Art. 467.

– *Abschluss von Erbverträgen* als Erblasser/in: Art. 468 (ZGB-BREITSCHMID, N 5 ff.); Art. 494.

– Widerruf einer letztwilligen Verfügung: Art. 509.

– Bezeichnung einer begünstigten Person nach Art. 76 VVG.

– *Zustimmung des Erblassers oder der Erblasserin* zu einem Vertrag seiner Erb/innen mit Drittpersonen: Art. 636.

– Urteilsfähige Unmündige können allein oder mit selbst gewähltem Rechtsbeistand oder -beiständin in Fragen ihrer höchstpersönlichen Rechte – Opposition gegen die Ausübung des Besuchsrechts des Vaters – staatsrechtliche Beschwerde führen (BGE vom 17.11.1994 i.S. Y. Z. c. L. Z. und Trib. cant. de Vaud: 12-jähriges Kind. Dieses Urteil stützt sich zudem auf die *UN-Konvention zum Schutze der Rechte der Kinder* vom 20.11.1989, von der Schweiz am 1.5.1991 unterzeichnet und am 13.12.1996 ratifiziert).

b) Relativ höchstpersönliche Rechte

41 – *Klage auf Feststellung und Unterlassung* im Bereiche der Art. 28 ff. ZGB resp. Art. 174 ff. StGB. Dem Betroffenen steht die Befugnis zur Wahl und Bevollmächtigung einer Rechtsvertretung zu (BGE 68 IV 158; 88 IV 143; 112 IV 10 E. 1). Im Falle der Urteilsunfähigkeit übt die gesetzliche Vertretung anstelle der betroffenen Person diese Rechte aus. Vgl. auch BGE 65 II 267; 77 II 10; 112 IV 10; BGE vom 9.2.1988 i.S. J. C. c. Tribunal administratif de Neuchâtel.

– *Einwilligung in ärztliche Eingriffe* (BGE 114 I a 350; 110 II 378; 105 II 284 f.). In diesem Zusammenhang ist auch die Informationspflicht des Arztes/der Ärztin als Ausfluss der persönlichen Freiheit und körperlichen Unversehrtheit zu nennen: BGE 108 II 62 E. 3.

– *Verlobung:* Art. 90 Abs. 2 (BGE 114 II 146 E. 2a; ZGB-HUWILER, N 15 ff.).

– *Eheschliessung:* Art. 94: In dieser Hinsicht kommt der gesetzlichen Vertretung ein beschränktes *Verweigerungsrecht* zu: BGE 50 II 214. Fehlt die Zustimmung (Art. 94 Abs. 2), kann die entmündigte Person das Gericht anrufen (zum alten Recht s. BGE 48 II 185; zum neuen Recht ZGB-HEUSSLER, N 3 ff., N 9 zu Art. 94).

– *Abschluss eines Ehevertrags:* Art. 183 Abs. 1. Ein solcher setzt aber in jedem Fall Urteilsfähigkeit wie auch Zustimmung der gesetzlichen Vertretung voraus (Art. 183 Abs. 2; ZGB-HAUSHEER, Art. 183 N 2 f.).

– *Klagen auf Unterhalt,* auf Ansprüche aus Güterrecht: BGE 78 II 100 f.; 85 II 223 f.; BGE vom 4.12.1969 i.S. Sch.-W. c. Sch.

– *Verträge zwischen Eltern und Kind auf Unterhalt:* Genehmigung durch Vormundschaftsbehörde, allenfalls durch das Gericht (Art. 287 Abs. 3) ist Gültigkeitserfordernis (Art. 287 Abs. 1; Art. 287 N 4 f.). Bei Abfindung muss das Gericht oder die vormundschaftliche Aufsichtsbehörde zustimmen (Art. 288 Abs. 2 Ziff. 1).

– Gültigkeit von Rechtshandlungen urteilsfähiger Minderjähriger: BGE 112 II 103 E. 2.

c) Rechte, die sowohl die beschränkt Handlungsunfähigen als auch die gesetzliche **42**
Vertretung ausüben können, aber – das gilt nur für urteilsfähige Entmündigte, nicht jedoch für Unmündige – mit Zustimmung der vormundschaftlichen Aufsichtsbehörde:

– *Adoption:* Art. 264 ff., insb. Art. 268 Abs. 2; Art. 422 Ziff. 1.

– *Erwerb eines Bürgerrechts* oder *Verzicht* darauf: Art. 422 Ziff. 2.

– Annahme oder Ausschlagung einer Erbschaft (Art. 566; Art. 422 Ziff. 5).

d) Rechte, die die gesetzliche Vertretung anstelle der urteilsfähigen Unmündigen ausüben **43**
kann:

– Einfache, überwiegend auf Vermögensleistungen gehende *Vaterschaftsklage* (BGE 42 II 557; 52 II 95).

5. Besonderheiten

Die nach Art. 19 *beschränkt Handlungsunfähigen* können sich für andere Personen als **44**
Stellvertreter oder Stellvertreterinnen rechtsgeschäftlich betätigen (Art. 32), aber nach A. BUCHER, Personen, N 151 f. auch als Prokurist/in (Art. 458 OR), Handlungsbevollmächte (Art. 462 OR) und gar als Organ einer juristischen Person (zum Ganzen ZK-EGGER, N 19; OR I-WATTER, Art. 32 N 21; BRÜCKNER, N 231 ff.).

Unmündige Urteilsfähige können zudem **Aufträge** zur Wahrung – nicht aber zur Aus- **45**
übung – höchstpersönlicher Rechte erteilen (BSK OR I-WEBER, Art. 395 N 17) und **Vollmacht** ausstellen (BGE 112 IV 9; 112 II 103 E. 2).

Allerdings wird eine **Haftung** aus Überschreiten der Vollmacht oder **aus Handeln ohne** **46**
Vollmacht nicht nach Art. 39 OR, sondern nach Art. 411 ZGB beurteilt (ZK-EGGER, N 19; BSK OR I-WATTER, Art. 39 N 5). Unentschieden ist bisher, ob auf Seiten der Ver-

tretung *volle* **Handlungsfähigkeit** des oder der Haftenden oder nur Urteilsfähigkeit vorausgesetzt werden muss (BSK OR I-WATTER, Art. 39 N 5; bez. der Vertretenen Art. 38 N 5; vgl. auch Art. 306 N 2).

V. Deliktsfähigkeit (Art. 19 Abs. 3)

1. Allgemeines

47 Da Art. 19 sich auf *urteilsfähige* Unmündige und Entmündigte bezieht, folgt ihre volle **Deliktsfähigkeit** i.S.v. Abs. 3 dieser Vorschrift aus der Urteilsfähigkeit. Wer fähig ist, vernunftgemäss und seinem Willen entsprechend zu handeln, hat auch als unmündige oder bevormundete Person die *Verantwortung* für (zivilrechtlich) deliktisches Verhalten im vertraglichen und ausservertraglichen Bereich zu tragen. Mit andern Worten: Diese Personen sind **schuldfähig** (zum Ganzen vgl. BK-BUCHER, N 362 ff., 371 ff.; A. BUCHER, Personen, N 166 ff.; BRÜCKNER, N 236, 237; HAUSHEER/MÜLLER AEBI, Ziff. 07.61).

2. Tragweite des Art. 19 Abs. 3

48 Der Rahmen der Deliktsfähigkeit urteilsfähiger Unmündiger und Entmündigter wird in erster Linie abgesteckt durch die «**unerlaubten Handlungen**» i.S. der Art. 41 ff. OR (dazu im Einzelnen OR I-SCHNYDER, Art. 41 N 1 ff., insb. zum Verschulden Art. 41 N 45 ff., 51 f.). Doch auch in andern Bereichen, insb. im Vertragsrecht, wird die volle Deliktsfähigkeit urteilsfähiger Unmündiger und Entmündigter zu bejahen sein. **Verschulden** ist neben der Widerrechtlichkeit und dem erforderlichen Kausalzusammenhang die wichtigste Voraussetzung, um die Folgen einer unerlaubten Handlung tragen zu müssen. Dieses in der Urteilsfähigkeit enthaltene Element ist auch wesentlich für ausserhalb der unerlaubten Handlungen liegende Sachverhalte:

– **Selbst- und Mitverschulden** der geschädigten Person als **Herabsetzungsgrund** im **Schadenersatzrecht** (Art. 44 Abs. 1 OR; OR I-SCHNYDER, Art. 44 N 7 f.), dann aber auch im **Versicherungs-** und **Sozialversicherungsrecht** (BGE 112 I b 331: Verneinung eines Selbstverschuldens bei suizidgefährdeten Patienten; BGE vom 3.6.1992 i.S. R. G.-A. c. SUVA zu Art. 37 Abs. 1 UVG und Art. 48 UVV; BGE 113 V 62 f. E. 2c; 115 V 151).

– **Einwilligung der verletzten Person** gemäss Art. 44 Abs. 1 OR (dazu BK-BUCHER, N 382 ff.).

– **Mangelhafte Erfüllung, Nichterfüllung, Schadenszufügung** bei der Vertragsabwicklung: Art. 97 ff. OR. Auch hier ist Urteils- und damit Schuldfähigkeit für eine Inanspruchnahme der schädigenden Person unabdingbar (dazu BK-BUCHER, N 384 ff.).

– Verschulden im Rahmen des **Familienrechts:** Schuldunfähige konnten nicht für **Genugtuungsansprüche** aus aArt. 93 Abs. 1 in Anspruch genommen werden (vgl. neue Fassung in Art. 91 Abs. 2 und 92: Das rev. Gesetz verweist auf die Regeln über die ungerechtfertigte Bereicherung und spricht im Übrigen nur noch von einer «Beitragspflicht» bei Auflösung des Verlöbnisses), aber auch weder selbst noch durch die gesetzliche Vertretung – da es um ein höchstpersönliches Recht geht – auf Genugtuung i.S. der Art. 47/49 OR klagen (vgl. OR I-SCHNYDER, Art. 49 N 3). Die auf Verschulden (nach altem Recht) beruhenden **Scheidungsgründe** (aArt. 142, Art. 137 ff.) konnten von Schuldunfähigen nicht angerufen werden, womit für diese Personen die Klage auf Scheidung ausgeschlossen war (vgl. BGE vom 4.12.1969 i.S. Sch.-W. c. Sch.; BGE 78

II 100 f.; 85 II 223 f.). Das rev. Scheidungsrecht kennt kein Verschulden mehr und das Gericht hat daher ein solches grundsätzlich nicht mehr zu prüfen (vgl. Art. 114/115; ZGB-STECK, N 12); es setzt aber für die Einreichung einer Scheidungsklage i.S. der Art. 111 ff. Urteils- und damit auch Schuldfähigkeit voraus (siehe aber Art. 125 Abs. 3).

– Im Bereiche des **Erbrechts** setzt insb. die **Erbunwürdigkeit** i.S.v. Art. 540 Schuldfähigkeit voraus (BGE 74 II 206 E. 2). Aber nur die Urteilsfähigen können einen **Enterbungsgrund** i.S.v. Art. 477 setzen (BGE 48 II 438: Herabgesetzte Urteils- resp. Schuldfähigkeit, die die Schwere des Verbrechens ausschliesst). Ist ein Erbe urteilsunfähig, kann er das **Recht zur Ausschlagung einer Erbschaft** nicht verwirken (Art. 571 Abs. 2). Bei Einmischung in Erbschaftsangelegenheiten, Aneignung von Erbschaftsgegenständen u.a.m. ist volle Handlungsfähigkeit vorausgesetzt (vgl. BK-BUCHER, N 392).

– Im **Sachenrecht** ist Urteilsfähigkeit und damit Schuldfähigkeit vorauszusetzen bei Art. 752 Abs. 1; Art. 810 Abs. 1; Art. 890 Abs. 1; Art. 955 Abs. 2.

3. Kasuistik

a) Grundsatz

Nach der Gerichtspraxis herrscht auch im **Deliktsrecht** bez. der Urteilsfähigkeit das **Relativitätsprinzip**. Es kommt somit für die Beurteilung auf die konkreten Umstände an; insb. spielen die *subjektiven Eigenschaften* der schädigenden Person wie Alter, intellektuelle Fähigkeiten, Gemütszustand usw. eine entscheidende Rolle (BSK OR I-SCHNYDER, Art. 41 N 51 f.). **49**

b) Im Einzelnen

So können bereits *kleinere Kinder* als schuldfähig betrachtet werden: BGE 49 II 440 (Velounfall). Im BGE vom 21.1.1964 i.S. Z. c. O. K. u. Cie wurde gegenüber einem 12-jährigen Knaben das Wissen um die Gefährlichkeit seines Tuns angerechnet und dementsprechend seine Schuldfähigkeit bejaht. Selbstverständlich galt das auch für einen 19-Jährigen, der mit einer Schusswaffe hantierte und eine Körperverletzung verursachte: BGE 48 II 425. **50**

BGE 60 II 38: Art. 19 Abs. 3 ist auch – analog – anwendbar bei «Mitverschulden» eines urteilsunfähigen Kindes.

BGE 71 II 14: nur *urteilsfähige* Minderjährige haben i.S.v. Art. 323 Abs. 2 Forderungen aus einer Wohngemeinschaft zu tragen (Art. 323 N 4 ff.).

BGE 79 II 356: Verantwortlichkeit eines Mündels, das sich fälschlicherweise für die Rechtsfolgen eines Vertragsschlusses als handlungsfähig bezeichnet hat. Anwendbarkeit der Grundsätze der Deliktsfähigkeit von Unmündigen und Entmündigten auf das Vertragsrecht.

BGE 90 II 9: Ein Jugendlicher hat bei Urteilsfähigkeit für die Widerrechtlichkeit eines gefährlichen Verhaltens einzustehen; er muss nicht in der Lage sein, alle möglichen Folgen seines Handelns zu erfassen. Vorbehalten bleibt auf jeden Fall Art. 54 OR.

VI. Prozessuales

Wer behauptet, die fehlende Mündigkeit sei durch Zustimmung der gesetzlichen Vertretung geheilt worden, ist für das Vorliegen der Zustimmung **beweispflichtig** (BK- **51**

BUCHER, N 74, 80 f.). Vgl. dazu auch o. Art. 12 N 40. Diesbezüglich gilt der gleiche Grundsatz wie für die Behauptung, es fehle an Urteilsfähigkeit (vgl. Art. 18 N 47 f.: BGE vom 2.2.2000 i.S. F. S. c. TC Valais). Vgl. auch BGE 105 II 212 f.; sowie BGE vom 15.6.1994 i.S. G. J. c. Association du Bien des Aveugles; BGE 124 III 5 E. 1, 4.

VII. IPR

52 Noch in BGE 106 I b 193 stellte sich die Frage des anwendbaren Rechts im Zusammenhang mit dem Kauf eines Grundstücks durch einen minderjährigen Ausländer und im Blick auf den Bewilligungsbeschluss. **Die Volljährigkeit der ausländischen Person** beurteilte sich unter altem IPR (Art. 10 Abs. 2 des BG über die persönliche Handlungsfähigkeit vom 22.6.1881/Art. 34 ANAG/Art. 59 SchlT ZGB) nach **Heimatrecht**. Gleiches galt bez. der *Heilbarkeit* eines Kaufvertrags durch – formlose – Genehmigung nach Eintritt der Mündigkeit (BGE 82 II 172).

53 Nunmehr gilt aber Art. 35 IPRG. Somit ist das **Recht am Wohnsitz** der betroffenen Person für die Beurteilung der Voraussetzungen der Handlungsfähigkeit resp. der beschränkten Handlungsunfähigkeit von urteilsfähigen Unmündigen massgebend (vgl. BSK OR I-VOGT, Art. 240 N 8; zum Ganzen IPRG-JAMETTI GREINER/GEISER, Art. 35 N 4 ff.; Art. 36 N 3 ff.; vgl. auch BGE vom 2.4.1996 i.S. M. A. c. TAdm Vaud).

Art. 20

IV. Verwandt-schaft und Schwägerschaft 1. Verwandt-schaft	[1] Der Grad der Verwandtschaft bestimmt sich nach der Zahl der sie vermittelnden Geburten. [2] In gerader Linie sind zwei Personen miteinander verwandt, wenn die eine von der andern abstammt, und in der Seitenlinie, wenn sie von einer dritten Person abstammen und unter sich nicht in gerader Linie verwandt sind.
IV. Parenté et alliance 1. Parenté	[1] La proximité de parenté s'établit par le nombre des générations. [2] Les parents en ligne directe sont ceux qui descendent l'un de l'autre, les parents en ligne collatérale ceux qui, sans descendre l'un de l'autre, descendent d'un auteur commun.
IV. Parentela e affinità 1. Parentela	[1] Il grado della parentela è determinato dal numero delle generazioni. [2] Due persone sono fra loro parenti in linea retta se una discende dall'altra; sono parenti in linea collaterale se discendono da un autore comune, ma non l'una dall'altra.

Literatur

BREITENMOSER, Der Schutz der Privatsphäre gemäss Art. 8 EMRK, Basel/Frankfurt a.M. 1986; BRÖTEL, Der Anspruch auf Achtung des Familienlebens, Baden-Baden 1991; HAUSHEER/AEBI-MÜLLER, Personenrecht des schweiz. ZGB, 2005; HEGNAUER, Soll das Ehehindernis der Schwägerschaft ersetzt werden?, ZZW 1993, 85 ff.; PAHN-RISSE, Der völkerrechtliche Schutz von Ehe und Familie, Berlin 1990; TRAUB, Familiennachzug im Ausländerrecht, Diss. Basel, 1992.

I. Allgemeines

Während die Vorschriften über die Rechts- und Handlungsfähigkeit die einzelne Person **1** in die Rechtsordnung einbinden, wird diese Person durch die Art. 20 und 21 einem weiteren Personenkreis zugeordnet. Die Stellung der Personen wird zunächst durch ihre Zugehörigkeit zu einer **Familie** (Verwandtschaft und Schwägerschaft, Art. 20, 21) und durch den **Status** (Heirat, Art. 94 ff.; Adoption, Art. 264 ff.; Anerkennung, Art. 260 ff.) bestimmt, im Weiteren dann aber durch ihre **Heimat** (Art. 22), ihren **Aufenthalt** und den **Wohnsitz** (Art. 23 ff.) in ein weiteres Beziehungsnetz eingebunden (DESCHENAUX/ STEINAUER, Rz 329 ff.).

Verwandtschaft und **Schwägerschaft,** die seit der Änderung des ZGB am 30.6.1972, in **2** Kraft seit 1.4.1973, nicht mehr nur die **Blutsverwandtschaft,** sondern auch die **Adoptionsverwandtschaft** (vgl. BGE vom 30.8.1996 i.S. G. H. gg. Jugend-, Gemeinde- und Kirchendirektion des Kantons Bern) umfasst, haben ihre Bedeutung nicht aus sich selbst heraus, sondern gewinnen sie über die – allerdings zahlreichen – *rechtlichen Wirkungen* im Privat- wie im öffentlichen Recht (Ehehindernisse; Wahlbeschränkungen). E. BUCHER bezeichnet die Art. 20 und 21 als *Geltungsanordnungen, die konstitutive, Rechtsfolgen begründende Kraft nur i.V.m. andern Rechtssätzen entfalten* (BK-BUCHER, N 2; auch PEDRAZZINI/OBERHOLZER, 93 Rz 4.1, 97 Rz 4.5).

Verwandtschaft und Schwägerschaft beruhen auf *Rechtstatsachen,* nämlich auf **Geburt,** **3** **Adoption** und **Ehe.** Diese bestimmen, wer in rechtlicher Hinsicht zu wem gehört und wer aufgrund dieser Zugehörigkeit mit bestimmten rechtlichen Folgen rechnen kann (Name, Bürgerort, Wohnsitz, Kindesverhältnis, Ehehindernis, Familiengemeinschaft, Unterstützungspflicht, Erbrecht etc.).

II. Die Verwandtschaft

1. Begriff

Bis zum Jahre 1972 kannten die Art. 20 und 21 nur den Oberbegriff der **Verwandtschaft** **4** und die beiden Unterbegriffe der **Blutsverwandtschaft** (parenté, sanguineità) und **Schwägerschaft** (alliance, affinità). Als Folge des rev. *Adoptionsrechts* umfasst nunmehr der Begriff der Verwandtschaft sowohl die Blutsverwandten wie die **gesetzliche** resp. behördlich verfügte Verwandtschaft (vgl. ZGB-BREITSCHMID, Vorbem. zu Art. 264–269c N 6).

Verwandtschaft i.S.v. Art. 20 bedeutet ein durch Abstammung (Geburt) oder Adoption **5** entstandenes *tatsächliches Verhältnis* mit bestimmten Rechtsfolgen. Sie bemisst sich nach **Graden** und **Linien** (BRÜCKNER, N 278, 279 ff.).

2. Arten der Verwandtschaft

a) **Natürliche** (oder Bluts-)Verwandtschaft, die auf natürlicher Abstammung beruht. **6**

b) **Stiefverwandtschaft** oder halbbürtige Verwandtschaft wird in Art. 95 Ziff. 2 ZGB als **7** Ehehindernis genannt, desgleichen sieht Art. 105 Ziff. 3 einen dauernden Eheungültigkeitsgrund im Verwandtschaftsverhältnis und bei Stiefkindschaft. Das bedeutet **Eheverbot** (vgl. dazu BGE 128 III 115 E. 2: Eheverbot zwischen Stiefelter und Stiefkind; ZGB-GEISER/LÜCHINGER, N 1, 12 zu Art. 105 Ziff. 3). In BGE vom 7.1.2005 i.S. X c. Steueramt Zürich und Verwaltungsgericht Zürich lässt das Bundesgericht die in der Lehre umstrittene Frage offen, ob zwischen der Ehefrau eines Erblassers und dessen (altrechtlich) nicht anerkannten Tochter ein Schwägerschaftsverhältnis bestehe. Bei der Stiefelternschaft handelt es sich um ein **spezielles Schwägerschaftsverhältnis.**

7a   c) **Voll- und halbbürtige Verwandtschaft** sind Unterbegriffe der Seitenlinien der Verwandtschaft. Halbbürtige Seitenverwandte haben nur einen Elternteil gemeinsam (vgl. BK-BUCHER, N 28, 30, 38). Davon unterscheidet sich eine Beziehung, die – wie jene der in die Ehe mitgebrachten Kinder («Stiefgeschwister» im Volksmund) – keine Verwandtschaft im Rechtssinne ist (BRÜCKNER, N 283 ff.).

8   d) **Adoptionsverwandtschaft:** Mit dem rev. Adoptionsrecht entsteht durch Rechtsakt ein Verwandtschaftsverhältnis, das *rechtlich* weitgehend mit der natürlichen Verwandtschaft übereinstimmt (Art. 267; ZGB-BREITSCHMID, N 1; 6 ff., 11 ff.). Das adoptierte Kind scheidet aus seiner natürlichen Familie aus. Das neue Recht regelt die Adoption als Eheungültigkeitsgrund in Art. 95 Abs. 2. Entsprechend der europäischen Tendenz schränkt auch das rev. ZGB Eheschliessungsverbote ein (Art. 105 Ziff. 3; vgl. Botschaft vom 15.11.1995, Ziff. 222.31; aber BGE 128 III 115 E. 2), lässt aber trotz Volladoption die Blutsverwandtschaft (in der Deszendenz wie auch in der angestammten Familie) nach wie vor als Ungültigkeitsgrund i.S. des Art. 105 Ziff. 3 – aus eugenischen Gründen – zu. Die bisherigen Blutsverwandtschaftsverhältnisse mit der angestammten Familie wirken insofern weiter (vgl. BK-HEGNAUER, Art. 267 N 25 ff.; ZGB-BREITSCHMID, Vorbem. zu Art. 264–269c N 6).

3. Gradnähe der Verwandtschaft (Art. 20 Abs. 1)

9   Nach Art. 20 Abs. 1 *bestimmt sich der* **Grad der Verwandtschaft** *nach der Zahl der sie vermittelnden Geburten* (TUOR/SCHNYDER/SCHMID, 82; BK-BUCHER, N 34, 37; PEDRAZZINI/OBERHOLZER, 96 Rz 4.3.3). Demnach sind in *gerader Linie* miteinander verwandt Eltern und Kinder (1. Grad), Grosseltern und Enkel (2. Grad).

10   In der **Seitenlinie** ist Verwandtschaft im ersten Grad nach der Zählart des ZGB undenkbar: Voll- und halbbürtige Geschwister sowie auch Zwillinge, sind einander im zweiten Grad, Neffe/Nichte und Onkel/Tante im dritten und Vettern/Basen (Geschwisterkinder) im vierten Grad verwandt. Das gilt grundsätzlich auch noch bei der Adoptivverwandtschaft (BK-BUCHER, N 35; TUOR/SCHNYDER/SCHMID, 82; DESCHENAUX/STEINAUER, Personnes, 4. Aufl., Rz 332, 337 ff.), wobei angesichts der vollen Aufnahme in die Adoptionsfamilie keine rechtlichen Wirkungen (mit Ausnahme wohl des Ehehindernisses aus eugenischen Gründen infolge Abstammung in gerader Linie, vgl. ZGB-BREITSCHMID, Art. 267 N 8) gegenüber der ursprünglichen Familie mehr bestehen können (a.a.O. N 9 ff.).

4. Verwandtschaft nach Linien (Art. 20 Abs. 2)

11   Durch die Abstammung einer Person von einer andern wird **Verwandtschaft in gerader Linie** bewirkt: Eltern/Kinder und umgekehrt, je nachdem, ob das Verhältnis einer Person zu ihren Vorfahren (Aszendenz) oder Nachkommen (Deszendenz) in Frage steht.

12   In der **Seitenlinie** (ligne collatérale; linea collaterale) liegt Verwandtschaft vor, wenn zwei oder mehrere Personen, die nicht in gerader Linie miteinander verwandt sind, von ein und derselben Drittperson abstammen: Geschwister, Geschwisterkinder, Vettern und Basen (Cousin/Cousine) usw.

13   Die gleichen Regeln gelten seit der Revision des Kindesrechts vom 30.6.1972 auch für die **Adoptionsverwandtschaft** (BK-BUCHER, N 36; DESCHENAUX/STEINAUER, Personnes, 4. Aufl., Rz 334 ff., 338 ff.; ZGB-BREITSCHMID, Art. 267 N 1 f.).

5. Bedeutung der Verwandtschaft

14   a) Im **Personenrecht** wird in Art. 68 ein **Vereinsmitglied** zufolge Verwandtschaft bei bestimmten Beschlüssen vom Stimmrecht ausgeschlossen (Ausstandsgrund).

b) Im **Eherecht:** als **Ehehindernis,** Art. 95 Abs. 2 und 105 Ziff. 3 (BRÜCKNER, N 293).

c) Im **Kindesrecht:** Im Verhältnis des Kindes zur *Mutter,* Art. 252 Abs. 1; im Verhältnis   **15**
zum *Vater,* Art. 252 Abs. 2. Im ersten Fall entsteht das Kindesverhältnis und damit die
Verwandtschaft durch *Geburt,* im zweiten Fall kraft *der Ehe* der Mutter, durch *Anerkennung* oder *durch Richterspruch* (Art. 252). Zudem entsteht Verwandtschaft durch
Adoption, Art. 252 Abs. 3, 264, 267. Zu erwähnen ist ferner Art. 258: Anfechtungsberechtigte Verwandte und Art. 274a: Anspruch von Verwandten auf persönlichen Verkehr mit dem Kind.

d) In der **Familiengemeinschaft** bewirkt das Verwandtschaftsverhältnis die **Unterstüt-**   **16**
zungspflicht gemäss Art. 328 f., und zwar grundsätzlich nur noch in auf- und absteigender Linie. Die Unterstützungspflicht der Geschwister, welche bisher in beschränktem Umfang bestanden hat, ist im Zusammenhang mit der Revison des
Scheidungsrechts aufgehoben worden (Art. 328 Abs. 2 vom 26.6.1998, in Kraft seit
1.1.2000; vgl. Botschaft Ziff. 245). Art. 364 verweist für die Bestellung des Familien-
rats auf Art. 20 Abs. 1.

e) Verwandtschaft (und Schwägerschaft, Art. 21) hat zur Folge, dass sich die **Hausge-**   **17**
walt des Familienoberhaupts nach Art. 331 ff. auf alle Verwandten (und Verschwägerten) erstreckt, die in gemeinsamem Haushalt leben. Damit wird auch die Haftung des
Familienhauptes i.S. des Art. 333 auf sämtliche «Hausgenossen» erstreckt (zum Begriff des Familienhauptes nach altem Recht: BGE 103 II 24 E. 3. Diese Definition
dürfte heute kaum mehr möglich sein).

f) Im **Erbrecht** hat die Nähe der Verwandtschaft Auswirkungen auf das **Pflichtteilsrecht**   **18**
(Art. 470 ff.). Siehe aber auch die **Enterbungsgründe** der Art. 477 Ziff. 2, 478 Abs. 2
und 3, 480 Abs. 1. Siehe auch die Sonderregeln zur ehelichen Wohnung im Falle des
Todes eines Ehegatten in den Art. 219, 244.

Ein **direkter Rückgriff** auf Art. 20 erfolgt mit Art. 503 (ZGB-RUF, N 12). Offen ist,   **19**
ob der Kreis naher Verwandter, die weder als *Zeugen* noch als *Urkundspersonen* bei
der Errichtung eines öffentlichen Testaments zugelassen sind, direkt aus Art. 20 oder
aber aus der ratio legis selbständig zu bestimmen ist (vgl. BK-BUCHER, N 69). Das
dürfte aber in der Praxis kaum von erheblicher Bedeutung sein. Für den Ausschluss
der Verwandten als Zeugen oder Zeuginnen oder Urkundspersonen sind m.E. die konkreten Umstände und die Interessenlage massgebend.

g) In Art. 335 werden die möglichen Destinatäre einer **Familienstiftung** als «Familien-   **20**
angehörige» bezeichnet. Damit werden nicht nur Verwandte (und Verschwägerte) aller
Grade, sondern auch Pflegekinder und Hausangestellte erfasst (ZK-EGGER, Art. 335
N 12; BK-BUCHER, N 63; zur Umschreibung des Begriffs «Familiengenossen» s. BGE
72 IV 4). Die Verwandten i.S. des Art. 336 (Begründung einer Gemeinderschaft) müssen miteinander in einer Beziehung i.S. des Art. 20 stehen (Art. 336 N 4, 6).

h) Im **Vormundschaftsrecht:** «Nahe Verwandte» i.S. des Art. 363 müssen nicht nur   **21**
verwandt sein, sondern können auch verschwägert mit der zu bevormundenden Person
sein. Das Erfordernis der «Nähe» beurteilt sich aber nicht nach Graden gemäss Art. 20
Abs. 1, sondern *aufgrund des persönlichen Verhältnisses* zur betroffenen Person (BK-
BUCHER, N 65). Ähnliches gilt für Art. 364 (Familienrat). Sodann ist zu verweisen
auf Art. 380 (Vorrecht naher Verwandter oder der Ehegatten, als Vormund gewählt zu
werden; BK-BUCHER, N 67).

i) Im **öffentlichen Recht** spielen die Regeln über die Verwandtschaft (und Schwäger-   **22**
schaft) die wichtigste Rolle: Die **Wahlfähigkeit** hängt von der Grad-Nähe der Ver-

wandtschaft ab, so im Bund etwa in Art. 4 aOG; neu Art. 8 BGG vom 17.6.2005. Gleiches gilt für die kantonale Gesetzgebung: BGE 45 I 145 = Pra 1919, 222 f. Vgl. aber BGE 116 I a 484. Darüber hinaus bewirkt nahe Verwandtschaft einen **Ausstandsgrund:** Art. 42 BZPO; Art. 75 BStP; Art. 10 Abs. 1 VwVG; vgl. auch Art. 22 OG. Und schliesslich wirkt sich die Verwandtschaft auf das **Recht zur Zeugnisverweigerung** resp. auf die **Zeugnisfähigkeit** aus (vgl. neben den kantonalen Prozessordnungen neuerdings z.B. auch Art. 7 Abs. 2, 8 Abs. 2 OHG; BGE 120 IV 217).

23   Im **Strafrecht** s. Art. 110 Ziff. 2 StGB: BGE 74 IV 88 = Pra 1948, 329 ff.; SJZ 1944, 174; SJZ 1949, 327. Art. 213 StGB: BGE 82 IV 100; SJZ 1949, 365; BJM 1961, 97 ff. Auch Art. 213 StGB (Inzest) und Art. 217 (Vernachlässigung von Unterhaltspflichten); Art. 219: Verletzung der Fürsorge- und Erziehungspflichten zielt über die Verwandtschaft hinaus, vgl. BGE 125 IV 70 E. 1b. Zu Art. 220 StGB vgl. BGE 125 IV 15 E. 2; 126 IV 223 E. 1c, E. 2.

24   Im **Schuldbetreibungs- und Konkursrecht** s. Art. 10 Ziff. 2 SchKG: Auch hier ist vom Verwandtschaftsbegriff des Art. 20 ZGB auszugehen (FRITZSCHE/WALDER, I, 43 f. Rz 7 und Anm. 6, 7). Ähnliche Regeln gelten auch in kantonalen Steuer- und Notariatsgesetzen.

25   k) Nach der Rechtsprechung zu Art. 17 Abs. 2 ANAG wird ein **Nachzugsrecht** für Geschwister und Stiefgeschwister unter bestimmten Bedingungen anerkannt (BGE 118 I b 145). In BGE 120 I b 257 wird das Nachzugsrecht bzw. ein **Anwesenheitsrecht** von Familienangehörigen aus Art. 8 EMRK hergeleitet (BGE 129 II 252 E. 1,2; 124 II 364 E. 1b; 122 II 389 E. 1c). Allerdings können sich ausländische Personen darauf nur berufen, wenn *nahe Verwandte* mit Aufenthalt in der Schweiz selbst ein gefestigtes Anwesenheitsrecht besitzen (Schweizer Bürgerrecht, Niederlassungsbewilligung oder ein Abhängigkeitsverhältnis; vgl. BGE vom 14.5.2002 i.S. A. und B.c. Regierungsrat des Kt. Zürich, Verwaltungsgericht Zürich; BGE 129 II 15 E. 3.1.4; 125 II 588 E. 2b, c; 124 II 366 E. 3). Wer naher Verwandter ist, bestimmt sich nach Art. 20. Ein solches Anwesenheitsrecht gilt zudem nur für Angehörige der eigentlichen **Kernfamilie,** also für Ehegatten, Eltern und *minderjährige* Kinder. Für Geschwister und Halbgeschwister ist zusätzlich ein *besonderes Abhängigkeitsverhältnis* erforderlich (Minderjährigkeit, Behinderung; vgl. BGE 115 I b 1; 125 II 633 m.H.; 126 II 377 E. 2a, b).

Art. 21

2. Schwäger- schaft	[1] Wer mit einer Person verwandt ist, ist mit deren Ehegatten, deren eingetragener Partnerin oder deren eingetragener Partner in der gleichen Linie und in dem gleichen Grade verschwägert.
	[2] Die Schwägerschaft wird durch die Auflösung der Ehe, die sie begründet hat, nicht aufgehoben.
2. Alliance	[1] Les parents d'une personne sont dans la même ligne et au même degré les alliés de son conjoint.
	[2] La dissolution du mariage ne fait pas cesser l'alliance.
2. Affinità	[1] Chi è parente di una persona è affine nella stessa linea e nello stesso grado col coniuge di questa.
	[2] L'affinità non cessa con lo scioglimento del matrimonio da cui deriva.

I. Begriff der Schwägerschaft

Die **Schwägerschaft** ist das auf der Ehe beruhende rechtliche Verhältnis des Ehegatten   1
zu den Verwandten der Ehegattin und umgekehrt. Schwägerschaft wird somit *durch Ehe-*
schliessung begründet. Sie gilt für die *natürlichen – ehelichen wie unehelichen – Ver-*
wandten ebenso wie für die *Adoptivverwandten* der Ehepartner. Es gibt demnach auch
die *«Adoptivschwägerschaft»*.

II. Schwägerschaftsbeziehung

Eine **Schwägerschaftsbeziehung** besteht nur zwischen den Bluts- und Adoptivverwand-   2
ten einer Person und deren Ehegatten oder deren Ehegattin (vgl. aber die Einschränkung
in BGE vom 7.1.2005 betr. einem ausserehelich geborenen, (altrechtlich) nicht anerkann-
tem Kind und der Ehefrau des Erzeugers), nicht aber zwischen der Verwandtschaft der
Letzteren. Die Eltern oder Geschwister zweier Eheleute sind i.S. des ZGB und entgegen
der Volksmeinung («Gegenschwäger») nicht mit jenen der andern Ehepartei verschwägert. Aber Stiefeltern und Stiefkinder sind i.S. des ZGB mit den jeweils vom andern
Elternteil in die Ehe eingebrachten und von ihm abstammenden Personen verschwägert:
Das leibliche oder adoptierte Kind, das von einem Ehegatten in die Ehe gebracht wird, ist
mit seinem Stiefelternteil nicht etwa durch ein Verwandtschaftsverhältnis verbunden, wie
der Begriff «Stiefeltern-Stiefkind» meinen lassen könnte, sondern *verschwägert* (vgl.
Art. 95 Abs. 2 [ZGB-Heussler, N 2];, 299 [ZGB-Schwenzer, N 2, N 7]). Das gilt aber
nicht für diese Kinder («Stiefgeschwister») unter sich (vgl. o. Art. 20 N 7).

Art. 21 sieht wie Art. 20 die Unterscheidung in **gerade** Linie und **Seitenlinie** vor.   3
Schwägerschaft wird somit analog der Verwandtschaft nach Graden gemessen. Schwägerschaft ist eigentliches Abbild der Verwandtschaft. Man ist in der geraden Linie oder in
der Seitenlinie verschwägert mit denjenigen Personen, mit denen der Ehegatte oder die
Ehegattin in der geraden Linie oder in der Seitenlinie verwandt ist. So etwa ist der Ehemann mit den Kindern seiner Frau aus früherer Ehe in gerader Linie im ersten Grad, mit
den Geschwistern in der Seitenlinie im zweiten Grad verschwägert usw. (vgl. BGE 45 I
145; 116 I a 481 E. 2).

Eine einmal begründete Schwägerschaft bleibt nach Art. 21 Abs. 2 bestehen, auch wenn   4
die Ehe, welche die Schwägerschaft begründet hat, durch **Tod oder Scheidung** aufgelöst
wird. Was sich ändert, ist das Vertretungsrecht des Stiefelternteils (ZGB-Schwenzer, N 7
zu Art. 299). Umstritten und meines Wissens bisher auch durch die Rechtsprechung nicht
gelöst ist die Frage, ob Schwägerschaft auch mit der **Nichtigerklärung der Ehe** nicht
aufgehoben wird (vgl. ZK-Egger, N 3; BK-Bucher, N 46, 52). Dieser Frage kommt
aber praktisch kaum grosse Tragweite zu. Sie ist m.E. in bejahendem Sinne zu lösen, d.h.
Schwägerschaft beruht auf den infolge Heirat entstandenen *sozialen Beziehungen.* Diese
will das Gesetz mit Art. 21 Abs. 2 weiterdauern lassen. Eine *Auflösung* der Ehe ex tunc
ändert daran m.E. nichts. Schwägerschaft ist ja v.a. als *Wahlausschliessungsgrund* wichtig. Für die entsprechenden Ämter entfällt eine – vom Gesetz vorausgesetzte – **Befan-**
genheit infolge Schwägerschaft bei Auflösung der sie begründenden Ehe weder durch
Tod noch durch Scheidung noch durch Ehenichtigerklärung. Die einmal eingetretene
soziale Beziehung erheischt nach Auffassung des Gesetzgebers die *Weitergeltung der an*
die Schwägerschaft geknüpften Rechtsfolgen.

Dagegen vermag eine *aufgelöste Ehe keine neue Schwägerschaft* zu begründen. Z.B. ist   5
der geschiedene Mann mit den Kindern seiner früheren Ehefrau aus einer neuen Verbindung nicht mehr verschwägert, wohl aber der zweite Ehemann dieser Frau mit den Kindern aus deren erster Ehe (Stiefeltern-Stiefkindverhältnis, vgl. o. N 2).

III. Bedeutung und Funktion der Schwägerschaft

6 Art. 21 Abs. 2 erklärte sich nach früherem Recht aus der Funktion der Schwägerschaft vor allem als Grund für ein **Eheverbot**. Dieser Grund entfällt mit dem neuen Recht (Botschaft vom 15.11.1995, Ziff. 222.31; Art. 95 Ziff. 2, 105 Abs. 3). Zum Sinngehalt s. HEGNAUER, ZZW 1993, 85 f. m.V. auf ZK-EGGER, aArt. 100 N 2; auch ZK-EGGER, Art. 21 N 3; auch BGE 128 III 115 E. 2). Der Schwägerschaft kommt im Rahmen der **Hausgewalt** allenfalls noch rechtliche Bedeutung zu (Art. 331, 333 ZGB; s.o. Art. 20 N 17). Im **Erbrecht** werden die Verschwägerten – wie die Verwandten – als unfähig erklärt, bei der Errichtung des öffentlichen Testaments als Zeugen oder als beurkundende Beamte bzw. Beamtinnen mitzuwirken (vgl. o. Art. 20 N 19).

7 Im **öffentlichen Recht** entstehen mit der Schwägerschaft gleicherweise **Ausstandsgründe** in Straf- und Zivilprozessen wie für die Verwandtschaft (vgl. z.B. Art. 22 OG und o. Art. 20 N 22 ff.). Im **Betreibungsrecht** s. Art. 10 Ziff. 2 SchKG. Aber auch als **Wahlvoraussetzung** ist *fehlende Schwägerschaft* erforderlich (z.B. Art. 4 aOG; Art. 10 Abs. 1 lit. b VwVG; Art. 8 Abs. 1 lit. d BGG). Aus der – wenig zahlreichen – Judikatur s. BGE 45 I 145 = Pra 1919, 222: «Oheim-Neffe» wurde im Kanton BL als «in einem weiteren Sinne» als Schwägerschaftsverhältnis betrachtet und eine Wahlunvereinbarkeit wie bei Verwandtschaft bejaht; vgl. sodann BGE 116 I a 477: **Wahlunvereinbarkeit der Schwägerschaft** (zwei in den Gemeinderat einer Waadtländer Gemeinde gewählte Männer, die je Schwestern geheiratet haben): Auslegung des Begriffs «beau-frère», also «Schwager», der im Volksmund einen weiteren Sinn hat als in Art. 21. Im Sinne dieser letzten Vorschrift sind Ehemänner von Schwestern nicht miteinander verschwägert. Das BGer hat in diesem konkreten Fall einer juristisch-technischen Bedeutung des Begriffs «beaux-frères» den Vorzug gegeben und die Unvereinbarkeit in Übereinstimmung mit den kantonalen Behörden verneint, obwohl grundsätzlich der kantonale Gesetzgeber in den kantonalen Angelegenheiten die Begriffe der Verwandtschaft und Schwägerschaft umfassender verstehen könnte (nach Gesetzgebung oder Gewohnheit; ZK-EGGER, Art. 20 N 8, Art. 21 N 3; BK-BUCHER, N 56, 70 ff.).

Art. 22

V. Heimat und Wohnsitz	[1] **Die Heimat einer Person bestimmt sich nach ihrem Bürgerrecht.**
1. Heimatangehörigkeit	[2] **Das Bürgerrecht wird durch das öffentliche Recht bestimmt.**
	[3] **Wenn einer Person das Bürgerrecht an mehreren Orten zusteht, so ist für ihre Heimatangehörigkeit der Ort entscheidend, wo sie zugleich ihren Wohnsitz hat oder zuletzt gehabt hat, und mangels eines solchen Wohnsitzes der Ort, dessen Bürgerrecht von ihr oder ihren Vorfahren zuletzt erworben worden ist.**
V. Droit de cité et domicile	[1] L'origine d'une personne est déterminée par son droit de cité.
1. Droit de cité	[2] Le droit de cité est réglé par le droit public.
	[3] Lorsqu'une personne possède plusieurs droits de cité, le lieu de son origine est celui qui est en même temps son domicile actuel ou qui a été son dernier domicile; sinon, son origine est déterminée par le dernier droit de cité qu'elle ou ses ascendants ont acquis.

V. Cittadinanza e domicilio 1. Cittadinanza	[1] L'attinenza di una persona è determinata dalla sua cittadinanza. [2] La cittadinanza è determinata dal diritto pubblico. [3] Se una persona è cittadina di più luoghi, fa stato per la sua attinenza il luogo dove ha il suo domicilio o dove l'ebbe da ultimo; e in mancanza di domicilio, il luogo dell'ultima cittadinanza acquista da essa o da' suoi ascendenti.

I. Zweck der Norm

Art. 22 definiert den Begriff der **Heimat** (l'origine, l'attinenza), an welchen andere Ge   1
setzesbestimmungen Rechtsfolgen anknüpfen. Heimat ist der Ort in der Schweiz (politische Gemeinde), dessen Bürger jemand ist. Die Bedeutung der Heimat als Anknüpfungsbegriff ist sowohl im internationalen wie im internen schweizerischen Privatrecht
zugunsten des Wohnsitzes am abnehmen. Im internen Recht ist die Heimat nur noch für
gewisse subsidiäre örtliche und funktionelle Zuständigkeiten sowie für Veröffentlichungen von Bedeutung (Art. 35 Abs. 2, 259, 260a, 269a, 375 f., 378, 387, 396, 550).

Art. 22 bezieht sich nur auf natürliche Personen (BK-BUCHER, Vorbem. vor Art. 22–26   2
N 4 f.). Zur **Nationalität juristischer Personen** vgl. ZK-VISCHER, Vor Art. 150–165
N 12 ff.

II. Ort der Heimat

Die zivilrechtliche Heimat einer Person richtet sich nach ihrem öffentlich-rechtlichen   3
Bürgerrecht. Dieses ist primär Gemeindebürgerrecht und zugleich kantonales und eidgenössisches Bürgerrecht. Dessen Erwerb richtet sich nach dem Bundesgesetz über
den Erwerb und Verlust des Schweizerbürgerrechts vom 29.9.1952 (SR 141.0) i.V.m.
Art. 109, 119 Abs. 2, 161, 259 Abs. 1, 271 und 267a und den entsprechenden kantonalen
und kommunalen Bestimmungen. Hinzuweisen ist auf die Änderung vom 26.6.1998 bei
der Ungültigerklärung der Ehe: Aufgrund des Verweises von Art. 109 Abs. 2 auf Art. 119
Abs. 2 behält die Frau auch nach der Ungültigerklärung ihr durch die Heirat erworbenes
Bürgerrecht (HAUSHEER/AEBI, N 09.10). Die Bestimmungen betreffend den Erwerb des
Bürgerrechts durch Heirat befinden sich derzeit in Revision (BBl 1999, 4940 ff.).

Ein Schweizer Bürger kann mehrere Gemeinde- und Kantonsbürgerrechte haben. Ent   4
gegen dem Wortlaut von Abs. 3 kann eine Person mit mehreren Bürgerrechten **mehrere
Heimatorte** haben. Ob bloss das Bürgenrecht des aktuellen oder ehemaligen Wohnsitzes,
resp. das zuletzt erworbene zu berücksichtigen ist, oder sämtliche Heimatorte, muss
für jede Norm gesondert überprüft werden (ZK-EGGER, N 3; N 6, 12; DESCHENAUX/
STEINAUER, Personnes, N 359; A. BUCHER, Personen, N 341). So kann die Anerkennung
eines Kindsverhältnisses von jeder Gemeinde, deren Bürgerrecht der Anerkennende hat,
angefochten werden (Art. 260a Abs. 1; A. BUCHER, Personen, N 341; DESCHENAUX/
STEINAUER, Personnes, N 359), die Verschollenenerklärung kann indes nur von dem Gericht der gemäss Abs. 3 massgebenden Heimatgemeinde erklärt werden (Art. 35 Abs. 2
i.V.m. Art. 41 Abs. 2 IPRG; DESCHENAUX/STEINAUER, Personnes, N 360).

Hat eine Person Bürgerrechte von mehreren Gemeinden, soll aber aufgrund der anzu   5
wendenden Norm bloss ein **Heimatort** massgebend sein, so ist dies gemäss Abs. 3 zuerst
derjenige Bürgerort, der zugleich Wohnsitz ist. In zweiter Linie ist auf denjenigen Ort
zurückzugreifen, an welchem die Person zuletzt Wohnsitz hatte, sofern sie das betreffende Bürgerrecht schon zu diesem Zeitpunkt besass (BK-HAUSHEER/REUSSER/GEISER,
Art. 161 N 29). Hatte die Person nie an einem ihrer Bürgerorte Wohnsitz, so ist das zu

letzt erworbene Bürgerrecht massgebend. Dies gilt auch für die verheiratete Frau, welche gemäss Art. 161 die Bürgerrechte des Ehemanns erhält, ohne ihre eigenen zu verlieren (zur laufenden Revision von Art. 161 vgl. oben N 3). Hatte die Ehefrau nie Wohnsitz an einem ihrer bisherigen Bürgerorte, so ist dasjenige Bürgerrecht massgebend, welches der Ehemann oder seine Vorfahren als letztes erworben hatten (BK-HAUSHEER/REUSSER/GEISER, Art. 161 N 29 ff.; **a.M.** HEGNAUER/BREITSCHMID, Rz 14.13).

6 Zum **Ehrenbürgerrecht** vgl. BK-BUCHER, N 9 und LANGENEGGER, Das Ehrenbürgerrecht, Diss. Zürich 1957.

III. IPRG

7 Art. 22 definiert nur die Heimat eines Schweizer Bürgers (BK-BUCHER, N 2). Ob schweizerisch-ausländische **Doppelbürger** in der Schweiz eine Heimat haben, richtet sich nach Art. 23 IPRG. Dabei werden für die direkte Zuständigkeit (Abs. 1), die Ermittlung des anwendbaren Rechts (Abs. 2) und die Anerkennung ausländischer Entscheide (Abs. 3) unterschiedliche Anforderungen gestellt. Ist nach dieser Bestimmung die schweizerische Staatsangehörigkeit massgebend, so richtet sich die Heimat wiederum nach Art. 22 ZGB (ZK-BRÄM, Art. 161 N 7). Bei **Staatenlosen** und **Flüchtlingen** ist auch für die innerstaatliche Zuständigkeiten gemäss Art. 24 Abs. 3 IPRG der Ort des Wohnsitzes massgebend (PEDRAZZINI/OBERHOLZER, 103; SCHMID, N 650 f.).

Art. 23

2. Wohnsitz **a. Begriff**	[1] **Der Wohnsitz einer Person befindet sich an dem Orte, wo sie sich mit der Absicht dauernden Verbleibens aufhält.** [2] **Niemand kann an mehreren Orten zugleich seinen Wohnsitz haben.** [3] **Die geschäftliche Niederlassung wird von dieser Bestimmung nicht betroffen.**
2. Domicile a. Définition	[1] Le domicile de toute personne est au lieu où elle réside avec l'intention de s'y établir. [2] Nul ne peut avoir en même temps plusieurs domiciles. [3] Cette dernière disposition ne s'applique pas à l'établissement industriel ou commercial.
2. Domicilio a. Nozione	[1] Il domicilio di una persona è nel luogo dove essa dimora con l'intenzione di stabilirvisi durevolmente. [2] Nessuno può avere contemporaneamente il suo domicilio in più luoghi. [3] Questa disposizione non si applica al domicilio d'affari.

Literatur

ARNOLD, Der steuerrechtliche Wohnsitz natürlicher Personen im interkantonalen Verhältnis nach der neueren bundesgerichtlichen Rechtsprechung, ASA 68, 2000, 449 ff.; AUGSBURGER-BUCHELI, Le domicile des requérants d'asile et des réfugiés, in; Droit des réfugiés, Enseignement de 3e cycle de droit 1990/1991, 307 ff.; BLUMENSTEIN/LOCHER, System des Steuerrechts, 6. Aufl. 2002; BOHNET/OTHENIN-GIRARD, Le for du domicile et de la résidence habituelle: comparaison des régimes de la LDIP et de la Lfors, SemJud 2001 II, 139 ff.; BROSSET, Wohnsitz, SJK 1007, 1960;

A. BUCHER, L'état civil des demandeurs d'asile, ZZW 1985, 335 ff.; DUC, Notion de domicile dans les assurances sociales, AJP 2005, 32 ff.; HÖHN/MÄUSLI, Interkantonales Steuerrecht, 4. Aufl. 2000; HOLENSTEIN, Der privatrechtliche Wohnsitz im schweizerischen Recht, Diss. Bern 1922; M. LEVANTE, Wohnsitz und gewöhnlicher Aufenthalt im internationalen Privat- und Zivilprozessrecht der Schweiz, Diss. St. Gallen 1998; LOCHER, Das interkantonale Doppelbesteuerungsrecht, Loseblattwerk, bis Nachtrag 45, 2005, DERS., Einführung in das interkantonale Steuerrecht, 2. Aufl., Bern 2003; Masmejan, La localisation des personnes physiques en droit international privé, Diss. Lausanne 1994; VISCHER, Die Funktion und Ausgestaltung des Wohnsitzbegriffes in den verschiedenen Gebieten des Schweizerischen Rechts, Diss. Basel 1977; DE VRIES REILINGH-FLÜCKIGER, Le domicile des personnes physiques en droit fiscal intercantonal et international – état des lieux et comparaison, ASA 69, 2001, 275 ff.

I. Allgemeines

Wohnsitz (le domicile, il domicilio) ist eine bestimmte rechtliche Beziehung einer Person zu einem Ort. Die Art. 23–26 regeln die Frage, an welchem Ort in der Schweiz eine natürliche Person Wohnsitz hat. An den derart bestimmten Wohnsitz knüpfen andere Normen Rechtsfolgen an. Zum Wohnsitz (Sitz) juristischer Personen vgl. Art. 56. **1**

Es gelten die Grundsätze der **Notwendigkeit** und der **Ausschliesslichkeit (Einheitlichkeit) des Wohnsitzes.** Jede Person *muss* einen rechtlichen Wohnsitz haben (Art. 24). Sie hat andererseits ausschliesslich *einen* Wohnsitz (Art. 23 Abs. 2). Handlungsfähige Personen können ihren Wohnsitz frei wählen (Art. 23 Abs. 1; selbständiger oder freiwilliger Wohnsitz). Haben sie keinen tatsächlichen Wohnsitz, so weist das Gesetz ihnen einen fiktiven Wohnsitz zu (Art. 24). Kinder unter elterlicher Sorge und Bevormundete haben einen abgeleiteten Wohnsitz (Art. 25). **2**

Die Art. 23 ff. regeln nur den **zivilrechtlichen Wohnsitz,** auf welchen in privatrechtlichen Gesetzen verwiesen wird. Wenn das öffentliche Recht Rechtsfolgen an den Wohnsitz knüpft, so bestimmt es diesen Begriff auch autonom. Der öffentlich-rechtliche Wohnsitz wird auch **Domizil** genannt (BGE 123 I 293 in fine; Pra 2000, 31; HAUSHEER/AEBI, N 09.14; BRÜCKNER, N 314). Zu den Abweichungen des politischen Domizils vom zivilrechtlichen Wohnsitz vgl. Art. 1 der V über die politischen Rechte (SR 161.11). In den meisten Fällen, namentlich im Steuerrecht, wird zur Bestimmung des Domizils jedoch hilfsweise der zivilrechtliche Wohnsitzbegriff mit gewissen Modifikationen verwendet (BLUMENSTEIN/LÖCHER, § 5 IV. 1a; VISCHER, 96 ff.; zum Sozialversicherungsrecht vgl. BGE 130 V 404 ff.; 131 V 64), obwohl durch die Einführung des Begriffs des steuerrechtlichen Wohnsitzes in Art. 3 Abs. 1 und 2 StHG eine gewisse Loslösung vom Zivilrecht festzustellen ist (HÖHN/MÄUSLI, § 7 N 11). Dementsprechend muss auch die öffentlich-rechtliche, namentlich steuerrechtliche Judikatur und Literatur bei der Bestimmung des zivilrechtlichen Wohnsitzbegriffes konsultiert werden. Aber auch der zivilrechtliche Wohnsitz wird in einer **«funktionalisierende Auslegung»** unterschiedlich umschrieben, je nachdem welche Rechtsfolgen daran angeknüpft werden (BK-BUCHER, Vorbem. vor Art. 23 N 21 ff.; A. BUCHER, Personen, N 356; BK-SCHNYDER/MURER, Art. 376 N 35 f.; IPRG-Kommentar-KELLER/KREN KOSTKIEWICZ, Art. 20 N 16; BK-HAUSHEER/REUSSER/GEISER, Art. 162 N 34/5a; MASMEJAN, 136 ff.). Obwohl dies grundsätzlich richtig ist, da nur damit die jeweiligen im Spiele stehenden Interessen gebührend berücksichtigt werden können, ist im Interesse der Rechtssicherheit an der Einheitlichkeit des zivilrechtlichen Wohnsitzbegriffes (Art. 23 Abs. 2) festzuhalten; unterschiedliche Auslegungen sollten nur in geringem Umfange zugelassen werden. **3**

Umstritten ist das Verhältnis der Wohnsitznormen des ZGB zu denjenigen des **IPRG.** Dieses regelt den Wohnsitz durch Sach- und nicht durch Verweisungsnormen. Der freiwillige Wohnsitz der handlungsfähigen Personen wird im IPRG (Art. 20 Abs. 1 lit. a) wie **4** im ZGB (Art. 23 Abs. 1) gleich umschrieben. Das IPRG kennt indes weder einen abgeleiteten (Art. 25 ZGB) noch einen fiktiven (Art. 24 Abs. 1 ZGB) Wohnsitz noch die Vermutung von Art. 26 ZGB und erklärt die entsprechenden Bestimmungen des ZGB für nicht anwendbar (Art. 20 Abs. 2 in fine IPRG; BOHNET/OTHENIN-GIRARD, 145). Auch unmündige, aber urteilsfähige Personen oder Bevormundete können gemäss IPRG einen freiwilligen und selbständigen Wohnsitz begründen (BK-HAUSHEER/REUSSER/GEISER, Art. 162 N 34/36a; A. BUCHER, DIP Bd. II, N 102; BOHNET/OTHENIN-GIRARD, 146; ZK-KELLER/KREN KOSTKIEWICZ, Art. 20 N 28). Bei urteilsunfähigen Personen und solchen ohne Wohnsitz gilt der ständige Aufenthalt als Wohnsitz (Art. 20 Abs. 2 IPRG). Nach der einen Auffassung bestimmt das IPRG aufgrund des Wortlauts seines Art. 20 Abs. 1 lit. a nur den Staat, in welchem eine Person ihren Wohnsitz hat. An welchem Ort innerhalb der Schweiz sich der Wohnsitz befindet, richte sich weiterhin nach dem ZGB (BK-HAUSHEER/REUSSER/GEISER, Art. 162 N 34/25 ff.). Nach der anderen Auffassung käme in internationalen Verhältnissen (Art. 1 Abs. 1 IPRG) das IPRG abschliessend zur Anwendung und bestimme auch den Ort des Wohnsitzes innerhalb der Schweiz (BGE 120 III 8; A. BUCHER, DIP Bd. II, N 113 ff.; MASMEJAN, 74 FN 185; LEVANTE, 55). Da der Begriff «internationales Verhältnis» nicht genau umschrieben werden kann, der Wohnsitz und die ihn bestimmenden Normen aufgrund der Rechtssicherheit möglichst klar sein müssen, ist letztere Lösung abzulehnen. Auch vermag es nicht zu befriedigen, wenn sich bei ausländischer Nationalität der Wohnsitz nach dem IPRG richten würde (so BGE 120 III 8); der Wohnsitz der gesamten minderjährigen ausländischen Wohnbevölkerung der Schweiz würde sich somit nach anderen Normen richten als der Wohnsitz der minderjährigen Schweizer! Aber auch die erste Auffassung muss ergänzt werden: Zuerst ist aufgrund des IPRG festzustellen, ob die betreffende Person im Ausland oder in der Schweiz Wohnsitz hat. Besteht Wohnsitz in der Schweiz, so bestimmt das ZGB dessen genauen Ort. Hat aber eine Person aufgrund des IPRG Wohnsitz in der Schweiz, hätte sie aber nach den Bestimmungen des ZGB Wohnsitz im Ausland, so bestimmt sich auch der Ort des Wohnsitzes innerhalb der Schweiz nach den Bestimmungen des IPRG. Der Ort des Wohnsitzes eines Kindes in der Schweiz, dessen beide Eltern die elterliche Sorge haben und im Ausland leben, bestimmt sich somit auschliesslich nach Art. 20 IPRG und nicht nach dem ZGB.

II. Absicht dauernden Verbleibens

1. Mittelpunkt der Lebensbeziehungen

5   Abs. 1 stellt zwei Kriterien auf, welche kumulativ erfüllt sein müssen, damit eine handlungsfähige Person an einem bestimmten Ort Wohnsitz hat: objektiv physischer Aufenthalt und subjektiv Absicht dauernden Verbleibens. Da der Wohnsitz nicht nur für die betroffene Person, sondern auch für Drittpersonen und das Gemeinwesen von Bedeutung ist, ist die innere Absicht des dauernden Verbleibs nur insoweit von Bedeutung, als sie nach aussen erkennbar geworden ist (BGE 97 II 3 f.; 108 Ia 255; 119 II 65; 120 III 8; 125 V 78; 127 V 238; ZR 1983, 143 f.; HOLENSTEIN, 82; GROSSEN, SPR II, 351). Massgebend ist daher der Ort, wo sich der **Mittelpunkt der Lebensbeziehungen** befindet (BGE 85 II 322).

6   Der Mittelpunkt der Lebensbeziehungen befindet sich im Normalfall am **Wohnort,** wo man schläft (BRÜCKNER, N 319), die Freizeit verbringt und wo sich die persönlichen Effekten befinden, nicht am Arbeitsort (zu weiteren Indizien vgl. unten N 23). Am Wohnort hat man üblicherweise einen Telefonanschluss (vgl. Pra 2000, 30) und eine Postadresse (BRÜCKNER, N 327). Der blosse Arbeitsort kann ausnahmsweise bei Alleinstehenden zum Wohnsitz werden, wenn der Wohnort blosse Schlafstelle ist, am Arbeitsort die meiste

Freizeit verbracht wird, sich dort ein Teil der persönlichen Effekten befindet und als Adresse für die persönliche Korrespondenz angegeben wird (BK-BUCHER, N 49).

Der Mittelpunkt der Lebensbeziehungen befindet sich üblicherweise nicht an einem Ort, an dem man sich bloss zu einem **Sonderzweck** aufhält (BGE 108 I a 257). Daher begründet der Aufenthalt zwecks Besuchs einer Lehranstalt oder die Unterbringung in eine Heil- oder Strafanstalt keinen Wohnsitz (Art. 26). Verlegt indes eine Person ihren Aufenthalt freiwillig in eine Anstalt mit der Absicht, dort dauernd zu verbleiben, so ist der Besuch der Anstalt kein Sonderzweck mehr und steht einer Wohnsitznahme nicht entgegen (vgl. Art. 26 N 6).   7

Die nach aussen erkennbare Absicht muss auf einen **dauernden Aufenthalt** gerichtet sein. Auch ein von vornherein bloss vorübergehender Aufenthalt kann einen Wohnsitz begründen, wenn er auf eine bestimmte Dauer angelegt ist und der Lebensmittelpunkt dorthin verlegt wird (BGE 69 II 281; 69 I 79; 49 I 193; 41 III 53 f.; 32 I 81; BGer ASA 28, 1958/59, 177; SJZ 1980, 138 f.; ZK-EGGER, N 25; BK-BUCHER, N 23; A. BUCHER, Personen, N 370; TUOR/SCHNYDER/SCHMID, § 10 III, a; VISCHER, 17). Als Mindestdauer sei hier ein Jahr postuliert (vgl. A. BUCHER, ZZW 1985, 337; BRÜCKNER, N 329 FN 160; **a.M.** LEVANTE, FN 312). Die Absicht, einen Ort später zu verlassen, schliesst eine Wohnsitzbegründung nicht aus (BGE 127 V 241). Die Absicht dauernden Verweilens muss nur im Moment der Begründung eines Wohnsitzes bestanden haben. Ändert sich diese Absicht, so bleibt der einmal erworbene Wohnsitz bis zur Begründung eines neuen bestehen (A. BUCHER, Personen, N 372).   8

Einen selbständigen Wohnsitz kann nur derjenige begründen, der **urteilsfähig** ist. Da jedoch weniger die subjektive Absicht, sondern der erkennbare Mittelpunkt der Lebensbeziehungen massgebend ist, sind an die Urteilsfähigkeit keine hohen Anforderungen zu stellen (BGE 127 V 240; BGer ASA 41, 1972/73, 141; BK-BUCHER, N 28 ff.; A. BUCHER, Personen, N 367). Urteilsunfähige können keinen neuen selbständigen Wohnsitz begründen, sondern behalten auch bei Ortswechsel ihren bisherigen Wohnsitz bei (Art. 24 Abs. 1). Aufgrund der Funktionalisierung des Wohnsitzbegriffs (vgl. N 3) ist die Urteilsfähigkeit unbeachtlich bei der Bestimmung des Wohnsitzes zur Festlegung der behördlichen Zuständigkeit für vormundschaftliche Massnahmen (BK-SCHNYDER/MURER, Art. 376 N 35 f., 56).   9

Bei **verheirateten Personen** bestimmt sich der Wohnsitz gesondert für jeden Ehegatten gemäss den Art. 23 ff. (BGE 121 I 14; 115 II 121; 121 III 51). Die Bestimmung in aArt. 25 ZGB, wonach der Wohnsitz des Ehemannes als Wohnsitz der Ehefrau gilt, wurde durch die Revision des Eherechts 1988 aufgehoben. Üblicherweise befindet sich der Wohnsitz beider Ehegatten am Ort der ehelichen Wohnung (BGE 115 II 121). Verlässt ein Ehegatte mit dem Willen, die eheliche Gemeinschaft definitiv aufzugeben, die eheliche Wohnung, so kann er unmittelbar an einem anderen Ort einen neuen Wohnsitz begründen und dort gemäss Art. 135 (aArt. 144) die Scheidungsklage einreichen (BGE 115 II 122 f.; vgl. in internationalen Verhältnissen die Einschränkungen von Art. 59 lit. b IPRG). Der entsprechende Wille, einen neuen Wohnsitz zu begründen, muss sich dabei deutlich manifestiert haben (BGE 119 II 65). Der Ehegatte muss seinen Lebensmittelpunkt dorthin verlegt haben und nicht lediglich den Sonderzweck verfolgen, am neuen Ort die Scheidungsklage einzureichen (BGE 83 II 499). Ob der ausgezogene Ehegatte berechtigt war, den gemeinsamen Haushalt aufzuheben (Art. 175), ist unerheblich (A. BUCHER, Personen, N 377; REUSSER, BlSchK 1987, 84). Möglich, jedoch selten, sind getrennte Wohnsitze, bei Ehegatten, die das Zusammenleben nicht aufgegeben haben, wenn sie sich abwechslungsweise in beiden Wohnungen treffen (DESCHENAUX/STEINAUER, Personnes, N 385; HAUSHEER/AEBI, N 09.59; BRÜCKNER, N 365). Dieselben   10

Grundsätze gelten ab dem 1. Januar 2007 auch für die eingetragenen Partner gemäss dem Bundesgesetz über die eingetragene Partnerschaft gleichgeschlechtlicher Paare (Partnerschaftsgesetz, PartG) vom 18. Juni 2004, da dieses davon ausgeht, dass eingetragene Partner wie Ehegatten zusammenleben (Art. 14, 17 PartG).

2. Wochenaufenthalter

11 Bei **verheirateten Personen** befindet sich der Mittelpunkt der Lebensbeziehungen üblicherweise am Wohnort der Familie, nicht am Arbeitsort (BGE 96 II 166; BGer ASA 62, 1993/94, 445). Dies gilt auch für diejenigen Personen, welche am Arbeitsort übernachten und lediglich am Wochenende nach Hause fahren (BGE 125 I 56, 458 f.; 88 III 139; 81 II 327; ASA 63, 1994/95, 839; BGer BlSchK 1985, 175 f.) sowie für den Geschäftsmann, welcher die grössere Zeit des Jahres im Ausland verbringt (ZR 1981, 69). Der Wochenaufenthalts- und Arbeitsort wird zum Wohnsitz, wenn die Familie bloss noch in grossen oder unregelmässigen Abständen besucht wird. Lässt die Arbeitszeit häufigere Besuche nicht zu, so genügt eine Rückkehr pro Monat zur Beibehaltung des Wohnsitzes am Wohnort der Familie (BGE 79 I 27; BGer ASA 63, 1994/95, 839). Befindet sich der Arbeitsort im Ausland und bleibt die Familie in der Schweiz, sind weniger Besuche erforderlich, falls aufgrund der zeitlichen Beschränkung des Auslandseinsatzes eine Verlegung des Wohnsitzes in das Ausland überhaupt in Betracht kommt. Lässt die Arbeitszeit eine allwöchentliche Rückkehr an den Familienort zu, wird diese Möglichkeit indes nicht regelmässig wahrgenommen, so befindet sich der Wohnsitz am Arbeitsort (BGer ASA 63, 1994/95, 839; BGer bei LOCHER, § 3, IB, 2b, Nr. 7, 9).

12 Bei **Konkubinatspaaren** muss im Einzelfall untersucht werden, ob ein gemeinsamer Lebensmittelpunkt besteht. Solange jeder noch seine eigene Wohnung bewohnt und an diesem Ort auch arbeitet, dürfte selbst bei häufigen Besuchen des Partners die Begründung eines gemeinsamen Wohnsitzes ausgeschlossen sein. Haben die Partner indes bereits zusammen gewohnt und einen gemeinsamen Wohnsitz begründet, so besteht dieser fort, wenn ein Partner andernorts eine Arbeit aufnimmt und dort Wochenaufenthalter wird, solange er an den Wochenenden zum anderen Partner zurückkehrt (BGer bei LOCHER, § 3, IB, 2b, Nr. 20). Geht eine ledige Person, welche während der Woche am Arbeitsort wohnt und die Wochenenden bei den Eltern auf dem Lande verbringt (vgl. N 15), am Arbeitsort ein Konkubinatsverhältnis ein, so verlegt sie dadurch in der Regel ihren Wohnsitz an den Arbeitsort (BGE 125 I 57; Pra 1998, 24; BGer BStPra 1996, 251; BGer ASA 58, 1989/90, 166; 63, 1994/95, 8). Einzig wenn beide Konkubinatspartner ihre Eltern jedes Wochenende besuchen, können sie ausnahmsweise dort ihren Wohnsitz behalten (BGer v. 17.6.2004, 2P. 179/2003). Umgekehrt ist ein Konkubinat am Ort, wo das Wochenende verbracht wird, ein gewichtiges Indiz für den Wohnsitz an diesem Ort (ARNOLD, 460).

13 Sind diese Voraussetzungen erfüllt, so befindet sich, anders als im Steuerrecht (BGE 125 I 56 f., 468; 121 I 16; 104 Ia 268 f.; 57 I 421), auch der Wohnsitz eines **Selbständigerwerbenden** oder **leitenden Angestellten** am Wohnort der Familie oder Lebenspartners und nicht am Arbeitsort (ZR 1981, 69; GROSSEN, SPR II, 352 FN 37; a.M. BK-BUCHER, N 50; BROSSET, 2). Gilt als Lebensmittelpunkt der verheirateten oder im Konkubinat lebenden Personen das private und nicht das berufliche Leben (BGE 88 III 139; BGer ASA 52, 1983/84, 661; ZR 1963, 312; ZK-EGGER, N 26), so kann es nicht darauf ankommen, welcher Natur das Arbeitsverhältnis ist.

14 Verheiratete oder im Konkubinat lebende Personen, welche *gemeinsam* während der Woche in der Stadt wohnen und arbeiten und das **Wochenende** in einem Haus **auf dem Land** verbringen, haben ihr Steuerdomizil am Arbeitsort (BGer v. 22.11.1999 bei LOCHER, § 3 IB, 2a, Nr. 24; BGer StR 1987, 224 f.; BGer ASA 52, 1983/84, 662; 35,

1966/67, 256 f.; HÖHN/MÄUSLI, § 7 N 19; zu den Ausnahmen vgl. BGer ASA 71, 2002/2003, 668). Zivilrechtlich ist jedoch auf die Gesamtheit der konkreten Umstände des Einzelfalles abzustellen, um festzustellen, ob ihr Wohnsitz am Arbeitsort oder am Wochenendort liegt. Wohnt jemand zusammen mit seiner Ehefrau während der Woche im eigenen Haus und pendelt von dort täglich mit dem Zug zur Arbeit, verbringt aber die Wochenenden zusammen mit seiner Frau auf dem Bauernhof seines Bruders, wo ihm keine eigene Wohnung zur Verfügung steht, so befindet sich sein Wohnsitz dort, wo er während der Woche wohnt (BGE 123 I 294 f.).

Alleinstehende, welche während der Woche in einer eigenen Wohnung am Arbeitsort **15** übernachten und das Wochenende in einem Haus auf dem Land, aber nicht bei den Eltern oder Geschwistern verbringen, haben am Wochenaufenthalts- und Arbeitsort Wohnsitz (BGE 125 I 57 ff.; 79 I 26; Pra 1998, 25; BGer ASA 31, 1962/63, 96; BJM 1990, 209 ff.). Diesfalls gibt es kaum Ausnahmen vom Wohnsitz am Arbeitsort (BGE 125 I 57); derjenige der behauptet, sein Lebensmittelpunkt sei am Ort wo das Wochenende verbracht wird, hat den entsprechenden Nachweis zu erbringen (BGE 125 I 58). Der **Besuch der Eltern** oder Geschwister (Pra 1998, 23; BGer ASA 62, 1993/94, 445; BJM 1990, 212) soll nach einem überholten Entscheid des BGer bei jüngeren Personen den dortigen Wohnsitz fortbestehen lassen, wenn zumindest jedes zweite Wochenende und die Ferien dort und nicht am Arbeitsort verbracht werden (BGE 111 I a 43; ARNOLD, 458). Gemäss neuerer Praxis ist auch bei jüngeren Personen eine allwöchentliche Rückkehr erforderlich (HÖHN/MÄUSLI, § 7 N 60 f.; vgl. BGer ASA 63, 1994/95, 840: täglich oder wöchentlich. BGer SteuerRevue 56, 2001, 340: «[...] soit au moins une fois par semaine [...]»), da das freiwillige Verbleiben am Arbeitsort an vielen Wochenenden zeigt, dass sich nun der Lebensmittelpunkt dorthin verschoben hat. Aber auch bei denjenigen Alleinstehenden, welche das Wochenende regelmässig bei ihren Eltern verbringen, können nach einer gewissen Zeit (in casu sieben Jahre) die sozialen Kontakte am Wochenaufenthalts- und Arbeitsort derart eng werden, dass er als Lebensmittelpunkt bezeichnet werden muss (BGer ASA 62, 1993/94, 446 f.), sind doch die Beziehungen einer ledigen Person zur elterlichen Familie im Allgemeinen doch eher etwas lockerer als diejenigen, die einen Ehegatten an den anderen binden (DE VRIES REILINGH-FLÜCKIGER, 279). Es ist diesfalls auf die Gesamtheit der konkreten Umstände des Einzelfalles abzustellen, wie namentlich das Alter und die Dauer der Anstellung am Arbeitsort, ein besonderer Freundes- oder Bekanntenkreis (Pra 1998, 24), besondere gesellschaftliche Beziehungen (BGer ASA 63, 1994/95, 840), die Grösse der Wohnung am Arbeitsort und bei den Eltern (BGer BstPra 1998, 38), ein eigenes Haus, eine eigene Wohnung usw. (BGer ASA 63, 1994/95, 840). Zum Konkubinatsverhältnis vgl. oben N 12. Die sog. «Basler Praxis» zum steuerrechtlichen Wohnsitz, wonach allein stehende berufstätige Personen, die am Wochenende zu den Eltern heimkehren, nicht mehr als blosse Wochenaufenthalter betrachtet würden, wenn sie sich entweder mehr als fünf Jahre am Arbeitsort aufgehalten haben oder über 30 Jahre alt sind, ist grundsätzlich berechtigt (BGer v. 24.3.1998 bei LOCHER, § 3, IB, 2b, Nr. 26; noch **a.M.** BGer ASA 63, 1994/95, 842 wonach diese Praxis wohl auf einer gewissen natürlichen Vermutung beruhe, diese könne jedoch widerlegt werden und bewirke insbesondere keine Umkehr der Beweislast) Es ist wenig glaubwürdig, wenn eine Person geltend macht, am Arbeitsort, wo sie schon mehrere Jahre lebt, weder zu Berufskollegen noch zu Nachbarn irgendwelche Beziehungen geknüpft zu haben (BGer v. 23.3.1999 bei LOCHER, § 3, IB, 2b, Nr. 28; zur Beweislast vgl. auch hinten N 28 f.). Wohnen die Eltern in der Nähe des Arbeitsorts, und würde daher keine Notwendigkeit bestehen, am Arbeitsort eine Wohnung zu nehmen, so manifestiert dies, dass die Beziehungen zum Arbeitsort so eng geworden sind, dass dort ein Wohnsitz begründet wurde (BGE 113 I a 467).

16   **Allein stehende** Personen, welche **mündig werden** (Art. 14 f.), begründen erst dann einen selbständigen Wohnsitz, wenn sie sich an einem Ort mit der Absicht dauernden Verbleibens aufhalten. Bis dahin besteht ihr bisheriger abgeleiteter Wohnsitz am Wohnsitz ihrer Eltern oder am Sitz der Vormundschaftsbehörde fort (Art. 25 N 3).

3. Ausländer

17   Der Ausländer mit einer **Jahresaufenthaltsbewilligung** hat gemäss Art. 20 Abs. 1 lit. a IPRG üblicherweise Wohnsitz in der Schweiz, selbst wenn er jedes Jahr nach Hause reist (BGE 89 II 114 f.; 74 III 19 ff.; ZR 1988, 14 f.; BJM 1964, 79 ff.; BK-Bucher, N 38). Dies gilt auch, wenn seine Frau und seine Kinder im Heimatland wohnen. Ein **vorläufig Aufgenommener** gemäss Art. 14 a–c des Bundesgesetzes über Aufenthalt und Niederlassung der Ausländer (SR 142.20) hat ebenfalls üblicherweise Wohnsitz in der Schweiz (BGE 74 III 20; 73 III 161).

18   Der **Saisonarbeiter** hingegen, welcher neun Monate im Jahr in der Schweiz arbeitet und drei Monate bei seiner im Ausland wohnenden Familie verbringt, begründet keinen Wohnsitz in der Schweiz (BGE 113 V 264; 99 V 209; 82 II 574; 69 I 78; ZR 1963, 310 ff.; BK-Schnyder/Murer, syst. Teil IPRG N 152; ZK-Keller/Kren Kostkiewicz, Art. 20 N 44; A. Bucher, Personen, N 365). Der Saisonnier erwirbt jedoch Wohnsitz in der Schweiz, wenn er die Voraussetzungen für die Umwandlungen der Saisonbewilligung in eine ganzjährige Aufenthaltsbewilligung bereits erfüllt hat oder zu erfüllen im Begriff ist (BGE 113 V 264; 99 V 209). Namentlich aufgrund des Lugano-Übereinkommens (SR 0.275.11), wonach Beklagte üblicherweise an ihrem Wohnsitz in das Recht zu fassen sind (Art. 2 ff. LugÜ) und sich der Begriff des Wohnsitzes nach dem Recht des Forums richtet (Art. 52 Abs. 1 LugÜ), muss die Auffassung, dass Saisonarbeiter keinen Wohnsitz in der Schweiz haben, mittels der funktionalisierenden Auslegung (vgl. N 3) überprüft werden. Diesfalls dürfte derjenige, welcher jede Saison an denselben Ort zurückkehrt, zu Beginn seiner zweiten Saison in der Schweiz einen ordentlichen Wohnsitzgerichtsstand erwerben (Brückner, N 366; ähnlich BK-Bucher, N 24, Vorbem. vor Art. 23 N 27; **a.M.** Levante, FN 592).

19   Der **Asylsuchende,** welcher ein Asylbegehren eingereicht hat und nicht sofort weggewiesen wurde, kann sich mit der Absicht dauernden Verbleibens in der Schweiz aufhalten und hier seinen Lebensmittelpunkt haben, womit er einen schweizerischen Wohnsitz gestützt auf Art. 20 Abs. 1 lit. a IPRG und 23 ZGB erwirbt (BGE 113 II 7 f.; A. Bucher, ZZW 1985, 336 f.; Augsburger-Bucheli, 310; A. Bucher, Personen, N 365). An welchem Ort in der Schweiz er Wohnsitz begründete, richtet sich nicht einzig nach seinem behördlich zugewiesenen Aufenthalt, sondern nach seinem tatsächlichen Lebensmittelpunkt (BGE 116 II 503). Hat der Asylsuchende, der seinen heimischen Wohnsitz für immer aufgegeben hat (BGE 74 III 19; A. Bucher, ZZW 1985, 335 f.; ZZW 1985, 390), seinen Lebensmittelpunkt noch nicht in der Schweiz, so z.B. wenn er vorläufig in einem Aufnahmeheim untergebracht ist (A. Bucher, ZZW 1985, 337), so hat er dort gestützt auf seinen gewöhnlichen oder schlichten (Art. 24 N 10) Aufenthalt Wohnsitz (Art. 20 Abs. 2 IPRG i.V.m. Art. 24 Abs. 2 ZGB; Augsburger-Bucheli, 311; Brückner, N 368). Hält sich der Asylbewerber mit schweizerischem Wohnsitz nach Abweisung seines Asylbegehrens weiter in der Schweiz auf, so bleibt sein Schweizer Wohnsitz bis zur effektiven Ausreise bestehen, da dieser nicht von behördlichen Aufenthaltsgenehmigungen abhängt (BGE 113 II 8; Brückner, N 369; unten N 22, Art. 24 N 4; **a.M.** RegRat GR, SJZ 1990, 45, welcher vor Inkrafttreten des IPRG dem abgewiesenen Asylbewerber den Schweizer Wohnsitz abspricht). Dasselbe gilt für **internierte Ausländer** (anders im Sozialversicherungsrecht, vgl. BGE 119 V 104; 113 V 137 f.).

III. Physischer Aufenthalt

Tatsächlicher Aufenthalt i.S. eines Wohnens (résider) ist erforderlich zur Begründung   **20** eines Lebensmittelpunkts, der blosse Wille zur Wohnsitznahme genügt nicht (BGE 96 1149; 94 I 325; ZK-EGGER, N 20). Physischer Aufenthalt ist indes nur erforderlich zur Begründung, nicht aber zur Beibehaltung eines Wohnsitzes (BK-BUCHER, N 16). Solange kein neuer Wohnsitz begründet wird, bleibt der bisherige Wohnsitz fortbestehen (Art. 24 Abs. 1), auch wenn sich die betreffende Person dort nicht mehr aufhält.

Ist die objektiv erkennbare Absicht des dauernden Verweilens und der Begründung eines   **21** neuen Lebensmittelpunkts gegeben, so genügt ein **Aufenthalt kürzester Dauer** (Einzug) zur Begründung eines Wohnsitzes (ZK-EGGER, N 21; BK-BUCHER, N 17; A. BUCHER, Personen, N 371).

Auf die Erfordernis der persönlichen Anwesenheit kann in den Fällen **verzichtet** werden,   **22** wo eine Person bei ihrer Familie Wohnsitz hat, sich jedoch an einem anderen Ort aufhält. Verlegt nun die Familie ihren Wohnsitz an einen neuen Ort, so wird dieser auch der neue Wohnsitz des Abwesenden, sofern die Familie weiterhin seinen Lebensmittelpunkt bildet (ZK-EGGER, N 28; BK-BUCHER, N 19).

IV. Unmassgebende Punkte

Unmassgebend für den zivilrechtlichen Wohnsitz ist, wo eine Person angemeldet ist und   **23** ihre Schriften hinterlegt hat (BGE 127 V 241; 125 III 101; 123 1293 f.; 108 Ia 255; 102 IV 164; 88 III 139; BGer ASA 63, 1994/95, 839; ZR 1983, 144), wo sie ihr Stimmrecht ausübt und Steuern bezahlt (BGE 81 II 327), wo sie das Sozialversicherungsrecht domiziliert sieht (BGE 125 III 101; 120 III 8), ob sie als Beamter einem Wohnsitzzwang unterliegt (BGE 77 I 119: Pra 2003, 942), ob sie eine fremdenpolizeiliche Niederlassungs- oder Aufenthaltsbewilligung besitzt (BGE 125 V 76; 116 II 503; Pra 2000, 31). Dies sind jedoch alles **Indizien** für die Absicht dauernden Verbleibens (BGE 125 III 101; 120 III 8; 119 III 56; 115 II 123; 111 I a 43; 108 I a 255 ff.; 51 II 44; BK-BUCHER, N 36). Dasselbe gilt für amtliche Angaben über den Wohnsitz in Urteilen und offiziellen Publikationen (BGE 125 III 101; 96 II 168 ff.), der Gutglaubensschutz kommt hier nicht zum Zuge (BGE 96 II 170 f.).

Unerheblich sind die Gründe, welche dazu führen, dass jemand seinen Lebensmittel-   **24** punkt an einen bestimmten Ort verlegt (BK-BUCHER, N 26; VISCHER, 17; PEDRAZZINI/ OBERHOLZER, 5.3.3.1.2). So kann einer Person, welche um an einem anderen Ort eine Scheidungsklage einzureichen, ihren effektiven Lebensmittelpunkt dauernd dorthin verlegt, nicht entgegengehalten werden, sie hätte bloss Aufenthalt zu einem Sonderzweck (vgl. N 7). Das Motiv ist jedoch Indiz bei der Beurteilung der Frage, ob überhaupt ein neuer Lebensmittelpunkt begründet wurde.

V. Spezialfälle

Die **Bundesräte,** der **Bundeskanzler** und die **Mitglieder des BGer** haben ihren Wohn-   **25** sitz gemäss den Bestimmungen von Art. 23. Nur noch von historischem Interesse ist der am 8. Oktober 1999 aufgehobene Art. 16a des BG über die politischen und polizeilichen Garantien zugunsten der Eidgenossenschaft (SR 170.21, in der Fassung vom 9.10.1986), wonach diejenigen Magistratspersonen, welche bereits vor dem 1.1.1987 im Amt waren, ihren bisherigen gesetzlichen Wohnsitz am Heimatort behielten, sofern sie sich nicht bis zum 1.1.1988 dem Wohnsitz gemäss Art. 23 unterstellt hatten. Im Ausland akkreditierte

Schweizer **Diplomaten** haben im Ausland Wohnsitz (ZZW 1976, 6 f.). In der Schweiz akkreditierte ausländische Diplomaten haben eine Wohnsitzpflicht am Sitz der Regierung oder der internationalen Organisation, bei der sie akkreditiert sind (VEB 1957, 110 f.), doch bestimmt sich ihr zivilrechtlicher Wohnsitz in der Schweiz nach Art. 23 (BK-BUCHER, N 39; VISCHER, 91; vgl. BGE 110 II 159).

26 **Seeleute** an Bord eines schweizerischen Seeschiffes behalten ihren bisherigen in- oder ausländischen Wohnsitz bei (Art. 67 Abs. 1 Seeschifffahrtsgesetz, SR 747.30; SJZ 1958, 59). Haben **fahrende Personen** einen Standort, an dem sie regelmässig den Winter verbringen, so haben sie dort einen Wohnsitz gemäss Art. 23 (**a.M.** EGVSZ 1981, 45 ff.). Einzig Personen, welche ohne Plan ständig ihren Aufenthalt wechseln, wie **obdachlose «Vagabunden»** oder Fahrende ohne festen Winterstandort, haben keinen selbständigen Wohnsitz nach Art. 23, sondern einen abgeleiteten nach Art. 24 (BK-SCHNYDER/MURER, Art. 376 N 58; BRÜCKNER, N 340 f.).

27 Als venire contra factum proprium kann **rechtsmissbräuchlich** derjenige handeln, der sich auf einen anderen Wohnsitzort beruft, als er im Verkehr mit Dritten den Anschein gegeben hat. Die Rechtsmissbräuchlichkeit des Verhaltens ist indes nur zu beachten, wenn die Anknüpfung an den Wohnsitz nicht zwingend ist (BK-BUCHER, Vorbem. vor Art. 22–26 N 87).

VI. Prozessuales

28 Wer sich auf das Bestehen eines bestimmten Wohnsitzes beruft, hat dies zu **beweisen** (Art. 8). Er kann sich dabei auf die Vermutung berufen, dass ein einmal begründeter Wohnsitz fortdauert (Art. 24 Abs. 1) und das Bestehen irgendeines Wohnsitzes beweisen. Die Gegenpartei hat sodann die Begründung eines neuen Wohnsitzes zu beweisen (BGE 77 II 17 f.). Sofern die Zuständigkeit einer richterlichen oder einer Verwaltungsbehörde in Frage steht, hat diese den Sachverhalt üblicherweise von Amts wegen festzustellen. Sofern nicht öffentliche Interessen im Spiel sind, darf sie sich hierbei auf Parteivorbringungen stützen und ist nicht verpflichtet, eigene Untersuchungen vorzunehmen (BGE 66 II 17; BK-KUMMER Art. 8 N 16).

29 Da die Absicht dauernden Verweilens nur noch insofern von Bedeutung ist, als sie sich im Bestehen des Mittelpunkts der Lebensbeziehungen manifestiert, muss nur dieser nachgewiesen werden (BK-BUCHER, Vorbem. vor Art. 22–26 N 85). Als **Beweis** hierfür können alle typischen Sachverhalte vorgebracht werden, welche das Bestehen eines Lebensmittelpunkts vermuten lassen.

29a Da der Begriff des Wohnsitzes allein kein Recht oder Rechtsverhältnis beinhaltet, kann er nicht selbständig zum Gegenstand einer zivilrechtlichen **Feststellungsklage** gemacht werden (KassGer ZH, ZR 2003, 191 f.).

VII. Einheit des Wohnsitzes

30 Jede Person hat in der schweizerischen Rechtsordnung **nur einen Wohnsitz** (Abs. 2). Hält sich jemand abwechslungsweise an zwei verschiedenen Orten auf, so gilt als Wohnsitz derjenige Ort, zu dem er die stärkeren Beziehungen hat (BGE 81 II 327; 78 I 315 f.). Diese Bestimmung kann die Verkehrssicherheit belasten, da nur am Wohnsitz ein ordentlicher Gerichtsstand besteht, der Kläger indes bei mehren Lebensschwerpunkten oft nicht weiss, welches der entscheidende Mittelpunkt ist (BK-BUCHER, N 43).

31 Der Wohnsitz hat nach unserer Rechtsauffassung eine gewisse Stabilität (ZK-EGGER, N 2). **Ein alternierender Wohnsitz**, z.B. i.S. eines Sommer- und eines Winterdomizils,

ist daher, anders als im Steuerrecht (BGE 131 I 150; BLUMENSTEIN/LOCHER, § 5 IV. 1a), ausgeschlossen (ZK-EGGER, N 31; BK-BUCHER, N 52; BRÜCKNER, N 364).

VIII. Der Vorbehalt der Geschäftsniederlassung

Der Vorbehalt der **Geschäftsniederlassung** in Abs. 3 ist historisch begründet (HOLEN-   32
STEIN, 22 ff., 40) und ohne eigene Bedeutung. Er hält lediglich fest, dass eine Person neben ihrem Wohnsitz noch eine oder mehrere Geschäftsniederlassungen haben kann, und dass hieran besondere Rechtsfolgen angeknüpft werden können (BGE 53 I 129 f.).

Art. 24

b. Wechsel im Wohnsitz oder Aufenthalt	**[1] Der einmal begründete Wohnsitz einer Person bleibt bestehen bis zum Erwerbe eines neuen Wohnsitzes.**
	[2] Ist ein früher begründeter Wohnsitz nicht nachweisbar oder ist ein im Ausland begründeter Wohnsitz aufgegeben und in der Schweiz kein neuer begründet worden, so gilt der Aufenthaltsort als Wohnsitz.
b. Changement de domicile ou séjour	[1] Toute personne conserve son domicile aussi longtemps qu'elle ne s'en est pas créé un nouveau.
	[2] Le lieu où elle réside est considéré comme son domicile, lorsque l'existence d'un domicile antérieur ne peut être établie ou lorsqu'elle a quitté son domicile à l'étranger et n'en a pas acquis un nouveau en Suisse.
b. Cambiamento di domicilio o dimora	[1] Il domicilio di una persona, stabilito che sia, continua a sussistere fino a che essa non ne abbia acquistato un altro.
	[2] Si considera come domicilio di una persona il luogo dove dimora, quando non possa essere provato un domicilio precedente o quando essa abbia abbandonato il suo domicilio all'estero senza averne stabilito un altro nella Svizzera.

Literatur

Vgl. die Literaturhinweise zu Art. 23.

I. Keine Aufgabe eines Wohnsitzes ohne Begründung eines neuen

Abs. 1 statuiert den Grundsatz der **Notwendigkeit des Wohnsitzes.** Jede natürliche Per-   1
son hat einen Wohnsitz. Dieser kann nur dadurch aufgegeben werden, indem ein neuer, an einem anderen Ort im In- oder Ausland (BK-BUCHER, N 22) begründet wird. Hat eine Person den Ort ihres bisherigen Wohnsitzes verlassen und noch keinen neuen Wohnsitz begründet, so besteht der bisherige Wohnsitz als **fiktiver** fort.

Das **IPRG** kennt keinen **fiktiven Wohnsitz** (Art. 20 Abs. 2 i.f. IPRG), doch gilt auch hier   2
der Grundsatz der Notwendigkeit des Wohnsitzes, da bei Fehlen eines selbständigen Wohnsitzes der gewöhnliche Aufenthalt an dessen Stelle tritt (Art. 20 Abs. 2 Satz 2 IPRG; **a.M.** LEVANTE, 54; zur Abgrenzung IPRG/ZGB vgl. Art. 23 N 4). Hat jemand seinen Schweizer Wohnsitz aufgegeben und ist in das Ausland gezogen, so begründet er

dort Wohnsitz, sobald er im Ausland selbständigen Wohnsitz gemäss Art. 20 Abs. 1 lit. a IPRG oder zumindest gewöhnlichen Aufenthalt i.S.v. Art. 20 Abs. 1 lit. b IPRG hat. Solange er noch nirgends gewöhnlichen Aufenthalt begründet hat, muss mittels der funktionalisierenden Auslegung (Art. 23 N 3) entschieden werden, ob sein aufgegebener Schweizer Wohnsitz als fiktiver Wohnsitz fortbesteht, oder ob er am Ort seines schlichten Aufenthalts im Ausland Wohnsitz hat. Ein freiwilliger (Art. 23) oder abgeleiteter (Art. 25) schweizerischer Wohnsitz wird aufgegeben, wenn eine Person die Schweiz definitiv verlässt oder polizeilich ausgeschafft wurde. Zur Aufgabe eines Auslandswohnsitzes vgl. N 8 f.

3　　Auch der **abhängige Wohnsitz** der Kinder und Bevormundeten (Art. 25) **dauert** bis zur Begründung eines neuen Wohnsitzes **fort,** wenn die elterliche Sorge oder die Vormundschaft weggefallen sind (BGE 61 II 67 f.; ZK-EGGER, N 3; BK-BUCHER, N 19; A. BUCHER, Personen, N 399). Ob dies auch bei denjenigen Personen gilt, welche aufgrund einer überjährigen Freiheitsstrafe bevormundet wurden (so BGE 61 II 67 f.), ist umstritten (Art. 371; vgl. BK-BUCHER, N 20; BK-SCHNYDER/MURER, Art. 376 N 23). Nicht perpetuiert wird der Wohnsitz am Aufenthaltsort gemäss Abs. 2 (vgl. N 12).

4　　Der Wohnsitz bleibt aufgrund Abs. 1 bis zur Begründung eines neuen auch an einem Ort bestehen, von dem die betreffende Person **behördlich weggewiesen** wurde, sofern sie in der Schweiz verbleibt (BGE 51 II 42; ZK-EGGER, N 3; BK-BUCHER, N 24). Anders verhielt es sich vor Inkrafttreten des Bundesgesetzes über die Zuständigkeit für die Unterstützung Bedürftiger (ZUG), wenn eine bedürftige Person in ihre Heimatgemeinde abgeschoben und dort unterstützt wurde. Unabhängig von der Absicht dauernden Verbleibens erhielt sie Wohnsitz am Ort der Heimatgemeinde (BGE 69 II 2 f.; 65 II 99 f.).

5　　Der fiktive Wohnsitz findet i.d.R. **im öffentlichen Recht** keine Anwendung; im SchKG werden Personen ohne festen Wohnsitz am Aufenthaltsort betrieben (Art. 48 SchKG; BGE 119 III 52). Eine Person mit bloss fiktivem Wohnsitz gemäss Art. 24 Abs. 1 kann sich nicht auf Art. 30 Abs. 2 BV (aArt. 59 BV) berufen (BGE 96 I 149). Im Steuerrecht wird auf den tatsächlichen neuen Wohnsitz abgestellt. Steuerrechtlich endet der Wohnsitz mit dessen Aufgabe und nicht erst mit der Begründung eines neuen Wohnsitzes. Unmassgebend ist somit, ob der Aufenthalt am neuen Ort wohnsitzbegründend ist, weil der bisherige Wohnsitz aufgegeben werden kann, ohne dass ein neuer begründet wird (ABSH 2000, 139). Gemäss Art. 3 Abs. 2 GestG ist Art. 24 ZGB bei der Bestimmung des Wohnsitzes nicht anwendbar. Dies gilt für alle Gerichtsstände, welche sich auf den Wohnsitz abstützen. Hat die beklagte Partei aufgrund der Unanwendbarkeit von Art. 24 ZGB keinen Wohnsitz, so kann sie an ihrem gewöhnlichen Aufenthaltsort eingeklagt werden (Art. 4 Abs. 1 GestG).

II. Früherer Wohnsitz nicht nachweisbar

6　　Hat jemand keinen Wohnsitz i.S.v. Art. 20 Abs. 1 lit a und Abs. 2 Satz 2 IPRG, Art. 23 und 25 ZGB, und ist ein **früherer Wohnsitz nicht nachweisbar,** so gilt der schlichte Aufenthaltsort als Wohnsitz (Abs. 2). Der schlichte Aufenthalt in der Schweiz gilt auch als Wohnsitz, wenn der frühere, nicht mehr nachweisbare Wohnsitz vermutungsweise im Ausland lag.

7　　Ob sich darauf berufen darf, wer über seine früheren Wohnverhältnisse **keine Auskunft** gibt, wie der sich illegal in der Schweiz aufhaltende Ausländer, welcher seine Ausweispapiere vernichtet hat und über seine Herkunft schweigt, muss aufgrund der funktionalisierenden Auslegung (vgl. Art. 23 N 3) in jedem Fall gesondert entschieden werden.

III. Aufgabe eines Auslandswohnsitzes

Hat eine Person ihren **Wohnsitz im Ausland aufgegeben** und nirgendwo einen neuen 8 begründet und hält sie sich in der Schweiz auf, so befindet sich ihr Wohnsitz an ihrem gewöhnlichen Aufenthaltsort in der Schweiz (Art. 20 Abs. 2 Satz 2 IPRG). Hat sie ihren Wohnsitz in der Schweiz aufgegeben und noch keinen neuen begründet, ist aber nicht ausgewandert oder ausgeschafft worden (vgl. N 2), so besteht der bisherige Wohnsitz als fiktiver fort (Abs. 1). Wann eine Person ihren Wohnsitz im Ausland aufgegeben hat, richtet sich nach der Sachnorm von Art. 20 Abs. 1 lit. a IPRG: wenn der Ort des bisherigen Lebensmittelpunkts definitiv verlassen wird (vgl. BGE 87 II 9; 74 III 19; BK-Bucher, N 35). Unerheblich ist, ob gemäss dem ausländischen Recht noch ein Wohnsitz besteht (BGE 96 I 395; 87 II 9; 68 II 184). Hat eine Person, welche ihren Wohnsitz im Ausland aufgegeben hat, irgendwo im Ausland noch gewöhnlichen Aufenthalt gemäss Art. 20 Abs. 1 lit. b IPRG, so befindet sich dort auch ihr Wohnsitz (Art. 20 Abs. 2 IPRG) und ein allfälliger schlichter Aufenthalt in der Schweiz begründet keinen Wohnsitz.

Hat eine Person ihren ausländischen Wohnsitz aufgegeben und gewöhnlichen Aufenthalt 9 (Art. 20 Abs. 1 lit. b IPRG) in der Schweiz begründet, so hat sie auch innerstaatlich am Ort ihres gewöhnlichen Aufenthalts Wohnsitz (vgl. N 12). Solange sie jedoch nach Aufgabe ihres Auslandswohnsitzes nirgends selbständigen Wohnsitz oder gewöhnlichen Aufenthalt, sondern nur schlichten Aufenthalt in der Schweiz hat, wird entgegen dem Wortlaut von Art. 20 Abs. 2 i.f. IPRG, **das IPRG** durch Art. 24 Abs. 2 ZGB ergänzt, da das IPRG den entsprechenden Fall nicht und das ZGB mittels einer Sachnorm ausdrücklich regelt (**a.M.** Levante, 98). Asylsuchende haben ihren ausländischen Wohnsitz aufgegeben (vgl. Art. 23 N 19).

IV. Aufenthalt

Aufenthalt i.S.v. Abs. 2 ist der «**schlichte Aufenthalt**» im Gegensatz zum «gewöhnlichen 10 Aufenthalt» gemäss Art. 20 Abs. 1 lit. b IPRG (BK-Bucher, N 50; Pedrazzini/Oberholzer, 5.3.3.3). Aber auch der schlichte Aufenthalt ist mehr als eine bloss zufällige Ortsanwesenheit («résidence», nicht «séjour»; BGE 119 III 56; 86 II 10; 56 I 454), wie der jeweilige Ort beim Durchfahren eines Gebietes oder ein kurzer Reisehalt (BK-Bucher, N 42; A. Bucher, Personen, N 404). Als Mindestdauer sei eine Anwesenheit von 24 Stunden vorgeschlagen (BK-Bucher, N 42).

Für den Aufenthalt genügt die **tatsächliche Ortsanwesenheit,** eine subjektive Absicht ist 11 nicht erforderlich. Dementsprechend haben auch Urteilsunfähige einen Aufenthalt (BK-Bucher, N 43). Auch ein Aufenthalt zu einem Sonderzweck, z.B. in einer Heil- oder Strafanstalt (Art. 26 ZGB), genügt (BGE 93 II 10; 80 II 108).

Der Wohnsitz gemäss Abs. 2 besteht nur solange, wie der Aufenthalt besteht. **Wechselt** 12 **der Aufenthalt,** so wechselt auch der Wohnsitz. Abs. 1 (Fortbestehen des Wohnsitzes) kommt üblicherweise nicht zum Zuge (BK-Bucher, N 46). Dies gilt auch, wenn der Aufenthalt in das Ausland verlegt wird. Hält sich eine Person ohne selbständigen Wohnsitz pendelnd an **mehreren Orten** nebeneinander auf, so befindet sich ihr Wohnsitz an dem Aufenthaltsort, zu dem die engsten Bindungen bestehen, auch wenn sich die Person gerade an einem anderen Ort befindet (BGE 87 II 11; 86 II 11; 56 I 455 f.; ZK-Egger, N 7; BK-Bucher, N 44 f.; Brosset, 5). Damit wird i.E. bei Bestehen eines **gewöhnlichen Aufenthalts** in der Schweiz i.S.v. Art. 20 Abs. 1 lit. b IPRG (Ort, an dem eine Person während längerer Zeit lebt) auch innerstaatlich auf diesen und nicht auf den jeweiligen schlichten Aufenthalt abgestellt. Ein bisheriger Wohnsitz am Aufenthaltsort dauert somit bei Ortsabwesenheit nur fort (Abs. 1), bis ein neuer Aufenthalt oder Wohnsitz begründet wird (BGE 72 III 40 f.; BK-BUCHER, N 47), oder solange der Aufenthalt noch als gewöhnlicher Aufenthalt i.S. des IPRG bezeichnet werden kann und andererorts nur schlichter Aufenthalt bestellt.

13   Das **GestG** gibt bei Fehlen eines effektiven Wohnsitzes aufgrund der Nichtanwendbarkeit von Art. 24 nur einen Gerichtsstand am gewöhnlichen, nicht am schlichten Aufenthaltsort (Art. 4 GestG).

Art. 25

c. Wohnsitz nicht selbständiger Personen

[1] **Als Wohnsitz des Kindes unter elterlicher Sorge gilt der Wohnsitz der Eltern oder, wenn die Eltern keinen gemeinsamen Wohnsitz haben, der Wohnsitz des Elternteils, unter dessen Obhut das Kind steht; in den übrigen Fällen gilt sein Aufenthaltsort als Wohnsitz.**

[2] **Bevormundete Personen haben ihren Wohnsitz am Sitz der Vormundschaftsbehörde.**

c. Domicile légal

[1] L'enfant sous autorité parentale partage le domicile de ses père et mère ou, en l'absence de domicile commun du père et mère, le domicile de celui de ses parents qui a le droit de garde; subsidiairement, son domicile est déterminé par le lieu de sa résidence.

[2] Le domicile des personnes sous tutelle est au siège de l'autorité tutélaire.

c. Domicilio di persone dipendenti

[1] Il domicilio del figlio sotto l'autorità parentale è quello dei genitori o, se i genitori non hanno un domicilio comune, quello del genitore che ne ha la custodia; negli altri casi, è determinante il luogo di dimora.

[2] Il domicilio dei tutelati è nella sede dell'autorità tutoria.

Literatur

Vgl. die Literaturhinweise zu Art. 23 sowie A. BUCHER, Der abhängige Wohnsitz nicht selbständiger Personen (Art. 25 ZGB), ZVW 1977, 41 ff.; HEGNAUER, Wohnsitz des Kindes unter elterlicher Gewalt, ZVW 1988, 150 ff.; DERS., Der Sitz der Vormundschaftsbehörde und der Wohnsitz bevormundeter Personen (Art. 25 Abs. 1 ZGB), ZVW 1981, 67 ff.

I. Allgemeines

1   Art. 25 wurde mit der Revision des Eherechts 1988 neu formuliert. Er regelt nun nicht mehr den Wohnsitz der Ehefrau (vgl. Art. 23 N 10), sondern nur noch den Wohnsitz der unmündigen und bevormundeten Personen. Diese haben üblicherweise keinen selbständigen Wohnsitz, ihr Wohnsitz ist dort, wo sich der Wohnsitz ihrer Eltern resp. der Sitz der Vormundschaftsbehörde befindet. In Kenntnis der dagegen gerichteten Kritik (insb. A. BUCHER, ZVW 1977, 41 ff.) hat der Gesetzgeber am Prinzip des **abgeleiteten Wohnsitzes** festgehalten (HEGNAUER, ZVW 1988, 154).

2   Art. 25 kommt nur zur Anwendung, wenn das Kind oder der Bevormundete aufgrund des **IPRG** in der Schweiz Wohnsitz haben (Art. 23 N 4).

3   **Wird das Kind mündig** oder wird bei einer volljährigen Person die Vormundschaft aufgehoben, so bleibt der bisherige abgeleitete Wohnsitz bis zur Begründung eines neuen bestehen (Art. 24 Abs. 1; GROSSEN, SPR II, 349; BK-BUCHER, aArt. 25 ZGB N 86; BK-

HAUSHEER/REUSSER/GEISER, Art. 162 N 34/10; vgl. Art. 24 N 3). Nicht perpetuiert wird der Wohnsitz am Aufenthaltsort des Kindes. Wechselt der Aufenthalt, so wechselt der Wohnsitz (vgl. Art. 24 N 12). Dies gilt auch für die Zeit, in der ein mündig gewordenes Kind noch keinen selbständigen Wohnsitz begründet hat (vgl. Art. 23 N 16).

II. Wohnsitz des Kindes am Wohnsitz der Eltern

Steht das **Kind unter der elterlichen Sorge** (Art. 296 ff. vor der Änderung vom   **4** 26. Juni 1998 unter elterlicher Gewalt) beider Eltern und haben diese einen gemeinsamen Wohnsitz (vgl. Art. 23 N 10), so befindet sich der Wohnsitz des Kindes am gemeinsamen Wohnsitz der Eltern. Steht die elterliche Sorge bloss einem Elternteil zu, so befindet sich der Wohnsitz des Kindes an dessen Wohnsitz (Botschaft Revision Eherecht, 1345). Ein Kind einer ledigen und mündigen Mutter steht unter ihrer elterlichen Sorge (Art. 298 Abs. 1) und teilt somit ihren Wohnsitz. Unerheblich ist in beiden Fällen, wo sich das Kind tatsächlich aufhält und ob sich das Kind unter der Obhut (Art. 310) der Inhaber der elterlichen Sorge befindet. Auch Kinder, die unter der Obhut Dritter stehen, haben somit ihren Wohnsitz am Wohnsitz ihrer Eltern, solange diesen noch die elterliche Sorge zusteht (HEGNAUER, ZVW 1988, 152; BK-HAUSHEER/REUSSER/GEISER, Art. 162 N 34/16; DESCHENAUX/STEINAUER, Personnes, N 391; **a.M.** A. BUCHER, Personen, N 382 ff.). Dies gilt selbst, wenn sich ein Kind in der Obhut von Pflegeeltern befindet und diese die Eltern in der Ausübung der elterlichen Sorge vertreten. Die anders lautenden Meinungen zum Recht vor 1988 (BGE 32 I 487; HOLENSTEIN, 107; DESCHENAUX/STEINAUER, Personnes, 2. Aufl. 1986, 101 N 393a; BK-BUCHER, aArt. 25 ZGB N 68; VISCHER, 76) wurden vom Gesetzgeber nicht aufgenommen (HEGNAUER, ZVW 1988, 154; **a.M.** STETTLER, SPR III/2, 492). Vorbehalten bleibt eine Korrektur im Einzelfall aufgrund der funktionalisierenden Auslegung (vgl. Art. 23 N 3).

Steht das Kind unter der elterlichen Sorge (Art. 296 ff.) beider Eltern und haben diese   **5** keinen gemeinsamen Wohnnsitz (vgl. Art. 23 N 10), so befindet sich der Wohnsitz des Kindes am Wohnsitz des Elternteils, unter dessen **Obhut** das Kind steht. Massgebend ist nur die formelle Obhutsberechtigung, welche einem Elternteil im Rahmen einer Kindes- oder Eheschutzmassnahme sowie während eines Scheidungsprozesses übertragen wurde (Art. 137 Abs. 2, 176 Abs. 3, 310). Unerheblich ist somit, wo sich das Kind tatsächlich aufhält und von wem es betreut wird (Botschaft Revision Eherecht, 1345; BK-HAUSHEER/REUSSER/GEISER, Art. 162 N 34/17; DESCHENAUX/STEINAUER, Personnes, N 392; **a.M.** ZVW 1997, 188). Der Aufenthalt des Kindes spielt dann jedoch eine Rolle, wenn die Obhutsberechtigung bei beiden Eltern liegt (unten N 9).

Grundsätzlich ist in beiden Fällen unmassgebend, ob die **Eltern Wohnsitz** nach Art. 23   **6** oder **nach Art. 24** haben (BK-BUCHER, aArt. 25 ZGB N 63; VISCHER, 70; differenzierend BK-HAUSHEER/REUSSER/GEISER, Art. 162 N 34/11; **a.M.** HOLENSTEIN, 118 f.). Vorbehalten bleibt eine Korrektur im Einzelfall aufgrund der funktionalisierenden Auslegung (vgl. Art. 23 N 3).

Der abgeleitete Wohnsitz am Wohnsitz der Eltern gilt nicht unumstrittenermassen auch   **7** für Kinder, welche eine unselbständige oder selbständige **Erwerbstätigkeit** (Art. 323, 412) ausüben (BGE 85 III 164; GROSSEN, SPR II, 348; VISCHER, 75; für selbständigen Wohnsitz bei selbständiger Erwerbstätigkeit: BGE 80 I 188; 76 I 303; 69 II 340; 67 II 83; BK-BUCHER, aArt. 25 ZGB N 71; DESCHENAUX/STEINAUER, Personnes, N 394; für selbständigen Wohnsitz bei selbständiger und unselbständiger Erwerbstätigkeit: BGE 45 II 245; ZK-EGGER, aArt. 25 ZGB N 8; A. BUCHER, Personen, N 388; STETTLER, SPR 111/2, 493; offen gelassen in BGE 94 II 226; für selbständigen Wohnsitz in «ganz ausser-

ordentlichen Fällen»: BK-HAUSHEER/REUSSER/GEISER, Art. 162 N 34/7). Da dem Gesetzgeber von 1984 das Problem bekannt gewesen sein musste, muss sein Entscheid, diesen Kindern keinen selbständigen Wohnsitz zu geben, akzeptiert werden. Die Kontroverse
hat mit der Herabsetzung des Mündigkeitsalters auf 18 Jahre an Bedeutung verloren.

III. Wohnsitz des Kindes an seinem Aufenthaltsort

8 In den **übrigen Fällen** gilt der **Aufenthalt** eines Kindes als sein Wohnsitz. Da hiermit
subsidiär (HEGNAUER, ZVW 1988, 151) bei allen Unmündigen unter elterlicher Sorge,
deren Wohnsitz nicht vom Wohnsitz des Inhabers ihrer elterlichen Sorge abhängt, der
Aufenthaltsort als Wohnsitz gilt, wird ihr bisheriger abgeleiteter Wohnsitz nicht gemäss
Art. 24 Abs. 1 perpetuiert (vgl. BK-HAUSHEER/REUSSER/GEISER, Art. 165 N 34/9).

9 Diese **übrigen Fälle** sind:

a) Elterliche Sorge und Obhutsberechtigung bei beiden Eltern, welche jedoch keinen
gemeinsamen Wohnsitz haben (HEGNAUER, Kindesrecht, N 17.23; BK-HAUSHEER/
REUSSER/GEISER, Art. 162 N 34/18; STETTLER, SPRIII/2, 490 f.; **a.M.** A. BUCHER,
Personen, N 383 f.; DESCHENAUX/STEINAUER, Personnes, N 392).

b) Entzug der Obhutsberechtigung beider Eltern, die Inhaber der elterlichen Sorge sind
und keinen gemeinsamen Wohnsitz haben (HEGNAUER, ZVW 1988, 153; BK-HAUS-
HEER/REUSSER/GEISER, Art. 162 N 34/18; DESCHENAUX/STEINAUER, Personnes, N 392
in fine).

c) Dahinfallen der elterlichen Sorge durch Entzug, Tod, Verschollenerklärung oder Entmündigung ihrer Inhaber (HEGNAUER, Kindesrecht, N 17.23; A. BUCHER, Personen,
N 390; **a.M.** DESCHENAUX/STEINAUER, Personnes, N 395; STETTLER, SPR III/2, 497;
BK-HAUSHEER/REUSSER/GEISER, Art. 162 N 34/23: bei Entzug der elterlichen Sorge
gehe der von den Eltern abgeleitete Wohnsitz ohne Unterbruch in den von der Vormundschaftsbehörde abgeleiteten über und bei Tod der Inhaber der elterlichen Sorge
werde der bisherige Wohnsitz vorerst gemäss Art. 24 perpetuiert und das Kind könne,
wenn der Vormund zu spät ernannt werde, einen selbständigen Wohnsitz nach Art. 23
begründen).

d) Kind, welchem noch kein Vormund gegeben wurde und dessen ledige Mutter aufgrund
Unmündigkeit, Entmündigung oder Entzug keine elterliche Sorge hat (Art. 298
Abs. 2; HEGNAUER, Kindesrecht, N 17.23; A. BUCHER, Personen, N 390; STETTLER,
SPR III/2, 496; **a.M.** DESCHENAUX/STEINAUER, Personnes, N 395 für Wohnsitz des
Kindes gemäss Art. 24 und 23).

e) Kind verheirateter Eltern, welchen beiden auch für später geborene Kinder die elterliche Sorge entzogen wurde (Art. 311 Abs. 3).

f) Unbekannter Wohnsitz des Inhabers der elterlichen Sorge, z.B. bei Findelkindern
(HEGNAUER, ZVW 1988, 154; DESCHENAUX/STEINAUER, Personnes, N 394; BK-HAUS-
HEER/REUSSER/GEISER, Art. 162 N 34/21).

10 **Aufenthalt** soll der schlichte Aufenthalt i.S.v. Art. 24 Abs. 2 (vgl. Art. 24 N 10) und
nicht der gewöhnliche Aufenthalt des IPRG sein (Botschaft Revision Eherecht, 1345;
BK-HAUSHEER/REUSSER/GEISER, Art. 162 N 34/19). Entsprechend der Auslegung von
Art. 24 Abs. 2 (vgl. Art. 24 N 12) ist indes auch hier primär auf den gewöhnlichen Aufenthalt des Kindes abzustellen (STETTLER, SPR III/2, 496 f.). Nur bei Fehlen eines gewöhnlichen Aufenthaltes sollte der schlichte Aufenthalt zum Zuge kommen. Lebt das
Kind somit während längerer Zeit an einem Ort, so behält es seinen dortigen Wohnsitz,

auch wenn es an einen anderen Ort in die Ferien geht. Da grundsätzlich auch ein Aufenthalt in einer Anstalt genügt (Art. 24 N 11), kann sich der Wohnsitz eines Kindes auch an dem Ort befinden, in dem es in einer Anstalt gem. Art. 26 ist (BK-HAUSHEER/ REUSSER/GEISER, Art. 162 N 34/8; **a.M.** ZVW 2000, 200 f.).

IV. Wohnsitz der Bevormundeten

Der Wohnsitz der minder- oder volljährigen **Bevormundeten** befindet sich am Sitz der **11** Vormundschaftsbehörde (Abs. 2) und nicht am Wohnsitz des Vormundes. Unmassgebend ist auch der Aufenthalt des Bevormundeten (BGE 91 III 49 f.). Ist eine Vormundschaftsbehörde für mehrere Gemeinden zuständig, so befindet sich der Wohnsitz aufgrund des Gesetzeswortlautes in derjenigen Gemeinde, in welcher die Vormundschaftsbehörde untergebracht ist (DESCHENAUX/STEINAUER, Personnes, N 398a; **a.M.** HEGNAUER, ZVW 1981, 69 ff.; BK-SCHNYDER/MURER, Art. 376 N 21: Ort, zu dem die engsten Beziehungen bestehen; BK-HAUSHEER/REUSSER/GEISER, Art. 162 N 34/23a und Art. 376 N 2: gewöhnlicher Aufenthaltsort). Aus Art. 25 Abs. 2 ergibt sich e contrario, dass nur eine Vormundschaft, nicht aber eine Beistand- oder Beiratschaft einen abgeleiteten Wohnsitz begründet (Pra 2001, 786; BGE 126 III 419; 94 II 228; 44 I 65; BK-SCHNYDER/MURER, Art. 376 N 41).

Zwei Ausnahmen bestehen vom Grundsatz von Abs. 2: Volljährige **Bevormundete,** wel- **12** che **unter die elterliche Sorge gestellt** wurden (Art. 385 Abs. 3), haben nach den Regeln von Abs. 1 ihren Wohnsitz am Wohnsitz der Inhaber der elterlichen Sorge und subsidiär am Aufenthaltsort (vgl. BK-BUCHER, aArt. 25 ZGB N 102; BK-SCHNYDER/MURER, Art. 376 N 22). Wurde ein **Familienrat** eingesetzt, so ist dessen Sitz und nicht derjenige der Vormundschaftsbehörde massgebend (näheres bei BK-BUCHER, aArt. 25 ZGB N 103; VISCHER 83).

Die Bevormundung hat am Wohnsitz der zu bevormundenden Person stattzufinden **13** (Art. 376 Abs. 1). Die subsidiäre innerkantonale Heimatzuständigkeit aufgrund des Vorbehalts von Art. 376 Abs. 2 hat keine grosse Bedeutung erlangt (BK-BUCHER, aArt. 25 ZGB N 92). In internationalen Verhältnissen wird auf den gewöhnlichen Aufenthalt abgestellt (IPRG-Kommentar-SIEHR, Art. 85 N 81). Durch eine Bevormundung wird somit üblicherweise der **Wohnsitz,** welcher **zu Beginn des Entmündigungsverfahrens** bestand, perpetuiert. Massgebender Zeitpunkt zu dessen Fixierung ist von Bundesrechts wegen die Zustellung der Vorladung zur Einvernahme des zu Bevormundenden (BGE 50 II 98 ff.; 51 II 21 ff.; BK-BUCHER, aArt. 25 ZGB N 91; z.T. **a.M.** BK-SCHNYDER/MURER, Art. 376 N 122; ZGB-GEISER, Art. 373 N 10; vgl. auch BGE 126 III 419: Erteilung des Auftrages an den Experten der Psychiatrischen Klinik zur Erstellung eines Gutachtens). Während des Verfahrens kann der zu Bevormundende zwar seinen Wohnsitz noch gültig verlegen, doch berührt dies die Zuständigkeit der Behörde, welche das Verfahren bereits eröffnet hat, nicht (BGE 101 II 12; 95 II 515). Der abgeleitete Wohnsitz am Sitz der Vormundschaftsbehörde tritt mit Rechtskraft des Entmündigungsverfahrens in Kraft (BK-BUCHER, aArt. 25 ZGB N 98). Ob die Vormundschaftsbehörde, welche die Vormundschaft tatsächlich führt, hierzu überhaupt zuständig ist, ist für den Wohnsitz des Bevormundeten unerheblich (BGE 59 I 211; BGer ZVW 1947, 60).

Zum **Wohnsitzwechsel des Bevormundeten** vgl. Art. 377. Er findet nur statt, wenn der **14** Bevormundete seinen Lebensmittelpunkt an einen anderen Ort verlegt, die Vormundschaftsbehörde hierzu ihre Zustimmung erteilt und die Vormundschaft formell auf die zuständige Behörde am neuen Ort übertragen wurde.

Art. 26

d. Aufenthalt in Anstalten	**Der Aufenthalt an einem Orte zum Zweck des Besuches einer Lehranstalt und die Unterbringung einer Person in einer Erziehungs-, Versorgungs-, Heil- oder Strafanstalt begründen keinen Wohnsitz.**
d. Séjour dans des établissements	Le séjour dans une localité en vue d'y fréquenter les écoles, ou le fait d'être placé dans un établissement d'éducation, un hospice, un hôpital, une maison de détention, ne constituent pas le domicile.
d. Dimora in uno stabilimento	La dimora in un luogo allo scopo di frequentarvi le scuole e il collocamento in un istituto di educazione, in un ospizio od asilo, in una casa di salute, di pena o correzione, non costituiscono domicilio.

Literatur

Vgl. die Literaturhinweise zu Art. 23 sowie RIEMER, Der zivilrechtliche Wohnsitz von Altersheiminsassen, ZVW 1977, 58 ff.

I. Allgemeines

1   Art. 26 umschreibt in negativer Weise den Wohnsitzbegriff von Art. 23, wonach ein Aufenthalt zu einem **Sonderzweck** keinen Wohnsitz begründet (Pra 2001, 787 f.). Er nennt zwei Sonderzwecke: Besuch einer Lehranstalt und Unterbringung in einer Erziehungs-, Versorgungs-, Heil- oder Strafanstalt. Der Zweck von Art. 26 ist die Entlastung derjenigen Gemeinden, auf deren Gebiet sich Anstalten befinden, von denjenigen Aufgaben, welche der Wohnortgemeinde obliegen (BK-BUCHER, N 12; HAUSHEER/AEBI, N 09.38; BRÜCKNER, N 349). Daneben gibt es Aufenthalt zu weiteren Sonderzwecken (z.B. Militärdienst), der nicht wohnsitzbegründend wirkt. Art. 26 hat keinen Einfluss auf den Wohnsitz am Aufenthaltsort gemäss Art. 24 Abs. 2, sind dessen Voraussetzungen erfüllt, so begründet auch ein Aufenthalt zu einem Sonderzweck Wohnsitz (BGE 93 II 10; 80 II 108). Dasselbe gilt für den Wohnsitz eines Kindes an seinem Aufenthaltsort (vgl. Art. 25 N 10).

2   Art. 26 muss dahingehend ergänzt werden, dass der Aufenthalt an einem Ort *allein* für einen Sonderzweck noch keinen Wohnsitz begründet. Art. 26 begründet eine widerlegbare Vermutung, der Aufenthalt am Studienort oder in einer Anstalt bedeute nicht, dass auch der Lebensmittelpunkt an den fraglichen Ort verlegt worden ist (Pra 2001, 787; BGE 108 V 25). Wer indes zudem freiwillig seinen **Lebensmittelpunkt** an diesen Ort verlegt, begründet daselbst einen Wohnsitz und behält nicht gemäss Art. 24 Abs. 1 seinen bisherigen Wohnsitz als fiktiven bei (vgl. unten N 6; Pra 2001, 788; BGE 108 V 25; 32 I 81; SJZ 1980, 138; ZR 1952, 289; ZK-EGGER, N 3; BK-BUCHER, N 3; HOLENSTEIN, 86). Die unfreiwillige Einweisung (Unterbringung) in eine Anstalt begründet indes auch dann keinen Wohnsitz, wenn dadurch der Lebensmittelpunkt in die Anstalt verlegt wird.

3   In **internationalen Verhältnissen** findet Art. 26 keine Anwendung (Art. 20 Abs. 2 Satz 3 IPRG; IPRG-CHRISTEN-WESTENBERG, Art. 20 N 8 m.w.H.). Zur Abgrenzung ZGB – IPRG vgl. Art. 23 N 4. Daher kann hier auch eine längere Unterbringung in eine Anstalt wohnsitzbegründend wirken (MASMEJAN, 73). Der Grundsatz, wonach sich der Mittelpunkt der Lebensbeziehungen und damit der Wohnsitz gemäss Art. 20 Abs. 1 lit. a IPRG üblicherweise nicht an einem Ort befindet, an dem man sich bloss zu einem Sonderzweck aufhält (BGE 108 I a 257), gilt indes auch in internationalen Verhältnissen.

II. Aufenthalt am Studienort

Ob sich der Wohnsitz mündiger Studierender am **Studienort** oder noch am bisherigen **4** Ort befindet, beurteilt sich nach ähnlichen Kriterien, wie bei den arbeitenden Wochenaufenthaltern (Art. 23 N 11 ff.; vgl. BGer vom 26.9.2002, 5C.139/2002, FamPra.ch 2003, 2004; BGE 82 III 13), wobei jedoch aufgrund des Wortlauts von Art. 26 strengere Anforderungen an die Begründung des Wohnsitzes am Studienort als am Arbeitsort zu stellen sind (BK-BUCHER, N 11). So ist während des Semesters an den Wochenenden eine regelmässige Rückkehr an den bisherigen Wohnsitz zur Beibehaltung desselben nicht erforderlich. Die zeitweilen als Indiz genannte Absicht, auch nach Studienabschluss an diesem Ort zu verbleiben (SJZ 1980, 138; BK-BUCHER, N 11), ist angesichts der üblicherweise bestehenden Ungewissheit, ob dort auch ein Arbeitsplatz gefunden werden kann, selten von Bedeutung. Erforderlich für eine Wohnsitzverlegung an den Studienort ist somit eine enge Beziehung zum Studienort und eine starke Lockerung der Beziehungen zum bisherigen Wohnsitz, die sich dadurch manifestiert, dass der Studierende nur noch selten, insb. auch nicht mehr in den Semesterferien, zurückkehrt (SJZ 1980, 138; BK-BUCHER, N 11). Weitere Indizien wären die Tatsache, dass der Studierende an seinem bisherigen Wohnort überhaupt keine private Übernachtungsmöglichkeit mehr besitzt, oder dass er als Werkstudent am Studienort einer regelmässigen Erwerbstätigkeit nachgeht. Assistierende und Doktoranden, welche mindestens zu 50% entlöhnt werden, müssen als Arbeitnehmer und nicht mehr als Studierende bezeichnet werden und behalten ihren bisherigen Wohnsitz allein dann, wenn die oben erwähnten Voraussetzungen (regelmässige Rückkehr an den Wochenenden) erfüllt sind. Verheiratete Studierende haben ihren Wohnsitz am Ort der ehelichen Wohnung. Der Wohnsitz unmündiger Schüler und Studierender richtet sich in allen Fällen nach Art. 25 Abs. 1 (RIEMER, Personenrecht, § 10 N 203).

III. Unterbringung in eine Anstalt

Die Unterbringung (Einweisung) in eine **Anstalt** begründet keinen Wohnsitz, selbst **5** wenn sie auf unbestimmte Zeit erfolgt, der Lebensmittelpunkt völlig in die Anstalt verlegt wird und alle Beziehungen zum bisherigen Wohnsitz abgebrochen werden. Der Anstaltsinsasse behält aufgrund Art. 24 Abs. 1 seinen bisherigen Wohnsitz gemäss Art. 23 oder 25. Einzig wer vor der Einweisung gemäss Art. 24 Abs. 2 Wohnsitz am Aufenthaltsort hatte, erhält nun Wohnsitz am Ort der Anstalt (BK-BUCHER, N 20).

Unterbringung in eine Anstalt ist eine Einweisung durch Dritte, die nicht aus eigenem **6** Willen erfolgt (BGer ZVW 1950, 31; 1948, 156). Ob der Unterzubringende einverstanden ist, und ob er handlungsfähig ist, ist unerheblich (ZK-EGGER, N 6; BK-BUCHER, N 14). Die Unterbringung kann durch Behörden oder Private (Fürsorgevereine, Inhaber der elterlichen Sorge, Obhutsberechtigte, Angehörige etc.) erfolgen. Keine Unterbringung ist der freiwillige selbst bestimmte Eintritt einer urteilsfähigen (vgl. hierzu Art. 23 N 9) mündigen Person in eine Anstalt. Wird dadurch der Lebensmittelpunkt in die Anstalt verlegt, wie z.B. bei einem Pflegeheim, so begründet dies einen Wohnsitz (Pra 2001, 788; BGE 108 V 25 f.; BGer ASA 41, 1972/73, 140 f.; EVG ZöF 1969, 32; ZK-EGGER, N 6; BK-BUCHER, N 15; BK-SCHNYDER/MURER, Art. 376 N 67). Gleich verhält es sich beim Aufenthalt in einer therapeutischen Institution für Drogenabhängige. Er kann zivilrechtlichen Wohnsitz begründen, wenn der Eintritt freiwillig erfolgte und der Aufenthalt längere Zeit dauern wird (**a.M.** ZfV 1992, 22 f.). Freiwillig ist auch der Eintritt unter dem «Zwang der Umstände» (BGE 127 V 241; Pra 2001, 789; RIEMER, ZVW 1977, 59; differenzierend ZGGVP 1979, S. 127 und BRÜCKNER, N 360, wonach ein Eintritt in eine Spezialklinik, zu der es keine Alternativen gibt, nicht freiwillig sei). Ein Anstaltsaufenthalt begründet indes auch dann, wenn er freiwillig ist, nie einen öffentlich-rechtlichen Unterstützungswohnsitz (Art. 5 ZUG).

7 Anstalten sind öffentliche oder private Einrichtungen, welche mehrere Insassen zu einem Sonderzweck beherbergen. Der Sonderzweck kann auch in der blossen Verwahrung bestehen. Es muss sich nicht um eine geschlossene Anstalt handeln, auch ein betreutes Wohnheim für Personen mit psychischen und sozialen Problemen (ZVW 1997, 99), eine Durchgangswohngruppe für Kinder in Krisensituationen (ZVW 2000, 200) oder ein Arbeitsheim für Behinderte (Pra 2001, 783) kann eine Anstalt i.S. von Art. 26 sein. Keine Anstalten sind **Privatpersonen** und **Pflegefamilien** (BGE 95 II 517 f.; 78 I 223 f.; BGer ASA 28, 1959/60, 178; BK-SCHNYDER/MURER, Art. 376 N 67; VISCHER, 29; BROSSET, 8; **a.M.** BK-BUCHER, N 16). Ebenfalls keine Anstalten sind gewöhnliche **Altersheime** (RIEMER, ZVW 1977, 60 f.; BK-SCHNYDER/MURER, Art. 376 N 66; **a.M.** BRÜCKNER, N 360; offen gelassen in BGE 127 V 241). Befindet sich der Lebensmittelpunkt einer urteilsfähigen (vgl. Art. 23 N 9) und mündigen Person bei einer Pflegefamilie oder in einem Altersheim, und ist sie hiermit einverstanden, so begründet dies einen Wohnsitz, selbst wenn die Unterbringung von Dritten veranlasst wurde. Jemand der seine Strafe mittels «electronic monitoring» (elektronische Fussfessel) verbüsst, befindet sich nicht in einer Anstalt gemäss Art. 26 (AB BL, SJZ 2005, 450).

8 Auch wenn der in eine Anstalt Untergebrachte einer Arbeit nachgeht, vermag dies keinen Wohnsitz zu begründen. **Verbleibt** ein in eine Anstalt Untergebrachter dort freiwillig, obwohl der Versorgungszweck dahingefallen ist, so begründet er daselbst Wohnsitz, wenn er für eigene Arbeit zumindest Kost und Logis erhält (BGE 78 II 119 f.; BK-BUCHER, N 18).

Art. 27

B. Schutz der Persönlichkeit	**[1] Auf die Rechts- und Handlungsfähigkeit kann niemand ganz oder zum Teil verzichten.**
I. Vor übermässiger Bindung	**[2] Niemand kann sich seiner Freiheit entäussern oder sich in ihrem Gebrauch in einem das Recht oder die Sittlichkeit verletzenden Grade beschränken.**
B. Protection de la personnalité	[1] Nul ne peut, même partiellement, renoncer à la jouissance ou à l'exercice des droits civils.
I. Contre des engagements excessifs	[2] Nul ne peut aliéner sa liberté, ni s'en interdire l'usage dans une mesure contraire aux lois ou aux mœurs.
B. Protezione della personalità	[1] Nessuno può rinunciare, neppure in parte, alla capacità civile.
I. Contro impegni eccessivi	[2] Nessuno può alienare la propria libertà, né assoggettarsi nell'uso della medesima ad una limitazione incompatibile col diritto o con la morale.

Literatur

BÄR, Persönlichkeitsschutz der juristischen Person, ZBJV 1967, 100 ff.; BARROT, Die Abwerbung von Arbeitskräften, Diss. Bern/Frankfurt a.M. 1973; BAUMANN, Gentlemen's Agreement, SJZ 1991, 1 ff.; BELSER, Freiheit und Gerechtigkeit im Vertragsrecht, Diss. Freiburg 2000; BRÜCKNER, Das Personenrecht des ZGB, Zürich 2000; BUCHER E., Die Ausübung der Persönlichkeitsrechte, Diss. Zürich 1956; DERS., Für mehr Aktionendenken, AcP 1986, 1 ff.; BÜCHLER, Persönlichkeitsgüter als Vertragsgegenstand? in: Aktuelle Aspekte des Schuld- und Sachenrechts, FS Rey, Zürich

2003, 177 ff.; FRANK, Die künstliche Fortpflanzung beim Menschen im geltenden und im künftigen Recht, 1989; DERS., Persönlichkeitsschutz heute, 1983; GAUCH, Art. 404 OR – Sein Inhalt, seine Rechtfertigung und die Frage seines zwingenden Charakters, recht 1992, 9 ff.; DERS., System der Beendigung von Dauerverträgen, Diss. Freiburg 1968; GIGER, Rechtsfolgen norm- und sittenwidriger Verträge, 1989; GROSSEN, La protection de la personnalité en droit privé, ZSR 1960 II, 1 ff.; HAUSHEER, Der Scheidungsunterhalt und die Familienwohnung, in: HAUSHEER (Hrsg.), Vom alten zum neuen Scheidungsrecht, Bern 1999, ASR 625; DERS., Neuere Entwicklungen zum Persönlichkeitsrecht, FS Wiegand, Bern 2005, 319 ff.; HOMBERGER, Das Schweizerische Zivilgesetzbuch, 2. Aufl. 1943; HUGUENIN, Nichtigkeit und Unverbindlichkeit als Folgen anfänglicher Vertragsmängel, Diss. Bern 1984; HÜRLIMANN, Teilnichtigkeit von Schuldverträgen nach Art. 20 Abs. 2 OR, Diss. Freiburg 1984; JÄGGI, Fragen des privatrechtlichen Schutzes der Persönlichkeit, ZSR 1960 II, 133 ff.; KÖTZ, Die Ungültigkeit von Verträgen wegen Gesetz- und Sittenwidrigkeit, RabelsZ 1994, 209 ff.; KÜNZLER, Der Schutz der Persönlichkeit nach Art. 27 ZGB, Diss. Zürich 1951; LEU/VON DER CRONE, Übermässige Bindung und die guten Sitten, SZW 2003, 221 ff.; LIVER, Der gesetzliche Schutz der Persönlichkeit in der Rechtsentwicklung, ZBJV 1967, 80 ff.; MAYER-MALY, Was leisten die guten Sitten?, AcP 1994, 105 ff.; MÜLLER, Die Grundrechte der Verfassung und der Persönlichkeitsschutz des Privatrechts, Diss. Bern 1964; DERS., Grundrechte in der Schweiz, 3. Aufl. 1999, 7 ff.; NETZLE, Sponsoring von Sportverbänden, Diss. Zürich 1988; NOBEL, Gedanken zum Persönlichkeitsschutz juristischer Personen, in: BREM et al. (Hrsg.), FS zum 65. Geburtstag von Mario M. Pedrazzini, Bern 1990, 411 ff.; RIEMER, Öffentlich-rechtliche Personenverbindungen ohne Rechtspersönlichkeit, ZBl 2001, 76 ff; RIEMER/RIEMER-KAFKA, Persönlichkeitsrechte und Persönlichkeitsschutz gemäss Art. 27/28–28l ZGB, SJK 1988, 1 ff.; RIEMER-KAFKA, Datenschutz zwischen Arbeitgeber und Versicherungsträgern, SJZ 1996, 285 ff.; SEEMANN, Prominenz als Eigentum, Diss. Zürich 1996; SCHNYDER, Die ZGB-Revision 1998/2000, Zürich 1999; SCHWANDER, Eheverträge – zwischen ‹ewigen› Verträgen und Inhaltskontrolle, AJP 5/2003, 527 ff.; SÓLYOM, Die Persönlichkeitsrechte – Eine vergleichend historische Studie und ihre Grundlagen, Köln 1984; SPIRO, Können übermässige Verpflichtungen in reduziertem Umfang aufrechterhalten werden?, ZBJV 1952, 449 ff.; STAMM, Das Weisungsrecht des Arbeitgebers und seine Schranken, Diss. Basel 1977; STÜCHELI, Zivilrechtliche und strafrechtliche Aspekte des Spielertransfers im bezahlten Fussballsport, Diss. Zürich 1975; THÉVENAZ, La protection contre soi-même, Etude de l'article 27 alinéa 2 CC, Diss. Lausanne 1997, ASR 598; TRÜMPY-WARIDEL, Le droit de la personnalité des Personnes morales et en particulier des sociétés commerciales, Thèse Lausanne 1986; WIEGAND, Fiduziarische Sicherungsgeschäfte, ZBJV 1980, 537 ff.; ZÄCH, Vertraglicher Ausschluss der Kündbarkeit bei den Personengesellschaften, Diss. Bern 1970; ZUFFEREY-WERRO, Le contrat contraire aux bonnes moeurs, Diss. Freiburg i.Ü. 1988.

I. Überblick

Das **Recht der Persönlichkeit** steht zur **Vertragsfreiheit** in vielerlei Bezügen: Art. 27 **1** sichert im rechtsgeschäftlichen Bereich die Voraussetzungen für die Ausübung der Privatautonomie (Abs. 1) und unterbindet gleichzeitig ihren exzessiven Gebrauch bzw. beschränkt ihn auf ein zulässiges Mass (Abs. 2). Während Art. 27 Abs. 1 die **Rechts- und** die **Handlungsfähigkeit** für unverzichtbar erklärt und sie damit grundsätzlich **der Parteidisposition entzieht,** beschränkt Abs. 2 die Ausübung der Vertragsfreiheit um der Persönlichkeit willen (BSK OR I-HUGUENIN, Art. 19/20 N 2 ff.). Nicht nur unmögliche, rechts- und sitten-, sondern auch persönlichkeitsrechtswidrige Verträge sind unzulässig. Diese Lesart wird durch Art. 19 Abs. 2 OR bestätigt, welcher das Recht der Persönlichkeit ebenfalls als **Schranke** zulässiger Verträge aufführt. Verstösst ein Vertrag gegen eine oder mehrere dieser Schranken, so ist zu entscheiden, ob, ab wann und inwieweit er ungültig sein soll und wer den Mangel geltend machen darf (Art. 20 OR; BSK OR I-HUGUENIN, Art. 19/20 N 1). Für die Bestimmung der angemessenen Folge ist das im Zusammenhang mit Art. 19/20 OR entwickelte **Konzept einer flexiblen Nichtigkeit,** die man – im Gegensatz zur traditionellen Nichtigkeit (Nichtigkeit i.e.S.) – auch als Nichtigkeit i.w.S. bezeichnen könnte, zugrunde zu legen.

Art. 27 hat somit verschiedene **Funktionen:** Zunächst geht es im Verbund mit Art. 19/20 **2** OR darum, bestimmte Aspekte der Persönlichkeit vor rechtsgeschäftlichen Dispositionen zu schützen: Aus Art. 28 ergibt sich grundsätzlich, dass in «Verletzungen» der Persönlichkeit «eingewilligt» werden darf. Diese Einwilligung kann sich zum Beispiel in der Form einer rechtsgeschäftlichen Willenserklärung äussern und auf die Einräumung von Nutzungsbefugnissen an Teilaspekten der Persönlichkeit gerichtet sein (BÜCHLER, 184). Die vertragliche Disposition über Persönlichkeitsgüter ist – wie das auch für Verträge mit anderem Gegenstand gilt – nach Massgabe von 19/20 OR und Art. 27 überprüfbar. Während zum Beispiel die Nutzung von Namenszügen, Bildern oder Stimmaufnahmen – auch gegen Entgelt – grundsätzlich anderen Personen überlassen werden darf (zum sog. *Gestattungsvertrag* AGVE 1997, 38; SEEMANN, 203 ff.; BÜCHLER, 181 ff.), muss die Spende von menschlichen Organen, Geweben oder Zellen zwingend unentgeltlich erfolgen (Art. 119a Abs. 3 BV konkretisiert in Art. 6 Abs. 1 und Art. 7 Transplantationsgesetz, welches voraussichtlich per 1.1.2007 in Kraft tritt). Sodann hat Art. 27 aber auch die Vertragsfreiheit selber zu schützen. Das Selbstbestimmungsrecht soll idealtypischerweise ausgeübt werden, um die Persönlichkeit zu entfalten – und sei es durch Dispositionen über einzelne Persönlichkeitsgüter. Dagegen soll es nicht dazu eingesetzt werden können, um via Vertrag auf die Autonomie zu verzichten. Aus dem Zusammenspiel von Art. 27 und 28, aber auch aus dem aktuellen Verständnis des Schrankenkonzepts ergibt sich, dass dieser Schutz dem Träger des entsprechenden Rechts nicht aufoktroyiert werden soll, sondern ihm sozusagen auf Abruf zur Verfügung steht. Voraussetzung dafür ist allerdings, dass andere – in gleicher oder stärkerer Weise schützenswerte – Interessen gegenüber dem Bestand des Vertrags indifferent sind. Ist dies nicht der Fall bzw. gebietet der Schutzzweck der Norm etwas anderes, so bestimmt sich die Mangelfolge nach diesen Interessen bzw. Normen und Nichtigkeit bzw. Teilnichtigkeit ergreifen das Rechtsgeschäft unabhängig vom Willen der Beteiligten. Kurzum: Art. 27 bewahrt die Persönlichkeit vor rechtsgeschäftlich abgesichertem Zugriff, wobei unerheblich ist, ob der Impuls vom Träger des Rechts oder seinem Vertragspartner ausgeht, und sichert so die Aufrechterhaltung des Selbstbestimmungsrechts. Die auf diese Weise nachhaltig gewährleistete Privatautonomie kann sich auch und sogar darin äussern, dass über einzelne Persönlichkeitsgüter im Rahmen der erwähnten Schranken vertraglich disponiert wird.

II. Anwendungsbereich

1. Persönlicher Anwendungsbereich

3   Die Unverzichtbarkeit von Rechts- und Handlungsfähigkeit und die Schranken, welche sich aus den Art. 19/20 OR bzw. Art. 27 ZGB ergeben, gelten sowohl für **natürliche** wie auch für **juristische Personen** des privaten und des öffentlichen Rechts (vgl. WEBER SPR II/4, 123; HAUSHEER/AEBI-MÜLLER N 10.32 mit zahlreichen Beispielen; BUCHER A., Personen, N 420, 423). Darüber hinaus ist Art. 27 auch auf privat- und öffentlichrechtliche **Personenverbindungen ohne Rechtspersönlichkeit** anwendbar (vgl. RIEMER, Personenverbindungen, 79). Während der in Art. 27 Abs. 1 statuierte Grundsatz der Unverzichtbarkeit von Rechts- und Handlungsfähigkeit für natürliche und juristische Personen in gleicher Weise gilt (vgl. dazu das obiter dictum in BGE 114 II 162), können sich juristische Personen nach der Gerichtspraxis nur auf Art. 27 Abs. 2 berufen, wenn es um den Schutz ihrer wirtschaftlichen Bewegungsfreiheit geht (BGE 114 II 162; 106 II 377 ff.; HGer ZH ZR 1999, 113 ff.; LGVE 1989 I 1; BÄR, 103 ff.; BK-BUCHER, N 503 ff.; vgl. Art. 53 N 8). Nach der hier vertretenen Auffassung besteht kein Grund, die juristischen Personen vom Anwendungsbereich des Art. 27 Abs. 2 auszuschliessen, sofern nicht die wirtschaftliche Bewegungsfreiheit tangiert ist. Das massgebliche Abgrenzungskriterium ist vielmehr in Art. 53 enthalten. Vgl. dazu auch die Rechtsprechung zu Art. 28, wonach zu den Persönlichkeitsrechten der juristischen Personen auch der An-

spruch auf soziale Geltung gehört (BGE 121 III 171). Nach der hier vertretenen Auffassung haben juristische Personen zum Beispiel auch Anspruch auf Genugtuung, wenn die entsprechenden Voraussetzungen vorliegen (im Grundsatz bejahend BGE 95 II 481; 31 II 246; **a.M.** HAUSHEER/AEBI-MÜLLER N 10.33).

2. Sachlicher Anwendungsbereich

Der Schutz von Art. 27 erfasst nicht nur zwei- oder mehrseitige **Rechtsgeschäfte** wie   4
namentlich Verträge, sondern auch Gesellschaftsverträge von Personengesellschaften,
Statuten und Beschlüsse von Körperschaften («korporative Gesamtakte»; BGE 104 II 8;
44 II 80) sowie durch «Kollektivakt konstituierte Regelungen von Personengruppierun-
gen ohne juristische Persönlichkeit» (zur Regelung einer Stockwerkeigentümergesell-
schaft, BGE 111 II 336), sofern persönliche Verhaltenspflichten begründet werden (BK-
BUCHER, N 18 ff.).

III. Der Verzicht auf die Rechts- und Handlungsfähigkeit

Art. 27 Abs. 1 entzieht die **Rechts- und Handlungsfähigkeit** der Disposition der Partei-   5
en. Da auf die Rechts- oder Handlungsfähigkeit kaum je *ausdrücklich* verzichtet wird
(vgl. aber immerhin zum «Verzicht» auf die Handlungsfähigkeit nach Art. 372 PEDRAZ-
ZINI/OBERHOLZER, 120 f.), kreist die Frage um den Anwendungsbereich von Art. 27
Abs. 1 hauptsächlich um das Problem, von welchem Moment an die (Teil-)Entäusserung
der verschiedenen Rechte, welche die Rechts- und die Handlungsfähigkeit natürlicher
bzw. juristischer Personen ausmachen, einem (teilweisen) Verzicht auf die Rechts- und
die Handlungsfähigkeit *gleichkommt.*

In der **Lehre** ist *kontrovers,* welche Tatbestände unter **Abs. 1** zu subsumieren sind. EG-   6
GER nennt als Beispiele den allgemeinen Verzicht auf künftigen Vermögenserwerb, die
Verfügung über das ganze künftige Vermögen, die Verpflichtung, keine Schulden einzugehen oder über sein Vermögen nicht zu verfügen, sowie das Versprechen, sein Vermögen
dauernd in fremder Verwaltung zu belassen, sich der Einmischung zu enthalten bzw.
sich mit der Entgegennahme der Erträgnisse zu begnügen (ZK-EGGER, N 13 und 14
m.w.Nw.). Als Beispiel für den Verzicht auf eine künftige Forderung kann eine besondere
Vereinbarung über die Änderung der Rente gemäss Art. 127 erwähnt werden (SCHNYDER,
69; HAUSHEER, ASR, Rz 4.64). Dagegen wurde der Verzicht auf Abänderung einer Be-
dürftigkeitsrente vom BGer als zulässig und verbindlich erachtet (BGE 122 III 97; vgl.
zur Begrenzung der Privatautonomie via Art. 27 im Bereiche der Familie HAUSHEER,
Neuere Entwicklungen, 342 ff.). HOMBERGER erwähnt das Gelübde, keine Ehe einzugehen, welches GAUCH/SCHLUEP/SCHMID unter Art. 27 Abs. 2 subsumieren (HOMBER-
GER, Zivilgesetzbuch, 49; GAUCH/SCHLUEP/SCHMID, N 660a). Gemäss TUOR/SCHNYDER/
SCHMID trifft der erste Absatz des Art. 27 «praktisch v.a. den zum voraus erklärten Verzicht auf das Recht, in einem Streitfall das Gericht anzurufen» (TUOR/SCHNYDER/
SCHMID, 97). Ein solcher persönlichkeitsrechtswidriger Verzicht liege auch im Abschluss
eines Schiedsvertrags, der keine Gewähr für unabhängige Rechtsprechung bietet (BGE
85 II 501; FZR 1998, 56 f.) oder im Verzicht auf ein Rechtsmittel, sofern bestimmte Persönlichkeitsrechte den Streitgegenstand bilden (BGE 113 I a 26 E. 3b). RIEMER ist demgegenüber der Ansicht, dass sich die «beiden Absätze von Art. 27 ZGB ergänzen», eine
Einheit bilden und «dieselben Rechtsfolgen haben» (RIEMER, Personenrecht, N 309).
Dagegen versteht BUCHER den Begriff «Handlungsfähigkeit» als «Handlungsmöglich-
keit» im Sinn der «Möglichkeit, durch rechtsgeschäftliches Handeln ungehindert die von
der objektiven Rechtsordnung angeordneten rechtlichen Gestaltungsmöglichkeiten zu
nutzen und damit die Wirkungen der objektiv erlaubten rechtsgeschäftlichen Handlungen

herbeizuführen» (BK-BUCHER, N 42). Dies bedeutet zum Beispiel, dass ein Kreditnehmer weitere Darlehen aufnehmen kann, obwohl er mit dem Kreditgeber vereinbart hat, dies nicht zu tun (BGE 43 II 341 ff.). Im Verletzungsfall kann der Kreditgeber die verbotswidrige Aufnahme weiterer Kredite nicht als solche verhindern, sondern höchstens Ansprüche aus Nichterfüllung des Vertrags geltend machen (BK-BUCHER, N 46). Als weitere Anwendungsfälle von Art. 27 Abs. 1 nennt BUCHER eine Serie von Tatbeständen, über deren Rechtsfolgen das BGer allerdings entschied, ohne sich explizit auf Art. 27 zu berufen (BGE 118 II 32 ff.; 114 II 329 ff.; 112 II 241 ff.; 88 II 172 ff.; 81 II 534 ff.; 57 II 481 ff.; 52 II 370; BK-BUCHER, N 53 ff.).

7   In der **Rechtsprechung** hat Abs. 1 ebenfalls ein ungleich kleineres Gewicht als Abs. 2. Während zu Abs. 2 eine reichhaltige Kasuistik besteht, beziehen sich die Gerichte äusserst selten ausdrücklich auf Abs. 1. Als Ausnahme sei BGE 108 II 405 E. 2 und 3 genannt, in welchem das BGer die Nichtigkeit des Versprechens, einen Erbvertrag abzuschliessen, ausdrücklich aus Art. 27 Abs. 1 ableitete. Dagegen prüfte es in einem anderen Fall die Frage der übermässigen Selbstbindung durch einen Erbvertrag zu Recht nach Abs. 2 (BGer v. 26.5.2004, 5C.72/2004 E. 4.2.2, Übermass verneint). In BGE 114 II 159 E. 2a unterschied das BGer nicht zwischen Abs. 1 und Abs. 2; es bezog sich aber fälschlicherweise zur Begründung des unter Art. 27 Abs. 2 zu subsumierenden Tatbestands auf einen Anwendungsfall von Art. 27 Abs. 1. Bei der Frage, ob ein Vorausverzicht auf den Widerruf einer Schenkung zulässig sei, erklärte das BGer demgegenüber Art. 27 (sowie Art. 19 f. OR) für anwendbar, ohne zwischen Abs. 1 und Abs. 2 zu unterscheiden (BGE 113 II 258). Es wäre zu wünschen, dass das BGer den unterschiedlichen Zielsetzungen der beiden Absätze von Art. 27 die notwendige Beachtung schenken und sich jeweils klar auf einen der beiden Absätze beziehen würde.

IV. Die Entäusserung oder Beschränkung der Freiheit

8   Art. 27 Abs. 2 schützt vor rechtsgeschäftlichen Bindungen, welche gegen das Recht der Persönlichkeit verstossen. Die h.L. betrachtet die **Persönlichkeitsrechtswidrigkeit** von Rechtsgeschäften als Unterfall der in Art. 27 Abs. 2 ZGB sowie Art. 19/20 OR aufgeführten Sittenwidrigkeit (BGE 106 II 377; 84 II 366 f.; RIEMER, Personenrecht, N 318 ff.; BUCHER A., Natürliche Personen, N 427 f., 447; GAUCH/SCHLUEP/SCHMID/ REY, N 656 ff.; HÜRLIMANN, 35 ff.; ZUFFEREY-WERRO, 124 ff.; **a.M.** BK-BUCHER, N 92 und 162 ff., welcher die Fälle von Art. 27 Abs. 2 vollständig aus dem Anwendungsbereich von Art. 20 OR ausklammert). Vorliegend wird davon ausgegangen, dass der Verstoss gegen das Recht der Persönlichkeit gemäss Art. 27 Abs. 2 ein *eigenständiges Kontrollkriterium* bildet, welches der Sittenwidrigkeit – sowie den anderen in Art. 19/20 OR genannten Schranken – nicht unter-, sondern gleichgeordnet ist (BK-KRAMER, Art. 19–20 OR N 208; BSK OR I-HUGUENIN, Art. 19/20 N 13 und N 43 ff.).

9   Das in Art. 19 OR enthaltene Kontrollkriterium des Rechts der Persönlichkeit wird in Art. 27 Abs. 2 ZGB bezüglich der Aspekte Entäusserung und Beschränkung der persönlichen Freiheit konkretisiert: Die Unzulässigkeit eines persönlichkeitsrechtswidrigen Rechtsgeschäfts beruht auf dem **Gegenstand der Bindung** oder aber auf deren **Übermass** (vgl. E. BUCHER, AT, 260 ff.; HAUSHEER/AEBI-MÜLLER, N 11.12 f.).

10 Bei der Beurteilung des Übermasses ist in erster Linie auf die **Intensität** (Knebelungsvertrag; persönliche Betroffenheit) und die **Dauer** der Bindung abzustellen. Intensität und Dauer können einander ergänzen und allenfalls sogar substituieren: «Die zulässige Dauer der Bindung hängt vom Gegenstand der Beschränkung ab: Sie ist bei Verpflichtungen zu wiederkehrenden Leistungen oder Bezügen kürzer als beim Verzicht, während einer absehbaren Dauer über eine Sache zu verfügen» (BGE 114 II 162 unter Berufung auf BGE 93 II 300). Als weitere Beurteilungselemente sind nach BUCHER **fehlende Parität** und der **Grad an Fremdbestimmtheit** zu nennen (BK-BUCHER, N 281 f.; FZR 1998, 64 ff.). Auf der anderen Seite sind auch entlastende Elemente zu berücksichtigen; in Frage kommen allfällige Gegenleistungen (vgl. etwa BGE 128 III 428 E. 4), Abwälzen von Risiken, geringfügige oder fehlende Beschwer, andere Vorteile etc. (vgl. BK-BUCHER, N 283 ff). Entscheidend ist das Zusammenspiel aller Faktoren, welche das Übermass begründen bzw. mindern; erforderlich ist darum eine Gesamtwertung (BK-BUCHER, N 290 ff.; WIDMER, Vereinswechsel, 60 und Fn 20; unten N 14).

Die Unterteilung nach Gegenstand und Ausmass der Bindung eignet sich auch für die **11** Bildung von **Fallgruppen;** eine weitere Aufgliederung ergibt sich aus der Ausgrenzung inhaltlich ähnlicher Sachverhalte, welche die Gerichte häufig beschäftigen. Infolge der Wahl zweier Kriterien sind *Überschneidungen* unvermeidlich. Dazu kommt, dass bisweilen mehrere Kriterien gleichzeitig erfüllt sind. Die hier vorgenommene Gruppierung soll lediglich bestimmte Schwerpunkte setzen und ist darum auch keine Vorwegnahme der jeweils angemessenen Rechtsfolge des Mangels.

– Fallgruppe zu den Vereinbarungen, welche die physische Freiheit, die körperliche In- **12** tegrität oder die Intimsphäre, also den **Kernbereich** der Persönlichkeit tangieren (BK-KRAMER, Art. 19–20 OR N 212 ff.; HAUSHEER/AEBI-MÜLLER, N 11.14). Die Haftung für körperliche Schäden kann nicht zum Voraus abbedungen werden (OGer ZH ZR 1957, 211 f.; **a.M.** BGE 71 II 236; 94 II 151, 153; und insb. 99 II 315 ff.; **differenzierend** ZIRLICK, Jusletter 22.11.04, N 17 ff.). Eine AVB, gemäss welcher ein Versicherter die Anordnungen des Arztes und des Pflegepersonals befolgen muss, ansonsten er der Versicherungsleistung verlustig geht, hält entgegen der hier vertretenen Ansicht vor Art. 27 Abs. 2 stand (HGer ZH ZR 1998, 205, bestätigt in HGer ZH 19.1.2000, 9, und BGE 128 III 34 E. 5.c zum selben Fall). Gegen ZGB 27 Abs. 2 ZGB verstösst z.B. die vertragliche Verpflichtung, empfängnisverhütende Mittel einzunehmen (BK-KRAMER, Art. 19–20 OR N 213; GAUCH/SCHLUEP/SCHMID/REY, N 660a; BSK OR I-HUGUENIN, Art. 19/20 N 44). Die Einwilligung in die Leihmutterschaft, die früher häufig als Beispiel für persönlichkeitsrechtswidrige Versprechen im Sinne von Art. 27 Abs. 2 ZGB angeführt wurde, ist heute durch Art. 119 Abs. 2 lit. d BV bzw. Art. 4 Fortpflanzungsmedizingesetz verboten (FMedG; SR 814.90).

– Fallgruppe zu den Vereinbarungen, welche **gesellschaftliche** – zumeist auch verfas- **13** sungsrechtlich geschützte – **Freiräume** der Persönlichkeit berühren (BK-KRAMER, Art. 19–20 OR N 214 ff.; BSK OR I-HUGUENIN, Art. 19/20 N 44; vgl. auch HAUSHEER/AEBI-MÜLLER, N 11.14). Die Gesellschafter dürfen jederzeit aus einer einfachen Gesellschaft austreten, deren Zweck es ist, Strafklage gegen einen bestimmten Dritten zu erheben (BGE 48 II 439). Die vertragliche Verpflichtung, jemanden durch Gebet und Meditation zu behandeln, ist persönlichkeitsrechtswidrig (OGer ZH, SJZ 1950, 362). «Mehr als fraglich» sei die Gültigkeit eines antizipierten Verzichts auf den Widerruf einer Schenkung (BGE 113 II 252 E. 5 = Pra 1988, 160). Ein Erbvertrag, welcher ein Veräusserungsverbot für eine Liegenschaft enthält, verstösst nicht gegen Art. 27 (BGE 114 II 329 E. 2). Unzulässig sind dagegen Verpflichtungen, keine Ehe einzugehen, eine Scheidungsklage zu erheben bzw. nicht zu erheben, die Konfession oder die Staatsangehörigkeit zu wechseln oder einer politischen Partei beizutreten (Beispiele nach GAUCH/SCHLUEP/SCHMID/REY, N 660a). Zu Unrecht erachtete das BGer vor vielen Jahren eine statutarische Bestimmung, wonach ein Genossenschafter ausgeschlossen werden konnte, weil er eine geschiedene Frau heiratete, für zulässig (BGE 44 II 82). Dagegen ergibt sich aus Art. 27 ZGB, dass jedermann frei darüber entscheiden kann, ob er weiterhin einer Gemeinschaft angehören will, bei der es sich nach Angaben der Beklagten «um eine klösterliche Ordensgemeinschaft mit sehr strengen Regeln» handelt. Der Austritt aus einer solchen Gemeinschaft muss – ohne Angabe von Gründen – jederzeit zulässig sein (BGE 128 III 428 E. 4). Im vorliegenden Fall sah das Bundesgericht den Austritt überdies als wichtigen Grund für die ausserordentliche Kündigung des der Gemeinschaft zinslos gewährten Darlehens an. Art. 27 ZGB erachtete das Bundesgericht zum einen wegen der langen Laufzeit von zehn bis zweiundzwanzig Jahren für verletzt. «Zum anderen liegt auch eine übermässige, unzumutbare Einschränkung des persönlichkeitsrechtlichen Selbstbestimmungsrechts der Klägerin vor, da sie mit dem ausgeliehenen Geld eine Gemeinschaft unterstützen muss, deren Interessen und Ziele sie nicht mehr teilt und auf die sie auch keinen Einfluss mehr ausüben kann» (BGE 128 III 428 E. 4; kritisch HAUSHEER, Neuere Entwicklungen, 335 ff.).

14 – Fallgruppe zu den Verträgen, welche in erster Linie gegen das sachliche Übermassverbot **(Intensität der Bindung)** verstossen. Persönlichkeitswidrig ist die Vereinbarung, wonach die Aktivitäten einer jungen *Sängerin* vom alleinigen Willen ihrer Managerin abhängig sein sollen (BGE 104 II 118). Eine zu intensive Bindung bewirken auch Sperr- und andere übermässige Klauseln in Verträgen mit professionellen *Sportlern* (BGE 102 II 211 ff.; RVJ 1991, 346 ff. mit einer Zusammenstellung weiterer einschlägiger Fälle; vgl. auch WIDMER, BJM 2002, 57 ff.). Eine unzulässige Beschränkung der wirtschaftlichen Bewegungsfreiheit nehmen die Gerichte nur mit Zurückhaltung an (BGE 114 II 161 f.; KGer GR PKG 1989, 50 ff.): «Art. 27 Abs. 2 verbietet niemandem, sich über seine finanziellen Kräfte hinaus zu verpflichten» (BGE 95 II 58). Ein unzulässiges Bindungsausmass ist aber dann zu bejahen, wenn die Vereinbarung den «Verpflichteten der Willkür eines anderen ausliefert, seine wirtschaftliche Freiheit aufhebt oder in einem Masse einschränkt, dass die Grundlagen seiner wirtschaftlichen Existenz gefährdet sind» (BGE 114 II 162; ferner 111 II 337; 123 III 345 f.; OGer ZH SJZ 1990, 327; KGer GR PKG 1989, 52).

15 – Fallgruppe zu den Vereinbarungen, bei welchen das Bindungsübermass aus der **Dauer** der Abmachung resultiert (vgl. BK-BUCHER, N 275 ff. und 334 ff.). Gemäss BGE 114 II 162 sind übermässige Bindungen nicht schematisch, sondern nach Massgabe des Einzelfalls zu lockern bzw. zu lösen. Die zulässige Dauer hängt namentlich von der Intensität der Bindung des Verpflichteten ab (BGer v. 16.3.2001, 4C.346/2000 E. 3b vom 16. März 2001; vgl. auch WIDMER, BJM 2002, FN 20). Weitere wichtige Kriterien sind die Gegenleistung (bisweilen ergibt sich aus dem Bindungsübermass eine Disparität) und die übrigen Vertragsbestimmungen sowie der Kontext des Vertrags: Ein zinsloses Darlehen von zehn bis zweiundzwanzig Jahren verursachte angesichts der langen Laufzeiten und der übrigen Umstände ein Übermass in wirtschaftlicher und persönlicher Hinsicht (BGE 128 III 428 E. 4). Aber auch die Beziehung zwischen den Kontrahenten kann eine Rolle spielen (BGE 128 III 428 E. 4). So beurteilte das zürcherische Handelsgericht den zeitlichen Aspekt bei Vertragsverhältnissen zwischen zwei juristischen Personen weniger streng (HGer ZH ZR 1999, 115 u. 118). Art. 27 Abs. 2 verbietet nicht, ein Dauerschuldverhältnis periodisch «durch autonome Absprachen» zu erneuern, sofern die einzelnen Perioden nicht eine übermässige Bindung bewirken (BGE 114 II 163). Besteht keine gesetzliche Sonderregelung (wie zum Beispiel bei Vorkaufs-, Rückkaufs- und Kaufrechte an Grundstücken: Art. 216a OR; Arbeitsvertrag: Art. 334 Abs. 3 OR; Auftrag: Art. 404 OR; Hinterlegungsvertrag: Art. 475 Abs. 1 OR; Leibrente und Verpfründung: Art. 516 ff. OR), ist über den zeitlich zulässigen Umfang einer Vereinbarung fallweise zu entscheiden (vgl. BGE 117 II 275 f. unter Bezugnahme auf 114 II 163); «überlange» Verträge (BGE 51 II 167 ff.; 32 II 54; 26 II 120); «ewige» Verträge (BGer v. 12.3.2002, 4C.382/2001 E. 1 und 2a; 127 II 69; 117 II 275; 114 II 159 und 161; 113 II 210 f.; 103 II 185 f.; 97 II 399 ff.; 96 II 130; 93 II 300; 76

II 145 f.; 56 II 190 f.; 40 II 233 ff.; ZR 1986, 204 f.; vgl. auch die Richtlinien zur Handhabung «ewiger» Verträge bei BK-BUCHER, N 363 ff.). Nach SCHWANDER können Gerichte aufgrund von Art. 27 Abs. 2 auch Eheverträge auf ein zeitlich zulässiges Mass – etwa zehn Jahre – herabsetzen (SCHWANDER, 573). De lege ferenda (nach dem Vorbild von Art. 334 Abs. 3 OR) tritt er für eine Norm ein, nach welcher ersatzweise die passenden gesetzlichen Güterstandsbestimmungen anzuwenden sind, wenn sich die Eheleute nicht auf einen neuen Ehevertrag einigen. Ist ein Vertrag nur z.T. zeitlich limitiert worden, ergibt sich die Befristung des zeitlich unlimitierten Teils bereits aus Treu und Glauben (BGE 120 II 275 unter Berufung auf BGE 95 II 527). Vgl. zur teilweisen zeitlichen Limitierung aus gesetzlichen Gründen BGE 121 III 211. Nach BGE 129 III 209 E. 2 (bestätigt in BGer v. 26.5.2004, 5C.72/2004 E. 4.2.1) berührt ein Vertrag, der ein Kaufsrecht begründet, den Kerngehalt der Persönlichkeit nicht (ebenso LEU/VON DER CRONE, 224; vgl. auch die Kritik bei KRAMER, recht 2004, 27 ff.). In casu liess das Gericht offen, ob eine übermässige Bindung in zeitlicher Hinsicht vorliegt, wenn das im Grundbuch eingetragene Gestaltungsrecht vor Ablauf der Frist ‹freiwillig› erneuert wird, um seine Ausübung zu vermeiden. Gemäss BGE 130 III 503 liegt keine übermässige Bindung in zeitlicher Hinsicht vor, wenn Optionen erst fünf Jahre nach deren Erwerb und nur dann ausgeübt werden können, wenn zu diesem Zeitpunkt das Arbeitsverhältnis fortbesteht.

– Fallgruppe zu Rechtsgeschäften, bei welchen das Bindungsübermass Folge der mangelnden **Begrenzung oder Begrenzbarkeit** der zu sichernden, zu verpfändenden bzw. zu übertragenden Forderungen ist (vgl. BK-ZOBL, syst. Teil, N 1570 f. und 1659 ff.; kritisch gegenüber der bundesgerichtlichen Praxis BK-BUCHER, N 137 ff.). Die persönlichkeitsrechtswidrige Beschränkung der Vertragsfreiheit kann sich sowohl aus der mangelhaften Definierbarkeit des zu sichernden, als auch des zur Sicherung heranzuziehenden Substrats ergeben. Bezog sich eine Bürgschaft auf jede gegenwärtige und zukünftige Schuld des Hauptschuldners, befand das BGer bisher auf Teilnichtigkeit (BGE 120 II 35 ff.; 63 II 410). Von dieser Praxis ist das Gericht in BGE 128 III 434 E. 3.4 teilweise abgekommen: Art. 493 Abs. 1 OR gewährleistet eine summenmässige Bestimmbarkeit der Verpflichtung. Solange die Verpflichtungen des Bürgen diese Summe nicht übersteigen, kann daher innerhalb eines eindeutig identifizierbaren Rechtsverhältnisses zwischen Gläubiger und Hauptschuldner eine beliebige Zahl zukünftiger Forderungen gesichert werden. Keine solche gesetzliche Maximalvorschrift und damit die bisherige Regelung gilt bei Pfandbestellung an oder/und für alle(n) zukünftigen Forderungen (BGE 108 II 49; 105 III 122 ff.; 106 II 263; 69 II 290; 51 II 281); Zession aller/unbestimmt vieler zukünftiger Forderungen (BGE 113 II 165; 112 II 436; 112 II 243; 106 II 377 = Pra 1981, 225 f.; BGE 84 II 366; vgl. zur Kontroverse um die Gültigkeit von Globalzessionen zu Sicherungs- bzw. Finanzierungszwecken, BK-ZOBL, syst. Teil, N 1570 f. und N 1659 ff.; BK-BUCHER, N 137 ff. und 314 ff.; WIEGAND, ZBJV 1980, 561 ff.; HAUSHEER/AEBI-MÜLLER, N 11.19 ff.; BGE 120 II 35; 112 II 243; 84 II 355). Die Zession oder Verpfändung künftiger Lohnforderungen ist in Art. 325 Abs. 1 OR geregelt (BGE 117 III 52 ff.; zu Art. 325 Abs. 1 altOR: BGE 114 III 41; 114 III 27 ff.; 107 III 77). Darf die eine Vertragspartei den Leistungsinhalt allein bestimmen, verstösst der Vertrag gegen Art. 27 Abs. 2, wenn sie dabei das ihr obliegende billige Ermessen (Art. 2 Abs. 2) überschreitet (HG ZH ZR 2003, 40).

– Fallgruppe zu den Vereinbarungen, bei welchen das Bindungsübermass aus rechtsgeschäftlichen **Kontrahierungsverboten** bzw. **-geboten,** wie zum Beispiel exzessiven Konkurrenzverboten oder Bezugs- und Lieferpflichten, resultiert (vgl. BK-BUCHER, N 368 ff.). Diese sind dadurch charakterisiert, dass die wirtschaftliche Freiheit zumeist gleichzeitig im Hinblick auf mehrere (etwa zeitliche, örtliche und aktivitätsbezogene)

16

17

Aspekte beschränkt wird (CHAPPUIS, SJ 2003 II 317–338, 327 ff.). Auch der bereits erwähnte Fall von Vereinbarungen, bei welchen nur eine Seite über den Leistungs- bzw. Klauselinhalt bestimmen darf, kann hier subsumiert werden (HG ZH ZR 2003, 40). Eine Prüfung nach Art. 27 Abs. 2 hat immer die Gesamtwirkung zu berück- sichtigen.

Konkurrenzverbote: Mit einer als Grunddienstbarkeit ausgestalteten Gewerbebe- schränkung kann nicht bestimmt werden, was im entsprechenden Geschäft angeboten werden darf; für die Einschränkung des Warensortiments wäre ein schuldrechtlicher Vertrag nötig, «wobei mit einem Konkurrenzverbot dieser Art freilich den Schranken von Art. 27 ZGB Rechnung zu tragen wäre» (BGE 114 II 318). Dagegen ist es grund- sätzlich zulässig, die Verpflichtung, auf einem bestimmten Grundstück keine Bäckerei, Konditorei oder Gastwirtschaft zu betreiben, als Dienstbarkeit auszugestalten (BGE 114 II 316 ff.; 86 II 243 ff.); Kauf (BGE 53 II 329; 51 II 299; 50 II 485; 40 II 471); Auftrag (BGE 102 II 215); Gesellschaftsvertrag (BGE 51 II 222; 39 II 542 und 547). Das arbeitsvertragliche Konkurrenzverbot ist in Art. 340 ff. OR geregelt (BGE 110 II 172; 105 II 201; 103 II 122; 101 II 279; 96 II 141; 92 II 31; 92 II 23; 91 II 379 ff.; KGer GR PKG 1996, 41 ff.); das BGer wendet Art. 340 ff. OR nicht analog auf Kon- kurrenzverbote («vertragliche Verbote konkurrierender wirtschaftlicher Tätigkeit», BK-BUCHER, N 519) anderer Vertragstypen wie Kauf, Miete, Pacht oder Gesellschaft (so zuletzt bestätigt für einen Aktionärsbindungsvertrag in BGer v. 11.3.2003, 4C.5/2003 E. 2.1.2) an (vgl. BGE 95 II 536 f. mit Bezug auf Art. 356 ff. altOR; Kritik bei BK-BUCHER, N 382 ff.).

Bezugs- und **Lieferverpflichtungen:** 1967 geschlossener und 1973 erneuerter, zeitlich unbegrenzter Bierlieferungsvertrag auf 20 Jahre reduziert (BGE 114 II 159 E. 2; BGE vom 5.6.1996 in Pra 1997 Nr. 54; 40 II 233: 15 Jahre; OGer LU ZBJV 1988, 374 ff.: 17 Jahre); 1919 geschlossener Wasserlieferungsvertrag 1983 nicht mehr bindend (BGE 113 II 210); «ewiger» Wasserlieferungsvertrag nach 30 Jahren unverbindlich (BGE 93 II 300). Unbegrenzter Energielieferungsvertrag gestützt auf Art. 2 nicht durchsetzbar (BGE 97 II 399).

V. Rechtsfolgen

1. Nichtigkeit

18   Verstösst ein Vertrag gegen eine oder mehrere der in Art. 19/20 OR bzw. Art. 27 ZGB genannten Schranken, so ist zu prüfen, ob und inwieweit dieser Mangel die Nichtigkeit der Vereinbarung nach sich zieht und wer befugt sein soll, den Mangel geltend zu machen (Art. 20 OR; BK-KRAMER, Art. 19–20 OR N 370 ff.; BSK OR I-HUGUENIN, Art. 19/20 N 1, 12 und 52 ff.; **a.M.** BK-BUCHER, N 76 ff., 162 ff. und 523 ff.; vgl. bez. Art. 27 Abs. 2 auch OGer LU SJZ 1988, 48). Diese **flexible** (BSK OR I-HUGUENIN, Art. 19/20 N 55; CR CO I-GUILLOD/STEFFEN, Art. 19/20 N 20), sozusagen auf einem **modularen System** beruhende **Nichtigkeit** hat sich über die Zeit aus der traditionellen, in Art. 20 Abs. 1 OR genannten, aber nicht definierten Nichtigkeit heraus entwickelt (HUGUENIN, 84 ff.; BELSER, 441 ff. m.w.Nw.). Eine vergleichbare Entwicklung kommt im Übrigen auch in Art. 15.102 Abs. 2 *Principles of European Contract Law* zum Aus- druck: «Where the mandatory rule does not expressly prescribe the effects of an infringe- ment upon a contract, the contract may be declared to have full effect, to have some effect, to have no effect, or to be subject to modification.»

19   Das Bundesgericht ist indessen in seiner **jüngsten Rechtsprechung** zu Art. 27 Abs. 2 ZGB – gestützt auf die von BUCHER vertretene Minderheitsmeinung (BK-BUCHER,

N 114 ff. und 127) – zu einer sozusagen binären Struktur zurückgekehrt, die nur zwischen traditioneller Nichtigkeit und einseitiger Unverbindlichkeit unterscheidet (vgl. dazu die Kritik von KRAMER, recht 2004, 27 ff.): Liege ein Vertrag vor, der den «höchstpersönlichen Kernbereich einer Person» betreffe, so sei ein Verstoss gegen die von Amtes wegen zu beachtenden guten Sitten anzunehmen. Soweit eine Bindung dagegen an sich zulässig und nur das Mass der Bindung als übermässig zu qualifizieren sei, liege kein Verstoss gegen die guten Sitten, sondern alleine ein Verstoss gegen das Recht der Persönlichkeit vor. «Die bloss übermässige Bindung solle gemäss dem Zweck von Art. 27 Abs. 2 ZGB, die individuelle Freiheit einer Person zu schützen, nur zur Unverbindlichkeit des Vertrages führen, wenn die betroffene Person den Schutz in Anspruch nehmen und sich von der Bindung lösen möchte» (BGE 129 III 209 E. 2.2). Die betroffene Person könne die «Vertragserfüllung verweigern» (BGE 129 III 209 E. 2.2), aber auch «auf den Schutz von Art. 27 Abs. 2 ZGB […] verzichten und den Vertrag […] erfüllen» (BGer v. 26.5.2004, 5C.72/2004 E. 4.2 in erster Linie unter Hinweis auf BK-BUCHER, N 114 ff. und 127). Diese Auffassung werde im übrigen auch durch Art. 19 Abs. 2 OR gestützt, der ebenfalls zwischen einem Verstoss gegen die Persönlichkeit und einem Verstoss gegen die guten Sitten unterscheide (BGE 129 III 209 E. 2.2).

Gegen eine solche binäre Struktur lassen sich verschiedene Einwände vortragen. Zunächst lässt sich die **adäquate Rechtsfolge** nicht allein aus der Qualifikation des Verstosses (Rechts-, Sitten- oder Persönlichkeitsrechtswidrigkeit bzw. Unmöglichkeit) bzw. der Zuordnung zu einer bestimmten Schranke ableiten. Daran ändert sich auch durch das Bilden weiterer Unterarten nichts (zum Beispiel durch die Gliederung in «Kernbereich» und «Bindungsübermass»). Die **Qualifikation des Verstosses** hat bezüglich der angemessenen Reaktion auf den Mangel höchstens **Indizcharakter.** Die Zuordnung eines Mangels kann im Übrigen schon daran scheitern, dass anfänglich fehlerhafte Verträge häufig mehrere Schranken tangieren und darum auch mehrere Kontrollkriterien herangezogen werden müssen. Die von BUCHER favorisierte strikte Trennung von Art. 27 ZGB und Art. 19/20 OR ist sodann auch darum nicht durchführbar, weil die meisten Kontrollkriterien an beiden Orten erwähnt werden. Genau so wenig, wie jede vertragliche Vereinbarung betreffend «Kernbereich» ohne nähere Analyse des Inhalts der Abrede mit traditioneller, also von Amtes wegen zu beachtender, anfänglicher Nichtigkeit belegt werden sollte (vgl. dazu auch HAUSHEER/AEBI-MÜLLER, N 11.43 f., die ggf. auch einen «Widerruf» für zulässig ansehen), lässt sich sagen, dass das «Übermassverbot» immer und ausschliesslich in die Hände der beschwerten Partei zu legen sei. Höchstdauervorschriften können mit anderen Worten sowohl auf privaten wie auch auf öffentlichen Interessen beruhen oder beide Interessen in unterschiedlichen Anteilen kombinieren. **20**

Das hier vertretene **Konzept der flexiblen Nichtigkeit** (Nichtigkeit i.w.S.) beruht darum auf der Prämisse, dass die adäquate Rechtsfolge nicht allein aus der Qualifikation des Verstosses ableitbar ist, sondern sich aus dem Schutzzweck der verletzten Norm ergeben muss, ob und wie der entsprechende Mangel zu beseitigen ist. Dazu gesellen sich weitere Gesichtspunkte, welche sich aus dem mangelhaften Vertrag und seinem Kontext ergeben. Wichtig ist zum Beispiel, worin genau die Verpflichtung besteht, ob bereits mit dem Vollzug begonnen wurde und ob es sich um einen Dauervertrag handelt oder nicht. Ein flexibler Nichtigkeitsbegriff beruht auf einem **modularen System:** Er erlaubt zum Beispiel eine Beschränkung des Klägerkreises je nachdem, ob öffentliche oder private Interessen tangiert sind etc. Weiter beinhaltet er einen veränderlichen Eintrittszeitpunkt von Nichtigkeitsfolgen (ex tunc, ex nunc etc.), je nachdem, ob eine Wiederherstellung der vorvertraglichen Lage erforderlich und verhältnismässig ist oder nicht etc. Auch der Ausgleich via Rückabwicklungs- und anderen Sekundärregeln hat unter Beachtung des Zweckes der Norm zu erfolgen, welche zur Anordnung der Nichtigkeit führte (HUGUE- **21**

NIN, 93; HARTMANN, N 930). Schliesslich ist auch denkbar, dass ein Mangel als geheilt anzusehen ist. Eine Heilung kann sich sowohl aus der Nichtbeachtung eines Mangels infolge (zwischenzeitlicher) Behebung wie auch aus der Unbeachtlichkeit eines Mangels trotz Nichtbehebung ergeben (etwa wegen Zeitablaufs, Vollzugs oder Verletzung von Art. 2).

22 Die flexible Nichtigkeit umfasst mit anderen Worten nebst weiteren **Kombinationen** sowohl die traditionelle **Nichtigkeit** (Nichtigkeit i.e.S.) wie auch die **Unverbindlichkeit** (BSK OR I-HUGUENIN, Art. 19/20 N 55 ff.). Sie hat demnach den Vorteil, dass sie auch Mischformen zulässt. So muss zum Beispiel dem Inhalt nach zwischen «Unverbindlichkeit», von welcher das Bundesgericht als Folge eines Bindungsübermasses im Sinne von ZGB 27 Abs. 2 ZGB spricht (BGE 129 III 209 E. 2.2) und «Unverbindlichkeit» etwa im Sinne von OR 21 unterschieden werden, obwohl in Lehre und Rechtsprechung das gleiche Etikett für beide Ausprägungen von «Unverbindlichkeit» verwendet wird. Während es offenbar gemäss BGE 129 III 209 ff. und BGer v. 26.5.2004, 5C.72/2004 auch zeitlich gesehen im Belieben der beschwerten Partei steht, wann sie Unverbindlichkeit im Sinne von Art. 27 Abs. 2 ZGB geltend machen will, ist die Berufung auf Übervorteilung nur innerhalb Jahresfrist seit Abschluss der Vertrages möglich (Art. 21 Abs. 2 OR).

23 Da das Ziel der in Art. 20 OR angeordneten zivilrechtlichen Sanktion nicht im Dahinfallen des Vertrags, sondern in der Beseitigung des ihm anhaftenden Mangels unter möglichst weitgehender Respektierung des jeweils im Vordergrund stehenden Interesses besteht, ist es weder erforderlich noch sinnvoll, generell festzulegen, wie und ab wann Nichtigkeit wirken soll oder wer sich in welchem Zeitraum darauf berufen darf. Die einzelnen Begriffsmerkmale der Nichtigkeit sollten vielmehr erst in der **Zusammenschau** von **Norm, Mangel und Vertrag** bestimmt werden. Auf diese Weise können für einen grösseren Anteil der in Art. 27 ZGB bzw. Art. 19/20 OR und der übrigen Normen betreffend anfängliche Vertragsmängel befriedigende Rechtsfolgen ausgesprochen werden, als bei Zugrundelegung des engen traditionellen Begriffs (BSK OR I-HUGUENIN, Art. 19/20 N 52 ff.).

24 Eine **Öffnung** der traditionellen Nichtigkeit i.e.S. zu einer Nichtigkeit i.w.S. zeichnete sich in Rechtsprechung und Lehre (vgl. dazu den Überblick bei BK-KRAMER, Art. 19–20 OR N 306 ff. m.w.Hw.) bislang v.a. auf zwei Ebenen ab (BSK OR I-HUGUENIN, Art. 19/20 N 55 ff.; vgl. neuerdings auch HAUSHEER/AEBI-MÜLLER, N 11.43 ff.):

25 Beschränkung des **Klägerkreises** nach Massgabe des Schutzzwecks der Norm: Beschränkt sich die (negative) Auswirkung einer persönlichkeitsrechtswidrigen Bindung nach Art. 27 Abs. 2 auf eine der Vertragsparteien, so soll allein die Trägerin des geschützten Rechts über die Geltendmachung der Nichtigkeit entscheiden dürfen (BGE 112 II 436 f.; aber OGer ZH ZR 1982, 135; OGer LU SJZ 1988, 48; BK-KRAMER, Art. 19–20 OR N 370 f.). Der Gegenpartei wird in diesen Fällen die Berufung auf den Mangel versagt; ihr Interesse an einer allfälligen Nichtigkeit der Vereinbarung ist von vornherein schutznormfremd. Auch der Richter soll von Amtes wegen lediglich auf Veranlassung der geschützten Partei hin intervenieren dürfen (BGE 106 II 379; GAUCH/SCHLUEP/SCHMID/REY, N 687). Zu beachten ist, dass das Bundesgericht in BGE 129 III 209 nur noch von einem «Recht der übermässig gebundenen Partei, die Vertragserfüllung zu verweigern» spricht (vgl. Regeste zu E. 2)

26 Variabler **Zeitpunkt** des Einsetzens der Nichtigkeit: Die Rückwirkung der Nichtigkeit auf den Zeitpunkt des Vertragsschlusses (ex tunc) ist nur angemessen, wenn der Zweck der verletzten Norm eine Wiederherstellung der vorvertraglichen Lage gebietet und die Rückabwicklungsregeln eine solche auch ermöglichen (vgl. dazu die Gesamtschau der

Rückabwicklungsregeln bei HARTMANN, 16 ff.). Ist dies nicht der Fall, ist Nichtigkeit ex nunc vorzuziehen. Gerade im Bereich des Persönlichkeitsschutzes, wo das Übermass zwar in der Bindung angelegt ist, sich aber aus der Sicht des Beschwerten oft erst in der Erfüllungsphase manifestiert, kann sich die Verknüpfung der Nichtigkeitsfolge mit dem Zeitpunkt ihrer Geltendmachung als angemessener erweisen (BGE 117 II 275 f.; 114 II 163 f.). Das gilt auch für den Zeitpunkt der Beurteilung von Schwere und Tragweite des (anfänglichen) Mangels (BGE 120 II 276). In BGE 128 III 428 ff. etwa wurde der übermässig gebundenen Partei die «unverzügliche Auflösung» eines Darlehens zugestanden, weil der Inhalt im Zusammenhang mit den Umständen der Vergabe nach Auffassung des Bundesgerichts gegen ZGB 27 verstiessen.

Ein weiterer Ausdruck der flexiblen Nichtigkeit ist die (analoge) Anwendung von Art. 20 **27** Abs. 2 OR auf Art. 27 ZGB (BGE 120 II 35 ff. E. 4):

2. Teilnichtigkeit

Die Teilnichtigkeitsregel von Art. 20 Abs. 2 OR konkretisiert den bereits in Art. 20 **28** Abs. 1 OR enthaltenen Grundsatz: Die Nichtigkeit soll nur soweit reichen, als es der Schutzzweck der verletzten Norm verlangt. Ziel der zivilrechtlichen Sanktion ist nicht die Vertrags-, sondern lediglich die Mangelbeseitigung (BSK OR I-HUGUENIN, Art. 19/ 20 N 61.; vgl. auch BGE 120 II 40). Die **Teilnichtigkeit** richtet sich nach folgenden Voraussetzungen:

Art. 20 Abs. 2 OR ist nur anwendbar, sofern ein Teilmangel vorliegt und das Gesetz **29** gegenüber den Sanktionen Ganz- bzw. Teilnichtigkeit (Aufrechterhaltung des allenfalls ergänzten, gültigen Teils) indifferent ist (BGE 120 II 41; 114 II 163; 112 II 437; 106 II 379). Sind diese Voraussetzungen erfüllt und haben die Parteien keine von Art. 20 Abs. 2 OR abweichende **Entscheidungsregel** aufgestellt (zum dispositiven Charakter von Art. 20 Abs. 2 OR, BK-KRAMER, Art. 19–20 OR N 330 ff.; BSK OR I-HUGUENIN, Art. 19/20 N 68), ist von mehreren Varianten jene zu wählen, welche dem hypothetischen Parteiwillen am besten entspricht (vgl. SPIRO, 462). Dabei ist zu überlegen, was die Parteien vereinbart hätten, wäre ihnen der Teilmangel bereits bei Vertragsschluss bewusst gewesen (BGE 120 II 41; 114 II 163; 107 II 424 f.; 107 II 218 f.; 94 II 113; HGer ZH ZR 1982, 183 f.; BSK OR I-HUGUENIN, Art. 19/20 N 62 f.).

Entsteht durch den Teilmangel eine Lücke, ist nach Massgabe des hypothetischen Par- **30** teiwillens zu untersuchen, ob und wie der Vertrag zu ergänzen ist (SemJud 1989, 526; BGE 114 II 163 f.; 107 II 218 unter Berufung auf BGE 93 II 192 und 80 II 336; 96 I 9; 93 II 192; OGer ZH ZR 1988, 48; RVJ 1986, 233 f.). Art. 20 Abs. 2 OR dient m.a.W. nicht nur als Entscheidungs-, sondern auch als **Ergänzungsregel** (BSK OR I-HUGUENIN, Art. 19/20 N 65).

VI. Konkurrenzen, Abgrenzungen, Sondervorschriften

Zum Teil leitet das BGer gesetzliche **Sondervorschriften,** welche auf die Reduktion **31** einer Leistung wegen Inäquivalenz zur Gegenleistung zielen, aus Art. 27 Abs. 2 ab, den es in dieser Hinsicht generalisierend als Übermassverbot versteht (bez. Art. 417 OR, BGE 117 II 289, wo zu Unrecht statt der Leistung die Bindung als übermässig bezeichnet wurde). Art. 27 Abs. 2 hat indessen nicht die Funktion, die Inäquivalenz von Leistung und Gegenleistung zu beseitigen (so auch KRAMER in seiner Kritik an BGE 129 III 209 in recht 2004, 29 f.), sondern schützt die Persönlichkeit vor vertraglicher Verausgabung der Beseitigung der Persönlichkeitsrechtswidrigkeit (vgl. zu **Konkurrenzen** und **Ab-**

grenzungen, BSK OR I-HUGUENIN, Art. 21 N 19 ff.). Aus diesem Grund liegt nur dann auch ein Verstoss gegen Art. 27 Abs. 2 vor, wenn der zu hohe Lohn – allenfalls im Zusammenspiel mit anderen belastenden Vertragsklauseln – ein Bindungsübermass bewirkt.

VII. Prozessuales und IPR

32   Sanktionen, welche für die Verletzung von **Spielregeln** ausgesprochen werden, aber die Persönlichkeit des Spielers verletzen, sind zwingend richterlicher Überprüfung zugänglich (RVJ 1991, 346 ff. m.w.Nw.; vgl. auch BGE 119 II 271 E. 3; 118 II 15 E. 2; 108 II 15 ff.).

33   Die Bestimmung des **hypothetischen Parteiwillens** ist eine **Rechtsfrage.** Das BGer ist aber an die Feststellung von Tatsachen gebunden, welche bei der Ermittlung dieses Willens als Anhaltspunkte dienen können (BGE 120 II 41; 107 II 424; 107 II 218 f.). Wer Ganznichtigkeit behauptet, trägt die Beweislast für jene Tatsachen, welche auf einen entsprechenden hypothetischen Parteiwillen schliessen lassen (HÜRLIMANN, 67; BK-KRAMER, Art. 19 f. OR N 329; s.a. BGE 93 II 192).

34   **Kollisionsrechtlich** betrachtet ist Art. 27 um der **öffentlichen Ordnung** willen aufgestellt; als Bestandteil des *ordre public* fällt er intertemporalrechtlich unter Art. 2 SchlT (BGer v. 10.7.2000, 4C.46/2000 E. 2.c.bb; 97 II 395; 50 II 485; 40 II 236 f.; 39 II 545; 39 II 250) und unterliegt internationalprivatrechtlich der Vorbehaltsklausel von Art. 17 IPRG (BK-BUCHER, N 26 ff.; vgl. auch ZK-EGGER, N 8).

Art. 28

II. Gegen Verletzungen 1. Grundsatz	[1] **Wer in seiner Persönlichkeit widerrechtlich verletzt wird, kann zu seinem Schutz gegen jeden, der an der Verletzung mitwirkt, das Gericht anrufen.** [2] **Eine Verletzung ist widerrechtlich, wenn sie nicht durch Einwilligung des Verletzten, durch ein überwiegendes privates oder öffentliches Interesse oder durch Gesetz gerechtfertigt ist.**
II. Contre des atteintes 1. Principe	[1] Celui qui subit une atteinte illicite à sa personnalité peut agir en justice pour sa protection contre toute personne qui y participe. [2] Une atteinte est illicite, à moins qu'elle ne soit justifiée par le consentement de la victime, par un intérêt prépondérant privé ou public, ou par la loi.
II. Contro lesioni illecite 1. Principio	[1] Chi è illecitamente leso nella sua personalità può, a sua tutela, chiedere l'intervento del giudice contro chiunque partecipi all'offesa. [2] La lesione è illecita quando non è giustificata dal consenso della persona lesa, da un interesse preponderante pubblico o privato, oppure dalla legge.

Literatur

AEBI-MÜLLER, Personenbezogene Informationen im System des zivilrechtlichen Persönlichkeitsschutzes, Bern 2005; DIES., Die «Persönlichkeit» im Sinne von Art. 28 ZGB, in: FS Hausheer, Bern 2002, 99 ff.; BÄCHLI, Das Recht am eigenen Bild, Diss. Zürich 2002; BARRELET, Droit de la communication, Bern 1998; BORN, Persönlichkeitsschutz: Kausalhaftung der Medien durch die Hintertür?, Medialex 1997, 236; DERS., Schafft den «Durchschnittsleser» ab! Ein Diskussionsbeitrag wider die Rechtsunsicherheit im Medienrecht, sic! 1998, 517 ff. (zit. BORN); Botschaft des Bundesrates über die Änderung des Schweizerischen Zivilgesetzbuches (Persönlichkeitsschutz: Art. 28

ZGB und 49 OR) vom 5.5.1982, BBl 1982 II 636 ff.; BIENE, Starkult, Individuum und Persönlichkeitsgüterrecht, Bern 2004; BRÜCKNER, Das Personenrecht des ZGB, Zürich 2000; BÜCHLER, Die Kommerzialisierung Verstorbener, AJP 2003, 3; DIES., Persönlichkeitsgüter als Vertragsgegenstand, in: FS Rey, Zürich 2003, 177; CHENAUX, Le droit à la personnalité et les médias internationaux, Genf 1990; CHERPILLOD, Information et protection des intérêts personnels, ZSR 1999 II 87 ff.; FÄHNDRICH, Der Persönlichkeitsschutz des Sportlers in seiner Beziehung zu den Massenmedien, Diss. Basel, Luzern 1987; GAUCH/WERRO/ZUFFEREY (Hrsg.), La protection de la personnalité, in: FS Tercier, Freiburg i.Ü. 1993 (zit. GAUCH et al.); GEISER, Persönlichkeitsschutz: Pressezensur oder Schutz vor Medienmacht?, SJZ 1996, 73 ff. (zit. GEISER); DERS., Die Persönlichkeitsverletzung insb. durch Kunstwerke, Basel 1990 (zit. GEISER, Kunstwerke); DERS., Zivilrechtliche Fragen des Kommunikationsrechts, Medialex 1996, 203 ff. (zit. GEISER, Medialex); GLAUS, Das Recht auf Vergessen und das Recht auf korrekte Erinnerung, Medialex 2004, 193; GÖSKU, Rassendiskriminierung beim Vertragsabschluss als Persönlichkeitsverletzung, Freiburg 2003; HAUSHEER/AEBI-MÜLLER, Persönlichkeitsschutz und Massenmedien, recht 2004, 129 ff.; JÄGGI, Fragen des privatrechtlichen Schutzes der Persönlichkeit, ZSR 1960 II 133a; KEHL, Die Rechte der Toten, Zürich 1991; KNELLWOLF, Postmortaler Persönlichkeitsschutz – Andenkensschutz Hinterbliebener, Diss. Zürich 1991; KRÄHENBÜHL, Persönlichkeitsschutz für Verstorbene, plädoyer 1997, 4 ff.; LARESE, Die Genugtuung: ein verkanntes Instrument des Persönlichkeitsschutzes?, Medialex 1997, 139 ff.; LÜCHINGER, Die weiterhin störende Auswirkung einer Persönlichkeitsverletzung als Voraussetzung der Feststellungsklage nach Art. 28a Abs. 1 Ziff. 3 ZGB, in: FS Hausheer, Bern 2003, 117 ff.; MAFETI, Der Schutz der sexuellen Integrität am Arbeitsplatz, BJM 2002, 169; MEILI, Verschärfte Medienpraxis: Realität oder Angstvorstellung?, plädoyer 1993, 28 ff. (zit. MEILI); DERS., Wirtschaftsjournalismus im Rechtsvergleich, Baden-Baden 1996 (zit. Wirtschaftsjournalismus); MINELLI, Das Ende des Persönlichkeitsschutzes?, UFITA 1997, 111 ff.; MÜLLER, Die Grundrechte der Verfassung und der Persönlichkeitsschutz des Presserechts, Diss. Bern 1964; NÄGELI, Persönlichkeitsschutz von Opfern (z.B. Unfall-, Katastrophen- und Verbrechensopfern), AJP 1994, 1121 ff.; NOBEL, Leitfaden zum Presserecht, 2. Aufl. Zofingen 1983; OTT/GRIEDER, Plädoyer für den postmortalen Persönlichkeitsschutz, AJP 2001, 627 ff.; PRINZ/PETERS, Medienrecht, München 1999; RIEMER, Persönlichkeitsrechte und Persönlichkeitsschutz gemäss Art. 28 ff. ZGB im Verhältnis zum Datenschutz-, Immaterialgüter- und Wettbewerbsrecht, sic! 1999, 103 ff.; RIKLIN, Schweizerisches Presserecht, Bern 1996; Roberto/Hrubesch-Millauer, Offene und neue Fragestellungen im Bereich des Persönlichkeitsschutzes, in: FS Druey, Zürich 2002, 229 ff.; SCHÜPACH, Gentest: Gefahr für Persönlichkeitsrechte, plädoyer 1997, 23 ff.; RÜETSCHI, Die Verwirkung des Anspruchs auf vorsorglichen Rechtsschutz durch Zeitablauf, sic! 2002, 416 ff.; SCHÜRMANN/NOBEL, Medienrecht, 2. Aufl. Bern 1993; SCHWAIBOLD, Namensnennung erlaubt – mit Einschränkungen, Medialex 1999, 59; SCHWEIZER, Privatsphärenschutz von Personen des öffentlichen Lebens, AJP 1994, 1114 ff.; SCHMID, Persönlichkeitsrecht und Sport, in: FS Hausheer, Bern 2002, 127 ff.; SENN, Der «gedankenlose» Durchschnittsleser als normative Figur?, Medialex 1998, 150 ff.; STÄHELI, Persönlichkeitsverletzungen im IPR, Diss. Basel 1990; STUDER/MAYR VON BALDEGG, Medienrecht für die Praxis, 3. Aufl. Zürich 2001; TRACHSLER, Rechtliche Fragen bei der fotografischen Aufnahme, Diss. Zürich 1975; VITO/HRUBESCH-MILLAUER, Offene und neue Fragestellungen im Bereich des Persönlichkeitsschutzes, in: FS Druey, Zürich 2002, 229 ff.; WAGNER, IPR zwischen Medienfreiheit und Persönlichkeitsschutz, Medialex 2004, 124; WEBER, Gewinnherausgabe – Rechtsfigur zwischen Schadenersatz-, Geschäftsführungs- und Bereicherungsrecht, ZSR 1992 I 333 ff.; DERS., Information und Schutz Privater, ZSR 1999 II 1 ff. (zit. WEBER); DERS., Medienrecht für Medienschaffende, Zürich 2000 (zit. WEBER, Medienrecht); DERS., Geldentschädigung als Rechtsfolge von Persönlichkeitsverletzungen, Medialex 2000, 75 ff. (zit. WEBER, Geldentschädigung); WENZEL, Das Recht der Wort- und Bildberichterstattung, 5. Aufl. Köln 2003; WERRO, Le droit de faire constater l'illicéité d'une atteinte. Le conflit des deux cours civiles du Tribunal fédéral sur l'application de l'art. 28a CC et 9 LCD, Medialex 1998, 44 ff.; ZELLER, Zwischen Vorverurteilung und Justizkritik, Diss. Bern 1998.

I. Zweck, System und Bedeutung des Persönlichkeitsschutzes

1. Allgemeines

Der *externe* (im Gegensatz zum internen nach Art. 27) Persönlichkeitsschutz wurde im Privatrecht bis zum Inkrafttreten des **rev. Persönlichkeitsschutzes** 1985 v.a. durch 1 aArt. 28 gewährleistet. Seine Grundgedanken wurden durch andere Bestimmungen, namentlich aArt. 49 OR, erweitert.

2 Die Allgegenwart der Technik in der modernen Informationsgesellschaft, der ungeahnte Ausbau der Kommunikation und der Datenverarbeitung haben dazu geführt, dass der Einzelne *mehr und leichter als früher* Persönlichkeitsverletzungen ausgesetzt ist. Das bisherige Recht wurde deshalb nicht mehr als ausreichend empfunden und 1985 grundlegend revidiert.

3 Die **Bestimmungen von 1985** stellen nicht grundsätzlich neues Recht dar. Unterlassungs-, Gegendarstellungs- und Genugtuungsansprüche waren unter dem alten Recht zwar prinzipiell *anerkannt,* aber ihre Durchsetzung – mangels klarer gesetzlicher Vorgaben – mit *Unsicherheiten* für alle Beteiligten verbunden.

4 **Zwei Hauptmerkmale** kennzeichnen den zivilrechtlichen Persönlichkeitsschutz von 1985: Die Verbesserung der Voraussetzungen für eine *erleichterte Durchsetzung* der Rechte des Verletzten und Ausgleich des Machtgefälles zwischen Verletzer und Verletztem durch die Schaffung von *klaren Anspruchsgrundlagen* und *prozessualen Bestimmungen.*

2. Der Begriff der Persönlichkeit

5 Gegenstand des Persönlichkeitsschutzes ist die **Persönlichkeit,** «*der Einzelne als Geistwesen und in seiner Einmaligkeit, mit der Gesamtheit seiner Anlagen und Tätigkeiten in der ihm eigenen Ausprägung*» (JÄGGI, 146a). Person und Persönlichkeit erfassen demzufolge die Menschen in ihren geistigen Anlagen, in der Ausprägung und Entfaltung dieser Anlagen. In rechtlicher Hinsicht tritt im Persönlichkeitsrecht «*der Einzelne als das unteilbare und unangreifbare Wesen, wie es der Mensch darstellt, mit seiner Würde und Freiheit in die Rechtsordnung ein. Ebenso wie sich das Wesen der Persönlichkeit nicht in feste Grenzen einschliessen lässt, so kann das allgemeine Persönlichkeitsrecht seinem Inhalt nach nicht abschliessend festgelegt werden*» (MÜLLER, 46 f.); es gibt keinen Numerus clausus der Persönlichkeitsrechte (A. BUCHER, Personen, N 462).

6 Die Persönlichkeit als Rechtsgut lässt sich in **einzelne persönliche Güter** aufteilen. Diese finden ihre Ausprägung in *jedem menschlichen Verhalten* und in *jeder Tätigkeit* (vgl. dazu im Einzelnen u. N 16 ff.).

7 Die Persönlichkeitsrechte sind **subjektive Rechte.** Sie sind grundsätzlich nicht übertragbar, können nicht vererbt werden und erlöschen mit dem Tod ihres Trägers (zum ganzen PEDRAZZINI/OBERHOLZER, 176 ff. m.Nw.). Die aufgrund einer Persönlichkeitsverletzung entstehenden *Vermögensrechte* können jedoch *abgetreten* werden (BGE 95 II 503). Die Erben können auch die aus einer Verletzung der Persönlichkeit des Verstorbenen entstandenen Vermögensrechte beanspruchen oder eine noch zu Lebzeiten vom Verstorbenen angehobene Klage weiterverfolgen, wenn die Verletzung dessen Persönlichkeit auch als eine Beeinträchtigung ihrer eigenen Persönlichkeit geltend gemacht werden kann (A. BUCHER, Personen, N 510 und 562; BGE 104 II 236 sowie u. N 35).

8 Als **absolute Rechte** unterstehen die Persönlichkeitsrechte auch keiner Verjährungs- oder Verwirkungsfrist (A. BUCHER, Personen, N 511; BGE 118 II 1; 115 II 401); hiervon *ausgenommen* sind die aus einer Persönlichkeitsverletzung resultierenden *finanziellen Ansprüche* (Art. 49 und 60 OR; BGE 109 II 422; 118 II 4 f.; 123 III 204 ff.).

9 Schliesslich sind die Persönlichkeitsrechte auch **höchstpersönlicher** Natur, d.h. sie können auch ohne Mitwirkung des gesetzlichen Vertreters von unmündigen oder entmündigten Urteilsfähigen ausgeübt werden (A. BUCHER, Personen, N 512). Hiervon ausgenommen ist die *Schadenersatzklage* (SJZ 1977, 110 f.), nicht aber die Genugtuungsklage (A. BUCHER, Personen, N 513).

3. Übersicht über die Rechtsquellen

Der Persönlichkeitsschutz findet seine konkrete **Ausformulierung auf Gesetzesstufe** im   **10**
Schweizerischen Zivilgesetzbuch, im Obligationenrecht, im Internationalen Privatrecht,
im Schweizerischen Strafgesetzbuch (insb. Art. 173 ff.) und in den folgenden, teilweise
wiederum auf Art. 28 ff. verweisenden *Spezialgesetzen:*

- Bundesgesetz gegen den unlauteren Wettbewerb (UWG), insb. Art. 3 lit. a und Art. 14

- Bundesgesetz über das Urheberrecht und verwandte Schutzrechte (URG)

- Bundesgesetz über den Datenschutz (DSG), insb. Art. 12 f. und Art. 15

- Opferhilfegesetz (OHG; s.u. N 53)

- Gerichtsstandsgesetz (GestG; s. Bem. zu Art. 28b, 28c und 28f)

Für die Medienberichterstattung von Bedeutung ist ferner die von der Stiftung Schweizer
Presserat 1999 verabschiedete «Erklärung der Pflichten und Rechte der Journalistinnen
und Journalisten» (sog. *Journalistenkodex*), die durch die sog. *Richtlinien* konkretisiert
wird.

Der Verletzte hat grundsätzlich die *Wahl*, welches rechtliche Mittel er zu seinem Schutz
ergreifen will (zu den Klagemöglichkeiten gemäss Art. 28a und den vorsorglichen Massnahmen gemäss Art. 28c s. dort). Es ist aber zu *differenzieren:* Mit BGE 79 IV 19 bzw.
ZR 46 Nr. 172 und 65 Nr. 65 ist zivilrechtlich von Alternativität und strafrechtlich von
echter (Ideal-)Konkurrenz der Bestimmungen von Art. 28, Art. 3 lit. a UWG (strafrechtlich i.V.m. Art. 23 UWG) und Art. 173 ff. StGB auszugehen, falls die einzelnen Tatbestandselemente erfüllt sind. Zivilrechtlich hat der Geschädigte also die Wahl, ob er nach
ZGB oder nach UWG oder allenfalls nach beidem vorgehen will, sofern ein bestimmter
Sachverhalt nicht abschliessend durch das UWG geregelt ist (diesfalls geht das UWG als
lex specialis dem allgemeinen Persönlichkeitsschutz vor; vgl. ZR 1995, 74 ff.; s.a. den in
sic! 2000, 221 wiedergegebenen Entscheid des Luzerner Obergerichts vom 3.12.1999
sowie MEILI, Wirtschaftsjournalismus, 25, FN 24). Diese Abgrenzung gilt auch für
Begehren um vorsorgliche Massnahmen (s. RIEMER/RIEMER-KAFKA, Entwicklungen im
Personenrecht (natürliche Personen), SJZ 2000, 447; Entscheid des HGer SG vom
25.11.2004). *«Entscheidend ist, dass mit dem allgemeinen Persönlichkeitsschutz nicht ein
Leistungsschutz begründet werden kann, den der Gesetzgeber in einem spezielleren
Erlass ausdrücklich oder stillschweigend ausgeschlossen hat»* (unveröff. BGE vom
23.6.1998, E. 5a i.S. D. et al. m.w.Nw.). In BGE 129 III 715 hat das BGer in bezug auf
den persönlichkeitsrechtlichen Schutz nach URG festgestellt, dass dieser gegenüber dem
allgemeinen Persönlichkeitsschutz von Art. 28 abschliessenden Charakter hat, vorbehältlich des allgemeinen Anspruchs auf Genugtuung nach Art. 49 OR.

Nach der bundesgerichtlichen Praxis soll zivilrechtlich auch Alternativität zwischen den
Bestimmungen von Art. 28 und den den Schutz der Persönlichkeit bezweckenden Bestimmungen des DSG (insb. Art. 12 Abs. 1 DSG) bestehen (BGE 127 III 481, 492 ff.
i.S. Minelli). Da die Rechtsansprüche, die das DSG einem Verletzten gewährt, weiter-
gehen als jene gemäss Art. 28/28a und insb. auch einen Datenvernichtungs- und Daten-
sperrungsanspruch beinhalten (Art. 15 Abs. 1 DSG), ist eine alternative Berufung auf die
Persönlichkeitsschutzbestimmungen des DSG namentlich gegenüber periodisch erscheinenden Medien jedoch problematisch und kann z.B. im Falle einer Datenlöschung aus
dem Archiv eines Medienunternehmens neben den damit verbundenen Einschränkungen
der Medienfreiheit (Art. 17 BV) auch zu einer Verzerrung historisch relevanter Ereignisse führen. Die Bestimmungen des DSG sind daher auch im Rahmen von Art. 12 DSG
auf Medienberichte nur mit grosser *Zurückhaltung* anzuwenden (s.a. Art. 10 DSG).

4. IPR

a) IPRG

11 Das IPRG regelt, welches Recht auf einen **grenzüberschreitenden Sachverhalt** anzuwenden ist. Es enthält in Art. 33 Abs. 2 einen Weiterverweis: *«Für Ansprüche aus Persönlichkeitsverletzung gelten die Bestimmungen dieses Gesetzes über unerlaubte Handlungen (Art. 129 ff.).»* Damit wird sichergestellt, dass die Persönlichkeitsverletzung den **Zuständigkeitsregeln** des allgemeinen Deliktsrechts unterliegt. Diese sehen in Art. 129 IPRG einen ordentlichen Gerichtsstand am Wohnsitz des Beklagten bzw. dessen gewöhnlichen Aufenthaltsort oder Niederlassung (Abs. 1), einen subsidiären am Handlungs- oder Erfolgsort (Abs. 2) und einen Gerichtsstand für Streitgenossen (Abs. 3) vor (vgl. hierzu IPRG-Kommentar-Volken, Art. 129 N 20 ff).

12 Für die Frage des **anwendbaren Rechts** hat der Gesetzgeber unter den unerlaubten Handlungen die Persönlichkeitsverletzung besonders erwähnt. Die Marginalie zu Art. 139 geht allerdings über den Inhalt des Gesetzes hinaus: Während es einfach *«Persönlichkeitsverletzung»* lautet, erfasst der Gesetzestext lediglich die *«Ansprüche aus Verletzung der Persönlichkeit durch Medien, insb. durch Presse, Radio, Fernsehen oder durch andere Informationsmittel».* Es handelt sich also um eine *medienspezifische Regelung,* die nicht für andere Persönlichkeitsverletzungen gelten kann (vgl. hierzu im Einzelnen IPRG-Kommentar-Vischer, Art. 139 N 4 ff.). Nach dieser Sonderregel hat der Geschädigte die *Wahl* des anwendbaren Rechts; es hängt also von ihm nicht nur ab, ob er eine Verletzung verfolgen will, sondern er bestimmt auch ein Stück weit, nach welchem Recht diese beurteilt wird. In Frage kommen einerseits das Recht des Staates, in dem der Geschädigte seinen gewöhnlichen Aufenthalt hat (lit. a), andererseits das Recht des Erfolgsortes (lit. c), beides immerhin unter der Einschränkung, dass der Schädiger (also das Medienunternehmen) mit dem Eintritt des Erfolgs in diesen Staaten rechnen musste.

13 Eine Zeitung, ein Internetdienst und ein Sendeunternehmen, die grenzüberschreitende Verbreitung haben, müssen also in Kauf nehmen, dass ein Geschädigter sie nach **fremdem Recht im ausländischen Verbreitungsgebiet** für Persönlichkeitsverletzungen belangt (s. dazu SJZ 1999, 199 ff.). Er kann – und dies ist die dritte Wahlmöglichkeit – auch das Recht des Urhebers der Verletzung wählen (lit. b). *Nicht genügen* wird es, in ein ausserhalb des Verbreitungsgebietes liegendes Land ein Exemplar der Zeitung mitzunehmen, sich dort der Persönlichkeitsverletzung gewahr zu werden und dann das Recht jenes Staates anzurufen.

14 Für den Bereich **vorsorglicher Massnahmen** schreibt Art. 10 IPRG vor, dass die schweizerischen Gerichte oder Behörden solche Massnahmen treffen können, auch wenn sie für die *Entscheidung in der Sache selbst nicht zuständig* sind (vgl. hierzu IPRG-Kommentar-Volken, Art. 10 N 1 ff.).

b) Lugano-Übereinkommen

15 Verstärkt wird die Möglichkeit, ein Medienunternehmen vor einem fremden Richter zu belangen, durch die **Zuständigkeitsregeln** des sog. Lugano-Übereinkommens, das seit dem 1.1.1992 für die Schweiz in Kraft ist. Nach dessen Art. 5 Ziff. 3 ist für unerlaubte Handlungen der *Richter am Ort des Eintritts des schädigenden Ereignisses* zuständig. Art. 24 regelt die Zuständigkeit für die Anordnung vorsorglicher Massnahmen. Das IPRG ist *subsidiär* zum Lugano-Übereinkommen (Art. 1 Abs. 2 IPRG).

II. Schutzumfang von Art. 28

1. Inhalt der geschützten Persönlichkeitsrechte

Nach Art. 28 Abs. 1 kann derjenige, der widerrechtlich in seiner **Persönlichkeit** verletzt 16
wird, den Richter anrufen.

Persönlichkeit ist die *«Gesamtheit des Individuellen (...), soweit es Gegenstand eines* 17
verletzenden Verhaltens sein kann» (JÄGGI, 164a); TERCIER (personnalité, N 314) definiert die *«personnalité»* als *«l'ensemble des biens inhérents à chaque personne, biens*
qui lui appartiennent de sa naissance à sa mort de par sa seule qualité de personne phy-
sique ou morale». Die so verstandene Persönlichkeit ist ein *einheitliches Rechtsgut,* das
aber aus *zahlreichen Facetten* besteht. Der Gesetzgeber hat bewusst davon abgesehen,
diese im Einzelnen aufzuzählen (TERCIER, personnalité, N 344 ff.). Zu den anerkannten
Teilbereichen des Persönlichkeitsrechts gehören drei Schutzbereiche (vgl. WEBER,
13 ff.):

Physische Schutzbereiche

– das Recht auf Leben, körperliche Unversehrtheit, sexuelle Freiheit

– die persönliche Freiheit, insb. Bewegungsfreiheit

– das Recht auf Körper und Tod (körperliches Selbstbestimmungsrecht)

Psychische (seelische oder affektive) Schutzbereiche

– das Recht auf Beziehungen zu Nahestehenden (Familie, Freunde)

– das Recht auf Respekt gegenüber Nahestehenden

– das Gefühlsleben (seelische Integrität)

Soziale Schutzbereiche

– das Recht auf Namen und andere Identifikationsmerkmale

– das Recht am eigenen Bild, an der eigenen Stimme und am eigenen Wort und das
  Recht auf informationelle Selbstbestimmung (Datenschutz)

– das Recht auf Achtung der Privatsphäre (mit ihren Unterteilungen)

– das Recht auf Ehre

– das Unternehmensgeheimnis

Praktisch am bedeutsamsten dürften das Recht auf Leben und der Schutz der körperlichen Unversehrtheit (Integrität) sein, die bei jeder (vorsätzlichen oder fahrlässigen)
Tötung oder *Körperverletzung,* aber v.a. auch bei der *ärztlichen Behandlung* und *ärztli-*
chen Eingriffen betroffen sind (s. dazu etwa A. BUCHER, Personen, Der Persönlichkeitsschutz beim ärztlichen Handeln, BTJP 1984, 39 ff.). Dasselbe gilt für die *Freiheitsberau-*
bung durch Entführung, Einsperren oder die Überführung in ein Spital gegen den Willen
des Patienten, soweit die Voraussetzungen von Art. 397a ff. nicht erfüllt sind (HAUSHEER/
AEBI-MÜLLER, Rz 12.43). Zu erwähnen sind ferner die vielen Fälle von *sexuellen Miss-*
bräuchen, die die körperliche, aber auch seelische Integrität häufig in sehr schwerer
Weise verletzen. Die Rechtsprechung versucht, die erlittene Unbill der Opfer in solchen
Fällen durch Zusprechung *relativ hoher Genugtuungssummen* wenigstens teilweise auszugleichen (zur Genugtuung im Übrigen s. Bem. zu Art. 28a N 17).

Die obige Liste der Persönlichkeitsrechte ist *nicht abschliessend.* Anzuerkennen ist insb.
auch der *Schutz der Identität,* wozu u.a. der Anspruch auf Erforschung der Herkunft ge-

hört; diese Frage spielt im Rahmen der heterologen Insemination eine bedeutsame Rolle (vgl. PEDRAZZINI/OBERHOLZER, 136 m.w.Nw.). Das Recht auf Identität kann auch durch die Aufdeckung der Anonymität (vgl. SJZ 1985, 161 ff. [Striptease-Tänzerin]) oder durch Verunglimpfung der Herkunft, Ethnie, Sprache oder Religion einer Person (dazu AGE ZH, in NZZ vom 24.6.2005 [fremdenfeindlicher Geschäftsführer]) verletzt werden.

Im Folgenden werden einzelne der neben dem Recht auf Leben und dem Schutz der körperlichen Integrität praktisch wichtigsten Persönlichkeitsrechte näher dargestellt:

a) Recht auf den eigenen Namen

18   Der Name ist das wesentlichste Identifizierungs- und Individualisierungsmerkmal eines Menschen. Der **Namensschutz** ist in Art. 29 besonders geregelt (s. dort). Verletzungen, die den Namen betreffen, aber keine Namensanmassungen i.S.v. Art. 29 sind, fallen in den Schutzbereich von Art. 28 (vgl. z.B. BGE 102 II 161 ff.; 108 II 241 ff.; 95 II 481 ff.). Diese Bestimmung schützt auch andere Erkennungszeichen, wie Schilder, ehrenvolle Auszeichnungen, Familienwappen und Adelstitel (A. BUCHER, Personen, N 501). Ausserdem ist Art. 28 *bezüglich Geschäftsfirmen subsidiär anwendbar* (BGE 97 II 153, 159).

b) Recht am eigenen Bild, an der eigenen Stimme und am eigenen Wort

19   Seit langem anerkennt die schweizerische Lehre ein **Recht am eigenen Bild** (vgl. dazu im Einzelnen TRACHSLER, 113 ff.). Prinzipiell darf also niemand ohne seine (vorgängige oder nachträgliche) *Zustimmung* abgebildet werden, sei es durch Zeichnung, Gemälde, Fotografie, Film oder ähnliche Verfahren (vgl. dazu den berühmten Fall der Witwe Hodler, BGE 70 II 130, s. ferner BGE 127 III 492 i.S. Minelli und BGE vom 27.5.2003 [Fall Julen; dazu Medialex 2003, 177 f.], bei dem es im Zusammenhang mit einem unautorisierten Gemälde u.a. einer barbusig dargestellten Frau um die *Grenzen der Kunstfreiheit* [Art. 21 BV] ging). Im Entscheid betr. Barschel (SemJud 1993, 285 ff.) hat das BGer die Grenzen des Persönlichkeitsschutzes weiter ausgedehnt (s.a. SemJud 1998, 301 ff., bei dem es um die [i.c. für zulässig erachtete] Überwachung einer eine Invalidenrente beanspruchenden Person mittels versteckter Kamera ging). Auch die *Werbewirtschaft* hat sich zur Beachtung dieses Grundsatzes verpflichtet (vgl. Nr. 3.2 Ziff. 1 der «*Grundsätze*», welche die Schweizerische Lauterkeitskommission zuletzt im Juli 2004 herausgegeben hat). Das Recht am eigenen Bild erfasst aber nicht nur die *Beschaffung,* sondern insb. auch die *Veröffentlichung* von Personenbildern. Auch sie ist im Grundsatz nur mit Einwilligung des Betroffenen erlaubt.

Kürzlich hat das BGer nun aber immerhin festgestellt, dass eine Wortberichterstattung, die einen Rechtfertigungsgrund (i.c. ein überwiegendes öffentliches Interesse) in Anspruch nehmen kann, i.d.R. ihrerseits einen legitimen Grund dafür darstellt, eine der Illustration dienende Fotografie des Porträtierten mitzuveröffentlichen (BGE 127 III 494 i.S. Minelli).

20   Die Grundregeln sind aber zu **differenzieren.** Es ist eine Abbildung i.d.R. dann zulässig, wenn der Abgebildete «*sozusagen Teil der Landschaft, der Umgebung oder des Ereignisses*» (vgl. NOBEL, 155 f.; z.B. Publikum bei Veranstaltungen) ist, wenn es sich um eine (absolute oder relative) *Person der Zeitgeschichte* handelt (illustrativ ZR 1998, 132 ff.; s. ferner u. N 52) oder die Abbildung sozusagen eine *mittelbare* ist, indem das von einem Künstler etc. geschaffene Porträt abgebildet wird. Probleme bieten in der Praxis aber immer wieder Bildretouchen, Fotomontagen und eigentliche Bildmanipulationen sowie die Verwendung von Archivbildern in einem ganz anderem Zusammenhang als zum Zeitpunkt der Herstellung der Fotografie (s. dazu auch HAUSHEER/AEBI-MÜLLER, Rz 13.35; zur i.c. zulässigen Verwendung von Archivbildern s. ZR 1998, 133 f.).

Unzulässig ist demgegenüber die *Herausisolierung einzelner Personen* aus einem, in **21** zulässiger Weise aufgenommenen Personenkreis (NOBEL, 155) oder die *Verwendung* einer mit Einverständnis gemachten Aufnahme in einem *ganz anderen Zusammenhang* (illustrativ ZR 1980, 191). Insb. eine unerlaubte werbliche Verwendung ist unzulässig (vgl. z.B. ZR 1972, 107). Auch die Aufnahme einer Person in einer *misslichen Situation* (z.B. Aufnahme einer Person, die sich in einer Gefahrensituation befindet, oder des Opfers eines Unglücks oder Verbrechens, Aufnahmen von trauernden Personen am offenen Grab etc.; s. PEDRAZZINI/OBERHOLZER, 136) oder die Veröffentlichung von Bildern, die den Abgebildeten kompromittieren, verunglimpfen oder in einem ungünstigen Licht erscheinen lassen, kann deren Persönlichkeitsrecht verletzen (vgl. BGE 112 II 465 sowie BGE 127 III 494 i.S. Minelli [i.c. nicht der Fall]).

Rechtsprechung und Lehre haben auch ein **Recht an der eigenen Stimme** (BGE 110 II **22** 419; SCHÜRMANN/NOBEL, 234; A. BUCHER, Personen, N 478; BARRELET, N 1333) und ein **Recht am eigenen Wort** (dazu WEBER, Medienrecht, 54; umfassend GLAUS, Das Recht am eigenen Wort, Diss. Zürich, Bern 1997, insb. zur *informationellen Selbstbestimmung*) anerkannt. Diese ebenfalls auch für die Werbewirtschaft anerkannten Rechte (vgl. Nr. 3.2 Ziff. 1 der o. N 19 zit. «Grundsätze» der Schweizerischen Lauterkeitskommission) schützen insb. vor der unerlaubten Beschaffung, Verbreitung und Veränderung von Tonaufnahmen, z.B. durch die heimliche Aufnahme privater Gespräche, aber auch vor der Verwendung falscher Zitate oder dem Abdruck fingierter Interviews etc. Das Recht an der eigenen Stimme setzt voraus, dass die Stimme *individualisierbar* ist, was bei grossen Sängern und herausragenden Schauspielern zutreffend, ansonsten eher *selten* sein wird (vgl. auch PEDRAZZINI/OBERHOLZER, 136). Öffentliche Aussagen (von Reden, Ansprachen etc.) dürfen grundsätzlich immer aufgenommen werden (RIKLIN, 207).

c) Recht auf Achtung der Privatsphäre

Lehre und Rechtsprechung haben in Anlehnung an das deutsche Recht *drei Teilbereiche* **23** *(Kreise)* des menschlichen Lebensbereichs herausgearbeitet, nämlich den Geheim- oder Intimbereich, den Privatbereich und den Gemein- oder Öffentlichkeitsbereich. Das BGer hat diese Unterscheidung als zweckmässig bezeichnet und übernommen (vgl. BGE 97 II 100 f.; 109 II 357; zuletzt auch BGE 118 IV 45 und 119 II 222 ff.). Die klassischerweise vorgenommene Dreiteilung in einen Intimbereich, ein Privatleben und eine öffentliche Sphäre (sog. **Sphärentheorie**; kritisch dazu DRUEY, Privat-/Geheimsphäre – was liegt drin?, in: FS Vischer, Zürich 1983, 3 ff.; s.a. WEBER, 17, der die Sphärentheorie als *«fragwürdig»* bezeichnet) unterscheidet nach Empfindlichkeitsstufen des menschlichen Lebens und orientiert daran den Rechtsschutz (vgl. NOBEL, 153). Nachdem einzelne Aspekte der Persönlichkeitsrechte (z.B. das Recht am eigenen Bild) in der heutigen Zeit von den Rechteinhabern selber immer mehr *vermarktet* werden, verschwimmen diese einstmals klareren Abgrenzungen zwischen den einzelnen Sphären zusehends (s. zur Kommerzialisierung von Persönlichkeitsrechten und der sog. Vermarktung von Prominenz insb. SEEMANN, Prominenz als Eigentum, Diss. Zürich 1996 und DERS., Persönlichkeitsvermarktung und virtuelle Realität – Unsterblichkeit im Recht und Rechner, sic! 1997, 259 ff.; ferner WEBER, 78 f.).

aa) Geheim- oder Intimsphäre

Die **Geheim- oder Intimsphäre** umfasst *«diejenigen Lebensvorgänge, die eine Person* **24** *der Wahrnehmung und dem Wissen aller Mitmenschen entziehen bzw. nur mit ganz bestimmten anderen Menschen teilen will»* (BGE 118 IV 45; ähnlich schon 97 II 101). Für die Abgrenzung kommt es einmal auf den ausdrücklich manifestierten oder konkludent erklärten Geheimhaltungswillen an, andererseits auf die Art des in Frage stehenden Vorganges.

25   Nach der **Rechtsprechung des BGer** sind z.B. die Personendaten der *Patientenkartei* einer Arztpraxis dem Geheimbereich der betreffenden Patienten zuzurechnen (BGE 119 II 225). Das BGer hat in einem bedeutenden Urteil auch die *psychische Befindlichkeit* einer Person richtigerweise dem Intimbereich zugeordnet (Fall Irniger, BGE 109 II 360 ff.; kritisch zu diesem Entscheid SCHÜRMANN/NOBEL, 235). Die Geheimsphäre kann auch durch *prozessuale Editionspflichten* beeinträchtigt werden, weshalb dann eine Interessenabwägung vorgenommen werden muss (vgl. ZR 2000, 108 f. betr. Urkundenedition gemäss § 183 ZPO ZH [i.c. Vorrang des Persönlichkeitsschutzes bejaht]).

bb) Privatsphäre

26   *«Der Privatbereich umfasst diejenigen Lebensäusserungen, die der Einzelne gemeinhin mit nahe verbundenen Personen, aber nur mit diesen, teilen will, z.B. Tagesereignisse, wobei der Kreis der nahe Verbundenen je nach der Art der Lebensbetätigung wechseln kann»* (BGE 118 IV 45). *«Was sich in diesem Kreis abspielt, ist zwar nicht geheim, da es von einer grösseren Anzahl Personen wahrgenommen werden kann. Im Unterschied zum Geheimbereich handelt es sich jedoch um Lebenserscheinungen, die nicht dazu bestimmt sind, einer breiten Öffentlichkeit zugänglich gemacht zu werden, weil die betreffende Person für sich bleiben und in keiner Weise öffentlich bekannt werden will»* (BGE 97 II 101). Eine Umschreibung dieses Bereiches ist nicht mit Sicherheit zu treffen; jedenfalls gehören das *Haus* und die *Wohnung* einer Person genauso wie auch etwa die *Mitgliedschaft in einem Verein* privaten Charakters sowie Informationen über *politische und religiöse Überzeugungen, Vorstrafen* und *finanzielle Verhältnisse* zur Privatsphäre (vgl. BGE 97 II 97 ff.; 107 II 1; 111 II 209; ZR 1989, 117 *[«Schuldnerbuch»]*; ZR 1998, 134 [Details zu Haus oder Wohnung auf einer Fotografie]). Geschützt ist ferner das Recht, dass *private Briefe* nicht ohne Einwilligung ihres Verfassers veröffentlicht werden (BGE 127 III 494 f. i.S. Minelli). *Umstritten* ist, ob die Bekanntgabe des Namens von Polizeibeamten durch das Tragen von *Namensschildern* im öffentlichen Interesse liegt und einen Eingriff in deren Privatsphäre zu rechtfertigen vermag (s. dazu BGE vom 23.4.1998, in sic! 1998, 469 ff.).

cc) Gemein- oder Öffentlichkeitsbereich

27   *«Eine dritte Gruppe von Lebensbetätigungen liegt im Gemeinbereich; durch sie ist der Mensch Lebens- und Zeitgenosse von jedermann; diesem Bereich gehören Lebensbetätigungen an, durch die sich der Mensch wie jedermann in der Öffentlichkeit benimmt, durch unpersönliches Auftreten an allgemein zugänglichen Orten und Veranstaltungen oder durch sein öffentliches Auftreten als Künstler und Redner»* (BGE 118 IV 45).

Tatsachen und Lebensvorgänge aus diesem Bereich dürfen nicht nur ohne weiteres *wahrgenommen,* sondern grundsätzlich von jedermann auch *weiterverbreitet* werden (PEDRAZZINI/OBERHOLZER, 139). Dazu gehören etwa die *Adresse* oder der *Beruf* einer Person (A. BUCHER, Personen, N 481) sowie grundsätzlich alle Tatsachen, die in einem *öffentlichen Register* eingesehen werden können (vgl. SJZ 1998, 68 f. betr. Handelsregisterauszug/Stellung als Verwaltungsrat; s.a. BGE 126 III 512 ff. betr. Einsicht ins Grundbuch).

d) Schutz der Ehre

28   Nach ständiger Rechtsprechung schützt Art. 28 auch die **Ehre,** und zwar *weiter gehend* als das Strafrecht (s. BGE 121 IV 80; 122 IV 314). Das Strafrecht schützt den Ruf, ein ehrbarer Mensch zu sein, d.h. sich so zu verhalten, wie nach allgemeiner Anschauung ein

charakterlich anständiger Mensch sich zu verhalten pflegt (BGE 116 IV 205; 105 IV 113). Art. 28 umfasst demgegenüber auch die (vom Strafrecht nach gängiger Praxis nicht erfassten) Bereiche des *beruflichen, wirtschaftlichen und gesellschaftlichen Ansehens* einer Person (BGE 107 II 4). Die Bezeichnung eines Polizeioffiziers als *«Waffennarr»*, *«FBI-geschulter -‹Wanzen›-Spezialist»* und *«Schnüffler»* wird deshalb als persönlichkeitsverletzend betrachtet (vgl. BGE 119 II 97 ff.), ebenso die Bezeichnung eines relativ bekannten Rechtsanwalts und Journalisten als *«Wilderer»* (BGE 127 III 492 i.S. Minelli [i.c. wurde aber die Bezeichnung als nicht widerrechtlich taxiert]). Eine schwere Persönlichkeitsverletzung wurde bei Presseberichten angenommen, die behauptet haben, ein leitender Bankangestellter habe dubiose Geschäfte betrieben, wegen persönlichen Vorteilen Dritten Kredite zu Vorzugskonditionen verschafft und sich massiv und häufig mit Geschäften an der Grenze der Legalität bereichert (BGE 123 II 385). Ebenso wird die berufliche Ehre eines Arztes schwer verletzt durch die falsche Behauptung, er hätte eine ihm unbekannte Patientin *ohne Beachtung der Regeln der ärztlichen Sorgfalt* und ohne ausreichende Gründe in eine Anstalt eingewiesen (BGE 126 III 214).

Der zivil- und strafrechtliche Ehrenschutz wird durch Art. 3 lit. a UWG noch erweitert **29** (vgl. BGE 118 IV 160 f., der vom **«wirtschaftlichen Ehrenschutz»** spricht). Das Verhältnis dieser drei Schutzbereiche ist jedoch noch *nicht eingehend überprüft* und diese sind noch *nicht sauber* gegeneinander *abgegrenzt* worden (MEILI, 33; vgl. aber immerhin ERDEM, La protection de la personnalité économique et la concurrence déloyale, in: GAUCH et al., 165 ff.; zu den prozessualen Konsequenzen dieser Abgrenzung s.o. N 10). Immerhin ist aber anerkannt, dass im Wirtschaftsleben, zu dem wesensmässig der Konkurrenzkampf zwischen Handelsleuten gehört, prinzipiell strengere Kriterien erfüllt sein müssen, bevor eine Verletzung der Ehre bejaht werden kann (A. BUCHER, Personen, N 496; ZR 1980, 12).

e) Persönlichkeitsschutz im Arbeitsverhältnis und Schutz der wirtschaftlichen Entfaltung

Die Persönlichkeit erfährt in Art. 328 OR für das **Arbeitsverhältnis** einen *spezifischen* **30** *Schutz* (vgl. hierzu BSK OR-REHBINDER, Art. 328 N 3 ff.; s dazu aus der jüngeren Kasuistik BGE 122 V 267 ff. [Fragerecht des Arbeitgebers], 125 III 70 ff. [Mobbing] und 126 III 395 ff. [sexuelle Belästigung], s. ferner BGE 130 II 425 ff. betr. der Zulässigkeit der Installation eines GPS im Dienstfahrzeug eines Aussendienstmitarbeiters zu dessen Überwachung, ähnlich der Kontrolle mittels Stempeluhr).

Das BGer anerkennt sodann schon seit langem, dass jedermann das **Recht** hat, **seine** **31** **Persönlichkeit im Bereich der Wirtschaft zu betätigen** (BGE 82 II 302; s. aber schon BGE 22 184 f.). Die Rechtsprechung konzentrierte sich in der Folge auf den *wirtschaftlichen Boykott* (vgl. BGE 86 II 376 f.; 102 II 221) und hat letztlich im KG 1962 bzw. in den Art. 6 und 7 KG 1995 ihren gesetzlichen Ausdruck gefunden (vgl. zum Ganzen PEDRAZZINI/OBERHOLZER, 141 f.). Aus der Rechtsprechung sind zu erwähnen BGE 123 III 197 ff. *(Ausschluss aus einem Verein mit dominierender Stellung in der Wirtschaft)*, SJZ 1988, 85 f. *(Sperre einer Athletin)* sowie ZR 1986, 135 *(Verwendung eines berühmten Namens)*.

2. Subjekte des Persönlichkeitsschutzes

a) Aktivlegitimation

aa) Natürliche und juristische Personen

Der Schutz der Persönlichkeit kann von demjenigen in Anspruch genommen werden, der **32** sich in seiner Persönlichkeit verletzt fühlt. **Klagebefugt** ist **jedes Rechtssubjekt,** also *natürliche* und *juristische Personen* und *rechtsfähige Personengesamtheiten,* aber nur der Verletzte, nicht jedermann (BGE 95 II 537). Demgegenüber sind die *nicht rechtsfähigen Personenmehrheiten* (z.B. einfache Gesellschaften, der Verwaltungsrat einer Gesellschaft oder eine Regierung) *nicht aktivlegitimiert.* Sie können nur *mittelbar,* nämlich durch das einzelne Mitglied, Persönlichkeitsrechte in Anspruch nehmen, was wiederum voraussetzt, dass der Einzelne in rechtlich relevanter Hinsicht betroffen ist (vgl. dazu BBl 1982 II 656 und TERCIER, personnalité, N 530 ff.).

33   **Juristische Personen** können den Persönlichkeitsschutz in Anspruch nehmen, denn gemäss Art. 53 sind sie aller Rechte und Pflichten fähig, die nicht die natürlichen Eigenschaften des Menschen zur notwendigen Voraussetzung haben (vgl. ZR 1980, 10 [Schädigung von Kapitalgesellschaften]; ZR 1984, 53 [ideelle Organisationen]). Ob auch juristische Personen des öffentlichen Rechts klagelegitimiert sind, ist umstritten (*bejahend* A. BUCHER, Personen, N 565; TERCIER, personnalité, N 528 f.; *abl.* für ausländische Staaten SJZ 1989, 359 [fraglich]). Angesichts der klar anthropomorphen Definition von «*Persönlichkeit*» darf man aber die Grenzen im Einzelfall auch *anders als bei Menschen* ziehen, denn das Persönlichkeitsrecht dürfte dort enden, wo «*die darin enthaltenen Ansprüche Eigenschaften voraussetzen, die ihrem Wesen nach nur den natürlichen Personen zukommen*» (BGE 97 II 100). Juristische Personen können jedoch durchaus ihre Geheim- und Privatsphäre haben und Schutz ihrer geschäftlichen und beruflichen Ehre geniessen (vgl. NOBEL, Gedanken zum Persönlichkeitsschutz juristischer Personen, in: FS Pedrazzini, Bern 1990, 411 ff.; ferner GUIDICELLI, La personalità della persona giuridica, in: GAUCH et al., 183 ff.).

34   **Umstritten** ist die Zulässigkeit einer **echten Verbandsklage** (Geltendmachung von Ansprüchen durch den Verband wegen Verletzung der Persönlichkeitsrechte seiner Mitglieder als Anwendungsfalls der sog. Prozessstandschaft). Das Gesetz schweigt sich über diese Frage aus. In der *Botschaft* (BBl 1982 II 656) wird sie für *zulässig* erachtet, ebenso in der Rechtsprechung des *Bundesgerichts,* sofern die Ausübung eines solchen Klagerechts zu den statutarischen Aufgaben gehört und die betroffenen Mitglieder selber klagelegitimiert wären (vgl. BGE 121 III 176; s.a. BGE 103 II 294 und ZBJV 1983, 473). PEDRAZZINI/OBERHOLZER halten die Zulässigkeit einer solchen Klage für «*fraglich*» (153). Ein solches Klagerecht wird allerdings für Klagen auf Schadenersatz und Genugtuung nicht anerkannt (vgl. schon BGE 73 II 65 ff., bestätigt durch BGE 125 III 85; s.a. A. BUCHER, Personen, N 563 m.w.Nw.).

bb) Legitimation Verstorbener

35   Die Persönlichkeit und damit der Persönlichkeitsschutz finden mit dem *Tod des Verletzten* ihr Ende (Art. 31 Abs. 2; BGE 104 II 235 f.). Nach geltendem Recht ist es «*ausgeschlossen, dass jemand als Vertreter eines Verstorbenen in dessen Namen eine Klage gemäss Art. 28 Abs. 1 anhebt oder weiterführt*» (BGE 104 II 236). Immerhin ist es i.S. eines beschränkten **postmortalen Persönlichkeitsschutzes** zulässig, «*dass nahe Angehörige für den Schutz der den Tod überdauernden Persönlichkeitsgüter sorgen, indem sie sich hiefür auf ihr eigenes Persönlichkeitsrecht stützen, das mindestens in einem gewissen Umfang auch die Wahrung des Ansehens naher Verwandter oder sogar Freunde mit umfassen kann*» (BGE 104 II 236; 101 II 191), Der den Erben zustehende *Andenkensschutz* schliesst die Fortsetzung einer von einer verstorbenen Person eingeleiteten Persönlichkeitsschutzklage nicht aus (Entscheid Bezirksgericht Zürich vom 24.9.2003 [«Malbuner»]). Nach SCHÜRMANN/NOBEL, 238, wird man dabei allerdings die Grenzen nicht so weit ziehen dürfen wie das BGer im *Fall Irniger,* bei welchem i.E. nicht mehr zwischen den (nicht schützbaren) Rechten des toten Vaters und den (grossherzig konzedierten) des klagenden Sohnes unterschieden wurde (BGE 109 II 353 ff.).

Zur Verweigerung der Akteneinsicht gestützt auf postmortalen Persönlichkeitsschutz und kant. Archivierungsrecht s. BGE 127 I 162 m.H. auf BGE 127 I 115.

Verstorbene geniessen zudem den **strafrechtlichen Ehrenschutz** nach Art. 175 StGB   **36**
(vgl. ZR 1990, 235 und BGE 118 IV 153 ff.).

b) Passivlegitimation

In erster Linie ist der **Urheber einer Verletzungshandlung** (oder ggf. dessen Erben)   **37**
passivlegitimiert, d.h. jeder, der an der Verletzung der Persönlichkeit mitwirkt, also auch
Aushilfen und Gehilfen. Gegen wen klageweise vorgegangen werden soll, bestimmt der
Verletzte. Bei Persönlichkeitsverletzungen z.B. durch Medien wirken meist mehrere Personen mit (Journalisten, Bildreporter, Textchef, Produzent, Chefredaktor, Drucker, Ver-
teiler, Verleger oder Herausgeber, Moderator, Sendeleiter etc.; s. dazu BGE 123 III
354 ff. und 113 II 213 ff.; s.a. BGE 126 III 161 ff. betr. Verantwortlichkeit eines Dru-
ckers). Sie alle haften gleichermassen und *solidarisch,* und auf ihren einzelnen Tatbeitrag
kommt es zivilrechtlich nicht an: Denn bei Persönlichkeitsverletzungen spielt das *Verschulden keine Rolle* (vgl. u. N 55). *«Da die Verletzung in den persönlichen Verhältnissen
durch Presseäusserungen nicht allein auf das Verhalten des Verfassers dieser Äusserungen zurückzuführen ist, sondern ebensosehr auf die Herausgabe des betreffenden Presseerzeugnisses, muss sich der Abwehranspruch des Verletzten auch gegen den Herausgeber
richten können. (...) Für die Belangbarkeit der Beklagten gestützt auf Art. 28 ZGB genügt es, dass sie die Herausgabe der Zeitung gemeinsam an die Hand genommen hatten
und sich im Impressum auch als Herausgeber zu erkennen gaben»* (BGE 103 II 166 f.).
Schon unter altem Recht haftete eine Presseunternehmung für persönlichkeitsverletzende
Leserbriefe, die in der von ihr herausgegebenen Zeitung veröffentlicht wurden, neben
dem Leserbriefautor mit, weshalb sie den zwischen den Streitparteien geschlossenen
Vergleich publizieren musste (BGE 106 II 92 ff.). Das Gleiche dürfte beim Abdruck von
Interviews gelten, die persönlichkeitsverletzende Aussagen enthalten (s. dazu BORN,
Wann haften Medienschaffende für die Wiedergabe widerrechtlicher Äusserungen Dritter?, Medialex 2001, 13 ff.). Schliesslich kann Medienunternehmen auch eine Haftung
für persönlichkeitsverletzende Inhalte von *Inseraten* treffen, die sie im Auftrag ihrer Inse-
ratenkunden publizieren (s. schon BGE 91 II 401).

3. Verletzung (Abs. 1)

a) Fehlen einer gesetzlichen Definition

So wenig wie den Begriff der Persönlichkeit, umschreibt das Gesetz den **Verletzungs-**   **38**
tatbestand. Nach richtigem Sprachverständnis kann nicht einfach jede Beeinträchtigung
der Persönlichkeit mit einer Verletzung (atteinte, lesione) gleichgesetzt werden, sondern
es ist eine gewisse *Intensität,* ein eigentliches Eindringen zu verlangen. Dies folgt auch
aus der weit gehenden Übereinstimmung des öffentlich-rechtlichen und privatrechtlichen
Persönlichkeitsschutzes, wie sie sich in der Rechtsprechung entwickelt hat (PEDRAZZINI/
OBERHOLZER, 131). Die Anknüpfung an die Menschenwürde als Ausgangspunkt
dieser Überlegungen (PEDRAZZINI/OBERHOLZER, a.a.O.; vgl. auch die zutreffenden Wertungen in ZR 1992/93, 21 und in Pra 1993, 4) verlangt zugleich, an den Verletzungstatbestand eine bestimmte Anforderung zu stellen: So wenig, wie die Menschenwürde durch
jeden falschen Hoheitsakt in Frage gestellt ist, so wenig kann jeder Übergriff über die
Grenzen sozial korrekten Verhaltens gleich eine Persönlichkeitsverletzung sein (SCHÜR-
MANN/NOBEL, 240; vgl. aus der neueren Praxis BGE 125 III 70 ff. i.S. *Mobbing* [Auffor-
derung des Arbeitgebers, sich vertrauensärztlich von einem Psychiater begutachten zu
lassen, ist nicht per se persönlichkeitsverletzend]).

b) Tatbestandselemente

39 Das Gesetz bietet Schutz gegen jede **Verletzung der Persönlichkeit,** d.h. gegen jeden mehr als harmlosen Angriff, jede spürbare Störung, jede ernst zu nehmende Bedrohung oder Bestreitung der Persönlichkeitsgüter durch Dritte. Betroffen ist die Persönlichkeit unter physischem, psychischem oder sozialem Gesichtspunkt. Eine Persönlichkeitsverletzung erfordert, dass sich der Angriff gegen eine *bestimmte oder zumindest bestimmbare* Person richtet (PEDRAZZINI/OBERHOLZER, 152 m.Nw.). Voraussetzung jeder Persönlichkeitsverletzung ist also, dass der Betroffene aufgrund der Verletzungshandlung (z.B. Pressebericht, Bildveröffentlichung etc.) *individualisierbar,* also erkennbar ist. Gefordert ist dabei grundsätzlich, dass der Betroffene sich nicht nur selbst erkennt (subjektive Erkennbarkeit), sondern dass auch andere Personen erkennen können, um wen es sich bei einem Bericht oder einer Abbildung handelt *(objektive Erkennbarkeit).* Ob dabei Erkennbarkeit innerhalb des Bekanntenkreises bereits genügen (so für das deutsche Recht WENZEL, Rz 7.8 und BGH NJW 79, 2205) oder gefordert wird, dass der Durchschnittsleser bzw. -betrachter den Zusammenhang zwischen der beanstandeten Darstellung und dem Betroffenen eindeutig feststellen kann (in diesem Sinne TERCIER, personnalité, N 1419, für das Gegendarstellungsrecht), ist noch nicht eindeutig entschieden. In SJZ 1986, 127 ff., wurde aber immerhin klargestellt, dass der Begriff des «Durchschnittslesers» (dazu u. N 43) nicht bedeutet, dass auf die Leser (oder Hörer) im ganzen Verbreitungsgebiet eines Mediums abzustellen sei, sondern es genügen müsse, wenn der Betroffene aufgrund einer Pressemitteilung *«bei den Lesern aus dem weiteren sozialen Umfeld des Klägers bei objektiver Betrachtung»* erkennbar sei. Klar ist auch, dass sich die Erkennbarkeit nicht nur durch die (exakte) Namensangabe ergeben kann, sondern auch aus anderen Angaben, die den Betroffenen bestimmbar machen (Angabe des Wohnortes, Berufs, Stellung in einer Firma, Angehörigkeit zu einem Verein oder religiösen Organisation usw.). Eine Bildveröffentlichung, die den Abgebildeten nicht erkennen lässt, fällt als Persönlichkeitsverletzung zum vornherein ausser Betracht (z.B. «schwarze Balken» über den Augen oder «Pixeln», wobei im Einzelfall zu beurteilen ist, ob die Anonymisierung genügend ist).

40 *«Verletzung»* bezeichnet den Vorgang sowohl aus der Sicht des Täters wie des Opfers. Sie kann in einem **Tun** wie in einem **Unterlassen** bestehen, sie erfasst gleichermassen den einmaligen Akt wie auch Wiederholungshandlungen oder einen Zustand. Ausserdem umfasst sie auch die *Mittel,* die für eine Verletzungshandlung eingesetzt werden (z.B. unerlaubtes Beobachten oder Abhören von Personen, Hausfriedensbruch). Aber selbst wenn die verwendeten Mittel an sich erlaubt sind, kann bereits das *systematische Auskundschaften* des Privatlebens einer Person eine Persönlichkeitsverletzung darstellen (BGE 44 II 319; PEDRAZZINI/OBERHOLZER, 140).

41 Bei den Folgen einer Verletzung ist aber von Gesetzes wegen (Art. 28a Abs. 1 Ziff. 3) **gesondert zu untersuchen,** ob der Störungszustand fortwirkt. Ebenso sind das Vorliegen eines Schadens (Art. 28a Abs. 3; Art. 41 OR) oder die Voraussetzungen einer Genugtuung (Art. 28a Abs. 3; Art. 49 OR) getrennt von der Verletzung zu untersuchen.

c) Verwirklichung des Tatbestands

42 Ob eine Persönlichkeitsverletzung vorliegt, beurteilt sich nach einem **objektiven Massstab;** damit wird – gleich wie im Strafrecht – nicht auf subjektive Empfindlichkeit abgestellt (BGE 105 II 163 f.). Die Verletzung kann sich aus einzelnen Behauptungen, aus dem *Zusammenhang* einer Darstellung, ja sogar aus dem Zusammenspiel mehrerer Meldungen (vgl. ZBJV 1985, 107 ff. betr. Fall zweier Publikationen aus einem Verlag [eher fraglich]), ergeben. Eine bedeutende Rolle spielt ferner der *Rahmen,* in dem eine (Presse-)

Äusserung gemacht wird (BGE 55 II 98 f.; 105 II 163 f. *[staatspolitische Auseinandersetzung]; s.a.* RBUR 1992/93, Nr. 5 [keine Persönlichkeitsverletzung im Rahmen *richterlicher Prozessleitung* getätigter Äusserungen]).

Die Praxis zu Art. 28 hat sich namentlich an **Presseäusserungen** herausgebildet (eine　　**43** gültige Zusammenfassung findet sich in BGE 126 III 305 ff.). Dabei wird geprüft, ob das gesellschaftliche Ansehen einer Person vom *Standpunkt des Durchschnittslesers* aus gesehen als beeinträchtigt erscheint (ständige Rechtsprechung seit BGE 100 II 179; Standardformulierung in 105 II 163 f.; kritisch zur Figur des «Durchschnittslesers» BORN und SENN).

Man geht zunächst von der **grundlegenden Unterscheidung von Tatsachenbehauptung** (Information) **und Werturteil** (Kommentar, Kritik) aus, auch wenn die *Unterscheidung* in der Praxis zuweilen *Schwierigkeiten* bereitet, da ein Werturteil leicht als erhärtetes Faktum angesehen werden kann (PEDRAZZINI/OBERHOLZER, 138). Man spricht deshalb auch von **gemischten Werturteilen,** für deren Tatsachenkern nach der bundesgerichtlichen Praxis aber dieselben Grundsätze wie für Tatsachenbehauptungen zur Anwendung gelangen (s. aus der Kasuistik BGE 127 III 481 ff., 486 ff. i.S. Minelli [Bezeichnung als *«Wilderer»*] m.H. auf BGE 126 III 305/8). Trotzdem bleiben *Unsicherheiten,* v.a. bei sog. *Insinuationen* (vgl. auch RIEMER, Persönlichkeitsschutz und «qualifizierte» Medienäusserungen in der bundesgerichtlichen Praxis: Unsicherheitsfaktoren [Verdächtigungen, Andeutungen usw.], Zitate und andere Drittäusserungen, Satire, in recht 2001, 34 ff.).

Nach der Bundesgerichtspraxis ist die Verbreitung *ehrverletzender Äusserungen* (Art. 173 ff. StGB) an sich immer auch als Persönlichkeitsverletzung zu qualifizieren (umfasst diese also; vgl. BGE 91 II 401; ZR 1983, 6). Ferner gelten *unwahre Äusserungen* prinzipiell stets als persönlichkeitsverletzend (vgl. BGE 111 II 209). Eine in **tatsächlicher Hinsicht** *ungenaue Presseäusserung* (sog. *«journalistische Ungenauigkeit»*) kann die Persönlichkeit des Betroffenen aber nur verletzen, *«wenn sie diesen in einem falschen Licht erscheinen»* lässt (BGE 105 II 165; 107 II 6) oder wenn das Bild von ihm *«spürbar verfälscht»* wird (BGE 105 II 165). Im gleichen Sinn gilt die Wahrheit bei einer Medienberichterstattung als gewahrt, wenn diese zwar nicht in allen Einzelheiten, aber doch insgesamt und *im Kern* der Wahrheit entspricht (so RIEMER/RIEMER-KAFKA, Entwicklungen im Personenrecht [natürliche Personen], SJZ 2001, 428 zu BGE 126 III 305 ff.). In BGE 129 III 49 ff. wurde im Zusammenhang mit dem Vorwurf von *Kontakten zur «Neonazi- und Revisionistenszene»* eine Persönlichkeitsverletzung verneint, obschon nur Beziehungen zu Revisionisten nachgewiesen werden konnten.

Ferner verletzt eine unwahre Äusserung die Persönlichkeit in Analogie zu Art. 27 Abs. 4 StGB dann nicht, wenn sie sich auf eine *fehlerhafte Mitteilung einer Amtsbehörde* stützt, deren Quelle angibt und diese nicht selber kommentiert (BGE 126 III 213 [fehlerhaftes Communiqué einer Polizeibehörde]). Die falsche Tatsache muss sich nach der gesetzlichen Konzeption auch direkt auf die geschützten Persönlichkeitsgüter und nicht bloss auf die Person beziehen (irreführend BGE 103 II 165, da übersehen wird, dass der geäusserte Vorwurf [Spekulation] i.c. generell zutreffend und nur in seinem Ausmass falsch war; s. dazu neuerdings auch STUDER/MAYR VON BALDEGG, 126).

Es ist aber auch nicht jede *wahre* Tatsachenbehauptung zulässig: Das Aufgreifen länger zurückliegender Vorstrafen, die Ausbreitung intimer Details oder sonderbarer Vorlieben und Neigungen können, falls dies ohne sachlichen Grund geschieht, eine Persönlichkeitsverletzung darstellen, selbst wenn damit die Wahrheit ans Licht gehoben wird. Ein generelles *«Recht auf Vergessen»* hat das BGer aber *abgelehnt* (BGE 111 II 214; s. dazu aber u. N 52 a.E.).

44 **Werturteile** vermögen nur dann eine Verletzung darzustellen, wenn sie «*sich zu einem unnötig verletzenden und beleidigenden Angriff auf die Person*» des Betroffenen ausweiten, wenn er verunglimpft wird; angriffige, undifferenzierte, scharfe, beissende und sarkastische Kritik ist hingegen in Kauf zu nehmen, sofern sie im gleichen *sachlichen Rahmen* wie der sie veranlassende Artikel bleibt (BGE 106 II 98 f.; 126 III 308; für die *Satire* s.u. N 51).

4. Widerrechtlichkeit (Abs. 2)

a) Grundsatz

45 Jede Verletzung der Persönlichkeit ist grundsätzlich **widerrechtlich.** Dies folgt aus Art. 28 Abs. 2 und belegt zugleich den Charakter des Persönlichkeitsrechts als ein absolutes, gegenüber jedermann wirkendes Recht. Es bedarf deshalb im Bereich des Persönlichkeitsschutzes nicht der sonst üblichen Umschreibung der Widerrechtlichkeit als eines Verstosses gegen Schutzbestimmungen. Der Gesetzgeber hat festgelegt, unter welchen *drei Voraussetzungen* eine Verletzung nicht widerrechtlich, mithin zulässig ist.

b) Rechtfertigungsgründe

46 Die Verletzung ist dann *nicht widerrechtlich,* wenn sie durch **Einwilligung des Verletzten,** durch **überwiegende private oder öffentliche Interessen** oder durch das (kantonale oder bundesrechtliche) **Gesetz** gerechtfertigt ist (Art. 28 Abs. 2). In medizinischen Notfällen kann ausnahmsweise auch die Einwilligung der nächsten Angehörigen die Einwilligung des Verletzten ersetzen (sog. stellvertretende Einwilligung; s. dazu HAUSHEER/ AEBI-MÜLLER, Rz 12.20; s. zur Rechtsnatur der Einwilligung GLAUS [zit. N 22, 106 ff.]).

47 Damit wurde nicht nur dem klassischen Grundsatz «*volenti non fit iniuria*» Gesetzeskraft verliehen, sondern es wurde auch klargestellt, dass die **gesetzlichen Rechtfertigungsgründe** der *Notwehr* (Art. 52 Abs. 1 OR), der erlaubten *Selbsthilfe* (Art. 52 Abs. 3 OR), der *pflichtgemässen Ausübung eines Amtes* usw. im Bereich des Persönlichkeitsrechts gelten. Immer bedeutungsvoller wird das Gesetz als Rechtfertigungsgrund bei *strafuntersuchungsrechtlichen Massnahmen* (vgl. z.B. HABSCHEID, Beweisverbot bei illegal, insb. unter Verletzung des Persönlichkeitsrechts, beschafften Beweismitteln, SJZ 1993, 185 ff.; ferner ZR 1992/93, 106 zum Problem von sog. *genetischen Fingerabdrücken;* s.a. PEDRAZZINI/OBERHOLZER, 149) und bei der *fürsorgerischen Freiheitsentziehung* (314a, 397a ff., 405a). Weitere gesetzliche Bestimmungen, die bei korrekter Anwendung einen Rechtfertigungsgrund abgeben, sind die Publikationsbestimmungen von Art. 375 und Art. 61 StGB (RIEMER, Personenrecht, N 377).

48 Der Verletzte kann seine Einwilligung in die Verletzungshandlung ausdrücklich oder stillschweigend, im Voraus oder nachträglich erteilen; in (ärztlichen) Notfällen genügt u.U. auch eine bloss mutmassliche Einwilligung. Die Widerrechtlichkeit entfällt aber nur, wenn die *Einwilligung gültig* ist, d.h. sie ein Rechtsgut betrifft, über das der Träger verfügen kann (HAUSHEER/AEBI-MÜLLER, Rz 12.22; nach GÖSKU, Rz 245, FN 341, wäre das z.B. bei einer Tötung oder Verstümmelung nicht der Fall). Ausserdem vermag nur die *rechtswirksame* (d.h. v.a. irrtumsfreie) Einwilligung eine Verletzung zu rechtfertigen (vgl. BGE 102 II 222; SJZ 1988, 85 [Unterstellung unter eine Verbandsgerichtsbarkeit]). In der Praxis führt diese Frage v.a. bei der Einwilligung zu ärztlichen Eingriffen und im Zusammenhang mit der ärztlichen Aufklärungspflicht immer wieder zu Unsicherheiten (ausführlich dazu z.B. A. BUCHER, Personen, N 520 ff. sowie HAUSHEER/AEBI-MÜLLER, Rz 12.49 ff.; s. zur ärztlichen Aufklärungspflicht ferner WIEGAND und WIE-GAND/ABEGGLEN, Die Aufklärung bei medizinischer Behandlung, recht 1993, 149 ff. und 189 ff.).

Eine zu einem bestimmten Zweck erteilte Einwilligung erfasst ferner auch nicht automatisch andere Zwecke (s. sic! 2002, 34 ff. zur Verwendung der Fotografie einer Person im Rahmen einer pornographischen Publikation [Okay Media]). Zudem kann die einmal erteilte Einwilligung des Verletzten nach wohl h.L. **widerrufen** werden (Art. 27 Abs. 2; RIKLIN, 208; BARRELET, N 1302; RIEMER, Personenrecht, N 372), was v.a. bei zum Voraus gegebenen Zustimmungen zu ärztlichen Eingriffen bedeutsam ist (vgl. A. BUCHER, Personen, N 525 und RIEMER, Personenrecht, N 362 zu *Organspenden*). Ein Widerruf z.B. eines *Interviews* wird i.d.R. aber nur dann gerechtfertigt sein, wenn im Interview selbst an sich geschützte Tatsachen aus der Geheim- oder Privatsphäre preisgegeben werden, andernfalls kein genügendes Interesse an der Beachtung des Widerrufs vorliegen wird (ähnlich RIKLIN, a.a.O., der es für zulässig hält, in einem solchen Fall sinngemäss über eine erhaltene Antwort auf eine gestellte Frage zu berichten); im Einzelfall ist eine *Interessenabwägung* vorzunehmen (s. dazu auch u. N 49; kritisch zum speziellen Fall des Rückzugs eines Interviews auch GLAUS (zit. N 22), 145 und STUDER/MAYR VON BALDEGG, 58 f.). Erfolgt der Widerruf zur *Unzeit,* macht sich der Verletzte zudem u.U. *schadenersatzpflichtig* (TRACHSLER, 74; RIKLIN, a.a.O., BARRELET, a.a.O.).

aa) Interessenabwägung

In der Praxis stellt sich immer wieder die Frage, wann die **Wahrung höherer Interessen**   **49** eine Verletzung rechtfertigt. So anerkannte das BGer ein höherwertiges Interesse etwa bei *Nachforschungen über die eigene Familiengeschichte,* die eine *Einsichtnahme ins Grundbuch* erforderten (NZZ vom 9.8.1991, 17), bei einer *harschen Kritik innerhalb einer wissenschaftlichen Auseinandersetzung* (ZBJV 1992, 171) und bei einer *Organentnahme* (BGE 123 I 112), während ein solches Interesse bei einer Buchautorin, die sich zur Rechtfertigung einer unwahren Aussage und die in diesem Zusammenhang gebrauchten Kraftausdrücke (*«Dummkopf», «stinkender Wirsig», «strohsackblöd«*) auf die *Kunstfreiheit* berufen hatte, verneint wurde (BGE 120 II 225). Der Rechtfertigungsgrund der Wahrung höherer Interessen ist aber v.a. im Bereiche der *Medienarbeit* von zentraler Bedeutung. Der Informationsauftrag der Presse (dazu u. N 50) bildet nach der Praxis des BGer für sich allein keinen absoluten Rechtfertigungsgrund; die Presse muss vielmehr einen *triftigen Grund* für den Eingriff in die Persönlichkeit haben (ständige Rechtsprechung, s. z.B. BGE 126 III 212). Jede Entscheidung über den Persönlichkeitsschutz ist das **Ergebnis einer Interessenabwägung** (so ausdrücklich TERCIER, personnalité, N 609) darüber, ob eine an sich persönlichkeitsverletzende Äusserung durch ein genügendes Informationsbedürfnis der Öffentlichkeit gerechtfertigt ist bzw. ob der Anspruch des Privaten auf Wahrung seiner Privatsphäre hinter die Erfüllung der Aufgaben der Medien zurückzutreten hat.

Heikel ist diese Abwägung v.a. im Bereich der *Medizin* (PEDRAZZINI/OBERHOLZER, 146; A. BUCHER, Personen, N 537 f. sowie PEDRAZZINI, I diritti della personalità del paziente, la loro lesione e la riparazione del pregiudizio che no deriva, in: GAUCH et al., 101 ff.; s.a. BGE 101 II 177, 199; 108 II 61 f.; 111 I a 231).

bb) Öffentliche Aufgabe der Medien

In seiner früheren Rechtsprechung hat das BGer zur **Aufgabe der Presse** ausgeführt: **50** *«Bei der Prüfung der Frage, unter welchen Voraussetzungen jemand zum Eingriff in die persönlichen Verhältnisse eines andern durch das Mittel der Presse befugt sei – was die (…) Vorschriften des Zivilrechts nicht festlegen –, hat sich (…) das BGer von jeher auf die Grundsätze berufen, die in Auslegung von Art. 55 BV [Art. 17 nBV] entwickelt wurden».* Die Presse darf dabei nicht ohne triftigen Grund in die Persönlichkeit Einzelner eingreifen, «*anderseits hat der einzelne Rechtsgenosse gewisse durch das öffentliche Interesse hinreichend gerechtfertigte Eingriffe in seine persönlichen Verhältnisse zu dulden*» (BGE 95 II 493 f.; vgl. auch ZR 1983, 6). Unter Hinweis auf einen Entscheid von 1911 (BGE 37 I 377) hielt das BGer erneut in BGE 109 II 358 fest, dass der Presse ein wichtiger Informationsauftrag im öffentlichen Interesse zukomme (s.a. BGE 122 III 457, wo vom «*Wächteramt*» der Presse gesprochen wird). «*Damit ist aber nicht auch erstellt, dass sich die Massenmedien mit Rücksicht auf ihren anerkannten Auftrag gegenüber der Öffentlichkeit auf einen umfassenden Rechtfertigungsgrund berufen können, der auch den Intim- und Privatbereich des einzelnen Bürgers einschliessen würde*» (a.a.O.; SCHÜRMANN/NOBEL, 244, erachten diese Formulierungen als widersprüchlich; s.a. unveröff. BGE vom 28.12.1992 i.S. R.). Aus der neueren Rechtsprechung s. BGE vom 7.2.2002 (5C.286/2001) und BGE vom 15.5.2002 (sic! 2002, 752), worin diese praktisch heiklen Abwägungsfragen beide Male zugunsten der Presse entschieden wurden.

51 Prinzipiell hinzunehmen sind **Satire und Karikatur,** die definitionsgemäss verfremden und übertreiben, selbst wenn man sie als taktlos und unanständig empfindet; sie können nur unter *erschwerten* Voraussetzungen eine widerrechtliche Persönlichkeitsverletzung sein, wenn sie also die genre-eigenen Grenzen in unerträglichem Mass überschreiten (vgl. BGE 95 II 481 ff. *[«Medityrannis»]; ferner* ZWR 1984, 213 ff. [Fasnachtszeitung] sowie die beiden unveröff. BGE i.S. Kopp/Tages-Anzeiger vom 17.5.1994 sowie i.S. X./L'Express SA vom 19.12.1994 zu den Grenzen der Satire, welche jeweils im Rahmen einer Interessenabwägung festzustellen sind). In der Schweiz hat sich jedoch noch *kein spezifisches Satire-Recht* gebildet (anders in der BRD; vgl. WENZEL, Rz 3.27 ff.; für die Schweiz immerhin NOLL, Satirische Ehrverletzungen, BJM 1959, 9 ff. sowie SENN, Satire und Persönlichkeitsschutz, Diss. Zürich 1997).

cc) Absolute und relative Personen der Zeitgeschichte

52 Die im Zusammenhang mit dem Recht am eigenen Bild entwickelten Kriterien (vgl. o. N 19 ff.) gelten auch bei der sonstigen Medienberichterstattung: Sog. **absolute Personen der Zeitgeschichte** wie Sportler, Politiker, Künstler, Wirtschaftsführer und andere Prominente müssen sich eher Eingriffe in ihre Persönlichkeitsrechte gefallen lassen als andere Leute. Dasselbe gilt bezüglich **«relativer Personen der Zeitgeschichte»,** d.h. Personen, die durch ein bestimmtes Ereignis das *Interesse der Öffentlichkeit* auf sich ziehen. Hier kommt es darauf an, ob in concreto ein genügend ausgewiesenes Interesse der Öffentlichkeit an Ereignis und Publikation geltend gemacht werden kann (NOBEL, 156; anschaulich ZR 1998, 132 ff. betr. Erlass *rassendiskriminierender Weisungen* im Verantwortungsbereich einer mit Namen genannten Hotelbesitzerin; i.S. Prinzessin Caroline von Hannover hat der EGMR ein öffentliches Interesse an einem Bericht aus dem reinen Privatleben dieser Person verneint [Medialex 2004, 158 ff.]). In gleicher Weise kann unter Namensnennung über fehlerhafte Amtshandlungen von *Amtsträgern* berichtet werden (BGE 126 III 216). Die Unterscheidung zwischen absoluten und relativen Personen der Zeitgeschichte ist nicht starr zu verstehen: «*Zwischen Personen, die aufgrund ihrer gelebten Öffentlichkeit sich nur in engeren Grenzen auf den Schutz ihrer Persönlichkeit berufen können, und Personen, die grundsätzlich immer ihre Privatsphäre geltend machen können, mit Ausnahme der anlässlich eines bestimmten Ereignisses über sie erfolgenden Berichterstattung, gibt es Abstufungen (...). Solchen Abstufungen ist mit einer die Umstände des Einzelfalles würdigenden Abwägung gerecht zu werden, indem zu fragen ist, ob an der Berichterstattung über die betroffene relativ prominente Person ein schutzwürdiges Informationsinteresse besteht, das deren Anspruch auf Privatsphäre überwiegt*» (BGE 127 III 490 i.S. Minelli).

Durch *Zeitablauf* kann eine in bestimmtem Zusammenhang aus der Masse der Zeitgenossen herausragende Person jedoch wieder in die Anonymität zurückweichen und damit den weiteren Schutzbereich in Anspruch nehmen. Zumindest soweit es um die persönlichen Verhältnisse der im staatlichen Leben hervortretenden Personen geht, hat das BGer allerdings ein *«Recht auf Vergessen»* abgelehnt (BGE 111 II 214). Deshalb kann z.B. bei Personen, die im politischen Leben immer noch aktiv sind, grundsätzlich auch nach langer Zeit wieder über die frühere politische Haltung berichtet werden. In jedem Einzelfall ist jedoch im Rahmen einer Interessenabwägung zu prüfen, ob es im Lichte der Pressefreiheit und dem öffentlichen Interesse gerechtfertigt ist, erneut über Tatsachen aus vergangener Zeit zu berichten oder ob das entgegenstehende private Interesse des Betroffenen überwiegt (z.B. bei einem früheren Straftäter, der sich seither untadelig verhalten hat; illustrativ BGE 122 III 456 f. und 122 IV 311 ff.).

dd) Opfer von Straftaten

Mit dem Inkrafttreten des **OHG** (1991) geniessen die Opfer eines Verbrechens verstärkten **53**
Persönlichkeitsschutz. Ihre Namensnennung darf nur noch im Interesse der Strafverfolgung oder mit ihrem Einverständnis erfolgen, womit der Gesetzgeber die bisherige Praxis weiterzuführen verbietet. Der Bundesrat hielt in seiner Botschaft fest, die Informationspraxis von Behörden und einzelnen Medien habe dem Persönlichkeitsschutz der Opfer nicht immer genügend Rechnung getragen (BBl 1990 II 981). Daher bestimmt Art. 5 Abs. 2 OHG neu: *«Behörden und Private dürfen ausserhalb eines öffentlichen Gerichtsverfahrens die Identität des Opfers nur veröffentlichen, wenn dies im Interesse der Strafverfolgung notwendig ist oder das Opfer zustimmt»* (s. dazu auch VPB 1994 III 525).

ee) Gerichtsberichterstattung

Das Persönlichkeitsrecht auferlegt den Medien auch eine gewisse Zurückhaltung bei der **54**
Namensnennung in der Gerichtsberichterstattung: Je *bekannter* der (mutmassliche) Täter und je *schwerer* das in Frage stehende Delikt ist, desto eher darf man den Namen nennen (vgl. Nobel, 167 ff.; BGE 126 III 307; 127 III 481; BGE vom 8.8.2003 [5c. 104/2003]; zurückhaltender A. Bucher, Personen, N 545, und Hausheer/Aebi-Müller, Rz 12.141, beide auch in Bezug auf die blosse Nennung der Initialen des mutmasslichen Täters). Bei einem Freispruch kann die volle Namensnennung sogar ein Bedürfnis sein, um in der Öffentlichkeit eine Rehabilitierung zu erreichen. Die verschiedenen Interessenlagen sind in diesem Bereich besonders vielfältig und sorgfältig gegeneinander *abzuwägen*. Aus der *Unschuldsvermutung* (Art. 6 Abs. 2 EMRK) folgt, dass bloss Verdächtige oder noch nicht Verurteilte nicht als Schuldige des Delikts dargestellt werden dürfen, um dessen Ermittlung es geht (vgl. BGE 126 III 307; 122 IV 311 ff.; 116 IV 31 ff.; ferner 116 I a 14 sowie 108 I a 302).

5. *Verschulden*

Ein **Verschulden** ist im Rahmen von Art. 28 **nicht erforderlich.** Dies folgt nicht nur aus **55**
dem Charakter des Persönlichkeitsrechts als eines *absoluten Rechts,* sondern auch daraus, dass der Gesetzgeber nicht von einer schuldhaften und widerrechtlichen Handlung spricht (so schon die Rechtsprechung zu aArt. 28; vgl. BGE 106 II 100 m.Nw.). Hingegen knüpfen die Bestimmungen über *Schadenersatz und Genugtuung* (Art. 28a Abs. 3; s. Bem. zu diesem Artikel, N 16 und 17) an die Voraussetzung eines *Verschuldens* an (A. Bucher, Personen, N 600 f. und 604; Tercier, personnalité, N 2017 ff.; Barrelet, N 1361). Die bundesgerichtliche Rechtsprechung zu dieser Frage ist *uneinheitlich:* In einem Entscheid aus dem Jahre 1994 hat das BGer erklärt, dass ein *Verschulden* des Verletzers *als Anspruchsgrundlage für eine Genugtuung nicht gefordert* sei (BGE 120 II 99).

In späteren Entscheiden *korrigierte* es diesen Entscheid (s. BGE 123 III 210, wonach wenigstens *leichtes Verschulden gefordert* wird, und BGE 126 III 166 f.). Einzelne Autoren wollen differenzieren und fordern dann kein Verschulden, wenn der Haftpflichtige einen (verschuldensunabhängigen) *Kausalhaftungstatbestand* erfüllt hat (so z.B. SUTTER, Voraussetzungen der Haftung bei Verletzung der Persönlichkeit nach Artikel 49 des rev. Obligationenrechts, BJM 1991, 10). Das kann etwa für die Leitung eines Medienunternehmens von Bedeutung sein, die gemäss *Art. 55 OR* für die von einem ihrer Angestellten verursachte seelische Unbill einzustehen hat (A. BUCHER, Personen, N 604 i.f.; TERCIER, personnalité, N 2021 ff.; BARRELET, N 1363–1369; HAUSHEER/AEBI-MÜLLER, Rz 14.67). Handelt es sich bei einem Verleger um eine juristische Person, haftet dieser nach *Art. 55* für fehlerhaftes Verhalten seiner Organe (RIKLIN, 224; s.a. Bem. zu Art. 55).

6. Beweislast und Beweisanforderungen

56 Jeder Verletzte kann gegen jeden Verletzer den Richter anrufen, um sich gegen eine (tatsächlich eingetretene oder bloss drohende) Persönlichkeitsverletzung zu wehren.

Der *Kläger* hat sowohl den **Nachweis der Persönlichkeitsverletzung** wie denjenigen, dass eine solche drohe, zu führen; blosse Behauptungen und unbestimmte Verdachtsmomente genügen nicht. Hingegen muss er sich weder um ein Verschulden des Täters sorgen, noch um das Fehlen von Rechtfertigungsgründen kümmern (negativa non sunt probanda). Die **Beweislast für das Vorliegen von Rechtfertigungsgründen** trägt allein der *Beklagte* (Urheber der Persönlichkeitsverletzung; Art. 8).

Art. 28a

2. Klage

[1] **Der Kläger kann dem Gericht beantragen:**
1. **eine drohende Verletzung zu verbieten;**
2. **eine bestehende Verletzung zu beseitigen;**
3. **die Widerrechtlichkeit einer Verletzung festzustellen, wenn sich diese weiterhin störend auswirkt.**

[2] **Er kann insbesondere verlangen, dass eine Berichtigung oder das Urteil Dritten mitgeteilt oder veröffentlicht wird.**

[3] **Vorbehalten bleiben die Klagen auf Schadenersatz und Genugtuung sowie auf Herausgabe eines Gewinns entsprechend den Bestimmungen über die Geschäftsführung ohne Auftrag.**

2. Actions

[1] Le demandeur peut requérir le juge:
1. d'interdire une atteinte illicite, si elle est imminente;
2. de la faire cesser, si elle dure encore;
3. d'en constater le caractère illicite, si le trouble qu'elle a créé subsiste.

[2] Il peut en particulier demander qu'une rectification ou que le jugement soit communiqué à des tiers ou publié.

[3] Sont réservées les actions en dommages-intérêts et en réparation du tort moral, ainsi que la remise du gain selon les dispositions sur la gestion d'affaires.

2. Azioni

[1] L'attore può chiedere al giudice:
1. di proibire una lesione imminente;
2. di far cessare una lesione attuale;
3. di accertare l'illiceità di una lesione che continua a produrre effetti molesti.

[2] L'attore può in particolare chiedere che una rettificazione o la sentenza sia comunicata a terzi o pubblicata.

[3] Sono fatte salve le azioni di risarcimento del danno, di riparazione morale e di consegna dell'utile conformemente alle disposizioni sulla gestione d'affari senza mandato.

Literatur

Vgl. die Literaturhinweise zu Art. 28.

I. Überblick

Der Gesetzgeber gewährt zum Schutz der Persönlichkeit **negatorische und reparatorische Ansprüche.** Der Verletzte kann beim Richter ein Unterlassungs-, ein Beseitigungs- und ein Feststellungsbegehren stellen. Daneben kann man die Mitteilung des Urteils an Dritte verlangen und finanziellen Ausgleich begehren. Die verschiedenen Klagemöglichkeiten können grundsätzlich miteinander *kombiniert* werden (s. aber u. N 6). **1**

II. Die einzelnen Klageformen

1. Negatorische Klagen

a) Unterlassungsanspruch (Abs. 1 Ziff. 1)

Ein **Unterlassungsanspruch** ist gegeben, sobald der Kläger von einer Störung seines **2** Persönlichkeitsrechts *bedroht* wird. Das Begehren muss auf Verbot eines genau umschriebenen, ernstlich zu befürchtenden zukünftigen Verhaltens gerichtet sein (BGE 97 II 108; 108 II 344; ZR 1991, 97). Der Richter wird dem Beklagten, meist unter *Androhung der Bestrafung nach Art. 292 StGB («Ungehorsam gegen amtliche Verfügungen»),* verbieten, die Störungshandlung vorzunehmen. Damit werden vorwiegend *präventive Zwecke* verfolgt, weshalb dem Anspruch nur mit grosser Zurückhaltung und unter Wahrung des Grundsatzes der Verhältnismässigkeit stattzugeben ist. Der Richter kann aber nur eine oder mehrere bestimmte Handlungen verbieten; das Verbot eines allgemeinen Verhaltens kann nicht vollstreckt werden (BGE 97 II 92 ff.). Der Kläger muss ferner nicht nur ein *schutzwürdiges Interesse* nachweisen, sondern auch die ernsthafte und nahe liegende Gefahr einer Verletzung. Es kann z.B. verboten werden, eine persönlichkeitsverletzende Behauptung zu verbreiten, allenfalls sie zu wiederholen. Eine Wiederholungsgefahr ist jedoch nicht bereits deshalb anzunehmen, weil der Verursacher einer Verletzung bestreitet, widerrechtlich gehandelt zu haben, denn sonst würde ihm faktisch die Berufung auf Rechtfertigungsgründe (Art. 28 Abs. 2) verwehrt (**a.M.** A. BUCHER, Personen, N 571 m.H. auf BGE 124 III 72 ff.). Praktisch kann mit der Unterlassungsklage bewirkt werden, dass die zukünftige Verbreitung einer Sendung, eines Films, eines Buches oder Artikels verboten wird oder dass eventuell bloss Passagen zu *streichen* oder nur einzelne Wörter in einer Rest- oder Zweitauflage zu *schwärzen* sind. Solche Anordnungen können *niemals Rückwirkung* haben.

Unter prozessualen Gesichtspunkten dürfte vielen ordentlichen Klagen ein **Massnahme-** **3** **verfahren** nach Art. 28c ff. **vorangehen** (vgl. ZR 1983, 59 [Vorvisionierung eines Films]; Entscheid des OGer LU vom 12.2.2004 [ZBJV 2005, 199 f.]: Herausgabe von Adresslisten zur Beweissicherung [i.c. abgelehnt]; s. zu den Massnahmen im Einzelnen die Bem. zu Art. 28c). Trotzdem ist der Unterlassungsanspruch *materiellrechtlicher,* nicht prozessualer Natur.

b) Beseitigungsanspruch (Abs. 1 Ziff. 2)

4 Dauert eine Störung der Persönlichkeit an, so steht dem Betroffenen ein **Beseitigungsanspruch** zu. Der Richter hat dafür zu sorgen, dass die *gegenwärtige* und noch *bestehende* Verletzung aus der Welt geschafft wird, was voraussetzt, dass sie erstens effektiv eingetreten ist (d.h. nicht bloss droht), zweitens sie im Urteilszeitpunkt noch andauert (d.h. nicht schon beendet ist) und drittens sie überhaupt behoben werden kann (z.B. Verbreitungsverbot für eine bereits in Verkehr gebrachte Zeitung oder ein auf dem Markt bereits erhältliches Buch mit ehrverletzenden Passagen). Im übrigen ist der Beseitigungsanspruch weder von einem Verschulden des Urhebers einer Persönlichkeitsverletzung (s. BGE 126 III 161) noch von der Einhaltung irgendwelcher Fristen abhängig (TERCIER, personnalité, N 909). Auch solche Beseitigungsansprüche unterliegen dem *Gebot der Verhältnismässigkeit* (TERCIER, personnalité, N 959).

5 Gegenstand der Beseitigungsklage muss ein konkret bestimmtes Verhalten sein, der Kläger muss als genau angeben, mit welcher Massnahme der Verletzungszustand beseitigt werden soll (GEISER, Kunstwerke, Rz 10.32). Ein interessantes Beispiel: Die *Verweigerung von vertraglichen Beziehungen wegen der Rasse* soll eine mittels Beseitigungsklage eliminierbare Persönlichkeitsverletzung darstellen, indem auf Abschluss des betreffenden Vertrags (Kontrahierungspflicht) geklagt wird (GÖSKU, Rz 660 ff.; dito für die Anpassung von rassendiskriminierenden Vertragsinhalten [Rz 764 ff.]). Beseitigungsbegehren können auch den **Anspruch auf Vernichtung bzw. Unbrauchbarmachung** von Vorlagen (vgl. BGE 96 II 423, Film) oder Vervielfältigungsmaterial (vgl. BGE 97 II 107) enthalten. *Umstritten* ist, ob der Anspruch auf Beseitigung auch einen eigentlichen *Herausgabeanspruch* in Bezug auf persönlichkeitsverletzende Gegenstände beinhaltet (*bejahend* das BGer im Entscheid vom 27.5.2003 [5C.16/2003]; *abl.* AEBI-MÜLLER, Rz 293). Beseitigungsanordnungen stehen ebenfalls regelmässig unter der *Strafandrohung von Art. 292 StGB.*

c) Feststellungsanspruch (Abs. 1 Ziff. 3)

6 Kann die eigentliche Persönlichkeitsverletzung nicht mehr durch Unterlassungsklage verhindert werden, weil sie bereits *eingetreten* ist, und nicht durch Beseitigungsklage beseitigt werden, weil sie *nicht andauert,* so bleibt dem Verletzten immerhin der Anspruch auf richterliche Feststellung, dass er vom Beklagten widerrechtlich verletzt worden sei. Der Feststellungsanspruch kann darin bestehen, dass das Gericht festhält, ein bereits publizierter Artikel oder eine bereits verbreitete Sendung verletzte die Persönlichkeitsrechte des Klägers. Die Bezeichnung einzelner Ausdrücke, Formulierungen oder Passagen ist namentlich dann nicht nötig, wenn sich die Verletzung aus dem gesamten Inhalt einer Publikation, aus dem Zusammenhang einer Darstellung ergibt. Dieser **Feststellungsanspruch** ist im Verhältnis zur Unterlassungs- und Beseitigungsklage, nicht aber im Verhältnis zu den Klagen gemäss Art. 28a Abs. 2 und 3, *subsidiär* (gl.M. A. BUCHER, Personen, N 579; **a.M.** VOGEL/SPÜHLER, ZPR, 7 N 32 m.Nw., und HAUSHEER/AEBI-MÜLLER, Rz 14.28). Er geht als bundesrechtlich geschaffene Klage kantonalen Verfahrensvorschriften vor.

7 Die gerichtliche Feststellung, eine Presseäusserung verletze in widerrechtlicher Weise das Persönlichkeitsrecht des Klägers, kann als *Mittel zur Beseitigung der Störung* dienen (BGE 104 II 234). Der Feststellungsanspruch bezieht sich aber ausschliesslich auf ein Rechtsverhältnis zwischen dem Kläger und dem Beklagten und nicht auf Tatsachen (vgl. PEDRAZZINI/OBERHOLZER, 156). Deshalb wird das angerufene Gericht in seinem Urteil z.B. auch nicht feststellen, eine inkriminierte Aussage sei unwahr. Der Feststellungsanspruch wird durch die gerichtliche Feststellung einer widerrechtlichen Persönlichkeitsverletzung erfüllt. Damit bedarf das Urteil also *auch keiner Vollstreckung* und ist einer solchen auch nicht zugänglich (SemJud 1987, 143). Die *ältere* Rechtsprechung hielt ferner ein **gesteigertes Feststellungsinteresse** für **entbehrlich** (BGE 95 II 469 ff. und 101 II 187 ff.) und bejahte dieses schon dann, wenn der Beklagte bestritten hat, widerrechtlich gehandelt zu haben, oder wenn es sich um eine Persönlichkeitsverletzung durch das Mittel der Druckerpresse handelte: Der Fortbestand des Presseerzeugnisses schaffe die Gefahr, dass später Dritte erneut von der verletzenden Äusserung Kenntnis erhalten (BGE 104 II 234; *kritisch* hierzu aber SCHÜRMANN/NOBEL, 247 f. sowie u. N 8).

Der Feststellungsanspruch kann nur unter der klar im Gesetz genannten Voraussetzung **8** bestehen, dass sich die **entstandene Verletzung (ganz oder teilweise) weiterhin störend auswirkt** (insofern unzutreffend, wenn PEDRAZZINI/OBERHOLZER, 156, von einer «unnötigen» Ergänzung sprechen). Vorausgesetzt ist also eine Persönlichkeitsverletzung, die als Handlung zwar abgeschlossen ist, deren Wirkung aber noch weiterbesteht oder die sich erneut störend auswirkt. Bei Persönlichkeitsverletzungen durch *Medien* gehen die Gerichte zu Unrecht häufig von dieser störenden Fortwirkung aus, ohne an deren Vorhandensein besondere Anforderungen zu stellen. Denn die Tatsache allein, dass z.B. ein verletzender Artikel publiziert wurde und dessen Quelle (z.B. das Presseorgan) bei Lesern oder in Archiven noch aufgefunden werden kann, impliziert nicht dessen Fortwirkung in der Öffentlichkeit (gl.M. RIKLIN, 215; SCHÜRMANN/NOBEL, 248; A. BUCHER, Personen, N 579, der aber eine Fortwirkung annimmt, wenn der verletzende Beitrag z.B. auf dem Internet noch gelesen werden kann; **a.M.** PEDRAZZINI/OBERHOLZER, a.a.O., im Anschluss an BGE 104 II 234). Es ist vielmehr nach der Beweisregel von Art. 8 vom Kläger der Beweis dafür zu führen, dass die beanstandete Veröffentlichung tatsächlich störend fortwirkt, denn dies ist bundesrechtlich festgelegte Voraussetzung für einen Feststellungsanspruch.

Nicht einheitlich war früher die bundesgerichtliche Praxis zu dieser Frage: Während die *II. Zivilabteilung* des BGer früher die hier vertretene Auffassung geteilt hat (s. BGE 120 II 373; 122 III 451 ff., jedoch mit der Einschränkung, dass bei *schweren Eingriffen* eine entsprechende *tatsächliche Vermutung* bestehe, die die Beweislast umkehre [BGE 123 III 387 ff.]), vertrat die für UWG-Fälle zuständige *I. Zivilabteilung* die Auffassung, dass eine Verbreitung durch die Medien notwendigerweise eine nachhaltig wirkende Störung bewirke (BGE 123 III 354 ff.). Eine Zeit lang hielt die II. Zivilabteilung die zit. Entscheidung der I. Zivilabteilung für nicht massgebend (s. BGE vom 3.4.1998 [Medialex 1998, 171 ff.]; kritisch zum Entscheid der I. Zivilabteilung und zur dadurch geschaffenen *«unhaltbaren Situation»* auch VOGEL/SPÜHLER, ZPR 7 N 32a) und verlangte eine *effektive Störungswirkung, nicht* bloss einen *Störungszustand.* Sie schloss sich damit der hier vertretenen Auffassung an, wonach bei der Feststellung einer Verletzung, die abgeschlossen ist und nicht im genannten Sinne fortwirkt, ein aktuelles Rechtsschutzinteresse fehlt (s. aus der bisherigen Praxis der II. Zivilabteilung BGE 120 II 371 ff., 373; 122 III 449 ff.; 123 III 385 ff.; BGE in Medialex 1996, 156; ebenso bereits früher TERCIER, personnalité, N 778 f. und SCHÜRMANN/NOBEL, 248). In BGE 127 III 483 ff. i.S. Minelli änderte die II. Zivilabteilung aber ihre Praxis und übernahm im Wesentlichen die Auffassung der I. Abteilung. In E. 1c (S. 485) begründet sie diese **Praxisänderung** wie folgt: *«Hierbei fällt ins Gewicht, dass der Störungszustand nicht im Laufe der Zeit von selbst verschwindet; wohl mag seine relative Bedeutung mit fortschreitender Zeit abnehmen, indessen können persönlichkeitsverletzende Äusserungen selbst nach einer erheblichen Zeitdauer beispielsweise ansehensvermindernd nachwirken (...). Hinzu kommt, dass Medieninhalte heutzutage angesichts neuer, elektronischer Archivierungstechniken auch nach ihrem erstmaligen, zeitgebundenen Erscheinen allgemein zugänglich bleiben und eingesehen werden können (...). Soweit in früheren Entscheidungen der erkennenden*

Abteilung (...) mit Blick auf die tägliche Informationsflut bezweifelt worden ist, ob wirklich jede öffentlich verbreitete persönlichkeitsverletzende Äusserung einen rechtsgefährdenden – d.h. die Persönlichkeit beeinträchtigenden – Zustand herbeizuführen vermag, kann daran nicht festgehalten werden.» Dieser Entscheid hat zur Folge, dass neuerdings Feststellungsklagen zugelassen werden, wenn der Verletzte über ein schutzwürdiges Interesse an der Beseitigung eines fortbestehenden Störungszustandes verfügt, während es nicht mehr auf die Störungswirkung und die Schwere der Verletzung ankommen soll.

Unabhängig von der Frage der Richtigkeit dieser neuen Praxis gilt weiterhin, dass die Ausübung des *Gegendarstellungsrechts* u.U. genügen kann, um eine noch bestehende Verletzung aufzuheben (A. BUCHER, Personen, N 580; **a.M.** HAUSHEER/AEBI-MÜLLER, Rz 14.30, die m.H. auf BGE 119 II 99 dafürhalten, dass eine Gegendarstellung dem Feststellungsinteresse nicht entgegenstehe). Das BGer hat aber klargestellt, dass die Veröffentlichung eines *Leserbriefs* den Feststellungsanspruch nicht beseitigt (BGE 119 II 97 ff.).

2. Reparatorische Klagen

a) Publikationsanspruch (Abs. 2)

9   Der Verletzte kann verlangen, dass das richterliche Urteil oder aber eine Berichtigung veröffentlicht wird. Er wird dies meist *in Verbindung mit einer Feststellungsklage* tun, zumal die **Publikation einer Berichtigung oder des Urteils** oft ein adäquates Mittel dafür ist, einen Störungszustand zu beseitigen (dazu u. N 10). Eine Zeitung, Zeitschrift oder ein anderes Medium kann jedoch nur dann zu einer Urteilspublikation oder -ausstrahlung angehalten werden, wenn darin auch die verletzende Äusserung verbreitet worden ist (vgl. BGE 106 II 92 ff.; A. BUCHER, Personen, N 585 a.E.). Im Übrigen können Dritte aber nicht zu einer Urteilspublikation gezwungen werden (unveröff. BGE vom 23.6.1998 i.S. D. et al., E. 7b a.E.).

10   Die Publikation erfolgt nur unter der Voraussetzung, dass sie **geeignet** ist, die Folgen der Persönlichkeitsverletzung zu beseitigen. Dies ist v.a. da der Fall, *«wo eine unrichtige Vorstellung oder ein falsches Gedankenbild bei einer unbekannten Zahl von Dritten nur durch Publikation einer Berichtigung beseitigt werden kann»* (BGE 106 II 101; 104 II 2 f.). Dabei wird die Urteilspublikation bzw. die Berichtigung nicht als eine besondere Form der Genugtuung, sondern als **Mittel zur Beseitigung des Störungszustandes** aufgefasst (vgl. BGE 104 II 2 und 126 III 216; *offen gelassen* in BGE 120 II 99; PEDRAZZINI/OBERHOLZER, 157; TERCIER, personnalité, N 998; **a.M.** SCHÜRMANN/NOBEL, 250). Aus der Beseitigungsfunktion folgt, dass die Veröffentlichung möglichst die gleichen Adressaten erreichen soll, die auch von der Persönlichkeitsverletzung erfahren haben (BGE 126 III 216; unveröff. BGE vom 5.6.1997 i.S. V., E. 4). Eine Richtigstellung oder Urteilspublikation *ohne Namensnennung* ist grundsätzlich ausgeschlossen, weil sonst dem reparatorischen Zweck der Klage nicht zum Durchbruch verholfen werden kann (zu Ausnahmen s. AEBI-MÜLLER, Rz 302 m.Nw.).

11   Noch *ungeklärt* ist, ob auch der **Beklagte** losgelöst von einer Widerklage einen **Veröffentlichungsanspruch** stellen kann (zu Recht *bejahend* PEDRAZZINI/OBERHOLZER, 158).

12   Mit *«Urteil»* ist grundsätzlich nur das **Dispositiv,** ohne die Erwägungen gemeint (gl.M. SCHÜRMANN/NOBEL, 249 sowie PEDRAZZINI/OBERHOLZER, 156; **a.M.** TERCIER, personnalité, N 1011; nach A. BUCHER, Personen, N 582, ist beides möglich; s.a. AJP 1998, 1108; nach BGE 126 III 216 besteht die *Wahl,* das Urteilsdispositiv, einen Auszug aus dem Urteilstext oder eine Berichtigung zu publizieren, und es sind sogar Kombinationen

oder Kumulationen dieser drei Publikationsarten zulässig). Allgemein anerkannt ist im Hinblick auf die Publikation die Zulässigkeit einer *Verdeutlichung des Dispositivs durch den Richter* (BGE 126 III 217; 100 II 177). Grösse, Platzierung und Art (Kombination, Kumulation) solcher Urteilsveröffentlichungen und Berichtigungen unterliegen im Übrigen dem **Verhältnismässigkeitsgebot** und richten sich nach dem Umfang und der Stellung, die die inkriminierte Äusserung selber hatte (BGE 126 III 217 m.Nw.).

Der Kläger kann auch die Mitteilung oder Publikation einer Richtigstellung verlangen, **13** d.h. eines Textes, der Fehlinformationen korrigiert. Dass sich der Verletzer *entschuldige* oder dass er seine Äusserungen *zurückziehe,* kann dagegen nicht verlangt werden, denn die Berichtigung ist notwendigerweise eine Darstellung aus der Sicht des obsiegenden Klägers (*offen gelassen* in unveröff. BGE vom 23.6.1998 i.S. D. et al., E. 7b a.E.). Bei verletzenden Äusserungen, die nachweislich nur einem bestimmten Personenkreis zur Kenntnis gekommen sind, ist eine Urteilspublikation ausgeschlossen; hier genügt eine (z.B. briefliche) **Mitteilung an die Empfänger** (gl.M. A. BUCHER, Personen, N 584). Weiter ist zu beachten, dass auch das Publikationsmittel demjenigen der Verletzung angepasst sein muss; somit kommen nach deren Adressatenkreis nicht nur Massenmedien in Frage, sondern auch Rundschreiben, Flugblätter und Anschläge (BGE 126 III 216; unveröff. BGE vom 23.6.1998 i.S. D. et al., E. 7a und b).

Die Veröffentlichung einer *Gegendarstellung* steht der Urteilspublikation nicht entgegen, **14** es handelt sich um zwei **unterschiedliche Rechtsinstitute** mit verschiedenen Zwecken: Die Gegendarstellung gibt die Tatsachendarstellung des Betroffenen wieder, während die Urteilspublikation und die Veröffentlichung einer Berichtigung eine vom Richter kontradiktorisch geprüfte Aussage zum Gegenstand haben (PEDRAZZINI/OBERHOLZER, 157 f.).

b) Finanzielle Ansprüche (Abs. 3)

Neben den soeben geschilderten Abwehrklagen steht dem Verletzten auch offen, vom **15** Verletzer **finanziellen Ausgleich** zu fordern.

aa) Schadenersatz

Hat der Verletzte durch die Persönlichkeitsverletzung einen Schaden erlitten, so muss ihn **16** der Verletzer ersetzen. Der **Schadenersatzanspruch** dient nicht der Wiedergutmachung einer Persönlichkeitsverletzung, sondern bloss dem Ersatz des Vermögensschadens, der mit einer solchen Verletzung verbunden ist (PEDRAZZINI/OBERHOLZER, 159; vgl. auch BGE 112 II 118, wonach derjenige, der vom Tode seiner Söhne benachrichtigt wird und einen Nervenschock erleidet, als direkt betroffen gilt und Anspruch auf Ersatz des dadurch entstandenen Schadens hat). Nach den allgemeinen Bestimmungen (Art. 41 OR) hat der Kläger nicht nur die *Vermögenseinbusse,* sondern auch das *Verschulden* des Beklagten und den *adäquaten Kausalzusammenhang* zwischen Verletzung und Schaden nachzuweisen (vgl. BGE 102 II 221 f.; s. ferner die Hinweise bei BSK OR-SCHNYDER, Art. 41 N 3 ff.; nach BGE vom 23.10.2003 [5C.156/2003] können im Falle von psychischen Folgeschäden die vom EVG entwickelten Kriterien zum adäquaten Kausalzusammenhang angewendet werden). Schuldhaftes Handeln liegt vor, wenn der Urheber der Verletzung *absichtlich* oder *fahrlässig* gehandelt hat; dieser Nachweis ist insb. bei Persönlichkeitsverletzungen durch die Medien oft schwierig, da Informationen zur Befriedigung der Nutzerbedürfnisse aktuell und damit möglichst schnell verarbeitet werden müssen. Einzelne Autoren fordern deshalb de lege ferenda die Einführung einer *Kausalhaftung* (so z.B. A. BUCHER, Personen, N 601). Der Schaden muss ziffernmässig nachgewiesen werden, was z.B. bei Verletzungen der Ehre häufig auf praktische Schwierigkeiten stösst, weshalb in der Lehre – in Anlehnung an das deutsche Recht – als

Alternative auch schon auf die Methode der sog. dreifachen Schadensberechnung verwiesen worden ist (so WEBER, 339; DERS., Geldentschädigung, 81 f. m.w.Nw.). Nach dieser Methode kann der Schaden wahlweise auf drei verschiedene Arten berechnet werden: Ersatz des entgangenen Gewinns, Herausgabe des erzielten Gewinns und Lizenzanalogie, d.h. fingierte Lizenzgebühr in der angenommenen Höhe des Schadens. Diese Methode wird in der schweizerischen Lehre zu Recht abgelehnt und wurde bisher auch von der Rechtsprechung nicht aufgenommen (zu den Gründen s. WEBER, Geldentschädigung, 82 m.Nw.). Immerhin kann aber der Richter den Schaden u.U. auch nach Ermessen festlegen (Art. 42 Abs. 1 und 2 OR). Nicht angängig sind übertriebene Schadensberechnungen.

bb) Genugtuung

17 Der **Genugtuungsanspruch** nach Art. 28a Abs. 3 i.V.m. Art. 49 OR bezweckt nicht den Ersatz des erlittenen Vermögensschadens, sondern eine Entschädigung für erlittenen *seelischen Schmerz* (tort moral; vgl. BGE 117 II 50, der sogar eine Genugtuung für *zukünftigen Schmerz* zuerkannte). Er steht unter der doppelten Voraussetzung, dass die *Schwere der Verletzung* einen solchen finanziellen Ausgleich rechtfertigt und die *Verletzung nicht anderweitig wieder gutgemacht* worden ist (z.B. durch Entschuldigung oder Rücknahme der verletzenden Äusserung). «*Eine Geldsumme als Genugtuung soll nur gewährt werden, wenn der Betroffene Beeinträchtigungen erlitten hat, die wegen ihrer Intensität das Mass überschreiten, was eine Person nach der heute geltenden Auffassung ohne besonderen Rechtsschutz zu erdulden hat*» (BBl 1982 II 707). Geringe Störungen des seelischen Schmerzes sind also vom Genugtuungsanspruch ausgeschlossen, sie gehören zum Leben und sind hinzunehmen. Keinen Genugtuungsanspruch soll nach einem St. Galler-Entscheid (wiedergegeben in sic! 2000, 226) deshalb z.B. ein Fotograf gegen eine Zeitschrift haben, die eine von ihm hergestellte Porträtaufnahme ohne seine Einwilligung veröffentlichte, mit der freilich nicht ganz überzeugenden Begründung, ein Porträt weise keinen genügenden individuellen, auf die Person des Fotografen weisenden Charakter auf. Umgekehrt liegt ein schwerer Eingriff etwa dann vor, wenn ein Angestellter durch Manipulation des Computers den privaten E-Mail-Verkehr seines Vorgesetzten in seine persönliche Mailbox umleitet (BGE 130 III 28 ff.).

Neben der Geldleistung kann auch auf andere Weise dem Opfer einer Persönlichkeitsverletzung Genugtuung verschafft werden (Art. 49 Abs. 2 OR), z.B. mit einer Gegendarstellung oder der Gutheissung eines Feststellungsbegehrens und der entsprechenden Urteilspublikation. In BGE 131 III 28 ff. wurde entschieden, dass es im Falle einer Persönlichkeitsverletzung durch Zeitungsartikel im *Ermessen des Richters* stehe, anstatt der Ausrichtung einer Geldsumme die Publikation des Urteils, das die Widerrechtlichkeit der Verletzung bestätigt, als Genugtuung zu veranlassen.

Bei Zusprechung einer Geldsumme als Genugtuung kann dem Verschuldensgrad für die Bemessung von Bedeutung sein (vgl. ZR 1971, 125 zur Zusprechung einer hohen Summe im Zusammenhang mit schwersten Ehrverletzungen durch ein Boulevardblatt [Blick]). Die schweizerischen Gerichte sind aber bei der Bemessung von Genugtuungssummen, bei steigender Tendenz, relativ zurückhaltend (vgl. auch AEBI-MÜLLER, Rz 316 f., die für eine Mitte «zwischen Versilberung und Geringschätzung der Empfindungen» plädiert).

Das BGer verlangt, dass der Verletzte die Umstände dartut, aus welchen auf seinen seelischen Schmerz geschlossen werden kann (BGE 120 II 98 f.; **a.M.** GEISER, Persönlichkeitsverletzung, 101 f.; SCHWANDER, Anm. in AJP 1994, 381). Ferner muss die Genugtuungsforderung beziffert werden (BGE 126 III 209 ff., unveröff. E. 1a).

Zwischen der verletzenden Handlung und der immateriellen Unbill muss analog zum Schadenersatzrecht ein *adäquater Kausalzusammenhang* bestehen. *Umstritten* ist, inwieweit ein *Verschulden Anspruchsvoraussetzung* für eine Klage auf Genugtuung darstellt. Heute hat sich mehrheitlich die Ansicht durchgesetzt, dass die Verschuldensvoraussetzung im Zuge der Revision von Art. 49 OR *«versehentlich»* ersatzlos gestrichen worden ist (s. HAUSHEER/AEBI-MÜLLER, Rz 14.66; ähnlich auch RIEMER, Personenrecht, N 404; s. auch BGE 126 III 166 f., worin das BGer seine in BGE 120 II 99 vertretene Auffassung, wonach das Verschulden keine Anspruchsvoraussetzung sei, ausdrücklich *korrigiert* hat; vgl. zur Genugtuung im Übrigen die Hinweise bei OR-SCHNYDER, Art. 49 N 1 ff.). Anders verhält es sich nur im Falle eines *Kausalhaftungstatbestands* (z.B. Geschäftsherrenhaftung gem. Art. 55 OR oder Organhaftung gem. Art. 55; s. dazu auch Bem. zu Art. 28 N 55).

cc) Gewinnherausgabe

Nach Art. 423 OR kann bei Geschäftsführung ohne Auftrag der Geschäftsherr den **Ge-**   **18**
winn des Geschäftsführers herausverlangen (vgl. zu dieser Bestimmung im Einzelnen BSK OR-WEBER, Art. 423 N 13 ff.). Dabei wird die Publikation eines persönlichkeitsverletzenden Artikels als Geschäftsführung, die nicht im Interesse des Geschäftsherrn liegt, verstanden. Der Rückerstattungsanspruch ist *verschuldensunabhängig* (A. BUCHER, Personen, N 605; TERCIER, personnalité, N 2135; BARRELET, N 1375); neuerdings wird dies allerdings vom BGer in Frage gestellt (s. BGE 129 III 425 und 126 III 72, die, allerdings nicht im Zusammenhang mit einer Persönlichkeitsverletzung, den Gewinnherausgabeanspruch nurmehr gegenüber dem bösgläubigen Eigengeschäftsführer zulassen wollen; kritisch zu diesen Entscheiden auch AEBI-MÜLLER, Rz 321 ff.). Der im Rahmen eines Gewinnherausgabebegehrens eingeklagte Gewinn kann u.U. summenmässig den Schaden des Verletzten übersteigen. Die Gewinnherausgabe besteht *alternativ zum Schadenersatz* (SCHÜRMANN/NOBEL, 251).

Der Verletzte kann aber nur den Gewinn (Nettogewinn, also abzüglich der Aufwendun-   **19**
gen; vgl. RIKLIN, 218), nicht einen aleatorisch ermittelten Umsatzanteil etwa eines Zeitungsverkaufs herausverlangen (**a.M.** WEBER, Geldentschädigung, 86 f., der in Analogie zu den Regeln über die ungerechtfertige Bereicherung und die Gewinnabschöpfung wegen angemasster Eigengeschäftsführung und in Anlehnung an das deutsche und v.a. englische Recht, das sog. exemplary damages kennt, auf die Möglichkeit verweist, bei der Bemessung auf die Umsatzrendite eines Medienunternehmens abzustellen, immerhin mit dem Hinweis, dass diese Methode *«nicht völlig sachgerecht»* sei [für die Schweiz aus verfassungsrechtlichen Gründen de lege lata klar abzulehnen]). Insb. wird der Verletzte auch die *Kausalität* darzulegen haben, d.h. wie gerade die Verletzungshandlung dazu geführt hat, dass der Verletzer einen Gewinn erzielte (BARRELET, N 1374 i.f.). Der Kläger hat, m.a.W., nachzuweisen, inwiefern die Druckauflage wegen des inkriminierten Inhalts gesteigert wurde oder ein Auflagenverlust verhindert werden konnte (RIKLIN, a.a.O.). *Umstritten* ist, ob der Verleger gehalten ist, seine Kalkulation ggf. offen zu legen (*bejahend* RIKLIN, 218 f.; *abl.* SCHÜRMANN/NOBEL, 251, wonach die Kalkulation zur Privat- oder gar Geheimsphäre gehöre). Gelingt dem Kläger dieser Nachweis nicht, kann er nach Art. 62 OR Herausgabe der «objektiven Bereicherung» verlangen, d.h. den Betrag, den das Publikationsorgan für seine Einwilligung hätte bezahlen müssen (RIKLIN, 219). Zudem kann auch hier Art. 42 OR analog angewendet werden, so dass der nicht ziffernmässig nachweisbare Gewinn vom Gericht nach Ermessen und dem gewöhnlichen Lauf der Dinge geschätzt werden kann (AEBI-MÜLLER, Rz 325).

Art. 28b

Aufgehoben

Literatur

Vgl. die Literaturhinweise zu Art. 28. Aus der Spezialliteratur zum Gerichtsstandsgesetz sind ferner zu erwähnen: Donzallaz, Commentaire de la loi fédérale sur les fors en matière civile, Bern 2001; GAUCH/THÜRER (Hrsg.), Zum Gerichtsstand in Zivilsachen, Zürich/Basel/Genf 2002; KELLER-HALS/VON WERDT/GÜNGERICH (Hrsg.), Gerichtsstandsgesetz, 2. Aufl., Bern 2005 (zit. Autor, GestG-Kommentar); MÜLLER/WIRTH, Kommentar zum Bundesgesetz über den Gerichtsstand in Zivilsachen, Zürich 2001; LEUENBERGER/PFISTER-LIECHTI, Das Gerichtsstandsgesetz, Bern 2001; SPÜHLER/TENCHIO/INFANGER (Hrsg.), Kommentar zum Bundesgesetz über den Gerichtsstand in Zivilsachen (GestG), Basel 2001 (zit. Autor, BSK-GestG); SPÜHLER/VOCK, Gerichtsstandsgesetz, Gesetzesausgabe mit Anmerkungen, Zürich 2000; VALLONI/BARTHOLD, Das Schweizerische Gerichtsstandsgesetz, Zürich 2002.

1 Art. 28b wurde mit dem Inkrafttreten des **Gerichtsstandsgesetzes (GestG)** am 1.1.2001 *aufgehoben.* Neu gilt die Bestimmung von Art. 12 GestG, die für Klagen aus Persönlichkeitsverletzungen das Gericht am Wohnsitz oder Sitz einer Partei für zuständig erklärt (lit. a). Es kann demnach wie unter dem bisherigen Recht wahlweise am Sitz des Klägers oder des Beklagten geklagt werden. Dieser Wahlgerichtsstand gilt im Übrigen für alle Klagen aus Persönlichkeitsverletzung gemäss Art. 28a, also auch für die reparatorischen. Der Gerichtsstand nach Art. 12 lit. a GestG gilt jedoch nur für Schutzbegehren im eigentlichen Sinn. *Selbständige* Schadenersatz-, Genugtuungs- oder Gewinnherausgabebegehren im Bereich des Persönlichkeitsschutzes (also die selbständig erhobenen reparatorischen Klagen nach Art. 28a Abs. 3, die nicht mit einem negatorischen Anspruch gemäss Art. 28a Abs. 1 oder 2 verbunden werden) bestimmen sich wie unter dem alten Recht nicht nach den entsprechenden Bestimmungen zum Persönlichkeitsschutz und fallen demgemäss in den Anwendungsbereich von Art. 25 GestG. Diese Bestimmung sieht für Klagen aus unerlaubter Handlung die Zuständigkeit des Gerichts am Wohnsitz oder Sitz der geschädigten Person oder der beklagten Partei oder am Handlungs- oder Erfolgsort vor (s. dazu im einzelnen KURTH/BERNET, GestG-Kommentar zu Art. 25, N 1 ff.). Werden negatorische Schutzbegehren mit reparatorischen Begehren auf Schadenersatz, Genugtuung oder Gewinnherausgabe *verbunden,* kann der Kläger nach wohl h.L. unter den Foren von Art. 12 und Art. 25 GestG *wählen* (Art. 7 Abs. 2 GestG; s. dazu VON WERDT, GestG-Kommentar zu Art. 12, N 4; **a.M.** SCHUHMACHER, BSK-GestG, Art. 12, N 8, der für reparatorische Klagen nach Art. 28a Abs. 3 nie die Gerichtsstände nach Art. 12 GestG anwenden will, umgekehrt aber für negatorische Klagen nach Art. 28a Abs. 1 und 2 aus Gründen der Prozessökonomie und der Wahrung des Sachzusammenhangs die Gerichtsstände von Art. 25 GestG gelten lässt, wenn solche Ansprüche mit reparatorischen Begehen kombiniert werden).

2 Neben den in Art. 12 GestG genannten besonderen Gerichtsständen sind die allgemeinen Gerichtsstandsvorschriften von Art. 2–11 GestG zu beachten. Der Kläger hat insb. die Möglichkeit, mehrere Beklagte in einem Verfahren zu vereinigen (*Streitgenossenschaft,* Art. 7 Abs. 1 GestG; unter altem Recht noch umstritten [bejahend A. Bucher, Personen, N 613; abl. TERCIER, personnalité, N 1059]). Der Gerichtsstand des Art. 12 GestG ist *nicht zwingend* und somit *prorogierbar* (VON WERDT, GestG-Kommentar, a.a.O., N 5).

Art. 28c

4. Vorsorgliche Massnahmen

a. Voraussetzungen

[1] Wer glaubhaft macht, dass er in seiner Persönlichkeit widerrechtlich verletzt ist oder eine solche Verletzung befürchten muss und dass ihm aus der Verletzung ein nicht leicht wiedergutzumachender Nachteil droht, kann die Anordnung vorsorglicher Massnahmen verlangen.

[2] Das Gericht kann insbesondere:
1. die Verletzung vorsorglich verbieten oder beseitigen;
2. die notwendigen Massnahmen ergreifen, um Beweise zu sichern.

[3] Eine Verletzung durch periodisch erscheinende Medien kann das Gericht jedoch nur dann vorsorglich verbieten oder beseitigen, wenn sie einen besonders schweren Nachteil verursachen kann, offensichtlich kein Rechtfertigungsgrund vorliegt und die Massnahme nicht unverhältnismässig erscheint.

4. Mesures provisionnelles

a. Conditions

[1] Celui qui rend vraisemblable qu'il est l'objet d'une atteinte illicite, imminente ou actuelle, et que cette atteinte risque de lui causer un préjudice difficilement réparable, peut requérir des mesures provisionnelles.

[2] Le juge peut notamment:
1. interdire l'atteinte ou la faire cesser à titre provisionnel;
2. prendre les mesures nécessaires pour assurer la conservation des preuves.

[3] Toutefois, le juge ne peut interdire ou faire cesser à titre provisionnel une atteinte portée par les médias à caractère périodique que si elle est propre à causer un préjudice particulièrement grave, si sa justification ne semble manifestement pas donnée et si la mesure ne paraît pas disproportionnée.

4. Provvedimenti cautelari

a. Condizioni

[1] Chi rende verosimile una lesione illecita alla sua personalità, imminente o attuale e tale da potergli causare un pregiudizio difficilmente riparabile, può chiedere al giudice di ordinare provvedimenti cautelari.

[2] Il giudice può in particolare:
1. proibire o far cessare la lesione a titolo cautelare;
2. prendere i provvedimenti necessari per assicurare le prove.

[3] Tuttavia, se la lesione è causata da un mezzo di comunicazione sociale di carattere periodico, il giudice può proibirla o farla cessare a titolo cautelare soltanto se essa è tale da provocare un pregiudizio particolarmente grave e non è manifestamente giustificata e se il provvedimento non sembra sproporzionato.

Literatur

Vgl. die Literaturhinweise zu Art. 28 und Art. 28b. Aus der Spezialliteratur zu den vorsorglichen Massnahmen sind ferner zu erwähnen: BARRELET, Mesures provisionnelles et présomption d'innocence, plädoyer 1994, 51 ff.; BREITSCHMID, Persönlichkeitsschutz und Pressefreiheit aus der Sicht eines Gerichtsjuristen, AJP 1995, 868 ff.; BUGNON, Les mesures provisionelles de protection de la personnalité, in: FS Tercier, Freiburg 1993, 35 ff.; GUNTERN, Anspruch auf Einsicht in Entwürfe für Medienpublikationen, Medialex 1997, 54; RIKLIN, Vorsorgliche Massnahmen im privatrechtlichen Persönlichkeitsschutz gegenüber (periodisch erscheinenden) Medien gemäss Art. 28c–28f ZGB aus der Sicht des Gesetzgebers, in: Muselières juridiques pour les médias?, Journée d'études de la Commission nationale suisse pour l'Unesco du 29. novembre 1994; TERCIER, Les mesures provisionnelles en droit des médias, Medialex 1995, 28 ff.

I. Überblick

1   Mit dem Erlass prozessualer Bestimmungen in diesem Bereich greift der Gesetzgeber in die kantonale Verfahrenshoheit ein (Art. 122 Abs. 2 BV). Er ergänzt das materielle durch formelles Recht, soweit es um vorsorgliche Massnahmen geht (s.a. Art. 14 UWG oder Art. 15 DSG, wo für vorsorglichen Rechtsschutz im Bereich des unlauteren Wettbewerbs resp. des Datenschutzes auf Art. 28c ff. verwiesen wird). Anspruch und Durchsetzung des Anspruchs werden gemeinsam geregelt. Die **Vereinheitlichung ist** für einen sachgerechten Persönlichkeitsschutz und die sinnvolle Verwirklichung des Bundesrechts **unentbehrlich** (vgl. BBl 1982 II 644 und SCHÜRMANN/NOBEL, 252). Auch aus der Sicht der Medien ist diese Lösung *sinnvoll* und richtig, verringert sie doch die Gefahren, die auf einen Verletzer vor einem *«fremden»* Richter mit einem dem Beklagten vielleicht nicht geläufigen Prozessverfahren lauern. Immerhin ist die Regelung insofern *unvollständig,* als sie weder die sachliche Zuständigkeit noch den Rechtsmittelweg und den Verfahrensablauf betrifft.

II. Gerichtsstand

2   Die *örtliche Zuständigkeit* (Gerichtsstand) zum Erlass vorsorglicher Massnahmen im Persönlichkeitsschutz ist einheitlich und abschliessend in Art. 33 GestG geregelt (KELLERHALS/GÜNGERICH, GestG-Kommentar, Art. 33 N 2). Zwingend zuständig für den Erlass vorsorglicher Massnahmen ist danach das Gericht am Ort, an dem die Zuständigkeit für die Hauptsache gegeben ist, oder am Ort, an dem die Massnahme vollstreckt werden kann. Das gilt für vorsorgliche Massnahmen mit oder ohne vorgängige Anhörung der Gegenpartei, also auch für superprovisorische Massnahmen.

III. Voraussetzungen für den Erlass vorsorglicher Massnahmen (Abs. 1)

3   Der Gesuchsteller muss **glaubhaft machen,** dass eine widerrechtliche Verletzung seiner Persönlichkeit eingetreten ist oder *unmittelbar droht,* und dass ihm daraus ein *nicht leicht wiedergutzumachender Nachteil* erwächst (Art. 28c Abs. 1). «Glaubhaft machen» bedeutet zwar weniger als vollen Beweis, aber immerhin noch mehr als blosses Behaupten (vgl. VOGEL/SPÜHLER, ZPR, 10 N 26; PEDRAZZINI/OBERHOLZER, 173, sprechen vom sog. *«prima facie»*-Beweis). Der *«nicht leicht wiedergutzumachende Nachteil»* in Abs. 1 ist vom *«besonders schweren Nachteil»* in Abs. 3 zu unterscheiden. Entgegen TERCIER (personnalité, N 122 f.) ist insb. ein *finanzieller Nachteil kein Nachteil* i.S.v. Art. 28c, denn der Persönlichkeitsschutz ist nicht zur Wahrung reiner Vermögensinteressen bestimmt (so zutreffend BGE 110 II 411; ZR 1984, 316 und PEDRAZZINI/OBERHOLZER, 132). Das Begehren um vorsorgliche Massnahmen muss gegen Personen gerichtet werden, die an der Verletzung mitwirken, nicht gegen Dritte (BGE 122 III 353 ff.).

IV. Arten von vorsorglichen Massnahmen (Abs. 2)

4   Die dem Richter zur Verfügung stehenden Massnahmen zählt das Gesetz nicht abschliessend auf (Art. 28c Abs. 2): Neben der **Sicherung gefährdeter Beweise** (z.B. durch Einsicht in die Quelle einer potentiellen Verletzung; s. dazu OGer LU vom 12.2.2004 in ZBJV 2005, 199 f., wo es um die [i.c. abgelehnte] Herausgabe von Adresslisten ging) kann v.a. die **drohende Verletzung verboten** oder die **eingetretene beseitigt** werden – beides wohlverstanden nur vorsorglich. Deshalb wird man unter dem neuen Recht, entgegen einer Praxis unter dem alten (vgl. SJZ 1975, 75), ein *Feststellungsbegehren* nicht gutheissen können (gl.M. SCHÜRMANN/NOBEL, 253 und PEDRAZZINI/OBERHOLZER, 171;

vgl. zu dieser Frage auch SemJud 1987, 143 *[verneinend]* und ZR 1988, 26 *[offen gelassen]*). *Umstritten* ist jedoch, ob *Berichtigungsbegehren* auf dem Weg vorsorglicher Massnahmen durchgesetzt werden können (*abl.* SCHÜRMANN/NOBEL, 253; *bejahend* PEDRAZZINI/OBERHOLZER, 173; A. BUCHER, Personen, N 643; SJZ 1979, 75, immerhin mit dem Hinweis, dass das praktische Interesse *«eher gering»* sei). Das *BGer* hat diese Frage vor einigen Jahren ebenfalls *bejaht,* jedoch mit der zutreffenden Einschränkung, dass die Voraussetzungen des Rechts auf Gegendarstellung nicht erfüllt sein dürfen (zur Subsidiarität der vorsorglichen Massnahmen gegenüber den Vorschriften des Gegendarstellungsrechts s.a. den in AJP 1998, 335, Ziff. 2.1 zusammengefassten Tessiner Entscheid); ausserdem stünden solche Massnahmebegehren unter den weiteren Zulässigkeitsvoraussetzungen von Art. 28c Abs. 3, falls sie sich gegen periodisch erscheinende Medien richten (BGE 118 II 369 ff.; s.a. 117 II 115 ff.). Nach einzelnen Autoren soll u.U. auch eine *simultane* Veröffentlichung einer Antwort des Verletzten als vorsorgliche Massnahme angeordnet werden können, wenn keine Gegendarstellung möglich ist (CHERPILLOD, 184 m.w.Nw.; A. BUCHER, Personen, N 643 i.f.; *zu Recht* **a.M.** BARRELET, N 1413 m.H. auf einen Genfer Entscheid, wiedergegeben in SMI 1993, 192 [Gegendarstellung als gesetzlich konzipiertes Recht *«a posteriori»*]).

Die nachgesuchte Massnahme muss darüber hinaus **geeignet** sein, den Nachteil zu beseitigen. 5

V. Vorsorgliche Massnahmen gegenüber periodisch erscheinenden Medien (Abs. 3)

Das vorsorgliche Verbot läuft i.E. auf eine *private Vorzensur* hinaus: Der Artikel, die 6
Sendung, der Film wird vorerst verboten. Richterliche Eingriffe können so den Medienbetrieb u.U. ganz empfindlich stören (PEDRAZZINI/OBERHOLZER, 174). Die mit Massnahmebegehren für die Medien verbundenen Gefahren hat die Botschaft richtig umschrieben, insb. kann die Bekanntgabe besonders wichtiger und aktueller Mitteilungen verzögert werden (BBl 1982 II 667). Deshalb hat der Gesetzgeber bei den vorsorglichen Massnahmen, soweit sie sich gegen periodisch erscheinende Medien (namentlich Zeitungen, Rundfunk und Fernsehen) richten, **zusätzlich zu den Anforderungen von Abs. 1 drei erschwerte Voraussetzungen** aufgestellt: Der dem Gesuchsteller erwachsende *Nachteil* muss *besonders schwer* sein, für die Verletzung darf *offensichtlich kein Rechtfertigungsgrund* bestehen, und die nachgesuchte Massnahme darf *nicht unverhältnismässig* sein (Art. 28c Abs. 3; vgl. aus der Praxis SemJud 1986, 217 ff., wonach an vorsorgliche Massnahmen mit negatorischer Wirkung gegenüber der Presse erhöhte Anforderungen gestellt werden müssen). Hierzu ist Folgendes zu bemerken: Die Verletzung an sich stellt noch nicht den *«besonders schweren Nachteil»* dar, sondern dieser ist neben der Verletzung darzulegen. Auch wird das Ausmass der Verbreitung in den Medien für sich allein noch nicht genügen, einen solchen Nachteil darzutun (vgl. SemJud 1993, 205 ff., wonach sich der besonders schwere Nachteil aus dem verletzten Gut selbst und nicht aus der weiten Streuung des Mediums ergeben muss; **a.M.** A. BUCHER, Personen, N 638). Ausserdem muss dieser qualifizierte Nachteil *«nicht leicht wiedergutzumachen»* sein (so Abs. 1), was nicht allein aus seiner besonderen Schwere folgt. Dann muss ein Rechtfertigungsgrund *«offensichtlich»* fehlen, also die Widerrechtlichkeit (Art. 28 Abs. 2) manifest und zweifelsfrei erwiesen sein. Solches steht nur in seltenen Fällen von vornherein fest, also z.B. dann, wenn die verletzende Aussage klarerweise falsch ist oder gar nicht richtig sein kann. Schliesslich lässt sich über die Verhältnismässigkeit einer Massnahme in aller Regel erst nach *sorgfältiger Prüfung aller Umstände* ein Urteil bilden (gl.M. SCHÜRMANN/NOBEL, 253 f.; s. aus der neueren Praxis BGE vom 12.9.2002

[5P.254/2002] zum [i.c. zu weit gehenden] Verbot des Aushangs eines Zeitungsartikels über ein sexuell missbrauchtes Kind, und BGE vom 28.10.2003 [SemJud 2004 I 250] zum nur gegen eine Internetsite gerichteten Verbot der Weiterverbreitung einer über mehrere Sites verbreiteten Persönlichkeitsverletzung [i.c. Verhältnismässigkeit bejaht]).

7　Verschiedene Versuche, Art. 28c Abs. 3 zugunsten der Stellung der Medien zu revidieren, sind in der Vergangenheit gescheitert (s. dazu A. BUCHER, Personen, N 636 i.f.).

Art. 28d

b. Verfahren　　[1] **Das Gericht gibt dem Gesuchsgegner Gelegenheit, sich zu äussern.**

[2] **Ist es jedoch wegen dringender Gefahr nicht mehr möglich, den Gesuchsgegner vorgängig anzuhören, so kann das Gericht schon auf Einreichung des Gesuchs hin Massnahmen vorläufig anordnen, es sei denn, der Gesuchsteller habe sein Gesuch offensichtlich hinausgezögert.**

[3] **Kann eine vorsorgliche Massnahme dem Gesuchsgegner schaden, so kann das Gericht vom Gesuchsteller eine Sicherheitsleistung verlangen.**

b. Procédure　　[1] Le juge donne à la partie adverse l'occasion d'être entendue.

[2] Si l'imminence du danger ne permet plus d'entendre la partie adverse le juge peut ordonner des mesures d'urgence sur simple présentation de la requête, à moins que le requérant n'ait manifestement tardé à agir.

[3] Le juge peut astreindre le requérant à fournir des sûretés si les mesures sont de nature à causer un préjudice à la partie adverse.

b. Procedura　　[1] Il giudice offre alla controparte l'occasione di esprimersi.

[2] Se l'imminenza del pericolo rende impossibile sentire la controparte, il giudice può ordinare provvedimenti provvisori sulla base della sola istanza, eccetto che l'instante ne abbia manifestamente ritardato la presentazione.

[3] Il giudice può obbligare l'instante a prestare garanzie se il provvedimento cautelare può causare un danno alla controparte.

Literatur

Vgl. die Literaturhinweise zu Art. 28, Art. 28b und Art. 28c.

I. Anhörung des Gesuchsgegners (Abs. 1)

1　Das Bundesrecht schreibt ein **kontradiktorisches Verfahren** vor, denn der Gesuchsgegner (i.d.R. ein Medienunternehmen) ist anzuhören (Art. 28d Abs. 1).

II. Superprovisorische Massnahmen (Abs. 2)

2　Dieser Grundsatz erleidet eine praktisch wichtige Ausnahme, indem das Institut der **superprovisorischen Massnahme** auch im Bereich des Persönlichkeitsschutzes eingeführt wird: Der Richter entscheidet auf bloss einseitiges Vorbringen und *ohne Anhörung der Gegenseite* (vgl. aus der Praxis LGVE 1993 I Nr. 24). Voraussetzung hierfür ist eine *dringende Gefahr,* also mehr als die blosse Gefahr, d.h. der Zeitfaktor muss die Anhörung des Gesuchsgegners ausschliessen (dies ist nur selten der Fall; vgl. dazu SCHÜR-MANN/NOBEL, 254). Der dringende Charakter der Massnahme entlastet den Richter aber nicht von der Prüfung der Voraussetzungen von Art. 28c (A. BUCHER, Personen, N 647).

Umstritten ist, ob der Betroffene vom Gericht **vorgängig** die Anordnung verlangen kann, 3 einen ihn betreffenden Artikel oder eine Sendung oder Fotografie **vorvisionieren** zu können, um seinen Anspruch begründen zu können (*bejahend* A. BUCHER, Personen, N 631; GEISER, 213; DERS., Medialex 1996, 213 f.; Entscheid des Berner Richteramtes III vom 13.5.1993 i.S. Schweizerisches Rotes Kreuz/SRG; mit Blick auf den damit verbundenen gravierenden Eingriff in die Medienfreiheit *zu Recht verneinend* BARRELET, N 1415; DERS., plädoyer 1994, 53; RIKLIN, Vorsorgliche Massnahmen, 6; GUNTERN, 54; ZR 1983, 59; *differenzierend* RIKLIN, 220 f. m.w.Nw., wonach ein Antrag auf Vorvisionierung abgelehnt werden muss, wenn der Beschwerdeführer nicht «*durch Indizien glaubhaft*» macht, «*dass mit erheblicher Wahrscheinlichkeit eine widerrechtliche Publikation droht*»).

Hat der Gesuchsteller sein Begehren **offensichtlich hinausgezögert,** also die zeitliche 4 Dringlichkeit selbst geschaffen, ist eine superprovisorische Massnahme ausgeschlossen (Rechtsmissbrauch; Art. 2 Abs. 2). Die *Praxis* wendet diese Ausschlussklausel *zurückhaltend* an (vgl. BGE vom 3.10.2000 [Medialex 2001, 35 ff.], wonach kein offensichtliches Hinauszögern vorliegt, wenn nur *wenige Tage,* wovon drei auf einen Sonn- und Feiertag fallen, verstreichen).

III. Sicherheitsleistung (Abs. 3)

Allgemeinen Prozessgrundsätzen folgend, kann gemäss Art. 28d Abs. 3 dem Gesuchstel- 5 ler eine **Sicherheitsleistung** auferlegt werden. Es liegt aber an der Gegenpartei, um Leistung von Sicherheiten nachzusuchen; sie können nur dann von Amtes wegen angeordnet werden, wenn dringende Massnahmen zu erlassen sind (vgl. SemJud 1989, 360; A. BUCHER, Personen, N 651). Von der Leistung auf Sicherstellung kann abgesehen werden, wenn der geltend gemachte Anspruch nicht nur glaubhaft ist, sondern unzweifelhaft besteht (s. Entscheid des Gerichtskreises VIII Bern-Laupen von 5.8.1997 [sic! 1997, 41 ff.]) oder wenigstens erste Erfolgschancen hat (BGE vom 19.7.2001 in sic! 2002, 37). Die angeordnete Massnahme ist ferner erst von dem Moment an *vollstreckbar,* an dem die Sicherheitsleistung erfolgt ist (A. BUCHER, Personen, N 650). Die Bestimmung hat im Medienbereich *selten praktische Bedeutung* (vgl. SCHÜRMANN/NOBEL, 255), da sich solche Kautionen *schutzhindernd* auswirken können (PEDRAZZINI/OBERHOLZER, 175 f.). Das weitere Schicksal der Sicherheitsleistungen wird in Art. 28f Abs. 3 geregelt (s. dort).

Art. 28e

c. Vollstreckung

[1] **Vorsorgliche Massnahmen werden in allen Kantonen wie Urteile vollstreckt.**

[2] **Vorsorgliche Massnahmen, die angeordnet werden, bevor die Klage rechtshängig ist, fallen dahin, wenn der Gesuchsteller nicht innerhalb der vom Gericht festgesetzten Frist, spätestens aber innert 30 Tagen, Klage erhebt.**

c. Exécution

[1] Les mesures ordonnées sont exécutées dans tous les cantons comme des jugements.

[2] Les mesures ordonnées avant l'introduction de l'action perdent leur validité si le requérant n'a pas intenté action dans le délai fixé par le juge, mais au plus tard dans les trente jours.

c. Esecuzione

[1] I provvedimenti cautelari sono eseguiti come sentenze in tutti i Cantoni.

[2] I provvedimenti cautelari ordinati prima dell'inizio della causa decadono se l'instante non propone l'azione entro il termine fissato dal giudice, ma in ogni caso entro trenta giorni.

Literatur

Vgl. die Literaturhinweise zu Art. 28, Art, 28b und Art. 28c.

I. Vollstreckbarkeit (Abs. 1)

1   Zur Sicherstellung der Durchsetzung von Massnahmeentscheiden ordnet das Bundesrecht an, dass sie Urteilen gleich, **in allen Kantonen zu vollstrecken** sind. Ohne die Gleichstellung von Massnahmen mit Urteilen liefen die vereinheitlichten Verfahrensvorschriften i.E. leer. Soweit es sich um die Vollstreckung eines in einem Konkordatskanton ergangenen Massnahmeentscheides in einem anderen Konkordatskanton handelt, sind die Bestimmungen des Konkordates über die Vollstreckung von Zivilurteilen vom 10.3.1977 (SR 276) auch auf die Vollstreckung von vorsorglichen Massnahmen im Bereiche des Persönlichkeitsschutzes anwendbar (Art. 1 Abs. 2 des Konkordates). Das Vollstreckungsverfahren sowie seine Voraussetzungen sind im Übrigen durch das *kantonale Recht* geregelt (vgl. A. BUCHER, Personen, N 655).

II. Prosequierung (Abs. 2)

2   Wesensgemäss haben Massnahmeentscheide nur vorläufigen Charakter, sie kommen notgedrungen nur aufgrund oberflächlicher Prüfung der Rechtslage zustande. Es ist deshalb notwendig, dass in einem **ordentlichen Prozess** die Massnahme auf Bestand und Rechtmässigkeit überprüft wird. Ist noch kein Hauptprozess um die Persönlichkeitsverletzung anhängig, statuiert das Bundesrecht eine *Frist* von maximal 30 Tagen: Macht der Kläger bis dahin nicht die Hauptsache nach kantonalem Prozessrecht anhängig, fällt die angeordnete Massnahme wieder dahin (s. aus der Praxis SemJud 1992, 578 ff.), doch kann der Antragssteller ein neues Gesuch stellen oder direkt Klage erheben (A. BUCHER, Personen, N 658). Verschiedene Kantone setzen hierfür eine *kürzere* Frist an (vgl. z.B. Kanton Zürich: zehn Tage [ZR 1986, 157]). In jedem Fall beginnt die Frist am Tag nach der Zustellung der richterlichen Verfügung zu laufen (A. BUCHER, Personen, a.a.O.).

Art. 28f

d. Schadenersatz

[1] Der Gesuchsteller hat den durch eine vorsorgliche Massnahme entstandenen Schaden zu ersetzen, wenn der Anspruch, für den sie bewilligt worden ist, nicht zu Recht bestanden hat; trifft ihn jedoch kein oder nur ein leichtes Verschulden, so kann das Gericht Begehren abweisen oder die Entschädigung herabsetzen.

[2] ...

[3] Eine bestellte Sicherheit ist freizugeben, wenn feststeht, dass keine Schadenersatzklage erhoben wird; bei Ungewissheit setzt das Gericht Frist zur Klage.

| d. Réparation du préjudice | [1] Le requérant est tenu de réparer le préjudice causé par les mesures provisionnelles, si la prétention qui les a motivées se révèle infondée; toutefois, le juge peut refuser d'allouer une indemnité ou la réduire lorsque le requérant n'a pas commis de faute ou n'a commis qu'une faute légère.

[2] … |
|---|---|
| | [3] Les sûretés fournies par le requérant sont restituées s'il est établi que la partie adverse ne réclamera pas la réparation de son préjudice; au besoin, le juge lui fixe un délai pour agir. |
| d. Risarcimento del danno | [1] L'istante deve risarcire il danno causato dai provvedimenti cautelari se la pretesa che li ha motivati si rivela infondata; il giudice può tuttavia negare o ridurre l'indennità se all'istante non è imputabile colpa alcuna o solo una colpa lieve.

[2] … |
| | [3] La garanzia prestata dev'essere svincolata quando è certo che l'azione di risarcimento del danno non sarà proposta; in caso di incertezza, il giudice fissa un termine per proporre l'azione. |

Literatur

Vgl. die Literaturhinweise zu Art. 28, Art. 28b und Art. 28c.

I. Schadenersatzanspruch (Abs. 1)

Durch die Anordnung vorsorglicher Massnahmen kann dem Gesuchsgegner ein **Schaden** **1** erwachsen. Der zunächst erfolgreiche Gesuchsteller hat diese Vermögenseinbusse **zu ersetzen,** wenn sich die Massnahme später im Hauptprozess als unrichtig erweist und aufgehoben wird, weil der Anspruch nicht besteht. Dem am Ende obsiegenden Gesuchsgegner wird aber nur ein herabgesetzter oder gar kein Schadenersatz zugesprochen, wenn den Gesuchsteller kein oder nur ein leichtes Verschulden trifft. Es liegt also eine *Kausalhaftung mit Exkulpationsmöglichkeit* vor. Diese Milderung hat der Gesetzgeber aus verständlichen Gründen getroffen: «*Das Risiko, schadenersatzpflichtig zu werden, wenn sich die beantragte Massnahme später als unbegründet erweist, könnte das Opfer einer Persönlichkeitsverletzung davon abhalten, eine vorsorgliche Massnahme zu verlangen*» (BBl 1982 II 671). Die Bestimmung von Absatz 1 wird zudem deshalb *selten* zur Anwendung kommen, da dem (am Ende siegreichen) Massnahmegegner die *Bezifferung des Schadensquantums häufig schwer fallen* dürfte (gl.M. PEDRAZZINI/OBERHOLZER, 175).

II. Gerichtsstand (Abs. 2)

Absatz 2 wurde mit dem Inkrafttreten des **GestG** *aufgehoben.* Da ungerechtfertigte vorsorgliche Massnahmen keine Persönlichkeitsverletzung i.S.v. Art. 28 darstellen, fallen solche Klagen auch nicht unter den Anwendungsbereich von Art. 12 lit. a GestG (zu dieser Bestimmung s. Bem. zu Art. 28b N 1 ff.). Entgegen der in der letzten Auflage geäusserten Ansicht fallen solche Schadenersatzansprüche aber auch nicht unter die Gerichtsstandsbestimmung von Art. 33 GestG (zu dieser Bestimmung s. Bem. zu Art. 28c N 2). Denn es handelt sich dabei nicht um vorsorgliche Massnahmen, sondern um ordentliche Klagen (KELLERHALS/GÜNGERICH, GestG-Kommentar, Art. 33 N 11 m.Nw.). Der Gerichtsstand bestimmt sich hier grundsätzlich nach Art. 25 GestG (SCHUMACHER, BSK-GestG, Art. 12 N 10; KURTH/BERNET, GestG-Kommentar zu Art. 25 N 14). Allenfalls kann es im Rahmen einer *Widerklage* (Art. 6 GestG) zu einer Zuständigkeit des Richters am Wohnsitz oder Sitz der schädigenden Partei kommen, allerdings wohl nur dann, wenn der Hauptprozess bereits hängig ist (SCHUMACHER, BSK-GestG, a.a.O.). **2**

III. Sicherheiten (Abs. 3)

3 Droht die Gefahr, dass der Gesuchsgegner durch die Anordnung einer vorsorglichen Massnahme zu Schaden kommen kann, kann der Richter vom Gesuchsteller eine Sicherheitsleistung verlangen (Art. 28d Abs. 3).

Solche Sicherheiten sind wieder *freizugeben,* wenn – allenfalls nach Fristansetzung – keine Schadenersatzklage erhoben wird.

Art. 28g

5. Recht auf Gegendarstellung

a. Grundsatz

[1] **Wer durch Tatsachendarstellungen in periodisch erscheinenden Medien, insbesondere Presse, Radio und Fernsehen, in seiner Persönlichkeit unmittelbar betroffen ist, hat Anspruch auf Gegendarstellung.**

[2] **Kein Anspruch auf Gegendarstellung besteht, wenn über öffentliche Verhandlungen einer Behörde wahrheitsgetreu berichtet wurde und die betroffene Person an den Verhandlungen teilgenommen hat.**

5. Droit de réponse

a. Principe

[1] Celui qui est directement touché dans sa personnalité par la présentation que font des médias à caractère périodique, notamment la presse, la radio et la télévision, de faits qui le concernent, a le droit de répondre.

[2] Il n'y a pas de droit de réponse en cas de reproduction fidèle des débats publics d'une autorité auxquels la personne touchée a participé.

5. Diritto di risposta

a. Principio

[1] Chi è direttamente toccato nella sua personalità dall'esposizione di fatti ad opera di mezzi di comunicazione sociale di carattere periodico, quali la stampa, la radio e la televisione, ha il diritto di rispondere con una propria esposizione dei fatti.

[2] Il diritto di risposta non sussiste nel caso di un resoconto fedele di un pubblico dibattito di un'autorità al quale l'interessato ha partecipato.

Literatur

Botschaft des Bundesrates über die Änderung des Schweizerischen Zivilgesetzbuches (Persönlichkeitsschutz: Art. 28 ZGB und 49 OR) vom 5.5.1982, BBl 1982 II 646–651, 672–680 (zit. Botschaft); BÄNNINGER, Die Gegendarstellung, Zürich, Zürich 1998 (umfassende Behandlung aller Fragen und ausführliche Hinweise auf die Rechtsprechung); KOCIAN ELMALEH, Gegendarstellungsrecht – Droit de réponse, Diss. Zürich, Bern 1993; HALDIMANN, Médias romands et protection de la personnalité, Freiburg i.Ü. 1989; HOTZ, Kommentar zum Recht der Gegendarstellung, Bern und Stuttgart 1987 (heute weitgehend überholt); RODONDI, Le droit de réponse dans les médias, Lausanne 1991; RIKLIN, Schweizerisches Presserecht, Bern 1996, 227–247; SCHÜRMANN/NOBEL, Medienrecht, 2. Aufl., Bern 1993, 258–275.

I. Das Gegendarstellungsrecht: Zweck und Voraussetzungen

1 Das Gegendarstellungsrecht ist ein Instrument des **Persönlichkeitsschutzes** (BÄNNINGER, 60; RIKLIN, 228; TERCIER, personnalité, N 1277; RODONDI, 90). Es steht neben den anderen Ansprüchen, welche der Persönlichkeitsschutz zur Verfügung stellt, und soll in gewisser Weise den Grundsatz der «Waffengleichheit» (BÄNNINGER, 55; A. BUCHER, Personen, N 671; RIKLIN, 227), der «gleichlangen Spiesse» oder des «audiatur et altera pars» verwirklichen. Vorbilder der geltenden Regelung sind einerseits die französischen und deutschen, andererseits versprengte kantonale Regelungen aus dem 19. Jh. (vgl. zur historischen Entwicklung die Bemerkungen bei HALDIMANN, 10–14; SCHÜRMANN/ NOBEL, 258 f.). Es hat sich, entgegen der eher pessimistischen Einschätzung von MAS-MEJAN (in: Medialex 1/2005, 27), im vorgegebenen Rahmen konsolidiert und bewährt; ausser der Zulassung des Bildes auch als Inhalt einer Gegendarstellung sind Neuerungen in der seltener werdenden Rechtsprechung und der praktisch fehlenden Literatur nicht auszumachen.

Das Gegendarstellungsrecht räumt einem Betroffenen die Möglichkeit ein, sich gegen eine veröffentlichte Tatsachenbehauptung mit einer eigenen Darstellung zu Wort zu melden. Indessen ist der Anwendungsbereich dieses vom Gesetzgeber 1985 eingeführten Rechtsinstituts in vielfältiger Weise beschränkt. Es müssen **sechs Voraussetzungen** erfüllt sein (s.u. N 2–7), zu welchen weitere **inhaltliche Beschränkungen** kommen (vgl. insb. Art. 28h). Damit ist das Gegendarstellungsrecht insgesamt nur von beschränkter Tragweite, was selbst von praktisch tätigen Juristen immer wieder verkannt wird. Dagegen setzt das Gegendarstellungsrecht weder eine **Persönlichkeitsverletzung** noch eine **widerrechtliche Handlung** noch ein **Verschulden** voraus.

II. Veröffentlichung einer Tatsachendarstellung

Zunächst steht eine Gegendarstellung nur offen, wenn es sich bei der beanstandeten Aus-   **2** gangsmeldung um **Tatsachendarstellungen** handelt. Darunter fallen Vorgänge, die sich in der Wirklichkeit ereignen, die beobachtet werden können, über deren Richtigkeit bzw. Unrichtigkeit grundsätzlich **Beweis** geführt werden könnte und die einer **objektiven Feststellung** zugänglich sind (BÄNNINGER, 120 ff.; TERCIER, personnalité, N 1406 ff.; RODONDI, 150 ff.). «Damit ist diese Waffe gegen Werturteile stumpf» (PEDRAZZINI/ OBERHOLZER, 163); neben Werturteilen sind auch Meinungen, Bewertungen, Vemutungen, Schlussfolgerungen und künftige Entwicklungen keine Tatsachen i.S. des Gesetzes und daher von der Gegendarstellung ausgeschlossen (zuletzt BGE 130 III 5 f.). Die Abgrenzung ist nicht immer einfach (vgl. RODONDI, 160 ff.; ZR 1987, 114 ff.; BGE 114 II 293 f.; 114 II 387; 114 II 390; 118 IV 44; 130 III 5 ff.). In BGE 112 II 466 f. wurde in richtiger Weise anhand einer publizierten Fotografie wie folgt abgegrenzt: Gegendarstellungsfähig sind die durch die Abbildung selbst sichtbar gemachten Tatsachen, nicht aber der daraus gezogene Schluss, die Annahme bzw. Publikation sei mit oder ohne Zustimmung des Abgebildeten erfolgt; Tatsachen, die sich nicht unmittelbar aus der Bilddarstellung ergeben, sind höchstens dann gegendarstellungsfähig, wenn sie sich dem Betrachter geradezu aufdrängen. Hängen Bild und Text eng miteinander zusammen, kommt es darauf an, ob das Bild über die Textaussage hinausgeht (BGer, 27.4.1998, Medialex 1998, 156 ff.; jetzt massgebend BGE 130 III 10 ff.).

Es scheint, als neige die Gerichtspraxis in jüngster Zeit dazu, den Tatsachenbegriff eher weitherzig auszulegen und zugleich bei der Annahme einer der Gegendarstellung unzugänglichen Meinungsäusserung entsprechend restriktiv zu Werke zu gehen (BGE 122 III 209; 123 III 145; Audienzrichteramt Zürich, 31.5.1994; Bezirksgerichtspräsidium Unterrheintal, 27.12.1994; BGer, 27.4.1998, Medialex 1998, 156 ff.).

Sodann kommt es auch nicht darauf an, ob die fragliche Tatsachenbehauptung in einem Inserat (dazu BGE 113 II 213 ff.), einem redaktionellen Beitrag, einer Agenturmeldung, einer Kolumne, einem Interview, einer Bildlegende oder einem Leserbrief steht (SCHÜRMANN/NOBEL, 262); auch Fotografien, Fotomontagen und Karikaturen sind – zumindest bezüglich ihres Tatsachenkerns – gegendarstellungsfähig (BGer, 27.4.1998, Medialex 1998, 156 ff.; BGE 130 III 10 ff.). Es kommt lediglich auf die **Veröffentlichung** an, denn ein Medium i.S. des Gegendarstellungsrechts liegt nur vor, wenn dieses sich an die Öffentlichkeit richtet oder der Öffentlichkeit zugänglich ist (BGE 113 II 317). Selbst Tatsachenbehauptungen, die im Rahmen eines deutlich als «Kommentar» erkennbaren Beitrags aufgestellt werden, sind somit dem Gegendarstellungsrecht unterstellt. Dabei wird aber zu beachten sein, dass solche tatsächlichen Behauptungen oft mehr der Gedankenführung dienen und weniger dazu, in einem Beweisverfahren nach dem Schema «richtig» oder «falsch» überprüft zu werden.

3   Des Weiteren muss die Tatsachendarstellung in einem **periodisch erscheinenden Medium** erfolgt sein. Das Gesetz zählt **insb.** – und damit nach der üblichen Sprachregelung in nicht abschliessender Weise – **Presse, Radio und Fernsehen** auf. «Der Gesetzgeber hat den Medienbegriff bewusst offen formuliert» (BGE 113 II 371; ähnlich BGE 113 II 215 f.); daher fällt grundsätzlich das **Internet** unter den Medienbegriff. Welche weiteren Medien die ständige Entwicklung der Informations- und Telekommunikationstechnik bringt, bleibt abzuwarten. Für den Bereich der gedruckten Publikationen ist mit BGE 113 II 369 ff. festzuhalten, dass ein blosser Pressespiegel, der also bereits publizierte Meldungen enthält, und der nur innerhalb eines beschränkten Personenkreises verteilt wird, mangels Öffentlichkeit kein Medium i.S. des Gegendarstellungsrechts ist (wie hier BÄNNINGER, 155 f., zu Unrecht kritisch RIKLIN, 236 f.). Umgekehrt sind private Mitteilungen, die sich naturgemäss nicht an die Öffentlichkeit richten, keine Medien.

Neben der Öffentlichkeit verlangt das Gegendarstellungsrecht als zweites Erfordernis die **Periodizität** des Mediums (vgl. die Umschreibungen bei RODONDI, 108 ff.; TERCIER, personnalité, N 1316, 1329 ff.). Im Bereich von Internet-Publikationen ist Periodizität dann gegeben, wenn eine regelmässige Überarbeitung der betreffenden Web-Site erfolgt (BÄNNINGER, 159 f.); sie fehlt daher bei einem Buch, einem Film oder einem Video. Denn die **Periodizität** besteht nicht darin, dass eine bestimmte Version beliebig breit gestreut bzw. unbeschränkt wiederholt werden kann, sondern darin, dass sich ein Medium regelmässig an ein relativ gleiches Publikum wendet. Insofern gehören neben den Zeitungen und Zeitschriften namentlich Magazin- oder Nachrichtensendungen von Radio und Fernsehen zu den Medien i.S. des Gegendarstellungsrechts. Nicht dazu gehören werbliche Massnahmen von Medien, also Plakate, Aushänge etc., die lediglich dazu dienen, das Publikum auf das Produkt aufmerksam zu machen (vgl. ZBJV 125, 106; BÄNNINGER, 154,249 f.; **a.A.** PEDRAZZINI/OBERHOLZER, 168; RIKLIN, 242; zweifelnd TERCIER, personnalité, N 1348).

III. Bezug zur Persönlichkeit

4   Die Tatsachenbehauptung muss jemanden **in seiner Persönlichkeit** betreffen (BÄNNINGER, 85 ff.; RODONDI, 164 ff.; TERCIER, personnalité, N 1412 f., 1421 ff.). Sie muss sich also nicht bloss auf eine (natürliche oder juristische) Person im Rechtssinne beziehen, sondern sie muss einen Bezug zu deren Persönlichkeitssphäre, zu einem der vom Persönlichkeitsrecht geschützten Güter aufweisen und muss in einem geschützten Bereich erfolgen (BÄNNINGER, 88 ff.; SCHÜRMANN/NOBEL, 263; BGE 119 II 107). Dazu gehören die **Ehre**, die **Privatsphäre**, das **Familienleben**, die **politischen, religiösen und anderen Überzeugungen**, die **eigene Vergangenheit** u.a.m. Wer also von einem bekannten Sozialisten sagt, er gehöre einer ordoliberalen Bewegung an, wer einen bekennenden Atheisten zum glühenden Katholiken stempelt oder behauptet, die Ehe des X. sei zerrüttet oder Y. gehe regelmässig fremd, oder die Kinder des Z. gingen auf den Strich und seien in die Drogenszene abgeglitten, der greift mit solchen Tatsachenbehauptungen in deren Persönlichkeitssphäre ein. Aussagen über nahe stehende Dritte (wie nahe Verwandte oder Arbeitnehmer) können jedoch nur in Ausnahmefällen (siehe vorstehend das letzte

Beispiel) die Betroffenheit der eigenen Persönlichkeit begründen. Die **Persönlichkeit** wird rechtlich namentlich durch **Verhaltensweisen, Überzeugungen** und Beziehungen erfasst, nicht durch Äusserlichkeiten (so jetzt auch HAUSHEER/AEBI-MÜLLER, 15.14). Daher ist unter dem Gesichtspunkt des Persönlichkeitsrechts grundsätzlich, will heissen vorbehaltlich besonderer Einzelfälle, belanglos, ob ein Schwarzhaariger zu Unrecht als grau meliert bezeichnet wird, ob als Wohnsitz fälschlich Zürich 2 statt richtig Zürich 6, als Privatfahrzeug übertriebenerweise ein Luxus- statt zutreffenderweise ein Mittelklasse- wagen oder als Arbeitgeber irrtümlich die Grossbank A. statt korrekt die Maschinenfab- rik B. angegeben wird, oder ob C. bei der Party D. ein Kleid des Couturiers E. oder F. trug. Solche Angaben sind zwar Tatsachenbehauptungen, die – meist sogar sehr einfach – einer Richtigkeitsprüfung unterstellt werden können, aber es geht ihnen in aller Regel der Bezug zur Persönlichkeitssphäre ab. Denn der Gesetzgeber lässt eine Gegendarstellung **nicht** einfach gegen **jede Tatsachenbehauptung** zu: «Zur Begründung eines Anspruchs auf Gegendarstellung genügt nicht jedes Berührtsein; es kann nicht darum gehen, jeder Sachdarstellung, die ein Medienunternehmen veröffentlicht hat, die eigene Version gegenüberstellen zu können. Eine zur Gegendarstellung berechtigende Betroffenheit liegt in aller Regel nur dann vor, wenn die fragliche Tatsachendarstellung – ohne notwendi- gerweise die Persönlichkeit zu verletzen – in der Öffentlichkeit ein ungünstiges Bild der angesprochenen natürlichen oder juristischen Person entstehen, sie im Zwielicht erschei- nen lässt» (BGE 114 II 390; ebenso BÄNNINGER, 92 ff.; RIKLIN, 231). Es genügt also nicht – und ist nicht einmal erforderlich –, dass die Tatsachenbehauptung falsch und/oder widerrechtlich ist, sondern sie muss darüber hinaus ein **ungünstiges Bild** der betroffenen Person entstehen lassen, es muss ihr **berufliches oder soziales Ansehen** beeinträchtigt erscheinen (einhellige Rechtsprechung, vgl. BGE 114 II 390; 119 II 107; AGVE 1988, 15; LGVE 1992, 1; PKG 1988, 184; SemJud 1989, 68 f.; ZWR 1989, 163; BÄNNINGER, 92 ff.; RIKLIN, 231 ff.). Auch hierfür ist das Empfinden des Durchschnittslesers – wie ihn der Gegendarstellungsrichter konstruiert – massgebend (Näheres zu diesem schillernden Begriff bei BÄNNINGER, 94 ff.); der negative Eindruck muss sich bei einer erheblichen Zahl von Lesern und nicht nur bei ein paar Eingeweihten einstellen (BGer 23.6.1997, teilw. publ. in Medialex 1997, 169). Er kann sich aus dem Kontext einzelner Aussagen und in Verbindung mit grafischen Gestaltungsmittel ergeben, ja daraus, dass beim Leser durch die Schilderung einer bestimmten historischen Einzelsituation der Eindruck er- weckt wird, der Betreffende verhalte sich ganz allgemein so (höchst problematisch, so aber BGE 130 III 7 f.)

Mit der Bezugnahme auf das Persönlichkeitsrecht ist zudem untrennbar verbunden, dass **5** der Betroffene überhaupt **rechtsfähig** ist. Das Gegendarstellungsrecht können also nur natürliche Personen (selbstverständlich unabhängig von Wohnsitz und Staatsangehörig- keit), juristische Personen des öffentlichen und privaten Rechts sowie die ihnen gleich zu achtenden Gebilde ausüben. Gremien, Personenmehrheiten oder nicht rechtlich organi- sierte Gruppen sind mangels eigenen Persönlichkeitsrechts nicht in der Lage, das Gegen- darstellungsrecht als Ausfluss des Persönlichkeitsrechts in Anspruch zu nehmen (BÄN- NINGER, 75 f.; SCHÜRMANN/NOBEL, 237 f.; TERCIER, personnalité, N 1367 ff.). Deshalb ist es auch abzulehnen, dass Dritte anstelle der Betroffenen dieses Recht in eigenem Na- men ausüben, selbst wenn z.B. die Statuten irgendwelcher Vereine (in fragwürdiger Wei- se) vorsehen, der Verein bezwecke nebst vielem anderen, die Persönlichkeitsrechte seiner Mitglieder zu wahren: Wenn das Gegendarstellungsrecht auch **kein höchstpersönliches Recht** i.S. der **vertretungsfeindlichen Geschäfte** ist (dazu DESCHENAUX/STEINAUER, Personnes, 59–62), so kann es doch nicht von Dritten in eigenem Namen ausgeübt wer- den, da allemal der Betroffene selbst (oder ein von ihm gültig bestellter **Vertreter**) aus eigenem Recht handeln muss.

6 Die beanstandete Darstellung muss die Persönlichkeit (im soeben umschriebenen Sinne) **betreffen**. Dies drückt nach der hier vertretenen Ansicht eine gewisse Intensität aus (BÄNNINGER, 90; vgl. RODONDI, 165; SCHÜRMANN/NOBEL, 263; auch BGE 114 II 390); Betroffenheit geht über das blosse Gemeintsein, Genanntsein und Berührtsein hinaus. Das Verhältnis zwischen Tatsachendarstellung und Persönlichkeitsrecht muss also qualifiziert sein, sonst hätte der Gesetzgeber das Tätigkeitswort «betreffen» durch ein schwächeres Wort, das eine tiefere Interventionsschwelle zum Ausdruck bringt, ersetzen können: «Wer durch Tatsachendarstellungen ... berührt ist/sich betroffen fühlt», oder auch «Auf wen sich Tatsachendarstellungen ... beziehen» oder «Wem Tatsachendarstellungen ... Anlass zu Beanstandung geben» etc. Sich im landläufigen Sinne betroffen fühlen oder über einen Beitrag aufregen, genügt nicht (RIKLIN, 232).

7 Diese Gesetzesauslegung wird noch dadurch unterstützt, dass der Gesetzgeber als weiteres Erfordernis von einer **unmittelbaren** Betroffenheit spricht. Die mittelbare, indirekte Betroffenheit wird damit ausgeschlossen, es wird im Gegenteil betont, dass die Tatsachendarstellung **direkten** und **gezielten** Bezug auf die Persönlichkeit des Betroffenen nimmt. Deshalb können Aussagen über Dritte – und selbst nahestehende, wie Angehörige und Arbeitnehmer – grundsätzlich nicht einen eigenen Gegendarstellungsanspruch begründen. Es hiesse den Willen des Gesetzgebers zu missachten, wenn man den Gehalt dieser sprachlich durchaus differenzierten Gesetzesformulierungen nicht beachtete.

Es ist indessen festzustellen, dass die Rechtsprechung – entgegen der Vorgaben von BGE 114 II 390 und 119 II 107 – und die Lehre (mit Ausnahme BÄNNINGERS, 90 f. und jetzt ansatzweise HAUSHEER/AEBI-MÜLLER, 15.12) sich weitgehend davon dispensieren, die beiden Erfordernisse der unmittelbaren Betroffenheit gesondert zu prüfen. Sie sind vielmehr geneigt, bei jeder Betroffenheit durch eine Tatsachendarstellung den Anspruch auf Gegendarstellung zu gewähren; dies widerspricht nach der hier vertretenen Auffassung der massgebenden Rechtsprechung und dem richtig verstandenen Gesetzestext.

IV. Einschränkung bei Verhandlungsberichten

8 Der Anspruch auf Gegendarstellung wird in Abs. 2 eingeschränkt: Er besteht nicht, wenn über öffentliche Verhandlungen einer Behörde wahrheitsgetreu berichtet wird und überdies der Betroffene an den Verhandlungen teilgenommen hat. Die Regelung knüpft an die Bestimmung von Art. 27 Abs. 4 StGB an, welche die Straflosigkeit einer wahrheitsgemässen Berichterstattung aus öffentlichen Verhandlungen einer Behörde festhält. Unter **Behörden** sind lediglich staatliche, öffentlich-rechtlich begründete Institutionen, wie Parlamente, Gerichte, Exekutiv-Organe und Gemeindeversammlungen zu verstehen. Damit unterstehen Berichte aus öffentlichen privaten Veranstaltungen wie Parteitagen, Wählerversammlungen, Generalversammlungen und Kongressen dem Gegendarstellungsrecht, vergleichbar der Berichterstattung aus nichtöffentlichen Behördenversammlungen.

Zudem muss der Bericht **wahrheitsgemäss** sein. Über dieses Kriterium dürfte zunächst einmal anhand des Protokolls der fraglichen Versammlung entschieden werden, ansonsten durch das Zeugnis von Versammlungsteilnehmern. Dabei kann es nicht darum gehen, ob die Äusserungen, über welche berichtet wird, tatsächlich inhaltlich zutreffen, sondern allein, ob die Voten so (und nicht anders) gefallen sind. Wenn also der Kommissionsreferent einem Kommissionsmitglied Obstruktion, Inkompetenz oder übermässige Absenzen vorhält, wenn der Richter den Angeklagten als Verbrecher bezeichnet, kommt es für die Gegendarstellung nicht darauf an, ob der Vorhalt tatsächlich zutreffe oder nicht, sondern es spielt allein eine Rolle, ob der Vorhalt tatsächlich so gemacht wurde oder nicht. Das

Neuenburger Kassationsgericht hielt fest, dass das Gegendarstellungsrecht nicht dazu dient, jedem Angeklagten eine Möglichkeit zu geben, sich gegen richterliche Erwägungen zu wehren; einzig gegen einen offensichtlich falschen Bericht könne man sich wehren (RJN 1989, 49). Die Gerichtsberichterstattung über einen Freispruch ist dagegen schon unter geringeren Voraussetzungen einer Gegendarstellung zugänglich (auch unter diesem Gesichtspunkt deshalb problematisch BGE 130 III 1).

Weshalb der Gesetzgeber überdies für den Ausschluss der Gegendarstellung noch darauf abstellt, dass der Betroffene an der Verhandlung **teilgenommen** haben müsse, ist nicht einfach zu verstehen. Möglicherweise ging er davon aus, der Betroffene wehre sich alsdann gleich selbst, wenn man ihm in seiner Gegenwart unzutreffende Vorhaltungen macht. Darauf kann es nicht ankommen (TERCIER, personnalité, N 1441). Wenn das gesetzgeberische Motiv des Ausschlusses einer Gegendarstellung ist, dass nicht ausserhalb der Behörde auf Kosten Dritter die Diskussion um Tatsachendarstellungen fortgesetzt werden soll (A. BUCHER, Personen, N 705; SCHÜRMANN/NOBEL, 264; TERCIER, personnalité, N 1441; mutig dagegen die Abgrenzung bei HAUSHEER/AEBI-MÜLLER, RZ 15.35), dann kann es gerade nicht entscheidend sein, ob der Betroffene sich schon in der öffentlichen Verhandlung gewehrt hat oder nicht, noch weniger, ob er dabei war oder nicht. Insofern handelt es sich bei der Anwesenheitserfordernis um eine gesetzgeberische Fehlleistung (gl.M. SCHÜRMANN/NOBEL, 264; ebenfalls kritisch RIKLIN, 234), kann sich ja de lege lata ein Behördenmitglied, das abwesend war, gegen den Bericht über Tatsachenbehauptungen, die tatsächlich aufgestellt wurden, mittels Gegendarstellung wehren.

Art. 28h

b. Form und Inhalt	**¹ Der Text der Gegendarstellung ist in knapper Form auf den Gegenstand der beanstandeten Darstellung zu beschränken.**
	² Die Gegendarstellung kann verweigert werden, wenn sie offensichtlich unrichtig ist oder wenn sie gegen das Recht oder die guten Sitten verstösst.
b. Forme et contenu	¹ La réponse doit être concise et se limiter à l'objet de la présentation contestée.
	² La réponse peut être refusée si elle est manifestement inexacte ou si elle est contraire au droit ou aux mœurs.
b. Forma e contenuto	¹ Il testo della risposta deve limitarsi concisamente all'oggetto dell'esposizione di fatti contestata.
	² La risposta può essere rifiutata se è manifestamente inesatta o contraria alla legge o ai buoni costumi.

Literatur

Vgl. die Literaturhinweise zu Art. 28g.

Neben den in Art. 28g genannten Voraussetzungen für die Ausübung des Gegendarstellungsrechts stellt Art. 28h in seinen beiden Absätzen **inhaltliche Schranken** auf: Die Gegendarstellung muss **knapp** sein, und sie muss sich auf den **Gegenstand der beanstandeten Darstellung beschränken;** zudem darf der Abdruck einer **offensichtlich unrichtigen** oder **rechts- und sittenwidrigen** Gegendarstellung verweigert werden. **1**

I. Umfang

2 **Knapp** ist kurz, bündig, schnörkellos, präzis (BÄNNINGER, 173 ff.; SCHÜRMANN/NOBEL, 265). Dabei darf man an die sprachliche Disziplin mehr als durchschnittliche Anforderungen stellen: Was sich in wenigen Worten sagen lässt, darf man nicht in umständlichen Wort- und Satzreihen zum Besten geben. Nicht umsonst verwendete der Vorentwurf (vgl. Botschaft, 697) das Adjektiv «kurz»; dieses wurde in der parlamentarischen Beratung durch «knapp» ersetzt. Entgegen TERCIER, personnalité, N 1465, und ihm folgend SCHÜRMANN/NOBEL, 265, verwendet der amtliche französische Gesetzestext nicht das Adjektiv «brève», sondern «concise». Indessen ist der Bedeutungsunterschied gering: Auch wenn «kurz» eher die äussere Länge und «knapp» eher die sprachliche Fassung des Inhalts meint, ist nicht zu sehen, wie man sich «knapp» und doch nicht «kurz» ausdrücken könnte.

Die Knappheit steht auch in Beziehung zur Länge des Ausgangsartikels: Eine Gegendarstellung ist in aller Regel **kürzer** als dieser; bei längerem Ausgangstext darf aber auch die Gegendarstellung etwas ausführlicher sein. Indessen besteht kein Rechtsanspruch darauf, sich mit einer etwa gleich langen Gegendarstellung zu Wort zu melden, denn es muss gerade keinerlei Proportionalität zwischen Umfang der Ausgangsmeldung und Gegendarstellung bestehen (BÄNNINGER, 177 f.). Letztere kann sich nur auf bestimmte Gesichtspunkte der Ersteren beziehen.

Der Richter kann eine Gegendarstellung, die das Gebot der Knappheit missachtet, kürzen (Näheres s. Art. 28l).

II. Inhalt

3 Das Gesetz **beschränkt** die Gegendarstellung inhaltlich auf den Gegenstand der beanstandeten Darstellung, will heissen, auf die dort enthaltene Tatsachendarstellung (ausführlich BÄNNINGER, 107 ff.). Gemäss BGer gilt als **Tatsache,** «was durch äussere oder innere Wahrnehmung erfasst und durch Beweis objektiv auf seinen Wahrheitsgehalt überprüft werden kann.

Tatsachenbehauptungen stellen demnach Aussagen dar, welche konkrete, nach Raum und Zeit bestimmte, der Vergangenheit oder Gegenwart angehörende Geschehnisse oder Zustände der Aussenwelt bzw. des menschlichen Seelenlebens betreffen; sie sind objektiver Klärung zugänglich und am Wahrheitsmassstab messbar» (zit. bei BÄNNINGER, 112). «Damit ist diese Waffe gegen Werturteile stumpf» (PEDRAZZINI/OBERHOLZER, 163); «ein Werturteil ist nicht gegendarstellungsfähig, mag es auch noch so falsch sein» (Bezirksgericht Zürich, zit. bei BÄNNINGER, 107). Bei der mitunter schwierigen Abgrenzung von Tatsachen und Meinungen ist nach der Schwerpunkttheorie bzw. dem überwiegenden Charakter zu entscheiden (BÄNNINGER, 123 f.). Nach dem Grundsatz **«Tatsachen gegen Tatsachen»** (vgl. BÄNNINGER, 181; HOTZ, 75; SCHÜRMANN/NOBEL, 265; TERCIER, personnalité, N 1397 f.) können Meinungen, Wertungen, Folgerungen, Prognosen etc. nicht Anlass und Inhalt einer Gegendarstellung bilden. Gar nicht gemachte Aussagen oder solche über Zukünftiges können deshalb auch nicht Inhalt einer Gegendarstellung werden. Daher müssen nicht nur polemische Vorwürfe (BGE 123 III 150 f.), sondern auch Kritik am Ausgangsartikel, seinem Verfasser, seinen tatsächlichen oder vermeintlichen Absichten, die Kommentierung möglicher Folgerungen, die der Leser aus einer Darstellung zieht, oder die Auseinandersetzung mit Eindrücken, die durch eine angeblich falsche Tatsachenbehauptung entstehen könnten, ausserhalb einer Gegendarstellung bleiben (sehr anschaulich LGVE 1987, 3 ff.). Diese darf nicht «ein Mittel der sonstigen Selbstdarstellung des Betroffenen sein» (PEDRAZZINI/OBERHOLZER, 163; auch BÄNNINGER,

185), sie taugt auch nicht zum «eigentlichen Gegenangriff» (HAUSHEER/AEBI-MÜLLER, Rz 15.41). Zu Recht bemerkt BRÜCKNER, Das Personenrecht des ZGB, Zürich 2000, dass eine Gegendarstellung «immer ein relativ geist- und humorloser Text ohne Pikanterie und redaktionellen Schwung» ist und der «Betroffene immer am kürzeren Hebel» sitzt (beides 217 Rz 733).

Desgleichen darf die Gegendarstellung **keine weiterführenden Tatsachendarstellungen** enthalten, also mehr und zusätzliche Umstände ausbreiten, zu denen der Ausgangsartikel keine Veranlassung gab. Sie darf denselben Tatsachenkreis nur anders, nicht weiter ziehen. Sie muss auf Wiederholungen verzichten (BGE 130 III 8), aber auch darauf, ihre eigenen Quellen und deren Qualität mit denjenigen der Ausgangsmeldung zu vergleichen. Da die Gegendarstellung eine Entgegnung ist, darf sie sich auch nicht aufs blosse Präzisieren von Details beschränken, welche an der Tatsachendarstellung des Ausgangsartikels eigentlich nichts ändern. Sie muss vielmehr eine vom Ausgangsartikel verschiedene, diesem widersprechende («Gegen-Darstellung») Version der Fakten enthalten. Die eigene muss der ursprünglichen Tatsachendarstellung klar gegenübergestellt werden («Trenngrundsatz», vgl. BÄNNINGER, 184); zudem muss die Gegendarstellung eine andere Version – zumindest ein reines Dementi – enthalten, darf aber die relevante Tatsachenfrage nicht offen lassen. Nur ausnahmsweise können blosse Ergänzungen geeignet sein, eine durch Unvollständigkeit verzerrte Tatsachendarstellung gegendarstellungsrechtlich zu korrigieren, wenn sich nämlich aus dem Vorenthalten gewisser Tatsachen das für den Betroffenen ungünstige Bild beim Empfänger ergibt (BÄNNINGER, 186); die Gerichtspraxis ist oft, zuletzt in BGE 130 III 4 ff., gegenüber den Gegendarstellungspetenten zu grosszügig.

Der Richter kann eine Gegendarstellung, die das Gebot der Beschränkung auf Tatsachen missachtet, abändern (Näheres s. bei Art. 28l).

III. Schema

Eine Gegendarstellung verfasst man am einfachsten nach folgendem Schema (BÄNNINGER, 202 ff.; SCHÜRMANN/NOBEL, 267; ähnlich ZR 1986, 259 ff.): Sie trägt als **Überschrift** den schlichten Titel «Gegendarstellung» (vgl. Art. 28k Abs. 2). Dann **bezeichnet** sie präzis die **beanstandete Ausgangsmeldung** nach Erscheinungsort, Datum und Seitenzahl, eventuell Verfasser, was dem Leser der Gegendarstellung bei Bedarf das Auffinden der Ausgangsmeldung ermöglicht. Anschliessend **rapportiert** sie die dort enthaltene Tatsachendarstellung und stellt ihr die eigene Version der Fakten («Trenngrundsatz») gegenüber; ob diese nun nach dem Gegensatzpaar «wahr/unwahr» oder «richtig/falsch» erfolgt, ist (entgegen BÄNNINGER, 124, 205 f.) nicht entscheidend. Schliesslich ist die Gegendarstellung **namentlich gezeichnet,** damit der Leser unzweifelhaft merkt, wer sich mit seiner Darstellung der Tatsachen zu Worte meldet; anonyme Gegendarstellungen sind eine contradictio in adiecto (wie hier BÄNNINGER, 206 f.; **a.A.** RIKLIN, 240).

Da Gegendarstellungen auch in Radio und Fernsehen verlesen werden können – das Institut ist keineswegs bloss auf die gedruckten Medien beschränkt –, ist dort in entsprechender Weise zu verfahren. So blendet die SRG sinnvoll und richtig im Fernsehen den Titel «Gegendarstellung» ein, während ihr Sprecher dieselbe verliest.

IV. Verweigerungsgründe

Eine Gegendarstellung darf ihrerseits nicht rechts- oder sittenwidrig sein; sie darf also keine Straftatbestände und keine zivilrechtlichen Delikte enthalten, sie muss nach Wortwahl und Inhalt die (unscharfen) Schranken der Sittlichkeit und die (angesichts der Gesetzesproduktion schwankenden) Grenzen der gesamten Rechtsordnung beachten (ausführlich RODONDI, 191 ff.; TERCIER, personnalité, N 1483 ff.). Unzulässig wären also Gegendarstellungen, die die Ehre eines Dritten verletzten, Anstiftung zu Straftaten oder auch nur wettbewerbswidrige Anschwärzungen enthielten. So hat sich eine Zeitung zu Recht gegen den Abdruck einer Passage gewehrt, in welcher einem namentlich genannten Professor der Jurisprudenz die Verbreitung «unsinniger und unwahrer Behauptungen» unterstellt wurde (vgl. HOTZ, 77 mit FN 22 – dass dies auch mangels Tatsachencharakters nicht Inhalt einer Gegendarstellung sein kann, bemerkt zutreffend BÄNNINGER, 201). Angesichts des Umstands, dass ein Medienunternehmen persönlichkeitsrechtlich auch für die Äusserungen Dritter haftet, welche es verbreitet, ist diese Schutzbestimmung selbstverständlich.

V. Richtigkeitsproblematik

6 Auf die **Richtigkeit oder Unrichtigkeit** der einen oder anderen Tatsachendarstellung kommt es zunächst nicht an (BGE 115 II 116); wie erwähnt, berechtigt die allein falsche Tatsachenbehauptung nicht schon deshalb zur Gegendarstellung (Art. 28g N 4); immerhin ist gegen eine richtige Tatsachendarstellung die Gegendarstellung ausgeschlossen (BGE 130 III 8). Eine Gegendarstellung setzt umgekehrt keine falsche Tatsachendarstellung voraus, sondern knüpft an die Tatsachenbehauptung als solche an, unabhängig von sachlicher Relevanz, möglicher Unvollständigkeit und objektiver Richtigkeit. «Le droit de réponse n'a pas pour objectif de faire triompher la vérité», wie RODONDI, 187, ebenso richtig wie elegant formuliert, es geht nicht um ein «allgemeines Recht auf Kenntnis der Wahrheit» (so richtig HAUSHEER/AEBI-MÜLLER, Rz 15.04).

7 Indessen erlaubt der Gesetzgeber dem Medienunternehmen, eine **offensichtlich unrichtige** Gegendarstellung abzulehnen. Das Gegendarstellungsrecht soll also nicht zur Verbreitung unrichtiger Behauptungen missbraucht werden können (BÄNNINGER, 191 ff. – mit Kritik am gesetzlichen Begriff «unrichtig» 193; RODONDI, 187; SCHÜRMANN/NOBEL, 266; TERCIER, personnalité, N 1480 ff.). Dabei obliegt der Beweis dafür, dass die Tatsachenbehauptungen in der Gegendarstellung unrichtig sind, dem Medienunternehmen (s. N 8). Ob man dem Medienunternehmen geradezu eine Pflicht auferlegen will, eine solche Gegendarstellung abzulehnen, wie es die Äusserungen der welschen Autoren nahe legen («si ce n'est un devoir», TERCIER, personnalité, N 1481; «elle ‹doit› refuser», DESCHENAUX/STEINAUER, Personnes, 182, welche sich aber wohl zu Unrecht auf A. BUCHER, Personen, N 678, berufen, der jetzt in A. BUCHER, Personen, N 717, keine solche Pflicht erwähnt; auch RODONDI, 211 mit FN 98, verwendet das Verb «devoir») ist dagegen zweifelhaft, es handelt sich schliesslich um eine Kann-Vorschrift (dazu aber kritisch RODONDI, 1. c.). Dass das Medienunternehmen für eine Gegendarstellung verantwortlich ist, gibt ihm ein Abwehrrecht, aber auferlegt ihm keine Weigerungspflicht. Die gesetzliche Konzeption will verhindern, dass über Richtigkeit/Unrichtigkeit langwierige Abklärungen erfolgen müssen.

VI. Beweisfragen

8 Die Beweislast für die offensichtliche Unrichtigkeit der Gegendarstellung liegt beim Medienunternehmen. Es muss den Beweis sofort, d.h., streng genommen, vor allem unter Ausschluss von Zeugen und damit praktisch nur mit Hilfe eindeutiger, unbezweifelbarer Dokumente, führen (BGer, 24.8.1998, Medialex 1998, 225 f.; BGE 115 II 113; ZR 1987, 114 ff.; ZR 1989, 119 ff.). Richtigerweise wurde aber auch schon in Gegendarstellungs-

fällen der Zeugenbeweis zur Klärung der Sachlage zugelassen (Amtsgericht Luzern-Land, Entscheidungen vom 15.5.1995, rechtskräftig; zustimmend BÄNNINGER, 198 f., 280 und RIKLIN, 240, 246). Blosse Zweifel, auch ernsthafte, an der Richtigkeit der Gegendarstellung genügen nach der strengen Praxis nicht, vielmehr muss das Medienunternehmen den vollen **Gegenbeweis** führen und die Beweismittel dafür in Händen halten: Im Zweifel ist also für die Richtigkeit der Gegendarstellung zu entscheiden (BÄNNINGER, 195). Diese Regelung ist in doppelter Hinsicht sinnvoll: Zum einen respektiert sie den gesetzgeberischen Grundgedanken, dass die Gegendarstellung einfach die Gegenüberstellung von Tatsachenbehauptungen ermöglichen soll, ohne dass die eine oder andere Seite den Beweis für die Richtigkeit führen muss. Zum anderen verhindert sie – wenn auch nur in liquiden Fällen –, dass der Leser in die Irre geleitet wird: An der Verbreitung unrichtiger Tatsachen unter dem Deckmantel der Gegendarstellung besteht kein schützenswertes Interesse. Durch die von der Praxis (BGE 115 II 113; ZR 1987, 114 ff., 1989, 119 ff.) entwickelte Beweisstrenge wird in konsequenter Anlehnung an Art. 8 auch dafür gesorgt, dass nicht der Gegendarstellungspetent, sondern das Medienunternehmen die Folgen der **Beweislosigkeit** zu tragen hat. Mithin ist eine Gegendarstellung, die möglicherweise oder sogar wahrscheinlich falsch ist, abzudrucken, wenn das Medienunternehmen nicht sofort den vollen Beweis für die (manifeste) Unrichtigkeit ihres Inhalts liefern kann. Die für die Medienschaffenden unbefriedigende Situation, dass sich mitunter erst später, z.B. durch weitere Recherchen oder durch Zeugen, der zum Urteilszeitpunkt fehlende Beweis liefern lässt, muss im Lichte der beschränkten Bedeutung einer Gegendarstellung und des gesetzgeberischen Ziels auf rasche Erledigung eines Gegendarstellungsbegehrens hingenommen werden. Massgebend ist die Beweislage z.Zt. des Entscheids; es ist dem Medienunternehmen unbenommen, später darzutun, dass es seinerzeit sozusagen «zu Unrecht» eine Gegendarstellung abdrucken musste, weil sie sich unterdessen als inhaltlich unrichtig erwiesen hat.

VII. Rechtsmissbrauch

Im Übrigen gibt es noch weitere, vorn Gesetzgeber nicht ausdrücklich genannte **Verweigerungsgründe,** die das Medienunternehmen berechtigen, eine Gegendarstellung abzulehnen (vgl. Art. 28l N 7); sie lassen sich unter den Stichworten **Rechtsmissbrauch** und **Fehlen eines schützenswerten Interesses** zusammenfassen.   9

Art. 28i

c. Verfahren	[1] Der Betroffene muss den Text der Gegendarstellung innert 20 Tagen, nachdem er von der beanstandeten Tatsachendarstellung Kenntnis erhalten hat, spätestens jedoch drei Monate nach der Verbreitung, an das Medienunternehmen absenden.
	[2] Das Medienunternehmen teilt dem Betroffenen unverzüglich mit, wann es die Gegendarstellung veröffentlicht oder weshalb es sie zurückweist.
c. Procédure	[1] L'auteur de la réponse doit en adresser le texte à l'entreprise dans les vingt jours à compter de la connaissance de la présentation contestée mais au plus tard dans les trois mois qui suivent sa diffusion.
	[2] L'entreprise fait savoir sans délai à l'auteur quand elle diffusera la réponse ou pourquoi elle la refuse.

c. Procedura

¹ L'interessato deve far recapitare il testo della risposta all'impresa responsabile del mezzo di comunicazione entro venti giorni dal momento in cui ha preso conoscenza dell'esposizione dei fatti contestata, ma in ogni caso entro tre mesi dalla divulgazione.

² L'impresa comunica senza indugio all'interessato quando diffonderà la risposta o perché la rifiuta.

Literatur

Vgl. die Literaturhinweise zu Art. 28g.

1   Die Bestimmung enthält zunächst die **Grundidee** des Gegendarstellungsrechts als eines Rechtsbehelfs, der erstens rasch und zweitens ohne Einschaltung des Richters durchgesetzt werden kann: Der **Gegendarstellungspetent** gelangt innerhalb von 20 Tagen an das **Medienunternehmen** und verlangt den Abdruck der von ihm formulierten Gegendarstellung. Das Medienunternehmen nimmt zu diesem Begehren umgehend Stellung. Erst wenn sich die Parteien nicht einigen können, ist der Weg zum Richter offen.

2   Das Begehren unterliegt zwei **Bedingungen** in formeller und einer weiteren in zeitlicher Hinsicht: Schriftlichkeit und Rechtzeitigkeit.

I. Schriftlichkeit

3   Schon aus Beweisgründen in Hinblick auf die Fristeinhaltung oder das mögliche Gerichtsverfahren muss die Gegendarstellung **schriftlich** und am besten eingeschrieben eingereicht werden: Ein zum Abdruck bestimmter Text kann nicht anders als schriftlich abgesandt werden. Der Gesetzgeber hat mit dem Wort «absenden» zugleich die gegenüber Behörden oft offen stehende Möglichkeit, ein Begehren «zu Protokoll» zu erklären, ausgeschlossen: Es geht also nicht an, dass der Gegendarstellungspetent beim Medienunternehmen vorspricht und von diesem mündlich verlangt, es sei ein bestimmter Text als Gegendarstellung abzudrucken (so auch A. BUCHER, Personen, N 718). Noch weniger kann man erwarten, dass dieses bei der Formulierung mithilft (gl.M. TERCIER, personnalité, N 1526). Ein Text ist stets nur das, was in sinnvollen Worten nach den Regeln der Grammatik auf Papier steht; mithin ist die Überlegung von HOTZ, 73, gefolgt von BÄNNINGER, 211 ff. und RIKLIN, 242 f., wonach Zeichnungen, Fotografien, Film oder Tonaufnahmen als Präsentationsform einer Gegendarstellung zulässig seien, abzulehnen: In allen drei Amtssprachen ist vom «Text» der Gegendarstellung die Rede, ein Text ist kein Bild. Mit BGE 130 III 10 ff. wurde dennoch endgültig das **Bild** als Inhalt einer Gegendarstellung anerkannt; an den dort umschriebenen einschränkenden Voraussetzungen einer bildlichen Gegendarstellung muss angesichts der – an sich gesetzwidrigen – Erweiterung von Text auf Bild festgehalten werden.

Desgleichen wird man – von der Beweisproblematik abgesehen – die elektronische Übertragung per Modem oder Satellit in eine hierfür zur Verfügung stehende Mailbox o.Ä. des Medienunternehmens (nicht aber jedes beliebigen Mitarbeiters!) wohl gelten lassen müssen: Einen Text «absenden» heisst in geltungszeitlicher Auslegung nicht nur: ihn auf Papier zu bringen und per Post (oder eine andere Kurierorganisation), allenfalls auch persönlich dem Medienunternehmen physisch überbringen zu lassen, sondern man wird auch hier die alltäglich gewordenen technischen Möglichkeiten zulassen müssen.

Der Text ist in der **Sprache** der Ausgangsmeldung zu verfassen, weil nur so auch der gleiche Personenkreis erreicht wird (BÄNNINGER, 214; **a.A.** RIKLIN, 240). Der Gegendarstellungstext muss also schriftlich wie sprachlich fixiert sein.

Das Gegendarstellungsbegehren – also dasjenige, den Text der Gegendarstellung abzudrucken – muss zwar nicht ausdrücklich als solches bezeichnet, wohl aber als solches erkennbar sein (A. BUCHER, Personen, N 718). Es muss überdies eindeutig als vom Absender stammend erkennbar sein. Dass es förmlich **unterzeichnet** sein müsse, ist mit TERCIER, personnalité, N 1493, für den eigentlichen Gegendarstellungstext abzulehnen, hingegen muss, um jede Unsicherheit auszuschliessen, zumindest das Begleitschreiben bzw. Begehren die Unterschrift tragen. Angesichts der Fortschritte in der Datenverarbeitung kann heute praktisch jedermann irgendwelche Briefe herstellen, die von jemand anderem stammen könnten; die eigenhändige Unterschrift ist notwendiges, aber auch genügendes Mittel, die Authentizität eines Gegendarstellungsbegehrens zu belegen.

II. Fristen

Das Begehren ist **innerhalb einer bestimmten Frist** zu formulieren bzw. abzusenden. 4
Die zeitliche Beschränkung ist eine doppelte: Eine **relative Frist** von 20 Tagen seit Kenntnisnahme und eine **absolute Frist** von drei Monaten seit Verbreitung der beanstandeten Tatsachendarstellung. Man wird sich dabei in Anlehnung an die Fristberechnungen des Prozesswesens daran halten, dass der Tag der Veröffentlichung bzw. Kenntnisnahme für die relative Frist nicht zählt, hingegen für die absolute Frist nach Art. 77 Abs. 1 Ziff. 3 OR massgebend ist (gl.M. SCHÜRMANN/NOBEL, 268). Fällt der letzte Tag der Frist auf einen Samstag, Sonntag oder bundesrechtlich anerkannten Feiertag, so endet die Frist am folgenden Werktag (gl.M. SCHÜRMANN/NOBEL, 268). Mit BÄNNINGER, 221, aber entgegen TERCIER, personnalité, N 1498, 1500 und 1512 f. und A. BUCHER, Personen, N 721, ist das Gegendarstellungsbegehren nicht eine empfangsbedürftige Willenserklärung, die vor Ablauf der Frist beim Empfänger eingegangen sein muss. Indessen kommt es nicht darauf an, dass jemand beim Medienunternehmen die Gegendarstellung tatsächlich zur Kenntnis nimmt und sie bearbeitet (TERCIER, personnalité, N 1498).

Als Tag der **Verbreitung** ist derjenige zu betrachten, an welchem eine Sendung erstmals ausgestrahlt wurde oder eine Tageszeitung in den Kioskverkauf gelangte; namentlich bei Wochenzeitungen und -zeitschrifen ist die **öffentliche Verbreitung** mitunter gestaffelt, d.h., die Auslieferung an die Abonnenten erfolgt nicht immer gleichzeitig wie das Aufliegen am Kiosk. Im Zweifelsfall darf auf das Datum, welches auf der massgebenden Ausgabe aufgedruckt ist, abgestellt werden. Wenn ein Text zu verschiedenen Zeiten in mehreren Sprachen publiziert wird, soll es für die Verbreitung und damit auch die Kenntnisnahme auf den massgeblichen Abonnenten- bzw. Leserkreis ankommen (also: Deutschschweiz, Romandie, Tessin); dies ist eine zwar pragmatische, aber nicht unbedingt gesetzeskonforme Lösung (unpubl. Entscheid Gerichtskreis II Biel-Nidau vom 5.9.2000 – rechtskräftig).

Kenntnisnahme beim Betroffenen liegt dann vor, wenn er von der Tatsachendarstellung tatsächlich und persönlich Kenntnis genommen hat; es genügt also nicht, dass er davon gehört hat oder sie hätte zur Kenntnis nehmen müssen. Keine Beweisprobleme stellen sich dann, wenn innerhalb von 20 Tagen nach Erscheinen einer Meldung eine Gegendarstellung verlangt wird. Damit ist jede relative Frist gewahrt, da niemand vor Erscheinen einer Meldung in gegendarstellungsrechtlich relevanter Weise von ihr Kenntnis haben kann.

Ungeklärt ist bis dato, wer den Beweis führen muss, wenn ein Begehren später als 20 Tage nach Erscheinen eingeht, denn es sind zwei Möglichkeiten denkbar: Entweder verlangt man vom Gesuchsteller die relative Fristwahrung, mithin den Beweis darüber, wann er Kenntnis von der beanstandeten Tatsache genommen hat. Oder man verlangt vom Medienunternehmen den Gegenbeweis dafür, dass die Gegendarstellung verspätet ist, jedenfalls solange sie noch innerhalb der dreimonatigen absoluten Frist verlangt wird. Unklar ist ebenfalls, ob es darauf ankommt, ob der Betroffene im Verbreitungsgebiet des Mediums lebt oder nicht. Im Sinne einer Wahrscheinlichkeits- bzw. Plausibilitätsüberlegung wird man von einem Abonnenten einer Zeitung – egal, ob sie in der Sprache seiner Region erscheint oder gerade nicht – und demjenigen, der in deren hauptsächlichen Verbreitungsgebiet wohnt, den Nachweis verlangen dürfen, dass er tatsächlich später als 20 Tage nach Erscheinen Kenntnis von der fraglichen Meldung erlangte; umgekehrt obliegt dem Medienunternehmen der Gegenbeweis (also der Beweis für die effektive Kenntnisnahme zu einem früheren Zeitpunkt), wenn der Gegendarstellungspetent ausserhalb des eigentlichen Verbreitungsgebiets (z.B. im Ausland) wohnt oder kein Abonnent ist (wie hier BÄNNINGER, 221 f.).

5 Beide Fristen drücken zudem das Bestreben des Gesetzgebers aus, dass innerhalb **kurzer Zeiträume** gehandelt werden muss; es ist in der Tat wenig sinnvoll, nach Jahr und Tag auf eine Tatsachendarstellung zurückkommen zu wollen; das Ziel einer Korrektur der Vorstellungen des Publikums wird nur erreicht, wenn die Chance besteht, dass sich das Publikum der Sache noch erinnert. Unter diesem Gesichtspunkt erscheint die Dreimonatsfrist sogar eher lange.

6 Beide Fristen sind **Verwirkungsfristen,** können also weder unterbrochen noch verlängert werden (gl.M. A. BUCHER, Personen, N 721; SCHÜRMANN/NOBEL, 269; TERCIER, personnalité, N 1501; HAUSHEER/AEBI-MÜLLER, Rz 15.45). Insbesondere wirkt die Zusendung eines Gegendarstellungsbegehrens nicht fristwahrend, wenn es sich im Nachhinein als überwiegend nicht gesetzeskonfonn erweist. Die von BÄNNINGER und BRÜCKNER, je 222, vertretene gegenteilige Ansicht wird von beiden weder begründet noch kann sie richtig sein: Der Gesetzgeber verlangt, dass *der* Text *der* Gegendarstellung und nicht *ein Begehren um Gegendarstellung* innerhalb der Frist abgesandt wird. Innerhalb der Frist muss ein (gesetzeskonformer) Text an das Medienunternehmen abgesandt werden. Dem Medienunternehmen steht es selbstverständlich frei, trotz des Fristablaufs eine verspätete und/oder überarbeitete Gegendarstellung entgegenzunehmen; verpflichtet dazu ist es keinesfalls.

III. Adressat

7 Adressat des Gegendarstellungsbegehrens ist das **Medienunternehmen,** also weder die Redaktion, noch der Chefredaktor, noch der Drucker oder der Verfasser der beanstandeten Meldung, sondern allein der Verleger bzw. Herausgeber, der auch die Macht hat, über das Erscheinen der Gegendarstellung zu entscheiden (A. BUCHER, Personen, N 718). Die nötigen Angaben findet der Gegendarstellungspetent im **Impressum,** das jedenfalls die Angabe des Verlegers enthalten muss (Art. 322 StGB). Mit dem Begriff des Medienunternehmens hat der Gesetzgeber diejenige (juristische) Person gemeint, die hinter dem Massenmedium, hinter dem eigentlichen Produkt (Zeitung, Zeitschrift, Radiosender, Fernsehanstalt o.Ä.) steht, den für eine Veröffentlichung verantwortlichen Medienträger (BGE 119 II 108). Eine direkte und ausschliessliche Zusendung an die Redaktion erscheint unter diesem Gesichtspunkt als eine Zustellung an den Falschen (**a.M.** BÄNNINGER, 214 f.; TERCIER, personnalité, N 1499).

IV. Stellungnahme des Medienunternehmens

8 Das Medienunternehmen hat **unverzüglich** zum Begehren Stellung zu nehmen. Soweit ersichtlich, hat die Praxis dieses zeitliche Kriterium bisher noch nicht näher konkretisie-

ren müssen. Eine Klage drei Tage nach Absenden des Begehrens wurde jedenfalls als «zweifellos zu früh» taxiert (Bezirksgericht Zürich, zit. bei BÄNNINGER, 226). Geht man vom Wortlaut und dem ganzen Zweck des Rechtsinstituts aus, ist mit «unverzüglich» jedenfalls ein Zeitraum von wenigen Tagen gemeint. Es ist sicherlich nicht angängig, eine Reaktionszeit von bloss 24 Stunden zu erwarten oder vom Freitag auf den Montag; vielfach werden nämlich Gegendarstellungsbegehren seitens des Medienunternehmens an den verantwortlichen Autor oder zumindest den für die Publikation zuständigen (Chef-)Redaktor oder gar an einen aussenstehenden Anwalt zur Stellungnahme weitergeleitet. Der interne Entscheidungsprozess, der notwendigerweise der Mitteilung vorausgeht, nimmt in einer arbeitsteiligen Organisation Zeit in Anspruch. Schliesslich lässt auch der Gesetzgeber dem Gegendarstellungspetenten volle 20 Tage Zeit, sich für die Formulierung und Absendung einer Gegendarstellung zu entscheiden. «Unverzüglich» heisst nicht «sofort», «auf der Stelle», «innerhalb weniger Stunden». Als Faustregel wird man gelten lassen, dass eine substantiierte Reaktion auf das Gegendarstellungsbegehren per Fax, Telefon oder Telegramm, die innerhalb von drei Arbeitstagen nach Eingang beim Medienunternehmen an den Absender erfolgt, noch «unverzüglich» i.S. des Gesetzes ist. Bei sehr kleinen Organisationen (Kleinverlage, Lokalblätter) oder bei Medien, deren Periodizität sich nach Monaten bemisst, wird man durchaus auch grössere Zeiträume und die (beruflich oder sonst bedingte) Abwesenheit der Verantwortlichen gelten lassen (gl.M. BÄNNINGER, 225 f.).

Da das Gesetz an die Missachtung des Beschleunigungsgebots keine Sanktion knüpft, liegt lediglich eine **Ordnungsvorschrift** vor. **9**

Langes Schweigen, insb. auf eine Fristansetzung, darf hingegen nach den Regeln des Vertrauensprinzips durch den Gegendarstellungspetenten als eine Äusserung des Medienunternehmens interpretiert werden.

Das Medienunternehmen hat drei Möglichkeiten, auf eine Gegendarstellung zu reagieren: Vollumfängliche **Ablehnung** (und als solche dürfte anhaltendes Schweigen zu verstehen sein), vorbehaltlose **Annahme** oder Erklärung von **Vorbehalten.** **10**

Die vorbehaltlose Annahme kann insofern stillschweigend erfolgen, als dass das Medienunternehmen umgehend die Gegendarstellung verbreitet, ohne darüber zuvor noch mit dem Gegendarstellungspetenten zu korrespondieren. Anständigerweise ist dem Betroffenen aber Mitteilung zu machen und vielleicht sogar ein Belegexemplar zuzusenden, damit er weiss, dass seinem Begehren entsprochen wurde und weitere Schritte, zu welchen er sich aufgrund des vermeintlichen Schweigens des Medienunternehmens veranlasst sehen könnte, unterbleiben können.

Als Ablehnung – mit weit reichenden Folgen, vgl. sogleich N 11 – gilt schon, wenn das Medienunternehmen die Gegendarstellung nur als Leserbrief veröffentlichen will (BGE 122 III 209 ff., 211 – wohl zu weit gehend).

Die Ablehnung wie die allfälligen Vorbehalte sind zu begründen und dem Einsender (wiederum v.a. aus Beweisgründen in Hinblick auf den Prozess) schriftlich zu erklären. Sie können, mehr oder minder ausführlich, dargelegt werden und sich im Wesentlichen auf folgende Gründe stützen (vgl. auch TERCIER, personalité, N 1536 ff.): Fristablauf, fehlende Aktiv- oder Passivlegitimation, keine Tatsachendarstellung, übermässige Länge, Rechts- oder Sittenwidrigkeit. Da der Gesetzgeber eine Begründung verlangt (so auch A. BUCHER, Personen, N 722), dürfen bloss formelhafte Wendungen («entspricht nicht den gesetzlichen Bestimmungen», «wird in der vorliegenden Form abgelehnt») ohne weitere Grundangabe nicht genügen. Hingegen ist es nicht nötig, sich lang und breit über die angeführten Ablehnungsgründe zu äussern, wenn diese klar und eindeutig genannt und zumindest stichwortartig begründet und damit nachvollziehbar bzw. überprüfbar sind. Ebenso wenig ist zu sehen, dass das Unternehmen nicht später noch neue Gründe nachschieben dürfte (so aber A. BUCHER, Personen, N 724).

11 Unzulässig ist es insb., ohne Zustimmung des Gegendarstellungspetenten einen materiell **abgeänderten Text** zu veröffentlichen (gl.M. RIKLIN, 242). Vielmehr hat das Medienunternehmen dem Absender klarzumachen, gegen welche Passagen es Einwände hat und ihm die Wahl zu lassen, diese zu akzeptieren oder an seiner Textfassung festzuhalten. Insoweit steht den Parteien nichts im Wege, den Text «auszuhandeln». Eine Verpflichtung zur Mitwirkung des Medienunternehmens bei der Herstellung eines gesetzeskonformen Textes besteht allerdings nicht bzw. nur in den höchst unbestimmten Schranken von Treu und Glauben bzw. des Rechtsmissbrauchsverbots (ähnlich RIKLIN, 241). Indessen sind folgende Gesichtspunkte zu beachten:

Ein **gesetzeskonformer Gegendarstellungstext** muss innerhalb der Frist von 20 Tagen bzw. drei Monaten dem Medienunternehmen vorliegen. Diese Frist wird durch laufende Verhandlungen nicht unterbrochen (A. BUCHER, Personen, N 724 – a.A. BÄNNINGER, 222). Das Medienunternehmen darf zudem das Risiko eingehen, eine in seinem Sinne redigierte Gegendarstellung abzudrucken; in dem Masse, als diese sich in einem nachfolgenden Rechtsstreit als **den gesetzlichen Bestimmungen entsprechend** erweist, unterliegt der Gegendarstellungspetent mit weiter gehenden Begehren (vgl. BGE 123 III 145 ff., 149). Keineswegs zutreffend ist die von HOTZ, 89, zitierte Ansicht REHBINDERS, erfolgreiche Gegendarstellungsbegehren würden i.d.R. nur von Rechtsanwälten erhoben; die Praxis zeigt vielmehr, dass auch solche im Gegendarstellungsbereich mitunter höchst unglücklich agieren und manchmal selbst Laien einwandfreie Begehren formulieren. Schliesslich muss der Gesuchsteller **den Text, welchen er dann einklagt,** jedenfalls zuvor dem Medienunternehmen vorgelegt haben (so richtig ZR 1986, 264 f.). Daher ist es an sich unzulässig, einen anderen Text einzuklagen als den letzten, den man (innerhalb der Frist) dem Medienunternehmen zum Abdruck vorgelegt hat (so klar unpubl. Entscheid Gerichtskreis VIII Bern-Laupen vom 1.9.2000 – rechtskräftig). Das BGer hat diesen Grundsatz allerdings zugunsten des Gegendarstellungspetenten abgeschwächt: Nach Bestreitung des Gegendarstellungsanspruchs an sich – und nicht bloss des konkret verlangten Textes – dürfe auch ein veränderter Text direkt eingeklagt werden, ohne dass man ihn noch einmal vorher dem Medienunternehmen vorlegen muss; immerhin darf dieser neue Text inhaltlich nicht über das ursprüngliche Begehren hinausgehen (BGE 122 III 209 ff.).

Art. 28k

d. Veröffent- lichung	**¹ Die Gegendarstellung ist sobald als möglich zu veröffentlichen, und zwar so, dass sie den gleichen Personenkreis wie die beanstandete Tatsachendarstellung erreicht.**
	² Die Gegendarstellung ist als solche zu kennzeichnen; das Medienunternehmen darf dazu nur die Erklärung beifügen, ob es an seiner Tatsachendarstellung festhält oder auf welche Quellen es sich stützt.
	³ Die Veröffentlichung der Gegendarstellung erfolgt kostenlos.
d. Modalités de la diffusion	¹ La réponse doit être diffusée de manière à atteindre le plus tôt possible le public qui a eu connaissance de la présentation contestée.

² La réponse doit être désignée comme telle; l'entreprise ne peut y ajouter immédiatement qu'une déclaration par laquelle elle indique si elle maintient sa présentation des faits ou donne ses sources.

³ La diffusion de la réponse est gratuite.

d. Diffusione

¹ La risposta dev'essere diffusa al più presto e in modo da raggiungere la stessa cerchia di persone cui era diretta l'esposizione di fatti contestata.

² La risposta deve essere designata come tale; l'impresa responsabile del mezzo di comunicazione può aggiungervi soltanto una dichiarazione in cui indica se mantiene la propria versione dei fatti o su quali fonti d'informazione si è fondata.

³ La diffusione della risposta è gratuita.

Literatur

Vgl. die Literaturhinweise zu Art. 28g.

Mit dieser Bestimmung versucht der Gesetzgeber, vier Ziele zu erreichen: Erstens, dass die Gegendarstellung **rasch** verbreitet wird. Zweitens soll sie auch aufgrund ihrer **Platzierung und Gestaltung** möglichst diejenigen erreichen, die auch die beanstandete Ausgangsmeldung zur Kenntnis genommen haben. Drittens soll dem Leser klar werden, dass hier eine andere Version, nämlich die **Sicht des Betroffenen,** zur Verbreitung gelangt. Schliesslich soll viertens mit der **Kostenlosigkeit** sichergestellt werden, dass sich das Gegendarstellungsbegehren nicht zu einem finanziellen Abenteuer für den Betroffenen entwickelt bzw. vom Medienunternehmen zur Erzielung von Einkünften missbraucht wird.

1

I. Zeitpunkt der Veröffentlichung

Abs. 1 zeigt erneut, dass dem Gesetzgeber die **Raschheit** des ganzen Gegendarstellungsprozederes am Herzen lag. Die Gegendarstellung soll «sobald als möglich» erscheinen, also nicht irgendwann einmal, nach Wochen, vielleicht Monaten oder gar Jahren. Nur der relativ enge zeitliche Zusammenhang zwischen Gegendarstellung und Ausgangsmeldung ist geeignet, beim Leser irgendwelche Wirkung zu erzielen. Die gewählte Formulierung sieht richtigerweise von starren Fristen ab und lässt für die Berücksichtigung auch organisatorischer oder anderer praktischer Gesichtspunkte durchaus etwas Raum (gl.M. BÄNNINGER, 233 ff.; sinngemäss auch A. BUCHER, Personen, N 728).

2

Dies bedeutet, dass in der nächsterreichbaren, jedenfalls der übernächsten Nummer der Zeitung oder Zeitschrift, die zum Druck noch nicht abgeschlossen ist, bzw. in der nächsten entsprechenden Sendung, die bei Radio oder Fernsehen noch nicht ausgestrahlt wurde, die Gegendarstellung abzudrucken bzw. zu verlesen ist (A. BUCHER, Personen, N 728). Darin besteht ihre **Veröffentlichung.** Dabei ist insb. bei Wochen- und Monatsblättern zu beachten, dass diese teilweise in gesonderten Arbeitsgängen produziert werden und deshalb bestimmte Seiten bzw. Teile schon lange vor dem Erscheinen der ganzen Nummer zum Druck abgeschlossen sein können (BÄNNINGER, 233 ff.; SCHÜRMANN/NOBEL, 271). Man darf überdies die Augen nicht vor der Tatsache verschliessen, dass es keine praktische Handhabe dagegen gibt, wenn das Presseunternehmen (bei Tageszeitungen) innerhalb eines Rahmens von drei, vier oder gar fünf Tagen einen ihm passenden Tag auswählt oder bei einer Wochen- oder Monatzeitung die Gegendarstellung erst in der übernächsten statt der nächsten Ausgabe bringt (ähnlich auch A. BUCHER,

3

Personen, N 728 und TERCIER, personnalité, N 1575). Wer heute den Befehlsrichter zur Vollstreckung eines vorher unstreitigen Gegendarstellungsanspruchs anruft, muss ohnehin zuerst einmal ein paar Tage warten, bis überhaupt zu einer Verhandlung vorgeladen wird, und die findet dann wiederum bestenfalls innerhalb von zwei, drei Wochen statt; dem Kläger läuft sozusagen die Zeit davon.

II. Platzierung und Gestaltung

4   Abs. 1 unterstreicht zudem eine weitere Absicht: Durch die konkrete Art der Veröffentlichung soll möglichst **jener Personenkreis erreicht werden,** der auch die beanstandete Ausgangsmeldung zur Kenntnis genommen hat. Die Bestimmung richtet sich an das Medienunternehmen wie den Richter (BGer, in: NZZ vom 2.4.1994, 20; BGE 123 III 145 ff., 148). Dieses Ziel wird insb. in der Praxis durch zwei Umstände erreicht:

5   Zum einen durch die **Platzierung** des Textes innerhalb einer ganzen Ausgabe (zum Ganzen ausführlich BÄNNINGER, 236 ff.). Namentlich bei so genannten «Ressortzeitungen» ist empirisch gesichert, dass nicht alle Leser alle Teile in gleicher Weise lesen. Mithin muss eine Gegendarstellung in jenem Abschnitt (Bund, Rubrik, Teil) erscheinen, in dem die Ausgangsmeldung zu lesen war (A. BUCHER, Personen, N 726): Es kann also nicht im Wirtschaftsteil etwas aus dem Feuilleton oder im Inlandteil eine Meldung aus dem Sportteil zur Gegendarstellung gelangen. Verstösst das Medienunternehmen gegen diese Regeln, kann es zum erneuten Abdruck am richtigen Ort verpflichtet werden (vgl. als extremes Beispiel und i.E. richtig BGE 115 II4). Wird die Gegendarstellung allerdings bloss durch geschickte Gestaltung der Seite «versteckt», nützt also das Medienunternehmen die bestens bekannten Gewohnheiten des Durchschnittslesers gestalterisch dahingehend aus, dass diesem beim Überfliegen der Seite die Gegendarstellung nicht auffällt, so liegt keine Rechtsverletzung vor.

6   Es ist also gerade nicht so, dass die drucktechnische **Gestaltung** bzw. verbale Verbreitung ein ungefähres Gleichgewicht zur Ausgangsmeldung wahren müsse: Die Grenze wird anhand der üblichen Gestaltung einer Zeitungsseite oder Sendung zu ziehen sein. An Radio und Fernsehen darf die Gegendarstellung nicht durch Hintergrundgeräusche, ablenkende Bild- und Tonsequenzen oder abfälliges Mienenspiel und seltsame Sprechweise entwertet werden (sinngemäss gleich A. BUCHER, Personen, N 733). In den gedruckten Medien darf nicht eine sonst unübliche, kleine Schriftgrösse zur Anwendung kommen.

7   Der Richter darf nur anordnen, dass in einem bestimmten Teil der Zeitung innerhalb eines zeitlich engen Rahmens ein nach seinem Wortlaut festgelegter Text abzudrucken sei, mehr nicht (gl.M. wohl A. BUCHER, Personen, N 725 f. und TERCIER, personnalité, N 1576; **a.M.** BGE 115 II 5; 123 III 145). Die stereotype Begründung, nur bei typografischer und platzierungsmässiger Äquivalenz der Gegendarstellung werde der gleiche Personenkreis wie bei der Ausgangsmeldung erreicht, ist weder juristisch stichhaltig noch empirisch belegt. Entgegen einer verbreitenden Gerichtspraxis ist dem Gesetz nicht zu entnehmen, dass die Gegendarstellung am praktisch gleichen Ort und in ungefähr gleicher Darstellungsweise wie die Ausgangsmeldung zu erscheinen hätte (so auch A. BUCHER, Personen, N 726). Insofern gehen **drucktechnische Anweisungen des Richters,** wie Festlegung der Titel- und Schriftgrösse, der exakten Seitenzahl oder Anordnungen bezüglich der genauen Platzierung des Textes auf der entsprechenden Seite über das hinaus, was der Gesetzgeber dem Richter zu entscheiden überliess (vgl. aber BGE 123 III 145 ff. und die weiteren Hinweise bei BÄNNINGER, 236 ff.). Insbesondere kommt es nicht darauf an, ob die Ausgangsmeldung auf Seite 1 als Titelgeschichte stand oder an anderer

Stelle prominent aufgemacht war. So wenig wie der Umfang einer Meldung denjenigen der Gegendarstellung bestimmen kann, darf die äussere Gestaltung derselben diejenige der Gegendarstellung bestimmen (zu Recht verneint das BGer, welches sonst die kantonale Praxis häufig deckt, dass ein rotes, auffälliges «si» am Ende der Gegendarstellung dem Schluss – «no» des Ausgangsartikel entsprechen müsse, BGE 123 III 145 ff., 150 f.). Die neuere Praxis scheint zu übersehen, dass der Gesetzgeber bewusst auf die Regelung von Details verzichtet hat, die dann nicht in exzessiver Gesetzesauslegung durch Richterspruch angeordnet werden dürfen. Die richtige Bemerkung des Bundesgerichts, es setze «gleichen Personenkreis» nicht mit «gleicher Gestaltung» gleich (BGer, 27.4.1998, Medialex 1998, 156 ff.), wird jedenfalls nur unzureichend von seiner eigenen Praxis gestützt; die kantonale Praxis hat contra legem weitgehend das Prinzip der «typografischen Talion» eingeführt (so auch bezüglich der Gestaltung und Farbgebung der Überschrift «Gegendarstellung» sowie der Platzierung des Gegendarstellungstextes).

Es gehört zu den gesicherten Erfahrungen der Printmedien, dass **Leserbriefe** zu den   **8**
meistgelesenen Rubriken gehören (RODONDI, 244). Wer also eine möglichst breite Kenntnisnahme seiner Gegendarstellung will, sollte sich nicht gegen die Praxis zahlreicher Zeitungen und Zeitschriften wehren, die Gegendarstellungen bei den Leserbriefen abzudrucken. Der gesetzlichen Konzeption entspricht dies wohl eher nicht (für die Zulässigkeit SCHÜRMANN/NOBEL, 272; ähnlich BÄNNINGER, 246 ff.; bedingt TERCIER, personnalité, N 1299, 1302 f. und 1577; Zustimmung des Gegendarstellungspetenten verlangt RODONDI, 248).

Die Gegendarstellung darf nur unter einem Titel erscheinen, nämlich: **Gegendarstellung**   **9**
(gl.M. BÄNNINGER, 251 f.; TERCIER, personnalité, N 1585; **a.M.** offenbar A. BUCHER, Personen, N 730). Alle anderen Überschriften, wie Richtigstellung, Entgegnung, Entschuldigung, Rücknahme, Klarstellung oder ähnliche, setzen die Zustimmung des Medienunternehmens voraus. Zudem muss die Gegendarstellung am Schluss vom Gegendarstellungspetenten **namentlich gezeichnet** sein (A. BUCHER, Personen, N 731). Es gibt weder anonyme Gegendarstellungen noch solche eines Vertreters. Die konsequente Handhabung dieser Regeln schafft beim Leser bzw. Zuhörer die vom Gesetzgeber gewünschte Klarheit darüber, dass der Text ausschliesslich die Sicht eines bestimmten Betroffenen wiedergibt und keine andere.

III. Der sog. «Redaktionsschwanz»

Das Gegendarstellungsrecht mutet dem Medienunternehmen zu, einen nicht von ihm   **10**
bestimmten Text zu veröffentlichen. Versagen die Abwehrgründe von Art. 28h Abs. 2 (offensichtliche Unrichtigkeit bzw. Rechts- und Sittenwidrigkeit), bleibt dem Medienunternehmen nur noch eine beschränkte Möglichkeit zur Distanzierung. Diese führt die wenig elegante Bezeichnung **«Redaktionsschwanz»** (BÄNNINGER, 252 ff.; RIKLIN, 243 f.). Ob das Medienunternehmen einen solchen der Gegendarstellung auch tatsächlich anhängen will – mit dem Wort «beifügen» hat der Gesetzgeber **ausgeschlossen,** dass eine solche Anmerkung **vor** oder **in** der Gegendarstellung erscheint –, ist seiner freien Entscheidung anheim gestellt.

Indessen darf dieser Anhang von Gesetzes wegen nur zwei Inhalte haben (A. BUCHER,   **11**
Personen, N 733): Erstens kann das Medienunternehmen mitteilen, ob es an seiner **eigenen Tatsachenversion festhält.** Diese darf es weder wiederholen noch begründen, noch darf die Gegendarstellung irgendeine Kommentierung erfahren. Natürlich darf das Medienunternehmen auch mitteilen, dass es im Lichte der weiteren Erkenntnisse an der

ursprünglichen Darstellung nicht länger festhält. Gerade ein solches Eingeständnis zuhanden des Publikums kann die grösste Genugtuung für den Gegendarstellungspetenten bilden.

Zweitens darf das Medienunternehmen darlegen, auf welche **Quellen** es sich stützt. Hingegen darf der Inhalt dieser Quellen weder zitiert (SemJud 1993, 275) noch deren Qualität weiter abgehandelt werden; es muss allein dem Leser überlassen bleiben, seine Schlüsse auf die Verlässlichkeit der Gewährsleute oder des Informationsmaterials im Vergleich zur Gegendarstellung zu ziehen. Diese darf ihrerseits ja nicht angeben, warum sie auf welche Quellen abstellt.

12   Die Praxis hat überdies **Erweiterungen** eines solchen «Redaktionsschwanzes» zugelassen: Zunächst wurde in einem der ersten, grundlegenden Entscheidungen zum Gegendarstellungsrecht überhaupt zugelassen, dass dem Leser kurz die **Funktion des Gegendarstellungsrechts dargelegt** wurde. So ist nach dem «Weltwoche»-Entscheid – von BRÜCKNER, 222, zu Unrecht als «Fehlurteil» missbilligt – folgende Formulierung zulässig: «Laut Art. 28 ZGB hat jedermann, der sich durch eine Veröffentlichung in der direkt in seiner Persönlichkeit betroffen fühlt, Anspruch auf Gegendarstellung. Der Anspruch ist auf die Darstellung von Tatsachen beschränkt und gibt dem Betroffenen Gelegenheit zu einer sachbezogenen Wiedergabe seines eigenen Standpunktes. Die Frage, welche Version die richtige ist, bleibt offen» (BGE 112 II 194 in Bestätigung der Entscheidungen beider luzernischer Vorinstanzen, vgl. LGVE 1985, 1 ff.).

Sodann wurde das streng genommen alternative «oder» als «und» verstanden; mithin darf das Medienunternehmen sowohl seine Stellungnahme zur Tatsachendarstellung mitteilen wie seine Quellen angeben (SemJud 1993, 272 ff., 275).

13   Indessen wurden dem Medienunternehmen auch weitere **Beschränkungen** auferlegt: So darf der «Redaktionsschwanz» nicht durch Fettdruck oder in anderer Weise, z.B. bildliche Darstellungen hervorgehoben werden (BGE 115 II 5, SemJud 1993, 275 f.). Zudem darf das Medienunternehmen weder durch Kommentare zur Gegendarstellung noch andere Meldungen, die deren Wert herabsetzen, deren beabsichtigte Wirkung auf den Leser beeinträchtigen (vorzitierte Entscheide; RODONDI, 266 ff.; offener A. BUCHER, Personen, N 734). Diese «Sperrwirkung» besteht aber nur hinsichtlich der Ausgabe, die die Gegendarstellung enthält, und es steht dem Medienunternehmen frei, im Nachhinein jederzeit auf die Angelegenheit zurückzukommen (SemJud 1993, 275; SemJud 1986, 217 ff.; A. BUCHER, Personen, N 733; RODONDI, 270; TERCIER, personnalité, N 1593 und 1596).

14   Der Richter darf dem Medienunternehmen einen «Redaktionsschwanz» nicht untersagen. Aus dem Umstand, dass das Medienunternehmen auf einen solchen verzichtet, darf nichts zu seinen Lasten (i.S. eines «Eingeständnisses» seines Irrtums) abgeleitet werden; genauso wenig darf seine Entscheidung für den Abdruck eines solchen Nachspanns als Ausdruck von Renitenz oder gar als Beleg für irgendeine «Wiederholungsgefahr» betrachtet werden (SCHÜRMANN/NOBEL, 272). Dem Medienunternehmen muss die Entscheidung für einen «Redaktionsschwanz» **freigestellt** bleiben, es handelt sich insofern um eine rein journalistische Entscheidung; selbstverständlich kann ein Verzicht auch vereinbart werden.

IV. Kostenlosigkeit

15   Der Gesetzgeber hat in Abs. 3 ausdrücklich festgehalten, dass der Abdruck der Gegendarstellung **kostenlos** zu erfolgen habe. Damit ist klargestellt, dass den Gegendarstellungspetenten – zu dessen Gunsten allein diese Bestimmung besteht (vgl. TERCIER,

personnalité, N 1600) – die Durchsetzung scines Rechts nichts kosten soll. Soweit ersichtlich, hat dieser Punkt die Praxis noch nicht beschäftigt.

Diese **Kostenfreistellung** gilt nur für den **eigentlichen Abdruck** und natürlich nicht für den Fall, dass wegen der möglichen Gegenwehr des Medienunternehmens gerichtliche und aussergerichtliche Kosten erwachsen. Über deren Verteilung entscheidet ggf. der Richter; bei der Festlegung von Kosten- und Entschädigungsfolgen ist die erstinstanzliche Praxis hier selbst innerhalb eines Kantons recht unterschiedlich. Ausserdem kann das Medienunternehmen durch geeignete **Verträge** namentlich mit seinen Inserenten eine Überwälzung der Kosten für Gegendarstellungen vereinbaren (A. BUCHER, Personen, N 737).

Art. 28*l*

e. Anrufung des Gerichts	**[1] Verhindert das Medienunternehmen die Ausübung des Gegendarstellungsrechts, verweigert es die Gegendarstellung oder veröffentlicht es diese nicht korrekt, so kann der Betroffene das Gericht anrufen.** **[2] ...** **[3] Das Gericht entscheidet unverzüglich aufgrund der verfügbaren Beweismittel.** **[4] Rechtsmittel haben keine aufschiebende Wirkung.**
e. Recours au juge	[1] Si l'entreprise empêche l'exercice du droit, refuse la diffusion ou ne l'exécute pas correctement, l'auteur peut s'adresser au juge. [2] ... [3] Le juge statue immédiatement sur la base des preuves disponibles. [4] Les recours n'ont pas d'effet suspensif.
e. Intervento del giudice	[1] Se l'impresa responsabile del mezzo di comunicazione impedisce l'esercizio del diritto di risposta, rifiuta la risposta o non la diffonde correttamente, l'interessato può rivolgersi al giudice. [2] ... [3] Il giudice decide senza indugio in base alle prove disponibili. [4] I rimedi giuridici non hanno effetto sospensivo.

Literatur

Vgl. die Literaturhinweise zu Art. 28g.

Vorbemerkung

Abs. 2 lautete bis 31.12.2000: Zuständig für die Beurteilung der Klage ist das Gericht am Wohnsitz des Klägers oder des Beklagten./Il peut agir à son domicile ou à celui du défendeur./L'azione è proposta al giudice del domicilio dell'attore o del convenuto.

Die Bestimmung ist seit 1. Januar 2001 aufgehoben und durch Art. 12 lit. b des Gerichtsstandsgesetzes (GestG – AS 2000, 2355 ff.) ersetzt, der lautet:

Das Gericht am Wohnsitz oder Sitz einer Partei ist zuständig für:
b. Begehren um Gegendarstellung;

Le tribunal du domicile ou du siège de l'une des parties est compétent pour connaitre:
b. des actions en exécution du droit de réponse;

Il giudice del domicilio o della sede di una delle parti è comptetente per:
b. le istanze nell'ambito del diritto di risposta.

Materiell wird damit nichts an der bisherigen Ordnung geändert. Allerdings bleibt das Rätsel bestehen, weshalb sich der Gesetzgeber so schwer damit tut, einheitlich entweder von der Funktion oder der Behörde zu sprechen: War ursprünglich und wie im ZGB üblich in diesem Artikel vom «Richter» die Rede, fühlte sich der Scheidungsrevisionsgesetzgeber 1998 veranlasst, im Randtitel und in den Absätzen 1, 2 und 3 aus dem «Richter» das «Gericht» zu machen – allerdings nur gerade im deutschen Text des ZGB (vgl. AS 1999, 1143 mit RO 1999, 1142 für die französische und RU 1999, 1141 für die italienische Ausgabe); mithin blieb bis heute neben dem «giudice» der «juge» unverändert erhalten. Letzterer wich zwar ein Jahr später dem «tribunal» – aber nur im Gerichtsstandsgesetz, das es selbst nicht fertig brachte, den «giudice» zu beseitigen, der im Gegendarstellungsrecht von ZGB und GestG überlebt. Dies ist der sicher unbeabsichtigte Beleg dafür, dass man der Gleichstellung der Geschlechter nicht mit Gesetzesreformen dieser Art dient.

I. Voraussetzung und Frist

1   Abs. 1 drückt erneut einen Grundgedanken des Gegendarstellungsrechts aus: Es soll sich eigentlich **ohne richterliche Hilfe,** unter Verzicht auf behördliche Massnahmen verwirklichen (BÄNNINGER, 259; RIKLIN, 242, 245). Insofern ist der Beizug der **staatlichen Autorität subsidiär,** kommt also nur zum Zuge, wenn sich Medienunternehmen und Gegendarstellungspetent nicht einigen können. Eine direkte Anrufung des Richters ist daher **unzulässig,** der Gegendarstellungspetent muss sich sowohl mit seinem Begehren wie mit seinem Text **zuerst an das Medienunternehmen** wenden. Erst wenn der Vorstoss dort erfolglos war, ist der Weg ans Gericht frei. Im Übrigen ist nur der Betroffene, nicht aber das Medienunternehmen zur Anrufung des Richters berechtigt.

2   **Schweigen** zu einem Gegendarstellungsbegehren darf als **Ablehnung** qualifiziert werden; es empfiehlt sich trotzdem, dem Medienunternehmen eine klare Frist zur Beantwortung des Begehrens zu setzen und auch die Androhung, den Richter anzurufen, schadet nichts. Indessen sind vernünftigerweise dem Medienunternehmen zumindest drei volle Arbeitstage für die Beantwortung zuzugestehen, stellen sich doch auch im Gegendarstellungsrecht mitunter rechtliche und tatsächliche Fragen, für deren Beantwortung dem Medienunternehmen Zeit gelassen werden muss (in diesem Sinne auch BÄNNINGER, 226). Ist ein Journalist auf Reisen, kann auch dies die Klärung des Sachverhalts um einige Tage verzögern.

3   Das Gesetz enthält **keine Frist** für die Anrufung des Richters. Das BGer hat – von der einhelligen Lehre zustimmend zit. (BÄNNINGER, 276; A. BUCHER, Personen, N 242; PEDRAZZINI/OBERHOLZER, 170; RIKLIN, 245; SCHÜRMANN/NOBEL, 274) – in eleganter Weise diese Lücke gefüllt und festgehalten, dass der Gesuchsteller innerhalb von 20 Tagen nach Abweisung klagen muss, ansonsten vermutet wird, er habe ein rechtliches Interesse an seiner Gegendarstellung verloren (BGE 116 II 1 ff.).

II. Prozessgegenstand

Der Kläger verlangt den Abdruck eines bestimmten, **ausformulierten Textes** als Gegen- 3a
darstellung. Nur dann, wenn er den eingeklagten Text zuvor – und innerhalb der Verwirkungsfrist – dem **Medienunternehmen vorgelegt** hat, liegt ein zulässiges Begehren vor;
ein abgeänderter oder nach Fristablauf vorgelegter Text kann – von völligen Nebensäch-
lichkeiten abgesehen – nicht zum Gegenstand eines Verfahrens gemacht werden. Die
Praxis ist – entgegen der hier vertretenen und nachdrücklich von BÄNNINGER, 274 f. geteilten Auffassung – gelegentlich zu large, was sich insb. nicht auf BGE 122 III 209 ff.,
212 stützen lässt; gemäss diesem Entscheid darf nur unter der Voraussetzung, dass der
Gegendarstellungsanspruch überhaupt abgewiesen worden war, ein anderer als der zuletzt vorgelegte (und abgelehnte) Text eingeklagt werden, der zudem inhaltlich nicht über
die ursprüngliche Fassung hinausgehen darf.

III. Gründe

Das Gesetz nennt als Bedingung für die Anrufung des Richters drei Fälle: Verhinderung, 4
Verweigerung und unkorrekte Veröffentlichung der Gegendarstellung (BÄNNINGER,
260 ff.). Damit ist i.E. **jede Konfliktkonstellation** zwischen Medienunternehmen und
Betroffenem erfasst (TERCIER, personnalité, N 1627). Diese sind nachfolgend darzustellen.

1. Verhinderung

Die Anrufung des Richters ist schon dann möglich, wenn das Medienunternehmen die 5
Ausübung des Gegendarstellungsrechts verhindert. Die Bestimmung wurde vom Parlament im Laufe der Beratungen eingefügt und erscheint von **geringem praktischem
Wert.** Damit ist wohl in erster Linie gemeint, dass das Medienunternehmen durch **Verweigerung** der Aushändigung **des Ausgangstextes** es dem Betroffenen verunmöglicht,
seinen Gegendarstellungstext zu verfassen (A. BUCHER, Personen, N 707 und 741; TER-
CIER, personnalité, N 1518 f., 1630 ff.). Insofern kann dann auch höchstens die Vorlage
der Ausgangsmeldung vom Richter verlangt und angeordnet werden. Die Regelung dürfte insb. bei audiovisuellen Medien eine Rolle spielen. Im Bereich der Printmedien wird
der Kläger gewiss auch darzulegen haben, weshalb er nicht einfacher und schneller als
auf dem Weg des richterlichen Herausgabegebots sich genaue Kenntnis des ihm ja
grundsätzlich irgendwie bekannten Textes verschaffen kann. In beiden Fällen muss er
glaubhaft machen, dass die Ausgangsmeldung ihn in seinen persönlichen Verhältnissen
zumindest insoweit berührt, als dass der Anspruch auf Gegendarstellung wahrscheinlich
ist. Festzuhalten ist, dass die relative Frist zur Einreichung einer Gegendarstellung erst
nach Erhalt des Ausgangstextes zu laufen beginnt, aber allemal durch die absolute Dreimonatsfrist begrenzt ist.

2. Verweigerung

Viel häufiger dreht sich der Konflikt um die beiden anderen vom Gesetz genannten Fälle. 6
Dabei erfasst die zweite Konstellation, die **Verweigerung,** mindestens zwei verschiedene
Bereiche: Die Uneinigkeit zwischen Medienunternehmen und Betroffenem kann sich
sowohl auf die **Legitimation** zur Gegendarstellung wie auch auf den **vorgelegten Text**
beziehen. Wie erwähnt, setzt das Recht zur Gegendarstellung eine in bestimmter Weise
qualifizierte Betroffenheit voraus (vgl. Art. 28g N 4 ff.). Fehlt diese nach Ansicht des
Medienunternehmens, wird es den Abdruck einer Gegendarstellung verweigern, womit
dem Gegendarstellungspetenten der Weg zum Richter bleibt. Dabei wird nicht allein das

abstrakte **Recht auf Gegendarstellung** Prozessthema sein, sondern der Kläger muss einen **bestimmten,** also vollständig **ausformulierten Text** einklagen, über dessen Berechtigung im gleichen Entscheid befunden wird.

3. Fehlendes Interesse

7 Hat das Medienunternehmen **von sich aus** eine «Gegendarstellung» bzw. **Richtigstellung** publiziert, so dürfte in diesem Umfang das rechtlich schützenswerte Interesse an einer Gegendarstellung entfallen und mithin das Medienunternehmen berechtigt sein, eine Gegendarstellung abzuweisen (**a.M.** PEDRAZZINI/OBERHOLZER, 170). Desgleichen kann das **Interview** mit dem Betroffenen eine geeignete Form der Darstellung seines Standpunktes bieten und damit seinen Gegendarstellungsanspruch untergehen lassen (BGE 120 II 273); allerdings verlangt das BGer eine unmittelbare zeitliche Nähe der Publikationen und die inhaltliche Verknüpfung zwischen Ausgangsartikel und Interview. Mit A. BUCHER, Personen, N 716 a.E. ist festzuhalten, dass gegen ein genehmigtes Interview im Nachhinein nicht das Mittel der Gegendarstellung bemüht werden darf. Ebenso entfällt der Anspruch, wenn der Standpunkt des Gesuchstellers bereits in der Ausgangsmeldung klar zum Ausdruck kam oder die Gegendarstellung nur ganz unwesentlich von der Erstmeldung abweicht (BÄNNINGER, 168 f., 172). Nach einer – allerdings fragwürdigen – Praxis des Zürcher Obergerichts fehlt einem Petenten auch dann der eigene Anspruch, wenn er eine, bereits von einem (ebenfalls betroffenen) Dritten zuvor gebrachte Gegendarstellung in eigenem Namen erneut bringen will. Dabei wird übersehen, dass der Gegendarstellungsanspruch persönlich ist, keinen Fall von «Gläubigersolidarität» darstellt und der eigene Anspruch nicht durch eine Gegendarstellung eines Dritten untergeht. Die Frage dürfte nur dann anders und i.S. der hier kritisierten Praxis (der sich BÄNNINGER, 164 ff., mit dem letztlich unspezifischen Hinweis auf «Sinn und Zweck» des Gegendarstellungsrechts, 167 FN 512 anschliesst) zu entscheiden sein, wenn eine Vielzahl von Betroffenen (also mehr als drei) jeweils einzeln Anspruch auf eine inhaltlich identische Gegendarstellung erheben sollte. Insofern gibt es über die Bestimmung von Art. 28h Abs. 2 hinausgehend **Verweigerungsgründe.**

Dreht sich der Streit hingegen nur um den Text, so gibt es wiederum zwei denkbare Konstellationen: Das Medienunternehmen anerkennt einen bestimmten Text und ist bereit, diesen abzudrucken oder hat ihn sogar schon abgedruckt; dann kann sich der Prozess nur um den abgelehnten Teil drehen, was namentlich bei den Kosten- und Entschädigungsfolgen gebührend zu beachten ist. Oder das Medienunternehmen anerkennt zwar dem **Grundsatz** nach den Gegendarstellungsanspruch, lehnt aber den ihm **vorgelegten Text** ab; auch dann hat der Richter zu entscheiden, wobei er zu beachten hat, dass es grundsätzlich keine Mitwirkungspflicht des Medienunternehmens zur Herstellung eines gesetzeskonformen Textes gibt und sich die Kosten- und Entschädigungsfolgen nicht gleich bemessen, wie wenn das Begehren als solches abgelehnt würde: Der genaue Text ist ein «minus» im Vergleich zum «maius» der Legitimation.

4. Unkorrekte Veröffentlichung

8 Als dritten Grund für die Anrufung des Richters nennt das Gesetz die **Art der Veröffentlichung.** Gemeint ist damit, dass ein einvernehmlich gefundener oder schon in einem ersten richterlichen Entscheid angeordneter Text nicht so veröffentlicht wird, wie vereinbart oder befohlen: Ein Text wird nur teilweise abgedruckt, mit einem unzulässigen «Redaktionsschwanz» versehen (BGE 119 II 108 f.), durch einen in der gleichen Nummer abgedruckten Artikel entwertet oder in der falschen Rubrik, namentlich ohne Einverständnis auf der Leserbriefseite, veröffentlicht (krasses Beispiel BGE 115 II 4 und der

Entscheid in gleicher Sache in ZR 1989, 119 ff.). Der Abdruck ist alsdann in korrekter Weise zu wiederholen, wobei der Kläger – entgegen BRÜCKNER, 223 Rz 752 – den Richter direkt anrufen kann und nicht erst innerhalb von 20 Tagen das Medienunternehmen zur Wiederholung auffordern muss. Man kann – wie BÄNNINGER, 262 ff. ausführlich darlegt – aus zivilprozessualen Gründen zwischen der unkorrekten Veröffentlichung einer gerichtlich angeordneten und der einer aussergerichtlich vereinbarten Gegendarstellung unterscheiden, was dann – bei Anordnung von Vollstreckungsmassnahmen im ersten Fall – unter dem Gesichtspunkt der res iudicata zu weiteren Fragen führt, welche die Praxis indessen bisher pragmatisch übergangen hat.

IV. Richterliches Korrekturrecht

Von praktisch grösster Bedeutung ist die Frage nach dem **richterlichen Korrekturrecht:**   **9** Es geht also darum, wie weit der Richter an einem eingeklagten Text Veränderungen vornehmen kann oder gar im Sinne einer **Korrekturpflicht** vornehmen muss. Nach anfänglichem Zögern (vgl. die nicht ganz schlüssigen Darlegungen bei HOTZ, 110 f. und BGE 117 II 3 f.) ist heute in Lehre und Rechtsprechung nicht länger strittig, dass der Richter in gewissem Umfang den verlangten Text abändern kann, ohne dass der Kläger deshalb den Prozess verliert (BÄNNINGER, 283 ff.; A. BUCHER, Personen, N 747; SCHÜRMANN/NOBEL, 275; ZR 1989, 121). Korrekturrecht bzw. -pflicht bilden zugleich ein erhebliches Risiko des beklagten Medienunternehmens, das einerseits mit seinem Beharren auf einem bestimmten Text unterliegen kann, ohne dass andererseits der Kläger mit «seinem» Text durchdringt, weil der Richter daran Korrekturen vornimmt. Diese Korrekturbefugnis ist indessen beschränkt: So ist es weder Aufgabe des Richters, überhaupt einen Gegendarstellungstext aufgrund ungefähr Inhaltsangaben zu verfassen, noch darf er einen Text umschreiben bzw. einer eigentlichen redaktionellen Bearbeitung unterziehen. Zulässig sind einzig Streichungen und Straffungen, allenfalls kleine Ergänzungen; sie dürfen aber inhaltlich nicht über die Aussagen hinausgehen, die zuvor dem Medienunternehmen vorgelegt worden waren (BGE 117 II 5; 117 II 121; 119 II 108; auch 122 III 209). Erst eine Kürzung des klar überwiegenden Grossteils der eingeklagten Gegendarstellung durch den Richter macht den verbliebenen, kleinen Restbestand zum «aliud», das dann wiederum nicht publiziert werden muss (BGer 5C.237/2002), eine Kürzung um zwei Drittel dagegen noch nicht (BGE 130 III 8 ff.). Trotz Gutheissung des Grundsatzes, dass auch ein Bild Inhalt einer Gegendarstellung sein könnte, sind alle diesbezüglichen Begehren bisher beim BGer gescheitert (zuletzt BGE 130 III 1).

V. Verfahrensvorschriften

Einer Erscheinung der neueren Bundesgesetzgebung folgend, hat das ZGB in die kanto-   **10** nale **Prozesshoheit** in vielfältiger Weise eingegriffen. Zunächst durch Statuierung eines Wahlgerichtsstands auch im Gegendarstellungsverfahren, dann durch Vorschriften über die Beweismittel und die Entscheidungsdauer und schliesslich durch bundesrechtlichen Entzug der aufschiebenden Wirkung von Rechtsmitteln.

Der Kläger hat – nunmehr allerdings gestützt auf das GestG, Art. 12 lit. b – die freie Wahl   **11** zwischen dem **Gerichtsstand** am Wohnsitz des Beklagten und seinem eigenen Wohnsitzgerichtsstand. Das führt in unserem mehrsprachigen Land dazu, dass z.B. ein deutschschweizerisches Gericht über einen in einem welschen Blatt zu publizierenden Text zu entscheiden hat; selbstverständlich muss diesfalls der Text auf Französisch im Klagebegehren figurieren, und allenfalls fallen sogar noch die Sprache von Ausgangstext und Gegendarstellungsprozess auseinander. Jedes Medienunternehmen sieht sich deshalb einem

Matthias Schwaibold   305

Verfahren an jedem inländischen als potentiellem Gerichtsstand ausgesetzt, was sogar dazu führen kann, dass es sich wegen eines Artikels auf gleichzeitige Gegendarstellungsbegehren verschiedener Betroffener vor verschiedenen Gerichten einlassen muss.

12 Sodann wird vorgeschrieben, dass der Richter **unverzüglich** und **aufgrund der verfügbaren Beweismittel** entscheiden muss. Welche Verfahrensart diesen Erfordernissen entspricht, konnte der Bundesgesetzgeber nicht festlegen, und er hat nicht nur darauf verzichtet, eine Frist nach Tagen festzulegen, innerhalb welcher zu entscheiden wäre (bemerkenswert TERCIER, personalité, N 1697, der eine Frist von zehn Tagen statuiert), sondern auch darauf, ein eigentliches Gegendarstellungsverfahren zu normieren. Die Kantone haben daher das Gegendarstellungsverfahren in aller Regel in das summarische Verfahren vor dem Einzelrichter verwiesen, womit insb. der Verzicht auf den Friedensrichter und die Nichtgeltung von Gerichtsferien verbunden sind (vgl. BÄNNINGER, 279; A. BUCHER, Personen, N 745). Die Handhabung des Verfahrens ist in der Praxis durch begrüssenswerte Flexibilität gekennzeichnet: So werden zu Recht (auch ohne ausdrückliche Grundlage in der entsprechenden Verfahrensordnung) immer wieder auch schriftliche Verfahren, teilweise sogar mit doppeltem Schriftenwechsel angeordnet, wobei die ordentlichen Fristen radikal gekürzt werden. Damit wird dem Erfordernis der Gewährung rechtlichen Gehörs ebenso genügt wie demjenigen nach umgehender Entscheidung.

13 Die Beweismittel müssen in der Verhandlung vorliegen; weitere **Beweisaufnahmen** dürften mit PEDRAZZINI/OBERHOLZER, 170 f., jedenfalls in Ausnahmefällen zulässig sein. Entgegen einer verbreiteten Praxis ist auch der **Zeugenbeweis** nicht ausgeschlossen (so richtig AmtsGer LU-Land, Entscheidungen vom 15.5.1995, rechtskräftig; zustimmend BÄNNINGER, 280 und RIKLIN, 246).

14 Der Richter hat in einem **kontradiktorischen Verfahren** zu entscheiden; das Gesetz darf selbstverständlich nicht so gelesen werden, als müsse der Richter sofort nach einseitigem Vorbringen und insb. ohne Anhörung der Gegenseite entscheiden (BGE 117 II 115 ff.). Immerhin sind die Vorladungsfristen möglichst kurz zu halten und in einem allfällig schriftlichen Verfahren die Fristen abzukürzen.

VI. Urteil und Rechtsmittel

15 Der **Entscheid** besteht darin, das Begehren entweder abzuweisen oder das Medienunternehmen zum (erneuten) Abdruck bzw. Verlesen eines bestimmten Textes zu verpflichten; je nachdem wird das Medienunternehmen dazu angehalten, bestimmte Gestaltungsvorschriften zu beachten, wobei diese Anordnungen in aller Regel in unzulässiger Auslegung des Gesetzes getroffen werden: Der Gesetzgeber hat ausdrücklich keine das Medienunternehmen einengende Vorschriften erlassen, was den Richter nicht dazu ermächtigt, solche Anordnungen dann einfach im Entscheid zu treffen. Entgegen einer verbreiteten Praxis sind also Bestimmungen über Schriftgrösse, Platzierung und sonstige Gestaltung des Gegendarstellungstextes nicht mit dem Gesetz vereinbar, sondern freie richterliche Rechtsschöpfung contra legem. Eine Abkehr von dieser Praxis ist trotz BGer, 27.4.1998, Medialex 1998, 156 ff., nicht zu sehen, aber weiter zu fordern. Entgegen TERCIER, personalité, N 1711, ist mit der herrschenden Praxis davon auszugehen, dass ein Hinweis darauf, dass die Gegendarstellung kraft richterlichen Entscheids erfolgt, unzulässig wäre. Solches hätte nicht nur eine ungerechtfertigte Prangerwirkung gegenüber dem Medienunternehmen, sondern verschaffte der Gegendarstellung auch noch eine unzulässige Richtigkeitsvermutung (dies im Gegensatz zur Feststellungsklage nach Art. 28a Abs. 1 Ziff. 3, so BGE 119 II 97 ff., 99).

Zudem hat der Richter über die **Kosten- und Entschädigungsfolgen** zu befinden. Dabei hat er nicht nur auf die grundsätzliche Haltung des Medienunternehmens, sondern auch auf den Umfang, in dem ein eingeklagter Text gutgeheissen oder abgewiesen wird, Rücksicht zu nehmen (instruktiv die zusammenhängenden Entscheide des BGer vom 27.4. und 1.9.1998, Medialex 1998, 156 ff. und 220 ff.). Je nachdem kann dann sogar der im Grundsatz obsiegende Kläger kosten- und entschädigungspflichtig werden, insb. dann, wenn das Medienunternehmen i.E. mit seiner Auffassung durchdringt, also der Kläger z.B. nur das erhält, was ihm das Medienunternehmen auch vorprozessual zugestanden hat, oder der Kläger den Richter direkt oder mit einem zuvor dem Medienunternehmen nicht vorgelegten Text anruft.

Rechtsmittel haben von Bundesrechts wegen **keine aufschiebende Wirkung.** Das BGer   **16** hat dies als **systemwidrig,** aber im Interesse einer raschen Publikation als nötig bezeichnet (BGE 114 II 385), Pedrazzini/Oberholzer, 171, nennen diese Bestimmung «nicht unproblematisch». Mithin muss sofort nach einem das Begehren gutheissenden Entscheid die Gegendarstellung veröffentlicht werden. Wo allerdings der Antrag so formuliert wird, dass der Abdruck erst nach Eintritt der Rechtskraft erfolgen soll, ist dieser Verzicht auf sofortige Vollstreckbarkeit im Rahmen der Dispositionsmaxime zulässig und insoweit für den Richter auch bindend. Die aufschiebende Wirkung erfasst nicht die Kosten- und Entschädigungsfolgen (BGE 117 II 209). Bestätigt eine kantonale Oberinstanz die erstinstanzliche Anordnung auf Publikation einer Gegendarstellung, kann sie dies auch durch die Feststellung, der erste Entscheid sei zu Recht erfolgt, tun; allemal ist dann der Berufungsantrag ans BGer auf Abweisung der Klage zulässig (BGE vom 27.4.1998, Medialex 1998, 156 ff.).

Für das Medienunternehmen ist allerdings mit der Publikation das rechtliche Interesse, eine Aufhebung des Entscheids zu verlangen, nicht entfallen. Vielmehr steht nach Erschöpfung allfälliger innerkantonaler Rechtswege auch der Weg ans **BGer** mit bundesrechtlicher Berufung offen (A. Bucher, Personen, N 744 f.; ständige und unangefochtene Praxis seit BGE 114 II 386 f.; 122 III 301 ff.).

Nicht einzusehen ist, weshalb die Rechtsmittelfristen auch bei Gutheissung des Begehrens abgekürzt werden: In aller Regel hat dann ja nur das Medienunternehmen ein Interesse am Weiterzug, das zudem zur Publikation verpflichtet ist; es fehlt an einer inneren Rechtfertigung dafür, in diesem Falle die ordentlichen Rechtsmittelfristen zu verkürzen – eine Massnahme, die ja nur im Interesse des Betroffenen liegt, rasch zu einem erstinstanzlichen Entscheid zu kommen.

VII. Gegenansprüche des Medieunternehmens

Obsiegt das Medienunternehmen letztinstanzlich, darf es diesen Erfolg sicher melden;   **17** für **Schadenersatz- und Genugtuungsansprüche** dürfte allerdings in aller Regel kein Raum sein, es hat bei der richterlichen Regelung der Kostenfolgen sein Bewenden; bei einem Verfahren über drei Instanzen können diese allerdings erheblich sein.

Art. 29

III. Recht auf den Namen	[1] **Wird jemandem die Führung seines Namens bestritten, so kann er auf Feststellung seines Rechtes klagen.**
1. Namensschutz	[2] **Wird jemand dadurch beeinträchtigt, dass ein anderer sich seinen Namen anmasst, so kann er auf Unterlassung dieser Anmassung sowie bei Verschulden auf Schadenersatz und, wo die Art der Beeinträchtigung es rechtfertigt, auf Leistung einer Geldsumme als Genugtuung klagen.**

III. Relativement au nom

1. Protection du nom

¹ Celui dont le nom est contesté peut demander au juge la reconnaissance de son droit.

² Celui qui est lésé par une usurpation de son nom peut intenter action pour la faire cesser, sans préjudice de tous dommages-intérêts en cas de faute et d'une indemnité à titre de réparation morale si cette indemnité est justifiée par la nature du tort éprouvé.

III. Diritto a nome

1. Protezione

¹ Se a qualcuno è contestato l'uso del proprio nome, egli può chiederne in giudizio il riconoscimento.

² Ove alcuno subisca pregiudizio per il fatto che altri usurpi il proprio nome, può chiedere in giudizio la cessazione dell'usurpazione stessa. In caso di colpa può chiedere il risarcimento del danno, e quando la natura dell'offesa lo giustifichi, il pagamento di una somma a titolo di riparazione morale.

Literatur

AISSLINGER, Der Namensschutz nach Art. 29 ZGB, Diss. Zürich 1948; BROSSET, Schutz der Persönlichkeit III, SJK 1167, Genf 1978; BAUDENBACHER, Lauterkeitsrecht, Kommentar zum Gesetz gegen den unlauteren Wettbewerb (UWG), Basel-Genf-München 2001; BRÜCKNER, Das Personenrecht des ZGB, Zürich 2000; BÜCHLER, Die Kommerzialisierung Verstorbener, AJP 2003, 3; BÜHLER, Grundlagen des materiellen Firmenrechts, Diss. Zürich 1991; BURI, Die Verwechselbarkeit von Internet Domain Names, Diss. Bern 2000 (zit. Verwechselbarkeit); DERS., Domain-Namen, SIWR III/2, 2. Aufl. Basel/Frankfurt a.M. 2005 (zit. Domain-Namen); CELLI, Der internationale *Handelsname,* Diss. Zürich 1993; DERS., Internationales *Kennzeichenrecht,* Basel 2000; DAVID, Schweizerisches Werberecht, 1977; FEZER, Markenrecht, 3. Aufl., München 2001; FORSTMOSER (Hrsg.), Kommentar zum Schweizerischen Anlagefondsgesetz, Zürich 1997; GEISER, Die Persönlichkeitsverletzung insbesondere durch Kunstwerke, Basel 1990; GILLIÉRON, Les divers régimes de protection de signes distinctifs et leurs rapports avec le droit des marques, Diss. Lausanne 2000; HILTI, Firmenrecht, Schutz nicht registrierter Zeichen, SIWR III/2, 2. Aufl., Basel/Frankfurt a.M. 2005; JOLLER, Verwechslungsgefahr im Kennzeichenrecht, Diss. St. Gallen 2000; KÜNG/BÜCHI, AFG, Materialien zum BG über die Anlagefonds vom 18. März 1994, Zürich 1995; LACK, Privatrechtlicher Namensschutz (Art. 29 ZGB), Diss. Bern 1992; LUTZ/HILTI, Der Schutz des Familiennamens im Handelsverkehr, in: FS R. E. Blum, Zürich 1989, 61 ff.; MARBACH, Markenrecht, SIWR III, Basel/Frankfurt a.M. 1996; MEISSER/ASCHMANN, Herkunftsangaben und andere geographische Bezeichnungen, SIWR III/2, Basel/Frankfurt a.M. 1996; MÜLLER/STREULI-YOUSSEF/GUYET, Wettbewerbsrecht, Lauterkeitsrecht, SIWR V/1, Basel/Frankfurt a.M. 1994; PEDRAZZINI, Unlauterer Wettbewerb UWG, Bern 1992; PEDRAZZINI/VON BÜREN/MARBACH, Immaterialgüter- und Wettbewerbsrecht, Bern 1998; RIEMER, Persönlichkeitsrechte und Persönlichkeitsschutz im Verhältnis zum Datenschutz-, Immaterialgüter- und Wettbewerbsrecht, sic! 1999, 103 ff.; SIX, Der privatrechtliche Namensschutz von und vor Domainnamen im Internet, Diss. Zürich 2000; TROLLER, Kollisionen zwischen Firmen, Handelsnamen und Marken, Diss. Bern 1980; TROLLER/TROLLER, Kurzlehrbuch des Immaterialgüterrechts, 3. Aufl. Basel/Frankfurt a.M. 1989; TRÜMPY-WARIDEL, Le droit de la personnalité des Personnes morales et en particulier des sociétés commerciales, Diss. Lausanne 1986; WEBER, *E-Commerce* und Recht, Zürich 2001; DERS., Unlautere Verwendung von Domain-Namen, SZW 2000, 260 ff.; WILLI, Markenschutzgesetz, Kommentar zum schweizerischen Markenrecht unter Berücksichtigung des europäischen und internationalen Markenrechts, Zürich 2002. Vgl. ferner die Literaturhinweise zu Art. 28.

I. Normzweck: Namensschutz als Persönlichkeitsschutz

1 Normzweck des Art. 29 ist Rechtsschutz der Person hinsichtlich ihres Namens, wozu Abs. 1 den Namensträgern ausdrücklich ein subjektives Namensrecht verleiht. Der Name ist Bestandteil der Persönlichkeit (BGE 108 II 162) und das Recht auf den Namen ein Persönlichkeitsrecht (N 12). Daher stellt der Namensschutz nach Art. 29 nichts anderes als einen **Sonderfall des Persönlichkeitsschutzes** dar, wie ihn Art. 28 ZGB allgemein

gewährleistet (BGE 120 III 63; BGer in ZR 91 Nr. 38, 143 – Prosoft; 116 II 469 – Coca-Cola). Umgekehrt lässt die Rechtsprechung längst den allgemeinen Persönlichkeitsschutz des Art. 28 u.U. bei persönlichkeitsverletzenden Namensverwendungen zum Zuge kommen, die ihr als nach Art. 29 nicht fassbar erscheinen (BGE 102 II 166 – Otto Naegli-Stftung; 97 II 159 – Isola-Werke; weitere Bsp. N 41 f.; vgl. auch RIEMER, 105 Anm. 30).

Der Name gemäss Art. 29 ZGB ist ein sprachliches Kennzeichen, das der Unterscheidung **2** *einer Person von allen anderen und ihrer Kennzeichnung dient* (vgl. etwa BGE 108 II 162, BURI, Verwechselbarkeit, 115). Diese **gesetzliche Kennzeichenbedeutung** des Namens wird im Gesetz zwar nicht ausdrücklich festgelegt (anders MSchG Art. 1 Abs. 1 für die Marken), lässt sich aber ohne weiteres der Eigenart der im ZGB selber geregelten Namen natürlicher Personen gewinnen: der Name ist Ausdruck der Identität sowie Individualität seines Trägers (BGE 122 III 416), er hat **Identifikationsfunktion** (BGE 128 III 358 = Pra 92, 10 – Montana). Eine der Namensfunktionen ist stets und notwendigerweise die *Unterscheidungsfunktion.* Blosse Namensnennung genügt, und man weiss gegebenenfalls, wer gemeint ist. Der Name erfüllt damit die wichtige – auch im öffentlichen Interesse liegende – Aufgabe, seinen Träger in die umfassende Gemeinschaft einzuordnen (BGE 108 II 162), ihn in seinen sämtlichen Tätigkeits- und Wirkungsbereichen von allen anderen unterscheidbar zu machen (vgl. auch N 19). In der Regel haben Namen zudem eine *Kennzeichnungswirkung,* derzufolge sich mit der Namensnennung mehr oder weniger deutliche Vorstellungen über den Namensinhaber und dessen Eigenschaften (über seine Individualität) einstellt, so bei bürgerlichen Namen v.a. auch über die Familienzugehörigkeit (BGE 129 III 272 f. = Pra 92, 1068 f. – de Marval; 126 III 2 – Radici, 119 II 308 – Fornaciarini; aufschlussreich auch BREITSCHMID, AJP 2003, 706, zu BGer 5C.163/2002 – Imbrahimi). Der Name wird damit, was über seine reine Unterscheidungsfunktion hinausgeht, zum kommunikativen Träger des (guten oder schlechten) Rufes seines Inhabers.

Objekte des Namensschutzes nach Art. 29 sind zunächst ohne weiteres die im ZGB **3** geregelten Namen natürlicher und juristischer Personen, nach Lehre und Rechtsprechung aber zudem auch alle weiteren Arten von Kennzeichen, die Wortzeichen sind und derer sich mögliche Inhaber von Persönlichkeitsrechten (gemäss Verkehrsauffassung) namensmässig bedienen können (N 7 ff.; zu den Bildzeichen N 26). Art. 29 ist somit **Generalklausel des Namensschutzes** und sein Namensbegriff reicht demzufolge weiter als in allen anderen namensrechtlichen Bestimmungen des ZGB. Wegen der auch namensrechtlichen Rolle des allgemeinen Persönlichkeitsschutzes nach Art. 28 (N 1) erübrigt es sich aber, den Anwendungsbereich des Art. 29 auf Kennzeichen auszudehnen, die eine Person bestenfalls bloss noch mittelbar – z.B. als Bezeichnung deren Unternehmens – kennzeichnen (FEZER, § 15 MarkenG, N 22, zu Art. 28 ZGB; vgl. auch N 8 f.).

II. Allgemeine Grundbegriffe des Namensschutzes

1. Kennzeichen mit Namensschutz

a) Gesetzliche Namen

Schutz nach Art. 29 geniessen zunächst die natürlichen Personen für ihre gesetzlichen **4** Namen, d.h. ihre **bürgerlichen bzw. amtlichen Namen** (vgl. Art. 30 N 4). Das sind die Familiennamen (Art. 160 und 270), die eherechtlichen Doppelnamen (Art. 160 Abs. 2), die Allianznamen (Art. 160 N 18 ff.) sowie die Vornamen (Art. 267 Abs. 3, 301 Abs. 4). Ferner sind die Namen der juristischen Personen des ZGB, also die **Vereins- bzw. Stif-**

tungsnamen, gesetzliche Namen gemäss Art. 29 und damit entsprechend schutzfähig (BGer 5C.76/2004, E. 1 – Swiss Dentists' Society; BK-RIEMER, Art. 53 N 16; MEIER-HAYOZ/FORSTMOSER, 162, § 7 N 17 ff.).

5 Die – im OR geregelte – **Firma** ist dasjenige Kennzeichen, das den Einzelkaufleuten sowie den ausländischen Zweigniederlassungsinhabern als auf ihr Gewerbe (Geschäft, Unternehmen) bezogener Name bzw. den Handelsgesellschaften sowie Genossenschaften als Name schlechthin dient, und das als solcher Name im Handelsregister eingetragen ist. Dieser von BÜHLER (1) entwickelten Firmendefinition, wonach die Firma einzig die *Bezeichnung eines Rechtssubjektes* (eines Firmeninhabers) ist, und nicht auch allfällig von diesem betriebene Geschäfte bzw. Unternehmen (Rechtsobjekte) identifiziert (MEIER-HAYOZ/FORSTMOSER, 160, § 7 N 4 f.), folgt die heutige Lehre nahezu «einmütig» (JOL-LER, 80; weitere Nw. bei BURI, Verwechselbarkeit, 66 sowie HILTI, 3). Mithin ist die Firma die im Handelsregister eingetragene **Namenssonderform des OR** (BÜHLER, 2; so schon BGE 59 II 161 – Migros AG). Namen gemäss Art. 29 ZGB sind daher die – sich mit den bürgerlichen Namen (N 4) der Einzelkaufleute oftmals nur teils deckenden – Einzelfirmen (OR-ALTENPOHL, Art. 947 N 6; LACK, 68 f.), die Firmen der Kollektiv- und Kommanditgesellschaften (Appellationshof VS RFJ-FZR 1999, 59; LACK, 77) sowie die Firmen der juristischen Personen des OR (BK-RIEMER, Art. 53 N 16), also jene der Aktiengesellschaft, Kommanditaktiengesellschaft, GmbH und der Genossenschaft. Die Firmen sind zwar auch nach Art. 29 geschützt, jedoch im Verhältnis zum Firmenschutz nach Art. 956 OR nur subsidiär (N 61 ff.).

6 Namen im Sinne des Art. 29 sind auch die **Namen öffentlich-rechtlicher Körperschaften und Anstalten** (statt aller BGE 128 III 401 – Luzern; MEISSER/ASCHMANN, 324 ff.). *Staaten, Kantone, Bezirke und Gemeinden* sowie deren Anstalten können daher ihre Namen gestützt auf Art. 29 verteidigen. Hiervon wurde bis vor einiger Zeit offenbar eher selten Gebrauch gemacht (vgl. immerhin BGE 112 II 369 – Hotel Appenzell; BGE 72 II 145 – Surava; HGerZH ZR 95, 50), Art. 29 hat aber zur Abwehr des Gebrauchs solcher Namen in Domain-Namen (N 9) Privater einige Bedeutung (BGE 128 III 353 = Pra 92, 7 – Montana; BGE 128 III 401 – Luzern; BGer 4C.141/2002 – DJ Bobo; vgl. auch SIX, 84 ff.).

b) Namen kraft Zeichengebrauchs

7 Grundsätzlich sind nicht nur die gesetzlichen Namen (N 4 ff.), sondern *beliebige (rechtmässige) Wortzeichen* (nicht aber Bildzeichen; N 26) nach Art. 29 schutzfähig. So anerkennen Lehre und Rechtsprechung vielfältige Zeichen als **nichtgesetzliche Namen inländischer Inhaber** (zu den ausländischen Handelsnamen, N 10 f.). Das gilt zunächst für *Pseudonyme* (BGer 4C.141/2002, E. 3 – DJ Bobo; BGE 92 II 310 – Sheila; 112 II 63 – Monti; 108 II 163), so insbesondere für *Vornamen* in Alleinstellung (LACK, 53) als Spezialfall der Pseudonyme, und für Spitznamen (GEISER, 36). Des Weiteren können auch *Kurzbezeichnungen* u.dgl. (BGE 80 II 285 – Bund Schweizer Architekten BSA; 87 II 47 – Quick) wie etwa Akronyme für Namensträger (AmtsGerPräs Bern-Laupen sic! 2004, 31– FMH) – neben dem abgekürzten Namen – eigenständige Namen darstellen. Die blosse Namenseignung solcher Zeichen reicht für den Schutz nach Art. 29 freilich nicht aus. Hierfür ist vielmehr im konkreten Fall ein Gebrauch des Zeichens erforderlich, aufgrund dessen der Verkehr es als Namen seines Inhabers auffasst (BGer 4C.31/2004, E. 5 – Riesen), es also Geltung als Name erlangt hat (N 16).

8 **Enseignes** und (sonstige) **Geschäftsbezeichnungen** sind Bezeichnungen von Geschäftslokalen oder Geschäftsbetrieben (Art. 48 HRegV; BGE 112 II 369 ff. – Hotel Appenzell). Sie bezeichnen nicht den Geschäftsinhaber selber (BGE 130 III 62, E. 5.2 – Johnson

Diversey Schweiz; BGer 4C.120/2005, E. 4.1 – Institut de beauté Atlantis), sondern sind **Bezeichnungen von Rechtsobjekten** (BÜHLER, 78 ff., zustimmend HILTI, 4 f.). Die (fakultative) Eintragung von Enseignes und Geschäftsbezeichnungen in das Handelsregister hat blosse Beweisfunktion, begründet keinerlei Recht auf deren ausschliesslichen Gebrauch (Art. 48 HregV; BGE 130 III 62, E. 5.2 – JohnsonDiversey Schweiz) und damit auch keine Ansprüche auf Firmenschutz (HILTI, 4 f., 54 f., 56, 120; BK-KÜNG, Art. 932 N 298; unrichtig HAUSHEER/AEBI-MÜLLER, 251). Die Lehre anerkennt Enseignes und Geschäftsbezeichnungen aber ohne weiteres als Namen (z.B. MEIER-HAYOZ/FORSTMOSER, 164 N 21 f.). Das muss indessen mit BURI (Verwechselbarkeit, 116 Anm. 580, und 178 f.) differenziert werden. Enseignes und sonstige Geschäftsbezeichnungen geniessen nur Namensschutz, wenn sie sich (gemäss Verkehrsauffassung; N 16) geradezu zu Namen ihres Inhabers entwickelt haben (so wie hier BURI a.a.O. unter Hinweis auf BGE 76 II 91 – Cinéac) oder gar zum Bestandteil einer allfälligen Firma gemacht worden sind (MEIER-HAYOZ/FORSTMOSER, a.a.O.). Trifft dies zu, so wird ein Zeichen bald als Name (Firma) seines Inhabers, bald ganz oder teilweise als Name dessen Geschäftes – mit oder ohne Bezug zu einer Lokalität – verwendet. Bei solcher Gleichnamigkeit liegen aber zwei *verschiedene Zeichen* vor, sind doch *Zeichen mit verschiedenem Kennzeichnungsgegenstand* wegen dieser Verschiedenheit unterschiedliche Zeichen (BURI, a.a.O., ferner BÜHLER, 77 f. und 80 f., FEZER, MarkenG, § 15 N 107). Enseignes und sonstige Geschäftsbezeichnungen stellen daher als solche keine Namen gemäss Art. 29 dar (vgl. auch vorne N 3; ohne nähere Begründung **a.M.** BAUDENBACHER, UWG, Art. 3 lit. d N 122), geniessen aber gegebenenfalls Schutz nach Art. 28 ZBG (BGE 64 II 250; **a.M.** TROLLER, Kollisionen, 173).

Domain-Namen sind – grundsätzlich frei wählbare – alphanummerische Bezeichnungen **9** für Netzwerkadressen im Internet als weltweiten Verbund von Computernetzwerken (Bsp.: www.bger.ch=212.203.97.213). Sie identifizieren nur die an das Internet angeschlossenen Rechner, kennzeichnen also an sich weder eine Person noch ein bestimmtes Unternehmen (zu den technischen Einzelheiten BGE 128 III 356 ff. = Pra 92, 10 f. – Montana; BGer 4C.141/2002, E. 3 – DJ Bobo; BURI, Domain-Namen, 339 ff.; wegweisend ferner FEZER, 246 ff., N 296 ff.). Vielmehr sind sie (falls nicht bloss auf Vorrat registriert, sondern aktiv) aus Sicht der Internetbenützer das **Kennzeichen einer Website,** die oft geradezu ein **virtuelles Geschäftslokal** ist (BOCK/BURI, in sic 2003, 574. Bsp.: ebay.ch). Domain-Namen können je nach Ausgestaltung auch eine hinter dieser stehende Person identifizieren und sind dann als Kennzeichen mit Namen vergleichbar (BGE 128 III 356 ff. = Pra 92, 10 f. – Montana; 126 III 244 – berneroberland.ch; BGer 4C.376/2004, E. 3.1 – Maggi; 4C.141/2002, E. 3 – DJ Bobo). Auch hier gilt, dass geeignete Wortzeichen beliebiger Art Namen i.S.v. Art. 29 sein können bzw. dann sind, wenn die beteiligten Verkehrskreise sie als solche auffassen (N 7; vgl auch BURI, Domain-Namen, 378). Verwendet der Verkehr (N 16) einen **Domainnamen, um sich direkt auf dessen Inhaber zu beziehen,** entsteht aus dem fraglichen Domainnamen ein Namen nach Art. 29 (BURI, Domain-Namen, 378; DERS. a.a.O., 376 f. auch zur Verwendung von Domain-Namen in Firmen). Wiederum ist in solchen Fällen *Gleichnamigkeit* (N 8) gegeben, und zwar hier des Inhabers des Domain-Namens und dessen Website. Weil dabei unterschiedliche Zeichen vorliegen, erweitern die Domainnamen als solche den Kreis der nach Art. 29 schutzfähigen Kennzeichen nicht (im Ergebnis wie hier BURI, Domain-Namen, 343 f.: mittelbare Namensfunktion der Domain-Namen; **a.M.,** SIX, 17 ff.). Umgekehrt stellen Domainnamen aber, was auf einer andern Ebene liegt, immer häufiger *Mittel von Namensverletzungen* dar (N 11, 37, 40).

c) Sonderfall: ausländische Handelsnamen

10 «Handelsname» ist zunächst ein Begriff der internationalen Kennzeichenrechtsdiskussion und als solcher für deren Vokabular unverzichtbar (CELLI, Kennzeichenrecht 111 ff.). Positivrechtlich ist der Handelsname sodann Regelungsobjekt der PVÜ, der auch die Schweiz als Verbandsland angehört (ferner zur Integration der PVÜ in TRIPS, CELLI, Kennzeichenrecht, 68 ff.). In diesem letzteren Sinne sind Handelsnamen alle namensmässig identifizierenden **ausländischen Unternehmenskennzeichen,** soweit sie nicht durch Eintrag in das (schweizerische) Handelsregister zu (schweizerischen) Firmen (Zweigniederlassungsfirmen; N 5) geworden sind (BAUDENBACHER, UWG, Art. 3 lit. d N 25; FEZER, Art. 8 PVÜ, N 1; ferner GILLIÉRON, 108 ff.).

11 Ausländische Handelsnamen sind durch Art. 8 PVÜ in allen Verbandsländern ohne Verpflichtung zur Hinterlegung oder Eintragung geschützt (und auch unabhängig davon, ob Bestandteil einer Fabrik- oder Handelsmarke bildend oder nicht). Es besteht jedoch kein direkter staatsvertraglicher Schutz, sondern lediglich der **Grundsatz der Inländerbehandlung:** gemäss Art. 2 Abs. 1 PVÜ ist den ausländischen Handelsnamen gleicher Schutz zu gewähren wie vergleichbaren inländischen Zeichen (BGer 4C.199/2001, E. 5b – Audi; FEZER, Art. 2 PVÜ, N 1 f.; CELLI, Kennzeichenrecht, 216 ff.). Nach grundsätzlich dieser Massgabe, u.U. aber auch unter erleichterten Voraussetzungen können ausländische Handelsnamen Namensschutz nach Art. 29 erlangen (Einzelheiten in N 17; Bsp.: BGE 114 II 106 ff. – Cebit; 109 II 483 ff. – Computerland; 79 II 315 – Interchemical Corporation; CELLI, Handelsname, passim; PEDRAZZINI/VON BÜREN/MARBACH, 152 f.; STREULI-YOUSSEF, 162 f.; TROLLER/TROLLER, 229; HILTI, 95; vgl. auch Art. 157 Abs. 2 IPRG).

2. Das subjektive Namensrecht

a) Allgemeines – Kreis möglicher Namensberechtigter

12 Art. 29 verleiht den Namensträgern ein «Recht auf den Namen» (N 1), das ein Persönlichkeitsrecht und kein Vermögensrecht ist (BGer 5C.76/2004, E. 1 – Dentists' Society; BGE 101 II 191, 118 II 5 – Bigot de Morogues; Pra 76, 618 = nicht abgedruckte Erwägungen des BGE 113 II 73 ff. – Fortunoff) sowie auch nicht dem Immaterialgüterrecht angehört (BGer 4C.141/2002, E. 2 – DJ Bobo). Durch diese **individual- bzw. subjektivrechtliche Konzeption** hebt sich der (unmittelbare) Namensschutz nach Art. 29 vom bloss mittelbaren Kennzeichenschutz nach UWG ab, mag Letzterer im Ergebnis einem Recht am einzelnen Zeichen auch sehr nahe kommen (WEBER, SZW 2000, 261, BURI, Verwechselbarkeit, 136; vgl. ferner BAUDENBACHER, UWG, Art. 1 N 6).

13 Möglicher Träger eines subjektiven Namensrechtes kann nur sein, wer als Inhaber von Persönlichkeitsrechten in Frage kommt. Das trifft zunächst für alle **natürlichen Personen** zu. Juristische Personen sind gemäss Art. 53 ZGB aller Rechte fähig, die nicht die natürlichen Eigenschaften des Menschen zur notwendigen Voraussetzung haben. Das Namensrecht ist ein Recht dieser Art, so dass **juristischen Personen** des privaten wie des öffentlichen Rechts Namensrechte gemäss Art. 29 zustehen (BK-RIEMER, Art. 53 ZGB, N 16). Gleiches gilt ferner für die **Kollektiv- und Kommanditgesellschaften** (Appellationshof VS RFJ-FZR 1999, 59; BK-RIEMER, system. Teil von Art. 52 ff. ZGB, N 39).

14 Zu den Namen gemäss Art. 29 gehören die Bezeichnungen von **Rechtsgemeinschaften** wie Stockwerkeigentümergemeinschaften (BK-MEIER-HAYOZ/REY, Art. 712*l* N 16) und einfache Gesellschaften (OGer ZH SMI 1995, 139 ff. – swica; vgl. ferner HILTI, 21, 153, MEIER-HAYOZ-FORSTMOSER, 299 N 69 f.), etwa Gründergesellschaften für juristische Personen. Weil solche Gemeinschaften jedoch nicht mögliche Träger von Persönlichkeitsrechten (N 13) sind, stehen hierbei die Namensrechte nicht ihnen als solchen, sondern deren Mitgliedern gemeinschaftlich zu (BK-MEIER-HAYOZ/REY, syst. Teil N 49; BK-RIEMER, syst. Teil zu Art. 52 ff. N 39; vgl. auch LACK, 73). Bei **Anlagefonds** ist für den Schutz deren Namen das ZGB, das UWG oder das MSchG massgebend (AFG-BÜHLER, Art. 5 N 3 und N 27). Mithin können an sich auch Namen von Anlagefonds Namen gemäss Art. 29 ZGB sein (Botschaft AFG, 48; KÜNG/BÜCHI, 121; kritisch AFG-WINZELER, Art. 7 N 26). Als Namensträger kommen dabei aber weder der Anlagefonds noch die Anleger in Betracht, weil der Fonds weder eine juristische Person (N 12) ist, noch eine Rechtsgemeinschaft (der Anleger) darstellt. Hingegen umfasst die treuhänderische Stellung der Fondsleitung (AFG-STEINER, Art. 2 N 22) ohne weiteres auch, allfällige Schutzrechte am Namen des Fonds auszuüben (**a.M.** und ebenso vertretbar KF-FORSTMOSER, Art. 7 N 42, wonach diesbezüglich Art. 28 anzuwenden sei).

b) Erwerb des Namensrechtes

Natürliche Personen erwerben ihre bürgerlichen Namen und damit ihr diesbezügliches   **15** Namensrecht (N 12) grundsätzlich von Gesetzes wegen, wie etwa durch Namensgebung bei der Geburt oder Adoption, bei einer Namensänderung und einer Namenswahl bei Heirat oder Scheidung. Gleichermassen ex lege können und *müssen* auch die juristischen Personen des ZGB für ihre gesetzlichen Namen Träger von Namensrechten sein (BK-RIEMER, Die Vereine, syst. Teil N 381), so dass bei diesen das Namensrecht durch Erwerb der Rechtspersönlichkeit entsteht. Ein Zeichengebrauch ist für diesen **Rechtserwerb kraft Gesetzes** nicht erforderlich, wohl aber massgebend für den sachlichen und örtlichen Schutzumfang (N 29 f.). Einen Sonderfall stellen die Firmen (N 5) dar, indem an diesen neben dem Namensrecht durch den Eintrag in das Handelsregister auch ein subjektives – mehrheitlich als Persönlichkeitsrecht aufgefasstes – Firmenrecht erworben wird (HILTI, 5 ff.)

Über den gesetzlichen Rechtserwerb hinaus lassen sich Namensrechte durch **rechtser-**   **16** **zeugenden Namensgebrauch** begründen. Dies geschieht durch namensmässige (nicht bloss interne) Ingebrauchnahme eines *von Haus aus unterscheidungskräftigen Zeichens,* oder bei Fehlen solcher Unterscheidungskraft durch einen ständigen und unbestrittenen Zeichengebrauch (BGE 92 II 310 = Pra 1967, 205 – Sheila), der zu einer *Verkehrsdurchsetzung* führt. Stets müssen diese beiden Tatbestände, die meist fliessend ineinander übergehen, bewirken, dass der Verkehr (N 21 ff.) das fragliche Zeichen als Namen eines möglichen Namensträgers (N 13 f.) auffasst. Das für eine solch dauerhafte Verkehrsbekanntheit (BGE 92 II 310: notoriété durable) bzw. **Verkehrsgeltung** (vgl. z.B. HGer AG sic! 2000, 624 ff. m.w.H – www.swisslawyers.com) nötige Ausmass an Zeichenoriginalität und/oder an verkehrsdurchsetzendem Zeichengebrauch ist im Einzelnen oft nicht leicht zu bestimmen. Allein massgebend bleibt dabei jedenfalls stets die Verkehrsauffassung (N 21 ff.). Nach ihr bestimmt sich etwa, um ein besonders aktuelles Beispiel zu nennen, der Namensrechtserwerb an Zeichen, die (gleichzeitig auch) Domainnamen sind (BURI, Domain-Namen, 378; ferner vorne N 9).

Grundsätzlich müssen bei **ausländischen Handelsnamen** für den Erwerb von Namens-   **17** rechten durch Zeichengebrauch (N 16) – neben der Namenseignung nach schweizerischem Recht (N 7) – dieselben weiteren Voraussetzungen gegeben sein, wie für den Namensrechtserwerb an gleichartigen Inlandskennzeichen (N 11). Es gelten hier jedoch Besonderheiten. Bei einem *unterscheidungskräftigen ausländischen Handelsnamen* kann wegen des Grundsatzes der Inländerbehandlung nicht mehr verlangt werden, als eine **Gebrauchsaufnahme im Inland,** die auf den Beginn einer dauernden inländischen wirtschaftlichen Tätigkeit schliessen lässt (FEZER, Art. 8 PVÜ, N 2, dem hierbei auch bei der – an sich autonomen – Auslegung der PVÜ in der Schweiz zuzustimmen ist). Wird der

Handelsname nur im Ausland benutzt, hat er aber in der Schweiz – etwa durch Werbung mittels in der Schweiz zugänglicher Medien – einen so **hohen Bekanntheitsgrad im Inland** erlangt, dass seine Verwendung durch Dritte im Inland den Verkehr irreführen würde, muss bereits dies für den Namensschutz genügen (FEZER, Art. 8 PVÜ, N 4, und wohl ebenso HILTI, 95; vgl. auch BAUDENBACHER, UWG, Art. 3 lit. d N 111; abweichend offenbar BGE 90 II 320 – Elin GmbH; ferner zum UWG-Schutz ausländischer Handelsnamen BGE 109 II 483 ff. – Computerland; BAUDENBACHER, UWG, Art. 3 lit. d N 24 f., 111; CELLI, Kennzeichenrecht, 331 ff,; DERS., Handelsnamen, 279 ff.; STREULI-YOUSSEF, 162 f.; TROLLER, 208 ff.).

c) Natur und Inhalt des subjektiven Namensrechtes

18   Als Persönlichkeitsrecht ist das Namensrecht ein **absolutes Recht** (BGE 117 II 7 f. – ASTAG; 95 II 486 – Club Méditerranée) und als höchstpersönliches Recht grundsätzlich weder übertragbar noch vererblich sowie auch unverzichtbar (BGE 101 II 191, 118 II 5 – Bigot de Morogues; HGer AG AGVE 1997, 38; vgl aber zum Verzichte auf die Geltendmachung namensrechtlicher Ansprüche N 72). Da Persönlichkeitsrechte unverjährbar sind (A. BUCHER, Personen, 126 N 511), gilt dies auch für das Namensrecht (vgl. aber für die Verwirkung einzelner namensrechtlicher Ansprüche N 71).

19   Als **Gebrauchsrecht** umfasst das Namensrecht die Befugnis des Rechtsinhabers, seinen Namen im Rahmen der Rechtsordnung bei allen sich bietenden Gelegenheiten als Mittel der Identifizierung zu verwenden, so auch unter diesem Namen am Geschäftsverkehr teilzunehmen (BGE 128 III 364 = Pra 92, 16 – Montana; 16 II 617 – Gucci; BGer sic! 1997, 493 ff. – Anne Frank). Mithin darf der Name nicht nur zur *Kennzeichnung der eigenen Person* gebraucht werden, sondern z.B. ebenso zu jener von *Sachen, Geschäftsbetrieben,* selbst geschaffenen *Werken und Einrichtungen* aller Art (BGE 108 II 243 – Wagons-Lits; 102 II 170 – Naegeli-Stiftung; BGer sic! 1997, 493 ff. – Anne Frank), *Veranstaltungen* (BGE 114 II 111 – Cebit), *Internet Websites* (BGE 128 III 353 = Pra 92, 7 – Montana; BGE 128 III 401 – Luzern; BGE 126 III 239 – berneroberland.ch 125 III 94 = Pra 88 720 – Rytz; BGer 4C.141/2002 – DJ Bobo; OGer LU sic! 2000, 518 – www.luzern.ch) usw. Art. 29 betrifft also v.a. auch den Namensgebrauch zu gewerblichen Zwecken (vgl. PEDRAZZINI/OBERHOLZER, 187) und schützt daher nicht zuletzt die *Entfaltung der wirtschaftlichen Persönlichkeit* (bzw. die Namen reiner Erwerbsgesellschaften; vgl. zu solchen N 5).

20   Das Namensrecht beinhaltet sodann ein **Ausschliessungsrecht,** das dem Berechtigten die Befugnis verleiht, anderen den Gebrauch seines Namens zu verwehren (Art. 29 Abs. 2). Das bedeutet, dass der nach Art. 29 geschützte Name zwar von jedermann gebraucht werden darf, dies aber einzig als Name für den an ihm Berechtigten und für niemanden anderen (zur gesetzlichen Kennzeichenbedeutung des Namens vorne N 2). Neben diesem Ausschliessungsrecht gemäss Abs. 2 des Art. 29 kann nach dortigem Abs. 1, wem die Führung seines Namens – etwa durch dauernde Falschbenennung – bestritten wird, auf Feststellung seines Rechtes klagen. Grosse praktische Bedeutung hat dieser **Anspruch auf Bestandesfeststellung** jedoch nicht erlangt (N 64).

3. Verkehrsauffassung

a) Namensrechtliche Rolle der Verkehrsauffassung

21   Zwar gründet das Recht am Namen (N 12 ff.) v.a. auf den Interessen des Individuums (BGE 119 II 308 = Pra 1994, 386 – Fornaciarini), aber die individuelle Kennzeichnung und Unterscheidung einer Person durch deren Namen (N 2) dient auch *öffentlichen Inte-*

ressen (BGE 108 II 162). Ob ein Zeichen im konkreten Einzelfall als Name wirkt und allenfalls wie, kann schon allein deshalb und im Namensrecht ganz besonders nicht von den Absichten und Anschauungen des Zeicheninhabers abhängen, sondern allein von der **Meinung des Publikums** (BGE 112 II 377 – Hotel Appenzell). Massgebend ist demnach die sog. Verkehrsauffassung (BGE 80 II 142 – Fiducia; vgl. auch Art. 47 Abs. 2 MSchG). Sie entsteht durch den Gebrauch eines Zeichens (durch den Zeicheninhaber selber und vor allem auch durch die anderen Verkehrsbeteiligten; N 20), der für dieses zur *Etablierung von Namenswirkungen im Verkehr* führt. Massgebend ist dabei der Eindruck, den ein solcher Zeichengebrauch nach durchschnittlicher Auffassung der beteiligten Verkehrskreise auslöst (vgl. z.B. N 47).

Die Verkehrsauffassung hat grundlegende **Bedeutung für den gesamten Namensschutz**   **22** (Buri, Verwechselbarkeit, 115 ff.; Joller, 332 ff.; Six, 77 ff.). Von den Fällen gesetzlichen Namenserwerbs abgesehen (N 15), bestimmt sich nach ihr allein schon, welche Zeichen überhaupt namensrechtlich geschützt sind (N 7 ff., 16 f.). Für alle namensrechtlich geschützten Zeichen ist die Verkehrsauffassung sodann für den sachlichen, örtlichen und teils auch zeitlichen Umfang des Namensschutzes massgebend (N 28 ff.). Ferner ist bei Kollisionen eines Namens mit Namen oder anderen Kennzeichen insbesondere die Wirkung des kollidierenden Drittzeichens – d.h. die von ihm allenfalls ausgehende Verwechslungsgefahr – ebenso aufgrund der Verkehrsauffassung zu beurteilen (N 46 ff.).

b) Gegenstand der Verkehrsauffassung

Der Schutz des Art. 29 bezieht sich auf eine **Vorstellungseinheit des Verkehrs,** die   **23** Name und Namensinhaber gleichsetzt (zustimmend zur 1. Aufl. HGer ZH sic! 1999, 305 – Brockenhaus). Dabei ist auf die Verkehrsauffassung abzustellen, wie sie tatsächlich besteht, und nicht darauf, wie sie aufgrund irgendwelcher normativer Massstäbe sein sollte (vgl. dazu im Zusammenhang mit dem UWG Baudenbacher, UWG, Art. 3 lit. b N 67 ff.). Mithin ist für die Anwendung des Art. 29 ein **objektives Verständnis der Verkehrsauffassung** massgebend und nicht ein normatives. Dementsprechend bedeutet die Ermittlung der Verkehrsauffassung über weite Strecken *Tatsachenermittlung.* Sie ist gemäss Art. 8 ZGB von demjenigen zu beweisen, der aus ihr Rechte ableitet (BGer Pra 76, 618 – Fortunoff). Nach der hier vertretenen Auffassung sind die Vorstellungen des Verkehrs, welche die Verkehrsauffassung ausmachen, und ihr Inhalt *Fakten,* wogegen es eine *Rechtsfrage* darstellt, welche namensrechtliche Bedeutung (N 22) ihnen zukommt (so zutreffend angedeutet, aber offen gelassen in BGE 102 II 309 – Abraham; **a.M.** offenbar BGE 126 III 245 – berneroberland.ch, 117 II 515 – ASTAG; weitere Einzelheiten bei Baudenbacher, UWG, Art. 3 lit. d N 106 ff., Joller, 333 f.).

c) Richterliche Feststellung der Verkehrsauffassung

Die richterliche Feststellung der Verkehrsauffassung, welche die Namensschutzprozesse   **24** (N 64 ff.) häufig dominiert, geschieht nach schweizerischer Rechtsprechung im Allgemeinen ohne dabei demoskopische Gutachten über die Vorstellungen des Verkehrs einzuholen (Pedrazzini, 87: vgl. aber auch Baudenbacher, UWG, Art. 3 lit. d N 55, 108; Willi, Art. 3 N 25). Vielmehr wird anhand der **nachgewiesenen Umstände des Einzelfalles** (BGer 4C.149/2003 – Integra) und der allgemeinen Lebenserfahrung darüber entschieden, was ein Zeichengebrauch im Verkehr bewirkt (woran sich der Entscheid nach Art. 4 ZGB anschliesst, inwiefern die festgestellten Wirkungen rechtlich massgebend sind). An dieser Art richterlicher Feststellung der Verkehrsauffassung ist, bei aller ernst zu nehmenden Kritik, vor allem aus Gründen der Prozessökonomie festzuhalten (so überzeugend für das UWG Baudenbacher, UWG, Art. 3 lit. b N 79 ff.; kritisch Joller, 352).

4. Namensrechtsbestand als Schutzvoraussetzung

a) Namensschutzfrage als Bestandesfrage

25   Namensschutz nach Art. 29 kann nur beanspruchen, wer seinen Namen zu Recht führt (BGE 80 II 140 – Fiducia; ferner 66 II 265 – Verband Schweizer Metzgermeister; 93 II 259 – Teppich-Discount-Haus AG). Oft erweist sich so die Namensschutzfrage als reine Bestandesfrage hinsichtlich der beteiligten Zeichen, indem sich gegen namensrechtliche Ansprüche (N 64 ff.) einwenden lässt, es sei der **Namensträger selber nicht befugt,** sein als Namen geltend gemachtes Zeichen zu gebrauchen: sog. Einwand der unclean hands (vgl. auch N 26 f.). Unzulässig wäre es aber, für die Bestandesfrage bessere Namensrechte Dritter anzurufen. Wegen der subjektiv- bzw. individualrechtlichen Konzeption des Namensschutzes (N 12) können solche Rechte einzig von den jeweiligen Rechtsinhabern geltend gemacht werden. Insofern besteht also bloss *relative Schutzunfähigkeit* aller einem vorbestehenden Zeichen nachgehenden Namen (vgl. auch BGE 112 II 63 – Monti).

b) Namensschutzunfähige Zeichen

26   Namen müssen für den mündlichen wie den schriftlichen Gebrauch gleichermassen tauglich sein, um ihre Unterscheidungsfunktion (N 2) durchgängig erfüllen zu können (dazu betreffend die Firma als Namenssonderform des OR, BÜHLER, 106). Folglich kommen als Namensbestandteile nur Sprachelemente in Frage (Handkommentar-BÜCHLER, Art. 29 ZGB N 4). Namenmässig verwendbare **Bildzeichen,** wie etwa Wappen und Embleme, können daher zwar Teil der nach Art. 28 geschützten Persönlichkeit sein, stellen aber keine gemäss Art. 29 schutzfähigen Namen dar (so auch LACK, 107; PEDRAZZINI/ OBERHOLZER, 187; **a.M.** BROSSET, 8, GEISER, 36; vgl. ferner A. BUCHER, Personen, 124 N 501; BK-RIEMER, syst. Teil zu Art. 60 ff. N 446 ff.). Dies gilt auch für unaussprechbare Zeichenfolgen bzw. einzig wegen ihres Schriftbildes kennzeichnungskräftige Worte, also insoweit *rein figurative Wortzeichen.*

27   An **rechtswidrigen Wortzeichen** ist ein Namensrechtserwerb (durch Namensänderung nach Art. 30 Abs. 1, Statutenerlass und dgl. sowie vor allem durch Namensgebrauch) ausgeschlossen. In diesem Sinne *absolut schutzunfähige Zeichen* sind zunächst solche, die *besondere Vorschriften verletzen,* insb. entgegen namensrechtlichen Vorschriften (Art. 160, 270), firmenrechtswidrig (Art. 944 f., 947–950, 952–954 OR) oder entgegen dem Täuschungsverbot des Art. 3 lit. b UWG gebildet worden sind. Gleiches gilt für Zeichen, die sich als allgemein unzulässig, weil *anstössig* erweisen (z.B. unsittliche Zeichen), sowie für Zeichen, die für den Verkehr unverzichtbare und daher zwingend freizuhaltende Sachbezeichnungen darstellen.

c) Erlöschen des Namensschutzes

28   Namensschutz nach Art. 29 kann nur aufgrund eines subjektiven Namensrechtes beansprucht werden (Appellationsgericht FR in RFJ 2004, 34 – Alpinex) und besteht folglich nur für die **Existenzdauer des Namensrechts.** Wegen seiner persönlichkeitsrechtlichen Natur bewirken Tod oder Untergang seines Inhabers für dessen gesetzlichen Namen (N 4 ff.) auch den Untergang des Namensrechtes, so dass sich Rechtsnachfolger nicht auf Namensrechte verstorbener Personen berufen können (BGer sic! 1997, 493 und HGer ZH ZR 97 48 – Anne Frank; LACK, 189 ff.; dazu die Kritik von BÜCHLER, 3 ff. und HILTI, 148 ff.). Entsprechend führt auch der Untergang von Gesellschaften zum Erlöschen deren Namensrechte (Appellationshof VS, RFJ-FZR 1999, 58 f.). Zudem ist bei durch Gebrauch erworbenen Namensrechten (N 16) der nachträgliche Wegfall früherer Verkehrsbekanntheit (bzw. Verkehrsdurchsetzung) des Namens ein weiterer Grund für das Erlöschen des an ihm vorher erworbenen Namensrechtes.

5. Schutzumfangbestimmender Namensgebrauch

Das subjektive Namensrecht kann nicht weiter reichen als die *tatsächliche Auswirkung*   **29**
des Namensgebrauchs (so schon BGE 64 II 251 – Wollen-Keller; ferner BGE 128 III
362 ff. = Pra 92, 17 ff. – Montana; BGer sic! 1997, 493 – Anne Frank, HGer ZH sic!
1999, 305 – Brockenhaus). Zur Ermittlung der für den Schutzumfang eines Namens
massgebenden Verkehrsauffassung (N 21 ff.) sind daher stets die an der Namensverwendung beteiligten Verkehrskreise (BGE 80 II 145 – Fiducia) festzustellen. Sie decken sich
in aller Regel nur mit Teilen der Landesbevölkerung, nämlich mit den **Kreisen, die einen
Namen zu beachten pflegen** (BGE 80 II 286 – Bund Schweizer Architekten BSA). Das
gilt zunächst in sachlicher Hinsicht, wobei der Namensgebrauch nicht nur gegenüber
allfälligen Letztabnehmern bzw. Konsumenten erfolgt (vgl. für das UWG BAUDEN
BACHER, UWG, Art. 3 lit. d N 51), sondern regelmässig auch oder gar nur gegenüber
anderen Teilen des Publikums, gegenüber der Post und gegenüber den Behörden (dazu
N 48).

Die Wirkungen des Gebrauchs eines Namens sind nicht nur in sachlicher (N 29), sondern   **30**
ebenso in örtlicher Hinsicht für dessen Schutzumfang massgebend. Zwar sind dem Recht
am Namen als Persönlichkeitsrecht vom Gesetz keine bestimmten räumlichen Grenzen
gezogen (BGE 90 II 466 – Gotthard-Bund), doch führt die Abhängigkeit des Umfangs dieses Rechts vom Namensgebrauch oft zu **territorialen Einschränkungen des
Namensschutzes** nach Art. 29. Dieser kann stets nur bezogen auf ggf. örtlich begrenzte
beteiligte Verkehrskreise angerufen werden (BGE 102 II 309 – Abraham; 90 II 320 –
Elin GmbH; 79 II 315 – Interchemical Corporation).

III. Unbefugte Namensanmassung

1. Der Schutztatbestand des Art. 29 Abs. 2 (Übersicht)

a) Gesetzliche Ausgangspunkte

Namensschutz nach Art. 29 Abs. 2 geniesst, wer dadurch *beeinträchtigt* wird, dass ein   **31**
anderer sich seinen *Namen anmasst*. Damit knüpft diese Bestimmung, die übrigens strukturell mit der Firmenschutzvorschrift des Art. 956 Abs. 2 OR übereinstimmt (N 61), den
Namensschutz an zweierlei Voraussetzungen: neben der Namensanmassung durch den
Verletzer muss dessen Zeichengebrauch auch eine Beeinträchtigung des am angemassten
Namen Berechtigten bewirken. Indessen wird aber keines dieser beiden Merkmale des
Verletzungs- bzw. Schutztatbestandes des Art. 29 Abs. 2 im Gesetz näher umschrieben.
Dies ist erst durch die Gerichte geschehen. BGE 116 II 469 (Coca-Cola) fasst die hierfür
einschlägige höchstrichterliche Rechtsprechung dahingehend zusammen, dass Art. 29
Abs. 2 eine **unbefugte Namensanmassung** voraussetzt, das heisst eine solche durch
Beeinträchtigung rechtlich schützenswerter Interessen des betroffenen Namensträgers
(N 35 f., 53–60). Hierfür ist im allgemeinen eine allfällige **Verwechslungsgefahr**
hinsichtlich der fraglichen Zeichen entscheidendes Element (BGE 4C.199/2001,
E. 5c – Audi), aber nicht stets ausreichend (N 32 ff., 43–52). Nicht erforderlich ist
eine Verwechslungsgefahr bei den Sondertatbeständen der Namensanmassung durch
ohne überwiegend schützenswerte Interessen erfolgte **Behinderung** des Berechtigten
(N 35), seinen Namen selber zu gebrauchen (zum Namensrecht als Gebrauchsrecht vorne
N 19).

b) Schaffen von Verwechslungsgefahr

32 Für die nach Art. 29 massgebende Verwechselbarkeit eines Namensträgers mit anderen Zeicheninhabern (N 31) ist nicht erforderlich, dass sich Verwechslungen bereits ereignet haben: es genügt deren Wahrscheinlichkeit (BGE 117 II 515 – ASTAG). Eine Namensanmassung liegt somit unter diesem Gesichtspunkt vor, wenn die Verwendung eines Kennzeichens durch eine Person zu einer Verwechslungsgefahr mit einem Namen einer anderen Person führt, so dass eine **Gefährdung der Unterscheidungs- und Kennzeichnungsfunktion** dieses Namens entsteht (HGer ZH sic! 1999, 304 – Brockenhaus). Der Tatbestand des Art. 29 Abs. 2 umfasst denn auch in erster Linie klar umrissene Fallgruppen, die sich im Kern immer auf das *Schaffen von Verwechslungsgefahr* (N 43 ff.) reduzieren lassen. Dagegen liegt bei einer allenfalls störenden Namensverwendung ohne Verwechslungsgefahr kein Schutztatbestand des Art. 29 Abs. 2 vor (N 41 f.; vgl. aber zum Sonderfall der Behinderung N 35).

33 Eine (allfällige) Namensanmassung ist zunächst bei einer Namensverwendung gegeben, als deren Folge Namensträger – direkt oder hinsichtlich von Sachen, Werken, Leistungen und dgl. – mit Dritten verwechselt werden können (BGE 112 II 372 – Hotel Appenzell). Art. 29 Abs. 2 schützt demnach erst einmal vor *Verwechslungsgefahr im engeren Sinne,* also vor der Gefahr von Irrtümern des Publikums über die Identität von Namensträgern, d.h. vor **Fehlidentifikationen** (BGE 128 II 403 – Luzern; BGer 4C.141/2002, E. 4 – DJ Bobo). Solche können unterschiedliche Ursachen haben. Sind schon die Zeichen (Namen) als solche verwechselbar und wegen dieser Zeichenverwechselbarkeit auch deren Inhaber, liegt eine unmittelbare Verwechslungsgefahr vor (OGer ZH SMI 1995, 139 ff. – Swica). Bei mittelbarer Verwechslungsgefahr werden dagegen an sich unterscheidbare Zeichen wegen ihrer Ähnlichkeit irrtümlich dem gleichen Inhaber zugerechnet (so wie hier und zutreffend Handkommentar-BÜCHLER, Art. 29 ZGB, N 9; FEZER, MarkenG Art. 14 N 140 ff., JOLLER, 347 f.; abweichend HGer AG sic 2001–537 und BAUDENBACHER, UWG, Art. 3 lit. d N 48, wo die mittelbare Verwechslungsgefahr mit der im weiteren Sinne gleichgesetzt wird; unklar BGE 127 II 165 f.).

34 Für die Anwendbarkeit des Art. 29 Abs. 2 ist eine Verwechslungsgefahr im engeren Sinne aber nicht zwingend erforderlich (BGE 118 II 10 f. – Bigot de Morogues; 72 II 150 – Surava). Anmassend ist es vielmehr auch, die Kennzeichnungswirkung eines fremden Namens für eigene Zwecke zu nutzen, wobei oft geradezu ein *Missbrauch der Kennzeichenwirkung* durch Rufausbeutung gegeben sein wird (BGE 112 II 371 – Hotel Appenzell). Daraus kann sich eine *Verwechslungsgefahr im weiteren Sinne ergeben* (zur Terminologie statt aller FEZER, MarkenG 15 N 72, JOLLER, 347 ff.). Bei ihr erweckt der Dritte den Anschein, der Namensträger habe mit ihm persönlich oder mit seinem Geschäft (bzw. seinen Waren, Werken, Leistungen, Veranstaltungen, Web Sites etc.) etwas zu tun oder es bestehe eine enge – persönliche, ideelle, geistige oder geschäftliche – Verbindung, die in Tat und Wahrheit fehlt oder gar nur aus Gegensätzen besteht (BGE 112 II 371 – Hotel Appenzell). Bei einer solchen **Vermutung falscher Zusammenhänge** (BGE 128 II 403 – Luzern) werden der Namensträger wie auch sein Name und der Dritte sowie dessen Zeichen zwar auseinander gehalten (keine Verwechslungsgefahr im engeren Sinne; N 33), er wird aber zu jenem wegen Zeichenähnlichkeit in eine Beziehung gebracht, die er ablehnt und vernünftigerweise auch ablehnen darf (BGE 128 III 403 – Luzern; 128 II 358 f. = Pra 92, 11 – Montana; 116 II 469 – Coca-Cola; 80 II 147 – Fiducia; OGer ZH ZR 78, 52 – Sex- und Erotikartikel).

c) Beeinträchtigung rechtlich schützenswerter Interessen

Das subjektive Namensrecht (N 12) wird nicht schon dann verletzt, wenn jemand zu   **35**
eigenen Kennzeichnungszwecken einen fremden Namen verwendet (BGE 112 II 370 –
Hotel Appenzell). Dazu muss die Namensanmassung vielmehr über das **Schaffen von
Verwechslungsgefahr** hinaus auch insofern *unbefugt* erfolgt sein, als sie eine Beeinträchtigung (überwiegender) rechtlich schützenswerter – d.h. den regelmässig vorhandenen Interessen anderer Beteiligter vorgehender – Interessen des Namensträgers darstellt
(Zusammenfassung der Rechtsprechung in BGE 116 II 469 – Coca-Cola, vorne N 31).
Ausser durch Schaffen einer Verwechslungsgefahr werden die Interessen des Namensbe-
rechtigten gegebenenfalls auch durch dessen **Behinderung beim Namensgebrauch** er-
heblich tangiert, etwa wenn ihn jemand ohne berechtigte Interessen daran hindert, seinen
Namen enthaltende Kennzeichen registrieren zu lassen (so für die Domain-Namen BGE
128 III 410- Luzern; BGer 4C.141/2002, E. 3 – DJ Bobo; Buri, Domain-Namen, 367 f.).
Bei solchen Behinderungen wird das Schaffen einer Verwechslungsgefahr im weiteren
Sinne (N 34) zwar regelmässig beabsichtigt sein, doch ist deren Vorliegen für eine
Namensanmassung nicht erforderlich.

Als Interessen gemäss Art. 29 Abs. 2 kommen von vornherein nur **eigene Interessen des**   **36**
Namensinhabers in Betracht (BGE 112 II 380 – Hotel Appenzell). Es bestehen sehr
vielfältige Interessen der Namensinhaber an ihren Namen (vgl. Lack, 140–175). Oft
werden diese einen Vermögenswert haben. Das ist jedoch keineswegs erforderlich, indem
Art. 29 **geschäftliche und ideelle Interessen** gleichermassen schützt (BGE 116 II 469 –
Coca-Cola). Stets ist aber Voraussetzung des Namensschutzes, dass solche Interessen ein
gewisses Gewicht haben und ihnen keine überwiegenden Interessen des Inhabers des
(Verwechslungsgefahr stiftenden) Zeichens entgegenstehen, gegen welches Schutz verlangt wird (N 53 ff.).

2. Namensanmassungen als Zeichengebrauch

a) Namenmässiger Zeichengebrauch als Namensanmassung

Die Namensanmassung ist stets ein nicht nur hypothetischer, sondern tatsächlicher Zei-   **37**
chengebrauch im Verkehr (BGer 4C.149/2003 – Integra), und zwar die Verwendung des
Namens eines anderen für eigene Zwecke (N 20). Dabei masst sich zunächst klarerweise
derjenige einen fremden Namen an, der zur **Bezeichnung seiner eigenen Person** den
Namen eines anderen verwendet (BGE 112 II 371 – Hotel Appenzell). Es sind dies die
klassischen, der Konzeption des Art. 29 Abs. 2 zugrunde liegenden Fälle von Namensanmassungen (zur Namensanmassung durch Namensänderung Art. 30 N 21). Hingegen
stellt die Verwendung eines von einem Dritten angemassten Namens, um diesen zu benennen, *keine Bezeichnung der eigenen Person* und somit keine Namensanmassung dar,
kann aber gegebenenfalls nach Art. 28 eine Persönlichkeitsverletzung sein (so zutreffend
für die Domainnamen Buri, Verwechselbarkeit, 241 ff.; **a.M. Six,** 111 f.).

Weil Art. 29 Abs. 2 den Namensträger vor Verwechslungsgefahren schützt (N 32 ff.), ist   **38**
es nicht nur anmassend, mit Namen anderer völlig **übereinstimmende Zeichen** zu verwenden, sondern ebenso, *Namensübersetzungen* zu verwenden (BGer 5C.76/2004, E. 1 –
Swiss Dentists' Society) oder kennzeichnende *Hauptbestandteile fremder Namen* in
eigene zu übernehmen (BGE 116 II 469 – Coca-Cola). Ferner kann nach einem Teil der
Rechtsprechung (BGE 80 II 284 – Bund Schweizer Architekten BSA; 90 II 464 – Gotthard-Bund; 95 II 487 – Club Méditerranée; **a.M.** BGE 83 II 260 f. – Neuapostolische
Gemeinde; 93 II 309 – Sheila) sowie nach zutreffender und h.L. (vgl. Buri, Verwechselbarkeit, 126; Joller, 325 ff.; Lack, 128; Troller, 155 ff.; Six, 31 f.; alle m.w.Nw.) die

Anmassung eines Namens auch im Verwenden **ähnlicher Zeichen** bestehen. Gerade Namensähnlichkeiten bewirken besonders oft Verwechslungen, weshalb es dem Zweck des Art. 29 völlig zuwiderliefe, diesen ausgerechnet auf solche Fälle nicht anzuwenden. Es gibt daher im Sinne des Art. 29 auch die *Namensanmassung ohne Übernahme des Hauptbestandteils des fremden Namens.*

b) Anmassender nichtnamensmässiger Zeichengebrauch

39 Das Gebrauchsrecht am eigenen – in einem weiten Sinne zu verstehenden (N 3) – Namen beinhaltet das Recht (Gebrauchsrecht), diesen bei jeder sich bietenden Gelegenheit benutzen zu dürfen (N 19). Aus diesem weiten Rechtsumfang ergibt sich, weil der Namensschutz als subjektives **Ausschliessungsrecht** konzipiert ist (N 20), auch der Kreis möglicher Namensrechtsverletzungen: soweit das Gebrauchsrecht am eigenen Namen reicht, muss der Berechtigte andere von einem störenden Gebrauch ausschliessen können. Art. 29 gestattet daher dem Namensinhaber nicht nur, die Verwendung seines Namens durch einen anderen zur Kennzeichnung dessen Person abzuwehren, sondern ebenso die Abwehr der Namensverwendung etwa für Sachen, für Geschäftsbetriebe, für selbst geschaffene Werke, für Einrichtungen aller Art, für Veranstaltungen, für den Betrieb, ja schon das blosse Registrierenlassen von Internet Websites im In- und/oder im Ausland (vorne N 19 m.Nw.) sowie in Firmen von Aktiengesellschaften (Bsp.: Zivilgericht BS BJM 1973, 136 ff. – Crea; gemäss BRÜCKNER, 294 N 969 ein Fehlurteil). Folglich können namensmässige *und* anderweitige Zeichenverwendungen Namensanmassungen darstellen (**a.M.** bzw. einschränkend BRÜCKNER, 292 N 963). Dies trifft namentlich auch für den Gebrauch bloss dem angemassten Namen ähnlicher Zeichen (N 38) zu, wie dies vorliegend den praktischen Regelfall darstellt (zur Verwendung angemasster Namen durch Dritte, N 37).

40 Da das Ausschliessungsrecht des Art. 29 Abs. 2 umfassend die Abwehr namensmässiger und anderweitiger Zeichenverwendungen erlaubt (N 39), gilt dieser nicht nur für Konflikte verschiedener Namen, sondern u.U. auch für solche zwischen Namen und andersartigen Zeichen. Ein derartiger Fall einer nach Art. 29 Abs. 2 zu beurteilenden **Kollision verschiedenartiger Kennzeichen** liegt etwa vor, wenn jemand sich den Namen eines anderen bzw. entsprechende Namensteile anmasst, um damit eine Geschäftsbezeichnung (z.B. BGE 102 II 305 ff. – Abraham, kritisch zu diesem Entscheid BRÜCKNER, 294 N 971; 112 II 365 f. – Hotel Appenzell), eine Bezeichnung von Sachen (BGE 87 II 111 – Narok) oder einen Domainnamen (Vorinstanz in BGE 126 III 239 – berneroberland.ch; OGer LU sic! 2000, 518 – www.luzern.ch) zu bilden.

c) Blosse Namensnennungen und dgl.

41 Jede Verwechslungsgefahr fehlt bei einer **auf den Namensträger bezogenen oder fiktiven Namensverwendung**, d.h. bei blossen Namensnennungen und dgl. Art. 29 hilft deshalb z.B. nicht gegen den Abdruck alter Plakate, die Namen Dritter enthalten (BGE 108 II 243 – Wagons-Lits), die Namenserwähnung in Nachschlagewerken, in Medien- und anderen Berichten über den Namensträger, bei einer (wahrheitsgemässen) Namensangabe auf einer Zeitschriftenmappe (BGE 64 II 120 f. – Ringier) sowie in frei erfundenen Romanen oder in Karikaturen (BGE 95 II 486 – Club Méditerranée; **a.M.** GEISER, 36, für Namen literarischer Figuren). In all diesen Fällen liegt schon gar keine Namensanmassung vor, wohl aber kann dabei u.U. Art. 28 (bzw. das UWG) einschlägig sein (Bsp.: BGE 95 II 486 – Club Méditerranée» 126 III 215 f. – Kraska).

42 Nach hier vertretener Auffassung kommt Art. 29 Abs. 2 bei Namensverwendungen nicht zum Zuge, welche **Beeinträchtigungen ohne Verwechslungsgefahr oder Behinderung**

bewirken (zustimmend zur 1. Aufl. WEBER, E-Commerce 155; gl.M. JOLLER, 341 f.; vgl. ferner BURI, Verwechselbarkeit, 117 ff., SIX, 49 zur Voraufl. N 16 und 21), etwa bei herabsetzender bzw. kränkender Namensverwendung oder beim Schaffen von Verwässerungsgefahr (hierzu etwa MSchG-DAVID, Art. 3 N 56, Art. 15 N 8; TROLLER, 161 f.; ferner LACK, 115 ff.). Ganz allgemein kann hiergegen nicht aufgrund des Art. 29, sondern allenfalls gemäss Art. 28 bzw. UWG vorgegangen werden (vgl. erneut WEBER, E-Commerce 155 f; **a.M.** OGer BL SMI 1960, 174, das auch auf Tatbestände kränkender Namensverwendung Namensrecht anwenden will; unklar BGE 102 II 312 f. – Abraham).

3. Namensrechtlich massgebende Verwechslungsgefahr

a) Ausgangspunkte

Die **«Verwechslungsgefahr»,** wie sie in Art. 29 nicht einmal erwähnt, geschweige denn   **43** definiert wird (N 31), ist der **Schlüsselbegriff des gesamten Kennzeichenrechts.** Dabei hat man die Verwechslungsgefahr im ganzen Kennzeichenrecht (Namens-, Firmen-, Marken- sowie Lauterkeitsrecht) einheitlich zu beurteilen (z.B. BGE 127 III 165 – Securitas, 126 III 245 – berneroberland.ch 116 II 470 – Coca-Cola; WEBER SZW 2000, 262), und es ist deren Begriff nach Art. 29 ZGB identisch mit jenem des Art. 3 lit. d UWG (BGer 4C.199/2001, E. 5c – Audi). Neben den Gemeinsamkeiten der einzelnen Kennzeichenrechte sind aber auch – wegen der hier gebotenen Gesamtwürdigung des Einzelfalls (N 45) – die Unterschiede zu beachten (JOLLER, 367 ff., insb. 375; vgl. auch FEZER, MarkenG, § 14 N 82). So bestehen zwar allgemeine Grundsätze und Massstäbe der Beurteilung der *Zeichenverwechselbarkeit,* die im Namens-, Firmen-, Marken- und Wettbewerbsrecht gleichermassen gelten (vgl. z.B. BGE 116 II 616 – Gucci), aber im Übrigen hängt die Beurteilung der Verwechslungsgefahr stark vom jeweiligen Zeichengebrauch ab, wie er für die einzelnen *Kennzeichnungsmittel* – Name, Firma, Geschäftsbezeichnung, Marke etc. – jeweils typisch ist (STREULI-YOUSSEF, 142; zustimmend BAUDENBACHER, UWG, Art. 3 lit. d N 43). Es kann daher im konkreten Einzelfall z.B. nach UWG eine Verwechslungsgefahr zu bejahen, nach Namens-, Firmen- oder Markenrecht dagegen zu verneinen sein (WILLI, Vor 1, N 58).

Auch im Rahmen des Art. 29 ist die Zeichenverwechselbarkeit nach den genannten all-   **44** gemeinen Grundsätzen und Massstäben zu beurteilen, lassen sich also firmen-, lauterkeits- und auch markenrechtliche (Wortmarken betreffende) Grundsätze auf das Namensrecht übertragen (vgl. etwa den Hinweis auf die firmenrechtlichen BGE 95 II 458 – Sodibel und 82 II 154 – Schweizer Ski-Schule Zermatt, im namensrechtlichen BGE 117 II 515 – ASTAG). Darüber hinaus wird die **für den Namensschutz massgebende Verwechslungsgefahr** aber vom Normzweck des Art. 29 ebenso geprägt wie von den Eigenarten der Namen als Kennzeichnungsmittel (zum öffentlichen Interesse an der Unterscheidungsfunktion des Namens; N 2, 21) und den damit einhergehenden *namensspezifischen Zeichenbenutzungslagen* (vgl. z.B. N 48).

Die Verwechslungsgefahr gemäss Art. 29 Abs. 2 ist die Gefahr von Fehlvorstellungen des   **45** Verkehrs über die Identität eines Namensträgers (N 33) oder dessen Beziehungen zu anderen Personen, Sachen, Geschäften und dgl. (N 34). Sie ist zu bejahen, wenn Verwechslungen angesichts der Gestaltung der zu vergleichenden Namen (oder andersartigen Zeichen) mit Rücksicht auf die besonderen Umstände im Bereich der Wahrscheinlichkeit liegen (BGE 117 II 515 – ASTAG mit w.Nw.). Es ist demnach eine **Gesamtwürdigung der Umstände des Einzelfalles** vorzunehmen, mithin ein Entscheid nach Art. 4 ZGB zu treffen (so auch für das UWG, BAUDENBACHER, UWG, Art. 3 lit. d N 54; BURI, Domain-Namen, 362). Wie sich z.B. aus BGE 117 II 515 (ASTAG) ergibt, steht dabei die *Zei-*

chenähnlichkeit im Vordergrund. Darüber hinaus sind u.U. aber auch andere Umstände als Kriterien der Verwechslungsgefahr zu beachten, so z.B. die (schutzumfangerweitern-de) besondere Kennzeichnungskraft eines Zeichens (zutreffend kritisch dazu aber BAU-DENBACHER, UWG, Art. 3 lit. d N 86 ff.), die sachliche oder örtliche Nähe der Tätigkeit der Beteiligten und dgl.m. (vgl. JOLLER, 337 ff.). Eine abschliessende Liste solcher Krite-rien, die kennzeichenimmanent sind oder ausserhalb des Kennzeichens selbst liegen (BAUDENBACHER, UWG, Art. 3 lit. d N 62 ff., 96 ff.), kann es dabei nicht geben (JOLLER, 354). Diese sind vielmehr zahllos (BAUDENBACHER, UWG, Art. 3 lit. d N 62).

b) Massgeblichkeit der Verkehrsauffassung

46   Bei Art. 29 Abs. 2 geht es um die Gefahr, dass ein Namensträger – direkt oder bezogen auf Geschäftsbetriebe, Sachen, Werke, Leistungen und dgl. – mit einem anderen ver-wechselt wird. Ob und in welchem Ausmass eine Verwechslungsgefahr im engeren bzw. weiteren Sinne (N 33 f.) gegeben ist, wie also der Gebrauch miteinander in Konflikt ge-ratener Zeichen wirkt, hängt von den gesamten Umständen ab, wie die Zeichen ge-braucht (BGer 4C.149/2003 – Integra) und von den Adressaten wahrgenommen werden, sowie von der Art, wie diese die Zeichen verstehen und in der Erinnerung behalten (statt aller BGE 128 III 403 f. – Luzern; BURI, Domain-Namen, 358). Massgebend ist hier so-mit die **Auffassung der beteiligten Verkehrskreise** (vgl. schon N 21 ff.). Solche sind etwa die schon vorhandene oder bloss mögliche *Kundschaft* der Namensträger (BGE BGE 128 III 365 = Pra 92, 18 f. – Montana; 90 II 321 – Elin GmbH; Pra 76, 618 – For-tunoff), das *Publikum,* an das sie sich mit Werbeaktionen, Sammlungen usw. wenden (BGE 83 II 257 – Neuapostolische Gemeinde), die *Fabrikantenkreise,* in denen sie als Nachfrager ausschliesslich auftreten (HGer ZH SMI 1988, 181, Pra 76, 618 – Fortunoff), bestimmte *Fachkreise,* in denen ihr Name vornehmlich gebraucht wird (BGE 90 II 322 – Elin GmbH), das *Postpersonal* (BGE 83 II 257 – Neuapostolische Gemeinde) und *Be-hörden* (BGE 80 II 142 – Fiducia), die sich mit ihren Namen zu befassen haben. Mass-gebend ist ferner auch, ob ein Name nur oder erhöhte *örtliche Bedeutung* hat (BGE 128 III 365 = Pra 92, 18 f. – Montana; 90 II 320 – Elin GmbH; 79 II 315 – Interchemical Corporation; 64 II 251 – Wollen-Keller), etwa eine solche nur für das zürcherische Pub-likum (BGE 102 II 309 – Abraham).

47   Stehen die hier massgebenden Verkehrskreise fest, ist die dort herrschende **durchschnitt-liche Auffassung** zu eruieren (BGE 128 III 407 – Luzern). Grundlegend ist dabei, dass die faktisch nur *geringe durchschnittliche Aufmerksamkeit* des Publikums in Namensdin-gen nach der Rechtsprechung nicht zulasten des Verkehrs, sondern der Zeicheninhaber geht (BGE 80 II 146 – Fiducia; 112 II 373 – Hotel Appenzell). Als Folge hiervon fallen hier nur gerade *sehr* unachtsame Verkehrsbeteiligte als Beurteilungsmassstab ausser Be-tracht (BGE 80 II 288 – Bund Schweizer Architekten BSA), wogegen im Übrigen auch jede Verwechslungsgefahr in bloss unachtsamen (und eben gerade insofern durchschnitt-lichen) Publikumsteilen rechtlich beachtlich, also zu vermeiden ist. Umgekehrt kommt es auf ungewöhnlich kundige oder aufmerksame nicht an (soweit solche nicht einen eige-nen, in concreto beteiligten Verkehrskreis bilden; N 48). Sodann sind dabei das eigene, insbesondere das alltagstheoretische Wissen des Richters, Fachbefunde, der allgemeine Sprachgebrauch u.Ä. nur insoweit von Bedeutung, als sie sich mit der (durchschnittli-chen) Verkehrsauffassung decken oder diese nachweisen.

48   Die Namen nach Art. 29 werden nicht nur z.B. bei und vom allgemeinen Publikum bzw. bei und von der allfälligen Kundschaft des Namensträgers verwendet, sondern auch bei und von Behörden sowie bei und von der Post. Sodann wirken Namen oft – für die Schweiz besonders aktuell – in Verkehrskreisen unterschiedlicher Sprache (vgl. etwa die

Fälle BGE 117 II 513 ff. – ASTAG; 80 II 281 ff. – Bund Schweizer Architekten BSA; dazu auch GILLIÉRON, 156), in Fach- und zugleich in Laienkreisen (HGer ZH SMI 1981, 119) oder in schweizerischen Hersteller- und australischen Abnehmerkreisen (BGer Pra 76, 618 – Fortunoff). Man hat also im Rahmen des Art. 29 stets eine **Mehrheit beteiligter Verkehrskreise** vor sich, die höchstens je für sich allein genommen noch einigermassen homogen und damit Durchschnittlichkeitserwägungen zugänglich sind. So ergeben sich zumeist – nach Ursachen und/oder im Ergebnis – *unterschiedliche Verkehrsauffassungen* über die jeweils zu beurteilenden Namenswirkungen. Wo dies zutrifft, ist i.A. jede dieser Auffassungen für sich allein bereits namensschutzrechtlich erheblich. So wird vor allem eine auf gerechten Ausgleich bedachte Interessenabwägung (N 53 ff.) regelmässig ergeben, dass der Verletzungstatbestand des Art. 29 Abs. 2 schon dann erfüllt ist, wenn der Gebrauch der fraglichen Zeichen auch nur in einem der beteiligten Verkehrskreise eine Verwechslungsgefahr bewirkt.

c) Kriterien abstrakter Feststellung der Verwechslungsgefahr

Sind *konkrete* Namensverwechslungen (N 52) nicht oder nicht hinreichend erstellt, orien- **49**
tieren sich die Gerichte vorab an der Gestaltung der zu vergleichenden Namen (BGE 117 II 515 – ASTAG), also an einem kennzeichenimmanenten Beurteilungskriterium. Ein solch abstrakter **Zeichenähnlichkeitsvergleich** erfolgt aufgrund des *Gesamteindrucks des Erinnerungsbildes,* das die zu beurteilenden Zeichen (Namen, Marken etc.) bei den beteiligten Verkehrskreisen hinterlassen (dazu mutatis mutandis sehr aufschlussreich der Wortmarkenfall in BGE 121 III 377 – Boss). Dieser Eindruck wird i.Allg. von drei Zeichencharakteristika bestimmt, nämlich vom *Wortbild* (Länge, Buchstabenfolge, etwaige besonders hervorstechende Silben und andere Teile), vom *Wortklang* (Abfolge sowie Intonation von Vokalen und Konsonanten) und von einem allfälligen *Wortsinn*. Bei einem solchen Zeichenvergleich, der zuweilen etwas lotteriehaft wirkt (vgl. BAUDENBACHER, UWG, Art. 3 lit. d N 54, zu den von den OGer ZH und LU diametral entgegengesetzt beurteilten SWICA/SWISSCARE-Fällen), sind neben der namensrechtlichen Gerichtspraxis (Kasuistik bei JOLLER, 343 ff.) auch jene aus dem Firmen- und Wettbewerbsrecht sowie dem Markenrecht (Wortmarken) heranzuziehen (N 43). Hierfür liefern verschiedene Kasuistiken reiches Anschauungsmaterial (BAUDENBACHER, UWG, Art. 3 lit. d N 42 ff.; JOLLER, 222 ff., 286 ff., 316 ff.; ferner OR-ALTENPOHL, Art. 951 N 14, MSchG-DAVID, Art. 3 N 22 ff.; HILTI, 79; MARBACH, 118 ff.; MEIER-HAYOZ/FORSTMOSER, 190 f., N 143 f.; WILLI, Art. 3 N 69 ff.).

Ergibt ein (abstrakter) Vergleich der Zeichenähnlichkeit (N 49) eine **Zeichenverwech- 50**
selbarkeit, pflegen die Gerichte zumeist ohne weiteres auf eine (durch sie adäquat kausal verursachte) Verwechslungsgefahr zu schliessen. Ein solch **pragmatisches Vorgehen** führt i.Allg. durchaus zu zutreffenden Ergebnissen. In der Tat bewirkt angesichts des nur geringen Erinnerungs- und Unterscheidungsvermögens durchschnittlicher Verkehrsteilnehmer in Namensdingen (N 47) schon die blosse (abstrakte) Zeichenverwechselbarkeit nach gewöhnlichem Lauf der Dinge eine entsprechende Verwechslungsgefahr (im engeren Sinne; N 33).

Abstrakte Zeichenverwechselbarkeit führt aber nicht zwingend zu (konkreter) Verwechs- **51**
lungsgefahr und eine solche kann umgekehrt auch bei unverwechselbaren Zeichen bestehen (mittelbare Verwechslungsgefahr im engeren Sinne oder Verwechslungsgefahr im Weiteren Sinne; N 33 am Ende, N 34). Daher ist es häufig unerlässlich, alle weiteren **besonderen Umstände des Einzelfalls** in die Beurteilung miteinzubeziehen (BGE 117 II 515 – ASTAG). Gemäss allgemeinem Erfahrungswissen sind dies v.a. nicht zeichenimmanente Mit- oder gar Alleinursachen von Verwechslungsgefahr (OGer ZH SMI 1995,

139 ff – swica), wie die sachliche oder örtliche Nähe des Tätigkeits- und Wirkungsberei-
ches der beteiligten Namensträger, die Gleich- oder Ungleichartigkeit der Namensträger
(natürliche/juristische Person), der Grad der Verkehrsbekanntheit der beteiligten Zeichen
und die Häufigkeit ähnlicher Drittzeichen. Die insofern erheblichen Umstände lassen
sich letztlich nicht schematisieren, haben aber alle gemeinsam, die hier massgebende
durchschnittliche Verkehrsauffassung (N 46 ff.) zu belegen.

d) Rolle tatsächlich vorgekommener Verwechslungen

52   Naturgemäss hat die abstrakte Feststellung der Verwechslungsgefahr (N 49 ff.), weil
i.Allg. *Publikumsbefragungen* unterbleiben (N 24), stets einen eher hypothetischen Charakter. Gemäss Bundesgericht braucht dann keine solche abstrakte Prüfung der Verwechslungsgefahr vorgenommen zu werden, um diese Gefahr bejahen zu können, wenn
Verwechslungen tatsächlich vorgekommen sind und diese **nicht bloss als Einzelfälle**
erscheinen (BGE 117 II 516 – ASTAG). Dem kann zugestimmt werden (vgl. auch WE-
BER, SZW 2000, 262 zu BGE 126 III 244 – berneroberland.ch), soweit solche Verwechslungen nicht rein zufällig vorgekommen oder vom Namensträger provoziert oder gar
fingiert worden sind, sondern sich vielmehr nach normalem Lauf der Dinge bei durchschnittlichen Verkehrsteilnehmern (N 47 f.) ereignet haben (vgl. auch BGE 118 II 326 –
Firmenrecht – Ferosped). Nach einer ebenfalls einschränkenden Lehre (BAUDENBACHER,
UWG, Art. 3 lit. d N 104; JOLLER. 334) haben tatsächlich vorgekommene Verwechslungen gar nur Indiziencharakter für eine allfällige Verwechslungsgefahr.

4. Interessenabwägung bei Verwechslungsgefahr

a) Ausgangspunke

53   Eine durch Namensanmassung (N 37–40) verursachte, namensrechtlich massgebende
Verwechslungsgefahr (N 43–52) erfüllt für sich allein noch keineswegs zwingend den
Verletzungstatbestand des Art. 29 Abs. 2. Vielmehr liegt eine unbefugte Namensanmassung nur bei einer Beeinträchtigung rechtlich schützenswerter Interessen des Namensträgers vor (N 35). Darzutun ist dabei eine **erhebliche Interessenverletzung,** also eine solche, die nicht nur dem Scheine nach erfolgt ist (BGE 102 II 308 – Abraham) bzw. sich
nicht als bloss geringfügig erweist (KGer ZG SMI 1987, 103; SMI 1978, 59). Ein Rest
von Verwechslungsgefahr und damit von Interessenbeeinträchtigung ist denn auch stets
hinzunehmen, weil die Beurteilung der Verwechslungsgefahr anhand der durchschnittlichen Verkehrsauffassung dazu führt, dass etwaige Verwechslungen bei nicht durchschnittlichen Verkehrsteilnehmern unbeachtlich bleiben (N 47), und in Sonderfällen eine
Koexistenzberechtigung verwechselbarer Zeichen besteht (N 59 f.).

54   Die Schutzwürdigkeit der Interessen des Inhabers eines Namens beurteilt sich nicht allein nach dessen Eigeninteressen, verwechselbare jüngere Zeichen abwehren zu können,
sondern es sind hierbei die regelmässig vorhandenen (gegensätzlichen) **Interessen aller**
Beteiligten gegeneinander abzuwägen (statt aller BGer 4C.376/2004, E. 3.1 – Maggi;
BGE 128 III 364 – Montana; je mit Hinweisen; JOLLER, 330 f.). Das gilt zunächst einmal
für rein namensrechtliche Konflikte. Ferner ist bei Kollisionen zwischen Namensrecht
(oder Firmenrecht) einerseits und Marken- und Wettbewerbsrecht andererseits nicht etwa
von einer Dominanz des Namensrechts, sondern von der *Gleichwertigkeit der Gesetze*
auszugehen, so dass in jedem Einzelfall die Abwägung der gegenseitigen Interessen erforderlich wird, um zu einem möglichst gerechten Ausgleich bzw. zur gerechtesten Lösung des Kennzeichenkonfliktes zu gelangen (BGE 128 III 358 = Pra 92, 10 – Montana;
126 III 244 f. – berneroberland.ch; 125 II 91 = Pra 88, 133 – Rytz; BGer 4C.392/2000,
E. 8 – Jaguar; zustimmend BAUDENBACHER, UWG, Art. 3 lit. d N 14; kritisch DAVID in

AJP 1999, 1172; besonders aufschlussreich betreffend das Verhältnis des Art. 29 zum Markenschutz GILLIÉRON, 373 ff.).

Wegen der bei Kennzeichenkonflikten gebotenen Interessenabwägung (N 53 f.) kommt **55** es auch nicht durchwegs einer **Persönlichkeitsverletzung** gleich, wenn hinsichtlich eines Namens Verwechslungsgefahr gegeben ist. Vielmehr besteht bei (nicht gewerblicher Verwendung) bürgerlicher Namen die gegenteilige Ausgangslage und auch sonst können verwechselbare Zeichen durchaus zur Koexistenz berechtigt sein (N 59 f.). Sodann bleiben namensmässige Persönlichkeitsbeeinträchtigungen bei Anspruchsverwirkung und – was auf der Ebene der Widerrechtlichkeit von Verletzungen liegt – bei Anspruchsverzicht folgenlos (N 71 f.).

b) Grundregel: Massgeblichkeit des Prioritätsprinzips

Allein schon wegen der absoluten Natur des Namensrechts (N 18) sind Namenskollisio- **56** nen nach dem Prioritätsprinzip zu lösen (statt aller BGE 117 II 516 f. – ASTAG; 83 II 259 – Neuapostolische Gemeinde; LACK, 155 f.; TROLLER, 211; nach FEZER, MarkenG § 16 N 82 folgt das Prioritätsprinzip aus der Natur der Sache). Es gilt die (zeitliche) **Priorität des Rechtserwerbs,** wonach das von Gesetzes wegen (N 15) oder durch Zeichengebrauch erworbene (N 16 f.) ältere Namensrecht dem jüngeren Namens- oder anderen jüngeren Recht vorgeht (vgl. für die Einzelheiten BURI, Domain-Namen, 371 f.; HILTI, 118 ff.). Indessen richten sich der sachliche und örtliche Schutzumfang jedes Namensrechtes nach den tatsächlichen Auswirkungen des Namensgebrauchs (N 29 f.). Massgebend sind dabei die Verhältnisse im Beurteilungs- bzw. Klageerhebungszeitpunkt. Dehnt z.B der Inhaber des älteren Namensrechtes seinen Namensgebrauch erst nachträglich in Tätigkeits- und Wirkungsbereiche des Inhabers des jüngeren Rechtes aus, so hat er Abhilfe gegen eine daraus allenfalls resultierende Verwechslungsgefahr zu schaffen. Im Ergebnis ist somit in derartigen Konfliktfällen unabhängig von der Rechtserwerbspriorität die **Erstgebrauchspriorität bezogen auf die beteiligten Verkehrskreise** massgebend (BGE 117 II 516 f. – ASTAG, vgl. auch OR-ALTENPOHL, Art. 946 N 2; BAUDENBACHER, UWG, Art. 3 lit. d N 113; TROLLER, 214 f.).

Nach zutreffender, auf TROLLER (211) zurückgehender Auffassung, stellt das Prioritäts- **57** prinzip ganz allgemein nur, aber immerhin im Rahmen des übergeordneten Grundsatzes der Interessenabwägung (N 54) den **Bewertungsmassstab für den Normalfall** dar (der sich übrigens bei reinen Firmenkollisionen in Art. 946 Abs. 1 und 951 Abs. 1 OR verankert findet; vgl. ferner BURI, Verwechselbarkeit, 191, FEZER, MarkenG Art. 15 N 82 f.). Damit ist auch gesagt, dass besondere Umstände das Prioritätsprinzip im Einzelfall ganz oder in örtlichen bzw. sachlichen Teilbereichen (z.B. im Bereich der Domainnamen) unmassgeblich machen können. Umstände, die das Prioritätsprinzip zu relativieren vermögen, sind etwa Gleichnamigkeit, Gleichzeitigkeit des Rechtserwerbs, gegenüber der Rechtserwerbspriorität schützenswertere Erstgebrauchspriorität bezogen auf die beteiligten Verkehrskreise (dazu schon N 56), u.dgl.m. (vgl. TROLLER, 211 ff.; ferner JOLLER 330 f., SIX, 101 ff, 140 ff.). Die Relativierung des Prioritätsgrundsatzes muss sich sodann keineswegs stets gegen den Namensschutzsuchenden auswirken, sondern kann je nach Zeichengebrauchslage ihm selber einen Namensschutz ohne Alterspriorität namentlich ohne Rechtserwerbspriorität, verschaffen (BGer 4C.376/2004, E. 3 – Maggi, in casu aber verneint; grundlegend **a.M.** BRÜCKNER, 300 N 997 Ziffer 1, wonach bei fehlender Alterspriorität eines klägerischen Namens, die Klage mangels Schutzrechts abzuweisen ist).

Das Prioritätsprinzip bzw. ihm ausnahmsweise vorgehende andere Beurteilungsmass- **58** stäbe (N 57) klären Kollisionen von Kennzeichen*rechten* (nicht der Namen und Zeichen selber) in dem Sinne umfassend, als **Gleichwertigkeit von Namens- und anderen Kennzeichenrechten** (N 54) besteht. Aus der Gleichwertigkeit der (objektiven) Kennzeichenrechte folgt zwingend auch die Gleichwertigkeit der von ihnen verliehenen subjektiven Kennzeichenrechte. Stets setzt das Prioritätsprinzip aber den *Bestand konkurrierender Rechte* (bzw. im Ergebnis gleicher Rechtspositionen nach UWG; N 12) bereits voraus. Fehlt es hieran auf der einen oder anderen oder gar beiden Seiten, ist der betreffende Zeichenkonflikt nicht als Prioritäts-, sondern als Bestandesfrage der betreffenden subjektiven Rechte zu lösen (N 25).

c) Sonderregeln: Koexistenzberechtigung verwechselbarer Zeichen

59 Vom Sonderfall der Namensänderung (Art. 30) abgesehen, sind **bürgerliche Namen** nicht frei wählbar und deren Träger zudem grundsätzlich verpflichtet, sie auch zu führen (Art. 30 N 1). Niemandem kann daher untersagt werden, seinen Namen (Zwangsnamen) **im nichtgewerblichen Verkehr** zu verwenden (**a.M.** für den Gebrauch als Domain-Name für eine Familienwebsite BGer 4C.376/2004, E. 3.5 – Maggi). In diesem Bereich ist mithin auch eine erhebliche Verwechslungsgefahr hinzunehmen, selbst wenn diese v.a. bei häufigen Namen in beruflichen Belangen (im Personalwesen, bei öffentlichem Wirken, im wissenschaftlichen Literaturbetrieb etc.) zu grossen Misshelligkeiten führt. Die Verwendung des eigenen Namens zu gewerblichen Zwecken unterliegt allerdings dem Prinzip der Erstgebrauchspriorität (N 56) bzw. dem Lauterkeitsgebot (vgl. statt aller BGer 4C.376/2004 – Maggi; BGE 116 II 617 – Gucci; ferner zum Gleichnamigkeitsproblem BURI, Verwechselbarkeit, 194 ff., MSchG-DAVID, Art. 13 N 31 und Vorbem. Zum 3. Titel, N 31 f.; JOLLER, 330 f., SIX, 136 ff.; TROLLER, 217 ff.).

60 Namen sind umso eher mit anderen Zeichen verwechselbar, je geringer ihre Kennzeichnungskraft ist (N 45). Dies haben Namensträger bei **freier Namenswahl** zu beachten. Tun sie es nicht, kann ihnen im Einzelfall verwehrt sein, sich auf die Rechtserwerbspriorität bzw. auf die Erstgebrauchspriorität in den beteiligten Verkehrskreisen (N 56) zu berufen. Namentlich haben Namensinhaber dann eine **erhöhte Verwechslungsgefahr hinzunehmen,** wenn diese daraus resultiert, dass sie selber einen wenig kennzeichnungskräftigen Namen gewählt haben (schwache Namen, Häufigkeit ähnlicher Zeichen und dgl.). Umgekehrt verpflichtet dieser Umstand auf der Verletzerseite, Verwechslungsgefahr mit der Wahl klar unterscheidbarer Namen zu vermeiden. Keine Verletzung schützenswerter Interessen liegt ferner vor, wenn der Namensträger nicht kennzeichnungskräftige Namensteile, z.B. gemeinfreie Sachbezeichnungen bzw. Worte des Gemeingebrauchs, zu Hauptbestandteilen seines Namens gemacht hat und diese dann von einem anderen in dessen Namen übernommen werden (BGer sic! 2001–127 – Brico, BGer in ZR 91 Nr. 38, 143 – Prosoft; BGE 90 II 319 – Elin GmbH; OG LU LGVE 1976 – Epoca). Im Ergebnis führen diese Grundsätze zu einer angesichts des öffentlichen Interesses an hinreichend unterscheidbaren Namen (N 2) oft nicht unbedenklichen Koexistenzberechtigung von – gemessen an der durchschnittlichen Verkehrsauffassung – verwechselbaren Zeichen.

5. Bedeutung des Schutztatbestandes des Art. 29 Abs. 2 für Firmen

61 «Wer durch den unbefugten Gebrauch einer Firma beeinträchtigt wird», geniesst nach Art. 956 Abs. OR besonderen Firmenschutz. Indessen stellt die *Firma* eine im Handelsregister eingetragene *Namenssonderform des OR* dar (N 5): jede Firma ist somit zugleich ein Name und daher jeder Firmengebrauch immer auch ein Namensgebrauch gemäss Art. 29 Abs. 2. Dabei gilt **Subsidiarität des Namensschutzes** bzw. Exklusivität des Firmenschutzes, indem für Firmeninhaber in erster Linie die Sondervorschriften des Firmcnrechts gelten und erst in zweiter Linie die Bestimmungen des Zivilgesetzbuches über den Namen (BGE 117 II 517 – ASTAG; gl.M. die völlig h.L.).

Unbefugter Firmengebrauch erfüllt als Namensgebrauch auch den klassischen Verletzungstatbestand des Art. 29 Abs. 2 (N 37): insofern besteht Identität von namens- und firmenrechtlichem Schutztatbestand. Subsidiarität des Namensschutzes meint hier, dass Art. 956 Abs. 2 OR in solchen Fällen lex specialis und **Art. 29 Abs. 2 lex generalis** ist, weshalb Letzterer bei unbefugtem Firmengebrauch, obwohl dieser auch eine unbefugte Namensanmassung darstellt, von vornherein nicht zum Zuge kommt (Leitentscheid BGE 92 II 278 – Sihl, bestätigt in 107 II 362 – San Marco; weitere Fundstellen bei BÜHLER, 130). Nach ständiger Rechtsprechung des Bundesgerichtes und überwiegender Lehre (Nw. bei JOLLER, 259), die freilich kritisiert werden (vgl. etwa HILTI, 65 ff., und die Nw. bei BURI, Verwechselbarkeit, 66 ff., JOLLER, 258 ff., 347), erlaubt Art. 956 Abs. 2 OR aber einzig die Abwehr eines firmenmässigen Drittgebrauchs der geschützten Firma (BGE 117 II 517 – ASTAG). Dagegen verletzt ein nicht firmenmässiger Gebrauch eines mehr oder weniger mit einer Firma übereinstimmenden Zeichens das subjektive Firmenrecht an dieser nicht. Darüber geht Art. 29 Abs. 2 weit hinaus, indem er neben namensmässigen auch *nicht namenmässige Firmen- bzw. Namensanmassungen* erfasst (vorne N 39). Das Gesetz sieht somit eine verglichen mit dem Firmenschutz **grössere Reichweite des Art. 29 Abs. 2** vor (zustimmend KG Zug sic! 2004, 589 f. – IVF). Wo daher ein zwar nicht firmenmässiger, wohl aber anderweitiger (namensanmassender) Gebrauch einer Firma vorliegt, besteht gegebenenfalls Namensschutz nach Art. 29 Abs. 2 (BGE 92 II 278 – Sihl, 82 II 342 f. – EMET; ferner HGer ZH ZR 91 Nr. 38–139 – Prosoft). Das erlangt keineswegs nur, aber ganz besonders für die Abwehr firmenverletzenden Domainnamengebrauchs praktische Bedeutung (BURI, Verwechselbarkeit, 67).

Insgesamt lässt sich somit in Firmenschutzsachen in dem Sinne von Subsidiarität des Art. 29 Abs. 2 sprechen, als ihm in Fällen unbefugten Firmengebrauchs Art. 956 Abs. 2 als lex specialis vorgeht, er aber bei anderweitigen – firmenrechtlich nicht fassbaren – Firmenanmassungen Kennzeichenschutz bietet (vgl. ferner zum UWG-Kennzeichenschutz; BAUDENBACHER, UWG, Art. 3 lit. d N 131). Damit sind alle für Art. 29 Abs. 2 und Art. 956 Abs. 2 OR einschlägigen Zeichengebrauchslagen erfasst, weshalb es – anders als im Verhältnis zum UWG-Kennzeichenschutz (N 75) – **keine kumulative Anwendung des Namens- und Firmenschutz** geben kann (a.M. BRÜCKNER, 296 N 977, wonach die kumulative Anwendbarkeit der Art. 29 und Art. 956 OR ohne praktische Bedeutung sei, weil der gerichtliche Rechtsschutz gemäss Art. 29 Abs. und Art. 956 Abs. 2 OR nach den gleichen Kriterien gewährt werde).

IV. Anspruchs- und Klageordnung des Namensschutzes

1. Übersicht

a) Rechte und Ansprüche gemäss Art. 29

Der Namensschutz ist individual- bzw. subjektivrechtlich konzipiert (N 1, 12). Folgerichtig umschreibt Art. 29 die Namensschutztatbestände als **Rechtsverletzungtatbestände.** So sieht zunächst Art. 29 Abs. 1 einen Rechtsbehelf gegen Namensbestreitungen vor. Ferner kann Art. 29 gestützt auf seinen Abs. 2 zum Schutz vor Namensanmassungen angerufen werden. Im Falle solcher Anmassungen aktualisiert die Verletzung des (absoluten) Persönlichkeitsrechts auf den Namen (N 18) einzelne (relative) **Ansprüche gegen den Verletzer,** und zwar nicht nur, aber in erster Linie Unterlassungs- und Beseitigungsansprüche (N 68 f.). In diesen beiden Namensschutztatbeständen und den sich daraus ergebenden Ansprüchen erschöpft sich Art. 29 zugleich (zum Sonderfall der Namensan-

62

63

64

massung durch Namensänderung Art. 30 N 21 ff.). Alle anderen möglichen Verletzungen des Namensrechtes werden nicht durch ihn, sondern durch den allgemeinen Persönlichkeitsschutz und die in dessen Rahmen gewährten Ansprüche erfasst (BGE 120 III 63; Anwendungsfälle N 41 f.; vgl. ferner N 73).

b) Feststellung des Namensrechts (Art. 29 Abs. 1)

65 Wem die Führung seines Namens – etwa durch dauernde Falschbenennung – bestritten wird, kann gemäss Art. 29 Abs. 1 auf Feststellung seines Rechtes klagen. Es handelt sich dabei um eine Feststellungsklage im Sinne einer **Bestandesklage,** die jedoch kaum praktische Bedeutung erlangt hat (dazu etwa BROSSET, 3; LACK, 140, 204 f.; vgl. aber u. Art. 160 N 13; ferner hält SIX, 109, das Registrierenlassen eines Namens als Domainnamen unzutreffenderweise für eine Namensbestreitung; richtig dagegen BURI, Verwechselbarkeit, 130 ff.). Gemäss Art. 12 lit. c des Gerichtsstandsgesetzes besteht sodann für solche Bestandesklagen ein *Sondergerichtsstand,* wonach wahlweise am Wohnsitz oder Sitz einer der Parteien geklagt werden kann (Einzelheiten Kommentierung zu Art. 28b). Weitere namensrechtliche Ansprüche sieht das Gesetz bei Namensbestreitungen nicht vor, solche ergeben sich aber u.U. aus dem allgemeinen Persönlichkeitsrecht (Art. 28a).

c) Ansprüche und Klagen wegen unbefugter Namensanmassung (Art. 29 Abs. 2)

66 Gegen Namensanmassungen gewährt das Gesetz zunächst **negatorische Klagen,** wobei die *Unterlassungs- bzw. Beseitigungsklage* (N 68 f.) hier völlig im Vordergrund steht. Obschon Art. 29 Abs. 2 hierüber schweigt, sind aber auch bei Namensanmassungen (und nicht nur bei Namensbestreitungen) *Feststellungsklagen* zulässig (BGE 80 II 138 ff. – Fiducia). Diese haben jedoch – anders als die Klagen wegen Namensbestreitung (N 65) – nicht den Bestand eines Namensrechtes zum Gegenstand, sondern die *Feststellung der Widerrechtlichkeit* einer sich weiterhin störend auswirkenden Verletzung des Namensrechtes (Art. 28a Ziff. 3; instruktiv dazu die Domainnamenfälle HGer AG vom 10.4.2001, sic 2001, 535. Tribunal cantonal VS vom 29.1.2001, sic 2001, 744; vgl. ferner Art. 28a N 6 ff.). Solche Klagen können gemäss dem *Sondergerichtsstand* Art. 12 lit. c des Gerichtsstandsgesetzes wahlweise am Wohnsitz oder Sitz einer der Parteien angebracht werden.

67 Darüber hinaus stehen für den Namensschutz auch **reparatorische Klagen** zur Verfügung. So kann eine *Schadenersatzklage* gemäss Art. 29 Abs. 2 unter den allgemein haftpflichtrechtlichen Voraussetzungen erhoben werden, dass die (schon als solche grundsätzlich widerrechtliche) unbefugte Namensanmassung einen Schaden adäquat verursacht hat und den Anmassenden hieran ein Verschulden trifft (BGer 4C.141/2002, E. 5 – DJ Bobo; LACK, 210 ff., SIX, 114 ff.). Es kann aber auch – analog Art. 28a Abs. 3 – der Art. 423 OR über die Geschäftsführung ohne Auftrag herangezogen, also im Ergebnis auf *Gewinnherausgabe* geklagt werden (BURI, Verwechselbarkeit, 236 ff., LACK, 214 f.). Für die *Genugtuungsklage* ist Art. 29 Abs. 2 als Verweisung auf Art. 49 OR zu verstehen (so schon BGE 42 II 320). Als Anspruch im Sinne des (per 1.7.1985 revidierten) Art. 49 OR setzt der Genugtuungsanspruch hier voraus, dass die Namens- bzw. Persönlichkeitsverletzung wegen ihrer Schwere einen finanziellen Ausgleich rechtfertigt (dazu auch für die Namensanmassung BAUDENBACHER, UWG, Art. 9 N 250) und die Verletzung nicht anderweitig wieder gutgemacht werden kann (Art. 28a N 17). Nach hier vertretener Auffassung muss sodann auch ein Verschulden des Verletzers vorliegen (was freilich umstritten ist, vgl. Art. 28a N 17; ferner BK-BREM, Art. 49 OR N 6; BAUDENBACHER, UWG, Art. 9 N 248; LACK, 211 ff.; SIX, 115). Für die reparatorischen Klagen bestehen gemäss Gerichtsstandsgesetz Sondergerichtsstände, nämlich allgemein wahlweise am Wohnsitz oder Sitz einer der Parteien (Art. 12 lit. c Gerichtsstandsgesetz) sowie betreffend Schadenersatz- und Genugtuungsklagen am Handlungs- oder Erfolgsort (Art. 25 Gerichtsstandsgesetz).

2. Unterlassungs- und Beseitigungsklage – vorsorgliche Massnahmen

Die Unterlassungsklage setzt eine *Verletzung des Namensrechtes* durch unbefugte Namensanmassung (N 31–60), nicht aber ein Verschulden voraus (BGE 90 II 322 – Elin GmbH). Ein solcher **Unterlassungsanspruch** besteht, falls und solange eine Gefahr von Namensanmassungen andauert (BGE 118 II 5 = Pra 1993, 349). Mit der Unterlassungsklage kann ein mit einer Strafandrohung von Art. 291 StGB verbundenes Verbot, den angemassten Namen namensmässig oder anderweitig zu verwenden, durchgesetzt werden. Möglich sind als Unterlassungsanordnung auch sachliche oder örtliche Teilverbote anmassenden Zeichengebrauchs (BGE 117 II 518 – ASTAG) oder die Anordnung von einschränkenden **Auflagen für den Namensgebrauch** (BGer 4C.376/2004, E. 3.2 – Maggi, mit Nw.). **68**

Darüber hinaus ist in dem namensrechtlichen Abwehranspruch neben dem Unterlassungs- auch ein **Beseitigungsanspruch** mitenthalten (BGE 102 II 307 – Abraham; vgl. nunmehr auch Art. 28a Abs. 1 Ziffer 2), etwa auf die Entfernung von Namensschriftzügen an Gebäuden usw., auf eine z.B. auf die Kundschaft abzielende Urteilsveröffentlichung (BGE 80 II 149 – Fiducia; 83 II 262 – Neuapostolische Gemeinde) oder die Löschung eines Domainnamens bei der Vergabestelle bzw. dessen Übertragung auf den Berechtigten (BURI, Domain-Namen, 388 ff.). **69**

Für **vorsorgliche Massnahmen** sind die Art. 28c–f auch für das Namensrecht heranzuziehen (so wie hier A. BUCHER, Personen, 220 N 845; SIX, 123). Demnach sind beim Namensschutz sowohl die Voraussetzungen als auch die Art der zulässigen Massnahmen sowie weitere Einzelfragen des einstweiligen Rechtsschutzes **bundesrechtlich geregelt** (für die Einzelheiten vgl. o. die Komm. zu Art. 28b–f; BURI, Verwechselbarkeit, 240, SIX, 123 ff.; Bsp. AmtsGerPräs Bern-Laupen sic! 2004, 31– FMH; OGer LU sic! 2000, 516 ff. – www.luzern.ch). Es besteht jedoch für die gesetzlichen Namen (N 4 ff.) eine Besonderheit. Für sie können nur einschränkende Auflagen für den Namensgebrauch (N 68), nicht aber einstweilige Verbote der Namensführung schlechthin angeordnet werden, weil Letzteres zwingend auch eine Namensänderung für die Prozessdauer bedingen und damit faktisch das Endurteil vorwegnehmen würde. Solches aber ist zufolge des Verhältnismässigkeitsprinzips unzulässig. **70**

3. Anspruchsverwirkung – Anspruchsverzicht

Verspätete Rechtsausübung, wie sie aufgrund des Art. 2 Abs. 2 als rechtsmissbräuchlich erscheinen kann, ist auch im Namensrecht als Anspruchsverwirkung zu beachten (HGer SG SMI 1984, 144; TROLLER, 216 Anm. 39). Zwar unterliegt nicht das (absolute) Persönlichkeitsrecht am Namen (N 1, 18) als solches der Verwirkung, wohl aber die einzelnen aus ihm fliessenden (relativen) Ansprüche gemäss Art. 29 (N 64). Voraussetzung ist dabei, dass der Berechtigte die Verletzung seiner Rechte durch Mitgebrauch eines gleichen oder ähnlichen Zeichens während längerer Zeit widerspruchslos geduldet und der Verletzer inzwischen am Zeichen einen eigenen wertvollen Besitzstand erworben hat (BGer 4C.376/2004, E. 4.1 – Marke Maggi) oder sich ein Namensinhaber durch die Rechtsausübung mit seinem bisherigen, fremde Namensverwendung duldenden Verhalten in Widerspruch setzt und die plötzliche Geltendmachung namensrechtlicher Ansprüche den anderen unbillig benachteiligt (HGer SG SMI 1984, 144; zu den Verwirkungsvoraussetzungen im Firmen- und Lauterkeitsrecht BGE 117 II 575, BAUDENBACHER, **71**

UWG, Art. 3 lit. d N 273 ff.). Trifft dies zu, hat sich der Träger des prioritätsälteren Namens mit der Koexistenz des jüngeren Zeichens abzufinden.

72 Von vornherein nicht unbefugt (widerrechtlich) ist eine vom Namensträger **gestattete Namensverwendung** (BGE 72 II 3 ff.; A. BUCHER, Personen, N 843). Grundlage hierfür sind etwa Ehescheidungskonventionen (BK-SPÜHLER, Art. 149 N 12 f.), zeichenrechtliche Abgrenzungsvereinbarungen, Vergleiche in Kennzeichenschutzprozessen, Unternehmenskäufe (HGer ZH SMI 1984, 351 ff.) sowie Merchandising-, Franchising- und ähnliche Verträge, in deren Rahmen Dritten die Verwendung der Namen natürlicher Personen (etwa bekannter Sportler) oder anderweitiger Namen erlaubt wird (vgl. LACK, 183 ff.). Derartige Vereinbarungen lassen das (absolute) Persönlichkeitsrecht am Namen, das als solches unverzicht- und unübertragbar ist (N 18), unberührt. Sie umfassen nicht mehr und nicht weniger als den – Fälle der Publikumstäuschung vorbehalten – zulässigen *Verzicht auf die Geltendmachung und Durchsetzung* künftiger (relativer) namensrechtlicher Ansprüche (N 64 ff.; i.E. gleich AISSLINGER, 35; LACK, 184; BK-SPÜHLER, Art. 149 N 13). In diesem Sinne kann, was den praktischen Hauptfall darstellt, namentlich auf die Geltendmachung namensrechtlicher Unterlassungsansprüche verzichtet werden (Bsp.: HGer AG AGVE 1997, 36 ff., wo der entsprechende Gestattungsvertrag unter die Linzenzverträge mit gesellschaftsähnlichen Zügen subsumiert wurde).

V. Mehrgleisigkeit des Namensschutzes

73 Art. 29 ist keineswegs die einzige für den Schutz von Namen einschlägige Bestimmung. So besteht ein *indirekter Namensschutz nach Art. 28,* wenn ein nicht unter Art. 29 fallender Namensgebrauch eine Persönlichkeitsverletzung darstellt (Bsp. N 21, 37, 41 f.). Da es zudem oft schwierig ist, die Anwendungsbereiche der Art. 28 und 29 voneinander abzugrenzen (OBERHOLZER/PEDRAZZINI, 189 f.; LACK, 193 ff.), empfiehlt sich, ggf. entsprechende Begehren immer nach beiden Vorschriften zu stellen und zu substanziieren. Umgekehrt erweist sich die Firma als Namenssonderform mit eigener Schutznorm in Art. 956 Abs. 2 OR, die als lex specialis *Art. 29 ZGB* vorgeht, so dass Letzterem für den Schutz von Firmen lediglich *subsidiäre Bedeutung* zukommt (N 61 ff.). Über dieses engere namensrechtliche Umfeld in ZGB und OR hinaus schafft der Namensgebrauch im Wettbewerb sodann häufig **Berührungspunkte zum wettbewerbsrechtlichen Kennzeichenschutz** des Art. 3 lit. d UWG (vgl. statt vieler OR-ALTENPOHL, Art. 956 N 16; LACK, 193 ff.; STREULI-YOUSSEF, 153 ff.; TROLLER, 150 f.; betr. das Markenrecht vgl. MSchG-DAVID, Vorbem. zum 1. Titel N 8; WILLI, Vor 1, N 38 ff.).

74 Oft stecken hinter Berührungen des Namens- mit dem Firmen- und/oder Lauterkeitsrecht nichts weiter als (herkömmliche) **Auslegungsprobleme zum Anwendungsbereich** der betroffenen Normen. Ein Bsp. hierfür liefern Fälle, in denen die Firma des einen von einem anderen als Enseigne verwendet wird mit entsprechender Verwechslungsgefahr. Dazu ergibt die Auslegung des Art. 956 OR, dass nach diesem nur gegen den firmenmässigen Missbrauch einer Firma vorgegangen werden kann, nicht aber gegen einen solchen z.B. als Enseigne (N 62). Es bleibt somit – wenn überhaupt – nur ein Vorgehen nach Namensrecht (vgl. aber N 8 sowie entsprechend für die Domainnamen N 9) bzw. nach UWG (BGE 91 II 17 ff. – La Résidence). In den zahlreichen Fällen dieser und verwandter Art lässt sich z.B. davon sprechen, der Namensschutz *ergänze* den Firmenschutz (vgl. etwa TROLLER, 150 m.Hw.) oder das UWG ergänze den Namensschutz. Das alles darf jedoch nicht missverstanden werden: Namens-, Firmen- und Lauterkeitsrecht sind gleichwertig (N 54), und es bestehen für deren Aufeinandertreffen in *Auslegungsfragen keine Gesetzeshierarchien.* In diesem Sinne ergänzt jedenfalls keines der Kennzeichenrechte das jeweils andere.

Nicht selten sind Sachverhalte anzutreffen, für welche die Auslegung der Art. 29 ZGB, **75** Art. 956 OR und Art. 3 lit. d UWG (N 74) ergibt, dass sie Tatbestände gleichzeitig des Namens- und des Lauterkeitsrechts, des Namens- und des Firmenrechts oder gar aller drei Gebiete erfüllen. Alsdann liegen echte **Normenkonkurrenzen** vor, die zu gleichzeitigen Rechtsfolgen (insb. Ansprüchen) der verschiedenen Bereiche führen. So kann eine Namensanmassung zugleich auch eine Art. 956 OR verletzende Nachahmung einer Firma und erst noch unlauter sein. Gegen firmenrechtswidrige Namensanmassungen gewährt das ZGB keinen zusätzlichen Schutz, sondern es herrscht insoweit Exklusivität des Firmenrechts (N 61 ff.). Demgegenüber besteht **kumulative Anwendbarkeit der Art. 29 ZGB und Art. 3 lit. d UWG** (statt aller HGer ZH sic! 1999, 304 – Brockenhaus, BAUDENBACHER, UWG, Art. 3 lit. d N 123, vgl. ferner diesen auch in N 76 ff.). Gemeint ist damit aber bloss Kumulation der Anspruchsgrundlagen, nicht der Ansprüche. Welche Ansprüche dabei zum Zuge kommen, ist von der Fallkonstellation abhängig bzw. nicht zuletzt davon, wie diese im Prozess dargelegt wird. So hatte das Bundesgericht etwa in BGE 87 II 112 (Narok) festzustellen, weil ein Unterlassungsanspruch nach Art. 29 Abs. 2 gegeben sei, fehle das rechtliche Interesse, dass der Namensträger in gleicher Weise auch noch nach UWG geschützt werde (vgl. auch BGer 4C.141/2002; E. 4 – DJ Bobo). Umgekehrt konnte BGE 114 II 111 (Cebit) angesichts des dortigen Prozessstoffes offen lassen, ob die Klage auch nach Namensrecht gutzuheissen wäre (ähnlich auch BGE 98 II 67 – Standard Commerz Bank), nachdem der eingeklagte Zeichengebrauch sich als unlauter erwiesen hatte. Zu bedenken ist dabei aber stets, dass unlauter nur Handlungen sein können, die objektiv auf eine Beeinflussung der Wettbewerbsverhältnisse angelegt sind (BAUDENBACHER, UWG. Art. 3 lit. d N 23 ff.). Wo dies für einen namensverletzenden Zeichengebrauch nicht zutrifft, was etwa bei Domainnamen häufig der Fall ist, stehen dem Verletzten (von firmenrechtlichen Sonderkonstellationen abgesehen) nur die namensrechtlichen Abwehrmöglichkeiten zu Gebote.

Art. 30

2. Namens-änderung	**¹ Die Regierung des Wohnsitzkantons kann einer Person die Änderung des Namens bewilligen, wenn wichtige Gründe vorliegen.**
	² Das Gesuch der Brautleute, von der Trauung an den Namen der Ehefrau als Familiennamen zu führen, ist zu bewilligen, wenn achtenswerte Gründe vorliegen.
	³ Wer durch Namensänderung verletzt wird, kann sie binnen Jahresfrist, nachdem er von ihr Kenntnis erlangt hat, gerichtlich anfechten.
2. Changement de nom	¹ Le gouvernement du canton de domicile peut, s'il existe de justes motifs, autoriser une personne à changer de nom.
	² Il y a lieu d'autoriser les fiancés, à leur requête et s'ils font valoir des intérêts légitimes, à porter, dès la célébration du mariage, le nom de la femme comme nom de famille.
	³ Toute personne lésée par un changement de nom peut l'attaquer en justice dans l'année à compter du jour où elle en a eu connaissance.
2. Cambiamento del nome	¹ Il governo del Cantone di domicilio può, per motivi gravi concedere a una persona il cambiamento del proprio nome.

[2] L'istanza degli sposi di portare il cognome della sposa a contare dalla celebrazione del matrimonio dev'essere accolta se giustificata da motivi degni di rispetto.

[3] Chi da tale cambiamento fosse pregiudicato nei suoi diritti può contestarlo davanti al giudice, entro un anno da quando ne ebbe conoscenza.

Literatur

GEISER, Die neuere Namensänderungspraxis des schweizerischen Bundesgerichts, ZZW 1993, 374 ff.; GUINAND, L'évolution de la jurisprudence en matière de changement de nom, ZZW 1980, 350 ff.; HÄFLIGER, Die Namensänderung nach Art. 30 ZGB, Diss. Zürich 1996; MANGOLD, Familienänderungen im Kanton Basel-Stadt unter Berücksichtigung von Fällen aus dem Bereiche des IPR, Diss. Basel 1981; MÜLLER, Die Namensänderung nach Art. 30 ZGB, Diss. Zürich 1972; SCHÜPACH, Der Personenstand, Erfassung und Beurkundung des Zivilstandes, SPR II/3, Basel und Frankfurt a.M. 1996; vgl. ferner die Literaturhinweise zu Art. 29, 160 und 270.

I. Normzwecke

1 Nach Art. 30 kann der einmal erworbene gesetzliche Name natürlicher Personen (N 4) zwar geändert werden, dies aber nur, wenn hierfür wichtige Gründe vorliegen: die Bestimmung verankert damit den **Gesetzesgrundsatz der Unabänderlichkeit des Namens** (BGE 131 III 207; ferner etwa BGer 5C.163/2002, E. 4.3.2; BGE 119 II 311 = Pra 1994, 388). Das ergäbe jedoch wenig Sinn, könnten die Namensträger gleichwohl beliebige Namen benutzen. Deshalb folgt aus Art. 30 zwingend die Pflicht der natürlichen Personen, ihre Namen so wie erworben und eingetragen auch zu führen (BGE 108 II 162; 99 Ia 563; zum Sonderfall der Allianznamen Art. 160 N 18 ff.). Diese *Namensführungspflicht* ist vor dem Hintergrund der Rechts- und Verkehrssicherheit zu sehen (RIEMER, Personenrecht, 111, Rz 218), besteht aber nur im amtlichen Verkehr. Ausserhalb desselben dürfen sich natürliche Personen auch anderweitiger Namen wie etwa Pseudonymen (Art. 29 N 7) bedienen. Mit dem Namenserwerb entsteht sodann nicht nur die Namensführungspflicht, sondern zugleich auch das *Recht auf den Namen* gemäss Art. 29 (vgl. BGE 108 II 162; o. Art. 29 N 1 und 15; ferner u. N 29).

2 Der Name soll dem Namensträger das Fortkommen ermöglichen und erleichtern, und es sollen diesem aus seinem Namen nicht wirkliche Nachteile oder erhebliche Unannehmlichkeiten erwachsen (BGer 5C.163/2002, E. 2.1; BGE 120 II 277). Im Hinblick darauf bezweckt **Abs. 1** des Art. 30 die **Beseitigung persönlichkeitsverletzender Nachteile,** wie sie mit – z.B. lächerlichen – Namen als solchen verbunden sein können oder u.U. Folge rigoroser Anwendung namensrechtlicher Vorschriften des ZGB sind (vgl. z.B. BGer ZZW 1989, 373 und BGE 100 II 295 = Pra 1975, 349). Einen völlig anderen Zweck verfolgt dagegen der im Jahre 1988 ins Gesetz eingefügte **Abs. 2** des Art. 30. Mit ihm wird der eherechtliche Grundsatz des Art. 160 Abs. 1 ZGB, wonach der Mannesname Familienname der Ehegatten ist, zwecks **Gleichstellung der Geschlechter** in ein faktisches Familiennamenswahlrecht der Brautleute abgemildert (N 17 ff.).

3 In allen seinen Anwendungsbereichen bezweckt Art. 30, natürlichen Personen zum *Erwerb eines neuen Namens* zu verhelfen (mag dieser auch oft teils gleich lauten wie der bisherige). Blosse **Namensberichtigungen** sind dagegen nach Art. 42 f. vorzunehmen, d.h. im Zusammenhang mit Berichtigungen von Personenstandsangaben in den herkömmlichen Zivilstandsregistern bzw. dem «Informatisierten Personenstandsregister» (Infostar). Solche Berichtigungen setzen eine *Fehlerhaftigkeit des Namenseintrags* voraus, die gemäss Art. 42 grundsätzlich auf Klage hin durch das Gericht, bei offensichtlichen Versehen und Irrtümern aber durch die Zivilstandsbehörden von Amtes wegen zu

beheben ist (zur Abgrenzung o. Komm. zu Art. 42 f.). Der betreffende Name soll im Rahmen der Art. 42 f. also nicht geändert, sondern ihm vielmehr gegenüber einem unrichtigen Namenseintrag Geltung verschafft werden (zum Sonderfall der nach Geschlecht des Namensträger veränderbaren Namen BGE 131 III 201).

II. Namensänderung aus wichtigen Gründen (Abs. 1)

1. Ausgangspunkte

Art. 30 in Abs. 1 bezieht er sich nur auf die Änderung von **Namen natürlicher Perso-** **4** **nen,** indem für die anderweitigen Namensträger hierfür Sondernormen bestehen. So gilt Art. 30 für die Änderung der Vereins- und Stiftungsnamen (BK-RIEMER, syst. Teil zu Art. 60 ff. N 387; DERS., Art. 85/86 N 67) ebenso wenig wie für Firmenänderungen der Handelsgesellschaften und Genossenschaften (vgl. z.B. Art. 626 Ziffer 1 OR i.V.m. 698 Abs. 2 Ziffer 1 OR). Aber auch bei den natürlichen Personen erfasst Art. 30 gemäss seinem Normzweck nur die vom Gesetz vorgesehenen und geregelten, d.h. die **gesetzlichen Namen** bzw. Namen erster Ordnung. Das sind die *Familiennamen* (Art. 160 und 30 Abs. 2, 270; zum Allianznamen als Namen zweiter Ordnung u. Art. 160 N 18 ff.), die *eherechtlichen Doppelnamen* (Art. 160 Abs. 2 und 3; Art. 177a ZStV) sowie die *Vornamen* (Art. 267 Abs. 3, 301 Abs. 4). Andere Namen natürlicher Personen – Einzelfirmen, nichtgesetzliche Namen wie Pseudonyme und dgl. (Namen dritter Ordnung) – können zwar Namen im Sinne des Art. 29 sein (Art. 29 N 5, 7 ff.), sind aber nicht unter den Voraussetzungen und im Verfahren des Art. 30 zu ändern. Diese sind vielmehr frei änderbar.

2. Wichtige Gründe für die Namensänderung

a) Interessenabwägung

Art. 30 Abs. 1 bezweckt, mit dem zu ändernden Namen verbundene **ernstliche Nach-** **5** **teile,** zu beseitigen (N 2), doch steht die Namensänderung nicht im Belieben des Einzelnen (BGer 5C.163/2002, E. 4.3.2), sondern setzt wichtige Gründe voraus. Diese sind nach *objektiven Kriterien* zu werten (dazu und zum Folgenden BGer 5C.97/2004, E. 3.2, 5C.163/2002, E. 2.1; RIEMER, Personenrecht, 114 Rz 230), d.h. danach, wie der zu ändernde Name auf die Umwelt wirkt. Dabei sind einzig sachliche, nicht vom Gefühl bestimmte Kriterien massgebend, wogegen eine Namensänderung aus rein subjektiven Gründen ausser Betracht fällt: wichtige Gründe gemäss Art. 30 Abs. 1 sind demnach **wichtige sachliche Gründe** (RIEMER in SJZ 2005, 452 zu BGer 5C.97/2004).

Bei der Prüfung des Vorliegens wichtiger Gründe im Sinne des Art. 30 Abs. 1 hat eine **6** *alle objektiv relevanten Umstände* des Einzelfalls miteinbeziehende **Interessenabwä-** **gung nach Art. 4 ZGB** stattzufinden (BGE 124 III 402, 117 II 8 = Pra 1992, 128; BGE 105 II 66; vgl. aber N 8). Es geht somit um einen *Entscheid nach Recht und Billigkeit* (BGer 5C.152/2005, E. 3.1), der als solcher keinen starren Regeln unterliegt (RIEMER, Personenrecht, 114, Rd 230; SCHÜPACH, 25; ferner die Hw. zu Art. 30 bei ZK-DÜRR, Art. 4 ZGB, N 63, 66 f.). Dabei können ganz verschiedenartige Interessen der Namensträger erheblich werden, so neben moralischen, sittlichen, geistigen und seelischen auch wirtschaftliche oder administrative (Zusammenfassung der Rechtsprechung in BGer 5C.163/2002, E. 2). Sie rechtfertigen eine Namensänderung dann, wenn ihretwegen das Interesse des Namensträgers an einem neuen Namen das Interesse der Verwaltung und der Allgemeinheit an der Unveränderlichkeit des einmal erworbenen (gesetzlichen) Namens sowie an Kennzeichnung des Einzelnen überwiegt (BGer 5C.163/2002, E. 2; BGE 120 II 277; 117 II 9 = Pra 1992, 129).

7 Bei der Namensänderung kommt es ausschliesslich auf die Interessen des Namensträgers als Individuum an, die für sich allein genommen die ihnen gegenüberstehenden öffentlichen Interessen überwiegen müssen (BGE 117 II 9 = Pra 1992, 129). Abzustellen ist daher immer nur auf **eigene (persönliche) Interessen des Namensträgers,** also bereits schon nicht mehr z.B. auf die Interessen einer Familie, ihren Namen vor dem Aussterben zu bewahren (BGE 108 II 250 = Pra 1983, 147; a.M. HEGNAUER/BREITSCHMID, N 13.33).

b) Fallgruppen von Namensänderungsgründen

8 *aa)* Zunächst erlaubt Art. 30 Abs. 1 die Namensänderung wegen Nachteiligkeit des bisherigen Namens *als solchem,* etwa weil dessen Lächerlich-, Hässlich- oder Anstössigkeit einen wichtigen Grund hierfür ergibt. Bei dieser **Fallgruppe der traditionellen Namensänderungen** nach Art. 30 Abs. 1 (GEISER, ZZW 1989, 33) geht es um Namen, die ihren Träger dem Spott aussetzen, z.B. weil sie lächerlich, hässlich oder anstössig sind bzw. dauernd verstümmelt oder verunstaltet werden (BGer 5C.97/2004, E. 2.2; BGE 120 II 277; BGer ZZW 1989, 373 f.: «Kliebenschädel» – «Kliby»). Solch **nachteilige Namen** können, vor allem wenn sie eine Sachbezeichnung darstellen oder an eine solche anklingen, u.U. das Fortkommen ihrer Träger unbillig erschweren (BGE 98 Ia 455 ff. – «Amherd» franz. ausgesprochen «ah! merde»; «Fuchsloch» für einen Verkäufer, RB TG zit. bei MÜLLER, 92; «Crétin», zit. bei RIEMER, Personenrecht 114 Rz 231; weitere Bsp. bei HÄFLIGER, 220 ff.; SCHÜPACH, 92 Anm. 224). Immerhin rufen solche Namen nicht zwangsläufig negative Vorstellungen hervor, die eine Namensänderung rechtfertigen würden (BGer zit. bei MANGOLD, 127: «Löffel»; vgl. ferner BGer ZZW 1993, 298 f.: «Wacker»).

9 Demgegenüber ist es für sich allein genommen **kein wichtiger sachlicher Grund** für eine Namensänderung, mit dieser eine bestimmte Religionszugehörigkeit hervorheben oder verschleiern zu wollen. Hierbei setzt eine Namensänderung vielmehr das Vorliegen *zusätzlicher konkreter Nachteile* wegen der Namensführung voraus (bejaht in BGE 108 I 5 f.: anders, wenn auch nicht einheitlich gehandhabt, die liberalere Praxis bei der reinen Vornamensänderung, VerwGer SO SJZ 1985, 10; vgl. auch HÄFLIGER, 230 ff.; MÜLLER, 105 ff.; RIEMER, Personenrecht 117 f., Rz 242). Gleichermassen ist das Bestreben eine bestimmte – z.B. balkanische – Herkunft und Abstammung verbergen bzw. vergessen machen zu wollen, für sich allein kein wichtiger Namensänderungsgrund (BGer 5C.163/2002, E. 3.29; RIEMER, Personenrecht, 115 Rz 232; vgl. auch u. Art. 270 N 17). Immerhin ermöglicht Art. 30 Abs. 1 in gewissem Umfange die Anpassung fremdländischer Namen an die schweizerischen sprachlichen Verhältnisse (vgl. zu solchen Helvetisierungen z.B. RIEMER, Personenrecht 115, Rz 232; HÄFLIGER, 222 ff.; MÜLLER, 94), hingegen nicht die Änderung von Namen, deren Schreibweise aus bloss historischen oder regionalen Gründen abgelehnt wird (BGer zit. bei GEISER, ZZW 1993, 376 Anm. 26). Erst recht sind nach Art. 30 Abs. 1 Nachteile wegen gelegentlicher falscher Aussprache oder Schreibung eines Namens unbeachtlich, zumal wenn der Namensträger es auch noch selber in der Hand hat, den fraglichen Misshelligkeiten entgegenzuwirken (BGE 5P.50/2001 vom 22.3.2001).

10 *bb)* Die **Fallgruppen ehe- oder kindesrechtlicher Namensänderungen** haben nichts damit zu tun, dass der zu ändernde Name lächerlich, hässlich oder anstössig (N 8) wäre. Vielmehr soll ein vom Ehe- oder Kindesrecht vorgesehener Name wegen mit ihm konkret verbundener ernsthafter sozialer Nachteile durch einen anderen ersetzt werden, der zu tragen wäre, würde das Gesetz nur entsprechend lauten. Die Namensänderung bedeutet hier also eine **Korrektur der gesetzlichen Namensordnung im Einzelfall** (BK-

HEGNAUER, Art. 270 N 58) bzw. eine «Vervollständigung» des Art. 270 (BGE 119 II 309 f. = Pra 1994, 387 f.) und teils auch des Art. 160. Derartige Konstellationen begründen aber nicht etwa die gewissermassen natürliche Vermutung für das Vorliegen eines wichtigen Namensänderungsgrundes nach Art. 30 Abs. 1: Sie stellen lediglich die allfällige Ursache eines solchen Grundes und nicht diesen selbst dar. Was bei diesen *gesetzeskorrigierenden Namensänderungen* des Näheren überhaupt wichtiger Grund nach Art. 30 Abs. 1 sein kann, hängt stark von der jeweils zu korrigierenden Gesetzesregelung ab (vgl. auch BK-HEGNAUER, Art. 270 N 58) und ist daher hinten in der Komm. zu den Art. 160 (N 15 ff.) und 270 (N 15 ff.) darzulegen.

c) Sonderfragen betreffend den neuen Namen

Der neue Name, der mit der Namensänderung verliehen werden soll, ist in die hierfür   **11** erforderliche Interessenabwägung (N 5 ff.) gegebenenfalls miteinzubeziehen, was sich bei den ehe- und kindesrechtlichen Namensänderungen (N 10) zwingend aus der Natur der Sache ergibt. Andererseits ist bei **Ungesetzlichkeit des neuen Namens,** der mit einer Namensänderung angestrebt wird, eine Interessenabwägung nach Art. 4 (s.o. N 5 ff.) schon gar nicht erforderlich. So sind etwa wegen des gesetzlichen Grundsatzes der *Einheit des Familiennamens* gemäss Art. 270 Gesuche von Ehegatten, wodurch diese nicht gemeinsam bzw. nicht zusammen mit allfälligen gemeinsamen unmündigen Kindern Namensänderungen verlangen, von vornherein abzulehnen (BK-HEGNAUER, Art. 270 N 46 ff). Ebenso wenig bedarf es einer Interessenabwägung nach Art. 30 Abs. 1, wenn der beantragte neue Name etwa in dem Sinne gegen Art. 8 BV verstösst, als Namen Adelspartikel nicht neu hinzugefügt werden dürfen (BGE 120 II 279).

An den **Interessen gleichnamiger Dritter** ist der Namensänderung gewünschte neue   **12** Name nur zu messen, soweit solche mit dem Gesuchsteller eng verbunden sind (Einzelheiten u. N 14). Darüber hinaus sind aber im Verfahren nach Art. 30 Abs. 1 Drittinteressen – oft Tausender – von Trägern des gleichen Namens wie des allenfalls zu ändernden nicht zu berücksichtigen (ferner zu bloss ähnlichen Namen N 22). Wegen der subjektivrechtlichen Konzeption des Namensschutzes (Art. 29 N 12, 20 und 71) kann es nach der hier vertretenen Auffassung selbst in Fällen eindeutiger Anmassungen des Namens ganz bestimmter Personen weder Recht noch gar Pflicht der Namensänderungsbehörden sein, an deren Stelle Namensschutz zu betreiben (offen gelassen in BGE 112 II 63 für die handelsregisterliche Prüfung von Personenfirmen; **a.M.** A. BUCHER, Personen, N 829; GEISER, ZZW 1993, 376). Die Interessenabwägung bei der Namensänderung im administrativen Bewilligungsverfahren ist daher nicht in Bereiche auszudehnen, die Gegenstand der gerichtlichen Anfechtung (N 21 f.) sein können.

3. Administratives Bewilligungsverfahren

Namensänderungen nach Art. 30 Abs. 1 erfolgen nicht von Amtes wegen, sondern nur   **13** aufgrund eines **Namensänderungsgesuchs** (das ggf. auch von einem gesetzlichen Vertreter eingereicht werden kann; vgl. aber Art. 270 N 35). Für die Bewilligung solcher Gesuche ist gemäss Art. 30 Abs. 1 die *Regierung des Wohnsitzkantons* des Gesuchsstellers zuständig (zu den Delegationsmöglichkeiten A. BUCHER, Personen, N 821). Namensänderungen stellen Sachen der freiwilligen Gerichtsbarkeit dar (MESSMER/IMBODEN, 74 ff.; SCHÜPACH 90) und sind nach kantonalem Verwaltungsverfahrensrecht zu behandeln. Nach einem ein- oder zweistufigen verwaltungsinternen Instanzenzug sind sodann meist Rechtsmittel an kantonale Gerichte vorgesehen, sei es an Verwaltungsgerichte (z.B. AG, FR, SZ, SO, TG) oder an Zivilgerichte (z.B. Appellationshof BS; Kantonsgericht GR; Obergerichte LU, ZH).

14 **Verfahrenspartei** ist, wer um Änderung seines Namens nachsucht. Inwiefern weiteren Personen Parteirechte zukommen, richtet sich nach kantonalem Recht (zum Verfahren vor Bundesgericht N 15 f.). Indessen ist aber stets von Bundesrechts wegen **Dritten** rechtliches Gehör zu gewähren und damit **Parteistellung** einzuräumen, die den gleichen Namen tragen wie der Gesuchsteller und die mit diesem in einer engen sowohl persönlichen als auch vermögensrechtlichen Beziehung stehen (dazu und zum Folgenden BGE 127 III 193 = Pra 2001, 884, 124 III 49, 50 E. 2b = Pra 87 Nr. 86). Das trifft auf den Vater im Verfahren der Namensänderung seines minderjährigen Kindes ebenso zu wie für den Ehegatten im Verfahren des anderen betreffend Änderung des Familiennamens. Ferner ist einem Ehegatten die Gelegenheit zu geben, sich zum Gesuch seines Ehepartners zu äussern, das darauf abzielt, den Allianznamen (BGE 110 II 97, 101 E. 4 = Pra 73 Nr. 249) oder den Teil des Doppelnamens zu ändern, der nicht den Familiennamen betrifft (BGE 127 III 194 = Pra 2001, 884). Eine Beziehung im hier massgebenden Sinne fehlt dagegen etwa bei einem geschiedenen Mann, dessen Ex-Frau bewilligt wurde, wieder den Namen zu tragen, den sie während der Ehe getragen hatte (BGE 127 III 194 = Pra 2001, 884) sowie beim Vater eines volljährigen Kindes (BGE 97 I 619, 623 E. 4b = Pra 61 Nr. 33) und dem Grossvater eines unmündigen Kindes (BGE 105 IA 281, 284 E. 2b = Pra 69 Nr. 56). Diesen steht aber gegebenenfalls die gerichtliche Anfechtung der Namensänderung zu (N 21 ff.).

15 Gegen letztinstanzliche kantonale, die Namensänderung verweigernde Entscheide – und nur gegen solche – ist nach Art. 44 lit. a OG die **Berufung ans Bundesgericht** zulässig. Die hierfür erforderliche *Verletzung von Bundesrecht* (Art. 43 Abs. 1 OG) besteht entweder darin, dass Art. 30 Abs. 1 innerhalb der Namensordnung des ZGB unzutreffend angewendet wurde, oder aber darin, dass – was zumeist geltend gemacht wird – der kantonale Namensänderungsentscheid Art. 4 verletzt. Letzterenfalls kann nur gerügt werden, der Entscheid sei aufgrund von Umständen getroffen worden, die mit dem Sinn und Geist des Gesetzes nichts mehr zu tun haben, oder es seien wichtige Aspekte unbeachtet geblieben (dazu und zum Folgenden BGE 117 II 8 f. = Pra 1992, 129; BGE 105 II 66, beide m.w.Nw.). Dies prüft das Bundesgericht in der Regel frei. Es übt dabei allerdings Zurückhaltung und greift nur ein, wenn die kantonale Instanz von dem ihr zustehenden Ermessen einen falschen Gebrauch gemacht hat, d.h. wenn sie grundlos von in Lehre und Rechtsprechung anerkannten Grundsätzen abgegangen ist, wenn sie Umstände berücksichtigt hat, die keine Rolle hätten spielen dürfen, oder wenn sie umgekehrt rechtserhebliche Umstände ausser Acht gelassen hat (BGer 5C.163/2002, E. 2; BGE 124 III 402 mit zahlreichen Hw.). Dem Bundesgericht ist es sodann nicht möglich, seiner eigenen Praxis widersprechende kantonale Namensänderungen zu überprüfen, da gegen bewilligende Entscheide die Berufung nicht gegeben ist (dazu auch Geiser, ZZW 1993, 374).

16 In nicht berufungsfähigen Administrativsachen betreffend Namensänderungen, vor allem gegen deren Bewilligung, kann gegebenenfalls eine **staatsrechtliche Beschwerde** zum Zuge kommen (BGer 5P.152/2005, E. 1), sei es wegen willkürlicher Anwendung des Art. 30 Abs. 1 (Bsp.: BGer 5P.295/2000) oder wegen der Verletzung verfassungsrechtlicher Verfahrensgarantien (Bsp.: 124 III 49, 50 E. 2b = Pra 87 Nr. 86).

II. Namensänderungen von Brautleuten (Abs. 2)

1. Ausgangspunkte

17 Der Name des Ehemannes ist von Gesetzes wegen der Familienname der Ehegatten (Art. 160 Abs. 1), doch können sich Brautleute an dessen Stelle den Frauennamen als gemeinsamen Familiennamen bewilligen lassen (Art. 30 Abs. 2). Art. 160 Abs. 1 und

Art. 30 Abs. 2 bilden somit ein Regelungsganzes betreffend die Wirkungen der Ehe, nämlich über deren namensrechtliche Wirkungen. Daraus ergibt sich die **Zugehörigkeit des Art. 30 Abs. 2 zum Eherecht** und nicht zum Personenrecht (ZK-BRÄM, Art. 160 ZGB N 16). In diesen richtigen Zusammenhang gerückt, erweist sich die Regelung der Art. 160 Abs. 1 und Art. 30 Abs. 2 ZGB in ihrer Gesamtheit sofort als **verfassungswidrig**, indem sie gegen das in Art. 8 Abs. 3 BV verankerte Gebot der Gleichstellung der Geschlechter verstösst (vgl. u. Art. 160 N 3, und 5).

2. Achtenswerte Gründe für die Namensänderung

Das Gesetz verlangt für behördliche Namensänderungen nach Art. 30 Abs. 2 «achtens-   **18** werte Gründe». Dabei sind nach einhelliger Lehre (statt aller ZK-BRÄM, Art. 160 ZGB N 14; HEGNAUER/BREITSCHMID, N 13.80 f.) alle auch nur entfernt einfühlbaren, nicht offensichtlich rechts- oder sittenwidrigen oder mutwilligen (HAUSHEER/REUSSER/GEISER, Art. 160 N 28), d.h. praktisch beliebige Gründe in diesem Sinne achtenswert. Bei dieser – wenn überhaupt, so als einzige vor Art. 8 EMRK standhaltenden – Gesetzesauslegung unterscheidet sich die Namensänderung nach Art. 30 Abs. 2 von einem freien Wahlrecht der Brautleute, entweder den Mannes- oder den Frauennamen zum gemeinsamen Familiennamen zu machen, nur noch durch die Schikane eines behördlichen Verfahrens (vgl. auch Art. 160 N 7). Im materiellen Ergebnis besteht nach Art. 30 Abs. 2 somit ein **freies Namenswahlrecht der Brautleute** (Art. 160 N 5). Eine wirkliche Gleichstellung von Mann und Frau stellt dies jedoch nicht dar, weil bei fehlendem Konsens der Brautleute automatisch der Mannesname Familienname wird.

3. Administratives Bewilligungsverfahren

Gemäss Art. 160 Abs. 1 wird der Mannesname gegebenenfalls ohne Zutun der Ehegatten,   **19** durch deren blosse Eheschliessung zu ihrem gemeinsamen Namen, d.h. zum *Familiennamen von Gesetzes wegen*. Demgegenüber haben die Brautleute vor der Trauung ein **gemeinsames Namensänderungsgesuch** gemäss Art. 30 Abs. 2 zu stellen, wenn sie den Frauennamen zum Familiennamen wählen. Zuständig für solche Gesuche ist die Regierung des Wohnsitzkantons der Brautleute bzw. bei verschiedenen Wohnsitzkantonen, die Regierung am Wohnsitz desjenigen Partners der Brautleute, der das Verkündgesuch gestellt hat (ZK-BRÄM, Art. 160 ZGB N 13). Wird der behördliche Namensänderungsentscheid noch vor der Eheschliessung gefällt, ist er im Hinblick auf diese suspensiv bedingt, andernfalls wirkt er auf den Trauungszeitpunkt zurück (Einzelheiten bei HEGNAUER/BREITSCHMID, N 13.23 f.; HAUSHEER/REUSSER/GEISER, N 28 ff.).

Im Übrigen gelten die **allgemeinen Verfahrensregeln** betreffend die behördliche Na-   **20** mensänderung (o. Art. 30 N 13 ff.) für solche nach Abs. 2 nur sehr **eingeschränkt.** So ist das Verfahren wegen des Gebotes der Gleichstellung der Geschlechter gemäss Art. 8 Abs. 3 BV *kostenfrei* zu halten. Aus dem gleichen Grunde kommt *Dritten* in diesem *keine Parteistellung* zu (HÄFLIGER, 145 f.; ferner zur Unanfechtbarkeit von Namensänderungen nach Art. 30 Abs. 2 durch Dritte N 23). Bei dieser – wenn überhaupt, so als einzige vor Art. 8 EMRK standhaltenden – Gesetzesauslegung reduziert sich die Namensänderung nach Art. 30 Abs. 2 auf die Schikane eines behördlichen Verfahrens (HEGNAUER/BREITSCHMID, a.a.O.; im gleichen Sinne besonders ausführlich HÄFLIGER, 130 ff.).

IV. Gerichtliche Anfechtung von Namensänderungen

1. Ausgangspunkte

21 Wer durch eine Namensänderung verletzt wird, kann diese gemäss Art. 30 Abs. 3 gerichtlich anfechten. Eine solche Klage ist auf die Wahrung bestehender Namensrechte im Sinne des Art. 29 gerichtet (BGE 76 II 341), stellt also einen **Anwendungsfall des Namensschutzes** dar, wie ihn Art. 29 allgemein gewährt (BGE 52 II 106; ferner BGE 81 II 406; HÄFLIGER, 100 f.). Die Klage nach Art. 30 Abs. 3 ist denn auch eine solche gegen Namensanmassung (vgl. BGE 100 II 289). Sie sprengt aber den Rahmen der Klageordnung des Art. 29. Während dieser gegen Namensanmassungen Feststellungs- und Unterlassungs- bzw. Beseitigungsklagen vorsieht (Art. 29 N 64 ff.), zielt die Klage nach Art. 30 Abs. 3 als Anfechtungsklage darauf ab, einen behördlich verfügten (i.d.R. längst rechtskräftig gewordenen) Namenserwerb bzw. Erwerb eines subjektiven Namensrechtes rückgängig zu machen (zu den Namenserwerbtatbeständen gesetzlicher Namen o. Art. 29 N 15). Die Anfechtungsklage beruht somit auf einem **Gestaltungsklagerecht** (BGE 118 II 4 = Pra 1993, 347) und ergänzt damit die Anspruchs- und Klageordnung des Art. 29. Sie schliesst zugleich Namensschutzklagen gegen Namensänderungen als solche aus (dazu auch HÄFLIGER, 100 f.), welche Klagen aber im Übrigen – bei andersartigen Namensanmassungen als Namensänderungen – auch gegen geänderte Namen vorbehalten bleiben (Beispiele N 23 f.).

22 Aufgrund des Art. 30 Abs. 3 sind die Träger des gleichen Namens klageberechtigt und nur solche (so zutreffend HÄFLIGER, 102 und 104), womit dessen **Anwendungsbereich auf Gleichnamigkeitsfälle beschränkt** ist (anders der Namensschutz nach Art. 29; vgl. o. Art. 29 N 38). In diesem Rahmen stehen die Klagen nach Art. 30 Abs. 3 natürlichen wie juristischen Personen zu (BGE 72 II 147), soweit solche nur eine *Verletzung ihrer Namensrechte* geltend machen (u. N 25). Interessierte Dritte, die sich nicht auf eine Verletzung ihres eigenen Namensrechtes berufen, was bei kindesrechtlichen Namensänderungskonflikten die Regel ist, scheiden daher als Anfechtungskläger von vornherein aus (zu deren allfälliger Parteistellung im administrativen Bewilligungsverfahren der Namensänderung vorne N 14).

23 Entgegen der allgemeinen Regel des Art. 30 Abs. 3 (N 21) ist nach hier vertretener Auffassung eine **Anfechtung von Namensänderungen nach Art. 30 Abs. 2 ausgeschlossen.** Da der Mannesname als Familienname gemäss Art. 160 Abs. 1 von jedermann ohne Anfechtungsmöglichkeit hingenommen werden muss, würde es gegen das in Art. 8 Abs. 3 BV (bzw. in der EMRK) verankerte Gebot der Gleichstellung der Geschlechter verstossen, die Anfechtung der nach Art. 30 Abs. 2 aus dem Frauennamen gebildeten Familiennamen zuzulassen. Die h.L. lehnt ein solches Anfechtungsrecht denn auch ab (ZK-BRÄM, Art. 160 ZGB N 16, HEGNAUER/BREITSCHMID, N 13.26, HÄFLIGER, 181 f., **a.M.** HAUSHEER/REUSSER/GEISER, N 33; RIEMER, Personenrecht, 119, N 247). Der Klageausschluss besteht aber nur insoweit, als gestützt auf Art. 30 Abs. 2 *Namensanmassungen durch Namensänderung* (N 21) geltend gemacht werden, also Gestaltungsklage erhoben werden will. Für allen anderweitigen (d.h. über die blosse Namensregistrierung hinausgehenden) Gebrauch des geänderten Namens durch einen oder beide Ehegatten bleiben die Feststellungs-, Unterlassungs- und Beseitigungsansprüche gemäss Art. 29 (sowie auch aus UWG) vorbehalten.

24 Für die Anfechtungsklagen gemäss Art. 30 Abs. 3 besteht eine **Klagefrist von einem Jahr.** Diese ist eine Verwirkungsfrist, die zu laufen beginnt, sobald der Anfechtungsberechtigte von der Namensänderung Kenntnis erlangt hat (Art. 30 Abs. 3) oder durch gewisse Bemühungen hätte erlangen können (BGE 118 II 7 f. = Pra 1993, 350 f., bestätigt

in der dort nicht publizierten E. 2.2 des BGE 129 III 369 = BGer 5C.233/2002). Hingegen unterliegt die Anfechtung von Namensänderungen keiner Verjährung, namentlich nicht der zehnjährigen Verjährung gemäss Art. 127 OR i.V.m. Art. 7 ZGB (118 II 7 f. = Pra 1993, 350 f.; Bger 5C.233/2002, E. 2.1 = Pra 2003, 1066 f.). Die Anfechtungsklage steht daher – innerhalb der Verwirkungsfrist – so lange offen, als die Verletzung andauert, d.h. so lange als der umstrittene Name zivilstandsrechtlich registriert ist (vgl. auch Art. 29 N 71). Die Verwirkungsfrist besteht jedoch nur für Klagen gemäss Art. 30 Abs. 3 und nicht auch für Klagen gegen einen anderweitigen (d.h. über die blosse Namensregistrierung hinausgehenden) Gebrauch des geänderten Namens. Zwar ist bei bürgerlichen Namen Namensgleichheit nach Massgabe des Art. 29 weitgehend hinzunehmen, doch kommen auch bei diesen vor allem im gewerblichen Verkehr nach Art. 29 unbefugte Namensanmassungen vor (Art. 29 N 59). Solche Klagen sind – von Rechtsmissbrauchsfällen abgesehen – ohne zeitliche Begrenzung zulässig (Art. 29 N 71).

2. Namensrechtsverletzung – Interessenabwägung

Art. 30 Abs. 3 setzt eine **Verletzung des Namensrechtes** des Anfechtungsklägers als **25** Aktivlegitimation voraus (BGE 81 II 405). Es liegt dabei ein Anwendungsfall des allgemeinen Namensschutzes vor (N 21), und zwar des Schutzes gegen Verwechslungen im weiteren Sinne, hier bestehend im unzutreffenden Eindruck, es liege bei den Beteiligten eine Verwandtschaft (BGE 118 II 10 f. = Pra 1993, 353 m.w.Nw.) oder sonstige besondere Beziehung oder Verbindung vor (BGE 72 II 150 f. – Gemeinde Surava). Indessen bleibt die Anfechtung der Namensänderung auf *Fälle von Gleichnamigkeit* beschränkt (N 22), womit die Schutzvoraussetzungen des Art. 30 Abs. 3 strenger sind als jene nach Art. 29 (ferner zum teils noch unklaren Verhältnis dieser beider Bestimmungen BGE 81 II 406; Häfliger, 101; Lack, 147).

Für eine Gutheissung der Klage nach Art. 30 Abs. 3 müssen **schutzwürdige Interessen 26 des Anfechtenden** vorliegen (BGE 118 II 10 = Pra 1993, 352). Schützenswert ist etwa das Interesse daran, Dritte vom Gebrauch des Namen einer nicht weit verbreiteten Familie auszuschliessen (BGE 118 II 1 ff. = Pra 1993, 349; BGE 67 II 191 ff.; 60 II 26 ff.), wobei dafür aber nicht das allfällige Prestiges eines solchen Namens, sondern dessen Seltenheit ausschlaggebend ist (BGE 129 III 372 = Pra 2003, 1068 f.; vgl. auch Riemer, Personenrecht, 117 Rz 241). Gestützt auf Art. 30 Abs. 2 vermochte sich auch eine politische Gemeinde dagegen zu wehren, dass ein Namensträger aufgrund seines neu angenommenen Namens mit ihr in Verbindung gebracht werden konnte (BGE 72 II 145 ff. – Surava). Umgekehrt waren die konkreten Interessen eines Ehemannes, dessen geschiedener Ehefrau die Wiederannahme des früheren Ehenamens bewilligt worden war, nicht schützenswert (BGE 95 II 503). Ebenfalls – alles immer beurteilt aufgrund der konkreten Umstände des Einzelfalles – mussten auch die Interessen der ehelichen Familie daran zurückstehen, rückgängig zu machen, dass ausserehelichen Kindern der eheliche Familienname bewilligt worden war (BGE 81 II 401).

Liegen schützenswerte Interessen des Anfechtenden vor (N 26), bleibt in Art. 4 ZGB **27** gemässer Interessenabwägung zu prüfen, ob das **Interesse des Anfechtungsgegners** an der Namensänderung gewichtiger erscheint als die durch diese bewirkte Beeinträchtigung der Interessen des Anfechtenden (BGE 129 III 369 = Pra 2003, 1064; 118 II 10 = Pra 1993, 352; ferner BGE 95 II 505, 81 II 401, 72 II 150, 60 II 390, 52 II 103). Dabei sind die Interessen des Anfechtungsgegners an der Aufgabe des alten Namens, die zur Bewilligung der Namensänderung geführt haben, bei der Interessenabwägung nach Art. 30 Abs. 3 nicht neu zu überprüfen, dürfen dabei aber mitberücksichtigt werden (BGE 118 II 10 = Pra 1993, 352; BGE 81 II 405). Das gilt vor allem bei der Anfechtung ehe- oder kindesrechtlicher Namensänderungen durch Dritte, die zwar nicht am Bewilligungsverfahren zu beteiligen waren (N 14), aber zur Anfechtungsklage legitimiert sind (N 22). Ein seit der Namensänderung allenfalls neu hinzugekommenes Interesse des Anfechtungsgegners daran, die möglicherweise schon lange andauernde Benutzung des neuen Namens weiterzuführen, begründet nur unter besonderen Umständen ein überwiegendes Interesse desselben i.S.v. Art. 30 Abs. 3 (BGE 129 III 373 f. = Pra 2003, 1068 f.; mit Nw.; vgl. auch BGer 5C.163/2002; E. 4.3.2).

3. Anfechtungsprozess

28 Die Anfechtungsklage nach Abs. 3 ist bei den gemäss Art. 12 lit. c des Gerichtsstandsgesetzes zuständigen kantonalen Gerichten anhängig zu machen. Gegen das letztinstanzliche kantonale Urteil ist die **Berufung an das Bundesgericht** zulässig, da es sich hierbei um eine nichtvermögensrechtliche Zivilrechtsstreitigkeiten i.S.v. Art. 44 OG handelt (BGE 129 III 371 = Pra 2003, 1066, mit Nw.). Entscheide, mit denen die Anfechtung einer Namensänderung gutgeheissen wird, sind Gestaltungsurteile (N 21). Sie wirken, wie die Namensänderung selbst (N 29), nur für den Betroffenen namensändernd, insoweit aber gegen jedermann. Ferner stehen gerichtliche Namensänderungsentscheide weiteren Klagen gemäss Art. 29 Abs. 2 oder Art. 30 Abs. 3 nur insoweit entgegen, als ihre sich nach den üblichen bundesrechtlichen Regeln richtende materielle Rechtskraft reicht.

IV. Wirkung der Namensänderung

29 Die Namensänderung besteht aus zwei Vorgängen, nämlich dem Ablegen des bisherigen und der Annahme eines neuen Namens (BGE 108 II 248 = Pra 1983, 147). Die behördliche Namensänderung bewirkt dabei rechtsgestaltend das **Erlöschen des alten Namens** (GEISER, ZZW 1993, 376 f.) und den **Erwerb des Namensrechts** am neuen. All dies wirkt grundsätzlich immer nur für die Betroffenen namensändernd, nicht aber für Personen, die ihren Namen aus demjenigen des Namensändernden ableiten (GEISER, a.a.O.; ferner HÄFLIGER, 89 ff.), insoweit aber gegen jedermann (Gestaltungswirkung der Namensänderung).

30 Bei nach Art. 30 geänderten Namen sind – wie bei allen anderen Namen auch – gegebenenfalls **weitere gesetzliche Namensänderungen** möglich (vgl. etwa zu den Namensänderungen aus eherechtlich wichtigen Gründen ZK-BRÄM, Art. 160 ZGB N 27 ff.). Aber auch erneute Namensänderungen nach Art. 30 Abs. 1 sind, wenn hierfür wichtige Gründe vorliegen, nicht ausgeschlossen. Für den *Sonderfall der Namensänderungen nach Art. 30 Abs. 2* ist zu beachten, dass es im Hinblick auf Art. 119 Abs. 2 keinen Unterschied machen kann, ob ein Familiennamen aufgrund des Art. 160 Abs. 1 oder des Art. 30 Abs. 2 erworben worden ist. Der Ehemann kann deshalb im Falle der Eheauflösung durch Scheidung (oder durch Ungültigkeitserklärung) innerhalb der Frist des Art. 119 auch ohne ein Verfahren nach Art. 30 Abs. 1 und danach mit einem solchen zu seinem angestammten Namen oder dem Namen zurückkehren, den er vor der Heirat getragen hat (vgl. ZK-BRÄM, Art. 160 ZGB N 18; dort sowie bei BÜCHLER, PraxKomm, Art. 119 N 1 und 5, auch zur umstrittenen Frage der namensrechtlichen Wirkungen der Auflösung der Ehe durch Tod eines Ehegatten).

Art. 31

C. Anfang und Ende der Persönlichkeit I. Geburt und Tod	[1] **Die Persönlichkeit beginnt mit dem Leben nach der vollendeten Geburt und endet mit dem Tode.** [2] **Vor der Geburt ist das Kind unter dem Vorbehalt rechtsfähig, dass es lebendig geboren wird.**
C. Commencement et fin de la personnalité I. Naissance et mort	[1] La personnalité commence avec la naissance accomplie de l'enfant vivant; elle finit par la mort. [2] L'enfant conçu jouit des droits civils, à la condition qu'il naisse vivant.
C. Principio e fine della personalità I. Nascita e morte	[1] La personalità comincia con la vita individua fuori dall'alvo materno e finisce con la morte. [2] Prima della nascita, l'infante gode dei diritti civili a condizione che nasca vivo.

Literatur

BERTOSSA, Sort de l' enfant conçu en cas de divorce de la mère, SemJud 1980, 17; BRÜCKNER, Das Personenrecht des ZGB, Zürich 2000, 15–39; DERS., Künstliche Fortpflanzung und Forschung am Embryo in vitro, SJZ 1985, 381 ff.; H. U. BUCHER, Repetitorium Neonatologie, Zürich 2000; BÜCHLER ANDREA, Die Kommerzialisierung Verstorbener, AJP 2003, 3 ff.; BUNDESAMT FÜR JUSTIZ, Gutachten vom 17. Nov. 1995 betreffend Art. 24[novies] (a)BV – Fortpflanzungsmedizin – Verfassungsrechtlicher Status von Embryonen, VPB 60 (1996), Nr. 67; DUBLER-BARETTA, In-Vitro-Fertilisation und Embryonentransfer in privatrechtlicher Hinsicht, Diss. Basel 1989; DUBLER-NÜSS, Les nouveaux modes de procréation artificielle et le droit suisse de la filiation, Bern 1988; EIDGENÖSSISCHES AMT FÜR DAS ZIVILSTANDSWESEN, Schreiben vom 22. September 1998 an die kantonalen Aufsichtsbehörden im Zivilstandswesen betreffend Flug Swissair SR 111 – Absturz ins Meer nahe der Küste der Provinz Neuschottland, Kanada – Eintragung der Todesfälle durch die Zivilstandsämter, Zeitschrift für Zivilstandswesen 66 (1998), 292; FRANK, Der verwaiste Embryo – ein Anwendungsfall des Persönlichkeitsrechts, SJZ 1984, 365 ff.; GÖTZ, Die Beurkundung des Personenstandes, SPR II, Basel 1967, 379 ff.; GROSSEN, Das Recht der Einzelpersonen, SPR II, Basel 1967, 285 ff.; GUGGENBÜHL, Die gesetzlichen Vermutungen des Privatrechts und ihre Wirkungen im Zivilprozess, Diss. Zürich 1990; GUILLOD, Le nouveau-né, l'embryon et le diagnostic prénatal, quelques repères juridiques, SAeZ 1991; DERS., Implications juridiques de certains progrès scientifiques dans le domaine de la procréation et du génie génétique, aspects du droit de la personnalité, SemJud 1986, 113 ff.; HEGNAUER, Pränatale Anerkennung – zulässig oder unzulässig?, ZZW 1998, 149 ff.; DERS., Gesetzgebung und Fortpflanzungsmedizin, in: Gedächtnisschrift für Peter Noll, Zürich 1984, 49 ff. (zit. GS Noll); KEHL, Die Rechte der Toten, Zürich 1991; KNELLWOLF, Postmortaler Persönlichkeitsschutz – Neuere Tendenzen in der Rechtsprechung, ZUM 41 (1997), 783 ff.; MANNSDORFER, Pränatale Schädigung: Ausservertragliche Ansprüche pränatal geschädigter Personen, Diss. Fribourg 2000; MERZ, Anfang und Ende der Persönlichkeit, ZSR 1957 I, 321 ff.; J. P. MÜLLER, Grundrechte in der Schweiz, 3. Aufl. Bern 1999; OTT/GRIEDER, Plädoyer für den postmortalen Persönlichkeitsschutz, AJP 2001, 627 ff.; PETER, Nasciturus, SJZ 1996, 266 ff.; PSCHYREMBEL, Klinisches Wörterbuch, 260. Aufl. Berlin 2004; SANDOZ, La reconnaissance du nasciturus ou reconnaissance prénatale, Mélanges édités à l'occasion de la 50ème assemblée générale de la Commission Internationale de l'état civil, Neuchâtel 1997, 47 ff. (zit. Reconnaissance); DIES., Quelques problèmes de filiation en relation avec la procréation médicalement assistée, ZVW 2001, 90 ff. (zit. Problèmes); SCHEFER, Grundrechte in der Schweiz, Ergänzungsband zur dritten Auflage des gleichnamigen Werks von J. P. Müller, Bern 2005; SCHÜPBACH, Der Personenstand, Erfassung und Beurkundung des Zivilstandes, SPR II/3, Basel 1996; STRATENWERTH/JENNY, Schweizerisches Strafrecht, Besonderer Teil I, Bern 2003; SUAREZ, Darf man dem Embryo den verfassungsmässigen Schutz der Menschenwürde absprechen? Eine rationale Ableitung der fünf Grundprinzipien einer Menschenrechts-Gesellschaft, SJZ 1986, 205 ff.; TRECHSEL, Schweizerisches Strafgesetzbuch, Zürich 1997; VISCHER, Kommentar zu Art. 34 IPRG, 2. Aufl. Zürich 2004.

I. Allgemeines, Normzweck

1   In Art. 11 ist mit der Marginalie «Persönlichkeit im allgemeinen» der Grundsatz statuiert, dass jede Person rechtsfähig ist. In Art. 31 sind **der Anfang und das Ende der Rechtsfähigkeit natürlicher Personen** i.S.v. Art. 11 geregelt. Wie in Art. 34 IPRG werden die Begriffe «Rechtsfähigkeit» und «Persönlichkeit» gleich bedeutend verwendet.

II. Beginn der Persönlichkeit (Abs. 1 Halbsatz 1)

1. Leben nach vollendeter Geburt

2   Art. 11 stellt als **Grundregel** für den Beginn der Rechtsfähigkeit auf das Kriterium «Leben des Kindes nach vollendeter Geburt» ab.

3   Die **Geburt ist vollendet,** wenn das Kind ganz aus dem Körper der Mutter ausgetreten ist (SCHMID, N 708). Natürliche Geburten und operative Entbindungen (z.B. chirurgischer Eingriff) werden gleich behandelt (PEDRAZZINI/OBERHOLZER, 30). Die Durchtrennung der Nabelschnur oder das Ausstossen der Plazenta sind nicht erforderlich (DESCHENAUX/STEINAUER, N 454; HAUSHEER/AEBI-MÜLLER, Nr. 03.05; A. BUCHER, Personen, N 202). Hingegen erlangt ein während der Geburt (d.h. während des Austritts aus dem Körper der Mutter) sterbendes Kind die Rechtsfähigkeit nicht (RIEMER, Personenrecht, N 120).

4   Das Kriterium **Leben** ist dann erfüllt, wenn das Kind nach dem vollständigen Austritt aus dem Körper der Mutter Lebenszeichen zeigt, insbesondere das Einsetzen der natürlichen Lungenatmung oder der Herzschläge. In Frage kommt auch das Pulsieren der Nabelschnur; die WHO empfiehlt, auch willkürliche Muskelkontraktionen als Lebenszeichen zu werten (PSCHYREMBEL, 1015; vgl. auch H.U. BUCHER, 1). HAUSHEER/AEBI-MÜLLER, Nr. 03.07, und A. BUCHER, Personen, N 204, stellen zudem darauf ab, dass das Kind nicht hirntot ist. Nach dieser Ansicht erlangt ein Neugeborenes die Persönlichkeit nicht, wenn zwar sein Herz schlägt, ihm jedoch die Spontanatmung fehlt und das Gehirn nicht vorhanden oder irreversibel zerstört ist (BRÜCKNER, 16 FN 19). Die effektive Dauer des Lebens und die Lebensfähigkeit auf eine gewisse Dauer sind nicht relevant (SCHMID, N 710; DESCHENAUX/STEINAUER, N 457 ff.; RIEMER, Personenrecht, N 120; GROSSEN, 299 f.).

5   Der Ausdruck Kind impliziert, dass die Leibesfrucht so reif sein muss, dass eine **Entwicklung ausserhalb des Körpers der Mutter möglich** erscheint. Dieses Kriterium kann nicht absolut verstanden werden; es ist abhängig vom konkreten Fall und vom aktuellen Stand der medizinischen Entwicklung (DESCHENAUX/STEINAUER, N 456; A. BUCHER, Personen, N 206; GÖTZ, SPR II, 406; MERZ, ZSR 1957 I, 325 ff.). Das Abstellen auf die Entwicklungsfähigkeit ist nötig, weil das Herz bereits ab der zwölften Schwangerschaftswoche zu schlagen beginnt. Das ZGB verlangt hingegen kein Mindestgewicht: Medizinisch gilt zur Zeit im Sinne einer groben Richtlinie das Abstossen eines Fötus mit einem Mindestgewicht von über 500g oder einer Länge von über 25cm und einem Gestationsalter von mehr als 22 Wochen als Geburt (H.U. BUCHER, 1; diese Kriterien bilden gemäss Art. 9 Abs. 2 ZStV die Voraussetzungen für den Registereintrag einer Totgeburt, vgl. dazu unten N 6). In Frage kommen somit entwicklungsfähige Föten (Frucht nach Abschluss der Organentwicklung etwa in der zwölften Schwangerschaftswoche, Art. 2 lit. j FMedG), nicht jedoch Embryonen (Frucht bis Abschluss der Organentwicklung, Art. 2 lit. i FMedG).

6   Kommt es zu einer vorzeitigen Beendigung der Schwangerschaft durch Ausstossen eines Fötus, der zwar so reif ist, dass eine Entwicklung ausserhalb des Körpers möglich erscheint, der aber keine für die Lebendgeburt massgeblichen Lebenszeichen von sich gibt, handelt es sich um eine **Totgeburt** i.S.v. Art. 9 Abs. 2 ZStV. Medizinisch wird dieser Fall als **Fehlgeburt** bezeichnet (DESCHENAUX/STEINAUER, N 455; PSCHYREMBEL 6).

Die Geburt eines i.S.v. Abs. 1 lebenden (und damit die Persönlichkeit erlangenden) Kindes vor Abschluss der üblichen Schwangerschaftsdauer wird als **Frühgeburt** bezeichnet (gemäss PSCHYREMBEL, 602, Geburt vor Beendigung der 37. Schwangerschaftswoche; gemäss H.U. BUCHER, 1, Geburt vor 259 Tagen nach dem ersten Tag der letzten Menstruation; **a.A.** BRÜCKNER, N 47). **7**

2. Rechtsfolge, Beginn der Persönlichkeit

Der nach vollendeter Geburt lebende Mensch erlangt volle Rechtspersönlichkeit, also Rechtsfähigkeit i.S.v. Art. 11 ff. (SCHMID, N 711). **8**

Totgeburten (**Fehlgeburten**) erlangen die Rechtspersönlichkeit i.S.v. Abs. 1 nicht. Gemäss Art. 9 Abs. 1 ZStV werden sie jedoch ins Personenstandsregister eingetragen. Auf Wunsch der zur Vornamensgebung berechtigten Personen erfolgt der Eintrag unter Angabe des Vor- und Nachnamens (Art. 9 Abs. 3 ZStV). **9**

III. Rechtsstellung des Nasciturus (Abs. 2)

1. Allgemeines

Das Gesetz erkennt bereits dem Kind vor der Geburt, dem Nasciturus, eine **besondere Stellung** zu: Der Nasciturus wird zeitlich rückwirkend als rechtsfähig anerkannt, sofern er (wenn auch nur für einen Augenblick) durch Leben nach vollendeter Geburt die Persönlichkeit i.S.v. Abs. 1 erlangt hat. Die Bestimmung ist vor allem für Fragen der Erbfolge von Bedeutung, vgl. Art. 544 Abs. 1 (vgl. im Übrigen unten N 21 ff.). **10**

2. Kind vor der Geburt (Nasciturus)

Unter der Bedingung der Lebendgeburt beginnt die Rechtsfähigkeit des Nasciturus nach **herkömmlicher Ansicht** mit dem **Zeitpunkt der Zeugung,** d.h. der Verschmelzung der männlichen mit den weiblichen Keimzellen (SCHMID, N 711; **vgl. aber unten N 18:** Nidation als massgeblicher Zeitpunkt). **11**

Die **Bestimmung des Zeitpunkts der Zeugung** ist umstritten: DESCHENAUX/STEINAUER (N 461 f.) wenden die Regeln der Vaterschaftsvermutung von Art. 256a Abs. 2 und 262 Abs. 1 an: Die Zeugung habe vermutungsweise zwischen dem 180. und dem 300. Tag vor der Geburt stattgefunden, wobei dieser Spielraum zugunsten des Nasciturus auszunützen sei, womit die Rechtsfähigkeit rückwirkend ab dem 300. Tag vor der Geburt eintritt. Ein anderer Zeitpunkt gelte nur, wenn die Zeugung an einem bestimmten Tag bewiesen werden kann. TUOR/SCHNYDER/SCHMID (117 FN 3) gehen vermutungsweise von einer Dauer der Schwangerschaft von vierzig Wochen (280 Tagen) aus und berechnen den Zeitpunkt der Zeugung entsprechend. Zu den möglichen Beweismitteln des effektiven Zeugungszeitpunktes vgl. BK-HEGNAUER, Art. 262 N 51 ff. **12**

Eine neue Problematik stellt sich im Zusammenhang mit Verfahren **medizinisch unterstützter Fortpflanzung,** d.h. Methoden zur Herbeiführung einer Schwangerschaft ohne Geschlechtsverkehr, z.B. Insemination (instrumentelles Einbringen von Samenzellen in die Geschlechtsorgane der Frau), In-vitro-Fertilisation (Vereinigung einer Eizelle mit Samenzellen ausserhalb des Körpers einer Frau) mit Embryotransfer, Gametentransfer (instrumentelles Einbringen von Samen- und Eizellen in die Gebärmutter oder in einen Eileiter), vgl. Art. 2 FMedG. **13**

14 Hier stellt sich die Frage, welcher Zeitpunkt für den Beginn der Rechtsfähigkeit i.S.v. Abs. 2 relevant ist. Eine **Befruchtung** läuft in folgenden Schritten ab: Nach der Konzeption findet die Imprägnation (Eindringen einer Samenzelle in das Plasma der Eizelle) statt, nach etwa 24 Stunden kommt es zur Konjugation (Kernverschmelzung). Nach der Kernverschmelzung liegt die entwicklungsfähige Zygote vor, die sich während den Phasen der Embryogenese zum Embryo und später zum Fötus entwickelt. Am fünften bis siebten Tag nach der Imprägnation nistet sich die Zygote in der Schleimhaut der Gebärmutter ein (Nidation).

15 Dem Zeitpunkt der Zeugung im herkömmlichen Sinn gleichzusetzen ist an sich der der Imprägnation folgende Zeitpunkt der **Kernverschmelzung,** ab dem die entwicklungsfähige Zygote vorliegt, die sich (im Falle der In-vitro-Fertilisation nach Haltung in einer speziellen Kultur) in der Gebärmutter einnisten kann. Zwischen der Kernverschmelzung und der Geburt des Kindes kann jedoch bei der In-vitro-Fertilisation ein langer Zeitraum liegen. Wird auf den Zeitpunkt der Kernverschmelzung abgestellt, so müssen unter Umständen Embryonen in vitro, die erst Jahre nach erfolgter Vereinigung der Eizelle mit Samenzellen zur Einnistung in die Gebärmutter der Frau übertragen werden, gemäss Art. 544 und 605 bei einer Erbfolge und Erbteilung berücksichtigt werden (vgl. ein entsprechendes Urteil eines australischen Gerichts bei PETER, 266 f.).

16 Während in der Schweiz gemäss FMedG nur imprägnierte Eizellen vor der Kernverschmelzung (also keine Embryonen) kryokonserviert werden dürfen (Art. 119 Abs. 2 lit. c BV; Art. 17 Abs. 3 und 16 FMedG), werden in anderen Staaten auch Embryonen **im Hinblick auf einen späteren Transfer kryokonserviert** (Botschaft FMedG, BBl 1996 264 f.). Da sich gemäss Art. 34 Abs. 1 IPRG die erbrechtliche Stellung des Nasciturus nach dem Erbstatut richtet (vgl. dazu unten N 48), kann eine für das schweizerische Recht entwickelte Regel auch auf im Ausland in vitro erzeugte und aufbewahrte Embryonen anwendbar sein, falls ein Nachlass schweizerischem Recht untersteht.

17 Im Bereich der medizinisch unterstützten Fortpflanzung ist daher für den Beginn der Rechtsfähigkeit auf den **Zeitpunkt der Nidation** nach der Implantation abzustellen (vgl. BRÜCKNER, N 57; DERS., SJZ 1985, S. 383; HEGNAUER, GS Noll, 56; GUILLOD, SemJud 1986, 117 f.; DERS., SAeZ 1991, 843; DUBLER-BARETTA, 16. **A. A.**, auf den Zeitpunkt der Implantation abstellend, FRANK, 14; GUILLOD, 120. **A. A.**, auf den Zeitpunkt der Kernverschmelzung abstellend, DESCHENAUX/STEINAUER, N 468; HAUSHEER/AEBI-MÜLLER, Nr. 03.25; SUAREZ, 205 ff.; PEDRAZZINI/OBERHOLZER, 32; DUBLER-NÜSS, 116. **A. A.**, vom Zeitpunkt der Geburt an zurückrechnend, A. BUCHER, Personen, N 214, und offenbar SANDOZ, Problèmes, 100 f. **A. A.**, differenzierend, SCHMID, N 721 f.).

18 Die hier vertretene Lösung hat den Vorteil, dass sie **auch bei nicht medizinisch unterstützter Fortpflanzung** entsprechend angewendet werden kann, indem auch in diesen Fällen auf den Zeitpunkt der Nidation abgestellt wird. Auch für den strafrechtlichen Schutz gemäss Art. 118 ff. StGB wird auf die Nidation abgestellt (TRECHSEL, Vor Art. 118 StGB, N 2; STRATENWERTH/JENNY, § 2 N 7). Zum Schutz des Embryo in vitro vgl. nachfolgend N 28 f.

3. Vorbehalt der Lebendgeburt

19 Art. 31 Abs. 2 knüpft die Rechtsstellung des Nasciturus an die Bedingung, dass das Kind «lebendig geboren» wird. Für die Lebendgeburt gelten die Kriterien der Erlangung der Persönlichkeit nach **Abs. 1** (vgl oben N 2 ff.).

20 Es ist **umstritten,** ob es sich beim Vorbehalt der Lebendgeburt um eine Suspensivbedingung mit Rückwirkung (vgl. Art. 151 ff. OR; SCHMID, N 711; RIEMER, Personenrecht,

N 123; PEDRAZZINI/OBERHOLZER, 31) oder eine Resolutivbedingung (vgl. Art. 154 OR; DESCHENAUX/STEINAUER, N 464; TUOR/SCHNYDER/SCHMID, 117) handelt. Nach HAUS-HEER/AEBI-MÜLLER, Nr. 03.14, soll die Beantwortung dieser Frage entscheidend sein für die Rechtsstellung des Nasciturus. Dieser Ansicht kann nicht gefolgt werden: Da der Nasciturus ausschliesslich unter der Voraussetzung der Lebendgeburt die Persönlichkeit erlangen kann, hat die Auseinandersetzung um Suspensiv- oder Resolutivbedingung lediglich akademischen Charakter.

4. Folgen der Rechtsfähigkeit des Nasciturus

Die Rechtsfähigkeit des Nasciturus ist namentlich relevant im Zusammenhang mit den **21** **erbrechtlichen Bestimmungen** von Art. 544 Abs. 1 (Erbfähigkeit) und Art. 605 (Auf-schiebung der Teilung), Art. 393 Ziff. 3 (Beistandschaft in Vermögensbelangen), Art. 480 Abs. 1 (Enterbung) und Art. 545 Abs. 1 (Nacherbeneinsetzung).

Kindesrechtlich relevant ist die Rechtsfähigkeit des Nasciturus gemäss den Bestimmun- **22** gen von Art. 311 Abs. 3 (Entziehung der elterlichen Sorge), Art. 133 (Elternrechte und -pflichten nach der Scheidung; vgl. dazu BERTOSSA, 18 f.) und Art. 309 (Beistandschaft betreffend Feststellung der Vaterschaft, sog. Curator Ventris). Zur Vaterschaftsanerken-nung bei Nascituri vgl. HEGNAUER, 149 ff.; SANDOZ, Reconnaissance, 47 ff.

Allgemein stehen dem Nasciturus sämtliche **Persönlichkeitsrechte** i.S.v. Art. 11 ff. und **23** insb. 28 ff. zu, sofern dies mit deren Natur vereinbar ist (DESCHENAUX/STEINAUER N 466).

5. Pränatale Schädigungen

Als weitere Folge der Rechtsfähigkeit des Nasciturus können nach Erlangung der Per- **24** sönlichkeit i.S.v. Abs. 1 pränatale Schädigungen geltend gemacht werden: Gemäss **Art. 45 Abs. 3 OR** kann Schadenersatz verlangt werden, wenn ein Kind vor seiner Geburt den Versorger verloren hat (DESCHENAUX/STEINAUER, N 466; HAUSHEER/AEBI-MÜLLER, Nr. 03.21; A. BUCHER, Personen, N 209; RIEMER, Personenrecht, N 124; um-fassend MANNSDORFER; vgl. auch SJZ 58 [1962], 354 Nr. 214).

Bei Schädigungen des Nasciturus durch Körperverletzung (z.B. Unfall, Schädigung **25** durch Medikamente) besteht ein Anspruch auf Schadenersatz gemäss Art. 46 OR, sofern das Kind durch die Geburt die Persönlichkeit erlangt hat (DESCHENAUX/STEINAUER, N 466; HAUSHEER/AEBI-MÜLLER, Nr. 03.21; A. BUCHER, Personen, N 209; RIEMER, Per-sonenrecht, N 124; eingehend MANNSDORFER).

Zum **Genugtuungsanspruch der Mutter** bei vorgeburtlichem Absterben eines Kindes **26** wegen Verletzung ihres eigenen Körpers vgl. Urteil des Zivilgerichts Basel-Stadt vom 23. August 1996, BJM 1997, 193 ff.

Der **strafrechtliche Schutz** des Nasciturus bis zum Einsetzen des Geburtsvorganges ist **27** in Art. 118 ff. StGB geregelt. Ab Einsetzen des Geburtsvorganges (also bereits vor voll-endeter Geburt) greifen Art. 111 ff. und 122 ff. StGB (TRECHSEL, Vor Art. 118 N 3).

6. Rechtsstellung des Embryo in vitro

In der Literatur wird teilweise im Zusammenhang mit Art. 31 auch die **Rechtsstellung** **28** **des Embryo in vitro** diskutiert. Dabei geht es namentlich um Fragen betreffend den Schutz vor Verletzungen oder Beschädigungen, einen Anspruch auf Implantation und ein Recht auf Leben (vgl. etwa DESCHENAUX/STEINAUER, N 468).

29 Artikel 31 eignet sich jedoch nicht als Anknüpfung für die angeführten Fragestellungen. Der Schutz gemäss Art. 31 Abs. 2 kann nur dann zum Tragen kommen, wenn ein Kind durch Geburt die Persönlichkeit erlangt. Art. 31 ist somit irrelevant für Embryonen, die nicht implantiert und ausgetragen werden. Die entsprechenden Fragen sind **spezialgesetzlich zu regeln** (vgl. das FMedG, das gestützt auf Art. 119 BV erlassen wurde).

7. Noch nicht empfangene Kinder (Nondum Concepti)

30 Verschiedene gesetzliche Regelungen statuieren Wirkungen für oder beziehen sich auf **noch nicht empfangene Kinder** (Nondum Concepti), so etwa Art. 311 Abs. 3 (Entziehung der elterlichen Sorge), Art. 480 Abs. 1 (Enterbung), Art. 545 Abs. 1 (Nacherbeneinsetzung) und Art. 3 FMedG (medizinisch unterstützte Fortpflanzung). Gemäss BGE 116 II 248 ff., 250, kann der Nondum Conceptus auch Empfänger eines direkten, aufgeschobenen Vermächtnisses sein, gemäss BGE 73 II 81 ff., 85 f., kann für ihn eine Beistandschaft errichtet werden (vgl. RIEMER, Personenrecht, N 125 f.). Obwohl der Nondum Conceptus damit Träger gewisser Rechte wird, ist das noch nicht empfangene Kind kein rechtsfähiger Inhaber einer Persönlichkeit (gl.A. HAUSHEER/AEBI-MÜLLER, Nr. 03.26).

IV. Ende der Persönlichkeit (Abs. 1 Halbsatz 2)

1. Tod

31 Betreffend das Ende der Persönlichkeit stellt Art. 11 ausschliesslich auf das Kriterium «Tod» ab. Das ZGB enthält keine genauen Regeln, wie der Tod eines Menschen **festzustellen** ist. Damit wollte man beim Erlass des ZGB dem jeweiligen anerkannten Stand der medizinischen Wissenschaft betreffend Feststellung des eingetretenen Todes Rechnung tragen (BGE 98 I a 508 ff., 512; DESCHENAUX/STEINAUER, N 472; A. BUCHER, Personen, N 216). Entsprechend darf auch kein kantonales Gesetz vom anerkannten Stand der medizinischen Wissenschaft abweichen (vgl. BGE 123 I 112 ff., 127 f.).

32 Heute steht weniger die Frage nach den Methoden der Feststellung des Todes im Vordergrund als vielmehr die **Definition des Zustandes «tot»**. Verfassungsrechtlich ist anerkannt, dass ein Mensch tot ist, wenn diejenigen Körperfunktionen gänzlich und endgültig dahingefallen sind, die eine notwendige Voraussetzung für das Weiterleben bilden (BGE 98 I a 508 ff., 515). Die neuen Möglichkeiten der Reanimations- und namentlich der Transplantationsmedizin stellen jedoch eigene Anforderungen an die Definition des Todes.

33 Betreffend den **anerkannten Stand der medizinischen Wissenschaft** wird allgemein auf die in den medizinisch-ethischen Richtlinien der Schweizerischen Akademie der Medizinischen Wissenschaften (SAMW) aufgestellten Grundsätze abgestellt (vgl. auch BGE 98 I a 508 ff., 517). Die SAMW ist eine private Stiftung, deren Organe sich aus Angehörigen der medizinischen Fakultäten und Fachgesellschaften sowie aus Personen mit medizinischer, juristischer und ethischer Ausbildung zusammensetzen. Die Richtlinien haben keinen Gesetzescharakter, sie dienen lediglich als Anhaltspunkt. Wenn sich ein Gericht auf die Richtlinien abstützt, hat es ihre Verfassungs- und Gesetzmässigkeit zu prüfen.

34 Herkömmlicherweise wird ein Mensch für tot erklärt, wenn sein **Herz definitiv zu schlagen aufgehört** hat und keine Reanimation mehr vorgenommen werden kann. Spätestens mit dem Herzstillstand endet auch die Atmung (BRÜCKNER, N 62).

35 Aufgrund des Bedarfs nach transplantierbaren Organen stellt sich im Zusammenhang mit **Organtransplantationen** ein neues Problem: Einerseits ist unbestritten, dass (ausser bei

Lebendentnahmen) der das Organ spendende Mensch tot sein muss. Andererseits muss sichergestellt werden, dass die zu transplantierenden Organe vital erhalten werden können. Deshalb wird in diesem Bereich auf den definitiven Verlust der Gehirntätigkeit abgestellt. Der diesbezüglich aktuelle Stand der medizinischen Wissenschaft ist in der Medizinisch-ethischen Richtlinie der SAMW zur Feststellung des Todes im Hinblick auf Organtransplantationen vom 20.6.2005 wiedergegeben (abrufbar auf der Website der SAMW). Danach wird zwischen Herz- und Hirntod unterschieden. Die Richtlinie der SAMW bestimmt allerdings lediglich, ab wann der Tod frühestens festgestellt werden darf. Sie bestimmt damit den frühest möglichen Zeitpunkt für Organentnahmen, enthält jedoch keine Bestimmung, wann der Tod spätestens festzustellen ist. Im Anwendungsbereich von Art. 31 (und insbesondere im Hinblick auf das Erbrecht) ergibt sich insofern ein Problem, als damit im Ermessen der Ärztinnen und Ärzte liegt, wann die Persönlichkeit eines Menschen endet (A. Bucher, Personen, N 217; BGE 118 IV 319 ff., 323; 123 I 112 ff., 118; vgl. in diesem Zusammenhang auch die Diskussion betreffend Sterbehilfe, ausgelöst durch das Postulat Ruffy, AmtlBull NR 1996, 362).

Der **Herztod** ist der irreversible Herzstillstand, der die Blutzufuhr zum Hirn beendigt. Im **36** Hinblick auf eine Organentnahme darf ein Mensch frühestens nach zwanzigminütiger ununterbrochener und erfolgloser kardiopulmonaler Reanimation und anschliessender zehnminütiger Beobachtung des ununterbrochenen Herzstillstandes unter stationären klinischen Bedingungen für herztot erklärt werden. Nach Ablauf dieser Zeit ist das Gehirn aufgrund der unterbrochenen Sauerstoff-Versorgung mit Sicherheit irreversibel schwerst geschädigt.

Der **Hirntod** ist der vollständige und irreversible Funktionsausfall des Gehirns ein- **37** schliesslich des Hirnstamms bei Menschen, deren Herz noch schlägt, die aber nicht mehr selbständig atmen. Die Medizinisch-ethische Richtlinie zählt sieben klinische Kriterien auf, die während einer bestimmten Dauer beobachtet werden müssen.

Gemäss **Bundesgesetz über die Transplantation von Organen, Geweben und Zellen** **38** **(Transplantationsgesetz),** das voraussichtlich auf den 1. Januar 2007 in Kraft tritt, ist ein Mensch tot, wenn die Funktionen seines Hirns einschliesslich des Hirnstamms irreversibel ausgefallen sind (Art. 9 Abs. 1 Transplantationsgesetz). Die Bestimmung der genauen Kriterien wird dem Bundesrat überlassen.

2. Rechtsfolge, Ende der Persönlichkeit

Mit dem Tod **endet die Rechtsfähigkeit.** Die verstorbene Person ist grundsätzlich weder **39** Trägerin von Rechten noch von Pflichten. Die vererbbaren Rechte gehen auf die Erbengemeinschaft über, höchstpersönliche Rechte erlöschen grundsätzlich (Deschenaux/ Steinauer, N 475; Hausheer/Aebi-Müller, Nr. 03.31; A. Bucher, Personen, N 219 f.; Pedrazzini/Oberholzer, 35; vgl. die einlässliche Kritik von Kehl, 12 ff.; vgl. betreffend vermögenswerte Persönlichkeitsrechte Büchler, 3 ff.). Eine verstorbene Person ist insbesondere nicht parteifähig, niemand kann als ihr Vertreter einen Prozess anheben (BGE 129 I 302 ff.).

Das Ende der Rechtsfähigkeit bedeutet jedoch nicht, dass ein Mensch durch den Tod **40** jeglichen Persönlichkeitsschutz verliert. **Bestimmte Persönlichkeitsrechte bleiben auch nach dem Tod bestehen,** ohne dass sie auf die Erben übergehen (Brückner, N 71, spricht diesbezüglich von einer «Nachwirkung der Persönlichkeitsrechte»; A. Bucher, Personen, N 222; für einen eigenständigen postmortalen Persönlichkeitsschutz Ott/ Grieder, 627 ff. **A.A.** offenbar Deschenaux/Steinauer, N 476, die aber auch anerkennen, dass Verfügungen über den toten Körper zu berücksichtigen sind, und zumindest de lege lata PEDRAZZINI/OBERHOLZER, 35 f. Vgl. die Hinweise betreffend den Persönlichkeitsschutz nach dem Tod gemäss deutschem Recht bei SCHMID, N 724, und KNELLWOLF, 783 ff.).

41   Jeder Mensch kann mit Wirksamkeit über seinen Tod hinaus über die **Modalitäten seiner Bestattung** und die Verwendung seines Leichnams bestimmen (BGE 129 I 173 ff., 180; 101 II 177 ff., 190 f.; A. BUCHER, Personen, N 222).

42   Auch das Recht auf **Ablehnung von Organentnahmen** wirkt über den Tod hinaus: Gemäss Art. 8 Transplantationsgesetz dürfen einer toten Person Organe nur dann entnommen werden, wenn sie zu Lebzeiten zugestimmt hatte. In Art. 8 Abs. 5 wird ausdrücklich festgehalten, dass der Wille der verstorbenen Person demjenigen der nächsten Angehörigen vorgeht (vgl. auch BGE 111 I a 231 ff., 233 f.).

43   In einem Urteil vom 26. April 1995 (Pra 85 [1996], 289 ff.) ging das BGer zudem von einem schützenswerten Interesse verstorbener Personen an der **Geheimhaltung von Daten in ihrer Krankengeschichte** aus. Damit anerkannte das BGer zumindest in diesem Bereich ein Recht auf Privatsphäre verstorbener Personen.

44   Auch bestimmte Aspekte des **Urheberrechts,** nämlich das Recht auf Anerkennung und Nennung als Urheberin oder Urheber eines Werkes (Art. 9 URG) bleiben über den Tod hinaus bestehen und gehen nicht auf die Erbengemeinschaft über (vgl. dazu VON BÜREN, SIWR II/1, 212 f.).

45   Zum **strafrechtlichen Schutz** der Person über den Tod hinaus gemäss Art. 262 StGB (Störung des Totenfriedens) und Art. 175 StGB (üble Nachrede oder Verleumdung) vgl. TRECHSEL, Art. 175 und Art. 262; STRATENWERTH/JENNY, § 11 N 11. Vgl. auch BGE 118 IV 319 (Fall Barschel), wonach eine verstorbene Person normalerweise bis zur Bestattung Inhaberin höchstpersönlicher Rechte bleibt.

46   Zum **verfassungsmässigen Persönlichkeitsschutz nach dem Tod** vgl. J.P. MÜLLER, 56 ff.; SCHEFER, 43 ff.

47   Zum Schutz der **Persönlichkeitsrechte der Angehörigen,** insbesondere des Pietätsgefühls, vgl. BGE 127 I 115 ff., 122 f.; 104 II 225 ff., 235 f., 236; 109 II 353 ff.; 101 II 177 ff., 191; SCHMID, N 728; A. BUCHER, Personen, N 221; RIEMER, Personenrecht, N 133.

V. IPR, Rechtsvergleichung

1. IPR

48   Gemäss Art. 34 Abs. 1 IPRG untersteht die Rechtsfähigkeit (d.h. die Fähigkeit, Rechte und Pflichten zu haben) schweizerischem Recht, womit sich auch die Zulässigkeit von Begrenzungen der Rechtsfähigkeit gemäss Art. 11 Abs. 2 nach schweizerischem Recht richtet. Hingegen bestimmt sich nach Art. 34 Abs. 2 IPRG die Frage, zu welchem Zeitpunkt eine Person die Rechtsfähigkeit erwirbt, fallbezogen **nach dem Recht des Rechtsverhältnisses, das die Rechtsfähigkeit voraussetzt** (unselbständige Anknüpfung). Die erbrechtliche Stellung des Nasciturus bestimmt sich somit nach dem Erbstatut (vgl. ausführlich ZK-VISCHER, Art. 34 IPRG N 4 ff.).

49   Auch für die Frage des Endes der Persönlichkeit knüpft das IPRG unselbständig an das **Recht des Rechtsverhältnisses an, das die Rechtsfähigkeit voraussetzt** (ZK-VISCHER, Art. 34 IPRG N 5 ff.). Im Falle von Organentnahmen, die in der Schweiz vorgenommen werden, bestimmt sich somit nach Art. 31, wann eine Person tot ist.

2. Rechtsvergleichung

Deutschland: § 1, § 1923 Abs. 2 BGB; **Österreich:** §§ 22 f. ABGB (Vermutung der   **50**
Lebendgeburt); **Frankreich:** Art. 311 Ziff. 4, Art. 725 Abs. 2, Art. 906 Abs. 2 CC fr. (für
den Beginn der Rechtsfähigkeit ist die Lebensfähigkeit erforderlich); **Italien:** Art. 1,
Art. 462 CC it.

Art. 32

II. Beweis **1. Beweislast**	[1] **Wer zur Ausübung eines Rechtes sich darauf beruft, dass eine Person lebe oder gestorben sei oder zu einer bestimmten Zeit gelebt oder eine andere Person überlebt habe, hat hiefür den Beweis zu erbringen.** [2] **Kann nicht bewiesen werden, dass von mehreren gestorbenen Personen die eine die andere überlebt habe, so gelten sie als gleichzeitig gestorben.**
II. Preuve de la vie et de la mort 1. Fardeau de la preuve	[1] Celui qui, pour exercer un droit, prétend qu'une personne existe ou qu'elle est morte, ou qu'elle était vivante à une époque déterminée, ou qu'elle a survécu à une autre personne, doit prouver le fait qu'il allègue. [2] Lorsque plusieurs personnes sont mortes sans qu'il soit possible d'établir si l'une a survécu à l'autre, leur décès est présumé avoir eu lieu au même moment.
II. Regole probatorie 1. Onere della prova	[1] Chi per far valere un diritto afferma che una persona sia vivente, o sia morta, o sia vissuta in un certo momento, o sia sopravvissuta ad un'altra persona, deve fornirne la prova. [2] Se non può essere fornita la prova che di più persone una sia sopravvissuta all'altra, si ritengono morte simultaneamente.

Literatur

GUGGENBÜHL, Die gesetzlichen Vermutungen des Privatrechts und ihre Wirkungen im Zivilprozess, ZSVR Bd. 92, Zürich 1990.

I. Allgemeines. Normzweck

Wer sich zur Ausübung eines Rechts auf *das Leben oder den Tod einer Person* beruft, hat   **1**
gemäss Art. 32 Abs. 1 hierfür den **Beweis** zu erbringen. Dies ist eine Wiederholung der
in Art. 8 aufgestellten Grundregel. Art. 32 gilt im streitigen und im nichtstreitigen Verfahren. Materiell wird das Gericht angeleitet, wer die Folgen der Beweislosigkeit zu tragen hat, wenn Leben oder Tod einer Person unbewiesen geblieben sind (BK-KUMMER,
Art. 8 N 20).

II. Die Verteilung der Beweislast

Beweispflichtig ist, wer sich darauf beruft, dass eine **Person lebe** oder zu einem **be-**   **2**
stimmten Zeitpunkt gelebt habe. Das schweizerische Recht kennt *keine Vermutung der*
Lebendgeburt. Auch bei der Berufung auf die *Geburt* und das *Leben* eines *neugeborenen*
Kindes bleibt es bei dieser Beweislastverteilung (ZK-EGGER, N 1).

3   Beweispflichtig ist, wer sich darauf beruft, dass eine **Person gestorben** oder zu einem **bestimmten Zeitpunkt bereits tot gewesen sei** (ZK-EGGER, N 1). Diesen Beweis hat zu erbringen, wer behauptet, *Erbe* einer bestimmten Person zu sein (Art. 537 Abs. 1), oder wer *Erbrechte* aus der Tatsache ableitet, dass eine Person eine andere überlebt haben soll (vgl. N 4). Ebenso trägt die Beweislast, wer als Ehegatte Forderungen geltend macht, die bei der *Auflösung des Güterstandes* durch den Tod des anderen entstanden sind (Art. 204 Abs. 1 und 236 Abs. 1). Weitere Bsp. für die Anknüpfung an den Beweis des Todes einer Person finden sich in Art. 258 (Anfechtung der Vaterschaft), 261 Abs. 2 (Vaterschaftsklage) und 334bis Abs. 1 (Entschädigung für Zuwendungen an den gemeinsamen Haushalt).

III. Die Vermutung des gleichzeitigen Todes (Abs. 2)

4   Wenn der Tod von mehreren Personen zwar fest steht, jedoch nicht bewiesen werden kann, dass die eine die andere überlebt hat, so gelten sie als *gleichzeitig* verstorben. Mit der sog. **Kommorientenvermutung** wird einem potentiellen Beweisnotstand Rechnung getragen (vgl. z.B. BGE 112 II 157: gemeinsamer Selbstmord). Es handelt sich um eine Beweislastregel in der Form einer *widerlegbaren gesetzlichen Tatsachenvermutung* (GUGGENBÜHL, 32 ff. m.w.N.). Sie gilt sinngemäss auch im öffentlichen Recht (BGE 101 V 257).

5   **Vermutungsbasis** ist das *Versterben* von mehreren Personen. Hinzu kommt als weiteres *Tatbestandsmerkmal* die *Ungewissheit* über die *Reihenfolge* des Todeseintritts. Steht betreffend zwei Personen der Todeszeitpunkt nicht fest, so spielt es im Verhältnis zwischen diesen beiden keine Rolle, wenn der Todeszeitpunkt für einen weiteren Verstorbenen feststeht. Die Vermutung ist eine *allgemeine,* ihre Wirkung ist nicht etwa auf das Verhältnis zwischen Ehegatten oder zwischen Eltern und Kindern beschränkt. Ein *gemeinsames Verschwinden* oder die *Betroffenheit mehrerer Personen durch die gleiche Gefahr oder Naturgewalt ist im schweizerischen Recht nicht vorausgesetzt.* Die eine Person kann beim Schwimmen im Meer ertrinken und die andere gleichzeitig in den Bergen tödlich verunglücken. Der Tatbestand von Art. 32 Abs. 2 ist selbst dann erfüllt, wenn feststeht, dass zwei Personen nicht zur gleichen Zeit gestorben sein können, solange sich nicht beweisen lässt, welche von beiden die andere überlebt hat (ZK-EGGER, N 3).

6   **Vermutungsfolge** ist die Annahme des *gleichzeitigen Todes* der Verstorbenen. Sie tritt von Gesetzes wegen ein und gilt *unabhängig* von Alter oder Geschlecht der Betroffenen (vgl. BGE 74 II 202).

IV. Rechtliche Folgen des gleichzeitigen Todes

7   Sind zwei gleichzeitig verstorbene Personen gegenseitig *erbberechtigt* oder nur *die eine gegenüber der anderen,* so können aus dem Versterben der einen Person keine Rechte gegenüber dem Nachlass der anderen geltend gemacht werden. Im Falle von Ehegatten erlischt deren gegenseitiges **Erbrecht** und jeder Ehegatte wird von seinen übrigen Erben beerbt. Dagegen muss die **güterrechtliche Auseinandersetzung** durchgeführt werden, falls nicht bei beiden Ehegatten die gleichen Personen Erben sind (HAUSHEER/REUSSER/GEISER, Art. 215 N 11).

V. Die Beseitigung der Vermutung

8   Die Vermutung kann in zweifacher Hinsicht **beseitigt** werden. *Erstens* durch den *Gegenbeweis* gegen den Beweis der Vermutungsbasis. *Zweitens* durch den *Beweis des Gegen-*

teils der Vermutungsfolge. Der Widerlegungsbeweis erfordert den vollen Beweis der Unrichtigkeit der vom Gesetz vermuteten Gleichzeitigkeit des Todeseintritts. Der entsprechende Nachweis kann mit allen tauglichen Mitteln erbracht werden (vgl. BGE 74 II 202 ff., 206). Nicht bewiesen werden muss der genaue Zeitpunkt des Todes einer Person. Es genügt, wenn sich beweisen lässt, welche der beiden Personen vor der anderen gestorben sein muss (ZK-EGGER, N 3).

VI. Rechtsvergleichung

Deutschland: § 11 VerschG; **Österreich:** § 11 TEG; **Frankreich:** Art. 720 ff. CC fr.;   **9**
Italien: Art. 4 CC it.; **England und Wales:** section 184 Law of Property Act (1925).

Art. 33

2. Beweismittel **a. Im Allgemeinen**	[1] **Der Beweis für die Geburt oder den Tod einer Person wird mit den Zivilstandsurkunden geführt.** [2] **Fehlen solche oder sind die vorhandenen als unrichtig erwiesen, so kann der Beweis auf andere Weise erbracht werden.**
2. Moyens de preuve a. En général	[1] Les actes de l'état civil font preuve de la naissance et de la mort. [2] A défaut d'actes de l'état civil ou lorsqu'il est établi que ceux qui existent sont inexacts, la preuve peut se faire par tous autres moyens.
2. Mezzi di prova a. In genere	[1] La prova della nascita o della morte di una persona si fornisce cogli atti dello stato civile. [2] Se questi non esistono, o se sono dimostrati inesatti, la prova può essere fornita con altri mezzi.

Literatur

Vgl. die Vorbem. zu Art. 39–51.

I. Allgemeines. Normzweck

Art. 33 regelt die **Beweismittel** für den Beweis der Geburt oder des Todes. Dieser Beweis ist mit den Zivilstandsurkunden zu führen (Abs. 1). Nur *subsidiär* kann er mit anderen Mitteln geführt werden (Abs. 2). Die Beschränkung der Beweismittel nach Abs. 1 ist nur eine scheinbare und bewirkt i.E. wegen des hohen Beweiswerts der Zivilstandsurkunden eine Beweiserleichterung.   **1**

II. Der Beweis mittels Zivilstandsurkunden (Abs. 1)

Zivilstandsurkunden i.S.v. Art. 33 Abs. 1 sind die bisherigen Zivilstandsregister, deren Eintragungen die Tatsache der Geburt oder des Todes zum Gegenstand hatten (diese Register wurden spätestens per 31.12.2004 geschlossen, Art. 92 ZStV), und das vom Bund betriebene zentrale elektronische Personenstandsregister Infostar (Art. 39) sowie schriftliche Bescheinigungen, Bestätigungen, beglaubigte Kopien und Abschriften gemäss Art. 47 Abs. 2 ZStV (vgl. auch Art. 9 N 7). Die **schweizerischen Register** gelten gemäss Art. 9 bis zum Nachweis ihrer Unrichtigkeit als zutreffend (vgl. Art. 48 ZStV).   **2**

2a   **Ausländische Urkunden und Entscheidungen** können gemäss Art. 32 IPRG als Grundlage für eine Eintragung in den schweizerischen Registern dienen; zum Verfahren vgl. Art. 45 Abs. 2 Ziff. 4. Daraus ergibt sich, dass ausländische Register, die den Anforderungen von Art. 25 bis 27 IPRG genügen, beweismässig schweizerischen Registern gleichzustellen sind. Das Gericht, das den Beweis abnimmt, prüft in diesem Fall die Voraussetzungen der Anerkennung. Sind diese nicht erfüllt, fallen ausländische Register unter Art. 33 Abs. 2. Für Todeserklärungen, die im Staat des letzten bekannten Wohnsitzes oder im Heimatstaat der betroffenen Person ergangen sind, greift die Spezialbestimmung von Art. 42 IPRG.

3   Der Beweis der Geburt einer Person führt entweder über das altrechtliche **Geburtsregister** oder über das **Personenstandsregister** und die darin eingetragenen Tatsachen.

4   Der Beweis des Todes einer Person beruht auf der Eintragung im altrechtlichen **Todesregister** oder im **Personenstandsregister.** Die Beweiskraft des schweizerischen Registers erstreckt sich auf Angaben über den *Ort* und den *Zeitpunkt* des *Todes* oder des *Auffindens der Leiche* sowie über die *Identität* des Verstorbenen (GÖTZ, SPR II, 406; BGE 74 II 202 E. 3). Der Zeitpunkt des Leichenfundes sagt zivilstandsrechtlich nichts darüber aus, wann der Tod in der Zeit *vor* dem Auffinden der Leiche eingetreten ist (BGE 117 V 257).

III. Der Beweis auf andere Weise (Abs. 2)

5   Voraussetzung ist zunächst das **Fehlen** der zum Beweis erforderlichen Urkunden, z.B. weil der entsprechende Vorgang nicht in der Schweiz erfolgt ist und keine anerkennungsfähigen ausländischen Urkunden vorliegen (vgl. oben N 2a), die Urkunden zerstört worden sind oder die Registrierung des Vorgangs unterblieben ist. Der Beweis muss daher mit anderen Mitteln geführt werden können.

6   Abs. 2 greift auch, wenn der **Registereintrag unrichtig** ist, sofern dieser nicht nach Art. 42 oder 43 berichtigt wird. Als unrichtig gilt auch ein *unvollständiger* Eintrag, wenn die entsprechende Einzeleintragung fehlt. Erforderlich ist die Feststellung der Unrichtigkeit durch einen rechtsgenügenden Beweis (Art. 9).

7   Der Beweis nach Abs. 2 kann von Bundesrechts wegen **auf andere Weise** als mit den Zivilstandsurkunden geführt werden. Gemeint sind alle zum Beweis der Geburt oder des Todes tauglichen Mittel. Dazu gehören Urkunden jeglicher Art, Zeugenaussagen, medizinische Gutachten, Augenschein usw. Ein Beispiel dafür findet sich in ZBJV 1948, 136 ff., als der Tod dreier Auslandschweizer in Ostpreussen kurz vor Ende des 2. Weltkrieges mangels eines zivilstandsamtlichen Ausweises u.a. durch Zeugenaussagen bewiesen werden musste. Die Beweisführung erfolgt im Rahmen des anwendbaren Verfahrensrechts. Sie ist von Bundesrechts wegen zulässig und darf durch das kantonale Prozessrecht nicht verunmöglicht werden (vgl. ZK-EGGER, N 7; BGE 74 II 202 E. 3).

IV. Prozessuales

8   Art. 33 gilt für das Verfahren vor **Gerichten** und vor den **Zivilstandsbehörden** (ZK-EGGER, N 8).

V. IPR

9   Die Anerkennung ausländischer Entscheide und Urkunden als Grundlage für einen Eintrag in ein schweizerisches Register ist in Art. 32 IPRG geregelt. Für Todeserklärungen, die im Staat des letzten Wohnsitzes oder im Heimatstaat ergangen sind, gilt Art. 42 IPRG.

Art. 34

b. Anzeichen des Todes	Der Tod einer Person kann, auch wenn niemand die Leiche gesehen hat, als erwiesen betrachtet werden, sobald die Person unter Umständen verschwunden ist, die ihren Tod als sicher erscheinen lassen.
b. Indices de mort	Le décès d'une personne dont le corps n'a pas été retrouvé est considéré comme établi, lorsque cette personne a disparu dans des circonstances telles que sa mort doit être tenue pour certaine.
b. Indizio di morte	La morte di una persona può reputarsi provata ancorché nessuno ne abbia veduto il cadavere, quando essa sia sparita in circostanze tali da far ritenere la sua morte come certa.

Literatur

Vgl. die Vorbem. zu Art 39–51.

I. Allgemeines. Normzweck

Jeder Todesfall und jeder Leichenfund ist dem Zivilstandsamt anzuzeigen (Art. 40 ZGB, Art. 34 ff. ZStV). Die Eintragung im Personenstandsregister erfolgt aufgrund einer Bescheinigung des behandelnden oder nach dem Tode beigezogenen Arztes oder einer zur Feststellung des Todes amtlich bezeichneten Person (Art. 35 ZStV). Diese Feststellung kann nur nach Besichtigung der Leiche getroffen werden. Es kann vorkommen, dass der Tod einer Person zwar ausser Zweifel steht, ihre Leiche aufgrund besonderer Umstände jedoch nicht gefunden oder zumindest nicht zweifelsfrei identifiziert werden kann. Unter diesen Umständen gestattet Art. 34, den **Tod** einer Person als **erwiesen** zu betrachten, worauf der Todesfall im Rahmen eines *gerichtlichen Verfahrens* gemäss Art. 42 in das Personenstandsregister eingetragen wird. Bei der entsprechenden Klage handelt es sich um eine Gestaltungsklage. Das administrative Todesfeststellungsverfahren gemäss Art. 49 aZGB (in Kraft bis zum 31. Dezember 1999) auf Weisung der Aufsichtsbehörde steht nicht mehr zur Verfügung. **1**

II. Der sichere Tod

Erforderlich ist das **Verschwinden** einer Person unter Umständen, die ihren **Tod** als **sicher** erscheinen lassen. Im Gegensatz zu anderen europäischen Rechtsordnungen ist der sichere Tod nach schweizerischem Recht nicht mit dem Eintritt bestimmter Ereignisse verknüpft. Weder die Verschollenheit im Krieg noch das Betroffensein durch andere Ereignisse führen von Gesetzes wegen zur Annahme, dass die betroffene Person nicht mehr am Leben ist. Massgebend ist einzig, ob der Tod der verschwundenen Person unter den gegebenen Umständen als **sicher** oder lediglich als *höchst wahrscheinlich* erscheint. Nur der **absolut sichere Tod** führt zur *Eintragung in das Personenstandsregister* (vgl. Entscheid des Amtsgerichts Luzern-Land vom 19. Januar 2000, SJZ 97 (2001), 232 ff.). Andernfalls greift das Verfahren zur *Verschollenerklärung* (vgl. Komm. zu Art. 35). **2**

Die Praxis stellt *hohe* Anforderungen an den Nachweis des sicheren Todes. Danach ist der Tod nur dann als sicher anzunehmen, wenn für das Leben einer Person wegen der *Art ihres Verschwindens* eine grosse Gefahr bestanden hat und diese Person **nachgewiese-** **3**

nermassen von einem Ereignis betroffen wurde, das notwendig ihren Tod zur Folge
haben musste (BGE 56 I 546 E. 2b). Nach der Rechtsprechung ist die Wahrnehmung
konkreter Umstände erforderlich, die den Tod als *absolut sicher* erscheinen lassen. Dazu
gehören z.b. der Sturz in eine Gletscherspalte vor Augenzeugen, der von Dritten be-
obachtete Unfalltod im Flugzeug (so etwa im Fall des Absturzes des Flugs SR 111 vor
Kanada am 2. September 1998, vgl. Zeitschrift für Zivilstandswesen 66 [1998], 292)
oder das Versinken im Meer vor den Augen von weiteren Passagieren.

4   *Fehlt* es an **konkreten Anhaltspunkten oder Wahrnehmungen,** welche den Tod einer
ohne Nachricht verschwundenen Person unzweifelhaft erscheinen lassen, so sind die
Voraussetzungen zur Annahme eines sicheren Todes *nicht* erfüllt. Nicht erfüllt waren
diese Voraussetzungen beim Verschwinden eines Schiffspassagiers auf hoher See, da
über den Grund des Verschwindens Ungewissheit herrschte (BGE 56 I 546). Im Falle
eines über den Anden spurlos verschwundenen Flugzeugs entschied das BGer, dass
selbst bei der sicheren Annahme eines Flugzeugabsturzes und trotz ausbleibender Nachrichten nicht mit absoluter Sicherheit feststehe, dass dabei auch alle Insassen ums Leben
gekommen seien (BGE 75 I 328). Weitere Bsp. für den bloss *wahrscheinlichen* Tod sind
die Fälle vermisster Bergtouristen, spurlos verschwundener Geisteskranker, mutmassli-
cher Selbstmörder, nicht aufgefundener Opfer von Kapitalverbrechen und der Fall einer
Person, die ein Doppelleben geführt hatte und seit ihrem Weggang vom Arbeitsplatz
vermisst wird (Entscheid des Amtsgerichts Luzern-Land vom 19. Januar 2000, SJZ 97
[2001], 232 ff.).

III. Rechtsfolgen, Verfahren

5   Sind die Voraussetzungen von Art. 34 erfüllt, so kann der Todesfall mittels einer **Gestaltungsklage** gemäss Art. 42 vor Gericht geltend gemacht werden. Anerkennt das Gericht
das Vorliegen sämtlicher Voraussetzungen, erlässt es ein Gestaltungsurteil auf Eintragung
des Todes im Todesregister. Zur Klage legitimiert sind alle Personen, die ein schützenswertes persönliches Interesse haben, sowie die Aufsichtsbehörden über die Zivilstandsämter.

6   Im unwahrscheinlichen Fall der **Rückkehr** einer gemäss Art. 34 und Art. 42 im Todesregister eingetragenen Person kann entweder eine Berichtigung von Amtes wegen gemäss Art. 43 vorgenommen werden oder das Register muss wiederum gestützt auf
Art. 42 durch das Gericht geändert werden.

IV. IPR, Rechtsvergleichung

7   Gemäss Art. 42 IPRG wird eine **im Ausland ausgesprochene Todeserklärung** in der
Schweiz anerkannt, wenn sie im Staat des letzten bekannten Wohnsitzes oder im Heimatstaat der verschwundenen Person ergangen ist. Todeserklärungen anderer ausländischer
Behörden können gestützt auf Art. 32 IPRG anerkannt werden, wie dies im Fall des Absturzes des Swissair-Flugs SR 111 vom 22. September 1998 geschehen ist (Anerkennung
Verfügung einer ausländischen Gerichtsbehörde gemäss dem Presumption of Death Act
von Neuschottland), Zeitschrift für Zivilstandswesen 66 (1998), 292.

8   **Deutschland:** §§ 4–6 VerschG; **Österreich:** §§ 4–6 TEG; **Frankreich:** VO vom
23.8.1958 und Art. 88 ff. CC fr.; **Italien:** Art. 60 CC it.

Art. 35

**III. Verschollen-
erklärung**

**1. Im
Allgemeinen**

[1] **Ist der Tod einer Person höchst wahrscheinlich, weil sie in hoher Todesgefahr verschwunden oder seit langem nachrichtlos abwesend ist, so kann sie das Gericht auf das Gesuch derer, die aus ihrem Tode Rechte ableiten, für verschollen erklären.**

[2] **...**

III. Déclaration
d'absence

1. En général

[1] Si le décès d'une personne disparue en danger de mort ou dont on n'a pas eu de nouvelles depuis longtemps paraît très probable, le juge peut déclarer l'absence à la requête de ceux qui ont des droits subordonnés au décès.

[2] ...

III. Dichiarazione
della scomparsa

1. In genere

[1] Essendo una persona assai verosimilmente morta perché è sparita in pericolo imminente di morte o perché è da lungo tempo assente senza che se ne abbiano notizie, il giudice può dichiararne la scomparsa, ad istanza di chiunque invochi un diritto desumibile dalla sua morte.

[2] ...

Literatur

BREITSCHMID, Das amtliche Verschollenheitsverfahren, SJZ 1984, 192 ff.; FRANK/STRÄULI/ MESSMER, Kommentar zur zürcherischen Zivilprozessordnung, 3. Aufl. Zürich 1997; MÜLLER/ WIRTH, Kommentar zum Bundesgesetz über den Gerichtsstand in Zivilsachen, Zürich 2001, Art. 13 N 1 ff.

I. Allgemeines. Normzweck

Im Zusammenhang mit der Verschollenheit haben sich historisch und international be- **1** trachtet zwei verschiedene Systeme, das **deutschrechtliche System der Todeserklärung** und das **französische System der Verschollenerklärung** (declaration d'absence), herausgebildet. Im deutschen System wird nach Erfüllung gewisser Voraussetzungen und nach Durchführung eines Aufgebotsverfahrens ein *künstlicher Todestag* für den Verschollenen festgelegt. Dies ist i.d.R. der Tag der Todeserklärung. Bis zu diesem Tag besteht eine Lebensvermutung, die dann durch eine Todesvermutung ersetzt wird. Das französische System beruht auf einer *Beweisbefreiung*. Mit der Verschollenerklärung können die Berechtigten ihre Rechte geltend machen, wie wenn der Tod des Verschollenen bewiesen wäre. In zeitlicher Hinsicht erfolgt dabei eine Rückwirkung auf den Augenblick des letzten Lebenszeichens. Das ZGB lehnt sich an das französische System (Beweisbefreiung) an, berücksichtigt aber auch Elemente des deutschrechtlichen Systems (Todesvermutung). Nach dem ZGB ist mit der Verschollenerklärung vom Tod des Verschwundenen auszugehen; es tritt eine Umkehr der Beweislast ein: Wer das Leben des Verschwundenen behauptet, muss es beweisen (A. BUCHER, Personen, N 230; ZK-EGGER, N 3; GROSSEN, SPR II, 306 f.; PEDRAZZINI/OBERHOLZER, 38 f.; TUOR/SCHNYDER/SCHMID/RUMO-JUNGO, 119).

Mit den Bestimmungen über die Verschollenerklärung verfolgt das ZGB einen zwei- **2** fachen **Zweck.** Es will sowohl die Interessen des Verschwundenen als auch diejenigen der Zurückgebliebenen wahren. Der Verschwundene befasst sich nicht mehr mit seinen Angelegenheiten. Dadurch entsteht für die Zurückgebliebenen, insb. für die Erben und den Ehegatten, eine schwebende Situation, welche durch die Eröffnung des Erbgangs und die Auflösung der Ehe beendet werden kann. Da der Vermisste aber nur vorübergehend unbekannten Aufenthalts sein und zurückkehren könnte, darf dies nicht unverzüglich nach seinem Verschwinden geschehen. Eine Verschollenerklärung kann nur nach Ablauf bestimmter Fristen und nach Durchführung eines gerichtlichen Verfahrens erfolgen (ZK-EGGER, N 3). De lege ferenda besteht insbesondere bezüglich der langen Fristen sowie hinsichtlich der Wirkungen der Verschollenerklärung Reformbedarf. Reisegewohnheiten und Kommunikation haben sich seit der Schaffung der Art. 35 ff. massiv gewandelt. Zudem nimmt die Pflicht der Sicherheitsleistung von fünf bzw. 15 Jahren gemäss Art. 546 Abs. 2 der Verschollenerklärung den Hauptnutzen (Bundesamt für Justiz und Generalsekretariat EDA, Protokoll der Tagung betreffend Todes- und Verschollenerklärung im Zusammenhang mit dem Seebeben in Asien vom 11. April 2005, Bern, 3).

3   Die Verschollenerklärung steht nur zur Diskussion, wenn der **Tod** einer Person **nicht als sicher** erscheint. Bei sicherem Tod ist nach der Regel von Art. 34 (Indizienbeweis) vorzugehen; ein sofortiger Eintrag im Todesregister ist möglich (PEDRAZZINI/OBERHOLZER, 39). Die in der Praxis entwickelten Voraussetzungen für die Annahme eines sicheren Todes sind äusserst streng. Ein solcher Fall liegt etwa vor, wenn sich eine Person nachweislich in einem Flugzeug befand, welches über dem Meer abstürzte, ohne dass ein Überleben möglich gewesen wäre (ZZW 1998, 292). Ist jemand in einem Tsunami grössten Ausmasses ums Leben gekommen und konnte zwar eine Leiche gefunden, aber nicht identifiziert werden, ist ebenso der sichere Tod anzunehmen, wenn sich die Person nachweislich im betroffenen Gebiet aufgehalten hat. Sind andere Möglichkeiten als der sichere Tod nicht absolut ausgeschlossen, ist nach der bundesgerichtlichen Rechtsprechung der Weg der Verschollenerklärung einzuschlagen (vgl. ZK-EGGER zu Art. 34). Der Tod ist in diesem Falle nur **höchst wahrscheinlich** und der Sachverhalt muss unter Berücksichtigung von Fristen im speziellen Verfahren der Verschollenerklärung abgeklärt werden (BRÜCKNER, 40 ff.; HAUSHEER/AEBI-MÜLLER, 28 ff.; PEDRAZZINI/OBERHOLZER, 38 f.; RIEMER, Personenrecht, N 145). Für nicht erwiesen betrachtete das BGer z.B. den Tod eines Passagiers, dessen Flugzeug nie an seinem Bestimmungsort Santiago de Chile angekommen – und wie man annahm – in den chilenischen Anden abgestürzt war (BGE 75 I 328).

II. Voraussetzungen (Halbsatz 1)

4   Eine Person kann für verschollen erklärt werden, wenn sie in hoher Todesgefahr verschwunden oder seit langem nachrichtenlos abwesend ist. Bei beiden Tatbeständen müssen die Umstände so sein, dass der Tod des Verschwundenen oder Abwesenden höchst wahrscheinlich ist (A. BUCHER, Personen, N 231). Ob eine Person **in hoher Todesgefahr verschwunden** ist, muss aufgrund der Situation des Einzelfalles beurteilt werden. In diesem Zusammenhang werden oft Ereignisse wie Schiffbruch, Erdbeben und Brand erwähnt. Es braucht dazu aber kein spezielles Gefahrenereignis, wie z.B. einen Sturm auf hoher See. Grundsätzlich genügt es, dass sich der Vermisste in eine Lage begab, welche eine Todesgefahr in sich schliesst (PEDRAZZINI/OBERHOLZER, 39). Es genügt z.B., wenn der Vermisste eine Bergtour (EVG RKUV 2000, 296 ff.), eine Schifffahrt (vgl. BGE 107 II 97 = Pra 1981, 153; BGE 56 I 547), eine Nordpolexpedition oder eine Reise in ein Unruhegebiet unternimmt oder wenn er ein Flugzeug besteigt, welches nie am Endziel ankommt (BGE 75 I 328; ZK-EGGER, N 6).

5   **Nachrichtenlos abwesend** heisst, dass der Aufenthalt der fraglichen Person unbekannt ist. Es fehlen seit langer Zeit Nachrichten von ihr und Informationen über sie (ZK-EGGER, N 5; PEDRAZZINI/OBERHOLZER, 39). Der Eintritt des Todes ist bei der nachrichtenlosen Abwesenheit weniger wahrscheinlich als beim Verschwinden in hoher Todesge-

fahr. Das Gesetz knüpft an die beiden Tatbestände keine verschiedenen Rechtsfolgen an; es verlangt für die Verschollenerklärung aber unterschiedliche Wartezeiten (GROSSEN, SPR II, 307). Der Fall der nachrichtenlosen Abwesenheit kann z.B. gegeben sein, wenn eine Journalistin, die sich für Recherchearbeiten für kurze Zeit ins benachbarte Ausland begeben hat, nicht zurückkehrt und nichts mehr von sich hören lässt, wenn jemand aufgrund der in seiner Person liegenden Lebensumstände (insbesondere dubiose Machenschaften im kleinkriminellen Milieu) nach einem Treffen mit unbekannten Personen abwesend bleibt (Amtsgericht Luzern-Land SJZ 2001, 232 ff.), oder wenn der Ehemann nach den Ferien nicht mehr zurückkehrt (BGE 120 V 170 ff.).

Nach dem Gesetzeswortlaut muss zwischen *Verschwinden in hoher Todesgefahr* oder **6** *nachrichtenloser Abwesenheit* und höchster Wahrscheinlichkeit des Todes ein enger **Zusammenhang** bestehen. Der Tod muss höchst wahrscheinlich sein, weil die besagte Person in hoher Todesgefahr verschwunden oder lange Zeit nachrichtenlos abwesend ist. Es gilt aber auch umgekehrt, dass das Verschwinden in hoher Todesgefahr und die nachrichtenlose Abwesenheit den Tod einer bestimmten Person als höchst wahrscheinlich erscheinen lassen müssen (GROSSEN, SPR II, 307). Diese Voraussetzung ist z.B. nicht gegeben, wenn die nachrichtenlose Abwesenheit spezielle nachvollziehbare Gründe hat, wie z.B. im klassischen Fall, wo sich ein Sohn nach einem Streit mit den Eltern ins Ausland begibt und sich bei diesen nicht mehr meldet.

Ein **Abgrenzungsproblem** kann sich ergeben, wo beide Tatbestandsmerkmale, d.h. Ver- **7** schwinden in hoher Todesgefahr und nachrichtenlose Abwesenheit, gegeben sind. In der Praxis hat dies aber noch kaum zu Schwierigkeiten geführt. Das OGer Luzern behandelte den Fall eines Mannes, welcher im Dezember 1939 in das Warschauer Ghetto deportiert worden war. Seit dem 30.7.1942 fehlte jede Information über ihn. Das Gericht ging vom Tatbestand des Verschwindens in hoher Todesgefahr aus (OGer LU SJZ 1962, 236). Eine Verschollenerklärung wäre aber auch infolge der nachrichtenlosen Abwesenheit möglich gewesen (GROSSEN, SPR II, 307).

III. Antragsrecht (Halbsatz 2)

Das Gesetz unterscheidet zwischen **privatem** (Art. 35–38) und **amtlichem Verschollen-** **8** **heitsverfahren** (BREITSCHMID, 192 ff.; MÜLLER/WIRTH, Art. 13 N 9 ff.). Das amtliche Verfahren beschlägt den Fall, wo das Vermögen oder der Erbteil eines Verschwundenen in amtlicher Verwaltung steht (Art. 550). Nach Ablauf von zehn Jahren oder wenn der Verschwundene ein Alter von 100 Jahren erreicht hätte, wird auf Verlangen der zuständigen Behörde die Verschollenerklärung von Amts wegen durchgeführt (vgl. Art. 550). Im privaten Verfahren kann jeder, der aus der Abwesenheit bzw. dem Tod des Vermissten Rechte ableitet, ein Gesuch um Verschollenerklärung stellen. Dies können gesetzliche und eingesetzte Erben, Vermächtnisnehmer, auf den Todesfall Beschenkte, Begünstigte aus der Todesfallversicherung, gesetzliche Vertreter oder der Fiskus sein. Den Erben steht es gemäss BGE 90 II 376 E. 6e frei, auch ohne Mitwirkung des Willensvollstreckers ein solches Gesuch zu stellen. Die Frage, ob der Willensvollstrecker allein ebenfalls zur **Antragsstellung** legitimiert sei, hat das BGer im zitierten Entscheid offen gelassen; es hat aber angedeutet, dass diese Frage aufgrund der Stellung des Willensvollstreckers zum Nachlass und namentlich infolge seiner Teilungsbefugnis eher zu bejahen wäre. Angehörige können zudem unter bestimmten Voraussetzungen Einsicht in die Personendaten des Vermissten nehmen (Urteil der Eidgenössischen Datenschutzkommission VFB 1998, 543 ff.).

IV. Zuständigkeit

1. Örtliche Zuständigkeit

9   Gemäss Art. 13 GestG ist ein Begehren um Verschollenerklärung zwingend dem Gericht am letzten bekannten Wohnsitz der verschwundenen Person einzureichen.

10 Im **internationalen Verhältnis** bestimmt sich die Zuständigkeit für Verschollenerklärungen nach Art. 41 IPRG. Das LugÜ ist in dieser Frage nicht anwendbar (Art. 1 Nr. 1 LugÜ). Gemäss Art. 41 IPRG sind für die Verschollenerklärung die schweizerischen Gerichte und Behörden am letzten bekannten Wohnsitz der verschwundenen Person zuständig. Die schweizerischen Gerichte und Behörden sind überdies zuständig, wenn hiefür ein schützenswertes Interesse besteht. Nach BGE 107 II 97 = Pra 1981, 153, der noch vor Inkrafttreten des IPRG ergangen ist, kann dies der Fall sein, wenn der Gesuchsteller in der Schweiz Rechte auszuüben gedenkt, die von einer Verschollenerklärung abhängig sind, und wenn von ihm vernünftigerweise nicht verlangt werden kann, dass er sein Gesuch bei der Behörde des letzten Wohnsitzes oder des Heimatorts des Verschwundenen stellt. In diesem bereits oben erwähnten Fall wollte der in Crans-sur-Sierre wohnhafte Ehemann, ein Amerikaner, die Verschollenerklärung seiner 1971 auf einer Seefahrt verschwundenen Ehefrau, einer Norwegerin, erwirken, weil er sich wieder verheiraten wollte. Dem Ehemann war nicht bekannt, wo sich seine Ehefrau nach der im Jahre 1968 erfolgten Trennung aufhielt. Das BGer erachtete den juge-instructeur du district de Sierre als für die Verschollenerklärung zuständig.

2. Sachliche Zuständigkeit

11 Die **sachliche Zuständigkeit** bestimmt sich nach kantonalem Recht. Das ZGB schreibt lediglich vor, dass die Verschollenerklärung durch ein Gericht ausgesprochen werden muss. Die Verschollenerklärung darf somit nicht durch eine Verwaltungsbehörde erfolgen. In den meisten Kantonen liegt die Kompetenz zur Verschollenerklärung beim Einzelrichter (PEDRAZZINI/OBERHOLZER, 40; FRANK/STRÄULI/MESSMER, § 215 N 6 ff.).

V. IPR. Rechtsvergleichung

12 **IPR:** Gemäss Art. 41 Abs. 3 IPRG unterstehen Voraussetzungen und Wirkungen der Verschollenerklärung schweizerischem Recht. Betr. Zuständigkeit vgl. N 10.

13 **Rechtsvergleichung:** Deutschland: §§ 1 ff. VerschG; Österreich: §§ 1 ff. TEG; Frankreich: G vom 28.12.1977 und Art. 112 ff. CC fr.; Italien: Art. 48–73, 117 CC it.

Art. 36

2. Verfahren   **¹ Das Gesuch kann nach Ablauf von mindestens einem Jahre seit dem Zeitpunkte der Todesgefahr oder von fünf Jahren seit der letzten Nachricht angebracht werden.**

² Das Gericht hat jedermann, der Nachrichten über den Verschwundenen oder Abwesenden geben kann, in angemessener Weise öffentlich aufzufordern, sich binnen einer bestimmten Frist zu melden.

³ Diese Frist ist auf mindestens ein Jahr seit der erstmaligen Auskündung anzusetzen.

2. Procédure	[1] La déclaration d'absence peut être requise un an au moins après le danger de mort ou cinq ans après les dernières nouvelles.
	[2] Le juge invite, par sommation dûment publiée, les personnes qui pourraient donner des nouvelles de l'absent à se faire connaître dans un délai déterminé.
	[3] Ce délai sera d'un an au moins à compter de la première sommation.
2. Procedura	[1] L'istanza può essere fatta dopo un anno almeno dalla sparizione in pericolo di morte, o dopo cinque anni dall'ultima notizia.
	[2] Il giudice deve diffidare con adeguate pubblicazioni tutti coloro che potessero dar notizie intorno alla persona sparita od assente ad annunciarsi entro un dato termine.
	[3] Questo termine dev'essere di almeno un anno dalla prima pubblicazione.

Literatur

Vgl. die Literaturhinweise zu Art. 35.

I. Verfahren im Allgemeinen

Das Gesuch um Verschollenerklärung kann von einer **antragsberechtigten Person,** d.h. **1** von einer Person, die aus dem Tode des Verschwundenen oder Abwesenden Rechte ableiten könnte, beim zuständigen Gericht gestellt werden (A. BUCHER, Personen, N 235; vgl. auch Art. 35 N 8–11). Der Nachweis für das Vorliegen seiner Antragsberechtigung sowie der örtlichen Zuständigkeit des angerufenen Gerichts obliegt dem Gesuchsteller. Der Gesuchsteller muss seine rechtlichen Beziehungen zum Vermissten nachweisen. Zudem muss er nachweisen, dass der Vermisste seinen letzten Wohnsitz am Gerichtort hatte. Ersteres kann er mittels Auszugs aus dem Personenstandsregister, Heiratsurkunde, Familienbüchlein etc., Letzteres z.B. mittels Wohnsitzbescheinigung tun (ZK-EGGER, N 4).

Die gesetzlichen **Voraussetzungen** der Verschollenerklärung, d.h. die höchste Wahr- **2** scheinlichkeit des Todes des Vermissten infolge Verschwindens in hoher Todesgefahr oder langer nachrichtenloser Abwesenheit, müssen **glaubhaft** gemacht werden (ZK-EGGER, N 4; PEDRAZZINI/OBERHOLZER, 40).

II. Fristen (Abs. 1)

Für die Verschollenerklärung verlangt das Gesetz eine **Mindestdauer der Vermisstheit.** **3** Die Fristen sind unterschiedlich, je nachdem, ob es sich um den Fall der *nachrichtenlosen Abwesenheit* oder um denjenigen des *Verschwindens in hoher Todesgefahr* handelt. Im privaten Verfahren kann ein Gesuch im ersten Fall nach fünf Jahren, im zweiten Fall bereits nach einem Jahr gestellt werden. Dieser Unterschied gründet darin, dass für die beiden Tatbestände andere Grade der Todeswahrscheinlichkeit gelten (TUOR/SCHNYDER/SCHMID/RUMO-JUNGO, 120 f.). Kommt das Gericht zum Schluss, die Voraussetzungen des Verschwindens in hoher Todesgefahr seien nicht gegeben, weist es das Gesuch ab, wenn es vor Ablauf von fünf Jahren seit der letzten Nachricht eingereicht wurde (Amtsgericht Luzern-Land SJZ 2001, 232 ff.). Das Verfahren der Verschollenerklärung von Amtes wegen nach Art. 550 kann wiederum auf Verlangen der zuständigen Behörde eingeleitet werden, wenn das Vermögen oder der Erbteil eines Verschwundenen während zehn Jahren in amtlicher Verwaltung stand oder wenn der Verschwundene ein Alter von 100 Jahren erreicht hätte.

III. Aufgebotsverfahren (Abs. 2, Abs. 3)

4 Das Gericht erlässt eine **öffentliche Aufforderung**, wonach sich jeder, der Auskünfte über den Verschwundenen oder Abwesenden geben kann, innerhalb einer bestimmten Frist melden muss. Im Übrigen richtet sich das Verfahren nach dem kantonalen Recht (PEDRAZZINI/OBERHOLZER, 40; FRANK/STRÄULI/MESSMER, § 215 N 2–4). Eine solche Aufforderung kann im Amtsblatt und weiteren Zeitungen publiziert werden. Das Gericht muss von Amtes wegen handeln, d.h., es ist verpflichtet, sich nach Möglichkeit über die Gründe der Abwesenheit oder des Verschwindens und der Nachrichtenlosigkeit Aufklärung zu verschaffen. Dies geschieht z.B. durch Einvernahme der Gesuchsteller und anderer Personen, die über die Verhältnisse des Verschwundenen und über die letzten Nachrichten, die sie von ihm erhalten haben, Auskunft geben können. Diese Personen sind nach dem Gesetzeswortlaut verpflichtet, sich von sich aus beim Gericht zu melden (ZK-EGGER, N 5). Die **Aufgebotsfrist** darf nicht kürzer sein als ein Jahr. Sie kann verlängert oder von Anfang an auf mehr als ein Jahr angesetzt werden (ZK-EGGER, N 6).

IV. Bundesrechtliche Rechtsmittel

5 Die Verschollenerklärung ist ein Akt der **freiwilligen Gerichtsbarkeit**, d.h. sie erfolgt in einem nichtstreitigen Verfahren (ZK-EGGER, N 7). Gemäss Art. 43 ff. OG ist deshalb eine bundesrechtliche Berufung nicht gegeben. Es besteht lediglich die Möglichkeit der Nichtigkeitsbeschwerde an das BGer (Art. 68 ff. OG).

Art. 37

3. Wegfallen des Gesuches	**Meldet sich innerhalb der Frist der Verschwundene oder Abwesende, oder laufen Nachrichten über ihn ein, oder wird der Zeitpunkt seines Todes nachgewiesen, so fällt das Gesuch dahin.**
3. Requête devenue sans objet	Si l'absent reparaît avant l'expiration du délai, si l'on a de ses nouvelles ou si la date de sa mort est établie, la requête est écartée.
3. Caducità della istanza	L'istanza cade se, entro il termine indicato, la persona sparita od assente si annuncia, se ne giungono notizie o se è provata l'epoca della morte.

Literatur

Vgl. die Literaturhinweise zu Art. 35.

I. Allgemeines. Normzweck

1 Art. 37 befasst sich mit den Folgen eines **positiven Ausgangs** des **Aufgebotsverfahrens**. Unter positivem Ausgang ist hier zu verstehen, dass beim Gericht oder andernorts Nachrichten vom oder über den angeblich Verschwundenen eintreffen. Wenn der Vermisste selbst ein Lebenszeichen gibt oder wenn Dritte melden, dass er noch am Leben sei, fällt das Gesuch bzw. das ganze Verfahren dahin (ZK-EGGER, N 1).

2 Nach Art. 37 fällt das Gesuch ebenfalls dahin, wenn aufgrund von neuen Informationen der *Zeitpunkt des Todes* des Verschwundenen *festgelegt* werden kann. Der Tod des Verschwundenen kann in diesem Fall als bewiesen erachtet und die Eintragung in das **Todesregister** veranlasst werden (Art. 32, 34). Analog kann vorgegangen werden, wenn

zwar der Tod, nicht aber dessen Zeitpunkt nachgewiesen werden kann. Das Verschollen-heitsverfahren will von der Last des Todesbeweises befreien; dieser aber ist mit dem Nachweis des Todes erbracht (ZK-EGGER, N 2).

II. Frist

Dass die Meldungen über den Verschwundenen oder Abwesenden innerhalb der vom Gericht gemäss Art. 36 angesetzten **Frist** eintreffen müssen – wie dem Wortlaut von Art. 37 entnommen werden kann – ist nach h.L. unzutreffend. Eine Verschollenerklärung hat auch dann zu unterbleiben, wenn massgebliche Informationen über einen Verschollenen erst nach Ablauf der Frist bekannt werden (ZK-EGGER, N 1; PEDRAZZINI/OBER-HOLZER, 40). Eine Person, die tatsächlich noch am Leben ist oder die nachweislich an einem bestimmten Tag gestorben ist, kann nicht für verschollen erklärt werden, nur weil die Aufgebotsfrist nicht eingehalten wurde. 3

III. Prozessuales

Dahinfallen heisst gegenstandslos werden; das Verfahren wird eingestellt (GROSSEN, SPR II, 1967, 308; PEDRAZZINI/OBERHOLZER, 40). Das Gericht tritt auf das Gesuch nicht ein. Es trifft keinen materiellen Entscheid. 4

Art. 38

4. Wirkung	**¹ Läuft während der angesetzten Zeit keine Meldung ein, so wird der Verschwundene oder Abwesende für verschollen er-klärt, und es können die aus seinem Tode abgeleiteten Rechte geltend gemacht werden, wie wenn der Tod bewiesen wäre.**
	² Die Wirkung der Verschollenerklärung wird auf den Zeitpunkt der Todesgefahr oder der letzten Nachricht zurückbezogen.
	³ Die Verschollenerklärung löst die Ehe auf.
4. Effets	¹ Lorsque la sommation est restée infructueuse, le juge prononce la déclara-tion d'absence et les droits ouverts par le décès peuvent être exercés de la même manière que si la mort de l'absent était établie.
	² Les effets de la déclaration d'absence remontent au jour du danger de mort ou des dernières nouvelles.
	³ La déclaration d'absence entraîne la dissolution du mariage.
4. Effetti della scomparsa	¹ Se durante il tempo indicato non sopraggiungono notizie della persona sparita od assente, essa è dichiarata scomparsa e si possono far valere tutti i diritti derivanti dalla sua morte come se questa fosse provata.
	² Gli effetti della dichiarazione di scomparsa risalgono al momento del peri-colo di morte o dell'ultima notizia.
	³ La dichiarazione della scomparsa scioglie il matrimonio.

Literatur

Vgl. die Literaturhinweise zu Art. 35.

I. Allgemeines. Normzweck

1   Art. 38 behandelt die Folgen eines **negativen Ausgangs** des **Aufgebotsverfahrens**. Wenn weder Nachrichten vom Vermissten selbst noch von Dritten eingehen, sind die gesetzlichen Voraussetzungen der Verschollenerklärung gegeben; der Tod des Vermissten erscheint als höchstwahrscheinlich (ZK-EGGER, N 1; PEDRAZZINI/OBERHOLZER, 40). Das Gericht muss die Verschollenerklärung aussprechen. Durch die Verschollenerklärung wird ein Abwesender, Vermisster oder Verschwundener zum Verschollenen. Eine Gleichsetzung der Verschollenerklärung mit dem Tod erfolgt nicht. An die Verschollenerklärung werden aber verschiedene **Wirkungen** geknüpft, welche denen im Falle des Todes entsprechen (A. BUCHER, Personen, N 239).

II. Wirkungen

1. Beurkundung des Personenstandes

2   Das Gericht muss jeweils die Verschollenerklärung der Aufsichtsbehörde an seinem Sitz mitteilen (Art. 40 Abs. 1 lit. c i.V.m. Art. 43 ZStV). Verschollenerklärungen werden jedoch nicht mehr wie bisher ins Familienregister (aArt. 117 Abs. 2 Ziff. 6 ZStV), sondern in das elektronisch geführte Personenstandsregister, welches alle Personenstandsbeurkundungen enthält, eingetragen (Art. 7 Abs. 2 lit. n i.V.m. Art. 8 ZStV).

2. Beweislastumkehr

3   Wer den Tod einer bestimmten Person behauptet, muss ihn beweisen (Art. 32). Die Verschollenerklärung bewirkt eine **Beweislastumkehr**. Diejenigen, die aus dem Tod des Verschollenen Rechte ableiten, sind vom Beweis seines Todes entbunden. Sie können diese Rechte geltend machen, wie wenn der Tod bewiesen wäre (PEDRAZZINI/OBERHOLZER, 40; TUOR/SCHNYDER/SCHMID/RUMO-JUNGO, 120). An die Verschollenerklärung wird eine Todesvermutung geknüpft (ZK-EGGER, N 2). Das Leben wird nur für solange angenommen, als es nachweisbar bestand; nachher wird vom Tod des Verschwundenen ausgegangen.

3. Erbrecht

4   Die Hauptwirkungen der Verschollenerklärung liegen im **Erbrecht**. Mit der Verschollenerklärung können die Erben ihre Ansprüche auf die Erbschaft grundsätzlich geltend machen. Es werden im Erbrecht üblicherweise drei Phasen unterschieden (GROSSEN, SPR II, 309; TUOR/SCHNYDER/SCHMID/RUMO-JUNGO, 120 ff.):

a) Phase des Vermisstseins

5   Sie dauert bis zur Verschollenerklärung. Es besteht weder eine Vermutung des Lebens noch eine solche des Todes des Vermissten. Für das von ihm zurückgelassene Vermögen wird ein **Verwaltungsbeistand** bestellt (Art. 393 Ziff. 1). Sein Erbanteil hingegen wird unter Erbschaftsverwaltung gestellt (Art. 548 Abs. 1 i.V.m. Art. 554).

b) Phase der provisorischen Einweisung

6   Nach der Verschollenerklärung ist von der Vermutung des Todes des Betroffenen auszugehen. Der **Erbgang** kann **eröffnet** werden. Der Nachlass wird an die Erben oder Bedachten ausgeliefert. Zur Erbschaft berufen sind diejenigen Personen, die im Zeitpunkt des Verschwindens in hoher Todesgefahr oder der letzten Nachricht erbberechtigt waren (Art. 38 Abs. 2; PEDRAZZINI/OBERHOLZER, 41). Sie haben jedoch für die Rückgabe des

Vermögens an besser Berechtigte oder an den Verschollenen selbst *Sicherheit* zu leisten (Art. 546 Abs. 1). Je nachdem ob es sich um einen Fall des Verschwindens in hoher Todesgefahr oder um einen solchen der nachrichtenlosen Abwesenheit handelt, währt diese Frist fünf oder fünfzehn Jahre. Die Höchstgrenze ist aber stets der Tag, an welchem der Verschollene 100 Jahre alt geworden wäre (Art. 546 Abs. 2). Nach Art. 546 Abs. 3 werden die fünf Jahre vom Zeitpunkt der Auslieferung der Erbschaft und die fünfzehn Jahre von der letzten Nachricht an gerechnet.

c) Phase der definitiven Einweisung

Das Provisorium findet ein Ende. Die Sicherheiten werden freigegeben und die **Erb-**   7
schaften und Vermächtnisse den Bedachten **vorbehaltlos überlassen**.

4. Eherecht

Art. 38 Abs. 3 wurde im Zuge des BG vom 26. Juni 1998 über die Änderung des   8
Schweizerischen Zivilgesetzbuches (Personenstand, Eheschliessung, Scheidung etc., AS 1999, 1118 ff.) neu ins ZGB eingefügt. Danach löst die Verschollenerklärung die Ehe ohne weiteres von Gesetzes wegen auf. Wer eine neue Ehe eingehen will, erbringt mit dem Verschollenheitsnachweis den Nachweis, dass seine frühere Ehe aufgelöst worden ist (Art. 96). Als Datum der Eheauflösung gilt der Eintritt der Rechtskraft des Urteils betreffend Verschollenerklärung. Die Ehe wird somit mit Wirkung ex nunc aufgelöst. Art. 38 Abs. 2 ist hinsichtlich der Auflösung der Ehe nicht anwendbar. Die Bestimmung hat jedoch hinsichtlich der Ehelichkeitsvermutung nach Art. 255 Abs. 3 Geltung (TUOR/SCHNYDER/SCHMID/RUMO-JUNGO, 120, FN 11; A. BUCHER, Personen, N 241).

Nach bisherigem Recht konnte der Ehegatte eines für verschollen Erklärten eine neue   8a
Ehe nur eingehen, wenn die frühere Ehe gerichtlich aufgelöst worden war (aArt. 102 Abs. 1). Wenn der Ehegatte eines nach altem Recht für verschollen Erklärten heiraten will, ist vor der Wiederverheiratung eine gerichtliche Eheauflösung im Sinne von aArt. 102 Abs. 1 erforderlich (**a.M.** HEGNAUER, ZZW 1999, 205 ff.; vgl. BSK-ZGB II, Art. 6 SchlT N 2).

5. Sozialversicherungsrecht

Die Verschollenerklärung löst in der AHV Ansprüche auf **Witwen- und Waisenrenten**   9
aus, weil mit ihr der Beweis für eine dem Tod des Versicherten gleichzustellende Tatsache erbracht wird (BGE 110 V 248 ff.; 120 V 170 ff.). Diese Rechtsprechung findet auch im Bereich der obligatorischen Unfallversicherung Anwendung. Allerdings ist die Verschollenerklärung für das Sozialversicherungsgericht in diesem Fall nur insoweit verbindlich, als damit die Tatsache des Verschollenseins einer bestimmten Person festgelegt wird, nicht jedoch in Bezug auf die der Verschollenerklärung zugrunde liegende Beurteilung des Zivilgerichts, da es Sache des Sozialversicherungsgerichts ist, darüber zu befinden, ob der Tod einer Person auf einen versicherten Unfall zurückzuführen ist (EVG RKUV 2000, 296 ff.).

6. Weiteres

Die Verschollenerklärung hat – wie der Tod – **Auswirkungen auf weitere Rechts- und**   10
Statusverhältnisse. Es endet z.B. die elterliche Sorge des Verschollenen über seine Kinder (Art. 297 Abs. 3), Vollmachten, die nicht über den Tod hinaus gewährt wurden, erlöschen (Art. 35 OR), und einfache Gesellschaften werden grundsätzlich aufgelöst (Art. 545 Abs. 1 Ziff. 2 OR; ZK-EGGER, N 3).

III. Rückwirkung

11   Bei der Verschollenerklärung wird kein fiktiver Todestag festgesetzt. In zeitlicher Hinsicht erfolgt ein **Rückbezug der Wirkungen** der Verschollenerklärung auf den Zeitpunkt des Verschwindens in hoher Todesgefahr oder der letzten Nachricht.

IV. Rückkehr des Verschollenen

1. Aufhebung der Verschollenerklärung

12   Eine Verschollenerklärung muss nicht endgültig sein. Sie kann **rückgängig gemacht** werden, wenn der Verschollene wieder auftaucht oder wenn der Zeitpunkt seines Todes festgestellt werden kann. Die Umstossung der Verschollenerklärung erfolgt durch das Gericht. Auch dieser Entscheid muss der Aufsichtsbehörde am Sitz des Gerichts mitgeteilt werden (Art. 40 Abs. 1 lit. c i.V.m. Art. 43 ZStV; ZK-Egger, N 5; Pedrazzini/ Oberholzer, 41 f.; Tuor/Schnyder/Schmid/Rumo-Jungo, 121 f.).

2. Erbrecht

13   Gemäss Art. 547 müssen die Erben die **Erbschaft** nach den Besitzesregeln (Art. 938– 940) **herausgeben**, wenn der Verschollene zurückkehrt oder besser Berechtigte (z.B. die Ehefrau, die der angeblich Verschollene nach seinem Verschwinden geheiratet hat) ihre Ansprüche geltend machen. Wer die Erbschaft in gutem Glauben besass, wird dem Verschollenen oder dem besser Berechtigten für Gebrauch und Nutzen der Sache nicht ersatzpflichtig (Art. 938). Der Gutgläubige kann Ersatz für die notwendigen und nützlichen Verwendungen beanspruchen (Art. 939). Wer die Erbschaft nicht in gutem Glauben besass, muss für allen durch die Vorenthaltung verursachten Schaden sowie für die bezogenen und versäumten Früchte Ersatz leisten (Art. 940 Abs. 1). Gegenüber dem Verschollenen bleiben die Erben auf unbeschränkte Zeit rückgabepflichtig. Gegenüber den besser Berechtigten gelten die Fristen der Erbschaftsklage (Art. 547 Abs. 2 i.V.m. Art. 600). Dies bedeutet, dass die Rückgabepflicht, je nachdem, ob der Erwerber der Erbschaft gut- oder bösgläubig war, auf zehn oder auf dreissig Jahre beschränkt ist (Grossen, SPR II, 309 f.; Pedrazzini/Oberholzer, 41 f.).

3. Eherecht

14   Die mit der Verschollenerklärung von Gesetzes wegen aufgelöste Ehe lebt mit der Rückkehr des Verschollenen nicht wieder auf. Die Ehepartner müssten nochmals heiraten.

4. Sozialversicherungsrecht

15   In BGE 110 V 248 ff. musste sich das BGer mit den Fragen befassen, ob die Aufhebung der Verschollenerklärung zur Folge habe, dass die während der Verschollenheit ausgerichtete **Witwenrente** wieder zurückbezahlt werden müsse, und ob die Ausgleichskasse die Rentenzahlungen bereits vor der richterlichen Aufhebungsverfügung einstellen dürfe. In Bezug auf die erste Frage entschied es, dass sich eine Rückzahlung, d.h. eine Rückwirkung der Aufhebung, nicht mit dem Zweck der Sozialversicherung vereinbaren lasse. Hinsichtlich der zweiten Frage hielt es fest, dass eine Witwen- und Waisenrente bis zur richterlichen Aufhebung der Verschollenerklärung auszurichten sei. Das BGer wies zudem darauf hin, dass Rentenleistungen i.S. einer vorgängigen Sozialmassnahme unter bestimmten Voraussetzungen bereits vor einer Verschollenerklärung erbracht werden könnten. Die Praxis ist diesem Postulat mittlerweile gefolgt (Bundesamt für Sozialversicherung, Wegleitung 318-104.01 über die Renten (RWL) in der Eidgenössischen

Alters-, Hinterlassenen- und Invalidenversicherung). In diesen Fällen ist aber eine Rückerstattungspflicht anzunehmen, wenn das Gericht die Verschollenerklärung nicht ausspricht (PEDRAZZINI/OBERHOLZER, 42 f.).

Zweiter Abschnitt: Die Beurkundung des Personenstandes

Vorbemerkungen zu Art. 39–49

Literatur

ANGEL, Die internationalen Konventionen im Bereich des Personen-, des Familien-, des Zivilstands- und des Staatsangehörigkeitsrechts, ZZW 1994, 341 ff., [frz.] oder ZZW 1995, 52 ff. und 82 ff. [deutsche Übersetzung]; Botschaft Revision Scheidungsrecht; Commission international de l'état civil (CIEC), Guide pratique international de l'état civil, http://perso.wanadoo.fr/ciec-sg/GuidePratique/index.htm; EJPD, Handbuch für das Zivilstandswesen, Beispiele A und B zwei Bde, Loseblattausgabe, Bern 1987 ff., 9. Lieferung Juni 2000; EAZW, Kreisschreiben seit 1.1.1997, http://www.eazw.admin.ch/bj/de/home/themen/gesellschaft/zivilstand/weisungen/kreisschreiben.html; DASS., Programmhandbuch Infostar seit 10.6.2003, http://www.eazw.admin.ch/bj/de/home/themen/gesellschaft/zivilstand/schulung/programmhandbuch_infostar.html; JÄGER/SIEGENTHALER, Das Zivilstandswesen in der Schweiz, Bern 1998; RESPINI, Neue Bundesverfassung: Betrachtungen zum Personenrecht, ZZW 1998, 208 ff. [it.] oder ZZW 1998, 217 ff. [deutsche Übersetzung]; SCHÜPBACH, Saisie de l'état civil des personnes physiques, Traité de Droit Privé Suisse II/2, Basel und Frankfurt a.M., 1994; DERS., Der Personenstand, Erfassung und Beurkundung des Zivilstandes, Schweizerisches Privatrecht, II/3, Basel und Frankfurt a.M. 1996; Botschaft über die Änderung des Schweizerischen Zivilgesetzbuches (Elektronische Führung der Personenstandsregister) vom 14.2.2001 (BBl 2001 1639); Kommentierte Zivilstandsverordnung, ZZW 2004, 141–173.

I. Verfassungsgrundlage

Die BV erwähnt das Zivilstandswesen nicht ausdrücklich. Sie erklärt jedoch in Art. 122 Abs. 1 die Gesetzgebung auf dem Gebiet des Zivilrechts zur Sache des Bundes. Die Zugehörigkeit des Zivilstandswesens zum **Zivilrecht** steht für die Schweiz ausser Frage. Eine explizite Verankerung der Bundeskompetenz zur Legiferierung über die Beurkundung des Personenstandes in der BV erübrigt sich deshalb (RESPINI, 210 f. [it.] und 219 f. [dt.]).   **1**

II. Verzicht auf Spezialgesetz

Die Ordnung des schweizerischen Zivilstandswesens erfolgt wie diejenige des Grundbuchs und des Handelsregisters **im Rahmen des ZGB.** Ein Spezialgesetz forderte ohne Erfolg SANDOZ (s. «Soll das Zivilstandswesen aus dem Zivilgesetzbuch herausgelöst werden?», ZZW 1993, 267 ff. [frz.] oder ZZW 1993, 173 ff. [deutsche Übersetzung]). Spezialgesetze kennen z.B. Deutschland und Österreich.   **2**

III. Ergänzendes Verordnungsrecht

Im ZGB stehen lediglich 13 Artikel (inkl. Einschaltartikel 43a und 45a) zur Regelung des schweizerischen Zivilstandswesens zur Verfügung. Die gesetzliche Ordnung hat deshalb **fragmentarischen Charakter.** Nur durch Konsultation der Zivilstandsverordnung vom   **3**

28.4.2004 (ZStV; SR 211.112.2) und der Verordnung über die Gebühren im Zivilstands-
wesen vom 27.10.1999 (ZStGV; SR 172.042.110) lässt sich das heutige schweizerische
Zivilstandswesen in seiner ganzen Breite und Tiefe erfassen. Die Verordnung über die
Zivilstandsformulare und ihre Beschriftung (ZStVF; SR 211.112.6) ist durch Verordnung
des EJPD vom 23.12.2004 auf den 1.1.2005 aufgehoben worden (AS 2005 485). Gemäss
Art. 6 Abs. 1 ZStV legt nunmehr das EAZW die im Zivilstandswesen zu verwendenden
Formulare fest. Das EAZW hat die Formulare, die ohne das Informatisierte Standesregister erzeugt werden können, auf seiner Homepage publiziert: http://www.eazw.
admin.ch/bj/de/home/themen/gesellschaft/zivilstand/formulare.html.

IV. IPR

4   Der Umstand, dass mehr als ein Fünftel der ständigen Wohnbevölkerung der Schweiz das
     Schweizer Bürgerrecht nicht besitzt, einerseits und die über 620 000 Schweizerinnen und
     Schweizer mit Wohnsitz im Ausland anderseits, bringen mit sich, dass sich der schweize-
     rische Zivilstandsdienst mit einer vergleichsweise hohen Zahl von **Sachverhalten mit
     Auslandsberührung** zu befassen hat. So versteht sich die ZStV heute nicht mehr nur als
     Ausführungsverordnung zu den zivilstandsrechtlich relevanten Bestimmungen des ZGB,
     wozu auch der Abschnitt über die Vorbereitung der Eheschliessung und die Trauung
     (Art. 97–103) gehört, sondern auch zu denjenigen des IPRG.

V. Bilaterale Staatsverträge

5   Mit drei Nachbarstaaten hat die Schweiz Abkommen im Bereiche des Zivilstandswesens
     getroffen, nämlich mit Deutschland (vom 4.11.1985; SR 0.211.112.413.6), mit Italien
     (vom 16.11.1966; SR 0.211.112.445.4) und mit Österreich (vom 26.4.1962; SR
     0.211.112.416.3). In allen drei Abkommen geht es um den Verzicht auf die Beglaubigung
     und um den **Austausch von Zivilstandsurkunden** sowie um die Beschaffung von Ehe-
     fähigkeitszeugnissen. Alle drei Abkommen sind in verschiedenen Punkten überholt. Fer-
     ner zu erwähnen ist in diesem Zusammenhang die Erklärung zwischen der Schweiz und
     Frankreich betreffend die Beschaffung von Zivilstandsurkunden (vom 3.12.1937; SR
     0.211.112.434.9). In der Praxis völlig bedeutungslos geworden sind die Erklärungen zwi-
     schen der Schweiz und Belgien betreffend die Beglaubigung von Zivilstandsakten vom
     3.9.1925 (SR 0.211.112.417.2) und vom 6.8.1935 (SR 0.211.112.417.21).

VI. Multilaterale Staatsverträge

6   Die Schweiz ist Gründungsmitglied der **Internationalen Kommission für das Zivil-
     standswesen** (CIEC) und ist mehreren im Rahmen dieser Kommission ausgearbeiteten
     Übereinkommen beigetreten. Es sind dies:

     1. Übereinkommen zur Verringerung der Fälle von Staatenlosigkeit (SR 0.141.0),

     2. Abkommen über die Ausstellung gewisser für das Ausland bestimmter Auszüge aus
        Zivilstandsregistern (SR 0.211.112.111),

     3. Übereinkunft über die Ausstellung mehrsprachiger Auszüge aus Zivilstandsregistern
        (SR 0.211.112.112),

     4. Abkommen über die kostenfreie Abgabe und den Wegfall der Beglaubigung von
        Zivilstandsurkunden (SR 0.211.112.12),

     5. Übereinkunft betreffend die Erweiterung der Zuständigkeit der Behörden, die zur
        Entgegennahme von Anerkennungen ausserehelicher Kinder befugt sind (SR
        0.211.112.13),

6. Übereinkunft betreffend die Entscheidungen über die Berichtigung von Einträgen in Personenstandsbüchern (Zivilstandsregistern) (SR 0.211.112.14),

7. Übereinkunft über die Ausstellung von Ehefähigkeitszeugnissen (SR 0.211.112.15),

8. Übereinkunft über die Feststellung der mütterlichen Abstammung ausserhalb der Ehe geborener Kinder (SR 0.211.222.1).

Nur von regionaler Bedeutung ist das Übereinkommen vom 29.11.1878 zwischen der   7
Schweiz und den Bodensee-Uferstaaten betreffend das Verfahren bei Beurkundung von Geburts- und Sterbefällen auf dem **Bodensee** oder wenn eine Leiche aus dem See aufgenommen wird (SR 0.211.112.491.1).

Art. 39

A. Register **I. Allgemeines**	**[1] Zur Beurkundung des Personenstandes werden elektronische Register geführt.** **[2] Zum Personenstand gehören insbesondere:** **1. die eine Person unmittelbar betreffenden Zivilstandstatsachen wie die Geburt, die Heirat, der Tod;** **2. die personen- und familienrechtliche Stellung einer Person wie die Mündigkeit, die Abstammung, die Ehe;** **3. die Namen;** **4. die Kantons- und Gemeindebürgerrechte;** **5. die Staatsangehörigkeit.**
A. Registres I. Généralités	[1] L'état civil est constaté par des registres électroniques. [2] Par état civil, on entend notamment: 1. les faits d'état civil directement liés à une personne, tels que la naissance, le mariage, le décès; 2. le statut personnel et familial d'une personne, tels que la majorité, la filiation, le lien matrimonial; 3. les noms; 4. les droits de cité cantonal et communal; 5. la nationalité.
A. Registri I. In genere	[1] Per la documentazione dello stato civile si tengono appositi registri elettronici. [2] Lo stato civile comprende in particolare i dati seguenti: 1. i fatti dello stato civile che toccano direttamente una persona, quali nascita, matrimonio, morte; 2. lo statuto personale e familiare di una persona, come maggiore età, filiazione e vincolo coniugale; 3. i nomi; 4. i diritti di attinenza cantonali e comunali; 5. la cittadinanza nazionale.

I. Register

Nach einer Übergangsphase, die im Frühjahr 2003 mit einem auf wenige Zivilstands-   1
ämter beschränkten Pilotbetrieb begann, wird der Personenstand seit 2005 schweizweit ausschliesslich durch Eingabe in die zentrale Datenbank **Infostar** (Infostar = **Info**rmatisiertes **Sta**ndesregister) beurkundet (Art. 45a ZGB i.V.m. Art. 76 Abs. 1 ZStV). Die bisherigen Geburts-, Todes-, Ehe- und Anerkennungsregister wurden spätestens auf den

31.12.2004 geschlossen (Art. 92 Abs. 1 ZStV). Auch mit den bisher vielerorts lokal und ohne Vernetzung zum Einsatz gelangten Informatikmitteln zur elektronischen Verarbeitung von Personenstandsdaten dürfen grundsätzlich keine neuen Geschäftsfälle mehr bearbeitet werden (Art. 92 Abs. 6 Satz 1 ZStV). Die bisher von den für die Heimatorte zuständigen Zivilstandsämtern geführten Familienregister dienen als verlässliche Datenquelle bei der Übertragung von Personenstandsdaten in die zentrale Datenbank Infostar (vgl. Art. 93 ZStV).

II. Personenstand

2   Im Sinne der Transparenz gibt Abs. 2 eine nicht abschliessende Enumeration von Elementen des Personenstandes. Die Zivilstandsverordnung zählt in Art. 7 Abs. 2 die wesentlichen Ereignisse auf, die im Informatisierten Standesregister beurkundet werden: a. Geburt; b. Findelkind; c. Tod; d. Tod einer Person mit unbekannter Identität; e. Namenserklärung; f. Kindesanerkennung; g. Bürgerrecht; h. Ehevorbereitung; i. Ehe; j. Eheauflösung; k. Namensänderung; l. Kindesverhältnis; m. Adoption; n. Verschollenerklärung; o. Geschlechtsänderung.

Welche konkreten Daten im Informatisierten Standesregister geführt werden, sagt Art. 8 ZStV:

a. Systemdaten: 1. Systemnummern, 2. Eintragungsart, 3. Eintragungsstatus, 4. Verzeichnisse (Gemeinden, Zivilstandskreise, Staaten, Adressen); b. Personenidentifikationsnummer; c. Namen: 1. Familienname, 2. Ledigname, 3. Vornamen, 4. andere amtliche Namen; d. Geschlecht; e. Geburt: 1. Datum, 2. Zeit, 3. Ort, 4. Totgeburt; f. Zivilstand: 1. Status, 2. Datum; g. Tod: 1. Datum, 2. Zeit, 3. Ort; h. Wohnort; i. Aufenthaltsort; j. Lebensstatus; k. bevormundet; l. Eltern: 1. Familienname der Mutter, 2. Vornamen der Mutter, 3. andere amtliche Namen der Mutter, 4. Familienname des Vaters, 5. Vornamen des Vaters, 6. andere amtliche Namen des Vaters; m. Adoptiveltern: 1. Familienname der Adoptivmutter, 2. Vornamen der Adoptivmutter, 3. andere amtliche Namen der Adoptivmutter, 4. Familienname des Adoptivvaters, 5. Vornamen des Adoptivvaters, 6. andere amtliche Namen des Adoptivvaters; n. Bürgerrecht/Staatsangehörigkeit: 1. Datum (gültig ab/gültig bis), 2. Erwerbsgrund, 3. Anmerkung zum Erwerbsgrund, 4. Verlustgrund, 5. Anmerkung zum Verlustgrund, 6. Referenz Familienregister, 7. Burger- oder Korporationsrecht; o. Beziehungsdaten: 1. Art (Eheverhältnis/Kindesverhältnis), 2. Datum (gültig ab/gültig bis), 3. Auflösungsgrund.

III. Revision

3   Das Bundesgesetz über die **eingetragene Partnerschaft** gleichgeschlechtlicher Paare (Partnerschaftsgesetz, PartG) vom 18.6.2004 schafft neue Personenstände. Grundsätzlich sind zwei Hauptzivilstandsbezeichnungen vorgesehen: «in eingetragener Partnerschaft» (Art. 2 Abs. 3 PartG) und «aufgelöste Partnerschaft» (Botschaft zum PartG Ziff. 2.1 Art. 2). In Bezug auf die «aufgelöste Partnerschaft» sind für das Zivilstandswesen folgende Präzisierungen vorgesehen: «gerichtlich aufgelöste Partnerschaft» (Auflösung nach Art. 29 ff. PartG und Ungültigerklärung gemäss Art. 9 ff. PartG), «durch Tod aufgelöste Partnerschaft» und «durch Verschollenerklärung aufgelöste Partnerschaft» (Schreiben des Bundesamtes für Justiz vom 4.10.2005 an verschiedene Adressaten). Der Bundesrat beschloss am 9.12.2005, das PartG auf den 1.1.2007 in Kraft zu setzen (AS 2005 5696).

4   Die Einführung der eingetragenen Partnerschaft gleichgeschlechtlicher Paare wird die Ergänzung von Art. 7 Abs. 2 ZStV durch drei neue Geschäftsfälle bedingen: p. Vorbe-

reitung der Eintragung einer gleichgeschlechtlichen Partnerschaft; q. Eintragung einer gleichgeschlechtlichen Partnerschaft; r. Auflösung einer eingetragenen Partnerschaft. Ausserdem wird der Datenkatalog von Art. 8 ZStV unter Bst. f. Zivilstand und unter Bst. o. Beziehungsdaten entsprechend ergänzt werden müssen. Schliesslich werden zusätzliche Formulare zu schaffen sein, namentlich auch zum Nachweis der eingetragenen Partnerschaft gegenüber Behörden.

Art. 40

II. Meldepflicht	**¹ Der Bundesrat bestimmt die Personen und Behörden, die verpflichtet sind, die zur Beurkundung des Personenstandes nötigen Angaben zu melden.**
	² Er kann vorsehen, dass Verstösse gegen die Meldepflicht mit Busse geahndet werden.
	³ ...
II. Obligation de déclarer	¹ Le Conseil fédéral détermine les personnes et les autorités qui sont tenues de déclarer les données nécessaires à la constatation de l'état civil.
	² Il peut prévoir que la violation de l'obligation de déclarer est passible de l'amende.
	³ ...
II. Obbligo di notificazione	¹ Il Consiglio federale designa le persone e le autorità tenute a notificare i dati necessari alla documentazione dello stato civile.
	² Esso può prescrivere che per le infrazioni all'obbligo di notificazione sia comminata una multa.
	³ ...

I. Meldepflichten

1. Geburt und Tod

Eine möglichst rasche und lückenlose Erfassung aller personenstandsrelevanten natür- **1**
lichen Ereignisse (Geburten und Todesfälle) in der Schweiz soll mit Meldepflichten sichergestellt werden. Zur Meldung von Geburten und Todesfällen sind in folgender Reihenfolge verpflichtet (Art. 34 ZStV): a. die Direktionen von Kliniken, Heimen und Anstalten; b. die Behörden, die von der Geburt oder vom Todesfall Kenntnis erhalten; c. die zugezogene Ärztin oder der zugezogene Arzt sowie die zugezogenen ärztlichen Hilfspersonen; d. die Familienangehörigen oder die von ihnen Bevollmächtigten; e. die anderen anwesenden Personen, namentlich wer beim Tod einer unbekannten Person zugegen war oder deren Leiche findet; f. die Kommandantin oder der Kommandant eines Luftfahrzeuges sowie die Kapitänin oder der Kapitän eines Seeschiffes (Art. 20 Abs. 5 ZStV). Die Vornamen eines neugeborenen Kindes sind dem Zivilstandsamt gleichzeitig mit der Geburtsmeldung mitzuteilen (Art. 37 Abs. 2 ZStV). Die Vornamen dürfen die Interessen des Kindes nicht offensichtlich verletzen (Art. 37 Abs. 3 ZStV). Die Meldepflichtigen haben Todesfälle innert zwei Tagen und Geburten innert drei Tagen dem Zivilstandsamt schriftlich oder durch persönliche Vorsprache zu melden (Art. 35 Abs. 1 ZStV). Das Zivilstandsamt nimmt auch eine verspätete Meldung entgegen. Liegen zwischen der Geburt oder dem Todesfall einerseits und der Meldung andererseits mehr als dreissig Tage, so ersucht es die kantonale Aufsichtsbehörde um eine Verfügung (Art. 35

Abs. 2 ZStV). Das Zivilstandsamt zeigt der kantonalen Aufsichtsbehörde im Hinblick auf die Bestrafung die Personen an, die ihrer Meldepflicht nicht rechtzeitig nachgekommen sind (Art. 35 Abs. 3 ZStV i.V.m. Art. 91 Abs. 2 ZStV). Das kantonale Recht kann für Fälle, in denen eine Person an ihrem Wohnort verstorben ist, die Meldung an eine Amtsstelle der Wohngemeinde vorsehen (Art. 35 Abs. 4 ZStV). Diese Amtsstelle hat den Todesfall unverzüglich dem zuständigen Zivilstandsamt weiterzumelden. Mit dieser Regelung soll den Angehörigen der verstorbenen Person, welche die Bestattungsformalitäten auf der Gemeindeverwaltung der Wohngemeinde regeln, ein weiterer Behördengang zum Zivilstandsamt erspart werden. Wird der Tod oder eine Totgeburt gemeldet, so ist eine ärztliche Bescheinigung einzureichen (Art. 35 Abs. 5 ZStV). Für die Ärztin oder den Arzt gelten die Ausstandsbestimmungen von Art. 89 Abs. 3 ZStV (vgl. Art. 44 N 5).

2. Findelkind

2   Nicht direkt dem Zivilstandsamt, sondern der nach kantonalem Recht zuständigen Behörde hat Meldung zu erstatten, wer ein Kind unbekannter Abstammung findet (Art. 38 Abs. 1 ZStV). Die nach kantonalem Recht zuständige Behörde gibt dem Findelkind Familiennamen und Vornamen und erstattet alsdann dem Zivilstandsamt Meldung (Art. 38 Abs. 2 ZStV). Wird die Abstammung oder der Geburtsort des Findelkindes nachträglich festgestellt, so ist dies auf Verfügung der kantonalen Aufsichtsbehörde zu beurkunden (Art. 38 Abs. 3 ZStV).

3. Auslandsereignisse

3   Schweizerinnen und Schweizer sowie ausländische Staatsangehörige, die zu Schweizerinnen oder Schweizern in einem familienrechtlichen Verhältnis stehen, haben ausländische Ereignisse, Erklärungen und Entscheidungen, die den Personenstand betreffen, der zuständigen Vertretung der Schweiz im Ausland zu melden (Art. 39 ZStV). Die zuständige Vertretung der Schweiz im Ausland übermittelt die entsprechenden ausländischen Urkunden und Entscheidungen mit summarischer Übersetzung und Beglaubigung in die Schweiz (Art. 5 Abs. 1 Bst. b ZStV) im Hinblick auf die Anerkennung durch die kantonale Aufsichtsbehörde (Art. 45 Abs. 2 Ziff. 4; Art. 32 IPRG) und die anschliessende Beurkundung im Informatisierten Standesregister (Art. 32 Abs. 1 IPRG).

4. Strafbestimmung

4   Wer gegen die in den Art. 34–39 ZStV genannten Meldepflichten vorsätzlich oder fahrlässig verstösst, wird mit **Busse** bis zu 500 Franken bestraft (Art. 91 Abs. 1 ZStV). Die Zivilstandsämter zeigen die Verstösse der kantonalen Aufsichtsbehörde an (Art. 91 Abs. 2 ZStV). Die Kantone bestimmen die für die Beurteilung der Verstösse zuständigen Behörden (Art. 91 Abs. 3 ZStV).

II. Amtliche Mitteilungspflichten

1. Gerichte

5   Die Gerichte teilen folgende Urteile mit (Art. 40 Abs. 1 ZStV): a. Feststellung von Geburt und Tod; b. Feststellung der Eheschliessung; c. Verschollenerklärung und ihre Aufhebung (Art. 35 ff.); d. Ehescheidung (Art. 111 ff.) und Eheungültigerklärung (Art. 104 ff.); e. Namenssachen (Art. 29 und 30); f. Feststellung der Vaterschaft (Art. 261); g. Aufhebung des Kindesverhältnisses zum Ehemann der Mutter (Art. 256); h. Aufhebung der Anerkennung (Art. 259 Abs. 2 und 260a); i. Aufhebung der Adoption (Art. 269 ff.); j. Geschlechtsänderung; k. Erfassung und Bereinigung von Personen-

standsdaten (Art. 42). Auch die vor dem Gericht erfolgte Anerkennung eines Kindes (Art. 260 Abs. 3) ist mitzuteilen (Art. 40 Abs. 2 ZStV).

2. Verwaltungsbehörden

Die Verwaltungsbehörden teilen die Verfügungen mit (Art. 41 ZStV) betreffend a. Erwerb und Verlust von Gemeinde- und Kantonsbürgerrechten; b. Erwerb und Verlust des Schweizer Bürgerrechts; c. Namensänderung (Art. 30 Abs. 1 und 2); d. Namensänderung mit Bürgerrechtsänderung (Art. 271 Abs. 3).   **6**

3. Weitere Fälle

Die nach kantonalem Recht zuständigen Gerichte und Verwaltungsbehörden teilen die Urteile oder Verfügungen mit (Art. 42 Abs. 1 ZStV) betreffend a. Adoption (Art. 264 ff.); b. testamentarische Anerkennung eines Kindes (Art. 260 Abs. 3); c. Entmündigung und ihre Aufhebung (Art. 368 ff. und 431 ff.). Die Mitteilung der testamentarischen Kindesanerkennung erfolgt durch die das Testament eröffnende Behörde (Art. 557 Abs. 1) in der Form eines Testamentsauszuges.   **7**

4. Modalitäten

Die amtlichen Mitteilungen sind an die kantonale Aufsichtsbehörde am Sitz des Gerichts oder der Verwaltungsbehörde zu richten (Art. 43 Abs. 1 ZStV). Bundesgerichtsurteile sind der kantonalen Aufsichtsbehörde am Sitz der ersten Instanz, Verwaltungsverfügungen des Bundes der kantonalen Aufsichtsbehörde des Heimatkantons der betroffenen Person mitzuteilen (Art. 43 Abs. 2 ZStV). Wenn ein Kanton die Beurkundung der Gerichts- und Verwaltungsentscheide den ordentlichen Zivilstandsämtern zugeteilt hat (Art. 2 ZStV), sind die amtlichen Mitteilungen direkt diesen zuzustellen (Art. 43 Abs. 3 ZStV). Die amtliche Mitteilung erfolgt, nachdem der Entscheid rechtskräftig geworden ist. Sie hat die Form eines Auszuges, der die vollständigen Personenstandsdaten auf Grund von Zivilstandsurkunden, das Dispositiv sowie das Datum des Eintritts der Rechtskraft enthält (Art. 43 Abs. 5 ZStV). Fotokopien sind zulässig, sofern sie mit dem Originalstempel des Gerichts oder der Verwaltungsbehörde und mit der Originalunterschrift der befugten Amtsperson versehen sind (Art. 43 Abs. 6 ZStV).   **8**

Art. 43 Abs. 4 ZStV enthält überdies Bestimmungen über Mitteilungen der Gerichte an Vormundschaftsbehörden. Diese amtlichen Mitteilungen haben keinerlei Bezug zur Beurkundung des Personenstandes und sind deshalb im vorliegenden Zusammenhang nicht relevant.

Art. 41

III. Nachweis nicht streitiger Angaben

[1] Wenn Angaben über den Personenstand durch Urkunden zu belegen sind, kann die kantonale Aufsichtsbehörde den Nachweis durch Abgabe einer Erklärung vor der Zivilstandsbeamtin oder dem Zivilstandsbeamten bewilligen, sofern es sich nach hinreichenden Bemühungen als unmöglich oder unzumutbar erweist, die Urkunden zu beschaffen, und die Angaben nicht streitig sind.

[2] Die Zivilstandsbeamtin oder der Zivilstandsbeamte ermahnt die erklärende Person zur Wahrheit und weist sie auf die Straffolgen einer falschen Erklärung hin.

III. Preuves de
données non
litigieuses

[1] Lorsque les données relatives à l'état civil doivent être établies par des documents, l'autorité cantonale de surveillance peut admettre que la preuve repose sur une déclaration faite à l'officier de l'état civil, pour autant que les données ne soient pas litigieuses et que la présentation des documents s'avère impossible ou ne puisse raisonnablement être exigée.

[2] L'officier de l'état civil invite expressément la personne qui procède à la déclaration à dire la vérité et la rend attentive aux conséquences pénales d'une fausse déclaration.

III. Prova di dati non
controversi

[1] L'autorità cantonale di vigilanza può autorizzare la prova di dati relativi allo stato civile mediante una dichiarazione all'ufficiale dello stato civile, qualora dopo adeguate ricerche l'accertamento per mezzo di documenti si riveli impossibile o non possa essere ragionevolmente preteso e i dati non sono controversi.

[2] L'ufficiale dello stato civile rende attento il dichiarante sul suo obbligo di dire la verità e lo avverte delle conseguenze penali di una falsa dichiarazione.

Literatur

MONTINI, Personenstand schriftenloser Ausländer, ZZW 2001, 105–106; WAESPI, Erklärung nicht-streitiger Angaben und Feststellungsklage bei unklarer Identität im Ehevorbereitungsverfahren, ZZW 2001, 6–9; DERS., Identität – zwischen Urteil und Erklärung, ZZW 2002, 137–146 und 173–180.

I. Allgemeines

1   Die kantonale Aufsichtsbehörde kann im Einzelfall den Nachweis von Angaben über den Personenstand durch Abgabe einer Erklärung vor der Zivilstandsbeamtin oder dem Zivilstandsbeamten unter folgenden Voraussetzungen bewilligen (Art. 17 Abs. 1 ZStV):

a. Die zur Mitwirkung verpflichtete Person weist nach, dass es ihr nach hinreichenden Bemühungen unmöglich oder unzumutbar ist, die entsprechenden Urkunden zu beschaffen; und

b. die Angaben sind nach den zur Verfügung stehenden Unterlagen und Informationen **nicht streitig.**

Der Entscheid über die Bewilligung der Entgegennahme der Erklärung stellt eine beschwerdefähige Verfügung dar (WAESPI, Identität – zwischen Urteil und Erklärung, Ziff. 3.3). Zum Begriff der Strittigkeit und zum Fehlen jeglicher Beweismittel s. WAESPI, a.a.O., Ziff. 3.2.4.1. und 3.2.4.2.

Die Zivilstandsbeamtin oder der Zivilstandsbeamte ermahnt die erklärende Person zur Wahrheit, weist sie auf die Straffolgen einer falschen Erklärung hin und beglaubigt ihre Unterschrift (Art. 17 Abs. 2 ZStV).

II. Formular

2   Die Erklärung wird auf dem obligatorischen Formular F-81-2000 entgegengenommen, auf dem die Art. 215 StGB (Mehrfache Ehe) und Art. 253 StGB (Erschleichung einer falschen Beurkundung) wiedergegeben sind. Die erklärende Person bestätigt mit ihrer Unterschrift, dass sie den vorstehenden Text verstanden hat und dass ihre Erklärungen der **Wahrheit** entsprechen, **vollständig** und **richtig** sind. Der Gegenstand der Erklärung kann die erklärende Person selber oder eine andere Person betreffen.

III. Streitige Angaben

Liegt derselbe Tatbestand vor (Angaben über den Personenstand sind durch Urkunden zu 3
belegen; es erweist sich nach hinreichenden Bemühungen als unmöglich oder unzumutbar, die Urkunden zu beschaffen), sind aber die zu belegenden Angaben streitig, darf der Nachweis *nicht* durch Abgabe einer Erklärung vor dem Zivilstandsamt erbracht werden. Vielmehr ist zwingend das **gerichtliche Verfahren** nach Art. 42 Abs. 1 einzuleiten (Art. 17 Abs. 3 ZStV).

IV. Ausschliessliche Zuständigkeit

In den Fällen von Art. 41 sind die Zivilstandsämter exklusiv zur Entgegennahme von 4
Erklärungen zuständig. Vom kantonalen Recht bezeichnete öffentliche Urkundspersonen haben ihre Mitwirkung bei der Abgabe einer eidesstattlichen Erklärung zu verweigern und die betreffende Person an das zuständige Zivilstandsamt zu verweisen (MONTINI, 106).

Art. 42

IV. Bereinigung 1. Durch das Gericht	[1] **Wer ein schützenswertes persönliches Interesse glaubhaft macht, kann beim Gericht auf Eintragung von streitigen Angaben über den Personenstand, auf Berichtigung oder auf Löschung einer Eintragung klagen. Das Gericht hört die betroffenen kantonalen Aufsichtsbehörden an und stellt ihnen das Urteil zu.** [2] **Die kantonalen Aufsichtsbehörden sind ebenfalls klageberechtigt.**
IV. Modification 1. Par le juge	[1] Toute personne qui justifie d'un intérêt personnel légitime peut demander au juge d'ordonner l'inscription, la rectification ou la radiation de données litigieuses relatives à l'état civil. Les autorités cantonales de surveillance concernées sont entendues et le juge leur notifie sa décision. [2] Les autorités cantonales de surveillance ont également qualité pour agir.
IV. Rettificazione 1. Da parte del giudice	[1] Chi rende verosimile un interesse degno di protezione può domandare al giudice di decretare l'iscrizione di dati relativi allo stato civile controversi, nonché la rettificazione o la radiazione di un'iscrizione. Il giudice sente le autorità cantonali di vigilanza interessate e notifica loro la sentenza. [2] Sono del pari legittimate a promuovere azione le autorità cantonali di vigilanza.

Literatur

WAESPI, Erklärung nichtstreitiger Angaben und Feststellungsklage bei unklarer Identität im Ehevorbereitungsverfahren, ZZW 2001, 6–9; DERS., Identität – zwischen Urteil und Erklärung, ZZW 2002, 137–146 und 173–180.

I. Abgrenzungen

Wenn Angaben über den Personenstand im Hinblick auf deren Eintragung in ein Zivil- 1
standsregister durch Urkunden zu belegen sind und es sich nach hinreichenden Be-

mühungen als unmöglich oder unzumutbar erweist, die entsprechenden Urkunden zu beschaffen, kann bei nicht streitigen Angaben der Nachweis durch Abgabe einer Erklärung vor dem Zivilstandsamt gemäss Art. 41 erbracht werden; bei **streitigen Angaben** hingegen steht nur der gerichtliche Weg gemäss Art. 42 Abs. 1 offen.

2   Dasselbe gerichtliche Verfahren steht offen für Klagen auf **Berichtigung** oder auf **Löschung** einer Eintragung in den Zivilstandsregistern, und zwar immer dann, wenn die fehlerhafte Eintragung *nicht* auf einem offensichtlichen Versehen oder auf einem offensichtlichen Irrtum beruht. In den Fällen des offensichtlichen Versehens oder offensichtlichen Irrtums beheben die Zivilstandsbehörden den Fehler von Amtes wegen (Art. 43).

3   Wenn keine Angaben über den Personenstand in ein Zivilstandsregister einzutragen sind und keine Eintragung in einem Zivilstandsregister vorliegt, die zu berichtigen oder zu löschen ist (z.B. Bestimmung des Geburtsdatums eines im Verfolgerstaat geborenen und in der Schweiz als Flüchtling anerkannten Kindes), ist Art. 42 nicht anwendbar. Vielmehr steht in diesen Fällen die vom ungeschriebenen Bundesprivatrecht gewährleistete **allgemeine Feststellungsklage** zur Verfügung (BGE 114 II 255 E. 2a).

4   Eine Regelung des rechtlichen Nachvollzugs einer medizinisch durchgeführten **Geschlechtsänderung** enthält die schweizerische Rechtsordnung auf Gesetzesstufe noch nicht. Das Begehren betreffend Feststellung des neuen Geschlechts wird in der Schweiz als Statusklage besonderer Art qualifiziert (BGE 119 II 264 ff.). Art. 42 ist nicht anwendbar; die gerichtlich festgestellte Geschlechtsänderung findet nicht zwingend ihren Niederschlag in den schweizerischen Zivilstandsregistern (z.B. im Ausland geborene ausländische Person mit Wohnsitz in der Schweiz). Ist eine Person mit schweizerischer Staatsangehörigkeit betroffen, so wurde bis Ende 2001 die Geschlechtsumwandlung als nachträgliche Änderung im Personenstand nach damals herrschender Auffassung einzig im Familienregister, nicht aber in den Einzelregistern, namentlich nicht im Geburtsregister, eingeschrieben (s. AUBERT und REICH, Der Eintrag der Geschlechtsänderung in die Zivilstandsregister, ZZW 1987, 2 ff.). Seit dem 1.1.2002 wird aufgrund einer Änderung der ZStV vom 24.10.2001 (AS 2001 3068) die Geschlechtsänderung auch im Geburtsregister angemerkt. Vor dem 1.1.2002 erfolgte Geschlechtsänderungen werden auf Verlangen im Geburtsregister am Rand angemerkt (Art. 98 Abs. 1 ZStV). Zuständig für die Entgegennahme des Gesuchs ist die kantonale Aufsichtsbehörde im Zivilstandswesen des Kantons, in dem das Geburtsregister geführt wird (Art. 98 Abs. 2 ZStV).

II. Charakteristik

5   Die Klage nach Abs. 1 erweist sich als umfassende Gestaltungsklage. Sie kommt jedoch bloss **subsidiär** zur Anwendung, nämlich dann, wenn kein eigenes Verfahren (z.B. Statusklagen des Kindesrechts) zur Verfügung steht (Botschaft Revision Eherecht, Ziff. 211.41).

III. Legitimation

6   Klagen kann, wer ein schützenswertes **persönliches Interesse** glaubhaft macht (Abs. 1). Ebenfalls klageberechtigt ist die kantonale Aufsichtsbehörde im Zivilstandswesen (Abs. 2). Sie hat das **öffentliche Interesse** an der Vollständigkeit und Richtigkeit der Eintragungen in den Zivilstandsregistern wahrzunehmen.

IV. Zuständigkeit

Gemäss Art. 14 GestG ist für Begehren auf Berichtigung des Zivilstandsregisters das   **7** Gericht am Ort des Registers zwingend zuständig. Von einem zwingenden Gerichtsstand können die Parteien nicht abweichen (Art. 2 Abs. 2 GestG). Auf das Informatisierte Standesregister zugeschnitten präzisiert Art. 30 Abs. 2 ZStV, dass die Gerichte zuständig sind, in deren Amtskreis die zu bereinigende Beurkundung von Personendaten erfolgt ist oder hätte erfolgen müssen.

V. Verfahren

Das Gericht wird im summarischen Verfahren entscheiden und den Sachverhalt im Inte-   **8** resse der Vollständigkeit und Richtigkeit der Eintragungen in den Zivilstandsregistern von Amtes wegen feststellen. Aus dem gleichen Grund sind die betroffenen **kantonalen Aufsichtsbehörden** im Zivilstandswesen zwingend am Verfahren zu beteiligen: Das Gericht hat sie anzuhören und ihnen das Urteil zuzustellen (Abs. 1).

Art. 43

2. Durch die Zivilstands- behörden	**Die Zivilstandsbehörden beheben von Amtes wegen Fehler, die auf einem offensichtlichen Versehen oder Irrtum beruhen.**
2. Par les autorités de l'état civil	Les autorités de l'état civil rectifient d'office les inexactitudes résultant d'une inadvertance ou d'une erreur manifestes.
2. Da parte delle autorità dello stato civile	Le autorità dello stato civile rettificano d'ufficio errori che dipendono da sbaglio o disattenzione manifesti.

I. Abgrenzung

Die Zivilstandsbehörden (Art. 44 und 45) sind nur in den Fällen von **offensichtlichem**   **1** **Versehen** oder **offensichtlichem Irrtum** zur Fehlerbehebung befugt. In allen übrigen Fällen ist einzig das Gericht zur Anordnung der Berichtigung oder Löschung einer Eintragung in den Zivilstandsregistern zuständig (Art. 42 Abs. 1). Kein offensichtliches Versehen und kein offensichtlicher Irrtum liegt vor, wenn von irgendeiner Seite mit einem Widerspruch zu rechnen ist (BGE 101 Ib 9 ff.).

II. Fehlerbehebung durch die Aufsichtsbehörde

Berichtigungen, Ergänzungen und Löschungen im Sinne von Art. 43 erfolgen durch die   **2** kantonale **Aufsichtsbehörde** (Art. 29 Abs. 1 ZStV). Sind mehrere kantonale Aufsichtsbehörden betroffen, so ist für die Bereinigung nach den Weisungen des EAZW vorzugehen (Art. 29 Abs. 2 ZStV). Die Behörden, namentlich die Zivilstandsämter, sind zur Meldung solcher Sachverhalte an die Aufsichtsbehörde verpflichtet (Art. 29 Abs. 3 ZStV). Die Meldung kann auch durch die betroffenen Personen erfolgen (Art. 29 Abs. 4 ZStV).

Art. 43a

V. Datenschutz und Bekanntgabe der Daten

[1] Der Bundesrat sorgt auf dem Gebiet der Beurkundung des Personenstandes für den Schutz der Persönlichkeit und der Grundrechte der Personen, über die Daten bearbeitet werden.

[2] Er regelt die Bekanntgabe von Daten an Private, die ein unmittelbares schutzwürdiges Interesse nachweisen können.

[3] Er bestimmt die Behörden ausserhalb des Zivilstandswesens, denen die zur Erfüllung ihrer gesetzlichen Aufgaben nötigen Daten regelmässig oder auf Anfrage bekannt gegeben werden. Vorbehalten bleiben die Vorschriften über die Bekanntgabe nach einem kantonalen Gesetz.

[4] Auf Daten, die für die Überprüfung der Identität einer Person notwendig sind, haben im Abrufverfahren Zugriff:
1. **die ausstellenden Behörden nach dem Bundesgesetz vom 22. Juni 2001 über die Ausweise für Schweizer Staatsangehörige;**
2. **die für die Führung des automatisierten Fahndungssystems nach Artikel 351bis des Strafgesetzbuches zuständige Stelle des Bundes und die Filtrierstellen der im Fahndungssystem ausschreibenden kantonalen und städtischen Polizeikorps;**
3. **die für die Führung des automatisierten Strafregisters nach Artikel 359 des Strafgesetzbuches zuständige Stelle des Bundes;**
4. **die für die Nachforschungen nach vermissten Personen zuständige Stelle des Bundes.**

V. Protection et divulgation des données

[1] Le Conseil fédéral assure, en ce qui concerne les actes de l'état civil, la protection de la personnalité et des droits fondamentaux des personnes dont les données sont traitées.

[2] Il règle la divulgation de données aux particuliers qui justifient d'un intérêt direct et digne de protection.

[3] Il détermine les autorités externes à l'état civil auxquelles sont divulguées, régulièrement ou sur demande, les données indispensables à l'accomplissement de leurs tâches légales. Les dispositions de lois cantonales relatives à la divulgation de données sont réservées.

[4] Les autorités suivantes peuvent accéder en ligne aux données nécessaires à la vérification de l'identité d'une personne:
1. les autorités d'établissement au sens de la loi fédérale du 22 juin 2001 sur les documents d'identité des ressortissants suisses;
2. le service fédéral qui gère le système de recherche informatisé de police prévu à l'art. 351bis du code pénal et les services de filtrage des corps de police cantonaux et municipaux raccordés à ce système de recherche;
3. le service fédéral qui tient le casier judiciaire informatisé prévu à l'art. 359 du code pénal;
4. le service fédéral chargé de la recherche de personnes disparues.

V. Protezione e divulgazione dei dati

[1] Il Consiglio federale provvede, nell'ambito della documentazione dello stato civile, alla tutela della personalità e dei diritti fondamentali delle persone i cui dati sono oggetto di elaborazione.

[2] Disciplina la divulgazione di dati a privati che possono dimostrare un interesse diretto degno di protezione.

[3] Designa le autorità estranee allo stato civile cui sono divulgati, regolarmente o su richiesta, i dati necessari all'adempimento dei loro compiti legali. È fatta salva la divulgazione di dati in virtù di prescrizioni previste da una legge cantonale.

[4] Hanno accesso mediante procedura di richiamo ai dati necessari alla verifica dell'identità di una persona:
1. le autorità di rilascio ai sensi della legge federale del 22 giugno 2001 sui documenti d'identità dei cittadini svizzeri;
2. il servizio federale competente per la gestione del sistema di ricerca informatizzato di polizia di cui all'articolo 351bis del Codice penale e i servizi di filtraggio dei corpi di polizia cantonali e comunali collegati a tale sistema;
3. il servizio federale competente per la gestione del casellario giudiziale informatizzato di cui all'articolo 359 del Codice penale;
4. il servizio federale competente per la ricerca di persone scomparse.

Literatur

MONTINI, Datenschutz im Zivilstandswesen: Erste Erfahrungen im Anschluss an die am 1. Januar 1998 in Kraft getretene Revision der ZStV, ZZW 1999, 141–146; REINHARD, Die Informatisierung der Beurkundung des Personenstandes in der Schweiz und ihre Auswirkungen auf die Familienforschung, Schweizerische Gesellschaft für Familienforschung, Jahrbuch 2000, 127–156; WAESPI, Personenbezogene Forschung und Datenschutz im Zivilstandswesen, ZZW 2000, 142–146.

I. Recht auf Kenntnis von Personendaten

1. Im Allgemeinen

Der Bundesrat sorgt auf dem Gebiet der Beurkundung des Personenstandes für den Schutz der Persönlichkeit und der Grundrechte der Personen, über die Daten bearbeitet werden (Abs. 1). Diesem Auftrag kommt der Bundesrat durch Erlass entsprechender Vorschriften in der Zivilstandsverordnung nach. Das 9. Kapitel (Art. 81–83 ZStV) gilt dem Datenschutz und der Datensicherheit. Im Vordergrund steht das Recht auf Kenntnis der eigenen Daten. Jede Person kann beim Zivilstandsamt des Ereignis- oder Heimatortes Auskunft über die Daten verlangen, die über sie geführt werden (Art. 81 Abs. 1 ZStV). Die Auskunft wird in der Form eines Registerauszuges oder einer Bestätigung erteilt (Art. 81 Abs. 2 Satz 1 ZStV). Ausgeschlossen ist die Auskunfterteilung durch Gewährung von Einblick auf den Computerbildschirm oder durch Abgabe eines PrintScreens. Die Auskunfterteilung ist kostenpflichtig (Art. 81 Abs. 2 Satz 2 ZStV). **1**

Nur ein sehr eingeschränktes Auskunftsrecht steht Privaten zu, die nicht über die eigenen Personenstandsdaten, sondern über die Daten von Drittpersonen Auskunft wünschen. Sie müssen ein unmittelbares und schutzwürdiges Interesse nachweisen (Abs. 2). Ausserdem gilt das **Subsidiaritätsprinzip**. Die Personenstandsdaten werden nur dann bekannt gegeben, wenn die Beschaffung der Daten bei den direkt betroffenen Personen nicht möglich oder offensichtlich nicht zumutbar ist (Art. 59 ZStV).

2. Forschung

Forschende können in der Regel kein unmittelbares schutzwürdiges Interesse an den gesuchten Personenstandsdaten nachweisen. Trotzdem gestattet der Bundesrat über den Wortlaut von Abs. 2 hinaus die Bekanntgabe von Personenstandsdaten zum Zweck (Art. 60 ZStV): a. der wissenschaftlichen, nicht personenbezogenen Forschung; b. der personenbezogenen Forschung, namentlich der Familienforschung. Forschende haben bei der kantonalen Aufsichtsbehörde eine **Bewilligung** einzuholen. Wie für Private, die **2** nicht über die eigenen Personenstandsdaten, sondern über die Daten von Drittpersonen Auskunft wünschen (s. oben N 1), gilt auch für Forschende das Subsidiaritätsprinzip. Bewilligungsvoraussetzung ist, dass die Beschaffung der Daten bei den direkt betroffenen Personen nicht möglich oder offensichtlich nicht zumutbar ist (Art. 60 ZStV).

II. Formen der Bekanntgabe von Personendaten

1. Im Allgemeinen

3   Für die Bekanntgabe von Personenstandsdaten bestehen Zivilstandsformulare. Diese werden vom EAZW festgelegt (Art. 6 Abs. 1 ZStV). Grundsätzlich werden Personenstandsdaten mittels dieser Formulare bekannt gegeben (Art. 47 Abs. 1 ZStV). Wenn kein Zivilstandsformular zur Verfügung steht, erfolgt die Bekanntgabe durch eine schriftliche Bescheinigung oder Bestätigung (Art. 47 Abs. 2 Bst. a ZStV). Von Belegen zu den Beurkundungen erstellt das Zivilstandsamt beglaubigte Kopien oder beglaubigte Abschriften (Art. 47 Abs. 2 Bst. b ZStV). Alle Dokumente (Zivilstandsformulare, Bescheinigungen, Bestätigungen, beglaubigte Kopien, beglaubigte Abschriften) werden datiert, durch die Unterschrift der Zivilstandsbeamtin oder des Zivilstandsbeamten als richtig bescheinigt und mit dem Amtsstempel versehen (Art. 47 Abs. 3 ZStV). In Bezug auf die Papierqualität und auf die Anforderungen an die Beschriftung bestehen Weisungen des Eidgenössischen Amtes für das Zivilstandswesen (Art. 6 Abs. 2 ZStV). Zur Anwendung gelangt so genanntes Sicherheitspapier. Dieses zeichnet sich aus einerseits durch Langsiebwasserzeichen bestehend aus regelmässigen Schweizerkreuzen mit den Buchstabengruppen «ZGB» linke Kreuzseite oben und «CCS» rechte Kreuzseite unten und anderseits durch zwei irisierende Streifen in den Farben Gold und Kupfer, davon Kupfer unter UV blau fluoreszierend (Anhang A zu den Weisungen des EAZW vom 25.6.2004). Das Sicherheitspapier darf ausschliesslich mit einem Laserdrucker beschrieben werden. Als Stempel kommt nur ein Prägestempel in Frage (Anhang B zu den Weisungen des EAZW vom 25.6.2004).

2. Insbesondere Registereinsicht

4   In Bezug auf die bis Ende 2004 geführten Papierregister besteht im Sinne einer Ausnahme die Möglichkeit der Einsichtnahme. Zwar gelten grundsätzlich auch für diese Register die allgemein gültigen Formen der Bekanntgabe von Personenstandsdaten (Art. 47 ZStV i.V.m. Art. 92 Abs. 3 Satz 1 ZStV; s. oben N 3). Die kantonale Aufsichtsbehörde kann jedoch ausnahmsweise die Einsichtnahme in Zivilstandsregister **schriftlich bewilligen,** wenn eine Bekanntgabe von Daten in diesen Formen offensichtlich nicht zumutbar ist (Art. 92 Abs. 3 Satz 2 ZStV). Sie erlässt die nötigen Auflagen zur Sicherung des Datenschutzes (Art. 92 Abs. 3 Satz 3 ZStV).

3. Insbesondere Veröffentlichung

5   Die Kantone können vorsehen, dass die Geburten, die Todesfälle und die Trauungen veröffentlicht werden (Art. 57 Abs. 1 ZStV). Die Aufzählung der Zivilstandsfälle ist **abschliessend.** Die Publikation weiterer Zivilstandsereignisse (wie z.B. Scheidungen, Vaterschaftsfeststellungen oder Adoptionen) ist also nicht zulässig. Dem Datenschutz wird durch ein Vetorecht der Betroffenen Rechnung getragen. Den Verzicht auf die Veröffentlichung verlangen können (Art. 57 Abs. 2 ZStV):

a. bei Geburten ein Elternteil;

b. bei Todesfällen nächste Angehörige;

c. bei Trauungen die Braut oder der Bräutigam.

Trotz des Vetorechts ist die Publikation von Personenstandsdaten durch Art. 43a nicht gedeckt. Die Öffentlichkeit hat kein unmittelbares schutzwürdiges Interesse (Abs. 2) und ist keine Behörde (Abs. 3).

III. Datenbekanntgabe an Behörden von Amtes wegen

Das für die Beurkundung zuständige Zivilstandsamt meldet der Gemeindeverwaltung des 6 Wohnsitzes oder Aufenthaltsortes zur Nachführung der Einwohnerregister sämtliche Änderungen des Personenstandes und des Bürgerrechts sowie die Berichtigung von Daten einer Person (Art. 49 ZStV), dem Zivilstandsamt des Heimatortes im Hinblick auf die Erfüllung der kantonalen Meldepflichten sämtliche Änderungen des Personenstandes und des Bürgerrechts sowie die Berichtigung von Daten einer Person mit Burger- oder Korporationsrecht (Art. 49a ZStV), der Vormundschaftsbehörde a. die Geburt eines Kindes, dessen Eltern nicht miteinander verheiratet sind, sowie dessen Tod, sofern dieser innerhalb des ersten Lebensjahres erfolgt und in diesem Zeitpunkt kein Kindesverhältnis zum Vater besteht; b. die Geburt eines innert 300 Tagen nach dem Tod oder der Verschollenerklärung des Ehemannes der Mutter geborenen Kindes; c. die Anerkennung eines unmündigen Kindes; d. den Tod eines die elterliche Sorge ausübenden Elternteils; e. das Auffinden eines Findelkindes (Art. 50 ZStV), dem Bundesamt für Migration, Direktionsbereich Asylverfahren, Geburten, Kindesanerkennungen, Trauungen und Todesfälle, die eine Asylsuchende, eine vorläufig aufgenommene oder eine als Flüchtling anerkannte Person betreffen (Art. 51 ZStV) und der Zentralen Ausgleichsstelle der AHV alle von ihm beurkundeten Todesfälle (Art. 53 ZStV). Das Bundesamt für Statistik erhält die statistischen Angaben nach der Verordnung vom 30.6.1993 über die Durchführung von statistischen Erhebungen des Bundes (Art. 52 ZStV; SR 431.012.1). Ausländischen Behörden werden Personenstandsdaten über ihre Staatsangehörigen nur dann von Amtes wegen mitgeteilt, wenn eine internationale Vereinbarung dies vorsieht (Art. 54 ZStV). Das Zivilstandsamt des Todesortes meldet sodann alle von ihm zu beurkundenden Todesfälle von ausländischen Staatsangehörigen der Vertretung des Heimatstaates, in deren Konsularkreis der Todesfall eingetreten ist (Art. 55 ZStV; Art. 37 Bst. a des Wiener Übereinkommens vom 24. April 1963 über konsularische Beziehungen [SR 0.191.02]). Vorbehalten bleiben weitere Meldepflichten der Zivilstandsämter auf Grund des Rechts des Bundes oder der Kantone (Art. 56 ZStV). Kantonale Meldepflichten bedürfen einer Grundlage in einem formellen Gesetz (Abs. 3 Satz 2).

IV. Datenbekanntgabe an Behörden auf Anfrage

Die Zivilstandsbehörden sind verpflichtet, **schweizerischen Gerichten** und **Verwal-** 7 **tungsbehörden** die zur Erfüllung ihrer gesetzlichen Aufgaben unerlässlichen Personenstandsdaten auf Verlangen bekannt zu geben (Art. 58 ZStV). Aus dem Begriff der Unerlässlichkeit wird in der Praxis abgeleitet, dass sich Gerichte und Verwaltungsstellen bloss **subsidiär** direkt an das Zivilstandsamt wenden sollen, nämlich dann, wenn die benötigten Angaben nicht aufgrund der Mitwirkung der Parteien beschafft werden können.

Ausländischen Behörden werden Personenstandsdaten bekannt gegeben, wenn eine 8 internationale Vereinbarung dies vorsieht. Fehlt eine internationale Vereinbarung, so gelten erschwerende Modalitäten. Erforderlich ist ein Gesuch der entsprechenden ausländischen Vertretung an das Eidgenössische Amt für das Zivilstandswesen (Art. 61 Abs. 1 und 2 ZStV). Die ausländische Vertretung muss nachweisen, dass (Art. 61 Abs. 3 ZStV):

a. sie die gewünschte Information trotz zureichender Bemühungen von der berechtigten Person (Art. 59 ZStV) nicht erhalten konnte;

b. die berechtigte Person die Bekanntgabe ohne zureichenden Grund verweigert, namentlich um sich einer schweizerischen oder ausländischen gesetzlichen Bestimmung zu entziehen;

c. für sie datenschutzrechtliche Vorschriften gelten, die mit jenen der Schweiz vergleichbar sind;

d. sie den Grundsatz der Gegenseitigkeit beachtet.

Ist der Nachweis erbracht oder handelt es sich um eine Todesurkunde, die von einer Behörde eines Vertragsstaates des Wiener Übereinkommens vom 24. April 1963 über die konsularischen Beziehungen (SR 0.191.02) für einen eigenen Staatsangehörigen verlangt wird, so bestellt das Eidgenössische Amt für das Zivilstandswesen den entsprechenden Auszug direkt beim Zivilstandsamt (Art. 61 Abs. 4 Satz 1 ZStV). Dieses übermittelt das Dokument direkt dem Eidgenössischen Amt zuhanden der ausländischen Vertretung (Art. 61 Abs. 4 Satz 2 ZStV). Dabei werden keine Gebühren erhoben (Art. 61 Abs. 5 ZStV).

V. Abrufverfahren

9 Auf Daten, die für die Überprüfung der Identität einer Person notwendig sind, erhalten im **Abrufverfahren** Zugriff (Abs. 4):

1. die ausstellenden Behörden nach dem Bundesgesetz vom 22.6.2001 über die Ausweise für Schweizer Staatsangehörige (SR 143.1);

2. die für die Führung des automatisierten Fahndungssystems nach Art. 351bis StGB (SR 311.0) zuständige Stelle des Bundes und die Filtrierstellen der im Fahndungssystem ausschreibenden kantonalen und städtischen Polizeikorps;

3. die für die Führung des automatisierten Strafregisters nach Art. 359 StGB zuständige Stelle des Bundes;

4. die für die Nachforschungen nach vermissten Personen zuständige Stelle des Bundes (zurzeit das Bundesamt für Polizei).

Die Aufzählung ist abschliessend. Die Berechtigung weiterer Stellen zum Direktabruf von Personenstandsdaten bedarf einer formellen bundesgesetzlichen Grundlage.

Art. 44

B. Organisation	**[1] Die Zivilstandsbeamtinnen und Zivilstandsbeamten erfüllen insbesondere folgende Aufgaben:**
I. Zivilstands-	**1. Sie führen die Register.**
behörden	**2. Sie erstellen die Mitteilungen und Auszüge.**
1. Zivilstands-	**3. Sie führen das Vorbereitungsverfahren der Eheschliessung**
beamtinnen und	**durch und vollziehen die Trauung.**
Zivilstands-	**4. Sie nehmen Erklärungen zum Personenstand entgegen.**
beamte	**[2] Der Bundesrat kann ausnahmsweise eine Vertreterin oder einen Vertreter der Schweiz im Ausland mit diesen Aufgaben betrauen.**

B. Organisation	[1] Les officiers de l'état civil ont notamment les attributions suivantes:
I. Autorités de l'état civil	1. tenir les registres;
1. Officiers de l'état civil	2. établir les communications et délivrer les extraits;
	3. diriger la procédure préparatoire du mariage et célébrer le mariage;
	4. recevoir les déclarations relatives à l'état civil.

² A titre exceptionnel, le Conseil fédéral peut conférer certaines de ces attributions à des représentants de la Suisse à l'étranger.

B. Organizzazione

I. Autorità dello stato civile

1. Ufficiali dello stato civile

¹ Gli ufficiali dello stato civile adempiono in particolare i seguenti compiti:
1. tengono i registri;
2. notificano le comunicazioni e rilasciano gli estratti;
3. istruiscono la procedura preparatoria del matrimonio e provvedono alla celebrazione del matrimonio;
4. ricevono le dichiarazioni concernenti lo stato civile.

² Il Consiglio federale può eccezionalmente assegnare a un rappresentante della Svizzera all'estero incombenze di ufficiale dello stato civile.

I. Organisation

Das Zivilstandswesen wird in Kreisen vollzogen. Sieben Kantone weisen nur je einen **1** Kreis (Basel-Stadt, Glarus, Jura, Obwalden, Nidwalden, Schaffhausen, Uri) auf. Die übrigen Kantone zählen zwischen 2 und 35 Kreisen. Die Kreise müssen mindestens so gross bemessen sein, dass sich ein Beschäftigungsgrad von 40 Prozent ergibt (Art. 1 Abs. 1 ZStV). Das EJPD kann in besonders begründeten Fällen Ausnahmen vom minimalen Beschäftigungsgrad bewilligen (Art. 1 Abs. 2 Satz 1 ZStV). Die Zivilstandskreise können Gemeinden mehrerer Kantone umfassen (Art. 1 Abs. 3 Satz 1 ZStV). Die beteiligten Kantone treffen diesbezüglich im Einvernehmen mit dem EAZW die nötigen Vereinbarungen (Art. 1 Abs. 3 Satz 2 ZStV); Beispiel: Vereinbarung zwischen den Regierungsräten der Kantone Aargau und Zürich betreffend Zivilstandsdienst der Gemeinde Bergdietikon (ZH-Lex 231.13; SAR 210.175). Die Kantone bezeichnen für jeden Zivilstandskreis den Amtssitz (Art. 1 Abs. 4 ZStV). Sie ordnen jedem Zivilstandskreis die nötige Anzahl Zivilstandsbeamtinnen und Zivilstandsbeamte zu, bestimmen die Leiterin oder den Leiter und regeln die Stellvertretung (Art. 4 Abs. 1 ZStV). Eine Zivilstandsbeamtin oder ein Zivilstandsbeamter kann für mehrere Zivilstandskreise zuständig sein (Art. 4 Abs. 2 ZStV).

Zu den ordentlichen Zivilstandsämtern hinzu kann der Kanton ein **Sonderzivilstandsamt** bilden, dessen Zivilstandskreis das ganze Kantonsgebiet umfasst (Art. 2 Abs. 1 ZStV). Der Kanton kann dem Sonderzivilstandsamt folgende Aufgaben zuteilen (Art. 2 Abs. 2 ZStV): a. Erfassen ausländischer Entscheidungen oder Urkunden über den Zivilstand auf Grund von Verfügungen der eigenen Aufsichtsbehörde (Art. 32 IPRG); b. Erfassen von Urteilen oder Verfügungen der eigenen kantonalen Gerichte oder Verwaltungsbehörden; c. Erfassen von Verwaltungsverfügungen des Bundes, wenn Kantonsbürgerinnen oder Kantonsbürger betroffen sind, oder von Bundesgerichtsurteilen, wenn erstinstanzlich ein eigenes kantonales Gericht entschieden hat. Der Kanton kann diese Aufgaben aber auch ordentlichen Zivilstandsämtern zuteilen (Art. 2 Abs. 3 ZStV). Schliesslich besteht die Möglichkeit, dass mehrere Kantone ein gemeinsames Sonderzivilstandsamt bilden (Art. 2 Abs. 4 Satz 1 ZStV). Sie treffen diesbezüglich im Einvernehmen mit dem EAZW die nötigen Vereinbarungen (Art. 2 Abs. 4 Satz 2 ZStV).

II. Wählbarkeit

Die Ernennung oder Wahl zur Zivilstandsbeamtin oder zum Zivilstandsbeamten setzt **2** voraus (Art. 4 Abs. 3 ZStV):

a. das Schweizer Bürgerrecht;

b. die Handlungsfähigkeit;

c. den eidgenössischen Fachausweis für Zivilstandsbeamtinnen und Zivilstandsbeamte nach dem Reglement über die Berufsprüfung für Zivilstandsbeamtinnen und Zivilstandsbeamte oder einen Ausweis, der vom EAZW als gleichwertig anerkannt ist. Dieser Ausweis kann auch nach der Ernennung oder Wahl erworben werden. Die zuständige kantonale Behörde legt in der Anstellungsverfügung die Frist fest. Diese beträgt höchstens drei Jahre und kann in begründeten Ausnahmefällen verlängert werden (Art. 4 Abs. 4 ZStV).

Die Kantone können weitere Voraussetzungen für die Ernennung oder Wahl zur Zivilstandsbeamtin oder zum Zivilstandsbeamten festlegen (Art. 4 Abs. 5 ZStV).

III. Aufgaben der Zivilstandsämter

3 Die **Ereignisse,** welche die Zivilstandsämter zu beurkunden haben, sind in Art. 7 ZStV aufgelistet (Art. 39 N 2). Die Ordnung des weit gefächerten **Mitteilungswesens** findet sich in Art. 49–57 ZStV. Mit der Abgabe von **Dokumenten** befassen sich die Art. 47 ZStV sowie Art. 58–61 ZStV. Das **Vorbereitungsverfahren** der Eheschliessung und die **Trauung** sind in Art. 62–75 ZStV geordnet. **Erklärungen** zum Personenstand sind einerseits die Namenserklärungen vor der Heirat und nach gerichtlicher Auflösung der Ehe sowie Erklärungen betreffend Unterstellung des Namens unter das Heimatrecht (Art. 12–14 ZStV) und andererseits die Erklärungen zum Nachweis nicht streitiger Angaben nach Art. 41 (Art. 17 ZStV). Soweit der Bund keine abschliessende Regelung vorsieht, richtet sich das Verfahren vor den Zivilstandsämtern nach kantonalem Recht (Art. 89 Abs. 1 ZStV).

4 Die Aufgaben der Zivilstandsämter sind nicht abschliessend aufgezählt. Nicht in die Enumeration der Hauptaufgaben der Zivilstandsämter aufgenommen worden, aber in der Praxis wegen der internationalen Verflechtungen und der namensrechtlichen Wahlmöglichkeiten von zunehmender Bedeutung, ist die **Beratungsfunktion** der Zivilstandsbeamtinnen und Zivilstandsbeamten (s. Art. 16 Abs. 5 ZStV).

IV. Allgemeine Pflichten

5 Mitarbeiterinnen und Mitarbeiter der Zivilstandsämter und ihre Hilfspersonen, insbesondere sprachlich vermittelnde Personen, die bei Amtshandlungen mitwirken oder vorzulegende Dokumente übersetzen (Art. 3 Abs. 2–6 ZStV), oder Ärztinnen und Ärzte, die Bescheinigungen über den Tod oder die Totgeburt ausstellen (Art. 35 Abs. 5 ZStV), treten in den Ausstand, wenn (Art. 89 Abs. 3 ZStV):

a. sie persönlich betroffen sind;

b. ihr Ehegatte oder eine Person betroffen ist, mit der sie eine faktische Lebensgemeinschaft führen;

c. Verwandte und Verschwägerte in gerader Linie oder bis zum dritten Grade in der Seitenlinie betroffen sind;

d. eine Person betroffen ist, die sie als gesetzliche Vertreterin oder gesetzlicher Vertreter oder ihm Rahmen eines privatrechtlichen Auftragsverhältnisses vertreten oder unterstützt haben;

e. sie aus anderen Gründen Unabhängigkeit und Unparteilichkeit nicht gewährleisten können, namentlich im Fall einer engen Freundschaft oder persönlichen Feindschaft.

Bevor das Zivilstandsamt eine Amtshandlung vornimmt, prüft es, ob (Art. 16 Abs. 1 ZStV): a. es zuständig ist; b. die Identität der beteiligten Personen nachgewiesen ist und diese handlungsfähig sind, und c. die zu beurkundenden Angaben richtig, vollständig und auf dem neusten Stand sind. Die Unterschrift der Zivilstandsbeamtin oder des Zivilstandsbeamten einerseits und der zur Unterzeichnung verpflichteten Personen anderseits ist eigenhändig und zeitgleich beizusetzen (Art. 18 Abs. 1 ZStV). Die Kompetenz der Zivilstandsbeamtin oder des Zivilstandsbeamten zur Beglaubigung von Unterschriften beschränkt sich auf die in der Zivilstandsverordnung vorgesehenen Fälle (Art. 18 Abs. 3 ZStV). Schliesslich sind die beim Zivilstandsamt beschäftigten Personen zur Verschwiegenheit über Personendaten verpflichtet (Art. 44 Abs. 1 Satz 1 ZStV). Die Schweigepflicht besteht nach der Beendigung des Dienstverhältnisses weiter (Art. 44 Abs. 1 Satz 2 ZStV). Vorbehalten bleibt die Bekanntgabe von Personendaten aufgrund besonderer Vorschriften (Art. 44 Abs. 2 ZStV). Eine sprachlich vermittelnde Person ist beizuziehen, wenn bei einer Amtshandlung die Verständigung nicht gewährleistet ist (Art. 3 Abs. 2 Satz 1 ZStV). Die Kosten sind von den beteiligten Privaten zu tragen, soweit es sich nicht um sprachliche Vermittlung für Gehörlose handelt (Art. 3 Abs. 2 Satz 2 ZStV). Die Zivilstandsbeamtin oder der Zivilstandsbeamte hält die Personalien der sprachlich vermittelnden Person schriftlich fest, ermahnt diese zur Wahrheit und weist sie auf die Straffolgen einer falschen Vermittlung hin (Art. 3 Abs. 3 ZStV). Die Instruktion der sprachlich vermittelnden Person kann unter Verwendung des fakultativen Formulars M-85-2000 erfolgen.

V. Berufsorganisation

Die schweizerischen Zivilstandsbeamtinnen und Zivilstandsbeamten sind organisiert im **6** **Schweizerischen Verband für Zivilstandswesen,** der 1927 gegründet wurde und in Kantonal- und Regionalverbände gegliedert ist. Der Schwerpunkt der Tätigkeit liegt in der Durchführung von Massnahmen im Bereich der Aus- und Weiterbildung, insbesondere durch Veranstaltung von Grundkursen, Prüfungsvorbereitungskursen und vom Bund anerkannten Berufsprüfungen (Art. 3 Abs. 1 Bst. c der Statuten). Der Verband betreibt unter www.zivilstandswesen.ch oder www.etatcivil.ch oder www.statocivile.ch eine Homepage und gibt als Fachorgan seit 1933 die «Zeitschrift für Zivilstandswesen» (ZZW) heraus.

VI. Auslandszivilstandsämter

Die Betrauung einer Vertreterin oder eines Vertreters der Schweiz im Ausland mit zivil- **7** standsamtlichen Aufgaben (Abs. 2) ist im Sinne einer **Ausnahme** dann gerechtfertigt, wenn für Auslandschweizerinnen und Auslandschweizer im Wohnsitzstaat die Beurkundung des Personenstandes nicht gewährleistet ist oder zum Beispiel aus religiösen Gründen keine Möglichkeit für eine Eheschliessung besteht (Botschaft Revision Scheidungsrecht, Ziff. 212.11, Abs. 2). Derzeit besteht kein Anlass für den Betrieb von so genannten Auslandszivilstandsämtern. Sämtliche bisherigen zivilstandsamtlichen Funktionen der schweizerischen Vertretungen im Ausland wurden per 1.1.2006 aufgehoben: betreffend die Vertretungen in London, Kairo, Beirut, Amman, Bagdad und Damaskus durch Verordnung des Bundesrates (AS 2005 5681) und betreffend die Vertretung in Teheran/Islamabad für Afghanistan durch Verfügung des EJPD (delegierte Kompetenz; s. Art. 5 Abs. 2 ZStV).

VII. Schiffe unter Schweizer Flagge

Zivilstandsdienstliche Aufgaben erfüllen auch die Kapitäne von Seeschiffen unter **8** Schweizer Flagge. Der Kapitän beurkundet an Bord des Seeschiffes erfolgte Geburten und Todesfälle durch Eintragung im **Schiffstagebuch** und übergibt einen Auszug aus dem Schiffstagebuch dem nächsten schweizerischen Konsulat. Dieses übermittelt den Auszug an das Schweizerische Seeschifffahrtsamt zuhanden des Eidgenössischen Amtes für das Zivilstandswesen (Art. 56 Abs. 1 Seeschifffahrtsgesetz; SR 747.30). An Bord eines schweizerischen Seeschiffes erfolgte Geburten und Todesfälle von Schweizerbürgern sind im Geburts- und Todesregister des Heimatortes, und von Ausländern, für welche eine zivilstandsamtliche Beurkundung im Ausland nicht erfolgt ist, im Geburts- und Todesregister des Kantons Basel-Stadt einzutragen (Art. 56 Abs. 2 Seeschifffahrtsgesetz).

VIII. Luftfahrzeuge

1. Landungen in der Schweiz

9   Geburten, die sich an Bord eines in der Schweiz landenden Luftfahrzeuges ereignen, sind dem schweizerischen Zivilstandsamt des Kreises zu melden, wo die Mutter das Luftfahrzeug verlassen hat (Art. 18 Abs. 1 der Verordnung vom 22. Januar 1960 über die Rechte und Pflichten des Kommandanten eines Luftfahrzeuges; SR 748.225.1). Todesfälle, die sich an Bord eines in der Schweiz landenden Luftfahrzeuges ereignen, sind dem schweizerischen Zivilstandsamt des Kreises zu melden, wo die Leiche dem Luftfahrzeug entnommen wird (Art. 18 Abs. 2 der Verordnung vom 22. Januar 1960). Der **Kommandant** vergewissert sich, dass die Geburt oder der Todesfall dem Zivilstandsamt gemeldet wird, oder er erstattet die Meldung selber (Art. 18 Abs. 3 der Verordnung vom 22. Januar 1960). Diese Pflichten treffen die Kommandanten sowohl von schweizerischen als auch von ausländischen Luftfahrzeugen (Art. 1 und 2 Abs. 1 der Verordnung vom 22. Januar 1960).

2. Landungen im Ausland

10   Über Geburten und Todesfälle, die sich an Bord eines im Ausland landenden schweizerischen Luftfahrzeuges ereignen, ist vom Kommandanten bei der nächsten Landung im Ausland ein **Protokoll** zu erstellen, zu unterzeichnen und von zwei andern handlungsfähigen Personen mitunterzeichnen zu lassen (Art. 19 Abs. 1 der Verordnung vom 22. Januar 1960). Das Protokoll ist ohne Rücksicht auf zivilstandsamtliche Handlungen ausländischer Behörden nach der ersten Landung in der Schweiz unverzüglich mit eingeschriebenem Brief an das Eidgenössische Amt für das Zivilstandswesen in Bern zu senden (Art. 19 Abs. 4 der Verordnung vom 22. Januar 1960).

3. Verschwinden einer Person

11   Verschwindet eine Person aus dem im Flug befindlichen Luftfahrzeug, so hat der Kommandant nach der nächsten Landung alle Insassen des Luftfahrzeuges einzuvernehmen, welche über die Umstände Auskunft geben können, unter denen die Person verschwunden ist (Art. 20 Abs. 1 der Verordnung vom 22. Januar 1960). Über die Aussagen der Einvernommenen sowie über seine eigenen Wahrnehmungen ist vom Kommandanten ein **Protokoll** zu erstellen und zu unterzeichnen, worin wie bei erwiesenen Todesfällen alle Angaben über die Person des Verschwundenen aufzunehmen sind (Art. 20 Abs. 2 der Verordnung vom 22. Januar 1960). Das Protokoll ist ohne Rücksicht auf zivilstandsamtliche Handlungen ausländischer Behörden nach der ersten Landung in der Schweiz unverzüglich mit eingeschriebenem Brief an das Eidgenössische Amt für das Zivilstandswesen in Bern zu senden (Art. 20 Abs. 3 der Verordnung vom 22. Januar 1960). Diese Pflichten treffen die Kommandanten von schweizerischen und, wenn sie in der Schweiz landen, auch von ausländischen Luftfahrzeugen (Art. 1 und 2 Abs. 2 der Verordnung vom 22. Januar 1960).

Art. 45

**2. Aufsichts-
behörden**

[1] **Jeder Kanton bestellt die Aufsichtsbehörde.**

[2] **Diese Behörde erfüllt insbesondere folgende Aufgaben:**
1. **Sie beaufsichtigt die Zivilstandsämter.**
2. **Sie unterstützt und berät die Zivilstandsämter.**
3. **Sie wirkt bei der Registerführung und beim Vorbereitungsverfahren der Eheschliessung mit.**
4. **Sie erlässt Verfügungen über die Anerkennung und die Eintragung im Ausland eingetretener Zivilstandstatsachen sowie
ausländischer Entscheidungen, die den Personenstand betreffen.**
5. **Sie sorgt für die Aus- und Weiterbildung der im Zivilstandswesen tätigen Personen.**

[3] **Der Bund übt die Oberaufsicht aus. Er kann gegen Verfügungen der Zivilstandsbeamtinnen und Zivilstandsbeamten sowie
der Aufsichtsbehörden die kantonalen Rechtsmittel einlegen.**

**2. Autorités de
surveillance**

[1] Chaque canton institue une autorité de surveillance.

[2] Cette autorité a notamment les attributions suivantes:
1. exercer la surveillance sur les offices de l'état civil;
2. assister et conseiller les officiers de l'état civil;
3. collaborer à la tenue des registres et à la procédure préparatoire du
mariage;
4. décider de la reconnaissance et de la transcription des faits d'état civil
survenus à l'étranger et des décisions relatives à l'état civil prises par des
autorités étrangères;
5. assurer la formation et le perfectionnement des personnes qui travaillent
dans le domaine de l'état civil.

[3] La Confédération exerce la haute surveillance. Elle peut saisir les voies de
droit cantonales contre les décisions des officiers de l'état civil et celles des
autorités de surveillance.

**2. Autorità di
vigilanza**

[1] Ogni Cantone designa l'autorità di vigilanza.

[2] Questa autorità ha in particolare le seguenti incombenze:
1. vigila sugli uffici dello stato civile;
2. assiste e consiglia gli ufficiali dello stato civile;
3. collabora alla tenuta dei registri e alla procedura preparatoria del matrimonio;
4. decide circa il riconoscimento e la trascrizione dei fatti concernenti lo
stato civile avvenuti all'estero, nonché delle decisioni relative allo stato
civile prese da autorità estere;
5. assicura la formazione e il perfezionamento delle persone operanti
nell'ambito dello stato civile.

[3] La Confederazione esercita l'alta vigilanza. Può impugnare le decisioni
degli ufficiali dello stato civile e delle autorità di vigilanza mediante i rimedi
giuridici cantonali.

I. Kantonale Aufsicht

1. Im Allgemeinen

Die kantonalen Aufsichtsbehörden sind für den fachlich zuverlässigen Vollzug des Zivil-   **1**
standswesens in ihrem Kanton besorgt (Art. 84 Abs. 2 Satz 1 ZStV). Mehrere Kantone

können eine Aufgabenteilung vorsehen oder ihre Aufsichtsbehörden zusammenlegen (Art. 84 Abs. 2 Satz 2 ZStV). Sie treffen im Einvernehmen mit dem EAZW die nötigen Vereinbarungen (Art. 84 Abs. 2 Satz 3 ZStV). Die einzelnen Aufgaben der kantonalen Aufsichtsbehörden sind in der ZStV ausführlich beschrieben. Typisch ist, dass sich die kantonalen Aufsichtsbehörden nicht auf die repressive Aufsicht beschränken, sondern im Sinne der **präventiven Aufsicht** die Zivilstandsämter unterstützen und beraten (Abs. 2 Ziff. 2) und bei der Registerführung und beim Vorbereitungsverfahren der Eheschliessung mitwirken (Abs. 2 Ziff. 3). Soweit der Bund keine abschliessende Regelung vorsieht, richtet sich das Verfahren vor den kantonalen Behörden nach kantonalem Recht (Art. 89 Abs. 1 ZStV).

2. Präventive Aufsicht

2   Die präventive Aufsicht greift insbesondere in Fällen mit **Auslandberührung.** Der Bund stellt es den Kantonen frei, von den präventiven Aufsichtsmitteln Gebrauch zu machen. Diese Flexibilität ist erforderlich: Je höher die Professionalität auf den Zivilstandsämtern, desto kleiner der Bedarf an präventiver Aufsicht. Besteht bei der Beurkundung des Personenstandes oder in einem Eheschliessungsverfahren ein Bezug zum Ausland, so können die Kantone vorsehen, dass die Akten der kantonalen Aufsichtsbehörde zur Prüfung zu unterbreiten sind (Art. 16 Abs. 6 ZStV).

3. Repressive Aufsicht

a) Übersicht

3   Als repressive **Aufsichtsmittel** kennt die ZStV die Inspektion (Art. 85 ZStV), die Behandlung von Beschwerden (Art. 90 ZStV) sowie administrative und personelle Massnahmen (Art. 86 und 87 ZStV). Als repressives Aufsichtsmittel ist schliesslich auch das Disziplinarrecht (Art. 47) anzusehen.

b) Inspektion

4   Die kantonalen Aufsichtsbehörden lassen die Zivilstandsämter mindestens alle zwei Jahre inspizieren (Art. 85 Abs. 1 Satz 1 ZStV). Bietet ein Zivilstandsamt keine Gewähr für einen fachlich zuverlässigen Vollzug seiner Aufgaben, so veranlassen sie die Inspektionen so oft wie nötig mit dem Ziel, die Mängel umgehend zu beheben (Art. 18 Abs. 1 Satz 2 ZStV).

c) Administrative und personelle Massnahmen

5   Die kantonalen Aufsichtsbehörden haben von Amtes wegen gegen die **vorschriftswidrige Amtsführung** der ihnen untergeordneten Amtsstellen einzuschreiten und die erforderlichen Massnahmen, gegebenenfalls auf Kosten der Gemeinde, des Bezirks oder des Kantons, zu treffen (Art. 86 Abs. 1 ZStV). Zivilstandsbeamtinnen und Zivilstandsbeamte, die sich zur Ausübung ihres Amtes als **unfähig** erwiesen haben oder die **Wählbarkeitsvoraussetzungen** nach Art. 4 Abs. 3 ZStV nicht mehr erfüllen, sind durch die kantonale Aufsichtsbehörde von Amtes wegen oder auf Antrag des Eidgenössischen Amtes für das Zivilstandswesen ihres Amtes zu entheben oder gegebenenfalls von der Wiederwahl auszuschliessen (Art. 87 Abs. 1 ZStV).

d) Beschwerden

6   Die kantonalen Aufsichtsbehörden behandeln Beschwerden gegen Verfügungen der Zivilstandsbeamtin oder des Zivilstandsbeamten (Art. 90 Abs. 1 ZStV). Gegen Verfügungen

und Beschwerdeentscheide der kantonalen Aufsichtsbehörde kann bei einer oder mehreren kantonalen Behörden Beschwerde geführt werden, in letzter Instanz Verwaltungsgerichtsbeschwerde beim Bundesgericht (Art. 90 Abs. 2 ZStV).

4. Aufsichtsbehördenkonferenz

Die kantonalen Aufsichtsbehörden im Zivilstandswesen sind seit 1950 in der **Konferenz**   **7**
der kantonalen Aufsichtsbehörden im Zivilstandsdienst (KAZ) zusammengeschlossen. Diese ist Ansprechpartnerin der eidgenössischen Aufsichtsbehörde. Die Konferenz fördert die zeitgemässe Entwicklung sowie die effiziente und einheitliche Handhabung des Zivilstandsrechts in den Kantonen (Art. 2 der Statuten der Konferenz der kantonalen Aufsichtsbehörden im Zivilstandsdienst vom 18.9.2003; ZZW 2003, S.355).

II. Bundesaufsicht

1. Allgemeines

Das EJPD übt die Oberaufsicht über das schweizerische Zivilstandswesen aus (Art. 84   **8**
Abs. 1 ZStV). Die meisten Aufsichtsfunktionen hat der Bundesrat direkt an das **EAZW** delegiert; dieses ist zur selbständigen Erledigung folgender Geschäfte ermächtigt (Art. 84 Abs. 3 ZStV):

1. Erlass von Weisungen über die Beurkundung des Personenstandes, die Vorbereitung der Eheschliessung und die Trauung sowie die Sicherstellung der Register und Belege;

2. Inspektion der Zivilstandsämter, der kantonalen Aufsichtsbehörden und der kantonalen Zivilstandsarchive;

3. Austausch und Beschaffung von Zivilstandsurkunden;

Das EAZW kann für den Austausch und die Beschaffung von Zivilstandsurkunden direkt mit schweizerischen Botschaften und Konsulaten sowie mit ausländischen Behörden und Amtsstellen verkehren (Art. 84 Abs. 4 ZStV). Das Verfahren vor den Bundesbehörden richtet sich nach dem Verwaltungsverfahrensgesetz (SR 172.021) und dem Bundesrechtspflegegesetz (SR 173.110).

2. Inspektion

Das EJPD kann durch das EAZW Inspektionen in den Kantonen vornehmen lassen   **9**
(Art. 85 Abs. 3 ZStV). Die kantonalen Aufsichtsbehörden berichten dem EJPD mindestens alle zwei Jahre über (Art. 85 Abs. 2 ZStV):

a. die Erfüllung ihrer Aufgaben (Art. 45 Abs. 2);

b. Erlass und Änderung kantonaler Vorschriften und Weisungen;

c. die Geschäftsführung der Zivilstandsämter, insbesondere über die Ergebnisse der Inspektionen und die getroffenen Massnahmen;

d. die grundsätzliche Rechtsprechung im Zivilstandswesen;

e. die Erfüllung von Aufgaben, für die eine besondere Pflicht zur Berichterstattung besteht, wie die Einhaltung des Datenschutzes, die Gewährleistung der Datensicherheit sowie Massnahmen zur Integration Behinderter (Art. 18 des Behindertengleichstellungsgesetzes vom 13.12.2002);

f. Erkenntnisse zur Optimierung der Aufgabenerledigung.

Willi Heussler   387

3. Beschwerdeführung

10 Aus der Oberaufsicht fliesst das Recht des Bundes, gegen Verfügungen der Zivilstandsämter und der Aufsichtsbehörden wegen Verletzung von Bundesrecht Beschwerde zu
führen. Das **Bundesamt für Justiz** kann gegen Entscheide in Zivilstandssachen bei den
kantonalen Rechtsmittelinstanzen Beschwerde führen, gegen letztinstanzliche kantonale
Entscheide Verwaltungsgerichtsbeschwerde beim Bundesgericht (Art. 90 Abs. 4 ZStV).
Kantonale Beschwerdeentscheide sowie erstinstanzliche Verfügungen der Zivilstandsbeamtin oder des Zivilstandsbeamten und der kantonalen Aufsichtsbehörde, denen eine
grundsätzliche Bedeutung zukommt, sind deshalb dem EAZW zuhanden des Bundesamtes für Justiz zu eröffnen. Auf Verlangen dieser Behörden sind auch andere Entscheide
zu eröffnen (Art. 90 Abs. 5 ZStV).

4. Administrative Massnahmen

11 Die Aufsichtsbehörden des Bundes können, wenn die kantonale Aufsichtsbehörde trotz
Aufforderung keine oder ungenügende Massnahmen trifft, gegen die vorschriftswidrige
Amtsführung der den kantonalen Aufsichtsbehörden untergeordneten Amtsstellen einschreiten und die erforderlichen Massnahmen, gegebenenfalls auf Kosten der Gemeinde,
des Bezirks oder des Kantons, treffen (Art. 86 Abs. 2 ZStV). Die Beschwerde gegen Verfügungen und Beschwerdeentscheide von Bundesbehörden richtet sich nach den allgemeinen Bestimmungen über die Bundesrechtspflege (Art. 90 Abs. 3 ZStV).

III. Eidgenössische Kommission für Zivilstandsfragen

12 Die Eidgenössische Kommission für Zivilstandsfragen berät die Bundesbehörden in der
Ausübung der Oberaufsicht über das Zivilstandswesen (Art. 88 Abs. 1 ZStV). Die Beratung erstreckt sich namentlich auf folgende Bereiche (Art. 88 Abs. 2 ZStV): a. Rechtssetzung; b. Rechtsanwendung (Weisungen und Empfehlungen); c. Fachfragen zum Betrieb und zur Weiterentwicklung der zentralen Datenbank; d. Anträge des Bundesamtes für
Justiz an die Konferenz der kantonalen Aufsichtsbehörden im Zivilstandsdienst auf Abnahme von weiterentwickelten Einheiten der zentralen Datenbank. Die Kommission besteht aus (Art. 88 Abs. 3 ZStV): a. der Chefin oder dem Chef des Eidgenössischen Amtes
für das Zivilstandswesen; b. 3–5 Vertreterinnen oder Vertretern der kantonalen Aufsichtsbehörden und c. 3–5 Vertreterinnen oder Vertretern der Zivilstandsämter. Die Vertreterinnen und Vertreter der kantonalen Aufsichtsbehörden werden auf Vorschlag der Konferenz
der kantonalen Aufsichtsbehörden im Zivilstandsdienst, die Vertreterinnen und Vertreter
der Zivilstandsämter auf Vorschlag des Schweizerischen Verbandes für Zivilstandswesen
durch das EJPD gewählt (Art. 88 Abs. 4 Satz 1 ZStV). Dieses achtet auf eine möglichst
repräsentative regionale und sprachliche Vertretung (Art. 88 Abs. 4 Satz 2 ZStV). Den
Vorsitz hat die Chefin oder der Chef des Eidgenössischen Amtes für das Zivilstandswesen
(Art. 88 Abs. 5 Satz 1 ZStV). Dieses führt das Sekretariat (Art. 88 Abs. 5 Satz 2 ZStV).

Art. 45a

**Ia. Zentrale
Datenbank**

¹ Der Bund betreibt für die Kantone eine zentrale Datenbank.

**² Die Datenbank wird von den Kantonen finanziert. Die Kosten
werden nach der Einwohnerzahl aufgeteilt.**

**³ Der Bundesrat regelt im Rahmen des Gesetzes und unter Mit-
wirkung der Kantone:**

1. **das Verfahren der Zusammenarbeit;**
2. **die Zugriffsrechte der Zivilstandsbehörden;**
3. **die zur Sicherstellung des Datenschutzes und der Daten-sicherheit erforderlichen organisatorischen und technischen Massnahmen;**
4. **die Archivierung.**

I*a*. Banque de
données centrale

[1] La Confédération exploite une banque de données centrale pour les can-tons.

[2] Le financement est assuré par les cantons. Les dépenses sont réparties en fonction du nombre d'habitants.

[3] Dans le cadre de la loi et avec le concours des cantons, le Conseil fédéral règle:
1. le mode de collaboration;
2. les droits d'accès des autorités de l'état civil;
3. les mesures organisationnelles et techniques nécessaires pour assurer la protection et la sécurité des données;
4. l'archivage.

I*a*. Banca dati
centrale

[1] La Confederazione gestisce per i Cantoni una banca dati centrale.

[2] La banca dati è finanziata dai Cantoni. I costi sono ripartiti in base al numero di abitanti.

[3] Nei limiti della legge e con la partecipazione dei Cantoni, il Consiglio federale disciplina:
1. la procedura di collaborazione;
2. i diritti di accesso delle autorità dello stato civile;
3. le misure organizzative e tecniche necessarie per garantire la protezione e la sicurezza dei dati;
4. l'archiviazione.

I. Verantwortliche Organe

Das Bundesamt für Justiz betreibt beim Informatik Service Center des EJPD (Leistungs-erbringer) die zentrale Datenbank Infostar (Art. 76 Abs. 1 ZStV). Das Bundesamt trägt die Verantwortung für die zentrale Datenbank (Art. 76 Abs. 2 Satz 1 ZStV). Es trifft ins-besondere Massnahmen, die zur Gewährleistung des Datenschutzes und der Datensicher-heit notwendig sind (Art. 76 Abs. 2 Satz 2 ZStV). Die Stellen, die Infostar benutzen, sind in ihrem Bereich für Massnahmen, die zur Gewährleistung des Datenschutzes und der Datensicherheit notwendig sind, verantwortlich (Art. 76 Abs. 3 ZStV). **1**

II. Finanzierung, Betriebsvereinbarung

Die Kantone finanzieren die zentrale Datenbank Infostar (Art. 77 Abs. 1 ZStV). Das Bundesamt für Justiz rechnet den Betrieb und allfällige Neuinvestitionen über ein Ab-rechnungskonto ausserhalb der Finanzrechnung ab (Art. 77 Abs. 2 ZStV). Es ermittelt den jährlichen Bedarf und erstellt die Abrechnung über die tatsächlichen Kosten (Art. 77 Abs. 3 ZStV). Die Kosten werden auf die Kantone nach der Einwohnerzahl aufgeteilt (Abs. 2 Satz 2). Die Einzelheiten sollen in einer Betriebsvereinbarung zwischen dem Bundesamt für Justiz und der Konferenz der kantonalen Aufsichtsbehörden im Zivil-standsdienst geregelt werden (Art. 77 Abs. 4 ZStV). Die aktuelle Vereinbarung datiert vom 1.3.2006. **2**

III. Mitwirkung der Kantone

3   Die Kantone wirken beim Betrieb und bei der Weiterentwicklung der zentralen Datenbank mit (Art. 78 Abs. 1 ZStV). Die Mitwirkung erfolgt durch die Konferenz der kantonalen Aufsichtsbehörden im Zivilstandsdienst (Art. 78 Abs. 2 ZStV). Diese Konferenz hat namentlich folgende Aufgaben (Art. 78 Abs. 3 ZStV): a. Genehmigung der geplanten Aufwendungen für den Betrieb; b. Genehmigung der Abrechnung über die tatsächlichen Kosten des Betriebs; c. Einbringen von Vorschlägen für die Weiterentwicklung; d. Stellungnahme zu Vorschlägen des Bundes für die Weiterentwicklung; e. Genehmigung von Investitionen für die Weiterentwicklung; f. Abnahme von weiterentwickelten Einheiten der zentralen Datenbank. Das Eidgenössische Amt für das Zivilstandswesen arbeitet eng mit den zuständigen Organen der Konferenz zusammen (Art. 78 Abs. 4 ZStV). Zur Wahrnehmung ihrer Mitwirkungsrechte und -pflichten hat die Konferenz eine Infostar-Kommission gebildet (Art. 14 der Statuten vom 18.9.2003; ZZW 2003, S.358).

IV. Zugriffsrechte

4   Die Zugriffsrechte auf die zentrale Datenbank Infostar richten sich nach den in der ZStV festgelegten Rechten und Pflichten der beteiligten Behörden (Art. 79 Abs. 1 ZStV). Sie sind im Anhang zur ZStV tabellarisch zusammengestellt (Art. 79 Abs. 2 ZStV). Die Zugriffsrechte werden ausschliesslich auf Veranlassung des Eidgenössischen Amtes für das Zivilstandswesen eingerichtet, geändert oder gelöscht (Art. 79 Abs. 3 ZStV).

V. Datenschutz und Datensicherheit

1. Auskunftsrecht

5   Jede Person kann beim Zivilstandsamt des Ereignis- oder Heimatortes Auskünfte über die Daten verlangen, die über sie geführt werden (Art. 81 Abs. 1 ZStV). Die Auskunft wird in der Form eines Registerauszuges oder einer Bestätigung (Art. 47 ZStV) erteilt (Art. 81 Abs. 2 Satz 1 ZStV). Für die Kosten der Auskunft sind die Bestimmungen der Verordnung vom 27.10.1999 über die Gebühren im Zivilstandswesen (ZStGV; SR 172.042.110) massgebend (Art. 81 Abs. 2 Satz 2 ZStV).

2. Datensicherheit

6   Die Personenstandsdaten, Programme und Programmdokumentationen sind vor unbefugtem Zugriff, vor unbefugter Veränderung und Vernichtung sowie vor Entwendung angemessen zu schützen (Art. 82 Abs. 1 ZStV). Die Zivilstandsämter, die kantonalen Aufsichtsbehörden und das Eidgenössische Amt für das Zivilstandswesen treffen in ihrem Bereich die notwendigen organisatorischen und technischen Massnahmen zur Sicherung der Personenstandsdaten und zur Aufrechterhaltung der Beurkundung des Personenstandes bei einem Systemausfall (Art. 82 Abs. 2 ZStV). Das Eidgenössische Amt für das Zivilstandswesen erlässt auf der Grundlage der Vorschriften des Bundesrates sowie des Departementes über die Informatiksicherheit Weisungen über die Anforderungen an die Datensicherheit und sorgt für die Koordination mit den Kantonen (Art. 82 Abs. 3 ZStV).

3. Aufsicht

7   Die kantonalen Aufsichtsbehörden und das Eidgenössische Amt für das Zivilstandswesen überwachen im Rahmen ihrer Aufsichts- und Inspektionstätigkeit (Art. 84 f. ZStV) die Einhaltung des Datenschutzes und die Gewährleistung der Datensicherheit (Art. 83

Abs. 1 Satz 1 ZStV). Sie sorgen dafür, dass Mängel beim Datenschutz und bei der Datensicherheit so rasch als möglich behoben werden (Art. 83 Abs. 1 Satz 2 ZStV). Das Eidgenössische Amt für das Zivilstandswesen zieht den Eidgenössischen Datenschutzbeauftragten sowie das Informatikstrategieorgan des Bundes bei (Art. 83 Abs. 2 ZStV).

Art. 46

II. Haftung | [1] **Wer durch die im Zivilstandswesen tätigen Personen in Ausübung ihrer amtlichen Tätigkeit widerrechtlich verletzt wird, hat Anspruch auf Schadenersatz und, wo die Schwere der Verletzung es rechtfertigt, auf Genugtuung.**

[2] **Haftbar ist der Kanton; er kann auf die Personen, welche die Verletzung absichtlich oder grobfahrlässig verursacht haben, Rückgriff nehmen.**

[3] **Auf Personen, die vom Bund angestellt sind, findet das Verantwortlichkeitsgesetz vom 14. März 1958 Anwendung.**

II. Responsabilité | [1] Quiconque subit un dommage illicite causé, dans l'exercice de leur fonction, par des personnes qui travaillent dans le domaine de l'état civil a droit à des dommages-intérêts et, pour autant que la gravité de l'atteinte le justifie, à une somme d'argent à titre de réparation morale.

[2] La responsabilité incombe au canton; celui-ci peut se retourner contre les auteurs d'un dommage causé intentionnellement ou par négligence grave.

[3] La loi du 14 mars 1958 sur la responsabilité s'applique aux personnes engagées par la Confédération.

II. Responsabilità | [1] Chi è stato illecitamente danneggiato da persone operanti nell'ambito dello stato civile nell'esercizio delle loro attribuzioni ufficiali può chiedere il risarcimento del danno e, quando la gravità dell'offesa la giustifichi, la riparazione morale.

[2] Il Cantone risponde del danno; esso può esercitare regresso verso le persone che hanno causato il danno intenzionalmente o per grave negligenza.

[3] Alle persone impiegate dalla Confederazione si applica la legge del 14 marzo 1958 sulla responsabilità.

I. Allgemeines

Die Regelung im Gesetz ist erschöpfend. Dementsprechend enthält die ZStV keine Ausführungsbestimmungen.   1

II. Charakteristik der Haftung

Mit Abs. 1 und 2 wird eine moderne Haftungsordnung mit primärer und kausaler Staatshaftung festgeschrieben. Die geschädigte Person ist insofern beweisrechtlich entlastet, als der Verschuldensnachweis entfällt. Ein Direktanspruch gegen die fehlbare Person ist ausgeschlossen. Hingegen kann der Kanton bei absichtlich oder grob fahrlässig verursachter Verletzung Rückgriff nehmen (Abs. 2). Der Kreis der schädigenden Personen ist bewusst weit gefasst: Nach Abs. 1 genügt es, wenn diese – in welcher Funktion und auf welcher Ebene (Zivilstandsamt oder kantonaler Aufsichtsbehörde) auch immer – im Zivilstandswesen tätig ist. Der Kanton haftet auch dann, wenn es sich bei der schädigenden   2

Person um jemand handelt, der nicht im Dienstverhältnis zum Kanton, sondern z.B. zu einer Gemeinde, steht. Die Haftung der Bundesbehörden richtet sich nach dem Verantwortlichkeitsgesetz des Bundes (SR 170.32).

III. Revision

3   Im Rahmen der Revision und Vereinheitlichung des Haftpflichtrechts soll der Art. gemäss VE folgende Fassung erhalten:

> [1] Der Kanton haftet für den Schaden, der durch die Führung der Zivilstandsregister und die Erfüllung weiterer damit verbundener Aufgaben widerrechtlich verursacht wird.
>
> [2] Er hat ein Rückgriffsrecht gegen Personen, die den Schaden bei der Erfüllung dieser Aufgaben absichtlich oder grob fahrlässig verursacht haben.
>
> [3] Gegen die Person, welche den Schaden verursacht hat, steht der geschädigten Person kein Ersatzanspruch zu.
>
> [4] Im Übrigen richtet sich die Haftung nach den Bestimmungen des Obligationenrechts über den Allgemeinen Teil des Haftpflichtrechts (Art. 41–58).

Mit der Revision werden keine materiellen Änderungen beabsichtigt. Es geht vielmehr darum, für alle Erscheinungsformen von bundesrechtlich angeordneter Haftung des Kantons eine möglichst einheitliche Formulierung zu finden, die insbesondere auch im Grundbuch- und Handelsregisterwesen verwendbar sein soll (Revision und Vereinheitlichung des Haftpflichtrechts, Erläuternder Bericht, Ziff. 4.2.15.01).

Art. 47

III. Disziplinar-massnahmen

[1] **Vorsätzliche oder fahrlässige Amtspflichtverletzungen der auf den Zivilstandsämtern tätigen Personen werden von der kantonalen Aufsichtsbehörde mit Disziplinarmassnahmen geahndet.**

[2] **Die Disziplinarmassnahme besteht in einem Verweis, in Busse bis zu 1000 Franken oder, in schweren Fällen, in Amtsenthebung.**

[3] **Vorbehalten bleibt die strafrechtliche Verfolgung.**

III. Mesures disciplinaires

[1] L'autorité cantonale de surveillance punit disciplinairement les personnes employées dans les offices de l'état civil qui contreviennent, intentionnellement ou par négligence, aux devoirs de leur charge.

[2] Les peines sont le blâme, l'amende jusqu'à 1000 francs ou, dans les cas graves, la révocation.

[3] Les poursuites pénales sont réservées.

III. Misure disciplinari

[1] L'autorità cantonale di vigilanza reprime disciplinarmente le trasgressioni intenzionali o per negligenza ai doveri d'ufficio commesse dalle persone operanti negli uffici dello stato civile.

[2] Le sanzioni disciplinari consistono nell'ammonimento, nella multa fino a franchi 1000 oppure, in casi gravi, nella destituzione.

[3] È fatta salva l'azione penale.

I. Allgemeines

Die Regelung im Gesetz ist erschöpfend. Dementsprechend enthält die ZStV keine Aus-   **1**
führungsbestimmungen.

II. Disziplinarische Verantwortlichkeit

Mit Disziplinarmassnahmen geahndet werden nicht nur vorsätzliche, sondern auch fahr-   **2**
lässige Amtspflichtverletzungen. Dem Disziplinarrecht unterliegen nicht nur die Zivilstandsbeamtinnen und Zivilstandsbeamten, sondern alle auf den Zivilstandsämtern
tätigen Personen. Disziplinarbehörde ist die kantonale Aufsichtsbehörde im Zivilstandswesen (Abs. 1). Die Mitarbeiterinnen und Mitarbeiter der kantonalen Aufsichtsbehörden
unterstehen ihrerseits dem Disziplinarrecht der Kantone, was im Gesetz keiner besonderen Erwähnung bedarf.

III. Massnahmen

Der Katalog der Disziplinarmassnahmen ist abschliessender Natur. Die kantonale Auf-   **3**
sichtsbehörde hat im Einzelfall die Massnahme nach dem Prinzip der Verhältnismässigkeit festzulegen. Die Höchstgrenze für Bussen liegt bei 1000 Franken, weil ein höherer
Betrag den Charakter einer Disziplinarmassnahme übersteigt (Botschaft Revision Scheidungsrecht, FN 208).

Art. 48

C. Ausführungs-bestimmungen **I. Bundesrecht**	**¹ Der Bundesrat erlässt die Ausführungsbestimmungen.** **² Er regelt namentlich:** **1. die zu führenden Register und die einzutragenden Angaben;** **2. die Registerführung;** **3. die Aufsicht.** **³ Zur Sicherstellung eines fachlich zuverlässigen Vollzugs kann der Bundesrat Mindestanforderungen an die Aus- und Weiterbildung der im Zivilstandswesen tätigen Personen sowie an den Beschäftigungsgrad der Zivilstandsbeamtinnen und Zivilstandsbeamten erlassen.** **⁴ Er legt die im Zivilstandswesen zu erhebenden Gebühren fest.** **⁵ Er bestimmt, unter welchen Voraussetzungen es zulässig ist, auf elektronischem Weg:** **1. Zivilstandsfälle zu melden;** **2. Erklärungen zum Personenstand abzugeben;** **3. Mitteilungen und Registerauszüge zuzustellen.**
C. Dispositions d'exécution I. Droit fédéral	¹ Le Conseil fédéral édicte les dispositions d'exécution. ² Il fixe notamment les règles applicables: 1. aux registres à tenir et aux données à enregistrer; 2. à la tenue du registre; 3. à la surveillance. ³ Afin d'assurer une exacte exécution des tâches, le Conseil fédéral peut fixer des exigences minimales quant à la formation et au perfectionnement des personnes qui travaillent dans le domaine de l'état civil et quant au degré d'occupation des officiers de l'état civil.

⁴ Il fixe le tarif des émoluments en matière d'état civil.

⁵ Il détermine à quelles conditions les opérations suivantes peuvent s'effectuer de manière informatisée:
1. l'annonce des faits relevant de l'état civil;
2. les déclarations concernant l'état civil;
3. les communications et l'établissement d'extraits des registres.

C. Disposizioni d'esecuzione

I. Diritto federale

¹ Il Consiglio federale emana le disposizioni d'esecuzione.

² Esso disciplina in particolare:
1. i registri da tenere e i dati da registrare;
2. la tenuta dei registri;
3. la vigilanza.

³ Per garantire un'esecuzione tecnicamente corretta il Consiglio federale può stabilire esigenze minime per la formazione e il perfezionamento delle persone operanti nell'ambito dello stato civile, nonché per il tasso d'occupazione degli ufficiali dello stato civile.

⁴ Stabilisce gli emolumenti da riscuotere in materia di stato civile.

⁵ Determina a quali condizioni è possibile procedere per via elettronica:
1. alla notificazione di fatti dello stato civile;
2. al rilascio di dichiarazioni concernenti lo stato civile;
3. alla notificazione di comunicazioni e al rilascio di estratti dei registri.

I. Allgemeines

1   Die bundesrechtlichen Ausführungsbestimmungen befinden sich zur Hauptsache in der **Zivilstandsverordnung** (ZStV; SR 211.112.2) vom 28.4.2004. In diesem Erlass sind alle in Abs. 2 nicht abschliessend aufgezählten Bereiche, also die zu führenden Register und die einzutragenden Angaben, die Registerführung und die Aufsicht, geordnet.

II. Qualitätssicherung

2   Von der Kompetenz in Abs. 3 hat der Bundesrat insoweit Gebrauch gemacht, als er grundsätzlich den eidgenössischen **Fachausweis** für Zivilstandsbeamtinnen und Zivilstandsbeamte nach dem Reglement über die Berufsprüfung für Zivilstandsbeamtinnen und Zivilstandsbeamte zur Voraussetzung für die Ernennung oder Wahl zur Zivilstandsbeamtin oder zum Zivilstandsbeamten erklärt (Art. 4 Abs. 3 Bst. c ZStV) und den **Mindestbeschäftigungsgrad** für die Zivilstandsbeamtinnen und Zivilstandsbeamten auf 40 Prozent festgelegt (Art. 1 Abs. 1 ZStV) hat. Für die Aus- und Weiterbildung der im Zivilstandswesen tätigen Personen sorgen die kantonalen Aufsichtsbehörden (Art. 45 Abs. 2 Ziff. 5). Der Bundesrat hat es indessen unterlassen, an die Grundausbildung der in den kantonalen Aufsichtsbehörden tätigen Personen Mindestanforderungen zu erlassen. Vorschriften über die Weiterbildung der im Zivilstandswesen tätigen Personen aller Stufen fehlen schliesslich ganz.

III. Gebühren

3   Die **Gebühren** hat der Bundesrat in der Verordnung vom 27.10.1999 über die Gebühren im Zivilstandswesen (ZStGV; SR 172.042.110) festgelegt. Einen einzigen Vorbehalt zu Gunsten des kantonalen Rechts enthält Art. 3 Abs. 2 ZStGV, wonach die Kantone vorsehen können, dass die Gebühr für die Vorbereitung der Eheschliessung und die Trauung ganz oder teilweise erlassen wird, wenn die Braut oder der Bräutigam im betroffenen Zivilstandskreis Wohnsitz hat.

IV. E-Government

Der Bundesrat hat es bisher unterlassen, die Voraussetzungen zu definieren, unter denen   **4**
es zulässig sein soll, auf elektronischem Weg Zivilstandsfälle zu melden, Erklärungen
zum Personenstand abzugeben und Mitteilungen und Registerauszüge zuzustellen.

Art. 49

II. Kantonales   **¹ Die Kantone legen die Zivilstandskreise fest.**
Recht
**² Sie erlassen im Rahmen des Bundesrechts die nötigen Aus-
führungsbestimmungen.**

**³ Die kantonalen Vorschriften, ausgenommen diejenigen über
die Besoldung der im Zivilstandswesen tätigen Personen, bedürfen zu ihrer Gültigkeit der Genehmigung des Bundes.**

II. Droit cantonal   ¹ Les cantons définissent les arrondissements de l'état civil.

² Ils édictent les dispositions d'exécution dans le cadre fixé par le droit fédéral.

³ Les dispositions édictées par les cantons sont soumises à l'approbation de
la Confédération, à l'exclusion de celles qui concernent la rémunération des
personnes qui travaillent dans le domaine de l'état civil.

II. Diritto cantonale   ¹ I Cantoni fissano i circondari dello stato civile.

² Nell'ambito del diritto federale adottano le necessarie disposizioni
d'esecuzione.

³ Le prescrizioni cantonali, tranne quelle relative alla retribuzione delle persone operanti nell'ambito dello stato civile, devono essere approvate dalla
Confederazione.

I. Zivilstandskreise

Am meisten Bewegungsspielraum geniessen die Kantone im Zivilstandswesen bei der   **1**
Festlegung der Zivilstandskreise und der Bezeichnung der Amtssitze (Art. 1 ZStV). Ein
indirekter Zwang zu einer gewissen Kreisgrösse ergibt sich aber aus den bundesrechtlichen Bestimmungen über den Mindestbeschäftigungsgrad der Zivilstandsbeamtinnen
und Zivilstandsbeamten. Gestützt auf die Kompetenz gemäss Art. 48 Abs. 3 hat der Bundesrat verordnet, die Zivilstandskreise seien so festzulegen, dass sich für die Zivilstandsbeamtinnen und Zivilstandsbeamten ein Beschäftigungsgrad ergibt, der einen fachlich
zuverlässigen Vollzug gewährleistet. Der **Beschäftigungsgrad** soll mindestens **40 Prozent** betragen. Er wird ausschliesslich aufgrund zivilstandsamtlicher Tätigkeiten (Art. 44
Abs. 1) berechnet (Art. 1 Abs. 1 ZStV).

Das EJPD kann in besonders begründeten Fällen auf Gesuch der kantonalen Aufsichts-   **2**
behörde im Zivilstandswesen Ausnahmen vom minimalen Beschäftigungsgrad bewilligen. Die Aufsichtsbehörde entscheidet in eigener Verantwortung, wenn sich die Ausnahme nur auf den Beschäftigungsgrad der Zivilstandsbeamtin oder des Zivilstandsbeamten
bezieht und die Grösse des Zivilstandskreises nicht verändert wird. Der fachlich zuverlässige Vollzug ist in jedem Fall zu gewährleisten (Art. 1 Abs. 2 ZStV).

II. Weitere Ausführungsbestimmungen

Die bundesrechtliche Ordnung des Zivilstandswesens ist so dicht, dass zum Vollzug nur   **3**
wenige kantonalrechtliche Ausführungsbestimmungen nötig sind (Abs. 2). Erforderlich

sind die Bezeichnung der kantonalen Aufsichtsbehörde (Art. 45 Abs. 1; Art. 84 Abs. 2 ZStV), die Ordnung des gerichtlichen Verfahrens gemäss Art. 42 und die Bestimmung der Behörden, die für die Beurteilung von Verstössen gegen die Meldepflichten (Art. 34–39 ZStV) zuständig sind (Art. 91 Abs. 2 ZStV). Alle kantonalen Vorschriften bedürfen zu ihrer Gültigkeit der Genehmigung des Bundes; ausgenommen von der Genehmigungspflicht sind einzig die kantonalen Bestimmungen über die Besoldung der im Zivilstandswesen tätigen Personen (Abs. 3).

Art. 50 und 51

Aufgehoben

Zweiter Titel: Die juristischen Personen

Erster Abschnitt: Allgemeine Bestimmungen

Vorbemerkungen zu Art. 52–59

Literatur

ABEGGLEN, Wissenszurechnung bei der juristischen Person und im Konzern, bei Banken und Versicherungen Bern 2004, zugleich Habil Bern, 2002/2003; ARNOLD, Die privatrechtlichen Allmendgenossenschaften und ähnliche Körperschaften, Diss. Freiburg 1987; BECKER, Zur Auflösung juristischer Personen wegen widerrechtlicher oder gemeinwohlgefährdender Zweckverfolgung nach schweizerischem und deutschem Recht, ZSR 1988 I, 613 ff.; BILGE, La capacité civile des personnes morales en droit civil suisse, Diss. Genf 1941; BISCHOF, Amtshaftung an der Grenze zwischen öffentlichem Recht und Obligationenrecht (Artikel 61 OR), ZSR 1985, 67 ff.; BÖCKLI, Schweizer Aktienrecht, 3. Aufl., Zürich 2004; BROGGINI, Der unrechtmässige Erwerb von Liegenschaften in der Schweiz durch Ausländer, SJZ 1988, 113 ff.; BRUESCH, Der unrechtmässige Erwerb von Liegenschaften in der Schweiz durch Ausländer, ZBGR 1988, 353 ff.; BUCHER EUGEN, Organschaft, Prokura, Stellvertretung, in: FG W. F. Bürgi 1971, 39 ff. (zit. Organschaft); VON BÜREN/STOFFEL/WEBER, Grundriss des Aktienrechts, Zürich 2005; COURVOISIER, Handkommentar zum Fusionsgesetz, Bern 2003; DRUEY, Bemerkungen zu BGE 112 II 1 ff., SAG 1986, 180 ff.; DERS., Bemerkungen zu BGE 115 II 401 ff., SZW 1990, 65 ff.; DERS., Organ und Organisation – Zur Verantwortlichkeit aus aktienrechtlicher Organschaft, SAG 1981, 77 ff.; EBENROTH, Zum «Durchgriff» im Gesellschaftsrecht, SAG 1985, 124 ff.; EBENROTH/MESSER, Das Gesellschaftsrecht im neuen schweizerischen IPRG, ZSR 1989 I, 51 ff.; FÖGEN, Mehr Sein als Schein? Anmerkungen zur juristischen Person in Theorie und Praxis, SJZ 95/1999, 393 ff.; FORSTMOSER, Der Organbegriff im aktienrechtlichen Verantwortlichkeitsrecht, in: FS Meier-Hayoz 1982, 125 ff.; FORSTMOSER/MEIER-HAYOZ/NOBEL, Schweizerisches Aktienrecht, Bern 1996; GARDAZ, Organisation ecclésiastique cantonale et droit fédéral, Diss. Lausanne 1973; GEERING, Zum Rechtsbegriff «Anstalt», ZSR 1923, 121 ff.; GEHRINGER, Faktische Organe im Gesellschaftsrecht – Unter Berücksichtigung strafrechtlicher Folgen, Diss. St. Gallen 1978; HÄFLIGER, Die Parteifähigkeit im Zivilprozessrecht, Diss. Zürich 1987; HAFTER, Zur Lehre von den juristischen Personen nach dem Entwurf zu einem schweizerischen Zivilgesetzbuch, ZSR 1906, 61 ff.; HANGARTNER, Grundfragen der Zwangsmitgliedschaft in öffentlich-rechtlichen Personalkörperschaften, in: FS Giger 1989, 231 ff.; DERS., Verfassungsmässige Rechte juristischer Personen des öffentlichen Rechts, in: FS Häfelin 1989, 111 ff.; HEINI, Bemerkungen zu BGE 112 II 1 ff., SAG 1986, 180 ff.; HIRSCH, Bemerkungen zu BGE 112 II 1 ff., SAG 1986, 181 ff.; HOMBERGER, Das Schweizerische Zivilgesetzbuch, 2. Aufl. 1943; HUGUENIN, Obligationenrecht, Allgemeiner Teil, 2. Aufl., Zürich 2006; DIES., Das Gleichbehandlungsprinzip im Aktienrecht, Zürich 1994; JOLIDON, Problèmes de structure dans le droit des sociétés, ZSR 1968 II, 427 ff.; KEHL, Zur Kirchensteuerpflicht juristischer Personen, StR 1978, 198 ff.; KICK, Die verbotene juristische Person, Diss. Freiburg 1993; KISS-PETER, Guter Glaube und Verschulden bei mehrgliedrigen Organen, BJM 1990, 281 ff.; KLEY-STRULLER, Die Staatszugehörigkeit juristischer Personen, SZIER 1991, 163 ff.; DERS., Kantonales Privatrecht, Diss. St. Gallen 1992; KNAPP, Aspects du droit des banques cantonales, in: FS Häfelin 1989, 459 ff.; KOLLER, Grundfragen einer Typuslehre im Gesellschaftsrecht, Diss. Freiburg 1967; KRÄHENMANN, Privatwirtschaftliche Tätigkeit des Gemeinwesens, Diss. Basel 1987; KUGLER, Zwangskörperschaften, Diss. Bern 1984; LAZZARINI, Öffentlich-rechtliche Anstalten des Bundes im Vergleich, Diss. Zürich 1982; LEMP, Vertragsabschluss durch Organe in Doppelstellung, in: Mélanges Schönenberger 1968, 309 ff.; MARANTA, Der unrechtmässige Erwerb von Liegenschaften in der Schweiz durch Ausländer, SJZ 1988, 359 ff.; MEIER-HAYOZ/SCHLUEP/OTT, Zur Typologie im schweizerischen Gesellschaftsrecht, ZSR 1971 I, 293 ff.; MERZ, Vertretungsmacht und ihre Beschränkungen im Recht der juristischen Personen, der kaufmännischen Stellvertretung und der allgemeinen Stellvertretung, in: FS Westermann 1974, 399 ff.; MOOR, Des personnes morales de droit public, in: FS Häfelin 1989, 517 ff.; MÜLLER J. P., Grundrechte in der Schweiz, 3. Aufl., Bern 1999; MÜLLER P. R., Das öffentliche Gemeinwesen als Subjekt des Privatrechts, Diss. St. Gallen

1970; NEESE, Fehlerhafte Gesellschaften, Diss. Zürich 1991; NOBEL, Anstalt und Unternehmen, Diessenhofen 1978; DERS., Das Unternehmen als juristische Person, WuR 1980, 27 ff.; DERS., Gedanken zum Persönlichkeitsschutz juristischer Personen, in: FS Pedrazzini 1990, 411 ff.; DERS., Otto von Gierke und moderne Entwicklungstendenzen – Ein Versuch zur Restauration, SAG 1978, 11 ff.; DERS, Zur Problematik einer Typologie im Gesellschaftsrecht, Diss. Zürich 1972; DERS., Jenseits von Fiktions- und Realitätstheorie: die juristische Person als institutionelle Tatsache, in: FS Forstmoser, Zürich 2003; PFRUNDER-SCHIESS, Zur Differenzierung zwischen dem Organbegriff nach ZGB 55 und dem verantwortlichkeitsrechtlichen Organbegriff, SZW 1993, 126 ff.; REICHWEIN, Wie weit ist der Aktiengesellschaft und anderen juristischen Personen das Wissen ihrer Organe anzurechnen?, SJZ 1970, 1 ff.; RIEMER, Aktiengesellschaft mit widerrechtlichem Zweck, SAG 1982, 86 ff.; DERS., Vereine mit widerrechtlichem Zweck, ZSR 1978 I 81 ff.; RITTNER, Rechtsperson und juristische Person, in: FS Meier-Hayoz 1982, 331 ff.; ROTH, Zum Umfang handelsrechtlicher Vertretungsmacht, ZSR 1985 I 287 ff.; SCHÄRER, Die Vertretung der Aktiengesellschaft durch ihre Organe, Diss. Freiburg 1981; SCHEFER/MÜLLER J. P., Grundrechte in der Schweiz – Ergänzungsband, Bern 2005; SCHMID, Einige Aspekte der Strafbarkeit des Unternehmens nach dem neuen Allgemeinen Teil des Schweizerischen Strafgesetzbuches, in: FS Peter Forstmoser, Zürich 2003, 761 ff.; SCHMIDT, Der bürgerlich-rechtliche Verein mit wirtschaftlicher Tätigkeit, AcP 1982, 1 ff.; SEELMANN, Unternehmensstrafrecht: Ursachen, Paradoxien und Folgen, in: FS Niklaus Schmid, Zürich 2001, 169 ff.; SPIRO, Zur Haftung für Doppelorgane, in: FS Vischer 1983, 639 ff.; STEINBRÜCHEL, Organ und Hilfsperson, Diss. Zürich 1947; VON PLANTA, Doppelorganschaft im aktienrechtlichen Verantwortlichkeitsrecht, in: FS Vischer 1983, 597 ff.; WATTER, Über das Wissen und den Willen einer Bank, in: FS Kleiner, Zürich 1993, 125 f.; DERS., Chinese Walls bei Universalbanken, SJZ 1991, 109 ff.; DERS., Die Verpflichtung der AG aus rechtsgeschäftlichem Handeln ihrer Stellvertreter, Prokuristen und Organe, speziell bei so genanntem «Missbrauch der Vertretungsmacht», Diss. Zürich 1985; ZÄCH, Grundzüge des Europäischen Wirtschaftsrechts, 2. Aufl., Zürich 2005; ZOBL, Die Behandlung der fehlerhaften Personengesellschaft im schweizerischen Recht, in: Mélanges Engel 1989, 471 ff.; DERS., Probleme der organschaftlichen Vertretungsmacht, ZBJV 1989, 289 ff.

1   Bei den Art. 52–59 handelt es sich um eine kodifikatorische Rarität: Von unseren Nachbarländern haben nur gerade Italien (Art. 11 ff. CC it.) und Liechtenstein (Art. 106 ff. PGR) einen **Allgemeinen Teil zu den juristischen Personen** in ihre Rechtsordnungen aufgenommen; das BGB (wie schon das aBGB), das ABGB und der CC fr. kennen dagegen keinen Allgemeinen Teil zu den juristischen Personen (vgl. BK-RIEMER, syst. Teil N 203 ff.; zur Entstehungsgeschichte, KICK, 22 ff.).

2   Auffällig ist auch die systematische Stellung des Allgemeinen Teils; immerhin sind nur gerade zwei der insgesamt sechs juristischen Personen des Bundesprivatrechts im ZGB geregelt. Offensichtlich ging es dem Gesetzgeber in erster Linie darum, die grundsätzlichen Unterschiede und Gemeinsamkeiten **natürlicher** (Art. 11 ff.) und **juristischer Personen** (Art. 52 ff.) herauszuarbeiten. Dagegen sah der Gesetzgeber davon ab, die allgemeine Ordnung der juristischen Personen um eine allgemeine Ordnung der *Rechtsgemeinschaften* zu ergänzen. Im Gegensatz zu natürlichen und juristischen Personen haben Rechtsgemeinschaften keine eigene Rechtspersönlichkeit (BGE 116 II 654; vgl. auch u. N 7).

3   Die schweizerische Rechtsordnung behandelt sowohl die natürlichen wie auch die juristischen Personen als selbständige Trägerinnen von Rechten und Pflichten, kurzum als **Rechtssubjekte** (BK-RIEMER, syst. Teil N 2). Im Unterschied zu den natürlichen Personen sind juristische Personen aber reine Zweckschöpfungen (vgl. RITTNER, 337 ff.). In ihrem Zweck liegt auch der einzige Grund für die Personifikation (Zuerkennung der Rechtspersönlichkeit und Ausstattung mit Rechten und Pflichten). Aus der unterschiedlichen Ausrichtung natürlicher und juristischer Personen folgt zweierlei: Weder kann das Recht der natürlichen Personen tel quel auf die juristischen Personen übertragen werden (vgl. Art. 53), noch löst es alle Probleme, welche die Anerkennung juristischer Personen mit sich bringt (vgl. ZK-EGGER, N 3 ff.). Das Recht der natürlichen und der juristischen Personen überschneidet sich somit nur teilweise.

Zur Zeit der Entwicklung eines Konzepts für die juristische Person war man der festen   4
Überzeugung, man könne die Charakteristika, welche natürliche und juristische Personen
miteinander verbinden bzw. voneinander trennen, aus einer einzigen Theorie ableiten.
Während VON SAVIGNY juristische Personen als fingierte Rechtssubjekte mit beschränkter Rechts- und fehlender Deliktsfähigkeit betrachtete (**Fiktionstheorie**), waren sie für
VON GIERKE reale Organismen mit umfassender Rechts- und Deliktsfähigkeit (**Realitätstheorie;** vgl. zu den beiden Theorien, HAFTER, ZSR 1906, 61 ff.; GUTZWILLER, SPR II,
438 ff.; WEBER, SPR II/4, 48 ff.; NOBEL, SAG 1978, 19 ff. und jüngst OTT, passim).

Schon zur Zeit des Erlasses des ZGB folgte man indessen einem **pragmatischeren**   5
Lösungsansatz. So liest man in den Vorbem. zu Art. 71 VE, welcher dem heutigen
Art. 53 entspricht, dass die «Kulturentwicklung» darüber bestimme, welche Rechte und
Pflichten der juristischen Person zuzuerkennen seien (zit. nach BGE 95 II 488). In der
Tat hat sich in der Folge der Umfang der Rechtsfähigkeit juristischer Personen von der
blossen Anerkennung von Vermögensrechten immer mehr in Richtung der Zuerkennung
umfassender Persönlichkeitsrechte ausgeweitet (BGE 95 II 488 f.; kritisch NOBEL, Persönlichkeitsschutz, 418; vgl. zu Art. 53 und BUCHER A., Personen, N 420, 423, 476,
565). In BGE 107 IV 155 E. 4 und 5 wurde einer Aktiengesellschaft ein Anspruch auf
Entschädigung für Nachteile aus materiell ungerechtfertigter Strafverfolgung zuerkannt.
Angesichts des neuen Unternehmensstrafrechts (vgl. u. Art. 53 N 14) erhält dieser Entscheid über das Verwaltungsstrafverfahren hinaus zusätzliche Relevanz.

Bei der Auswahl und Ausgestaltung einer juristischen Person des Bundesprivatrechts,   6
insb. des OR, herrschen strenge Vorschriften. Das Recht der juristischen Personen (wie
im Übrigen das ganze Gesellschaftsrecht) wird um der Verkehrssicherheit willen von den
Prinzipien des **Formenzwangs** und der **Formenfixierung** beherrscht: Wer eine juristische Person gründen will, muss aus dem numerus clausus von sechs Personen eine einzelne auswählen (Verein, Stiftung, Aktiengesellschaft, Kommanditaktiengesellschaft,
GmbH oder Genossenschaft); Mischformen sind verboten. Bei der Ausgestaltung der
gewählten juristischen Person sind die entsprechenden (unterschiedlich dichten) zwingenden Vorschriften zu beachten (MEIER-HAYOZ/FORSTMOSER, § 11 N 2 ff.; vgl. auch
MEIER-HAYOZ/SCHLUEP/OTT, ZSR 1971 I, 293 ff.).

Der Grundsatz, wonach sich juristische Personen von den übrigen Personen- und Sach-   7
zusammenfassungen durch eine eigene **Rechtspersönlichkeit** unterscheiden, ist wie
folgt zu relativieren:

– Bestimmte Rechtsgemeinschaften werden in gewissen Bereichen gleich behandelt wie
   juristische Personen. So gelten *Kollektiv- und Kommanditgesellschaften* mit Bezug
   auf ihre Beziehungen zu Dritten z.T. trotz mangelnder Rechtspersönlichkeit als selbständige Rechtsträger. Im Einzelnen ist indessen kontrovers, ob die partielle Gleichbehandlung es rechtfertigt, den genannten Rechtsgemeinschaften eine Quasi-Rechtsper-
   sönlichkeit zuzuerkennen (BGE 116 II 654 f., mit weiteren Hinweisen; RITTNER,
   340 ff.).

– Umgekehrt wird die *rechtliche* Selbständigkeit einer juristischen Person verneint,
   wenn erstens die *wirtschaftliche* Identität zwischen beherrschtem und beherrschendem
   Subjekt gegeben ist und zweitens die Berufung darauf *rechtsmissbräuchlich* ist (BGer
   v. 3.4.2001, 5C.246/2000 E. 2a; 121 III 319 E. 5a/aa; 113 II 36). In einem solchen Fall
   wird ohne weiteres «durch den Schleier der juristischen Person» auf die dahinter stehende (natürliche oder juristische) Person durchgegriffen und diese in Recht und
   Pflicht genommen (vgl. zum *Durchgriff* EBENROTH, SAG 1985, 128 ff.; MEIER-
   HAYOZ/FORSTMOSER, § 2 N 34 ff.; BK-RIEMER, syst. Teil N 24 ff., mit weiteren Hin-

weisen auf Judikatur und Literatur; zum sog. umgekehrten Durchgriff, d.h. die Erfassung der Gesellschaft von Pflichten des Gesellschafters vgl. BGer v. 2.5.2002, 4C.381/2001 E. 3a; NOBEL, SZW 1999, 258 ff.).

– Dagegen bleibt die rechtliche Selbständigkeit einer Vertragspartnerin im Rahmen der *Vertrauenshaftung* intakt. Der Gläubiger erhält hier aus anderen Gründen Zugriff auf das Haftungssubstrat einer weiteren juristischen Person: Betont ein Tochterunternehmen seine Einbindung in eine Konzernstruktur, ohne dass die Muttergesellschaft derartige (Werbe-)Aussagen relativiert, dürfen Vertragspartner der Tochter davon ausgehen, dass die Tochter mindestens in einer Aufbauphase durch die Mutter wirtschaftlich genügend abgesichert wird. Die Mutter hat also jene Mittel zur Verfügung zu stellen, die aus dem Blickwinkel redlicher Geschäftsleute erforderlich sind, um die realistischerweise zu erwartenden Risiken abzudecken. Zudem verbürgt eine Konzerneinbindung je nach Reputation der Muttergesellschaft auch ein zuverlässiges und korrektes Geschäftsgebaren der Tochter. Wird ein entsprechendes Vertrauen enttäuscht, kann die Muttergesellschaft nach den Grundsätzen über die Haftung aus culpa in contrahendo zur Verantwortung gezogen werden (BGE 120 II 331; GONZENBACH, recht 1995, 124; AMSTUTZ/WATTER, AJP 1995, 502 ff.; DRUEY, SZW 1995, 93 ff.; WIEGAND, recht 1997, 87; GAUCH/SCHLUEP/SCHMID, N 982d)

– Zu weiteren Möglichkeiten einer Haftung der Konzernmuttergesellschaft bei FORST-MOSER/MEIER-HAYOZ/NOBEL, § 60 N 40 ff.

8 Unmassgeblich ist das Kriterium der Selbständigkeit sodann im **IPRG** (vgl. u. Art. 56 N 24 ff.). Das IPRG orientiert sich nicht am Begriff der juristischen Person, sondern an jenem der *Gesellschaft*. Art. 150 Abs. 1 IPRG definiert Gesellschaften (im Gegensatz zu Art. 530 Abs. 1 OR) als organisierte Personenzusammenschlüsse bzw. organisierte Vermögenseinheiten. Damit sind alle Assoziations- und Anstaltsformen ziviler, handels- oder öffentlich-rechtlicher Art, mit oder ohne juristische Persönlichkeit gemeint (IPRG-Kommentar-VISCHER, Art. 150 N 1; vgl. auch BSK IPRG-VON PLANTA, Art. 150 N 1 ff.). Mit der weiten Formulierung soll dem Umstand Rechnung getragen werden, dass es im Ausland rechtliche Gebilde gibt, welche dem schweizerischen Recht unbekannt sind, aber dennoch unter Art. 150 ff. IPRG fallen (Botschaft zum IPRG, 176, zit. nach Separatum 82.072).

9 Der **Allgemeine Teil zu den juristischen Personen** enthält keine abschliessende Ordnung, sondern ist **lückenhaft.** Zu seiner Ergänzung sind weitere Normen des geschriebenen und des ungeschriebenen Rechts heranzuziehen (vgl. die Zusammenstellung bei BK-RIEMER, syst. Teil N 139 ff.). Dazu kommt, dass nicht sämtliche der acht Normen, welche formell den Allgemeinen Teil bilden, auch materiell Allgemeingültigkeit beanspruchen können (vgl. u. Art. 59 N 20).

Art. 52

A. Persönlichkeit [1] **Die körperschaftlich organisierten Personenverbindungen und die einem besondern Zwecke gewidmeten und selbständigen Anstalten erlangen das Recht der Persönlichkeit durch die Eintragung in das Handelsregister.**

[2] **Keiner Eintragung bedürfen die öffentlich-rechtlichen Körperschaften und Anstalten, die Vereine, die nicht wirtschaftliche Zwecke verfolgen, die kirchlichen Stiftungen und die Familienstiftungen.**

³ Personenverbindungen und Anstalten zu unsittlichen oder widerrechtlichen Zwecken können das Recht der Persönlichkeit nicht erlangen.

A. De la personnalité

¹ Les sociétés organisées corporativement, de même que les établissements ayant un but spécial et une existence propre, acquièrent la personnalité en se faisant inscrire au registre du commerce.

² Sont dispensés de cette formalité les corporations et les établissements de droit public, les associations qui n'ont pas un but économique, les fondations ecclésiastiques et les fondations de famille.

³ Les sociétés et les établissements qui ont un but illicite ou contraire aux mœurs ne peuvent acquérir la personnalité.

A. Personalità

¹ Le unioni di persone organizzate corporativamente e gli istituti autonomi e destinati ad un fine particolare conseguono il diritto alla personalità mediante l'iscrizione nel registro di commercio.

² Le corporazioni e gli istituti di diritto pubblico, le fondazioni ecclesiastiche e di famiglia e le associazioni che non si prefiggono uno scopo economico non abbisognano dell'iscrizione.

³ Le unioni di persone e gli istituti che si propongono uno scopo illecito od immorale non possono ottenere la personalità.

I. Entstehung juristischer Personen

Juristische Personen erhalten das Recht der Persönlichkeit, sobald sie rechtsfähig sind (PEDRAZZINI/OBERHOLZER, 206). Verfolgen sie einen unsittlichen oder widerrechtlichen Zweck, vermögen sie das Recht der Persönlichkeit nicht zu erlangen (Art. 52 Abs. 3). RIEMER betrachtet die Ausdrücke **Rechtspersönlichkeit** und **Rechtsfähigkeit** (vgl. Marginale von Art. 53) als Synonyma (BK-RIEMER, N 2) und reserviert den Begriff **Persönlichkeit** für Art. 27 und 28 ff. RIEMER setzt die Begriffe Persönlichkeit und Rechtsfähigkeit gleich (RIEMER, Personenrecht, N 297). TUOR/SCHNYDER/SCHMID unterscheiden demgegenüber zwischen Persönlichkeit im engeren und im weiteren Sinn. Erstere ist mit Rechtsfähigkeit gleichzusetzen. Zweitere ist der Rechtsfähigkeit übergeordnet und umfasst die ganze Rechtsstellung, die dem Rechtsträger seiner Natur nach zusteht. Dazu gehören – neben der Rechtsfähigkeit – auch die Handlungsfähigkeit sowie die «gemäss Art. 28 ff. geschützten Werte» (TUOR/SCHNYDER/SCHMID, 76). **1**

Für die in Art. 52 Abs. 1 aufgeführten juristischen Personen (Körperschaften des OR und ein Teil der Stiftungen) ist der Eintrag in das Handelsregister **konstitutiv:** Ohne Eintrag erlangen die genannten juristischen Personen die Rechtspersönlichkeit nicht (**System des Registerzwanges** bzw. der Normativbestimmungen; ZK-EGGER, N 18 ff.; BK-Riemer, N 7; PEDRAZZINI/OBERHOLZER, 207; TUOR/SCHNYDER/SCHMID, 142; RVJ 1995, 131 und 133). Anlässlich des Eintrags wird geprüft, ob die Gründer die zwingenden gesetzlichen Minimalanforderungen (**Normativbestimmungen**) eingehalten haben. Ist dies der Fall, besteht ein Anspruch auf Eintrag (MEIER-HAYOZ/FORSTMOSER, § 11 N 8 f.). **2**

Dagegen ist der Eintrag in das Handelsregister für die in Art. 52 Abs. 2 genannten juristischen Personen kein Entstehungserfordernis (öffentlich-rechtliche Körperschaften und Anstalten, Vereine mit nichtwirtschaftlichem Zweck sowie kirchliche und Familienstiftungen). Zum Teil sind diese Personen jedoch zum (**deklaratorischen**) Eintrag verpflichtet oder berechtigt (MEIER-HAYOZ/FORSTMOSER, § 6 N 60 ff.). Während die Entstehungsvoraussetzungen für die öffentlich-rechtlichen Körperschaften und Anstalten vom öffentlichen Recht diktiert werden (u. Art. 59 N 4 ff.; BGE 104 Ia 441 ff.), gilt für die **3**

Vereine, die kirchlichen Stiftungen und die Familienstiftungen grundsätzlich das **System der Errichtungsfreiheit** (ZK-EGGER, N 16 ff.; MEIER-HAYOZ/FORSTMOSER, § 11 N 10; BK-RIEMER, N 6; PEDRAZZINI/OBERHOLZER, 206; TUOR/SCHNYDER/SCHMID, 142).

4   Zu den Systemen von Registerzwang und Errichtungsfreiheit gesellt sich das **Konzessionssystem,** welches dem Bundesprivatrecht unbekannt ist, aber z.T. die Entstehung juristischer Personen des kantonalen Privatrechts beherrscht (MEIER-HAYOZ/FORSTMOSER, § 11 N 11; kritisch BK-RIEMER, N 10a; vgl. zu den juristischen Personen des kantonalen Privatrechts u. Art. 59 Abs. 3 N 23 ff.). Nach dem Konzessionssystem ist für die Erlangung der Rechtspersönlichkeit ein hoheitlicher Akt, z.B. eine Genehmigung der Statuten durch die zuständige Behörde erforderlich; es besteht dabei kein Anspruch auf Erteilung der Genehmigung (MEIER-HAYOZ/FORSTMOSER, § 11 N 11). Die Dreiteilung der Entstehungssysteme wird in der Literatur z.T. zu Recht wegen der mangelnden Unterscheidung zwischen formalen und materiellen Komponenten kritisiert; es fehlt die «Einheitlichkeit der Begriffsebene» (SCHMIDT, AcP 1982, 5 ff.).

5   Art. 52 regelt die **Entstehungsvoraussetzungen** juristischer Personen nur teilweise. Zur Ergänzung sind die Normen zu den einzelnen (bundesprivatrechtlichen) juristischen Personen im *ZGB* und *OR* sowie das *Handelsregisterrecht* heranzuziehen (vgl. BK-RIEMER, N 34 ff.).

II. Eintragungsbedürftige juristische Personen

6   Das **System des Registerzwangs** gilt «für die körperschaftlich organisierten Personenverbindungen sowie die einem besondern Zweck gewidmeten und selbständigen Anstalten» (Art. 52 Abs. 1; vgl. o. N 2). Der Unterschied zwischen diesen beiden Kategorien juristischer Personen liegt in der Art des Rechtsträgers: Körperschaften sind mit Rechtspersönlichkeit ausgestattete Personenvereinigungen, Anstalten dagegen mit Rechtspersönlichkeit ausgestattete Zweckvermögen (vgl. RIEMER, Personenrecht, N 481; MEIER-HAYOZ/FORSTMOSER, § 2 N 44 ff.; PEDRAZZINI/OBERHOLZER, 201; BK-RIEMER, syst. Teil N 66 ff.).

7   Die Kategorie der «körperschaftlich organisierten Personenverbindungen» umfasst die **Körperschaften des OR** (vgl. Art. 643 Abs. 1 OR für die *Aktiengesellschaft,* Art. 764 Abs. 2 OR für die *Kommanditaktiengesellschaft,* Art. 783 Abs. 1 OR für die *GmbH* sowie Art. 838 Abs. 1 OR für die *Genossenschaft;* vgl. u. Art. 59 N 16 ff.).

8   Mit der Kategorie der einem «besondern Zweck gewidmeten und selbständigen Anstalten» sind die in Art. 80 ff. geregelten, **gewöhnlichen privatrechtlichen Stiftungen** (BGE 110 Ib 19) sowie die Personalfürsorge- bzw. -vorsorgestiftungen gemeint (BK-RIEMER, N 12). Die öffentlich-rechtlichen Anstalten und Stiftungen sowie die (privatrechtlichen) kirchlichen Stiftungen und Familienstiftungen sind dagegen in Art. 52 Abs. 2 normiert, also nicht eintragungsbedürftig. Im schweizerischen Bundesprivatrecht ist die Stiftung die einzige Form der Anstalt (TUOR/SCHNYDER/SCHMID, 134); die zivilrechtlichen Begriffe *Anstalt* und *Stiftung* fallen demnach zusammen (GEERING, ZSR 1923, 124; GUTZWILLER, SPR II, 450 sowie 456; Weber, SPR II/4, 59; MEIER-HAYOZ/FORSTMOSER, § 2 N 48; BK-RIEMER, syst. Teil N 67 und Art. 52 N 12; **a.M.** NOBEL, Anstalt, 437, 607 ff., 625 der die Anstalt als Auffangbecken für ein breiteres Spektrum an Organisationsformen empfiehlt, wobei es Aufgabe detaillierter Gesetzgebung bliebe, die Einzelheiten festzulegen (kritisch WEBER SPR II/4, 29 ff.; vgl. zu den öffentlich-rechtlichen Begriffen *Anstalt* und *Stiftung* u. Art. 59 N 5 und 6). Im Rahmen der Revision hatte RIEMER vorgeschlagen, die Wendung «die einem besondern Zweck gewidmeten und selbständigen Anstalten» durch «die Stiftungen» zu ersetzen (vgl. BK-

RIEMER, syst. Teil N 208). Dieser Ansatz wurde allerdings in einer zweiten Etappe nicht weiter verfolgt.

III. Nicht eintragungsbedürftige juristische Personen

Das Gesetz nennt als erste Kategorie juristischer Personen, für deren Entstehung der **9** Handelsregistereintrag nicht konstitutiv ist, die öffentlich-rechtlichen Körperschaften und Anstalten (Art. 52 Abs. 2). Die Entstehungsvoraussetzungen der **juristischen Personen des öffentlichen Rechts** richten sich durchwegs nach öffentlichem Recht (BK-RIEMER, N 13 ff.; vgl. u. Art. 59 N 4 ff.). Betreiben die öffentlich-rechtlichen juristischen Personen allerdings ein nach kaufmännischer Art geführtes Gewerbe, sind sie zum (deklaratorischen) Eintrag verpflichtet (Art. 934 Abs. 1 OR und Art. 52 ff. HRegV; BK-RIEMER, N 14 mit weiteren Hinweisen).

Die zweite Kategorie der in Art. 52 Abs. 2 aufgeführten juristischen Personen bilden die **10** **Vereine** (Art. 60 ff.; BK-RIEMER, N 17). Diese erlangen das Recht der Persönlichkeit, «sobald der Wille als Körperschaft zu bestehen, aus den Statuten ersichtlich ist» (Art. 60 Abs. 1). Vereine, welche ein nach kaufmännischer Art geführtes Gewerbe betreiben wollen, sind verpflichtet, sich ins Handelsregister eintragen zu lassen (Art. 61 Abs. 2); Vereine ohne kaufmännischen Betrieb sind dazu berechtigt (Art. 61 Abs. 1; vgl. zur Eintragung und ihren Wirkungen sowie zur geplanten Gesetzesänderung: PORTMANN, SPR II/5, N 133 ff.). Ein allfälliger Eintrag ist in beiden Fällen lediglich deklaratorisch; für die Erlangung der Rechtspersönlichkeit ist er nicht erforderlich (vgl. MEIER-HAYOZ/FORST-MOSER, § 6 N 51 f.).

Die dritte Kategorie enthält «die kirchlichen Stiftungen und die Familienstiftungen» **11** (Art. 52 Abs. 2). Der Terminus **kirchliche Stiftung** ist nach RIEMER *restriktiv* zu verstehen (BK-RIEMER, Stiftungen, syst. Teil N 193 ff.; ebenso BGE 106 II 113 = Pra 1980, 602; BGE 106 II 114 = Pra 1980, 603 f.); dagegen treten TUOR/SCHNYDER/SCHMID für ein *extensives* Verständnis dieses Begriffs ein (TUOR/SCHNYDER/SCHMID, 134). Die **Familienstiftungen** dienen der Erziehung, Unterstützung oder Ausstattung von Familiengenossen (BK-RIEMER, Stiftungen, syst. Teil N 108 ff.; TUOR/SCHNYDER/SCHMID, 474 f.); sie sind lediglich unter den strengen Voraussetzungen von Art. 335 zulässig (BGE 108 II 403; 108 II 393). Gemischte Stiftungen sind gemäss Art. 52 Abs. 1 eintragungsbedürftig, sofern sie nicht aus einer Mischung zwischen einer kirchlichen und einer Familienstiftung bestehen (BGE 106 II 114 = Pra 1980, 603 f.; BK-RIEMER, N 18). Kirchliche Stiftungen und Familienstiftungen sind dazu verpflichtet, sich ins Handelsregister eintragen zu lassen, wenn sie ein kaufmännisches Unternehmen betreiben wollen (Art. 934 Abs. 1 OR); ohne kaufmännisches Unternehmen sind sie eintragungsfähig (Art. 10 Abs. 1 lit. h und i HRegV).

IV. Keine Entstehung bei widerrechtlichem oder unsittlichem Zweck

1. Widerrechtlicher oder unsittlicher Zweck

Die Freiheit der Zwecksetzung findet ihre Grenze an den allgemeinen Schranken der **12** Rechtsordnung. Nach der bundesgerichtlichen Rechtsprechung darf weder der statutarische noch der tatsächlich verfolgte **Zweck** einer juristischen Person rechts- oder sittenwidrig sein (BGE 115 II 404; RIEMER, Personenrecht, N 500 mit Bsp.); das Gleiche gilt für die **Mittel,** sofern diese ein Ausmass erreichen, welches die Verbandsperson als solche widerrechtlich erscheinen lässt (BGE 115 II 405; GUTZWILLER, SPR II, 504; WEBER SPR II/4, 97 ff.; KICK, 71 ff.; MARANTA, SJZ 1988, 362 f.).

13   Das Kontrollkriterium **Widerrechtlichkeit** meint den Verstoss gegen eine objektive zwingende Norm geschriebenen oder ungeschriebenen Rechts, sei diese privat- oder öffentlich-rechtlich, eidgenössisch oder kantonal (vgl. dazu BSK OR I-HUGUENIN, Art. 19/20 N 15 ff.; KICK, 80; zur Widerrechtlichkeit von Teilzwecken RIEMER, ZSR 1978 I, 84).

14   Inhalt und Reichweite des Kontrollkriteriums **Unsittlichkeit** sind dagegen kontrovers: Gemäss EGGER und RIEMER handelt es sich bei juristischen Personen mit unsittlichem Zweck um solche, deren statutarischer oder tatsächlich verfolgter Zweck gegen ungeschriebenes Recht verstösst (ZK-EGGER, N 9; BK-RIEMER, N 26). Dabei versteht EGGER unter dem ungeschriebenen Recht die öffentliche Ordnung oder das Recht der Persönlichkeit (ZK-EGGER, N 9); RIEMER bezieht sich dagegen auf die in der Schweiz herrschenden sittlichen Anschauungen (BK-RIEMER, N 26). Nach GAUCH/SCHLUEP/SCHMID ist unsittlich, was gegen die der Gesamtrechtsordnung immanenten ethischen Prinzipien und Wertungen verstösst (GAUCH/SCHLUEP/SCHMID, N 668; BGE 115 II 235). Die Gegenmeinung beschränkt die Reichweite des Kriteriums Sittenwidrigkeit auf die konsensfähige Konventionalethik (BK-KRAMER, Art. 19–20 OR N 174; BSK OR I-HUGUENIN, Art. 19/20 N 31 ff.).

15   Obwohl in Art. 52 Abs. 3 nur von Widerrechtlichkeit und Unsittlichkeit die Rede ist, wird die Freiheit der Zwecksetzung nach h.L. auch durch die übrigen in Art. 19 f. OR aufgeführten Schranken (**öffentliche Ordnung, Persönlichkeitswidrigkeit** und **Unmöglichkeit**) begrenzt (ZK-EGGER, N 8; KICK, 79 ff.; BK-RIEMER, N 27; vgl. zu den in Art. 19 f. OR aufgeführten Schranken BSK OR I-HUGUENIN, Art. 19/20 N 12 ff.).

2. Rechtsfolgen

16   Juristische Personen mit anfänglich unsittlichem oder widerrechtlichem Zweck können das Recht der Persönlichkeit nicht erlangen. Die **Nichtanerkennung** der Rechtspersönlichkeit ist indessen nur für einen kleinen Teil der tatbestandsmässig von Art. 52 Abs. 3 erfassten Fälle angemessen. Wie bei Art. 19 f. OR bzw. Art. 27 ZGB ist daher nach Massgabe des Schutzzwecks der verletzten Norm zu prüfen, ob die traditionelle Nichtigkeit die zur Beseitigung des Mangels notwendige Rechtsfolge darstellt (BSK OR I-HUGUENIN, Art. 19/20 N 52 ff.; vgl. KICK, 83 ff.; NEESE, 163 ff.). Dabei ist zusätzlich dem Umstand Rechnung zu tragen, dass Verkehrs- und Bestandesschutzinteressen im Gesellschafts-, insb. im Handelsrecht grundsätzlich höher zu gewichten sind als im Zivilrecht (vgl. MEIER-HAYOZ/FORSTMOSER, § 1 N 38 ff. und § 12 N 78; ZOBL, Fehlerhafte Personengesellschaften, 473 f.).

17   Erweist sich die **Nichtigkeit** einer juristischen Person als angemessene Folge der Sitten- oder Rechtswidrigkeit des Zwecks, ist die mangelnde Rechtspersönlichkeit um der Rechtssicherheit willen durch gerichtliche Nichtigerklärung festzustellen (BGE 90 II 387; MEIER-HAYOZ/FORSTMOSER, § 1 N 45 f.; PEDRAZZINI/OBERHOLZER, 209; BK-RIEMER, N 29). Liegt lediglich ein Teilmangel vor, kann auch auf **Teilnichtigkeit** erkannt werden (KICK, 77 ff.; BK-RIEMER, N 30; a.M. HEINI, Vereinsrecht, 39).

18   Der Geltungsbereich von Art. 52 Abs. 3 wird nach der Rechtsprechung und nach einem Teil der Lehre (VON BÜREN/STOFFEL/WEBER, N 1159 sprechen von einer «Minderheit der Lehre») durch Art. 643 Abs. 2 OR beschränkt (BGE 112 II 6; 110 Ib 109; 107 Ib 189 f.; 107 Ib 15; PATRY, SPR VIII/1, 150; BK-RIEMER, N 31). Während gemäss Art. 52 Abs. 3 eine juristische Person mit anfänglichem Zweckmangel gar nicht entstehen kann, bestimmt Art. 643 Abs. 2 OR für die Aktiengesellschaft, dass diese durch den Eintrag das Recht der Persönlichkeit auch dann erwirbt, wenn die Voraussetzungen dafür gar nicht vorhanden waren. Der Handelsregistereintrag vermag indessen nur die sog. **Heilung der Rechtspersönlichkeit** zu bewirken; an der Rechts- oder Sittenwidrigkeit des Zwecks ändert er nichts (vgl. zum mehrdeutigen Begriff der Heilung BSK OR I-HUGUENIN, Art. 19/20 N 60). Die Aktiengesellschaft muss daher bei gravierenden Mängeln im Liquidationsverfahren aufgehoben werden (PATRY, SPR VIII/1, 149 f.). Dafür ist ein Gestaltungsurteil erforderlich (BGE 110 Ib 109; PEDRAZZINI/OBERHOLZER, 209).

Zum Teil spricht sich die Lehre gegen die Anwendung von Art. 643 Abs. 2 OR auf anfängliche Zweckmängel aus (vgl. N 18); der Registereintrag vermag in diesem Fall keine heilende Wirkung zu entfalten. Trotzdem ist dem **Vorrang des gutgläubigen Verkehrs** gebührend Rechnung zu tragen. Gesellschaften, welche bereits mit Dritten in Beziehung getreten sind, fallen darum auch nicht ex tunc dahin, sondern sind im Liquidationsverfahren aufzuheben (MEIER-HAYOZ/FORSTMOSER, § 1 N 45 f.; BSK OR I-HUGUENIN, Art. 19/20 N 57). **19**

Nicht nur der *sachliche,* sondern auch der *persönliche* Geltungsbereich von Art. 643 Abs. 2 OR ist umstritten. Im Allgemeinen wird die Anwendbarkeit der Regel, wonach der Bestand einer juristischen Person trotz Gründungsmangels (mindestens vorläufig) durch Eintrag gesichert ist, auch für die anderen **Körperschaften des OR** bejaht (vgl. dazu BK-KRAMER, Art. 1 OR N 244 sowie NEESE, 219 f. mit zahlreichen Hinweisen). Das BGer lehnt eine Anwendung von Art. 643 Abs. 2 OR nur bei der *Stiftung* ausdrücklich ab (BGE 96 II 280 f.; 73 II 147 f.; **a.M.** BK-HAFTER, N 13 und Art. 81 N 27); für *Vereine, kirchliche* und *Familienstiftungen* scheidet die Anwendung der aktienrechtlichen Norm mangels Eintragungsbedürftigkeit der entsprechenden juristischen Personen aus (Art. 52 Abs. 2; BK-RIEMER, N 32). Dies bedeutet i.E., dass Art. 52 Abs. 3 lediglich auf die juristischen Personen des ZGB zur Anwendung kommt, während für die juristischen Personen des OR Art. 643 Abs. 2 OR vorgeht. **20**

Wird eine juristische Person aufgehoben, ist der **Liquidationsüberschuss** nach Massgabe der (statutarisch bzw. gesetzlich) vorgesehenen Regeln zu verteilen. So bestimmt z.B. Art. 660 Abs. 2 OR, dass dem Aktionär bei Auflösung der Gesellschaft das Recht auf einen verhältnismässigen Anteil am Ergebnis der Liquidation zusteht. Entgegen der h.L. missachtete das BGer im Zusammenhang mit Verstössen gegen den ehemaligen BewB (heute BewG) bisweilen die reguläre Verteilungsordnung und zog stattdessen Art. 57 Abs. 3 heran, wonach der Liquidationsüberschuss von juristischen Personen, welche wegen Verfolgung eines rechts- oder sittenwidrigen Zwecks gerichtlich aufgehoben werden, zwingend an das Gemeinwesen fällt (BGE 115 II 404 ff.; 112 II 3 ff.; vgl. dazu KICK, 89 f., 115 ff. und 238 ff. und NEESE, 261 f.; vgl. auch u. Art. 57 N 18 ff.). Aus politischen Gründen sollen diese Urteile allerdings nie vollstreckt worden sein (WEBER SPR II/4 209 FN 84). **21**

Art. 53

B. Rechts-fähigkeit	**Die juristischen Personen sind aller Rechte und Pflichten fähig, die nicht die natürlichen Eigenschaften des Menschen, wie das Geschlecht, das Alter oder die Verwandtschaft zur notwendigen Voraussetzung haben.**
B. Jouissance des droits civils	Les personnes morales peuvent acquérir tous les droits et assumer toutes les obligations qui ne sont pas inséparables des conditions naturelles de l'homme, telles que le sexe, l'âge ou la parenté.
B. Godimento dei diritti civili	Le persone giuridiche sono capaci di ogni diritto ed obbligazione, che non dipendono necessariamente dallo stato o dalla qualità della persona fisica, come il sesso, l'età e la parentela.

I. Normzweck

1   Art. 53 statuiert den **Grundsatz der allgemeinen Rechtsfähigkeit** der juristischen Person (BUCHER A., Personen, N 420; ZK-EGGER, N 2; vgl. GUTZWILLER, SPR II, 475; WEBER, SPR II/4, 117 ff.; NOBEL, Persönlichkeitsschutz, 414 ff.; BK-RIEMER, N 3; RITTNER, 340 f.; TUOR/SCHNYDER/SCHMID, 137 f.). Auf diese Weise wird gewährleistet, dass juristische Personen des Bundesprivatrechts als *selbständige Trägerinnen von Rechten und Pflichten* auftreten und den natürlichen Personen im Rechtsverkehr als gleichwertige Rechtssubjekte begegnen können. Auch juristische Personen des öffentlichen Rechts können sich auf den durch Art. 53 gewährten Rechtsschutz berufen (vgl. etwa BUCHER A., Personen, N 565 zu Art. 28 und BGE 128 III 401 E. 5; 112 II 369; 72 II 145: Art. 29 Abs. 2 schützt auch juristische Personen und insbesondere öffentlichrechtliche Körperschaften vor Namensanmassung).

2   Im Einzelnen erfordern die unterschiedlichen Gegebenheiten *natürlicher* und *juristischer* Personen jedoch eine differenzierte Betrachtung ihrer Rechtsfähigkeit (PEDRAZZINI/OBERHOLZER, 211; vgl. GUTZWILLER, SPR II, 475 ff.; WEBER, SPR II/4, 118 f.; HAFTER, ZSR 1906, 69 ff.; NOBEL, Persönlichkeitsschutz, 417 ff.; TUOR/SCHNYDER/SCHMID, 138). Der **Umfang** der Rechtsfähigkeit juristischer Personen unterscheidet sich von demjenigen natürlicher Personen (Art. 11) in doppelter Hinsicht: Zum einen kann eine juristische Person nur jene Rechte und Pflichten haben, die weder natürliche Eigenschaften des Menschen voraussetzen (BGE 106 II 378: «droits inséparables des conditions naturelles de l'homme») noch «ihrer Natur nach eine persönliche Ausübung erfordern» (ZK-EGGER, N 4). Zum andern stehen der juristischen Person aber auch Rechte und Pflichten zu, derer natürliche Personen nicht teilhaftig sein können (BILGE, 39 und 41; ZK-EGGER, N 3; PATRY, SPR VIII/1, 131). EGGER bezeichnet diese Rechte als *Korporationsrechte* und nennt als Beispiel die Rechte von Körperschaften gegenüber ihren Mitgliedern (ZK-EGGER, N 5; weitere Bsp. bei BK-RIEMER, N 4).

3   Um einer einheitlichen Darstellungsweise willen werden in dieser Kommentierung im Anschluss an PEDRAZZINI/OBERHOLZER und RIEMER auch jene Fähigkeiten unter Art. 53 behandelt, welche das Gesetz unter Handlungsfähigkeit subsumiert (PEDRAZZINI/OBERHOLZER, 211 ff.; BK-RIEMER, N 5). Es wird dabei von der Vorstellung ausgegangen, dass die Persönlichkeit im weiteren Sinn die Gesamtheit der persönlichen Güter bzw. die ganze **Rechtsstellung** umfasst und dass dazu auch die Rechts- und die Handlungsfähigkeit gehört (TUOR/SCHNYDER/SCHMID, 76; vgl. o. Art. 52 N 1).

4   Welche **Rechte und Pflichten** der juristischen Person im Einzelfall zukommen, kann nicht generell umschrieben werden, sondern ist nach Massgabe des einzelnen Rechtsgeschäfts bzw. sonstigen Verhaltens (vgl. Art. 55 Abs. 2) sowie des jeweiligen «Verbandstypus» zu entscheiden (ZK-EGGER, N 4; BK-RIEMER, N 7 f.; PEDRAZZINI/OBERHOLZER, 212; TUOR/SCHNYDER/SCHMID, 138). Zwar ist der Umfang der Rechtsfähigkeit bei allen juristischen Personen des Bundesprivatrechts in etwa gleich; es bestehen aber auch Ausnahmen (BGE 115 II 185; BK-RIEMER, N 7). So steht z.B. den *Stiftungen* im Vergleich zu den Körperschaften nur ein eingeschränktes Selbstbestimmungsrecht zu (BGE 102 II 169; BK-RIEMER, N 7).

5   Nach RIEMER sind die Kriterien, nach welchen der juristischen Person Rechte und Pflichten zugeordnet werden, mit den Mitteln der Sachlogik nur beschränkt nachvollziehbar. Neben zwei klar abgrenzbaren **Kategorien** von zuordenbaren (v.a. obligationen-, sachen- und immaterialgüterrechtliche Rechte und Pflichten, Partei- und Betreibungsfähigkeit, Recht auf Gleichbehandlung sowie Handels- und Gewerbefreiheit) und nicht zuordenbaren (v.a. personen-, familien- und erbrechtliche Rechte und Pflichten, Bürger-, Stimm-

und Wahlrechte) Rechten und Pflichten gibt es eine dritte Kategorie von Rechten und Pflichten, welche den juristischen Personen je nach Wertung von Zeit und Ort zu- oder aberkannt werden (BK-RIEMER, N 90 ff.; vgl. auch Vorbem. zu Art. 52–59 N 5). Auch gemäss PEDRAZZINI/OBERHOLZER kann nicht einfach eine Trennungslinie zwischen dem vermögens- und sachenrechtlichen Bereich der juristischen Person und der personen-, familien- und erbrechtlichen Hemisphäre der natürlichen Person gezogen werden (PEDRAZZINI/OBERHOLZER, 212).

II. Einzelne Aspekte der Rechtsfähigkeit

1. Privatrecht

Die juristische Person kann Trägerin von **Vermögens-, Forderungs-, Sachen- und Im-**   **6**
materialgüterrechten sein (ZK-EGGER, N 6 und 10; GUTZWILLER, SPR II, 478; WEBER, SPR II/4, 124 ff.; MEIER-HAYOZ/FORSTMOSER, § 2 N 19 f.; NOBEL, Persönlichkeits-schutz, 417; PEDRAZZINI/OBERHOLZER, 212; BK-RIEMER, N 11 ff.; zum Markenrecht, BGE 115 II 276 ff.; zur Ausnahme des Urheberrechts, ZK-EGGER, N 6). Gemäss Art. 55 Abs. 2 verpflichten die Organe eine juristische Person nicht nur durch ihr rechtsgeschäft-liches, sondern auch «durch ihr sonstiges Verhalten». Unter «sonstigem Verhalten» sind zunächst Handlungen i.S.v. Art. 41 ff. OR zu verstehen (PEDRAZZINI/OBERHOLZER, 212 f.). Ein klagbares Verhalten kann sich aber auch aus anderen ausservertraglichen Pflichten wie aus **ungerechtfertigter Bereicherung** (Art. 62 ff. OR) oder aus **Ge-schäftsführung ohne Auftrag** ergeben (Art. 419 ff. OR; PEDRAZZINI/OBERHOLZER, 213; GUTZWILLER, SPR II, 477 f.; WEBER, SPR II/4, 126).

Juristische Personen sind fähig, am **wirtschaftlichen Wettbewerb teilzunehmen** (NO-   **7**
BEL, Persönlichkeitsschutz, 421 f.). Werden sie in ihrer Wettbewerbsfreiheit bzw. in ihren wirtschaftlichen Interessen verletzt oder bedroht, können sie nach KG bzw. UWG klagen oder einen Strafantrag stellen (BGE 91 II 20; 72 II 386 f.; NOBEL, Persönlichkeitsschutz, 421 f.; BK-RIEMER, N 34 f.).

Eine juristische Person kann in Notlagen geraten und **übervorteilt** werden (Art. 21 OR;   **8**
GAUCH/SCHLUEP/SCHMID, N 737). Nach BGE 84 II 110 E. 2 kann gerade die subjektive Voraussetzung finanzieller Notlage auch bei einer juristischen Person vorliegen. Aller-dings braucht die *Notlage* nicht ausschliesslich wirtschaftlicher Natur zu sein. So gestand BGE 123 III 292 E. 5 (Fussballclub Lohn) den Rechtsbehelf von Art. 21 OR selbst einem Verein mit *idealer* Zweckbestimmung zu. Dies mit der Begründung, der Vertragsgegen-stand sei für diese Partei von existentieller Bedeutung, der Vertragsschluss mithin unver-zichtbar gewesen (TERCIER, BR 1998, 71 ff., 78; GAUCH, recht 1998, 55 ff.). Eine juristi-sche Person kann auch **Willensmängeln** erliegen (BGE 76 II 367), sich übermässig binden (zu Art. 27, BGE 114 II 164; 106 II 378 f.; 97 II 114; 95 II 488; TERCIER, person-nalité, N 519 ff.) oder in anderer Weise in ihrer sozialen **Persönlichkeit** (etwa Ehre oder Privatsphäre) verletzt werden (zu Art. 28, BGE 125 III 82 ff.; 121 III 171 ff.; 117 II 513; 115 II 113 ff.; 114 II 388; 105 II 163 f.; 97 II 100; 95 II 489; 68 II 129 ff.; zu Art. 29, BGE 128 III 401 E. 5; 102 II 165; 95 II 486 ff.; 90 II 461; 83 II 255; vgl. BUCHER A., Personen, N 834 ff.; ZK-EGGER, N 9 ff. und 17; NOBEL, Persönlichkeitsschutz, 417 ff.; PEDRAZZINI/OBERHOLZER, 212; BK-RIEMER, N 14 ff.). Juristische Personen können sich dagegen nicht auf das *Recht auf physische und psychische Integrität* berufen (vgl. BK-RIEMER, N 60).

Die juristische Person kann weder *Arbeitnehmerin* noch *Prokuristin* oder *Handlungsbe-*   **9**
vollmächtigte sein (ZK-EGGER, N 8; BK-RIEMER, N 67 ff.). Sie kann aber sowohl als **Auftrag- und Vollmachtgeberin** wie auch als **Beauftragte** oder **Geschäftsführerin**

einer einfachen Gesellschaft (BGE 84 II 383 f.) tätig werden (ZK-EGGER, N 7). Unzulässig ist die Bestellung einer juristischen Person als *Verwaltungsrätin* (Art. 707 Abs. 3 OR; ZK-EGGER, N 8; BK-RIEMER, N 72). Dagegen kann eine juristische Person **faktisches Organ** sein und in diesem Rahmen für ihr Verhalten zur Rechenschaft gezogen werden (BK-RIEMER, N 72). Die juristische Person darf weder *Kollektivgesellschafterin* noch *Komplementärin* sein (Art. 552 Abs. 1 bzw. Art. 594 Abs. 2 OR; BGE 84 II 381; MEIER-HAYOZ/FORSTMOSER, § 13 N 11 ff. und § 14 N 12); ansonsten steht ihr aber die **Mitgliedschaft** in Vereinigungen aller Art offen (ZK-EGGER, N 7; TUOR/SCHNYDER/SCHMID, 137).

10   Eine juristische Person kann weder als *Familienhaupt* (vgl. aber zu Art. 331–333, BK-RIEMER, N 18) noch als *Beistand* (vgl. aber zu Art. 393 Ziff. 4, BK-RIEMER, N 63) walten (ZK-EGGER, N 8). Sie kann weder mündig werden, noch verwandt oder verschwägert sein (TUOR/SCHNYDER/SCHMID, 138) und auch nicht als *Vormund* oder *Trauzeugin* eingesetzt werden (BK-RIEMER, N 62 ff.). Juristische Personen sind nicht aktiv, aber beschränkt passiv erbfähig (PEDRAZZINI/OBERHOLZER, 212; BK-RIEMER, N 96). EGGER spricht den juristischen Personen fälschlicherweise die «passive Erbrechtsfähigkeit» ab; gemeint ist wohl die aktive Erb- bzw. die (erbrechtliche) Verfügungsfähigkeit. Überdies leitet EGGER die (teilweise) Erbfähigkeit juristischer Personen zu Unrecht aus Art. 466 ab (ZK-EGGER, N 6). Dieser Artikel bezieht sich lediglich auf öffentlich-rechtliche juristische Personen (Kantone, Gemeinden etc.), welchen das Gesetz ausnahmsweise und subsidiär die Stellung gesetzlicher Erbinnen einräumt (PIOTET, SPR IV/1, 65). Privatrechtliche juristische Personen können indessen nach der hier vertretenen Auffassung keine gesetzlichen (Art. 457–467e contrario), sondern allenfalls eingesetzte Erbinnen bzw. Vermächtnisnehmerinnen sein (vgl. TUOR/SCHNYDER/SCHMID, 566 f.; vgl. auch BK-RIEMER, N 96, welcher für juristische Personen mindestens die gesetzliche Erbfolge kraft Verwandtschaft ausschliesst). Die juristische Person kann sodann als **Willensvollstreckerin** i.S.v. Art. 517 (BGE 90 II 365 ff.), als **Liquidatorin/Erbschaftsverwalterin** i.S.v. Art. 595 und als **Erbenvertreterin** i.S.v. Art. 602 Abs. 3 tätig sein (BK-RIEMER, N 20 ff.; ZK-EGGER, N 8). Als *Zeugin* i.S. des Erbrechts kann eine juristische Person dagegen nicht auftreten (Art. 501–503, 506 f., 512; BK-RIEMER, N 64). Juristische Personen sind fähig, **Nutzniesserinnen** zu sein (ZK-EGGER, N 6), **Stockwerkeigentum** zu verwalten (BK-RIEMER, N 23), **Sachen** zu besitzen (BGE 81 II 343; PEDRAZZINI/OBERHOLZER, 212; BK-RIEMER, N 24) und **Tiere** zu halten (BGE 115 II 245; BK-RIEMER, N 28). Sie können dagegen nicht *Trägerinnen des Wohnrechts* i.S.v. Art. 776 ff. sein (BK-RIEMER, N 65).

2. Öffentliches Recht

11   Die juristische Person ist Trägerin des Rechts auf **Wirtschaftsfreiheit.** Auch die **Eigentumsgarantie** kommt ihr zugute. Auch sie hat ein **Recht auf Gleichbehandlung** i.S.v. Art. 8 Abs. 1 BV (RIEMER, Personenrecht, N 541; HÄFELIN/HALLER, Rz 294; ZK-EGGER, N 15; BK-RIEMER, N 37 f.). Eine juristische Person hat auch ein **Recht auf Meinungsäusserungs-, Informations-, Medien-** (SCHEFER/MÜLLER, 156; MÜLLER, 254; vgl. noch zur Pressefreiheit nach alter BV BGE 123 IV 236 E. 3b) und **Versammlungsfreiheit.** Versammlungen, die zur statutarischen Tätigkeit einer juristischen Person gehören, sind nach MÜLLER bereits vom Schutz der **Vereinigungsfreiheit** erfasst (MÜLLER, 343). Umstritten ist, ob juristischen Personen die Vereinigungsfreiheit überhaupt zukommt (zustimmend MÜLLER, 343; abl. BGE 100 Ia 286 f.; krit. zum BGE vgl. HÄFELIN/HALLER, Rz 296, Rz 557; BK-RIEMER, Vereine, syst. Teil N 236 f.; zur Möglichkeit in eigenem Namen zur Wahrung der Interessen ihrer Mitglieder zu klagen vgl. HÄFELIN/HALLER, N 2024). Die Berufung auf die **Gewissensfreiheit** ist natürlichen

Personen vorbehalten (SCHEFER/MÜLLER, 60). Soweit der Schutz der Privatsphäre (Art. 13 BV) seiner Natur nach überhaupt einer juristischen Person zustehen kann, muss ihr dieser gewährt werden. Dies trifft wohl auf den Schutz des Brief-, Post- und Fernmeldeverkehrs, wie auch auf den Datenschutz (evtl. auch Unverletzlichkeit der Wohnung) zu. Juristische Personen können sich nicht auf die *Niederlassungsfreiheit* (Art. 24 BV) berufen; das Recht auf Sitz- bzw. Gesellschaftsverlegung richtet sich nach den Regeln des ZGB bzw. IPRG (vgl. u. Art. 56 N 11 ff.; HÄFELIN/HALLER, Rz 583). Hingegen stehen nach der Rechtsordnung der EU die Gesellschaften (vgl. zum Begriff Art. 48 Abs. 2 EGV Amsterdamer Fassung; ZÄCH, N 428) den natürlichen Personen im Hinblick auf die Niederlassungsfreiheit gleich, wenn sie nach den Vorschriften eines Mitgliedstaats gegründet wurden und ihren satzungsmässigen Sitz ihre Hauptverwaltung oder -niederlassung innerhalb der Gemeinschaft haben (Art. 48 EGV Amsterdamer Fassung vom 2. Oktober 1997, ABl. C 340/173 vom 10.11.1997; ZÄCH, N 376). Wer die Kontrolle ausübt, ist irrelevant (ZÄCH, N 378). In grundlegenden Entscheiden hat der EuGH klar gemacht, dass er diesen Grundsatz über nationales Gesellschaftsrecht stellt: So ist es für sich allein keine missbräuchliche Ausnutzung des Niederlassungsrechts, wenn eine Gesellschaft in jenem Mitgliedstaat errichtet wird, dessen gesellschaftsrechtlichen Vorschriften hierfür die grösste Freiheit lassen, dort aber eine Geschäftstätigkeiten ausbleibt und stattdessen vielmehr in anderen Mitgliedstaaten Zweigniederlassungen gegründet und die Tätigkeiten der Gesellschaft ausschliesslich dort ausgeübt werden (EuGH, Rs. C-212/97, Centros, Slg. 1999, I-1459, Rz 27; inzwischen für das gesamte Gesellschaftsrecht bestätigt in EuGH, Rs. C-167/01, Inspire Art, Slg. 2003, I-10155, Rz 103 ff.). Auch bleibt die Rechtsfähigkeit einer Gesellschaft unangetastet, wenn ihr tatsächlicher Verwaltungssitz in einen anderen Mitgliedsaat verlegt wird. Selbst wenn dort nationale Normen oder Gerichte das auf die Gesellschaft anwendbare Recht an den tatsächlichen Verwaltungssitz knüpfen und daher die Sitzverlegung eine Neugründung verlangen (sog. Sitztheorie, im Gegensatz zur Gründungs- bzw. Inkorporationstheorie, die auf eine Gesellschaft immer das Recht anwendet, nach dem sie gegründet wurde); EuGH, Rs. C-208/00, Überseering, Slg. 2002, I-9919, Rz 82. Das **Doppelbesteuerungsverbot** von Art. 127 Abs. 3 BV (BGE 109 Ia 316 ff.; HÄFELIN/HALLER, Rz 885) und die **Garantie des Wohnsitzrichters** von Art. 30 Abs. 2 BV (BGE 102 Ia 409 f.; KLEY-STRULLER, SZIER 1991, 170) kommen auch der juristischen Person zugute. Auf der Staatsangehörigkeit natürlicher Personen beruhende Rechte, wie das *Stimm- und* das *Wahlrecht in öffentlich-rechtlichen Gebietskörperschaften,* kann die juristische Person dagegen nicht beanspruchen (BK-RIEMER, N 97). Indes steht das **Petitionsrecht** auch juristischen Personen zu (wie jenen urteilsfähigen Menschen, denen ebenfalls keine politischen Rechte zukommen; MÜLLER, 391). Sie hat auch kein *Recht auf persönliche Freiheit* sowie auf *Ehe-, Glaubens- und Gewissensfreiheit* (HÄFELIN/HALLER, Rz 294 f.; ZK-EGGER, N 15; BK-RIEMER, N 74 ff.; vgl. aber zu den kirchlichen juristischen Personen, u. Art. 59 N 15). Dagegen steht die gemäss neuer BV der Glaubens- und Gewissensfreiheit zugeordneten **Kultusfreiheit** (Art. 15 Abs. 2 BV) auch Religionsgemeinschaften mit juristischer Persönlichkeit zu (BGE 118 Ia 52 f.; HÄFELIN/HALLER, Rz 431). Die juristische Person unterliegt sodann der *Kirchensteuerpflicht* (BGE 126 I 125 ff.; KEHL, StR 1978, 198 f.; BK-RIEMER, N 77). Die Lehre lehnt diese Praxis des BGer als verfassungswidrig ab (vgl. HÄFELIN/HALLER, Rz 421). Die umstrittene Frage, ob sich auch **juristische Personen des öffentlichen Rechts** auf Grundrechte berufen können, hat das Bundesgericht bislang offen gelassen (BGE 131 II 13 E. 6.4.1; BGer v. 3.10.2001, 2A.503/2000 E. 6.4.1; 127 II 8 E. 4c). Sie ist wohl zu bejahen, soweit eine Unternehmung einer *gesetzlich* hinreichend abgestützten privatwirtschaftlichen Tätigkeit nachgeht, eine direkte *Wettbewerbssituation* mit Privaten tatsächlich besteht und die Unternehmung durch einen *staatlichen* Akt wie eine Privatperson betroffen wird (SCHE-

FER/MÜLLER, 355; MÜLLER, 646; HÄFELIN/HALLER, Rz 297, für die Wirtschaftsfreiheit allerdings ablehnend Rz 656).

12   Die juristischen Personen geniessen den gleichen **Datenschutz** wie die natürlichen Personen (Art. 13 Abs. 2 BV; Art. 2 Abs. 1 DSG; BK-RIEMER, N 14; kritisch NOBEL, Persönlichkeitsschutz, 420 f. und 424 f.).

13   Die juristische Person ist **partei- und betreibungsfähig** (BGE 42 II 555; 90 III 13 f.; ZK-EGGER, N 13 f.; MEIER-HAYOZ/FORSTMOSER, § 2 N 28; BK-RIEMER, N 51). Aus ihrer Handlungsfähigkeit ergibt sich, dass sie auch **prozessfähig** ist (BK-RIEMER, syst. Teil N 182; u. Art. 54/55 N 2). Im Streit um das Vorliegen von Rechtsfähigkeit ist die juristische Person grundsätzlich partei- und prozessfähig (BGE 108 II 398; 100 III 21; 73 II 147 f.; BK-RIEMER, syst. Teil N 182). Eine juristische Person darf dagegen nicht zur *Parteivertreterin, Schiedsrichterin* oder *Zeugin* ernannt werden. Sie kann aber als **Gutachterin** in einem Prozess walten oder **Konkursverwalterin** sein (BK-RIEMER, N 52 ff.). Im Gegensatz zu den Rechtsgemeinschaften (BGE 116 II 656) haben juristische Personen grundsätzlich keinen Anspruch auf unentgeltliche Rechtspflege (BGE 119 Ia 338 f. = Pra 1994, 351 f.; OGer LU LGVE 1993 I 36; PVG 1993, 45).

14   Während die **zivilrechtliche Deliktsfähigkeit** der juristischen Person bejaht wird, war ihre **strafrechtliche Deliktsfähigkeit** im Einzelnen lange umstritten (BGE 85 IV 100; vgl. GUTZWILLER, SPR II, 478 f.; WEBER, SPR II/4, 130; NOBEL, Persönlichkeitsschutz, 419 f.; PEDRAZZINI/OBERHOLZER, 213; BK-RIEMER, syst. Teil N 186 ff.). Bereits bislang sahen zahlreiche Spezialgesetze, v.a. im Bereich der Verwaltungs- und Fiskalgesetzgebung, Vermögensbussen für juristische Personen vor, jedoch galt im Kernstrafrecht im Übrigen der Grundsatz: «societas non potest delinquere» (BGE 105 IV 175; SCHULTZ, Strafrecht AT, 115 f.; vgl. NOBEL, Persönlichkeitsschutz, 420; PEDRAZZINI/OBERHOLZER, 213): Wurden im Betrieb einer juristischen Person Delikte begangen, war nicht die Gesellschaft, sondern alleine jenes Organ strafbar, welches handelte oder hätte handeln sollen (BGE 100 IV 38 ff.; 97 IV 203; ferner 105 IV 175; 100 IV 42; vgl. zu den zivilrechtlichen Folgen strafbarer Handlungen, insb. zur Anwendung längerer Verjährungsfristen für Klagen aus strafbaren Handlungen auch gegenüber juristischen Personen u. Art. 54/55 N 8; BGE 112 II 190; 107 II 155 f.; KGer VS SJZ 1987, 29 f.). Indes sind seit 2003 nun mit Art. 100^quater f. StGB Normen des Kernstrafrechts in Kraft, welche eine Strafbarkeit des Unternehmens statuieren. *Unternehmen* wird dabei im wirtschaftlichen Sinne weit verstanden, erfasst also nicht nur die juristischen Personen. Subsidiär haftet ein Unternehmen, wenn seine mangelhafte Organisation verhindert, dass eine Straftat bestimmten Menschen zugerechnet werden kann. Originär (bzw. kumulativ neben der verantwortlichen natürlichen Person) haftet das Unternehmen nur, wenn ein Organisationsversagen eine qualifizierte Straftat in den Bereichen Geldwäscherei, kriminelle Organisation, Korruption und Terrorismusfinanzierung ermöglicht hat (vgl. die Kritik bei ARZT, Jusletter 4. Nov. 2002, zugleich SZW 2002, 226 ff. Vgl. auch SCHMID, 761 ff.; SEELMANN, 169 ff.). Zudem kann die juristische Person im Rahmen des Strafrechts in Notlagen geraten; Ehre und Geheimbereich der juristischen Person sind auch strafrechtlich geschützt (BGE 108 IV 21 f.; 96 IV 149; 71 IV 36 f.).

Art. 54

C. Handlungs- fähigkeit I. Voraussetzung	**Die juristischen Personen sind handlungsfähig, sobald die nach Gesetz und Statuten hiefür unentbehrlichen Organe bestellt sind.**

C. Exercice des droits civils I. Conditions	Les personnes morales ont l'exercice des droits civils dès qu'elles possèdent les organes que la loi et les statuts exigent à cet effet.
C. Esercizio dei diritti civili I. Condizioni	Le persone giuridiche hanno l'esercizio dei diritti civili tosto che siano costituiti gli organi a ciò necessari conformemente alla legge ed agli statuti.

Art. 55

II. Betätigung	¹ **Die Organe sind berufen, dem Willen der juristischen Person Ausdruck zu geben.** ² **Sie verpflichten die juristische Person sowohl durch den Abschluss von Rechtsgeschäften als durch ihr sonstiges Verhalten.** ³ **Für ihr Verschulden sind die handelnden Personen ausserdem persönlich verantwortlich.**
II. Mode	¹ La volonté d'une personne morale s'exprime par ses organes. ² Ceux-ci obligent la personne morale par leurs actes juridiques et par tous autres faits. ³ Les fautes commises engagent, au surplus, la responsabilité personnelle de leurs auteurs.
II. Modo	¹ Gli organi della persona giuridica sono chiamati ad esprimerne la volontà. ² Essi obbligano la persona giuridica così nella conclusione dei negozi giuridici, come per effetto di altri atti od omissioni. ³ Le persone che agiscono sono inoltre responsabili personalmente per la loro colpa.

I. Die Handlungsfähigkeit der juristischen Person

Im Anschluss an die Rechtsfähigkeit (Art. 52 f.) regelt das Gesetz die **Handlungsfähigkeit** juristischer Personen (Art. 54 f.). Diese aktualisiert und konkretisiert die Rechtsfähigkeit (vgl. PEDRAZZINI/OBERHOLZER, 214). **1**

Die Handlungsfähigkeit erlaubt natürlichen und juristischen Personen, durch eigenes Handeln Rechte und Pflichten zu begründen, zu modifizieren und aufzuheben (vgl. Art. 12; PEDRAZZINI/OBERHOLZER, 214; BK-RIEMER, N 2). Handlungsfähige Personen sind auch *prozessfähig* (VerwGer ZH RB 1987, 81; RVJ 1983, 80; BK-RIEMER, syst. Teil N 182). Während natürliche Personen jedoch ohne weiteres selber handeln, sind juristische Personen erst handlungsfähig, wenn erstens **Rechtsfähigkeit** gegeben ist, zweitens die notwendige **Organisation** vorliegt und drittens die nach Gesetz und Statuten unentbehrlichen **Organe** bestellt sind (Art. 54; OGer ZH SJZ 1990, 377; BK-RIEMER, N 3 ff.; RIEMER, Personenrecht, N 544). Sind diese Voraussetzungen erfüllt, kommt der juristischen Person volle zivilrechtliche Handlungsfähigkeit zu. **2**

II. Die Rechtsfolgen der fehlenden Handlungsfähigkeit

Fehlt die notwendige Ordnung oder mangelt es an der gesetzmässigen Bestellung der notwendigen Organe, ist die entsprechende juristische Person grundsätzlich **handlungs-** **3**

unfähig (VerwGer ZH RB 1987, 81; BK-RIEMER, N 6, 9; ZK-EGGER, N 14). Es sind aber folgende Einschränkungen anzubringen:

4   Ist für das Entstehen der juristischen Person ein Handelsregistereintrag erforderlich, weist der **Handelsregisterführer** die Parteien regelmässig auf den Mangel hin, so dass sie diesen beheben können. Bei den nicht eingetragenen **Vereinen** tritt die Lehre unter bestimmten Voraussetzungen trotz fehlerhafter Ordnung für Handlungsfähigkeit ein (BK-RIEMER, Art. 60 N 34, 45). Bezüglich der **Stiftungen** weist Art. 83 Abs. 2 die Aufsichtsbehörden ausdrücklich an, die nötigen Verfügungen zu treffen, wenn die vorgesehene Organisation nicht genügend ist (vgl. dazu BK-RIEMER, Art. 83 N 59 f.).

5   Ist kein Exekutivorgan vorhanden oder vermag dieses die juristische Person nicht gültig zu vertreten, kann die Vormundschaftsbehörde einen **Beistand** bestellen, sofern die entsprechende juristische Person bzw. ihre Initianten nicht selber für die Vertretung sorgen (vgl. Art. 393 Ziff. 4). Rechtsprechung und Lehre erachten es für zulässig, dass die Gesellschaft vorübergehend durch nicht ordnungsgemäss bestellte Personen, allenfalls nach Massgabe der Regeln über die Geschäftsführung ohne Auftrag (Art. 419 ff. OR), vertreten wird (noch offen gelassen in BGE 78 II 375 f.; nun bestätigt in BGer v. 21.11. 2002, 4P.325/2001 E. 1.3; BK-RIEMER, N 14). Dauernde Handlungsunfähigkeit führt trotz Beistandsbestellung zur Auflösung und Liquidation (Art. 77; Art. 625 Abs. 2 OR; Art. 831 Abs. 2 OR; BK-RIEMER, N 15).

III. Die Organe der juristischen Person

1. Allgemeines

6   Die (Exekutiv-)**Organe** haben die Funktion, nach aussen den Willen der juristischen Person auszudrücken (Art. 55 Abs. 1). Sie sind indessen nicht lediglich Vertreter der juristischen Person, sondern gelten als Teil ihrer Persönlichkeit (BGE 112 II 190; 54 II 254; BUCHER, Organschaft, 40 ff., 48 f.; HOMBERGER, 56; MEIER-HAYOZ/FORSTMOSER, § 2 N 23 f.; PEDRAZZINI/OBERHOLZER, 214).

7   Das Handeln der Organe verpflichtet und berechtigt grundsätzlich die juristische Person (Art. 55 Abs. 2). Die Zurechnung des Organhandelns beschränkt sich nicht auf den **rechtsgeschäftlichen** Bereich; nach der Realitätstheorie gilt auch das **ausserrechtsgeschäftliche** Verhalten der Organe als Handeln der juristischen Person – jedenfalls, solange ein Organ nicht in eigenem Namen, d.h. als Privatperson handelt (RIEMER, Personenrecht, N 556; zur aktuellen Bedeutung der Realitätstheorie, MEIER-HAYOZ/FORSTMOSER, § 2 N 17 f.).

8   Aus dem Grundsatz, wonach die Organe als Teile der juristischen Person gelten, ergibt sich, dass der juristischen Person jene Handlungen der Organe nicht angerechnet werden können, für welche ihr die spezifische **Rechtsfähigkeit** fehlt (vgl. o. Art. 53 N 2; MEIER-HAYOZ/FORSTMOSER, § 2 N 26 f.; BK-RIEMER, N 38). Aus der genannten Restriktion (und der bislang im Kernstrafrecht abgelehnten Strafbarkeit juristischer Personen) wurde etwa im ausserrechtsgeschäftlichen Bereich (o. Art. 53 N 6 ff.) geschlossen, dass die juristische Person mangels Schuldfähigkeit grundsätzlich nicht *strafrechtlich* für das Verhalten ihrer Organe verantwortlich gemacht werden könne (vgl. o. Art. 53 N 14 und die Vorauflagen). Seit der Einführung der Unternehmensstrafbarkeit (Art. 100^quater f. StGB) gilt diese Einschränkung nicht mehr. Vielmehr muss die Unternehmung nun eine Kriminalisierung gewärtigen, unabhängig davon, ob die Anlasstat durch ein Organ oder eine reine Hilfsperson begangen worden ist. Weiterhin ist die juristische Person u.U. für das entsprechende Handeln ihrer Organe *zivilrechtlich* verantwortlich bzw. haftet neben die-

sen solidarisch (vgl. insb. zur Anwendung längerer Verjährungsfristen für Klagen aus strafbaren Handlungen BGE 112 II 190; 107 II 155 f.; KGer VS SJZ 1987, 29 f.).

Da zwischen der juristischen Person und dem Organ eine Einheit besteht, entstehen **9** (durch Organhandeln begründete) rechtliche Beziehungen **direkt** zwischen der juristischen Person und dem Dritten (BGE 115 Ib 281; 112 II 190; 111 II 439 f.; 107 II 496; 107 II 155; vgl. PEDRAZZINI/OBERHOLZER, 217; BK-RIEMER, N 20, 53 f.). Dies bedeutet jedoch nicht, dass die Organe dadurch der Verantwortlichkeit für ihr Tun enthoben werden. Vielmehr müssen diese «für ihr Verschulden» auch *persönlich* einstehen (vgl. zu Art. 55 Abs. 3, u. N 30 ff.; RIEMER, Personenrecht, N 573 ff.).

Art. 55 ist keine materielle Haftungs- sondern blosse **Zuweisungsnorm,** in welcher der **10** Grundsatz aufgestellt wird, dass der juristischen Person sowohl das rechts- wie auch das ausserrechtsgeschäftliche Handeln der Organe zuzurechnen ist, ohne dass dadurch die persönliche Verantwortung der Organe entfällt (vgl. auch WEBER, SPR II/4, 195 f.; GAUCH/SCHLUEP/SCHMID/REY, N 2904, 2909). Dagegen enthält Art. 55 keinerlei Hinweise darauf, wer in einem allfälligen Streit um die Verpflichtung der juristischen Person als Organ zu betrachten ist (Passivlegitimation) bzw. wer befugt sein soll, diesen Schaden einzuklagen (Aktivlegitimation).

Zuweisungsnormen bedürfen der Ergänzung durch Normen, welche den *materiellen Haf-* **11** *tungstatbestand* festsetzen (GAUCH/SCHLUEP/SCHMID/REY, N 2904). Ein Anknüpfungspunkt für den Haftungsanspruch eines Dritten findet sich nicht nur in Art. 41 OR, sondern – bei Vorliegen der entsprechenden Voraussetzungen – auch in anderen Haftungsnormen (vgl. auch N 27; WEBER, SPR II/4, 184 f.; BK-RIEMER, N 62). Eine solche Ergänzungsnorm bildet z.B. Art. 754 OR, welcher die Anspruchsgrundlage sowie den Kreis der aktiv(Gesellschaft, Aktionäre, Gesellschaftsgläubiger) und der passivlegitimierten Personen (Organe) definiert.

Lehre und Rechtsprechung haben vorwiegend im Zusammenhang mit Art. 754 aOR **12** einen **funktionellen Organbegriff** entwickelt, welcher nun auch ausdrücklich im neuen Aktienrecht verankert ist (vgl. Art. 717, 754 OR). Der Grund für diese Entwicklung liegt darin, dass die Grösse der heutigen Gesellschaften, die sich hieraus ergebende räumliche und hierarchische Dezentralisation wichtiger Entscheidungen sowie die Vervielfachung der sozialen Kontakte eine formale Umschreibung der Organqualität nicht mehr genügen lassen (GUTZWILLER, SPR II, 491; WEBER, SPR II/4, 157; MEIER-HAYOZ/FORSTMOSER, § 2 N 25).

Als Organ ist nach Massgabe des funktionellen Organbegriffs nicht nur anzusehen, wer **13** (1) de forma zur Erfüllung gesellschaftlicher Aufgaben berufen wird **(formelles Organ),** sondern auch, wer (2) de facto Leitungsfunktionen wahrnimmt bzw. effektiv und in entscheidender Weise an der Bildung des Verbandswillens teilhat, indem er Organen vorbehaltene Entscheide trifft oder die eigentliche Geschäftsführung besorgt und so die Willensbildung der Gesellschaft massgebend mitbestimmt **(faktisches Organ;** BGE 128 III 29; 117 II 571 mit weiteren Hinweisen auf Literatur und Rechtsprechung; BGE 117 II 441 ff.; 114 V 213 ff.; 111 II 484; 107 II 353; 104 II 197; 101 Ib 436; 96 I 479; 87 II 187 ff.; KassGer ZH ZR 1994, 114; OGer ZH ZR 1991, 302 ff.; FORSTMOSER, Organbegriff, 132 ff.; MEIER-HAYOZ/FORSTMOSER, § 2 N 25; BK-RIEMER, N 25 ff., 28 ff.; kritisch gegenüber einem extensiven Organbegriff, KISS-PETER, BJM 1990, 283 ff.). Organ ist m.a.W. nicht nur, wer (1) mit der Leitung einer juristischen Person *betraut,* sondern auch wer (2) damit *befasst* ist (vgl. Art. 712 bzw. 754 aOR mit Art. 717 bzw. 754 OR). Organeigenschaft wird schliesslich (3) angenommen, wenn die Organstellung nicht durch Handelsregistereintrag und Publikation im SHAB, sondern durch Mitteilung oder konkludentes Verhalten kundgetan wurde (FORSTMOSER, Organbegriff, 130 ff. und 138 ff.). Die Organstellung infolge Kundgabe beruht weder (1) auf Formalakt (formelles Organ), noch (2) auf tatsächlichem Einfluss (faktisches Organ), sondern (3) auf dem Anschein (FORSTMOSER, Organbegriff, 130 f.). Allerdings begründet die *vereinzelte* Vornahme von Handlungen, welche der Geschäftsleitung vorbehalten sind (wie beispielsweise die Unterzeichnung von Bilanz und Erfolgsrechnung), noch keine faktische Organstellung. Vielmehr muss eine *dauernde* Zuständigkeit für gewisse, das Alltagsgeschäft generell übersteigende Entscheide in eigener Verantwortung wahrgenommen werden, die sich spürbar auf das Geschäftsergebnis auswirken (BGE 128 III 29 E. 3).

14   Der im Kontext von Art. 754 aOR entwickelte **funktionelle Organbegriff** wurde zunächst auch Art. 55 ZGB zugrunde gelegt. In BGE 117 II 570 ff. hielt das BGer indessen fest, dass der Kreis der gemäss Art. 754 Abs. 1 aOR haftenden Personen nicht mit dem Kreis der nach Art. 55 verantwortlichen Personen identisch ist. Art. 55 beruhe «auf dem Gedanken der Verkörperung der juristischen Person nach aussen, der externen Vertretungsmacht» (BGE 117 II 572; vgl. zu diesem Urteil PFRUNDER-SCHIESS, SZW 1993, 126 ff.). Demgegenüber gründe die Verantwortlichkeit für Gesellschaftsschaden und mittelbaren Gläubigerschaden gemäss Art. 754 Abs. 1 aOR «auf der Missachtung oder dem Missbrauch von Befugnissen und Pflichten des Innenverhältnisses, auf der Verletzung der gesellschaftsinternen Struktur- und Handlungsprinzipien, d.h. von Pflichten, die sich aus der gesellschaftsrechtlichen Stellung ergeben» (BGE 117 II 572; DRUEY, SAG 1981, 81; WATTER, Vertretungsmacht, 98).

15   Nach der hier vertretenen Auffassung unterscheiden sich Art. 55 und Art. 754 OR (bzw. aOR) *nicht* durch den *Organbegriff*, sondern durch die *Regelungsfunktion* (o. N 10 f.). Im Kontext mit anderen Normen notwendige Modifikationen des Kreises der als Organe bezeichneten Personen sollten darum auch nicht ohne Not auf Kosten eines **einheitlichen Organbegriffs** vorgenommen werden, sondern eher den besonderen Umständen eines einzelnen Falls zugerechnet werden. So geht es z.B. in BGE 117 II 570 ff. um die Frage, ob in einem Konzern mit einem komplizierten Hierarchiegefüge auch Personen für ein bestimmtes, die Gesellschaft schädigendes Verhalten einstehen müssen, die zwar zeichnungs-, aber nicht leitungsbefugt sind. Die Antwort auf diese Frage (in concreto Verneinung der Organstellung) erforderte keineswegs, den Organbegriff aufzuspalten; vielmehr hätte es genügt, den fraglichen Personen die Organeigenschaft nach Massgabe des funktionellen Organbegriffs abzusprechen.

16   Sowohl Art. 55 ZGB wie auch Art. 754 OR beziehen sich auf die **Vertretungs- oder Exekutivorgane,** also nicht auf die *Legislativ- oder Kontrollorgane* (MEIER-HAYOZ/ FORSTMOSER, § 2 N 24; vgl. zum Kreis der Exekutivorgane BK-RIEMER, 25 ff.). Dabei ergibt sich aus dem funktionellen Organbegriff, wer als Exekutivorgan anzusehen ist.

17   Wer lediglich als *Vertreter* oder *Hilfsperson* für die juristische Person tätig wird, ist nicht Organ, sondern unselbständiger Weisungsempfänger (BGE 105 II 293; BUCHER, Organschaft, 48 f.; GUTZWILLER, SPR II, 486 ff. und 493 ff. WEBER, SPR II/4, 155; STEINBRÜCHEL, 32 ff.; kritisch SCHÄRER, 21 f. sowie KISS-PETER, BJM 1990, 283 ff.). Auf das Verhältnis zwischen Vertreter bzw. Hilfsperson und juristischer Person sind darum auch nicht Art. 54 f. ZGB anwendbar, sondern die Regeln über die allgemeine und die kaufmännische Stellvertretung (Art. 32 ff. OR bzw. Art. 458 ff. OR), die Geschäftsherrenhaftung (Art. 55 OR) und die Haftung für Hilfspersonen (Art. 101 OR). Dies bedeutet zum Beispiel, dass sich eine juristische Person der Haftung für eine unerlaubte Handlung durch eine Hilfsperson entziehen kann, wenn ihr der Entlastungsbeweis nach Art. 55 Abs. 1 OR gelingt (BGE 105 II 293; BK-OSER/SCHÖNENBERGER, Art. 55 OR N 4). Dagegen muss sie sich das Handeln ihrer Organe grundsätzlich als eigenes anrechnen lassen, «selbst wenn dieses unrechtmässig, ohne oder gegen den Willen der übrigen Organe oder der Aktionäre geschieht» (BGE 115 Ib 281; vgl. BK-HAFTER, Art. 54 N 6; BK-RIEMER, N 59).

Der Grundsatz, wonach alles Organhandeln der juristischen Person zugeordnet wird, gilt **18** indessen nicht unbeschränkt. Organhandeln liegt nur vor, wenn ein Organ als Organ bzw. generell in Ausübung geschäftlicher Verrichtungen tätig wird (KassGer ZH ZR 1994, 116; vgl. MEIER-HAYOZ/FORSTMOSER, § 2 N 26). Private Handlungen eines Organs werden der juristischen Person dagegen nicht zugerechnet (BGE 101 Ib 436 f.; 96 I 479; 68 II 98; KassGer ZH ZR 1994, 116; BUCHER, Organschaft, 55; ZK-EGGER, N 19; vgl. GUTZWILLER, SPR II, 494; WEBER, SPR II/4, 161; PEDRAZZINI/OBERHOLZER, 219 f.; BK-RIEMER, N 35 ff.; TUOR/SCHNYDER/SCHMID, 139). Im Zweifelsfall kommt das Vertrauensprinzip zur Anwendung (BGE 51 II 528 f.; BK-RIEMER, N 40; SPIRO, Haftung, 642).

Aus dem Prinzip der Zuordnung von Organhandeln folgt auch der Grundsatz der **Wis- 19 sensvertretung** (vgl. dazu BK-RIEMER, N 47 ff.): Danach gilt das Wissen eines Organs grundsätzlich als Wissen der betreffenden juristischen Person (BGE 109 II 341 f.; 104 II 197; 89 II 251; zur Wissenszurechnung im Zusammenhang mit ausnahmsweise erlaubter Doppelvertretung, KassGer ZH ZR 1994, 113 ff.). Der Grundsatz der absoluten Wissensvertretung ist in der neueren Lehre vielfach relativiert worden (vgl. KISS-PETER, BJM 1990, 284 und 289 ff.). Einer juristischen Person soll nach dieser Auffassung nur das Wissen bzw. Wissenmüssen des effektiv mit einer bestimmten Angelegenheit befassten Organs zugerechnet werden; Voraussetzung dafür ist allerdings, dass das Wissen bzw. Wissenmüssen anderer Organe nicht schuldhaft unbeachtet blieb (vgl. ABEGGLEN, 46 ff.; WATTER, FS Kleiner, 137; BK-RIEMER, N 49; REICHWEIN, SJZ 1970, 7; WATTER, SJZ 1991, 112 f.; BK-JÄGGI, Art. 140 ZGB N 140 und die jüngst ergangenen BGer v. 21.8.2001, 5C.104/2001 E. 4.c/bb; BGer v. 6.9.2000, 4C.26/2000 E. 2c/aa; BGer v. 25.8.2000, 4C.335/1999 E. 5a). In der Rechtsprechung wird die Wissenszurechnung z.T. auch nach Massgabe von Billigkeitserwägungen vorgenommen (so das KassGer ZH ZR 1994, 116 zu BGE 112 II 503).

Bezüglich der Voraussetzungen für die Zuordnung von **Organhandeln** ist zwischen **20** rechtsgeschäftlichem Handeln und sonstigem Verhalten zu unterscheiden: Die *rechtsgeschäftliche* Handlung eines Organs wird der juristischen Person nur zugeordnet, wenn zwischen dem Rechtsgeschäft und der Verfolgung des Gesellschaftszwecks ein Zusammenhang besteht (Art. 718a OR; Art. 899 OR; vgl. PEDRAZZINI/OBERHOLZER, 218; WEBER, SPR II/4, 183). Dagegen ist für die Anrechnung einer *ausserrechtsgeschäftlichen* Handlung erforderlich, dass diese in Ausübung einer «geschäftlichen Verrichtung» erfolgt (vgl. Art. 722, 814 Abs. 4, 899 Abs. 3 OR; VON BÜREN/STOFFEL/WEBER, N 1647) bzw. «ihrer Natur, ihrem Typus nach in den Bereich der Organkompetenz fällt» (BGE 105 II 292; 121 III 176; MEIER-HAYOZ/FORSTMOSER, § 2 N 26). Da die Voraussetzungen für die Zuordnung von rechts- und ausserrechtsgeschäftlichem Verhalten unterschiedlich sind, ist u.U. nach beiden Kriterien zu prüfen, ob eine juristische Person durch das Handeln ihrer Organe verpflichtet wird (vgl. u. N 25).

2. Das rechtsgeschäftliche Handeln der Organe

Das rechtsgeschäftliche Handeln für die juristische Person heisst **Vertretung** (MEIER- **21** HAYOZ/FORSTMOSER, § 2 N 108; vgl. BK-RIEMER, N 55; WEBER, SPR II/4, 183). Bezüglich der Wirkungen dieses Handelns wird nach h.L. und Rechtsprechung zwischen rechtlichem Können (Vertretungsmacht) und rechtlichem Dürfen (Vertretungsbefugnis) der Organe unterschieden (MEIER-HAYOZ/FORSTMOSER, § 2 N 108; kritisch SCHÄRER, 61 ff.).

22　Das Vermögen der Organe, die juristische Person rechtsgeschäftlich zu binden, wird als Vertretungsmacht bezeichnet (MEIER-HAYOZ/FORSTMOSER, § 2 N 108; MERZ, 399; PEDRAZZINI/OBERHOLZER, 217 f.; BK-RIEMER, N 41 ff.; ZOBL, ZBJV 1989, 291). Die **Vertretungsmacht** umfasst alle Rechtshandlungen, welche der Zweck der Gesellschaft mit sich bringen kann (Art. 718a Abs. 1, 814 Abs. 1, 899 Abs. 1 OR). Darunter sind nach einer typisierten Betrachtungsweise sowohl Rechtshandlungen zu verstehen, welche dem Vertretenen nützlich sind oder in seinem Betrieb gewöhnlich vorkommen wie auch Rechtshandlungen, welche im Interesse des von ihm verfolgten Zwecks liegen, d.h. durch diesen nicht geradezu ausgeschlossen sind (BGE 111 II 284 in Rückkehr zu seiner durch BGE 95 II 442 ff. unterbrochenen Rechtsprechung; BÄR, ZBJV 1987, 253; ZOBL, ZBJV 1989, 292). Die Folge der weiten Umschreibung zweckkonformen Organhandelns besteht darin, dass das Vorliegen von Vertretungsmacht fast immer bejaht wird (vgl. Kasuistik bei BK-RIEMER, N 43; ROTH, ZSR 1985 I, 290; ZOBL, ZBJV 1989, 292 f.). Der Grund dafür liegt darin, dass im Handelsrecht *Rechts- und Verkehrssicherheit* eine vorrangige Rolle spielen (vgl. MERZ, 402; ROTH, ZSR 1985 I, 288 f.; ZOBL, ZBJV 1989, 289). Demgegenüber tritt der wirkliche oder vermeintliche Wille der vertretenen Person in den Hintergrund (vgl. PEDRAZZINI/OBERHOLZER, 217).

23　Handelt ein Organ in Ausübung seiner Vertretungsmacht, vermag es die juristische Person gegenüber *gutgläubigen* Dritten auch dann zu binden, wenn es intern nicht zur Vertretung befugt ist (**Vertretungsbefugnis;** BGE 105 II 294; MEIER-HAYOZ/FORSTMOSER, § 2 N 108; MERZ, 399; PEDRAZZINI/OBERHOLZER, 217 f.; BK-RIEMER, N 41 ff.; zur Gut- bzw. Bösgläubigkeit ZOBL, ZBJV 1989, 297 ff.). Für eine allfällige Überschreitung der Vertretungsbefugnis muss das Organ allerdings gegenüber der juristischen Person gestützt auf das Innenverhältnis einstehen (vgl. MEIER-HAYOZ/FORSTMOSER, § 2 N 108; ROTH, ZSR 1985 I, 291; ZOBL, ZBJV 1989, 296).

24　Etwas anderes gilt nur, wenn die **Beschränkung der Vertretungsmacht** ins *Handelsregister* eingetragen (nur Kollektiv- oder Filialunterschrift, Art. 718a Abs. 2 OR) oder dem Dritten kundgetan wird (BGE 120 II 9 f.; BÖCKLI, § 13 N 498 f.; ZOBL, ZBJV 1989, 294 f.). Ist eine Rechtshandlung *zweckkonform* und liegt auch kein Verstoss gegen eine ins Handelsregister eingetragene Beschränkung vor, muss demnach in einem zweiten Schritt geprüft werden, ob das handelnde Organ seine Vertretungsbefugnis überschritten hat und ob der Dritte diesbezüglich gut- oder bösgläubig war. Eine rechtsgeschäftliche Bindung der juristischen Person entfällt, wenn der Dritte bezüglich der Überschreitung der Vertretungsbefugnis *bösgläubig* war (vgl. BÄR, ZBJV 1987, 253; ZOBL, ZBJV 1989, 297).

25　Eine **ohne Vertretungsmacht** vorgenommene Rechtshandlung vermag die juristische Person rechtsgeschäftlich *nicht* zu binden. Das schliesst allerdings nicht aus, dass das entsprechende Handeln des Organs die juristische Person nicht aus einem ausservertraglichen Rechtsgrund verpflichtet (BK-RIEMER, N 44). Die juristische Person muss aber nur dann für das entsprechende Verhalten des Organs einstehen, wenn dieses in Ausübung einer geschäftlichen Verrichtung bzw. im Rahmen der Organkompetenz handelte und wenn die speziellen Voraussetzungen für den jeweiligen ausservertraglichen Anspruch erfüllt sind.

26　Die Vertretungsmacht der Organe wird durch das Verbot von **Insichgeschäften** (Selbstkontrahieren und Doppelvertretung) beschränkt. Insichgeschäfte sind nach herrschender Rechtsprechung und Lehre grundsätzlich unwirksam (BGE 106 Ib 148; 95 II 621; 89 II 321; PEDRAZZINI/OBERHOLZER, 218; WEBER, SPR II/4, 179; kritisch HUGUENIN, Gleichbehandlungsprinzip, 256 ff.). Ermächtigt indessen das zuständige Organ das Vertretungsorgan zur Vornahme des entsprechenden Geschäfts, tritt keine Beschränkung der Vertretungsmacht ein (BGE 120 II 10; 99 Ia 9; 98 II 219; 95 II 621; 89 II 326; KassGer ZH ZR 1994, 115 f.; BK-RIEMER, N 51). Eine Ermächtigung kann nach Rechtsprechung und Lehre auch stillschweigend erfolgen, was zu vermuten ist, wenn keine Benachteiligungsgefahr besteht (z.B. reine Erfüllungsgeschäfte, Käufe zu festen Marktpreisen, Konzernpartner etc.; vgl. auch HUGUENIN, OR AT, N 110 f.) oder sich aus den Statuten ergeben (BGE 93 II 481 ff.; 63 II 173; 39 II 566 ff.; HandelsGer ZH ZR 1978, 126 ff.; ZOBL, ZBJV 1989, 302 f. mit zahlreichen weiteren Hinweisen). Auch wer als Dritter erkennt, dass sich das handelnde Organ in einem Interessenkonflikt befindet, darf sich auf das Vorliegen von Vertretungsmacht verlassen, wenn ihm dies von kompetenter Seite bestätigt bzw. wenn das Geschäft genehmigt wird (BGE 120 II 5 ff.).

Betrifft das Geschäft einer juristischen Person mit einem Dritten das Organ als Privatperson zwar nicht in rechtlicher, wohl aber in *wirtschaftlicher* Hinsicht positiv oder negativ, liegt kein Insichgeschäft, sondern ein **Geschäft mit Interessenkonflikt** vor: Die Interessen der juristischen Person kollidieren mit den Interessen des handelnden Organs. Grundsätzlich ist davon auszugehen, dass die Vertretungsbefugnis nach dem mutmasslichen Willen der juristischen Person stillschweigend jene Geschäfte nicht umfasst, welche sich als interessen- bzw. pflichtwidriges Vertreterhandeln erweisen. Dennoch ist die Rechtslage hier nicht dieselbe wie etwa beim Selbstkontrahieren. Während bei Insichgeschäften die Vertretungsmacht grundsätzlich fehlt und nur ausnahmsweise aufgrund besonderer Umstände besteht, schliesst der blosse Interessenkonflikt aus Gründen der Verkehrssicherheit die Vertretungsmacht nicht von vornherein aus, sondern lässt sie nur entfallen, wenn der Dritte den Interessenkonflikt auch erkannt hat bzw. hätte erkennen müssen. Dann aber sind die Regeln des Selbstkontrahierens analog anzuwenden (vgl. BGE 126 III 361 E. 3 u. 5; kritisch zur analogen Anwendung WEBER, SPR II/4, 181). Ein konkretes Anwendungsbeispiel findet sich in Art. 678 OR, nach welchem ungerechtfertigte Gewinnverschiebungen an *bösgläubige* Aktionäre, Verwaltungsräte und diesen Nahestehende kondiziert werden können.

3. Das sonstige Verhalten der Organe

27 Die Organe verpflichten die juristische Person nicht nur durch ihr rechtsgeschäftliches, sondern auch durch ihr **ausserrechtsgeschäftliches Handeln** («sonstiges Verhalten» gemäss Art. 55 Abs. 2 ZGB; Art. 722, 814 Abs. 4, 899 Abs. 3 OR; vgl. BK-RIEMER, N 56 ff.). Im Vordergrund steht dabei die zivilrechtliche Haftung; die juristische Person haftet in vollem Umfang für widerrechtliche Schädigungen (Art. 41 OR, UWG etc.), welche ihre Organe Dritten zufügen (BGE 121 III 179 ff.; 114 II 230 ff.; 112 II 251; 105 II 289 ff.; 96 II 176; MEIER-HAYOZ/FORSTMOSER, § 2 N 26). In Frage kommen aber auch Verpflichtungen aus ungerechtfertigter Bereicherung, aus Geschäftsführung ohne Auftrag etc. (PEDRAZZINI/OBERHOLZER, 212 f.; WEBER, SPR II/4, 184 f.; bez. Tierhalterhaftung gemäss Art. 56 OR, BGE 115 II 245).

28 Die Verantwortlichkeit der juristischen Person entfällt, wenn «der Schaden nicht in Ausübung, sondern bei Gelegenheit der geschäftlichen Verrichtung gestiftet worden ist und mit den Aufgaben des Organs nur in einem äusserlichen, örtlichen oder zeitlichen Zusammenhang steht» (PEDRAZZINI/OBERHOLZER, 220; vgl. GUTZWILLER, SPR II, 494; WEBER, SPR II/4, 168 f.). Die juristische Person muss m.a.W. lediglich für Handlungen einstehen, welche bei objektiver Würdigung in den Rahmen der jeweiligen **Organbefugnisse** fallen bzw. mit diesen in einem funktionellen Zusammenhang stehen (BGE 121 III 180; 105 II 292; MEIER-HAYOZ/FORSTMOSER, § 2 N 26.; PEDRAZZINI/OBERHOLZER, 219; TUOR/SCHNYDER/SCHMID, 140). Nicht entscheidend ist dagegen, ob das betreffende Organ «nach den besonderen Umständen des Einzelfalls für die schädigende Verrichtung kompetent ist, bzw. ob im speziellen Falle nach innen eine Kompetenzüberschreitung vorliegt» (BGE 105 II 292).

29   Ist der **funktionelle Zusammenhang** zwischen Organhandeln und Organkompetenz etabliert, so richtet sich die Verpflichtung der juristischen Person für das Verhalten ihrer Organe nach den Vorschriften, welche diese Pflichten begründen.

4. Die persönliche Verantwortlichkeit der Organe

30   Sind die Voraussetzungen von Art. 55 Abs. 3 erfüllt, müssen die Organe auch **persönlich** für ihr unrechtmässiges Verhalten einstehen (BGE 106 II 259; ZK-EGGER, N 22; PEDRAZZINI/OBERHOLZER, 220; BK-RIEMER, N 63 und 68; ZOBL, ZBJV 1989, 300 f.). Aus der Sicht des geschädigten Dritten präsentiert sich die allfällige doppelte Verantwortlichkeit von juristischer Person (Art. 55 Abs. 2) und Organ (Art. 55 Abs. 3) als Solidarität (Art. 50 Abs. 1 und Art. 143 ff. OR).

31   Gemäss Art. 55 Abs. 3 können die Organe nur im Falle eines **Verschuldens** zusätzlich zur juristischen Person zur Rechenschaft gezogen werden. Der Wortlaut der deutschen Fassung ist allerdings zu eng. Vielmehr reichen schon ein Fehlverhalten ohne persönliches Verschulden (so der französische Wortlaut «fautes commises») und andere ausserrechtsgeschäftliche Verhaltensweisen, die in Verbindlichkeiten resultieren, aus. Anknüpfungspunkt für den Anspruch ist demnach nicht etwa nur Art. 41 OR, sondern – unter gegebenen Voraussetzungen – auch jede andere Haftungsnorm (WEBER, SPR II/4, 196; BK-RIEMER, N 64 f.; BGE 113 II 216 f.; 106 II 261).

32   Bei gemeinsamem Verschulden mehrerer Organe haften diese gegenüber dem Geschädigten **solidarisch** (Art. 50 Abs. 1, Art. 143 ff. OR). Für die Auslegung von Art. 55 Abs. 3 ZGB kann Art. 759 OR herangezogen werden. Danach ist von mehreren solidarisch haftenden Personen jede von ihnen nur insoweit verantwortlich, als ihr der Schaden aufgrund ihres Verschuldens und der Umstände persönlich zuzurechnen ist (Art. 759 Abs. 1 OR; vgl. BK-RIEMER, N 66).

Art. 56

D. Wohnsitz	**Der Wohnsitz der juristischen Personen befindet sich, wenn ihre Statuten es nicht anders bestimmen, an dem Orte, wo ihre Verwaltung geführt wird.**
D. Siège	Le domicile des personnes morales est, sauf disposition contraire des statuts, au siège de leur administration.
D. Domicilio	Il domicilio delle persone giuridiche, salvo diversa disposizione degli statuti, è nel luogo dove si tiene la loro amministrazione.

I. Allgemeines

1   Nicht nur natürliche, sondern auch juristische Personen brauchen einen örtlichen Anknüpfungspunkt (PEDRAZZINI/OBERHOLZER, 220 f.; GUTZWILLER, SPR II, 495; WEBER, SPR II/4, 136 ff.). Dieser Ort wird im ZGB in der Tradition der Realitätstheorie als Wohnsitz, im OR dagegen als **Sitz** bezeichnet (vgl. ZK-EGGER, N 1; BK-RIEMER, N 4). Gemäss Art. 21 Abs. 1 IPRG «gilt der Sitz einer Gesellschaft als Wohnsitz» (kritisch NOBEL, Gesellschaftsrecht im IPR-Gesetz, 179 f.).

Der Sitz einer juristischen Person ist der Ort ihrer räumlichen Verankerung oder Fixierung (vgl. dazu BK-RIEMER, N 2). Wie natürliche (Art. 23 Abs. 2) können auch juristische Personen grundsätzlich nur **einen Sitz** haben (BGE 53 I 130 f.; ZK-EGGER, N 12; MEIER-HAYOZ/FORSTMOSER, § 16 N 100; vgl. zum ausnahmsweisen Doppel- und Mehrfachsitz GUTZWILLER, SPR II, 500 f. bzw. BK-RIEMER, N 9). Neben dem Sitz sind Zweig- und Geschäftsniederlassungen möglich (vgl. Art. 23 Abs. 3 für die natürlichen Personen; BGE 117 II 87; 108 II 124; MEIER-HAYOZ/FORSTMOSER, § 23 N 6 ff.; BK-RIEMER, N 10). 2

Im Gegensatz zu den natürlichen Personen (Art. 23 Abs. 1) sind die juristischen Personen berechtigt, ihren Sitz in der Schweiz in den Schranken der Rechtsordnung nach eigenem Gutdünken zu wählen (**Satzungssitz** gemäss Art. 56; BGE 100 Ib 458; I. Kammer LU LGVE 1986 I 23 f.; ZK-EGGER, N 8; BK-RIEMER, N 11 ff.; für die Aktiengesellschaft, MEIER-HAYOZ/FORSTMOSER, § 16 N 99; für die GmbH, ZK-VON STEIGER, Art. 776 N 18). 3

Wird keine rechtsgeschäftliche Wahl getroffen, befindet sich der Sitz an dem Ort, wo die Verwaltung geführt wird (**tatsächlicher Sitz** gemäss Art. 56; PEDRAZZINI/OBERHOLZER, 221). Diese Auffangregel stellt sicher, dass alle schweizerischen juristischen Personen einen Sitz in der Schweiz haben (vgl. Art. 24 Abs. 1 für die natürlichen Personen; BGE 94 I 567 f.; ZK-EGGER, N 13; BK-RIEMER, N 8). 4

II. Der statutarische Sitz

Für **Verein** und **Stiftung** verlangt das ZGB keine Bezeichnung des Sitzes in den Statuten bzw. der Stiftungsurkunde (PORTMANN, SPR II/5, N 127 ff.; BK-RIEMER, Vereine, syst. Teil N 379e; BK-RIEMER, Stiftungen, syst. Teil N 517). An die Stelle des bestimmten kann daher ein lediglich (objektiv) bestimmbarer Sitz treten (ZK-EGGER, N 9; BK-RIEMER, Vereine, syst. Teil N 379g; BK-RIEMER, Stiftungen, syst. Teil N 520). 5

Für die **Körperschaften des OR** gehört die Bezeichnung des Sitzes dagegen zum gesetzlich vorgeschriebenen Inhalt der Statuten (Aktiengesellschaft, Art. 626 Ziff. 1 OR; Kommanditaktiengesellschaft, Art. 764 Abs. 2 OR; GmbH, Art. 776 OR; Genossenschaft, Art. 832 OR; ZK-EGGER, N 9; BK-RIEMER, N 18; PEDRAZZINI/OBERHOLZER, 221). Der statutarisch genannte Sitz ist in das zuständige *Handelsregister* einzutragen (Aktiengesellschaft, Art. 641 Ziff. 2 OR; Kommanditaktiengesellschaft, Art. 764 Abs. 2 OR; GmbH, Art. 781 Ziff. 2 OR; Genossenschaft, Art. 832 Ziff. 1 OR). Die Bezeichnung des Sitzes erfolgt durch Angabe einer schweizerischen politischen Gemeinde (BGE 94 I 566). 6

Der gewählte Sitz braucht *nicht* mit dem örtlichen Mittelpunkt der tatsächlichen Aktivitäten übereinzustimmen (BGE 110 II 80; 108 II 125; 106 II 325; ZK-EGGER, N 9; PEDRAZZINI/OBERHOLZER, 221; BK-RIEMER, N 11). Die juristische Person muss aber effektiv am gewählten Sitz erreichbar sein, d.h. in der betreffenden politischen Gemeinde mindestens eine feste **Zustelladresse** haben (vgl. zum «Briefkastendomizil» u. N 22), an welcher eine natürliche Person für sie Mitteilungen entgegennimmt (BGE 100 Ib 458; 45 I 201; BK-RIEMER, N 11). 7

Das **Recht auf freie Sitzwahl** wird durch das *Verbot des Rechtsmissbrauchs* beschränkt (I. Kammer LU LGVE 1986 I 24; ZK-EGGER, N 9; MEIER-HAYOZ/FORSTMOSER, § 16 N 99; BK-RIEMER, N 12 f.; VON STEIGER, SPR VIII/1, 39). *Schranken* können sich auch aus dem öffentlichem Recht ergeben (ZK-EGGER, N 11; BK-RIEMER, N 12). Die juristische Person muss sich ihren Sitz entgegenhalten lassen, wenn er gesetzlich oder rechts- 8 geschäftlich unter einem bestimmten Aspekt für massgeblich erklärt wird (BGE 106 II 326; BK-RIEMER, N 11).

III. Der gesetzliche Sitz

9   Unterlassen es die zuständigen Organe, einen Sitz zu bezeichnen, befindet sich dieser nach dem einen Teil der Lehre am Ort, wo die **Verwaltung** geführt wird (ZK-EGGER, N 10; BK-RIEMER, N 19), nach einem andern Teil der Lehre dagegen dort, wo die entscheidenden **Weisungen** erteilt werden (GUTZWILLER, SPR II, 500; WEBER, SPR II/4, 139 f.; PEDRAZZINI/OBERHOLZER, 221). Nach Ansicht des Bundesgerichts werden am *Ort der tatsächlichen Verwaltung* die für die Erreichung des Gesellschaftszwecks massgebenden *Tätigkeiten* ausgeübt und die *wichtigen Entschlüsse* zur laufenden Leitung der juristischen Person getroffen. Sind diese Leitungshandlungen nicht an einem einzigen Ort konzentriert, ist entscheidend, wo sich der *Schwerpunkt* dieser Handlungen befindet (principe de prépondérance; vgl. den – allerdings steuerrechtlichen – BGer v. 4.12.2003, 2A.321/2003 E. 3. In casu wurde der Schwerpunkt nach dem Verhältnis der regional erzielten Umsätze ermittelt).

10   Da die juristischen Personen des OR von Gesetzes wegen zur rechtsgeschäftlichen Bestimmung eines Sitzes verpflichtet sind, ist der gesetzliche Sitz nur für die juristischen Personen des **ZGB** aktuell (BK-RIEMER, N 19).

IV. Die Verlegung des Sitzes bzw. der Gesellschaft

1. Sitzverlegungen innerhalb der Schweiz

11   Der Grundsatz der freien statutarischen Sitzwahl gilt auch für die **Sitzverlegung** (GUTZWILLER, SPR II, 501 f.; WEBER, SPR II/4, 141; PEDRAZZINI/OBERHOLZER, 222 f.; vgl. betr. Stiftung BK-RIEMER, N 30). Ist die entsprechende juristische Person im Handelsregister eingetragen, muss gemäss Art. 49 HRegV wie folgt vorgegangen werden: Zunächst ist die Eintragung in das am neuen Sitz zuständige Register vorzunehmen (Art. 49 Abs. 1 HRegV); der Anmeldung am neuen Sitz ist ein Auszug aus dem Register des bisherigen Sitzes und ein Ausweis über die Statutenänderung beizufügen (Art. 49 Abs. 2 HRegV). Sobald der zuständige Handelsregisterführer davon Mitteilung erhält, wird die Eintragung am alten Sitz gelöscht (Art. 49 Abs. 3 HRegV).

12   Die Sitzverlegung führt innerhalb der **Schranken** der Rechtsordnung zur Änderung der (inskünftig) örtlich zuständigen Behörden (BK-RIEMER, N 32).

2. Gesellschaftsverlegungen vom und ins Ausland

13   Auf **Gesellschaftsverlegungen** vom und ins Ausland sind die Art. 161–164 IPRG und Art. 50 ff. HRegV anwendbar, welche der Inkorporationstheorie (vgl. N 11 zu Art. 53) folgen: Ein Wechsel des Verwaltungssitzes führt demnach nicht zu einem Wechsel des Gesellschaftsstatuts. Ziel der Regelung ist die Übernahme des Personalstatuts (vgl. u. N 26) ohne Identitätsverlust (NOBEL, Gesellschaftsrecht im IPR-Gesetz, 185 f.). Oder anders ausgedrückt: Bei Beachtung bestimmter Voraussetzungen soll der Wechsel des Personalstatuts unter Beibehaltung der Rechtspersönlichkeit, also ohne Liquidation und Neugründung, erfolgen können (IPRG-Kommentar-VISCHER, Art. 161 N 1 sowie Art. 163 N 1; vgl. auch BSK IPRG-GIRSBERGER, Vorbem. zu Art. 161–164 N 1 sowie EBENROTH/ MESSER, ZSR 1989 I, 96). Seit Erlass des FusG findet sich insb. in den Art. 163a–163d und 164b IPRG überdies eine ausdrückliche Regelung für grenzüberschreitende Um-

strukturierungstatbestände (Fusion, Spaltung und Vermögensübertragung; FusG-Courvoisier, Vorb. Art. 161 ff. IPRG N 2; IPRG-Kommentar-Vischer, Art. 161 N 5).

Art. 161 Abs. 1 IPRG bzw. Art. 50 Abs. 1 HRegV erlauben die Verlegung einer ausländi-   **14**
schen Gesellschaft in die **Schweiz,** sofern das ausländische Recht (Emigrationsstatut)
dies gestattet, die Gesellschaft die Voraussetzungen des ausländischen Rechts erfüllt, die
Anpassung an eine schweizerische Rechtsform möglich ist (numerus clausus der Gesellschaftsformen) und die nach Art. 50a HRegV erforderlichen Belege beigebracht werden
(vgl. BSK IPRG-Girsberger, Art. 161 N 7 ff.; IPRG-Kommentar-Vischer, Art. 161
N 6 ff.). Wenn erhebliche schweizerische Interessen es erfordern, kann der Bundesrat die
Unterstellung unter das schweizerische Recht auch ohne Berücksichtigung des ausländi-
schen Emigrationsstatuts zulassen (Art. 161 Abs. 2 IPRG bzw. Art. 50 Abs. 2 HRegV).
Eine Kapitalgesellschaft hat vor dem Eintrag ins Handelsregister nachzuweisen, dass ihr
«Grundkapital» nach schweizerischem Recht gedeckt ist; zu diesem Zweck hat sie einen
Revisionsbericht besonders befähigten Revisionsstelle (Art. 727b OR) einzureichen
(Art. 162 Abs. 3 IPRG i.V.m. Art. 50a Ziff. 5 HRegV; im Einzelnen FusG-Courvoisier,
Art. 162 IPRG N 8). Sollen lediglich Zweigniederlassungen errichtet werden, sind
Art. 160 IPRG, Art. 935 und 952 OR sowie Art. 69 ff. HRegV zu beachten.

Bei Verlegungen schweizerischer Gesellschaften ins **Ausland** ist nachzuweisen, dass die   **15**
Gesellschaft die Voraussetzungen nach schweizerischem Recht erfüllt hat, dass sie nach
ausländischem Recht (Immigrationsstatut) fortbestehen wird und dass sie die Gläubiger
unter Hinweis auf die Änderung des Gesellschaftsstatuts öffentlich zur Anmeldung bestehender Ansprüche aufgefordert hat (Art. 163 Abs. 1 IPRG bzw. Art. 51 Abs. 1 HRegV;
BSK IPRG-Girsberger, Art. 163 N 5 ff.; FusG-Courvoisier, Art. 163 IPRG N 7 f.;
IPRG-Kommentar-Vischer, Art. 163 N 3 ff. und Art. 164 N 1).

V. Anknüpfungen und Abgrenzungen

Nach dem Sitz einer juristischen Person ist zu bestimmen, welches das zuständige **Han-**   **16**
delsregister ist (vgl. Meier-Hayoz/Forstmoser, § 23 N 15 ff.). In das Handelsregister
sind Sitz und Adresse der juristischen Person einzutragen (Art. 934 OR, Art. 42 Abs. 2 und
43 Abs. 1 HRegV; BGE 100 Ib 458; 53 I 127; BK-Riemer, N 21; Böckli, § 1 N 343).

Juristische Personen haben kein verfassungsmässiges Recht auf *Niederlassungsfreiheit.*   **17**
Sie besitzen auch keine formelle, sondern lediglich eine Quasi-Staatsangehörigkeit, welche durch die im öffentlichen Recht dominierende Kontrolltheorie bestimmt wird und
v.a. in den Bereichen diplomatischer Schutz, Grundstückerwerb durch Personen im Ausland und Bankengesetzgebung eine Rolle spielt (Kley-Struller, SZIER 1991, 173 ff.;
vgl. etwa Art. 3bis BankG, Art. 5 LFV; Art. 5 lit. c BewG, wonach die Staatszugehörigkeit
des Unternehmens nach der Staatsangehörigkeit der Mehrheit der Inhaber des Unternehmens bestimmt wird). Zwar kommt auch juristischen Personen ein Recht auf Sitz-
bzw. Gesellschaftsverlegung zu; dieses ergibt sich jedoch aus den zivil-, nicht aus den
verfassungsrechtlichen Normen (vgl. o. N 11 ff. sowie Art. 53 N 11).

Auch juristische Personen haben ein verfassungsmässiges Recht darauf, an ihrem Sitz   **18**
belangt zu werden (**Garantie des Wohnsitzrichters** gemäss Art. 30 Abs. 2 BV; Kley-
Struller, SZIER 1991, 170; vgl. o. Art. 53 N 11). Der Gerichtsstand einer juristischen
Person bestimmt sich nach ihrem zivilrechtlichen Sitz (BGE 102 Ia 409 f.; 94 I 567; 53 I
127; ZK-Egger, N 4; BK-Riemer, N 22 f.).

Für die steuerrechtliche Bestimmung des Sitzes juristischer Personen ist das Steuerrecht   **19**
massgebend (vgl. ZK-Egger, N 7; BK-Riemer, N 26 f.). Neben dem formellen statutari-

schen Sitz ist v.a. der effektive Sitz (z.B. die Lage von Betriebsstätten) von Bedeutung (BGE 93 I 425 f.; MEIER-HAYOZ/FORSTMOSER, § 23 N 24; vgl. auch oben N 9). In der Schweiz steuerpflichtige juristische Personen geniessen im Übrigen wie die natürlichen Personen den verfassungsrechtlichen Schutz vor (interkantonaler) **Doppelbesteuerung** (Art. 127 Abs. 3 BV; HÄFELIN/HALLER, Rz 885). Im internationalen Verhältnis sind die entsprechenden staatsvertraglichen Regelungen heranzuziehen.

20   Vom (Haupt-)Sitz ist der Sitz der **Zweigniederlassung** (dt. auch «Filiale», frz. «succursale») zu unterscheiden (vgl. dazu Art. 642, 764 Abs. 2, 782, 837, 935 Abs. 1, 952 Abs. 1 OR; Art. 69, 71, 74a, 76 Abs. 7 HRegV; BÖCKLI, § 1 N 370 ff.; FORSTMOSER/MEIER-HAYOZ/NOBEL, § 59 N 1 ff.). Zweigniederlassungen sind örtlich vom Hauptunternehmen getrennte Geschäftsbetriebe, welche eine gewisse wirtschaftliche Selbständigkeit aufweisen, aber rechtlich abhängig sind (BGer v. 27.1.2005, 4C.373/2004 E. 2 insb. zur selbständigen Leitung; 117 II 87; 108 II 124; 103 II 201 f.; 79 I 71). Blosse *Fabrikationsstellen, Depots, Auslieferungsstellen* etc. sind keine Zweigniederlassungen (MEIER-HAYOZ/FORSTMOSER, § 23 N 6 ff.); von den *Tochtergesellschaften* (frz. «filiale») unterscheiden sich die Zweigniederlassungen durch das Fehlen eigener Rechtspersönlichkeit.

21   Zweigniederlassungen sind am Ort ihres «Sitzes» in das **Handelsregister** einzutragen (Art. 935 Abs. 1 OR; vgl. zu den Schranken MEIER-HAYOZ/FORSTMOSER, § 23 N 14; BÖCKLI, § 1 N 371; FORSTMOSER/MEIER-HAYOZ/NOBEL, § 59 N 43 ff.). Die Verwendung des Begriffes «Sitz» ist untechnisch zu verstehen; eine juristische Person kann grundsätzlich nur einen Sitz haben (o. N 2). Das GestG statuiert für die Zweigniederlassung in Art. 3 Abs. 1 lit. b und 5 einen **Gerichtsstand** am Sitz der beklagten Partei oder am Ort der Niederlassung. Betreibungsort ist dagegen ausschliesslich der Ort des Sitzes (Art. 46 Abs. 2 SchKG; vgl. aber zum sog. Niederlassungskonkurs betr. schweizerische Zweigniederlassungen ausländischer juristischer Personen BGer v. 26.11.2001, 7B.249/2001; 114 III 6 ff.; ZONDLER, AJP 2005, 575; IPRG-Kommentar-VISCHER, Art. 160 N 19 m.w.H.). Vom zivilrechtlichen ist der steuerrechtliche Begriff der Zweigniederlassung zu unterscheiden (vgl. o. N 19).

22   Vom Sitz der juristischen Person ist sodann die Geschäftsniederlassung, das Geschäftslokal und das Domizil abzugrenzen. Die **Geschäftsniederlassung** ist der Ort, an welchem eine juristische Person effektiv tätig ist; es können mehrere Geschäftsniederlassungen bestehen, von denen keine gleichzeitig Sitz der juristischen Person sein muss (MEIER-HAYOZ/FORSTMOSER, § 16 N 101; FORSTMOSER/MEIER-HAYOZ/NOBEL, § 8 N 43). Der Gerichtsstand für Klagen, welche sich aus dem Betrieb von Geschäftsniederlassungen ergeben, befindet sich am Sitz der juristischen Person (MEIER-HAYOZ/FORSTMOSER, § 16 N 101). Das **Geschäftslokal** oder das Büro der Geschäftsführung ist für den Eintrag in das Handelsregister genau zu bezeichnen («wenn möglich unter Angabe von Strasse und Hausnummer», Art. 42 Abs. 2 HRegV). Befindet sich am Sitz der juristischen Person kein Geschäftslokal, ist dem Handelsregisteramt anzugeben, bei wem am Ort des Sitzes das **Domizil** der juristischen Person ist (Art. 43 Abs. 1 HRegV; I. Kammer LU LGVE 1986 I 24; BÖCKLI, § 1 N 291).

VI. IPR

23   Der Sitz einer juristischen Person ist nicht nur nach nationalem, sondern auch nach internationalem Recht bedeutsam. Das IPRG orientiert sich indessen nicht am Begriff der «juristischen Person», sondern an jenem der «Gesellschaft» (vgl. dazu EBENROTH/MESSER, ZSR 1989 I, 66 ff.; ZK FusG-MÜLLER, § 2 N 9). Als **Gesellschaften** werden in Art. 150 Abs. 1 IPRG organisierte Personenzusammenschlüsse (IPRG-Kommentar-

VISCHER, Art. 150 N 3 ff.) und organisierte Vermögenseinheiten (IPRG-Kommentar-VISCHER, Art. 150 N 11 ff.) bezeichnet. Diese Definition erinnert an die zivilrechtliche Umschreibung eintragungsbedürftiger juristischer Personen. Entgegen Art. 52 Abs. 2 wird aber in Art. 150 IPRG nicht vorausgesetzt, dass die entsprechenden Assoziationen über eine eigene juristische Persönlichkeit verfügen (BSK IPRG-VON PLANTA, Art. 150 N 2).

Der «Wohnsitz» einer Gesellschaft ist gemäss Art. 21 Abs. 1 IPRG ihr **Sitz.** Als Sitz gilt **24** der in den Statuten oder im Gesellschaftsvertrag bezeichnete Ort (Art. 21 Abs. 2 IPRG). Fehlt die Bezeichnung, befindet sich der Sitz am Ort, an welchem die Gesellschaft tatsächlich verwaltet wird (BSK IPRG-VON PLANTA, Art. 21 N 4; EBENROTH/MESSER, ZSR 1989 I, 70 ff.). Niederlassungen befinden sich in jenen Staaten, in welchen eine Gesellschaft ihren Sitz oder eine Zweigniederlassung hat (Art. 21 Abs. 3 IPRG; vgl. dazu NOBEL, Gesellschaftsrecht im IPR-Gesetz, 179 f.). Art. 53 LugÜ verweist zur Bestimmung des Sitzes (noch) auf das IPR der Vertragsstaaten. Allerdings herrschen in den Vertragsstaaten des LugÜ unterschiedliche Theorien bezüglich der Sitzbestimmung (Sitztheorie, Inkorporationstheorie, Ort der tatsächlichen Verwaltung; vgl. unten N 26). Dies verhinderte bislang, dass ein Konsens darüber gefunden werden konnte, wie der Sitz für die Zwecke des Übereinkommens zu definieren sei. Eine Lösung findet sich bislang nur im revidierten Parallelübereinkommen der EU-Staaten zum LugÜ: Es wurde in eine EU-Verordnung überführt (EU-VO Nr. 44/2001, ABl Nr. L 012 vom 16.1.2001, 1 ff. in Kraft seit 1.März 2002; EuGVVO) und integriert die unterschiedlichen Ansätze nun in einer autonome Definition. Art. 60 EuGVVO sieht neu drei alternative Anknüpfungspunkte vor: den satzungsmässigen Sitz, die Hauptverwaltung oder die Hauptniederlassung. Diese Regelung soll zusammen mit den übrigen materiellen Änderungen der EuGVVO auch im zu revidierenden LugÜ umgesetzt werden (RODRIGUEZ, Jusletter 4.2.2002, Rz 34, 60 ff.; IPRG-Kommentar-VISCHER, Art. 112 N 22).

Für gesellschaftsrechtliche Klagen gegen Gesellschaft, Gesellschafter oder Organe sind **25** die schweizerischen Gerichte am **Sitz** der Gesellschaft zuständig (Art. 151 Abs. 1 IPRG; vgl. aber Art. 16 Abs. 2 LugÜ, welches von einem restriktiveren Begriff der gesellschaftsrechtlichen Streitigkeit ausgeht und etwa die Verantwortlichkeitsklagen nicht erfasst; vgl. dazu BSK IPRG-VON PLANTA, Art. 151 N 4; FusG-MÜLLER, § 9.6 N 4). Alternativ sind auch die Gerichte am Wohnsitz bzw. gewöhnlichen Aufenthalt des Beklagten zuständig (Wahlgerichtsstand gemäss Art. 151 Abs. 2 IPRG; IPRG-Kommentar-VISCHER, Art. 151 N 6; EBENROTH/MESSER, ZSR 1989 I, 100).

Gemäss Art. 154 IPRG unterstehen die Gesellschaften dem Recht des Staates, nach dessen **26** sen Vorschriften sie organisiert sind; das **Personalstatut** (Rechtsordnung, welcher die Gesellschaft in ihren wesentlichen Aspekten untersteht, vgl. dazu die beispielhafte Aufzählung in Art. 155 IPRG) wird nach der **Inkorporations- oder Gründungstheorie** bestimmt (BGE 117 II 496 f.; EBENROTH/MESSER, ZSR 1989 I, 55 ff. und 72 ff.; KLEY-STRULLER, SZIER 1991, 169 f.; IPRG-Kommentar-VISCHER, Vorbem. zu Art. 150–165 N 7 sowie Art. 154 N 16 ff.; vgl. auch FusG-MÜLLER, § 2 N 3, § 3 N 4 und § 5 N 3 zu int. Fusion, Spaltung und Vermögensübertragung). Erfüllt eine Gesellschaft die dort aufgestellten Publizitäts- oder Registrierungsvorschriften nicht, ist das Recht jenes Staates anwendbar, in welchem sie tatsächlich verwaltet wird; subsidiär wird das anwendbare Recht also nach der **Sitztheorie** bestimmt (Art. 154 Abs. 2 IPRG; IPRG-Kommentar-VISCHER, Art. 154 N 20 ff.). Die **Sonderanknüpfungen** der Art. 156 ff. IPRG bleiben vorbehalten (EBENROTH/MESSER, ZSR 1989 I, 77 ff.; BSK IPRG-JEGHER/SCHNYDER, Art. 157 N 1; IPRG-Kommentar-VISCHER, Art. 155 N 2; BSK IPRG-WATTER, Art. 156 N 1).

27 In der Schweiz gelegene **Zweigniederlassungen** von Gesellschaften mit Sitz im Ausland unterstehen gemäss Art. 160 Abs. 1 IPRG dem schweizerischen Recht (Art. 952 Abs. 2 OR, Art. 70 Abs. 2 HRegV; IPRG-Kommentar-VISCHER, Art. 155 N 20 und 160 N 12; ZK KELLER/KREN KOSTKIEWICZ, Art. 21 N 8, 10; BSK IPRG-GIRSBERGER, Art. 160 N 5 ff.; EBENROTH/MESSER, ZSR 1989 I, 93 ff.; vgl. zur Zuständigkeit am Ort der schweizerischen Zweigniederlassung IPRG-Kommentar-VISCHER, Art. 151 N 4). Gemäss BGE 108 II 122 ff. besteht für Zweigniederlassungen eine Eintragungspflicht, wenn die ausländischen Gesellschaften dauernd in der Schweiz tätig sind und hier über Personal und Geschäftsräume (mit-)verfügen. Nach PEDRAZZINI/OBERHOLZER sind auch Zweigniederlassungen von Gesellschaftsformen eintragbar, welche im schweizerischen Recht nicht vorgesehen sind (PEDRAZZINI/OBERHOLZER, 222).

28 Der **Sitz** einer Gesellschaft ist auch für die schweizerische Anerkennung ausländischer Entscheidungen «über gesellschaftsrechtliche Ansprüche» massgeblich (vgl. aber den engeren Anwendungsbereich von Art. 16 Ziff. 2 LugÜ; vgl. dazu BSK IPRG-GIRSBERGER, Art. 165 N 6 f.): Gemäss Art. 165 IPRG werden ausländische Entscheidungen in der Schweiz u.a. anerkannt, wenn sie in jenem Staat ergangen sind, in welchem die Gesellschaft ihren Sitz hat (vgl. IPRG-Kommentar-VISCHER, Art. 165 N 2 ff.; EBENROTH/Messer, ZSR 1989 I, 101 ff.).

Art. 57

E. Aufhebung

I. Vermögens-verwendung

[1] Wird eine juristische Person aufgehoben, so fällt ihr Vermögen, wenn das Gesetz, die Statuten, die Stiftungsurkunde oder die zuständigen Organe es nicht anders bestimmen, an das Gemeinwesen (Bund, Kanton, Gemeinde), dem sie nach ihrer Bestimmung angehört hat.

[2] Das Vermögen ist dem bisherigen Zwecke möglichst entsprechend zu verwenden.

[3] Wird eine juristische Person wegen Verfolgung unsittlicher oder widerrechtlicher Zwecke aufgehoben, so fällt das Vermögen an das Gemeinwesen, auch wenn etwas anderes bestimmt worden ist.

E. Suppression de la personnalité

I. Destination des biens

[1] Sauf disposition contraire de la loi, des statuts, des actes de fondation ou des organes compétents, la fortune des personnes morales dissoutes est dévolue à la corporation publique (Confédération, canton, commune) dont elles relevaient par leur but.

[2] La destination primitive des biens sera maintenue dans la mesure du possible.

[3] La dévolution au profit d'une corporation publique aura lieu, nonobstant toute autre disposition, si la personne morale est dissoute parce que son but était illicite ou contraire aux mœurs.

E. Cessazione della personalità

I. Devoluzione del patrimonio

[1] Venendo sciolta una persona giuridica, il suo patrimonio decade agli enti pubblici (Confederazione, Cantone, Comune) ai quali è appartenuta secondo la sua destinazione, salvo che sia altrimenti disposto dalla legge, dagli statuti, dall'atto di fondazione o dai suoi organi competenti.

[2] Il patrimonio dev'essere applicato a uno scopo quanto possibile affine a quello precedentemente seguito.

[3] Qualora una persona giuridica venga sciolta perché si propone un fine immorale o illecito, il patrimonio decade a favore degli enti pubblici nonostante ogni contraria disposizione.

Art. 58

II. Liquidation **Das Verfahren bei der Liquidation des Vermögens der juristischen Personen richtet sich nach den Vorschriften, die für die Genossenschaften aufgestellt sind.**

II. Liquidation Les biens des personnes morales sont liquidés en conformité des règles applicables aux sociétés coopératives.

II. Liquidazione La procedura di liquidazione del patrimonio di una persona giuridica avviene con le norme stabilite per le società cooperative.

I. Überblick

Entgegen dem Marginale «Aufhebung» enthalten die Art. 57 f. keine allgemeinen Bestimmungen über den Verlust der Rechtspersönlichkeit bzw. das Ende der juristischen Person (WEBER, SPR II/4, 198; ZK-EGGER, N 1; BK-RIEMER, N 2 ff.; TUOR/SCHNYDER/SCHMID, 143). Mit Ausnahme von Art. 57 Abs. 3 (Verfolgung eines rechts- oder sittenwidrigen Zwecks) nennt das Gesetz auch die Gründe nicht, welche zu einer Auflösung führen (vgl. BK-RIEMER, N 7). Art. 57 und 58 setzen das Eintreten eines Auflösungsgrundes vielmehr voraus; die beiden Artikel enthalten lediglich einzelne Vorschriften über das **Liquidationsverfahren** und die Verwendung des Liquidationsüberschusses (WEBER, SPR II/4, 198). Vom Ablauf der Dinge her betrachtet, müsste dabei Art. 57 nach Art. 58 ZGB kommen: bleibt nach Tilgung sämtlicher Schulden ein Aktivenüberschuss, so wird dieser gemäss Art. 57 ZGB verwendet (RIEMER, Personenrecht, N 601). Allerdings folgt nicht auf jede Aufhebung zwingend auch eine Liquidation. So besteht das Vermögen nach Massgabe eines bisherigen Zweckes etwa bei der Fusion zweier Stiftungen und ähnlichen Vorgängen fort (RIEMER, Personenrecht, N 734). **1**

Gemäss Art. 58 ist die Liquidation einer juristischen Person nach Massgabe der Regeln über die Genossenschaft durchzuführen; das Genossenschaftsrecht verweist seinerseits (Art. 913 Abs. 1 OR) auf das **Aktienrecht** (Art. 736 ff. OR). **2**

Trotz des generellen Verweises auf das Liquidationsverfahren des Genossenschafts- bzw. Aktienrechts enthält der Allgemeine Teil zu den juristischen Personen auch eigene materielle Bestimmungen über die **Verwendung des Liquidationsüberschusses:** Art. 57 Abs. 1 und 2 sehen vor, dass das Vermögen der aufgehobenen juristischen Person an das Gemeinwesen fallen und von diesem zweckgemäss weiterverwendet werden soll, sofern das Gesetz nichts Abweichendes vorsieht bzw. die Beteiligten keine andere Lösung getroffen haben. Der Wille der Beteiligten ist unbeachtlich, wenn die juristische Person wegen der Verfolgung eines unzulässigen Zwecks aufgehoben wurde; das Vermögen fällt in diesem Fall zwingend an das Gemeinwesen (Art. 57 Abs. 3). Auf die Zuordnung des Liquidationsüberschusses hat demnach nicht nur der (vorhandene oder fehlende) Wille der Beteiligten, sondern auch der Grund für die Aufhebung der juristischen Person einen Einfluss. Es ist umstritten, ob Art. 57 Abs. 3 auch für die *Körperschaften des OR* gilt (ablehnend WEBER, SPR II/4, 206 f.); dagegen spricht, dass Art. 59 Abs. 2 die genannten juristischen Personen auf das OR verweist, welchem Vermögenskonfiskationen durch das Gemeinwesen vollständig fremd sind. **3**

Weiter stellt sich die Frage, ob in bestimmten Fällen auch **anfänglich** mangelhafte juristische Personen gemäss Art. 57 f. rückabzuwickeln sind oder ob für das Liquidationsverfahren stillschweigend vorauszusetzen ist, die Entstehung sei mängelfrei erfolgt. Rechtsprechung und Lehre plädieren aus Gründen des *Verkehrs- und Vertrauensschutzes* **4** mehrheitlich für die Anwendbarkeit der Liquidationsregeln auf anfänglich mangelhafte juristische Personen, sofern diese bereits mit Dritten in Beziehung traten (BGE 112 II 6 f.; WEBER, SPR II/4, 210; ZK-EGGER, Art. 52 N 11; MEIER-HAYOZ/FORSTMOSER, § 1 N 38 ff.; BK-RIEMER, syst. Teil N 5). Kontrovers ist in diesem Zusammenhang indessen, ob der Liquidationsüberschuss auch bei anfänglich unsittlichem oder widerrechtlichem Zweck einer juristischen Person an das Gemeinwesen zu fallen hat. Das BGer bejaht diese Frage (BGE 115 II 401 ff.; 112 II 1 ff.; u. N 18 ff.), der überwiegende Teil der Lehre verneint sie (u. N 19 ff.). Wie bei den anfänglich mangelhaften Rechtsgeschäften hat sich auch hier die Rückabwicklung nach dem Zweck der verletzten Norm und dem Ziel der Mangelbeseitigung zu richten (BSK OR I-HUGUENIN, Art. 19/20 N 54). Nach diesen Gesichtspunkten ist eine Vermögenskonfiskation i.d.R. unangemessen; zur Beseitigung des Mangels ist nicht erforderlich, von den (statutarisch bzw. gesetzlich) vorgesehenen Liquidationsregeln abzuweichen.

II. Die Aufhebung einer juristischen Person

1. Die Aufhebung von Gesetzes wegen

5   Die Spezialbestimmungen zu den einzelnen juristischen Personen sehen regelmässig eine ganze Reihe **gesetzlicher Auflösungsgründe** vor (vgl. TUOR/SCHNYDER/SCHMID, 143 f.). So wird zum Beispiel ein *Verein* von Gesetzes wegen aufgelöst, wenn er zahlungsunfähig ist, wenn der Vorstand nicht mehr statutengemäss bestellt werden kann, bei abgeschlossener bzw. unmöglicher Zweckerreichung sowie bei Wegfall sämtlicher Mitglieder (Art. 77; PORTMANN, SPR II/5, N 154 ff. und 158 f.). Für die *Stiftung* ordnet Art. 88 Abs. 1 die Aufhebung an, wenn der Zweck unerreichbar geworden ist. Die Aufhebung ist materiell mit der Auflösung identisch (WEBER, SPR II/4, 199; BK-RIEMER, N 7). Die *Aktiengesellschaft*, die *Genossenschaft* und die *GmbH* werden u.a. durch Konkurseröffnung aufgelöst (Art. 736 Ziff. 3, 911 Ziff. 3, 820 Ziff. 3 OR). Sind die Vorschriften über Nationalität und Wohnsitz der Mitglieder des Verwaltungsrats (Art. 708 Abs. 4 OR) bzw. der Verwaltung (Art. 895 Abs. 2 OR) nicht mehr erfüllt, setzt der Handelsregisterführer der Gesellschaft eine Frist für die Wiederherstellung des gesetzlichen Zustands an. Verstreicht diese Frist ungenützt, verlangt das Gesetz die Auflösung der Gesellschaft (WEBER, SPR II/4, 200). Für die *Kommanditaktiengesellschaft* gelten die gleichen Gründe wie für die Aktiengesellschaft (Art. 770 Abs. 2 OR); dazu kommt die Auflösung bei Ausscheiden, Tod, Handlungsunfähigkeit oder Konkurs sämtlicher unbeschränkt haftender Gesellschafter (Art. 770 Abs. 1 OR). Die im Gesetz genannten Auflösungsgründe sind nicht vollständig (BK-RIEMER, N 7; WEBER, SPR II/4, 200).

2. Die rechtsgeschäftliche Aufhebung

6   Die **Aufhebungsfreiheit** ist das Pendant zur Gründungsfreiheit. Beide Freiheiten beruhen auf dem Grundsatz der Privatautonomie (vgl. BSK OR I-HUGUENIN, Art. 19/20 N 2 ff.; PEDRAZZINI/OBERHOLZER, 208). Die Auflösung eines *Vereins* kann daher jederzeit durch Vereinsbeschluss angeordnet werden (Art. 76 ZGB; PORTMANN, SPR II/5, N 162 f.). Für die *Körperschaften des OR* gilt der Grundsatz der Aufhebungsfreiheit ebenfalls uneingeschränkt: Die Auflösung kann in den Statuten vorgesehen oder ad hoc beschlossen werden (Art. 736 Ziff. 1 und 2, 770 Abs. 2, 820 Ziff. 1 und 2, 911 Abs. 1 und 2 OR). Dagegen ist eine *Stiftung* nur auflösbar, wenn eine Rechtsnorm oder ein richterliches Urteil die Aufhebung anordnet (Art. 88). Diese Ausnahme vom Grundsatz der einvernehmlichen Selbstbestimmung ist darauf zurückzuführen, dass sich die Stiftung mit ihrer Errichtung vom Stifterwillen gelöst hat (vgl. BK-RIEMER, N 7).

3. Die richterliche Aufhebung

Bislang waren juristische Personen vom Gericht durch **Urteil** aufzulösen, wenn ihr **7** Zweck unsittlich oder widerrechtlich geworden war, wenn ein wichtiger Grund vorlag, wenn die Zahl der Mitglieder unter eine bestimmte Mindestzahl fiel, wenn der juristischen Person die notwendigen Organe fehlten etc. (vgl. etwa WEBER, SPR II/4, 201 ff.; PEDRAZZINI/OBERHOLZER, 209; TUOR/SCHNYDER/SCHMID, 143 f.). Weil seit der Revision des Stiftungsrechts «die Zuständigkeit für die Aufhebung nicht mehr systematisch bei einer Justizbehörde liegt» (BBl 2003 8163), wurde das Adverb ‹gerichtlich› in Art. 57 Abs. 3 gestrichen. Nur die Aufhebung von Familienstiftungen und kirchlichen Stiftungen erfolgt weiterhin durch ein Gericht (Art. 88 Abs. 2 ZGB).

a) Widerrechtlicher oder unsittlicher Zweck

Ein *Verein* ist auf Klage der zuständigen Behörde oder eines Beteiligten aufzulösen, **8** wenn sein **Zweck widerrechtlich** oder **unsittlich** ist (Art. 78; PORTMANN, SPR II/5, N 166 ff.; WEBER, SPR II/4, 201; VON BÜREN/STOFFEL/WEBER, N 1285). Ist der Zweck einer *Stiftung* widerrechtlich oder unsittlich geworden (Art. 88 Abs. 2), räumt Art. 89 Abs. 1 nicht nur der Aufsichtsbehörde, sondern jedem Interessierten ein Klagerecht ein (Art. 89 Abs. 1; BGE 101 Ib 108; WEBER, SPR II/4, 201; BK-RIEMER, Stiftungen Art. 88/89 N 24 ff.; PEDRAZZINI/OBERHOLZER, 209).

Die *Körperschaften des OR* sind bei Widerrechtlichkeit oder Unsittlichkeit des Zwecks **9** (ex nunc) aufzuheben, wenn diese Konsequenz zur Beseitigung des Mangels erforderlich ist und bei Abwägung aller Interessen das Aufhebungsinteresse überwiegt (BSK OR I-HUGUENIN, Art. 19/20 N 22 ff.; vgl. zur Widerrechtlichkeit bzw. Unsittlichkeit des Zwecks o. Art. 52 N 12 ff. sowie u. Art. 57 N 20). Eine Aufhebung ist aber angesichts der vorrangigen Rolle, welche Bestandes- und Verkehrsschutzinteressen im Handelsrecht spielen, als ultima ratio zu betrachten (WEBER, SPR II/4, 201). Bei der Suche nach anderen angemessenen Rechtsfolgen kann auch Art. 736 Ziff. 4 OR analog herangezogen werden. Diese erlaubt dem Richter, statt auf Auflösung auf eine andere (rechts- und) sachgemässe Lösung zu erkennen, wenn sie den Beteiligten zumutbar ist.

b) Wichtige und andere Gründe

Aktiengesellschaft, Kommanditaktiengesellschaft und *GmbH* können auf Begehren eines **10** (Art. 820 Ziff. 4 OR) bzw. mehrerer Gesellschafter (Art. 736 Ziff. 4, 770 Abs. 2 OR) aufgelöst werden, sofern ein **wichtiger Grund** vorliegt (WEBER, SPR II/4, 203; PEDRAZZINI/OBERHOLZER, 209). Für die *Genossenschaft* hat der Gesetzgeber keine ausdrückliche Regelung vorgesehen. Bei allen Körperschaften des OR können einzelne Gesellschafter oder auch Gläubiger die Auflösung der Gesellschaft verlangen, wenn die Zahl der Gesellschafter unter das gesetzliche Minimum fällt oder wenn es der juristischen Person an den vorgeschriebenen Organen fehlt (Art. 625 Abs. 2, 770 Abs. 2, 775 Abs. 2, 831 Abs. 2 OR).

III. Liquidationsverfahren

Für das Liquidationsverfahren verweist Art. 58 auf das **Genossenschaftsrecht** (Art. 913 **11** Abs. 1 OR), welches seinerseits auf das **Aktienrecht** (Art. 736–747 OR) verweist (TUOR/SCHNYDER/SCHMID, 144 f.). Die Allgemeingültigkeit der aktienrechtlichen Liquidationsordnung belegen auch Art. 770 Abs. 2 OR (Kommanditaktiengesellschaft) und Art. 823 OR (GmbH), welche bezüglich der Aufhebung ebenfalls das Aktienrecht für anwendbar erklären.

12   Art. 738 OR ordnet an, dass die aufgelöste juristische Person in **Liquidation** tritt (PEDRAZZINI/OBERHOLZER, 209 ff.). Während des Liquidationsverfahrens behält sie die Rechtspersönlichkeit (vgl. Art. 52; OGer SO SOG 1984, 17), jedoch wird einer allfälligen Firma der Zusatz «in Liquidation» beigefügt (Art. 739 Abs. 1 OR; BÖCKLI, § 17 N 2, 23). Die Befugnisse der regulären Organe der juristischen Person werden von Gesetzes wegen auf jene Handlungen beschränkt, welche für die Durchführung der Liquidation erforderlich sind, ihrer Natur nach jedoch nicht von den Liquidatoren durchgeführt werden können (Art. 739 Abs. 2 OR; BÖCKLI, § 17 N 26 f.).

13   Vorbehältlich einer abweichenden Statutenregel bzw. eines abweichenden Beschlusses besorgt das Exekutivorgan die Liquidation (Art. 740 Abs. 1 OR; BÖCKLI, § 17 N 35; GUTZWILLER, SPR II, 511; PEDRAZZINI/OBERHOLZER, 210). Bei Auflösung durch Urteil ernennt der Richter die **Liquidatoren** (Art. 740 Abs. 4 OR), welche als *ausserordentliche gesetzliche Organe* auch aus unerlaubter Handlung haften (Art. 55 Abs. 2 ZGB; VON BÜREN/STOFFEL/WEBER, N 1312). Im Falle eines Konkurses ist die Konkursverwaltung für die Liquidation zuständig (Art. 740 Abs. 5 OR).

14   Die Liquidatoren sind zunächst verpflichtet, eine **Bilanz** aufzustellen und einen **Schuldenruf** zu erlassen (Art. 742 OR; GUTZWILLER, SPR II, 511; WEBER, SPR II/4, 204 f.; zum Liquidationsverfahren eingehend BÖCKLI, § 17 N 43 ff.). Sie haben sodann die laufenden Geschäfte zu beenden, noch ausstehende Beiträge einzuziehen, die Aktiven zu verwerten und die Verpflichtungen der juristischen Person zu erfüllen (Art. 743 Abs. 1 OR). Im Falle einer Überschuldung müssen sie den Richter benachrichtigen, welcher die Eröffnung des Konkurses ausspricht (Art. 743 Abs. 2 OR). Wenn nach der Tilgung aller Schulden ein Vermögensüberschuss verbleibt, ist dieser unter den Mitgliedern der juristischen Person zu verteilen (Art. 745 Abs. 1 OR; GUTZWILLER, SPR II, 512; WEBER, SPR II/4, 205; PEDRAZZINI/OBERHOLZER, 210). Die juristische Person endet erst mit dem Abschluss der Liquidation; das Erlöschen einer allfälligen Firma ist beim Handelsregisterführer anzumelden (Art. 746 OR; zur Wiedereintragung BGE 115 II 276).

15   *Vereine* und *Stiftungen* dürfen in einfachen Fällen still liquidiert werden; bei den *Körperschaften* ist die stille Liquidation unzulässig (BK-RIEMER, N 5, 10 f.).

IV. Die Verwendung des Liquidationsüberschusses

16   Bestimmen das Gesetz (vgl. Art. 660 Abs. 2, 745, 770 Abs. 2, 823, 913 Abs. 4 und 5 OR), die Statuten, die Stiftungsurkunde oder die zuständigen Organe nichts anderes, steht der Liquidationsüberschuss je nach Zugehörigkeit der liquidierten juristischen Person dem Bund, einem Kanton oder einer Gemeinde zu (Art. 57 Abs. 1; RIEMER, Personenrecht, N 601 f.; WEBER, SPR II/4, 207; ZK-EGGER, N 2 ff.; BK-RIEMER, N 12 ff.; PEDRAZZINI/OBERHOLZER, 210 f.). Das entsprechende **Gemeinwesen** ist verpflichtet, das Vermögen dem bisherigen Zweck gemäss zu verwenden (Art. 57 Abs. 2).

17   Wird eine juristische Person wegen der Verfolgung eines unsittlichen oder widerrechtlichen Zwecks gerichtlich aufgehoben, fällt der Liquidationsüberschuss **zwingend,** also ungeachtet allfälliger abweichender Anordnungen durch Gesellschafter oder Organe, an das Gemeinwesen (Art. 57 Abs. 3; WEBER, SPR II/4, 208; BK-RIEMER, 18 ff.; PEDRAZZINI/OBERHOLZER, 210 f.; vgl. für die Stiftung KGer GR PKG 1990, 1; PORTMANN, SPR II/5, N 175). Bei Art. 57 Abs. 3 handelt es sich um ein «helvetisches Unicum»; in unseren Nachbarstaaten sucht man vergeblich nach einer solchen Bestimmung (HEINI, SAG 1986, 181).

18   Nach der Auffassung des BGer ist Art. 57 Abs. 3 auch auf **anfängliche** Zweckmängel anwendbar (BGE 115 II 404; 112 II 5 ff.). Zwar sieht Art. 52 Abs. 3 vor, dass juristische

Personen mit anfänglich widerrechtlichem oder unsittlichem Zweck das **Recht der Persönlichkeit** gar nicht erlangen können (vgl. Art. 52 N 13 ff.). Die Rechtsprechung nimmt indessen gestützt auf Art. 643 Abs. 2 OR an, der Handelsregistereintrag verschaffe die Rechtspersönlichkeit auch bei anfänglicher Widerrechtlichkeit bzw. Unsittlichkeit des Gesellschaftszwecks. Diese Konstruktion öffnet den Weg für die Aufhebung der «geheilten» juristischen Person und die anschliessende Konfiskation ihres Vermögens (BGE 110 Ib 109; 107 Ib 189 f.; 107 Ib 15; WEBER, SPR II/4, 210; PATRY, SPR VIII/1, 149). Der Begriff «Heilung» bedeutet demnach in diesem Kontext nicht, dass der Mangel nicht mehr zu beachten ist, sondern dass entgegen der Anordnung von Art. 52 Abs. 3 die Rechtspersönlichkeit vorliegt (vgl. zum mehrdeutigen Begriff der Heilung, BSK OR I-HUGUENIN, Art. 19/20 N 60).

In der Lehre ist sowohl die Tragweite des Kontrollkriteriums «Widerrechtlichkeit des **19** Zwecks» wie auch der sachliche sowie persönliche Geltungsbereich von Art. 57 Abs. 3 **umstritten** (vgl. KICK, 89 f., 115 ff. und 238 ff.; NEESE, 261 f.; vgl. auch o. Art. 52 N 12 ff.).

– Es wird vorgeschlagen, das Kriterium «Widerrechtlichkeit des Zwecks», welches die **20** Voraussetzung für die Vermögenskonfiskation bildet, einschränkend auszulegen. Dies ergibt sich schon daraus, dass die Anordnung einer so unverhältnismässigen Massnahme eine besondere Verwerflichkeit des Handelns der Beteiligten voraussetzt (BK-RIEMER, N 21; RIEMER, ZSR 1978 I, 86 f.; vgl. auch CURTI-FORRER, N 13). Nach HEINI ist die **Widerrechtlichkeit** auf Gesetze mit ordre public-Charakter zu reduzieren (HEINI, SAG 1986, 181). HIRSCH will die Konfiskation des Vermögens auf den Fall beschränken, in welchem der vorgesehene Vermögensanfall zu einem widerrechtlichem Ergebnis führt (HIRSCH, SAG 1986, 182). Nach DRUEY kann von einem rechtswidrigen Zweck nur die Rede sein, wenn eine an sich verbotene Tätigkeit wie das Betreiben von Glücksspielen oder das Unterstützen einer verbotenen politischen Partei angestrebt wird. In allen diesen Fällen geht es indessen um die Tätigkeit einer natürlichen Person; die juristische Person dient dagegen lediglich der Tarnung der verbotenen Tätigkeit. Bestraft werden sollte darum auch nur die natürliche und nicht die (inexistente) juristische Person (DRUEY, SAG 1986, 183). Dagegen wendet SCHNYDER ein, dass in diesem Fall der widerrechtliche Zweck der juristischen Person gerade im Anstreben einer verbotenen Tätigkeit bestehe (SCHNYDER, ZBJV 1988, 75; vgl. auch BECKER, ZSR 1988 I, 631 f.). BROGGINI betrachtet den Immobilienerwerb als erlaubten Zweck (BROGGINI, SJZ 1988, 116 f.). PORTMANN will nicht auf den statutarischen Zweck sondern auf die – durch formelle wie faktische Organe – tatsächlich verfolgte Tätigkeit abstellen (PORTMANN, SPR II/5, N 80 f.).

– Zum Teil wird dafür eingetreten, dass Art. 57 Abs. 3 nur bei **nachträglichen** Zweck- **21** mängeln einschlägig ist; die anfänglichen Zweckmängel seien dagegen in Art. 52 Abs. 3 geregelt (WEBER, SPR II/4, 209 f., welcher diese Lehre als herrschende bezeichnet; ZK-EGGER, N 5; DRUEY, SAG 1986, 183; RIEMER, ZSR 1978 I, 96 f.; RIEMER, SAG 1982, 86; **a.M.** HEINI, SAG 1986, 180).

– Schliesslich wird die Frage, ob Art. 57 Abs. 3 überhaupt auf **Aktiengesellschaften** **22** anwendbar sein soll, überwiegend abl. beantwortet (**a.M.** WEBER, SPR II/4, 211 u.a. mit Hinweis auf den Grundsatz der Gleichbehandlung aller juristischen Personen; GUTZWILLER, SPR II, 508; HEINI, SAG 1986, 181; BK-RIEMER, 18 ff.; vgl. auch BROGGINI, SJZ 1988, 114 f.). Nach KICK sind die Materialien indessen nicht so eindeutig, als dass man ihnen entnehmen dürfte, Art. 57 Abs. 3 gelte nur für die juristischen Personen des ZGB (KICK, 22 ff.; vgl. auch BRUESCH, ZBGR 1988, 356; MARANTA, SJZ 1988, 361 f.). Insbesondere schien man bei der OR-Teilrevision von 1936 davon auszugehen, dass Art. 57 Abs. 3 auch auf die Körperschaften des OR anwendbar sein sollte (KICK, 55 ff.). Sodann wird auch argumentiert, der in Art. 736 Ziff. 5 OR statuierte Vorbehalt weiterer «Fälle», in welchen die Aktiengesellschaft aufzulösen ist, beziehe sich entgegen der in BGE 115 II 3 ff. verfochtenen Interpretation lediglich auf die Gründe, nicht aber auf die Folgen der Auflösung (DRUEY, SZW 1990, 65 f.).

23 Nach der hier vertretenen Auffassung handelt es sich bei Art. 57 Abs. 3 ZGB (bzw. Art. 27 BewG) lediglich um eine **Abwicklungsnorm,** welche funktionell mit dem Bereicherungsrecht (Art. 62 ff. OR) verglichen werden kann (BSK OR I-HUGUENIN, Art. 19/20 N 58) und welche die Beseitigung des Mangels bzw. des rechtswidrigen Zustands unter bestmöglicher Wahrung des Parteiwillens sowie der übrigen berechtigten Interessen bewirken soll **(Prinzip des kleinstmöglichen Eingriffs).** Als Abwicklungsnorm ist Art. 57 Abs. 3 (wie auch Art. 27 BewG) nicht primär aus sich selber heraus auszulegen, sondern in den Dienst derjenigen Norm zu stellen, welche die Widerrechtlichkeit statuiert (z.B. Art. 26 BewG). Nach Massgabe des Schutzzwecks dieser Norm ist sodann zu überlegen, welche Massnahmen zur Beseitigung des Mangels erforderlich sind. Dafür ist in concreto ausreichend, das verpönte Geschäft zu untersagen, rückabzuwickeln, den Verkauf der Liegenschaft an gesetzeskonforme Käufer anzuordnen, die juristische Person im Falle eines rechtswidrigen Zwecks aufzuheben etc.; einer Konfiskation des Vermögens der juristischen Person durch das Gemeinwesen bedarf es dagegen nicht (**a.M.** BECKER und NEESE, welche neben dem Gemeinwesen lediglich die gutgläubigen Gesellschafter an der Vermögensverteilung partizipieren lassen wollen: BECKER, ZSR 1988 I 616 ff. und 630; NEESE, 261 f.).

24 Der Vorentwurf RIEMER für die Revision des Stiftungsrechts hatte dem **Grundsatz des kleinstmöglichen Eingriffs** entsprechend noch vorgesehen, dass eine Vermögenskonfiskation nur erfolgen sollte, «soweit im Aufhebungsverfahren unter Würdigung aller Umstände nichts anderes entschieden worden ist» (BK-RIEMER, syst. Teil N 210). Das nun revidierte Stiftungsrecht, welches seit dem 1. Januar 2006 in Kraft ist, hat demgegenüber den umstrittenen Art. 57 Abs. 3 praktisch unverändert übernommen (vgl. einzig N 7). Die hier geschilderte Problematik wurde allerdings während der Revisionsberatungen überhaupt nicht thematisiert.

Art. 59

F. Vorbehalt des öffentlichen und des Gesellschafts- und Genossenschaftsrechtes	[1] **Für die öffentlich-rechtlichen und kirchlichen Körperschaften und Anstalten bleibt das öffentliche Recht des Bundes und der Kantone vorbehalten.**
	[2] **Personenverbindungen, die einen wirtschaftlichen Zweck verfolgen, stehen unter den Bestimmungen über die Gesellschaften und Genossenschaften.**
	[3] **Allmendgenossenschaften und ähnliche Körperschaften verbleiben unter den Bestimmungen des kantonalen Rechtes.**
F. Réserves en faveur du droit public et du droit sur les sociétés	[1] Le droit public de la Confédération et des cantons demeure réservé pour les corporations ou les établissements qui lui sont soumis et pour ceux qui ont un caractère ecclésiastique.
	[2] Les organisations corporatives qui ont un but économique sont régies par les dispositions applicables aux sociétés.
	[3] Les sociétés d'allmends et autres semblables continuent à être régies par le droit cantonal.

F. Riserve di diritto pubblico e di diritto particolare	[1] Per le corporazioni e gli istituti di diritto pubblico o di carattere ecclesiastico sono riservate le disposizioni di diritto pubblico della Confederazione e dei Cantoni.
	[2] Le unioni di persone che hanno un fine economico soggiacciono alle disposizioni del diritto federale circa le società e le cooperative.
	[3] I patriziati e simili corporazioni rimangono soggetti alle disposizioni del diritto cantonale.

I. Überblick

Die letzte Bestimmung des Allgemeinen Teils zu den juristischen Personen begrenzt und **1** relativiert den unmittelbaren **Geltungsbereich** der Art. 52–58 mittels Vorbehalten zugunsten bzw. Verweisen auf andere Normgruppen (öffentliches Recht des Bundes und der Kantone, Privatrecht der Kantone bzw. OR). Es werden *vier verschiedene Gruppen juristischer Personen* thematisiert: öffentlich-rechtliche Körperschaften und Anstalten (Art. 59 Abs. 1; vgl. auch Art. 829 OR), kirchliche Körperschaften und Anstalten (Art. 59 Abs. 1), kantonale Allmend- und ähnliche Genossenschaften (Art. 59 Abs. 3) sowie Personenverbindungen mit wirtschaftlichem Zweck (Art. 59 Abs. 2).

Der **Vorbehalt** betr. die in Art. 59 Abs. 1 aufgeführten *öffentlich-rechtlichen und kirch-* **2** *lichen Körperschaften und Anstalten* zugunsten des **öffentlichen Rechts** ist **unecht**; es wird lediglich wiederholt, was Art. 6 Abs. 1 bereits allgemein statuiert. Danach dürfen die öffentlich-rechtlichen Befugnisse der Kantone durch das Bundesprivatrecht nicht beschränkt werden (WEBER, SPR II/4, 226; TUOR/SCHNYDER/SCHMID, 30 FN 26, 130). Der Vorbehalt von Art. 59 Abs. 3 betr. die *Allmend- und ähnlichen Genossenschaften* zugunsten des **kantonalen Privatrechts** ist dagegen **echt**; ohne diesen würden die entsprechenden juristischen Personen vom Bundesprivatrecht beherrscht (Art. 5 Abs. 1; WEBER, SPR II/4, 226; TUOR/SCHNYDER/SCHMID, 121; ausführlich RIEMER, Personenrecht, N 478).

Art. 59 Abs. 2 **verweist** für die *Personenverbindungen (gemeint sind die Körperschaften)* **3** *mit wirtschaftlichem Zweck* auf die im **OR** enthaltenen Normen über die Handelsgesellschaften und die Genossenschaft (WEBER, SPR II/4, 61; ZK-EGGER, N 25; TUOR/SCHNYDER/SCHMID, 122; PEDRAZZINI/OBERHOLZER, 205).

II. Öffentlich-rechtliche Körperschaften und Anstalten

1. Begriff

Bei den **öffentlich-rechtlichen Körperschaften** handelt es sich nach öffentlichem Recht **4** um «mitgliedschaftlich verfasste, auf dem öffentlichen Recht beruhende und mit Hoheitsgewalt ausgestattete Verwaltungsträger, die selbständig öffentliche Aufgaben erfüllen» (HÄFELIN/MÜLLER, N 1288). Die öffentlich-rechtlichen Körperschaften lassen sich im Wesentlichen in *Gebiets-* (Bund, Kantone, Einwohnergemeinden etc.), *Personal-* (öffentlich-rechtlich organisierte Studentenschaften etc.) und *Realkörperschaften* (Meliorationsgenossenschaften, Alpkorporationen etc.) unterteilen; daneben bestehen auch *Mischformen* wie etwa die Kirchgemeinden (HÄFELIN/MÜLLER, N 1295 ff.; HANGARTNER, Grundfragen, 231 f.).

Eine **öffentlich-rechtliche Anstalt** ist eine «Verwaltungseinheit, zu der ein Bestand von **5** Personen und Sachen durch Rechtssatz technisch und organisatorisch zusammengefasst ist und die für eine bestimmte Verwaltungsaufgabe dauernd den Anstaltsbenützern zur Verfügung steht» (HÄFELIN/MÜLLER, N 1314). Die Rechtspersönlichkeit kommt nur jenen öffentlich-rechtlichen Anstalten zu, welche *selbständig* sind (HÄFELIN/ MÜLLER, N 1320 ff.). Selbständige Anstalten des öffentlichen Rechts sind etwa die SUVA, das Schweizerische Institut für Rechtsvergleichung oder die Zürcher Kantonalbank.

6   Bei den **öffentlich-rechtlichen Stiftungen** geht es um «durch einen Stiftungsakt begründete, dem öffentlichen Recht unterstellte und i.d.R. mit Rechtspersönlichkeit ausgestattete» Verwaltungseinheiten, die mit ihrem Stiftungsvermögen eine öffentliche Aufgabe erfüllen (HÄFELIN/MÜLLER, N 1346). Selbständige Stiftungen sind zum Beispiel die Pro Helvetia und der Schweizer Nationalpark.

7   Die juristischen Personen des öffentlichen Rechts werden von den betreffenden öffentlich-rechtlichen Gebietskörperschaften i.d.R. mit **hoheitlicher Gewalt** versehen und mit der Erfüllung **öffentlicher Aufgaben** betraut (BGE 117 Ia 112 f.; PEDRAZZINI/OBER-HOLZER, 202). «Eine Körperschaft handelt hoheitlich, wenn sie mit ihrem Akt in irgendeiner Weise die Rechtsstellung des einzelnen Bürgers berührt, indem sie ihn verbindlich und erzwingbar zu einem Tun, Unterlassen oder Dulden verpflichtet oder sonst wie seine Rechtsbeziehungen zum Staat autoritativ festlegt» (BGE 117 Ia 112 f.). Die Übertragung hoheitlicher Befugnisse auf einen ausserhalb des Staatswesens stehenden Rechtsträger bedarf einer gesetzlichen Grundlage (BGE 104 Ia 440; LGVE 1991 III 362; vgl. zur Zulässigkeit der Zwangsmitgliedschaft HANGARTNER, Grundfragen, 231 ff.). Die hohen Anforderungen, welche das öffentliche Recht an die Errichtung einer öffentlich-rechtlichen Körperschaft stellt, rechtfertigen gemäss BGE 104 Ia 440 auch, dass eine solche Körperschaft ohne weiteres über die Rechte verfügt, die das Bundesprivatrecht den juristischen Personen im Allgemeinen zuerkennt.

8   Über die Zugehörigkeit einer juristischen Person zum öffentlichen Recht entscheidet das **öffentliche Recht** (BGE 117 Ia 112 f.; WEBER, SPR II/4, 226; BK-RIEMER, syst. Teil N 58). Zur Abgrenzung zwischen öffentlichem und privatem Recht zieht das öffentliche Recht verschiedene Theorien heran: die **Subordinations-** (Staat in seiner Eigenschaft als Träger von Hoheitsrechten beteiligt), die **Interessen-** (Schutz vorwiegend öffentlicher Interessen), die **Funktions-** (Wahrnehmung vorwiegend öffentlich-rechtlicher Aufgaben) oder die **modale** (Anordnung öffentlich-rechtlicher Sanktionen) **Theorie** (HÄFELIN/ MÜLLER, N 247 ff.). Die den verschiedenen Theorien entnommenen Elemente werden bei Bedarf kumuliert (sog. Methodenpluralismus).

9   Massgebliches Kriterium für die Zuordnung einer juristischen Person zum öffentlichen Recht ist die **Beteiligung des Gemeinwesens** (Gründer, Gesellschafter, Aufsichtsorgan etc.) in seiner Eigenschaft als Träger hoheitlicher Gewalt. Wichtig ist auch, ob die entsprechende juristische Personen über hoheitliche Befugnisse verfügt und ob sie vornehmlich öffentliche Aufgaben erfüllt (MEIER-HAYOZ/FORSTMOSER, § 1 N 20 ff.). Führen die **Hauptkriterien** nicht zu einem eindeutigen Schluss, werden folgende **Hilfskriterien** herangezogen: Entstehung durch Verwaltungsakt bzw. öffentlich-rechtlichen Vertrag, behördliche Anerkennung, öffentlich-rechtliche Regelung des Tätigkeitsbereichs, verwaltungsrechtlicher Rechtsweg, Zwangsgemeinschaft bzw. -mitgliedschaft, Steuerprivilegien etc. (vgl. JAGMETTI, SPR I, 260; KLEY-STRULLER, Kantonales Privatrecht, 100 f.; PEDRAZZINI/OBERHOLZER, 202; kritisch MOOR, 518 und BK-RIEMER, syst. Teil N 58 ff.).

2. Anwendbares Recht

10 Da die öffentlich-rechtlichen Befugnisse von Bund und Kantonen durch das Bundesprivatrecht nicht beschränkt werden dürfen, ist auf die öffentlich-rechtlichen juristischen

Personen grundsätzlich das **öffentliche Recht** von Bund und Kantonen anwendbar (Art. 6 Abs. 1 und 59 Abs. 1; TUOR/SCHNYDER/SCHMID, 130). Dies schliesst nicht aus, dass sich öffentlich-rechtliche juristische Personen ausnahmsweise auf verfassungsmässige Rechte berufen können (HANGARTNER, Juristische Personen, 112).

Dieses Prinzip gilt nach RIEMER **uneingeschränkt** für Errichtung (BGE 104 Ia 440), Struktur (Zweck, Organisation, Voraussetzungen der Handlungsfähigkeit, Vertretungsverhältnisse, Mitgliedschaftsrechte und -pflichten; BGE 108 II 334) und Aufhebung der öffentlich-rechtlichen juristischen Person sowie für die Änderung dieser Verhältnisse (BK-RIEMER, syst. Teil N 117 ff. mit vielen Hinweisen auf die Rechtsprechung; vgl. auch HÄFELIN/MÜLLER, N 1291; TUOR/SCHNYDER/SCHMID, 130; PEDRAZZINI/OBERHOLZER, 203).   **11**

In den übrigen Fällen wird danach unterschieden, ob eine öffentlich-rechtliche juristische Person als Hoheitsträgerin oder als den übrigen Privatrechtssubjekten gleichgestelltes Rechtssubjekt auftritt: (1) Tritt sie als **Hoheitsträgerin** auf, kann Bundesprivatrecht nur mittelbar (über öffentliches Recht) Anwendung finden (BK-RIEMER, syst. Teil N 124). Verweist das kantonale Recht auf Bundesprivatrecht, gilt dieses nicht als eidgenössisches, sondern als kantonales Recht (BGE 96 II 344; PEDRAZZINI/OBERHOLZER, 203). (2) Wird eine öffentlich-rechtliche juristische Person dagegen als den anderen Privatrechtssubjekten «gleichgestelltes Rechtssubjekt» bzw. **gewerblich** tätig, ist sie wie eine juristische Person des Privatrechts zu behandeln (BGE 124 III 420 = Pra 1999, 208; BGE 116 II 648; 115 II 245; BK-RIEMER, syst. Teil N 123 ff.; bez. Art. 61 Abs. 2 OR: BGE 111 II 149; 108 II 334; 101 II 177; BISCHOF, ZSR 1985 I, 67 ff.). Die Gleichbehandlung darf indessen nicht schematisch erfolgen; vielmehr ist nach Massgabe der verschiedenen Charakteristika einer konkreten juristischen Person sowie der in sie gesetzten, berechtigten Erwartungen zu entscheiden, ob und inwieweit in concreto die Anwendung von Privatrecht angemessen ist.   **12**

Von den öffentlich-rechtlichen juristischen Personen sind jene **privatrechtlichen juristischen Personen** zu unterscheiden, welche **öffentliche Aufgaben** wahrnehmen. Diese unterstehen z.T. dem öffentlichen, z.T. dem Privatrecht (HÄFELIN/MÜLLER, N 1354 und 1530). Öffentliches Recht ist v.a. auf die Erfüllung der öffentlichen Aufgaben anwendbar (BK-RIEMER, syst. Teil N 62 f.; MEIER-HAYOZ/FORSTMOSER, § 1 N 37 ff.); insb. sind die privatrechtlichen juristischen Personen bei der Erfüllung öffentlicher Aufgaben an die Grundrechte gebunden (HÄFELIN/MÜLLER, N 1532 f.).   **13**

Als schwierig kann sich die Abgrenzung auch bei den **gemischtwirtschaftlichen Unternehmen** erweisen. Es handelt sich bei diesen um Körperschaften in der Form des Privatrechts, in welcher eines oder mehrere «Gemeinwesen (Bund, Kantone, Gemeinden, andere öffentlichrechtliche Körperschaften oder Anstalten) und Private die Unternehmensleitung gemeinsam wahrnehmen. Charakteristisch ist entsprechend die doppelte Zweckbestimmung dieser Gebilde, die Gewinnstrebigkeit und Verwirklichung öffentlicher Interessen miteinander verbindet» (HÄFELIN/MÜLLER, N 1496 im Gegensatz zu früheren Auflagen), wobei diese öffentlichen Interessen nicht etwa mit öffentlichen Aufgaben zu verwechseln sind, welche ein Gemeinwesen wahrnehmen *muss*. Nach HÄFELIN/MÜLLER ist auf gemischtwirtschaftliche Unternehmen grundsätzlich Privatrecht (vgl. insb. die beiden Sonderregeln Art. 762 und 926 OR) anwendbar (so jedenfalls HÄFELIN/MÜLLER, noch in der 3. Aufl., N 1189). Gemischtwirtschaftliche Unternehmen sind zum Beispiel die BLS Lötschbergbahn AG (BGE 95 II 157 ff.), die Swisscom (BGE 127 II 8) sowie ein Teil der Kantonalbanken (vgl. auch MEIER-HAYOZ/FORSTMOSER, § 1 N 32 ff.). Soweit ein Gemeinwesen auf sein Abordnungsrecht nach Art. 762 Abs. 1 bzw. Art. 926 Abs. 1 OR verzichtet, nur Unternehmenskapital zur Verfügung stellt und ledig-   **14** lich dank einer Mehrheitsbeteiligung Einfluss auf die Unternehmensführung nimmt, geht es nicht an, eine zusätzliche, über die Beteiligung hinausgehende Haftung des Gemeinwesens zu konstruieren. Hierfür wären zusätzliche Umstände vonnöten, wie etwa die Erfüllung einer öffentlichen Aufgabe, eine faktische Organschaft oder ein Verhalten, mit welchem das Gemeinwesen bestimmte schutzwürdige Erwartungen in eine Übernahme der Verantwortung hervorgerufen, später aber in treuwidriger Weise enttäuscht hat (Stellungnahme des Bundesrates vom 27. Februar 2002 zur Motion Gross 01.3741 vom 12. Dezember 2001; vgl. auch BSK OR II-Wernli, Art. 762 N 21).

III. Kirchliche Körperschaften und Anstalten

15 Es ist unumstritten, dass Art. 15 BV (Glaubens- und Gewissensfreiheit) auf juristische Personen, welche nach ihren Statuten selber religiöse Zwecke verfolgen, anwendbar ist (BGE 118 Ia 52 f.; Häfelin/Haller, Rz 433). Dagegen herrscht Uneinigkeit darüber, für welche dieser juristischen Personen das öffentliche Recht anstatt des ZGB gilt (vgl. dazu Pedrazzini/Oberholzer, 203 f.; BK-Riemer, syst. Teil N 86 f.; Tuor/Schnyder/Schmid, 131). Nach einem weiten Verständnis umfasst der Vorbehalt des Art. 59 Abs. 1 alle Körperschaften und Anstalten christlicher Zugehörigkeit, ohne dass es dabei auf die gewählte Rechtsform ankommt (Gutzwiller, SPR II, 460). Einer restriktiven Auffassung zufolge unterstehen dagegen nur jene Körperschaften dem öffentlichen Recht, welche in grundlegender Weise dem Aufbau und der Organisation dieser Glaubensgemeinschaft dienen (Tuor/Schnyder/Schmid, 131 f.; Weber, SPR II/4, 232). Unter den Vorbehalt fallen danach insb. jene **kirchlichen juristischen Personen,** welche von Kirche und Kanton als öffentlich-rechtlich anerkannt oder mindestens vom Kanton für kirchliche Aufgaben geschaffen worden sind. Die übrigen kirchlichen Verbandspersonen (vgl. zum Begriff der Verbandsperson Riemer, Personenrecht, N 488) werden vom Vorbehalt von Art. 59 Abs. 1 dagegen nicht erfasst und unterstehen daher dem Bundesprivatrecht.

IV. Personenverbindungen mit wirtschaftlichem Zweck

1. Begriff

16 Personenverbindungen, welche einen wirtschaftlichen Zweck verfolgen, stehen gemäss Art. 59 Abs. 2 «unter den Bestimmungen über die Gesellschaften und Genossenschaften». Der Ausdruck Personenverbindungen schliesst zwar nach wörtlicher Auslegung auch Rechtsgemeinschaften ein, gemeint sind aber lediglich **juristische Personen** (vgl. BK-Riemer, syst. Teil N 81; BGE 90 II 335). Die restriktive Lesart ergibt sich aus der systematischen Auslegung: Zunächst gehört Art. 59 zu den Allgemeinen Bestimmungen über die juristische Person. Es darf deshalb ausgeschlossen werden, dass Art. 59 eine Anordnung darüber enthält, welche Normen auf Rechtsgemeinschaften mit wirtschaftlichem Zweck anwendbar sind. Sodann ist im ersten Artikel zur juristischen Person von körperschaftlich organisierten Personenverbindungen die Rede (Art. 52 Abs. 1). Es liegt auf der Hand, dass der in Art. 52 Abs. 1 eingeführte Terminus sowohl in Art. 52 Abs. 3 wie auch in Art. 59 Abs. 2 in verknappter Form, aber mit gleichem Inhalt, wieder aufgenommen wird.

17 Die körperschaftlich organisierten Personenverbindungen mit wirtschaftlichem Zweck sind im OR geregelt. Da das OR keine Regeln zu Anstalten mit wirtschaftlichem Zweck enthält, ist häufig auch von den **Körperschaften des OR** die Rede. Dabei handelt es sich um die *Aktiengesellschaft* (Art. 620 ff. OR), die *Kommanditaktiengesellschaft* (Art. 764 ff. OR), die *GmbH* (Art. 772 ff. OR) und die *Genossenschaft* (Art. 828 ff. OR).

Für alle vier juristischen Personen ist der Eintrag in das Handelsregister konstitutiv; es gilt das System des Registerzwangs oder der Normativbestimmungen (Art. 52 Abs. 1; vgl. o. Art. 52 N 2 und 7).

Die juristischen Personen des OR verfolgen i.d.R. einen wirtschaftlichen, bisweilen aber   **18** auch einen idealen Zweck. Ein **wirtschaftlicher Zweck** liegt vor, wenn zugunsten der Mitglieder ein ökonomischer Vorteil bzw. ein geldwerter Nutzen erstrebt wird (vgl. MEIER-HAYOZ/FORSTMOSER, § 4 N 1 ff.; WEBER, SPR II/4, 61). Eine Ausnahme gilt für die *GmbH,* welche nach dem Wortlaut von Art. 772 Abs. 3 OR lediglich wirtschaftliche Zwecke verfolgen darf (vgl. dazu MEIER-HAYOZ/FORSTMOSER, § 4 N 15 ff., welche aber de lege ferenda eine Zulassung idealer Zwecke befürworten); **a.M.** ZK-VON STEIGER, Art. 772 OR N 37). Nach dem revidierten Recht der GmbH wird diese auch für ideelle und gemeinnützige Zwecke zur Verfügung stehen (voraussichtliches In-Kraft-Treten 2007). Für die *Genossenschaft* wird die Zulässigkeit der Verfolgung idealer Zwecke aus Art. 92 HRegV abgeleitet (BK-FORSTMOSER, Art. 828 OR N 125 ff.). Der Verweis von Art. 59 Abs. 2 ist weit auszulegen; er umfasst auch jene juristischen Personen des OR, welche erlaubterweise einen idealen Zweck verfolgen. Es sind m.a.W. Personen anvisiert, welche der Gesetzgeber in erster Linie für die Verfolgung wirtschaftlicher Zwecke geschaffen hat. Dagegen wäre es sinnwidrig, in Art. 59 Abs. 2 hineinzulesen, dass das OR im Falle der Verfolgung idealer Zwecke nicht die primär anwendbare Normengruppe sein soll.

2. Anwendbares Recht

Die juristischen Personen, welche dafür konzipiert sind, wirtschaftliche Zwecke zu ver-   **19** folgen, sind im Rahmen der dritten Abteilung des **OR** über die Handelsgesellschaften und die Genossenschaft geregelt (Art. 620 ff. OR).

Lehre und Rechtsprechung gehen überwiegend davon aus, dass die Art. 52–58 ZGB **di-**   **20** **rekt** auch auf die Körperschaften des OR anwendbar sind (ZK-EGGER, Vorbem. Art. 52– 59 N 15; PEDRAZZINI/OBERHOLZER, 205; BK-RIEMER, syst. Teil N 93; TUOR/SCHNYDER/ SCHMID, 129; vgl. die aufschlussreiche Zusammenstellung der einschlägigen Rechtsprechung bei BK-RIEMER, syst. Teil N 95 ff.). Nach der hier vertretenen Auffassung ist zwischen den verschiedenen Normen zu differenzieren. Während etwa Art. 52 Abs. 1 und Abs. 2, Art. 53 und Art. 54 f. unbestrittenermassen Elemente zu einem Allgemeinen Teil der juristischen Personen liefern, beschränkt sich der Anwendungsbereich von Art. 52 Abs. 3 nach h.L. und Praxis auf die juristischen Personen des ZGB (vgl. o. Art. 52 N 20). Auch bezüglich der Art. 56 und 57 f. ist unverkennbar, dass sich der Gesetzgeber in erster Linie an den juristischen Personen des ZGB orientiert hat. Die acht Normen, welche formell den Allgemeinen Teil zu den juristischen Personen bilden, können darum auch nicht alle in gleicher Weise materielle Allgemeingültigkeit beanspruchen.

V. Körperschaften des kantonalen Privatrechts

1. Begriff

Art. 59 Abs. 3 statuiert für **Allmendgenossenschaften** und **ähnliche Körperschaften**   **21** einen echten Vorbehalt zugunsten des **kantonalen Privatrechts** (MEIER-HAYOZ/FORST-MOSER, § 21 N 2, 6, 10 ff.; PEDRAZZINI/OBERHOLZER, 204; TUOR/SCHNYDER/SCHMID, 133). Der Grund für den Ausschluss des Bundesprivatrechts liegt darin, die genossenschaftlich strukturierten Korporationen, welche die gemeinschaftliche Nutzung von Agrarland, Allmenden, Weidland und Wald bezweckten, möglichst in ihren alten Formen bestehen zu lassen (vgl. JAGMETTI, SPR I, 265; vgl. auch GUTZWILLER, SPR II, 466 ff.;

WEBER, SPR II/4, 233 ff.; KLEY-STRULLER, Kantonales Privatrecht, 103 ff.). Daraus ergibt sich auch, dass der Vorbehalt restriktiv auszulegen ist (vgl. aber LGVE 1991 III 362). Er bezieht sich nur auf jene Korporationen, die mit der Nutzung von Grund und Boden zusammenhängen und «deshalb auf ein gewisses räumliches Gebiet und einen dadurch begrenzten Personenkreis beschränkt bleiben, wie Alpgenossenschaften, Rechtsamegemeinden, Bäuerten, Schwellen-, Brunnen-, Quell-, Weg-, Weinberg-, Wuhr- und Flurgenossenschaften» (PKG 1981, 18; RVJ 1995, 131 f.; JAGMETTI, SPR I, 265 f.).

22   Dagegen fallen Vereinigungen «mit einem vorwiegenden Erwerbszweck» nach KLEY-STRULLER unter das *Bundesprivatrecht;* sie müssen eine der dort vorgegebenen Formen wählen und sich ins Handelsregister eintragen lassen (KLEY-STRULLER, Kantonales Privatrecht, 104).

2. Anwendbares Recht

23   Das **kantonale Privatrecht** gilt nicht nur für die Entstehung und die Organisation der entsprechenden juristischen Person, sondern auch für den Erwerb und den Verlust der Mitgliedschaft (BGE 83 II 355 f.; LGVE 1991 III 362; RVJ 1988, 172; ARNOLD, 215; KLEY-STRULLER, Kantonales Privatrecht, 104 ff.). Das *Bundesprivatrecht* findet allenfalls als ergänzendes kantonales Recht Anwendung (BGE 83 II 355 f.; RVJ 1988, 172; MEIER-HAYOZ/FORSTMOSER, § 21 N 15; TUOR/SCHNYDER/SCHMID, 132). Dagegen ist nach RIEMER mit Bezug auf das Persönlichkeitsrecht, die Haftung und die anderen Bereiche, in denen die gleichgeordnete Beziehung mit Dritten regiert, das **Bundesprivatrecht** unmittelbar anwendbar (vgl. BK-RIEMER, syst. Teil N 135).

24   Die Kantone können für Allmendgenossenschaften und ähnliche Körperschaften auch die Anwendung von **öffentlichem Recht** vorsehen (BGE 117 Ia 112 f.; GUTZWILLER, SPR II, 467; JAGMETTI, SPR I, 266). Hervorzuheben ist, dass das *Bundesprivatrecht* selbst dann als (subsidiäres) kantonales Recht gilt, wenn das öffentliche Recht der Kantone darauf verweist (betr. Haftung BGE 96 II 343 f.; MEIER-HAYOZ/FORSTMOSER, § 21 N 16; TUOR/SCHNYDER/SCHMID, 122).

Zweiter Abschnitt: Die Vereine

Vorbemerkungen zu Art. 60–79

Literatur

Gesamtdarstellungen und Grundlagenwerke: BEUTHIEN/GÄTSCH, Vereinsautonomie und Satzungsrechte Dritter, ZHR 1992, 459 ff.; COLLAUD, Comment créer et animer une association, 1990; FLEINER/GIACOMETTI, Schweizerisches Bundesstaatsrecht, 1949; FLUME, Allgemeiner Teil des Bürgerlichen Rechts, Bd. I/2, Die juristische Person, 1983; HÄFELIN/HALLER, Schweizerisches Bundesstaatsrecht, 2005; HEINI/PORTMANN, Das Schweizerische Vereinsrecht, Schweizerisches Privatrecht II/5, 2005; KREN KOSTKIEWICZ/SCHWANDER/WOLF, Handkommentar zum Schweizerischen Zivilgesetzbuch, 2006; MEIER-HAYOZ/FORSTMOSER, Schweizerisches Gesellschaftsrecht, 2004; MÜLLER/ERZBACH, Das private Recht der Mitgliedschaft als Prüfstein eines kausalen Rechtsdenkens, 1948; PERRIN, Droit de l'association, 2004; PESTALOZZI, Der Begriff des idealen Vereins, Diss. 1952; RIEMER, Das Personenrecht, Berner Kommentar I/3, 1990; DERS., Personenrecht des ZGB, 2002; SCHERRER, Wie gründe und leite ich einen Verein?, 2002; TUOR/SCHNYDER/SCHMID/RUMO-JUNGO, Das Schweizerische Zivilgesetzbuch, 2002; WEBER, Juristische Personen, Schweizerisches Privatrecht II/4, 1998.

Einzelfragen: ABDERHALDEN, Die Vereinsfreiheit im schweizerischen Verfassungsrecht, Diss. Bern 1938; BADDELEY, L'association sportive face au droit, 1994; DIES., Gesellschaftsformen für Sportvereinigungen, in: Arter (Hrsg.), Sport und Recht, 2004, 103 ff.; BEYLI, Zur Abgrenzung zwischen Verein und Genossenschaft, SJZ 1916, 189 ff.; BERETTA, Wirtschaftliche Vereine und Corporate Governance, in: Riemer (Hrsg.), Aktuelle Fragen aus dem Vereinsrecht, 2005, 1 ff.; BERNI, Vereine als Dachorganisation von internationalen Beratungsunternehmen, in: Riemer, Aktuelle Fragen aus dem Vereinsrecht, 2005, 85 ff.; BONDALLAZ, Toute la jurisprudence sportive en Suisse, 2000; BRINER, Zur Rechtsform der schweizerischen Wirtschaftsverbände, WuR 1964, 73 ff.; DÄPPEN, Rechtsprobleme des schweizerischen Tennissports und seiner Verbandsstrukturen, Diss. Zürich 1992; DAVATZ, Corporate Governance und die Rolle der ZEWO, in: Voggensperger/Bienek/Schneider/Thaler (Hrsg.), Gutes besser tun, Corporate Governance in Nonprofit-Organisationen, 2004; DOERR, Der Krankenkassenverein, 1990; DUTTWEILER, Die Besteuerung von Vereinen, Steuerrevue 2002; EICHLER, Die Verfassung der Körperschaft und Stiftung, 1986; FORSTMOSER, Atypische und widerrechtliche Genossenschaften und Vereine sowie ihre registerrechtliche Behandlung, SAG 1983, 142 ff.; GRAF, Steuerbefreiung von Sportvereinigungen, Diss. Zürich 1992; GRAFFENRIED, Wirtschaftlicher und nichtwirtschaftlicher Zweck im privaten Körperschaftsrecht, Diss. Bern 1948; GSCHWEND, Die Rechtsstellung der Dachverbände, Diss. Basel 1948; GULDENER, Die Gerichtsbarkeit der Wirtschaftsverbände, ZSR 1952 II, 207a ff.; GUTZWILLER, Zum Problem der Freiheit bei der Wahl der Verbandsperson, ZSR 1965 I, 223 ff.; GYSIN, Berufsverbände, SJK Nr. 889, 1968; HABSCHEID, Vereinsautonomie, Vereinsgerichtsbarkeit und ordentliche Gerichtsbarkeit, in: Schroeder/Kauffmann, Sport und Recht, 1972; HECKELMANN, Der Idealverein als Unternehmer?, AcP 1979, 1 ff.; HUG, Die rechtliche Organisation der Kartelle und Konzerne, SJZ 1940/41, 321 ff. und 344 ff.; JAQUIR, La qualification juridique des règles autonomes des organisations sportives, Diss. Lausanne, 2004; KÜNG/MEISTERHANS, Handbuch für das Handelsregister, Bd. IV: Verein, Stiftung, 1993; LANZ/TRIEBOLD, Der Rechtskleidwechsel eines Vereins in eine Aktiengesellschaft, SZW 2000, 57 ff.; LAZZARINI, Die anerkannten militärischen Schiessvereine, Diss. Zürich 1985; MEILE, Verein und Genossenschaft in der Verschiedenheit ihrer Zwecke, Diss. Bern 1947; NIGG, Liechtensteinisches und schweizerisches Vereinsrecht im Vergleich, Diss Zürich, Vaduz 1996; PHILIPP, Rechtliche Schranken der Vereinsautonomie und der Vertragsfreiheit im Einzelsport, Diss. Zürich 2004; PIEL, Wirtschaftliche Interessenverbände als Idealvereine nach schweizerischem und deutschem Recht, Diss. Bonn 1970; PREISWERK, Zur gesellschaftsrechtlichen Organisation von Wirtschaftsverbänden, SAG 1945/46, 55 ff.; REICH, Gemeinnützigkeit als Steuerbefreiungsgrund, ASA (1989/90) 465 ff.; RICHNER, Vereine im Steuerrecht, insbesondere Steuerbefreiungen, in: Riemer (Hrsg.), Aktuelle Fragen aus dem Vereinsrecht, 2005, 67 ff.; RIEMER, Aktuelle Fragen aus dem Vereinsrecht, 2005; DERS., Sportrechts-Weltmacht Schweiz, Internationale Sportverbände und schweizerisches Recht, CaS 2004, 106 f.; DERS., Wie man den Wolf aus dem Schafpelz schält, Aktuelle Revisionsbestrebungen im Vereins- und Stiftungsrecht, in: Gysin/Schumacher/Strebel (Hrsg.), 96 Jahre ZGB, Zürich 2003, 63 ff.; DERS., Finanzierungsmöglichkeiten bei Vereinen, insbesondere bei Sportvereinen, gemäss schweizerischem Recht, SpuRt 1999, 40 f.; DERS., Nonprofit-Organisationen aus der Sicht der Rechtswissenschaft, in: Schauer/Anheier/Blümle (Hrsg.), der Nonprofit Sektor im Aufwind, Linz 1997, 239 ff.; DERS., Verein und SchKG, BlSchK 1978, 129 f.; RÜEGG, Die privatrechtlich organisierten Religionsgemeinschaften in der Schweiz, Diss Zürich, Freiburg 2002; SATTIVA SPRING, Les associations fédératives en droit suisse, 1990; SCHERRER, Aktuelle Rechtsfragen bei Sportvereinen, in: Riemer (Hrsg.), Aktuelle Fragen aus dem Vereinsrecht, 2005, 55 ff.; DERS., Aktuelle Rechtsfragen bei Sportvereinen, CaS 2005, 46 ff.; DERS., Sportkapitalgesellschaften, 1989, 9 ff.; DERS., Rechtsfragen des organisierten Sportlebens in der Schweiz – eine vereins- und persönlichkeitsrechtliche Untersuchung, Diss. Zürich 1982; DERS., Sportrecht – eine Begriffserläuterung, 2001; DERS., Sportrecht im Spannungsfeld von Spiel und Wirtschaft, SJZ 1998; DERS., Zur Schiedsgerichtsbarkeit im Sport, SpuRt 2003, 127 f.; SCHILLIG, Ausschluss ordentlicher Gerichte durch Verbandsvorschrift bezüglich vorsorglicher Massnahmen?, CaS 2005, 54 ff.; DERS., Schiedsgerichtsbarkeit von Sportverbänden in der Schweiz, Diss. Zürich 2000; SPECKER, Die Abgrenzung des Vereins von der wirtschaftlichen Verbandsperson, Diss. Freiburg 1948; THALER/VOGGENSPERGER, Gutes besser tun – aber wie? Corporate Governance als Impuls für eine zeitgemässe Ausgestaltung von Nonprofit-Organisationen in der Schweiz, in: Voggensperger/Bienek/Schneider/Thaler (Hrsg.), Gutes besser tun, Corporate Governance in Nonprofit-Organisationen, 2004; VOGGENSPERGER/BIENEK/SCHNEIDER/THALER, Gutes besser tun, Corporate Governance in Nonprofit-Organisationen, 2004; VON SALIS, Internationale (Menschenrechts-)INGOs nach Schweizer Vereinsrecht, in: Riemer (Hrsg.), Aktuelle Fragen aus dem Vereinsrecht, 2005, 109 ff.; WALTHER/ROTH, Aktuelle Probleme der Verbandsschiedsgerichtsbarkeit im schweizerischen Fussball, Anwaltsrevue 2004, 176 ff.; WIEDEMANN, Gesellschaftsrecht, Bd. I: Grundlagen, 1980; DERS., Verbandssouveränität und Ausseneinfluss, in: Festschrift für Wolfgang Schilling,

1973, 105 ff.; WIPFLI, Besteuerung der Vereine, Stiftungen und übrigen juristischen Personen, Diss. Basel, Muri/Bern 2001; ZEN-RUFFINEN, Droit du Sport, 2002; DERS., Petite Revue de Jurisprudence en Droit du Sport, CaS 2005, 57 ff.

I. Abgrenzungen

1. Verein und Genossenschaft

1   Während sich Verein und **Genossenschaft** grundsätzlich dadurch unterscheiden, dass jener einen idealen, diese einen wirtschaftlichen Zweck verfolgt (Art. 828 ff. OR), gleichen sich beide in ihrer personalistischen Prägung und stehen insofern im Gegensatz zu den Kapitalgesellschaften, bei denen die Mitgliedschaft streng versachlicht ist (vgl. auch MEIER-HAYOZ/FORSTMOSER, § 19 N 8). In jenen beiden Personenvereinigungen lebt der im Schweizervolke tief verwurzelte Genossenschaftsgedanke (im weitesten Sinne des Wortes) fort, und Verein wie Genossenschaft dürfen mit Fug als die demokratische Verbandsform par excellence des schweizerischen Privatrechts angesehen werden (vgl. HEINI/PORTMANN, Rz 14).

2. Verein und Personengesellschaften

2   Andererseits ist der Verein abzugrenzen von den **Personengesellschaften** der Art. 530–619 OR (dazu im Einzelnen BK-RIEMER, syst. Teil, N 284–304), insb. von der **einfachen Gesellschaft** (Art. 530–551 OR). Hier wie dort schliessen sich mehrere Personen zur Verfolgung eines gemeinsamen Zwecks zusammen, wobei dieser auch bei der einfachen Gesellschaft ein nichtwirtschaftlicher i.S.v. Art. 60 sein kann (MEIER-HAYOZ/FORSTMOSER, § 12 N 24). Anders als eine Personengesellschaft des OR ist der Verein des ZGB jedoch mit Rechtspersönlichkeit ausgestattet (zum sog. nichtrechtsfähigen Verein s. die Bem. zu Art. 62).

3. Nonprofit-Organisationen, Non-Governmental Organisations

3   Die Vereinsform ist die typische Rechtsform für Nonprofit-Organisationen (SCHERRER, 5). Oft werden z.B. soziale Aufgaben von gemeinnützigen Organisationen – nicht selten von Vereinen – wahrgenommen. Diese Gebilde werden durchwegs als «Non-Governmental Organisations» bezeichnet. Bedeutend sind auch die sog: «Internationalen Vereine», die nach Schweizerischem Vereinsrecht organisiert und vielfach im Bereich der Menschenrechte aktiv sind (VON SALIS, 111; zum «Spezialfall IKRK», vgl. DIES., 129 ff.).

4. Internationalität

4   Vereine des In- und Auslandes fallen unter den Verweisungsbegriff «organisierte Personenzusammenschlüsse» gem. Art. 150 IPRG (VISCHER, Zürcher Kommentar zum IPRG, N 3 u. 6).

II. Vereinigungsfreiheit und Vereinsfreiheit

1. Verfassungsrechtliche Vereinigungsfreiheit

5   Von der privatrechtlichen Vereinsfreiheit (hiernach N 9) ist vorerst die **verfassungsrechtliche Vereinigungsfreiheit,** Art. 23 BV, abzugrenzen, die ihrerseits im Wesentlichen mit Art. 11 EMRK übereinstimmt. Diese Verfassungsbestimmung gewährleistet gegenüber dem Staat das Recht auf Gründung und Auflösung von Vereinen und Vereinigungen in

anderen privatrechtlichen Rechtsformen (HÄFELIN/HALLER, N 553 ff.; BK-RIEMER, syst. Teil, N 225 m.w.Nw.). Verbände zu Erwerbszwecken können sich dagegen auf die Wirtschaftsfreiheit berufen: FLEINER/GIACOMETTI, 375/376; HÄFELIN/HALLER, N 549. Art. 23 BV umfasst das Recht auf freien Beitritt zu einem Verein und Austritt aus einem Verein bzw. das Recht auf Nichtbeitritt zu einem Verein (HAEFELIN/HALLER, N 554; FLEINER/GIACOMETTI, 377). Schliesslich garantiert die Verfassungsbestimmung die freie Vereinstätigkeit. Das in Art. 56 aBV enthaltene explizite Verbot rechtswidriger und staatsgefährlicher Vereine findet sich in der neuen BV nicht mehr, die Rechtslage bleibt jedoch dieselbe (HÄFELIN/HALLER, N 559). Ein Verein hat die Grundrechte zu respektieren, falls ihm z.B. öffentlicher Grund für die Verfolgung der Vereinszweckes zur Verfügung gestellt wird (nicht publiziertes Urteil der II. Öffentlich-rechtlichen Abteilung des BGer vom 8.6.2001; das BGer erachtete das Gebot der Gleichbehandlung von Gewerbegenossen durch einen Verein als verletzt, weil der Verein ortsfremden Gewerbetreibenden wesentlich höhere Beträge als den einheimischen verrechnete (anders das Zurverfügungstellen von Standplätzen an einer Kunstmesse auf privatem Grund: BGE 126 I 250 ff.).

In der 1999 von Volk und Ständen angenommenen BV wird die Koalitionsfreiheit (die **6** Freiheit der Sozialpartner zur Bildung von Vereinen zum Schutz der Arbeits- und Wirtschaftsbedingungen, HÄFELIN/HALLER, N 566) explizit garantiert (Art. 28 BV; zur Rechtslage nach alter BV vgl. HÄFELIN/HALLER, 566 ff.; vgl. zudem SCHERRER, Sportrecht, 180).

Die gem. BV 23 gewährleisteten Rechte gelten nicht absolut, sondern unterliegen Einschränkungen (Art. 36 BV; HÄFELIN/HALLER, N 559 und BK-RIEMER, syst. Teil, N 239–257). **7**

Vereine können die Verletzung von Freiheitsrechten ihrer Mitglieder mittels staatsrechtlicher Beschwerde rügen, wenn sie nach den Statuten die durch die angerufenen verfassungsmässigen Rechte geschützten Interessen ihrer Mitglieder zu wahren haben und zumindest eine Grosszahl der Mitglieder vom angefochtenen Erlass (Art. 88 OG) direkt oder virtuell betroffen ist (BGE 125 I 371 f.; 123 I 225). **8**

2. Privatrechtliche Vereinsfreiheit

Die **privatrechtliche Vereinsfreiheit** manifestiert sich in zweifacher Hinsicht: Einmal **9** verlangt das Gesetz ein Minimum an Voraussetzungen für die Entstehung eines rechtsfähigen Vereins (HEINI/PORTMANN, Rz 59). So dann ist der **autonomen Gestaltung des Vereinslebens** innerhalb des gesetzlich umschriebenen Zweckes sowie der Schranken der Rechtsordnung und der guten Sitten (Art. 52 Abs. 3, Art. 19 OR) ein grösstmöglicher Freiraum belassen (gelegentlich wird diese Freiheit auch als Vereinsautonomie bezeichnet; bezüglich der Problematik von Monopol-Sportverbänden vgl. SCHERRER, Sportrecht, 36).

III. Vereins-(Verbands-)Autonomie

1. Selbstbestimmungsrecht

Wie allen juristischen Personen ist dem Verein das **Selbstbestimmungsrecht** wesens- **10** eigen («**Verbandsautonomie**», in den Worten von WIEDEMANN, FS Schilling, 105 ff. «Verbands-souveränität»). Die Verbandssouveränität gilt im Bereich der Satzungsautonomie absolut, ausserhalb der Satzungsautonomie relativ (HEINI/PORTMANN, Rz 69).

Sowohl in Lehre wie Rspr. ist die Frage umstritten, ob und allenfalls wie weit die juristi- **11** sche Person ihre Autonomie beschränken und sich einer **Fremdbestimmung** ausliefern dürfe.

12   In BGE 97 II 114 f. hat das BGer eine Statutenbestimmung, wonach sämtliche Beschlüsse der Generalversammlung der **Zustimmung von dem Verein nahe stehenden Verbänden** bedurften, als «unzulässige Knebelung des Vereins» apostrophiert (s. jedoch die fragwürdige Kritik von LIVER, ZBJV 1973, 59 f.). Dagegen hat das BGer in einem unveröff. Entscheid vom 17.3.1983 (i.S. Verein X gegen Direktion der Justiz des Kantons ZH) die statutarische Befugnis einer Behörde, bei einem neunköpfigen Vorstand den Präsidenten und ein weiteres Mitglied zu ernennen, gelten lassen.

13   Der **österreichische OGH** hielt in einem Entscheid vom 20.6.1991 das in den Statuten vorgesehene Zustimmungsrecht eines Dritten mit Bezug auf Statutenänderungen als mit dem Wesen der Genossenschaft unvereinbar (zit. bei BEUTHIEN/GÄTSCH, 460 FN 1). Gegenteilig entschied am 5.2.1991 das **deutsche Bundesverfassungsgericht** (NJW 1991, 2623 ff.) mit Bezug auf eine solche statutarische Zustimmungsbefugnis für den Ausschluss von Mitgliedern, die Änderung der Satzung und die Auflösung des Vereins (dazu die Kritik FLUMES, JZ 1992, 239 f.). Dies im Gegensatz zur früheren deutschen Rspr., welche statutarische Zustimmungsbefugnisse Dritter zur Änderung der Körperschaftssatzungen für unzulässig hielt (BEUTHIEN/GÄTSCH, 462).

14   In der Lehre betont v.a. FLUME, dass «eine **Selbstbeschränkung** der Körperschaft **bezüglich der Satzungsänderung** … mit dem Grundsatz der Vereinsautonomie unvereinbar» ist (FLUME, 196; ihm folgend HEINI/PORTMANN, Rz 69). Dagegen scheint das deutsche Schrifttum auch dies für zulässig zu erachten (s. dazu BEUTHIEN/GÄTSCH, 463 ff.), «wenn die Mitgliederversammlung befugt bleibt, den dadurch begründeten Dritteinfluss ohne Mitwirkung des Dritten zu beseitigen» (a.a.O., 479).

2. Differenzierung

15   Nach der hier vertretenen Meinung sind drei Tatbestandsgruppen auseinander zu halten.

16   (1) Die **Autonomie** des obersten Organs (Vereinsversammlung) hinsichtlich **Erlass und Änderung der Statuten** kann nicht eingeschränkt werden: Eine Autonomie, die Autonomie aufzuheben, kommt der Selbstaufgabe des Vereins als juristischer Person gleich (FLUME, JZ 1992, 240).

17   (2) Dagegen scheint es vertretbar, dass sich der Verein in den Statuten eine sachlich begründete, **konkret definierte Selbstbeschränkung** auferlegen kann, z.B. eine Genehmigungsbefugnis des übergeordneten Verbandes oder des Gemeinwesens mit Bezug auf einzelne Beschlüsse, welche deren Interessen tangieren, oder diesen «Dritten» das Recht einräumt, ein Mitglied in den Vereinsvorstand zu delegieren.

18   (3) Von der genannten Beschränkung der Selbstbestimmungsfähigkeit ist zu unterscheiden die **rechtsgeschäftliche Bindung** des Vereins, eine konkrete Schuld- oder mitgliedschaftsrechtliche Verpflichtung einzugehen (HEINI/PORTMANN, Rz 70).

19   Aber auch eine solche findet letztlich ihre Schranken an Art. 27 und dürfte gewiss nicht zu einem eigentlichen «Umfunktionieren» der Verbandsperson führen (KUMMER, ZBJV 1972, 133).

IV. Statuten, Observanz und Gesetz

1. Rechtsnatur der Statuten

20   Die Statuten – Statut, Satzung – stellen die **verbandsrechtliche Grundordnung,** die «Verfassung», des Vereins dar (WIEDEMANN, 159). Als privatrechtliches Gegenstück zur Staatsverfassung bestimmen sie «Ziel und Organisation des Verbandes sowie Teilnahme und Stellung der Mitglieder im Verband» (WIEDEMANN, a.a.O.; vgl. auch EICHLER,

44 ff.). Die Satzung ist weder objektives Recht noch Vertrag, sondern eine diesem gleich-geordnete, selbstständige Ordnungsfigur des Privatrechts, «eine rechtsgeschäftliche Regelung der Rechtsverhältnisse des Vereins» (VON TUHR/SIEGWART/PETER, I, 144; zur Rechtsnatur der Verbandssatzung vgl. ferner FLUME, 315 ff.; WIEDEMANN, 159 ff.; MÜLLER-ERZBACH, 176 ff.; BK-RIEMER, syst. Teil, N 320 ff.).

Inhaltlich gelten für die Statuten die gleichen **Schranken** wie für den Vertrag: des Ge-setzes, der öffentlichen Ordnung, des Rechts der Persönlichkeit und der guten Sitten (Art. 19 Abs. 2 OR; Art. 7 ZGB; BGE 80 II 132; 97 II 113).   **21**

Für die **Auslegung** von Verbandsstatuten tritt das Vertrauensprinzip in neuerer Zeit in den Hintergrund (vgl. noch BGE 87 II 95). Oberste Richtschnur bildet vielmehr der *Zweck der Gemeinschaft*: «Gründerwillen und -interessen treten zurück; an ihrer Stelle gewin-nen der Vereinszweck und die Mitgliedsinteressen die rechtsgestaltende Kraft» (BGHZ 47, 180). Statuten sind daher eher wie Gesetze, objektiv, auszulegen (differenzierend bereits BGE 107 II 186 sowie – andeutungsweise – BGE 114 II 197; vgl. auch HEINI/PORTMANN, Rz 73; PERRIN, 59; SCHERRER, 28; zu Differenzierungen in der Lit. vgl. die Nachweise in BK-RIEMER, syst. Teil, N 331).   **22**

2. Observanz

Befolgt der Verein in der Ordnung verbandsinterner Angelegenheiten eine lang andau-ernde Übung, so spricht man von **Observanz** (BK-RIEMER, syst. Teil, N 352–355; VON STEIGER, 280 f.; ZK-GUTZWILLER, Art. 833 OR N 22 ff.; ZK-EGGER, Art. 63 N 2; WIE-DEMANN, 171 f.). Als privatautonomes Gegenstück zum Gewohnheitsrecht kann die Ob-servanz die Satzung ergänzen. Dagegen ist umstritten, ob sie diese auch abändern könne (dafür ZK-EGGER, Art. 65 N 4; VON STEIGER, 281; BGE 72 II 110, dictum; dagegen ZK-SIEGWART, V 5a Einleitung N 298; BK-RIEMER, syst. Teil, N 354; SCHERRER, 30; HEINI/PORTMANN, Rz 76, unter dem Vorbehalt der rechtsmissbräuchlichen Berufung auf die Statuten). Im Interesse der Rechtssicherheit scheint es geboten, der Observanz im Ver-hältnis zum Satzungsrecht rein *ergänzende Funktion* zuzubilligen.   **23**

3. Verhältnis zum Gesetz

Statuten und Observanz gehen den **dispositiven** Gesetzesbestimmungen vor, haben jedoch vor **zwingenden** Gesetzesregeln zurückzutreten (dazu Art. 63 Abs. 2). Es ist demnach von folgender vereinsrechtlicher *Normenhierarchie* auszugehen: Zwingendes Recht; Statuten und Observanz; dispositives Gesetzesrecht (SCHERRER, 29).   **24**

Über dem privaten Vereinsrecht vorgehende Sonderbestimmungen des **Sozialversiche-rungsrechts** s. BK-RIEMER, syst. Teil, N 142 ff.   **25**

Art. 60

A. Gründung

I. Körperschaft-liche Personen-verbindung

¹ Vereine, die sich einer politischen, religiösen, wissenschaft-lichen, künstlerischen, wohltätigen, geselligen oder andern nicht wirtschaftlichen Aufgabe widmen, erlangen die Persönlichkeit, sobald der Wille, als Körperschaft zu bestehen, aus den Statuten ersichtlich ist.

² Die Statuten müssen in schriftlicher Form errichtet sein und über den Zweck des Vereins, seine Mittel und seine Organisa-tion Aufschluss geben.

A. Constitution

I. Organisation corporative

[1] Les associations politiques, religieuses, scientifiques, artistiques, de bienfaisance, de récréation ou autres qui n'ont pas un but économique acquièrent la personnalité dès qu'elles expriment dans leurs statuts la volonté d'être organisées corporativement.

[2] Les statuts sont rédigés par écrit et contiennent les dispositions nécessaires sur le but, les ressources et l'organisation de l'association.

A. Loro costituzione

I. Unioni corporative

[1] Le associazioni che si propongono un fine politico, religioso, scientifico, artistico, benèfico o ricreativo, od altro fine non economico, conseguono la personalità tosto che la volontà di costruire una corporazione risulti dagli statuti.

[2] Gli statuti devono essere stesi in forma scritta e contenere le necessarie disposizioni circa il fine, i mezzi e gli organi dell'associazione.

Literatur

BADDELEY, Gesellschaftsformen für Sportvereinigungen, in: Arter (Hrsg.), Sport und Recht, 2004, 103 ff.; BERETTA, Wirtschaftliche Vereine in der Schweiz, Diss. Basel 2001; DIES., Wirtschaftliche Vereine und Corporate Governance, in: Riemer (Hrsg.), Aktuelle Fragen aus dem Vereinsrecht, 2005, 1 ff.; BEYELER, Der Korpoprationszweck, Diss. Basel 1942; BRINER, Zur Rechtsform der schweizerischen Wirtschaftsverbände, WuR 1964, 73 ff.; DUTTWEILER, Die Besteuerung von Vereinen, Steuerrevue 2002, 702 ff.; FLURY, Der Vereinszweck, Diss. Bern 1959; FRANK, Der Minderjährige und das Vereinsrecht – zugleich ein Beitrag zu seiner Haftbarkeit, ZSR 1989 I 339 ff.; GRAF, Steuerbefreiung von Sportvereinigungen, Diss. Zürich 1992; VON GRAFFENRIED, Wirtschaftlicher und nichtwirtschaftlicher Zweck im privaten Körperschaftsrecht, Diss. Bern 1948; KALBERMATTER, Die Sportaktiengesellschaft, Diss. Zürich 2001; KOLLER, Grundfragen einer Typuslehre im Gesellschaftsrecht, Diss. Freiburg i.Ü. 1967; KÜNG/MEISTERHANS, Handbuch für das Handelsregister, Bd. IV: Verein, Stiftung, 1993; MEIER-HAYOZ, Gesellschaftszweck und Führung eines kaufmännischen Unternehmens, SAG 1973, 2 ff.; MEILE, Verein und Genossenschaft in der Verschiedenheit ihrer Zwecke, Diss. Bern 1947; MEYNAUD, Les organisations professionnelles en Suisse, 1963; PELLET, Le but non économique de l'association, Diss. Lausanne 1964; PESTALOZZI, Der Begriff des idealen Vereins, Diss. Zürich 1952; PHILIPP, Rechtliche Schranken der Vereinsautonomie und der Vertragsfreiheit im Einzelsport, Diss. Zürich 2004; PIEL, Wirtschaftliche Interessenverbände als Idealvereine nach schweizerischem und deutschem Recht, Diss. Bonn 1970; PREISWERK, Zur gesellschaftsrechtlichen Organisation von Wirtschaftsverbänden, SAG 1945/46, 55 ff.; RICHNER, Vereine im Steuerrecht, insbesondere Steuerbefreiungen, in: Riemer, Aktuelle Fragen aus dem Vereinsrecht, 2005, 67 ff.; RIEMER, Vereine mit widerrechtlichem Zweck, ZSR 1978 I 81 ff.; SCHERRER, Wie gründe und leite ich einen Verein?, 11. Aufl. 2002; DERS., Sportkapitalgesellschaften, 1998; SCHRAG, Internationale Idealvereine, 1936; SCHUBEL, Verbandssouveränität und Binnenorganisation der Handelsgesellschaften, 2003; SIEGWART, Die Freiheit bei der Wahl der Verbandsform und bei der Einzelgestaltung ihres Inhaltes, in: Festgabe der Juristischen Fakultät Freiburg zur 77. Jahresversammlung des Schweiz. Juristenvereins, 1943, 173 ff.; SPECKER, Die Abgrenzung des Vereins von der wirtschaftlichen Verbandsperson, Diss. Freiburg i.Ü. 1948; VON STEIGER, Keine Vereine mehr zu wirtschaftlichen Zwecken, SAG 1962/63, 198 ff.; DERS., Wieder Vereine zu wirtschaftlichen Zwecken, SAG 1965, 244 ff.; SUTTER, Rechtsfragen des organisierten Sports unter besonderer Berücksichtigung des Einzelarbeitsvertrages, 1984; WERNER, Die Wirtschaftsverbände in der Marktwirtschaft, 1957; WIEDEMANN, Beiträge zur Lehre von den idealen Vereinen, Diss. Bern, Zürich 1908; WIPFLI, Besteuerung der Vereine, Stiftungen und übrigen juristischen Personen, Diss. Basel 2001; vgl. ausserdem die Literaturhinweise zu den Vorbem. zu Art. 60–79.

I. Der nichtwirtschaftliche Zweck

1. Zweck und Gegenstand

1 Nach dem klaren Willen des Gesetzgebers steht das Tor zum «liberalen» Vereinsrecht nur solchen Vereinigungen offen, die einen nichtwirtschaftlichen Zweck verfolgen. Der Ge-

setzeswortlaut spricht von «nicht wirtschaftlicher **Aufgabe**», was dasselbe wie Zweck bedeutet: «but (non) économique».

Demgegenüber müssen sich Personenverbindungen mit wirtschaftlicher Zwecksetzung 2
gem. Art. 59 Abs. 2 einer **Gesellschaftsform des OR** bedienen (BGE 112 II 4 f.; BK-RIEMER, Art. 52–59, syst. Teil, N 79–81).

Bedeutet das Wort **«Zweck»** i.S.v. Abs. 1 den typenbestimmenden (abstrakten) Oberbe- 3
griff («Aufgabe»), so meint «Zweck» in Abs. 2 bzw. in den Statuten dessen inhaltliche
Konkretisierung, d.h. den **Gegenstand** bzw. das *Sachgebiet,* auf dem der Verein tätig ist
(HEINI/PORTMANN, Rz 18). So besteht etwa der «Zweck» des Schweizerischen Juristen-
vereins in der Pflege der Rechtswissenschaft in der Schweiz sowie der Begründung
und Erhaltung freundschaftlicher Beziehungen unter den schweizerischen Juristen. Der
«Zweck» in diesem zweitgenannten Sinne prägt Individualität und Identität des einzelnen
Vereins.

2. Abgrenzung vom wirtschaftlichen Zweck

Was unter **nichtwirtschaftlichem Zweck** i.S.v. Abs. 1 zu verstehen ist, verdeutlicht das 4
Gesetz durch Aufzählung einiger Paradigmen vereinstypischer («idealer») Tätigkeiten:
politische, religiöse, wissenschaftliche, künstlerische, wohltätige, gesellige; dieser Aufzählung kommt *exemplifikatorische* Bedeutung zu.

Demgegenüber sind sich Lehre und – an sich – auch die Rspr. darin einig, dass der 5
Zweck dann ein **wirtschaftlicher** ist, wenn durch die Tätigkeit des Vereins den Mitglie-
dern ein konkreter ökonomischer, ein geldwerter Vorteil verschafft werden soll (zum
Problemkreis s. HEINI/PORTMANN, Rz 17; BK-RIEMER, N 46 ff.; MEIER-HAYOZ/FORST-
MOSER, § 4 N 5 ff. und § 20 N 11 ff.). Selbst das BGer gesteht in BGE 90 II 336 («Alex
Martin»), in welchem es die Vereinsform für Wirtschaftsverbände wieder zugelassen hat
(dazu nachstehend N 6): «La décision rendue en la cause Miniera donne en effet une
interprétation exacte du texte légal» (in «Miniera», BGE 88 II 209 ff. wurde jegliche
wirtschaftliche Zwecksetzung für Vereine noch abgelehnt).

Seit dem erwähnten Entscheid «Alex Martin» (BGE 90 II 333 ff.) gestattet das BGer 6
Vereinigungen mit wirtschaftlichem Zweck wie z.B. Kartellen die Vereinsform, sofern
sie sich für ihre Tätigkeit nicht eines **kaufmännischen Gewerbebetriebes** bedienen.
Nach PERRIN, 26, wäre diese Rspr. – entgegen der h.L., vgl. für viele MEIER-HAYOZ/
FORSTMOSER, § 4 N 23 – sogar mit dem «esprit» des Art. 60 vereinbar (wie PERRIN auch
VISCHER, SJZ 1991, 365).

Sofern das BGer einem Verein eine wirtschaftliche Zwecksetzung nur dann nicht gestat- 7
tet, wenn dieser auch ein nach kaufmännischer Art geführtes Gewerbe betreibt, ist dieses
Abgrenzungskriterium ungenügend. Unzulässig muss die Vereinsform vielmehr auch für
Personenzusammenschlüsse sein, die für die Verfolgung eines wirtschaftlichen Zweckes
mittels erheblicher Infrastruktur (Mieten, Löhne u. dgl.) am Wirtschaftsleben teilnehmen.
Denn das Gebot der Eintragung ins Handelsregister bezweckt den Schutz Dritter, weshalb Art. 61 Abs. 2 auch für Vereine, die für ihren nichtwirtschaftlichen Zweck einen
solchen Gewerbebetrieb führen, die Eintragung verlangt (HEINI/PORTMANN, Rz 134;
MEIER-HAYOZ/FORSTMOSER, § 20 N 14 ff.).

Wo handfeste wirtschaftliche Vorteile auch der Mitglieder angestrebt werden, bedürfen 8
solche Interessen der im OR beheimateten Normengebäude. Diese Zuordnung drängt
sich auch dann auf, wenn zwischen einer körperschaftlich organisierten Personenvereinigung und ihren Mitgliedern ein **konkreter, unmittelbarer wirtschaftlicher Leistungs-**

austausch stattfindet. Ein solches Gebilde – ob mit oder ohne Geschäftsbetrieb – ist eindeutig in die Rechtsform der Genossenschaft einzuweisen, will man nicht gegen den gesetzlich verankerten Grundsatz des numerus clausus der Gesellschaftsformen verstossen (vgl. MEIER-HAYOZ/FORSTMOSER, § 11 N 2 ff.; HEINI/PORTMANN, Rz 45). Abzulehnen ist – insb. aus Gründen der Rechtssicherheit – die Meinung von BERETTA, 230, die für sog. «Vereine wirtschaftlichen Charakters» (Vereine die am Wirtschaftsleben teilnehmen) die Rechtsform des Vereins unabhängig vom Vorliegen eines «wirtschaftlichen» oder «nichtwirtschaftlichen» Zwecks zulassen will; diese Auffassung deckt sich mit dem Gesetzestext (Art. 60 Abs. 1) nicht mehr. Nicht zu verkennen ist jedoch, dass sich gewisse Vereine in ihrem Entwicklungsstand stark vom gesetzgeberischen Leitbild entfernt haben (MEIER-HAYOZ/FORSTMOSER, § 11 N 4).

9 Wo eine Körperschaft **wirtschaftliche Bedürfnisse Dritter** befriedigen will, verfolgt sie einen nichtwirtschaftlichen Zweck und ist als nichtwirtschaftlich zu qualifizieren (vgl. HEINI/PORTMANN, Rz 17, m.Hw. in FN 52 auf die beiden viel diskutierten Entscheide BGE 69 I 127 ff. sowie BGE 64 I 327 ff.; BK-RIEMER, N 47).

3. Förderung allgemeiner wirtschaftlicher Interessen

10 Wo ein Verband sich die Wahrung bzw. **Förderung allgemeiner wirtschaftlicher Interessen** einer Berufs- oder Wirtschaftsgruppe – z.B. durch Stellungnahmen gegenüber Behörden, Beeinflussung der Gesetzgebung und der Öffentlichkeit etc. – zum Ziel gesetzt hat, verfolgt er nicht einen wirtschaftlichen Zweck i.S. des Art. 59 Abs. 2, sondern eine wirtschafts- oder sozial-politische Aufgabe. Dabei darf man im Hinblick auf die oben dargelegten Interessenerwägungen im Zweifel die Grenze zwischen konkretem und allgemeinem wirtschaftlichen Nutzen so ziehen, dass noch dann von allgemeinen wirtschaftlichen Interessen gesprochen werden kann, wenn die vom Verband erstrebten Vorteile der ganzen Berufs- oder Wirtschaftsgruppe zugute kommen, wenn also auch Nichtmitglieder von der Zweckverfolgung einer solchen Körperschaft profitieren (BGE 48 II 153; BK-RIEMER, N 60–72; MEIER-HAYOZ/FORSTMOSER, § 4 N 29).

II. Zweckmischung

1. Haupt- und Nebenzwecke

11 Nicht zulässig ist die **Verbindung eines idealen mit einem** – gleichrangigen – **wirtschaftlichen** (oben N 5) **(Haupt-)Zweck** (BK-RIEMER, N 77 a.E.), auch wenn sich dies nicht in den Statuten, sondern in der effektiven Tätigkeit zeigt. Eine derartige Personenverbindung muss daher eine Assoziationsform des OR wählen.

12 Dagegen ist v.a. die Lehre mehrheitlich der Auffassung, ein Verein dürfe einen **wirtschaftlichen Nebenzweck** verfolgen, also einen solchen von untergeordneter Bedeutung, v.a. wenn er «mit der Erreichung des nichtwirtschaftlichen Hauptzweckes sinnvoll verbunden erscheint» (MEIER-HAYOZ/FORSTMOSER, § 4 N 30; gl.M. BK-RIEMER, N 73 ff. mit zahlreichen Belegen; HEINI/PORTMANN, Rz 46).

2. Sportvereine im Besonderen

13 **Sportvereine,** die – wie etwa die Fussball- und Eishockeyclubs der obersten Spielklassen (Nationalliga) – durch Erhebung von Eintrittsgeldern sowie Ein- und Verkäufe von Spielern regelmässige Umsätze tätigen, betreiben ein nach **kaufmännischer Art geführtes Gewerbe** (auch **Unternehmen** genannt) i.S.v. Art. 53 lit. 1c HRegV (vgl. MEIER-

HAYOZ/FORSTMOSER, § 4 N 35 ff.) und müssen sich daher ins Handelsregister eintragen lassen (HEINI/PORTMANN, Rz 42; BK-RIEMER, Art. 61 N 33; SCHERRER, Rechtsfragen, 42 ff.; DERS., Sportkapitalgesellschaften, 1998, 9 ff.; SUTTER, 89 f.).

Andererseits verfolgen diese Sportvereine insofern einen **nichtwirtschaftlichen Zweck,** 14 als sie – im weitesten Sinn – ihre Sportart fördern und mit den vorstehend (N 13) genannten Tätigkeiten ein breites Publikum, mithin Dritte unterhalten wollen. Allfällige Gewinne kommen durchwegs nicht den Mitgliedern zu. Sofern diese allenfalls davon profitieren – etwa durch Eintrittsvergünstigungen – wäre ein solcher wirtschaftlicher Zweck marginal und dem «obersten» idealen Zweck doch wohl untergeordnet (vgl. dazu allg.o. N 8).

3. Rechtsfolge unerlaubter Zweckmischung

Eine **unerlaubte Zweckmischung** hat zur Folge, dass im Innenverhältnis der Vereini- 15 gung die Rechtspersönlichkeit abzuerkennen ist: Die Mitglieder kennen die Sachlage. Hingegen kann Dritten, welche die Zweckmischung nicht erkennen können, die mangelnde Rechtsfähigkeit bei der Verfolgung eines unerlaubten Zwecks nicht entgegengehalten werden (HEINI/PORTMANN, Rz 47; vgl. auch BGE 100 III 21). Ist in einem Prozess gerade die Frage der Rechtsfähigkeit zu beurteilen, ist der Verein partei- und prozessfähig (BGE 100 III 21).

III. Rechtsfolgen des unerlaubten wirtschaftlichen Zwecks

Verfolgt der Verein **von Anfang an unerlaubterweise einen wirtschaftlichen Zweck** 16 i.S. der vorstehenden Ausführungen, so verfehlt er eine der Entstehungsvoraussetzungen und kann die Rechtspersönlichkeit nicht erlangen; s. dazu Art. 62.

Betreffend einen Verein, der sich erst nach gültiger Entstehung einem unerlaubten wirt- 17 schaftlichen Zweck zuwendet, s. Art. 78 N 4.

IV. Die materiellen Voraussetzungen der Vereinsgründung

Der Verein entsteht ohne weiteres mit der Erfüllung der gesetzlichen Voraussetzungen. 18

Verlangt wird zunächst, dass «**der Wille als Körperschaft zu bestehen,** aus den Statuten 19 ersichtlich ist» (BGE 108 II 11; BJM 1999, 311 ff.; SJZ 2000, 467; MEIER-HAYOZ/ FORSTMOSER, § 20 N 9). Formulierungen, dass ein Verein i.S.v. Art. 60 ff. bestehe, genügen dann nicht, wenn sich der körperschaftliche Wille sonst nicht aus den Statuten ergibt. Wo z.B. eine Personenvereinigung sowohl Elemente des Vereins als auch einer einfachen Gesellschaft aufweist, ist im Zweifel gegen eine körperschaftliche Organisationsform zu entscheiden. «Den Gründern, die sich ihrer Haftung als Gesellschafter entschlagen wollen, kann zugemutet werden, dass sie Dritte nicht durch eine zweideutige Fassung der Urkunde im Unklaren lassen» (BGE 88 II 230; vgl. auch HEINI/PORTMANN, Rz 115; weniger streng BK-RIEMER, N 31).

Unerlässlich ist so dann eine **genügende Individualisierung** der Verbandsperson. Dem- 20 entsprechend verlangt das Gesetz die Angabe des «Zweckes» in den Statuten. Gemeint ist die Aufgabe, das Tätigkeitsgebiet (oben N 3), z.B. Förderung der lokalhistorischen Forschung.

Vielfach bedarf es einer weiteren Präzisierung durch Bezeichnung der sachlichen Mittel, 21 welche *primär* für die Zweckverfolgung eingesetzt werden (vgl. auch HEINI/PORTMANN, Rz 118; zu den finanziellen Mitteln s.u. N 26).

22 Schliesslich ist eine genügende Individualisierung i.d.R. nur möglich, wenn – was das Gesetz nicht ausdrücklich verlangt – sich der Verein auch einen **Namen** gibt (ZK-EGGER, N 16; zu den vielschichtigen Fragen betr. Namen einlässlich BK-RIEMER, syst. Teil, N 381 ff. sowie MEIER-HAYOZ/FORSTMOSER, § 20 N 26; zum **Namensschutz** s. Art. 61 N 5 ff.; betr. Verwechslung von Vereinsnamen vgl. den Entscheid des BGer vom 25.5.2004, 5C.76/2004).

23 Nicht erforderlich ist dagegen die Bezeichnung eines **Sitzes;** schweigen hierüber die Statuten, so greift Art. 56 Platz (Ort der Verwaltung). Es besteht gleichzeitig immer nur ein Sitz, auch beim Vorliegen eines «siège errant», bspw. am Wohnsitz des Präsidenten (MEIER-HAYOZ/FORSTMOSER, § 20 N 28; HEINI/PORTMANN, Rz 128).

24 Das Gesetz verlangt in den Statuten so dann Aufschluss über die **Organisation.** Dieses Erfordernis ist insofern nicht zwingend, als beim Fehlen von Angaben über die Organisation – was in der Praxis kaum vorkommt – entsprechende gesetzliche Normen die Lücke füllen (vgl. Art. 63 Abs. 1; BK-RIEMER, N 34).

25 Dass der Verein **Mitglieder** haben muss, versteht sich von selbst (BGE 108 II 10; vgl. auch u. N 28). Hat der Verein im Zeitpunkt der Gründung (noch) keine Mitglieder, kann er nicht entstehen (BGE 108 II 10 f.: endgültige bzw. spätere Begründung der Mitgliedschaft durch den Vorstand).

26 Gemäss Gesetzeswortlaut sollen die Statuten schliesslich Aufschluss geben über die Mittel («ressources»). Darunter sind die **finanziellen Mittel** zu verstehen (BK-RIEMER, N 42).

27 Derartige Angaben sind nicht unerlässlich (BK-RIEMER, a.a.O.). Aufgrund von Art. 53 f. kann der Verein **Träger jedwelcher Vermögenswerte** sein (BK-RIEMER, a.a.O., a.E.).

V. Die an der Gründung beteiligten Personen

1. Allgemeines

28 Art. 60 umschreibt die **Voraussetzungen,** unter denen das körperschaftliche Rechtssubjekt «Verein» entstehen kann. Notwendig ist eine Mehrzahl von Personen (Gründer, Gründungsmitglieder), welche den Willen kundtun, einen Verein als neue juristische Person in besonderer Ausgestaltung unter Berücksichtigung bestimmter Formvorschriften zu schaffen (vgl. dazu die Detailkommentierung in BK-RIEMER, N 7; TUOR/SCHNYDER/ SCHMID/RUMO-JUNGO, 147). Gründer können natürliche und/oder juristische Personen sein (SCHERRER, 31; s.a.u. N 32).

29 Bei allen Entstehungsvoraussetzungen können **Mängel** auftreten. Die entsprechenden Rechtsfolgen richten sich grundsätzlich nach Art. 62 (BK-RIEMER, N 108).

2. Mindestzahl von Gründungsmitgliedern

30 Das Gesetz schreibt keine **Mindestzahl von Gründungsmitgliedern** vor. Es ist in Lehre und Rspr. umstritten, wie die Mindestzahl festzulegen ist. Tendenziell lässt die h.L. schon zwei Personen als Gründungsmitglieder genügen (so BK-RIEMER, N 16; SCHERRER, 30). Dieser Auffassung ist zuzustimmen; denn damit ist einerseits das Erfordernis der körperschaftlichen Personenverbindung (vgl. Marginale zu Art. 60) erfüllt, andererseits sind Vereinsbeschlüsse gem. Art. 67 Abs. 2 möglich.

31 Nicht notwendig ist die **Auflistung der Gründungsmitglieder** in den Statuten. Diese sind vielmehr im Gründungsprotokoll oder in einer Präsenzliste festzuhalten.

3. Handlungsfähigkeit und Vertretung der Gründerpersonen

Grundsätzlich sind alle handlungsfähigen natürlichen (Art. 12–16) und juristischen Per- **32** sonen (Art. 54) fähig, als Vereinsgründer bzw. Gründungsmitglieder aufzutreten (zu den Ausnahmen betr. juristische Personen vgl. BK-RIEMER, N 9). Auch Personengesellschaften können Mitglieder eines Vereins werden (dazu HEINI/PORTMANN, Rz 223; **a.M.** für die einfache Gesellschaft BK-RIEMER, N 9 a.E.). Dass **urteilsfähige Unmündige und Entmündigte** aufgrund von Art. 19 Abs. 2 ohne Zustimmung ihrer gesetzlichen Vertreter handeln können, sofern mit der Vereinsgründung keine erheblichen wirtschaftlichen Verpflichtungen und Risiken (erhebliche Gründerleistungen, erhebliche Mitgliederbeiträge i.S.v. Art. 71 Abs. 1, fehlende Festsetzung der Mitgliederbeiträge i.S.v. Art. 71 Abs. 2, persönliche Haftung oder Nachschusspflicht i.S.v. Art. 99 HRegV) verbunden sind, wird mehrheitlich bejaht (vgl. BK-RIEMER, N 10; BK-BUCHER, Art. 19 N 281, 345; FRANK, 346 f., unter der Voraussetzung, dass der Verein eigene Rechtspersönlichkeit erlange; betr. **Verbeiratete und Verbeiständete** vgl. BK-RIEMER, N 11 f.).

Rechtsgeschäftliche Vertretung (Art. 32 OR) ist bei der Vereinsgründung grundsätzlich **33** zulässig. **Gesetzliche Vertretung** ist – mit Ausnahme von Fällen, in denen höchstpersönliche Rechte gem. Art. 19 Abs. 2 berührt sind – möglich; die gesetzliche Vertretung ist bei der urteilsfähigen, 16jährigen Person ausgeschlossen, wenn es z.B. um eine Vereinsgründung mit religiöser Zweckverfolgung geht (BK-RIEMER, N 14, im Hinblick auf Art. 303 Abs. 3). Juristische Personen werden durch ihre Organe vertreten (Art. 55).

4. Gründervorteile und Gründerpflichten

Die im Gesetz nicht explizit erwähnten Gründungsmitglieder sind grundsätzlich gleich **34** zu behandeln wie später durch Beitritt (Art. 70) zum Verein stossende Mitglieder. Durch die Gründungsstatuten können jedoch den Gründungsmitgliedern besondere Vorteile, sog. **«Gründervorteile»,** wie z.B. tiefere Mitgliederbeiträge, eingeräumt werden. Dadurch können etwa besondere Bemühungen von Mitgliedern, die sich um die Vereinsgründung verdient gemacht haben, gewürdigt und indirekt honoriert werden. Diese Abweichung vom **Gleichbehandlungsgrundsatz** der Vereinsmitglieder muss sich somit sachlich rechtfertigen lassen (SCHERRER, 33). In bestimmten Fällen kann demnach der Unterschied zwischen der Gründungsmitgliedschaft und der später erworbenen Mitgliedschaft derart sein, dass sich auch eine statutarische Ungleichbehandlung der beiden Mitgliederkategorien rechtfertigt (BK-RIEMER, N 17; SCHERRER, 33).

Statutarisch können jedoch nicht nur besondere Gründerrechte, sondern auch **Gründer-** **35** **pflichten** vorgesehen werden, z.B. die Verpflichtung der Gründungsmitglieder zu besonderen Geld- oder Arbeitsleistungen.

Die Gründer kann auch eine **Haftung** gegenüber dem Verein, den Mitgliedern oder Drit- **36** ten treffen, etwa bei mangelhafter Abfassung der Gründungsstatuten.

VI. Der Gründungsvorgang

1. Zweistufigkeit des Gründungsvorgangs

Beim Gründungsvorgang werden zwei Stufen unterschieden. Vorerst bildet die **Grün-** **37** **dergemeinschaft,** welche die Gründung des Vereines bezweckt, eine einfache Gesellschaft i.S.v. Art. 530 ff. OR. Darauf verweist Art. 62 ausdrücklich (vgl. Art. 62 N 6 ff.). Beim **Gründungsvorgang** im engeren Sinne werden die gesetzlichen Voraussetzungen für die Entstehung der juristischen Person «Verein» geschaffen, indem gesetzeskonforme Statuten erstellt werden und die Gründungsmitglieder ihren Willen zur Mitgliedschaft bekunden sowie die notwendige Organisation aufstellen (üblicherweise wird anlässlich der Gründungsversammlung insb. die Wahl des Vorstandes erfolgen: BK-RIEMER, N 107). Damit ist der Zweck der Gründergemeinschaft erfüllt, so dass diese aufgelöst wird (Art. 545 Abs. 1 Ziff. 1 OR; HEINI/PORTMANN, Rz 105). Hinsichtlich der zweiten Stufe spricht das BGer von einem «rechtsgeschäftlichen Gesamtakt» (BGE 108 II 11).

38 Die am Gründungsvorgang teilnehmenden Personen werden demnach nicht automatisch Vereinsmitglieder (BGE 108 II 10). Das **Gründungsmitglied** erwirbt die **Mitgliedschaft** durch Zustimmung zu den Statuten. Es ist somit die Abgabe einer Willenserklärung gegenüber dem in Gründung befindlichen Verein notwendig; die Wirksamkeit der Erklärung hängt suspensiv von der rechtsgültigen Entstehung der juristischen Person «Verein» ab (HEINI/PORTMANN, Rz 105; BK-RIEMER, N 104).

2. Das Erfordernis der Schriftlichkeit

39 Die Entstehung des Vereins ist von der Einhaltung einer einzigen bestimmten Formvorschrift abhängig: Die **Statuten** sind in **schriftlicher Form** – eine bestimmte Sprache wird nicht verlangt (vgl. aber Art. 7 HRegV) – zu errichten (Art. 60 Abs. 2).

40 Der **Statutentext** kann und muss mindestens einmal **schriftlich fixiert** werden. Dies gilt auch für jede (spätere) Änderung (BK-RIEMER, N 90). Eine Drucklegung oder eine andere Vervielfältigung der Statuten ist nicht notwendig; der Rechtsfähigkeit schadet es nicht, wenn diese nachträglich untergehen (TUOR/SCHNYDER/SCHMID/RUMO-JUNGO, 147). Es ist nicht erforderlich, dass die Statuten von den Gründungsmitgliedern unterzeichnet werden (BK-HAFTER, N 17; HEINI/PORTMANN, Rz 110; **a.M.** TUOR/SCHNYDER/SCHMID/RUMO-JUNGO, 147; unentschieden ZK-EGGER, N 15). BK-RIEMER, N 82, spricht sich grundsätzlich für Unterzeichnung aus, wobei aus praktischen Gründen die Unterschrift derjenigen Personen, welche den Verein auch rechtsverbindlich verpflichten, als genügend betrachtet werden; ebenso lässt RIEMER ein durch den Protokollführer **unterschriebenes Protokoll** der Gründungsversammlung, welches über die Annahme der betreffenden Statuten Aufschluss gibt, als genügend gelten (vgl. auch SCHERRER, 36). Für Vereine, die im **Handelsregister** eingetragen werden sollen, verlangt Art. 28 Abs. 4 HRegV ein durch den Präsidenten und den Protokollführer der Gründungsversammlung unterzeichnetes Statutenexemplar (vgl. zu den allgemeinen handelsregisterrechtlichen Fragen die Kommentierung von KÜNG/MEISTERHANS, Verein, Stiftung, Handbuch für das Handelsregister, 1993).

41 Dem «Verein» kommt dann keine selbstständige Rechtspersönlichkeit zu, wenn er über keine schriftlichen Statuten verfügt.

42 Wie das Grundgesetz des Vereins schliesslich bezeichnet wird (ob Statut, Reglement, Verfassung oder ähnlich), ist unter dem Gesichtspunkt des Schriftformerfordernisses von Art. 60 Abs. 1 irrelevant (so auch BGE 100 Ia 100). Allenfalls für das Handelsregister erforderliche Angaben (Art. 97 f. HRegV) sind anderweitig beizubringen. Da die Schriftlichkeit der Statuten unabdingbare Voraussetzung für die Entstehung des Vereins ist, hat allenfalls die Gegenpartei, der Richter oder die zuständige Verwaltungsbehörde den Verein zur Einreichung der Statuten bzw. zum Nachweis seiner rechtlichen Existenz anzuhalten (BK-RIEMER, N 93; vgl. auch die Kasuistik bei RIEMER, N 95 ff. betr. fehlende Rechtspersönlichkeit).

VII. Rechtsmissbräuchliche Vereinsgründung

43 Eher selten sind bisher Fälle bekannt geworden, in denen die Verwendung der Rechtsform des Vereins vorgeschoben oder **missbraucht** worden ist, um rechtsgeschäftliche

Verpflichtungen vorwiegend natürlicher Personen zu umgehen (BK-RIEMER, N 109). Sie sind gem. den im Aktienrecht entwickelten Grundsätzen zum **«Durchgriff»** (in concreto auf Organträger und allenfalls Mitglieder) zu beurteilen (AppHof BE 1981, ZBJV 1983, 237; HEINI/PORTMANN, Rz 171; MEIER-HAYOZ/FORSTMOSER, § 2 N 34 ff.; BK-RIEMER, N 109; vgl. auch BGE 108 II 214 m.V.).

VIII. Der Verein als Steuersubjekt

Grundsätzlich ist ein zivilrechtlich anerkannter Verein auch steuerrechtlich als Rechtssubjekt anzuerkennen (WIPFLI, 195; SCHERRER, 137 ff.). Ob es sich bei einer Personenvereinigung um einen zivilrechtlichen Verein handelt, dem Rechtssubjektivität attestiert werden kann (oder muss), entscheidet die Steuerbehörde grundsätzlich selbstständig (RICHNER, 68). **44**

Vereine, bspw. solche mit gemeinnütziger oder öffentlicher Zweckverfolgung, können von der Steuerpflicht befreit werden; u.U. kommen sie in den Genuss einer privilegierten Besteuerung (vgl. grundsätzlich SCHERRER, Sportrecht, 162 ff.; WIPFLI, 231 ff.; RICHNER, 73 ff.). **45**

Beim Verein werden grundsätzlich Gewinn (Bund und Kantone) und Kapital (nur Kantone) besteuert (SCHERRER, Sportrecht, 163; WIPFLI, 218 f.; RICHNER, 70). Die Mitgliederbeiträge werden üblicherweise nicht zum steuerbaren Einkommen gerechnet und fallen steuerrechtlich als Gewinnfaktoren ausser Betracht (SCHERRER, Sportrecht, 163 f.). **46**

Mitgliederbeiträge werden auch von der Mehrwertsteuerpflicht, welche die Vereine ebenfalls trifft, nicht erfasst (SCHERRER, Sportrecht, 110); hingegen unterliegen Sponsorbeiträge der Mehrwertsteuer (SCHERRER, Sportrecht, 111). Vereine werden allerdings immer nur dann mehrwertsteuerpflichtig, falls sie jährlich mehr als 150 000,– Fr. umsetzen (Art. 25 MwStG). **47**

IX. Partei- und Prozessfähigkeit

Der handlungsfähige Verein (nicht derjenige gem. Art. 62 und die unselbstständige Sektion) ist partei- und prozessfähig (BK-RIEMER, syst. Teil, N 600). Ein Verein bleibt in einem Prozess handlungsfähig, solange dieser durch den Vorstand – oder einen Teil-Vorstand – legitim vertreten wird; erst wenn diese Voraussetzungen gänzlich wegfallen, ist dem Verein ein Prozessbeistand beizugeben (unveröff. Entscheid der II. Zivilabteilung des BGer vom 3.4.1991). **48**

Art. 61

II. Eintragung	[1] **Sind die Vereinsstatuten angenommen und ist der Vorstand bestellt, so ist der Verein befugt, sich in das Handelsregister eintragen zu lassen.**
	[2] **Betreibt der Verein für seinen Zweck ein nach kaufmännischer Art geführtes Gewerbe, so ist er zur Eintragung verpflichtet.**
	[3] **Der Anmeldung sind die Statuten und das Verzeichnis der Vorstandsmitglieder beizufügen.**
II. Inscription	[1] L'association dont les statuts ont été adoptés et qui a constitué sa direction peut se faire inscrire au registre du commerce.

² Est tenue de se faire inscrire toute association qui, pour atteindre son but, exerce une industrie en la forme commerciale.

³ Les statuts et l'état des membres de la direction sont joints à la demande d'inscription.

II. Iscrizione nel registro di commercio

¹ Approvati gli statuti e costituita la direzione, l'associazione è autorizzata a farsi iscrivere nel registro di commercio.

² L'iscrizione è obbligatoria se per conseguire il suo fine l'associazione esercita uno stabilimento d'indole commerciale.

³ Per ottenere l'iscrizione devono essere deposti gli statuti ed indicati i membri della direzione.

Literatur

BERETTA, Wirtschaftliche Vereine in der Schweiz, Diss. Basel 2001; DESIGAUD, Association et comptabilité, ST 1988, 330 ff.; HONEGGER, Probleme des Gläubigerschutzes im Vereinsrecht, Diss. Basel 2000; KÜNG/MEISTERHANS, Handbuch für das Handelsregister, Bd. IV: Verein, Stiftung, 1993; MEIER-HAYOZ, Gesellschaftszweck und Führung eines kaufmännischen Unternehmens, SAG 1973, 2 ff.; RIEMER, Aktuelle Gesetzgebung und Rechtsprechung, in: Riemer (Hrsg.), Aktuelle Fragen aus dem Vereinsrecht, 2005; SCHAUB, Quelques remarques du point de vue du Registre du commerce sur les associations et les fondations internationales, in: Les organisations non gouvernementales en Suisse, Etudes et travaux de l'Institut universitaire de hautes études internationales, No 14, 1973, 81 ff.; VON STEIGER, Zur Frage der Eintragpflicht von Anstalten religiöser Vereine, SAG 1936/37, 205 ff.; WIPFLI, Besteuerung der Vereine, Stiftungen und übrigen juristischen Personen, Diss. Basel 2001.

I. Allgemeines

1   Art. 61 regelt die **öffentliche Bekanntmachung des Vereins,** und zwar in Art. 61 Abs. 1 den *Eintragungsberechtigungsfall* und in Art. 61 Abs. 2 den *Eintragungsverpflichtungs-fall.* Art. 61 Abs. 3 schreibt das *formelle Vorgehen* vor. Der Handelsregistereintrag ist keine Voraussetzung zum Erwerb der Rechtspersönlichkeit (diese wird gem. Art. 60 schon zuvor erworben; er ist reines *Publizitätsmittel:* BK-RIEMER, N 6; MEIER-HAYOZ/FORSTMOSER, § 20 N 73; zur deklaratorischen Bedeutung des Handelsregistereintrages vgl. auch BGE 100 III 23 und SCHERRER, 40).

II. Wirkungen

2   Der Handelsregistereintrag bewirkt den **Schutz des öffentlichen Glaubens,** also ein «Sich-Verlassen-Dürfen auf Eintragungen, auch wenn diese unrichtig sind» (BK-RIEMER, N 51; vgl. dazu ebenfalls BGE 104 Ib 322 f. und 111 II 483 ff. sowie MEIER-HAYOZ/FORSTMOSER, § 6 N 74 ff.). Bedeutsam sind die Publizitätswirkungen v.a. hinsichtlich der *Vertretungsverhältnisse.* Durch den Handelsregistereintrag kann z.B. die Vertretungsmacht – in Abweichung der grundsätzlichen vereinsrechtlichen Vertretungsordnung (Art. 69) – auf einzelne Vorstandsmitglieder beschränkt werden (vgl. dazu auch unten Art. 69 N 33; BK-RIEMER, N 52).

3   Durch den Handelsregistereintrag unterliegt der Verein der **ordentlichen Konkursbetreibung** (Art. 39 Abs. 1 Ziff. 11 SchKG) und der **Wechselbetreibung** (Art. 177 Abs. 1 SchKG).

4   Ist der Verein zur Eintragung verpflichtet, so wird er überdies **buchführungspflichtig** (Art. 957 ff. OR; MEIER-HAYOZ/FORSTMOSER, § 20 N 74 m.Hw. auf BGE 79 I 59 f.; WIPFLI, 96 ff.). Bei freiwillig eingetragenen Vereinen gilt eine *beschränkte Buchführungspflicht* (BK-RIEMER, N 75). Ist der Verein zur Eintragung ins Handelsregister ver-

pflichtet, unterlässt er diese aber (zur Rechtsstellung pflichtwidrig nicht eingetragener Vereine vgl. BK-RIEMER, N 76), löst schon die Eintragungspflicht als solche die Buchführungspflicht aus (BK-RIEMER, N 58).

Das Gesetz verlangt es zwar nicht ausdrücklich, doch ist es selbstverständlich, dass sich **5** der Verein zur Individualisierung und Kennzeichnung einen **Namen,** der grundsätzlich frei gewählt werden kann, geben muss (SCHERRER, 27). Im Rahmen der auch juristischen Personen zustehenden Persönlichkeitsrechte geniesst der Verein den Namens-, *nicht aber den Firmenschutz* (BGE 117 II 517; 103 Ib 9; HEINI/PORTMANN, Rz 121, mit berechtigter Kritik; MEIER-HAYOZ/FORSTMOSER, § 20 N 26).

Die Eintragung in das Handelsregister muss daher den *Namen des Vereins* enthalten **6** (Art. 97 lit. b HRegV; KÜNG/MEISTERHANS, 33). Es ist jedoch ohne weiteres denkbar, dass **Vereine mit gleichen Namen** bestehen, die sich in das Handelsregister eintragen lassen wollen (Art. 61 Abs. 1) oder müssen (Art. 61 Abs. 2); im Hinblick auf das *Täuschungsverbot* des Art. 38 HRegV ist die Eintragung gleich lautender Namen jedoch unzulässig, weil im Hinblick auf die Wirkungen des Handelsregistereintrags ein öffentliches Interesse daran besteht, dass auch Vereine aufgrund ihres Namens eindeutig identifizierbar sind (KÜNG/MEISTERHANS, 34; s.a. den Entscheid des BGer vom 25.5. 2004, 5C.76/2004). Vgl. zum Problem der *Unterscheidbarkeit* von Vereinsnamen auch BGE 117 II 515 ff. In diesem Fall geht die Täuschungsgefahr davon aus, dass beide Vereine mit demselben Tätigkeitsgebiet im selben Raum – also gesamtschweizerisch – tätig waren und daher mit dem gleichen Zielpublikum in Beziehung traten. Daraus wird zu schliessen sein, dass keine Täuschungsgefahr besteht, falls keine Überschneidung bei den mit den Vereinen in Beziehung tretenden Dritten gegeben ist. Der Schutzbereich bei eingetragenen Vereinen muss sich aufgrund der Aufzählung in Art. 951 Abs. 2e contrario zumindest nicht auf die ganze Schweiz erstrecken.

Ein Verein darf nur einen *einzigen Namen* führen **(Grundsatz der Namenseinheit).** Die- **7** ser darf *nicht täuschend* sein (vgl. o. N 6) und hat sich von andern Namen klar zu *unterscheiden* (BGE 117 II 517). Zu beachten sind auch die *Besonderheiten bei nationalen und territorialen Bezeichnungen* (KÜNG/MEISTERHANS, 34 ff.).

Befindet sich der **Verein im Konkurs,** hat er den Zusatz «in Liquidation» zu führen; **8** diese Änderung ist bei den im Handelsregister eingetragenen Vereinen ebenfalls einzutragen (KÜNG/MEISTERHANS, 41; SCHERRER-BIRCHER, 124; vgl. auch unten Art. 77 N 2).

III. Die Eintragungsberechtigung

Grundsätzlich ist jeder Verein – aus welchen Gründen auch immer (oft mögen dies Pres- **9** tigegründe sein: HEINI/PORTMANN, Rz 133) – berechtigt, sich in das Handelsregister eintragen zu lassen; jeder Verein besitzt demnach einen **Rechtsanspruch auf Eintragung in das Handelsregister** (BK-RIEMER, N 9). Der Handelsregisteranmeldung ist unter anderem das Verzeichnis der Vorstandsmitglieder beizufügen, Art. 61 Abs. 3.

Nicht zur Eintragung *berechtigt* sind Gebilde, welche die **Errichtungsvoraussetzungen** **10** **gem. Art. 60** nicht erfüllen, oder Vereine, die den Vorstand noch nicht bestellt haben (der Handelsregisteranmeldung ist nämlich unter anderem das Verzeichnis der Vorstandsmitglieder beizufügen, Art. 61 Abs. 3). Die Eintragungsberechtigung entfällt auch dann, wenn Anmeldevorschriften oder bestimmte handelsregisterrechtliche Vorschriften nicht beachtet worden sind oder aber auch beim Vorliegen offensichtlicher und eindeutiger Gesetzeswidrigkeiten in den Vereinsstatuten (BK-RIEMER, N 13 ff. und dort zitierte Bsp.).

Ausländische Vereine, die ihren Sitz in die Schweiz verlegen und kein nach kaufmänni- **11** scher Art geführtes Gewerbe betreiben, unterstehen dem schweizerischen Recht, sobald der Wille der Unterstellung «deutlich erkennbar ist, eine genügende Beziehung zur Schweiz besteht und die Anpassung an das schweizerische Recht erfolgt ist» (Art. 162 Abs. 2 IPRG). Das ausländische Recht muss die Verlegung gestatten (VISCHER, Zürcher Kommentar zum IPRG, Art. 161 N 6).

IV. Die Eintragungsverpflichtung

12   Art. 61 Abs. 2 macht den Handelsregistereintrag zur Pflicht, wenn der **Verein Träger eines kaufmännischen Unternehmens** (s.a. Art. 60 N 13) ist und sich insb. die im Wirtschaftsleben übliche Publizität aufdrängt (vgl. zum Handelsregistereintrag KÜNG/ MEISTERHANS, 31 ff.). Dem Verein ist es also ausdrücklich erlaubt, *ein nach kaufmännischer Art geführtes Gewerbe* zu betreiben (vgl. auch die Darstellung bei BERETTA, 95 ff.). Die ideale, nichtwirtschaftliche Zweckverfolgung bleibt dadurch unberührt (MEIER-HAYOZ/FORSTMOSER, § 20 N 14 ff.). De lege ferenda schlägt HONEGGER, 224, eine Eintragungspflicht für Vereine mit mehr als 100 Mitgliedern vor (kritisch, wenn die Mitgliederzahl von 100 wieder unterschritten würde).

13   Der **Gewerbebegriff** hat in Lehre und Rspr. zu einiger Verwirrung, v.a. auch zu einer Vermengung der Begriffe (Vereins-)*Zweck* und *Mittel* geführt. Grundsätzlich ist auf die Dreiteilung in Art. 53 HRegV (Handelsgewerbe, Fabrikationsgewerbe, andere nach kaufmännischer Art geführten Gewerbe) zu verweisen (vgl. dazu BK-RIEMER, N 19). Gewisse Gewerbe sind von der Eintragungspflicht befreit, wenn die jährliche Roheinnahme die Summe von 100 000,– Fr. nicht erreicht (Art. 54 HRegV).

14   Ob **die in Art. 53 und 54 HRegV aufgestellten Kriterien** heute noch *als tauglich* angesehen werden können, erscheint fraglich.

15   Gemäss geplanter Gesetzesänderung ist ein Verein auch dann zur Eintragung in das Handelsregister verpflichtet, wenn er «revisionspflichtig» ist (neuer Art. 61 Abs. 2: «Der Verein ist zur Eintragung verpflichtet, wenn er: 1. für seinen Zweck ein nach kaufmännischer Art geführtes Gewerbe betreibt; 2. revisionspflichtig ist.»; vgl. dazu auch RIEMER, Aktuelle Gesetzgebung und Rechtsprechung, 52; HEINI/PORTMANN, Rz 135).

V. Das Eintragungsverfahren

16   Sowohl bei der freiwilligen (Art. 61 Abs. 1) als auch bei der notwendigen Eintragung (Art. 61 Abs. 2) sind zur Anmeldung dem Handelsregisteramt von Gesetzes wegen die *Statuten* und das *Verzeichnis der Vorstandsmitglieder* einzureichen. Die **Detailregelung der Anmeldung** ist in der Handelsregisterverordnung (Art. 19 ff. HRegV) festgelegt (vgl. dazu auch KÜNG/MEISTERHANS, 31 ff.; BK-RIEMER, N 34 ff.; SCHERRER, 42).

Art. 62

III. Vereine ohne Persönlichkeit	**Vereine, denen die Persönlichkeit nicht zukommt, oder die sie noch nicht erlangt haben, sind den einfachen Gesellschaften gleichgestellt.**
III. Associations sans personnalité	Les associations qui ne peuvent acquérir la personnalité ou qui ne l'ont pas encore acquise sont assimilées aux sociétés simples.
III. Associazioni senza personalità	Le associazioni che non possono avere o non hanno ancora la personalità giuridica sono parificate alle società semplici.

Literatur

BÄR, Gründergesellschaft und Vorgesellschaft zur AG, in: FS Max Kummer, 1980, 77 ff.; FORSTMOSER, Atypische und widerrechtliche Genossenschaften und Vereine sowie ihre register-rechtliche Behandlung, SAG 1983, 142 ff.; GIANELLA, Delle associazioni senza personalità, Diss. Zürich 1936; RITTNER, Die werdende juristische Person, 1973; vgl. auch die Literaturhinweise zu den Vorbem. zu Art. 60–79.

I. Fehlende Rechtspersönlichkeit wegen Rechtsmängel

Die Rechtsfolge – **Gleichstellung mit der einfachen Gesellschaft** – tritt zunächst bei denjenigen Personenvereinigungen ein, denen es an einer der in Art. 60 genannten Vor-aussetzungen für die Erlangung der Persönlichkeit fehlt. **1**

Eine gleiche Behandlung erfahren **zwangslose Vereinigungen,** die zwar eine der in Art. 60 genannten Aufgaben wahrnehmen, jedoch keine rechtsfähigen Vereine sein wol-len, z.B. ein Kegelklub, der über eine minimale Organisation, jedoch nicht über *schrift-liche Statuten* verfügt (HEINI/PORTMANN, Rz 146). **2**

Sowohl im Randtitel – «Vereine ohne Persönlichkeit» – als auch in der systematischen Stellung des Art. 62 kommt deutlich zum Ausdruck, dass diese Bestimmung nicht schlechthin alle Personenmehrheiten erfassen will, welche aus irgendeinem Grunde die Rechtspersönlichkeit nicht erlangen können, sondern nur solche, die ihrem Zweck nach als Vereine zu klassifizieren wären und **auf die Dauer angelegt** sind (HUBER, Erläute-rungen 1914, I, 86; ZK-EGGER, N 4). **3**

Gelegenheitsverbindungen, die nur kurzfristig einen idealen Zweck verfolgen wollen, sind «unmittelbar» als einfache Gesellschaften zu klassifizieren (HEINI/PORTMANN, Rz 147). **4**

Für **Personenverbindungen mit wirtschaftlichem Zweck** – mit Ausnahme der vom BGer in der Vereinsform zugelassenen wirtschaftlichen Vereinigungen ohne Betreibung eines kaufmännischen Gewerbes (oben Art. 60 N 6) – gilt die Verweisung des Art. 59 Abs. 2 auf die gesellschaftsrechtlichen Normen des OR (HEINI/PORTMANN, Rz 147; vgl. auch BK-RIEMER, N 41 f.). Dabei nimmt im OR die einfache Gesellschaft die Funktion einer Subsidiärform wahr (MEIER-HAYOZ/FORSTMOSER, § 12 N 33). **5**

II. Der so genannte Vor-Verein

Vom Gesetz wird so dann der einfachen Gesellschaft der auf eine Vereinsgründung aus-gerichtete *Personenzusammenschluss* gleichgestellt, solange dieser die Rechtspersönlich-keit noch nicht erlangt hat: Die **Gründergesellschaft.** Mit dem erfolgreichen Abschluss des Gründungsvorgangs bzw. der Entstehung des Vereins als Rechtsperson ist der Zweck der Gründergesellschaft erreicht, womit diese aufgelöst ist (Art. 545 Abs. 1 Ziff. 1 OR). **6**

Zwischen Vor-Verein und Verein besteht **weitgehend Identität** (ZK-SIEGWART, Vor Art. 629 ff. N 49; BÄR, 88 m.w.V. in FN 26), was sich namentlich in der Gestaltung des Innenverhältnisses auswirkt (hiernach N 9 f.). Auch können für den in Entstehung begrif-fenen Verein suspensiv bedingte Rechtsgeschäfte abgeschlossen werden, wobei aller-dings suspensiv bedingter Eigentumserwerb an Grundstücken ausgeschlossen ist (ZK-SIEGWART, N 50 f.). **7**

Davon zu unterscheiden ist der Tatbestand, dass **Verpflichtungen** ausdrücklich **im Na-men des im Entstehen begriffenen Vereins** eingegangen werden. Darauf sind Art. 838 Abs. 3 OR (Genossenschaft) bzw. Art. 645 Abs. 2 OR (AG) analog anzuwenden (BK- **8**

RIEMER, N 105 m.V.). Gegen eine missbräuchliche Genehmigung zu Lasten der Gläubiger schützt Art. 2 (HEINI/PORTMANN, Rz 149).

9   Beide Gruppen von nicht bzw. noch nicht rechtsfähigen Vereinen weisen faktisch oft eine körperschaftliche Struktur auf, der in der Ausgestaltung des **Innenverhältnisses** im Rahmen der dispositiven Normen Rechnung zu tragen ist. So kann für die Beschlussfassung das Mehrheitsprinzip vereinbart (Art. 534 Abs. 2 OR), die «Geschäftsführung» einem Vorstand übertragen (Art. 535 Abs. 1 OR; vgl. BGE 88 II 231) oder ein Austrittsbzw. Ausschlussrecht vorgesehen werden, mit der Wirkung, dass die Gesellschaft unter den verbleibenden Gesellschaftern fortgesetzt wird (ZK-SIEGWART, Art. 547 N 39/42). Auch wird man allgemein sagen dürfen, dass die Regeln der einfachen Gesellschaft, in deren Kleid der nichtrechtsfähige Verein von Gesetzes wegen aufzutreten hat, im Lichte des Vereinsrechts auszulegen sind, soweit dem nicht zwingende Vorschriften entgegenstehen (HEINI/PORTMANN, Rz 151; ebenso BK-RIEMER, N 33 m.w.V.).

10   Im **Aussenverhältnis** können dagegen die Normen der einfachen Gesellschaft nicht ausgeschaltet werden (einlässlich mit zahlreichen Belegen BK-RIEMER, N 30 ff.).

11   Für die **Schulden der Gesellschaft** haftet i.d.R. jedes «Mitglied» solidarisch (Art. 544 Abs. 3 OR). Diese Haftungsordnung ist allerdings nachgiebiges Recht. Art. 544 Abs. 3 OR lässt daher z.B. eine Abrede mit den Gläubigern zu, wonach nur das Gesellschaftsvermögen haften soll (VON STEIGER, SPR VIII/1, 444 f.).

12   Dem nicht rechtsfähigen Verein steht **keine Parteifähigkeit** zu; es müssen die einfachen Gesellschafter klagen und beklagt werden (Streitgenossenschaft). Für die Vorgesellschaft zur AG erwägt BÄR, 97, allerdings «lückenfüllend» Betreibungs- bzw. Konkursfähigkeit gleichsam als Vorwirkung der entstehenden AG.

13   Ist jedoch gerade die Frage der **Rechtsfähigkeit** eines Vereins **Gegenstand des Prozesses,** so muss einem solchen Personenzusammenschluss die Partei- und Prozessfähigkeit zustehen (BGE 100 III 21).

Art. 63

IV. Verhältnis der Statuten zum Gesetz	[1] **Soweit die Statuten über die Organisation und über das Verhältnis des Vereins zu seinen Mitgliedern keine Vorschriften aufstellen, finden die nachstehenden Bestimmungen Anwendung.**
	[2] **Bestimmungen, deren Anwendung von Gesetzes wegen vorgeschrieben ist, können durch die Statuten nicht abgeändert werden.**
IV. Relation entre les statuts et la loi	[1] Les articles suivants sont applicables, si les statuts ne renferment pas de règles concernant l'organisation de l'association et ses rapports avec les sociétaires.
	[2] Les statuts ne peuvent déroger aux règles dont l'application a lieu en vertu d'une disposition impérative de la loi.
IV. Relazioni fra gli statuti e la legge	[1] Ove gli statuti non dispongano circa l'organizzazione ed i rapporti fra l'associazione e i suoi membri, si applicano le disposizioni che seguono.
	[2] Gli statuti non possono derogare a quelle disposizioni la cui osservanza è prescritta per legge.

Literatur

ROSENBERG, Die zwingenden Schutzbestimmungen des Vereinsrechtes, Diss. Basel 1985; vgl. auch die Literaturhinweise zu den Vorbem. zu Art. 60–79.

Absatz 1 reflektiert die Befugnis des Vereins, in den **Statuten** die **Organisation** und das 1
Verhältnis des Vereins zu den **Mitgliedern** grundsätzlich frei zu gestalten (vgl. auch
Vorbem. zu Art. 60–79 N 9 und 20). Die *Normenhierarchie* im Vereinsrecht ist demnach
folgende: Zwingendes Recht, Satzungsrecht und Observanz, dispositives Gesetzesrecht
(SCHERRER, 29).

Über **Wesen** und **Bedeutung** der **Statuten** s. Vorbem. zu Art. 60–79 N 20–24. 2

Abs. 2 weist auf die **Schranken** hin, welche der statutarischen Gestaltungsfreiheit durch 3
das **zwingende Recht** gesetzt sind (vgl. auch BGE 97 II 108 ff.). Das ist zunächst dort
der Fall, wo die vereinsrechtlichen Normen die Formulierung «von Gesetzes wegen»
enthalten (Art. 64 Abs. 3, Art. 65 Abs. 3, Art. 68 Abs. 1, Art. 70 Abs. 1, Art. 75). In
Art. 77 hat diese Formulierung noch eine andere Bedeutung: Wie sich schon aus den
Marginalien zu Art. 76–78 ergibt, nennt Art. 77 zusätzlich zur autonomen Auflösungsbe-
fugnis des Vereins (Art. 76) zwei gesetzliche Auflösungsgründe, nämlich *die Zahlungsunfähigkeit des Vereins* und die *Unmöglichkeit, den Vorstand statutengemäss zu bestellen.*
Indessen sind sowohl Art. 77 (BK-RIEMER, N 6; PERRIN, 63) wie auch Art. 78, der eine
Auflösung durch den Richter vorsieht, zwingender Natur.

Durch den Hinweis in Abs. 2 werden keineswegs alle für das Vereinsrecht relevanten 4
zwingenden Normen erfasst (BK-RIEMER, N 25). Nicht nur finden sich solche im
«übrigen» Privat- und allenfalls auch im öffentlichen Recht. Auch innerhalb der vereinsrechtlichen Normen des ZGB sind durch **Auslegung** oder aufgrund **ungeschriebener
Rechtsgrundsätze** zwingende Bestimmungen zu berücksichtigen (hierzu einlässlich
BK-RIEMER, N 26 ff.). Zu solchen für das Vereinsrecht spezifischen zwingenden Regeln
gehören (die Aufzählung ist nicht abschliessend):

– das Verbot einer übermässigen Beschränkung des Selbstbestimmungsrechts (Vorbem. 5
zu Art. 60–79 N 10 ff.; BK-RIEMER, N 40);

– die Versammlung der Mitglieder bzw. Delegiertenversammlung als oberstes Organ
(Art. 64 N 5 und 15; BK-RIEMER, N 27);

– die unentziehbaren Kompetenzen des obersten Organs (Art. 65 N 5 ff.);

– das Recht des Mitgliedes auf Wortmeldung in der Vereinsversammlung (Art. 66 N 16)
sowie andere zwingende Grundsätze der korporativen Willensbildung (z.B. Art. 69
N 25 beim Vorstand);

– die Unerlässlichkeit eines Exekutivorgans (Art. 64 N 5), wobei allerdings eine
Personalunion zwischen Vereins- und Vorstandsmitgliedern denkbar ist, s. Art. 69
N 1;

– der Schutz des Vereinszweckes, Art. 74 i.S. der dort in N 9 getroffenen Unterscheidung.

Art. 64

B. Organisation **I. Vereins-** **versammlung**	[1] **Die Versammlung der Mitglieder bildet das oberste Organ des Vereins.** [2] **Sie wird vom Vorstand einberufen.**
1. Bedeutung **und Einberufung**	[3] **Die Einberufung erfolgt nach Vorschrift der Statuten und überdies von Gesetzes wegen, wenn ein Fünftel der Mitglieder die Einberufung verlangt.**
B. Organisation I. Assemblée générale 1. Attributions et convocation	[1] L'assemblée générale est le pouvoir suprême de l'association. [2] Elle est convoquée par la direction. [3] La convocation a lieu dans les cas prévus par les statuts et en outre, de par la loi, lorsque le cinquième des sociétaires en fait la demande.
B. Loro organizzazione I. Assemblea sociale 1. Funzioni e convocazione	[1] L'assemblea sociale è l'organo superiore dell'associazione. [2] Essa è convocata dalla direzione. [3] La convocazione deve aver luogo a tenore dello statuto, ed anche per legge quando un quinto dei soci lo richieda.

Literatur

BIANCHI, Der Körperschaftsbeschluss als Rechtsgeschäft, ZHR 1938, 293 ff.; CHIODERA, Die Organisation der Vereine nach dem schweizerischen Zivilgesetzbuch vom 10. Dezember 1907, Diss. Leipzig 1910; DALLAFIOR, Durchsetzung des gesetzlichen Anspruchs auf Einberufung der Vereinsversammlung (Art. 64 Abs. 3), SJZ 1989, 367 ff.; EGGER, Die rechtliche Natur der Sektionen eines Vereins, in: Hug (Hrsg.), Ausgewählte Schriften und Abhandlungen, Bd. II, 1957, 17 ff.; HALTER, Verbände und Sektionen in ihrem gegenseitigen Verhältnis nach schweizerischem Vereinsrecht, Diss. Bern 1946; SATTIVA SPRING, Les associations fédératives en droit suisse, 1990; SIGG, Das oberste Organ in der Genossenschaft, Diss. Zürich 1955; WEBER-DÜRLER, Gesellschafterversammlung, Urabstimmung und Delegiertenversammlung als Beschlussfassungsformen des schweizerischen Gesellschaftsrechts, Diss. Zürich 1973; WERTHEIMER, Die Organisation des Vereins nach dem Schweizerischen Privatrecht, Diss. Zürich 1928.

I. Grundsätzliches

1 Als juristische Person handelt der Verein sowohl nach innen als auch nach aussen durch seine **Organe** (dazu GUTZWILLER, SPR II, 479 ff.; BK-RIEMER, Art. 54/55 N 16). Diesen stehen als solchen weder Rechte noch Pflichten zu, vielmehr Kompetenzen, d.h. die ihnen durch Gesetz und Vereinsverfassung zugewiesenen Aufgaben (HEINI/PORTMANN, Rz 366 und dort FN 798; FLUME, 405; ZR 1955 Nr. 184).

2 Vom Organ zu unterscheiden sind die **Organträger** oder **Organmitglieder,** d.h. die Personen, die das Organ konstituieren (zum Funktionieren bringen). Diesen obliegen echte, in der Verbandsorganisation gründende Pflichten gegenüber der juristischen Person, nämlich vornehmlich die Pflicht, an der *Organtätigkeit* (Teilnahme an Sitzungen, Beteiligung an den Beschlussfassungen) mitzuwirken (HEINI/PORTMANN, Rz 366).

3 Näheres über das Verhältnis der Organträger zur Verbandsperson (Verein) bei HEINI/PORTMANN, Rz 367 ff.

4 Der Verein ist in der **Ausgestaltung der Organisation** grundsätzlich **frei** (Art. 63 Abs. 1; HEINI/PORTMANN, Rz 355 ff.; MEIER-HAYOZ/FORSTMOSER, § 20 N 59).

Unerlässlich sind jedoch einerseits eine demokratisch konzipierte Willensbildungsmöglichkeit der Mitglieder als **oberstes Organ,** i.d.R. die Vereinsversammlung (nachfolgend N 16–17), allenfalls eine Delegiertenversammlung (s.u. N 29 ff.), andererseits ein **Exekutivorgan** (Vorstand, Art. 69; MEIER-HAYOZ/FORSTMOSER, § 20 N 65; HEINI/PORTMANN, Rz 356 und dort die in FN 777 genannten Autoren). **5**

Neben diesen beiden gesetzlich notwendigen Organen können die Statuten weitere, **fakultative Organe** vorsehen wie Sektionen (hiernach N 8), Ausschüsse, Geschäftsstellen, Sekretariate, Schiedsgerichte (vgl. dazu unten Art. 70 N 30) und dgl. mehr (BK-RIEMER, Vorbem. zu Art. 64–69 N 4 ff.). **6**

Personen, die weder aufgrund des Gesetzes noch aufgrund der Satzungen des Vereins als «Organe» bezeichnet werden können, die aber im Rahmen der Erfüllung des Vereinszwecks dennoch effektiv und in entscheidender Weise an der Bildung des Verbandswillens teilhaben, sind sog. «faktische Organe» (BK-RIEMER, Vorbem. zu Art. 64–69 N 51; MEIER-HAYOZ/FORSTMOSER, § 2 N 25; BGE 128 III 29 ff.). Diese Erweiterung des Organbegriffs kann insbes. bei Exekutivfunktionen aktuell werden (Art. 69). **7**

II. Sektionen

Untergruppierungen grösserer Verbände, sog. Sektionen (dazu eingehend BK-RIEMER, syst. Teil, N 491–528) kommt dann **Organqualität** zu, wenn auch sie dazu berufen sind, dem Willen des Verbandes (Vereins) Ausdruck zu verleihen, sei es durch Sektionsbeschlüsse, sei es durch das Handeln der Sektionsvorstände. Solche Sektionen können ihrerseits mit Rechtspersönlichkeit ausgestattet, also z.B. wiederum Vereine sein (selbstständige Sektionen, nachfolgend N 10 ff.). **8**

1. Unselbstständige Sektionen

Die Vereinstätigkeit – Organverhalten – der **unselbstständigen Sektion,** d.h. einer solchen *ohne Rechtspersönlichkeit,* ist ausschliesslich dem Verein zuzurechnen. Dem Mitglied bzw. dem Dritten tritt nur der Verband (Verein) gegenüber, und dieser allein ist allenfalls aktiv – oder passiv legitimiert. Die unselbstständige Sektion verfolgt als solche **keine selbstständigen Ziele;** ihr Zweck geht vielmehr in demjenigen der Körperschaft, des Vereins auf. Daher kann die unselbstständige Sektion auch nicht gem. Art. 62 einer einfachen Gesellschaft gleichgestellt werden (BGE 82 II 321); es sei denn, die Mitglieder führten unabhängig von der Erfüllung der Organfunktion noch ein gewisses selbstständiges, nicht dem Verband zurechenbares Dasein (HEINI/PORTMANN, Rz 523 f.; BK-RIEMER, syst. Teil, N 506, 507; EGGER, 23 ff.). **9**

2. Selbstständige Sektionen

Bei der **selbstständigen Sektion** sind im Verhältnis zum übergeordneten Verein (Verband, Zentrale) verschiedene Ausgestaltungen möglich (dazu einlässlich HEINI/PORTMANN, Rz 525 ff.; BK-RIEMER, syst. Teil, N 508 ff.). Nicht jeder Zweigverein ist Sektion mit Organfunktion. Organ ist er nur, soweit dies die Statuten des Obervereins (Verbandes) vorsehen. Da der Sektionsverein in diesem Fall als Organ seinerseits durch seine Organe handelt, wirkt deren Tätigkeit unmittelbar für die Sektion als juristische Person wie auch mittelbar für den Oberverein (BK-RIEMER, syst. Teil, N 526). **10**

Als Organ ist der Sektionsverein in den übergeordneten Verein **eingebunden,** und dessen Statuten sind für ihn – ob er Mitglied des Obervereins ist oder nicht – verbindlich (BK-RIEMER, syst. Teil, N 58). **11**

12   Andererseits ist nicht zu übersehen, dass der Sektionsverein eine **selbstständige juristi-sche Person** ist. Es ist daher im Einzelfall zu prüfen, ob er nur «für sich selbst» oder aber als Organ des Obervereins handelt (aktuell etwa für die Haftungsproblematik, BK-RIEMER, syst. Teil, N 526).

13   Die **Selbstständigkeit des Sektionsvereins** als juristische Person zeigt sich auch darin, dass die Verflechtung mit der Zentrale nicht bis zum Verzicht dieser Selbstständigkeit führen darf. **Unvereinbar** mit der aus dieser Selbstständigkeit fliessenden Satzungsauto-nomie ist insb. ein – wenn auch in den Statuten der Sektion vorgesehenes – **allgemeines Genehmigungsrecht** des Obervereins bezüglich Erlass und Änderungen der Sektions-statuten (oben Vorbem. zu Art. 60–79 N 16). Das hat (v.a. die frühere) Rspr. gelegentlich verkannt (so z.B. BGE 55 II 8, 10 betr. ein solches Genehmigungsrecht; ebenso BGE 70 II 63, in welchem das BGer die in den Statuten dem Zentralverband Schweizer Metz-germeister verliehene Befugnis schützte, Mitglieder aus dem rechtlich selbstständigen Zweigverein auszuschliessen; vgl. dazu auch HEINI/PORTMANN, Rz 532; weitere Bsp. zu diesem Problem in BK-RIEMER, syst. Teil, N 530).

14   Aufgrund der genannten Selbstständigkeit der als juristische Person ausgestalteten Sek-tion ist BK-RIEMER, syst. Teil, N 508 nicht zu folgen, wonach bei **Widersprüchen** die **Verbands-** den **Sektionsstatuten** vorgehen sollen. Daher kann auch keine Rede davon sein, dass Beschlüsse der selbstständigen Sektion über Statutenänderungen, die im Wider-spruch zu den Verbandsstatuten stehen, gem. Art. 75 angefochten werden könnten (so aber BK-RIEMER, syst. Teil, N 509).

15   Vom Gesagten ist allenfalls die **Mitgliedschaftspflicht** der selbstständigen Sektion – als Mitglied des Verbandes – zu unterscheiden, sich nach den Statuten des Verbandes auszu-richten.

III. Die Vereinsversammlung als oberstes Organ

16   Dass die Versammlung der Mitglieder – allenfalls die Delegiertenversammlung, nachste-hend N 29 – das oberste Organ des Vereins bildet, ist **zwingendes Recht** (so eindeutig auch PERRIN, 66; irreführend BK-RIEMER, Art. 64 zu Beginn von N 13). Eine Abtretung dieser Suprematie an ein anderes Organ stände im Widerspruch zur demokratischen Grundstruktur des Vereins (Vorbem. zu Art. 60–79 N 1; so wohl auch BK-RIEMER, N 13).

17   Diese Suprematie äussert sich vorab in den **unübertragbaren Prärogativen** des obers-ten Organs wie Erlass und Änderung der Statuten (Satzungsautonomie, vgl. FLUME, JZ 1992, 240 linke Spalte), Kontrolle, Entlastung und Abberufung der andern Organe, (frei-willige) Auflösung der Gemeinschaft (vgl. Art. 65 N 5 ff.; HEINI/PORTMANN, Rz 410 ff.; betr. Kompetenzen und deren Delegation im Einzelnen s. bei Art. 65).

18   Nicht jede beliebige oder zufällige Zusammenkunft der Vereinsmitglieder stellt eine **Ver-einsversammlung im Rechtssinne** dar, sondern nur eine solche, welche die Willens-bildung des Vereins, mithin Organtätigkeit bezweckt (ausführlich hiezu BK-RIEMER, N 4–12). Dafür verlangt das Gesetz die Einhaltung bestimmter Einberufungsvorschriften (nachstehend N 19 ff.).

IV. Die Einberufung der Vereinsversammlung

19   Gemäss dem Grundsatz der Organisationsfreiheit (oben N 4) können die **Statuten** – unter Vorbehalt von Abs. 3 – die Einberufung, insb. Periodizität und Zeitpunkt der Versammlungen frei **bestimmen**.

1. Kompetenz und Einberufungsgründe

Die Kompetenz zur Einberufung liegt **beim Vorstand,** (Abs. 2). Diese Vorschrift ist in- **20**
dessen **nicht zwingend** (gl.M. BK-RIEMER, N 27; **a.M.** ZK-EGGER, N 7). Durch die Statuten kann diese Kompetenz einem andern Organ – z.B. Kontrollstelle, Ausschuss und
dgl. –, dem Präsidenten, einem Mitglied oder einer Mitgliedergruppe übertragen werden;
einem aussenstehenden Dritten wohl nur dann, wenn eine sachliche Grundlage besteht,
z.B. im Falle einer Behörde (BK-RIEMER, N 28).

Die **Einberufung durch eine unzuständige Person** führt zur Nichtigkeit der Beschlüsse **21**
(BGE 71 I 388).

Von der Kompetenz zur Einberufung ist zu unterscheiden das – gesetzlich oder statuta- **22**
risch – vorgeschriebene **Recht** einer Mitgliedergruppe oder **eines Mitglieds,** eine Ein-
rufung der Versammlung zu verlangen. Ein solches Recht stellt einen der möglichen
Einberufungsgründe dar (BK-RIEMER, N 15–25). An der Kompetenz ändert dies nichts
(BGE 71 I 388 a.E.).

Von Gesetzes wegen muss das kompetente Organ bzw. die kompetente Person die Ver- **23**
sammlung einberufen, wenn ein Fünftel der Mitglieder dies verlangt (Abs. 3). Dabei ist
anzugeben, worüber Beschluss gefasst werden soll (Trib cant Neuchâtel 24.11.1987,
RJN 1987, 44). Kommt das zuständige Organ einem solchen Begehren nicht nach, so
kann der **Richter** angerufen werden (ZK-EGGER, N 10; BK-RIEMER, N 27; HEINI/PORT-
MANN, Rz 418; das **Verfahren** ist das summarische: DALLAFIOR, SJZ 1989, 377 ff.). Passiv
legitimiert ist, da ein Mitgliedschaftsrecht geltend gemacht wird, die juristische Person.

Die **Anrufung des Richters** steht aber auch jedem einzelnen Mitglied zu, wenn der Vor- **24**
stand (bzw. das zuständige Organ) eine statutarisch vorgeschriebene Einberufung unterlässt. Dies folgt aus dem Recht jedes Mitglieds auf gesetzes- und statutenkonforme Verwaltung (FLUME, 309 ff.; HEINI/PORTMANN, Rz 418; BGE 73 II 2).

2. Einberufungsverfahren

Gemäss Abs. 3 haben die Statuten über das Einberufungsverfahren Aufschluss zu geben. **25**
Damit soll bezweckt werden, jedem Mitglied die Teilnahme an der Versammlung zu er-
möglichen und die Feststellung des rechtsgültigen Zustandekommens der Versammlung
sicher zu stellen (BK-RIEMER, N 35). Insbesondere müssen die Statuten Angaben über
die **Einberufungsfrist** sowie **Ort und Zeitpunkt** der Versammlung enthalten (BK-
RIEMER, N 40 f.). In der Regel sind die Verhandlungsgegenstände (Traktanden) in der
Einladung anzukündigen, es sei denn, die Statuten dispensieren ausdrücklich davon
(Art. 67 Abs. 3).

Die **Festlegung der Traktanden** erfolgt durch den Vorstand (bzw. das einberufende **26**
Organ). Indessen steht jedem Mitglied das Recht zu, vom Vorstand die Aufnahme eines
Verhandlungsgegenstandes zu verlangen, sofern ein solches Begehren rechtzeitig gestellt
wird (umstritten; wie hier BK-RIEMER, N 37; HEINI/PORTMANN, Rz 421) und in die
Kompetenz der Vereinsversammlung fällt.

Beschlüsse, die in Verletzung der Einberufungsvorschriften gefasst werden, sind gem. **27**
Art. 75 *anfechtbar,* ggf. sogar *nichtig* (BK-RIEMER, N 44; vgl. auch Art. 700 OR). Zur
Aufhebung des Beschlusses führt die Formverletzung aber nur, wenn sie für das Zu-
standekommen des Beschlusses kausal ist (BGE 114 II 197; AppGer BS BJM 1989, 87).
Absichtliche Nichteinladung eines Mitglieds führt zur **Nichtigkeit** der Beschlüsse
(OGer ZH ZR 1984, 313). Auch jedes Verhalten, das auf die Beschneidung der Mitglied-
schaftsrechte hinzielt, kann zur Aufhebung der in der Folge gefassten Beschlüsse führen.

28 Im Falle einer **Universalversammlung,** d.h. wenn sämtliche Mitglieder anwesend oder vertreten sind und kein Widerspruch erhoben wird, dürfen die Einberufungsformalitäten ausser Acht gelassen werden (HEINI/PORTMANN, Rz 417).

V. Delegiertenversammlung

29 Obwohl im Gesetz nicht ausdrücklich vorgesehen, ist die Ersetzung der Mitglieder- durch eine **Delegiertenversammlung** durch die Gerichtspraxis längst anerkannt (BGE 48 II 156) und drängt sich bei Grossvereinen auch auf (HEINI/PORTMANN, Rz 456).

30 Durch die Einführung einer Delegiertenversammlung dürfen indessen die Mitverwal- tungsrechte des einzelnen Mitglieds nur so weit beschnitten werden, als dies erforderlich ist (HEINI/PORTMANN, Rz 459). Insbesondere muss dem einzelnen Mitglied das **Recht** gewahrt bleiben, den bzw. **die Delegierten zu wählen** (BK-RIEMER, Art. 66 N 33; Ein- zelheiten betr. Verhältnis Wahlorgan und Delegierten, BK-RIEMER, a.a.O., N 33–36; OGer BL SJZ 1977, 82). Auch steht einem Fünftel der Vereinsmitglieder – nicht nur der Delegierten – die gem. Abs. 3 zwingend eingeräumte Befugnis zu, eine **Einberufung** der Delegiertenversammlung zu verlangen (HEINI/PORTMANN, Rz 459 und dort FN 962; BK- RIEMER, Art. 66 N 39; **a.M.** CURTI [zit. bei Art. 70], 69 Ziff. 12). Ferner verbleiben dem einzelnen Mitglied andere Rechte wie z.B. die Befugnis, gesetz- und statutenwidrige Beschlüsse der Delegiertenversammlung gem. Art. 75 **anzufechten** (BK-RIEMER, Art. 66 N 39 a.E.).

Art. 65

2. Zuständigkeit **[1] Die Vereinsversammlung beschliesst über die Aufnahme und den Ausschluss von Mitgliedern, wählt den Vorstand und ent- scheidet in allen Angelegenheiten, die nicht andern Organen des Vereins übertragen sind.**

[2] Sie hat die Aufsicht über die Tätigkeit der Organe und kann sie jederzeit abberufen, unbeschadet der Ansprüche, die den Abbe- rufenen aus bestehenden Verträgen zustehen.

[3] Das Recht der Abberufung besteht, wenn ein wichtiger Grund sie rechtfertigt, von Gesetzes wegen.

2. Compétences [1] L'assemblée générale prononce sur l'admission et l'exclusion des mem- bres, nomme la direction et règle les affaires qui ne sont pas du ressort d'autres organes sociaux.

[2] Elle contrôle l'activité des organes sociaux et peut les révoquer en tout temps, sans préjudice de leurs droits reconnus conventionnellement.

[3] Le pouvoir de révoquer existe de par la loi lorsqu'il est exercé pour de justes motifs.

2. Competenze [1] L'assemblea sociale risolve circa l'ammissione o l'esclusione dei soci, elegge la direzione e decide tutti gli oggetti non riservati ad altri organi dell'associazione.

[2] Essa esercita la sorveglianza sopra la gestione di questi ultimi, e li può sempre revocare, impregiudicate le ragioni che loro competessero per contratto.

[3] Il diritto di revoca esiste per legge nei casi in cui sia giustificato da gravi motivi.

I. Die Regelung der Kompetenzverteilung

Grundsätzlich können die Statuten die **Zuständigkeiten** (Kompetenzen, zum Begriff **1** s. Art. 64 N 1) **frei verteilen.** Hiervon ausgenommen sind die unübertragbaren Prärogativen, d.h. unentziehbaren Kompetenzen des obersten Organs (nachfolgend N 5 ff.).

Mithin kann die Zuständigkeit zur **Aufnahme und** zum **Ausschluss von Mitgliedern** **2** (Abs. 1) einem andern Organ, z.B. dem Vorstand, übertragen werden. Dessen Entscheid ist nur dann an die Vereinsversammlung weiterziehbar, wenn die Statuten es vorsehen (vgl. auch Art. 72 N 3–5).

Auch können die Statuten für die **Bestellung des Vorstandes** eine andere Regelung vorsehen als die Wahl durch die Vereinsversammlung, z.B. Kooptation, Ernennung durch einen Dritten (dazu BK-RIEMER, N 26 m.V.). **3**

Soweit die Statuten eine Kompetenz nicht einem andern Organ zuteilen, steht sie der **4** Vereinsversammlung zu (Abs. 1, «**Auffangkompetenz**»: BK-RIEMER, N 17). Die Statuten können auch diese Kompetenz einem andern Organ, z.B. dem Vorstand übertragen (BK-RIEMER, N 26).

II. Unentziehbare Kompetenzen des obersten Organs

Ausschliesslich – und damit unentziehbar – steht dem obersten Organ die **Satzungsho-** **5** **heit** zu (vgl. Vorbem. zu Art. 60–79 N 16). Mithin ist für Erlass und Änderung der Statuten ausschliesslich das oberste Organ (Versammlung der Mitglieder, Delegiertenversammlung) zuständig (vgl. auch BK-RIEMER, Vorbem. zu Art. 64–69 N 15).

Unentziehbar ist die Kompetenz des obersten Organs zur **Auflösung** des Vereins **6** (Art. 76; vgl. aber BK-RIEMER, Vorbem. zu Art. 64–69 N 15 sowie unten Art. 76 N 7).

Ebenfalls unentziehbar ist das **Aufsichtsrecht** (Abs. 2, so auch BK-RIEMER, Vorbem. zu **7** Art. 64–69 N 15), welches untrennbar mit der Stellung des obersten Organs verbunden ist. Daraus folgt eine uneingeschränkte Auskunfts- und Rechenschaftspflicht aller andern Organe gegenüber dem obersten Organ (dazu BK-RIEMER, N 15 m.w.V.) sowie dessen Befugnis zur Déchargeerteilung (ibid. N 16). Sind die entsprechenden Voraussetzungen gegeben, steht den Organmitgliedern ein Anspruch auf eine solche Entlastungserklärung zu (so auch BK-RIEMER, N 24; betr. AG s. FORSTMOSER, Die aktienrechtliche Verantwortlichkeit, 2. Aufl., 152 Anm. 893).

Die Einsetzung einer **Revisionsstelle** ist im *geltenden Recht* gesetzlich nicht vorge- **8** schrieben. Vielfach wird in den Vereinen eine Revision jedoch *statutarisch vorgesehen.* Die Revision hat in den letzten Jahren an Bedeutung gewonnen, denn das oberste Organ des Vereins wird seine Aufsichtsfunktion über die anderen Organe im Bereich der Finanzen nur dann wirksam ausüben können, falls einerseits eine fachgerechte Rechnungslegung erfolgt (WIPFLI, 93 ff.) und andererseits die Revision korrekt durchgeführt wird (vgl. dazu MADÖRIN, Die Revision eines Vereins, Der Treuhandexperte, IV/1996, 154 ff.; EXER, Die Rechnungsrevisoren von Vereinen und Non-Profit-Organisationen, Der Treuhandexperte, I/2001, 4 ff.). Im Wesentlichen besteht die Revision grundsätzlich darin, die **Buchführung** auf ihre *Rechtmässigkeit* hin zu überprüfen und dem obersten Vereinsorgan darüber Bericht zu erstatten. Die Statuten können Weitergehendes festlegen (HEINI/ PORTMANN, Rz 507).

Anders lautende statutarische Regelung vorbehalten, richtet sich die Revision nach den **9** Bestimmungen des *Aktienrechts* (Art. 727 ff. OR; RIEMER, Aktuelle Gesetzgebung und Rechtsprechung, 46 f.). Die Revisoren müssen in der Lage sein, ihre Aufgabe fach-

gerecht zu erfüllen, indessen werden besondere Fähigkeiten nicht verlangt (HEINI/
PORTMANN, Rz 508). Als Revisoren können Vereinsmitglieder und Nicht-Mitglieder gewählt werden, nicht jedoch – aus Unabhängigkeitsgründen – Personen, die anderer Vereinsorganen, insb. dem Vorstand, angehören.

10   Gemäss geplanter *Gesetzesrevision* soll ein neuer Art. 69b in das Vereinsrecht eingefügt
werden (s. dazu die Hinweise hinten zu Art. 69). Diese Bestimmung sieht in bestimmten
Fällen vor, dass der Verein seine Buchführung durch eine Revisionsstelle prüfen lassen
muss (vgl. zu den entsprechenden Revisionsbestrebungen RIEMER, Aktuelle Fragen aus
dem Vereinsrecht, 46 ff. und 52 f.; HEINI/PORTMANN, Rz 509 ff.).

III. Das Abberufungsrecht im Besonderen

11   Korrelat des Aufsichtsrechts (vorstehend N 7) ist das Recht des obersten Organs, Mitglieder der andern Organe **jederzeit abzuberufen.** In der Lit. wird diesbzgl. zu wenig
unterschieden zwischen Unentziehbarkeit und Ausschliesslichkeit dieser Kompetenz
(vgl. BK-RIEMER, N 22; HEINI/PORTMANN, Rz 412). Das Abberufungsrecht ist eine dem
obersten Organ wesenseigene und daher **unentziehbare** Kompetenz, und dies nicht nur bei
Vorliegen eines wichtigen Grundes (HEINI/PORTMANN, Rz 412; **a.M.** BK-RIEMER, N 22).

12   Abs. 3 betrifft die **Abberufungsgründe;** trotz anderweitiger Regelung durch die Statuten
(ZK-EGGER, N 10) ist eine Abberufung **aus wichtigem Grund** von Gesetzes wegen stets
möglich.

13   Hingegen ist die **Abberufungskompetenz** des obersten Organs keine ausschliessliche;
die Statuten können sie *überdies* einem andern Organ zuerkennen. So kann z.B. auch
der Vorstand ermächtigt werden, ein Vorstandsmitglied abzuberufen (HEINI/PORTMANN,
Rz 412).

14   Die Möglichkeit, Mitglieder eines Organs jederzeit abzuberufen, lässt allfällige **«Ansprüche aus bestehenden Verträgen»** unberührt. In Frage kommen v.a. Auftrag und
Arbeitsvertrag (dazu im Einzelnen BK-RIEMER, N 17).

IV. Der Grundsatz der Gewaltenteilung

15   Die Suprematie der Generalversammlung darf indessen **keineswegs** einer **Omnipotenz**
gleichgesetzt werden. Auch das oberste Organ kann nicht einfach die durch Gesetz oder
Statuten geschaffene Zuständigkeitsordnung umwerfen, indem es z.B. die einem andern
Organ zustehende Kompetenz an sich reisst oder ihm verbindliche Weisungen erteilt, die
in dessen Kompetenzbereich fallen (vgl. auch BK-RIEMER, N 12; SCHERRER, 59). Das
verlangen sowohl interne wie externe Rechtssicherheit (HEINI/PORTMANN, Rz 413 und
dort FN 895).

Art. 66

3. Vereins- beschluss	[1] **Vereinsbeschlüsse werden von der Vereinsversammlung ge- fasst.**
a. Beschluss- fassung	[2] **Die schriftliche Zustimmung aller Mitglieder zu einem Antrag ist einem Beschlusse der Vereinsversammlung gleichgestellt.**
3. Décisions	[1] Les décisions de l'association sont prises en assemblée générale.
a. Forme	[2] La proposition à laquelle tous les sociétaires ont adhéré par écrit équivaut à une décision de l'assemblée générale.

3. Risoluzioni	[1] Le risoluzioni sociali sono prese dall'assemblea.
sociali	[2] L'annuenza scritta di tutti i soci ad una proposta è parificata alla risoluzione
a. Forma	sociale, quand'anche non sia stata tenuta un'assemblea.

Literatur

BERGER, Die Leitung von Verein und Versammlung nach parlamentarischen Regeln, Langenthal; FELDMANN, Beschluss und Einzelstimme im schweizerischen Gesellschaftsrecht, Diss. Bern 1953; FREI, Beschlussfähigkeit und Beschlussfassung der Generalversammlung nach schweizerischem Aktienrecht, in: FS Hans Müller, 1961, 106 ff.; JÄGGI, Von der Beratung an der Generalversammlung der Aktiengesellschaft, in: FS Walther Hug, 1968, 333 ff.; DERS., Vom Abstimmungsverfahren in der Aktiengesellschaft, in: FS Max Obrecht, 1961, 394 ff. (zit. Abstimmungsverfahren); MAUTE, Die Durchführung der Generalversammlung 1993; RHEIN, Die Nichtigkeit von VR-Beschlüssen, Diss. Zürich 2001; SCHERRER/TÄNNLER, Wann ist ein «Beschluss» ein Beschluss?, CaS 2005, 280 ff.; WEBER-DÜRLER, Gesellschafterversammlung, Urabstimmung und Delegiertenversammlung als Beschlussfassungsformen des schweizerischen Gesellschaftsrechts, Diss. Zürich 1973.

I. Allgemeines

Absatz 1 sagt an sich Selbstverständliches bzw. betrifft den «Normalfall»: im Rahmen der ihr zustehenden Kompetenzen (vorstehend Art. 65) fasst die **Vereinsversammlung,** d.h. die (physische) Zusammenkunft der Mitglieder die Vereinsbeschlüsse. **1**

Das schliesst aber nicht aus, dass **auch andere Organe** innerhalb ihrer Kompetenzen den Verbandswillen bildende Beschlüsse fassen können (Art. 65 i.V.m. Art. 63). **2**

Absatz 2 regelt gegenüber Abs. 1 den Sonderfall der **schriftlichen Votierung:** die schriftliche Zustimmung aller Mitglieder wird dem Vereinsbeschluss gem. Abs. 1 gleichgesetzt. Verlangt wird somit **Einstimmigkeit** (BK-RIEMER, N 27 m.V.). **3**

Von der Beschlussfassung gem. Abs. 2 ist die sog. **Urabstimmung** zu unterscheiden, d.h. die schriftliche Mehrheitsentscheidung (dazu BK-RIEMER, N 42–47; ZK-EGGER, Art. 64 N 6; HEINI/PORTMANN, Rz 460; TUOR/SCHNYDER/SCHMID/RUMO-JUNGO, 150). Eine solche bedarf indessen der statutarischen Grundlage (BK-RIEMER, N 44). **4**

Inhaltlich unterscheidet man hauptsächlich rechtsgestaltende (z.B. Ausschliessung eines Mitgliedes), kompetenzbegründende (oder -aufhebende) und weisungsgebende (z.B. verbindliche Direktiven an die Exekutivorgane) Beschlüsse (HEINI/PORTMANN, Rz 427; SCHERRER/TÄNNLER, CaS 2005, 281). **5**

Gegenstand eines Beschlusses kann nur ein Geschäft bilden, das vom «Zweck» (i.S.v. Aufgabe, oben Art. 60 N 20) gedeckt ist, also in den statutarischen Tätigkeitsbereich des Vereins fällt. Andernfalls ist der Beschluss *anfechtbar* (vgl. auch Art. 75). **6**

II. Das zum Beschluss führende Verfahren

Der **Vorbereitung** der Versammlung dient das Einberufungsverfahren (oben Art. 64 N 24–27). **7**

Auch für die **Durchführung der Versammlung** müssen zwecks Sicherstellung der korporativen Willensbildung Verfahrensregeln beachtet werden (ZK-EGGER, Art. 66/67 N 3; MÜLLER-ERZBACH, 219). Das Gesetz enthält darüber keine Vorschriften mit Ausnahme des Art. 67 über «Stimmrecht und Mehrheit». **8**

Die Aufstellung einer **Verfahrensordnung** ist in erster Linie Sache der Statuten und/oder eines Geschäftsreglements (HEINI/PORTMANN, Rz 424); an derartige Regeln ist die Versammlung gebunden (JÄGGI, 338). **9**

10 Fehlen solche Bestimmungen, so hält sich die **Vereinspraxis** oft an die für das Gemeinwesen, z.B. Gemeindeversammlung geltende Geschäftsordnung (ZK-EGGER, Art. 66 f. N 3). Im Folgenden seien einige **Grundregeln** herausgehoben (nach wie vor hilfreich die Ausführungen JÄGGIS, 333 ff.; sie beziehen sich zwar auf die AG und können nur mutatis mutandis auf die Vereinsversammlung übertragen werden).

11 Die **Leitung** der Versammlung – ein «Akt der Geschäftsführung» (JÄGGI, 340) – ist grundsätzlich Sache des Vorsitzenden; dies ist – sofern Statuten oder Reglemente nichts anderes bestimmen – der *Vereinspräsident*. Er bestimmt den Gang der Beratungen: eröffnet und schliesst die Versammlung, regelt Erteilung und Entziehung des Wortes. Dabei hat er u.a. die Grundsätze der Sachlichkeit und der Gleichbehandlung der Teilnehmer zu beachten (HEINI/PORTMANN, Rz 425).

12 Liegen **mehrere Anträge** zu einem Gegenstand vor, so hat er die Reihenfolge der Abstimmung festzulegen. Üblicherweise wird über Unterabänderungsanträge vor den Abänderungsanträgen und über diese vor den Hauptanträgen abgestimmt (hierzu eingehend SCHERRER, 69).

Absolute Regeln hierüber gibt es nicht. Grundsätzlich ist stets so zu verfahren, dass jedes Mitglied seinen Willen frei und richtig zum Ausdruck bringen kann.

13 Wichtige Verfahrensfragen sind der Versammlung zur Entscheidung vorzulegen. Dazu gehören etwa Umstellung, Streichung, Verschiebung, Rückweisung von Traktanden (über die Aufnahme nicht gehörig angekündigter Traktanden s. Art. 67 Abs. 3; vgl. auch N 18).

14 Entgegen einer verbreiteten Meinung (BK-RIEMER, Art. 65 N 28; ZK-EGGER, Art. 66/67 N 6) sind nicht undifferenziert sämtliche strittigen Verfahrensfragen zur Abstimmung zu bringen; vielmehr nur solche, welche die **Willensbildung** der Mitglieder **wesentlich tangieren**. Zum Beispiel entscheidet, wie erwähnt (N 11), über die Reihenfolge der Votanten ausschliesslich der Vorsitzende. Könnte für jede untergeordnete Verfahrensfrage eine Abstimmung erzwungen werden, müsste dies den Gang der Beratung geradezu lähmen (JÄGGI, 342).

15 Führt eine **Verletzung von Verfahrensvorschriften** zu einem fehlerhaften Beschluss, so kann dieser nach Art. 75 angefochten werden oder unter besonderen Umständen gar der Nichtigkeit verfallen (vgl. HEINI/PORTMANN, Rz 454 f.).

III. Das Recht des Mitgliedes auf Wortmeldung und im Besonderen auf Antragstellung

16 Unabdingbar ist das aus dem Mitverwaltungsrecht eines jeden Mitgliedes fliessende Recht auf **Wortmeldung** in der Beratung sowie zur **Stellung von Anträgen** und Gegenanträgen (JÄGGI, 345 und 348; HEINI/PORTMANN, Rz 424; SCHERRER, 68 f.). Diese Rechte sind stets dem Beratungszweck untergeordnet und können dementsprechend **eingeschränkt** werden (JÄGGI, 346 f.).

17 Zu unterscheiden sind Sachanträge und Ordnungsanträge. **Sachanträge** beziehen sich auf einen traktandierten Gegenstand, **Ordnungsanträge** auf das Verfahren (SCHERRER, 68).

18 Ordnungsanträge können jederzeit von jedem Mitglied gestellt werden; über sie ist sofort abzustimmen. Zu diesen gehören u.a. solche auf Verschiebung eines Verhandlungsgegenstandes, auf Umstellung der Traktanden, auf Wiederholung der Abstimmung, auf geheime (schriftliche) Abstimmung (sofern nicht durch die Statuten anders geregelt), auf Zurückkommen auf einen bereits gefassten Beschluss, auf Schluss der Diskussion, wobei allerdings das Recht auf Meinungsäusserung eines jeden Mitgliedes (sofern es sich nicht um Wiederholungen handelt) respektiert werden muss; s.a. die Bsp. bei SCHERRER, 70).

IV. Der Beschluss

1. Rechtsnatur

Der Beschluss stellt eine aus mehreren gleichgerichteten Willenserklärungen der einzel- **19** nen Mitglieder hervorgehende **einheitliche Willenserklärung** zur Bestimmung des Verbandswillens dar (HEINI/PORTMANN, Rz 427; SCHERRER/TÄNNLER, CaS 2005, 281). Einen Erklärungsgegner gibt es – entgegen VON TUHR/SIEGWART/PETER, I, 145 – nicht (FLUME, 249; H. WIEDEMANN, 179). Davon zu unterscheiden ist die **Mitteilung** eines Beschlusses an die an- und v.a. abwesenden Mitglieder (BK-RIEMER, N 25).

Grundsätzlich erzeugt der Beschluss **nur interne Wirkungen,** selbst wenn er letztlich **20** darauf ausgerichtet ist, Rechtsbeziehungen zu Dritten herzustellen (HEINI/PORTMANN, Rz 428 und dort FN 149; BK-RIEMER, N 7).

Über den Beschluss ist mindestens ein **Beschlussprotokoll** zu erstellen; ein solches ist **21** schon zur allfälligen Wahrung der Mitgliedschaftsrechte – z.B. auf Anfechtung, Art. 75 – erforderlich (BK-RIEMER, N 24).

2. Rechtswirksamkeit und Widerruf

Rechtswirksam wird der Beschluss mit dem Abschluss der Versammlung. Daher kann **22** bis zu diesem Zeitpunkt ein **Rückkommensantrag** gestellt werden (HEINI/PORTMANN, Rz 451); es ist dies ein Ordnungsantrag (oben N 18). Rechtswirksamkeit eines Beschlusses bedeutet nicht materielle Rechtskraft, wie sie einem Zivilurteil zukommt (bez. Rechtskraft von Zivilurteilen vgl. VOGEL/SPÜHLER, ZPR 2001, 8 N 66).

Wird gegen den Beschluss eine Anfechtungsklage (Art. 75) erhoben, so kann er bis zum **23** Vorliegen eines Entscheides trotzdem Wirkungen zeitigen (vgl. dazu Art. 75 N 31).

Ob ein Vereinsbeschluss durch contrarius actus (in einer neuen Versammlung) **wider-** **24** **rufen** werden könne, ist je nach Wirkung des Beschlusses verschieden zu beurteilen (HEINI/PORTMANN, Rz 452). Ein Widerruf ist mit Bezug auf solche Beschlüsse möglich, die nicht (oder noch nicht) in die Rechtssphäre eines andern eingreifen (BK-RIEMER, N 9). Solange z.B. die Aufnahme eines neuen Mitgliedes zwar beschlossen, diesem aber noch nicht mitgeteilt wurde, kann die Versammlung ihren Beschluss ex tunc widerrufen; Ähnliches gilt für einen Auflösungsbeschluss (vgl. auch ZK-EGGER, Art. 76 N 2; nicht überzeugend BGE 91 I 438 ff.).

Art. 67

b. Stimmrecht und Mehrheit	[1] Alle Mitglieder haben in der Vereinsversammlung das gleiche Stimmrecht. [2] Die Vereinsbeschlüsse werden mit Mehrheit der Stimmen der anwesenden Mitglieder gefasst. [3] Über Gegenstände, die nicht gehörig angekündigt sind, darf ein Beschluss nur dann gefasst werden, wenn die Statuten es ausdrücklich gestatten.

b. Droit de vote et
majorité

[1] Tous les sociétaires ont un droit de vote égal dans l'assemblée générale.

[2] Les décisions sont prises à la majorité des voix des membres présents.

[3] Elles ne peuvent être prises en dehors de l'ordre du jour que si les statuts le permettent expressément.

b. Diritto di voto e
maggioranza

[1] Tutti i soci hanno egual diritto di voto nell'assemblea.

[2] Le risoluzioni sociali sono prese a maggioranza dei voti dei soci presenti.

[3] Non si può prendere una risoluzione sopra oggetti non debitamente preannunciati, eccettoché gli statuti espressamente lo permettano.

Literatur

BLOCHER, Die Ermittlung der Mehrheit in der Vereinsversammlung, GuR 1959, 17 ff.; ENGEL, Le calcul des votes et des majorités en droit privé suisse, SJZ 1985, 303; HATTENHAUER, Zur Geschichte von Konsens- und Mehrheitsprinzip, in: Hattenhauer/Kaltefleiter (Hrsg.), Mehrheitsprinzip, Konsens und Verfassung, 1986, 1 ff.

I. Allgemeines

1   Artikel 67 Abs. 1 beschreibt das wichtigste der Mitgliedschaftsrechte, das **Stimmrecht,** welches auch das *aktive Wahlrecht* umfasst und sich nicht nur auf *Abstimmungen über Sachfragen* beschränkt. Das Stimmrecht ist ein Recht, und das Vereinsmitglied kann auf die Ausübung verzichten, es sei denn, es bestünde aufgrund der Satzung eine *Stimmpflicht.* Neben dem eigentlichen Stimmrecht wird eine Reihe von Nebenrechten anerkannt (HEINI/PORTMANN, Rz 248), wie das *Recht auf Anwesenheit* an den Vereinsversammlungen, das *Recht auf Äusserung,* das *Recht auf Antragstellung* (s.a. Art. 66 N 16 und Art. 70 N 7; vgl. im Weiteren BK-RIEMER, N 27; zum Auskunftsrecht des Vereinsmitglieds vgl. DE BEER, ZSR 1988, 243 ff.).

2   Im Gegensatz zu den Kapitalgesellschaften wird das Vereinsleben massgeblich durch das persönliche Mitwirken der Mitglieder bestimmt. Infolge dieser *personenbezogenen Strukturiertheit der Vereine* ist deshalb ein **Stimmrecht von Nichtmitgliedern** abzulehnen (BGE 128 III 375 ff.; HEINI/PORTMANN, Rz 241; BK-RIEMER, N 22).

3   Artikel 67 Abs. 1 schreibt das **Stimmgleichheitsprinzip** vor. Die vereinsrechtliche Willensbildung wird gem. Art. 67 Abs. 2 dem *Mehrheitsprinzip* unterstellt. Schliesslich befasst sich Art. 67 Abs. 3 mit einer Grundlage der Willensbildung, nämlich mit der Vorschrift, dass i.d.R. nur über gehörig angekündigte Gegenstände Beschluss gefasst werden darf.

II. Das Stimmgleichheits- oder Kopfstimmprinzip

4   Als Grundsatz sieht Art. 67 Abs. 1 das **Stimmgleichheits- oder Kopfstimmprinzip** vor. Jedem Vereinsmitglied kommt bei Wahlen und Abstimmungen durch die Vereinsversammlung *eine* Stimme zu (BK-RIEMER, N 7). Die Regelung ist *dispositiver* Natur; aus sachlichen, nicht willkürlichen Gründen, die ihre Rechtfertigung im zu verfolgenden Vereinszweck finden müssen, kann davon abgewichen werden (HEINI/PORTMANN, Rz 242; BK-Riemer, N 9; MEIER-HAYOZ/FORSTMOSER, § 20 N 42). Einem Vereinsmitglied kann sogar das Stimmrecht entzogen werden, z.B. durch Suspension im Rahmen einer Vereinsstrafe (HEINI/PORTMANN, Rz 315). Artikel 68 sieht schliesslich zwingende Stimmausschlussgründe vor, die in der Praxis durch entsprechende Statutenbestimmungen oft erweitert werden.

Die Statuten können somit auch **Mitglieder mit Mehrfachstimmrechten** vorsehen. Als **5** Spezialfall des Pluralstimmrechtes ist der oft in Statuten vorgesehene (oder nach Vereinsübung praktizierte) **Stichentscheid**, z.B. des Präsidenten, zu erwähnen.

Handlungsfähige natürliche Personen (Art. 12–16) können ihr Stimmrecht selber frei **6** ausüben. Die Ausübung des Stimmrechts durch **gewillkürte Stellvertreter** ist grundsätzlich abzulehnen (HEINI/PORTMANN, Rz 238; BK-RIEMER, N 35). Die *Statuten* können indessen eine auf konkrete Verhandlungsgegenstände oder auf vereinzelte Vereinsversammlungen bezogene Stellvertretung gestatten; allenfalls ist auch eine *Vereinsübung* zu beachten (BK-RIEMER, N 35).

Das **Stimmrecht urteilsunfähiger Personen** (Art. 16–18) wird grundsätzlich durch die **7** gesetzlichen Vertreter ausgeübt (BK-RIEMER, N 36). **Urteilsfähige unmündige und entmündigte Personen** (Art. 19) haben in Anbetracht der Höchstpersönlichkeit der Stimmrechtsausübung alleine zu handeln, es sei denn, es würde z.B. über ungewöhnlich hohe Mitgliederbeiträge abgestimmt (BK-RIEMER, N 37).

III. Berechnung des Stimmenmehrs

Artikel 67 Abs. 2 geht (stillschweigend) davon aus, dass jede ordnungsgemäss einbe- **8** rufene Vereinsversammlung *beschlussfähig* ist (zur Beschlussfähigkeit vgl. unten N 17). Jeder Beschluss einer solchen Versammlung gilt mangels statutarischer Regelung als zustande gekommen und ist für den Verein und alle seine Mitglieder verbindlich, wenn er *mit der Mehrheit der Stimmen der anwesenden Mitglieder* gefasst worden ist. Dies bedeutet demnach, dass ein Beschluss dann als angenommen gilt, wenn die Mehrheit der Anwesenden dafür stimmt. Verlangt wird vom Gesetz für das Zustandekommen eines Beschlusses also **das absolute Mehr** der an der Vereinsversammlung insgesamt anwesenden stimmberechtigten Mitglieder; die Anzahl der anwesenden Mitglieder ist durch Präsenzkontrolle zu Beginn der Versammlung festzustellen (SCHERRER, 81; ferner ZK-EGGER, Art. 66 f. N 8; BK-RIEMER, N 51, wobei sowohl EGGER als auch RIEMER in diesem Zusammenhang unzutreffend von *einfachem* Mehr sprechen). In der Bezeichnung der Stimmenmehrheiten existiert denn auch eine sehr uneinheitliche, verwirrende Terminologie, vgl. dazu nachfolgende N 13).

Aus dem Gesetzeswortlaut ist zu folgern, dass sich nur *physisch anwesende Mitglie-* **9** *der* an den **Abstimmungsvorgängen** beteiligen können (zur Frage der Stellvertretung vgl. oben N 6). Als anwesend gilt somit, wer am Abstimmungsprozess teilnimmt (ZK-EGGER, Art. 66/67 N 8 a.E.; **a.M.** BK-RIEMER, N 56 ff., der zu Unrecht die ungültig stimmenden und die stimmenthaltenden Mitglieder nicht zu den *anwesenden Mitgliedern* zählt).

Liegt **Stimmengleichheit** vor, so ist ein Wahl- oder Abstimmungsbeschluss nach der **10** ratio von Art. 67 Abs. 2 nicht zustande gekommen, es sei denn, die Statuten würden z.B. dem Präsidenten den *Stichentscheid* einräumen, oder der Verein lebe in diesem Fall einer dementsprechenden *Observanz* nach (BK-RIEMER, N 52).

Stimmenthaltungen sind insofern relevant, als sie das Erreichen des absoluten Mehrs **11** i.S.v. Abs. 2 verunmöglichen können (ZK-EGGER, a.a.O.).

Sind z.B. 50 Vereinsmitglieder in der Vereinsversammlung anwesend, so kommt ein **Be-** **12** **schluss gestützt auf Art. 67 Abs. 2** dann zustande, wenn 26 Mitglieder dafür stimmen (50 : 2 + 1; sind 49 Mitglieder anwesend, wird der Beschluss mit 25 Ja-Stimmen angenommen: BK-RIEMER, N 51).

13 Die **Statuten** können bezüglich des Zustandekommens von Vereinsbeschlüssen von Art. 67 Abs. 2 **abweichende Regelungen** vorsehen. In der Praxis herrscht allerdings bei Betrachtung der betreffenden Statutenbestimmungen oft eine *terminologische Begriffsverwirrung* vor (vgl. dazu auch oben N 8; BK-RIEMER, N 53). Die Begriffe «absolutes Mehr», «relatives Mehr», «einfaches Mehr» werden oft unterschiedlich verstanden. Sie bedürfen dann der *Auslegung;* dabei ist vordergründig die *Observanz* zu beachten. Entscheidend ist indessen immer, dass bei allen Stimmvarianten die jeweilige *Berechnungsgrundlage* beachtet wird (HEINI/PORTMANN, Rz 430).

14 Mit **einfachem Mehr** kommt ein Beschluss dann zustande, wenn er mehr Ja- als Nein-Stimmen auf sich vereinigt, wobei die Stimmenthaltungen nicht mitgezählt werden (zur Behandlung von Stimmenthaltungen vgl. oben N 11). Im Gegensatz zum absoluten Mehr (vgl. oben N 8) gilt mit **relativem Mehr** gemeinhin – ungeachtet des absoluten Mehrs – jene Person (bei mehreren Kandidaten) als gewählt oder jene Vorlage (bei mehreren Anträgen) als angenommen, welche die meisten Stimmen auf sich vereinigt.

15 Das **Mehrheitsprinzip** ist ein wichtiges Charakteristikum des Körperschaftsrechts (HEINI/PORTMANN, Rz 432; BK-RIEMER, N 54). Auch ein nichtzustimmendes oder ein an der Abstimmung nicht teilnehmendes Mitglied ist an rechtsgültig gefasste Beschlüsse gebunden; dem unterlegenen Mitglied bleibt der *Austritt* aus dem Verein (Art. 70 Abs. 1).

16 Damit die einzelne **Stimmabgabe gültig** ist, hat sie *unbedingt* zu erfolgen. Andernfalls würde bezüglich der Frage der Annahme von Beschlüssen Unklarheit herrschen (BK-RIEMER, N 59).

17 Aufgrund der nicht-zwingenden Bestimmung von Art. 67 Abs. 2 sind verschiedenste **Quoren** bezüglich Beschlussfähigkeit und Beschlussfassung denkbar (vgl. dazu im Einzelnen BK-RIEMER, N 61 ff.; ENGEL, 302). Anwesenheits- und Beschlussfassungsquoren lassen sich auch kombinieren (BK-RIEMER, N 63). Zum Beispiel kann in den Statuten vorgesehen werden, dass nur eine Vereinsversammlung, an der mindestens $^4/_5$ aller Mitglieder teilnehmen, eine bestimmte Statutenänderung beschliessen kann, falls mindestens 4/5 der Anwesenden der Vorlage zustimmen.

IV. Der Abstimmungsgegenstand

18 Das Stimm- und Wahlrecht im Verein beinhaltet auch das Recht, sich auf die Vereinsversammlung und die zur Abstimmung vorgesehenen Geschäfte seriös *vorbereiten* zu können. Überraschungsaktionen sollen grundsätzlich verunmöglicht werden. Das Gesetz (Art. 67 Abs. 3) verlangt deshalb im Grundsatz die **gehörige Ankündigung der Verhandlungsgegenstände** («Traktanden»; vgl. dazu HEINI/PORTMANN, Rz 420 ff.). Ein Gegenstand ist dann gehörig angekündigt worden, «wenn die Vereinsmitglieder nach Einsicht in die Tagesordnung und die Statuten leicht erkennen können, über welche Gegenstände zu beraten und ggf. ein Beschluss zu fassen sein wird» (BGE 114 II 193 = Pra 1989, 137). Das St. Galler Kantonsgericht hat die Behandlung einer Ausschliessung unter dem auf der Einladung zur Vereinsversammlung figurierenden Traktandum «Anträge» als nicht gehörig angekündigt i.S.v. Art. 67 Abs. 3 qualifiziert (SJZ 1991, 85 f. = GVP 1989 Nr. 18). Hingegen hat das BGer entschieden, dass Art. 67 Abs. 3 nicht verletzt sei, falls ein Wahlgeschäft, z.B. Wahl des Vorstandes, als solches auf der Traktandenliste figuriere, hingegen nicht die einzelnen Kandidatennamen (Pra 2000, 124). Soll jedoch ein auf mehrere Jahre gewähltes Vorstandmitglied vorzeitig abgewählt werden, so ist dies in den Traktanden ausdrücklich anzugeben; ein Traktandum «Wahl des Vorstandes» genügt hierfür nicht. Ein Beschluss, der aufgrund nicht gehöriger Ankündigung des Verhandlungsgegenstandes gefasst worden ist, kann angefochten werden (Art. 75; BK-RIEMER, Art. 75 N 34).

Artikel 67 Abs. 3 ist **nicht zwingender Natur;** bei Einschränkungen erlaubt das Gesetz 19
indessen nur eine Abweichungsmöglichkeit von der grundlegenden Ankündigungspflicht,
nämlich wenn die Statuten es *ausdrücklich* gestatten.

Über *Einzelheiten der Ankündigungspflicht* schweigt sich das Gesetz aus. Zu beachten 20
sind deshalb die *Statuten* oder auch die *Vereinsübung* (BK-RIEMER, N 76). Ein gebräuch-
liches *Ankündigungsmittel* ist die **Traktandenliste,** die den Mitgliedern in den meisten
Vereinen vor einer Vereinsversammlung zugestellt wird (SCHERRER, 79; zu den weiteren
Ankündigungsmitteln vgl. BK-RIEMER, N 76).

Die Ankündigung ist jedoch nur dann als korrekt zu qualifizieren, wenn sie *zeitgerecht* 21
erfolgt. Im Zusammenhang mit einer Ausschliessung hat das BGer eine Ankündigungsfrist von zwei Tagen als ungenügend, eine solche von sieben Tagen dagegen als genügend angesehen (BGE 90 II 348; BK-RIEMER, N 77). RIEMER geht generell von einer
Ankündigungsfrist von mindestens sieben bis zehn Tagen aus. Die konkrete Frist wird
sich aber in jedem Fall an der *Individualität des jeweiligen Vereins* und an der *Art des
Traktandums* orientieren müssen.

Ist die *statutarische* **Frist** für die Ankündigung der Vereinsversammlung und die Be- 22
kanntgabe der Traktanden *länger* als diejenige für die Mitglieder, zuhanden der Versammlung Anträge einzureichen, müssen allenfalls eingehende Anträge den übrigen Mitgliedern noch gehörig angekündigt werden (BK-RIEMER, N 78).

Aufgrund der Ankündigung muss dem Vereinsmitglied eine *umfassende Vorbereitung* im 23
Hinblick auf die Behandlung des jeweiligen Traktandums möglich sein; es muss der Ankündigung entnehmen können, *ob* und *worüber* im Einzelnen zu befinden sein wird (BK-
RIEMER, N 79; BGE 114 II 198). Eine *unbestimmte, unklare oder sogar irreführende*
Umschreibung des zu behandelnden Gegenstandes genügt nicht. Zulässig dürfte es
sein, ein Traktandum «Ausschlüsse» lediglich als «Sanktionen» (BGE 114 II 198) anzukündigen; hingegen wird es nicht genügen, ein Ausschliessungsgeschäft nichtssagend als
«interne Angelegenheit» auf die Traktandenliste zu setzen. Geht es z.B. um die Aufnahme von Neumitgliedern, sind zwecks Erfüllung des Kriteriums der gehörigen Ankündigung die Namen der Aufnahmekandidaten aufzuführen; bei Ausschliessungen (Art. 72)
ist es aus Gründen des Persönlichkeitsschutzes der Auszuschliessenden ausreichend, das
Ausschliessungsgeschäft mit dem Hinweis anzukündigen, dass Detailinformationen
durch Rückfrage erhältlich seien (so tendenziell auch BK-RIEMER, N 80). Auf der Traktandenliste ist anzugeben, dass *Wahlen* abgehalten werden, jedoch müssen die Namen
der Kandidaten nicht erwähnt werden: BGE 126 III 5 ff. Bei Streitfällen ist bei der
Auslegung unklarer Statutenbestimmungen auf das *Vertrauensprinzip* abzustellen (BK-
RIEMER, N 79; zum Vertrauensprinzip vgl. anstelle vieler BSK OR-BUCHER, Art. 1
N 6 ff.).

Nicht der Pflicht der gehörigen Ankündigung i.S.v. Art. 67 Abs. 3 unterliegen vorgesehene 24
Diskussionen und **Konsultativabstimmungen,** hingegen sehr wohl *Resolutionen,* die
nicht im Zusammenhang mit gehörig angekündigten Traktanden stehen (BK-RIEMER,
N 81 ff.).

Bis zur Eröffnung der Vereinsversammlung können gehörig angekündigte Verhandlungs- 25
gegenstände durch den jeweiligen Antragsteller wieder *zurückgezogen* werden. Hingegen
muss auch die **Abänderung oder Ergänzung von Anträgen** bezüglich angekündigter
Gegenstände i.S.v. Art. 67 Abs. 3 gehörig angekündigt werden. Dasselbe gilt für die *Ab-*

änderung oder *Ergänzung* von Traktanden durch die Vereinsversammlung (BK-Riemer, N 83 f.). Zulässig ist etwa die Ankündigung einer Ausschliessung aus dem Verein, die auf Antrag in der Versammlung nicht beschlossen, sondern in einen Verweis umgewandelt wird. Es kommt der Grundsatz «in maiore minus» zur Anwendung (BK-Riemer, N 84).

Art. 68

c. Ausschliessung vom Stimmrecht	**Jedes Mitglied ist von Gesetzes wegen vom Stimmrechte ausgeschlossen bei der Beschlussfassung über ein Rechtsgeschäft oder einen Rechtsstreit zwischen ihm, seinem Ehegatten oder einer mit ihm in gerader Linie verwandten Person einerseits und dem Vereine anderseits.**
c. Privation du droit de vote	Tout sociétaire est de par la loi privé de son droit de vote dans les décisions relatives à une affaire ou un procès de l'association, lorsque lui-même, son conjoint ou ses parents ou alliés en ligne directe sont parties en cause.
c. Esclusione dal diritto di voto	Nelle risoluzioni sociali concernenti un interesse privato od una controversia giuridica fra la società da una parte ed un socio, il suo coniuge od un suo parente in linea retta dall'altra parte, il socio è escluso per legge dal diritto di voto.

Literatur

Vergleiche die Literaturhinweise zu den Vorbem. zu Art. 60–79.

I. Der Schutz vereinsrechtlicher Willensbildung

1   Die *zwingende Norm* («von Gesetzes wegen») von Art. 68 dient unter Hintanstellung von Individualinteressen dem Schutz der unverfälschten Willensbildung im Verein; sie regelt einen **Fall von Interessenkollisionen** (Heini/Portmann, Rz 243). Durch die *Statuten* können weitere Stimmrechtsausschlüsse für mögliche Interessenkollisionen vorgesehen werden (Scherrer, 73).

2   Obwohl nach gesetzlicher Systematik nur auf das Stimmrecht in der Vereinsversammlung anwendbar, ist eine **analoge Anwendung von Art. 68** auf *Beschlüsse anderer Vereinsorgane* zu bejahen (BK-Riemer, Vorbem. Art. 64–69 N 25 f. und Art. 69 N 53).

II. Die betroffenen Personen

3   Vom Stimmrecht ist das **Vereinsmitglied** ausgeschlossen, wenn **es selber, sein Ehegatte** oder eine **in gerader Linie verwandte Person** Partei eines Rechtsgeschäftes oder eines Rechtsstreites mit dem Verein ist. Ein Sohn (Vereinsmitglied) hat bei der Beschlussfassung bezüglich Abschluss eines Werkvertrages des Vereins mit seinem Vater kein Stimmrecht (vgl. auch Perrin, 105).

4   Grundsätzlich ist eine **Ausdehnung der Stimmrechtsausschliessung** auf andere als die drei genannten Personenkategorien nicht anzunehmen.

5   Zu beachten ist jedoch über Art. 68 hinaus das **Rechtsmissbrauchsverbot** (Art. 2). In diesem Zusammenhang kann auch der «Durchgriff» (Meier-Hayoz/Forstmoser, § 2

N 34 ff.) zur Anwendung kommen. Der Sohn wird korrekterweise auch dann vom
Stimmrecht ausgeschlossen sein, wenn der Werkvertrag die Einmann-AG seines Vaters
betrifft. Auch die **vereinsrechtliche Treuepflicht** (vgl. hiernach Art. 70 N 16; SCHERRER,
Rechtsfragen, 77 ff.) kann eine Ausschliessung vom Stimmrecht rechtfertigen (vgl. weitere Bsp. bei BK-RIEMER, N 8).

Die **Verwandtschaft in gerader Linie** betrifft sowohl die *Aszendenten* (Eltern, Gross-   6
eltern usw.) als auch die *Deszendenten* (Nachkommen) (BK-RIEMER, N 6).

III. Der sachliche Geltungsbereich

Das Gesetz verlangt die Stimmrechtsausschliessung bei **Rechtsgeschäften und Rechts-**   7
streitigkeiten. Erfasst werden gerichtliche (streitige) als auch aussergerichtliche (nichtstreitige) Rechtsbeziehungen (BK-RIEMER, N 10).

Unter «**Rechtsstreitigkeiten**» fallen Zivil- und Strafprozesse, Betreibungshandlungen   8
und andere Vollstreckungsverfahren sowie öffentlich-rechtliche Verfahren und Prozesse
(BK-RIEMER, N 16).

Unter «**Rechtsgeschäfte**» sind alle *Verträge,* aber auch *generelle vereinsinterne Erlasse,*   9
die zugunsten des umschriebenen Personenkreises lauten können, zu subsumieren
(SCHERRER, 80); z.B., wenn in einem Vereinsreglement der Kreis von Lieferanten festge-
legt wird (BK-RIEMER, N 12). Unter Art. 68 fallen auch die *Ausschliessungen* (Art. 72),
Vereinsstrafen, die *Aufnahmen von Vereinsmitgliedern, Abberufungen von Organträgern,*
Beschlüsse über Ansprüche des Vereins *aus vertraglicher oder ausservertraglicher Haf-*
tung und *Décharge- (Entlastungs-)Beschlüsse* (HEINI/PORTMANN, Rz 243; BK-RIEMER,
N 13; SCHERRER, 58).

Umstritten ist, ob auch **Wahlen** unter die «Rechtsgeschäfte» fallen. RIEMER (BK, N 15)   10
bejaht dies im Grundsatz (entgegen BGE 39 II 483: das BGer qualifizierte Wahlgeschäfte
als Verwaltungsgeschäfte und nicht als Rechtsgeschäfte i.S.v. Art. 68). Richtigerweise
dürfte darauf abzustellen sein, ob im Einzelfall ein *Interessenkonflikt* zwischen dem Verein und seinem Mitglied vorliegt (PERRIN, 106). So ist i.d.R. nichts dagegen einzuwenden, dass ein Kandidat auch für sich selber stimmt, was etwa im politischen Leben gang
und gäbe ist. Entscheidend wird sein, dass an ein Wahlprozedere, an dem ein Kandidat
teilnimmt, keine eigenen wirtschaftlichen Interessen und auch keine solchen der in
Art. 68 genannten Personen gekoppelt sind (vgl. PERRIN, 107). Nicht unter die Aus-
standspflicht fallen auch, weil (noch) keinerlei Interessenkonflikte auftreten können, die
sog. «**Vorbeschlüsse**» (z.B. der Beschluss der Vereinsversammlung, der Vorstand solle
den Abschluss eines Rechtsgeschäftes prüfen und allenfalls vorbereiten: BK-RIEMER,
N 15).

IV. Beratung und Beschlussfassung

Gemäss Gesetz ist das Vereinsmitglied bei der *Beschlussfassung* ausgeschlossen.   11
Mit Recht vertritt RIEMER die Meinung, dass die Stimmrechtsausschliessung bereits
das **Beratungsstadium** erfasse, da die Beeinflussungsmöglichkeiten eines vom Stimmrecht ausgeschlossenen Vereinsmitgliedes in dieser Phase gross seien (BK-RIEMER,
N 18). Mitglieder sind daher von der Beratung im Vorfeld entsprechender Beschlüsse
grundsätzlich ausgeschlossen, es sei denn, ihre Anwesenheit sei aus irgendwelchen
Gründen erforderlich (etwa bei der Gewährung des rechtlichen Gehörs bei Ausschliessungen).

V. Rechtsfolge

12 Nimmt ein vom Stimmrecht ausgeschlossenes Mitglied an der Abstimmung teil, so kann seine **Stimme** nicht zählen; sie ist **ungültig.** Das ist dann ohne Belang, wenn der Beschluss auch ohne diese Stimme zustande gekommen wäre. Hätte indessen ein Beschluss nur mit dieser ungültigen Stimme gefasst werden können, so ist er eben nicht zustande gekommen (vgl. hierzu auch BK-RIEMER, Art. 75 N 111 mit umfassenden Hinweisen auf Lehre und Rspr., wo – unnötigerweise – teils Anfechtbarkeit, teils Nichtigkeit solcher Beschlüsse angenommen wird). Im *Streitfall* kann jederzeit auf *Feststellung dieser Rechtslage* geklagt werden (vgl. auch Art. 75; BK-RIEMER, Art. 75 N 34).

13 Mit BK-RIEMER (a.a.O.) kann allenfalls auch **Anfechtung des Beschlusses** erwogen werden (Art. 75), wenn die vom Stimmrecht ausgeschlossene Person die der Abstimmung *vorangegangene Diskussion* durch unberechtigte Teilnahme beeinflussen konnte.

Art. 69

II. Vorstand	**Der Vorstand hat das Recht und die Pflicht, nach den Befugnissen, die die Statuten ihm einräumen, die Angelegenheiten des Vereins zu besorgen und den Verein zu vertreten.**
II. Direction	La direction a le droit et le devoir de gérer les affaires de l'association et de la représenter en conformité des statuts.
II. Direzione	La direzione ha il diritto e il dovere di curare gli interessi dell'associazione e di rappresentarla secondo le facoltà concesse dagli statuti.

Literatur

BLOCHER, Die Ermittlung der Mehrheit in der Vereinsversammlung, GuR 1959, 17 ff.; FORST-MOSER, Die aktienrechtliche Verantwortlichkeit, 2. Aufl. Zürich 1987; MERZ, Vertretungsmacht und ihre Beschränkungen im Recht der juristischen Personen, der kaufmännischen und der allgemeinen Stellvertretung, in: FS Harry Westermann, 1974, 399 ff.; REICHHARDT, Die Vertretungsmacht der Vereinsorgane, Diss. St. Gallen 1946; SCHERRER, Zur Verantwortlichkeit der Organe von Sportvereinen und Sportkapitalgesellschaften, in: Arter (Hrsg.), Sport und Recht, 2005, 223 ff.; WEBER, Vertretung im Verwaltungsrat, Diss. Zürich 1994.

I. Bestellung

1 Die Existenz bzw. Funktion eines Vorstandes bzw. eines **Exekutivorganes** ist **unerlässlich.** Dagegen ist eine Personalunion zwischen Vereins- und Vorstandsmitgliedern denkbar, v.a. bei einem Verein mit sehr geringer Mitgliederzahl (vgl. auch BK-RIEMER, Vorbem. Art. 64–69 N 21; wobei allerdings die dort geäusserte Formulierung «dass das Vorhandensein eines Vorstandes … nicht zum Begriff der Körperschaft gehört», so nicht richtig ist; vgl. GUTZWILLER, SPR II, 484; ZK-EGGER, N 1).

2 Die **Art der Bestellung** ist der freien statutarischen Ordnung überlassen. Sie erfolgt i.d.R. durch Wahl durch das in den Statuten vorgesehene Organ, i.d.R. durch die Vereinsversammlung. Denkbar ist z.B. auch die Abordnung einer Person durch eine Mitgliedergruppe, z.B. eine Sektion.

3 Sofern es die Statuten nicht anders bestimmen, ist auch ein **Nichtmitglied** in den Vorstand wählbar (BGE 73 II 1; 97 II 113).

Ebenfalls (statutarisch) zulässig ist die **Kooptation,** d.h. die Selbstergänzung durch den   **4**
Vorstand (ZK-EGGER, Art. 65 N 8; BK-RIEMER, Art. 65 N 26; SCHERRER, 88).

Die Statuten können aber auch die Zugehörigkeit zum Vorstand direkt, **ohne Wahl,** durch   **5**
Umschreibung der sachlichen Voraussetzungen bestimmen (ZK-EGGER, a.a.O.; BK-
RIEMER, a.a.O.; HEINI/PORTMANN, Rz 466); z.B. soll der Inhaber eines öffentlichen
Amtes stets Mitglied des Vorstandes des Verkehrsvereins sein.

Nach der Rspr. des Bundesgerichtes können die Statuten sogar einem **Dritten die Be-**   **6**
fugnis einräumen, ein Vorstandsmitglied zu ernennen (unveröff. Entscheid vom 17.3.
1983, s. HEINI/PORTMANN, Rz 467). Zwar stellt dies eine Beschränkung der Verbandssouveränität dar (vgl. oben Vorbem. zu Art. 60–79 N 10 ff.). Doch kann es sich nach diesem Urteil aus sachlichen Gründen rechtfertigen, etwa dem Zentralverband oder einer
Behörde ein solches Ernennungsrecht einzuräumen.

Fraglich ist die **Mitgliedschaft** einer **juristischen Person** (als solcher) im Vereinsvor-   **7**
stand. Nach h.M. in Deutschland ist dies zulässig (FLUME, 340 und dort FN 1). Dagegen
bestimmt für die Schweiz Art. 41 HRegV, dass juristische Personen sowie Kollektiv- und
Kommanditgesellschaften nicht zu Mitgliedern der Verwaltung einer juristischen Person
bestellt werden können.

RIEMER hält diese allgemeine Formulierung gem. Art. 41 HRegV mit Art. 53 nicht ver-   **8**
einbar (BK-RIEMER, N 14 f.; ebenso PERRIN, 112); für die Aktiengesellschaft und die
Genossenschaft besteht dagegen eine besondere gesetzliche Grundlage (Art. 707 Abs. 3
bzw. 894 Abs. 2 OR).

Indessen stimmt die ausdrückliche Regelung für die AG und die Genossenschaft mit dem   **9**
früheren Recht und der älteren Lehre überein, die auf der zutreffenden Überlegung beruhen, dass die Rechtsstellung des Verwaltungsmitglieds auf **persönlichem Vertrauen**
beruht (so schon WIELAND, Handelsrecht II, 1931, 121 und BGE 58 I 378; klar wiederum SPIRO, FS Vischer, 646; vgl. auch HEINI/PORTMANN, Rz 469). Das aber spricht
gegen die Zulässigkeit juristischer Personen als Mitglieder des Vorstandes.

Zur Mitgliedschaft urteilsfähiger **Unmündiger oder Entmündigter** vgl. BK-RIEMER,   **10**
N 10–13.

II. Das Rechtsverhältnis zwischen Vorstandsmitglied und Verein

Das Rechtsverhältnis zwischen Vorstandsmitglied und juristischer Person ist ein **organ-**   **11**
schaftliches, allenfalls gekoppelt mit einem (eigentlichen) Vertragsverhältnis (FLUME,
345; PERRIN, 140; BSK OR-WERNLI, Art. 710 N 9). Dies entgegen der bisher – v.a. für
das Aktienrecht vertretenen (zit. bei WERNLI, a.a.O.) – h.L., welche lediglich ein Vertragsverhältnis annimmt (so auch BK-RIEMER, N 18), und der Rspr. (BGE 75 II 153).

Dieses organschaftliche Rechtsverhältnis – zur vertraglichen Beziehung im Beson-   **12**
dern s.u. N 15 und 16 – ist v.a. dadurch **gekennzeichnet,** dass der Organträger, i.e. das
Vorstandsmitglied, die seiner Stellung durch Gesetz, Statuten und Vereinsbeschlüsse
zugewiesenen Aufgaben zu erfüllen hat. Die Erfüllung dieser Pflichten kann durch
die Verbandsperson – allenfalls durch einen einzelnen Organträger in Prozessstandschaft (HEINI/PORTMANN, Rz 475) – gerichtlich erzwungen werden. Zur Klage befugt
ist aber auch das einzelne Mitglied aufgrund seines mitgliedschaftlichen Rechts auf
gesetz- und statutenkonforme Vereinsverwaltung; passiv legitimiert ist diesfalls der
Verein.

13 In **Ergänzung** zu den *körperschaftlich* definierten Pflichten können die Vorschriften über den **Auftrag analog** herangezogen werden (HEINI/PORTMANN, Rz 478), z.B. Art. 398 OR für das Mass der Sorgfalt, Art. 402 OR für die Frage des Verwendungsersatzes. Dem Recht der Vereinsversammlung, ein Vorstandsmitglied jederzeit abzuberufen (Art. 65 Abs. 2), darf dieses die Befugnis entgegenstellen, jederzeit zurückzutreten (BK-RIEMER, N 29 m.w.Nw.).

14 Da das Vorstandsmitglied dem Verein gegenüber für sorgfältige Geschäftsführung (Art. 398 OR) haftet, ist – falls die haftungsbegründeten Voraussetzungen gegeben sind – eine Art «Vorstandshaftung», ähnlich der aktienrechtlichen Verantwortlichkeit (Art. 754 OR), anzunehmen (vgl. dazu SCHERRER, 95; SCHERRER, Sportrecht, 187 f.; vgl. ebenfalls nachfolgend N 36 ff.).

15 Neben dem organschaftlichen Rechtsverhältnis kann zwischen Verbandsperson und Vorstandsmitglied ein **Vertragsverhältnis** bestehen (oben N 11; ferner ZK-VON STEIGER, Art. 812 OR N 5); darauf weist das Gesetz eigens hin, wenn es in Art. 65 Abs. 3 gegenüber dem freien Abberufungsrecht der Vereinsversammlung die Ansprüche vorbehält, «die den Abberufenen aus bestehenden Verträgen zustehen».

16 In Frage kommen – je nachdem – **Auftrag oder Arbeitsvertrag** (BK-RIEMER, N 22 f.).

III. Geschäftsführung, Vorstandsbeschlüsse

1. Geschäftsführung, Vorstandssitzung

17 Der Vorstand hat gem. den ihm in den Statuten zugewiesenen Kompetenzen «die Angelegenheiten des Vereins zu besorgen»; ihm steht also die **Geschäftsführung** zu. Sofern und soweit Kompetenzen einem andern Organ wie etwa der Vereinsversammlung zustehen (Art. 65 Abs. 1), ist der Vorstand ausführendes Organ. Die Organtätigkeit hat innerhalb der rechtlichen Schranken, z.B. Art. 2, zu erfolgen (vgl. etwa BGE 121 III 350 ff.; SCHERRER, Sportrecht, 31).

18 Nach einem wohl allgemein anerkannten Grundsatz des schweizerischen Körperschaftsrechts besorgt der Vorstand die Geschäftsführung nach dem **Kollegialsystem** (vgl. Art. 716b Abs. 3 OR und Art. 717 Abs. 3 aOR), sofern die Statuten nichts anderes bestimmen. Der Vorstand kann auch aus einer Person bestehen (SCHERRER, 89).

19 Die Statuten können den Vorstand ermächtigen, **einzelne Befugnisse** an Ausschüsse, Sekretariate und dgl. zu **übertragen.**

20 Dagegen kann das Kollegium – auch ohne statutarische Grundlage – seine eigene Organisation selber bestimmen, sich selber «konstituieren» (BGE 72 II 110 betr. die Genossenschaft).

21 Sofern die Statuten es nicht anders bestimmen, ist eine **Vorstandssitzung** durch den Präsidenten – nur bei dessen Verhinderung durch den Vizepräsidenten – einzuberufen (HEINI/PORTMANN, Rz 497; BK-RIEMER, N 40).

22 Dieser ist zur Einberufung **verpflichtet,** wenn dies von einem Vorstandsmitglied verlangt wird (BK-RIEMER, N 39).

23 **Weigert sich der Präsident,** eine Sitzung einzuberufen, so kann er auf Begehren eines Vorstandsmitgliedes durch den **Richter** zur Einberufung gezwungen werden (BK-RIEMER, N 40; HEINI/PORTMANN, Rz 497 und dort die Ausführungen zur Aktiv- und Passivlegitimation).

Im Zuge des geplanten neuen **Revisionsrechts** ist nach Art. 69 (dessen Randtitel 24 wie folgt ergänzt werden soll: «II. Vorstand 1. Rechte und Pflichten im Allgemeinen») die Einfügung von Art. 69a–69c vorgesehen. Danach wird u.a. der Vorstand zur *Buchführung* verpflichtet (Art. 69a); es wird auch das Vorgehen geregelt, falls dem Verein ein vorgeschriebenes *Organ* fehlt (Art. 69c). Die vorgesehenen Bestimmungen lauten:

«Art. 69a

2. Buchführung	*Der Vorstand führt Buch über die Einnahmen und Ausgaben sowie über die Vermögenslage des Vereins. Ist der Verein zur Eintragung in das Handelsregister verpflichtet, so finden die Vorschriften des Obligationenrechts über die kaufmännische Buchführung Anwendung.*

Art. 69b

III. Revisionsstelle

¹ Der Verein muss seine Buchführung durch eine Revisionsstelle ordentlich prüfen lassen, wenn:

1. zwei der nachstehenden Grössen in zwei aufeinander folgenden Geschäftsjahren überschritten werden:
*   a. Bilanzsumme von 6 Millionen Franken;*
*   b. Umsatzerlöse von 12 Millionen Franken;*
*   c. 50 Vollzeitstellen im Jahresdurchschnitt.*
2. ein Vereinsmitglied, das einer persönlichen Haftung oder einer Nachschusspflicht unterliegt, dies verlangt;
3. 10 Prozent der Mitglieder dies verlangen.

² Auf die ordentliche Revision sind die Vorschriften des Obligationenrechts über die Revisionsstelle bei Aktiengesellschaften entsprechend anwendbar.

³ In den übrigen Fällen sind die Statuten und die Generalversammlung in der Ordnung der Revision frei.

⁴ Für Vereine, die gesetzliche Aufgaben wahrnehmen, kann die Eidgenössische Finanzkontrolle oder eine kantonale Finanzkontrolle als Revisionsstelle bezeichnet werden.

Art. 69c

IV. Mängel in der Organisation

¹ Fehlt dem Verein eines der vorgeschriebenen Organe, so kann ein Mitglied oder ein Gläubiger dem Gericht beantragen, die erforderlichen Massnahmen zu ergreifen.

² Das Gericht kann dem Verein insbesondere eine Frist zur Wiederherstellung des rechtmässigen Zustandes ansetzen und, wenn nötig, einen Sachverwalter ernennen.

³ Der Verein trägt die Kosten der Massnahmen. Das Gericht kann den Verein verpflichten, den ernannten Personen einen Vorschuss zu leisten.

⁴ Liegt ein wichtiger Grund vor, so kann der Verein vom Gericht die Abberufung von Personen verlangen, die dieses eingesetzt hat.»

2. Verfahren und Beschlussfassung

25 Verfahren und Beschlussfassung richten sich in erster Linie nach den Statuten. Diese können z.B. Beschlussfassung auf dem Zirkularweg vorsehen (HEINI/PORTMANN, Rz 499). Verlangt jedoch ein Vorstandsmitglied Debatte, so ist eine solche schriftliche Beschlussfassung nicht möglich (vgl. für die AG Art. 713 Abs. 2 OR). Solchen und andern **zwingenden Grundsätzen über die korporative Willensbildung** haben statutarische Regeln zu weichen (vgl. auch BK-RIEMER, N 55 f.).

26 Im Übrigen sind die oben bei Art. 66 und 67 erörterten **Regeln über Verfahren und Beschlussfassung** der Vereinsversammlung auch für den Vorstand entsprechend zu beachten (HUBER, Erläuterungen 1914 I 88; BK-RIEMER, N 35 m.w.Nw.). Auch der Entscheid eines Einzel-Vorstandsmitgliedes ist einem Beschluss im Rechtssinne gleichgestellt.

27 Demzufolge gilt für die Beschlussfassung das **Mehrheitsprinzip** (HEINI/PORTMANN, Rz 500; PERRIN, 116). Für die **Berechnung des Mehrs** will BK-RIEMER, N 48 (und dort zitierte Gegenmeinungen) die Regelung des Art. 67 Abs. 2 analog angewendet wissen. Das würde bedeuten, dass auch für Vorstandsbeschlüsse das absolute Mehr erforderlich wäre (oben Art. 67 N 8), sofern in den Statuten nichts anderes bestimmt wird. Indessen wäre diese Lösung nicht nur beschwerlich, sondern sie dürfte auch der **Vereinspraxis** widersprechen, wonach Vorstandsbeschlüsse mit **einfachem Mehr** (i.S. der oben in Art. 67 N 14 umschriebenen Bedeutung), allenfalls – v.a. bei Wahlen – mit dem relativen Mehr gefasst werden (vgl. auch HEINI/PORTMANN, Rz 500).

28 Ein **Pluralstimmrecht** der Vorstandsmitglieder ist angesichts ihrer personenbezogenen Stellung in Übereinstimmung mit der aktienrechtlichen Lehre und Rspr. abzulehnen (vgl. BGE 71 I 187 ff.; BSK OR-WERNLI, Art. 713 N 10 und die dort zit. Lit.; **a.M.** BK-RIEMER, Art. 67 N 57). Aus dem gleichen Grundgedanken erscheint auch eine **generelle Stellvertretung,** selbst durch ein anderes Vorstandsmitglied, als **ausgeschlossen** (BSK OR-WERNLI, Art. 713 N 10; **a.M.** BK-RIEMER, Art. 69 N 57 sowie WEBER, 160 ff. für die AG).

29 Zulässig ist dagegen eine auf eine bestimmte Sitzung und auf konkrete Traktandenpunkte **beschränkte Vertretung** eines abwesenden durch ein anwesendes Vorstandsmitglied (vgl. auch BSK OR-WERNLI, Art. 713 N 10).

30 Unbedenklich – und einer weit verbreiteten Praxis entsprechend (ZK-EGGER, Art. 66/67 N 9; für die AG ausdrücklich in Art. 713 Abs. 1 OR vorgesehen) – ist die Zulässigkeit des **Stichentscheides des Vorsitzenden** (in Frage gestellt in BK-RIEMER, N 50).

31 **Endgültige Beschlüsse des Vorstandes** (sowie anderer Exekutivorgane), die gegen Gesetz oder Statuten verstossen, sind in Übereinstimmung mit Art. 75 *gerichtlich anfechtbar*. Und dies nicht nur bei unmittelbarer Beschwer eines Mitgliedes; denn die Mitgliedschaft erfasst auch das Recht auf gesetz- und statutenkonforme Vereinsverwaltung (so wohl auch BGE 108 II 18; dagegen – nicht überzeugend – BK-RIEMER, Art. 75 N 19).

IV. Vertretungsmacht, Vertretungsbefugnis

32 Beim nicht im Handelsregister eingetragenen Verein steht die Vertretungsmacht (Bindung gegenüber Dritten) **jedem einzelnen Vorstandsmitglied** zu (bez. der Rechtsfigur des «faktischen Organs» vgl. MEIER-HAYOZ/FORSTMOSER, § 2 N 24). Denn dem Aussenstehenden kann kaum eine Nachforschung darüber zugemutet werden, ob der Vorstand lediglich als Kollegialbehörde oder aber jedes seiner Mitglieder den Verein Dritten gegenüber binden kann (HEINI/PORTMANN, Rz 486; gl.M. BK-RIEMER, N 67).

Will der Verband eine solche Folge von sich abwenden, so muss er sich ins Handelsregis- **33**
ter eintragen lassen oder die **Einschränkung der Vertretungsmacht** der einzelnen Vorstandsmitglieder sonst wie genügend kundtun, z.B. durch Bekanntgabe einer die Vertretungsbefugnis einschränkenden Statutenbestimmung (so auch BK-RIEMER, N 71 und 73
m.w.Hw.).

Für den **sachlichen Umfang** der Vertretungsmacht gilt auch für den Verein die für die **34**
juristischen Personen des Obligationenrechts ausdrücklich aufgestellte Regel, dass die
zur Vertretung befugten Personen alle Rechtshandlungen vornehmen können, die der
Zweck der Verbandsperson – i.S. des Gegenstandes, oben Art. 60 N 3 – mit sich bringen
kann (BK-RIEMER, N 78). Eine Überschreitung des *ideellen* Zweckes dürfte für einen
Dritten i.d.R. nicht erkennbar sein; entgegen KGer VS RVJ 1994, 256 ff. stellt der Verkauf eines Grundstückes durch den Verein keine solche Zwecküberschreitung dar.

Intern angeordnete Beschränkungen können dem Dritten nur entgegengehalten wer- **35**
den, wenn der Verein den Nachweis erbringt, dass jener sie gekannt hat (BK-RIEMER,
N 81).

V. Organhaftung

Die Vorstandsmitglieder haften **gegenüber dem Verein** aufgrund des organschaftlichen **36**
Rechtsverhältnisses für sorgfältige Geschäftsführung. Die Sorgfaltspflichten werden in
erster Linie durch Gesetz und Statuten bestimmt (BGE 110 II 394), allenfalls auch durch
Vertrag. Ihre Verletzung stellt – ähnlich wie im Auftragsrecht, Art. 398 OR – den Tatbestand der objektiven Nichterfüllung dar; sie ist daher vom Kläger, also dem Verein zu
beweisen, während das beklagte Vorstandsmitglied den Exkulpationsbeweis führen kann
(vgl. – für die AG – FORSTMOSER, 93 Rz 252).

Entsteht dem **Vereinsmitglied** durch den vorgenannten Tatbestand ein **mittelbarer** **37**
Schaden, so steht ihm – anders als bei der Aktiengesellschaft, Art. 754 – nur dann die
Verantwortlichkeitsklage (auf Leistung an den Verein) gegen Mitglieder des Vorstandes
zu, wenn der Verein eine solche Klage unterlässt und der Anspruch auch nicht durch ein
einzelnes Vorstandsmitglied (z.B. in Prozessstandschaft, vgl. HEINI/PORTMANN, Rz 368)
geltend gemacht wird (**a.M.** BK-RIEMER, N 97). Diese (doppelt subsidiäre) Klagemög-
lichkeit des einzelnen Vereinsmitgliedes hat ihren Grund in dem aus der Mitgliedschaft
fliessenden Recht auf gesetzes- und statutenkonforme Verwaltung (oben N 12).

Dagegen fehlt es an einer Rechtsgrundlage für die Geltendmachung des mittelbaren **38**
Schadens durch **Vereinsgläubiger.**

Unmittelbare Schädigung können Vereinsmitglieder ebenso wie Dritte gegenüber **39**
einem Vorstandsmitglied nach den allgemeinen Haftpflichtregeln geltend machen (dazu
einlässlich BK-RIEMER, N 119 ff.).

VI. Haftung der Organe Dritten gegenüber

An Bedeutung hat in letzter Zeit die *persönliche Haftung* von Organpersonen aus Organ- **40**
tätigkeit **Dritten** gegenüber gewonnen (dies insb. deshalb, weil juristische Personen im
Schadenfall nicht selten illiquid sind und man sich erfolgsversprechender eher an die
einzelnen Organe hält). Vor allem der Entscheid des Eidg. Versicherungsgerichts vom
15.9.2004, s. CaS, 261 ff., hat Vorstände von Vereinen aufgeschreckt. Die Haftung von
Organpersonen Dritten gegenüber basiert i.d.R. auf Art. 55 Abs. 3 oder stützt sich auf
Bestimmungen in *Spezialgesetzen* ab (im angesprochenen Fall basierte der Anspruch

einer Ausgleichskasse gegenüber Vereinsvorständen auf Art. 52 AHVG; vgl. dazu auch den Kommentar RIEMER, CaS 2004, 268; zur Problematik der persönlichen Verantwortlichkeit von Organen Dritten gegenüber s. SCHERRER, Zur Verantwortlichkeit der Organe von Sportvereinen und Sportkapitalgesellschaften, 223 ff.; zur Beschränkung der persönlichen Haftung der Vereinsvorstands durch Ressortverteilung vgl. RIEMER, CaS 2005, 373 f.).

Art. 70

C. Mitgliedschaft	[1] **Der Eintritt von Mitgliedern kann jederzeit erfolgen.**
I. Ein- und Austritt	[2] **Der Austritt ist von Gesetzes wegen zulässig, wenn er mit Beobachtung einer halbjährigen Frist auf das Ende des Kalenderjahres oder, wenn eine Verwaltungsperiode vorgesehen ist, auf deren Ende angesagt wird.**
	[3] **Die Mitgliedschaft ist weder veräusserlich noch vererblich.**
C. Sociétaires	[1] L'association peut en tout temps recevoir de nouveaux membres.
I. Entrée et sortie	[2] Chaque sociétaire est autorisé de par la loi à sortir de l'association, pourvu qu'il annonce sa sortie six mois avant la fin de l'année civile ou, lorsqu'un exercice administratif est prévu, six mois avant la fin de celui-ci.
	[3] La qualité de sociétaire est inaliénable et ne passe point aux héritiers.
C. Diritti e doveri dei soci	[1] L'ammissione di nuovi soci può avvenire in ogni tempo.
I. Ammissione e dimissione	[2] Il diritto di dimettersi è garantito per legge, purché la dimissione ne sia annunciata almeno sei mesi prima della fine dell'anno solare, o se è previsto un periodo amministrativo, sei mesi prima dell'anno della fine di questo.
	[3] La qualità di socio non si può alienare né trasmettere per successione.

Literatur

ACHERMANN, Die Ehrenmitgliedschaft, in: Festgabe des Luzernischen Anwaltverbandes zum Schweiz. Anwaltstag, 1953, 151 ff.; BADDELEY, L'association sportive face au droit, Diss. Genf 1994; BADERTSCHER, Der Ausschluss aus dem Verein nach schweizerischem Zivilgesetzbuch, Diss. Zürich 1980; BODMER, Vereinsstrafe und Verbandsgerichtsbarkeit, Diss. St. Gallen 1988; BUCHER, Natürliche Personen und Persönlichkeitsschutz, 1999; BÜTLER, Der Persönlichkeitsschutz des Vereinsmitgliedes, Diss. Basel 1986; COHN, Der Grundsatz der gleichmässigen Behandlung aller Mitglieder im Verbandsrecht, AcP 1938, 287 ff.; CORBAT, Les peines statutaires, Diss. Freiburg 1974; CURTI, Die Mitgliedschaftsrechte der Vereinsmitglieder nach dem Schweizerischen Zivilgesetzbuch, Diss. Zürich 1952; DE BEER, Zum Auskunftsrecht des Vereinsmitglieds, ZSR 1988 I, 243 ff.; FENNERS, Der Ausschluss der staatlichen Gerichtsbarkeit im organisierten Sport, Diss. Fribourg 2006; FLUME, Die Vereinsstrafe, in: FS Eduard Bötticher, 1969, 101 ff.; HABSCHEID, Vereinsautonomie, Vereinsgerichtsbarkeit und ordentliche Gerichtsbarkeit, in: SpuRt 1972, 158 ff.; FUCHS, Rechtsfragen der Vereinsstrafe, Diss. Zürich 1999; HEDEMANN, Ausstossung aus Vereinen, Archiv für bürgerliches Recht 1913, 132 ff.; HEINI, Die gerichtliche Überprüfung von Vereinsstrafen, in: FS Arthur Meier-Hayoz, 1982, 223 ff.; HUBER, Eintritt und Austritt von Mitgliedern einer Gemeinschaft, ZSR 1921, 5 ff.; KELLER, Die Ausschliessung aus dem Verein, Diss. Freiburg i.Ü. 1979; KOHLER, Mitgliedschaftliche Regelungen in Vereinsordnungen, 1992; KRIEGER, Vereinsstrafen im deutschen, englischen, französischen und schweizerischen Recht: insbesondere im Hinblick auf die Sanktionsbefugnisse von Sportverbänden, 2004; KUMMER, Spielregel und Rechtsregel, 1973; LEU, L'intervention des tribunaux nationaux dans la pratique du sport, in: Conférence Internationale Droit et Sport, Lausanne 1993; LUTTER, Theorie der Mitgliedschaft, AcP 1980, 84 ff.; MARKOWITSCH, Das Problem der Sonderrechte der Körperschaftsmitglieder, 1910; OSWALD, Le pouvoir juridictionnel des organisations sportives et ses limites, in: Conférence Internationale Droit et Sport,

Lausanne 1993; ROCHAT, Le règlement des litiges en matière sportive, in: Diritto dello sport, Lugano 1994; SCHERRER, Strafrechtliche und strafprozessuale Grundsätze bei Verbandssanktionen, in: Fritzweiler (Hrsg.), Doping-Sanktionen, Beweise, Ansprüche 2000; DERS. Vereinsstrafe – mit oder ohne Verschulden? Jusletter 6.9.2004; SCHILLIG, Schiedsgerichtsbarkeit von Sportverbänden in der Schweiz, Diss. Zürich 2000; SCHLOSSER, Vereins- und Verbandsgerichtsbarkeit, 1972; STAUBER, Das Recht des Aktionärs auf gesetz- und statutenmässige Verwaltung und seine Durchsetzbarkeit nach schweizerischem Recht, Diss. Zürich 1985; STURZENEGGER, Die Mitgliedschaft nach Schweizerischem Vereinsrecht, Diss. Leipzig 1928; WEITNAUER, Vereinsstrafe, Vertragsstrafe und Betriebsstrafe, in: FS Rudolf Reinhardt, 1972, 179 ff.; ZÖLLNER, Die Schranken mitgliedschaftlicher Stimmrechtsmacht bei den privatrechlichen Personenverbänden, 1963.

I. Mitgliedschaft und Mitgliedschaftsrechte

Als Mitgliedschaft wird das **zwischen Mitglied und Körperschaft bestehende,** aus einzelnen Rechten und Pflichten bestehende **Rechtsverhältnis** bezeichnet (FLUME, 258 im Anschluss an VON TUHR; HEINI/PORTMANN, Rz 211); das Recht, Mitglieder eines Vereins zu werden (und zu bleiben) ist als höchstpersönliches Recht zu qualifizieren (BUCHER, 37). Grundlage der Mitgliedschaft bilden Gesetz – allenfalls auch ungeschriebene Grundsätze des objektiven Rechts – und Statuten (BK-RIEMER, N 112; HEINI/PORTMANN, Rz 217; betr. Abgrenzung Spielregeln/Rechtsregeln s. N 27 ff.). Charakteristisch für die meisten Mitgliedschaftsrechte und -pflichten ist, dass sie vielfach ohne Zustimmung des einzelnen Mitgliedes nicht nur begründet, sondern auch aufgehoben werden können.   1

Allerdings gibt es Rechte, die dem Mitglied ohne seinen Willen nicht entzogen werden können, oft – ungenau – als **«wohlerworbene» Rechte** bezeichnet (eingehend hierzu BK-RIEMER, N 238 ff.). Unentziehbar sind insb. die Mitverwaltungsrechte (HEINI/PORTMANN, Rz 212).   2

Davon sind zu unterscheiden die sog. **Sonderrechte,** d.h. solche Rechte, die (nur) einem einzelnen Mitglied oder einer einzelnen Gruppe von Mitgliedern zustehen, z.B. ein bevorzugtes Stimmrecht oder die Ehrenmitgliedschaft (vgl. HEINI/PORTMANN, Rz 212). Sie sind vielfach, jedoch nicht an sich unentziehbar (so auch BK-RIEMER, N 250).   3

Die Mitgliedschaftsrechte sind echte **subjektive Rechte** (FLUME, 258; HEINI/PORTMANN, Rz 214). Diese Rechte wie auch die Pflichten bestehen wesensgemäss nur gegenüber der Verbandsperson. Die Mitgliedschaft begründet mithin **kein unmittelbares Rechtsverhältnis zwischen den einzelnen Mitgliedern.**   4

Demgegenüber meint ein gewichtiger Teil der Doktrin, unmittelbare Rechtsbeziehungen zwischen den Mitgliedern könnten durch die Satzung begründet werden (so VON TUHR, Der Allgemeine Teil des Deutschen Bürgerlichen Rechts, I, 542 Anm. 1; FLUME, 259 f.; BK-RIEMER, N 134). Diese Auffassung ist abzulehnen, da sie dem Wesen des «vertikalen» Mitgliedschaftsverhältnisses widerspricht. Rechte und Pflichten, die der Verein – auch – im gegenseitigen Interesse der einzelnen Mitglieder statuiert – wie etwa im Falle von Standesregeln unter Berufsgenossen – erweisen sich nur (aber immerhin) als **Reflexwirkungen** des Mitgliedschaftsverhältnisses (vgl. auch HEINI/PORTMANN, Rz 216; SCHERRER, 105).   5

Inhaltlich unterscheidet man gemeinhin **drei Hauptgruppen von Mitgliedschaftsrechten:** Mitverwaltungs- (Mitwirkungs-), Benutzungs- und Schutzrechte (BK-RIEMER, N 167 ff.; SCHERRER, 106). Eigentliche Vermögensrechte sind indessen beim Idealverein ein Fremdkörper und können allenfalls nur eine untergeordnete Rolle spielen (BK-RIEMER, N 171).   6

7 Bei den **Mitverwaltungsrechten** stehen das Stimm- und Wahlrecht (s. dazu die Art. 64–68) im Vordergrund, welche – selbstverständlich – das Recht auf Teilnahme an der Vereinsversammlung voraussetzen. Eine Zutrittsverweigerung hat Nichtigkeit der Beschlüsse zur Folge (unrichtig OGer ZH ZR 1984 Nr. 128, wo nur auf Anfechtbarkeit erkannt wurde).

8 Die **Benutzungsrechte** gewähren dem Mitglied die Teilnahme an den durch den Vereinszweck determinierten Tätigkeiten: z.B. Benutzung der sportlichen Einrichtungen, der Bibliothek, Empfang von Informationen, Teilnahme an (sportlichen) Wettkämpfen etc.

9 Im Rahmen der Mitgliedschaftsrechte wie der -pflichten steht dem Mitglied ein **Auskunftsrecht** gegenüber dem Verein bzw. dessen Organen zu (MÜLLER-ERZBACH, 251–253; vgl. auch DE BEER, ZSR 1988, 243 ff.).

10 Vereinzelt sind Benutzungsrechte in **Gläubigerrechte** transformierbar. Wo dies nicht zutrifft, unterstehen die Benutzungsrechte der Mehrheitsherrschaft und können daher dem Mitglied ohne dessen Einwilligung entzogen bzw. beschränkt werden; z.B. steht der Tennisplatz für ein bestimmtes Turnier nur dessen Teilnehmern zur Verfügung (vgl. HEINI/PORTMANN, Rz 251).

11 Dem **Schutz der Mitgliedschaft** dienen v.a. Art. 74 – Unverletzlichkeit des Zweckes – und 75 (im Einzelnen s. dazu die einschlägigen Bem.). Die letztgenannte Norm garantiert dem Mitglied ganz allgemein die Rechtmässigkeit des korporativen Lebens (HEINI/PORTMANN, Rz 272 sowie BGE 108 II 18).

12 Von selbst versteht sich, dass bei **Verletzung eines** (subjektiven) **Mitgliedschaftsrechtes** der Richter angerufen werden kann (vgl. HEINI/PORTMANN, Rz 286; zur richterlichen Überprüfung vereinsinterner Sanktionen sowie zur Abgrenzung Spielregel/Rechtsregel, s. nachfolgend N 17 ff.). Die Einschränkung der richterlichen Kognition hinsichtlich der Ausschliessung beruht auf einer ausdrücklichen gesetzlichen Ausnahmevorschrift (Art. 72, s. dort).

13 **Verschiedene Kategorien** («Stufungen») **der Mitgliedschaft** wie Ehren-, Frei-, Passiv-, korrespondierende Mitglieder sind in der Vereinspraxis geläufig und im Rahmen der Satzungsautonomie zulässig (dazu ausführlich BK-RIEMER, N 104 ff.). Solche Abweichungen von der ordentlichen Mitgliedschaft bedürfen der deutlichen Regelung in den Statuten; ansonsten gelangen die Regeln für die ordentlichen Mitglieder zur Anwendung.

II. Mitgliedschaftspflichten

14 Mitgliedschaftspflichten bedürfen einer **statutarischen Grundlage** (HEINI/PORTMANN, Rz 305). Für die **finanzielle Beitragspflicht** hebt dies das Gesetz in Art. 71 eigens hervor (s. dazu die Bem. zu Art. 71).

15 Dies gilt auch für **persönliche Mitwirkungspflichten** – wie z.B. zur Teilnahme an Wahlen und Abstimmungen, an Veranstaltungen, zur Übernahme eines Vorstandsmandates –, soweit sie sich nicht schon aus der statutarischen Zweckumschreibung ergeben (BK-RIEMER, N 185 ff.; HEINI/PORTMANN, Rz 307). Dabei ist dem verbandsrechtlichen «Legalitätsprinzip» oft Genüge getan, wenn einem Organ die Kompetenz eingeräumt wird, in einem durch die Satzung umschriebenen Rahmen Mitgliedschaftspflichten zu begründen.

16 Auf ungeschriebenem objektivem Recht beruht sodann die **allgemeine Treuepflicht** (BGE 74 II 165; BK-RIEMER, N 189 ff.; vgl. zudem SCHERRER, Rechtsfragen, 77 ff.), d.h. in erster Linie die Pflicht, nichts zu tun, was den am Vereinszweck orientierten Ver-

bandsinteressen zuwiderlaufen könnte (zur «negativen Komponente» der Treuepflicht einlässlich BK-RIEMER, N 194 ff.). Dagegen erscheint es problematisch, aus der allgemeinen Treuepflicht konkrete, positive Pflichten abzuleiten (BK-RIEMER, N 191 ff.).

III. Richterliche Kontrolle; Vereinsstrafe

Wie bereits erwähnt, kann das Mitglied die Rechtsgültigkeit einer Beschneidung seiner Rechte bzw. der Ausdehnung von Pflichten vom **Zivilrichter** überprüfen lassen (oben N 12; vgl. auch die Bem. zu Art. 75; zur schiedsgerichtlichen Streiterledigung s.u. N 30). **17**

Dies gilt insb. mit Bezug auf **Vereinsstrafen** wie «Bussen», Suspendierung von der Ausübung von Mitgliedschaftsrechten, Ausschluss u. dgl. (vgl. dazu etwa CaS 2006, 50 ff. und CaS 2004, 108 ff.; zum Problem von Sanktionen nach Dopingvergehen im Sport vgl. SCHERRER, Sportrecht, 54 ff.; bez. Dopingsanktionen im Pferdesport: CaS 2006, 38 ff.). Es sind dies (privatrechtliche) Sanktionen des Vereins zur Durchsetzung der Mitgliedschaftspflichten (vgl. zum Folgenden insb. FLUME, 328–339; HEINI/PORTMANN, Rz 315 sowie HEINI, FS Meier-Hayoz, 223 ff.; BK-RIEMER, N 205–237 sowie SJZ 1998, 293 f.; SCHERRER, Sportrecht, 181 ff.; zur Rspr. des BGH s. REUTER, in: ZHR 151, 1987, 386 ff.). **18**

Nicht-Mitglieder eines Vereins können durch Unterstellungserklärung, d.h. durch Vertrag, der Sanktionsordnung eines Vereins unterworfen werden (SCHERRER, Sportrecht, 127 f.). Die Unterwerfung unter die Satzungsgewalt eines Vereins hat in Anbetracht der damit verbundenen Auswirkungen ausdrücklich zu erfolgen (Konkludenz ist abzulehnen). **19**

Die Verhängung einer Vereinsstrafe ist **nicht** Ausübung einer **Strafgewalt** im eigentlichen Sinne (FLUME, 334), sondern konkretisierende Gestaltung des (privaten) Mitgliedschaftsverhältnisses durch ein Vereinsorgan (HEINI, FS Meier-Hayoz, 226; «Ordnungsgewalt»: vgl. hiezu das deutsche Urteil LG Hanau 19.3.1986, wiedergegeben und kommentiert [P. HOFMANN] in der Zeitschrift für das gesamte Genossenschaftswesen 1988, 132 ff.). Geldstrafen wie «Bussen» sind daher nicht Konventionalstrafen i.e.S. (so aber die schweizerische Rspr. und die h.L., vgl. BK-RIEMER, N 226 mit ausführlichen Nw.), unterliegen aber – in Analogie zu Art. 163 OR – der Herabsetzung durch den Richter (BGE 80 II 133). **20**

Bei der Verhängung von Vereinsstrafen können strafrechtliche und strafprozessuale Grundsätze z.T. analog angewendet werden (SCHERRER, Strafrechtliche und strafprozessuale Grundsätze bei Verbandssanktionen, 119 ff.). Zur Anwendung kommen z.B. das Gebot, nach Treu und Glauben zu handeln, bzw. das Verbot des Rechtsmissbrauchs, der Grundsatz des fairen Verfahrens, der Grundsatz der Unschuldsvermutung, bzw. der Grundsatz, dass nur schuldhaftes Verhalten sanktioniert werden darf (SCHERRER, 107; bez. Verschulden bei Sanktionen BODMER, 96 f.; vgl. überdies CaS 2005, 347 f.). Auch der Anspruch auf rechtliches Gehör vor Ausfällung einer Vereinsstrafe ist unbestritten (SCHERRER, Sportrecht, 125 f.). **21**

Vereinsstrafen bedürfen insb. einer klaren **statutarischen Grundlage** (BK-RIEMER, N 210; SCHERRER, Strafrechtliche und strafprozessuale Grundsätze bei Verbandssanktionen, 124 f.). Insbesondere muss das Mitglied ermessen können, was ihm bei einer Pflichtverletzung droht (HEINI/PORTMANN, Rz 316). **22**

Unbeachtlich sind Sanktionen, die gegen das Gesetz und die guten Sitten, insb. gegen das Persönlichkeitsrecht (Art. 27) des Mitgliedes verstossen (BK-RIEMER, N 231). **23**

24 Die **Kognitionsbefugnis des Richters** ist bei Streitfragen aus der Mitgliedschaft grundsätzlich nicht eingeschränkt (HEINI/PORTMANN, Rz 287). Davon gibt es Ausnahmen.

25 Eine erste **Einschränkung** statuiert das Gesetz ausdrücklich in Art. 72 Abs. 2 hinsichtlich der Ausschliessung (s. dort).

26 Bei **unbestimmten Normtatbeständen** hat sich der Richter in der Subsumtionskontrolle Zurückhaltung aufzuerlegen (BADERTSCHER, 179 f.); so etwa, wenn er den Vorwurf der Verletzung von Standespflichten zu überprüfen hat. In solchen Fällen soll und kann der Richter nicht seine eigene Beurteilung an die Stelle der vereinsinternen Wertung setzen (s. dazu die Nw. bei HEINI/PORTMANN, Rz 322; ferner Art. 72 N 7); seine Kontrolle muss sich hier auf die Korrektheit des vereinsinternen Verfahrens (BK-RIEMER, N 236), bei «Bussen» auf deren Angemessenheit beschränken.

27 **Nicht justiziabel** sind die eigentlichen **Spielregeln** i.S.v. *Spielverlaufsregeln* (BGE 108 II 20; 118 II 15). Diese haben nicht vom Zivilrecht geschützte Interessen, sondern den Spiel- und Wettkampfverlauf zum Gegenstand; sie bestimmen darüber, wer das Spiel wie gewinnt bzw. verliert (für die Doktrin grundlegend: KUMMER, Spielregel und Rechtsregel, Bern 1973 sowie ausführlich HEINI/PORTMANN, Rz 298 ff. sowie FENNERS, 117 ff.; SCHERRER, Rechtsfragen, 139 ff.; JOLIDON, Arbitrage et sport, FS Kummer 1980, 633 ff.;Leitentscheid aus der Judikatur: BGE 108 II 15; vgl. ferner OGer ZH SJZ 1979, 75 ff.; unpräzise die – mit viel Pathos vorgetragene – Kritik MICHELS, SJZ 1994, 261 ff.; zur Abgrenzung von Vereinsstrafe und Sportstrafe vgl. SCHERRER, Sportrecht, 156 f.). Der richterlichen Kognition entzogen ist mithin die reine Spielverlaufssanktion (AppGer BS BJM 1984, 38; zum Verhältnis Sportregeln/Kartellrecht s. CaS 2004, 249 ff.).

28 Demgegenüber unterliegen stets der richterlichen Kontrolle Sanktionen, welche die **Mitgliedschaftsrechte** oder andere Rechte, wie Persönlichkeitsrechte (Art. 27/28; BGE 120 II 369 ff. = Pra 1995, 168; FUCHS, 201 ff.; SCHILLIG, 41 ff.; SCHERRER, 107) tangieren, wie etwa eine nachträgliche Disqualifikation eines Wettkampfteilnehmers mit der Folge eines Entzugs des diesem zustehenden Geldpreises (BGE 119 II 281). Das trifft ferner auf Geldstrafen für die Verletzung einer Spielregel zu (BGE 108 II 21); ebenso bei einer Spielstrafe für die Verletzung mitgliedschaftsrechtlicher Pflichten (BGE 108 II 22), nicht aber bei einer Spielstrafe für eine Spielregelverletzung (a.a.O.). Vgl. überdies KUMMER, 45 f.; BADDELEY, passim; LEU, 49 f.; OSWALD, 44; ROCHAT, 10.

29 **Nichtzulassung zu einem Spiel** bzw. Wettkampf («Sperren» und z.B. Relegation) beschlägt stets das Mitgliedschaftsrecht (Recht auf das «Mitmachen»), evtl. sogar das Persönlichkeitsrecht (BGE 120 II 369) und kann daher vom Zivilrichter beurteilt werden (BGE 118 II 12; Bern, Richteramt III, SJZ 1988, 85; ferner KGer SG SJZ 1991, 284). Davon ausgenommen sind rein spieltechnische Qualifikations- (d.h. Zulassungs-)regeln (KUMMER, 24; BGE 118 II 16). Im Rahmen des organisierten Sportes ist bei der Beurteilung derartiger Fälle i.d.R. zugunsten des ausgeschlossenen Wettkampfteilnehmers zu berücksichtigen, ob der sanktionierende Verband eine Monopolstellung innehat.

30 Justiziable Streitigkeiten zwischen Mitglied und Verein können nicht nur dem staatlichen Richter, sondern auch einem echten **Schiedsgericht** unterbreitet werden (eingehend hiezu SCHERRER, Rechtsfragen, 146 ff.; FUCHS, 324; SCHILLIG, 37 ff.). Ein solches muss die für die Unbefangenheit und Unabhängigkeit der Schiedsrichter erforderliche Garantie bieten (Art. 30 BV; BGE 119 II 271 sowie Entscheid des BGer vom 27.5.2003, 4 P. 267, 268, 269, 270/2002 betr. «Tribunal Arbitral du Sport» mit zahlreichen Verweisen auf Lit. und Rspr.; s. auch REEB (Hrsg.), Recueil des sentences du TAS III, 2004, 649 ff.; FUCHS, 324). Verbandsschiedsgerichte – oft als Organe des Vereins bezeichnet – erfüllen i.d.R.

diese Voraussetzungen nicht; sie geben lediglich einen Parteistandpunkt wieder, nämlich denjenigen der Vereins (BGE 119 II 277 m.V.; SCHILLIG, 37 f.).

Dem *Schriftlichkeitserfordernis* für die formelle Gültigkeit *der Schiedsabrede* wird gem.   **31** Art. 6 des Konkordates über die Schiedsgerichtsbarkeit Genüge getan, wenn das Mitglied bei seinem Beitritt zum Verein «ausdrücklich auf die in den Statuten oder in einem sich darauf stützenden Reglement enthaltene Schiedsklausel Bezug nimmt».

IV. Begründung der Mitgliedschaft

Bei der Gründung des Vereins entsteht die Mitgliedschaft durch rechtsgeschäftliche   **32** Erklärung des Interessenten gegenüber der Gründergesellschaft, welche die Unterwerfung unter die Statuten impliziert (oben Art. 60 N 38; vgl. auch BK-RIEMER, N 35, 38). Die Wirksamkeit dieser Erklärung ist suspensiv bedingt durch die rechtsgültige Entstehung der juristischen Person. Fehlt es jedoch an der Zustimmung der andern Gründer, so kann die Mitgliedschaft nicht entstehen.

Nach der Gründung erfolgt der Beitritt zum Verein durch Aufnahmevertrag, welcher   **33** den Regeln des OR untersteht (HEINI/PORTMANN, Rz 226; im Einzelnen und betr. verschiedene Ausgestaltungsmöglichkeiten: BK-RIEMER, N 42 ff.). Gemäss Abs. 1 ist der Beitritt jederzeit möglich, sofern die Statuten nichts anderes bestimmen.

Zuständig für die Aufnahme ist seitens des Vereins die Vereinsversammlung (Art. 65   **34** Abs. 1); die Statuten können jedoch diese Kompetenz einem andern Organ, nicht aber einem (aussenstehenden) Dritten übertragen.

Zwei (oder mehr) **Mitgliedschaften** können miteinander so **gekoppelt** sein, dass durch   **35** den Beitritt zum ersten Verein zugleich die Mitgliedschaft bei einem zweiten (z.B. Zentralverband) erworben wird. Dafür ist erforderlich, dass die Satzungen der beiden Vereine diesbzgl. aufeinander abgestimmt sind und dass die rechtsgeschäftliche Erklärung des Beitretenden auf die Begründung der Mitgliedschaft bei beiden Vereinen gerichtet ist.

Einen **Beitrittszwang** gibt es beim privatrechtlichen Verein **nicht;** dies im Unterschied   **36** zu öffentlich-rechtlichen Körperschaften (vgl. BK-RIEMER, N 85).

Ebenso wenig besteht i.d.R. ein **Recht auf Mitgliedschaft.** Dies selbst dann nicht, wenn   **37** der Interessent die in den Statuten genannten persönlichen und sachlichen Voraussetzungen erfüllt (SCHERRER, 102; Gerichtspräsident III Bern, ZBJV 1980, 222).

Ein **Aufnahmezwang** kann sich **ausnahmsweise** aus dem Gesetz ergeben; so etwa auf-   **38** grund von Art. 28 ZGB (BK-RIEMER, N 67 ff.) oder Art. 2 (HEINI/PORTMANN, Rz 235). Die Berufung auf Art. 28 kann v.a. bei Vereinen mit einer Monopolstellung aktuell werden (SCHERRER, 142 ff.; BGE 98 II 230; 102 II 220; OGer ZH SJZ 1979, 78; zum deutschen Recht vgl. FLUME, 278). Aufgrund von Art. 13 lit. b KG kann u.U. die Aufnahme eines Aussenseiters in ein Kartell gerichtlich angeordnet werden (HEINI/PORTMANN, Rz 232; betr. obligatorische Krankenversicherung s. Art. 4 Abs. 2 KVG).

V. Statutarische Beendigungsgründe; Recht auf Austritt

1. Statutarische Beendigungsgründe

Für die Beendigung der Mitgliedschaft enthält das Gesetz ausdrücklich je eine Bestim-   **39** mung über den Austritt (Art. 70 Abs. 2; hiernach N 44 ff.) und die Ausschliessung (Art. 72).

40 Mitunter sehen die Statuten den sog. **«automatischen» Verlust** der Mitgliedschaft vor (BGE 118 V 272): Sie nennen Tatbestände, mit deren Verwirklichung die Mitgliedschaft erlischt (z.B. Wegfall der Berufsausübung, des Wohnsitzes, Änderung des Zivilstandes, Nichtbezahlung des Mitgliederbeitrages; vgl. BK-RIEMER, N 301 ff.).

41 Soweit es sich hierbei um **wertfreie Tatbestände** handelt, «Ereignisse …, die ohne weiteres festgestellt werden können …» (BGE 48 II 363), stellen sie einen zulässigen eigenständigen Beendigungsgrund dar (BK-RIEMER, N 302 ff.).

42 Macht der Verein einen solchen statutarischen Beendigungsgrund geltend, so ist dies die **Behauptung einer Rechtsposition,** über welche im Bestreitungsfalle der Richter in freier Kognition entscheiden kann. Umstritten ist, ob eine **Klage des Mitglieds** – auf Feststellung des Weiterbestehens der Mitgliedschaft, BK-RIEMER, N 305 – in Analogie zu Art. 75 innert Monatsfrist (seit Empfang der Mitteilung durch den Verein) erfolgen müsse (so HEINI/PORTMANN, Rz 353 sowie BADERTSCHER, 193 f.), oder ob diese Verwirkungsfrist hier nicht gelte (so BK-RIEMER, N 304 a.E.). Im Interesse der Rechtssicherheit ist die analoge Anwendung von Art. 75 vorzuziehen.

43 Verlangt dagegen der statutarische Beendigungsgrund eine **vereinsinterne Wertung** (vgl. oben N 26), oder ist der Verlustgrund unklar umschrieben, so gelangen die **Regeln** über die *Ausschliessung* zur Anwendung (BK-RIEMER, N 305).

2. Recht auf Austritt

44 Die **Austrittserklärung** gem. Abs. 2 ist ein Gestaltungsrecht und muss daher unzweideutig erfolgen (BGE 118 V 272 m.V.).

45 Das Gesetz garantiert dem Mitglied **zwingend** – «von Gesetzes wegen» – die **Austrittsfreiheit,** sofern die in Abs. 2 statuierten Voraussetzungen betr. Frist und Termine erfüllt werden. Die Statuten können dieses Austrittsrecht nicht erschweren (N 47 hiernach), wohl aber erleichtern.

46 Sehen die Statuten als Austrittstermin eine **Verwaltungsperiode** (dazu BK-RIEMER, N 282) vor, die **länger als ein Jahr dauert** – ein vom Gesetz nicht geregelter Tatbestand –, so sollte der Austritt auf das dem (überlangen) statutarischen Termin vorangehende Ende des Kalenderjahres möglich sein (ähnlich der Vorschlag in BK-RIEMER, N 282).

47 Mit der zwingenden Regelung des Gesetzes nicht vereinbar ist nicht nur die Verunmöglichung, sondern auch eine **Erschwerung des Austritts** (ZK-EGGER, N 10; BK-RIEMER, N 270; BGE 117 V 53). Das gilt uneingeschränkt für den eigentlichen («klassischen») Idealverein. Dagegen hat ein (internationales) Schiedsgericht die Zahlung einer erheblichen Auslösungssumme bei einem **Verein mit wirtschaftlichem Zweck** für zulässig erklärt (27.5.1991, SZW 1992, 228 m. Anm. HEINI). Dies mag als Konsequenz der bundesgerichtlichen Öffnung der Vereinsform für derartige Organisationen als zulässig erscheinen (vgl. auch VISCHER, SJZ 1991, 365). Die Frage bleibt allerdings, ob in solchen Fällen nicht die strengen Voraussetzungen des Art. 842 OR (Genossenschaftsrecht) analog berücksichtigt werden müssten.

48 Die Gerichtspraxis lässt einen **sofortigen Austritt aus wichtigem Grund** zu, d.h. wenn ein Verbleiben im Verein dem Mitglied nicht mehr zumutbar ist (BGE 71 II 197).

VI. Unübertragbarkeit der Mitgliedschaft

49 Dem ideal-persönlichen Charakter der Mitgliedschaft entspricht die Regelung des Abs. 3, dass jene **mit dem Tod** bzw. bei einer juristischen Person mit deren Auflösung **erlischt.**

Indessen ist diese Gesetzesvorschrift **nicht zwingend** (BK-Riemer, N 91 mit zahlreichen 50 Nw.). Die Statuten können daher sowohl die **rechtsgeschäftliche Übertragung** der Mitgliedschaft **wie auch** deren **Vererblichkeit** vorsehen, wobei sie z.B. bestimmen können, dass die Mitgliedschaft an den ältesten Sohn übergehe (BK-Riemer, N 94).

Art. 71

II. Beitrags-pflicht	**Beiträge können von den Mitgliedern verlangt werden, sofern die Statuten dies vorsehen.**
II. Cotisations	Les membres de l'association peuvent être tenus de verser des cotisations si les statuts le prévoient.
II. Contributi	Se gli statuti lo prevedono, i soci possono essere tenuti a versare contributi.

Literatur

Baddeley, Ein «Durchgriff» nach Art. 71 ZGB?, Beilage Schweiz zu SpuRt 1997; Gundelfinger, Die Regelung des Mitgliederbeitrages in den Statuten, Beilage Schweiz zu SpuRt 1996; Riemer, Aktuelle Fragen aus dem Vereinsrecht, 2005, 43 ff.; Ders., Neuerungen im Vereinsrecht: Mitgliederbeiträge und Haftung von Vereinsmitgliedern, CaS 2005, 52 f.; Ders., Finanzierungsmöglichkeiten bei Vereinen, insbesondere bei Sportvereinen, gemäss schweizerischem Recht, SpuRt 1999, 40 f.; Ders., Verein und SchKG, BlSchK 42, 1978, 129 ff.; Ruetz-Venzin, Finanzielle Beitragspflichten der Vereinsmitglieder, Diss. Zürich 1985; Scherrer, Aktuelle Rechtsfragen bei Sportvereinen, in: Riemer, Aktuelle Fragen aus dem Vereinsrecht, 2005, 55 ff.; Ders., Aktuelle Rechtsfragen bei Sportvereinen, CaS 2005, 50 f.; Ders., Die Krux mit der Schuldendeckungspflicht, Jusletter vom 29.3.2004; Ders., Entschärfung einer vereinsrechtlichen «Falle», zur Revision von Art. 71 ZGB und Einfügung von Art. 75a ZGB, Jusletter vom 26.9.2005.

I. Allgemeines

Mit der Neufassung von Art. 71 ist die *erste* formelle **Revision** im Rahmen des Vereinsrechts überhaupt erfolgt. Die Revision ist von den Eidg. Räten am 17.12.2004 beschlossen worden und ging auf eine Parlamentarische Initiative zurück (Scherrer, CaS 2005, 51). Der neu gefasste Art. 71 ist am 1.6.2005 in Kraft getreten. Die Revision von Art. 71 ist zusammen mit der *Neueinfügung von Art. 75a* zu sehen. Diese beiden Bestimmungen beziehen sich auf das Verhältnis zwischen Verein und Mitglied und nicht auf die Organhaftung (im Speziellen Art. 55; Riemer, Aktuelle Gesetzgebung und Rechtsprechung, 46). 1

Die bis 31.5.2005 geltende Fassung von Art. 71 galt je länger desto mehr als vereinsrechtliche «Falle» (Riemer, Aktuelle Gesetzgebung und Rechtsprechung, 45) und entfachte unzählige Diskussionen und dogmatische Auseinandersetzungen (vgl. Vorauflage, 481 ff.). Vor allem in jüngster Zeit häuften sich die Fälle, in denen Vereinsmitglieder insb. zur Deckung von **Vereinsschulden** herangezogen wurden, weil die Mitgliederbeiträge in den Statuten nicht oder nicht ausreichend festgesetzt worden waren (vgl. etwa den Entscheid des BGer vom 8.10.2002, 5P.292/2002). Diese «Schuldendeckungspflicht» mangels Festsetzung der Mitgliederbeiträge in den Statuten fällt seit dem 1.6.2005 grundsätzlich weg (der ebenfalls von der revidierten Bestimmung erfasste Fall, dass Vereinsmitglieder zu Zahlungen herangezogen worden sind, weil dem Verein die notwendigen Mittel zur Verfolgung des Vereinszwecks gefehlt haben, blieb theoretischer Natur). 2

Der revidierte Text von Art. 71 (zusammen mit dem neu eingefügten Art. 75a) ist gegenüber der alten Version (Art. 71) konträr: Galt bislang die Reglung, dass (insb.) eine Schuldendeckungspflicht der Vereinsmitglieder dem Verein gegenüber dann bestand, 3 wenn die Mitgliederbeiträge in den Statuten nicht festgesetzt waren, sieht die revidierte Fassung von Art. 75 vor, dass Beiträge von den Vereinsmitglieder (nur) dann verlangt werden können, falls dies in den Statuten so bestimmt ist. Art. 75a sieht die **ausschliessliche Haftung des Vereinsvermögens** vor, sofern die Statuten diesbzgl. nichts anderes bestimmen, also bspw. eine Schuldendeckungspflicht der Mitglieder festlegen

II. Erhebung der Beiträge

4 Der Wortlaut von Art. 71 legt fest, dass **«Beiträge»** – damit sind vorwiegend die unter dem Begriff «Mitgliederbeiträge» bekannten Leistungen gemeint – nur dann erhoben werden können, falls dies in den Statuten so vorgesehen ist. Ein Verein kann demnach auf die Erhebung von Mitgliederbeiträgen auch verzichten.

5 Die Bezeichnung **«Statuten»** ist so zu verstehen, dass Mitgliederbeiträge auch dann erhoben werden können, falls die Beitragshöhe in einem Reglement festgelegt ist oder durch Vereinsbeschluss bestimmt wird. Es genügt somit, dass die Beitragspflicht dem Grundsatz nach in den Statuten vorgesehen ist, jedoch die betragsmässige Festlegung des Beitrages dem zuständigen Vereinsorgan überlassen bleibt (RIEMER, Aktuelle Gesetzgebung und Rechtsprechung, 45). Als «Beiträge» i.S.v. Art. 71 sind ausschliesslich periodisch zu entrichtende *Geldleistungen* zu verstehen, die objektiv bestimmbar sein müssen (HEINI/PORTMANN, Rz 312). Andere Beitragsleistungen (vgl. zur Nachschusspflicht nachfolgend N 7 ff.), die von den Mitgliedern zu erbringen sind, bspw. Eintrittsleistungen, Verpflichtungen zur Übernahme von Anteilscheinen) bedürfen zu ihrer Wirksamkeit einer ausdrücklichen Nennung.

6 Die neue Fassung gilt auch für Vereine, die vor dem 1.6.2005 errichtet worden sind (Art. 1–4 SchlT).

III. Nachschusspflicht

7 Die *Nachschusspflicht* der Vereinsmitglieder, die von der *persönlichen Haftung* der Mitglieder (vgl. Art. 75a Rz 2 ff.) zu unterscheiden und als Form des Mitgliederbeitrags zu qualifizieren ist, bedeutet eine Verpflichtung der Mitglieder gegenüber dem Verein zur Deckung allfälliger Verluste (vgl. dazu die Regelung bei der Genossenschaft, Art. 803 OR, und bei der GmbH, Art. 871 OR). Nachschüsse sind meistens Sanierungsmassnahmen, um erlittene Verluste des Vereins zu decken oder drohende Verluste zu verhindern (HEINI/PORTMANN, Rz 310).

8 Über die nachschusspflichtigen Vereinsmitglieder wird bei den im Handelsregister eingetragenen Vereinen ein **Verzeichnis** geführt (Art. 99 HRegV).

9 *Nachschusspflicht* und *persönliche Haftung* können in den Statuten alternativ oder kumulativ vorgesehen werden (zu den Möglichkeiten ist auf BK-RIEMER, N 27 ff., zu verweisen sowie auf die Bsp. bei KÜNG/MEISTERHANS, 50 ff.).

Art. 72

III. Ausschliessung	**[1] Die Statuten können die Gründe bestimmen, aus denen ein Mitglied ausgeschlossen werden darf, sie können aber auch die Ausschliessung ohne Angabe der Gründe gestatten.**
	[2] Eine Anfechtung der Ausschliessung wegen ihres Grundes ist in diesen Fällen nicht statthaft.

³ **Enthalten die Statuten hierüber keine Bestimmung, so darf die Ausschliessung nur durch Vereinsbeschluss und aus wichtigen Gründen erfolgen.**

III. Exclusion

¹ Les statuts peuvent déterminer les motifs d'exclusion d'un sociétaire; ils peuvent aussi permettre l'exclusion sans indication de motifs.

² Dans ces cas, les motifs pour lesquels l'exclusion a été prononcée ne peuvent donner lieu à une action en justice.

³ Si les statuts ne disposent rien à cet égard, l'exclusion n'est prononcée que par décision de la société et pour de justes motifs.

III. Esclusione

¹ Gli statuti possono stabilire i motivi per i quali un socio può essere escluso, come possono permetterne l'esclusione anche senza indicazione del motivo.

² In questi casi il motivo dell'esclusione non può essere contestato in giudizio.

³ Se gli statuti non contengono disposizioni di tal natura, l'esclusione può aver luogo solo per decisione dell'assemblea e per motivi gravi.

Literatur

BADERTSCHER, Der Ausschluss aus dem Verein nach schweizerischem Zivilgesetzbuch, Diss. Zürich 1980; FENNERS, Der Ausschluss der staatlichen Gerichtsbarkeit im organisierten Sport, Diss. Fribourg 2006; FISCHER, Der Ausschluss aus dem Verein, 1985; HASENSTEIN, Der Ausschluss eines Mitglieds aus einem Verein und die gerichtliche Nachprüfung des Ausschliessungsbeschlusses nach deutschem und schweizerischem Recht, Diss. Jena 1936; HEDEMANN, Ausstossung aus Vereinen, Archiv für bürgerliches Recht 1913, 132 ff.; KELLER, Die Ausschliessung aus dem Verein, Diss. Freiburg i.Ü. 1979; SCHERRER (Hrsg.), Einstweiliger Rechtsschutz im internationalen Sport, 1999; ZÄCH, Schweizerisches Kartellrecht, 1999.

I. Ausschliessungsbefugnis des Vereins (Abs. 1 und 3)

Gemäss Abs. 1 steht es im Belieben des Vereins, ob er in den Statuten die **Ausschluss-** **gründe** angeben oder einen Ausschluss ohne Grundangabe vorsehen will. **1**

Bestimmen die Statuten weder das eine noch das andere, so kann ein Ausschluss gem. Abs. 3 nur aus wichtigen Gründen erfolgen. **2**

Sofern die Statuten die **Ausschliessungskompetenz** nicht einem andern Organ zuweisen, steht diese der Vereinsversammlung zu (Art. 65 i.V.m. Art. 63 Abs. 1). Beschliesst ein anderes Organ als die Vereinsversammlung endgültig über den Ausschluss, so steht dem Betroffenen dagegen die Anfechtungsklage zur Verfügung (BGE 108 II 18 f.; BK-RIEMER, N 84; HEINI/PORTMANN, Rz 347). **3**

Andererseits ist eine gerichtliche Klage grundsätzlich erst nach Erschöpfung eines allfälligen vereinsinternen (statutarisch umschriebenen) Instanzenzuges möglich (BGE 85 II 533; BK-RIEMER, N 83; HEINI/PORTMANN, Rz 347; vgl. auch Art. 75 N 7). **4**

Im Falle des Abs. 3 liegt die Ausschliessungskompetenz vorbehältlich anderer statutarischer Regelung bei der Vereinsversammlung (BK-RIEMER, N 58; PERRIN, 154). **5**

Das betroffene Mitglied ist in allen Fällen vor Fällung eines Beschlusses **anzuhören** (BGE 90 II 347; vgl. oben Art. 70 N 21). Dies selbst dann, wenn die Statuten eine Ausschliessung ohne Grundangabe vorsehen; denn – wie RIEMER zu Recht bemerkt (N 61 m.w.Nw.) – können auch Argumente eine Rolle spielen, «die mit dem Ausschliessungs- **6** grund als solchem nichts zu tun haben» (gegenteiliger Meinung das OGer ZH ZR 1988, 295 f.). In materieller Hinsicht ist jedenfalls die Einrede des **offensichtlichen Rechtsmissbrauchs** zu prüfen (so zu Recht das OGer ZH a.a.O., 296). Besteht die Möglichkeit eines vereinsinternen Instanzenzuges, ist das rechtliche Gehör in jedem Fall vor dem letztinstanzlich entscheidenden Organ zu gewähren (BK-RIEMER, N 67); die Verletzung des Grundsatzes im Rahmen des internen Instanzenzuges ist heilbar.

II. Gerichtliche Anfechtung der Ausschliessung (Abs. 2)

7 Nennen die Statuten die Gründe für die Ausschliessung, oder sehen sie eine solche ohne Grundangabe vor (Abs. 1), so ist eine gerichtliche Anfechtung (Art. 75) **wegen des Grundes** gem. Abs. 2 nicht zulässig (BGE 131 III 97 ff.; dabei gewichtet das Bundesgericht die Ausschliessungsautonomie des Vereins relativ stark und stellt diese über das Persönlichkeitsrecht der Mitglieder, a.a.O., 104). Dies ist v.a. dort gerechtfertigt, wo die in den Statuten genannten Gründe einen unbestimmten Normtatbestand darstellen (gem. BGE 90 II 349 kommt dies eher einer Ausschliessung ohne Angabe der Gründe gleich), wie etwa Verstoss gegen die Vereinsinteressen, «conduite nuisible aux intérêts de la société» (Bsp. aus BGE 114 II 195). In solchen Fällen soll und kann der Richter nicht seine eigene Beurteilung an die Stelle der vereinsinternen Wertung setzen (vgl. auch Art. 70 N 26).

8 Das Gesagte gilt auch dann, wenn die **Vereinsstatuten** den Ausschluss aus **wichtigen Gründen** vorsehen und diese selber bestimmen.

9 Nennen dagegen die Statuten als Ausschlussgrund **«wichtige Gründe»** ohne nähere Spezifikation, so unterliegt dieser Tatbestand, wie derjenige von Abs. 3, der freien Überprüfung durch den Richter (so auch BK-RIEMER, N 92 f.; **a.M.** PERRIN, 155).

10 Diese privilegierte Ausschliessungsautonomie stellt eine **Ausnahme von dem** oben dargelegten **Grundsatz der freien richterlichen Überprüfung** des Mitgliedschafts- als eines privaten Rechtsverhältnisses dar (vgl. oben Art. 70 N 12). Sie bezieht sich indessen lediglich auf die Gründe des Ausschlusses.

11 **Gerichtlich anfechtbar** bleiben demgegenüber andere Tatbestände wie **Verletzung von Verfahrensregeln,** v.a. Verweigerung des rechtlichen Gehörs (oben N 6) oder **Rechtsmissbrauch** (BGE 90 II 346; 85 II 541; 51 II 242; BK-RIEMER, N 41 ff. m.w.V.). Rechtsmissbräuchlich wäre etwa die willkürliche Anrufung eines statutarischen Grundes gleichsam als Vorwand (ZK-EGGER, N 10). Auch kann vor dem Richter geltend gemacht werden, die Ausschliessung beruhe auf einer rechts- oder sittenwidrigen Statutenbestimmung (Art. 19 f. OR), oder sie verletze das **Persönlichkeitsrecht** des Betroffenen (BK-RIEMER, N 44 ff. m.w.Hw.). Unter Umständen muss bei einer Ausschliessung der **Verhältnismässigkeitsgrundsatz** beachtet werden, so z.B. bei einem Krankenkassenausschluss (BGE 118 V 267).

12 Eine andere Frage ist es, wann eine solche **Persönlichkeitsverletzung** vorliegt (vgl. BK-RIEMER, N 48: «Güter- bzw. Interessenabwägung»). Relevant wird diesbzgl. v.a. der Auschluss aus einem Berufs- oder Sportverein mit Monopolstellung oder aus einem Verein, der in der Öffentlichkeit und auch gegenüber Behörden, potentiellen Kunden seiner Mitglieder usw. als massgebende Organisation des betreffenden Berufsstandes oder Wirtschaftszweiges auftritt (BK-RIEMER, N 49; OGer ZH SJZ 1979, 75 ff.; AppHof BE SJZ 1988, 85 ff.; BGE 123 III 193 ff.: Fehlen der umfassenden Ausschlussautonomie des Vereins und Ausschlussmöglichkeit gegenüber Mitgliedern nur aus wichtigen Gründen

SJZ 1999, 250 und 469; SJZ 1997, 301 und 415; vgl. überdies LOSER, Vereinsmitgliedschaft im Spannungsfeld von Ausschlussautonomie und Handels- und Gewerbefreiheit, recht 1998, 33 ff.). Ist die *Art und Weise* einer Ausschliessung persönlichkeitsverletzend, so kann u.U. wegen widerrechtlicher Persönlichkeitsverletzung geklagt werden (Entscheid des BGer vom 16.3.2005, 5C.9/2005).

Das alte KG (Art. 9 Abs. 1 lit. b) sah noch explizit die Aufnahmepflicht eines Kartellver- **13** eins vor; daraus wurde abgeleitet, dass ein Mitglied nur aus wichtigen Gründen ausgeschlossen werden durfte. Das KG vom 6.10.1995 sieht die Möglichkeit, dass ein Dritter die Aufnahme in das Kartell erzwingen kann, nicht mehr vor (ZÄCH, 427; RIEMER, SJZ 1996, 391, geht allerdings davon aus, dass eine Klage auf Aufnahme in den Verband auch aufgrund des neuen Kartellgesetzes gutgeheissen werden könne; s. auch Art. 70 N 38). Soll davon ausgegangen werden, dass sich die Aufnahme in einen Kartellverein nicht mehr erzwingen lässt, liesse sich auch die Auffassung, dass ein Kartellmitglied nur aus wichtigen Gründen ausgeschlossen werden kann, nicht mehr halten.

Schliesslich muss der freien gerichtlichen Prüfung die Ausschliessung aus einem Verein **14** unterliegen, der vom gesetzgeberischen Leitbild nicht (mehr) erfasst wird; durch die einschränkende Auslegung der Ausnahmevorschrift des Art. 72 wird (wieder) der Regel Platz gemacht. Dies gilt v.a. für die vom Bundesgericht zugelassenen **Vereine mit wirtschaftlichem Zweck** (BGE 131 III 102) und ist «nichts anderes als die sich aufzwingende Folge der bundesgerichtlichen Praxis», entgegen dem Gesetz die Vereinsform auch solchen Vereinigungen zu gestatten (KUMMER, 57; HEINI/PORTMANN, Rz 345; AppHof BE ZBJV 1988, 311).

III. Rechtswirkung des Ausschliessungsbeschlusses

Im Interesse einer klaren Rechtslage muss die Ausschliessung mit der Mitteilung an den **15** Betroffenen **sofort wirksam** werden (HEINI/PORTMANN, Rz 349; OGer ZH ZR 1929, 97; unentschieden BK-RIEMER, N 94). Zwar besteht bis zum Entscheid des Richters ein Schwebezustand. Heisst er die Anfechtungsklage gut, so wird damit zugleich festgestellt, dass die in Frage stehende Mitgliedschaft ununterbrochen weiter bestanden hat.

Trotzdem kann einem solchen **Urteil** – wiederum aus Gründen der Rechtssicherheit – **16** i.d.R. **keine Rückwirkung** zuerkannt werden (HEINI/PORTMANN, Rz 350). Die unter Ausschluss des betreffenden Mitglieds gefassten Beschlüsse haben daher Bestand, auch wenn die Anfechtungsklage gutgeheissen wird.

Dem im Prozess obsiegenden Mitglied bleibt in diesem Falle die Geltendmachung von **17** **Schadenersatzansprüchen** vorbehalten. Den gleichen Rechtsbehelf stellte das BGer demjenigen zur Verfügung, der sich zwar mit dem Ausschliessungsentscheid des Vereins abfindet oder die Anfechtungsfrist verpasst, dessen Klage jedoch gem. Art. 72 begründet gewesen wäre (BGE 85 II 539 f.). Die (spätere) Klagegutheissung kann ggf. zu irreparablen Nachteilen für den Anfechtungskläger führen. Um solche Folgen zu verhindern, sind allenfalls mittels *vorsorglicher Massnahmen* die erforderlichen Begehren zu stellen (HEINI/PORTMANN, Rz 350; bez. dem internationalen Sport: SCHERRER, Einstweiliger Rechtsschutz, 7).

Art. 73

IV. Stellung ausgeschiedener Mitglieder

¹ **Mitglieder, die austreten oder ausgeschlossen werden, haben auf das Vereinsvermögen keinen Anspruch.**

² **Für die Beiträge haften sie nach Massgabe der Zeit ihrer Mitgliedschaft.**

IV. Effets de la sortie et de l'exclusion

¹ Les membres sortants ou exclus perdent tout droit à l'avoir social.

² Ils doivent leur part de cotisations pour le temps pendant lequel ils ont été sociétaires.

IV. Effetti della dimissione e dell'esclusione

¹ I soci che si sono dimessi o che sono stati esclusi non hanno alcun diritto sul patrimonio sociale.

² Essi sono tenuti alle contribuzioni per il tempo durante il quale hanno fatto parte dell'associazione.

Literatur

RUETZ-VENZIN, Finanzielle Beitragspflichten der Vereinsmitglieder, Diss. Zürich 1985.

I. Allgemeines

1   Artikel 73 Abs. 1 gilt für alle **ausgeschiedenen Mitglieder,** worauf schon das Marginale hinweist.

2   Die Bestimmung stellt klar, dass ausgeschiedene Mitglieder keinen **Anspruch auf das Vereinsvermögen** besitzen. Dem Verein gegenüber kann das ausgeschiedene Mitglied deshalb weder irgendwelche *Abfindungsansprüche* geltend machen, noch eine Weiterdauer *mitgliedschaftlicher* Benutzungsrechte verlangen, wie etwa die Weiterbenutzung der vereinseigenen Sportanlagen (SCHERRER, 115).

3   Die **dispositive Regelung des Abs. 1,** wonach das ausscheidende Mitglied keinen Anspruch auf das Vereinsvermögen hat, ist folgerichtig, da beim Verein die ideal-personelle Komponente im Vordergrund steht und das Vereinsvermögen eine rein *dienende Funktion* im Interesse der Gemeinschaft erfüllt (HEINI/PORTMANN, Rz 354). Das *Vereinsvermögen* (Aktiva und Passiva) und das *Vermögen des Vereinsmitgliedes* sind klar getrennt (TUOR/SCHNYDER/SCHMID/RUMO-JUNGO, 152).

4   **Dispositiver Charakter** kommt auch **Art. 73 Abs. 2** zu. Das bedeutet, dass in den Statuten grundsätzlich eine über die Dauer der Mitgliedschaft hinausgehende Mitgliederbeitragspflicht vorgesehen werden kann. RIEMER ist allerdings zuzustimmen, dass beim *Austritt mit Ablauf der gesetzlichen Maximalfrist von Art. 70 Abs. 2* sowie beim *sofortigen Austritt aus dem Verein aus wichtigem Grund* kein Mitgliederbeitrag mehr verlangt werden darf (BK-RIEMER, N 7).

II. Die Haftung für den Mitgliederbeitrag im Besonderen

5   Mit «**Beiträge**» (Art. 73 Abs. 2) sind die *Mitgliederbeiträge* gem. Art. 71 gemeint. Die Beitragspflicht endet somit mit dem Ausscheiden aus dem Verein. Bis zum Datum der Beendigung der Mitgliedschaft bleibt die *proportionale Beitragsleistungspflicht* bestehen (HEINI/PORTMANN, Rz 354). Umgekehrt ist dem ausgeschiedenen Mitglied ein pro rata temporis zu viel bezahlter Mitgliederbeitrag zurückzuerstatten. Dies gilt aber nur für

periodische Mitgliederbeiträge (z.B. Jahresbeitrag), nicht aber für einmalige Beiträge (etwa für einen Sonderbeitrag für ein bestimmtes Projekt; vgl. dazu auch BK-RIEMER, N 15).

Die **Festlegung des Ausscheidungsdatums** kann u.U. Schwierigkeiten bereiten. Bei der 6
Ausschliessung ist zum Bsp. der Zeitpunkt der Kenntnisnahme des Ausschliessungsentscheides durch das Mitglied relevant (zu den Wirkungen einer erfolgreichen gerichtlichen Anfechtung vgl. Art. 72 N 15). Sehen die Statuten *automatische Beendigungsgründe* vor, so kann eine solche Regelung auf eine *Ausschliessung* aus dem Verein hinauslaufen (vgl. Art. 70 N 43). Bei statutarischen Regelungen einer automatischen Beendigung ist der Zeitpunkt des Ausscheidens in den Statuten zu präzisieren. Will z.B. der Verein die Mitgliedschaft bei Nichtbezahlung des Mitgliederbeitrages beendet wissen, so sollten die Statuten vorsehen, dass das Mitgliedschaftsverhältnis nach fruchtloser Mahnung als beendet betrachtet wird.

Wird noch vor dem Ausscheiden des Mitglieds ein *Vereinsbeschluss* bezüglich **Beiträge** 7
im Hinblick auf bevorstehende Verbindlichkeiten, etwa kostspielige Projekte, gefasst, schlägt RIEMER eine differenzierte Beurteilung unter der Prämisse von Art. 2 Abs. 2 vor, etwa so, dass sich das Mitglied durch kalkulierten Austritt aus dem Verein den bevorstehenden Verbindlichkeiten nicht soll entziehen können (BK-RIEMER, N 17). Dieser Auffassung ist nicht zu folgen, da der Gesetzestext sowie die ratio legis keine Zweifel offen lassen und es die Rechtssicherheit gebietet, dass sich die *Haftung für Beiträge einzig nach der Dauer des Mitgliedschaftsverhältnisses* zu richten hat.

III. Weitere wirtschaftliche Auswirkungen

Nicht berührt von Art. 73 werden unabhängig von der Vereinsmitgliedschaft bestehende 8
schuldrechtliche oder auch **dingliche Rechtsverhältnisse** zwischen dem Verein und dem ausscheidenden Mitglied. Das Architektenhonorar des Mitgliedes für die Erstellung des Bootshauses ist nach Auftragsrecht, das auf der Liegenschaft des Vereins lastende Bauhandwerkerpfandrecht eines Mitgliedes und Baumeisters für ausgeführte Arbeiten nach Art. 839 zu beurteilen (vgl. dazu BK-RIEMER, N 20).

Selbstverständlich ändert das Ausscheiden eines Mitgliedes aus dem Verein nichts an 9
anderen (als der Beitragspflicht) **während der Dauer der Mitgliedschaft entstandenen Pflichten,** wie z.B. der Bezahlung einer Vereinsstrafe; ebenso bleiben *Schadenersatz- und Genugtuungsansprüche* des ausgeschlossenen Mitgliedes dem Verein gegenüber bestehen, aber auch diesbzgl. Forderungen des Vereins dem Mitglied gegenüber. Auch **Forderungen aus entgeltlicher Organtätigkeit** bestehen unabhängig von der Beendigung der Mitgliedschaft (vgl. dazu BK-RIEMER, N 29 ff.).

Art. 74

V. Schutz des Vereinszweckes	Eine Umwandlung des Vereinszweckes kann keinem Mitgliede aufgenötigt werden.
V. Protection du but social	La transformation du but social ne peut être imposée à aucun sociétaire.
V. Protezione del fine	A nessun socio può essere imposto un cambiamento del fine sociale.

Literatur

BEYELER, Der Korporationszweck. Begriff, Bedeutung, Änderung, Diss. Basel 1942; KLAUS, Der Schutz des Vereinszweckes (Art. 74 ZGB), Diss. Freiburg i.Ü. 1977.

I. Der Schutz des Vereinszweckes im Allgemeinen

1 Artikel 74 ist *Schutznorm.* Sie gewährt dem Vereinsmitglied ein wohlerworbenes Recht und ist ihm gegen seinen Willen nicht entziehbar (vgl. dazu MEIER-HAYOZ/FORSTMOSER, § 20 N 50; PERRIN, 164). Die Bestimmung garantiert die **Unverletzlichkeit des Vereinszweckes,** was zunächst bedeutet, dass kein Mitglied eine den Typus ändernde Umwandlung der Aufgabe – auch nicht die Aufnahme eines parallelen wirtschaftlichen Hauptzweckes – akzeptieren muss (HEINI/PORTMANN, Rz 267). Wird ein Verein «ein völlig anderer» (ZK-EGGER, N 2), wird gleichsam seine Identität verändert, so braucht sich das Mitglied diese Änderung – auch eine faktische (PERRIN, 166 f.; in diesem Fall ist eine Feststellungsklage denkbar) – nicht gefallen zu lassen (s.a. N 6). Es handelt sich dabei um einen qualifizierten Fall (BK-RIEMER, N 4 spricht von einem «Extremfall») von *Minderheitenschutz,* da bei Zweckumwandlungen das Einstimmigkeitsprinzip zur Anwendung gelangt (zum Problem der Qualifikation von Art. 74 als dispositive oder zwingende Norm vgl. N 9). Es genügt «deshalb u.U. der Widerstand eines einzigen Vereinsmitgliedes, um eine Zweckumwandlung zu verhindern» (BJM 1992, 42).

2 Beim *personenbezogenen Verein* bildet schon das *Tätigkeitsgebiet* den Grund für die Mitgliedschaft, im Gegensatz etwa zur kapitalbezogen-strukturierten Aktiengesellschaft. Das Mitglied hat demnach einen **Anspruch darauf, dass die ideelle Zielsetzung so weiterverfolgt wird,** wie zur Zeit, als es sich entschlossen hat, dem Verein beizutreten und die Mitgliedschaftspflichten zu erfüllen (vgl. dazu auch BK-RIEMER, N 8).

3 BK-RIEMER, N 8, spricht von einer **Wesensänderung des Vereins.** Daraus wird ersichtlich, dass Art. 74 krasse Fälle im Auge hat, was auch aus der Formulierung «aufgenötigt» hervorgeht. Eine erhebliche Erweiterung oder eine gewichtige Einschränkung des bisherigen Zwecks gilt ebenfalls als Umwandlung (BGE 86 II 395; zur Kasuistik s. hiernach N 14 f.).

4 Eine Zweckumwandlung liegt dann nicht vor, wenn der *Zweck* nicht wesentlich *geändert* wird (BJM 1992, 43). In diesem Fall der Basler Orchestergesellschaft bezweckte der Verein bis anhin die «Organisation, Finanzierung und Verwaltung eines ständigen Orchesters, das in zwei Formationen den Konzertveranstaltern, dem Theater und dem Radio DRS zur Verfügung gestellt» wurde; neu sollte der Verein «die Förderung des Musiklebens in Basel und der Region auf jede geeignete Art wie Trägerschaft eines Sinfonie-, Kammer- oder Jugendorchesters, Übernahme und Durchführung musikalischer Veranstaltungen durch die Bevölkerung, Pflege besonderer Musiksparten und dgl.» anstreben. Das angerufene Gericht erkannte in dieser Neufassung des Zweckartikels keine **Zweckumwandlung,** sondern lediglich eine *Zweckänderung,* da sich die bisherige Zweckumschreibung auf die unmittelbare Tätigkeit des Vereins als Orchesterträgerin beschränkt hatte, während die neue Zweckumschreibung die Orchesterträgerschaft als unmittelbare Tätigkeit zwar immer noch erwähnte, neu aber auch die mittelbare Tätigkeit des Vereines i.S. des angestrebten höheren Zieles der Förderung des Musiklebens in Basel und der Region ausdrücklich aufführte.

5 Eine **Änderung der Mittel** (zur Zweckerreichung) wird von Art. 74 nur dann erfasst, wenn die Mittel das «Gesicht» des Vereins als Grundlage der Mitgliedschaft wesentlich mitprägen (vgl. auch BK-RIEMER, N 12).

Eine Zweckumwandlung kann auch nur schon durch **faktisches Verhalten des Vereins** **6** gegeben sein (KLAUS, 161 ff.; BK-RIEMER, N 24), was allerdings eine Anfechtung gem. Art. 75 u.U. verunmöglicht. Dem Mitglied steht es dann allenfalls frei, im Rahmen der Vereinsversammlung *eine Abstimmung zu erwirken,* eventuell eine Feststellungs- oder Unterlassungsklage anzustrengen (BK-RIEMER, Art. 73 N 24 a.E.) In jedem Fall steht ihm der Austritt aus dem Verein offen.

Ob eine *Zweckänderung derart wesentlich* ist, dass sie Art. 74 unterstellt werden kann, **7** *ist vom Standpunkt der Mitglieder aus zu beurteilen.* Dabei ist allerdings nicht einfach ihre subjektive Auffassung massgebend, sondern entscheidend ist, ob der Zweck in einem Punkt geändert wurde, dem sie bei ihrem Entschluss, dem Verein beizutreten und die Mitgliederpflichten zu erfüllen, **nach Treu und Glauben** *erhebliche Bedeutung* beimessen durften (BGE 86 II 395).

Eine Zweckumwandlung mit der **Zustimmung aller Mitglieder** ist zulässig. Auch Um- **8** wandlungen, gegen die nicht opponiert wird (keine Gegenstimmen, keine Anfechtungsklage nach Art. 75) sind zulässig (BK-RIEMER, N 5).

In der Lit. ist kontrovers, ob Art. 74 **zwingendes oder dispositives Recht** sei (vgl. die **9** Nachweise in BK-RIEMER, N 6). Richtigerweise ist die Bestimmung insofern *zwingend,* als eine selbst mit der statutarischen Mehrheit beschlossene Zweckumwandlung von jedem Mitglied angefochten werden kann. Dagegen ist Art. 74 insofern *dispositiver Natur,* als die *Gründungsstatuten* – allenfalls eine spätere einstimmig beschlossene Fassung – eine Umwandlung des Zweckes mit einem Mehrheitsbeschluss vorsehen (vgl. HEINI/ PORTMANN, Rz 270).

II. Rechtsbehelfe gegen Zweckumwandlung

Grundsätzlich können Vereinsmitglieder, welche der Umwandlung nicht zugestimmt **10** haben, den betreffenden Vereinsbeschluss gem. Art. 75 **anfechten** oder umgehend – aus wichtigem Grund – aus dem Verein **austreten** (BGE 52 II 175 ff.); letztere Möglichkeit muss dem Mitglied eingeräumt werden, das die Mühen der Anhebung eines Zivilprozesses scheut. Das *Anfechtungsrecht* und das *Recht zum sofortigen Austritt* aus dem Verein bestehen also alternativ (HEINI/PORTMANN, Rz 270).

Tritt das Mitglied aus wichtigem Grund aus dem Verein aus, so kann es allenfalls über **11** diese Zeit bezahlte **Mitgliederbeiträge** zurückfordern; es hat umgekehrt ab Datum des Austritts auch keinen Anspruch mehr auf das Vereinsvermögen (Art. 73).

Objekt einer Anfechtungsklage ist die *Umwandlung des Zweckes,* welche *gegen den* **12** *Willen eines Vereinsmitgliedes* erfolgt ist («aufgenötigte Umwandlung»). **Anfechtungsvoraussetzung** ist, dass das Mitglied mit «*Nein*» gestimmt oder an der betreffenden *Abstimmung nicht teilgenommen* hat; bei *Stimmenthaltung* oder *ungültiger Stimmabgabe* ist eher keine Aufnötigung anzunehmen (vgl. dazu auch BK-RIEMER, N 28).

Zur Klage gem. Art. 75 sind die *Vereinsmitglieder* **legitimiert,** die der Umwandlung **13** nicht zugestimmt haben, *passivlegitimiert* ist der Verein. Eine nicht binnen Monatsfrist angefochtene Zweckumwandlung wird für alle Vereinsmitglieder verbindlich (vgl. zu den Detailfragen BK-RIEMER, N 29 ff.).

III. Kasuistik zur Zweckumwandlung

Eine gegen Art. 74 verstossende **Zweckumwandlung** und damit eine *Identitätsverände-* **14** *rung eines Vereins* ist z.B. dann anzunehmen, wenn ein bisher politisch neutraler Sportverein sich durch Statutenänderung in den Dienst des Klassenkampfes stellt (so ähnlich

BGE 52 II 177 ff.; TUOR/SCHNYDER/SCHMID/RUMO-JUNGO, 155; BK-RIEMER, N 19, m.w.Bsp.; RIEMER, Bundesgerichtspraxis zum Personenrecht des ZGB, 255, mit kritischer Bem. zu BGE 86 II 389 ff.).

Auch eine Umwandlung eines bisher reinen Lesezirkels, der sich der gemeinsamen Lektüre der schönen Lit. verschrieben hat, in eine gemeinnützige Organisation, mit dem neuen Zweck, Not leidenden Bauern in Berggebieten mit Rat und Tat zur Seite zu stehen, wäre unter dem Gesichtspunkt von Art. 74 unzulässig. Ebenso wäre wohl die Aufgabe eines Restaurationsbetriebes, welcher bisher die *Mittel* für die gemeinnützige Tätigkeit eines karitativen Vereins sicherstellte, und die nun neu durch Mitgliederbeiträge abgedeckt werden sollen, unzulässig.

In der Lit. werden etwa folgende *Bsp. einer Zweckumwandlung* genannt: Ein religiöser Verein wird ein atheistischer, ein unpolitischer ein politischer, ein Verein zur Bekämpfung der Tuberkulose will neu den Alkoholismus bekämpfen, ein Alpenklub soll in einen Segelklub umgewandelt werden, ein Wanderverein in einen Klub zur Förderung des Motorsportes oder ein Philatelisten-Verein in einen Numismatik-Verein (vgl. auch BK-RIEMER, N 11).

15   **Keine Zweckumwandlung** läge vor, wenn ein katholischer Studentenverein neu als Mitglieder auch Nicht-Katholiken zulassen würde, oder wenn ein Sportverein, der ausschliesslich Personen einer bestimmten Glaubensrichtung als Mitglieder zulässt, neu auch Personen anderer Glaubensbekenntnisse offen steht (SCHERRER, 120; vgl. dazu auch die Bsp. in BK-RIEMER, N 20, woraus ersichtlich wird, dass sich die Praxis v.a. mit Fällen aus der Zeit des intensiv geführten Klassen-, respektive Kulturkampfes zu befassen hatte). Lediglich auf eine (zulässige) Zweckänderung erkannte das ZivGer BS im Falle der Basler Orchestergesellschaft BOG BJM 1992, 42 ff. (vgl. oben N 4).

Art. 75

VI. Schutz der Mitgliedschaft	**Beschlüsse, die das Gesetz oder die Statuten verletzen, kann jedes Mitglied, das nicht zugestimmt hat, von Gesetzes wegen binnen Monatsfrist, nachdem es von ihnen Kenntnis erhalten hat, beim Gericht anfechten.**
VI. Protection des droits des sociétaires	Tout sociétaire est autorisé de par la loi à attaquer en justice, dans le mois à compter du jour où il en a eu connaissance, les décisions auxquelles il n'a pas adhéré et qui violent des dispositions légales ou statutaires.
VI. Protezione dei diritti dei soci	Ogni socio ha, per legge, il diritto di contestare davanti al giudice le risoluzioni contrarie alla legge od agli statuti ch'egli non abbia consentite, entro un mese da quando ne ha avuto conoscenza.

Literatur

BODMER, Vereinsstrafe und Verbandsgerichtsbarkeit, Diss. St. Gallen 1988; FENNERS, Der Ausschluss der staatlichen Gerichtsbarkeit im organisierten Sport, Diss. Fribourg 2006; HABSCHEID, Statutarische Schiedsgerichte und Schiedskonkordat, SAG 1985, 157 ff.; HEINI, Die gerichtliche Überprüfung von Vereinsstrafen, in: FS Arthur Meier-Hayoz, 1982; JOLIDON, Arbitrage et sport, in: Recht und Wirtschaft heute, Festgabe zum 65. Geburtstag von Max Kummer, 1980; RHEIN, Die Nichtigkeit von VR-Beschlüssen, Diss. Zürich 2001; RIEMER, Anfechtungs- und Nichtigkeitsklage im schweizerischen Gesellschaftsrecht, 1998; DERS., Zur Frage des zwingenden Charakters von Art. 75 ZGB in den Bereichen Anfechtungsfrist und kassatorische Natur der Anfechtungsklage bei internationalen Schiedsgerichten, CaS 2005, 359 f.; ROHRER, Aktienrechtliche Anfechtungsklage,

Diss. Zürich 1979; SAGER, Kein Anfechtungsrecht für nationale Sportverbände bei Dopingstrafen?, CaS 2004, 54 ff.; SCHERRER, Aktuelle Rechtsfragen bei Sportvereinen, in: Riemer (Hrsg.), Aktuelle Fragen aus dem Vereinsrecht, 2005, 60 ff.; DERS., Aktuelle Rechtsfragen bei Sportvereinen, CaS 2005, 46 ff.; DERS. (Hrsg.), Einstweiliger Rechtsschutz im internationalen Sport, 1999; SCHERRER/TÄNNLER, Wann ist ein «Beschluss» ein Beschluss?, CaS 2005, 281; SCHILLIG, Schiedsgerichtsbarkeit von Sportverbänden in der Schweiz, Diss. Zürich 2000; DERS., Ausschluss ordentlicher Gerichte durch Verbandsvorschrift bezüglich vorsorglicher Massnahmen?, CaS 2005, 54 ff.; SCHLOSSER, Vereins- und Verbandsgerichtsbarkeit, 1972; STAUBER, Das Recht des Aktionärs auf gesetz- und statutenmässige Verwaltung und seine Durchsetzung nach schweizerischem Recht, Diss. Zürich 1985.

I. Das Anfechtungsrecht als fundamentales Schutzrecht

Mit dem Rechtsbehelf der Anfechtung von Vereinsbeschlüssen wird dem Mitglied nicht **1** nur eine Abwehrwaffe gegen die *Verletzung seiner Rechte* zur Verfügung gestellt; garantiert wird ihm «ganz allgemein die **Rechtmässigkeit des korporativen Lebens**» (HEINI/ PORTMANN, Rz 272; BGE 108 II 18; bez. der Situation von Monopol-Sportverbänden vgl. SpuRt 2002, 39 ff.).

«Jedem Mitglied steht daher die Befugnis zu, die Einhaltung der Rechtsgrundlage des **2** Mitgliedschaftsverhältnisses, i.e. die **gesetz- und statutenmässige Vereinsverwaltung** nötigenfalls mit richterlicher Hilfe durchzusetzen» (HEINI/PORTMANN, Rz 272, m.Hw. in FN 591 auf die umfassende Monografie STAUBERS); einer eigentlichen *Beschwer* bedarf es nicht, das Rechtsschutzinteresse an der Klage ergibt sich aus dem Anspruch des Mitglieds auf gesetz- und satzungsmässige Vereinsverwaltung (hingegen wird man das Anfechtungsrecht etwa dann negieren müssen, wenn bspw. innerhalb eines Verbands eine Forderungsstreitigkeit entschieden worden ist und das anfechtende Mitglied durch den Beschluss nicht beschwert worden ist; auf eine solche Klage ist nicht einzutreten; vgl. auch oben Art. 69 N 31). Missverständlich bzw. abzulehnen ist deshalb die von RIEMER vertretene Auffassung, eine Anfechtungsklage sei nur dann gutzuheissen, wenn sich die Gesetzes- oder Statutenverletzung im Ergebnis effektiv auf den betreffenden Beschluss ausgewirkt habe (BK-RIEMER, N 26; differenzierend betreffend Verletzung von statutarisch verankerten Verfahrensregeln BGE 114 II 199; s.a. nachfolgend N 11).

II. Anfechtungsobjekt «Beschluss»

Der Anfechtung unterliegen nicht nur Beschlüsse der *Vereinsversammlung* (Art. 66) und **3** allfälliger *Ersatzformen der Vereinsversammlung* – so etwa der Delegiertenversammlung wie auch der «Urabstimmung» gem. Art. 66 Abs. 2, die allerdings wegen des Erfordernisses der Zustimmung aller Mitglieder nur beim Vorliegen von Willensmängeln angefochten werden kann (vgl. BK-RIEMER, N 16) –, sondern schlechthin **(endgültige) Entscheide aller Vereinsorgane,** mithin auch Vorstandsbeschlüsse (HEINI/PORTMANN, Rz 278; SCHERRER, 122; BGE 118 II 17 ff. = Pra 1993, 845; s.a. nachfolgend N 6 und 7). Kein anfechtbarer Beschluss ist bspw. eine blosse *Absichtserklärung* (Entscheid des BGer vom 27.6.2002, 5C.328/2001).

Bezüglich des für eine Anfechtung notwendigen Anfechtungsobjektes «Beschluss» hat- **4** ten sich Gerichte in letzter Zeit des Öfteren mit der Frage zu befassen, ob konkret ein **«Beschluss»** – und damit ein für die Anfechtungsklage unabdingbare Voraussetzung – überhaupt vorlag oder nicht. So wurden bspw. *Schreiben* (Korrespondenz) von Sportverbänden als Beschlüsse angefochten (CaS 2005, 254 ff.). Ein Beschluss ist als «eine aus mehreren gleichgerichteten Willenserklärungen der einzelnen Mitglieder hervorgehende einheitliche Willenserklärung zur Bestimmung des Verbandswillens» (SCHERRER/

TÄNNLER, CaS 2005, 281 m.Hw.) zu qualifizieren. Ein Beschluss wird begriffslogisch von einer *Personenmehrheit* gefasst. Anfechtbar gem. Art. 75 sind grundsätzlich jedoch auch Entscheide von *Einzelpersonen,* die auf Grund der satzungsmässigen Ordnung Willenserklärungen abgegeben haben. Diese Entscheide werden gemeinhin auch als «Entscheidungen», «Verfügungen» oder «Urteile» (z.B. eines Rechtsprechungsorgans eines Verbands) oder ähnlich bezeichnet (SCHERRER/TÄNNLER, CaS 2005, 281).

5 Nicht zu folgen ist BK-RIEMER, N 19, der das **umfassende Anfechtungsrecht** (vorstehend N 1) **nur gegenüber Beschlüssen der Vereinsversammlung** gelten lassen will. Hinsichtlich anderer Vereinsorgane soll dagegen eine Anfechtung nur bei Eingriffen in Mitgliedschaftsrechte (gemeint wohl solche i.e.S.) zulässig sein, u.a. mit der Begründung, andernfalls würde die *Tätigkeit des Vorstandes* oder *anderer Organe* zu sehr *gehemmt.* Das überzeugt deshalb nicht, weil es nicht darauf ankommen kann, welches Organ die Statuten oder das Gesetz verletzt. Ebenso unzulänglich erscheint eine «Vertröstung» auf eine allfällige «zivil- und strafrechtliche Verantwortlichkeit des Vorstandes» (ibid. N 20 a.E.)

6 Gemäss BGE 108 II 18 f. kann ein Beschluss, *der Mitgliedschaftsrechte* verletzt, auch dann richterlich überprüft werden, wenn er nicht von der Vereinsversammlung, «sondern von einem **abschliessend zuständigen unteren** Vereinsorgan gefasst worden ist».

7 Anfechtbar gem. Art. 75 sind grundsätzlich nur «letztinstanzliche» Beschlüsse, die vereinsintern (oder bei Verbänden mit Sektionen verbandsintern) nicht mehr weiterziehbar sind (BK-RIEMER, N 14; BGE 118 II 17 ff. = Pra 1993, 845). Eine Ausnahme besteht dann, wenn das Festhalten am vereinsinternen Rechtsweg unzumutbar oder unmöglich ist (vgl. die Nachweise betr. des deutschen Rechts bei BODMER, 155; SCHILLIG, 40; vgl. zudem das Bsp. in SpuRt 2000, 262 ff.).

8 Wird die vereins- oder verbandsinterne Weiterzugsmöglichkeit nicht oder nicht rechtzeitig genutzt, so ist damit auch das **Anfechtungsrecht** gem. Art. 75 **verwirkt** (HEINI/PORTMANN, Rz 281; BK-RIEMER, N 14; SCHERRER, 123).

9 Gestützt auf Art. 75 können auch **Vereinsstrafen** (Sperren, Ausschlüsse, Bussen) angefochten werden (vgl. oben Art. 70 N 8. sowie SCHERRER, Sportrecht, 181 ff.); Anfechtungsvoraussetzung ist aber immer das *Vorliegen eines Beschlusses.* Nicht anfechtbar sind demnach *Konsultativabstimmungen* (BK-RIEMER, N 10); ebenso wenig können *Abschluss und Kündigung von Verträgen des Vereins mit Dritten* angefochten werden, jedoch etwaige diesbzgl. Ermächtigungs- oder Genehmigungsbeschlüsse der Vereinsversammlung (BK-RIEMER, N 15).

III. Gesetzes- und Statutenverletzungen als Anfechtungsvoraussetzungen

10 **Anfechtungsvoraussetzung** ist entweder eine *Gesetzes-* oder eine *Statutenverletzung* (qualifizierte Normenverstösse sind allenfalls *nichtig:* MEIER-HAYOZ/FORSTMOSER, § 20 N 47; vgl. dazu nachfolgend N 34 ff.). Behauptet der Anfechter die *Verletzung beider Anfechtungsvoraussetzungen,* so prüft das BGer bei Bejahung der Gesetzesverletzung die Statutenverletzung nicht mehr (BGE 86 II 393 E. 3).

11 Die Anfechtungsklage wird nur dann nicht zum Erfolg führen, wenn sich die Gesetzes- oder Statutenverletzung nicht kausal auf das **Zustandekommen** des Beschlusses ausgewirkt hat (Bsp.: Ein Beschluss wäre auch zustande gekommen, wenn das zur Stimmabgabe unbefugte Nicht-Mitglied nicht mitgestimmt hätte). Weist der gefasste Beschluss hingegen einen gesetzes- oder statutenwidrigen **Inhalt** auf, so ist die Anfechtungsklage immer gutzuheissen.

Ist dem Verein nach Gesetz oder Statuten ein **Ermessen** eingeräumt, so wird eine Ge- 12
setzes- oder Statutenverletzung nur bei *Ermessensfehlern* (Ermessensmissbrauch, Ermessensüberschreitung) vorliegen (BK-RIEMER, N 25).

Unbestritten ist, dass unter **Gesetzesverletzungen** Verstösse gegen objektive – auch ge- 13
wohnheitsrechtliche – *Normen des Vereinsrechts* einschliesslich *ungeschriebener Grundsätze des Gesellschaftsrechts* zu verstehen sind (MEIER-HAYOZ/FORSTMOSER, § 20 N 46;
BGE 108 II 23; für die AG VON GREYERZ, SPR VIII/2, 192; BGE 117 II 308 = Pra 1992,
472; BGE 100 II 386). Anfechtbar – allenfalls sogar nichtig (unten N 34 ff.) – sind auch
Beschlüsse, welche gegen **allgemeine Prinzipien der Rechtsordnung,** wie Verbot des
Rechtsmissbrauchs, Art. 2, Recht der Persönlichkeit, Art. 27 f., verstossen. Darüber hin-
aus soll nach BK-RIEMER, N 28, «das Mitglied ganz allgemein gegen Verletzungen des
objektiven Rechts seitens seines Vereins geschützt werden» (ibid. N 38; so jetzt auch
HEINI/PORTMANN, Rz 279; MEIER-HAYOZ/FORSTMOSER, § 20 N 46; ähnlich wohl ZK-
VON STEIGER, Art. 808 N 13).

Statutenverletzung bedeutet die *Verletzung vereinsinterner Vorschriften* (z.B. die Miss- 14
achtung von statutarischen Abstimmungs-Quorumsvorschriften), wie auch die Verletzung
von auf Statuten basierenden Regulativen (BK-RIEMER, N 39, 44); ebenso die Verletzung
des ungeschriebenen vereinsinternen Rechts: *Vereinsübung,* aus dem *Vereinszweck* resultierende *Grundgedanken* (BK-RIEMER, N 44).

Gemäss BK-RIEMER, N 42, sollen Beschlüsse nicht anfechtbar sein, die *vereinsinternen* 15
Vorschriften – z.B. den Statuten – materiell widersprechen, jedoch den Verfahrensregeln
für eine förmliche Abänderung solcher Vorschriften genügen. Diese Ansicht ist jedenfalls
insofern abzulehnen, als sie eine «Durchlöcherung» der Vereinsverfassung, d.h. der Statuten und damit eine beträchtliche Rechtsunsicherheit zur Folge hätte. Vielmehr muss der
Versammlung spätestens vor der Abstimmung – gem. Art. 67 Abs. 3 ist ohnehin eine entsprechende Ankündigung erforderlich – *bewusst* sein, dass der zu fassende Beschluss
eine **Statutenänderung** bewirkt, welche eine entsprechende Anpassung des Satzungs-
dokumentes erfordert (sofern es sich nicht um eine auf den Einzelfall beschränkte
Satzungsdurchbrechung handelt). Das Gesagte ist vorab bedeutsam für die zahlreichen
Vereine, die für eine Statutenänderung keine qualifizierte Mehrheit verlangen.

IV. Aktiv- und Passivlegitimation

Zur Erhebung der Anfechtungsklage **legitimiert** ist grundsätzlich jedes **Vereinsmitglied** 16
(vgl. dazu das Bsp. in SpuRt 2002, 39 ff.), auch das gem. Art. 68 vom Stimmrecht ausgeschlossene Mitglied, und zwar mit Bezug auf *alle* Beschlüsse (mit Ausnahme des Ausschliessungsbeschlusses gem. Art. 72, der nur vom betroffenen Mitglied selbst angefochten werden kann). **Nichtmitglieder** können sich jedoch gegenüber Vereinsbeschlüssen
anderer Rechtsbehelfe bedienen (TUOR/SCHNYDER/SCHMID/RUMO-JUNGO, 156; Bsp.:
Rechtsbehelfe aus Art. 28 bei persönlichkeitsverletzenden Resolutionen des Vereins: BK-
RIEMER, N 46). Ob auch sog. indirekte bzw. mittelbare Vereinsmitglieder zur Erhebung
der Anfechtungsklage berechtigt sind, hängt von den Umständen ab (vgl. etwa BK-
RIEMER, N 46); tendenziell ist der Behelf den «echten» (direkten) Vereinsmitgliedern
vorbehalten. Auch Personen, die Nicht-Mitglieder eines Vereins sind, sich jedoch der
Vereinsordnung – bspw. ein Sportler während eines Wettkampfs (vertraglich) – unter-
stellt haben, haben sich ggf. anderer Rechtsbehelfe zu bedienen (z.B. Art. 28; s.a. Art. 70
N 19).

Nicht geklärt ist die Frage, ob auch der **Vereinsvorstand als Organ** (wofür eine Be- 17
schlussfassung notwendig wäre) *zur Anfechtung legitimiert* sei (vgl. die Diskussion in

BK-RIEMER, N 47). Sie ist in Analogie zu den Art. 706, 808 und 891 OR eher – wenn auch zurückhaltend – zu bejahen, da auch der Vorstand für die Rechtmässigkeit des korporativen Lebens (oben N 1) zu sorgen hat (wobei die praktischen Schwierigkeiten bei einer Anfechtung durch den Vorstand auf der Hand liegen).

18   Zum **Zeitpunkt der Erhebung der Anfechtungsklage** muss das Mitgliedschaftsverhältnis noch bestanden haben (BK-RIEMER, N 48). Ebenso ist die Existenz dieses Verhältnisses zur Zeit *der Urteilsfällung* noch notwendig, da auf den zurzeit der Urteilsfällung bestehenden Sachverhalt abzustellen ist (so ausdrücklich FRANK/STRÄULI/MESSMER, § 188 N 2; BK-RIEMER, N 49). Verstirbt das Mitglied z.B. nach Klageanhebung oder tritt es aus dem Verein aus, so wird der Prozess grundsätzlich gegenstandslos (eine Ausnahme ist wegen des dispositiven Charakters von Art. 70 Abs. 3 denkbar).

19   **Zur Klage berechtigt** sind nur diejenigen Vereinsmitglieder, die beim fraglichen Beschluss mit «*Nein*» gestimmt, sich der *Stimme enthalten* haben oder bei der Abstimmung oder Wahl *abwesend* waren (BK-RIEMER, N 54). Nicht zur Klage legitimiert sind demnach alle Mitglieder, die dem betreffenden Beschluss – ausdrücklich oder konkludent – *zugestimmt* oder bei Wahlgeschäften den jeweiligen Kandidaten *die Stimme* gegeben haben (ZK-EGGER, N 27). Hat sich ein Mitglied in der Diskussion für einen Kandidaten eingesetzt, sich aber beim Wahlvorgang der Stimme enthalten, ist es trotzdem zur Erhebung der Anfechtungsklage legitimiert.

20   **Zur Klage berechtigt** sind ferner Mitglieder, die einem Beschluss zugestimmt oder einen Kandidaten gewählt haben, jedoch einen **Willensmangel** (Art. 23–30 OR) geltend machen (dazu HOMBURGER/MOSER, FS Engel 1981, 148 ff.). Eine Déchargeerteilung aufgrund eines falsch dargelegten Sachverhaltes wird daher angefochten werden können (vgl. auch die Bsp. in BK-RIEMER, N 56). Die Anfechtungsfrist gem. Art. 75 geht dabei derjenigen des Art. 31 OR vor (HOMBURGER/MOSER, a.a.O., 151; BK-RIEMER, N 55).

21   **Passivlegitimiert** ist bei der Anfechtungsklage immer der *Verein* als juristische Person. Nicht passivlegitimiert sind jedoch die einzelnen Vereinsmitglieder, ebenso ist es nicht der Vorstand.

V. Die Anfechtungsfrist

22   Die Anfechtung hat binnen Monatsfrist ab Kenntnis des fraglichen Beschlusses zu erfolgen (im Rahmen der Schiedsgerichtsbarkeit wird u.a. die Meinung vertreten, dass Vereine statutarisch eine kürzere Anfechtungsfrist vorsehen dürfen: Zur Problematik s. SCHERRER, Aktuelle Rechtsfragen bei Sportvereinen, 62). Da Art. 75 zwingenden Charakter aufweist, ist die Monatsfrist als allgemein gültig zu qualifizieren (s.a. hinten N 30). Sie beginnt kalendarisch an demjenigen Tag, welcher der Kenntnisnahme folgt. Die Frist ist eine **Verwirkungsfrist** (BK-RIEMER, N 62; SCHERRER, 123; BGE 90 II 346 = Pra 1965, 155; BGE 85 II 537). Dies bedeutet, dass deren Einhaltung von Amtes wegen zu prüfen ist und ihre Missachtung eine *Klageabweisung* und nicht ein Nichteintreten zur Folge hat.

23   BK-RIEMER, N 65, vertritt in Anbetracht der durch das BGer eher extensiv gehandhabten Praxis bezüglich der **analogen Anwendung von Art. 139 OR** auf andere Tatbestände (BGE 109 III 49) die Auffassung, dass eine solche Analogie auch für Art. 75 anzunehmen sei. Dieser Auffassung ist grundsätzlich zuzustimmen, wenn auch bei der analogen Anwendung von Art. 139 OR auf Tatbestände des Art. 75 *Zurückhaltung* angebracht ist.

24   Für die **Berechnung der Frist** ist Art. 132 OR und das Bundesgesetz über den Fristenlauf an Samstagen (SR 173-110.3) zu beachten (vgl. dazu auch die Bsp. in BK-RIEMER,

N 67). Fällt der letzte Tag der Frist auf einen Samstag oder *Sonntag,* so läuft die Frist am nächsten Werktag ab (Art. 78 Abs. 1 OR; für die Regelung bei *staatlich anerkannten Feiertagen* vgl. BK-RIEMER, N 68).

Fristauslösend ist der Tag, an dem das Vereinsmitglied vom fraglichen Beschluss **25** *Kenntnis erhalten* hat. Diese Regelung kann dazu führen, dass für ein und denselben Beschluss verschiedene Anfechtungsfristen laufen, je nach Zeitpunkt, an dem die anfechtungswilligen Mitglieder vom Beschluss Kenntnis erhalten haben. Für das Mitglied, das an der betreffenden Versammlung teilgenommen und die Beschlussfassung miterlebt hat, ist anzunehmen, dass es vom gefassten Beschluss auch Kenntnis erhalten hat. Für an der Versammlung *abwesende Mitglieder* ist auf das *Vertrauensprinzip* abzustellen und die Fristauslösung dann anzunehmen, sobald das Mitglied die Möglichkeit einer Kenntnisnahme hatte (vgl. dazu BK-RIEMER, m.w.Bsp. in N 72 ff. mit der Behandlung der Spezialfälle *Ausschliessung* aus dem Verein und *Wiedererwägung*).

Die **Frist** ist dann **gewahrt,** wenn die Klageanhebung am *letzten Tag der Frist bis 24.00* **26** *Uhr* erfolgt ist (BGE 74 II 15; VOGEL/SPÜHLER, ZPR 2001, 9 N 93 u. 12 N 23 ff.). Die Einhaltung der Frist bemisst sich nach den *Bestimmungen der jeweiligen kantonalen Zivilprozessordnung* am Ort des beklagten Vereins, womit auch eine mündliche Klageanhebung a priori nicht auszuschliessen ist. Auch kann die Anrufung des Sühnebeamten – je nach zivilprozessualer Regelung – zur Fristwahrung genügen. Gemäss § 101 der ZPO ZH ist die Anfechtungsfrist des Art. 75 gewahrt, wenn der Friedensrichter innert eines Monats angerufen wird. Der Anfechtungskläger hat den Prozess dann innerhalb von drei Monaten seit Ausstellung der friedensrichterlichen Weisung beim Gericht anhängig zu machen (SCHERRER, 123). Im Rahmen von Anfechtungsklagen kommt oft dem *einstweiligen Rechtsschutz* besondere Bedeutung zu (vgl. aus dem Sport den «Fall Gasser»: SCHERRER, Sportrecht, 83 f.; bez. Internationalität im Sport SCHERRER (Hrsg.), Einstweiliger Rechtsschutz im internationalen Sport 1999).

Die **Beweislast** dafür, dass der Anfechtende die Frist eingehalten hat, liegt bei diesem **27** (Art. 8). Ebenso hat er die Gesetzes- oder Statutenverletzung zu beweisen.

VI. Vergleich? Entscheidung durch Schiedsgerichte?

Die Anfechtungsklage ist eine Gestaltungsklage. **Klageanerkennung** bzw. **Vergleich** **28** seitens des Vereins sind bei Klagen gem. Art. 75 deshalb *unzulässig* (BGE 80 I 390 f.; MEIER-HAYOZ/FORSTMOSER, § 20 N 44; BK-RIEMER, N 87 mit ausführlichen Nachweisen). Hingegen kann der Verein u.U. durch Aufhebung des angefochtenen Beschlusses dessen Gegenstandslosigkeit herbeiführen; er wird dann allerdings i.d.R. die Kosten des Verfahrens zu tragen haben.

Dagegen hält in der Schweiz die überwiegende Meinung die Streiterledigung durch ein **29** **Schiedsgericht** für zulässig (Nachweise bei BK-RIEMER, N 85 und SCHILLIG, 59; dieser Meinung ist offenbar auch das BGer: BGE 119 II 271 ff., im Grundsatz bestätigt in BGE 127 III 429 ff.; Entscheid des BGer vom 25.3.2004, 4P.253/2003). Abgelehnt wird die Auffassung u.a. von HABSCHEID, SAG 1985, 157 ff., mit der Begründung, allein die Möglichkeit der Beeinträchtigung von Rechten Dritter müsse genügen, «um die Schiedsfähigkeit auszuschliessen» (a.a.O., 165).

Die Schiedsgerichtsbarkeit bei Anfechtungsklagen ist allerdings nicht unproblematisch. **30** Auf dem Wege der **Schiedsgerichtsbarkeit** – insb. bei der *institutionalisierten Schiedsgerichtsbarkeit* – können die dem Vereinsmitglied von Gesetzes wegen zustehenden Rechte (bspw. Teile des Schutzrechtes von Art. 75, HEINI/PORTMANN, Rz 257), diesem zumindest faktisch weitgehend entzogen werden (bez. der Anfechtungsfrist s. oben N 22). Fragezeichen müssen oft auch bei Schiedsgerichten selber gesetzt werden. Vor allem im Sport (s. dazu das 1984 gegründete Tribunal Arbitral du Sport: SCHERRER, Sportrecht, 170 f.), ist etwa die *Unabhängigkeit der Richter,* die aus einer «verbandslastig» zusammengestellten Schiedsrichterliste ausgewählt werden müssen, eine nicht zu unterschätzende Problematik (was bspw. vom BGer in der Tragweite für das Vereinsmitglied ignoriert wird; vgl. zu den Gefahren einer derartigen, von den Monopolverbänden inszenierten Schiedsgerichtsbarkeit auch HEINI/PORTMANN, Rz 285; BGE 119 II 271 ff.).

VII. Wirkung von Anfechtungsklage und Anfechtungsurteil

31   Wird die Anfechtungsklage gutgeheissen, so wird der angefochtene Beschluss grundsätzlich *rückwirkend* (ex tunc) aufgehoben (vgl. bezüglich Auflösungsbeschluss BK-RIEMER, N 80). Dem gutheissenden Urteil kommt **erga-omnes-Wirkung** und grundsätzlich **kassatorische Bedeutung** (BGE 118 II 14/15 = Pra 1993, 845) zu (Ausnahmen vgl. BK-RIEMER, N 82). Bezüglich der grundsätzlich kassatorischen Bedeutung der Anfechtungsklage ist eine angeregte Diskussion im Gang, vor allem im Zusammenhang mit der Schiedsgerichtsbarkeit im Sport (SJZ 99, 2003, 142 ff.; SJZ 99, 2003, 473 ff.) Ein Schiedsgericht wird eine Anfechtungsklage nur dann reformatorisch entscheiden können, falls z.B. Verbandsstatuten, welche für die Streiterledigung gem. Art. 75 eine Schiedsgerichtsbarkeit vorsehen, auch bestimmen, dass das Schiedsgericht den angefochtenen Entscheid reformieren kann (vgl. dazu auch SCHERRER, Aktuelle Rechtsfragen bei Sportvereinen, 61 f.; RIEMER, in CaS 2005, 360, schlägt im Fall eines dringenden Bedürfnisses bezüglich Abkehr von der Monatsfrist eine gesetzgeberische Anpassung vor). Wird ein Beschluss aufgehoben, sind damit auch alle in derselben Sache innerhalb des Vereins gefassten Beschlüsse (mit-)aufgehoben. Je nach Beschlussinhalt kann auch eine *Teilaufhebung* in Analogie zu Art. 20 Abs. 2 OR in Frage kommen. Bis zum Endentscheid herrscht somit ein *«resolutiver Schwebezustand»* (BK-RIEMER, N 79), und der Beschluss kann trotz der späteren Aufhebung Rechtswirkungen entfalten (so ist bspw. ein von einem zu Unrecht agierenden Vorstand abgeschlossener Vertrag mit einem Dritten grundsätzlich gültig). Zu prüfen wird in solchen Fällen vom Anfechtungskläger sein, ob auf dem Wege *vorsorglicher Massnahmen* das Notwendige angeordnet werden soll, etwa dem in einem unkorrekten Verfahren gewählten Vorstand verboten werden kann, über das Vereinsvermögen zu verfügen (vgl. dazu die weiteren Bsp. in BK-RIEMER, N 79; bez. der Verhältnisse im Sport s. SCHERRER, Einstweiliger Rechtsschutz im internationalen Sport, 7; zur Problematik des Schiedsgerichtsausschlusses beim einstweiligen Rechtsschutz s. CaS 2006, 283 ff.).

32   Der Richter kann einem Begehren auf **ersatzweise richterliche Beschlussfassung** nicht stattgeben (BGE 118 II 14 = Pra 1993, 845; ZR 1982, 217; SJZ 1983, 161).

VIII. Streitwert

33   Zufolge der Rechtsnatur der Anfechtungsklage als Gestaltungsklage ist diese – auch wenn mittelbar vielfach pekuniäre Interessen gegeben sein können – als nicht-vermögensrechtliche Streitigkeit zu qualifizieren (FRANK/STRÄULI/MESSMER, § 17 N 30; missverständlich BK-RIEMER, N 86, einschränkend aber DERS., N 110; BGE 118 II 356; SAGER, CaS 2004, 57, unter Bezug auf CaS 2004, 44 ff.). Deshalb ist etwa ein internationales Schiedsverfahren gem. Art. 177 IPRG nicht zulässig, da diese Bestimmung nur vermögensrechtliche Ansprüche für schiedsfähig erklärt.

IX. Nichtige Beschlüsse

Gewisse Beschlüsse sind derart *fehlerhaft,* dass sie als **nichtig** zu qualifizieren sind; diese 34
Beschlüsse weisen einen *formellen* oder *inhaltlichen (materiellen) Mangel* auf (BK-
RIEMER, N 89; SCHERRER, 128). Die Unterscheidung zwischen anfechtbaren und nichtigen Beschlüssen ist deshalb bedeutsam, weil anfechtbare Beschlüsse – unter Vorbehalt
der Anfechtung innerhalb eines Monats – nach Ablauf eines Monats volle Gültigkeit entfalten, während die Nichtigkeit jederzeit geltend gemacht werden kann.

Oft ist es zweifelhaft, ob konkret ein **anfechtbarer oder ein nichtiger Beschluss** vor- 35
liegt. Die Rechtslehre tendiert dahin, bei begründeten Zweifeln in der Abgrenzungsfrage
Anfechtbarkeit anzunehmen (HEINI/PORTMANN, Rz 274; BK-RIEMER, N 92).

Ein **formeller Mangel,** der zur Nichtigkeit des Beschlusses führt, liegt etwa dann vor, 36
wenn der Beschluss gar *nicht von einer Vereinsversammlung im Rechtssinne* gefasst worden ist (vgl. hierzu BK-RIEMER, N 99–106), z.B. von einer informellen Zusammenkunft
der Mitglieder (vgl. auch BAER, ZBJV 1991, 272); oder bei Einberufung durch ein unzu-
ständiges Organ (BGE 71 I 388; 78 III 46); «oder wenn einzelne Mitglieder von der Teilnahme an der Versammlung fern gehalten wurden» (HEINI/PORTMANN, Rz 275; das OGer
ZH [ZR 1984, 313 ff.] nimmt Nichtigkeit nur bei absichtlicher Nichteinladung an, dagegen bloss Anfechtbarkeit bei Zutrittsverweigerung; indessen muss in beiden Fällen die
Rechtsfolge Nichtigkeit sein, so auch BK-RIEMER, N 103). Ein formeller Mangel ist
ferner dann gegeben, wenn *kein Beschluss im Rechtssinne* zustande gekommen ist (BK-
RIEMER, N 107 ff.; SCHERRER, 129; s.a. vorne N 5). Dies ist z.B. der Fall, wenn ein
(statutarisches) Anwesenheitsquorum nicht erfüllt wird, jedoch nicht – entgegen einer
verbreiteten Meinung, vgl. BK-RIEMER, N 108 – bei Verletzung eines Beschlussquorums.
Auf Nichtigkeit ist hingegen zu erkennen, wenn die Willensbildung durch die Mitglieder
verunmöglicht oder erheblich beschränkt wird; so etwa, «wenn der Versammlung die
für die Ausübung des Stimm- und Wahlrechts notwendigen Informationen vorenthalten
worden sind» (HEINI/PORTMANN, Rz 275; **a.M.** BK-RIEMER, N 112).

Materiell nichtig sind Beschlüsse, die gegen zwingende Vorschriften verstossen, wobei 37
diese entweder dem Vereins- bzw. Körperschaftsrecht oder einem anderen Gebiet der
Rechtsordnung angehören können (OGer BL 1975, SJZ 1977, 81 Nr. 27). So verfallen
der Nichtigkeit einerseits Verstösse gegen das Wesen sowie die Strukturelemente der
juristischen Personen im Allgemeinen oder des Vereins im Besonderen: z.B. Aufgabe
oder erhebliche Einschränkungen der körperschaftlichen Selbstständigkeit (vgl. Vorbem.
zu Art. 60–79 N 10 ff.; HEINI/PORTMANN, Rz 276); Wahl eines zweiten Vorstandes ohne
Abberufung des ersten (BGE 71 I 389); Überschreitung der korporativen Ordnungsmacht
durch Eingriff in die Rechte Dritter (BGE 63 II 87/88; HEINI/PORTMANN, Rz 276; BK-
RIEMER, N 119).
Mit Nichtigkeit behaftet sind andererseits Beschlüsse, welche die in *Art. 19 f. OR* gesetzten Schranken missachten, insb. solche, die gegen das *Recht der Persönlichkeit* verstossen (Art. 27 f.; BGE 86 II 205 f.; vgl. auch BGE 104 II 6).

Während die *Anfechtungsklage* einer Befristung unterliegt, kann die **Nichtigkeit,** da der- 38
artige «Beschlüsse» von vornherein völlig unwirksam sind, *jederzeit* und *grundsätzlich von jedermann* (mit nachgewiesenem Rechtsschutzinteresse) einredeweise oder im
Rahmen einer Feststellungsklage geltend gemacht werden.

Örtlich zuständig bei Feststellungsklagen betr. Nichtigkeit von Vereinsbeschlüssen ist 39
das Gericht am Sitz des Vereins (SCHERRER, 127). Die *Nichtigkeit ist grundsätzlich nicht
heilbar* und muss vom Richter ex officio beachtet werden (BK-RIEMER, N 132).

40 Ist **unklar, ob ein Anfechtungs- oder ein Nichtigkeitsfall vorliegt,** ist sicherheitshalber innert der Monatsfrist gem. Art. 75 die Anfechtungsklage zu erheben. Diese ist mit dem Eventualbegehren auf Nichtigerklärung zu verbinden. Prozessual ist es auch möglich, das Hauptbegehren auf Nichtigerklärung und das Eventualbegehren auf Anfechtbarkeit zu stellen. «Es ist mithin keinesfalls ratsam, die Frist des Art. 75 unbenützt verstreichen zu lassen und sich auf die grundsätzlich unbefristete Geltendmachung der Nichtigkeit zu verlassen, da der Richter bei Verneinung derselben die Verwirkungsfrist des Art. 75 zu beachten hätte» (BK-RIEMER, N 133, mit weiteren Prozesskonstellationen, insb. auch bezüglich Ausschöpfung des vereinsinternen Instanzenzuges).

Art. 75a

Cbis. Haftung | **Für die Verbindlichkeiten des Vereins haftet das Vereinsvermögen. Es haftet ausschliesslich, sofern die Statuten nichts anderes bestimmen.**

Cbis. Responsabilité | Sauf disposition contraire des statuts, l'association répond seule de ses dettes, qui sont garanties par sa fortune sociale.

Cbis. Responsabilità | Il patrimonio sociale risponde delle obbligazioni dell'associazione. Salvo disposizione contraria degli statuti, tale responsabilità è esclusiva.

Literatur

RIEMER, Aktuelle Fragen aus dem Vereinsrecht, 2005, 43 ff.; DERS., Neuerungen im Vereinsrecht: Mitgliederbeiträge und Haftung von Vereinsmitgliedern, CaS 2005, 52 f.; SCHERRER, Aktuelle Rechtsfragen bei Sportvereinen, in: Riemer (Hrsg.), Aktuelle Fragen aus dem Vereinsrecht, 2005, 55 ff.; DERS., Aktuelle Rechtsfragen bei Sportvereinen, CaS 2005, 50 f.

1 Die *Neueinfügung* von Art. 75a ist im Zusammenhang mit der Revision von Art. 71 zu sehen (vgl. vorne, Art. 71 Rz 1–3). Die Bestimmung ist seit 1.6.2005 in Kraft und gilt auch für Vereine, die vor dem genannten Datum errichtet worden sind (Art. 1–4 SchlT).

2 Artikel 75a weist dispositiven Charakter auf und bestimmt im Grundsatz, dass für die Verbindlichkeiten des Vereins ausschliesslich das **Vereinsvermögen** haftet, was bedeutet, dass von Gesetzes wegen keine Haftung der Mitglieder für Schulden des Vereins (mehr) existiert.

3 Die Haftung der Vereinsmitglieder dem Verein, und nicht etwa den Gläubigern des Vereins gegenüber, kann durch statutarische (satzungsmässige) Regelung verschieden ausgestaltet sein: Sie kann alle oder einzelne Vereinsmitglieder betreffen, summenmässig beschränkt oder unbeschränkt sein, von Bedingungen abhängig gemacht werden, subsidiär oder solidarisch vorgesehen sein usw. (vgl. dazu HEINI/PORTMANN, Rz 82).

4 Bei Vereinen, die im Handelsregister eingetragen sind, wird bezüglich der persönlich haftenden Mitglieder ein *Verzeichnis* geführt (Art. 99 HRegV).

5 Streng zu unterscheiden von der **persönlichen Haftung** der Vereinsmitglieder ist die sog. **«Nachschusspflicht»** (vgl. vorne, Art. 71 Rz 7 ff.), welche als eine Form des Mitgliederbeitrags zu qualifizieren ist (HEINI/PORTMANN, Rz 82).

Art. 76

D. Auflösung

**I. Auflösungs-
arten**

**1. Vereins-
beschluss**

**Die Auflösung des Vereins kann jederzeit durch Vereinsbe-
schluss herbeigeführt werden.**

D. Dissolution

I. Cas

1. Par décision de
l'association

L'association peut décider sa dissolution en tout temps.

D. Scioglimento

I. Modi

1. Per risoluzione

Lo scioglimento dell'associazione può in ogni tempo essere pronunciato
dall'assemblea.

Literatur

DROBNIG/BECKER/REMIEN, Verschmelzung und Koordinierung von Verbänden, 1991; GANTEN-
BEIN, Die Fusion von juristischen Personen und Rechtsgemeinschaften im schweizerischen Recht,
Freiburg 1995 (= Diss. Freiburg i.Ü. 1994); GLANZMANN, Die Kontinuität der Mitgliedschaft im
neuen Fusionsgesetz, AJP 2004, 139 ff.; RIEMER, Die Behandlung der Vereine und Stiftungen im
Fusionsgesetz, in: SJZ 100, 2004, 201 ff.; SCHERRER-BIRCHER, Wirtschaftliche Rezession und
Sportvereine, insbesondere Fussball- und Eishockeyvereine (Auflösung und Liquidation, Sanierung), Diss. Zürich 1994; TSCHÄNI, Vermögensübertragung, ZSR 2004 I 83 ff.; Basler Kommentar
zum FusG, WATTER/VOGT/TSCHÄNI/DAENIKER, 2005; WIPFLI, Besteuerung der Vereine, Stiftungen und übrigen juristischen Personen, Diss. Basel 2001.

I. Allgemeines

Im Gesetz sind drei Auflösungsarten des Vereins vorgesehen: Auflösung durch Vereinsbeschluss (Art. 76), von Gesetzes wegen bei Zahlungsunfähigkeit oder Unmöglichkeit
der statutengemässen Bestellung des Vorstands (Art. 77) sowie durch richterliches Urteil
bei widerrechtlichem oder unsittlichem Zweck (Art. 78).   **1**

Möglich ist im Weiteren eine **automatische Auflösung** des Vereins, also die Auflösung
ohne Vereinsbeschluss, bei statutarisch vorgesehenen Gründen (BK-RIEMER, Art. 76–79
N 61; HEINI/PORTMANN, Rz 160; MEIER-HAYOZ/FORSTMOSER, § 20 N 76). Gleiches gilt,
wenn der Zweck des Vereins erreicht oder unmöglich geworden ist (ZK-EGGER, Art. 76
N 1; HEINI/PORTMANN, Rz 156 sowie für Deutschland – entgegen der h.L. – FLUME, 180 f.)
sowie beim Wegfall sämtlicher Mitglieder; diese Situation verunmöglicht jede weitere
Beschlussfassung (FLUME 186). **A.M.** BK-RIEMER, Art. 76–79 N 61, der bei Zweckerreichung oder Unmöglichkeit der Zweckerreichung einen Vereinsbeschluss verlangt.   **2**

Wenn ein Verein zu existieren aufhört, spricht man von «**Auflösung**». Der Verein verliert
jedoch wie die anderen juristischen Personen seine *Rechtspersönlichkeit* nicht unmittelbar mit dem Eintritt des Auflösungsgrundes, sondern erst, wenn keine Aktiven und Verpflichtungen mehr vorhanden sind. Die Auflösung bedeutet deshalb zunächst nur den
Beginn des Stadiums, welches zum Erlöschen des Vereins führt, d.h. den *Eintritt in die
Liquidationsphase*. Der Verein verfolgt in dieser Phase nicht mehr seinen ursprünglichen   **3**

Zweck, sondern seine Tätigkeit beschränkt sich auf die Durchführung der Liquidation (BK-RIEMER, Art. 76–79 N 109; HEINI/PORTMANN, Rz 177; vgl. auch SpuRt 1998, 212 f.).

4   Nach Art. 739 Abs. 1 OR i.V.m. Art. 58 ZGB und Art. 913 Abs. 1 OR muss der sich in Liquidation befindliche Verein seinem **Namen** den **Zusatz «in Liquidation»** beifügen; diese *Namensergänzung* gilt sowohl für die Vereine, welche im Handelsregister eingetragen sind, als auch für die übrigen (BK-RIEMER, Art. 76–79 N 111 und 112). Nach Eintritt des Auflösungsgrundes hat der Vorstand oder allenfalls der Richter dem Registerführer die Auflösung behufs Änderung des Eintrages mitzuteilen (Art. 79).

II. Auflösung durch Vereinsbeschluss

5   Nach Art. 76 kann ein Verein jederzeit durch **Beschluss der Vereinsversammlung** aufgelöst werden (sog. *Selbstauflösung*). Dieser Auflösungsbeschluss ist an sich an keine besonderen Voraussetzungen gebunden. Er ist jedoch nur gültig, wenn er nach den gesetzlichen und speziell auch nach den statutarischen Bestimmungen des Vereins formell richtig zustandegekommen ist (BK-RIEMER, Art. 76–79 N 7; SCHERRER, 132; vgl. dazu auch die Ausführungen oben zu Art. 66 N 20 ff.).

6   Nach Gesetz genügt zur Auflösung ein *einfacher Vereinsbeschluss,* der mit der **Mehrheit der anwesenden Stimmen** gefasst wird (Art. 67 Abs. 2); meist werden jedoch in den Statuten bestimmte Quoren vorgesehen (PEDRAZZINI/OBERHOLZER, 232).

7   Die **Zuständigkeit der Vereinsversammlung** zur Auflösung ist *unentziehbar* (vgl. auch oben Art. 65 N 6; HEINI/PORTMANN, Rz 162; **a.M.** BK-RIEMER, Art. 76–79 N 10 m.Hw. auf Vorbem. zu Art. 64–69 N 15). Zudem ist Art. 76 insoweit *zwingender Natur,* als die Statuten keine Bestimmung enthalten dürfen, welche den Verein – ausgenommen für eine bestimmte Zeit – als unauflösbar erklären. Dies würde gegen den Grundsatz der Vereinsautonomie verstossen (BK-RIEMER, Art. 76–79 N 10 und 11; SCHERRER, 132).

III. Auflösung des Vereins ohne Liquidation: Die Fusion

8   *Ohne Liquidation* kann ein Verein durch **Fusion** nach entsprechend erfolgter Beschlussfassung *aufgelöst* werden (GANTENBEIN, 129 m.w.Nw.). Sowohl bei Fusionen *zwischen Vereinen* als auch bei *rechtsformüberschreitenden Fusionen* sind die Bestimmungen des am 1.7.2004 in Kraft getretenen **FusG** zu beachten (Art. 4 FusG; RIEMER, in: SJZ 100, 2004, 201 ff.; bereits vor dem in Kraft treten des FusG wurden Fusionen unter Vereinen häufig praktiziert, vgl. BGE 53 II 1 ff.). Fusionen von Vereinen mit Vereinen – diese Konstellation wird die häufigste sein – sind ohne Einschränkungen möglich, hingegen sind bei Fusionen von Vereinen mit Kapitalgesellschaften oder Genossenschaften sowie Fusionen von Vereinen mit Instituten des öffentlichen Rechts Besonderheiten zu beachten (vgl. HEINI/PORTMANN, Rz 183 ff.). Die sog. *Spaltung* ist bei Vereinen nicht zulässig (vgl. dazu detailliert HEINI/PORTMANN, Rz 200 f., bez. der bei Vereinen möglichen Vorgänge *Vermögensübertragung,* Art. 69 FusG, und *Umwandlung,* Art. 54 FusG, s. RIEMER, Aktuelle Gesetzgebung und Rechtsprechung, 44)

9   Gemäss FusG sind *zwei Arten von Fusionen* zu unterscheiden: Übernimmt die eine Gesellschaft die andere, wird von **Absorptionsfusion** gesprochen (die übertragende Gesellschaft wird aufgelöst und im Handelsregister gelöscht), schliessen sich zwei (oder mehrere) Gesellschaften zu einer neuen Gesellschaft zusammen, liegt eine **Kombinationsfusion** vor (Art. 3 FusG), und es werden die bisherigen Gesellschaften aufgelöst.

Gemäss Art. 13 FusG ist der (schriftliche) **Fusionsvertrag** zwischen den an der Fusion beteiligten Gesellschaften *Grundlage* der Fusion. Der Vertrag ist von den obersten Leitungs- oder Verwaltungsorganen der an der Fusion beteiligten Gesellschaften, bei einem Verein also vom *Vorstand* (Art. 69), abzuschliessen (Art. 12 Abs. 1 FusG). Der Fusionsvertrag hat verschiedene Punkte zu regeln (Art. 13 FusG mit Sondervorschriften für Fusionen zwischen Vereinen).   **10**

Schliesslich ist der Fusionsvertrag von den beteiligten Gesellschaften durch **Fusionsbeschluss** mit qualifizierten Mehrheiten (gem. Art. 18 Abs. 1 lit. e. bei *Vereinen* mit einer Mehrheit von drei Vierteln der an der Mitgliederversammlung anwesenden Mitglieder) zu genehmigen (Art. 12 Abs. 2 FusG). Beim Verein dürfte die Beschlussfassung seitens der *Vereinsversammlung* (Art. 65) oder der *Delegiertenversammlung* erfolgen; möglich ist aber auch eine *Urabstimmung* (HEINI/PORTMANN, Rz 187). Ergibt sich bei einem Verein im Zuge der Fusion eine Umwandlung des Vereinszweckes (Art. 74), so muss auch die hierfür vorgesehene Mehrheit erreicht werden (Art. 18 Abs. 6 FusG); Fusion bedeutet aber nicht per se eine Zweckänderung (BGE 53 II 6).   **11**

Sofern die Fusion nicht nur zwischen Vereinen erfolgt, ist der Fusionsbeschluss öffentlich zu *beurkunden* (Art. 20 FusG). Nach erfolgtem Fusionsbeschluss muss die Fusion in das *Handelsregister* eingetragen werden (Art. 21 Abs. 1 FusG); ausgenommen sind Vereine, die nicht im Handelsregister eingetragen sind (Art. 21 Abs. 4 FusG; Art. 61).   **12**

Ein Fusionsbeschluss kann angefochten werden, und zwar mittels der **Anfechtungsklage** nach Art. 106 *FusG* oder derjenigen nach Art. 75 *ZGB*. Im Verhältnis zu Art. 75 ist die Anfechtungsklage gem. Art. 106 FusG «lex specialis». Die beiden Anfechtungsklagen unterscheiden sich im Wesentlichen durch den *Anfechtungsgrund* sowie die *Anfechtungsfrist* (HEINI/PORTMANN, Rz 192).   **13**

Die Fusion wird vom *Prinzip der Universalsukzession* (HEINI/PORTMANN, Rz 193) beherrscht, d.h., dass durch die Fusion alle Aktiven und Passiven der übertragenden Gesellschaften auf die übernehmende Gesellschaft übergehen (Art. 22 Abs. 1 FusG). Bezüglich der *Mitgliedschaftsverhältnisse* bewirkt die Fusion, dass die Mitglieder der übertragenden Vereine zu Mitglieder der übernehmenden Gesellschaft werden (Art. 7 FusG, *Prinzip der mitgliedschaftlichen Kontinuität;* vgl. dazu HEINI/PORTMANN, Rz 194).   **14**

Gemäss Art. 19 FusG können Vereinsmitglieder – und zwar auch diejenigen, die nicht gegen den Fusionsbeschluss gestimmt haben – innerhalb von zwei Monaten nach dem Fusionsbeschluss frei und rückwirkend auf das Datum des Fusionsbeschlusses (zur Problematik des Fristbeginns bei der fusionsrechtlichen Anfechtungsklage vgl. HEINI/PORTMANN, Rz 197 ff.). aus dem Verein austreten. Bei diesem besonderen **Austrittsrecht** ist die gesetzlich vorgesehene Austrittsfrist (Art. 70 Abs. 2) unbeachtlich, ebenso müssen ggf. durch Statuten festgelegte Austrittsfristen nicht eingehalten werden.   **15**

Art. 77

2. Von Gesetzes wegen	**Die Auflösung erfolgt von Gesetzes wegen, wenn der Verein zahlungsunfähig ist, sowie wenn der Vorstand nicht mehr statutengemäss bestellt werden kann.**
2. De par la loi	L'association est dissoute de plein droit lorsqu'elle est insolvable ou lorsque la direction ne peut plus être constituée statutairement.
2. Per legge	Lo scioglimento dell'associazione avviene per legge in caso di insolvenza o quando la direzione non possa più esser costituita conformemente agli statuti.

Literatur

SCHERRER-BIRCHER, Wirtschaftliche Rezession und Sportvereine insbesondere Fussball- und Eishockeyvereine (Auflösung und Liquidation, Sanierung), Diss. Zürich 1994; DIES. Vormundschaftliche Massnahmen und Sportvereine, zur Problematik der Beistandschaft für Vereine, SpuRt, Teil Schweiz 1/1997.

I. Allgemeines zur Auflösung von Gesetzes wegen

1 Der Verein wird von Gesetzes wegen aufgelöst, wenn er **zahlungsunfähig** geworden ist oder **der Vorstand nicht mehr statutengemäss bestellt** werden kann. Im Unterschied zu Art. 76 (Auflösung durch Vereinsbeschluss) und Art. 78 (Auflösung durch das Gericht) wird der Verein bei Vorliegen dieser Voraussetzungen unmittelbar aufgrund der gesetzlichen Bestimmung – welche *zwingender Natur* ist (Art. 63 N 3) – ohne behördlichen oder andern Auflösungsakt aufgelöst (BK-RIEMER, Art. 76–79 N 16; BK-HAFTER, N 10).

2 Wie bereits erwähnt (vgl. oben, Art. 76 N 3) geht die **Rechtspersönlichkeit des Vereins** mit Eintritt des Auflösungsgrundes nicht sofort unter, sondern der Verein tritt zunächst in die *Liquidationsphase* (HEINI/PORTMANN, Rz 177 ff.). Erst nach Abschluss derselben, wenn gegen den Verein keine Ansprüche mehr bestehen oder geltend gemacht werden können, verliert der Verein seine Rechtspersönlichkeit ohne weiteres. Die Löschung eines allfälligen Handelsregistereintrages hat nur *deklaratorische Bedeutung* (BK-RIEMER, Art. 76–79 N 136; SCHERRER-BIRCHER, 125).

II. Auflösung wegen Zahlungsunfähigkeit

3 **Zahlungsunfähigkeit** liegt grundsätzlich vor, wenn der Verein zu einem bestimmten Zeitpunkt seine fälligen *Geldverbindlichkeiten* nicht mehr erfüllen kann, weil er nicht über genügend liquide Mittel verfügt und diese auch nicht kurzfristig, z.B. durch Überbrückungskredite, bereitgestellt werden können. Die Möglichkeit der Erfüllung einzelner kleinerer Verbindlichkeiten hindert das Vorliegen von Zahlungsunfähigkeit nicht. Diese ist nur gegeben, wenn sie eine dauernde ist und die nötigen Zahlungsmittel nicht innert nützlicher Frist beschafft werden können (BK-HAFTER, N 3).

4 Vom Begriff der Zahlungsunfähigkeit ist derjenige der **Zahlungseinstellung,** die auch noch einzelne, im Verhältnis zu den gesamten fälligen Schulden geringfügige Zahlungen nicht ausschliesst, zu unterscheiden. Zahlungseinstellung liegt vor, wenn der Verein seinen Zahlungsverpflichtungen nicht mehr nachkommt, weil es ihm voraussichtlich dauernd an Geldmitteln fehlt. Die Zahlungseinstellung ist somit ein *äusserlich erkennbares Merkmal* für die Zahlungsunfähigkeit (SCHERRER-BIRCHER, 125). Gemäss Art. 190 SchKG kann ein Gläubiger auch ohne vorgängige Betreibung beim Gericht die Konkurseröffnung über den der Konkursbetreibung unterliegenden Schuldner verlangen, wenn dieser seine *Zahlungen eingestellt* hat.

5 Ebenfalls zu unterscheiden von der Zahlungsunfähigkeit ist der Tatbestand der **Überschuldung.** Diese liegt vor, «wenn die Passiven eines Schuldners dessen Aktiven übersteigen. Mit anderen Worten handelt es sich um eine qualifizierte Unterbilanz, bei welcher der Verlust höher ist als das Eigenkapital und somit die Aktiven nicht mehr zur vollen Befriedigung der Gläubiger ausreichen» (SCHERRER-BIRCHER, 142).

6 Zahlungseinstellung und Überschuldung sind somit nicht der Zahlungsunfähigkeit gleichzusetzen.

Die *Zahlungsunfähigkeit muss zweifelsfrei feststehen,* damit die gravierende Folge – die   7
Auflösung des Vereins – eintreten kann. **Zahlungsunfähigkeit eines im Handelsregister eingetragenen Vereins** liegt dann vor, wenn gegen ihn in der ordentlichen Konkursbetreibung (Art. 171, 175 SchKG), in der Wechselbetreibung (Art. 189 SchKG) oder
nach Massgabe von Art. 190 Abs. 1 Ziff. 1–3 oder Art. 191 SchKG der *Konkurs eröffnet*
wird; die Ausstellung des Konkursverlustscheines muss nicht abgewartet werden. Dagegen findet Art. 192 SchKG keine Anwendung auf Vereine. Der Verein ist nicht verpflichtet, dem Richter oder einer anderen Behörde von einer allfälligen Überschuldung
Kenntnis zu geben.

Bei den **nicht im Handelsregister eingetragenen** und damit grundsätzlich nicht der   8
Konkursbetreibung unterstehenden **Vereinen** bildet die Konkurseröffnung nach Art. 190
Abs. 1 Ziff. 1 SchKG (Konkurseröffnung ohne vorgängige Betreibung gegen einen
Schuldner, dessen Aufenthaltsort unbekannt ist oder der die Flucht ergriffen hat, um sich
seinen Verbindlichkeiten zu entziehen usw.) oder Art. 191 SchKG (Konkurseröffnung auf
Antrag des Schuldners, sog. *Insolvenzerklärung*) ebenfalls einen gesetzlich vorgesehenen
Auflösungsgrund. Zuständig für einen Beschluss über die Insolvenzerklärung ist die Ver-
einsversammlung. Ein Auflösungsgrund ist auch gegeben, wenn gegen den Verein in der
Betreibung auf Pfändung ein *definitiver Verlustschein* ausgestellt wird. Dieser bildet wie
die Konkurseröffnung ein eindeutiges Indiz dafür, dass die Zahlungsunfähigkeit nicht nur
eine vorübergehende ist. Die Ausstellung eines provisorischen Verlustscheines, eines
Pfandausfallscheines oder die Arrestlegung auf Vermögenswerte des Vereins bilden dagegen kein taugliches Indiz für das Bestehen einer Zahlungsunfähigkeit. Über die tatsächliche Zahlungsunfähigkeit des Vereins ist damit noch nicht definitiv entschieden
(BK-Riemer, Art. 76–79 N 17 ff.; Scherrer, 133; Scherrer-Bircher, 145 ff.).

Schliesslich kann die Zahlungsunfähigkeit auch **durch Vereinsbeschluss** festgestellt   9
werden (Scherrer, 133). In der Regel wird dies jedoch ein im SchKG geregeltes Verfahren (Konkurs oder Betreibung auf Pfändung) zur Folge haben. Dies wäre höchstens zu
vermeiden, wenn die Gläubiger von sich aus im Liquidationsverfahren auf die zwangsweise Durchsetzung ihrer Forderungen verzichteten (Scherrer-Bircher, 170 ff.).

Insbesondere im organisierten Sport tritt der Fall der Zahlungsunfähigkeit von Vereinen   10
immer häufiger zutage (Scherrer, Sportrecht, 42, sowie zu den Finanzierungsmöglichkeiten bei Sportvereinen Riemer, SpuRt 1999, 40 f.). Die Ursachen dafür bilden oft un-
seriöse Geschäftsgebaren oder sogar kriminelle Machenschaften; auch sind des öftern
Unzulänglichkeiten der Sportverbände bei der Überprüfung der wirtschaftlichen Leistungsfähigkeit der Vereine im Rahmen der Lizenzerteilung festzustellen (vgl. dazu
Scherrer, Probleme der Lizenzierung von Klubs im Ligasport, in: Arter (Hrsg.), Sport
und Recht, 2006, 119 ff.).

III. Auflösung wegen Unmöglichkeit der statutengemässen Bestellung des Vorstandes

Unabhängig von der Zahl der noch vorhandenen Mitglieder bildet die **Unmöglichkeit**   11
der statutengemässen Bestellung des Vorstandes einen gesetzlichen Auflösungsgrund.
Der Verein unterscheidet sich dadurch wesentlich von den im Obligationenrecht geregelten Körperschaften, bei denen die Unfähigkeit zur Bestellung der notwendigen Organe
nur aufgrund eines richterlichen Gestaltungsurteils auf Klage eines Gesellschafters oder
Gläubigers zur Auflösung führt (so etwa für die Genossenschaft, Art. 831 Abs. 2 OR).

Die **Unmöglichkeit des Vereins, andere Organe statutengemäss zu bestellen,** bildet   12
jedoch keinen Auflösungsgrund. Der Gesetzgeber hat auch darauf verzichtet, für den

Weiterbestand eines Vereins eine Mindestzahl von Vereinsmitgliedern vorzusehen oder die Auflösung des Vereins erst mit dem Ausscheiden sämtlicher Mitglieder eintreten zu lassen (BK-RIEMER, Art. 76–79 N 22 f.; BK-HAFTER, N 7; SCHERRER, 134).

13 Bei der **Unmöglichkeit der statutengemässen Bestellung** des Vorstands muss es sich um eine nicht nur vorübergehende, sondern um eine **dauernde Unmöglichkeit** handeln. Kurzfristige Vakanzen wegen Ausscheidens von Vorstandsmitgliedern werden immer wieder auftreten, führen jedoch, wenn grundsätzlich genügend weitere Mitglieder vorhanden, die willens und in der Lage sind, Vorstandsfunktionen auszuüben, nicht zur Auflösung des Vereins. Allenfalls kann ausnahmsweise vorübergehend die *Bestellung eines Beistandes* i.S.v. Art. 393 Ziff. 4 als Ersatz für das fehlende Organ erfolgen, um die vorübergehende Handlungsunfähigkeit des Vereins zu beheben (SCHERRER, SpuRt, Teil Schweiz, 1997; auch in über den Gesetzeswortlaut – Art. 393 Ziff. 4 – hinausgehenden Fällen, z.B. bei unklaren Verhältnissen bezüglich Zusammensetzung eines Vereinsvorstandes, ist eine Beistandschaft möglich: BGE 126 III 499; Entscheid des BGer vom 15.3.2005, 5C.255/2004; CaS 2005, 284 f.). In Frage kommt auch eine *Geschäftsführung ohne Auftrag* i.S.v. Art. 419 ff. OR durch die übrigen Vereinsmitglieder (BK-RIEMER, Art. 76–79 N 25; PEDRAZZINI/OBERHOLZER, 232).

14 Dem dauernden Absinken der Zahl der Vorstandsmitglieder unter die in den Statuten vorgeschriebene Anzahl kann auch durch eine **Statutenänderung** begegnet werden, z.B. Reduktion der Zahl der Vorstandsmitglieder, Aufhebung von bestimmten Wahlvoraussetzungen für Vorstandsmitglieder. Eine solche wird selbst dann noch als zulässig erachtet, wenn der gesetzliche Auflösungsgrund bereits eingetreten ist (BK-RIEMER, Art. 76–79 N 24).

15 Um allfällige Unsicherheiten über die Auflösung zu beseitigen, sollte der **Eintritt dieses gesetzlichen Auflösungsgrundes** im Interesse der Rechts- und Verkehrssicherheit **förmlich festgestellt** werden, sei es durch die verbleibenden Mitglieder im Rahmen der Mitgliederversammlung, den Beistand oder den Richter, insb. im Rahmen einer Anfechtungsklage (BK-RIEMER, Art. 76–79 N 28).

Art. 78

3. Urteil	**Die Auflösung erfolgt durch das Gericht auf Klage der zuständigen Behörde oder eines Beteiligten, wenn der Zweck des Vereins widerrechtlich oder unsittlich ist.**
3. Par jugement	La dissolution est prononcée par le juge, à la demande de l'autorité compétente ou d'un intéressé, lorsque le but de l'association est illicite ou contraire aux mœurs.
3. Per sentenza del giudice	Lo scioglimento è pronunciato dal giudice ad istanza dell'autorità competente o di un interessato, quando il fine dell'associazione sia illecito od immorale.

Literatur

BECKER, Zur Auflösung juristischer Personen wegen widerrechtlicher oder gemeinwohlgefährdender Zweckverfolgung nach schweizerischem und deutschem Recht, ZSR 1988 I 613; HEINI/HIRSCH/DRUEY, Bemerkungen zu BGE 112 II 1 ff., SAG 1986, 180; KICK, Die verbotene juristische Person, Diss. Freiburg i.Ü. 1992; RIEMER, Vereine mit widerrechtlichem Zweck, ZSR 1978 I, 81 ff.

I. Auflösung durch Urteil

Art. 78 erfasst Vereine, welche **nach Erlangung ihrer Rechtspersönlichkeit** einen   1
widerrechtlichen oder *unsittlichen Zweck* verfolgen, deren ursprünglicher Zweck jedoch rechtmässig war. Vereine, deren Zweck *von Anfang an* widerrechtlich oder unsittlich ist, können das Recht der Persönlichkeit gar nicht erlangen (Art. 52 Abs. 3; BK-RIEMER, Art. 52 N 23 ff., Art. 76–79 N 47; HEINI/PORTMANN, Rz 164; SCHERRER, 135; ZK-EGGER, N 1; BK-HAFTER, N 1; KICK, 105).

Sollte ein **entsprechender Statutenänderungsbeschluss** die Unsittlichkeit oder Widerrechtlichkeit des Zweckes herbeiführen, so ist dieser Beschluss nichtig und nicht nur   2
anfechtbar i.S.v. Art. 75; Art. 78 ist insofern «lex specialis» (BK-RIEMER, Art. 76–79 N 51; ZK-EGGER, N 1).

Eine **widerrechtliche Zweckverfolgung** durch den Verein liegt vor, wenn das Aufgaben-   3
und Tätigkeitsgebiet des Vereins *gegen zwingendes objektives Recht* verstösst (BK-RIEMER, Art. 76–79 N 31; HEINI/PORTMANN, Rz 166; PEDRAZZINI/OBERHOLZER, 233; KICK, 80). Massgebend ist dabei nicht allein der in den Statuten festgeschriebene Zweck, sondern der *tatsächlich* vom Verein verfolgte (BK-RIEMER, Art. 76–79 N 41; HEINI/PORTMANN, Rz 166). *Einzelne illegale Verhaltensweisen* des Vereins erfüllen den Tatbestand des Art. 78 noch nicht; sie haben ggf. die Sanktionen der verletzten Normen zur Folge (BK-RIEMER, Art. 76–79 N 41). «Um den Verein aus dem Rechtsverkehr zu ziehen, bedarf es einer *dauernden* illegalen Grundhaltung» (HEINI/PORTMANN, Rz 170). So kann eine konstante sittenwidrige Methode der Mitgliederwerbung oder eine Knebelung der Mitglieder, wie man sie etwa bei gewissen Sekten oder sektenähnlichen Vereinigungen antrifft, den Schluss auf eine widerrechtliche bzw. unsittliche *tatsächliche Zweckverfolgung* nahe legen (vgl. auch BK-RIEMER, Art. 76–79 N 41 f.). Artikel 78 bezieht sich jedoch nur auf die *widerrechtliche Zweckverfolgung,* nicht dagegen auf andere widerrechtliche Bestimmungen der Statuten, z.B. Organisationsvorschriften; i.S.v. Art. 20 OR ist allenfalls eine Nichtigkeit der betreffenden Bestimmung anzunehmen bzw. Teilnichtigkeit der Statuten. Andererseits gibt es keine Teil-Nichtigerklärung infolge eines unzulässigen Teilzweckes (HEINI/PORTMANN, Rz 169; **a.M.** BK-RIEMER, Art. 76–79 N 40).

Über die Frage, ob Vereine, die *nach* Erlangung der Rechtspersönlichkeit einen wirt-   4
schaftlichen Zweck verfolgen, der Klage nach Art. 78 unterstehen, herrscht keine Einigkeit (bejahend z.B. Vorauflage Art. 78 N 4, verneinend BK-RIEMER, Art. 76–79 N 39). Nach HEINI/PORTMANN, Rz 167, steht in solchen Fällen die Auflösungsklage nach Art. 78 nicht zur Verfügung, sondern ggf. die Anfechtungsklage gem. Art. 75, falls ein Beschluss gefasst worden ist. In jedem Fall kann das Vereinsmitglied aus wichtigem Grund mit sofortiger Wirkung aus dem Verein austreten, wenn der Verein einen wirtschaftlichen Zweck verfolgt (HEINI/PORTMANN, Rz 326). Vorbehalten bleiben stets Ansprüche Dritter gegen Vorstands- und Vereinsmitglieder nach den Regeln der einfachen Gesellschaft (Art. 530 ff. OR).

Die Auflösung des Vereins wegen **Unsittlichkeit** erfolgt nicht wegen eines Verstosses   5
gegen bestimmte Normen des geschriebenen Rechts, sondern wegen Verstosses gegen ungeschriebenes Recht, gegen sittliche Gebote und allgemeine sittliche Anschauungen (BK-RIEMER, Art. 76–79 N 46; ZK-EGGER, Art. 52 N 9; SJZ 10, 50 ff.; KICK, 81).

II. Verfahren

Das Vereinsrecht kennt im Gegensatz zum Aktienrecht (Art. 736 Ziff. 4 OR) und zum   6
Recht der GmbH (Art. 822 Abs. 2 OR) nur diesen in Art. 78 verankerten richterlichen Aufhebungsgrund. Eine **gerichtliche Aufhebung aus wichtigen Gründen** ist im Ver-

einsrecht nicht normiert und kann auch in den Statuten nicht vorgesehen werden. Die Mitglieder können nur von ihrem Austrittsrecht Gebrauch machen (BK-RIEMER, Art. 76–79 N 29).

7   Diejenigen *kantonalen oder eidgenössischen Behörden* sind für die **Klageerhebung** zuständig und zu deren Erhebung verpflichtet, die durch die widerrechtliche oder gegen die guten Sitten verstossende Tätigkeit des Vereins berührt sind. Darüber hinaus steht auch jedem Beteiligten die Klagelegitimation zu, welcher eine gewisse sachliche Beziehung zum Verein aufweist (Mitglieder, Gläubiger usw.). Eine eigentliche *Popularbeschwerde* ist jedoch nicht vorgesehen (BK-RIEMER, Art. 76–79 N 52; HEINI/PORTMANN, Rz 172; SCHERRER, 135).

8   Die **Klage** ist am *Orte des Vereinssitzes* zu erheben (BK-RIEMER, Art. 76–79 N 53; BK-HAFTER, Art. 78 N 5). Die Beurteilung der Klage fällt in die Kompetenz der ordentlichen Zivilgerichte erster Instanz. Das Verfahren unterliegt von Bundesrechts wegen der *Offizialmaxime.* Erklärt der Richter den Verein i.S.v. Art. 78 als aufgelöst, so *wirkt die Auflösung ex nunc,* d.h. mit Rechtskraft des Gestaltungsurteils. Das Urteil ist nicht gleichzusetzen mit dem Ende der Rechtspersönlichkeit des Vereins. Wie bei den andern Auflösungsgründen bedeutet es lediglich den *Beginn der Liquidationsphase* (BK-RIEMER, Art. 76–79 N 56 ff.; KICK, 105 f.; vgl. dazu auch die Ausführungen oben zu Art. 76 f.).

III. Vermögensverwendung

9   Artikel 57 Abs. 3 bestimmt, dass das **Vermögen eines Vereins,** der zwar einwandfrei gegründet wurde und danach auch existiert hat, jedoch wegen Verfolgung nachträglich unsittlicher oder widerrechtlicher Zwecke gerichtlich aufgehoben wurde, ungeachtet anders lautender Statutenbestimmungen oder Beschlüsse eines Vereinsorgans zwingend an das *Gemeinwesen* fällt (BGE 112 II 1; 115 II 401; BK-RIEMER, Art. 57 f. N 5 und 18–21; vgl. auch die Bem. von HEINI/HIRSCH/DRUEY zu BGE 112 II 1 in SAG 1986, 180 ff., sowie SCHNYDER, ZBJV 1988, 71 ff.). Diese ungewöhnliche *Sanktion der Konfiskation* ist auf Verstösse gegen Gesetze mit Ordre-public-Charakter zu beschränken (HEINI/PORTMANN, Rz 175; in BGE 115 II 413 Frage offen gelassen); BK-RIEMER, Art. 57 f. N 21, setzt eine besondere Verwerflichkeit im Handeln der Beteiligten voraus.

10   Eine **Konfiskation durch das Gemeinwesen** findet selbstverständlich auch statt, wenn die Personenvereinigung *von Anfang an* (Art. 52 Abs. 3) einen widerrechtlichen oder unsittlichen Zweck verfolgt und daher das Recht der Persönlichkeit schon gar nicht erlangen kann (BGE 112 II 1; 115 II 401; HEINI/PORTMANN, Rz 176; a.M. DRUEY, SAG 1986, 183).

11   Das **Gemeinwesen** ist in der **Verwendung des Vermögens** nicht an Art. 57 Abs. 2 gebunden, sondern darf die Mittel zu einem beliebigen Zweck verwenden (BK-RIEMER, Art. 76–79 N 131; SCHERRER, 135); ZK-EGGER, Art. 57 N 5; BK-HAFTER, Art. 57 N 19).

Art. 79

II. Löschung des Registereintrages	**Ist der Verein im Handelsregister eingetragen, so hat der Vorstand oder das Gericht dem Registerführer die Auflösung behufs Löschung des Eintrages mitzuteilen.**
II. Radiation de l'inscription	Si l'association est inscrite au registre du commerce, la dissolution est déclarée par la direction ou par le juge au préposé chargé de radier.

II. Cancellazione dal registro	Se l'associazione è iscritta nel registro di commercio, la direzione od il giudice devono comunicare lo scioglimento all'ufficiale del registro per la cancellazione.

Literatur

KÜNG/MEISTERHANS, Verein, Stiftung, Handbuch für das Handelsregister, 1993.

I. Liquidation

Nach **Eintritt eines Auflösungsgrundes,** welcher durch *den Verein selbst, von Gesetzes wegen* oder *durch richterliches Urteil* herbeigeführt werden kann (vgl. dazu die Ausführungen zu Art. 76–78), tritt der Verein in die *Liquidationsphase* (SCHERRER, 131; HEINI/ PORTMANN, Rz 177). Die anwendbaren Bestimmungen für die Durchführung der Liquidation ergeben sich aufgrund des konkreten Auflösungsgrundes: Ist über den Verein der *Konkurs* eröffnet worden, erfolgt die Liquidation nach Massgabe des Konkursrechtes (Art. 197 ff., 221 ff. SchKG). Wurde gegen den Verein ein definitiver Verlustschein ausgestellt, so bedeutet dies zwar, dass grundsätzlich kein pfändbares Vermögen mehr vorhanden ist, doch bleibt denkbar, dass der Verein noch über Vermögen verfügt, welches den Gläubigern bei der Pfändung nicht zur Verfügung stand (z.B. bis zu ihrem Wert oder darüber hinaus mit Pfandrechten belastete Vermögensgegenstände, Schadenersatzansprüche gegenüber Vereinsorganen). Anschliessend an das Pfändungsverfahren ist deshalb noch ein privatrechtliches Liquidationsverfahren durchzuführen. Dieses dürfte jedoch ebenfalls zu einer Konkurseröffnung mit entsprechender vollstreckungsrechtlicher Liquidation führen (Art. 743 Abs. 2 OR). **1**

Wurde der **Verein aus einem andern Grund aufgelöst,** so greift die privatrechtliche Liquidation nach Massgabe des Genossenschaftsrechts Platz, welches wiederum auf die Bestimmungen des Aktienrechts verweist (Art. 58 i.V.m. Art. 913 OR i.V.m. Art. 738– 747 OR; HEINI/PORTMANN, Rz 177; BK-RIEMER, Art. 76–79 N 109 ff.; SCHERRER-BIRCHER, 187 ff.). **2**

Anschliessend an die eigentliche Liquidation ist die **Verteilung eines allfälligen Aktivenüberschusses** nach Art. 57 vorzunehmen. Mangels gesetzlicher Bestimmungen im Vereinsrecht erfolgt die Verteilung des Vermögens primär gem. den *Statuten.* Enthalten die Statuten keine Vorschriften, so können die zuständigen Vereinsorgane über die Verwendung des Erlöses *frei entscheiden.* Unterlassen die zuständigen Vereinsorgane eine entsprechende Anordnung, so fällt das Liquidationsergebnis schliesslich an das *Gemeinwesen* (BK-RIEMER, Art. 76–79 N 126 ff.; DERS., Art. 57/58 N 16 f.; SCHERRER, 135; SCHERRER-BIRCHER, 271). **3**

II. Löschung des Handelsregistereintrages

Der Eintritt des Auflösungsgrundes führt beim eingetragenen Verein noch nicht zur **Löschung des Handelsregistereintrages,** sondern lediglich zu einer Änderung desselben (Art. 76 N 4). Erst nach Abschluss der Liquidation und Verteilung des Liquidationsüberschusses muss der Vorstand oder allenfalls der Richter (Art. 78) dem Registerführer von der Beendigung der Liquidation «behufs Löschung des Eintrages» *Mitteilung* machen. Artikel 79 regelt demnach sowohl das Vorgehen für die Eintragung der Änderung des Vereinszweckes nach Eintritt des Auflösungsgrundes als auch die Löschung des Eintrages im Handelsregister nach Abschluss der Vermögensverwendung (BK-RIEMER, Art. 76–79 N 112). **4**

Zuständig für die Mitteilung an das Handelsregisteramt ist grundsätzlich der *Vorstand* (BK-RIEMER, Art. 76–79 N 136; SCHERRER, 136). Kommen die nach Gesetz zur Mitteilung Verantwortlichen ihrer Verpflichtung nicht nach, so kann dies dazu führen, dass sie aufgrund von Art. 9 die Nichtexistenz des Vereins nachzuweisen haben. Ausserdem kann die Missachtung dieser Bestimmung als unerlaubte Handlung i.S.v. Art. 41 ff. OR qualifiziert werden und bei Vorliegen der übrigen Voraussetzungen zu Schadenersatzpflicht führen (BK-RIEMER, Art. 76–79 N 138).

5 Die **Löschung** hat, wie im Übrigen auch die Eintragung im Handelsregister, lediglich **deklaratorische Bedeutung** (vgl. Art. 77 N 2); sie wird im Schweizerischen Handelsamtsblatt publiziert. Unabhängig von der Löschung des Eintrages im Handelsregister verliert der Verein seine *Rechtspersönlichkeit* mit dem Abschluss der Vermögensverwendung nach Massgabe von Art. 57 ohne weiteres (BK-RIEMER, Art. 76–79 N 136).

6 Analog zu den Bestimmungen für die Aktiengesellschaft kann nach Löschung eines Vereins im Handelsregister unter bestimmten Voraussetzungen eine **Wiedereintragung** verlangt werden, wenn noch Aktiven oder Passiven zum Vorschein kommen. Im Handelsregister eingetragen gewesene Vereine können nach Bekanntmachung der Löschung des Eintrages durch das Schweizerische Handelsamtsblatt gem. Art. 40 SchKG noch während sechs Monaten auf Konkurs betrieben werden (BK-RIEMER, Art. 76–79 N 143).

Dritter Abschnitt: Die Stiftungen

Vorbemerkungen zu Art. 80–89bis

Literatur

AEBERSOLD, Das neue Stiftungsrecht, in: BN 3/2005, 73 ff.; BECKER, Zur Auflösung juristischer Personen wegen widerrechtlicher oder gemeinwohlgefährdender Zweckverfolgung nach schweizerischem und deutschem Recht, ZSR 107 (1988) I 613 ff.; BERTHEL, Stiftungsurkunde und Stiftungsreglement – Zweiteilung empfehlenswert, Jahrbuch des Handelsregisters 1998, 107 ff.; BRAUN, Die steuerpflichtige und gemeinnützige Stiftung aus der Betrachtung zweier Rechtsordnungen, Diss. Basel 1999; BRÜCKNER, Schweizerisches Beurkundungsrecht, Zürich 1993; DERS., Das Personenrecht des ZGB, Zürich 2000 (zit. BRÜCKNER, Personenrecht); BURCKHARDT, Leitfaden für Stiftungen und die Funktion der Bank bei der Errichtung und Verwaltung, unter Berücksichtigung des schweizerischen und liechtensteinischen Rechts, Bern 1996 (= Publikationen der Swiss Banking School, 129); DAVID, Zur Revision des Stiftungsrechts, in: Jahrbuch des Handelsregisters 2002, Bern 2003, 17 ff.; DEGEN, Foundations in Switzerland, Euromecum (1993), 1 ff.; DRUEY, Die Rechtsgültigkeit von Unternehmensstiftungen, SZW 1992, 171 ff. (zit. Rechtsgültigkeit); DERS., Die Unternehmensstiftung als Instrument der Unternehmernachfolge, WuR 1985, 95 ff. (zit. Unternehmernachfolge); DERS., Die Rechtsgültigkeit von Unternehmensstiftungen, SAG 1992, 171 ff. (zit. SAG); EGGER, De la création d'une fondation ou comment faciliter à bon escient la création d'une fondation (au sens de l'art. 80 ss CC), Revue suisse des assurances sociales et de la prévoyance professionnelle, no. 41, Bern 1997, supplément, 167 ff.; FISCHER, Corporate Governance bei Stiftungen – Von der Selbstverständlichkeit des Guten, in: Kramer/Nobel/Waldburger (Hrsg.), FS Böckli, Zürich 2006, 645–670; GNOS, Die Zulässigkeit der Unternehmensstiftung im schweizerischen Recht, Diss. Zürich 1971; GROSSEN, Note sur la fondation-entreprise, in: Hommage à Paul-René Rosset, Recueil de travaux en Sciences sociales et en Droit offert par la Société neuchâteloise de Science économique à son Président-fondateur et Président d'honneur, Neuchâtel 1977, 205 ff.; GRÜNINGER, Die Unternehmensstiftung in der Schweiz: Zulässigkeit – Eignung – Besteuerung, Diss. Basel 1984 (zit. Diss.); DERS., Die Unternehmensstiftung in der Schweiz und ihre vergleichbare Erscheinungsform im anglo-amerikanischen Rechtsraum, WuR 1985, 15 ff. (zit. Unternehmensstiftung); DERS., Zivilrechtliche Analyse der Unternehmensstiftung, Der Schweizer Treuhänder 1991, 1 ff. (zit. Zivilrechtliche Analyse); DERS., Die Unternehmensstiftung in der Schweiz,

Information (Hrsg. Internationale Treuhand AG, Basel) 75 (Nov. 1986), 1 ff. (zit. Information); GUTZWILLER, Die Stiftungen, SPR II, 1967; HAHNLOSER, Stiftungsland Schweiz, Schriftenreihe proFonds, Heft 7, Basel 2004; HELBLING, Personalvorsorge und BVG, Gesamtdarstellung der rechtlichen, betriebswirtschaftlichen, organisatorischen und technischen Grundlagen der beruflichen Vorsorge in der Schweiz, 8. Aufl. Bern 2006 (zit. Personalvorsorge); DERS., Unternehmensstiftungen in der Praxis, Der Schweizer Treuhänder 1991, 8; HOCHULI, Eine Stiftung im Konkurs?, SJZ 1983, 365 ff.; HOFSTETTER/SPRECHER, Swiss Foundation Code, Empfehlungen zur Gründung und Führung von Förderstiftungen, Basel 2005 (= Foundation Governance Bd. 2); JAKOB, Das neue Stiftungsrecht der Schweiz, in: RIW 9/2005, 669–678; KEMKE, Privatautonome Rechtsgestaltung im modernen Staat: Stiftungen in Ägypten, Deutschland und der Schweiz, Berlin 1998; KESSLER, Die Schweizerische Kulturstiftung «Pro Helvetia», Diss. Zürich 1993; KOCH, Handelsregisterliche Eintragungen. Ein Leitfaden zur AG, GmbH, Genossenschaft und Stiftung, Zürich 1996; KOLLER, Attraktiveres Schweizer Stiftungsrecht in Sicht?, in: Stiftungsparadies Schweiz, EGGER (Hrsg.), Basel 2004, 65–81 (zit. Stiftungsrecht); KOLLER, Maecenas ante portas? – Die steuerliche Behandlung von privatrechtlichen Stiftungen gemäss der Parlamentarischen Initiative SCHIESSER, in: RIEMER/SCHILTKNECHT, zum Stiftungsrecht, Bern 2002, 17–39 (zit. Maecenas); KOLLER, Stiftungen und Steuern, in: RIEMER (Hrsg.), Die Stiftung in der juristischen und wirtschaftlichen Praxis, Zürich 2001, 39 ff. (zit. Steuern); KUMMER, Die Unternehmung diesseits und jenseits der Mauer, ZBJV 1977, 465 ff.; KÜNG/MEISTERHANS, Handbuch für das Handelsregister, Bd. IV Verein Stiftung, Zürich 1993; KÜNZLE, Stiftungen und Nachlassplanung, in: RIEMER (Hrsg.), Die Stiftung in der juristischen und wirtschaftlichen Praxis, Zürich 2001, 1 ff.; LAMPERT, Die kirchlichen Stiftungen, Anstalten und Körperschaften nach schweizerischem Recht, Zürich 1912; LANDOLF, Die Unternehmensstiftung im schweizerischen Steuerrecht, Schriftenreihe Finanzwirtschaft und Finanzrecht; Bd. 51, Bern 1987 (zit. Unternehmensstiftung); DERS., Steuerliche Fragen zur Unternehmensstiftung, Der Schweizer Treuhänder, 1991, 13 ff. (zit. Steuerliche Fragen); LANTER, Die Verantwortlichkeit von Stiftungsorganen, Diss. Zürich 1984 (zit. Diss.); DERS., Aufgaben und Verantwortlichkeit in der Stiftung, Schriftenreihe Arbeitsgemeinschaft für gemeinnützige Stiftungen, Heft 6, Basel 1998 (zit. Verantwortlichkeit); DERS., Stiftungen und Verantwortlichkeit (Haftung), in: RIEMER (Hrsg.), Die Stiftung in der juristischen und wirtschaftlichen Praxis, Zürich 2001, 187 ff. (zit. Haftung); DERS., Was die Schweizer Stiftung kann – Ein kurzer zivilrechtlicher Überblick über das schweizerische Stiftungsrecht, in: Die Stiftung, Köln/Wien/Zürich 2000, 77 ff. (zit. Überblick); LIVER, Rezension zu BK-RIEMER, ZBJV 112 (1976), 315 ff.; LUSTENBERGER, Révision du droit des fondations, in: Prévoyance professionelle suisse, Zug, 7 (1994), no. 12, 661 f.; MARXER, Die liechtensteinische Familienstiftung. Ihre Eigenart im Verhältnis zum schweizerischen Recht, Schaan 1990; MEIER, Privatrechtliche Anfechtungsklagen, in: HABSCHEID/HOFFMANN-NOWOTNY (Hrsg.), Freiheit und Zwang, FS Hans Giger, Bern 1989, 481 ff.; MENGIARDI, Strukturprobleme des Gesellschaftsrechts, ZSR 1968 II 1 ff.; TH. Meyer, Die organisierte Vermögenseinheit gemäss Art. 150 des Bundesgesetzes über das Internationale Privatrecht, Diss. Basel 1998; NOBEL, Anstalt und Unternehmen, Diessenhofen 1978 (zit. Anstalt); DERS., Einführung zum Sonderheft Stiftung und Unternehmen, WuR 1985, 3 ff.; PAHUD DE MONTRAGNES, Die kirchlichen Stiftungen nach Art. 87 ZGB, in: FS Clausdieter Schott, Bern 2001, 327–338; PORTMANN, Wege zur Perpetuierung des Aktiengesellschaft, Diss. Bern 1983; PLÜSS, Verantwortlichkeit bei Vereinen und Stiftungen, in: Insolvenz- und Wirtschaftsrecht, 1/2000, 22 ff.; PURTSCHERT/VON SCHNURBEIN/BECCARELLI, Visions and Roles of Foundations in Europe, Länderstudie Schweiz, Freiburg 2003; REBSAMEN, Das Handelsregister, ein Handbuch für die Praxis, 2. A. Basel 1999; RIEMER, Aktuelle Revisionsbestimmungen im Vereins- und Stiftungsrecht, in: 96 Jahre ZGB, Zürich 2003, 63 ff.; DERS., Problematische Aspekte des schweizerischen Stiftungsrechts, in: Schweizer Monatshefte, Februar 2005, 20; RIEMER, Rechtsprobleme der Unternehmensstiftung, ZBJV 1980, 489 ff. (zit. Rechtsprobleme); DERS., Die Unternehmensstiftung im schweizerischen Recht, WuR 1985, 9 ff. (zit. Unternehmensstiftung); DERS., Aktuelle Revisionsbestrebungen im schweizerischen Stiftungsrecht, Schriftenreihe Arbeitsgemeinschaft für gemeinnützige Stiftungen, Heft 2, Basel 1991 (zit. Revisionsbestrebungen); DERS., Stiftungen im schweizerischen Recht, in: HOPT/REUTER (Hrsg.), Stiftungsrecht in Europa, Köln 2001, 511 ff. (zit. Stiftungen im Schweizer Recht); DERS., Stiftungen mit wirtschaftlichem Zweck verbieten?, SZW 1995, 11 ff. (zit. Wirtschaftlicher Zweck); DERS., Das Recht der beruflichen Vorsorge in der Schweiz, Bern 1995; DERS., Stiftungen und Fusionsgesetz, in: RIEMER (Hrsg.), Die Stiftung in der juristischen und wirtschaftlichen Praxis, Zürich 2001, 101 ff. (zit. Fusionsgesetz); DERS., Unternehmensstiftungen, in: RIEMER (Hrsg.), Die Stiftung in der juristischen und wirtschaftlichen Praxis, Zürich 2001, 177 ff. (zit. Unternehmensstiftungen); DERS., Wollen wir im schweizerischen Stiftungsrecht liechtensteinische Verhältnisse? Kritische

Bemerkungen zur Parlamentarischen Initiative SCHIESSER vom 14. Dezember 2003, in: RIEMER/ SCHILTKNECHT, Aktuelle Fragen zum Stiftungsrecht, Bern 2002, 9–16; SCHILTKNECHT, Corporate Governance und Stiftung – Ist das überhaupt ein Thema?, in: RIEMER/SCHILTKNECHT, Aktuelle Fragen zum Stiftungsrecht, Bern 2002, 41–57; SCHLUEP, Privatrechtliche Probleme der Unternehmenskonzentration und -kooperation, ZSR 1973 II 153 ff.; F. SCHMID, Die Stiftungsaufsicht in der Schweiz, Der Schweizer Treuhänder 1995, 649 ff.; R. SCHMID, Die Unternehmensstiftung im geltenden Recht, im Vorentwurf zur Revision des Stiftungsrechts und im Rechtsvergleich, Diss. Zürich 1997 (= SSHW 181); T. SCHMID, Bei Verein und Stiftung einzutragende Personen, Jahrbuch des Handelsregisters 1993 (Zürich), 70 ff.; SCHNEIDER, Unternehmensstiftung – langsamer Tod der Unternehmung?, Der Schweizer Treuhänder 1991, 7 ff.; SCHÖNENBERGER, Abänderung von Stiftungssatzungen nach schweizerischem Zivilrecht, ZSR 1947, 41 ff.; SCHWARZ, Effiziente Aufgabenteilung und Zusammenarbeit zwischen Stiftungsrat und Geschäftsleitung, Schriftenreihe Arbeitsgemeinschaft für gemeinnützige Stiftungen, Heft 5, Basel 1996; SCHWEIZER, Zulässigkeit der Stiftung mit wirtschaftlichem Zweck, Standortbestimmung und Bemerkungen zu BGE 127 III 337 ff., in: RIEMER/SCHILTKNECHT, Aktuelle Fragen zum Stiftungsrecht, Bern 2002, 59–85; SPRECHER, Die Revision des schweizerischen Stiftungsrechts, Zürich 2006 (zit. Revision); DERS., Stiftung und Konkurs, in: Schweizerisches und internationales Zwangsvollstreckungsrecht, FS SPÜHLER (Hrsg. RIEMER et al.), Zürich 2005, 367–396 (zit. Konkurs); DERS., Das schweizerische Stiftungsrecht in Bewegung, in: Verbands-Management, Jg. 29, 3/2003 G6-73 (zit. Bewegung); DERS., Vom Nutzen und Nachteil des Rechts für die Stiftung, in: Schweizer Monatshefte, Februar 2005, 18–19 (zit. Nutzen); SPRECHER/VON SALIS, Die Schweizerische Stiftung – Ein Leitfaden, Zürich 1999; SPRING, Elemente einer Stiftungsurkunde nach Art. 80 ff. ZGB, Schriftenreihe Arbeitsgemeinschaft für gemeinnützige Stiftungen, Heft 4 (Basel 1995); STEINERT, Schweizerische Stiftungen – Eine Analyse des schweizerischen Stiftungswesen unter besonderer Berücksichtigung der klassischen Stiftungen, Diplomarbeit Freiburg i.Ü. 2000; DERS., Switzerland (Country Report), in: SCHLÜTER/THEN/WALKENHORST – Bertelsmann Foundation (Hrsg.), Foundations in Europe, London 2001 (zit. Country Report); STEINMANN, Das neue Stiftungsrecht – ein Überblick über die zivilrechtlichen sowie steuerrechtlichen Neuerungen, in: StR 2005, 466–473; SCHUBIGER, Schweiz – Neues aus dem Land der Stifter und Banker. Eine Übersicht aus dem Blickwinkel der fördernden und operativen Stiftungen privaten Rechts, in: GRAF STRACHWITZ/MERCKER (Hrsg.), Stiftungen in Theorie, Recht und Praxis, Berlin 2005, 903–920; STEINMANN, Das neue Stiftungsrecht – ein Überblick über die zivilrechtlichen sowie steuerrechtlichen Neuerungen, in: StR 2005, 466 ff.; SUPINO, Rechtsgestaltung mit Trust aus Schweizer Sicht, Diss. St. Gallen 1994; VEZ, La fondation: lacunes et droit désirable, Berne 2004 (= ASR 687); VEZ, Le nouveau droit des fondations, Aspect civil de la novelle du 8 octobre 2004, in: Jusletter, 18. Juli 2005; VON STEIGER, Die Errichtung einer Stiftung durch letztwillige Verfügung und deren Eintragung im Handelsregister, SJZ 62 (1966), 117; WALSER, Stiftungen, Genf 1992 (= SJK Nr. 79); DERS., Familienstiftungen, kirchliche Stiftungen, Genf 1992 (= SJK Nr. 80); WEGER, Das Know-how einer Stiftung. Strategie und Gestaltung, Management und Informationstechnik, in: Information der Internationalen Treuhand AG, Basel u.a. 1991, 27 ff.; WIPFLI, Besteuerung der Vereine, Stiftungen, und übrigen juristischen Personen, Basel 2000; WEIBEL, Das Selbstbestimmungsrecht der römisch-katholischen Kirche. Eine staatskirchenrechtliche Studie am Beispiel des Kantons Schwyz, Frankfurt a.M. 2003 (= AIC 17); DERS., Auswirkungen der Revision des Stiftungsrechts auf die kirchlichen Stiftungen, in: Festgabe zum 75. Geburtstag von Prof. Louis Carlen, Brig 2004 (zit: Revision); ZEITER, Die Erbstiftung, Diss. Fribourg 2001 (zit. Erbstiftung); DIES. Neues zur Unterhaltsstiftung, SJZ 2001, 451 ff. (zit. Unterhaltsstiftung).

I. Praktische Bedeutung der Stiftung

1   Die Stiftung gilt als Inbegriff des Idealen (RIEMER, Wirtschaftlicher Zweck, 11) bzw. als klassisches Instrument für **gemeinnützige,** einschliesslich **kulturelle Institutionen** und für die **Personalvorsorge.** Per Ende 2005 waren im Handelsregister insgesamt 18 881 Stiftungen eingetragen, davon schätzungsweise ca. 7000 Personalfürsorgestiftungen und der Rest, d.h. schätzungsweise ca. 11 000 sog. **klassische** (bzw. gewöhnliche oder gemischte) **Stiftungen** (HAHNLOSER, 7). Per 1. Januar 2006 standen 2555 gesamtschweizerisch oder international ausgerichtete klassische (oder gewöhnliche) Stiftungen unter der Aufsicht des Bundes (www.stiftungsaufsicht.ch), die übrigen unter

kantonaler oder kommunaler Aufsicht. Dies entspricht nahezu einer Verdoppelung der unter Bundesaufsicht stehenden Stiftungen innerhalb der letzten zehn Jahre. Die Bedeutung dieser Zahlen lässt sich aus einem Vergleich mit dem viel grösseren Nachbarstaat **Deutschland** ersehen, in welchem es per Ende 2004 rund 13 000 gemeinnützige Stiftungen gab, mit in den letzten Jahren steigender Tendenz (vgl. Stiftungen in Deutschland – die wichtigsten Fakten und Zahlen, www.bertelsmann-stiftung.de). Die Gesamtzahl der schweizerischen Stiftungen ist seit vielen Jahren rückläufig. Dies jedoch nur wegen den Personalfürsorgestiftungen, welche durch Liquidationen, Fusionen und das Aufkommen von Sammelstiftungen und Versicherungslösungen zahlenmässig von ihrem Höchststand von über 16 000 im Jahre 1978 auf unter 8000 im Jahre 2002 abgenommen haben (Quelle: Statistisches Jahrbuch 2005, 537). Demgegenüber wächst die Zahl der klassischen Stiftungen kontinuierlich, derzeit um jährlich eine gut dreistellige Zahl an.

Das **Vermögen** der klassischen Stiftungen ist nicht bekannt, wird jedoch auf über 30 **1a** Milliarden Franken geschätzt (HAHNLOSER, 7). Allein der Kanton Basel-Stadt schreibt den von ihm beaufsichtigten über 600 klassischen Stiftungen ein Vermögen von rund 10 Milliarden Franken zu. Über die Zahl und das Vermögen der nicht zum Eintrag im Handelsregister verpflichteten **Familien-** und **kirchlichen Stiftungen** sind keine Schätzungen neueren Datums bekannt. Das Vermögen der in ihrer überwiegenden Mehrheit in Stiftungsform gekleideten Vorsorgeeinrichtungen wurde im Jahr 2002 auf rund 423 Milliarden Franken (Statistisches Jahrbuch 2005, 535) geschätzt.

Die Gründe für die einmalige Entfaltung des Stiftungswesens in der Schweiz sind viel- **2** schichtig. Als wichtige Faktoren gelten die langfristige **politische Stabilität** und **Kontinuität,** die günstige **wirtschaftliche Entwicklung** und die **freiheitliche** und **weitmaschige Ausgestaltung** des Stiftungsrechtes (BK-RIEMER, Die Stiftungen, syst. Teil N 11). HAHNLOSER (7 f.) vermutet als hauptsächliches Errichtungsmotiv, die Absicht der Stifter einen Beitrag an die Verfolgung idealler oder gemeinnütziger Zwecke zu leisten. Unzählige, z.T. bedeutende, in Stiftungsform gekleidete kulturelle, wissenschaftliche, humanitäre, erzieherische, bildende, soziale, karitative, medizinische, weltanschauliche und ähnliche Institutionen zeugen von einer grossen Vielfalt und belegen den hohen praktischen Stellenwert dieser Rechtsform für im Einzelnen sehr unterschiedliche Anliegen. Die Stiftung ist das Instrument par excellence zur Umsetzung privater bzw. autonomer Initiativen aller Art, vornehmlich im Bereiche des Gemeinwohls, und nimmt damit nicht zu unterschätzende staatstragende und staatsentlastende Funktionen wahr. SPRECHER/VON SALIS (Einleitung, 35) bezeichnen die Stifter als gemeinwohlorientierte Partner des Staates und der Wirtschaft bei der Bewältigung von Zukunftsaufgaben.

Besonders bedeutend war das Stiftungsrecht für die hiesigen Unternehmen bei der Um- **3** setzung des **Vorsorgegedankens** (BK-RIEMER, Die Stiftungen, syst. Teil N 51). Mit ihm stand ein anpassungsfähiger und geeigneter rechtlicher Rahmen für eine sozialpolitisch erfreuliche Entwicklung des Vorsorgewesens zur Verfügung, welcher durch den nach und nach erfolgten Erlass von Sondernormen ohne tiefgreifende Eingriffe zu den heute bewährten und für unser Vorsorgewesen bedeutenden **Personalfürsorgestiftungen** geführt hat. Diese haben die Struktur des Stiftungswesens nachhaltig verändert (RIEMER, Revisionsbestrebungen, 3; BGE 115 II 419), sind jedoch heute weitgehend vom BVG geregelt.

Der **anstaltliche Charakter** der Stiftung prägt diese zum einzigen eigentümer- und mit- **4** gliedlosen und damit gleichsam in sich selbst ruhenden bzw. sich selbst gehörenden Institut des modernen Privatrechts. Diese Ausgestaltung ermöglicht es dem Stifter, sein Vermögen oder Teile davon an seine eigenen, im Stiftungsstatut niedergelegten Ideen zu binden und damit seine Vorstellungen auf Dauer festzulegen. Die Stiftung dient insoweit auch der Befriedigung des ur-menschlichen Bedürfnisses nach dem Überdauern der eigenen physischen Existenz (vgl. BK-RIEMER, Die Stiftungen, syst. Teil N 48 m.w.Nw.) oder der vielfach als mitentscheidendes **Motiv** vermuteten Errichtung eines eigenen Denkmals (HAHNLOSER, 8; BGE 96 II 299) oder der Mehrung des *splendor nominis* (GUTZWILLER, SPR II, 577).

5   Das Institut der Stiftung erfreut sich nach wie vor eines grossen Zuspruchs. Die Stiftung ist eine *Rechtsform mit Zukunft* (SPRECHER/VON SALIS, Einleitung, 35). Dies gilt nach der Verbesserung der Rahmenbedingungen durch die per 1. Januar 2006 in Kraft getretene Teilrevision des Stiftungsrechts erst recht. Es besteht ein unvermindertes Bedürfnis nach einem geeigneten rechtlichen Instrument für die Verwirklichung **privater Initiativen** und Projekte, und die materiellen Voraussetzungen zu deren Finanzierung sind günstig (HAHNLOSER, 5). Zahlreiche und z.T. bedeutende, namentlich in der Nachkriegszeit entstandene Vermögen sind ein fruchtbarer Boden für Stiftungserrichtungen, umso mehr als in unseren Breitengraden auch die Zahl von vermögenden Personen ohne Nachkommen, welche für Stiftungserrichtungen besonders prädestiniert sind, wächst. Leere öffentliche Kassen tragen das Ihre zur Attraktivitätssteigerung privater Initiativen bei.

II. Stiftungsfreiheit

6   Die **Stiftungs- oder Stifterfreiheit** beherrscht als ungeschriebener, von der Praxis anerkannter Grundsatz das gesamte Stiftungsrecht (HAHNLOSER, 16 ff.; HAUSHEER/AEBI-MÜLLER, Rz 19.04). Entsprechend gibt es kaum einen bundesgerichtlichen Entscheid zum Stiftungsrecht, der nicht die Stiftungsfreiheit als für die **Auslegung** zu berücksichtigende Maxime erwähnt (vgl. BGer 5 A. 37/2004 vom 1. Juni 2005, E. 3.1; BGE 127 III 340; 120 II 374 ff., insb. 377 und 381). Die Stiftungsfreiheit stützt sich auf Art. 19 Abs. 1 OR i.V.m. Art. 7 ZGB und ist ein Anwendungsfall der **Privatautonomie.** Sie beinhaltet die Freiheit eines jeden, eine Stiftung zu errichten und insb. bezüglich Zweck, Vermögen und Organisation innerhalb der spezifisch stiftungsrechtlichen und generellen Schranken nach Gutdünken auszugestalten. Der Stifter kann m.a.W. grundsätzlich jede beliebige ihm zusagende Anordnung treffen, die sich nicht an einer stiftungsrechtlichen oder allgemeinen Norm stösst.

7   Die Konturen der Stiftungsfreiheit sind am klarsten anhand von deren **Schranken** erkennbar. Nebst den nachstehend im Rahmen der Besprechung der einzelnen Gesetzesbestimmungen aufzuzeigenden Grenzen erlaubter Anordnungen des Stifters, ist generell die Schranke der **Rechtswidrigkeit** und der **Unsittlichkeit** zu beachten, wonach Stiftungen bzw. stifterische Anordnungen nicht dem geschriebenen oder ungeschriebenen zwingenden Recht oder den in der Schweiz herrschenden sittlichen Anschauungen widersprechen dürfen (BGer SA. 37/2004 vom 1. Juni 2005; BK-RIEMER, Die Stiftungen, syst. Teil N 61 m.w.Nw.). Alles andere, also z.B. auch eine Verletzung subjektiver Rechte, eine dem Staat nicht erlaubte Ungleichbehandlung, z.B. nach Massgabe von Geschlecht, Rasse, Religion, Alter, Vorrechte aller Art etc., ist von der Stiftungsfreiheit grundsätzlich gedeckt (BK-RIEMER, Art. 80 N 37).

8   Die Stiftungs- oder Stifterfreiheit kann nur der **Stifter** und auch dieser nur im Zusammenhang mit der Stiftungserrichtung anrufen. Für die einmal errichtete Stiftung verliert der Grundsatz demgegenüber an Bedeutung, weil die **anstaltliche Ausgestaltung** der Stiftung dazu führt, dass diese ausserhalb der vom Gesetz vorgesehenen Fälle (z.B. Art. 86a) weder durch ihre Organe, noch durch den Stifter selbst unter Berufung auf die Stiftungsfreiheit geändert werden kann (BGer 5 A. 37/2004 vom 1. Juni 2005, E. 3.1). Hingegen bleibt die Stiftungsfreiheit eine wichtige und praktisch bedeutende **Aus-**

legungshilfe zur Beurteilung von Fragen, bei welchen es um die Auslegung und Durchsetzung des **Stifterwillens** geht.

III. Revisionen bzw. Revisionsbestrebungen

1. *Übersicht*

Das mit Ausnahme der Bestimmung über die Personalfürsorgestiftungen in seinen **9** Grundzügen aus dem Jahre 1912 stammende Stiftungsrecht ist in neuerer Zeit zunehmend allgemeinen und punktuellen **Revisionsbestrebungen** ausgesetzt. Diese haben unterschiedliche Stossrichtungen und dürfen insgesamt nicht darüber hinwegtäuschen, dass sich das Stiftungsrecht grundsätzlich und ungeachtet seines respektablen Alters namentlich dank seiner **liberalen Grundausrichtung** und Weitmaschigkeit bzw. knappen Regelung sehr **bewährt** hat. Die grosse Zahl von Neuerrichtungen belegt diesen Befund auf eindrückliche Weise. Vorbehalte gegenüber dem geltenden Stiftungsrecht sind in erster Linie bei den **Familienstiftungen** angebracht, deren Verwendung zufolge der engen, ihnen zugänglichen Zwecke und der restriktiven Gerichtspraxis heute kaum mehr Sinn macht (vgl. Art. 335 N 1 ff.; BBl 2006, 556 und 582).

Die Revisionsbestrebungen lassen sich unterteilen in solche, welche primär auf das Stif- **9a** tungsrecht zielen, und solche, welche eine andere Ausrichtung haben, jedoch die Stiftungen mitbetreffen. Zu letzterer Kategorie gehören das per 1. Juli 2004 in Kraft getretene **Fusionsgesetz,** das noch in Beratung befindliche **Rechnungslegungs- und Revisionsgesetz** bzw. das Revisionsaufsichtsgesetz vom 16. Dezember 2005 (BBl 2005, 7349 ff.) sowie das per 1. Juli 2006 in Kraft gesetzte **Öffentlichkeitsgesetz** (Sprecher, Revision, 198 ff.). Die auf das Stiftungsrecht selbst ausgerichteten Revisionsbestrebungen haben ihren Niederschlag in einer seit dem 1. Januar 2006 in Kraft stehenden Teilrevision des Stiftungsrechts und Änderungen anderer, namentlich steuerrechtlicher Erlasse vom 2. Oktober 2004 gefunden (BBl 2004, 5435 ff.). Zentral sind die **steuerrechtlichen Bestimmungen** dieser Teilrevision. Bei den **Mehrwertsteuern** fand die leidige Abgrenzungsfrage zwischen steuerpflichtigem Sponsoring und steuerfreien Vergabungen oder Spenden eine Klärung. Für die **Direkte Bundessteuer** ist die Abzugsfähigkeit für Vergabungen zugunsten gemeinnütziger oder öffentlicher Zwecke von bisher 10% auf 20% des Reingewinns bzw. Reineinkommens angehoben und die Berechnungsart geklärt worden. Künftig sind nicht nur Geldleistungen, sondern auch Zuwendungen anderer Vermögenswerte (z.B. Naturalspenden aber keine Arbeitsleistungen) abzugsfähig. Als Empfänger kommt neu auch eine bloss teilweise steuerbefreite Institution in Frage, sofern eine getrennte Rechnung besteht. Überdies fallen der Bund, die Kantone und Gemeinden und ihre Anstalten, also bspw. Hochschulen als privilegierte Adressaten in Betracht. Zivilrechtlich bringt die Revision nebst der allgemeinen **Buchführungspflicht** und einem grundsätzlichen **Revisionsstellenobligatorium** (ausser für Familien- und kirchliche Stiftungen) eine Klärung einiger bisheriger Streitfragen und eine Normierung der Praxis bezüglich unwesentlicher Änderungen der Stiftungsstatuten und neu die Möglichkeit eines Zweckänderungsvorbehaltes durch den Stifter. Auf diese zivilrechtlichen Revisionspunkte und die bezüglichen Verordnungen ist im Rahmen der nachstehenden Kommentierung einzugehen. Insgesamt verbessern die revidierten Bestimmungen die **Transparenz** sowohl des Stiftungsrechtes als auch der Stiftungen selbst. Insbesondere das Stiftungsrecht erfuhr durch eine reichhaltige Verwaltungs- und Gerichtspraxis über nahezu 100 Jahre eine Fortentwicklung zu einer Art «Common Law» (Hahnloser, 12), welche nur der Spezialist noch überblicken konnte. Die teilweise *Kodifizierung* dieser von der Lehre unterstützten Entwicklung der Praxis hilft mit, den geschriebenen Gesetzestext wieder aussagekräftiger zu machen.

2. Motion/Postulat Iten

10   Der per 1. Januar 2006 in Kraft getretene Teilrevision des Stiftungsrechtes gingen andere Revisionsbestrebungen voraus. So hat 1989 der damalige Zuger Ständerat Iten mit einer **Motion** versucht, den Bundesrat dazu zu verpflichten, *«das Stiftungsrecht zu revidieren und insb. die Unternehmensstiftungen mit rein wirtschaftlichem Zweck zu verbieten»* (Motion ITEN, StR, Frühjahrssession 89.389). Der Vorstoss wurde in der abgeschwächten Form eines **Postulates** überwiesen, welche nebst dem umstrittenen **Verbot der Unternehmensstiftungen** auch weitere Revisionspostulate zu berücksichtigen erlaubte (AJP 1993, 712 f.).

Das Eidg. Justiz- und Polizeidepartement (EJPD) hat in der Folge Prof. Dr. Hans-Michael Riemer als Experten mit der Ausarbeitung eines **Vorentwurfes** beauftragt (RIEMER, Revisionsbestrebung, 4). Sein Entwurf wurde nach Beratung durch eine interdepartementale Arbeitsgruppe der Bundesverwaltung leicht modifiziert und im Jahre 1993 als Bericht mit Vorentwurf (Anhang) für eine Revision des Zivilgesetzbuches (Stiftungsrecht und Eröffnung von Ehe- und Erbverträgen) bei den interessierten Kreisen in die **Vernehmlassung** gegeben.

11   Dieser Vorentwurf hatte in erster Linie die **Unternehmensstiftungen** im Visier und wollte einerseits Stiftungen mit sog. **wirtschaftlichen Zwecken** generell verbieten und andererseits direkt ein Unternehmen betreibende Stiftungen (Direktträgerstiftungen) namentlich im Bereiche des Gläubigerschutzes eingehender regeln (MEIER-HAYOZ/FORSTMOSER, 576). Sodann war beabsichtigt die von der Lehre, Rechtsprechung und Verwaltungspraxis für Stiftungen entwickelten, aber nicht im Gesetz enthaltenen Regeln in den Gesetzestext überzuführen und einige umstrittene nebst weiteren, bisher nicht geregelten Fragen zu klären (RIEMER, Revisionsbestrebungen, 5 ff., insb. 15; SPRING, 17 f.; AJP 1993, 712 f.).

11a   Dieses Revisionsvorhaben, welches sich in der Vorauflage zu diesem Werk skizziert findet, ist in Teilbereichen auf heftigen Widerstand gestossen, wurde schubladisiert und schliesslich von der vorerwähnten Teilrevision abgelöst. Das Vorhaben stand unter einem unglücklichen Stern. Lanciert in einer Zeit blühender Hochkonjunktur, traf es in der Folge auf eine weit verbreitete **Deregulierungsstimmung,** in welcher es mit seinem stark **regulatorischen Ansatz** quer lag. Die Ironie der Geschichte wollte es überdies, dass ausgerechnet diejenige Stiftung, welche den Motionär Iten auf den Plan rief, einige Jahre später dem Bundesgericht Gelegenheit gab, eine von ihm aufgegriffene Streitfrage zu entscheiden und die Zulässigkeit von wirtschaftlichen Stiftungszwecken zu bejahen (BGE 127 III 337).

3. Parlamentarische Initiative Schiesser

11b   Es folgte die **parlamentarische Initiative** des Glarner Ständerates Schiesser vom 19. Dezember 2000 (Ständerat 2000.0461) in der Form eines **ausgearbeiteten Entwurfs.** Die Intitiative wollte Änderungen des **Stiftungsrechts** und namentlich vermögende Leute dazu veranlassen, *«erhebliche Mittel zur Erfüllung von Aufgaben in Erziehung, Bildung, Forschung, Wissenschaft, Kultur etc. in geeigneter Form zur Verfügung zu stellen».* Gewünscht war, mit Blick auch auf ausländische Rechtsordnungen eine **gezielte Förderung privater Initiativen** im Interesse der Allgemeinheit durch ein modernisiertes Stiftungs- und Steuerrecht. Der Ständerat hat diese parlamentarische Initiative, welche einen ausgearbeiteten Entwurf für die Revision des Zivilgesetzbuches sowie der Steuergesetzgebung enthielt, begrüsst und umgehend an die Hand genommen. Der formulierte Initiativtext sah unter anderem ein Recht des Stifters auf **Widerruf** der Stiftung und **Rücküber-**

tragung des Vermögens vor. Sodann verlangte die Initiative eine Steuerbefreiung juristischer Personen unter der alleinigen Voraussetzung, dass deren Zweckverfolgung im Allgemeininteresse liegt unter Verzicht auf das zusätzliche Erfordernis der Uneigennützigkeit (KOLLER, Maecenas, 27 ff.). Diese beiden Vorschläge fielen im Verlaufe der Beratungen ausser Abschied und Traktanden. Dafür fand ein zentrales Anliegen gemeinnütziger Organisationen im Bereiche der Mehrwertsteuer Aufnahme und führte zu einem neuen Art. 33a MWStG betreffend Beiträge an gemeinnützige Organisationen oder von solchen.

4. Fusionsgesetz

Das per 1. Juli 2004 in Kraft getretene Fusionsgesetz regelt die **Fusionen** und hat neu die **12** auch den Stiftungen zugängliche **Vermögensübertragung** eingeführt. Dieses Gesetz findet soweit ersichtlich in der Praxis insb. für Stiftungen gute Akzeptanz. Mit dem am 16. Dezember 2005 von den Räten verabschiedeten **Revisionsrecht** (BBl 2005, 7289 ff.) erfährt das Fusionsgesetz auch in dem Stiftungen betreffenden Teil bereits wieder kleinere Retouchen, mit deren Inkrafttreten nicht vor der zweiten Hälfte 2007 zu rechnen ist. Inhaltlich geht es darum, dass Fusionsverträge und Berichte der Revisoren nach dem Revisionsaufsichtsgesetz vom 16. Dezember 2005 (BBl 2005, 7349 ff.) künftig von einem **zugelassenen,** also von einem regulierten und beaufsichtigten **Revisor** zu prüfen bzw. zu erstellen sind.

5. Rechnungslegungs- und Revisionsaufsichtsgesetz

Der bereits einige Jahre zurückliegende Vorentwurf zu einem **Bundesgesetz** über die **13** **Rechnungslegung** und **Revision** wurde zwischenzeitlich aufgeteilt. Mit Datum vom 16. Dezember 2005 hat die Bundesversammlung einerseits das **Rechnungslegungsrecht** im Obligationenrecht bei den einzelnen Rechtsformen integriert und nicht mehr generell in den allgemeinen Bestimmungen zur kaufmännischen Buchführung reguliert (Art. 957 ff. OR) und gleichzeitig im Stiftungsrecht, d.h. im ZGB entsprechende Bestimmungen eingeführt. Damit sind die am 8. Oktober 2004 verabschiedeten Rechnungslegungs- und Revisionsvorschriften für Stiftungen bereits wieder **überholt** bzw. geändert, bevor sie per 1. Januar 2006 in Kraft getreten sind. Das Bundesamt für Justiz geht im Zeitpunkt der Drucklegung dieser Arbeit davon aus, dass diese Änderungen des Rechnungslegungs- und Revisionsrechtes vom 16. Dezember 2005 im Verlaufe der zweiten Jahreshälfte 2007 in Kraft treten und die per 1. Januar 2006 zu diesem Thema aufgenommenen Bestimmungen obsolet machen (vgl. SPRECHER, Revision, 208 ff.). Inhaltlich ist hierauf im Rahmen der Kommentierung der einzelnen neuen Bestimmungen zurückzukommen. Ein Meisterstück koordinierter Gesetzgebungsarbeit ist das allerdings nicht.

6. Öffentlichkeitsgesetz

Das Bundesgesetz über die Öffentlichkeit der Verwaltung (**Öffentlichkeitsgesetz** BGÖ) **14** vom 17. Dezember 2004 (BBl 2004, 7269 ff.) bezweckt in Abkehr vom bisher geltenden Grundsatz der Geheimhaltung, der Öffentlichkeit den Zugang zu **amtlichen Dokumenten** zu erleichtern und dadurch die **Transparenz** der Bundesverwaltung zu fördern. Demnach erhält jede Person Einsicht in amtliche Dokumente oder kann Auskunft über diese verlangen. Wenn überwiegende öffentliche oder private Interessen entgegenstehen, ist das Recht auf Zugang einzuschränken, aufzuschieben oder gar zu verweigern. Die eidg. Stiftungsaufsicht untersteht als Teil der Bundesverwaltung dem Öffentlichkeitsprinzip. Somit sind die unter Bundesaufsicht stehenden Stiftungen seit dem 1. Juli 2006 in Kraft befindlichen Öffentlichkeitsgesetz betroffen.

Harold Grüninger 519

14a   Dieses neue, sog. **Zugangsrecht** bezieht sich auf **amtliche Dokumente,** die nach Inkrafttreten des Gesetzes von einer Behörde erstellt oder empfangen werden (Art. 23 BGÖ). Zu diesen gehören nicht nur von den Behörden erstellte, sondern auch an diese gerichtete private Dokumente. Für die der Bundesaufsicht unterstehenden Stiftungen bedeutet dies, dass von ihr eingereichte Dokumente öffentlich zugänglich werden. Ausnahmen gelten, sofern überwiegende öffentliche oder private Interessen entgegenstehen. Dies kann im Falle der Beeinträchtigung der **Privatsphäre,** des **Berufs-** oder **Geschäftsgeheimnisses** der Fall sein. Die Ausführungsbestimmungen durch den Bundesrat sind noch nicht erlassen. Die Eidg. Stiftungsaufsicht beabsichtigt in Anwendung des Öffentlichkeitsgesetzes künftig alle unter ihrer Aufsicht stehenden Stiftungen in ihr elektronisches **Verzeichnis** aufzunehmen. Die betroffenen Stiftungen will die Aufsichtsbehörde zunächst orientieren und ihnen Gelegenheit einräumen, den über sie in diesem Verzeichnis aufzunehmenden Inhalt z.B. bezüglich Gesuchseinreichung zu beschränken (SPRECHER, Revision, 206).

IV. Unternehmensstiftungen

1. Begriff und Wesen

15   Das Stiftungsrecht unterscheidet die **klassischen** oder **gewöhnlichen Stiftungen** von drei rechtlichen Sonderformen, nämlich **Familien-, kirchlichen** und **Personalfürsorgestiftungen,** für welche je einige besondere Vorschriften gelten. Die **Unternehmensstiftung** ist demgegenüber keine gesetzliche, sondern eine faktische, sich am Vermögenssubstrat orientierende Sonderform, die in jeder der vier genannten rechtlichen Formen vorkommen kann. Immerhin sind Unternehmensträgerstiftungen seit dem 1. Januar 2006 bezüglich Rechnungslegung und Offenlegung analog den Aktiengesellschaften zu behandeln (Art. 84b Abs. 2). Die Unternehmensstiftung ist eine Stiftung, welche entweder selbst bzw. direkt als Rechtsträger ein Unternehmen betreibt (sog. **Unternehmensträgerstiftung** oder Stiftungsunternehmen) oder an einem Unternehmensträger – typischerweise in der Rechtsform einer Aktiengesellschaft – mitgliedschaftlich beteiligt ist (sog. **Holdingstiftung**) oder allenfalls vertraglich mit einem Unternehmen verbunden ist (z.B. Unternehmenspacht).

16   Für einige Autoren ist die **unternehmerische Betätigung** (PEDRAZZINI/OBERHOLZER, 276) oder das – direkte oder indirekte – **Betreiben eines Unternehmens** (MEIER-HAYOZ/ FORSTMOSER, 573) das entscheidende Unterscheidungskriterium zu den übrigen Stiftungen. Die ältere Literatur rückt demgegenüber vermehrt den auf das **Führen eines Unternehmens** ausgerichteten Stiftungszweck in den Vordergrund (vgl. GNOS, 17; GROSSEN, 208; SCHÄR, 8 und weitere Hinweise bei GRÜNINGER, Die Unternehmensstiftung, 23 ff.). Diese unterschiedlichen Ansätze illustrieren, dass die Grenze zwischen den «normalen» und den Unternehmensstiftungen fliessend ist. Zu fragen ist, welche Intensität der planmässige Einsatz von Mitteln und damit die unternehmerische Komponente erreichen muss, damit die Stiftung die Schwelle von der ordentlichen Vermögensverwaltung zum unternehmerischen Handeln überschreitet und zur **Unternehmensträgerstiftung** wird? Beziehungsweise welcher Grad und welche Art der Beteiligung an einem Unternehmen macht eine Stiftung zur **Holdingstiftung?** Für SCHMID (225) weist das Stiftungswesen insgesamt bezüglich Zweck, Finanzierung und Geschäftsführung deutliche Verwirtschaftungstendenzen auf. Die moderne Stiftung begnügt sich nicht mit der blossen Verwaltung ihres Vermögens und der Verteilung ihrer Erträge, sondern sucht die aktive Teilnahme am Wirtschaftsleben. Damit verbunden ist ein Trend von klassischen Stiftungen hin zur Unternehmensträgerstiftung und zur Auslagerung kommerzieller Tätigkeiten auf Tochtergesellschaften, womit Holdingstiftungen entstehen. Dieser Entwicklung stehen allerdings Restriktionen bezüglich der Errichtung von kommerziell ausgerichteten Aktiengesellschaften durch Stiftungen entgegen (SPRECHER/VON SALIS, Frage, 193). Verlangt wird eine ausdrückliche Befugnis in der Stiftungsurkunde und bei kommerziellen Unternehmen überdies, dass diese unmittelbar der Verwirklichung ideeller Zwecke und nicht bloss der Finanzierung dienen (VPB 52 Nr. 56, 328 ff.).

2. Praktische Bedeutung

Schätzungen zufolge existieren in der Schweiz je mindestens eine dreistellige Zahl   **17** von sog. Unternehmensträger- und Holdingstiftungen (RIEMER, Rechtsprobleme, 494). SCHMID (46) gelangt in seiner 1997 publizierten Untersuchung allerdings zum Schluss, dass die zahlenmässige und wirtschaftliche Bedeutung der Unternehmensstiftungen in der bisherigen Literatur überschätzt worden ist. Er bestätigt zwar eine Zahl von über tausend Unternehmensträgerstiftungen, kommt jedoch lediglich auf etwas über fünfzig Holdingsstiftungen und rechnet nicht mit vielen Neuerrichtungen (SCHMID, 225 f.). **Unternehmensträgerstiftungen** sind entgegen einer weit verbreiteten Annahme keine neuere Erscheinung. Es gibt zahlreiche, z.T. sehr alte Stiftungen, deren Ausgestaltung als Unternehmen bislang weder grosses Aufsehen erregt, noch zu nennenswerten Kontroversen Anlass gegeben hat. In diesem Zusammenhang sind etwa die viel zitierte, auf das Jahr 1354 zurückzuführende Inselspital-Stiftung nebst weiteren Spitälern, Schulen, Heimen aller Art und sogar Banken zu nennen (vgl. hierzu und für weitere Bsp. namentlich SCHMID, 30 ff. und RIEMER, Rechtsprobleme, 492 f.).

Den vergleichsweise neueren sog. **Holdingstiftungen** sind – je nach vorausgesetzter   **18** Beteiligungshöhe – einige namhafte Unternehmen zuzuordnen, darunter die Montres Rolex SA, die Reisebüro Kuoni AG, die Dätwyler Holding AG (**a.M.** SCHMID, 49 f.), die Vontobel Holding AG, die Lindt & Sprüngli AG (vgl. SCHMID, 48 ff.) und die Victorinox AG. Darüber hinaus befinden sich verschiedene Treuhand-, Revisions-, Zeitungs- und andere Dienstleistungsunternehmen in Stiftungshand, nebst zahlreichen vornehmlich mittelständischen Unternehmen der unterschiedlichsten Branchen.

3. Errichtungsmotive

Die Errichtung von Unternehmens- und namentlich von Holdingstiftungen steht häufig   **19** im Zusammenhang mit der **Unternehmensnachfolge** und mit dem Bestreben des Stifters, die Beherrschungsverhältnisse an einem Unternehmen auf Dauer festzulegen. Zuweilen wird der Wunsch eine Rolle spielen, ein Unternehmen einem sinnvollen Zweck dienstbar zu machen. In Frage kommt z.B. eine materielle oder auch eine ideelle Begünstigung des eigenen Personals, insb. des Kaders i.S. einer **Mitbeteiligung,** einer **Mitbestimmung** oder der ergänzenden Personalfürsorge. Anzutreffen ist ferner eine Förderung der Forschung oder der Aus- und Weiterbildung im Bereiche der unternehmenseigenen Tätigkeit oder die Unterstützung klassischer gemeinnütziger, kultureller oder ähnlicher Bestrebungen. Je nach Ausrichtung bietet sich hierfür eine klassische oder gewöhnliche, eine i.d.R. patronale Personalfürsorgestiftung, eventuell eine Familien- oder eine gemischte Stiftung an. Schliesslich kann die Stiftung der namentlich bei Revisions- und Treuhandgesellschaften zuweilen gefragten **Verselbständigung** bzw. der **Sicherstellung der Unabhängigkeit** eines Unternehmens dienen (z.B. die der ehemaligen Fides-Gruppe nahe stehende Stiftung für unabhängige Revisionsgesellschaften mit Sitz in Root/LU). Der Stiftungsrat setzt sich in dieser Konstellation typischerweise aus Mitgliedern der Geschäftsleitung der von der Stiftung beherrschten Unternehmung zusammen, wodurch eine Übereinstimmung von Eigentümerkontrolle und Managementfunktion, bzw. eine Art «befristetes Eigentum» der jeweils Verantwortlichen «Manager» entsteht (MEIER-HAYOZ/ FORSTMOSER, 577).

4. Zulässigkeit

a) Doktrin und Stellungnahme

20   Die Frage nach der **Rechtsgültigkeit** oder der **Zulässigkeit** von Unternehmensstiftungen hat in der Doktrin eine lebhafte und teilweise sehr grundsätzlich geführte Diskussion ausgelöst (vgl. VEZ, Rz 175 ff.). In der Lehre finden sich entsprechend einige pointiert kritische Stellungnahmen. Für KUMMER (481 f.) *«wird die Stiftung, zur Trägerin einer Unternehmung gemacht, nicht nur atypisch, sondern in einer mit dem Gesetz nicht vereinbaren Art eingesetzt …»* Dieser Autor hat das vielzitierte Bonmot formuliert *«eine Marktwirtschaft aus lauter Unternehmensstiftungen: ein Meer roter Rosen auf Karl Marxens Grab!».* SCHLUEP (332) hält es für unmöglich, *«dass Unternehmensträger als Stifter Unternehmensfunktionen einbringen, weil diese schlechterdings nicht Vermögen i.S.v. Art. 80 ZGB sein können».* Und BÄR (637) schliesst seine Ausführungen mit der provokativen Frage: *«Ist es nicht eher eine Gruselgeschichte von Edgar Allan Poe als ein Wunschtraum Eugen Hubers, wenn die tote Hand aus ihrem Grabe winkt?»*

21   In der jüngeren Literatur besteht demgegenüber Einigkeit, dass Eigentum an Unternehmen für sich allein dem **Stiftungsgedanken** nicht widerspricht (DRUEY, SAG, 171 m.w.Nw.). Ebenso ist unbestritten, dass die Unternehmensstiftung – wie jede Stiftung – spezifisch **stiftungsrechtlichen Schranken** unterliegt (GRÜNINGER, Zivilrechtliche Analyse, 3 m.w.Nw.). Hierzu gehört zunächst das aus Art. 80 abzuleitende Erfordernis eines einigermassen **bestimmten Zweckes.** Der Stifter darf demnach weder die Auswahl der Destinatäre vollständig ins Ermessen der Stiftungsorgane stellen, noch darf er ein reines **Selbstzweckgebilde** schaffen (hierzu kritisch: DRUEY, Rechtsgültigkeit, 175 f.). Ebenso setzt jede Stiftung die Widmung von Vermögen, das «Hingeben für Etwas» (GUTZ-WILLER, SPR II, 580; RIEMER, Unternehmensstiftung, 11) voraus, so dass sich der Stifter nicht auf Dauer sämtliche Attribute des Anteilsinhabers oder des Unternehmers vorbehalten darf.

22   Bei den **Familienstiftungen** ist überdies das spezifische, auf Art. 335 beruhende Verbot der reinen Unterhaltsstiftung zu respektieren und bei **Personalfürsorgestiftungen** davon auszugehen, dass das Stiftungsvermögen i.d.R. in dem den Beiträgen der Arbeitnehmer entsprechenden Verhältnis generell nicht in einer Anlage in der Arbeitgeberfirma bestehen darf, es sei denn, die Anlage werde sichergestellt (GRÜNINGER, Diss., 65 ff.).

23   Die genannten Bestimmungen und konventionellen Auslegungshilfen reichen m.E. unter Mitberücksichtigung des allgemeinen Rechtsmissbrauchsverbotes von Art. 2 aus, um eine vernünftige und befriedigende Grenze zwischen zulässigen und unzulässigen Stiftungen insb. i.V.m. Unternehmen zu ziehen. Demgegenüber vertritt namentlich RIEMER (BK, Das Personenrecht, syst. Teil N 82 m.w.Nw.) mit eingehender Begründung die m.E. nicht nur grundsätzlich einschränkende (so DRUEY, a.a.O., 171), sondern überdies unglückliche Auffassung, Stiftungen dürften ganz allgemein keine **wirtschaftlichen,** sondern ausschliesslich ideale **Zwecke** verfolgen (vgl. hierzu eingehend Art. 80 N 17 ff.).

24   In der konkreten Anwendung der unterschiedlichen Zulässigkeitskriterien weichen die Ergebnisse allerdings seltener voneinander ab, als aufgrund der Kontroverse in der Doktrin angenommen werden könnte. Immerhin ist folgende Diskrepanz erwähnenswert: Für RIEMER (Rechtsprobleme, 505 f.) verfolgt eine allein als Instrument für die **Mitbestimmung** – und damit wohl auch eine als Instrument für die **Mitbeteiligung** – eingesetzte Stiftung unzulässige wirtschaftliche Zwecke. Meines Erachtens ist kein überzeugender

Grund ersichtlich, diese Arten von Leistungen, d.h. die Vermittlung von Stimmrechten oder von geldwerten Vorteilen zugunsten des Personals einer Unternehmung gegenüber alltäglicheren Formen der Personalfürsorge zu diskriminieren (gl.M. DRUEY, Unternehmernachfolge, 102; abl. gegenüber einer reinen Gewinnverteilungsstiftung: VEB 1988, 326). Vielmehr handelt es sich bei Mitbestimmungs- und Mitbeteiligungsmodellen in Stiftungsform um sozialpolitisch unterstützenswerte und sinnvolle Zwecksetzungen, die überdies einem praktischen Bedürfnis entsprechen (ähnlich SCHMID, 226 f.).

b) Praxis

Die **Entscheidpraxis** hat lange wenig zur Klärung der Zulässigkeitsfrage beigetragen. 　**25**
Das **BGer** hat sich zwar verschiedentlich mit Unternehmensstiftungen auseinandergesetzt und ist dabei von deren Zulässigkeit ausgegangen (BGE 101 Ib 17; 96 II 89; 89 II 440 und 75 II 81). Grundlegende Gesichtspunkte wurden dabei jedoch kaum abgehandelt (zusammenfassend DRUEY, Rechtsgültigkeit, 173). In diesem Sinne typisch ist eine beiläufige Bemerkung des BGer in einem Entscheid aus dem Jahre 1994 (BGE 120 II 141): *Les fondations poursuivent, en principe, un but idéal et n'exercent qu'exceptionnellement une industrie en la forme commerciale …* In einem **Grundsatzentscheid** hat das Bundesgericht im Jahr 2001 die Zulässigkeit eines **wirtschaftlichen Stiftungszwecks** bejaht (BGE 127 III 337 ff.). Das Bundesgericht geht davon aus, dass Stiftungen in der Rechtswirklichkeit in der Regel einen idealen Zweck verfolgen. Unternehmensträgerstiftungen kämen zwar vor, spielten aber keine zentrale wirtschaftliche Rolle. Verbreitet und von erheblicher wirtschaftlicher Bedeutung seien hingegen Holdingstiftungen. Neuerrichtungen seien wegen der Staatsaufsicht, der Unbeweglichkeit der Stiftungsform im wirtschaftlichen Leben und vor allem wegen ungünstiger Steuerfolgen in jüngerer Zeit selten geworden (BGE 127 III 339; BRÜCKNER, Personenrecht, 399). *Die Rechtsgeschäftsfreiheit allgemein und die Stiftungsfreiheit im Besonderen lassen eine Beschränkung auf ideale Zwecke nicht zu.* Zwar könne man sich fragen, ob derartige Gebilde zufolge der starren Bindung von Gesellschaftskapital an eine juristische Person wirtschaftlich sinnvoll und die staatliche Aufsicht über sie notwendig seien. *In der Praxis überwiegt offensichtlich mitunter das Bedürfnis, ein Vermögen dauernd einem wirtschaftlichen Zweck zu widmen, die Nachteile der Staatsaufsicht und der Starrheit der Stiftungsform* (BGE 127 III 340). Die von RIEMER (BK, Das Personenrecht, syst. Teil N 404) zur Begründung seiner These der unzulässigen wirtschaftlichen Zwecke herangezogenen Materialien vermögen angesichts der Rechtwirklichkeit mit zahlreichen bestehenden Stiftungen dieser Art keine Beschränkung auf ideale Stiftungszwecke zu rechtfertigen. Subjektiv-historische Auslegungselemente genügen ohne gesetzliche Grundlage im Lichte der gelebten Praxis nicht für einen Eingriff in die Stiftungsfreiheit. Schliesslich zeigen auch die bisher erfolglosen Bemühungen um eine Einschränkung der zulässigen Zwecke der Stiftung, dass diese nach geltendem Recht nicht beschränkt sind (BGE 127 III 341).

Aus der Praxis des **Handelsregisters** ist ein Entscheid aus dem Jahre 1960 bekannt, 　**25a**
der unter dem Ausdruck des Bedauerns die Zulässigkeit bejaht hat (VEB 1959/60 Nr. 43). Die liberale Haltung der allerdings in materiellrechtlichen Fragen bloss beschränkt prüfungsbefugten Handelsregisterbehörden ist aus der Vielzahl tatsächlich eingetragener Unternehmensstiftungen erkennbar. Unternehmensstiftungen haben in der Registerpraxis bislang zu keinen besonderen Problemen geführt (BK-KÜNG, Art. 940 OR N 811).

Die Konferenz der **kantonalen Stiftungsaufsichtsbehörden** hat sich wiederholt mit der 　**26**
Zulässigkeitsfrage befasst und Empfehlungen erlassen, die sich stark an der Auffassung von RIEMER (BK, Die Stiftungen, syst. Teil N 383 ff.) orientieren (vgl. Stellungnahme

der Konferenz der kantonalen Stiftungsaufsichtsbehörden gemäss Protokoll der Generalversammlung vom 1./2.10.1981). Ähnliches gilt für das Eidgenössische Departement des
Innern, das sich in seiner Eigenschaft als **Bundesaufsichtsbehörde** auf den Standpunkt
stellt, es könne nicht Sache des unter öffentlicher Aufsicht stehenden Stiftungswesens
sein, für Unternehmungen Hand zu bieten, die ohne überwiegende ideelle Ziele vorab der
wirtschaftlichen Betätigung dienten. *«Für solche Formen stehen die Rechtsformen des
OR (AG, Genossenschaft, GmbH und dgl.) zur Verfügung, und es besteht überhaupt kein
rechtlich oder moralisch zu rechtfertigender Anlass, via Stiftung die Aufsicht des Staates
in Anspruch zu nehmen»* (VEB 1988, 326; vgl. HAHNLOSER, 32). Für diese restriktive
Haltung besteht angesichts des Grundsatzentscheides des Bundesgerichtes (BGE 127 III
337 ff.) kein Raum mehr.

5. Eignung bzw. Zweckmässigkeit

27 Manche Autoren sehen die Hauptproblematik der Unternehmensstiftung weniger in
deren Zulässigkeit als in deren **Opportunität.** Für MEIER-HAYOZ/FORSTMOSER (574) ist
das Stiftungsrecht offensichtlich nicht auf eine dynamische unternehmerische Tätigkeit
zugeschnitten. In ähnlichem Sinne fasst DRUEY (Rechtsgültigkeit, 172) zusammen, *«dass
die Zementierung in einer Unternehmensstiftung dem Grundprinzip der Marktwirtschaft,
wonach Leitung, Risiko und Gewinn möglichst vereinigt sein sollen, besonders ausgeprägt widerspricht».* Nebst der **Starrheit** oder **Unbeweglichkeit** und der **Eigentums-
losigkeit** der Stiftung sind in diesem Zusammenhang namentlich die für Unternehmen
problematische **Staatsaufsicht,** die eingeschränkten Finanzierungsmöglichkeiten und für
Unternehmensträgerstiftungen der Mangel an Schutzvorschriften zugunsten der Gläubiger zu erwähnen. HAHNLOSER (32) bezeichnet Stiftungen mit wirtschaftlichem Zweck
aus solchen Überlegungen als aus staatlicher Sicht nicht erwünscht.

28 Die Stiftung ist ein mögliches, aber nicht unproblematisches Instrument für die **Perpetuierung** von Unternehmen. Zwar lässt sich ihre Starrheit durch geeignete Vorkehren,
namentlich durch weitgehende Verweisung von Einzelheiten in ein einfach abänderbares
Reglement abschwächen. Unsicher ist, welche Auswirkungen die **Eigentümerlosigkeit**
langfristig auf ein Unternehmen hat. Insbesondere ist fraglich, ob mit der Verselbständigung eines Unternehmens, d.h. mit dem Wegfall des am Geschäftsergebnis unmittelbar
interessierten Gesellschafters der Druck zu wirtschaftlich effizientem Vorgehen und damit der Motor des Unternehmens wegfällt? Folgendes Fazit drängt sich auf: Die Unternehmensstiftung kann in besonderen Fällen ein attraktives Instrument der Unternehmensführung sein und sollte trotz grundsätzlicher Bedenken für Sondersituationen auch
weiterhin als Planungsalternative zur Verfügung stehen. Sie ist weder ein Patentrezept
noch ein Unding. Sie ermöglicht dank ihrer anstaltlichen Natur Lösungen, die mit anderen, für die Organisation von Unternehmen konventionelleren Rechtsinstrumenten nicht,
oder jedenfalls weniger überzeugend zu verwirklichen sind.

V. Besteuerung

29 Günstige steuerrechtliche Rahmenbedingungen sind für ein florierendes Stiftungswesen
unerlässlich und zahlen sich für den Staat bzw. das Gemeinwohl aus. Die Befreiung einer
Stiftung von der subjektiven **Steuerpflicht** und die damit eng zusammenhängende Frage
der steuerfreien Dotation bzw. der steuerwirksamen Abzugsfähigkeit von Leistungen an
Stiftungen sind für die Beteiligten regelmässig von Bedeutung. Die häufig schon in der
Errichtungsphase einbezogenen Steuerbehörden knüpfen ihre Zustimmung zur Steuerbefreiung an verschiedene Voraussetzungen, welche ihren Niederschlag in den Stiftungsstatuten finden und deren inhaltliche Ausgestaltung beeinflussen.

Die Steuerbehörden haben ein besonderes Interesse an der konkreten Formulierung des **30** Stiftungszweckes und verlangen routinemässig die Aufnahme einer Bestimmung in das Stiftungsstatut, welche den **Rückfall** des Stiftungsvermögens an den Stifter oder an diesem nahe stehende Personen ausschliesst. Weit verbreitet, wenn auch nicht unbestritten ist überdies, die Stiftungsräte qua Statuten zu **ehrenamtlichem** Wirken zu verpflichten (vgl. Art. 83 N 28). Derartige in fast allen neueren Statuten steuerbefreiter Stiftungen anzutreffende Bestimmungen entspringen i.d.R. nicht so sehr einem Anliegen des Stifters, als dass sie von Vorgaben der Steuerbehörden inspiriert sind. Dagegen ist aus privatrechtlicher Sicht nichts einzuwenden, solange keine eigentliche Vereitelung des privatrechtlichen Instituts der Stiftung resultiert (Art. 6). Dasselbe gilt für eine periodische Überprüfung durch Steuerbehörden, ob die Voraussetzungen für die Steuerbefreiung tatsächlich eingehalten werden und dem deklarierten Stiftungszweck auch nachgelebt wird und damit im Zusammenhang stehende **Meldepflichten** im Falle des Erlasses oder der Revision von Reglementen oder der Stiftungsurkunde selbst.

Im Rahmen der vorliegenden, auf privatrechtliche Fragen ausgerichteten Arbeit finden **31** steuerrechtliche Aspekte nur am Rande Erwähnung. Einen vertieften Einblick gewähren die im Literaturverzeichnis aufgeführten Werke namentlich von WIPFLI und KOLLER. Einen Überblick über die wichtigsten steuerrechtlichen Gesichtspunkte geben SPRECHER/VON SALIS (Fragen 93–107). Die Besteuerung von gemeinnützigen Institutionen, unter welchen die Stiftungen als Prototyp gelten, führt hin und wieder zu Diskussionen. Die verschiedentlich als kleinlich kritisierte Praxis der eidgenössischen Steuerbehörden (Antwort des Bundesrates auf die Einfache Anfrage von Frau Nationalrätin Spoerry vom 12.6.1989 betr. **Steuerbefreiung** wegen gemeinnütziger Zweckverfolgung, ASA 1990, 509 ff.), ist vom Gesetzgeber im Rahmen der Bemühungen um eine Steuerharmonisierung und um eine Erneuerung der Direkten Bundessteuer eingehend diskutiert worden und hat in einem offenen, praktisch wortgleichen Gesetzestext für beide Vorlagen ihren Niederschlag gefunden (Art. 56 lit. g DBG und Art. 22 Abs. 2 lit. f StHG, beide vom 14.12.1990). Auf dieser Grundlage hat die Eidgenössische Steuerverwaltung am 8.7.1994 ein in der Grundtendenz begrüssenswertes **Kreisschreiben Nr. 12,** betr. die Steuerbefreiung juristischer Personen, die öffentliche oder gemeinnützige Zwecke oder Kultuszwecke verfolgen, und betr. die Abzugsfähigkeit von Zuwendungen erlassen, welches auch für die kantonalen Steuern Signalwirkung hat und von der Teilrevision des Stiftungsrechts vom 8.10.2004 unberührt blieb. Diese hat dafür namentlich für die MWSt und im Bereiche der Abzugsfähigkeit gemeinnütziger Vergabungen Verbesserungen gebracht (vgl. Rz 11b; KOLLER, Maecenas, 17 ff.).

VI. IPR

Art. 150 Abs. 1 IPRG definiert organisierte Vermögenseinheiten und mit diesen die Stif- **32** tungen internationalprivatrechtlich als **Gesellschaften,** ohne Rücksicht darauf, ob sie wirtschaftliche oder nichtwirtschaftliche Zwecke verfolgen (IPRG-Kommentar-VISCHER, Art. 150 N 11 f.). Für Stiftungen gilt damit das 10. Kap. des IPRG, d.h. Art. 150–165 IPRG namentlich bezüglich Zuständigkeit, anwendbarem Recht, Sitzverlegungen, Zweigniederlassungen ausländischer Stiftungen in der Schweiz und Anerkennung von ausländischen Urteilen. Die juristische Persönlichkeit ist nicht vorausgesetzt, so dass auch unselbständige Stiftungen international privatrechtlich Gesellschaften sein können (IPRG-Kommentar-VISCHER, Art. 150 N 11; **a.M.** MAYER, 206).

Für die Bestimmung des **Personalstatuts** der Stiftungen und damit des die Stiftung **33** beherrschenden Rechts folgt das IPRG der **Gründungs-** oder **Inkorporationstheorie,** wonach die Rechtsordnung des **Errichtungsstaates,** d.h. des Staates, unter dessen

Recht die Stiftung errichtet wurde, massgebend ist (so schon vor Inkrafttreten des IPRG, vgl. BGE 91 II 125). Im Gegensatz hierzu ist im angelsächsischen Raum die **Sitztheorie** verbreitet, welche dem Ort der tatsächlichen Verwaltung besondere Bedeutung einräumt (vgl. Art. 56 als subsidiäre Anknüpfung im innerschweizerischen Verhältnis). Das Personalstatut beherrscht nach Massgabe des Einheitsgedankens unter Vorbehalt von **Sonderanknüpfungen** (Art 156–159 IPRG) grundsätzlich alle stiftungsrechtlichen Fragen (IPRG-Kommentar-VISCHER, Art. 155 N 2; vgl. aber den vor Erlass des IPRG ergangenen BGE 90 II 365 ff., betr. eine nach liechtensteinischem Recht errichtete Familienstiftung, welche diskussionslos dem schweizerischen Recht unterstellt wurde. Hierzu: BK-RIEMER, Die Stiftungen, syst. Teil N 539). Selbst für den Vorbehalt eines fiktiven, zum Zweck der Gesetzumgehung gewählten Sitzes bleibt unter dem IPRG kein Raum (BGE 117 II 494 ff.; IPRG-MÄCHLER-ERNE, Art. 18 N 17). Dieser allgemeine Grundsatz gilt auch für ausländische Stiftungen. Einzig der schweizerische Ordre public setzt der Inkorporationstheorie eine allgemeine Schranke (Art. 17 IPRG; BGE 117 II 194).

34   Der Anwendungsbereich des **Personalstatuts** ist umfassend und bezieht sich u.a. auf die Frage der zulässigen Zweckverfolgung, Organisation und der Genehmigungspflicht von Stiftungen, die Art und Weise des Vermögensübergangs bei ihrer Errichtung, die Rechtsstellung der Destinatäre gegenüber der Stiftung und ihren Organen, behördliche Änderungen des Zweckes oder der Organisation etc. (MAYER, 206 f.). Nicht dem Gesellschaftsstatut untersteht hingegen die Stiftungsaufsicht und eine vertragliche Ausgestaltung des Rechtsverhältnisses zwischen Stiftung und Destinatären bleibt dem Vertragsstatut vorbehalten (MAYER, 207). Für in der Schweiz getätigte Geschäfte von ausländischen Stiftungen kommen jedoch schweizerische Haftungsnormen zur Anwendung (Art. 159 IPRG). Ebenso beurteilt sich unlauterer Wettbewerb nach Massgabe des Auswirkungsprinzips nach hiesigem Recht (Art. 136 IPRG).

35   Die Inkorporationstheorie stand vor dem Inkrafttreten des IPRG unter dem namentlich auf ausländische Unterhaltsstiftungen angewandten **Vorbehalt** der **fraus legis** (BGE 108 II 403; IPRG-Kommentar-VISCHER, Art. 154 N 17 ff. m.w.Nw.). Nachdem das IPRG diese Praxis des Fiktionsvorbehaltes bewusst, d.h. i.S. eines qualifizierten Schweigens nicht übernommen hat, vermag die Umgehungsabsicht allein die Anwendung schweizerischen Rechts nicht mehr zu rechtfertigen (IPRG-Kommentar-VISCHER, Art. 154 N 19; MAYER, 207). Korrekt errichtete und betriebene ausländische, insb. liechtensteinische und panamesische Unterhaltsstiftungen sind daher in der Schweiz privatrechtlich anzuerkennen.

VII. Allgemeine Informationsquellen

1. Allgemeines

36   Namentlich für die zum Wohle der Allgemeinheit tätigen Stiftungen ist ein beachtliches Bedürfnis nach **Informationen** vorhanden. Dieses bezieht sich auf Stiftungen allgemein und insbesondere deren Tätigkeit und die rechtlichen und wirtschaftlichen Rahmenbedingungen. Besonders interessiert sind Unterstützungssuchende, welche vom vielfältigen Angebot bestehender Organisationen Gebrauch machen möchten und hierfür Nachschlagewerke suchen, welche ihnen den Weg weisen. Generell haben mit Stiftungen befasste Personen Interesse an einem regen Informationsaustausch und **Transparenz.** Diese Anliegen werden nur zu einem kleinen Teil bzw. für wenige Personen durch die eingangs zu den vorliegenden Vorbemerkungen zitierten Literatur abgedeckt. Zur Abrundung ist in der gebotenen Kürze auf die bekanntesten Nachschlagewerke, Mustersammlungen und Interessenorganisationen hinzuweisen.

Zu erwähnen sind in diesem Zusammenhang Bestrebungen des Verbandsmanagement   **36a**
Institut (VMI) der Universität Fribourg, welches ein grossangelegtes Projekt «Der Dritte
Sektor der Schweiz» an die Hand genommen hat und in internationaler Abstimmung eine
systematische Wissensbasis und Referenzgrundlage für Forschung und Politik schaffen
möchte. Dieses 1976 gegründete Institut der Wirtschafts- und Sozialwissenschaftlichen
Fakultät der Universität Fribourg befasst sich mit der Forschung und Lehre auf dem Gebiet des sog. Nonprofit-Management.

2. Verzeichnisse

Das Eidg. Departement des Innern (EDI) als Aufsichtsbehörde von über 2500 (www.   **37**
stiftungsaufsicht.ch) der Bundesaufsicht unterstehende Stiftungen *gesamtschweizeri-*
schen oder *internationalen* Charakters hat im Jahre 2000 ein 2004 revidiertes **Stiftungs-**
verzeichnis herausgegeben, in welchem 1341 von den seiner Aufsicht unterstehende
Stiftungen mit deren Einverständnis enthalten sind. Die Internet-Version des Eidg. Stif-
tungsverzeichnisses (www.esv2000.admin.ch) enthält knapp über 1100 dieser Stiftungen,
welche nach verschiedenen Suchkriterien erschlossen sind. Das EDI führt auch Listen
der für Stiftungen zuständigen kantonalen Aufsichts- und Steuerbehörden sowie der
Handelsregister (www.stiftungsaufsicht.ch). Das Bundesamt für Kultur hat bis ins Jahr
2000 ein Handbuch der öffentlichen und privaten Kulturförderung publiziert und pflegt
derzeit ein online Verzeichnis für Kulturschaffende (www.kulturfoerderung.ch) mit über
6000 Förderadressen des privaten und öffentlichen Sektors unter Einschluss von Adressen im Bereich kultureller Vernetzung und Kommunikation.

Die Fachhochschule Zürich – Hochschule für soziale Arbeit gibt das Verzeichnis **Fonds**   **38**
und Stiftungen 2006/07 (ISBN: 39 064 90211) für materielle und finanzielle Unterstützung von Personen und sozialen Organisationen im Kanton Zürich heraus.

Der **Schweizer Spendenspiegel** (5. Ausgabe 2005/2006 – www.spendenspiegel.ch) will   **39**
alle bedeutenden, in der Schweiz tätigen gemeinnützigen Institutionen auflisten und
möglichst umfassend Fragen zum Spendenwesen beantworten.

3. Mustertexte

Einige Behörden und private Stellen bieten Mustertexte namentlich zu **Stiftungsurkun-**   **40**
den und **Reglementen** an. In diesem Zusammenhang zu erwähnen sind die auf der Web-
page der Eidg. Stiftungsaufsicht (www.esv2000.admin.ch) im «pdf»-Format enthaltenen
Urkunden und Reglemente (mit oder ohne Erläuterungen) und die vom Fachamt Berufliche Vorsorge und Stiftungen (www.bvs.zh.ch) des Kantons Zürich und anderen kantonalen Aufsichtsbehörden zur Verfügung gestellten Musterdokumente, worunter ein Mus-
tertext für die Urkunde einer gemeinnützigen Stiftung, nebst den Mustern im Anhang B
und C des Leitfadens über die schweizerische Stiftung von SPRECHER/VON SALIS.

4. Interessenvertretungen

Die Interessen der gemeinnützigen Stiftungen namentlich gegenüber Politik und Behör-   **41**
den werden von zwei Vereinen, der 1990 errichteten **proFonds** Dachverband gemeinnütziger Stiftungen der Schweiz (früher AGES) mit Sitz in Basel (www.profonds.org) und
der 2001 errichteten **SwissFoundations** mit Sitz in Zürich (www.swissfoundations.ch)
wahrgenommen.

Aufgelöst hat sich demgegenüber die 1980 ins Leben gerufene **Schweizerische Arbeits-**   **42**
gemeinschaft kultureller Stiftungen (SAKS) mit Sitz in Zürich. Sodann ist auf die **Stif-**
tung ZEWO, Zürich hinzuweisen, welche als Fachstelle für gemeinnützige, spenden-

sammelnde Organisationen mit dem Zweck der Förderung von Transparenz und Lauterkeit im Spendenmarkt Schweiz auftritt (www.zewo.ch). Sie verleiht das ZEWO-Gütesiegel an Organisationen, welche die von ihr aufgestellten Kriterien erfüllen. Diese wollen sicherstellen, dass Spendengelder zweckbestimmt, wirksam und wirtschaftlich eingesetzt werden und die Organisation in der Mittelbeschaffung und Kommunikation lauter arbeitet. Schliesslich ist Transparenz hinsichtlich Tätigkeit und Rechnungslegung verlangt.

5. Foundation Governance

43 Ebenfalls in Richtung mehr Transparenz und Erarbeitung allgemein anerkannter «best practice» Grundsätze gehen Bestrebungen im Dienste der Foundation Governance. Ein erster von der SwissFoundations initiierter Code wurde Ende 2005 veröffentlicht (HOF-STETTER/SPRECHER, Swiss Foundation Code), welcher als nächstes kommentiert und periodisch überprüft und weiter entwickelt werden soll. In ähnliche Richtung gehen Bestrebungen der Konferenz der Präsidentinnen und Präsidenten grosser Hilfswerke der Schweiz (KPGH), welche im März 2006 einen Swiss NPO-Code, Corporate Governance-Richtlinien für Nonprofit-Organisationen in der Schweiz verabschiedet haben (www.swiss-npocode.ch).

Art. 80

A. Errichtung **I. Im** **Allgemeinen**	**Zur Errichtung einer Stiftung bedarf es der Widmung eines Vermögens für einen besondern Zweck.**
A. Constitution I. En général	La fondation a pour objet l'affectation de biens en faveur d'un but spécial.
A. Costituzione I. In genere	Per costituire una fondazione occorre che siano destinati dei beni al conseguimento di un fine particolare.

I. Stiftungsbegriff und -arten

1 Die Stiftung ist ein rechtlich verselbständigtes bzw. personifiziertes (ZK-EGGER, N 6) **Zweck- oder Sondervermögen.** Sie ist von den im Gesetz nicht erwähnten, in der Praxis jedoch verbreiteten sog. **unselbständigen** oder **fiduziarischen Stiftungen** abzugrenzen, welche ebenfalls eine dauerhafte Bindung von Vermögen an einen besonderen Zweck beinhalten, jedoch über keine eigene Rechtspersönlichkeit verfügen (SPRECHER/VON SALIS, Frage 11; BK-RIEMER, Die Stiftungen, syst. Teil N 417 ff.). Für sie kommt nur eine analoge Anwendung von Bestimmungen des Stiftungsrechtes in Betracht.

2 Das ZGB verwendet den Begriff der **Anstalt** (SPRECHER/VON SALIS, Frage 3) in Art. 52 als Gegensatz zu den körperschaftlich organisierten **Personenverbindungen** und als Oberbegriff für alle Arten von Stiftungen. Das schweizerische Privatrecht kennt nur eine Art des personifizierten Zweckvermögens, nämlich die Stiftung (PEDRAZZINI/OBER-HOLZER, 253). Art. 59 erwähnt überdies öffentlich-rechtliche Erscheinungsformen (Beispiele bei SPRECHER/VON SALIS, Frage 12) und behält für sie im Sinne eines sog. unechten, d.h. gegenüber Art. 6 Abs. 1 lediglich wiederholenden Vorbehaltes die Anwendung des öffentlichen Rechtes vor. Rechtlich ohne unmittelbare Bedeutung ist die landläufige, sich an der Art des personifizierten Zweckvermögens orientierende Unterscheidung in

Anstalten mit besonderen **Einrichtungen** (Spitäler, Schulen, Kirchen) und Stiftungen mit blossem Kapital (ZK-EGGER, N 7).

Nach Massgabe ihrer Zwecksetzung lassen sich die Stiftungen in **klassische, normale** 3 oder **gewöhnliche** und in drei rechtliche Sonderformen, nämlich in **Familien-, kirchliche** und **Personalfürsorgestiftungen** unterteilen, für welche je einige besondere Vorschriften, nämlich Art. 52 Abs. 2 und 87 für die kirchlichen und Familienstiftungen, Art. 89bis für die Personalfürsorgestiftungen und Art. 335 für die Familienstiftungen gelten. Überdies ist auf die faktische Sonderform der **Unternehmensstiftung** (Vorbem. zu Art. 80–89bis N 13 ff.) und auf Mischformen, d.h. auf sog. **gemischte Stiftungen,** sowie auf öffentlich-rechtliche Stiftungen hinzuweisen. BRÜCKNER (Personenrecht, 397 ff.) unterscheidet nach tatsächlichen Kriterien in **klassische** und in **funktionale Stiftungen,** welch letztere sich dadurch auszeichnen, dass sie ihre Zuwendungstätigeit nicht aus der (Anfangs-)Dotation und aus den Erträgen hieraus, sondern aus laufend erhobenen Beiträgen und Subventionen bzw. aus laufend erwirtschafteten Erträgen finanzieren.

II. Stiftungsgeschäft

Das eigentliche **Stiftungsgeschäft** bzw. der Stiftungsakt ist ein einseitiges, nicht emp- 4 fangsbedürftiges, auf die Errichtung einer selbständigen Stiftung gerichtetes Rechtsgeschäft unter Lebenden oder von Todes wegen (BK-RIEMER, N 3 ff.). Es ist nach dem **Willensprinzip** auszulegen, d.h. entscheidend ist, was der Erklärende gewollt hat und nicht, was ein in diesem Sinne nicht vorhandener Erklärungsempfänger nach dem **Vertrauensprinzip** verstehen durfte (BGE 108 II 393; 108 II 278; 93 II 444). Inhaltlich geht es um ein Verpflichtungsgeschäft (BK-RIEMER, N 15), während die auf ihm beruhenden Verfügungen lediglich dessen Erfüllung bedeuten. Für die Rechtswirkung des Stiftungsgeschäftes ist weder die Zustimmung der Organe, noch der Destinatäre (PEDRAZZINI/OBERHOLZER, 255), noch irgendwelcher Behörden erforderlich. Wie jedes einseitige Rechtsgeschäft setzt es jedoch die Geschäftsfähigkeit des Handelnden nebst der Vollständigkeit und genügenden Bestimmtheit der Aussage und das Fehlen eines wesentlichen Irrtums, einer arglistigen Täuschung, einer Drohung oder von Zwang voraus (GUTZWILLER, SPR II, 587). Die Stiftungserrichtung kann vom Eintritt einer Suspensivbedingung abhängig gemacht werden, womit die betroffene Stiftung rechtlich erst im Zeitpunkt des Eintritts der Bedingung entstehen kann (SPRECHER/VON SALIS, Frage 31).

Inhaltlich lässt sich das Stiftungsgeschäft in drei unabdingbare **Willensäusserungen** 5 unterteilen: Den Willen, eine selbständige Stiftung zu errichten, die Bezeichnung des zu widmenden Vermögens und die Umschreibung des besonderen Zweckes (SPRING, 6; BK-RIEMER, N 19). Diese **essentialia negotii** gehören in das Stiftungsgeschäft selbst, d.h. formell in die Errichtungsurkunde oder in die letztwillige Verfügung, welche die Stiftung begründet. Sie sind nicht an Organe der Stiftung oder an Dritte delegierbar und lassen sich daher auch nicht in ein Reglement verweisen.

III. Vermögenswidmung

1. Allgemeines

Das **Stiftungsvermögen** ist die notwendige bzw. realistische Ergänzung zum i.d.R. idea- 6 listisch inspirierten Stiftungszweck. Es ist gleichbedeutend mit den **Mitteln,** mit deren Einsatz und Hilfe die Stiftungsorgane den Stiftungszweck zu verfolgen haben. Das Stiftungsvermögen muss objektiv **bestimmt** oder zumindest **bestimmbar** (z.B. «nach Ausrichtung der Pflichtteile» oder «Restvermögen») und aus dem Vermögen des Stifters ausgeschieden, d.h. gewidmet sein sowie tatsächlich zur Erfüllung des Stiftungszweckes zur Verfügung stehen. Eine Vermögensübereignung ist nicht vorgeschrieben, vielmehr genügt die Begründung einer schuldrechtlichen Verpflichtung, Vermögenswerte zu übertragen (HAUSHEER/AEBI-MÜLLER, Rz 19.16). Es kann sich aus **beliebigen Vermögenswerten,** aus dinglichen oder persönlichen Rechten aller Art, unter Einschluss von Bargeld, Wertpapieren, Grundstücken, Fahrnis, Immaterialgüterrechten, Forderungen – auch gegen den Stifter selbst – etc. zusammensetzen (BGE 99 II 261 f.; 75 I 269; 51 II 469 f.; und Art. 89bis Abs. 4; SPRECHER/VON SALIS, Frage 38). Das Vermögen der Stiftung hat deren Zwecke zu dienen und muss daher auf diese ausgerichtet sein. Durch Widmung von für die gewünschte Zweckverfolgung ungeeignetem Vermögen ensteht keine lebensfähige Stiftung (SPRECHER/VON SALIS, Frage 36). An die **Zweckeignung** oder **Zwecktauglichkeit** des Vermögens ist jedoch kein allzu strenger Massstab anzulegen, sofern es die Organe mindestens in der Hand haben, durch geeignete Massnahmen zu zwecktauglichen Mitteln zu kommen.

2. Vermögenshöhe

7 Die **Höhe** des Stiftungsvermögens ist grundsätzlich in das Belieben des Stifters gestellt (HAHNLOSER, 17), muss jedoch dem Zweck **angemessen** sein («*proportionné au but*» BGE 108 II 263; 99 II 261; 96 II 296 f.; SPRING, 7), in einem vernünftigen Verhältnis zum Stiftungszweck stehen (EDI, Leitfaden, Ziff. 4), bzw. gerade noch ausreichen (HAUSHEER/AEBI-MÜLLER, Rz 19.17). Das EDI als regelmässige eidgenössische Stiftungsaufsichtsbehörde verlangt i.d.R. ein Anfangskapital von **CHF 50 000.–** (EDI, Leitfaden, Ziff. 4; SPRECHER/VON SALIS, Frage 33; SPRING, 7). Bei zu geringem **Anfangskapital** muss mindestens mit weiteren, hinreichenden Zuwendungen ernsthaft gerechnet werden können, wobei es Sache des Stifters ist, die erforderlichen Zusicherungen, glaubwürdigen Absichtserklärungen etc. vorzulegen (VPB 1988, 331). Dies ist bei mit einem pro forma Anfangskapital errichteten **Personalfürsorgestiftungen** regelmässig der Fall, wenn mit lohnsummenabhängigen weiteren Beiträgen des Arbeitgebers und des Arbeitnehmers gerechnet werden kann. Eine Ertragsgarantie, nicht aber eine widerrufliche Schenkung, genügt als Vermögensnachweis (BGE 108 II 254 ff., insb. 264). Die Hoffnung auf Spenden oder auf positive Ergebnisse öffentlicher Sammlungen genügt bei klassischen oder gewöhnlichen Stiftungen i.d.R. nicht (VPB 1988, 332; HAHNLOSER, 17, FN 12).

8 In klaren Fällen einer Unterdotierung ist damit zu rechnen, dass die Aufsichtsbehörde die Übernahme der Aufsicht oder die Handelsregisterbehörde den Eintrag ins Handelsregister verweigert und der verhinderte Stifter sich nach einer anderen, geeigneteren Rechtsform umsehen, und z.B. als Alternative einen **Förderverein** ins Leben rufen muss (zur Frage der geeigneten Rechtsform im Verhältnis von Stiftung zu Verein allgemein: BK-RIEMER, Die Vereine, syst. Teil N 305 ff., insb. N 316 f.; vgl. auch SPRECHER/VON SALIS, Frage 13). Eine ungeachtet ungenügenden Vermögens im Handelsregister eingetragene Stiftung ist durch Verfügung der Aufsichtsbehörde zu löschen, oder von dieser gemäss Art. 83 Abs. 3 einer anderen Stiftung mit möglichst gleichartigem Zwecke zuzuführen (PEDRAZZINI/OBERHOLZER, 255; HAUSHEER/AEBI-MÜLLER, Rz 19.17).

3. Äufnungsklauseln

9 In das Umfeld der Vermögenswidmung gehören sog. **Äufnungsklauseln,** nach welchen Erträge und weitere Zuwendungen so lange zum Kapital zu schlagen sind, bis dieses eine bestimmte bzw. angemessene Höhe erreicht (SPRECHER/VON SALIS, Frage 37). RIEMER erachtet derartige Bestimmungen im Stiftungsstatut nur dann für sinnvoll, wenn in ab-

sehbarer Zeit mit bedeutenden weiteren Zuwendungen des Stifters oder Dritter gerechnet werden kann (BK-RIEMER, N 30 ff.; SPRING, 7). Kaum bedenklich sind demgegenüber statutarische Bestimmungen, welche bei ausreichend vorhandenen Mitteln die Aufnahme oder Intensivierung der eigentlichen Stiftungstätigkeit zeitlich, z.B. bis zum Ableben des Stifters, aufschieben. Unproblematisch sind i.d.R. insb. grosszügige **Ausschüttungs-klauseln,** d.h. Bestimmungen in der Stiftungsurkunde, welche dem Stiftungsrat Anweisungen über die Ausschüttungspolitik geben oder gar jährliche Ausschüttungsquoten vorschreiben.

4. Sonderrechte

Den Äufnungsklauseln ähnlich sind die sog. **Sonderrechte.** Gemeint sind damit gegen-   **10** über der Erfüllung des Stiftungszwecks vorbehaltene Rechte zugunsten individuell bestimmter Einzelpersonen auf Nutzung, Benutzung, Gebrauch oder Verbrauch von Substanz oder von Erträgen des Stiftungsvermögens (SPRECHER/VON SALIS, Frage 51; BK-RIEMER, Die Stiftungen, syst. Teil N 368 ff.). Derartige Sonderrechte sind ein nicht seltenes Mittel, mit welchem der Stifter, z.B. sich selbst oder ihm nahe stehenden Personen die lebzeitige Nutzung am Stiftungsvermögen oder bestimmten Teilen desselben vorbehält, ohne deshalb die Stiftungserrichtung oder Vermögenswidmung aufzuschieben. Sie sind grundsätzlich zulässig (vgl. BGE 79 II 118 f.; 76 I 39 ff. 75 II 24 f.), soweit die vorbehaltenen Leistungen objektiv bestimmt oder bestimmbar sind (BK-RIEMER, Die Stiftungen, syst. Teil N 377).

5. Sondervermögen

So wenig das Gesetz den Begriff von Sonderrechten kennt, so wenig ist darin derjenige   **11** des **Sondervermögens,** von (Spezial-)**Fonds,** Zuwendungen oder **unselbständigen Stiftungen** (zu diesen vgl. N 1) enthalten (SPRECHER/VON SALIS, Frage 11; BK-RIEMER, Die Stiftungen, syst. Teil N 419 f.). Es geht inhaltlich um Vermögensteile von Stiftungen, welche zufolge einer Auflage oder auf vertraglicher Grundlage (z.B. Treuhandvertrag) nicht oder nur eingeschränkt zur Erfüllung des eigentlichen Stiftungszweckes, oder (z.B. aus steuerrechtlichen Gründen) nur zur Erfüllung eines Teilzweckes zur Verfügung stehen, ohne selbst zur eigenständigen Stiftung mit Rechtspersönlichkeit zu werden. Gegebenenfalls empfiehlt sich die Aufnahme einer Bestimmung in die Stiftungsstatuten, welche den Stiftungsrat zur Entgegennahme und ev. getrennten Verwaltung derartiger Vermögen ermächtigt. Namentlich bei Zustiftungen kommt es vor, dass der Spender Mittel nicht voraussetzungslos, d.h. zur Verwendung im Rahmen des Stiftungszweckes gibt, sondern für ein spezifisches Projekt oder unter Auflagen. Dies ist i.d.R. so lange unproblematisch, als sich die Vorgaben für die Mittelverwendung im Rahmen des Stiftungszweckes bewegen.

IV. Besonderer Zweck

1. Allgemeines

Der Zweck wird auch als die **Seele** (HINDERMANN, 227; SPRING, 9), das **Herzstück** oder   **12** der **Kern** der Stiftung bezeichnet, welcher deren Persönlichkeit ausmacht (SPRECHER/ VON SALIS, Frage 42). Er definiert die **Aufgabe** und das **Ziel** (Ergebnis) der Stiftung (BK-RIEMER, N 36) und beinhaltet damit die wichtigste Verhaltensmaxime für die Stiftungsorgane. Er umschreibt ferner den Kreis der Destinatäre oder Begünstigten der Stiftungen, welche die eigentlichen **Adressaten** der **Zweckverwirklichung** sind (BK-RIEMER, N 37).

Harold Grüninger

13 Die von schweizerischen Stiftungen verfolgten Zwecke zeugen von einer unerschöpflichen, das ganze Spektrum menschlicher Wohltätigkeit, Gemeinnützigkeit und Kultur abdeckenden Vielfalt (GUTZWILLER, SPR II, 582). Nicht von ungefähr ist die Stiftung die Rechtsform par excellence für die dauerhafte Umsetzung privater Initiativen (SPRECHER/VON SALIS, Frage 43). Diese Vielfalt ist ein Ausfluss aus der **Stiftungs-** bzw. **Stifterfreiheit,** welche die Freiheit der Zweckumschreibung mit umfasst. Entsprechend ist weitgehend anerkannt, dass der Zweck in den Schranken der Rechtsordnung beliebig, also irgendeiner sein kann (SPRING, 10; ZK-EGGER, N 9; vgl. BGE 99 II 263; 96 II 89; 89 II 440) unter Einschluss von ausgefallenen oder skurrilen Zwecken (vgl. BK-RIEMER, N 46 und GUTZWILLER, SPR II, 581 f., der allerdings einschränkend bemerkt, das Recht stehe für gewisse, gelegentlich in den USA beliebte Scherze nicht ein). Das Wort *«besonders»* in der Formulierung «für einen *besonderen* Zweck» («but *spécial*», «a fine *particolare*») hat nach Auffassung von RIEMER (BK, N 43 ff.) unter Berücksichtigung der Materialien lediglich füllenden Charakter und keine eigenständige Bedeutung. Immerhin ist damit nach normalem Wortverständnis angedeutet, dass der Zweck der Stiftung einen minimalen Grad an Bestimmtheit aufweisen sollte.

14 Bei der Zweckformulierung sind die **allgemeinen Schranken der Rechtsordnung** zu beachten. Insbesondere darf der Zweck weder gegen objektiv zwingendes Recht, noch gegen fundamentale sittliche Anschauungen verstossen (SPRECHER/VON SALIS, Frage 49; PEDRAZZINI/OBERHOLZER, 255). Er muss überdies **möglich** sein (vgl. BREITSCHMID in AJP 1999, 885, betreffend einen unveröff. BGE 5C. 140/1998 vom 28.1.1999, wonach eine auf die Feststellung einer absoluten historischen Wahrheit gerichtete Stiftung im Grunde einen unmöglichen Zweck verfolgt).

15 Der Zweck muss einigermassen **bestimmt** bzw. **hinreichend deutlich** (ZK-EGGER, N 10) sein. Der Stifter soll den Stiftungsorganen mindestens Anhaltspunkte geben, was sie mit dem Stiftungsvermögen anzufangen haben, und kann ihr Wirken nicht vollständig in ihr Belieben stellen. Eine ganz allgemein gehaltene Zweckumschreibung wie etwa «karitative Zwecke» ohne weitere präzisierende Angaben ist daher problematisch und zu vermeiden. In Zweifelsfällen ist allerdings eine Auslegung *in favorem negotii* zur Rettung des Stiftungsgeschäftes in Betracht zu ziehen (vgl. GUTZWILLER, SPR II, 582; BGE 99 II 261 f.). Für RIEMER (BK, N 39) muss jede Stiftung mindestens in den Grundzügen der Zweckumschreibung vom Stifterwillen beherrscht und der Verfügung der Stiftungsorgane und von Dritten entzogen sein. Hingegen ist von einer zu **engmaschigen** Zweckumschreibung, welche der künftigen Entwicklung kaum Raum lässt und alsbald zur Abänderungsproblematik führen kann, abzuraten (SPRING, 9 f.; BK-RIEMER, N 38). Dasselbe gilt für längere philosophische oder religiöse Abhandlungen des Stifters, für welche – soweit sie sich nicht gänzlich vermeiden lassen – eine Präambel der geeignete Ort sein mag (SPRING, 9).

16 Rechtsansprüche der vom Gesetz nur im Zusammenhang mit Personalfürsorgestiftungen (und neuerdings in Art. 83a) erwähnten **Destinatäre** sind zuweilen statutarisch ausgeschlossen, womit sich der Handlungsspielraum der Stiftungsorgane bezüglich Vergabungen erhöht. Vereinzelt enthalten Stiftungsstatuten überdies Bestimmungen über die Ausschüttungspolitik (bspw. jährlich sind drei Viertel der Erträge oder 5% des Stiftungsvermögens für die Zweckerfüllung zu verwenden) oder darüber, ob das Vermögen zur Erfüllung der Stiftungszwecke angegriffen bzw. aufgebraucht werden darf oder gar soll.

2. Wirtschaftliche Zwecke

17 RIEMER vertritt im Berner Kommentar zum Stiftungsrecht (BK-RIEMER, Die Stiftungen, syst. Teil N 392 ff.) und in späteren Publikationen (RIEMER, Rechtsprobleme, 498 ff.;

DERS., Unternehmensstiftung, 11 ff.; DERS., Revisionsbestrebungen, 5 ff.; DERS., BK, Das Personenrecht, syst. Teil N 82; DERS., Wirtschaftlicher Zweck, 11 ff.) die im Zusammenhang mit der Frage nach der Zulässigkeit von Unternehmensstiftungen (vgl. Vorbem. zu Art. 80–89bis N 15 ff.) entwickelte, aber ganz allgemein vertretene Auffassung, Stiftungen seien ausschliesslich zu **idealen,** bzw. *ideellen* (vgl. SPRECHER/VON SALIS, Frage 44; PEDRAZZINI/OBERHOLZER, 256), nicht aber zu **wirtschaftlichen Zwecken** zulässig. Ein verpönter wirtschaftlicher Zweck sei dann anzunehmen, «wenn Leistungen der Stiftung (in Geld oder natura) ihren Destinatären – wie bei Aktiendividenden – *voraussetzungslos* zufliessen sollen, d.h. ohne dass auf ihrer Seite eine *besondere Bedarfssituation* (z.B. wirtschaftliche Bedürftigkeit, Verfolgung eines Forschungsprojektes) oder ein sonstiger *besonderer* Leistungsgrund (z.B. wissenschaftliche Verdienste) vorliegt …; eine voraussetzungslose Leistung (zugunsten des Unternehmens) – und damit ein wirtschaftlicher Stiftungszweck – liegt auch vor, wenn bei einer Unternehmensstiftung der Stiftungszweck einzig darin besteht, das Unternehmen – mittels Verbleibens der Unternehmenserträgnisse im Unternehmen oder Rückflusses an dieses – zu erhalten (‹perpetuum mobile›-Stiftung …)» (BK-RIEMER, Das Personenrecht, syst. Teil N 82).

18 RIEMER (BK, Die Stiftungen, syst. Teil N 403 ff.; DERS., Revisionsbestrebungen, 6 f.; DERS., Rechtsprobleme, 502 f.; DERS., Die Unternehmensstiftung, 12 f.; DERS., Wirtschaftlicher Zweck, 11 ff.) begründet seinen Standpunkt namentlich mit folgenden Argumenten: Zunächst sei der ideale Zweck ein **ungeschriebenes,** aber für den Gesetzgeber **selbstverständliches Begriffselement** der Stiftung, die seit jeher geradezu als Inbegriff einer juristischen Person mit idealem Zweck gelte. Dies ergebe sich überdies aus der Einordnung des Stiftungsrechts im Zivilrecht im Gegensatz zum Handelsrecht. Ferner verfüge die Stiftung über einen **Namen** (Art. 101 lit. b HRegV) und nicht über eine für wirtschaftliche Zwecke verfolgende Personen typische *Firma.* Sodann setze die **«Angehörigkeit»** zu einem Gemeinwesen i.S.v. Art. 84 Abs. 1 eine ideale Zwecksetzung voraus. Ebenso seien die Sorgepflichten der öffentlichen Hand im Zusammenhang mit der **staatlichen Beaufsichtigung** gemäss Art. 84 Abs. 2 nur bei idealem Zweck denkbar, weil sich sonst Staatsbeamte u.U. um unternehmerische Risiken zu kümmern hätten, was unmöglich in ihren Aufgabenbereich fallen könne. Die Perpetuierung des Willens einer einzelnen Privatperson leite ihre ganze innere Berechtigung und Begründung allein aus dem idealen Zweck der Stiftung ab. Schliesslich sei das Stiftungsrecht namentlich im Bereiche des **Gläubigerschutzes** nicht auf kaufmännische Unternehmen ausgerichtet und könne es nicht die Meinung des Gesetzgebers sein, praktisch eine Aktiengesellschaft in der Rechtsform einer Stiftung zu dulden (RIEMER, Revisionsbestrebungen, 7).

19 Verschiedene Autoren, namentlich LIVER (ZBJV 1976, 317 Anm. 1b), NOBEL (Anstalt und Unternehmen, 582 Anm. 1), PORTMANN (57 ff.) und zurückhaltender DRUEY (Rechtsgültigkeit, insb. 174 f.) nebst GRÜNINGER (Diss., 39 ff. und Unternehmensstiftung, 24 f.) haben sich gegen RIEMERS These der verpönten wirtschaftlichen Zwecksetzung ausgesprochen. Im Kern geht die **Kritik** dahin, die **Rechtsgeschäftsfreiheit** allgemein und die **Stiftungsfreiheit** im Besonderen lasse eine Beschränkung auf ideale Zwecke nicht zu, für welche im Gesetz auch durch Auslegung keine überzeugende Stütze auszumachen sei. Überdies betont FORSTMOSER (Stiftungen mit wirtschaftlichem Zweck verbieten, NZZ **Nr.** 148 vom 28.6.1994, 15), dass bisher noch jede vom Gesetzgeber vorgenommene Einschränkung auf wirtschaftliche oder nichtwirtschaftliche Zwecke – insb. beim Verein, der GmbH und der Genossenschaft – versagt hat, so dass feststehe, dass eine Beschränkung einer Organisationsform auf nur wirtschaftliche oder nur nichtwirtschaftliche Ziele nicht praktikabel sei.

20 Der Begriff der **wirtschaftlichen Zweckverfolgung** wird für körperschaftlich ausgestaltete Organisationsformen als Streben nach geldwerten Vorteilen zugunsten von **Mitglie-**

dern definiert (MEIER-HAYOZ/FORSTMOSER, 103 ff.). Die Stiftung hat zufolge ihrer anstaltlichen Ausgestaltung keine Mitglieder als Leistungsempfänger, sondern bestenfalls **Destinatäre.** Die auf Körperschaften zugeschnittene Umschreibung des wirtschaftlichen Zweckes ist daher für die Stiftung untauglich, weshalb dann auch RIEMER auf eine andere, an den Destinatären orientierte Definition des wirtschaftlichen Zweckes abstellt. RIEMER verwendet damit einen Begriff im Stiftungsrecht, der mehr verspricht als er zu leisten vermag, weil sein Inhalt zufolge der anstaltlichen Ausgestaltung der Stiftung einen anderen Kerngehalt als bei den Körperschaften hat. Er ist überdies durch grundsätzliche Kontroversen im Vereinsrecht vorbelastet (NOBEL, Anstalt und Unternehmen, 582 Anm. 1; MENGIARDI, 216 f.), weshalb das Stiftungsrecht auch *de lege ferenda* besser auf ihn verzichtet.

21 Die **staatliche Stiftungsaufsicht** ist m.E. nicht als eine Art staatliche Förderung – bei den Unternehmensstiftungen als Wirtschaftsförderung – zu begreifen. Die Stiftungsaufsicht soll Missbräuchen und Missständen entgegenwirken. Ihre Aufgabe besteht wie diejenige der Aufsicht über Banken und Versicherungen nicht darin, anstelle oder neben den zuständigen Stiftungsorganen, die Vermögensverwaltung und damit bei den Unternehmensstiftungen u.U. die Unternehmensführung zu übernehmen, sondern beschränkt sich auf eine Überwachung und auf Missbrauchsbekämpfung.

22 Das **Bundesgericht** (vgl. Vorbemerkungen N 25) hat die Kontroverse um die Zulässigkeit von sog. **wirtschaftlichen Zwecken** in einem wegleitenden Entscheid geklärt und festgehalten, dass ein wirtschaftlicher Stiftungszweck zulässig ist (BGE 127 III 337). *Die Rechtsgeschäftsfreiheit allgemein und die* **Stiftungsfreiheit** *im Besonderen lassen eine Beschränkung auf ideale Stiftungszwecke nicht zu* (BGE 127 III 340). Subjektiv historische Auslegungselemente aus der Zeit des Erlasses des Zivilgesetzbuches vor bald hundert Jahren vermögen auch angesichts der Rechtswirklichkeit keine im Gesetz nicht vorgesehene Beschränkung der Stiftungszwecke zu begründen (BGE 127 III 341; SCHWEIZER, 59 ff.).

Art. 81

II. Form der Errichtung	[1] **Die Stiftung wird durch eine öffentliche Urkunde oder durch eine Verfügung von Todes wegen errichtet.** [2] **Die Eintragung in das Handelsregister erfolgt auf Grund der Stiftungsurkunde und nötigenfalls nach Anordnung der Aufsichtsbehörde unter Angabe der Mitglieder der Verwaltung.** [3] **Die Behörde, welche die Verfügung von Todes wegen eröffnet, teilt dem Handelsregisterführer die Errichtung der Stiftung mit.**
II. Forme	[1] La fondation est constituée par acte authentique ou par disposition pour cause de mort. [2] L'inscription au registre du commerce s'opère à teneur de l'acte de fondation et, au besoin, suivant les instructions de l'autorité de surveillance; elle indique les noms des membres de la direction. [3] L'autorité qui procède à l'ouverture de la disposition pour cause de mort avise le préposé au registre du commerce de la constitution de la fondation.
II. Forma	[1] La fondazione è costituita per atto pubblico o per disposizione a causa di morte.

² L'iscrizione nel registro di commercio si eseguisce secondo l'atto di fondazione od, occorrendo, secondo le istruzioni dell'autorità di vigilanza; indica inoltre i nomi dei membri dell'amministrazione.

³ L'autorità che procede alla pubblicazione della disposizione a causa di morte comunica all'ufficiale del registro di commercio la costituzione della fondazione.

I. Stiftungsfähigkeit

Zur Stiftungserrichtung durch eine **natürliche Person** bedarf es grundsätzlich der Mündigkeit (ZK-EGGER, N 2). Entmündigte können nach Vollendung des 18. Altersjahres Stiftungen letztwillig errichten, falls sie **urteilsfähig** sind (Art. 467). Zulasten von Bevormundeten und von unter elterlicher Gewalt stehenden Kindern (Art. 304 Abs. 3) können gemäss Art. 408 keine Stiftungen errichtet werden. Unter dem Güterstand der **Gütergemeinschaft** lebende **Ehegatten** bedürfen für Verfügungen und damit auch für Stiftungserrichtungen unter Lebenden zulasten des Gesamtgutes – nicht aber zur Stiftungserrichtung von Todes wegen – der Zustimmung ihres Partners (Art. 222 Abs. 3). Die unter dem alten Eherecht erforderliche Zustimmung des Ehemannes (BK-RIEMER, N 8) zu Stiftungen seiner Ehefrau, die nicht zulasten des Sondergutes oder unter dem Güterstand der Gütertrennung erfolgten, kennt das mit Wirkung per 1.1.1988 rev. Eherecht nicht mehr. Unter dem ordentlichen Güterstand der **Errungenschaftsbeteiligung** verfügt jeder Ehegatte – unter Vorbehalt der Hinzurechnung gemäss Art. 208 – eigenständig über seine Errungenschaft und sein Eigengut, nicht aber über Miteigentum (Art. 201 Abs. 1 und 2). Die Zustimmung des Ehegatten kann für die Berechnung des Vorschlags gemäss Art. 208 Abs. 1 Ziff. 1 Bedeutung erlangen, indem in den letzten fünf Jahren vor Auflösung des Güterstandes ohne Zustimmung erfolgte unentgeltliche Zuwendungen zur Errungenschaft hinzuzurechnen sind.

1

Auch **juristische Personen** können Stiftungen errichten, wobei auf die interne Zuständigkeit zu achten ist. Bei den **Aktiengesellschaften** und **Genossenschaften** ist nach RIEMER (BK, N 4) gemäss Art. 674 Abs. 3 OR (welche Bestimmung unter der per 1.7.1991 in Kraft getretenen Revision des Aktienrechts nur unwesentlich verändert wurde) bzw. Art 863 Abs. 3 OR für die Errichtung von Wohlfahrtseinrichtungen (Personalfürsorgestiftungen) immer die **Generalversammlung** zuständig, während für die übrigen Stiftungen mangels gegenteiliger Regelung im Gesetz oder in den Statuten die allgemeine Kompetenzvermutung des Art. 716 Abs. 1 OR zugunsten des Verwaltungsrates spricht, welcher diese Zuständigkeit unter Beachtung von Art. 716b OR aufgrund eines Organisationsreglementes auch delegieren kann. Bei den **Vereinen** ist für die Errichtung jeder Art von Stiftung die **Vereinsversammlung** zuständig, es sei denn, die Statuten hätten diese Kompetenz auf ein anderes Organ übertragen. Sogar Stiftungen selbst können Stiftungen errichten, jedenfalls wenn ihnen diese Befugnis in den Stiftungsstatuten eingeräumt ist (SPRECHER/VON SALIS, Frage 27 und 193).

2

Schliesslich ist auf die Möglichkeit der Stiftungserrichtung durch einen **Beauftragten** i.S. eines indirekten Stellvertreters, insb. durch einen **Treuhänder** und damit auf sog. **fiduziarische Stiftungserrichtungen** hinzuweisen (SPRECHER/VON SALIS, Frage 30). Dem materiellen, wirtschaftlichen oder wirklichen Stifter ist es unbenommen, als formellen Stifter einen Beauftragten einzusetzen. Allerdings wird er gegenüber seinem Beauftragten sicherstellen wollen, dass dieser auch nach der Stiftungserrichtung, z.B. im Falle eines **Änderungsvorbehaltes** (Art. 86a) oder Vermögensrückfalls, die Interessen seines Auftraggebers wahrnimmt.

3

II. Errichtungsformen

1. Im Allgemeinen

4   Die Stiftungsurkunde muss entweder der Form der **öffentlichen Urkunde** oder der **Verfügung von Todes wegen** genügen. Diese Formerfordernisse gelten ausschliesslich für die **essentialia negotii**, d.h. für die Absichtserklärung, eine Stiftung zu errichten, die Umschreibung des Zweckes und des (Anfangs-)Vermögens (SPRING, 6). Der Stifter kann und ist i.d.R. gut beraten, nur die Grundzüge seiner Stiftung im **Stiftungsstatut** festzuschreiben und alles andere in ein **Reglement** zu verweisen und dessen Abänderung und u.U. sogar dessen Erlass den Stiftungsorganen zu überlassen (BGE 76 I 77 ff.). Das Stiftungsstatut sollte sich – wenn möglich – auf eine einfache, kurze und prägnante Umschreibung des Stiftungszweckes und auf folgende Regelungsgegenstände konzentrieren (SPRING, 6, 11 und 14): Name, Sitz, Organisation, Reglement, Revisionsstelle, Änderung, Aufhebung und ggf. ein Zweckänderungsvorbehalt (Art. 86a).

5   Für den Erlass von **Reglementen** genügt einfache **Schriftform** und zwar m.E. auch für das vom Stifter seiner testamentarisch errichteten Stiftung beigegebene Reglement (ZK-EGGER, N 5; ZEITER, N 497 ff.; **a.M.** BK-RIEMER, N 19). Der Respekt vor dem Willen des Stifters legt nahe, zugunsten der Verbindlichkeit von derartigen Reglementen i.S. des **favor negotii** zu entscheiden, wenn sie wenigstens den stiftungsrechtlichen Anforderungen genügen, d.h. in einfache Schriftform gekleidet und inhaltlich nicht zu beanstanden sind. Die Formvorschrift für letztwillige Verfügungen hat sich demnach auf die essentialia negotii zu beschränken (ZEITER, Erbstiftung, N 502).

6   Die Errichtung einer **testamentarischen Stiftung** empfiehlt sich nur in Ausnahmefällen. Zwar kann der potentielle Stifter bei dieser Errichtungsart, bis zu seinem Ableben jederzeit auf seine Stiftungsidee zurückzukommen, diese abändern oder aufgeben. Die erhöhte Flexibilität geht jedoch zulasten der Möglichkeit des Stifters, das von ihm geschaffene Gebilde selbst und zu seinen Lebzeiten aktiv mitzuprägen. Vor diesem Hintergrund ist ein **stufenweises Vorgehen,** d.h. eine Errichtung zu Lebzeiten mit einem kleinen Kapital, gefolgt von einer zusätzlichen Dotation der Stiftung als Vermächtnisnehmerin oder Erbin im Zeitpunkt des Ablebens des Stifters vorzuziehen (vgl. BGE 99 II 246; SPRECHER/VON SALIS, Frage 69). Der Stifter kann auf diese Weise seinem Werk einen unmittelbareren Atem einhauchen und seinen «Nachfolgern» ein Gebilde hinterlassen, welches bereits ein von ihm mitgeprägtes Eigenleben hat. Überdies lassen sich auf diese Weise Unwägbarkeiten, z.B. im Bereiche der Besteuerung, besser vermeiden oder korrigieren.

2. Öffentliche Urkunde

7   Der Begriff der **öffentlichen Urkunde** ist materiell oder inhaltlich vom Bundesrecht bestimmt, während die Kantone das formelle Verfahren zu deren Herstellung festlegen (vgl. BK-KUMMER, Art. 9 N 35 ff.; SchlT 55). Die gängige bundesgerichtliche Definition (BGE 99 II 161; 90 II 281) versteht die öffentliche Urkunde als eine Aufzeichnung rechtserheblicher Tatsachen oder rechtsgeschäftlicher Erklärungen durch eine vom Staat mit dieser Aufgabe betrauten Person, in der vom Staate geforderten Form und in dem dafür vorgesehenen Verfahren (vgl. BRÜCKNER, N 74 ff.).

8   In **örtlicher** Hinsicht wird aus Art. 55 Abs. 1 SchlT das **Prinzip der Freizügigkeit** abgeleitet, so dass ein Stifter seine Stiftungsurkunde nicht an seinem Wohnsitz- oder Heimat- oder in irgendeinem anderen bestimmten Kanton verurkunden lassen muss, sondern hierfür interkantonal ungebunden ist. Sogar im Ausland errichtete Urkunden werden i.d.R. von den Handelsregisterämtern angenommen (Art. 30 HRegV; BK-Riemer, Die Stiftun-

gen, syst. Teil N 542). Eine Einschränkung gilt in der Praxis für den Fall, dass das gewidmete Vermögen **Grundstücke** oder Rechte an solchen umfasst, welche in das direkte Eigentum der Stiftung übergehen sollen (BK-RIEMER, N 26). Die meisten Kantone lassen **ausserkantonal** entstandene öffentliche Urkunden über Rechte an im Kanton gelegene Grundstücke als Ausweis über den Rechtserwerb nicht genügen (BRÜCKNER, N 719 ff.). Zwar kann die Beurkundung der Stiftung auch in diesen Fällen irgendwo in der Schweiz und unter Einbezug aller Grundstücke erfolgen. Die Grundbuchämter, in deren Gebiet ein Grundstück liegt, wird jedoch i.d.R. als Ausweis für die Eintragung der Stiftung als Eigentümerin im Grundbuch und für die gerichtliche Durchsetzung im Kanton eine **Zusatz- oder Vollzugsbeurkundung** am Ort der gelegenen Sache verlangen (grundlegend: BGE 46 II 391 ff.; zuletzt bestätigt in 113 II 501). Diese Praxis ist in der Doktrin auf Kritik gestossen. Insbesondere BRÜCKNER (N 719 ff. und 2306 f.) sieht von Bundeszivilrechts wegen keine ernsthaften Gründe für diese einzig der Wahrung der kantonalen Gebietshoheit und kantonalen öffentlichen Interessen dienende Einschränkung der **Urkunden-Freizügigkeit.** Auf den Zeitpunkt der Stiftungserrichtung haben diese zusätzlichen oder vollziehenden Beurkundungen als stiftungsrechtlich irrelevantes Akzessorium allerdings keinen Einfluss (BK-RIEMER, N 26).

3. Verfügung von Todes wegen

Alternativ zur Stiftungserrichtung als Rechtsgeschäft unter Lebenden (bzw. eines Lebenden, vgl. BK-RIEMER, Art. 80 N 10) in öffentlicher Urkunde, sieht das ZGB die Errichtung in der Form der **Verfügung von Todes wegen** vor. Gemeint sind damit die drei in Art. 498 genannten Verfügungsformen, nämlich die **öffentliche Beurkundung,** d.h. das öffentliche Testament (Art. 499 ff.), das **eigenhändige** (holographe) **Testament** (Art. 505) und als Spezialfall die **mündliche Erklärung** (Art. 506 ff.) vor zwei Zeugen, d.h. das mündliche oder Nottestament sowie der **Erbvertrag** (Art. 512 ff.). ZEITER (Erbstiftung, 3) nennt die von Todes wegen errichtete Stiftung erbrechtliche oder kurz **Erbstiftung.**

9

Inhaltlich kann es sich bei der letztwilligen Verfügung um eine **Auflage** (Art. 482) auch an einen Vermächtnisnehmer (BGE 108 II 278 ff.), eine **Erbeinsetzung** (Art. 483), ein **Vermächtnis** oder Legat (Art. 484 ff.; BGE 108 II 278 ff.), eine **Ersatzverfügung** (Art. 487) oder um eine **Nacherbeneinsetzung** (Art. 488 ff.) handeln (BK-RIEMER, N 32 m.w.Nw.). Die Bestimmung des Art. 493 betr. Stiftungserrichtung stellt klar, dass auch eine erst auf den Todesfall hin entstehende Rechtsperson Erbin oder Vermächtnisnehmerin sein kann, womit für die Schweiz diese unter dem Stichwort des *Städelschen Erbfalls* bekannte Streitfrage des gemeinen Rechts durch den Gesetzgeber entschieden ist (BGE 96 II 284; BK-RIEMER, N 32).

10

4. Erbvertrag

Da das Stiftungsrecht bis zur **Teilrevision** vom 8.10.2004 unter den erbrechtlichen Verfügungsformen nur die letztwillige Verfügung, nicht aber den Erbvertrag erwähnte, hat das BGer in eingehender Auseinandersetzung mit der Entstehungsgeschichte und weiteren Auslegungselementen die Errichtung einer Stiftung durch Erbvertrag als **unzulässig** erklärt (BGE 96 II 273 ff., bestätigt in 105 II 253 ff.). Demnach liess sich eine Stiftung nicht durch eine beidseitig bindende erbvertragliche Bestimmung errichten.

11

Hingegen konnte ein Erbvertrag nebst Bestimmungen vertraglicher Art bereits vor dem 1.1.2006 anerkanntermassen auch letztwillige (testamentarische) und damit einseitig widerrufbare (Art. 509) Verfügungen enthalten (BGE 105 II 257). Sofern eine Stiftungserrichtung formell in einem **Erbvertrag,** materiell jedoch in einer frei widerrufbaren

12

letztwilligen Verfügung erfolgte, war sie daher schon unter bisherigem Recht zulässig und durchsetzbar. Welche Art der Verfügung von Todes wegen vorliegt, war durch Auslegung im Einzelfall zu ermitteln.

13 In der Doktrin ist die geschilderte, dem früheren Gesetzesbuchstaben verhaftete (BRÜCKNER, N 2305), auf rabulistischer *Wortklauberei* beruhende (KRAMER, Juristische Methodenlehre, Basel 1998, 61) Auslegung des Art. 81 Abs. 1 durch das BGer auf namhafte **Kritik** gestossen (Zusammenfassung bei ZEITER, Erbstiftung, 87 ff.). RIEMER (BK, N 43 ff.) schloss auf eine irrtümlich vom Gesetzgeber nicht beantwortete Frage und damit auf eine **echte Lücke** im Gesetz, welche i.S. der *Zulassung* der erbvertraglichen Stiftungserrichtung auszufüllen sei.

13a Seit dem 1. Januar 2006 verwendet das Gesetz den Oberbegriff **«Verfügung von Todes wegen»,** welcher auch den **Erbvertrag** umfasst, anstelle des früheren Begriffs der «letztwilligen Verfügung». Damit ist die Stiftungserrichtung durch Erbvertrag zugelassen (SPRECHER, Revision, 80). Sollte ein vor dem Inkrafttreten der Teilrevision am 1. Januar 2006 verurkundeter Erbvertrag die Errichtung einer **Erbstiftung** enthalten, ist dies m.E. jedenfalls für nach dem 1. Januar 2006 entstehende Stiftungen als gültige Errichtungsform anzusehen (Art. 1 und 4 SchlT ZGB).

III. Eintrag im Handelsregister

1. Registrierungspflicht

14 Privatrechtliche Stiftungen – ausgenommen die rein kirchlichen und Familienstiftungen – sind **eintragungsbedürftig.** Sie sind verpflichtet, sich im Handelsregister eintragen zu lassen, und erwerben die **Rechtspersönlichkeit** erst, d.h. **konstitutiv** mit dem Eintrag. Insoweit gilt das **System der Normativbestimmungen** bzw. des **Registerzwanges** (BK-RIEMER, N 98), d.h. es gilt der Grundsatz der Eintragungsbedürftigkeit mit Registerzwang (EDI, Leitfaden, Ziff. 7). Kirchliche und Familienstiftungen unterliegen demgegenüber dem **System der Errichtungsfreiheit,** sind aber **eintragungsfähig,** d.h. sie sind zur – in ihrem Fall lediglich deklaratorisch wirkenden – Eintragung im Handelsregister berechtigt, nicht aber verpflichtet (BK-RIEMER, N 89; GUTZWILLER, SPR II, 596 f.).

2. Rechtsverhältnisse bis zur Eintragung

15 Eine in gehöriger Form errichtete, eintragungsbedürftige Stiftung ist bis zum Eintrag einem Kind vor der Geburt **(nasciturus)** gemäss Art. 31 Abs. 2 vergleichbar, d.h. sie ist bedingt rechtsfähig (BGE 99 II 265 f.; 81 II 583), kann unter dem Vorbehalt der Eintragung Vermögen erwerben und ist entsprechend partei- und prozessfähig (BGE 103 Ib 8). GUTZWILLER (SPR II, 593 f.) spricht in diesem Zusammenhang von **Stiftungen ohne Rechtsfähigkeit** und sieht darin ein Rechtsverhältnis sui generis. RIEMER (BK, N 77) teilt die Auffassung des Bundesgerichtes bezüglich bedingter Rechtsfähigkeit nur für Stiftungserrichtungen von Todes wegen, weil ansonsten diese Stiftungen gar nicht unmittelbare Rechtsnachfolger des Stifters sein können. Für die unter Lebenden errichteten Stiftungen betont RIEMER (a.a.O.) demgegenüber den Charakter des Stiftungsgeschäftes als nichtempfangsbedürftiges, einseitiges Verpflichtungsgeschäft, das eine Verpflichtung zugunsten einer rechtlich noch nicht existierenden Person durchaus zulasse, womit sich die Annahme einer bedingten Rechtsfähigkeit erübrige. Vielmehr entstünden solche Stiftungen erst mit dem Eintrag im Handelsregister ohne vorherige Rechtsfähigkeit.

3. Widerruf

Familien- und **kirchliche Stiftungen** erlangen das Recht der Persönlichkeit mit der Ver- **16**
urkundung, bzw. – im Falle der Stiftungserrichtung von Todes wegen – mit dem Tod des
Stifters (BK-RIEMER, N 62). Sie sind ab diesem Zeitpunkt für den Stifter bzw. seine Erben grundsätzlich unwiderruflich. Für die **eintragungsbedürftigen Stiftungen** ist die
Frage nach einem Widerruf zwischen der Errichtung durch öffentliche Urkunde und dem
diese perfektionierenden Eintrag im Handelsregister umstritten (SPRECHER/VON SALIS,
Frage 108; dafür: LIVER, 319 f.; dagegen: BK-RIEMER, N 67 ff. m.w.Nw.). Das BGer hat
jedenfalls das Erlöschen des Stifterwillens in dieser Zeitspanne nicht ausgeschlossen
(BGE 99 II 264). RIEMER (BK, N 69 ff.) vertritt demgegenüber die Auffassung, der Stiftungsakt sei mit seiner formgültigen Verurkundung und vorbehältlich schwerwiegender
Mängel unwiderruflich. Wer eine Stiftung durch letztwillige Verfügung anordnet, kann
diese zeit seines Lebens jederzeit widerrufen. Eine durch Erbvertrag angeordnete Stiftungserrichtung können die Vertragschliessenden jederzeit durch schriftliche Übereinkunft aufheben (Art. 513). Ins Gesetz keinen Eingang gefunden hat die von der
parlamentarischen Initiative SCHIESSER unter dem Titel **Rückübertragung** geforderte
Möglichkeit eines allgemeinen Aufhebungs- oder Widerrufsvorbehalts in der Stiftungsurkunde (SPRECHER, Revision, 45 f.).

4. Anmeldung an das Handelsregister

Zur Eintragung im Handelsregister bedarf es der **Anmeldung** (ZK-EGGER, N 8). Zur **17**
Anmeldung legitimiert sind gemäss Art. 22 Abs. 2 HRegV (BGE 99 II 263) die **Organe
der zukünftigen Stiftung**, d.h. der Präsident oder sein Stellvertreter sowie der Sekretär
oder ein weiteres Mitglied des Stiftungsrates bzw., falls der Stiftungsrat aus nur einer
Person besteht, dieser Stiftungsrat. In **formeller** Hinsicht bedarf die von der Verwaltung
der Stiftung zu unterzeichnende Anmeldung i.d.R. der Angaben über Errichtungsdatum,
Namen, Sitz, Zweck und ggf. ein Zweckänderungsvorbehalt, Organisation, Vertretungs-
und Unterschriftsberechtigung, Revisionsstelle (Art. 102 HRegV) unter Beilage der Stiftungsurkunde im Original oder in beglaubigter Abschrift (Art. 102 HRegV) – empfehlenswert ist die Beilage von zwei Originalen oder beglaubigten Abschriften, wovon eine
für die Aufsichtsbehörde bestimmt ist (vgl. Art. 103 HRegV; BK-KÜNG, OR Art. 940
N 788). Für **Erbstiftungen** ist seit dem 1. Januar 2006 die **Eröffnungsbehörde** verpflichtet, dem Handelsregisterführer die Stiftungserrichtung mitzuteilen. Der Gesetzgeber wollte damit sicherstellen, dass Erbstiftungen nicht «vergessen» gehen (SPRECHER,
Revision, N 81). Diese Meldepflicht macht allerdings nur bei den eintragungsbedürftigen
klassischen und Personalfürsorgestiftungen, nicht jedoch bei kirchlichen und Familienstiftungen Sinn. Das Handelsregisteramt ist gegenüber der **Aufsichtsbehörde** melde-
pflichtig (Art. 103 HRegV).

Kommen die zur Anmeldung legitimierten zukünftigen Organe der Stiftung ihrer Auf- **18**
gabe nicht nach, kann jeder Interessierte **Beschwerde** bei der **Aufsichtsbehörde**
erheben, welche ihrerseits die Organe zur Wahrnehmung ihrer Pflicht **auffordert** und
im Falle von deren Renitenz die Anmeldung i.S. einer **Ersatzvornahme** selbst vornimmt
(BGE 112 II 8; 108 II 286; BK-RIEMER, N 91 f. m.w.Nw.). Ist ein Willensvollstrecker
eingesetzt, dann gehört es zu dessen Aufgaben, die Einrichtung einer testamentarischen
oder Erbstiftung nach den Anordnungen des Erblassers zu besorgen (BGer 5A. 29/2005
vom 16.12.2005). Mit der per 1. Januar 2006 in Kraft getretenen Teilrevision ist es für
sog. Erbstiftungen überdies Sache der Eröffnungsbehörde dem Handelsregisterführer
eine entsprechende Meldung zu erstatten. Die eine Stiftung verurkundende **Urkundsperson** sollte sich nach BRÜCKNER (N 1222 ff.) zur Vermeidung des falschen Anscheins der

Gültigkeit solcher Urkunden ebenfalls und auch ohne ausdrückliche kantonalrechtlich verankerte Pflicht – aber vorbehältlich gegenteiliger Instruktion durch die Klientschaft – als verpflichtet betrachten, eine Anmeldung zu bewirken.

19 Stiftungen fallen unter den Anwendungsbereich des *BRB betr. vorsorgliche Schutzmassnahmen für juristische Personen, Personengesellschaften und Einzelfirmen* (SR 531.54) und die bezügliche Vollziehungsverordnung (SR 531.541), beide *vom 12.4.1957*. Demnach kann der Stiftungsrat in öffentlicher Urkunde und ohne Mitwirkung der Aufsichtsbehörde für den Fall von **internationalen Konflikten** vorsorglich eine **Sitzverlegung** an einen von ihm bestimmten Ort im In- oder Ausland oder an den Ort des Sitzes der verfassungsmässigen schweizerischen Regierung vorsehen. Dieser Beschluss ist beim Eidg. Handelsregisteramt anzumelden, welches hierüber und über alle nachfolgenden Einträge ein **besonderes Register** führt und eine Abschrift an die am Ort des in Aussicht genommenen Sitzes zuständige diplomatische Vertretung sendet.

5. Prüfung durch den Registerführer

20 Der Registerführer hat gemäss Art. 940 OR *zu prüfen, ob die gesetzlichen Voraussetzungen für die Eintragung erfüllt sind.* Nach konstanter bundesgerichtlicher Rechtsprechung ist seine **Kognitionsbefugnis** hinsichtlich der registerrechtlichen bzw. **formellen** Voraussetzungen umfassend, für Belange des **materiellen** Rechts jedoch auf **offensichtliche** und **unzweideutige Gesetzeswidrigkeiten** beschränkt (BGE 119 II 465; 117 II 186; 114 II 68). In materiellen Zweifelsfällen hat der Registerführer die Eintragung vorzunehmen und die definitive Beurteilung ggf. dem Zivilrichter zu überlassen (BK-RIEMER, N 86 ff.). Der Handelsregisterführer wird z.B. einer Stiftung mit dem Bestandteil «Gesellschaft» im Stiftungsnamen die Eintragung verwehren, während er eine Unternehmensstiftung einträgt, sofern diese nicht offensichtlich gesetzwidrig ist. Soweit die Voraussetzungen erfüllt sind, haben die Betroffenen einen durchsetzbaren Anspruch auf Eintragung ins Handelsregister (BGE 120 II 377). Die Schweiz kennt für Stiftungen kein sog. **Konzessionssystem,** wonach die Rechtspersönlichkeit durch hoheitlichen Akt verliehen würde (BGE 120 II 381 f.).

20a Es empfiehlt sich sowohl das **Statut** als auch ein **Reglement** als Entwurf dem örtlich zuständigen **Handelsregister** im Rahmen der Planung einer Stiftung zur **freiwilligen Vorprüfung** zu unterbreiten (SPRECHER/VON SALIS, Frage 86). Diese führt nach allgemeiner Auffassung nicht zu einer anfechtbaren Verfügung im Sinne von Art. 5 VwVG. Umsichtige Stifter unterbreiten das Statut und Reglement überdies regelmässig der voraussichtlich zuständigen **Aufsichtsbehörde** und – zwecks Zusicherung der Steuerbefreiung – den zuständigen **Steuerbehörden** (SPRING, 17; HAHNLOSER, 18). Das EDI empfiehlt diese fakultative Vorprüfung, welche die Stiftungsfreiheit in keiner Weise schmälern, sondern vor unliebsamen Überraschungen schützen will (EDI, Leitfaden, Ziff. 6).

6. Prüfung durch die Aufsichts- und andere Behörden

21 Die Stiftung bedarf zu ihrer Errichtung keiner Genehmigung oder Konzession durch die **Aufsichtsbehörde.** Die Stiftungsfreiheit verträgt sich nicht mit einer **Zulässigkeitsprüfung** irgendwelcher Art (BGE 120 II 377; 70 I 209; BK-KÜNG, OR Art. 940 N 804 f.; vgl. Art 84 N 7 m.w.Nw.). Insbesondere kann die Aufsichtsbehörde den Eintrag einer Stiftung im Handelsregister nicht präventiv untersagen, wenn im Rahmen einer Vorprüfung Zweifel an der zweckkonformen Verwendung von Stiftungsmitteln auftreten (BGE 120 II 377). Die Prüfungsbefugnis bezüglich der gesetzlichen Voraussetzungen für die Errichtung einer Stiftung liegt nach Art. 940 Abs. 1 OR ausschliesslich beim Registerführer (SCHNYDER, ZBJV 132, 227). Er gibt der Aufsichtsbehörde entsprechend der Bestimmung des Art. 103 HRegV Kenntnis vom erfolgten Eintrag und fordert diese auf, die Übernahme der Aufsicht zu bestätigen. Gegenüber einer im Sinne von Art. 52 Abs. 3 widerrechtliche oder unzulässige Zwecke verfolgende Stiftung kann – oder muss – die Aufsichtsbehörde beim Richter Klage erheben (SCHNYDER, ZBJV 132, 228; BGE 120 II 379). Die in Art. 81 Abs. 2 angesprochenen *Anordnungen der Aufsichtsbehörden* im Rahmen der Errichtung, sind demgegenüber weitgehend toter Buchstabe geblieben (BGE 120 II 381).

7. Inhalt der Eintragung

Gemäss per 1. Januar 2006 revidiertem Art. 102 HRegV umfasst der Handelsregistereintrag das **Datum der Errichtung,** den **Namen mit Identifikationsnummer,** den **Sitz** (politische Gemeinde) und das Rechtsdomizil, die Rechtsform (= Stiftung), das Datum der Stiftungsurkunde bzw. der Verfügung von Todes wegen, den **Zweck** und ggf. einen Hinweis auf einen Zweckänderungsvorbehalt, die **Organisation,** die **Vertretung** und die **Art der Zeichnung** sowie die **Revisionsstelle** oder ein Hinweis auf eine Dispens hiervon. Eingetragen wird ferner die **Aufsichtsbehörde** sobald die nach Art. 103 HRegV einzuholende Übernahmeverfügung vorliegt. In jahrzehntelanger Praxis haben die Handelsregisterbehörden – analog ihrer Praxis bei den Vereinen – jeweils ausschliesslich den Eintrag von **zeichnungsberechtigten Organen** (insb. Stiftungsräten nebst dem Präsidenten; BK-RIEMER, Art. 83 N 6) verlangt (kritisch BK-KÜNG, Art. 940 OR N 815 ff.). Der Bundesrat hat diese Praxis im Rahmen der Anpassung der HRegV an das per 1. Januar 2006 teilrevidierte Stiftungsrecht umgestossen und in Art. 102 lit. g. HRegV sämtliche, auch die nicht zeichnungsberechtigten Mitglieder des obersten Stiftungsorgans zur Eintragung im Handelsregister verpflichtet. Die Stiftungen haben entsprechende Ergänzungen bis am 31. Dezember 2007 dem Handelsregister anzumelden (Art. 121 HRegV). **22**

Begründet wird diese, vom Zürcher Handelsregisteramt schon 1991 eingeführte Praxisänderung u.a. mit dem Gebot der **Transparenz** als ein wesentliches Anliegen der Foundation Governance (SPRECHER, Revision, N 360). Demnach sollen die haftenden Exekutivorgane aus dem Handelsregister ersichtlich sein (TH. SCHMID, 70 ff.). Das **BGer** hat diese **Praxisänderung** (BGE 120 II 137 ff.) **verworfen.** Der Gesetzestext von Art. 81 Abs. 2, wonach der Eintrag *unter Angabe der Mitglieder der Verwaltung* zu erfolgen hat, sei angesichts der aus der Stiftungsfreiheit abzuleitenden organisatorischen Freiheit der Stiftung nicht klar genug, um eine bis in das letzte Jahrhundert zurückreichende Praxis auf dem Weisungswege umzustossen. Hierzu fehlten auch angesichts keines einzigen bekannten Missbrauchsfalles die für eine Praxisänderung vorausgesetzten ernsthaften Gründe (BGE 120 II 143). Es ist erstaunlich, dass der Bundesrat die vom BGer verworfene Praxisänderung auf dem **Verordnungsweg** (Art. 102 HRegV) wieder einführt, ohne dass sich an der vom BGer beanstandeten mangelnden gesetzlichen Grundlage etwas geändert hätte. **23**

Der **Sitz** der Stiftung ist kein unabdingbarer Bestandteil des Stiftungsstatuts. Er befindet sich, wenn die Statuten es nicht anders bestimmen, am Ort der Verwaltung (Art. 56) und kann namentlich auch ein fliegender (z.B. am jeweiligen Wohnort des Präsidenten; SPRING, 12) sein. Diesfalls ist es Sache des Stiftungsrates, das Handelsregister und die Aufsichtsbehörde von Änderungen in Kenntnis zu setzen. Wie jede juristische Person kann auch eine Stiftung **Zweigniederlassungen** errichten und im Handelsregister eintragen lassen, sofern die üblichen Voraussetzungen, also namentlich eine gewisse Selbständigkeit und die Zugehörigkeit zu einem Gewerbebetrieb erfüllt sind (REBSAMEN, 304). **24**

8. Wirkung der Eintragung

25 In erster Linie bewirkt der Eintrag im Handelsregister – ausgenommen bei den kirchlichen und den Familienstiftungen – als Konstitutiverfordernis die volle **Rechtsfähigkeit** der Stiftung und die positive und negative Publizitätswirkung gemäss Art. 933 OR. Entgegen dem Antrag des Bundesrates sind die – obligatorisch oder fakultativ – im Handelsregister eingetragenen Stiftungen aufgrund der per 1.1.1997 im Rahmen einer Teilrevision in Kraft getretenen Art. 39 Ziff. 12 SchKG **konkurs- und wechselbetreibungsfähig.** Dies war früher nach vorherrschender Meinung nicht der Fall (HOCHULI, 365 ff.; BK-RIEMER, N 107 ff. m.w.Nw.). Damit können im Handelsregister eingetragene Stiftungen auch eine **Insolvenzerklärung** nach Art. 191 SchKG abgeben, welche jedoch der Zustimmung der Aufsichtsbehörde bedarf (SchKG-ACOCELLA, Art. 39 N 35 m.w.Nw.). In Ausnahmefällen, nämlich auf Antrag der Stiftung (Art. 191 SchKG) und bei einer Stiftung mit unbekanntem Aufenthaltsort bzw. bei einer auf der Flucht befindlichen Stiftung (Art. 190 Abs. 1 Ziff. 1) unterliegt auch eine nicht im Handelsregister eingetragene Stiftung der Konkursbetreibung (SchKG-ACOCELLA, Art. 39 N 35).

26 Die Stiftungen besitzen keine (Geschäfts-)**Firma,** sondern einen **Namen** und geniessen daher auch nicht den Firmen-, sondern ausschliesslich den **Namensschutz** gemäss Art. 29 (SPRING, 11 f.; OR-ALTENPOHL, Art. 944 N 2; BGE 102 II 165; 90 II 464; 83 II 255). Bei der Wahl ihres Namens ist die Stiftung grundsätzlich frei, wobei sie sich an den allgemeinen Grundsätzen der Firmenbildung, also insb. am Gebot der **Namensklarheit** und **Namenswahrheit** sowie am **Täuschungsverbot** zu orientieren hat und im Übrigen auch diesbezüglich an den Stifterwillen gebunden ist (BGE 102 II 161). In Frage kommen sowohl Fantasiebezeichnungen als auch Personen und Sachbezeichnungen. Der Stifter kann bestimmen, dass sich der Name bei Eintritt eines bestimmten Ereignisses, z.B. bei seinem Tod, ändert. Der Grundsatz der **Namenseinheit** gebietet der Stiftung, nur einen einzigen Namen – wenn auch ggf. in verschiedenen Sprachen – zu führen und diesen im Sinne der **Namensgebrauchspflicht** analog der Firmengebrauchspflicht unter Ausschluss aller anderen Namen auch zu verwenden (BK-KÜNG, Art. 932 OR N 431 f.).

26a **Geografische Bezeichnungen** wie territoriale, nationale oder regionale Zusätze unter Einschluss von Begriffen wie *International, worldwide* oder ähnlich sind grundsätzlich frei verwendbar, sofern sie das **Wahrheitsgebot,** das **Täuschungsverbot** und den Schutz öffentlicher Interessen beachten. In diesem Sinne wurden die Stiftungsnamen «Schweizerische Energie-Stiftung» (BGE 103 Ib 6) und «Stiftung Pro CH 98» (Pra 1997 **Nr.** 125) zugelassen. Eine vorgängige behördliche Zustimmung ist nicht erforderlich. Unzulässig sind demgegenüber in der Regel eine Anlehnung an den Staat oder an staatliche Organisationen («eidgenössisch», «kantonal», «kommunal» usw.). Die Bezeichnung *Stiftung* ist kein obligatorischer Bestandteil des Namens, sofern die Namensbezeichnung im Rechtsverkehr als solche erkennbar ist. Im Kollisionsfall gilt der Grundsatz der zeitlichen **Priorität,** *welcher denjenigen, der einen Namen als erster verwendet, davor schützt, dass andere sich einen Namen zulegen, der ihn in seinen Persönlichkeitsrechten verletzt* (BGE 103 Ib 8). Aufgrund des **Namens-** und **Persönlichkeitsschutzes** kann die Stiftung alle gerechtfertigten Interessen zur Geltung bringen, ohne dass eine **analoge Anwendung des Firmenrechtes** notwendig wäre. Indessen schliesst das BGer *nicht aus, das Firmenrecht dort heranzuziehen, wo es die Ähnlichkeit der Interessen rechtfertigt* (BGE 102 II 165; kritisch LIVER, ZBJV 1978, 161 ff.). Die am 16. Dezember 2005 revidierte, aber im Zeitpunkt der Drucklegung dieses Werkes noch nicht in Kraft getretene neue Bestimmung des Art. 954a OR auferlegt künftig auch den Stiftungen eine Namensgebrauchspflicht auf Briefen, Bestellscheinen, Rechnungen sowie in Bekanntmachungen (SPRECHER, Revision, Rz 406).

Die Zuständigkeit einer allfälligen kantonalen **Handelsgerichtsbarkeit** beurteilt sich 27
nach Massgabe der kantonalen Prozessordnungen (BK-RIEMER, N 113).

Die Frage nach der **heilenden Wirkung (Konvaleszenz)** fehlerhafter Eintragungen ist 28
für GUTZWILLER (SPR II, 598) nur fallweise beantwortbar, während nach EGGER (ZK,
N 9) das ZGB eine solche heilende Kraft nicht kennt. Das **BGer** verneint angesichts der
geringeren Bedeutung der Verkehrssicherheit bei den Stiftungen im Gegensatz zu den
juristischen Personen des Handelsrechtes grundsätzlich die heilende Wirkung des Handelsregistereintrages (BGE 120 II 379; 96 II 280 f.; 73 II 147 f.), während RIEMER (BK,
N 115) in kritischer Auseinandersetzung mit dieser Praxis und unter Nennung zahlreicher
Fallkonstellationen differenzierend argumentiert. Nach SPRECHER/VON SALIS (Frage 90)
sollte die Stiftung bestehen bleiben, soweit die Mängel behebbar sind und keine – im
Regelfall nicht ersichtlichen – Drittinteressen dagegen sprechen. Unbestrittenermassen
ist eine Heilung bei im Register eingetragenen **kirchlichen-** und **Familienstiftungen**
ausgeschlossen, weil diese ihre Rechtspersönlichkeit unabhängig vom Eintrag erwerben
(BK-RIEMER, Art. 52 N 32). Geht eine Stiftung ihres Rechtsdomizils verlustig, hat das
Handelsregister dies der Aufsichtsbehörde zu melden und nach Art. 88a HRegV vorzugehen.

Art. 82

III. Anfechtung	**Eine Stiftung kann von den Erben oder den Gläubigern des Stifters gleich einer Schenkung angefochten werden.**
III. Action des héritiers et créanciers	La fondation peut être attaquée, comme une donation, par les héritiers ou par les créanciers du fondateur.
III. Contestazione	La fondazione può essere contestata dagli eredi o creditori del fondatore al pari di una donazione.

I. Allgemeiner Normzweck

Die Stiftungserrichtung unter Lebenden gilt zufolge ihres einseitigen Charakters nicht als 1
Schenkung (SPRECHER/VON SALIS, Frage 109; ZK-EGGER, N 1). Die ausschliesslich auf
Schenkungen gemünzte **Anfechtungsbestimmung** des Art. 527 Ziff. 3 betr. die erbrechtliche **Herabsetzungsklage** wäre daher ohne ausdrückliche Veweisung auf die Stiftungserrichtung unter Lebenden nicht anwendbar.

Alle übrigen Anfechtungsbestimmungen erfassen demgegenüber auch das Stiftungsge- 2
schäft (BK-RIEMER, N 13). Dies trifft insb. für Stiftungserrichtungen von Todes wegen
zu, welche nach den allgemeinen erbrechtlichen Regeln anfechtbar sind, aber auch
für die **Absichtspauliana** (oder Deliktspauliana) gemäss Art. 288 SchKG, welche alle
in Begünstigungsabsicht vorgenommenen Rechtshandlungen umfasst, und die **Schen-
kungspauliana** gemäss Art. 286 SchKG, da diese nebst den *Schenkungen* alle *unentgeltlichen Verfügungen* und mit ihnen das Stiftungsgeschäft betrifft. Ebenso ist das
Stiftungsgeschäft in der *zum Zwecke der Umgehung* der erbrechtlichen Verfügungsbeschränkungen vorgenommenen *Entäusserung von Vermögenswerten* gemäss Art. 527
Ziff. 4 ohne ausdrückliche Verweisung enthalten (BGE 90 II 365). Aufgrund von Art. 82
i.V.m. Art. 494 Abs. 3 besteht überdies die Anfechtungsmöglichkeit von Schenkungen,
welche mit Verpflichtungen aus einem Erbvertrag nicht zu vereinbaren sind. Ferner ist

auf die Anfechtungsmöglichkeiten des Ehegatten oder seiner Erben gestützt auf Art. 208 und 220 hinzuweisen, wonach unter dem Güterstand der Errungenschaftsbeteiligung unentgeltliche Zuwendungen bzw. Vermögensentäusserungen zulasten der Errungenschaft unter bestimmten Voraussetzungen zur Errungenschaft hinzuzuzählen sind (Art. 208), oder gar von den begünstigten Dritten zurückgefordert werden können.

II. Voraussetzungen

3   Nach Art. 82 sind Stiftungen *gleich einer Schenkung* anfechtbar. Damit sind Stiftungserrichtungen in Erfüllung einer **sittlichen Pflicht** ausgenommen. Damit gemeint ist vorab die Errichtung von Personalfürsorgestiftungen, welche unter normalen Umständen nicht als Liberalitätsakt, sondern als Erfüllung einer sozialen bzw. sittlichen Pflicht anzusehen ist (BK-RIEMER, Die Stiftungen, syst. Teil N 51) und eventuell die Errichtung von Familienstiftungen.

III. Rechtsfolgen

4   Die erbrechtliche Herabsetzung richtet sich nach den Wertverhältnissen im Zeitpunkt des Todes (Art. 474) und kann, muss aber nicht zu einer **Aufhebung** der betroffenen Stiftung führen, je nachdem ob nach erfolgter Herabsetzung noch ein lebensfähiges Stiftungssubstrat zurückbleibt (MEIER, 481). Ähnliches gilt für den Fall einer schuldbetreibungs- und konkursrechtlichen Anfechtung, welche zu einem obligatorischen Beschlagsrecht führt (BK-RIEMER, N 14 ff.).

IV. Abweichende Vereinbarungen

5   Eine Anfechtung lässt sich im erbrechtlichen Bereich durch Abschluss eines **Erbverzichtvertrages** und im SchKG-Bereich durch formlose Vereinbarung mit den Anfechtungsberechtigten ausschliessen.

Art. 83

B. Organisation
I. Im
Allgemeinen

[1] **Die Organe der Stiftung und die Art der Verwaltung werden durch die Stiftungsurkunde festgestellt.**

[2] **Ist die vorgesehene Organisation nicht genügend, fehlt der Stiftung eines der vorgeschriebenen Organe oder ist eines dieser Organe nicht rechtmässig zusammengesetzt, so ergreift die Aufsichtsbehörde die erforderlichen Massnahmen. Sie kann insbesondere:**
1. der Stiftung eine Frist zur Herstellung des rechtmässigen Zustandes setzen;
2. das fehlende Organ oder einen Sachwalter ernennen.

[3] **Kann eine zweckdienliche Organisation der Stiftung nicht gewährleistet werden, so wendet die Aufsichtsbehörde das Vermögen einer anderen Stiftung mit möglichst gleichartigem Zweck zu.**

[4] **Die Stiftung trägt die Kosten der Massnahmen.**

B. Organisation

I. En général

¹ L'acte de fondation indique les organes de celle-ci et le mode d'administration.

² Lorsque l'organisation prévue par l'acte de fondation n'est pas suffisante, que la fondation ne possède pas les organes prescrits ou qu'un de ces organes n'est pas composé conformément aux prescriptions, l'autorité de surveillance prend les mesures nécessaires. Elle peut notamment:
1. fixer un délai à la fondation pour se conformer aux dispositions légales;
2. nommer l'organe qui fait défaut ou un commissaire.

³ Lorsque la fondation ne peut être organisée conformément à son but, l'autorité de surveillance remet les biens à une autre fondation dont le but se rapproche autant que possible de celui qui avait été prévu.

⁴ La fondation supporte les frais de ces mesures.

B. Organizzazione

I. In genere

¹ Gli organi della fondazione e il modo di amministrarla sono determinati dall'atto di fondazione.

² Se l'organizzazione prevista non è sufficiente, se la fondazione è priva di uno degli organi prescritti o se uno di tali organi non è composto regolarmente, l'autorità di vigilanza prende le misure necessarie. Può segnatamente:
1. assegnare alla fondazione un termine per regolarizzare la situazione;
2. nominare l'organo mancante o un commissario.

³ Se non è possibile organizzare la fondazione conformemente al suo fine, l'autorità di vigilanza ne devolve il patrimonio a un'altra fondazione avente uno scopo quanto possibile affine.

⁴ La fondazione si assume le spese di queste misure.

I. Allgemeiner Normzweck

Diese mit Wirkung ab 1. Januar 2006 revidierte Bestimmung befasst sich mit den **Organen** der Stiftung und der **Organisation** durch den **Stifter** und nötigenfalls durch die **Aufsichtsbehörde.** Sie ist in ihrem ersten Absatz vom Gedanken der als Ausfluss der **Stiftungsfreiheit** zu verstehenden **Organisationsfreiheit** geprägt. Der zweite und dritte Absatz ist – auch in per 1. Januar 2006 revidierter Fassung – ein Anwendungsfall des **favor negotii,** das heisst des Bestrebens, für den Fall der ungenügenden organisatorischen Ausstattung, das Werk des Stifters soweit möglich zu retten. Der vierte Absatz stellt klar, dass die Kosten der behördlichen Massnahmen von der Stiftung zu tragen sind. Das Gesetz lässt dem Stifter Freiheit in Bezug auf die organisatorische Ausgestaltung *seiner* Stiftung und verlangt einzig, dass die Geschäftsführungs- und Vertretungsfunktionen insgesamt verteilt sind und die Stiftung i.E. tatsächlich funktionsfähig ist (BK-RIEMER, N 12). **1**

Die organisatorische Freiheit bezieht sich sowohl auf den Inhalt der Organisation, als auch auf die Regelungsdichte und insb. auch auf den Regelungsort. Der Stifter kann demnach die Organisation auf der Ebene des **Stiftungsstatuts** bzw. der **Stiftungsurkunde** regeln oder sie teilweise oder ganz in ein **Reglement** und damit auch an andere Organe delegieren – die Organisation gehört mithin nicht zu den **essentialia negotii** des Stiftungsgeschäftes (BGE 76 I 79; BK-RIEMER, N 34; ZK-EGGER, N 1; vgl. Art 80 N 34). Allerdings sollte die Delegationsbefugnis in ein **Organisationsreglement** in der Stiftungsurkunde selbst Aufnahme finden (BK-RIEMER, N 34). **2**

Das Gesetzt und die HRegV schreiben ein oberstes Stiftungsorgan – gewöhnlich Stiftungsrat genannt – vor, welche die **Handlungsfähigkeit** der Stiftung i.S.v. Art. 54 sicherstellt. Ihre Aufgabe besteht in der **Geschäftsführung bzw. Verwaltung** und in der **Ver- 3**

tretung. Überdies bedarf die klassische Stiftung – ausser im Falle einer Dispens durch die Aufsichtsbehörde – einer **Revisionsstelle** (Art. 83a). Der Stifter kann, zuzüglich zum zwingend vorgeschriebenen obersten Stiftungsorgan und zur Revisionsstelle weitere Organe einsetzen bzw. den Stiftungsrat dazu ermächtigen, weitere Organe einzusetzen. Einzig ein eigentliches Willensbildungsorgan im körperschaftlichen Sinne, vergleichbar einer Mitgliederversammlung, ist der Stiftung definitionsgemäss verwehrt, weil die Stiftung keine Mitglieder hat und letztlich immer den Willen des Stifters ausführen muss (BK-RIEMER, N 9).

3a   Das Stiftungsrecht widmet der **Organisation** wenige Bestimmungen und lässt dem Stifter und dem obersten Stiftungsorgan einen grossen Spielraum für organisatorische Anordnungen in der Stiftungsurkunde bzw. im Stiftungsreglement. Soweit die Stiftungsurkunde oder -reglemente nichts anderes bestimmen, ist in organisatorischer Hinsicht das **Vereinsrecht** analog anzuwenden (BGE 129 III 641). Dies gilt namentlich für Fragen der Willensbildung und Beschlussfassung innerhalb der Stiftung (BGer 5A. 37/2004 vom 1.6.2005).

II. Oberstes Stiftungsorgan (Stiftungsrat)

1. Terminologie

4   Für das vom Gesetz seit dem 1. Januar 2006 oberstes Stiftungsorgan, bisher **Verwaltung** genannte Organ hat sich in der Praxis und Literatur die Bezeichnung **Stiftungsrat** durchgesetzt. Daneben finden Begriffe wie Verwaltung, Kuratorium, Stiftungskomitee, Kuratel, Pfleger, Vorstand, Vorsteherschaft, Exekutivrat, Konsortium, Direktorium, Präsidium etc. Verwendung (BK-RIEMER, N 5 m.w.Nw.), welche auch ein zusätzliches Organ neben dem eigentlichen Stiftungsrat bezeichnen können.

2. Zusammensetzung

5   Als Mitglieder des Stiftungsrates bzw. als Stiftungsräte stehen **natürliche** und handlungsfähige **Personen** – eine oder mehrere – einschliesslich des Stifters selbst im Vordergrund. Das EDI als Bundesaufsichtsbehörde verlangt in seiner Praxis einen Stiftungsrat aus mindestens drei natürlichen oder juristischen Personen (EDI, Leitfaden, Ziff. 9.1). Sobald der Stiftungsrat mehr als eine Person umfasst, bedarf er eines im Handelsregister eingetragenen **Präsidenten** (SPRECHER/VON SALIS, Frage 124; BK-RIEMER, N 6), wobei auch schon ein Doppelpräsidium vorgekommen ist, mit einem für die internationalen Beziehungen und einem anderen für die administrativen Belange zuständigen Präsidenten. Hierfür bedarf es einer entsprechenden Anordnung im Stiftungsstatut oder Reglement, welche den Zuständigkeitsbereich klärt. Seit dem 1. Januar 2006 errichtete Stiftungen müssen «sämtliche zur Vertretung der Stiftung berechtigten Personen unter Hinweis auf die Zeichnungsart sowie alle nicht zeichnungsberechtigten Mitglieder des obersten Stiftungsorgans» (Art. 102 lit. g HRegV) im Handelsregister eintragen. Vor diesem Datum errichtete Stiftungen haben eine Übergangsfrist bis zum 31. Dezember 2007 um ihren Handelsregistereintrag entsprechend anzupassen (Art. 121 HRegV). Umstritten ist, ob **juristische Personen,** bspw. eine Bank oder eine Treuhandgesellschaft die Aufgabe des obersten Stiftungsorgans bzw. des Stiftungsrates wahrnehmen können (dafür: SPRECHER/VON SALIS, Frage 122; BK-RIEMER, N 6 m.w.Nw.; dagegen: BK-KÜNG, Art. 940 OR N 799 f.). Die Handelsregister tragen – ausser für Liquidatoren – seit einigen Jahren keine juristischen Personen als oberste Stiftungsorgane ein. Begründet wird dies damit, dass einzig natürliche Personen die willensbildende Funktion von Organen wahrnehmen können (vgl. BBl 2002, 3212). Die Bestimmung des Art. 41 HRegV steht

ihrem Wortlaut nach der Bestellung einer juristischen Person als Stiftungsrat entgegen. Die HRegV ist m.E. insoweit mit Art. 83 nicht zu vereinbaren und damit bundesgesetz-widrig (i.E. gl.M. BK-RIEMER, N 6 m.w.Nw.). Bezeichnenderweise stimmt das Margi-nale des Art 41 HRegV mit dessen Text nicht genau überein, indem im Marginale aus-schliesslich von *Gesellschaften* (und damit nicht von *Stiftungen*), im Text jedoch von *juristischen Personen* (und damit auch von Stiftungen) die Rede ist. Es wäre Sache des Gesetzgebers gewesen, hier auf Gesetzesstufe und nicht der Verwaltung bzw. des Bun-desrates auf Verordnungsstufe Klarheit zu schaffen.

Das Mandat des Stiftungsrates ist ad personam zu verstehen und lässt – jedenfalls ohne gegenteilige Anordnung im Stiftungsstatut oder -Reglement – eine **Vertretung,** eine **Delegation** oder eine **Substitution** nicht zu (SPRECHER/VON SALIS, Frage 145; LANTER, Verantwortlichkeit, 23; SPRING, 13). Hingegen erlaubt die Organisationsfreiheit den Ein-satz von sog. **Suppleanten,** welche in der Praxis vorkommen und bspw. im Falle der Verhinderung oder von Interessenkonflikten von Stiftungsräten als Stiftungsräte han-deln und entsprechende Verantwortung tragen. Das Amt des Stiftungsrates ist mit demje-nigen des **Willensvollstreckers** des Stifters zu vereinbaren (BGer 5A. 29/2005 vom 16.12.2005; BGE 90 II 389). **5a**

Das Gesetz und die HRegV kennen weder **Nationalitäts-** noch **Wohnsitzvorschriften** für die Stiftungsräte. Das EDI als Aufsichtsbehörde über sog. internationale Stiftungen verlangt für diese allerdings nach konstanter Praxis, dass mindestens ein zeichnungsbe-rechtigtes Mitglied des Stiftungsrates Schweizer oder EU-Bürger/in mit Wohnsitz in der Schweiz ist (EDI, Leitfaden, Ziff. 9.1.; SPRECHER/VON SALIS, Frage 124). **5b**

3. Wahl, Abberufung und Rücktritt

Es ist Aufgabe des Stifters, den Stiftungsrat zu bestellen und dessen Fortbestand zu sichern. Er kann sich ein Bestellungs- und Abberufungsrecht vorbehalten oder ein **Wahl-organ** einsetzen. Häufig bestimmt der Stifter den ersten Stiftungsrat, der sich in der Folge mangels eines übergeordneten Organs durch **Kooptation,** d.h. durch Zuwahl durch den Stiftungsrat selbst ergänzt. Er kann **Wahlvoraussetzungen,** z.B. fachlicher oder per-sönlicher Art, **Alters-** und **Amtszeitbeschränkungen** statuieren oder die Regelung sol-cher Fragen generell an den Stiftungsrat und zur Aufnahme in ein Reglement delegieren. **6**

Stiftungsräte werden häufig auf eine unbestimmte **Amtszeit,** die ersten manchmal auf Lebzeit gewählt. Nach Ablauf der Amtszeit ohne Abberufung ist i.d.R. eine Weiterdauer des Mandates als Stiftungsrat bis zur nächsten Wahlsitzung anzunehmen (vgl. SPRE-CHER/VON SALIS, Frage 128), da sonst die Aufsichtsbehörde eingreifen müsste. Unter dem Gesichtspunkt der Verhältnismässigkeit sollte die Aufsichtsbehörde nur als ultima ratio zum Zuge kommen, d.h. erst dann, wenn keine vernünftige Auslegung des Stif-tungsstatuts und allfälliger Reglemente mehr an ihr vorbeiführt. **7**

Das Stiftungsratsmandat endet durch **Nicht-Wiederwahl** nach Ablauf der Amtszeit (vgl. aber vorstehend N 7), **Abberufung** bzw. **Ausschluss, Rücktritt** oder **Tod** des Mandats-trägers. Um eine Rotation bzw. eine gestaffelte Erneuerung zu ermöglichen, ist bei grös-seren Stiftungsräten die Amtszeit manchmal so festgelegt, dass nicht alle Mandate zur selben Zeit enden. Ein Stiftungsrat oder ein sonstiges Wahlorgan kann Mandatsträger in analoger Anwendung von Art. 72 Abs. 3 aus wichtigen Gründen oder auch nur sachli-chen abberufen (BGE 128 III 211; 112 II 100; BK-RIEMER, N 32; SPRECHER/VON SALIS, Frage 136). Im Übrigen kann der Stifter im **Stiftungsstatut** oder das zuständige Organ in einem **Reglement** die Abberufung sowie deren Voraussetzungen und Folgen näher re-geln. SPRECHER/VON SALIS (Frage 136) nennen als wichtige Gründe unter anderem Un- **8** fähigkeit und strafbares Verhalten. Im **Handelsregister** eingetragene Organträger können notwendigenfalls und unter Berufung auf Art. 25a HRegV ihr Ausscheiden nach Ablauf von dreissig Tagen unter Einreichung der notwendigen Belege selbst anmelden, sofern die Stiftung die Meldung unterlässt.

4. Aufgabe

a) Im Allgemeinen

9 Das Gesetz begnügt sich mit dem Hinweis, dass die *Art der Verwaltung,* d.h. die *Einzelheiten der Organisation* (BK-RIEMER, N 30) durch die Stiftungsurkunde (bzw. ein Reglement, vgl. BK-RIEMER, N 34 und BGE 76 I 77) festzustellen, bzw. festzulegen sind. Es schweigt sich jedoch darüber aus, worin diese Verwaltung besteht und insb., welche Befugnisse und Pflichten sie umfasst. Nach der *subsidiär* heranzuziehenden Bestimmung des Art. 69 über die Vereine geht es allgemein um das **Recht** und die **Pflicht,** die Angelegenheiten der Stiftung im Rahmen der Stiftungsurkunde zu besorgen und die Stiftung zu **vertreten** (BK-RIEMER, N 33; GUTZWILLER, SPR II, 584 Anm. 25; ZK-EGGER, N 5). Als Grundlagen oder Quellen für die Aufgabe des Stiftungsrates fallen nebst Stiftungsurkunde und ggf. Reglement namentlich ein Vertrag, insb. ein sog. Organträgervertrag zwischen der Stiftung und ihren Organen und das objektive zwingende Stiftungsrecht nebst Gewohnheitsrecht in Betracht (SPRECHER/VON SALIS, Frage 139).

10 Der Stiftungsrat hat als oberstes und häufig neben der Revisionsstelle einziges Organ und vorbehältlich abweichender Anordnungen durch den Stifter umfassende Befugnisse. In seinen Aufgabenkreis fallen in erster Linie die Sicherstellung der **Verwaltung des Vermögens** im Rahmen des Stifterwillens (BGE 120 II 141) und der Zweckverfolgung. Da jedoch der Stiftung als Anstalt das für Körperschaften typische Selbstbestimmungsrecht fehlt (BK-RIEMER, Die Stiftungen, syst. Teil N 18 ff.), hat sie keine eigentlichen Willensbildungsorgane. Der Stiftungsrat ist in diesem Sinne ein ausführendes oder **dienendes Organ,** das primär den im Zweck und sonstigen Bestimmungen des Stiftungsstatuts zum Ausdruck gebrachten Stifterwillen umsetzt.

10a Nebst der **Oberleitung** der Stiftung und allen damit zusammenhängenden Aufgaben obliegt dem Stiftungsrat unter Vorbehalt abweichender Anordnungen im Stiftungsstatut insb. die Verwaltung und Verwendung des **Vermögens,** die Pflege der Beziehungen zu den **Destinatären** und zu den **Behörden,** insb. den Aufsichtsbehörden im Rahmen der jährlichen Berichterstattung, die Sicherstellung einer funktionstüchtigen **Organisation,** soweit diese nicht durch das Stiftungsstatut vorgegeben ist, sowie allgemein die **Vertretung** nach aussen. Er hat ferner die **Geschäftsführung** zu besorgen oder – im Falle von deren Delegation – zu beaufsichtigen, **Reglemente** zu erlassen, einen **Jahresbericht** und die **Jahresrechnung** sowie ein **Budget** und einen **Liquiditätsplan** zu erstellen (vgl. SPRECHER/VON SALIS, Frage 142). Schliesslich ist er **Wahlorgan** für die Revisionsstelle (Art. 83a).

11 Der Stiftungsrat hat diese Kompetenzen grundsätzlich selbst und in eigener Verantwortung, allerdings i.d.R. unter behördlicher Aufsicht wahrzunehmen. Eine **Delegation** mit haftungseinschränkender Wirkung an Ausschüsse, Direktoren und insb. eine **Geschäftsführung** oder ähnliche Gremien setzt nach formalistischer Betrachtungsweise eine entsprechende Befugnis im Stiftungsstatut voraus, welche ggf. durch Änderung der Stiftungsurkunde unter Mitwirkung der Aufsichtsbehörde eingeführt werden kann (SPRECHER/VON SALIS, Fragen 77 und 143; SPRING, 123; BK-RIEMER, N 31). M.E. ist dem Stiftungsrat angesichts seiner umfassenden Organisationsverantwortung zuzubilligen, selbst dann und auf Reglementsstufe eine Delegationsnorm zu schaffen, wenn das Stiftungsstatut diese Befugnis nicht ausdrücklich vorsieht, aber auch nicht verbietet. Ähnlich halten SPRECHER/VON SALIS (Frage 143, vgl. aber Frage 148) dafür, die Ermächtigung zur Delegation lasse sich aus dem Sinn und Zweck sowie den Umständen ableiten. In jedem Fall kann der Stiftungsrat fallweise externe Berater beiziehen, sobald und soweit er nicht selbst über das erforderliche Wissen verfügt. Er kann überdies die Initiative zur Einführung einer ausdrücklichen Delegationsbefugnis im Stiftungsstatut auf dem Wege einer Statutenrevision oder -Ergänzung ergreifen und bei der zuständigen Aufsichtsbehörde die hierzu notwendigen Anträge stellen.

Eine korrekte **Delegation** wirkt sich zugunsten des Stiftungsrates **haftungseinschrän-**   **11a**
kend aus. Seine Verantwortung reduziert sich mit ihr auf die **Auswahl, Instruktion** und **Überwachung** (sog. cura in eligendo, instruendo et custodiendo) der von ihm eingesetzten Organe und Hilfspersonen. Nicht delegierbar ist die **Oberleitung** der Stiftung, wozu in Anlehnung an aktienrechtliche Erkenntnisse die Festlegung der Ziele der Stiftung innerhalb ihres Zweckes, die Wahl der Mittel zur Zielerreichung und die Kontrolle der Zielerreichung gehören (OR-WATTER, Art. 716a N 4 m.H.). SPRECHER/VON SALIS (Frage 143) führen als Beispiele nicht delegierbarer Aufgaben des Stiftungsrates die Ernennung eines Geschäftsführers oder ggf. die Befugnis zur Wahl einer Revisionsstelle an. Die Delegation ist grundsätzlich jederzeit widerrufbar (SPRECHER/VON SALIS, Frage 143). Allerdings kann der Widerruf einer auf einer vertraglichen Grundlage umgesetzten Delegation (bspw. ein Geschäftsführervertrag) zu vertragsrechtlichen Folgen wie Lohnfortzahlungspflichten führen.

Der Stiftungsrat bzw. seine Mitglieder **verpflichten** die Stiftung als Organe durch ihre   **12**
Handlungen, d.h. sowohl durch ihr rechtsgeschäftliches als auch durch *ihr sonstiges Verhalten* (Art. 55 Abs. 2). Als **Organ** gilt, im Gegensatz zum *Arbeitnehmer* oder zur *Hilfsperson* im Sinne des Art. 55 OR, wer die Geschäftsführung besorgt oder für die Stiftung in **leitender Stellung** tätig ist (BGE 107 II 571 f.), bzw. diejenige Person *qui tient les leviers de commande* (BGE 61 II 342). Die Stiftung muss sich alle Handlungen ihrer Organe zurechnen lassen, sofern die in Frage stehende Handlung durch den Stiftungszweck nicht klar ausgeschlossen ist bzw. diesem nicht geradezu zuwiderläuft (BK-RIEMER, Art. 54/55 N 43). Innerhalb dieser Toleranz steht die Stiftung auch für **ungewöhnliche Handlungen** ihrer Organe ein (BK-RIEMER, N 24).

b) Verwaltung des Stiftungsvermögens

Die Verwaltung bzw. Bewirtschaftung des Stiftungsvermögens hat sich in erster Linie an   **13**
dessen **Zusammensetzung** zu orientieren und nach den **Anordnungen des Stifters** zu richten. Im Normalfall hat der Stiftungsrat in getreuer und korrekter Befolgung des Stifterwillens (BGE 104 IV 109 f.) für die **Substanzerhaltung,** eine angemessene **Rendite** und **Sicherheit,** für ausreichende **Liquidität** und eine ausgeglichene **Risikoverteilung** zu sorgen (SPRECHER/VON SALIS, Frage 191). Er hat diese allgemeinen *Grundsätze in Berücksichtigung der gesamten Umstände in einer Weise anzuwenden, dass dem Stiftungszweck dauernd Nachachtung verschafft werden kann, wobei auch der Grundsatz der Verhältnismässigkeit zu beachten ist* (BGE 124 III 99; 108 II 352 m.H.). Nach der Praxis der Eidg. Stiftungsaufsicht ist das Stiftungsvermögen nach **anerkannten kaufmännischen Grundsätzen** zu verwalten (EDI, Leitfaden, Ziff. 10). Sog. **mündelsichere** Anlagen sind namentlich in Zeiten fortschreitender Inflation nicht angemessen und u.U. sogar bundesrechtswidrig (BGE 108 II 359). Eine Veräusserung bzw. Umschichtung von Vermögenswerten ist i.d.R. angängig, selbst wenn die betroffenen Werte im Stiftungsstatut oder Errichtungsakt erwähnt sind, es sei denn, der Stifter habe gegenteilig verfügt oder der Zweck stehe dem entgegen (SPRING, 8). Der Erwerb und die Veräusserung von Grundstücken kann regelmässig als durch den Stiftungszweck gedeckt gelten. Ob Ver-

mögen aufgebraucht werden kann oder soll, ist anhand der konkreten Umstände zu beurteilen und vom Stifter zweckmässigerweise im Stiftungsstatut zu regeln (SPRING, 8). Zur Vermögensverwaltung gehört auch die Ausgestaltung eines angemessenen Rechnungswesens, der Finanzkontrolle und der Finanzplanung, welche die finanzielle Seite der Stiftung laufend in Zahlen nachvollzieht und **transparent** hält.

c) Behörden- und Destinatärverkehr

14 Der Stiftungsrat hat für die jährliche **Berichterstattung** an die Aufsichtsbehörden in Form von jährlichen Tätigkeits- und Rechnungsberichten (SPRING, 17; EDI, Leitfaden, Ziff. 13) zu sorgen. Er ist für die Nachführung von Handelsregistereinträgen und ggf. für den Verkehr mit den Steuerbehörden (Steuerbefreiungsgesuche, Steuererklärungen) zuständig. Ferner obliegt ihm die Pflege der Beziehungen zu den Destinatären, welchen er notwendige Auskünfte zu erteilen hat und deren Rechtsansprüche von ihm abzuklären und abzuwickeln sind.

d) Organisation

15 Es empfiehlt sich, dem Stiftungsrat im Stiftungsstatut ausdrücklich die Kompetenz zum Erlass eines (Organisations-)**Reglementes** einzuräumen, damit er seine eigene Funktionsfähigkeit regeln kann. Diese Organisationsbefugnis steht ihm jedoch in jedem Falle, also auch ohne ausdrückliche Anordnung im Stiftungsstatut zu (SPRECHER/VON SALIS, Frage 148). Ein Organisationsreglement regelt insb. folgende, nicht bereits im Stiftungsstatut aufgenommene Materie: Einberufungsformalitäten, Beschlussfähigkeit und Beschlussfassung (Quoren, Verfahren bei Stimmengleichheit ev. mit Stichentscheid, Zirkularbeschlüsse, Protokollierung), Ausstand und Mitwirkung von Dritten, Vertretungsbefugnisse und Zeichnungsrecht, Vertraulichkeit, Entschädigung, Behördenverkehr, Funktionsaufteilung (Präsident, Vizepräsident, Aktuar, Rechnungsführer etc.), Amtsantritt und Dauer, Wahlverfahren, Inkrafttreten und Abänderung. Ausschüsse können nach von RIEMER (BK, N 31) vertretener, m.E. zu rigider Auffassung ohne entsprechende Anordnung des Stifters nicht bestellt werden, da den Organisationsbestimmungen soweit möglich nachzuleben sei. Fehlen Verfahrensregeln, oder ist deren Auslegung unklar, sind die allgemeinen Grundsätze des Körperschaftsrechtes als Auslegungshilfe heranzuziehen (BK-RIEMER, N 33). Ein Vertretungsrecht in Stiftungsratssitzungen setzt eine statutarische Grundlage voraus (SPRECHER/VON SALIS, Frage 145; SPRING, 13). Stimmrechtsmässig sind die Stiftungsräte grundsätzlich gleichberechtigt (SPRING, 13), was jedoch einem Stichentscheid des Präsidenten oder Vorsitzenden nicht entgegensteht. Die **Konstitution,** d.h. namentlich die Funktionsbestimmung innerhalb des Stiftungsrates fällt – mangels abweichender Anordnung durch den Stifter – in dessen eigenen Kompetenzbereich.

5. Verantwortlichkeit

a) Grundlagen

16 Für die Verbindlichkeiten der Stiftung haftet diese grundsätzlich selbst und ausschliesslich. Wer als Stiftungsorgan handelt, verpflichtet demnach in erster Linie die Stiftung und nicht sich selbst. Diese Regel erfährt unter dem Gesichtspunkt der **Verantwortlichkeit** eine Ausnahme, wenn die Organe der Stiftung Schaden zufügen, für welchen sie persönlich zur Verantwortung gezogen werden können. Die Verantwortlichkeit der Stiftungsräte konzentriert sich demnach auf die Frage nach den Voraussetzungen und dem Verfahren einer persönlichen **Haftung** der Stiftungsräte – oder anderer Organe – gegenüber der Stiftung. Gegenüber Destinatären und Gläubigern der Stiftung haftet der Stiftungsrat nur aus unerlaubter Handlung (EDI, Leitfaden, Ziff. 9).

Das ZGB regelt nur einen Sonderfall der **Organträgerhaftung.** Gemäss Art. 55 Abs. 3 **17**
sind die handelnden Personen gegenüber geschädigten Dritten – unter Einschluss von
Destinatären – im Verschuldensfalle *ausserdem persönlich verantwortlich.* Dritte können
sich nur in diesen Fällen unerlaubter Handlungen direkt an den Schadensverursacher
halten. Demgegenüber regelt das Gesetz die Haftung der Organträger und insb. des
Stiftungsrates gegenüber der Stiftung **nicht** ausdrücklich. Diese richtet sich nach
dem Rechtsverhältnis zwischen den bestellten Organträgern und der Stiftung, welches
entweder als ein solches **eigener Art** oder – und dies mehrheitlich – als **Vertrag,** d.h. als
Organträgervertrag (Stiftungsratsmandat) gilt. Auf dieses Rechtsverhältnis sind die **ar-
beitsvertrags-** oder die **auftragsrechtlichen** Regeln direkt oder analog anzuwenden
(LANTER, Diss. 50).

Welche Bestimmungen nach verantwortlichkeitsrechtlichen Gesichtspunkten angemessen **18**
sind, richtet sich nach den konkreten Umständen des Einzelfalles. Massgebend ist die
Intensität des Verhältnisses der Vertragsparteien und insb. die organisatorische Eingliederung und Subordination in den Betrieb der Stiftung. Im **Regelfall** und namentlich bei
ehrenamtlicher Tätigkeit ist ein **auftragsähnliches** Verhältnis anzunehmen, wobei vornehmlich bei grösseren Stiftungen auch eine **arbeitsvertragliche** Ausgestaltung möglich
ist (LANTER, Diss. 53). Wiewohl die auftragsrechtliche Haftungsbestimmung des Art. 398
bezüglich der vom Beauftragten anzuwendenden Sorgfalt auf das Arbeitsrecht (Art. 321e
OR) verweist, wendet die Praxis insb. gegenüber berufsmässig beauftragten Personen
einen tendenziell strengeren Massstab als gegenüber Arbeitnehmern an (BGE 117 II
566 ff.; 115 II 64).

Mehrere Angehörige desselben Organs haften unter sich nach einhelliger Lehre und **19**
Rechtsprechung **solidarisch** (LANTER, Diss. 214; BGE 53 II 413). Angehörige verschiedener Organe (bspw. Stiftungsrat und Revisionsstelle) sind nur dann solidarisch verantwortlich, wenn sie gemeinsam und bewusst zusammenwirken (LANTER, Diss. 215; **a.M.**
– sog. unechte Solidarität – SPRECHER/VON SALIS, Frage 168). Hat ein Organ befugter-
weise Aufgaben z.B. an einen Geschäftsführer **delegiert,** beschränkt sich die Haftung auf
dessen gehörige Auswahl, Instruktion und Überwachung. Dies gilt auch ohne eine ausdrückliche, Art. 754 Abs. 2 OR entsprechende Anordnung im Stiftungsrecht, da es keinen
Sinn macht, einen Stiftungsrat für eine rechtlich korrekt vorgenommene Delegation über
dieses Mass hinaus verantwortlich zu machen.

Für **Personalfürsorgestiftungen,** die auf dem Gebiet der Alters-, Hinterlassenen und **20**
Invalidenvorsorge tätig sind, verweist Art. 89bis Abs. 6 Ziff. 6 bezüglich der **Verantwortlichkeit** auf Art. 52 BVG mit folgendem Wortlaut: *Alle mit der Verwaltung, Geschäftsführung oder Kontrolle der Vorsorgeeinrichtung betrauten Personen sind für den
Schaden verantwortlich, den sie ihr absichtlich oder fahrlässig zufügen.* Die Verantwortlichkeit der Organe von Personalfürsorgestiftungen deckt sich inhaltlich mit derjenigen
der Organe einer Aktiengesellschaft. Entsprechend ist die haftungsbeschränkende Bestimmung des Art 754 Abs. 2 OR auf solche Stiftungen analog anwendbar (BRÜCKNER,
Personenrecht, 407). Allerdings normiert das BVG abweichend vom Aktienrecht nur
einen Schadenersatzanspruch gegen die Verantwortlichen für eine unmittelbare Schädigung der Vorsorgeeinrichtung. Anspruchsgrundlagen, bspw. für Schadenersatzansprüche
von Gläubigern aus mittelbarer Schädigung, kennt das BVG – im Gegensatz zum Aktienrecht – nicht.

b) Haftungsvoraussetzungen

Die Haftung des Organträgers setzt nebst einer **Vertragsverletzung** bzw. Widerrecht- **21**
lichkeit einen **Schaden,** ein – gemäss Art. 97 Abs. 1 OR zu vermutendes – **Verschulden**

und **adäquate Kausalität** zwischen dem Verhalten des Organträgers und dem eingetretenen Schaden voraus. Insoweit sind die allgemeinen Bestimmungen des Schadenersatzrechtes und die hierzu entwickelten Grundsätze heranzuziehen (Art. 398 bzw. 321e OR je i.V.m. Art. 97 ff. OR). Geschuldet ist nicht ein Erfolg, sondern ein sorgfältiges Tätig werden auf einen Erfolg hin (EDI, Leitfaden, Ziff. 9). Eine Haftung aus **unerlaubter Handlung** kann konkurrenzierend zur Haftung aus Organträgervertrag hinzutreten (LANTER, Diss. 56).

21a Eine **Vertragsverletzung** bzw. **Widerrechtlichkeit** liegt vor, wenn der Stiftungsrat objektive Pflichten verletzt. In Frage kommt ein Verhalten, das gegen Gesetze und Verordnungen, Bestimmungen der Stiftungsurkunde von Reglementen, Pflichtenhefte etc. oder gegen Weisungen der Aufsichtsbehörde verstösst.

21b Die Pflichtverletzung muss eine **Vermögenseinbusse,** d.h. einen **Schaden** der Stiftung zur Folge haben, d.h., das im massgebenden Zeitpunkt tatsächlich vorhandene Vermögen weicht von demjenigen ab, welches sich rechnerisch ergäbe, wenn das schädigende Ereignis nicht eingetreten wäre. Grundsätzlich muss die Stiftung die Existenz und die Höhe des geltend gemachten Schadens ziffernmässig beweisen und Schätzungen sind nur ausnahmsweise zulässig, wenn ein Beweis nicht möglich ist.

21c Zwischen dem pflichtwidrigen Verhalten und dem eingetretenen Schaden muss ferner ein **adäquater Kausalzusammenhang** bestehen. Nach der allgemeinen Erfahrung und dem gewöhnlichen Lauf der Dinge muss das schädigende Verhalten dazu geeignet sein, einen Schaden der eingetretenen Art herbeizuführen. Der eingetretene Schaden muss als übliche Folge des Fehlverhaltens erscheinen.

22 Das handelnde Organ muss ein **Verschulden** im Sinne einer Verletzung der von ihm zu erwartenden, sachgerechten Sorgfalt treffen. Die Sorgfaltspflichtverletzung kann **absichtlich** oder **fahrlässig** geschehen, wobei grundsätzlich jede, also auch **leichte Fahrlässigkeit** haftungsbegründend wirkt. Die vom Organträger geschuldete **Sorgfalt** bestimmt sich anhand **objektiver Kriterien.** Massgebend ist ein *berufsspezifisches Durchschnittsverhalten.* Der Organträger hat m.a.W. jene Sorgfalt anzuwenden, welche ein gewissenhafter und sachkundiger Beauftragter oder Arbeitnehmer bzw. Organträger in der gleichen Lage bei der Besorgung der ihm übertragenen Geschäfte anzuwenden pflegt (vgl. Urteil des OGer ZH vom 4.11.1994, ZR 95, 100). Allgemein befolgte Verhaltensregeln und Usanzen können bei der Bestimmung des Sorgfaltsmasses herangezogen werden (BGE 127 III 331; BK-FELLMANN, Art. 398 OR N 355; OR-WEBER, Art. 398 N 27).

c) Haftungsmilderung bei ehrenamtlicher Tätigkeit

23 Angesichts zahlreicher **ehrenamtlich** tätiger Stiftungsorgane ist die Bestimmung von **Art. 99 Abs. 2 OR** von Interesse, wonach sich das Mass der Haftung *milder beurteilt, wenn das Geschäft für den Schuldner keinerlei Vorteil bezweckt.* LANTER (Diss. 202; Verantwortlichkeit, 25 f.) spricht sich grundsätzlich gegen eine **Herabsetzung** des Haftungsmasses bei **unentgeltlicher Ausübung** der Organträgerfunktion aus. Er verweist auf allgemeine auftragsrechtliche Gründe sowie darauf, dass ein Organträger unabhängig von seiner Entlöhnung eine besondere Vertrauensstellung einnehme, welche eine Zustimmung der Stiftung zu einem geringeren Haftungsmass ausschliesse. Dem ist entgegenzuhalten, dass die angesprochene gesetzliche Haftungsminderung ihren Grund in der besonderen Situation des Schuldners, d.h. des Haftenden, und nicht des Gläubigers, d.h. der Stiftung oder des Geschädigten (vgl. N 26b), hat. Insofern erscheint die fehlende Zustimmung der Stiftung nicht als wesentlich. Darüber hinaus widerspricht es m.E. dem

Gerechtigkeitsempfinden, dass eine Vergütung für eine Organfunktion keinen Einfluss auf den Haftungsumfang des Betroffenen haben soll. Auf dieser Linie stellen die Gerichte auch in Anwendung von Art. 398 Abs. 2 OR höhere Anforderungen an die Sorgfaltspflicht von Beauftragten, welche ihre Tätigkeit berufsmässig und gegen Entgelt ausüben (GAUCH/AEPPLI/STÖCKLI, Präjudizienbuch zum OR, Art. 398 N2) Die Stiftung bzw. der Stifter hat es – vorbehältlich steuerrechtlicher Vorgaben – in der Hand, mit Hilfe eines angemessenen Entgelts an die Organträger ein bestimmtes Mass an Professionalität zu verlangen und eine entsprechend strengere Haftung sicherzustellen.

Das Obergericht des Kantons Zürich hat dem **Gefälligkeitsmoment** in einem eine Per- **24** sonalfürsorgestiftung betreffenden Urteil (ZR 95, 97 ff.) für die Schadenersatzbemessung (allerdings unter Berufung auf Art. 43 OR i.V.m. Art. 99 Abs. 3 OR) keine reduzierende Bedeutung beigemessen. Entscheidend war in diesem Fall, dass den beklagten Stiftungsräten, welche gleichzeitig Aktionäre und bezahlte Organe der Stifterfirma waren, ein eigenes wirtschaftliches Interesse angelastet wurde, obschon sie für ihre Tätigkeit als Stiftungsräte keine oder nur eine geringe Entschädigung erhalten haben. Dem ist insoweit zuzustimmen, als die Frage nach der Unentgeltlichkeit einer Verrichtung in Ansehung aller Umstände zu beantworten ist. Bei Personalfürsorgestiftungen ist überdies der Schutzgedanke gegenüber den Destinatären und Arbeitnehmern zu beachten.

d) Wegbedingung und Entlastung

RIEMER (BK, N 19) und LANTER (Diss. 156 f.; DERS. Verantwortlichkeit, 24 f.; vgl. **25** SPRECHER/VON SALIS, Frage 169) lehnen eine Wegbedingung der Haftung auch für **leichte Fahrlässigkeit** sowohl durch die Stiftungsstatuten als auch durch individuelle Vereinbarung ab (vgl. Art. 100 OR). Der Verzicht auf mögliche künftige Schadenersatzansprüche sei stiftungsrechtlich unzulässig, da einer Stiftung Vermögensentäusserungen ausserhalb ihrer Zwecksetzung generell verwehrt seien. Diese Auffassung beschränkt letztlich die **Stiftungs-** bzw. die **Vertragsfreiheit,** ohne dass hierfür zwingende Gründe ersichtlich sind. Namentlich ist nicht einzusehen, weshalb es dem Stifter verwehrt sein soll, eine Freizeichnungsklausel für leichte Fahrlässigkeit von Stiftungsorganen in das Stiftungsstatut aufzunehmen, während er das von ihm gewidmete Stiftungsvermögen ansonsten mit Auflagen aller Art belasten kann.

Eine **Entlastung** oder **Décharge** im Sinne eines Beschlusses, auf Verantwortlichkeitsan- **25a** sprüche zu verzichten, ist bei Stiftungen nicht üblich und angesichts ihres anstaltlichen Charakters auch nicht angebracht. Tatsächlich ist schwer vorstellbar, dass der Stiftungsrat als oberstes Organ sich selbst oder seine Mitglieder entlastet und ein anderes hierfür geeignetes Organ ist nicht ersichtlich (SPRECHER/VON SALIS, Frage 170).

e) Prozessuales

Verantwortlichkeitsansprüche zugunsten der Stiftung sind in erster Linie durch die **26** **Stiftung** selbst geltend zu machen und notwendigenfalls einzuklagen (**Aktivlegitimation**). Weder die **Destinatäre** noch die **Gläubiger** noch die **Aufsichtsbehörde** (BRÜCKNER, Personenrecht, 408 m.H.; SPRECHER/VON SALIS, Frage 167; **a.M.** PEDRAZZINI/ OBERHOLZER, 265) haben ein Klagerecht zugunsten der Stiftung, es sei denn, dass ihnen Schadenersatzansprüche von dieser abgetreten wurden und Destinatäre und Gläubiger eventuell bei **kirchlichen** und **Familienstiftungen** gemäss Art. 87 Abs. 2 (LANTER, Diss. 165 ff.). Destinatäre und Gläubiger sind demnach nicht befugt, gegenüber fehlerhaft handelnden Stiftungsräten die Rückerstattung ungerechtfertigter Bezüge oder den Ersatz eines verursachten Schadens an die Stiftung zu verlangen und nötigenfalls auf dem Klageweg durchzusetzen (BRÜCKNER, Personenrecht, 408). Vielmehr sind derartige Forderungen prozessual im Namen und auf Rechnung der Stiftung geltend zu machen. Es liegt auf der Hand, dass der für die Klageerhebung zuständige Stiftungsrat nur in Ausnahmefällen gegen Mitglieder aus seinen eigenen Reihen prozessieren wird. Das fehlende Klagerecht der Destinatäre analog zu Art. 756 OR ist mit dafür verantwortlich, dass Prozesse gegen Stiftungsräte Seltenheitswert haben und sich diese in der Regel relativ gefahrlos ein gehöriges Mass an schadensverursachender Fahrlässigkeit leisten können (BRÜCKNER, Personenrecht, 409).

26a Sofern die zuständigen Stiftungsorgane untätig bleiben, kann sich die **Aufsichtsbehörde** aus eigenem Antrieb oder auf **Antrag** Interessierter – namentlich Destinatäre, Mitglieder des Stiftungsrates oder der Revisionstelle – oder auf **Anzeige** jedermanns hin und unter Wahrung des Subsidiaritätsprinzips für die Geltendmachung von Verantwortlichkeitsansprüchen gegen Organträger – falls nötig auf gerichtlichem Weg – einsetzen. Dies hat jedoch nicht auf dem Wege einer Verwaltungsverfügung zu geschehen, mit welcher die Haftpflicht fehlbarer Organe festgestellt würde. Vielmehr steht die Einsetzung eines **Prozessbeistandes** im Vordergrund, welcher Verantwortlichkeitsansprüche für die Stiftung gegen die fehlbaren Organe prozessual durchsetzt. Fraglich ist, ob die **Aufsichtsbehörde** einen Prozessbeistand ernennen kann (in diesem Sinne SPRECHER/VON SALIS, Frage 167 und BRÜCKNER, Personenrecht, 408), oder diese Aufgabe in den Zuständigkeitsbereich der **Vormundschaftsbehörde** fällt. Der Aufsichtsbehörde als für Stiftungen konzipierte Behörde ist gegenüber der auf natürliche Personen ausgerichteten Vormundschaftsbehörde der Vorzug zu geben (vgl. BK-SCHNYDER/MURER, Art. 393 N 60, 62 und 66, wonach namentlich das Vorliegen schlechter Stiftungsräte nicht heisst, dass die *erforderlichen Organe* im Sinne von Art. 393 Ziff. 4 *mangeln*). Mit BG vom 16. Dezember 2005 wird Art. 393 Ziff. 4 aufgehoben (BBl 2005, 7341 – noch nicht in Kraft, vgl. Rz 35).

26b Geschädigte haben die Möglichkeit, gestützt auf Art. 55 Abs. 3 direkt gegen die für die Stiftung handelnden Personen im Sinne einer persönlichen ausserrechtsgeschäftlichen **Haftung** der Organe selbst (BK-RIEMER, Art. 54/55 N 63) vorzugehen. Von Interesse ist dies z.B. in Fällen zweifelhafter Zahlungsfähigkeit der Stiftung. Die betroffenen Organe haften ggf. unter sich, aber auch im Verhältnis zur Stiftung solidarisch (BK-RIEMER, Art. 54/55 N 66 und 68). Umstritten ist, ob die Formulierung *für ihr Verschulden* in Art. 55 Abs. 3 bedeutet, dass bei unerlaubten Handlungen der Organe ein **Verschulden** Haftungsvoraussetzung ist. Nach RIEMER (BK, Art. 54/55 N 64) ist auf die angerufene Haftungsnorm abzustellen, um zu beurteilen, ob ein Verschulden des Organs für dessen Haftung notwendig ist.

6. Vergütung an Stiftungsorgane

27 Für Mandatsverhältnisse ist gemäss Art. 394 Abs. 3 OR eine Vergütung *zu leisten, wenn sie verabredet oder üblich ist*. Eine **ehrenamtliche Tätigkeit** von Organträgern ist bei Stiftungen weit verbreitet (HAHNLOSER, 34; SPRECHER/VON SALIS, Frage 126) und bspw. in den Musterurkunden des EDI als eidg. Aufsichtsbehörde mit folgendem Formulierungsvorschlag vorgesehen: «Der Stiftungsrat ist grundsätzlich ehrenamtlich tätig. Spesen werden nach Aufwand entschädigt. Zusätzlich erbrachte arbeitsintensive Leistungen werden im Einzelfall angemessen entschädigt» (EDI, Leitfaden, Ziff. 10). Sie ist häufig durch steuerrechtliche Vorgaben mitbedingt, indem die Steuerbehörden die für eine Steuerbefreiung vorausgesetzte **Uneigennützigkeit** u.a. daran messen, ob Stiftungsräte – nicht jedoch Geschäftsführer – über Spesenersatz hinaus tantiemenähnliche Entschädigungen beziehen (vgl. KOLLER, 78 f.). Ähnlich verleiht die Zentralstelle für Wohlfahrtsunternehmen (ZEWO) mit Sitz in Zürich ihre beliebte sog. ZEWO-Schutzmarke nur an gemeinnützige Institutionen, deren leitende Organe ehrenamtlich arbeiten. Die ehrenamt-

liche Tätigkeit vieler Stiftungsräte ist als Ausdruck des weit verbreiteten Milizgedankens zu begrüssen. Dennoch ist eine allgemeine Verpflichtung auf ehrenamtliches Wirken von Stiftungsräten problematisch. Gemeinnützig sollten die Institutionen selbst und nicht ihre Organe handeln. Es ist nicht ohne weiteres einzusehen, weshalb eine zeit- und leistungsgerechte Entlöhnung der Stiftungsorgane der Zweckverfolgung von gemeinnützigen Organisationen schaden sollte. Vorgaben dieser Art erschweren eine Professionalisierung im Stiftungswesen, was kaum im Interesse des Gemeinnutzes liegt. Dasselbe gilt für die bereits heute vielfach nach berufsüblichen Ansätzen entgoltenen Dienstleistungen der Revisionsstelle.

Nach moderner Auffassung spricht eine **faktische Vermutung** für Entgeltlichkeit (vgl. **28** SJZ 1984, 320) und damit für eine eigentliche Honorierung nebst Spesenersatz nach berufs- oder sonst wie üblichen Ansätzen (HAHNLOSER, 34). Auch bei grundsätzlicher Ehrenamtlichkeit sind Sonderaufträge (z.B. die Prozessführung durch einen dem Stiftungsrat angehörenden Anwalt) zu vergüten (SPRING, 14). In jedem Fall ist dem Stifter zu empfehlen, diesen Punkt im Statut oder in einem Reglement zu regeln. Nach der Praxis der Zürcher Steuerbehörden schliesst eine Vergütung an die Stiftungsräte eine Steuerbefreiung wegen Gemeinnutz grundsätzlich nicht aus, sofern *sie der Verfolgung des Stiftungszwecks nützt*. Verpönt sind **Gewinnbeteiligungen** von Stiftungsorganen oder Angehörigen namentlich an von ihnen erwirkten Spenden (HAHNLOSER, 22).

III. Revisionsstelle

Das Gesetz schreibt für die Stiftungen seit dem 1. Januar 2006 eine **Revisionsstelle** vor **29** (Art. 83a). Ihr Einsatz war schon zuvor üblich und entsprach *state of the art*. Das EDI verlangte für alle seiner Aufsicht unterstellten Stiftungen seit einiger Zeit eine Revisionstelle (HAHNLOSER, 11; SPRING, 14).

Personalfürsorgestiftungen, welche auf dem Gebiet der Alters-, Hinterlassenen- und **30** Invalidenvorsorge tätig sind, unterstehen kraft Verweis in Art. 89bis Abs. 6 Ziff. 7 den BVG-rechtlichen Vorschriften über die Kontrolle.

IV. Weitere Organe

Dem Stifter ist es in Anwendung der Stiftungsfreiheit anheim gestellt, weitere Organe, **31** z.B. ein **Wahl-** oder ein **Aufsichtsorgan** für den Stiftungsrat vorzusehen und ihnen bestimmte Aufgaben zu übertragen. Er kann namentlich zur Beratung in Fachfragen, z.B. bei der Ausschreibung von Wettbewerben, Preisausschreiben, Durchführung von Seminaren und bei geographisch grossem Wirkungskreis einen Beirat oder zur Unterstützung bei Spendenaufrufen etc. ein Patronatskomitee bestellen, bzw. den Stiftungsrat zum Einsatz eines ständigen oder ad-hoc-Beirates oder Komitees ermächtigen.

V. Organisatorische Änderungen durch die Aufsichtsbehörde (Abs. 2)

Die Aufsichtsbehörde kann und soll Errichtungsmängel im weitesten Sinne (BGE 120 II **32** 382), d.h. von Anfang an **ungenügende** (zu nachträglich entstehenden Organisationsmängeln s. Art. 85), aber auch gänzlich **fehlende** oder **unzweckmässige** (BK-RIEMER, N 36) **organisatorische** oder auf den **Zweck, Sitz** oder **Namen** (BK-RIEMER, N 38 f.; SPRECHER/VON SALIS, Frage 210) bezogene **Anordnungen** des Stifters im Sinn und Geist des **favor negotii** ergänzen bzw. korrigieren. Praktisch kann sich die Frage v.a. bei Stiftungserrichtungen *von Todes wegen* stellen. Die Aufsichtsbehörde hat sich dabei in Respektierung des Verhältnismässigkeitsgrundsatzes Zurückhaltung aufzuerlegen und nicht die ganze Stiftung umzuorganisieren, um damit nach Möglichkeit den Intentionen des Stifters Rechnung zu tragen (BK-RIEMER, N 43). Ergänzungen sind sowohl auf der Stufe der **Stiftungsurkunde** als auch eines allfälligen **Reglementes** denkbar.

32a In der per 1. Januar 2006 in Kraft getretenen **Teilrevision** hat der Gesetzgeber den Absatz 2 dieser Bestimmung ergänzt und exemplifiziert. So kann die Aufsichtsbehörde nunmehr vor allem auch dann eingreifen, wenn der Stiftung eines der vorgeschriebenen Organe, z.B. die Revisionsstelle fehlt oder, wenn eines dieser Organe nicht rechtmässig zusammengesetzt ist, also bspw. die Unvereinbarkeitsvorschriften von Art. 83a bezüglich Revisionsstelle nicht eingehalten sind. Ein entsprechender Mangel kann bei der Errichtung vorliegen, aber auch erst zu einem späteren Zeitpunkt auftreten (SPRECHER, Revision, Rz 82 ff.). Unterstützt wird die Aufsichtsbehörde durch eine dem Handelsregisterführer neu auferlegte **Meldepflicht** im Falle der Feststellung von Mängeln in der gesetzlich zwingenden Organisation einer Stiftung (Art. 94a OR und Art. 103c HRegV).

32b Der revidierte Gesetzestext stellt überdies klar, dass die Aufsichtsbehörde alle erforderlichen Massnahmen treffen kann. Erwähnt sind ausdrücklich die Fristansetzung an die Stiftung zur Wiederherstellung des rechtmässigen Zustandes, die **Ernennung fehlender Organe** und die Ernennung eines **Sachwalters** im Sinne einer amtlichen bzw. kommissarischen Verwaltung unter Zuweisung von Kompetenzen (SPRECHER, Revision, Rz 87 ff.).

VI. Umwidmung durch die Aufsichtsbehörde (Abs. 3)

33 Liegt ein ursprünglicher (zu nach der Errichtung auftretenden Mängeln vgl. Art. 86 und Art 88) unheilbarer **Mangel** an **Organisation** bzw. an **Vermögen** (BK-RIEMER, N 49) für den vorgesehenen Zweck vor, überträgt die Aufsichtsbehörde das betroffene Vermögen auf eine möglichst **zweckverwandte** Stiftung oder andere juristische Person (BK-RIEMER, N 56). In Anwendung des Grundsatzes *a maiore minus* kommt ihr auch die – weniger einschneidende – Kompetenz zur Anpassung des Zweckes an die Mittel unter Aufrechterhaltung der Rechtspersönlichkeit zu (BK-RIEMER, N 53). Liegt ein **unzulässiger Zweck** vor, der gegen objektiv zwingendes Recht verstösst, kommt Art. 52 Abs. 3 zur Anwendung, welcher zur Auflösung mit Wirkung ex tunc führt.

34 Im Rahmen der per 1. Januar 2006 in Kraft getretenen Revision hat der Gesetzgeber das bisherige **Widerrufsrecht** des Stifters im Falle einer Umwidmung gestrichen. Unter den gegebenen Voraussetzungen muss daher die Aufsichtsbehörde das Vermögen einer anderen Stiftung mit möglichst gleichartigem Zweck zuwenden. Eine abweichende Regelung in der Stiftungsurkunde oder eine abweichende Willensbekundung des Stifters wäre künftig unbeachtlich (SPRECHER, Revision, Rz 90).

34a Mit der Revision des **Rechnungslegungs-** und **Revisionsrechtes** hat die Bundesversammlung am 16. Dezember 2005 u.a. die Abs. 2–4 des Art. 83 in einen neuen Art. 83d umplaziert und ergänzt. Die revidierten bzw. umplazierten Bestimmungen treten voraussichtlich nicht vor Mitte 2007 in Kraft.

VII. Stiftungsbeistand

35 Art. 393 Ziff. 4 hat der **Vormundschaftsbehörde** die Befugnis eingeräumt, einen **Stiftungsbeistand** zu ernennen. Gegenüber derartigen, als Notbehelf zu betrachtenden (BGE 126 III 501) Eingriffen war aus verschiedenen Gründen schon bisher **grosse Zurückhaltung** geboten. Zunächst war gegenüber juristischen Personen allgemein eine restriktive Auslegung der Befugnisse der primär für natürliche Personen konzipierten **Vormund-**

schaftsbehörden angebracht (BK-SCHNYDER/MURER, Art. 393 N 60). Angesichts der nunmehr klaren Kompetenz der Aufsichtsbehörde, einen **Sachwalter** zu ernennen, bleibt für eine Verbeiständung – ausserhalb der keiner staatlichen Aufsicht unterstehenden Familien- und allenfalls kirchlichen Stiftungen – kein Raum mehr (BK-RIEMER, N 65). Es ist daher zu begrüssen, dass der Gesetzgeber diese Bestimmung des Art. 393 Ziff. 4 im Rahmen der Revision des Rechnungslegungs- und Revisionsrechtes aufgehoben hat (BBl 2005, 7341 und BBl 2002, 3244). Im Zeitpunkt der Drucklegung ist diese Änderung noch nicht in Kraft, womit frühestens Mitte 2007 gerechnet werden kann.

Art. 83a

II. Revisions-stelle

1. Bezeichnung

[1] **Das oberste Stiftungsorgan bezeichnet eine Revisionsstelle.**

[2] **Die mit der Revision beauftragten Personen müssen von der Stiftung unabhängig sein. Sie dürfen insbesondere nicht:**

1. einem anderen Stiftungsorgan angehören;

2. in einem Arbeitsverhältnis zur Stiftung stehen;

3. enge verwandtschaftliche Beziehungen zu Mitgliedern von Stiftungsorganen haben;

4. Destinatäre der Stiftung sein.

[3] **Der Bundesrat kann bestimmen, unter welchen Voraussetzungen die Stiftung ausnahmsweise einen besonders befähigten Revisor beiziehen muss.**

[4] **Die Aufsichtsbehörde kann eine Stiftung von der Pflicht befreien, eine Revisionsstelle zu bezeichnen. Der Bundesrat legt die Voraussetzungen der Befreiung fest.**

II. Organe de révision

1. Désignation

[1] L'organe suprême de la fondation désigne un organe de révision.

[2] Les personnes mandatées pour la révision doivent être indépendantes de la fondation. Elles ne peuvent en particulier:

1. appartenir à un autre organe de la fondation;

2. être liées à la fondation par des rapports de travail;

3. avoir des liens de parenté étroits avec des membres des organes de la fondation;

4. être bénéficiaires de la fondation.

[3] Le Conseil fédéral peut déterminer à quelles conditions la fondation doit exceptionnellement faire appel à un réviseur particulièrement qualifié.

[4] L'autorité de surveillance peut dispenser la fondation de l'obligation de désigner un organe de révision. Le Conseil fédéral fixe les conditions de la dispense.

II. Ufficio di revisione

1. Designazione

[1] L'organo superiore della fondazione designa un ufficio di revisione.

[2] Le persone incaricate della revisione devono essere indipendenti dalla fondazione. Non possono in particolare:

1. far parte di un altro organo della fondazione;

2. essere vincolate alla fondazione da un rapporto di lavoro;

3. avere stretti legami di parentela con membri di organi della fondazione;

4. essere destinatari della fondazione.

[3] Il Consiglio federale può stabilire quando la fondazione deve eccezionalmente far capo a un revisore particolarmente qualificato.

[4] L'autorità di vigilanza può esonerare la fondazione dall'obbligo di designare un ufficio di revisione. Il Consiglio federale ne stabilisce le condizioni.

I. Allgemeiner Normzweck

1 Das Gesetz hat bis zur per 1. Januar 2006 in Kraft getretenen Teilrevision des Stiftungsrechts keine Kontroll- oder Revisionsstelle vorgeschrieben. Dennoch haben zahlreiche Stiftungen eine Revisionsstelle im Interesse der Transparenz, State of the Art Foundation Governance oder einfach zur Überprüfung der Zahlen eingeführt. Das EDI als eidg. Aufsichtsbehörde verlangt schon lange, wenn auch ohne klare gesetzliche Grundlage, den Einsatz einer Revisionsstelle, nicht zuletzt zur Unterstützung und Erleichterung der eigenen Aufsichtstätigkeit (HAHNLOSER, 20 f.). Dieses im Grundsatz unbestrittene **Revisionsstellenobligatorium** ist seit dem 1. Januar 2006 Gesetz. Gleichzeitig wurden **Unabhängigkeitsvorschriften** eingeführt und exemplifiziert und festgelegt, unter welchen Bedingungen eine Revisionsstelle verzichtbar oder vielmehr ein besonders befähigter Revisor beizuziehen ist.

2 Unschön ist allerdings, dass dieser Eingriff des Gesetzgebers in das bald 100-jährige klassische Stiftungsrecht noch vor seinem Inkrafttreten bereits überholt ist. Tatsächlich hat der Gesetzgeber am 16. Dezember 2005 im Rahmen der Revision des **Rechnungslegungs-** und **Revisionsrechtes** die per 1. Januar 2006 in Kraft getretenen Bestimmungen nochmals **revidiert** und den ebenfalls erneuerten aktienrechtlichen Vorgaben angeglichen. Derzeit ist die Rede von einer Inkraftsetzung der revidierten Bestimmungen nicht vor Mitte 2007. Dass dieses Vorgehen auch im Parlament für Irritation gesorgt hat, ist naheliegend (vgl. die Nachweise bei SPRECHER, Revision, Rz 399 ff.).

3 An der grundsätzlichen **Revisionsstellenpflicht** wird sich nichts ändern. Der neue, noch nicht in Kraft getretene Art. 83b erklärt jedoch generell die Vorschriften des Obligationenrechts über die Revisionsstelle bei Aktiengesellschaften entsprechend anwendbar und Art. 83c verpflichtet die Revisionsstelle künftig, der Aufsichtsbehörde direkt eine Kopie des Revisionsberichtes sowie aller wichtigen Mitteilungen an die Stiftung zu übermitteln. Die per 1. Januar 2006 in Kraft getretenen Änderungen sind daher lediglich von vorübergehender Natur.

II. Unabhängigkeit

4 Schon unter altem Recht war klar, dass eine Revisionsstelle vom Stiftungsrat und der Geschäftsführung unabhängig und fachlich in der Lage sein musste, ihre Aufgabe glaubwürdig wahrzunehmen (SPRECHER/VON SALIS, Frage 175). Das **Unabhängigkeitserfordernis** ist seit 1. Januar 2006 gesetzliche Vorschrift und überdies nicht abschliessend exemplifiziert. Demnach dürfen die mit der Revision beauftragten Personen weder einem anderen Stiftungsorgan angehören, noch in einem Arbeitsverhältnis zur Stiftung stehen noch Destinatäre der Stiftung sein. Überdies dürfen sie keine enge verwandtschaftliche Beziehung zu Mitgliedern von Stiftungsorganen haben. In diesen Fällen besteht eine absolute Unvereinbarkeit, welche nicht widerlegt werden kann. Einzig die «engen» verwandtschaftlichen Beziehungen sind nach der Vorstellung des Bundesrates im Einzelfall zu beurteilen. *«Massgebend für die Beurteilung einer Beziehung ist die Einschätzung der Umstände durch einen Dritten aufgrund der allgemeinen Lebenserfahrung; eine subjektiv empfundene Unabhängigkeit bleibt dabei ohne Belang»* (BBl 2004, 4021).

5 Der Gebrauch des Wortes «insbesondere» zeigt, dass eine umfassende Unabhängigkeitsüberprüfung vorzunehmen ist. SPRECHER (Revision, Rz 140) hält diejenigen Personen, welche das Sekretariat oder die Buchhaltung einer Stiftung nicht im Arbeits-, sondern im Auftragsverhältnis führen, ebenfalls für grundsätzlich unwählbar als Revisionsstelle. Die **Unabhängigkeit** muss während der gesamten Zeit der Mandatsausübung bestehen (SPRECHER, Rz 141).

Die Verantwortung der Wahl einer unabhängigen Revisionsstelle liegt zunächst beim **6** **Stiftungsrat**. Die **Aufsichtsbehörde** überprüft die Einhaltung und verlangt ggf. entweder eine Beseitigung des Unabhängigkeitshindernisses oder die Auswechslung der Revisionsstelle. Schliesslich prüft auch noch der **Handelsregisterführer** das Einhalten dieser Vorschriften gestützt auf Art. 941a OR und Art. 103c HRegV und verweigert ggf. die Eintragung unter **Mitteilung** an die Aufsichtsbehörde.

III. Befähigung

Das Gesetz enthält für den Normalfall nach wie vor keine Vorschrift über die Qualifika-   **7** tion oder **Befähigung** der Revisionsstelle. Wie bisher muss diese fachlich in der Lage sein, ihre Aufgabe wahrzunehmen. Dies spricht weder gegen ehrenamtliche noch gegen nicht professionelle Revisoren. Das EDI als Bundesaufsichtsbehörde empfiehlt allerdings eine Revisionsstelle zu wählen, welche Mitglied der der Treuhand-Kammer oder des Schweizerischen Treuhänder-Verbandes ist (EDI, Leitfaden, Ziff. 12). Mit dem per 16. Dezember 2005 verabschiedeten, noch nicht in Kraft gesetzten neuen Revisionsrecht werden die Stiftungen künftig einen **anerkannten Revisor** im Sinne des **Revisionsaufsichtsgesetzes** vom 16. Dezember 2005 aufweisen müssen (BBl, 7349 ff.).

Der Bundesrat hat die Kompetenz zu bestimmen, unter welchen Voraussetzungen eine   **8** Stiftung ausnahmsweise einen **besonders befähigten Revisor** beiziehen muss. Die entsprechende Verordnung des Bundesrates betreffend die Revisionsstelle von Stiftungen vom 24. August 2005 enthält in Art. 2 folgende Bestimmung (AS 2005, 4555 f. = SR 211.121.3):

> *«Bezeichnung einer besonders befähigten Revisorin oder eines besonders befähigten Revisors*
>
> *Die Stiftung muss als Revisionsstelle eine besonders befähigte Revisorin oder einen besonders befähigten Revisor im Sinne der Verordnung vom 15. Juni 1992 über die fachlichen Anforderungen an besonders befähigte Revisoren bezeichnen wenn sie:*
>
> *a. öffentlich zu Spenden oder sonstigen Zuwendungen aufruft und in zwei aufeinander folgenden Geschäftsjahren Spenden oder sonstige Zuwendungen von jeweils mehr als 100 000 Franken erhält;*
> *b. in zwei aufeinander folgenden Geschäftsjahren zwei der nachstehenden Grössen überschreitet:*
>   *1. Bilanzsumme von 10 Millionen Franken,*
>   *2. Umsatzerlös von 20 Millionen Franken,*
>   *3. 50 Vollzeitstellen im Jahresdurchschnitt;*
> *c. Zur Erstellung einer Konzernrechnung verpflichtet ist; oder*
> *d. Anleihensobligationen ausstehend hat.*
>
> *Die Aufsichtsbehörde kann eine Stiftung, die keine der Voraussetzungen nach Absatz 1 erfüllt, zur Bezeichnung einer besonders befähigten Revisorin oder eines besonders befähigten Revisors verpflichten, wenn dies für eine zuverlässige Beurteilung der Vermögens- und Ertragslage der Stiftung notwendig ist.»*

Angesichts des hohen Detaillierungsgrades dieser Verordnungsbestimmung besteht wenig Auslegungsspielraum. Immerhin kann eine Stiftung nach dem Wortlaut der Verordnung (Abs. 2 lit. a und b) deren Voraussetzungen erst nach Abschluss von zwei Geschäftsjahren erfüllen, so dass für neu errichtete Stiftungen frühestens für das dritte Geschäftsjahr ein besonders befähigter Revisor vorgeschrieben ist. Überdies sind die Kriterien so angesetzt, dass nur verhältnismässig wenige Stiftungen diese erfüllen und einen besonders befähigten Revisor benötigen (SPRECHER, Revision, Rz 163). Das EDI hat in einem Informationsschreiben an alle ihr unterstellten Stiftungen festgehalten, dass die Voraussetzungen bei Spendenaufrufen gemäss lit. a der vorzitierten Verordnungsbestimmung kumulativ – und nicht alternativ – zu verstehen sind und dass das Ansprechen eines unbestimmten Personenkreises bspw. durch Zeitungsinserate, Flugblätter, Briefe oder Plakate als öffentlicher Aufruf anzusehen ist.

9 Die Verantwortung, die genannten Kriterien im Auge zu behalten, liegt primär beim Stiftungsrat. Überdies wacht die Aufsichtsbehörde und das Handelsregisteramt – auch ohne explizite Erwähnung in Art. 103c HRegV – über die Einhaltung, nebst den Revisoren selbst (SPRECHER, Revision, Rz 164).

IV. Befreiung vom Revisionsstellenobligatorium

10 Der Bundesrat hat die ihm eingeräumte Befugnis, die Voraussetzungen für die **Befreiung** von der **Revisionsstellenpflicht** zu bezeichnen, in einer per 1. Januar 2006 in Kraft getretenen Verordnung betreffend die Revisionsstelle von Stiftungen vom 24. August 2005 festgelegt (AS 2005, 4555 f. = SR 211.121.3). Art. 1 bestimmt betreffend Befreiung von der Pflicht zur Bezeichnung einer Revisionsstelle Folgendes:

> *«Auf Gesuch des obersten Stiftungsorgans kann die Aufsichtsbehörde eine Stiftung von der Pflicht befreien, eine Revisionsstelle zu bezeichnen, wenn:*
>
> *a. Die Bilanzsumme der Stiftung in zwei aufeinander folgenden Geschäftsjahren kleiner als 200 000 Franken ist; und*
> *b. Die Stiftung nicht öffentlich zu Spenden oder sonstigen Zuwendungen aufruft.*
>
> *Die Aufsichtsbehörde widerruft die Befreiung, wenn:*
>
> *a. Die Voraussetzungen nach Absatz 1 nicht mehr erfüllt sind; oder*
> *b. Dies für eine zuverlässige Beurteilung der Vermögens- und Ertragslage der Stiftung notwendig ist.*
>
> *Die Befreiung von der Revisionspflicht entbindet die Stiftung nicht von ihrer Pflicht, der Aufsichtsbehörde Rechenschaft abzulegen.»*

11 Der Wortlaut der Bestimmung legt nahe, dass erst nach Ablauf von zwei Geschäftsjahren ein Befreiungsgesuch möglich ist. Das EDI als Aufsichtsbehörde hat hierzu verlauten lassen, dass sie bereits vorher ein Gesuch behandelt, sofern die Stiftung darlegen kann, dass sie die Befreiungskriterien erfüllt (SPRECHER, Revision, Rz 108).

12 **Familien-** und **kirchliche Stiftungen** bleiben von der Pflicht zur Bezeichnung einer Revisionsstelle ausgenommen (Art. 87 Abs. 1bis).

13 Die Befreiung von der Revisionsstellenpflicht bedingt ein **Gesuch** an die Aufsichtsbehörde. Das EDI hat in einem Informationsschreiben an die von ihm beaufsichtigten Stiftungen verlauten lassen, die Ausnahmevorschrift sei restriktiv auszulegen. Überdies ist die Verfügung für die Befreiung von der Revisionspflicht **gebührenpflichtig** zum Ansatz von gegenwärtig CHF 100 bis 300.

Art. 83b

2. Tätigkeit	**Die Revisionsstelle prüft jährlich die Rechnungsführung und die Vermögenslage der Stiftung und erstellt einen Bericht zuhanden des obersten Stiftungsorgans.**
2. Attributions	L'organe de révision vérifie annuellement la comptabilité et la situation patrimoniale de la fondation et établit un rapport à l'attention de l'organe suprême de celle-ci.
2. Attribuzioni	L'ufficio di revisione verifica ogni anno la contabilità e la situazione patrimoniale della fondazione e redige una relazione a destinazione dell'organo superiore della stessa.

I. Allgemeiner Normzweck

Diese per 1. Januar 2006 in Kraft getretene Bestimmung zur **Tätigkeit der Revisions-** 1
stelle normiert die bisherige Praxis und beinhaltet gleichzeitig eine Absage an weitergehende Pflichten der Revisionsstelle. Deren Aufgabe besteht darin, die Rechnungsführung und Bilanz bzw. Vermögenslage, also die Jahresrechnung regelmässig auf ihre Übereinstimmung mit den gesetzlichen Buchführungsvorschriften und allfälligen statutarischen oder reglementarischen Vorgaben zu überprüfen und hierzu einen Bericht zu erstellen. Demgegenüber ist es nicht Aufgabe der Revisionsstelle, generell die **Einhaltung der Statuten** und des **Stiftungszweckes** und damit die eigentliche Geschäftsführung zu überwachen, wie das die Aufsichtsbehörden in Musterstatuten oder Reglementen anregen um sich damit auch ihre eigene Überwachungsaufgabe zu erleichtern (EDI, Leitfaden, Ziff. 12). Dies schliesst nicht aus, dass der Stifter oder der Stiftungsrat der Revisionsstelle eine entsprechend weitergehende Überwachungsbefugnis einräumt oder diese vereinbart.

Der Bericht geht an das oberste Stiftungsorgan, also in der Regel an den **Stiftungsrat.** 2
Dieser wird ihn zusammen mit seinem jährlichen Tätigkeitsbericht der **Aufsichtsbehörde** zur Kenntnis bringen.

II. Revision

Auch diese Bestimmung hat der Gesetzgeber im Rahmen der Neuordnung des Revisions- 3
und Rechnungslegungsrechtes am 16. Dezember 2005, also noch vor Inkrafttreten bereits wieder geändert. Nach der neuen Bestimmung von Art. 83b Absatz 3 sind künftig die Vorschriften des Obligationenrechts über die Revisionsstelle bei **Aktiengesellschaften** entsprechend anwendbar. Nach rev. Art. 83c hat die Revisionsstelle der **Aufsichtsbehörde** direkt eine Kopie des **Revisionsberichtes** sowie aller **Mitteilungen** an die Stiftung zu übermitteln. Das Inkrafttreten dieser Änderungen wird gegenwärtig nicht vor Mitte 2007 erwartet.

Art. 84

C. Aufsicht	[1] **Die Stiftungen stehen unter der Aufsicht des Gemeinwesens (Bund, Kanton, Gemeinde), dem sie nach ihrer Bestimmung angehören.**
	[1bis] **Die Kantone können die ihren Gemeinden angehörenden Stiftungen der kantonalen Aufsichtsbehörde unterstellen.**

² **Die Aufsichtsbehörde hat dafür zu sorgen, dass das Stiftungsvermögen seinen Zwecken gemäss verwendet wird.**

C. Surveillance

¹ Les fondations sont placées sous la surveillance de la corporation publique
(Confédération, canton, commune) dont elles relèvent par leur but.

¹ᵇⁱˢ Les cantons peuvent soumettre les fondations dont la surveillance relève
des communes au contrôle de l'autorité cantonale de surveillance.

² L'autorité de surveillance pourvoit à ce que les biens des fondations soient
employés conformément à leur destination.

C. Vigilanza

¹ Le fondazioni sono sottoposte alla vigilanza degli enti pubblici (Confederazione, Cantone o Comune) a cui appartengono per la loro destinazione.

¹ᵇⁱˢ I Cantoni possono sottoporre alla vigilanza della competente autorità
cantonale le fondazioni di pertinenza comunale.

² L'autorità di vigilanza provvede affinché i beni siano impiegati conformemente al fine della fondazione.

I. Allgemeiner Normzweck

1   Die **ratio legis** für die Unterstellung der klassischen, Personalfürsorge- und der gemischten – aber nicht der reinen Familien- und kirchlichen (BGE 112 II 97) – Stiftungen unter
die **Staatsaufsicht** ist vielschichtig. Einerseits geht es um einen Ausgleich für die mangelnde *menschliche Unterlage* der Stiftung (vgl. ZK-EGGER, N 1 f.). Die **anstaltliche
Ausgestaltung** (keine Mitglieder sondern *bloss* Destinatäre) legt besondere institutionalisierte Schutzvorkehren nahe. In diesen Zusammenhang gehört auch der namentlich von
GUTZWILLER (SPR II, 616) in den Vordergrund gerückte **Schutz des Stifterwillens.** Andererseits sind Stiftungen häufig auf das **Gemeinwohl** ausgerichtet (TUOR/SCHNYDER/
SCHMID, 146), dessen naheliegender Hüter das Gemeinwesen ist. Nach konstanter bundesgerichtlicher Rechtsprechung (BGE 107 II 385; 105 II 73; 96 I 408) dient die Aufsicht sowohl **privaten** als auch **öffentlichen Interessen.** Entsprechend hat die Aufsichtsbehörde nicht nur den Intentionen des Stifters Geltung zu verschaffen, sondern auch die
öffentlichen Interessen umfassend wahrzunehmen und darüber zu wachen, dass die Stiftungsorgane das objektive Recht beachten (BGE 100 Ib 144; BK-RIEMER, N 47 ff.). Die
Aufsicht ist **zwingend,** d.h. die Bestimmung des Art. 84 hat objektiv-zwingenden
Charakter (BGE 120 II 379) und der Stifter kann nicht durch gegenteilige Anordnung
«seine» Stiftung von ihr dispensieren.

2   Das öffentliche Interesse ist das gesetzgeberische Motiv für die Stiftungsaufsicht, während der Schutz des Stifterwillens den Massstab für die Konkretisierung der Aufsichtsaufgaben im Einzelnen setzt (BK-RIEMER, N 47 f.). Die Aufsicht hat den **Autonomiebereich** der Stiftung und ihrer Organe zu respektieren und nur im Bereiche von
Ermessensüberschreitungen korrigierend oder vorbeugend einzugreifen (HAHNLOSER,
14). Sie bietet Schutz vor Missbräuchen und bezweckt keine staatliche Förderung oder
Unterstützung privater Tätigkeit (**a.M.** RIEMER in BK, Die Stiftungen, syst. Teil N 408
und DERS., Rechtsprobleme, 502 f.).

3   Die Stiftungsaufsicht ist, ungeachtet ihrer knappen Regelung im ZGB, **materiell öffentliches,** nämlich **Verwaltungsrecht** (BGE 100 Ib 145 f.), das nicht im Bund, aber in den
meisten Kantonen durch Verordnungen eine Konkretisierung erfahren hat. In Ausführung
von Art. 84 Abs. 2 erlassene kantonale Verordnungen bedürfen nach von RIEMER (BK,
N 39) vertretener Auffassung keiner bundesrätlichen Genehmigung. Es handelt sich bei
ihnen um **Vollziehungsverordnungen** (PEDRAZZINI/OBERHOLZER, 264; differenzierend

BK-RIEMER, N 40 ff.), welche die bundesgesetzliche Blankettnorm lediglich aus- und weiterführen, bzw. ergänzen und spezifizieren, bzw. gesetzeskonform präzisieren (BGE 115 Ia 48 m.w.Nw.; 98 Ia 287). Das BGer überprüft derartige Verordnungen im Rahmen des **verwaltungsgerichtlichen Beschwerdeverfahrens** nicht generell abstrakt, sondern lediglich im konkreten Fall auf ihre Übereinstimmung mit Art. 84 Abs. 2 (BGE 108 II 358 f.). Massgebend ist, ob sie auf einer überzeugenden Auslegung des Gesetzestextes beruhen (BGE 114 Ib 9). Gemessen an der vergleichsweise grossen Zahl bundesgerichtlicher Entscheide zum Thema Stiftungsaufsicht, handelt es sich bei Art. 84 um die praktisch bedeutendste Bestimmung des gesamten Stiftungsrechtes. Dies belegt auch ein Beitritt der Geschäftsprüfungs-Kommission des Ständerats vom 7. April 2006 über Aspekte der Stiftungsaufsicht am Beispiel der Stiftungen von Dr. Gustav Rau.

Für **Personalfürsorgestiftungen,** welche auf dem Gebiet der Alters-, Hinterlassenen- und Invalidenvorsorge tätig sind, gelten überdies (BGer 2A. 201/2001 vom 3.12.2001 und BGE 106 II 266 f.) die besonderen Bestimmungen der Art. 61 und 62 BVG betr. die Aufsicht über Vorsorgeeinrichtungen (Art. 89bis Abs. 6 Ziff. 12). **4**

II. Örtliche Zuständigkeit (Abs. 1 und 1bis)

Zur Bestimmung des örtlich zuständigen Gemeinwesens (Bund, Kanton, Gemeinde) ist gemäss einem nach wie vor wegleitenden, auf ein Gutachten von EUGEN HUBER gestütztes Kreisschreiben des EDI vom 17.3.1921 (BBl 1921 II 309 ff.) massgebend, welches Gemeinwesen im Tätigkeitsbereich der Stiftung aufgrund der Aufgabenteilung zwischen Bund, Kantonen und Gemeinden kompetent ist (HAHNLOSER, 12). Die entscheidende Frage lautet, welches Gemeinwesen in die Lücke springen müsste, wenn die Stiftung nicht bestände oder ihren Zweck nicht mehr erfüllen könnte (BK-RIEMER, N 13). Ausschlaggebend ist der **Zweck** und der **räumliche Wirkungskreis**, während dem **Sitz** der Stiftung (BGE 100 Ib 132 ff.) oder dem **Willen des Stifters** oder der Stiftungsorgane keine entscheidende Bedeutung zukommt (BGE 120 II 375; 56 I 380). Im Verhältnis zwischen Bund und Kantonen ist nur ein Gemeinwesen zuständig und eine Aufteilung der Aufsicht nicht möglich (SCHMID, 650; BK-RIEMER, N 12). Die verschiedenen Aufsichtsbehörden sind in diesem Sinne **koordiniert** und nicht subordiniert. Hingegen gilt die Bundeszuständigkeit als subsidiär (SPRING, 10; BGE 105 II 324). Die innerkantonale Kompetenzaufteilung ist Sache der kantonalen Gesetzgebung (BGE 105 II 324 f.; 56 I 382 f.) und typischerweise in den kantonalen Einführungsgesetzen zum ZGB geregelt. Der per 1. Januar 2006 in Kraft getretene neue Abs. 1bis ermächtigt die Kantone, die ihren Gemeinden angehörenden Stiftungen der kantonalen Aufsichtsbehörde zu unterstellen (vgl. Rz 6a). **5**

Die **Zentralschweizer Kantone** Luzern, Uri, Schwyz, Obwalden, Nidwalden und Zug haben ihre Aufsichtsfunktion auf dem **Konkordatweg** mit Wirkung ab 1. Januar 2006 auf die öffentlich-rechtliche Anstalt «Zentralschweizer BVG- und Stiftungsaufsicht (ZBSA)» übertragen (www.zbsa.ch). Davon betroffen sind mindestens 350 (Stand November 2003) klassische und rund 850 Personalfürsorgestiftungen. Auf Bundesebene obliegt die Aufsicht dem Generalsekretariat des EDI (Art. 5 Ziff. 1 Bst. b Vo über die Aufgaben der Departemente, Gruppen und Ämter, SR 172.010.15). **5a**

Die Praxis hat namentlich folgende **Kriterien** zur Bestimmung des zuständigen Gemeinwesens entwickelt: Zunächst ist auf die **räumliche Ausdehnung** der Stiftungstätigkeit zu achten (BGE 72 I 56; BK-RIEMER, N 5 ff.). Erstreckt sich diese auf mehrere Kantone, ohne dass der Zweck eine Bundesaufsicht nahe legt, ist die Behörde am Sitz der Stiftung zuständig. Bei **Personalfürsorgestiftungen** ist demgegenüber grundsätzlich auf **6** den (Haupt-)Sitz des Unternehmens und nicht der Stiftung abzustellen (BK-RIEMER, N 19). Auf lokale Bindungen an eine Anstalt oder einen Betrieb ist gebührend Rücksicht zu nehmen. Vorwiegend grenzüberschreitend oder im Ausland tätige Stiftungen (**internationale Stiftungen**) unterstehen der Aufsicht des Bundes, es sei denn, es bestünde z.B. eine besondere Verbindung zu einer Hochschule (VEB 1956, 131). Die Bundesaufsicht wird in aller Regel vom EDI (SR 172.212.1) – im Falle von Personalfürsorge- und versicherungsmässig aufgebauten Stiftungen vom Bundesamt für Sozialversicherung – wahrgenommen. Obwohl die Zuständigkeitsordnung **objektiv-zwingenden Charakter** hat, bleibt den Behörden ein gewisser Ermessensspielraum, der auch für die Berücksichtigung **besonderer Umstände** und **Zweckmässigkeitsüberlegungen** Raum lässt (BGE 120 II 376; BK-RIEMER, N 5 und 15). In Zweifelsfällen haben sich die in Frage kommenden Aufsichtsbehörden untereinander zu verständigen (SCHMID, 650). Selbst eine spätere Aufsichtsübertragung infolge veränderter Umstände ist möglich (SPRING, 11). Das Handelsregisteramt hat im Zweifel auf eine Klärung der Zuständigkeit hinzuwirken (Art. 103 HRegV). Es trägt die Aufsichtsbehörde unverzüglich ins Handelsregister ein (Art. 103 Abs. 2 HRegV).

6a Die neue Bestimmung des Abs. 1bis dieses Artikels erlaubt es den Kantonen, die Aufsichtsbefugnis beim Kanton zu konzentrieren. Die meisten Kantone kennen bereits heute lediglich eine zentrale Aufsicht. Die revidierte Bestimmung legitimiert diese **Zentralisierung**. SPRECHER (Revision, Rz 174) empfiehlt den Kantonen, lediglich neu errichteten Stiftungen die kantonale Aufsicht vorzuschreiben und für die bestehenden die bisherige **Gemeindeaufsicht** weiterhin zu tolerieren.

III. Bestätigungsverfahren

7 Gemäss Art. 103 Abs. 1 HRegV und einem hierauf beruhenden Kreisschreiben des Eidg. Amtes für das Handelsregister vom Juli 1972, ist es Aufgabe des für die Eintragung der Stiftung zuständigen Registerführers, von der Behörde, welcher die Stiftungsaufsicht zukommt, eine **Bestätigung** über die Übernahme der Aufsicht einzuholen. Der Eintrag im Handelsregister und damit die rechtliche Existenz der Stiftung erfolgt bereits vor und damit letztlich unabhängig von der Aufsichtsübernahmebestätigung. Im Rahmen dieses sog. **Bestätigungsverfahrens** haben namentlich die Bundesaufsichtsbehörden ihre Prüfung zuweilen über die Beurteilung der **Zuständigkeitsfrage** hinaus auf die Zulässigkeit und Eintragungsfähigkeit der Stiftung ausgedehnt (VPB 1988, 325; REBSAMEN, 286). Das BGer hat sich wiederholt gegen diese Praxis ausgesprochen und festgestellt, dass der **Handelsregisterführer** selbst über die Zulässigkeit einer Eintragung zu entscheiden hat und die Eintragung nicht von einer Zustimmung der Aufsichtsbehörde abhängig machen darf (BGE 120 II 377 ff.; BK-KÜNG, Art. 940 OR N 804 f.; kritisch GEISER, AJP 1995, 224; BGer vom 18.5.1989, SemJud 1989, 549). Falls die Behörden ihre Kooperation verweigern, bestünde die Stiftung dennoch rechtssatzmässig, wenn auch ohne Aufsicht (BGE 120 II 379). Die per 1. Januar 2006 revidierte HRegV hat hier verfahrensmässig einige Klarheit gebracht (Art. 103 HRegV).

8 Der Stifter kann die zuständige Aufsichtsbehörde im **Vorprüfungsverfahren** klären (HAHNLOSER, 15). Dieses Vorgehen hat sich in der **Praxis** bewährt und ist nicht nur für die Frage der zuständigen Aufsichtsbehörde mit guten Gründen zu empfehlen. Diese Art der Vorprüfung beruht jedoch auf **freiwilliger Basis** und eine entsprechende Meinungsäusserung der Aufsichtsbehörde gilt nicht als anfechtbare Verfügung i.S.v. Art. 5 VwVG (BGE 120 II 374 ff.; SPRING, 17).

IV. Inhalt der Aufsicht (Abs. 2)

1. Umfang

Die Aufsicht ist grundsätzlich **umfassend** (étendu) und erstreckt sich auf die gesamte **9** Stiftungstätigkeit. Sie hat jedoch den Autonomiebereich der Stiftungsorgane zu respektieren (BGE 111 II 97 HAHNLOSER, 14). Im Vordergrund der Aufsichtstätigkeit steht die **Anlage** und die **Verwendung** des **Stiftungsvermögens** unter Einbezug von **Organisationsfragen** (BGE 112 II 471). Die Aufsichtsbehörde hat darüber zu wachen, dass sich die Organe der Stiftung an das **Gesetz**, die **guten Sitten**, die **Stiftungsurkunde** und an allfällige **Reglemente** halten (BGE 106 II 269; 105 II 73; TUOR/SCHNYDER/SCHMID, 147). Überdies hat sie darauf zu achten, dass die Stiftungsorgane ihren **Ermessensspielraum** nicht missbrauchen oder überschreiten, sondern nach **Treu und Glauben** und nach Massgabe des **Rechtsgleichheitsgebots** handeln (BGE 110 II 444; 108 II 499; SCHNYDER, ZBJV 1986, 79).

Die Aufsichtsbehörde hat sich bei der Ausübung ihrer Tätigkeit an den allgemeinen **ver-** **10** **waltungsrechtlichen Grundsätzen**, namentlich am **Verhältnismässigkeitsprinzip** zu orientieren (BK-RIEMER, N 37; HAHNLOSER, 15). Demnach darf ein Eingriff in den **Autonomiebereich** der Stiftung nicht schärfer sein, als es der Zweck der Massnahme verlangt, und ist dieser unzulässig, wenn auch ein geringerer Eingriff zum Ziel führt. Die Aufsicht bedeutet keine **Vormundschaft**, weshalb ein Handeln an Stelle der Stiftungsorgane – vorbehältlich einer Ersatzvornahme (BK-RIEMER, N 116 ff.) – nicht angeht (BGE 108 II 500). In **Ermessensfragen** soll sich die Behörde zurückhalten und sich nicht in den Ermessensspielraum der Stiftungsorgane einmischen (BGE 111 II 99; 101 Ib 236; HAHNLOSER, 14 ff.). Die Aufsichtsbehörde hat erst und nur soweit einzugreifen, als die rechtmässige Zweckerfüllung einer Stiftung gefährdet ist. Die Überprüfung der ganzen Stiftungsverwaltung auf Ehrlichkeit und Redlichkeit überschreitet die Möglichkeit und Befugnisse der Stiftungsaufsicht (LIVER, ZBJV 1981, 73). Diese ist gegenüber dem Stiftungsrat und der Revisionsstelle eine obere, nachrangige Kontrollinstanz (SCHMID, 650), wenn auch mit umfassenden Befugnissen. Gegenüber Unternehmensstiftungen hat sich die Behörde aus ordnungspolitischen und rechtlichen Gründen besondere Zurückhaltung aufzuerlegen und sich nicht in die Unternehmensführung einzumischen.

2. Sachliche Zuständigkeit

Im Verhältnis zum **Zivilrichter** kann namentlich bei Ansprüchen von Destinatären eine **11** **konkurrenzierende Zuständigkeit** bestehen (BGE 108 II 500). Sind die Verhältnisse klar und liegt in der Leistungsverweigerung der Stiftung zugleich eine Pflichtverletzung ihrer Organe, dann sind die Aufsichtsbehörden zum Einschreiten befugt (BGE 112 II 99; BJM 1987, 137). Der richterliche Entscheid über einen strittigen Anspruch bleibt allerdings vorbehalten. Bestehen ernsthafte Zweifel über die von Destinatären oder von Dritten geltend gemachten Ansprüche, hat die Aufsichtsbehörde die Entscheidung dem Richter zu überlassen (BGE 111 II 101), welcher grundsätzlich zur Beurteilung **subjektiver Rechte** zuständig ist (BGE 112 II 99; BK-RIEMER, N 137 ff.). Das Gesetzt normiert kein allgemeines **Ausschüttungsgebot**. SCHUBIGER (911) regt abweichend von der rigorosen amerikanischen, allerdings steuerrechtlichen Vorgabe einer Ausschüttungsquote von 5% p.a. und vom deutschen Modell einer zeitnahen Mittelverwendung diskussionsweise an, mit Durchschnittserträgen einer Mehrjahresperiode zu operieren. Ob ein solches besteht, richtet sich u.a. nach der Natur der Stiftung. Soweit eine Stiftung von ihrer Konzeption her zur Erfüllung ihres Zweckes Ausschüttungen vornehmen sollte (bspw. eine Stipendienstiftung), hat die Aufsichtsbehörde m.E. bereits heute die Befugnis solche zu verlangen und notfalls unter verhältnismässiger Anwendung ihrer Aufsichtsmittel auch durchzusetzen.

11a Eine jährliche Überprüfung des Rechnungswesens einer Stiftung durch ihre **Revisionsstelle** erleichtert die Aufgabe des Stiftungsrates und der Aufsichtsbehörde. Vor diesem Hintergrund ist es nicht erstaunlich, dass die Aufsichtsbehörden grossen Wert auf eine jährliche Revision der Stiftungsrechnung legen und der Bericht der Revisionsstelle regelmässig zur jährlichen Berichterstattung des Stiftungsrates an die Aufsichtsbehörde gehört. Das EDI empfiehlt im Rahmen des freiwilligen Vorprüfungsverfahrens allerdings eine problematische Umschreibung der Aufgabe der Revisionsstelle. Demnach soll diese nicht nur das Rechnungswesen der Stiftung überprüfen, sondern überdies generell die *Einhaltung der Bestimmungen der Statuten (Urkunde und Reglemente der Stiftung) und des Stiftungszweckes* durch den Stiftungsrat überwachen. Diese inhaltliche Ausdehnung der Revision geht über das hinaus, was das Aktienrecht vorschreibt. Dieses lässt anerkanntermassen keinen Raum für eine allgemeine Prüfung der **Geschäftsführung** durch die Revisionsstelle. Bei aller Sympathie für eine verstärkte Privatisierung der Aufsicht kann es nicht Aufgabe der Revisionsstelle sein, die Einhaltung des Zweckes durch den Stiftungsrat generell zu überwachen. Eine entsprechende Aufgabenumschreibung im Stiftungstatut ist deshalb abzulehnen und es bleibt bei der Verantwortung des Stiftungsrates dafür, dass die Stiftung ihrem Zweck nachlebt, und bei der Aufgabe der Aufsichtsbehörde, dies zu überwachen.

3. Aufsichtsmittel

12 Die Aufsichtsbehörden können sich zur Erfüllung ihrer Aufgabe nach pflichtgemässem Ermessen verschiedener **Aufsichtsmittel** bedienen, welche gemeinhin in **präventive,** also vorbeugende und **repressive,** also unterdrückende oder korrigierende unterteilt werden. Zu den **präventiven Aufsichtsmitteln** gehören insb. Vorschriften über die Vermögensanlage und die Pflicht der Stiftungsorgane zu jährlicher Berichterstattung, Rechnungsablage sowie zur Einreichung von Reglementen etc. Reglemente und deren Änderungen sind der Aufsichtsbehörde und regelmässig auch den Steuerbehörden zur Kenntnis zu bringen, nicht jedoch zur vorgängigen Genehmigung zu unterbreiten, wie das EDI als eidgenössische Aufsichtsbehörde dies routinegemäss in seinen Aufsichtsübernahmeverfügungen festhält. Einige Kantone haben **Stiftungsaufsichtsverordnungen** insb. mit **Anlagevorschriften** generell-abstrakter Natur erlassen. Andere Kantone und der Bund arbeiten primär mit Weisungen. Unter beiden Systemen wird normalerweise eine **alljährliche Berichterstattung** unter Einschluss der Stiftungsrechnung und eventuell weiterer Bonitätsausweise verlangt (BGE 106 II 270).

12a Das EDI verlangt von den ihr unterstellten Stiftungen jährlich folgende **Berichterstattung** (EDI, Leitfaden, Ziff. 13):

– einen **Tätigkeitsbericht;**

– eine **Jahresrechnung,** bestehend aus Bilanz, Betriebsrechnung und Anhang;

– einen Bericht der Revisionsstelle oder ein Formular «Deklaration» bei revisionsbefreiten Stiftungen;

– eine Genehmigung der Rechenschaftsablage durch den Stiftungsrat (Protokollauszug);

– eine aktuelle Liste des Stiftungsrates, sofern Änderungen vorgekommen sind.

Die jährliche Berichterstattung ist das wichtigste Aufsichtsmittel für die regelmässige Wahrnehmung der Aufsichtsfunktion durch die Aufsichtsbehörde.

Als **repressive Massnahmen** kommen folgende in Frage: **Mahnungen, Verwarnungen,**   **13**
Verweise, Weisungen, Auflagen, Aufhebung oder Abänderung von Entscheiden, **Bus-**
sen, Abberufung oder vorübergehende **Suspendierung** von Stiftungsräten sowie konkrete **Weisungen** an sie, **Strafanzeigen** gegen fehlbare Stiftungsorgane und **Ersatzvor-**
nahmen, insb. die Bestellung eines **Prozessbeistandes** für die Stiftung, welcher die
Stiftungsinteressen prozessual duchsetzt, wenn der Stiftungsrat hierzu wegen Interessen-
konfliktes oder aus anderen Gründen nicht willens oder in der Lage ist (BRÜCKNER, Personenrecht, 415; BK-RIEMER, N 54 ff. mit Kasuistik; HAHNLOSER, 14 f.). Für weitere
und weiter gehende Aufsichtsmittel wie das Anheben von Schadenersatzklagen gegen
Stiftungsorgane, die Beschlagnahmung von Stiftungsvermögen und das Erteilen von
Weisungen an Schuldner und Gläubiger der Stiftung und sonstige Drittpersonen (unveröff. BGE 5A. 13, 14, 17 und 18/2000, je 3) fehlen sowohl eine gesetzliche Grundlage
als auch einschlägige Präjudizien (BRÜCKNER, Personenrecht, 416). Aufgrund des rev.
Art. 83 Abs. 2 kann die Aufsichtsbehörde ein fehlendes Organ, also insb. Stiftungsräte
oder eine Revisionsstelle oder einen Sachwalter ernennen. Der Aufsicht unterstehen
lediglich die Stiftung und ihre Organe, nicht jedoch der Stifter, Destinatäre oder andere
Dritte, welchen gegenüber die Aufsichtsbehörden auch keine Weisungen erteilen können.
Handlungen Dritter gegenüber der Stiftung wie z.B. die Rückerstattung rechtswidrig
bezogener Leistungen und das Erfüllen von Leistungsversprechen können die Aufsichtsbehörde nur indirekt mittels Weisungen an die Stiftung erwirken (BK-RIEMER, N 50).

Der Aufsichtsbehörde fehlt die Kompetenz, bspw. Bankkonten zu sperren und ander-   **13a**
weitig Stiftungsvermögen zu blockieren. Die **Vermögenssicherung** hat über die u.U.
zeitraubende aufsichtsrechtliche Einsetzung einer kommissarischen Stiftungsverwaltung
zu erfolgen (BRÜCKNER, Personenrecht, 416 f.). RIEMER (BK, N 115) hält demgegenüber
Weisungen der Aufsichtsbehörde an Schuldner und Gläubiger der Stiftung zur Sicherung
des Stiftungsvermögens für zulässig, wenn Gefahr im Verzug ist, welches Vorgehen das
BGer in einem obiter dictum als denkbar bezeichnet hat (BGer 5A. 13, 14, 17 und
18/2000).

4. Praxis

Die reichhaltige, insb. bundesgerichtliche Praxis befasst sich in erster Linie mit An-   **14**
ordnungen der Aufsichtsbehörde zur **Vermögensanlage** und -verwaltung. Die Stiftungsorgane haben die Grundsätze einer sorgfältigen Kapitalanlage zu beachten und dabei die
Rendite, Sicherheit, Liquidität, Substanzerhaltung und eine ausgeglichene **Risikover-**
teilung im Auge zu behalten (BGE 124 III 99; 108 II 352 ff.). Die Vermögensanlagen
sollen sicher sein, einen normalen Ertrag abwerfen und nach Möglichkeit zum Risiko-
ausgleich ein weites Spektrum abdecken (SPRING, 8) bzw. diversifiziert sein (BGE 124
III 100). Die verschiedenen Grundsätze – insbesondere jener der Sicherheit mit jenem
der Rentabilität – können miteinander in Konflikt geraten (BGE 99 Ib 261). Sie sind unter Berücksichtigung der gesamten Umstände und der **Verhältnismässigkeit** in einer
Weise anzuwenden, welche dem Stiftungszweck dauernd Nachachtung verschafft (BGE
124 III 99). Eine Stiftung mit auf das Inland konzentriertem Wirkungskreis sollte hohe
Fremdwährungs- und Wechselkursrisiken vermeiden (BGE 124 III 100). Das EDI als
eidg. Aufsichtsbehörde geht von einer Verwaltung nach anerkannten kaufmännischen
Grundsätzen aus (EDI, Leitfaden, Ziff. 10). **Spekulative** und **risikoreiche** Anlagen sind
grundsätzlich zu unterlassen (BGE 108 II 358). Andererseits sind sog. **mündelsichere**
Anlagen namentlich in Zeiten fortschreitender Inflation kaum angebracht bzw. bundesrechtswidrig (BGE 108 II 359; BK-RIEMER, N 76). Vielmehr ist den Organen im Rahmen
der allgemein üblichen Grundsätze einer sorgfältigen Verwaltung weitestgehende Freiheit
bezüglich der Vermögensanlage zuzubilligen.

14a Für **Personalvorsorgestiftungen** enthält das Bundesrecht seit 1985 detaillierte Kapital-anlagevorschriften, welche in der Verordnung über die berufliche Alters-, Hinterlassenen- und Invalidenvorsorge **(BVV 2)** vom 18. April 1984 (SR 831.441.1) Art. 49 ff. festge-halten sind. Diese Verordnung ist weder direkt noch analog auf klassische Stiftungen anwendbar. Hingegen kann die Aufsichtsbehörde die in dieser Verordnung enthaltenen Grundsätze als **Orientierungshilfe** bei der Beurteilung der **Anlagepolitik** auch einer klassischen Stiftung beiziehen, da sich bei beiden Stiftungsarten trotz aller Unterschiede vergleichbare Fragen im Zusammenhang mit der Sicherheit von Kapitalanlagen stellen (BGE 124 III 99). Der Stifter hat es in der Hand im Stiftungsstatut oder -Reglement den Umständen angemessene abweichende Anordnungen zu treffen. Das EDI als eidg. Auf-sichtsbehörde schlägt in seiner **Musterurkunde** zur Verwaltung des Vermögens folgende Formulierung vor: *Das Stiftungsvermögen ist nach anerkannten kaufmännischen Grund-sätzen zu verwalten. Das Risiko soll verteilt werden. Dabei darf aber das Vermögen nicht durch spekulative Transaktionen gefährdet werden, muss jedoch nicht mündelsicher an-gelegt werden.*

15 In organisatorischer Hinsicht hat sich die Aufsichtsbehörde nur dann mit der **Zusam-mensetzung des Stiftungsrates** zu befassen, wenn die **Funktionsfähigkeit** der Stiftung auf dem Spiel steht (so in BGE 129 III 641; 112 II 97 ff.; SemJud 1988, 15 f.; weiter gehend BGE 112 II 471 ff.; vgl. SCHNYDER, ZBJV 1988, 78 ff. und SPRING, 12). Per-sonelle Anordnungen des Stifters stehen einer sachlich begründeten Abwahl nicht entge-gen (BGE 128 III 211). Die rev. Bestimmung des Art. 83 erlaubt alsdann der Aufsichts-behörde das fehlende Organ oder einen Sachwalter zu ernennen. Für zulässig befand das BGer (BGE 105 II 70 ff.; hierzu kritisch, aber i.E. bejahend LIVER, ZBJV 1981, 72 f.) ein vom EDI als Aufsichtsbehörde gegen eine Stiftung verhängtes Verbot, die Bundesauf-sicht in ihrer Werbung zu erwähnen. Der beanstandete Hinweis erwecke den irreführen-den Anschein, die treffende Werbeaktion stehe unter der besonderen Obhut, Förderung und Kontrolle einer Bundesstelle, welche dadurch zu Unrecht in Zusammenhang mit der in der Öffentlichkeit umstrittenen Stiftungstätigkeit gebracht werde. Ebenfalls geschützt hat das BGer (BGE 100 Ib 132 ff.) eine aufsichtsrechtliche Anordnung, mit welcher eine Personalfürsorgestiftung i.E. dazu gezwungen wurde, einzelne Bestimmungen ihrer Stif-tungsurkunde an neues zwingendes Recht anzupassen.

15a Das aufsichtsrechtliche Instrumentarium geht den vormundschaftlichen Massnahmen vor, welche für juristische Personen ohnehin Seltenheitswert haben (SCHNYDER, ZBJV 2001, 418). Immerhin hat die Vormundschaftsbehörde gemäss Art. 393 Ziff. 4 das Erfor-derliche anzuordnen und einen **Beistand** zu ernennen, wenn und solange einer Stiftung die erforderlichen Organe mangeln und nicht auf andere Weise für die Verwaltung ge-sorgt ist. Diese Befugnis ist nicht ausschliesslich auf Fälle beschränkt, in welchen die notwendigen Organe überhaupt fehlen. Vielmehr ist die **Verbeiständung** in besonderen Situationen in einem weiteren Anwendungsfeld zuzulassen, wenn z.B. bedeutende öffentliche Interessen zu wahren und wegen unzureichender Verwaltung gefährdet sind (BGE 126 III 501). Zufolge der **Subsidiarität** vormundschaftlicher gegenüber spezifisch aufsichtsrechtlicher Massnahmen muss die Notsituation allerdings von einer gewissen Dauer und nicht kurzfristig behebbar sein (BGE 126 III 502 m.w.Nw.). Die Verbeistän-dung darf nicht zum Dauerzustand verkommen, sondern soll der Aufsichtsbehörde im Sinne einer **Überbrückungsmassnahme** ermöglichen, *die nötigen Vorkehren zur Schaf-fung oder Verbesserung der Organisation durchzuführen* (BGE 126 III 503). Der revi-dierte Art. 83 beschränkt den Anwendungsbereich von Art. 393 Ziff. 4, welche Bestim-mung demnächst, d.h. voraussichtlich Mitte 2007 gestrichen wird (BBl 2005, 7289, insb. 7341).

5. Kontrollstelle für die Bekämpfung der Geldwäscherei

Eine Aufsichtsbehörde besonderer Art ist die durch das GwG eingerichtete Kontrollstelle **15b** für die Bekämpfung der **Geldwäscherei.** Stiftungen, die zur Finanzierung ihrer Tätigkeit Gelder von Stiftern oder aus dem Publikum entgegennehmen, sind grundsätzlich nicht dem GwG unterstellt, wenn sie nicht im Finanzbereich tätig sind. Bieten sie jedoch Finanzdienstleistungen an, entsteht eine Unterstellungspflicht (Unterstellungskommentar KSt, Ziffer 2.12.4). Generell vom Geltungsbereich des GwG ausgenommen sind unter anderem steuerbefreite Einrichtungen der **beruflichen Vorsorge** (Art. 2 Abs. 4 lit. b GwG). **Klassische Stiftungen** und deren Organe sind demgegenüber nicht generell vom Geltungsbereich des Gesetzes ausgenommen.

In Frage kommt für Stiftungen eine Unterstellung namentlich unter den Begriff der **15c** «Sitzgesellschaft», welcher untechnisch zu verstehen ist und insbesondere **Familienstiftungen** mitumfasst. Betroffen sind unter anderem organisierte Vermögenseinheiten, die keinen Betrieb des Handels, der Fabrikation oder einer anderen nach kaufmännischer Art geführten Gewerbes betreiben (VPB 68.110). Wichtiges Indiz hierfür ist das Fehlen eigener Geschäftsräume und von eigenem Personal (Unterstellungskommentar KSt, Ziff. 2.3.2.1). Unterstellt sind diesfalls nicht die Stiftungen, sondern deren in der Schweiz ansässige **Organe.** Nicht als Sitzgesellschaften gelten hingegen gemäss Praxis der Kontrollstelle Stiftungen mit einer ideellen Zwecksetzung. Diese Klarstellung findet sich in einer revidierten Praxisfestlegung vom 16. Januar 2004 betreffend die Unterstellung der Organe von Sitzgesellschaften unter das Geldwäschereigesetz (GwG). Was als ideelle Zwecksetzung zu verstehen ist, ergibt sich indirekt aus Art. 17 der Geldwäschereiverordnung (SR 955.16). Demnach sind Stiftungen, welche statutarisch ausschliesslich politische, religiöse, wissenschaftliche, künstlerische, gemeinnützige, gesellige oder ähnliche Zwecke verfolgen nicht als Sitzgesellschaften anzusehen und ihre Organe nicht **Finanzintermediäre,** egal ob sie ihre Funktion berufsmässig ausüben. Ehrenamtlich tätige Organe sind mangels berufsmässiger Funktion ohnehin nicht GwG-unterstellt.

Die meisten jedenfalls **klassischen Stiftungen** dürften weder direkt noch über ihre **15d** Organe dem GwG und der GwG-spezifischen Aufsicht unterliegen. Wenn eine GwG-Unterstellung besteht, tritt diese nicht anstelle, sondern neben die Aufsichtsbehörde. Umgekehrt geniessen Stiftungen, welche dem GwG weder direkt noch über ihre Organe unterstellt sind, keine Narrenfreiheit. Namentlich das EDI als Bundesaufsichtsbehörde meldet verdächtige Zahlungsflüsse auch ohne GwG-Unterstellung umgehend den Untersuchungsbehörden.

6. Steuerrechtliche Melderechte und -pflichten (Amtshilfe)

Die Aufsichtsbehörden sind wie alle anderen Behörden auf Ersuchen hin gegenüber den **15e** Steuerbehörden amtshilfeverpflichtet. Sie haben überdies das Recht, **Steuerbehörden** von sich aus darauf aufmerksam zu machen, wenn sie vermuten, dass eine Steuerveranlagung unvollständig ist (vgl. Art. 39 Abs. 3 StHG, Art. 112 Abs. 1 DBG). Die Steuerbehörden selbst überwachen, ob die Voraussetzungen für eine ggf. eingeräumte Befreiung einer Stiftung von der subjektiven Steuerpflicht auch eingehalten werden.

V. Haftung der Aufsichtsbehörde

Die Haftung der Stiftungsaufsichtsbehörden richtet sich nach der allgemeinen Bestim **16** mung des Art. 61 Abs. 1 OR. Die Haftung richtet sich nach öffentlichem Recht. Angesichts des Legalitätsprinzips kommt eine **Staatshaftung** nur unter der Voraussetzung in Betracht, dass das betroffene Gemeinwesen Haftungsnormen erlassen hat. Die meisten

Kantone kennen eine **Kausalhaftung** des Staates für pflichtwidrige Amtstätigkeit. Ein Klagerecht eines Geschädigten gegenüber fehlbaren Beamten ist regelmässig ausgeschlossen (BRÜCKNER, Personenrecht, 418). Ähnliches gilt für den Bund im Falle einer Bundesaufsicht: Der Bund haftet aufgrund des **Verantwortlichkeitsgesetzes** (SR 170.32) kausal für den Schaden, den ein Beamter in Ausübung seiner amtlichen Tätigkeit Dritten widerrechtlich zufügt – gegenüber dem fehlbaren Beamten selbst hat der Geschädigte keinen Ersatzanspruch (BGE 115 II 242). Die besonderen vormundschaftsrechtlichen Verantwortlichkeitsnormen finden keine Anwendung (BK-RIEMER, N 53). Bei Vorsorgeeinrichtungen tritt in der Regel der in Stiftungsform betriebene Sicherheitsfonds in Funktion (BRÜCKNER, Personenrecht, 40 f.).

VI. Prozessuales

1. Stiftungsaufsichtsbeschwerde

17 Die Lehre (BK-RIEMER, N 119 ff.) und Rechtsprechung (BGE 112 Ia 190; 110 II 440; 107 II 385 ff.; HAHNLOSER, 30) leiten aus Art. 84 Abs. 2 das Recht jedes Interessierten ab, gegen unliebsame Handlungen oder Unterlassungen der Stiftungsorgane auf dem Beschwerdeweg an die Aufsichtsbehörde zu gelangen. *«Zur Aufsichtsbeschwerde ist legitimiert, wer der Stiftung besonders nahesteht, sei es, dass er in seiner Betätigung mit ihr ideell verbunden ist, sei es, dass er als potentieller Destinatär mit einer gewissen Wahrscheinlichkeit in den Fall kommt, Stiftungsvorteile zu nutzen»* (LIVER, ZBJV 1983, 63). Bestehen ernsthafte Zweifel an der Berechtigung von Destinatäransprüchen, ist der Entscheid allerdings dem Zivilrichter zu überlassen (BGE 111 II 101; 108 II 500). BRÜCKNER (Personenrecht, 419) schlägt für die Abgrenzung des zivilrechtlichen vom aufsichtsrechtlichen Verfahren folgende Faustregel vor: Die Aufsichtsbeschwerde ist angebracht, wenn das Hauptthema im pflichtwidrigen Verhalten der Stiftungsorgane besteht. Demgegenüber ist der zivilrechtliche Klageweg zu wählen, wenn vorwiegend inhaltliche Fragen betreffend Voraussetzungen und Umfang eines Anspruchs zu beurteilen sind. Die **Stiftungsaufsichtsbeschwerde** gilt als eigentliches Rechtsmittel, welches dem Einzelnen Parteirechte und einen Anspruch auf einen Entscheid einräumt (BGE 112 Ia 190; 107 II 390). Sowohl gegen Entscheidungen der Bundesaufsichtsbehörde (EDI), als auch gegen letztinstanzliche kantonale Stiftungsaufsichtsentscheide steht die **Verwaltungsgerichtsbeschwerde** an das BGer offen (BRÜCKNER, Personenrecht, 417 f.; BK-RIEMER, N 133).

2. Anzeige

18 Jedermann kann – auch ohne Interessennachweis – eine **Anzeige** an die Aufsichtsbehörde richten. Die Aufsichtsbehörde ist verpflichtet, den in einer Anzeige mitgeteilten Tatsachen nachzugehen und ggf. von Amtes wegen die sich aufdrängenden Massnahmen zu ergreifen (BGE 107 II 390). Der Anzeigende hat in diesem Verfahren weder Parteirechte, noch eine Weiterzugsmöglichkeit. Bei ungehöriger Untätigkeit der Aufsichtsbehörde kann er allerdings wiederum eine Anzeige gegen diese bei der ihr übergeordneten Behörde anbringen.

3. Personalfürsorgestiftungen

19 Im Bereiche der Personalfürsorgestiftungen gelten gemäss Art. 89bis Abs. 6 Ziff. 19 die Art. 73 und 74 BVG betr. die Rechtspflege, welche diese in grundlegender Hinsicht u.a. durch Einführung einer eidgenössischen **Beschwerdekommission** zur Überprüfung von Verfügungen der Aufsichtsbehörden umgestaltet hat.

Art. 84a

C^bis. Massnahmen bei Überschuldung und Zahlungsunfähigkeit

¹ Besteht begründete Besorgnis, dass die Stiftung überschuldet ist oder ihre Verbindlichkeiten längerfristig nicht mehr erfüllen kann, so stellt das oberste Stiftungsorgan auf Grund der Veräusserungswerte eine Zwischenbilanz auf und legt sie der Revisionsstelle zur Prüfung vor. Verfügt die Stiftung über keine Revisionsstelle, so legt das oberste Stiftungsorgan die Zwischenbilanz der Aufsichtsbehörde vor.

² Stellt die Revisionsstelle fest, dass die Stiftung überschuldet ist oder ihre Verbindlichkeiten längerfristig nicht erfüllen kann, so legt sie die Zwischenbilanz der Aufsichtsbehörde vor.

³ Die Aufsichtsbehörde hält das oberste Stiftungsorgan zur Einleitung der erforderlichen Massnahmen an. Bleibt dieses untätig, so trifft die Aufsichtsbehörde die nötigen Massnahmen.

⁴ Nötigenfalls beantragt die Aufsichtsbehörde vollstreckungsrechtliche Massnahmen; die aktienrechtlichen Bestimmungen über die Eröffnung oder den Aufschub des Konkurses sind sinngemäss anwendbar.

C^bis. Mesures en cas de surendettement et d'insolvabilité

¹ Si des raisons sérieuses laissent craindre que la fondation est surendettée ou qu'elle est insolvable à long terme, l'organe suprême de la fondation dresse un bilan intermédiaire fondé sur la valeur vénale des biens et le soumet pour examen à l'organe de révision. Si la fondation n'a pas d'organe de révision, l'organe suprême de la fondation soumet le bilan intermédiaire à l'autorité de surveillance

² Si l'organe de révision constate que la fondation est surendettée ou qu'elle est insolvable à long terme, il remet le bilan intermédiaire à l'autorité de surveillance.

³ L'autorité de surveillance ordonne à l'organe suprême de la fondation de prendre les mesures nécessaires. S'il ne le fait pas, l'autorité de surveillance prend elle-même les mesures qui s'imposent.

⁴ Au besoin, l'autorité de surveillance demande que des mesures d'exécution forcée soient prises; les dispositions du droit des sociétés anonymes relatives à l'ouverture ou l'ajournement de la faillite sont applicables par analogie.

C^bis. Misure in caso di eccedenza dei debiti e d'insolvenza

¹ Se esiste fondato timore che la fondazione abbia un'eccedenza di debiti o che per lungo tempo non sarà più in grado di far fronte ai propri impegni, l'organo superiore della fondazione stila un bilancio intermedio in base al valore di alienazione dei beni e lo sottopone per verifica all'ufficio di revisione. Se la fondazione non dispone di un ufficio di revisione, l'organo superiore della fondazione sottopone il bilancio intermedio all'autorità di vigilanza.

² Se constata che la fondazione ha un'eccedenza di debiti o che per lungo tempo non sarà più in grado di far fronte ai propri impegni, l'ufficio di revisione sottopone il bilancio intermedio all'autorità di vigilanza.

³ L'autorità di vigilanza ordina al consiglio di fondazione di prendere le misure necessarie. Se il consiglio di fondazione non vi provvede, l'autorità di vigilanza prende essa stessa le misure occorrenti.

⁴ All'occorrenza, l'autorità di vigilanza chiede che siano prese misure di esecuzione forzata; le disposizioni del diritto della società anonima concernenti la dichiarazione o il differimento del fallimento sono applicabili per analogia.

Harold Grüninger

I. Allgemeiner Normzweck

1 Diese per 1. Januar 2006 in Kraft getretene Bestimmung über Massnahmen bei **Überschuldung** und **Zahlungsunfähigkeit** einer Stiftung lehnt sich eng an einen entsprechenden Formulierungsvorschlag im Vorentwurf RIEMER aus dem Jahre 1993 an. Die Neuerung blieb unbestritten. Sie ist der aktienrechtlichen Regelung bei Kapitalverlust und Überschuldung nachgebildet (Art. 725 f. OR).

II. Voraussetzungen

2 Massnahmen sind zu ergreifen, wenn aufgrund begründeter Besorgnis die Stiftung entweder überschuldet ist oder ihre Verbindlichkeiten längerfristig nicht mehr erfüllen kann. Eine **Überschuldung** ist anzunehmen, wenn die Stiftung ihr Vermögen vollständig aufgebraucht hat oder ihre Verbindlichkeiten nicht mehr durch Aktiven gedeckt sind (SPRECHER, Revision, Rz 178). Die Beurteilung, ob begründete Besorgnis über eine **langfristige Zahlungsunfähigkeit** besteht, obliegt dem Stiftungsrat. Er hat bei deren Beurteilung ein gewisses Ermessen (SPRECHER, Revision, Rz 179).

III. Verfahren

3 Liegt nach Einschätzung des Stiftungsrates eine der beiden Voraussetzungen – Überschuldung oder langfristige Zahlungsunfähigkeit – vor, hat er aufgrund von Veräusserungswerten unverzüglich eine **Zwischenbilanz** aufzustellen und diese der **Revisionsstelle** – und falls es keine gibt – der **Aufsichtsbehörde** vorzulegen.

4 Die Revisionsstelle ihrerseits hat, falls sie die Besorgnis bestätigt, der **Aufsichtsbehörde** die Zwischenbilanz vorzulegen (Abs. 2). Aufgabe der Aufsichtsbehörde ist es alsdann, den Stiftungsrat zur Einleitung der erforderlichen Massnahmen anzuhalten, sofern er diese nicht von sich aus bereits ergriffen und hierüber berichtet hat. Gegenüber einem untätigen Stiftungsrat kann die Aufsichtsbehörde selbst die nötigen Massnahmen einleiten (Abs. 3). In Fällen von Dringlichkeit hat die Revisionsstelle nach in der Literatur vertretener Auffassung die Pflicht, analog Art. 725 Abs. 2 und 729b Abs. 2 OR direkt an den Konkursrichter zu gelangen (VEZ, N 696 f.).

IV. Massnahmen

5 Das Gesetz schweigt sich über den Inhalt der erforderlichen **Massnahmen** aus. SPRECHER (Revision, Rz 184) nennt eine (temporäre) Einschränkung des Stiftungszwecks, eine Reduktion der Verwaltungskosten sowie den Versuch, durch Spenden oder Zustiftungen zu neuem Vermögen zu kommen. Demgegenüber fällt eine zivilrechtliche Aufhebung der Stiftung in diesem Stadium nicht in Betracht, da es sich bei ihr nicht um eine **Sanierungsmassnahme** handelt.

6 Ist eine Sanierung nicht mehr möglich, hat die Aufsichtsbehörde vollstreckungsrechtliche Massnahmen zu beantragen. Der Stiftungsrat darf Zwangsvollstreckungsmassnahmen demnach nicht selbst einleiten, sondern kann und muss ggf. die Aufsichtsbehörde hierzu auffordern (SPRECHER, Revision, Rz 186). Diese kann **Konkurs** anmelden und ein **Nachlassverfahren** beantragen.

7 Das Gesetz erklärt im Übrigen die aktienrechtlichen Bestimmungen über die Eröffnung oder den Aufschub des **Konkurses** für sinngemäss anwendbar. Gemeint ist damit Art. 725a OR, wonach der Richter den Konkurs auf Antrag der Aufsichtsbehörde oder eines Gläubigers aufschieben kann, wenn Aussicht auf Sanierung besteht (SPRECHER, Revision, Rz 189). Die Stiftung ist nicht nur **konkursfähig,** sondern kann auch eine **In-**

solvenzerklärung (SPRECHER, Konkurs, 381) abgeben, wozu sie der Zustimmung der Aufsichtsbehörde bedarf.

Ist die Stiftung in dem Sinne saniert, dass sie ihre Gläubiger befriedigen kann, ohne je-   8
doch für die weitere Zweckverfolgung über die nötigen Mittel zu verfügen, ist sie wegen Erschöpfung ihrer Mittel nach Art. 88 **aufzuheben.** Die Konkursverwaltung gibt den Abschluss des Konkursverfahrens öffentlich bekannt (Art. 268 Abs. 4 SchKG). Die Stiftung ist diesfalls im Handelsregister zu löschen. Bleiben nach durchgeführtem Konkursverfahren Mittel zur Weiterführung der Stiftung übrig, hat die Konkursverwaltung den Konkurs zu widerrufen und kann das oberste Stiftungsorgan seine Tätigkeit wieder aufnehmen (SPRECHER, Konkurs, 391 f.).

Art. 84b

C^{ter}. Buch- führung	¹ **Die Stiftung ist zur Buchführung verpflichtet. Die Bestimmungen des Obligationenrechts über die kaufmännische Buchführung sind sinngemäss anwendbar.** ² **Betreibt die Stiftung ein nach kaufmännischer Art geführtes Gewerbe, so sind für die Rechnungslegung und für die Offenlegung der Jahresrechnung die Bestimmungen des Aktienrechts sinngemäss anwendbar.**
C^{ter}. Comptabilité	¹ La fondation doit tenir une comptabilité. Les dispositions du code des obligations relatives à la comptabilité commerciale sont applicables par analogie. ² Lorsque la fondation exploite une industrie en la forme commerciale, les dispositions du droit de la société anonyme relatives à l'établissement des comptes et à leur publication sont applicables par analogie.
C^{ter}. Contabilità	¹ La fondazione tiene una contabilità. Le disposizioni del Codice delle obbligazioni concernenti la contabilità commerciale sono applicabili per analogia. ² Se la fondazione esercita un'impresa in forma commerciale, le disposizioni del diritto della società anonima concernenti l'allestimento e la pubblicazione del conto annuale sono applicabili per analogia.

I. Allgemeiner Normzweck

Nach bisheriger Rechtsprechung und Praxis waren Stiftungen nur dann unbestrittener-   1
massen buchführungspflichtig, wenn sie im Sinne von Art. 934 Abs. 1 OR ein Handels-Fabrikations- oder ein anderes nach kaufmännischer Art geführtes Gewerbe betrieben (BBl 2004, 4052). Auch ohne explizite **Buchführungspflicht** wurde mindestens ein Jahresbericht und eine Jahresrechnung als für eine Finanzkontrolle und ordnungsmässige Rechenschaftsablage unentbehrlich angesehen (SPRECHER/VON SALIS, Frage 142). Seit dem 1. Januar 2006 sind alle, auch Familien- und kirchliche Stiftungen (vgl. Art. 87 N 9d) zur Buchführung verpflichtet. Die Bestimmungen des Obligationenrechts über die kaufmännische Buchführung (Art. 957 ff. OR) sind sinngemäss anzuwenden.

Auch diese neue Bestimmung wurde vom Gesetzgeber kurz vor ihrer Inkraftsetzung in   2
Art. 83a betreffend Buchführung umplaziert und leicht revidiert (BBl 2005, 7339). Die neue, voraussichtlich nicht vor Mitte 2007 in Kraft tretende Version von Art. 83a lautet: *«Das oberste Stiftungsorgan führt die Geschäftsbücher der Stiftung nach den Vorschriften des Obligationenrechts über die kaufmännische Buchführung.»*

II. Anwendung aktienrechtlicher Bestimmungen (Abs. 2)

3 Die Bestimmungen des Aktienrechtes für die Rechnungslegung und die Offenlegung der Jahresrechnung sind auf Stiftungen, die ein nach kaufmännischer Art geführtes Gewerbe betreiben, sinngemäss anwendbar. Diese Änderung ist namentlich auf die **Unternehmensstiftungen** als Direktträgerstiftungen gemünzt. Ihnen gegenüber wurde immer wieder bemängelt, dass das Stiftungsrecht auf die Führung kaufmännischer Unternehmen nicht zugeschnitten ist. Die neue, frühestens ab Mitte 2007 geltende Fassung dieser Bestimmung (dann Art. 83a Abs. 2 – BBl 2005, 7339) entspricht inhaltlich der per 1. Januar 2006 in Kraft getretenen Regelung, weicht jedoch in ihrem Wortlaut davon leicht ab.

III. Swiss GAAP FER 21

4 Die von der Stiftung für Empfehlungen zur Rechnungslegung in Zürich getragene **FER** (**F**achkommission und **E**mpfehlungen zur **R**echungslegung) erarbeitet einen praktischen «Accounting-Rahmen» als Basis für die eigentliche **Rechnungslegung.** Sie hat am 21. November 2003 unter der Bezeichnung «SWISS GAAP (Generally Accepted Accounting Principles) FER 21» Fachempfehlungen für eine effiziente, aussagekräftige Rechnungslegung herausgegeben (HAHNLOSER, 42 f.). Den Eigenheiten von Nonprofit-Organisationen (NPO) wird nach den Erkenntnissen von FER das herkömmliche Rechnungswesen nicht gerecht, indem bei ihnen nicht der Periodengewinn und das Eigenkapital, sondern die Dienstleistungseffizienz im Vordergrund steht. Die sog. Swiss GAAP FER 21 erweitern daher die übliche Berichterstattung um einen Leistungsbericht und um eine Rechnung über die Veränderung des Kapitals. Die Berichterstattung soll nach dem *true & fair view-Grundsatz* erfolgen. Alle übrigen Swiss GAAP FER-Standards sind auf NPO's unverändert anzuwenden. Swiss GAAP FER 21 ist auf alle Organisationen ausgerichtet, welche gemeinnützige Leistungen erbringen. Bei ihnen stehen typischerweise einer unbestimmten Anzahl von Spendern nicht identische Leistungsempfänger gegenüber. Die Fachempfehlung will die Qualität der Rechnungslegung sichern und für erhöhte Transparenz sorgen. Dieser Zielsetzung dienen u.a. auch Angaben über den administrativen Aufwand oder die Entschädigung an leitende Organe. Die ZEWO tendiert zu einer Anwendung dieser Richtlinien als Voraussetzung für ihr Gütesiegel (HAHNLOSER, 43).

Art. 85

D. Umwandlung der Stiftung **I. Änderung der Organisation**	**Die zuständige Bundes- oder Kantonsbehörde kann auf Antrag der Aufsichtsbehörde und nach Anhörung des obersten Stiftungsorgans die Organisation der Stiftung ändern, wenn die Erhaltung des Vermögens oder die Wahrung des Stiftungszwecks die Änderung dringend erfordert.**
D. Modification I. De l'organisation	L'autorité fédérale ou cantonale compétente peut, sur la proposition de l'autorité de surveillance et après avoir entendu l'organe suprême de la fondation, modifier l'organisation de celle-ci, lorsque cette mesure est absolument nécessaire pour conserver les biens ou pour maintenir le but de la fondation.
D. Modificazione I. Dell'organizza-zione	L'autorità federale o cantonale competente può, su proposta dell'autorità di vigilanza e sentito l'organo superiore della fondazione, modificare l'organizzazione della fondazione quando ciò sia urgentemente richiesto per la conservazione del patrimonio o per il mantenimento del fine.

Art. 86

II. Änderung des Zwecks **1. Auf Antrag der Aufsichtsbehörde oder des obersten Stiftungsorgans**	[1] **Die zuständige Bundes- oder Kantonsbehörde kann auf Antrag der Aufsichtsbehörde oder des obersten Stiftungsorgans den Zweck der Stiftung ändern, wenn deren ursprünglicher Zweck eine ganz andere Bedeutung oder Wirkung erhalten hat, so dass die Stiftung dem Willen des Stifters offenbar entfremdet worden ist.** [2] **Unter den gleichen Voraussetzungen können Auflagen oder Bedingungen, die den Stiftungszweck beeinträchtigen, aufgehoben oder abgeändert werden.**
II. Du but **1. Sur requête de l'autorité de surveillance ou de l'organe suprême de la fondation**	[1] L'autorité fédérale ou cantonale compétente peut, sur requête de l'autorité de surveillance ou de l'organe suprême de la fondation, modifier le but de celle-ci, lorsque le caractère ou la portée du but primitif a varié au point que la fondation ne répond manifestement plus aux intentions du fondateur. [2] Peuvent être supprimées ou modifiées de la même manière et dans les mêmes circonstances les charges et conditions qui compromettent le but du fondateur.
II. Del fine **1. Su proposta dell'autorità di vigilanza o dell'organo superiore della fondazione**	[1] L'autorità federale o cantonale competente può, su proposta dell'autorità di vigilanza o dell'organo superiore della fondazione, modificare il fine della fondazione se questo ha assunto un carattere o sortito un effetto affatto diverso da quello che aveva in origine, cosicché la fondazione manifestamente più non corrisponda all'intenzione del fondatore. [2] Nelle stesse circostanze possono essere tolti o modificati gli oneri o le condizioni della fondazione che ne pregiudicano il fine.

I. Allgemeiner Normzweck

Die Stiftung ist auf den dauerhaften Vollzug vorgegebener Zwecke im Rahmen einer vorbestimmten Ordnung angelegt. Sie ist diesem Leitbild entsprechend ein *starres, unbewegliches, dem Fortschritt verschlossenes Gebilde* (TUOR/SCHNYDER/SCHMID, 148), dessen Organe lediglich **Verwaltungsbefugnisse** haben und den vorgegebenen Zweck oder die Organisation nicht nach Gutdünken sich ändernden Umständen anpassen dürfen. Der Stiftungsrat hat grundsätzlich verwaltende, nicht gestaltende Befugnisse (SPRECHER/VON SALIS, Frage 219). Ein statutarisch vorbehaltenes allgemeines **Recht auf Abänderung** des Stiftungsstatuts zugunsten des Stifters, des Stiftungsrates oder anderer Organe ist mit dem Wesen der Stiftung nicht zu vereinbaren, es sei denn, die Voraussetzungen und die Wirkungen seien objektiv bestimmt oder objektiv bestimmbar (SPRECHER/VON SALIS, Frage 220; BK-RIEMER, N 88). Hingegen kann der Stifter insb. Organisationsfragen auf Reglementsstufe regeln und dadurch eine spätere Anpassung an veränderte Umstände erleichtern (vgl. nachstehend N 6). **1**

Der Gesetzgeber hat dieser besonderen Interessenlage Rechnung getragen und unter dem Oberbegriff der **Umwandlung** nachträgliche Änderungen der **Organisation** (Art. 85) und des **Zweckes** (Art. 86) normiert. Es handelt sich dabei um eine Art gesetzliche *clausula rebus sic stantibus* (BK-RIEMER, N 2), deren Anwendung von strengen Voraussetzungen abhängt (BGE 103 Ib 164) und insoweit nur auf Notfälle zugeschnitten ist. Neben diesen **wesentlichen Änderungen** hat die Praxis *praeter legem* das Institut der **unwesentlichen** oder anderweitigen **Satzungsänderungen** entwickelt. Dieses gewähr- **2**

leistet eine gewisse Flexibilität für weniger akute und offensichtliche Fälle von überholten organisatorischen Anordnungen und sucht in erster Linie den Besonderheiten der
modernen Personalfürsorgestiftung gerecht zu werden (BGE 103 Ib 164). Der Einsatz
der Stiftung für die berufliche Vorsorge hat das Bedürfnis nach einfacheren Möglichkeiten der Anpassung an veränderte Verhältnisse verstärkt (BGE 115 II 419). Der Stifter
kann allerdings im Errichtungsakt auch gewisse Bestimmungen für unwiderruflich erklären, welcher Wille nach Möglichkeit zu respektieren ist (SPRING, 15).

2a Im Rahmen der Behandlung der parlamentarischen Initiative SCHIESSER wurde per
1. Januar 2006 ein neuer Art. 86b betreffend **unwesentliche Änderungen** der Stiftungsurkunde Gesetz, welche Bestimmung im Wesentlichen die bisherige und bewährte Praxis
normiert. Überdies hat der Gesetzgeber mit Art. 86a eine neue Art der **Zweckänderung**
auf Antrag des Stifters oder aufgrund einer Verfügung von Todes wegen aufgenommen.

3 Nachträgliche Änderungen des Zweckes und der Organisation sind **abzugrenzen** von
ursprünglich **mangelhaften Anordnungen** des Stifters oder mangelhafte Organisation
im Sinne von Art. 83 Abs. 2 sowie von Anordnungen der Aufsichtsbehörde gemäss
Art. 84 Abs. 2 insb. von Sofortmassnahmen mit provisorischem Charakter (BK-RIEMER,
N 107). Bei Fehlen oder nicht ordnungsgemässer Besetzung von Stiftungsorganen ist die
Aufsichtsbehörde neuerdings aufgrund von Art. 83 Abs. 2 zu den erforderlichen Massnahmen befugt, auch wenn diese nicht bei der Stiftungserrichtung, sondern erst später
auftritt (SPRECHER, Revision, Rz 84). Gegenüber der in Art. 88 Abs. 1 normierten Aufhebung der Stiftung geht die Abänderung vor (BK-RIEMER, N 38 f.). RIEMER (BK, Die
Stiftungen, syst. Teil N 127) möchte für die keiner Aufsicht unterliegenden **Familien-**
und **kirchlichen Stiftungen** die Umwandlungsbestimmungen des ZGB analog oder
lückenfüllend heranziehen, wobei der Richter gemäss Art. 87 Abs. 2 die Rolle der Auf-
sichts- und Umwandlungsbehörde übernehmen soll (in diesem Sinne SJZ 1984, 147 ff.).
Diese Beschneidung des ohnehin engen Handlungsspielraums des Stiftungsrates verdient
aus verschiedenen Gründen (vgl. Art. 87 N 13a) keine Zustimmung.

II. Änderung der Organisation (Art. 85)

4 Eine **organisatorische Änderung** ist nach gesetzlicher Vorgabe möglich, wenn sie zur
Erhaltung des Vermögens oder zur Wahrung des Zweckes dringend notwendig erscheint.
Die Anforderungen an eine entsprechende Anpassung sind nicht zu hoch zu schrauben.
Es genügt, dass eine Anpassung *im Interesse der Erfüllung des Stiftungszwecks liegt und
aus unabweisbaren Gründen als geboten erscheint* (BK-RIEMER, N 50), bzw. bewirkt,
dass der Zweck *wesentlich besser* als mit der bisherigen Organisationsform erreicht
werden kann (SPRECHER/VON SALIS, Frage 225). Die gewünschte Änderung kann z.B. die
Zusammensetzung des Stiftungsrates, die Einführung einer Revisionsstelle aber auch
bloss Verfahrensvorschriften betreffen (Kasuistik bei BK-RIEMER, N 53 ff.).

5 **Sitzverlegungen** und **Namensänderungen** fallen nach landläufiger Auffassung (SPRING,
16; ZK-EGGER, Art. 81 N 10 und Art. 85/86 N 9) ebenfalls unter die organisatorischen
Änderungen. Für RIEMER (BK, N 61 ff.) fehlt diesen Änderungen jedoch der Bezug zu
den *Organen*, weshalb er Art. 85 nur *analog* anwenden möchte. Er ordnet beide Fälle
dem Bereich der **unwesentlichen Änderungen** zu, auf welche seit dem 1. Januar 2006
der neue Art. 86b zur Anwendung kommt.

6 Der Stifter hat es in der Hand, durch ein in der Stiftungsurkunde vorbehaltenes **Stiftungsreglement** den Anwendungsbereich von Art. 85 und 86b weitgehend auszuschal-
ten. Die gesamte Organisation unter Einschluss des Namens und des Sitzes der Stiftung
lässt sich reglementarisch ordnen. Zwar verlangen die Aufsichtsbehörden im Rahmen

ihrer normalen Aufsichtstätigkeit routinegemäss die Vorlage von Reglementen zur Genehmigung (SPRING, 14). Diese hat jedoch entgegen viel verbreiteter Meinung keine konstitutive Bedeutung (BK-RIEMER, Art. 84 N 56; vgl. Art. 84 N 12).

III. Änderung des Zweckes (Art. 86)

Der Zweck gilt als das eigentliche Herzstück der Stiftung. Seine Abänderung tangiert 7 damit die Grundfesten der Stiftung und ist nur unter erschwerten Voraussetzungen möglich (BGE 112 Ib 303; EDI, Leitfaden, Ziff. 14.3). Vorausgesetzt ist **objektiv** ein Wandel in der Bedeutung und Wirkung des Stiftungszweckes und **subjektiv** eine Entfremdung vom ursprünglichen Stifterwillen (ZK-EGGER, N 4 ff.). Die entscheidende Frage lautet, ob sich der Wille des Stifters angesichts der eingetretenen Veränderung der Verhältnisse noch vernünftig, nach der im Stiftungsstatut niedergelegten Art und Weise verwirklichen lässt (PEDRAZZINI/OBERHOLZER, 268). Gängige Bsp. sind eine Stiftung zur Bekämpfung einer Krankheit, welche im Laufe der Zeit kaum mehr auftritt; die Änderung des Zweckes einer Stiftung zur Finanzierung der Primarschulbildung, welche später vom Gemeinwesen kostenlos angeboten wird in eine Stiftung zur Ausrichtung von Stipendien zu Studienzwecken (Kasuistik bei BK-RIEMER, N 13 f.; BRÜCKNER, Personenrecht, 427) oder eine Stiftung mit zu reichlichen Mitteln für ihren engen Zweck (ZK-EGGER, N 5). Geringfügige oder unwesentliche Änderungen der Stiftungsurkunde sind unter neuerdings normierten erleichterten Voraussetzungen gestützt auf Art. 86b vorzunehmen.

Der geänderte Stiftungszweck muss sich am bisherigen möglichst anlehnen (GUTZ- 8 WILLER, SPR II, 623; BK-RIEMER, N 11 m.w.Nw.). Massgebend ist, wie der Stifter im Zeitpunkt der Anpassung den Zweck vernünftigerweise umschreiben würde.

Unter denselben Voraussetzungen kann die zuständige Behörde gemäss Art. 86 Abs. 2 9 **Auflagen** und **Bedingungen** aufheben oder abändern. Vgl. z.B. ZBl 1979, 468 ff. betr. die Lockerung eines Alkoholverbots bei der Zürcher Volkshausstiftung.

V. Verfahren

Das Gesetz verlangt für eine Abänderung der Organisation oder des Zweckes einen 10 **Antrag der Aufsichtsbehörde** an die zuständige Bundes- oder Kantonsbehörde. Eine Zweckänderung kann nach neuer Fassung des Gesetzes auch der Stiftungsrat beantragen, während er bei organisatorischen Änderungen lediglich anzuhören ist. Für diese Differenzierung, welche auch bezüglich der unwesentlichen Änderungen gemäss Art. 86b gilt, ist kein überzeugender Grund ersichtlich. Die Aufteilung der Zuständigkeit bedingt, dass die eigentliche **Umwandlungsbehörde** mit der Aufsichtsbehörde nicht identisch ist. Für die unter der Aufsicht des Bundes stehenden Stiftungen ist nach seit 1. Januar 2006 geltendem neuen Wortlaut des Gesetzes nicht mehr der **Bundesrat,** sondern das **EDI** für die Umwandlung oder Änderung zuständig. Praktisch ist damit auf Bundesebene die **Umwandlungsbehörde** mit der **Aufsichtsbehörde** identisch (REBSAMEN, 334). In den meisten Kantonen waltet die Exekutive, d.h. der **Regierungsrat,** in einzelnen die Legislative, d.h. der **Grosse Rat** als Umwandlungsbehörde. Gegen letztinstanzliche Entscheide der kantonalen oder eidgenössischen Umwandlungsbehörden ist die **Verwaltungsgerichtsbeschwerde** an das BGer möglich (BGE 96 I 410; SPRING, 15).

Der Stiftungsrat, bzw. das **oberste Stiftungsorgan** hat ein – bei organisatorischen Änderungen – gesetzlich festgehaltenes Recht auf vorgängige **Anhörung,** jedoch kein Vetorecht. Für Zweckänderungen wird man ihm dasselbe Anhörungsrecht zubilligen müssen, auch wenn das Gesetz dies nicht vorschreibt. In der Praxis geht die **Initiative** für eine

Abänderung häufig vom **Stiftungsrat** aus, der einen begründeten Antrag an die Aufsichtsbehörde stellt (SPRECHER/VON SALIS, Frage 224; SPRING, 15; BK-RIEMER, N 22). Gegen eine Weigerung der Aufsichtsbehörde, die ihr obliegende Antragstellung vorzunehmen, steht ggf. der Rechtsmittelweg und damit letztinstanzlich wiederum die **Verwaltungsgerichtsbeschwerde** an das BGer offen.

12 Die Änderungsverfügung der Umwandlungsbehörde bedarf keiner **öffentlichen Beurkundung** (BK-RIEMER, N 34). Einige Kantone verlangen allerdings eine öffentliche Urkunde, welche unter dem Genehmigungsvorbehalt durch die Umwandlungsbehörde steht. Ihre **Anmeldung** an das **Handelsregister** hat von Amtes wegen durch die Umwandlungsbehörde selbst zu erfolgen (BK-RIEMER, N 35).

13 Bei Personalfürsorgestiftungen ist die Aufsichtsbehörde für Änderungen der Stiftungsurkunde zuständig (Art. 62 Abs. 2 BVG).

Art. 86a

2. Auf Antrag des Stifters oder auf Grund seiner Verfügung von Todes wegen

[1] Die zuständige Bundes- oder Kantonsbehörde ändert den Zweck einer Stiftung auf Antrag des Stifters oder auf Grund von dessen Verfügung von Todes wegen, wenn in der Stiftungsurkunde eine Zweckänderung vorbehalten worden ist und seit der Errichtung der Stiftung oder seit der letzten vom Stifter verlangten Änderung mindestens zehn Jahre verstrichen sind.

[2] Verfolgt die Stiftung einen öffentlichen oder gemeinnützigen Zweck nach Artikel 56 Buchstabe g des Bundesgesetzes vom 14. Dezember 1990 über die direkte Bundessteuer, so muss der geänderte Zweck ebenfalls öffentlich oder gemeinnützig sein.

[3] Das Recht auf Änderung des Stiftungszwecks ist unvererblich und unübertragbar. Ist der Stifter eine juristische Person, so erlischt dieses Recht spätestens 20 Jahre nach der Errichtung der Stiftung.

[4] Haben mehrere Personen die Stiftung errichtet, so können sie die Änderung des Stiftungszwecks nur gemeinsam verlangen.

[5] Die Behörde, welche die Verfügung von Todes wegen eröffnet, teilt der zuständigen Aufsichtsbehörde die Anordnung zur Änderung des Stiftungszwecks mit.

2. Sur requête ou en raison d'une disposition pour cause de mort du fondateur

[1] L'autorité fédérale ou cantonale compétente modifie, sur requête du fondateur ou en raison d'une disposition pour cause de mort prise par celui-ci, le but de la fondation lorsque l'acte de fondation réserve cette possibilité et que 10 ans au moins se sont écoulés depuis la constitution de la fondation ou depuis la dernière modification requise par le fondateur.

[2] Si la fondation poursuit un but de service public ou d'utilité publique au sens de l'art. 56, let. g, de la loi fédérale du 14 décembre 1990 sur l'impôt fédéral direct, le nouveau but doit demeurer un but de service public ou d'utilité publique.

[3] Le droit d'exiger la modification du but est incessible et ne passe pas aux héritiers. Lorsque le fondateur est une personne morale, ce droit s'éteint au plus tard 20 ans après la constitution de la fondation.

[4] Lorsque la fondation a été constituée par plusieurs fondateurs, ceux-ci doivent requérir la modification du but conjointement.

⁵ L'autorité qui procède à l'ouverture de la disposition pour cause de mort avise l'autorité de surveillance compétente de la disposition prévoyant la modification du but de la fondation.

2. Su richiesta del fondatore o in virtù di una sua disposizione a causa di morte

¹ L'autorità federale o cantonale competente modifica il fine della fondazione su richiesta del fondatore o in virtù di una sua disposizione a causa di morte se tale possibilità è stata prevista nell'atto di fondazione e sono trascorsi almeno dieci anni dalla costituzione della fondazione o dall'ultima modifica chiesta dal fondatore.

² Se la fondazione persegue uno scopo pubblico o di utilità pubblica secondo l'articolo 56 lettera g della legge federale del 14 dicembre 1990 sull'imposta federale diretta, anche il nuovo fine dev'essere pubblico o di utilità pubblica.

³ Il diritto di esigere la modifica del fine non si può cedere e non si trasmette per successione. Se il fondatore è una persona giuridica, esso si estingue al più tardi dopo venti anni dalla costituzione della fondazione.

⁴ Se la fondazione è stata costituita da più persone, esse possono chiedere la modifica del fine soltanto congiuntamente.

⁵ L'autorità che procede alla pubblicazione della disposizione a causa di morte comunica all'autorità di vigilanza competente la prevista modifica del fine della fondazione.

I. Allgemeiner Normzweck

Die **Änderung des Zwecks** auf **Antrag des Stifters** oder aufgrund einer **Verfügung von**   1
Todes wegen ist das zivilrechtliche Kernstück der aufgrund der parlamentarischen Initiative SCHIESSER per 1. Januar 2006 in Kraft getretenen Änderungen des Stiftungsrechts. Ziel der Änderung ist es, mehr Flexibilität in die grundsätzlich ein für allemal festzulegende Zwecksetzung der Stiftung zu bringen. Auf die Auswirkung dieser Flexibilisierung darf man gespannt sein. Die Praxis wusste sich schon bisher durch offen formulierte Zweckartikel zu helfen, deren Präzisierung einem abänderbaren Reglement vorbehalten wurde.

Obgleich für die Familien- und kirchlichen Stiftungen die allgemeinen stiftungsrecht-   2
lichen Bestimmungen grundsätzlich Geltung beanspruchen, soll der **Zweckänderungs-**
vorbehalt ausschliesslich auf klassische Stiftungen Anwendung finden. Die Nichterwähnung von Familien-, kirchlichen und auch Personalfürsorgestiftungen ist demnach als qualifiziertes Schweigen des Gesetzes zu verstehen (Sprecher, Revision, Rz 206). Namentlich bei Familienstiftungen ist demgegenüber hin und wieder der Wunsch nach einem Rückübertragungsvorbehalt zu hören, welcher im Rahmen der parlamentarischen Initiative SCHIESSER für klassische Stiftungen vorgeschlagen, aber verworfen wurde (SPRECHER, Revision, Rz 32). Ein Zweckänderungsvorbehalt ist für alle klassischen Stiftungen möglich, also auch für solche, welche wirtschaftliche oder andere nicht öffentliche oder gemeinnützige Zwecke verfolgen. Dies ergibt sich e contrario aus Abs. 2 (SPRECHER, Revision, Rz 207).

II. Voraussetzungen

Der oder die Stifter haben den Zweckänderungsvorbehalt bei der Errichtung in der **Stif-**   3
tungsurkunde aufzunehmen. Die Richtung oder der Inhalt der künftigen Zweckänderung kann offen bleiben. Abs. 2 verlangt jedoch, dass bei einer Stiftung mit öffentlicher oder gemeinnütziger Zweckverfolgung im Sinne der Steuerbefreiungsbestimmung im direkten Bundessteuergesetz der künftige neue Zweck im Sinne dieser Bestimmung

ebenfalls gemeinnützig oder öffentlich sein muss. Mit dieser Einschränkung wollte der Gesetzgeber der im Vernehmlassungsverfahren wiederholt geäusserten Befürchtung entgegentreten, das Institut des Zweckänderungsvorbehaltes könnte aus steuerlichen Überlegungen missbraucht werden und einem Rücknahmerecht des Stifters gleichkommen (SPRECHER, Revision, Rz 223). Diese steuerrechtlichen Vorgaben muten im ZGB allerdings fremd an. Das Steuergesetz kennt sein eigenes Instrumentarium um Missbräuchen zu begegnen. Es macht Sinn, die künftige Zweckänderung inhaltlich offen zu lassen. Der Zweckänderungsvorbehalt ermöglicht so künftigen Entwicklungen Rechnung zu tragen, welche im Zeitpunkt der Stiftungserrichtung nicht abzusehen sind. Überdies ist eine Änderung mindestens theoretisch auch wiederholt möglich (SPRECHER, Revision, Rz 210).

4 Eine Zweckänderung unter dieser Bestimmung bedarf eines **Antrages** an die zuständige Bundes- oder Kantonsbehörde, welcher Antrag in Form einer Verfügung von Todes wegen, also einem Testament oder Erbvertrag erfolgen kann (SPRECHER, Revision, Rz 212). Diesfalls trifft die erbrechtliche Eröffnungsbehörde eine Mitteilungspflicht (Abs. 5).

5 Das Recht auf Antragstellung ist **höchstpersönlicher Natur,** unvererblich und unübertragbar (Abs. 3) jedoch der Vertretung zugänglich (SPRECHER, Revision, Rz 213). Das Antragsrecht erlischt mit dem Ableben des Stifters und bei juristischen Personen spätestens 20 Jahre nach der Errichtung der Stiftung (Abs. 3). Die Idee des Gesetzgebers war es, eine Perpetuierung des Antragsrechts durch Zwischenschaltung einer juristischen Person einen Riegel zu schieben (SPRECHER, Revision, Rz 221).

6 Der Antrag ist bis zur Entscheidung über ihn **widerruflich,** da es sich nicht um ein Gestaltungsrecht handelt, indem die Antragstellung noch keine Zweckänderung bewirkt, sondern zusätzlich der Umsetzung auf dem Wege der Verfügung durch die zuständige Bundes- oder Kantonsbehörde bedarf (SPRECHER, Revision, Rz 216).

7 Seit der Errichtung der Stiftung oder der letzten vom Stifter verlangten Änderung müssen mindestens **10 Jahre** verstrichen sein (Abs. 1). Massgebend für den Fristbeginn bei der Stiftungserrichtung ist der Eintrag im Handelsregister und bezüglich der letzten Änderung deren Rechtskraft. Die Antragstellung hat demgegenüber noch keine rechtsändernde Wirkung und ist daher entgegen dem irreführenden Wortlaut des Gesetzes nicht massgebend (SPRECHER, Revision, Rz 217). Die 10-jährige Frist, welche eine mehrmalige Änderung des Stiftungszweckes ermöglicht, soll eine gewisse Beständigkeit bewirken und gewährleisten, dass die Stiftung in ihrer Tätigkeit nicht durch rasch abfolgende Zweckänderungen behindert wird (SPRECHER, Revision, Rz 218).

8 Bei mehreren Stiftern gilt für die Antragstellung das **Einstimmigkeitsprinzip,** d.h. sie haben den Antrag gemeinsam zu stellen (Abs. 4). Im Falle des Ablebens eines von mehreren Stiftern erlischt das Antragsrecht für alle (SPRECHER, Revision, Rz 214).

III. Verfahren

9 Die zuständige Aufsichtsbehörde **verfügt** die Zweckänderung, sofern die im Gesetz erwähnten Voraussetzungen erfüllt sind. Im Gegensatz zur Zweckänderung gemäss Art. 86 hat sie kein Ermessen und muss die Behörde auch nicht prüfen, ob der Antrag gerechtfertigt ist. Die Erfüllung der in Art. 86a genannten Voraussetzungen begründet einen **Anspruch auf Zweckänderung.**

10 Die Aufsichtsbehörde verfügt die Änderung des Stiftungszweckes und meldet diese beim zuständigen **Handelsregisteramt** zur Eintragung an. Gegenüber Dritten ist der neue Stiftungszweck erst mit Eintrag im Handelsregister und nachfolgender Veröffentlichung im Schweizerischen Handelsamtsblatt wirksam (Art. 932 Abs. 2 OR).

IV. Anwendung auf vor dem 1. Januar 2006 errichtete Stiftungen

Nach altem Recht war ein Zweckänderungsvorbehalt nicht zulässig, d.h. eine entspre- **11** chende Bestimmung im Stiftungsstatut wäre (teil-)nichtig gewesen. Seit Verabschiedung des Art. 86a im Parlament, also seit 8. Oktober 2004 haben einige Stifter im Bewusstsein um die Zweckänderungsmöglichkeit entsprechende Vorbehalte aufgenommen. Es ist kein Grund ersichtlich, Zweckänderungsvorbehalte, die nach Verabschiedung des heute gel- tenden Rechtes aufgenommen wurden als nichtig anzusehen und nicht zu beachten. Denkbar ist allerdings, den Beginn der Zehnjahresfrist auf den 1. Januar 2006 und damit auf das Inkrafttreten der neuen Bestimmung festzulegen.

Sodann stellt sich die Frage, ob vor dem 1. Januar 2006 errichtete Stiftungen ohne einen **12** Zweckänderungsvorbehalt in der Stiftungsurkunde einen solchen nachträglich aufneh- men dürfen. Das Gesetz enthält hierzu keine explizite Regelung. Die Verwaltung lehnt eine entsprechende **Rückwirkung** von Art. 86a ZGB auf bestehende Stiftungen unter Berufung auf Art. 1 und 2 SchlTit ZGB und auf die Materialien ab (EDI, Leitfaden, Ziff. 14.4; SPRECHER, Revision, Rz 232). Stiftungen, welche der Bundesaufsicht unter- stehen, können demnach nachträglich keinen Zweckänderungsvorbehalt in die Stiftungs- urkunde aufnehmen lassen.

SPRECHER (Revision, Rz 230 ff.) zeichnet widersprüchliche Äusserungen im Umfeld der **13** Gesetzgebungsarbeiten nach und hält fest, dass sich der von der Verwaltung angerufene Kommissionsbericht nicht ausdrücklich zur Frage der «Rückwirkung» äussert und sich die Frage anhand der Materialien damit nicht klar entscheiden lässt. Sie wird von den **Aufsichtsbehörden** zu entscheiden sein. Es ist nicht anzunehmen, dass ein Gericht die Aufsichtsbehörde zur nachträglichen Aufnahme eines entsprechenden Vorbehaltes in die Stiftungsurkunde verpflichtet oder diese selbst verfügt.

Art. 86b

III. Unwesent- liche Änderun- gen der Stif- tungsurkunde	**Die Aufsichtsbehörde kann nach Anhörung des obersten Stif- tungsorgans unwesentliche Änderungen der Stiftungsurkunde vornehmen, sofern dies aus triftigen sachlichen Gründen als geboten erscheint und keine Rechte Dritter beeinträchtigt.**
III. Modifications accessoires de l'acte de fondation	L'autorité de surveillance peut, après avoir entendu l'organe suprême de la fondation, apporter des modifications accessoires à l'acte de fondation lorsque celles-ci sont commandées par des motifs objectivement justifiés et qu'elles ne lèsent pas les droits de tiers.
III. Modifiche accessorie dell'atto di fondazione	L'autorità di vigilanza può, sentito l'organo superiore della fondazione, apportare modifiche accessorie all'atto di fondazione, sempreché esse siano richieste da motivi oggettivamente fondati e non pregiudichino i diritti di terzi.

Mit dieser, seit 1. Januar 2006 in Kraft stehenden Bestimmung wird im Wesentlichen die **1** bisherige, vom Bundesgericht (BGE 103 I b 161) und den Aufsichtsbehörden entwickelte Praxis normiert, wonach für geringfügige Änderungen ein vereinfachtes Verfahren zur Abänderung der Stiftungsurkunde zur Anwendung gelangt (EDI, Leitfaden, Ziff. 14.5). Zuständig für diese Art von Urkundsanpassungen ist die Aufsichtsbehörde, d.h. dass die- se Behörde die Änderungsverfügung erlässt und von Amtes wegen die geänderte Stiftungsurkunde beim zuständigen Handelsregister anmeldet (SPRECHER, Revision, Rz 253).

2 Bei der Konzeption des Stiftungsrechtes hatte der Gesetzgeber die klassischen Stiftungen vor Augen und wollte in erster Linie die Einhaltung des Stifterwillens gewährleisten und Änderungen der Stiftungsurkunde nur zulassen, wenn dies zur Erreichung des Stiftungszweckes unerlässlich ist. Zunächst mit dem Aufkommen der Personalfürsorgestiftungen hat sich demgegenüber ein anders gelagertes Bedürfnis nach Änderung und Anpassung an gewandelte Verhältnisse manifestiert (BGE 103 Ib 164 f.). Dem hat die Praxis mit Unterstützung der Lehre (SCHÖNENBERGER, 41 ff.) und der Judikatur Rechnung getragen und nebst den in alt Art. 85 und 86 geregelten Fällen einer Neufassung des Zweckes oder einer wesentlichen Organisationsänderung sog. **anderweitige** oder **unwesentliche Änderungen** des Stiftungsstatutes anerkannt. RIEMER (BK, N 76) sprach in diesem Zusammenhang von einer *echten Lücke* des Gesetzes, welche nach Massgabe von Art. 1 Abs. 2 und 3 allgemein und nicht etwa nur für die Personalfürsorgestiftungen zu füllen war. Klassische Stiftungen machen von dieser Möglichkeit ebenfalls seit Jahren regen Gebrauch. Die neue Bestimmung von Art. 86b macht diese eingelebte Änderungsmöglichkeit im Gesetz sichtbar.

3 Die Grenzziehung zwischen wesentlichen und unwesentlichen Änderungen des Stiftungstatutes ist *fliessend* (BK-RIEMER, N 78). Illustrativ für unwesentliche Änderungen sind z.B. die infolge des Obligatoriums gemäss Art. 83a aktuelle Einführung einer Revisionsstelle, die Erweiterung von Fürsorgezwecken, die Anpassung von Liquidationsbestimmungen an steuerrechtliche Vorgaben etc. (BK-RIEMER, N 72 f.). Nach der bisherigen **Praxis** der Bundesaufsichtsbehörden liegt eine unwesentliche Änderung vor, wenn sie am Wesen der Stiftung nichts Grundlegendes ändert und keine nach dem mutmasslichen Willen des Stifters als unabänderlich anzusehende Bestimmung der Stiftungsurkunde betroffen ist (BGE 103 Ib 165).

4 Zulässig sind unwesentliche Änderungen der Stiftungsurkunde unter folgenden im Gesetz zum Ausdruck gebrachten **Voraussetzungen:** Die Änderung muss aus **triftigen sachlichen** (objektiven) **Gründen** als geboten erscheinen (BK-RIEMER, N 76). Sie darf überdies keine **Drittrechte** unter Einschluss von Destinatärrechten beeinträchtigen (SPRING, 15; BK-RIEMER, N 76). Keine eigenständigen Voraussetzungen sind demnach die vom BGer (BGE 103 Ib 165) erwähnten schützenswerten Interessen, welche jedoch mühelos in sachliche triftige Gründe hineininterpretiert werden können.

Art. 87

E. Familien-stiftungen und kirchliche Stiftungen	[1] **Die Familienstiftungen und die kirchlichen Stiftungen sind unter Vorbehalt des öffentlichen Rechtes der Aufsichtsbehörde nicht unterstellt.**
	[1bis] **Sie sind von der Pflicht befreit, eine Revisionsstelle zu bezeichnen.**
	[2] **Über Anstände privatrechtlicher Natur entscheidet das Gericht.**
E. Fondations de famille et fondations ecclésiastiques	[1] Sous réserve des règles du droit public, les fondations de famille et les fondations ecclésiastiques ne sont pas soumises au contrôle de l'autorité de surveillance.
	[1bis] Elles sont déliées de l'obligation de désigner un organe de révision.
	[2] Les contestations de droit privé sont tranchées par le juge.

Harold Grüninger

E. Fondazioni
di famiglia ed
ecclesiastiche

[1] Non sono soggette alle autorità di vigilanza le fondazioni di famiglia e le fondazioni ecclesiastiche riservate le prescrizioni del diritto pubblico.

[1bis] Le fondazioni di famiglia e le fondazioni ecclesiastiche non sono tenute a designare un ufficio di revisione.

[2] Le controversie di diritto privato sono di competenza del giudice.

I. Begriff

1. Familienstiftungen

Eine Stiftung wird durch Bindung ihres Vermögens an eine bestimmte Familie zur **Familienstiftung.** Entscheidendes Unterscheidungskriterium ist die **Konzentration des Destinatärkreises** auf **Angehörige einer bestimmten Familie** (BGE 75 II 88; BK-RIEMER, Die Stiftungen, syst. Teil N 108 m.w.Nw.). Die Bezeichnung als Familienstiftung durch den Stifter ist für sich allein nicht ausschlaggebend. *Es kommt vielmehr darauf an, welcher Sinn der Stiftungsurkunde ihrem ganzen Inhalte nach zukommt. Von Bedeutung sind namentlich die Bestimmungen über den Zweck der Stiftung und darüber, welchen Personen die Stiftung nach ihrem Zwecke zugute kommen soll* (BGE 93 II 444). Nicht begriffswesentlich ist, dass es sich bei der betroffenen Familie um diejenige des Stifters selbst handelt (BK-RIEMER, Die Stiftungen, syst. Teil N 108 f.; SPIELVOGEL, 39). **1**

Die Umschreibung der Destinatäre gehört zum Zweck, dessen Ausgestaltung im Übrigen den Beschränkungen des Art. 335 unterliegt (vgl. Art. 335 N 1 ff.). Zur Familie zählen durch **Blutsverwandtschaft, Adoption** oder **Ehe** verbundene Personen (ZK-EGGER, Art. 335 N 12). Ob ein Miteinbezug von **Hausgenossen,** Pfleglingen und Dienstboten den Rahmen einer Familienstiftung sprengt und diese zur **gemischten Stiftung** macht, ist umstritten in der heutigen Zeit allerdings kaum mehr von Bedeutung (dafür BK-RIEMER, Die Stiftungen, syst. Teil N 109; dagegen ZK-EGGER, Art. 335 N 12 und 14; GUTZWILLER, SPR II, 602 f. Anm. 9, der von **Familiengemeinschaft** spricht). Aus dem in Art. 335 und 488 Abs. 2 enthaltenen Verbot der Errichtung von Familienfideikommissen wird abgeleitet, dass nicht jeweils lediglich ein Nachfahre – typischerweise der Erstgeborene – pro Generation einziger Stiftungsdestinatär sein darf (BGE 93 II 450; BK-RIEMER, Die Stiftungen, syst. Teil N 111 f. und 133; ZK-EGGER, Art. 335 N 12 und 17). **2**

Auflagen oder **Sonderrechte** zugunsten von nicht zur Familie gehörenden Personen (z.B. Hausgenossen, Dienstboten etc.) sowie die *bloss gelegentliche, nebenhergehende, relativ unbedeutende Verwendung von Stiftungsmitteln für andere Zwecke* (ZK-EGGER, N 1) vermögen dem Charakter einer Familienstiftung ebenso wenig anzuhaben, wie die Bestimmung von ausserhalb der Familie stehenden **Ersatzdestinatären** für den Fall des Aussterbens einer Familie (BGE 93 II 445). Soweit jedoch Personen ausserhalb der Familie eigentliche Destinatärsstellung zukommt, ist der Rahmen der reinen Familienstiftung gesprengt und von einer **gemischten Stiftung** auszugehen, für welche die für die klassischen (bzw. evtl. für die personalfürsorge- oder für die kirchlichen) Stiftungen geltenden Vorschriften zu beachten sind. **3**

2. Kirchliche Stiftungen

Das ZGB definiert den Begriff der kirchlichen Stiftung nicht und in der Rechtsprechung und Lehre gehen die Ansichten über die kirchliche Natur einer Stiftung auseinander. Für EGGER (ZK, N 2), GUTZWILLER (SPR II, 1967, 599) und andere ist der **kirchliche,** d.h. der den Interessen der Kirche dienende **Zweck** ausschlaggebend. Demgegenüber kommt es für LIVER (ZBJV 1982, 93 ff.) *weniger auf den Zweck als auf die **organisatorische Eingliederung** in die kirchliche Organisation an. RIEMER (BK, Die Stiftungen, syst. Teil **4**

N 196 ff.) und in Anlehnung an ihn die neuere bundesgerichtliche Rechtsprechung (BGE 106 II 112 f.; 106 II 114; Kritik bei LIVER, ZBJV 1982, 92 ff. und TUOR/SCHNYDER/ SCHMID, 143 Anm. 2) verlangen kumulativ sowohl eine **organische Verbindung mit einer Religionsgemeinschaft** als auch einen **kirchlichen Zweck.** Hingegen ist der Wille des Stifters für sich allein nicht ausschlaggebend (zusammenfassend ZBl 1983, 511 ff.). Vorwiegend sozial, karitativ oder kulturell ausgerichtete Stiftungen haben in diesem Sinn keinen kirchlichen Charakter, auch wenn der Stifter mit ihnen mittelbar religiöse Zwecke verfolgt (BRÜCKNER, Personenrecht, N 1469).

5 Die gesetzliche **Sonderregelung** für kirchliche Stiftungen und insb. die Befreiung von staatlicher Aufsicht hat ihren Grund letztlich im Respekt des Gesetzgebers vor der **Autonomie der Kirche** und deren eigenen Kontrollmechanismen (LAMPERT, 155). Es ist daher sinnvoll und naheliegend, die **organisatorische Eingliederung** in die kirchliche oder religiöse Organisation als entscheidendes Unterscheidungskriterium zu betrachten. Der Zweck allein kann demgegenüber für kirchliche Organisationen namentlich im karitativen und sozialen Bereich mit weltlichen Zwecken weitgehend identisch sein, wie etwa ein (auf christlicher Grundlage geführtes) Spital oder Altersheim illustrieren (vgl. ZBGR 1992, 73 ff. und ZBl 1983, 516). M.a.W. ist der Zweck wenig aussagekräftig und daher als zusätzliches Kriterium zur Bestimmung des Charakters einer Stiftung als kirchliche Stiftung ungeeignet. Gleichzeitig ist mit dem alleinigen Abstellen auf eine organisatorische Eingliederung eine Verdoppelung der Aufsicht vermieden und eine Funktionstrennung zwischen Kirche und Staat erreicht, indem die staatliche Aufsicht über eine Stiftung immer dann wegfällt, wenn eine organisatorische Einbindung in eine kirchliche oder religiöse Organisation vorhanden ist.

6 Als kirchlicher Zweck gilt, was mittelbar oder unmittelbar dem Glauben an Gott dient. Praktisch lassen sich die kirchlichen Zwecke in **drei Fallgruppen** unterteilen (vgl. BK-RIEMER, Die Stiftungen, syst. Teil N 206 ff.): Erstens in die **kirchlichen Ämter,** d.h. Stiftungen, die zum materiellen Unterhalt der Inhaber kirchlicher oder religiöser Ämter und Funktionen dienen. Zweitens in die **kirchliche Lehre** und den **kirchlichen Glauben.** Damit sind Stiftungen gemeint, welche die Ausbildung für Träger kirchlicher bzw. religiöser Ämter, die Erforschung, Verbreitung, Bewahrung und Fortbildung kirchlicher bzw. religiöser Lehren und des kirchlichen bzw. religiösen Glaubens etc. fördern. Darin eingeschlossen ist die Aus- und Weiterbildung von Seelsorgern, Dozenten und Wissenschaftern der Theologie und deren Hilfskräfte. Drittens in die **kirchlichen Einrichtungen,** d.h. Stiftungen, die als Träger von oder zur Finanzierung oder zum Unterhalt von Gotteshäusern aller Art, deren Einrichtungs- und Kultgegenstände und Umgelände unter Einschluss von Friedhöfen auftreten.

7 Die kirchlichen Stiftungen sind nicht auf eine **bestimmte Konfession, Religion** oder **Glaubensgemeinschaft** beschränkt. Vielmehr sind als kirchliche Stiftungen auch solche zugunsten der anglikanischen, der griechisch-orthodoxen Kirche, auf ökumenischer Grundlage, zugunsten von christlichen Sekten, Freikirchen, der israelitischen Gemeinde etc. anerkannt. Ebenso wenig ist der **rechtliche Status** der Kirche von Bedeutung, d.h. dass sowohl öffentlich-rechtliche als auch privatrechtliche Kirchen als Zweckadressaten in Frage kommen (BK-RIEMER, Die Stiftungen, syst. Teil N 193 ff.). Keinen kirchlichen Charakter haben demgegenüber Lehren und Organisationen, welche primär der diesseitigen Lebensbewältigung dienen und bei welchen relevante Aussagen über die ewige Bestimmung des Menschen fehlen oder nebensächlich sind (BRÜCKNER, Personenrecht, N 1470). Dies trifft bspw. für die aus den USA gesteuerte Scientology-Bewegung zu, welche sich zwar als Kirche bezeichnet, jedoch vornehmlich kommerziell strukturiert und auf Gewinn ausgerichtet ist (BRÜCKNER, Personenrecht, N 1470 FN 209).

Der Gesetzgeber hat sich bei der Konzeption der kirchlichen Stiftungen an den Gegeben- **7a**
heiten und Bedürfnissen der **katholischen Kirche** orientiert. Nach kirchlichem Recht gilt
als Kirchengut, was im Eigentum einer kanonischen Rechtsperson, also namentlich einer
kirchlichen Stiftung steht. Konstitutives Merkmal des Kirchengutes ist demnach der
kirchliche Rechtsträger und nicht der kirchliche Zweck. Die über Steuerhoheit verfügenden staatskirchenrechtlichen Körperschaften (Kirchgemeinde, Landes- bzw. Kanto-
nalkirche) sind demnach nicht Träger von Kirchengut. Sie sind auf die kirchlichen Stiftungen als **Träger des Kirchengutes** hingeordnet und haben eine zudienende Funktion.
Ihr eigentlicher Existenzzweck ist die zustiftende Beschaffung der Temporalien (welt-
liche Sachen), wofür die Kirchgemeinden vom Gemeinwesen mit Steuerhoheit ausgestattet wurden. «*Staatskirchenrechtlich entscheidend ist, dass mit der Unterstützung der
Stiftung die Kirchgemeinde grundsätzlich ihrem Zweck und Auftrage nachlebt und die
weltlichen Bedürfnisse der römisch-katholischen Konfession erfüllt. Dass dem so ist,
gewährleistet in erster Linie der Stiftungszweck, dann aber auch die bischöfliche Zustimmung zur Stiftungserrichtung bzw. die bischöfliche Oberaufsicht über die Stiftung,
sowie die Tatsache, dass die im Eigentum der Stiftung befindliche Kirche vom Bischof
konsekriert und zur Pfarrkirche erklärt wurde.*» (Entscheid Verwaltungsgericht SZ, in:
EGV-SZ 1991 Nr. 15, S. 61).

II. Nichtunterstellung unter die staatliche Aufsicht (Abs. 1)

Die kirchlichen und die Familienstiftungen sind von der staatlichen Aufsicht befreit. Sie **8**
sind damit weder der **staatlichen Aufsichtsbehörde** gemäss Art. 84 noch der **staatlichen
Umwandlungs- oder Zweckänderungsbehörde** gemäss Art. 85, 86 und 86a unterstellt.
Der Stifter oder der Stiftungsrat kann die Stiftung auch **nicht freiwillig** der staatlichen
Aufsichtsbehörde unterstellen – die Nichtunterstellung ist in diesem Sinne **zwingender
Natur.** Hingegen kann der Stifter durch entsprechende Zweckumschreibung eine ge-
mischte Stiftung errichten, welche der staatlichen Aufsicht untersteht; oder er kann ver-
suchen, eine staatliche Stelle als Organ (z.B. Stiftungsrat) einzusetzen, damit dieser als
Stiftungsrat wie eine Aufsichtsbehörde wirkt (BGE 50 II 415; BK-RIEMER, Die Stiftungen, syst. Teil N 116 f.).

Die *ratio legis* für die Befreiung von der Staatsaufsicht ist für die Familien- und die **9**
kirchlichen Stiftungen unterschiedlich. Bei den **Familienstiftungen** steht deren **intimer
Charakter** und die Tatsache im Vordergrund, dass diese mit Aussenstehenden wenig
Rechtsverkehr haben (BK-RIEMER, Die Stiftungen, syst. Teil N 115 i.V.m. N 113), so
dass angenommen werden darf, die betroffene Familie werde nötigenfalls mit Hilfe
des Richters zum Rechten sehen. Diese m.E. gerechtfertigte Dispens von besonderer
staatlicher Überwachung der Familienstiftung wird von verschiedenen Autoren als
nicht unbedenklich angesehen (PEDRAZZINI/OBERHOLZER, 262; BK-RIEMER, Die Stiftungen, syst. Teil N 113), u.a. weil sie allerlei Manipulationen ermögliche. **Kirchliche
Stiftungen** stehen demgegenüber i.d.R. unter der internen, **autonomen Aufsicht** der
betreffenden Religionsgemeinschaft, welche an die Stelle der staatlichen Aufsicht tritt
und diese entbehrlich macht (BK-RIEMER, Die Stiftungen, syst. Teil N 197). Kirchliche
Stiftungen unterstehen demnach einer Aufsicht, jedoch der kirchlichen und nicht der
staatlichen.

Die **staatskirchenrechtlichen Körperschaften** der katholischen Kirche sind staat- **9a**
lichen Rechts und damit ein Teil der staatlichen Rechtsordnung und in ihrer Autonomie abhängig vom übergeordneten Gemeinwesen. Die staatlichen Kirchgemeinden
sind auf die Pfarreien hingeordnet, während das **Kirchenrecht** auf der Stufe der Kanto-
nal- bzw. Landeskirchen keine entsprechende Rechtseinheit bereithält. Die Pfarreien

gehören zu einer Diözese, deren Herrschaftsgebiet mit Ausnahme der Diözese Sitten und Lugano suprakantonal gegliedert ist und mehrere Kantone umfasst. Diese Institutionenverdoppelung konstituiert den sog. Dualismus von röm.-kath. Kirche und Staat in der Schweiz.

9b Da die staatskirchenrechtlichen Körperschaften staatlichen Rechts sind, kann die unter Vorbehalt des öffentlichen Rechtes nicht dem Staat zustehende **Aufsichtskompetenz** gemäss Art. 87 Abs. 1 keiner staatskirchenrechtlichen Körperschaft zukommen. Die Kirche sollte demnach ihre Aufsichtsbefugnis nicht an eine **staatskirchenrechtliche Körperschaft** übertragen.

III. Befreiung von der Revisionsstellenpflicht (Abs. 1bis)

9c Familien- und kirchliche Stiftungen sind von der seit 1. Januar 2006 in Art. 83a für die klassischen Stiftungen statuierten Pflicht zur Bezeichnung einer **Revisionsstelle** ausgenommen. Aus gesetzestechnischen Gründen fand diese Ausnahmeregelung Aufnahme im Art. 87 (SPRECHER, Revision, Rz 254).

IV. Buchführungspflicht (Art. 84b Abs. 1)

9d Sowohl der per 1. Januar 2006 in Kraft getretene Art. 84 wie auch der am 16. Dezember 2005 verabschiedete und voraussichtlich nicht vor Mitte 2007 in Kraft tretende Art. 83a sehen eine generelle **Buchführungspflicht** für alle Stiftungen, also auch für die kirchlichen und Familienstiftungen vor.

9e Dies führt bei kirchlichen Stiftungen zur Frage, ob die vielfach praktizierte **Buchführung** durch Organe der Kirchgemeinde und eine **Integration der Stiftungsrechnung** in die Kirchgemeinderechnung den neuen Buchführungspflichten entsprechen. Das oberste Stiftungsorgan kann unter seiner Verantwortung die Buchführung an Dritte und damit auch an Organe der Kirchgemeinde delegieren. Die Stiftungsrechnung bedarf jedoch der eigenständigen Führung und sollte nicht integrierter Teil der Kirchgemeinderechnung sein. Den Grundsätzen der Bilanzwahrheit und -klarheit kann nur eine eigene, von anderen Trägern wie der Kirchgemeinde getrennte Stiftungsrechnung genügen, welche überdies vom obersten Stiftungsorgan und nicht bspw. von einer Kirchgemeindeversammlung abzunehmen ist.

V. Befreiung von der Eintragungspflicht

10 Die **kirchlichen** und die **Familienstiftungen** sind aufgrund von Art. 52 Abs. 2 von der **Pflicht** zur **Eintragung im Handelsregister** befreit. Sie sind jedoch **eintragsberechtigt,** wenn auch nur mit **deklaratorischer** und nicht mit konstitutiver **Wirkung.** Freiwillige Registereintragungen namentlich von Familienstiftungen, aber auch von kirchlichen Stiftungen sind keine Seltenheit und dienen u.a. zur Vereinfachung im Rechtsverkehr. Ein Handelsregisterauszug kann z.B. bei der Eröffnung einer Bankverbindung und zum Nachweis der Stiftung selbst und der für sie zeichnungsberechtigten Personen hilfreich sein.

VI. Vorbehalt des öffentlichen Rechts

11 Nach von RIEMER (BK, Die Stiftungen, syst. Teil N 130 f.) eingehend begründeter Auffassung handelt es sich bei dem in Art. 87 aufgenommenen Vorbehalt des öffentlichen Rechts bezüglich der **Familienstiftungen** *um ein schönes Beispiel eines* **Redaktionsver-**

sehens. Dies bedeutet, dass die Kantone eine staatliche Stiftungsaufsicht über kirchliche und Familienstiftungen auch nicht gestützt auf Art. 6 Abs. 1 einführen können. Hingegen ist es den **Kantonen** nach bundesgerichtlicher Rechtsprechung (BGE 50 II 424) aufgrund dieses Vorbehaltes nicht verwehrt, die **kirchlichen Stiftungen** einer gewissen **staatlichen Aufsicht** zu unterwerfen. Umstritten ist jedoch, wie weit eine derartige, kantonal verordnete Stiftungsaufsicht über kirchliche Stiftungen gehen darf (Einschränkend ZK-EGGER, N 6 f.; LAMPERT, 154 und 160 f.; gegen eine Beschränkung BK-RIEMER, Die Stiftungen, syst. Teil N 232 ff.).

VII. Kompetenzen des Richters

1. Familienstiftungen

Nach Art. 87 Abs. 2 entscheidet bei den Familienstiftungen das **Gericht** über **Anstände** **12** **privatrechtlicher Natur** (BGE 76 I 39). Dies bedeutet, dass der ordentliche Zivilrichter in **streitigen Fällen** entscheidet und – soweit es sich um ihrer Natur nach aufsichtsrechtliche Angelegenheiten handelt – an die Stelle der ausschliesslich für *klassische* und *Personalfürsorgestiftungen* zuständigen Aufsichtsbehörde tritt und deren Funktionen wahrnimmt. Interessierte Betroffene können deshalb das Gericht zur Durchsetzung sämtlicher denkbarer, eine Familienstiftung betreffende Ansprüche anrufen. Hierzu gehören Klagen auf Leistung an Destinatäre oder an die Stiftung selbst bspw. aus **Verantwortung** von Stiftungsorganen, auf Feststellung der (Teil-)Nichtigkeit der Stiftung und damit verbunden auf die Verteilung des Vermögens, auf Auskunftserteilung an Destinatäre etc. Sodann können Interessierte immer dann den Richter zu angemessenen Aufsichtsmassnahmen veranlassen, wenn das Vermögen oder die Zweckerfüllung einer Familienstiftung als gefährdet erscheint. Sie können am Sitz der Stiftung auf Absetzung eines amtierenden Stiftungsrates klagen, wenn dessen Bestellung nicht rechtens war oder er sich als unfähig oder nicht willens erweist, die Stiftungsgeschäfte korrekt zu besorgen (BRÜCKNER, Personenrecht, N 1454) oder die Funktionsfähigkeit der Stiftung bzw. des Stiftungsrates beeinträchtigt. Insoweit ersetzt das Recht auf eine **Leistungs-, Unterlassungs-, Feststellungs-** oder **Gestaltungsklage** die Funktion, welche die Aufsichtsbeschwerde bei den klassischen (oder gewöhnlichen) Stiftungen erfüllt und steht immer dann zur Verfügung, wenn sich die Betroffenen nicht einigen können, d.h eine Angelegenheit **strittig** ist. Diese Befugnis des Richters gilt als zwingend und lässt sich nicht statutarisch ausschliessen (BGE 61 II 293; BK-RIEMER, Die Stiftungen, syst. Teil N 123 m.w.Nw.).

Das Gesetz statuiert für Familienstiftungen kein **Einsichts-, Informations-** oder **Auskunftsrecht** **12a** zugunsten von Destinatären, ähnlich dem Einsichts- oder Auskunftsrecht des Aktionärs (Art. 697 OR, hierzu BGE 132 III 71 ff.). Die Erteilung oder Verweigerung der Einsicht oder Auskunft steht damit unter Vorbehalt abweichender Anordnung des Stifters in der Stiftungsurkunde im **freien Ermessen** des obersten Stiftungsorgans. Dieses Ermessen hat der Stiftungsrat pflichtgemäss auszuüben und Destinatäre können eine willkürliche Informationsverweigerung richterlich überprüfen lassen. In einem entsprechenden Gerichtsverfahren sind zur Überprüfung, ob ein Anspruch auf vorenthaltene Informationen besteht ev. gerichtliche Schutzmassnahmen, bspw. eine Beschränkung des Einsichtsrechts der klagenden Partei zu beantragen bzw. anzuordnen. Der Ansprecher wird versucht sein, den Informationsanspruch mit einer Leistungsklage im Sinne eines stufenweisen Vorgehens (sog. Stufenklage) zu verbinden.

Für die **Einleitung** des Verfahrens gemäss Art. 87 Abs. 2 gilt die **Dispositionsmaxime,** **12b** d.h. der Richter gewährt Rechtsschutz ausschliesslich auf Antrag der Parteien und es ist Sache derselben, das Thema des Prozesses zu bestimmen. Mit der Einleitung des Verfahrens gilt jedoch die **Offizialmaxime** (Untersuchungsmaxime) (BK-RIEMER, Die Stiftungen, syst. Teil N 123 und Art. 88/89 N 39), d.h. das Gericht darf seiner Entscheidung nur solche Tatsachen zugrunde legen, von deren Vorhandensein es sich überzeugt hat. Damit ist eine **Anerkennung** einer Klage auf Nichtigkeit bzw. **Auflösung** einer Stiftung durch diese selbst ausgeschlossen (GULDENER, Schweizerisches Zivilprozessrecht, Zürich 1979, 151 und 171), weil die Stiftung bzw. der Stiftungsrat angesichts des grundsätzlichen Verbotes der Selbstauflösung gar nicht befugt ist, hierüber zu befinden (VOGEL/SPÜHLER, Grundriss des Zivilprozessrechts, 8. Aufl., Bern 2006, 171) und überdies nach der revidierten Bestimmung des Art. 88 Abs. 2 Familien- bzw. kirchliche Stiftungen durch die Gerichte und nicht durch den Stiftungsrat aufzuheben sind. Ähnliche Bedenken stehen einer Anerkennung der Nichtigkeit oder Auflösung einer Stiftung durch **gerichtlichen Vergleich** entgegen. Das Gericht wird einem Vergleich nicht zustimmen, wenn den Stiftungsorganen die Verfügungsbefugnis über den Vergleichsinhalt fehlt, bzw. gestützt auf Art. 88 Abs. 2 eine entsprechende Verfügung erlassen. Hingegen kann der Kläger aufgrund der Dispositionsmaxime die Klage bis zur Erledigung des Prozesses, d.h. bis zur Verkündung eines Endentscheides und durchaus auch vor einer oberen Instanz, durch einseitige Erklärung an das Gericht zurückziehen (GULDENER, a.a.O., 399). Der **Klagerückzug** entspricht in seiner Wirkung einer **Klageabweisung,** weil der Kläger eine zurückgezogene Klage jedenfalls solange nicht mehr erheben kann, als sich die Verhältnisse nicht geändert haben (GULDENER, a.a.O., 401). Ein Klagerückzug kann Teil eines **aussergerichtlichen Vergleiches** bilden und ist als solcher zulässig. Der einen Vergleich schliessende Stiftungsrat ist allerdings zur Vermeidung zivilrechtlicher und u.U. sogar strafrechtlicher (ungetreue Geschäftsbesorgung gemäss Art. 158 StGB) Risiken gut beraten, darauf zu achten, dass er keine Zugeständnisse macht, welche den Rahmen seiner Verfügungsbefugnis sprengen. In diesem Zusammenhang ist bspw. an Leistungen einer Familienstiftung zu denken, welche über das von Art. 335 Erlaubte hinausgehen.

12c Unzufriedene Destinatäre können versuchen, ihren vermeintlichen Ansprüchen gegen eine Familienstiftung mit einer Klage auch auf deren **Nichtigerklärung** Nachdruck zu verschaffen. Ziel dieser Aktion ist i.d.R. das Stiftungsvermögen bzw. einen der eigenen Erbberechtigung gegenüber dem Stifter entsprechenden Teil desselben zur freien Verfügung zu erhalten (BRÜCKNER, Personenrecht, N 1462). Von der Sache her sind solche Prozesse **erbrechtlichen Streitigkeiten** vergleichbar, bei welchen häufig ein erhebliches Mass an Emotionen mitschwingt. Der Stiftungsrat einer entsprechend attackierten Familienstiftung konnte unter bisherigem Recht in dieser Situation und insbesondere dann, wenn er mehrheitlich aus Familienangehörigen der begünstigten Familie besteht, in eine eigentliche Zwickmühle geraten. Gab er dem Druck nach und schritt er zur Verteilung des Vermögens, dann riskierte er seine **Verfügungsbefugnis** zu überschreiten und gegen das grundsätzliche Verbot der Selbstauflösung zu verstossen und sich damit zivilrechtlichen und evtl. sogar strafrechtlichen Sanktionen auszusetzen. Art. 88 Abs. 2 stellt seit dem 1. Januar 2006 klar, dass eine Aufhebung in die Kompetenz des Gerichtes und nicht des Stiftungsrates fällt.

12d Als Gericht im Sinne von Art. 87 Abs. 2 taugt grundsätzlich auch ein **Schiedsgericht** (JOLIDON, Commentaire du concordat suisse sur l'arbitrage, Bern 1984, 158; RÜEDE/ HADENFELDT, Schweizerisches Schiedsgericht, Zürich 1993, 50; STRÄULI/MESSMER/ WIGET, Kommentar zur Zürcherischen Zivilprozessordnung, 2. Aufl. Zürich 1982, § 238 N 4; **a.M.** BK-RIEMER, Die Stiftungen, syst. Teil N 123). Es ist nicht einzusehen, weshalb stiftungsrechtliche Anstände im Sinne von Art. 87 Abs. 2 generell nicht **schiedsfähig** sein sollten. Einzig für Klagen auf **Aufhebung** (RÜEDE/HADENFELDT, 51; JOLIDON, 117) bzw. **Nichtigerklärung** (HINDERLING, BJM 1972, 118) einer Stiftung sollen die staatlichen Gerichte ausschliesslich zuständig sein, weil Interessen Dritter berührt sind, es sei denn, *sämtliche Destinatäre nähmen am Verfahren teil.*

Fraglich ist hingegen, ob Institutionen, welche nicht auf **Vereinbarung,** sondern auf **ein-** **12e** **seitigem Rechtsgeschäft** beruhen, als **Schiedsgerichte** anzusehen sind. Kann bspw. der Stifter durch einseitige Anordnung im **Stiftungsstatut** verbindlich ein Schiedsgericht vorschreiben? FRANK/STRÄULI/MESSMER (Kommentar zur zürcherischen Zivilprozess-ordnung, 3. Aufl. Zürich 1997, vor §§ 238–258 N 12 ff.) verneinen dies mit der Begrün-dung, niemand könne einen anderen vor ein Gericht zwingen, dessen Existenz lediglich auf dem Willen einer Partei beruhe. Der Stifter kann aufgrund der Stiftungsfreiheit jeden-falls die Voraussetzungen für Ansprüche von Destinatären festlegen und in diesem Rah-men im Stiftungsstatut und damit einseitig festlegen, wer hierüber generell oder im Streitfall zu entscheiden hat. Überlässt er diese Verantwortung nicht oder nicht aus-schliesslich dem Stiftungsrat, sondern schafft er hierfür eine besondere oder zusätzliche Instanz, dann wird diese zum **Organ** der Stiftung (RÜEDE/HADENFELDT, 50), deren Ent-scheide oder Beschlüsse hinwiederum durch ein Gericht gemäss Art. 87 Abs. 2 überprüf-bar bleiben. Unklar ist demgegenüber, ob der Stifter generell und für künftige Streit-hähne bindend anordnen kann, dass über **Anstände privatrechrechtlicher Natur** ein Schiedsgericht, bspw. ein Dreierschiedsgericht gemäss der Schiedsgerichtsordnung der Basler oder der Zürcher Handelskammer unter Ausschluss der ordentlichen Gerichte entscheidet. Können sich die im Streite liegenden Parteien im konkreten Fall über diese Frage der Zuständigkeit nicht einigen, wird ihnen nichts anderes übrig bleiben, als sie einem staatlichen Gericht zur Entscheidung zu unterbreiten.

Im **nichtstreitigen Bereich** besteht aufgrund von Art. 87 Abs. 1 keine staatliche Aufsicht **13** und hat auch der Richter grundsätzlich keine Aufsichtskompetenzen. Vielmehr ist es Sache der zuständigen **Stiftungsorgane** unter ihrer eigenen Verantwortung z.B. die Bücher zu führen, die Stiftungsrechnung zu erstellen und periodisch zu kontrollieren, die notwendigen Entscheide betr. Vermögensanlage und zweckentsprechende Vermögens-verwendung etc. zu treffen (BK-RIEMER, N 122) und den Destinatären die ihnen zu-stehenden Informationen zu erteilen. Dasselbe gilt für **rechtliche Umgestaltungen** der Stiftung bzw. ihres Statuts wie Zweck- oder organisatorische Änderungen oder Ergän-zungen, Auflösung oder Fusion (BRÜCKNER, Personenrecht, N 1454; **a.M.** BK-RIEMER, Die Stiftungen, syst. Teil N 124 ff. und SPRECHER/VON SALIS, Frage 253). Sie sind alle vom Stiftungsrat in eigener Kompetenz zu beschliessen und umzusetzen. Wenn ein Inte-ressierter (bspw. ein Destinatär oder ein Stiftungsrat) damit nicht einverstanden ist, kann er sich gegen einen entsprechenden Beschluss des Stiftungsrates zur Wehr setzten und den Richter anrufen, womit die Angelegenheit zu einem vom Gericht zu entscheidenden **Anstand privatrechtlicher Natur** im Sinne von Art. 87 Abs. 2 wird. Dies hat das FusG in Art. 84 für Fusionen von Familien- und kirchlichen Stiftungen ausdrücklich so ange-ordnet.

RIEMER (Die Stiftungen, syst. Teil N 124 ff.) lehnt eine **Ergänzungs-** (i.S.v. Art. 83 **13a** Abs. 2/81 Abs. 2 und 83 Abs. 3) oder **Umwandlungsbefugnis** (i.S.v. Art. 85/86 und 88 Abs. 1) des **Stiftungsrates** generell ab, weil diese *gegen die begrifflichen Grundlagen des Stiftungsrechtes (mangelndes Verfügungsrecht der Beteiligten)* verstosse. Er hält für die *Umwandlungsaufgaben* gemäss Art. 85 f. unter Annahme einer echten Gesetzeslücke in lückenfüllender Interpretation und bei den *speziellen Aufsichtsaufgaben* wie organisa-torische Anordnungen gemäss Art. 83 Abs. 2 und 3 ebenfalls den **Richter im nichtstrei-** **tigen Verfahren** für zuständig. LIVER (ZBJV 112, 317 f.) ist dieser Auffassung in einer Rezension zu RIEMERS Kommentar entgegengetreten. Die *sachliche Zuständigkeit des Richters lässt sich demnach nicht einer eigentlichen Aufsicht annähern,* weil dies der *richterlichen Aufgabe und prozessualen Bindung nicht entsprechen dürfte* und in diesem Sinne *dysfunktional ist.* Dem ist zuzustimmen. Der Standpunkt von RIEMER läuft darauf hinaus, die vom Gesetz gewollte Aufsichtsbefreiung von Familienstiftungen zu unterlaufen und durch eine generelle richterliche Aufsicht zu ersetzen, für welche eine gesetzliche Grundlage fehlt. Die Aufsichtsbefreiung der Familienstiftungen erfolgte u.a. aus Respekt vor der Intimität der Familie. Dieses gesetzgeberische Motiv würde missachtet, wenn an Stelle der Aufsichtsbehörde generell der Richter zu treten hätte, der überdies, wie LIVER zu Recht bemerkt, für diese Aufgabe nicht prädestiniert ist. Es ist vielmehr davon auszugehen, dass das Gesetz die richterliche «Aufsichtsbefugnis» bewusst auf **strittige Fälle** beschränkt hat, weil alle anderen Fälle (mit Ausnahme der Aufhebung gemäss revidiertem Art. 88 Abs. 2) in die Zuständigkeit des Stiftungsrates bzw. des obersten Stiftungsorgans fallen. Dieser ist bei der Wahrnehmung seiner Aufgaben an das Gesetz und die Statuten gebunden und darf sich daher auch nicht über ein *mangelndes Verfügungsrecht der Beteiligten* im Sinne der Ausführungen von RIEMER (Die Stiftungen, syst. Teil N 124) hinwegsetzen. Es trifft nicht zu, dass Familienstiftungen in der Schweiz von Gesetzes wegen ein Leben im **Verborgenen** (VON LÖWE, 119) führen, das per se Missbräuche provoziere – vielmehr hat der Gesetzgeber den Familienstiftungen bewusst und in Anerkennung ihres intimen Charakters einen Freiraum der Nichteinmischung mit eigener Verantwortung belassen und sich darauf beschränkt, eine richterliche Entscheidung im Falle von Unstimmigkeiten anzuordnen. Dies entspricht auch vorherrschender Praxis und entspricht dem Verständnis des Gesetzgebers bspw. im Bereiche der Fusion (Art. 84 FusG).

2. Kirchliche Stiftungen

14   Für die **kirchlichen Stiftungen** gilt grundsätzlich das vorstehend zu den Familienstiftungen ausgeführte. Die Ausgangslage ist allerdings insoweit anders, als die nicht strittigen Aufsichtsaufgaben i.d.R. der autonomen kirchlichen Aufsicht und nicht dem Stiftungsrat obliegen, welchem RIEMER (Die Stiftungen, syst. Teil N 226) – wie bei den Familienstiftungen – jede Umwandlungs- bzw. Änderungsbefugnis abspricht. M.E. bleibt der Stiftungsrat für derartige «Aufsichtsaufgaben» jedoch zuständig, sofern und soweit sich die kirchliche Aufsicht nicht mit ihnen befasst bzw. sich für unzuständig erachtet oder erklärt. Differenzen über den Umfang und die Art der kirchlichen Aufsicht sind – soweit hierzu keine kirchlichen Instanzen bestehen – als Anstände privatrechtlicher Natur vor dem Gericht auszutragen, das bspw. über die Frage der eigenständigen Stiftungsrechnung (Rz 9e) zu befinden hätte.

Art. 88

F. Aufhebung und Löschung im Register	**¹ Die zuständige Bundes- oder Kantonsbehörde hebt die Stiftung auf Antrag oder von Amtes wegen auf, wenn:**
I. Aufhebung durch die zuständige Behörde	**1. deren Zweck unerreichbar geworden ist und die Stiftung durch eine Änderung der Stiftungsurkunde nicht aufrechterhalten werden kann; oder**
	2. deren Zweck widerrechtlich oder unsittlich geworden ist.
	² Familienstiftungen und kirchliche Stiftungen werden durch das Gericht aufgehoben.
F. Dissolution et radiation	¹ L'autorité fédérale ou cantonale compétente prononce la dissolution de la fondation, sur requête ou d'office lorsque:
I. Dissolution par l'autorité compétente	1. le but de la fondation ne peut plus être atteint et que la fondation ne peut être maintenue par une modification de l'acte de fondation ou
	2. le but de la fondation est devenu illicite ou contraire aux mœurs.
	² La dissolution de fondations de famille et de fondations ecclésiastiques est prononcée par le tribunal.

F. Soppressione e cancellazione dal registro

I. Soppressione da parte dell'autorità competente

[1] L'autorità federale o cantonale competente pronuncia la soppressione della fondazione, su richiesta o d'ufficio, se:
1. il fine non può più essere conseguito e la fondazione non può essere mantenuta mediante una modifica dell'atto di fondazione; o
2. il fine è diventato illecito o immorale.

[2] La soppressione delle fondazioni di famiglia e delle fondazioni ecclesiastiche è pronunciata dal giudice.

Art. 89

II. Antrags- und Klagerecht, Löschung im Register

[1] **Zur Antragsstellung oder zur Klage auf Aufhebung der Stiftung berechtigt ist jede Person, die ein Interesse hat.**

[2] **Die Aufhebung ist dem Registerführer zur Löschung des Eintrags anzumelden.**

II. Requête et action en dissolution, radiation de l'inscription

[1] La requête ou l'action en dissolution de la fondation peut être intentée par toute personne intéressée.

[2] La dissolution est communiquée au préposé au registre du commerce afin qu'il procède à la radiation de l'inscription.

II. Legittimazione attiva, cancellazione dal registro

[1] La richiesta o azione di soppressione della fondazione può essere proposta da chiunque vi abbia un interesse.

[2] La soppressione è notificata all'ufficiale del registro di commercio affinché proceda alla cancellazione dell'iscrizione.

I. Allgemeiner Inhalt

Das Gesetz regelt in den mit Wirkung ab 1. Januar 2006 leicht revidierten Art. 88 und 89 **1** die materiellen und formellen Voraussetzungen für die **Aufhebung** von bestehenden Stiftungen, deren Zweck **nachträglich unerreichbar, widerrechtlich** oder **unsittlich** geworden ist sowie die bezüglichen **registerrechtlichen** Folgen. Darüber hinaus gibt es **weitere,** z.T. praktisch sehr bedeutungsvolle **Aufhebungsgründe,** welche in den vorliegenden Zusammenhang passen und nicht anderswo (vgl. insb. Art. 82 N 3 ff. und Art. 83 N 33 f.) behandelt werden. Zu ihnen zählen insb. die sog. **organisatorischen Aufhebungen,** der Umgang mit bei der Errichtung nicht bemerkten oder beanstandeten **Errichtungsmängeln** und mit ursprünglich widerrechtlichen oder unsittlichen Stiftungen.

II. Keine Selbstauflösung

Anders als bei den körperschaftlich ausgestalteten juristischen Personen des schweizeri- **2** schen Privatrechts ist eine **Selbstauflösung** der Stiftung aufgrund eines autonomen Beschlusses ihres obersten Organes, d.h. des Stiftungsrates, grundsätzlich nicht möglich. Sie zuzulassen widerspäche dem auf die Erfüllung des Stifterwillens ausgerichteten **Wesen der Stiftung,** welche von dem in dieser grundsätzlichen Frage nicht delegierbaren Willen des Stifters beherrscht ist (BGE 115 II 420; BK-RIEMER, N 4 und 51 ff., insb. N 63; SPRING, 16 f.). Entsprechend darf der Stifter die Auflösung nicht dem Gutdünken der Stiftungsorgane überlassen und riskiert widrigenfalls eine **Aufhebung** der Stiftung gestützt auf Art. 52 Abs. 3 wegen **ursprünglicher Widerrechtlichkeit.** Auf die Auflösung gerichtete Rechtsgeschäfte sind grundsätzlich und von den nachstehenden Ausnahmen abgesehen **nichtig** (SPRECHER/VON SALIS, Frage 232). Dies gilt seit dem

1. Januar 2006 aufgrund der rev. Bestimmung von Art. 88 Abs. 2 auch für Familien- und kirchliche Stiftungen (bisher str., vgl BRÜCKNER, Personenrecht, 435)

3 Hingegen kann der Stifter die **Aufhebung** seiner Stiftung auf verschiedene Weise bereits bei deren Errichtung **vorprogrammieren,** ohne dem Stiftungsrat ein verpöntes freies Aufhebungsrecht einzuräumen. Er kann z.B. den Stiftungsrat anweisen, die Vergabungen so zu steuern, dass das Stiftungsvermögen in ca. 20 Jahren erschöpft ist. Oder der Stiftungsrat hat beim Eintritt eines vom Stifter bestimmten Ereignisses (bspw. Erreichen eines bestimmten Alters etwaiger Nachkommen) für die Auflösung der Stiftung zu sorgen. Der Stifter kann dem Stiftungsrat ein gewisses Beurteilungsermessen einräumen (strittig), in welchem Fall ein Aufhebungsakt notwendig ist (SPRECHER/VON SALIS, Frage 233; BRÜCKNER, Personenrecht, 428). **Befristete** oder gemäss Art. 154 OR **resolutiv bedingte** Stiftungserrichtungen gelten als durch die Stiftungsfreiheit gedeckt (SPRING, 16; BK-RIEMER, N 51 ff.). Für RIEMER (BK, N 59) sind allerdings ausdrücklich befristete Stiftungen nicht unproblematisch. Der Stifter habe es dadurch in der Hand, ein Sondervermögen zu schaffen, welches für seine Schulden nicht haftet, wodurch der Grundsatz der unbeschränkten Vermögenshaftung ausgeschaltet würde. Verfahrensmässig haben die Aufsichtsbehörden die Stiftungsaufhebung zufolge ausdrücklicher oder faktischer Befristung oder resolutivem Bedingungseintritt festzustellen (BK-RIEMER, N 65 f.).

III. Aufhebung

1. Voraussetzungen

4 Nebst den nicht mehr aktuellen Fällen der übergangsrechtlichen Auflösung gemäss Art. 7 Abs. 2 SchlT (BK-RIEMER, N 5), erfolgt eine Auflösung gemäss Art. 88 Abs. 1, wenn der **Stiftungszweck unerreichbar** geworden ist und die Stiftung durch eine **Änderung der Stiftungsurkunde** nicht aufrecht erhalten werden kann. Gemeint sind damit ursprünglich funktionsfähige Stiftungen, welche zufolge veränderter Umstände ihre Aufgabe nicht mehr erfüllen können. Als Ursachen kommen namentlich ein **Vermögensverlust** oder ein **hinfälliger** oder **obsoleter Zweck** in Frage. Beispiele für obsolete Zwecksetzungen sind das Aussterben einer Familie bei einer auf diese beschränkten Familienstiftung (BGE 93 II 445) oder das Ende eines Krieges bei einer nur für dessen Dauer errichteten Stiftung (VEB 1946/47, Nr. 46). Die nachträgliche Unerreichbarkeit des Zweckes muss einen **endgültigen,** durch Zeitablauf oder Massnahmen der Stiftungsorgane nicht heilbaren **Charakter** haben. Gegenüber einer Zweckänderung gemäss Art. 86 galt die Aufhebung von Gesetzes wegen schon bisher als subsidiär, welche Subsidiarität im seit 1. Januar 2006 geltenden Gesetzestext bestätigende Aufnahme gefunden hat.

4a Eine Auflösung erfolgt überdies im Falle einer **nachträglichen Widerrechtlichkeit oder Unsittlichkeit.** Eine nachträgliche **Widerrechtlichkeit** liegt vor, wenn ein Stiftungszweck – durch Änderung des Gesetzes oder eine andere Art der Rechtsfortbildung, z.B. durch eine Praxisänderung, durch die Bildung von Gewohnheitsrecht oder durch das Ausfüllen einer echten Gesetzeslücke – als Ganzes betrachtet mit der neuen Rechtslage unvereinbar wird. Klassisches Beispiel: Eine Stiftung zur Unterstützung einer in der Folge verbotenen Partei (BK-RIEMER, N 25). Nachträgliche **Unsittlichkeit** ist anzunehmen, wenn der Zweck nachträglich gewandelten sittlichen Anschauungen zuwiderläuft. In beiden Fällen muss der **Zweck als Ganzes** und nicht lediglich in Einzelheiten der gewandelten Rechtsordnung widersprechen, da ansonsten eine Anpassung der Stiftungsurkunde an das neue Recht vorzunehmen ist. Überdies war schon bisher eine Konversion bzw. eine Umwandlung i.S.v. Art. 85 oder 86 möglich (BGE 96 I 273; 93 I 439; 73 II 81).

Bei den **Personalfürsorgestiftungen** stellt sich zufolge der engen Verknüpfung der **5**
Stiftung mit der Stifterfirma die Frage nach der Unerreichbarkeit des Stiftungszweckes
namentlich bei einer Liquidation, Fusion, Sitzverlegung ins Ausland, Veräusserung, Vererbung etc. der Stifterfirma (BK-RIEMER, N 10 ff.). Dabei ist in erster Linie auf das Stiftungsstatut abzustellen. Ist diesem – auch auf dem Wege der Interpretation – keine Lösung zu entnehmen, wird i.d.R. bei einer Liquidation der Stifterfirma eine Liquidation
der betroffenen Personalfürsorgestiftung folgen, die allerdings ihren Zweck u.U. noch
längere Zeit erfüllen kann (BGE 100 Ib 136). In Fällen der **Rechtsnachfolge** auf Seiten
der Stifterfirma kann deren Personalfürsorgestiftung häufig ihre Zwecke weiterhin erfüllen – allenfalls unter Anpassung an die veränderten Umstände i.S. einer Änderung
gemäss Art. 85/86 (BGE 51 II 465 ff.), oder durch Fusion gemäss FusG mit einer entsprechenden Einrichtung.

2. Verfahren

Die **Aufhebung** der Stiftung erfolgt nach rev. Art. 88 Abs. 1 durch **konstitutive Ver-** **6**
fügung der zuständigen Behörde (bei Familien und kirchlichen Stiftungen gemäss rev.
Art 88 Abs. 2 durch das Gericht). Das war bisher nicht so, vielmehr erfolgte die Aufhebung unter alt Art. 88 **von Gesetzes wegen** und eine feststellende Aufhebungsverfügung
der zuständigen Behörde hatte – obgleich sie nur ex nunc wirken konnte – lediglich deklaratorische Bedeutung (BK-RIEMER, N 21) und liess sich damit der genaue Zeitpunkt
der Aufhebung kaum bestimmen (SPRECHER, Revision, Rz 256).

Für die Familien- und kirchlichen Stiftungen bestimmt das Gesetz in Abs. 2 neu, dass sie **7**
durch das Gericht aufgehoben werden. Damit hat der Gesetzgeber für die **Familienstif-**
tungen die bisherige Streitfrage, ob das oberste Stiftungsorgan oder der Richter für die
Aufhebung zuständig ist, zugunsten des Gerichtes entschieden. Für die **kirchlichen Stif-**
tungen, welche anders als die Familienstiftungen zwar auch keine staatlichen, i.d.R.
jedoch einer **kirchlichen Aufsicht** unterliegen, ist diese Lösung nicht glücklich. Es
ist nicht einzusehen, weshalb zwar je nach kantonaler Organisation die staatliche Aufsichtsbehörde gegenüber klassischen Stiftungen, nicht jedoch die kirchlichen Aufsichts-
organe gegenüber kirchlichen Stiftungen eine eigenständige Aufhebungskompetenz
haben sollen.

Antrags- bzw. bei Familien und kirchlichen Stiftungen **klageberechtigt** auf Aufhebung **8**
der Stiftung ist jede Person, die ein Interesse hat (Art. 89). Das sind i.d.R. insbesondere
die Destinatäre, Organe und ev. die Gläubiger der Stiftung.

3. Ursprüngliche widerrechtliche oder unsittliche Zwecksetzung

Von der **nachträglichen** ist die **ursprüngliche Widerrechtlichkeit** oder **Unsittlichkeit** **9**
zu unterscheiden, welche in Anwendung von Art. 52 Abs. 3 zur Nichtexistenz mit Wirkung ex tunc und damit i.d.R. zur **Rückgabe** des betroffenen Vermögens an den Stifter
oder ggf. an seine Erben führt. Demgegenüber ist bei nachträglicher Widerrechtlichkeit
bzw. Unsittlichkeit Art. 57 Abs. 3 anzuwenden, wonach das Vermögen zwingend dem
Gemeinwesen zufällt. Diese grundsätzlich unterschiedliche Rechtsfolge ist insoweit
fraglich, als nicht einzusehen ist, weshalb der geltendes Recht missachtende Stifter besser fahren sollte als der Stifter, dessen Stiftung erst durch nachträgliche Änderung des
Gesetzes oder der sittlichen Anschauungen ins rechtliche Abseits gerät (BK-RIEMER,
N 103).

Keine Widerrechtlichkeit oder Unsittlichkeit liegt im Falle einer Verletzung von subjekti- **10**
ven Rechten vor (BGE 48 II 158). Dasselbe gilt, wenn bei einem nicht zu beanstanden-

den Stiftungszweck die **Stiftungsorgane** gegen das objektive Recht oder die guten Sitten verstossen. Derartigem Verhalten ist vielmehr mit den zur Verfügung stehenden aufsichts-, zivil- und allenfalls strafrechtlichen Mitteln zu begegnen (BGE 100 Ib 137; BK-RIEMER, N 27; SPRECHER/VON SALIS, Frage 234).

11 Namentlich bei Familienunterhaltsstiftungen kommt es vor, dass eine formell rechtsgültig errichtete Stiftung von Anfang an widerrechtliche oder unsittliche Zwecke verfolgt. Um den **Rechtsschein** einer solchen Stiftung zu beseitigen, muss auch sie in einem Verfahren für nichtig erklärt werden können (BGE 96 II 273; 75 II 81). Der Begriff der Widerrechtlichkeit oder Unsittlichkeit stimmt inhaltlich mit den vorstehend erwähnten Fällen überein, mit dem einzigen Unterschied, dass im einen Fall der Mangel im Zeitpunkt der Stiftungserrichtung bereits bestand und im anderen Fall erst nachträglich eintritt.

4. Mangelhafte Stiftungserrichtung

12 Eine ihrem Zweck nach nicht zu beanstandende Stiftung kann z.B. darunter leiden, dass ihre Errichtung mit einem Willensmangel gemäss Art. 23 bis 31 OR behaftet ist, auf einem simulierten Rechtsgeschäft beruht, in Verletzung von Formvorschriften oder in Überschreitung von Vertretungsmacht erfolgte. Derartige und andere Fälle **fehlerhafter Errichtung** sind aufgrund des jeweiligen Aufhebungsgrundes und vorbehältlich eines besonderen Gerichtsstandes vom **Richter am Stiftungssitz** zu beurteilen. Dies ist kein Anwendungsfall von Art. 88.

IV. Fusionen und Vermögensübertragungen

13 Ohne das Vorliegen der Voraussetzungen von Art. 88 Abs. 1 oder 2 ist die Aufsichts- oder Umwandlungsbehörde grundsätzlich nicht zur Auflösung einer Stiftung legitimiert. Hingegen hat sich in der Praxis schon früh und namentlich bei den Personalfürsorgestiftungen das Bedürfnis nach einer zusätzlichen und einfacheren (BGE 115 II 419) behördlichen Aufhebungskompetenz zur Verbesserung oder Rationalisierung der Erfüllung des Stiftungszweckes manifestiert und mit weitgehender Billigung in der Literatur (BK-RIEMER, 70) durchgesetzt. Man spricht in diesem Zusammenhang von einer **organisatorischen Aufhebung** (SPRING, 16; BK-RIEMER, N 68).

14 Rechtlich beruhte die organisatorische Aufhebung bis zum Erlass des **FusG** auf richterlicher Füllung einer **echten Lücke** im Gesetz (SCHNYDER, ZBJV 1991, 112; BK-RIEMER, N 82). Sie setzte in jedem Fall voraus, dass eine entsprechende Aufhebung im Interesse einer besseren Erfüllung des Stiftungszweckes liegt, aus triftigen sachlichen Gründen geboten erscheint und keine Drittrechte unter Einschluss von Destinatärrechten beeinträchtigt (BK-RIEMER, N 82).

15 In der **Praxis** sind organisatorische Aufhebungen namentlich im Personalfürsorgebereich zwecks Einkaufs in eine Versicherung bzw. Versicherungsgesellschaft, zwecks Änderung der Rechtsform z.B. in eine Genossenschaft, zur Schaffung einer unselbständigen Stiftung, zur Aufteilung des Vermögens auf mehrere neu zu errichtende Stiftungen und zwecks **Fusion** vorgekommen (vgl. zu diesen einzelnen Fallgruppen BK-Riemer, N 71 ff.). Das Eidg. Handelsregisteramt hat unter Berufung auf *ordnungspolitische Bedenken* die Umwandlung einer Körperschaft (in casu Genossenschaft) in eine Anstalt (in casu Stiftung) wie auch die Absorption einer Genossenschaft durch eine Stiftung abgelehnt (REPRAX 1999, 41 ff.). Eine entsprechende Umwandlung verletze den *Grundsatz der mitgliedschaftlichen Kontinuität*. Dasselbe Amt hat allerdings die **rechtsformüber-**

schreitende Fusion zwischen der übernehmenden Aktiengesellschaft Solothurner Bank Soba und der öffentlich-rechtlichen Anstalt Solothurner Kantonalbank zugelassen (SHAB Nr. 10 vom 16.1.1995, 280). Alle diese Reorganisationen beurteilen sich seit dem 1. Juli 2004 nach Massgabe des FusG, welches für die Reorganisationen praeter legem keinen Raum mehr lässt.

Das **BGer** hatte in einem auch für andere Rechtsformen wegweisenden und begrüssten **16** (SCHNYDER, ZBJV 1991, 111 ff.; SCHULTHESS, 411) Grundsatzentscheid (BGE 115 II 415) eine behördliche **Fusion** von zwei Stiftungen zugelassen. Es hielt ein praktisches Bedürfnis für diese vom Gesetz damals nicht ausdrücklich vorgesehene Auflösungsmöglichkeit für erwiesen (BGE 115 II 418) und sah keine schützenswerten Interessen, welche durch eine korrekt durchgeführte Fusion gefährdet würden (BGE 115 II 420).

Das FusG regelt heute u.a. die Voraussetzungen und das Verfahren für die **Fusion** von **16a** Stiftungen, sei es auf dem Weg der **Absorption** oder der **Kombination.** Überdies hat das FusG ein neues Instrument, nämlich die **Vermögensübertragung** eingeführt, das auch den Stiftungen zur Verfügung steht und die Reorganisationsmöglichkeiten weiter flexibilisiert hat. Für die Einzelheiten ist auf das FusG und bezügliche Kommentierungen, insb. Art. 78 bis Art. 87 FusG betreffend Fusionen und Vermögensübertragungen von Stiftungen sowie auf Art. 88 bis Art. 98 FusG betreffend die Personalfürsorgestiftungen hinzuweisen.

VI. Liquidationsverfahren

Das Liquidationsverfahren richtet sich bei der Stiftung über den Verweis in **Art. 58** und **17** den Weiterverweis in Art. 913 Abs. 1 OR materiell nach den Vorschriften des **Aktienrechts,** d.h. nach den Art. 739–747 OR. Die Aufsichtsbehörde verlangt i.d.R. vom Stiftungsrat einen begründeten Beschluss über die Erfüllung der Voraussetzungen von Art. 88 und eine Schlussabrechnung unter Angabe des Empfängers des Restvermögens (SPRING, 16). In einfachen Fällen verzichtet die Behörde auf das an sich zwingende Liquidationsverfahren und begnügt sich mit einer Schlussabrechnung (BK-RIEMER, N 85 und 92). Im Falle einer für nichtig erklärten Stiftung ist das Verfahren u.U. von einem von der Vormundschaftsbehörde bezeichneten Liquidator durchzuführen (BGE 75 II 15).

Die Aufhebung von Gesetzes wegen oder durch den Richter bewirkt i.d.R. die Einleitung **18** einer Liquidationsphase der Stiftung, welche ggf. im Handelsregister durch den Namenszusatz *in Liquidation* kenntlich zu machen ist. In der Praxis (REBSAMEN, 300 f.) wird die **Aufhebung** gestützt auf den Wortlaut von Art. 89 Abs. 2 und Art. 104 HRegV (Kritik bei BK-RIEMER, N 86 ff.) allerdings regelmässig zusammen, d.h. gleichzeitig mit der **Löschung** vom Stiftungsrat angemeldet. Das Verfahren unter Einschluss der Überwachung allfälliger Liquidatoren steht unter der Aufsicht der Aufsichtsbehörde, deren Zustimmung zur Löschung von Amtes wegen einzuholen ist.

Für die **Verwendung des Vermögens** nach durchgeführter Liquidation ist in erster Linie **19** das **Stiftungsstatut** massgebend, welches selbst und direkt einen Verwendungszweck bestimmen oder diese Kompetenz an ein Stiftungsorgan, insb. an den Stiftungsrat delegieren kann, der alsdann im *Geiste der Stiftung* bzw. nach dem *mutmasslichen Stifterwillen* zu entscheiden hat (BK-RIEMER, N 99). Fehlt eine Regelung im Stiftungsstatut, fällt das Vermögen in Anwendung von Art. 57 Abs. 1 an das für die Aufsicht zuständige **Gemeinwesen,** welches grundsätzlich dazu verpflichtet ist, *das Vermögen dem bisherigen Zweck möglichst entsprechend zu verwenden* (Art. 57 Abs. 2).

Art. 89bis

**G. Personal-
fürsorge-
stiftungen**

[1] Für Personalfürsorgeeinrichtungen, die gemäss Artikel 331 des Obligationenrechts in Form der Stiftung errichtet worden sind, gelten überdies noch folgende Bestimmungen.

[2] Die Stiftungsorgane haben den Begünstigten über die Organisation, die Tätigkeit und die Vermögenslage der Stiftung den erforderlichen Aufschluss zu erteilen.

[3] Leisten die Arbeitnehmer Beiträge an die Stiftung, so sind sie an der Verwaltung wenigstens nach Massgabe dieser Beiträge zu beteiligen; soweit möglich haben die Arbeitnehmer ihre Vertretung aus dem Personal des Arbeitgebers zu wählen.

[4] ...

[5] Die Begünstigten können auf Ausrichtung von Leistungen der Stiftung klagen, wenn sie Beiträge an diese entrichtet haben oder wenn ihnen nach den Stiftungsbestimmungen ein Rechtsanspruch auf Leistungen zusteht.

[6] Für Personalfürsorgestiftungen, die auf dem Gebiet der Alters-, Hinterlassenen- und Invalidenvorsorge tätig sind, gelten überdies die folgenden Bestimmungen des Bundesgesetzes vom 25. Juni 1982 über die berufliche Alters-, Hinterlassenen- und Invalidenvorsorge über:

1. die Definition und Grundsätze der beruflichen Vorsorge sowie des versicherbaren Lohnes oder des versicherbaren Einkommens (Art. 1)
2. die zusätzlichen Einkäufe für den Vorbezug der Altersleistung (Art. 13*a* Abs. 8),
3. die Begünstigten bei Hinterlassenenleistungen (Art. 20*a*),
4. die Anpassung der reglementarischen Leistungen an die Preisentwicklung (Art. 36 Abs. 2–4),
5. die Verjährung von Ansprüchen und die Aufbewahrung von Vorsorgeunterlagen (Art. 41),
6. die Verantwortlichkeit (Art. 52),
7. die Kontrolle (Art. 53),
8. die Interessenkonflikte (Art. 53*a*),
9. die Teil- oder Gesamtliquidation (Art. 53*b*–53*d*),
10. die Auflösung von Verträgen (Art. 53*e*),
11. den Sicherheitsfonds (Art. 56 Abs. 1 Bst. c und Abs. 2–5, Art. 56*a*, 57 und 59),
12. die Aufsicht (Art. 61, 62 und 64),
13. die Gebühren (Art. 63*a*),
14. die finanzielle Sicherheit (Art. 65 Abs. 1 und 3, Art. 66 Abs. 4, Art. 67 und 69),
15. die Transparenz (Art. 65*a*),
16. die Rückstellungen (Art. 65*b*),
17. die Versicherungsverträge zwischen Vorsorgeeinrichtungen und Versicherungseinrichtungen (Art. 68 Abs. 3 und 4),
18. die Vermögensverwaltung (Art. 71),
19. die Rechtspflege (Art. 73 und 74),

20. die Strafbestimmungen (Art. 75–79),

21. den Einkauf (Art. 79*b***),**

22. den versicherbaren Lohn und das versicherbare Einkommen (Art. 79*c***),**

23. die Information der Versicherten (Art. 86*b***).**

G. Institutions de prévoyance en faveur du personnel

[1] Les institutions de prévoyance en faveur du personnel constituées sous forme de fondations en vertu de l'art. 331 du code des obligations sont en outre régies par les dispositions suivantes.

[2] Les organes de la fondation doivent donner aux bénéficiaires les renseignements nécessaires sur l'organisation, l'activité et la situation financière de la fondation.

[3] Si les travailleurs versent des contributions à la fondation, ils participent à l'administration dans la mesure au moins de ces versements. Dans la mesure du possible, ils élisent eux-mêmes des représentants choisis dans le sein du personnel.

[4] …

[5] Les bénéficiaires peuvent exiger en justice des prestations de la fondation, lorsqu'ils lui ont versé des contributions ou que les dispositions régissant la fondation leur donnent un droit à des prestations.

[6] Les fondations de prévoyance en faveur du personnel dont l'activité s'étend au domaine de la prévoyance vieillesse, survivants et invalidité sont en outre régies par les dispositions suivantes de la loi fédérale du 25 juin 1982 sur la prévoyance professionnelle vieillesse, survivants et invalidité sur:

1. la définition et les principes de la prévoyance professionnelle et le salaire ou le revenu assuré (art. 1),
2. les versements supplémentaires pour la retraite anticipée (art. 13*a*, al. 8),
3. les bénéficiaires de prestations de survivants (art. 20*a*),
4. l'adaptation à l'évolution des prix des prestations réglementaires (art. 36, al. 2 à 4),
5. la prescription des droits et la conservation des pièces (art. 41),
6. la responsabilité (art. 52),
7. le contrôle (art. 53),
8. les conflits d'intérêts (art. 53*a*),
9. la liquidation partielle ou totale (art. 53b à 53d),
10. la résiliation de contrats (art. 53*e*),
11. le fonds de garantie (art. 56, al. 1, let. c, al. 2 à 5, art. 56*a*, 57 et 59),
12. la surveillance (art. 61, 62 et 64),
13. les émoluments (art. 63*a*),
14. la sécurité financière (art. 65, al. 1 et 3, art. 66, al. 4, art. 67 et 69),
15. la transparence (art. 65*a*),
16. les réserves (art. 65*b*),
17. les contrats d'assurance entre institutions de prévoyance et institutions d'assurance (art. 68, al. 3 et 4),
18. l'administration de la fortune (art. 71),
19. le contentieux (art. 73 et 74),
20. les dispositions pénales (art. 75 à 79),
21. le rachat (art. 79*b*),
22. le salaire et le revenu assurable (art. 79*c*),
23. l'information des assurés (art. 86*b*).

G. Fondazioni di previdenza a favore del personale

[1] Per le istituzioni di previdenza a favore del personale, costituite in forma di fondazioni in virtù dell'articolo 331 del Codice delle obbligazioni si applicano inoltre le disposizioni seguenti.

² Gli organi della fondazione devono dare ai beneficiari tutte le informazioni necessarie su l'ordinamento, l'attività e lo stato finanziario della fondazione.

³ I lavoratori che pagano contributi alla fondazione partecipano all'amministrazione almeno in ragione dei medesimi. Essi eleggono tra sé, a misura del possibile, i loro rappresentanti.

⁴ ...

⁵ I beneficiari possono esigere giudizialmente prestazioni della fondazione, se hanno pagato contributi oppure se un tale diritto è loro conferito nell'ordinamento della medesima.

⁶ Per le fondazioni di previdenza a favore del personale che operano nel campo della previdenza professionale per la vecchiaia, i superstiti e l'invalidità vigono inoltre le seguenti disposizioni della legge federale del 25 giugno 1982 sulla previdenza professionale per la vecchiaia, i superstiti e l'invalidità concernenti:

1. la definizione e i principi della previdenza professionale nonché il salario o reddito assicurabile (art. 1),
2. gli acquisti supplementari per il prelievo anticipato della prestazione di vecchiaia (art. 13*a* cpv. 8),
3. i beneficiari di prestazioni per i superstiti (art. 20*a*),
4. l'adeguamento delle prestazioni regolamentari all'evoluzione dei prezzi (art. 36 cpv. 2–4),
5. la prescrizione dei diritti e la conservazione di documenti (art. 41),
6. la responsabilità (art. 52),
7. il controllo (art. 53),
8. i conflitti di interesse (art. 53*a*),
9. la liquidazione parziale o totale (art. 53*b*–53*d*),
10. lo scioglimento dei contratti (art. 53*e*),
11. il fondo di garanzia (art. 56 cpv. 1 lett. c e cpv. 2–5, 56*a*, 57 e 59),
12. la vigilanza (art. 61, 62 e 64),
13. gli emolumenti (art. 63a),
14. la sicurezza finanziaria (art. 65 cpv. 1 e 3, 66 cpv. 4, 67 e 69),
15. la trasparenza (art. 65*a*),
16. le riserve (art. 65*b*),
17. i contratti assicurativi tra istituti di previdenza e istituti d'assicurazione (art. 68 cpv. 3 e 4),
18. l'amministrazione del patrimonio (art. 71),
19. il contenzioso (art. 73 e 74),
20. le disposizioni penali (art. 75–79),
21. il riscatto (art. 79*b*),
22. il salario assicurabile e il reddito assicurabile (art. 79*c*),
23. l'informazione degli assicurati (art. 86*b*).

Literatur (Auswahl)

BOLLIER, Leitfaden schweizerische Personalversicherung, 4. Aufl., Luzern 1998; BRÜHWILER, Die betriebliche Personalvorsorge in der Schweiz, Bern 1989; BÜRGE, Die Haftung des Arbeitnehmervertreters im Stiftungsrat der Personalfürsorgestiftung, ZBl 1981, 97 ff.; FEHLMANN, Sammel- und Gemeinschaftsstiftungen als Hauptträger der beruflichen Vorsorge, SZS 1989, 74 ff.; GREBER, La responsabilité civile des personnes chargés de l'administration et de la gestion d'une institution de prévoyance, Peseux 1986; HELBLING, Personalvorsorge und BVG. Gesamtdarstellung der rechtlichen, betriebswirtschaftlichen, organisatorischen und technischen Grundlagen der beruflichen Vorsorge in der Schweiz, 8. Aufl. Bern 2006 (zit: Personalvorsorge); DERS., Neuerungen bei der Revision von Stiftungen im Kanton Zürich, Der Schweizer Treuhänder 1978, 14 f., 32 ff. und 1979, 20 (zit. Neuerungen); DERS., Die Führung einer Pensionskasse als unternehmerische Aufgabe, SPV 4/96, 241 ff.; LANG, Behördliche Aufsicht über Personalvorsorge-Stiftungen, Der Schweizer Treuhänder 1981, 20 ff. (zit. Behördliche Aufsicht); DERS., Prüfung der Reglemente der Personalvorsorgestiftungen durch die Aufsichtsbehörden, SZS 1982, 57 ff. (zit. Reglemente); DERS., Aktuelle

Aspekte der Aufsichtstätigkeit, Schriftenreihe der IST Nr. 12, Zürich 1983 (zit. Aufsichtstätigkeit); DERS., Anlagen beim Arbeitgeber: Wann und wie ist Ausscheidung oder Sicherstellung zu verlangen?, SZS 1987, 72 ff. (zit. Anlagen); DERS., Aufsicht und Eigenverantwortung in der Personalvorsorge, in: FS Carl Helbling, Zürich 1992, 245 ff. (zit. Eigenverantwortung); LANG/HOLLENWEGER, Aufsicht und Rechtspflege in der beruflichen Vorsorge, IST, Zürich 1985; LANG/SOMMA, Prüfung der Reglemente nichtregistrierter Personalvorsorgestiftungen, vom Amt für berufliche Vorsorge (Hrsg.), Zürich 1989; LOCHER, Grundriss des Sozialversicherungsrechts, 2. Aufl., Bern 1997; LÜTHY, Das Rechtsverhältnis zwischen Arbeitgeber und der Personalvorsorgestiftung, insb. der Anschlussvertrag mit einer Sammel- und Gemeinschaftsstiftung, Diss. Zürich 1989; NUSSBAUM, Die Prüfung der Rechtmässigkeit der Geschäftsführung einer Vorsorgeeinrichtung, in: FS Carl Helbling, Zürich 1992, 307 ff.; PFITZMANN, Kontrollfragen bei Pensionskassen aus juristischer Sicht, SZS 1986, 265 ff. (zit. Kontrollfragen); DERS., Tätigkeit und Vorgehen der BVG-Aufsichtsbehörden, SZS 1987, 273 ff. (zit. Aufsichtsbehörden); RECHSTEINER, Organisatorische Probleme der Vorsorgestiftung, WuR 1985, 233 ff.; RIEMER, Aktuelle Fragen der Personalfürsorgestiftungen, SJZ 1977, 69 ff. (zit. Aktuelle Fragen); DERS., Die Stiftungsaufsichtsbehörden im Konflikt zwischen Arbeitsplatzsicherung und Vorsorgeziel, SZS 1979, 266 ff. (zit. Stiftungsaufsichtsbehörden); DERS., Die Personalvorsorge-Stiftung aus rechtlicher Sicht, Der Schweizer Treuhänder 1981, 10 ff. (zit. rechtliche Sicht); DERS., Das Recht der beruflichen Vorsorge in der Schweiz, Bern 1985 (zit. berufliche Vorsorge); DERS., Fusionen bei klassischen Personalvorsorgestiftungen, SZS 1991, 169 ff. (zit. Fusionen); DERS., Berufliche Vorsorge und Revision des SchKG, in: BlSchK 1996, 121 ff. (zit. «SchKG»); DERS., Pensionskassen und Umstrukturierungen in der Wirtschaft, SZS 1996, 399 ff.; ROHRBACH, Die Verteilung der Aufgaben und Verantwortlichkeiten bei betrieblichen Personalvorsorgestiftungen, Basel 1983; RUGGLI, Die behördliche Aufsicht über Vorsorgeeinrichtungen, Diss. Basel 1992; DIES. Die Verwendung der freien Mittel macht Sinn, SPV 1998, 283 ff. (zit. «freie Mittel»); RUTZ, Stiftungsaufsicht und berufliche Vorsorge im Kanton Thurgau, SZS 1983, 210 ff.; STREIFF/VON KAENEL, Leitfaden zum Arbeitsvertragsrecht, 5. Aufl. Zürich 1993; VIELI, Die Kontrolle der Stiftungen, insb. der Personalvorsorgestiftung (Kontrollstelle und Experte für berufliche Vorsorge), Diss. Zürich 1985; WALSER, Die Personalvorsorgestiftung, Zürich 1975 (zit. Personalvorsorgestiftung); DERS., Spezielle Aspekte der Haftung der Organe von Personalvorsorgestiftungen und der Stiftungsaufsichtsbehörden, Veröffentlichungen des Schweizerischen Verbandes für privatwirtschaftliche Personalvorsorge, Zürich 1981 (zit. Haftung); DERS., Zur Verantwortlichkeit der Kontrollstelle und der Experten für die berufliche Vorsorge gegenüber Vorsorgeeinrichtungen, in: FS Carl Helbling, Zürich 1992, 487 ff. (zit. Verantwortlichkeit); DERS., Aktuelle rechtliche Probleme im Hinblick auf den Vollzug des BVG, SZS 1988, 281 ff. (zit: «rechtliche Probleme»); DERS., Die Stiftung als hauptsächlicher Rechtsträger von Personalvorsorgeeinrichtungen: Eine Standortbestimmung, in: RIEMER/SCHILTKNECHT, Aktuelle Fragen zum Stiftungsrecht, Bern 2002, 87–100 (zit. «Standortbestimmung»); WIRZ, Die Personal-Wohlfahrtseinrichtungen der schweizerischen Privatwirtschaft – ihre Stellung im Steuerrecht und ihre Beaufsichtigung, 3 Teile, Stäfa 1955; vgl. ausserdem die Literaturhinweise zu den Vorbem. zu Art. 80–89bis sowie die von HELBLING, Personalvorsorge, 785 ff. zit. Literatur zur Personalvorsorge allgemein, insb. zum BVG.

I. Bedeutung der Personalfürsorgestiftungen

Die Pesonalfürsorgestiftungen sind die **typischen** und **häufigsten Rechtsträger** für die sog. **zweite Säule** der Schweizerischen Alters-, Invaliden- und Hinterlassenenvorsorge, d.h. für die berufliche Vorsorge zur Sicherung der Weiterführung der gewohnten Lebenshaltung in angemessener Weise. Diese zweite Säule wird einerseits durch die **erste Säule,** d.h. durch die staatliche Sozialversicherung (AHV) zur Sicherung des Existenzminimums, und andererseits durch die **dritte Säule,** d.h. durch die individuelle Vorsorge (Sparen und Versicherungen) zur Befriedigung individueller Bedürfnisse ergänzt. Zwar lässt das Gesetz (Art. 331 Abs. 1 OR und Art. 48 Abs. 2 BVG) nebst den **Stiftungen** auch **Genossenschaften** und **Einrichtungen des öffentlichen Rechts** als Träger für die berufliche Vorsorge zu, welche beiden letzteren Rechtsformen jedoch nicht annähernd eine vergleichbare Verbreitung gefunden haben (HELBLING, Personalvorsorge, 81). Die berufliche Vorsorge ihrerseits ist der finanziell mit Abstand **bedeutendste Sozialversicherungszweig** der Schweiz. Zur Illustration verfügen die beruflichen Vorsorgeeinrich-

1

tungen gemäss auf das Jahr 2005 bezogenen Schätzungen insgesamt über ein Kapital von rund 600 Mrd. Fr. (HELBLING, Personalvorsorge, 36). Davon entfallen rund 250 Mrd. Fr. auf das BVG-Obligatorium und 350 Mrd. Fr. auf den Freiwilligen überobligatorischen Bereich (HELBING, Personalvorsorge, 36).

II. Rechtsgrundlagen und Rechtsanwendung

2　Bei Inkrafttreten per 1.1.1912 haben weder das ZGB noch das OR die Personalvorsorge erwähnt. Dies geschah erstmals im Rahmen der Revision des OR von 1936 durch Aufnahme von Bestimmungen über Fonds zu Wohlfahrtszwecken für Angestellte und Arbeiter ins Recht der AG (Art. 673 OR) und der Genossenschaften (Art. 862 OR). 1958 wurde das Stiftungsrecht durch Aufnahme des Art. 89bis ZGB und das damalige *Dienstvertragsrecht* durch Art. 343bis OR ergänzt. Der bislang bedeutendste Revisionsschritt kam durch das per 1.1.1985 in Kraft getretene **BVG,** welches auf den 1.1.1995 namentlich im Bereiche der **Wohneigentumsförderung** (Art. 30a–f BVG) und der **Freizügigkeit** (Freizügigkeitsgesetz vom 17.12.1993) ergänzt und revidiert wurde. Die derzeit letzte Änderung kam durch das BG vom 18. Juni 2004 über die Änderung des BVG (AS 2004, 4639).

3　Inhaltlich ist die Personalvorsorge heute in erster Linie durch das seit dem 1.1.1985 in Kraft stehende öffentlich-rechtliche **BVG** und zugehörige rund 25 Durchführungsverordnungen und Reglemente geregelt. Das BVG hat insb. für die Risiken Alter, Invalidität und Tod im Umfang des koordinierten Lohnes eine **obligatorische Sozialversicherung** (Art. 2 f. BVG) geschaffen. Seit dem 1.1.1995 gilt überdies das **Freizügigkeitsgesetz,** welches auch im sog. **überobligatorischen** Bereich, d.h. für Personalvorsorgeeinrichtungen, welche Leistungen über das Obligatorium hinaus erbringen, beachtlich ist. Für sämtliche als Stiftungen ausgestalteten Personalvorsorgeeinrichtungen gelten sodann die Art. 52–59 und 80–89bis (ZBl 1961, 219). Von zentralster Bedeutung ist die Pflicht, Personalvorsorge über von den Unternehmen getrennte Rechtsträger zu betreiben (Art. 331 Abs. 1 OR und Art. 48 Abs. 2 BVG).

4　Auf eine als Stiftung ausgestaltete sog. **«BVG-Minimalkasse»,** welche ausschliesslich obligatorische Leistungen erbringt, ist das BVG nebst dem Freizügigkeitsgesetz und den stiftungsrechtlichen Bestimmungen anwendbar. Auf eine als Stiftung betriebene sog. **«umhüllende Kasse»,** welche obligatorische und überobligatorische Leistungen erbringt, ist im obligatorischen Bereich das BVG und das Freizügigkeitsgesetz massgebend, für den darüber hinausgehenden Bereich gelten jedoch nur die in Art. 49 Abs. 2 BVG aufgezählten Bestimmungen (insb. betr. paritätische Verwaltung, finanzielle Sicherheit, Aufsicht und Rechtspflege). Für eine ausschliesslich im nichtobligatorischen Bereich tätige und daher auch nicht i.S.v. Art. 48 BVG **registrierte Stiftung,** kommen nebst dem genannten Freizügigkeitsgesetz die in Art. 89bis aufgezählten BVG-Bestimmungen betr. Verantwortlichkeit, Kontrolle, Aufsicht und Rechtspflege zur Anwendung. Für alle Vorsorgeverhältnisse sind schliesslich die steuerrechtlichen Bestimmungen der Art. 80–84 BVG massgebend (vgl. STREIFF/VON KAENEL, 264 ff.).

5　Die nachstehenden Ausführungen befassen sich ausschliesslich mit den für die als Stiftungen ausgestalteten Personalvorsorgeeinrichtungen geltenden Bestimmungen des **ZGB.** Für einen **Gesamtüberblick** über das Recht der Personalvorsorge vgl. insb. HELBLING, Personalvorsorge und BRÜHWILER. Die Übersicht über die Materie der Personalvorsorge ist durch die verschiedenen sich mit ihr befassenden Gesetze, Verordnungen und Reglemente mit derzeit über 400 Artikeln sehr erschwert, so dass der Ruf nach einer gesetzestechnisch sauberen und überblickbaren Lösung zu begrüssen ist (vgl. OR-REHBINDER, Vorbem. zu Art. 331–331c).

III. Begriff der Personalfür- oder-vorsorge

Zunächst fällt auf, dass der Gesetzgeber im Freizügigkeitsgesetz nunmehr einheitlich den   **6**
Begriff der **Personalvorsorge** verwendet und diesen gleichzeitig ins Arbeitsrecht eingeführt hat, so dass die Personalfürsorgestiftungen nun also begrifflich modernere Personalvorsorge betreiben. Personalfürsorgestiftungen unterscheiden sich von den übrigen
Stiftungen durch ihren **Destinatärkreis** und ihren **Zweck.** Destinatärseitig muss es sich
um **Personal,** d.h. um **Arbeitnehmer** oder deren **Angehörige** handeln. Zum Personal
können auch sog. **Aktionärsdirektoren** zählen, d.h. rechtlich in einem Anstellungs-
verhältnis stehende Personen, welche an der Arbeitgeberfirma kapitalmässig beteiligt
sind oder diese gar beherrschen. Demgegenüber gehören Inhaber von Einzelfirmen
und Teilhaber von Gesellschaften ohne eigene Rechtspersönlichkeit zivilrechtlich
nicht zum Personal bzw. zu den Arbeitnehmern (BK-Riemer, Die Stiftungen, syst. Teil
N 305). Sind solche oder andere nicht zum Personal zählende Personen wie Lieferanten,
Kunden etc. in eine Personalfürsorgestiftung mit einbezogen, was aufgrund der Stiftungsfreiheit ohne weiteres zulässig ist, liegt keine reine Personalfürsorge-, sondern eine
gemischte Stiftung vor. Nicht zum Personal zählende Destinatäre können sich nicht
auf die Schutzbestimmungen der Art. 89bis berufen. Hingegen kann ihnen der Stifter statutarisch eine vergleichbare Rechtsstellung einräumen (BK-Riemer, Die Stiftungen, syst.
Teil N 305).

Typischer **Zweck** einer Personalfürsorgestiftung ist das Erbringen von **vermögenswer-**   **7**
ten Leistungen bei bestimmten **Wechselfällen des Lebens,** insb. beim altersbedingten
Ausscheiden aus dem Erwerbsleben, bei Tod, Arbeitslosigkeit, Unfall, Invalidität, wirtschaftlicher Bedrängnis usw. (BK-Riemer, Die Stiftungen, syst. Teil N 298). Keine Personalvorsorge betreiben Stiftungen, welche lediglich zur voraussetzungslosen Deckung
des täglichen Lebensbedarfs oder gleichsam zur *«Verschönerung des Lebens»* beitragen
(BK-Riemer, Die Stiftungen, syst. Teil N 298 unter Hinweis auf die ratio legis, nämlich
den Schutz des Arbeitnehmers). Hingegen gelten die Betreuung von Arbeitnehmern in
Betriebskantinen, Aufenthalts- und Ruheräumen, das Führen eines Kranken- oder Er-
holungsheimes für bedürftige Betriebsangehörige etc. nach bundesgerichtlicher Rechtsprechung als anerkannte Vorsorgezwecke, welche allerdings beim Empfänger eine gewisse Notlage oder Bedrängnis voraussetzen (BGE 108 II 356 ff.). Der in der Praxis
angewandte Massstab ist im Allgemeinen nicht sehr streng und die Toleranz beträchtlich.
Jede Art von sozialer, körperlicher (Sportplätze etc.) und geistiger Fürsorge für die Arbeitnehmer (BGE 108 II 357) ist im Rahmen einer Personalfürsorgestiftung denkbar, was
jedoch nicht heisst, dass für die Verfolgung derartiger Zwecke die praktisch sehr wichtige
Steuerbefreiung erhältlich ist. Die Grenze der Personalvorsorge ist z.B. beim reinen Zurverfügungstellen von Ferienhäusern oder Ferienwohnungen an die Destinatäre einer Stiftung überschritten. In derartigen Fällen handelt es sich nicht mehr um Personalvorsorge,
sondern um Leistungen mit lohnähnlichem Charakter (BGE 108 II 357).

IV. Anwendungsbereich von Art. 89bis

Die in diesem Artikel enthaltenen Vorschriften gelten für alle Personalfürsorgestiftungen   **8**
zusätzlich zu den allgemeinen stiftungsrechtlichen Bestimmungen der Art. 80–89 und
Art. 52–59. Sie bezwecken in erster Linie eine **Verstärkung** der **Stellung** bzw. einen
zusätzlichen **Schutz** der **Destinatäre** (BBl 1956 II 833 f.). Sie sind relativ bzw. einseitig
zwingend, d.h. sie können nicht zu Ungunsten der Destinatäre abgeändert werden – auch
nicht mit deren Einverständnis (BK-Riemer, N 5).

V. Mitverwaltungsrechte (Abs. 2 f.)

1. Aufschlussrecht (Abs. 2)

9 Die Destinatäre jeder (BK-RIEMER, N 7), d.h. auch einer rein patronalen Personalfürsorgestiftung sind im Maximum einmal jährlich (BK-RIEMER, N 9) über die Organisation, die Tätigkeit und die Vermögensanlage **orientierungsberechtigt.** Der Aufschluss kann in Form eines Berichtes, eines Anschlages oder mündlich erfolgen. Inhaltlich umfasst er die Bekanntgabe der Stiftungsräte, der Bilanz sowie der Einnahmen- und Ausgabenrechnung nebst allen weiteren wichtigen Informationen wie die Anlagestrategie, die Zusammensetzung weiterer Organe wie die Revisionsstelle, die Risikoträgerform und ggf. die versicherungstechnischen Grundlagen (BK-RIEMER, N 7). Zudem ist den Destinatären mitzuteilen, ob ihnen **Rechtsansprüche** gegen die Stiftung zustehen und – im Falle von reinen Ermessensleistungen – worin die Leistungspraxis besteht, damit allfälligen Ungleichbehandlungen mittels Aufsichtsbeschwerde an die Aufsichtsbehörde begegnet werden kann. Das Aufschlussrecht geht *sehr weit* (BK-RIEMER, N 7 f. m.w.Nw.), erstreckt sich jedoch nicht auf die Bücher, Belege und Korrespondenzen, da aus diesen u.U. auch Geschäftsgeheimnisse wie z.B. Löhne ersichtlich sind. Es ist mittels gerichtlicher Klage oder Beschwerde an die Aufsichtsbehörde durchsetzbar und überdies strafrechtlich verstärkt (Art. 326^quater StGB).

2. Mitwirkung an der Verwaltung (Abs. 3)

10 Beitragsleistende **Arbeitnehmer** unter Ausschluss von weiteren Begünstigten, wie Pensionierte, Witwen von Arbeitnehmern etc., sind an der Verwaltung, d.h. am Stiftungsrat, nicht jedoch an weiteren Organen wie z.B. an der Revisionsstelle entsprechend ihren Beiträgen zu **beteiligen.** Die **Beteiligungsquote** der beitragsleistenden Arbeitnehmer im Stiftungsrat bemisst sich nach dem Verhältnis der Beitragsleistungen der Arbeitnehmer zu denjenigen der Arbeitgeber unter Einschluss von Anfangswidmungen (BK-RIEMER, N 12). Als Arbeitnehmervertreter qualifizieren grundsätzlich auch an der Arbeitgeberfirma beteiligte Personen, sofern hierdurch nicht im konkreten Fall die Schutzfunktion dieser Bestimmung unterlaufen wird, wogegen die Aufsichtsbehörde einschreiten kann (BK-RIEMER, N 11). Die Durchsetzung des Mitverwaltungsanspruches lässt sich entweder auf dem Beschwerdeweg an die Aufsichtsbehörde oder durch Klage an den Richter durchsetzen, es sei denn, der Mangel liege im Stiftungsstatut oder einem zugehörigen Reglement, gegen welche Art von Organisationsmangel einzig die Beschwerde an die Aufsichtsbehörde in Frage kommt (BK-RIEMER, N 15).

3. Wahlrecht (Abs. 3 Satz 2)

11 Die Arbeitnehmer sind **Wahlorgan** mit Kopfstimmrecht zur Bestimmung ihrer **Vertreter im Stiftungsrat.** Eine Delegation der Wahlbefugnis an die Arbeitgeber ist ebenso wenig zulässig wie ein Abberufungsrecht derselben. Aussenstehende, d.h. nicht zum Personal der Arbeitgeberfirma gehördende Personen sind nur wählbar, wenn dies *zufolge besonderer Verhältnisse aus triftigen Gründen* erforderlich ist (BK-RIEMER, N 18).

(Randziffern 12–15 entfallen)

VI. Klagerecht der Destinatäre

16 Die Begünstigten bzw. die Destinatäre einer Personalfürsorgestiftung haben ein Klagerecht, sofern sie selbst Beiträge entrichtet haben, oder sie ihren Leistungsanspruch aus Beiträgen eines verstorbenen Arbeitnehmers herleiten (BK-RIEMER, N 36). Der Umfang der Leistungsklage bemisst sich heute – vorbehältlich weiter gehender Ansprüche gemäss Stiftungsstatut oder Stiftungsreglement – nach Massgabe des Freizügigkeitsgesetzes (vorher nach Art. 331a–b OR), dessen Art. 27 übergangsrechtlich eine Anwendung des neuen Rechtes für alle Austritte nach dem 1.1.1995 vorsieht. Die Zulässigkeit von Feststellungs- und Gestaltungsklagen beurteilt sich nach den anwendbaren allgemeinen prozessrechtlichen Bestimmungen, während die Zulässigkeit von Schiedsgerichten umstritten ist (BK-RIEMER, N 42). Anstelle einer Klage können die Betroffenen eine Aufsichtsbeschwerde oder eine Anzeige an die Aufsichtsbehörde anstrengen (BK-RIEMER, N 35 und Art. 84 N 141).

VII. Verweis auf BVG-rechtliche Bestimmungen (Abs. 6)

Mit dem per 1.1.1985 in Kraft getretenen BVG wurde Art. 89bis ein inzwischen mehrmals revidierter sechster Absatz beigefügt, wonach für auf dem Gebiet der Alters-, Hinterlassenen- und Invalidenvorsorge tätige Personalfürsorgestiftungen verschiedene Bestimmungen des BVG über die Verantwortlichkeit, Kontrolle (Revision), Sicherheitsfonds, Vermögensanlage, Aufsicht und Rechtspflege zur Anwendung kommen. Die praktische Bedeutung dieser Verweisung liegt im sog. überobligatorischen Bereich der nicht registrierten Personalfürsorgestiftungen, da für die registrierten Vorsorgeeinrichtungen das BVG gemäss dessen Art. 49 Abs. 2 ohnehin und direkt zur Anwendung gelangt (BGE 112 V 358). Der Verweis greift immer dann, wenn es um eine nicht registrierte Vorsorgeeinrichtung geht, welche in die Rechtsform der Stiftung gekleidet und im Gebiet der beruflichen Vorsorge im engeren Sinne tätig ist, somit ausserobligatorisch die Risiken Alter, Tod oder Invalidität versichert (BGE 117 V 216; 116 V 220; 115 V 247; 114 V 104; 112 V 358). In zeitlicher Hinsicht gilt er ausschliesslich für nach dem 31.12.1984 entstandene Vorsorgeansprüche (BGE 112 V 360 ff.). Für die Rechtspflege ist dadurch eine grundlegend neue Zuständigkeits- und Verfahrensordnung entstanden, welche insb. *durch einen Wechsel vom Zivilprozess zum Sozialversicherungsprozess gekennzeichnet ist* (BGE 112 V 360 f.).

Zweiter Teil: Das Familienrecht

Erste Abteilung: Das Eherecht

Dritter Titel: Die Eheschliessung

Erster Abschnitt: Das Verlöbnis

Art. 90

A. Verlobung

[1] **Das Verlöbnis wird durch das Eheversprechen begründet.**

[2] **Unmündige oder Entmündigte werden ohne Zustimmung des gesetzlichen Vertreters durch ihre Verlobung nicht verpflichtet.**

[3] **Aus dem Verlöbnis entsteht kein klagbarer Anspruch auf Eingehung der Ehe.**

A. Contrat de fiançailles

[1] Les fiançailles se forment par la promesse de mariage.

[2] Elles n'obligent le fiancé mineur ou interdit que si son représentant légal y a consenti.

[3] La loi n'accorde pas d'action pour contraindre au mariage le fiancé qui s'y refuse.

A. Promessa nuziale

[1] Il fidanzamento è costituito dalla promessa nuziale.

[2] I minorenni e gli interdetti non sono vincolati da una promessa nuziale fatta senza il consenso del loro rappresentante legale.

[3] Il fidanzamento non dà azione per la celebrazione del matrimonio.

Literatur

Schweiz: CURTI-FORRER, Schweizerisches Zivilgesetzbuch mit Erläuterungen, 1911; HOMBERGER, Das Schweizerische Zivilgesetzbuch, 2. Aufl. 1942; HUWILER, Aequitas und bona fides, in: SCHMIDLIN, Vers un droit privé européen commun? – Skizzen zum gemeineuropäischen Privatrecht, Beiheft 16 zur ZSR 1994; KELLER, Lehrbuch des Eherechts, 1973; KOLLER, Der gute und der böse Glaube im allgemeinen Schuldrecht, 1985; KRAMER, Juristische Methodenlehre, 2. Aufl., Bern 2005; KUMMER, Grundriss des Zivilprozessrechts, 4. Aufl., Bern 1984; LEUENBERGER, Das Verlöbnis im schweizerischen Recht, Diss. Bern 1908; MONTANARI, Verlobung und Verlöbnisbruch, Diss. Bern 1974; ROGGWILER, Der «wichtige Grund» und seine Anwendung in ZGB und OR, Diss. Zürich 1958, zugleich erschienen in: Zürcher Beiträge zur Rechtswissenschaft, neue Folge, Heft 208, Aarau 1958; ROSSEL/MENTHA, Manuel du droit civil suisse, tome premier, 2ème édition 1922; SIEGWART, Die zweckwidrige Verwendung von Rechtsinstituten, 1936; UNGRICHT, Das Recht der Verlobten, Diss. Zürich 1930; VON TUHR, Allgemeiner Teil des schweizerischen Obligationenrechts, 2 Halbbände, 1924/25 (zit. VON TUHR, AT).

Ausländische und rechtshistorische Literatur: CANARIS, Das Verlöbnis als «gesetzliches» Rechtsverhältnis, AcP 165 (1965) 1 ff. (zit. CANARIS, Verlöbnis); DERS., Die Feststellung von Lücken im Gesetz, 2. Aufl. 1983 (zit. CANARIS, Lücken); DÖLLE, Familienrecht, Bd. I, 1964; ENNECCERUS-WOLFF, Lehrbuch des Bürgerlichen Rechts, IV. Bd.: Das Familienrecht, 7. Aufl. 1931; GERNHUBER/

COESTER-WALTJEN, Lehrbuch des Familienrechts, 4. Aufl. 1994; KASER, Das römische Privatrecht, 2. Aufl. 1971; OERTMANN, Die Rechtsbedingung (condicio iuris), 1924; REICHEL, Höchstpersönliche Rechtsgeschäfte, 1931; STUTZ, Die Rechtsnatur des Verlöbnisses nach deutschem bürgerlichem Recht, 1900; THÖNISSEN, Grundfragen des Verlöbnisrechts, 1964; WACKE, Münchener Kommentar zum Bürgerlichen Gesetzbuch, Bd. 7, Familienrecht I, 4. Aufl. 2000 (zit. MK-WACKE); WINDSCHEID/KIPP, Lehrbuch des Pandektenrechts, 3 Bde., 9. Aufl. 1936; ZIHLMANN, Der Verlöbnisbruch im modernen Recht, Diss. Zürich 1902.

Materialien

Protokoll der Expertenkommission ZGB (Sitzung vom 14.10.1901); Amtliches Stenographisches Bulletin der schweizerischen Bundesversammlung, Jahrgang XV, 1905 (zit. StenBull 1905); Bericht des Bundesrates an die Bundesversammlung, betreffend die Revision des Obligationenrechts (Nachtrag zur Botschaft vom 3.3.1905) (zit. Nachtrag 1905); Erläuterungen zum Vorentwurf des EJPD, 1. Bd., 2. Aufl. 1914 (zit. Erläuterungen I); Bericht mit Vorentwurf für eine Revision des ZGB, 1992 (zit. Bericht); Botschaft zum Bundesgesetz über die eingetragene Partnerschaft gleichgeschlechtlicher Paare vom 29.11.2002 (zit. Botschaft PartG).

I. Terminologie

1 Die Terminologie des Gesetzes ist nicht ganz schlüssig. Während der ganze 1. Abschnitt (Verlobung und Verlöbnis betreffend) mit «*Verlöbnis*» überschrieben ist, wird anschliessend in Art. 90 und Art. 91, insb. in den Marginalien, deutlich zwischen «*Verlobung*» und «*Verlöbnis*» unterschieden, wobei die Verlobung das gegenseitige Eheversprechen zwischen Mann und Frau darstellt (Art. 90), woraus dann das Verlöbnis als das entsprechende Rechtsverhältnis im Sinne einer vorehelichen Dauerverbindung mit besonderen Rechtswirkungen entsteht (MONTANARI, 32; BK-GÖTZ, Vorbem. zum Verlöbnis N 3). Nach dem Wortlaut des Gesetzes tritt also der Terminus «*Verlöbnis*» in einer **Doppelbedeutung** auf: Er meint sowohl den Verlobungsakt wie das entstandene Rechtsverhältnis (MONTANARI, 32; WERRO, N 164); ebenso im BGB (GERNHUBER/COESTER-WALTJEN, 65; MK-WACKE, § 1297 BGB N 3).

2 Insoweit wäre also von einem «Verlöbnis i.w.S.» auszugehen, welches die «Verlobung» und das «Verlöbnis i.e.S.» umfasst. Indessen wurde in Übereinstimmung mit dem Wortlaut und dem Norminhalt der Art. 90 und 91 die Terminologie gebräuchlich, welche (zu Recht) verkürzend von **Verlobung als** dem **Rechtsgeschäft** und dem **Verlöbnis als dem daraus entstehenden Rechtsverhältnis** spricht (h.L., TUOR/SCHNYDER/SCHMID/RUMO-JUNGO, 174).

II. Begriffe

1. Verlobung

3 Anders als die deutsche Doktrin (zur Theorienvielfalt MK-WACKE, § 1297 N 4) geht die herrschende schweizerische Lehre von der sog. **Vertragstheorie** aus. Demnach ist die Verlobung ein zweiseitiges Rechtsgeschäft (Vertrag) zweier Personen verschiedenen Geschlechts mit dem Inhalt des gegenseitigen Eheversprechens (BGE 114 II 146). Diese Meinung findet auch durchaus ihre Stütze im Text, spricht doch der frz. Text vom «*contrat de fiançailles*» (Marginalie zu Art. 90). Dabei handelt es sich um den **Hauptvertrag** und nicht um einen blossen Vorvertrag (h.L., WERRO, N 166). Der unmittelbare **Inhalt des Vertrages** ist darauf gerichtet, in Zukunft die Ehe einzugehen, freilich im

Sinne der unvollkommenen Verbindlichkeit, weil die Hauptleistungspflicht zwar nicht durchsetzbar ist (Art. 90 Abs. 3), im Falle der Nichterfüllung aber die vertragliche Grundlage für Ersatzansprüche bildet (VON TUHR/PETER, 36).

Auf die Verlobung als zivilrechtlichen Vertrag sind die **allgemeinen Bestimmungen** 4 **des OR** anwendbar (Art. 7; BK-GÖTZ, aArt. 90 N 8; ZK-EGGER, aArt. 90 N 8; BK-FRIEDRICH, Art. 7 N 44), und zwar auf dem Wege der analogen Anwendung (BK-FRIEDRICH, Art. 7 N 51), d.h. unter Berücksichtigung der Besonderheit der Verlobung. Entgegen dem Wortlaut des Art. 7 sind mit dieser sinngemässen Anwendung sämtliche Bestimmungen des Allgemeinen Teiles des OR gemeint (h.L., BK-FRIEDRICH, Art. 7 N 35 ff., insb. N 37).

Daher kann die Frage offen bleiben, ob es sich bei der Verlobung um einen **familien-** 5 **rechtlichen** oder allenfalls einen **schuldrechtlichen** Vertrag – mit der Hauptverpflichtung auf ein Tun (Eingehung der Ehe) – handle oder ob von einem **gemischten Vertrag** auszugehen sei (Theorienübersicht bei MONTANARI, 30 f.).

Nach der hier vertretenen Ansicht handelt es sich beim Verlöbnis freilich um ein **schuld-** 6 **rechtliches Rechtsverhältnis** *(obligatio),* mit der Verpflichtungslage *(debitum)* auf ein Tun *(facere),* nämlich auf die Vornahme der zur Eheschliessung notwendigen (Rechts-) Handlungen. Mitgeschuldet sind aufgrund des Art. 2 Abs. 1, welcher ausweislich der Marginalie *(«Inhalt der Rechtsverhältnisse»)* sämtliche Rechtsverhältnisse inhaltlich mitbestimmt (ZK-JÄGGI/GAUCH, Art. 18 OR N 419), zudem auch alle nach Treu und Glauben gebotenen, der Förderung des Geschäftszweckes dienenden Nebenpflichten (Tun wie auch Nicht-Tun; BK-KRAMER, Allgemeine Einleitung in das schweizerische OR (vor Art. 1 OR) N 96).

Weil das Verlöbnis durch das Rechtsgeschäft der Verlobung, also konsensual zustande 7 kommt, liegt ein **vertragliches** und nicht etwa ein gesetzliches **Schuldverhältnis** vor (dies zu CANARIS, Verlöbnis, 10 ff.). Hat folglich eine Partei infolge ungerechtfertigten Verlöbnisbruches für einen entstandenen Schaden einzustehen (Art. 92), handelt es sich um eine vertragliche Haftungslage, begründet durch die Nichterfüllung einverständlich und gegenseitig begründeter Verpflichtungen (u. Art. 92 N 1 ff.; für die Annahme eines gesetzlichen Schuldverhältnisses und der daraus folgenden Vertrauenshaftung (so CANARIS, Verlöbnis, 11 f.) besteht nach der Auffassung des schweizerischen Gesetzgebers kein Anlass.

Damit ist freilich ohne weiteres vereinbar, dass die entstandenen Verpflichtungen realiter 8 nicht durchsetzbar sind (Abs. 3). Der Verlöbnisinhalt besteht zwar in einem Sollen *(debitum)* und verkörpert somit eine Forderung *(obligatio)* auf reale Erfüllung, ohne dass aber jemals ein Anspruch *(actio)* auf Durchsetzung und mit Vollstreckung in den (primär) geschuldeten Obligationsinhalt entstünde. Folgerichtig definiert der schweizerische Gesetzgeber das Verlöbnis als *«unvollkommene Verbindlichkeit»,* welche *«mit Rücksicht auf die Eheschliessungsfreiheit»* keinesfalls einen *«Erfüllungsanspruch»* zu begründen in der Lage sei (Botschaft Revision Scheidungsrecht, 59, Ziff. 221.1; gl.M. VON TUHR/PETER, 36). Damit wird die traditionelle romanistisch-gemeinrechtliche Figur der *«obligatio naturalis»,* einer **erfüllbaren, aber nicht mittels Anspruchs durchsetzbaren Obligation** (zum Begriff VON TUHR/PETER, 32 ff. m.Nachw.) zu Recht auf das Verlöbnis angewendet (**a.A.,** freilich nicht haltbar HEITZ, Die unvollkommene Obligation im schweizerischen Recht, Diss. Bern 1940, 103 ff.). Auf diese Weise wird das Verlöbnis dem System vertraglich begründeter Schuldverhältnisse eingegliedert, deren Verletzung unter den je einschlägigen Voraussetzungen (Art. 92) zur Haftung mittels sekundärer Leistung *(«Beitragspflicht»),* will sagen zur vertraglichen Schadenersatzverpflichtung führt (die von HEITZ a.a.O., 104 vorgeschlagene ausservertragliche Haftung ist verfehlt).

2. Das Verlöbnis

9 Unter dem Verlöbnis versteht die h.L. das aus der Verlobung resultierende Rechtsverhältnis zwischen den zwei Partnern verschiedenen Geschlechts (TUOR/SCHNYDER/SCHMID/
RUMO-JUNGO, 174). Dieses besteht so lange, als der **Dauerkonsens** aufrecht bleibt und
ist insofern der *societas* des klassischen römischen Rechts (KASER, § 133 II und IV) und
teilweise auch der einfachen Gesellschaft des OR (Art. 530 ff.) vergleichbar. Denn das
Verlöbnis kommt durch einen formfreien Konsens zustande, die Ehe eingehen zu wollen
und lässt eine Interessengemeinschaft auf dieses Ziel hin entstehen, mit den Hauptleis-
tungspflichten des Eheschlusses (freilich unklagbar!; vgl. o. N 3) sowie den entsprechenden (unselbständigen) Nebenpflichten (Treue- und Verhaltenspflichten). Wird der Konsens infolge der (formfreien) Willensäusserung seitens mindestens einer Partei nicht
mehr aufrechterhalten, verwandelt sich das Verlöbnis durch diese Rücktrittserklärung in
ein Liquidationsverhältnis im Sinne der Art. 91 und 92. Damit wird der Rechtsnatur des
Verlöbnisses Rechnung getragen. Denn als ausschliesslich persönlich verfasstes *Nahe-
und Treueverhältnis zwecks Vorbereitung der Ehe* kann es notwendigerweise nur so lange
existent sein, als der entsprechende Wille der Beteiligten vorhanden ist; dies in typen-
bedingter Abweichung von der einfachen Gesellschaft. Zwar ist auch diese auf die Persönlichkeit der Gesellschafter gestellt (vgl. etwa Art. 545 Abs. 1 Ziff. 2 OR), jedoch als
Interessenvergemeinschaftung mit vermögensmässigem Zweck nicht ausschliesslich von
deren Willenslage abhängig. So besteht die Gesellschaft etwa während der Dauer der
Kündigungsfrist noch sechs Monate von Gesetzes wegen weiter (Art. 546 Abs. 1 OR).

9a Das gegenseitige Versprechen zweier gleichgeschlechtlicher Personen künftig eine **eingetragene Partnerschaft** miteinander einzugehen, stellt **kein Verlöbnis** im Sinne der
Art. 90 ff. ZGB dar (so ausdrücklich Botschaft PartG 1.7.1: *«nicht vorgesehen»*). Die
Nichterwähnung des Verlöbnisses im PartG bedeutet mithin ein qualifiziertes Schweigen
des Gesetzes (BK-MEIER-HAYOZ Art. 1 ZGB N 255). (Das Bundesgesetz über die eingetragene Partnerschaft gleichgeschlechtlicher Paare [PartG] vom 18.6.2004 wurde vom
Bundesrat auf den 1.1.2007 in Kraft gesetzt.)

III. Das Zustandekommen der Verlobung

10 Die Verlobung ist ein **formfreier Vertrag**, welcher durch die auf irgendeine Weise geäusserte gegenseitige Erklärung, mit dem Partner die Ehe eingehen zu wollen, zustande
kommt. Insoweit lässt sie sich als Konsensualvertrag qualifizieren (TUOR/SCHNYDER/
SCHMID/RUMO-JUNGO, 175). Da auf die Verlobung die allgemeinen Vorschriften des
OR analog anwendbar sind (Art. 7; vgl. o. N 4), kommt sie nach den Regeln des Vertrauensprinzips beim Vertragsabschluss zustande (Art. 1 OR i.V.m. Art. 2 Abs. 1; dazu
BK-KRAMER, Art. 1 OR N 41 a.E.). Mithin ist nicht nur jede ausdrückliche, sondern auch
jede konkludente Willensäusserung, d.h. ein **schlüssiges Verhalten, welches unter den
konkreten Umständen nach Treu und Glauben als Eheversprechen verstanden werden durfte und musste** (BGE 83 II 490; BGE 114 II 146), eine Offerte zur Eingehung
eines Verlöbnisses. Das Akzept ist nach denselben Regeln ausdrücklich oder konkludent
möglich. (BK-GMÜR, aArt. 90 N 2 f.; ZK-EGGER, aArt. 90 N 10; HEGNAUER/BREIT-
SCHMID, N 3.04; zum Vertrauensprinzip beim Vertragsabschluss allgemein: BK-KRAMER,
Art. 1 OR N 101 ff. und 132 ff.).

11 Der Konsens der Parteien muss auf den Eheschluss gerichtet sein. Nicht ausreichend ist
der gegenseitige Wille, miteinander eine Lebensgemeinschaft einzugehen (so bereits ZK-
EGGER, aArt. 90 N 12; HEGNAUER/BREITSCHMID, N 3.04), sondern es bedarf der beidseitigen Absicht, eine **eheliche Gemeinschaft** zu begründen (WERRO, N 178 ff.).

Schlüssige Handlungen können sein: Der Austausch von Ringen, die als Verlobungs-　**12**
ringe ausgezeichnet sind; gegenseitige Einführung in den Bekanntenkreis als Braut und
Bräutigam; Annahme eines Geschenkes, welches dem Partner als *«dem zukünftigen Gatten»* zugewendet wird; Miete einer Wohnung als künftige eheliche Wohnung sowie die
Feier ortsüblich mit der Verlobung verbundener Bräuche (WERRO, N 179). Auf alle Fälle
kommt die Verlobung spätestens mit dem Gesuch um Durchführung des Vorbereitungsverfahrens im Sinne von Art. 98 zustande.

Die **Beweislast** für die zustande gekommene Verlobung liegt bei demjenigen Partner, der　**13**
aus dem aufgelösten Verlöbnis dem anderen gegenüber Rechte geltend macht (Art. 8).
Beweisthema ist der ausdrücklich oder konkludent zustande gekommene Konsens, die
Ehe eingehen zu wollen (zum Zeitpunkt BGE 83 II 489 f.). Zugelassen sind alle tauglichen Beweismittel wie etwa Schriftstücke (Briefe!), zwecks Ehevorbereitung vorgenommene Handlungen der Beteiligten oder die Wahrnehmungen Dritter (vgl. BK-
KUMMER, Art. 8 N 233 ff.). An den Beweis des Konsenses sind hohe Anforderungen zu
stellen (Botschaft Revision Scheidungsrecht, 58, Ziff. 221.1).

IV. Gültigkeitsvoraussetzungen

Als *Vertrag* untersteht die Verlobung den **allgemeinen Regeln** über die Rechtsgeschäfte　**14**
und Verträge, soweit das Gesetz nicht Ausnahmen vorsieht (BK-GÖTZ, aArt. 90 N 8; ZK-
EGGER, aArt. 90 N 8, und o. N 4).

Der Abschluss der Verlobung ist **Ausübung eines höchstpersönlichen Rechtsgeschäftes**　**15**
und kann also ausschliesslich durch die Parteien selbst geschehen (ZK-EGGER, aArt. 90
N 17; BK-BUCHER, Art. 12 N 133). **Mündigkeit ist nicht vorausgesetzt, es genügt Urteilsfähigkeit** (BK-GÖTZ, aArt. 90 N 10). Die Parteien müssen in der Lage sein, Sinn
und Bedeutung von Ehe und Eheversprechen vernünftig beurteilen zu können (ZK-
Egger, aArt. 90 N 17), resp. sich über diesen wichtigen Schritt und seine Folgen ein
sachgerechtes Urteil zu bilden (BK-GÖTZ, aArt. 90 N 10).

Die **Urteilsfähigkeit des Unmündigen** kann frühestens mit dem Eintritt der Ge-　**16**
schlechtsreife (Pubertät) angenommen werden (BK-GÖTZ, aArt. 90 N 10; WERRO,
N 174; LEUENBERGER, 235). Unter dem vormaligen Mündigkeitsalter von 20 Jahren
(aArt. 14) hatte die h.L. angenommen, dass die Urteilsfähigkeit für den Abschluss einer
Verlobung bereits vor diesem Zeitpunkt eintreten könne (BK-GÖTZ, aArt. 90 N 10).
Nachdem nun der revidierte Art. 14 den Eintritt der Mündigkeit auf das vollendete 18.
Altersjahr herabgesetzt und damit der Ehemündigkeit (Art. 94 Abs. 1) angeglichen hat,
wird man mit TUOR/SCHNYDER/SCHMID/RUMO-JUNGO (175) von der vorhandenen Urteilsfähigkeit dann ausgehen dürfen, wenn das Alter der betreffenden Partei nur unwesentlich unter dem 18. Altersjahr liegt.

Die **Anforderungen** an die **Urteilsfähigkeit** dürfen angesichts des Umstandes, dass die　**17**
Verlobung der Eheschliessung zwingend vorauszugehen hat (vgl. N 12), keinesfalls
strenger sein als diejenigen, welche nach Art. 94 Abs. 1 für den Eheschluss gelten. Die
vom BGer noch zum vormaligen Art. 97 aufgestellten Grundsätze (zuletzt in BGE 109 II
273) gelten folglich auch für die Verlobung (vgl. Botschaft Revision Scheidungsrecht,
62 f., Ziff. 222.2). Im zitierten Entscheid bejahte das BGer die Urteilsfähigkeit einer
Schwachsinnigen mittleren Grades, die den Anforderungen der ersten Klasse der Primar-
schule kaum gewachsen wäre und höchstens denjenigen des Kindergartens genügen
würde (a.a.O., E. 2; zur Anforderung an die Urteilsfähigkeit im Zusammenhang von Verlobung und Eheschliessung auch: BK-BUCHER, Art. 16 N 106). Entgegen BK-GÖTZ,
aArt. 90 N 19, stellt vorübergehende Urteilsunfähigkeit keinen blossen Anfechtungs-

grund dar. Die Urteilsfähigkeit im Zeitpunkt des Vertragsabschlusses ist vielmehr unabdingbares Gültigkeitserfordernis der rechtswirksamen Verlobung (vgl. MONTANARI, 22). Zur Verlobung **unmündiger** oder **entmündigter** urteilsfähiger Personen s. sogleich (N 18 ff.).

18 Nach den allgemeinen Regeln des Personenrechtes hätte die Verlobung eines urteilsfähigen Unmündigen oder Entmündigten wegen ihrer Höchstpersönlichkeit die volle Wirksamkeit des Geschäftes zur Folge (Art. 19 Abs. 2). Die **lex specialis** des Art. 90 Abs. 2 schränkt jene lex generalis jedoch ein und macht die Entstehung der aus dem Verlöbnis sich ergebenden Verpflichtungen eines Verlobten von der **Zustimmung des gesetzlichen Vertreters** abhängig (für die Eltern gemäss Art. 296, 304 und 385 Abs. 3; für den Vormund gemäss Art. 410; für einen allfälligen Beistand gemäss Art. 392). Folge der erklärten Zustimmung ist die Rechtswirksamkeit der Verpflichtungen aus dem Verlöbnis **zulasten des urteilsfähigen unmündigen oder entmündigten Partners.**

19 Ohne bzw. vor der Zustimmung durch den gesetzlichen Vertreter lässt Art. 90 Abs. 2 ein **hinkendes Rechtsgeschäft** *(negotium claudicans)* entstehen (zum Begriff WINDSCHEID/ KIPP, Pandekten II, § 321, insb. Anm. 23; WERRO, N 177). Damit ist das Verlöbnis mit allen Berechtigungen und Verpflichtungen auf der Seite des geschäftsfähigen Partners entstanden, während der beschränkt handlungsunfähige Teil zwar ebenfalls alle Berechtigungen aus der Verlobung erworben hat, ohne freilich in irgendeiner Weise vorerst daraus verpflichtet zu sein. Die Entstehung von Verpflichtungen auf seiner Seite ist genehmigungsbedürftig (h.L., ZK-EGGER, aArt. 90 N 18; BK-GMÜR, aArt. 90 N 11 ff.; BK-GÖTZ, aArt. 90 N 10 ff.).

20 Die Konstruktion der Verlobung eines Unmündigen oder Entmündigten als hinkendes Rechtsgeschäft verdankt ihren Ursprung dem Willen des historischen Gesetzgebers, dem beschränkt handlungsunfähigen Partner die Rechte aus dem Verlöbnis auch dann zu gewähren, wenn der gesetzliche Vertreter die Genehmigung verweigert. Nachdem Art. 110 Abs. 2 VE 1900 die Rechtswirkungen der Verlobung eines urteilsfähigen Unmündigen oder Entmündigten integral von der Genehmigung abhängig machte, entschied sich die Expertenkommission für die in Art. 90 Abs. 2 vorliegende Lösung. **Ratio legis** war der **Schutz des nicht mündigen Verlobten,** insb. das Interesse der Braut auf die Zusprechung eines Brautkindes mit Standesfolge an den Vater (aArt. 323 ZGB 1907; vgl. Protokoll der Expertenkommission ZGB, ad Art. 110 VE). Wiewohl eine ganze Reihe der damals für die Fassung des Art. 90 Abs. 2 massgebenden, für den Verlobten rechtsbegründenden Normen anlässlich der Revision des Kindesrechtes (1976) völlig umgestaltet oder beseitigt worden sind (aArt. 260, 318, 323 ZGB), besteht kein Anlass, vom klaren Willen des Gesetzgebers abzuweichen, welcher insoweit auch durch die neueste Gesetzesrevision keine Änderung erfuhr (Botschaft Revision Scheidungsrecht, 59, Ziff. 221.11).

21 Die Zustimmung ist von den Eltern (Art. 296, 304, 385 Abs. 3) oder vom Vormund (Art. 410) zu erteilen. Im Falle der Verweigerung durch die Eltern steht ein **Rechtsmittel** gegen diese nicht zur Verfügung (ultima ratio – in unserem Falle kaum praktisch – wäre die Entziehung der elterlichen Gewalt und die Bestellung eines Vormundes [BK-GÖTZ, aArt. 90 N 12]); gegen die Verweigerung der Zustimmung durch den Vormund stünde die Beschwerde an die Vormundschaftsbehörde offen (Art. 420; BK-GMÜR, aArt. 90 N 12; BK-GÖTZ, aArt. 90 N 12). Weil Art. 90 Abs. 2 hinsichtlich der **Frist** schweigt, innerhalb welcher die Genehmigung zu erteilen oder zu verweigern ist, wird lückenfüllend **Art. 410 Abs. 2 analog** angewendet (h.L., statt vieler BK-GÖTZ, aArt. 90 N 12). Wird die Genehmigung ausdrücklich verweigert oder erfolgt sie nicht innerhalb der gesetzten Frist, wird der mündige Partner von seinen aus der Verlobung entstandenen Pflichten (Eingehung der Ehe, Treuepflicht usw.) frei. Die dem unmündigen bzw. entmündigten

Partner entstandenen Rechte (z.B. der Anspruch auf Rückerstattung der Verlobungsgeschenke gemäss Art. 91) bleiben freilich bestehen. Denn Art. 90 Abs. 2 verhindert ja gerade den Eintritt der Nichtigkeitsfolgen für den Fall nicht erteilter Genehmigung (anders, aber unzutreffend UNGRICHT, 53).

Die Verlobung ist ein Rechtsgeschäft absolut höchstpersönlicher Natur (REICHEL, 37 ff.; **22** BK-BUCHER, Art. 12 N 133) und mithin **stellvertretungsfeindlich** (ZK-EGGER, aArt. 90 N 9; BK-GÖTZ, aArt. 90 N 15). Verlobung mittels Boten wäre allerdings möglich, denn dieser übermittelt als Abschlussgehilfe lediglich einen fremden Willen, den er nicht einmal zu kennen braucht (VON TUHR/PETER, 349 f.).

Eheverbote sind auch Verlöbnisverbote, weil das Verlöbnis die notwendige Vorstufe (vgl. **23** N 12) der Ehe ist und damit logischerweise seinen Sinn einbüsst, falls der Übergang zur Ehe nicht vollziehbar wäre. Eine Verlobung ist daher rechtswidrig (Art. 20 OR i.V.m. Art. 7), wenn dem Eheschluss ein **dauerndes,** unüberwindliches **Ehehindernis** entgegensteht (h.L., ZK-EGGER, aArt. 90 N 13; BK-GÖTZ, aArt. 90 N 16). Ein dauerndes, nicht behebbares Ehehindernis stellt die **Verwandtschaft** in gerader Linie sowie zwischen Geschwistern und Halbgeschwistern (Art. 95 Abs. 1) dar. **Alle übrigen Ehehindernisse sind behebbar.** Unter dem Vorbehalt der guten Sitten darf im Falle des Verstosses gegen behebbare Ehehindernisse eine Verlobung im konkreten Falle als unter einer Suspensivbedingung (vgl. N 26 ff.) zustande gekommen angenommen werden.

Nach der h.L. ist das **Eheversprechen eines** de iure **(noch) verheirateten Partners** **24** wegen Verstosses gegen die guten Sitten **nichtig** (Art. 20 OR i.V.m. Art. 7; ZK-EGGER, aArt. 90 N 14; BK-GMÜR, aArt. 90 N 7a; BK-GÖTZ, aArt. 90 N 16; HEGNAUER/BREITSCHMID, N 3.06). Vereinzelt wurden Lockerungen gefordert, etwa für den gutgläubigen Versprechensempfänger, welcher von der bestehenden Ehe des Partners weder Kenntnis hat noch haben kann (ZK-EGGER, aArt. 90 N 15) sowie für das Eheversprechen eines noch Verheirateten, der aber das Scheidungsverfahren bereits eingeleitet hat (BK-GÖTZ, aArt. 90 N 16). Solche Konzessionen sind indes abzulehnen, weil die Nichtigkeit absolut ist und gegenüber jedermann wirkt (VON TUHR/PETER, 226). Zudem fehlt im Verlöbnisrecht die von Art. 3 Abs. 1 vorausgesetzte Einzelvorschrift (BK-JÄGGI, Art. 3 N 12 und 63 ff.), welche den Gutglaubensschutz konkret vorsähe, so dass dieser nicht greift, die Verlobung folglich nichtig bleibt und kein Verlöbnis zustande bringt (BK-JÄGGI, Art. 3 N 69). Nicht zutreffend ist jene Lehre und Praxis, wonach trotz Nichtigkeit dem gutgläubigen Versprechensempfänger ein Anspruch nach Art. 92 zustehe (SemJud 1917, 104; ZK-EGGER, aArt. 90 N 15; BK-GMÜR, aArt. 90 N 7a; kritisch zu Recht BK-GÖTZ, aArt. 90 N 17). Vielmehr ist diesfalls eine Haftung wegen culpa in contrahendo gegeben, was dann zum Schadenersatz in der Höhe des negativen Interesses führt (Lückenfüllende, analoge – deswegen kein positives Interesse – Anwendung des Art. 97 Abs. 1 OR wegen Verletzung der aus Art. 2 Abs. 1 sich ergebenden Aufklärungspflicht aufgrund einer rechtlichen Sonderverbindung; im Ergebnis – freilich nur im Ergebnis – gl.M. BK-GÖTZ, aArt. 90 N 17; zur culpa in contrahendo auch u. N 27). Genugtuung sowie die Rückstattung der Geschenke wären, gestützt auf Art. 7, in analoger Anwendung des Art. 49 OR (Genugtuung) sowie Art. 62 OR (Rückforderung der Geschenke) zu beanspruchen.

Keinen Ungültigkeitsgrund für eine weitere Verlobung stellt das bereits **bestehende Ver** **25** **löbnis** (Doppelverlöbnis) dar. Die ältere Doktrin (LEUENBERGER, 236; ZK-EGGER, 1. Aufl., aArt. 90 N 3d) nahm freilich noch Sittenwidrigkeit und damit Nichtigkeit an. Demgegenüber geht die neuere Lehre (MONTANARI, 44 ff. und wohl auch HEGNAUER/ BREITSCHMID, 3. Aufl. [1993] N 3.10) von der Rechtswirksamkeit beider Verlöbnisse aus. Dem ist zuzustimmen, weil die Verlobung den Status der Verlobten unberührt lässt, woraus folgt, dass jedes der eingegangenen Verlöbnisse alternativ durch Abschluss der

Ehe erfüllbar ist. Hinsichtlich des nicht erfüllten liegt ein Verlöbnisbruch ohne wichtigen Grund – mit den entsprechenden Rechtsfolgen (Art. 91 f.) – vor. Gleichzeitig vermitteln mehrfache Verlöbnisse jedem Partner, der im Moment des Abschlusses seiner Verlobung von vorbestehenden weiteren Verlöbnissen des anderen nicht unterrichtet war, ein Rücktrittsrecht aus wichtigem Grunde. Die neuerdings von HEGNAUER/BREITSCHMID (4. Aufl. [2000] N 3.06) vertretene Lehre, wonach das zweite Verlöbnis eo ipso den Rücktritt vom ersten bedeute, ist aus den genannten Gründen abzulehnen, denn beide Verlöbnisse stellen je ein erfüllbares Eheversprechen dar.

V. Bedingung und Befristung

26 Auf das Verlöbnis als zivilrechtlichen Vertrag sind die Bestimmungen des Allgemeinen Teiles des OR analog anwendbar (Art. 7; vgl. o. N 4). Obwohl die familienrechtlichen Rechtsgeschäfte überwiegend bedingungsfeindlich sind (VON TUHR/ESCHER, 261; GUHL/ KOLLER, § 9 N 8), lässt die h.L. – wenngleich bestritten – die Verlobung unter einer **Suspensivbedingung** zu (ZK-EGGER, aArt. 90 N 16; BK-GÖTZ, aArt. 90 N 14; TUOR/ SCHNYDER/SCHMID/RUMO-JUNGO, 176; WERRO, N 183; **a.A.** MONTANARI, 62 ff.; zur Resolutivbedingung u. N 28 ff.). Dies zu Recht, weil das Verlöbnis – anders als die Ehe – keine Statusänderung bewirkt und somit eine Rechtsschwebe verträgt (MK-WACKE, § 1297 BGB N 12). Damit ist die unter einer aufschiebenden Bedingung eingegangene Verlobung mit dem entsprechenden Konsens der Parteien gültig zustande gekommen, wird aber – für beide Parteien – erst mit Bedingungseintritt wirksam (vgl. VON TUHR/ ESCHER, 264; E. BUCHER, AT OR, 510). In der Zwischenzeit besteht der Schwebezustand. Erfüllt sich die Suspensivbedingung nicht, treten die Nichtigkeitsfolgen ex tunc ein, weil sich der durch die vereinbarte Bedingung erweiterte Tatbestand der Verlobung diesfalls nicht vollendet und somit die gewollten rechtsgeschäftlichen Wirkungen nicht herbeizuführen vermag (VON TUHR/PETER, 224 ff.).

27 **Art. 156 OR** kann – trotz der Gesamtverweisung des Art. 7, wonach die Normen des Allgemeinen Teiles des OR sinngemäss herangezogen werden (o. N 4) – **keine Anwendung** auf die suspensiv bedingte Verlobung finden, auf ein Geschäft, welches begriffsnotwendig auf einem (Dauer-)Konsens beruht und somit keinesfalls mittels Fiktion zustande kommen kann. Die treuwidrige Verhinderung des Bedingungseintrittes kann nach der Natur der Sache keine Verlobung entstehen lassen, weil sich in einem solchen Verhalten der Wille, kein Verlöbnis eingehen zu wollen, manifestiert. Allfällige vermögensmässige Beeinträchtigungen sind folglich über die im schweizerischen Zivilrecht anerkannte analoge Vertragshaftung wegen *culpa in contrahendo* (zu dieser Rechtsfigur BK-KRAMER, Allgemeine Einleitung in das schweizerische OR N 132 ff.) abzuwickeln (vgl. bereits o. N 24, und zwar bis zur Höhe des negativen Interesses.

28 Nach der (zutreffenden) h.L. kann die Verlobung auch unter einer kasuellen (vgl. u. N 30 f.) **Resolutivbedingung** abgeschlossen werden (CURTI-FORRER, aArt. 90 N 3; KELLER, 23; WERRO, N 183; UNGRICHT, 41; **a.M.** MONTANARI, 62 ff.).

29 Dies ergibt sich bereits aus der identischen Grundstruktur beider Bedingungsarten, die je nach dem sie konstituierenden Parteiwillen «vertauschbar» sind. Denn «durch eine Wendung ins Negative wird die Suspensivbedingung zur Resolutivbedingung und umgekehrt. Schon aus diesem Grund sollten an die Gegensatzbildung keine weitreichenden Folgen geknüpft werden» (so E. BUCHER, AT, 507 f.). **Ob die Verlobung suspensiv oder resolutiv bedingt sei, ist Auslegungsfrage** (MK-WACKE, § 1297 BGB N 12). Bei Eintritt der resolutiv wirkenden Bedingung werden die Wirkungen der Verlobung – das Rechtsverhältnis Verlöbnis – mit der Wirkung ex nunc (Art. 154 Abs. 2 OR i.V.m. Art. 7) beendet.

Mit dieser Aufhebung sind die allfälligen Ansprüche aus Art. 91 Abs. 1 und 2 entstanden. Nicht aber werden Forderungen aus Art. 92 begründet, da die Beendigung des Verlöbnisses durch Eintritt einer kasuellen Resolutivbedingung keinen Verlöbnisbruch darstellt.

Die **Suspensivbedingung,** unter welcher eine Verlobung eingegangen worden ist, kann **30** sowohl eine **kasuelle** (zufällige) als auch eine **potestative** (willkürliche) sein (zu den Begriffen von Tuhr/Escher, 257). Denn die spätere allfällige Wirksamkeit der Verlobung kann durchaus von einem Ereignis abhängen, welches nichts mit einer Handlung der beiden Parteien zu tun hat (kasuelle Bedingung), wie auch von einem künftigen Ereignis, welches im Tun oder gar in der Willenserklärung (Wollensbedingung: *«si voluero»;* vgl. von Tuhr/Escher, 257) eines der Kontrahenten besteht (potestative Bedingung).

Demgegenüber erscheint die **Resolutivbedingung als potestative nicht zulässig.** Denn **31** die jederzeitige, einseitige und bei der (reinen) Wollensbedingung *(«si voluero»)* inhaltlich völlig dem Erklärenden anheim gestellte Möglichkeit, das Verlöbnis wieder aufzulösen, ist mit dem Wesen dieses Rechtsverhältnisses und dessen Bewertung durch den Gesetzgeber nicht vereinbar. Nach der Auffassung des ZGB ist das Verlöbnis ein Vertrauensverhältnis (so ausdrücklich Botschaft Revision Scheidungsrecht, 60, 221.22) zwischen den Brautleuten zur Vorbereitung der künftigen Ehe und somit stellte die Geltendmachung auf die potestative Resolutivbedingung, gestützt auf Art. 154 OR i.V.m. Art. 7, einen Rechtsmissbrauch dar (ZK-Egger, Art. 2 N 38 ff.; Siegwart, 28 ff.; **a.A.** BK-Merz, Art. 2 N 93), und zwar wegen der Berufung auf den Wortlaut einer Norm, unter gleichzeitiger Verletzung des dieser inhärenten, vom Gesetzgeber gewollten Zwecks, d.h. ihrer sozialen Funktion. Rechtsmissbrauch ist mithin Normverstoss und zieht folglich die Nichtigkeit der entsprechenden, in rechtsgestaltender Absicht vollzogenen Akte nach sich (Huwiler, 74 ff., insb. 80 f.; Merz' Ablehnung, die Gesetzesumgehung als Rechtsmissbrauch zu qualifizieren, weil diesem *«ausschliesslich gebotsberichtigende Funktion»* zukomme [BK-Merz, Art. 2 N 93], ist angesichts der klaren, anders gerichteten Meinung des Gesetzgebers nicht zu halten: Huwiler, 65 ff., insb. 79 f.). Weil die potestative Resolutivbedingung wie jede vertragliche Vereinbarung den Inhalt des Rechtsgeschäfts mitbestimmt, ist im Falle der Nichtigkeit der Bedingung der gesamte, auf diese Weise festgelegte Tatbestand ex tunc, absolut und unheilbar wirkungslos. (Vgl. die Analogie in Art. 157 OR; dazu von Tuhr/Escher, 255, bes. auch Anm. 13). Mithin ist **die Verlobung als Rechtsgeschäft nichtig,** weil es hinsichtlich der Wirksamkeit des einmal zustande gekommenen Verlöbnisses (vgl. aber zur Suspensivbedingung o. N 26 und 30) am voraussetzungslos und unbedingt auf Dauer angelegten Willen zur Vorbereitung der Ehe gefehlt hatte.

Beim Verlöbnis unter **Zeitbestimmung** (Befristung) wird unterschieden zwischen Anfangstermin und Endtermin (Verlobung auf Zeit). Im Gegensatz zur Bedingung, deren **32** Eintritt ungewiss ist, tritt bei der Befristung der Termin sicher ein *(dies certus),* auch wenn er so beschaffen sein kann, dass sich im Voraus nicht sagen lässt, wann er eintritt *(dies incertus quando,* von Tuhr/Escher, 46). Damit ergibt sich eine gewisse Annäherung an die Bedingung (von Tuhr/Escher, 47).

Die h.L. erachtet die **Vereinbarung eines Anfangstermines** für den Eintritt der Wirkungen der Verlobung, d.h. für das Verlöbnis, als unbedenklich (BK-Gmür, aArt. 90 N 7c; **33** BK-Götz, aArt. 90 N 14; Tuor/Schnyder/Schmid/Rumo-Jungo, 176; Werro, N 183). Dies ist freilich unzutreffend, weil die Verlobung – definiert als der Konsens hinsichtlich des gegenseitig geäusserten, beidseitigen Ehewillens – kein Austausch-, sondern ein persönliches Nahe- und Vertrauensverhältnis begründet (vgl. o. N 31). Ein solches entsteht oder entsteht nicht, eine Terminierung **erscheint nach der Natur der Sache als ausge-**

schlossen (gl.M. Montanari, 68 f.). Denn sonst erklärten die Parteien ihren Konsens, miteinander die Ehe eingehen zu wollen (Verlobung), dergestalt, dass dieser erst zu einem späteren Zeitpunkt (Anfangstermin) zustande kommen soll (*«wir wollen uns heiraten, aber wir werden dies erst ab Weihnachten wollen»*). Mit der Unmöglichkeit des Anfangstermines ist freilich vereinbar, dass eine bedingte Verlobung grundsätzlich zulässig ist (vgl. o. N 26). Denn die Bedingung setzt ein künftiges, ungewisses Ereignis, welches inhaltliches Moment für den Willen zum Eheschluss ist und diesen vorderhand unwirksam sein lässt (Suspensivbedingung) oder aufgrund eines bestimmten Geschehnisses der Geltung beraubt (Resolutivbedingung). Die Bedingung macht also den für das Zustandekommen oder die Fortdauer des Rechtsverhältnisses konstitutiven Willen von einem für die Parteien wichtigen Umstand abhängig. Demgegenüber bringt die Befristung kein inhaltliches Element zur Geltung. Vielmehr ist die Vereinbarung sachlich festgelegt, soll aber erst zu einem späteren Zeitpunkt wirksam werden oder allenfalls nach einem bestimmten Zeitablauf wiederum ausser Kraft gesetzt sein. Durch die Befristung – gleichgültig ob Anfangs- oder Endtermin – wird also ein Rechtsverhältnis nicht inhaltlich-substanziell auf künftige Entwicklungen abgestimmt, sondern – als inhaltlich bereits festgelegtes – lediglich terminiert. Und dies ist bei einem auf die gegenseitige persönliche Einstellung aufgebauten Nahe- und Vertrauensverhältnis zwischen zwei Personen begrifflich ausgeschlossen (vgl. o. dieselbe Note am Anfang). Im Einzelfall kann es aber mitunter Auslegungsfrage sein, ob die Parteien wirklich einen Anfangstermin oder aber eine Bedingung zu vereinbaren beabsichtigten. Wollten die Parteien tatsächlich einen Anfangstermin für die Wirkungen der Verlobung setzen, fehlt es im Zeitpunkt des Abschlusses am gegenseitigen Ehewillen, so dass die Verlobung nicht zustande gekommen ist. Dem steht keineswegs entgegen, dass bei Eintritt des anvisierten Termins eine Verlobung durch konkludentes Verhalten, also aufgrund eines erst jetzt gegenseitig hergestellten Konsenses der Parteien entsteht (vgl. N 10).

34   Die Vereinbarung eines Endtermines ist für das Verlöbnis schlechterdings ausgeschlossen, denn eine solche lässt erkennen, dass die Parteien lediglich einen von vornherein vorübergehenden Ehewillen geäussert haben, was mit dem Begriff und dem Wesen der Verlobung und des Verlöbnisses unvereinbar ist (Dölle, 70). **Die mit einem Endtermin eingegangene Verlobung ist nichtig** (Montanari, 69). Auch diesfalls bleibt freilich eine Auslegung des vereinbarten Endtermines als Resolutivbedingung gegebenenfalls möglich.

VI. Die Beendigung des Verlöbnisses

1. Durch Zweckerreichung

35   Aufgehoben wird das Verlöbnis, wenn der ihm innewohnende Hauptzweck erreicht wird, indem die Partner miteinander die Ehe eingehen. **Mit der Trauung geht das Verlöbnis als Rechtsverhältnis infolge seiner Erfüllung unter.** Irgendwelche Ansprüche aus dem Verlöbnis bestehen nicht mehr.

2. Ohne Zweckerreichung

a) Durch Beendigung des Dauerkonsenses zwischen den Verlobten mittels Willenserklärung

aa) Durch einverständliche Aufhebung (contrarius consensus)

36   Wie bei allen konsensual zustande gekommenen Rechtsverhältnissen ist grundsätzlich auch hier die vertragliche Aufhebung formfrei möglich (*contrarius consensus;* entgegen

der häufig verwendeten Terminologie bedarf es wegen der Formfreiheit keines *contrarius actus*). **Die einverständliche Aufhebung ist h.L.** (statt vieler HEGNAUER/BREITSCHMID, N 3.09; WERRO, N 193). Damit entstehen grundsätzlich keine Nachwirkungen aus dem aufgehobenen Verlöbnis; bestehen bleiben allerdings die Ansprüche aus Art. 91 (Rückgabe der Geschenke) und Art. 92 (Beitragspflicht).

bb) Einseitige Aufhebung des Verlöbnisses: Der Rücktritt

Da es nach der Natur der Sache keinen Zwang zur Eingehung der Ehe geben kann und **37** somit der Grundsatz der jederzeit möglichen freien Entscheidung hinsichtlich des Eheschlusses zu gelten hat (HUBER, StenBull 1905, 490; BK-GMÜR, aArt. 91 N 4; BK-GÖTZ, aArt. 91 N 4; ZK-EGGER, aArt. 91 N 6), muss auch die jederzeitige einseitige Aufhebung des Verlöbnisses möglich sein. Dabei handelt es sich um die Erklärung des **Rücktritts,** als einer einseitigen, empfangsbedürftigen und formfreien rechtsgeschäftlichen Erklärung mit rechtsgestaltender Wirkung. Seitdem das BGer der Lehre gefolgt ist und als Folge des Rücktritts des Gläubigers im synallagmatischen Vertrag die Umwandlung *(Transformation)* des bisherigen Leistungsverhältnisses in ein Liquidationsverhältnis annimmt (BGE 114 II 157), sollte die Rücktrittserklärung nicht mehr wie vordem (VON TUHR/ESCHER, 168; GAUCH/SCHLUEP/SCHMID/REY, N 72) als aufhebendes, sondern als **änderndes Gestaltungsrecht** gedeutet werden. Denn gemäss der Transformationstheorie bringt der Rücktritt weder die einzelnen Obligationen noch das Schuldverhältnis zum Untergang, sondern formt sie um in vertragliche Ansprüche auf Rückerstattung des seit Vertragsschluss bereits Geleisteten. Er wirkt somit freilich nach wie vor *«ex tunc»* (zum Grundsatz VON TUHR/ESCHER, 169; wie hier auch GAUCH/SCHLUEP/SCHMID/REY, N 1571 f.), im Gegensatz etwa zu den Rückabwicklungsverhältnissen aufgrund der *«ex nunc»* wirkenden Kündigung, wo die während der Vertragsdauer ausgetauschten Leistungen unangetastet bleiben (dies zu WIEGAND, recht 1984, 13 f.).

Entsprechendes gilt auch für den **Rücktritt vom Verlöbnis.** Dieser wirkt als rechts- **38** änderndes Gestaltungsrecht, denn ein personalgeprägtes Nahe- und Vertrauensverhältnis lässt sich nicht ex tunc liquidieren, wohl aber in ein Rückabwicklungs- und Entschädigungsverhältnis transformieren, welches seinerseits alle einschlägigen Sachumstände seit Entstehung des Verlöbnisses – insofern *«ex tunc»* – berücksichtigt. Das Verlöbnis wird mithin als Verpflichtungslage nicht aufgehoben, aber an die Stelle seiner ursprünglichen Hauptleistungs- und Nebenpflichten treten die **Pflichten der Art. 91 und 92** (Rückgabe der Geschenke sowie Beitragspflicht). Dass der Gesetzgeber im Falle der einseitigen Erklärung, das Verlöbnis nicht mehr weiterführen zu wollen, von *«Auflösung»* (Art. 91 Abs. 1 und Art. 92) und nicht von *«Rücktritt»* spricht, ist unschädlich. Aus dem Wortlaut des Gesetzes lässt sich mithin nichts gegen den einzig zuständigen Begriff des *«Rücktritts»* ableiten (entsprechend denn auch die gebräuchliche Terminologie; BK-GÖTZ, aArt. 92 N 3; ZK-EGGER, aArt. 92 N 1; KELLER, 26; HEGNAUER/BREITSCHMID, N 3.09).

Aufgrund der vom Gesetz verwendeten Terminologie muss als Oberbegriff die **Auf- 39 lösung des Verlöbnisses** gesetzt werden. Unterbegriffe sind dann auf der ersten Ebene der **Rücktritt aus wichtigem Grunde** (gerechtfertigte Auflösung) gegenüber dem **Verlöbnisbruch** (ungerechtfertigte Auflösung). Der Begriff des Verlöbnisbruches umfasst die nachstehenden Tatbestände: (a) Rücktritt ohne wichtigen Grund; (b) Rücktritt aus einem wichtigen Grund, den der Zurücktretende selbst gesetzt hat; (c) Setzung eines wichtigen Grundes für den Rücktritt des Partners (sehr klar KELLER, 26).

Weil das Eheversprechen nur freiwillig erfüllt werden kann, muss zwangsläufig ein **40** jederzeitiger Rücktritt als rechtsänderndes Gestaltungsrecht möglich sein (ZK-EGGER, aArt. 92 N 6). **Das Vorliegen eines wichtigen Grundes** bzw. dessen Fehlen, **ist** mithin

keineswegs Voraussetzung für die Wirksamkeit des Rücktritts, wohl aber für die weiteren Folgen der Aufhebung des Eheversprechens. Denn ein Beitrag, gestützt auf Art. 92, ist demjenigen versagt, der einen Verlöbnisbruch begangen hat. Unabhängig von einem wichtigen Grunde entsteht freilich der Anspruch auf Rückgabe der Geschenke gemäss Art. 91.

b) Durch den Wegfall der Voraussetzungen für den Dauerkonsens

aa) Tod eines Verlobten

41 Gemäss Art. 31 Abs. 1 endet die Persönlichkeit eines Menschen mit seinem Tod. Während nach Art. 560 die Erben in die vererblichen Rechtspositionen sukzedieren, gehen die nicht vererblichen Rechte unter (ZK-EGGER, Art. 31 N 15). Dazu gehören insb. die höchstpersönlichen Rechte und Rechtsverhältnisse, so dass das Verlöbnis im Zeitpunkt des Ablebens des einen Partners als Rechtsverhältnis erlischt. Irgendwelche Rechtsfolgen knüpfen sich an die **Beendigung des Verlöbnisses infolge Todes** eines Partners nicht; auch die Rückforderung der Geschenke ist kraft zwingender Anordnung (Art. 91 Abs. 1) ausgeschlossen.

42 All dies gilt auch für den Fall des **Suizids** eines Verlobten. Anderer Ansicht war das Deutsche Reichsgericht, das in einer abwegigen Entscheidung (RGZ 39 [1897], 188 ff.) in der Selbsttötung das schuldhafte Herbeiführen der Unmöglichkeit der Erfüllung des Verlöbnisses erblickte und folglich eine Ersatzpflicht der Erben bejahte. Dies mit der Begründung, dass *sich im Augenblick des Todes die Verbindlichkeit zur Ehelichung in eine Verbindlichkeit zur Leistung des Interesses verwandle, die, wie jede andere Geldschuld, auf die Erben des Schuldners übergehe.* Diese Meinung fand zu Recht, freilich mit jeweils verschiedener Begründung, überwiegend Ablehnung (im schweizerischen Recht: UNGRICHT, 74; MONTANARI, 42 und 186). Überzeugend M. WOLFFS Feststellung, dass *«auch sonst im Schuldrecht alle höchstpersönlichen Pflichten sich unter der Resolutivbedingung des Todes verstehen: deren Herbeiführung als rechts- oder sittenwidrig zu behandeln, widerstreitet den Anschauungen unserer Kultur»* (ENNECCERUS-WOLFF, § 6 FN 30). Demgegenüber hielte die Argumentation, dass die Schadenersatzforderung erst mit dem Untergang des Verlöbnisses, d.h. mit dem Tode entstehe, so dass diese Obligation zu Lebzeiten des Verlobten noch gar nicht bestanden haben konnte und mithin auch nicht vererbbar sei (so MONTANARI, 186 FN 953), nicht stand vor BGE 103 II 330 ff. (= Pra 1978, 201), der von der Universalsukzession (Art. 560) in eine Haftungslage ausgeht.

bb) Dauernder Verlust der Urteilsfähigkeit

43 Nach der hier vertretenen Auffassung des Verlöbnisses als eines aufrechterhaltenen Dauerkonsenses der Parteien (o. N 6) und unter Berücksichtigung des Umstandes, dass das **Verlöbnis** – anders als die Ehe – keinen Einfluss auf den Status einer Person hat, **geht es im Falle des Verlustes der Urteilsfähigkeit einer Partei ipso iure unter.** Irgendeiner Erklärung der anderen Partei, z.B. eine Rücktrittserklärung – diesfalls wäre ein wichtiger Grund gegeben –, bedarf es nicht. Es treten mit Ausnahme des Anspruchs auf die Rückerstattung der Geschenke (Art. 91), keinerlei Rechtsfolgen ein.

cc) Entstehung eines dauernden Ehehindernisses

44 Einen eo ipso wirkenden Auflösungsgrund des Verlöbnisses stellt die **Entstehung eines dauernden Ehehindernisses** dar, welches wegen einer Adoption oder eines Stiefkindverhältnisses sich zwischen die Verlobten stellen kann (h.L., ZK-EGGER, aArt. 92 N 1; WERRO, N 193). Freilich wird sich diese Rechtslage ausserordentlich selten verwirklichen.

dd) Exkurs: Eheschluss eines Verlobten mit einer dritten Person

Verheiratet sich einer der Verlobten mit einer dritten Person, äussert sich in diesem   **45**
Eheschluss ein konkludenter Rücktritt vom ersten Verlöbnis. Liegt kein wichtiger Grund
für diese Handlungsweise vor, erfüllt sich der Tatbestand des Verlöbnisbruches (vgl. o.
N 40). Die Wirkungen des Rücktritts erfordern freilich aufgrund der Empfangsbedürftig-
keit der rechtsgestaltenden Erklärung deren Zugang beim Partner, d.h. die Kenntnis oder
zumindest die Möglichkeit der Kenntnisnahme des den Rücktritt zum Ausdruck bringen-
den Verhaltens des anderen. Bis zu diesem Zeitpunkt bleibt das Verlöbnis aufrecht. Dies
ist mit der Feststellung vereinbar, wonach die Verlobung eines *(de iure)* verheirateten
Partners wegen Sittenwidrigkeit gemäss Art. 20 OR i.V.m. Art. 7 nichtig sei (vgl. o.
N 24). Denn in dem hier in Rede stehenden Fall ist die Verlobung mängelfrei zustande
gekommen, und erst danach verursachte die eine Partei verschuldetermassen eine nachträgliche objektive (rechtliche) Unmöglichkeit der Erfüllung der Hauptleistungspflicht
des Verlöbnisses. Die hier vertretene Ansicht befindet sich in sinngemässer Übereinstimmung mit den Grundsätzen der allgemeinen Erfüllungslehre, welche im Falle
nachträglich verschuldeter Unmöglichkeit ebenfalls nicht die verletzte Verpflichtung
untergehen, sondern aufgrund des weiter bestehenden Erfüllungsanspruchs die Schadenersatzpflicht eintreten lässt (VON TUHR/ESCHER, 86 ff., insb. 93 ff.). Im Verlöbnisrecht
gelangt diesfalls der Art. 92 zur Anwendung.

VII. Wirkungen des Verlöbnisses

Das Verlöbnis entsteht durch einen formfreien Vertrag als gegenseitiges Eheversprechen   **46**
(BGE 114 II 146) und ist ein **Rechtsverhältnis mit familien- und obligationenrecht-
lichen Elementen** (StenBull 1905, 950). Obligationenrechtlich besteht die Hauptleistungspflicht in einem Tun, nämlich die Ehe einzugehen; familienrechtlich sind die
Nebenpflichten (Treue-, Mitwirkungs- und Loyalitätspflichten). Diese werden seitens des
Gesetzgebers gelegentlich als die *«Hauptwirkungen»* des Verlöbnisses qualifiziert, als die
«Verpflichtung, nichts zu tun, was als ein Bruch der gelobten Treue gelten müsste» (Erläuterungen I, 130). Art. 90 Abs. 3 geht von dieser Struktur des Verlöbnisses aus und bezweckt die Unklagbarkeit der Hauptleistungspflicht. Die Entscheidung des Gesetzgebers
beruht auf der ratio legis, dass jederzeit die freie Entscheidung möglich bleiben muss, die
Ehe einzugehen oder nicht (*«im Moment der Trauung selber»* soll *«der freie Ehekonsens
vorhanden sein»*); es ist dies das Ergebnis *«einer tiefern Auffassung des Eheschlusses»*
(so StenBull 1905, 490).

1. Zivilrechtliche Wirkungen

Die Hauptleistungspflicht stellt einen Anwendungsfall der **unvollkommenen Obligation**   **47**
(*«naturalis obligatio»*) dh. einer Forderung ohne durchsetzbaren Erfüllungsanspruch dar
(VON TUHR/PETER, 36), weil ein solcher in Widerspruch stünde mit dem Grundsatz des
jederzeit freien Willens, die Ehe einzugehen oder nicht (vgl. o. N 1 und HEGNAUER/
BREITSCHMID, N 3.07). **Trotzdem bleibt die Nichterfüllung** der Hauptleistungspflicht
nicht folgenlos. Denn diese ist eine unselbständige Verpflichtung dergestalt, dass deren
Verletzung zu Ersatzansprüchen führt (VON TUHR/PETER, 36). Weil im Falle der Auflösung des Verlöbnisses – ausser durch Tod – in jedem Falle der (beidseitige) Anspruch
auf Rückerstattung der Geschenke entsteht (Art. 91). Ferner entsteht dem verletzten Partner ein Anspruch auf einen angemessenen Beitrag (Art. 92).

a) Ehevertrag

48 Die Verlobten sind gemäss Art. 182 in die Lage gesetzt, miteinander einen **gültigen Ehevertrag** abzuschliessen. Dieser entfaltet bereits unter den Brautleuten insofern seine Bindungswirkungen, als es zur Aufhebung des Vertrags der Mitwirkung beider Verlobten bedarf (BK-HAUSHEER/REUSSER/GEISER, Art. 182 N 49). Die güterrechtlichen Wirkungen treten erst im Zeitpunkt des Eheschlusses ein, womit der Ehevertrag unter Brautleuten in dieser Hinsicht suspensiv bedingt ist (BK-HAUSHEER/REUSSER/GEISER, Art. 182 N 18).

b) Nahe Verbundenheit

49 Die Verlobten sind einander **«nahe verbundene Personen»** im Normbereich der Art. 107 Ziff. 4, 260a Abs. 2, 397d Abs. 1, 477 Ziff. 1 sowie der Art. 30 OR und 249 Ziff. 1 OR.

c) Versorgereigenschaft

50 Nach der Rechtsprechung des Bundesgerichtes, die sich insb. auf den Wortlaut von Art. 45 Abs. 3 OR *(«andere Personen»)* abstützt, ist eine gesetzlich normierte Unterstützungspflicht nicht Voraussetzung der **Versorgereigenschaft.** *«Entscheidend ist vielmehr, dass tatsächlich Versorgungsleistungen erbracht worden sind und mit grosser Wahrscheinlichkeit in Zukunft erbracht worden wären»* (ständige Rechtsprechung, BGE 114 II 144 m.V.). Verlobten wurde die Versorgereigenschaft dann zuerkannt, **wenn eine spätere Heirat als sehr wahrscheinlich** erschien (BGE 66 II 206 E. 3; BGE 114 II 144 E. 2a).

d) Erb- bzw. Vermächtnisnehmereinsetzung und Auflösung des Verlöbnisses

51 **Keine Regelung** sieht das Verlöbnisrecht für den Sachverhalt vor, dass ein Verlobter den anderen durch **Testament** oder **Erbvertrag** zum Erben oder Vermächtnisnehmer eingesetzt hat, das Verlöbnis danach aufgelöst wird und der Erblasser daraufhin stirbt oder dauernd urteilsunfähig wird, bevor er die letztwillige Verfügung widerrufen (Art. 509) hat, bzw. Anstalten treffen konnte, den Erbvertrag durch schriftliche Übereinkunft (Art. 513 Abs. 1) aufzuheben oder wegen Irrtums (Art. 469) anzufechten.

52 Im Anschluss an die bundesgerichtliche Praxis (BGE 67 II 13; BGE 75 II 280 E. 3; bestätigt in BGE 94 II 139 E. 4) und an die Lehre (BK-TUOR, Art. 469 N 21 ff.; ZK-ESCHER, Art. 469 N 6 ff.) ist der **Motivirrtum des Erblassers** anlässlich der Errichtung der Verfügung von Todes wegen – anders als im Normbereich der Art. 23 f. OR – auch dann relevant, wenn die wirklichkeitswidrige Willensbildung sich auf einen in der Zukunft liegenden Sachverhalt bezogen hatte *(«Irrtum über eine künftige Entwicklung»)*. Begründet wird diese Abweichung von der allgemeinen Irrtumsdoktrin mit dem Wortlaut des Art. 469 Abs. 1, der eine Anfechtung der Verfügung von Todes wegen stets dann zulässt, wenn der Erblasser *«unter dem Einfluss»* eines Irrtums gestanden hatte, gleichgültig ob dieser sich auf vergangene, gegenwärtige oder zukünftige Sachverhalte bezog. Denn nach der herrschenden Praxis *«ist jeder Motivirrtum beachtlich, sofern er einen bestimmenden Einfluss auf die Verfügung hatte»* (BGE 94 II 139 E. 4). Massgebend ist allein, dass der Erblasser ohne diese Vorstellung eine inhaltlich anders gestaltete oder gar keine Verfügung getroffen hätte (BGE 94 II 139 E. 4).

53 In der Lehre (BK-TUOR, Art. 469 N 2 und 7; ZK-ESCHER, Art. 469 N 6) und in der älteren bundesgerichtlichen Praxis (BGE 75 II 280 E. 3) wurden Testament und Erbvertrag hinsichtlich der **Relevanz des (Motiv-)Irrtums** einander gleichgestellt. Seit BGE 99 II 382 E. 4 wird – zu Recht – eine Differenzierung zwischen Testament *(«letztwillige Verfügung»)* und Erbvertrag *(«Verfügung von Todes wegen»)* getroffen. Aufgrund des Vertrauensschutzes des Erbvertragspartners in die Wirksamkeit der Verfügung kann beim Erbvertrag nicht schlechthin jeder Motivirrtum zur Anfechtung führen. Ein solcher ist nur dann relevant, wenn er sich auf einen Sachverhalt bezieht, der nach Treu und Glauben dem Partner erkennbar vom Erblasser als notwendige Grundlage des Vertrages betrachtet worden ist. Freilich ist den Motiven beim Erbvertrag eine grössere Beachtung zu schenken als bei den Rechtsgeschäften des Schuldrechtes. *«Entsprechend häufiger dürfte es daher sein, dass ein den Erblasser zum Vertragsschluss bewegendes und auch dem Vertragspartner bekanntes Motiv als Vertragsgrundlage anerkannt werden muss, wenn sich der Erblasser darüber in einem Irrtum befunden haben sollte»* (BGE 99 II 382 E. 4a a.E.).

Geht man davon aus, dass die Auflösung des Verlöbnisses einen (Motiv-)Irrtum des Erb- **54** lassers begründet, kann der Testator sein den Verlöbnispartner einsetzendes Testament jederzeit und ohne weiteres widerrufen (Art. 509), während dem Erbvertragserblasser die Irrtumsanfechtung möglich ist (Art. 469 Abs. 1 i.V.m. Art. 513 Abs. 3; zum Vorgehen des Anfechtenden BGE 99 II 382 ff., insb. E 4). Falls zu Lebzeiten des Erblassers die Konvaleszenzwirkungen gemäss Art. 469 Abs. 2 noch nicht eingetreten sind, steht den gesetzlichen Erben unter den für das Testament und den Erbvertrag geschilderten Voraussetzungen und mit den beschriebenen Beweisthemata die **Ungültigkeitsklage** (Art. 519 Abs. 1 Ziff. 2) offen, mit dem Nachweis (*«wenn als wahrscheinlich dargetan ist»*: BGE 75 II 280 E. 6), dass der Erblasser, hätte er um die Auflösung des Verlöbnisses gewusst, seine Anordnung eher aufgehoben als unverändert hätte fortbestehen lassen (BGE 75 II 280 E. 6; BGE 94 II 139 E. 4). Dieser Nachweis kann – insb. wenn der Erblasser erst kurz vor Ablauf der Jahresfrist des Art. 469 Abs. 2 verstorben sein sollte – ausserordentlich schwierig sein und birgt in jedem Falle die Gefahr in sich, einen hypothetischen Willen des Erblassers zu konstruieren.

Daher erscheint es als angemessener und der Rechtssicherheit entsprechender, in der **55** nicht normierten Frage der weiteren Wirksamkeit von Zuwendungen von Todes wegen nach der Auflösung des Verlöbnisses infolge eines **Verlöbnisbruches** objektiviert zu entscheiden und eine **echte Lücke** des Gesetzes anzunehmen, welche dann **analog** (Art. 1) **zu Art. 120 Abs. 2 geschlossen** wird. Denn ein qualifiziertes Schweigen des Gesetzgebers ist im vorliegenden Fall nicht anzunehmen, weil ein allfälliger Wille des Gesetzgebers, die Verfügungen von Todes wegen – wie die Schenkung ebenfalls unentgeltliche Zuwendungen – in Wirksamkeit zu belassen, mit der ratio legis des Art. 91, welcher nach der Auflösung des Verlöbnisses einen Rückforderungsanspruch hinsichtlich der Geschenke entstehen lässt, unvereinbar wäre. Dies umso mehr, als der historische Gesetzgeber ausweislich der Materialien gerade verhindern wollte, dass ein Partner nach der Auflösung des Verlöbnisses (unter Lebenden) einen dauerhaften vermögenswerten Vorteil aus diesem Verhältnis ziehe (dazu mit den Belegen u. Art. 91 N 6 f.). Durch die lückenfüllende analoge Anwendung des Art. 120 Abs. 2 gehen mit Auflösung des Verlöbnisses durch Verlöbnisbruch **alle gegenseitigen Ansprüche aus Rechtsgeschäften von Todes wegen ipso iure unter.** Denn Art. 120 Abs. 2 lässt sich als auflösende **Rechtsbedingung (condicio iuris)** deuten (zum Begriff von Tuhr/Escher, 259 ff.; die Rechtsbedingung kann, insoweit der gewillkürten analog, aufschiebend [suspensiv] wie auflösend [resolutiv] wirken: Oertmann, 39 ff.). Daraus folgt, dass, gestützt auf Art. 120 Abs. 2, die erbrechtliche Anwartschaft der Eheleute – hier analog der Brautleute – unter der resolutiven Rechtsbedingung steht, dass die Ehe nicht rechtskräftig geschieden bzw. das Verlöbnis nicht durch Verlöbnisbruch aufgelöst worden ist.

Demgegenüber wollen einige Autoren (BK-Gmür, aArt. 94 N 3 und BK-Götz, aArt. 94 **56** N 4) den Art. 154 OR anwenden. Demnach würde die Verfügung von Todes wegen unter der (gewillkürten) **Resolutivbedingung** der Auflösung des Verlöbnisses angeordnet. Dies bedürfte aber der ausdrücklichen Vereinbarung einer solchen Bedingung, denn obzwar deren Setzung als erbrechtliche Verfügungsart vorgesehen ist (Art. 482 Abs. 1), hat dies in einer erbrechtlich vorgesehenen Form zu geschehen; es bedürfte einer Erklärung in der Form eines Testamentes oder eines Erbvertrages. Stillschweigende bzw. konkludente Äusserungen sind mangels Form anfechtbar (Art. 520).

57 Wird freilich das Verlöbnis wegen des **Todes** oder wegen des **dauernden Verlustes der Urteilsfähigkeit** des einen Partners, also nicht durch Verlöbnisbruch, aufgelöst (dazu o. N 39, 41), bleibt das gewillkürte Erbrecht des anderen bestehen (zur Frage, insb. auch im Zusammenhang mit einem Ehe- und Erbvertrag der Brautleute im selben Sinne wie hier: HENRICI, ZSR 1914, 329 f.).

2. Öffentlich-rechtliche Wirkungen

a) Strafrecht

58 Zur umstrittenen Annahme einer strafrechtlichen **Garantenstellung** im Falle tatsächlichen Zusammenlebens der Verlobten vgl. SCHUBARTH, Kommentar zum Schweizerischen Strafrecht, 1. Bd. (1982): Delikte gegen Leib und Leben. Systematische Einleitung vor Art. 111 StGB N 137 ff., bes. N 140; STRATENWERTH, Schweizerisches Strafrecht, Allgemeiner Teil I: Die Straftat, (3. Aufl., 2005) § 14 N 11 ff., bes. 25 f.

b) Prozessrecht

59 Im Zivil-, Verwaltungs- und Strafverfahrensrecht begründet das Verlöbnis zuweilen einen **Ausstandsgrund** und vermittelte vor Erlass des PartG (vgl. o. N 9a) gelegentlich auch ausdrücklich ein Zeugnisverweigerungsrecht. In Verbindung mit dem PartG wurde in einschlägigen Gesetzen verschiedentlich das Verlöbnis als Rechtsgrund für die Unvereinbarkeit bzw. den Ausstand gestrichen oder nicht ausdrücklich erwähnt. Ausweislich der Botschaft zum PartG soll damit freilich der **Ausstandsgrund** des bestehenden Verlöbnisses nicht schlechthin ausgeschlossen sein. So gilt etwa für das VwVG, dass das Verlöbnis, wiewohl «*nicht mehr explizit genannt*» unter die Generalklausel des Art. 10 Abs. 1 Bst. d (Befangenheit «*aus anderen Gründen*») «*subsumiert werden*» kann, soweit die Verlobten nicht ohnehin den Ausstandsgrund der «*faktischen Lebensgemeinschaft*» (Art. 10 Abs. 1 Bst. b) erfüllen (Botschaft PartG 2.5.5). Entsprechendes gilt offenbar auch für Art. 22 E OG (Botschaft PartG 2.5.7), sowie für das DBG (Art. 109). Denn auch hier soll – falls die Verlobten nicht bereits eine «*faktische Lebensgemeinschaft*» führen (Art. 109 Abs. 1 Bst. b) – der Auffangtatbestand des Art. 109 Abs. 1 Bst. d (Befangenheit «*aus anderen Gründen*») zur Verfügung stehen (Botschaft PartG 2.5.19). Auch das SchKG erwähnt in Art. 10 Abs. 1 Ziff. 2 die Verlobten nicht mehr, trotzdem sind aber Amtshandlungen der Beamten, Angestellten und Mitglieder der Aufsichtsbehörden in Sachen ihres Verlöbnispartners nicht statthaft, da sie – soweit die Verlobten nicht bereits in einer «*faktischen Lebensgemeinschaft*» stehen (Art. 10 Abs. 1 Ziff. 2 SchKG) – unter den «*Auffangtatbestand von Art. 10 Abs. 1 Ziff. 4 SchKG (Befangenheit aus anderen Gründen)*» zu subsumieren sind (Botschaft PartG 2.5.16).

Das **Zeugnisverweigerungsrecht** der Verlobten – bisher in Art. 75 BStP vorgesehen – wurde ebenfalls gestrichen unter gleichzeitiger Einführung des entsprechenden Rechtes zugunsten von Partnern einer «*faktischen Lebensgemeinschaft*». Ratio legis war, dass es «*stossend*» und der «*Wahrheitsfindung im Prozess abträglich*» wäre, den Partner einer dauernden Lebensgemeinschaft durch Aussagen belasten zu müssen (Botschaft PartG 2.5.15). Damit wird ausdrücklich in Kauf genommen, dass somit jemand dieses Verweigerungsrecht beanspruchen kann, ohne dass die Beziehung auf welche er sich beruft *«aus einem amtlichen Register ersichtlich»* ist (Botschaft PartG a.a.O.), was auch – wie der Gesetzgeber ausdrücklich einräumt – für Verlobte stets gegolten habe (Botschaft PartG a.a.O.). Somit liegt es wohl nahe, trotz dessen Streichung das Verlöbnis als Rechtsgrund für das Zeugnisverweigerungsrecht weiterhin, nunmehr per analogiam grundsätzlich anzuerkennen. Denn die ratio legis, die Wahrheitsfindung im Prozess sowie die Vermeidung stossender Zeugnisverpflichtungen gilt für Verlobte nach wie vor und zwar besonders dann, wenn sie eine faktische Lebensgemeinschaft nicht eingegangen sind, was aus religiös-moralischen oder anderen sozialen Gründen unterblieben sein kann. Zu den übrigen Verfahrensordnungen (BZP, VStrR, MStP) vgl. Botschaft PartG 2.5.15; für diese muss entsprechendes ebenfalls gelten.

c) Abgaberecht

Gelegentlich wird das Verlöbnis auch vom kantonalen **Erbschafts- und Schenkungs-** 60 **steuerrecht** berücksichtigt.

d) Sozialversicherungsrecht

Die Verlobten sind **nicht Familienmitglieder** im Sinne des **Unfallversicherungsrechts.** 61 Eine mit einem Familienmitglied verlobte oder in eheähnlicher Gemeinschaft lebende Person kann sozialversicherungsrechtlich nicht als der Familie zugehörig betrachtet werden, wenn dies in der anzuwendenden Regelung nicht ausdrücklich vorgesehen ist (BGE 121 V 125, E. 2c dd).

VIII. Ausschlusswirkungen

1. Ausschluss eines Anspruchs auf Abschluss der Ehe (Abs. 3)

Die Nichtexistenz eines solchen Anspruchs auf Eingehung der Ehe hat ihren Grund in 62 der Auffassung des Eheschlusses als eines absolut höchstpersönlichen und jedem Fremdeinfluss entzogenen Willensaktes (vgl. o. N 15 und BK-Götz, aArt. 91 N 4 f.; Art. 90 Abs. 3 ist in der Sache identisch mit dem aArt. 91 Abs. 1 ZGB). Zulässig ist freilich im Falle bestehenden Interesses eine **Feststellungsklage** hinsichtlich des seinerzeitigen Bestehens eines Verlöbnisses (BK-Götz, aArt. 91 N 6).

2. Ausschluss des Anspruchs auf eine Vertragsstrafe

Die Unwirksamkeit einer allenfalls vereinbarten Vertragsstrafe (aArt. 91 Abs. 2) wurde in 63 der Revision als selbstverständlich gestrichen (Botschaft Revision Scheidungsrecht 59, Ziff. 221.1 und Anm. 220). Denn die Garantie der jederzeitigen Freiheit, die Ehe einzugehen oder das Verlöbnis aufzuheben, lässt auch keine Befestigung der Hauptleistungspflicht durch Vereinbarung einer Vertragsstrafe zu. Der alte Art. 91 Abs. 2 schloss aufgrund dieser ratio legis und nach der h.L. nicht nur die **Konventionalstrafe** (Art. 160 OR), sondern auch ein **Haft- oder Reuegeld** (Art. 158 OR) aus (ZK-Egger, aArt. 91 N 8; BK-Götz, aArt. 91 N 7).

Während der Wortlaut des alten Art. 91 Abs. 2 lediglich die Klagbarkeit der Vertragsstrafe 64 ausschloss *(«kann nicht eingeklagt werden»)*, ging die h.L. zu Recht davon aus, dass die **Vereinbarung einer Vertragsstrafe** an sich **nichtig** sei (ZK-Egger, aArt. 91 N 8; BK-Gmür, aArt. 91 N 7; BK-Götz, aArt. 91 N 7). Die Nichtigkeit ergibt sich aus Art. 20 OR und nicht als Folge des Art. 27 (unzutreffend Werro, N 188, welcher Botschaft Revision Scheidungsrecht, 59, Ziff. 221.1 bei FN 220 zu Unrecht für seine Meinung in

Anspruch nimmt), denn in Fällen wie im vorliegenden, wo bestimmte Entscheidungen einer Person ohne Zwang und unbeeinflusst durch Dritte getroffen werden sollen, sind Verträge, welche dies zu gefährden geeignet sind (Zusicherungen, Konventionalstrafen und dgl.), gestützt auf Art. 20 OR Abs. 1 nichtig. Dies folgt aus dem Umstand, dass bereits das blosse Faktum einer Belohnung, Entschädigung oder Strafe als sittenwidrig erscheint, so dass die Unvereinbarkeit solcher Leistungen mit den ungeschriebenen Rechtsgrundsätzen (*«boni mores»*) auch ohne entsprechende vorgängige vertragliche Verpflichtung nicht beseitigt wäre (wie hier BK-BUCHER, Art. 27 N 176).

65   Mithin wäre eine trotzdem geleistete Vertragsstrafe, gestützt auf Art. 62 Abs. 1 i.V.m. Art. 63 OR, als **Zahlung einer Nichtschuld** (*«condictio indebiti»*) zurückzufordern (Botschaft Revision Scheidungsrecht, 59, Ziff. 221.1, FN 220). Und der Einforderung einer verfallenen Vertragsstrafe stünde nicht eine Einrede (*«exceptio»*), sondern die Einwendung der Nichtigkeit entgegen, welche auch ohne Parteivorbringen von Amtes wegen zu berücksichtigen ist (BGE 110 II 360 E. 4; BGE 108 II 405 E. 3 = Pra 1983, 234; BK-KRAMER, Art. 19/20 OR N 316).

Art. 91

B. Auflösung des Verlöbnisses **I. Geschenke**	[1] **Mit Ausnahme der gewöhnlichen Gelegenheitsgeschenke können die Verlobten Geschenke, die sie einander gemacht haben, bei Auflösung des Verlöbnisses zurückfordern, es sei denn, das Verlöbnis sei durch Tod aufgelöst worden.**
	[2] **Sind die Geschenke nicht mehr vorhanden, so richtet sich die Rückerstattung nach den Bestimmungen über die ungerechtfertigte Bereicherung.**
B. Rupture des fiançailles I. Présents	[1] Les fiancés peuvent exiger la restitution des présents qu'ils se sont faits, sous réserve des cadeaux d'usage, pour autant que la rupture ne soit pas causée par la mort de l'un d'eux.
	[2] Si les présents n'existent plus en nature, la restitution est régie par les dispositions relatives à l'enrichissement illégitime.
B. Scioglimento del fidanzamento I. Regali	[1] Ad eccezione degli usuali regali di circostanza, i regali che i fidanzati si sono fatti possono essere rivendicati, sempre che il fidanzamento non sia stato sciolto per morte di uno dei fidanzati.
	[2] Se non si può fare la restituzione in natura, si applicano le norme dell'indebito arricchimento.

Literatur

Vgl. Literatur und Materialien zu Art. 90.

I. Normzweck

1   Der Gesetzgeber erachtet es als sachgerecht, nach der Auflösung des Verlöbnisses den Beteiligten die Möglichkeit zur Rückforderung der während der Verlobungszeit vollzogenen unentgeltlichen Zuwendungen zu verleihen. Unterstellt ist offensichtlich die Überlegung, dass wegen des Scheiterns jenes Naheverhältnisses die Geschenke ihren seinerzeitigen Grund, um dessentwillen sie ausgetauscht worden waren, eingebüsst ha-

ben (HOMBERGER, 64; WERRO, N 199). Folgerichtig entfällt der Rückforderungsanspruch im Falle der Auflösung des Verlöbnisses infolge des Todes des einen Partners.

Bei den Ansprüchen aus Art. 91 handelt es sich offenkundig, wie bei den eigentlichen Bereicherungsklagen der Art. 62 f. OR, um **Forderungen,** welche im Sinne der sog. Rechtsfortwirkung an die Stelle der Vindikation treten, die wegen der erlangten Eigentümerstellung des Zuwendungsempfängers dem Schenker nicht mehr zur Verfügung steht. In beiden Normbereichen handelt es sich primär um eine Speziesobligation mit dem Inhalt der Rückübertragung des Eigentums am zugewendeten Gegenstand. Ist diese Naturalrestitution nicht möglich, wird Wertersatz geschuldet (sehr klar VON TUHR/PETER, 500 f.; insoweit unannehmbar BGE 110 II 228 E. 7). Art. 91 ist mithin eine **Sanktion des Verbotes ungerechtfertigter Bereicherung.** 2

Freilich stellt Art. 91 im Verhältnis zum Bereicherungstatbestand des Art. 62 OR keine lex specialis dar (so aber WERRO, N 200), weil wegen des im Tatbestand des Art. 91 nicht erforderlichen Mangels in der Zuwendungscausa nicht alle dieser Norm subsumierbaren Sachverhalte auch die Voraussetzungen des Art. 62 OR erfüllen (zum Verhältnis der lex generalis gegenüber einer lex specialis KRAMER, 98 ff.). Der verlöbnisrechtliche Rückforderungsanspruch stellt zwar einen der Bereicherungsforderung analogen, jedoch wie im deutschen BGB einen selbständigen Tatbestand dar (GERNHUBER/COESTER-WALTJEN, § 8, VI, 1; SOERGEL/LANGE, § 1301 BGB N 1), weil – wie notiert – die Entstehung des auf Erstattung der Verlöbnisgeschenke gerichteten Rückforderungsanspruchs, anders als im Voraussetzungsteil des Art. 62 OR, **keinen Mangel in der causa** voraussetzt. Der Anspruch aus Art. 91 entsteht vielmehr stets dann, wenn a) unentgeltlich zugewendet worden war, b) dies während des Verlöbnisses geschehen war und c) wenn das Verlöbnis seither (unter Lebenden) aufgelöst worden ist (vgl. auch WERRO, N 203). Damit wurde offenkundig die *condictio causa data causa non secuta (condictio ob rem)* dergestalt erweitert (GERNHUBER/COESTER-WALTJEN, a.a.O.; SOERGEL/LANGE, a.a.O.), als nunmehr im Falle der Auflösung des Verlöbnisses unter Lebenden (u. N 14) – gleichgültig aus welchem Grunde – in Art. 91 von Gesetzes wegen unterstellt wird, dass die während des Verlöbnisses vollzogenen unentgeltlichen Zuwendungen ihren sie rechtfertigenden Zweck eingebüsst haben (HOMBERGER, 64; WERRO, N 199). Demgegenüber wäre dies im Normbereich des Art. 62 Abs. 2 OR nicht der Fall, weil die Auflösung des Verlöbnisses ohne nachfolgenden Eheschluss nicht den Wegfall bzw. die Nichtverwirklichung des «*Grundes*» *(causa)* bedeutet. Das Scheitern des Verlöbnisses löst mithin keinen Bereicherungsanspruch «*causa data causa non secuta*» (= *condictio ob rem*) aus, weil der beabsichtigte (und nun ausgebliebene) Eheschluss zwar fraglos der Anlass für die Zuwendung an den Partner, **nicht aber deren juristischer Zweck gewesen war.** Denn dieser, die «*causa donandi*», bestand in der Vereinbarung der Parteien, dass unentgeltlich zugewendet werden soll, und für diese Zwecksetzung stellte der in Aussicht stehende Eheschluss lediglich das **Motiv** dar (so MERZ, ZBJV 1958, 77; GUHL/KOLLER, § 27 N 12 mit zutreffender Kritik an BGE 82 II 430 ff.). Die causa donandi wäre seitens des Schenkers auch nicht mittels Anfechtung wegen Grundlagenirrtums (Art. 24 Abs. 1 Ziff. 4 OR) vernichtbar (Art. 31 OR), weil die beabsichtigte Heirat ein künftiges Ereignis darstellt, von dessen Eintritt der Anfechtende keineswegs mit Sicherheit ausgehen konnte und durfte (so die Anforderungen der neuesten bundesgerichtlichen Rechtsprechung an den Tatbestand des Irrtums hinsichtlich einer künftigen Entwicklung: BGE 118 II 297 ff., insb. E. 2c aa). Somit bliebe dem Schenker nurmehr der Beweis, dass die Schenkung unter den Verlobten unter der konkludent vereinbarten (Resolutiv-)Bedingung (Art. 154 OR) der späteren Heirat vollzogen worden sei (vgl. auch WERRO, N 200). Um den Parteien im Zuge der Liquidation ihres aufgelösten Verlöbnisses diesen mitunter schwierigen Beweis zu ersparen, hat der Gesetzgeber den Spezialtatbestand des Art. 91 (früher aArt. 94) entwickelt. 3

II. Norminhalt

4 Rückforderbar sind gemäss Wortlaut des Art. 91 die unter den Verlobten ausgetauschten «Geschenke» (*«présents», «regali»*). Folgte man der Begriffsbildung des Schenkungsrechtes in Art. 239 OR, könnten nur Zuwendungen aus dem Vermögen des Schenkers gemeint sein (Sachschenkungen, schuldrechtliche Verfügungen wie etwa Zession, Schulderlass oder ähnliche Geschäfte). Ausgeschlossen wären in erster Linie unentgeltliche Dienst- oder Arbeitsleistungen (h.L., ZK-OSER/SCHÖNENBERGER, Art. 239 OR N 4; BK-BECKER, Art. 239 OR N 9; E. BUCHER, BT, § 6, I, 2b). Dies würde im Normbereich von Art. 91 zur Merkwürdigkeit führen, dass der Verlobte, welcher z.b. schenkungsweise die Finanzierung der Teilsanierung der Eigentumswohnung des anderen übernommen hatte, diese Summe nach Auflösung des Verlöbnisses vom beschenkten Partner zurückfordern könnte. Hätte derselbe Verlobte freilich die Sanierungsarbeiten selbst (fachmännisch) ausgeführt, läge keine Zuwendung aus dem Vermögen des Schenkers und somit keine Schenkung vor, so dass die Anwendung des Art. 91 (i.V.m. Art. 239 OR) mangels dieser Tatbestandsvoraussetzung nicht in Frage käme. Dass dieses Ergebnis unannehmbar wäre, liegt auf der Hand, so dass der Begriff «*Geschenke*» sämtliche unentgeltlichen Zuwendungen eines Partners umfasst, welche beim anderen einen Vermögensvorteil bewirken (vgl. sogl. N 5).

5 Der Zweck des Art. 91 (insofern der Regelungsabsicht des aArt. 94 kongruent) will verhindern, dass nach der Auflösung ein Partner zulasten des anderen aus dem Verlöbnis einen dauerhaften Vermögensvorteil einbehält (StenBull 1905, 490, Erläuterungen I, 130). Mithin darf der Ausdruck «*Geschenke*» – teleologisch ausgelegt – nicht in eins gesetzt werden mit dem Begriff der «*Schenkung*» in Art. 239 OR. Eine solche Identifikation verlangt auch der Wortlaut nicht. Denn in Art. 91 vermeidet der Gesetzgeber den terminus technicus und bedient sich einer gleichsam umgangssprachlichen, also offenen Umschreibung. Der Text bedient sich des Ausdrucks «*Geschenke*» statt «*Schenkung*», und noch deutlicher liegen die Dinge in den romanischen Fassungen, wo an der Stelle der traditionell-technischen Ausdrucksweise «*donation*» bzw. «*donazione*» von «*présents*» und «*regali*» die Rede ist. Somit legen sowohl Wortlaut (grammatikalische Auslegung) wie der Zweck der Norm (teleologische Auslegung) nahe, unter «*Geschenken*» (*«présents», «regali»*) nicht Schenkungen im Sinne des Art. 239 OR, sondern **unentgeltliche Zuwendungen** zu verstehen, will sagen die Verschaffung eines Vermögensvorteiles, welcher, sowohl aus dem Vermögen des Zuwendenden, als aber auch über den Schenkungstatbestand des Art. 239 Abs. 1 OR hinausgehend, mittels dessen Arbeitskraft geschehen kann (VON TUHR/PETER, 198 f.). Denn innerhalb der (positiven) Leistungsinhalte unterscheidet die h.L. zwischen persönlichen und sachlichen Leistungen. Die persönlichen erbringt der Leistende aus seinen physischen oder geistigen Kräften (VON TUHR/PETER, 45), so dass die Verschaffung eines Vermögensvorteiles – eine Zuwendung – durchaus möglich ist, ohne dass sie aus dem Vermögen des Leistenden herzurühren braucht (VON TUHR/PETER, 199). Art. 91 steht auf dieser Grundlage und schöpft, falls das Verlöbnis später gescheitert ist, sämtliche unentgeltlichen Zuwendungen ab, welche unter Verlobten vollzogen worden waren. Für den Fall der unentgeltlichen Dienste und Arbeitsleistungen ist Abs. 2 Anspruchsgrundlage, denn diesfalls schliesst sich eine Naturalrestitution regelmässig aus.

6 Die Rückforderung ist nach der Meinung des historischen Gesetzgebers in allen Fällen des «*Verlöbnisbruches*» (so Erläuterungen I, 130) stets nur bis zum «*Umfang der zur Zeit der Auflösung (sc. des Verlöbnisses) vorhandenen Bereicherung*» möglich (HUBER, StenBull 1905, 490), denn entsprechend der ratio legis sind die das gescheiterte Verlöbnis überdauernden Vermögensvorteile zu verunmöglichen, so dass folgerichtig «*nur noch* *die Bereicherung zur Zeit der Auflösung in Betracht fallen»* soll (Erläuterungen I, 130). Dies führte den Gesetzgeber einerseits zur Normierung **einer obligatorischen Herausgabepflicht der geschenkten Sache in natura** (Abs. 1) oder aber – falls dies nicht möglich ist – **zur Erstattungspflicht deren Wertes** *«nach den Vorschriften über die ungerechtfertigte Bereicherung»* (Abs. 2). Aufgrund dieser Verweisung und gestützt auf die Analogie beider Absätze des Art. 91 (bzw. aArt. 94) zum Anspruch aus ungerechtfertigter Bereicherung ergibt sich grundsätzlich die (ebenfalls analoge) Anwendung der Art. 64 und 65 OR auf diese Restitutionsregeln des Verlöbnisrechtes (ZK-EGGER, aArt. 94 N 3; im gleichen Sinne wohl auch HEGNAUER/BREITSCHMID, N 3.10; KELLER, 27; BK-GMÜR, aArt. 94 N 7; Botschaft Revision Scheidungsrecht, 60, Ziff. 221.21). In diesem Zusammenhang ist freilich noch in mehrfacher Hinsicht zu differenzieren:

a) Wenn die zugewendete Sache noch in **natura** beim Empfänger vorhanden ist, entsteht   **7** gestützt auf Art. 91 Abs. 1 ein **obligatorischer Anspruch auf Rückgabe des Eigentums** an diesem Objekt (zur Rechtsnatur o. N 3). Diesfalls kann Art. 64 OR nach der Natur der Sache offensichtlich keine Anwendung finden, denn dem Anspruch auf die noch vorhandene Sache gegenüber ist eine Entreicherungseinwendung gegenstandslos. Anderes gilt jedoch für die sinngemässe Anwendung des Art. 65 OR. Denn aufgrund der ratio legis des Art. 91, wonach keinem der ehemaligen Partner ein dauerhafter Vermögensvorteil aus dem gescheiterten Verlöbnis verbleiben dürfe (vgl. o. N 6), müssen die notwendigen Aufwendungen des Beschenkten auf die Sache in voller Höhe, die nützlichen Impensen im Umfang des in und an der Sache noch vorhandenen Mehrwertes erstattet werden.

Das **ius tollendi** des Art. 65 Abs. 2 OR ist sinngemäss auch im Falle der naturalen Rück-   **8** forderung aufgrund des Art. 91 anwendbar.

b) Ist die Sache **in natura nicht mehr restituierbar,** tritt gemäss des Wortlautes des   **9** Abs. 2 an die Stelle des Anspruchs auf Eigentumsrückgabe *«die Rückerstattung nach den Bestimmungen über die ungerechtfertigte Bereicherung».* Dabei war es dem historischen Gesetzgeber in erster Linie darum zu tun, *«in allen Fällen»* der Auflösung des Verlöbnisses – in den Materialien ist von *«Verlöbnisbruch»* die Rede – die Rückforderung höchstens bis zur *«Bereicherung zur Zeit der Auflösung»* zuzulassen (eingehend o. N 6 und Erläuterungen I, 130; StenBull 1905, 490). Kraft des Grundsatzes, wonach die jeweils verwiesene Norm stets *analog* anzuwenden sei (BK-MEIER-HAYOZ Art. 1 N 265; BK-FRIEDRICH Art. 7 N 8) ist infolge der Verweisung in Art. 91 Abs. 2 auf die *«Bestimmungen über die ungerechtfertigte Bereicherung»* der Restitutionsanspruch auf die *sinngemäss* heranzuziehenden Art. 62 ff. OR abzustützen. Daher wirkt die von Art. 64 OR begründete Einwendung der inzwischen weggefallenen Bereicherung (sog. Entreicherungseinwendung und nicht etwa Einrede [so aber BUCHER, AT, 693], somit eine von Amtes wegen zu berücksichtigende rechtsaufhebende Tatsache: vgl. v. TUHR/PETER, 504) dem auf Art. 91 Abs. 2 sich stützenden Kläger gegenüber nicht nur bei gutgläubiger Entäusserung der Bereicherung und in Unkenntnis einer allfällig geschuldeten Rückerstattung, sondern als Folge jedes, wie auch immer zustande gekommenen Bereicherungswegfalls, freilich stets nur bis zur Grenze rechtsmissbräuchlicher Entreicherung (Art. 2 Abs. 2), weil missbräuchliches Verhalten keine rechtsaufhebende Wirkung einer auf diese Weise herbeigeführten Tatsache entstehen lässt (HUWILER, 74 ff.). Dies weil der Einwendungstatbestand des Art. 64 OR wegen der zu Art. 91 Abs. 2 herzustellenden Sinngemässheit objektiviert werden muss. Denn der historische Gesetzgeber von 1907 – die Revision veränderte die ratio legis nicht – hatte angeordnet, dass im Verhältnis zwischen den ehemals Verlobten in jedem Fall *«nur noch die Bereicherung zur Zeit der Auflösung (sc. des Verlöbnisses) in Betracht fallen»* soll (o. N 6) und zwar ohne Berücksichtigung einer allfälligen *«Böswilligkeit»* des Empfängers (Erläuterungen I, 130 f.). Mithin fallen die subjektiven Tatbestandselemente (guter oder böser Glaube bzw. das Wissen um eine allfällige Rückgabepflicht) wegen ihrer Unvereinbarkeit mit dem Zweck der Verweisungsnorm (Art. 91) ausser Betracht. Folglich ist nach dem Wegfall der durch eine Schenkung während des Verlöbnisses entstandenen Bereicherung die Verwirkung der Entreicherungseinwendung (Art. 64 Abs. 1 OR) ausgeschlossen, und zwar aufgrund des gesetzgeberischen Axioms, zwischen den beiden Partnern einen vermögensmässigen Ausgleich mit der Massgabe herzustellen, dass bei Auflösung des Verlöbnisses keiner der beiden irgendwelche Vermögensvorteile aus dem gescheiterten Verhältnis dauerhaft erwerben kann. Bei der Berechnung des zu erstattenden Wertes werden selbstverständlich im Sinne des Art. 65 Abs. 1 OR die notwendigen und die nützlichen Aufwendungen mit berücksichtigt.

10 c) Sollten zwischen Verlobten unentgeltliche Zuwendungen aufgrund eines **unsittlichen oder verbotenen Zweckes** (*«causa turpis»*) vollzogen worden sein, ist Art. 66 OR analog anwendbar. Keine Anwendung findet dagegen Art. 67 OR, da die **Verjährung** der aus dem Verlöbnis entstandenen Ansprüche kraft der lex specialis des Art. 93 zwingend geregelt ist und damit der Fristbestimmung des Bereicherungsrechtes derogiert.

11 Auch wenn die Parteien die **Unwirksamkeit des Verlöbnisses** nicht **erkannt** haben, etwa weil sie in Unkenntnis darüber sich befinden, dass in concreto ein die Nichtigkeit des Verlöbnisses herbeiführendes Eheverbot besteht (o. Art. 90 N 23), oder weil sie sich nicht bewusst sind, dass bis zur Rechtskraft des Scheidungsurteils das von einer de iure noch verheirateten Person eingegangene Verlöbnis als sittenwidrig bewertet wird und damit im Sinne des Art. 20 OR nichtig ist (o. Art. 90 N 24), stellt sich nach der Trennung der nur vermeintlich Verlobten die Interessenlage hinsichtlich der ausgetauschten Geschenke genau gleich dar wie im Falle der Aufhebung eines rechtlich wirksamen Verlöbnisses. Weil dieser Interessenkonflikt mangels eines wirksamen Verlöbnisses dem an sich einschlägigen Wortlaut des Art. 91 nicht subsumierbar ist, liegt eine offene Regelungslücke vor, welche es zu schliessen gilt (zum Problem KRAMER, 162 ff., bes. auch 173 ff.; CANARIS, Lücken, 151 ff.). Mithin findet Art. 91 auch im Falle der Auflösung einer als Verlöbnis nichtigen Verbindung, welche aufgrund eines gegenseitigen Heiratsversprechens und in Unkenntnis dessen rechtlicher Unwirksamkeit eingegangen worden war, in lückenfüllender Analogie Anwendung. Die Rückforderung vollzieht sich sinngemäss auf der Anspruchsgrundlage des Art. 91 mit seinem für den Berechtigten einfachen Beweisthema (vgl. o. N 3).

12 Art. 91 Abs. 1 in fine (bzw. aArt. 94 Abs. 3) bestimmt, dass im Falle des **Todes eines Partners,** jede Rückforderung ausgeschlossen ist. Dieser gesetzgeberischen Entscheidung liegt als ratio legis die Rücksichtnahme auf *«die Pietät»* zugrunde, so dass eine *«Rückforderung der Geschenke vom Überlebenden durch die Erben des Verstorbenen ausgeschlossen werde»* (StenBull 1905, 490). Dieser *«Ausschluss»* geschieht durch eine **Einrede** (*«exceptio»*), welche als Leistungsverweigerungsrecht dem Rückforderungsanspruch entgegensteht. Sollte der Überlebende trotz dieser subjektiven Berechtigung die Geschenke zurückerstatten, liegt darin nicht eine (Rück-) Schenkung, sondern die Erfüllung einer an ihn gerichteten Forderung. Hat der überlebende Partner den Tod des anderen schuldhaft verursacht, erhebt er die Einrede rechtsmissbräuchlich (Art. 2 Abs. 2), so dass das damit geltend gemachte Leistungsverweigerungsrecht nichtig wäre (HUWILER, 74 ff., 80 ff.), d.h. der Rückforderungsanspruch der Erben würde durchdringen (im Ergebnis wie hier, freilich ohne Begründung CURTI-FORRER, aArt. 94 N 6). Dem Rückforderungsanspruch des schuldigen Teiles stünde die Einrede allerdings entgegen.

III. Gelegenheitsgeschenke

Der revidierte Art. 91 Abs. 1 (aArt. 94) legt nunmehr ausdrücklich fest, dass gewöhnliche 13
Gelegenheitsgeschenke von der Rückgabeverpflichtung ausgenommen werden (Geburtstagsgeschenke u.ä. Zuwendungen; zum Begriff ZK-ESCHER, Art. 632 N 2). Dies entspricht dem Grundgedanken des Art. 91 (bzw. aArt. 94), wonach die dauerhafte Bereicherung einer Partei im Gefolge eines gescheiterten Verlöbnisses verhindert werden soll. Weil die üblichen Gelegenheitsgeschenke nun gerade nicht aufgrund des Verlöbnisses vollzogen worden sind, sondern aus einem Anlass, der auch ohne dieses Naheverhältnis zur Zuwendung geführt hätte, besteht kein Anlass, solche Geschenke nach der Auflösung des Verlöbnisses zurückzufordern, eine Bereicherung aufgrund des gescheiterten Verlöbnisses liegt nicht vor.

IV. Die Rückforderung von Briefen

Ein Anspruch auf Rückgabe der während des Verlöbnisses gewechselten **Briefe** (sog. 14
«Brautbriefe») ist weder aus dem Wortlaut des Art. 91 noch aus der diesem zugrunde liegenden ratio legis abzuleiten (CURTI-FORRER, aArt. 94 N 1; BK-GÖTZ, aArt. 94 N 3). Denn Art. 91 ist Anspruchsgrundlage für die Rückabwicklung unentgeltlicher Zuwendungen, d.h. also von Vermögensvorteilen in natura oder aber bis zur Höchstgrenze der aktuellen Bereicherung beim Beschenkten. Vorausgesetzt ist mithin ein vermögensmässig relevanter Vorteil, der im Falle des Eigentums an einem Briefe grundsätzlich nicht gegeben ist (BK-GÖTZ, aArt. 94 N 3). Die Meinung, Art. 91 sei auf die Rückforderung von Briefen analog anzuwenden (ZK-EGGER, aArt. 94 N 2; HEGNAUER/ BREITSCHMID, N 3.10; WERRO, N 204), ist nicht zu halten: Der Normzweck, Vermögensvorteile aus dem gescheiterten Verlöbnis zu verhindern, lässt eine sinngemässe Anwendung auf die Rückerstattung rein affektiv besetzter Güter nicht zu (BK-GÖTZ, aArt. 94 N 3; Botschaft Revision Scheidungsrecht, 60, Ziff. 221.21). Eine Rückforderung gestützt auf Art. 28a erscheint zwar im Falle sonst drohenden Missbrauches möglich (nicht aber auf jeden Fall, wie WERRO, N 204 annimmt). Angesichts der modernen Reproduktionsmöglichkeiten derartiger Schriftstücke wird allerdings eine Rückgabepflicht, um Persönlichkeitsverletzungen vorzubeugen, selten zu begründen sein. Regelmässig werden Briefe – in unserem Zusammenhang Träger höchstpersönlicher Kommunikation, welche von den Partnern als solche gemeint und empfunden worden sind – nicht rückforderbar sein, weil sie zur persönlichen, lebensgeschichtlichen Sphäre auch des Empfängers gehören, dem also auf alle Fälle ein schützenswertes Interesse am weiteren Besitz an solchen Erinnerungsstücken seiner eigenen Biographie zugebilligt werden muss. Nicht gehindert sind die Parteien selbstverständlich, wenn dies ihren Bedürfnissen entspricht, die Briefe zu vernichten.

V. Die Rückforderung seitens Dritter

Der Art. 91 bietet die Anspruchsgrundlage lediglich für die **Rückforderung der Ge-** 15
schenke zwischen den Partnern nach der Auflösung des Verlöbnisses. Zuwendungen, welche von Dritten (Eltern, Paten, Seitenverwandten) auf den in Aussicht stehenden Eheschluss hin vollzogen wurden, sind folglich nach den allgemeinen obligationenrechtlichen Regeln (Art. 62 ff. OR) oder aufgrund des Schenkungsrechtes (Art. 249 OR) zurückzufordern (HEGNAUER/BREITSCHMID, N 3.10; WERRO, N 202; Botschaft Revision Scheidungsrecht, 60, Ziff. 221.21), wobei die für den Rückforderungsanspruch konstitutiven Voraussetzungen des «*schweren Verbrechens*» (Art. 249 Ziff. 1 OR) bzw. der schweren Verletzung «*familienrechtlicher Pflichten*» (Art. 249 Ziff. 2 OR) auch durch

den Verlöbnisbruch ohne wichtigen Grund sich nicht verwirklicht haben (zu den Tatbeständen OR-Vogt, Art. 249 N 9 ff.). Folglich bleibt regelmässig nur der Anspruch aus ungerechtfertigter Bereicherung (Art. 62 OR), denn für eine analoge Aktivlegitimation Dritter zur Rückforderung aus Art. 91 neben den ehemaligen Verlöbnispartnern besteht aufgrund der ratio legis der Norm kein Anlass (dies zu BK-Götz, aArt. 94 N 2).

16 Als Anspruch aus **ungerechtfertigter Bereicherung** steht nicht die condictio ob rem (= *causa data causa non secuta)* zur Verfügung (unzutreffend insoweit BGE 82 II 430 ff. mit berechtigter Kritik von Merz, ZBJV 1958, 77 f.; Guhl/Koller, § 27 N 12), weil die causa donandi – die Einigung, dass unentgeltlich zugewendet und erworben werden soll – aufrecht bleibt; nicht verwirklicht hat sich jedoch das Motiv für die Schenkung. Freilich ist diesfalls, da es sich um einen Irrtum über eine künftige Entwicklung handelte, ein wesentlicher Motivirrtum (Grundlagenirrtum nach Art. 24 Abs. 1 Ziff. 4 OR) auch nach der präzisierten, einschlägigen bundesgerichtlichen Rechtsprechung nicht anzunehmen: Denn das Zustandekommen einer Ehe ist aufgrund der jederzeitigen Abschlussfreiheit nicht «*als unumstösslich feststehendes Ereignis*» in Vollzug des Eheversprechens zu werten, womit die Anforderungen der neueren bundesgerichtlichen Rechtssprechung an den beachtlichen Irrtum über eine künftige Entwicklung nicht erfüllt sind (BGE 118 II 297 E. 2c aa; best. in BGE 4C. 34/2000/rnd E. 3c bb; dazu wichtig Sulzer AJP 2003, 989). Und weil ferner gemäss derselben bundesgerichtlichen Praxis die «*Irrtumsanfechtung (…) nicht als Versicherung gegen eine unvorhergesehen schlechte Entwicklung zur Verfügung*» steht (BGE, a.a.O.), bleibt nurmehr die Konstruktion einer – nach dem Vertrauensprinzip aufgrund der Unentgeltlichkeit und Zweckgerichtetheit der Zuwendung – sicherlich gerechtfertigten konkludent vereinbarten Resolutivbedingung (vgl. o. N 3; vgl. auch BK-Merz Art. 2 ZGB N 194). Nimmt man eine solche als eingetreten an, fällt mit der Auflösung des Verlöbnisses auch die causa donandi mit der in Art. 154 Abs. 2 OR als Grundsatz vorgesehenen Wirkung *ex nunc* dahin. Damit bleibt die *causa* zwar als Erwerbsgrund *(causa adquirendi)* wirksam, verliert jedoch mit Bedingungseintritt ihre Funktion als Rechtsgrund für das weitere Behalten-Dürfen *(causa retinendi)* der Zuwendung, so dass die Bereicherungslage gestützt auf Art. 62 Abs. 1 OR zwischen dem Beschenkten und dem Schenker entsteht, durchsetzbar mittels der **condictio ob causam finitam**. Abgeschöpft wird die gesamte Bereicherung, neben der seinerzeitigen Zuwendung also auch etwa die natürlichen und zivilen Früchte (von Tuhr/Peter, 501 f.). Die Kondiktion ist grundsätzlich eine Speziesobligation und wie alle Forderungen in erster Linie auf den primär geschuldeten Leistungsinhalt gerichtet, so dass die Bereicherung, soweit möglich, in natura zu erstatten ist, in vorliegendem Zusammenhang also meist durch Rückübertragung von Besitz und Eigentum (von Tuhr/Peter, 500 f.; Retrozession bzw. Wiederherstellung einer erlassenen Forderung wären selbstverständlich ebenfalls möglich (von Tuhr/Peter, a.a.O.), im Bereiche des Verlöbnisrechtes aber wohl wenig praktisch). Erst wenn die Bereicherung naturaliter nicht mehr restituierbar ist, wird Wertersatz (das Surrogat) in Geld geschuldet (von Tuhr/Peter, 502). Bis zum Eheschluss musste der Beschenkte mit der Rückgabe rechnen (so auch BGE 82 II 430 ff.), so dass ihm folglich die Entreicherungseinwendung des Art. 64 Abs. 1 OR nicht zur Verfügung steht.

VI. Auflösung des Verlöbnisses und Erbrecht: Wegfall der Zuwendungen mortis causa

17 Vgl. o. Art. 90 N 51–57.

Art. 92

II. Beitrags-pflicht	**Hat einer der Verlobten im Hinblick auf die Eheschliessung in guten Treuen Veranstaltungen getroffen, so kann er bei Auflösung des Verlöbnisses vom andern einen angemessenen Beitrag verlangen, sofern dies nach den gesamten Umständen nicht als unbillig erscheint.**
II. Participation financière	Lorsqu'un des fiancés a pris de bonne foi, en vue du mariage, des dispositions occasionnant des frais ou une perte de gain, il peut exiger de l'autre une participation financière appropriée, pour autant que cela ne paraisse pas inéquitable au vu de l'ensemble des circonstances.
II. Partecipazione finanziaria	Il fidanzato che in buona fede ha sostenuto delle spese in vista del matrimonio può pretendere dall'altro una partecipazione adeguata purché, visto l'insieme delle circostanze, tale partecipazione non si palesi iniqua.

Literatur

Vgl. Literatur und Materialien zu Art. 90.

I. Normzweck

Art. 92 verwendet – anders als der vor der Revision einschlägige aArt. 92 in der Marginalie – den Begriff des *«Schadenersatzes»* nicht mehr, sondern normiert für den Fall des ungerechtfertigten Verlöbnisbruchs eine *«Beitragspflicht»* (*«participation financière»*, *«partecipazione finanziaria»*). Gleichwohl bildet auch Art. 92 die **Anspruchsgrundlage** einer **Schadenersatzforderung,** weil ausweislich der Vorarbeiten mittels dieser Norm die *«Haftungsvoraussetzungen»* für den Fall des *«Verlöbnisbruch(es)»* definiert werden (Botschaft Revision Scheidungsrecht, 60, Ziff. 221.22). Der Grund für diese terminologische Besonderheit erhellt aus den Materialien nicht, dürfte aber darin liegen, dass Art. 92 das Scheitern *«einer besonderen Vertrauensbeziehung»* in vermögensmässiger Hinsicht sanktioniert, dies in Wahrnehmung einer *«gemeinschaftlichen Verantwortlichkeit für die Veranstaltungen, die in guten Treuen im Hinblick auf die Eheschliessung getroffen wurden»* (Botschaft Revision Scheidungsrecht, 60, Ziff. 221.22). Daher schliesst eine allfällige, vom Richter unter Würdigung aller Umstände festzustellende, Unbilligkeit als sog. *«negative Härteklausel»* (Botschaft a.a.O., 61) eine Haftung aus (Art. 92 i.f.). An der grundsätzlichen Qualifikation der auf Art. 92 sich stützenden Forderung als (vertraglichen) Schadenersatzanspruch vermag dies freilich nichts zu ändern.

1

Der Gesetzgeber umschreibt den Haftungstatbestand des Art. 92 – anders als in der Fassung von aArt. 92 – in *«objektiver Weise»* (Botschaft Revision Scheidungsrecht, 60, Ziff. 221.22) unter Verzicht auf das unabdingbare Erfordernis eines Verschuldens der beitragspflichtigen Partei. **Anspruchsbegründende Tatbestandselemente** sind (a) *«Veranstaltungen»,* dh. ein Tun oder Unterlassen, welches zu Vermögenseinbussen i.S. des positiven Interesses (zum Begriff von Tuhr/Escher, 99 ff.) führt. Denn aus dem Wortlaut der romanischen Fassungen geht hervor, dass zunächst *«frais»* bzw. *«spese»*, mithin Aufwendungen (*«impensae»*) zu entschädigen sind, gleichzeitig aber auch eine *«perte de gain»,* also entgangener Gewinn auszugleichen ist (u. N 11). (b) Ferner muss die künftige eheliche Gemeinschaft den Grund (*«im Hinblick»*) für die in Kauf genommenen Vermögenseinbussen gebildet haben (u. N 12). (c) Und schliesslich müssen diese Einbussen *«in guten Treuen»* (*«bonne foi»*, *«buona fede»*) beabsichtigt bzw. hingenommen worden

2

sein, indem der darin betroffene Partner von der bevorstehenden Eheschliessung ausgehen konnte und durfte, weil keinerlei Anlass bestand, am Zustandekommen der Ehe zu zweifeln. Andernfalls wäre ihm die Berufung auf seinen diesbezüglichen guten Glauben verschlossen (Art. 3 Abs. 2; vgl. im Übrigen u. N 14).

3   Durch den **Verzicht auf das Verschulden als haftungsbegründendes Tatbestandselement** wird die Einsicht umgesetzt, dass das Gelingen oder Fehlschlagen einer affektiv-emotionalen Beziehung und die sich einstellenden Folgen nicht ohne weiteres aufgrund der herkömmlichen Vorwerfbarkeitskriterien (Vorsatz/Fahrlässigkeit) zugerechnet werden können. Die *Verschuldensunabhängigkeit* des Haftungstatbestandes wird nun aber durch eine *«negative Härteklausel»* (so Botschaft Revision Scheidungsrecht, 61, Ziff. 221.22, u.o. N 1) ergänzt, indem ein *«ungerechtfertigter Verlöbnisbruch»* (so Botschaft a.a.O.) den Beitragsanspruch als unbillig *(«inéquitable», «iniqua»)* verwirken lässt (Art. 92 i.f). Damit hängt die Beitragspflicht nicht mehr von der (subjektiven) Vorwerfbarkeit des verlöbniswidrigen Verhaltens ab, sondern deren Entstehung muss mit dem objektiviert zu konkretisierenden Blankett der *«Billigkeit» (aequitas)* vereinbar sein. An die Stelle des rechtsbegründenden subjektiven Tatbestandselementes der culpa i.w.S. ist also der **rechtshindernde Umstand der Unbilligkeit** getreten (*«unbillig», «inéquitable», «participazione ... iniqua»;* Art. 92 i.f.), so dass der Richter nach pflichtgemässem Ermessen eine der Streitlage objektiv angemessene Entscheidung zu treffen hat (Art. 4). Er wendet folglich nicht gemäss Art. 1 Regelrecht in einem Subsumtionsvorgang an, sondern entscheidet die individuell-konkrete Interessenlage ausserhalb des vorgegebenen generell-abstrakten Normbestandes *(ius strictum)* in objektivierender Abwägung der gegenseitigen Interessen unter Berücksichtigung aller rechtlich relevanter Umstände des vorliegenden einzelnen Falles (BK-MEIER-HAYOZ Art. 4 N 11 ff. und bes. N 46 ff.): *«Massgebend ist die Gesamtheit der Umstände»* (so Botschaft Revision Scheidungsrecht, 60, Ziff. 221.22). Zu diesen *«Umständen»* zählt unter anderen auch das Verschulden, so dass die Verschuldenslage im Rahmen der *«Billigkeit»,* mithin also der Sachangemessenheit zu berücksichtigen sein wird, jedoch nicht mehr als das allein (*«nur»,* so Botschaft a.a.O.) ausschlaggebende Tatbestandselement (Botschaft a.a.O.).

4   Art. 92 gründet auf der Einsicht, dass das Verlöbnis seinem vertraglichen Inhalte nach zwar ein **affektiv-emotionales Verhältnis** ist, welches aber im Falle seines Scheiterns unter bestimmten Umständen vermögensmässige, juristisch durchsetzbare Folgen hervorbringt. Die grundsätzliche Unvereinbarkeit eines Rechtsverhältnisses, welches auf emotionalen Gefühlslagen und Motivationen beruht mit den durch dieses hervorgebrachten juristischen Folgen, welche ausschliesslich der Sphäre rationaler Regelung menschlicher Verhältnisse angehören und dieser angemessen sind, lässt das Dilemma entstehen, welches letztlich das gesamte Familienrecht durchzieht. Es liegen zwei alternative Schemata menschlicher Handlungsorientierung vor, welche im Grunde inkompatibel sind.

5   Der affektiven Natur des Verlöbnisinhaltes trägt der Gesetzgeber Rechnung, indem er dieses Rechtsverhältnis als **jederzeit einseitig aufhebbar** anerkennt. Der Verlust der subjektiven Zuneigung und der entsprechenden Verbundenheit seitens des einen Partners ist insoweit stets ein wichtiger Grund für den Rücktritt, weil diesfalls die Fortführung des Verlöbnisses und der nachfolgende Eheschluss vernünftigerweise unzumutbar sind.

6   Anderseits ist die einseitige Unzumutbarkeit noch keine Rechtfertigung für die Zuordnung allfälliger vermögensmässiger Nachteile, welche aus der Auflösung des Verlöbnisses sich ergeben können. Denn neben den affektiven Elementen dieses Rechtsverhältnisses berücksichtigt der Gesetzgeber auch dessen rational-zielgerichtete Funktion, indem das Verlöbnis als Rechtsinstitut gleichzeitig die vermögensmässigen Risiken für den Fall des Scheiterns verteilt und in rechtlicher Hinsicht somit als eine Art der **Risikogemein-**

schaft verfasst ist (vgl. auch MONTANARI, 102). Diese zu vermittelnde Gegensätzlichkeit bestimmt die Auslegung von Art. 92.

II. Norminhalt

Anstelle der im bisherigen Art. 92 für den Fall des Verlöbnisbruchs normierten Schadenersatzpflicht kann der Geschädigte nach neuem Recht unabhängig vom Verschulden *«bei Auflösung des Verlöbnisses vom anderen einen angemessenen Beitrag verlangen»* (Botschaft Revision Scheidungsrecht, 60 f., Ziff. 221.22). Allerdings enthält Art. 92 in fine die negative Härteklausel: *«sofern dies nach den gesamten Umständen nicht als unbillig erscheint»* (vgl. o. N 3). Damit versagt der Gesetzgeber dem Verlobten, der das **Verlöbnis in ungerechtfertigter Weise bricht,** den Anspruch auf einen Beitrag (Botschaft Revision Scheidungsrecht, a.a.O.). Somit wird freilich nach wie vor zwischen der gerechtfertigten und der ungerechtfertigten Auflösung (Verlöbnisbruch) unterschieden, und die bisherige komplexe Regelung bleibt in der Sache bestehen. 7

Art. 92 ordnet die vermögensmässigen Risiken, die mit dem Scheitern des Verlöbnisses verbunden sind, den ehemaligen Verlöbnispartnern zu. Abgestellt wird auf die Gesamtheit der Umstände, namentlich die wirtschaftlichen Verhältnisse der Parteien. Im Falle des Verlöbnisbruchs überwälzt der Gesetzgeber die entstandenen Vermögensnachteile auf denjenigen Partner, welcher die Auflösung des Verlöbnisses zu vertreten hat, und zwar unter folgenden Voraussetzungen: 8

– durch die **Verletzung der Hauptleistungspflicht,** indem durch den Rücktritt ohne wichtigen Grund die Verpflichtung zur Eingehung der Ehe nicht erfüllt wird;

– durch **Verletzung der Nebenpflicht(en),** d.h. der Treue-, Mitwirkungs- und Loyalitätspflichten, wodurch dann ein wichtiger Grund für den Rücktritt des anderen gesetzt wird.

Die **Berufung auf einen selbstgesetzten wichtigen Grund** ist ein Anwendungsfall der ersten Alternative. Denn die Berufung auf die eigene Nebenpflichtsverletzung, um dadurch einen wichtigen Grund in Anspruch nehmen zu können, wäre ein *venire contra factum proprium* und damit rechtsmissbräuchlich (BK-MERZ, Art. 2 N 400 ff.). Da sich als Rechtsfolge missbräuchlichen Handelns dessen Nichtigkeit ergibt (HUWILER, 79 ff.), liegt hier ein Fall der ersten Alternative vor; der Verlobte tritt ohne wichtigen Grund zurück. 9

1. Der Schaden

Darunter fällt jeder deswegen entstandene Vermögensnachteil, weil *«Veranstaltungen»,* welche *«in guten Treuen»* und *«mit Hinsicht auf die Eheschliessung»* getätigt worden waren, durch die Auflösung des Verlöbnisses entweder nutzlos geworden sind, oder aber weil eine bestimmte, das Vermögen mindernde oder dessen Bildung hemmende Handlungsweise ihr damaliges Motiv, um dessetwillen sie in dieser Weise geschehen war, eingebüsst hat. Denn unter den Begriff der **«Veranstaltungen»** fällt jedes das Vermögen beeinträchtigende Tun oder Nicht-Tun (Unterlassen), welches durch den in Aussicht stehenden Eheschluss verursacht und motiviert war (vgl. o. N 2). 10

Aus dem französischen Gesetzeswortlaut des revidierten Art. 92 (*«des dispositions occasionnant des frais ou une perte de gain»*) geht nun klar hervor, dass mit dem Begriff *«Veranstaltungen»* nicht allein **Vermögensminderungen** (*«damnum emergens»*) gemeint sind, vielmehr stellt auch ein **entgangener Vorteil** (*«lucrum cessans»*) einen Schadensposten dar, wenn etwa ein Verlobter mit Hinsicht auf die in Aussicht stehende Eheschliessung seine berufliche Tätigkeit eingeschränkt und damit eine Einkommensminde 11 rung auf sich genommen hat (so bereits zum vorrevidierten Recht BGE 58 II 6 E. 3; sehr klar auch KELLER, 28). In Anrechnung kommt dabei der Nachteil nicht nur bis zum Zeitpunkt der Auflösung des Verlöbnisses, sondern bis zur Wiederherstellung der früheren Erwerbsverhältnisse (BGE 79 II 1 E. 4). Weitere Beispiele aus Praxis und Lehre sind etwa die Gewährung von Unterhalt (Kost und Logis) an den Partner (BGE 79 II 1 E. 4), der Ankauf von Haushaltsgegenständen, die nunmehr nutzlos sind, die Miete einer teureren, weil grösseren Wohnung als künftiger Ehewohnung und dgl. mehr (ZK-EGGER, aArt. 92 N 8).

12 Die Veranstaltungen müssen *«im Hinblick auf die Eheschliessung»* getätigt worden sein; es bedarf eines **ursächlichen Zusammenhanges** (CURTI-FORRER, aArt. 92 N 12; BK-GÖTZ, aArt. 92 N 18). Deswegen fallen nicht unter diesen Begriff die Kosten im Zusammenhang mit einer Schwangerschaft der Braut und der Geburt des Kindes oder etwa Vermögensnachteile aufgrund gesundheitlicher Störungen im Gefolge der Auflösung des Verlöbnisses. Deshalb ist es ungenau, im Normbereich des Art. 92 von einer Haftung auf das negative Interesse zu sprechen (so aber die h.L., ZK-EGGER, aArt. 92 N 7; BK-GÖTZ, aArt. 92 N 18). Denn negatives Interesse wäre hier die Differenz zwischen dem Vermögensstand des Geschädigten nach der Auflösung des Verlöbnisses und demjenigen (hypothetischen), welcher vorläge, wenn das Verlöbnis nie eingegangen worden wäre (KELLER, 28). Die **Haftung beschränkt sich auf jene Vermögenseinbussen im Gefolge von final auf den Eheschluss gerichteten Veranstaltungen** und verschliesst sich anderen adäquat kausalen Folgeschäden. Zudem ist der Richter bei der **Schadensbemessung** auf sein **pflichtgemässes Ermessen** verwiesen, denn der Partner hat gemäss Wortlaut des Gesetzes *«einen angemessenen Beitrag zu leisten»*. Damit sind die **konkreten Umstände des Falles** mit zu berücksichtigen (BK-GÖTZ, aArt. 92 N 19), namentlich die wirtschaftlichen Verhältnisse der Parteien (analog Art. 163 Abs. 1; Botschaft Revision Scheidungsrecht, 61, Ziff. 221.22). Ebenso kann eine gewisse Mitverursachung des wichtigen Grundes durch den nunmehr klagenden Teil mit berücksichtigt werden (ZK-EGGER, aArt. 92 N 7).

13 Weitere, über Art. 92 hinausgehende **Ansprüche** setzen eine unerlaubte Handlung (Art. 41 Abs. 1 und 2 OR) des Verlöbnisbrechers voraus (ZK-EGGER, aArt. 92 N 9). Sie können mit dem Anspruch aus Art. 92 gehäuft werden (Erläuterungen I, 130).

14 Es muss sich um Veranstaltungen handeln, welche *«in guten Treuen»* getätigt worden sind. Damit meint der Gesetzgeber sowohl die berechtigte Annahme eines bevorstehenden Eheschlusses (vgl. o. N 2), als auch die **Angemessenheit der Veranstaltung hinsichtlich der konkreten Umstände und Bedürfnisse** (vgl. das Votum C. CHR. BURCKHARDT, Protokoll der Expertenkommission ZGB, ad Art. 112 VE; BK-GÖTZ, aArt. 92 N 18). Ist freilich die Zustimmung des Partners zu einer Veranstaltung nachweisbar, bedarf es nicht mehr der Voraussetzung deren Angemessenheit (ZK-EGGER, aArt. 92 N 7; BK-GÖTZ, aArt. 92 N 18).

15 Da der Gesetzestext von Veranstaltungen *«im Hinblick auf die Eheschliessung»* und nicht etwa «infolge der Verlobung» spricht, ist es mit dem Wortlaut vereinbar, dass **Veranstaltungen** darunter fallen können, die **bereits vor der Verlobung getroffen** worden sind, falls die Verlobung von beiden Teilen beabsichtigt war. Entscheidend sind die – mit Zurückhaltung zu wertenden – Verhältnisse des Einzelfalles (so BGE 79 II 1 E. 4).

2. Kausalität

16 Der beim zurückbleibenden Partner eingetretene Vermögensnachteil muss zur Auflösung des Verlöbnisses im Verhältnis einer **adäquaten Kausalität** stehen (Botschaft Revision Scheidungsrecht, 60, Ziff. 221.22; WERRO, N 218).

3. Vertragsverletzung und Verschulden

Wird die Haftung, gestützt auf Art. 92 durch eine **Vertragsverletzung** ausgelöst, kann **17** diese sowohl durch die Nichterfüllung der Hauptleistungspflicht (Auflösung des Verlöbnisses) als auch durch Verletzung von Nebenpflichten (Treue-, Mitwirkungs- und Loyalitätspflichten) geschehen. Letzterenfalls wird gleichzeitig ein wichtiger Grund für den Rücktritt des Partners gesetzt.

a) Die **Haftung,** gestützt auf Art. 92, infolge der **Nichterfüllung der Hauptleistungs-** **18** **pflicht** (Rücktritt ohne wichtigen Grund) ist im Gegensatz zur h.L des alten Rechts (BK-GMÜR, aArt. 92 N 3 ff.; BK-GÖTZ, aArt. 92 N 3 ff.) **verschuldensunabhängig** (HEGNAUER/BREITSCHMID, N 3.11; TUOR/SCHNYDER/SCHMID/RUMO-JUNGO, 178; so auch Botschaft Revision Scheidungsrecht, 60, Ziff. 221.22, die eine im Familienrecht erkennbare Tendenz der zunehmenden Bedeutungslosigkeit des Verschuldens hinsichtlich des Scheiterns familiärer Beziehungen festschreibt). Denn in affektiv-emotional bestimmten persönlichen Naheverhältnissen sind die Kategorien der Fahrlässigkeit und des Vorsatzes (Absicht) – beides final gesteuerte Handlungsmuster – für die Zurechenbarkeit der Folgen der veränderten gegenseitigen Beziehungen schlechterdings unanwendbar (vgl. o. N 2 ff.). Der Wortlaut des neuen Art. 92 ist insgesamt nicht glücklich; zu begrüssen ist aber der Verzicht auf das Verschulden als unabdingbare Haftungsvoraussetzung. Die Botschaft Revision Scheidungsrecht motiviert diese sachgerechte Neuerung freilich zweideutig, wenn einerseits Art. 92 die *«Haftungsvoraussetzungen beim Verlöbnisbruch in objektiver Weise»* umschreibt (Botschaft Revision Scheidungsrecht, a.a.O.), andererseits aber *«die Gesamtheit der Umstände und* **nicht mehr nur** das Verschulden des eingeklagten Verlobten» massgebend sein soll (Botschaft Revision Scheidungsrecht, a.a.O., Hervorhebung des Verfassers). Daraus darf aber nicht geschlossen werden, dass das Verschulden nach wie vor zwingend notwendiges Tatbestandselement des Schadenersatzanspruchs ist, weil sonst die offensichtlich beabsichtigte inhaltliche Revision des bestehenden Art. 92 nicht erreicht wäre (vgl. o. N 3).

b) Die **Haftung,** gestützt auf Art. 92, **wegen Verletzung von Nebenpflichten** in **19** einer Weise, dass dadurch gleichzeitig für den Partner ein wichtiger Grund für seinen Rücktritt geschaffen wird, bedarf ebenfalls nicht des Nachweises verschuldeten Handelns. Die Voraussetzung für die Haftung ist gegeben, wenn das verlöbniswidrige Tun oder Unterlassen geeignet war, die Fortsetzung des Verlöbnisses und die Eingehung der Ehe dem Partner **vernünftigerweise unzumutbar** zu machen (ZK-EGGER, aArt. 92 N 3).

Freilich wird in solchen Fällen dem untreuen Teil zuweilen ein Verschulden vorwerfbar **20** sein, namentlich vorsätzliches, mit dem Verlöbnis unvereinbares Handeln, **ohne** dass dieses aber **tatbeständliche Voraussetzung** für das Vorliegen des **wichtigen Grundes** ist.

Tritt derjenige Verlobte, der den wichtigen Grund gesetzt hat, deswegen selbst zurück, **21** liegt der Tatbestand des Rücktrittes ohne wichtigen Grund vor. Denn diesfalls liegt eine **rechtsmissbräuchliche Berufung auf den wichtigen Grund** vor, so dass dieser nicht zur Rechtfertigung der Aufhebung des Verlöbnisses herangezogen werden kann (vgl. o. N 7).

4. Aktivlegitimation

Grundsätzlich kann jeder **Verlobte** vom anderen einen angemessenen Beitrag verlangen, **22** es sei denn er selbst habe das Verlöbnis gebrochen bzw. ungerechtfertigt aufgelöst (HEGNAUER/BREITSCHMID, N 3.11). Aktivlegitimiert ist diesfalls nur der **verletzte Part-**

ner. Die **Aktivlegitimation Dritter** – der Eltern und Dritter, welche anstelle der Eltern Aufwendungen getätigt haben – wurde mit der Begründung **gestrichen,** eine solche Erweiterung der Aktivlegitimation erübrige sich heute, da sie aus einer Zeit stamme, in welcher Eltern ihren Töchtern eine Mitgift mitzugeben pflegten (Botschaft Revision Scheidungsrecht, 61, Ziff. 221.22). Die Auslagen der Eltern dürfen aber zumindest dann den Verlobten zugerechnet werden, wenn sie sonst von diesen getätigt worden wären (Botschaft Revision Scheidungsrecht, a.a.O.).

23 Der Anspruch aus Art. 92 ist als Schadenersatzanspruch **frei übertragbar** und **aktiv** wie **passiv vererblich.**

Art. 93

III. Verjährung	**Die Ansprüche aus dem Verlöbnis verjähren mit Ablauf eines Jahres nach der Auflösung.**
III. Prescription	Les actions découlant des fiançailles se prescrivent par un an à compter de la rupture.
III. Prescrizione	Le azioni derivanti dal fidanzamento si prescrivono in un anno dalla rottura del medesimo.

Literatur

Vgl. Literatur und Materialien zu Art. 90.

I. Die Ansprüche

1 Die Verjährung wird aufgrund der Revision neu in Art. 93 geregelt, welcher dem Wortlaut des aArt. 95 entspricht. Der Verjährung unterworfen sind die aus der Aufhebung des Verlöbnisses resultierenden Ansprüche gestützt auf die Klagen der Art. 91 und 92 (BK-GMÜR, aArt. 95 N 2; BK-GÖTZ, aArt. 95 N 1; ebenso HEGNAUER/BREITSCHMID, N 3.12; CURTI-FORRER, aArt. 95 N 1; ROSSEL/MENTHA, N 300).

II. Die Verjährung

1. Die Frist

2 Die **einjährige Frist** für die Verjährung ist derjenigen für die Ansprüche aus unerlaubter Handlung angeglichen (Art. 60 OR; vgl. Erläuterungen I, 131; BK-GÖTZ, aArt. 95 N 3; ROSSEL/MENTHA, N 300; LEUENBERGER, 271), ungeachtet des Umstandes, dass die Ansprüche aus Art. 91 und 92 nicht-deliktischer Natur sind (BK-GÖTZ, aArt. 92 N 16 und aArt. 94 N 7 ff.; LEUENBERGER, 141 ff.). Die kurze **Verjährungsfrist** rechtfertigt sich indessen mit dem besonderen Charakter fraglicher Streitigkeiten (vgl. LEUENBERGER, 271; BK-GMÜR, aArt. 95 N 1; ZK-EGGER, 1. Aufl., aArt. 95 N 1; UNGRICHT, 125 f.).

3 Die einjährige Frist gemäss Art. 93 ist eine **Verjährungsfrist** (vgl. MONTANARI, 41 FN 150). Es gelangen folglich die Verjährungsregeln der Art. 127 ff. OR zur Anwendung (BK-GÖTZ, aArt. 95 N 4; ZK-EGGER, 1. Aufl., aArt. 95 N 2; zumindest unklar bleibt die Feststellung der Botschaft Revision Scheidungsrecht, 62, Ziff. 221.23: *«Artikel 94 [recte*

93] entspricht Artikel 95 ZGB. Die Fristen des Obligationenrechts sind nicht anwendbar»).

2. Berechnung

Der Meinungsstreit, ob die Verjährungsfrist bereits mit der **Auflösung des Verlöbnisses** 4 (TUOR/SCHNYDER/SCHMID/RUMO-JUNGO, 178; HEGNAUER/BREITSCHMID, N 3.12) oder aber erst mit der **Kenntnis** des verlassenen Teiles von der Aufhebung des Verlöbnisses (ZK-EGGER, aArt. 95 N 2; BK-GMÜR, aArt. 95 N 3; KELLER, 31) zu laufen beginne, ist bei näherem Zusehen gegenstandslos. Denn das Verlöbnis wird grundsätzlich mit dem Eintreffen der Rücktrittserklärung bzw. mit der Möglichkeit der Kenntnisnahme der entsprechenden Willensäusserung aufgelöst (vgl. o. Art. 90 N 46).

Die Ausnahmefälle – der Tod des einen Verlobten und der Verlust der Urteilsfähigkeit – 5 sind ebenfalls nach den Grundsätzen der Empfangstheorie zu entscheiden. Denn dem historischen Gesetzgeber erschien es als gerechtfertigt, die Ansprüche, welche sich aus dem Dahinfallen des Verlöbnisses ergeben können (aArt. 92–94) *«ganz allgemein in der Frist dahinfallen zu lassen, die im Obligationenrecht (Art. 69 OR [sc. aOR = Art. 60 OR]) für die Verjährung der Schadenersatzklage gegeben ist»* (Erläuterungen I, 131). Durch diese Verweisung ist aufgrund des Wortlautes des Art. 60 OR klargestellt, dass die Verjährungsfrist mit der (Möglichkeit der) **Kenntnisnahme** von der erfolgten Auflösung des Verlöbnisses zu laufen beginnt. Die Botschaft Revision Scheidungsrecht (62, Ziff. 221.23, FN 232) verneint hingegen die Anwendbarkeit der Fristen des Obligationenrechts mit der Begründung, Art. 67 Abs. 1 OR enthalte neben der Frist eines Jahres seit Kenntnisnahme *«eine zehnjährige Verjährungsfrist, die mit Entstehung des Anspruchs beginnt»*. Offen bleibt, weshalb in diesem Zusammenhang, im Gegensatz zum Gesetzgeber von 1907, für die Verjährungsfrist unbesehen auf die entsprechende bereicherungsrechtliche Norm und nicht sachgerecht – nach dem Vorbild E. Hubers – auf Art. 60 Abs. 1 OR verwiesen wird. Ferner bleibt unklar, ob Art. 67 Abs. 1 OR (bzw. Art. 60 Abs. 1 OR) insgesamt oder nur die Zehnjahresfrist unanwendbar sein soll.

3. Beweislast

Die zeitliche Bestimmung der Verlöbnisauflösung und damit des Verjährungsbeginns 6 kann sich schwierig gestalten, etwa im Falle eines stillschweigenden Rücktrittes eines Verlobten. Entgegen LEUENBERGER, 272 (ähnlich auch CURTI-FORRER, aArt. 95 N 3), entscheidet freilich nicht das richterliche Ermessen (Art. 4), *«mit welchem Zeitpunkte die Auflösung als sicher anzunehmen sei, beziehungsweise von wann an die Verjährung zu laufen begonnen habe»*. Denn falls sich kein eindeutiges Beweisergebnis ergibt, greift vielmehr die **Beweislastregel** des **Art. 8**. Danach hat der Richter zum Nachteil derjenigen Partei zu entscheiden, die für den beweislos gebliebenen Sachumstand die Beweislast trägt. Der Kläger trägt die Beweislast für die Auflösung des Verlöbnisses (vgl. WERRO, N 203). Wird seitens der beklagten Partei die Verjährungseinrede eingebracht, trägt sie die Beweislast für die Verjährung, somit für den behaupteten Zeitpunkt der Auflösung (ROSSEL/MENTHA, N 300; vgl. zum Ganzen auch KUMMER, 137 ff.).

Zweiter Abschnitt: Die Ehevoraussetzungen

Vorbemerkungen zu Art. 94–96

Literatur

JÄGER/SIEGENTHALER, Das Zivilstandswesen in der Schweiz, Bern 1998; Botschaft Revision Scheidungsrecht.

I. Allgemeines

1 Die drei Artikel des zweiten Abschnittes des dritten Titels enthalten die **materiellen Eheschliessungsvoraussetzungen** des schweizerischen Rechts. Die formellen Eheschliessungsvoraussetzungen werden in den Art. 97–103, d.h. im folgenden Abschnitt, behandelt.

II. IPR

2 Die Bestimmungen dieser drei Artikel gelten grundsätzlich auch für ausländische Staatsangehörige, die in der Schweiz heiraten wollen (Art. 44 Abs. 1 IPRG). Eine Ausnahme bildet das **ausländische Brautpaar,** das die materiellen Eheschliessungsvoraussetzungen des schweizerischen Rechts nicht erfüllt, dessen Ehevorhaben jedoch den Voraussetzungen des Heimatrechts eines der Brautleute entspricht (Art. 44 Abs. 2 IPRG).

III. Recht auf Ehe

3 Art. 14 BV und Art. 12 EMRK garantieren das Recht auf Ehe. Die Art. 94–96 bilden gesetzliche Schranken der Eheschliessungsfreiheit i.S.v. Art. 36 BV. Dementsprechend sind sie restriktiv auszulegen und als **abschliessende Regelung** zu betrachten. Im Lichte von Art. 14 BV i.V.m. Art. 36 BV dürfen keine, in den Art. 94–96 nicht enthaltene Eheverbote aufgestellt werden (SANDOZ, Mariages fictifs: à la frontière du droit et de l'éthique, ZZW 2000, 413–419).

Art. 94

A. Ehefähigkeit	[1] Um die Ehe eingehen zu können, müssen die Brautleute das 18. Altersjahr zurückgelegt haben und urteilsfähig sein.
	[2] Die entmündigte Person braucht die Zustimmung des gesetzlichen Vertreters. Sie kann gegen die Verweigerung dieser Zustimmung das Gericht anrufen.
A. Capacité	[1] Pour pouvoir contracter mariage, l'homme et la femme doivent être âgés de 18 ans révolus et capables de discernement.
	[2] L'interdit ne peut contracter mariage sans le consentement de son représentant légal. Il peut recourir au juge contre le refus de son représentant légal.
A. Capacità al matrimonio	[1] Per contrarre matrimonio, gli sposi devono aver compiuto il diciottesimo anno d'età ed essere capaci di discernimento.
	[2] Gli interdetti non possono contrarre matrimonio senza il consenso del rappresentante legale. Contro il diniego del consenso è dato il ricorso al giudice.

Literatur

B. MÜLLER, Rechtliche und gesellschaftliche Stellung von Menschen mit einer «geistigen Behinderung», Diss. Zürich 2001; SUTTER-SOMM, Vier Probleme des schweizerischen Eheschliessungsrechts, ZZW 1994, 332 ff., insb. 337–339.

I. Alterserfordernis

1. Zwingender Charakter

Mit dem zurückgelegten 18. Altersjahr beginnt für Frau und Mann die rechtliche **Fähigkeit, eine Ehe einzugehen.** Eine behördliche Ehemündigerklärung vor Erreichung des ordentlichen Ehemündigkeitsalters kennt das schweizerische Recht im Unterschied zu den meisten ausländischen Rechten seit dem 1.1.1996 nicht mehr (vgl. Art. 96 Abs. 2, Fassung vom 10.12.1907). **1**

2. IPR

Vor Vollendung des 18. Altersjahres kann in der Schweiz die Ehe zwischen einer ausländischen Braut und einem ausländischen Bräutigam geschlossen werden, wenn sie den Voraussetzungen des **Heimatrechts** eines der Brautleute entspricht (Art. 44 Abs. 2 IPRG). Eine Reihe von Staaten kennt ein niedrigeres Ehemündigkeitsalter als die Schweiz, so z.B. das Vereinigte Königreich, Malta, Portugal und die Türkei. **2**

3. Kein Höchstalter

Im Unterschied zum Mindestalter verzichtet das Gesetz darauf, ein **Höchstalter** für die Eheschliessung festzulegen. Nach oben ist die Eheschliessungsfreiheit altersmässig also nicht eingeschränkt. Dies obwohl die Fähigkeit, vernunftgemäss zu handeln (s. Art. 16), nicht nur wegen Kindesalters, sondern auch wegen Greisenalters mangeln kann. **3**

4. Mangelnde Ehemündigkeit

Die Eheungültigkeitsgründe sind im Gesetz abschliessend aufgezählt (Art. 104). Weder im Katalog der unbefristeten (Art. 105) noch im Katalog der befristeten Ungültigkeitsgründe (Art. 107) ist die mangelnde Ehemündigkeit erwähnt. Wegen mangelnder Ehemündigkeit kann somit eine Ehe nicht für ungültig erklärt werden. **4**

II. Urteilsfähigkeit

1. Vermutung

In Verbindung mit der Erfüllung des Alterserfordernisses (N 1) begründet die Urteilsfähigkeit bei Personen, die nicht entmündigt worden sind (Abs. 2), die Ehefähigkeit. Das Vorliegen der **Urteilsfähigkeit wird vermutet** (Art. 16). Geisteskrankheit schliesst Urteilsfähigkeit i.S. von Abs. 1 nicht im Vornherein aus; dies im Unterschied zu alt Art. 97 Abs. 2 (MÜLLER, 277). **5**

2. Inhalt

Urteilsfähigkeit i.S. von Abs. 1 liegt immer dann vor, wenn die Verlobten in der Lage sind, das Wesen der Ehe und die den Ehegatten daraus erwachsenden Rechte und Pflichten zu erkennen und sich dieser Einsicht gemäss zu verhalten. Das bedeutet, dass **6** die Verlobten einen vernünftigen Grund für den beabsichtigten Eheschluss (Wunsch nach eigenem Heim, nach Geborgenheit und Zuneigung) haben müssen; sie sollen weiter wissen, was für Erwartungen und Pflichten mit dem Eingehen einer durchschnittlichen Ehe verbunden sind, dass also wirtschaftliche Vorsorge zu treffen, dass Haushaltsführung, allenfalls Kindererziehung nötig ist, dass das Zusammenleben auch ein gewisses Mass an gegenseitiger Achtung und Zuneigung verlangt. Die Verlobten müssen sodann auch den entsprechenden Willen aufbringen (BGE 109 II 273 E. 4a zu alt Art. 97 Abs. 1).

3. Schutzzweck

7   Die Bestimmung bezweckt, einen Menschen, der infolge seiner Geistesschwäche die Konsequenzen einer Eheschliessung nicht zu überblicken vermag und auch sich selbst vor andern nicht genügend schützen kann, vor der Gefahr zu bewahren, dem Ehepartner ausgeliefert zu sein. Zeigt es sich aber, dass es im Interesse des weitgehend Urteilsunfähigen liegt, eine Ehe einzugehen, ist ausnahmsweise die Ehefähigkeit zu bejahen. Die Ehe kann jedenfalls einer möglichen sozialen Verwahrlosung oder auch einem Konkubinat mit der damit verbundenen Unsicherheit vorzuziehen sein. Der Bestimmung ist eine starke **fürsorgerische Ausrichtung** eigen, die es unter besondern Umständen rechtfertigt, die erforderliche Urteilsfähigkeit selbst dann zu bejahen, wenn die Fähigkeit zum Erfüllen der ehelichen und familiären Aufgaben stark herabgesetzt erscheint. Wenn die geplante Ehe offensichtlich im Interesse des Nupturienten liegt und seinem Wohlergehen dient, können an den Begriff der Urteilsfähigkeit im Sinne von Abs. 1 geringe Ansprüche gestellt werden. Würde anders entschieden, so liefe dies der ratio legis zuwider und würde zudem auf harte und auch lebensfremde Weise in höchst persönliche, auch verfassungsmässig geschützte Rechte eingegriffen, ohne dass ein solcher Eingriff vom öffentlichen Interesse oder vom Erfordernis des Schutzes des einen oder andern Partners geboten wäre (BGE 109 II 273 E. 4b zu alt Art. 97 Abs. 1).

4. Mangelnde Urteilsfähigkeit

8   Die mangelnde Urteilsfähigkeit aus einem dauernden Grund stellt einen unbefristeten Eheungültigkeitsgrund dar (Art. 105 Ziff. 2).

III. Entmündigte Personen

1. Zustimmungsbedürfnis

9   Entmündigte Personen bedürfen zur Eheschliessung der Zustimmung des gesetzlichen Vertreters. Das ist entweder der Vormund oder der Inhaber der elterlichen Sorge gemäss Art. 385 Abs. 3. Haben Vater und Mutter gemeinsam die elterliche Sorge, so ist die Zustimmung von beiden erforderlich; hat aber zurzeit des Verfahrens zur Vorbereitung der Eheschliessung nur eines der Eltern die elterliche Sorge, so genügt dessen Zustimmung (vgl. Art. 98 in der Fassung vom 10. Dezember 1907). Zur Abklärung des Zustimmungsbedürfnisses lässt das die Eheschliessung vorbereitende Zivilstandsamt die Verlobten unter Hinweis auf die Straffolgen einer falschen Erklärung auf obligatorischem Formular F-35-2000, das in 13 Sprachen vorliegt, u.a. erklären, dass sie nicht unter Vormundschaft stehen (Art. 65 Abs. 1 Bst. b ZStV). Ausserdem ist die Tatsache der «Bevormundung» im Informatisierten Standesregister vermerkt (Art. 8 Bst. k ZStV). Die entsprechenden Vermerke beruhen auf Mitteilungen der nach kantonalem Recht zuständigen Gerichte und Verwaltungsbehörden (Art. 42 Abs. 1 Bst. c ZStV).

2. Kriterien

Das Gesetz nennt keine Kriterien für die Erteilung oder Verweigerung der Zustimmung. **10** Der gesetzliche Vertreter darf jedenfalls die Zustimmung nicht aus Gründen verweigern, die mit Art. 14 BV unvereinbar sind. Ökonomische Interessen Dritter, namentlich des unterstützungspflichtigen Gemeinwesens, dürfen beim Entscheid des gesetzlichen Vertreters über die Erteilung oder Verweigerung der Zustimmung keine Rolle spielen. Zu berücksichtigen sind ausschliesslich Aspekte der vormundschaftlichen Fürsorge, also die ökonomischen Interessen der entmündigten Person selbst bzw. gesundheitliche, geistige oder sittliche Gefahren, die ihr aus der beabsichtigten Ehe erwachsen könnten. Vorstrafen, fürsorgerische Freiheitsentziehung, aussereheliche Vaterschaft, Nichtbezahlung von Unterhaltsbeiträgen und dergleichen reichen für die Verweigerung der Zustimmung nicht aus. Nur **Gründe der vormundschaftlichen Fürsorge** sind massgebend, etwa eine schwere Gefährdung der persönlichen Verhältnisse der entmündigten Person oder eine schlechte Prognose mit Bezug auf die Ehe, wenn überdies anzunehmen ist, dass die entmündigte Person bei verständiger Würdigung der Verhältnisse von ihrem Vorhaben absehen würde (BGE 106 II 177 ff.).

3. Form

Für die Zustimmungserklärung der gesetzlichen Vertreterin oder des gesetzlichen Vertreters ist **Schriftlichkeit** erforderlich (Art. 64 Abs. 2 ZStV). Wenn die Zustimmungserklärung auf dem Zivilstandsamt abgegeben wird, beglaubigt die Zivilstandsbeamtin oder der Zivilstandsbeamte die Unterschrift auf dem dreisprachigen Formular F-36-2000. **11**

4. Gerichtliche Beurteilung

Gegen die Verweigerung der Zustimmung durch den gesetzlichen Vertreter kann die entmündigte Person das Gericht anrufen. Zuständig ist das Gericht am Wohnsitz der entmündigten Person (Art. 25 Abs. 2). Das Gericht wird im summarischen Verfahren entscheiden und den Sachverhalt von Amtes wegen feststellen. Gegen den Entscheid der letzten kantonalen Gerichtsinstanz kann die entmündigte Person mit Berufung an das BGer gelangen (Art. 44 lit. b OG). Das die Klage gutheissende rechtskräftige Gerichtsurteil ersetzt im Verfahren zur Vorbereitung der Eheschliessung die schriftliche Zustimmungserklärung (Art. 98 Abs. 3 a.E.). **12**

5. Mangelnde Zustimmung

Die Eheungültigkeitsgründe sind im Gesetz abschliessend aufgezählt (Art. 104). Weder **13** der Katalog der unbefristeten (Art. 105) noch der Katalog der befristeten Ungültigkeitsgründe (Art. 107) nennt die mangelnde Zustimmung des gesetzlichen Vertreters. Wegen mangelnder Zustimmung kann somit eine Ehe nicht für ungültig erklärt werden. Die fehlende Zustimmung ist mit Rücksicht auf die Ehefreiheit gemäss Art. 14 BV und Art. 12 EMRK kein derart schwerwiegender Mangel, dass er die Ungültigerklärung einer Ehe rechtfertigen würde (Botschaft Revision Scheidungsrecht, Ziff. 222.2 Abs. 3 a.E.).

Art. 95

B. Ehe-hindernisse

I. Verwandt-schaft

[1] Die Eheschliessung ist zwischen Verwandten in gerader Linie sowie zwischen Geschwistern oder Halbgeschwistern, gleichgültig ob sie miteinander durch Abstammung oder durch Adoption verwandt sind, verboten.

[2] Die Adoption hebt das Ehehindernis der Verwandtschaft zwischen dem Adoptivkind und seinen Nachkommen einerseits und seiner angestammten Familie anderseits nicht auf.

B. Empêchements

I. Lien de parenté

[1] Le mariage est prohibé entre parents en ligne directe, ainsi qu'entre frères et sœurs germains, consanguins ou utérins, que la parenté repose sur la descendance ou sur l'adoption.

[2] L'adoption ne supprime pas l'empêchement résultant de la parenté qui existe entre l'adopté et ses descendants, d'une part, et sa famille naturelle, d'autre part.

B. Impedimenti al matrimonio

I. Parentela

[1] È proibito contrarre matrimonio tra parenti in linea retta nonché tra fratelli o sorelle germani, consanguinei o uterini, senza distinzione di parentela per discendenza o adozione.

[2] L'adozione non annulla l'impedimento della parentela esistente fra l'adottato e i suoi discendenti, da un lato, e la sua famiglia del sangue dall'altro.

I. Verwandtschaft

1   Das schweizerische Recht verbietet die Eheschliessung nur zwischen Verwandten in gerader Linie (vgl. Art. 20 Abs. 2) und zwischen Geschwistern oder Halbgeschwistern. Dabei ist gleichgültig, ob die Verwandtschaft auf Abstammung oder auf Adoption (Art. 264 ff.) beruht. Unerheblich ist auch, ob sich diese Verwandtschaftsverhältnisse aus den Zivilstandsregistern ergeben oder nicht (BGE 82 IV 100).

II. Stiefkindverhältnis

2   Verboten war bis 31.12.2005 die Eheschliessung zwischen Stiefeltern und Stiefkindern. Dieses Ehehindernis blieb auch bestehen, wenn die Ehe, die das Stiefkindverhältnis begründet hatte, für ungültig erklärt oder aufgelöst worden war. Noch im Jahr 2001 hielt das BGer das Eheverbot des Stiefkindverhältnisses mit Art. 12 EMRK vereinbar; es lasse nach dem Willen des Gesetzgebers die Eheschliessung auch dann nicht zu, wenn aus der Beziehung zwischen Stiefelternteil und Stiefkind Kinder hervorgegangen sind (BGE 128 III 113). Das Urteil provozierte eine Motion des Baselbieter Nationalrats Claude Janiak. Er forderte am 25.9.2002 im Nationalrat, dem Parlament sei eine Vorlage zur Änderung von Art. 95 Abs. 1 Ziff. 2 ZGB zu unterbreiten mit der Zielsetzung, das Eheverbot für Stiefkindverhältnisse aufzuheben oder zumindest die Möglichkeit eines Dispenses vorzusehen (Motion 02.3479n ZGB. Änderung des Eheverbotes). Der Bundesrat erklärte sich am 13.11.2002 bereit, die Motion entgegenzunehmen. Die Motion wurde in der Folge am 13.12.2002 vom Nationalrat und am 2.10.2003 vom Ständerat einhellig angenommen. Auf Antrag des Bundesrates nahm das Parlament die Aufhebung des Eheverbotes des Stiefkindverhältnisses in Ziff. 8 der Fremdänderungen zum Bundesgesetz über die eingetragene Partnerschaft gleichgeschlechtlicher Paare (Partnerschaftsgesetz, PartG) vom 18.6.2004 auf. Die Beibehaltung des Eheverbots hätte die Ehe gegenüber der gleich-

geschlechtlichen Partnerschaft diskriminiert, weil dort eine eingetragene Partnerschaft zwischen einem Stiefelternteil und einem Stiefkind möglich ist (Art. 4 Abs. 1 PartG), währenddem es bei der Ehe ein Ungültigkeitsgrund war. Der Bundesrat beschloss am 9.12.2005, das PartG auf den 1.1.2007 in Kraft zu setzen, die Aufhebung des Ehehindernisses des Stiefkindverhältnisses jedoch schon auf den 1.1.2006 (AS 2005 5696). Die vorgezogene Inkraftsetzung der Aufhebung des Ehehindernisses sollte eine Verurteilung der Schweiz durch den EGMR verhindern. Die Verurteilung drohte, weil der EGMR am 13.9.2005 bezüglich eines vereitelten Ehevorhabens zwischen Schwiegervater und Schwiegertochter das Vereinigte Königreich verurteilt hatte (B. and L. v. the United Kingdom, no. 36536/02).

III. Adoptierte Personen

1. Verhältnis zur Adoptivfamilie

Das Eheschliessungsverbot zwischen Verwandten in gerader Linie, sowie zwischen Ge-   **3** schwistern oder Halbgeschwistern, die durch Adoption verwandt sind, wirkt absolut. Eine Dispensmöglichkeit besteht nicht. Das Adoptionsverhältnis ist dem natürlichen Kindesverhältnis völlig gleichgestellt (Botschaft Revision Scheidungsrecht, Ziff. 222.31, Abs. 1).

2. Verhältnis zur angestammten Familie

Die Adoption hebt das Ehehindernis der Verwandtschaft zwischen dem Adoptivkind und   **4** seinen Nachkommen einerseits und seiner angestammten Familie anderseits *nicht* auf (Art. 95 Abs. 2). Mit Auszügen aus den schweizerischen Zivilstandsregistern kann dieses Ehehindernis nicht dokumentiert werden, weil das Erlöschen des bisherigen Kindesverhältnisses durch Adoption (Art. 267 Abs. 2) in den Zivilstandsregistern nachvollzogen wird. Das die Eheschliessung vorbereitende Zivilstandsamt lässt die Verlobten unter Hinweis auf die Straffolgen einer falschen Erklärung auf obligatorischem Formular F-35-2000 u.a. erklären, dass sie weder durch leibliche Abstammung noch durch Adoption miteinander in gerader Linie verwandt und nicht Geschwister oder Halbgeschwister sind (Art. 65 Abs. 1 Bst. c ZStV). Ausserdem signalisiert das Informatisierte Standesregister dem die Eheschliessung vorbereitenden Zivilstandsamt die Tatsache der Adoption, wenn sowohl die leiblichen Eltern als auch die Adoptiveltern im Informatisierten Standesregister aufgenommen sind. Stellt das die Eheschliessung vorbereitende Zivilstandsamt fest, dass die oder der Verlobte adoptiert ist, so gelangt es an das EAZW, das bis 30.6.2005 ein zentrales Verzeichnis der Adoptionen führte (Art. 92 Abs. 7 ZStV i.V.m. der Verordnung des EJPD vom 11.4.2005 über die vollständige Inkraftsetzung der Zivilstandsverordnung vom 28. April 2004, AS 2005 1823). Das Eidgenössische Amt für das Zivilstandswesen bescheinigt dem die Eheschliessung vorbereitenden Zivilstandsamt gestützt auf das Verzeichnis, ob ein Ehehindernis vorliegt oder nicht. Bei seit dem 1.7.2005 im Informatisierten Standesregister beurkundeten Adoptionen kann das Zivilstandsamt selber feststellen, ob bei adoptierten Verlobten das Ehehindernis der Verwandtschaft vorliegt oder nicht.

3. Altrechtliche Adoptionen

Für Personen, die vor dem 1.4.1973 adoptiert worden sind und deren Adoption dem neu-   **5** en Recht nicht unterstellt (Art. 12b SchlT) worden ist, gilt gemäss Art. 12a SchlT weiterhin die Umschreibung des Ehehindernisses in der Fassung vom 10.12.1907. Demgemäss ist die Eheschliessung nur zwischen dem angenommenen Kind und dem Annehmenden oder zwischen einem von diesen und dem Ehegatten des anderen verboten (Art. 100

Ziff. 3 altZGB). Wird dieses **eingeschränkte Eheverbot** verletzt, so kann die Ehe aus diesem Grunde nicht für ungültig erklärt werden; doch wird die Adoption durch die Trauung aufgehoben (Art. 129 altZGB).

IV. Nachweis des Ehehindernisses

6 Nicht immer lässt sich der Nachweis, dass kein Ehehindernis im Sinne von Art. 95 vorliegt, mit Auszügen aus den Zivilstandsregistern erbringen. Das die Eheschliessung vorbereitende Zivilstandsamt lässt die Verlobten deshalb in allen Fällen nach Ermahnung zur Wahrheit und unter Hinweis auf die Straffolgen einer falschen Erklärung auf obligatorischem Formular F-35-2000 u.a. erklären, dass sie weder durch leibliche Abstammung noch durch Adoption miteinander in gerader Linie verwandt und nicht Geschwister oder Halbgeschwister sind (Art. 65 Abs. 1 Bst. c und Abs. 2 ZStV).

V. Eheschliessung trotz Verwandtschaft

7 Ist eine Eheschliessung unter Verletzung eines Eheschliessungsverbots von Art. 95 erfolgt, so haftet der Ehe der unbefristete Ungültigkeitsgrund von Art. 105 Ziff. 3 an.

Art. 96

II. Frühere Ehe	**Wer eine neue Ehe eingehen will, hat den Nachweis zu erbringen, dass die frühere Ehe für ungültig erklärt oder aufgelöst worden ist.**
II. Mariage antérieur	Toute personne qui veut se remarier doit établir que son précédent mariage a été annulé ou dissous.
II. Matrimonio antecedente	Chi vuol contrarre un nuovo matrimonio deve fornire la prova che il suo matrimonio antecedente è stato sciolto o è stato dichiarato nullo.

I. Allgemeines

1 Dem schweizerischen Recht sind **Doppel- oder gar Mehrfachehen** fremd. Deshalb darf eine verheiratete Person keine weitere Ehe eingehen. Ebenso wenig darf eine unverheiratete Person die Ehe mit einer verheirateten Person schliessen.

II. Beweislast

2 Im Verfahren zur Vorbereitung der Eheschliessung (Art. 98–100) obliegt es der oder dem **Verlobten,** den Nachweis zu erbringen, dass die frühere Ehe für ungültig erklärt oder aufgelöst worden ist. Zu belegen ist, dass die frühere Ehe für ungültig erklärt (Art. 104–110) oder geschieden (Art. 111–149) worden ist oder dass der frühere Ehegatte gestorben oder verschollen erklärt worden (Art. 38 Abs. 3) ist. Es ist nicht Aufgabe des mit der Durchführung des Vorbereitungsverfahrens befassten Zivilstandsamtes, das entsprechende Beweismaterial zusammenzutragen. Immerhin lässt das die Eheschliessung vorbereitende Zivilstandsamt die Verlobten nach Ermahnung zur Wahrheit und unter Hinweis auf die Straffolgen einer falschen Erklärung auf obligatorischem Formular F-35-2000 u.a. erklären, dass sie keine bestehende Ehe verschwiegen haben (Art. 65 Abs. 1 Bst. c und Abs. 2 ZStV).

III. Bigamie, Polygamie

Wird eine Ehe unter Missachtung von Art. 96 geschlossen, so ist der unbefristete **Ehe-** **3** **ungültigkeitsgrund** von Art. 105 Ziff. 1 gegeben.

IV. Strafrecht

Die mehrfache Ehe stellt einen **Straftatbestand** dar. Wer eine Ehe schliesst, obwohl er **4** verheiratet ist, und wer mit einer verheirateten Person eine Ehe schliesst, wird mit Gefängnis bestraft (Art. 215 StGB).

V. Eingetragene Partnerschaft

Das Bundesgesetz über die eingetragene Partnerschaft gleichgeschlechtlicher Paare **5** (Partnerschaftsgesetz, PartG) vom 18.6.2004, das der Bundesrat auf den 1.1.2007 in Kraft gesetzt hat (AS 2005 5685), enthält in Art. 26 ein weiteres Ehehindernis. Danach kann eine Person, die in eingetragener Partnerschaft lebt, keine Ehe eingehen. Systematisch gehörte dieses weitere Eheverbot in das ZGB. Erstaunlicherweise findet es keine Entsprechung in den unbefristeten Eheungültigkeitsgründen (Art. 105). Demgegenüber ist die strafrechtliche Sanktion auf die eingetragene Partnerschaft ausgedehnt worden (Art. 215 StGB gemäss Anhang Ziff. 18 zum PartG).

Dritter Abschnitt: Vorbereitung der Eheschliessung und Trauung

Vorbemerkungen zu Art. 97–103

Literatur

JÄGER/SIEGENTHALER, Das Zivilstandswesen in der Schweiz, Bern 1998; Botschaft Revision Scheidungsrecht.

I. Allgemeines

Die sieben Artikel des dritten Abschnittes des dritten Titels enthalten die **formellen Ehe-** **1** **schliessungsvoraussetzungen** des schweizerischen Rechts. Die materiellen Eheschliessungsvoraussetzungen werden in den Art. 94–96, d.h. im vorherigen Abschnitt, behandelt.

II. Verordnungsrecht

Ausführlicher geregelt werden das Verfahren zur Vorbereitung der Eheschliessung **2** und die Trauung im 7. Kapitel (Art. 62–75) der **Zivilstandsverordnung** (ZStV; SR 211.112.2) vom 28.4.2004, in Kraft seit 1.7.2004. Die im Zusammenhang mit der Vorbereitung der Eheschliessung und der Trauung anfallenden Gebühren sind geregelt in der Verordnung über die Gebühren im Zivilstandswesen (ZStGV; SR 172.042.110) vom 27.10.1999, in Kraft seit 1.1.2000, namentlich im Anhang 1 Ziff. IV. Die Verordnung über die Zivilstandsformulare und ihre Beschriftung (ZStVF; SR 211.112.6) ist durch Verordnung des EJPD vom 23.12.2004 auf den 1.1.2005 aufgehoben worden (AS 2005 485). Gemäss Art. 6 Abs. 1 ZStV legt nunmehr das EAZW die im Zivilstandswesen zu verwendenden Formulare fest. Das EAZW hat die Formulare, die nicht ausschliesslich mit dem Informatisierten Standesregister (Infostar) erzeugt werden können, auf seiner Homepage publiziert: http://www.eazw.admin.ch/bj/de/home/themen/gesellschaft/zivilstand/formulare.html.

III. IPR

3 Die **Form der Eheschliessung** in der Schweiz untersteht schweizerischem Recht (Art. 44 Abs. 3 IPRG). Die schweizerischen Vorschriften über die Durchführung des Vorbereitungsverfahrens und über die Trauung gelten sowohl für schweizerische als auch für ausländische Verlobte. Das gilt namentlich auch für das Obligatorium und für das Primat der Ziviltrauung (Art. 97 Abs. 1 und 3).

4 Sodann dürfen auf ausländischen diplomatischen oder konsularischen Vertretungen in der Schweiz keine Ehen geschlossen werden. Zur Vornahme der Trauung sind auf dem Gebiet der Schweiz **ausschliesslich die schweizerischen Zivilstandsbeamtinnen und Zivilstandsbeamten zuständig** (s. Kreisschreiben des EDA an die ausländischen diplomatischen und konsularischen Vertretungen in der Schweiz vom 8.2.1995, veröffentlicht in der ZZW 1995, 128 [frz.] und 109 f. [dt.]).

IV. Bilaterale Staatsverträge

5 U.a. mit dem Austausch von **Eheurkunden** und der Beschaffung von **Ehefähigkeitszeugnissen** befassen sich bilaterale Abkommen der Schweiz mit drei Nachbarstaaten, nämlich mit Deutschland (vom 4.11.1985; SR 0.211.112.413.6), Italien (vom 16.11.1966; SR 0.211.112.445.4) und Österreich (vom 26.4.1962; SR 0.211.112.416.3).

V. Multilaterale Staatsverträge

6 **Im Schosse der Internationalen Kommission für das Zivilstandswesen** (CIEC), der die Schweiz als Gründungsmitglied angehört, sind u.a. Konventionen ausgearbeitet worden, die einen mittelbaren oder unmittelbaren Bezug zur Eheschliessung haben. Die Schweiz ist beigetreten dem Übereinkommen über die Ausstellung von Ehefähigkeitszeugnissen (SR 0.211.112.15) vom 5.9.1980, für die Schweiz in Kraft getreten am 1.6.1990, dem Übereinkommen über die Ausstellung gewisser, für das Ausland bestimmter Auszüge aus Zivilstandsregistern (SR 0.211.112.11) vom 27.9.1956, für die Schweiz in Kraft getreten am 13.11.1958, und dem Übereinkommen über die Ausstellung mehrsprachiger Auszüge aus Zivilstandsregistern (SR 0.211.112.112) vom 8.9.1976, für die Schweiz in Kraft getreten am 18.4.1990.

Art. 97

A. Grundsätze

[1] **Die Ehe wird nach dem Vorbereitungsverfahren vor der Zivilstandsbeamtin oder dem Zivilstandsbeamten geschlossen.**

[2] **Die Verlobten können sich im Zivilstandskreis ihrer Wahl trauen lassen.**

[3] **Eine religiöse Eheschliessung darf vor der Ziviltrauung nicht durchgeführt werden.**

A. Principe

[1] Le mariage est célébré par l'officier de l'état civil au terme de la procédure préparatoire.

[2] Les fiancés peuvent se marier dans l'arrondissement de l'état civil de leur choix.

[3] Le mariage religieux ne peut précéder le mariage civil.

A. Principi

[1] Il matrimonio è celebrato dall'ufficiale dello stato civile dopo la procedura preparatoria.

[2] La celebrazione avviene nel circondario dello stato civile scelto dai fidanzati.

[3] La cerimonia religiosa non può avvenire prima della celebrazione del matrimonio civile.

Literatur

GAAZ, Scheinehen in Deutschland, ZZW 2003, 387–398.

I. Obligatorium der Ziviltrauung

Laut Abs. 1 kann die Ehe in der Schweiz gültig nur vor der Zivilstandsbeamtin oder dem Zivilstandsbeamten geschlossen werden. Vor Organen von Religionsgemeinschaften können nach schweizerischem Recht keine zivilrechtlich gültigen Ehen begründet werden. Kommandanten von Luftfahrzeugen und Kapitäne von Schiffen sind zur Vornahme von Trauungen nicht befugt. Zum Verbot der Durchführung von Trauungen auf ausländischen diplomatischen oder konsularischen Vertretungen in der Schweiz s. Vorbem. zu Art. 97–103, N 4.

1

II. Freie Wahl des Zivilstandskreises

In der Schweiz besteht die Tradition, dass die Verlobten den Zivilstandskreis, in dem die Trauung stattfinden soll, frei wählen können (Abs. 2). Soll die Trauung nicht am Ort erfolgen, wo das Vorbereitungsverfahren stattgefunden hat, ermächtigt das Zivilstandsamt, welches das Verfahren zur Vorbereitung der Eheschliessung durchgeführt hat, auf elektronischem Wege das Zivilstandsamt, das die Verlobten für die Trauung gewählt haben, die Daten des Vorbereitungsverfahrens zu übernehmen. Ausserdem stellt das Zivilstandsamt, welches das Verfahren zur Vorbereitung der Eheschliessung durchgeführt hat, den Verlobten auf Wunsch eine schriftliche Trauungsermächtigung (Infostar-Formular 3.0.3) aus.

2

III. Primat der Ziviltrauung

Die Ausschliesslichkeit der Ziviltrauung steht der Durchführung von religiösen Eheschliessungen nicht entgegen. In der Schweiz darf aber eine religiöse Eheschliessung erst stattfinden, nachdem die Ziviltrauung erfolgt ist (Abs. 3). Diese Vorschrift gilt auch für ausländische Staatsangehörige, die von ihrem Heimatrecht zu einer religiösen Trauung verpflichtet sind. Sie haben der trauenden Person (Imam, Pfarrer usw.) mit dem Familienausweis oder mit einer Eheurkunde nachzuweisen, dass die Ziviltrauung erfolgt ist. Ohne eines dieser Dokumente darf die religiöse Trauung nicht stattfinden (s. Rundschreiben des EAZW vom 9.7.1999 an über 120 islamische Gemeinschaften in der Schweiz und die kantonalen Aufsichtsbehörden im Zivilstandswesen). Gegen Organe religiöser Gemeinschaften, die religiöse Eheschliessungen durchführen, ohne dass vorher eine Ziviltrauung stattgefunden hat, können die Zivilstandsbehörden strafrechtlich nur über Art. 292 StGB vorgehen.

3

IV. Revision

Am 16.12.2005 verabschiedete die Bundesversammlung der Schweizerischen Eidgenossenschaft als Ersatz für das Bundesgesetz vom 26.3.1931 über Aufenthalt und Nieder-

4

lassung der Ausländer (ANAG) das Bundesgesetz über die Ausländerinnen und Ausländer (AuG; SR 142.20). Unter Ziff. 4 der Fremdänderungen im Anhang ist mit der Marginalie «A^bis Umgehung des Ausländerrechts» ein Einschaltartikel 97a vorgesehen (BBl 2005 7422). Die Zivilstandsbeamtin oder der Zivilstandsbeamte tritt auf das Gesuch nicht ein, wenn die Braut oder der Bräutigam offensichtlich keine Lebensgemeinschaft begründen, sondern die Bestimmungen über Zulassung und Aufenthalt von Ausländerinnen und Ausländern umgehen will (Abs. 1). Die Zivilstandsbeamtin oder der Zivilstandsbeamte hört die Brautleute an und kann bei anderen Behörden oder bei Drittpersonen Auskünfte einholen (Abs. 2). Damit übernimmt der schweizerische Gesetzgeber im Wesentlichen die seit 1998 in Deutschland geltende Methode zur präventiven Bekämpfung von **Scheinehen** (GAAZ, 390–392).

Art. 98

B. Vorbereitungsverfahren	**¹ Die Verlobten stellen das Gesuch um Durchführung des Vorbereitungsverfahrens beim Zivilstandsamt des Wohnortes der Braut oder des Bräutigams.**
I. Gesuch	**² Sie müssen persönlich erscheinen. Falls sie nachweisen, dass dies für sie offensichtlich unzumutbar ist, wird die schriftliche Durchführung des Vorbereitungsverfahrens bewilligt.**
	³ Sie haben ihre Personalien mittels Dokumenten zu belegen und beim Zivilstandsamt persönlich zu erklären, dass sie die Ehevoraussetzungen erfüllen; sie legen die nötigen Zustimmungen vor.
B. Procédure préparatoire	¹ La demande en exécution de la procédure préparatoire est présentée par les fiancés auprès de l'office de l'état civil du domicile de l'un d'eux.
I. Demande	² Ils comparaissent personnellement. Si les fiancés démontrent que cela ne peut manifestement pas être exigé d'eux, l'exécution de la procédure préparatoire est admise en la forme écrite.
	³ Ils établissent leur identité au moyen de documents et déclarent personnellement auprès de l'office de l'état civil qu'ils remplissent les conditions du mariage; ils produisent les consentements nécessaires.
B. Procedura preparatoria	¹ I fidanzati inoltrano la domanda di aprire la procedura preparatoria all'ufficio dello stato civile del domicilio di uno di loro.
I. Domanda	² Essi compaiono personalmente. Se i fidanzati provano che ciò non può essere manifestamente preteso da loro, la procedura preparatoria è ammessa nella forma scritta.
	³ I fidanzati provano la loro identità per mezzo di documenti e dichiarano personalmente all'ufficio dello stato civile di adempiere i requisiti del matrimonio; producono inoltre i necessari consensi.

I. Zuständigkeit

1   Zuständig für die Durchführung des Vorbereitungsverfahrens ist das Zivilstandsamt des schweizerischen **Wohnsitzes** der Braut oder des Bräutigams oder, wenn beide Verlobten im Ausland wohnen, das Zivilstandsamt, das die Trauung durchführen soll. Nachträglicher Wohnsitzwechsel hebt die einmal begründete Zuständigkeit nicht auf (Art. 62 ZStV). Beachtlich ist ein nachträglicher Wohnsitzwechsel allerdings, wenn

die Verlobten die Gültigkeitsdauer des Vorbereitungsverfahrens von drei Monaten (Art. 100 Abs. 1) ungenutzt verstreichen lassen und zur Realisierung ihres verschobenen Ehevorhabens ein neues Gesuch um Durchführung des Vorbereitungsverfahrens einreichen.

II. Einreichung des Gesuchs

Die Verlobten reichen das Gesuch beim zuständigen Zivilstandsamt ein (Art. 63 Abs. 1   **2** ZStV). Dabei können sie sich des fakultativen Gesuchsformulars M-34-2000 bedienen. Wenn sich die Verlobten im Ausland aufhalten, können sie das Gesuch durch Vermittlung der zuständigen schweizerischen Vertretung einreichen (Art. 63 Abs. 2 ZStV). Auf den schweizerischen Vertretungen gelangt das praktisch textgleiche Formular 0.34-A-2000 zum Einsatz.

III. Information und Beratung der Verlobten

Die zuständigen Zivilstandsämter und schweizerischen Vertretungen informieren und   **3** beraten die Brautleute namentlich bei der Beschaffung der nötigen Dokumente über ihre Personalien, bei den Erklärungen über die Erfüllung der Ehevoraussetzungen und bei der Gestaltung der Namensführung nach der Eheschliessung. Sie veranlassen nötigenfalls zusätzliche Abklärungen und können verlangen, dass die Verlobten dabei mitwirken (Art. 16 Abs. 5 ZStV). Gute Dienste bei der Information und Beratung der Verlobten leistet die bei allen Zivilstandsämtern aufliegende, vom Eidgenössischen Justiz- und Polizeidepartement herausgegebene Broschüre «Ehe- und Erbrecht. Ein Leitfaden für Braut- und Eheleute».

IV. Dokumente

Die Verlobten haben dem Gesuch um Durchführung des Vorbereitungsverfahrens folgen-   **4** de Dokumente beizulegen (Art. 64 ZStV):

1. Ausweise über den aktuellen Wohnsitz;

2. Dokumente über Geburt, Geschlecht, Namen, Abstammung, Zivilstand (verheiratet gewesene Verlobte: Datum der Eheauflösung) sowie Heimatorte und Staatsangehörigkeit;

3. Dokumente über Geburt, Geschlecht, Namen und Abstammung gemeinsamer Kinder;

4. Entmündigte legen zusätzlich die schriftliche Einwilligungserklärung der gesetzlichen Vertreterin oder des gesetzlichen Vertreters bei;

5. Sind beide Verlobte ausländische Staatsangehörige und fehlt nach schweizerischem Recht eine Voraussetzung der Eheschliessung (Art. 94–96), so legen sie zusätzlich die Eheanerkennungserklärung des Heimatstaates der oder des Verlobten und die Bewilligung der kantonalen Aufsichtsbehörde (Art. 74 ZStV) bei.

Die Dokumente dürfen nicht älter als sechs Monate sein (Art. 16 Abs. 2 Satz 2 ZStV). Ist die Beschaffung solcher Dokumente unmöglich oder offensichtlich unzumutbar, sind in begründeten Fällen ältere Dokumente zulässig (Art. 16 Abs. 2 Satz 3 ZStV). Verlobte, die das Schweizer Bürgerrecht besitzen, haben schweizerische Dokumente vorzulegen (Art. 16 Abs. 3 ZStV). Personenstandsdaten, die in der Schweiz beurkundet und vom Zivilstandsamt ohne besonderen Aufwand abrufbar sind, müssen nicht mit Dokumenten nachgewiesen werden (Art. 16 Abs. 4 ZStV). Dokumente, die nicht in einer schweizerischen Amtssprache abgefasst sind, kann das Zivilstandsamt zurückweisen, wenn sie nicht von einer beglaubigten deutschen, französischen oder italienischen Übersetzung begleitet sind (Art. 3 Abs. 4 ZStV).

Besteht der begründete Verdacht, dass Dokumente gefälscht oder unrechtmässig verwendet worden sind, so werden diese von der Zivilstandsbehörde zuhanden der zuständigen kantonalen Strafverfolgungsbehörde eingezogen (Art. 16 Abs. 7 ZStV).

V. Erklärungen

5   Die Verlobten erklären vor der Zivilstandsbeamtin oder dem Zivilstandsbeamten auf obligatorischem Formular F-35-2000 je einzeln (Art. 65 Abs. 1 ZStV), dass:

1. die Angaben im Gesuch um Durchführung des Vorbereitungsverfahrens und die vorgelegten Dokumente auf dem neuesten Stand, vollständig und richtig sind;

2. sie nicht unter Vormundschaft stehen;

3. sie weder durch leibliche Abstammung noch durch Adoption miteinander in gerader Linie verwandt und nicht Geschwister oder Halbgeschwister sind;

4. sie keine bestehende Ehe verschwiegen haben.

Die Zivilstandsbeamtin oder der Zivilstandsbeamte ermahnt die Verlobten zur Wahrheit, weist sie auf die Straffolgen einer falschen Erklärung hin und beglaubigt ihre Unterschriften (Art. 65 Abs. 2 ZStV).

VI. Schriftliche Durchführung

6   Weist die oder der Verlobte nach, dass es für sie oder ihn offensichtlich unzumutbar ist, im Vorbereitungsverfahren persönlich zu erscheinen, so bewilligt die Zivilstandsbeamtin oder der Zivilstandsbeamte die schriftliche Durchführung des Verfahrens (Art. 69 Abs. 1 ZStV). Wohnen beide Verlobten im Ausland und besitzen beide das Schweizer Bürgerrecht nicht, so entscheidet die kantonale Aufsichtsbehörde im Rahmen der Bewilligung zur Eheschliessung in der Schweiz nach Art. 43 Abs. 2 IPRG i.V.m. Art. 73 ZStV (Art. 69 Abs. 2 ZStV). Wird die schriftliche Durchführung des Vorbereitungsverfahrens bewilligt, so können Verlobte, die sich im Ausland aufhalten, die Erklärungen gemäss Ziff. V. hiervor vor der zuständigen schweizerischen Vertretung im Ausland auf obligatorischem Formular 0.35-2000 abgeben (Art. 69 Abs. 3 ZStV).

Art. 99

II. Durch-   **¹ Das Zivilstandsamt prüft, ob:**
führung und   **1. das Gesuch ordnungsgemäss eingereicht worden ist;**
Abschluss des   **2. die Identität der Verlobten feststeht; und**
Vorbereitungs-   **3. die Ehevoraussetzungen erfüllt sind.**
verfahrens

                                    ² Sind diese Anforderungen erfüllt, teilt es den Verlobten den Abschluss des Vorbereitungsverfahrens sowie die gesetzlichen Fristen für die Trauung mit.

                                    ³ Es legt im Einvernehmen mit den Verlobten im Rahmen der kantonalen Vorschriften den Zeitpunkt der Trauung fest oder stellt auf Antrag eine Ermächtigung zur Trauung in einem andern Zivilstandskreis aus.

II. Exécution et
clôture de la
procédure
préparatoire

¹ L'office de l'état civil examine si:
1. la demande a été déposée régulièrement;
2. l'identité des fiancés est établie;
3. les conditions du mariage sont remplies.

² Lorsque ces exigences sont remplies, il communique aux fiancés la clôture de la procédure préparatoire ainsi que les délais légaux pour la célébration du mariage.

³ Dans le cadre du droit cantonal et d'entente avec les fiancés, il fixe le moment de la célébration du mariage ou, s'il en est requis, il délivre une autorisation de célébrer le mariage dans un autre arrondissement de l'état civil.

II. Esecuzione e
chiusura della
procedura
preparatoria

¹ L'ufficio dello stato civile esamina se:
1. la domanda sia stata depositata regolarmente;
2. l'identità dei fidanzati sia accertata;
3. siano soddisfatti i requisiti del matrimonio.

² Se tale è il caso, l'ufficio dello stato civile comunica ai fidanzati la conclusione della procedura preparatoria nonché i termini legali per la celebrazione del matrimonio.

³ L'ufficio dello stato civile fissa d'intesa con i fidanzati, nel quadro delle disposizioni cantonali, il momento della celebrazione del matrimonio oppure, se ne è richiesto, autorizza la celebrazione in un altro circondario dello stato civile.

I. Allgemeine Prüfung des Gesuchs

Das Zivilstandsamt prüft wie bei der Vorbereitung jeder anderen Beurkundung (Art. 66 **1** Abs. 1 ZStV i.V.m. Art. 16 Abs. 1 ZStV), ob:

1. seine *Zuständigkeit* gegeben ist;

2. die *Identität* der Verlobten nachgewiesen ist und diese handlungsfähig sind;

3. die zu beurkundenden *Angaben* richtig, vollständig und auf dem neusten Stand sind.

Wenn zur Erfassung der Daten einer asylsuchenden Braut oder eines asylsuchenden Bräutigams weitere Abklärungen unabdingbar sind, kann das Zivilstandsamt beim Bundesamt für Migration, Direktionsbereich Asylverfahren, Einsicht in das Dossier der betroffenen Person nehmen oder Kopien davon anfordern. Zu diesem Schritt führen Zweifel in Bezug auf die vorgelegten Dokumente und die erhaltenen Erklärungen oder die Unmöglichkeit, die verlangten Dokumente vorzulegen (s. Kreisschreiben 07-08-01 des Eidgenössischen Amtes für das Zivilstandswesen vom 4.8.2004 betr. Modalitäten der Zusammenarbeit zwischen den Zivilstandsbehörden und den Asylbehörden, Ziff. 4.1).

Auf das Gesuch um Durchführung des Vorbereitungsverfahrens ist nicht einzutreten, solange die Identität der oder des Verlobten nicht feststeht (Beschwerdeentscheid vom 17.2. 2003 des Bau- und Justizdepartements des Kantons Solothurn, ZZW 2003, 425–428).

II. Eherechtliche Prüfung des Gesuchs

1. Spezifische Abklärungen

Das Zivilstandsamt prüft zusätzlich (Art. 66 Abs. 2 ZStV), ob: **2**

1. das Gesuch in der richtigen *Form* eingereicht worden ist;

2. die nötigen *Dokumente* und *Erklärungen* vorliegen;

3. die *Ehefähigkeit* beider Verlobten feststeht (Art. 94: Mündigkeit; Urteilsfähigkeit; Zustimmung der eine allfällige Vormundschaft ausübenden Person);

4. keine *Ehehindernisse* vorliegen (Art. 95: Verwandtschaft; Art. 96: bestehende Ehe).

2. Adoption

3   Stellt das Zivilstandsamt fest, dass die oder der Verlobte adoptiert ist, so gelangt es an das EAZW, das bis 30.6.2005 ein zentrales Verzeichnis der Adoptionen führte (alt Art. 27 Abs. 2 ZStV; Art. 92 Abs. 7 ZStV i.V.m. der Verordnung des EJPD vom 11.4.2005 über die vollständige Inkraftsetzung der Zivilstandsverordnung vom 28. April 2004, AS 2005 1823). Das Eidgenössische Amt für das Zivilstandswesen bescheinigt dem die Eheschliessung vorbereitenden Zivilstandsamt gestützt auf das Verzeichnis, ob ein Ehehindernis vorliegt oder nicht. Bei seit dem 1.7.2005 im Informatisierten Standesregister beurkundeten Adoptionen kann das Zivilstandsamt selber feststellen, ob bei adoptierten Verlobten das Ehehindernis der Verwandtschaft vorliegt oder nicht (s. Art. 95 N 4).

3. Namensführung nach der Trauung

4   Das Zivilstandsamt klärt mit den Verlobten die Frage der Namensführung nach der Trauung. Zunächst ist das auf den Namen anwendbare Recht zu bestimmen (Art. 37 Abs. 1 IPRG). Unter Umständen hat das Zivilstandsamt von einer Schweizerin oder einem Schweizer mit Wohnsitz im Ausland oder von einer Ausländerin oder einem Ausländer eine schriftliche Erklärung über die Unterstellung des Namens unter das Heimatrecht entgegenzunehmen (Art. 37 Abs. 2 IPRG i.V.m. Art. 14 Abs. 1 ZStV). Wenn die Namensführung nach der Trauung dem schweizerischen Recht untersteht, sind für die Namensbestimmung Art. 30 Abs. 2 ZGB und Art. 160 ZGB massgebend.

4. Kantons- und Gemeindebürgerrechte der Schweizerin

5   Das Zivilstandsamt stellt fest, welche Kantons- und Gemeindebürgerrechte die schweizerische Braut, die schon einmal verheiratet gewesen ist und einen Schweizer Bürger heiraten will, nach der Heirat besitzt. Der einschlägige Art. 161 wird über den Wortlaut hinaus interpretiert. Die Frau behält nicht nur das Kantons- und Gemeindebürgerrecht, das sie als ledig hatte, sondern auch das Kantons- und Gemeindebürgerrecht, das sie als geschiedene, verwitwete oder verheiratete Frau durch selbständige Einbürgerung erwarb (selbständige Einbürgerung der verheirateten Frau erst seit 1.1.1992 möglich). Die Frau behält auch das Kantons- und Gemeindebürgerrecht, das sie vor dem 1.1.1992 durch Einbezug in die Einbürgerung ihres früheren Ehemannes erhielt, sofern sie als ledig nicht Schweizerin war oder das Kantons- und Gemeindebürgerrecht, das sie als ledig hatte, im Zeitpunkt der neuen Heirat nicht mehr besitzt (Substitutionstheorie). Eine Frau verliert hingegen durch Heirat das Kantons- und Gemeindebürgerrecht, das sie durch eine frühere Eheschliessung erworben hat, sowie dasjenige, das sie vor 1992 als Schweizerin während einer früheren Ehe durch Einbürgerung erworben hat, sofern sie im Zeitpunkt der neuen Heirat noch ein Ledigenbürgerrecht besitzt (JÄGER/SIEGENTHALER, N 11.84).

III. Abschluss des Verfahrens

6   Die Zivilstandsbeamtin oder der Zivilstandsbeamte stellt das Ergebnis des Vorbereitungsverfahrens fest (Art. 67 Abs. 1 ZStV). Sind alle Ehevoraussetzungen erfüllt, so eröffnet das Zivilstandsamt den Verlobten **schriftlich** den Entscheid, dass die Trauung stattfinden kann. Es vereinbart die Einzelheiten des Vollzugs oder verweist die Verlobten an das Zivilstandsamt, das sie für die Trauung gewählt haben (Art. 67 Abs. 2 ZStV). Sind die

Ehevoraussetzungen nicht erfüllt oder bleiben erhebliche Zweifel bestehen, so verweigert das Zivilstandsamt die Trauung (Art. 67 Abs. 3 ZStV).

IV. Ehefähigkeitszeugnis für Schweizer Staatsangehörige

1. Zuständigkeit und Verfahren

Zeitigt das Vorbereitungsverfahren ein positives Ergebnis, kann dies nicht nur zur Vereinbarung der Einzelheiten der Trauung auf dem Zivilstandsamt, welches das Vorbereitungsverfahren durchgeführt hat, oder zur Verweisung der Verlobten an das Zivilstandsamt, das sie für die Trauung gewählt haben, sondern auch zur Ausstellung eines Ehefähigkeitszeugnisses für die Heirat im Ausland führen. Ein für die Trauung einer Schweizer Bürgerin oder eines Schweizer Bürgers im Ausland notwendiges Ehefähigkeitszeugnis wird auf Gesuch beider Verlobten ausgestellt (Art. 75 Abs. 1 ZStV).   7

Zuständigkeit und Verfahren richten sich sinngemäss nach den Vorschriften über das Vorbereitungsverfahren für eine Eheschliessung in der Schweiz (Art. 62–67 ZStV und 69 ZStV). Besteht kein Wohnsitz in der Schweiz, so ist das Zivilstandsamt des Heimatortes der Braut oder des Bräutigams zuständig (Art. 75 Abs. 2 ZStV) und das Gesuch kann mittels Formular 0.34B-2000 auf der zuständigen schweizerischen Vertretung im Ausland gestellt werden.

2. Formular und Gültigkeitsdauer

Für die Schweiz ist das Übereinkommen vom 5. September 1980 über die Ausstellung von Ehefähigkeitszeugnissen (CIEC-Konvention Nr. 20; SR 0.211.112.15) am 1. Juni 1990 in Kraft getreten. Die schweizerischen Zivilstandsämter sind verpflichtet, ein Ehefähigkeitszeugnis gemäss dem diesem Übereinkommen beigefügten Muster auszustellen. In der Schweiz kommt seither nur noch dieses Formular zur Anwendung, auch im Verkehr mit Staaten, die der CIEC-Konvention Nr. 20 nicht beigetreten sind. Gemäss Art. 7 der CIEC-Konvention Nr. 20 ist die Gültigkeit des Zeugnisses auf die Dauer von sechs Monaten begrenzt, vom Tag der Ausstellung an gerechnet. Schweizerische Staatsangehörige können somit aufgrund ein und desselben Vorbereitungsverfahrens in der Schweiz innert drei Monaten (Art. 100 Abs. 1) und im Ausland innert sechs Monaten heiraten.   8

V. Ausländische Staatsangehörige

1. Aktenprüfung

Die Kantone können vorsehen, dass in Eheschliessungsverfahren, bei denen ein Bezug zum Ausland besteht, das Zivilstandsamt die Akten des Vorbereitungsverfahrens der kantonalen Aufsichtsbehörde zur Prüfung zu unterbreiten hat (Art. 16 Abs. 6 ZStV). Es geht um die Prüfung ausländischer Dokumente, deren Beweiskraft ein Zivilstandsamt mit relativ wenig Praxis mit ausländischer Beteiligung nicht zuverlässig beurteilen kann.   9

2. Wohnsitz der ausländischen Verlobten im Ausland

Die kantonale Aufsichtsbehörde entscheidet gemäss Art. 73 ZStV über Gesuche um **Bewilligung** der Eheschliessung zwischen ausländischen Verlobten, die beide nicht in der Schweiz wohnen (Art. 43 Abs. 2 IPRG). Das Gesuch ist beim Zivilstandsamt einzureichen, das die Trauung durchführen soll (Art. 73 Abs. 2 ZStV). Beizulegen sind: 10

1. die Eheanerkennungserklärung des Heimat- oder Wohnsitzstaates beider Verlobten (Art. 43 Abs. 2 IPRG);

2. die Dokumente nach Artikel 64 ZStV (s. Art. 98 N 4) ausser der Bewilligung nach Artikel 74 ZStV (s. unten N 11).

Gleichzeitig mit dem Entscheid über das Gesuch entscheidet die kantonale Aufsichtsbehörde allenfalls über eine Bewilligung der Eheschliessung nach dem Heimatrecht der oder des Verlobten (Art. 74 ZStV) und über die schriftliche Durchführung des Vorbereitungsverfahrens (Art. 69 ZStV).

3. Ehevoraussetzungen nach ausländischem Recht

11   Sind die Voraussetzungen einer Eheschliessung zwischen ausländischen Staatsangehörigen nach schweizerischem Recht (Art. 94–96) nicht gegeben, so **bewilligt** die kantonale Aufsichtsbehörde die Eheschliessung, wenn sie nach den Voraussetzungen des Heimatrechts der oder des Verlobten stattfinden kann (Art. 44 Abs. 2 IPRG) und die Ehe mit dem schweizerischen Ordre public vereinbar ist (Art. 74 ZStV). Die Bewilligungserteilung erfolgt gegebenenfalls im Rahmen der Aktenprüfung gemäss Art. 16 Abs. 6 ZStV (s. oben N 9).

Art. 100

III. Fristen   ¹ **Die Trauung kann frühestens zehn Tage und spätestens drei Monate, nachdem der Abschluss des Vorbereitungsverfahrens mitgeteilt wurde, stattfinden.**

                        ² **Ist einer der Verlobten in Todesgefahr und ist zu befürchten, dass die Trauung bei Beachtung der Frist von zehn Tagen nicht mehr möglich ist, so kann die Zivilstandsbeamtin oder der Zivilstandsbeamte auf ärztliche Bestätigung hin die Frist abkürzen oder die Trauung unverzüglich vornehmen.**

III. Délais   ¹ Le mariage peut être célébré au plus tôt dix jours et au plus tard trois mois après la communication de la clôture de la procédure préparatoire.

                        ² Lorsque le respect du délai de dix jours risque d'empêcher la célébration du mariage parce que l'un des fiancés est en danger de mort, l'officier de l'état civil peut, sur présentation d'une attestation médicale, abréger le délai ou célébrer le mariage immédiatement.

III. Termini   ¹ Il matrimonio può essere celebrato al più presto dieci giorni e al più tardi tre mesi dopo la comunicazione della chiusura della procedura preparatoria.

                        ² Quando uno dei fidanzati è in pericolo di morte e vi è da temere che l'osservanza del termine di dieci giorni non sia più possibile, l'ufficiale dello stato civile può, dietro presentazione di un attestato medico, abbreviare il termine o celebrare immediatamente il matrimonio.

I. Fristen

1   Die Trauung findet frühestens zehn Tage und spätestens drei Monate, nachdem der Entscheid über das positive Ergebnis des Vorbereitungsverfahrens mitgeteilt wurde, statt (Art. 68 Abs. 1 ZStV). Die «letzte Bedenkfrist» von zehn Tagen (s. Botschaft Revision Scheidungsrecht, Ziff. 223.231) und die Gültigkeitsfrist des Vorbereitungsverfahrens von drei Monaten beginnen gleichzeitig zu laufen. Ausgelöst werden beide Fristen mit der Mitteilung des Entscheids, dass die Trauung stattfinden kann. Die Trauung ist somit vom elften Tag an bis und mit dem letzten Tag des Fristenlaufs möglich. Das Zeitfenster für die Eheschliessung ist drei Monate minus die ersten zehn Tage offen. Diese Regelung gilt genau gleich, ob die Trauung im Zivilstandskreis, wo das Vorbereitungsverfahren durchgeführt wurde, oder in einem anderen Zivilstandskreis stattfindet. Auf der dreisprachigen Trauungsermächtigung (Infostar-Formular 3.0.3), die das Zivilstandsamt, welches das Verfahren zur Vorbereitung der Eheschliessung durchgeführt hat, den Verlobten auf Wunsch ausstellt, sind die Daten von Beginn und Ende der Gültigkeit festgehalten.

Lassen die Verlobten die Frist von drei Monaten ungenutzt verstreichen, müssen sie, wenn sie am Ehevorhaben festhalten, ein neues Gesuch um Durchführung des Vorbereitungsverfahrens einreichen.

II. Nottrauung

Ist die oder der Verlobte in Todesgefahr und ist zu befürchten, dass die Trauung bei **2** Beachtung der Frist von zehn Tagen nicht mehr möglich ist, so kann die Zivilstandsbeamtin oder der Zivilstandsbeamte des Zivilstandskreises, in dem das Vorbereitungsverfahren durchgeführt oder der für die Trauung gewählt worden ist, auf ärztliche Bestätigung hin die Frist verkürzen oder die Trauung unverzüglich vornehmen (Art. 68 Abs. 2 ZStV).

Art. 101

C. Trauung **I. Ort**	**¹ Die Trauung findet im Trauungslokal des Zivilstandskreises statt, den die Verlobten gewählt haben.** **² Ist das Vorbereitungsverfahren in einem andern Zivilstandskreis durchgeführt worden, so müssen die Verlobten eine Trauungsermächtigung vorlegen.** **³ Weisen die Verlobten nach, dass es für sie offensichtlich unzumutbar ist, sich in das Trauungslokal zu begeben, so kann die Trauung an einem andern Ort stattfinden.**
C. Célébration du mariage I. Lieu	¹ Le mariage est célébré dans la salle des mariages de l'arrondissement de l'état civil choisi par les fiancés. ² Si la procédure préparatoire a eu lieu dans un autre arrondissement de l'état civil, les fiancés doivent présenter une autorisation de célébrer le mariage. ³ Le mariage peut être célébré dans un autre lieu si les fiancés démontrent que leur déplacement à la salle des mariages ne peut manifestement pas être exigé.
C. Celebrazione del matrimonio I. Luogo	¹ Il matrimonio è celebrato nel locale a ciò destinato del circondario dello stato civile prescelto dai fidanzati. ² Se la procedura preparatoria si è tenuta in un altro circondario dello stato civile, i fidanzati devono presentare un'autorizzazione a celebrare il matrimonio. ³ Il matrimonio può essere celebrato in un altro luogo se i fidanzati dimostrano che manifestamente non si può esigere da loro che si rechino nel locale dei matrimoni.

Willi Heussler

I. Trauungslokal

1   Die Trauung findet im Trauungslokal des Zivilstandskreises statt, den die Verlobten gewählt haben (Art. 70 Abs. 1 ZStV) In jedem Zivilstandskreis muss demgemäss mindestens ein zweckentsprechendes Lokal für die Durchführung der Trauungen zur Verfügung stehen. Häufig bestehen zwei oder mehr Trauungslokale im selben Kreis. Mit unterschiedlich grossen Trauungslokalen kann flexibel auf die Zahl der an der Trauungszeremonie teilnehmenden Personen reagiert werden. Alle Lokale müssen aber von der nach kantonalem Recht zuständigen Behörde auf Dauer diesem Zweck gewidmet sein.

II. Haus- oder Spitaltrauung

2   Weisen die Verlobten nach, dass es für sie offensichtlich unzumutbar ist, sich in das Trauungslokal zu begeben, so kann die Zivilstandsbeamtin oder der Zivilstandsbeamte die Trauung in einem andern Lokal durchführen (Art. 70 Abs. 2 ZStV). Die Trauung muss also immer in einem **Lokal** stattfinden. Beispielsweise kann die Trauung in einer Wohnung, in einem Haus oder in einem Spital stattfinden, wenn die Braut oder der Bräutigam wegen Krankheit oder Unfall verhindert ist, im Trauungslokal zu erscheinen. Für die Transportunfähigkeit müsste in diesem Fall ein ärztliches Zeugnis vorgelegt werden (s. Botschaft Revision Scheidungsrecht, Ziff. 223.313, Abs. 1 a.E.).

III. Gefängnistrauung

3   Wenn eine Braut oder ein Bräutigam eine Freiheitsstrafe verbüsst, kann der Aufwand für die polizeiliche Überführung ins Trauungslokal und für die Bewachung unverhältnismässig gross sein. Möglich ist aber auch, dass die Strafvollzugsbehörde aus Sicherheitsgründen weder Urlaub bewilligen noch einer amtlichen Überführung ins Trauungslokal zustimmen kann. Mit einer entsprechenden Bestätigung der Strafvollzugsbehörde kann die Trauung in diesen Fällen im Gefängnis stattfinden (s. Botschaft Revision Scheidungsrecht, Ziff. 223.313).

Art. 102

II. Form	[1] **Die Trauung ist öffentlich und findet in Anwesenheit von zwei mündigen und urteilsfähigen Zeuginnen oder Zeugen statt.**
	[2] **Die Zivilstandsbeamtin oder der Zivilstandsbeamte richtet an die Braut und an den Bräutigam einzeln die Frage, ob sie miteinander die Ehe eingehen wollen.**
	[3] **Bejahen die Verlobten die Frage, wird die Ehe durch ihre beidseitige Zustimmung als geschlossen erklärt.**
II. Forme	[1] Le mariage est célébré publiquement, en présence de deux témoins majeurs et capables de discernement.
	[2] L'officier de l'état civil demande séparément à la fiancée et au fiancé s'ils veulent s'unir par les liens du mariage.
	[3] Lorsque les fiancés ont répondu par l'affirmative, ils sont déclarés unis par les liens du mariage, en vertu de leur consentement mutuel.
II. Forma	[1] Il matrimonio è celebrato pubblicamente, in presenza di due testimoni maggiorenni e capaci di discernimento.

[2] L'ufficiale dello stato civile rivolge agli sposi singolarmente la domanda se vogliono unirsi in matrimonio.

[3] Ricevute le risposte affermative, l'ufficiale dello stato civile dichiara che, in virtù di questo vicendevole consenso, il matrimonio è celebrato.

I. Öffentlichkeit

Die Trauung ist öffentlich. Öffentlichkeit wird hergestellt durch die Vorschrift, wonach   **1** die Trauung im Trauungslokal und in Anwesenheit von zwei mündigen und urteilsfähigen Zeuginnen oder Zeugen stattzufinden habe (Art. 71 Abs. 1 Satz 1 ZStV). Ebenfalls im Zusammenhang mit dem Erfordernis der Öffentlichkeit ist die Vorschrift zu sehen, wonach an Sonntagen und an den am Amtssitz des Zivilstandsamtes geltenden allgemeinen Feiertagen keine Trauungen stattfinden dürfen (Art. 72 Abs. 3 ZStV).

II. Zeugen

Die Trauung findet in Anwesenheit von zwei mündigen und urteilsfähigen Zeuginnen   **2** oder Zeugen statt (Art. 71 Abs. 1 Satz 1 ZStV). Diese müssen von den Verlobten gestellt werden (Art. 71 Abs. 1 Satz 2 ZStV). Obwohl Art. 44 Abs. 3 IPRG die Form der Eheschliessung in der Schweiz dem schweizerischen Recht unterwirft und die Mitwirkung der Trauzeugen zu den Formvorschriften zu zählen ist, richtet sich die Mündigkeit der Trauzeugen nach den vom schweizerischen internationalen Privatrecht aufgestellten Regeln über das auf die Handlungsfähigkeit anwendbare Recht. Für die Mündigkeit massgebend ist somit das **Recht am Wohnsitz** (Art. 35 Satz 1 IPRG). Weil es sich um eine Frage des Personenstandes handelt, ist bei Wohnsitz im Ausland eine Rückverweisung auf das schweizerische Recht zu beachten (Art. 14 Abs. 2 IPRG).

III. Trauakt

Der obligatorische Kern der Ziviltrauung beschränkt sich auf die in Art. 102 Abs. 2 und 3   **3** bzw. in Art. 71 Abs. 2 und 3 ZStV beschriebenen Teilakte. Die Trauung wird vollzogen, indem die Zivilstandsbeamtin oder der Zivilstandsbeamte an die Braut und den Bräutigam einzeln die Frage richtet:

«N. N., ich richte an Sie die Frage: Wollen Sie mit M. M. die Ehe eingehen?»

«M. M., ich richte an Sie die Frage: Wollen Sie mit N. N. die Ehe eingehen?»

Haben beide die Frage bejaht, so erklärt die Zivilstandsbeamtin oder der Zivilstandsbeamte:

«Da Sie beide meine Frage bejaht haben, ist Ihre Ehe durch Ihre beidseitige Zustimmung geschlossen.»

Konstitutiv sind einzig die übereinstimmenden Willenserklärungen der persönlich anwesenden Brautleute vor der Zivilstandsbeamtin oder dem Zivilstandsbeamten, während der amtlichen Erklärung über das Zustandekommen der Ehe bloss deklaratorische Bedeutung zukommt (s. Botschaft Revision Eherecht, Ziff. 223.323).

IV. Beurkundung

Unmittelbar nach der Trauung wird der vorbereitete Beleg für die Erfassung der Trauung   **4** im **Informatisierten Standesregister** von den Ehegatten, den Zeuginnen oder Zeugen und der Zivilstandsbeamtin oder dem Zivilstandsbeamten unterzeichnet (Art. 71 Abs. 4 ZStV). Die Unterschriften sind eigenhändig und zeitgleich beizusetzen (Art. 18 Abs. 1 ZStV). Auch der Unterzeichnung dieser fünfsprachigen Bestätigung der Eheschliessung (Infostar-Formular 3.0.2) kommt keine konstitutive Bedeutung zu. Mit dem zweiten Jawort ist die Ehe geschlossen (s. oben N 3). Auf Wunsch stellt das Zivilstandsamt den Ehegatten eine nationale dreisprachige Trauungsurkunde (Infostar-Formular 3.1.2) oder einen Auszug aus dem Eheregister (CIEC) gemäss Übereinkommen über die Ausstellung mehrsprachiger Auszüge aus Zivilstandsregistern (SR 0.211.112.112) vom 8.9.1976, für die Schweiz in Kraft getreten am 18.4.1990, aus (Infostar-Formular 3.80). Üblich ist die Ausstellung eines Familienausweises (Infostar-Formular 7.4). Dieses Dokument dient im Verkehr mit Behörden als Ausweis über den Bestand der Familie. Alle drei erwähnten Dokumente dienen aber auch als Nachweis der erfolgten Ziviltrauung gegenüber Personen, die im Anschluss eine religiöse Eheschliessung durchführen (vgl. Art. 97 Abs. 3).

V. Eheakten

5 Das Gesuch um Durchführung des Vorbereitungsverfahrens (Art. 63 ZStV), die vorgelegten Dokumente (Art. 64 ZStV), die Erklärungen (Art. 65 ZStV), die Akten der Prüfung (Art. 66 ZStV), der Entscheid über das Ergebnis des Vorbereitungsverfahrens (Art. 67 ZStV) und die Bestätigung der Eheschliessung (Art. 71 Abs. 4 ZStV) sind grundsätzlich 50 Jahre aufzubewahren (Art. 32 Abs. 1 ZStV). Wenn sie allerdings durch Mikroverfilmung oder elektronische Speicherung gesichert werden, dürfen sie mit Bewilligung der kantonalen Aufsichtsbehörde nach 10 Jahren vernichtet werden (Art. 32 Abs. 2 ZStV). Die Zivilstandsämter können Dokumente (Art. 64 ZStV) den Berechtigten auf Wunsch zurückgeben (Art. 33 Abs. 2 Satz 1 ZStV). Die Dokumente sind in diesem Fall durch beglaubigte Kopien zu ersetzen (Art. 33 Abs. 2 Satz 2 ZStV). Die Bekanntgabe von Daten aus den Belegen richtet sich nach den Vorschriften der Zivilstandsverordnung (Art. 44–61 ZStV) über die Bekanntgabe von Personendaten (Art. 33 Abs. 1 ZStV).

VI. Organisatorische Vorschriften

1. Sitzungspolizei

6 Die Zivilstandsbeamtin oder der Zivilstandsbeamte kann die Zahl der am Trauakt teilnehmenden Personen aus Ordnungsgründen beschränken. Wer die Trauhandlung stört, wird weggewiesen Art. 72 Abs. 1 ZStV). Die Trauung mehrerer Paare zur gleichen Zeit darf nur erfolgen, wenn alle Verlobten damit einverstanden sind (Art. 72 Abs. 2 ZStV).

2. Sprachliche Verständigung

7 Eine sprachlich vermittelnde Person ist beizuziehen, wenn beim Trauakt die Verständigung nicht gewährleistet ist (Art. 3 Abs. 2 Satz 1 ZStV). Die Kosten sind von den Verlobten zu tragen, soweit es sich nicht um sprachliche Vermittlung für Gehörlose handelt (Art. 3 Abs. 2 Satz 2 ZStV). Die Zivilstandsbeamtin oder der Zivilstandsbeamte hält die Personalien der sprachliche vermittelnden Person schriftlich fest, ermahnt diese zur Wahrheit und weist sie auf die Straffolgen einer falschen Vermittlung hin (Art. 3 Abs. 3 ZStV). Die Instruktion der sprachlich vermittelnden Person kann unter Verwendung des fakultativen Formulars M-85-2000 erfolgen. Für sprachlich vermittelnde Personen gelten im Übrigen dieselben Ausstandsbestimmungen wie für die Zivilstandsbeamtinnen und Zivilstandsbeamten (Art. 89 Abs. 3 ZStV).

Art. 103

D. Ausführungs-bestimmungen	**Der Bundesrat und, im Rahmen ihrer Zuständigkeit, die Kantone erlassen die nötigen Ausführungsbestimmungen.**
D. Dispositions d'exécution	Le Conseil fédéral et les cantons, dans le cadre de leur compétence, édictent les dispositions d'exécution.
D. Disposizioni d'esecuzione	Il Consiglio federale e, nell'ambito della loro competenza, i Cantoni emanano le disposizioni d'esecuzione necessarie.

I. Bundesverordnungsrecht

Die Ausführungsbestimmungen, die der Bundesrat zu Art. 97–102 zu erlassen hat, bilden im Wesentlichen das 7. Kapitel (Art. 62–75 ZStV) der **Zivilstandsverordnung** (ZStV; SR 211.112.2) vom 28.4.2004. Die im Zusammenhang mit der Vorbereitung der Eheschliessung und der Trauung zu erhebenden Gebühren hat der Bundesrat in der **Verordnung über die Gebühren im Zivilstandswesen** (ZStGV; SR 172.042.110) vom 27.10.1999, namentlich im Anhang 1 Ziff. IV., festgelegt. Die Festlegung der **Formulare** obliegt dem EAZW (Art. 6 Abs. 1 ZStV; vgl. Vorbem. zu Art. 39–49 N 3). 1

II. Kantonale Ausführungsbestimmungen

Zivilgesetzbuch, Zivilstandsverordnung und Gebührenverordnung lassen sehr **wenig Raum** für ergänzende kantonale Vorschriften. Die Kantone können – abgesehen vom bundesrechtlichen Verbot von Trauungen an Sonntagen und an den am Amtssitz des Zivilstandsamtes geltenden allgemeinen Feiertagen (Art. 72 Abs. 3 ZStV) – die Trauzeiten festlegen (Art. 99 Abs. 3). Sie geniessen Gestaltungsfreiheit in Bezug auf die wenigen fakultativen Formulare. Im Weiteren können die Kantone vorschreiben, dass in Fällen, in denen ein Bezug zum Ausland besteht, die Akten des Vorbereitungsverfahrens der kantonalen Aufsichtsbehörde zur Prüfung zu unterbreiten sind (Art. 16 Abs. 6 ZStV). Die Kantone können schliesslich vorsehen, dass die Gebühr für die Vorbereitung der Eheschliessung und die Trauung ganz oder teilweise erlassen wird, wenn die Braut oder der Bräutigam im betroffenen Zivilstandskreis Wohnsitz hat (Art. 3 Abs. 2 ZStGV). 2

Vierter Abschnitt: Die Eheungültigkeit

Vorbemerkungen zu Art. 104 ff.

Literatur

DESCHENAUX/TERCIER/WERRO, Le mariage et le divorce, Bern 1995; DUC, Les assurances sociales en suisse, Lausanne 1995; GEISER, Das EVG als heimliches Familiengericht? in: Sozialversicherung im Wandel, Bern 1992, 353 ff. (zit. Das EVG als heimliches Familiengericht?; DERS., Berufliche Vorsorge im neuen Scheidungsrecht, in: Hausheer (Hrsg.), Vom alten zum neuen Scheidungsrecht, Bern 1999, 55 ff. (zit. Vom alten zum neuen Scheidungsrecht); HAUSHEER, Ehefähigkeit, Ehehindernisse und Ungültigkeit der Ehe, ZZW 1974, 333 ff.; DERS., Der Scheidungsunterhalt und die Familienwohnung, in: Hausheer (Hrsg.), Vom alten zum neuen Scheidungsrecht, Bern 1999, 119 ff.; HAUSHEER/GEISER/KOBEL, Das Eherecht des Schweizerischen Zivilgesetzbuches, 2. Aufl., Bern 2002; HINDERLING/STECK, Das schweizerische Ehescheidungsrecht, 4. Aufl., Zürich 1995; HÜRLIMANN, Die Eheschliessungsverbote zwischen Verwandten und Verschwägerten, Diss. Zürich

1987; KELLER, Die zweckwidrige Verwendung von Rechtsinstituten des Familienrechts, Diss. Zürich 1986; LOCHER, Grundriss des Sozialversicherungsrechts, 3. Aufl., Bern 2003; MERONI, Dogmatik und praktische Bedeutung des schweizerischen Eheungültigkeitsrechts, Zürich 1984; MICHELI/NORDMANN/TISSOT/CRETTAZ/THONNEY/RIVA, Le nouveau droit du divorce, Lausanne 1999; PIOTET, Nullité du mariage et droits successoraux, ZSR 1991 I 221 ff.; TERCIER, Qui sont nos «proches»? in: Gauch/Schmid/Steinauer/Tercier/Werro (Hrsg.), FS Schnyder, Fribourg 1995 (zit. FS Schnyder), 799 ff.

I. Verhältnis der Eheungültigkeitsklage zur Scheidung

1   Eheungültigkeitsklage und Scheidungsklage haben in der Regel **das gleiche Ziel, nämlich die Auflösung der Ehe;** allerdings kann unter den Voraussetzungen von Art. 106 Abs. 2 und 108 Abs. 2 auch eine bereits aufgelöste Ehe als ungültig erklärt werden. Sowohl die Eheungültigkeits- als auch die Scheidungsklage setzen voraus, dass überhaupt eine Ehe besteht. Sie können ihr Ziel deshalb dort nicht erreichen, wo es an den begriffsnotwendigen Elementen einer Ehe fehlt, d.h. wo eine sog. Nichtehe (matrimonium non existens) vorliegt (s.u. Art. 104 N 3–6). Beiden Klagen ist ferner gemeinsam, dass bis zum richterlichen Urteil, das die Eheungültigkeit oder die Scheidung ausspricht, die Ehe alle Wirkungen einer gültigen Ehe hat. Das ist im Falle der Scheidung selbstverständlich. Für die Ungültigkeitsklage ergibt sich das Gleiche aufgrund der ausdrücklichen Regelung im Gesetz (Art. 109 Abs. 1); eine Ausnahme gilt nur bezüglich der erbrechtlichen Ansprüche des überlebenden Ehegatten, die dieser in jedem Fall verliert (s.u. Art. 109 N 14). Der **Hauptunterschied** zwischen beiden Klagen besteht in den Gründen, auf denen sie beruhen. Mit der Scheidungsklage werden Tatsachen geltend gemacht, die sich erst nach der Heirat ereignet oder ausgewirkt haben (vgl. allerdings u. Art. 105 N 14). Die Ungültigkeitsklage hat demgegenüber Mängel zum Gegenstand, die bereits vor der Heirat bestanden haben oder anlässlich der Eheschliessung eingetreten sind (BGE 84 II 501 f.; 85 II 293 ff.; BK-BÜHLER/SPÜHLER, Einleitung N 38; BK-GÖTZ, Vorbemerkungen zu Art. 120 ff. N 13; HINDERLING/STECK, 4; WERRO, N 380 ff.).

2   Bestehen sowohl Gründe für eine Ungültigkeits- als auch für eine Scheidungsklage, so können entweder **beide Klagen kumulativ** (als Haupt- und Eventualklage bzw. als Haupt- und Widerklage) oder **die eine oder andere alternativ** erhoben werden (BGE 70 II 4 ff.; 85 II 294; BK-BÜHLER/SPÜHLER sowie BK-SPÜHLER/FREI-MAURER, Einleitung N 37; WERRO, N 356 ff.; HINDERLING/STECK, 5 f.; HEGNAUER/BREITSCHMID, N 7.28). Das ist möglich, weil für beide Klagen die gleiche Zuständigkeit gilt und das gleiche Verfahren Anwendung findet (Art. 110). Sind sowohl eine Scheidungs- als auch eine Ungültigkeitsklage rechtshängig gemacht worden, so ist zunächst über die Ungültigkeitsklage zu entscheiden, da die Scheidungsklage mit deren Gutheissung gegenstandslos wird (BGE 84 II 502).

3   Im Unterschied zum Verhältnis zwischen zwei Scheidungs- oder Trennungsklagen hat das BGer unter dem früheren Recht entschieden, dass zwischen einer Scheidungs- oder Trennungsklage einerseits und einer Ungültigkeitsklage andrerseits **kein bundesrechtlicher Gerichtsstand des Sachzusammenhangs** bestehe (BGE 84 II 499 ff. E. 2). Wenn die Ehegatten getrennte Wohnsitze hatten, konnte daher der eine an seinem Wohnsitz Klage auf Scheidung oder Trennung und der andere an dem seinigen Ungültigkeitsklage erheben und umgekehrt. Der Scheidungs- oder Trennungsprozess war in einem solchen Fall bis zur Erledigung des Ungültigkeitsprozesses einzustellen. Diese Rechtsprechung vermag nicht zu befriedigen. Der Gerichtsstand des Sachzusammenhanges sollte als ausschliesslicher Gerichtsstand auch im Verhältnis zwischen einer Scheidungs- bzw. Trennungsklage und einer Ungültigkeitsklage gelten (s.u. Art. 110 N 3).

II. Internationales Privatrecht

Bei Erlass des IPRG wurde bewusst auf eine Regelung der Eheungültigkeitsklage verzichtet (BBl 1983 I 340 f.). Für die schweizerische **Zuständigkeit** und die **Anerkennung** ausländischer Entscheidungen rechtfertigt sich grundsätzlich die Anwendung der Regeln über die Ehescheidung (s.u. Art. 110 N 4). Das gilt auch für das auf die **Folgen der Ungültigkeit anzuwendende Recht** (vgl. A. BUCHER, DIP Bd. II, N 390), einschliesslich der beruflichen Vorsorge.

Bezüglich des auf die **Ungültigkeit selber anwendbaren Rechts** ist wohl zu differenzieren. Die Frage, ob überhaupt eine Ehe vorliegt oder ein matrimonium non existens, fällt mit der Anerkennung der Eheschliessung zusammen (vgl. BGE 119 II 265 ff.). Unter Vorbehalt des Ordre public richtet sich diese Frage für eine im Ausland geschlossene Ehe nach dem vom ausländischen IPR bestimmten Recht. Als gegen den Ordre public verstossend wird die bigamische Ehe angesehen (Art. 105 Ziff. 1; zu den Ausnahmen: A. BUCHER, a.a.O., N 400), selbst wenn sie nach dem auf die Eheschliessung anzuwendenden Recht gültig ist. Die mit dem Eheschliessungswillen zusammenhängenden Ungültigkeitsgründe (Art. 105 Ziff. 2 und 107) stehen demgegenüber in derart engem Zusammenhang mit den Scheidungsgründen, dass die Bestimmungen über die Scheidung uneingeschränkt zur Anwendung kommen sollten (**a.M.** WERRO, N 386). Für die Anwendung des für die Ehevoraussetzungen massgebenden Rechts bleibt von den Ungültigkeitsgründen heute noch das Ehehindernis der Verwandtschaft (Art. 105 Ziff. 3). Der in dieser Bestimmung bisher noch enthaltene Ungültigkeitsgrund des Stiefkindverhältnisses ist durch das PartG mit Wirkung ab 1.1.2006 aufgehoben worden (vgl. dazu u. N 13a sowie Art. 105 N 12). Nachdem das BGer in BGE 128 III 118 f. E. 4d den absoluten Charakter des Ehehindernisses und Ungültigkeitsgrundes des Stiefkindverhältnisses gestützt auf die Gesetzesmaterialien noch ausdrücklich bejaht hatte, erachtete der Gesetzgeber ein solches Ehehindernis in Anpassung an die Gesetzgebung in verschiedenen europäischen Staaten nicht mehr als zeitgemäss und hob das entsprechende Eheverbot auf.

III. Intertemporale Regeln

Mit Bezug auf das intertemporale Recht hat der Gesetzgeber entschieden, dass nicht die gleichen Regeln auf die Ungültigerklärung Anwendung finden müssen wie auf die Eheschliessung. Auch eine **nach altem Recht geschlossene Ehe** kann seit dem Inkrafttreten des **neuen Rechts nur noch nach diesem für ungültig erklärt** werden. Mit dem neuen Recht ist auch der anlässlich der Revision des Bürgerrechtsgesetzes 1990 eingefügte aArt. 8 Abs. 4 SchlT ZGB aufgehoben worden, der es erlaubt hatte, Bürgerrechtsehen auch nach der Streichung des entsprechenden Ungültigkeitsgrundes in aArt. 120 ZGB noch für ungültig erklären zu lassen. Seit dem 1. Januar 2000 können somit auch früher geschlossene Bürgerrechtsehen nicht mehr für ungültig erklärt werden (s.u. Art. 109 N 8).

Das **neue Recht** findet mit seinem Inkrafttreten auch auf die Ungültigkeitsverfahren Anwendung, die bereits **unter altem Recht rechtshängig geworden** sind (Art. 7 Abs. 2 SchlT ZGB; BBl 1996 I 169). Der gesetzgeberische Entscheid rechtfertigt sich schon mit Blick auf die geringen materiellen Unterschiede zwischen dem alten und dem neuen Recht. Wesentlich kann der Rechtswechsel praktisch nur mit Blick auf die engeren Irrtumsregeln (Art. 107 N 9) und das Entfallen verschiedener Ehehindernisse (u. N 13a und Art. 105 N 12) sowie angesichts des Umstandes sein, dass das Fehlen der Zustimmung des gesetzlichen Vertreters zur Eheschliessung keinen Ungültigkeitsgrund mehr darstellt (s.u. N 14).

8   Die Regel **stimmt** mit der für das **Scheidungsrecht** geltenden grundsätzlich **überein** (Art. 7b SchlT ZGB). Allerdings fehlt eine Art. 7b Abs. 3 SchlT ZGB entsprechende Ausnahme für das Bundesgericht. Das rechtfertigt sich insofern, als der Rechtswechsel grundsätzlich nur bewirkt, dass gewisse Ungültigkeitsgründe des alten Rechts entfallen (s.o. N 6 f.). War bei einem solchen Grund das Ungültigkeitsurteil im Zeitpunkt des Inkrafttretens des neuen Rechts noch nicht rechtskräftig, rechtfertigte sich die Ungültigerklärung auch nicht, wenn das Verfahren im Kanton bereits abgeschlossen war.

9   Das Gesetz hält ausdrücklich fest, dass mit dem Inkrafttreten des neuen Rechts die in Art. 108 vorgesehenen **Fristen** nicht neu zu laufen beginnen (Art. 7 Abs. 2 SchlT ZGB; TUOR/SCHNYDER/RUMO-JUNGO, 193).

10   Für die **Folgen der Ungültigerklärung** ist demgegenüber Art. 7b Abs. 2 SchlT ZGB anwendbar. Art. 109 Abs. 2 ZGB verweist für die Folgen der Ungültigkeit ausdrücklich auf das Scheidungsrecht. Der Verweis gilt auch übergangsrechtlich.

IV. Statistische Bedeutung des Eheungültigkeitsrechts

11   Die Eheungültigkeit ist von geringer praktischer Bedeutung. 2000 wurden bei 10 511 Scheidungen (2001: 15 778; 2002: 16 363; 2003: 16 799; 2004: 17 949) nur 11 Ehen (2001: 14; 2002: 9; 2003: 14; 2004: 13) für ungültig erklärt (Bundesamt für Statistik, BEVNAT).

V. Revisionsgeschichte

12   Im **Vernehmlassungsverfahren** war umstritten, ob mit Blick auf die geringe praktische Bedeutung der Eheungültigkeit dieses Institut überhaupt neben der Scheidung weiterhin im Gesetz vorgesehen werden soll (vgl. HEGNAUER/BREITSCHMID, N 7.33). Überwiegend wurde eine gesetzliche Regelung aber begrüsst, weil damit klargestellt wird, dass weder die Bestimmungen des Obligationenrechts über die Willensmängel noch Art. 2 Abs. 2 ZGB auf die Ehe als solche Anwendung finden können. Der Entwurf des Bundesrats entsprach weitestgehend dem Vorentwurf von 1992.

13   Im **Parlament** wurde die im Entwurf noch enthaltene Bestimmung gestrichen, wonach eine Ehe auch wegen eines Irrtums über wesentliche persönliche Eigenschaften des andern, die von solcher Bedeutung sind, dass dem Kläger oder der Klägerin die eheliche Gemeinschaft nicht zugemutet werden darf, als ungültig zu erklären sei (Art. 107 Ziff. 3 Entwurf; AmtlBull 1996 S 755 f.). Ein Antrag, die Umgehung der ausländerrechtlichen Bestimmungen als Ungültigkeitsgrund einzuführen, wurde im Ständerat mit 13 gegen 10 Stimmen abgelehnt (AmtlBull 1996 S 753 ff.). Inzwischen wurde jedoch durch das noch dem Referendum unterliegende neue BG über die Ausländerinnen und Ausländer vom 16. Dez. 2005 (AuG) ein besonderer Ungültigkeitsgrund in das ZGB eingefügt für den Fall, dass einer der Ehegatten nicht eine Lebensgemeinschaft begründen, sondern die Bestimmungen über Zulassung und Aufenthalt von Ausländerinnen und Ausländern umgehen will (Art. 105 Ziff. 4, BBl 2005, 7422; vgl. dazu u. Art. 105 N 14a).

13a   Bei Erlass des PartG wurden, wie bereits o. in N 5 erwähnt, das bei der Revision von 1998 noch aufrecht erhaltene **Ehehindernis des Stiefkindverhältnisses** in Art. 95 Abs. 1 Ziff. 2 und der **entsprechende Ungültigkeitsgrund** in Art. 105 Ziff. 3 fallen gelassen (s.u. Art. 105 N 12).

VI. Aufgehobene Regelungen

Als **materielle Änderung** ist, abgesehen von den weggefallenen Ehehindernissen und **14** den in Verbindung damit aufgehobenen Ungültigkeitsgründen, insb. zu beachten, dass das geltende Recht im Gegensatz zur absichtlichen Täuschung den blossen Irrtum über eine persönliche Eigenschaft des anderen Ehegatten (aArt. 124 Ziff. 2) und die fehlende Zustimmung des gesetzlichen Vertreters (aArt. 128) nicht mehr als Ungültigkeitsgründe anerkennt.

Das Gesetz erwähnt nicht mehr ausdrücklich, dass die **Nichtbeachtung blosser 15 Formvorschriften** keinen Ungültigkeitsgrund darstellt (aArt. 131). Darin liegt aber keine materielle Änderung. Sofern die Brautleute persönlich vor dem Zivilstandsamt erschienen sind und diesem ihren übereinstimmenden Willen, eine Ehe einzugehen, erklärt haben, sind die notwendigen Voraussetzungen für das Zustandekommen der Ehe erfüllt (BK-Götz, aArt. 131 N 2). Die Nichtbeachtung aller anderen Formvorschriften kann nicht die Ungültigkeit der Ehe bewirken (vgl. BK-Götz, aArt. 131 N 5 f.; Werro, N 294; Deschenaux/Tercier/Werro, N 431; Hegnauer/Breitschmid, N 7.11.; Meroni, 52 f.). Die im alten Recht noch vorgesehene Wartefrist für das Eingehen einer neuen Ehe nach Scheidung oder Ungültigerklärung der früheren Ehe (aArt. 130) gibt es nicht mehr.

Art. 104

A. Grundsatz	**Die vor der Zivilstandsbeamtin oder dem Zivilstandsbeamten geschlossene Ehe kann nur aus einem in diesem Abschnitt vorgesehenen Grund für ungültig erklärt werden.**
A. Principe	Le mariage célébré par un officier de l'état civil ne peut être annulé qu'à raison de l'un des motifs prévus dans le présent chapitre.
A. Principio	Il matrimonio celebrato da un ufficiale dello stato civile può essere annullato soltanto per uno dei motivi previsti dal presente capo.

Literatur

Vgl. die Literaturhinweise zu den Vorbem. zu Art. 104 ff.

I. Verhältnis zum bisherigen Recht

Das alte Recht enthielt keine solche Bestimmung. Trotzdem galt der in Art. 104 aus- **1** gesprochene Grundsatz bereits bisher, denn die Aufzählung der Nichtigkeits- und Anfechtungsgründe in den aArt. 120 ff. hatte nach einhelliger Auffassung in der Lehre abschliessenden Charakter (BK-Götz, Vorbem. zu den aArt. 120–136 N 10, sowie aArt. 120 N 8; Hegnauer/Breitschmid, N 7.10; Meroni, 15 m.w.H.). In der neu ins Gesetz aufgenommenen Bestimmung wird somit nur ausgesprochen, was schon bisher galt.

II. Allgemeine Bedeutung der Bestimmung und Abgrenzung der ungültigen Ehe von der Nichtehe

Mit der Beschränkung der Eheungültigkeit auf die im Gesetz ausdrücklich vorgesehenen **2** Gründe wird insb. die **Anwendung der Bestimmungen des Obligationenrechts über** die **Willensmängel** ausgeschlossen (vgl. o. Vorbem. zu Art. 104 ff. N 12; Botschaft Revision Scheidungsrecht, 76). Ebenso ist es mit Art. 104 nicht vereinbar, eine Ehe wegen **Rechtsmissbrauchs im Sinne von Art. 2 Abs. 2** als ungültig zu erklären. Das Kantonsgericht St. Gallen hat eine Ehe mit Urteil vom 6. September 2000 aufgrund von Art. 2 Abs. 2 als ungültig erklärt, sich aber in der Begründung seines Entscheids mit Art. 104 überhaupt nicht auseinandergesetzt (Kantonsgericht St. Gallen, II. Zivilkammer, Entscheid vom 6. September 2000 i.S. K. E. und G. E.-E., BF 2000.39. – Vgl. dazu die Bemerkungen von GEISER und VETTERLI, FamPra 2001, 338 ff.). Aber auch die **Nichtbeachtung von blossen Formvorschriften des Eheschliessungsverfahrens** führt, wie in aArt. 131 ausdrücklich hervorgehoben worden war, nicht zur Ungültigkeit einer Ehe, sofern diese vor einer Zivilstandsbeamtin oder einem Zivilstandsbeamten geschlossen worden ist. Dieser Grundsatz gilt trotz Fehlens einer ausdrücklichen Bestimmung im neuen Recht auch weiterhin (Botschaft Revision Scheidungsrecht, 76 f.; s.o. Vorbem. zu Art. 104 ff. N 15).

3   Keine Anwendung finden die Art. 104 ff. auf sog. Nichtehen (Botschaft Revision Scheidungsrecht, 77). Die Ungültigerklärung einer Ehe setzt m.a.W. voraus, dass überhaupt eine Ehe im Rechtssinne besteht. Von einer **Nichtehe (matrimonium non existens)** spricht man, wenn es im Zeitpunkt der Eheschliessung an einem begriffsnotwendigen Element für den Abschluss einer Ehe fehlt. Im Unterschied zur ungültigen Ehe kann eine Nichtehe von Anfang an keinerlei Rechtswirkungen erzeugen (vgl. dazu insb. BK-GÖTZ, Vorbem. zu den aArt. 120–136 N 5; ZK-EGGER, aArt. 120 N 2; HEGNAUER/BREITSCHMID, N 7.03 ff.; WERRO, N 375 ff.; MERONI, 7 ff.). Das Gesetz enthält weder eine Legaldefinition der Ehe noch verwendet oder umschreibt es den Begriff der Nichtehe. Ob eine solche vorliegt, ist aufgrund der gesetzlichen Voraussetzungen für die Eheschliessung und der Ungültigkeitsgründe zu beurteilen; der Mangel muss erheblich schwerer wiegen als ein gesetzlicher Ungültigkeitsgrund (HEGNAUER/BREITSCHMID, N 7.04). In Zweifelsfällen hat sich das Gericht auf Feststellungsklage hin durch Urteil über das Vorhandensein oder Nichtvorhandensein einer Ehe auszusprechen. Eine solche Feststellung kann von jedermann, der ein Interesse hat, verlangt werden; sie kann auch vorfrageweise im Zusammenhang mit einer Scheidungs- oder Eheungültigkeitsklage erfolgen (BGE 114 II 4 E. 1 m.w.H.).

4   Eine Nichtehe liegt insbes. vor, wenn die Eheschliessung in der Schweiz **nicht vor einer Zivilstandsbeamtin oder einem Zivilstandsbeamten,** sondern vor einer nicht mit entsprechenden Amtsbefugnissen ausgestatteten Person erfolgt, z.B. vor dem Vertreter einer Kirche oder einem ausländischen Konsularbeamten (die Frage der Gültigkeit des Eheschlusses vor einem ausländischen Konsularbeamten ist in der Doktrin umstritten; vgl. dazu A. BUCHER, DIP Bd. II, N 377). Hingegen ist eine Ehe, die von Brautleuten gutgläubig vor einem seines Amtes enthobenen Zivilstandsbeamten geschlossen wird, gültig (SJZ 1928/1929, 108; MERONI, 11; ZK-EGGER, aArt. 131 N 6; BK-GÖTZ, aArt. 117 N 8). Eine Nichtehe liegt ferner vor, wenn die Trauung **an besonders schwerwiegenden Verfahrensmängeln** leidet, v.a. wenn die beiden Verlobten nicht persönlich vor dem Zivilstandsbeamten erschienen sind oder ihren übereinstimmenden Ehewillen nicht vor diesem erklärt haben (MERONI, 12 f.).

5   Eine Ehe kommt auch dann nicht zustande, wenn **gleichgeschlechtliche Partner** getraut worden sind (BGE 119 II 266 f. E. 3b und 4b). Dies dürfte in der Schweiz wegen ihres gut ausgebauten Zivilstandswesens allerdings kaum vorkommen. Das Gesetz setzt als selbstverständlich voraus, dass eine Ehe nur zwischen Personen unterschiedlichen Geschlechts eingegangen werden kann; dies ergibt sich aus verschiedenen Bestimmungen (so aus Art. 98 Abs. 1 und 102 Abs. 2). Sollte ein Ehegatte nach der Heirat sein Ge-

schlecht ändern, so erfordert die Anerkennung der Geschlechtsänderung und deren Eintragung in das Zivilstandsregister die Durchführung eines gerichtlichen Verfahrens (BGE 119 II 270 E. 6c). Wird die Ehe nicht vorher durch Scheidung aufgelöst, so fällt sie mit der Geschlechtsänderung weder automatisch dahin, noch leidet sie mangels einer entsprechenden Gesetzesgrundlage an einem Ungültigkeitsgrund (vgl. dazu u. N 6).

In der ersten Auflage des Kommentars wurde unter Hinweis auf HEGNAUER/BREIT- **6** SCHMID (Grundriss des Eherechts, 3. Aufl., N 7.05) die Auffassung vertreten, die Anerkennung der Geschlechtsänderung und die Eintragung des neuen Personenstandes im Register seien in einem solchen Fall von der **vorherigen Auflösung der Ehe** des Gesuchstellers abhängig zu machen. Im Gegensatz zu dieser Auffassung hat das Bezirksgericht St. Gallen (I. Abteilung) das Gesuch eines verheirateten Mannes um Feststellung der während der Ehe vollzogenen Geschlechtsänderung und um deren Eintragung im Zivilstandsregister gutgeheissen, ohne die vorherige Auflösung der Ehe zu verlangen; beide Ehegatten lebten trotz der Geschlechtsumwandlung weiterhin in guter Partnerschaft zusammen und wollten an der Ehe festhalten (Urteil vom 26.11.1996, publiziert in AJP 1997, 340 ff. = SJZ 1997, 442 ff., Nr. 39 = ZZW 1997, 161 ff.). Aufgrund einer eingehenden Interessenabwägung kam das Gericht zum Schluss, dass das Interesse des Gesuchstellers an der Anerkennung der Geschlechtsänderung und das Interesse beider Eheleute am Fortbestand ihrer Ehe sowie das öffentliche Interesse am Schutz funktionierender Lebensgemeinschaften gegenüber dem (anderen) öffentlichen Interesse am Schutz des Instituts der Ehe klar überwiegen würden. Zudem legte es Gewicht darauf, dass mit dieser Lösung rechtlich lediglich ein Zustand festgestellt werde, der de facto bereits bestanden habe.

Das Urteil des Bezirksgerichts St. Gallen hat lebhafte Reaktionen ausgelöst. Es ist sowohl auf Zustimmung (SCHWANDER in einer redaktionellen Anmerkung zur Veröffentlichung des Urteils, AJP 1997, 345; GEISER, Aspects juridiques de la transsexualité, in: Mélanges édités à l'occasion de la 50. assemblée générale de la Commission internationale de l'état civil, Neuchâtel 1997, 33 ff.; SANDOZ/PIOTET, A propos du changement de sexe d'une personne mariée, in: Kahil-Wolf/Greber/Çaçi (Hrsg.), Mélanges Duc, Lausanne 2001, 230 ff.) als auch z.T. schroffe Ablehnung (HEUSSLER, in: ZZW 1997, 168 f., 295 f.; REUSSER, La révision du Code civil, ZZW 1997, 265 ff., insbes. 269 f.; HEGNAUER/ BREITSCHMID, N 7.05) gestossen. In einem Zirkular vom 2.7.1997 zuhanden der kantonalen Aufsichtsbehörden über das Zivilstandswesen hat das EAZW verlangt, dass die Eintragungen einer Geschlechtsänderung verheirateter Personen inskünftig von einem Urteil auf Ungültigerklärung der Ehe oder einer Bescheinigung über das Ableben des andern Ehegatten abhängig zu machen seien (ZZW 1998, 18 f.). Mit Recht weist WERRO darauf hin, dass diesem Zirkular keine Gesetzeskraft und damit keine verbindliche Wirkung zukommt (N 65; so auch SANDOZ/PIOTET, 231). Die gleiche Auffassung vertritt A. BUCHER, der hervorhebt, dass keine gesetzliche Grundlage bestehe, um die Auflösung einer bestehenden Ehe zu verlangen, weder als Voraussetzung der Geschlechtsumwandlung, noch als Bedingung der Eintragung (A. BUCHER, Personen, N 328). Der Fall der Geschlechtsänderung während bestehender Ehe ist im Gesetz in der Tat nicht als Ungültigkeitsgrund vorgesehen, weshalb es für eine Klage auf Ungültigerklärung der Ehe an einer gesetzlichen Grundlage fehlt.

Ein Fall wie der vom Bezirksgericht St. Gallen beurteilte, in welchem beide Ehegatten die Ehe ungeachtet der Geschlechtsänderung des einen weiterführen wollen, dürfte äusserst selten sein. Es kann deshalb kaum angenommen werden, der Institution der Ehe als solcher drohe eine Gefahr, wenn ausnahmsweise eine nach der Eheschliessung gleichgeschlechtlich gewordene Ehe weiterbesteht. Den vom Bezirksgericht St. Gallen für die

Anerkennung der Geschlechtsänderung und deren Eintragung im Register ohne vorherige Auflösung der Ehe angeführten Gründen kann deshalb zugestimmt und an der in der ersten Auflage dieses Kommentars vertretenen Auffassung nicht festgehalten werden. Insbesondere ist nicht zu verkennen, dass die Geschlechtsänderung faktisch bereits erfolgt ist und mit dem Gesuch um deren gerichtliche Anerkennung nur die Anpassung des Zivilstandsregisters an die Wirklichkeit verlangt wird. Auch wenn einem solchen Gesuch nicht entsprochen würde, änderte sich nichts daran, dass in Tat und Wahrheit eine gleichgeschlechtliche Ehe besteht. Die Zwangsscheidung einer solchen Ehe oder deren Ungültigerklärung fällt mangels einer entsprechenden Gesetzesgrundlage ausser Betracht und kann auch nicht auf dem Wege der Lückenfüllung eingeführt werden. Ebenso ist es für schweizerische Verhältnisse **undenkbar, dass eine bestehende Ehe mit der Geschlechtsänderung automatisch dahinfällt** (vgl. dazu MERONI, 9; SCHWANDER, AJP 1997, 345; GEISER, a.a.O. 41). Dies widerspräche den Grundprinzipien unserer Rechtsordnung. Insb. wäre es mit der Rechtssicherheit nicht vereinbar, eine ursprünglich gültige Ehe nach der Eintragung der Geschlechtsänderung im Zivilstandsregister als nicht mehr existent zu betrachten. Tatsachen, die erst nach der Heirat eintreten, führen nach unserer Rechtsordnung nicht zur Ungültigkeit der Ehe, sondern geben höchstens Anlass zu einer Scheidung. Eine Nichtehe wegen Wegfalls des unterschiedlichen Geschlechts der Ehegatten kann ebenfalls nicht angenommen werden, da es für das Vorhandensein der begriffswesentlichen Merkmale der Ehe auf den Zeitpunkt der Eheschliessung ankommt (so auch Urteil des Oger BE v. 29.7.2005, ZBJV 2005, 817).

An dieser Rechtslage wird sich auch nach dem Inkrafttreten des BG über die eingetragene Partnerschaft gleichgeschlechtlicher Paare vom 18.6.2004 (PartG) nichts ändern. Die automatische Umwandlung einer gültig abgeschlossenen und im Zivilstandsregister eingetragenen Ehe in eine eingetragene Partnerschaft ist mangels einer gesetzlichen Grundlage nicht möglich. Der in Ziff. 17 des Anhangs zum PartG vorgesehene neue Abs. 3 von Art. 45 IPRG («Eine im Ausland gültig abgeschlossene Ehe zwischen Personen gleichen Geschlechts wird in der Schweiz als eingetragene Partnerschaft anerkannt») ist auf den Fall der Geschlechtsänderung während einer bestehenden Ehe nicht anwendbar. Die durch die Geschlechtsumwandlung eines der Ehegatten gleichgeschlechtlich gewordene Ehe kann daher ohne vorherige Auflösung der Ehe und ohne Mitwirkung beider Partner bei der Eintragung nicht durch eine eingetragene Partnerschaft ersetzt werden.

7   Zur Frage der Einfügung eines **zusätzlichen Eheungültigkeitsgrundes** auf dem Wege der Lückenfüllung im Zusammenhang mit dem PartG vgl. u. Art. 105 N 3a.

Art. 105

B. Unbefristete Ungültigkeit

I. Gründe

Ein Ungültigkeitsgrund liegt vor, wenn:
1. **zur Zeit der Eheschliessung einer der Ehegatten bereits verheiratet ist und die frühere Ehe nicht durch Scheidung oder Tod des Partners aufgelöst worden ist;**
2. **zur Zeit der Eheschliessung einer der Ehegatten nicht urteilsfähig ist und seither nicht wieder urteilsfähig geworden ist;**
3. **die Eheschliessung infolge Verwandtschaft unter den Ehegatten verboten ist.**

B. Causes absolues

I. Cas

Le mariage doit être annulé:
1. lorsqu'un des époux était déjà marié au moment de la célébration et que le précédent mariage n'a pas été dissous par le divorce ou par le décès de son conjoint;

2. lorsqu'un des époux était incapable de discernement au moment de la célébration et qu'il n'a pas recouvré la capacité de discernement depuis lors;

3. lorsque le mariage était prohibé en raison de la nature d'un lien de parenté.

B. Nullità assoluta	È data una causa di nullità se:
I. Cause	1. al momento della celebrazione uno degli sposi era già coniugato e il precedente matrimonio non era stato sciolto per divorzio o morte del coniuge;
	2. al momento della celebrazione uno degli sposi non era capace di discernimento e da allora non ha riacquistato la capacità di discernimento;
	3. la celebrazione era vietata per parentela.

Literatur

Vgl. die Literaturhinweise zu den Vorbem. zu Art. 104 ff.

I. Verhältnis zum bisherigen Recht

Im alten Recht wurde zwischen Nichtigkeit (aArt. 120–122) und Anfechtbarkeit der Ehe   1
(aArt. 123–128) unterschieden. Im neuen Recht werden diese Bezeichnungen nicht mehr verwendet, weil sie den Anschein erwecken konnten, die Anfechtung einer ungültigen Ehe sei nur beim Vorliegen von Anfechtungsgründen erforderlich. In Art. 105 wird anstelle von Nichtigkeit von unbefristeter Ungültigkeit (causes absolues, nullità assoluta) und in Art. 107 anstelle von Anfechtbarkeit von befristeter Ungültigkeit (causes relatives, nullità relativa) gesprochen. Damit wird deutlich gemacht, dass eine an einem Ungültigkeitsgrund leidende Ehe in allen Fällen nur auf Klage hin vom zuständigen Richter als ungültig erklärt werden kann. Der Hauptunterschied zwischen den beiden Arten von Eheungültigkeit besteht wie bisher darin, dass im Falle der befristeten Ungültigkeit nur der verletzte Ehegatte selber innerhalb einer bestimmten Frist Klage auf Ungültigerklärung erheben kann, währenddem im Falle der unbefristeten Ungültigkeit eine staatliche Behörde von Amtes wegen zur Klageerhebung verpflichtet ist, ohne an eine Frist gebunden zu sein; neben dieser Behörde steht das Klagerecht bei der unbefristeten Ungültigkeit auch jedermann zu, der ein Interesse hat.

Die Gründe von unbefristeter Ungültigkeit der Ehe decken sich im Wesentlichen mit den   2
Nichtigkeitsgründen des alten Rechts. Die wichtigsten Unterschiede gegenüber dem bisherigen Recht ergeben sich daraus, dass das neue Recht die Geisteskrankheit als Grund für das Fehlen der Ehefähigkeit nicht mehr kennt und dass es die Heirat zwischen Schwiegereltern und Schwiegerkindern sowie zwischen Onkel und Nichte bzw. Tante und Neffe nicht mehr verbietet; durch das PartG wird auch das Ehehindernis des Stiefkindverhältnisses aufgehoben (s.u. N 12). Damit fallen die Ungültigkeitsgründe, die an diese Ehehindernisse anknüpfen, weg. Auf weitere, weniger bedeutsame Unterschiede zwischen dem alten und dem neuen Recht soll bei den einzelnen Ungültigkeitsgründen hingewiesen werden.

II. Bereits bestehende Ehe (Art. 105 Ziff. 1)

Dieser Ungültigkeitsgrund bildet die **Sanktion für** die Missachtung des Ehehindernisses   3
der bereits bestehenden Ehe bzw. des Verbots der **Bigamie** (Art. 96). Ein **vergleichbares Ehehindernis** ergibt sich aus Art. 26 des noch nicht in Kraft stehenden PartG. Er lautet: «Eine Person, die in eingetragener Partnerschaft lebt, kann keine Ehe eingehen» (AS 2005, 5690). In der Botschaft vom 28.11.2002 wird dazu ausgeführt, zwei Ver-

pflichtungen zur Lebensgemeinschaft könnten nicht nebeneinander Bestand haben (BBl 2003, 1344).

3a Eigenartigerweise wurde es jedoch **unterlassen, in Art. 105 Ziff. 1 den Ungültigkeits-grund der bereits bestehenden Ehe auch auf die eingetragene Partnerschaft auszu-dehnen.** Entsprechend wurde auch Art. 96 nicht angepasst. Demgegenüber löst das Ein-gehen einer Ehe trotz bestehender eingetragener Partnerschaft Strafsanktionen aus (vgl. den durch Ziff. 18 des Anhangs zum PartG geänderten Wortlaut des Art. 215 StGB, AS 2005, 5713).

Im Erstrat wurde ein Antrag, Art. 96 in dem Sinne zu ergänzen, dass die eingetragene Partnerschaft neben der Ehe erwähnt würde, mit 101 zu 71 Stimmen abgelehnt. Der Bundesrat argumentierte, Art. 26 PartG halte ausreichend fest, dass die eingetragene Partnerschaft wie die Ehe eine exklusive Lebensgemeinschaft sei und die ältere der jün-geren vorgehe. Daraus ergebe sich zwingend, dass ein eingetragener Partner keine Ehe eingehen könne. Eine ausdrückliche Erwähnung in Art. 96 sei deshalb nicht notwendig (AmtlBull 2003 N 1829). Im Zweitrat wurde dann das Anliegen nicht mehr aufgenom-men und nur noch über die Aufhebung des Ehehindernisses des Stiefkindverhältnisses beraten (AmtlBull 2004 StR 234 ff.).

Für die Rechtsanwendung stellt sich nun die Frage, ob im Sinne einer **Lückenfüllung** die bestehende eingetragene Partnerschaft als Ehehindernis (Art. 96) und als Grund für eine unbefristete Eheungültigkeit (Art. 105 Ziff. 1) betrachtet werden muss oder ob das gleichzeitige Bestehen einer nicht aufgelösten eingetragenen Partnerschaft und einer Ehe in Kauf zu nehmen ist.

– Für das Inkaufnehmen des Nebeneinanderbestehens zweier exklusiver Lebensgemein-schaften spricht ausser dem Wortlaut von Art. 104, dass der Rechtssicherheit bei Sta-tusfragen eine besonders grosse Bedeutung zukommt und ohne gesetzliche Grundlage deshalb grundsätzlich keine Statusveränderungen vorgenommen werden dürfen.

– Für die Lückenfüllung im Sinne der Annahme eines Ehehindernisses und eines Ehe-ungültigkeitsgrundes spricht demgegenüber, dass sich andernfalls eine Vielzahl von Fragen ergäbe, welche Lückenfüllungen in andern Bereichen zwingend notwendig machten. Mit dem Wesen der eingetragenen Partnerschaft ist es unvereinbar, eine nachfolgende Eheschliessung zuzulassen. Die Partnerschaft ist ein auf Dauer ange-legtes, mit festen rechtlichen Folgen versehenes Rechtsinstitut. Damit wäre es nicht vereinbar, eine spätere Ehe ohne vorherige gesetzeskonforme Auflösung der einge-tragenen Partnerschaft bestehen zu lassen. Von daher ist es ausgeschlossen, in der nachfolgenden Heirat einen Grund für eine Auflösung der eingetragenen Partnerschaft von Gesetzes wegen zu erblicken. Das gleichzeitige Bestehen einer eingetragenen Partnerschaft und einer Ehe ist aber auch nicht vorstellbar. Die sich daraus ergebenden Verpflichtungen widersprechen sich und die Rechte der jeweiligen Partner kollidieren. So haben beispielsweise der eingetragene Partner und der Ehegatte das gleiche Erbrecht.

Mit Blick auf die Entstehungsgeschichte rechtfertigt es sich deshalb, ein gesetzgeberi-sches Versehen anzunehmen und die dadurch entstandene Lücke in der Weise zu füllen, dass im Bestehen einer eingetragenen Partnerschaft ein Ehehindernis (Art. 96) und ein Grund für eine unbefristete Eheungültigkeit erblickt wird (Art. 105 Ziff. 1). Geht eine Person eine Ehe ein, obwohl eine von ihr vorher geschlossene eingetragene Partnerschaft nicht aufgelöst worden ist, besteht ein Eheungültigkeitsgrund im Sinne von Art. 105 Ziff. 1, wie wenn sie noch verheiratet wäre. Es erscheint jedoch als unbefriedigend, dass bei der Gesetzgebung in Statusfragen bewusst kein genügendes Gewicht auf die mög-lichst genaue Formulierung des Gesetzestextes gelegt worden ist.

Der für die Eheschliessung in der Schweiz erforderliche Nachweis, dass die frühere Ehe **3b** für ungültig erklärt oder aufgelöst worden ist (Art. 96), dürfte es praktisch verunmöglichen, dass **im Inland** eine Doppelehe geschlossen werden kann. Voraussetzung ist allerdings, dass das Zivilstandsamt von der bereits bestehenden Ehe überhaupt Kenntnis erhalten hat. Ist die rechtzeitige Mitteilung einer im Ausland geschlossenen Ehe an die schweizerischen Zivilstandsbehörden unterblieben und die Eintragung in das schweizerische Zivilstandsregister daher nicht erfolgt, so hat das Zivilstandsamt keine Kenntnis davon, dass bereits eine Ehe besteht. In einem solchen Fall ist es nicht ausgeschlossen, dass von Schweizer Bürgern in der Schweiz eine bigamische Ehe eingegangen werden kann. Erfahren die schweizerischen Behörden später, dass eine frühere Ehe besteht, hat die zuständige Behörde am Wohnsitz der Ehegatten gemäss Art. 106 von Amtes wegen Klage auf Ungültigerklärung der bigamischen Ehe zu erheben.

Häufiger dürfte es vorkommen, dass eine Doppelehe **im Ausland** geschlossen wird, so in **4** Ländern, welche mehrfache Ehen zulassen oder die Heirat nicht von einem strengen Nachweis des Nichtbestehens einer früheren Ehe abhängig machen. Es stellt sich die Frage, ob eine solche im Ausland geschlossene bigamische Ehe in der Schweiz anerkannt werden kann. Art. 45 Abs. 2 IPRG regelt den Sonderfall, dass Schweizer Bürger oder Personen mit Wohnsitz in der Schweiz den Abschluss der Ehe in der offenbaren Absicht ins Ausland verlegt haben, Nichtigkeitsgründe des schweizerischen Rechts zu umgehen. Wo die besonderen Voraussetzungen dieser Bestimmung nicht erfüllt sind, bildet der **Ordre public** im Sinne von Art. 27 Abs. 1 IPRG die einzige Schranke gegenüber der Anerkennung einer im Ausland eingegangenen Ehe in der Schweiz (BSK IPRG-SIEHR, Art. 45 N 10; IPRG-Kommentar-VOLKEN, Art. 45 N 19). Der Ordre public steht einer Anerkennung entgegen, wenn eine Schweizerin oder ein Schweizer im Ausland eine Ehe mit einer Person schweizerischer oder ausländischer Herkunft eingeht, obwohl der eine oder andere Partner bereits verheiratet und die frühere Ehe nicht rechtswirksam aufgelöst worden ist (BGE 92 II 217, 222 E. 3; 110 II 7 E. 2a; Entscheid des BGer vom 6.11.1991, publiziert in ZZW 1992, 178 ff. E. 2; s.o. Vorbem. zu Art. 104 ff. N 5). Eine solche Ehe kann in der Schweiz nicht anerkannt und daher auch nicht in das Zivilstandsregister eingetragen werden. Das schweizerische Zivilstandsregister sieht im Übrigen die Eintragung mehrerer gleichzeitig bestehender Ehen gar nicht vor (IPRG-SIEHR, Art. 45 N 11). Doppelehen von Ausländern verstossen hingegen nicht in jedem Fall gegen den Ordre public und können insoweit in der Schweiz anerkannt werden (vgl. dazu IPRG-SIEHR, Art. 45 N 11; A. BUCHER, DIP Bd. II, N 400).

Der **Ungültigkeitsgrund entfällt,** wenn die **frühere Ehe** inzwischen **aufgelöst** worden **5** ist. Mit der Auflösung der Ehe durch Scheidung oder Tod des Partners nennt das Gesetz nur die beiden Hauptfälle. Auch die Auflösung der früheren Ehe infolge Verschollenerklärung des Partners – diese Auflösung tritt nach dem neu ins Gesetz aufgenommenen Art. 38 Abs. 3 anders als bisher mit der Verschollenerklärung als solcher ein – oder infolge Ungültigerklärung der früheren Ehe hat die gleiche Wirkung (Botschaft Revision Scheidungsrecht, 78; TUOR/SCHNYDER/RUMO-JUNGO, 190 FN 7).

Nach aArt. 122 Abs. 3 war die Ungültigerklärung im Falle der Aufhebung der früheren **6** Ehe lediglich dann ausgeschlossen, wenn der Ehegatte des Bigamisten bei der Heirat in gutem Glauben war. Im neuen Recht wurde die **Voraussetzung der Gutgläubigkeit fallen gelassen.** Der Ausschluss der Ungültigerklärung setzt somit heute nur voraus, dass die frühere Ehe aufgelöst worden ist. In der Botschaft wird zur Begründung dieser Änderung zutreffenderweise Folgendes ausgeführt: «Es hat keinen Sinn, von Amtes wegen eine Ehe auflösen zu lassen, wenn die Parteien nach der Auflösung ohne weiteres rechtsgültig wieder heiraten können» (Botschaft Revision Scheidungsrecht, 78).

7 Wird das Scheidungsurteil eines im Zeitpunkt der Wiederverheiratung rechtskräftig geschiedenen Ehegatten nachträglich durch **Revision** aufgehoben, bleibt die neue Ehe gültig, da der Ungültigkeitsgrund des Art. 105 Ziff. 1 voraussetzt, dass einer der Ehegatten **zur Zeit der Eheschliessung** schon verheiratet war (BK-Götz, aArt. 120 N 10; Meroni, 17; ZK-Egger, aArt. 120 N 6).

8 Gemäss Art. 106 Abs. 2 wird nach Auflösung der bigamischen Ehe deren Ungültigkeit nicht mehr von Amtes wegen verfolgt. Hingegen kann jedermann, der ein Interesse hat, die Ungültigerklärung verlangen. Zur Klage legitimiert sind auch die Ehegatten des Bigamisten, d.h. sowohl der letzte als auch jener aus der früheren Ehe, wobei die Frage des guten Glaubens keine Rolle spielt (Botschaft Revision Scheidungsrecht, 77 und 79; Tuor/Schnyder/Rumo-Jungo, 191 FN 10; Hausheer/Geiser/Kobel, Rz 05.19; s.u. Art. 106 N 6).

III. Art. 105 Ziff. 2 (Dauernde Urteilsunfähigkeit)

9 Dieser Ungültigkeitsgrund knüpft an Art. 94 Abs. 1 an, wo die Ehefähigkeit dahingehend umschrieben wird, dass die Brautleute das 18. Altersjahr zurückgelegt haben und urteilsfähig sein müssen. Weggefallen ist im Vergleich zum alten Recht das Erfordernis des Fehlens von Geisteskrankheit (aArt. 97 Abs. 2). Dementsprechend bildet **das Vorhandensein einer Geisteskrankheit** auch **keinen Eheungültigkeitsgrund** mehr. Nach dem neuen Recht kann eine Geisteskrankheit im Zusammenhang mit der unbefristeten Ungültigkeit einer Ehe nur dann eine Rolle spielen, wenn sie die Urteilsunfähigkeit des geistig Kranken zur Folge hat.

10 In aArt. 120 Ziff. 2 war der Ungültigkeitsgrund der fehlenden Urteilsfähigkeit dahingehend umschrieben worden, dass einer der Ehegatten zur Zeit der Eheschliessung **«aus einem dauernden Grunde nicht urteilsfähig»** gewesen ist. Auch wenn sich im entsprechenden Art. 105 Ziff. 2 des neuen Rechts kein Hinweis auf den Grund der Urteilsunfähigkeit findet, ist kein Zweifel daran möglich, dass auch die hier erwähnte Urteilsunfähigkeit auf einem dauernden Grund beruhen muss (Botschaft Revision Scheidungsrecht, 78, 80). Dies ergibt sich vor allem aus einem Vergleich mit Art. 107 Ziff. 1, wo die Urteilsunfähigkeit aus einem vorübergehenden Grund bei der Trauung als Fall der befristeten Ungültigkeit aufgeführt wird. Die Aufnahme einer solchen Regelung in das Gesetz hätte keinen Sinn gehabt, wenn mit Urteilsunfähigkeit gemäss Art. 105 Ziff. 2 auch die bloss vorübergehende gemeint gewesen wäre. Eine dauernde Urteilsunfähigkeit im Sinne dieser Bestimmung liegt somit vor allem dann vor, wenn sie auf eine Geisteskrankheit oder eine andere psychische Ursache zurückzuführen ist, die nicht bloss vorübergehenden Charakter aufweist.

11 Der Ungültigkeitsgrund der dauernden Urteilsunfähigkeit setzt nach dem Gesetzeswortlaut voraus, dass der zur Zeit der Eheschliessung urteilsunfähige Ehegatte **seither nicht wieder urteilsfähig geworden ist.** In einem solchen Fall wäre die unbefristete Ungültigkeit der Ehe sachlich nicht mehr gerechtfertigt. Die gleiche Regelung galt aufgrund von aArt. 122 Abs. 2 schon im bisherigen Recht. Wenn der bei der Trauung urteilsunfähige Ehegatte die Urteilsfähigkeit nachträglich wieder erlangt, so steht ihm aufgrund von Art. 107 Ziff. 1 die befristete Ungültigkeitsklage zur Verfügung, solange noch keine Klageverwirkung nach Art. 108 eingetreten ist (Botschaft Revision Scheidungsrecht, 78; vgl. Art. 107 N 5).

IV. Art. 105 Ziff. 3 (Verwandtschaft)

12 Das neue Recht hat das Ehehindernis der Verwandtschaft im Vergleich zu aArt. 100 Abs. 1 Ziff. 1 insofern gelockert, als die Eheschliessung zwischen Onkel und Nichte sowie Neffe und Tante nicht mehr verboten ist (Art. 95 Abs. 1 Ziff. 1). Überdies wurde das Ehehindernis der Schwägerschaft im Sinne des Verbots der Eheschliessung zwischen Schwiegereltern und Schwiegerkindern (aArt. 100 Abs. 1 Ziff. 2) fallen gelassen. Beibehalten wurde hingegen in Art. 95 Abs. 1 Ziff. 2 ursprünglich das Ehehindernis des Stiefkindverhältnisses. Verboten bleiben sollte somit die Eheschliessung zwischen Stiefeltern und Stiefkindern, auch wenn die Ehe, die das Stiefkindverhältnis begründet hatte, für ungültig erklärt oder aufgelöst worden war. Die Gesetzgebung über die Eintragung der Partnerschaft gleichgeschlechtlicher Paare gab nun aber Anlass, auch das Ehehindernis des Stiefkindverhältnisses fallen zu lassen. Im PartG wurde nämlich ausdrücklich davon abgesehen, das Stiefkindverhältnis als Eintragungshindernis vorzusehen. Um die Ehe im Vergleich zur eingetragenen Partnerschaft nicht anders zu behandeln, beschloss das Parlament, auch das Eheverbot und den Ungültigkeitsgrund des Stiefkindverhältnisses aufzuheben und Art. 95 Abs. 1 Ziff. 2 und 105 Ziff. 3 ZGB entsprechend abzuändern. Diese in Ziff. 8 des Anhangs zum PartG vorgesehenen Änderungen (vgl. AS 2005, 5701) wurden bereits auf den 1. Januar 2006 in Kraft gesetzt, währenddem das PartG im übrigen erst auf den 1. Januar 2007 in Kraft tritt (AS 2005, 5696).

Die Tragweite des unbefristeten Ungültigkeitsgrundes hängt im Übrigen auch davon ab, **13** wie der **Begriff der Verwandtschaft durch Abstammung oder durch Adoption** im Sinne von Art. 95 Abs. 1 Ziff. 1 auszulegen ist. Es fragt sich, ob Abstammung ausschliesslich in einem rechtlichen Sinn zu verstehen und damit nur die Entstehung eines Kindesverhältnisses gemeint ist (so HEGNAUER/BREITSCHMID, N 4.11; HÜRLIMANN, 86 ff.), oder ob auch die natürliche Abstammung darunter fällt, wo diese mit den Eintragungen im Zivilstandsregister nicht übereinstimmt (in diesem Sinne WERRO, N 274 ff., insb. 278; MERONI, 28; TUOR/SCHNYDER/RUMO-JUNGO, 181). Es ist davon auszugehen, dass für das Vorhandensein eines Ungültigkeitsgrundes nicht nur die rechtliche, sondern auch die natürliche Abstammung von Bedeutung ist. Dem entspricht die Regelung von Art. 95 Abs. 2, wonach die Adoption das Ehehindernis der Verwandtschaft zwischen dem Adoptivkind und seinen Nachkommen einerseits und seiner angestammten Familie anderseits nicht aufhebt.

Eine Ehe kann trotz zu naher Verwandtschaft geschlossen werden, wenn die biologischen Verhältnisse aufgrund der Eintragungen im Zivilstandsregister nicht erkennbar sind (so z.B. bei einem Ehebruchskind, dessen Ehelichkeit nicht angefochten worden ist, oder bei einem ausserhalb der Ehe geborenen Kind, das von einem andern Mann als dem leiblichen Vater anerkannt worden ist). In einem solchen Fall muss ein Verfahren auf Ungültigerklärung der Ehe eingeleitet werden, wenn der Ungültigkeitsgrund der Verwandtschaft nachträglich entdeckt wird und sich auch nachweisen lässt. Ob die Ehe gutgläubig eingegangen wurde, kann dabei keine Rolle spielen (BK-GÖTZ, aArt. 120 N 16).

V. Scheinehe zur Umgehung des Ausländerrechts

Bei der parlamentarischen Beratung der Gesetzesvorlage lehnte der Ständerat einen **14** Antrag, die Eheschliessung zur Umgehung der ausländerrechtlichen Bestimmungen als Grund für die unbefristete Ungültigkeit aufzunehmen, knapp ab (s.o. Vorbem. zu Art. 104 ff. N 13). Nachdem das heute geltende Recht keinen automatischen Bürgerrechtserwerb infolge Heirat mehr vorsieht und Art. 7 Abs. 2 des BG über Aufenthalt und Niederlassung der Ausländer vom 26.3.1931 (ANAG) den Anspruch eines ausländischen Ehegatten auf Erteilung oder Verlängerung der Aufenthaltsbewilligung infolge Heirat mit einer Schweizerin oder einem Schweizer ausschliesst, wenn die Ehe eingegangen worden ist, um die Vorschriften über Aufenthalt und Niederlassung von Ausländern und namentlich jene über die Begrenzung der Zahl der Ausländer zu umgehen, bestand nach Auffassung der Ratsmehrheit kein genügender Grund mehr für die Schaffung einer Gesetzesgrundlage zur Ungültigerklärung einer solchen Ehe im ZGB (Botschaft Revision Scheidungsrecht, 77; TUOR/SCHNYDER/RUMO-JUNGO, 190, insb. FN 9). Es genügt in der Tat, wenn der mit einer Scheinehe verfolgte Zweck zunichte gemacht werden kann, ohne dass die Ehe deswegen als ungültig erklärt werden muss (BGE 119 Ib 419 ff. E. 4). Eine analoge Lösung wie gemäss Art. 7 Abs. 2 ANAG hat das BGer aufgrund von Art. 17 Abs. 2 ANAG für den Fall getroffen, dass durch eine Scheinehe zwischen einer in der Schweiz niedergelassenen Person ausländischer Staatsangehörigkeit und einer anderen Person ausländischer Nationalität versucht wird, letzterer eine Aufenthaltsbewilligung in der Schweiz zu verschaffen (BGE 121 II 6 f.).

14a Das vom Parlament am 16. Dezember 2005 endgültig verabschiedete und nach dem Zustandekommen des fakultativen Referendums noch der Volksabstimmung unterliegende neue BG über die Ausländerinnen und Ausländer (AuG), das an die Stelle des ANAG treten soll, will nun allerdings das Rad in Bezug auf Scheinehen wieder zurückdrehen. So wurde in Art. 105 ZGB eine neue Ziff. 4 eingefügt und darin als **neuer Ungültigkeitsgrund** vorgesehen, «wenn einer der Ehegatten nicht eine Lebensgemeinschaft begründen, sondern die Bestimmungen über Zulassung und Aufenthalt von Ausländerinnen und Ausländern umgehen will» (BBl 2005, 7422). Ferner wurde durch Einfügung eines neuen Art. 97a das ZGB die Möglichkeit geschaffen, dass die Zivilstandsbeamtin oder der Zivilstandsbeamte auf ein Gesuch um Durchführung des Vorbereitungsverfahrens zur Eheschliessung nicht eintritt, «wenn die Braut oder der Bräutigamm offensichtlich keine Lebensgemeinschaft begründen, sondern die Bestimmungen über Zulassung und Aufenthalt von Ausländerinnen und Ausländern umgehen will» (BBl 2005, 7422).

Der neu eingefügte Ungültigkeitsgrund verlangt, dass **zwei Voraussetzungen kumulativ** erfüllt sein müssen. Zum einen muss es sich um eine **Scheinehe** handeln und zum andern muss einer der Ehegatten mit der Heirat die **Umgehung der ausländerrechtlichen Bestimmungen beabsichtigt** haben. Wurde eine Scheinehe aus einem andern Grund eingegangen, liegt kein Ungültigkeitsgrund vor. Ein Ungültigkeitsgrund liegt auch dann nicht vor, wenn die Heirat zwar erfolgte, um den ausländerrechtlichen Status eines der Ehegatten zu verändern, aber sehr wohl eine Lebensgemeinschaft gelebt wird. Dazu ist es – wie bei jeder Ehe – nicht notwendig, dass die Ehegatten über eine gemeinsame Wohnung verfügen.

15 Solange diese Gesetzesänderung nicht in Kraft ist und es an einem Ungültigkeitsgrund zur Aufhebung einer Scheinehe fehlt, stellt sich die Frage, auf welchem Wege die Ehegatten selber die **Auflösung der Scheinehe** herbeiführen können. Die Ungültigerklärung der Ehe wegen Willensmangels im Sinne von Art. 107 wird nur äusserst selten in Betracht fallen, da der Abschluss der Scheinehe i.d.R. auf dem freien Willen beider Teile beruht. Somit bleibt als einziger Ausweg die Scheidung, um eine Scheinehe aufzulösen. Das BGer hatte die Scheidung von Scheinehen allerdings ausserordentlich erschwert, indem es den allgemeinen Scheidungsgrund der tiefen Zerrüttung als nicht anwendbar bezeichnete (BGE 121 III 149 ff.). Dieser Entscheid ist in der Folge auf Kritik gestossen (ZBJV 1997, 38 f.), und die kantonale Praxis ist ihm zum Teil nicht gefolgt (vgl. AJP 1999, 1143). Mit der Revision des Scheidungsrechts ist die Frage mit Blick auf Art. 114 inzwischen entschärft worden, und die Scheidung von Scheinehen dürfte in Zukunft keinen grösseren Schwierigkeiten mehr begegnen (BGE 127 III 342 ff.). Eine Scheidung nach Art. 115 lässt sich allerdings nicht schon damit begründen, die Ehe sei vom Scheidungswilligen nur zum Schein eingegangen worden (BGE 127 III 345 ff. E. 3). Demgegenüber kann sich jener Ehegatte auf Art. 115 berufen, welcher eine echte Lebensgemeinschaft eingehen wollte und erst nach der Heirat erfährt, dass der andere eine blosse Scheinehe wollte (BGE 127 III 348 ff.).

Art. 106

II. Klage	[1] Die Klage ist von der zuständigen kantonalen Behörde am Wohnsitz der Ehegatten von Amtes wegen zu erheben; überdies kann jedermann klagen, der ein Interesse hat.
	[2] Nach Auflösung der Ehe wird deren Ungültigkeit nicht mehr von Amtes wegen verfolgt; es kann aber jedermann, der ein Interesse hat, die Ungültigerklärung verlangen.
	[3] Die Klage kann jederzeit eingereicht werden.
II. Action	[1] L'action est intentée d'office par l'autorité cantonale compétente du domicile des époux; elle peut l'être également par toute personne intéressée.
	[2] L'annulation d'un mariage déjà dissous ne se poursuit pas d'office; elle peut néanmoins être demandée par toute personne intéressée.
	[3] L'action peut être intentée en tout temps.
II. Azione	[1] L'azione è promossa d'ufficio dall'autorità cantonale competente al domicilio dei coniugi; la può inoltre proporre qualsiasi interessato.
	[2] Dopo lo scioglimento del matrimonio l'azione di nullità non è più proponibile d'ufficio; ogni interessato può nondimeno proporla.
	[3] L'azione è proponibile in ogni tempo.

Literatur

Vgl. die Literaturhinweise zu den Vorbem. zu Art. 104 ff.

I. Verhältnis zum bisherigen Recht

Es ergeben sich keine wesentlichen Unterschiede im Vergleich zur Regelung der Klage **1** auf Nichtigerklärung der Ehe in aArt. 121 und aArt. 122 Abs. 1. Dass die Klage **keiner Befristung** unterliegt, wie es dem Begriff «unbefristete Ungültigkeit» entspricht, wird in Art. 106 Abs. 3 nunmehr ausdrücklich festgehalten, galt aber schon bisher. Auf weitere kleinere Änderungen wird im Folgenden noch hinzuweisen sein. Von grösserer Bedeutung ist, dass der gute Glaube als Voraussetzung für den Ausschluss der Ungültigerklärung einer bigamischen Ehe gemäss aArt. 122 Abs. 3 weggefallen ist (vgl. o. Art. 105 N 6).

II. Klagelegitimation

Da an der Geltendmachung der unbefristeten Ungültigkeit einer Ehe ein öffentliches **2** Interesse besteht, ist in jedem Kanton eine **kantonale Behörde** dafür zuständig, Klage auf Ungültigerklärung zu erheben. Dieser Behörde steht die Klagelegitimation zu. Sie ist verpflichtet, **von Amtes wegen** zu handeln. In aller Regel wird sie nur auf Anzeige von Dritten hin tätig werden, da sie nicht über einen eigenen Ermittlungsapparat verfügt. Wird die an einem Ungültigkeitsgrund leidende Ehe durch den Tod bzw. die Verschollenerklärung eines Ehegatten oder durch Scheidung aufgelöst, entfällt das öffentliche Interesse an der Ungültigerklärung. Art. 106 Abs. 2 schreibt deshalb vor, dass nach der Auflösung der Ehe deren Ungültigkeit nicht mehr von Amtes wegen verfolgt werde.

Jeder Kanton hat die für die Klage zuständige Behörde zu bezeichnen, und zwar eine **3** einzige (Botschaft Revision Scheidungsrecht, 78). Diesbezüglich kann auf die kantona-

len Einführungsgesetze zum ZGB verwiesen werden. In Art. 106 Abs. 1 wird neu festgehalten, dass es die **zuständige Behörde des Wohnsitzkantons** der Ehegatten ist, die
von Amtes wegen Klage zu erheben hat. Damit sollen Kompetenzkonflikte zwischen den
Behörden des Heimat- oder Wohnsitzkantons vermieden werden; haben die Ehegatten
nicht im gleichen Kanton Wohnsitz, sind die Behörden beider Kantone zur Klage legitimiert (a.a.O., 78).

Die Legitimation der Wohnsitzbehörde ist auch gegeben, wenn einer der Ehegatten Ausländer ist oder beide ausländische Staatsangehörige sind, denn das öffentliche Interesse
an der Ungültigerklärung der Ehe besteht unabhängig von der Staatsangehörigkeit der
Ehegatten. Für die Frage, ob die Ehe gültig geschlossen worden ist, muss im Übrigen auf
das Recht abgestellt werden, das auf die Voraussetzungen der Eheschliessung Anwendung gefunden hat (Botschaft Revision Scheidungsrecht, 78).

4   Die Legitimation zur Klage wegen Vorliegens eines unbefristeten Ungültigkeitsgrundes
steht nach Art. 106 Abs. 2 ausser der hiefür zuständigen Behörde **jedermann zu, der
ein Interesse hat.** Das Interesse kann aktuell oder virtuell sein. Es wird in erster
Linie vermögensrechtlicher, insb. erbrechtlicher Natur sein. Es muss sich aber nicht
unbedingt um ein ökonomisches Interesse handeln. Auch ein Interesse ideeller Natur
legitimiert zur Klage (BGE 60 II 5 f. E. 1b; MERONI, 58; Botschaft Revision Scheidungsrecht, 79; TUOR/SCHNYDER/RUMO-JUNGO, 191 insb. FN 10; HAUSHEER/GEISER/KOBEL,
Rz 05.19). Nachdem das neue Recht die Möglichkeit, im Rahmen des Verkündungs-
verfahrens Einspruch gegen die Eheschliessung zu erheben (aArt. 108 ZGB), abgeschafft hat, sind die an der Verhinderung eines Eheschlusses Interessierten ausschliesslich auf die Ungültigkeitsklage verwiesen. Allerdings ist es aufgrund des durch das
AuG in das ZGB eingefügten Art. 97a möglich, dass das Zivilstandsamt auf das Gesuch
um Durchführung des Vorbereitungsverfahrens nicht eintritt, «wenn die Braut oder
der Bräutigam offensichtlich keine Lebensgemeinschaft begründen, sondern die Bestimmungen über Zulassung und Aufenthalt von Ausländerinnen und Ausländern umgehen will» (BBl 2005, 7422). Das AuG untersteht zur Zeit allerdings noch der Volksabstimmung (angesetzt auf den 24.9.2006), da das fakultative Referendum dagegen
zustande gekommen ist.

5   Zum Kreis der Interessierten im Sinne von Art. 106 gehören **auch der Ehegatte,** und
zwar selbst der bösgläubige (BGE 113 II 472) und im Falle der Bigamie auch jener der
früheren Ehe (Botschaft Revision Scheidungsrecht, 79 f.). Ebenso gehören dazu **die
Heimat- und Wohnsitzgemeinde,** die im Unterschied zum alten Recht (aArt. 121
Abs. 2) im Gesetz nicht mehr ausdrücklich genannt werden, sofern diese ein Interesse an
der Ungültigerklärung haben. In der Regel werden die Behörden dieser Gemeinden den
Fall allerdings der zuständigen kantonalen Behörde, die von Amtes wegen Klage erheben
muss, anzeigen, da diese über bessere Voraussetzungen zur Prozessführung verfügt (Botschaft Revision Scheidungsrecht, 79).

6   Da die **unbefristete Ungültigkeit nach Auflösung der Ehe** nicht mehr von Amtes
wegen verfolgt wird, die Geltendmachung der Ungültigkeit nach Art. 106 Abs. 3 aber
keiner Befristung unterliegt, kann die Ungültigerklärung der an einem unbefristeten Ungültigkeitsgrund leidenden Ehe nurmehr von jenen Personen verlangt werden, die ein
Interesse daran haben (Art. 106 Abs. 2). Wird die Ehe durch den Tod eines Ehegatten
aufgelöst, sind in erster Linie dessen Erben zur Klage legitimiert, die im Unterschied zur
befristeten Eheungültigkeit (vgl. dazu u. Art. 108 Abs. 2) einen eigenen Anspruch geltend machen können. In diese Lage kann auch ein Gemeinwesen kommen, das den verstorbenen Ehegatten nach Art. 466 beerben würde, wenn dieser den überlebenden Ehegatten nicht als Erben hinterlässt (Botschaft Revision Scheidungsrecht, 79).

Stirbt der in Bigamie lebende Ehegatte, bleibt der unbefristete Ungültigkeitsgrund bestehen, da dieser nach Art. 105 Ziff. 1 nur entfällt, wenn die **frühere Ehe** durch Scheidung oder Tod des Partners aufgelöst wird. Die Ungültigkeit kann jedoch aufgrund von Art. 106 Abs. 2 nicht mehr von Amtes wegen, sondern nur noch von den an einem solchen Entscheid interessierten Personen geltend gemacht werden; dazu gehört neben dem letzten Ehegatten auch jener aus der früheren Ehe (Botschaft, a.a.O., 80).

Im Zusammenhang mit dem BG über die Ausländerinnen und Ausländer vom 16. Dezember 2005 (AuG) hat der Gesetzgeber die **ausländerrechtliche Scheinehe** als Ungültigkeitsgrund neu in das ZGB aufgenommen (vgl. o. Art. 105 N 14a). Es handelt sich dabei um einen unbefristeten Ungültigkeitsgrund, zu dessen Geltendmachung unter anderem der Behörde ein Klagerecht zusteht, ohne an eine Frist gebunden zu sein (vgl. BBl 2002, 3838 f.). Auch für diesen Ungültigkeitsgrund gilt aber Art. 106 Abs. 2, so dass die Behörde die Ehe nicht mehr für ungültig erklären lassen kann, wenn diese aus einem andern Grund (insb. Tod oder Scheidung) bereits aufgelöst worden ist.   **6a**

Wenn in Art. 106 Abs. 1 von der für die Erhebung der Klage zuständigen Behörde die Rede ist, muss beachtet werden, dass sich Art. 106 auf die Regelung der Klagelegitimation beschränkt und darin **nichts über die Zuständigkeit zur Beurteilung der Klage** ausgesagt wird. Welches Gericht für die Beurteilung der Klage zuständig ist, ergibt sich vielmehr aus Art. 110, der auf die Vorschriften des Scheidungsrechts verweist. Der massgebende Art. 135 verweist für die Frage der örtlichen Zuständigkeit seinerseits auf das Gerichtsstandsgesetz (GestG) vom 24. März 2000 (SR 272). Dieses bezeichnet in Art. 15 Abs. 1 für Klagen auf Ungültigerklärung der Ehe zwingend «das Gericht am Wohnsitz einer Partei» als zuständig. Welche Tragweite diese Bestimmung hat, bildet Gegenstand der Kommentierung von Art. 110 (s.u. Art. 110 N 2).   **7**

Art. 107

C. Befristete Ungültigkeit **I. Gründe**	**Ein Ehegatte kann verlangen, dass die Ehe für ungültig erklärt wird, wenn er:** **1. bei der Trauung aus einem vorübergehenden Grund nicht urteilsfähig war;** **2. sich aus Irrtum hat trauen lassen, sei es, dass er die Ehe selbst oder die Trauung mit der betreffenden Person nicht gewollt hat;** **3. die Ehe geschlossen hat, weil er über wesentliche persönliche Eigenschaften des anderen absichtlich getäuscht worden ist;** **4. die Ehe geschlossen hat, weil er mit einer nahen und erheblichen Gefahr für das Leben, die Gesundheit oder die Ehre seiner selbst oder einer ihm nahe verbundenen Person bedroht wurde.**
C. Causes relatives I. Cas	Un époux peut demander l'annulation du mariage: 1. lorsqu'il était incapable de discernement pour une cause passagère lors de la célébration; 2. lorsqu'il a déclaré par erreur consentir à la célébration, soit qu'il n'ait pas voulu se marier, soit qu'il n'ait pas voulu épouser la personne qui est devenue son conjoint; 3. lorsqu'il a contracté mariage en ayant été à dessein induit en erreur au sujet de qualités personnelles essentielles de son conjoint; 4. lorsqu'il a contracté mariage sous la menace d'un danger grave et imminent pour sa vie, sa santé ou son honneur, ou ceux de l'un de ses proches.

C. Nullità relativa

I. Cause

Un coniuge può domandare la nullità del matrimonio se:
1. al momento della celebrazione del matrimonio era, per causa transitoria, incapace di discernimento;
2. aveva dichiarato per errore di acconsentire alla celebrazione, sia che non intendesse sposarsi, sia che credesse di sposare un'altra persona;
3. aveva contratto matrimonio perché intenzionalmente indotto in errore su qualità personali essenziali dell'altro;
4. aveva contratto matrimonio sotto la minaccia di grave e imminente pericolo per la vita, la salute o l'onore propri o di una persona a lui strettamente legata.

Literatur

Vgl. die Literaturhinweise zu den Vorbem. zu Art. 104 ff.

I. Verhältnis zum bisherigen Recht

1   Art. 107 fasst im neuen Recht die Bestimmungen zusammen, welche sich im alten Recht in den aArt. 123 bis 126 fanden. Neben sprachlichen Anpassungen (namentlich wurde in Ziff. 3 «arglistig» durch «absichtlich» ersetzt – s.u. N 13 –, und die Täuschung bezieht sich nicht mehr auf die Ehrenhaftigkeit und die Verheimlichung einer Krankheit, sondern auf «wesentliche persönliche Eigenschaften»; s.u. N 11) wurde insbesondere der Irrtum über blosse Eigenschaften des andern Ehegatten nicht mehr als Ungültigkeitsgrund aufgenommen (aArt. 124 Ziff. 2; Vorbem. zu Art. 104 ff. N 14). Keinen Ungültigkeitsgrund mehr bildet die fehlende Zustimmung des gesetzlichen Vertreters der entmündigten Person zur Heirat, obgleich Art. 94 Abs. 2 dieses Erfordernis nach wie vor kennt. Der Gesetzgeber erachtet die fehlende Zustimmung nicht mehr als einen für die Ungültigerklärung einer Ehe hinreichend schweren Mangel (Botschaft Revision Scheidungsrecht, 81).

II. Allgemeines

2   Art. 107 regelt die **Willensmängel** bei der Heirat abschliessend. Als lex specialis schliesst er die allgemeinen Regeln über die Willensmängel bei Rechtsgeschäften (Art. 23 ff. OR) aus (BK-Götz, aArt. 123 N 3). Durch die abschliessende Regelung wird aber auch die Anwendung von Art. 18 OR über die Simulation (Meroni, 38) und von Art. 18 ZGB über die Wirkungen der fehlenden Urteilsfähigkeit verdrängt. Damit wird dem Umstand Rechnung getragen, dass die Eheschliessung wegen ihrer Statuswirkung nicht nur das Interesse der Parteien, sondern auch jenes Dritter beschlägt.

3   Im Gegensatz zur unbefristeten Ungültigkeit (Art. 105 f.) kann die befristete Ungültigkeit immer nur vom **verletzten Ehegatten** geltend gemacht werden. Weder der andere Ehegatte, noch Dritte, noch eine staatliche Stelle sind zur Klage legitimiert (BK-Götz, aArt. 123 N 7; u. Art. 108 N 2).

Die Klageerhebung ist ein **absolut höchstpersönliches Recht.** Der gesetzliche Vertreter kann es nicht im Namen des Vertretenen ausüben (BGE 41 II 556; BK-Götz, aArt. 123 N 8). Wird der Berechtigte urteilsunfähig, nachdem er die Klage angehoben hat, aber bevor das Verfahren abgeschlossen ist, so kann der gesetzliche Vertreter dieses fortführen (so bei Scheidung: BGE 116 II 386 ff.). Zur Frage der Vererblichkeit s. Art. 108 Abs. 2.

4   Für die Auslegung der einzelnen Ziffern ist ihr **innerer Zusammenhang** zu beachten. Je mehr der Willensmangel einem Fehlverhalten des andern Ehegatten zuzuschreiben ist, umso niedriger ist die Schwelle für seine objektive Wesentlichkeit. Genügt ein Irrtum als solcher für die Anfechtbarkeit nicht (Ziff. 2), kann er zusammen mit einer absichtlichen Täuschung (Ziff. 3) oder gar mit einer Drohung (Ziff. 4) die Ungültigerklärung der Ehe dennoch herbeiführen.

III. Urteilsunfähigkeit

Ziff. 1 erfasst nur die **vorübergehende** Urteilsunfähigkeit während der Trauhandlung. 5
Die Formulierung ist dem bisherigen Recht entnommen (aArt. 123). Im alten Recht war
die vorübergehende Urteilsunfähigkeit von der Urteilsunfähigkeit «aus einem dauernden
Grund» abzugrenzen (aArt. 120 Abs. 2). Während der geltende Text von Art. 107 nach
wie vor von einer Urteilsunfähigkeit *aus einem vorübergehenden Grund* handelt, fehlt in
Art. 105 Ziff. 2 jeder Hinweis auf den Grund der Urteilsunfähigkeit. Es steht aber ausser
Zweifel, dass der Gesetzgeber bei Art. 105 Ziff. 2 die Urteilsunfähigkeit aus einem dauernden Grund im Blick hatte (vgl. Art. 105 N 10). Es ist kaum vorstellbar, dass jemand
aus einem vorübergehenden Grund dauernd urteilsunfähig ist. Demgegenüber ist es möglich, dass zwar die Ursache weiterbesteht, welche zur Urteilsunfähigkeit geführt hat, aber
die Wirkung, nämlich die Urteilsunfähigkeit, behoben werden konnte. Beispielsweise
kann eine unheilbare psychische Erkrankung bestehen. Im Zeitpunkt der Heirat war die
betroffene Person aufgrund dieser Erkrankung urteilsunfähig. Der Gesundheitszustand
verbessert sich anschliessend, so dass die Person wieder urteilsfähig wird, ohne dass die
Krankheit als solche geheilt worden wäre. Die Urteilsunfähigkeit kann später auch wieder eintreten. Für die Abgrenzung zwischen Art. 105 Ziff. 2 und 107 Ziff. 1 ist nun ausschliesslich entscheidend, ob die Urteilsfähigkeit wieder erlangt worden ist oder nicht.
Die Urteilsunfähigkeit bildet nur solange einen unbefristeten Ungültigkeitsgrund, als die
betroffene Person nicht wieder urteilsfähig geworden ist (Art. 105 Ziff. 2). Solange kann
die betroffene Person aber nicht selber die Ungültigkeitsklage erheben, weil es dafür der
Urteilsfähigkeit bedarf. Ist diese wieder eingetreten, kann nur noch die betroffene Person
selber den Ungültigkeitsgrund geltend machen, selbst wenn der Grund für die damalige
Urteilsunfähigkeit noch andauert (vgl. Art. 105 N 11). Ob die Urteilsunfähigkeit zu einer
befristeten oder unbefristeten Ungültigkeit führt, entscheidet sich somit nur danach, ob
die betroffene Person wieder urteilsfähig geworden ist oder nicht.

Mit Blick auf das der Trauung vorgelagerte Vorbereitungsverfahren (Art. 98 ff.) dürfte es 6
auch bei einer vorübergehenden Urteilsunfähigkeit während der Trauhandlung nur selten
am Ehewillen mangeln. Die kurze relative Verwirkungsfrist von sechs Monaten (Art. 108
Abs. 1) verhindert, dass dieser Ungültigkeitsgrund die Möglichkeit einer **Mentalreserva-
tion** bei der Heirat eröffnet.

IV. Irrtum

Ziff. 2 setzt weder ein **Verschulden** des anderen Ehegatten an der Entstehung des Irrtums 7
voraus, noch muss der Irrtum der klagenden Partei entschuldbar sein.

Ein Irrtum über die **Trauhandlung** als solche ist in der Schweiz wegen der Prüfungs- 8
und Aufklärungspflichten des Zivilstandsamtes praktisch ausgeschlossen. Auch ein Irr-
tum über die **angetraute Person** ist kaum vorstellbar. Der Irrtum muss die Identität der
Person, nicht deren Personalien, betreffen. Lässt sich jemand unter einem falschen
Namen mit gefälschten Papieren trauen, liegt kein Irrtum im dargelegten Sinn vor (ME-
RONI, 39 f.; teilweise **a.M.** zum alten Recht BK-GÖTZ, aArt. 124 N 6, der auch den Irrtum über die soziale Identität anerkennt). Ziff. 2 wird mit Blick auf das schweizerische
Zivilstandswesen wohl höchstens bei einer Trauung im Ausland zur Anwendung gelan-
gen können (Vorbem. zu Art. 104 ff. N 5).

Im Gegensatz zum früheren Recht anerkennt das geltende den **Irrtum über Eigenschaf-** 9
ten des anderen Ehegatten nicht mehr als Ungültigkeitsgrund. Namentlich die unterschiedlichen Auffassungen über die objektive und subjektive Wesentlichkeit einer Eigenschaft
und die Schwierigkeit des Nachweises, dass der entsprechende Mangel bereits im Zeit-

punkt der Trauung bestanden hat, schaffen eine zu grosse Rechtsunsicherheit. Gründe der Transparenz des Gesetzes und der Rechtssicherheit lassen es als sinnvoll erscheinen, die allfällige Auflösung der Ehe ausschliesslich auf dem Weg der Scheidung wegen wesentlicher störender Eigenschaften des anderen Ehegatten zuzulassen (AmtlBull 1996 StR 756). Der Irrtum über wesentliche persönliche Eigenschaften des Partners kann nur zur Eheungültigkeit führen, wenn er auf eine *absichtliche Täuschung* zurückzuführen ist (N 10).

V. Absichtliche Täuschung

10 Die Täuschung muss für die Eheschliessung – wie der Irrtum – kausal, d.h. subjektiv wesentlich, gewesen sein. Da beim Betrug immer ein Fehlverhalten des anderen Ehegatten vorliegt, sind die **Anforderungen an die Wesentlichkeit der falschen Vorstellung** bei der Täuschung nach Ziff. 3 **tiefer** als beim Irrtum nach Ziff. 2. Der erweckte Irrtum muss nur subjektiv, nicht auch objektiv für die Heirat wesentlich gewesen sein. Der Betrug als solcher kann die eheliche Gemeinschaft schon als unzumutbar erscheinen lassen.

11 Die Täuschung muss sich auf eine **persönliche Eigenschaft** beziehen. Irrtümer über die wirtschaftlichen Verhältnisse des Partners reichen für die Ungültigkeit nicht aus. Die Umschreibung ist wesentlich kürzer als im früheren Recht (TUOR/SCHNYDER/RUMO-JUNGO, 191 f.). Die bisherige Lehre kann allerdings insoweit für die Auslegung herangezogen werden, als eine Erleichterung der Eheungültigkeit nicht gewollt war. Von daher kann die Täuschung über eine Krankheit nur genügen, wenn diese die Gesundheit des Getäuschten oder von dessen Nachkommen gefährdet (WERRO, N 309). Diese Voraussetzungen sind bei einer HIV-Infektion gegeben, wenn der Partner über deren Vorhandensein vor der Trauung getäuscht worden ist. Ist die Krankheit geheilt oder wäre sie leicht heilbar, entfällt der Anfechtungsanspruch (MERONI, 47; BK-GÖTZ, aArt. 125 N 10; DESCHENAUX/TERCIER/WERRO, N 336). Das Verheimlichen von Vorstrafen kann nur genügen, wenn es schwere Delikte betrifft. Es darf nicht soweit gegangen werden, dass jeder Umstand ausreicht, sofern «die Täuschung selbst eine unehrenhafte Gesinnung verrät» (ZK-EGGER, aArt. 125 N 2). Nicht zu den persönlichen Eigenschaften gehört das Heiratsmotiv. Deshalb kann eine absichtliche Täuschung des Partners über das eigene Heiratsmotiv nicht zur Eheungültigkeit, sehr wohl aber zu einer Scheidung nach Art. 115 führen (vgl. o. Art. 104 N 2 und BGE 127 III 348 ff.).

12 Das Gesetz präzisiert nicht, **wer getäuscht** haben muss. Weil der Anfechtungsgrund seine Rechtfertigung aber im Fehlverhalten der anderen Partei hat, muss die Täuschung – wie im früheren Recht (aArt. 125 Ziff. 1; MERONI, 47) – vom anderen Ehegatten ausgegangen oder diesem wenigstens bekannt gewesen sein.

13 Erfasst wird nur die **absichtliche** Täuschung. Der Begriff ist gleichbedeutend mit der im früheren Recht verwendeten Umschreibung der «arglistigen» Täuschung (vgl. VON TUHR/PETER, 427 FN 4). Gemeint ist das bewusst vorsätzliche Handeln. Dolus eventualis genügt nicht. Der verwendete Begriff stimmt mit jenem bei den Willensmängeln im Obligationenrecht überein (Art. 28 OR).

VI. Drohung

14 Die Ehe ist schliesslich anfechtbar, wenn der Eheschliessungswille nur unter Drohung zustande gekommen ist. Die angedrohte Gefahr muss wenigstens *subjektiv* (Kausalität) als **nahe und erheblich** empfunden worden sein. Sie muss das **Leben,** die **Gesundheit** oder die **Ehre** betreffen. Wirtschaftliche Güter werden nicht geschützt (Botschaft Revision Scheidungsrecht, 80; MERONI, 48; WERRO, N 311). Das Drohen mit der Geltendmachung eines Rechts wird deshalb regelmässig nicht genügen. Die rechtmässige Ausübung eines Rechts wird kaum je das Leben oder die Gesundheit ernstlich bedrohen können. Sie kann höchstens die Ehre gefährden. Dann muss aber die Heirat als «übermässiger Vorteil» (Art. 30 Abs. 2 OR) angesehen werden (DESCHENAUX/TERCIER/WERRO, N 339; zu generell: WERRO, N 313).

Die Drohung muss sich **gegen den Kläger selbst oder eine ihm nahe verbundene Per-   15 son** gerichtet haben. Letztere kann auch bloss ein Freund sein. Es muss keine Rechtsbeziehung bestehen, sondern eine Realbeziehung (vgl. BK-GÖTZ, aArt. 126 N 4). Nahe stehend ist jede Person, mit welcher der Betroffene eine enge Beziehung unterhält (WERRO, N 313). Eine verwandtschaftliche Beziehung ohne enge reale Bindung reicht nicht aus (TERCIER, FS Schnyder, 804).

Von wem die Drohung ausging, ist ohne Bedeutung. Der Beklagte selber kann gutgläu-   16 big gewesen sein (BK-GÖTZ, aArt. 126 N 7). Ihm steht diesfalls – im Gegensatz zum früheren Recht (vgl. die erste Auflage ZGB-LÜCHINGER/GEISER, aArt. 123–126 N 7) – seinerseits kein Anfechtungsrecht zu, weil der Irrtum sich auf die Trauung als solche oder die Identität der Person beziehen muss.

VII. Wirkungen und Verfahren

Siehe dazu Komm. zu den Art. 108, 109 und 110.   17

Art. 108

II. Klage	**¹ Die Ungültigkeitsklage ist innerhalb von sechs Monaten seit Kenntnis des Ungültigkeitsgrundes oder seit dem Wegfall der Drohung einzureichen, in jedem Fall aber vor Ablauf von fünf Jahren seit der Eheschliessung.**
	² Das Klagerecht geht nicht auf die Erben über; ein Erbe kann jedoch an der bereits erhobenen Klage festhalten.
II. Action	¹ Le demandeur doit intenter l'action dans le délai de six mois à compter du jour où il a découvert la cause d'annulation ou de celui où la menace a été écartée, mais en tout cas dans les cinq ans qui suivent la célébration du mariage.
	² Les héritiers n'ont pas qualité pour agir; un héritier peut toutefois poursuivre la procédure déjà ouverte au moment du décès.
II. Azione	¹ L'azione di nullità deve essere promossa entro sei mesi dal giorno in cui l'avente diritto ha scoperto la causa di nullità o sono cessati gli effetti della minaccia, ma in ogni caso entro cinque anni dalla celebrazione del matrimonio.
	² L'azione di nullità del matrimonio non si trasmette agli eredi; un erede può tuttavia proseguire l'azione già promossa al momento del decesso.

Literatur

Vgl. die Literaturhinweise zu den Vorbem. zu Art. 104 ff.

I. Verhältnis zum bisherigen Recht

Die Klagebefristung bei den Ungültigkeitsgründen im Sinne von Art. 107 entspricht der   1 bisherigen Regelung für die Anfechtungsklage in aArt. 127. Die relative Klagefrist beträgt wie bisher sechs Monate und die absolute fünf Jahre. Trotzdem in aArt. 127 von Klageverjährung gesprochen wurde, stand bereits unter dem alten Recht fest, dass es sich bei beiden Fristen nicht um Verjährungs-, sondern um Verwirkungsfristen handelte (BK-GÖTZ, aArt. 127 N 2; MERONI, 61).

Die Regelung über die Unvererblichkeit der noch nicht erhobenen Ungültigkeitsklage in aArt. 135 ist im neuen Recht für die Geltendmachung der befristeten Ungültigkeit übernommen worden (Art. 108 Abs. 2).

II. Klagelegitimation

2   Nur **der betroffene Ehegatte** besitzt die Legitimation zur Klage auf Ungültigerklärung der Ehe, wenn ein befristeter Ungültigkeitsgrund geltend gemacht werden will. Das ergibt sich aus dem Einleitungssatz von Art. 107 («Ein Ehegatte kann verlangen, dass die Ehe für ungültig erklärt wird, wenn er …»). Diese Beschränkung der Legitimation entspricht der höchstpersönlichen Natur des geltendzumachenden Rechts. Die Klage steht somit weder einer Behörde noch einem Dritten, der an der Ungültigerklärung der Ehe ein Interesse hat, zu (Botschaft Revision Scheidungsrecht, 81; TUOR/SCHNYDER/RUMO-JUNGO, 192; HAUSHEER/GEISER/KOBEL, Rz 05.22).

3   Art. 108 Abs. 2 übernimmt die bisher in aArt. 135 enthaltene Regelung, wonach das Klagerecht beim Tod des zur Klage legitimierten Ehegatten **nicht auf dessen Erben übergeht, diese jedoch an der bereits erhobenen Klage festhalten können.** Im Unterschied zur Formulierung in aArt. 135 Abs. 2 («Die Erben des Klägers können jedoch die erhobene Klage fortsetzen») heisst es in Art. 108 Abs. 2, zweiter Satzteil: «**ein** Erbe kann jedoch an der bereits erhobenen Klage festhalten.» Es ist nicht anzunehmen, dass damit gesagt werden wollte, das Recht zur Fortsetzung des Ungültigkeitsprozesses stehe auch einem von mehreren Erben allein zu. Gegen eine solche Auslegung spricht unter anderm, dass mit dem Festhalten an der Klage nicht nur der Wille des verstorbenen Ehegatten respektiert wird, sondern die Erben auch ihre persönlichen, namentlich erbrechtlichen Interessen wahrnehmen können (Botschaft Revision Scheidungsrecht, 81).

III. Wahrung der Klagefrist

4   Bei der relativen Klagefrist von sechs Monaten, die mit der Kenntnis des Ungültigkeitsgrundes oder mit dem Wegfall der Drohung zu laufen beginnt, und bei der absoluten Frist von fünf Jahren seit der Eheschliessung handelt es sich wie bisher um **Verwirkungsfristen.** In Art. 108 wird denn auch im Unterschied zum alten Recht nicht mehr von Verjährung der Klage gesprochen. Ein Stillstand, eine Hinderung oder Unterbrechung der Frist wie bei der Verjährung ist somit ausgeschlossen (Botschaft, a.a.O., 81). Ob die Fristen eingehalten worden sind, ist von Amtes wegen zu prüfen.

5   Die Frist kann nur durch **Klageanhebung** gewahrt werden. Dieser Begriff wird auch in Art. 136 Abs. 2 verwendet. Es handelt sich um einen bundesrechtlichen Begriff. «Klageanhebung ist in solchen Fällen diejenige prozesseinleitende oder vorbereitende Handlung des Klägers, mit der er zum ersten Mal in bestimmter Form für den von ihm erhobenen Anspruch den Schutz des Richters anruft» (BGE 74 II 15 f.; vgl. auch BGE 129 III 406). Geht der gerichtlichen Geltendmachung ein Sühneverfahren voraus, genügt die Anrufung des Sühnebeamten für die Fristwahrung, «wenn die Streitsache mangels Aussöhnung von Amtes wegen an das Gericht weiterzuleiten oder der Kläger nach kantonalem Prozessrecht verpflichtet ist, den Prozess sodann innert einer bestimmten Frist einzuleiten und ihn auch tatsächlich einleitet» (BGE 114 II 263). Es ist nicht nötig, dass das kantonale Recht an das Fristversäumnis eine andere Sanktion knüpft als die prozessuale Unwirk-

samkeit der Sühneverhandlung. Weiter gehende, materiellrechtliche Folgen kann das kantonale Prozessrecht ohnehin nicht vorsehen, da die Befristung bundesrechtlicher Ansprüche im Bundesrecht abschliessend geregelt ist (BGE 118 II 481; 118 II 523).

Auf das Recht, einen befristeten Ungültigkeitsgrund geltend zu machen, kann vor Ablauf der Frist **verzichtet** werden. Ein stillschweigender Verzicht infolge Weiterführung der ehelichen Gemeinschaft könnte nur angenommen werden, wenn der zur Klage legitimierte Ehegatte den Mangel und die Möglichkeit, die Ungültigerklärung der Ehe zu verlangen, wirklich gekannt hat (vgl. BK-GÖTZ, aArt. 127 N 7). 6

Der **Tod** des andern Ehegatten lässt den Anspruch des Berechtigten auf Ungültigerklärung der Ehe grundsätzlich nicht untergehen (BK-GÖTZ, aArt. 127 N 8). Die Klage richtet sich diesfalls gegen die (übrigen) Erben (MERONI, 59).

Art. 109

D. Wirkungen des Urteils	**¹ Die Ungültigkeit einer Ehe wird erst wirksam, nachdem das Gericht die Ungültigerklärung ausgesprochen hat; bis zum Urteil hat die Ehe mit Ausnahme der erbrechtlichen Ansprüche, die der überlebende Ehegatte in jedem Fall verliert, alle Wirkungen einer gültigen Ehe.** **² Für die Wirkungen der gerichtlichen Ungültigerklärung auf die Ehegatten und die Kinder gelten sinngemäss die Bestimmungen über die Scheidung.**[1] [2] [3]
D. Effets du jugement	¹ L'annulation du mariage ne produit ses effets qu'après avoir été déclarée par le juge; jusqu'au jugement, le mariage a tous les effets d'un mariage valable, à l'exception des droits successoraux du conjoint survivant. ² Les dispositions relatives au divorce s'appliquent par analogie aux effets du jugement d'annulation en ce qui concerne les époux et les enfants.
D. Effetti della sentenza	¹ La nullità del matrimonio produce effetti soltanto dopo essere stata pronunciata dal giudice; fino alla sentenza il matrimonio produce tutti gli effetti di un matrimonio valido, eccetto i diritti di successione che il coniuge superstite perde in ogni caso. ² Le disposizioni relative al divorzio si applicano per analogia agli effetti della sentenza di nullità sui coniugi e sui figli.

Literatur

Vgl. die Literaturhinweise zu den Vorbem. zu Art. 104 ff.

---

[1] Im Zusammenhang mit dem BG über die Ausländerinnen und Ausländer vom 16. Dez. 2005 (AuG) hat der Gesetzgeber einen Abs. 3 mit folgendem Wortlaut beigefügt: «Die Vaterschaftsvermutung des Ehemannes entfällt, wenn die Ehe für ungültig erklärt worden ist, weil sie dazu diente, die Bestimmungen über Zulassung und Aufenthalt von Ausländerinnen und Ausländern zu umgehen.»

[2] Im Zusammenhang mit dem Loi fédérale sur les étrangers (LEtr) vom 16. Dez. 2005 hat der Gesetzgeber einen Abs. 3 mit folgendem Wortlaut beigefügt: «La présomption de paternité du mari cesse lorsque le mariage est annulé du fait qu'il a été contracté pour éluder les dispositions sur l'admission et le séjour des étrangers.»

[3] Im Zusammenhang mit dem Legge federale sugli stranieri (LStr) vom 16. Dez. 2005 hat der Gesetzgeber einen Abs. 3 mit folgendem Wortlaut eingefügt: «La presunzione di paternità del marito decade se il matrimonio è dichiarato nullo perché contratto allo scopo di eludere le prescrizioni relative all'ammissione e al soggiorno degli stranieri.»

I. Verhältnis zum bisherigen Recht

1 Das neue Recht fasst in diesem Artikel die bisher in den aArt. 132 bis 134 geregelten Bestimmungen zusammen. Inhaltliche Vereinfachungen sind mit Bezug auf das Kantons- und Gemeindebürgerrecht erfolgt (nachfolgend N 7). Zudem wird präzisiert, wie es sich mit dem Erbrecht verhält, wenn die Ehe erst nach dem Tod eines Ehegatten ungültig erklärt wird (nachfolgend N 14).

II. Anwendungsbereich und Allgemeines

2 Art. 109 findet sowohl bei der Ungültigerklärung einer Ehe infolge **unbefristeter** (Art. 105) wie auch infolge **befristeter Ungültigkeit** (Art. 107) Anwendung (o. Art. 107 N 17). Es rechtfertigt sich nicht, bezüglich der wirtschaftlichen Folgen der Ungültigkeit danach zu unterscheiden, ob die Klage von einem Ehegatten oder einem Dritten erhoben worden ist (so aber WERRO, N 412). Die Wirkungen der Ungültigerklärung sind praktisch identisch mit jenen der Scheidung. Namentlich können die Parteien eine neue Ehe eingehen.

III. Wirkung der ungültigen Ehe bis zur Ungültigerklärung

3 Bis zur Ungültigerklärung entfaltet die ungültige Ehe die **gleichen Wirkungen wie eine gültige.** Sowohl zwischen den Parteien wie auch gegenüber Dritten sind die Art. 159 ff. anwendbar. Dabei ist ohne Bedeutung, ob der Dritte gut- oder bösgläubig war (MERONI, 57 f.; WERRO, N 403; **a.M.** BK-GÖTZ, aArt. 132 N 11). Eine Ausnahme besteht nur bezüglich des Erbrechts (vgl. u. N 14).

4 Der Ehemann der Mutter wird als Vater vermutet, wenn das **Kind** vor Ungültigerklärung der Ehe geboren worden ist. Nach neuem Recht besteht die über die Ehe hinausgehende Vermutung der Vaterschaft nur noch bei Auflösung der Ehe durch Tod (Art. 255). Die aus einer ungültigen Ehe hervorgegangenen Kinder erhalten – und behalten – den Familiennamen der Eltern und das Kantons- und Gemeindebürgerrecht des Vaters (Art. 270 f.).

IV. Wesen der Ungültigerklärung

5 Von der Ungültigerklärung an kann die Ehe grundsätzlich keine Wirkung mehr entfalten (zu den Ausnahmen bez. Unterhalt und Wohnung vgl. u. N 10 f.). Die Aufhebung der Ehe erfolgt aber **nicht rückwirkend,** sondern nur für die Zukunft, so dass die bis zum Entscheid über die Aufhebung entstandenen Wirkungen nicht entfallen (WERRO, N 405). Davon bestehen allerdings Ausnahmen im Güter- und Erbrecht (u. N 13 f.).

6 Die Ungültigkeitsklage führt bei Gutheissung zu einem **Gestaltungsurteil.** Erst mit Rechtskraft des Urteils ist die Ehe aufgehoben. Dieser Zeitpunkt ist – wie bei der Scheidung (DUC, 507 FN 844) – auch für das Sozialversicherungsrecht massgebend (LOCHER, 323). Das Ungültigkeitsurteil hat sich gleichzeitig über die Nebenfolgen der Eheauflösung auszusprechen. Der Grundsatz der Einheit des Scheidungsurteils gilt auch hier.

V. Wirkungen bezüglich der Ehegatten

1. Bürgerrecht und Name

7 Gemäss Art. 161 erwirbt die Frau mit der Heirat das **Kantons- und Gemeindebürgerrecht** des Ehemannes, ohne jenes zu verlieren, das sie als ledig hatte. Sie verliert aber die durch eine frühere Ehe erworbenen Bürgerrechte. Gemäss Art. 119 Abs. 2 hat die *Scheidung* keinen Einfluss auf das Bürgerrecht. Art. 109 Abs. 2 verweist für die Wirkungen der Ungültigerklärung auf die Scheidung. Damit gilt Art. 119 Abs. 2 auch hier. Wie bei der Scheidung wird das Kantons- und Gemeindebürgerrecht bei der ungültigen Ehe von deren Auflösung nicht berührt (WERRO, N 409). Somit behält selbst die Frau, welche bei der Heirat wusste, dass ihre Ehe an einem Ungültigkeitsgrund leidet, anders als im früheren Recht (vgl. BGE 53 I 40; DESCHENAUX/TERCIER/WERRO, Rz 473; HEGNAUER/BREITSCHMID, Grundriss des Eherechts, 3. Auflage, Bern 1993, Rz 7.40), ihre mit der Heirat erworbenen Kantons- und Gemeindebürgerrechte (BK-HAUSHEER/REUSSER/GEISER, Art. 161 N 28).

Weil die ausländische Ehegattin durch die Heirat mit einem Schweizer das **Schweizerbürgerrecht** nicht mehr von Gesetzes wegen erwirbt, sondern es hiefür einer Einbürgerung bedarf (Art. 27 BüG), kann die Ungültigerklärung nach erfolgter Einbürgerung keine Bürgerrechtswirkung mehr haben (vgl. BGE 120 Ib 193; BK-HAUSHEER/REUSSER/GEISER, Art. 161 N 41). **8**

Übergangsrechtlich gilt aArt. 120 Ziff. 4 nicht weiter (Art. 8 SchlT ZGB; o. Vorbem. vor Art. 104 ff. N 6). Er hatte es bis zum 1. Januar 2000 ermöglicht, eine Bürgerrechtsehe für ungültig erklären zu lassen, die vor dem 1. Januar 1992 geschlossen worden war und damit der ausländischen Frau das Schweizer Bürgerrecht vermittelt hatte (o. Art. 105 N 13 f.). Mit der entsprechenden altrechtlichen Ungültigerklärung verlor die Frau das Schweizer Bürgerrecht wieder (aArt. 3 Abs. 2 BüG e contario; BK-HAUSHEER/REUSSER/GEISER, Art. 161 N 41). Auch ohne die Aufhebung von aArt. 8 Abs. 4 SchlT ZGB wären mit Blick auf den Zeitablauf keine Aufhebungen von Bürgerrechtsehen mehr zu erwarten gewesen.

Die Ungültigerklärung der Ehe hat **namensrechtlich** die gleichen Wirkungen wie die Scheidung (WERRO, N 408). Siehe dazu die Kommentierung zu Art. 119 Abs. 1. **9**

2. Unterhalt, Wohnung und berufliche Vorsorge

Auch bez. des **nachehelichen Unterhaltes** gelten die scheidungsrechtlichen Regeln (s. dazu die Komm. der Art. 125 ff.). Dabei spielt das Verschulden grundsätzlich keine Rolle mehr. Insofern kann es auch nicht auf den Ungültigkeitsgrund ankommen (zum alten Recht s. MERONI, 66). Eine von einem Ehegatten ausgehende Drohung nach Art. 107 Ziff. 4 kann allerdings eine schwere Straftat darstellen, welche im Sinn von Art. 125 Abs. 3 Ziff. 3 eine Verweigerung des Unterhalts zu rechtfertigen vermag. Die spätere Abänderung einer Unterhaltsrente erfolgt nach Art. 129. **10**

Art. 121 erlaubt es, bei der Scheidung einem Ehegatten unter gewissen Voraussetzungen die **Wohnung der Familie** zuzuweisen. Art. 109 Abs. 2 führt zur Anwendung dieser Bestimmung auch bei Eheungültigkeit (HAUSHEER, Vom alten zum neuen Scheidungsrecht, Rz 3.86; MICHELI/NORDMANN/TISSOT/CRETTAZ/THONNEY/RIVA, Rz 596). Massgebend sind die Interessen der Parteien und der Kinder nach Auflösung der Ehe (s. die Komm. zu Art. 121). Bei der Frage, ob die Übertragung der Rechte und Pflichten aus einem Mietvertrag (Art. 121 Abs. 1) oder die Einräumung eines befristeten Wohnrechts (Art. 121 Abs. 3) als zumutbar erscheint (HAUSHEER, Vom alten zum neuen Scheidungsrecht, Rz 3.90), kann aber auch der Ungültigkeitsgrund eine Rolle spielen. Es ist insbesondere an Art. 107 Ziff. 3 und 4 zu denken. **11**

Auch bez. der **beruflichen Vorsorge** ist die Eheungültigkeit der Scheidung gleichgestellt (GEISER, Vom alten zum neuen Scheidungsrecht, Rz 2.24). Die Art. 122–124 gelangen **12** unabhängig davon zur Anwendung, warum die Ehe als ungültig erklärt worden ist. Gemäss Art. 123 Abs. 2 können die Gründe, die zur Auflösung der Ehe geführt haben, eine Verweigerung des Vorsorgeausgleichs nicht rechtfertigen (GEISER, Vom alten zum neuen Scheidungsrecht, Rz 2.91).

3. Güterrecht, Erbrecht und Sozialversicherungsrecht

13   Der Verweis von Art. 109 Abs. 2 erfasst ebenfalls das **Güterrecht**. Gemäss Art. 120 Abs. 1 richtet sich die güterrechtliche Auseinandersetzung nach den Bestimmungen des auf die Ehegatten anwendbaren Güterstandes. Warum die Ehe als ungültig erklärt worden ist, hat für die Teilung des Vermögens regelmässig keinerlei Bedeutung. Bei der Gütergemeinschaft wird allerdings zwischen der Auflösung der Ehe durch Tod (Art. 241) einerseits sowie durch Scheidung und Ungültigerklärung der Ehe (Art. 242) andererseits unterschieden.

Haben die Ehegatten eine Gütergemeinschaft vereinbart und wird die **Ehe nach dem Tod** eines Ehegatten für ungültig erklärt, so gelangt für die güterrechtliche Auseinandersetzung Art. 242 zur Anwendung. Die für das Erbrecht geltende Regelung (u. N 14) ist auf das Güterrecht analog anzuwenden, soweit dieses für die Auseinandersetzung danach unterscheidet, ob die Ehe durch Tod oder durch Scheidung aufgelöst worden ist.

14   Wie bereits im alten Recht (DESCHENAUX/TERCIER/WERRO, N 475) entfallen mit der Ungültigerklärung für die Zukunft jedwelche **erbrechtlichen Ansprüche** (WERRO, N 410). Art. 109 Abs. 2 verweist auf Art. 120 Abs. 2. Entsprechend gelten allerdings Verfügungen von Todes wegen weiter, welche die Ehegatten nach Rechtshängigkeit des Eheungültigkeitsverfahrens errichtet haben.

Das neue Recht hält in Art. 109 Abs. 1 nunmehr fest, dass das Erbrecht auch entfällt, wenn die **Ehe erst nach dem Tod** eines Ehegatten für ungültig erklärt wird. Das gilt sowohl für die gesetzliche Erbfolge wie auch für Verfügungen von Todes wegen (WERRO, N 410).

15   Auch **sozialversicherungsrechtlich** wird die Ungültigkeit wie die Scheidung behandelt. Eine ungültige Ehe lässt den aus einer früheren Ehe stammenden Anspruch auf Hinterbliebenenrente untergehen (GEISER, Das EVG als heimliches Familiengericht?, 379 f.). Andererseits kann aber die nach dem Tod eines Ehegatten ausgesprochene Ungültigerklärung der Ehe den mit dem Tod entstandenen Anspruch auf Hinterlassenenleistungen nicht aufheben. Die für das Erbrecht in Art. 109 Abs. 1 vorgesehene Regelung lässt sich nicht analog auf das Sozialversicherungsrecht übertragen. Bei Bigamie ist es somit möglich, dass die AHV und die Einrichtung der beruflichen Vorsorge zwei volle Witwenrenten auszurichten haben. Für die Sozialversicherung haben die gelebte Wirklichkeit und damit auch die (nachträglich für ungültig erklärte) Ehe mehr Gewicht als die Frage, ob diese Ehe gültig war oder nicht. Entsprechend hat das EVG bereits 1988 einer Frau nach dem Tod ihres ersten Mannes die Witwenrente verweigert, obgleich ihre zweite Ehe wegen Bigamie als nichtig erklärt worden war (EVG, Urteil v. 13.5.1988 i.S. D.; GEISER, Das EVG als heimliches Familiengericht?, 379 f.).

VI. Regelung der Kinderbelange

16   Die Auflösung der Ehe hat zur Folge, dass die **Elternrechte und -pflichten** neu geregelt werden müssen. Art. 109 Abs. 2 verweist auf Art. 133. Für eine spätere Abänderung der Anordnungen ist Art. 134 anwendbar. Das über die Ungültigkeit entscheidende Gericht ist auch für die Kinderzuteilung zuständig (Art. 110 N 5).

Wie die Scheidung bewirkt auch die Ungültigerklärung der Ehe, dass die **Vaterschafts-vermutung** für ein später geborenes Kind nicht mehr gilt (Art. 255). Wird die Ehe erst nach dem Tod des Vaters für ungültig erklärt, so muss wohl danach unterschieden werden, ob die Klage auf Ungültigerklärung schon vor dem Tod anhängig gemacht worden ist oder nicht. Nur im letzteren Fall rechtfertigt es sich, die nacheheliche Vaterschafts-vermutung gemäss Art. 255 Abs. 2 anzuwenden.

Im Zusammenhang mit dem BG über die Ausländerinnen und Ausländer vom 16. Dezember 2005 (AuG) wurde die **ausländerrechtliche Scheinehe** neu als Ungültig-keitsgrund in das ZGB aufgenommen (vgl. o. Art. 105 N 14a). Der Gesetzgeber befürch-tete aber, dass Kinder aus einer solchen Ehe ungerechtfertigterweise das Bürgerrecht des schweizerischen Ehemannes und andere Vorteile erlangen könnten. Er ergänzte deshalb Art. 109 um einen dritten Absatz und sah darin vor, dass die Vaterschaftsvermutung des Ehemannes (Art. 255) entfällt, wenn die Ehe für ungültig erklärt worden ist, weil sie dazu diente, die Bestimmungen über Zulassung und Aufenthalt von Ausländerinnen und Ausländern zu umgehen (BBl 2005, 7422). **16a**

Im Parlament wurde zu Recht darauf hingewiesen, dass die **Vaterschaftsvermutung im Falle einer Scheinehe in aller Regel nicht der Wirklichkeit entspricht** (AmtlBull 2004 N 1158 ff.). Zutreffender dürfte allerdings die umgekehrte Folgerung sein, dass nämlich keine Scheinehe vorliegt, wenn der Ehemann der Vater des Kindes ist.

Die neue Bestimmung setzt voraus, dass die Ungültigkeit ausgesprochen worden ist, **weil eine Scheinehe** vorliegt. Damit verweist Art. 109 Abs. 3 auf Art. 105 Ziff. 4. Ist die Ehe aus einem andern Grund für ungültig erklärt worden, kommt Art. 109 Abs. 3 nicht zum Tragen und die Vaterschaftsvermutung gilt uneingeschränkt (o. N 16). **16b**

Weil die Ungültigerklärung nach Art. 105 Ziff. 4 die Vaterschaftsvermutung entfallen lässt, ist mit der Rechtskraft des Ungültigkeitsurteils der Weg für die Herstellung eines **Kindesverhältnisses durch Anerkennung oder Vaterschaftsurteil offen** (Art. 260 ff.). Die Ungültigerklärung der Ehe lässt nur die Vaterschaftsvermutung entfallen. Sie schafft aber weder einen Beweis noch auch nur eine Vermutung dafür, dass der Ehemann nicht der Vater ist. Es steht deshalb nichts im Wege, dass dieser das Kind nunmehr anerkennt (Art. 260). Das Zivilstandsamt darf die Anerkennung nicht mit dem blossen Hinweis verweigern, die Ehe sei als Scheinehe für ungültig erklärt worden (vgl. BGE 122 III 100; s. im Übrigen u. Art. 260 N 7). **16c**

Art. 110

E. Zuständigkeit und Verfahren	**Die Zuständigkeit und das Verfahren richten sich sinngemäss nach den Vorschriften des Scheidungsrechts.**
E. Compétence et procédure	Les dispositions qui régissent la compétence et la procédure en cas de divorce s'appliquent par analogie en matière d'annulation.
E. Competenza e procedura	La competenza e la procedura sono rette per analogia dalle disposizioni del diritto sul divorzio.

Literatur

Vgl. die Literaturhinweise zu den Vorbem. zu Art. 104 ff.

I. Verhältnis zum bisherigen Recht

1   Schon im bisherigen Recht richtete sich die Zuständigkeit und das Verfahren für die Ungültigkeitsklagen nach den entsprechenden Regeln des Scheidungsrechts.

II. Zuständigkeit

2   Für die Zuständigkeit verweist Art. 110 auf Art. 135, der seinerseits auf Art. 15 GestG weiter verweist. Nach dieser Bestimmung ist das Gericht am **Wohnsitz einer Partei** zuständig. Gemeint ist damit der Wohnsitz eines Ehegatten. Auf den Sitz der nach Art. 106 klagenden Behörde oder eines zur Klage berechtigten Dritten kann es nicht ankommen. Haben die Ehegatten getrennten Wohnsitz, kann am einen oder anderen Ort geklagt werden (WERRO, N 832; so für die Behördenklage schon im alten Recht: DESCHENAUX/ TERCIER/WERRO, N 495). Werden in einem solchen Fall an beiden Orten Klagen eingereicht, so ist ausschliesslich das zuerst angerufene Gericht zuständig (Botschaft Revision Scheidungsrecht, 134 f.; WERRO, N 833; Art. 35 Abs. 2 GestG; NAEGELI, in: Müller/ Wirth (Hrsg.), Kommentar zum Gerichtsstandsgesetz, Zürich 2001, Art. 15 GestG N 8).

3   Im alten Recht konnte die Ungültigkeitsklage am anderen Wohnsitz eingereicht werden, wenn die Ehegatten getrennte Wohnsitze hatten und am einen derselben bereits eine Klage auf Scheidung oder Trennung der Ehe erhoben worden war. Die Rechtsprechung zum früheren Recht lehnte im Verhältnis zwischen Eheungültigkeitsklage und Scheidungs- oder Trennungsklage einen **Gerichtsstand des Sachzusammenhanges** ab. Der Scheidungs- bzw. Trennungsprozess war jedoch einzustellen, bis über die Ungültigkeitsklage rechtskräftig entschieden worden war (BGE 84 II 499 ff. E. 2; o. Vorbem. zu Art. 104 ff. N 3). Mit Blick auf die mit der Scheidung praktisch identischen Wirkungen der Eheungültigkeit vermag dies allerdings nicht zu überzeugen. Eine Scheidungs- oder Ehetrennungsklage sollte ebenso in eine Ungültigkeitsklage umgewandelt werden können wie auch umgekehrt, sofern der nach den Prozessvorschriften rechtsgültig vorgetragene Sachverhalt sowohl für die eine wie auch die andere Klage ausreicht. Entsprechend sollte die Scheidungs- oder Trennungsklage auch den Gerichtsstand für eine später erhobene Ungültigkeitsklage festlegen und umgekehrt. Es ist selbst der Behörde zuzumuten, an jenem Ort auf Ungültigkeit zu klagen, an dem bereits eine Scheidungsklage anhängig ist.

4   Das IPRG enthält keinerlei Vorschrift über die Eheungültigkeitsklagen und regelt daher auch die **internationale Zuständigkeit der schweizerischen Gerichte** zur Beurteilung solcher Klagen nicht. Nach h.L. finden diesbezüglich die Bestimmungen über die Scheidung (Art. 59 und 60 IPRG) sinngemäss Anwendung (o. Vorbem. zu Art. 104 ff. N 4; A. BUCHER, DIP Bd. II, N 391 ff.; IPRG-Kommentar-VOLKEN, vor Art. 43–45, N 30; HEGNAUER/BREITSCHMID, N 7.34; DESCHENAUX/TERCIER/WERRO, N 436).

5   Die **sachliche Zuständigkeit** richtet sich nach dem kantonalen Recht. Die Kantone müssen aber ein Gericht vorsehen. Zudem muss das gleiche Gericht sowohl über die Ungültigkeit wie auch über deren Folgen entscheiden.

III. Verfahren

6   Die bundesrechtlichen **Verfahrensvorschriften für die Scheidung** sind aufgrund des im Gesetz enthaltenen Verweises sinngemäs auf Eheungültigkeitsklagen anzuwenden (WERRO, N 426). Es sind dies die Art. 136 ff. Das Gericht kann insbesondere auch vorsorgliche Massnahmen für die Dauer des Verfahrens erlassen (Art. 137). Die Rechtshängigkeit richtet sich nach Art. 136 Abs. 2.

Die Ehe kann nur auf Klage hin als ungültig erklärt werden. Die **Bestimmungen über** 7
die Scheidung auf gemeinsames Begehren (Art. 111 bis 113, Art. 116 und Art. 149)
sind deshalb nicht anwendbar. Auch wenn beide Ehegatten auf Ungültigkeit klagen, muss
das Gericht das Vorliegen der entsprechenden Voraussetzungen von Amtes wegen prüfen
(Art. 139). Eine Anerkennung der Ungültigkeitsklage gibt es auch im neuen Recht nicht
(WERRO, N 417). Für das frühere Recht ergab sich das aus dem Verweis auf die Scheidungsklage. Auch die Scheidung war der Disposition der Parteien entzogen. Das neue
Recht hat diesen Grundsatz nunmehr mit der Scheidung auf gemeinsames Begehren
durchbrochen, was aber nicht auf die Eheungültigkeit übertragen werden kann.

Der Verweis auf das Scheidungsverfahren erfasst insb. auch die Verfahrensbestimmun- 8
gen, welche die **Scheidungsfolgen** betreffen (WERRO, N 426). Darüber können sich die
Ehegatten deshalb einigen. Eine Vereinbarung über die Folgen der Eheungültigkeit ist
erst rechtsgültig, wenn das Gericht sie genehmigt hat, und sie ist ins Urteilsdispositiv
aufzunehmen (Art. 140 Abs. 1). Bezüglich der Unterhaltsbeiträge sind die gleichen
Punkte im Urteil festzuhalten wie bei einer Scheidung (Art. 143). Für die berufliche Vorsorge gelten die Art. 141 und 142.

Auch im Ungültigkeitsverfahren sind gegebenenfalls die **Kinder** anzuhören (Art. 144 9
Abs. 2), und es kann ihnen ein Vertreter bestellt werden (Art. 146 und 147). Das Gericht
klärt den Sachverhalt von Amtes wegen ab (Art. 145).

Die **Rechtsmittel** richten sich nach dem kantonalen Recht. Der letztinstanzliche kanto- 10
nale Entscheid kann mit Berufung beim Bundesgericht angefochten werden. Aus dem
Bundesrecht ergibt sich die Teilrechtskraft des Ungültigkeitsurteils (Art. 148 Abs. 1) und
die Möglichkeit, die rechtskräftige Vereinbarung über die vermögensrechtlichen Folgen
der Ungültigkeit wegen Mängeln im Vertragsschluss mit Revision anzufechten (Art. 148
Abs. 2). In der oberen kantonalen Instanz sind Noven nach Art. 138 Abs. 1 zulässig.

Das rechtskräftige Ungültigkeitsurteil kann bezüglich der Nebenfolgen abgeändert wer- 11
den wie ein Scheidungsurteil (WERRO, N 426).

Vierter Titel: Die Ehescheidung und die Ehetrennung

Vorbemerkungen zu Art. 111 ff.

Literatur

BERTI, in: Honsell/Vogt/Schnyder (Hrsg.), Basler Kommentar IPRG 1996; D. CANDRIAN, Scheidung und Trennung im internationalen Privatrecht der Schweiz, Diss. St. Gallen 1994; DUTOIT, Commentaire de la loi fédérale du 18 décembre 1987, Basel 1997; GEISER, in: Hausheer (Hrsg.), Vom alten zum neuen Scheidungsrecht, Bern 1999, 55 ff.; HAUSHEER, Der Scheidungsunterhalt und die Familienwohnung, in: Hausheer (Hrsg.), Vom alten zum neuen Scheidungsrecht, Bern 1999, 119 ff.; JAMETTI GREINER, Der Begriff der Entscheidung im schweizerischen internationalen Zivilverfahrensrecht, Diss. Basel 1998; BOPP/GROLIMUND, Schweizerischer Vorsorgeausgleich bei ausländischen Scheidungsurteilen, FamPra 2003, 497 ff.; REUSSER, Die Scheidungsgründe und die Ehetrennung, in: Hausheer (Hrsg.), Vom alten zum neuen Scheidungsrecht, Bern 1999; J.-A. SCHNEIDER/BRUCHEZ, La prévoyance professionnelle et le divorce, in: Paquier/Jaquier (Hrsg.), Le nouveau droit du divorce, CEDIDAC, Lausanne 2000, 195 ff.; I. SCHWANDER, Einführung in das internationale Privatrecht, Band II, Besonderer Teil, St. Gallen/Lachen 1998; SIEHR, Das Internationale Privatrecht der Schweiz, Zürich 2002; DERS., in: Honsell/Vogt/Schnyder (Hrsg.), Basler Kommentar IPRG 1996; SUTTER/FREIBURGHAUS, Kommentar zum neuen Scheidungsrecht, Zürich 1999; TRIGO TRINIDADE, La nouvelle loi sur le libre passage (LFLP) et le divorce, en particulier le transfert d'une partie de la prestation de libre passage selon l'art. 22 LFLP, SJ 1995, 441 ff.; VOLKEN, in: Anton Heini/Max Keller/Kurt Siehr/Frank Vischer/Paul Volken (Hrsg.), IPRG-Kommentar, Zürich 1993.

I. Grundgedanken des neuen Scheidungsrechts

1. Die Reformpostulate

Die Schweiz verfügte vor der Revision über eines der ältesten Scheidungsgesetze in Europa. Als es 1912 in Kraft trat, stellte es im internationalen Vergleich eines der fortschrittlichsten Rechte dar, auch wenn es gegenüber dem in der Schweiz vorher geltenden Recht (Bundesgesetz vom 24. Dezember 1874 betreffend die Feststellung und Beurkundung des Zivilstandes und die Ehe) in manchen Punkten einen Rückschritt bedeutete (Das alte Recht kannte im Gegensatz zum Gesetz von 1907 die einverständliche Scheidung). Die Hauptaufgabe der Revision bestand in der Anpassung des Scheidungsrechts an die veränderte Wirklichkeit und die Vorstellung eines partnerschaftlichen Verhältnisses unter den Mitgliedern einer Familie. **1**

Daraus ergaben sich folgende Reformpostulate: **2**

– Da zwar die Ehegatten, nicht aber die Eltern geschieden werden, soll eine gemeinsame Verantwortung für die getrennte Zukunft der Ehegatten gefördert werden. Die Parteien sollen die wirtschaftlichen Nebenfolgen der Scheidung weitestgehend selber bestimmen. Sie wissen als mündige Bürger besser als jedes Gericht, was für sie die angemessene Lösung ist. Die einverständliche Scheidung wird gefördert. Ein hoheitliches Eingreifen ist grundsätzlich nur dort gerechtfertigt, wo die Interessen der Kinder zu wahren sind.

– Nach dem heutigen Verständnis der persönlichen Freiheit ist kein öffentliches Interesse an der Aufrechterhaltung des rechtlichen Ehebandes mehr auszumachen, wenn die Ehe nicht mehr einer gelebten Wirklichkeit entspricht. Die Scheidung muss deshalb in jedem Fall möglich sein, wenn ein Ehegatte sich endgültig vom andern getrennt hat.

– Auch die wirtschaftlichen Folgen der Scheidung müssen sich nach dem Bedarf der Parteien richten und vom Verschulden unabhängig ausgestaltet werden. Die während der Ehe von beiden Ehegatten gelebte Aufgabenteilung schafft Tatsachen, denen auch bei der Scheidung Rechnung zu tragen ist.

Abgesehen davon, dass schon seit Beginn des 20. Jahrhunderts eine der wichtigsten wirtschaftlichen Scheidungsfolgen, nämlich die Aufteilung des während der Ehe ersparten Vermögens, vollständig verschuldensunabhängig geregelt ist, sprechen drei Argumente gegen die Berücksichtigung jeglichen Verschuldens bei der Scheidung:

– Eine Ehe ist eine dynamische Beziehung, in der sich die Partner aufeinander zu und von einander weg bewegen. Es liegt in dieser Dynamik, dass die Beziehung auseinander brechen kann. Die Optik des Verschuldens wird dem Wesen jeder menschlichen Beziehung nicht gerecht.

– Jedes Scheidungsverfahren führt zudem nur zu einer formellen Wahrheit. Wer vor Gericht als schuldig erscheint, braucht dies nicht auch in der Ehewirklichkeit tatsächlich gewesen zu sein.

– Zudem widerspricht die Berücksichtigung des Scheidungsverschuldens bei den wirtschaftlichen Folgen der Scheidung auch der Gerechtigkeit. Soll mit den Scheidungsfolgen das Verhalten in der Ehe belohnt bzw. bestraft werden, darf nicht nur das Verhalten in der letzten Ehephase berücksichtigt werden. Es müsste das Verhalten während der ganzen Ehe gewürdigt werden.

– Schliesslich ist die Alters-, Hinterlassenen- und Invalidenvorsorge beider Ehegatten auch nach der Scheidung sicherzustellen.

2. Die Scheidungsgründe

3 Das neue Recht sieht drei Scheidungsgründe vor, nämlich das gemeinsame Begehren, eine zweijährige Trennungszeit und die Unzumutbarkeit der Fortsetzung der Ehe (Art. 111 ff. ZGB). Wie im alten Recht haben auch im neuen nicht alle Scheidungsgründe die gleiche praktische Bedeutung (vgl. dazu hinten N 27). Entsprechend dem Reformpostulat, das Selbstbestimmungsrecht der Ehegatten und deren Autonomie zu fördern, ist die Scheidung auf gemeinsames Begehren die häufigste Scheidungsart. Die Aufgabe des Gerichts beschränkt sich dabei darauf zu prüfen, ob das gemeinsame Begehren sowohl mit Bezug auf die Scheidung als auch auf die Folgen dem wohl überlegten Willen der Parteien entspricht. Die Aufgabe ist weitestgehend eine notarielle. Nur mit Bezug auf die Kinderbelange kommt dem Gericht eigentliche Entscheidungskompetenz zu.

4 Gegen (bzw. ohne) das Einverständnis der anderen Partei kann die Scheidung nach einer (tatsächlichen) **Trennungszeit von zwei Jahren** durchgesetzt werden (Art. 114 ZGB). Die Frist mag im internationalen Vergleich noch immer etwas lang erscheinen. Die vorgesehene Regelung unterscheidet sich aber wohltuend von den ausländischen Regeln dadurch, dass keine Härteklausel vorgesehen ist. Nach zwei Jahren besteht ein **absoluter Scheidungsanspruch.**

5 Es ist offensichtlich, dass selbst zwei Jahre lang sein können. Deshalb sieht das neue Recht einen dritten Pfad zur Scheidung vor. Die Scheidung kann jederzeit auch gegen den Willen des andern erwirkt werden, wenn dem Klagenden die «**Fortsetzung** der Ehe aus schwerwiegenden Gründen, die ihm nicht zuzurechnen sind, **nicht zugemutet** werden kann.» (Art. 115 ZGB). Diese Scheidungsvoraussetzungen sind wesentlich strenger als die in aArt. 142 ZGB vorgesehenen (SUTTER/FREIBURGHAUS, Art. 115 N 1). Es geht nicht darum, dass dem Ehegatten die Fortführung der Ehe auf Dauer nicht zugemutet werden kann, sondern nur, dass ein Abwarten der zweijährigen Trennungszeit als unzumutbar erscheint (REUSSER, Vom alten zum neuen Scheidungsrecht, Rz 1.81). Es soll sich dabei nur um ein Notventil – eine Härteklausel nach unten – handeln.

3. Die wirtschaftlichen Scheidungsfolgen

Kann die Scheidung in jedem Fall auch gegen den Willen einer Partei durchgesetzt werden,   **6** erhalten die Bestimmungen über den **nachehelichen Unterhalt** eine neue Bedeutung. Der Unterhaltsanspruch kann nicht mehr dadurch gewahrt werden, dass ein Ehegatte an der Ehe festhält (Zum alten Recht vgl. BGE 111 II 112; 109 II 364. Allerdings war der Widerspruch auf Dauer wenig aussichtsreich. Bei rund 15 000 Scheidungen im Jahre 1994 wurden gerade 15 Verfahren durch Klageabweisung beendet.). Der Unterhaltsanspruch richtet sich ausschliesslich nach den Bedürfnissen und der Zumutbarkeit. Erste Voraussetzung jedes nachehelichen Unterhalts ist im neuen Recht, dass es dem Gläubiger *nicht zuzumuten* ist, für den *gebührenden* Unterhalt einschliesslich einer ausreichenden Altersvorsorge *selbst* aufzukommen. Steht dies fest, so ist ein – den Verhältnissen des Pflichtigen angemessener – Beitrag zu leisten (Art. 125 Abs. 1 ZGB). Schliesslich konkretisiert das Gesetz das Rechtsmissbrauchsverbot, indem unter gewissen Voraussetzungen trotz Bedarfs nachehelicher Unterhalt verweigert werden kann (Art. 125 Abs. 3 ZGB). Das Scheidungsverschulden darf dabei allerdings nicht berücksichtigt werden (Botschaft Ziff. 233.52.).

Mit Bezug auf die **Abänderung** einer Unterhaltsrente sind zwei wesentliche Neuerungen   **7** vorgesehen:

– Eine Unterhaltsrente kann nachträglich heraufgesetzt oder gar erst zugesprochen werden, wenn im Scheidungsurteil keine zur Deckung des gebührenden Unterhalts ausreichende Rente festgesetzt werden konnte und sich die wirtschaftlichen Verhältnisse des Pflichtigen verbessert haben (eine Herabsetzung wegen veränderter Verhältnisse ist selbstverständlich nach wie vor möglich; Art. 129 Abs. 1 ZGB). Diese nachträgliche Anpassung ist allerdings nur während fünf Jahren nach Rechtskraft des Scheidungsurteils möglich (Art. 129 Abs. 3 ZGB). Überdies muss ein entsprechender Vorbehalt im Scheidungsurteil angebracht worden sein (so ausdrücklich Art. 129 Abs. 3 und Art. 143 Ziff. 3 ZGB; HAUSHEER, Rz 3.67).

– Wie bis anhin erlischt die Unterhaltsrente mit der Wiederverheiratung der berechtigten Partei. Das neue Recht hält nun aber ausdrücklich fest, dass etwas anderes in der Scheidungskonvention vereinbart werden kann (Art. 130 Abs. 2 ZGB; vgl. zur weitergehenden Regelung im Entwurf: HAUSHEER, Rz 3.62; SCHWENZER, Art. 130 N 5).

Mit Bezug auf das **Güterrecht** hat sich durch das neue Scheidungsrecht nichts geändert.   **8** Das Güterrecht war ja erst 1984 neu geregelt worden und ist seit 1988 in Kraft.

Eine der wesentlichsten Neuerungen, welche allerdings teilweise durch den Erlass des   **9** Freizügigkeitsgesetzes bereits vorbereitet war, betrifft den **Vorsorgeausgleich.** Das neue Recht sieht eine grundsätzlich (vgl. zu den Ausnahmen Art. 123 ZGB) zwingende Teilung der beruflichen Vorsorge vor. Auszugehen ist davon, dass im schweizerischen Recht nur bei der beruflichen Vorsorge ein Bedürfnis nach einem selbständigen Versorgungsausgleich besteht:

– Mit der 10. AHV-Revision ist die Stellung der Geschiedenen bedeutend verbessert worden, so dass im Bereich der ersten Säule der Ausgleich ausschliesslich sozialversicherungsrechtlich erfolgt.

– Im Bereich der dritten Säule sorgt das Güterrecht für einen ausreichenden Ausgleich (das übersieht SCHWENZER, Allg. Einl. N 29).

10 Die Schwierigkeit beim Vorsorgeausgleich liegt darin, dass blosse **Anwartschaften** auszugleichen sind. Die Bewertung dieser künftigen Ansprüche ist indessen nichts Neues. Der Reformgesetzgeber konnte auf den Umstand zurückgreifen, dass eine Bewertung der Guthaben gegenüber der Pensionskasse schon deshalb jederzeit möglich sein muss, weil diese eine Austrittsleistung auszurichten hat, wenn der Vorsorgenehmer die Vorsorgeeinrichtung wechselt. Grundsätzlich sind die Austrittsleistungen beider Ehegatten während der Ehe zu berechnen und zu teilen.

11 Wie im alten Recht hat die Scheidung auch im geltenden Recht den Wegfall des gesetzlichen **Erbrechts** zur Folge. Überdies entfallen auch testamentarische und erbrechtliche Begünstigungen (Art. 120 Abs. 2 ZGB). Auch wenn die Parteien beim Abschluss des Erbvertrages keinerlei Vorbehalt angebracht haben, hat die Ehe gegenüber einem blossen Konkubinat den grossen Vorteil, dass mit der Scheidung auch die entsprechenden Erbverträge dahinfallen. Das neue Recht brachte schliesslich die Klarstellung, dass aber nur Begünstigungen entfallen, die vor Rechtshängigkeit der Scheidungsklage errichtet worden sind. Soll ein Ehegatte in der Scheidung auch mit erbrechtlichen Regelungen abgesichert werden, so ist dies möglich. Die Parteien müssen dann aber *während der Dauer des Scheidungsverfahrens* einen Erbvertrag abschliessen oder ein Testament errichten.

4. Die Kinderbelange

12 Schon seit Beginn des letzten Jahrhunderts kennt das schweizerische Scheidungsrecht keine festen Zuteilungskriterien für die Kinder. Massgebend ist ausschliesslich das Kindeswohl; entscheidend sind nicht die Interessen und Verdienste der Eltern. Schon im alten Scheidungsrecht spielte das Verschulden keine Rolle für die Kinderzuteilung. Der Elternteil, dem die Kinder nicht zugeteilt werden, behielt schon früher und behält im neuen Recht noch in grösserem Masse eine starke Position. Es steht ihm ein Besuchsrecht zu und er ist vor wesentlichen Entscheidungen anzuhören. Entsprechend muss er auch über die Belange des Kindes informiert werden. Das neue Recht sieht nunmehr zusätzlich die Möglichkeit vor, den Eltern über die Scheidung hinaus die **gemeinsame elterliche Sorge** zu belassen (Art. 133 Abs. 3 ZGB; zum alten Recht vgl. BGE 117 II 523; 123 III 445 ff.).

5. Scheidungsverfahren

13 Die materiellen Änderungen haben auch zu weitreichenden Veränderungen im Verfahrensbereich geführt. Soweit die Ehegatten auf gemeinsames Begehren hin scheiden wollen und sich über alle Scheidungsfolgen geeinigt haben, handelt es sich nicht mehr um ein streitiges Verfahren, sondern um einen **Akt der freiwilligen Gerichtsbarkeit.** Das Bundesrecht enthält deshalb eine Vielzahl von Verfahrensvorschriften. Entscheidend gestärkt wurde zudem die **Stellung der Kinder** im Verfahren, indem diese grundsätzlich anzuhören sind (Art. 144 ZGB) und ihnen unter gewissen Voraussetzungen auch ein eigener Prozessvertreter zu stellen ist (Art. 146 f. ZGB).

14 Auf der praktischen Seite fällt ins Gewicht, dass eine Scheidung nicht mehr so einfach mit Aussicht auf Erfolg beim Gericht eingereicht werden kann wie bisher. Wird von den Ausnahmefällen des Art. 115 ZGB abgesehen, kann nur geschieden werden, wenn die Ehegatten sich über die Scheidung einig sind (Art. 111 f. ZGB) oder bei Einreichung der Scheidungsklage bereits zwei Jahre getrennt gelebt haben (Art. 114 ZGB). Ein wesentlicher Teil der **Auseinandersetzung** muss sich damit **vorprozessual** abspielen. Das hat zwei entscheidende Konsequenzen: Zum einen kann in den meisten Kantonen erst im prozessualen Verfahren die unentgeltliche Rechtspflege verlangt werden. Wird vorprozessual eine Einigung erzielt, besteht die Gefahr, dass die durch diese Verhandlungen aufgelaufenen Kosten auch von bedürftigen Parteien selber getragen werden müssen. Zum andern kann das Gericht vorsorgliche Massnahmen erst anordnen, wenn das Verfahren hängig ist (Art. 137 ZGB). Damit erlangt der Eheschutz (Art. 171 ff. ZGB) eine erheblich grössere Bedeutung als im bisherigen Recht. Zudem verändert sich auch sein Zweck. Viel häufiger als bis anhin geht es um die Vorbereitung der Scheidung und nicht um die Wahrung des Status quo in einer Krisensituation.

II. Revisionsgeschichte

Das Schweizerische Familienrecht wurde in den letzten Jahren **in Etappen revidiert.** 15 Nachdem das Adoptionsrecht bereits 1972 geändert worden war (Einführung der Volladoption. In Kraft seit 1973), erfolgte 1976 die Totalrevision des Kindesrechts (Gleichstellung von ehelichen und ausserehelichen Kindern. In Kraft seit 1978). 1984 wurde sodann das Eherecht revidiert (Gleichstellung von Mann und Frau. In Kraft seit 1988), was insbesondere auch die Änderung des Güterrechtes mit sich brachte. Schliesslich ist nunmehr 1998 das Scheidungsrecht revidiert worden (Einführung der einverständlichen Scheidung, Beseitigung der Rolle des Verschuldens. In Kraft seit 2000). Als nächstes wird noch die Revision des Vormundschaftsrechts erfolgen.

Eine Expertenkommission hatte einen Vorentwurf 1991 vorgelegt, der auf Grund der 16 Ergebnisse der Vernehmlassung vom Bundesamt für Justiz mit einer kleinen Arbeitsgruppe überarbeitet und 1995 vom Bundesrat mit Botschaft dem Parlament unterbreitet wurde (BBl 1996 I 1 ff.). Der Entwurf wurde vom Ständerat als Erstrat (AmtlBull StR 1996 741 ff.; 1998 319 ff.; 1998 708 ff.; 1998 760) und vom Nationalrat als Zweitrat (AmtlBull NR 1997 2651 ff.; 1998 1184 ff.; 1998 1316 f.; 1998 1433) beraten und am 26. Juni 1998 verabschiedet. Ein Referendum kam nicht zu Stande, so dass die Änderung am 1. Januar 2000 in Kraft treten konnte.

Das Scheidungsrecht hat inzwischen **bereits wieder einige kleine Anpassungen** erfah- 17 ren. Obgleich die Frage der Trennungszeit als Voraussetzung für eine Scheidung auf einseitiges Begehren (Art. 114 ZGB) eine der am stärksten umstrittenen und diskutierten Fragen bei der Revision war, wurde bereits 2003 die Frist auf eine Initiative der Rechtskommission des Nationalrats hin (BBl 2003 3927) von vier Jahren auf zwei Jahre verkürzt (BG vom 2. Juli 2003; AS 2004 2161; in Kraft seit 1. Juni 2004). Eine starke Veränderung wird das Gesetz – nicht aber die konkrete Regelung als solche – mit der Vereinheitlichung der ZPO erfahren, indem die prozessualen Bestimmungen im ZGB entfallen werden.

III. Internationales Privatrecht

1. Zuständigkeit schweizerischer Gerichte

Das IPRG sieht in erster Linie eine **Zuständigkeit für die Scheidung am schweizeri-** 18 **schen Wohnsitz** der Parteien vor (Art. 59 IPRG). Wohnen die Ehegatten im Ausland, so ist grundsätzlich auch dort auf Scheidung zu klagen (Art. 65 IPRG). Eine Zuständigkeit am schweizerischen Heimatort ist nur ausnahmsweise gegeben, wenn es unmöglich oder unzumutbar ist, die Klage am ausländischen Wohnsitz eines der Ehegatten zu erheben (Art. 60 IPRG). Es fragt sich, ob diese scheidungsspezifische Notzuständigkeit über die allgemeine Notzuständigkeit nach Art. 3 IPRG hinausgeht oder nur den Gerichtsstand innerhalb der Schweiz konkretisiert (vgl. BERTI, Art. 3 IPRG N 3). Ist die Scheidungsklage am Heimatort hängig, so bleibt diese Notzuständigkeit auch bestehen, wenn im nachhinein ein Ehegatte seinen Wohnsitz in die Schweiz verlegt (BGE 126 III 333).

19 Nach Art. 63 Abs. 1 IPRG sind die für die Scheidung zuständigen Gerichte berufen, auch über die **Nebenfolgen** zu entscheiden. Damit kommt der Grundsatz der Einheit des Scheidungsurteils auch im internationalen Verhältnis zum Tragen. Der Grundsatz hat allerdings auf Grund diverser Staatsverträge Einschränkungen erfahren, welche zu erheblichen Schwierigkeiten führen können. Soweit es um den Ehegatten- oder den Kinderunterhalt geht, ist im Rahmen seines Anwendungsbereichs das LugÜ zu beachten. Dieses anerkennt zwar grundsätzlich die Zuständigkeit des Scheidungsgerichts für die Festsetzung des Unterhalts (Art. 5 Ziff. 2 LugÜ). Es schränkt diese Zuständigkeit aber für den Fall ein, dass sich die Scheidungszuständigkeit ausschliesslich aus der Staatsangehörigkeit eines der Ehegatten ergibt (Art. 60 IPRG; vgl. SIEHR, Art. 63 IPRG N 9; **a.M.** CANDRIAN, 37 f.). Das Hagerübereinkommen (MSA; SR 0.211.231.01), welches nach Art. 85 IPRG die Zuständigkeit auch gegenüber Drittstaaten regelt (BGE 124 III 180; 118 II 186; 117 II 336; 109 II 375), kann überdies für die Kinderbelange zu einer anderen Zuständigkeit führen (vgl. SIEHR, Art. 63 IPRG N 17 ff.). Von gewissen Ausnahmen abgesehen (Art. 3, 4 und 5 Abs. 3 MSA) sind nach Art. 1 MSA die Gerichte und Verwaltungsbehörden des Staates, in dem ein Minderjähriger seinen gewöhnlichen Aufenthalt hat, zuständig, Massnahmen zum Schutz seiner Person oder seines Vermögens zu treffen und damit auch über die Kinderzuteilung und den persönlichen Verkehr zu entscheiden. Daraus kann sich im internationalen Verhältnis eine andere Zuständigkeit als jene für die Scheidung ergeben. Allerdings sollte diese Aufspaltung der Zuständigkeit in einem internationalen Verhältnis nicht greifen, wenn beide Regeln auf schweizerische Gerichte verweisen. Vielmehr sollte dann eine Kompetenzattraktion beim Scheidungsgerichtsstand erfolgen (anders offenbar BGE 124 III 180). Das genannte Abkommen gilt aber nicht auch für den Kinderunterhalt, so dass für diesen die Zuständigkeit des schweizerischen Scheidungsgerichts uneingeschränkt besteht (BGE 124 III 179 ff.). Für den Vorsorgeausgleich sieht das Gesetz keine Ausnahme vor, so dass auch diesbezüglich die Einheit des Scheidungsurteils gilt (GEISER, Vom alten zum neuen Scheidungsrecht, Rz 2.26; SCHNEIDER/BRUCHEZ, CEDIDAC, 217; SUTTER/FREIBURGHAUS, Vorbem. zu Art. 122–124/141–142 N 22), was sich als sinnvoll erweist, weil das Ergebnis des Vorsorgeausgleichs sowohl auf das Güterrecht wie auch auf das Unterhaltsrecht Rückwirkungen haben kann (BUCHER, DIP, Bd. II, Rz 566). Insofern muss das schweizerische Scheidungsgericht auch über die anwartschaftlichen Ansprüche entscheiden, wenn diese ausländischem Recht unterstehen (TRIGO TRINIDADE, SJ 1995, 481; offenbar zweifelnd: SCHWANDER, IPR, Bd. II, Rz 141). Es ist von daher weder sinnvoll noch zulässig, die Ehegatten für die Regelung des Versorgungsausgleichs an ein ausländisches Gericht zu verweisen. Wird die Scheidung in der Schweiz ausgesprochen, ist hier immer auch eine Zuständigkeit gegeben, um über den Versorgungsausgleich zu entscheiden.

20 Selbst wenn die Zuständigkeit des schweizerischen Gerichts für die Scheidung fraglich ist, kann dieses rechtsgültig **vorsorgliche Massnahmen** anordnen (Art. 62 Abs. 1 IPRG). Das ergibt sich grundsätzlich schon aus Art. 10 IPRG. Art. 62 IPRG dehnt diese Zuständigkeit auch auf die vorsorgliche Regelung der ehelichen Verhältnisse während eines Scheidungsverfahrens aus (insbesondere die Regelung des Getrenntlebens während des Scheidungsverfahrens. Vgl. DUTOIT, Art. 10 IPRG N 7), soweit eine Scheidungsklage in der Schweiz anhängig ist (SIEHR, Art. 62 IPRG N 1). Dabei kann allerdings die Abgrenzung der vorsorglichen Massnahmen zu eigentlichen Vollstreckungsmassnahmen Schwierigkeiten bereiten (vgl. BGE 126 III 257).

Art. 10 IPRG erlaubt es überdies schweizerischen Gerichten, **eigentliche vorsorgliche Massnahmen** zu ergreifen, selbst wenn die Scheidungsklage ausschliesslich vor einem ausländischen Gericht hängig ist, wenn dieses selber keine vorsorglichen Massnahmen treffen kann oder dessen Massnahmen in der Schweiz nicht vollstreckbar sind (BUCHER, DIPS, Bd. II, Rz 538; VOLKEN, IPRG-Kommentar, Art. 62 IPRG N 7).

Art. 62 IPRG ist auch in einem **Verfahren auf Abänderung oder Ergänzung** eines Scheidungsurteils anwendbar (BGE 116 II 97 ff.).

Ist eine Scheidung in der Schweiz ausgesprochen worden, ohne dass die Nebenfolgen **21** geregelt wurden, so kann die **Ergänzung des Urteils** in der Schweiz verlangt werden, selbst wenn in der Zwischenzeit die Voraussetzungen eines schweizerischen Gerichts- standes nach Art. 59 und 60 IPRG entfallen sind (VOLKEN, IPRG-Kommentar, Art. 64 IPRG N 5). Ist eine Scheidung im Ausland ausgesprochen worden, ohne dass über die Nebenfolgen entschieden worden ist, und wird das Urteil in der Schweiz anerkannt, so kann ein schweizerisches Gericht nach Art. 64 IPRG die Ergänzung des Urteils vorneh- men. Dies ist insbesondere bezüglich des Vorsorgeausgleichs praktisch relevant (BGE 131 III 289; BGer vom 19.10.2001, 5C.173/2001; TRIGO TRINIDADE, SJ 1995, 480). Die Zuständigkeit des schweizerischen Gerichts für die Ergänzung richtet sich nach den glei- chen Regeln wie die Zuständigkeit für die Scheidung selber (Art. 64 Abs. 1 i.V.m. Art. 59 und 60 IPRG), wobei die entsprechenden Voraussetzungen im Zeitpunkt des Ergän- zungsbegehrens erfüllt sein müssen (VOLKEN, IPRG-Kommentar, Art. 64 IPRG N 8; BOPP/GROLIMUND, FamPra 2003, 505). Die gleichen Überlegungen gelten auch für die **Abänderung eines Scheidungsurteils.** Auch hier sind vorsorgliche Massnahmen nach Art. 62 IPRG möglich (BGE 116 II 97).

Ob das Urteil lückenhaft ist oder nicht, entscheidet sich im internationalen Verhältnis **22** nach den gleichen Kriterien wie bei schweizerischen Urteilen. Die Abgrenzung hat ins- besondere beim Vorsorgeausgleich Bedeutung (vgl. BGE 131 III 289 ff.). Eine Ergän- zung ist vorzunehmen, wenn das ausländische Urteil sich zum Vorsorgeausgleich nicht äussert, obgleich eine Anwartschaft gegenüber einer Vorsorgeeinrichtung besteht. Im Vergleich zum schweizerischen Urteil kann aber bei einem ausländischen Urteil eine Saldoklausel als Entscheid über den Vorsorgeausgleich angesehen werden, sofern nicht eine Anwartschaft gegenüber einer schweizerischen Vorsorgeeinrichtung besteht. Trifft Letzteres zu, ist eine ausdrückliche Erwähnung des Vorsorgeausgleichs im Urteil oder wenigstens ein eindeutiger Nachweis zu verlangen, dass die Parteien bzw. das Gericht mit der Saldoklausel auch den Vorsorgeausgleich *in Kenntnis dieser Anwartschaft* regeln wollten.

2. Anwendbares Recht

Gemäss Art. 61 Abs. 1 IPRG ist grundsätzlich (zu den Ausnahmen vgl. Art. 61 Abs. 2 **23** und 3 IPRG) **schweizerisches Recht auf die Scheidung anwendbar.** Nach dem Wort- laut der Bestimmung gilt dieser Verweis unabhängig davon, ob ein schweizerisches oder ein ausländisches Gericht zuständig ist (vgl. die unterschiedliche Formulierung von Art. 61 Abs. 1 und Abs. 4 IPRG. Demgegenüber für einen Verweis auf die Lex fori offenbar: SIEHR, Art. 61 IPRG N 8; JAMETTI, Anh. IPR, N 15). Das auf die Scheidung anwendbare Recht gilt grundsätzlich auch für die **Nebenfolgen** (Art. 63 Abs. 2 IPRG). Dieser Verweis erfährt allerdings bezüglich des Namens, der Unterhaltsbeiträge der Ehe- gatten, des ehelichen Güterrechts, der Wirkungen des Kindesverhältnisses und des Min- derjährigenschutzes gewichtige Einschränkungen, so dass die Ausnahmen häufiger sind als die Regel. Für die Wohnung der Familie dürfte – gegebenenfalls über Art. 15 IPRG – die lex rei sitae massgeblich sein, was allerdings meist zur Anwendung des auch auf die Scheidung anwendbaren Rechts führen dürfte. Dem Regelfall untersteht praktisch nur noch der Vorsorgeausgleich (BGE 131 III 289 ff.). Soweit es um eine ausländische Vor- sorgeeinrichtung geht, wird allerdings auf die Rechtsbeziehung zwischen dieser und den

Scheidungsparteien das entsprechende ausländische Recht anwendbar sein. Das schweizerische Scheidungsgericht wird zudem die Ausnahmeklausel (Art. 15 IPRG) zu beachten haben, und es ist eine Anwendung des schweizerischen Rechts nach Art. 16 Abs. 2 IPRG vorzubehalten. Diesfalls können sich Anwendungsschwierigkeiten ergeben, die einen Rückgriff auf Art. 124 ZGB rechtfertigen.

24 **Vorsorgliche Massnahmen** können sowohl im Eheschutzverfahren wie auch im Scheidungsverfahren angeordnet werden (Art. 137 Abs. 2 ZGB). Letztere sind allerdings nicht notwendigerweise vorsorgliche Massnahmen im Sinne des IPRG. Als solche gelten nämlich nur Anordnungen, die der Sicherung des mutmasslichen Ergebnisses des Prozesses dienen, nicht aber gerichtliche Anordnungen, die auf Zeit und möglicherweise ohne materielle Rechtskraft über gegenseitige Ansprüche formell endgültig entscheiden, bzw. das Verhältnis der Parteien für die Prozessdauer regeln. Entsprechend kann auch der Eheschutz als solcher trotz des vorläufigen Charakters der getroffenen Anordnungen nicht als vorsorgliche Massnahme im Sinne von Art. 10 IPRG angesehen werden (VOLKEN, IPRG-Kommentar, Art. 10 IPRG N 10 f.). Auf die **eigentlichen vorsorglichen Massnahmen** wendet das Gericht grundsätzlich sein eigenes Recht (**lex fori**) an (DUTOIT, Art. 10 IPRG N 7). Allerdings muss das in der Sache selber anwendbare Recht (lex causae) mitberücksichtigt werden, weil die Anordnung von vorsorglichen Massnahmen im engeren Sinn stets ein Abschätzen des mutmasslichen Prozessausgangs notwendig macht (A. BUCHER, DIP Bd. I/1, Rz 62 ff.; CANDRIAN, 144 f.; JAMETTI GREINER, 111). Vorsorgliche **Massnahmen im weiteren Sinn** richten sich dagegen grundsätzlich nach der **lex causae** (HAUSHEER/REUSSER/GEISER, Vorbem. vor Art. 159 ff. N 37a.). Es geht bei ihnen um nichts anderes als um die Regelung des materiellen Anspruchs für eine beschränkte Zeit. Art. 62 Abs. 2 IPRG durchbricht allerdings diesen Grundsatz im Zusammenhang mit dem Scheidungsverfahren. Jedoch sollte auch hier dem auf den Anspruch anwendbaren fremden Recht Beachtung geschenkt werden (CANDRIAN, 146).

25 Bei **Ergänzung oder Abänderung des Scheidungsurteils** bestimmt sich das anwendbare Recht nach den gleichen Regeln wie bei der Scheidung selber (Art. 64 Abs. 2 IPRG). Das Gesetz bestimmt aber nicht, ob für die Anknüpfung auf die Gegebenheiten im Scheidungszeitpunkt oder im Zeitpunkt der Ergänzung abzustellen ist (vgl. dazu SIEHR, Art. 64 IPRG N 4). Soweit es um die Ergänzung bezüglich des Vorsorgeausgleiches geht, rechtfertigt es sich, beim Zeitpunkt der Scheidung anzuknüpfen und nachfolgende Veränderungen für die Bestimmung des anwendbaren Rechts nicht zu berücksichtigen (**a.M.** BOPP/GROLIMUND, FamPra 2003, 515). Geht es um die Ergänzung eines schweizerischen Scheidungsurteils, bleibt es somit grundsätzlich beim auf die Scheidung tatsächlich angewandten Recht. Ist ein ausländisches Urteil zu ergänzen, so kann das für die Ergänzung massgebende Recht sehr wohl von demjenigen abweichen, welches das ausländische Gericht auf die Scheidung angewendet hat, denn das anwendbare Recht bestimmt sich nach dem schweizerischen IPR und nicht nach dem ausländischen (so auch BOPP/GROLIMUND, FamPra 2003, 515).

3. Anerkennung und Vollstreckung ausländischer Entscheidungen

26 Bei der Regelung der Anerkennung ausländischer Scheidungsurteile war es dem Gesetzgeber ein Anliegen, hinkende Scheidungen zu vermeiden. Eine ausländische Scheidung ist deshalb grundsätzlich (zu den Ausnahmen vgl. Art. 65 Abs. 2 IPRG) zu anerkennen, wenn sie im Staat des Wohnsitzes, des gewöhnlichen Aufenthaltes oder im Heimatstaat eines Ehegatten ergangen ist oder wenn sie in einem dieser Staaten anerkannt wird (Art. 65 Abs. 1 IPRG). Vorbehalten bleibt selbstverständlich die Verweigerung der Anerkennung wegen eines Verstosses gegen den Ordre publique.

IV. Statistische Bedeutung

Wie in den meisten europäischen Ländern nehmen die Scheidungen seit Jahren kontinuier-   27
lich zu. Diese Zunahme wurde nur im Jahr 2000 kurz gestoppt, weil das neue Recht in Kraft
trat. Die Gerichte und die Parteien wollten 1999 noch möglichst viele bereits hängigen Verfahren nach altem Recht erledigen. Das neue Recht erschwerte eine Scheidung insofern,
als nunmehr in der Regel eine vierjährige Trennungszeit abgewartet werden musste, bis die
Scheidung gegen den Willen des anderen Partners durchgesetzt werden konnte. Bei der
Scheidung auf gemeinsames Begehren hatte die in Art. 111 Abs. 2 vorgesehene Bedenkzeit zur Folge, dass praktisch nur während 10 und nicht während 12 Monaten einverständliche Scheidungen ausgesprochen werden konnten. Demgegenüber ist die Ehetrennung – im
Gegensatz zur Regelung des Getrenntlebens nach Art. 176 ZGB – von geringer praktischer
Bedeutung. Die Statistik zeigt folgende Zahlen (Bundesamt für Statistik, BEVNAT):

	1998	1999	2000	2001	2002	2003	2004
Scheidungen	17 868	20 809	10 511	15 778	16 363	16 799	17 949
Nach Art. 111 ZGB	–	–	6 970	14 753	15 361	15 679	16 581
Nach Art. 112 ZGB	–	–	294	494	478	526	536
Nach Art. 114 ZGB	–	–	748	310	296	397	646
Nach Art. 115 ZGB[1]	–	–	169	221	228	197	186
Mit minderjährigen Kindern	8 533	9 939	4 813	7 233	7 533	7 678	8 201
Ehegattenunterhalt[2] (Rente und/oder Kapital)	7 525	8 515	3 656	4 363	–	–	–
Trennungen	603	610	315	341	265	224	181

[1] Im Jahre 2000 erfolgten noch 2330 aus anderen Gründen.
[2] Wird seit 2002 nicht mehr erhoben.

Erster Abschnitt: Die Scheidungsvoraussetzungen

Art. 111

A. Scheidung auf gemeinsames Begehren

I. Umfassende Einigung

[1] **Verlangen die Ehegatten gemeinsam die Scheidung und reichen sie eine vollständige Vereinbarung über die Scheidungsfolgen mit den nötigen Belegen und mit gemeinsamen Anträgen
hinsichtlich der Kinder ein, so hört das Gericht sie getrennt und
zusammen an; es überzeugt sich davon, dass das Scheidungsbegehren und die Vereinbarung auf freiem Willen und reiflicher
Überlegung beruhen und die Vereinbarung voraussichtlich genehmigt werden kann.**

[2] **Bestätigen beide Ehegatten nach einer zweimonatigen Bedenkzeit seit der Anhörung schriftlich ihren Scheidungswillen und
ihre Vereinbarung, so spricht das Gericht die Scheidung aus
und genehmigt die Vereinbarung.**

[3] **Das Gericht kann eine zweite Anhörung anordnen.**

A. Divorce sur requête commune

I. Accord complet

[1] Lorsque les époux demandent le divorce par une requête commune et produisent une convention complète sur les effets de leur divorce, accompagnée des documents nécessaires et de leurs conclusions communes relatives aux enfants, le juge les entend séparément et ensemble; il s'assure que c'est après mûre réflexion et de leur plein gré qu'ils ont déposé leur requête et conclu une convention susceptible d'être ratifiée.

[2] Le juge prononce le divorce et ratifie la convention lorsque, après l'expiration d'un délai de réflexion de deux mois à compter de l'audition, les époux confirment par écrit leur volonté de divorcer et les termes de leur convention.

[3] Le tribunal peut ordonner une autre audition.

A. Divorzio su richiesta comune

I. Accordo completo

[1] Se i coniugi domandano il divorzio mediante richiesta comune e producono una convenzione completa sugli effetti del divorzio, corredata dei documenti necessari e di conclusioni comuni relative ai figli, il giudice li sente separatamente e insieme; egli si assicura che entrambi, dopo matura riflessione e per libera scelta, hanno inoltrato la richiesta e stipulato una convenzione omologabile.

[2] Se, dopo un periodo di riflessione di due mesi, i coniugi confermano per scritto la loro volontà di divorziare e la loro convenzione, il giudice pronuncia il divorzio e omologa la convenzione.

[3] Il giudice può ordinare una seconda audizione.

Literatur

BRÄM, Scheidung auf gemeinsames Begehren, in: Stiftung für juristische Weiterbildung Zürich (Hrsg.), Das neue Scheidungsrecht, Zürich 1999, 9 ff.; DIES., Die Scheidung auf gemeinsames Begehren, die Wechsel der Verfahren (Art. 111–113, 116 ZGB) und die Anfechtung der Scheidung auf gemeinsames Begehren (Art. 149 ZGB), AJP 1999, 1511 ff.; DIES., Die Scheidung auf gemeinsames Begehren: Verfahrensrecht statt Zerrüttungs- und Verschuldensprinzip, in: Festschrift 125 Jahre Kassationsgericht des Kantons Zürich, Zürich 2000, 485 ff.; BREITSCHMID/RUMO-JUNGO, Scheidung auf gemeinsames Begehren, in: Erste Schweizer Familienrecht§Tage 3./4.5.2002: Ergebnisse aus den Arbeitskreisen, FamPra.ch 2002, 720 ff.; BÜCHLER, Das Scheidungsverfahren in rechtsvergleichender Sicht, in: Vetterli (Hrsg.), Auf dem Weg zum Familiengericht, Bern 2004, 19 ff.; FANKHAUSER, Die einverständliche Scheidung nach dem neuen Scheidungsrecht, Diss. Basel 1999; FREIBURGHAUS, Das neue Scheidungsrecht im Überblick, plädoyer 1998, 35 ff.; HAUSHEER, Die Scheidungsgründe in der laufenden Ehescheidungsreform, ZSR 1996 I 343 ff.; DERS., Die wesentlichen Neuerungen des neuen Scheidungsrechts, ZBJV 1997, 1 ff.; HAUSHEER/GEISER/KOBEL, Das Eherecht des Schweizerischen Zivilgesetzbuches, Bern 2000; HAUSHEER/SPYCHER, Unterhalt nach neuem Scheidungsrecht, Bern 2001; LIATOWITSCH, Wie viel prozessuale Autonomie benötigen die Parteien im neuen Scheidungsrecht? Einige verfahrenstaktische und prozessuale Überlegungen zur Scheidung auf gemeinsames Begehren, AJP 1999, 1600 ff.; MEIER/SCHNELLER, Scheidungsverfahren nach revidiertem Recht, Zürich 1999; NAEGELI, in: Müller/Wirth (Hrsg.), Kommentar zum Bundesgesetz über den Gerichtsstand in Zivilsachen, Zürich 2001; PERRIN, Les causes du divorce selon le nouveau droit, in: Pfister/Liechti (Hrsg.), De l'ancien au nouveau droit du divorce, Bern 1999, Art. 111, Ziff. III; REUSSER, Die Scheidungsgründe und die Ehetrennung, in: Hausheer (Hrsg.), Vom alten zum neuen Scheidungsrecht, Bern 1999, 9 ff.; RHINER, Die Scheidungsvoraussetzungen nach revidiertem Schweizerischem Recht (Art. 111–116 ZGB), Diss. Zürich 2001; ROHNER/POZAR, Der Widerruf im Scheidungsverfahren (Art. 111 f. ZGB) nach eingereichter Bestätigungserklärung, AJP 2002, 989 ff.; RUMO-JUNGO, Die Scheidung auf gemeinsames Begehren, in: Vetterli (Hrsg.), Auf dem Weg zum Familiengericht, Bern 2004, 1 ff.; SANDOZ, Nouveau droit du divorce – Les conditions du divorce, ZSR 1999 I 103 ff.; SPÜHLER, Neues Scheidungsverfahren, Zürich 1999; DERS., Neues Scheidungsverfahren – Supplement, Zürich 2000 (zit. Supplement); SPYCHER, in: Kellerhals/von Werdt/Güngerich (Hrsg.), Gerichtsstandsgesetz, Bern 2005; STECK, Scheidungsklagen, in: Stiftung für juristische Weiterbildung Zürich (Hrsg.), Das neue Scheidungsrecht, Zürich 1999, 25 ff.; DERS., Gedanken zur Rechtsnatur der Scheidungskonvention im neuen Scheidungsrecht, in: Festschrift 125 Jahre Kassationsgericht des Kantons Zürich, Zürich 2000, 553 ff.; DERS., Die Praxisentwicklung zu den Scheidungsgründen, in FamPra.ch 2004, 206 ff.;

Sutter-Somm, Das neue Scheidungsrecht als Schwerpunkt der Änderung des ZGB vom 26. Juni 1998, ZZW 1998, 349 ff.

Materialien

Sutter/Freiburghaus, Kommentar zum neuen Scheidungsrecht, Zürich 1999, betreffend: Protokoll Expertenkommission: S. 701 ff., 734–757, 1017 f., 1062–1066, 1093–1137, 1139, 1142, 1145–1161, 1175–1189, 1193–1196, 1199–1206, 1228, 1241 f., 1244–1247, 1249–1254, 1262 f., 1271–1283, 1290–1303, 1305–1313, 1367–1391, 1420–1422, 1481–1483, 2119, 2244–2257, 2257–2275, 2328–2334, 2444–2446, 2565 f., 3634–3639, 3660–3688, 3782–3784, 3802–3804, 3855, 3861, 3868, 3876 f., 3884, 3889, 3895, 3900, 3928, 3994 f., 4001; Art. 115 ff. VE, Bericht VE 41 ff.; Vernehmlassungen, 187–226, 234–237; Protokoll Arbeitsgruppe des Departementes 5–12, 296–299, 371, 523–529, 900, 1020 f.; Botschaft Revision Scheidungsrecht, 86 ff., Ziff. 231.22, 204; Rechtskommission Ständerat: Protokolle der Sitzungen vom 28./29.3.1996, 2 ff. und 15–19, 15.8.1996, 11–14, 29.1.1998, 11; Rechtskommission Nationalrat: Protokolle der Sitzungen vom 24.3.1997, 38 ff., 21.4.1997, 3 ff., 20./21.10.1997, 41 f., 30./31.3.1998, 7 f.; AmtlBull StR 1996, 756–760, 1998, 324; AmtlBull NR 1997, 2671–2678, 1998, 1184.

I. Normzweck/Allgemeines/Überblick

Eine Ehe kann nach der Scheidungsrechtsrevision vom 26.6.1998, in Kraft seit 1.1.2000, **1** nur auf gerichtlichem Weg aufgelöst werden. Ausschlaggebend für diesen Grundsatzentscheid waren die Feststellungen, dass der **institutionelle Charakter der Ehe** den vertraglichen überwiegt und nur die Gerichte Gewähr dafür bieten, dass Ehen nicht voreilig geschieden werden und dass eine Kontrolle von Vereinbarungen über die Regelung der Scheidungsfolgen erfolgt. Den Ehegatten soll **ein einfaches und formalisiertes Verfahren** zur Eheauflösung zur Verfügung stehen. Artikel 111 ist der neue **ordentliche Scheidungsgrund,** für all jene Fälle, in welchen ein gemeinsamer Scheidungswille besteht und sich die Parteien über die Folgen der Scheidung einig sind. Er ersetzt die Konventionalscheidung, welche sich in der Praxis vieler Kantone durchgesetzt hat und unter altem Recht in der überwiegenden Mehrzahl der Fälle zur Anwendung gelangt ist. Die Scheidung wird nicht mehr auf Klage eines Ehegatten, sondern aufgrund eines gemeinsamen Begehrens ausgesprochen. Ein vorgängiges Sühnverfahren findet nicht statt (vgl. Art. 136 Abs. 1). Artikel 111 hat **prioritäre Bedeutung** und führt zu einer Formalisierung und Homologisierung des Scheidungswillens (FamKomm Scheidung/Fankhauser, N 1).

Eine Zerrüttung der Ehe muss nicht vorliegen und wird vom Gericht auch nicht geprüft. Der **gemeinsame Scheidungswille** allein ist scheidungsbegründend, weshalb verschiedene Autoren von einer weit gehenden Privatisierung der Scheidung sprechen (vgl. etwa FamKomm Scheidung/Fankhauser, N 2).

II. Anwendungsbereich

Artikel 111 findet in denjenigen Fällen Anwendung, in welchen eine **umfassende Eini-** **2** **gung** vorliegt, d.h. sich die Ehegatten über die Scheidung und sämtliche Scheidungsfolgen geeinigt haben. Liegt keine Einigung über den Scheidungspunkt vor, kommen höchstens Art. 114 oder 115 zur Anwendung. Nicht entscheidend ist, ob es sich um ein erst- oder zweitinstanzliches Verfahren handelt (vgl. auch Sutter/Freiburghaus, N 7). Bei teilweiser Einigung über die Scheidungsfolgen ist grundsätzlich Art. 112 anwendbar, wobei sich das Verfahren an Art. 111 anlehnt (vgl. Art. 112 N 4 ff.).

Urs Gloor   697

III. Voraussetzungen (Abs. 1 und 2)

1. Gemeinsames Begehren

3 Erste Voraussetzung ist ein – direkt beim Gericht einzureichendes – **gemeinsames Scheidungsbegehren** der Ehegatten. Bundesrechtliche **Formvorschriften** dafür bestehen nicht. Es kann grundsätzlich mündlich oder schriftlich gestellt werden. Es braucht auch nicht ein gemeinsam unterzeichnetes Schriftstück oder eine gemeinsam abgegebene mündliche Erklärung vorzuliegen. Der Klarheit und Beweisbarkeit dient jedoch ein von beiden Ehegatten gemeinsam unterzeichnetes Begehren. Dieses kann sogar durch einen (auch gemeinsamen) Rechtsvertreter gestellt werden. Denn im Rahmen der Anhörung müssen es die Ehegatten ohnehin persönlich wiederholen. Inhaltliche Anforderungen bestehen nicht. Es genügt, wenn aus dem Begehren der gemeinsame Scheidungswille unmissverständlich hervorgeht (vgl. auch Rhiner, 117 ff.). Reicht die Vertreterin oder der Vertreter eines Ehegatten ein gemeinsames Begehren ohne Zustimmung des anderen ein, liegt kein gemeinsames Rechtsbegehren vor und wird keine Rechtshängigkeit bewirkt (OGer ZH ZR 101 Nr. 44; Steck, FamPra.ch 2004, 211 f.). Eine Zerrüttung des ehelichen Verhältnisses ist nicht erforderlich. Sie wird bei Vorliegen des gemeinsamen Begehrens und einer vollständigen Vereinbarung über die Scheidungsfolgen und gemeinsamer Anträge hinsichtlich der Kinder unwiderlegbar vermutet.

2. Vollständige Vereinbarung über die Scheidungsfolgen

4 Zweite Voraussetzung ist eine **vollständige Vereinbarung** über sämtliche Folgen der Scheidung (insb. nachehelicher Unterhalt, güterrechtliche Ansprüche, berufliche Vorsorge und Familienwohnung) bzw. gemeinsame Anträge betr. alle der Disposition der Ehegatten entzogenen Folgen der Scheidung (insb. Kinderbelange, Ausnahme Kinderunterhalt, welche Vereinbarung für den verpflichteten Elternteil im Sinne eines hinkenden Rechtsgeschäftes bereits vor der Genehmigung verbindlich ist und nicht einseitig widerrufen werden kann; BK-Hegnauer, Art. 287/288 N 69 ff.). Das Gesetz äussert sich nicht konkret über die Form, obschon die Formulierung «reichen … ein» auf Schriftlichkeit hindeutet, was wohl auch die Regel sein wird. Zur Rechtsnatur der Scheidungsvereinbarung, vgl. Rhiner, 124 ff.

5 Das Konzept des Gesetzes geht davon aus, dass die **Vereinbarung bei Einreichung des gemeinsamen Begehrens** bereits vorliegt. Dies ist jedoch nicht zwingend notwendig. Artikel 111 ist auch anwendbar, wenn die Parteien bei Einreichung des gemeinsamen Scheidungsbegehrens noch keine vollständige Vereinbarung vorlegen, diese jedoch im Rahmen der ersten Anhörung abschliessen. Fraglich ist jedoch, ob in diesem Falle eine weitere Anhörung durchgeführt werden muss und die zweimonatige Bedenkfrist erst danach angesetzt werden darf mit der Begründung, die in der ersten Anhörung abgeschlossene Vereinbarung beruhe noch nicht auf reiflicher Überlegung, wie dies Fankhauser fordert (FamKomm Scheidung/Fankhauser, N 6).

Die Vereinbarung kann bis zum Ablauf der zweimonatigen Bedenkfrist gem. Art. 111 Abs. 2 von jedem Ehegatten jederzeit widerrufen werden. Dies ist die Konsequenz aus der Tatsache, dass die Vereinbarung den materiellen Scheidungsgrund bildet (vgl. Reusser, 17 Rz 1.21). Auch würde die schriftliche Bestätigung nach Ablauf der Bedenkfrist ansonsten keinen Sinn machen.

6 Der Vereinbarung sind auch die notwendigen **Belege** beizulegen, um das Scheidungsbegehren sowie Vollständigkeit und Angemessenheit der Vereinbarung prüfen zu können. Dabei handelt es sich aber lediglich um eine Ordnungsvorschrift. Das Gericht kann ein gemeinsames Scheidungsbegehren nicht deshalb abweisen bzw. nicht darauf eintreten, weil die Belege nicht eingereicht werden. Die Belege müssen im Zeitpunkt vorliegen, in welchem das Gericht die Scheidungsvereinbarung hinsichtlich der Genehmigungsfähigkeit prüft (vgl. N 7 und Art. 140 N 5 ff.). Zu den notwendigen Belegen gehört für Schweizer Bürger ein aktueller Familienausweis (meist nicht älter als drei Monate, erhältlich beim Zivilstandsamt der Heimatgemeinde). Das Familienbüchlein genügt demgegenüber nicht, da es sich nicht um einen aktuellen Auszug aus einem amtlichen Register handelt. Ausländer benötigen eine Wohnsitzbestätigung (erhältlich bei der Einwohnerkontrolle der Wohnsitzgemeinde). Zudem müssen jene Referenzwerte, deren Angabe das Gesetz verlangt, belegt werden (vgl. Art. 143). Dazu gehören Ausweise über das Erwerbseinkommen bzw. das diesbzgl. Ersatzeinkommen, Dokumente über Vermögen und Schulden der Ehegatten (Eheverträge, Steuererklärungen und Wertschriftenverzeichnisse, Schuldverzeichnisse, Lohnausweise, Auszüge über Sparen-3-Konti etc.), Belege über deren notwendige Lebenshaltungskosten (Wohnkosten, Krankenkassen- und Versicherungsprämien und andere regelmässig anfallende Fixkosten) sowie die Bestätigungen von Einrichtungen der beruflichen Vorsorge (vgl. Art. 141 Abs. 1). Das Gericht muss die Vollständigkeit und die inhaltliche Richtigkeit der Belege überprüfen.

3. Persönliche Anhörung der Ehegatten

Die persönliche Anhörung der Ehegatten verfolgt den Zweck, **die Freiwilligkeit und   7 Ernsthaftigkeit des Scheidungsbegehrens** – das Gesetz spricht von reiflicher Überlegung – und der Vereinbarung bzw. der gemeinsamen Anträge der Ehegatten zu ermitteln. **Freier Wille** bedeutet, dass keine Willensmängel vorliegen (Art. 23 ff., 28, 29 f. OR), sich kein Ehegatte in einem wesentlichen Irrtum befindet und kein Ehegatte (oder Dritter) den anderen unter Druck gesetzt bzw. auf andere Weise seinen Willen in unzulässiger Art und Weise beeinflusst hat. Das Erfordernis der **reiflichen Überlegung** will sicherstellen, dass die Ehegatten den Entschluss zur Scheidung und zur Regelung der Scheidungsfolgen nach gründlichem Abwägen der Vor- und Nachteile gefasst haben, wobei die Dauer eines allfälligen Getrenntlebens Rückschlüsse auf die Ernsthaftigkeit des Scheidungswillens zulässt (RHINER, 138 f.; vgl. auch Art. 140 N 6 f.). In der Anhörung können auch Fragen beantwortet und Unklarheiten bzw. Mängel beseitigt werden. Die Anhörung dient dem Gericht sodann zur Beurteilung, ob die Vereinbarung voraussichtlich genehmigt werden kann (vgl. Art. 140). Dabei handelt es sich nicht um eine vorläufige Prüfung der Vereinbarung, sondern grundsätzlich um ein definitives Urteil über die Genehmigungsfähigkeit, zumal die Ehegatten nach Abgabe der Bestätigungserklärungen einen unbedingten Scheidungsanspruch haben (vgl. auch SUTTER/FREIBURGHAUS, N 20; RHINER, 142 ff.). Trotzdem kann das Gericht die Genehmigung verweigern, wenn es plötzlich zum Schluss kommt, die Voraussetzungen von Art. 140 Abs. 2 seien nicht mehr erfüllt. Dies würde jedoch eine qualifizierte Begründungspflicht auslösen bzw. die erneute Kontaktaufnahme mit den Parteien nahe legen, um doch noch eine genehmigungsfähige Einigung zu erzielen. **Genehmigungsfähig** ist die Vereinbarung, wenn sie klar, vollständig und nicht offensichtlich unangemessen ist (vgl. Art. 140). Die Prüfung umfasst sowohl die Vereinbarung als auch die gemeinsamen Anträge hinsichtlich der Kinder. Der Entscheid des Gerichts muss von Bundesrechts wegen nicht in einem formellen Beschluss erfolgen. Er bildet jedoch den Abschluss der Anhörung und löst den Beginn der zweimonatigen Bedenkfrist aus. Er setzt somit voraus, dass die Anhörung der Kinder i.S.v. Art. 144 Abs. 2 bereits stattgefunden hat, da ansonsten gar nicht beurteilt werden kann, ob den Anträgen der Ehegatten hinsichtlich der Kinder voraussichtlich entsprochen werden kann (BRÄM, AJP 1999, 1514; **a.A.** REUSSER, 24 Rz 1.43). Ist die Vereinbarung nach Auffassung des Gerichts noch ergänzungs- bzw. änderungsbedürftig, so ist die Anhörung noch nicht abgeschlossen und den Parteien Gelegenheit zu geben, sie (evtl. mit Hilfe von Anwältinnen oder Anwälten bzw. Mediatorinnen oder Mediatoren) nachzubessern. Unter Umständen ist das Verfahren auszusetzen. Bei geringfügigen Abänderungen der Vereinbarung durch die Parteien oder bei geringfügigen Mängeln hingegen kann die Korrektur vor der Urteilsfällung vorgenommen werden (fraglich, ob dies bei fehlenden Durchführbarkeitserklärungen der Vorsorgeeinrichtungen gegeben ist; vgl. SUTTER/FREIBURGHAUS, N 29).

8 Angehört werden die Ehegatten persönlich, was nicht ausschliesst, dass sich eine Partei von einem Rechtsvertreter begleiten lässt (dazu ausführlich FamKomm Scheidung/FANKHAUSER, N 12; STECK, FamPra.ch 2004, 211). Von der **persönlichen Anwesenheit** der Ehegatten kann nur ausnahmsweise abgesehen werden, wenn einer Partei das Erscheinen objektiv unmöglich oder offensichtlich nicht zumutbar ist (Landes- oder Ortsabwesenheit von grosser Dauer oder Distanz, körperliche oder geistige Gebrechen, Gefängnisaufenthalt im Ausland etc.; vgl. REUSSER, 21 Rz 1.35). Die Anhörung hat dann rechtshilfeweise, telefonisch oder allenfalls auf schriftlichem Wege zu erfolgen und es ist zu prüfen, ob die Partei zusätzlich einer Vertretung bedarf. Bei Personen mit Wohnsitz in der Schweiz ist bei der Dispensation vom persönlichen Erscheinen Zurückhaltung angebracht (vgl. auch RHINER, 133, 154 f.). **Bleibt eine Partei unentschuldigt** der Anhörung **fern,** so erfolgt kein materieller Gerichtsentscheid, sondern es tritt die vom kantonalen Verfahrensrecht angedrohte Säumnisfolge ein (und Art. 113 ist nicht anwendbar); im Kanton Zürich wird auf das gemeinsame Scheidungsbegehren nicht eingetreten (OGer ZH ZR 104 Nr. 59).

9 Die **Anhörung erfolgt getrennt und zusammen,** allenfalls in mehreren Sitzungen, wobei in der letzten Sitzung das gemeinsame Scheidungsbegehren und das Einverständnis beider Ehegatten hinsichtlich der Vereinbarung und der gemeinsamen Anträge vorliegen müssen. Jeder Ehegatte soll sich frei und unbelastet zum Scheidungsbegehren und zur Scheidungsfolgenvereinbarung äussern können, welche auf freiem Willen und reiflicher Überlegung beider Ehegatten beruhen sollen. Eine Reihenfolge gibt das Gesetz nicht vor, wobei verschiedene Autoren die Meinung vertreten, die getrennte Anhörung müsse vor der gemeinsamen erfolgen (Botschaft Revision Scheidungsrecht, 86 Ziff. 231.22; FamKomm Scheidung/FANKHAUSER, N 11; FANKHAUSER, 28; SPÜHLER, Scheidungsverfahren, 37; RHINER, 150). Die getrennte Anhörung – ein Novum im Prozessrecht vieler Kantone – ist ohne Anwesenheit des gemeinsamen oder des Rechtsvertreters der Gegenpartei durchzuführen, während der eigene Rechtsvertreter von der Anhörung nicht ausgeschlossen werden kann (**a.A.** REUSSER, 21 Rz 1.34). Urteilt das Gericht als Kollegialbehörde, so kann die Anhörung nicht an ein Mitglied des Kollegiums delegiert werden. Die Anhörung kann auch nicht durch (qualifiziertes) Gerichtspersonal erfolgen.

Die **Anhörung** soll **umfassend** durchgeführt werden, frei von Zeitdruck und Schematismen (Botschaft Revision Scheidungsrecht, 86, Ziff. 231.22). Der Richter hat sich in der Anhörung davon zu überzeugen, dass beide Ehegatten die Scheidung wünschen, sich diesen Entscheid reiflich überlegt haben und ihr Wille frei von Willensmängeln ist. Die Anhörung hat sich auf diesen Zweck zu beschränken. Deshalb müssen die Parteien über die Gründe, welche sie zur Scheidung bewogen haben, keine Auskunft geben.

4. Bestätigung von Scheidungswillen und Vereinbarung

10 Die Bestätigung von Scheidungswillen und Vereinbarung hat grundsätzlich nach zweimonatiger Bedenkfrist schriftlich (vgl. aber N 19), unmissverständlich (nicht durch konkludentes Verhalten: KGer SG SJZ 2004, 269 f.) und bedingungsfrei zu erfolgen. Dabei

handelt es sich um eine Minimal- und keine Maximalfrist. Das Bundesrecht regelt weder deren Beginn noch deren Ende. Sie beginnt frühestens nach der ersten Anhörung (bzw. dem formellen Vorprüfungs- oder Zwischenentscheid des Gerichtes, vgl. FamKomm Scheidung/FANKHAUSER, N 36). Bei Ausbleiben der Bestätigungsschreiben muss das Gericht, wenn es das Ende der Bedenkfrist nicht ausdrücklich geregelt hat, vor der Abweisung des gemeinsamen Scheidungsbegehrens die Parteien mindestens einmal mahnen oder ihnen eine Frist zur Einreichung der Bestätigung ansetzen (vgl. BREITSCHMID/ RUMO-JUNGO, FamPra.ch 2002, 721; RUMO-JUNGO, 12; KGer SG FamPra.ch 2004, 947, 949 ff.). Die Bestätigung muss auf freier Willensbildung beruhen (FamKomm Scheidung/FANKHAUSER, N 42). Die Bestätigungsfrist verfolgt den **Zweck,** die Parteien vor übereilten Entscheidungen zu bewahren. Deshalb fordern verschiedene Autoren zu Recht, dass die **Erklärung persönlich abzugeben** ist und die Abgabe nicht an einen Rechtsvertreter delegiert werden kann (vgl. SUTTER/FREIBURGHAUS, N 37; REUSSER, 24 Rz 1.47). Die Bestätigungen können auch nur hinsichtlich des Scheidungspunktes bzw. des Scheidungspunktes und eines Teils der Scheidungsfolgen abgegeben werden, wobei sich das weitere Verfahren dann nach Art. 112 richtet. Sind Kinder anzuhören (Art. 144 Abs. 2), so darf die Bedenkfrist erst danach angesetzt werden, weil erst ab diesem **Zeitpunkt** feststeht, ob die Vereinbarung bzw. die gemeinsamen Anträge der Parteien voraussichtlich genehmigt werden können (vgl. BRÄM, AJP 1999, 1514; RUMO-JUNGO, 11). Ein Verzicht auf die **Bedenkfrist** oder eine Verkürzung derselben ist unzulässig, ebenso eine Verlängerung oder Sistierung gegen den Willen eines Gesuchstellers (vgl. auch RHINER, 171 f.). Wird die Erklärung zu früh abgegeben, so ist sie unbeachtlich, d.h. nichtig. Fraglich ist, ob aus den gleichen Gründen ein während der Bedenkfrist abgegebener Widerruf unbeachtlich ist (vgl. FamKomm Scheidung/FANKHAUSER, N 35; RHINER, 174). Mit der Bestätigung wird die Zustimmung zur Scheidung und zur Scheidungsvereinbarung definitiv und kann nicht mehr frei widerrufen werden. Es tritt Bindungswirkung ein (ROHNER/POZAR, AJP 2002, 989, 990). Widerruft eine Partei die Bestätigung, so ist diese Erklärung als Antrag auf Nichtgenehmigung der Vereinbarung zu betrachten, welchem nur stattgegeben werden kann, wenn der Antragsteller einen Willensmangel bezüglich der Bestätigungserklärung bzw. des Inhalts der Vereinbarung, eine Verletzung von bundesrechtlichen Verfahrensvorschriften oder offensichtliche Unangemessenheit geltend macht und beweist (FamKomm Scheidung/FANKHAUSER, N 43 m.V.; ROHNER/POZAR, AJP 2002, 989, 990 f.). Auf diese Weise lässt sich unter Umständen ein Rechtsmittelverfahren (Art. 149 Abs. 1) vermeiden. Widerrufen beide Parteien die Bestätigung, so ist dies für das Gericht verbindlich (vgl. auch FANKHAUSER, 59 f.).

IV. Rechtsfolgen

Sind sämtliche Voraussetzungen erfüllt, spricht das Gericht nach Eingang der Bestäti-   11
gungsschreiben (nach Ablauf der zweimonatigen Bedenkfrist) die Scheidung aus, genehmigt die Vereinbarung betr. die Scheidungsfolgen und entspricht den gemeinsamen Anträgen der Ehegatten betr. die Kinderbelange. Die Gesuchsteller haben einen entsprechenden **Rechtsanspruch auf Scheidung.** Etwas anderes ergibt sich lediglich im Falle, dass dem Gericht in der Zwischenzeit Tatsachen bekannt geworden sind, welche eine Zustimmung zu den gemeinsamen Anträgen hinsichtlich der Kinderbelange oder eine Genehmigung der Vereinbarung verunmöglichen. Dann muss das Gericht den Parteien Gelegenheit geben, dazu neue gemeinsame Anträge zu stellen oder eine neue Vereinbarung einzureichen, und eine erneute Anhörung durchführen. Bei fehlender vollständiger Einigung der Ehegatten bestimmt sich das weitere Vorgehen nach Art. 112. Bei neuer Einigung ist ihnen eine erneute zweimonatige Bedenkfrist anzusetzen.

12 Erfolgt lediglich eine **Bestätigung des Scheidungswillens,** nicht aber eine solche der Vereinbarung, so ist ein Wechsel ins Verfahren gem. Art. 112 möglich, wenn die Parteien die Erklärung abgeben, dass das Gericht die Scheidungsfolgen beurteilen soll, über die sie sich nicht einig sind. Das Gericht ist in diesem Fall nicht verpflichtet, den Parteien eine Nachfrist anzusetzen oder sie zu einer zweiten Anhörung vorzuladen.

13 Sind die **Voraussetzungen** hingegen **nicht erfüllt,** weil es an einem gemeinsamen Scheidungsbegehren fehlt, da (mindestens) eine Partei die schriftliche Bestätigung nicht abgibt oder beide Parteien diese in gegenseitigem Einvernehmen wieder zurückgezogen haben (vgl. auch RHINER, 185 f.) bzw. da eine Partei wegen weggefallener Urteilsfähigkeit die schriftliche Bestätigung nicht mehr gültig abgeben kann (vgl. auch SUTTER/FREIBURGHAUS, N 50 ff.) oder seine ursprüngliche Zustimmung widerruft, so weist das Gericht das gemeinsame Scheidungsbegehren ab und setzt jedem Ehegatten eine Frist an, um das Scheidungsbegehren durch eine Klage zu ersetzen (Art. 113).

V. Prozessuales

14 Die **örtliche Zuständigkeit** richtet sich nach Art. 15 Gerichtsstandsgesetz (GestG). Zwingend zuständig ist gem. Art. 15 GestG das Gericht am Wohnsitz eines Ehegatten (vgl. auch NAEGELI, Art. 15 GestG N 19; SPYCHER, Art. 15 GestG N 20 ff.). Das sachlich zuständige Gericht wird von den Kantonen bezeichnet. Es kann sich dabei um ein Kollegialgericht oder einen Einzelrichter handeln. Die Scheidung auf gemeinsames Begehren ist **kein Zweiparteienverfahren,** die Ehegatten sind zweckmässigerweise als Gesuchsteller zu bezeichnen. Im neuen Scheidungsverfahren hängt Entscheidendes von der Gesprächsführungskompetenz und dem psychologischen Geschick des Richters im Umgang mit den Ehegatten ab (REUSSER, 19 Rz 1.27 f.).

15 Die **Anhörung** der Ehegatten erfolgt **gemeinsam und getrennt,** wobei das Gesetz keine Reihenfolge vorschreibt (vgl. aber N 9). Die diesbzgl. Praxis der Gerichte ist denn auch sehr unterschiedlich.

Auf die **zweimonatige Bedenkfrist** können weder die Parteien noch das Gericht verzichten; sie kann auch nicht abgekürzt oder verlängert werden. In der Praxis stösst die **zwingende Beachtung** der Frist jedoch nicht auf ungeteilte Zustimmung; zur Zeit ist eine parlamentarische Initiative zur Flexibilisierung der Bedenkfrist hängig (Initiative Jutzet, 04.444). Der Fristenlauf beginnt am Tag nach der Eröffnung der entsprechenden prozessleitenden Verfügung. Wünschenswert ist, dass das Gericht den Gesuchstellern den Zeitpunkt des Fristablaufs berechnet (kantonal-rechtliche Gerichtsferien sind belanglos) und ihnen mitteilt, ab welchem Datum es bei Ausbleiben der Bestätigung(en) davon ausgeht, dass die Voraussetzungen der Scheidung auf gemeinsames Begehren nicht erfüllt sind. Es obliegt dem kantonalen Gesetzgeber oder allenfalls dem pflichtgemässen Ermessen des Gerichts, anzuordnen, bis zu welchem Zeitpunkt die Bestätigungen einzureichen sind (vgl. auch RHINER, 182 ff.; vgl. auch BREITSCHMID/RUMO-JUNGO, FamPra.ch 2002, 721; RUMO-JUNGO, 10 ff.).

16 Die **Einhaltung dieser Verfahrensvorschriften** bildet einen Teil des materiellen Scheidungsgrundes. Dies führt dazu, dass bei Verletzung der bundesrechtlichen Verfahrensvorschriften über die Scheidung auf gemeinsames Begehren die Eheauflösung mittels ordentlichen Rechtsmittels angefochten werden kann (Art. 149 Abs. 1).

17 **Stirbt eine Partei** vor oder nach Abgabe der schriftlichen Bestätigung, jedoch vor der Urteilsfällung, wird das Scheidungsverfahren gegenstandslos, da die Ehe bereits durch Tod aufgelöst worden ist.

Die Regelung von **Kosten und Entschädigung** richtet sich nach kantonalem Prozess- **18** recht. Ein Ausbleiben des Bestätigungsschreibens führt nicht zur einseitigen Kostenfolge für den betreffenden Ehegatten, da er nur von einem ihm gesetzlich zustehenden Recht Gebrauch gemacht hat. Ein anderer Entscheid würde der freien Widerrufbarkeit von Scheidungswillen und Vereinbarung widersprechen und wäre nur haltbar, wenn die Partei ihre Mitwirkungspflicht trotz ausdrücklicher gerichtlicher Aufforderung verletzt hätte. Deshalb sind die Gerichtskosten im Falle der Beurteilung eines gemeinsamen Schei- dungsbegehrens gem. Art. 111, unabhängig von dessen Erledigung, ausser bei anderer Abrede der Ehegatten, in aller Regel je hälftig aufzuerlegen (vgl. auch OGer ZH ZR 100 Nr. 37; vgl. auch BGer 5P.76/2002, FamPra.ch 2003, 396).

VI. Zweite Anhörung (Abs. 3)

Sinn und Zweck dieser Bestimmung sind unklar. Das Gericht kann die Anhörung der **19** Ehegatten ausnahmsweise ohnehin in mehreren Sitzungen durchführen, wenn dies etwa aus Gründen der Komplexität bzw. der fehlenden Zeit erforderlich ist. Die Bestimmung ist vielmehr eher als **Alternative zur schriftlichen Bestätigung** gem. Art. 111 Abs. 2 zu verstehen (SUTTER/FREIBURGHAUS, N 57; **a.A.** FamKomm Scheidung/FANKHAUSER, N 26 ff. und N 41; PERRIN, Art. 111, Ziff. III; RHINER, 108, 114). Die schriftliche Bestä- tigung kann bspw. auf Wunsch eines Ehegatten gerichtlich zu Protokoll genommen wer- den, wobei REUSSER fordert, dass das Protokoll vom Ehegatten persönlich zu unterzeich- nen sei (vgl. REUSSER, 24 f. Rz 1.47). Eine zweite Anhörung könnte auch angezeigt sein bei neuen wichtigen Erkenntnissen hinsichtlich der Kinderbelange, wenn das Gericht nach wie vor Zweifel hat, ob der Ehewille endgültig erloschen ist, wenn sich ein Ehe- gatte nach Ablauf der Bedenkfrist weder positiv noch negativ äussert oder wenn ein Ehegatte die Folgen der Scheidung (teilweise) ändern möchte (vgl. auch KGer SG FamPra.ch 2004, 947, 949 ff.). Die persönliche Anwesenheit der Ehegatten ist jedoch wie bei der ersten Anhörung erforderlich. Eine getrennte Anhörung der Ehegatten ist grund- sätzlich nicht ausgeschlossen, in der Praxis wohl selten (vgl. RHINER, 201 ff.).

Art. 112

II. Teileinigung	[1] Die Ehegatten können gemeinsam die Scheidung verlangen und erklären, dass das Gericht die Scheidungsfolgen beurteilen soll, über die sie sich nicht einig sind.
	[2] Das Gericht hört sie wie bei der umfassenden Einigung zum Scheidungsbegehren, zu den Scheidungsfolgen, über die sie sich geeinigt haben, sowie zur Erklärung, dass die übrigen Folgen gerichtlich zu beurteilen sind, an.
	[3] Zu den Scheidungsfolgen, über die sie sich nicht einig sind, stellt jeder Ehegatte Anträge, über welche das Gericht im Scheidungsurteil entscheidet.
II. Accord partiel	[1] Les époux peuvent demander le divorce par une requête commune et dé- clarer qu'ils confient au juge le soin de régler les effets du divorce sur les- quels subsiste un désaccord.
	[2] Ils sont entendus, comme en cas d'accord complet, sur leur volonté de divorcer, sur les effets du divorce qui font l'objet d'un accord et sur leur décision de faire régler les autres effets par le juge.

[3] Chaque époux dépose des conclusions sur les effets du divorce qui n'ont pas fait l'objet d'un accord; le juge se prononce sur ces conclusions dans le jugement de divorce.

II. Accordo parziale

[1] I coniugi possono domandare il divorzio mediante richiesta comune e dichiarare che il tribunale decida su quelle conseguenze accessorie in merito alle quali sussiste disaccordo.

[2] I coniugi sono sentiti, come nel caso di accordo completo, sulla loro richiesta, sulle conseguenze del divorzio in merito alle quali sono pervenuti ad un accordo e sulla loro dichiarazione di demandare al giudice la decisione sulle altre conseguenze.

[3] Ogni coniuge inoltre le proprie conclusioni in merito alle conseguenze del divorzio sulle quali sussiste disaccordo; su tali conclusioni il giudice decide nella sentenza di divorzio.

Literatur und Materialien

Vergleiche die Literaturhinweise zu Art. 111.

I. Normzweck/Allgemeines/Überblick

1 Fälle, in denen die Ehegatten sich nicht in allen Bereichen einigen konnten, gab es schon im alten Scheidungsrecht. Die **Teileinigung** gem. Art. 112 stellt jedoch ein völlig neues Institut dar, bei welchem die Anfechtung des Urteils im Scheidungspunkt nur sehr eingeschränkt möglich ist (Art. 149 Abs. 1). Artikel 112 verfolgt den **Zweck,** die Scheidung auf gemeinsames Begehren gegenüber der Scheidungsklage gem. Art. 114 und 115 zu fördern (Botschaft Revision Scheidungsrecht, 89, Ziff. 231.23). Wenn immer möglich soll den Ehegatten erspart werden, ein streitiges Scheidungsverfahren führen zu müssen.

Systematisch ist das Verfahren nach Art. 112 dem Verfahren der Scheidung auf gemeinsames Begehren (Art. 111) zugeordnet. Seinem Zweck entsprechend enthält es jedoch auch Elemente des klassischen kontradiktorischen Verfahrens mit klagender und beklagter Partei. Ein vorgängiges Sühnverfahren ist nicht erforderlich (vgl. Art. 136).

II. Anwendungsbereich

2 Das Institut der Teileinigung gelangt primär zur Anwendung, wenn **keine vollständige Einigung** vorliegt, die Ehegatten sich jedoch zumindest hinsichtlich des Scheidungspunktes einig sind, nicht hingegen bezüglich (eines Teils) der Scheidungsfolgen. Diese Konstellation ist in einem erst- und zweitinstanzlichen Verfahren möglich; vor Bundesgericht ist jedoch ein Wechsel des Verfahrens ausgeschlossen. Artikel 112 kommt sinngemäss auch dann zur Anwendung, wenn ein Ehegatte der Scheidungsklage des anderen ausdrücklich zustimmt oder Widerklage erhebt (Art. 116). Ein weiterer Anwendungsbereich sind Fälle, in welchen die Vereinbarung der Parteien nicht genehmigt werden kann und die Ehegatten in der Folge die Erklärung abgeben, dass die betreffenden Punkte vom Gericht beurteilt werden sollen.

3 In welchen Fällen das Verfahren nach Art. 112 sinnvoll ist, muss im Einzelfall geprüft werden, da die Erklärungen u.U. **weit reichende Wirkungen** haben. Es ist fraglich, ob das Verfahren Sinn macht, wenn sich die Ehegatten lediglich über die Scheidung als solche einig sind oder wenn wichtige oder eng zusammenhängende Fragen (etwa Unterhaltsregelung für die Kinder und nachehelicher Unterhalt) nur teilweise einvernehmlich geregelt werden können (vgl. zum Ganzen LIATOWITSCH, 1601 ff.).

III. Voraussetzungen

1. Gemeinsames Scheidungsbegehren

Erste Voraussetzung ist das **Vorliegen eines gemeinsamen Scheidungsbegehrens** (vgl. **4**
Art. 111). Eine teilweise Einigung über die Scheidungsfolgen ist nicht notwendig (vgl.
RHINER, 210 f. m.Hw.).

2. Erklärung hinsichtlich der streitigen Scheidungsfolgen

Die Parteien müssen **zusätzlich** einzeln oder gemeinsam erklären, dass das Gericht die **5**
streitigen Scheidungsfolgen beurteilen soll und dass sie unabhängig davon, wie das Gericht urteilt, am Scheidungsbegehren festhalten. Diese **Erklärung** kann von Bundesrechts wegen auch mündlich abgegeben werden (vgl. Art. 111 N 3) und ersetzt die
Vereinbarung gem. Art. 111. Liegt eine Teilvereinbarung vor, so ist diese einzureichen
(Art. 112 Abs. 2).

3. Persönliche Anhörung der Ehegatten

Artikel 112 Abs. 2 verweist auf Art. 111. Die Anhörung erfolgt in der gleichen Weise **6**
(vgl. Art. 111 N 7 ff.). **Zusätzlich** sind die Ehegatten aber auch **zur Erklärung anzuhören,** dass sie die Beurteilung der streitigen Scheidungsfolgen dem Gericht überlassen.
Auch diese Erklärung muss auf freiem Willen und reiflicher Überlegung beruhen. Abzuklären ist insb., ob sich die Parteien der Tragweite ihrer Erklärung (beschränkte Anfechtbarkeit des Scheidungsurteils) bewusst sind und ob sie unabhängig vom Urteil des Gerichts über die streitigen Folgen geschieden werden wollen.

4. Bestätigung von Scheidungswille und Vereinbarung

Es gelten die gleichen Verfahrensgarantien wie bei umfassender Einigung der Parteien **7**
(vgl. Art. 111 N 10). Zusätzlich muss sich die **Bestätigung auf die Erklärung erstrecken,**
dass das Gericht die streitigen Scheidungsfolgen beurteilen soll (vgl. auch RHINER, 221 f.).

IV. Rechtsfolgen

Sind sämtliche Voraussetzungen erfüllt, so erlässt das Gericht eine **prozessleitende Ver-** **8**
fügung, in welcher festgestellt wird, dass die Voraussetzungen für eine Scheidung auf
gemeinsames Begehren mit Teileinigung vorliegen und das Verfahren hinsichtlich der
streitigen Scheidungsfolgen kontradiktorisch weitergeführt wird (vgl. aber auch N 9).
Damit kann auf die Scheidung und die einvernehmlich geregelten Scheidungsfolgen
nicht mehr zurückgekommen werden, auch nicht, wenn für die Beurteilung der streitigen
Scheidungsfolgen ein anderes Gericht (z.B. Kollegialgericht statt Einzelrichter) zuständig ist. Denkbar ist lediglich und aus verfahrensökonomischen Gründen zuzulassen, dass
ein Ehegatte erfolgreich einen Willensmangel geltend machen oder dem Gericht die
Verweigerung der Scheidung bzw. die Nichtgenehmigung der Konvention beantragen
kann (vgl. SUTTER/FREIBURGHAUS, N 30). Zulässig ist auch, dass eine Partei im streitigen Verfahrensteil die Verletzung bundesrechtlicher Verfahrensvorschriften über die
Scheidung auf gemeinsames Begehren rügt.

V. Verfahren hinsichtlich der streitigen Scheidungsfolgen

Jede Partei stellt zu den Scheidungsfolgen, über die sich die Ehegatten nicht einig sind, **9**
Anträge (Art. 112 Abs. 3). Dies geschieht in einem **kontradiktorischen Verfahren.** Das

Gesetz sagt zwar nichts über den **Zeitpunkt,** wann dieses stattfinden soll. Es ist an den Kantonen, diesbzgl. Vorschriften aufzustellen (vgl. etwa § 201a Abs. 2 ZPO ZH). Von Bundesrechts wegen ist es zulässig, das entsprechende Verfahren (Haupt- und Beweisverfahren) parallel zur persönlichen Anhörung der Ehegatten oder während der zweimonatigen Bedenkfrist durchzuführen. Es ist jedoch wenig sinnvoll, allenfalls aufwändige Beweiserhebungen zu tätigen, bevor feststeht, ob beide Ehegatten die Scheidung wollen bzw. ob die Teilvereinbarung genehmigungsfähig ist. Diese Überlegung spricht dafür, das streitige Verfahren i.d.R. nach dem prozessleitenden Entscheid über die Scheidung und die Genehmigung der allfälligen Teilvereinbarung durchzuführen (vgl. auch REUSSER, 26 Rz 1.54; SUTTER/FREIBURGHAUS, N 37). Das Argument, die Parteien müssten gegenseitig die Anträge zu den strittigen Scheidungsfolgen kennen, um beurteilen zu können, ob sie sich einem Teileinigungsverfahren unterziehen wollen, spricht hingegen für die Antragstellung im Zeitpunkt der Anhörung (vgl. auch FamKomm Scheidung/FANKHAUSER, N 8 f. und 18 ff.; FANKHAUSER, 69 ff.). FANKHAUSER geht auch davon aus, dass die Parteien an die gestellten Anträge gebunden sind (FANKHAUSER, 72 f.; vgl. auch LIATOWITSCH, 1601 ff.).

All diesen Argumenten Rechnung tragend sollten m.E. die Anträge und deren Begründung i.d.R. im Zeitpunkt der Anhörung erfolgen, während ein allfälliges Beweisverfahren erst nach Abschluss des Teileinigungsverfahrens durchzuführen ist.

Jedoch spätestens im erwähnten prozessleitenden Entscheid nach der Anhörung ist den Parteien Frist zur Stellung ihrer Anträge anzusetzen.

10 Das Bundesrecht regelt die Frage nach den **Parteirollen** nicht. Wenn sich die Parteien diesbzgl. nicht einigen oder den Entscheid dem Gericht überlassen, kann beiden Parteien gleichzeitig Frist angesetzt und ihnen anschliessend Gelegenheit gegeben werden, zu den Anträgen des anderen Stellung zu nehmen.

Im Übrigen sind nach Zustellung des prozessleitenden Entscheids hinsichtlich des Verfahrens die Art. 135 ff. und, soweit Raum dafür ist, das kantonale Verfahrensrecht anwendbar. Betreffend die Kinderbelange gilt die Offizial- und Untersuchungsmaxime (Art. 145). Die Beweislastverteilung erfolgt nach den allgemeinen Regeln (Art. 8).

11 Anschliessend fällt das Gericht hinsichtlich Scheidung, Teilvereinbarung über die Scheidungsfolgen und die streitigen Scheidungsfolgen ein **Gesamturteil.** Fraglich ist, ob eine Verweisung des Güterrechts «ad separatum» auch unter neuem Recht möglich ist, wenn die entsprechenden Voraussetzungen erfüllt sind. Auf jeden Fall gilt es zu beachten, dass die güterrechtliche Auseinandersetzung nicht aufgeschoben werden darf, wenn Unterhaltsbeiträge festgesetzt werden, da in diesem Fall die Vermögen der Parteien i.S.v. Art. 143 Ziff. 1 festzustellen sind (vgl. FamKomm Scheidung/FANKHAUSER, N 15; REUSSER, 27 Rz 1.56; SUTTER/FREIBURGHAUS, Art. 140 N 35; vgl. auch nachfolgend Art. 120) und das Ergebnis der güterrechtlichen Auseinandersetzung bekannt sein muss, da das Vermögen bzw. dessen Erträge ein massgebendes Kriterium für die Bemessung der Unterhaltsbeiträge darstellt (vgl. auch HAUSHEER/SPYCHER, Rz 05.29 ff.).

Bei drohender **Unvereinbarkeit zwischen vereinbarten und strittigen Punkten** haben sich letztere nach den bereits vereinbarten Punkten zu richten. Falls dies nicht möglich ist bzw. wenn die Parteien nicht bereit sind, ihre Vereinbarung abzuändern, so mangelt es an einer Voraussetzung des Verfahrens auf Teileinigung und das gemeinsame Scheidungsbegehren ist abzuweisen und den Parteien Frist zur Klageerhebung anzusetzen. Fraglich ist in diesem Zusammenhang, ob das schon durchgeführte kontradiktorische Verfahren betreffend die strittigen Punkte zu wiederholen ist.

Schliessen die Parteien im streitigen Verfahrensabschnitt noch eine Vereinbarung über 12 die ursprünglich streitigen Punkte, so führt dies **nicht** zu einem **Wechsel der Verfahrensart.** Ebenso ist den Parteien nicht erneut eine zweimonatige Frist zur Bestätigung dieser Vereinbarung anzusetzen. Denn Sinn und Zweck der Bedenkfrist ist es, sicherzustellen, dass sich die Parteien aus freiem Willen und nach reiflicher Überlegung scheiden lassen. Die Parteien sind mit dem Abschluss der nachträglichen Vereinbarung an diese gebunden und können sie nicht mehr einseitig widerrufen (vgl. auch SUTTER/ FREIBURGHAUS, N 46; RHINER, 228 ff.; Kantonsgericht BL, Entscheid vom 8.1.2002, FamPra.ch 2003, 399 f.; **a.A.** FamKomm Scheidung/FANKHAUSER, N 21; STECK, FamPra.ch 2004, 212 f.; DERS., Art. 116 N 16, 30). Es ist nur noch möglich, deren Nichtgenehmigung, bspw. wegen Willensmangels oder Unangemessenheit, zu verlangen.

Das Gericht prüft diese nachträgliche Vereinbarung nach den gleichen Kriterien wie eine umfassende Vereinbarung (vgl. Art. 140).

Die Regelung von **Kosten und Entschädigung** richtet sich nach kantonalem Prozess- 13 recht. Wird das gemeinsame Scheidungsbegehren abgewiesen oder bleibt die Bestätigung i.S.v. Art. 111 Abs. 2 einer oder beider Parteien aus oder erfolgt ein expliziter Widerruf, so sind die Kosten den Ehegatten grundsätzlich je zur Hälfte aufzuerlegen und die Prozessentschädigungen wettzuschlagen (OGer ZH ZR 100 Nr. 37; vgl. auch Art. 111 N 18). Selbstverständlich kann von diesem Grundsatz abgewichen werden, wenn eine Partei hinsichtlich der vom Gericht zu entscheidenden Punkte obsiegt.

Die Auflösung der Ehe kann nur wegen Willensmängeln mit einem ordentlichen 14 **Rechtsmittel** angefochten werden (Art. 149 Abs. 1). Bei einem ordentlichen Rechtsmittel gegen die einvernehmlich geregelten Scheidungsfolgen kann der andere Ehegatte die Zustimmung zur Scheidung widerrufen (Art. 149 Abs. 2). Die Anfechtung der gerichtlich beurteilten streitigen Scheidungsfolgen richtet sich hingegen nach kantonalem Recht.

Art. 113

III. Wechsel zur Scheidung auf Klage	**Gelangt das Gericht zum Entscheid, dass die Voraussetzungen für eine Scheidung auf gemeinsames Begehren nicht erfüllt sind, so setzt es jedem Ehegatten eine Frist, um das Scheidungsbegehren durch eine Klage zu ersetzen.**
III. Remplacement par une demande unilatérale	Lorsque le juge décide que les conditions du divorce sur requête commune ne sont pas remplies, il impartit à chaque époux un délai pour remplacer la requête par une demande unilatérale.
III. Sostituzione con azione unilaterale	Ove risulti che le condizioni del divorzio su richiesta comune non sono soddisfatte, il giudice impartisce un termine a ogni coniuge affinché la richiesta sia sostituita con un'azione unilaterale.

Literatur und Materialien

Vergleiche die Literaturhinweise zu Art. 111.

I. Normzweck/Allgemeines/Überblick

Artikel 113 übernimmt die **Koordinationsfunktion** bei einem Wechsel vom Verfahren 1 gem. Art. 111 f. zu jenem gem. Art. 114 oder 115. Die Bestimmung kommt zur Anwendung, wenn das Gericht zur Überzeugung gelangt, dass die Voraussetzungen für eine Scheidung auf gemeinsames Begehren nicht erfüllt sind (vgl. Art. 111 f.). Die Bestimmung soll gewährleisten, dass die **Rechtshängigkeit** eines gem. Art. 111 f. angehobenen Verfahrens während einer gewissen Zeit aufrechterhalten bleibt. Damit bleiben die örtliche Zuständigkeit – die sachliche und funktionelle Zuständigkeit richtet sich nach kantonalem Recht – und die vorsorglichen Massnahmen (Art. 137) bestehen; ein Sühnverfahren ist nicht durchzuführen (Art. 136; vgl. REUSSER, 28 Rz 1.59; FamKomm Scheidung/ FANKHAUSER, N 10). Die güterrechtliche Auseinandersetzung wird im Falle der Gutheissung der Scheidungsklage auf den Tag der Einreichung des gemeinsamen Scheidungsbegehrens zurückbezogen, unabhängig davon, ob im damaligen Zeitpunkt ein Scheidungsgrund gem. Art. 114 oder 115 vorlag (Art. 204 Abs. 2, Art. 236 Abs. 2; vgl. REUSSER, 28 Rz 1.58). Die Bestimmung ist unter dem Gesichtspunkt der **Prozessökonomie** zu begrüssen. Das Gericht verfügt bereits über gewisse Kenntnisse des Falls und es würde wenig Sinn machen, wenn ein anderes Gericht die Scheidungsklage zu beurteilen hätte.

II. Anwendungsbereich

2 Artikel 113 kommt immer dann zur Anwendung, wenn **eine Voraussetzung** für die Scheidung auf gemeinsames Begehren gem. Art. 111 oder 112 **nicht erfüllt** ist, bspw., wenn eine Partei vor Ablauf der Bedenkfrist den Scheidungswillen widerruft oder nach Ablauf der Bedenkfrist den Scheidungswillen nicht bestätigt, wenn die Parteien keine gemeinsame Erklärung i.S.v. Art. 112 Abs. 1 abgeben, wonach das Gericht die Scheidungsfolgen beurteilen soll, über die sich die Parteien nicht einig sind, oder wenn die Vereinbarung der Parteien oder deren gemeinsame Anträge vom Gericht nicht genehmigt werden können (fehlender freier Wille, fehlende reifliche Überlegung, unklare oder unvollständige Vereinbarung oder offensichtliche Unangemessenheit) und die Parteien trotzdem an ihrer Vereinbarung bzw. ihren Anträgen festhalten wollen.

3 **Keine Anwendung** findet Art. 113, wenn eine Scheidungsklage gestützt auf Art. 116 in ein Verfahren nach Art. 111 f. wechselt, das Gericht jedoch die Voraussetzungen für eine Scheidung auf gemeinsames Begehren als nicht gegeben erachtet. In diesem Fall nimmt das Verfahren gestützt auf die ursprünglich eingereichte Scheidungsklage seinen Fortgang (REUSSER, 28 Rz 1.60; **a.A.** FamKomm Scheidung/FANKHAUSER, N 11). Erfolgt ein Nichteintretensentscheid, weil eine Partei der Anhörung unentschuldigt ferngeblieben ist, so ist keine Frist gem. Art. 113 anzusetzen (OGer ZH ZR 104 Nr. 59).

III. Voraussetzungen

4 Voraussetzung ist der **formelle Entscheid des Gerichts,** dass die Voraussetzungen für eine Scheidung auf gemeinsames Begehren nicht gegeben sind. Dabei kommt es nicht darauf an, welche Voraussetzung fehlt.

IV. Fristansetzung

5 Das Gericht setzt jedem Ehegatten – zweckmässigerweise gleichzeitig mit dem Entscheid über das gemeinsame Scheidungsbegehren – eine **Frist zur Einreichung einer Scheidungsklage** gem. Art. 114 (die Trennungsfrist von zwei Jahren muss im Zeitpunkt des Wechsels abgelaufen sein) oder Art. 115 an, unabhängig davon, ob es einen dieser Scheidungsgründe als gegeben erachtet. Auf die Fristansetzung durch das Gericht könnte höchstens dann verzichtet werden, wenn beide Parteien übereinstimmend der Meinung sind, dass kein Scheidungsgrund vorliegt (vgl. auch REUSSER, 27 Rz 1.57).

6 Es handelt sich um eine **richterliche Frist,** deren Dauer sich nach pflichtgemässem Ermessen des Gerichts bestimmt (Botschaft Revision Scheidungsrecht, 90, Ziff. 231.24) und somit dem Einzelfall angepasst werden kann. Sie sollte i.d.R. mindestens zehn Tage

betragen; ob sie erstreckbar ist, bemisst sich nach kantonalem Prozessrecht. Die Dauer der Frist bzw. die Frage der Erstreckung darf sich nicht danach richten, ob der Ablauf der zweijährigen Trennung demnächst erreicht ist (vgl. REUSSER, 28 Rz 1.61; **a.A.** Fam-Komm Scheidung/FANKHAUSER, N 9). Die Frist ist den Parteien mittels prozessleitender Verfügung anzusetzen.

Es genügt, wenn eine Partei innert Frist Klage einreicht, dies auch in Fällen, wo das Gericht die Vereinbarung der Parteien oder deren gemeinsame Anträge nicht genehmigt hat.

V. Rechtsfolgen

Die **Rechtshängigkeit** und die damit verbundenen Folgen (örtliche Zuständigkeit, vor- **7** sorgliche Massnahmen und massgebender Zeitpunkt der Auflösung des Güterstandes) bleiben auf jeden Fall bis zum Ablauf der Frist bestehen (vgl. N 1). Danach entfallen sie, ausser eine Partei erhebe Klage. Reicht keine Partei Klage ein, so muss das Gericht das Verfahren nicht mit einem Abschreibungsentscheid beenden. Denn die Abweisung des gemeinsamen Scheidungsbegehrens ist materiell ein (bedingter) **Endentscheid,** so dass kein Raum mehr besteht für die Abschreibung des Verfahrens (vgl. auch SUTTER/ FREIBURGHAUS, N 6 und 14; RHINER, 246; **a.A.** REUSSER, 27 Rz 1.57, 28 Rz 1.62; Fam-Komm Scheidung/FANKHAUSER, N 6 und 13; SPÜHLER, 72 f., DERS., Supplement, 68).

Mit der Klageanhebung erfolgt der eigentliche **Verfahrenswechsel.** Ab diesem Zeitpunkt **8** gelten die kontradiktorischen Verfahrensregeln. Fraglich ist, ob bei Klageanhebung durch beide Parteien, einer ausdrücklichen Zustimmung zur Klage oder einer Widerklage wiederum die Bestimmungen der Scheidung auf gemeinsames Begehren sinngemäss anwendbar sind (zustimmend: FamKomm Scheidung/FANKHAUSER, N 11; ablehnend: REUSSER, 28 f. Rz 1.62; vgl. auch SPÜHLER, 71).

VI. Rechtsmittel

Die Abweisung des gemeinsamen Scheidungsbegehrens muss als (bedingter) Endent- **9** scheid mit einem ordentlichen **kantonalen Rechtsmittel** anfechtbar sein, auch wenn eine Partei eine Klage einreicht und der Entscheid damit das Verfahren vor erster Instanz nicht abschliesst. Denn Art. 44 lit. b^{bis} OG (per 1.1.2007 aufgehoben) statuierte, dass ein Entscheid über Verweigerung der Scheidung auf gemeinsames Begehren mit Berufung an das Bundesgericht weitergezogen werden konnte (vgl. SUTTER/FREIBURGHAUS, N 14). Das neue, am 1.1.2007 in Kraft tretende Bundesgesetz über das Bundesgericht (BGG, SR 173.110) enthält zwar keine analoge Bestimmung mehr; trotzdem dürfte eine Beschwerde in Zivilsachen gemäss Art. 72 ff. BGG möglich sein.

Art. 114

B. Scheidung auf Klage eines Ehegatten **I. Nach Getrenntleben**	**Ein Ehegatte kann die Scheidung verlangen, wenn die Ehegatten bei Eintritt der Rechtshängigkeit der Klage oder bei Wechsel zur Scheidung auf Klage mindestens zwei Jahre getrennt gelebt haben.**
B. Divorce sur demande unilatérale I. Après suspension de la vie commune	Un époux peut demander le divorce lorsque, au début de la litispendance ou au jour du remplacement de la requête par une demande unilatérale, les conjoints ont vécu séparés pendant deux ans au moins.

B. Divorzio su
azione di un coniuge

I. Dopo la
sospensione della
vita comune

Un coniuge può domandare il divorzio se al momento della litispendenza o il giorno della sostituzione della richiesta comune con un'azione unilaterale i coniugi vivono separati da almeno due anni.

Literatur

Vgl. die Literaturhinweise zu Art. 111, ferner:

BACHMANN, Die Regelung des Getrenntlebens nach Art. 176 und 179 ZGB sowie nach zürcherischem Verfahrensrecht, Diss. St. Gallen 1995; BALTZER-BADER, Ist das Eheschutzverfahren revisionsbedürftig?, AJP 2003, 567 ff.; BRÄM, Die Scheidung auf gemeinsames Begehren: Verfahrensrecht statt Zerrüttungs- und Verschuldensprinzip, in: Festschrift 125 Jahre Kassationsgericht des Kantons Zürich, Zürich 2000, 485 ff. (zit. BRÄM, FS KassGer); DOLDER/DIETHELM, Eheschutz (Art. 175 ff. ZGB) – ein aktueller Überblick, AJP 2003, 655 ff.; FREI, Ehedauer/Ehescheidung – im Spannungsfeld zu ausländerrechtlichen Vorschriften, in: FS 125 Jahre Kassationsgericht des Kantons Zürich, Zürich 2000, 509 ff.; FREIBURGHAUS-ARQUINT/LEUENBERGER/SUTTER-SOMM, Übersicht über die kantonale Einführungsgesetzgebung zum neuen Scheidungsrecht, FamPra.ch 2000, 379 ff.; GEISER, Übersicht zum Übergangsrecht des neuen Scheidungsrechts, in: Hausheer (Hrsg.), Vom alten zum neuen Scheidungsrecht, Bern 1999; 249 ff. (zit. GEISER, Rz); DERS., Ein Jahr neues Scheidungsrecht: Überblick über die Rechtsprechung, FamPra.ch 2001, 173 ff.; GLOOR, Die Zuteilung der ehelichen Wohnung nach schweizerischem Recht, Diss. Zürich 1987; HAUSHEER/BRUNNER, Gerichtliche Festsetzung von Unterhaltsbeiträgen, in: Handbuch des Unterhaltsrechts, HAUSHEER/SPYCHER/KOCHER/BRUNNER (Hrsg. Hausheer und Spycher), Bern 1997, 191 ff. (zit. HAUSHEER/BRUNNER, Rz); HAUSHEER/GEISER/KOBEL, Das Eherecht des Schweizerischen Zivilgesetzbuches, 2. Aufl. Bern 2002; HAUSHEER/JAUN, Die Einleitungsartikel des Schweizerischen Zivilgesetzbuches, Bern 2002; HEEB, Neues Scheidungsrecht: Übergangsrecht und Vertrauensschutz, in: FS 125 Jahre Kassationsgericht des Kantons Zürich, Zürich 2000, 525 ff.; KELLERHALS/SPYCHER, Die bernische Einführungsverordnung zum neuen Scheidungsrecht, ZBJV 2000, 25 ff.; LEUCH/MARBACH/KELLERHALS/STERCHI, Die Zivilprozessordnung für den Kanton Bern, Kommentar samt einem Anhang zugehöriger Erlasse, 5. Aufl., Bern 2000; KOBEL, Zerrüttung i.S. von aArt. 142 ZGB ist für sich allein kein schwerwiegender Grund gemäss nArt. 115 ZGB, ZBJV 2000, 756 f.; LÜCHINGER/GEISER, 1. Aufl. dieses Kommentars, Vierter Titel: Die Ehescheidung; MEIER, Nouveau droit du divorce: Questions de droit transitoire, JdT 2000, 66 ff., 91 f.; MICHELI, Les conditions du divorce, in: Le nouveau droit du divorce (MICHELI/NORDMANN/TISSOT/CRETTAZ/THONNEY/RIVA), Lausanne 1999, 33 ff. (zit. MICHELI, Rz); MÜLLER-CHEN, Auswirkungen des revidierten Scheidungsrechts auf das internationale Zivilverfahrensrecht, FamPra.ch 2001, 187 ff.; NORDMANN/ZIMMERMANN, L'avant-projet de la révision du droit du divorce du 14 avril 1992; Quelques innovations essentielles, AJP 1992, 1013 ff.; RHINER, Die Scheidungsvoraussetzungen nach revidiertem schweizerischem Recht (Art. 111–116 ZGB), Diss. Zürich 2001; RÜETSCHI, Ökonomische Analyse und Familienrecht, FamPra.ch 2003, 795 ff.; RUMO-JUNGO, Die Scheidung auf Klage, AJP 1999, 1530 ff.; DIES., Die Unzumutbarkeit der Fortsetzung der ehelichen Gemeinschaft bzw. der Ehe nach altem und neuem Scheidungsrecht: Übergangsrechtliche Probleme, recht 2001, 82 ff.; SCARPATETTI, Eheschutz: quo vadis?, FamPra.ch 2003, 305 ff.; SCHMID, Art. 8 ZGB: Überblick und Beweislast, in: Leuenberger (Hrsg.), Der Beweis im Zivilprozess, Bern 2000, 11 ff.; SCHNYDER, Die privatrechtliche Rechtsprechung des Bundesgerichts im Jahr 2000, Familienrecht, ZBJV 2001, 395 ff.; SCHWANDER, Die Anwendung des neuen Scheidungsrechts in internationaler und in intertemporaler Hinsicht, AJP 1999, 1647 ff.; DERS., Art. 114 ZGB und Scheidungsklagen im Ausland bzw. Massnahmen in der Schweiz, AJP 2001, 608 ff.; SCHWENZER, Über die Beliebigkeit juristischer Argumentation, FamPra.ch 2000, 24 ff.; SPÜHLER, Verfahren, Zuständigkeiten, Rechtsmittel, in: Das neue Scheidungsrecht (Hrsg. Stiftung für juristische Weiterbildung Zürich), Zürich 1999, 141 ff. (zit. SPÜHLER, Verfahrensrecht); SPÜHLER/REETZ; Neues Scheidungsverfahren, in: SPÜHLER/REETZ/VOCK/GRAHAM-SIEGENTHALER, Neuerungen im Zivilprozessrecht, Zürich 2000, 49 ff.; SPÜHLER/SCHÜTT, Neues Scheidungsverfahrensrecht: zu den Artikeln 135, 136, 138–140 und 148, AJP 1999, 1541 ff.; STECK, Gedanken zur Rechtsnatur der Scheidungskonvention im neuen Scheidungsrecht, in: Festschrift 125 Jahre Kassationsgericht des Kantons Zürich, Zürich 2000, 553 ff. (zit. STECK, FS KassGer); DERS., Rechtsmittel, Novenrecht, prozessuales Übergangsrecht, in: Bräm (Hrsg.), Anpassung des Zürcher Prozessrechts im Personen- und Familienrecht Zürich 2001, 61 ff. (zit. STECK, Rechtsmittel); DERS., Die Praxisentwicklung zu den Scheidungsgründen, FamPra.ch 2004, 206 ff.; SUTER, Übergangsrecht, in: Das neue Scheidungsrecht (Hrsg. Stiftung für juristische Weiterbildung Zürich), Zürich 1999, 155 ff.; SUTTER-SOMM, Arbeitskreis Nr. 2: Scheidung auf Klage (Ergebnisse aus den Arbeitskreisen der ersten Familienrechtstage vom 3./4. Mai 2002), FamPra.ch 2002, 720, 722 ff.; VETTERLI, Die Scheidung auf Klage in der Praxis, AJP 2002, 102 ff.; VOGEL/SPÜHLER, Grundriss des Zivilprozessrechts, 8.Aufl., Bern 2006; WEBER, Kritische Punkte der Scheidungsrechtsrevision, AJP 1999, 1633 ff.; DERS., Schnittstellenprobleme zwischen Eheschutz und Scheidung, AJP 2004, 1043 ff.

I. Allgemeines

1. Abgrenzung der Scheidung auf Klage eines Ehegatten von der Scheidung auf gemeinsames Begehren

Im Gegensatz zum alten Recht, das fünf besondere Scheidungsgründe (aArt. 137– aArt. 141) und den allgemeinen Scheidungsgrund der tiefen Zerrüttung der Ehe (aArt. 142) kannte, begnügt sich das neue Recht in materieller Hinsicht mit drei Scheidungsgründen, die nunmehr als *Scheidungsvoraussetzungen* bezeichnet werden. Diesen ist gemeinsam, dass sie, ohne dass dies im Gesetz direkt zum Ausdruck gebracht wird, auf dem **Zerrüttungsprinzip** basieren (Botschaft Revision Scheidungsrecht, 83; HAUSHEER, ZSR 1996 I 354; FamKomm Scheidung/FANKHAUSER, Vorbem. zu Art. 111–116, N 4). Die Scheidung auf gemeinsames Begehren, die als umfassende Einigung (vgl. Art. 111) oder als Teileinigung (vgl. Art. 112) möglich ist, wurde als eigenständiger Scheidungsgrund ausgestaltet. Ausserdem stellt das Gesetz bei der Scheidung auf (einseitige) Klage eines Ehegatten zwei weitere Scheidungsgründe zur Verfügung, die Scheidung nach Getrenntleben (Art. 114) einerseits und die Scheidung wegen Unzumutbarkeit (Art. 115) anderseits. Mit dieser Konzeption des Gesetzgebers wurde der ursprünglich dominierende institutionelle Charakter der Ehe weiter zurückgedrängt und die vertragliche Komponente stärker als bisher hervorgehoben. Wenn in Anlehnung an das Vertragsrecht die Scheidung auf gemeinsames Begehren mit dem *contrarius actus* verglichen wird, entspricht demgegenüber die Scheidung auf (einseitige) Klage der Auflösung durch Kündigung unter Einhaltung einer Kündigungsfrist (Art. 114) oder einer fristlosen Kündigung aus wichtigem Grund (Art. 115; vgl. SCHWENZER, FamPra.ch 2000, 27 f.). Nur im letztern Falle hat eine Prüfung der Zerrüttung und des Verschuldens zu erfolgen (vgl. Art. 115). Das Gesetz selber hat jedoch seiner Systematik eine andere Einteilung zugrundegelegt (vgl. die Marginalien zu Art. 111 und Art. 114). Es unterscheidet unter verfahrensrechtlichen Aspekten zwischen der Scheidung auf gemeinsames Begehren und der Scheidung auf Klage eines Ehegatten, wobei beide Scheidungsvoraussetzungen Varianten zulassen (Art. 111 und Art. 112 bzw. Art. 114–116; vgl. HAUSHEER, ZSR 1996 I 355).

Die drei Scheidungsgründe sind grundsätzlich gleichwertig. Das Gesetz legt in formeller Hinsicht keine Rangordnung fest (HAUSHEER, ZSR 1996 I 355). Aus materiellrechtlichen Gründen ergibt sich jedoch zweifelsfrei eine **Hierarchie.** Nach den Materialien war es erklärtes Ziel der Revision, die Scheidung auf gemeinsames Begehren bewusst zu fördern (Botschaft Revision Scheidungsrecht, 29 f.; HAUSHEER, ZSR 1996 I 355; SUTTER/FREIBURGHAUS, Vorbem. zu Art. 111–118 N 6 ff.; FamKomm Scheidung/FANKHAUSER, Vorbem. zu Art. 111–116 N 1; REUSSER, Rz 1.04). Wenn sowohl die Voraussetzungen eines gemeinsamen Scheidungsbegehrens als auch der Klagegrund von Art. 114 oder von Art. 115 erfüllt sind, ist die Ehescheidung aufgrund von Art. 111 oder Art. 112 auszusprechen (vgl. Art. 116 N 3; HEGNAUER/BREITSCHMID, Rz 9.03 ff.; RUMO-JUNGO, 1540). Ferner besteht in Lehre und Rechtsprechung Einigkeit darüber, dass der Gesetzgeber beabsichtigte, den grössten Teil der strittigen Scheidungen nach Art. 114 abzuwickeln und demgegenüber der Scheidungsgrund der Unzumutbarkeit **subsidiär** anwendbar sein sollte (vgl. Art. 115; BGE 126 III 404, 407 f. E. 4b und 4d = FamPra.ch 2001, 354; 127 III 342, 345 f. = FamPra.ch 2001, 783; 127 III 347, 349 = FamPra.ch 2001, 791; BGer, Urteil vom 6.8.2001, Nr. 5C.141/2001; KGer SG, Entscheid vom 11.8.2004, FamPra.ch 2004, 951, 954 f.; SUTTER/FREIBURGHAUS, Art. 115 N 6 f.; FamKomm Scheidung/ FANKHAUSER, Art. 114 N 25 und Art. 115 N 2,12; REUSSER, 1.78; MICHELI, Rz 191; RUMO-JUNGO, 1535; RHINER, 249, 287; BALTZER-BADER, AJP 2003, 567).

2a   Am 20. März 2001 reichten Nationalrätin Lili Nabholz und Nationalrat Marc Suter als Mitunterzeichner eine *parlamentarische Initiative* ein, wonach die Trennungsfrist in Art. 114 **von vier auf zwei Jahre zu verkürzen** sei (parlamentarische Initiative 01.408). Zur Begründung wurde ausgeführt, im Streitfall, d.h. wenn ein Ehegatte mit der Scheidung nicht einverstanden sei, wirke sich das neue Recht gegenüber dem früheren Recht erschwerend aus, was stossend sein könne. Das Bundesgericht habe in seinem Entscheid vom 8. Februar 2001 (= BGE 127 III 129 ff.) das neue Recht als korrekturbedürftig bezeichnet und den Kantonen einen grösseren Ermessensspielraum bei der Beurteilung eingeräumt. Aus Gründen der einheitlichen Rechtsprechung und der Rechtssicherheit sei eine Anpassung des materiellen Rechtes angezeigt. In der Kommission für Rechtsfragen des NR forderte eine von Nationalrätin Thanei angeführte und aus neun Mitunterzeichnenden bestehende *Minderheit* den Bundesrat auf, eine Vorlage auszuarbeiten, wonach die Trennungsfrist *«unter Berücksichtigung der Ehedauer sowie des Umstandes, ob gemeinsame unmündige Kinder vorhanden sind»*, neu geregelt werde (Motion 01.3645). Am 16. September 2002 fasste der NR im Sinne der Kommissionsmehrheit Beschluss und beauftragte seine Rechtskommission damit, einen Gesetzesentwurf auszuarbeiten. Diesem stimmten in der Folge beide Räte zu (vgl. zur Entstehungsgeschichte BBl 2003, 3927 ff., 3938 f., 5825 ff.; AmtBull NR 2003, 1479 f., 2130 und StR 2003, 1149; vgl. überdies VETTERLI, AJP 2002, 102, 107 und FamPra.ch 2002, 450, 454 ff.; SUTTER-SOMM, FamPra.ch 2002, 720, 722; DOLDER/DIETHELM, AJP 2003, 655 ff., 669 f.; RÜETSCHI, FamPra.ch 2003, 795, 815 ff., 824; ferner kritisch FANKHAUSER, FamPra.ch 2002, 471 ff., 485 ff.; STECK, FamPra.ch 2004, 206, 224 ff.). Mit BG vom 19. Dezember 2003 über die Änderung des ZGB (Trennungsfrist im Scheidungsrecht, AS 2004, 2161) wurde Art. 114 abgeändert und die ursprüngliche Frist von vier Jahren auf zwei Jahre verkürzt (vgl. auch hinten N 11). Diese Gesetzesrevision ist auf 1. Juni 2004 in Kraft getreten (AS 2004, 2162). Zum Übergangsrecht vgl. hinten N 31.

2. Normzweck

3   In Art. 114 wird der Zerrüttungsnachweis bewusst stark **formalisiert.** Die Frage nach einem allfälligen Verschulden sowie den Zerrüttungsgründen – wie auch im Falle der Scheidung auf gemeinsames Begehren und anders als bei der Scheidung auf Klage wegen Unzumutbarkeit (vgl. Art. 115 N 3) – wird eliminiert (Botschaft Revision Scheidungsrecht, 82, 90). Die Rechtsfolge der Scheidung wird nicht an ein bestimmtes ehewidriges Verhalten sondern allein an das **Faktum eines vorangegangenen Getrenntlebens angeknüpft.** Dabei soll die Trennung einerseits so lange gedauert haben, dass man nicht von einer Verstossung sprechen kann. Anderseits soll sie aber so kurz wie möglich sein, damit die Ehegatten ihr Leben kurz- oder mittelfristig wieder neu gestalten können (Bericht Expertenkommission, 48; Botschaft Revision Scheidungsrecht, 91; SUTTER/FREIBURGHAUS, Art. 114 N 7; RUMO-JUNGO, 1533; STECK, 28). Mit der gesetzlichen Trennungsfrist wird deshalb auch ein gewisser *Schutz der schwächern* (hier der scheidungsunwilligen) *Partei* realisiert. Dieser darf nicht (z.B. durch eine large Auslegung von Art. 115) unterlaufen werden (vgl. Art. 115 N 2, 13, HAUSHEER, ZSR 1996 I

364, ferner FANKHAUSER, FamPra.ch 2000, 534 f. und 2001, 561). Aus der Tatsache des vom Gesetz vorausgesetzten Getrenntlebens (von nunmehr zwei Jahren, vgl. vorn N 2a) muss zwingend geschlossen werden, dass die Ehe endgültig gescheitert ist. Es ist deshalb nicht weiter abzuklären, wann die endgültige Zerrüttung tatsächlich eingetreten ist. Auch der Grad der Intensität der Zerrüttung ist nicht zu untersuchen. Art. 114 gewährt in diesem Sinne einen **absoluten Scheidungsanspruch.** Ist diese gesetzliche Voraussetzung erfüllt, steht im Sinne einer **unwiderlegbaren Rechtsvermutung** (d.h. einer Fiktion, *praesumptio iuris et de iure,* vgl. Art. 8 N 68 ff.) fest, dass die Ehe tief und unheilbar zerrüttet ist und auf Antrag des klagenden Ehegatten – auch gegen den Widerstand des anderen Ehegatten – geschieden werden muss (BGE 126 III 404, 407 = FamPra.ch 2001, 354; 127 III 129, 132 = FamPra.ch 2001, 543; 127 III 342, 344 = FamPra.ch 2001, 783; SUTTER/FREIBURGHAUS, Vorbem. zu Art. 111–118, N 10; FamKomm Scheidung/ FANKHAUSER, Vorbem. zu Art. 111–116, N 6; HAUSHEER, ZBJV 1999,5; RUMO-JUNGO, recht 2001, 82; RHINER, 249; TUOR/SCHNYDER/RUMO-JUNGO, 203 f.; STECK, 28, 33; vgl. auch hinten N 10). Ein Gegenbeweis dafür, dass die Ehe nicht zerrüttet sei, ist ausgeschlossen; HAUSHEER/GEISER/KOBEL, Rz 10.22; STECK, 28; SCHMID, 29; vgl. auch hinten N 27). Sinn dieser Regelung ist, dass endlose und belastende Streitereien über den Scheidungsgrund vermieden werden (Botschaft Revision Scheidungsrecht, 90). Die Scheidung nach Art. 114 ersetzt das frühere verschuldensabhängige Widerstandsrecht von aArt. 142 Abs. 2, das immer wieder zu Rechtsmissbrauchsdiskussionen Anlass gegeben hatte (HAUSHEER, ZSR 1996 I 363).

3. Anwendungsbereich

Die Scheidung auf Klage eines Ehegatten gemäss Art. 114 wird nur dann aktuell, wenn **4** die Ehegatten schon mindestens zwei Jahre getrennt gelebt haben und der andere Ehegatte sich der Ehescheidung **widersetzt.** Im Rahmen der Scheidungsklage ist eine Disposition über den Scheidungsgrund (Art. 114 oder 115) ausgeschlossen (vgl. auch hinten N 24 f. und Art. 115 N 1; SUTTER/FREIBURGHAUS, Art. 115 N 7; RUMO-JUNGO, 1535). Sobald die beklagte Partei im Prozess der Klage ausdrücklich zustimmt oder ihrerseits eine ebenfalls auf Scheidung gerichtete Widerklage erhebt, fällt Art. 114 als Scheidungsgrund nicht mehr in Betracht, sondern ist vielmehr ein Anwendungsfall von Art. 116 gegeben (vgl. Art. 116 N 3).

II. Voraussetzungen

1. Begriff des Getrenntlebens

Das Scheidungsrecht kennt **keine Legaldefinition** des Getrenntlebens. Getrenntleben im **5** Sinne von Art. 114 umfasst zunächst jede Art einer zwischen den Ehegatten **gerichtlich angeordneten Trennung.** Darunter fallen ungeachtet der rechtlichen Unterschiede (vgl. dazu BGE 125 III 55,59) namentlich die Aufhebung des gemeinsamen Haushaltes durch das Eheschutzgericht (Art. 175 f.), die gerichtliche Ehetrennung nach altem Recht (aArt. 146–148) sowie diejenige des neuen Rechts (Art. 117 f.). Vorausgesetzt wird dabei aber immer, dass der gerichtlichen Anordnung tatsächlich nachgelebt und das Getrenntleben auch äusserlich wahrnehmbar vollzogen wird. Auch im Falle einer gerichtlich angeordneten Trennung, knüpft das Gesetz deshalb in Art. 114 den Scheidungsanspruch an einen **faktischen Zustand** an (BGer, Entscheid vom 12.4.2002, 5P.52/2002 E. 2d; REUSSER, Rz 1.71; PERRIN, 25; TUOR/SCHNYDER/RUMO-JUNGO, 204).

Ein hinreichendes Getrenntleben liegt daher auch vor bei einem bloss **faktischen Ge-** **6** **trenntleben,** wenn sich die Ehegatten ohne Anrufung des Gerichts lediglich in einer privaten, ausdrücklichen oder stillschweigenden Vereinbarung geeinigt haben. Ein solches ist insbesondere auch dann gegeben, wenn eine Vereinbarung gänzlich fehlt, beispielsweise, wenn ein entsprechendes Begehren vom Eheschutzgericht abgewiesen wurde, der abgewiesene Ehegatte aber trotzdem (unberechtigterweise) die eheliche Gemeinschaft verlässt und der andere Ehegatte keine Anstalten trifft, nach Art. 176 Abs. 2 vorzugehen. Ob eine Berechtigung zur Aufhebung des gemeinsamen Haushaltes im Sinne von Art. 175 vorgelegen hat, ist unter dem Gesichtspunkt von Art. 114 unerheblich (Fam-Komm Scheidung/FANKHAUSER, Art. 114 N 16; SUTTER/FREIBRGHAUS, Art. 114 N 6; GEISER, FamPra.ch 2001, 174).

7   **Getrenntleben** in diesem Sinne bedeutet, dass die Eheleute nicht mehr in einer umfassenden, körperlichen, geistig-seelischen und wirtschaftlichen Gemeinschaft verbunden sind, so dass eine Reihe von wichtigen ehelichen Rechten und Pflichten modifiziert oder gegenstandslos werden oder ganz aufgehoben sind (ZK-BRÄM, Art. 159 N 73 und 167, Art. 175 N 5). Die Trennung ist ehebedingt und Ausdruck einer gestörten Beziehung der Ehegatten (STECK, FamPra.ch 2004, 206, 214). Dem Getrenntleben liegt stets ein **subjektives Element** (Wille zum Getrenntleben) und im Regelfalle auch ein **objektives Element** (äusserliche Wahrnehmbarkeit) zugrunde (FamKomm Scheidung/FANKHAUSER, Art. 114 N 13 f.). Nicht erforderlich ist, dass das Getrenntleben im Hinblick auf eine spätere Scheidung angestrebt wird (SUTTER/FREIBURGHAUS, Art. 114 N 7; RHINER, 253 ff.; **a.M.** PERRIN, 25). Hingegen ist vorausgesetzt, dass der Wille, nicht in häuslicher Gemeinschaft zu leben, schlüssig und erkennbar ist (VETTERLI, AJP 2002, 102, 103). M.E. ist auch notwendig, dass er vom andern Ehegatten tatsächlich erkannt wurde (**a.M.** REUSSER, Rz 1.72, ferner RHINER, 257).

8   **Kein Getrenntleben** im Sinne von Art. 114 liegt vor, wenn sich die Ehegatten für getrennte Wohnsitze entschieden und auf ein Eheleben in zwei Wohnungen geeinigt haben (ZK-BRÄM, Art. 162 N 13 ff.), sofern die geistig-seelische Beziehung weiter besteht. Von Getrenntleben kann insbesondere auch dann nicht die Rede sein, wenn die bloss räumliche Trennung *nicht ehebedingt,* sondern auf berufliche Gründe (z.B. Geschäfts- oder Forschungsreise), auf gesundheitliche Gründe (z.B. Spital- oder Kuraufenthalt, Aufenthalt in einem Pflegeheim), auf öffentliche Verpflichtungen (z.B. Militärdienst), auf Zwangsaufenthalt (z.B. Strafverbüssung oder Internierung) oder auf eine fehlende Einreisebewilligung zurückzuführen ist, mithin, wenn eine unfreiwillige Trennung vorliegt, und der beidseitige Wille zur Fortsetzung (oder zur erstmaligen Aufnahme) der Lebensgemeinschaft besteht (ZK-BRÄM, Art. 159 N 27; RUMO-JUNGO, 1532; HEGNAUER/BREIT-SCHMID, Rz 9.32; STECK, 32; KGer SG, II. ZK, 20.2.2001; vgl. auch Art. 162 N 5 f.). Die Aufrechterhaltung einer geistig-seelischen Beziehung unter solch erschwerten Bedingungen erfordert jedoch aktive Bemühungen beider Ehegatten. Überwiegt bei einem oder bei beiden Ehegatten eine passive Haltung, kann unter Umständen daraus auf eine konludente Ablehnung des Zusammenlebens und damit auf ein scheidungsbegründendes Getrenntleben geschlossen werden (KGer SG, Entscheid vom 25.1.2002, FamPra.ch 2002, 357; RUMO-JUNGO, 1532; FamKomm Scheidung/FANKHAUSER, Art. 114 N 14; REUSSER, Rz 1.71; TUOR/SCHNYDER/RUMO-JUNGO, 204; STECK, FamPra.ch 2004, 206, 214). Getrenntleben setzt auch nicht voraus, dass die Eheleute keinen Kontakt mehr haben, sondern nur, dass sie ihn nicht mehr als Eheleute pflegen. Kontakte zur Regelung von Kinderbelangen oder in beruflichen Angelegenheiten, selbst solche freundschaftlicher Natur, dürfen nicht als Anzeichen für eine Beendigung der Trennung und Wiederaufnahme des Zusammenlebens gewertet werden. Die laufende Trennungsfrist soll eine vernünftige Regelung der künftigen Beziehungen im Interesse aller Beteiligten nicht gefährden oder gar behindern (RUMO-JUNGO, 1532).

Grundsätzlich nicht ausgeschlossen ist ein **Getrenntleben innerhalb eines Hauses**   **9** oder allenfalls sogar **innerhalb einer Wohnung,** sofern kein gemeinsamer Haushalt geführt wird. Entscheidend ist im Zweifelsfall, dass mindestens ein Ehegatte das Getrenntleben tatsächlich gewollt hat und die Trennung auch praktiziert wurde. Lehre und Rechtsprechung äussern sich jedoch mit Bezug auf diese Möglichkeit zu Recht zurückhaltend (ZR 1952 Nr. 169, 297; Gerichtskreis X Thun, FamPra.ch 2001, 551 ff.; KGer BL Entscheid vom 11.6.2002, FamPra.ch 2003, 657; MICHELI, Rz 184; REUSSER, Rz 1.73; RUMO-JUNGO, 1531 f.; VETTERLI, AJP 2002, 102, 103; STECK, FamPra.ch 2004, 206, 214; kritisch BK-HAUSHEER/REUSSER/GEISER, Art. 176 N 32). Die allgemeine Lebenserfahrung spricht gegen ein Getrenntleben in der gleichen Wohnung. In solchen Fällen dürfte deshalb regelmässig der Nachweis schwierig zu erbringen sein (SUTTER/FREIBURGHAUS, Art. 114 N 10; RHINER, 286; STECK, 31; vgl. auch hinten N 24). Für Einzelfragen vgl. RUMO-JUNGO, 1531 f.; BACHMANN, 84 ff.; GLOOR, 14; RHINER, 259 ff., ferner die Regelung im deutschen Recht (§ 1567 BGB; KOMM. SOERGEL, BGB-HEINTZMANN, § 1567 N 2).

2. Dauer des Getrenntlebens

Der Konzeption des Gesetzes liegt die Überzeugung zugrunde, dass nach der allgemei-   **10** nen Lebenserfahrung die Tatsache eines gerichtlich angeordneten oder eines faktischen Getrenntlebens ein deutliches **Indiz für eine Zerrüttung der Ehe** darstellt und diese nach einer bestimmten Trennungszeit nicht mehr rückgängig gemacht werden kann, so dass eine Ehescheidung immer als gerechtfertigt erscheint. Die Dauer des Trennung soll deshalb ein *objektives, leicht nachprüfbares Kriterium* bilden, das vor allem den Anforderungen der **Rechtssicherheit** zu genügen vermag (vgl. auch vorn N 3 und hinten N 27).

Der Vorentwurf der Expertenkommission hatte eine *Trennungsfrist von fünf Jahren* vor-   **11** gesehen. Diese wurde vom Bundesrat in Art. 114 E übernommen. Im Vernehmlassungsverfahren wurde dieser Frist mehrheitlich zugestimmt. In den parlamentarischen Beratungen war die Dauer der Trennungsfrist einer der am Meisten umstrittenen Punkte der Revision und Gegenstand heftiger Auseinandersetzungen. Der Ständerat hatte sich von Anfang an für den Antrag des Bundesrates ausgesprochen. Der Nationalrat dagegen entschied sich zunächst für eine dreijährige Frist, nachdem zuvor andere Anträge (insbesondere eine zweijährige Trennungsfrist bei Ehen von weniger als fünf Jahren Dauer) keine Mehrheit gefunden hatten. Erst im Differenzbereinigungsverfahren einigten sich die Räte schliesslich in einer Einigungskonferenz kurz vor der Schlussabstimmung auf den *Kompromiss einer vierjährigen Frist,* die in **Art. 114** (ursprüngliche Fassung) Gesetz geworden ist (zur Entstehungsgeschichte vgl. ferner SUTTER/FREIBRGHAUS, Art. 114 N 2; STECK, 28). Angesichts der relativ langen Getrenntlebensfrist von vier Jahren wurde auf eine *Härteklausel* (welche eine Scheidung trotz Erfüllung der Voraussetzung eines vierjährigen Getrenntlebens ausgeschlossen hätte) bewusst verzichtet (Botschaft Revision Scheidungsrecht, 91 f.; SUTTER/FREIBURGHAUS, Art. 114 N 3; FamKomm Scheidung/FANKHAUSER, Art. 114 N 1,23). **Aufgrund der Gesetzesrevision von 2003 beträgt die Frist seit 1. Juni 2004 nur noch zwei Jahre** (vgl. vorn N 2a).

3. Einhaltung der Frist

Die Frist **beginnt** mit dem Zeitpunkt, in welchem die Ehegatten das Getrenntleben *tat-*   **12** *sächlich* aufnehmen (SUTTER/FREIBURGHAUS, Art. 114 N 11; RUMO-JUNGO, 1535). Dabei ist hinreichend, dass ein Ehegatte aktiv geworden ist oder dass ein Zusammenleben unmöglich ist (vgl. Art. 176 Abs. 2).

13 Nach dem Wortlaut des Gesetzes muss die Trennungsfrist von zwei Jahren im **Zeitpunkt der Rechtshängigkeit der Klage** oder **bei Wechsel zur Scheidung auf Klage** (vgl. Art. 113) **erfüllt** sein. Damit wird unterstrichen, dass die Verfahrensdauer bei der Berechnung der Getrenntlebensdauer nicht mitgezählt wird. Auf diese Weise soll verhindert werden, dass ein Ehegatte mutwillig eine Klage anstrengt (und sich damit gestützt auf Art. 137 Abs. 1 die Berechtigung zum Getrenntleben verschafft), um auf diesem Wege die Trennungszeit im Prozess zu «ersitzen» (Botschaft Revision Scheidungsrecht, 92; FamKomm Scheidung/FANKHAUSER, Art. 114 N 6; REUSSER, Rz 1.67). Es genügt daher nicht, dass die Frist im Urteilszeitpunkt abgelaufen ist (SUTTER/FREIBURGHAUS, Art. 114 N 1; zum Übergangsrecht vgl. hinten N 31). Die Frist ist **zwingend.** Sie kann weder abgekürzt noch verlängert werden (RHINER, 269; NORDMANN/ZIMMERMANN, 1017; vgl. auch hinten N 24). Für die Berechnung der Frist gelten nach Art. 7 die allgemeinen Bestimmungen des Obligationenrechts (Art. 77 und 78 OR).

14 Gemäss Art. 136 Abs. 2 tritt die **Rechtshängigkeit** der Scheidungsklage mit der **Klageanhebung** ein (zum bundesrechtlichen Begriff der Klageanhebung vgl. Art. 136 N 7 ff.; ferner VOGEL/SPÜHLER, 12.Kap., Rz 29b ff.). Falls das kantonale Prozessrecht für Scheidungsklagen obligatorisch ein Sühnverfahren vorschreibt, wird gegebenenfalls die Rechtshängigkeit mit der Anrufung des Friedensrichters begründet (vgl. diesbezüglich die Hinweise auf die unterschiedlichen kantonalen Regelungen bei FREIBURGHAUS-ARQUINT/LEUENBERGER/SUTTER-SOMM, 385 f.) und muss die zweijährige Trennungsfrist schon in diesem Zeitpunkt erfüllt sein.

15 Haben scheidungswillige Eheleute die Scheidung auf gemeinsames Begehren beantragt, ist die Rechtshängigkeit von Bundesrechts wegen ohne Sühnverfahren mit der direkten Anrufung des Gerichts eingetreten (vgl. Art. 136 Abs. 1). Wenn in der Folge ein Ehegatte **das Scheidungsbegehren durch eine Klage ersetzt,** weil die Voraussetzung für eine Scheidung auf gemeinsames Begehren nicht erfüllt sind (vgl. Art. 113), ist es hinreichend, wenn die zweijährige Trennungsfrist nicht schon im Zeitpunkt der Rechtshängigkeit, sondern erst beim (fristgerecht erfolgten) **Wechsel zur Klage** erfüllt war. Massgeblich ist der Zeitpunkt, in dem die Klage (nach erfolgter Fristansetzung) beim Gericht eingeht (Botschaft Revision Scheidungsrecht, 92; SPÜHLER, 75). Die Frist gemäss Art. 113 ist eine richterliche und kann nach Massgabe des kantonalen Prozessrechts erstreckt werden (Art 113 N 5 f.; SPÜHLER, 72). Die Erstreckung darf aber nicht gewährt werden, um die Erfüllung der zweijährigen Frist gemäss Art. 114 zu erreichen (REUSSER, Rz 1.61; SPÜHLER, 72, sowie DERS., Supplement, 67; ferner SUTTER/FREIBURGHAUS, Art. 114 N 16; **a.M.** FamKomm Scheidung/FANKHAUSER, Art. 114 N 11 und PERRIN, 9,23, welche aus Gründen der Prozessökonomie ein Entgegenkommen des Gerichts befürworten, falls der Ablauf der Getrenntlebensdauer kurz bevorsteht).

16 Art. 114 setzt **grundsätzlich** voraus, dass die zweijährige Frist des Getrenntlebens **ununterbrochen angedauert** hat. Haben die Ehegatten das Zusammenleben wieder aufgenommen und ist dies ernst gemeint und auf die Dauer angelegt, wird auch eine gerichtlich angeordnete Trennung ohne gerichtliche Mitwirkung beendet (ZK-BRÄM, Art. 179 N 44 ff.; BK-HAUSHEER/REUSSER/GEISER, Art. 179 N 15 ff.; vgl. ferner auch 1. Aufl., LÜCHINGER/GEISER, Art. 147/148 N 5). In diesem Falle wird die zweijährige Frist *unterbrochen* (d.h. aufgehoben) *und nicht bloss gehemmt,* mit der Folge, dass bei einer erneuten Trennung im Hinblick auf eine spätere Scheidung die zweijährige Frist neu zu laufen beginnt (FamKomm Scheidung/FANKHAUSER, Art. 114 N 20; RHINER, 276 ff.; STECK, 30). Es ist jedoch im Sinne der bisherigen Lehre und Rechtsprechung davon auszugehen, dass ein **kurzer erfolgloser Versuch des Zusammenlebens zu Versöhnungszwecken,** und selbst eine Mehrzahl solcher Versuche, weder einen Stillstand der Frist noch eine

Aufhebung der laufenden Frist bewirkt (BGE 68 II 246 zu aArt. 170 und BGE 88 II 138 zu aArt. 146 Abs. 3 und aArt. 147; ZK-BRÄM, Art. 179 N 47; BK-HAUSHEER/REUSSER/ GEISER, Art. 179 N 15a; TUOR/SCHNYDER/RUMO-JUNGO, 204; HINDERLING/STECK, 175). Die noch tolerierbare Dauer solcher auf die Zeit des Getrenntlebens anrechenbarer Versöhnungsversuche beurteilt sich nach den Umständen des Einzelfalls (SUTTER/ FREIBURGHAUS, Art. 114 N 12 f.). Wegleitend kann dabei auch die Überlegung sein, dass die Fortsetzung eines Versöhnungsversuchs nicht an der Befürchtung scheitern sollte, den Scheidungsanspruch zu verlieren. Als kurz muss ein Versöhnungsversuch bezeichnet werden, wenn er nur einige Tage oder wenige Wochen gedauert hat (vgl. KGer SG, Entscheid vom 25.1.2002, FamPra.ch 2002, 357, i.c. drei Monate; STECK, FamPra.ch 2004, 206, 214). Erstreckt er sich jedoch über einen Zeitraum von mehreren Monaten, ist davon auszugehen, dass die Frist gänzlich unterbrochen ist (REUSSER, Rz 1.74; RUMO-JUNGO, 1532). Der Kompromissvorschlag, bei längeren Phasen des Zusammenlebens zu Versuchszwecken jeweils nur Stillstand und keine Unterbrechung der Frist anzunehmen (so FamKomm Scheidung/FANKHAUSER, Art. 114 N 21) ist m.E. nicht vereinbar mit Art. 114 und deshalb abzulehnen.

Wurde mit einer vom Eheschutzgericht angeordneten oder von den Ehegatten vereinbar- **17** ten Aufhebung des gemeinsamen Haushaltes eine vorübergehende **Trennung aus therapeutischen Gründen** bezweckt und damit im eigentlichen Sinne eine Massnahme zum Schutz der Ehe angestrebt, die nach neuerer Rechtsprechung in der Regel nicht mehr befristet, sondern auf unbestimmte Zeit ausgesprochen wird (ZK-BRÄM, Art. 175 N 12; BK-HAUSHEER/REUSSER/GEISER, Art. 175 N 18), kann sich die Frage stellen, ob ein so begründetes Getrenntleben auf die zweijährige Frist gemäss Art. 114 anzurechnen sei. Aus dem Zweck von Art. 114 müsste eigentlich gefolgert werden, eine Anrechnung dürfe nicht stattfinden, denn eine mit dem Ziel der Sanierung der Ehe beabsichtigte (vorübergehende) Trennung kann nicht als Indiz für eine unheilbare Ehezerrüttung (vorn N 3, 10) bezeichnet werden. Art. 114 schliesst aber eine Berücksichtigung des Motivs der Trennung aus. Auch ein Ehegatte, der den gemeinsamen Haushalt aufhebt, um Klarheit über sein Verhältnis zum Partner zu gewinnen, will getrennt leben. Tatsächlich dürfte sich denn auch meist nicht zuverlässig feststellen lassen, von welchem Zeitpunkt an gegebenenfalls bei einem oder beiden Ehegatten die Hoffnung auf Sanierung der Ehe definitiv verloren ging und die weitergeführte Trennung nur noch Ausdruck einer unheilbaren Zerrüttung war. Es ist deshalb unter dem Gesichtspunkt der Rechtssicherheit kein hinreichender Grund gegeben, die Tatsache einer auf diese Weise motivierten Trennung bei der Anwendung von Art. 114 nicht zu berücksichtigen (STECK, 31; im Ergebnis gl.M. RHINER 265; vgl. auch vorn N 7).

III. Rechtsfolgen

Ist die Voraussetzung des zweijährigen ununterbrochenen Getrenntlebens erfüllt, ist der **18** **Scheidungsanspruch begründet** und muss die Ehe auch gegen den Widerstand der beklagten Partei geschieden werden (vgl. vorn N 3). Auf eine Härteklausel wurde vom Gesetzgeber bewusst verzichtet (vorn N 11), so dass grundsätzlich Ausnahmen ausgeschlossen sind. Eine rechtsmissbräuchliche Berufung auf Art. 114 ist praktisch kaum möglich (SUTTER/FREIBURGHAUS, Art. 115 N 8; in FamKomm Scheidung/FANKHAUSER, Art. 114 N 23 wird sie ganz ausgeschlossen). Sie dürfte etwa dann gegeben sein, wenn der klagende Gatte den andern im Glauben gelassen hat, er halte trotz Getrenntlebens an der Ehe fest (HEGNAUER/BREITSCHMID, Rz 9.32; RHINER, 252). Vgl. auch die besondere Konstellation in einem internationalen Sachverhalt in BGer, Urteil vom 10.2.2005, 5C.247/2004 E. 2–5 = FamPra.ch 2005, 329 ff.

19 Unter dem früheren Recht war umstritten, ob eine sogenannte zweiseitige **Scheinehe** aufgrund von aArt. 142 ZGB geschieden werden könne (ablehnend BGE 121 III 149 ff.; bejahend BGE 113 II 472,476, ferner ZR 1998 Nr. 54). Nach geltendem Scheidungsrecht gelangt Art. 114 auch dann zur Anwendung, wenn die Ehegatten nie die Absicht hatten, in ehelicher Gemeinschaft zu leben (OGer ZH, I.ZK, Urteil v. 13.11.2000 = FamPra.ch 2001, 344, bestätigt in BGE 127 III 342, 344 f. = FamPra.ch 2001, 783; FamKomm Scheidung/FANKHAUSER, Art. 114 N 4; SUTTER/FREIBURGHAUS, Art. 114 N 9; RHINER, 267). Vgl. auch Art. 115 N 21.

20 Fehlt es an der Voraussetzung des zweijährigen Getrenntlebens, muss die **Scheidungsklage abgewiesen** werden, es sei denn, die beklagte Partei stimme der Scheidung trotzdem ausdrücklich zu oder verlange ihrerseits widerklageweise die Scheidung (vgl. Art. 116), oder der Scheidungsanspruch lasse sich aus Art. 115 herleiten (vgl. auch hinten N 25). Dies gilt auch, wenn die erforderliche Trennungsdauer während des Prozesses erreicht wird. Die klagende Partei muss dann gegebenenfalls – zweckmässigerweise nach Rückzug der Klage – eine neue Scheidungsklage anheben (vgl. VETTERLI, AJP, 2002, 102, 103 und hinten N 21).

21 Einem rechtskräftigen Urteil, gemäss welchem die Scheidungsklage wegen Fehlens der Voraussetzungen von Art. 114 abgewiesen wurde, kann in einem spätern Scheidungsverfahren der **Einwand der res iudicata** grundsätzlich nicht entgegengehalten werden. Die Klage kann vielmehr in jedem Falle mit Erfolg neu angehoben werden, sobald die gesetzliche Dauer des zweijährigen Getrenntlebens *ohne Unterbrechung* erfüllt ist (Botschaft Revision Scheidungsrecht, 92; RHINER, 274; STECK, 47; vgl. auch Cour de justice de Genève, FamPra.ch 2006, 414). Dabei wird die Dauer des Getrenntlebens im früheren Prozess mitgezählt und muss nur die Restdauer abgewartet werden (vgl. vorn N 20; RUMO-JUNGO, 1535; VETTERLI, AJP 2002, 102, 103). Dem früheren Urteil kommt jedoch insoweit materielle Rechtskraft zu, als im neuen Verfahren nicht eingewendet werden kann, die Voraussetzungen von Art. 114 seien im vorangegangenen Urteil zu Unrecht verneint worden (SUTTER/FREIBURGHAUS, Art. 114 N 16).

IV. Prozessuales

1. Vorprozessuale Situation

22 Falls sich ein Ehegatte der Scheidung widersetzt, muss die scheidungswillige Partei im Regelfalle (vgl. vorn N 4, 20) zwei Jahre vom andern Ehegatten getrennt leben bis sie sich mit Aussicht auf Erfolg auf den Scheidungsgrund von Art. 114 berufen kann. Wenn sich die Ehegatten auch auf ein vorgängiges Getrenntleben nicht einigen können, wird in der Regel die **Anrufung des Eheschutzgerichts** unumgänglich sein, jedenfalls dann, wenn der die Scheidung anstrebende Ehegatte auf Unterhalt des andern angewiesen ist. Ein Unterhaltsanspruch kann ihm indessen im Streitfalle nur zugesprochen werden, wenn die gesetzlichen Voraussetzungen von Art. 175 f. gegeben sind. Wird das Begehren auf Aufhebung des gemeinsamen Haushaltes abgewiesen und beharrt die abgewiesene Partei im Hinblick auf ihren Scheidungswillen trotzdem auf dem Getrenntleben, kann ein Anspruch auf einen Geldbeitrag im Sinne von Art. 176 Abs. 1 Ziffer 1 nicht durchgesetzt werden (BK-HAUSHEER/REUSSER/GEISER, Art. 175 N 7 und Art. 176 N 5a). Im Extremfall könnte dies zur Folge haben, dass ein Ehegatte (z.B. eine kleine Kinder betreuende Frau, die nicht erwerbstätig sein kann) die zweijährige Frist gemäss Art. 114 gar nie auslösen kann, weil die Mittel fehlen, um eine solche Trennungszeit zu überstehen. Dieser Umstand muss m.E. bei der Anwendung von Art. 175, der nicht in die Scheidungsrechtsrevision einbezogen worden ist, gebührend berücksichtigt werden.

Das Bundesgericht betont in seiner konstanten Rechtsprechung zu Art. 175 bis in die **23** jüngste Zeit, dass das Eheschutzverfahren die **Bereinigung von Ehekonflikten im Hinblick auf die Aufrechterhaltung der Ehe** bezwecke und nicht der Überbrückung der Zeit bis zum Vorliegen des rechtskräftigen Scheidungsurteils, sondern vielmehr der **Wiederherstellung der ehelichen Gemeinschaft** diene (Urteile vom 28. Juni 2001, Nr. 5P.169/2001 und vom 24. Juli 2001, Nr. 5P.186/2001 E. 3b; vgl. auch BGE 127 III 474 ff., 479 f. = FamPra.ch 2001, 770 und BGer, Entscheid vom 12.4.2002, 5P.52/2002). Tatsache ist jedoch, dass seit Inkrafttreten des neuen Scheidungsrechts (1. Januar 2000) generell die Zahl der Eheschutzverfahren massiv zugenommen hat und meist nicht die Wiederherstellung der ehelichen Gemeinschaft im Vordergrund steht, sondern vielmehr die Überbrückung der Trennungszeit gemäss Art. 114, und damit die Vorbereitung der erst später möglichen Scheidung anvisiert wird (ZR 2001 Nr. 45 und Nr. 24; 2000 Nr. 67; KGer SG in FamPra.ch 2001, 776 und 779; KassGer ZH, FamPra.ch 2006, 128; vgl. auch BALTZER-BADER, AJP 2003, 567 ff., 571; DOLDER/DIETHELM, AJP 2003, 655 ff.; FamKomm Scheidung/VETTERLI, Vorbem. zu Art. 175–179 N 1, Art. 175 N 4, Art. 176 N 41 und WEBER, AJP 2004, 1043, 1048 ff.; vgl. auch SCARPATETTI, FamPra.ch 2003, 305 ff.). Unter diesem Aspekt ist deshalb die bundesgerichtliche Rechtsprechung oft nicht mehr sachgerecht. Theoretisch richtig wäre es wohl, bei den Eheschutzbegehren zwischen den **echten** Ehe**schutz**verfahren einerseits und den unechten, aber unumgänglichen Eheschutztrennungen, welche vor allem der Überbrückung der Dauer des nach Art. 114 erforderlichen Getrenntlebens und damit der **Scheidungsvorbereitung** dienen, zu unterscheiden. In der Praxis lässt sich diese Unterscheidung jedoch kaum zuverlässig durchführen. Immerhin ist bei der Regelung der Folgen des Getrenntlebens gemäss Art. 176 dem Umstand Rechnung zu tragen, dass die vom Eheschutzgericht getroffenen Massnahmen (Festlegung des Unterhalts, Regelung der Kinderbelange etc.) oft längere Zeit wirksam sein werden, so dass – ähnlich wie beim Verfahren betreffend vorsorgliche Massnahmen im Scheidungsprozess (vgl. Art. 137; HAUSHEER/BRUNNER, Rz 04.88 ff., 04.95–04.98) – die Tatsache, dass die Scheidung mit grosser Wahrscheinlichkeit ausgesprochen werden wird, nicht unberücksichtigt bleiben darf (vgl. auch BGE 127 III 136 ff. = Pra 2001, 886 ff.; 128 III 65, 67 f.; 130 III 537, 541 f. E. 3.2). Durch die Revision von Art. 114 (vorn N 2a) dürfte sich das Problem allerdings etwas entschärft haben.

2. Klageverfahren

Im Gegensatz zur Scheidung auf gemeinsames Begehren, die ein bundesrechtlich besonders ausgestaltetes Verfahren erfordert (vgl. Art. 111 f.), gelten für das Klageverfahren vor den kantonalen Instanzen grundsätzlich die *Verfahrensbestimmungen der kantonalen Zivilprozessgesetze*, aber wie bisher mit den vom Bundesrecht vorgeschriebenen Besonderheiten (vgl. BGer, Urteil vom 20.12.2001, 5C. 249/2001 E. 4 = FamPra.ch 2002, 383; BGer, Urteil vom 10.2.2005, 5C.247/2004 E. 3.2). Bezüglich der Scheidungsklage nach Art. 114 gilt der Grundsatz der **Untersuchungs- und Offizialmaxime** (vgl. Art. 139 Abs. 2). Danach ist der von den Parteien vorgetragene Sachverhalt von Amtes wegen zu erforschen und ist über Tatsachen, die zur Begründung der Klage auf Scheidung dienen, im Zweifelsfalle Beweis abzunehmen, wobei das Gericht nicht nach weiteren scheidungsbegründenden Tatsachen zu forschen hat. Das Gericht muss sich demgemäss davon überzeugen, dass die zweijährige Getrenntlebensfrist gemäss Art. 114 eingehalten wurde (FamKomm Scheidung/FANKHAUSER, Art. 114 N 26; SPÜHLER/REETZ, 64; SPÜHLER/SCHÜTT, 1543). Dies gilt insbesondere auch dann, wenn ein Getrenntleben in der gleichen Wohnung behauptet wird. Hier ist ein strenger Massstab anzusetzen und besteht kein Anlass zu einer Beweiserleichterung (SUTTER/FREIBURGHAUS, Art. 114 N 10; vgl.

auch vorn N 9). Im Rahmen der Scheidungsklagen (Art. 114 und 115) ist eine Disposition über den Scheidungsgrund ausgeschlossen (vgl. auch hinten N 25 und Art. 115 N 1; SUTTER/FREIBURGHAUS, Art. 115 N 7; RUMO-JUNGO, 1535).

25 Das Rechtsbegehren geht auf Scheidung der Ehe. Wenn im Klageverfahren die Voraussetzungen von Art. 114 nicht gegeben sind, ist weiter zu prüfen, ob als Scheidungsgrund Art. 115 in Frage kommt. Dabei ist zu bedenken, dass die Scheidung gegebenenfalls auch dann auszusprechen wäre, wenn die klagende Partei sich nicht ausdrücklich auf den Scheidungsgrund der Unzumutbarkeit berufen hat. Ein förmlicher Eventualantrag ist zulässig, aber nicht notwendig. Das Gericht hat vielmehr auf der Grundlage der tatsächlichen Vorbringen der Parteien das **Recht** nach dem bundesrechtlichen Grundsatz «*Iura novit curia*» **von Amtes wegen anzuwenden** (SUTTER/FREIBURGHAUS, Art. 114 N 17; RHINER, 273, 295; vgl. auch Art. 115 N 1).

3. Beweisfragen

26 Gemäss Art. 139 Abs. 1 gilt wie schon im früheren Recht (aArt. 158 Abs. 1 Ziffer 4) für alle Scheidungsklagen der **Grundsatz der freien richterlichen Beweiswürdigung.** Im Übrigen beurteilt sich die Zulässigkeit der Beweismittel wie bis anhin nach kantonalem Prozessrecht (Botschaft Revision Scheidungsrecht, 139; SPÜHLER/SCHÜTT, 1543). Der Trennungsbeweis ist nicht formalisiert. Er kann im Rahmen der genannten Grundsätze mit beliebigen zulässigen Beweismitteln erbracht werden (REUSSER, Rz 1.76; HAUSHEER, ZBJV 1999, 6; RHINER, 284 ff.; STECK, 31).

27 Da die Frist gemäss Art. 114 die unwiderlegbare Vermutung zum Ausdruck bringt, dass die Ehe gescheitert und ein Scheidungsanspruch begründet ist (vgl. vorn N 3, 10), trägt die klagende Partei nach Art. 8 die **Hauptbeweislast** dafür, dass die Frist eingehalten wurde SUTTER/FREIBURGHAUS, Art. 114 N 18; FamKomm Scheidung/FANKHAUSER, Art. 114 N 26; vgl. auch BGE 127 III 342, 344 = FamPra.ch 2001, 783). Sie muss die *Vermutungsbasis,* nämlich die *Dauer und Qualität der Trennung,* beweisen (vgl. Art. 8 N 70, ferner SCHMID, 29). Der beklagten Partei steht dagegen der *Gegenbeweis* zu (vgl. Art. 8 N 36). Behauptet und substanziert sie im Rahmen des von ihr zu führenden Gegenbeweises eine Unterbrechung der Frist, obliegt ihr hiefür die Beweislast (RUMO-JUNGO, 1533). Ist einzig bestritten, ob kurze Phasen der Wiederaufnahme des Zusammenlebens die Trennung wirksam unterbrochen haben (vgl. vorn N 16 f.), obliegt die Beweislast für die hiefür relevanten Tatsachen der klagenden Partei. Da Beweise von sog. *negativen Tatsachen* (Fehlen von Unterbrechungsgründen) unter Umständen schwer zu erbringen sind, dürfen diesbezüglich an das *Beweismass* keine zu hohen Anforderungen gestellt werden (FamKomm Scheidung/FANKHAUSER, Art. 114 N 26; **a.M.** RHINER, 285. – Zum Problem des Beweises negativer Tatsachen vgl. auch Art. 8 N 72 und BGE 119 II 305 = Pra 1994, 739). Scheitert der der klagenden Partei obliegende Beweis, ist ein Scheidungsanspruch nach Art. 114 nicht gegeben.

4. Rechtsmittel

28 Sowohl gegen ein die Scheidungsklage gutheissendes als auch gegen ein die Scheidungsklage abweisendes Urteil ist nach Massgabe der kantonalen Prozessordnungen der **Weiterzug** an die obere kantonale Instanz möglich. Gegen den zweitinstanzlichen Endentscheid ist wie bis anhin die **eidgenössische Berufung** zulässig (vgl. Art. 44 und Art. 48 OG; SUTTER/FREIBURGHAUS, Art. 115 N 25 f.); nach dem neuen Recht (Art. 72 Abs. 1, 90 ff., 95 ff. und 100 BGG) ist die Beschwerde in Zivilsachen gegeben. Die **Teilrechtskraft des Scheidungsurteils** ist bundesrechtlich geregelt (vgl. Art. 148 Abs. 1; SUTTER/FREIBURGHAUS, Art. 115 N 28 ff.). Art. 149 ist nicht anwendbar. Diese Bestimmung könnte höchstens dann zum Zuge kommen, wenn die Ehegatten – bei weiterhin bestrittener Scheidungsklage – für den Eventualfall der Scheidung eine Vereinbarung über die Scheidungsfolgen geschlossen hätten (vgl. Art. 149; SUTTER/FREIBURGHAUS, Art. 115 N 25).

V. IPR

Sofern gemäss Art. 61 IPRG das schweizerische Recht zur Anwendung gelangt, beurteilt **29** sich auch die Frage des zweijährigen Getrenntlebens hinsichtlich Begriff und Inhalt, unabhängig davon, welchem ausländischen Recht die Ehegatten gegebenenfalls bei Aufnahme des Getrenntlebens unterstanden, ausschliesslich nach **schweizerischem Recht.** Ob die Parteien im In- oder Ausland getrennt gelebt haben, ist ohne Bedeutung. Die in Art. 114 getroffene Regelung über die Berechnung der Trennungsdauer bezieht sich auf eine in der Schweiz anhängig gemachte Klage. Früher im Ausland hängig gemachte Klagen sind ohne Bedeutung für die Berechnung der zweijährigen Frist. Wenn hingegen ausländisches Recht zur Anwendung gelangt (vgl. Art. 61 Abs. 2 IPRG oder Art. 15 Abs. 1 IPRG), beurteilt sich eine massgebliche Getrenntlebensdauer und die Qualität der Trennung (gerichtliche oder faktische Trennung) nach dem ausländischen Recht (SCHWANDER, 1649; MÜLLER-CHEN, 197; FamKomm Scheidung/FANKHAUSER, Art. 114 N 27). Wegen der relativ langen Frist von ursprünglich vier Jahren (vgl. dazu auch SCHWANDER, AJP 2001, 608 f., ferner hinten N 30) wurde bezweifelt, ob aus langen Fristen ausländischer Scheidungsrechte eine Unzumutbarkeit der Scheidungsklage im Ausland (vgl. Art. 61 Abs. 3 IPRG) abgeleitet werden könne. Heute dürften diese Zweifel aufgrund der revidierten Bestimmung von Art. 114 wohl weitgehend behoben sein (zum Ganzen vgl. SCHWANDER, 1649; MÜLLER-CHEN, 197; FamKomm Scheidung/JAMETTI GREINER, Anhang IPR N 11; OGer LU, SJZ 1997, 285). Im internationalen Verhältnis können sich für Parteien, die in der Schweiz klagen wollen und die Frist von Art. 114 abwarten müssen, in verschiedener Hinsicht Probleme und Nachteile ergeben (vgl. dazu im Einzelnen SCHWANDER, AJP 2001, 608 ff., ferner Art. 115 N 32).

VI. Rechtsvergleichung

Die ursprünglich auf vier Jahre angesetzte Frist des Getrenntlebens bei strittigen Schei- **30** dungen wurde vielfach als zu lang empfunden (vgl. die Kritik von RUMO-JUNGO, recht 2001, 84, 88 und SCHWANDER, AJP 2001, 608 ff. VETTERLI, AJP 2002, 102, 107 f. und FamPra.ch 2002, 450, 454 ff.). Sie lag im **internationalen Vergleich** in einem **mittleren Bereich** (vgl. Botschaft Revision Scheidungsrecht, 39 ff. und 91 mit Hinweisen auf die entsprechenden Rechtsquellen; HAUSHEER, ZBJV 1999, 6). Mit der Verkürzung der Frist auf zwei Jahre (vorn N 2a) wurde eine Annäherung an das internationale Niveau erzielt (FamKomm Scheidung/RÜETSCHI, Vorbem. zu Art. 111–116 N 19).

VII. Übergangsrecht

Gemäss Art. 7b Abs. 1 SchlT/ZGB findet auf Scheidungsprozesse, die beim Inkrafttre- **31** ten des neuen Scheidungsrechts (1. Januar 2000) rechtshängig und von einer kantonalen Instanz zu behandeln waren, das neue Recht Anwendung. Mit Bezug auf diejenigen übergangsrechtlichen, bestrittenen Klagen, bei welchen die Voraussetzung des vierjährigen Getrenntlebens (gemäss Art. 114 in der ursprünglichen Fassung) erfüllt sein musste (und eine Klage wegen Unzumutbarkeit aussichtslos erschien, vgl. Art. 115), bestanden in der Lehre *kontroverse Auffassungen* (vgl. dazu ausführlich RHINER, 274 ff.).

Nach einer strengen Auslegung sollte die Klage abgewiesen werden, sofern die **Rechts-hängigkeit** erst nach dem 31. Dezember 1995 eingetreten war (SUTTER/FREIBURGHAUS, Art. 114 N 20 und Art. 7b SchlT N 9). Nach der andern Auffassung genügte es für die Gutheissung der Klage, wenn das Getrenntleben **im Zeitpunkt des Rechtswechsels,** d.h. bei Inkrafttreten des neuen Gesetzes (1. Januar 2000), mindestens vier Jahre gedauert hatte (REUSSER, Rz 1.111; GEISER, Übergangsrecht, Rz 6.20; 1. Aufl. PraxKomm/FANK-HAUSER, Art. 114 N 29; SUTTER, 169, 172 f.). Das Bundesgericht hat sich in Anlehnung an Art. 113 für die zweite Auffassung entschieden (BGE 126 III 401 = Pra 2001 Nr. 64 = FamPra.ch 2001, 352, ferner SCHNYDER, ZBJV 2001, 396. Diese Praxis wurde vom BGer mit Urteil vom 2.10.2000, 5C.154/2000 bestätigt. Vgl. bezüglich BGE 126 III 401 auch das kantonale Urteil des Tribunale di Appello TI v. 20.4.2000 = FamPra.ch 2001, 99). Für den revidierten Art. 114 wurde die übergangsrechtliche Frage in Art. 7c SchlT (i.d.F. gemäss BG vom 19.12.2003, AS 2004, 2161) ausdrücklich geregelt. Für Schei-dungsprozesse, die bei Inkrafttreten des neuen Rechts (1.6.2004) rechthängig und von einer kantonalen Instanz zu beurteilen waren, gilt das neue Recht. Es genügt, wenn die verkürzte Trennungsfrist im Moment des Rechtswechsels abgelaufen ist (BGE 131 III 249, 251 f. = FamPra.ch 2005, 593; STECK, FamPra.ch 2004; 224; KGer SG, FamPra.ch 2004, 951, 954 f.; kritisch FamKomm Scheidung/FANKHAUSER, Art. 114 N 30).

Art. 115

II. Unzumut-barkeit	**Vor Ablauf der zweijährigen Frist kann ein Ehegatte die Scheidung verlangen, wenn ihm die Fortsetzung der Ehe aus schwerwiegenden Gründen, die ihm nicht zuzurechnen sind, nicht zugemutet werden kann.**
II. Rupture du lien conjugal	Un époux peut demander le divorce avant l'expiration du délai de deux ans, lorsque des motifs sérieux qui ne lui sont pas imputables rendent la conti-nuation du mariage insupportable.
II. Rottura del vincolo coniugale	Un coniuge può domandare il divorzio prima della scadenza del termine di due anni quando per motivi gravi che non gli sono imputabili non si possa ragionevolmente esigere da lui la continuazione dell'unione coniugale.

Literatur

Vgl. die Literaturhinweise zu Art. 111 und Art. 114.

I. Allgemeines

1. Inhalt und Zweck der Norm. Anwendungsbereich

1   Art. 115 erlaubt unter bestimmten Voraussetzungen (Unzumutbarkeit der Fortsetzung der Ehe; fehlende Zurechenbarkeit, vgl. hinten N 5 ff.) die Scheidung der Ehe auf einseitige Klage gegen den Widerstand der beklagten Partei **vor Ablauf der zweijährigen Getrenntlebensfrist** gemäss Art. 114 (vgl. hinten N 1a und Art. 114 N 2a; SUTTER/ FREIBURGHAUS, Art. 115 N 4; FamKomm Scheidung/FANKHAUSER, Art. 115 N 1,18; RUMO-JUNGO, 1535). Die beklagte Partei braucht ihren Widerstand gegen die Scheidung nicht zu begründen (BGE 128 II 145, 152 = FamPra.ch 2002, 800; BGer, Urteil vom 11.12.2001, 5C. 242/2001 E. 4b = FamPra.ch 2002, 342 und 348 f. = SJZ 2002, 179 f.; vgl. auch hinten N 27). Die Bestimmung steht in einem unmittelbaren Zusammenhang

mit der Scheidung nach Getrenntleben, ist aber gegenüber den andern Scheidungsvoraussetzungen **subsidiär** (vgl. Art. 114 N 2; FamKomm Scheidung/FANKHAUSER, Art. 115
N 2 und 20; RUMO-JUNGO, 1535; VETTERLI, AJP 2002, 102, 104). Sie gelangt somit nicht
zur Anwendung, wenn die Scheidung entweder aufgrund eines gemeinsamen Scheidungsbegehrens gemäss Art. 111 oder 112 ausgesprochen werden kann, oder wenn der
Scheidungsanspruch nach Art. 114 begründet ist, weil die zweijährige Frist bei Rechtshängigkeit der Klage oder bei Wechsel zur Scheidung auf Klage (vgl. Art. 113 und 114)
schon abgelaufen war (Art. 114 N 2). Art. 115 ist ferner auch **nicht anwendbar,** wenn
die beklagte Partei der Scheidung ausdrücklich zustimmt oder Widerklage auf Scheidung
erhebt (Art. 114 N 4 und Art. 116 N 3). Die Scheidungsvoraussetzungen von Art. 114
und Art. 115 können aus diesem Grunde nie gleichzeitig erfüllt sein. Die scheidungswillige Partei hat daher auch keine Disposition über den Scheidungsgrund, derart, dass sie
die Unzumutbarkeit gemäss Art. 115 gerichtlich feststellen lassen könnte (KGer SG,
FamPra.ch 2004, 951, 954; SUTTER/FREIBURGHAUS, Art. 115 N 7; RUMO-JUNGO, 1535;
vgl. auch hinten N 29 und Art. 114 N 24 f.).

Mit BG vom 19. Dezember 2003 über die Änderung des ZGB (Trennungsfrist im Schei-   **1a**
dungsrecht, AS 2004, 2161) wurden die Art. 114 und 115 abgeändert und die ursprünglich auf vier Jahre festgesetzte Frist des Getrenntlebens auf **zwei Jahre** verkürzt. Die
Revision ist auf 1. Juni 2004 in Kraft getreten (vgl. Art. 114 N 2a). Zum Übergangsrecht
vgl. Art. 114 N 31.

Art. 115 ermöglicht die Scheidung gleichsam aus *wichtigem Grund* (vgl. Art. 114 N 1;   **2**
HAUSHEER, ZBJV 1999, 5). Sie dient der Milderung des in Art. 114 statuierten Grundsatzes und soll nur dann *ausnahmsweise,* aus **schwerwiegenden Gründen** *(motifs sérieux)*
zulässig sein, wenn ein Abwarten der gesetzlichen Trennungszeit (vernünftigerweise, vgl.
den italienischen Text: *ragionevolmente*) als **unzumutbar** erscheint (vgl. hinten N 8;
RHINER, 302). Der Zweck liegt aber nicht darin, die gesetzliche Wartefrist
generell zu verkürzen (HAUSHEER, ZSR 1996 I 364; STECK, 35). In der Lehre wird in
diesem Sinne teilweise das Bild verwendet, es handle sich bei der Scheidungsvoraussetzung von Art. 115 um ein *Notventil für Härtefälle* bzw. um einen *Notausstieg aus der
Ehe* (HAUSHEER, ZBJV 1999, 6; 1. Aufl., LÜCHINGER/GEISER, Vorbem. zu aArt. 137 ff.
N 39; SUTTER/FREIBURGHAUS, Art. 115 N 1; REUSSER, Rz 1.79; RUMO-JUNGO, 1535;
STECK, 35) oder die Bestimmung wird als *Härteklausel zugunsten des unschuldigen
Scheidungswilligen* (FamKomm Scheidung/FANKHAUSER, Art. 115 N 3) oder als *ausserordentlicher* Scheidungsgrund (RHINER, 289, 292) bezeichnet. Auch die Rechtsprechung
hebt den *Ausnahmecharaker* der Norm hervor *(excessivement rigoureux d'imposer au
demandeur de patienter ...,* vgl. BGE 126 III 404, 409, ferner KGer SG in ZBJV 2001,
81 = FamPra.ch 2001, 107).

Art. 115 basiert ebenfalls auf dem *Zerrüttungsprinzip* (vgl. Art. 114 N 1) Im Gegensatz zu   **3**
den beiden andern gesetzlichen Scheidungsvoraussetzungen, der Scheidung auf gemeinsames Begehren (Art. 111 und 112) und der Klage auf Scheidung nach Getrenntleben
(Art. 114), stellt Art. 115 jedoch keinen absoluten, sondern einen **relativen Scheidungsgrund** dar. Hier ist die Ehegeschichte relevant und kann das **Verschulden** unter Umständen eine entscheidende Rolle spielen, weshalb eine *materielle Beurteilung des ehelichen
Verhältnisses* erfolgen muss (HEGNAUER/BREITSCHMID, Rz 9.33; REUSSER, Rz 1.84; RHI-
NER, 287 f.; STECK, 33). Nach der Konzeption des Gesetzes soll nach Ablauf einer Trennungsfrist von zwei Jahren auch in den Fällen von strittigen Scheidungen ein Verschulden
der Ehegatten bei der Beurteilung des Scheidungspunktes nicht mehr berücksichtigt werden. Anders verhält es sich aber, wenn die (strittige) Scheidung ausnahmsweise *vor* Ablauf
dieser Frist verlangt wird. Dann ist dem letztlich aus dem Rechtsmissbrauchsverbot (Art. 2

Abs. 2) abgeleiteten Grundgedanken Rechnung zu tragen, dass eigenes Unrecht, d.h. ein Zerrüttungsverschulden der klagenden Partei, das im Lichte der weiteren Zerrüttungsursachen nicht mehr als untergeordnet gewertet werden kann, keinen Scheidungsanspruch soll begründen können (Votum von Ständerat Küchler, AmtlBull StR 1998, 324 f.; Botschaft Revision Scheidungsrecht, 92; HAUSHEER, ZSR 1996 I 364; STECK, 34).

2. Vergleich von Art. 115 mit aArt. 142

4   Im Grundgedanken stimmen aArt. 142 Abs. 2 und Art. 115 in ihrer Zweckbestimmung überein (vgl. 1. Aufl., LÜCHINGER/GEISER, aArt. 142 N 16 ff. unter Hinweis auf BGE 108 II 27; TUOR/SCHNYDER/RUMO-JUNGO, 205). Die Bestimmungen von aArt. 142 und Art. 115 dürfen jedoch in ihrer Bedeutung *nicht* gleichgesetzt werden. Vielmehr hat Art 115 trotz ähnlicher Struktur eine neue Tragweite erlangt, die eine *veränderte Anwendung* erfordert (HAUSHEER, ZSR 1996 I 353 f., 364; FamKomm Scheidung/FANKHAUSER, Art. 115 N 14; REUSSER, Rz 1.81; RUMO-JUNGO, 1535; RHINER, 291; STECK, 35; GEISER, FamPra.ch 2001, 175; KOBEL, ZBJV 2000, 756; ZR 2000 Nr. 45 = SJZ 2000, 347 ff. = FamPra.ch 2000, 524 ff.). Deshalb kann auch die bisherige Rechtsprechung zu aArt. 142 Abs. 1 nicht ins neue Recht übernommen werden. Art. 115 setzt einen deutlich strengeren Massstab an. Dies führt dazu, dass Scheidungsklagen, die unter der Herrschaft des alten Rechts gemäss aArt. 142 gutgeheissen worden wären, unter Umständen nach Art. 115 abgewiesen werden müssen, weil diese Bestimmung **enger auszulegen** ist (BGE 126 III 404, 405 E. 3a und 408 E. 4c und 4d sowie 411 E. 5b = FamPra.ch 2001, 354; grundsätzlich bestätigt und teilweise präzisiert, aber wohl auch etwas relativiert in BGE 127 III 129, 132 ff. E. 3a und b = FamPra.ch 2001, 543; vgl. dazu auch hinten N 6 ff. sowie FamKomm Scheidung/FANKHAUSER, Art. 115 N 2; TUOR/SCHNYDER/RUMO-JUNGO, 205; RUMO-JUNGO, 1537, ferner DIES. recht 2001, 82 ff.; kritisch, tendenziell für eine Übernahme der Rechtsprechung zu aArt. 142 und gegen eine restriktive Auslegung WEBER, AJP 1999, 1633, 1635 f., ferner MICHELI, Rz 192, 195 f.). Wegen der gewandelten Bedeutung eignen sich die Tatbestände von aArt. 142 und Art. 115 schlecht zum Vergleich und ist letzterer nicht in Anlehnung ans alte Recht, sondern aus sich selbst heraus auszulegen (BGE 127 III 129, 133 = FamPra.ch 2001, 543).

II. Voraussetzungen

1. In zeitlicher Hinsicht

5   Nach dem Wortlaut von Art. 115 wird vorausgesetzt, dass die klagende Partei die Scheidung gegen den Willen der beklagten Partei und **vor Ablauf der zweijährigen Trennungsfrist** gemäss Art. 114 verlangt (RUMO-JUNGO, 1535; vgl. auch vorn N 1 und 1a).

2. Unzumutbarkeit der Fortsetzung der Ehe wegen schwerwiegender Gründe

6   Die **Entstehungsgeschichte** zeigt, dass die Festlegung und Umschreibung des Unzumutbarkeitstatbestandes von allem Anfang an erhebliche Schwierigkeiten bereitete. Die Expertenkommission hatte ursprünglich in den Vorarbeiten für die gesetzlich vorgeschriebene Trennungsdauer eine kürzere Frist (als fünf Jahre) vorgesehen (Begleitbericht zum VE, 50). In diesem Falle wäre ein Unzumutbarkeitstatbestand entbehrlich gewesen. Die Frage nach einer solchen Regelung stellte sich aber, nachdem man sich für eine *fünfjährige Frist* entschieden hatte. Gedacht wurde an Fälle, wo ein Ehegatte aus schwerwiegenden Gründen die Ehe beenden will, der andere jedoch die Zustimmung zur Scheidung böswillig verweigert oder objektiv nicht zustimmen kann (Botschaft Revision Scheidungsrecht, 92). Im publizierten Vorentwurf wurden zwei Varianten vorgeschlagen. Die

Hauptvariante lehnte sich an die Gerichtspraxis zu aArt. 142 Abs. 1 an. Danach konnten die Gründe für die Zerrüttung sowohl im schuldhaften Verhalten eines Ehegatten als auch in objektiven Umständen liegen. Sie mussten jedoch (zusätzlich zum Erfordernis der fehlenden Zurechenbarkeit) das Wohl der Gemeinschaft ernstlich in Frage stellen. Die *zweite Variante* war wesentlich restriktiver als aArt. 142. Sie wollte den Unzumutbarkeitstatbestand *bewusst unattraktiv* ausgestalten und hätte die Scheidung nur zugelassen, wenn der beklagte Ehegatte durch sein Verhalten die ehelichen Pflichten so schwer verletzt hatte, dass die *Fortsetzung der Ehe objektiv nicht zumutbar* war. Diese Fassung hätte eher Gewähr für eine einheitliche Praxis bieten sollen (vgl. Art. 119 VE; Begleitbericht zum VE, 50; Botschaft Revision Scheidungsrecht, 92). Der bundesrätliche Entwurf übernahm aufgrund des Vernehmlassungsverfahrens die Hauptvariante des Vorentwurfs, änderte sie jedoch redaktionell. Er verzichtete auf das Erfordernis, wonach das Wohl der ehelichen Gemeinschaft ernstlich in Frage gestellt sein musste (Art. 115 E; Botschaft Revision Scheidungsrecht, 92 f.; RHINER, 290). Der Ständerat stimmte diesem Antrag zu (AmtlBull StR 1998, 325). Im Nationalrat obsiegte zunächst der Antrag der Kommissionsmehrheit, wonach der Passus *«die ihm nicht zuzurechnen sind»* (vgl. dazu hinten N 9 ff.) hätte gestrichen werden sollen (AmtlBull NR 1997, 2692). Beabsichtigt war damit, die Verschuldensfrage vollständig aus den Scheidungsvoraussetzungen herauszuhalten, was aber auch ermöglicht hätte, eine Scheidung vor Ablauf der gesetzlichen Trennungsfrist gestützt auf eigenes Unrecht der klagenden Partei auszusprechen. Schliesslich lenkte auch der Nationalrat ein und stimmte dem bundesrätlichen Entwurf zu, der in Art. 115 Gesetz wurde (AmtlBull NR 1998, 1186; vgl. dazu auch SUTTER/FREIBURGHAUS, Art. 115 N 2 f.; REUSSER, Rz 1.80; RUMO-JUNGO, 1536).

Die **Unzumutbarkeit im Sinne von Art. 115** bezieht sich nach dem Wortlaut auf die **7** Fortsetzung der Ehe, betrifft aber – anders als im alten Recht gemäss aArt. 142 – nicht die Fortsetzung der ehelichen Gemeinschaft schlechthin, bzw. das Verharrenmüssen in der Ehe auf unbestimmte Zeit, sondern vielmehr das *Abwartenmüssen der gesetzlichen Trennungsfrist* von zwei Jahren gemäss Art. 114 (vgl. N 1a), nach deren Ablauf ein absoluter Scheidungsanspruch besteht, mithin die Unzumutbarkeit der sich bei Getrenntleben während zwei Jahren **rechtlich** noch auswirkenden ehelichen Bande (BGE 126 III 404, 408 E. 3c = FamPra.ch 2001, 354; KGer SG, ZBJV 2001, 81 = FamPra.ch 2001, 107; SUTTER/FREIBURGHAUS, Art. 115 N 9; REUSSER, Rz 1.81; RUMO-JUNGO, 1535; RHINER, 293, 302 f.; **a.M.** wohl FamKomm Scheidung/FANKHAUSER, Art. 115 N 6, 12; vgl. auch vorn N 4 und hinten N 9). Es geht mit andern Worten um die Frage, ob dem klagenden Ehegatten zugemutet werden kann, die von ihm behauptete Zerrüttung des ehelichen Verhältnisses ohne Auflösungsmöglichkeit bis zum Ablauf der zweijährigen Wartefrist ertragen zu müssen (STECK, 35). Entscheidend ist nach neuem Recht nicht mehr die Unzumutbarkeit des Zusammenlebens, sondern ob eine *seelisch begründete Unzumutbarkeit der rechtlichen Verbindung* vorliegt, bzw. *ob die geistig-emotionale Reaktion, das Fortbestehen der rechtlichen Bindungen während vier Jahren* (bzw. nunmehr nach der Revision des Gesetzes von *zwei Jahren*) *als unerträglich zu betrachten, objektiv nachvollziehbar ist* (BGE 127 III 129, 132 und 134).

Die Unzumutbarkeit muss sich aus **schwerwiegenden Gründen** *(motifs sérieux)* ergeben **8** (vgl. vorn N 2). Das Gesetz schweigt sich darüber aus, wann schwerwiegende Gründe angenommen werden müssen. Auf eine Aufzählung von Beispielen wurde bewusst verzichtet, *«weil nur so das Gericht den Umständen des Einzelfalls gerecht werden kann»*, wobei in den Materialien auf Art. 4 verwiesen wurde (Botschaft Revision Scheidungsrecht, 93). Der Gesetzgeber wählte damit das Mittel der **Generalklausel,** die nur den Grundsatz regelt, während die nähere Konkretisierung der Rechtsprechung überlassen bleibt. Art. 115 ist bewusst offen formuliert, damit die Gerichte den Umständen des Einzelfalles Rechnung tragen können. Sie haben eine Wertungsfrage zu beantworten und werden dabei auf eine Entscheidung **nach Recht und Billigkeit** (Art. 4) verwiesen (BGE 127 III 129 = FamPra 2001, 543, 134; 127 III 342, 346 = FamPra.ch 2001, 783; 127 III 347, 349 = FamPra.ch 2001, 791; RUMO-JUNGO, 1536; RHINER, 294; STECK, 34). Das Gericht hat somit unter Berücksichtigung aller objektiv relevanten Umstände des Einzelfalles ein möglichst sachgerechtes Urteil zu fällen. Dabei hat es das ihm eingeräumte Ermessen pflichtgemäss auszuüben und die dem Gesetz immanenten Schranken zu beachten (HAUSHEER/JAUN, Art. 4 N 18 f. und 24; BK-MEIER-HAYOZ, Art. 4 N 16 ff.).

9　Ob die geltend gemachten schwerwiegenden Gründe eine *Unzumutbarkeit im Sinne von Art. 115* zu begründen vermögen, beurteilt sich nach einem **objektiven Massstab,** doch ist den konkreten Umständen des Einzelfalles gebührend Rechnung zu tragen (KGer SG, ZBJV 2001, 81 f. = FamPra.ch 2001, 107; FamKomm Scheidung/FANKHAUSER, Art. 115 N 11; STECK, 35; vgl. auch RHINER, 301). Dem Alter der Ehegatten und der Dauer der Ehe ist angemessen Rechnung zu tragen (BezGer Bülach, FamPra.ch 2000, 530, 532). Tendenziell ist bei Ehen mit langer Dauer und bei ausgesprochenen Kurzehen aus Gründen des Vertrauensschutzes die Unzumutbarkeit eher zu verneinen (BGer, Urteil vom 20.12.2002, 5C. 236/2002 E. 4.1.1 = FamPra.ch 2003, 397 ff.; SUTTER/FREI-BURGHAUS, Art. 115 N 13; RHINER, 308 f.). Hingegen ist die Unzumutbarkeit unabhängig von der erforderlichen «Restdauer» für eine Scheidung nach Art. 114 zu beurteilen. Weder ist ein strengerer, noch ein milderer Massstab angezeigt, wenn im Urteilszeitpunkt die «Restdauer» des Getrenntlebens nur noch kurze Zeit betragen würde (FamKomm Scheidung/FANKHAUSER, Art. 115 N 12; **a.M.** wohl OGer ZH in ZR 2000, Nr. 62 = SJZ 2000, 345 ff. = FamPra.ch 2000, 521 ff., mit kritischer Bemerkung von FANKHAUSER, S. 534 f., ferner RUMO-JUNGO, 1536 und DIES. recht 2001, 83; RHINER, 309). Es versteht sich von selbst, dass objektiv an sich schwerwiegende Gründe, die aber der klagenden Partei zuzurechnen sind (vgl. hinten N 10 ff.), die Voraussetzungen von Art. 115 nie erfüllen können (HEGNAUER/BREITSCHMID, Rz 9.35; STECK, 35).

10　Der schwerwiegende Grund muss nicht nur objektiv gegeben sein, sondern von der klagenden Partei **subjektiv** auch so empfunden worden sein. Kein genügender Grund ist deshalb gegeben, wenn sie das entsprechende Verhalten der Gegenpartei verziehen, gebilligt oder über längere Zeit ohne ernstlichen Widerspruch geduldet hat (HEGNAUER/BREITSCHMID, Rz 9.35; vgl. auch FamKomm Scheidung/FANKHAUSER, Art. 115 N 11). Dies gilt grundsätzlich auch bei konkludenter Verzeihung oder Zustimmung, doch ist hier Zurückhaltung angebracht (RHINER, 306). Das bewusste Festhalten an der ehelichen Treue- und Beistandspflicht darf nicht zum vornherein zu einer Verwirkung des Klagerechts nach Art. 115 führen (SUTTER/FREIBURGHAUS, Art. 115 N 11; FamKomm Scheidung/FANKHAUSER, Art. 115 N 13, wonach eine lange Duldung die Unzumutbarkeit nicht ausschliesst). Das nachträgliche Wegfallen eines Zerrüttungsgrundes kann, muss aber nicht notwendigerweise bedeuten, dass ein Fortsetzen der Ehe nicht mehr unzumutbar ist (RHINER, 305 f.). Anderseits kann die Tatsache, dass eine Klageeinleitung unterbleibt, auch ein Indiz dafür sein, dass das Abwarten der zweijährigen Trennungsfrist als zumutbar erscheint (RHINER, 301; 305). Übersteigerte Reaktionen infolge besonderer Empfindlichkeiten können anderseits keine Berücksichtigung finden (BGE 127 III 129, 134). Bei Kenntnis einer scheidungsbegründenden Tatsache schon im Zeitpunkt der Heirat dürfte sich in der Regel eine Unzumutbarkeit nicht begründen lassen (BGE 127 III 342, 347 = FamPra 2001, 783; RHINER, 307, 320; vgl. dazu auch hinten N 21, 25).

3. Fehlende Zurechenbarkeit

11　Grundgedanke ist, dass eine Partei ihren Scheidungsanspruch nicht aus eigenem Unrecht soll ableiten können (vgl. vorn N 4). Dem scheidungswilligen Ehegatten, dem die kausalen Ursachen für die Zerrüttung der Ehe zuzurechnen sind, ist deshalb grundsätzlich zuzumuten, die zweijährige Trennungsfrist abzuwarten, wenn er sich mit seinem Partner über eine Scheidung nicht verständigen kann (Botschaft Revision Scheidungsrecht, 92; vgl. vorn N 1 und Art. 114 N 2; FamKomm Scheidung/FANKHAUSER, Art. 115 N 15; RHINER, 295 ff.). Zurechnen bedeutet jedoch nicht, dass immer ein Verschulden gegeben sein muss. Die Gründe können objektiver Natur sein (SUTTER/FREIBURGHAUS, Art. 115 N 11); dann sind sie keinem Ehegatten zuzurechnen. Oder es kann sich um Gründe handeln, die nur einem Ehegatten zuzurechnen sind, die bei diesem *eingetreten* sind und für welche die **Verantwortlichkeit** und mit ihr auch das **Verschulden** eine Rolle spielt (TUOR/SCHNYDER/RUMO-JUNGO, 206; SUTTER/FREIBURGHAUS, Art. 115 N 18; FamKomm Scheidung/FANKHAUSER, Art. 115 N 16 f.; REUSSER, Rz 1.83; HEGNAUER/BREITSCHMID, Rz 9.36). Entscheidend ist, dass die Partei, die die Scheidung verlangt, die Gründe für die geltend gemachte Unzumutbarkeit nicht selber verursacht hat (Amtl.Bull StR 1998, 760). Fehlende Zurechenbarkeit ist mit andern Worten dann zu bejahen, wenn die klagende Partei – verschuldet oder unverschuldet – die Zerrüttungsgründe nicht selbst gesetzt hat, oder wenn die Ursachen auf das Verhalten der beklagten Partei zurückzuführen sind, wobei dieses nicht schuldhaft sein muss (BGE 127 III 129, 134 = FamPra.ch 2001, 543; FamKomm Scheidung/FANKHAUSER, Art. 115 N 16; HAUSHEER, ZBJV 1999, 5 f.; RHINER, 297;). Von Bedeutung ist nicht, ob der klagende Ehegatte sich hätte anders verhalten können, sondern nur, ob die Gründe in seinen «Zuständigkeitsbereich» fallen, wobei immerhin bei der Frage der Zumutbarkeit dem Umstand Rechnung zu tragen ist, ob er durch sein eigenes Verhalten die eingetretene Situation hätte vermeiden können (GEISER, FamPra.ch 2001, 175).

Nach den Materialien soll auch eine im Vergleich zu objektiven Zerrüttungsursachen **12** oder dem Verhalten des Ehepartners **untergeordnete (Mit-)Verantwortlichkeit** des klagenden Ehegatten den Scheidungsanspruch nach Art. 115 nicht ausschliessen (Botschaft Revision Scheidungsrecht, 92; SUTTER/FREIBURGHAUS, Art. 115 N 17; RHINER, 298 f., 303). Diese Auffassung wird von einem namhaften Teil der Lehre grundsätzlich übernommen (REUSSER, Rz 1.83; HAUSHEER, ZSR 1996 I 364; RUMO-JUNGO, 1536 f.; **a.M.** STECK, 35, wonach bei beidseitigem Verschulden ein schwerwiegender Grund im Sinne von Art. 115 nicht gegeben sein kann, und wohl auch HAUSHEER, ZBJV 1999, 5 f.). Dabei darf jedoch nicht ausser Acht gelassen werden, dass die altrechtliche Lehre und Rechtsprechung zu aArt. 142 und aArt. 148 nicht auf Art. 115 übertragen werden kann (vgl. vorn N 4, 6). Insbesondere hat keine Prüfung eines allfälligen *überwiegenden Verschuldens* (aArt. 142 Abs. 2) oder *alleinigen Verschuldens* (aArt. 148 Abs. 1) stattzufinden (STECK, 35 f.). Nicht kausale Verfehlungen der klagenden Partei, welche erst nach Eintritt der in Art. 115 vorausgesetzten Gründe erfolgen, sind nicht relevant. Der einmal erworbene Scheidungsgrund geht durch nachfolgendes Verschulden nicht unter (RHINER, 299). Vgl. dazu auch die Kasuistik hinten bei N 25, 26.

4. Die Konkretisierung der Generalklausel

a) Allgemeines

Die Bildung von **festen Fallgruppen** als Hilfe für die Auslegung von Art. 115 (so der **13** Versuch von STECK, 36 f.) wird in Lehre und Rechtssprechung mehrheitlich **abgelehnt,** weil eine derartige Kategorisierung zur Bildung von Schemen führe, welche die konkreten und letztlich immer ausschlaggebenden Umstände des Einzelfalls leicht in den Hintergrund drängen und damit zu fragwürdigen Ergebnissen führen könnten (SUTTER/FREIBURGHAUS, Art. 115 N 14; RHINER, 309 f.; kritisch HAUSHEER/JAUN, Art. 4 N 24; VETTERLI, AJP 2002, 102, 104 f.). Die bundesgerichtliche Rechtssprechung ist dieser Auffassung gefolgt. Das BGer hält ein solches Vorgehen weder für zulässig noch für wünschbar (BGE 126 III 404, 410 E. 4h; 127 III 129, 134). Trotzdem hat das Bundesgericht in BGE 126 III 404, 410 die in den zahlreichen Publikationen aufgeführten wichtigsten Beispiele von schwerwiegenden Gründen aufgelistet, ohne sich jedoch damit auseinanderzusetzen. In BGE 127 III 129, 134 hat es aber ergänzt, es gelte auch zu verhindern, dass man zufolge einer restriktiven Praxis doch zu einer Bildung von Fallgruppen komme. Der nachfolgenden Aufzählung (hinten N 15–23) soll nicht die Bedeutung von Fallgruppen zukommen. Vielmehr muss in jedem einzelnen Fall unter Berücksichtigung aller objektiven und subjektiven Umstände umfassend geprüft werden, ob eine Unzumutbarkeit im Sinne von Art. 115 vorliegt oder nicht. Vgl. dazu auch die Kasuistik (hinten N 25 und 26).

14   Zur **Konkretisierung der Generalklausel** können teilweise die altrechtlichen besonderen Scheidungsgründe (vor allem aArt. 138 und 139) wie körperliche Misshandlung, Nachstellung nach dem Leben, schwere Ehrenkränkung, entehrendes Verbrechen oder unehrenhafter Lebenswandel herangezogen werden (STECK, 36 f., vgl. auch Botschaft Revision Scheidungsrecht, 92 f., wo speziell die körperliche Misshandlung erwähnt wird; dazu hinten N 15 ff.; vgl. auch VETTERLI, AJP 2002, 102, 105 f.). Grundsätzlich sind **strenge Anforderungen** an diesen Scheidungsgrund zu stellen, weil andernfalls die formalisierten Scheidungsgründe stark an Bedeutung verlieren würden, was der Idee des neuen Scheidungsrechts zuwiderlaufen würde (BGE 126 III 404, 409 E. 4f; Botschaft Revision Scheidungsrecht, 93; REUSSER, Rz 1.86; RUMO-JUNGO, 1536; RHINER, 288, 291; vgl. auch BGer, Urteil vom 6.8.2001, 5C.141/2001 = FamPra.ch 2002, 130, wo festgehalten wird, mit der Erschwerung der Scheidung nach Art. 115 habe der Gesetzgeber erreichen wollen, dass die strittigen Scheidungen zum grössten Teil nach Art. 114 abzuwickeln seien). Aufgrund des gesetzgeberischen Entscheids, die Trennungsfrist von fünf Jahren (so der bundesrätliche Entwurf, vgl. dazu Art. 114 N 11), bzw. von vier Jahren (ursprüngliche Fassung von Art. 114) auf zwei Jahre herabzusetzen, sind die Anforderungen an die Unzumutbarkeit tendenziell eher höher als tiefer zu setzen (SUTTER/ FREIBURGHAUS, Art. 115 N 2; FamKomm Scheidung/FANKHAUSER, Art. 115 N 2). Nach BGE 127 III 129, 133 f. = FamPra.ch 2001, 543 vermag diese rechtspolitische Zielsetzung jedoch nicht zu rechtfertigen, «*an das Vorliegen eines schwerwiegenden Grundes übertriebene Anforderungen zu stellen, mit der Folge, dass ein scheidungswilliger Ehegatte, obwohl ihm keine Zerrüttungsgründe zuzurechnen sind, abgesehen von extrem gelagerten und entsprechend seltenen Fällen gezwungen wäre, in einer längst nicht mehr gelebten Ehe während vier Jahren* (neu von zwei Jahren) *auszuharren*» (a.a.O. S. 133 f.). Das BGer will damit auch der Gefahr, dass der scheidungswillige Ehegatte den andern «*zu finanziellen Konzessionen nötigt, die sachlich nicht gerechtfertigt sind*», begegnen, weil eine restriktive Handhabung von Art. 115 ZGB «*solchen ‹Erpressungen› Vorschub leisten*» würde (a.a.O. S. 134). Mit dieser Entscheidung hat das BGer gegenüber der früheren Entscheidung (BGE 126 III 404 = FamPra.ch 2001, 354) die Akzente anders gesetzt (zustimmend WEBER, AJP 4/2001, 466 ff.; vgl. auch die Bemerkungen von FANKHAUSER, FamPra.ch 2001, 559 f., der mit Bezug auf die Gefahr von unerwünschten Druckversuchen die Problematik umgekehrt beurteilt), was den kantonalen Instanzen für den Einzelfall mehr Ermessensspielraum gewährt, die Etablierung einer gesicherten Rechtsprechung aber erschweren dürfte (vgl. auch hinten N 25, 26, 35).

b) Beeinträchtigung der physischen und psychischen Integrität

15   Unzumutbarkeit ist zu bejahen bei **schwerer körperlicher und seelischer Misshandlung** des klagenden Ehegatten oder von ihm nahe stehenden Personen wie Kindern oder nahen Verwandten und Freunden (vgl. Botschaft Revision Scheidungsrecht, 92, wo allerdings nur gerade die körperliche Misshandlung erwähnt wird; KGer SG, ZBJV 2002, 59 ff.; Sutter/Freiburghaus, Art. 115 N 10; FamKomm Scheidung/Fankhauser, Art. 115 N 7; Reusser, Rz 1.85; Vetterli, AJP 2002, 102, 106). Dabei wird zum Teil auf Art. 477 Ziffer 1 hingewiesen (Steck, 37; vgl. auch Rumo-Jungo, 1536, wonach eine *Gefahr* für die physische oder psychische Gesundheit der scheidungswilligen Partei und/oder deren Kinder ausreichend ist, ferner Rhiner, 310, 315 f.). Auch die *Nachstellung nach dem Leben* (vgl. aArt. 138) vermag eine Unzumutbarkeit zu begründen, unter Umständen auch schon die blosse Drohung mit dem Tod gegenüber dem Ehegatten und/oder den Kindern (Rumo-Jungo, 1536; Hegnauer/Breitschmid, Rz 9.37; Rhiner, 311). **Nicht hinreichend** sind aber in der Regel **Tätlichkeiten,** selbst wenn es sich dabei nicht mehr um blosse Bagatellen handelt (vgl. BGer Urteil vom 8.5.2001, 5C. 35/2001; OGer ZH, Urteil vom 11.1.2001, Prozess Nr. LC990053; vgl. aber auch ZR 2001 Nr. 25; FamKomm Scheidung/Fankhauser, Art. 115 N 7; vgl. auch hinten N 25, 26).

c) Straftaten

Das alte Recht kannte den besonderen Scheidungsgrund des entehrenden Verbrechens (aArt. 139; vgl. Hinderling/Steck, 122 ff.). Das Begehen von solchen **Straftaten** (Verbrechen und Vergehen) kann auch nach Art. 115 eine Unzumutbarkeit begründen (vgl. OGer ZH, ZR 2000 Nr. 46 = SJZ 2000, 349 ff. = FamPra.ch 2000, 518 ff.; OGer ZH, ZR 2000 Nr. 62 = SJZ 2000, 345 ff. = FamPra.ch 2000, 521 ff., ferner Fankhauser, Rechtsprechungsbericht in FamPra.ch 2000, 533 ff.; vgl. zudem Rumo-Jungo, 1536; Hegnauer/Breitschmid, Rz 9.37; Rhiner, 315; Vetterli, AJP 2002, 102, 106 und hinten N 22 und 24). Eine Unzumutbarkeit im Sinne von Art. 115 kann auch gegeben sein bei Vernachlässigung von Unterhaltspflichten gegenüber dem Ehegatten und den Kindern (FamKomm Scheidung/Fankhauser, Art. 115 N 8; Vetterli, AJP 2002, 102, 106; vgl. auch hinten N 26). **16**

d) Lebenswandel

Unter Umständen können auch **Prostitution und Zuhälterei,** hingegen nicht Arbeitsscheu und Liederlichkeit (vgl. auch aArt. 139 betr. den unehrenhaften Lebenswandel) zur Unzumutbarkeit führen (Rhiner, 319; Hegnauer/Breitschmid, Rz 9.34 und 9.37; vgl. auch ZivGer BS, FamPra.ch 2003, 156 ff.;). Hier ist jedoch Zurückhaltung geboten und wird oft die Frage von Bedeutung sein, inwiefern das beanstandete Verhalten dem andern Ehegatten schon vor der Heirat bekannt und von diesem auch geduldet worden war (vgl. auch vorn N 10, ferner ZR 2001 Nr. 45, wonach in erster Instanz eine konkludent geduldete Prostitution nicht einmal für die Aufhebung des gemeinsamen Haushaltes nach Art. 175 genügt hatte). **17**

e) Persönlichkeitsverletzungen

Auch **schwere Ehrenkränkungen** (vgl. auch aArt. 138) vermögen unter Umständen eine Unzumutbarkeit zu begründen (Hegnauer/Breitscmid, Rz 9.37). Das Gleiche gilt für schwere **Persönlichkeitsverletzungen** anderer Art (z.B. telefonische Belästigung, planmässiges Verfolgen, Beeinträchtigung der Bewegungsfreiheit etc.), sofern eine grosse Intensität erreicht wird (BGer Urteil vom 6.8.2001, Nr. 5C.141/2001 = FamPra.ch 2002, 130 ff., vgl. dazu auch das vorinstanzliche Urteil, KGer SG, ZBJV 2002, 59 ff.; FamKomm Scheidung/Fankhauser, Art. 115 N 10; Rhiner, 315; Vetterli, AJP 2002, 102, 106; ferner, für eine grosszügige Berücksichtigung, Weber, AJP 2001, 469 f.; vgl. auch hinten N 26;). Eine Unzumutbarkeit kann darin begründet sein, dass die Ehefrau den Ehemann nach der Heirat sofort fallen lässt und ihm mit aller Deutlichkeit zeigt, dass **18** sie ihn nur in wirtschaftlicher Hinsicht als Mittel zum Zweck verwenden will (vgl. GEI-SER, FamPra.ch 2001, 343, kritische Bemerkungen zum Urteil des KGer SG, FamPra 2001, 338, welches eine rechtsmissbräuchliche Eheschliessung angenommen und gestützt auf Art. 2 Abs. 2 ZGB die Ehe für ungültig erklärt hatte).

f) Ehebruch

19 Was den **Ehebruch** betrifft, bestehen unterschiedliche Auffassungen. In der Regel dürfte ein Ehebruch oder ein ausserehliches Verhältnis ohne die erschwerenden Qualifikationen von Verletzungen der psychischen Integrität nicht ausreichen, um eine Scheidung nach Art. 115 zu begründen (BGer, Urteil vom 20.12.2002, 5C. 236/2002 E. 4.1.2 = FamPra.ch 2003, 397 ff.; FamKomm Scheidung/FANKHAUSER, Art. 115 N 7; RHINER, 313; STECK, 37; im gleichen Sinne SUTTER/FREIBURGHAUS, Art. 115 N 12; RUMO-JUNGO, 1536; **a.M.** WEBER, AJP 1999, 1636; vgl auch BezGer Bülach, FamPra.ch 2000, 530; GerKreis II Biel-Nidau, FamPra.ch 2001, 548 f.; Cour de justice de Genève, FamPra.ch 2001, 800). Eine Ausnahme ist dann zu machen, wenn die beklagte Partei mit einem andern Partner zusammenlebt und zur ehelichen Gemeinschaft nicht mehr Hand bietet, sich jedoch weigert, einem Scheidungsbegehren der – schuldlosen – scheidungswilligen Partei zuzustimmen (STECK, 37). Nicht entscheidend kann unter dem Aspekt von Art. 115 sein, ob der Ehebruch für die Zerrüttung kausal war (RHINER, 313; **a.M.** BezGer Bülach, FamPra.ch 2000, 530 und die Kritik an diesem Entscheid von FANKHAUSER in FamPra.ch 2000, 534 f., vgl. hinten N 25) Jedenfalls dürfte es richtig sein, eheliche Untreue nicht abstrakt, sondern nach ihrer konkreten Auswirkung auf das eheliche Verhältnis zu werten (vgl. insbesondere auch BGE 129 III 1, 3 ff. = FamPra.ch 2003, 152 ff.; BGer, Urteil vom 11.12.2001, 5C.242/2001; HEGNAUER/BREITSCHMID, Rz 9.37; FamKomm Scheidung/FANKHAUSER, Art. 115 N 7; vgl. auch VETTERLI, Rechtsprechungsbericht in FamPra.ch 2001, 109 und in AJP 2002, 102, 106).

g) Krankheit

20 Grundsätzlich sind Ehegatten verpflichtet, einander auch in Tagen der Krankheit beizustehen. Eine schwere **physische oder psychische Krankheit** (z.B. Morbus Alzheimer, Invalidität, Geisteskrankheit, schwere Alkohol- oder Drogensucht, schwere Depressionen u.ä.) der beklagten Partei kann jedoch einen schwerwiegenden Grund darstellen, wenn ihre Auswirkungen selbst die auf zwei Jahre befristete *Beistandspflicht* des andern Ehegatten überfordern (HEGNAUER/BREITSCHMID, Rz 9.34; SUTTER/FREIBURGHAUS, Art. 115 N 11; NORDMANN/ZIMMERMANN, 1018; RHINER, 318; VETTERLI, AJP 2002, 102, 106 f.; STECK, 36, wonach ähnliche Überlegungen anzustellen sind wie bei aArt. 141; zurückhaltend RUMO-JUNGO, 1536, die die Auffassung vertritt, dass das Abwarten der Trennungsfrist zumutbar sei, wenn für die Gesundheit der scheidungswilligen Partei keine Gefahr besteht; vgl. auch BGE 128 III 1, 2 f. = FamPra.ch 2002, 338 und 346 ff.). Eine Unzumutbarkeit kann unter Umständen dann gegeben sein, wenn ein schwer kranker Ehegatte nicht mehr urteilsfähig ist und der Scheidung nicht gültig zustimmen kann (1. Aufl., LÜCHINGER/GEISER, Vorbem. zu aArt. 137 ff., N 39; STECK, 36). Ist eine Krankheit und die damit verbundene psychische Belastung nicht von besonderer Schwere, lässt sich daraus in der Regel keine Unzumutbarkeit ableiten (KGer SG, ZBJV 2001, 81, 82 f. = FamPra.ch 2001, 107, wo mit Recht darauf hingewiesen wird, dass ein (strittig geführter) Scheidungsprozess für die Beteiligten üblicherweise eine psychische Belastung darstelle; OGer BL, FamPra.ch 2003, 400 ff.; KGer SG, ZBJV 2002, 54, 56 ff.; FamKomm Scheidung/FANKHAUSER, Art. 115 N 11a und 11b; vgl. auch hinten N 25 und 26).

h) Scheinehen

Ein schwerwiegender Grund im Sinne von Art. 115 kann auch bei **einseitigen Schein-** **21**
ehen erfüllt sein, wenn die klagende Partei in guten Treuen eine eheliche Gemeinschaft
begründen wollte und erst *nach* der Heirat feststellen muss, dass der andere Ehegatte nie
einen Ehewillen hatte und die Ehe nur einging, um sich eigennützige Vorteile zu verschaffen (vgl. BGE 127 III 347 ff. = FamPra.ch 2001, 791; BGer, Urteil vom 26.4.2001,
5C. 63/2001 = FamPra.ch 2001, 788; KGer ZG, FamPra.ch 2001, 555 ff., wobei in diesem Fall m.E. zweifelhaft ist, ob tatsächlich eine Scheinehe vorlag; KGer SG, FamPra.ch
2003, 158; vgl. diesbezüglich auch die kritischen Rechtsprechungsberichte von FANK-
HAUSER in FamPra.ch 2001, 559, 561 und FamPra 2001, 793 f., ferner FamKomm Schei-
dung/FANKHAUSER, Art. 115 N 7a). Bei **zweiseitigen Scheinehen** kann dagegen eine
Berufung auf Art. 115 kaum Aussicht auf Erfolg haben (BGE 127 III 342 = FamPra.ch
2001, 783; STECK, 37; FREI, 515 f., RHINER, 320; VETTERLI, AJP 2002, 102, 106; vgl.
auch BGer, Urteil vom 25.11.2002, 5C. 223/2002 = FamPra.ch 2003, 377 ff.; KGer SG,
FamPra.ch 2004, 951 ff. sowie vorn N 10 und hinten N 25, 26). Grundsätzlich ist davon
auszugehen, dass der ausländische Ehegatte, der sich vor Ablauf der gesetzlichen Trennungsfrist der Scheidungsklage widersetzt, sich in der Regel zivilrechtlich nicht rechtsmissbräuchlich verhält, doch kann die Berufung auf eine nur noch formell bestehende
Ehe als Grundlage für eine Aufenthaltsbewilligung ausländerrechtlich (Art. 7 ANAG)
einen Rechtsmissbrauch darstellen (BGE 128 II 145, 151 ff. = FamPra.ch 2002, 800 ff.;
BGer, Urteil vom 11.12.2001, 5C. 242/2001 = FamPra.ch 2002, 342 und 348 f. = SJZ
2002, 179 f.; kritisch SPESCHA, AJP 2002, 1419, 1425 ff.).

i) andere Gründe

Der Umstand, dass die Voraussetzungen für eine Aufhebung des gemeinsamen Haus- **22**
haltes gegeben sind (Art. 175 und 176 Abs. 2), wird häufig nicht hinreichend sein (Fam-
Komm Scheidung/FANKHAUSER, Art. 115 N 6; wohl **a.M.** WEBER, AJP 2001, 469 f.).
Massstab muss vielmehr die **spezifische Unzumutbarkeit** im Sinne von Art. 115 sein
(BGer, Urteil vom 10.10.2001, 5C. 227/2001 = FamPra.ch 2002, 136; BGer, Urteil vom
29.8.2003, 5C. 90/2002 = FamPra.ch 2004, 114 ff. = Pra 2004, 119 ff.; OGer ZH, ZR
2003, Nr. 27; vgl. auch vorn N 7 und hinten N 25 und 26).

Ob eine widerrechtliche **Verlassung** des Ehepartners eine Unzumutbarkeit zu begrün- **23**
den vermag, ist kontrovers (*für Unzumutbarkeit:* HEGNAUER/BREITSCHMID, Rz 9.37;
FamKomm Scheidung/FANKHAUSER, Art. 115 N 9; VETTERLI, AJP 2002, 102, 106; HIN-
DERLING/STECK, 158, bezogen auf eine nachrichtenlose unbekannte Abwesenheit, zufolge welcher die beklagte Partei ausserstande ist, einer Scheidung zuzustimmen; vgl. auch
OGer LU, FamPra.ch 2002, 137; *gegen Unzumutbarkeit:* BezGer Zürich, Urteil vom
15. November 2000, Prozess Nr. CE000953, RHINER, 313 f., allerdings mit dem Vorbehalt, dass Unzumutbarkeit dann doch möglich ist, wenn der beklagte Ehegatte eine neue
Beziehung eingegangen ist; im gleichen Sinne auch RUMO-JUNGO, 1536, die aber anscheinend voraussetzt, dass aus dieser neuen Beziehung Kinder hervorgegangen sind).

Weite Bereiche der **bisher unter aArt. 142 subsumierten Zerrüttungsursachen** wie **24**
z.B. Entfremdung, Unvereinbarkeit der Charaktere, Lieblosigkeit, Vernachlässigung,
Liederlichkeit, Misswirtschaft, Streitereien, Nörgelei, Ehewidrigkeiten fallen für die Begründung einer Unzumutbarkeit meistens **ausser Betracht** (HEGNAUER/BREITSCHMID,
Rz 9.34, GEISER, FamPra.ch 2001, 177; RHINER, 291; vgl auch vorn N 4). Die Tatsache,
dass ein Ehegatte noch während längerer Zeit Kinder betreuen muss, hat grundsätzlich
keinen Einfluss auf die Frage der Unzumutbarkeit (SUTTER/FREIBURGHAUS, Art. 115
N 13; RHINER, 309). Die blosse *imcomptabilité d'humeur,* ein im Laufe der Jahre erfolgtes

Auseinanderleben, Verhalten, welches im Rahmen von ehelichen Auseinandersetzungen zum üblichen Konfliktverhalten gehört, ferner Religionswechsel, aber auch endlose Streitereien, sexuelle Umorientierung (z.B. Homosexualität, Transvestismus) reichen im Allgemeinen nicht aus (SUTTER/FREIBURGHAUS. Art. 115 N 16; FamKomm Scheidung/FANKHAUSER, Art. 115 N 10; RHINER, 319 f.; vgl. auch KGer SG, FamPra.ch 2001, 106, OGer ZH, ZR 2003 Nr. 27 und die hinten unter N 25 aufgeführten weiteren Gerichtsurteile).

5. Kasuistik

25 Ein schwerwiegender Grund nach Art. 115 wurde **verneint** (vgl. auch GEISER, FamPra.ch 2001, 173 ff.; RUMO-JUNGO, recht 2001, 83 f.; STECK, FamPra.ch 2004, 206, 215 ff.) in folgenden Fällen:

- *BGE 126 III 404, 410 f. E. 5a und b = FamPra.ch 2001, 354:* Gewalttätigkeiten des Ehemannes konnten nicht hinreichend nachgewiesen werden.

- *BGE 127 III 342 ff. = FamPra.ch 2001, 783:* Zweiseitige Scheinehe zwischen einer schweizerischen Drogenabhängigen und einem Ausländer zwecks Geldbeschaffung. Kein Hinweis dafür, dass das rechtliche Band die Ehefrau in therapeutisch nachteiliger Hinsicht eingeschränkt hat. Vgl. auch das angefochtene, vom BGer bestätigte kantonale Urteil des OGer ZH, FamPra.ch 2001, 344 ff.

- *BGer Urteil vom 8.5.2001, 5C.35/2001:* Die Klägerin behauptete, der Beklagte habe sie zwei Wochen nach der Heirat kräftig an den Händen gepackt und seelisch verletzt. Zwei Wochen später habe er versucht, sie auf den Kopf zu schlagen und sie weggestossen, so dass sie sich an Knie und Ellbogen und an der linken Ohrmuschel verletzt und deswegen Hämatome erlitten habe. Die kantonale Berufungsinstanz war davon ausgegangen, es habe sich um singuläre Übergriffe gehandelt. Die Gesundheit der Klägerin sei nicht in Gefahr gewesen. Diese habe selber erklärt, die Tätlichkeiten seien von sekundärer Bedeutung. Es fehle an der Unzumutbarkeit. Gleiches gelte auch für die behauptete Drohung des Beklagten, es werde «etwas passieren», sollte die Ehefrau auf Scheidung klagen. Das kantonale Urteil wurde vom BGer bestätigt.

- *BGer, Urteil vom 11.12.2001, 5C.242/2001 = FamPra.ch 2002, 342 und 348 f.= SJZ 2002, 179 f.:* Heirat 1993. Ab April 1998 lebten die Ehegatten gerichtlich getrennt, zogen jedoch im August 1998 zeitweilig wieder zusammen. Im März 1999 gebar die Ehefrau ein Kind, das von einem andern Mann stammt. Die Anfechtungsklage des Ehemannes wurde im Dezember 1999 gutgeheissen. Der Ehemann unterhielt seinerseits eine aussereheliche Beziehung mit einer Nichte der Ehefrau, die von ihm ein Kind erwartete. Die Argumentation der Vorinstanz, der Widerstand der Ehefrau gegen die Scheidung sei rechtsmissbräuchlich, weil sie nur an der zerrütteten Ehe festhalte, um den Ehemann zu strafen, erachtete das BGer als nicht stichhaltig. Es wies die Scheidungsklage des Ehemannes ab (vgl. auch hinten N 27).

- *BGer, Urteil vom 25.11.2002, 5C. 223/2002 = FamPra.ch 2003, 377 ff.:* Ehe die mit einem Ungültigkeitsgrund (fehlender Ehewille der Klägerin, Art. 107 Ziff. 2) behaftet ist. Unzumutbarkeit ist grundsätzlich nicht zu bejahen, wenn ein Eheungültigkeitsgrund vorliegt (vgl. auch vorn N 21).

- *BGer, Urteil vom 20.12.2002, 5C. 236/2002 = FamPra.ch 2003, 397 ff.:* Ehebruch, Ansteckung mit einer Geschlechtskrankheit (vgl. auch vorn N 19).

- *KGer SG, ZBJV 2001, 81 ff. = FamPra.ch 2001, 107:* 39-jährige Ehe. Die von der Klägerin behauptete schwere psychische und physische Beeinträchtigung wurde nicht hinreichend nachgewiesen. Die Tatsache, dass der Beklagte auszog, der Klägerin die Sorge für die mongoloide Tochter überliess und dass es zwischen dem Beklagten und den Kindern zum Streit kam, reichten für eine Unzumutbarkeit nicht aus.

– *KGer SG, FamPra.ch 2001, 106:* Heirat um der drohenden Wegweisung des Ehemannes zu entgehen. Die Eheleute hatten vor der Heirat eine längere Bekanntschaft gepflegt, lebten nach der Heirat in häuslicher Gemeinschaft und beschrieben übereinstimmend die Zerrüttung ihrer Ehe.

– *OGer ZH, ZR 2000 Nr. 62 = SJZ 2000, 345 ff. = FamPra.ch 2000, 521 ff.:* Die Beklagte hatte den Kläger verlassen, weil dieser zu viel getrunken hatte, kehrte aber nach mehreren Monaten zu ihm zurück. Kurz danach wurde sie verhaftet und in der Folge wegen Drogenhandels zu 2½ Jahren Gefängnis verurteilt. Nach der Entlassung aus dem Strafvollzug nahm sie eine Stelle an, hielt sich gut und hatte wieder Kontakte mit dem Beklagten, doch folgte bald darauf die Trennung. Aufgrund der gesamten Umstände erachtete das Gericht ein Abwarten der Trennungsfrist für zumutbar.

– *OGer ZH Urteil vom 11.1.2001 (Prozess Nr. LC990053):* Der Beklagte suchte im Laufe der Ehe immer öfter Streit. Er schlug die Beklagte und bedrohte sie auch wiederholt mit einem Messer. Anderseits jammerte und heulte er wie ein kleines Kind, wenn sie von Trennung sprach. Das Gericht gelangte nach einem Beweisverfahren zum Schluss, dass die vorgekommenen physischen Übergriffe zwar nicht zu bagatellisieren seien, dass aber angesichts der strengen Anforderungen von Art 115 keine Unzumutbarkeit angenommen werden könne

– *GerKreis II Biel-Nidau, FamPra.ch 2001, 548 ff.:* Der Beklagte hatte sich vor der Trennung anderen Frauen zugewandt und mit ihnen Flugreisen unternommen und der Klägerin kaum mehr Aufmerksamkeit geschenkt. Er gönnte sich einen grosszügigen Lebensstil und führte beim Vermögen umfangreiche Transaktionen durch, ohne die Beklagte zu informieren. Ferner leitete er gegen die Beklagte eine von dieser als ungerechtfertigt erachtete Betreibung ein.

– *BezGer Bülach, FamPra.ch 2000, 530 ff.:* Heirat 1979. Vor Anhängigmachung des Scheidungsprozesses wurde eine vorübergehende Trennung vereinbart, nachdem grosse Spannungen aufgetreten waren. Ein Streitpunkt war der Alkoholkonsum der Beklagten, doch ergaben sich keine Hinweise auf eine Alkoholkrankheit. Die Beklagte gab im Laufe des Verfahrens zu, einen Freund zu haben, mit welchem sie aber noch nicht im Konkubinat lebe.

– *GerKreis X Thun, FamPra.ch 2001, 551:* Der Kläger behauptete, die Beklagte habe ihn nur aus finanziellen Gründen geheiratet. Sie habe nie einen Bindungswillen erkennen lassen, und es sei nach der Heirat nie zum Geschlechtsverkehr gekommen. Zudem habe sie hinter seinem Rücken über seine angebliche Homosexualität geredet. Das Gericht ging davon aus, die vom Kläger vorgebrachten Gründe seien objektiv nicht schwerwiegend. Zudem seien sie durch das Beweisverfahren grösstenteils widerlegt.

– *Cour de justice de Genève, Entscheid vom 16.3.2001, FamPra.ch 2001, 800:* Desinteresse des Beklagten an einer Lebensgemeinschaft und sexuelle Untreue (vgl. vorn N 19 und 23).

– *BezGer Zürich, Urteil vom 15.11.2000 (Prozess Nr. CE000953):* Der Ehemann hatte die eheliche Wohnung verlassen und war, anscheinend aus Brasilien, nicht mehr zurückgekehrt. Die Klägerin machte geltend, es sei einer jungen Frau nicht zuzumuten, auf einen Mann zu warten, der seit über zwei Jahren nachrichtenlos verschwunden sei (vgl. auch vorn N 23).

– *BezGer Zürich, Urteil vom 2.11.2000 (Prozess Nr. CE000996):* Das Gericht wertete verbale Auseinandersetzungen und Kommunikationsschwierigkeiten als «übliches Konfliktverhalten». Es hielt ferner dafür, dass ein Vertrauensbruch in finanziellen Angelegenheiten (angeblich weggenommene Gegenstände und vermutete «Vergiftungsversuche») keine Unzumutbarkeit zu begründen vermöchten.

– *Cour de justice de Genève, FamPra.ch 2002, 351 ff.:* Psychische Gewalt (vgl. auch vorn N 15).

– *Cour de justice de Genève, FamPra.ch 2002, 354 ff.:* Krankheit (vgl. auch vorn N 20).

– *KGer SG, ZBJV 2002, 54, 56 ff.:* Krankheit. Ein Ehegatte kann sich nicht darauf berufen, dass ihm die Fortsetzung der Ehe gesundheitlich nicht mehr zuzumuten sei, wenn kein enger Zusammenhang zwischen dem Auftreten der Krankheitssymptome und einem greifbaren, nicht von ihm provozierten Konflikt zwischen den Ehegatten dargetan ist (vgl. auch vorn N 20).

– *OGer BL, FamPra.ch 2003, 400 ff.:* Krankheit (HIV-Infektion; vgl. auch vorn N 20).

– *OGer ZH, ZR 2003 Nr 27:* Unerfüllter Kinderwunsch der Ehefrau (vgl. auch vorn N 22 und 24). Die schikanöse Verweigerung der Zustimmung zur Ehescheidung stellt noch keinen zwingenden Grund für die Annahme eines offenbaren Rechtsmissbrauchs dar (vgl. auch vorn N 1 und hinten N 27).

26 Ein schwerwiegender Grund nach Art. 115 wurde **bejaht** (vgl. auch GEISER, FamPra.ch 2001, 173 ff.; STECK, FamPra.ch 2004, 206, 215 ff.) in folgenden Fällen:

– *BGE 127 III 129, 134 E. 3c = FamPra.ch 2001, 543:* Der Ehemann zerrte die Ehefrau nachts aus dem Bett, schlug und misshandelte sie während Stunden. Sie erlitt zwar keine schweren körperlichen Verletzungen, musste aber intensiv und über längere Zeit hinweg, zunächst stationär und dann ambulant, psychiatrisch behandelt werden (Diagnose des Arztes: Posttraumatische Belastungsstörung als psychische Erkrankung nach einem Trauma, «nach Misshandlungen, Folterungen und anderen Ereignissen in der Richtung»).

– *BGE 127 III 347 ff. = FamPra.ch 2001, 791:* Einseitige Scheinehe. Die Beklagte hatte den Kläger getäuscht und im Glauben gelassen, auch sie wolle eine Lebensgemeinschaft eingehen. Tatsächlich strebte sie in erster Linie ausländerrechtliche und sekundär finanzielle Vorteile an.

– *BGer, Urteil vom 6.8.2001, 5C.141/2001 = FamPra.ch 2002, 130 ff. (vgl. dazu auch das vorinstanzliche Urteil, KGer SG, ZBJV 2002, 59 ff.):* 35-jährige Ehe. Beide Ehegatten waren gesundheitlich angeschlagen. Sowohl der Kläger als auch die Beklagte waren gewalttätig geworden (Misshandlungsspuren: Blutergüsse und Kratzer). Die Beklagte hatte dem Kläger hartnäckig nachgestellt, ihn periodisch massiv mit Telefonanrufen belästigt, ihn am Grab des Bruders massiv beschimpft und im Bekanntenkreis angeschwärzt und schlecht gemacht. Das BGer hatte davon auszugehen, dass die Beklagte versuche, das ganze Beziehungsfeld des Klägers zu zerstören.

– *BGer, Urteil vom 26.4.2001, 5C.63/2001 = FamPra.ch 2001, 788 ff.:* Einseitige Scheinehe (vgl. vorn N 21).

– *BGer, Urteil vom 10.10.2001, 5C. 227/2001 = FamPra.ch 2002, 136:* Körperliche Misshandlungen. Die Tatsache, dass die Ehegatten von einander getrennt leben, schliesst, auch wenn das Risiko der Gewalttätigkeit nicht mehr besteht, eine Anwendung von Art. 115 nicht aus, da die Folgen der Gewalttätigkeit von Dauer sein können (vgl. auch vorn N 22).

- *BGer, Urteil vom 6.11.2001, 5C. 226/2001 = FamPra.ch 2002, 337 f. und 347:* Einseitige Scheinehe (vgl. vorn N 21).

- *BGer, Urteil vom 6.12.2001, 5C.281/2001 = FamPra.ch 2002, 341 und 348:* Ausübung von Gewalt (vgl. vorn N 15).

- *BGer, Urteil vom 17.1.2002, 5C. 262/2001 = FamPra.ch 2002, 342 und 350:* Erhebliche gesundheitliche Beeinträchtigungen (vgl. vorn N 20).

- *BGE 128 III 1 ff. = FamPra.ch 2002, 338 und 347:* Psychische Krankheit des Beklagten. Die Klägerin war nach nur kurzer Ehedauer von ihrem Mann aus schwerer krankhafter Eifersucht in unerträglicher Weise verdächtigt, verfolgt und geschlagen worden (vgl. auch vorn N 20).

- *BGE 129 III 1, 3 ff. = FamPra.ch 2003, 152 ff.:* Der Ehemann unterhielt seit mehreren Jahren eine aussereheliche Beziehung, aus welcher vier Kinder hervorgegangen sind. Unter den gegebenen Umständen bedeutete es keinen Rechtsmissbrauch, dass die Ehefrau bloss auf Ehetrennung klagte (vgl. auch vorn N 19).

- *BGer, Urteil vom 29.8.2003, 5C. 90/2002 = FamPra.ch 2004, 114 ff.:* Mehr als zwanzig Jahre dauernde Ehe. Der Ehemann hatte die Ehefrau systematisch hintergangen, mehrfach deren Unterschrift gefälscht, um die eheliche Wohnung zu kündigen und das Vorsorgeguthaben zu beziehen, und das Auto und persönliche Gegenstände der Ehefrau heimlich ins Ausland geschafft (vgl. auch vorn N 16 und 22).

- *OGer ZH, ZR 2000 Nr. 46 = SJZ 2000, 349 ff. = FamPra.ch 2000, 518 ff.:* Der Ehemann handelte mit Drogen, obwohl er selbst weder süchtig noch in finanzieller Not war, und wurde dafür zu einer Freiheitsstrafe von vier Jahren verurteilt. Die Ehefrau machte geltend, dadurch sei nicht nur ihr Vertrauen geschwunden, sondern auch das anfänglich gute Verhältnis des Beklagten zu ihrem im gleichen Haushalt lebenden drogenabhängigen Sohn aus erster Ehe zerstört worden, welches mit ein Grund für die Heirat gewesen sei.

- *ZR 2001 Nr. 25:* Der Beklagte hatte die Klägerin in den Jahren 1997 und 1999 zweimal geschlagen und ihr Verletzungen zugefügt. Der Arzt stellte teils grossflächige Blutergüsse über dem Schambein, am rechten Unterarm, an der rechten Flanke, am Becken links und über der Nierengegend rechts fest (Diagnose: diverse Quetschungen, u.a. Rippenquetschung und Nierenquetschung). Die Klägerin soll den Beklagten zuvor massiv beschimpft haben. Der Beklagte wurde für sein Verhalten vom Strafrichter wegen einfacher Körperverletzung (Art. 123 Abs. 1 StGB) schuldig gesprochen.

- *AppGer BS, FamPra.ch 2001, 360 ff.:* Die Klägerin war behindert und bezog eine IV-Rente. Sie litt auch an Epilepsie. Sie behauptete ferner, sie leide unter der Tatsache, mit einem Mann verheiratet zu sein, der sie zu einer Abtreibung genötigt habe und nun ein Kind von seiner neuen Partnerin erwarte. Das Gericht hatte die Frage des Kostenerlasses zu prüfen und führte in diesem Zusammenhang aus, es sei denkbar, dass es um Schluss gelangen könnte, in einer derartigen Situation sei der Klägerin die Fortsetzung ihrer Ehe nicht mehr zuzumuten.

- *KGer ZG, FamPra.ch 2001, 555 ff.:* Einseitige Scheinehe (vgl. vorn N 22).

- *OGer LU, FamPra.ch 2002, 137:* Körperliche Misshandlungen und längere nachrichtenlose Abwesenheit (vgl. vorn N 15 f. und 23).

- *Zivilgericht Tafers (Bezirksgericht der Sense), FamPra.ch 2002, 561 ff.:* Vernachlässigung von Ehefrau und Kind (vgl. vorn N 16).

- *Zivilgericht BS, FamPra.ch 2003, 156 ff.:* Prostitution (vgl. auch vorn N 17).

III. Rechtsfolgen

27 Sind die Voraussetzungen von Art. 115 erfüllt, muss die Scheidung **immer** ausgesprochen werden (FamKomm Scheidung/Fankhauser, Art. 115 N 18). Eine *rechtsmissbräuchliche Berufung* auf diesen Scheidungsgrund dürfte wohl meistens erfolglos sein, weil die kumulative Prüfung der Unzumutbarkeit und der Zurechenbarkeit bei der Rechtsanwendung die Möglichkeit eines Rechtsmissbrauchs regelmässig ausschliessen wird (OGer ZH, ZR 2003 Nr. 27). Nach der bundesgerichtlichen Rechtsprechung kann indessen der Widerstand des beklagten Ehegatten gegen eine Scheidung dann offensichtlich rechtsmissbräuchlich sein, wenn er in einer Art und Weise begründet wird, «die mit dem Institut der Ehe als Lebens- und Rechtsgemeinschaft nichts zu tun haben» (BGer, Urteil vom 11.12.2001, 5C. 242/2001 E. 4b = FamPra.ch 2002, 342 und 348 f. = SJZ 2002, 179 f.; kritisch FamKomm Scheidung/Fankhauser, Art. 115 N 19 und 19a; **a.M.** Sutter/Freiburghaus, Art. 115 N 8; Göksu, FamPra.ch 2003, 242; vgl. auch vorn N 1 und 21). Die unter dem alten Recht bestehende Möglichkeit, statt auf Scheidung nur auf Trennung der Ehe zu erkennen, wenn Aussicht auf Wiedervereinigung vorhanden war (vgl. aArt. 146 Abs. 3) wurde aufgehoben. Die klagende Partei kann aber nach Massgabe von Art. 138 Abs. 2 die Scheidungsklage in eine Trennungsklage umwandeln (Steck, 39). Ein Ehegatte, der nach Art. 115 auf Ehetrennung und nicht auf Ehescheidung klagt, handelt nicht rechtsmissbräuchlich (BGE 129 III 1, 3 ff. = FamPra.ch 2003, 152 ff.).

28 Sind die Voraussetzungen von Art. 115 nicht gegeben, sei es dass die Unzumutbarkeit verneint werden muss oder dass die geltend gemachten Zerrüttungsursachen der klagenden Partei zuzurechnen sind, und liegen keine andern Scheidungsgründe vor, besteht kein Scheidungsanspruch und ist die **Klage abzuweisen** (vgl. auch Art. 114 N 20; Sutter/Freiburghaus, Art. 115 N 18). Eine neue Klage ist möglich, wenn die Voraussetzung der zweijährigen Trennungsfrist erfüllt ist (Art. 114; Cour de justice de Genève, FamPra.ch 2006, 414; Rumo-Jungo, 1535) oder wenn neue Unzumutbarkeitsgründe geltend gemacht werden können. Nur unter diesem Vorbehalt erwächst das die Scheidungsklage abweisende Urteil in *materielle Rechtskraft* (Steck, 47).

IV. Prozessuales

1. Allgemeines

29 Generell kann mutatis mutandis auf die Ausführungen zu Art. 114 verwiesen werden (Art. 114 N 24–25; Sutter/Freiburghaus, Art. 115 N 21; Rhiner, 300, 326). Es ist nicht möglich Art. 114 eventualiter anzurufen (FamKomm Scheidung/Fankhauser, Art. 115 N 20; Rhiner, 295; vgl. auch Art. 114 N 1 und 25). Grundsätzlich müssen die schwerwiegenden Gründe wie im bisherigen Recht (vgl. dazu BK-Bühler/Spühler, Art. 142 N 18) für den Zeitpunkt nachgewiesen sein, bis zu welchem nach dem kantonalen Prozessrecht klagebegründende Behauptungen vorgebracht werden können (BGE 116 II 385, 393). Zu berücksichtigen sind deshalb auch in prozessualer Hinsicht zulässigerweise «nachgeschobene» Gründe (vgl. Art. 138 Abs. 1; Spühler/Schütt, 1543), welche sich erst während der Dauer des Prozesses verwirklicht haben. Vgl. auch vorn N 9.

2. Beweisfragen

30 Die **Beweislast** sowohl für die schwerwiegenden Gründe als auch für die fehlende Zurechenbarkeit, welche ebenfalls eine anspruchsbegründende Tatsache darstellt, obliegt gemäss Art. 8 der klagenden Partei (Sutter/Freiburghaus, Art. 115 N 19; FamKomm Scheidung/Fankhauser, Art. 115 N 21; Rhiner, 325 f.; KGer SG, ZBJV 2001, 81 f. =

FamPra.ch 2001, 107; vgl. auch vorn N 12). Dies gilt auch für die Behauptung der klagenden Partei, der schwerwiegende Grund sei ihr höchstens in untergeordneter Weise zuzurechnen. Bei objektiven, unverschuldeten und erst recht bei subjektiv vorwerfbaren schwerwiegenden Gründen darf eine natürliche Vermutung berücksichtigt werden, dass der geltend gemachte Grund in die Verantwortungssphäre der beklagten Partei fällt. Dies ist deshalb unbedenklich, weil bei erheblichen Zweifeln über die Zurechenbarkeit des schwerwiegenden Grundes die Klage abgewiesen werden muss (SUTTER/FREIBURGHAUS, Art. 115 N 20).

In Ehesachen ist das Gericht oft mit kontroversen Sachdarstellungen beider Ehegatten **30a** konfrontiert, die sich nur schwer beweisen lassen. In solchen Fällen ist besonders sorgfältig zu prüfen, welche der gegensätzlichen Aussagen glaubhaft sind. Wenn das Gericht keine völlige Gewissheit erlangen kann, muss es sich mit der **überwiegenden Wahrscheinlichkeit** begnügen (VETTERLI, AJP 2002, 102, 107). In mehreren der vorn N 25 aufgeführten Entscheidungen wurde die Unzumutbarkeit deshalb verneint, weil die behaupteten Gründe nicht hinreichend nachgewiesen werden konnten (vgl. dazu STECK, FamPra.ch 2004, 206, 215 ff.).

3. Rechtsmittel

Für die Anfechtung von Urteilen, die gestützt auf Art. 115 ergangen sind, gelten die glei- **31** chen Grundsätze wie bei Art. 114 (vgl. Art. 114 N 28).

V. IPR

Die Tatbestandsvoraussetzungen des Art. 115 richten sich allesamt (einschliesslich das **32** Verhältnis zu Art. 114) nach **schweizerischem Recht,** auch wenn sich der Wohnsitz der Ehegatten im Ausland befunden hat oder nunmehr im Ausland befindet. Soweit jedoch das Verhalten der Parteien anhand der allgemeinen Ehewirkungen zu beurteilen ist, kann bei früherem gemeinsamem Wohnsitz im Ausland unter Umständen gemäss Art. 48 IPRG das *ausländische Ehewirkungsrecht* heranzuziehen sein, sofern dieses nicht *ordre public-widrig* ist oder die Eheleute unter sich nach schweizerischem Recht und nicht nach dem örtlichen Recht gelebt haben (SCHWANDER, 1649; MÜLLER-CHEN, 197; Fam-Komm Scheidung/FANKHAUSER, Art. 115 N 22). Vgl. im Übrigen auch Art. 114 N 29.

VI. Rechtsvergleichung

Die Ausnahmeregelung von Art. 115 in seiner ursprünglichen Fassung war **verhältnis-** **33** **mässig streng** (vgl. vorn N 4, 6, 11), was zum Teil kritisiert wurde (RUMO-JUNGO, recht 2001, 84; WEBER, AJP 1999, 1633, 1636). Dies ist insbesondere auch im internationalen Verhältnis von Bedeutung, indem sich hier gewisse nachteilige Folgen einstellen (vgl. SCHWANDER, 149 f., ferner vorn N 21 und Art. 114 N 30). Viele Rechtsordnungen kennen dagegen *Härteklauseln,* die meist auch restriktiv gefasst und umstritten sind, weil über sie wieder Verschuldenselemente in den Prozess eingeführt werden. Gerade dies sollte jedoch mit der Scheidungsrechtsrevision vermieden werden (vgl. Botschaft Revision Scheidungsrecht, 42 und 91). Ein wesentlicher Unterschied zu andern Rechtsordnungen ist vor allem darin zu erblicken, dass dort den Härteklauseln insofern eine andere Bedeutung als Art. 115 (vgl. vorn N 2) zukommt, als neben den absoluten Scheidungsgründen oft *zusätzlich noch relative Scheidungsgründe* zur Verfügung gestellt werden, die mit einem auf dem Verschulden aufbauenden Zerrüttungstatbestand von aArt. 142 vergleichbar sind. Bei diesen Scheidungsgründen ist – im Unterschied zu Art. 115 – regelmässig der Nachweis des Scheiterns der Ehe möglich (vgl. z.B. Deutschland, § 1565 Abs. 1 Satz 2 BGB sowie Frankreich, Art. 237 und 242 CCfr, in der vor dem 1.1.2005 geltenden Fassung), so dass hier – anders als nach Art. 115 – auch vor Ablauf einer gesetzlichen Trennungsdauer die Scheidung möglich ist (vgl. dazu RUMO-JUNGO, recht 2001, 84). Nach der auf 1.6.2004 in Kraft getretenen revidierten Fassung von Art. 115 (vgl. vorn N 1a) kann indessen von einer übermässigen Strenge kaum noch die Rede sein.

VII. Übergangsrecht

34 Da für die vor den kantonalen Instanzen bei Inkrafttreten des neuen Scheidungsrechts hängigen Scheidungsprozesse das neue Recht zur Anwendung gelangt (Art. 7b Abs. 1 SchlT), gab es anfänglich Fälle, in denen eine Klage abgewiesen werden musste, welche nach altem Recht gutzuheissen gewesen wäre (vgl. auch Art. 114 N 31; KOBEL, ZBJV 2000, 756). Für solche **übergangsrechtlichen Fälle** wurde postuliert, einen schwerwiegenden Grund im Sinne von Art. 115 zu bejahen und die Scheidung trotzdem zuzulassen (REUSSER, Rz 1.111; MEIER, JdT, 2000 I 66, 91 f.; STECK, 37 f.; RHINER, 321 ff.; HEEB, 532 ff.; kritisch SUTER, 174). Das Bundesgericht und ein Teil der Lehre sind jedoch dieser Auffassung unter Hinweis auf den klaren Gesetzeswortlaut, der für das Übergangsrecht keine solche *interprétation élastique* zulasse, nicht gefolgt (BGE 126 III 404, 406 E. 3c; SCHNYDER, ZBJV 2001, 398; FamKomm Scheidung/FANKHAUSER, Art. 115 N 23; RUMO-JUNGO, recht 2001, 84 ff.; KOBEL, ZBJV 2000, 756; vgl. auch KGer SG, FamPra.ch 2001, 104; KGer SG, ZBJV 2001, 81, 83 = FamPra.ch 2001, 107; OGer ZH, ZR 2000 Nr. 45 = SJZ 2000, 347 ff. = FamPra.ch 2000, 524). Zum Übergangsrecht betr. die revidierte Fassung von Art. 115 vgl. Art. 114 N 31.

VIII. Revisionspläne

35 Wegen der Verkürzung der gesetzlichen Frist von vier auf zwei Jahre (vgl. Art. 114 N 2a und vorn N 1a) stellt sich heute erst recht die Frage, ob Art. 115 nicht entbehrlich wäre (SUTTER/FREIBURGHAUS, Art. 115 N 6; SUTTER-SOMM, FamPra.ch 2002, 722 ff.; VETTERLI, AJP 2002, 102, 107 f.). Zweifellos hat die praktische Bedeutung von Art. 115 stark abgenommen. Im Jahre 2002 entfielen schweizweit bei insgesamt 16 628 gutgeheissenen gemeinsamen Begehren und Klagen (Scheidungen und Trennungen) nur 524 Urteile auf bestrittene Klagen, nämlich 296 aufgrund von Art. 114 und 228 aufgrund von Art. 115, während die restlichen Verfahren nach Art. 111 (15 361 Verfahren) und Art. 112 (478 Verfahren) erledigt wurden. Bei insgesamt 21 510 gutheissenden Urteilen im Jahre 2005 ergaben sich demgegenüber 1316 Urteile aufgrund von Art. 114 und 143 aufgrund von Art. 115 (Quelle: Bundesamt für Statistik, Sektion Bevölkerungsentwicklung). Für die Zukunft sind weitere Abnahmen der Scheidungen und Trennungen wegen Unzumutbarkeit zu erwarten. In diesem Zusammenhang und nicht zuletzt auch wegen der Nachteile bei Verfahren mit Auslandbezug (vgl. Art. 114 N 29) werden weitere Gesetzesänderungen postuliert (vgl. WEBER, AJP 2001, 470, der fordert, es sei dem klagenden Ehegatten schlicht die Scheidung über den (anderweitigen) Nachweis der unheilbaren Zerrüttung zu ermöglichen; wolle man die Aufarbeitung der Ehegeschichte ganz vermeiden, bleibe letztlich nur die Respektierung auch eines einseitigen Scheidungswillens als Lösung übrig; vgl. ferner den in die gleiche Richtung zielenden radikalen Vorschlag von TRACHSEL, plädoyer 2003, 40 ff. sowie die moderateren Vorschläge von FANKHAUSER, FamPra.ch 2002, 471 ff., 487; kritisch STECK, FamPra. 2004, 206, 226. – Für das neue französische Recht vgl. Art. 237 und 242 Ccfr i.d.F. vom 26.5.2004, in Kraft seit 1.1.2005). In den anstehenden Revisionen ist indessen eine Aufhebung von Art. 115 nicht vorgesehen (vgl. den Bericht des BRates vom 1.7.2005 über eine Umfrage zum Scheidungsrecht, Pressemitteilung vom Juli 2005).

Art. 116

III. Zustimmung zur Scheidungsklage, Widerklage	**Verlangt ein Ehegatte die Scheidung nach Getrenntleben oder wegen Unzumutbarkeit und stimmt der andere Ehegatte ausdrücklich zu oder erhebt er Widerklage, so sind die Bestimmungen über die Scheidung auf gemeinsames Begehren sinngemäss anwendbar.**
III. Consentement au divorce, demande reconventionnelle	Les dispositions relatives au divorce sur requête commune sont applicables par analogie lorsqu'un époux demande le divorce après suspension de la vie commune ou pour rupture du lien conjugal et que l'autre consent expressément au divorce ou dépose une demande reconventionnelle.
III. Consenso al divorzio, domanda riconvenzionale	Quando un coniuge domanda il divorzio dopo sospensione della vita in comune o per rottura del vincolo coniugale e l'altro coniuge vi acconsente esplicitamente o inoltra una domanda riconvenzionale, sono applicabili per analogia le disposizioni relative al divorzio su richiesta comune.

Literatur

Vgl. die Literaturhinweise zu Art. 111 und 114.

I. Allgemeines

1. Wegfall des Widerstandes gegen die Scheidung

Ausgangspunkt von Art. 116 ist immer eine bestrittene Scheidungsklage, die aufgrund von Art. 114 oder 115 zu beurteilen ist. Die Bestimmung gelangt nur zur Anwendung, wenn im hängigen Prozess der **Widerstand gegen die Scheidung** als solche **aufgegeben** wird, sei es, dass die beklagte Partei *der Scheidung* nunmehr ohne eigenes Klagebegehren *ausdrücklich* zustimmt, oder dass sie *Widerklage auf Scheidung* erhebt und damit zum Ausdruck bringt, dass sie ihrerseits die Scheidung wünscht. Bei dieser Sachlage tritt der bisher strittig geführte Prozess in ein neues Stadium. Es besteht jetzt zwischen den Parteien insofern Einigkeit darüber, dass das Ziel, die Scheidung der Ehe zu erlangen beidseits mindestens akzeptiert oder aber sogar von beiden Seiten angestrebt wird (TUOR/SCHNYDER/RUMO-JUNGO, 207; RUMO-JUNGO, 1537; RHINER, 327; vgl. hinten N 3,7–9). **1**

Während Art. 113 die Grundlage dafür bildet, dass ein gescheitertes gemeinsames Scheidungsbegehren aus einem bundesrechtlich besonders geregelten, unstreitigen Verfahren in einen strittigen, kontradiktorischen Prozess herkömmlicher Art überführt wird, bewirkt umgekehrt Art. 116 den Wechsel vom strittigen Klageverfahren in ein unstreitiges, dem Teileinigungsverfahren (Art. 112 in Verbindung mit Art. 111) weitgehend entsprechendes Verfahren (HAUSHEER, ZBJV 1999, 9; **a.M.** SUTTER/FREIBURGHAUS, Art. 116 N 6, wonach kein eigentlicher Übergang vom streitigen in das nichtstreitige Verfahren stattfinde; ähnlich FamKomm Scheidung Scheidung/FANKHAUSER, Art. 116 N 1, die in Art. 116 lediglich eine Verweisungsnorm erblicken). Art. 116 ist damit gleichsam das **Gegenstück zu Art. 113** (TUOR/SCHNYDER/RUMO-JUNGO, 207; SANDOZ, 110). Beide Normen gewährleisten eine gewisse *Flexibilität* in der Anwendung des neuen Scheidungsrechts (HAUSHEER, ZBJV 1999, 9 f.; RUMO-JUNGO, 1539; RHINER, 329). **2**

2. Normzweck und Anwendungsbereich

Wenn **beide Ehegatten** das Scheitern ihrer Beziehung erkannt und sich mit der Tatsache der Notwendigkeit einer Auflösung ihrer Ehe abgefunden haben, besteht mit Bezug **3** auf den Scheidungspunkt materiell Einigkeit (Botschaft Revision Scheidungsrecht, 93; SUTTER/FREIBURGHAUS, Art. 116 N 9) und ist dem Streit (Art. 114 oder 115) insoweit die Grundlage entzogen. Sobald der Widerstand der beklagten Partei gegen die Scheidung unwiderruflich (vgl. hinten N 27) weggefallen ist, braucht nicht länger darüber gestritten und Beweis geführt zu werden, ob die Zerrüttung der Beziehung zufolge einer zweijährigen Trennungsdauer unwiderlegbar eingetreten (vgl. Art. 114 N 3), oder ob die Fortführung der Ehe bis zum Ablauf der Trennungsfrist unzumutbar geworden ist (vgl. Art. 115). Vielmehr ist dann faktisch eine *ähnliche Situation* gegeben, wie sie bestehen würde, wenn die Ehegatten sich auf ein *gemeinsames Scheidungsbegehren im Sinne einer Teileinigung* (Art. 112) geeinigt hätten (FamKomm Scheidung/FANKHAUSER, Art. 116 N 2; RUMO-JUNGO, 1537; STECK, 41; RHINER, 327). Entsprechend einer Zielsetzung der Scheidungsrechtsrevision, die Verständigung der Parteien über die Scheidung nach Möglichkeit zu fördern (Botschaft Revision Scheidungsrecht 29 f., 93; vgl. auch Art. 114 N 2), soll deshalb, wenn beide Ehegatten die Scheidung wünschen, diese nicht mehr aufgrund von Art. 114 oder 115, sondern in analoger Anwendung der prioritären Bestimmungen von Art. 111 oder 112 ausgesprochen werden (RUMO-JUNGO, 1539; STECK, 42; RHINER, 327 f., 339 f.; vgl. ferner hinten N 10 ff.). Art. 116 bezweckt in erster Linie, dass die Verfahrensgarantien der Art. 111 und 112 eingehalten werden (SUTTER/ FREIBURGHAUS, Art. 116 N 9). Kein Ehegatte soll in diesem Fall das Recht haben oder damit belastet werden, einen Zerrüttungsprozess strittig führen zu müssen (BRÄM, AJP 1999, 1519; STECK, 41; RUMO-JUNGO, 1540). Die materiellen Scheidungsvoraussetzungen von Art. 114 und 115 werden gleichsam verdrängt (REUSSER, Rz 1.87 und 1.89; RUMO-JUNGO, 1537) und leben nur dann wieder auf, wenn die beklagte Partei rechtzeitig ihren geäusserten Scheidungswillen rückgängig macht (STECK, 42; vgl. hinten N 16).

4   In prozessualer Hinsicht ergeben sich daraus Konsequenzen, indem sich aus sachlichen Gründen die **sinngemässe Anwendung** der Vorschriften – genauer gesagt der bundesrechtlichen Verfahrensbestimmungen – über die Scheidung auf gemeinsames Begehren aufdrängt (Botschaft Revision Scheidungsrecht, 93; SUTTER/FREIBURGHAUS, Art. 116 N 14 ff.; STECK, 41; vgl. vorn N 2 und hinten N 11 ff.).

5   Mit der Schaffung von Art. 116 sollte zudem verhindert werden, dass die Ehegatten die für die Scheidung auf gemeinsames Begehren vorgesehenen bundesrechtlichen Verfahrensgarantien mit Hilfe einer fingierten Kampfscheidung **umgehen** können (vgl. Begleitbericht zum VE, 51; Botschaft Revision Scheidungsrecht, 93; BGer, Urteil vom 20.9.2001, 5C. 2/2001 = FamPra.ch 2002, 132 ff.; HAUSHEER, ZSR 1996 I 362; SUTTER/FREIBURGHAUS, Art. 116 N 9 f.; FamKomm Scheidung/FANKHAUSER, Art. 116 N 2 f.; HINDERLING/STECK, 156; REUSSER, Rz 1.88; TUOR/SCHNYDER/RUMO-JUNGO, 207 f.; BRÄM, AJP 1999, 1519; RHINER, 328 f.; zweifelnd, ob dieses Ziel erreicht werden kann HEGNAUER/BREITSCHMID, Rz 9.39). Diese Auffassung fand ihren Niederschlag in Art. 120 VE, der im bundesrätlichen Entwurf in redaktionell leicht veränderter Version übernommen wurde. Beide Räte stimmten dem bundesrätlichen Entwurf (Art. 116 E) zu. Zuvor hatte im Nationalrat ein Antrag auf Streichung dieser Bestimmung keine Mehrheit gefunden (AmtlBull NR 1997, 2692 f.; vgl. zur Entstehungsgeschichte im Einzelnen SUTTER/FREIBURGHAUS, Art. 116 N 5; RHINER, 328). Zur generellen Kritik an der gesetzgeberischen Konzeption (vgl. SANDOZ, 107 ff., welche Art. 116 als *«règle malheureuse»* bezeichnet).

6   Das **rechtspolitische Anliegen** von Art. 116 ist nicht völlig neu. Schon unter dem alten Recht hatte sich allmählich die Auffassung angebahnt, dass bei Gutheissung von Klage und Widerklage durch die erste Instanz die Rechtsmittelinstanz mit Bezug auf den Scheidungspunkt auf die Anträge beider Parteien (womit je Abweisung der Klage der

Gegenpartei verlangt worden war), mangels Beschwer nicht mehr eintrat, weil davon ausgegangen wurde, die Parteien hätten ausserhalb der Regelung der Nebenfolgen in diesem Falle keinen Anspruch auf Feststellung der überwiegenden Schuld an der Zerrüttung gemäss aArt. 142 Abs. 2 (vgl. dazu HINDERLING/STECK, 568 Anm. 15a mit Hinweis auf SJZ 1988, 120). Diese Praxis stand allerdings teilweise im Widerspruch zu BGE 111 II 1 ff. Mit Inkrafttreten des neuen Scheidungsrechts hat diese Entscheidung aber ihre Bedeutung eingebüsst (BGer, Urteil vom 6.9.2001, 5C. 129/2001, E. 1; STECK, 44 f. Anm. 72).

II. Voraussetzungen

1. Ausdrückliche Zustimmung zur Klage

Nach dem Marginale geht es um die Zustimmung zur Scheidungsklage. Gemeint ist eine **7** Zustimmung der beklagten Partei zur Klage beschränkt auf den Scheidungspunkt. Die Begründung der Klage (sofern eine solche schon erstattet worden ist, vgl. hinten N 22) braucht davon nicht erfasst zu werden (FamKomm Scheidung/FANKHAUSER, Art. 116 N 7; SUTTER/FREIBURGHAUS, Art. 116 N 14; RHINER, 329). Mit der Zustimmung wird das Einverständnis mit der Scheidung als solcher bekundet. Sie muss **ausdrücklich** erfolgen. Es genügt nicht, dass aus konkludentem Verhalten darauf geschlossen werden könnte. Eine bestimmte Form ist nicht vorgeschrieben. Die Zustimmung wird in der Regel schriftlich erfolgen, sie kann aber auch mündlich zu Protokoll erklärt werden (FamKomm Scheidung/FANKHAUSER, Art. 116 N 8; RHINER, 330; teilweise abweichend RUMO-JUNGO, 1537 f., welche Schriftlichkeit verlangt). Sie muss überdies im konkreten Verfahren gegenüber dem erkennenden Gericht abgegeben werden (FamKomm Scheidung/FANKHAUSER, Art. 116 N 9; RHINER, 331). Die Behauptung, wonach die beklagte Partei ihr Einverständnis mit der Scheidung in einem ausländischen Scheidungsprozess bekundet habe, vermag die Anwendung von Art. 116 selbst dann nicht zu begründen, wenn sie nachgewiesen sein sollte (OGer ZH, ZR 2002 Nr. 44). Schliesslich kann auch eine ausländische Klage nicht als Widerklage im schweizerischen Prozess uminterpretiert werden (BezGer Zürich, Urteil vom 10. Oktober 2000, Prozess Nr. CE000338). Keine Zustimmung im Sinne von Art. 116 liegt vor, wenn die beklagte Partei lediglich die von der Gegenpartei behaupteten scheidungsbegründenden Tatsachen nicht bestritten hat, ohne aber die Zustimmung zur Klage im Scheidungspunkt ausdrücklich zu erklären, oder wenn das Einverständnis nur gegenüber der klagenden Partei oder einer Drittperson geäussert wurde (FamKomm Scheidung/FANKHAUSER, Art. 116 N 9; SUTTER/FREIBURGHAUS, Art. 116 N 14; STECK, 41; RHINER, 330 f.). Dies gilt selbst dann, wenn von der beklagten Partei die Tatsache des zweijährigen Getrenntlebens zugestanden wird, ohne aber daraus selber einen Scheidungsanspruch abzuleiten und geltend zu machen (SUTTER/FREIBURGHAUS, Art. 116 N 14). In diesen Fällen gelangt mangels des Erfordernisses der Ausdrücklichkeit Art. 116 nicht zur Anwendung, sondern ist gemäss Art. 139 Abs. 2 (vgl. hinten N 18) weiterhin von einer bestrittenen Klage auszugehen (vgl. dazu hinten N 10 ff.). Im Zweifelsfalle muss durch Ausübung der richterlichen Fragepflicht Klarheit geschaffen werden (vgl. z.B. § 55 und § 198 Abs. 1 ZPO/ZH; REUSSER, Rz 1.92). Eine Zustimmung, die von der beklagten Partei unter dem Vorbehalt abgegeben wird, dass das Gericht den Anträgen hinsichtlich der strittigen Scheidungsfolgen stattgebe, vermag den Anforderungen von Art. 116 nicht zu genügen (RHINER, 355).

Im *früheren Recht* wirkte sich die (ausdrückliche oder konkludente) **Zustimmung zur** **8** **Scheidung** derart aus, dass nach konstanter Rechtsprechung des BGer die Frage des überwiegenden, eine Gutheissung der Klage ausschliessenden Verschuldens (aArt. 142 Abs. 2), nicht mehr geprüft wurde, so dass dem Gericht nur noch oblag, zu beurteilen, ob die Ehe so tief zerrüttet war, dass sie gemäss aArt. 142 Abs. 1 geschieden werden musste (vgl. BGE 84 II 337; HINDERLING/STECK, 62 f.; LÜCHINGER/GEISER, 1. Aufl., Art. 142 N 16 f.). Nach dem *geltenden Scheidungsrecht* kann die Klage von der beklagten Partei gleichsam – ganz oder teilweise – *anerkannt* werden. Dies ist eine Konsequenz der Formalisierung der Scheidungsgründe und der von der Scheidungsrechtsrevision verfolgten Tendenz, die Parteiautonomie im Familienrecht, nunmehr auch im Scheidungsrecht, zu stärken (Botschaft Revision Scheidungsrecht, 28 ff.; vgl. auch BRÄM, FS KassGer, 497, ferner FamKomm Scheidung/FANKHAUSER, Art. 116 N 8; SUTTER/FREIBURGHAUS, Art. 116 N 15). Die Ehegatten können in dem Sinne über den Scheidungsanspruch verfügen, als eine entsprechende Parteivereinbarung, welche nach dem gesetzlich vorgeschriebenen Verfahren (Art. 111 f.) zustandegekommen ist und vom Gericht genehmigt werden kann (Art. 140 Abs. 1 und 2), den Scheidungsgrund bildet (Art. 114 N 1; STECK, 42; kritisch RHINER, 331 f.; vgl. auch vorn N 3 und hinten 9).

2. Widerklage auf Scheidung

9   Die beklagte Partei kann ihr Einverständnis mit einer Scheidung als solcher auch dadurch zum Ausdruck bringen, dass sie **Widerklage auf Scheidung** erhebt. In diesem Zusammenhang ist belanglos, ob und wie die Widerklage begründet wird (FamKomm Scheidung/FANKHAUSER, Art. 116 N 15). Entscheidend ist nur, dass sie auf Scheidung der Ehe (und nicht auf Ehetrennung) gerichtet ist (vgl. hinten N 31). Die Wirkung ist im Hinblick auf Art. 116 insofern die gleiche wie bei der ausdrücklichen Zustimmung zur Klage, als beide Parteien, wenn auch mit unterschiedlicher Motivation, das selbe Ziel, die Scheidung der Ehe, anstreben (TUOR/SCHNYDER/RUMO-JUNGO, 207 ff.; STECK, 44). Dies gilt auch dann, wenn die beklagte Partei die Widerklage im Prozess erst eingereicht, die Anträge aber noch nicht begründet hat, was insbesondere in Kantonen vorkommen kann, wo grundsätzlich ein mündliches Hauptverfahren vorgesehen ist (vgl. z.B. § 119 Ziff. 4 ZPO/ZH; vgl. auch hinten N 22). Nicht zugestimmt werden kann deshalb der Auffassung, wonach es nicht möglich sei, einer auf Art. 114 abgestützten (begründeten) Hauptklage eine auf dem gleichen Sachverhalt basierende oder eine aus Art. 115 hergeleitete Widerklage entgegenzustellen, weshalb auf eine solche Widerklage mangels Rechtsschutzinteresses nicht einzutreten wäre (so aber RHINER, 336). Unter dem Aspekt von Art. 116 ist allein entscheidend, ob mit der Widerklage klar der eigene Scheidungswille ausgedrückt wird. Ist dies der Fall, entfällt die materielle Prüfung der möglichen Scheidungsgründe von Art. 114 oder 115 (vgl. hinten N 31). Mit einer *eventuellen Widerklage* (vgl. RHINER, 336) wäre das Problem nicht gelöst, denn aus einer solchen könnte wohl in aller Regel eben gerade nicht auf Zustimmung zur Hauptklage geschlossen werden. Die Auffassung, dass der Scheidungswille des Eventualwiderklägers aufschiebend bedingt sei (RHINER, 341), ist abzulehnen (FamKomm Scheidung/FANKHAUSER, Art. 116 N 16; vgl. auch hinten N 31). Art 116 kann nur zur Anwendung gelangen, wenn der *beidseitige Scheidungswille* unmissverständlich und bedingungslos geäussert wurde. Im geltenden Scheidungsrecht kommt somit der Widerklage eine **ganz andere Bedeutung** zu als im früheren Recht. Dort wurde sie oft als prozesstaktisches Kampf- und Zermürbungsmittel eingesetzt, um den eigenen Scheidungsanspruch durchzusetzen und gleichzeitig denjenigen der klagenden Partei zu bekämpfen (Art. 142 Abs. 2), was regelmässig langwierige und belastende Beweisverfahren über die *Verschuldenslage* erforderte und vor allem mit Blick auf die wirtschaftlichen Folgen der Scheidung (aArt. 151 und 152) dazu diente (und oft dazu missbraucht wurde), den Boden für günstigere Scheidungskonventionen zu ebnen. Im geltenden Recht kann die beklagte Partei mit der Widerklage auf Scheidung im Wesentlichen nur noch verhindern, dass über die Scheidung nicht entschieden wird, falls die Gegenpartei die Hauptklage zurückziehen würde. Die beklagte Partei wird aber

allenfalls auch nur deshalb Widerklage erheben, um die Anwendung von Art. 116 herbeizuführen, weil es ihr widerstrebt, der Hauptklage einfach zuzustimmen (BRÄM, AJP 1999, 1519; STECK, 44; vgl. vorn N 6, ferner über die Möglichkeit, unter Umständen mit einer Widerklage auf Ehetrennung die auf Scheidung gerichtete Hauptklage zu Fall zu bringen, hinten N 32). Mit Bezug auf die Regelung der Scheidungsfolgen werden die Parteien dennoch häufig kontroverse Anträge stellen. Diesbezüglich ist aber eine Widerklage entbehrlich. Was die Scheidungsfolgen betrifft, ist die Scheidungsklage eine doppelseitige Klage *(actio duplex),* so dass auch die Partei, welche nicht selbständig auf Scheidung klagt, immer eigene Anträge stellen kann (BGE 95 II 65 ff.; VOGEL/SPÜHLER, 7. Kap., Rz 48; STECK, 44; RHINER 336 f.).

III. Rechtsfolgen

1. Allgemeines

Wenn die Voraussetzungen von Art. 116 erfüllt sind, hat dies zwingend zur Folge, dass **10** der Scheidungsgrund von Art. 114 oder 115 nicht mehr zur Anwendung gelangt, weil eine der Teileinigung ähnliche Situation eingetreten ist (vgl. Art. 112; FamKomm Scheidung/FANKHAUSER, Art. 116 N 20; BRÄM, AJP 1999, 1519; TUOR/SCHNYDER/RUMO-JUNGO, 208; STECK, 42, 44; RHINER, 328; **a.M.** SUTTER/FREIBURGHAUS, Art. 116 N 13, vgl. auch vorn N 3 und hinten 11). Ein besonderer Antrag seitens der Parteien ist nicht erforderlich. Vielmehr muss Art. 116 von Amtes wegen angewendet werden (RUMO-JUNGO, 1538). Das Verfahren ist mit Bezug auf den Scheidungspunkt nicht mehr strittig (FamKomm Scheidung/FANKHAUSER, Art. 116 N 29). Es kann deshalb keine der Parteien mehr verlangen, dass die Scheidung aufgrund ihrer Klage ausgesprochen und die Klage der andern Seite abgewiesen wird (STECK, 44; vgl. auch HAUSHEER, ZBJV 1999, 9 f.). Vielmehr findet auch eine **prozessuale Neuausrichtung** des hängigen Scheidungsprozesses statt, die dieser veränderten Lage gerecht wird. In diesem Sinne ist Art. 116 gleichsam das Gegenstück zu Art. 113 (vgl. vorn N 2 und Art. 113 N 1). Allerdings ist diesbezüglich insofern eine Präzisierung angebracht, als zunächst ein Schwebezustand herrscht, der erst beendigt ist, wenn der Scheidungswille bestätigt wurde, so dass die Wirkungen von Art. 116 eintreten können (vgl. hinten N 27).

2. Sinngemässe Anwendung der Bestimmungen über die Scheidung auf gemeinsames Begehren

Weil die ausdrückliche Zustimmung zur Scheidungsklage und die Widerklage auf Schei- **11** dung eine der Teileinigung **ähnliche Rechtslage** schaffen (vgl. vorn N 4 und 10), schreibt das Gesetz in Art. 116 vor, dass die Bestimmungen über die Scheidung auf gemeinsames Begehren **sinngemäss** anwendbar sind. Sinngemässe Anwendung bedeutet, dass die Art. 111–113 gemäss ihrem Zweck den Besonderheiten des veränderten Klageverfahrens anzupassen sind (FamKomm Scheidung/FANKHAUSER, Art. 116 N 20, 29; vgl. auch BGer, Urteil vom 6.9.2001, 5C. 129/2001, E. 1c). Diese liegen darin, dass über den Scheidungspunkt kein Streit mehr herrscht, die Scheidung jedoch von den Ehegatten – anders als beim gemeinsamen Scheidungsbegehren nach Art. 111 und 112 – gerade *nicht gemeinsam* verlangt wird (HEGNAUER/BREITSCHMID, Rz 9.38; RUMO-JUNGO, 1538; RHINER, 347; vgl. auch SUTTER/FREIBURGHAUS, Art. 116 N 10–13, die unter Hinweis auf die Materialien grosses Gewicht darauf legen, dass ein umfassender Übergang vom Klageverfahren zum Verfahren auf gemeinsames Begehren problematisch wäre und befürchten, dass eine generell extensive Interpretation von Art. 116 prozesstaktischen Manövern Tür und Tor öffnen würde). Trotz Ähnlichkeit besteht keine Deckungsgleichheit. Die analoge Übernahme darf deshalb nicht unbesehen erfolgen (FamKomm Scheidung/FANKHAUSER, Art. 116 N 20). In der Praxis kommt das auch insofern zum Ausdruck, als die Kantone teilweise für die Mischform des Teileinigungsverfahrens nach Art. 112 eine andere sachliche Zuständigkeit vorsehen als für die Klageverfahren, für welche die sachliche Zuständigkeit auch dann nicht ändert, wenn sich im Verlaufe des Prozesses eine Einigung einstellt (vgl. hinten N 29; ferner FREIBURGHAUS-ARQUINT/LEUENBERGER/SUTTER-SOMM, FamPra.ch, 2000, 379, 382 ff.). Anderseits darf der Zweck der Norm nicht in den Hintergrund treten (vgl. vorn N 2–6). Nach der hier vertretenen Auffassung lässt sich insbesondere die von SUT-TER/FREIBURGHAUS befürwortete Interpretation (a.a.O. N 13), wonach bei der Zustim̦-mung zur Klage und der Widerklage, nicht gleich vorzugehen sei, mit Sinn und Zweck von Art. 116 nicht vereinbaren (vgl. auch hinten N 18, 28).

12   Je nach Stand des Verfahrens ist die **Anhörung der Ehegatten** (vgl. Art. 111 N 7 ff. und Art. 112 N 6 f.) aufgrund der neuen Situation zu ergänzen oder nachzuholen (FamKomm Scheidung/FANKHAUSER, Art. 116 N 21; Cour de justice de Genève, FamPra.ch 2001, 362 ff.; grundsätzlich zustimmend, aber hinsichtlich der Form weniger streng BGer, Urteil vom 6.9.2001, 5C. 129/2001, E. 1 und BGer, Urteil vom 20.9.2001, 5C. 2/2001 = FamPra.ch 2002, 132 ff.). Sie dient der Überprüfung, ob der beidseitige Scheidungs-wille auf freiem Willen und reiflicher Überlegung beruht (FamKomm Scheidung/ FANKHAUSER, Art. 116 N 21, 22). In vielen Fällen dürfte eine getrennte Anhörung (vgl. Art. 111 Abs. 1) entbehrlich sein (REUSSER, Rz 1.98; BRÄM, AJP 1999, 1519; HAUS-HEER, ZBJV 1999, 10; TUOR/SCHNYDER/RUMO-JUNGO, 207 f.; RUMO-JUNGO, 1539; kri-tisch RHINER, 348; **a.M.** FamKomm Scheidung/FANKHAUSER, Art. 116 N 21; SUTTER/ FREIBURGHAUS, Art. 116 N 15; vgl. anderseits BGer, Urteil vom 6.9.2001, 5C. 129/2001, E. 1). Eine Beurteilung der Ehegeschichte und der Zerrüttungsgründe hat auch dann nicht mehr zu erfolgen, wenn sich die Parteien im bisherigen Verfahren schon dazu ge-äussert hatten (HEGNAUER/BREITSCMID, Rz 9.39).

13   Meistens wird es zweckmässig sein, anlässlich der Anhörung zusätzlich zu klären, ob und inwieweit die Ehegatten sich auch über die **Folgen der Scheidung** geeinigt haben oder einigen können (vgl. auch FamKomm Scheidung/FANKHAUSER, Art. 116 N 23). Ist dies nicht der Fall, hat das Gericht (nach Beendigung des kontradiktorischen Hauptver-fahrens und nach einem allfälligen Beweisverfahren über die strittigen Scheidungs-folgen) über die Punkte, in denen keine Einigung erzielt werden konnte, von Gesetzes wegen zu entscheiden (SUTTER/FREIBURGHAUS, Art. 116 N 16). Einer Erklärung im Sin-ne von Art. 112 Abs. 2 («*Erklärung, dass die übrigen Folgen gerichtlich zu beurteilen sind*»; vgl. Art. 112 N 5) bedarf es nicht (Botschaft Revision Scheidungsrecht, 93; SUT-TER/FREIBURGHAUS, Art. 116 N 16; REUSSER, Rz 1.97; TUOR/SCHNYDER/RUMO-JUNGO, 207 f.; HEGNAUER/BREITSCHMID, Rz 9.40; RHINER, 349, 354).

14   Nach der Anhörung ist den Parteien die **zweimonatige Bedenkzeit** im Sinne von Art. 111 Abs. 2 zu eröffnen (dem Grundsatz nach zustimmend BGer, Urteil vom 20.9.2001, 5C. 2/2001 = FamPra.ch 2002, 132 ff., vgl. dazu auch vorn N 12; FamKomm Scheidung/ FANKHAUSER, Art. 116 N 24, 26 ff.; HAUSHEER, ZBJV, 1999, 10; REUSSER, 1.98; BRÄM, AJP 1999, 1519; TUOR/SCHNYDER/RUMO-JUNGO, 207 f.; RUMO-JUNGO, 1538 f.; STECK, 41; RHINER, 349). Sie sind aufzufordern, nach Ablauf dieser Zeit ihren Scheidungswillen und eine allfällige Vereinbarung über alle oder einen Teil der Scheidungsfolgen **schrift-lich zu bestätigen** (vgl. Art. 111 N 10 und Art. 112 N 7; teilweise abweichend SUT-TER/FREIBURGHAUS, Art. 116 N 15, wonach hier keine notwendige Einheit zwischen dem Scheidungswillen und einer allfälligen Vereinbarung über die Scheidungsfolgen bestehe). Die Bedenkzeit ist auch einzuhalten, wenn alle Scheidungsfolgen strittig sind (HEGNAU-ER/BREITSCHMID, Rz 9.40). Die schriftliche Bestätigung muss mindestens den *Schei-*

dungswillen beider Ehegatten, d.h. bezogen auf den Scheidungspunkt die Zustimmung der Gegenseite zur Klage oder die Widerklage, umfassen (HEGNAUER/BREITSCHMID, Rz 9.41). Die Bedenkzeit gilt nach der hier vertretenen Auffassung aber auch für eine nachfolgende Einigung über die *wirtschaftlichen Folgen der Scheidung* (vgl. dazu hinten N 30). Sie ist auch dann erforderlich, wenn keine förmliche Vereinbarung geschlossen wurde, sondern (nur) übereinstimmende Anträge vorliegen. Wenn die Anhörung ergeben hat, dass ein übereinstimmender Scheidungswille in Wirklichkeit nicht vorliegt oder die abgeschlossene Vereinbarung nicht genehmigungsfähig ist, bedarf es *keiner Bedenkzeit.* In diesem Falle ist Art. 116 nicht anwendbar, sondern das kontradiktorische Verfahren durchzuführen oder fortzusetzen (RHINER 355). Das Gleiche gilt, wenn der Scheidungswille *fehlerhaft* zustandegekommen ist und deshalb unbeachtlich ist (RHINER, 358). Eine Art. 113 analoge Frist ist in diesen Fällen nicht anzusetzen (RHINER, 356, 358 f.). Hat das erstinstanzliche Gericht die Scheidungsklage gutgeheissen und stimmt die beklagte Partei im zweitinstanzlichen Verfahren nunmehr der Klage zu und liegt eine entsprechende Vereinbarung vor, ist nach der hier vertretenen Auffassung die Bedenkzeit von Art. 111 Abs. 2 einzuhalten (**a.M.** Ober BL, FamPra.ch 2003, 399 f.; vgl. dazu auch FANKHAUSER, FamPra.ch 2004, 287, 295, m.w.H.; STECK, FamPra.ch 2004, 206, 212 f.).

Mit der Eröffnung der Bedenkzeit ist den Parteien zwecks Klärung der Situation bekanntzugeben, welches die **Folgen der Nichtbestätigung** sein werden. Soweit die kantonalen Zivilprozessordnungen diesbezüglich keine gesetzlichen Regelungen vorsehen, sollte dies durch Ansetzen einer *richterlichen Frist* (mit Fristbeginn bei Ablauf der Bedenkzeit) geschehen (vgl. ZR 2000 Nr. 47 = FamPra.ch 2000, 535 ff.). **15**

Erfolgt nach Ablauf der Bedenkzeit weder von der einen noch von der andern Partei eine schriftliche Bestätigung, ist (nach entsprechender Androhung) **Rückzug** sowohl der Hauptklage als auch der Widerklage anzunehmen und das Verfahren durch Prozessurteil zu erledigen (**a.M.** HAUSHEER, ZBJV, 10, wonach beide Klagen *abzuweisen* sind). Bleibt die schriftliche Bestätigung nur *einer Partei* aus, während sie von der andern Partei eingeht, ist *Rückzug der Hauptklage, bzw. der Widerklage* anzunehmen und das Verfahren mit Bezug auf die hängig gebliebene strittige Widerklage, bzw. Hauptklage weiterzuführen und aufgrund von Art. 114 oder 115 zu beurteilen (ZR 2000 Nr. 47 = FamPra.ch 2000, 538; FamKomm Scheidung/FANKHAUSER, Art. 116 N 19 f.; SUTTER/FREIBURGHAUS, Art. 116 N 19, 21; HEGNAUER/BREITSCHMID, Rz 9.41; RHINER, 352). Die Anwendung von Art. 116 ist dann gescheitert und eine Scheidung aufgrund von Art. 111 bzw. 112 nicht mehr möglich. Bei Rückzug der Hauptklage (und Fehlen einer förmlichen Widerklage) wird die bestätigte Zustimmung zur Klage gegenstandslos (RUMO-JUNGO, 1539; STECK, 43; RHINER, 353). Nicht ausgeschlossen ist aber, dass es in einem spätern Stadium des nun wieder ganz strittig geführten Prozesses doch noch zu einer Einigung kommt. In diesem Falle muss m.E. die Bedenkzeit neu eröffnet werden (vgl. auch hinten N 27, 28). Nach der hier vertretenen Auffassung ist dies auch dann der Fall, wenn zunächst lediglich der Scheidungswille bestätigt wurde, in einem späteren Zeitpunkt aber auch noch über die Scheidungsfolgen eine genehmigungsfähige Vereinbarung zustandegekommen ist und beide Parteien mit diesem Vorgehen einverstanden sind (REUSSER, Rz 1.99, RUMO-JUNGO, 1540; STECK, FS KassGer, 561; RHINER, 352 f.; **a.M.** SUTTER/FREIBURGHAUS, Art. 116 N 20; vgl. auch hinten N 29, 30). **16**

Werden hingegen der Scheidungswille sowie eine allfällige Vereinbarung über einen Teil oder alle Scheidungsfolgen **von beiden Ehegatten bestätigt,** wird unwiderlegbar vermutet, der beidseitige Scheidungswille sei endgültig (FamKomm Scheidung/FANKHAUSER, Art. 116 N 4), und wird das strittige Verfahren nur noch mit Bezug auf die Punkte, in denen noch keine Einigung erzielt worden ist, fortgesetzt. Bei der Fortführung des stritti- **17** gen Verfahrens empfiehlt es sich, vorher die Bestätigung abzuwarten (FamKomm Scheidung/FANKHAUSER, Art. 116 N 29 f.; vgl. Art. 112 N 9). Generell gelten die *gleichen Grundsätze wie im Verfahren betreffend Teileinigung* (vgl. Art. 112 N 9 ff.). Anders als in jenem Verfahren bedarf es aber keiner Zuweisung der Parteirollen durch das Gericht, weil diese schon mit der Anhebung des Klageverfahrens festgelegt wurde. Der Entscheid des Gerichts hat in jedem Falle als **Gesamturteil** zu ergeben, wobei der Grundsatz der Einheit des Scheidungsurteils wie im früheren Recht zu beachten ist (vgl. Art. 112 N 11, SUTTER/FREIBURGHAUS, Art. 116 N 17; STECK, 47; DERS., FS KassGer, 562, ferner hinten N 27).

IV. Prozessuales

1. Untersuchungs- und Offizialmaxime

18 Bei der Feststellung, ob die Voraussetzungen von Art. 116 erfüllt sind, ist in gleicher Weise wie im Verfahren nach Art. 111 f. mit Bezug auf das Zustandekommen der Vereinbarung (vgl. SPÜHLER/REETZ, 64) die **Untersuchungs- und Offizialmaxime** (Art. 139 Abs. 2) zu beachten. Wenn in der Folge aber feststeht, dass Art. 116 zur Anwendung gelangt, entfällt die materielle Beurteilung der im Prozess anfänglich relevanten Scheidungsgründe von Art. 114 oder 115 und ist diese Prozessmaxime mit Bezug auf den Scheidungspunkt nicht weiter von Belang (REUSSER, Rz 1.89; RUMO-JUNGO, 1537, 1539; STECK, 41; TUOR/SCHNYDER/RUMO-JUNGO, 208 f.; **a.M.** SUTTER/FREIBURGHAUS, Art. 116 N 21 und wohl auch SPÜHLER/SCHÜTT, 1543, ferner, teilweise abweichend, SPÜHLER, Verfahren, 147). Immerhin sind die bundesrechtlich vorgeschriebenen Verfahrensbestimmungen (Art. 111 f.) einzuhalten. Das Gericht hat nur noch zu prüfen, ob der Scheidungsentschluss auf freiem Willen und reiflicher Überlegung beruht, nicht aber, ob ein Klagegrund im Sinne von Art. 114 oder 115 vorliegt (RUMO-JUNGO, 1538). Art. 139 Abs. 2 ist jedoch wieder zu beachten, sobald nachträglich die Einigung wegfällt und das Verfahren erneut strittig wird, weil der Scheidungswille nicht bestätigt wurde (vgl. vorn N 16 und hinten 26).

2. Zeitpunkt der Geltendmachung der Zustimmung zur Klage und der Widerklage

a) Im erstinstanzlichen Verfahren

19 Die Zustimmung zur Klage kann frühestens nach Einreichung der Scheidungsklage erfolgen (FamKomm Scheidung/FANKHAUSER, Art. 116 N 10; vgl. auch hinten N 22). Bis zu welchem **Zeitpunkt** die Zustimmung zur Klage einerseits und die Widerklage anderseits noch erklärt werden kann, entscheidet sich nach unterschiedlichen Kriterien. Für das **erstinstanzliche Verfahren** fehlt – im Gegensatz zum ordentlichen zweitinstanzlichen Rechtsmittelverfahren (Art. 138 Abs. 1) – eine ausdrückliche bundesrechtliche Regelung über die *Beschränkung der Eventualmaxime* (vgl. hinten N 23). Viele Kantone haben jedoch das erstinstanzliche Novenrecht und die Klageänderung gemäss den bundesrechtlichen Vorgaben von Art. 138 Abs. 1 angepasst (z.B. § 192 ZPO/BS, ferner Art. 22 Abs. 1 der bernischen Verordnung betr. Einführung der Änderung des ZGB vom 26. Juni 1998 (zit. in LEUCH/MARBACH/KELLERHALS/STERCHI, Anhang 8, 979, vgl. auch KELLERHALS/SPYCHER, ZBJV 2000, 34; weitere Angaben bei FREIBURGHAUS-ARQUINT/LEUENBERGER/SUTTER-SOMM, FamPra.ch 2000, 379, 396 f.). Andere Kantone haben auf eine solche Anpassung bewusst verzichtet (z.B. § 115 ZPO/ZH, wo bereits ein grosszügiges Novenrecht gewährleistet ist), so dass dort in der zweiten Instanz unter Umständen ein weitergehendes Novenrecht gilt (vgl. die Kritik bei SPÜHLER, Supplement, 47 f. sowie SPÜHLER/REETZ, 61 f.; vgl. auch hinten N 23).

Bei der ausdrücklichen Zustimmung zur Klage, handelt es sich um eine **Bewirkungs-** **20** **handlung** (d.h. eine einseitige prozessuale Willenserklärung; vgl. VOGEL/SPÜHLER, 9. Kap. Rz 42, 44; FamKomm Scheidung/FANKHAUSER, Art. 116 N 9), die – wie im früheren Recht – von Bundesrechts wegen *bei allen Instanzen,* einschliesslich vor BGer (sofern der Scheidungspunkt noch im Prozess liegt), in jedem Stadium des Prozesses bis zur Urteilsfällung noch zulässig ist (BK-SPÜHLER/FREI-MAURER, Art. 142 N 138; HINDERLING/STECK, 62; STECK, 42; vgl. aber auch hinten N 25, 34).

Nicht ganz gleich verhält es sich bei der **Widerklage.** Hier bestimmt sich der Zeitpunkt **21** grundsätzlich nach kantonalem Recht, doch forderte das Bundesrecht nach früherem Recht die Zulassung jedenfalls dann noch, wenn der beklagte Ehegatte erst nachträglich vom Scheidungsgrund erfuhr oder sonst triftige Gründe hatte, ihn nicht vorher geltend zu machen (BK-SPÜHLER/FREI-MAURER, Art. 143 N 29; HINDERLING/STECK, 576; vgl. auch FRANK/STRÄULI/MESSMER, § 202 N 13c). Diese Praxis, die im Ergebnis mit der Regelung bei der Zustimmung zur Klage im Einklang steht (vorn N 20), ist auch für das geltende Scheidungsrecht gerechtfertigt (RUMO-JUNGO, 1538; VOGEL/SPÜHLER, 12. Kap. Rz 98; **a.M.** RHINER, 344; vgl. auch BGE 129 III 481, 487 sowie Art. 138 N 5 f.).

Gemäss Art. 136 Abs. 2 tritt die *Rechtshängigkeit* der Klage eines Ehegatten auf Schei- **22** dung mit der **Klageanhebung** ein. Wenn in Kantonen, in welchen die Klageanhebung im Sühnverfahren zu erfolgen hat (z.B. § 195a ZPO/ZH; vgl. auch SPÜHLER, 27 und DERS., Supplement, 29 f.), die beklagte Partei im Sühnverfahren *Zustimmung zur Scheidungsklage* erklärt, sind diesfalls die Voraussetzungen für die Anwendung von Art. 116 schon erfüllt, bevor die Klage beim Gericht eintrifft. Hier sollte abgeklärt werden, ob die Ehegatten ein gemeinsames Scheidungsbegehren im Sinne von Art. 111 oder 112 stellen wollen. Gegebenenfalls ist dieses Begehren dem hiefür zuständigen Gericht zu überweisen. Ist dies nicht der Fall (z.B. weil die Erklärung gemäss Art. 112 Abs. 2 verweigert wird), ist die Weisung ans Gericht auszustellen (vgl. OGer ZH, Kreisschreiben der Verwaltungskommission vom 18. November 1999). Wenn schon im Sühnverfahren *Widerklage* erhoben wird, ist sinngemäss vorzugehen, wobei der Umstand, dass noch keine Begründung erfolgte, irrelevant ist (vgl. vorn N 9).

b) Im zweitinstanzlichen Verfahren

Hier wird die **Eventualmaxime** ausdrücklich von Bundesrechts wegen eingeschränkt **23** (SPÜHLER/REETZ, 60 f. mit kritischer Anmerkung). Gemäss Art. 138 Abs. 1 gilt, dass in der oberen kantonalen Instanz neue Tatsachen vorgebracht werden können und neue Rechtsbegehren zugelassen werden müssen, sofern sie durch neue Tatsachen oder Beweismittel veranlasst worden sind. Das Bundesrecht äussert sich jedoch nicht darüber, in welchem Stadium des Rechtsmittelverfahrens das noch zulässig ist, so dass die Kantone hier frei sind, eigene Bestimmungen zu erlassen (Art. 138 N 6; FamKomm Scheidung/ LEUENBERGER, Art. 138 N 6; SUTTER/FREIBURGHAUS, Art. 138 N 21; SPÜHLER/REETZ, 60 f.). Bundesrechtlich nicht zu beanstanden ist eine Regelung, welche die Noven grundsätzlich nur bis zum Abschluss des ersten Schriftenwechsels (Begründung und Beantwortung von Berufung und Anschlussberufung, vgl. z.B. § 200 ZPO/ZH) erlaubt (OGer ZH, Urteil vom 18. Juni 2001, Prozess Nr. LC990040 (nicht publiziert); STECK, Rechtsmittel, 83; kritisch SPÜHLER/REETZ, 62). Allerdings muss es entsprechend der bisherigen Praxis (vgl. vorn N 21) möglich sein, *ausnahmsweise* auch in einem späteren Zeitpunkt mit der Widerklage noch zugelassen zu werden, wenn diese aus triftigen Gründen nicht vorher erhoben werden konnte (vgl. RHINER, 344 f.; vgl. auch hinten N 34).

c) Im Berufungsverfahren vor Bundesgericht

24 Nach früherem Recht konnte eine im kantonalen Verfahren nicht erhobene (bzw. eine wieder zurückgezogene oder erstinstanzlich abgewiesene und nicht weitergezogene) **Widerklage** vor BGer nicht mehr geltend gemacht werden (vgl. Art. 55 Abs. 1 lit. b und c OG; BK-BÜHLER/SPÜHLER, Art. 143 N 28; HINDERLING/STECK, 578). Diese Regelung gilt auch unter dem geltenden Scheidungsrecht (SUTTER/FREIBURGHAUS, Art. 116 N 29; RHINER, 345; künftig Art. 99 BGG). Unter dem Aspekt von Art. 116 und nach dem Zweck dieser Bestimmung wäre jedoch *de lege ferenda* zu prüfen, ob eine auf den Scheidungspunkt beschränkte Widerklage nicht, gleich wie die ausdrückliche Zustimmung zur Scheidungsklage, auch noch vor BGer zuzulassen wäre.

d) Ausnahmsweise Nichtanwendung von Art. 116

25 Die Anwendung von Art. 116 und der damit verbundene Wechsel des Verfahrens kann sich als **problematisch** erweisen, sofern die Voraussetzungen erst erfüllt werden, wenn der strittig geführte Prozess urteilsreif ist oder kurz vor dem Abschluss steht. Dann könnte sich, bedingt durch die Verfahrensbestimmungen von Art. 111 f., eine unliebsame (unter Umständen sogar rechtsmissbräuchliche) Verzögerung der Erledigung und Verlängerung des Verfahrens ergeben, die *gegen den Willen der klagenden* Partei nicht hingenommen werden darf. In diesem Fall muss es beim strittigen Klageverfahren bleiben (KGer SG, FamPra.ch 2004, 951, 955; REUSSER, Rz 1.95; FamKomm Scheidung/FANKHAUSER, Art. 116 N 10 f.; RUMO-JUNGO, 1538; STECK, 43; HEGNAUER/BREITSCHMID, Rz 9.38; RHINER, 333 f.; vgl. auch hinten N 29 und 34).

3. Bestätigung und Widerruf

a) Vor Ablauf der zweimonatigen Bedenkzeit

26 Die **ausdrückliche Zustimmung zur Klage** durch die beklagte Partei kann **vor** Ablauf der zweimonatigen Bedenkzeit von Bundesrechts wegen *frei widerrufen* werden (SUTTER/FREIBURGHAUS, Art. 116 N 18; TUOR/SCHNYDER/RUMO-JUNGO, 208; STECK, 42; vgl. zur Regelung im früheren Recht BK-BÜHLER/SPÜHLER, Art. 142 N 140; HINDERLING/STECK, 62, 565). Dies kann ausdrücklich oder durch unbenutztes Verstreichenlassen der entsprechenden richterlichen Frist (vgl. vorn N 16) geschehen. Im Falle des Ausbleibens der schriftlichen Bestätigung ist Art. 116 nachträglich hinfällig geworden. Der Prozess wird als strittiges Verfahren fortgesetzt, und der bestrittene Scheidungsanspruch ist nach Art. 114 oder 115 zu beurteilen (STECK, 43). Nicht anders verhält es sich mit Bezug auf **Hauptklage und Widerklage,** die jederzeit beliebig zurückgezogen werden können (FamKomm Scheidung/FANKHAUSER, Art. 116 N 18 f.; TUOR/SCHNYDER/RUMO-JUNGO, 208; STECK, 43; **a.M.** SUTTER/FREIBURGHAUS, Art. 116 N 13, 21). Um sicherzustellen, dass die Scheidung nach den Bestimmungen über das gemeinsame Scheidungsbegehren ordnungsgemäss abgewickelt werden kann, muss der Scheidungswille von *beiden Parteien* auch dann bestätigt werden, wenn Art. 116 zufolge einer *Widerklage auf Scheidung* aktuell wird. Bleibt die schriftliche Bestätigung des Scheidungswillens in diesem Falle seitens der klagenden oder der beklagten Partei aus, ist *Rückzug* der betreffenden Klage anzunehmen und mit Bezug auf die verbleibende Klage der strittige Prozess fortzusetzen. Verweigern beide Parteien die schriftliche Bestätigung, ist der Prozess zufolge Rückzugs von Klage und Widerklage als erledigt abzuschreiben (vgl. vorn N 16). Die Auffassung, wonach aus dem Ausbleiben von Rückzugserklärungen auf Bestätigung geschlossen werden dürfe (so REUSSER, Rz 1.98), ist abzulehnen (FamKomm Scheidung/FANKHAUSER, Art. 116 N 27; RHINER, 350).

b) Nach Ablauf der zweimonatigen Bedenkzeit

Wird die ausdrückliche Zustimmung zur Klage oder das mit der Widerklage zum Aus-   **27**
druck gebrachte Einverständnis mit der Scheidung als solcher nach Ablauf der zweimonatigen Bedenkzeit von beiden Parteien **bestätigt,** gestaltet sich das weitere Vorgehen
nach der hier vertretenen Auffassung gleich wie bei der Scheidung auf gemeinsames Begehren (vgl. Art. 111 f., Art. 112 N 8). Das bedeutet, dass von Bundesrechts wegen der
geäusserte Scheidungswille für beide Parteien *bindend* und *grundsätzlich unwiderruflich*
geworden ist. Ein Widerruf der Zustimmung zur Scheidung oder ein einseitiger Rückzug
von Klage oder Widerklage ist dann nicht mehr möglich (FamKomm Scheidung/FANK-
HAUSER, Art. 116 N 18, 28; RHINER, 351). Er kann grundsätzlich nur noch nach Massgabe von Art. 149 Abs. 1 in einem späteren Rechtsmittelverfahren durch **Anfechtung des
Gesamturteils** rückgängig gemacht werden (STECK, 43; DERS., FS KassGer, 562). Ein
Scheidungsurteil kann somit nur noch verhindert werden, wenn der **Klagerückzug** von
beiden Parteien erklärt wird (STECK, 43; DERS., FS KassGer, 563; vgl. hinten N 29).
Nicht ausgeschlossen dürfte immerhin sein, dass eine Partei ihre schriftliche Bestätigung
gegebenenfalls noch vor der Urteilsfällung wegen Willensmängeln anficht oder beim
Gericht Antrag auf Nichtgenehmigung der Vereinbarung wegen offensichtlicher Unangemessenheit stellt (Art. 112 N 8,12; vgl. zum früheren Recht 1. Aufl. LÜCHINGER/
GEISER, Art. 158 N 25). In diesem Sinne muss wohl auch Art. 138 Abs. 2, wonach eine
Scheidungsklage *jederzeit* in eine Trennungsklage umgewandelt werden kann, entgegen
dem Gesetzeswortlaut einschränkend interpretiert werden (STECK, 42, 44 Anm. 65 und
68; REUSSER, 351; gl.M. wohl auch HEGNAUER/BREITSCHMID, Rz 9.44).

Ein Teil der Lehre vertritt zur Frage, ob Art. 116 die Gleichbehandlung von Zustimmung   **28**
zur Klage und Widerklage erfordere, die **abweichende Auffassung,** wonach sich im
Falle der Widerklage – anders als bei der Zustimmung zur Klage – die sinngemässe Anwendung der Bestimmungen über die Scheidung auf gemeinsames Begehren darin er-
schöpfe, dass die Parteien nach Massgabe von Art. 111 Abs. 1 anzuhören seien und die
Scheidung in keinem Fall vor Ablauf von zwei Monaten seit der Anhörung ausgesprochen werden dürfe. Dies hätte zur Folge, dass die *Bindungswirkung* gemäss Art. Art. 111
Abs. 2 (bzw. Art. 112 Abs. 2) *nicht eintreten* würde und Klage und Widerklage auch
nach Ablauf von zwei Monaten seit der Anhörung noch bis zum rechtskräftigen Entscheid zurückgezogen werden könnten (SUTTER/FREIBURGHAUS, Art. 116 N 11 ff., 21).
HEGNAUER/BREITSCHMID sprechen sich darüber hinaus dafür aus, dass dies auch für den
Widerruf der Zustimmung zur Klage zu gelten habe (Rz 9.42). Diese Auffassung ist
abzulehnen (gl.M. TUOR/SCHNYDER/RUMO-JUNGO, 209; vgl. auch hinten N 30).

*c) Ausdrückliche Zustimmung zur Klage und Widerklage nach einem Verfahrenswechsel
    nach Art. 113*

Auch wenn eine Scheidung auf gemeinsames Begehren (Art. 111 und 112) gescheitert   **29**
und ein **Wechsel zur Klage auf Scheidung** gemäss Art. 113 erfolgt ist, kommt es im
Laufe des strittigen Verfahrens sehr oft vor, dass die beklagte Partei entweder der Klage
ausdrücklich zustimmt oder Widerklage auf Scheidung erhebt. In diesem Falle, der im
Gesetz nicht ausdrücklich geregelt wird, findet *keine Rückweisung* an die für Scheidungen auf gemeinsames Begehren sachlich zuständige Instanz mehr statt (BRÄM, AJP 1999,
1519; STECK, 42). Vielmehr bleibt das mit der strittigen Klage befasste Gericht weiter
sachlich zuständig. Nach der hier vertretenen Auffassung gelangt aber auch in diesem
Falle Art. 116 zur Anwendung (STECK, 42; DERS., FS KassGer, 561; gl.M. FamKomm
Scheidung/FANKHAUSER, Art. 116 N 5,31; SANDOZ, 110 f.). Sie steht in Übereinstimmung mit einer Leitidee der Revision, welche die Scheidung auf gemeinsames Begehren

gegenüber der strittigen Klage auf Scheidung fördern will und entspricht wohl auch eher den Interessen der Scheidungspartner (BRÄM, AJP 1999, 1519 mit Hinweis auf Botschaft Revision Scheidungsrecht, 29). Ein Teil der Lehre will indessen in einem solchen Falle die Anwendung von Art. 116 grundsätzlich ausschliessen (Botschaft Revision Scheidungsrecht, 93; SUTTER/FREIBURGHAUS, Art. 116 N 8; REUSSER, Rz 1.90; TUOR/ SCHNYDER/RUMO-JUNGO, 208 f.; GEISER, FamPra.ch, 2001, 179; HAUSHEER/GEISER/ KOBEL, Rz 10.29; vgl. aber auch HAUSHEER, ZBJV 1999, 10, REUSSER, Rz 1.90 f., HEGNAUER/BREITSCHMID, Rz 9.38 und RHINER, 346 f., die Art. 116 immer dann doch anwenden wollen, wenn die klagende Partei zustimmt; vgl. ferner vorn N 25 und hinten N 34).

d) Abschluss einer Vereinbarung über die Scheidungsfolgen nach Bestätigung des Scheidungswillens

30 Nach der hier vertretenen Auffassung gelangen für eine solche Vereinbarung, welche **allein die Scheidungsfolgen** ohne den schon bestätigten Scheidungswillen zum Inhalt hat, ebenfalls die Verfahrensbestimmungen gemäss Art. 111 und 112 zur Anwendung (STECK, FS KassGer, 562 f.; DERS. FamPra.ch 2004, 206, 212 f.; gl.M. FamKomm Scheidung/FANKHAUSER, Art. 116 N 6, 23, 30; FANKHAUSER, FamPra.ch 2004, 287, 295; REUSSER, Rz 1.98; vgl. auch ZR 2000 Nr. 47 = FamPra.ch 2000, 535 ff.; vorn N 14 und hinten N 35). Das Gesetz verlangt in Art. 111 (und auch in Art. 112, vgl. Art. 112 N 7), dass sowohl der Scheidungswille als auch die Vereinbarung nach einer Bedenkzeit von zwei Monaten bestätigt werden muss. Dies erscheint aus sachlichen Gründen gerechtfertigt. Die Vereinbarung über die Scheidungsfolgen ist von grosser Tragweite, weil sie die persönlichen und wirtschaftlichen Verhältnisse der geschiedenen Ehegatten auf Jahre hinaus festlegt und gerade deswegen nicht losgelöst vom Scheidungswillen betrachtet werden darf. In vielen Fällen ist nicht die Scheidung als solche, sondern sowohl in objektiver als auch in subjektiver Hinsicht die Regelung der Scheidungsfolgen das Hauptproblem, das die Ehegatten lösen müssen. Indessen dürfte sich je länger je mehr die andere Auffassung durchsetzen, wonach die Verfahrensbestimmungen von Art. 111 f. in solchen Fällen nicht anwendbar sein sollen, vielmehr die Vereinbarung mit ihrem Abschluss *unmittelbar Bindungswirkung* entfaltet und für die im Rahmen des Klageverfahrens oder des strittigen Teils im Teileinigungsverfahren (Art. 112) und insbesondere für die unter Mitwirkung des Gerichts zustandegekommene Vereinbarung keine Bestätigung erforderlich sein soll (in diesem Sinne Tribunal cantonal VD, JdT 2004 III 16 ff. = FamPra.ch 2004, 385 ff.; OGer BL FamPra.ch 2003, 399 f.; BezGer Arbon, FamPra.ch 2003, 669 ff.; KGer ZG, FamPra.ch 2001, 110 ff.; SUTTER/FREIBURGHAUS, Art. 140 N 39; vgl. ferner GEISER, FamPra.ch 2001, 178 f.; RHINER, 350; hinten N 36). Nach dieser Auffassung ist es hinreichend, dass die von den Parteien (nachträglich) abgeschlossene Vereinbarung über die Scheidungsfolgen im Sinne von Art. 140 gerichtlich genehmigt wird.

4. Konstellationen von Hauptklage und Widerklage

a) Haupt- und Widerklage gehen je auf Scheidung

31 Sind sowohl die Hauptklage als auch die Widerklage auf **das gleiche Ziel der Scheidung** ausgerichtet, ist stets Art. 116 anwendbar. Wie die materielle Begründung erfolgte oder erfolgen würde, ist ohne Bedeutung (STECK, 46; z.T. abweichend FamKomm Scheidung/FANKHAUSER, Art. 116 N 7, wonach Art. 116 nicht zur Anwendung gelangen soll, falls die beklagte Partei die Tatsache des zweijährigen Getrenntlebens bejaht; **a.M.** SUTTER/FREIBURGHAUS, Art. 116 N 22 f., welche dafür eintreten, dass nach zweijährigem Getrenntleben Art. 116 nicht anwendbar sei, weil auf eine gestützt auf Art. 114 erfolgte

Widerklage mangels Rechtsschutzinteresses nicht eingetreten werden könne; im gleichen Sinne auch FamKomm Scheidung/FANKHAUSER, Art. 116 N 17). Wenn die beklagte Partei der gestützt auf Art. 114 erhobenen Hauptklage auf Scheidung opponiert und ihr eine auf Art. 115 basierende *Widerklage oder Eventualwiderklage* entgegenstellt, beschränkt sich die sinngemässe Anwendung der Bestimmungen über die Scheidung auf gemeinsames Begehren nach Auffassung von SUTTER/FREIBURGHAUS auf die Anhörung und die zweimonatige Sperrfrist bis zum Erlass des Urteils (a.a.O. Art. 116 N 23). Nach der hier vertretenen Auffassung ist zu unterscheiden. Im Falle der Widerklage erfolgt die sinngemässe Anwendung uneingeschränkt und zwar unabhängig davon, wie die Hauptklage begründet wird, und unterbleibt demgemäss eine materielle Beurteilung der geltend gemachten Scheidungsgründe. Wird dagegen nur Eventualwiderklage erhoben, ist Art. 116 nicht anwendbar (vgl. vorn N 9). Vielmehr ist dann über die Hauptklage und (bei Abweisung der Hauptklage) auch über die Eventualwiderklage zu entscheiden (vgl. auch FamKomm Scheidung/FANKHAUSER, Art. 116 N 17; vgl. auch vorn N 16). Nach der ratio von Art. 116 sollte konsequenterweise eine auf Scheidung gerichtete Eventualwiderklage eigentlich gar nicht zugelassen werden (vgl. vorn N 1, 3, 6). Aus Gründen der Prozessökonomie lässt sich dies jedoch nicht rechtfertigen, weil auch nicht verhindert werden könnte, dass beide Ehegatten separat auf Scheidung klagen, ohne dass je der Klage der Gegenpartei zugestimmt wird.

b) Die Hauptklage geht auf Scheidung, die Widerklage auf Trennung

Das **Ziel der Widerklage** besteht hier unter anderem darin, die *Scheidung zu verhindern* 32 (vgl. vorn N 9). Art. 116 kann deshalb nicht anwendbar sein. Haben die Ehegatten schon zwei Jahre faktisch getrennt gelebt, sind die Voraussetzungen von Art. 114 *erfüllt*. In diesem Falle muss die Scheidung aufgrund der Hauptklage ausgesprochen werden. Die Widerklage wird – wie schon unter der Herrschaft des früheren Rechts – gegenstandslos (STECK, 45, teilweise abweichend SUTTER/FREIBURGHAUS, Art. 116 N 24, wonach die Widerklage unzulässig sein soll; vgl. auch zum früheren Recht 1. Aufl., LÜCHINGER/GEISER, Art. 146 N 4, 7; HINDERLING/STECK, 168). Ist hingegen die Voraussetzung eines zweijährigen Getrenntlebens noch *nicht erfüllt,* so ist entweder die Scheidung gestützt auf Art. 115 auszusprechen und die Widerklage auf Trennung wird gegenstandslos, oder die Hauptklage auf Scheidung ist abzuweisen und die Trennung in Gutheissung der Widerklage anzuordnen (vgl. Art. 117/118 N 9, 10). Denkbar ist aber auch, dass sowohl die Hauptklage als auch die Widerklage gestützt auf Art. 115 abgewiesen werden müssen (STECK, 45 f.). Falls eine auf Ehetrennung gerichtete Widerklage in eine Widerklage auf Scheidung abgeändert werden kann, wird Art. 116 anwendbar. Inwiefern dies im erstinstanzlichen Verfahren zulässig ist, beurteilt sich nach kantonalem Prozessrecht (vgl. vorn N 19). Für das kantonale ordentliche Rechtsmittelverfahren gilt Art. 138 Abs. 1 (vgl. vorn N 23; SUTTER/FREIBURGHAUS, Art. 116 N 25).

5. Rechtsmittelverfahren

Sind die Voraussetzungen von Art. 116 erfüllt und ergeht in der Folge in analoger An- 33 wendung von Art. 111 oder 112 das Scheidungsurteil, ergeben sich die **gleichen Weiterzugsmöglichkeiten** wie bei der Scheidung auf gemeinsames Begehren (RUMO-JUNGO, 1539; vgl. Art. 111 N 16, Art. 112 N 13 und Art. 149 N 11). Entfällt die Anwendbarkeit von Art. 116, muss die Klage nach Art. 114 oder 115 beurteilt werden (vgl. vorn N 3, 10, 16 und Art. 114 N 28 sowie Art. 115 N 22).

Ergeht ein **Scheidungsurteil aufgrund von Art. 114 oder 115,** kann sich die Frage stel- 34 len, ob die unterliegende beklagte Partei das Urteil allein mit dem Zweck anfechten darf, nachträglich in der Rechtsmittelinstanz der Klage zuzustimmen oder Widerklage zu erheben, um damit zu erreichen, dass im Rechtsmittelverfahren die Verfahrensbestimmungen über die Scheidung auf gemeinsames Begehren zur Anwendung gelangen. Hier ist zu unterscheiden. Wird das Scheidungsurteil im Scheidungspunkt mit dem Rechtsmittel von allem Anfang an mit dem Ziel angefochten, die Anwendung von Art. 116 herbeizuführen (weil die unterliegende beklagte Partei nunmehr der Scheidung nicht mehr opponiert) ist mit Bezug auf den Scheidungspunkt das Rechtsschutzinteresse zu verneinen und auf das Rechtsmittel gegebenenfalls nur hinsichtlich der (strittigen) Scheidungsfolgen einzutreten. Wird jedoch die anfängliche Opposition gegen die Scheidung erst im Laufe des Rechtsmittelverfahrens aufgegeben und der Klage im Scheidungspunkt zugestimmt, ist m.E. die Anwendung von Art. 116 nicht grundsätzlich ausgeschlossen (**a.M.** anscheinend BGer, Urteil vom 14.11.2002, 5P. 76/2002 E. 2.3 = FamPra.ch 2003, 396; vgl. auch vorn N 25 und 29). Mit Bezug auf den Scheidungspunkt würde in diesem Falle ein Teilrückzug des Rechtsmittels vorliegen und das vorinstanzliche Urteil im Scheidungspunkt in Teilrechtskraft erwachsen (z.T. abweichend FamKomm Scheidung/FANKHAUSER, Art. 116 N 12; SUTTER/FREIBURGHAUS, Art. 116 N 27 f.; REUSSER, Rz 1.95 f. und RUMO-JUNGO, 1538; RHINER, 334; vgl. auch Tribunal cantonal FR, FamPra.ch 2001, 794 ff.; vgl. Art. 148 N 13 ff.). Wurde hingegen die **Klage abgewiesen,** kann die obsiegende beklagte Partei im Rechtsmittelverfahren, das von der klagenden Partei angehoben wurde, der Klage nachträglich noch zustimmen (FamKomm Scheidung/FANKHAUSER, Art. 116 N 12, 14; SUTTER/FREIBURGHAUS, Art. 116 N 27; REUSSER, Rz 1.94; RHINER, 334 f.; teilweise abweichend RUMO-JUNGO, 1538; vgl. auch vorn N 20, 24, 25).

V. Übergangsrecht

35   Art. 116 findet gemäss Art. 7b SchlT auch Anwendung auf Prozesse, welche bereits **vor Inkrafttreten des neuen Scheidungsrechts** (1. Januar 2000) anhängig gemacht wurden (BGer, Urteil vom 6.9.2001, 5C. 129/2001, E. 1; BGer, Urteil vom 20.9.2001, 5C. 2/2001 = FamPra.ch 2002, 132 ff.; BGer, Urteil vom 14.11.2002 = FamPra.ch 2003, 396). Die Wirkungen von Art. 116 treten auch ein, wenn die ausdrückliche Zustimmung oder die Widerklage bereits vor diesem Zeitpunkt erfolgt ist. Diese bedürfen deshalb in jedem Falle der schriftlichen Bestätigung (ZR 2000 Nr. 47 = FamPra.ch 2000, 535 ff.), und eine Scheidungsvereinbarung ist dementsprechend vor Ablauf der Bedenkzeit frei widerrufbar, auch wenn sie unter dem alten Recht (bis 31. Dezember 1999) noch Bindungswirkung erlangt hatte (FamKomm Scheidung/FANKHAUSER, Art. 116 N 32 f.).

VI. Revisionspläne

36   Einem vom BR veröffentlichten Bericht über die Auswertung einer Umfrage zum neuen Scheidungsrecht (Bundesamt für Justiz, Mai 2005) zufolge wünscht eine klare Mehrheit der befragten Fachleute eine Revision des Verfahrens der einverständlichen Scheidung (vgl. Pressemitteilung des EJPD vom 1.7.2005). In Erwägung gezogen wird unter anderem auch die Streichung der Art. 113 und 116. Konkrete Resultate über das weitere Vorgehen liegen indessen zur Zeit (März 2006) noch nicht vor.

Zweiter Abschnitt: Die Ehetrennung

Art. 117

**A. Voraus-
setzungen und
Verfahren**

[1] **Die Ehegatten können die Trennung unter den gleichen Voraussetzungen wie bei der Scheidung verlangen.**

[2] **Die Bestimmungen über das Scheidungsverfahren sind sinngemäss anwendbar.**

[3] **Das Recht, die Scheidung zu verlangen, wird durch das Trennungsurteil nicht berührt.**

A. Conditions et
procédure

[1] La séparation de corps peut être demandée aux mêmes conditions que le divorce.

[2] Les dispositions sur la procédure de divorce s'appliquent par analogie.

[3] Le jugement prononçant la séparation de corps n'a pas d'incidences sur le droit de demander le divorce.

A. Condizioni e
procedura

[1] Alle stesse condizioni del divorzio, i coniugi possono chiedere la separazione.

[2] La procedura del divorzio si applica per analogia.

[3] Il diritto di domandare il divorzio non è toccato dalla sentenza di separazione.

Art. 118

**B. Trennungs-
folgen**

[1] **Mit der Trennung tritt von Gesetzes wegen Gütertrennung ein.**

[2] **Im übrigen finden die Bestimmungen über Massnahmen zum Schutz der ehelichen Gemeinschaft sinngemäss Anwendung.**

B. Effets de la
séparation

[1] La séparation de corps entraîne de plein droit la séparation de biens.

[2] Pour le surplus, les dispositions relatives aux mesures protectrices de l'union conjugale sont applicables par analogie.

B. Effetti della
separazione

[1] Con la separazione personale subentra per legge la separazione dei beni.

[2] Per il rimanente si applicano per analogia le disposizioni sulle misure a tutela dell'unione coniugale.

Literatur

Vgl. die Literaturhinweise zu Art. 111 und 114.

I. Allgemeines

1. Entstehungsgeschichte

Mit der **gerichtlichen Trennung** der Ehe (aArt. 143 und aArt. 146–148) verfolgte der   1
Gesetzgeber ursprünglich im Wesentlichen drei Ziele: Sie war als Mittel zur Beruhigung und späteren Wiedervereinigung von in zerrütteter Ehe lebenden Ehegatten gedacht, sie diente ferner Ehegatten, die aus konfessionellen Erwägungen oder aus Gewissensgründen die Scheidung ablehnten, und sie spielte bei Ausländern, deren Heimatrecht nur eine

Trennung und keine Scheidung kannte, eine wichtige Rolle (vgl. HINDERLING/STECK, 165 f.; 1. Aufl., LÜCHINGER/GEISER, Art. 146 N 2). Ihre Bedeutung hatte im Laufe der Jahrzehnte stetig abgenommen und war vor Inkrafttreten des neuen Rechts nur noch gering (vgl. Botschaft Revision Scheidungsrecht, 94). Während 1960 4656 Scheidungen und 261 Trennungen gezählt worden waren (ca. 5,3% der gutgeheissenen Klagen), betrug 1999 die Zahl der Trennungen gegenüber 20 809 Scheidungen nur noch 619 (ca. 2,9% der gutgeheissenen Klagen; vgl. Stat. Jahrbuch der Schweiz 2005, 87). Die Funktion der Ehetrennung als Scheidungsersatz für Ausländer ging seit dem Inkrafttreten des IPRG (1.1.1989) praktisch vollständig verloren, und als Mittel zur Sanierung notleidender Ehen hat sie weitgehend versagt (Botschaft Revision Scheidungsrecht, 94; vgl. auch HINDERLING/STECK, 170; 1. Aufl., LÜCHINGER/GEISER, Art. 146 N 2; SUTTER/FREIBURGHAUS, Art. 117/118 N 10).

2   Trotz diesem Schattendasein und der – rein statistisch betrachtet – untergeordneten Rolle wollte der Gesetzgeber das **Institut der Ehetrennung** beibehalten. Die Expertenkommission hatte zunächst die Abschaffung erwogen, gelangte dann aber einerseits aus Rücksicht auf religiöse Überzeugungen und andererseits aus ehetherapeutischen Überlegungen zur Auffassung, dass die Möglichkeit einer gerichtlichen Ehetrennung weiterhin erforderlich sei. Stärker fiel dabei aber wohl zusätzlich der Umstand ins Gewicht, dass nicht selten vor allem betagte Ehegatten trotz eingetretener Zerrüttung und ihrer Entschlossenheit, nicht weiter in ehelicher Gemeinschaft zu leben, sich aus *erb- und sozialversicherungsrechtlichen Gründen* darauf *einigen,* von einer Scheidung abzusehen. Hier kann durchaus ein echtes Bedürfnis nach einer auf Dauer ausgerichteten Regelung des Getrenntlebens gegeben sein (vgl. BGE 129 III 1, 5; Botschaft Revision Scheidungsrecht, 94; 1. Aufl., LÜCHINGER/GEISER, Art. 146 N 3; SUTTER/FREIBURGHAUS, Art. 117/118 N 10; FamKomm Scheidung/LEUENBERGER, Art. 117/118 N 1; HEGNAUER/BREITSCHMID, Rz 10.03 und 16.37 ff.). Allerdings kann man sich fragen, ob hiefür nicht die Regelung des Getrenntlebens nach Art. 175 und 176 genügt hätte (vgl. SUTTER/FREIBURGHAUS, Art. 117/118 N 10, die aus diesem Grunde die Beibehaltung des Rechtsinstituts der gerichtlichen Trennung im Sinne von Art. 117/118 für überflüssig halten; gl.M. RHINER, 362; vgl. auch FamPra.ch 2002, 726 ff., 729, ferner hinten N 11). Trotz zahlreicher ablehnender Stimmen im Vernehmlassungsverfahren wurden indessen die Bestimmungen über die gerichtliche Trennung des Vorentwurfs (Art. 121/122 VE) im bundesrätlichen Entwurf inhaltlich praktisch unverändert übernommen (Art. 117 f. E). In der nationalrätlichen Rechtskommission wurde ein Antrag auf Abschaffung abgelehnt. Das Parlament nahm lediglich redaktionelle Korrekturen ohne inhaltliche Änderungen vor (vgl. hinten N 7; ferner zur Entstehungsgeschichte im Einzelnen SUTTER/FREIBURGHAUS, Art. 117/118 N 7 f.; RHINER, 361 f.). Seit Inkrafttreten der Revision (1.1.2000) hat die Zahl der Ehetrennungen weiter abgenommen. Im Jahre 2005 standen 21 332 Scheidungen nur noch 178 Ehetrennungen gegenüber (ca. 0,8% der gutgeheissenen Begehren und Klagen; Quelle: Bundesamt für Statistik, Sektion Bevölkerungsentwicklung).

2. Anwendungsbereich und Zweck der Norm. Verhältnis zum früheren Recht

3   Das Institut der gerichtlichen Trennung wurde insofern verändert, als mit der Revision auch neue Scheidungsgründe geschaffen wurden. Wie im bisherigen Recht decken sich die Scheidungsgründe mit den Trennungsgründen (Art. 117 Abs. 1; SUTTER/FREIBURGHAUS, Art. 117/118 N 3; TUOR/SCHNYDER/RUMO-JUNGO, 269; FamKomm Scheidung/LEUENBERGER, Art. 117/118 N 4). Immer dann, wenn die (an sich gleichen) Voraussetzungen sowohl für eine Trennung als auch für eine Scheidung gegeben wären, muss *zwingend* die Scheidung ausgesprochen werden (vgl. aber hinten N 9). Im Gegensatz zum bisherigen Recht kann das Gericht nicht mehr auf Trennung erkennen, wenn die Scheidung ver-

langt wird (vgl. aArt. 146 Abs. 1 und 3; 1. Aufl. LÜCHINGER/GEISER, Art. 146 N 8; SUT-
TER/FREIBURGHAUS, Art. 117/118 N 4; TUOR/SCHNYDER/RUMO-JUNGO, 269). Es ist dem
Gericht selbst dann verwehrt, statt einer beantragten Scheidung die Trennung auszusprechen, wenn nach seiner Auffassung Aussicht auf Wiedervereinigung der Ehegatten vorhanden wäre (STECK, 39; vgl. auch hinten N 10). Der Grundsatz des früheren Rechts, wonach das Gericht keine Scheidung aussprechen durfte, wenn die Klage nur auf
Ehetrennung ging (aArt. 146 Abs. 2; 1. Aufl. LÜCHINGER/GEISER, Art. 146 N 7), wird im
revidierten Gesetz nicht mehr ausgesprochen, doch gilt er aufgrund der aus der Dispositionsmaxime fliessenden allgemeinen Regel der Bindung des Gerichts an die Parteianträge
weiterhin (SUTTER/FREIBURGHAUS, Art. 117/118 N 3; STECK, 39; RHINER, 366). Hinsichtlich der Wirkungen der gerichtlichen Ehetrennung ergeben sich gegenüber dem früheren
Recht nur wenige Änderungen. Das Gesetz beschränkt sich in Art. 117 und Art. 118 hauptsächlich auf Verweisungen (vgl. hinten N 8 ff. und N 15 ff.). Entsprechend einer Leitlinie
der Revision soll der **Privatautonomie und dem Grundsatz der Formalisierung der
Trennungsgründe** Rechnung getragen und – abweichend vom früheren Recht – die Trennung ohne materielle Prüfung der Zerrüttungsursachen, wenn immer möglich auf gemeinsames Begehren, oder dann auf einseitige Klage nach faktischem Getrenntleben ermöglicht werden (Botschaft Revision Scheidungsrecht, 94; SUTTER/FREIBURGHAUS,
Art. 117/118 N 2, 4, 10; TUOR/SCHNYDER/RUMO-JUNGO, 269 f.; RHINER, 362; vgl. auch
hinten N 4, ferner Art. 114 N 1–4). Der Anwendungsbereich von Art. 117/118 ist auf die
gerichtliche Trennung im technischen Sinne beschränkt. Diese Bestimmungen sind nicht
anwendbar auf den Schutz der ehelichen Gemeinschaft (Art. 171 ff., 175 f.). Die praktische Bedeutung der gerichtlichen Trennung wird aber, wie schon im früheren Recht, durch
die Möglichkeit einer Trennung nach Art. 175 und 176 Abs. 2 in den Hintergrund gedrängt
(SUTTER/FREIBURGHAUS, Art. 117/118 N 5, 9). Neu ist, dass der Ablauf einer bestimmten
Trennungsfrist (vgl. aArt. 147 und 148) keine selbständige Bedeutung mehr hat (SUT-
TER/FREIBURGHAUS, Art. 117/118 N 6; vgl. N 7).

II. Voraussetzungen, Dauer und Verfahren der Ehetrennung (Art. 117)

1. Voraussetzungen und Dauer (Abs. 1)

Gemäss Art. 117 Abs. 1 können die Ehegatten die Trennung unter den gleichen Voraus-   **4**
setzungen wie bei der Scheidung verlangen. Das Gesetz begnügt sich damit, auf die
Scheidungsvoraussetzungen zu verweisen, welche nicht nur sinngemäss, sondern direkt
zur Anwendung gelangen (SUTTER/FREIBURGHAUS, Art. 117/118 N 11). Trennungsgrün-
de sind somit die **Ehetrennung auf gemeinsames Begehren** (vgl. vorn N 3 und Art. 111
N 1), sei es als umfassende Einigung (vgl. Art. 111) oder als Teileinigung (vgl. Art. 112)
und die (einseitige) **Klage auf Ehetrennung** nach Art. 114 (vgl. Art. 114 N 1–4) oder
Art. 115 (FamKomm Scheidung/LEUENBERGER, Art. 117/118 N 4; HEGNAUER/BREIT-
SCHMID, Rz 10.04; STECK, 39 f.; RHINER, 364 ff.; zu Art. 115 vgl. insbesondere hinten
N 6).

Eine Klage auf Ehetrennung kann gemäss **Art. 114** nur gutgeheissen werden, wenn die   **5**
Ehegatten **während zwei Jahren faktisch getrennt gelebt** haben (vgl. Art. 114 in der
revidierten Fassung vom 19.12.2003, in Kraft seit 1.6.2004, AS 2004, 2161 und Art. 114
N 2a), wobei nicht relevant ist, ob das Getrenntleben aufgrund einer gerichtlichen Aufhebung des gemeinsamen Haushaltes (Art. 175, 176 Abs. 2) oder ohne eine solche, allenfalls sogar ohne Berechtigung, erfolgte (vgl. Art. 114 N 5 ff.; vgl. auch BK-HAUSHEER/
REUSSER/GEISER, Art. 180 N 18; STECK, 40). Nach dem geltenden Recht dürfte im Übrigen nunmehr geklärt sein, dass eine Aufhebung des gemeinsamen Haushaltes im Sinne
von Art. 175 in jedem Falle auch dann gutgeheissen werden muss, wenn der beklagte

Ehegatte dem Begehren zustimmt, bzw. wenn sich die Ehegatten auf ein Getrenntleben geeinigt haben (so schon bisher ZK-BRÄM, Art. 175 N 6, 8 und 176 N 20 ff.; FamKomm Scheidung/VETTERLI, Art. 175 N 1; kritisch BK-HAUSHEER/REUSSER/GEISER, Art. 175 N 6d, aber wohl gl.M. in Art. 180 N 18; vgl. auch Art. 175 N 2; **a.M.** anscheinend HEGNAUER/BREITSCHMID, Rz 21.22, wonach das Begehren nur von einem Ehegatten gestellt werden könne, der zum Getrenntleben berechtigt sei, so dass die Frage unter dem Gesichtspunkt von Art. 115 weiterhin von Bedeutung sei). Der Trennungsgrund von Art. 114 dürfte in der Praxis kaum Bedeutung erlangen, denn entweder werden sich die Ehegatten auf eine Trennung einigen, oder eine Partei wird direkt die Scheidung verlangen (SUTTER/FREIBURGHAUS, Art. 117/118 N 12; FamKomm Scheidung/LEUENBERGER, Art. 117/118 N 4; vgl. auch hinten N 6).

6   Die klagende Partei kann sich **vor Ablauf der zweijährigen Trennungszeit** auf den Trennungsgrund von **Art. 115** (vgl. Art. 115 N 1–3) berufen (so BGE 129 III 1, 3 ff. = FamPra.ch 2003, 152; gl.M. SUTTER/FREIBURGHAUS, Art. 117/118 N 13; FamKomm Scheidung/LEUENBERGER, Art. 117/118 N 4; RHINER, 366; abweichend noch 2. Aufl. N 6; **a.M.** HEGNAUER/BREITSCHMID, Rz 10.04, welche ein schutzwürdiges Interesse an einer Klage nach Art. 115 verneinen; vgl. auch Cour de justice de Genève in FamPra.ch 2002, 351 ff.).

7   Im Gegensatz zu aArt. 147 Abs. 1 regelt das neue Gesetz die **Dauer der Trennung** nicht. Eine Befristung der gerichtlichen Trennung ist nicht mehr vorgesehen. Die Trennung ist grundsätzlich auf unbestimmte Zeit auszusprechen (Botschaft Revision Scheidungsrecht, 95; FamKomm Scheidung/LEUENBERGER, Art. 117/118 N 5; SUTTER/FREIBURGHAUS, Art. 117/118 N 14; HEGNAUER/BREITSCHMID, Rz 10.05; STECK, 39; **a.M.** REUSSER, Rz 1.102; HAUSHEER/GEISER/KOBEL, Rz 10.157). Die in Art. 122 Abs. 3 VE vorgesehene Bestimmung, wonach die Trennung bis zur Wiederaufnahme des Zusammenlebens oder bis zur Auflösung der Ehe dauere, wurde zu Recht als selbstverständlich und überflüssig gestrichen (Botschaft Revision Scheidungsrecht, 95; RHINER, 363). Die gerichtliche Trennung kann von den Ehegatten jederzeit durch eine entsprechende ausdrückliche oder konkludente Vereinbarung (z.B. durch Wiederaufnahme des Zusammenlebens) aufgehoben werden (vgl. auch Art. 114 N 16 f.). Schliesslich ist evident, dass sie immer auch durch ein gemeinsames Scheidungsbegehren oder durch eine begründete Scheidungsklage beendet werden kann. Nicht ausgeschlossen ist, dass die Ehegatten eine bestimmte Trennungsdauer zum vornherein vereinbaren. Eine solche Vereinbarung ist vom Gericht, sofern es eine Befristung der Trennung anordnet, aufgrund der herrschenden *Privatautonomie* zu beachten (vorn N 3; vgl. auch REUSSER, Rz 1.102; RHINER, 363 f.). Falls jedoch die faktische Trennungsdauer mindestens zwei Jahre gedauert hat, kann jeder Ehegatte auch eine allenfalls vereinbarte längere gerichtliche Trennung durch eine Scheidungsklage vorzeitig beendigen.

2. Verfahren (Abs. 2)

8   Ähnlich wie im bisherigen Recht (aArt. 143–147) knüpft das Gesetz in Art. 117 Abs. 2 für das **Trennungsverfahren** an die Bestimmungen über das Scheidungsverfahren an, welche nicht direkt, sondern nur **sinngemäss** anwendbar sind (Botschaft Revision Scheidungsrecht, 94; SUTTER/FREIBURGHAUS, Art. 117/118 N 15; TUOR/SCHNYDER/RUMO-JUNGO, 270). Diese Verweisung bezieht sich einerseits auf die gesetzlichen Vorschriften des vierten Abschnittes über das *Scheidungsverfahren* (Art. 135–149; vgl. auch Botschaft Revision Scheidungsrecht, 95 und TUOR/SCHNYDER/RUMO-JUNGO, 270, wo dies mit Bezug auf die Zuständigkeit hervorgehoben wird). Im Gegensatz zum summarischen Verfahren vor dem Eheschutzgericht (Art. 175 f.) werden die Folgen der gerichtlichen Tren-

nung in einem ordentlichen Zivilprozess beurteilt, so dass das Urteil in formelle und materielle Rechtskraft erwächst (SUTTER/FREIBURGHAUS, Art. 117/118 N 16; bezüglich der eheschutzrichterlichen Entscheide, die nach herrschender Auffassung nicht in materielle Rechtskraft erwachsen, vgl. BGE 116 II 21 ff. und 127 III 474 ff., ferner ZK-BRÄM, Art. 179 N 8). Von der Verweisung gemäss Art. 117 Abs. 2 erfasst werden m.E. auch die vorsorglichen Massnahmen im Ehetrennungsprozess im Sinne von Art. 137 Abs. 1 und 2 (teilweise abweichend SUTTER/FREIBURGHAUS, Art. 117/118 N 15 und Art. 137 N 7), wobei in Art. 137 Abs. 2 auf die sinngemässe Anwendung der Bestimmungen über die Massnahmen zum Schutz der ehelichen Gemeinschaft zurückverwiesen wird (vgl. im Übrigen auch HEGNAUER/BREITSCHMID, Rz 12.62 ff., 12.67). Wegen des Fortbestandes der Ehe sind – auch nach Erlass des Trennungsurteils – die Anweisungen an die Schuldner (Art. 177) und Beschränkungen der Verfügungsbefugnis ebenfalls anwendbar (Art. 178; vgl. dazu Botschaft Revision Scheidungsrecht. 95; 1. Aufl., LÜCHINGER/ GEISER, Art. 155 N 4; SUTTER/FREIBURGHAUS, Art. 117/118 N 26; vgl. hinten N 15). Keine Anwendung finden die Verfahrensbestimmungen von Art. 141/142 (SUTTER/FREIBURGHAUS, Art. 117/118 N 15; vgl. dazu hinten N 18).

Die Verweisung gilt anderseits auch hinsichtlich der **bundesrechtlichen Verfahrensvor-** 9 **schriften von Art. 111–113.** Sie wird aktuell, wenn ein gemeinsames Begehren auf Ehetrennung gestellt wird, so dass Art. 111 oder 112 zur Anwendung gelangt, oder wenn ein solches Begehren scheitert und nach Art. 113 verfahren werden muss. Stimmt im strittigen Verfahren die beklagte Partei der auf Ehetrennung gerichteten Klage zu, oder erhebt sie ihrerseits Widerklage auf Ehetrennung, gelangt **Art. 116** zur Anwendung und ist die Ehetrennung gegebenenfalls nach Massgabe von Art. 111 f. auszusprechen, ohne dass dann eine materielle Beurteilung der Klage bzw. von Haupt- und Widerklage zu erfolgen hat. Für alle diese Konstellationen kann auf die Ausführungen zu Art. 116 verwiesen werden, die mutatis mutandis heranzuziehen sind. Falls der Hauptklage auf Ehetrennung eine Widerklage auf Scheidung gegenübergestellt wird, ist *Art. 116 nicht anwendbar*. Wenn die Ehegatten eine Trennungsvereinbarung geschlossen haben, ist diese nach Erfüllung der bundesrechtlichen Verfahrensvorschriften auch gerichtlich zu genehmigen (Art. 140; SUTTER/FREIBURGHAUS, Art. 117/118 N 17). Sind die Voraussetzungen von Art. 114 erfüllt, muss die Scheidung in Gutheissung der Widerklage ausgesprochen werden und wird die Hauptklage gegenstandslos. Erfolgt die Klageanhebung jedoch *vor* Ablauf eines zweijährigen faktischen oder eheschutzrichterlich angeordneten Getrenntlebens, ist gestützt auf Art. 115 zu entscheiden, ob die Ehe in Gutheissung der Hauptklage getrennt oder in Gutheissung der Widerklage geschieden werden muss (vgl. auch vorn N 6 und Art. 116 N 32).

3. Verhältnis zur Scheidung (Abs. 3)

Das Trennungsurteil soll eine spätere Scheidung weder erleichtern noch erschweren 10 (Botschaft Revision Scheidungsrecht. 94). Gemäss Abs. 3 wird das **Recht, die Scheidung zu verlangen, durch das Trennungsurteil nicht berührt** (vgl. auch vorn N 3). Damit bringt das Gesetz zum Ausdruck, dass der Scheidungsanspruch durch das Trennungsurteil nicht konsumiert wird. Die Tatsache einer bestehenden gerichtlichen Trennung kann deshalb – anders als nach aArt. 148 – einem gemeinsamen Begehren auf Scheidung oder einer Scheidungsklage grundsätzlich nicht entgegenstehen (SUTTER/ FREIBURGHAUS, Art. 117/118 N 21 f., welche jedoch darauf hinweisen, dass Art. 117 Abs. 3 zu allgemein formuliert sei; FamKomm Scheidung/LEUENBERGER, Art. 117/118 N 6; TUOR/SCHNYDER/RUMO-JUNGO, 270 f.; HEGNAUER/BREITSCHMID, Rz 10.09; RHINER, 367 f.). Das Scheidungsgericht ist an die Feststellungen im Trennungsurteil über die Einkommens- und Vermögensverhältnisse der Parteien nicht gebunden (BGer 5C.

111/2001, Urteil vom 29.6.2001). Aus Art. 117 Abs. 3 folgt ferner, dass die zweijährige Trennungszeit von Art. 114 im Hinblick auf eine spätere Scheidung mit der Ehetrennung nicht etwa neu zu laufen beginnt, sondern dass die im Zeitpunkt des Trennungsurteils feststehende Trennungszeit anzurechnen ist, sofern zwischenzeitlich keine relevante Unterbrechung des Getrenntlebens (vgl. Art. 114 N 16 f., 21) erfolgte. Wenn beispielsweise die Ehegatten im Zeitpunkt des Trennungsurteils schon während eines Jahres getrennt gelebt haben, kann ein Jahr später eine auf Art. 114 gestützte Scheidungsklage gutgeheissen werden (Botschaft Revision Scheidungsrecht, 94; SUTTER/FREIBURGHAUS, Art. 117/118 N 21; vgl. auch FamKomm Scheidung/LEUENBERGER, Art. 117/118 N 6; REUSSER, Rz 1.102; STECK, 39). Wurde jedoch vor Ablauf des zweijährigen Getrenntlebens ein Trennungsanspruch rechtskräftig abgewiesen (vgl. vorn N 6, 9), bedarf es für die Gutheissung einer Scheidungsklage nach Art. 115 neuer Tatsachen (SUTTER/FREIBURGHAUS, Art. 117/118 N 22; TUOR/SCHNYDER/RUMO-JUNGO, 271; REUSSER, Rz 1.102; STECK, 47; RHINER, 368; vgl. auch Art. 114 N 21). Gemäss Art. 138 Abs. 2 kann die Scheidungsklage *jederzeit in eine Trennungsklage umgewandelt* werden. Dies kann indessen nicht schrankenlos gelten (SUTTER/FREIBURGHAUS, Art. 117/118 N 19; vgl. dazu auch Art. 116 N 27). Inwieweit eine Umwandlung der Trennungsklage in eine Scheidungsklage möglich ist, beurteilt sich nach kantonalem Prozessrecht (vgl. Art. 138 und Art. 116 N 32). Nach der künftigen schweizerischen Zivilprozessordnung soll eine entsprechende Klageänderung in beiden Richtungen möglich sein (vgl. Art. 243 VE).

III. Trennungsfolgen (Art. 118)

1. Gütertrennung (Abs. 1)

11   Nach aArt. 155 (i.d.F. von 1907) hatte der Richter im Falle einer Ehetrennung unter Berücksichtigung der Dauer der Trennung und der Verhältnisse der Ehegatten über die Aufhebung oder Fortdauer des bisherigen Güterstandes zu entscheiden. Verlangte ein Ehegatte die Gütertrennung, so durfte sie nicht verweigert werden (BK-BÜHLER/SPÜHLER, Art. 155 N 1 ff.). Im Rahmen der Revision des Eherechts von 1984 (Inkrafttreten 1.1.1988) wurde aArt. 155 geändert und bestimmt, dass mit der Trennung **von Gesetzes wegen** der ausserordentliche Güterstand der **Gütertrennung** eintritt (1. Aufl., LÜCHINGER/GEISER, Art. 155 N 1 ff.). An dieser Regelung wird in Art. 118 Abs. 1 festgehalten (Botschaft Revision Scheidungsrecht, 95; SUTTER/FREIBURGHAUS, Art. 117/118 N 23; FamKomm Scheidung/LEUENBERGER, Art. 117/118 N 7; HEGNAUER/BREITSCHMID, Rz 10.07, 24.17). Art. 118 Abs. 1 ist inhaltlich identisch mit aArt. 155 (i.d.F. von 1984). Darin besteht der Hauptunterschied zur Aufhebung des gemeinsamen Haushaltes im Sinne von Art. 175 f., mit welcher die Anordnung der Gütertrennung nur auf Begehren eines oder beider Ehegatten verbunden werden kann, *wenn es die Umstände rechtfertigen* (Art. 176 Abs. 1 Ziffer 3; vgl. auch Art. 185; BK-HAUSHEER/REUSSER/GEISER, Art. 176 N 38 ff.; SUTTER/FREIBURGHAUS, Art. 117/118 N 5; FamKomm Scheidung/LEUENBERGER, Art. 117/118 N 3; vgl. zum Ganzen auch BGE 116 II 21 ff., ZR 2001 Nr. 24 und 2004 Nr. 2, KGer SG in FamPra.ch 4/2001, 779 sowie OGer Zürich in FamPra.ch 2005, 308, 311 mit Bemerkungen von STECK und weiteren Hinweisen; vgl. ferner vorn N 2). In übergangsrechtlicher Hinsicht gelangt die Regelung von Art. 118 Abs. 1 gemäss Art. 7b Abs. 1 SchlT auch auf Trennungsprozesse zur Anwendung, die beim Inkrafttreten des Bundesgesetzes vom 26. Juni 1998 («neues Scheidungsrecht») am 1.1.2000 rechtshängig waren und von einer kantonalen Instanz zu beurteilen sind (BGE 126 III 261 ff. mit Bemerkungen von SCHNYDER in ZBJV 2001, 402). Sie gilt indessen nur für Ehetrennungen, die seit 1.1.1988 (Inkrafttreten des revidierten aArt. 155) ausgesprochen wurden (1. Aufl., LÜCHINGER/GEISER, Art. 155 N 2).

Der **Zeitpunkt der Auflösung** des Güterstandes und die *güterrechtliche Auseinander-* 12
setzung richten sich nach den Bestimmungen des Güterrechts (Botschaft Revision Scheidungsrecht, 95; 1. Aufl., LÜCHINGER/GEISER, Art. 155 N 1; SUTTER/FREIBURGHAUS,
Art. 117/118 N 24; FamKomm Scheidung/LEUENBERGER, Art. 117/118 N 7). Nach
Art. 204 Abs. 2 und Art. 236 Abs. 2 wird die Auflösung des Güterstandes auf den Tag
zurückbezogen, an dem das Trennungsbegehren eingereicht worden ist. Gemäss Art. 207
Abs. 1 werden sodann bei der Errungenschaftsbeteiligung Errungenschaft und Eigengut
jedes Ehegatten nach ihrem Bestand im Zeitpunkt der Auflösung des Güterstandes ausgeschieden, während bei der Gütergemeinschaft nach Art. 236 Abs. 3 für die Zusammensetzung des Gesamtgutes und des Eigengutes ebenfalls dieser Zeitpunkt massgebend ist.
Besonders im Hinblick auf eine der gerichtlichen Trennung unter Umständen erst viel
später nachfolgende Scheidung kommt daher diesem Zeitpunkt eine wesentliche Bedeutung zu. Dies muss beim Entschluss, statt der Scheidung zunächst nur die Trennung zu
verlangen, bedacht werden. So hat derjenige Ehegatte, welcher voraussichtlich inskünftig
mehr Errungenschaft bilden wird, ein Interesse an einer möglichst frühzeitigen Fixierung des Auflösungszeitpunktes, während der Rückbezug für den andern Ehegatten unter
Umständen (z.B. wenn er sich für die Trennung entschliesst, um eine Scheidung abzuwehren, und die erhoffte Wiedervereinigung dann nicht eintritt; vgl. vorn N 6) stossend
sein kann (vgl. HAUSHEER/REUSSER/GEISER, Art. 204 N 10).

Da die Gütertrennung mit der gerichtlichen Ehetrennung **von Gesetzes wegen** ein- 13
tritt, bedarf es keines entsprechenden Antrags der Ehegatten. Sie muss im Urteil auch
nicht ausdrücklich angeordnet werden (BK-HAUSHEER/REUSSER/GEISER, Art. 185 N 8;
BK-SPÜHLER/FREI-MAURER, Art. 155 N 4; 1. Aufl., LÜCHINGER/GEISER, Art. 155
N 1; SUTTER/FREIBURGHAUS, Art. 117/118 N 23), doch ist m.E. eine Bestimmung im
Urteilsdispositiv empfehlenswert, weil sie den Parteien zur Klarstellung ihrer güterrechtlichen Verhältnisse dient. Dies gilt besonders dann, wenn ausnahmsweise die güterrechtliche Auseinandersetzung in ein separates Verfahren verwiesen worden ist und nicht im
Rahmen des Trennungsurteils durchgeführt wird (vgl. dazu Art. 120 N 7 ff.). Im Gegensatz zum summarischen Verfahren gemäss Art. 176 Abs. 1 Ziffer 3, wo nur die Anordnung der Gütertrennung, nicht aber die Durchführung der güterrechtlichen Auseinandersetzung erfolgt (BK-HAUSHEER/REUSSER/GEISER, Art. 176 N 39, Art. 194 N 17; BGE
116 II 21, 24), muss gemäss Art. 118 Abs. 1 zwingend die güterrechtliche Auseinandersetzung im ordentlichen Verfahren vorgenommen werden. Sofern sich die Ehegatten
diesbezüglich im Rahmen einer Vereinbarung einigen, müssen nach der hier vertretenen
Auffassung die entsprechenden bundesrechtlichen Verfahrensvorschriften (Art. 111 f.,
Art. 116) eingehalten werden (vgl. vorn N 9 und Art. 116 N 11 ff., 29 f.). Die Vereinbarung bedarf sodann der gerichtlichen Genehmigung nach Art. 140 (SUTTER/FREIBURG-
HAUS, Art. 117/118 N 23; FamKomm Scheidung/STECK, Vorbem. zu Art. 196–220 N 11).
Kommt keine Vereinbarung zustande, hat das Gericht in Beachtung des Grundsatzes der
Einheit des Trennungsurteils aufgrund der Parteianträge die güterrechtliche Auseinander-
setzung vorzunehmen. Unterbleibt dies und wurde die güterrechtliche Aus-
einandersetzung nicht ad separatum verwiesen, ist ein *Nachverfahren* zur Ergänzung des
unvollständigen Trennungsurteils durchzuführen (Art. 120 N 13 ff.; BK-HAUSHEER/
REUSSER/GEISER, Art. 194 N 15; SUTTER/FREIBURGHAUS, Art. 117/118 N 23).

Die **Aufhebung der Trennung,** sei es, dass die Ehegatten den gemeinsamen Haushalt 14
wieder aufgenommen haben oder eine allfällige beschränkte Trennungszeit (vgl. vorn
N 7) abgelaufen ist, bedeutet nicht, dass der frühere Güterstand von Gesetzes wegen
wieder aufleben würde (vgl. Art. 179 Abs. 2, wo dies für eine im Eheschutzverfahren
angeordnete Gütertrennung ausdrücklich festgehalten wird; vgl. auch BGE 116 II 21,
25). Es bedarf dazu vielmehr einer gerichtlichen Wiederherstellung nach Art. 187 Abs. 2

(1. Aufl., LÜCHINGER/GEISER, Art. 155 N 1). Auch wenn die Ehetrennung andauert, können die Ehegatten – weil sie noch immer verheiratet sind – mit einem Ehevertrag zu ihrem früheren Güterstand zurückkehren oder einen anderen vereinbaren (BK-HAUSHEER/REUSSER/GEISER, Art. 187 N 11; 1. Aufl., LÜCHINGER/GEISER, Art. 155 N 1; SUTTER/FREIBURGHAUS, Art. 117/118 N 25).

2. Sinngemässe Anwendung der Bestimmungen über Massnahmen zum Schutz der ehelichen Gemeinschaft (Abs. 2)

15   Mit Bezug auf die übrigen Trennungsfolgen verweist Art. 118 Abs. 2 auf die **sinngemässe Anwendung der Massnahmen zum Schutz der ehelichen Gemeinschaft.** Die Ehetrennung gleicht deshalb mit Bezug auf die Wirkungen weit mehr der Berechtigung zum Getrenntleben im Sinne von Art. 175 als der Scheidung (TUOR/SCHNYDER/RUMO-JUNGO, 271; SUTTER/FREIBURGHAUS, Art. 117/118 N 5, 26). Gemäss der Systematik des Gesetzes geht es um die Art. 171 ff., wobei die Bestimmungen, welche ein Zusammenleben voraussetzen (Art. 173 und 174) ausser Betracht fallen (SUTTER/FREIBURGHAUS, Art. 117/118 N 29). In Frage kommen daher nur Art. 172 und 175–179 (Botschaft Revision Scheidungsrecht, 95; vgl. auch vorn N 8). Anstelle des mit Wirkung per 1. Januar 2001 aufgehobenen Art. 180 ist Art. 15 GestG getreten.

16   Die gerichtliche Trennung soll einen Ehegatten nicht schlechter stellen als eine faktische Trennung. Sowohl bei der gerichtlichen Trennung im Sinne von Art. 117/118 als auch bei einer gerichtlich angeordneten Aufhebung des gemeinsamen Haushaltes gemäss Art. 175/176 (aber auch bei einem rein faktischen Getrenntleben) bestehen das **rechtliche Band der Ehe und die allgemeinen Wirkungen der Ehe** weiter (Art. 159 ff.; Botschaft Revision Scheidungsrecht, 95; 1. Aufl., LÜCHINGER/GEISER, Art. 146 N 3; SUTTER/FREIBURGHAUS, Art. 117/118 N 26; FamKomm Scheidung/LEUENBERGER, Art. 117/118 N 2, 8; HEGNAUER/BREITSCHMID, Rz 10.06 ff.; TUOR/SCHNYDER/RUMO-JUNGO, 271). Das gesetzliche Erbrecht und das Pflichtteilsrecht (Art. 462, 471 Ziffer 3) sowie die sozialversicherungsrechtlichen Ansprüche der Ehegatten bleiben erhalten (1. Aufl., LÜCHINGER/GEISER, Art. 155 N 3; FamKomm Scheidung/LEUENBERGER, Art. 117/118 N 8; vgl. auch BGE 129 III 1, 5). Nicht aufgehoben ist ferner die *eheliche Treue- und Beistandspflicht* (Art. 159 Abs. 3; HEGNAUER/BREITSCHMID, Rz 10.06). Vor Ablauf des zweijährigen Getrenntlebens kann aber aus einer Verletzung der ehelichen Treuepflicht nicht ohne weiteres, sondern nur ausnahmsweise ein Scheidungsgrund abgeleitet werden (vgl. Art. 115 N 19). Die Rechtsprechung zum früheren Recht (aArt. 148; vgl. BGE 114 II 113 ff.; HINDERLING/STECK, 174 ff.) kann nur bedingt herangezogen werden (Art. 115 N 4, 12). Folge einer (rechtlich begründeten) Trennung ist, dass die Pflicht zum Zusammenleben erlischt und die Befugnis zur Vertretung der ehelichen Gemeinschaft (Art. 166) entfällt. Die Wirkungen im Kindesrecht bleiben für alle Trennungsarten die gleichen (Art. 256b, 264b Abs. 2, Art. 297 Abs. 2; vgl. HEGNAUER/BREITSCHMID, Rz 10.07). Zu weiteren Wirkungen des Getrenntlebens vgl. auch BK-HAUSHEER/REUSSER/GEISER, Art. 176 N 5a ff. und ZK-BRÄM, Art. 175 N 29 ff.

17   Die **Unterhaltspflicht** von gerichtlich getrennt lebenden Ehegatten beurteilt sich nicht nach den scheidungsrechtlichen Bestimmungen über den nachehelichen Unterhalt (Art. 125 ff.). Anwendbar ist vielmehr Art. 176 in Verbindung mit Art. 163 ff. (vgl. Art. 176 N 1 ff.; BK-HAUSHEER/REUSSER/GEISER, Art. 176 N 17 ff.; SUTTER/FREIBURGHAUS, Art. 117/118 N 26; FamKomm Scheidung/LEUENBERGER, Art. 117/118 N 9; TUOR/SCHNYDER/RUMO-JUNGO, 271). Das Gleiche gilt mit Bezug auf die **Regelung der Elternrechte und -pflichten** (Art. 297 Abs. 2, 273, 285 in Verbindung mit Art. 176 Abs. 3; Art. 176 N 11 f.; BK-HAUSHEER/REUSSER/GEISER, Art. 176 N 41 ff.; SUTTER/FREIBURGHAUS, Art. 117/118 N 28). Das Gericht kann, muss aber nicht, im Falle einer gerichtlichen Ehetrennung (wie auch beim Verfahren nach Art. 175) die elterliche Sorge einem Elternteil allein zuteilen (Art. 297 Abs. 2; vgl. Art. 297 N 10). Der Entscheid hat nach Massgabe von Art. 176 Abs. 3 zu erfolgen. Falls die elterliche Sorge beiden Eltern belassen wird, ist Art. 133 Abs. 3 (betr. die gemeinsame elterliche Sorge im Scheidungsfall) nicht anwendbar (SUTTER/FREIBURGHAUS, Art. 117/118 N 28; vgl. auch hinten N 20). Für die **Zuteilung der Familienwohnung** gilt im Falle der gerichtlichen Ehetrennung weiterhin Art. 169 (BK-HAUSHEER/REUSSER/GEISER, Art. 169 N 12; HEGNAUER/ BREITSCHMID, Rz 17.21; FamKomm Scheidung/VETTERLI, Art. 176 N 16 f.; unklar bei Ehetrennung nach früherem Recht, BGE 114 II 396, 399; **a.M.** SCHMID, Die Wirkungen der Ehe im allgemeinen im Verhältnis zu Dritten, Diss. SG 1996, 95). *Art. 121 ist nicht anwendbar* (SUTTER/FREIBURGHAUS, Art. 117/118 N 27 und Art. 121 N 8; REUSSER, Rz 1.103; TUOR/SCHNYDER/RUMO-JUNGO, 271). Die *Aufteilung des Hausrates* erfolgt grundsätzlich ungeachtet der Anordnung der Gütertrennung nach Art. 176 Abs. 1 Ziffer 2 (vgl. Art. 176 N 7; BK-HAUSHEER/REUSSER/GEISER, Art. 176 N 29 ff., 29a, 34 ff.; HEG-NAUER/BREITSCHMID, Rz 10.08; FamKomm Scheidung/VETTERLI, Art. 176 N 18), doch ist m.E. die Tatsache einer erfolgten güterrechtlichen Auseinandersetzung angemessen zu berücksichtigen. Betr. Haustiere (Art. 641a) vgl. FamKomm Scheidung/VETTERLI, Art. 176 N 19.

Die gesetzliche Regelung über die **Aufteilung der Austrittsleistungen aus beruflicher** **18** **Vorsorge** (Ar. 122–124) gelangt nur bei Auflösung der Ehe durch Urteil zur Anwendung und kann somit bei der gerichtlichen Trennung **nicht** in Frage kommen. Ein faktisches oder gerichtlich angeordnetes Getrenntleben ist in diesem Zusammenhang bedeutungslos (SUTTER/FREIBURGHAUS, Art. 122/141–142 N 3, 22; HEGNAUER/BREITSCHMID, Rz 11.28).

Die Verweisung in Art. 118 Abs. 2 gilt sowohl in formeller als auch in materieller Hin- **19** sicht auch für die **Abänderung von Trennungsurteilen**. Die örtliche Zuständigkeit rich- tet sich nach Art. 15 Abs. 1 lit. d GestG (vgl. vorn N 15; SUTTER/FREIBURGHAUS, Art. 117/118 N 18). Wegen der materiellen Rechtskraft des Trennungsurteils ist jedoch mit Bezug auf die Unterhaltsregelung eine Abänderung nur möglich, wenn sich seit dem Trennungsurteil die Verhältnisse wesentlich und dauerhaft geändert haben und diese Änderung nicht bereits im ursprünglichen Urteil berücksichtigt worden ist. Grundlage für die Abänderung von Unterhaltsbeiträgen an den Ehegatten in Trennungsurteilen ist nicht Art. 129, sondern Art. 179 Abs. 1 (vgl. für das frühere Recht 1. Aufl., LÜCHINGER/ GEISER, Art. 155 N 4). Entsprechend kommt auch eine Erhöhung des Unterhaltsbeitrages in Frage und erhält das Erfordernis der Dauerhaftigkeit eine geringere Bedeutung als bei Abänderung einer Scheidungsrente nach Art. 129 (SUTTER/FREIBURGHAUS, Art. 117/ 118 N 26; ZK-BRÄM, Art. 179 N 10, 11; 1. Aufl., LÜCHINGER/GEISER, Art. 155 N 4). Lebt der unterhaltsberechtigte Ehegatte mit einem Dritten in einer eheähnlichen Ge- meinschaft, erweist sich die Geltendmachung eines Unterhaltsanspruchs unter Um- ständen als rechtsmissbräuchlich, so dass ihm in analoger Anwendung der Recht- sprechung zu aArt. 153 Abs. 1 mit Bezug auf das Konkubinat die Gewährung von Unterhaltsleistungen zu verweigern ist (vgl. BGE 124 III 52 ff. = Pra 1998 Nr. 87; 118 II 225 ff. betr. vorsorgliche Massnahmen; HAUSHEER/SPYCHER, Rz 10.03 ff. und Ergän- zungsband, Bern 2001, Rz 10.03 ff.; vgl. auch ZR 1992/1993 Nr. 19 im Eheschutzverfah- ren sowie ZR 1991 Nr. 39 im Verfahren betr. vorsorgliche Massnahmen). Auch wenn dem Unterhaltsberechtigten aus dem Konkubinat keine wirtschaftlichen Vorteile erwach- sen, kann die Geltendmachung des Unterhaltsanspruchs gegenüber dem andern Ehegat- ten trotzdem rechtsmissbräuchlich sein, wenn das Verhalten der Unterhalt fordernden Partei das Erlöschen jedes Ehewillens offenbart (1. Aufl., LÜCHINGER/GEISER, Art. 155 N 4).

20 Die Verweisung von Art. 118 Abs. 2 gilt auch für die **Abänderung von Kinderbelangen in Trennungsurteilen.** Die Vorschrift von Art. 134 ist hier grundsätzlich nicht anwendbar (SUTTER/FREIBURGHAUS, Art. 134 N 6, mit Hinweis auf die Ausnahme im Bereich der sachlichen Zuständigkeit, Art. 315b Abs. 1 Ziffer 3, bezüglich elterliche Sorge und Kindesschutzmassnahmen, nicht jedoch Kindesunterhalt).

Dritter Abschnitt: Die Scheidungsfolgen

Art. 119

A. Stellung geschiedener Ehegatten

¹ **Der Ehegatte, der seinen Namen geändert hat, behält den bei der Heirat erworbenen Familiennamen, sofern er nicht binnen einem Jahr, nachdem das Urteil rechtskräftig geworden ist, gegenüber der Zivilstandsbeamtin oder dem Zivilstandsbeamten erklärt, dass er den angestammten Namen oder den Namen, den er vor der Heirat trug, wieder führen will.**

² **Das Kantons- und Gemeindebürgerrecht wird von der Scheidung nicht berührt.**

A. Condition des époux divorcés

¹ L'époux qui a changé de nom conserve le nom de famille qu'il a acquis lors du mariage, à moins que, dans le délai d'une année à compter du jugement passé en force, il ne déclare à l'officier de l'état civil vouloir reprendre son nom de célibataire ou le nom qu'il portait avant le mariage.

² Le divorce n'a pas d'effet sur le droit de cité cantonal et communal.

A. Situazione dei coniugi divorziati

¹ Il coniuge che ha cambiato cognome conserva il cognome coniugale acquisito in occasione del matrimonio a meno che, entro un anno dal giudicato della sentenza, non dichiari all'ufficiale dello stato civile di volere riprendere il cognome originario o il cognome che portava prima del matrimonio.

² Il divorzio non ha effetti sul diritto d'attinenza cantonale e comunale.

Literatur

GEISER, Der Name und das Bürgerrecht im neuen Eherecht, in: Hangartner (Hrsg.): Das neue Eherecht, St. Gallen 1987, 77 ff.; DERS., Die Namensänderung nach Art. 30 Absatz 1 ZGB unter dem Einfluss des neuen Eherechts, ZZW 1989, 33 ff.; KELLERHANS/STERCHI, Die Zivilprozessordnung für den Kanton Bern, 5. Aufl., Bern 2000; RUMO-JUNGO, Das neue Namensrecht – Ein Diskussionsbeitrag, ZVW 2001, 167 ff.

I. Allgemeines

1 Die ursprüngliche Bestimmung von aArt. 149 wurde in der Eherechtsrevision von 1984 grundlegend geändert (Inkrafttreten 1.1.1988). Zum früheren Rechtszustand vgl. HINDERLING/STECK, 184 f. Zudem wurde im Zusammenhang mit der Revision des Bürgerrechtsgesetzes 1990 das Wort «Bürgerrecht» durch den Ausdruck «Kantons- und Gemeindebürgerrecht» ersetzt. Damit sollte klargestellt werden, dass die Bestimmung sich nicht auf den Verlust des Schweizer Bürgerrechts bezieht, was allerdings schon vorher gegolten hatte (BK-HAUSHEER/REUSSER/GEISER, Art. 161 N 8; BK-

SPÜHLER/FREI-MAURER, Art. 149 N 7; GEISER, in: Hangartner, 100). Nach dem BüG ist die Scheidung kein Grund für den Verlust des Schweizerbürgerrechts. Die Bestimmung von Art. 119 **im neuen Scheidungsrecht** (Inkrafttreten 1.1.2000) entspricht materiell aArt. 149. Die wichtigste Änderung besteht darin, dass die Reihenfolge der Absätze 1 und 2 vertauscht und die **Erklärungsfrist** von bisher sechs Monaten auf **ein Jahr** ab Rechtskraft des Scheidungsurteils verlängert wurde (Botschaft Revision Scheidungsrecht, 95; SUTTER/FREIBURGHAUS, Art. 119 N 1; FamKomm Scheidung/BÜCHLER, Art. 119 N 1). Zur Entstehungsgeschichte von Art. 119 vgl. SUTTER/FREIBURGHAUS, Art. 119 N 2. Art. 119 wurde geschlechtsneutral formuliert (vgl. auch die entsprechenden Randtitel: früher *IV. Stellung der geschiedenen Frau,* neu *A. Stellung geschiedener Ehegatten).*

Art. 119 gelangt nach dem Wortlaut bei der **Scheidung** zur Anwendung. Die gleiche　**2** Regelung gilt gemäss Art. 109 Abs. 2 auch bei der **Eheungültigkeit** (SUTTER/FREIBURGHAUS, Art. 119 N 3; FamKomm Scheidung/BÜCHLER, Art. 119 N 1). Wird die Ehe auf andere Weise aufgelöst, gelten andere Regeln. Die **Auflösung** der Ehe **durch Tod** hat weder auf den Namen noch auf das Kantons- und Gemeindebürgerrecht des überlebenden Ehegatten einen Einfluss (BK-HAUSHEER/REUSSER/GEISER, Art. 160 N 37 und Art. 161 N 26 ff.; ZK-BRÄM, Art. 160 N 43 und Art. 161 N 17; DESCHENAUX/STEINAUER/BADDELEY, Rz 111, 139). Das Gleiche gilt nach Art. 38 Abs. 3 (vgl. aArt. 102) bei einer *Verschollenerklärung* (SUTTER/FREIBURGHAUS, Art. 119 N 4; BK-HAUSHEER/REUSSER/GEISER, Art. 161 N 26 ff.). Wie schon im alten Recht (aArt. 149 Abs. 2) ist hier jedoch *kontrovers,* ob mit Bezug auf die *Namensänderung* Art. 119 Abs. 1 analog anzuwenden sei. Nach der einen Meinung, welcher zuzustimmen ist, führen Witwe und Witwer den Namen weiter, den sie vor der Ehe hatten und ist eine Änderung des Namens nur nach Art. 30 Abs. 1 möglich (BK-HAUSHEER/REUSSER/GEISER, Art. 160 N 37 und 37a; ZK-BRÄM, Art. 161 N 43; SUTTER/FREIBURGHAUS, Art. 119 N 4). Nach der andern Auffassung soll Art. 119 Abs. 1 analog angewendet werden. Dabei wird betont, dass der überlebende Ehegatte ein schützenswertes Interesse haben könne, vom Ehenamen zum früheren Namen zurückzukehren; ihn auf den schwerfälligen und kostspieligen Weg der Namensänderung nach Art. 30 Abs. 1 zu verweisen, sei mit dem Verfassungsrecht (Art. 8 Abs. 3 BV) nicht vereinbar (HEGNAUER/BREITSCHMID, Rz 13.39, mit Hinweis auf die damals hängige, in der Zwischenzeit jedoch abgebrochene Revision, Rz 13.63; gl.M. nunmehr auch FamKomm Scheidung/BÜCHLER, Art. 119 N 1; vgl. auch N 14). Das BGer musste die Streitfrage bisher nicht entscheiden.

II. Der Name (Abs. 1)

Gemäss Art. 160 Abs. 1 erwirbt die Ehefrau mit der Heirat den Familiennamen des Ehe　**3** mannes. Nach Abs. 2 der gleichen Bestimmung kann aber die Ehefrau dem Familiennamen den Namen voranstellen, den sie vor der Hochzeit getragen hat. Nach **Art. 30 Abs. 2** haben die Brautleute zudem die Möglichkeit, mit einer Namensänderung den Familiennamen der Braut zum Familiennamen zu machen. Aufgrund eines Urteils des Europäischen Gerichtshofes für Menschenrechte vom 22.2.1994 (Burghartz c. Suisse, Publ. de la Cour Européenne des droits de l'homme, série A, Vol. 280) kann diesfalls auch der Ehemann seinen bisherigen Namen dem Familiennamen voranstellen. Der durch Art. 119 ersetzte aArt 149 knüpfte an diese Ausgangslage an und bestimmte in Abweichung zum früheren Recht, dass die Scheidung grundsätzlich keinen Einfluss auf die Namensführung der Ehegatten habe. Jeder Ehegatte behielt demnach den während der Ehe geführten Namen, hatte aber die Möglichkeit, durch eine Erklärung gegenüber dem Zivilstandsbeamten zum früheren Namen zurückzukehren (ZK-BRÄM, Art. 160

N 44). An dieser Rechtslage hat sich mit Inkrafttreten von Art. 119 nichts geändert (FamKomm Scheidung/BÜCHLER, Art. 119 N 2).

4   Art. 119 Abs. 1 ist im Gegensatz zu Art. 160 und Art. 8a SchlT bewusst geschlechtsneutral formuliert (BK-HAUSHEER/REUSSER/GEISER, Art. 160 N 44; BK-SPÜHLER/ FREI-MAURER, Art. 149 N 16; ZK-BRÄM, Art. 160 N 46; FamKomm Scheidung/ BÜCHLER, Art. 119 N 4). Auch der Ehemann hat die darin enthaltene Wahlmöglichkeit, wenn nach Art. 30 Abs. 2 der Name der Frau Familienname geworden ist (ZK-BRÄM, Art. 160 N 29).

Aufgrund von Art. 30 Abs. 2 kann nur der Name der Frau, den sie **tatsächlich unmittelbar vor der Heirat geführt** hat, Familienname werden. Wollen die Brautleute den Namen der Frau in veränderter Weise als Familiennamen annehmen, gelangt nicht nur Abs. 2, sondern auch Abs. 1 von Art. 30 zur Anwendung (GEISER, ZZW 1989, 39). Die Heirat bewirkt diesfalls sowohl für den Mann wie auch für die Frau eine Namensänderung. Nur jene des Mannes ist aber i.S. von Art. 119 ehebedingt. Die Frau hat deshalb in diesen Fällen bei der Scheidung die in Art. 119 Abs. 1 erwähnten Wahlmöglichkeiten nicht, sondern führt zwingend den ihr mit der Namensänderung zuerkannten Namen weiter. Eine Änderung ist nur durch ein neuerliches Verfahren nach Art. 30 Abs. 1 möglich (ZK-BRÄM, Art. 160 N 47).

5   Statt der Weiterführung des während der Ehe getragenen Namens kann der Ehegatte, der seinen Namen durch die Heirat im dargelegten Sinn (vgl. N 4) geändert hat, zum *angestammten Namen* oder zum *Namen, den er vor der Heirat trug,* zurückkehren. Mit dem **vor der Heirat getragenen Namen** ist der unmittelbar vor der Trauung tatsächlich geführte gemeint. Dies kann auch der Doppelname nach Art. 160 Abs. 2 sein (BK-SPÜHLER/FREI-MAURER, Art. 149 N 19; SUTTER/FREIBURGHAUS, Art. 119 N 8; FamKomm Scheidung/BÜCHLER, Art. 119 N 5 f.). Soll dieser Name in irgendeiner Weise geändert werden, bedarf es einer Namensänderung nach Art. 30 Abs. 1 (BK-SPÜHLER/ FREI-MAURER, Art. 149 N 19). Dies gilt grundsätzlich auch für einen ausländischen Namen. Ist dieser vor der Heirat in keinem schweizerischen Register eingetragen gewesen, so muss er nun so eingetragen werden, wie dies die schweizerische Registerführung erfordert (BK-HAUSHEER/REUSSER/GEISER, Art. 160 N 42).

Angestammt ist der durch Kindesverhältnis erhaltene oder durch Namensänderung nach Art. 30 Abs. 1 erworbene Name, sofern die betroffene Person zum Zeitpunkt der Namensänderung noch ledig gewesen ist (BGer, Entscheid vom 25. Januar 2001, 5A.32/ 2000, E. 3b).

Hat der Ehegatte den Namen nach Art. 30 Abs. 1 als verheiratete, geschiedene oder verwitwete Person geändert, so muss geklärt werden, ob diese Änderung den angestammten Namen oder einen durch Heirat erworbenen betroffen hat. Der Namensänderungsentscheid sollte diese Frage ausdrücklich präzisieren (GEISER, ZZW 1989, 33 ff.).

Auch der angestammte Name kann nach der Scheidung nur so wieder angenommen werden, wie er tatsächlich bestanden hat. Soll er auch nur leicht verändert werden, bedarf es einer Namensänderung nach Art. 30 Abs. 1 (SUTTER/FREIBURGHAUS, Art. 119 N 6 f.; FamKomm Scheidung/BÜCHLER, Art. 119 N 7). Nach Art. 119 Abs. 1 kann ein Name nicht angenommen werden, welchen der Ehegatte durch eine frühere Ehe erworben und vor der nun geschiedenen Ehe wieder aufgegeben hat (BK-HAUSHEER/REUSSER/GEISER, Art. 160 N 43; **a.M.** HEGNAUER/BREITSCHMID, Rz 3.42; SUTTER/FREIBURGHAUS, Art. 119 N 9; FamKomm Scheidung/BÜCHLER, Art. 119 N 6).

6   Dem Ehegatten, der durch die Heirat seinen Namen im dargelegten Sinn (vgl. vorn N 4) geändert hat, steht ein **echtes Wahlrecht** zu (FamKomm Scheidung/BÜCHLER, Art. 119

N 5). Ob überhaupt eine und ggf. welche der im Gesetz vorgesehenen Änderungen eintreten soll, steht im freien Belieben der betroffenen Person. Mit der Erklärung wird ein Gestaltungsrecht ausgeübt. Doch wird allein durch Abgabe der Erklärung die Namensänderung noch nicht herbeigeführt und verliert die erklärende Person den bisherigen Namen nicht. Vielmehr hat das Zivilstandsamt nach Art. 13 und 15 ff. ZStV (i.d.F. vom 28.4.2004, in Kraft seit 1.7.2004, SR 211.112.2; früher galt die Regelung nach aArt. 177b und 177c ZStV) tätig zu werden (BGer, Entscheid vom 25. Januar 2001, 5A.32/2000, E. 2a). Die Erklärung bedarf keiner Begründung und ist **bedingungsfeindlich, unwiderruflich und empfangsbedürftig** (BK-SPÜHLER/FREI-MAURER, Art. 149 N 17; SUTTER/FREIBURGHAUS, Art. 119 N 12, 17; FamKomm Scheidung/BÜCHLER, Art. 119 N 8). Unterbleibt eine Erklärung, wird der während der Ehe getragene Name beibehalten. Der andere Ehegatte hat kein Mitsprache- oder Mitentscheidungsrecht und keine Möglichkeit, die Beibehaltung des Namens nach der Scheidung zu verhindern (ZK-BRÄM, Art. 160 N 45; SUTTER/FREIBURGHAUS, Art. 119 N 10 f.).

Die **Erklärung** ist **absolut höchstpersönlich.** Auch die urteilsfähige entmündigte Person kann sie selber abgeben, ohne dafür der Zustimmung des gesetzlichen Vertreters zu bedürfen (BK-HAUSHEER/REUSSER/GEISER, Art. 160 N 40; ZK-BRÄM, Art. 160 N 45). Ist sie urteilsunfähig, kann niemand an ihrer Stelle die Erklärung abgeben, so dass sie den während der Ehe geführten Namen weiterführt (BK-HAUSHEER/REUSSER/GEISER, Art. 160 N 40; ZK-BRÄM, Art. 160 N 45; SUTTER/FREIBURGHAUS, Art. 119 N 13). Als höchstpersönlicher Akt muss die Erklärung von der betroffenen Person selber abgegeben werden. Ist diese im Prozess anwaltlich vertreten worden, kann die Erklärung nicht durch den Anwalt abgegeben werden. Erfolgte die Erklärung gegenüber dem Zivilstandsamt innert Frist nur durch die Prozessvertretung, ist zu klären, ob diese die Erklärung selber abgegeben hat, was zur Ungültigkeit führt, oder ob sie die Erklärung der Partei nur übermittelt hat, was zulässig ist.

Zur **Entgegennahme der Erklärung** i.S. von Art. 119 Abs. 1 ist jedes beliebige Zivilstandsamt in der Schweiz und jede schweizerische Vertretung im Ausland zuständig (Art. 13 Abs. 2 ZStV i.d.F. vom 28.4.2004, in Kraft seit 1.7.2004, SR 211.112.2; früher aArt. 177b Abs. 2 ZStV; BK-HAUSHEER/REUSSER/GEISER, Art. 160 N 48; ZK-BRÄM, Art. 160 N 48; SUTTER/FREIBURGHAUS, Art. 119 N 14). Die Erklärung kann grundsätzlich auch mündlich erfolgen (SUTTER/FREIBURGHAUS, Art. 119 N 15). Das Amt hat anhand der vorgelegten Urkunden die Zulässigkeit der Erklärung und die Identität der erklärenden Person zu prüfen (Art. 16 f. ZStV; die Bestimmung von aArt. 177b Abs. 3 ZStV, wonach bei Vorlegung ausländischer Urkunden die Eintragung ins Zivilstandsregister nur mit Bewilligung der Aufsichtsbehörde im Zivilstandswesen erfolgen konnte, wurde aufgehoben, Art. 99 Abs. 1 Ziff. 2 ZStV). Wenn eine Schweizerin oder ein Schweizer mit Wohnsitz im Ausland die Erklärung nach Art. 119 Abs. 1 abgibt, so gilt dies als Erklärung, den Namen dem Heimatrecht unterstellen zu wollen (Art. 14 Abs. 3 ZStV).

Die **einjährige Frist beginnt** mit dem Eintritt der formellen Rechtskraft des Scheidungsurteils im Scheidungspunkt zu laufen (BK-HAUSHEER/REUSSER/GEISER, Art. 160 N 46; BK-SPÜHLER/FREI-MAURER, Art. 149 N 19c; SUTTER/FREIBURGHAUS, Art. 119 N 16; FamKomm Scheidung/BÜCHLER, Art. 119 N 9). Gemäss Art. 148 Abs. 1 hemmt die Einlegung eines Rechtsmittels den Eintritt der Rechtskraft nur im Umfang der Anträge. Wird ein Scheidungsurteil im Scheidungspunkt von keiner Partei mit einem ordentlichen Rechtsmittel angefochten, tritt deshalb insoweit von Bundesrechts wegen die **Teilrechtskraft** ein (VOGEL/SPÜHLER, 12. Kap., Rz 85b; SUTTER/FREIBURGHAUS, Art. 148 N 5 ff., 10 ff.). Zum **Zeitpunkt,** in welchem die Teilrechtskraft eintrat und der den Beginn der einjährigen Frist gemäss Art. 119 Abs. 1 auslöst, äussert sich das Gesetz nicht. Er ist nach dem jeweils

7

8

anwendbaren Prozessrecht zu bestimmen, das indessen stets die durch die Rechtsprechung entwickelten einheitlichen *Grundsätze des Bundesrechts* zu beachten hat. Nicht zulässig ist es demgemäss, die Rechtskraft eines Urteils auf den Tag der erstinstanzlichen Urteilseröffnung zurückzubeziehen (KELLERHALS/STERCHI, Art. 334 ZPO N 1a). Die **Rechtskraft,** bzw. die Teilrechtskraft **erstinstanzlicher Scheidungsurteile** tritt ein mit dem Eingang des ausdrücklichen Verzichts auf Weiterziehung, mit dem unbenützten Ablauf der Rechtsmittelfrist (bzw. am Tag nach deren Ablauf) sowie im Falle der Weiterziehung des Urteils mit dem Eingang des Rückzugs des Rechtsmittels oder mit dem oberinstanzlichen Entscheid über das Nichteintreten auf das Rechtsmittel. Der Eintritt der Rechtskraft **letztinstanzlicher kantonaler Scheidungsurteile** bestimmt sich nicht nach kantonalem Prozessrecht, sondern ausschliesslich nach Bundesrecht, d.h. nach den Bestimmungen über die bundesrechtlichen Rechtsmittel ans BGer (vgl. bisher Art. 54 OG; neu Art. 100 BGG). **Urteile des BGer** werden mit der Ausfällung rechtskräftig (bisher Art. 38 OG, neu Art. 61 BGG; vgl. BK-BÜHLER/SPÜHLER, Art. 146 N 25 ff.; SPÜHLER/ FREI-MAURER, Art. 146 N 28; HINDERLING/STECK, 589 ff.; 1. Aufl., LÜCHINGER/GEISER, Vorbem. zu Art. 137 ff. N 13; SUTTER/FREIBURGHAUS, Art. 148 N 10 ff.; BK-HAUSHEER/REUSSER/GEISER, Art. 160 N 46; vgl. auch Art. 148 N 16). Die staatsrechtliche Beschwerde hindert die Rechtskraft des angefochtenen Entscheids nur, wenn ihr aufschiebende Wirkung zuerkannt wird (zur subsidiären Verfassungsbeschwerde nach neuem Recht vgl. Art. 113 ff. BGG). Vor Eintritt der Rechtskraft im Scheidungspunkt kann die Erklärung gemäss Art. 119 Abs. 1 nicht abgegeben werden (BK-HAUSHEER/REUSSER/GEISER, Art. 160 N 45; SPÜHLER/FREI-MAURER, Art. 149 N 19a); eine entsprechende Vereinbarung, z.B. im Rahmen einer Scheidungskonvention, ist wirkungslos (gl.M. FamKomm Scheidung/BÜCHLER Art. 119 N 9a).

Die Frist **berechnet** sich nach Art. 77 Abs. 2 Ziffer 3 OR und endet an jenem Tag des letzten Monats, der durch seine Zahl dem Tage des Eintritts der Rechtskraft entspricht. Sowohl Art. 78 OR als auch das BG über den Fristenlauf an Samstagen (SR 173.110.3) sind anwendbar (BK-HAUSHEER/REUSSER/GEISER, Art. 160 N 47; SUTTER/FREIBURGHAUS, Art. 119 N 16; FamKomm Scheidung/BÜCHLER, Art. 119 N 9). Die Frist ruht nicht während der Zeit, in der das Zivilstandsamt die Gültigkeit der Erklärung prüft (SUTTER/FREIBURGHAUS, Art. 119 N 18). Sie endet nicht vorzeitig, wenn vor Ablauf eines Jahres eine neue Ehe eingegangen wird (gl.M. SUTTER/FREIBURGHAUS, Art. 119 N 20; a.M. HEGNAUER/BREITSCHMID, Rz 13.41; BK-SPÜHLER/FREI-MAURER, Art. 149 N 19d; FamKomm Scheidung/BÜCHLER, Art. 119 N 9). Die Erklärung hat dann allerdings keinen Einfluss auf die derzeitige Namensführung, erlaubt es aber dem Ehegatten, im Falle einer Scheidung der neuen Ehe zu diesem Namen zurückzukehren. Dies wäre nach der hier vertretenen Meinung (vgl. vorn N 5) sonst nicht mehr möglich, wenn es sich dabei um einen durch Ehe erworbenen Namen handelte (**a.M.** HEGNAUER/BREITSCHMID, Rz 13.42).

Die **Frist ist gewahrt,** wenn die Erklärung am letzten Tag einem Zivilstandsamt oder einer schweizerischen Auslandvertretung übergeben worden ist (Art. 12 IPRG; BK-HAUSHEER/REUSSER/GEISER, Art. 160 N 47; SUTTER/FREIBURGHAUS, Art. 119 N 18).

Eine **Nachfrist** kann nach Art. 139 OR gewährt werden, wenn die Erklärung an verbesserlichen Fehlern leidet. Darunter fällt aber nicht eine Erklärung, mit der ein nicht zulässiger Name gewählt worden ist (BK-HAUSHEER/REUSSER/GEISER, Art. 160 N 47; SUTTER/FREIBURGHAUS, Art. 119 N 18; FamKomm Scheidung/BÜCHLER, Art. 119 N 9). Eine Nachfrist ist auch ausgeschlossen, wenn die Erklärung gegenüber einer anderen Behörde als dem Zivilstandsamt oder einer schweizerischen Vertretung im Ausland abgegeben worden ist (BK-SPÜHLER/FREI-MAURER, Art. 149 N 19c; **a.M.** SUTTER/ FREIBURGHAUS, Art. 119 N 18). **Nach Ablauf der Frist** ist eine Namensänderung nur noch nach Art. 30 Abs. 1 möglich (SUTTER/FREIBURGHAUS, Art. 119 N 21; FamKomm Scheidung/BÜCHLER, Art. 119 N 10).

Eine Wiederherstellung der Frist ist nicht vorgesehen, selbst wenn die betroffene Person die Säumnis gar nicht vermeiden konnte. Das unverschuldete Verpassen der Frist kann aber als wichtiger Grund für eine Namensänderung i.S. von Art. 30 Abs. 1 angesehen werden (SUTTER/FREIBURGHAUS, Art. 119 N 21).

Bei **internationalen Verhältnissen** richtet sich der Name nach dem Recht des Wohnsitz-   **9**
staates im Zeitpunkt des Eintritts der namensrechtlich relevanten Tatsache, wobei Rück- und Weiterverweisungen zu beachten sind (Art. 37 Abs. 1 IPRG). Die betroffene Person kann jedoch verlangen, dass ihr Heimatrecht zur Anwendung gelangt (SUTTER/FREI-BURGHAUS, Art. 119 N 22; FamKomm Scheidung/BÜCHLER, Art. 119 N 11; vgl. auch BGer, Entscheid vom 25. Januar 2001, 5A. 32/2000 sowie BGer, Entscheid vom 24.5.2005, 5A. 4/2005 = FamPra.ch 2005, 883). Haben die Parteien bei der Scheidung ihren Wohnsitz in verschiedenen Staaten, sind die Namen für beide unterschiedlich an-zuknüpfen (BSK IPRG-JAMETTI GREINER/GEISER, Art. 37 N 16; SUTTER/FREIBURGHAUS, Art. 119 N 22). Es kann sich dabei um ein anderes Recht handeln als jenes, welches für die entsprechende Partei vor oder während der Ehe gegolten hat. Hatte die Heirat nach dem im Zeitpunkt der Trauung massgebenden ausländischen Recht keinen Einfluss auf den Namen der Ehegatten, unterstehen die Parteien aber bei der Scheidung schweizeri-schem Recht, so ist Art. 119 gegenstandslos (BK-HAUSHEER/REUSSER/GEISER, Art. 160 N 63).

Macht die geschiedene Frau vom Wahlrecht nach Art. 119 Abs. 1 Gebrauch, besteht im   **9a**
Verhältnis zu den unter ihrer elterlichen Sorge stehenden Kindern eine Namensdiskre-panz. Eine **Namensänderung für die Kinder** ist nur unter den Voraussetzungen von Art. 30 Abs. 1 möglich, d.h. wenn *wichtige Gründe* vorliegen. Die neuere bundesgericht-liche Rechtsprechung ist dabei strenger geworden und von ihrer früheren grosszügigen Praxis abgewichen (vgl. dazu BGE 124 III 401 ff., ferner BGer, Urteil vom 1. Oktober 2002, 5C.163/2002, mit Bemerkungen von BREITSCHMID in AJP 2003, 702, 705 f.

III. Bürgerrecht (Abs. 2)

Art. 119 Abs. 2 ist nur von Bedeutung, wenn beide Ehegatten das Schweizer Bürgerrecht   **10**
besitzen. Die Scheidung hat keinen Einfluss auf das Kantons- und Gemeindebürgerrecht (ZK-BRÄM, Art. 161 N 18; SUTTER/FREIBURGHAUS, Art. 119 N 25, 27; FamKomm Scheidung/BÜCHLER, Art. 119 N 12). Die von der Ehefrau nach **Art. 161** durch die Heirat erworbenen Bürgerrechte gehen erst mit einer Wiederverheiratung unter (DESCHENAUX/STEINAUER/BADDELEY, Rz 140 f., 143 ff.; ZK-BRÄM, Art. 161 N 12; SUTTER/FREIBURG-HAUS, Art. 119 N 28). Ob die geschiedene Frau auf ein durch Heirat erworbenes Bürger-recht verzichten kann, richtet sich nach dem kantonalen Recht (BK-HAUSHEER/REUSSER/GEISER, Art. 161 N 25; SUTTER/FREIBURGHAUS, Art. 119 N 29; **a.M.** HEGNAUER/BREIT-SCHMID, Rz 14.17; BK-SPÜHLER/FREI-MAURER, Art. 149 N 7).

Die sich im Zusammenhang mit Art. 161 und Art. 8b SchlT stellende Abgrenzungsfrage   **11**
zwischen **Bürgerrechten** einerseits und **Korporationsmitgliedschaften** andererseits (vgl. BGE 117 Ia 110) ist im Zusammenhang mit Art. 119 ohne Bedeutung, weil diese Bestimmung gerade keine Änderung eintreten lässt. Ist die Mitgliedschaft in der Kor-poration in keiner Weise mit dem Bürgerrecht verknüpft, beurteilt sich die Zulässigkeit eines Ausschlusses wegen einer Scheidung nach Art. 8 BV bei öffentlich-rechtlichen und nach Art. 27 ff. bei zivilrechtlichen Korporationen.

IV. Rechtsweg

12   Soweit das Schweizer Bürgerrecht streitig ist, sieht Art. 49 BüG ein besonderes Verfahren zur Feststellung des Bürgerrechts vor. Dieses Verfahren findet keine Anwendung, wenn nur streitig ist, welches Kantons- oder Gemeindebürgerrecht eine Person hat.

Entstehen Streitigkeiten über die Namensführung, so ist regelmässig der Eintrag im Zivilstandsregister betroffen. Mit der Gesetzesänderung vom 26. Juni 1998 wurden auch die Bestimmungen über die Beurkundung des Personenstandes revidiert. Die **Bereinigung der Register** erfolgt entweder durch das **Gericht** (Art. 42 und Art. 30 ZStV) oder durch die **Zivilstandsbehörden** (Art. 43 und Art. 29 ZStV). Die bisherige Bestimmung über die Berichtigung der Register auf Anordnung des Richters (aArt. 45 Abs. 1) wurde in Art. 42 zu einer *umfassenden Gestaltungsklage* auf Eintragung von streitigen Angaben über den Personenstand, auf Berichtigung oder auf Löschung einer Eintragung ausgebaut. Als Voraussetzung für eine solche Klage ist ein schützenswertes persönliches Interesse glaubhaft zu machen. Das Gericht hört die betroffenen kantonalen Aufsichtsbehörden an und stellt ihnen das Urteil zu (Abs. 1). Die kantonalen Aufsichtsbehörden sind ebenfalls klageberechtigt (Abs. 2). Gemäss Art. 43 beheben die *Zivilstandsbehörden* von Amtes wegen Fehler, die auf einem offensichtlichen Versehen oder Irrtum beruhen. Nach Art. 45 Abs 1 Ziffer 4 erlässt die kantonale Aufsichtsbehörde Verfügungen über die Anerkennung und die Eintragung im Ausland eingetretener Zivilstandstatsachen sowie ausländischer Entscheidungen, die den Personenstand betreffen. Je nachdem ob die Anwendung der Regeln über die *Beurkundung des Personenstandes* oder *eigentliche Statusfragen* streitig sind, stand nach bisherigem Recht letztinstanzlich die *Verwaltungsgerichtsbeschwerde ans BGer* (Art. 97 ff. OG; Art. 90 Abs. 2 ZStV; BGE 125 III 209, 211) oder die *Berufung ans BGer* (Art. 44 lit. a OG; BGE 124 III 401 ff.) zur Verfügung (Begleitbericht VE, 92; vgl. auch BK-HAUSHEER/REUSSER/GEISER, Art. 160 N 59 f.; SUTTER/FREIBURGHAUS, Art. 119 N 23). Nach neuem Recht ist die Anwendbarkeit der Beschwerde in Zivilsachen (Art. 72 Abs. 2 lit. b Ziff. 3 BGG) oder der Beschwerde in öffentlich-rechtlichen Angelegenheiten (Art. 82 ff. BGG) gegeben.

13   Hat ein Ehegatte nach der Scheidung eine Namensänderung gemäss Art. 30 Abs. 1 beantragt und ist sie ihm verweigert worden, so unterlag dieser Entscheid nach Ausschöpfung des kantonalen Instanzenzuges nach bisherigem Recht als nichtstreitige Zivilsache der Berufung an das BGer (Art. 44 lit. a OG; SUTTER/FREIBURGHAUS, Art. 119 N 24). Nach neuem Recht ist die Beschwerde in Zivilsachen gegeben (Art. 72 Abs. 2 lit. b Ziff. 3 BGG).

V. Revision

14   Aufgrund des Urteils des Europäischen Gerichtshofes für Menschenrechte vom 22. Februar 1994 (Fall Burghartz, vgl. vorn N 3) änderte der BRat die eidgenössische ZStV (vgl. aArt. 177a und 188i ZStV; heute Art. 12 ZStV i.d.F. vom 28.4.2004, SR 211.112.2), um das Namensrecht mit Art. 8 und 14 EMRK in Einklang zu bringen. In der Folge reichte Nationalrätin Suzette Sandoz eine parlamentarische Initiative in der Form einer allgemeinen Anregung ein mit dem Ziel, die Bestimmungen des ZGB über den Familiennamen der Ehegatten so zu ändern, dass die Gleichstellung von Frau und Mann gewährleistet wird (parlamentarische Initiative Nr. 94.434). Die Rechtskommission des Nationalrates arbeitete einen Entwurf aus (vgl. BK-HAUSHEER/REUSSER/GEISER, Art. 160 N 11a). Die **Revision** war umstritten (vgl. FamKomm Scheidung/BÜCHLER, Art. 119 N 13 f.; HEGNAUER/BREITSCHMID, Rz 13.63 ff.; BK-HAUSHEER/REUSSER/ GEISER, Art. 160 N 11b und 11c) und **scheiterte** schliesslich. Sie wurde in den Schlussabstimmungen vom 22. Juni 2001 von beiden Räten abgelehnt (AmtlBull StR 2001, 471 und NR 2001, 949). Sie hätte indessen keine Änderung von Art. 119 Abs. 1 erfordert (SUTTER/FREIBURGHAUS, Art. 119 N 30).

Im Zusammenhang mit der Revision des Namensrechts hätte auch **Art. 161** in dem Sinne **15** geändert werden sollen, dass die Heirat keine Auswirkungen auf das Kantons- und Gemeindebürgerrecht der Ehegatten mehr hat (BK-HAUSHEER/REUSSER/GEISER, Art. 161 N 7b; HEGNAUER/BREITSCHMID, Rz 14.31). Das Bundesgericht entschied jedoch, dass durch den geltenden Art. 161 weder der von der EMRK geschützte Bereich des Rechts auf Achtung des Privat- und Familienlebens noch derjenige der Ehefreiheit verletzt sei (BGE 125 III 209, 216 ff.). Sollte diese Revision verwirklicht werden, würde Art. 119 Abs. 2 obsolet und könnte gestrichen werden (SUTTER/FREIBURGHAUS, Art. 119 N 30; FamKomm Scheidung/BÜCHLER, Art. 119 N 15).

Am 16. Juni 2003 reichte Nationalrätin Susanne Leutenegger Oberholzer für eine **Revi-** **16** **sion des Namens- und Bürgerrechts** eine neue parlamentarische Initiative ein (Nr. 03.428: Name und Bürgerrecht der Ehegatten. Gleichstellung). In der ersten Phase des Verfahrens hat der NR dieser Initiative am 7. Oktober 2004 zugestimmt (AmtlBull NR 2004, 1728 ff.).

Art. 120

B. Güterrecht und Erbrecht	¹ Für die güterrechtliche Auseinandersetzung gelten die Bestimmungen über das Güterrecht.
	² Geschiedene Ehegatten haben zueinander kein gesetzliches Erbrecht und können aus Verfügungen von Todes wegen, die sie vor der Rechtshängigkeit des Scheidungsverfahrens errichtet haben, keine Ansprüche erheben.
B. Régime matrimonial et succession	¹ La liquidation du régime matrimonial est soumise aux dispositions sur le régime matrimonial.
	² Les époux divorcés cessent d'être les héritiers légaux l'un de l'autre et perdent tous les avantages résultant de dispositions pour cause de mort faites avant la litispendance de la procédure de divorce.
B. Regime matrimoniale e diritto successorio	¹ La liquidazione del regime dei beni è retta dalle disposizioni del diritto sul regime dei beni matrimoniali.
	² I coniugi divorziati cessano di essere eredi legittimi l'uno dell'altro e non possono avanzare pretese per disposizioni a causa di morte allestite prima della litispendenza della procedura di divorzio.

Literatur

Vgl. die Literaturhinweise zu Art. 111 und 114, ferner AEBI-MÜLLER, Die optimale Begünstigung des überlebenden Ehegatten, Diss. Bern 2000; BREITSCHMID, Ehegattenerbrecht bei Scheidung, AJP 1993, 1447 ff.; DERS., Rechtsprechungsbericht zu BGE 122 III 308, AJP 1997, 91 ff.; DERS., «Scheidungsplanung»?, AJP 1999, 1606 ff.; HONSELL/SCHNYDER/VOGT (Hrsg.), Kommentar zum schweizerischen Privatrecht, Bundesgesetz über den Versicherungsvertrag (VVG), Basel/Genf/München 2001 (zit. BSK-VVG Autor); IZZO, Lebensversicherungsansprüche und -anwartschaften bei der güter- und erbrechtlichen Auseinandersetzung, Freiburg 1999; KOLLER, Familien- und Erbrecht und Vorsorge, in: recht, Studienheft 4, Bern 1997, 1 ff. (zit. KOLLER, recht); DERS., Wohin mit der angemessenen Entschädigung nach Art. 124 ZGB? – oder: Von der Mühe der Zivilgerichte im Umgang mit vorsorgerechtlichen Fragen, ZBJV 2002, 1 ff.; POUDRET/MERCIER, L'unité du jugement en divorce et l'office du juge, in: Mélanges Paul Piotet, 1990, 317 ff.; RIEMER, Berufliche

Vorsorge und revidiertes Ehescheidungsrecht, SZS 1998, 423 ff.; STECK, Der Grundsatz der notwendigen Einheit des Scheidungsurteils im schweizerischen Scheidungsrecht – Ursprung, Entwicklung und Ausgestaltung im neuen Scheidungsrecht, in: Privatrecht im Spannungsfeld zwischen gesellschaftlichem Wandel und ethischer Verantwortung, FS Heinz Hausheer, Bern 2002, 265 ff. (zit. STECK, FS Hausheer).

I. Allgemeines

1. Entstehungsgeschichte

1   Mit der Scheidung ist die **Auflösung des Güterstandes** unabdingbar verknüpft. Aufgrund von Art. 118 Abs. 1 trifft dies auch für die Ehetrennung insofern zu, als hier von Gesetzes wegen Gütertrennung eintritt und die güterrechtliche Auseinandersetzung durchgeführt werden muss (Art. 117/118 N 11, 13.). Im ursprünglichen aArt. 154, welcher bis zur Eherechtsrevision von 1984 (Inkrafttreten 1.1.1988) Geltung hatte, enthielt das Gesetz für die güterrechtliche Auseinandersetzung im Scheidungsfalle eine eigene Norm. Im revidierten aArt. 154 wurde in Abs. 1 nur noch auf die besonderen Bestimmungen des Güterrechts verwiesen. Art. 120 Abs. 1 hat diese Verweisung fast wörtlich übernommen. Der einzige Unterschied zur bisherigen Fassung besteht darin, dass der Ausdruck die «besonderen Bestimmungen über das Güterrecht» auf die «Bestimmungen über das Güterrecht» reduziert wurde. Diese Änderung ist jedoch rein redaktioneller Natur und ohne materielle Bedeutung (Botschaft Revision Scheidungsrecht, 96; SUTTER/FREIBURGHAUS, Art. 120 N 7; FamKomm Scheidung/BÜCHLER, Art. 120 N 3).

2   Im Vorentwurf war vorgesehen, aArt. 154 Abs. 2 unverändert zu übernehmen (Art. 124 Abs. 2 VE). Danach hatten geschiedene Ehegatten zueinander kein gesetzliches Erbrecht und konnten sie aus Verfügungen von Todes wegen, die sie vor der Scheidung errichtet hatten, keine Ansprüche erheben. Die Unwirksamkeit erstreckte sich mithin auf sämtliche *vor der rechtskräftigen Scheidung* errichteten Verfügungen von Todes wegen (SUTTER/FREIBURGHAUS, Art. 120 N 2 f.). Aufgrund der Ergebnisse des Vernehmlassungsverfahrens wurde diese Bestimmung in der Weise geändert, dass geschiedene Ehegatten aus Verfügungen von Todes wegen, die sie **vor der Rechtshängigkeit des Scheidungsverfahrens** errichtet haben, keine Ansprüche erheben können (Art. 120 Abs. 2 E). Im Parlament blieb diese Bestimmung unbestritten (Botschaft Revision Scheidungsrecht, 96; SUTTER/FREIBURGHAUS, Art. 120 N 2 f.).

2. Anwendungsbereich und Zweck der Norm. Verhältnis zum früheren Recht

3   Art. 120 findet Anwendung bei Auflösung der Ehe durch **Scheidung** (vgl. auch vorn N 1 und BREITSCHMID, AJP 1993, 1447 ff., 1456 f., der de lege ferenda eine Ausdehnung von Art. 120 Abs. 2 auf die gerichtliche Trennung befürwortet). Bei gerichtlicher *Ungültigerklärung* ist Art. 120 gemäss Verweisung in Art. 109 Abs. 2 *sinngemäss* anwendbar. Der überlebende Ehegatte verliert jedoch in jedem Fall alle erbrechtlichen Ansprüche, unabhängig davon, ob das Eheungültigkeitsurteil vor oder nach dem Tod des Partners ergeht (Art. 109 Abs. 1; Botschaft Revision Scheidungsrecht, 81 f.; FamKomm Scheidung/BÜCHLER, Art. 120 N 2; vgl. hinten N 18 ff.).

4   Dass das **gesetzliche** Ehegattenerbrecht mit der Auflösung der Ehe wegfällt, folgt bereits aus Art. 462, da nicht mehr vom überlebenden Ehegatten gesprochen werden kann (BGE 122 III 308, 311). Auch nach neuem Recht entfallen mit der Rechtskraft der Scheidung alle gesetzlichen Erbansprüche (vgl. hinten N 18).

5   Mit der neuen Bestimmung von Abs. 2 soll den Ehegatten ermöglicht werden, **im Hinblick auf den Scheidungsfall gültige erbrechtliche Zuwendungen** vorzunehmen, wofür oft bei Personen fortgeschrittenen Alters, welche den Unterhalt des geschiedenen Partners im Todesfall des unterhaltspflichtigen Ehegatten sichern wollen, ein Bedürfnis besteht. (Botschaft Revision Scheidungsrecht, 96; SUTTER/FREIBURGHAUS, Art. 120 N 6; ausführlich zum Rechtszustand unter dem früheren Recht und zur Revision BREIT-SCHMID, AJP 1993, 1447 ff.; vgl. hinten N 19).

II. Güterrecht (Abs. 1)

1. Verweisung auf die güterrechtlichen Bestimmungen

Die Bestimmungen des Güterrechts regeln nicht nur die Auseinandersetzung als solche, **6** sondern bestimmen auch, auf welchen **Zeitpunkt** die Auflösung des Güterstandes eintritt (Art. 204 und 236; BGE 121 III 152, 154; 123 III 289, 290; 125 III 1, 2; 127 V 248, 250). Die Verweisung kann auch ausländisches Recht betreffen, wenn nach den Regeln des internationalen Privatrechts solches anwendbar ist (SUTTER/FREIBURGHAUS, Art. 120 N 9). Art. 120 Abs. 1 bestimmt zwingend, dass der Güterstand spätestens mit der Scheidung aufgelöst werden muss und eine güterrechtliche Auseinandersetzung stattzufinden hat (SUTTER/FREIBURGHAUS, Art. 120 N 8; FamKomm Scheidung/BÜCHLER, Art. 120 N 3).

2. Durchführung der güterrechtlichen Auseinandersetzung

Das BGer hat in ständiger Rechtsprechung am Grundsatz der notwendigen **Einheit des** **7** **Scheidungsurteils** festgehalten. Dieser war in Art. 49 des vor 1912 geltenden BG betr. Feststellung und Beurkundung des Zivilstandes und die Ehe vom 24.12.1874 festgehalten und wurde im ZGB von 1907 trotz Fehlens einer entsprechenden ausdrücklichen Norm sowohl für Scheidungs- als auch für Ehetrennungsurteile weiterhin angewendet (BGE 77 II 18 ff., E. 1; 84 II 145 f.; 95 II 65, 67 E.a; 95 II 68, 72 f. E. 2a; 98 II 341, 345 E. 5; 107 II 13, 15 E. 2; 112 II 289, 291 E. 2; 113 II 97, 98 f.E. 2; 123 III 433, 437). Auch das revidierte Scheidungsrecht enthält darüber keine ausdrückliche Gesetzesbestimmung. Aufgrund des ungeschriebenen Bundesrechts ist der Grundsatz jedoch auch im neuen Recht zu beachten (BGE 127 III 433 ff.; 128 III 343, 345; 130 III 537, 545 f.; FamKomm Scheidung/FANKHAUSER, Art. 112 N 15; SUTTER/FREIBURGHAUS, Art. 120 N 10 und Art. 135 N 3; STECK, FS Hausheer, 278 f.). Er besagt, dass das mit einem Scheidungs- oder Trennungsverfahren befasste Gericht auch für die Regelung aller sich aus der Scheidung oder Trennung ergebenden Folgen ausschliesslich zuständig ist und hierüber grundsätzlich im gleichen Verfahren zu entscheiden hat (BGE 130 III 537, 545; 1. Aufl. LÜCHINGER/GEISER, Vorbem. zu Art. 137 ff. N 3 und Art. 155 N 1; BK-BÜHLER/SPÜHLER und BK-SPÜHLER/FREI-MAURER, je Vorbem. zu Art. 149–157; HINDERLING/STECK, 581 ff.; HEGNAUER/BREITSCHMID, Rz 12.73; WERRO, Rz 612; POUDRET/SANDOZ-MONOD, Art. 43 N 1.3.2.2. und 1.3.2.12; FamKomm Scheidung/STECK, Vorbem. zu Art. 196–220 N 20; zu den Ausnahmen vgl. hinten N 8 f.). Dies schliesst indessen nicht aus, dass sich die Ehegatten bereits vorprozessual güterrechtlich auseinandersetzen. Eine entsprechende Vereinbarung im Rahmen einer Scheidungskonvention wird jedoch nach Art. 140 Abs. 1 erst mit der gerichtlichen Genehmigung rechtsgültig (SUTTER/FREIBURG-HAUS, Art. 120 N 10; vgl. dazu auch hinten N 15).

Die güterrechtliche Auseinandersetzung kann nach richterlichem Ermessen **ausnahms-** **8** **weise in ein separates Verfahren** verwiesen werden, damit sich bei komplizierten Verhältnissen die Beurteilung des Scheidungs- oder Trennungsanspruchs und der andern damit im Zusammenhang stehenden Fragen nicht allzu lange verzögert. Dies ist aber nur zulässig, wenn die güterrechtliche Auseinandersetzung auf die Regelung der übrigen Scheidungsfolgen, insbesondere mit Bezug auf die Auseinandersetzung über die berufliche Vorsorge (Art. 122–124) und die Festlegung des nachehelichen Unterhalts (vgl. Art. 125 Abs. 2 Ziffer 5), keinen Einfluss hat (BGE 105 II 218, 223 f.; 113 II 97, 98 f.; 129 III 7, 9; 130 III 537, 544 f.; BGer, Urteil vom 9. Mai 2003, 5C.43/2003, E. 4; vgl. auch BGE 127 III 433 ff.; SUTTER/FREIBURGHAUS, Art. 120 N 11 und Art. 140 N 35 f.; FamKomm Scheidung/BÜCHLER, Art. 120 N 4; FamKomm Scheidung/STECK, Vorbem. zu Art. 196–220 N 20; STECK, FS Hausheer, 280 ff.; tendenziell für eine Lockerung BK-SPÜHLER/FREI-MAURER, Vorbem. zu Art. 149–157 N 77; FRANK/STRÄULI/MESSMER, § 202 N 21). Es besteht keine Möglichkeit, nur einzelne Fragen der güterrechtlichen Auseinandersetzung vom Scheidungsverfahren abzutrennen. Eine bloss teilweise Abtrennung ist unzulässig (BGE 108 II 381, 385; OGer TG, Entscheid vom 6.5.2002, ZR.2002.37; ZR 2003 Nr. 53 E. 5bc; FamKomm Scheidung/BÜCHLER, Art. 120 N 4). Deshalb müssen grundsätzlich auch ausländische Vermögenswerte miteinbezogen werden (BK-SPÜHLER/FREI-MAURER, Art. 154 N 98). Den Parteien steht kein Rechtsanspruch auf Abtrennung zu (BK-SPÜHLER/FREI-MAURER, Vorbem. zu Art. 149–157 N 77; FRANK/STRÄULI/MESSMER, § 202 N 21a). Auch im Falle der Abspaltung bleibt es bei der örtlichen und sachlichen Zuständigkeit des mit der Scheidung oder Trennung befassten Gerichts (Art. 15 Abs. 1 lit. b, bzw. lit. c GestG; BGE 111 II 401, 402 ff. E. 4; kritisch BK-HAUSHEER/REUSSER/GEISER, Art. 194 N 26). Die Zuständigkeit des ordentlichen Gerichts für Forderungsklagen kommt höchstens für Forderungen in Betracht, die gar keinen Bezug zur ehelichen Gemeinschaft haben, z.B. Ansprüche aus ausservertraglicher Schädigung oder aus Persönlichkeitsverletzung (BGE 111 II 401, 404; HEGNAUER/BREITSCHMID, Rz 12.73, **a.M.** wohl SUTTER/FREIBURGHAUS, Art. 140 N 36; vgl. auch vorn N 7 und hinten N 13, 15).

9 Der bundesrechtliche Grundsatz der Einheit des Scheidungsurteils wird im Bereich der Teilung der Austrittsleistungen der beruflichen Vorsorge im Falle von Art. 142 Abs. 2 **durchbrochen** (STECK, FS Hausheer, 280; vgl. auch Cour de justice de Genève in FamPra.ch 2006, 426). Kommt zwischen den Parteien keine Vereinbarung zustande, entscheidet das Gericht über das Verhältnis, in welchem die Austrittsleistungen zu teilen sind (Art. 142 Abs. 1) und überweist sodann die Streitsache nach Eintritt der Rechtskraft von Amtes wegen dem nach dem FZG zuständigen Gericht (Art. 73 BVG; Sozialversicherungsgericht; vgl. auch Art. 25a FZG), welches schliesslich darüber zu entscheiden hat, in welcher die Höhe eine Partei von der anderen Anspruch auf eine Austrittsleistung hat (Botschaft Revision Scheidungsrecht, 111 f.; SUTTER/FREIBURGHAUS, Art. 122/141–142 N 73 ff.; FamKomm Scheidung/BAUMANN/LAUTERBURG, Art. 142 N 12 ff.; HEGNAUER/BREITSCHMID, Rz 12.73).

10 Durchbrechungen des Grundsatzes der Einheit des Scheidungsurteils sind zudem möglich, wenn im Bereich des **IPR** für die Regelung der Scheidungsfolgen aufgrund vorgehender Staatsverträge in Abweichung von der Regelung gemäss Art. 63 Abs. 1 IPRG eine ausländische Zuständigkeit gegeben ist. Mangels vorgehender Staatsverträge ist jedoch im Bereich der güterrechtlichen Scheidungsfolgen das schweizerische Scheidungsgericht nach Art. 63 Abs. 1 IPRG zuständig (vgl. BSK IPRG-SIEHR, Art. 63 N 9, 12 und 14; ZK IPRG-VOLKEN, Art. 63 N 4, 11 ff., 28, 43 f., ferner STECK, FS Hausheer, 281).

11 Die Verletzung des Grundsatzes der notwendigen Einheit des Scheidungs- oder Trennungsurteils kann beim **BGer** angefochten werden. Ein oberinstanzliches kantonales Urteil, das nur die Scheidung oder Trennung ausspricht, wird als unvollständiges Endurteil betrachtet (BGE 80 II 9; 113 II 97, 98 E. 1; 127 III 433, 435). Nach bisherigem Recht wurde der Grundsatz der Einheit des Scheidungs- oder Trennungsurteils bei der Beurteilung von eidgenössischen Berufungen von Amtes wegen zur Anwendung gebracht (BGE 77 II 22 f. E. 1e; 107 II 13, 17 E. 3; 127 III 433, 434 ff.). Das war allerdings nur möglich,

sofern der Entscheid über die Frage der Scheidung oder Trennung noch nicht in Rechtskraft erwachsen war (vgl. auch Art. 148 Abs. 1; BGE 130 III 537, 546; STECK, FS Hausheer, 281 f.). Nach neuem Recht erfolgt der Weiterzug mit der Beschwerde in Zivilsachen (Art. 72 Abs. 1 BGG). Betreffend die eingeschränkte Möglichkeit der Anfechtung eines Vor- oder Zwischenentscheids (Art. 50 Abs. 1 OG, bzw. 92 f. BGG) vgl. BGE 127 III 433, 436.

Hat die untere kantonale Instanz unter Verletzung des Grundsatzes der Einheit des Scheidungsurteils mit Bezug auf die Scheidung und einzelne Scheidungsfolgen ein Teilurteil gefällt, jedoch die güterrechtliche Auseinandersetzung und die Regelung des nachehelichen Unterhalts zu Unrecht in ein separates Verfahren verwiesen, kann die Scheidung auch dann nicht in Teilrechtskraft erwachsen, wenn das Scheidungsurteil von keiner Partei angefochten wird (OGer ZH, Beschluss vom 27.4.2001, LC000102; vgl. auch Art. 148 N 15).

Gemäss Art. 148 Abs. 1 hemmt die Einlegung eines Rechtsmittels den Eintritt der Rechtskraft nur im Umfang der Anträge. Deshalb ist es ohne weiteres möglich, dass ein Scheidungsurteil im Scheidungspunkt in **Teilrechtskraft** erwächst, während über die Scheidungsfolgen (insgesamt oder teilweise) noch im Rechtsmittelverfahren gestritten wird. Dabei handelt es sich aber nicht um ein separates Verfahren (SUTTER/FREIBURGHAUS, Art. 120 N 12; STECK, FS Hausheer, 281 f.). Vorsorgliche Massnahmen sind nach nunmehr ausdrücklicher Gesetzesvorschrift (Art. 137 Abs. 2) trotzdem möglich (vgl. für das frühere Recht BGE 120 II 2). Dies muss auch gelten, wenn die güterrechtliche Auseinandersetzung in ein separates Verfahren verwiesen worden ist. | **12**

3. Nachverfahren

Erweist sich nach rechtskräftiger Erledigung des Scheidungsprozesses, dass noch güterrechtliche Ansprüche vorhanden sind, über die nicht entschieden worden ist, liegt ein **lückenhaftes Urteil** vor. Dieses muss auf Klage einer Partei in einem **Nachverfahren** ergänzt werden (BK-BÜHLER/SPÜHLER und BK-SPÜHLER/FREI-MAURER, je Einl. N 186 ff. und Vorbem. zu Art. 149–157 N 86 ff.; HEGNAUER/BREITSCHMID, Rz 12.73; HINDERLING/STECK, 581 ff.; DÖRIG, Nachverfahren im zürcherischen Ehescheidungsprozess, Diss. Zürich 1987, 160 ff.; SUTTER/FREIBURGHAUS, Art. 120 N 13). Der Anspruch kann nicht als gewöhnliche Forderungsklage behandelt werden. Es ist allerdings nicht leichthin anzunehmen, dass güterrechtliche Forderungen unbehandelt geblieben sind (BGE 108 II 381, 383, 385; AppGer TI, Entscheid vom 2.10.2002, FamPra.ch 2002, 927 ff.; SUTTER/FREIBURGHAUS, Art. 120 N 13). Die Abgrenzung zwischen güterrechtlichen Ansprüchen und gewöhnlichen Forderungen zwischen Ehegatten ist nicht immer leicht, insbesondere weil nach Art. 168 grundsätzlich beliebige Rechtsgeschäfte zwischen den Ehegatten zugelassen sind (vgl. vorn N 8). Voraussetzung für ein Nachverfahren ist immer eine offensichtliche Lücke im Urteil. Eine blosse Unklarheit, die durch Auslegung behoben werden kann, reicht nicht aus (SJZ 1988, 325; vgl. auch ZR 1991 Nr. 90). | **13**

Anders als für die Abänderung eines Urteils, bei welcher es stets um die Anpassung an nachträglich eingetretene Umstände geht, ist für die Ergänzung eines von Anfang an lückenhaften Urteils grundsätzlich die sachliche Zuständigkeit des **Scheidungs- oder Trennungsgerichts** gegeben, da es sich dabei um die Fortsetzung des ursprünglichen Verfahrens handelt. Obwohl im Gesetz nicht ausdrücklich vorgesehen, hat das BGer ein solches Nachverfahren beim ursprünglichen Richter als notwendig erachtet, um «die Gefahr nicht aufeinander abgestimmter oder sogar widersprüchlicher Urteile» zu vermeiden (BGE 108 II 381, 385; vgl. aber hinten N 15). Dabei kommt es nicht darauf an, aus welchem Grund das Scheidungs- oder Trennungsgericht die Regelung der betreffen- | **14** den Frage unterlassen hat (sei es aus Versehen, Rechtsirrtum oder aus Unkenntnis einer Tatsache). Nach der Praxis spielt es auch keine Rolle, ob die Lücke Ansprüche betrifft, die der Parteidisposition unterstehen, oder Fragen, die ohne Rücksicht auf die Parteianträge von Amtes wegen einer Regelung bedurft hätten (POUDRET/MERCIER kritisieren diese Praxis und verneinen die Möglichkeit eines Nachverfahrens für Ansprüche, die der freien Parteidisposition unterlagen, a.a.O. 327 ff.). Hingegen darf das Nachverfahren auch nach Auffassung des BGer nicht dazu dienen, dass nach Abschluss eines Scheidungs- oder Trennungsprozesses leichthin noch Ansprüche geltend gemacht werden können, deren Beurteilung aus Nachlässigkeit einer Partei unterblieben ist (vgl. auch BGE 123 III 433, 438). Im Zweifel ist insbesondere die im Rahmen des Scheidungs- oder Trennungsprozesses erfolgte güterrechtliche Auseinandersetzung als erschöpfende Regelung zu betrachten (BGE 104 II 291 ff.; 108 II 381, 385 f.).

15 Bei der Regelung der **örtlichen Zuständigkeit** in Art. 135 Abs. 1 (i.d.F. gemäss BG vom 26.6.1998, in Kraft vom 1.1.2000 bis 31.12.2000) blieb die Ergänzungsklage unerwähnt, weil aufgrund des ungeschriebenen bundesrechtlichen Grundsatzes der Einheit des Scheidungsurteils davon ausgegangen wurde, dass dasjenige Gericht für ein Nachverfahren auf Ergänzung eines lückenhaften Scheidungsurteils örtlich und sachlich zuständig bleibe, welches das Urteil gefällt hat (SUTTER/FREIBURGHAUS, Art. 120 N 14 und Art. 135 N 19). In der Zwischenzeit wurde jedoch Art. 135 Abs. 1 durch das GestG revidiert. In der neuen Bestimmung (i.d.F. gemäss GestG vom 24.3.2000, in Kraft seit 1.1.2001) wird für die örtliche Zuständigkeit nunmehr auf das GestG verwiesen. Anwendbar ist Art. 15 Abs. 1 lit. d, wonach auch für Klagen auf Ergänzung eines Scheidungs- oder Trennungsurteils (und eines Ungültigkeitsurteils) zwingend das Gericht am Wohnsitz einer Partei zuständig ist (NAEGELI, Komm. GestG, Zürich 2001, Art. 15 N 32 ff., 37).

16 Im **internationalen Verhältnis** (Art. 1 IPRG) hindert der Grundsatz der Einheit des Scheidungsurteils die schweizerischen Gerichte nicht, ein ausländisches Scheidungsurteil zu ergänzen, soweit sie mit Blick auf Art. 59 und 60 IPRG zuständig sind. Für die Regelung der Zuständigkeit gilt Art. 64 Abs. 1 IPRG, sofern keine Staatsverträge vorgehen. Danach sind die schweizerischen Gerichte zuständig, wenn sie die Scheidung oder Trennung ausgesprochen haben, oder wenn sie nach Art. 59 oder 60 IPRG zuständig sind (BGE 131 III 289, 290 f.; 128 III 343, 344 f.; AppGer TI, Entscheid vom 13.12.2002, FamPra.ch 2003, 934 ff.). Ist demnach eine Ehe im Ausland geschieden, aber über güterrechtliche Ansprüche nicht entschieden worden, richtet sich die Zuständigkeit der schweizerischen Gerichte für die Ergänzungsklage nach den im konkreten Fall anwendbaren Staatsverträgen. Sofern diese Übereinkommen nicht gelten, gelangen Art. 59 und 60 IPRG zur Anwendung (BSK IPRG-SIEHR, Art. 64 N 3; ZK IPRG-VOLKEN, Art. 64 N 10 ff., 18 mit Hinweis auf Art. 51 lit. b IPRG). Zusätzlich ist Art. 62 IPRG für vorsorgliche Massnahmen beim Ergänzungsprozess anzuwenden (BGE 116 II 97, 98). Was das anwendbare Recht betrifft, gilt, soweit keine Staatsverträge in Frage kommen, das Ehegüterstatut (Art. 52–56 IPRG; BSK IPRG-SIEHR, Art. 64 N 4).

17 Der **Vorsorgeausgleich (Art. 122–124)** bezieht sich auf Vorsorgemittel der 2. Säule und ist weder dem Güterrecht noch dem nachehelichen Unterhalt zuzuordnen. Er begründet einen Rechtsanspruch sui generis auf Teilung entsprechender *Anwartschaften* oder auf *Entschädigung* im Falle der Unmöglichkeit der Teilung (Botschaft Revision Scheidungsrecht, 100; FamKomm Scheidung/BAUMANN/LAUTERBURG, Vorbem. zu Art. 122–124 N 8 ff. und Art. 124 N 22 ff., N 58 ff.; KOLLER, ZBJV 2002, 1 f.). Er ist deshalb **grundsätzlich güterrechtlich irrelevant** (BGE 118 II 382, 385 ff.; 127 III 433, 438; 131 III 289, 295; RIEMER, 423, der jedoch die Leistungen nach Art. 124 davon ausnehmen will) und wird *von Art. 120 Abs. 1 nicht berührt*. Anders verhält es sich aber mit periodischen

Leistungen der 2. Säule, welche einem der beiden Ehegatten während bestehender Ehe schon zugeflossen sind, und mit Kapitalleistungen, die ein Ehegatte als Barauszahlung (Art. 5 Abs. 1 FZG) von einer Vorsorgeeinrichtung oder wegen Arbeitsunfähigkeit während der Dauer des Güterstandes erhalten hat. Diese sind güterrechtlich relevant (Art. 197 Abs. 2 Ziffern 2 und 3, 207 Abs. 2) und in die güterrechtliche Auseinandersetzung einzubeziehen (BGE 118 II 382, 389 f.; 123 III 442, 443 ff.;127 III 433, 438; KOLLER, recht, 7 ff.; BK-HAUSHEER/REUSSER/GEISER, Art. 207 N 33, 34 f.; DESCHENAUX/STEINAUER/BADDELEY, Rz 1086; FamKomm Scheidung/STECK, Art. 197 N 18 ff. und Art. 207 N 11 ff.). Hingegen bleibt eine Barauszahlung von Vorsorgekapitalien, welche erst nach Rechtshängigkeit der Scheidungsklage erfolgt ist, so dass sie gemäss Art. 204 Abs. 2 nicht mehr in die Errungenschaft fallen kann, güterrechtlich wirkungslos (BGE 123 III 289, 290 f.). Im Gegensatz zu den Anwartschaften der beruflichen Vorsorge stehen die Vermögenswerte, welche in der **gebundenen Selbstvorsorge** angelegt wurden (Säule 3a). Diese unterstehen den güterrechtlichen Regeln und bilden Gegenstand der güterrechtlichen Auseinandersetzung (KOLLER, recht 10 ff.; AEBI-MÜLLER, Rz 03.23 ff. und 09.43 f.; IZZO, 149 ff.; vgl. dazu Art. 1 Abs. 1, Art. 3 und Art. 4 Abs. 3 BVV 3; ZR 1998 Nr. 115; vgl. ferner BK-HAUSHEER/REUSSER/GEISER, Art. 197 N 65 ff., Art. 207 N 31 ff. und Art. 237 N 17; KOLLER, ZBJV 2002, 1 ff.; FamKomm Scheidung/STECK, Art. 197 N 28 ff.).

III. Erbrecht (Abs. 2)

1. Wegfall des gesetzlichen Ehegattenerbrechts

Massgebend für den Wegfall des gesetzlichen Ehegattenerbrechts (vgl. vorn N 4) ist der **18** **Zeitpunkt der Rechtskraft des Scheidungsurteils** und nicht die Einreichung der Scheidungsklage (SUTTER/FREIBURGHAUS, Art. 120 N 15; FamKomm Scheidung/ BÜCHLER, Art. 120 N 5; vgl. auch BGE 122 III 308, 310 f. sowie die rechtsvergleichenden Ausführungen von BREITSCHMID in AJP 1993, 1447, 1454 f.). Stirbt ein Ehegatte, nachdem die Scheidung ausgesprochen wurde, aber bevor das Urteil im Scheidungspunkt rechtskräftig geworden ist (auch bei Teilrechtskraft gemäss Art. 148 Abs. 1), erbt der andere Ehegatte (SUTTER/FREIBURGHAUS, Art. 120 N 15). Will eine Partei dieses Risiko nicht eingehen, so muss sie spätestens während des Scheidungsverfahrens ihren Partner enterben. Scheidungsgründe können – müssen aber nicht – einen Enterbungsgrund darstellen. Denkbar ist unter Umständen auch der Abschluss eines gegenseitigen Erbverzichtsvertrags (SUTTER/FREIBURGHAUS, Art. 120 N 15). Art. 120 Abs. 2 lässt nur das Ehegattenerbrecht entfallen. Sind die Partner miteinander verwandt, so kann sich daraus ein gesetzliches Erbrecht (immerhin ohne Pflichtteilsschutz) ergeben, welches durch die Scheidung nicht berührt wird (SUTTER/FREIBURGHAUS, Art. 120 N 16; FamKomm Scheidung/BÜCHLER, Art. 120 N 5). Aus Art. 120 Abs. 2 ergibt sich wohl, dass das gesetzliche Erbrecht nach einer schweizerischen Scheidung auch entfällt, wenn ein ausländisches Erbstatut massgebend ist, das ein Erbrecht geschiedener Ehegatten kennt (**a.M.** SUTTER/FREIBURGHAUS, Art. 120 N 17; für den umgekehrten Fall vgl. BGE 111 II 16, 22 f., wonach eine brasilianische *«desquite»* im Hinblick auf die Möglichkeit einer Wiederverheiratung einer schweizerischen Trennung, im Erbfalle jedoch einer schweizerischen Scheidung gleichgestellt wird).

2. Ansprüche aus Verfügungen von Todes wegen

a) Grundsatz

Der Bestimmung von Art. 120 Abs. 2 liegt die schon unter dem früheren Recht geltende **19** Vorstellung zugrunde, dass vor der Scheidung getroffene individuelle erbrechtliche Anordnungen auf der Vermutung gründen, sie seien allein durch den Bestand der Ehe gerechtfertigt und an den stillschweigenden Vorbehalt geknüpft, die Ehe werde im Zeitpunkt des Todes des Erblassers noch bestehen (FamKomm Scheidung/BÜCHLER, Art. 120 N 6, 9), so dass deren Auflösung durch Scheidung automatisch den Wegfall zur Folge haben müsse (BGE 122 III 308, 311; FamKomm Scheidung/BÜCHLER, Art. 120 N 7; BREITSCHMID, AJP 1993, 1447 ff.; WERRO, Rz 617, 619; FREIBURGHAUS, plädoyer 1998, 41). Die Einsicht, dass ein solcher hypothetischer Wille des Erblassers wohl in der Regel vorhanden sein mag, aber nicht notwendigerweise gegeben sein muss, sondern im Einzelfall auch gegenteilig sein kann, war bestimmend für die Revision, die in Art. 120 Abs. 2 ihren Niederschlag gefunden hat. Damit wird dem Umstand Rechnung getragen, dass insbesondere auch unter den Ehegatten **Vertragsfreiheit** besteht (Art. 168) und abgesehen vom Pflichtteil frei verfügt werden kann (BGE 122 III 308, 311). Aus Art. 120 Abs. 2 ergibt sich e contrario, dass den Ehegatten aus Verfügungen von Todes wegen, die sie nach der Rechtshängigkeit des Scheidungsverfahrens errichtet haben, erbrechtliche Ansprüche erwachsen können (SUTTER/FREIBURGHAUS, Art. 120 N 25). Sie sollen nicht mehr unter allen Umständen daran gehindert werden, während des Scheidungsverfahrens eine Zuwendung für den Scheidungsfall vorzusehen (Botschaft Revision Scheidungsrecht, 96; BGE 122 III 308, 313). Vielmehr sollen die Ehegatten die Möglichkeit ausschöpfen können, sich im Rahmen der Regelung der Scheidungsfolgen eines möglichen **Gestaltungsmittels** zu bedienen (ZR 1990 Nr. 99; im gleichen Sinne befürwortend schon 1. Aufl. LÜCHINGER/GEISER, Art. 154 N 4; FamKomm Scheidung/BÜCHLER, Art. 120 N 8; BREITSCHMID, AJP 1993, 1447 ff., 1456; vgl. auch hinten N 22).

b) Verfügungen von Todes wegen, die vor der Rechtshängigkeit errichtet wurden

20 Aus Art. 120 Abs. 2 folgt, dass die **rechtskräftige Scheidung** grundsätzlich alle vor Rechtshängigkeit des Scheidungsverfahrens (vgl. Art. 136) errichteten Verfügungen von Todes wegen (d.h. alle letztwilligen Verfügungen, Erbverträge und Schenkungen von Todes wegen) als unwirksam (nichtig) **aufhebt,** mit denen ein Ehegatte den andern begünstigt hat (SUTTER/FREIBURGHAUS, Art. 120 N 18, 22; FamKomm Scheidung/ BÜCHLER, Art. 120 N 8). Damit steht gleichzeitig fest, dass die durch Verfügung von Todes wegen begründete Erbberechtigung während des ganzen Scheidungsverfahrens bis zur Rechtskraft des Scheidungsurteils im Scheidungspunkt bestehen bleibt (SUTTER/ FREIBURGHAUS, Art. 120 N 19). Die Rechtsfolge gemäss Art. 120 Abs. 2 tritt jedoch m.E. dann nicht ein, wenn sich aus der Verfügung von Todes wegen zweifelsfrei der wirkliche und erkennbare Wille des Erblassers ergibt, dass die darin getroffene Regelung der Erbfolge *ausdrücklich auch im Hinblick auf den Scheidungsfall* erfolgte, und diese – im Falle einer letztwilligen Verfügung – nicht widerrufen wird. Es ist nicht einzusehen, weshalb eine solche Regelung für den Scheidungsfall bei der Änderung der gesetzlichen Beteiligung am Vorschlag durch Ehevertrag möglich und verbindlich (Art. 217, 242 Abs. 3) ist, dagegen eine entsprechende Regelung im Erbrecht nach Art. 120 Abs. 2 zwingend ausgeschlossen sein sollte (BREITSCHMID, AJP 1997, 91, 92 und DERS., «Scheidungsplanung»?, AJP 1999, 1606, 1608, ferner AJP 1993, 1447 ff., 1456). Das BGer hatte entschieden, dass aArt. 154 Abs. 2 **dispositiver Natur** sei (BGE 122 III 308, 312; SUTTER/FREIBURGHAUS, Art. 120 N 23; FamKomm Scheidung/BÜCHLER, Art. 120 N 7 und FamKomm Scheidung/LIATOWITSCH, Anh. K, N 268; HEGNAUER/BREITSCHMID, Rz 11.08; BREITSCHMID, AJP 1997, 91, 92 und AJP 1999, 1606, 1608). Es ist kein plausibler Grund dafür ersichtlich, dies nicht auch für Art. 120 Abs. 2 so anzunehmen. Deshalb ist jedenfalls davon auszugehen, dass die Ehegatten in ihren vor Rechtshängigkeit der Scheidung errichteten Verfügungen von Todes wegen Anordnungen oder Vereinbarungen treffen können, wonach eine Begünstigung des anderen Ehegatten auch über die Rechtskraft des Scheidungsurteils hinaus wirken soll. Kommt in der Verfügung von Todes wegen klar zum Ausdruck, dass sie im Hinblick auf die Scheidung getroffen wurde, hat sie auch nach der Scheidung Bestand (SUTTER/FREIBURGHAUS, Art. 120 N 24, BREITSCHMID, AJP 1997, 91, 92 sowie AJP 1993, 1447 ff., 1456; gl.M. wohl auch FamKomm Scheidung/BÜCHLER, Art. 120 N 9, 10 und FamKomm Scheidung/LIATOWITSCH, Anh. K, N 268). Für diese Auslegung spricht zudem der Umstand, dass nach Art. 77 VVG auch eine versicherungsrechtliche Begünstigung des Ehegatten (durch Verfügung unter Lebenden oder durch Verfügung von Todes wegen) für unwiderruflich erklärt werden kann und dann selbst im Scheidungsfalle Bestand hat (vgl. hinten N 21). Zu weit ginge es jedoch, mit Bezug auf vor der Rechtshängigkeit des Scheidungsverfahrens errichtete Verfügungen von Todes wegen in Art. 120 Abs. 2 schlechthin eine widerlegbare Vermutung zu erblicken (in diesem Sinne anscheinend FamKomm Scheidung/ Büchler, Art. 120 N 9, 9a; offen gelassen bei BREITSCHMID, AJP 1997, 91, 92; vgl. auch FREIBURGHAUS, plädoyer 1998, 41). Vielmehr handelt es sich m.E. um eine dispositive Gesetzesnorm, die dann zur Anwendung gelangt, wenn nicht ausdrücklich in den im Erbrecht vorgeschriebenen Formen eine abweichende Regelung getroffen wurde (vgl. auch BREITSCHMID, AJP 1993, 1447, 1457).

Art. 120 Abs. 2 erwähnt **versicherungsrechtliche Begünstigungen** nicht. Nach der in **21** Art. 83 Abs. 2 VVG enthaltenen Auslegungsregel sind die Verhältnisse im *Zeitpunkt des Todes* und nicht im Zeitpunkt, in dem die Begünstigung festgelegt wurde, massgebend (BSK VVG-KÜNG, Art. 83 N 10; SUTTER/FREIBURGHAUS, Art. 120 N 22). Der geschiedene Ehegatte ist nicht überlebender Ehegatte (vgl. auch BGE 122 III 308, 313) und damit nicht mehr Begünstigter (FamKomm Scheidung/BÜCHLER, Art. 120 N 10). Vermutungsweise gilt dies auch, wenn er in der Begünstigung namentlich bezeichnet worden ist (BK-BÜHLER/SPÜHLER, Art. 154 N 87). Da es sich um eine blosse Auslegungsregel handelt, kann aber ein gegenteiliger Wille nachgewiesen werden (BGE 77 II 174 E. 4; vgl. auch BSK VVG-KÜNG, Art. 83 N 17; SUTTER/FREIBURGHAUS, Art. 120 N 22; FamKomm Scheidung/BÜCHLER, Art. 120 N 10). Eine unwiderrufliche Begünstigung i.S. von Art. 77 Abs. 2 VVG entfällt mit der Scheidung nicht (BGE 122 III 308, 313; BK-SPÜHLER/FREI-MAURER, Art. 154 N 87; SUTTER/FREIBURGHAUS, Art. 120 N 22; FamKomm Scheidung/BÜCHLER, Art. 120 N 10; WERRO, Rz 624 BSK VVG-KÜNG, Art. 77 N 3). Eine Wiederverheiratung lässt die durch die frühere Scheidung aufgehobenen Begünstigungen von Todes wegen nicht wieder aufleben. Eine Ausnahme besteht für versicherungsrechtliche Verfügungen, mit denen der Ehegatte begünstigt worden ist, weil es hier vermutungsweise nur auf die Verhältnisse bei Eintritt des Versicherungsfalls ankommt (Art. 83 Abs. 2 VVG; BSK VVG-KÜNG, Art. 83 N 10; SUTTER/FREIBURGHAUS, Art. 120 N 21).

c) Verfügungen von Todes wegen, die nach der Rechthängigkeit errichtet wurden

Eine nach Eintritt der Rechtshängigkeit des Scheidungsverfahrens errichtete Verfügung **22** von Todes wegen soll von der nachfolgenden Auflösung der Ehe unberührt bleiben. Es entspricht der Absicht des Gesetzgebers, den Ehegatten damit ein **Mittel zur Gestaltung der Regelung über die Scheidungsfolgen** in die Hand zu geben, was insbesondere bei der durch die Revision bewusst geförderten Scheidung auf gemeinsames Begehren von grosser Bedeutung sein kann (BREITSCHMID, AJP 1993, 1447, 1451 f., 1456; vgl. vorn N 5, 19 und hinten N 23). Entscheidendes Gewicht kommt dabei weniger dem Umstand zu, dass die erbrechtliche Regelung als solche beurteilt, sondern vielmehr, dass die Scheidungskonvention bei der gerichtlichen Genehmigung als Ganzes (mit Einbezug aller wirtschaftlichen Folgen der Scheidung) unter dem Aspekt der Angemessenheit einer Prüfung unterzogen wird (Art. 140; vgl. BREITSCHMID, AJP 1993, 1447, 1449). In der Praxis ist anzustreben (Art. 111), und wird es deshalb häufig vorkommen, dass die Konventionsverhandlungen und die Unterzeichnung der Vereinbarung **vor** der Rechtshängigkeit des Scheidungsverfahrens stattfinden (FamKomm Scheidung/BÜCHLER, Art. 120 N 8). Erforderlich ist deshalb ein zweistufiges Vorgehen. Der erste Schritt besteht in der obligatorischen Verpflichtung, sich erbvertraglich binden zu wollen, und fällt in die Zeit zwischen Rechtshängigkeit und Rechtskraft. Im zweiten Schritt gilt es die vom Erbrecht vorgeschriebene Form zu beachten (FamKomm Scheidung/BÜCHLER, Art. 120 N 8; FamKomm Scheidung/LIATOWITSCH, Anh. K, N 265 ff. mit Kritik an Art. 120 Abs. 2). Diese Situation ist ganz nicht unproblematisch, weil eine solche Verpflichtung unter Umständen gegen Art. 27 verstösst und nichtig ist. So beurteilte das BGer in BGE 108 II 405 ff. die von einem Ehegatten übernommene Verpflichtung, zugunsten eines Dritten (in casu der gemeinsamen Tochter) einen Erbvertrag abzuschliessen, als nichtig (kritisch dazu BREITSCHMID, AJP 1993, 1447, 1448; vgl. jedoch nunmehr BGE 122 III 308, 314). In der Lehre hat sich jedoch schon unter dem früheren Recht die Auffassung durchgesetzt, dass es zulässig sei, im Rahmen einer Scheidungskonvention zu vereinbaren, vor dem Notar einen **bedingten Erbvertrag** abzuschliessen, der vom Tag der Rechtskraft des Scheidungsurteils an gültig sein solle (HINDERLING/STECK, 253 Anm. 1). Ausgehend von der neueren bundesgerichtlichen Rechtsprechung (BGE 122 III 308 ff.) muss dies heute wohl erst recht angenommen werden (gl.M. trotz geäusserten Befürchtungen FamKomm Scheidung/LIATOWITSCH, Anh. K, N 268 mit wertvollen Hinweisen zu praktischen Fragen im Zusammenhang mit der Erfüllung der zwingenden Formvorschriften, vgl. N 269–274).

23 Der **Zweck von Art. 120 Abs. 2** legt nahe, diese Gesetzesbestimmung im Gegensatz zur ursprünglichen Praxis zu aArt. 154 (vgl. BK-BÜHLER/SPÜHLER, Art. 154 N 80 ff.; SUTTER/FREIBURGHAUS, Art. 120 N 23) als **dispositive Gesetzesnorm** zu verstehen (BGE 122 III 308, 312; vgl. vorn N 20). Dies stimmt mit einer Leitidee der Scheidungsrechtsrevision überein, auch in diesem Bereich die Privatautonomie vermehrt zu respektieren und die Verständigung der Ehegatten über ihre Scheidung zu fördern (Botschaft Revision Scheidungsrecht, 28 f.; vgl. auch Art. 114 N 2; BREITSCHMID, AJP 1993, 1447, 1451 f.). Daraus sollte jedoch m.E. nicht abgeleitet werden, eine Scheidungskonvention könne gleichsam «auf Vorrat», d.h. ohne Vorliegen einer konkreten Scheidungssituation gültig abgeschlossen werden und im Bedarfsfalle beliebig hervorgeholt werden. Ist dies geschehen, muss die Scheidungsvereinbarung, auch wenn sie in Form eines Ehevertrags gekleidet wurde, vom Gericht geprüft, von den Ehegatten im Gerichtsverfahren bestätigt und vom Gericht genehmigt werden (Art. 111, 140; vgl. auch BGE 121 III 393, 394.; SCHNYDER, ZBJV 1997, 43 f.; HINDERLING/STECK, 516, 518; HEGNAUER/BREITSCHMID, Rz 23.05; FamKomm Scheidung/STECK, Vorbem. zu Art. 196–220 N 11 f.; vgl. ferner BREITSCHMID, AJP 1999, 1606, 1611 f.). Letztlich ist auch eine erbrechtliche Klausel für den Scheidungsfall, die nach Art. 120 Abs. 2 als zulässig erscheint, nur Bestandteil einer umfassenden Einigung oder einer Teileinigung, die vor der gerichtlichen Bestätigung nach Ablauf der Bedenkzeit von zwei Monaten (Art. 111 Abs. 2, gegebenenfalls in Verbindung mit Art. 116) frei widerrufen werden kann. Allerdings bleibt dann die erbvertragliche Regelung gültig, sofern sie nicht mit Willensmängeln behaftet ist und deswegen oder aus andern Gründen (vgl. BREITSCHMID, AJP 1993, 1447, 1452 f.) erfolgreich angefochten werden kann. Da bei Einigkeit im Scheidungspunkt meistens beide Ehegatten am Abschluss einer Vereinbarung über die Scheidungsfolgen interessiert sind, kann gegebenenfalls auch eine abweichende Regelung ausgehandelt und damit verhindert werden, dass die Unabwägbarkeiten einer gerichtlichen Entscheidung über die übrigen strittigen Scheidungsfolgen in Kauf genommen werden müssen.

IV. Prozessuales

Die **Behauptungs- und Beweislast** für die Tatsache, dass eine gültige, ihn begünstigende **24** Verfügung von Todes wegen vorliegt, welche vor Art. 120 Abs. 2 standhält, obliegt demjenigen Ehegatten, der sich auf diese Begünstigung beruft (SUTTER/FREIBURGHAUS, Art. 120 N 26).

Auf die **güterrechtliche Auseinandersetzung,** für welche in Art. 120 Abs. 1 auf die Be- **24a** stimmungen des Güterrechts verwiesen wird, ist der in Art. 145 Abs. 1 vorgeschriebene Untersuchungsgrundsatz nicht anwendbar (BGer Urteil vom 30. Januar 2003, 5C. 215/ 2002).

Art. 121

C. Wohnung der Familie

¹ Ist ein Ehegatte wegen der Kinder oder aus anderen wichtigen Gründen auf die Wohnung der Familie angewiesen, so kann das Gericht ihm die Rechte und Pflichten aus dem Mietvertrag allein übertragen, sofern dies dem anderen billigerweise zugemutet werden kann.

² Der bisherige Mieter haftet solidarisch für den Mietzins bis zum Zeitpunkt, in dem das Mietverhältnis gemäss Vertrag oder Gesetz endet oder beendet werden kann, höchstens aber während zweier Jahre; wird er für den Mietzins belangt, so kann er den bezahlten Betrag ratenweise in der Höhe des monatlichen Mietzinses mit den Unterhaltsbeiträgen, die er dem anderen Ehegatten schuldet, verrechnen.

³ Gehört die Wohnung der Familie einem Ehegatten, so kann das Gericht dem anderen unter den gleichen Voraussetzungen und gegen angemessene Entschädigung oder unter Anrechnung auf Unterhaltsbeiträge ein befristetes Wohnrecht einräumen. Wenn wichtige neue Tatsachen es erfordern, ist das Wohnrecht einzuschränken oder aufzuheben.

C. Logement de la famille

¹ Lorsque la présence d'enfants ou d'autres motifs importants le justifient, le juge peut attribuer à l'un des époux les droits et les obligations qui résultent du contrat de bail portant sur le logement de la famille, pour autant que cette décision puisse raisonnablement être imposée à l'autre conjoint.

² L'époux qui n'est plus locataire répond solidairement du loyer jusqu'à l'expiration du bail ou jusqu'au terme de congé prévu par le contrat ou la loi, mais dans tous les cas pour deux ans au plus; lorsque sa responsabilité a été engagée pour le paiement du loyer, il peut compenser le montant versé avec la contribution d'entretien due à son conjoint, par acomptes limités au montant du loyer mensuel.

³ Dans les mêmes conditions, le juge peut attribuer à l'un des époux un droit d'habitation de durée limitée sur le logement de la famille qui appartient à l'autre conjoint, moyennant une indemnité équitable ou une déduction équitable de la contribution d'entretien. Lorsque des faits nouveaux importants l'exigent, le droit d'habitation est restreint ou supprimé.

C. Abitazione familiare

¹ Quando lo giustifichino la presenza di figli o altri gravi motivi, il giudice può attribuire a uno soltanto dei coniugi i diritti e gli obblighi risultanti da un contratto di locazione relativo all'abitazione familiare, purché si possa ragionevolmente esigerlo dall'altro coniuge.

[2] Il coniuge ex locatario risponde solidalmente della pigione fino al momento in cui il rapporto di locazione cessa o può essere sciolto per contratto o per legge, ma in ogni caso durante due anni al massimo; ove fosse citato in giudizio per il canone di locazione, egli può compensare l'importo versato con il contributo di mantenimento dovuto all'altro coniuge, mediante rate equivalenti al canone mensile.

[3] Se l'abitazione familiare appartiene a uno dei coniugi, il giudice può, alle medesime condizioni, attribuire all'altro un diritto d'abitazione, per una durata limitata e contro adeguata indennità o imputazione sul contributo di mantenimento. Il diritto d'abitazione è limitato o soppresso ove lo esigano fatti nuovi rilevanti.

Literatur

BRUDERMÜLLER, Regelung der Nutzungs- und Rechtsverhältnisse an Ehewohnung und Hausrat – Eine Übersicht anhand der Rechtsprechung der letzten zehn Jahre – Teil 1 und Teil 2, FamRZ 1999, 129 ff., 194 ff.; DERS., Wohnungszuweisung bei Beendigung einer nichtehelichen Lebensgemeinschaft?, FamRZ 1994, 207 ff.; BÜCHLER, Gewalt in Ehe und Partnerschaft, Polizei-, straf- und zivilrechtliche Interventionen am Beispiel des Kantons Basel-Stadt, Basel/Genf/München 1998; COESTER, Wohnungszuweisung bei getrennt lebenden Ehegatten – Zur Reform des § 1361b BGB, FamRZ 1993, 249 ff.; EEKELAAR, The Protection of the Family Home in English Law, in: Henrich/Schwab (Hrsg.), Der Schutz der Familienwohnung in Europäischen Rechtsordnungen, Bielefeld 1995, 23 ff.; FERRAND, Der Schutz der Familienwohnung im französischen Recht, in: Henrich/Schwab (Hrsg.), Der Schutz der Familienwohnung in Europäischen Rechtsordnungen, Bielefeld 1995, 45 ff.; GLOOR, Die Zuteilung der ehelichen Wohnung nach schweizerischem Recht, Diss. Zürich 1987; GUICHARD, Les restrictions au droit de disposer du logement de la famille, Lausanne 2002; HAUSHEER, Der Scheidungsunterhalt und die Familienwohnung, in: Hausheer (Hrsg.), Vom alten zum neuen Scheidungsrecht, Bern 1999, 119 ff.; HAUSHEER/GEISER/KOBEL, Das Eherecht des Schweizerischen Zivilgesetzbuches, Bern 2000; KLOPFER, Nachehelicher Unterhalt, Wohnungszuteilung, in: Stiftung für juristische Weiterbildung Zürich (Hrsg.), Das neue Scheidungsrecht, Zürich 1999, 79 ff.; LODRUP, Der Schutz der Familienwohnung im norwegischen Recht, in: Henrich/Schwab (Hrsg.), Der Schutz der Familienwohnung in Europäischen Rechtsordnungen, Bielefeld 1995, 67 ff.; REUSSER, Die Familienwohnung im neuen Scheidungsrecht, in: Faculté de Droit et des Sciences économiques de l'Université de Neuchâtel (Hrsg.), Mélanges en l'honneur de Jacques-Michel Grossen, Basel/Frankfurt a.M. 1992, 191 ff.; SCHMID, Der gemeinsame Mietvertrag, SJZ 1991, 349 ff.; SCHNYDER, Der Schutz der Familienwohnung im Schweizer Recht, in: Henrich/Schwab (Hrsg.), Der Schutz der Familienwohnung in Europäischen Rechtsordnungen, Bielefeld 1995, 103 ff.; WEBER, Kritische Punkte der Scheidungsrechtsrevision, AJP 1999, 1633 ff.; DERS., Der rechtliche Schutz der Familienwohnung, AJP 2004, 30 ff.

Materialien

SUTTER/FREIBURGHAUS, Kommentar zum neuen Scheidungsrecht, Zürich 1999, betreffend: Protokoll Expertenkommission: 771–777, 2084–2103, 2117, 2164–2166, 2180–2230, 2340–2358, 2571 f., 3615–3619, 3711–3715, 3856, 3869, 3877 f., 3896, 3969; Art. 125 VE, Bericht VE, 153 ff.; Vernehmlassungen, 283 ff.; Protokoll Arbeitsgruppe des Departementes: 16 f., 301, 479, 1024; Botschaft Revision Scheidungsrecht, 96 ff. Ziff. 233.3; Rechtskommission Ständerat: Protokolle der Sitzungen vom 28./29.3.1996, 121 ff., 15.8.1996, 15; Rechtskommission Nationalrat: Protokoll der Sitzungen vom 21.4.1997, 18; AmtlBull StR 1996, 761; AmtlBull NR 1997, 2693.

I. Normzweck/Allgemeines/Überblick

1   Artikel 121 führt die **Regelungskompetenz des Scheidungsrichters** hinsichtlich der Familienwohnung (i.S.v. Art. 169; BGE 118 II 489, 490 f.) ein; sie gilt nicht für Zweitwohnungen (Botschaft Revision Scheidungsrecht, 97, Ziff. 233.3; REUSSER, 191, 196;

WEBER, AJP 2004, 30). Diese Neuerung ist angesichts der sozialen Bedeutung der Familienwohnung, insb. für Kinder, begrüssenswert (vgl. FamKomm Scheidung/BÜCHLER, N 2 f.; GLOOR, 2 f.). Die Familienwohnung kann neu unabhängig von den miet- oder sachenrechtlichen Verhältnissen durch den Richter einem der beiden Ehegatten zugewiesen werden. Bewusst verzichtet hat der Gesetzgeber auf **die Eigentumsübertragung an der Familienwohnung** (Botschaft Revision Scheidungsrecht, 98, Ziff. 233.3). Im bisherigen Recht beschränkte sich die Regelungskompetenz des Eherichters auf das eheschutzrichterliche Verfahren (Art. 176 Abs. 1 Ziff. 2) sowie die vorsorglichen Massnahmen (aArt. 145 Abs. 2) im Rahmen des Scheidungsverfahrens (BGE 104 II 237, 238 ff.; GLOOR, 5 ff.). Überdies konnte nach den ehegüterrechtlichen Regeln die sich im gemeinschaftlichen Eigentum der Ehegatten befindende Wohnung einer Partei zu Alleineigentum zugewiesen werden, wenn diese ein überwiegendes Interesse nachweisen konnte (Art. 205 Abs. 2, Art. 244 f. und 251; BGE 119 II 197, 198 f.); bei Auflösung der Ehe durch Tod vgl. Art. 219, 244, 612a. In allen anderen Fällen waren die Eigentumsverhältnisse bzw. die Mieterstellung massgebend für die Frage, welcher Ehegatte in der Familienwohnung verbleiben konnte. Bei gemeinsamem Mietvertrag konnte keine Partei gegen den Willen der anderen bzw. des Vermieters den alleinigen Verbleib in der Familienwohnung durchsetzen (vgl. SCHMID, 353 f.).

Nicht anwendbar ist die neue Regelung auf **nichteheliche Lebensgemeinschaften,** obschon dies von der Lehre teilweise gefordert wird (vgl. FamKomm Scheidung/BÜCHLER, N 28). Neu enthält Art. 32 des Bundesgesetzes über die eingetragene Partnerschaft gleichgeschlechtlicher Paare (PartG) eine Art. 121 entsprechende Regelung (vgl. auch FamKomm Scheidung/BÜCHLER, N 30). **2**

Die Zuteilung der Familienwohnung erfolgt **unabhängig von allen vermögensrechtlichen Ansprüchen,** insb. den unterhalts- und güterrechtlichen. Der Anspruch ist zwingend und kann nicht vertraglich wegbedungen werden (REUSSER, 191; HAUSHEER, Rz 3.87). Er gilt sinngemäss auch bei Ungültigerklärung der Ehe (Art. 109 Abs. 2). Bei der gerichtlichen Trennung erfolgt die Zuweisung der Familienwohnung nach den Regeln von Art. 176 Abs. 1 Ziff. 2 (Art. 118 Abs. 2). **3**

II. Anwendungsbereich

1. Mietwohnung

a) Voraussetzungen

Das Gericht kann die Rechte und Pflichten aus dem Mietvertrag einem Ehegatten allein übertragen, wenn er wegen der **Kinder oder aus anderen wichtigen Gründen** auf die Familienwohnung (Definition: vgl. BGE 118 II 489, 490; 114 II 396, 399 ff.; BK-HAUSHEER/REUSSER/GEISER, Art. 169 N 14; SUTTER/FREIBURGHAUS, N 13 ff.) angewiesen ist und der Auszug dem anderen Ehegatten billigerweise zugemutet werden kann. Dabei ist belanglos, wer von ihnen Vertragspartei des Vermieters war (WEBER, AJP 2004, 33). Die Zuweisung der Familienwohnung an einen Ehegatten gegen dessen Willen ist nicht zulässig, da damit auch die Übernahme von Pflichten verbunden wäre (FamKomm Scheidung/BÜCHLER, N 8). **4**

Das Gericht muss eine **Interessenabwägung** vornehmen, bei welcher den Interessen der (unmündigen) gemeinsamen und nicht gemeinsamen Kinder, welche bisher in der Wohnung gelebt haben, eine zentrale Bedeutung zukommt (REUSSER, 191, 197). Die Kinder sollen, wenn immer möglich, in der gewohnten Umgebung verbleiben können. Daneben können auch andere Interessen für die Zuteilung massgebend sein, insb. Alter, Gesund- **5**

heit, Beruf bzw. die finanziellen Verhältnisse oder soziale Gründe – Quartierverbunden-
heit etc. – (Botschaft Revision Scheidungsrecht, 97, Ziff. 233.3; GLOOR, 10 f.; BK-
HAUSHEER/REUSSER/GEISER, Art. 176 N 30; WEBER, AJP 2004, 34). Das Scheidungsverschulden spielt demgegenüber keine Rolle. Gewaltanwendung in der Ehe kann für sich
allein kein massgebliches Kriterium sein, anders jedoch, wenn dies zu gesundheitlichen
Problemen der betroffenen Person führt (vgl. aber FamKomm Scheidung/BÜCHLER,
N 10).

6   Die Zuteilung der Familienwohnung im Rahmen **vorsorglicher Massnahmen** (Art. 137)
bzw. des **Eheschutzes** (Art. 176 Abs. 1 Ziff. 2) erfolgt nach einer ähnlichen Interessenabwägung und hat somit für die Zuteilung im Rahmen von Art. 121 präjudizierende Wirkung (REUSSER, 198; GLOOR, 10 f.; BK-HAUSHEER/REUSSER/GEISER, Art. 176 N 301).

7   Das Gericht muss die Interessen beider Ehegatten einander gegenüberstellen und abwägen, welcher von ihnen mehr auf die Familienwohnung angewiesen ist bzw. welchem der
Auszug eher zugemutet werden kann (Ermessen i.S.v. Art. 4). In diesem Sinne ist auch
das Erfordernis der **Zumutbarkeit** des Auszugs des einen Ehegatten zu verstehen. Sie
hat keine eigenständige Bedeutung. Ist einem Ehegatten der Auszug nicht zumutbar (z.B.
aus gesundheitlichen oder beruflichen Gründen), so liegen regelmässig wichtige Gründe
vor, welche die Zuteilung der Familienwohnung an ihn gebieten. Lebt der anspruchsberechtigte Ehegatte bereits in einer nichtehelichen Lebensgemeinschaft, so kann die
Wohnungszuweisung an ihn für den anderen Ehegatten u.U. als unzumutbar betrachtet
werden.

b) Übertragung der Rechte und Pflichten

8   Das Gericht überträgt durch **Gestaltungsurteil** den Mietvertrag mit sämtlichen Rechten
und Pflichten auf einen Ehegatten und ordnet allenfalls die Entlassung des anderen Ehegatten aus dem Mietverhältnis an (FamKomm Scheidung/BÜCHLER, N 12). Es handelt
sich also um eine gerichtlich angeordnete Vertragsänderung (auch im Falle einer Vereinbarung der Parteien im Rahmen einer Scheidungskonvention).

9   Damit endet jedoch nicht die **Haftung des ausziehenden Ehegatten.** Er haftet solidarisch für den Brutto-Mietzins bis zum gesetzlichen oder vertraglichen Vertragsablauf, bei
kündbarem Mietverhältnis bis zum Ablauf der nächsten ordentlichen Kündigungsfrist,
bei einem Mietverhältnis mit fixer Dauer bis zu dessen Ablauf, längstens zwei Jahre.
Unklar ist, ob die Haftung sich auch auf allfällige Mietzinserhöhungen erstreckt (vgl.
SUTTER/FREIBURGHAUS, N 38). Die ausziehende Partei kann jedoch allfällige Zahlungen
an den Vermieter mit den Unterhaltsbeiträgen an den anderen Ehegatten (gem. Art. 125)
verrechnen, dies jedoch nur ratenweise in der Höhe des monatlichen Mietzinses
(Art. 121 Abs. 2; lex specialis zu Art. 125 Ziff. 2 OR), auch wenn die Beiträge für dessen
Lebensunterhalt unbedingt notwendig wären. Keine Verrechnungsmöglichkeit besteht
mit Unterhaltsbeiträgen für die Kinder (gem. Art. 276 ff.; vgl. SUTTER/FREIBURGHAUS,
N 46). Das Gesetz regelt das Schicksal einer vom bisherigen Allein- oder Mitmieter ge-
leisteten Kaution nicht. Meines Erachtens ist diese auf den zukünftigen Mieter zu über-
tragen und ein allfälliger Ausgleich zugunsten des ausscheidenden Mieters erfolgt im
Rahmen der güterrechtlichen Auseinandersetzung (vgl. dazu auch SUTTER/FREIBURG-
HAUS, N 37).

c) Rechtsstellung des Vermieters

10 Artikel 121 bedeutet einen zumutbaren **Eingriff in die** verfassungsmässig garantierte
Vertragsfreiheit des Vermieters, welcher jedoch durch die solidarische Haftung des aus-

scheidenden Mieters bis zum nächsten Kündigungstermin bzw. bis zum Vertragsablauf, längstens während zweier Jahre, gemildert wird und im Mietrecht keineswegs ein Novum darstellt (vgl. Art. 264 Abs. 1, Art. 266i OR). Kündigt der Vermieter das Mietverhältnis nicht auf den nächstmöglichen ordentlichen Termin, so wird sein Einverständnis mit dem Mieterwechsel vermutet (Botschaft Revision Scheidungsrecht, 97, Ziff. 233.3).

Der Vermieter ist **nicht Prozesspartei** und demzufolge vor dem Entscheid nicht anzuhören (**a.A.** WEBER, AJP 1999, 1642). Das Urteil muss ihm jedoch von Amtes wegen mitgeteilt werden (REUSSER, 197; SUTTER/FREIBURGHAUS, N 31). **11**

2. Wohnung im Eigentum eines Ehegatten

a) Voraussetzungen

Steht die Familienwohnung im Alleineigentum eines Ehegatten oder im gemeinsamen Eigentum (Mit- oder Gesamteigentum) der Ehegatten (so auch SUTTER/FREIBURGHAUS, N 50; FamKomm Scheidung/BÜCHLER, N 17), so kann das Gericht dem anderen Ehegatten ein **befristetes entgeltliches Wohnrecht** (Art. 776 ff.) einräumen. Bei Mit- oder Gesamteigentum der Ehegatten ist die güterrechtliche Möglichkeit der Alleinzuweisung der Wohnung an diejenige Partei, die ein überwiegendes Interesse nachweist (Art. 205 Abs. 2, Art. 245 und 251) der Einräumung eines befristeten Wohnrechts vorzuziehen, da klare Rechtsverhältnisse geschaffen werden (FamKomm Scheidung/BÜCHLER, N 17). Bei gemeinschaftlichem Eigentum eines oder beider Ehegatten mit einem Dritten kann das Wohnrecht grundsätzlich nicht gegen den Willen des Dritten eingeräumt werden (REUSSER, 201; SUTTER/FREIBURGHAUS, N 50; FamKomm Scheidung/BÜCHLER, N 17). **12**

Die Voraussetzungen sind die gleichen wie bei der Mietwohnung. Das Gericht muss die gleiche **Interessensabwägung** vornehmen (N 5), wobei die gesetzliche Umschreibung der Zumutbarkeit für den Eigentümer keine eigenständige Bedeutung hat, sondern Bestandteil des Vergleichs der unterschiedlichen Interessen der Ehegatten ist (vgl. auch OGer LU FamPra.ch 2004, 139 f.). **13**

b) Befristung des Wohnrechts

Das Wohnrecht ist eine Personaldienstbarkeit (Art. 776 Abs. 1) und hat **höchstpersönlichen Charakter** (unübertragbar und unvererblich: Art. 776 Abs. 2; BGE 116 II 281, 289), was nicht ausschliesst, dass der Berechtigte Drittpersonen, auch einen Lebens- oder neuen Ehepartner, in die Wohnung aufnehmen kann (Art. 777 Abs. 2). Das Wohnrecht muss sich zwingend auf bewohnbare Räumlichkeiten beziehen; Garagen, Werkstätten, Bastelräume etc. sind ausgeschlossen (FamKomm Scheidung/BÜCHLER, N 19). **14**

Das Wohnrecht ist **zwingend zu befristen** (REUSSER, 201), um den Eingriff in die Eigentumsgarantie zu mildern. Die Dauer des Wohnrechts bemisst sich nach Ermessen des Gerichts unter Berücksichtigung aller Umstände des Einzelfalls. Massgebend ist in erster Linie der Zweck der Einräumung. Dient das Wohnrecht dazu, den Kindern den Verbleib im bisherigen Umfeld zu ermöglichen, so rechtfertigt es sich, das Wohnrecht bis zum Abschluss der Ausbildung der Kinder, mindestens bis zu deren Mündigkeit, einzuräumen (REUSSER, 201). Ein weiteres Kriterium könnte sein, wie schnell der berechtigte Ehegatte einen adäquaten Ersatz finden kann. Tendenziell ist eine grosszügige Befristung vorzusehen (SUTTER/FREIBURGHAUS, N 55). **15**

Das **Wohnrecht endet** mit Fristablauf, Verzicht des Wohnberechtigten, subjektiver Unmöglichkeit der persönlichen Ausübung bzw. Tod des Berechtigten (Art. 776 Abs. 2) oder Untergang der Liegenschaft (Art. 748). **16**

c) Entgeltlichkeit

17 Das Wohnrecht erfolgt nur gegen **angemessene Entschädigung.** Sie ist unter Berücksichtigung aller Umstände des Einzelfalls festzusetzen. Ausgangspunkt und obere Grenze für die Beurteilung der Angemessenheit, aber nicht alleiniger Massstab, ist der Verkehrswert der Familienwohnung im Zeitpunkt der Scheidung (REUSSER, 202). Zu berücksichtigen sind auch die wirtschaftliche Leistungsfähigkeit der anspruchsberechtigten (Botschaft Revision Scheidungsrecht, 98, Ziff. 233.3) und jene der verpflichteten Person. Insbesondere ist die Höhe der hypothekarischen Belastung nicht ausser Acht zu lassen (vgl. auch FamKomm Scheidung/BÜCHLER, N 24). Die Bemessung der Entschädigung kann auch durch Kapitalisierung des Wertes des Wohnrechts unter Berücksichtigung der nachehelichen Solidarität erfolgen (SUTTER/FREIBURGHAUS, N 58).

18 Die Entschädigung kann in **Form** einer einmaligen Abfindung, von periodischen Zahlungen oder unter Anrechnung auf Unterhaltsbeiträge (Art. 125, nicht aber gem. Art. 276 ff.) erfolgen (REUSSER, 202). Eine nachträgliche Verrechnung mit nachehelichen Unterhaltsbeiträgen ist mangels gesetzlicher Grundlage für eine Abweichung vom Verrechnungsverbot von Art. 125 Ziff. 2 OR ausgeschlossen. Die Entschädigung kann grundsätzlich später nicht erhöht oder reduziert werden (SUTTER/FREIBURGHAUS, N 65). Zum Schutz des Wohnrechts vor einer Zwangsverwertung der Liegenschaft empfiehlt es sich, in einer allfälligen Vereinbarung zwischen den Ehegatten vorzusehen, dass der Wohnrechtsberechtigte im internen Verhältnis die Bezahlung der Hypothekarzinsen übernimmt (vgl. auch SUTTER/FREIBURGHAUS, N 59; HAUSHEER, 169 Rz 3.103).

Die Haftung des Wohnrechtsberechtigten für allfällige Schäden am Wohnobjekt bestimmt sich nach den sachenrechtlichen Bestimmungen (Art. 776 Abs. 3 i.V.m. Art. 752 ff.).

d) Grundbucheintrag

19 Die Eintragung im Grundbuch ist **nicht zwingend** erforderlich (**a.A.** SUTTER/FREIBURGHAUS, N 51), verleiht dem Wohnrecht jedoch dingliche Wirkung und kann somit jedem Erwerber der Familienwohnung entgegengehalten werden. Sie erfolgt wohl regelmässig durch Anweisung im Scheidungsurteil. Denkbar ist aber auch eine Ermächtigung des Berechtigten zur Grundbuchanmeldung.

e) Nachträgliche Einschränkung oder Aufhebung

20 Das Wohnrecht kann durch Abänderung des Scheidungsurteils nachträglich eingeschränkt oder abgeändert, nicht aber verlängert werden (Art. 121 Abs. 3 letzter Satz). Vorausgesetzt sind jedoch **wichtige neue Tatsachen.** Dazu gehören etwa die Änderung der Kinderzuteilung (Botschaft Revision Scheidungsrecht, 99, Ziff. 233.3) oder der vorzeitige Abschluss der Ausbildung oder der Auszug der Kinder, der Einzug eines neuen Wohnpartners oder die Wiederverheiratung des anspruchsberechtigten Ehegatten, zumindest, wenn keine Interessen von Kindern auf dem Spiel stehen (SUTTER/FREIBURGHAUS, N 64; HAUSHEER, 168 Rz 3.99; ähnlich FamKomm Scheidung/BÜCHLER, N 26). Unerheblich ist, ob die wichtige Tatsache beim Wohnrechtsberechtigten oder -belasteten eingetreten ist. Das Gericht muss wiederum eine Interessenabwägung vornehmen (N 5).

Eine Einschränkung kann sowohl in zeitlicher als auch räumlicher Hinsicht erfolgen und von beiden Parteien verlangt werden (REUSSER, 202). Keine Anwendung findet Art. 130 (vgl. auch Art. 130 N 2).

Art. 122

D. Berufliche Vorsorge **I. Vor Eintritt eines Vorsorge-falls** **1. Teilung der Austritts-leistungen**	**¹ Gehört ein Ehegatte oder gehören beide Ehegatten einer Einrichtung der beruflichen Vorsorge an und ist bei keinem Ehegatten ein Vorsorgefall eingetreten, so hat jeder Ehegatte Anspruch auf die Hälfte der nach dem Freizügigkeitsgesetz vom 17. Dezember 1993 für die Ehedauer zu ermittelnden Austrittsleistung des anderen Ehegatten.** **² Stehen den Ehegatten gegenseitig Ansprüche zu, so ist nur der Differenzbetrag zu teilen.**
D. Prévoyance professionnelle I. Avant la survenance d'un cas de prévoyance 1. Partage des prestations de sortie	¹ Lorsque l'un des époux au moins est affilié à une institution de prévoyance professionnelle et qu'aucun cas de prévoyance n'est survenu, chaque époux a droit à la moitié de la prestation de sortie de son conjoint calculée pour la durée du mariage selon les dispositions de la loi du 17 décembre 1993 sur le libre passage. ² Lorsque les conjoints ont des créances réciproques, seule la différence entre ces deux créances doit être partagée.
D. Previdenza professionale I. Prima del sopraggiungere di un caso di previdenza 1. Divisione delle prestazioni d'uscita	¹ Se un coniuge o ambedue i coniugi sono affiliati a un istituto di previdenza professionale e se non è sopraggiunto alcun caso d'assicurazione, ogni coniuge ha diritto alla metà della prestazione d'uscita dell'altro calcolata per la durata del matrimonio secondo le disposizioni della legge del 17 dicembre 1993 sul libero passaggio. ² Se i coniugi hanno crediti reciproci, deve essere divisa soltanto la differenza fra questi due crediti.

Literatur

AEBI-MÜLLER, Vorbezüge für Wohneigentum bei Scheidung: Wer trägt den Zinsverlust?, ZBJV 2001, 132 ff.; BRUNNER, Die Berücksichtigung von Vorbezügen für Wohneigentum bei der Teilung von Austrittleistungen, ZBJV 2000, 525 ff.; DERS., Spielraum bei der Teilung von Austrittsleistungen bei Vorbezügen für Wohneigentum, ZBJV 2002, 106 ff.; DERS., Vorsorgeausgleich und BVG-Mindestzinssatz, ZBJV 2004, 135 ff.; GEISER, Berufliche Vorsorge im neuen Scheidungsrecht, in: Hausheer (Hrsg.), Vom alten zum neuen Scheidungsrecht, Bern 1999, 55 ff.; DERS., Bemerkungen zum Verzicht auf den Versorgungsausgleich im neuen Scheidungsrecht, ZBJV 2000, 89 ff.; DERS., Vorsorgeausgleich: Aufteilung bei Vorbezug für Wohneigentumserwerb und nach Eintreten des Vorsorgefalles, FamPra.ch 2002, 83 ff.; DERS., Zur Frage des massgeblichen Zeitpunkts beim Vorsorgeausgleich, FamPra.ch 2004, 301 ff.; GRÜTTER/SUMMERMATTER, Erstinstanzliche Erfahrungen im dem Vorsorgeausgleich bei Scheidungen, insbesondere bei Art. 124 ZGB, FamPra.ch 2002, 641 ff.; HAUSHEER, Die wesentlichen Neuerungen des neuen Scheidungsrechts, ZBJV 1999, 10 ff.; KIESER, Ehescheidung und Eintritt des Vorsorgefalles der beruflichen Vorsorge – Hinweise für die Praxis, AJP 2002, 155 ff.; KOLLER, Vorbezüge für den Erwerb von Wohneigentum und Vorsorgeausgleich bei der Scheidung; wer trägt den Zinsverlust? – ein weiterer Diskussionsbeitrag, ZBJV 2001, 137 ff.; DERS., Wohin mit der angemessenen Entschädigung nach Art. 124 ZGB oder: Von der Mühe der Zivilgerichte im Umgang mit vorsorgerechtlichen Fragen, ZBJV 2002, 1 ff.; RIEMER, Berufliche Vorsorge und revidiertes Ehescheidungsrecht, SZS 1998, 423 ff.; SCHNEIDER/BRUCHEZ, La prévoyance professionnelle et le divorce, in: Paquier/Jaquier (Hrsg.), Le nouveau droit du divorce, Lausanne 2000, 193 ff.; SCHNYDER, Die ZGB-Revision 1998/2000, Zürich 1999, 55 ff. und 86ff.; SUTTER/FREIBURGHAUS, Kommentar zum neuen Scheidungsrecht, Zürich 1999; VETTERLI, Aus der Praxis zum neuen Scheidungsrecht, FamPra.ch 2002, 450 ff.; VETTERLI/KEHL, Die Aufteilung der beruflichen Vorsorge in der Scheidung, AJP 1999, 1613 ff.; WALSER, Berufliche Vorsorge, in: Das heue Scheidungsrecht, hrsg. Von der Stiftung für juristische Weiterbildung, Zürich 1999,

49 ff.; DERS., Urteilsanmerkung mit Gegenbemerkungen von RIEMER, SZS 1998 294 ff.; STAUF-
FER, Berufliche Vorsorge, Zürich 2005; TRINDADE, Prévoyance professionnelle, divorce et succession, SJ 2000 II., 467 ff.

I. Allgemeines

1. Regelung im bisherigen Scheidungsrecht

1 Die berufliche Vorsorge hat sich in den letzten Jahrzehnten in der Schweiz stark entwickelt, bis 1984 auf freiwilliger Basis und seit 1985 im Rahmen des Obligatoriums gemäss den Bestimmungen des BVG. Das über die Vorsorgeeinrichtungen durchgeführte
Zwangssparen führt zur Bildung von individuellen Vorsorgekapitalien bzw. Altersgut-
haben. Diese stellen im Scheidungsfall häufig einen bedeutenden Vermögenswert dar, in
vielen Fällen den gewichtigsten. Bei einer Scheidung konnte über diese Vorsorgemittel
nicht verfügt werden, da vor der Fälligkeit der Altersleistung nur ein anwartschaftlicher
Anspruch auf künftige Vorsorgeleistungen bestand. Die Rechtsprechung des Bundesgerichts ist stets davon ausgeganen, dass Anwartschaften auf künftige Leistungen gegenüber einer Vorsorgeeinrichtung nicht zum ehelichen Vermögen gehören und deshalb
im Scheidungsfall nicht direkt in die güterrechtliche Auseinandersetzung einbezogen
werden konnten. Ein Ausgleich konnte nur über einen **scheidungsrechtlichen Entschä-
digungs- oder Unterhaltsanspruch** gemäss aArt. 151 und 152 ZGB gefunden werden
(BGE 116 II 102 f.; 115 II 13; 110 II 227). Daraus ergab sich der Nachteil, dass der Ausgleich für die während der Ehe gebildete Altersvorsorge vom Verschulden abhängig
war und zudem ganz allgemein von der Leistungsfähigkeit des leistungspflichtigen Ehegatten.

2 Das 1995 in Kraft getretene **Freizügigkeitsgesetz (FZG)** brachte zwar einen Fortschritt
in Bezug auf eine mögliche Teilung vorsorgerechtlicher Ansprüche. Denn nach aArt. 22
Abs. 1 FZG konnte der Scheidungsrichter bestimmen, dass ein Teil der Austrittsleistung, die ein Ehegatte während der Dauer der Ehe erworben hatte, an die Vorsorgeeinrichtung des andern übertragen wurde. Voraussetzung war jedoch, dass auf der Grundlage von aArt. 151 und/oder 152 ZGB scheidungsrechtliche Unterhaltsersatzansprüche
bestanden, was zeigt, dass sich an der bisherigen Rechtslage noch nichts Grundlegendes
geändert hatte. Eine Verbesserung ergab sich nur hinsichtlich der Erfüllung solcher
Ansprüche, indem aArt. 22 FZG für deren Abgeltung eine zusätzliche Erfüllungsmodalität zur Verfügung stellte, auf die namentlich dann zurückzugreifen war, wenn die Zusprechung einer Unterhaltsersatzrente wegen eingeschränkter finanzieller Verhältnisse des
pflichtigen Ehegatten nicht in Betracht fiel (BGE 121 III 299; vgl. auch BGE 124 III
52 ff.).

2. Die berufliche Vorsorge im neuen Scheidungsrecht

3 Mit den Art. 122–124 wird rechtlich der Schritt zur Aufteilung bzw. Ausgleichung der
Vorsorgeansprüche im Sinn eines **Vorsorgeausgleichs** im Scheidungsfall vollzogen. Mit
diesen Bestimmungen werden selbständige Ansprüche begründet, die weder dem Güterrecht noch dem Unterhaltsrecht zugeordnet werden können. Sie bezwecken einen Ausgleich für die vorsorgerechtlichen Nachteile der während der Ehe erfolgten Aufgabenteilung und dienen der wirtschaftliche Selbständigkeit jedes Ehegatten nach der Scheidung
(BGE 128 V 47 f. E. 2d). Daraus folgt, dass der Versorgungsausgleich unabhängig vom
Güterstand und insbesondere auch unabhängig von den gesetzlichen oder ehevertraglichen Regelungen zu Teilung einer Errungenschaft erfolgt.

II. Anwendungsbereich

1. Berufliche Vorsorge

Die **Alters-, Hinterlassenen- und Invalidenvorsorge** beruht auf dem so genannten **4**
3-Säulen-Konzept (Art. 111 Abs. 1, 112 und 113 BV). Die Art. 122–124 erfassen nur
die berufliche Vorsorge (2. Säule), nicht aber die beiden anderen Säulen. Bei der AHV
(1. Säule) ist im Rahmen der 10. Revision auf den 1. Januar 1997 für den Scheidungsfall
das Beitragssplitting eingeführt worden. Bei Auflösung der Ehe werden Einkommen,
welche die Ehegatten während der Kalenderjahre der gemeinsamen Ehe erzielt haben,
geteilt und je zur Hälfte den beiden Ehegatten angerechnet (Art. 29^{quinquies} Abs. 3 lit. c
AHVG). Eine zusätzliche Regelung im Scheidungsrecht ist nicht mehr erforderlich.
Ebenfalls nicht unter den Geltungsbereich von Art. 122–124 fällt die 3. Säule, die alle
Massnahmen des individuellen Sparens umfasst. Im Scheidungsfall erfolgt ein Ausgleich
nach den Regeln des Güterrechts. Dies gilt nicht nur für die ungebundene Vorsorge,
sondern auch für die gebundene, steuerlich privilegierte Vorsorge mittels der in Art. 82
BVG vorgesehenen besonderen Vorsorgeformen (Säule 3a). Vgl. dazu BK-HAUSHEER/
REUSSER/GEISER, Art. 197 N 65 ff. und Art. 237 N 17). Die Ausführungsverordnung zu
Art. 82 BVG (BVV3, SR 831.461.3) sieht in Art. 4 Abs. 3 vor, dass Ansprüche auf
Altersleistungen dem Ehegatten ganz oder teilweise vom Vorsorgenehmer abgetreten
oder vom Gericht zugesprochen werden können, wenn der Güterstand anders als durch
Tod aufgelöst wird. Diese Vermögenswerte sind damit hinreichend verfügbar und können
in die güterrechtliche Auseinandersetzung einbezogen werden.

2. Ansprüche, die dem Freizügigkeitsgesetz (FZG) unterstehen

Art. 122 knüpft an die **Austrittsleistungen gemäss dem FZG** an. D.h., dass sämtliche **5**
Ansprüche aus Vorsorgeverhältnissen, die dem FZG unterstehen, im Scheidungsfall
grundsätzlich nach Art. 122 ff. zu teilen sind (BGE 128 V 45 E. 2b). Dabei geht es um
Vorsorgeverhältnisse, in denen eine Vorsorgeeinrichtung des privaten oder öffentlichen
Rechts aufgrund ihrer Vorschriften (Reglement) bei Erreichen der Altersgrenze, bei Tod
oder bei Invalidität (Vorsorgefall) einen Anspruch auf Leistungen gewährt (Art. 1 Abs. 2
FZG; sogenannte reglementarische Vorsorge).

3. Scheidung und Ungültigerklärung der Ehe

Die Art. 122 ff. gelangen nur bei einer **Scheidung** zur Anwendung sowie aufgrund des **6**
Hinweises in Art. 109 Abs. 2 bei einer **Ungültigerklärung** der Ehe. Ein Vorsorgeausgleich findet dagegen nicht statt im Fall der Ehetrennung (Urteil des Bundesgerichts vom
29.6.2001 i.S. X., 5C.111/2001, E. 3b mit Hinweisen), im Fall des Getrenntlebens gemäss Art. 175 und 176 sowie bei der gerichtlichen oder gesetzlichen Auflösung des
Güterstands während der Ehe.

4. Zusammenhang mit dem nachehelichen Unterhalt

Ein Zusammenhang des Vorsorgeausgleichs mit dem **nachehelichen Unterhalt** ist nur **7**
insoweit gegeben, als das Scheidungsrecht das Güterrecht und den Vorsorgeausgleich
bewusst vor dem nachehelichen Unterhalt behandelt. Dieser soll unter anderem die Anwartschaften aus der beruflichen Vorsorge einschliesslich des voraussichtlichen Ergebnisses der Teilung der Austrittsleistungen berücksichtigen (Art. 125 Abs. 2 Ziff. 8).

III. Scheidung vor Eintritt eines Vorsorgefalles

1. Grundsatz

8 Das Gesetz unterscheidet beim Vorsorgeausgleich danach, ob die Scheidung **vor Eintritt eines Vorsorgefalls** stattfindet (Art. 122) oder aber **nach Eintritt eines Vorsorgefalls** (Art. 124).

9 Bei einer **Scheidung vor Eintritt eines Vorsorgefalls** (s. dazu Art. 124 N 4 ff.) müssen unter den Ehegatten Anwartschaften aufgeteilt werden. Art. 122 knüpft dazu an die Austrittsleistung gemäss FZG an, d.h. an die nach den Art. 15–19 FZG berechnete potenzielle Austrittsleistung, die der versicherte Ehegatte im Fall des vorzeitigen Austritts aus der Vorsorgeeinrichtung beanspruchen könnte. Denn mit einer solchen Austrittsleistung werden die vom Versicherten bis zum Zeitpunkt der Fälligkeit der Austrittsleistung erworbenen Ansprüche abgegolten, was als Massstab für die während der Zugehörigkeit zu einer Vorsorgeeinrichtung erworbenen Leistung gewertet werden kann.

10 Auf dieser Grundlage bestimmt Art. 122, dass dann, wenn ein Ehegatte oder beide Ehegatten einer Einrichtung der beruflichen Vorsorge angehören und bei keinem ein Vorsorgefall eingetreten ist, jeder Ehegatte **Anspruch auf die Hälfte der nach dem FZG für die Ehedauer zu ermittelnden Austrittsleistung** des anderen Ehegatten hat. Damit wird die hälftige Teilung der während der Ehedauer erworbenen Austrittsleistung zur Regel.

11 Gehören beide Ehegatten Vorsorgeeinrichtungen an, ist gemäss Art. 122 Abs. 2 jeweils nur **der Differenzbetrag** zu teilen (BGE 129 V 254 f. E. 2.3). Berücksichtigt werden nur positive Saldi (Botschaft Revision Scheidungsrecht, 104). Ein Fehlbetrag zwischen den beiden massgeblichen Austrittsleistungen bei der Heirat und im Zeitpunkt der Ehescheidung fällt ausser Betracht.

2. Vorsorgerechtliche Ausführungsbestimmungen

12 Die nötigen **Detailbestimmungen** zur Durchführung der Aufteilung finden sich im Vorsorgerecht. Verwiesen sei dazu auf die Art. 22, 22a–c und 26 Abs. 3 FZG, Art. 30c Abs. 6 BVG, Art. 331e Abs. 6 OR, Art. 8a FZV sowie auf die Verordnung des EDI über die Tabelle zur Berechnung der Austrittsleistung nach Art. 22a FZG.

13 In Art. 22 Abs. 2 FZG wird die zu **teilende Austrittsleistung** definiert. Diese entspricht der Differenz zwischen der Austrittsleistung zuzüglich allfälliger Freizügigkeitsguthaben im Zeitpunkt der Ehescheidung und der Austrittsleistung zuzüglich allfälliger Freizügigkeitsguthaben im Zeitpunkt der Eheschliessung. Für diese Berechnung sind die Austrittsleistung und das Freizügigkeitsguthaben im Zeitpunkt der Eheschliessung auf den Zeitpunkt der Ehescheidung aufzuzinsen. Barauszahlungen während der Ehedauer werden nicht berücksichtigt.

14 Gemäss Art. 8a FZV ist für die vorgesehene **Aufzinsung** der im entsprechenden Zeitraum gültige BVG-Mindestzinssatz nach Art. 12 BVV2 anzuwenden. Die Art. 15 Abs. 2 und 3 BVG übertragen dem Bundesrat die Kompetenz, diesen Mindestzins festzulegen und verpflichten ihn gleichzeitig, den Zinssatz mindestens alle zwei Jahre zu überprüfen. Die bisherigen Ansätze: 1985 bis 2002 4%, 2003 3,25%, 2004 2,25% und 2005 und 2006 2,5%. Für die Zeit vor dem 1. Januar 1985 gilt ein Zinssatz von 4% (Art. 8a Abs. 2 FZV).

3. Besondere Fälle

a) Einkaufsleistungen

15 Erbringt ein Ehegatte nach dem Eintritt in eine Vorsorgeeinrichtung oder auch später nach Massgabe der reglementarischen Bestimmungen **Einkaufsleistungen** zur Verbesserung des Vorsorgeschutzes, erhöht sich dadurch die potenzielle Austrittsleistung mit der Folge, dass solche Einkaufsleistungen im Scheidungsfall ebenfalls in die Teilung einzubeziehen sind. Art. 22 Abs. 3 FZG enthält eine Ausnahmebestimmung für den Fall, dass ein Ehegatte Anteile einer Einmaleinlage aus Mitteln finanziert hat, die unter dem Güterstand der Errungenschaftsbeteiligung von Gesetzes wegen sein Eigengut wären. Solche Einkaufsleistungen sind zuzüglich Zins (Art. 8a FZV) von der zu teilenden Austrittsleistung abzuziehen.

b) Vorsorgeguthaben bei mehreren Vorsorge- bzw. Freizügigkeitseinrichtungen

Ein Ehegatte kann im Fall einer Mehrfachbeschäftigung verschiedenen Vorsorgeeinrichtungen angehören. Zudem können Freizügigkeitsguthaben bei Freizügigkeitseinrichtungen (Freizügigkeitskonti oder Freizügigkeitspolicen, Art. 10 FZV) bestehen, die nicht in eine Vorsorgeeinrichtung eingebracht wurden. Art. 122 ZGB in Verbindung mit Art. 22 Abs. 2 FZG geht davon aus, dass **alle potenziellen Freizügigkeitsguthaben** in die Berechnung einbezogen werden müssen. **16**

c) Vorbezug für Wohneigentum

Hat ein Ehegatte aufgrund von Art. 30c BVG bzw. Art. 331e OR aus seinem Vorsorgeguthaben einen **Vorbezug** zugunsten von **selbstgenutztem Wohneigentum** getätigt, so gilt der Vorbezug als Freizügigkeitsleistung und wird nach den Art. 122 ZGB und Art. 22 FZG geteilt, wenn noch kein Vorsorgefall eingetreten ist (Art. 30c Abs. 6 BVG, Art. 331e Abs. 6 OR). Dies gilt auch, wenn die Mittel der beruflichen Vorsorge schon vor der Heirat für einen Vorbezug verwendet wurden (BGE 128 V 234 E. 2c), und weiter solange, als bezüglich des Vorbezugs noch eine Rückleistungspflicht besteht (Art. 30d BVG) und der Vorsorgezweck gemäss Art. 30e BVG durch eine Anmerkung im Grundbuch gesichert ist. **17**

Im Fall einer Rückzahlung ist nur der bezogene Betrag ohne Zins zurückzuzahlen (Art. 30d Abs. 1 und 2 BVG). Der Vorbezug behält somit seinen **Nominalwert** bis zur Scheidung (wenn keine vorzeitige Rückzahlung erfolgt). Deshalb löst ein Vorbezug vor der Heirat auch keine Verzinsung im Sinne von Art. 22 Abs. 2 Satz 2 FZG aus (BGE 128 V 235 E. 3b–c). Die Lehre hat sich verschiedentlich mit dem aus der Nichtverzinsung eines Vorbezugs resultierenden Zinsverlust auseinandergesetzt (vgl. dazu KOLLER, ZBJV 2001, 137 ff. m.w.Hw.). **18**

d) Barauszahlungen während der Ehe

Hat sich ein Ehegatte während der Dauer der Ehe eine Austrittsleistung gestützt auf Art. 5 FZG bar auszahlen lassen, wird eine solche **Barauszahlung** bei der Teilung der Austrittsleistungen nicht berücksichtigt (Art. 22 Abs. 2 letzter Satz FZG). Mit der Barauszahlung scheidet das entsprechende Vorsorgeguthaben aus dem System der beruflichen Vorsorge aus. Das bedeutet indessen nicht, dass solche Barauszahlungen einfach unbeachtlich sind. Ein Ausgleich kann erfolgen, allerdings nur über Art. 124 Abs. 1 ZGB durch das Scheidungsgericht (BGE 129 V 254 E. 2.2, 127 III 437 ff., E. 2b). **19**

4. Durchführung der Teilung

a) Bestimmung der Eckwerte bei den Austrittsleistungen

Ausgangspunkt für die Teilung sind gemäss Art. 22 Abs. 2 FZG die **Austrittsleistung im Zeitpunkt der Ehescheidung und die Austrittsleistung im Zeitpunkt der Eheschliessung.** Massgebender Zeitraum ist somit die Ehedauer, beginnend mit dem Tag der Eheschliessung und endend am Tag, an dem die Scheidung formell rechtskräftig wird (Urteil **20** des EVG vom 28.3.2006, B 16/05 und B 17/05). Insofern unterscheidet sich der Vorsorgeausgleich von den güterrechtlichen Regeln, bei denen die Auflösung des Güterstands auf den Zeitpunkt der Klageeinreichung zurückbezogen wird. Es ist nicht ausgeschlossen und bei den zahlreichen Konventionalscheidungen mit vorgängigen Verhandlungen über die Nebenfolgen der Scheidung vielfach unumgänglich, dass die Parteien in einer Konvention oder einer Prozessvereinbarung einen früheren Zeitpunkt als die Rechtskraft des Scheidungsurteils für massgebend erklären, um eine Berechnung im Scheidungsverfahren zu ermöglichen (Urteil der Bundesgerichts vom 6. September 2001, 5C.129/2001, E. 2).

21   Die Bestimmung der Austrittsleistung im Zeitpunkt der Eheschliessung sollte dann keine Schwierigkeiten bereiten, wenn die **Heirat nach Inkrafttreten des FZG,** d.h. nach dem 1. Januar 1995, stattgefunden hat. Seither ist Vorsorge getroffen, dass die nötigen Angaben zur Verfügung stehen. Die Arbeitgeber müssen versicherte Personen, die heiraten, der Vorsorgeeinrichtung melden (Art. 1 Abs. 3 FZV). Die Vorsorgeeinrichtung hat anschliessend die Austrittsleitung im Zeitpunkt der Eheschliessung festzuhalten (Art. 2 Abs. 1 FZV). Zudem hat die Vorsorgeeinrichtung der versicherten Person auf diesen Zeitpunkt hin ihre Austrittsleistung mitzuteilen, diese Angabe in ihren Unterlagen festzuhalten und beim Austritt der versicherten Person der neuen Vorsorgeeinrichtung oder einer allfälligen Freizügigkeitseinrichtung zu übermitteln (Art. 24 Abs. 2 FZG).

22   Im Fall einer **Heirat vor dem 1. Januar 1995** lässt sich die Austrittsleistung im Zeitpunkt der Eheschliessung vielfach nicht mehr zuverlässig ermitteln. Im Interesse einer einheitlichen Rechtsanwendung sieht Art. 22a FZG eine für alle Vorsorgeeinrichtungen verbindliche schematische Berechnungsweise vor, mit welcher eine fiktive Austrittsleistung nach dem jetzt geltenden Recht bezogen auf den Heiratszeitpunkt ermittelt werden kann. Art. 22a FZG legt Eckwerte fest, von welchen auszugehen ist und verweist zusätzlich auf eine Tabelle, die vom EDI mit Verordnung vom 24. November 1999 erlassen worden ist (SR 831.425.4).

23   Die Anwendung dieser **Tabelle** ist für die Vorsorgeeinrichtungen zwingend. Eine Ausnahme besteht gemäss Art. 22a FZG nur dann, wenn ein Ehegatte seit der Eheschliessung bis zum 1. Januar 1995 die Vorsorgeeinrichtung nie gewechselt hat und feststeht, wie hoch nach neuem Recht die Austrittsleistung im Zeitpunkt der Eheschliessung gewesen wäre.

24   Die nötigen Angaben über den Stand der Austrittsleistungen im Zeitpunkt der Heirat und der Scheidung sind bei den Vorsorgeeinrichtungen einzuholen. Gemäss Art. 24 Abs. 3 FZG sind diese verpflichtet, der versicherten Person oder dem Scheidungsgericht im Fall der Ehescheidung **Auskunft** über die Höhe der Guthaben zu geben, die für die Berechnung der zu teilenden Austrittsleistung massgebend sind. Diese Bestimmung gibt zwar der versicherten Person einen direkten Auskunftsanspruch, nicht aber deren Ehegatten, dies im Einklang mit der Regelung von Art. 170. Vorsorgeeinrichtungen sind somit nicht berechtigt, den Ehegatten ihrer versicherten Personen die entsprechenden Auskünfte zu erteilen. Weigert sich der versicherte Ehegatte, die Angaben zu beschaffen oder mitzuteilen, hat der Scheidungsrichter die nötigen Auskünfte einzuholen.

b) Art der Übertragung

25   Ist aufgrund des Vorsorgeausgleichs ein Betrag zu übertragen, sind die **Art. 3–5 FZG sinngemäss anwendbar** (Art. 22 Abs. 1 FZG). Die Rechtsprechung (BGE 129 V 245 ff., Urteil des EVG vom 14. Mai 2001, B 18/01) hat dazu festgestellt, dass die zu übertragende Austrittsleistung in erster Linie an die Vorsorgeeinrichtung des ausgleichsbe-

rechtigten Ehegatten zu überweisen ist, wenn beide Ehegatten einer Vorsorgeeinrichtung angehören. Geht die erhaltene Vorsorgeleistung über den für den Einkauf in die vollen reglementarischen Leistungen erforderlichen Betrag hinaus, ist die ausgleichsberechtigte Partei aber nicht verpflichtet, den überschüssigen Betrag in ihre Vorsorgeeinrichtung einzubringen. Dieser kann gemäss Art. 4 FZG in anderer Form bei einer Freizügigkeitseinrichtung (Freizügigkeitskonto oder Freizügigkeitspolice) angelegt werden.

Gehört der ausgleichsberechtigte Ehegatte **keiner Vorsorgeeinrichtung** an, so ist Art. 4 **26** Abs. 1 FZG sinngemäss anwendbar. Danach hat die ausgleichsberechtige Person zuhanden der Vorsorgeeinrichtung, welche ihr einen Teil der Austrittsleistung zu überweisen hat, mitzuteilen, in welcher Form sie den Vorsorgeschutz erhalten will (Freizügigkeitspolice oder Freizügigkeitskonto, Art. 10 Abs. 1 FZV). Erfolgt keine Mitteilung, ist die Austrittsleistung an die Auffangeinrichtung (Art. 60 BVG) zu überweisen (BGE 129 V 249 f. E. 5.1). Dies gilt auch im Fall eines unbekannt abwesenden ausgleichsberechtigten Ehegatten (Urteil des EVG vom 14. Mai 2001, B 18/01, E. 2).

Ist im Rahmen des Vorsorgeausgleichs ein Teil einer Austrittsleistung zugunsten des aus- **27** gleichsberechtigten Ehegatten auf eine **Freizügigkeitseinrichtung** zu übertragen, darf dies höchstens an zwei derartige Einrichtungen geschehen (Art. 12 Abs. 1 FZV). Dies gilt auch für einen für den Einkauf in die Vorsorgeeinrichtung des ausgleichsberechtigten Ehegatten nicht erforderlichen Betrag (BGE 129 V 250 f. E. 5.2 und 5.3).

Eine **Barauszahlung** ist nur möglich, wenn im Zeitpunkt der Scheidung ein Barauszah- **28** lungstatbestand im Sinn von Art. 5 Abs. 1 FZG vorliegt und der berechtigte Ehegatte ein entsprechendes Barauszahlungsgesuch gestellt hat (Urteil des EVG vom 14. Mai 2001, B 18/01, E. 2).

Die dem ausgleichsberechtigten Ehegatten im Fall der Scheidung zustehende Austritts- **29** leistung ist vom massgebenden Stichtag der Teilung (vgl. Rz 20) an bis zum Zeitpunkt der Überweisung zu **verzinsen.** In BGE 129 V 251 ff. finden sich dazu die nötigen Präzisierungen. Im Rahmen der obligatorischen Vorsorge hat eine Verzinsung in Höhe des BVG-Mindestzinssatzes (Art. 12 BVV2) zu erfolgen, sofern das Reglement keine höhere Verzinsung vorsieht. Im Bereich der weitergehenden Vorsorge ist der reglementarische Zinssatz zu vergüten. Ist ein solcher nicht festgelegt worden, ist subsidiär der BVG-Mindestzinssatz anwendbar. Der leistungspflichtigen Vorsorgeeinrichtung steht eine Zahlungsfrist von 30 Tagen zur Verfügung, gerechnet ab Eröffnung des Scheidungsurteils (im Falle der Einigung, Art. 141 ZGB) bzw. des ab Rechtskraft des kantonalen Urteils und bei dessen Weiterzug ab dem Tag der Ausfällung des Urteils des EVG (im Falle der Uneinigkeit, Art. 142 ZGB. Erfolgt die Überweisung der Austrittsleistung innerhalb dieser Zahlungsfrist, ist der vorerwähnte Zins geschuldet. Bei verspäteter Überweisung nach Ablauf der Zahlungsfrist schuldet die leistungspflichtige Vorsorgeeinrichtung einen Verzugszins in Höhe des BVG-Mindeszinssatzes plus einem Prozent (Art. 7 FZV). Dieser ist auf der Austrittsleistung samt dem reglementarischen oder gesetzlichen Zins bis zum Zeitpunkt des Beginns der Verzugszinspflicht zu bezahlen.

Die Grundsätze bezüglich der Übertragung des dem ausgleichsberechtigten Ehegatten **30** zustehenden Anteils der Austrittsleistung aus Vorsorgeausgleich drücken den **Grundsatz der Erhaltung des Vorsorgeschutzes** aus. Daher ist eine Verrechnung der dem ausgleichsberechtigten Ehegatten zustehenden Austrittsleistungen mit Forderungen des anderen Ehegatten aus dem Scheidungsurteil nicht möglich (Urteil des EVG vom 7. September 2004, B 51/03 E. 3). Und ebenso wenig fällt die Austrittsleistung des unbekannt abwesenden ausgleichsberechtigten Ehegatten nach einer bestimmten Zeit an den anderen Ehegatten zurück (Urteil des EVG vom 14. Mai 2002, B 18/01).

c) Wiedereinkauf

31   Muss ein versicherter Ehegatte einen Teil seiner potenziellen Austrittsleistung im Rahmen des Vorsorgeausgleichs übertragen, führt dies regelmässig zu einer Einbusse des bestehenden Vorsorgeschutzes, mindestens im Bereich der Altersvorsorge. Wie hoch die Reduktion der Leistungen ausfällt, ergibt sich aus dem Reglement der Vorsorgeeinrichtung. Damit diese **Vorsorgelücke** wieder gefüllt werden kann, verpflichtet Art. 22c FZG die Vorsorgeeinrichtung, dem leistungspflichtigen Ehegatten die Möglichkeit zu gewähren, sich im Rahmen der übertragenen Austrittsleistung wieder **einzukaufen,** wobei die Bestimmungen über den Eintritt in die Vorsorgeeinrichtung (Art. 9 ff. FZG) sinngemäss gelten.

32   Der Wortlaut lässt offen, ob sich der Ehegatte sofort nach der Scheidung für den **Wiedereinkauf** entscheiden muss oder ob er dies auch später tun kann. Die Botschaft Revision Scheidungsrecht (109 f., Ziff. 233.444) geht stillschweigend davon aus, dass auch ein späterer Wiedereinkauf möglich ist. Ebenso geht die Botschaft davon aus, dass nicht nur der übertragene Betrag wieder eingekauft werden kann, sondern auch bei späterer Bezahlung ein dann regelmässig teurerer Wiedereinkauf in die vollen reglementarischen Leistungen möglich sein soll.

33   Ein solcher Wiedereinkauf fällt nicht unter die in Art. 79b Abs. 3 BVG geregelten Schranken bezüglich der Möglichkeit eines Leistungsbezugs in Kapitalform und bezüglich anderer freiwilliger Einkäufe (Art. 79b Abs. 3, letzter Satz).

Art. 123

2. Verzicht und Ausschluss	**[1] Ein Ehegatte kann in der Vereinbarung auf seinen Anspruch ganz oder teilweise verzichten, wenn eine entsprechende Alters- und Invalidenvorsorge auf andere Weise gewährleistet ist.**
	[2] Das Gericht kann die Teilung ganz oder teilweise verweigern, wenn sie aufgrund der güterrechtlichen Auseinandersetzung oder der wirtschaftlichen Verhältnisse nach der Scheidung offensichtlich unbillig wäre.
2. Renonciation et exclusion	[1] Un époux peut, par convention, renoncer en tout ou en partie à son droit, à condition qu'il puisse bénéficier d'une autre manière d'une prévoyance vieillesse et invalidité équivalente.
	[2] Le juge peut refuser le partage, en tout ou en partie, lorsque celui-ci s'avère manifestement inéquitable pour des motifs tenant à la liquidation du régime matrimonial ou à la situation économique des époux après le divorce.
2. Rinuncia ed esclusione	[1] Un coniuge può, nella convenzione, rinunciare in tutto o in parte al proprio diritto, a condizione che la sua previdenza per i casi di vecchiaia e d'invalidità sia garantita in altro modo.
	[2] Il giudice può rifiutare in tutto o in parte la divisione ove appaia manifestamente iniqua dal profilo della liquidazione del regime dei beni oppure della situazione economica dei coniugi dopo il divorzio.

Literatur

Vgl. die Literaturhinweise zu Art. 122.

I. Allgemeines

Wie dem Wortlaut der Art. 122 und 123 entnommen werden kann, ist die Teilung der An- **1** wartschaften der Regelfall, von dem die Ehegatten nicht einfach nach Belieben abweichen können und der deshalb der freien Parteidisposition entzogen ist. Der Gesetzgeber hat nicht übersehen, dass das Bedürfnis bestehen kann, im Scheidungszeitpunkt auf eine **Teilung zu verzichten oder diese verweigern zu können.** Art. 123 legt die Vorausset- zungen fest, unter denen ein Ehegatte auf die Teilung ganz oder teilweise verzichten oder das Gericht eine Teilung ganz oder teilweise verweigern kann. Damit bestehen Korrek- turmöglichkeiten dort, wo eine Teilung wenig sinnvoll oder sogar nachteilig für die Ehe- gatten erscheint oder aber zu einem eigentlich unbilligen Resultat führen würde.

II. Verzicht auf Teilung

1. Voraussetzungen

Ein Ehegatte kann in der Vereinbarung auf seinen **Anspruch** ganz oder teilweise **ver-** **2** **zichten,** wenn eine entsprechende Alters- und Invalidenvorsorge auf andere Weise ge- währleistet ist (Art. 123 Abs. 1).

Aus dieser Bestimmung folgt, dass auf eine Teilung der Austrittsleistungen nicht im **Vor-** **3** **aus verzichtet** werden kann, z.B. im Rahmen eines Ehevertrags. Ein Verzicht ist erst im Zeitpunkt der Scheidung zulässig, wobei dann aufgrund der konkreten Umstände in die- sem Zeitpunkt zu beurteilen ist, ob ein Verzicht gerechtfertigt und angezeigt ist.

Der **Verzicht** muss **freiwillig** erfolgen. Er kann einem Ehegatten nicht gegen seinen Wil- **4** len aufgezwungen werden. Zu eng erscheint die Formulierung, dass der Verzicht nur in der Vereinbarung, d.h. der Scheidungskonvention, erfolgen kann. Da der Verzicht nicht der Zustimmung des dadurch begünstigten Ehegatten bedarf, kann eine Partei in einem streitigen Verfahren auch einseitig ein entsprechendes Rechtsbegehren stellen.

Ein ganzer oder teilweiser Verzicht ist nur zulässig, wenn eine **entsprechende Alters-** **5** **und Invalidenvorsorge** auf andere Weise gewährleistet ist. Diese anderweitig gewähr- leistete Alters- und Invalidenvorsorge muss demnach grundsätzlich einem Leistungsan- spruch entsprechen, welchen der berechtigte Ehegatte mit einer nach Massgabe von Art. 122 zugeteilten Austrittsleistung bei einer Vorsorgeeinrichtung erwerben könnte.

So erscheint ein Verzicht möglich, wenn der pflichtige Ehegatte den anderen aus seinem **6** **freien Vermögen** oder aus einem **Guthaben der Säule 3a** abfindet. Dabei ist zu gewähr- leisten, dass die so erbrachte Leistung zugunsten der Alters- und Invalidenvorsorge des berechtigten Ehegatten sichergestellt wird, was sicher dann der Fall ist, wenn diese in eine Vorsorgeeinrichtung des berechtigten Ehegatten, in eine Freizügigkeitseinrichtung oder in eine gebundene Vorsorge der Säule 3a eingebracht wird. Möglich erscheinen auch eine Lebensversicherung mit Erlebenskapital und Risiko-Deckung sowie Wohneigentum oder ein persönliches Wohnrecht auf Lebenszeit oder eine zeitlich nicht limitierte Nut- zniessung. In Betracht fallen können schliesslich Vermögenswerte wie Sparhefte und Wertpapiere (FamKomm/BAUMANN/LAUTERBURG, Art. 123 N 23 ff.).

Die Teilung der Austrittsleistungen kann vor allem in jenen Fällen, bei welchen nur der **7** leistungspflichtige Ehegatte einer Vorsorgeeinrichtung angehört und sich im Zeitpunkt der Scheidung bereits in fortgeschrittenem Alter befindet, zu einer erheblichen Reduktion des Vorsorgeschutzes und damit der Leistungsansprüche im Alters- und Invaliditätsfall führen. Übt der anspruchsberechtigte Ehegatte keine oder keine ins Gewicht fallende Erwerbstätigkeit aus, und hat ihm deswegen der andere Ehegatte eine lebenslängliche

Scheidungsrente zu bezahlen, kann es im Interesse des anspruchsberechtigten Ehegatten liegen, dass auf eine Teilung verzichtet und damit sichergestellt wird, dass der leistungspflichtig Ehegatte die geschuldete Unterhaltsrente auch nach Erreichen des Pensionierungsalters oder nach Eintritt einer Invalidität erbringen kann. Der auf diese Weise durch eine gesicherte Vorsorgeleistung abgedeckte **lebenslängliche Unterhaltsbeitrag** sollte allerdings unabänderlich und zudem indexiert sein. Ebenso ist für den Fall des Todes des leistungspflichtigen Ehegatten zu prüfen, ob dem geschiedenen Ehegatten (wohl meist der Ehefrau) angemessene Hinterlassenenleistungen zustehen. Dies ist aufgrund des Reglements der Vorsorgeeinrichtung des leistungpflichtigen Ehegatten festzustellen. Richtet die Vorsorgeeinrichtung in diesen Fällen nur eine BVG-Mindestleistung aus, dürfte kein genügender Vorsorgeschutz resultieren. Zudem ist zu beachten, dass die Vorsorgeeinrichtung gemäss Art. 20 Abs. 2 BVV2 eine Ehegattenrente um jenen Betrag kürzen kann, um den sie zusammen mit den Leistungen der übrigen Versicherungen, insbesondere AHV und IV, den Anspruch aus dem Scheidungsurteil übersteigt (wobei die dem Ehegatten aus eigenem Recht zustehende AHV-Altersrente nicht angerechnet werden kann). Die Vorsorgeeinrichtungen können aber den geschiedenen Ehegatten in ihren Reglementen besser stellen und weitergehende Leistungen gewähren.

8   Wird in der Scheidungsvereinbarung auf eine Teilung ganz oder teilweise verzichtet, sind die **wesentlichen Überlegungen** dazu festzuhalten, damit sie vom Gericht überprüft werden können.

2. Erweiterte Teilung

9   Es stellt sich die Frage, ob Art. 123 auch eine genügende Rechtsgrundlage bietet, auf deren Basis ein Ehegatte **mehr als die Hälfte** der ihm zustehenden Austrittsleistung an den anderen Ehegatten **abtreten** und auf diese Weise einen Teilverzicht auf seinen Anteil leisten kann. Während BAUMANN/LAUTERBURG und RIEMER diese Möglichkeit grundsätzlich bejahen, sofern der verzichtende Ehegatte nach wie vor über ein genügende Vorsorge verfügt FamKomm/BAUMANN/LAUTERBURG, Art. 123 N 13; RIEMER, SZS 1998, 423 und 429), wird deren Zulässigkeit von GEISER bestritten (Berufliche Vorsorge im neuen Scheidungsrecht, 88, Ziff. 2.83; DERS., SZS 2000, 96 ff.). BAUMANN/LAUTERBURG sehen in der überhälftigen Teilung eine Möglichkeit, um Auswirkungen der ehelichen Arbeitsteilung auf die Zeit nach der Scheidung zu kompensieren. Dazu ist festzustellen, dass das Gesetz die Frage eines allfälligen Ausgleichs derartiger Nachteile ausdrücklich dem nachehelichen Unterhalt zuordnet (Art. 125 Abs. 2 Ziff. 8). Dieses Problem ist somit im Rahmen des nachehelichen Unterhalts zu lösen. Art. 122 biete kein Ventil, mittels überhälftiger Teilung der Austrittsleistungen Beitragsleistungen aus nachehelichem Unterhalt abzugelten. Ebenso wenig kann eine Abgeltung güterrechtlicher Ansprüche auf dem Weg einer überhälftigen Teilung in Frage kommen. Ein begründetes und rechtlich zulässiges Anwendungsgebiet für eine überhälftige Teilung ist somit nicht ersichtlich.

10   Es ist zu präzisieren, dass es im **Einzelfall** durchaus möglich ist, dass mehr als die Hälfte der potenziellen Austrittsleistung gegenüber einer bestimmen Vorsorgeeinrichtung übertragen wird. Diese Konstellation kann sich dann ergeben, wenn ein Ehegatte Ansprüche gegenüber mehreren Vorsorge- bzw. Freizügigkeitseinrichtungen hat und die Teilung dann schwergewichtig bei einer dieser Einrichtungen abgewickelt wird.

3. Wiederverheiratungsklausel

11   Es stellt sich die Frage, ob ein Teilverzicht in der Weise erfolgen kann, dass eine **Rückerstattungspflicht** der Austrittsleistung im Fall einer späteren **Wiederverheiratung** vor Eintritt eines Vorsorgefalls vereinbart wird. Eine solche Möglichkeit wird in der

Lehre vereinzelt bejaht (siehe vor allem RIEMER, SZS 1998, 429), von GEISER aber mit beachtlichen Gründen als unzulässig verneint (siehe insbesondere GEISER, ZBJV 2000, 101). Dieser Ansicht ist zuzustimmen. Es ist schon unter vorsorgerechtlichen Aspekten darauf hinzuweisen, dass Austrittsleistungen, die als Folge der Teilung an die Vorsorge- oder Freizügigkeitseinrichtung des leistungsberechtigten Ehegatten übertragen werden, aufgrund der massgebenden vorsorgerechtlichen Bestimmungen nur dann wieder bezogen werden können, wenn ein Vorsorgefall (Alter, Tod, Invalidität) oder ein Freizügigkeitsfall im Sinn von Art. 2 Abs. 1 FZG vorliegt. Das Vorsorgerecht bietet somit keine Möglichkeit, eine einmal eingebrachte Austrittsleistung später, wenn möglich nach Jahren, wieder an den geschiedenen Ehegatten zurückzuübertragen. Eine derartige Leistungsmöglichkeit lässt sich zudem auch aus den Art. 122 und 123 nicht ableiten.

4. Verzicht bei möglicher Verweigerung der Teilung

Ein Verzicht erscheint zulässig, wenn **Gründe** vorliegen, welche im **Sinn von Art. 123** **Abs. 2** zur Verweigerung der Teilung führen können. In diesem Fall hat das Gericht zu prüfen, ob ein Ausgleich tatsächlich offensichtlich unbillig wäre.   **12**

III. Verweigerung

Das **Gericht** kann die **Teilung** ganz oder teilweise **verweigern,** wenn sie aufgrund der güterrechtlichen Auseinandersetzung oder der wirtschaftlichen Verhältnisse nach der Scheidung offensichtlich unbillig wäre (Art. 123 Abs. 2). Damit erhält das Gericht eine Korrekturmöglichkeit, mit welcher die Teilung auch gegen den Willen der berechtigten Partei ausgeschlossen werden kann, dies aufgrund qualifizierter Billigkeitserwägungen.   **13**

Die Unbilligkeit ist aufgrund der **wirtschaftlichen Verhältnisse nach der Scheidung** zu beurteilen (BGE 129 III 578 E. 4.2.2), wie sie sich als Folge der güterrechtlichen Auseinandersetzung, der Vorsorgesituation beider Parteien und deren Erwerbssituation darstellt. Keine Rolle spielen die Umstände, die zur Scheidung geführt haben und das Verhalten während der Ehe. Wie beim Güterrecht ist ein Scheidungsverschulden somit unerheblich.   **14**

In den Materialien und der Lehre werden die folgenden **Beispiele** für eine Unbilligkeit angeführt: **15**

– Unbilligkeit kann vorliegen, wenn die erwerbstätige Ehefrau ihrem Ehemann das Studium finanziert hat und dieser vor Aufnahme einer Erwerbstätigkeit steht, die es ihm inskünftig erlaubt, eine bessere Altersvorsorge aufzubauen als die Ehefrau (Botschaft Revision Scheidungsrecht, 105).

– Heiratet ein freiberuflich tätiger Anwalt, der seine Vorsorge im Rahmen der Säule 3a bildet, eine Verwaltungsjuristin, die in einer gut ausgebauten öffentlich-rechtlichen Vorsorgeeinrichtung versichert ist, und vereinbart dieses Paar Gütertrennung, kann es offensichtlich unbillig sein, wenn die Ehefrau im Scheidungsfall die Hälfte der während der Ehedauer erworbenen Austrittsleistung abgeben müsste, während der Ehemann die über die Säule 3a erworbene Vorsorge für sich behalten könnte (SUTTER/ FREIBURGHAUS, Art. 123 N 14).

– In gewissen Berufen ist eine frühe Pensionierung zwingend vorgeschrieben (z.B. bei Piloten) oder von den Umständen her gegeben (z.B. Balletttänzer). Eine hälftige Teilung der während der Ehe erworbenen Austrittsleistungen kann unter diesen Umständen als offensichtlich unbillig erscheinen, weil die eine Partei wegen des frühen Pensionierungsalters auf ein wesentlich grösseres Alterskapital angewiesen ist als die andere (GEISER, Berufliche Vorsorge im neuen Scheidungsrecht, 91, Ziff. 2.92).

Hermann Walser   795

– Die reiche Ehefrau eines Direktors eines Grossunternehmens ist zugleich Haupt-Aktionärin der Gesellschaft und lebt mit ihrem Ehegatten in Gütertrennung. Es kann offensichtlich unbillig sein, wenn der Ehemann im Scheidungsfall die Hälfte seiner während der Ehe erworbenen Austrittsleistung der Ehefrau abgeben müsste, obwohl diese bereits über Millionen verfügt und ihre Alters- und Invalidenvorsorge durch die Scheidung überhaupt nicht in Frage gestellt wird (SUTTER/FREIBURGHAUS, Art. 123 N 12).

16 Anderseits lässt der Umstand, dass ein Ehegatte auf seinem Nebenerwerb keine Beiträge an eine Vorsorgeeinrichtung geleistet hat, die **Verweigerung der Teilung** der Austrittsleistungen nicht zu, wie denn überhaupt eine Teilung nicht ausgeschlossen werden kann, weil sich ein Ehegatte (meist die Ehefrau) während der Ehe dem Haushalt und der Kindererziehung gewidmet hat, statt einer Erwerbstätigkeit nachzugehen und selber eine Vorsorge aufzubauen (BGE 129 III 577 ff.). Denn gerade hier soll mit der Aufteilung Gleichheit unter den Ehegatten bezüglich der beruflichen Vorsorge geschaffen werden.

17 Schliesslich ist auf das allgemeine **Rechtsmissbrauchsverbot** von Art. 2 Abs. 2 hinzuweisen, das in krassen Fällen über die in Art. 123 Abs. 3 genannten Gründe hinaus eine Verweigerung rechtfertigen kann, wobei grosse Zurückhaltung angebracht ist (SUTTER/FREIBURGHAUS, Art. 123 N 16 und 17). So kann unter dem Aspekt des Rechtsmissbrauchs eine Aufteilung verweigert werde bei Eheleuten, die nie eine wirtschaftliche Einheit bildeten, sondern stets getrennt lebten und je für ihren eigenen Lebensunterhalt sorgten (ZR 101 [2002] Nr. 95, E. 2a mit Hinweisen).

Art. 124

II. Nach Eintritt eines Vorsorgefalls oder bei Unmöglichkeit der Teilung

[1] **Ist bei einem oder bei beiden Ehegatten ein Vorsorgefall bereits eingetreten oder können aus andern Gründen Ansprüche aus der beruflichen Vorsorge, die während der Dauer der Ehe erworben worden sind, nicht geteilt werden, so ist eine angemessene Entschädigung geschuldet.**

[2] **Das Gericht kann den Schuldner verpflichten, die Entschädigung sicherzustellen, wenn es die Umstände rechtfertigen.**

II. Après la survenance d'un cas de prévoyance ou en cas d'impossibilité du partage

[1] Une indemnité équitable est due lorsqu'un cas de prévoyance est déjà survenu pour l'un des époux ou pour les deux ou que les prétentions en matière de prévoyance professionnelle acquises durant le mariage ne peuvent être partagées pour d'autres motifs.

[2] Le juge peut astreindre le débiteur à fournir des sûretés si les circonstances le justifient.

II. Dopo il sopraggiungere di un caso di previdenza o d'impossibilità della divisione

[1] Un'indennità adeguata è dovuta allorché è già sopraggiunto un caso di previdenza per uno dei coniugi o per entrambi ovvero allorché le pretese in materia di previdenza professionale acquisite durante il matrimonio non possono essere divise per altri motivi.

[2] Il giudice può obbligare il debitore a garantire l'indennità, se le circostanze lo giustificano.

Literatur

Vgl. die Literaturhinweise zu Art. 122

I. Allgemeines

Die Anwartschaftsteilung nach Art. 122 ist auf den Fall zugeschnitten, in welchem eine **1**
Teilung der von beiden Ehegatten während der Ehe erworbenen Austrittsleistungen technisch uneingeschränkt **möglich ist und der Vorsorgeschutz nach der Teilung grundsätzlich erhalten bleibt.** Dies trifft nicht mehr zu, wenn im Zeitpunkt der Scheidung ein
oder sogar beide Ehegatten keinen potenziellen Anteil auf die während der Ehe erworbene Austrittsleistung mehr haben, weil während der Ehe bereits ein Vorsorgefall eingetreten ist (Alterspensionierung oder Invalidität). Dabei genügt es nach dem klaren Wortlaut von Art. 124 Abs. 1, dass der Vorsorgefall bei einem Ehegatten eingetreten ist.

Zudem können **andere Gründe** dazu führen, dass während der Dauer der ehe erworbene **2**
Ansprüche aus der beruflichen Vorsorge nicht geteilt werden können.

In all diesen Fällen sieht Art. 124 die Leistung einer angemessenen Entschädigung vor. **3**

II. Eintritt eines Vorsorgefalls

Gehört ein Ehegatte einer Vorsorgeeinrichtung an, ist bei ihm der **Vorsorgefall des** **4**
Alters eingetreten, wenn er sich nach Massgabe des Reglements der Vorsorgeeinrichtung
hat pensionieren lassen und von dieser eine Altersleistung bezieht bzw. in Form einer
einmaligen Kapitalabfindung bezogen hat. Es kann somit nicht einfach auf die gesetzlichen Rentenalter abgestellt werden. Effektiv erfolgte vorzeitige Pensionierungen sind
ebenso zu berücksichtigen wie aufgeschobene Altersrücktritte. Ein Altersvorsorgefall
entsteht somit erst im Moment, in dem der versicherte Ehegatte tatsächlich Altersleistungen bezieht, und nicht schon im Zeitpunkt, in welchem er sich vorzeitig pensionieren
lassen könnte, dies aber nicht tut (BGE 130 III 300 f. E. 3.3.1, Urteil des EVG vom
28. Juni 2005, B 19/05, E. 5.2).

Der **Vorsorgefall Invalidität** ist eingetreten, wenn ein Ehegatte – weitergehende regle- **5**
mentarische Bestimmungen vorbehalten – mindestens zu 50% (seit 1. Januar 2005 mindestens zu 40%) dauernd erwerbsunfähig geworden ist oder während eines Jahres ohne
wesentlichen Unterbruch mindestens zu 50% (seit 1. Januar 2005 mindestens 40%)
arbeitsunfähig war und von der Vorsorgeeinrichtung eine Invalidenrente bezieht bzw. in
Form einer Kapitalabfindung bezogen hat (BGE 129 III 484 E. 3.2.2). Für den Eintritt
des Vorsorgefalls Invalidität genügt somit eine blosse Teilinvalidität, und es ist in diesem
Fall ausschliesslich ein angemessene Entschädigung im Sinn von Art. 124 geschuldet
(BGE 129 III 485 f., E. 3.2.3). Anderseits gelangt nicht Art. 124, sondern Art. 122 zur
Anwendung, wenn bei einem Ehegatten im Zeitpunkt der Scheidung zwar eine Teilinva-
lidität vorliegt, aber nur in einem so tiefen Grad, dass sie noch keinen Anspruch auf eine
Invalidenleistung seiner Pensionskasse begründet.

Die Vorsorgefälle Alter oder Invalidität können nur bei Ehegatten eintreten, die während **6**
der Ehe – mindestens zeitweise – bei einer Vorsorgeeinrichtung versichert waren und
damit im Invaliditäts- oder Altersfall konkrete Leistungsansprüche gegen einen Vorsorge-
träger haben. War ein Ehegatte **nie erwerbstätig** oder war er nie einer Vorsorgeeinrichtung angeschlossen, kann ein Vorsorgefall mangels konkreter Leistungsansprüche gegen
eine Vor- oder Freizügigkeitseinrichtung in solchen Fällen nicht eintreten, weshalb die
Teilung der während der Ehe erworbenen Austrittsleistung des anderen Ehegatten gemäss
Art. 122 möglich bleibt (Urteil des EVG vom 30. Januar 2004, B 19/03, E. 5).

Ob eine Teilung nach Art. 122 vorzunehmen oder Art. 124 anzuwenden ist, beurteilt sich **7**
nach dem **Sachverhalt im Zeitpunkt der Scheidung.** Tritt bei einem Ehegatten während
des rechtshängigen Scheidungsprozesses, aber vor Eintritt der formellen Rechtskraft des

Urteil im Scheidungspunkt, ein Vorsorgefall ein, kann dem regelmässig im Rahmen des Novenrechts gemäss Art. 138 Abs. 1 Rechnung getragen werden. Ist das Urteil zwar noch nicht im Scheidungspunkt, aber bezüglich der Teilung der Austrittsleistung bereits formell rechtskräftig geworden, sollte im Rahmen von Art. 148 Abs. 2 die Revision des entsprechenden Teils des Scheidungsurteils verlangt werden können. Ebenso wenn die Ehegatten von einem vor der Rechtskraft des Scheidungsurteils eingetretenen Vorsorgefall erst nach dessen Rechtskraft erfahren. Tritt der Vorsorgefall aber erst nach Rechtskraft des Urteils auch im Scheidungspunkt ein, ist ein Entscheid, der eine Teilung nach Art. 122 festgelegt hat, grundsätzlich so zu vollziehen, wie er gefällt worden ist. Vgl. zu diesen prozessualen Fagen insbesondere SUTTER/FREIBURGHAUS, N 4–7, sowie auch die Bemerkungen zu den Art. 141 und 142.

III. Unmöglichkeit der Teilung aus anderen Gründen

8 **Objektiv unmöglich** ist eine Aufteilung nach Art. 122 dann, wenn ein Ehegatte einer ausländischen Vorsorgeeinrichtung angeschlossen ist und das massgebende ausländische Recht keine Aufteilungsmöglichkeit vorsieht (Botschaft Revsision Scheidungsrecht, 106). Gleiches sollte gelten, wo nicht sichergestellt ist, dass ein schweizerisches Scheidungsurteil, welches über den Umfang von Vorsorgeverhältnissen befindet, im Ausland ohne weiteres vollstreckt werden kann (SUTTER/FREIBURGHAUS, N 13).

9 **Schwierigkeiten** bei der Teilung können sich dann ergeben, wenn die Vorsorgensprüche auf Ruhegehaltsordnungen gemäss Art. 1 Abs. 3 FZG beruhen, was namentlich bei Magistratspersonen der Fall sein kann (Botschaft Revision Scheidungsrecht, 106). Zwar ist das FZG in diesen Fällen ebenfalls sinngemäss anwendbar (Art. 1 Abs. 3 FZG). Da die Einzelheiten dieser sinngemässen Anwendung nicht geregelt sind, kann eine Lösung nach Art. 124 zu einem sachgerechten Resultat führen.

10 Die **Barauszahlung** einer Austrittsleistung an einen Ehegatten während der Ehe gestützt auf Art. 5 Abs. 1 FZG macht eine Teilung nach Art. 122 Abs. 1 unmöglich, so dass dem Ehegatten des Vorsorgenehmers nur noch über Art. 124 Abs. 1 eine angemessene Entschädigung für die entgangene Beteiligung an der nicht mehr vorhandenen Austrittsleistung des Vorsorgenehmers verschafft werden kann (BGE 129 V 254 E. 2.2, 127 III 437 ff., E. 2).

IV. Berechnung des Anspruchs

11 Die **Entschädigung** im Sinn von Art. 124 Abs. 1 hat **angemessen** zu sein. Das Gericht hat seine Entscheidung nach Recht und Billigkeit zu treffen (Art. 4 ZGB). Es hat dabei die in Art. 122 getroffene gesetzgeberische Grundentscheidung zu berücksichtigen, wonach Vorsorguthaben unter den Ehegatten hälftig zu teilen sind. Allerdings darf nicht ungeachtet der konkreten wirtschaftlichen Verhältnisse eine Entschädigung festgesetzt werden, die schematisch dem Ergebnis der hälftigen Teilung der Vorsorgeguthaben entspricht. Vielmehr ist den Vermögensverhältnissen nach Durchführung der güterrechtlichen Auseinandersetzung wie auch der sonstigen wirtschaftlichen Lage der Parteien der Scheidung gebührend Rechnung zu tragen. Es kann dabei zweistufig vorgegangen werden, indem das Gericht in einem ersten Schritt die Höhe der Austrittsleistung im Zeitpunkt der Scheidung bzw. des Eintritts des Vorsorgefalls und damit hypothetisch eine hälftige Teilung im Sinn von Art. 122 ermittelt und alsdann in einem zweiten Schritt unter Berücksichtigung dieses Ergebnisses auf das konkrete Vorsorgebedürfnis der Parteien abstellt (BGE 131 III 4 f., E. 4.2, 129 III 488 E. 3.4.1).

Nicht zu beachten sind auch in diesen Fällen die Umstände, die zur Scheidung ge- **12** führt haben. Insbesondere hat ein allfälligen Scheidungsverschulden ausser Betracht zu bleiben.

Art. 124 erwähnt zwar die Möglichkeit eines Verzichts oder einer Anspruchsverweige- **13** rung nicht ausdrücklich. Diesen Aspekten ist unter dem **Blickwinkel der Angemessen- heit** Rechnung zu tragen (Botschaft Revision Scheidungsrecht, 106).

V. Formen der Entschädigung

Als Entschädigung kann sowohl eine **Kapitalleistung** als auch eine **Rentenleistung** zu- **14** gesprochen werden.

Eine **zusätzliche Erfüllungsmodalität** sieht Art. 22b FZG in jenen Fällen vor, bei wel- **15** chen beim pflichtigen Ehegatten noch kein Vorsorgefall eingetreten ist (Botschaft Revi- sion Scheidungsrecht, 106). In diesen Fällen kann im Scheidungsurteil bestimmt werden, dass ein Teil der Austrittsleistung auf Anrechnung an die angemessene Entschädigung übertragen wird. Es ist davon auszugehen, dass die unter aArt. 22 FZG begründete Rechtsprechung weiterhin Bestand hat, wonach das Gericht in Ausübung des ihm zuste- henden Ermessens namentlich dort auf diese Möglichkeit zurückzugreifen hat, wo die Zusprechung einer Rente (oder eines Kapitals) wegen eingeschränkter finanzieller Ver- hältnisse der Ehegatten nicht in Betracht fällt (BGE 121 III 297 ff., vgl. auch BGE 124 III 55 f., E. 2b).

Ist der leistungspflichtige Ehegatte teilvalid, und ist deswegen bei der **Vorsorgefall Teil- 16 invalidität** eingetreten, schliesst dies nicht aus, dass die angemessene Entschädigung durch Übertragung eines Teils der noch vorhandenen Austrittsleistung bezahlt wird. Die Zahlungsform gemäss Art. 22b FZG setzt lediglich voraus, dass eine Austrittsleistung oder ein Teil davon (noch) vorhanden ist und dass – nach Ermessen des Gerichts – die Zusprechung einer Rente oder eines Kapitals wegen eingeschränkter finanzieller Verhält- nisse des pflichtigen Ehegatten nicht in Betracht fällt (BGE 129 III 488 ff. E. 3.5).

Art. 22b Abs. 2 FZG bestimmt, dass das Gericht der Vorsorgeeinrichtung den zu übertra- **17** genden Betrag mit den **nötigen Angaben** über die Erhaltung des Vorsorgeschutzes von Amtes wegen mitzuteilen hat. Dabei sind für die Übertragung die Art. 3–5 FZG sinnge- mäss anwendbar. Praktische Bedeutung hat diese Verweisung allerdings nur dann, wenn die Austrittsleistung eines Ehegatten aus objektiven Gründen nicht geteilt werden kann, ohne dass bei ihm bereits ein Vorsorgefall eingetreten ist. Ist der Vorsorgefall Alter oder Invalidität beim anspruchsberechtigten Ehegatten eingetreten, können die Art. 3–5 FZG nicht mehr zur Anwendung gelangen, weshalb der zugesprochene Teil der Austrittsleis- tung ohnehin bar ausbezahlt werden kann.

VI. Sicherstellung

Das Gericht kann den Schuldner der Entschädigung verpflichten, diese **sicherzustellen, 18** wenn es die Umstände rechtfertigen. Damit wird das Gericht auf einen Ermessensent- scheid im Sinn von Art. 4 ZGB verwiesen, wobei die Interessen der beiden Ehegatten gebührend zu berücksichtigen sind.

Vorbemerkungen zu Art. 125–130

Literatur

BÄHLER, Unterhaltsberechnungen aus der Sicht des Praktikers, in: FS Hausheer, Bern 2002, 175 ff.; BIGLER-EGGENBERGER, Überschuss und Manko bei Ehetrennung und Scheidung – ein Problem rechtlicher und tatsächlicher Gleichstellung von Mann und Frau?, in: FS HAUSHEER, Bern 2002, 189 ff.; BREITSCHMID, System und Entwicklung des Unterhaltsrechts, AJP 1994, 835 ff.; BÜCHLER/ STEGMANN, Der Einfluss der nichtehelichen Lebensgemeinschaft auf den nachehelichen Unterhaltsanspruch, FamPra.ch 2004, 229 ff.; CADOSCH, Die Berücksichtigung der Steuerlast der Pflichtigen bei der Festsetzung von (Kinder-)Unterhaltsbeiträgen, ZBJV 2001, 145 ff.; FANKHAUSER, Ausarbeitung und Besonderheiten von Scheidungskonventionen, FamPra.ch 2004, 287 ff.; FREI-VOGEL, Zur Bedeutung der Begriffe *angemessener Unterhalt* an den *gebührenden Unterhalt* unter Einschluss einer *angemessenen Altersvorsorge* (Art. 125 Abs. 1 ZGB), FamPra.ch 2/2000, 252 ff.; FREIVOGEL/GLOOR/STIEGER-GMÜR, Nachehelicher Unterhalt bei komfortablen bis sehr guten finanziellen Verhältnissen, FamPra.ch 2004, 811 ff.; GEISER, Ein Jahr neues Scheidungsrecht: Überblick über die Rechtsprechung, FamPra.ch 2001, 173 ff.; GABATHULER, Scheidungsrecht: Der Einfluss auf den Unterhalt, plädoyer 2001, 26 ff.; GLOOR, Gemeinsame elterliche Sorge – erste Erfahrungen und besondere Fragestellungen, AJP 2004, 217 ff.; GYSIN, Der Schutz des Existenzminimums in der Schweiz, Diss. Basel 1999; HAUSHEER (Hrsg.), Der Scheidungsunterhalt und die Familienwohnung, in: Hausheer (Hrsg.), Vom alten zum neuen Scheidungsrecht, Bern 1999, 119 ff. (zit. Scheidungsunterhalt und Familienwohnung); DERS., Nachehelicher Unterhalt: Streitobjekt für die (verschiedenen) Experten des Bundesrates in der anstehenden Scheidungsrechtsrevision, ZBJV 1993, 644 ff.; DERS:, Das neue (nicht allseits geliebte) Scheidungsrecht: wenigstens ein Anlass zu innovativem Methodenpluralismus?, ZBJV 2000, 369 ff.; DERS., Die privatrechtliche Rechtsprechung des Bundesgerichts in den Jahren 2001–2004, veröffentlicht in ZBJV, Bd. 127–130, Sonderdruck aus ZBJV, Bd. 141/2005; HAUSHEER/GEISER, Zur Festsetzung des Scheidungsunterhalts bei fehlenden Mitteln im neuen Scheidungsrecht, ZBJV 1998, 93 ff.; DIES., Scheidungsunterhalt bei ausreichenden Mitteln, in: FS DRUEY, Zürich 2002, 155 ff.; HAUSHEER/SPYCHER, Handbuch des Unterhaltsrechts, Bern 1997 (zit. Handbuch des Unterhaltsrechts); DIES., Die verschiedenen Methoden der Unterhaltsberechnung, ZBJV 1997, 149 ff.; DIES:, Ergänzungsband zum Handbuch des Unterhaltsrechts, Bern 2001 (zit. Ergänzungsband); JERMANN, Die Unterhaltsansprüche des geschiedenen Ehegatten nach Art. 151 Abs. 1 und Art. 152 ZGB, 2. Aufl., Bern 1982; KLOPFER, Nachehelicher Unterhalt, Wohnungszuteilung, in: Stiftung für juristische Weiterbildung Zürich (Hrsg.), Das neue Scheidungsrecht, Zürich 1999, 79 ff.; LIATOWITSCH, Die Bedeutung nichtehelicher Lebensgemeinschaften in der Gerichtspraxis und in Scheidungsvereinbarungen, FamPra.ch 3/2000, 476 ff.; LÖTSCHER-STEIGER/TRINKLER, Unterhalt bei knappen (Mankofällen) bis mittleren finanziellen Verhältnissen, FamPra.ch 2004, 828 ff.; PERRIN, La détermination des contributions alimentaires dans les situations de surendettement, in: FS Schnyder, Freiburg 1995, 529 ff.; PICHONNAZ/RUMO-JUNGO, La protection du minimum vital du débirentier en droit du divorce: évolution récente, SJZ 2004, 81 ff.; DIES., Neuere Entwicklungen im nachehelichen Unterhalt, in: Rumo-Jungo/Pichonnaz (Hrsg.), Familienvermögensrecht, Bern 2003, 1 ff. (zit. Neuere Entwicklungen); RUMO-JUNGO/HÜRLIMANN-KAUP/KRAPF, Kapitalisieren im Zivilrecht, ZBJV 140, 2004, 545 ff.; SCHWANDER, Nachehelicher Unterhalt gemäss Art. 125 ff. nZGB, AJP 1999, 1627 ff.; DERS., Unterhaltsbeiträge – Zuständigkeit und anwendbares Recht, Referat anlässlich der Tagung «Internationales Ehe- und Kindesrecht» des Europa Instituts Zürich vom 25. November 1999 (zit. Zuständigkeit und anwendbares Recht); SCHWENZER, Ehegattenunterhalt nach Scheidung nach der Revision des Scheidungsrechts, AJP 1999, 167 ff.; DIES., Das clean break-Prinzip im nachehelichen Vermögensrecht, FamPra.ch 2000 609 ff. (zit. clean break-Prinzip); SPYCHER, Unterhaltsleistungen bei Scheidung: Grundlagen und Bemessungsmethoden, Diss. Bern 1996; DIES., Fachkommentar unter «www.berechnungsblaetter.ch» (zit. Fachkommentar); STECK, Jüngste Entwicklungen beim «Scheidungsunterhalt», insbesondere gestützt auf Art. 151 ZGB, ZBJV 1997, 181 ff.; STETTLER, Les pensions alimentaires consécutives au divorce, in: Paquier/Jaquier (Hrsg.), Le nouveau droit du divorce, Lausanne 2000; WERRO, L'obligation d'entretien après le divorce dans le nouveau Code civil, ZSR 1999 I, 113 ff.; DERS., L'entretien de l'époux après le divorce» in: Bodenmann/Perrez, (Hrsg.), Scheidung und ihre Folgen, Freiburg 1996, 169 ff.; ZIRILLI, L'entretien d'un époux après divorce, plädoyer 1999, 56 ff.

Materialien

SUTTER/FREIBURGHAUS, Kommentar zum neuen Scheidungsrecht, Zürich 1999, betreffend: Protokoll Expertenkommission: 777–783, 792–812, 814–831, 834–837, 840 f., 895–906, 908, 917–930, 935 f., 1026–1036, 1041–1044, 1140 f., 2014–2034, 2037–2084, 2103–2116, 2136–2144, 2150–2153, 2166, 2315–2328, 2940–2945, 3029–3038, 3042–3059, 3084a, 3131, 3721–3744, 3753 f., 3755–3758, 3809–3817, 3857, 3860 f., 3867, 3869, 3879, 3885 f., 3896, 3899, 3901, 3931 f., 4000, 4033; Art. 130 ff. VE; Begleitbericht VE, 59 ff.; Vernehmlassungen, 364–457; Protokoll der Arbeitsgruppe des Departementes: 129–147, 529–551, 885–899, 1024 f.; Botschaft Revision Scheidungsrecht, 112–121, 207 f.; Rechtskommission Ständerat, Protokolle der Sitzungen vom: 28./29.3.1996, 25–32; 15.8.1996, 15; 29.1.1998, 13–18; Rechtskommission Nationalrat, Protokolle der Sitzungen vom: 21.4.1997, 19–37, 31.6./1.7., 11–17; 1.9.1997, 36–38; 20.10.1997, 44 f.; 30.3.1998, 12–18; AmtlBull StR 1996, 761–765; 1998, 325 f.; AmtlBull NR 1997, 2696–2711; 1998, 326, 1186–1191.

I. Allgemeines

Während der Dauer der Ehe bilden die Ehegatten eine wirtschaftliche Gemeinschaft. Sie **1** verständigen sich über die während der Ehe geltende Rollenteilung und jeder sorgt nach seinen Kräften für den gebührenden Unterhalt der Familie (Art. 163). Daraus folgt, dass bei vorübergehender Auflösung des gemeinsamen Haushaltes im Sinne von Art. 170 ff. **grundsätzlich volle gegenseitige Unterstützungspflicht** besteht. Durch die Scheidung hingegen wird die persönliche und finanzielle Gemeinschaft der Ehegatten aufgelöst, so dass sich die Frage stellt, ob der eine dem anderen Ehegatten einen nachehelichen Unterhalt bezahlen muss. Diese Frage kann grundsätzlich erst beantwortet werden, wenn die güterrechtliche Auseinandersetzung durchgeführt (vgl. Art. 181 ff.) und der Ausgleich der beruflichen Vorsorge vorgenommen worden ist (vgl. Art. 122 ff.). Insgesamt gilt es, die negativen wirtschaftlichen Folgen der Scheidung gerecht auf beide Ehegatten zu verteilen, zumal häufig die während der Ehe vorhandenen finanziellen Mittel nicht ausreichen, um nach der Scheidung den gewohnten Lebensstandard für zwei Teilhaushalte zu finanzieren.

II. Unterhalt zwischen geschiedenen Ehegatten nach altem Scheidungsrecht

Das alte Recht des Scheidungsunterhalts von aArt. 151 und 152 basierte auf dem **Ver-** **2** **schuldensprinzip.** Das Zivilgesetzbuch von 1907 verstand die **Ehe** unter anderem **als Versorgungsinstitut für die Frau.** Solange sie die Ehe nicht durch eigenes schuldhaftes Verhalten aufs Spiel setzte, konnte sie gegen ihren Willen den wirtschaftlichen Status einer verheirateten Frau nicht verlieren. Im Falle einer Scheidung durfte sie sich bei Schuldlosigkeit darauf verlassen, eine (lebenslängliche) Unterhaltsrente zu erhalten (vgl. auch FamKomm Scheidung/SCHWENZER, Vorbem. zu Art. 125–132 N 3). aArt. 151 statuierte einen Schadenersatzanspruch und aArt. 152 war Ausdruck der nachehelichen Solidarität (vgl. SPYCHER, 39 ff.). Das Bundesgericht relativierte jedoch das Erfordernis der Schuldlosigkeit (vgl. BGE 117 II 13 und 15). In den letzten Jahren vor Inkrafttreten des neuen Scheidungsrechts verschmolzen die beiden Renten immer mehr zu einer Einheitsrente (vgl. STECK, 181, 194).

Diesen Gedanken hat das neue Recht aufgenommen und eine vom **Verschulden unab-** **3** **hängige Einheitsrente** geschaffen, dies entsprechend einer Empfehlung des Europarates (Recommendations Nr. R [89] I sur les prestations après divorce [principe 5]). Im Rahmen der Gesetzgebungsarbeiten hat keine umfassende Diskussion über die Grundlage und Rechtfertigung des nachehelichen Unterhalts stattgefunden. Genannt worden sind als Grundlagen u.a. die Abgeltung des Scheidungsschadens, des ehebedingten Schadens oder die nacheheliche Solidarität (Botschaft Revision Scheidungsrecht, 112 ff., Ziff. 233.5). Andererseits ist mit dem Hinweis auf die Notwendigkeit eines «clean break» auch die wirtschaftliche Selbstverantwortung beider Ehegatten nach der Scheidung betont worden (Botschaft Revision Scheidungsrecht, 117, Ziff. 233.53). Betrachtet man die heute gängige Praxis zum Unterhaltsrecht und die Rechtsentwicklung im Ausland, so geht es beim nachehelichen Unterhalt in allererster Linie um den Ausgleich unzumutbarer unterhaltsrelevanter Scheidungsnachteile (HAUSHEER/SPYCHER, Ergänzungsband, Rz 05.02 ff.). Die Definition als ehebedingte Nachteile (FamKomm Scheidung/SCHWENZER, Vorbem. zu Art. 125–132, N 7; KLOPFER, 79, 82) ist demgegenüber zu eng (HAUSHEER/SPYCHER, Ergänzungsband, Rz 05.03).

III. Sinn und Zweck des nachehelichen Unterhalts

4 Durch die Begründung zweier Haushalte infolge der Scheidung verändert sich der Unterhaltsbedarf der Ehegatten, wobei das Ausmass stark von der Familienstruktur (Vorhandensein von Kindern) und der insbesondere während der letzten Ehejahre praktizierten Aufgabenteilung abhängt. Haben sich die Ehegatten vor der Scheidung die Erwerbs- und die Hausarbeit gleichmässig geteilt und beide gleichermassen Gelegenheit gehabt, sich in ihren Berufen weiterzubilden, so ergeben sich durch die Scheidung keine gravierenden finanziellen Veränderungen. Allenfalls sind zwar vorübergehende Abweichungen in der Aufteilung von Erwerbs- und Hausarbeit erforderlich; die Leistungsfähigkeit der Ehegatten im Erwerbsbereich ist von der ehelichen Rollenverteilung jedoch nicht auf Dauer beeinträchtigt. Von diesem **Grundsatz der Eigenversorgung** geht Art. 125 Abs. 1 aus, indem er einem Ehegatten nur dann einen nachehelichen Unterhalt zubilligt, wenn es ihm nicht zuzumuten ist, dass er für den ihm gebührenden Unterhalt unter Einschluss einer angemessenen Altersvorsorge selbst aufkommt (HAUSHEER/SPYCHER, Ergänzungsband, Rz 05.01). Die gesellschaftliche Realität ist jedoch eine ganz andere: Haus- und Erwerbsarbeit werden in den seltensten Fällen zwischen den Ehegatten partnerschaftlich hälftig aufgeteilt. In der Regel ist der Mann erwerbstätig, während die Frau – oft neben einer (teilzeitlichen) Erwerbstätigkeit – Kinderbetreuung und Hausarbeit übernimmt, auch wenn eine gewisse Tendenz zu gleichmässiger Verteilung besteht. Betr. die gesellschaftliche Realität in der Schweiz: vgl. FamKomm Scheidung/SCHWENZER, Vorbem. zu Art. 125–132 N 8 ff.). Die vom Gesetz in Art. 125 vorgesehene nacheheliche Unterhaltspflicht versteht sich also weitgehend als **Ausgleich unzumutbarer unterhaltsrelevanter Scheidungsnachteile.** Es geht nur in seltenen Fällen um nacheheliche Solidarität oder durch die Ehe bedingten Schaden (vgl. aber Botschaft Revision Scheidungsrecht, 114, Ziff. 233.52). Das Verschulden spielt nur noch im Bereich von Art. 125 Abs. 3 eine Rolle (vgl. Art. 125 N 37 ff.).

IV. Grundzüge der Revision

5 Die **Voraussetzungen, Dauer und Höhe** des nachehelichen Unterhalts bestimmen sich nach Art. 125 Abs. 1 und 2, während gemäss Abs. 3 der Anspruch ausnahmsweise gekürzt oder gänzlich verweigert werden kann. Der Unterhaltsbeitrag kann in Form einer Rente oder einer Kapitalabfindung bezahlt werden (Art. 126). Nach Art. 127 haben die Ehegatten die Möglichkeit, in einer Scheidungsvereinbarung die Änderung des Unterhaltsbeitrages ganz oder teilweise auszuschliessen, was schon unter altem Recht möglich war. Art. 128 regelt die Frage der Anpassung des nachehelichen Unterhalts an die Teue-

rung. Gemäss Art. 129 können die Unterhaltsbeiträge wie unter bisherigem Recht bei erheblicher und dauernder Veränderung der Verhältnisse herabgesetzt, aufgehoben oder – neu – für eine bestimmte Zeit eingestellt werden. Neu ist die Möglichkeit der Festsetzung oder **Erhöhung der Rente** bei Verbesserung der wirtschaftlichen Verhältnisse des Pflichtigen innert einer Frist von 5 Jahren seit der Scheidung (Art. 129 Abs. 3 und Art. 143 Abs. 1 Ziff. 3), wenn keine zur Deckung des gebührenden Unterhalts ausreichende Rente festgesetzt werden konnte und dies im Urteil entsprechend festgehalten worden ist. Art. 130 Abs. 1 enthält die Erlöschensgründe des nachehelichen Unterhalts.

Art. 125

E. Nachehelicher Unterhalt

I. Voraussetzungen

[1] Ist einem Ehegatten nicht zuzumuten, dass er für den ihm gebührenden Unterhalt unter Einschluss einer angemessenen Altersvorsorge selbst aufkommt, so hat ihm der andere einen angemessenen Beitrag zu leisten.

[2] Beim Entscheid, ob ein Beitrag zu leisten sei und gegebenenfalls in welcher Höhe und wie lange, sind insbesondere zu berücksichtigen:
1. die Aufgabenteilung während der Ehe;
2. die Dauer der Ehe;
3. die Lebensstellung während der Ehe;
4. das Alter und die Gesundheit der Ehegatten;
5. Einkommen und Vermögen der Ehegatten;
6. der Umfang und die Dauer der von den Ehegatten noch zu leistenden Betreuung der Kinder;
7. die berufliche Ausbildung und die Erwerbsaussichten der Ehegatten sowie der mutmassliche Aufwand für die berufliche Eingliederung der anspruchsberechtigten Person;
8. die Anwartschaften aus der eidgenössischen Alters- und Hinterlassenenversicherung und aus der beruflichen oder einer anderen privaten oder staatlichen Vorsorge einschliesslich des voraussichtlichen Ergebnisses der Teilung der Austrittsleistungen.

[3] Ein Beitrag kann ausnahmsweise versagt oder gekürzt werden, wenn er offensichtlich unbillig wäre, insbesondere weil die berechtigte Person:
1. ihre Pflicht, zum Unterhalt der Familie beizutragen, grob verletzt hat;
2. ihre Bedürftigkeit mutwillig herbeigeführt hat;
3. gegen die verpflichtete Person oder eine dieser nahe verbundenen Person eine schwere Straftat begangen hat.

E. Entretien après le divorce

I. Conditions

[1] Si l'on ne peut raisonnablement attendre d'un époux qu'il pourvoie lui-même à son entretien convenable, y compris à la constitution d'une prévoyance vieillesse appropriée, son conjoint lui doit une contribution équitable.

[2] Pour décider si une contribution d'entretien est allouée et pour en fixer, le cas échéant, le montant et la durée, le juge retient en particulier les éléments suivants:
1. la répartition des tâches pendant le mariage;

2. la durée du mariage;
3. le niveau de vie des époux pendant le mariage;
4. l'âge et l'état de santé des époux;
5. les revenus et la fortune des époux;
6. l'ampleur et la durée de la prise en charge des enfants qui doit encore être assurée;
7. la formation professionnelle et les perspectives de gain des époux, ainsi que le coût probable de l'insertion professionnelle du bénéficiaire de l'entretien;
8. les expectatives de l'assurance-vieillesse et survivants et de la prévoyance professionnelle ou d'autres formes de prévoyance privée ou publique, y compris le résultat prévisible du partage des prestations de sortie.

[3] L'allocation d'une contribution peut exceptionnellement être refusée en tout ou en partie lorsqu'elle s'avère manifestement inéquitable, en particulier parce que le créancier:
1. a gravement violé son obligation d'entretien de la famille;
2. a délibérément provoqué la situation de nécessité dans laquelle il se trouve;
3. a commis une infraction pénale grave contre le débiteur ou un de ses proches.

E. Obbligo di mantenimento dopo il divorzio

I. Condizioni

[1] Se non si può ragionevolmente pretendere che un coniuge provveda da sé al proprio debito mantenimento, inclusa un'adeguata previdenza per la vecchiaia, l'altro coniuge gli deve un adeguato contributo di mantenimento.

[2] Per decidere dell'erogazione del contributo e se del caso per fissarne l'importo e la durata, il giudice tiene conto in particolare dei seguenti elementi:
1. ripartizione dei compiti durante il matrimonio;
2. durata del matrimonio;
3. tenore di vita dei coniugi durante il matrimonio;
4. età e salute dei coniugi;
5. reddito e patrimonio dei coniugi;
6. portata e durata delle cure ancora dovute ai figli;
7. formazione professionale e prospettive di reddito dei coniugi nonché presumibile costo del reinserimento professionale del beneficiario del mantenimento;
8. aspettative dell'assicurazione per la vecchiaia e i superstiti e della previdenza professionale o di altre forme di previdenza privata o pubblica, incluso il risultato prevedibile della divisione delle prestazioni d'uscita.

[3] Un contributo può eccezionalmente essere rifiutato o ridotto, ove sia manifestamente iniquo soprattutto perché l'avente diritto:
1. ha gravemente contravvenuto al suo obbligo di contribuire al mantenimento della famiglia;
2. ha deliberatamente provocato la situazione di necessità nella quale versa;
3. ha commesso un grave reato contro l'obbligato o una persona a lui intimamente legata.

Literatur

Siehe Vorbemerkungen zu Art. 125–130.

I. Normzweck/Allgemeines/Überblick

1 Art. 125 bestimmt, nach welchen Kriterien über Bestehen, Dauer und Höhe eines nach-ehelichen Unterhaltsbeitrages zu befinden ist. Nicht anwendbar ist er für die Unterhalts-regelung während des Scheidungsverfahrens (vgl. Art. 137). Abs. 1 enthält in einer

Generalklausel, welche dem Gericht einen grossen **Ermessensspielraum** belässt, die **Bemessungsgrundsätze,** während die in Abs. 2 kodifizierten einzelnen Kriterien im Wesentlichen der bundesgerichtlichen Rechtsprechung zum bisherigen Unterhaltsrecht entstammen. Der Artikel hält in Abs. 3 auch fest, unter welchen Voraussetzungen ein grundsätzlich bestehender Unterhaltsanspruch ausnahmsweise verweigert oder gekürzt werden kann. Art. 125 enthält demgegenüber **keine** Vorschriften über die **Methode** der Berechnung des nachehelichen Unterhalts, obschon sich konkrete und eindeutige Regelungen in vielen Scheidungsfällen konfliktmindernd auswirken könnten und der Rechtssicherheit dienlich wären.

II. Voraussetzungen des Unterhaltsanspruchs (Abs. 1)

Das nacheheliche Unterhaltsrecht basiert auf dem **Grundgedanken der Eigenversorgung** der Ehegatten. Ein Unterhaltsbeitrag kann nur dann zugesprochen werden, wenn es einem Ehegatten nicht zuzumuten ist, selbst für den gebührenden Unterhalt unter Einschluss einer angemessenen Altersvorsorge aufzukommen (vgl. auch. KGer FR und KGer SG, FamPra.ch 2001, 366 ff., 369 ff., 372 ff.). **2**

1. Gebührender Unterhalt

Gebührender Unterhalt im Scheidungsrecht entspricht nicht dem gebührenden Unterhalt während der Ehe (Art. 163; vgl. ZK-Bräm, Art. 163 N 31). Der Nationalrat lehnte einen Verweis auf Art. 163 ausdrücklich ab (AmtlBull NR 1997, 2696 ff.). Der **unbestimmte Rechtsbegriff «gebührender Unterhalt»** ist unter Würdigung aller Umstände des Einzelfalles zu konkretisieren, wobei die Leistungsfähigkeit beider Ehegatten und der während der Ehe gelebte Standard die Basis bilden (Hausheer/Spycher, Rz 05.156; dies., Ergänzungsband, Rz 05.150 f.). Bei sehr langem vorgängigem Getrenntleben der Ehegatten ist im Sinne einer Ausnahme der Lebensstandard der anspruchsberechtigten Partei während der Trennungszeit massgebend (BGE 121 III 201, 202 f.). Ein während dieser Zeit unerwartet gestiegenes Einkommen der verpflichteten Partei hat keine Auswirkungen, wenn es bei der berechtigten Partei nicht zu einer entsprechenden Anhebung des Lebensstandards geführt hat (BGE 118 II 376, 378; Steck, ZBJV 1997, 181, 197). In die Bestimmung einzubeziehen ist der Umstand, dass die mit der Scheidung einhergehende Begründung zweier Haushalte regelmässig Mehrkosten verursacht. Deshalb garantiert der gebührende Unterhalt nicht in jedem Fall den bisherigen Lebensstandard, obschon angestrebt werden muss, **den während der Ehe gepflegten Lebensstil** wenn immer möglich als Richtwert für den gebührenden Unterhalt beizubehalten. Dieser bildet denn auch gleichzeitig grundsätzlich die obere Grenze für den nachehelichen Unterhalt (Botschaft Revision Scheidungsrecht, 116, Ziff. 233.52), da die über den bisherigen vollen Lebensbedarf hinausgehende Teilhabe am Luxus eines sehr wohlhabenden Partners ausgeschlossen sein soll (BGE 119 II 313, 314 m.Hw.). Eine Ausnahme ist allein denkbar in Fällen, in welchen die Ehegatten bewusst bescheidener gelebt haben, um Ersparnisse bilden zu können mit dem Ziel von späteren grösseren Investitionen oder der Schuldentilgung. Lebt ein Ehegatte im Zeitpunkt der Scheidung in einem Land mit einem Preisniveau erheblich unter den schweizerischen Lebenshaltungskosten, so ist dies bei der Festsetzung des gebührenden Unterhalts entsprechend zu berücksichtigen. Einkommensveränderungen nach der Scheidung sind grundsätzlich nicht mehr von Belang, ausser es stehe ein in engem zeitlichem Zusammenhang mit der Scheidung stehender signifikanter Karrieresprung an (FamKomm Scheidung/Schwenzer, N 6). Bei kinderlosen **Kurzehen** ist grundsätzlich an den vorehelichen Verhältnissen anzuknüpfen, da keine lebensprägende Ehe vorliegt (Hausheer/Spycher, Rz 5.78 ff.; Spycher, 73 f.). **3**

2. Angemessene Altersvorsorge

4   Der Aufbau einer angemessenen Altersvorsorge gehört zum Unterhalt während der Ehe. Neuere gesetzliche Regelungen im Bereich der ersten Säule dienen einer möglichst gleichmässigen Aufteilung der während der Ehe erworbenen Ansprüche, indem die geleisteten Beiträge – unter Einbezug der Erziehungsgutschriften – grundsätzlich hälftig geteilt werden (Art. $29^{quinquies}$ Abs. 3, Art. 29^{sexies} Abs. 3 und Art. $29^{septies}$ Abs. 6 AHVG). Für die zweite Säule enthalten die Art. 122 ff. Vorschriften, welche Gleiches bezwecken und damit ebenfalls unmittelbar zu einer Verbesserung der Eigenversorgungskapazität nach Eintritt eines Vorsorgefalles insbesondere beim bisher nicht oder nur teilzeitlich erwerbstätigen Ehegatten führen. Demzufolge geht es vorliegend grundsätzlich nur noch um das Zurverfügungstellen von Mitteln für einen **Ausgleich allfälliger zukünftiger (nachehelicher) Einbussen** hinsichtlich der Altersvorsorge (die Invaliditätsvorsorge ist in Art. 125 Abs. 1 im Gegensatz zu Art. 123 Abs. 1 ausgeklammert), beispielsweise, wenn eine Frau aufgrund der Kinderbetreuung, der Gesundheit oder ihres Alters in den Jahren nach der Scheidung keiner oder nur einer reduzierten Erwerbstätigkeit wird nachgehen und deshalb auch keine oder nur geringe Beiträge an die eigene Altersvorsorge wird leisten können (vgl. auch HAUSHEER/SPYCHER, Ergänzungsband, Rz 05.37). Das Bundesgericht hat darüber hinaus sogar die Kompensation bestehender Vorsorgedefizite bejaht in einem Fall, in welchem ein selbständig Erwerbender keiner Einrichtung der beruflichen Vorsorge angeschlossen war und die als 3. Säule geäufnete private Vorsoge wegen vereinbarter Gütertrennung nicht aufgeteilt werden konnte (BGE 129 III 257, 262 f.; vgl. auch SUTTER/FREIBURGHAUS, N 94). Das Parlament hat die Einführung eines Splitting der nachehelichen Vorsorgeleistungen und damit einen direkten Ausgleich abgelehnt (vgl. AmtlBull NR 1997, 2694 f.; vgl. aber FamKomm Scheidung/FREIVOGEL, Anhang Unterhaltsberechnungen, N 31 f.). Vorsorgeunterhalt kann weiter erforderlich sein, wenn – bei Selbständigerwerbenden – eine Steigerung der künftigen Eigenversorgungskapazität des Berechtigten weder über die berufliche Vorsorge noch über das Güterrecht möglich ist.

In der Rechtsprechung hat sich bis anhin keine einheitliche **Berechnungsmethode** herausgebildet; am häufigsten findet man den Einbezug von (minimalen) AHV-Beiträgen in den Bedarf bei einer erwerbslosen berechtigten Partei (vgl. auch KGer SG, FamPra.ch 2002, 374 ff.). SCHWENZER hält dafür, vom gebührenden Unterhalt auszugehen, welcher in ein fiktives Bruttoerwerbseinkommen umgerechnet werden müsse und woraus sich die Arbeitgeber- und Arbeitnehmerbeiträge (1. und 2. Säule) berechnen liessen. Diese zusammen, erweitert um die darauf anfallende Steuerlast, würden den Vorsorgeunterhalt ergeben (FamKomm Scheidung/SCHWENZER, Art. 125 N 9; kritisch: FamKomm Scheidung/FREIVOGEL, Anhang Unterhaltsberechnungen, N 23 ff.). Ein anderer Ansatz ist, anstelle des gebührenden Unterhalts das hypothetische Bruttoerwerbseinkommen zu ermitteln, welches die berechtigte Partei nach der Ehescheidung erzielen könnte, wenn die ehebedingten Nachteile nie bestanden hätten und nach der Scheidung nicht weiter bestehen würden (vgl. FREIVOGEL/GLOOR/STIEGER-GMÜR, FamPra.ch 2004, 811 ff., 815 f., mit Anleitung zur konkreten Berechnung; FamKomm Scheidung/FREIVOGEL, Anhang Unterhaltsberechnungen, N 27a ff.). Der auf diese Weise ermittelte Betrag gehört in jede Grundbedarfsberechnung der berechtigten Partei, auch wenn die (mangelnde) Leistungsfähigkeit der verpflichteten Partei die Zusprechung eines Vorsorgeunterhalts letztlich nicht zulässt. Unter Umständen erhöht sich dadurch der Betrag, welcher zur Deckung des gebührenden Unterhalts fehlt (Art. 129 Abs. 3; vgl. auch FamKomm Scheidung/FREIVOGEL, Anhang Unterhaltsberechnungen, N 21). Allenfalls kann in solchen Fällen der nacheheliche Vorsorgeunterhalt auch durch eine Verlängerung der Unterhaltsdauer getilgt werden. In dieser Phase sollte ein Wegfall oder eine Reduktion des Unterhaltsbeitrages infolge Wiederverheiratung oder Verbesserung der Eigenversorgungskapazität der berechtigten Partei ausgeschlossen werden; im Rahmen von Vereinbarungen ist ohnehin generell darauf hinzuwirken, dass Vorsorgeunterhalt von der Anwendbarkeit der normalen Abänderungsgründe ausgenommen wird.

Bei günstigen wirtschaftlichen Verhältnissen umfasst die angemessene Altersvorsorge auch die Vorsorge im Rahmen des steuerlichen Höchstbetrages der dritten Säule. Allfällige nacheheliche Betreuungs- oder Erziehungsgutschriften des berechtigten Ehegatten sind angemessen in Rechnung zu stellen, wobei diese nur in der ersten Säule (AHV) gewährt werden. Erziehungsgutschriften gemäss Art. 29^{sexies} Abs. 1 AHVG erhalten die Eltern, sofern und solange eines ihrer Kinder das 16. Altersjahr nicht vollendet hat; die Höhe entspricht dem dreifachen Betrag der minimalen Altersrente (Art. 29^{sexies} Abs. 2 AHVG). Die Erziehungsgutschriften stehen nach der Scheidung dem sorgeberechtigten Elternteil zu; bei gemeinsamer elterlicher Sorge (Art. 133 Abs. 3) beiden Elternteilen je zur Hälfte, wobei sie (zum Ausgleich des beim einen entstehenden Vorsorgedefizites) schriftlich vereinbaren können, dass die gesamte Gutschrift diesem Elternteil zustehen soll (Art. 52f Abs. 2bis AHVV; vgl. auch Gloor, AJP 2004, 221).

Der «**Vorsorgeunterhalt**» im Sinne von Art. 125 Abs. 1 ist **zweckgebunden,** weshalb   5
unter Umständen eine direkte Zahlung an den Träger der Vorsorgeeinrichtung angebracht sein kann. Seine Dauer ist beschränkt auf den Zeitraum, während dessen der Gläubiger sich eine Altersvorsorge aufbauen kann, im Regelfall also bis zum Zeitpunkt des Eintritts in das Rentenalter. Bei Eintritt des Vorsorgefalles beim berechtigten Ehegatten vor dem Scheidungszeitpunkt kann kein Unterhalt für die angemessene Altersvorsorge mehr verlangt werden; die zu bezahlende Entschädigung (Art. 124 Abs. 1) erhöht jedoch die Eigenversorgungskapazität des anspruchsberechtigten geschiedenen Ehegatten (vgl. N 7). Möglich ist u.E. auch eine Tilgung im Rahmen des Güterrechts oder aber durch überhälftige Teilung der während der Ehe erworbenen Freizügigkeitsleistungen (2. Säule; vgl. Art. 126 N 13).

3. Fehlende Leistungsfähigkeit des Berechtigten

Nachehelicher Unterhalt ist nur geschuldet, wenn es dem berechtigten Ehegatten **unmög-**   6
lich oder unzumutbar ist, für seinen gebührenden Unterhalt selbst zu sorgen. Ob dies der Fall ist, beurteilt sich nach verschiedenen objektiven Kriterien.

a) Erwerbseinkommen und Vermögensertrag

Massgebend ist vorab das tatsächlich erzielte oder erzielbare **Nettoerwerbseinkommen**   7
aus zumutbarer beruflicher Tätigkeit, Nebenerwerbseinkommen und alle Zulagen (Überstundenabgeltung – allerdings nur, wenn die Leistung derselben zumutbar ist), 13. Monatslohn (BGE 5P.172/2002, FamPra.ch 202, 809 ff., mit Bemerkungen von Steck, 836 ff.), Gratifikationen, Bonuszahlungen (BGE 5C.6/2003 [www.bger.ch]), Trinkgelder, Spesenentschädigungen (soweit sie nicht tatsächlichen Auslagen entsprechen), Naturalleistungen etc. bzw. ein entsprechendes Ersatzeinkommen (sozial- oder privatversicherungsrechtliche Taggelder oder Renten; BGE 5C.278/2002 [www.bger.ch]; vgl. eingehend Sutter/Freiburghaus, N 45, m.Hw.; Hausheer/Spycher, Ergänzungsband, Rz 05.126 ff.; Spycher, Fachkommentar, Ziff. 1). Steht die Erwerbsaufnahme erst bevor, müssen die **allgemeine Wirtschaftslage** und – insbesondere die Situation auf dem Arbeitsmarkt – ebenfalls berücksichtigt werden (vgl. BGE 115 II 6, 10). Bei Verweigerung der Aufnahme einer entsprechenden Arbeit ist das **hypothetische Einkommen** massgeblich (vgl. Spycher, 80 f.; Sutter/Freiburghaus, N 47 ff.), allerdings erst nach einer

angemessenen Umstellungszeit (BGE 5P.418/2001; BGE 5P.388/2003 [www.bger.ch]; BGE 126 III 10, 12; BGE 5C.258/2004 [www.bger.ch], zur Abgrenzung von Tat- und Rechtsfrage). Bei schwankendem Einkommen, insbesondere bei selbständiger Erwerbstätigkeit, ist auf den Durchschnitt einer repräsentativen Periode – meist der letzten Jahre – abzustellen. Zur besonderen Problematik der Beurteilung der **Leistungsfähigkeit Selbständigerwerbender,** vgl. SPYCHER, 83; DIES., Fachkommentar, Ziff. 2; SUTTER/FREIBURGHAUS, N 42, und hinsichtlich künftiger Veränderungen des Einkommens, vgl. eingehend HAUSHEER/SPYCHER, Ergänzungsband, Rz 05.142 ff.). Nicht zu berücksichtigen sind subsidiäre Sozialhilfeleistungen, Beiträge im Rahmen der Verwandtenunterstützungspflicht (Art. 328 f.) oder freiwillige Beiträge Dritter, beispielsweise eines Lebenspartners (vgl. auch SPYCHER, 84, 87 f.; SUTTER/FREIBURGHAUS, N 46, 53). In den parlamentarischen Beratungen wurde sodann ein Antrag abgelehnt, wonach auch Einkommen und Vermögen des gegenwärtigen Lebenspartners bei der Unterhaltsbemessung zu berücksichtigen gewesen wären (AmtlBull StR 1996, 761 ff.). Dem Bestehen einer nichtehelichen Lebensgemeinschaft kann allenfalls in der Weise Rechnung getragen werden, dass der Unterhaltsbedarf infolge niedrigerer Lebenshaltungskosten tiefer festgesetzt (BGE 5P.90/2002, FamPra.ch 2002, 813 ff., mit Bemerkungen von STECK, 836 ff.) bzw. in der Scheidungsvereinbarung eine Erhöhung des nachehelichen Unterhalts im Falle der Beendigung der Lebensgemeinschaft vorgesehen wird (sog. negative Konkubinatsklausel; FamKomm Scheidung/SCHWENZER, N 18 f.; kritisch zu einer Minderung des Bedarfs ohne Wiedererhöhungsvorbehalt insbesondere SUTTER/FREIBURGHAUS, N 53, sowie HAUSHEER/SPYCHER, Ergänzungsband, Rz 10.28). Liegt ausnahmsweise bereits bei Scheidung eine qualifizierte faktische Lebensgemeinschaft vor, welche einer Person ähnliche Vorteile bietet wie eine Ehe und in welcher der neue Partner bereit ist, ihr Beistand und Unterstützung zu leisten, wie es Art. 159 Abs. 3 von Ehegatten und Art. 12 PartG von eingetragenen Partnerinnen und Partnern fordert, kann der Unterhaltsbeitrag sistiert werden (BGE 5P.269/2004 [www.bger.ch]; eine qualifizierte Lebensgemeinschaft wurde u.E. allerdings zu Unrecht bereits nach drei Jahren bejaht; BGE 124 III 52, allerdings noch zum alten Recht und deshalb mit der Folge des gänzlichen Wegfalls des Unterhaltsbeitrages anstelle einer Sistierung.) Die Differenzierung in Lebensgemeinschaften verschiedenen und solche gleichen Geschlechts dürfte aufgrund der gewandelten Moralvorstellungen und insbesondere des bevorstehenden Inkrafttretens des Bundesgesetzes über die eingetragenen Partnerschaften überholt sein.

Abgelehnt wurde im Parlament auch ein Antrag, welcher das Einkommen, welches ein Ehegatte neben der Erfüllung seiner Betreuungspflichten gegenüber den Kindern erzielt, bei der Unterhaltsfestsetzung insoweit nicht berücksichtigen wollte, als es seinen Beitrag an die familiären Lasten übersteigt (vgl. auch HAUSHEER, ZBJV 2000, 375 ff. m.Hw.). Einkommen aus überobligatorischer Erwerbstätigkeit soll jedoch grundsätzlich nicht berücksichtigt werden (BGE 5P.169/2001, E. 2c [www.bger.ch]; KGer SG, FamPra.ch 2003, 666 f.).

8   Zum Einkommen gehören auch **Familienzulagen,** während Kinderzulagen für die Bestimmung der Leistungsfähigkeit nicht zu berücksichtigen sind, da sie für die Kinder bestimmt sind (SPYCHER, 82; SUTTER/FREIBURGHAUS, N 41).

9   Dem Einkommen hinzugerechnet werden **Vermögenserträge** (BGE 129 III 7, 8 ff.). Deshalb ist das Ergebnis der güterrechtlichen Auseinandersetzung für die Berechnung des nachehelichen Unterhalts unentbehrlich (vgl. auch HAUSHEER/SPYCHER, Ergänzungsband, Rz 05.29 ff.). Wenn die betreffende Person ihr Vermögen ohne oder nur mit einem geringen Ertrag angelegt hat, ist ein hypothetischer durchschnittlicher Vermögensertrag zu berücksichtigen. Bei Verzicht auf einen Vermögensgegenstand hingegen ist die

Aufrechnung eines fiktiven Ertrages nach bundesgerichtlicher Rechtsprechung auch bei Böswilligkeit des Schuldners nicht zulässig (BGE 117 II 16, 18; mit Blick auf die möglichen Folgen eines entsprechenden Verhaltens auf Seiten des Berechtigten nach Art. 125 Abs. 3 wohl zu Recht kritisch SUTTER/FREIBURGHAUS, N 51 und 55). Die Vermögenssubstanz (unbewegliches Vermögen, Wertschriften etc.) braucht grundsätzlich nicht angetastet zu werden, insbesondere dann nicht, wenn der Unterhaltpflichtige voll leistungsfähig ist. Anders verhält es sich u.U., wenn das Vermögen zum Verbrauch im Alter geäufnet wurde und die Ehegatten dieses Alter erreicht haben (BGE 5C.144/2003 [www.bger.ch]). Hinsichtlich selbst genutzter Vermögenswerte ist deshalb bei einer Berücksichtigung von hypothetischem Vermögensertrag Zurückhaltung angebracht (vgl. auch FamKomm Scheidung/SCHWENZER, N 20; vgl. aber auch SUTTER/FREIBURGHAUS, N 52): Die betreffende Partei soll nicht gezwungen sein, den Vermögenswert zu veräussern.

b) Betreuungspflichten

Umfang und Dauer der von den Ehegatten noch zu leistenden **Betreuung der Kinder**   10
wirken sich unmittelbar auf seine wirtschaftliche Leistungsfähigkeit aus. Gemäss bisheriger bundesgerichtlicher Rechtsprechung steht (bei einem Haushalt mit zwei Kindern) einer vollen beruflichen Tätigkeit grundsätzlich nichts im Wege, wenn das jüngste Kind das 16. Altersjahr zurückgelegt hat (obschon die Betreuung bzw. die für die Kinder zu entrichtenden Haushaltsarbeiten in diesem Alter keineswegs vollumfänglich entfallen, so dass häufig für den Berechtigten eine nicht unproblematische Überbelastung entsteht), einer teilweisen Erwerbstätigkeit im Umfang von 30–50% dann nichts, wenn das jüngste Kind das 10. Altersjahr zurückgelegt hat (BGE 115 II 6, 9 f.; vgl. auch FamKomm Scheidung/SCHWENZER, N 59; ein unglücklicher «Ausrutscher» ist deshalb BGE 5P.170/2004 [www.bger.ch], in dem der Mutter eines dreijährigen Kindes die Weiterführung ihrer [temporären] teilzeitlichen Beschäftigung zugemutet wurde). Bei Betreuung von mehr als zwei Kindern unter 16 Jahren wird eine Erwerbstätigkeit in der Regel als unzumutbar erachtet. Bei Vorliegen besonderer Umstände (Fremdbetreuung der Kinder, Kinder im Internat einerseits; besondere Betreuungsbedürfnisse der Kinder, etwa bei Invalidität oder chronischer Krankheit etc. andererseits (BGE 5C.171/2005 [www.bger.ch])) gilt diese Regel jedoch nicht (zum Abweichen von der Vermutung der Lebensprägung bei vorwiegender Fremdbetreuung vgl. BGE 5C.278/2000, E. 3c [www.bger.ch]; zum Ganzen HAUSHEER/SPYCHER, Rz 05.77, **«Betreuungsunterhalt»**; DIES., Ergänzungsband, Rz 05.59, 05.64 f.). Diese mit Blick auf das Kindeswohl nicht unproblematischen Eckdaten dürfen auch bei wirtschaftlich schlechten Verhältnissen nicht unterschritten werden (FamKomm Scheidung/SCHWENZER, N 59). Bei gemeinsamer elterlicher Sorge der Parteien ist den Betreuungsanteilen bei der Beurteilung der Eigenversorgungskapazität Rechnung zu tragen und allenfalls mit Blick auf eine spätere Veränderung dieser Anteile ein Abänderungsvorbehalt in die Konvention aufzunehmen (Art. 127 N 3).

c) Ehedauer und Alter

Das **Alter** des Berechtigten und insbesondere die (gelebte) **Ehedauer** haben, unabhängig   11
vom Vorhandensein von Kindern, oftmals ebenfalls Auswirkungen auf dessen Eigenversorgungskapazität, insbesondere wenn die Aufgabenteilung während der Ehe vorsah, dass der haushaltführende Ehegatte auf eine berufliche Tätigkeit bzw. entsprechende Aus- und Weiterbildung verzichtete. Nach der bisherigen bundesgerichtlichen Rechtsprechung war einem Ehegatten nach langer Ehedauer eine Wiederaufnahme der beruflichen Tätigkeit nicht zuzumuten, wenn er bei der Scheidung das 45. Altersjahr erreicht hatte

(BGE 115 II 6, 11 f.). Diese Praxis beansprucht grundsätzlich auch unter dem neuen Recht Geltung (BGE 127 III 136, 140). Im Weiteren ist danach zu differenzieren, ob der Ehegatte über eine gute Berufsausbildung verfügt und/oder allenfalls während der Ehe zumindest teilweise erwerbstätig gewesen ist oder Weiterbildungskurse besucht hat (vgl. auch HAUSHEER/SPYCHER, Ergänzungsband, Rz 05.76 f. zum **«Aufgabenteilungsunterhalt»**; GABATHULER, 30 f.). Massgebend ist schliesslich auch, ob die berechtigte Partei während der Trennungsphase bereits Zeit und Gelegenheit hatte, sich auf die neue Situation einzustellen (BGE 127 III 136, 140). Zeitlich unbeschränkter **«Aufbesserungsunterhalt»** zum Ausgleich eines grösseren Einkommensgefälles bei voller Erwerbstätigkeit beider Ehegatten während und nach der Ehe hingegen rechtfertigt sich nur nach besonders langer Ehedauer mit entsprechend nachhaltiger Lebensprägung (BGE 5C.171/2005 [www.bger.ch]; HAUSHEER/SPYCHER, Ergänzungsband, Rz 05.59, mit Beispielen, 05.116 ff.).

12   Bei **kurzer (gelebter) Ehedauer,** auch bei fortgeschrittenem Alter der Ehegatten, ist hinsichtlich einer Erwerbstätigkeit an die vorehelichen Verhältnisse anzuknüpfen, da sich durch die Scheidung keine erheblichen unterhaltsrelevanten Scheidungsnachteile ergeben werden (SPYCHER, 74). Die Eigenversorgungskapazität ist kaum beeinträchtigt (HAUSHEER/SPYCHER, Ergänzungsband, Rz 05.67 ff., 05.115). Verliert eine Person infolge neuer Ehe den bisherigen Unterhaltsanspruch, so besteht, auch bei einer Altersehe und zumindest bei kurzer Ehedauer, grundsätzlich kein Anspruch auf Unterhalt aus nachehelicher Solidarität, da der Rentenverlust unmittelbare Folge der Eheschliessung darstellt (BGE 5C.49/2005 [www.bger.ch], FamPra.ch 2005, 919 ff., mit Kommentar von STECK, 923 ff.).

13   Die **Unterteilung in lange und kurze Ehedauer** kann nicht abstrakt vorgenommen werden. Massgebend ist denn auch nicht so sehr die Ehedauer allein, als vielmehr die Dauer der durch die ungleiche Aufgabenteilung bedingten wirtschaftlichen – unter Umständen auch vorehelichen – Abhängigkeit bzw. das Mass der Umstellung in wirtschaftlicher Hinsicht infolge der Heirat. Ausdrücklich abgelehnt wurde in den parlamentarischen Beratungen jedoch ein Antrag, in Art. 125 Abs. 2 Ziff. 2 anstatt auf die Ehedauer auf die Dauer der Lebensgemeinschaft abzustellen (vgl. auch HAUSHEER, ZBJV 2000, 377 ff., m.Hw.; Frage offen gelassen im BGE C.278/2000, E. 3c [www.bger.ch]).

d) Persönliche oder wirtschaftliche Umstände

14   Trotz Kinderlosigkeit und kurzer Ehedauer kann die Eigenversorgungskapazität eines Ehegatten beeinträchtigt sein, etwa infolge seines **Gesundheitszustandes, seines Aus- und Weiterbildungsstandes bzw. fehlender sprachlicher Kenntnisse,** wobei der Unterhaltsanspruch diesfalls umfangmässig und in zeitlicher Hinsicht begrenzt werden muss (vgl. HAUSHEER/SPYCHER, Rz 05.84; DIES., Ergänzungsband, Rz 05.73 ff., 05.59: **«Solidargemeinschaftsunterhalt»**).

4. Leistungsfähigkeit des Verpflichteten

a) Grundsatz

15   Diese Voraussetzung wird in Art. 125 Abs. 1 nicht ausdrücklich erwähnt, ergibt sich jedoch als **zentrales Kriterium** aus den in Abs. 2 aufgezählten Faktoren. Grundsätzlich gelten die gleichen Überlegungen wie bei der Ermittlung der Leistungsfähigkeit des Berechtigten (vgl. N 7 ff.). **Hypothetisches Einkommen** ist anzurechnen, wenn die pflichtige Partei bei gutem Willen und hinreichender Anstrengung mehr verdienen könnte (BGE 128 III 4, 6). Ist der Verpflichtete Mehrheitsaktionär der Aktiengesellschaft, in welcher er tätig ist, oder hat er sonst wie eine beherrschende Stellung inne,

so ist ein Durchgriff möglich und seine Leistungsfähigkeit bemisst sich wie jene eines selbständig Erwerbenden (FamKomm Scheidung/SCHWENZER, N 24; BGE 129 III 7, 11; 5P.127/2003 [www.bger.ch]). So dann braucht ein Verpflichteter seine Vermögenssubstanz nur anzugreifen, wenn der Berechtigte kein ausreichendes Einkommen und kein Vermögen aufweist bzw. der Pflichtige nicht über genügend Einkommen verfügt, um den gebührenden Unterhalt des anderen anderweitig sicherzustellen (SPYCHER, 92 f.; BGE 129 III 7, 11; BGE 5C.144/2003 [www.bger.ch]). Das Gleiche gilt für **Leistungen Dritter,** insbesondere bei einer nichtehelichen Lebensgemeinschaft. Diese bleiben grundsätzlich unberücksichtigt. Erzielte Einsparungen in der Lebenshaltung sind jedoch anzurechnen (BGE 5P.90/2002 [www.bger.ch]; BÜCHLER/STEGMANN, 238, m.Hw.; HAUSHEER/SPYCHER, Ergänzungsband, Rz 10.37, plädieren für besondere Zurückhaltung; **a.A.** SUTTER/FREIBURGHAUS, N 53, mit Hinweis auf die instabilen Verhältnisse).

Von **Karrieresprüngen nach der Ehe** kann der andere Ehegatte nicht mehr profitieren, ausser, wenn die Einkommenssteigerung im Scheidungszeitpunkt unmittelbar bevorsteht, so dass sie noch als ehebedingt anzusehen ist (HAUSHEER, Rz 3.52; vgl. auch HAUSHEER/SPYCHER, Ergänzungsband, Rz 05.142 ff.).

Fraglich ist, ob Unterhaltspflichten gegenüber unmündigen – gemeinsamen oder nicht gemeinsamen, auch nach der Ehe geborenen – Kindern **Vorrang** gegenüber dem Unterhalt gemäss Art. 125 haben (bejahend: BK-HEGNAUER, Art. 285 N 10 f.; FamKomm Scheidung/SCHWENZER, N 27; verneinend: HAUSHEER/SPYCHER, Rz 08.28 ff. m.Hw.; offen gelassen in BGE 5C.278/2000, E. 4b [www.bger.ch]). Weitgehende Einigkeit herrscht dahingehend, dass Ansprüche mündiger Kinder gestützt auf Art. 277 Abs. 2 hinter dem nachehelichen Unterhalt zurückstehen müssen (HAUSHEER/SPYCHER, Rz 08.31); Gleiches gilt für Ansprüche aus Verwandtenunterstützungspflicht (Art. 328 f.). **16**

Die **Unterhaltsansprüche mehrerer geschiedener Ehegatten** bzw. auch eines neuen Ehegatten sind gleichrangig zu behandeln, wobei allerdings den Schuldner sowie den neuen Ehegatten eine gesteigerte Pflicht zur Ausnützung ihrer Leistungsfähigkeit trifft (HAUSHEER/SPYCHER, Rz 08.23 ff.; ZK-BRÄM, Art. 163 N 118 A Ziff. 10.1.a.). In Literatur und Praxis wird teilweise eine andere Ansicht vertreten: die Gleichrangigkeit habe nur dann Geltung, wenn beide Unterhaltsberechtigten unmündige Kinder zu betreuen hätten (FamKomm Scheidung/SCHWENZER, N 29), ansonsten habe die Ehefrau, die in Kenntnis der bestehenden Unterhaltsverpflichtung ihres neuen Ehemannes geheiratet habe, zurückzustehen (OGer LU, FamPra.ch 2001, 594 ff.; BÄHLER, 183). **17**

b) Konsequenzen fehlender Leistungsfähigkeit

Reicht das verfügbare Einkommen und Vermögen zur Deckung der Existenzminima beider Ehegatten und allfälliger Kinder nicht aus, so darf in das **betreibungsrechtliche Existenzminimum der pflichtigen Partei** nicht eingegriffen werden (BGE 123 III 1, 4 ff., mit Verweisen, 126 III 353, 355 ff.). Die Begründung dafür ist eine zweifache: Zum einen soll der Arbeitswille des Pflichtigen erhalten bleiben und zum anderen soll unnötiger administrativer Aufwand, der dadurch entsteht, dass beide Parteien Sozialleistungen beziehen, verhindert werden. In der Literatur wird diese Rechtsprechung kontrovers und mehrheitlich kritisch beurteilt (vgl. auch SUTTER/FREIBURGHAUS, N 64; FamKomm Scheidung/SCHWENZER, N 31 f.). Der Fehlbetrag ist allein vom Berechtigten zu tragen, welcher ihn von der Sozialhilfe erhältlich machen muss. Der unter dem alten Unterhaltsrecht entwickelte Grundsatz hat auch unter neuem Recht Bestand (BGE 5C.91/2003 [www.bger.ch]; vgl. auch KGer SG, FamPra.ch 2001, 369 ff.; GEISER, FamPra.ch 2001, 182; so dann HAUSHEER, ZBJV 2000, 373 ff. und HAUSHEER/SPYCHER, Ergänzungsband, Rz 05.89). In den parlamentarischen Beratungen fand sich keine Mehrheit zur Einfügung einer Bestimmung in den Gesetzestext, wonach ein allfälliger Fehlbetrag bei der Festle- **18** gung des Unterhaltsbeitrages in angemessener Weise auf beide Ehegatten aufgeteilt werden müsse (vgl. AmtlBull NR 1996, 2696 ff.). Zu erwähnen bleibt, dass der Berechtigte von der öffentlichen Hand aufgrund der unterschiedlichen Berechnungsweisen für Sozialhilfebeiträge (mehrheitlich gestützt auf die SKOS-Richtlinien) und den familienrechtlichen Grundbedarf allerdings oftmals mehr als lediglich den familienrechtlichen Fehlbetrag erhält. Einer Aufteilung des Fehlbetrages auf beide Ehegatten mit entsprechender Erhöhung der Unterhaltsbeiträge steht auch die Praxis der Sozialhilfebehörden entgegen, bezahlte Unterhaltsbeiträge nicht als abzugsfähige Auslage des Schuldners anzuerkennen, so dass der Schuldner – anders als der Unterhaltsgläubiger – eine Beeinträchtigung seines Existenzminimums nicht durch Fürsorgebeiträge wettmachen kann. Bevor diese unbefriedigende Situation nicht durch Anpassung der öffentlich-rechtlichen Regelungen behoben ist, muss an der bisherigen Praxis im Unterhaltsrecht trotz aller berechtigter Kritik u.E. festgehalten werden.

19   Das Bundesgericht hat in seiner Rechtsprechung zu aArt. 152 regelmässig dem Schuldner ein um 20% erhöhtes Existenzminimum belassen, wobei bei beidseits knappen Mitteln von diesem **Zuschlag** (zumindest für einen Teil der Rentendauer) abgesehen werden konnte (BGE 123 III 1, 4 f.; für das neue Recht: BGE 5C.91/2003 [www.bger.ch]; vgl. eingehend SUTTER/FREIBURGHAUS, N 57 ff.; SPYCHER, 190 ff.). Beim **Existenzminimum** handelt es sich um dasjenige nach den betreibungsrechtlichen Richtlinien gemäss Art. 93 SchKG. Fraglich ist, ob dem Unterhaltsverpflichteten über dieses nackte Existenzminimum hinaus weitere Beträge belassen werden, beispielsweise für die Einkommenssteuern (bejahend SUTTER/FREIBURGHAUS, N 71 ff.; HAUSHEER/SPYCHER, Ergänzungsband, Rz 05. 91; ablehnend GEISER, FamPra.ch 2001, 182). Hinsichtlich der Kinderunterhaltsbeiträge hat das Bundesgericht festgehalten, dass die Steuerlast des Rentenschuldners bei knappen finanziellen Verhältnissen ausser Betracht bleiben muss (BGE 126 III 353, 355). Der pauschale **Prozentzuschlag** zugunsten des Unterhaltsverpflichteten lässt sich unter neuem Recht jedenfalls bei knappen Mitteln nicht mehr rechtfertigen, weil gemäss Art. 125 der Unterhalt dem Ausgleich unterhaltsrelevanter Scheidungsnachteile dient. Beide Ehegatten sind bis zur Untergrenze des schuldnerischen Existenzminimums gleich zu behandeln. Beruht der Unterhaltsanspruch ausnahmsweise auf nachehelicher Solidarität, kommt eine Besserstellung der verpflichteten Partei in Frage, allerdings stets in Abhängigkeit von der Stellung der berechtigten Partei. Ist der erweiterte Notbedarf des Berechtigten gedeckt, so ist dem Verpflichteten der um 20% erweiterte Notbedarf zu belassen; ist dies nicht der Fall, so ist Verpflichtete bis zur Grenze seines erweiterten Notbedarfs zu belasten (BGE 127 III 65 E. 3, wieder gegeben in FamPra.ch 2001, 583; HAUSHEER, Scheidungsunterhalt und Familienwohnung, Rz 3.13; HAUSHEER/SPYCHER, Ergänzungsband, Rz 05.92; KLOPFER, 79, 84; FamKomm Scheidung/SCHWENZER, N 33; GABATHULER, 28 f.; anders: Botschaft Revision Scheidungsrecht, 116, Ziff. 233.52; KGer SG, FamPra.ch 2001, 369 ff.). Der Zuschlag von 20% ist gegebenenfalls auch nicht auf das gesamte oder gar das erweiterte Existenzminimum zu gewähren, sondern lediglich auf dem Grundbetrag zu berechnen (SPYCHER, 194). Verfügt der Berechtigte über Mittel, welche seinen um 20% erhöhten Notbedarf decken, so ist dieser Zuschlag auch dem Verpflichteten zu gewähren.

20   Unbefriedigend ist die Tatsache, dass die **Fürsorgebehörden** gewisser Kantone das Existenzminimum anders berechnen, was zur Folge haben kann, dass der Berechtigte von der Fürsorge den Differenzbetrag nicht (vollständig) oder umgekehrt, dass er mehr als das finanziell absolut Notwendige erhält. Ebenfalls einer Lösung bedarf das Problem, dass Fürsorgegelder lediglich vom unterhaltsberechtigten Ehegatten zurückgefordert werden. Im Rahmen der Praxis der kantonalen Fürsorgebehörden muss sichergestellt werden, dass der unterhaltsberechtigte Ehegatte über die Rückforderung nicht doppelt

belastet wird; eine Rückforderung von für den Unterhalt minderjähriger Kinder erbrachter Fürsorgeleistungen wäre verfassungswidrig (HAUSHEER/GEISER, ZBJV 1998, 105) und unter Berücksichtigung von Art. 8 Abs. 3 BV sollte eine Rückforderung von für die unterhaltsberechtigte Partei erbrachter Sozialhilfeleistungen nur im Umfang der hälftigen Unterdeckung erfolgen (vgl. SUTTER/FREIBURGHAUS, N 64; FamKomm Scheidung/ SCHWENZER, N 34).

5. Angemessener Beitrag

Sind die Voraussetzungen für nachehelichen Unterhalt erfüllt, so hat der wirtschaftlich **21** stärkere Ehegatte dem anderen einen angemessenen Beitrag zu leisten. Geschuldet ist der **gesamte gebührende Unterhalt einschliesslich des Vorsorgeunterhalts** (N 4 f.), abzüglich des Anteils, welcher aus der Eigenversorgungskapazität des Berechtigten resultiert. Abstriche infolge eines Verschuldens sind nicht möglich. Eine Reduktion kommt allenfalls dann in Frage, wenn der Unterhaltsanspruch sich nicht auf den Ausgleich unzumutbarer unterhaltsrelevanter Scheidungsnachteile, sondern auf nacheheliche Solidarität stützt, wie etwa bei einer Übergangsrente, um dem anderen Ehegatten zu ermöglichen, sich auf die neue Situation einzustellen. Die Befristung ergibt sich auf jenen Zeitpunkt, ab welchem dem berechtigten Ehegatten die Eigenversorgung in der Höhe des gebührenden Unterhalts voraussichtlich möglich sein wird. Eine schematische Bemessung der Unterhaltsdauer nach der Ehedauer ist auch unter neuem Scheidungsrecht abzulehnen (vgl. schon BGE 109 II 286, 288 ff.). Ist dem Berechtigten ein Wiedereinstieg in die Erwerbstätigkeit aufgrund von Alter oder Ausbildung nicht möglich oder unzumutbar, so ist eine unbefristete oder bis zum Eintritt ins ordentliche Rentenalter befristete Rente zuzusprechen (wobei es sich empfiehlt, aufgrund der politischen Diskussionen über eine Anhebung des Rentenalters die Formulierung «... *bis zum Eintritt ins ordentliche Rentenalter* ... zu wählen und nicht auf ein fixes Datum abzustellen (BGE 5C.274/2001 [www.bger.ch]). Die Einführung des Vorsorgeausgleichs (Art. 122–124) führt nicht in jedem Fall dazu, dass bei Eintritt des Rentenberechtigten oder Rentenverpflichteten ins ordentliche AHV-Alter jeglicher Unterhaltsanspruch entfällt (GEISER, FamPra.ch 2001, 182; vgl. auch HAUSHEER/SPYCHER, Ergänzungsband, Rz 05.163 ff.). **Höhe und Dauer** des nachehelichen Unterhalts hängen voneinander ab. Bei beschränkter Leistungsfähigkeit eines Ehegatten ist daher u.U. die Dauer der Unterhaltspflicht entsprechend zu erhöhen.

Ausgangspunkt für die Festlegung des Unterhaltsbeitrages sind immer die **Verhältnisse 22 im Zeitpunkt der Scheidung.** Diese werden sich jedoch im Laufe der Jahre verändern (Wegfall von Kinderbetreuung oder Kinderunterhalt, Wegfall von Aus- und Weiterbildung, Eintritt ins Rentenalter eines oder beider Ehegatten etc.). Deshalb ist es geboten, den nachehelichen Unterhalt entsprechend der absehbaren zukünftigen Entwicklung in Phasen aufzuteilen und für jede Phase gesondert zu berechnen. Daraus kann für die Zukunft ein tieferer, aber auch ein höherer Unterhaltsbeitrag resultieren, wobei der gebührende Unterhalt bzw. der zuletzt in der Ehe gelebte Lebensstandard den Zielwert, aber auch die Obergrenze bildet (vgl. auch FREIVOGEL, 258 f.).

III. Zu berücksichtigende Kriterien (Abs. 2)

Die in Abs. 2 erwähnten Kriterien entstammen der bundesgerichtlichen Rechtsprechung **23** zum alten Unterhaltsrecht und sind sowohl für die Beantwortung der Frage, ob ein Unterhaltsanspruch besteht als auch zur Bestimmung von dessen Höhe und Dauer heranzuziehen. Der Gesetzestext spricht von «insbesondere», weshalb die **Aufzählung nicht abschliessend** ist. Es müssen auch nicht alle Kriterien Berücksichtigung finden. Vielmehr ist den Umständen des Einzelfalles gebührend Rechnung zu tragen. Die Reihenfolge der Kriterien ist nicht Ausdruck von deren Bedeutung, sondern entspringt einer systematischen Überlegung (Botschaft Revision Scheidungsrecht, 115, Ziff. 233.52).

1. Aufgabenteilung während der Ehe (Ziff. 1)

24   Die Ehegatten bestimmen gemeinsam die Aufgabenteilung während der Ehe (Art. 163). Die gewählte Verteilung der ehelichen Aufgaben hat häufig **Auswirkungen auf die Eigenversorgungskapazität** eines oder beider Ehegatten Zwar hat sich grundsätzlich jeder Ehegatte um sein eigenes wirtschaftliches Auskommen zu bemühen, sobald feststeht, dass die Ehe gescheitert ist (BGE 5C.235; 5C.236/2001 [www.bger.ch]), doch ist ein Ausgleich unzumutbarer unterhaltsrelevanter Scheidungsnachteile insbesondere dann erforderlich, wenn sich ein Ehegatte während der Ehe **ausschliesslich oder überwiegend Kinderbetreuung und/oder Hausarbeit** gewidmet und auf eine eigene berufliche Tätigkeit verzichtet hat. In diesen Fällen richtet sich die Zumutbarkeit der Eigenvorsorgung im Wesentlichen nach den Kriterien gemäss Ziff. 4–7. Sind der Ehe **keine Kinder** entsprungen, so ist bei kurzen Ehen bei den vorehelichen Verhältnissen anzuknüpfen (BGE 5C.149/2004 [www.bger.ch]). Bei längerer Ehedauer und damit lebensprägender Aufgabenteilung sind ebenfalls die Kriterien der Ziff. 3–7 von grosser Bedeutung. Bei **Berufstätigkeit beider Ehegatten und gleichzeitiger Kinderbetreuung** ist dann von einem unzumutbaren unterhaltsrelevanten Scheidungsnachteil auszugehen, wenn die Berufs- und Hausarbeit nicht partnerschaftlich je zur Hälfte ausgeführt wurden, sondern ein Ehegatte neben der vollen Erwerbstätigkeit überproportional auch Hausarbeit leistete, oder wenn sich eine solche Verteilung nach der Aufhebung des gemeinsamen Haushaltes ergibt. In der Praxis sind die **Zuverdiensteehen** immer häufiger anzutreffen; die Gerichte muten der unterhaltsberechtigten Partei deshalb oft auch jenseits der Altersgrenze von 45 Jahren eine Ausdehnung der Erwerbstätigkeit zu, indem sie davon ausgehen, dass eine Aufstockung des Pensums – auch bei angespannter Wirtschaftslage – einfacher sei als ein Wiedereinstieg ins Erwerbsleben, wobei jedoch, namentlich in guten wirtschaftlichen Verhältnissen, nicht zwingend eine volle Erwerbstätigkeit gefordert wird (vgl. BGE 5P.418/2001; 5C.139/2005 [www.bger.ch], BGE 128 III 65, 68; KGer SG, Fam.Pra.ch 2002, 374 ff.) Bei **Doppelverdienerehen ohne Kinder** wird häufig kein Ehegatte ausgleichungsbedürftige unterhaltsrelevante Scheidungsnachteile aufweisen und ein nicht ehebedingtes Lohngefälle ist grundsätzlich nicht oder jedenfalls nicht auf Dauer auszugleichen. Einen Sonderfall bildet die **Ausbildungsehe,** in welcher ein Ehegatte dem anderen die berufliche Ausbildung durch eigene Erwerbstätigkeit finanziert hat. Dieser Konstellation ist unterhaltsrechtlich Rechnung zu tragen (vgl. eingehend FamKomm Scheidung/SCHWENZER, N 46).

2. Dauer der Ehe (Ziff. 2)

25   Die Dauer der Ehe stellt – sofern aus dieser keine gemeinsamen Kinder hervorgegangen sind – eines der wichtigsten Kriterien dar; sie entscheidet, ob an die zuletzt in ungetrennter Ehe gelebten Lebensumstände oder an die vor der Heirat bestehenden Verhältnisse angeknüpft wird (vgl. auch FamKomm Scheidung/SCHWENZER, N 47). Ob eine Ehe als kurz oder lang zu bezeichnen ist, kann nicht exakt beurteilt werden, weil weniger die Dauer allein als vielmehr die Auswirkungen – insbesondere einer ungleichen Rollenverteilung – von Bedeutung sind (vgl. N 13). Entscheidend ist, ob die Ehe lebensprägend geworden ist (FamKomm Scheidung/Schwenzer, N 47). Grundsätzlich wird eine Ehe von weniger als **fünf Jahren Dauer als kurz,** eine solche von mehr als **zehn Jahren Dauer als lang** bezeichnet. Bei einer Ehedauer zwischen fünf und zehn Jahren kommt es auf die Umstände des Einzelfalles an. Bei hälftiger Aufteilung von Haus- und Erwerbsarbeit kommt der Ehedauer untergeordnete Bedeutung zu. Bei einseitiger **Verteilung der Hausarbeit** hingegen sinkt die Eigenversorgungskapazität des haushaltführenden Ehegatten mit wachsender Ehedauer. Massgebend ist grundsätzlich das formelle Band der Ehe, wobei die der Scheidung vorausgegangene (lange) Trennungsdauer nicht mehr zu berücksichtigen ist, da die Ehegatten Gelegenheit hatten, sich auf die neue Situation einzustellen (BGE 127 III 136, 140; BGE 5C.171/2005 [www.bger.ch]; HAUSHEER/SPYCHER, Rz 05.79, 05–68; HAUSHEER, Rz 3.38). Die Zeit des vorehelichen Zusammenlebens ist gemäss Entscheid des Gesetzgebers nicht anzurechnen, dies auch dann nicht, wenn bereits in diesem Zeitpunkt gemeinschaftsbedingte Nachteile entstanden sind, insbesondere durch fortdauernde Kinderbetreuung. Ein entsprechender Antrag wurde im Parlament abgelehnt (HAUSHEER/SPYCHER, Rz 05.68; offen gelassen: BGE 5C.278/2000 [www.bger.ch]); für eine Berücksichtigung hingegen: KLOPFER, 79, 85; SUTTER/FREIBURGHAUS, N 30; FamKomm Scheidung/SCHWENZER, N 49; PICHONNAZ/RUMO-JUNGO, Neuere Entwicklungen, 16).

3. Lebensstellung während der Ehe (Ziff. 3)

Der Lebensstellung während der Ehe kommt zunächst bei der Bestimmung des gebührenden Unterhalts Bedeutung zu: Der während der Ehe festgelegte **Lebensstandard** bildet die Richtschnur, gleichzeitig aber auch die **Obergrenze** desselben. Besondere Bedeutung erlangt die Lebensstellung, verbunden mit einer langen Ehedauer, auch dann, wenn zwischen den Ehegatten ein grosses soziales Gefälle besteht. In diesen Fällen ist es einem Ehegatten nicht mehr zumutbar, lediglich mit dem von ihm selbst erzielten Einkommen auskommen und damit eine erhebliche Einbusse in der Lebenshaltung hinnehmen zu müssen (vgl. auch SPYCHER, 115; FamKomm Scheidung/SCHWENZER, N 51, m.Hw.).

26

4. Alter und Gesundheit der Ehegatten (Ziff. 4)

Alter und Gesundheit der Ehegatten sind zunächst wichtig bei der Beurteilung der **Leistungsfähigkeit** des Berechtigten und Verpflichteten. Sie wirken sich daher unmittelbar auf das Bestehen und die Höhe eines Unterhaltsanspruchs, aber auch der Dauer der Unterhaltspflicht aus.

27

Aber auch für die Bestimmung des gebührenden Unterhalts sind Alter und Gesundheit bedeutsam, denn dieser schliesst die angemessene Altersvorsorge ein. Deren Aufbau wiederum ist von den Erwerbsaussichten abhängig. Beide Kriterien können allein nicht ausschlagebend dafür sein, dass eine unbefristete Rente ausgesprochen wird; vorausgesetzt wird ein ehebedingter Nachteil. Ein solcher fehlt in der Regel, wenn eine Krankheit schon vorehelich bestanden und auch keinen Zusammenhang mit der während der Ehe gelebten Aufgabenverteilung hat. In diesen Fällen kommt allenfalls ein Unterhaltsbeitrag aufgrund nachehelicher Solidarität in Betracht, sofern nicht eine Kombination mit anderen Faktoren (z.B. Betreuungspflichten) besteht (vgl. BGE 5C.51/2003 [www.bger.ch]).

Auf die auch unter neuem Scheidungsrecht geltende bundesgerichtliche Praxis (BGE 115 II 6, 10 ff.), wonach einem Berechtigten der **Wiedereinstieg ins Berufsleben** nach dem 45. Altersjahr in der Regel nicht mehr zumutbar ist, der Berechtigte aber nicht ohne Anlass (einen solchen stellt insbesondere die Kinderbetreuung dar) mit Blick auf das Erreichen dieser Altersgrenze während der Trennungszeit untätig bleiben darf wurde bereits hingewiesen (vgl. N 11). Abgestellt wird auf den Zeitpunkt, in welchem dem Berechtigten bekannt war bzw. bekannt sein musste, dass die **Trennung irreversibel** sein und demzufolge eine Scheidung unausweichlich sein würde (BGE 127 III 136, 140). Das Bundesgericht hat in diesem Zusammenhang aber auch das Verhalten des Pflichtigen als

28

massgeblich erachtet und in einem Fall, in welchem dieser erst nach einer Trennungs-dauer von fünf Jahren von der Berechtigten Anstrengungen für die Erhöhung ihrer Eigenversorgungskapazität verlangt hat, festgestellt, dass bis zu diesem Zeitpunkt für die Berechtigte weder ein Anlass noch die Pflicht bestanden habe, eine Teilzeitarbeit zu suchen und aufzunehmen (BGE 130 III 537, 543). Hat der Berechtigte im Zeitpunkt der Scheidung noch Kinderbetreuungsaufgaben zu erfüllen, so ist für die Frage der Zumut-barkeit des Wiedereinstiegs ins Erwerbsleben der Zeitpunkt des Wegfalls der Betreuung massgebend.

5. Einkommen und Vermögen der Ehegatten (Ziff. 5)

29 Einkommen und Vermögen sind die **entscheidenden Faktoren** zur Bestimmung der wirtschaftlichen Lebensverhältnisse während der Ehe und somit des gebührenden Unter-halts und der Leistungsfähigkeit der Ehegatten (vgl. N 7, 15). Der Begriff «Einkommen» umfasst sämtliche (auch hypothetischen) Einkünfte (Erwerbseinkommen und Vermö-genserträge). Das Vermögen bemisst sich nach dem Stand nach durchgeführter güter-rechtlicher Auseinandersetzung (N 9).

6. Umfang und Dauer der Betreuungspflichten (Ziff. 6)

30 Die nach der Scheidung noch zu leistenden Betreuungspflichten gegenüber Kindern sind von ausschlaggebender Bedeutung für die Beurteilung der Erwerbsaussichten der Ehe-gatten. **Nacheheliche Betreuungspflichten** sind der häufigste Grund dafür, dass eine Erwerbstätigkeit nicht oder nur in reduziertem Umfang zumutbar ist. Sofern – was die Regel ist – die Betreuungspflichten nicht gleichmässig auf beide Ehegatten verteilt wer-den (etwa im Rahmen gemeinsamer elterlicher Sorge), wird die Eigenversorgungskapazi-tät des betreuenden Ehegatten je nach Anzahl und Alter der Kinder erheblich reduziert (im Einzelnen vgl. N 10).

31 Das Gesetz spricht nur von Kindern. Im Vordergrund stehen die **aus der Ehe hervor-gegangenen Kinder,** wobei aber Betreuungspflichten gegenüber nicht gemeinsamen Kindern im Rahmen der Zumutbarkeit einer Erwerbstätigkeit ebenfalls angemessen zu berücksichtigen sind. Im Einzelfall wird man im Hinblick auf die vom Bundesgericht entwickelten Altersgrenzen von 10 und 16 Jahren (vgl. N 10) jedoch zwischen vorehe-lichen, in den gemeinsamen Haushalt aufgenommen, ehelichen, während, aber ausser-halb der Ehe geborenen (dazu BGE 127 III 68, 69 ff.) und nachehelichen Kindern diffe-renzieren müssen. So hat eine Ehefrau die sich aus der Geburt eines nicht vom Ehemann stammenden Kindes entstandene Mehrbelastung nach einer angemessenen Umstellungs-zeit hinzunehmen (vgl. BGE 129 III 417, 420 f.). Die Diskrepanz zur «spiegelbildlichen» Situation (BGE 127 III 68) erklärt sich (allerdings nur teilweise) daraus, dass es im einen Fall um die Ansprüche zwischen getrenntlebenden Ehegatten, im zweiten, älteren Fall hingegen um den Unterhaltsanspruch des nichtehelichen Kindes gegen seinen Vater bei ungetrennter Ehe von Vater und Stiefmutter ging (vgl. auch BÄHLER, 183, FN 24).

7. Berufliche Ausbildung und Erwerbsaussichten (Ziff. 7)

32 Die **berufliche Aus- und Weiterbildung,** die in den vergangenen Jahren stetig an Be-deutung zugenommen hat, ist ein wichtiger Faktor zur Beurteilung der Erwerbsmöglich-keiten der Ehegatten, insbesondere auch der Frage, ob und wann eine Aufnahme der Erwerbstätigkeit möglich und gegebenenfalls zumutbar ist. Zu berücksichtigen sind selbstverständlich die **konkreten Erwerbsaussichten,** somit auch die persönlichen Qua-lifikationen, die Berufserfahrung, die allgemeine Wirtschafts- und die branchenspezifi-sche Arbeitsmarktlage. Fehlen Berufsausbildung und Sprachenkenntnisse, so kann beispielsweise einer 46 Jahre alten Berechtigten die wirtschaftliche Selbständigkeit nicht mehr zugemutet werden (BGE 5C.227/2003 [www.bger.ch]). Ziff. 7 nennt aber auch den mutmasslichen Aufwand für eine allenfalls erforderliche berufliche Eingliederung eines bisher ausschliesslich oder vorwiegend in Kinderbetreuung und Haushalt tätigen Ehegatten. Je nach Ausbildungsstand und Dauer der Unterbrechung der Erwerbstätigkeit bedarf es eines unterschiedlich grossen Aufwandes an Aus- und Weiterbildung zur Erlangung der (teilweisen) Eigenversorgungskapazität. Unter Umständen rechtfertigt sich sogar die Aufgabe einer nicht angemessenen Erwerbstätigkeit zugunsten einer (Zusatz-)Ausbildung, wenn damit die Erwerbsaussichten auf Dauer verbessert werden können. Beim diesbezüglichen Aufwand ist zu berücksichtigen, dass darunter nicht nur die Ausbildungskosten fallen, sondern unter Umständen auch die dadurch bedingten Kosten der Fremdbetreuung der Kinder.

8. Anwartschaften aus AHV, beruflicher oder anderer Vorsorge (Ziff. 8)

Zur Bemessung des Vorsorgeunterhaltes (vgl. N 4 f.) sind **die Vorsorgeanwartschaften**   33
der berechtigten Person einschliesslich des voraussichtlichen Ergebnisses der Teilung der Austrittsleistungen der beruflichen Vorsorge (Art. 122 ff.) bzw. dessen Auswirkungen auf die eigenen Rentenansprüche zu berücksichtigen. Wird anstelle der Teilung der Austrittsleistungen eine Entschädigung gemäss Art. 124 zugesprochen, so ist diese wie Ansprüche aus der güterrechtlichen Auseinandersetzung zu berücksichtigen. Ist jedoch auch eine solche Teilung nicht möglich, muss und kann der Ausgleich allein über den nachehelichen Unterhalt – bzw. den «Vorsorgeunterhalt» – erfolgen (vgl. auch SUTTER/ FREIBURGHAUS, N 99 f.).

Die Vorsorgeanwartschaften spielen auch eine Rolle bei der Bestimmung von Höhe und Dauer des allfälligen nachehelichen Unterhalts nach Eintritt des altersbedingten Vorsorgefalles eines oder beider Ehegatten. In Fällen kurzer, nicht lebensprägender Ehen kommt diesen Anwartschaften jedoch nur geringe Bedeutung zu (Botschaft Revision Scheidungsrecht, 115, Ziff. 233.52; vgl. N 12).

Zu diesen Anwartschaften zählen nicht nur jene der **ersten und zweiten Säule,** sondern   34
auch die Ansprüche sonstiger **staatlicher oder privater Vorsorge** (z.B. dritte Säule, Lebensversicherungen). Ausser Betracht fallen wegen der Unsicherheit über Zeitpunkt und Höhe des Anfalls in der Regel erbrechtliche Anwartschaften (Botschaft Revision Scheidungsrecht, 115, Ziff. 233.52). Sie können jedoch Anlass zu einem Abänderungsvorbehalt oder – bei Verwirklichung – zu einer vertraglichen oder gerichtlichen Abänderung geben. Nicht zu verkennen sind die Schwierigkeiten, welche die Ermittlung von Anwartschaften in der Praxis, insbesondere bei jüngeren Ehegatten, bereitet, weil sich die vorsorgerechtlichen Rechts- und Berechnungsgrundlagen im Laufe der Zeit wesentlich ändern können (Erhöhung des ordentlichen Rentenalters, Reduktion des Umwandlungssatzes der beruflichen Vorsorge etc.). Diese Unsicherheiten dürften sich meist zuungunsten des Berechtigten auswirken, da eine nachträgliche Erhöhung des Unterhaltes grundsätzlich ausgeschlossen ist.

Hinsichtlich der **Anwartschaften gegenüber der AHV** erleidet seit der 10. AHV-   35
Revision der während der Ehe nicht oder nur eingeschränkt erwerbstätige Ehegatte keinen Verlust mehr. Die einbezahlten Beiträge, einschliesslich allfälliger Erziehungs- und Betreuungsgutschriften, werden je hälftig den individuellen Konti der Ehegatten angerechnet. Für den Bereich der beruflichen Vorsorge schafft Art. 122 Abs. 1 die gleiche Rechtslage. Im Rahmen des nachehelichen Unterhalts müssen deshalb nur noch Vorsorgedefizite berücksichtigt werden, welche aus der sich nach der Ehe ergebenden beschränkten Eigenversorgungskapazität entstehen (vgl. zum Ganzen N 4 f.).

IV. Berechnungsmethode

36 Das Gesetz gibt den Gerichten **keine konkrete Berechnungsmethode** vor, obschon diese wegen der Erfordernisse der Rechtssicherheit und Voraussehbarkeit eine solche benötigen. Der Gesetzgeber befürchtete, die Einzelfallgerechtigkeit könnte unter einer entsprechenden Vorgabe leiden. Bereits unter dem alten Recht wurden verschiedene Bemessungsmethoden entwickelt (vgl. im Einzelnen HAUSHEER/SPYCHER, Rz 02.01 ff.; SPYCHER, 139 ff., 243 f.). Die in der Praxis überwiegend angewandte Methode ist die **Existenzminimumberechnung mit Überschussverteilung**: In einem ersten Schritt werden die betreibungsrechtlichen (vgl. Art. 93 SchKG) Existenzminima der Ehegatten berechnet: Grundbetrag (Nahrung, Bekleidung, persönliche Grundbedürfnisse), Wohnkosten inkl. Nebenkosten, Kranken- und Unfallversicherung (Versicherungsprämien und tatsächliche zusätzliche Auslagen für Franchise und Selbstbehalte), je nach Kanton auch Grundkosten für Elektrisch und Kommunikation (Radio, TV, Telefon, Internet), Berufsauslagen (auswärtige Verpflegung, Mitgliedschaft in Berufsverbänden), Arbeitsweg (grundsätzlich Kosten des öffentlichen Verkehrs, jene des privaten Motorfahrzeuges nur bei Unmöglichkeit oder Unzumutbarkeit der Benützung des öffentlichen Verkehrs (analog der steuer- bzw. betreibungsrechtlichen Praxis)), besondere für die Erziehung und Ausbildung der Kinder notwendige Kinderkosten inkl. jene für Fremdbetreuung, Einkommenssteuern, Kosten einer angemessenen Altersvorsorge (vgl. N 3 f.), Abzahlungsschulden, aber nur bei Verwendung der Mittel für den Unterhalt der Familie, nicht aber für Luxusgüter (vgl. auch SPYCHER, 158 ff.; DIES., Fachkommentar, Ziff. 3; BGE 127 III 289, 292). Die einzelnen Beträge und Positionen können von Kanton zu Kanton leicht abweichen. In einem zweiten Schritt wird das betreibungsrechtliche Existenzminimum zum familienrechtlichen Grundbedarf erweitert, indem Steuern sowie Prämien für Hausrat- und Haftpflichtversicherung hinzu gerechnet werden. Das Total dieser Beträge wird vom Gesamteinkommen beider Ehegatten subtrahiert und der verbleibende Überschuss grundsätzlich hälftig (Folge des Gleichheitsgebots der Bundesverfassung), bei Vorhandensein von unmündigen Kindern (BGE 5P.102/2003 [www.bger.ch]) oder aus anderen wichtigen Gründen in einem davon abweichenden Verhältnis angemessen aufgeteilt (z.B. bei besonders guten wirtschaftlichen Verhältnissen, in denen eine nicht aufzuteilende Sparquote resultiert; HAUSHEER, ZBJV 2000, 379 f.; GABATHULER, 29; FREIVOGEL, 262 f. und FamKomm Scheidung/SCHWENZER, N 78, m.Hw., **a.A.** hinsichtlich der Sparquote). Reicht das vorhandene Einkommen zur Finanzierung beider Haushalte nicht aus, so hat die unterhaltsberechtigte Partei das Manko zu tragen und über die Sozialhilfe zu decken (vgl. N 18 f.), wobei in diesen Fällen strittig ist, ob die geschuldeten und tatsächlich bezahlten Einkommenssteuern (insbesondere der verpflichteten Partei) zu berücksichtigen sind (ablehnend: BGE 127 III 289, 292, BGE 5C.51/2003 [www.bger.ch]; PICHONNAZ/RUMO-JUNGO, Neuere Entwicklungen, 29 ff.; bejahend: SUTTER/FREIBURGHAUS, N 71 f. sowie HAUSHEER/SPYCHER, Ergänzungsband, Rz 05.91; BÄHLER, 182; CADOSCH, ZBJV 2001, 145 ff.; RAMSEIER, FamPra.ch 2001, 506; OGer BE, FamPra.ch 2005, 928 ff. für die Quellensteuern).

Bei komfortablen bis sehr guten finanziellen Verhältnissen ist in der Praxis auch die als «Kinderkostenmethode» zu bezeichnende Berechnungsweise anzutreffen, bei welcher lediglich die Kosten der Kinder genau berechnet werden und der Rest des Familieneinkommens den Ehegatten je zur Hälfte zusteht. Diese Methode entspricht dem Gleichbehandlungsgrundsatz und bietet den Vorteil, dass nicht sämtliche Bedarfspositionen erhoben werden müssen. Sie führt insbesondere dann zu einem angemessenen Ergebnis, wenn das gesamte Familieneinkommen für den gebührenden Unterhalt der Beteiligten benötigt wird und keine erhebliche Sparquote resultiert. Unter Umständen führt auch die konkrete Bedarfsberechnung der Unterhaltsberechtigten anhand des zuletzt in ungetrennter Ehe geführten Haushaltsbudgets zu einem angemessenen Ergebnis (vgl. BGE 5P.138/2001[www.bger.ch]).

V. Ausnahmsweise Kürzung oder Verweigerung des Unterhaltsbeitrags (Abs. 3)

1. Allgemeines

Abs. 3 soll als restriktiv anzuwendende (BGE 5C.232/2004[www.bger.ch]) Ausnahmebe-   **37**
stimmung denjenigen Fällen Rechnung tragen, in denen aufgrund der **objektiven Kriterien** von Abs. 1 und 2 ein Unterhaltsanspruch bestehen würde, dessen Gewährung jedoch aus bestimmten Gründen dem Gerechtigkeitsempfinden widerspricht. Es handelt sich um eine **Billigkeitsklausel** und eine **Konkretisierung des Rechtsmissbrauchsverbots** von Art. 2 Abs. 2. Alle drei im Gesetz genannten Tatbestände sanktionieren ein Fehlverhalten des Berechtigten, wobei ein Verstoss gegen die **wirtschaftlichen** Interessen der Gemeinschaft im Vordergrund steht (Ziff. 1 und 2; HAUSHEER/SPYCHER, Ergänzungsband, Rz 05.104). Die Aufzählung ist nicht abschliessend, worauf das im Rahmen der parlamentarischen Beratungen eingefügte Wort «insbesondere» hindeutet. Nicht im Gesetz erwähnte Verhaltensweisen müssen mit einem der drei genannten Tatbestände vergleichbar sein, um als Versagungsgrund in Frage zu kommen. Das entsprechende Fehlverhalten dürfte meist nicht ein Scheidungsverschulden im bisherigen Sinn darstellen; eine solche Übereinstimmung ist jedoch auch nicht ausgeschlossen. Ehewidriges Verhalten, scheinbar grundloses Verlassen oder aussereheliche sexuelle Beziehungen, selbst wenn daraus ein Kind hervorgeht, genügen regelmässig nicht als Versagungsgrund (zu Letzterem BGE 127 III 65, 66 ff.; BGE 5P.142/2003 [www.bger.ch]). Gleiches gilt auch für ein eheähnliches Zusammenleben, welches im Scheidungszeitpunkt noch nicht die Anforderungen an eine qualifizierte faktische Lebensgemeinschaft erfüllt (so zutreffend OGer LU, FamPra.ch 1/2001, 151 ff.; vgl. Art. 129 N 14 ff.). Eine Sistierung nach dreijährigem «Konkubinat» erscheint als verfrüht (so aber u.U. zu Unrecht, und insbesondere mit Blick auf die Betreuungspflichten der geschiedenen Ehefrau gegenüber vier ehelichen Kindern kaum nachvollziehbar, BGE 5C.296/201[www.bger.ch]; vgl. auch FamKomm Scheidung/SCHWENZER, N 99).

2. Grobe Verletzung der Unterhaltspflicht (Ziff. 1)

Im Vordergrund stehen Fälle, in welchen ein Ehegatte seine in der gemeinsamen Aufteilung nach Art. 163 übernommenen **ehelichen Aufgaben** vernachlässigt, indem er Kinderbetreuung und Haushaltführung **schwer vernachlässigt,** seine finanziellen Beiträge an die Familie nicht leistet oder die Familie im Stich lässt. Gemeint sind die umfassenden familiären Pflichten gemäss Art. 163. Für die Kürzung oder Verweigerung genügt nicht jede, sondern nur eine schwere Pflichtverletzung. Die Schwere der Pflichtverletzung beurteilt sich nach dem Umfang und der Dauer ihrer Auswirkungen auf die betroffenen Familienmitglieder. Subjektiv ist zumindest grobe Fahrlässigkeit auf Seiten des die Unterhaltspflicht verletzenden Ehegatten Voraussetzung.   **38**

3. Mutwillig herbeigeführte Bedürftigkeit (Ziff. 2)

Die mutwillig herbeigeführte Bedürftigkeit ist dem deutschen Recht entliehen (§ 1579   **39**
BGB). Sie ist dann erfüllt, wenn der berechtigte Ehegatte seine **Eigenversorgungskapazität** mutwillig, d.h. vorsätzlich oder zumindest grobfahrlässig, dergestalt beeinträchtigt, dass sie nicht mehr zur Deckung seines gebührenden Unterhalts ausreicht (vgl. auch FamKomm Scheidung/SCHWENZER, N 91 f.), beispielsweise bei Entäusserung des Vermögens oder beim Kauf von Luxusgütern mit für den Vorsorgeunterhalt bestimmten Beträgen. Das blosse Unterlassen einer zumutbaren und möglichen Erwerbstätigkeit, wie

sie in der Botschaft Revision Scheidungsrecht erwähnt wird (115, Ziff. 233.52), dürfte hingegen den Tatbestand nicht erfüllen, weil diesem Umstand ohne weiteres durch Aufrechnung eines hypothetischen Erwerbseinkommens Rechnung getragen werden kann. In Fällen von Alkohol-, Tabletten- oder Drogenabhängigkeit handelt es sich medizinisch um eine wie eine psychische Störung zu behandelnde Krankheit, welche in der Regel wohl nicht zu einer Kürzung oder zu einem Ausschluss führt (KGer SG, FamPra.ch 2003, 666 ff.). Ebenso wenig ist von Mutwilligkeit auszugehen bei Unvorsichtigkeit im Strassenverkehr oder im Sport, auch bei Ausübung gefährlicher Sportarten (FamKomm Scheidung/SCHWENZER, N 93).

4. Begehung einer schweren Straftat gegen die verpflichtete oder eine dieser nahe verbundenen Person (Ziff. 3)

40   Der dritte Tatbestand stimmt weitgehend mit dem **Enterbungsgrund** von Art. 477 Ziff. 1 bzw. dem Rückforderungsgrund bei Schenkungen von Art. 249 Ziff. 1 OR überein. Die Schwere der Tat richtet sich nach zivilrechtlichen und nicht nach strafrechtlichen Gesichtspunkten. Massgebend ist die objektive Schwere der Tat, nicht die strafrechtliche Qualifikation als Verbrechen oder Vergehen. Eine Übertretung vermag jedoch die Anwendung von Abs. 3 nicht zu rechtfertigen (Botschaft Revision Scheidungsrecht, 115, Ziff. 233.52). In Betracht kommen alle Beteiligungsformen (Täter, Mittäter, Gehilfe oder Anstifter). Unter Umständen reicht auch der Versuch einer Straftat aus; diesfalls sind aber besonders hohe Anforderungen an die Schwere der Tat zu stellen. Die Straftat muss sich gegen den verpflichteten Ehegatten oder eine diesem nahe verbundene Person richten. Verwandtschaft oder Schwägerschaft ist nicht erforderlich. In Betracht kommen in erster Linie Gewaltdelikte (Tötung oder Körperverletzung, Sexualdelikte), aber auch Vermögensdelikte. Die Vernachlässigung von Unterhaltspflichten wird hingegen bereits von Ziff. 1 erfasst. Bei Ehrverletzungen bedarf es schwerwiegender Auswirkungen auf die verpflichtete Person (FamKomm Scheidung/SCHWENZER, N 96). Ist die unterhaltsberechtigte Partei jähzornig und aggressiv, so stellt dies noch keine Unbilligkeit dar (BGE 5C.232/2004 [www.bger.ch]).

41   Entgegen der Praxis bei den Enterbungsgründen (vgl. BSK ZGB II-BESSENICH, Art. 477 N 11) vertreten SUTTER/FREIBURGHAUS die Ansicht, dass vorliegend die **Feststellung eines tatbestandsmässigen und widerrechtlichen Verhaltens** durch die Strafverfolgungsbehörden vorliegen müsse, dies mit der Begründung, es könne nicht angehen, dass irgendwelche während der Ehe geschehenen verbalen oder tätlichen Auseinandersetzungen in einem späteren Scheidungsverfahren «aufbereitet» werden könnten. Unter Umständen kann auch einer schuldunfähigen Person unter Hinweis auf Art. 53 und 54 OR ein Unterhaltsbeitrag nach Ziff. 3 gekürzt oder ausnahmsweise gar verweigert werden (SUTTER/FREIBURGHAUS, N 114).

5. Rechtsfolgen

42   Liegt ein Fall offensichtlicher Unbilligkeit vor, so kann der Unterhaltsanspruch **versagt** oder sowohl hinsichtlich Höhe als auch Dauer **gekürzt** werden. Welche Sanktion im Einzelfall Platz greifen soll, ist anhand der konkreten Umstände zu prüfen. Massgebend ist einerseits die **Schwere der Verfehlung,** andererseits müssen die Kriterien gemäss Abs. 2 berücksichtigt werden. Wenn durch die Massnahme die Interessen unmündiger Kinder beeinträchtigt würden, kann allenfalls an die Anwendung von Abs. 3 ein strengerer Massstab angelegt werden (SPYCHER, 291 f.; für einen gänzlichen Ausschluss – entgegen dem Resultat der parlamentarischen Beratungen – demgegenüber FamKomm Scheidung/SCHWENZER, N 102).

V. Prozessuales

Ausgehend von der **Grundregel von Art. 8** hat derjenige Ehegatte, der einen Unterhalts-   **43**
anspruch geltend macht, zu beweisen, dass die entsprechenden Voraussetzungen erfüllt
sind, mithin, dass es ihm nicht möglich bzw. unzumutbar ist, selbst für den ihm gebührenden Unterhalt zu sorgen und dass dem anderen Ehegatten die Leistung des verlangten
nachehelichen Unterhalts möglich ist. Am Verpflichteten ist es, umfassend Auskunft über
seine Einkommens- und Vermögensverhältnisse bzw. über seine Leistungsfähigkeit zu
erteilen. Er hat zudem das allfällige Vorliegen eines Kürzungs- oder Verweigerungs-
grundes (Abs. 3) darzutun.

Art. 126

II. Modalitäten des Unterhalts- beitrages	¹ **Das Gericht setzt als Unterhaltsbeitrag eine Rente fest und bestimmt den Beginn der Beitragspflicht.** ² **Rechtfertigen es besondere Umstände, so kann anstelle einer Rente eine Abfindung festgesetzt werden.** ³ **Das Gericht kann den Unterhaltsbeitrag von Bedingungen ab- hängig machen.**
II. Mode de règlement	¹ Le juge alloue la contribution d'entretien sous la forme d'une rente et fixe le moment à partir duquel elle est due. ² Lorsque des circonstances particulières le justifient, il peut imposer un règlement définitif en capital plutôt qu'une rente. ³ Il peut subordonner l'obligation de contribuer à l'entretien à certaines conditions.
II. Modalità del contributo di mantenimento	¹ Il giudice stabilisce il contributo di mantenimento sotto forma di una rendita e fissa l'inizio dell'obbligo di versamento. ² Se lo giustificano circostanze particolari, invece della rendita può ordinare una liquidazione. ³ Può subordinare a determinate condizioni il contributo di mantenimento.

Literatur

Siehe Vorbemerkungen zu Art. 125–130.

I. Normzweck/Allgemeines/Überblick

Art. 126 regelt die **Modalitäten des nachehelichen Unterhalts** und hält nunmehr aus-   **1**
drücklich fest, dass dieser in Form einer **Rente oder** einer **Kapitalabfindung** geleistet
werden kann. Der Entscheid, ob eine Rente oder eine Kapitalabfindung zu leisten war,
lag nach altem Recht im Ermessen des Gerichts, welches nicht an die Anträge der Parteien gebunden war (BK-BÜHLER/SPÜHLER, Art. 151 N 43). In der Praxis wurde jedoch
in seltenen Fällen – meist bei einem Unterhaltsbeitrag gemäss aArt. 151 Abs. 1 – anstelle
einer Rente eine Kapitalabfindung ausgerichtet (JERMANN, 110, 125).

Art. 126 hält als **Regelfall** die Bezahlung in Form einer Rente fest (Abs. 1), sieht aber   **2**
ausdrücklich die Möglichkeit vor, ausnahmsweise eine **Kapitalabfindung** festzusetzen,
wenn es besondere Umstände rechtfertigen (Abs. 2). Schliesslich wird neu im Gesetz
festgehalten, dass das Gericht den Unterhaltsbeitrag von Bedingungen abhängig machen

kann (Abs. 3). Damit soll dem Einzelfall Rechnung getragen und unter Umständen gleichwie durch die Einfügung eines Abänderungsvorbehalts ein Abänderungsverfahren vermieden werden können (vgl. Botschaft Revision Scheidungsrecht, 117, Ziff. 233.53); zur teilweisen begrifflichen Übereinstimmung der Bedingung mit Letzterem siehe Art. 127 N 4.

II. Unterhaltsrente und Beginn der Beitragspflicht (Abs. 1)

1. Rente als Regelfall

3 Nach Art. 126 setzt das Gericht als Unterhaltsbeitrag immer dann eine Rente fest, wenn **nicht besondere Umstände** vorliegen, welche für eine Kapitalabfindung sprechen. Eine entsprechende Vereinbarung der Parteien dürfte in der Regel als «besonderer Umstand» ausreichen (vgl. auch N 10). Die Rente ist in Form einer periodischen im Voraus zahlbaren Leistung festzusetzen, obschon dies im Gesetz nicht ausdrücklich erwähnt wird (vgl. aber Art. 285 Abs. 3). Üblich ist mit Blick auf den Eingang von Lohnzahlungen sowie die Fälligkeit alltäglicher Zahlungsverpflichtungen die monatliche Rentenzahlung.

2. Beginn der Beitragspflicht

4 Das Gericht muss auch den Beginn der Beitragspflicht im Urteil festhalten. Grundsätzlich beginnt die Zahlungspflicht im Zeitpunkt des **Eintritts der formellen Rechtskraft** des Scheidungsurteils (nicht übertragbar auf Unterhaltsbeiträge während bestehender Ehe; BGE 5P.213/2004 [www.bger.ch]). Von diesem Zeitpunkt ist auch auszugehen, wenn das Gericht den Zahlungsbeginn nicht regelt (SUTTER/FREIBURGHAUS, N 11). Es ist aber auch jeder andere Zeitpunkt denkbar, etwa die Rechtshängigkeit des Begehrens bzw. der Klage oder der Eintritt eines geschiedenen Ehegatten ins ordentliche Rentenalter (vgl. Botschaft Revision Scheidungsrecht, 117, Ziff. 233.53), oder der Zeitpunkt des Eintritts einer Teilrechtskraft (BGE 128 III 121 E. 3.b. aa).

5 Art. 126 verlangt nicht, dass auch das **Ende der Beitragspflicht** festgesetzt wird. Fehlt es im Urteil an einer ausdrücklichen Regelung, so ist grundsätzlich von einer unbefristeten Rente auszugehen, deren Beendigungsgründe Art. 130, ev. Art. 129 unterstehen.

III. Abfindung (Abs. 2)

1. Begriff

6 Die Abfindung ist eine grundsätzlich **einmalige Kapitalleistung** eines Ehegatten an den anderen zur Abgeltung des nachehelichen Unterhaltsanspruchs im Sinne von Art. 125. Die Leistung erfolgt in Geld oder Wertschriften. Die Schuld kann ausnahmsweise auch ratenweise getilgt werden (vgl. Botschaft Revision Scheidungsrecht, 117, Ziff. 233.53).

7 Auf die Kapitalabfindung sind die Art. 127 ff. nicht anwendbar. Eine **Abänderung** durch Urteil ist demzufolge ohne anders lautende Vereinbarung der Ehegatten **nicht möglich,** auch nicht bei Wiederverheiratung des Berechtigten – dies selbst bei Ratenzahlung (Botschaft Revision Scheidungsrecht, 117, Ziff. 233.53). Der Tod eines oder beider Ehegatten berührt die Abfindung ebenfalls nicht; sie ist aktiv und passiv vererblich. Wiederverheiratungswahrscheinlichkeit und Sterblichkeit werden aber in der Regel bei der Berechnung des Kapitalbetrages mit einbezogen. Hinsichtlich eines Anspruchs auf eine **Witwenrente der AHV** ist die Abfindung der Rente gleichgestellt (Art. 23 Abs. 2 AHVG). Bei der **beruflichen Vorsorge** berechtigt eine Abfindung nur dann zu einer Witwenrente, wenn damit eine lebenslängliche Rente abgegolten wird, während eine Übergangsrente gemäss Art. 125 dann und soweit anspruchsbegründend ist, als sie im Zeitpunkt des Todes des Pflichtigen noch fortdauert (Art. 20 Abs. 2 BVV 2).

Neben den oben genannten Umständen ist bei der Beurteilung der Frage, welche Vor- und Nachteile die Abfindung für die Parteien bietet, insbesondere die Tatsache zu berücksichtigen, dass sie beiden Parteien eine endgültige Regelung ihrer Verhältnisse im Sinn eines «clean break» ermöglicht (vgl. auch SCHWENZER, clean break-Prinzip, 609 ff.) und für den Gläubiger – jedenfalls bei einmaliger Zahlung oder Sicherstellung der Raten – das Risiko einer späteren Insolvenz des Schuldners ausschaltet. **8**

2. Voraussetzungen

Obschon sich das Gesetz darüber ausschweigt, kann das Gericht eine Abfindung nur auf **Antrag eines oder beider Ehegatten** und nicht von Amtes wegen festsetzen (vgl. Protokoll Expertenkommission, 3029 ff.). **9**

Bei einseitigem Antrag müssen sodann **besondere Umstände** vorliegen, die ein Abweichen vom Regelfall rechtfertigen. Dies kann etwa der Fall sein, wenn die verpflichtete Partei nach der Scheidung auswandern (Botschaft Revision Scheidungsrecht, 117, Ziff. 233.53) oder der berechtigte Ehegatte eine selbständige Erwerbstätigkeit aufnehmen möchte und dafür Kapital benötigt. Es ist der differenzierenden Auffassung von SUTTER/FREIBURGHAUS zuzustimmen, wonach an die besonderen Umstände weniger hohe Anforderungen zu stellen sind, wenn die unterhaltsverpflichtete Partei den Antrag stellt (N 21 f.). Einem solchen Antrag ist in der Regel zu entsprechen, da eine Abfindung für den Empfänger mehrheitlich mit Vorteilen verbunden ist (vgl. N 7 f.; **a.A.** RUMO-JUNGO/HÜRLIMANN-KAUP/KRAPF, 551). Anders verhält es sich dann, wenn ein Fall von Art. 129 Abs. 3 in Frage steht. Stellt hingegen die unterhaltsberechtigte Partei den Antrag, so können sich die besonderen Umstände aus ständigem Zahlungsverzug des Schuldners oder daraus ergeben, dass die Rente infolge risikoreicher Geschäfte oder Wegzugs des Pflichtigen ins Ausland gefährdet erscheint. Ob die Tatsache allein, dass die verpflichtete Partei über genügend Vermögen zur Leistung einer Abfindung verfügt (Botschaft Revision Scheidungsrecht, 117, Ziff. 233.53), einen besonderen Grund darstellt, erscheint hingegen fraglich, weil ja ausreichende Mittel stets Voraussetzung zur Leistung einer Abfindung bilden. **10**

3. Höhe und Modalitäten

Ausgangspunkt bilden Höhe und Dauer des Unterhaltsanspruchs gemäss Art. 125. Dieser **Anspruch ist zu kapitalisieren,** beispielsweise mittels der **Barwerttafeln** von STAUFFER/SCHÄTZLE, an welche das Gericht jedoch nicht gebunden ist (SUTTER/FREIBURGHAUS, N 24). Hinsichtlich des Kapitalisierungszinsfusses ist in der Regel von 2½% auszugehen (RUMO-JUNGO/HÜRLIMANN-KAUP/KRAPF, 554 ff.), da die unterhaltsberechtigte Partei eine risikoarme Anlagestrategie zu wählen hat. **11**

Besondere Beachtung ist den einkommenssteuerlichen Besonderheiten der Abfindung zu schenken. Im Bereich der direkten Bundessteuern und gemäss dem Steuerrecht der meisten Kantone besteht der Grundsatz der **Steuerneutralität,** d.h. eine Kapitalabfindung ist beim Verpflichteten nicht abzugsfähig (zum DBG siehe BGE 125 II 183, 189; zur Frage, ob die Kantone ihr Steuerrecht auch diesbezüglich harmonisieren müssen, siehe insbesondere 189, m.Hw.; vgl. auch FamKomm Scheidung/RAMSEIER, Anhang Steuern, N 69 ff.). Dafür ist sie beim Berechtigten – anders als die Rente – aber auch nicht dem Einkommen hinzuzurechnen. Dies muss u.E. im oben geschilderten Regelfall zu einer entsprechenden Reduktion der Kapitalabfindung im Umfang der in die Grundberechnung einbezogenen Steuern führen (so auch GEISER, FamPra.ch 2001, 183; möglicherweise **a.M.**, wenngleich nicht ausdrücklich auf Steuern bezogen, SUTTER/FREIBURGHAUS, N 25), wobei wohl in der Regel vom Mittelwert der Steuermehrbelastung der pflichtigen und der Steuerminderbelastung der berechtigten Partei auszugehen ist. Leben nicht beide Parteien im gleichen Kanton, so handelt es sich um eine Frage der Doppelbesteuerung und die Steuerpflicht richtet sich nach dem Kanton, in welchem der Schuldner der Kapitalabfindung wohnt (GEISER, FamPra.ch 2001, 183, unter Verweis auf den Entscheid des Bundesgerichts vom 16.3.2000, FamPra.ch 2000, 563 ff.; BGE 125 II 183, 189).

Den hypothetischen zukünftigen finanziellen Verhältnissen ist insbesondere dann besonders sorgfältig Rechnung zu tragen, wenn es um die Abgeltung einer langen Rentendauer geht.

12 Das Gericht muss neben dem **Zahlungstermin** gegebenenfalls die Anzahl, Höhe, Fälligkeiten und eine eventuelle Verzinsung von Raten festsetzen. Grundsätzlich wird eine Abfindung mit Eintritt der formellen Rechtskraft des Scheidungsurteils fällig (vgl. auch Art. 148 Abs. 1).

4. Zulässigkeit der Kombination von Rente und Abfindung

13 Aus dem Gesetz oder den Materialien geht nicht hervor, ob eine **Kombination** von Rente und Abfindung zulässig ist. Es gibt jedoch keinen Grund, eine solche Lösung auszuschliessen. Denkbar ist der Fall, in welchem beide Ehegatten eine Kapitalabfindung vorziehen, jedoch die finanziellen Mittel der pflichtigen Partei nur für eine Teilabfindung ausreichen (vgl. auch SUTTER/FREIBURGHAUS, N 18). U.E. zulässig ist auch die Tilgung des nachehelichen Vorsorgeunterhalts mittels einer Kapitalabfindung durch überhälftige Teilung der Freizügigkeitsleistungen gemäss Art. 122 ff., wobei in diesem Fall die steuerliche Konstellation eine andere ist (einkommenssteuerliche Veranlagung bei der berechtigten Partei im Zeitpunkt des Bezugs von Kapital oder Rente bzw. Möglichkeit der Steueroptimierung durch Wiedereinzahlung in die berufliche Vorsorge durch die verpflichtete Partei).

5. International-privatrechtliche Bezüge

13a Kapitalzahlungen kommen im Rahmen der scheidungsrechtlichen Folgeregelung nicht nur im Unterhalts-, sondern auch im Güter- oder Vorsorgerecht vor. Zur Ermittlung der massgeblichen international-privatrechtlichen Bestimmungen betreffend Zuständigkeit und anwendbares Recht ist es notwendig, in den entsprechenden Vereinbarungen bzw. Urteilen klar zwischen unterhalts-, güter- und vorsorgerechtlichen Kapitalabfindungen zu unterscheiden und diese jeweils entsprechend zu bezeichnen, beispielsweise durch Setzung entsprechender Titel in der Vereinbarung oder ausdrücklicher Nennung der Rechtsgrundlage (gestützt auf Art. 126 Abs. 2 ZGB), denn in familienrechtlichen Belangen kommt das Lugano-Übereinkommen nur beim Unterhaltsrecht zur Anwendung (vgl. Art. 1 Abs. 2 LugÜ). Fehlt die eindeutige rechtliche Zuordnung, so kann mitunter strittig sein, welche IPR-Bestimmungen zur Anwendung gelangen sollen. Soweit Kapitalzahlungen den Zweck verfolgen, den gegenwärtigen oder künftigen Unterhalt des anderen abzusichern, haben sie als Unterhaltszahlungen zu gelten und fallen unter Art. 5 Ziffer 2 LugÜ. Handelt es sich hingegen um vergangenheitsbezogene Ansprüche bzw. um die Aufteilung der von den Ehepartnern während der Ehe angehäuften Güter, so liegt eine güterrechtliche Ausgleichszahlung vor, wobei sich die Zuständigkeit nach Art. 63 in Verb. mit Art. 51 ff. IPRG richtet. Erfolgt eine Kapitalabfindung gestützt auf unterhalts-

und güterrechtliche Grundlagen, so fällt der jeweilige Teilbetrag unter die entsprechende international-privatrechtliche Bestimmung (EuGH-Entscheid Boogaard v. Laumen vom 27.2.1997, Rechtssache C-220/95, TXT 695JO220, Sammlung der Rechtsprechung 1997, Seite I-1147). Fraglich ist die Einordnung der Kapitalabfindung beim Vorsorgeausgleich gemäss Art. 122 ff. ZGB. SCHWANDER neigt der Auffassung zu, dass der Vorsorgeausgleich dem Unterhaltsrecht näher steht, da er unabhängig vom Güterstand erfolgt, so dass im Rahmen des LugÜ wohl die Zuständigkeitsregel von Art. 5 Ziff. 2 LugÜ in Frage kommt. Hinsichtlich der Einordnung des Vorsorgeausgleichs im IPRG – in Fällen, in welchen das LugÜ nicht zur Anwendung kommt – muss seiner Auffassung nach eine klar andere Einordnung erfolgen (SCHWANDER, Zuständigkeit und anwendbares Recht, 3 f.).

IV. Bedingungen (Abs. 3)

1. Begriff

Eine Bedingung im Sinne von Art. 126 Abs. 3 kann sowohl bei der Rente als auch bei der   **14** Kapitalabfindung formuliert werden. Eine Bedingung im Sinn des Gesetzes liegt nur vor, wenn es um **zukünftige und ungewisse Tatsachen** geht (vgl. auch Art. 151 Abs. 1 OR), welche den Bedarf oder die Leistungsfähigkeit der Ehegatten betreffen. Andere Umstände, etwa nacheheliches Wohlverhalten, sind keine Bedingung im Sinne von Art. 126. Keine Bedingung liegt sodann vor, wenn sowohl der Eintritt der Tatsache als auch deren Zeitpunkt bereits feststehen. Die Bedingung kann aufschiebende (suspensive) oder aufhebende (resolutive) Wirkung haben. Zur teilweisen begrifflichen Übereinstimmung von Bedingung und Abänderungsvorbehalt siehe die Kommentierung von Art. 127.

2. Anwendungsbereich

Gewisse zukünftige Tatsachen sind in den Art. 128 und 129 Abs. 2 (Anpassung an die Teu-   **15** erung), Art. 129 (Veränderung der wirtschaftlichen Verhältnisse) und Art. 130 (Wiederheiratung und Tod) geregelt, so dass diesbezüglich keine Bedingung formuliert werden muss. Zur Möglichkeit, die Rechtsfolgen des Eintritts entsprechender Ereignisse mittels eines Vorbehalts bzw. einer Bedingung jedoch anders oder genauer als im Gesetz zu regeln, siehe jedoch die Kommentierung zu Art. 127. Die Anordnung einer Bedingung rechtfertigt sich insbesondere in Fällen, in denen gewisse Grundlagen zur Bemessung des nachehelichen Unterhalts im Zeitpunkt der Scheidung nicht bestimmt oder genügend bestimmbar sind bzw. in denen unklar bleibt, welche der möglichen Zukunftsvarianten sich verwirklichen wird. Dies gilt insbesondere bei **unterhaltsbegründenden oder -erhöhenden Tatsachen,** weil eine Erhöhung des nachehelichen Unterhalts nur in engen Grenzen (Art. 129 Abs. 3) möglich ist (vgl. SUTTER/FREIBURGHAUS, N 32 ff., mit Beispielen).

Damit die Frage, ob die (ganze oder nur ein Teil der) Bedingung eingetreten ist, nicht zu   **16** späteren **erneuten Auseinandersetzungen** zwischen den Parteien führt (Beweispflicht der durch die Bedingung begünstigten Partei im Sinne von Art. 8), aber auch mit Blick auf die Vollstreckbarkeit der Unterhaltsbeiträge müssen Bedingungen äusserst sorgfältig und klar formuliert werden. Unterhaltsregelungen mit unklaren oder sachfremden Bedingungen ist die Genehmigung durch das Scheidungsgericht zu verweigern. Dies gilt beispielsweise dann, wenn für die Abänderung künftige Umstände berücksichtigt werden, welche weder den Bedarf noch die Leistungsfähigkeit der Parteien berühren (vgl. auch FamKomm Scheidung/SCHWENZER, Art. 126 N 13, welche – u.E. zu restriktiv – eine Bedingung nur dann als zulässig erachtet, wenn sie den zukünftigen Bedarf der Berechtigten oder die Leistungspflicht des Verpflichteten in neuem Licht erscheinen lässt; vgl. auch Kommentierung zu Art. 140).

Art. 127

III. Rente **1. Besondere** **Vereinbarungen**	**Die Ehegatten können in der Vereinbarung die Änderung der darin festgesetzten Rente ganz oder teilweise ausschliessen.**
III. Rente 1. Dispositions spéciales	Par convention, les époux peuvent exclure complètement ou partiellement la modification ultérieure d'une rente fixée d'un commun accord.
III. Rendita 1. Disposizioni speciali	I coniugi possono disporre nella convenzione che la rendita ivi fissata non sarà modificata o potrà esserlo soltanto in parte.

Literatur

Siehe Vorbemerkungen zu Art. 125–130.

I. Das System der Abänderung von Unterhaltsbeiträgen zwischen geschiedenen Ehegatten im Überblick

1. Nachträgliche Abänderbarkeit als Grundsatz

1 Eine in einem rechtskräftigen Urteil festgesetzte Leistung ist normalerweise – unter Vorbehalt der Urteilsrevision sowie der clausula rebus sic stantibus – unveränderlich. Im Sinn einer Ausnahme vom *Grundsatz der materiellen Rechtskraft* des Scheidungsurteils sieht indessen der Gesetzgeber vor, dass Unterhaltsbeiträge zwischen geschiedenen Ehegatten unter bestimmten Voraussetzungen **nachträglich abgeändert** werden können. *Hintergrund* dieser Regelung ist die Tatsache, dass die Unterhaltsfestsetzung anlässlich der Scheidung weitgehend auf einer Momentaufnahme der wirtschaftlichen Verhältnisse der Parteien und auf Hypothesen über die voraussichtliche Entwicklung dieser Verhältnisse beruht. Treffen diese Hypothesen nicht zu, hat dies zur Folge, dass die Höhe des Unterhalts sich nachträglich als nicht mehr angemessen erweist. Der Gesetzgeber war der Ansicht, dass die sich aus der früheren familiären Verbundenheit der Parteien ableitende *nacheheliche Solidarität* eine beschränkte *nachträgliche Korrekturmöglichkeit* erfordert (Botschaft Revision Scheidungsrecht, 31, Ziff. 144.6). Dadurch, dass er die **Scheidungsrente** in Art. 129 als **grundsätzlich abänderbar** erklärte (zu den Voraussetzungen im Einzelnen siehe die Kommentierung zu Art. 129), schloss er nahtlos an die Regelung von aArt. 153 Abs. 2 an.

2. Rechtsgrundlagen der Abänderung

a) Gesetz

2 Die nachträgliche Abänderung beruht entweder auf Gesetz, auf Parteivereinbarung oder auf einem gerichtlichen Vorbehalt. Die gesetzlichen **Abänderungsgründe** sind in Art. 129 geregelt. Sie können einerseits zu einer Herabsetzung (im Extremfall zum Erlöschen), andererseits zur Erhöhung (im Extremfall zur Neufestsetzung) einer Rente führen. Einen Sonderfall der Abänderung stellt die Einstellung der Rente dar. Zum Anwendungsbereich von Art. 129 vgl. die entsprechende Kommentierung.

b) Parteivereinbarung

Die Parteien sind im Rahmen der Rechtsordnung – welche in Bezug auf die Scheidungs- **3** folgen insbesondere in Art. 140 näher konkretisiert wird – frei, **Vereinbarungen** nicht nur über die Festsetzung, sondern auch **über die Abänderung** von Unterhaltsbeiträgen zu treffen (u.a. Botschaft Revision Scheidungsrecht, 118, Ziff. 233.541; FamKomm Scheidung/SCHWENZER, N 9). Dieser *Grundsatz* wird in den gesetzlichen Bestimmungen zur Abänderung (Art. 127 ff.) nicht ausdrücklich erwähnt und ergibt sich lediglich indirekt aus der Marginalie zu Art. 127.

Die Art. 127 und 130 Abs. 2 nennen zwei Varianten einer Parteivereinbarung über die Abänderbarkeit. Diese beziehen sich allerdings gerade nicht auf die Abänderung der Unterhaltsbeiträge als solche, sondern auf die Abänderbarkeit der gesetzlichen Abänderungs- bzw. Erlöschensgründe. Mittels Vereinbarung können die Parteien den Anwendungsbereich dieser Gründe **einschränken** (wie in Art. 127) **oder ausdehnen** (dazu HAUSHEER, Scheidungsunterhalt und Familienwohnung, Rz 3.64). Die Ausdehnung kann zum Beispiel in einer Verlängerung der Frist gemäss Art. 129 Abs. 3 bestehen (siehe SUTTER/FREIBURGHAUS, Art. 129 N 62). Im Fall gemeinsamer elterlicher Sorge bedeutsam ist sodann eine Vereinbarung, welche es ermöglicht, einer gegenüber dem ursprünglich Geplanten deutlich abweichenden Verteilung der Kinderbetreuung durch eine Neuberechnung des Unterhalts des mehrbelasteten Elternteils Rechnung zu tragen (Art. 125 N 10). Von der Lehre wird hier teilweise auch eine Lösung des Mehrbelastungsproblems über den Kindesunterhalt vorgeschlagen, was allerdings u.E. systematisch nicht korrekt ist, weil der Kindesunterhalt jedenfalls nach heutigem Verständnis keinen «Lohn» für den (mehr) betreuenden Elternteil enthält. Die konkrete Rechtsfolge bei Vorliegen eines Abänderungsgrundes wird in der Regel dem Gesetz oder der Vereinbarung zu entnehmen sein. Zulässig ist es jedoch auch, die Bestimmung dieser Folge dem Gericht zu übertragen (sog. «Nachklagevorbehalt», BGE 80 II 97 E. 2b; dazu HAUSHEER/SPYCHER, Handbuch des Unterhaltsrechts, Rz 09.78).

c) Gerichtlicher Vorbehalt

Bereits unter altem Scheidungsrecht konnte das Gericht einen **Abänderungsvorbehalt** **4** in das Scheidungsurteil aufnehmen (HAUSHEER, Scheidungsunterhalt und Familienwohnung, Rz 3.64). Voraussetzung war, dass sowohl *Zeitpunkt* als auch *Umfang* der Abänderung hinreichend *bestimmt oder aber bestimmbar* waren und so eine Vollstreckung «ohne weiteres» ermöglichten (BGE 80 II 187 E. 2b, 192; dazu HAUSHEER/SPYCHER, Handbuch des Unterhaltsrechts, Rz 09.84 ff.; BSK ZGB-LÜCHINGER/GEISER, aArt. 153 N 26). Unseres Erachtens hat sich an diesen Erfordernissen unter neuem Scheidungsrecht nichts geändert.

Soweit ein Abänderungsvorbehalt vorsieht, dass im Fall des *ungewissen Eintritts* eines *bestimmten Ereignisses* eine automatische Erhöhung, Herabsetzung oder allenfalls Einstellung des Unterhaltsbeitrages erfolgt, stimmt er begrifflich mit der **Bedingung** i.S. von Art. 126 Abs. 3 überein (vgl. dazu die Botschaft Revision Scheidungsrecht, 117, Ziff. 233.53, mit Beispielen, sowie die Kommentierung zu Art. 126). Die oben genannten Anforderungen sind daher auch an gerichtlich eingefügte Bedingungen (Art. 126 Abs. 3) zu stellen.

Einen besonderen Fall eines gerichtlichen Vorbehalts (der wegen der Gewissheit über das Eintreten des Ereignisses nicht gleichzeitig auch noch eine Bedingung darstellt, vgl. SUTTER/FREIBURGHAUS, Art. 126 N 29) regelt das Gesetz in Art. 128.

II. Anwendungsbereich von Art. 127

1. Allgemeines

5 Unter dem Ausschluss der Änderung versteht der Gesetzgeber die Möglichkeit, die Anwendung der **gesetzlichen Abänderungsgründe** gemäss Art. 129 vertraglich **wegzubedingen.** Dies war trotz fehlender Erwähnung im Gesetzestext bereits unter altem Scheidungsrecht möglich (BGE 122 III 97, 98).

2. In persönlicher Hinsicht

6 Art. 127 bezieht sich lediglich auf Vereinbarungen zwischen den zu scheidenden **Ehegatten.** Die Frage, ob auch das **Scheidungsgericht** befugt sei, die Abänderbarkeit einer Rente auszuschliessen oder einzuschränken, wird von Gesetzgeber und Lehre verneint (Botschaft Revision Scheidungsrecht, 117, Ziff. 233.541; FamKomm Scheidung/ SCHWENZER, N 2; SUTTER/FREIBURGHAUS, N 4; SCHNYDER, 69).

3. In sachlicher und zeitlicher Hinsicht

7 Die Abänderungsgründe von Art. 129 gelten nur für **Unterhaltsrenten,** nicht aber für Kapitalabfindungen. Folglich ist auch der Anwendungsbereich von Art. 127 auf Renten beschränkt (vgl. die Marginalie zu den Art. 127–130).

Art. 127 erstreckt sich **nicht** auf Vereinbarungen über eine Änderung der Gründe für das **Erlöschen** von Renten (FamKomm Scheidung/SCHWENZER, Art. 127 N 6, 7). Dass die Parteien jedoch (wie bereits unter altem Recht) weiterhin befugt sind, auch von der gesetzlichen Regelung gemäss Art. 130 mittels Vereinbarung abzuweichen, ergibt sich insbesondere aus dem ausdrücklichen Verweis in Art. 130 Abs. 2.

Nach dem Gesetzeswortlaut bezieht sich der Ausschluss der Abänderung gemäss Art. 127 auf eine **in der Vereinbarung** über die Scheidungsfolgen i.S. von Art. 140 festgesetzte Rente (Botschaft Revision Scheidungsrecht, 117, Ziff. 233.541). Dies dürfte der üblichen Konstellation entsprechen, erscheint es doch als wenig wahrscheinlich, dass sich die Parteien über Änderungsmodalitäten einigen, ohne vorgängig eine Einigung über Höhe und Dauer der Rente erzielt zu haben. Sollte die Rente indessen ausnahmsweise (allein) auf einem **Urteil** beruhen, ist nicht ersichtlich, weshalb Art. 127 nicht auch hier angewendet werden könnte. Die vom Gesetzgeber gewählte Formulierung ist zu eng (vgl. FamKomm Scheidung/SCHWENZER, N 4).

Auch nach **Abschluss des Scheidungsverfahrens** können die Parteien Vereinbarungen über die Abänderung der Unterhaltsbeiträge im Sinn des oben Ausgeführten abschliessen. Derartige Vereinbarungen unterstehen den Art. 127 ff. nicht und bedürfen keiner gerichtlichen Genehmigung, weil die Parteien – insbesondere der Unterhaltsgläubiger – nach vollzogener Scheidung trotz eines allfälligen wirtschaftlichen Ungleichgewichts nicht mehr als besonders schutzbedürftig gelten können (BGE 47 II 243, Regeste; BGE 67 II 6, 9 = Pra 30 Nr. 84; BGE 107 II 10 E. 2 unter Verweis auf BK-SPÜHLER/FREIMAURER, aArt. 158 N 167; **a.M.** betreffend der nachträglichen Abänderung der Unterhaltsbeiträge FamKomm Scheidung/SCHWENZER, Art. 129 N 54 und FamKomm Scheidung/LEUENBERGER/SCHWENZER Art. 140 N 8 f.).

4. Hinsichtlich des Umfangs

8 Die Wegbedingung der gesetzlichen Abänderungsgründe kann eine vollständige oder teilweise sein. Ein teilweiser Ausschluss kann darin bestehen, dass ein bestimmter **Be-**

trag von der Abänderbarkeit ausgeschlossen wird, oder aber darin, dass die **Voraussetzungen**, unter denen die Abänderung stattfindet, inhaltlich **beispielsweise** wie folgt beschränkt werden:

– Ausschluss der Erhöhung oder Neufestsetzung, Beibehaltung von Herabsetzung, Einstellung oder Aufhebung der Rente (oder umgekehrt; FamKomm Scheidung/ SCHWENZER, N 6);

– Verzicht auf eine Herabsetzung im Fall einer Verbesserung der Verhältnisse des Gläubigers, unter Beibehaltung der Herabsetzbarkeit bei verschlechterten Verhältnissen des Schuldners;

– Absehen von der Berücksichtigung der wirtschaftlichen Folgen konkreter zukünftiger Ereignisse (z.B. eines Erbanfalles beim Unterhaltsgläubiger, FamKomm Scheidung/ SCHWENZER, N 6);

– von der gerichtlichen Praxis abweichende Definition der Erheblichkeit einer Veränderung.

Gemäss Ziff. 233.541 der Botschaft Revision Scheidungsrecht (118) soll ein Ausschluss   **9** der nachträglichen Änderung gemäss Art. 127 auch eine **nachträgliche Indexierung** im Sinn von Art. 129 Abs. 2 ausschliessen. Diese Aussage trifft nur für den Fall des vollständigen Ausschlusses der Änderung uneingeschränkt zu. Bei teilweisem Ausschluss ist der konkrete Inhalt der Klausel massgeblich.

5. Insbesondere «Konkubinatsklauseln»

Häufig sind in der gerichtlichen und anwaltschaftlichen Praxis so genannte «**Konkubi-**   **10** **natsklauseln**» anzutreffen, in denen die Parteien eine Herabsetzung, häufiger aber eine Sistierung, seltener ein Erlöschen der Rente bei bestimmter Dauer einer nichtehelichen Lebensgemeinschaft des Berechtigten vereinbaren (zum typischen Inhalt vgl. LIATOWITSCH, 479; in Übernahme der Terminologie des Partnerschaftsgesetzes kann u.E. neuerdings auch der – gleichgeschlechtliche Gemeinschaften mitumfassende – Begriff der **faktischen Lebensgemeinschaft** anstelle des Begriffs der nichtehelichen Lebensgemeinschaft verwendet werden). Soweit eine derartige Klausel die Bedingungen verschärft, welche die gerichtliche Praxis für die Einstellung oder das Erlöschen der Rentenverpflichtung im «Konkubinatsfall» voraussetzt, stellt sie sinngemäss ebenfalls einen teilweisen Ausschluss der Änderung i.S. von Art. 127 dar. Häufiger dürften allerdings die – nicht von Art. 127 erfassten – Fälle sein, in denen Konkubinatsklauseln die Hürden für Sistierung und Erlöschen der Rente gegenüber der gerichtlichen Praxis reduzieren.

6. Schranken

Die Vereinbarung über den Ausschluss der Änderung bedarf zu ihrer Gültigkeit der **ge-**   **11** **richtlichen Genehmigung** gemäss Art. 140. Sie untersteht zudem dem Vorbehalt von Art. 27 Abs. 2 sowie der clausula rebus sic stantibus (letzterer allerdings lediglich unter «entsprechender» Anwendung, da nicht auf dem Prinzip von Leistung und Gegenleistung beruhend; BGE 122 III 97). Diese können unter ganz besonderen Umständen allenfalls die Grundlage für eine **nachträgliche Anpassung der Vereinbarung** im Sinn einer Reduktion der schuldnerischen Verpflichtungen darstellen.

Gemäss ZGB-LÜCHINGER/GEISER (aArt. 153 N 27) – im Gegensatz u.a. zu BK-BÜHLER/   **12** SPÜHLER, aArt. 153 N 19 – verstösst ein **allgemeiner Ausschluss** der Abänderung einer Unterhaltsrente gegen **Art. 27 Abs. 2**, weil es nicht angehen könne, dass die pflichtige

Partei unter Umständen während Jahren auf den Notbedarf verwiesen bleibe. Dieser Auffassung kann u.E. nicht gefolgt werden, weil die blosse Einschränkung der Lebenshaltung auf das Existenzminimum als solche noch keine übermässige Beschränkung der eigenen Freiheit darstellt (vgl. E. BUCHER, AT, § 15 VII 3. e). Dies gilt insbesondere dann, wenn – wie dies oftmals zutrifft (vgl. N 17) – der Ausschluss der Herabsetzung eine Gegenleistung für ein vermögensrechtliches Entgegenkommen des Unterhaltsgläubigers darstellt (SUTTER/FREIBURGHAUS, N 18; HAUSHEER/SPYCHER, Handbuch des Unterhaltsrechts, Rz 09.81). Vorbehalten bleibt die Überprüfung einer Verletzung von Art. 27 Abs. 2 im Einzelfall (DIES., a.a.O.).

13   Gemäss SUTTER/FREIBURGHAUS (N 16) verstösst die Vereinbarung der Unabänderlichkeit einer Unterhaltsrente dann gegen Art. 27 Abs. 2, wenn dies **nachträglich** zu einer Verletzung des **Existenzminimums des Schuldners** führt. Unseres Erachtens kann indessen Art. 27 Abs. 2 auch hier nur in begründeten Ausnahmefällen und nach Berücksichtigung aller massgebenden Umstände angewendet werden. Hierzu zählen wiederum die Höhe einer allfälligen Gegenleistung des Gläubigers (BK-BUCHER, Art. 27 N 290 ff.) sowie die Bedeutung des Unterhaltsbeitrages für den Berechtigten (HAUSHEER, Scheidungsunterhalt und Familienwohnung, Rz 3.64). Zu beachten ist insbesondere, dass das *Schuldbetreibungsrecht* dem Unterhaltsschuldner Schutz vor einer Zwangsvollstreckung in sein Existenzminimum bietet. Würde man dem Schuldner die Abänderung trotz vereinbarten Verzichts immer dann erlauben, wenn die Zahlung des geschuldeten Unterhaltsbeitrages *rein rechnerisch* zu einer Verletzung seines Existenzminimums führt, bliebe Art. 127 zu einem wesentlichen Teil toter Buchstabe, was nicht der Absicht des Gesetzgebers entsprechen kann.

14   **Keine** Handhabe für ein nachträgliches Zurückkommen auf die Vereinbarung der Unabänderlichkeit einer Unterhaltsrente besteht nach den zur Verfügung stehenden Titeln – Art. 2 und Art. 27 Abs. 2 – u.E. so dann in Fällen, in denen sich nicht die finanziellen **Verhältnisse** des Schuldners verschlechtern, sondern diejenigen des **Gläubigers** völlig unerwartet **verbessern** (vgl. zum Beispiel des Lotteriegewinns HAUSHEER, Scheidungsunterhalt und Familienwohnung, Rz 3.64).

14a   Ebenfalls kein Anlass zu einem Abweichen von der Vereinbarung besteht so dann u.E. bei **Veränderungen in der Besteuerung** (FamKomm Scheidung/SCHWENZER, N 11), selbst wenn diese spiegelbildlich zu einer Entlastung der einen und zur zusätzlichen Belastung der anderen Partei führen sollten (DIES., Art. 129 N 46), da sich die entsprechenden (zusätzlichen bzw. wegfallenden) Steuerbeträge nie genau entsprechen werden. Seit dem Inkrafttreten des StHG und dessen Umsetzung in den Kantonen dürfte die Wahrscheinlichkeit eines erneuten, grundsätzlichen Systemwechsels bei der Besteuerung von Unterhaltsbeiträgen zwischen geschiedenen Ehegatten zudem gering sein.

7. Gründe

15   Es gibt verschiedene Gründe, welche die Parteien zu einer vertraglichen Wegbedingung der gesetzlichen Regeln über die Abänderung veranlassen können. Zu nennen ist vorab der Vorteil, dass mit einem Ausschluss der Abänderungsmöglichkeiten **Streitigkeiten** in einem zukünftigen Abänderungsprozess **vermieden** oder eingegrenzt werden können (Botschaft Revision Scheidungsrecht, 117, Ziff. 233.541). Unsicherheiten über die zukünftige Entwicklung sollen bewusst aus der Unterhaltsberechnung ausgeklammert werden. Jede Partei trägt das Risiko, das sich aus einer unvorgesehenen Verschlechterung ihrer wirtschaftlichen Verhältnisse ergibt, alleine, und zieht alleine Nutzen aus deren unvorhergesehenen Verbesserung. Dies kann für die Parteien vor allem dann von Interesse sein, wenn bei Abschluss der Vereinbarung ungewiss ist, wie die Rechtsprechung einen bestimmten Abänderungsgrund interpretieren wird. Unter neuem Scheidungsrecht trifft dies insbesondere für den Fall der faktischen Lebensgemeinschaft des Unterhaltsberechtigten bzw. deren Auswirkungen auf den Unterhaltsanspruch zu (siehe dazu die Kommentierung zu Art. 129). Ob eine unter diesen Voraussetzungen eingegangene «Konkubinatsklausel» letztlich eine Einschränkung oder aber eine Ausdehnung der Änderungsmöglichkeiten darstellt (vgl. N 10), wird sich erst beurteilen lassen, wenn sich diesbezüglich eine konstante Rechtsprechung herausgebildet hat.

Neben der Aussicht auf eine Vermeidung von späteren Prozessen (N 15) sind es oftmals **16** auch **Zugeständnisse wirtschaftlicher Art,** welche die Parteien zum Abschluss einer Vereinbarung gemäss Art. 127 veranlassen (SUTTER/FREIBURGHAUS, N 18; als Beispiel BGE 67 II 6, 9). Eine Beschränkung der Abänderungsmöglichkeiten gemäss Art. 129 Abs. 1 oder eine Erweiterung der Abänderungsmöglichkeiten gemäss Art. 129 Abs. 3 dürften regelmässig mit Zugeständnissen des Unterhaltsberechtigten anlässlich der Scheidung – Reduktion der Rente hinsichtlich ihrer Höhe oder Dauer –, eine Erweiterung der Abänderungsmöglichkeiten gemäss Art. 129 Abs. 1 oder eine Beschränkung oder ein Ausschluss der Gründe für eine Rentenerhöhung oder Neufestsetzung gemäss Art. 129 Abs. 3 dagegen mit solchen des Unterhaltsverpflichteten verbunden sein. Ein Ausgleich mittels «Gegenleistungen» in Bereichen, welche nicht die finanziellen Verhältnisse der Parteien betreffen (beispielsweise im Zusammenhang mit dem Besuchsrecht eines Elternteils), erscheint in Anbetracht der Unabhängigkeit von Unterhalt und Kindes- bzw. Elternrechten zwar als systemwidrig, dürfte in der Praxis jedoch ebenfalls vorkommen und ist – da die entsprechende Motivation von den Parteien kaum offen gelegt wird – abgesehen vom Fall einer klar unangemessenen und daher nicht genehmigungsfähigen Vereinbarung nicht sanktionierbar.

III. Prozessuales

Der Unterhaltsschuldner, der trotz Vorliegens eines Abänderungsverzichts die Abänderung des Unterhaltsbeitrages gerichtlich durchsetzen will, hat dies im Rahmen eines **17** normalen **Abänderungsverfahrens** zu tun (SUTTER/FREIBURGHAUS, N 20).

Art. 128

2. Anpassung an die Teuerung	**Das Gericht kann anordnen, dass der Unterhaltsbeitrag sich bei bestimmten Veränderungen der Lebenskosten ohne weiteres erhöht oder vermindert.**
2. Indexation	Le juge peut décider que la contribution d'entretien sera augmentée ou réduite d'office en fonction de variations déterminées du coût de la vie.
2. Adeguamento al rincaro	Il giudice può decidere che il contributo di mantenimento sia aumentato o ridotto automaticamente in funzione di determinati cambiamenti del costo della vita.

Literatur

Siehe Vorbemerkungen zu Art. 125–130.

I. Überblick

1. Zweck der Anpassung an die Teuerung und Begriffliches

1 Insbesondere bei Unterhaltsrenten mit längerer Laufzeit kann der Anstieg der Teuerung eine erhebliche **Entwertung** der Rente zur Folge haben. Wurde das Einkommen des Unterhaltsschuldners an die Teuerung angepasst, hat dieser bei gleich bleibendem Nominalbetrag der Rente einen zunehmend geringeren Teil seines Einkommens für die Erfüllung der Unterhaltsverpflichtung aufzuwenden. Diese *gegenläufigen Entwicklungen stören das* der Festlegung der Rente im Scheidungszeitpunkt zugrunde liegende *Gleichgewicht* zwischen Leistungsfähigkeit und Bedarf der Parteien. Die periodische Anpassung der Rente an die Teuerung vermag dem entgegenzuwirken; bei Renten mit sehr kurzer Laufzeit ist eine Indexierung hingegen nicht erforderlich (BGE 5C.90/2004 [www.bger.ch]). Weil sich die periodische Anpassung gemäss schweizerischer Gerichts- und Anwaltspraxis in der Regel nach dem Landesindex der Konsumentenpreise richtet (www.bfs.admin.ch/bfs/portal/de/index/themen/preise/konsumentenpreise/landesindex/kennzahlen/aktuell.html), wird sie meist verkürzend als «**Indexierung**» bezeichnet.

2 Art. 128 ist weitgehend Art. 286 Abs. 1 (betreffend Unterhaltsbeiträge an Kinder) nachgebildet. Die Bestimmung regelt – entgegen dem nicht völlig klaren Wortlaut der Marginalie, welche nur auf die Teuerung verweist – sowohl die **automatische Erhöhung** als auch die **automatische Reduktion** des Unterhaltsbeitrages bei einem Anstieg bzw. Rückgang der Lebenshaltungskosten gemäss Index.

2. Altes Scheidungsrecht

3 Eine echte nachträgliche Erhöhung von Unterhaltsrenten war nach altem Scheidungsrecht ohne entsprechende Parteivereinbarung unzulässig (BGE 117 II 359, 365). Demgegenüber liess das Bundesgericht bereits in BGE 100 II 245, 252 die gerichtliche Indexierung von Unterhaltsbeiträgen zwischen geschiedenen Ehegatten zu mit der Begründung, es handle sich dabei um eine **unechte** bzw. lediglich nominelle **Erhöhung** des Unterhaltsbeitrages. Die Indexierung konnte sowohl im Scheidungsurteil als auch nachträglich erfolgen (BGE 105 II 166, Regeste). Davon ausgenommen waren Rentenbestandteile, welche der Abgeltung entgangener Anwartschaften dienten (BGE 115 II 309, 316; 105 II 166, Regeste).

3. Gesetzgebungsverfahren

4 Gemäss *Art. 133 VE* sollten Unterhaltsrenten zwischen geschiedenen Ehegatten aus den oben (N 1) geschilderten Überlegungen grundsätzlich indexiert werden. Wegen der rückläufigen Wirtschaftsentwicklung und der vielerorts nicht mehr regelmässig erfolgenden Angleichung der Löhne an die Teuerung verzichtete indessen der Gesetzgeber auf diese Bestimmung. Ein Relikt der ursprünglichen Absicht des Gesetzgebers findet sich in Art. 143 Ziff. 4, welcher sicherstellen soll, dass Gericht und Parteien sich die **Frage, ob eine Indexierung zu erfolgen hat,** zumindest stellen (Botschaft Revision Scheidungsrecht, 118, Ziff. 233.542; vgl. die Kommentierung zu Art. 143).

II. Anwendungsbereich

5 Art. 128 bezieht sich nur auf Unterhaltsbeiträge in **Rentenform,** nicht aber auf eine Kapitalleistung. Unerheblich ist, ob die Rente gerichtlich festgesetzt oder durch die Parteien vereinbart wurde. Ob Art. 128 auch auf in Rentenform zugesprochene Leistungen nach Art. 124 analog anwendbar sei, wurde in E. 7 von BGE 5C.13/2003 vom 30.8.2004 [www.bger.ch], publiziert als BGE 131 III 1, jedoch ohne E. 7, mit einer eher ablehnenden Nebenbemerkung offen gelassen.

Art. 128 wird *ergänzt* durch Art. 129 Abs. 2, welcher das Abänderungsgericht ermäch-   **6** tigt, auch **nachträglich** noch eine **Indexierung** anzuordnen: Während Art. 128 zur Anwendung gelangt, wenn bei der Scheidung eine spätere Anpassung des schuldnerischen Einkommens an die Teuerung vorhersehbar ist, deckt Art. 129 Abs. 2 diejenigen Fälle ab, in denen auf die Indexierung mangels Vorhersehbarkeit der Anpassung verzichtet werden musste (dazu Art. 129 N 43 f.).

III. Voraussetzungen

1. Antrag einer Partei

Art. 128 stellt es in das Ermessen des Scheidungsgerichts, eine Indexierung der Unter-   **7** haltsrente gegen den Willen einer Partei anzuordnen (Botschaft Revision Scheidungsrecht, 118, Ziff. 233.542), **sofern die andere Partei** dies **beantragt.** Gegen den Willen beider Parteien bzw. bei fehlendem Antrag (BGE 5C.282/2002 E. 9.1 [www.bger.ch]) kann die Anpassung an die Teuerung demgegenüber nicht vorgeschrieben werden. Allerdings kann das Gericht die Parteien u.U. *indirekt* zur Indexierung gegen ihren übereinstimmenden Willen veranlassen, indem es in Aussicht stellt, ansonsten die Vereinbarung wegen offensichtlicher Unangemessenheit nicht zu genehmigen (Art. 140 Abs. 2).

2. Voraussichtliche Anpassung des schuldnerischen Einkommens an die Teuerung

Ausschlaggebend für die Anordnung der Indexierung ist, ob sich das Einkommen des   **8** Unterhaltsschuldners **voraussichtlich** regelmässig mindestens **im Rahmen der Teuerung erhöhen** wird (BGE 100 II 245, 253; Botschaft Revision Scheidungsrecht, 118, Ziff. 233.542). Erscheint die Anpassung unwahrscheinlich, muss von einer Indexierung abgesehen und der Unterhaltsgläubiger auf Art. 129 Abs. 2 verwiesen werden (dazu N 6). **Im Zweifelsfall,** d.h. wenn weder die eine noch die andere Wahrscheinlichkeit überwiegt, soll u.E. die **Indexierung vorgenommen** werden, um dem Gläubiger einen aufwändigen Abänderungsprozess zu ersparen. Dem Interesse des Schuldners daran, dass sich das Verhältnis zwischen seinem Einkommen und seiner Schuldpflicht nicht zu seinen Ungunsten verändert, kann nämlich durch Anfügung der – heute die Regel bildenden – **Klausel** Rechnung getragen werden, welche vorsieht, dass die Erhöhung nicht oder nur teilweise erfolgt, wenn der Schuldner mittels Dokumenten den Nachweis erbringt, dass sich sein Einkommen nicht oder nur teilweise an die Teuerung angepasst hat (gl.M. FamKomm Scheidung/SCHWENZER, N 4; vgl. N 14). Gleiches gilt, wenn vorhersehbar ist, dass sich das Einkommen des Schuldners voraussichtlich lediglich *teilweise* mit der Teuerung entwickeln wird, so im Fall, dass die massgebliche Einkommensquelle in einer Rente besteht, welche nach einem Mischindex ausgeglichen wird.

Schwierigkeiten bereitet es, abzuschätzen, in welchem Umfang das Einkommen von   **9** **Selbständigerwerbenden** mit der Teuerung Schritt halten wird. Im Zweifelsfall kann der Entscheid für oder gegen die Indexierung von einem *Vergleich* mit der Entwicklung von Einkommen und Teuerung in den Jahren vor der Scheidung abhängig gemacht werden. *Zu überprüfen* ist u.E. die Ansicht von LIATOWITSCH (FamKomm Scheidung/LIATOWITSCH Anhang K, N 197), wonach bei Selbständigerwerbenden wegen der erheblichen Möglichkeiten der Einflussnahme auf den Geschäftsabschluss stets eine Indexierung anzuordnen sei. Dieses Vorgehen stellt selbständigerwerbende Schuldner allein wegen des «systemimmanent» bestehenden Missbrauchspotentials schlechter als Angestellte und lässt sie das Risiko der fehlenden Einkommenssteigerung allein tragen. Die unter N 8 erwähnte Klausel würde in solchen Fällen dem Schuldner wenig nützen, ist er doch selber für die Erstellung der benötigten Beweismittel zuständig, was deren Beweiswert regelmässig wesentlich mindert.

10   Hat eine der Parteien bei Scheidung **Wohnsitz im Ausland,** oder ist die Wohnsitznahme im Ausland im Scheidungszeitpunkt absehbar, so stellt sich die Frage, wie der unterschiedlichen Teuerungsentwicklung in den beteiligten Ländern Rechnung zu tragen ist. Auch hier ist in erster Linie der Bedarf des Gläubigers massgebend. Einschränkungen ergeben sich aber u.U. aus der Leistungsfähigkeit des Schuldners. Bei ausländischem Wohnsitz des *Schuldners* ist deshalb auf die ausländische Lohnentwicklung abzustellen, wenn diese die schweizerische Teuerung nicht erreicht. Bei höherer Teuerung (und Lohnanpassung) im Ausland bleibt demgegenüber für die Indexierung der Unterhaltsbeiträge die schweizerische Teuerung massgeblich. Wohnt der *Gläubiger* im Ausland, trägt er das Risiko, dass sein Wohnsitzland eine höhere Teuerung als die Schweiz verzeichnet. Bei geringerer Teuerung ist demgegenüber u.U. nur ein reduzierter Teuerungsausgleich gemäss den Entwicklungen im Wohnsitzland anzuordnen. Allenfalls ist bei ausländischem Wohnsitz einer Partei mit Blick auf die Unangemessenheit einer Anknüpfung an den schweizerischen Index sowie die Schwierigkeiten bei der Ermittlung der Teuerung im Wohnsitzland auf die Indexierung ganz zu *verzichten* (Sutter/Freiburghaus, N 11).

11   Wurde für die Unterhaltsberechnung **Einkommen aus Vermögen** mit berücksichtigt, hängt die Frage, ob auch diesbezüglich eine Indexierung gerechtfertigt ist, wesentlich von der Art der Investition ab. Bereitet bei Grundeigentum die Ermittlung des Ertrages Schwierigkeiten, ist es angemessen, von einem durchschnittlichen Kapitalzins auszugehen (BGE 115 II 309, 315).

12   Üblicherweise bezieht sich die Anpassung an die Teuerung auf die gesamte Unterhaltsrente. Ist jedoch davon auszugehen, dass das schuldnerische Einkommen nur teilweise mit der Teuerung Schritt halten wird (z.B. im Fall einer Zusammensetzung des massgeblichen Einkommens aus verschiedenen Quellen, wie Erwerbs- und Vermögens- oder Renteneinkommen) kann einer voraussichtlich unterschiedlichen Einkommensentwicklung dadurch Rechnung getragen werden, dass nur ein **Teil** der Rente **indexiert** wird. Die Zulässigkeit einer derartigen Vereinbarung oder Anordnung ergibt sich implizit aus Art. 143 Ziff. 4, welcher festhält, dass in Urteil oder Konvention anzugeben sei, «ob und in welchem Ausmass» die Rente sich an die Veränderung der Lebenskosten anpasse.

3. Beispiele

13   Die **Indexklausel** kann entweder eine *regelmässige* (meist jährliche) *Anpassung* an die Entwicklung der Lebenskosten bzw. Teuerung der Vorperiode (des Vorjahres) entsprechend dem Landesindex der Konsumentenpreise vorsehen *(Jahresklausel) oder* aber einen *bestimmten Anstieg der Teuerung* (ausgedrückt in Prozenten oder – auf den Landesindex der Konsumentenpreise bezogenen – Punkten) *voraussetzen (Punkteklausel;* vgl. BGE 98 II 257). Beide Methoden können auch kombiniert werden (dazu m.Hw. und Formulierungsvorschlägen, BK-Hegnauer, Art. 286 N 38, in fine, sowie Kreis, Zur Indexierung von Unterhaltsbeiträgen, SJZ 1982, 286 ff., 288). Die «Punkteklausel» bietet Vorteile für den Schuldner bei Selbständigerwerbenden mit unsicherer Einkommensentwicklung, weil sie wegen des in der Regel mehr als ein Jahr dauernden Zeitraumes, der bis zur nächsten Anpassung zur Verfügung steht, eher einen Ausgleich zwischen Jahren mit besserer und schlechterer Ertragslage zulässt als eine jährliche Anpassung. Negativ für den Gläubiger ist, dass er gezwungen ist, die Entwicklung des Indizes zu verfolgen,

und dass ein allfälliger Einkommensanstieg beim Schuldner nur mit Verzögerung und in unregelmässigen Abständen weitergegeben wird. Zudem bringen Punkteklauseln bei abgestuften Renten Berechnungsschwierigkeiten mit sich.

In die gebräuchlichen Indexklauseln werden mit Blick auf die unsichere Anpassung des   **14** schuldnerischen Einkommens an die Teuerung meist **Vorbehalte** aufgenommen, mittels derer die Verknüpfung zwischen tatsächlicher Einkommensentwicklung und **Teuerung** sichergestellt werden kann (BGE 127 III 289, 294; vgl. so dann N 8). Da der Gläubiger keinen Einblick in die Einkommensverhältnisse des Schuldners hat, ist es üblich, den *Nachweis* einer nicht erfolgten Anpassung des Einkommens an die Teuerung dem *Schuldner* zu überbinden. *Abzuraten* ist wegen der ungerechtfertigten Einschränkung der Berechnungsbasis von Vorbehalten, welche die Anpassung der Rente nicht an ein Schritthalten des schuldnerischen *Einkommens* mit der *Teuerung,* sondern ausdrücklich an die *Gewährung des Teuerungsausgleiches* knüpfen (BGE 116 III 62, 64; 115 II 309, 314).

IV. Rechtsfolgen

Bei Indexierung einer Rente **erhöht** sich der Anspruch des Gläubigers **automatisch** mit   **15** Wirkung ab dem in der Klausel vorgesehenen Zeitpunkt. Meist wird die erstmalige Anpassung vorgesehen für das Folgejahr der Scheidung. Ein Aufschub auf einen späteren Zeitpunkt erscheint jedoch bei Vorliegen entsprechender Gründe als zulässig.

V. Abweichende Vereinbarungen

Verzichten die Parteien – um Art. 143 Ziff. 4 Genüge zu tun (vgl. Art. 143 N 8) – in der   **16** Vereinbarung ausdrücklich auf eine Indexierung, stellt sich je nach Formulierung des Verzichts u.U. die Frage, ob damit lediglich zurzeit auf die Indexierung verzichtet werden oder ob die Vereinbarung gleichzeitig die Anwendbarkeit von **Art. 129 Abs. 2** ausschliessen soll. Im Zweifelsfall muss u.E. eine Verzichtsklausel **restriktiv**, d.h. dahingehend ausgelegt werden, dass sie lediglich die Indexierung im Scheidungszeitpunkt umfasst und nicht auch gleichzeitig eine Vereinbarung nach Art. 127 darstellt.

VI. Prozessuales

Die Durchsetzung der infolge Anpassung an die Teuerung erhöhten Ansprüche erfolgt   **17** gewöhnlich im Verfahren der **Rechtsöffnung,** weil sich aufgrund der verwendeten Standard-Berechnungsformel der Indexierung der neu geschuldete Unterhaltsbeitrag exakt ermitteln lässt. Will der Schuldner den Einwand mangelnder Anpassung seines Einkommens an die Teuerung erheben (siehe N 8, 14), so hat er diesen mittels Urkunden zu belegen, andernfalls er auf den Abänderungsprozess verwiesen ist (Art. 81 Abs. 1 SchKG). Im Hinblick darauf empfiehlt es sich, den Vorbehalt in der Indexklausel so zu formulieren, dass vom Schuldner ein *schriftlicher Nachweis* verlangt wird (N 8; vgl. aber den weniger weitgehenden Formulierungsvorschlag in BGE 127 III 289, 294; so dann FANKHAUSER, 293).

Art. 129

**3. Abänderung
durch Urteil**

[1] Bei erheblicher und dauernder Veränderung der Verhältnisse kann die Rente herabgesetzt, aufgehoben oder für eine bestimmte Zeit eingestellt werden; eine Verbesserung der Verhältnisse der berechtigten Person ist nur dann zu berücksichtigen, wenn im Scheidungsurteil eine den gebührenden Unterhalt deckende Rente festgesetzt werden konnte.

[2] Die berechtigte Person kann für die Zukunft eine Anpassung der Rente an die Teuerung verlangen, wenn das Einkommen der verpflichteten Person nach der Scheidung unvorhergesehenerweise gestiegen ist.

[3] Die berechtigte Person kann innerhalb von fünf Jahren seit der Scheidung die Festsetzung einer Rente oder deren Erhöhung verlangen, wenn im Urteil festgehalten worden ist, dass keine zur Deckung des gebührenden Unterhalts ausreichende Rente festgesetzt werden konnte, die wirtschaftlichen Verhältnisse der verpflichteten Person sich aber entsprechend verbessert haben.

**3. Modification
par le juge**

[1] Si la situation du débiteur ou du créancier change notablement et durablement, la rente peut être diminuée, supprimée ou suspendue pour une durée déterminée; une amélioration de la situation du créancier n'est prise en compte que si une rente permettant d'assurer son entretien convenable a pu être fixée dans le jugement de divorce.

[2] Le créancier peut demander l'adaptation de la rente au renchérissement pour l'avenir, lorsque les revenus du débiteur ont augmenté de manière imprévisible après le divorce.

[3] Dans un délai de cinq ans à compter du divorce, le créancier peut demander l'allocation d'une rente ou son augmentation lorsque le jugement de divorce constate qu'il n'a pas été possible de fixer une rente permettant d'assurer l'entretien convenable du créancier, alors que la situation du débiteur s'est améliorée depuis lors.

**3. Modifica
mediante sentenza**

[1] Se la situazione muta in maniera rilevante e durevole, la rendita può essere ridotta, soppressa o temporaneamente sospesa; un miglioramento della situazione dell'avente diritto deve essere preso in considerazione soltanto se nella sentenza di divorzio si è potuto fissare una rendita sufficiente a coprire il suo debito mantenimento.

[2] L'avente diritto può esigere per il futuro un adattamento della rendita al rincaro allorché i redditi dell'obbligato aumentino in maniera imprevista dopo il divorzio.

[3] Entro un termine di cinque anni dal divorzio l'avente diritto può esigere che sia fissata una rendita oppure che essa sia aumentata, qualora nella sentenza di divorzio sia stata constatata l'impossibilità di fissare una rendita sufficiente a coprire un debito mantenimento, ma la situazione economica dell'obbligato sia nel frattempo migliorata.

Literatur

Siehe Vorbemerkungen zu Art. 125–130.

I. Überblick

Art. 129 regelt die gerichtliche Abänderung einer Scheidungsrente in unterschiedlichen **1**
Situationen einer **nachträglichen,** bei Scheidung nicht vorhersehbaren **Veränderung
der wirtschaftlichen Verhältnisse,** nämlich bei:

– Verbesserung der Situation,

  – des Berechtigten (Abs. 1),

  – des Verpflichteten (Abs. 2, 3),

– Verschlechterung der Situation des Verpflichteten (Abs. 1).

Eine nachträgliche *Verschlechterung* der Situation des *Berechtigten* stellt demgegenüber
keinen Abänderungsgrund dar. Eine entsprechende Bestimmung *(VE Art. 146 Abs. 2
Ziff. 2)* wurde nach erheblichem Widerstand bereits nach dem Vernehmlassungsverfahren
fallen gelassen (Botschaft Revision Scheidungsrecht, Ziff. 233.543, FN 372).

Die **Gliederung** von Art. 129 beruht nicht auf den vorgenannten Situationen, sondern auf
deren unterschiedlichen **Rechtsfolgen.** Es sind dies die

– Herabsetzung (allenfalls Einstellung oder Aufhebung; Abs. 1),

– unechte Erhöhung (Indexierung; Abs. 2)

– oder echte Erhöhung (allenfalls Neufestsetzung; Abs. 3) der Rente.

Zum Umfang der erforderlichen Veränderung und allfälligen weiteren Voraussetzungen
für die Gutheissung einer Klage siehe N 7 ff. Zur Abänderung gestützt auf Parteivereinbarung oder gerichtlichen Abänderungsvorbehalt siehe Art. 127 N 3 ff.

Der Abänderung gemäss Art. 129 unterliegt die **ganze Rente,** sofern die Parteien nichts **2**
anderes vereinbart haben. Ein im Rahmen der parlamentarischen Beratungen gestellter
Antrag, zu Vorsorgezwecken bestimmte Rentenbestandteile von Gesetzes wegen von der
Abänderbarkeit auszunehmen, wurde vom Nationalrat verworfen (dazu SUTTER/FREI-
BURGHAUS, Art. 129 N 7).

II. Anwendungsbereich

1. Renten

Nach dem Gesetzestext und seiner systematischen Stellung (vgl. die Marginalien) ge- **3**
langt Art. 129 lediglich auf **Unterhaltsrenten** zur Anwendung (vgl. auch Art. 127 N 7).
Demgegenüber sind **Kapitalleistungen** grundsätzlich, d.h. unter Vorbehalt einer anders
lautenden Parteivereinbarung, **nicht abänderbar** (Botschaft Revision Scheidungsrecht,
117 in fine, Ziff. 233.53), dies ungeachtet dessen, ob eine einmalige Zahlung oder eine
Zahlung in Raten erfolgt (BGE 104 II 237, 240). Zur Abgrenzung der Raten- von der
Rentenzahlung ist unter anderem darauf abzustellen, ob die Anzahl der Raten im Voraus
bestimmt ist oder nicht (BSK ZGB-LÜCHINGER/GEISER, aArt. 153 N 1).

Die Abänderung eines dem Unterhaltsberechtigten eingeräumten **Wohnrechts** untersteht **4**
Art. 121 Abs. 3. Gemäss dieser Bestimmung wirkt sich eine Veränderung in der Leistungsfähigkeit der Parteien nicht auf die Höhe der für das Wohnrecht geschuldeten
angemessenen Entschädigung – welche in der Regel mit dem Unterhaltsbeitrag verrechenbar erklärt wird (SUTTER/FREIBURGHAUS, Art. 121 N 60, 62) – aus. Wurde die Entschädigung also bewusst niedrig angesetzt, kann der Schuldner bei Eintritt einer der in

Art. 129 Abs. 1 genannten Veränderungen neben der Herabsetzung des Unterhaltsbeitrages nicht auch noch eine Erhöhung der Entschädigung verlangen, es sei denn, dies sei ausdrücklich vorbehalten worden.

2. Vorbehalt von aArt. 153 für altrechtliche Scheidungsrenten

5   Die Abänderung eines unter altem Recht rechtskräftig gewordenen Scheidungsurteils erfolgt nach den Vorschriften des alten Rechts (Art. 7 Abs. 3 SchlT). Ausnahmen gelten für die Kinderbelange und das Verfahren. Für die Anpassung altrechtlicher Scheidungsrenten gelten damit weiterhin aArt. 153 Abs. 2 und die dazu ergangene Rechtsprechung. Dies hat zur Folge, dass eine nachträgliche **Erhöhung** oder Neufestsetzung einer altrechtlichen Rente **ausgeschlossen** bleibt (dazu u.a. BGE 117 II 359, 365). Im Fall einer nachträglichen Herabsetzung oder Aufhebung kann dem – neu gemäss Art. 129 Abs. 1 Satz 2 zu berücksichtigenden – Umstand, dass anlässlich der Scheidung keine den gebührenden Unterhalt deckende Rente festgesetzt werden konnte, im Rahmen der Rechtsprechung zu aArt. 153 Abs. 2 Rechnung getragen werden (vgl. BGE 117 II 359, 366; HAUSHEER/SPYCHER, Ergänzungsband, Rz 09.109 ff.). Die **Sistierung** ist lediglich im Fall einer erheblichen, jedoch nicht andauernden Veränderung der wirtschaftlichen Verhältnisse einer Partei (BGE 51 II 12), nicht aber bei einer nichtehelichen bzw. faktischen Lebensgemeinschaft zulässig (BGE 107 II 297, Regeste; vgl. DIES., Rz 09.114; **a.M.** SUTTER/FREIBURGHAUS, Art. 129 N 9 und insbes. Art. 7a SchlT N 9). Generell gilt für die Abänderung wegen nichtehelicher Lebensgemeinschaft des Berechtigten die Rechtsprechung zum alten Scheidungsrecht (dazu BSK ZGB-LÜCHINGER/GEISER, aArt. 153 N 20 f.). Zur nachträglichen Indexierung altrechtlicher Renten siehe Art. 128 N 3.

III. Voraussetzungen und Rechtsfolgen

1. Herabsetzung, Aufhebung oder Einstellung der Rente (Art. 129 Abs. 1)

a) Veränderung der wirtschaftlichen Verhältnisse

6   **Voraussetzung** der Herabsetzung oder Aufhebung der Rente ist eine Veränderung der Verhältnisse, welche **erheblich** und **dauernd** sein muss und im Scheidungszeitpunkt nicht vorhersehbar gewesen sein darf. Einer Einschränkung unterliegt die Herabsetzung dann, wenn die im Scheidungsurteil festgesetzte Rente nicht den gebührenden Unterhalt des Gläubigers deckt.

Der Begriff «Veränderung der Verhältnisse» bezieht sich lediglich auf die **wirtschaftlichen** Verhältnisse der Parteien, d.h. auf das Einkommen (insbes. Erwerbseinkommen, Renteneinkommen, Vermögensertrag) und das Vermögen sowie auf die Belastungen (FamKomm Scheidung/SCHWENZER, N 11). Sowohl im Fall einer Verschlechterung der wirtschaftlichen Verhältnisse des Verpflichteten als auch bei einer Verbesserung der wirtschaftlichen Verhältnisse des Berechtigten (N 1) ist ein Vergleich zwischen den Verhältnissen bei Einreichung des Abänderungsbegehrens mit den im Scheidungsurteil enthaltenen Angaben zu Einkommen und Vermögen im Scheidungszeitpunkt (Art. 143 Ziff. 1) vorzunehmen. Die Berufung auf eine Abweichung zwischen den Angaben im Scheidungsurteil und den tatsächlichen Verhältnissen im Scheidungszeitpunkt ist den Parteien versagt (Art. 143 N 4; FamKomm Scheidung/SCHWENZER, N 38; BGE 5C.197/2003 vom 30.4.2004 E. 2.1 [www.bger.ch]). Veränderungen **nicht wirtschaftlicher Natur** können lediglich über das Rechtsmissbrauchsverbot und folglich nur mit gebührender Zurückhaltung berücksichtigt werden (SUTTER/FREIBURGHAUS, Art. 129 N 12). Unzulässig ist mangels Einhaltung der Voraussetzungen für einen Rechtsmissbrauch u.E. deshalb die nachträgliche Herabsetzung des Unterhaltsbeitrages der geschiedenen Ehefrau, welche ein nichtgemeinsames Kind betreut, wenn bereits bei der Scheidung unbestritten war, dass der Ehemann nicht der Vater des Kindes ist (so aber – wenngleich in einem Massnahmeverfahren – der unter Ausblendung wesentlicher Überlegungen «verunglückte» BGE 5P.415/2004 [www.bger.ch]).

b) Erheblichkeit

Die **Erheblichkeit** einer Veränderung ist aufgrund eines Vergleichs der massgeblichen 　7
Parameter – beispielsweise der wirtschaftlichen Verhältnisse des Pflichtigen sowie der Rentenhöhe – vor und nach der Veränderung festzustellen (BGE 118 II 229 E. 2, 233 f.). Konkrete Vorgaben bestehen nicht; Einkommens-Prozentvergleiche, wie sie häufig verwendet werden (vgl. Entscheid I. ZK des Appellationshofs des Kantons Bern vom 11.11.1999), können lediglich als grobe Leitlinien dienen und entbinden die Gerichte nicht von einer sorgfältigen Überprüfung des Einzelfalles. Begrüssenswert ist der Ansatz in BGE 5C.197/2003 [www.bger.ch], nicht nur einen Einkommensvergleich vorzunehmen, sondern auf einen Vergleich der Überschüsse des Schuldners abzustellen (E. 3.1.ff), bzw. nicht nur zusätzlichen Unterhaltslasten, sondern auch gleichzeitig zu realisierenden Einsparungen (verminderte Kosten bei faktischer Lebensgemeinschaft) Rechnung zu tragen (BGE 5C.170/2004 E. 3.1 [www.bger.ch]). Gerade in engen finanziellen Verhältnissen muss u.U. mit Blick auf die Garantie des Existenzminimums des Unterhaltsschuldners bereits eine Änderung im Bereich von 10–15% als ausreichend qualifiziert werden, während Änderungen im Bereich von um die 15–20% bei guten finanziellen Verhältnissen (mit ursprünglich bestehender Sparquote) wohl eher als Grenzfall anzusehen sind (anders aber BGE 5C.197/2003 E. 3.3 [www.bger.ch]). Der Tatsache, dass eine nachträgliche Erhöhung nicht mehr möglich ist, kann durch Anbringung eines Wiedererhöhungsvorbehaltes Rechnung getragen werden.

c) Dauer

Die Abänderung setzt eine **dauernde Veränderung** voraus. Dabei sind *zwei Fallkonstel-* 　8
lationen zu unterscheiden: Ist eine Veränderung *dauerhaft,* d.h. von voraussichtlich unbeschränkter Dauer, stehen als Rechtsfolge die Herabsetzung und allenfalls das Erlöschen der Rente in Frage. Ist sie demgegenüber zwar von *bestimmter Dauer,* aber nicht dauerhaft, kann lediglich eine (teilweise) Sistierung bzw. als Alternative zur teilweisen Sistierung eine befristete oder mit einem Wiedererhöhungsvorbehalt versehene Herabsetzung erfolgen (vgl. N 13 f.; Beispiele in BGE 120 II 4; 118 II 229, 234; 117 II 359, 367). Ob eine Veränderung dauerhaft sein wird, lässt sich oftmals nicht mit Sicherheit feststellen. Gleich wie bereits bei der Festsetzung der Unterhaltsrente ist auf die vorhersehbare Entwicklung abzustellen, beispielsweise unter Einbezug der wirtschaftlichen Entwicklung der Arbeitgeberin und des Alters des Schuldners (BGE 5C.197/2003, E. 3.3 [www.bger.ch]). Bloss theoretisch mögliche Abweichungen sind nicht zu berücksichtigen (BGE 96 II 301, 303).

d) Unvorhersehbarkeit

Die Voraussetzung der **Unvorhersehbarkeit** der Änderung im Scheidungszeitpunkt wird 　9
in Art. 129 Abs. 1 nicht erwähnt, ergibt sich indessen aus der Praxis zum alten Scheidungsrecht sowie daraus, dass das neue Recht diesbezüglich keine Änderung herbeiführen wollte (Botschaft Revision Scheidungsrecht, 119, Ziff. 233.543). **Vorhersehbar** ist eine Veränderung nicht erst dann, wenn ihr Eintritt sicher ist; vielmehr genügt eine grosse Wahrscheinlichkeit (BGE 120 II 4, 5; 96 II 301, 303; 94 II 217, 220).

War ein Ereignis vorhersehbar, haben aber beide Parteien es anlässlich der Scheidung nicht vorhergesehen, und lag der Nichtberücksichtigung auch nicht eine bestimmte Absicht zugrunde (im Sinn einer endgültigen Risikoverteilung bzw. eines Vergleichs über das «caput controversum»), ist nicht auf die objektive Vorhersehbarkeit, sondern auf das tatsächlich **Vorhergesehene** abzustellen (vgl. den Sachverhalt in BGE 118 II 229, 232 f.; neuerdings sodann BGE 131 III 189 E. 2.7.4 und dort zitierte Entscheide). Allerdings gilt im Zweifelsfall die Vermutung, dass vorhersehbare Veränderungen auch tatsächlich berücksichtigt wurden (BSK ZGB-LÜCHINGER/GEISER, aArt. 153 N 12). Die Beweislast obliegt damit demjenigen, der das Gegenteil behauptet.

e) Vorbehalt des gebührenden Unterhalts

10 Wurde im Scheidungsurteil eine Rente festgesetzt, welche den gebührenden Unterhalt nicht deckte, darf eine **Verbesserung** der Verhältnisse des Berechtigten **erst dann** als Herabsetzungsgrund berücksichtigt werden, wenn und soweit die Rente zusammen mit dem neuen Einkommen des Berechtigten den gebührenden Unterhalt übersteigt. Die Anwendung der Bestimmung *setzt* – anders als Art. 129 Abs. 3 – *nicht voraus,* dass der *Fehlbetrag* im Urteil *festgehalten* wurde (dazu HAUSHEER/SPYCHER, Ergänzungsband, Rz 09.115b; **a.M.** SUTTER/FREIBURGHAUS, N 14). Zur Definition des gebührenden Unterhalts siehe unten, N 19.

f) Andere Vorbehalte

11 *Nicht* zu berücksichtigen ist ein Abänderungsgrund, der auf ein **freiwilliges Handeln des Schuldners** zurückzuführen ist, so lange, als vom Schuldner zusätzliche Anstrengungen erwartet bzw. ihm ein hypothetisches Einkommen aufgerechnet werden kann (HAUSHEER/SPYCHER, Ergänzungsband, Rz 09.139). Zum Fall der Wiederverheiratung siehe HAUSHEER/SPYCHER, Rz 01.66. Die Geburt eines Kindes stellt ungeachtet der Freiwilligkeit dieser neuen Verpflichtung einen Abänderungsgrund dar (a.a.O.; BGE 5C.170/2004 [www.bger.ch]).

g) Umfang der Herabsetzung

12 Werden die Voraussetzungen der Abänderung gemäss Art. 129 Abs. 1 bejaht, führt dies zur Herabsetzung der Rente. Bei der Bestimmung des Umfangs der Abänderung ist darauf zu achten, dass das **bisherige Verhältnis** zwischen dem Einkommen des Schuldners und dem Unterhaltsbeitrag so weit als möglich **beibehalten** wird (BGE 108 II 30, 33). Bei knappen finanziellen Verhältnissen kann der Grundsatz, wonach das Existenzminimum des Schuldners zu respektieren ist, allerdings eine Abweichung von dieser Regel bedingen und unter Umständen sogar zur **Aufhebung** der Rente führen.

Treffen zwei Herabsetzungsgründe zusammen, so sind sie kumulativ zu berücksichtigen, sofern nicht eine Unterdeckung gegeben ist (Art. 129 Abs. 1, 2. Halbsatz; vgl. N 11). Eine Verschlechterung der Situation des Gläubigers wiegt demgegenüber eine Verschlechterung beim Schuldner nicht auf, weil sie keinen eigenständigen Abänderungsgrund darstellt (HAUSHEER/SPYCHER, Ergänzungsband, Rz 09,139 f.; N 1 oben). Eine beidseitige Verbesserung der Verhältnisse ist lediglich in einem Fall von Art. 129 Abs. 3 von Belang (vgl. N 17 ff.), andernfalls wird nur die Verbesserung auf Seiten des Gläubigers berücksichtigt.

h) Einstellung

13 Die **Einstellung** (oder Sistierung) entspricht während der Zeit ihrer Dauer einer Aufhebung der Rente, die Einstellung eines Teilbetrages einer befristeten (allenfalls beding-

ten) Rentenherabsetzung: Im Umfang der Sistierung entfällt die Schuldpflicht, nach ihrem Ablauf lebt sie mit Wirkung für die Zukunft wieder auf. Die Einstellung gelangt dann zur Anwendung, wenn die unvorhersehbare Veränderung der wirtschaftlichen Verhältnisse zwar erheblich und von gewisser Dauer, die Dauerhaftigkeit jedoch fraglich ist (vgl. N 8). Der in der Vorauflage (BSK ZGB-LÜCHINGER/GEISER, aArt. 153 N 11) vertretenen Auffassung, wonach eine endgültige Rentenkürzung einer Einstellung vorzuziehen sei, kann unter neuem Scheidungsrecht nicht mehr gefolgt werden.

Die Einstellung muss für einen bestimmten Zeitraum erfolgen. Nach dessen Ablauf lebt die Rente automatisch wieder auf, sofern nicht das Gericht das Wiederaufleben an gewisse Bedingungen, z.B. an eine entsprechende Mitteilung des Berechtigten, knüpft (Botschaft Revision Scheidungsrecht, 120, Ziff. 233.543). Eine sorgfältige Regelung der Einzelheiten ist unabdingbar, um Vollstreckungsproblemen vorzubeugen.

2. Die Auswirkungen der nichtehelichen Lebensgemeinschaft auf den Unterhaltsanspruch des Berechtigten

a) Keine gesetzliche Regelung

Der Gesetzgeber hat bewusst darauf **verzichtet,** die **Auswirkungen einer nichtehe**   **14**
lichen bzw. faktischen Lebensgemeinschaft des Unterhaltsgläubigers auf seinen Unterhaltsanspruch im neuen Scheidungsrecht zu **regeln** (HAUSHEER/SPYCHER, Ergänzungsband, Rz 10.30a). Die Thematik als solche wurde hinsichtlich andersgeschlechtlicher Partnerschaften indessen im Rahmen der Beratungen zu Art. 129, insbesondere zur Sistierungsmöglichkeit gemäss Abs. 1, behandelt (Botschaft Revision Scheidungsrecht, 119, Ziff. 233.543). Ob die diesbezügliche, bisherige bundesgerichtliche Rechtsprechung auch auf neurechtliche Scheidungsrenten anzuwenden ist, oder ob die Folgen der nichtehelichen bzw. faktischen Lebensgemeinschaft unter neuem Scheidungsrecht allein nach deren tatsächlichen *wirtschaftlichen* Auswirkungen zu beurteilen sind, ist in der Lehre kontrovers und war von der bundesgerichtlichen Rechtsprechung bisher noch nicht zu behandeln (für Einzelheiten und eine Übersicht über die Lehre siehe HAUSHEER/SPYCHER, Ergänzungsband, Rz 10.30c ff., m.H.; übergangsrechtlich interessant aber immerhin BGE 5C.281/2000 [www.bger.ch] zu aArt. 153. Siehe sodann den sorgfältig begründeten Entscheid des OGer LU vom 30.3.2001, FamPra.ch 1/2001, 151 ff.). Die Entstehungsgeschichte des Gesetzes spricht u.E. für eine – wenngleich mit Blick auf die neu eingeführte Sistierungsmöglichkeit teilweise modifizierte – *weitere Anwendung* der in der *bisherigen Rechtsprechung* entwickelten Grundsätze. In der Lehre wird z.T. vorgeschlagen, die «alte» Praxis lediglich für Unterhaltsbeiträge zuzulassen, welche aufgrund nachehelicher Solidarität ausgerichtet werden (dazu im Einzelnen FamKomm Scheidung/SCHWENZER, N 17, m.w.Hw.).

b) Funktion der Rentensistierung im Zusammenhang mit nichtehelichen Lebensgemeinschaften

Offen ist gemäss Gesetz und Materialien, ob die **Sistierung** für neurechtliche Schei   **15**
dungsrenten vollumfänglich **an die Stelle der Rentenaufhebung** tritt, oder ob sich die beiden Rechtsfolgen ergänzen und wenn ja, in welcher Weise (für Einzelheiten HAUSHEER/SPYCHER, Ergänzungsband, Rz 10.30f ff.). Unseres Erachtens ist in erster Linie zu beachten, dass die Einführung der Sistierungsmöglichkeit *weder* dazu bestimmt war, die *Stellung des Unterhaltsgläubigers* gegenüber dem früheren Recht zu *verschlechtern,* noch, den Unterhaltsschuldner länger als bisher das Risiko mittragen zu lassen, welches sich aus der Möglichkeit einer späteren Aufhebung einer qualifizierten, d.h. stabilen

neuen Beziehung des Unterhaltsgläubigers ergibt. Demnach muss bei der Anwendung von Art. 129 Abs. 1 darauf geachtet werden, dass *Vor- und Nachteile* sich für beide Parteien nach Möglichkeit *ausgleichen.* Wird die Sistierung früher als bis anhin zugelassen – wobei allerdings in Anbetracht der schwerwiegenden Folgen für den Rentengläubiger eine Dauer der nichtehelichen Gemeinschaft von zwischen drei und vier Jahren in der Regel noch nicht für eine Sistierung ausreichen dürfte – muss deshalb mit der endgültigen Aufhebung des Anspruchs länger als unter altem Scheidungsrecht zugewartet werden (vgl. DIES., a.a.O.; zustimmend FamKomm Scheidung/SCHWENZER, N 23).

3. Nachträgliche Anpassung an die Teuerung (Art. 129 Abs. 2)

16   Die Indexierung des Unterhaltsbeitrages im Scheidungsurteil gemäss Art. 128 setzt voraus, dass das Einkommen des Unterhaltsschuldners voraussichtlich regelmässig mindestens im Rahmen der Teuerung ansteigen wird. Im zu Art. 128 komplementären Art. 129 Abs. 2 verlangt der Gesetzgeber, dass das Einkommen des Unterhaltsschuldners nach der Scheidung in *nicht vorhersehbarer* Weise gestiegen ist.

Als **Rechtsfolge** wird die **Anordnung der Indexierung für die Zukunft** statuiert. Hingegen stellt Art. 129 Abs. 2 keine Grundlage für eine einmalige Erhöhung der Rente dar (**a.M.** SCHNYDER, 71). Die zukünftige Indexierung beruht auf der impliziten Annahme, dass die bisher verzeichnete Anpassung des Einkommens *anhalten* werde. Für den Fall, dass dem Schuldner der Nachweis gelingen sollte, dass dies nicht der Fall sein wird, muss demnach auf eine nachträgliche Indexierung verzichtet werden. Allein in diesem Sinne ist dann wohl auch das in der Botschaft Revision Scheidungsrecht erwähnte Kriterium der «Zumutbarkeit» zu verstehen (119, Ziff. 233.542). Eine zusätzliche Voraussetzung für die zukünftige Anpassung von Unterhaltsbeiträgen an die Teuerung stellt sie hingegen nicht dar (gl.M. SUTTER/FREIBURGHAUS, N 50).

4. Nachträgliche Erhöhung oder Neufestsetzung (Art. 129 Abs. 3)

a) Erhöhung oder Verlängerung der Rente

17   Im Gegensatz zu altrechtlichen (N 5) sind neurechtliche Unterhaltsrenten innerhalb bestimmter Grenzen der nachträglichen **Erhöhung oder Neufestsetzung** zugänglich. Die nachträgliche **Verlängerung der Rentendauer** wird im Gesetz nicht erwähnt. In Anbetracht der Tatsache, dass Höhe und Dauer der Rente in einer Wechselbeziehung stehen, erscheint diese Rechtsfolge indessen ebenfalls als zulässig, insbesondere dann, wenn die Verbesserung der wirtschaftlichen Verhältnisse des Schuldners ausnahmsweise nicht in einer Erhöhung seines Einkommens, sondern darin besteht, dass ihm ein bestimmtes Einkommen länger als ursprünglich vorgesehen zufliesst (so FamKomm Scheidung/SCHWENZER, N 43).

b) Frist zur Geltendmachung

18   Die Abänderung gemäss Art. 129 Abs. 3 ist auf eine **Frist von fünf Jahren** seit der Scheidung limitiert. Der Fristenlauf beginnt mit der Rechtskraft des Scheidungsurteils, allenfalls – im Fall der Teilrechtskraft, Art. 148 – des die Unterhaltsbeiträge betreffenden Urteilsbestandteils. Führt eine Revision zu einer Neubeurteilung der Unterhaltsbeiträge zwischen den Ehegatten, so ist die Rechtskraft des aufgrund der Revision gefällten Urteils massgeblich. Eine Erstreckung oder Unterbrechung der Frist ist nicht möglich, wohl aber eine Verlängerung durch Parteivereinbarung. Die Frist ist gewahrt bei Klageanhebung i.S. von Art. 136 Abs. 2 an ihrem letzten Tag.

c) Unterschreitung des gebührenden Unterhalts

Die Erhöhung oder Neufestsetzung der Rente kommt nur in Frage, wenn im Scheidungs- **19**
zeitpunkt **keine** zur **Deckung des gebührenden Unterhalts** ausreichende Rente festgesetzt werden konnte und der Umfang des Fehlbetrages im Urteil festgehalten wurde (vgl.
Art. 143 N 6). «**Gebührend**» ist grundsätzlich derjenige Betrag, der dem Gläubiger zusammen mit seiner Eigenversorgungskapazität die **Aufrechterhaltung des letzten ehelichen Lebensstandards** ermöglicht. Ausnahmsweise kann eine *höhere* Lebenshaltung
massgeblich sein (dazu das Beispiel in der Botschaft Revision Scheidungsrecht, 116,
Ziff. 233.52). In bestimmten Fällen (insbesondere bei nicht lebensprägenden, kurzen und
kinderlosen Ehen) kann der gebührende Unterhalt auch *tiefer* sein als der eheliche
Lebensstandard (Botschaft Revision Scheidungsrecht, 113, Ziff. 233.51, sowie 116,
Ziff. 233.52; HAUSHEERR, Scheidungsunterhalt und Familienwohnung, Rz 3.66, 3.54).
Reduziert sich der Lebensstandard infolge der üblichen trennungsbedingten Einbussen
(Mehrkosten), so muss davon ausgegangen werden, dass die im Scheidungsurteil festgesetzte Rente den gebührenden Unterhalt deckte, sofern wenigstens das (familienrechtliche) *Existenzminimum* der Gläubigerin gewahrt blieb. Anders verhält es sich dann, wenn
die Einbussen gegenüber der Lebenshaltung vor der Trennung darauf zurückzuführen
sind, dass ein Ehegatte seine wirtschaftlichen Möglichkeiten nicht (mehr) ausschöpft,
und wenn diesbezüglich auch kein Ausgleich über die Aufrechnung eines hypothetischen
Einkommen erfolgt. Hier *unterschreitet* die festgesetzte Rente den gebührenden Unterhalt (HAUSHEER/SPYCHER, Ergänzungsband, Rz 09.115 f.).

Der Verweis auf die Unmöglichkeit, eine für den gebührenden Unterhalt ausreichende
Rente zuzusprechen, schliesst u.E. Fälle, in denen eine Rente aus Billigkeitsüberlegungen gemäss Art. 125 Abs. 3 gekürzt oder versagt wurde, von der späteren Anwendung
des Art. 129 Abs. 3 aus.

d) Verbesserung der Verhältnisse des Verpflichteten

Die Erhöhung oder Neufestsetzung der Rente setzt eine **Verbesserung der wirtschaft-** **20**
lichen Verhältnisse der verpflichteten Person voraus. Dieser Begriff umfasst alle Ein-
kommensquellen sowie das gesamte Vermögen des Verpflichteten und klammert nicht
etwa nachträglichen Vermögensanfall und die Erträge daraus aus: eine entsprechende
Einschränkung ergibt sich weder aus dem Gesetz noch aus den Materialien (**a.M.** Fam-
Komm Scheidung/SCHWENZER, N 14). Unklar ist die Bedeutung des Begriffs der «**ent-**
sprechenden» Verbesserung. Dafür, dass die Verbesserung ausreichen müsste, um die
Unterdeckung *ganz* zu beseitigen, finden sich keine Hinweise in den Materialien (gl.M.
SUTTER/FREIBURGHAUS, N 61). Unseres Erachtens verweist die gewählte Formulierung
einerseits auf die Begriffe der Erheblichkeit und Dauer, impliziert aber andererseits auch,
dass an beide **geringere Anforderungen** als im Fall einer Abänderung gemäss Art. 129
Abs. 1 zu stellen sind: Weil im Fall einer Unterdeckung eine für den Pflichtigen verhältnismässig bescheidene Verbesserung eine merkbare Erhöhung der Rente des Berechtigten zur
Folge haben kann, darf die Anpassung gemäss Art. 129 Abs. 3 nicht auf Fälle beschränkt
werden, in denen sich das Einkommen des Pflichtigen um 20% oder mehr erhöht hat. Was
die Dauer bzw. Dauerhaftigkeit der Veränderung anbelangt, darf diesbezüglich keine grössere Sicherheit verlangt werden, als sie im Scheidungszeitpunkt erforderlich gewesen wäre:
Sollte sich die Prognose hinsichtlich der Dauerhaftigkeit nicht bewahrheiten, ist es dem
Schuldner unbenommen, seinerseits wiederum die Herabsetzung der Rente zu verlangen.

e) Vorgehen

Die Frage, *wie oft* ein Unterhaltsgläubiger gestützt auf Art. 129 Abs. 3 vorgehen kann, ist **21**
im Gesetz nicht geregelt. Weder dem Gesetz noch der Botschaft lassen sich indessen

Gründe für eine Beschränkung auf eine bloss einmalige Erhöhung entnehmen. Eine solche hätte zur Folge, dass der Gläubiger versuchen müsste, den richtigen Zeitpunkt für eine Erhöhung – bezogen auf die Einkommensentwicklung des Schuldners – abzuschätzen: bei zu früher Klage müsste er u.U. eine unterproportionale Anpassung in Kauf nehmen, bei zu langem Zuwarten auf eine Erhöhung der Unterhaltsbeiträge während der Periode vor Klageeinreichung verzichten, ohne später dafür einen Ausgleich zu erhalten, weil zweifelhaft ist, ob das Gericht «frühere Defizite» durch eine längere Rentendauer ausgleichen kann (so aber FamKomm Scheidung/FREIVOGEL/FANKHAUSER, Art. 143 N 26). Sofern die Voraussetzungen hinsichtlich der Dauerhaftigkeit der Veränderung und einer gewissen minimalen Erheblichkeit gegeben sind und die Fünfjahresfrist eingehalten wird, kann ein Gläubiger u.E. mithin **mehr als einmal** auf Erhöhung der Rente klagen.

f) Umfang

22 Der Umfang der **Erhöhung** muss – anders als die Herabsetzung im Rahmen von Art. 129 Abs. 1, N 12 – **nicht direkt proportional** zur Erhöhung des schuldnerischen Einkommens sein. Massgebend ist vielmehr, wie weit das erhöhte schuldnerische Einkommen unter grundsätzlicher *Gleichbehandlung beider Parteien* für eine Erhöhung ausreicht. Von der Gleichbehandlung bei der «Verteilung» des Zusatzeinkommens kann zulasten das Schuldners dann abgewichen werden, wenn ihm anlässlich der Scheidung ein höherer Lebensstandard als dem Gläubiger zugebilligt worden war. Von einer vollständigen Umverteilung soll jedoch im Hinblick auf die Förderung eines Erwerbsanreizes auch in diesen Fällen abgesehen werden.

5. Andere Abänderungsgründe?

23 SCHWENZER (FamKomm Scheidung, N 45 f.; Art. 127 N 10) vertritt die Ansicht, dass eine **Änderung der Besteuerung,** welche zu einer *spiegelbildlichen* Mehr- und Minderbelastung der Parteien führt, ähnlich wie der Fall eines ursprünglich nicht vorhersehbaren Teuerungsausgleichs als zusätzlicher Abänderungsgrund in beide Richtungen zu berücksichtigen sei. Diese Auffassung ist zwar bedenkenswert, sprengt indessen u.E. den Rahmen der gesetzlichen Abänderungsgründe (siehe auch Art. 127 N 15).

IV. Prozessuales

24 Die Klage ist gemäss Art. 15 Abs. 1 lit. d GestG zwingend am Wohnsitz einer Partei anhängig zu machen. Dies gilt auch für vorsorgliche Massnahmen (Art. 34 lit. b GestG). Sind die Voraussetzungen einer Abänderung erfüllt, hat das Gericht diese grundsätzlich mit **Wirkung** ab Datum der **Rechtshängigkeit** der Klage anzuordnen (BGE 117 II 368, 369). Ein Abstellen auf den *Urteilszeitpunkt* rechtfertigt sich in der Regel nicht, weil Gläubiger und Schuldner ab Klageanhebung mit der Rückerstattung bzw. Erhöhung ihrer Verpflichtung rechnen und sich darauf einrichten müssen. Ausnahmen sind denkbar, wenn die Rückerstattung dem Gläubiger nicht zumutbar ist (BGE 117 II 368, 370). Gleiches muss ausnahmsweise gelten für den Fall, dass – bei einer Erhöhung oder Neufestsetzung – dem Schuldner die Nachzahlung nicht zugemutet werden könnte. Die Zusprechung der Abänderung auf einen *früheren* Zeitpunkt ist **nicht zulässig,** weil der Gläubiger nicht mit einer Rückerstattung rechnen muss, solange der Schuldner seinen Herabsetzungsanspruch nicht mittels Klage geltend macht bzw. im Fall von Art. 129 Abs. 3 der Schuldner vorher nicht mit einer Erhöhung seiner Unterhaltslast rechnen muss (**a.M.** FamKomm Scheidung/SCHWENZER, N 48). Art. 137 Abs. 2, letzter Satz ist u.E. *lediglich* für vorsorgliche Massnahmen während des *Scheidungsverfahrens* anwendbar, weil in dieser Situation – anders als nach der Scheidung – noch die eheliche Unterhalts-

pflicht gemäss Art. 163 zum Tragen kommt. Die Sachverhalte, welche dem Vergleich zugrundezulegen sind, sind einerseits jener, der sich aus dem Scheidungsurteil ergibt, und andererseits der Sachverhalt bei Fällung des Abänderungsurteils (gemäss Art. 138 Abs. 1 ZGB, unter Vorbehalt allfälliger weitergehender kantonal rechtlicher Novenregelungen; BGE 5C.197/2003 vom 30.4.2004, E. 3.1 [www.bger.ch]).

Die Abänderung von Unterhaltsbeiträgen während des hängigen Abänderungsprozesses **25** mittels einer **vorsorglichen Massnahme** – gestützt auf Art. 137 Abs. 2 – ist lediglich bei zeitlicher Dringlichkeit und Vorliegen besonderer Umstände zulässig (BGE 118 II 228; 117 II 368, 370, zum alten Scheidungsrecht).

Das Bundesgericht betont neuerdings auch in Abänderungsprozessen, dass es sich bei der **26** Überprüfung kantonaler Entscheide grosse **Zurückhaltung** auferlege (BGE 5C.197/ 2003 vom 30.4.2004, E. 2.3 [www.bger.ch]). Diese neue Tendenz wird von HAUSHEER (ZBJV 141, 558 sowie 565) zu Recht kritisiert, ist jedoch glücklicherweise in den betreffenden Entscheiden – so auch im vorgenannten – nicht immer verwirklicht (a.a.O., 559).

Art. 130

4. Erlöschen von Gesetzes wegen	[1] **Die Beitragspflicht erlischt mit dem Tod der berechtigten oder der verpflichteten Person.** [2] **Vorbehältlich einer anderen Vereinbarung entfällt sie auch bei Wiederverheiratung der berechtigten Person.**
4. Extinction de par la loi	[1] L'obligation d'entretien s'éteint au décès du débiteur ou du créancier. [2] Sauf convention contraire, elle s'éteint également lors du remariage du créancier.
4. Estinzione per legge	[1] L'obbligo di mantenimento si estingue alla morte dell'avente diritto o dell'obbligato. [2] Fatte salve convenzioni contrarie, esso si estingue anche se l'avente diritto passa a nuove nozze.

Literatur

Siehe Vorbemerkungen zu Art. 125–130.

I. Überblick

Der häufigste Grund für das Erlöschen einer Unterhaltsrente ist der **Ablauf der** in der **1** Scheidungsvereinbarung oder im Urteil festgesetzten **Beitragsdauer** (vgl. dazu die Kommentierung zu Art. 125). Art. 130 regelt demgegenüber die Rechtsfolge bestimmter Ereignisse, sofern diese vor Ablauf der Beitragsdauer eintreten: zum einen die Fälle des Versterbens von Schuldner oder Gläubiger (Abs. 1), zum anderen den Fall der Wiederverheiratung des Unterhaltsgläubigers (Abs. 2).

II. Anwendungsbereich

Art. 130 Abs. 1 und 2 beziehen sich beide auf das Erlöschen der Beitragspflicht. Wie sich **2** aus der Marginalie zu Art. 127 ff. ergibt, ist damit ausschliesslich die Beitragspflicht in Form der **Rente** gemeint. Auf *Kapitalleistungen* – welche grundsätzlich nicht abänderbar sind (dazu die Kommentierung zu Art. 129) – findet Art. 130 *ebenso wenig* Anwendung wie auf ein *Wohnrecht* gemäss Art. 121 (zu Ersterem vgl. Botschaft Revision Scheidungsrecht, 117, Ziff. 233.53), ungeachtet dessen, ob das Kapital einmalig oder in Raten ausbezahlt wird (dazu u.a. BK-BÜHLER/SPÜHLER, aArt. 153 N 6). Zukünftige *Rentenansprüche* hingegen gehen mit dem Stammrecht unter, während im Zeitpunkt des Eintritts des Ereignisses bereits *verfallene* Rentenansprüche weiter bestehen.

3   Den Parteien ist es freigestellt, eine sinngemässe, evtl. **modifizierte Anwendung** von Art. 130 **auf Kapitalleistungen** zu **vereinbaren,** oder für den Fall des Eintritts bestimmter Ereignisse eine teilweise Rückleistung des Kapitals vorzusehen. Dies ist allerdings nur dann gerechtfertigt, wenn der Wahrscheinlichkeit des Eintritts dieses Ereignisses nicht bereits bei der Berechnung des Kapitals Rechnung getragen wurde.

III. Voraussetzungen

1. Tod eines geschiedenen Ehegatten

4   Der Grundsatz, wonach der Unterhaltsanspruch **mit dem Tod der früher versterbenden Partei** automatisch erlischt, wurde im neuen Scheidungsrecht erstmals ausdrücklich festgehalten. Bereits unter *altem Scheidungsrecht* vertraten aber Lehre und Praxis nahezu einhellig dieselbe Auffassung (dazu SPYCHER, 307). Dem lag die Überlegung zugrunde, dass auch im Fall der Fortdauer der Ehe die gegenseitigen Unterhaltsansprüche mit dem Tod eines Partners untergegangen wären (BGE 100 II 1, 2). Eine Ausnahme galt gemäss bundesgerichtlicher Praxis und h.L. für jene Bestandteile altrechtlicher Scheidungsrenten gemäss aArt. 151, welche nicht dem Ersatz von Unterhalt, sondern als Ausgleich für **entgangene Anwartschaften** oder als **Genugtuung** nach aArt. 151 Abs. 2 dienten: sie waren passiv vererblich (dazu u.a. BGE 100 II 1, 2; 85 II 73, 79; HINDERLING/STECK, 347, m.w.Hw.). Dies muss für *altrechtliche Scheidungsrenten* auch unter neuem Recht weitergelten (nicht ganz eindeutig diesbezüglich SUTTER/FREIBURGHAUS, N 1). Zwar sieht Art. 7a Abs. 3 SchlT lediglich die Anwendbarkeit der altrechtlichen Bestimmungen über die *Abänderung* des Scheidungsurteils auf gewisse, unter altem Scheidungsrecht geregelte Scheidungsfolgen vor. Das automatische Erlöschen der Rente setzt keine gerichtliche Urteilsabänderung voraus; *inhaltlich* ist sie aber einem Abänderungstatbestand gleichzusetzen (FamKomm Scheidung/SCHWENZER, Art. 127 N 7). Deshalb, aber auch, weil keine Hinweise darauf vorliegen, dass der Gesetzgeber mit der Einfügung von Art. 130 Abs. 1 eine Beschränkung der – unter neuem Recht anders (hinsichtlich der Anwartschaften) bzw. nicht mehr separat (hinsichtlich der Genugtuung) geregelten – Ansprüche altrechtlicher Gläubiger bezweckte, muss für entsprechende Rentenbestandteile der Grundsatz der **passiven Vererblichkeit** auch unter neuem Scheidungsrecht weitergelten.

2. Wiederverheiratung des Unterhaltsberechtigten

5   Art. 130 Abs. 2 entspricht inhaltlich aArt. 153 Abs. 1. Der Unterhaltsanspruch entfällt ab dem Zeitpunkt der Wiederverheiratung. **Unerheblich** ist, ob die neue Ehe **Bestand** hat. Auch das Eingehen einer ungültigen Ehe gilt als Wiederverheiratung im Sinn von Art. 130 Abs. 2 (FamKomm Scheidung/SCHWENZER, N 6, m.Hw.). Dem Eheschluss gleichzusetzen ist das Eingehen einer eingetragenen Partnerschaft, da diese einen Unterhaltsanspruch während der Partnerschaft, analog zu Art. 159 bzw. 163 ZGB, sowie einen Unterhaltsanspruch nach Auflösung der Partnerschaft kennt (Art. 13, 34 Abs. 2 und 3 PartG).

6   In *Art. 130 Abs. 2 VE* war vorgesehen, dass ein unterhaltsberechtigter geschiedener Ehegatte nach seiner **Wiederverheiratung** unter bestimmten Voraussetzungen bei Gericht den Antrag auf Weiterdauer seiner Unterhaltsrente hätte stellen können. Begründet wurde

diese Bestimmung damit, dass die Folgen der einvernehmlich gewählten Aufgabenteilung nach wie vor von den bisherigen Partnern gemeinschaftlich und nicht vom neuen Ehegatten mitzufinanzieren seien (Botschaft Revision Scheidungsrecht, 121, Ziff. 233.544). Im Rahmen der parlamentarischen Beratungen wurde die Bestimmung ersatzlos gestrichen. Für Einzelheiten siehe SUTTER/FREIBURGHAUS, N 5.

Die **Wiederverheiratung des Verpflichteten** hat keinen unmittelbaren Einfluss auf 7 seine Unterhaltsschuld. Zur Frage, ob sich aus der Wiederverheiratung des Pflichtigen ergebende zusätzliche Belastungen Anlass zu einer Herabsetzung der Rente des früheren Ehegatten führen können, siehe die Komm. zu Art. 129.

Unter altem Scheidungsrecht behandelte die bundesgerichtliche Praxis den Fall der nicht- 8 ehelichen Lebensgemeinschaft in Analogie zu aArt. 153 Abs. 1 (Erlöschen des Rentenanspruchs bei Wiederverheiratung des Berechtigten), wenn auch mit gewissen Abweichungen hinsichtlich der Geltendmachung durch den Schuldner (vgl. HAUSHEERR/SPYCHER, Ergänzungsband, Rz 10.09). Das neue Scheidungsrecht **regelt** die **Auswirkungen** einer **nichtehelichen bzw. faktischen Lebensgemeinschaft** des Unterhaltsgläubigers auf seinen Rentenanspruch **nicht** (vgl. dazu die Kommentierung zu Art. 129). Mögliche Folgen wurden indessen bei der parlamentarischen Beratung von Art. 129, nicht aber von Art. 130, diskutiert. Art. 130 Abs. 2 gelangt daher auf diese Fälle *nicht* zur Anwendung (SUTTER/FREIBURGHAUS, N 6; eigenartig unentschlossen diesbezüglich jedoch BGE 5C.265/2002, E. 2.1.1 [www.bger.ch]; Entscheid auszugsweise publiziert als 129 III 257). Die Frage, ob dies auch zur Folge hat, dass die unter altem Recht entwickelten, auf der Gleichstellung der qualifizierten nichtehelichen Lebensgemeinschaft mit der Ehe beruhenden Kriterien für den Untergang des Rentenanspruchs nicht auf neurechtliche Renten angewendet werden können, ist u.E. zu verneinen und eine differenzierte Anwendung zuzulassen (siehe dazu im Einzelnen die Kommentierung zu Art. 129 N 14; gl.M. FamKomm Scheidung/SCHWENZER, Art. 129 N 17; absoluter in Art. 130 N 8).

IV. Rechtsfolgen

Mit dem Tod eines geschiedenen Ehegatten **erlischt** der Rentenanspruch gemäss Art. 130 9 Abs. 1 **automatisch.** Eine prozessuale Geltendmachung durch den Schuldner bzw. ein (Gestaltungs-)Urteil ist nicht erforderlich. Gleiches gilt für den Fall der Wiederverheiratung gemäss Abs. 2. In dieser Hinsicht unterscheiden sich die Abänderungsgründe von Art. 130 von denen des Art. 129. Irrtümlich zu viel bezahlte Beträge können unter den Voraussetzungen der Art. 62 ff. OR zurückgefordert werden.

Bei **altrechtlichen Scheidungsrenten** ist zu beachten, dass im Fall des Todes des Unter- 10 haltsschuldners nach wohl h.L. gewisse Rentenbestandteile auch ohne entsprechende Vereinbarung passiv vererblich bleiben (dazu oben N 4). Bei Wiederverheiratung hingegen gehen gemäss aArt. 153 Abs. 1 auch diejenigen Ansprüche unter, welche dem Ersatz entgangener Anwartschaften oder als Genugtuung dienten.

V. Abweichende Vereinbarungen

1. Zulässigkeit

Die Parteien sind innerhalb der Schranken der Art. 19 Abs. 2 und 20 OR sowie des 11 Art. 27 Abs. 2 frei, von Art. 130 abweichende Vereinbarungen zu schliessen. Die in Abs. 2 explizit erwähnte Möglichkeit, die **Rentenverpflichtung** mittels entsprechender Abrede über den Eintritt des Ereignisses hinaus **andauern** zu lassen, steht nicht nur im Fall der *Wiederverheiratung,* sondern auch im Fall des *Versterbens* einer Partei (Abs. 1) zur Verfügung (Vereinbarung der aktiven oder passiven Vererblichkeit; Botschaft Revision Scheidungsrecht, 121, Ziff. 233.544). Die Einigung kann sich auch nur auf gewisse Bestandteile der Rente erstrecken, z.B. auf solche, die spezifisch im Hinblick auf fortdauernde Kinderbetreuung oder die berufliche Wiedereingliederung festgesetzt wurden. Zulässig ist es auch, zusätzliche Erlöschensgründe zu vereinbaren (FamKomm Scheidung/SCHWENZER, N 9). Zu so genannten «Konkubinatsklauseln» siehe die Kommentierung zu Art. 129 sowie Art. 127 N 10.

2. Mögliche Gründe

12   Die Vereinbarung der **passiven Vererblichkeit** einer Rente mag dann sinnvoll sein, wenn die ausreichende finanzielle Absicherung des Gläubigers weder durch die Teilung der Austrittsleistungen noch durch eine Kapitalzahlung (unter dem Titel Güterrecht oder der angemessenen Entschädigung gemäss Art. 124) erfolgen kann. In einer Mehrzahl der erstgenannten Fälle – nämlich bei ungenügenden Mitteln des Schuldners – kommt die Vereinbarung allerdings mit Blick auf die Verletzung der Pflichtteile der durch die Verpflichtung belasteten Erben faktisch kaum in Betracht. Auch in anderen Fällen kann die Vererblicherklärung möglicherweise später Anlass zu *Streitigkeiten* zwischen dem Berechtigten und den Erben des Verpflichteten geben (SUTTER/FREIBURGHAUS, Art. 140 N 34).

13   Anwendungsbereich und Nutzen einer Vereinbarung der **aktiven Vererblichkeit** sind stark eingeschränkt: Gemeinsame Kinder, welche vorab als potentielle indirekt Begünstigte in Frage kommen, haben allenfalls eigene Unterhaltsansprüche, welche sie gegenüber dem verpflichteten Elternteil direkt geltend machen können, so dass der Umweg über die Unterhaltsrente des anderen Elternteils entfällt. Eine Motivation des Schuldners, indirekt andere dem verstorbenen Gläubiger nahe stehende Personen zu begünstigen, ist in Ausnahmefällen (Unterstützung wirtschaftlich schlecht gestellter Verwandter; SUTTER/FREIBURGHAUS, Art. 140 N 31) zwar denkbar, jedoch wird in der Regel weder der Unterhaltsschuldner dazu bereit sein, insgesamt eine höhere als die grundsätzlich geschuldete Leistung zu erbringen, noch der Gläubiger, eine tiefere als die geschuldete Leistung an sich selbst zu akzeptieren, so dass für eine entsprechende Vereinbarung kein finanzieller Spielraum besteht.

3. Form

14   Die Vereinbarung der passiven Vererblichkeit einer Scheidungsrente belastet den Nachlass der verpflichteten Partei und ist deshalb als **Rechtsgeschäft von Todes wegen** einzustufen (SUTTER/FREIBURGHAUS, Art. 140 m.Hw.). Dies führt dazu, dass die Verpflichtung zu ihrer Gültigkeit der Testaments- oder Erbvertragsform bedarf. Die Vereinbarung der aktiven Vererblichkeit stellt demgegenüber ein – zu Lebzeiten des Pflichtigen wirksam werdendes – Schenkungsversprechen zugunsten Dritter dar, welches lediglich der Schriftform bedarf.

Art. 131

IV. Vollstreckung

1. Inkassohilfe und Vorschüsse

[1] **Erfüllt die verpflichtete Person die Unterhaltspflicht nicht, so hat die Vormundschaftsbehörde oder eine andere vom kantonalen Recht bezeichnete Stelle der berechtigten Person auf Gesuch hin bei der Vollstreckung des Unterhaltsanspruchs in geeigneter Weise und in der Regel unentgeltlich zu helfen.**

² Dem öffentlichen Recht bleibt vorbehalten, die Ausrichtung von Vorschüssen zu regeln, wenn die verpflichtete Person ihrer Unterhaltspflicht nicht nachkommt.

³ Soweit das Gemeinwesen für den Unterhalt der berechtigten Person aufkommt, geht der Unterhaltsanspruch mit allen Rechten auf das Gemeinwesen über.

IV. Exécution

1. Aide au recouvrement et avances

¹ Lorsque le débiteur néglige son obligation d'entretien, l'autorité tutélaire ou un autre office désigné par le droit cantonal aide de manière adéquate, et en règle générale gratuitement, le créancier qui le demande à obtenir le versement de la contribution d'entretien.

² Il appartient au droit public de régler le versement d'avances lorsque le débiteur ne satisfait pas à son obligation d'entretien.

³ La prétention de la contribution d'entretien passe avec tous les droits qui lui sont rattachés à la collectivité publique lorsque celle-ci assume l'entretien du créancier.

IV. Esecuzione

1. Aiuto all'incasso e anticipi

¹ Se l'obbligo di mantenimento non è adempiuto, l'autorità tutoria o un altro servizio designato dal diritto cantonale aiuta in maniera adeguata e di regola gratuitamente l'avente diritto che ne faccia richiesta a ottenere l'esecuzione del contributo di mantenimento.

² È fatta salva la competenza del diritto pubblico di disciplinare l'erogazione di anticipi allorché l'obbligato non adempia l'obbligo di mantenimento.

³ La pretesa di mantenimento passa, con i diritti ad essa connessi, all'ente pubblico nella misura in cui quest'ultimo assuma il mantenimento dell' avente diritto.

Art. 132

2. Anweisungen an die Schuldner und Sicherstellung

¹ Vernachlässigt die verpflichtete Person die Erfüllung der Unterhaltspflicht, so kann das Gericht ihre Schuldner anweisen, die Zahlungen ganz oder teilweise an die berechtigte Person zu leisten.

² Vernachlässigt die verpflichtete Person beharrlich die Erfüllung der Unterhaltspflicht oder ist anzunehmen, dass sie Anstalten zur Flucht trifft oder ihr Vermögen verschleudert oder beiseiteschafft, so kann sie verpflichtet werden, für die künftigen Unterhaltsbeiträge angemessene Sicherheit zu leisten.

2. Avis aux débiteurs et fourniture de sûretés

¹ Lorsque le débiteur ne satisfait pas à son obligation d'entretien, le juge peut ordonner à ses débiteurs d'opérer tout ou partie de leurs paiements entre les mains du créancier.

² Lorsque le débiteur persiste à négliger son obligation d'entretien ou qu'il y a lieu d'admettre qu'il se prépare à fuir, qu'il dilapide sa fortune ou la fait disparaître, le juge peut l'astreindre à fournir des sûretés appropriées pour les contributions d'entretien futures.

2. Avvisi ai debitori e garanzia

¹ Quando l'obbligato trascura l'obbligo di mantenimento, il giudice può prescrivere ai suoi debitori di effettuare totalmente o in parte i loro pagamenti all'avente diritto.

² Se persiste nel negligere l'obbligo di mantenimento o se si presume che prepari la fuga, dilapidi la sostanza o la faccia scomparire, il giudice può obbligarlo a prestare adeguate garanzie per i contributi di mantenimento futuri.

Peter Breitschmid

Literatur

Vergleiche zu Art. 289 sowie zu Art. 177, insb.: BANNWART, Lohnpfändung und familienrechtliche Anweisung, BlSchK 2001, 161 ff.; BK-HEGNAUER, Art. 289–293; ROGER WEBER, Anweisung an die Schuldner, Sicherstellung der Unterhaltsforderung und Verfügungsbeschränkung, AJP 2002, 235 ff.

I. Allgemeines

1   Die Art. 131 und 132 sind Art. 289–293 nachgebildet, welche eine Errungenschaft der Kindesrechtsrevision von 1976 darstellen und auf deren Kommentierung in diesem Band verwiesen sei. Es entspricht *Art. 131 Abs. 1* dem Art. 290 (geeignete behördliche Hilfe bei der Vollstreckung; N 3), *Art. 131 Abs. 2* dem Art. 293 Abs. 2 (Alimentenbevorschussung gem. kant. öffentlichem Recht; N 4), *Art. 131 Abs. 3* dem Art. 289 Abs. 2 (Forderungsübergang auf das bevorschussende Gemeinwesen; N 6), *Art. 132 Abs. 1* den Art. 177 und Art. 291 (Anweisungen an die Schuldner; N 7 f.), schliesslich *Art. 132 Abs. 2* dem Art. 292 (Sicherstellung; N 9). Die Zahlungsmoral ist beim nachehelichen Unterhalt nicht besser als beim Kindesunterhalt, die berechtigte Person zwar nicht unmündig, gleichwohl aber meist nicht rechtskundig (oft identisch mit dem Inhaber der elterlichen Sorge, dem mit den kindesrechtlichen Bestimmungen bei der Erfüllung seiner Aufgabe geholfen werden soll), und der Unterhalt im einen wie im andern Falle existentiell (letztlich ist den Beteiligten auch nicht gedient, wenn der gemeinsame und wirtschaftlich einheitliche Bedarf von Sorgeberechtigtem und Kind nach unterschiedlichen Regeln durchgesetzt werden muss).

2   Die Bestimmungen bilden Teil der Vollstreckungssicherung *nach*ehelicher periodischer Unterhaltsleistungen, welche ergänzt werden durch ein gleiches Bedürfnis bei *Massnahme- und Eheschutzentscheiden* (wo indes – ohne ersichtlichen sachlichen Grund – nur Art. 177 gilt; vgl. u. N 5, 8 a.E.) sowie güterrechtlichen Sicherungsanordnungen (insb. Art. 178). Gegebenenfalls werden auch *altrechtlich* zugesprochene Unterhaltsrenten oder -abfindungen erfasst (Art. 7a Abs. 2 SchlT). Weiter zu beachten bleiben die Regeln des *Schuldbetreibungs- und Konkurs-* (Art. 289 N 12 ff.) sowie des *Strafrechts* (Art. 217 StGB; Art. 289 N 17 f.).

II. Behördliche Vollstreckungshilfe und Alimentenbevorschussung (Art. 131 Abs. 1 und 2)

3   Von Bundesrechts wegen hat die VormBehörde oder eine andere vom kantonalen Recht als zuständig bezeichnete Stelle der berechtigten Person auf Gesuch hin bei der *Vollstreckung zu helfen* (*Art. 131 Abs. 1;* Art. 290 N 2 ff.). Vorausgesetzt ist ein Rechtsöffnungstitel; da indes nicht nur die betreibungsrechtliche Durchsetzung der Forderung, sondern allgemein die Beratung über das Vorgehen, ggf. eine informelle Kontaktnahme mit dem Schuldner, zu den behördlichen Aufgaben gehört (Art. 290 N 3), wäre *Beratung* (nicht aber prozessuale Vertretung) auch dort geboten, wo ein solcher Titel (z.B. bei ausländischem Urteil) erst noch erlangt werden muss. *Im Gegensatz* zur kindesrechtlichen Ordnung ist die Vollstreckungshilfe für Geschiedenenunterhalt *nicht generell*, sondern nur i.d.R. *unentgeltlich* (Art. 290 N 4).

4   Die *Alimentenbevorschussung (Art. 131 Abs. 2)* ist Teil des öffentlichen Sozialhilferechts und heute insofern Teilaspekt des Grundrechts auf Existenzsicherung, welches das Ermessen des kantonalen Gesetzgebers in der *Ausgestaltung von Anspruchsberechtigung und Leistungsumfang* eingrenzt (Art. 12 BV; vgl. Art. 293 N 1). Mit Blick auf die ten-

denziell höhere Selbsthilfefähigkeit des mündigen Ansprechers von Geschiedenenunterhalt gegenüber dem unmündigen Kind (293 N 2 f.) dürften sich allerdings Bevorschussungsbeiträge nahe dem Grundbetrag des betreibungsrechtlichen Existenzminimums bzw. der SKOS-Richtlinien für Sozialhilfeleistungen (vgl. 285 N 9) ergeben.

Ob Inkassohilfe und Alimentenbevorschussung – der systematischen Stellung von Art. 131 folgend – nur für Nachscheidungsunterhalt oder auch für im Rahmen von *Eheschutz- und Massnahmeverfahren* zugesprochene Leistungen angeboten werden (was wünschbar und sachlich geboten wäre), hängt von der Ausgestaltung des kantonalen Sozialhilferechts ab; dieses regelt auch die Voraussetzungen einer allfälligen Rückerstattungspflicht.   **5**

Hat das Gemeinwesen an Stelle des eigentlich Pflichtigen Leistungen erbracht, so tritt *Legalzession* ein (*Art. 131 Abs. 3;* vgl. Art. 289 N 9–11), wohl auch für die dem Berechtigten allenfalls erwachsenen Kosten der behördlichen Hilfe (N 3 a.E.), welche der Pflichtige zu vertreten hat.   **6**

III. Anweisungen an die Schuldner (Art. 132 Abs. 1)

Es kann auf die Kommentierungen von Art. 177 und 291 verwiesen werden. Zentral ist, dass die Anweisung an eine verschuldensunabhängige *Vernachlässigung* der Unterhaltspflicht anknüpft (mithin vorübergehende Zahlungsschwierigkeiten oder ein vereinzeltes Vergessen rechtzeitiger Überweisung nicht ausreichen) und vom Gericht angeordnet werden *kann* (mithin nach den Kriterien von Art. 4), weshalb der Pflichtige nicht ohne Not blossgestellt werden soll (während er ggf. die Blossstellung als Folge eigenen Verhaltens hinzunehmen hat; WEBER, AJP 2002, 238 ff.).   **7**

Ob nur ausstehende Leistungen nach Art. 163 oder auch solche nach Art. 164 Anlass zu einer Anweisung an die Schuldner des Pflichtigen geben sollen, hängt davon ab, ob die Anordnung während noch bestehender Ehe (Art. 177) oder nach deren Auflösung für nacheheliche Ansprüche (so hier) erfolgt und ob sie im jeweiligen Fall verhältnismässig sei (teilw. abw. bez. Art. 177 HEGNAUER/BREITSCHMID, Eherecht, N 21.39; vgl. BK-HAUSHEER/REUSSER/GEISER, Art. 177 N 8a, 8b).   **8**

IV. Sicherstellung (Art. 132 Abs. 2)

Es kann auf die Kommentierungen von Art. 292 verwiesen werden. Im Gegensatz zu Art. 132 *Abs. 1* (Anweisungen, o. N 7) ist hier nicht nur eine «gewöhnliche», sondern eine *«beharrliche»* Vernachlässigung der Unterhaltspflicht Voraussetzung, wobei sich die Nuance in der Praxis kaum auswirken dürfte, da bis zum Zeitpunkt des behördlichen Entscheids regelmässig mehrere Monatsbetreffnisse ausstehend sein dürften. Ob bei der Wahl zwischen betreibungsrechtlichen Behelfen und der Sicherstellung die teilweise erleichterten Anspruchsvoraussetzungen (es mögen im Gegensatz zum Arrestgrund der Schuldnerflucht von Art. 271 Abs. 1 Ziff. 2 SchKG je nach Praxis der urteilenden Stelle die Anforderungen an die Glaubhaftigkeit der klägerischen Sachdarstellung beim Begehren um Sicherstellung eher etwas tiefer liegen) oder der dem Arrest eigene «Überfallcharakter» bedeutungsvoller sind, hängt von den Umständen ab (Überblick bei WEBER, AJP 2002, 243 bei Anm. 67; vgl. Art. 292 N 4).   **9**

Die Sicherstellung muss – was für die Anweisung aus Art. 177 gilt – auch im *Massnahmeverfahren* (vgl. Art. 137 Abs. 2) erfolgen können (FamKomm Scheidung/ LEUENBERGER, Art. 137 N 14a und Art. 177 N 1 ff.).   **10**

Art. 133

F. Kinder

I. Elternrechte und -pflichten

[1] **Das Gericht teilt die elterliche Sorge einem Elternteil zu und regelt nach den Bestimmungen über die Wirkungen des Kindesverhältnisses den Anspruch auf persönlichen Verkehr und den Unterhaltsbeitrag des andern Elternteils. Der Unterhaltsbeitrag kann über die Mündigkeit hinaus festgelegt werden.**

[2] **Für die Zuteilung der elterlichen Sorge und die Regelung des persönlichen Verkehrs sind alle für das Kindeswohl wichtigen Umstände massgebend; auf einen gemeinsamen Antrag der Eltern und, soweit tunlich, auf die Meinung des Kindes ist Rücksicht zu nehmen.**

[3] **Haben die Eltern sich in einer genehmigungsfähigen Vereinbarung über ihre Anteile an der Betreuung des Kindes und die Verteilung der Unterhaltskosten verständigt, so belässt das Gericht auf gemeinsamen Antrag beiden Eltern die elterliche Sorge, sofern dies mit dem Kindeswohl vereinbar ist.**

F. Sort des enfants

I. Droits et devoirs des père et mère

[1] Le juge attribue l'autorité parentale à l'un des parents et fixe, d'après les dispositions régissant les effets de la filiation, les relations personnelles entre l'enfant et l'autre parent ainsi que la contribution d'entretien due par ce dernier. La contribution d'entretien peut être fixée pour une période allant au-delà de l'accès à la majorité.

[2] Lorsqu'il attribue l'autorité parentale et règle les relations personnelles, le juge tient compte de toutes les circonstances importantes pour le bien de l'enfant; il prend en considération une éventuelle requête commune des parents et, autant que possible, l'avis de l'enfant.

[3] Sur requête conjointe des père et mère, le juge maintient l'exercice en commun de l'autorité parentale, pour autant que cela soit compatible avec le bien de l'enfant et que les parents soumettent à sa ratification une convention qui détermine leur participation à la prise en charge de l'enfant et la répartition des frais d'entretien de celui-ci.

F. Figli

I. Diritti e doveri dei genitori

[1] Il giudice attribuisce l'autorità parentale a uno dei genitori e disciplina, secondo le disposizioni che reggono gli effetti della filiazione, il diritto alle relazioni personali nonché il contributo di mantenimento dell'altro genitore. Il contributo di mantenimento può essere stabilito anche per un periodo che va oltre la maggiore età dei figli.

[2] Per l'attribuzione dell'autorità parentale e per la regolamentazione delle relazioni personali, il giudice tiene conto di tutte le circostanze importanti per il bene del figlio; prende in considerazione una richiesta comune dei genitori e, nella misura del possibile, il parere del figlio.

[3] A istanza comune dei genitori, il giudice dispone la prosecuzione dell'esercizio in comune dell'autorità parentale, purché ciò sia compatibile con il bene del figlio e i genitori gli sottopongano per omologazione una convenzione che stabilisca la loro partecipazione alla cura del figlio e fissi la ripartizione delle spese del suo mantenimento.

Literatur

BACILIERI-SCHMID, Kinder bei Trennung und Scheidung – Psychologisches Basiswissen für Juristinnen und Juristen, ZVW 2005, 199 ff.; BALSCHEIT, Gemeinsame Elternverantwortung auch nach der Scheidung?, SJZ 1988, 25 ff.; BERGER, La garde alternée, JdT 2002, 150 ff.; BIDERBOST, Die Zuständigkeit der vormundschaftlichen Behörden bei Abänderung eines Entscheides zur Übertragung gemeinsamer elterlicher Sorge (Art. 298a/134 ZGB), ZBJV 2004, 198; BLAKESLEE/LEWIS/ WALLERSTEIN, Scheidungsfolgen – Die Kinder tragen die Last: Eine Langzeitstudie über 25 Jahre, Münster 2002; BRAUCHLI, Das Kindeswohl als Maxime des Rechts, Diss. Zürich 1982; BREIT-SCHMID, Kind und Scheidung der Elternehe, in: Das neue Scheidungsrecht, hrsg. von der Stiftung für juristische Weiterbildung, Zürich 1999, 95 ff.; BRUCH, Parental Alienation Syndrom und Parental Alienation, FamRZ 2002, Heft 19, 1304 ff.; BURGER-SUTZ, Die Kinderbelange unter altem und neuem Scheidungsrecht, Diss. Zürich 1999; DAOUDI BEUCHAT, La protection des enfants sous les auspices du nouveau droit de divorce, législation et pratique du canton de Genève, ZVW 1999, 156 ff.; FELDER/WÜTHRICH/ZOLLINGER, Kind und Scheidung, AJP 1994, 807 ff., 894 ff.; FREI-BURGHAUS, Auswirkungen der Scheidungsrechtsrevision auf die Kinderbelange und die vormundschaftlichen Organe, ZVW 1999, 99 ff.; GERBER JENNI/HAUSAMMANN (Hrsg.), Die Rechte des Kindes, Das UNO-Übereinkommen und seine Auswirkung auf die Schweiz, Basel 2001; GLOOR, Gemeinsame elterliche Sorge – erste Erfahrungen und besondere Fragestellungen, AJP 2004, 217 ff.; GUGLIELMONI/MAURI/TREZZINI, Besuchsrecht und Kindeszuteilung in der Scheidung – Zur Aufgabe von Dogmen und zur Begehung neuer konstruktiver und evolutiver Wege, AJP 1999, 45 ff.; HÄFELI, Gemeinsame elterliche Sorge geschiedener und nicht verheirateter Eltern, ZVW 1999, 176 ff.; DERS., Zur Abgrenzung der Zuständigkeiten von Gerichten und vormundschaftlichen Behörden zur Regelung von Kinderbelangen, ZVW 1999, 224 ff.; HAMMER-FELDGES, Persönlicher Verkehr – Probleme der Rechtsanwendung für Vormundschaftsbehörden, Richter und Anwälte, ZVW 1993, 5 ff.; HAUSER, Zu den steuerlichen Folgen des neuen Scheidungsrechts, insbesondere zur gemeinsamen elterlichen Sorge, ASA (1999/2000) 353 ff.; HEGNAUER, Wahrung der Kindesinteressen im Scheidungsprozess, AJP 1994, 888 ff.; JORIO, Der Inhaber der elterlichen Gewalt nach dem neuen Kindesrecht, Diss. Fribourg 1977; KAUFMANN/ZIEGLER, Kindeswohl: eine interdisziplinäre Sicht, Zürich 2003; KLENNER, Rituale der Umgangsvereitelung bei getrenntlebenden oder geschiedenen Eltern, FamRZ 1995, 1529 ff.; MANAÏ, Prendre les enfants au sérieux, in: Pfister/ Liechti (Hrsg), Le nouveau droit de divorce, ASR 624, Bern 1999, 99 ff.; NUFER, Die Entwicklung des Kindes vom Vorschulalter bis zur Adoleszenz und die Bedeutung der Elternscheidung für das Kind, ZVW 1999, 210 ff.; PERREZ, Scheidungsfolgen bei den Kindern, AJP 1997, 37 ff.; PETER, Hochstrittige Eltern im Besuchsrechtskonflikt, ZVW 2005, 193 ff.; REUSSER, Die Stellung der Kinder im neuen Scheidungsrecht, in: Hausheer (Hrsg), Vom alten zum neuen Scheidungsrecht, ASR 625, Bern 1999, 175 ff. (mit Anhang zur Kindesanhörung von FELDER/NUFER); RUGGIERO, L'attribution de l'autorité parentale en cas de divorce, Diss. Lausanne 1994; ROELLI, Materiell- und prozessrechtliche Gesichtspunkte der Kindeszuteilung, FS OGer LU ZBJV 1991, 225 ff.; SANDOZ, L'Attribution conjointe de l'autorité parentale aux parents divorcés, FS Piotet, Bern 1990, 107 ff.; SCHREINER/SCHWEIGHAUSER, Komplexe/Schwierige Besuchs- und Sorgerechtsregelungen. Lösungsansätze: Spannungsfeld zwischen Theorie und Praxis, FamPra 2004, 911 ff.; SCHUMA-CHER, Fünf Jahre Kindschaftsreform in Deutschland, FamPra 2003, 558 ff.; SCHWEIGHAUSER, Die Vertretung der Kindesinteressen im Scheidungsprozess, Diss. Basel 1998; SCHWENZER, Die UN-Kinderrechtskonvention und das schweizerische Kindesrecht, AJP 1994, 817 ff.; DIES., Gemeinsame elterliche Sorge nach der Scheidung, recht 1998, 212 ff.; DIES., Die elterliche Sorge – die Sicht des Rechts von aussen auf das Innen, FamPra 2005, 12 ff.; SIMONI, Beziehung und Entfremdung, FamPra 2005, 772 ff.; SPANGENBERG/SPANGENBERG, Geschwisterbindung und Kindeswohl, FamRZ 2002, 1007 ff.; STECK, Gemeinsame elterliche Sorge als Regelfall? Gedanken zum Postulat Wehrli vom 7.5.2004, SJZ 2005, 537 ff.; STETTLER, La répartition des compétences entre le juge et les autorités de tutelle dans le domaine des effets de la filiation, ZVW 1999, 218 ff.; DERS., Les nouvelles dispositions du Code civil concernant le sort des enfants dans le divorce de leurs parents, in: Bernasconi/Talleri/Ambrosini/Giudicelli (Hrsg.), Il nuovo diritto del divorzio, CFPG Bd. 25, Basel 2002, 135 ff.; SUTTER, Einige Überlegungen zur Konzeption der elterlichen Sorge geschiedener und unverheirateter Eltern de lege ferenda, in: Gauch/Schmid/Steinauer/Tercier/Werro (Hrsg.), FS B. Schnyder, Fribourg 1995, 785 ff.; VOGEL, Freibeweis in der Kindeszuteilung, in: Riemer/Walder/Weimar (Hrsg.), FS Hegnauer, Bern 1986, 609 ff.; WEBER MATTHIAS, Eltern bleiben Eltern!? – oder: Warum eine gute Idee manchmal scheitern muss, Kind-Prax 2002, 120 ff.; DERS., Schnittstellenprobleme zwischen Eheschutz und Scheidung, AJP 2004, 1050 f.; WIRZ, Gemeinsame elterliche Gewalt geschiedener und nicht verheirateter Eltern, Diss. Basel 1995; WOLF, Die UNO-Konvention über die Rechte des Kindes und ihre Umsetzung in das schweizerische Kindesrecht, ZBJV 1998, 113 ff.

Weitere Hinweise in den Literaturübersichten zu Art. 144 (Anhörung und Vertretung des Kindes), 273, 276 und 285 (persönlicher Verkehr und Unterhalt) und Art. 307 und 315 (bez. verfahrensrechtlicher Aspekte und Kindesschutz).

I. Kind und Scheidung der Elternehe

1. Überblick über die Ordnung der Kinderbelange – erneute Revisionsanliegen

1 Während im alten Scheidungsrecht zwei Artikel (aArt. 156 f.) den «*Elternrechten*» gewidmet waren, regeln seit 2000 die Art. 133 f. die «*Elternrechte und -pflichten*» und die Art. 144–147 die verfahrensrechtlichen Implikationen, wo Kinder von der Scheidung betroffen sind. Artikel 133 Abs. 1 und 2 entsprechen inhaltlich weitgehend aArt. 156 und aArt. 297 Abs. 3, und es bleibt entsprechend die zu diesen Bestimmungen entwickelte Doktrin und Praxis in den Grundzügen anwendbar (es sei diesbez. auf die Kommentierung von aArt. 156 f. durch LÜCHINGER/GEISER in der ersten Auflage verwiesen); dies namentlich deshalb, weil bereits gegen das Ende der Geltungsdauer des alten Rechts hin höchstgerichtlich anerkannt war (BGE 122 III 401), dass «soweit tunlich» – unabhängig von dem nun in Art. 133 Abs. 2 explizit statuierten, aber selbstverständlichen Satz – «*auf die Meinung des Kindes … Rücksicht zu nehmen*» ist. Hinzugetreten ist die in Art. 133 Abs. 3 eingeräumte Möglichkeit, auch geschiedenen Eltern *gemeinsame elterliche Sorge* zu belassen, was aufgrund eines Postulats zum Regelfall werden soll (WEHRLI, Elterliche Sorge, Gleichberechtigung, Postulat 04.3250, 7.5.2004; s. STECK, SJZ 2005, 537 ff.). Die Probleme des streitigen Alltags lassen sich allerdings kaum durch einen gesetzgeberischen Federstrich entschärfen: Zwar ist zu bedauern, dass das Gesetz den Grundsatz fortbestehender gemeinsamer Elternverantwortung nicht in den Vordergrund rückt (N 3), doch ist zwangsweise gemeinsame Sorge contradictio in adiecto. *Neu* sind ebenfalls die *verfahrensrechtlichen Regeln* über die Anhörung (Art. 144) und die Vertretung des Kindes (Art. 146 f.), während Art. 145 die Offizialmaxime explizit auch für die Kinderbelange statuiert, damit aber wiederum Vorbestandenes bestätigt.

2. Allgemeine Gesichtspunkte der Ordnung der elterlichen Sorge

2 Im Falle der Scheidung der Elternehe hat das **Gericht** (Abs. 1) nach dem *Prinzip der Einheit des Scheidungsurteils* (Art. 135) die **elterliche Sorge** zu ordnen (zur ausnahmsweisen *Zuständigkeit vormundschaftlicher Behörden* s. Art. 315/315a/315b N 7 ff.). Nach wie vor geht das schweizerische Recht im Falle der Scheidung der Elternehe davon aus, dass die elterliche Sorge (zur «Entstehungsgeschichte» dieses *Begriffs* HEGNAUER, ZVW 1993, 63 ff., welcher «elterliche *Entscheidungsbefugnis*» vorgeschlagen hatte; s. zudem Art. 296 N 8) im Regelfall *nur einem der beiden* Eltern zugeteilt werde; mindestens kann dieser Schluss bei flüchtiger Betrachtung aus der systematischen Stellung von Abs. 1 und 3 gezogen werden. In jedem Falle gilt, dass bei unmündigen Kindern eine *gerichtliche Regelung der elterlichen Sorge erfolgen muss*. Diese ist indes nur **Konfliktregelung,** von der einvernehmlich und auf Zusehen hin abgewichen werden kann. Sowohl Abweichen von wie Rückkehr zur gerichtlichen Ordnung beurteilen sich nach dem Kindeswohl; ggf. sind Diskrepanzen zwischen gerichtlicher und gelebter Ordnung in einem Abänderungsverfahren (Art. 134) anzupassen, wobei alsdann die tatsächlich gelebten Verhältnisse neben einem dispositivmässig zugesprochenen «Status» gleichermassen zu würdigen sind (vgl. HEGNAUER, SJZ 1990, 370 f.; man beachte die steuerlichen Risiken bei prekaristischer Abweichung von der getroffenen Ordnung: BGE 131 II 553).

3 Lieber hätte man ein klares gesetzliches Bekenntnis zum **Vorrang gemeinsamer vor getrennter Sorge.** Das gesetzliche «Modell» mit seinem «systematischen Vorrang» der *Konflikt*ordnung bildet indes nur die faktischen Gegebenheiten in kontroversen Situationen ab – welche vorab zu regeln dem gesetzlichen Auftrag entspricht –, nicht aber etwa das idealtypische Verständnis eines retardierenden Gesetzgebers; dieser anerkennt mit den dem nicht Sorgeberechtigten eingeräumten *erweiterten Informations- und Auskunfts-*

rechten (Art. 275a) die Bedeutung kontinuierlicher Kontakte zu beiden Eltern. Dass kein «obrigkeitsstaatliches» Konzept besteht, unterstreicht namentlich **Abs. 2,** der *«auf einen gemeinsamen Antrag der Eltern … Rücksicht zu nehmen»* gebietet und nur durch die im Interesse des Kindes statuierte Offizialmaxime (Art. 145) eingeschränkt wird; dass der dem Gericht mitgeteilte Parteiwille zu verifizieren ist, um nicht Übervorteilung, Abhängigkeit und ermüdete Kapitulation zu riskieren, versteht sich. Unabhängig von der konkreten rechtlichen Ausgestaltung der (subsidiären) gesetzlichen Ordnung bleibt nämlich die *gemeinsame Elternverantwortung unteilbare* Aufgabe, welche vom Gesetz vorausgesetzt wird und von involvierten Behörden gefördert und auch von zerstrittenen Eltern gepflegt werden muss. Auf gemeinsame Sorge besteht nicht ein «Anspruch», sondern sie ist Arbeitsziel, und eigentlich unterscheiden sich die Fälle nur danach, wie weit das jeweilige Elternpaar auf dem Weg der Konfliktverarbeitung schon vorangelangt ist; insofern bildet der Aufbau von Art. 133 den Verlauf der Konfliktbewältigung ab, welche zugegebenermassen in manchen (zu vielen) Fällen im Stadium von Abs. 1 verharrt. Jedes gesetzliche Modell krankt daran, dass persönliches Engagement, Bereitschaft zu einvernehmlichem Zusammenwirken wenigstens in Kinderbelangen und das «Gespür» aller Beteiligten (Kinder, Eltern, Behörden) für die laufend wechselnden emotionalen Befindlichkeiten weder erzwungen noch vollstreckt werden können – die gesetzliche Regelung mithin subsidiäre Konfliktordnung und im Übrigen propagandistischer Natur ist, indem stets (biologisch bedingt) ein bipolares Betreuungsmodell vorausgesetzt wird, regelmässig allerdings ohnehin ein multipolares Lebensumfeld (mit Beziehungen zu Stief- und Grosseltern, Tageseltern, Lehrern, Kameradschaften in Schule, Ausbildung oder Freizeit, ggf. bereits eigenen Beziehungen des Kindes) besteht, welches als solches zu erhalten und von dem oder den Sorgeberechtigten zu schützen ist (indem z.B. Wohnortwechsel Absprache mit dem Kind erfordern: Art. 301 N 12). Elternrechten stehen Elternpflichten gegenüber, welche auch in einem «Loslassen» des Kindes bestehen, indem zwar die eigene Verantwortung wahrzunehmen ist, diese Verantwortung aber u.a. gerade darin besteht, dem Kind alle Kontaktchancen zu (für ihn allenfalls auch erst später wieder wichtigen) Bezugspersonen aktiv zu öffnen (was im Übrigen zugleich Entlastung und Chance zu eigener Lebensgestaltung des betreuungspflichtigen Elternteils bedeutet). Es versteht sich, dass sich solches Verständnis kaum durch gerichtliche Entscheide, sondern nur durch *(familien-) therapeutische und mediative Bemühungen* erreichen lässt.

II. Ordnung der elterlichen Sorge in Konflikt- und Desinteresse-Fällen (Abs. 1 und 2)

1. Grundlagen

Erweist sich nicht ausnahmsweise ein Entzug der elterlichen Sorge gegenüber *beiden* **4** Eltern als notwendig (Art. 311; HINDERLING/STECK, 407) oder sind – am andern Ende des «Spektrums» – die Voraussetzungen *gemeinsamer* Sorge gegeben (Abs. 3), so ist die **elterliche Sorge Mutter oder Vater zuzuteilen;** eine *Spaltung* von Obhut und Sorge ist in dieser Situation *nicht* zulässig (BGE 94 II 2), wohl aber ausnahmsweise bei blosser Trennung und damit auch im Vor-Scheidungsstadium, falls Aussicht besteht, über eine Zuweisung nur der Obhut bei gemeinsamer Sorge Einvernehmen zu erzielen (so HINDERLING/STECK, 404 f.). Die dem einen Elter zugeteilte Sorge ist so auszuüben, dass das Eltern-Kind-Verhältnis zum andern gewahrt bleibt durch persönlichen Verkehr und anderweitige Kontakte. Im Rahmen des persönlichen Verkehrs sind die Befugnisse des Sorgerechtsinhabers beschränkt durch das Kontaktrecht und die Betreuungspflicht durch den Berechtigten während der Ausübung. Die Nicht-Zuteilung elterlicher Sorge ist nicht Entzug i.S.v. Art. 311 Abs. 1 Ziff. 2, sondern im Allgemeinen Ausdruck einer objektiven

Unmöglichkeit i.S. der dortigen Ziff. 1 (i.V.m. fehlenden Voraussetzungen zu gemeinsamer Sorge nach Abs. 3). Die Nicht-Zuteilung darf nicht allgemein als menschliches oder auch nur erzieherisches «Unwerturteil» verstanden oder ausgeschlachtet werden (entsprechend bescheinigt auch die Zuteilung nicht besondere erzieherische Qualitäten); meist ist der Entscheid pragmatische Anerkennung bisheriger überwiegender Rollenteilung und faktischer Umstände (etwa Kontinuität der Wohn- oder Betreuungssituation: N 7 f.), weshalb namentlich auch spätere Abänderungen (insb. bei Tod oder Handlungsunfähigkeit des Sorgerechtsinhabers) nicht ausgeschlossen sind.

5 Die einmal getroffene Regelung **gilt** *zeitlich* bis zur Mündigkeit des Kindes, Tod oder Handlungsunfähigkeit des Sorgeberechtigten oder einer Abänderung (Art. 134). Zu regeln ist die Obhut gegenüber *gemeinsamen* leiblichen oder adoptierten Kindern der Parteien, die spätestens im Zeitpunkt der Rechtskraft des Scheidungsurteils geboren (vgl. Neufassung von Art. 255 Abs. 1) bzw. adoptiert sind, nicht aber gegenüber Pflege- oder nach Auflösung der Ehe geborenen Kindern, über welche entweder der gesetzliche Vertreter bzw. die Mutter als Inhaberin der elterlichen Sorge zu bestimmen hat (Art. 298 Abs. 1). Streitig ist, ob nicht Gründe der Prozessökonomie dafür sprechen, den persönlichen Verkehr im eherechtlichen Verfahren mit zu regeln (so BK-HEGNAUER, Art. 275 N 28 bez. Stief- und Pflegekinder; **a.M.** LÜCHINGER/GEISER, 1.A., aArt. 156 N 2); m.E. sind Regelungen nach Art. 274a konnex und fallen in die Zuständigkeit des Scheidungsgerichts, was aber eine rechtskräftige Sorgerechtsregelung voraussetzt, welche i.d.R. beim Stiefkind vor- und fortbesteht, beim Pflegekind aber kaum schon vorliegen wird.

2. Kriterien der Obhutszuteilung

6 Das **Kindeswohl** (Art. 301 N 4 ff.; HEGNAUER, Kindesrecht, N 26.04a ff.) hat *Vorrang vor Elterninteressen* (BGE 117 II 353, 354 f. E. 3; 5P.257/2003, 18.9.2003, FamPra 2004, 157 ff.; WEBER, Kind-Prax 2002, 120 ff.), wobei i.d.R. *übereinstimmenden Anträgen* der Gatten (gewissermassen: eine *Einigung* darüber, dass *keine gemeinsame* Sorge angestrebt werde) zu entsprechen – immerhin aber das Kindeswohl zu prüfen – ist (Abs. 2). Ohne Bewältigung oder wenigstens Entschärfung des Paarkonflikts wird sich allerdings im Alltag keine «Ideallösung» ergeben. Das BGer verwendet die Formel (zit. nach BGE 115 II 206, 209), es besitze «[d]en *Vorrang ... jener Elternteil, welcher nach den gesamten Umständen die bessere Gewähr dafür bietet, dass sich die Kinder in geistig-psychischer, körperlicher und sozialer Hinsicht altersgerecht optimal entfalten können. Steht fest, dass diese Voraussetzungen und sodann die Möglichkeit, die Kinder persönlich zu betreuen, auf Seiten beider Eltern ungefähr in gleicher Weise gegeben sind, ist dem Moment der örtlichen und familiären Stabilität und – je nach Alter der Kinder – allenfalls ihrem eindeutigen Wunsch Rechnung zu tragen».* Das Kindeswohl hat Ordre-public-Charakter (BGE 129 III 250 ff.; s. dazu SCHWANDER, AJP 2003, 727 f.; FamKomm Scheidung/WIRZ, Vorbem. zu Art. 133/144 N 6)

7 **Im Einzelnen** bedeutet dies (vgl. FamKomm Scheidung/WIRZ, N 4 ff.; SUTTER/FREIBURGHAUS, N 9 ff.): Ein allfälliges *Scheidungsverschulden* war schon unter altem Recht ohne Belang, soweit sich daraus nicht unmittelbare Rückschlüsse auf die Erziehungs- und Kooperationsfähigkeit ergeben (BGE 117 II 353, 358 E. 4d). Die *Erziehungs- und Kooperationsfähigkeit* beurteilt sich vorab nach dem Verhältnis zum andern Elter, aber auch nach dem Umgang mit Dritten (Schule, weitere Bezugspersonen des Kindes wie Tageseltern usw.; vgl. BGE 115 II 206, 210; 115 II 317, 320) sowie vor allem dem ausgewogenen *persönlich-emotionalen Kontakt zum Kind* (was nicht mit «verhätschelnder» Vereinnahmung zu verwechseln ist, sondern diesem Raum für weitere Beziehungen lassen muss: N 3). In Betracht fällt so dann die *Fähigkeit zu persönlicher Betreuung*, ggf.

die Qualität und Kontinuität einer bestehenden *Betreuungslösung* (BGE 117 II 353, 35; 114 II 200, 203 E. 4), wobei die *Stabilität* namentlich unter Berücksichtigung des alters-abhängig verschiedenen kindlichen Zeitgefühls und Adaptionsvermögens zu beurteilen ist (BGE 114 II 203 f. E. 5; 112 II 381, 383 E. 4; 5C.238/2005, 2.11.2005, FamPra 2006, 193 ff.; 5P.257/2003, 18.9.2003, FamPra 2004, 157 ff.). Ergibt sich nach Abwägung gem. den vorstehenden Kriterien eine in etwa *gleiche Eignung,* so ist «soweit tunlich» auf die – durch Anhörung (Art. 144) – zu ermittelnde «Meinung des Kindes Rücksicht zu neh-men» (Abs. 2; vgl. BGE 111 II 225, 227; 111 II 405, 406; 5P.257/2003, 18.9.2003, FamPra 2004, 157 ff.). Da Erziehungsarbeit Kooperation bedingt, ist nicht nur die (ob-jektiv) gebildete «Meinung», sondern auch der *Wunsch* des Kindes nicht nur um seiner Persönlichkeit, sondern auch um seines Wohles willen ernst zu nehmen (BGE 115 II 206, 209 E. 4a a.E.); allerdings ist einem Wunsch des Kindes doch insofern nicht bedingungs-los zu folgen, als es – i.d.R. ohnehin erst ab einem Alter von 12–14 Jahren uneinge-schränkt urteilsfähig – nicht allein die Verantwortung für seinen Entscheid soll tragen müssen. Anzumerken ist so dann, dass «Hinausziehen» eines streitigen Verfahrens bis zu diesem Alter die Urteilsfähigkeit nicht stützt, sondern alsdann eher eine kontinuier-lich entwickelte Verfangenheit in den Positionen des bisherigen Betreuungsumfelds zu vermuten ist – ein Gedanke, mit welchem Kinder in einem Alter, in welchem Urteils-fähigkeit ansonsten anzunehmen wäre, im eigenen Interesse im Rahmen einer Anhörung zu konfrontieren sind, um ihnen Enttäuschungen bei unverhofften Entwicklungen zu er-sparen.

Massgeblich muss immer eine **Gesamtschau** der im jeweiligen Fall *konkret relevanten* **8** Gesichtspunkte sein. Es können deshalb weitere Aspekte hinzutreten oder ausnahms-weise eher nebensächliche herausragende Bedeutung gewinnen: z.B. besondere Fähig-keiten zur Betreuung eines behinderten Kindes, sprachliche Übereinstimmung u.Ä. So sind *Geschwister nicht zu trennen* (BGE 94 II 1; 115 II 317, 319 E. 2; 122 III 401, 404; FamPra 2003, 700, 703; SPANGENBERG/SPANGENBERG, FamRZ 2002, 1007 ff.), ohne dass dies aber gelten würde, wenn unterschiedliche Affinitäten der Geschwister ein ge-genteiliges Vorgehen nahe legen. Regelmässig dürften *Kleinst*kinder bei der Mutter bes-ser aufgehoben sein (offen lassend BGE 114 II 200, 202 E. 3b; es ist kaum anzunehmen, dass in der Stillphase bei streitigen Verhältnissen eine vollständig partnerschaftliche Be-treuung stattfand), ohne dass aber ein diesbez. Grundsatz bestehen würde (BGE 117 II 353, 356 f. gegenüber 111 II 225, 227), da das Kind diesem Alter im Verhältnis zur nachmaligen Betreuungsdauer rasch entwachsen wird (zum Altersunterschied zwischen betreuendem Elter und Kind: OGer LU ZBJV 2005, 194 ff.). Dem Sachgericht kommt ein desto grösseres *Ermessen* (BGE 117 II 355, mit nur beschränkter Überprüfung durch das BGer: BGE 111 II 223, 229 E. 4, allg. BGE 127 III 295, 298 E. 4a) zu, je stärker die Qualifikationen der Eltern sich annähern. Gelegentliche «Trübungen» im Massnahme-/ Trennungsstadium bzw. nach erfolgter Zuteilung bilden keine massgeblichen Umstände für die dereinstige Zuteilung bzw. eine Abänderung, sondern sind dem Beziehungs- und Erziehungsalltag immanent und hinzunehmen; sie würden sich auch bei einem Wechsel der Sorge wiederholen.

3. Regelung des persönlichen Verkehrs

Anwendbar ist bez. des **persönlichen Verkehrs** die **Ordnung von Art. 273–275a,** auf **9** welche Abs. 1 ausdrücklich verweist (s. zu Art. 273 ff. sowie BK-HEGNAUER, Art. 273 N 61 ff.). Zu bedenken ist, dass die *verstärkte Berücksichtigung der Kindesinteressen und -anliegen* **nicht pauschal ein ausgedehnteres Besuchsrecht** (zu den regionalen [!] «Normalbesuchsrechten» u.a. BK-HEGNAUER, Art. 273 N 90 ff., und STETTLER, SPR III/2, 249, sowie BGE 123 III 445, 451 E. 3b; 5C.176/2001, 15.11.2001, E. 2c), sondern *ausgewogene Kontaktmöglichkeiten* mit dem gesamten für das Kind objektiv und subjektiv relevanten Umfeld erfordert. Im Gegensatz hierzu ist der Wunsch des Kindes auf Aufhebung des Besuchsrechts nur in Ausnahmefällen zu berücksichtigen, da diese oft nicht im Sinne eines objektiven, mittel- bis längerfristig orientierten Kindeswohls ist (FELDER, ZBJV 139, 2003, 129 ff.). Die Neufassung von Art. 273 Abs. 1 im Zuge der Scheidungsrechtsrevision hat zudem klargestellt, dass auch das Kind und nicht nur der besuchsberechtigte Elternteil ein Besuchsrecht hat: Es besteht auch ein *Recht darauf, besucht zu werden* (vgl. Art. 9 Abs. 3 UN-KRK). Zu suchen sind deshalb nicht bloss vollstreckbare, möglichst ausgedehnte Minimalbesuchsrechte (ausdehnend im Blick auf eine gemeinsamer Sorge ähnliche Besuchsrechtsordnung mit zwei verlängerten Wochenenden pro Monat, BGE 123 III 445, 450 ff. E. 3), sondern in Konfliktsituationen pragmatisch umsetzbare, von den Beteiligten verstandene und akzeptierte Lösungen.

10 Gerade bei streitiger Sorge und **streitigem Besuchsrecht** dürfte nämlich die *innerfamiliäre Kommunikation bereits in der Vor-Scheidungsphase gelitten* haben, und es erweisen sich gerade dann Modelle, welche in fixem Turnus relativ ausgedehnte «Zwangskommunikation» verordnen, regelmässig als problematisch; auch hier gilt der bundesgerichtliche Satz, dass das Besuchsrecht der gleichen Dynamik unterliege wie die Beziehung, deren Ausdruck es sei (BGE 120 II 233). Die Ausdehnung der Besuchsrechtszeiten ist als Ausdruck des Bestrebens zu verstehen, unabhängig von der Sorgerechtsordnung eine intensive Kontaktmöglichkeit zwischen Kind und anderem Elternteil zu ermöglichen; ob allerdings eine ausreichende gemeinsame Basis besteht, um diesen Rahmen auszuschöpfen bzw. ihn mit einem persönlich-affektiven Gehalt zu füllen, ist indes oft zweifelhaft, und es wäre in *Konfliktfällen* zu prüfen, ob nicht **beiläufigere Kontakte** von bloss wenigen Stunden (unter der Woche im Anschluss an Schule oder Kurse) der bisher gepflogenen Kommunikationsintensität eher entsprechen und so per Saldo mehr Austausch dank besserer Grundeinstellung vermitteln könnten, als sich hinziehende Rituale am Wochenende, welche sich in Vollstreckungs- und Kompensationsdiskussionen erschöpfen; die neue Regelung von Art. 273 Abs. 2 und die Abänderungskompetenz von Art. 134 Abs. 4 Halbsatz 2 dürfte der VormBehörde erleichtern, bei bestehenden Besuchsrechten auf solche weniger belastende Kompromisse hinzuwirken. Nachdem die Erfahrung lehrt, dass ausgedehntere Besuchsrechte in Konfliktsituationen keine bessere Kommunikation vermitteln (zum sog. *parental alienation syndrom* [PAS] s. SALZGEBER [zit. zu Art. 307] 333 f.; BRUCH, Parental Alienation Syndrom und Parental Alienation, FamRZ 2002, 1304 ff.; LOSE-BUSCH, Die Entfremdung des Kindes von einem Elternteil, Parental Alienation, Mitteilungen zum Familienrecht des KGer SG Nr. 3/2002, 57 ff.; SIMONI, Beziehung und Entfremdung, FamPra 2005, 772 ff.), hat die Praxis alternative Modelle zu suchen. Auch ein ehegerichtlich bloss als solches festgelegtes «Initialisierungs-» oder «Existenzminimums-Besuchsrecht» wäre allerdings (anders als im Massnahmeverfahren) *definitive* Ordnung (vgl. BGE 120 II 201, 204 ff. E. 3, welcher Anordnungen «zur Zeit» – m.E. mit Blick auf die prognostischen Unsicherheiten [dazu Art. 145 N 4 a.E.] zu Unrecht – ausschliesst und unter der neuen Ordnung, welche Anpassungen des persönlichen Verkehrs auch in kontroversen Fällen der VormBehörde und damit einem vereinfachten Verfahren überlässt, nicht mehr tel quel zu beachten ist: Art. 134 N 7), welche sich auch ohne «Ausdehnungsklausel» entwickeln kann und bei Diskrepanz der Einstellung von Sorgerechtsinhaber und Kind durch Abänderung nachzuführen wäre (bei unsicherer Ausgangslage *muss* eine in ihrer Bewährung zwangsläufig unsichere Ordnung getroffen werden, was ein erhöhtes Abänderungsrisiko unabhängig davon einschliesst, ob die getroffene Ordnung als definitiv qualifiziert oder ehrlicherweise realistisch als bloss interimistischer Natur verstanden wird). In jedem Fall müssen die **Modalitäten** – Zeitpunkt und -rahmen sowie allfällige begleitende Anordnungen (Art. 273 Abs. 1 und 2, Art. 308 Abs. 2) – festgesetzt werden, namentlich bez. privat begleiteter Besuchsrechte oder Ausübung an einem zentralen Treffpunkt mit fachkundiger Überwachung/Beratung sowie der Auftrag an einen allfälligen Beistand (s. Art. 308 N 14 ff.). Die Wirksamkeit von *Pass- und Schriftensperren* ist bei Entführungsgefahr zweifelhaft (evtl. Kombination mit Friedensbürgschaft nach Art. 57 StGB: BGE 5P.323/2001, 13.11.2001; 5C.176/2002, 8.11.2002, FamPra 2003, 449 ff.), und es ist diesem Risiko bei ausländischen Bezügen gleiche Aufmerksamkeit zu schenken wie der gelegentlich etwas pauschal beschworenen Gefahr *sexuellen Missbrauchs,* welche bei nicht sicher zu klärenden Vorwürfen auch auf Fehlinterpretation an sich unbedenklicher Vorfälle beruhen kann (zur Typologie FELDER/BÜRGIN, FamPra 2000, 640 f.; SCHWEN-ZER, FamPra 2005, 20 f.; zu den Anforderungen an kinderpsychologische Gutachten: BGE 128 I 81).

Der persönliche Verkehr erschöpft sich nicht in herkömmlichen Besuchen, sondern lebt **11** in den **vielfältigen Formen heutiger Kommunikationsmöglichkeiten.** Gedanklicher und emotionaler Austausch zeichnet sich zudem durch Spontaneität aus, weshalb dem Kind im Rahmen seiner Freizeitgestaltung zusätzliche Kontakte mit dem nicht sorgeberechtigten Elternteil erlaubt und brieflicher, telefonischer oder Mail-Kontakt erwünscht sind, soweit das Kind nicht dem Sorgeberechtigten entfremdet werden soll. Eine *Besuchsrechts*beistandschaft wäre deshalb heute eigentlich als *Kontakt*beistandschaft zu konzipieren und hätte namentlich die Kontakt*anbahnung* in kritischen Fällen mit ins Pflichtenheft aufzunehmen (was BGE 126 III 219 versäumt, aber wohl nicht ausgeschlossen hat: vgl. zu diesem Art. 308 N 14 a.E.).

Persönlicher Verkehr und Unterhaltsanspruch (N 13 ff.) sind nicht konnex (BGE 120 II **12** 177); Unterhalt ist mithin unabhängig vom «Erfolg» des Besuchsrechts zu leisten, und die **Kosten des persönlichen Verkehrs** trägt der Berechtigte, ausser es seien durch treuwidriges Verhalten im Einzelfall nutzlose bzw. zusätzliche Aufwendungen entstanden. Der Unterhaltsbeitrag ist pauschaliert und deshalb auch während Ausübung des Ferienbesuchsrechts dem Inhaber der Sorge zu zahlen. Bei der gemeinsamen elterlichen Sorge entsteht ein Schuldverhältnis zwischen den Eltern für die Mehrkosten des Umgangs (SCHWAB, FamRZ, 2002, 1297 ff.; der BGH (D) geht von einem gesetzlichen Schuldverhältnis zwischen Sorge- und Umgangsberechtigtem aus: BGH v. 19.6.2002, XII ZR 173/00).

4. Unterhaltsbeitrag

Anwendbar ist für die Regelung des **Unterhalts** die Ordnung von **Art. 276 f., 278 Abs. 2** **13** **und Art. 285–288**, in welchem Rahmen die Beiträge festzusetzen sind. Der Unterhaltsbeitrag steht dem *Kind* zu, ist aber an den *Sorgeberechtigten als gesetzlichen Vertreter* zu leisten (Art. 289 Abs. 1), der als Prozessstandschafter diese Beiträge in eigenem Namen geltend machen kann (BGE 129 III 55, E. 3.1.3). Unterhaltsanspruch des Kindes und ein allfälliger Anspruch des Sorgerechtsinhabers auf nachehelichen Unterhalt sind unabhängig und *getrennt* festzusetzen (Art. 143 Ziff. 2), jedoch insofern miteinander verbunden, als die gesamthafte wirtschaftliche Belastung des Pflichtigen einheitlich zu beurteilen ist (Art. 148 Abs. 1).

Die ehegerichtliche Unterhaltsregelung betrifft nur unmündige Kinder, während **Mün-** **14** **dige** im eigenen Namen einen Anspruch aus Art. 277 Abs. 2 geltend zu machen haben (vgl. Art. 277 N 23 f.; Art. 289 N 7). Indes soll wiederholte Aushandlung von Unterhaltsbeiträgen unter den Beteiligten vermieden und deshalb eine Ordnung getroffen werden, welche kontinuierliche und absehbare Verhältnisse schafft. In diesem Sinne war schon anlässlich der Herabsetzung des Mündigkeitsalters aArt. 156 Abs. 2 angepasst worden, um entsprechende Festlegungen nicht nur zuzulassen, wenn das Kind unmittelbar vor der Mündigkeit stand und die über diesen Zeitpunkt hinaus dauernde Ausbildung bereits begonnen hatte (so zwar noch restriktiv BGE 112 II 199, 202 ff., aber in Abweichung zur absoluten Grundregel, wonach der Kindesunterhalt nur bis zur Mündigkeit festzusetzen sei: BGE 109 II 371), sondern *generell* (vgl. det. die 1. Auflage, LÜCHINGER/GEISER, aArt. 156 N 20). Dies darf allerdings nicht darüber hinwegtäuschen, dass der Beitrag zwar im eherechtlichen Verfahren festgesetzt werden *kann*, die Prognose und dereinst die Frage, ob im entscheidenden Zeitpunkt dann *Unterhalt geschuldet* sei, sich nach den *Kriterien von Art. 277 Abs. 2* bestimmt und etwa die persönliche Zumutbarkeit erst aus den Umständen heraus wird beurteilt werden können (Art. 277 N 18, 23), weshalb die Regelung dem Kind einen nützlichen Rechtsöffnungstitel bieten kann (aber nur, sofern keine einschränkenden Bedingungen statuiert werden: BK-HEGNAUER, Art. 279/280 N 44), aber keine unumstössliche Gewissheit schafft. Bloss deklamatorische Anordnungen schon bei Kleinkindern sind eher zu unterlassen (BREITSCHMID, 114 f.); ist nämlich der Beitrag nur bis zur Mündigkeit festgesetzt worden und wird absehbar, dass ein Bedarf für Mündigenunterhalt bestehen wird, so kann und muss der Sorgeberechtigte noch vor Eintritt der Mündigkeit ein Abänderungsverfahren einleiten, welches eine konkrete Beurteilung erlaubt (Art. 134 Abs. 2 i.V.m. Art. 286; BK-HEGNAUER, Art. 279/280 N 45, 146 ff.). Stets waren (BGE 107 II 472) und sind weiterhin *Konventions*inhalte zulässig und genehmigungsfähig, welche dem Kind einen Mündigenunterhaltsanspruch einräumen (vgl. FamKomm Scheidung/ LIATOWITSCH, Anh. K N 132 f.); es handelt sich um Verträge zu Gunsten Dritter i.S.v. Art. 112 OR, wobei die Annahme entsprechender Zahlungen durch das Kind im Zeitpunkt seiner Mündigkeit dieses nur im Rahmen der gesetzlichen Ordnung bindet, ihm mithin namentlich die Anpassungsrechte von Art. 286 verbleiben (HEGNAUER, Kindesrecht, N 22.10).

5. Verfahren (Abs. 2)

15   **Zuständig** ist das *Gericht* (Abs. 1; vorn N 2). Auf **gemeinsame Anträge** der Parteien und die **Meinung des Kindes** ist Rücksicht zu nehmen. Regelmässig reüssieren von den Beteiligten getragene Lösungen besser. Entgegen dem Wortlaut von Abs. 2 ist allerdings nicht nur die Meinung des Kindes lediglich im Rahmen des «Tunlichen» zu berücksichtigen, sondern – als Ausfluss der Offizialmaxime (Art. 145) – auch ein *gemeinsamer Antrag* der Eltern, der sowohl nach den Umständen seiner Entstehung wie auch der Gewährleistung des Kindeswohls zu *verifizieren* ist (N 3; auch Abs. 3 verlangt das Vorliegen einer *genehmigungsfähigen* Vereinbarung, N 16 f.; BREITSCHMID, 115 f.). Auf die Meinung der Beteiligten wird umso eher Rücksicht genommen werden können, als nur Teilaspekte bzw. leicht abänderbare Belange wie namentlich der persönliche Verkehr berührt bzw. Lösungen bereits aus Eheschutz- oder Massnahmestadium übernommen und (einigermassen) bewährt sind.

16   **Legitimation:** Im Streit um das *Sorgerecht* sind (auch) die Eltern beschwert und deshalb neben dem Kind zur Stellung von Anträgen legitimiert. In *Unterhaltsbelangen* vertritt i.d.R. der Sorgerechtsinhaber das Kind (N 13; wird das Kind im Laufe des Verfahrens oder kurz danach volljährig, so ist es auch diesbez. anzuhören: BGE 5C.42/2002, 26.9.2002, FamPra 2003, 421 ff.), während bez. des Rechts auf *persönlichen Verkehr* Eltern insoweit beschwert sind, als ihr Freiraum während der Besuchsrechtsausübung bzw. seine allfällige Belastung dadurch in Frage steht, im Übrigen aber das Kontaktrecht ein Persönlichkeitsrecht des Kindes ist, weshalb der Prüfung bedarf, ob ihm nicht ein Beistand zu bestellen wäre (Art. 146 Abs. 2 Ziff. 1).

III. Belassung gemeinsamer elterlicher Sorge (Abs. 3)

1. Wesen des Instituts der gemeinsamen elterlichen Sorge

Das Institut war als solches im Nationalrat noch erheblich umstritten (AmtlBull NR **17** 1997, 2715–2722); nachdem die gemeinsame elterliche Sorge unter altem Recht zur rechtspolitischen Frage emporstilisiert worden war (vgl. BGE 117 II 523; 123 III 446 m.Hw. auf die Kontroverse), ist die Verankerung im Gesetz als *Ausdruck fortdauernder gemeinsamer elterlicher Verantwortung geschiedener Gatten* an sich eine Selbstver- ständlichkeit, ohne dass die Überforderung mancher Scheidungspaare durch den Wider- spruch zwischen vollständiger persönlicher, räumlicher und ökonomischer Entflechtung bei fortbestehender Verpflichtung zu Gemeinsamkeit in Kinderbelangen übersehen wer- den darf (vorn N 3). Wenn auch die ursprünglich gemeinsam übernommene Elternver- antwortung über die Scheidung hinaus ungewollt verbindet und die Beteiligten dies zu akzeptieren und sich darauf einzustellen haben, belastet doch der *Zwang zu Einigkeit* in den Niederungen des missmutigen Nach-Beziehungsalltags viele Scheidungspaare (illustrativ der Fall OLG Köln FamRZ 1999, 249 f. über die Frage, ob die Ferienpläne der Obhutsinhaberin in Sharm-el-Sheik Angelegenheit des täglichen Lebens i.S.v. § 1687 BGB oder mit Blick auf das Infektionsrisiko bei einem dreijährigen Kind bei Baden und Zähneputzen eine Entscheidung von erheblicher Bedeutung darstellen), weshalb aus einer (zugegeben fatalistischen) gerichtlichen Perspektive gemeinsame Sorge zwar Idealziel, nicht aber als Standardlösung zu empfehlen ist (im Jahr 2003 wurde sie ge- samtschweizerisch bereits in 25.8% der Fälle angeordnet: Demografisches Porträt der Schweiz, Bundesamt für Statistik 2004, 78; in Zürich lag diese Zahl zwischen 13 und 23%: Ehescheidungen in der Stadt Zürich, 1994 bis 2004, Stadt Zürich Statistik, 03/2006, 6.3).

2. Voraussetzungen gemeinsamer Sorge

Absatz 3 verlangt einen *gemeinsamen Antrag,* eine *genehmigungsfähige Vereinbarung* **18** und die *Kindeswohlverträglichkeit* der vorgeschlagenen Lösung. Während der **gemein- same Antrag** eher äusserlich-formales Kriterium ist, erfordert die **inhaltliche Prüfung** (*«Genehmigungsfähigkeit»*) eine umfassende Würdigung der konkreten Gegebenheiten; Art. 145 gilt auch hier. Eine bereits in der Vor-Scheidungsphase effektiv gelebte und in- sofern bewährte Ordnung erleichtert die Prognose (BBl 1996 I 130 Ziff. 233.62).

Ansonsten ist namentlich die **Praktikabilität** und Umsetzbarkeit der Vereinbarung im **19** Lichte *objektiver* und *subjektiver* Kriterien erforderlich: (i) Objektiv der Wohn- und Be- treuungsmöglichkeiten unter Berücksichtigung der elterlichen Berufstätigkeit und all- fälliger weiterer Lebenspläne, der wirtschaftlichen Rahmenbedingungen, schulischer Bedürfnisse und persönlicher Anliegen des Kindes, namentlich nach einem stabilen per- sönlichen Umfeld. (ii) Persönlich muss zumindest in der Grundeinstellung eine innere Übereinstimmung der Ehegatten bestehen, ohne dass erforderlich wäre, dass sie «bessere Eltern werden müssen, als sie es während der Ehe waren» (FamKomm Scheidung/WIRZ, N 36; SCHWENZER, recht 1998, 217); ungenügend ist m.E. dennoch eine *bloss formale* Übereinstimmung des Parteiwillens – zu fordern wäre eine *realistische Einschätzung,* damit die u.U. beträchtlichen Vorbereitungen in Organisation von Wohnform und Tages- ablauf nicht in Kürze nutzlos werden.

Inhaltlich muss die Vereinbarung sich über die jeweiligen *persönlichen und wirtschaft-* **20** *lichen Beiträge* der Eltern aussprechen, und zwar m.E. im Blick auf die Vollstreckbarkeit im Konfliktfall in bezifferter, möglichst nicht mit Bedingungen verknüpfter Form; aus dem gleichen Grunde würde sich m.E. eine Besuchsrechtsminimalregelung im Sinne blosser Kontaktwahrung (N 3) empfehlen, da eine Verpflichtung zu dauerndem Einvernehmen weder praktisch noch vor Art. 27 standhalten dürfte und in der gerichtlichen Praxis Konflikte aus enttäuschter Hoffnung auf einvernehmliches Zusammenwirken oft zusätzliche Sprengkraft entwickeln (s. zum Inhalt auch HÄFELI, ZVW 1999, 191 f.). Wirtschaftliche wie persönliche Beiträge müssen nicht notwendig in exakt gleichem Verhältnis erbracht werden, doch entspricht dem Wesen gemeinsamer Sorge, dass die persönliche Betreuung nicht bloss in Form herkömmlicher Besuche erbracht wird; im Kindesinteresse muss eine (im jeweiligen altersentsprechenden Rahmen) dauernde Betreuung (durch einen der Sorgerechtsinhaber oder Dritte) gewährleistet sein.

21 Zentral im Interesse von Kind und Eltern dürfte die Prüfung sein, ob die **Idee gemeinsamer Sorge** – nämlich *gemeinsame, nicht quantitativ gleiche, aber partnerschaftlichausgewogene Übernahme der Erziehungs- und Betreuungslasten* – **gemeinsam getragen** wird, oder ob einer der Gatten lediglich eine Überwachungsordnung anstrebt, die es zu vermeiden gilt, indem zwar auch bei getrennter Sorge Abstimmung geboten (N 4) und die Informationsrechte durch Art. 275a gesetzlich gewährleistet sind, im «Tagesgeschäft» aber die Verantwortung klar geregelt ist; Kriterium ist, ob ein gesteigertes Betreuungsinteresse dem Kind oder der Kontrolle des andern Elternteils gilt. Gemeinsame Sorge ist nicht erweitertes Besuchsrecht, sondern partnerschaftlich geteilte Elternverantwortung, wobei allenfalls bez. *Teilbereichen* (z.B. Kindesvermögensverwaltung) eine partielle Alleinsorge vereinbart werden kann; solche rechtsgeschäftsplanerische individuelle Ausgestaltung hat den Anforderungen an die Konventionsgestaltung (Art. 140 Abs. 2: Zulässigkeit, Vollständigkeit, Angemessenheit und Klarheit; s. insb. FamKomm Scheidung/ LIATOWITSCH, Anh. K, N 137 ff.) zu genügen. Was den Umfang der Betreuung bei der gemeinsamen elterlichen Sorge betrifft, genügt in der Praxis die Angabe in Prozenten oder Tagen, um eine Anpassung an allfällige Veränderungen zu ermöglichen (GLOOR, AJP 2004, 217 ff.). Tendenziell dürfte erst im Scheidungsumfeld entdecktes Betreuungsinteresse eher gegen gemeinsame Sorge sprechen. Dennoch ist nicht notwendig, dass die Parteien bereits zu Verfahrensbeginn über die Beantragung gemeinsamer Sorge einig sind bzw. bereits eine vollständig genehmigungsfähige Vereinbarung vorlegen, sondern es kann die Überzeugung an sich wie auch die konkrete Lösung erst im Verfahrensverlauf heranreifen, mag alsdann aber genauere Prüfung erfordern (N 18).

22 Auch von der gemeinsamen Sorge kann einvernehmlich bzw. stillschweigend **abgewichen** werden (vgl. o. N 2), was ggf. durch die VormBehörde nachzuvollziehen wäre (Art. 134 Abs. 3), u.U. aber auch in einen streitig vor Gericht ausgefochtenen Übergang zur Alleinsorge münden kann (Art. 134 Abs. 1). Auch nach Zuteilung der Sorge an einen Elter bzw. in altrechtlich ausgesprochenen Scheidungen kann durch Abänderungsvereinbarung im vormundschaftsbehördlichen Verfahren (Art. 134 Abs. 3) zu gemeinsamer Sorge übergegangen werden.

3. Verfahren

23 Es gilt das in N 15 f. Ausgeführte. Namentlich ist auch bei der Anordnung gemeinsamer Sorge – welche sich i.d.R. doch unter erschwerten Rahmenbedingungen zu bewähren hat – im Rahmen des konkret «Tunlichen» (Abs. 2) auf die Meinung des Kindes Rücksicht zu nehmen; die Anordnung gemeinsamer Sorge setzt Prüfung des Kindeswohls und damit im Rahmen von Art. 144 f. den Einbezug des Kindes voraus.

Art. 134

II. Veränderung der Verhältnisse

¹ Auf Begehren eines Elternteils, des Kindes oder der Vormundschaftsbehörde ist die Zuteilung der elterlichen Sorge neu zu regeln, wenn dies wegen wesentlicher Veränderung der Verhältnisse zum Wohl des Kindes geboten ist.

² Die Voraussetzungen für eine Änderung des Unterhaltsbeitrages oder des Anspruchs auf persönlichen Verkehr richten sich nach den Bestimmungen über die Wirkungen des Kindesverhältnisses.

³ Sind sich die Eltern einig oder ist ein Elternteil verstorben, so ist die Vormundschaftsbehörde für die Neuregelung der elterlichen Sorge und die Genehmigung eines Unterhaltsvertrages zuständig. In den übrigen Fällen entscheidet das für die Abänderung des Scheidungsurteils zuständige Gericht.

⁴ Hat das Gericht über die Änderung der elterlichen Sorge oder des Unterhaltsbeitrages für das unmündige Kind zu befinden, so regelt es nötigenfalls auch den persönlichen Verkehr neu; in den andern Fällen entscheidet die Vormundschaftsbehörde über die Änderung des persönlichen Verkehrs.

II. Faits nouveaux

¹ A la requête du père ou de la mère, de l'enfant ou de l'autorité tutélaire, l'attribution de l'autorité parentale doit être modifiée lorsque des faits nouveaux importants l'exigent pour le bien de l'enfant.

² Les conditions se rapportant à la modification de la contribution d'entretien ou aux relations personnelles sont définies par les dispositions relatives aux effets de la filiation.

³ En cas d'accord entre les père et mère ou au décès de l'un d'eux, l'autorité tutélaire est compétente pour modifier l'attribution de l'autorité parentale et pour ratifier la convention qui détermine la répartition des frais d'entretien de l'enfant. Dans les autres cas, la décision appartient au juge compétent pour modifier le jugement de divorce.

⁴ Lorsqu'il statue sur l'autorité parentale ou la contribution d'entretien d'un enfant mineur, le juge modifie au besoin la manière dont les relations personnelles ont été réglées; dans les autres cas, c'est l'autorité tutélaire qui est compétente en la matière.

II. Modificazione delle circostanze

¹ A istanza di un genitore, del figlio o dell'autorità tutoria, il giudice modifica l'attribuzione dell'autorità parentale se fatti nuovi importanti lo esigono per il bene del figlio.

² Le condizioni per la modifica del contributo di mantenimento o del diritto alle relazioni personali sono rette dalle disposizioni sugli effetti della filiazione.

³ Se i genitori sono d'accordo oppure se uno di loro è deceduto, l'autorità tutoria è competente per un nuovo disciplinamento dell'autorità parentale e per l'approvazione di un contratto di mantenimento. Negli altri casi decide il giudice competente per la modifica della sentenza di divorzio.

⁴ Se deve decidere sulla modifica dell'autorità parentale o del contributo di mantenimento di un figlio minorenne, il giudice modifica se del caso anche le relazioni personali; negli altri casi l'autorità tutoria decide della modifica delle relazioni personali.

Peter Breitschmid 863

Literatur

Vergleiche die Literaturhinweise zu Art. 133 sowie 315, 315a und 315b.

I. Allgemeines

1   Artikel 134 ersetzt aArt. 157, dessen Ordnung (dazu LÜCHINGER/GEISER in der Vorauflage) er in den Grundzügen – mit Ausnahme des Verhältnisses zwischen ehegerichtlichen
und vormundschaftlichen Behörden – übernimmt. Während sich Art. 134 mit der **Änderung der Kinderbelange in Scheidungsurteilen** befasst, regeln die *Art. 315, 315a und
315b* die Zuständigkeit bez. der *Anordnung und Abänderung von Kindesschutzmassnahmen,* welche oft, aber nicht notwendig mit einem eherechtlichen Verfahren parallel gehen
bzw. an ein solches anschliessen oder diesem vorausgehen, wofür primär (Art. 315
Abs. 1) die Vormundschaftsbehörden zuständig sind; es ist diesbez. auf die Kommentierung der Art. 315, 315a und 315b zu verweisen.

2   Die einmal getroffene Ordnung der Elternpflichten und -rechte ist grundsätzlich *auf
Dauer* angelegt (BGE 120 II 232 ff.), muss allerdings bei entscheidend und ihrerseits
wieder auf eine relevante Dauer **veränderten Verhältnissen angepasst** werden können
und hätte bisweilen zu respektieren, dass sich verändernden Verhältnissen nur schwer mit
starren Ordnungen und einem verfehlten «Besitzstanddenken» beizukommen ist (vgl.
Art. 133 N 10): Kinderbelange werden nie «rechtskräftig»; die einmal getroffene Ordnung hingegen ist um des Kindes willen sowohl zu respektieren als ggf. auch anzupassen. Ohnehin liegt es im Wesen der Eltern/Kind-Beziehung, sich im Laufe der Zeit in
Inhalt und Umfang mit der zunehmenden Selbstständigkeit des Kindes zu verändern,
weshalb bei Wegfall des Kindesverhältnisses durch Tod, Anfechtung oder mit Eintritt der
Mündigkeit (s. diesbez. allerdings Art. 133 N 13) die getroffenen Anordnungen ohne
weiteres entfallen; ebenso bei Wiederverheiratung der Eltern unter sich bzw. Wiederaufnahme des Zusammenlebens (vgl. BGE 5C.19/2002, 15.10.2002, FamPra 2003, 445,
557). Stirbt der Obhutsinhaber oder wird er entmündigt, fällt hingegen die elterliche
Sorge dahin und müsste durch die Vormundschaftsbehörde auf den andern Elter übertragen werden (Art. 296 Abs. 2).

3   Ob eine Änderung der tatsächlichen Verhältnisse eine Abänderung der getroffenen An-
ordnungen bewirken soll **(Interventionsschwelle),** beurteilt sich aus der Perspektive des
Kindeswohls (Abs. 1 a.E.; ebenso aber die kindesrechtlichen Bestimmungen über den
Unterhaltsanspruch und den persönlichen Verkehr, auf welche Abs. 2 verweist; vgl. fer-
ner Art. 313; BGE 125 III 401, 406, E. 2b/dd). Einesteils sollen *stabil-kontinuierliche*
Rahmenbedingungen eine harmonische Entwicklung gewährleisten, anderseits muss die
Möglichkeit bestehen, den rechtlichen Rahmen den *entwicklungsbedingt nicht statischen*
Verhältnissen nachführen zu können. Ob dazu ein behördliches Verfahren notwendig ist
oder die Beteiligten die einmal getroffene Ordnung natürlich zu entwickeln vermögen
(namentlich dort, wo sie die Sorge gemeinsam ausüben: Art. 133 Abs. 3), entzieht sich
genereller Regelung. *Einvernehmlich erfolgte* und über eine *relevante Zeitdauer praktizierte* Anpassungen begründen – wiederum aus der Sicht des Kindeswohls – in einem
nachmaligen Abänderungsverfahren faktisch präjudizierende Wirkung. Ob eine Änderung der Verhältnisse die behördliche «Interventionsschwelle» erreicht, hängt ebenfalls
davon ab, ob die Veränderung **dauernder** bzw. *allenfalls nur vorübergehender,* aber **erheblich belastender** Art ist oder sich eher «verständiges Improvisieren» aufdrängen
würde und die Belastung durch ein streitiges Abänderungsverfahren unverhältnismässig
erscheint (was dessen Einleitung natürlich nicht hindert). Wenn auch *streitige* Abänderungen zu vermeiden sind, so wollte der Reformgesetzgeber doch Abänderungen beim

häufig umstrittenen *persönlichen Verkehr erleichtern,* indem er ihre Behandlung auch in kontroversen Fällen den (ggf. ohnehin schon mit Kindesschutzmassnahmen betrauten) vormundschaftlichen Behörden übertragen hat (Abs. 4; u. N 7; vgl. FamKomm Scheidung/WIRZ, N 29); Gleiches – nämlich die Tendenz zu erleichterter Anpassung an *vorübergehend* veränderte Verhältnisse – gilt in *Unterhaltsbelangen* (Art. 286 Abs. 3; dort N 15).

Ein Abänderungsverfahren ist nur nötig, wenn *nicht schon im Voraus* für den Eintritt be- **4** stimmter Situationen Anpassungen festgelegt wurden, wie dies typischerweise für die Teuerungsanpassung von Unterhaltsbeiträgen (Art. 286 N 1 ff.) und den persönlichen Verkehr (ab Eintritt in die oder Ende der Schulpflicht) der Fall ist. Ausnahmsweise kann besonderen, konkret absehbaren Änderungen (etwa einem bevorstehenden Umzug, Ausbildungsabschluss o.Ä.) Rechnung getragen werden; indes können Vollstreckungsprobleme resultieren (z.B. ZR 1995 Nr. 11, wo wegen Hospitalisation der Mutter die Obhut zunächst dem Vater bzw. dessen Mutter überlassen worden war; dazu Art. 145 N 2) oder eine der Abänderungs- kaum nachstehende Feststellungsklage.

II. Legitimation

Legitimiert zur Einleitung eines Abänderungsverfahrens bezüglich der *elterlichen Sorge* **5** *(Abs. 1)* sind grundsätzlich jeder Elternteil, das Kind oder die Vormundschaftsbehörde. Das urteilsfähige Kind klagt selbst, eher aber durch einen Vertreter nach Art. 146 oder die Vormundschaftsbehörde; diese klagt gegen Vater oder Mutter oder (bei gemeinsamer Sorge) beide als Streitgenossen; die Behörde ist dort (in einem Beschwerdeverfahren nach Art. 420) passivlegitimiert, wo sie über die Zuteilung der Sorge zu befinden hat (N 2 a.E.). Bezüglich einer *Änderung des Unterhaltsbeitrags* oder des *persönlichen Verkehrs (Abs. 2)* gelten die Regeln von Art. 286 bzw. Art. 273–275 (s.d.). Es kann bez. des persönlichen Verkehrs das urteilsfähige Kind selbst, der berechtigte oder belastete Eltern oder die Vormundschaftsbehörde klagen, wobei Interessenkonflikte beim Inhaber der elterlichen Sorge zu einer Vertretung (Art. 147 Abs. 2) bzw. Verbeiständung (Art. 308 Abs. 2) führen müssen; bez. der Unterhaltsbeiträge kommen einem Vertreter nach Art. 147 Abs. 2 keine Befugnisse zu (dort N 9), weshalb nur eine Beistandschaft nach Art. 308 Abs. 2 bzw. die Vertretung durch den Inhaber der Sorge als gesetzlicher Vertreter (Art. 289 Abs. 1) in Frage kommt.

III. Zuständigkeit (Abs. 3 und 4)

Die neue Ordnung unterscheidet danach ob **unter den Eltern kontroverse oder über-** **6** **einstimmende** Ansichten bestehen. Bei **Einigkeit** (oder wenn ein Elter wegen Tod oder – über den Gesetzeswortlaut hinaus – dauernder Handlungsunfähigkeit ausgefallen ist) ist nach *Abs. 3 Satz 1* die *Vormundschaftsbehörde* sowohl zur Anpassung der elterlichen Sorge wie auch der Genehmigung eines Unterhaltsvertrags (dazu Art. 287) zuständig. In den **anderen Fällen** *(Abs. 3 Satz 2) das Gericht.* Fällt das Einvernehmen im Verlauf des Abänderungsverfahrens dahin, so entfällt eine Zuständigkeit, welche Einvernehmen voraussetzt; weitet sich der Streitgegenstand aus, so geht die Zuständigkeit gesamthaft auf die alsdann zuständige Behörde über. **Örtlich** besteht nach Art. 15 Abs. 1 lit. d GestG sowohl für gerichtliche wie vormundschaftsbehördliche Verfahren der Wahlgerichtsstand am Wohnsitz von Kläger oder Beklagtem (BSK GestG-SIEHR/GRAHAM-SIEGENTHALER, Art. 15 N 19); bez. *internationaler Fälle* s. die Hinweise a.a.O., N 22 f. sowie u. Art. 307 N 28 ff.

Was insb. den **persönlichen Verkehr** betrifft, regelt ihn das Gericht *auch in streitigen* **7** *Fällen* nur, wenn es ohnehin (wegen Kontroversen auch um Zuteilung der Sorge oder den

Unterhalt, N 6) mit der Sache befasst ist. Ist hingegen *nur der persönliche Verkehr streitig,* so ist nach *Abs. 4* trotz Uneinigkeit die *Vormundschaftsbehörde* zuständig. Die Ordnung macht deshalb Sinn, weil sich der in kurzen Intervallen spielende, gerade in streitigen Fällen von der Behörde kontinuierlich begleitete (Art. 273 Abs. 2, Art. 308 Abs. 2) persönliche Verkehr laufend entwickelt und daher dem auf eine Momentaufnahme fixierten gerichtlichen Verfahren regelmässig zu entgleiten droht, indem das Leben unablässig Noven schafft. Indes besteht die Gefahr, dass Laienbehörden sich mit ihrem Vorgehen zu sehr identifizieren oder in schwierigen Verhältnissen auch im Umgang mit den Parteien stark gefordert sind.

8   Beim *Übergang* zu **gemeinsamer Sorge** ist die Vormundschaftsbehörde nach der Regel von Abs. 3 Ingress zuständig, welche bei *bestehender* gemeinsamer Sorge naheliegenderweise schlichtend aufgrund von Art. 273 Abs. 2 und Art. 307 f. zu intervenieren und ggf. den *einverständlichen Übergang zur Alleinsorge* zu begleiten hätte, während die *streitige Aufhebung gemeinsamer Sorge* dem *Gericht* obliegt. Diese letztere Situation kann sich ergeben bei Umzug eines Elters mit Distanzveränderung, Wiederverheiratung oder bei andauernden Meinungsverschiedenheiten bzw. beeinträchtigter Kooperationsfähigkeit.

IV. Verfahren

9   Das Abänderungsverfahren richtet sich nach den allgemeinen verfahrensrechtlichen Bestimmungen (Art. 135 ff.), namentlich den spezifisch kinderbezogenen Verfahrensregeln (Art. 144 ff.).

Vierter Abschnitt: Das Scheidungsverfahren

Art. 135

A. Zuständigkeit	[1] **Die örtliche Zuständigkeit für die Scheidung, die Abänderung des Scheidungsurteils, die Anweisung an die Schuldner und die Sicherstellung der Unterhaltsbeiträge richtet sich nach dem Gerichtsstandsgesetz vom 24. März 2000.**
	[2] **Wird eine Neufestsetzung von Unterhaltsbeiträgen für das mündige Kind verlangt, so richtet sich die Zuständigkeit nach den Bestimmungen über die Unterhaltspflicht der Eltern.**
A. For et compétence	[1] La compétence à raison du lieu de prononcer et de modifier le jugement de divorce, ainsi que de décider de l'avis aux débiteurs et de la fourniture des sûretés pour la contribution d'entretien est déterminée par la loi du 24 mars 2000 sur les fors.
	[2] En cas de demande de modification de la contribution d'entretien pour un enfant majeur, la compétence est régie par les dispositions relatives à l'obligation d'entretien du père et mère.
A. Competenza	[1] La competenza per territorio a pronunciare e a modificare la sentenza di divorzio nonché a decidere dell'avviso ai debitori e della prestazione di garanzie per il contributo di mantenimento è retta dalla legge sul foro del 24 marzo 2000.
	[2] Se è chiesta una modifica del contributo di mantenimento per un figlio maggiorenne, la competenza è retta dalle disposizioni sull'obbligo di mantenimento dei genitori.

Literatur

BÜHLER, Die Beweiswürdigung, in: CH. LEUENBERGER (Hrsg.), Der Beweis im Zivilprozess/La preuve dans le procès civil, Schriften der Stiftung für die Weiterbildung schweizerischer Richterinnen und Richter (SWR), Bd. 1, Bern 2000, 71 ff.; BÜHLER/EDELMANN/KILLER, Kommentar zur aargauischen Zivilprozessordnung, Aarau/Frankfurt a.M./Salzburg, 1998; DUCROT, Le procès en divorce et en séparation de corps dans le canton du Valais, in: PAQUIER/JAQUIER (Hrsg.), Le nouveau droit du divorce, Publication CEDIDAC 41, Lausanne 2000, 21 ff.; FRANK/STRÄULI/MESSMER, Kommentar zur zürcherischen Zivilprozessordnung, 3. Aufl. Zürich 1997 und Ergänzungsband, Zürich 2000; FREIBURGHAUS-ARQUINT/LEUENBERGER/SUTTER-SOMM, Übersicht über die kantonalen Einführungsgesetzgebungen zum neuen Scheidungsrecht, FamPra.ch 2000, 379 ff.; FREIBURGHAUS-ARQUINT, Gerichtsstandsgesetz – Bedeutung für das Familienrecht, FamPra.ch 2001, 275 ff.; HAUSHEER, Vom alten zum neuen Scheidungsrecht, Abhandlungen zum schweizerischen Recht, Band 625, Bern 1999 (zit. Scheidungsrecht); HINDERLING/STECK, Das schweizerische Ehescheidungsrecht, 4. Aufl. Zürich 1995; HOHL, La réalisation du droit et les procédures rapides, Freiburg i.Ü. 1994; KELLERHALS/SPYCHER, Die bernische Einführungsverordnung zum neuen Scheidungsrecht, ZBJV 2000, 25 ff.; KELLERHALS/VON WERDT/GÜNGERICH (Hrsg.), Gerichtsstandsgesetz, Kommentar zum Bundesgesetz über den Gerichtsstand in Zivilsachen, 2. Aufl., Bern 2005 (zit. AUTOR, GestG-Kommentar, Bern 2005); KOFMEL EHRENZELLER, Das Recht auf Beweis im Zivilverfahren – ein Überblick unter besonderer Berücksichtigung der neuen Bundesverfassung, in: LEUENBERGER CH., Der Beweis im Zivilprozess/La preuve dans le procès civil, Schriften der Stiftung für die Weiterbildung schweizerischer Richterinnen und Richter (SWR), Bd. 1, Bern 2000, 139 ff.; LEUCH/MARBACH/KELLERHALS/STERCHI, Die Zivilprozessordnung für den Kanton Bern, 5. Aufl. Bern 2000; LEUENBERGER CH., Vereinheitlichte Gerichtsstände – Unterschiede bei der Rechtshängigkeit, in: SPÜHLER (Hrsg.), Aktuelle Probleme des nationalen und internationalen Zivilprozessrechts, Zürich 2000, 19 ff.; LEUENBERGER CH./UFFER-TOBLER, Kommentar zur Zivilprozessordnung des Kantons St. Gallen, Bern 1999; MEIER/SCHNELLER, Scheidungsverfahren nach revidiertem Recht, unter besonderer Berücksichtigung der Zürcher Zivilprozessrechts, Zürich 1999; MICHELI/NORDMANN/JACCOTTET TISSOT/CRETTAZ/THONNEY/RIVA, Le nouveau droit du divorce, Lausanne 2000 (zit. MICHELI et al.); MÜLLER-CHEN, Auswirkungen des revidierten Scheidungsrechts auf das internationale Zivilverfahrensrecht, FamPra.ch 2001, 187 ff.; MÜLLER/WIRTH (Hrsg.), Gerichtsstandsgesetz, Kommentar zum Bundesgesetz über den Gerichtsstand in Zivilsachen, Zürich 2001 (zit.: AUTOR, Komm. GestG, Zürich 2001); PERRIN, Ehescheidung und Ehetrennung, Verfahrensrechtliche Fragen, Schweizerische Juristische Kartothek, Karte 794, Genève 2004; REICHMUTH PFAMMATTER, Zweitinstanzliches Novenrecht und neue Anträge in Ehesachen, EGV-SZ 2003, 250 ff.; REUSSER, Die Scheidungsgründe und die Ehetrennung, in: HAUSHEER (Hrsg.), Vom alten zum neuen Eherecht, Bern 1999, 9 ff.; SCHWANDER, Die Anwendung des neuen Scheidungsrechts in internationaler und in intertemporaler Hinsicht, AJP 1999, 1647 ff.; SPÜHLER, Neues Scheidungsverfahren, Zürich 1999 (zit. Neues Scheidungsverfahren); DERS., Neues Scheidungsverfahren, Supplement, Zürich 2000 (zit. Supplement); DERS., Verfahren, Zuständigkeiten, Rechtsmittel, in: Das neue Scheidungsrecht, Stiftung für juristische Weiterbildung Zürich, Zürich 1999, 141 ff. (zit. Verfahren); SPÜHLER/REETZ, Neues Scheidungsverfahren, in: SPÜHLER/REETZ/VOCK/GRAHAM-SIEGENTHALER, Neuerungen im Zivilprozessrecht, Zürich 2000, 49 ff.; SPÜHLER/SCHÜTT, Neues Scheidungsverfahrensrecht: zu den Artikeln 135, 136, 138–140 und 148 ZGB, AJP 1999, 1541 ff.; SPÜHLER/TENCHIO/INFANGER (Hrsg.), Kommentar zum schweizerischen Zivilprozessrecht, Bundesgesetz über den Gerichtsstand in Zivilsachen (GestG) mit Kommentierung von Art. 30 Abs. 2 BV, Basel/Genf/München 2001; SUTTER-SOMM, Neuerungen im Scheidungsverfahren, in: HAUSHEER (Hrsg.), Vom alten zum neuen Scheidungsrecht, Bern 1999, 217 ff.; TRACHSEL, Konkurrierende Zuständigkeiten in internationalen Familienrechtsfällen – einige praktische Hinweise, AJP 2003, 444 ff.; VETTERLI, Die Anhörung der Ehegatten, FamPra.ch 2001, 59 ff.; VOCK, Besondere Gerichtsstände im Gerichtsstandsgesetz (GestG), in: LEUENBERGER CH./PFISTER-LIECHTI, Das Gerichtsstandsgesetz/La loi sur les fors, Schriften der Stiftung für die Weiterbildung schweizerischer Richterinnen und Richter (SWR), Bd. 2, Bern 2001, 37 ff.; VOGEL, Rechtshängigkeit und materielle Rechtskraft im internationalen Verhältnis, SJZ 1990, 77 ff. (zit. Rechtshängigkeit); DERS., Freibeweis in der Kinderzuteilung, FS Cyril Hegnauer, Bern 1986, 609 ff. (zit. Freibeweis); DERS., Eintritt der Rechtshängigkeit mit Klageanhebung oder Die Verpflanzung eines Instituts, recht 2000, 109 ff.

Materialien

Bundesamt für Justiz, Hinweise und Anregungen für die Vorbereitung der kantonalen Einführungsbestimmungen zur Änderung des ZGB (exkl. Zivilstandswesen) vom 20. Juli 1998, N 9 ff. (zit. Hinweise und Anregungen); Botschaft zum Bundesgesetz über den Gerichtsstand in Zivilsachen, vom 18. November 1998, BBl 1999, 2829 ff., 2853 f. (zit. Botschaft Gerichtsstandsgesetz).

I. Zuständigkeiten im Scheidungsverfahren

1. Zuständigkeiten nach Gerichtsstandsgesetz

a) Ausdrücklicher Verweis auf das Gerichtsstandsgesetz für Scheidung, Abänderung, Anweisung und Sicherstellung

1 Nach Art. 135 Abs. 1 richtet sich die örtliche Zuständigkeit für die Scheidung sowie die Abänderung des Scheidungsurteils nach dem Gerichtsstandsgesetz (Fassung gemäss Anhang Gerichtsstandsgesetz, in Kraft seit 1. Januar 2001; vgl. dazu Naegeli, Komm. GestG, Zürich 2001, Art. 15 N 16 ff.; Spycher, GestG-Kommentar, Bern 2005, Art. 15 N 1 ff.; BSK-Spühler/Siehr/Graham-Siegenthaler, Art. 15 GestG N 1 ff.; Freiburghaus-Arquint, 275 ff.; Perrin, 15 f.). Dieses bezeichnet in Art. 15 Abs. 1 lit. b und d das Gericht am **Wohnsitz einer Partei** als zuständig für Klagen auf **Scheidung** und **Abänderung** eines Scheidungsurteils. Massgebend für die Bestimmung des Wohnsitzes ist der Zeitpunkt der Rechtshängigkeit der Klage (Art. 136 N 12; BSK-Spühler/Siehr/Graham-Siegenthaler, Art. 15 GestG N 4 ff.).

2 Die **Anweisung** an die Schuldner und die **Sicherstellung** der Unterhaltsbeiträge nach Art. 132 können entweder mit dem Scheidungsurteil oder nachträglich angeordnet werden. Nach Art. 135 Abs. 1 richtet sich die örtliche Zuständigkeit auch für diese (zivilrechtlichen) Vollstreckungsmassnahmen nach dem Gerichtsstandsgesetz. Diesem ist für die genannten Massnahmen zwar keine ausdrückliche Zuständigkeitsregelung zu entnehmen. Art. 135 Abs. 1 will mit seinem Verweis auf das Gerichtsstandsgesetz aber zum Ausdruck bringen, dass der Gerichtsstand für die Scheidungs- und Abänderungsklage auch für die Anweisung an die Schuldner und die Sicherstellung der Unterhaltsbeiträge Anwendung finden soll (Naegeli, Komm. GestG, Zürich 2001, Art. 15 N 24 ff.). Es ist somit das Gericht am Wohnsitz einer Partei zuständig (Botschaft Revision Scheidungsrecht, 134; Sutter/Freiburghaus, Art. 135 N 12 und 18).

3 Während die Vormundschaftsbehörde zuständig ist, wenn allein der persönliche Verkehr neu zu regeln ist, kommt es nach Art. 134 Abs. 4 zu einer **Kompetenzattraktion** zugunsten des Gerichts, wenn daneben auch über die Unterhaltsbeiträge oder die elterliche Sorge neu zu befinden ist (vgl. N 13). Ob das Verfahren vor dem Gericht oder vor der Vormundschaftsbehörde zuerst hängig ist, ist nicht entscheidend. In beiden Fällen ist das Verfahren, um Doppelspurigkeiten zu vermeiden, beim Gericht an einem der **Abänderungsgerichtsstände** zu konzentrieren, auch wenn für die Vormundschaftsbehörde (die nach Art. 275 Abs. 1 am Wohnsitz bzw. am Aufenthaltsort des Kindes zuständig ist) eine andere örtliche Zuständigkeit massgebend gewesen wäre (Sutter/Freiburghaus, Art. 136 N 30; Spühler, Neues Scheidungsverfahren, 25; Botschaft Revision Scheidungsrecht, 133). Zur Abänderung von Unterhaltsbeiträgen für mündige Kinder vgl. N 15.

b) Gerichtsstand für die Scheidung auf gemeinsames Begehren

4 Obschon Art. 135 Abs. 1 in seiner ursprünglichen Fassung die örtliche Zuständigkeit ganz allgemein für die «Scheidung» und damit auch die Scheidung auf gemeinsames

Begehren regelte, spricht Art. 15 Abs. 1 lit. b GestG von «Klagen» auf Scheidung. Die Scheidung auf gemeinsames Begehren (Art. 111 f.) wird aber im ZGB nicht als Klage bezeichnet. Dieser Begriff wird nur für die streitigen Verfahren nach Art. 114 f. verwendet. Man kann sich daher fragen, ob **Art. 15 Abs. 1 lit b GestG auch auf die Scheidung auf gemeinsames Begehren Anwendung findet.** Dies ist zu **bejahen.** Es stellt ein gesetzgeberisches Versehen dar, dass in Art. 15 Abs. 1 lit b GestG nur von Klagen die Rede ist, ging es doch beim Gerichtsstandsgesetz darum, die Gerichtsstände von Art. 135 Abs. 1 (in seiner ursprünglichen Fassung) zu übernehmen. Eine Änderung war nicht vorgesehen. Dies ergibt sich zudem aus der Marginalie von Art. 15 GestG «Eherechtliche Begehren und Klagen», welche die gemeinsamen Scheidungsbegehren mit umfasst (SPÜHLER/REETZ, 51; VOCK, 38; NAEGELI, Komm. GestG, Zürich 2001, Art. 15 N 19 ff.; SPYCHER, GestG-Kommentar, Bern 2005, Art. 15 N 12 und 21; BSK-SPÜHLER/SIEHR/GRAHAM-SIEGENTHALER, Art. 15 GestG N 14).

c) Gerichtsstand für Klagen auf Ergänzung eines Scheidungsurteils

Bisher war nach ungeschriebenem Bundesrecht für die Ergänzung eines unvollständigen **5** Scheidungsurteils dasjenige Gericht zuständig, welches das Urteil gefällt hatte (SUTTER/FREIBURGHAUS, Art. 135 N 19). Nach Art. 15 Abs. 1 lit. d GestG ist nun für die **Ergänzung des Scheidungsurteils** ebenfalls das Gericht am Wohnsitz einer Partei zuständig (FamKomm Scheidung-LEUENBERGER, Art. 135 N 3; SPÜHLER/REETZ, 51; Botschaft Gerichtsstandsgesetz, 2853).

d) Gerichtsstand für Eheungültigkeits- und Trennungsklagen

Nach Art. 110 und 117 Abs. 2 richtet sich die Zuständigkeit für **Eheungültigkeits-** und **6** **Trennungsklagen** nach den Vorschriften des Scheidungsrechts. Art. 15 Abs. 1 lit. b GestG regelt den Gerichtsstand für diese Klagen nun ausdrücklich: Zuständig ist das Gericht am Wohnsitz eines Ehegatten. Dieser Gerichtsstand gilt auch für die Klagen auf **Abänderung** und **Ergänzung** des Trennungsurteils (Art. 15 Abs. 1 lit. d GestG).

e) Gerichtsstand für die güterrechtliche Auseinandersetzung

Art. 15 Abs. 1 lit. c GestG schreibt den Gerichtsstand am Wohnsitz eines Ehegatten für **7** Klagen über die güterrechtliche Auseinandersetzung vor. Es handelt sich hier um güterrechtliche Auseinandersetzungen, die in einem Scheidungs-, Trennungs- oder Ungültigkeitsprozess in ein Separatverfahren, d.h. **ad separatum** verwiesen werden (VOCK, 39; BSK-SPÜHLER/SIEHR/GRAHAM-SIEGENTHALER, Art. 15 GestG N 17; zur Zulässigkeit von Separatverfahren vgl. REUSSER, N 1.56). Art. 15 Abs. 1 lit. c GestG ist auch anwendbar auf Klagen zur Entflechtung der Gütermassen nach gerichtlicher Anordnung der Gütertrennung oder nach Eintritt der Gütertrennung bei Konkurs (SPYCHER, GestG-Kommentar, Bern 2005, Art. 15 N 24; NAEGELI, Komm. GestG, Zürich 2001, Art. 15 N 42 ff.). Für Klagen betreffend die güterrechtliche Auseinandersetzung infolge Todes eines Ehegatten kommt hingegen der Gerichtsstand von Art. 18 GestG zur Anwendung (Botschaft Gerichtsstandsgesetz, 2853; BSK-SPÜHLER/SIEHR/GRAHAM-SIEGENTHALER, Art. 15 GestG N 18).

2. Alternative und zwingende Gerichtsstände

Bei den Zuständigkeitsvorschriften von Art. 15 Abs. 1 GestG handelt es sich um **alterna-** **8** **tive** Gerichtsstände. Die Parteien haben die Wahl, ob sie die Klage am eigenen Wohnsitz oder an demjenigen des anderen Ehegatten anhängig machen wollen. Die Gerichtsstände sind im Weiteren **zwingend,** d.h. die Parteien können davon nicht abweichen (Art. 2

Abs. 2 GestG). Sie können einen anderen Gerichtsstand auch **nicht durch Einlassung** (Art. 10 GestG) begründen.

3. Gerichtsstand des Sachzusammenhanges

9 Die Scheidung auf gemeinsames Begehren (Art. 111) bedingt, dass sich die Ehegatten auf einen Gerichtsstand einigen (FamKomm Scheidung-LEUENBERGER, Art. 135 N 9). Klagen nach Art. 114 und 115 können die Parteien wahlweise an einem der Wohnsitzgerichtsstände einreichen. Hat eine Partei ihre Klage aber eingereicht, entsteht nach der bundesgerichtlichen Rechtsprechung für die Klage der anderen Partei **ein zwingender Gerichtsstand des Sachzusammenhanges am Ort der ersten Klage,** denn die beiden Klagen müssen vom gleichen Gericht beurteilt werden, damit widersprechende Urteile vermieden werden. Die zweite Klage ist als **Widerklage** zu behandeln (Bundesgerichtsentscheid 5C.249/2001 vom 20. Dezember 2001 E. 4, publiziert in FamPra.ch 2002, 383 ff.; BGE 116 II 13, 80 II 99 f., 72 II 323 E. 2; VOGEL/SPÜHLER, ZPR, Kap. 4 N 91; Botschaft Revision Scheidungsrecht, 134 f.; KELLERHALS/GÜNGERICH, GestG-Kommentar, Bern 2005, Art. 6 N 42; MICHELI et al., N 839; DUCROT, 50; FREIBURGHAUS-ARQUINT, 278 f.; FamKomm Scheidung-LEUENBERGER, Art. 135 N 10 ff., wo aber von identischen und nicht von Klagen, die in sachlichem Zusammenhang stehen, die Rede ist). Das Verfahren richtet sich in der Folge nach Art. 116 betreffend die Zustimmung zur Scheidungsklage und die Widerklage.

4. Gerichtsstand im internationalen Verhältnis

10 Im internationalen Verhältnis richtet sich die Zuständigkeit für Scheidungs- und Trennungsklagen nach Art. 59 IPRG. Nach lit. a dieser Bestimmung ist das schweizerische Gericht am Wohnsitz des Beklagten zuständig. Das Gericht am Wohnsitz des Klägers ist dagegen nur zuständig, wenn sich dieser seit einem Jahr in der Schweiz aufhält oder Schweizer Bürger ist. Obschon in Art. 59 IPRG von *Klagen* auf Scheidung und Trennung die Rede ist, gilt diese Bestimmung auch für die **Scheidung auf gemeinsames Begehren** (Botschaft Revision Scheidungsrecht, 179; SUTTER/FREIBURGHAUS, Art. 135 N 40; FamKomm Scheidung-JAMETTI GREINER, Anh. IPR N 6 f.; SPYCHER, GestG-Kommentar, Bern 2005, Art. 15 N 29 ff.; TRACHSEL, insb. 450 ff.).

11 Bei der Scheidung auf gemeinsames Begehren stellt sich die Frage, ob bei ausländischen Ehegatten die einjährige Sperrfrist nach Art. 59 lit. b IPRG zur Anwendung kommt oder nicht. Wenn die ausländischen Ehegatten, die ein gemeinsames Scheidungsbegehren einreichen, als klagende Parteien betrachtet werden, würde dies zur Anwendung der Sperrfrist führen. Geht man aber davon aus, dass ein ausländischer Ehegatte mit Wohnsitz in der Schweiz an seinem Wohnsitz ohne Weiteres auf Scheidung verklagt werden kann, erscheint es sachgerecht, am schweizerischen Wohnsitz dieses Ehegatten auch die Scheidung auf gemeinsames Begehren ohne Sperrfrist zuzulassen. Soweit **einer der Ehegatten in der Schweiz wohnhaft** ist, kann somit am **schweizerischen Wohnsitz ein gemeinsames Scheidungsbegehren** eingereicht werden (FamKomm Scheidung-JAMETTI GREINER, Anh. IPR N 8; SCHWANDER, AJP 1999, 1648; SUTTER/FREIBURGHAUS, Art. 135 N 40 ff. mit Beispielen; MÜLLER-CHEN, 189 ff.). Wechselt das Verfahren hingegen vom gemeinsamen Scheidungsbegehren zu einem Klageverfahren (Art. 113), kommt grundsätzlich Art. 59 lit. b IPRG zu Anwendung (differenzierend FamKomm Scheidung-JAMETTI GREINER, Anh. IPR N 9; vgl. auch SCHWANDER, AJP 1999, 1648).

12 Im **euro-internationalen** Verhältnis kommt für **reine Unterhaltsklagen** Art. 5 Ziff. 2 LugÜ zur Anwendung.

5. Sachliche Zuständigkeit

Weder das Gerichtsstandsgesetz noch das ZGB begründen eine sachliche Zuständigkeit **13**
für die Scheidung. Diese wird durch das **kantonale Recht** geregelt (Botschaft Revision
Scheidungsrecht, 134). Vom Bundesrecht wird nur vorgeschrieben, dass ein **Gericht** zuständig sein muss (SUTTER/FREIBURGHAUS, Art. 135 N 20; SPÜHLER/SCHÜTT, AJP 1999,
1541 f.).

Für **Abänderungsbegehren in Kinderbelangen** enthalten hingegen Art. 134 Abs. 3 und 4 **14**
Vorschriften über die sachliche Zuständigkeit. Die **Vormundschaftsbehörde** ist zuständig
für die nichtstreitige Neuordnung der elterlichen Sorge und des Unterhaltsbeitrages sowie
für die streitige oder nichtstreitige Neuregelung des Besuchsrechts, sofern nicht gleichzeitig über die Änderung der elterlichen Sorge oder der Unterhaltsbeiträge für das unmündige
Kind zu entscheiden ist (zur Kompetenzattraktion vgl. N 2; SPÜHLER/SCHÜTT, AJP 1999,
1542; SPÜHLER, Neues Scheidungsverfahren, 24 f.; SPÜHLER/REETZ, 52).

II. Zuständigkeit für die Neufestsetzung von Unterhaltsbeiträgen
für das mündige Kind

Gemäss Abs. 2 richtet sich der Gerichtstand der Klage auf Neufestsetzung von Unter- **15**
haltsbeiträgen für das mündige Kind nach den Bestimmungen über die Unterhaltspflicht
der Eltern, somit nach Art. 279. Es handelt sich um ein **selbständiges Unterhaltsverfahren** nach den Bestimmungen des Kindesrechts. Die Zuständigkeitsbestimmung von
Art. 279 Abs. 2 wurde durch das Gerichtsstandsgesetz aufgehoben und durch Art. 17
lit. a GestG ersetzt. Zuständig für diese Klagen ist zwingend das Gericht am Wohnsitz
einer Partei.

III. Ausblick auf die Schweizerische Zivilprozessordnung

Art. 135 ZGB sowie das Gerichtsstandsgesetz sollen aufgehoben werden. Der Vorent- **16**
wurf übernimmt in Art. 20 ff. die bisherige Regelung.

Art. 136

B. Rechtshängigkeit	[1] **Das gemeinsame Scheidungsbegehren wird ohne vorausgehendes Sühneverfahren direkt beim Gericht rechtshängig gemacht.**
	[2] **Die Rechtshängigkeit der Klage eines Ehegatten auf Scheidung oder Abänderung des Scheidungsurteils tritt mit der Klageanhebung ein.**
B. Litispendance	[1] La requête commune tendant au divorce est portée directement devant le juge, sans être précédée d'une procédure de conciliation.
	[2] La demande d'un époux tendant au divorce ou à la modification du jugement de divorce est pendante à compter de l'ouverture de l'action.
B. Litispendenza	[1] La richiesta comune di divorzio è deferita direttamente al giudice, senza preventiva procedura di conciliazione.
	[2] La domanda di divorzio o di modifica della sentenza di divorzio da parte di un coniuge è pendente con l'introduzione dell'azione.

Literatur

Vgl. die Literaturhinweise zu Art. 135.

Christoph Leuenberger   871

Materialien

Bundesamt für Justiz, Hinweise und Anregungen für die Vorbereitung der kantonalen Einführungsbestimmungen zur Änderung des ZGB (exkl. Zivilstandswesen) vom 20. Juli 1998, N 16 ff. (zit. Hinweise und Anregungen).

I. Zweck der Bestimmung

1   Art. 136 stellt für die Scheidung auf gemeinsames Begehren sowie für die Klagen auf Scheidung oder Abänderung des Scheidungsurteils **einheitliche Regeln für den Eintritt der Rechtshängigkeit** auf (Bundesgerichtsentscheid 5C.249/2001 vom 20. Dezember 2001, publiziert in FamPra.ch 2002, 383 ff.). Für das gemeinsame Scheidungsbegehren legt Art. 136 den Zeitpunkt des Eintritts der Rechtshängigkeit bundesrechtlich fest. Bei der Scheidungsklage hingegen bestimmt Art. 136 die Rechtshängigkeit lediglich mit einem einheitlichen Kriterium, nämlich mit der Klageanhebung (N 7 ff.). Damit wird generell eine frühe Rechtshängigkeit erreicht. In verschiedenen Kantonen, die bisher eine späte Rechtshängigkeit gekannt haben (wie z.B. der Kanton Zürich: mit Einreichung der Weisung [§ 102 Abs. 1 ZPO ZH] oder St. Gallen: mit Einreichung der Klage [Art. 156 Abs. 1 ZPO SG]), wurde die Rechtshängigkeit vorverschoben. Mit der jetzigen Regelung soll vermieden werden, dass die Parteien verschiedene Zeitpunkte der Rechtshängigkeit zu ihrem Vorteil ausnützen können (Botschaft Revision Scheidungsrecht, 135; LEUEN-BERGER CH., 22; SUTTER/FREIBURGHAUS, Art. 136 N 7; FamKomm Scheidung/LEUEN-BERGER, Art. 136 N 1; PERRIN, 17 ff.).

II. Anwendungsbereich

2   Art. 136 gilt nicht nur für das gemeinsame Scheidungsbegehren und die Klagen auf Scheidung oder Abänderung, sondern auch für Trennungs- und Ungültigkeitsprozesse (Art. 110 i.V.m. Art. 136 Abs. 2 bzw. Art. 117 Abs. 2 i.V.m. Art. 136 Abs. 2).

III. Anhängigmachen des gemeinsamen Scheidungsbegehrens

1. Ausschluss des Sühneverfahrens

3   Abs. 1 schliesst beim **gemeinsamen Scheidungsbegehren** kantonale **Sühneverfahren** ausdrücklich aus. Der Grund dafür liegt einmal darin, dass die Parteien sich bereits in einer Vereinbarung geeinigt haben und ein Sühneverfahren daher als zwecklos erscheint (SPÜHLER/REETZ, 55). Zudem wird der Scheidungswille in der Anhörung vom Gericht einlässlich abgeklärt (Art. 111 und 112 Abs. 2).

4   Der Ausschluss des Sühneverfahrens gilt auch für die **Teileinigung** nach Art. 112, da diese (Art. 111 Marginale) als Scheidung auf gemeinsames Begehren gilt (kritisch: SPÜHLER, Neues Scheidungsverfahren, 26; DERS., Verfahren, 144).

2. Anhängigmachen beim Gericht

5   Das gemeinsame Scheidungsbegehren wird **direkt beim Gericht anhängig** gemacht. Über die Form dieses Begehrens machen weder Art. 111 Abs. 1 noch 136 Abs. 1 nähere Angaben. Es ist Sache des kantonalen Rechts zu bestimmen, in welcher Form das gemeinsame Scheidungsbegehren eingereicht werden muss, damit die Rechtshängigkeit eintritt (Hinweise und Anregungen, N 17; SUTTER/FREIBURGHAUS, Art. 136 N 15, Art. 111 N 9; FamKomm Scheidung/LEUENBERGER, Art. 136 N 6; SPÜHLER, Neues Scheidungsverfahren, 26). In den meisten Kantonen wird eine schriftliche Einreichung des gemeinsamen Scheidungsbegehrens verlangt (FREIBURGHAUS/LEUENBERGER/ SUTTER; 386; KELLERHALS/SPYCHER, ZBJV 2000, 31; FRANK/STRÄULI/MESSMER, Ergänzungsband, vor § 195a N 127). Zum Teil kann dieses auch mündlich zu Protokoll geben werden (Art. 4 Abs. 1 Verordnung über das Scheidungsverfahren des Kantons St. Gallen; Art. 57bis Abs. 2 ZPO SO). Bei Einreichung eines gemeinsamen Scheidungsbegehrens in Schriftform wird dieses mit der Postaufgabe rechtshängig. Bei der mündlichen Form ist das Datum der gemeinsamen Erklärung massgebend.

IV. Anhängigmachen der Klage auf Scheidung oder Abänderung

1. Zulässigkeit des Sühneverfahrens

Bei der Klage auf Scheidung oder Abänderung des Scheidungsurteils schliesst das Bundesrecht ein **kantonales Sühneverfahren nicht aus,** schreibt dieses aber auch **nicht vor.** Die Anordnung und die Regelung des Schlichtungsverfahrens ist Sache des kantonalen Rechts (SUTTER/FREIBURGHAUS, Art. 136 N 23; FamKomm Scheidung/LEUENBERGER, Art. 136 N 9; FREIBURGHAUS/LEUENBERGER/SUTTER, 385 f.). **6**

2. Anhängigmachen mit der Klageanhebung

Scheidungs- und Abänderungsklagen werden rechtshängig mit der **Klageanhebung.** Diesen Begriff hat das Bundesgericht bereits früh in seiner Rechtsprechung geschaffen, um im Hinblick auf die Verschiedenheit der kantonalen Prozessordnungen für die ganze Schweiz nach einer einheitlichen Regel feststellen zu können, ob eine bundesrechtliche Verwirkungsfrist gewahrt worden ist oder nicht (VOGEL/SPÜHLER, ZPR, Kap. 12 N 23 ff.). Dafür wird auf diejenige prozesseinleitende oder vorbereitende Handlung des Klägers abgestellt, mit der er **zum ersten Mal in bestimmter Form für den von ihm erhobenen Anspruch den Schutz des Richters anruft.** Art. 136 Abs. 2 knüpft damit für die Feststellung der Rechtshängigkeit an einen Begriff an, der ursprünglich in einem anderen Zusammenhang verwendet wurde (BGE 118 II 487 E. 3; 114 II 336 E. 3a; SUTTER-SOMM, N 5.12; VOGEL, recht 2000, 109 ff.). **7**

Das Bundesrecht überlässt es dem kantonalen Recht, die erste für die Prozesseinleitung notwendige Handlung, welche die Rechtshängigkeit auslöst, zu definieren (SUTTER/FREIBURGHAUS, Art. 136 N 26). Als erste Handlung kommt das Gesuch um Durchführung eines **Sühneverfahrens** in Frage oder aber (wenn ein solches nicht vorgesehen ist) die Einreichung der **Klage beim Gericht.** Als erste prozesseinleitende Handlung gilt die Anrufung des Vermittlers oder Friedensrichters allerdings nur dann, wenn die Sache nach Durchführung des Schlichtungsverfahrens entweder von Amtes wegen an das Gericht weitergeleitet werden muss oder wenn die klagende Partei (prozessuale) Nachteile erleidet (BGE 118 II 479 ff.), wenn sie die Sache nicht selber innerhalb einer bestimmten Frist an das Gericht weiterleitet (SUTTER/FREIBURGHAUS, Art. 136 N 26; FamKomm Scheidung/LEUENBERGER, Art. 136 N 11 f.; SPÜHLER/SCHÜTT, AJP 1999, 1542; SPÜHLER/REETZ, 55 f.; SPÜHLER, Neues Scheidungsverfahren, 27 f.). **8**

Das **Schlichtungsbegehren** ist so **bestimmt** abzufassen, dass ersichtlich wird, mit welchem Inhalt die Klage rechtshängig wird. Dies gilt von Bundesrechts wegen auch dann, wenn das kantonale Recht (wie z.B. § 94 Abs. 1 und 98 Abs. 2 ZPO ZH und Art. 137 Abs. 1 ZPO SG) für das Schlichtungsbegehren kein ausformuliertes Rechtsbegehren verlangt (CH. LEUENBERGER, 30 f.; SPÜHLER/REETZ, 55 f.; kritisch zur Erlangung der Rechtshängigkeit mit der Klageanhebung: FRANK/STRÄULI/MESSMER, Ergänzungsband, vor § 195a N 95 ff.). **9**

10   Bei Durchführung des Schlichtungsverfahrens wird die Klage mit der **Postaufgabe** des Schlichtungsbegehrens rechtshängig. Wird die Klage ohne Sühneverfahren direkt beim Gericht eingereicht, tritt die Rechtshängigkeit mit der Postaufgabe der Klageschrift ein (FRANK/STRÄULI/MESSMER, § 94 N 2; LEUCH/MARBACH/KELLERHALS/STERCHI, Art. 160 N 2b; BÜHLER/EDELMANN/KILLER, § 140 N 1; SPÜHLER/REETZ, 55 f.).

3. Anhängigmachen der Widerklage

11   Auch wenn nach Anhebung einer Widerklage das Verfahren sinngemäss nach den Bestimmungen über die Scheidung auf gemeinsames Begehren (Art. 111) weitergeführt wird (Art. 116; KELLERHALS/SPYCHER, ZBJV 2000, 42; SUTTER/FREIBURGHAUS, Art. 116 N 21), kann der **Zeitpunkt der Rechtshängigkeit** auch für die **Widerklage** von Bedeutung sein. Zieht nämlich der Kläger seine Klage zurück (bzw. bestätigt er seinen Scheidungswillen in der Anhörung nicht), so wird die Widerklage selbständig, sofern sie rechtshängig geworden ist. Die Widerklage muss in diesem Fall nach Rückzug der Klage im streitigen Verfahren weitergeführt werden (Art. 139 N 18). Hat ein Schlichtungsverfahren stattgefunden, und hat der Beklagte bereits in diesem Zeitpunkt mit einer Widerklage geantwortet, ist diese angehoben und damit rechtshängig (SPÜHLER, Supplement 29 f.). Wird die Widerklage im gerichtlichen Verfahren erhoben, ist dieser Zeitpunkt für die Rechtshängigkeit massgebend.

V. Wirkungen der Rechtshängigkeit

1. Fixierung des Gerichtsstandes

12   Mit der Rechtshängigkeit wird von Bundesrechts wegen der **Gerichtsstand der Scheidung fixiert** (Art. 135 N 1). Eine Verlegung des Wohnsitzes nach Eintritt der Rechtshängigkeit hat keinen Einfluss auf die örtliche Zuständigkeit (SUTTER/FREIBURGHAUS, Art. 136 N 10; FamKomm Scheidung/LEUENBERGER, Art. 136 N 1; MEIER/SCHNELLER, 40 f.; als kantonale Regelung wird die Fixierung des Gerichtsstandes betrachtet von SPÜHLER/REETZ, 56 f.).

2. Ausschluss- bzw. Sperrwirkung

13   Nach Eintritt der Rechtshängigkeit entsteht für eine zweite Klage (bzw. Widerklage) ein zwingender **Gerichtsstand des Sachzusammenhanges** (Art. 135 N 8).

3. Klageänderung

14   Das normalerweise mit der Rechtshängigkeit einsetzende Verbot der Klageänderung hat im Scheidungsprozess nicht die gleiche Bedeutung wie in Forderungsprozessen (SUTTER/FREIBURGHAUS, Art. 136 N 10). Nach Art. 138 Abs. 1 muss in der oberen Instanz eine Klageänderung zugelassen werden, sofern sie durch neue Tatsachen und Beweismittel veranlasst worden ist (Art. 138 N 8). Im Weiteren kann eine Scheidungsklage jederzeit in eine Trennungsklage umgewandelt werden (Art. 138 Abs. 2).

4. Bindungswirkung bzw. Fortführungslast

15   Die **Bindungswirkung** bzw. die **Fortführungslast** ergibt sich nicht aus dem Bundesrecht; sie ist im **kantonalen Prozessrecht** geregelt (SPÜHLER/REETZ, 57; SUTTER/FREIBURGHAUS, Art. 136 N 10; MEIER/SCHNELLER, 41; **a.M.** FRANK/STRÄULI/MESSMER, Ergänzungsband, vor § 195a N 100, wo aus Art. 136 eine umfassende Wirkung der

Rechtshängigkeit abgeleitet wird, einschränkend aber N 117 ff.). Das kantonale Prozessrecht kann die Bindungswirkung mit der Rechtshängigkeit eintreten lassen, doch sind auch Regelungen möglich, nach denen sie erst später einsetzt. In Kantonen mit obligatorischem Sühneverfahren ist es wenig sinnvoll, mit der Klageanhebung auch die Bindungswirkung eintreten zu lassen, da im Schlichtungsverfahren alle Möglichkeiten offen stehen sollen, auch diejenigen eines einstweiligen und nicht mit Rechtskraftwirkung behafteten Klagerückzuges (VOGEL, Rechtshängigkeit, 79; SPÜHLER/REETZ, 57).

Die **Bindungswirkung** hat **primär für die Scheidungsklage wegen Unzumutbarkeit** 16
nach Art. 115 eine Bedeutung, da nach dem Rückzug einer solchen Klage eine erneute Klage nur zulässig ist, wenn sie zusätzlich mit Tatsachen begründet wird, die seit dem ersten Urteil eingetreten sind. Wird eine Klage nach Getrenntleben gemäss Art. 114 zurückgezogen, beginnt für eine neue Klage keine neue Frist des Getrenntlebens zu laufen. Ein zurückgezogenes gemeinsames Scheidungsbegehren kann stets wieder neu beim Gericht anhängig gemacht werden, da es auf einer neuen Willenseinigung der Ehegatten und damit auf einer neuen Tatsache beruht (SUTTER/FREIBURGHAUS, Art. 136 N 11; SPÜHLER/REETZ, 54; FamKomm Scheidung/LEUENBERGER, Art. 136 N 2).

5. Materiell-rechtliche Wirkungen

Mit Eintritt der Rechtshängigkeit kann jeder Ehegatte für die Dauer des Verfahrens den 17
gemeinsamen Haushalt aufheben (Art. 137 Abs. 1). Im Weiteren endet mit Eintritt der Rechtshängigkeit die Zuständigkeit für **Eheschutzmassnahmen** (Art. 172 ff.) und es können **vorsorgliche Massnahmen** nach Art. 137 Abs. 2 erlassen werden. Schliesslich stellt das Gesetz bei der **Auflösung des Güterstandes** (Art. 204 Abs. 2, 236 Abs. 2) auf den Zeitpunkt der Rechtshängigkeit ab (SPÜHLER/REETZ, 54 f.; FamKomm Scheidung/ LEUENBERGER, Art. 136 N 3 f.; SUTTER/FREIBURGHAUS, Art. 136 N 13; Botschaft Revision Scheidungsrecht, 135).

VI. Rechtshängigkeit im internationalen Verhältnis

Im internationalen Verhältnis bestimmt sich der Eintritt der **Rechtshängigkeit nach** 18
Art. 9 Abs. 2 IPRG. Diese Bestimmung knüpft an die erste, für die Klageeinleitung notwendige Verfahrenshandlung an. Dies stimmt überein mit Art. 136 Abs. 2. Beim gemeinsamen Scheidungsbegehren, das ohne Sühneverfahren einzuleiten ist, besteht die erste, für die Klageeinleitung notwendige Verfahrenshandlung auch im internationalen Verhältnis in der Einreichung des Begehrens beim Gericht (vgl. SUTTER/FREIBURGHAUS, Art. 136 N 19 und 28).

VII. Ausblick auf die Schweizerische Zivilprozessordnung

Art. 136 ZGB soll aufgehoben werden. Nach Art. 193 Abs. 1 lit. c und Art. 206 VE wird 19
das gemeinsame Scheidungsbegehren unter Ausschluss des Sühneverfahrens beim Gericht eingereicht und damit rechtshängig. Bei Klagen auf Scheidung können beide Parteien nach Art. 192 Abs. 1 VE gemeinsam vor der Klageeinreichung schriftlich auf das Schlichtungsverfahren verzichten, während es nach Art. 136 Abs. 2 ZGB den Kantonen freisteht, ein Schlichtungsverfahren anzuordnen oder auszuschliessen.

Christoph Leuenberger

Art. 137

C. Vorsorgliche Massnahmen während des Scheidungsverfahrens

[1] Jeder Ehegatte kann nach Eintritt der Rechtshängigkeit für die Dauer des Verfahrens den gemeinsamen Haushalt aufheben.

[2] Das Gericht trifft die nötigen vorsorglichen Massnahmen. Es kann vorsorgliche Massnahmen auch dann anordnen, wenn die Ehe aufgelöst ist, aber das Verfahren über Scheidungsfolgen fortdauert. Die Bestimmungen über die Massnahmen zum Schutz der ehelichen Gemeinschaft sind sinngemäss anwendbar. Unterhaltsbeiträge können für die Zukunft und für das Jahr vor Einreichung des Begehrens gefordert werden.

C. Mesures provisoires pendant la procédure de divorce

[1] Chacun des époux a le droit, dès le début de la litispendance, de mettre fin à la vie commune pendant la durée du procès.

[2] Il peut demander au juge d'ordonner les mesures provisoires nécessaires. Des mesures provisoires peuvent également être ordonnées après la dissolution du mariage lorsque la procédure relative aux effets du divorce n'est pas close. Les dispositions régissant la protection de l'union conjugale sont applicables par analogie. Une contribution d'entretien peut être demandée pour l'avenir et pour l'année précédant le dépôt de la requête.

C. Misure provvisionali durante la procedura di divorzio

[1] Pendente la lite, ogni coniuge ha diritto di sospendere la comunione domestica per la durata del processo.

[2] Il giudice decreta le necessarie misure provvisionali. Può decretarle anche dopo lo scioglimento del matrimonio ove il processo sugli effetti del divorzio non fosse terminato. Sono applicabili per analogia le disposizioni a tutela dell'unione coniugale. I contributi di mantenimento possono essere chiesti per il futuro e per l'anno che precede la presentazione dell'istanza.

Literatur

BACHMANN, Die Regelung des Getrenntlebens nach Art. 176 und 179 ZGB sowie nach zürcherischem Verfahrensrecht, Diss. St. Gallen 1995; BUSER, Bemerkungen zu BGE 121 I 97 ff., in: AJP 1995, 1506 ff.; CZITRON, Die vorsorglichen Massnahmen während des Scheidungsprozesses unter Berücksichtigung des am 1. Januar 1988 in Kraft getretenen neuen Eherechts, des in Revision begriffenen Scheidungsrechts sowie des Prozessrechts und der Praxis im Kanton Zürich, Diss. St. Gallen 1995; DIETRICH, in: Müller/Wirth (Hrsg.), Kommentar zum Bundesgesetz über den Gerichtsstand in Zivilsachen, Zürich 2001; GEISER, Neuere Tendenzen in der Rechtsprechung zu den familienrechtlichen Unterhaltpflichten, AJP 1993, 903 ff.; DERS., Ein Jahr neues Scheidungsrecht: Überblick über die Rechtsprechung, FamPra.ch 2001, 173 ff.; GEORGII, Stellung und Funktion des Eheschutzrichters nach dem neuen Recht von 1984 und dem alten Recht von 1907, Diss. Zürich 1986; GLOOR A., Vorsorgliche Massnahmen im Spannungsfeld von Bundesrecht und kantonalem Zivilprozessrecht, Diss. Zürich 1982; GLOOR U., Die Zuteilung der ehelichen Wohnung nach schweizerischem Recht, Diss. Zürich 1987; HAUSHEER/GEISER/KOBEL, Das Eherecht des Schweizerischen Zivilgesetzbuches, Bern 2000; KOCHER, Güterrechtliche Sicherstellung im Massnahmeverfahren (Art. 145 ZGB und Art. 322 ZPO BE), Diss. Bern 1996; MEIER/SCHNELLER, Scheidungsverfahren nach revidiertem Recht, Zürich 1999; NAEGELI, in: Müller/Wirth (Hrsg.), Kommentar zum Bundesgesetz über den Gerichtsstand in Zivilsachen, Zürich 2001; ORLANDO, Beweislast und Glaubhaftmachung im vorsorglichen Rechtsschutz, SJZ 90, 1994, 89 ff.; SPÜHLER, Neues Scheidungsverfahren, Zürich 1999, DERS., Neues Scheidungsverfahren – Supplement, Zürich 2000; SPYCHER, Unterhaltsleistungen bei Scheidung: Grundlagen und Bemessungsmethoden, Diss. Bern 1996; DIES., in: Kellerhals/von Wendt/Güngerich (Hrsg.), Gerichtsstandsgesetz, Bern 2005; WEBER, Schnittstellenprobleme zwischen Eheschutz und Scheidung, AJP 2004, 1043 ff.

Materialien

SUTTER/FREIBURGHAUS, Kommentar zum neuen Scheidungsrecht, Zürich 1999, betreffend: Protokoll Expertenkommission: 854–857, 891–894, 2535–2542, 3107–3114, 3150, 3288, 3770, 3858, 3861 f., 3870, 3880, 3890 f., 3901, 4000; Art. 142 VE, Bericht VE 75 f.; Vernehmlassungen, 555 ff.; Protokoll Arbeitsgruppe des Departements: 191 ff., 565; Botschaft Revision Scheidungsrecht, 136 ff. Ziff. 234.4, 210; Rechtskommission Ständerat: Protokolle der Sitzungen vom 28./29.3.1996, 44, 15.8.1996, 16 f., 29./30.1. 1998, 21 f., 17.6.1998, 4 f.; Rechtskommission Nationalrat: Protokoll der Sitzungen vom 30.6./1.7.1997, 35, 20./21.10.1997, 46 f., 4./5.5.1998, 8; AmtlBull StR 1996, 327 f., 710; AmtlBull NR 1997, 2723 ff., 1998, 1192.

I. Normzweck/Allgemeines/Überblick

Artikel 137 entspricht aArt. 145 und soll den Parteien ermöglichen, ohne Begründung **1** (Botschaft Revision Scheidungsrecht, 137, Ziff. 234.4) und ohne Formalitäten vom Zeitpunkt der Rechtshängigkeit an den gemeinsamen Haushalt aufzuheben (Abs. 1) und auferlegt dem Gericht die Pflicht, zum Schutz einer Partei bzw. der Kinder die nötigen Modalitäten des Getrenntlebens zu erlassen (Abs. 2). Damit soll für die Dauer des u.U. längeren Verfahrens eine **vorläufige Friedensordnung** geschaffen werden, nicht jedoch darüber hinaus. Wird die Ehe nicht geschieden, so muss nach Abschluss des Verfahrens ein Eheschutzbegehren gestellt werden (Art. 171 ff.).

Artikel 137 ist im Scheidungs- (gem. Art. 111, 112, 114 oder 115) und im Trennungsver- **2** fahren (vgl. Art. 117 Abs. 2) **anwendbar,** ebenso bei der Klage auf Ungültigkeit der Ehe (vgl. Art. 110), nicht aber im Eheschutzverfahren (vgl. Art. 172 ff.). Möglich sind vorsorgliche Massnahmen auch in Fällen, in denen die Ehe bereits rechtskräftig geschieden worden ist, die Parteien jedoch über die Scheidungsfolgen noch prozessieren (vgl. Art. 137 Abs. 2 Satz 2) bzw. das Güterrecht «ad separatum» verwiesen worden ist (Art. 112 N 11), in Nachverfahren (Ergänzung des Scheidungsurteils, BGE 116 II 97, 99) und Abänderungsprozessen gem. Art. 129 und 134 (vgl. FamKomm Scheidung/LEUEN-BERGER, N 3), wobei hinsichtlich der vorsorglichen Sistierung, Reduktion oder Aufhebung von Unterhaltsleistungen Zurückhaltung geübt werden sollte (BGE 118 II 228, 228 f.; SPÜHLER, 86). Bei Abänderung von Kinderunterhaltsbeiträgen richten sich allfällige vorsorgliche Massnahmen nach Art. 286 Abs. 2. Die bei Eintritt der Rechtskraft im Scheidungspunkt bereits angeordneten vorsorglichen Massnahmen dauern fort (OGer ZH ZR 100 Nr. 4).

II. Recht zur Aufhebung des gemeinsamen Haushalts (Abs. 1)

Nach Eintritt der Rechtshängigkeit (Art. 136) steht jedem Ehegatten das Recht zur Auf- **3** hebung des gemeinsamen Haushalts für die Dauer des Verfahrens zu, bei zeitlicher Dringlichkeit sogar, wenn das Verfahren bei einem örtlich oder sachlich nicht zuständigen Gericht angehoben wird (BGE 83 II 491, 495). Einer Begründung und einer **formellen richterlichen Bewilligung** bedarf es nicht. Mit dem Rückzug oder der rechtskräftigen Abweisung des gemeinsamen Begehrens oder der Klage geht das Recht wieder unter.

III. Vorsorgliche Massnahmen (Abs. 2)

1. Voraussetzungen

Eintritt der **Rechtshängigkeit** (Art. 136) ist die erste Voraussetzung für die Stellung **4** eines Begehrens um Erlass vorsorglicher Massnahmen. Vor der Rechtshängigkeit des

Scheidungsverfahrens ist das Eheschutzgericht gestützt auf Art. 175 ff. für die Regelung der Modalitäten des Getrenntlebens zuständig. Zudem muss eine **Notwendigkeit** vorliegen. Diese fehlt etwa, wenn die Folgen des Getrenntlebens bereits aufgrund eines Eheschutzverfahrens geregelt worden sind. In diesem Fall muss im Rahmen vorsorglicher Massnahmen jener Entscheid für die Zukunft abgeändert werden, bspw. wenn sich die tatsächlichen Verhältnisse erheblich und dauernd oder wenn sich die Rechtsgrundlagen verändert haben (vgl. BGE 129 III 60, 61 f., auch hinsichtlich anderen Fragen der Abgrenzung zwischen eheschutzrichterlichen und vorsorglichen Massnahmen; WEBER, AJP 2004, 1043 ff.). In der Regel besteht auch kein Bedarf zum Erlass vorsorglicher Massnahmen, wenn keiner der Ehegatten einen entsprechenden Antrag stellt (Dispositionsmaxime). Anders verhält es sich u.U. bei den Kinderbelangen, wenn das Wohl der Kinder gefährdet ist (uneingeschränkte Offizialmaxime; vgl. ZK-BRÄM, Art. 176 N 4 ff.). Mit der Einreichung einer vollständigen Scheidungsvereinbarung im Verfahren gem. Art. 111 sind meist vorsorgliche Massnahmen obsolet, bspw. betr. Unterhaltsbeiträge, wenn die Zahlungspflicht nicht erst ab Rechtskraft des Scheidungsurteils, sondern bereits ab Einleitung des gemeinsamen Begehrens vereinbart worden ist. Die Ansprüche gem. Art. 137 sind weitgehend identisch mit jenen in den Bestimmungen über den Eheschutz (Art. 175 ff.), weil sie aus dem gleichen Lebensvorgang und demselben Rechtsgrund abgeleitet werden (FamKomm Scheidung/VETTERLI, Vorbem. zu Art. 175–179 N 20). Der Verweis in Art. 137 auf die sinngemässe Anwendbarkeit der Bestimmungen über die Massnahmen zum Schutz der ehelichen Gemeinschaft ist ein genereller und beschränkt sich keineswegs auf die fortdauernden Massnahmen im Fall des Eintritts der Teilrechtskraft (Botschaft Revision Scheidungsrecht, 137, Ziff. 234.4). Schliesslich müssen die angeordneten vorsorglichen Massnahmen dem **Verhältnismässigkeitsprinzip** entsprechen (BGE 123 III 1, 3).

2. Die einzelnen Massnahmen

5 Der Scheidungsrichter kann alle Massnahmen anordnen, welche auch der Eheschutzrichter verfügen kann und darüber hinaus im Rahmen der Rechtsordnung auch weitere vorsorgliche Massnahmen (Art. 137 Abs. 2). Es gilt **kein numerus clausus** (Botschaft Revision Scheidungsrecht, 137, Ziff. 234.4).

a) Kinderbelange

6 Dazu gehören die Regelung der **Obhut** (Zuteilung an einen Elternteil oder Entzug i.S.v. Art. 310), jene des **persönlichen Verkehrs** (Art. 273) sowie die Festsetzung von **Unterhaltsbeiträgen** für die Verfahrensdauer (analoge Anwendung von Art. 281 ff., 285 f.) für die gemeinsamen unmündigen bzw. entmündigten Kinder sowie gemeinsamen Adoptiv- und Pflegekinder der Parteien. Mündige Kinder haben einen selbstständigen Anspruch gegenüber ihren Eltern (vgl. Art. 277 Abs. 2, Art. 281 Abs. 1; vgl. auch KassGer ZH ZR 100 Nr. 49). Die elterliche Sorge kann vorsorglich zugeteilt werden (Art. 297 Abs. 2); von diesem Recht sollte wegen der präjudizierenden Wirkung nur zurückhaltend Gebrauch gemacht werden (BGE 111 II 223, 223 f.). In Frage kommt auch die Anordnung aller notwendiger **Kindesschutzmassnahmen** (Art. 307 Abs. 3, Art. 308, 310 f.), wobei der Vollzug der Vormundschaftsbehörde obliegt (Art. 315a Abs. 1). Zudem besteht eine konkurrierende Zuständigkeit der Vormundschaftsbehörde in dringlichen Fällen (vgl. Art. 315a Abs. 3 Ziff. 2).

Bei der Festlegung der Unterhaltsleistungen gelten die Bestimmungen von Art. 176. Obere Grenze bilden der bisherige Lebensstandard und die Leistungsfähigkeit des unterhaltpflichtigen Elternteils. Ein Eingriff in sein Existenzminimum ist grundsätzlich unzulässig. Geschwister haben Anspruch auf Gleichbehandlung im Rahmen ihrer Bedürfnisse.

Artikel 143 Ziff. 1 und 2 sind analog anwendbar, die Unterhaltsbeiträge für den Ehegat- **7** ten und die (verschiedenen) Kinder sind je einzeln auszuweisen. Ein genereller **Verzicht** auf den Unterhaltsanspruch ist nicht zulässig. Unterhaltsleistungen können **rückwirkend** bis zu einem Jahr vor Antragstellung verlangt werden (Art. 137 Abs. 2 letzter Satz).

Die vorsorglichen Massnahmen können **von Amtes wegen** angeordnet werden (uneinge- **8** schränkte Offizialmaxime). Das Gericht ist an die Parteianträge nicht gebunden und hat das Kindeswohl von Amtes wegen zu berücksichtigen. Eine Vereinbarung der Parteien wird erst mit deren Genehmigung durch das Gericht verbindlich. Die Kinder sind ihrem Alter entsprechend anzuhören (Art. 144 Abs. 2).

b) Zuteilung von Wohnung und Hausrat

Der Massnahmerichter kann auf Antrag die eheliche Wohnung und den Hausrat demjeni- **9** gen Ehegatten zur Benützung zuteilen, welchem sie den **grösseren Nutzen** bietet (BGE 114 II 18, 23; 119 II 193, 196). Zu berücksichtigen sind insb. die Interessen der unmündigen Kinder, Beruf, Alter und Gesundheit der Parteien, die finanziellen Möglichkeiten und die Zumutbarkeit, eine neue Wohnung zu finden (vgl. GLOOR U., 9 ff.). Die Eigentumsverhältnisse und die sachen- bzw. obligationenrechtlichen Berechtigungen sind unbeachtlich (BGE 120 II 1, 4). Nicht ausschlaggebend sind die finanziellen Aspekte; sie können jedoch dazu führen, dass eine Wohnung oder ein Haus von beiden Parteien aufgegeben werden muss (BGE 114 II 396, 401). Ausnahmsweise rechtfertigt es sich, eine Verfügungsbeschränkung (Art. 169) anzuordnen. Es kann auch eine vorsorgliche Massnahme hinsichtlich weiterer von den Ehegatten bewohnten Liegenschaften angeordnet werden (z.B. Ferienwohnung, BGE 119 II 193, 196).

c) Unterhalt der Ehegatten

Auch während des Scheidungsverfahrens gilt die **uneingeschränkte Unterhaltspflicht** **10** der Ehegatten (Art. 163). Die Bemessung des Unterhalts erfolgt wie im eheschutzrichterlichen Verfahren. Ein Verschulden am Scheitern der Ehe ist belanglos. Grundsätzlich haben beide Ehegatten Anspruch auf den gleichen Lebensstandard. Die Mehrkosten der Führung zweier Haushalte müssen beide Ehegatten tragen. Auszugehen ist vom gebührenden Unterhalt der Familie (Art. 163 Abs. 1). Massgebend sind der bisherige Lebensstandard und die Leistungsfähigkeit der Ehegatten. Ausgangspunkt bilden die aktuellen **Nettoeinkommen der Ehegatten** aus Erwerbstätigkeit und Vermögensertrag unter Einschluss von unechten Spesen, 13. Monatslohn, Gratifikation, Bonus etc. Sofern nach den konkreten Umständen möglich und zumutbar, ist auch ein hypothetisches Einkommen anzurechnen (BGE 119 II 314, 317; SPYCHER, 80 f.). Hinsichtlich der Vermögensverminderung wird auf die effektive Leistungsfähigkeit abgestellt, ausser wenn die Vermögensverminderung rückgängig gemacht werden kann (BGE 117 II 16, 17 f.). Ein Rückgriff auf (geerbtes) Vermögen für die Deckung des laufenden Unterhalts ist nur mit Zurückhaltung zumutbar, insb., wenn dieses nicht sehr gross ist und voraussichtlich während längerer Zeit durch vorsorgliche Massnahme festgesetzter Unterhalt zu leisten ist (vgl. GEISER, FamPra.ch 2001, 180). Die Zumutbarkeit einer Erwerbstätigkeit richtet sich nach Alter, Gesundheit, Aus- und Weiterbildung, beruflicher Erfahrung und Arbeitsmarktlage. Einem nicht berufstätigen Ehegatten ist nach längerer Ehedauer die Aufnahme einer Erwerbstätigkeit nicht leichthin zumutbar, insb., wenn das Einkommen des anderen Ehegatten auch die Mehrkosten für den zweiten Haushalt zu decken vermag. Gegebenenfalls ist ihm eine angemessene Frist zur Umstellung zu gewähren (BGE 114 II 13, 17). Das Bundesgericht hat in mehreren Entscheiden festgehalten, dass in Fällen, in welchen mit der Wiederaufnahme des gemeinsamen Haushalts nicht mehr ernsthaft zu rechnen ist, es sachgerecht erscheint, bei der Beurteilung des Unterhalts und insb. der Frage nach der Wiederaufnahme oder Ausdehnung der Erwerbstätigkeit die für den nachehelichen Unterhalt geltenden Kriterien mit einzubeziehen (BGE 5P. 352/2003, 5P. 189/2002, 5P. 418/2001 [www.bger.ch]; BGE 130 III 537, 542). Dem Einkommen sind die betreibungs- (gem. Art. 93 SchKG) bzw. familienrechtlichen **Existenzminima** (inkl. Steuern, Energiekosten, Versicherungsbeiträgen etc.) gegenüberzustellen (vgl. Art. 125 N 36; SPYCHER, 158 ff.; SUTTER/FREIBURGHAUS, N 36). Lebt ein Ehegatte in einer nichtehelichen Lebensgemeinschaft, so sind die allfällig geringeren Lebenshaltungskosten zu berücksichtigen bzw. kein Unterhaltsbeitrag festzusetzen, wenn die unterhaltsberechtigte Partei vollumfänglich vom neuen Lebenspartner unterstützt wird (BGE 118 II 225, 226 f.). Bei guten wirtschaftlichen Verhältnissen soll der bisherige Lebensstandard weitergeführt werden können (BGE 121 I 97, 100). Ein Überschuss ist grundsätzlich hälftig zu teilen (vgl. BGE 119 II 314, 318). Eine Abweichung kann sich bei Vorhandensein von Kindern oder bei grossem Überschuss rechtfertigen, da ansonsten der berechtigte Ehegatte Vermögen bilden könnte (vgl. SPYCHER, 168 ff.; BGE 114 II 26, 31 f.). Reichen die vorhandenen finanziellen Mittel zur Deckung der Existenzminima nicht aus, so darf in das Existenzminimum der pflichtigen Partei nicht eingegriffen werden. Dies wird damit begründet, dass der Arbeitswille des pflichtigen Ehegatten erhalten und ein übermässiger administrativer Aufwand (zwei Sozialfälle) verhindert werden soll (BGE 123 III 1, 4 ff.; 121 I 97, 100 ff.; 121 III 301, 303 f.; 114 II 13, 17; kritisch: SPYCHER, 177, m.Hw.; FamKomm Scheidung/LEUENBERGER, N 14a m.V. auf FamKomm Scheidung/VETTERLI, Art. 176 N 28).

Die **Sicherung des Unterhaltsanspruchs** i.S.v. Art. 177 f. ist möglich. Unterhaltsleistungen können **für die Zukunft und ein Jahr vor Einreichung** des Massnahmebegehrens zugesprochen werden (Art. 137 Abs. 2 letzter Satz). Für den Zeitraum vor der Rechtshängigkeit muss zunächst die Berechtigung zum Getrenntleben geprüft werden, wie dies der Eheschutzrichter tun müsste. Denn mangels Rechtshängigkeit des Scheidungsverfahrens ist materiell Eheschutzrecht (Art. 176 Abs. 1) anwendbar (vgl. auch SUTTER/FREIBURGHAUS, N 38). Ist vorgängig ein Eheschutzverfahren durchgeführt worden, so besteht ein positiver Kompetenzkonflikt. In diesem Fall umfasst die Rückwirkung die Zeit vor der Rechtshängigkeit nicht (BGE 129 III 60, 63 f.). Ungeklärt ist in diesem Zusammenhang die Frage, ob das Gericht auf Antrag einer Partei oder von Amtes wegen auch dann rückwirkend Unterhaltszahlungen festlegen oder ändern kann, wenn die Ehegatten diesbzgl. eine (schriftliche) Vereinbarung getroffen und allenfalls sogar eine rückwirkende Abänderung durch das Gericht vertraglich ausgeschlossen haben. Nach der hier vertretenen Auffassung ist in diesem Fall eine rückwirkende Abänderung zumindest dann unzulässig, wenn nicht Kinderunterhaltsbeiträge betroffen sind. Die Zusprechung vorsorglicher Unterhaltsbeiträge kann verweigert werden, wenn mit grosser Wahrscheinlichkeit auch im Endurteil kein Unterhaltsbeitrag nach Art. 125 zu erwarten ist (OGer ZH ZR 100 Nr. 4; vgl. auch SUTTER/FREIBURGHAUS, N 41, 45 f.) oder wenn die anspruchsberechtigte Partei die Auskunft über ihre wirtschaftlichen Verhältnisse verweigert (BGE 119 II 193, 196). Ergibt sich jedoch im Scheidungsurteil, dass kein nachehelicher Unterhalt geschuldet ist, so können die im Rahmen vorsorglicher Massnahmen zugesprochenen Unterhaltsbeiträge nicht zurückgefordert werden (AmtlBull StR 1996, 766; Botschaft Revision Scheidungsrecht, 137, Ziff. 234.4).

d) Sicherung der güterrechtlichen Auseinandersetzung

11 Diese Massnahmen dienen dem **Schutz des Vermögens** vor einem drohenden, nicht leicht wieder gutzumachenden Nachteil (BK-SPÜHLER/FREI-MAURER, aArt. 145 N 310).

Voraussetzung ist ein glaubhaft gemachter güterrechtlicher Anspruch und eine ernsthafte konkrete Gefährdung (vgl. auch BGE 118 II 378, 380 ff.). Anzuordnen ist die mildeste geeignete Massnahme (Verhältnismässigkeitsprinzip; vgl. BK-SPÜHLER/FREI-MAURER, aArt. 145 N 319).

Denkbar sind insb. die folgenden **Massnahmen:** Auskunftserteilung über die finanziellen   **12** Verhältnisse bzw. Vorlage von diesbzgl. Urkunden; Errichtung eines Inventars (Art. 195); Anordnung der Gütertrennung (Art. 185), sofern ein wichtiger Grund vorliegt; Nutzung und Verwaltung umstrittener Vermögenswerte; Beschränkung oder Entzug der Verfügungsmöglichkeit über das Vermögen oder Teile davon (vgl. BGE 119 II 193, 195 f.); Hinterlegung oder Beschlagnahme von Vermögenswerten; Kontosperren; Bestrafung gem. Art. 292 StGB.

e) Andere Massnahmen

Die Pflicht zur Leistung eines **Prozesskostenvorschusses** (bei Bedürftigkeit der antrag-   **13** stellenden Partei) kann als vorsorgliche Massnahme angeordnet werden (vgl. Art. 163), ebenso die Anweisung an den Schuldner (Art. 177), die Beschränkung oder der Entzug der Vertretungsbefugnis der ehelichen Gemeinschaft. Die Zustimmung eines Ehegatten zu einem Rechtsgeschäft kann durch gerichtliche Ermächtigung ersetzt werden (vgl. Art. 169; OGer ZH ZR 103 Nr. 28 [Barauszahlung der beruflichen Vorsorge gem. Art. 5 Abs. 3 FZG]). Darüber hinaus kann das Gericht weitere vorsorgliche Massnahmen anordnen, sofern sie sich als notwendig erweisen (N 4), wobei zumindest eine einschneidende Massnahme jedoch einer klaren gesetzlichen Grundlage bedarf.

3. Dauer und Abänderbarkeit

Frühester Zeitpunkt für den Erlass vorsorglicher Massnahmen ist der Eintritt der   **14** **Rechtshängigkeit** (vgl. N 4). Nach rechtskräftigem Abschluss des Verfahrens können keine neuen vorsorglichen Massnahmen angeordnet werden, ausser, wenn lediglich ein Teilurteil erfolgte und das Verfahren über die Scheidungsfolgen fortdauert (Botschaft Revision Scheidungsrecht, 137, Ziff. 234.4; vgl. auch BGE 120 II 1, 2 f.). Mit dem rechtskräftigen Abschluss des Verfahrens in der Hauptsache (durch Sach- oder Prozessentscheid) entfallen grundsätzlich alle vorsorglichen Massnahmen. Dies gilt sogar für Kindesschutzmassnahmen, ausser es ergebe sich etwas anderes aus dem Endurteil (SUTTER/FREIBURGHAUS, N 42 und 48). Ausnahmsweise kann im Endentscheid angeordnet werden, dass eine vorsorgliche Massnahme betr. vermögensrechtliche Scheidungsfolgen über den Zeitpunkt der Rechtskraft hinaus Gültigkeit hat, bis die berechtigte Partei die entsprechende Vollstreckungshandlung einleiten kann (BGE 78 II 302, 309). Kein Wegfall der angeordneten Massnahmen erfolgt, wenn im Rahmen von vorsorglichen Massnahmen ein eheschutzrichterlicher Entscheid abgeändert worden ist und das Scheidungsbegehren bzw. die -klage abgewiesen oder zurückgezogen wird. In einem solchen Fall entscheidet der Massnahmerichter gleichsam als Eheschutzrichter (**gl.A.** FamKomm Scheidung/LEUENBERGER, Art. 137 N 11a; FamKomm Scheidung/VETTERLI, Vorbem. zu Art. 175–179 N 22; **a.A.** OGer LU FamPra.ch 2005, 116 ff. m.V.). Ebenso bleibt eine als vorsorgliche Massnahme angeordnete Gütertrennung bestehen (vgl. SUTTER/FREIBURGHAUS, N 41).

Eine **Abänderung** ist jederzeit möglich, wenn sich die Verhältnisse dauernd und wesent-   **15** lich verändert haben oder wenn das Gericht bei Erlass der Massnahme wesentliche Tatsachen nicht gekannt oder wenn es die Verhältnisse unzutreffend gewürdigt hat. Entscheide betr. vorsorgliche Massnahmen, besitzen keine oder nur beschränkte materielle Rechtskraft (BK-BÜHLER/SPÜHLER, aArt. 145 N 437 ff.). Grundsätzlich entfaltet der Entscheid Wirkungen für die Zukunft, hinsichtlich der Unterhaltspflicht kann er auch (frühestens) auf die Einreichung des entsprechenden Abänderungsgesuchs zurückbezogen werden (vgl. BGE 111 II 103, 107 f.; BK-BÜHLER/SPÜHLER, aArt. 145 N 445).

IV. Verfahren

16 Das massgebliche Gerichtsstandsgesetz (GestG) enthält keine spezielle Zuständigkeitsbestimmung für vorsorgliche Massnahmen in eherechtlichen Verfahren. Die örtliche Zuständigkeit für solche richtet sich folglich nach Art. 33 GestG. Danach sind vorsorgliche Massnahmen vom **Gericht am Ort des Hauptprozesses oder am Ort der Vollstreckung der Massnahme** anzuordnen (vgl. NAEGELI, Art. 15 GestG N 22 f.; DIETRICH, Art. 33 GestG N 93 ff.). Die Zuständigkeit entsteht im Zeitpunkt des Eintritts der Rechtshängigkeit und im gleichen Moment entfällt jene des Eheschutzrichters (vgl. BGE 114 II 396, 401). Die sachliche und funktionale Zuständigkeit richtet sich nach kantonalem Recht (DIETRICH, Art. 33 GestG N 30); ebenso die Zuständigkeit zum Erlass vorsorglicher Massnahmen beim Weiterzug der Hauptsache (BK-BÜHLER/SPÜHLER, aArt. 145 N 401). Das entsprechende kantonale Gericht bleibt auch zuständig bei einer Beschwerde in Zivilsachen in der Hauptsache an das Bundesgericht im Sinne von Art. 72 ff. BGG, in Kraft ab 1.1.2007 (zum alten Recht: BGE 91 II 253, 255).

17 Das kantonale Recht bestimmt, ob vorsorgliche Massnahmen **von Amtes wegen oder nur auf Antrag einer Partei** angeordnet werden können. Lediglich hinsichtlich der Belange der Kinder gilt die uneingeschränkte Offizial- und Untersuchungsmaxime (vgl. SUTTER/FREIBURGHAUS, N 20, m.Hw.; FamKomm Scheidung/LEUENBERGER, N 57 f.).

18 Von Bundesrechts wegen gilt freie richterliche Beweiswürdigung (Art. 139 Abs. 1). Beim Ausmass des Beweises genügt Glaubhaftmachen (BGE 118 II 376, 377 f.), da die vorsorglichen Massnahmen im Rahmen eines **summarischen Verfahrens** ergehen. Es ist kontradiktorisch. Ohne Anhörung der Gegenpartei darf nur in Ausnahmefällen, bei grosser Dringlichkeit, entschieden werden.

19 Von der Ausfällung von **Teilentscheiden** in zusammengehörenden Regelungsbereichen ist grundsätzlich abzusehen, damit das Ziel einer raschen und unkomplizierten Gesamterledigung nicht gefährdet ist (vgl. OGer ZH ZR 100 Nr. 36).

20 Die **Rechtsmittel** gegen vorsorgliche Massnahmen richten sich nach kantonalem Recht. Teilweise ist ein ordentliches, teilweise nur ein ausserordentliches Rechtsmittel gegeben (zur Zeit in ZH). Ein letztinstanzlicher kantonaler Massnahmenentscheid kann mit Beschwerde in Zivilsachen in Anwendung von Art. 98 BGG an das Bundesgericht weitergezogen werden, sofern die Verletzung verfassungsmässiger Rechte gerügt wird. Zudem ist die Beschwerde nur zulässig, wenn der Entscheid einen nicht wieder gutzumachenden Nachteil bewirken konnte oder wenn die Gutheissung der Beschwerde sofort einen Endentscheid herbeiführen und damit einen bedeutenden Aufwand an Zeit oder Kosten für ein weitläufiges Beweisverfahren ersparen würde (Art. 93 Abs. 1 BGG; vgl. auch Botschaft BGG Ziff. 4.1.4.1. und 4.1.4.2.).

21 Die **Vollstreckung** rechtskräftiger Massnahmenentscheide erfolgt in der Schweiz mittels Schuldbetreibung (Geldleistungen) bzw. nach kantonalem Vollstreckungsrecht, im Ausland nach Massgabe der fraglichen internationalen Übereinkommen oder (multi- oder binationalen) Staatsverträge (vgl. SUTTER/FREIBURGHAUS, N 51 ff.).

Art. 138

D. Neue Anträge	[1] **In der oberen kantonalen Instanz können neue Tatsachen und Beweismittel vorgebracht werden; neue Rechtsbegehren müssen zugelassen werden, sofern sie durch neue Tatsachen oder Beweismittel veranlasst worden sind.**
	[2] **Die Scheidungsklage kann jederzeit in eine Trennungsklage umgewandelt werden.**
D. Conclusions nouvelles	[1] Des faits et moyens de preuve nouveaux peuvent être invoqués devant l'instance cantonale supérieure; des conclusions nouvelles sont admises pour autant qu'elles soient fondées sur des faits ou des moyens de preuve nouveaux.
	[2] Le demandeur peut en tout temps conclure à la séparation de corps en lieu et place du divorce.
D. Nuove conclusioni	[1] Fatti e mezzi di prova nuovi possono essere invocati davanti all'istanza cantonale superiore; sono ammesse nuove conclusioni, purché siano fondate su fatti o mezzi di prova nuovi.
	[2] L'azione di divorzio può essere tramutata in ogni tempo in azione di separazione.

Literatur

Vgl. die Literaturhinweise zu Art. 135.

Materialien

Bundesamt für Justiz, Hinweise und Anregungen für die Vorbereitung der kantonalen Einführungsbestimmungen zur Änderung des ZGB (exkl. Zivilstandswesen) vom 20. Juli 1998, N 24 ff. (zit. Hinweise und Anregungen).

I. Beschränkung der Eventualmaxime

Art. 138 beschränkt die Eventualmaxime (im zweitinstanzlichen Verfahren, vgl. N 5), **1** indem **Noven** zugelassen und **Klageänderungen** bzw. **Widerklagen** erleichtert werden. Nach Auffassung des Gesetzgebers ist die Eventualmaxime im Scheidungsprozess nicht am Platz, da es hier meist um Ansprüche von existenzieller Bedeutung für die Beteiligten gehe; es sei daher unerlässlich, möglichst den tatsächlichen Verhältnissen Rechnung zu tragen (Botschaft Revision Scheidungsrecht, 138; SUTTER/FREIBURGHAUS, Art. 138 N 6 f.; PERRIN, 23 ff.; kritisch: SPÜHLER/REETZ, 61; SPÜHLER/SCHÜTT, AJP 1999, 1543). Mit dieser Regelung wird im Übrigen das Prozessieren ohne anwaltliche Vertretung erleichtert.

II. Anwendungsbereich

Art. 138 gilt für Scheidungsprozesse; er muss aber auch auf **Abänderungs- und Ergän-** **2** **zungsklagen** anwendbar sein (SPÜHLER, Neues Scheidungsverfahren, 49; DERS., Supplement, 48). Gemäss Art. 117 Abs. 2 bzw. Art. 110 ist die Bestimmung im Weiteren auf **Trennungs-** bzw. **Eheungültigkeitsprozesse** anwendbar. Das Novenrecht gemäss Art. 138 bezieht sich nicht nur auf den Scheidungspunkt, sondern auch auf den **nachehe-** **lichen Unterhalt** und das **Güterrecht,** nicht aber auf die Kinderbelange; hier ergibt sich die Einschränkung des Eventualgrundsatzes aus Art. 133 und 145 (Offizialgrundsatz bzw. Untersuchungsgrundsatz; SUTTER/FREIBURGHAUS, Art. 138 N 9).

3　Art. 138 Abs. 1 betrifft nach seinem Zweck das Rechtsmittelverfahren in der Scheidung selber und ist **auf vorsorgliche Massnahmen nicht anwendbar** (vgl. SUTTER/FREIBURGHAUS, Art. 138 N 12). Es besteht bei vorsorglichen Massnahmen weniger ein Bedürfnis, Noven in einem Rechtsmittelverfahren zu berücksichtigen, da Massnahmen abgeändert werden können, wenn die Verhältnisse sich geändert haben. Die Kantone sind von Bundesrechts wegen auch nicht verpflichtet, ein ordentliches Rechtsmittel gegen erstinstanzliche Massnahmeentscheide vorzusehen (SUTTER/FREIBURGHAUS, Art. 137 N 49; FamKomm Scheidung-LEUENBERGER, Art. 137 N 59; **a.M.** SPÜHLER, Neues Scheidungsverfahren, 49, der sich für die Anwendung von Art. 138 Abs. 1 auf das Massnahmeverfahren ausspricht und der Meinung ist, die Kantone müssten für die Überprüfung von vorsorglichen Massnahmen ein ordentliches Rechtsmittel mit Novenrecht vorsehen; letztlich offen gelassen in BGE 5P. 466/2004 vom 7.3.2005 E. 6.4).

III. Novenrecht

1. Echte und unechte Noven

4　Neue Tatsachen und Beweismittel können nach Art. 138 vorgebracht werden, unabängig davon, ob es sich um **echte** oder **unechte Noven** handelt. Es kommt damit nicht darauf an, ob Tatsachen oder Beweismittel bereits vor Erlass des erstinstanzlichen Urteils existiert haben oder ob sie erst nachher entstanden sind. Somit können auch neue Tatsachen und Beweismittel vorgebracht werden, die **bereits vor der ersten Instanz hätten in den Prozess eingeführt werden können** (Botschaft Revision Scheidungsrecht, 138 f.; SUTTER/FREIBURGHAUS, Art. 138 N 15; FamKomm Scheidung/LEUENBERGER, Art. 138 N 6; SPÜHLER/REETZ, 60; DUCROT, 40; MICHELI et al., N 893).

2. Novenrecht für die zweite Instanz – nicht im Verfahren vor der ersten Instanz und vor Bundesgericht

5　Das Novenrecht gemäss Art. 138 gilt ausdrücklich für das Verfahren in der «oberen kantonalen Instanz». Weist das Bundesgericht eine Sache zur Vervollständigung des Sachverhaltes in bestimmten Punkten an die kantonale Instanz zurück, darf diese allerdings auch im Hinblick auf Art. 138 neue Tatsachen nur mit Bezug auf die betreffenden Punkte berücksichtigen (BGE 131 III 91 E. 5.2.2). Zum **erstinstanzlichen Verfahren** äussert sich Art. 138 nicht; es bleibt damit bei der kantonalen Regelung. Eine kantonale Eventualmaxime wird hier durch das Bundesrecht nicht eingeschränkt (SUTTER/FREIBURGHAUS, Art. 138 N 10). Es macht aber gleichwohl wenig Sinn, wenn im erstinstanzlichen kantonalen Verfahren nur zu Beginn Tatsachen und Beweisanträge vorgetragen werden können, später eingeführte Noven aber unberücksichtigt bleiben, obschon diese Noven im zweitinstanzlichen Verfahren beachtet werden müssen. Unter dem Gesichtspunkt von Art. 138 ist es daher sinnvoll, dass verschiedene Kantone, in deren Verfahren die erstinstanzliche Eventualmaxime ausgeprägt war, diese mit der Einführungsgesetzgebung gemildert haben (FREIBURGHAUS/LEUENBERGER/SUTTER, 396 ff.; SPÜHLER/REETZ, 61 f.; SPÜHLER, Neues Scheidungsverfahren, 48; FamKomm Scheidung/LEUENBERGER, Art. 138 N 4; SUTTER/FREIBURGHAUS, Art. 138 N 11; Hinweise und Anregungen, N 25). Keinen Einfluss hat Art. 138 hingegen auf das Berufungsverfahren vor **Bundesgericht:** Hier sind neue Tatsachenbehauptungen und Beweisanträge durch Art. 55 Abs. 1 lit. b und c OG (bzw. Art. 99 Abs. 1 BGG) ausgeschlossen (BGE 131 III 189 E. 2.4, publiziert in FamPra.ch 2005, 377 ff.; 129 III 481 E. 3.3).

3. Massgebender Zeitpunkt für die Geltendmachung von Noven

Das Bundesrecht sagt nicht, bis zu welchem Zeitpunkt neue Tatsachen und Beweismittel **6** im zweitinstanzlichen Verfahren vorgetragen werden können. Es ist Sache des kantonalen Rechts, dies zu regeln. Als Minimalvorschrift verlangt das Bundesrecht nur, dass in der oberen kantonalen Instanz mindestens einmal neue Tatsachen und Beweismittel zugelassen werden müssen. Dies bedeutet, dass Noven **wenigstens in der Berufung, der Berufungsanwort bzw. der Anschlussberufung** uneingeschränkt vorgetragen werden können (BGE 131 III 189 E. 2, publiziert in FamPra.ch 2005, 377 ff.; Botschaft Revision Scheidungsrecht, 139; SUTTER/FREIBURGHAUS, Art. 138 N 21; FamKomm Scheidung/ LEUENBERGER, Art. 138 N 6; SUTTER-SOMM, 227; SPÜHLER/REETZ, 60; MICHELI et al., N 893; DUCROT, 40). Nach diesem Zeitpunkt richtet sich die Zulässigkeit von Noven nach kantonalem Recht, das für Noven auch grosszügigere Regelungen enthalten kann (BGE 131 III 189 E. 2.2, publiziert in FamPra.ch 2005, 377 ff.; BGE 5C.308/2001 vom 22.1.2002, publiziert in FamPra.ch 2002, 386 ff.; AGVE 2001, 61 f.; REICHMUTH PFAMMATTER, 250 ff.). Aus Gründen der Parallelität von Berufungsanwort und Anschlussberufungsantwort sollten Noven zumindest aufgrund des kantonalen Rechts bis zur Anschlussberufungsantwort zugelassen werden (SPÜHLER, Neues Scheidungsverfahren, 48, vgl. auch Vorauflage Art. 136 N 6).

4. Kostenfolgen

Art. 138 gibt zwar das Recht, vor zweiter Instanz unechte Noven auch dann vorzutragen, **7** wenn sie bereits vor erster Instanz hätten in den Prozess eingeführt werden können. Eine Partei verursacht aber **unnötige Prozesskosten,** wenn sie in einem solchen Fall neue Tatsachen und Beweismittel erst vor der zweiten Instanz vorträgt. Das Bundesrecht schliesst nicht aus, dass eine solche Partei nach kantonalem Recht mit den entsprechenden Kosten belastet wird (Hinweise und Anregungen, N 26; SUTTER-SOMM, 5.21; SUTTER/FREIBURGHAUS, Art. 138 N 33 f.; FamKomm Scheidung/LEUENBERGER, Art. 138 N 5; SPÜHLER/SCHÜTT, AJP 1999, 1543; SPÜHLER, Supplement, 49).

IV. Neue Rechtsbegehren

1. Rechtsbegehren veranlasst durch neue Tatsachen oder Beweismittel

In der oberen Instanz müssen von Bundesrechts wegen neue Rechtsbegehren nur in be- **8** schränktem Umfang zugelassen werden, nämlich nur dann, wenn sie durch neue Tatsachen oder Beweismittel veranlasst worden sind (Botschaft Revision Scheidungsrecht, 139; SUTTER/FREIBURGHAUS, Art. 138 N 19). Neuen Rechtsbegehren, welche diese Voraussetzungen erfüllen, können zu einer **Klageänderung** oder zu einer **Widerklage** führen (HEGNAUER/BREITSCHMID, N 12.23; SUTTER/FREIBURGHAUS, Art. 116 N 28). Auch hier ist es Sache des kantonalen Prozessrechts festzulegen, bis zu welchem Zeitpunkt eine Klageänderung erfolgen darf (SPÜHLER/REETZ, 60 f.; SPÜHLER, Neues Scheidungsverfahren, 48). Die Befugnis, in der oberen Instanz neue Rechtsbegehren zu stellen, hindert die Kantone im Übrigen nicht, ein Rechtsmittel erst ab einem bestimmten Streitwert zuzulassen (SUTTER/FREIBURGHAUS, Art. 138 N 20).

2. Umwandlung der Scheidungs- in eine Trennungsklage

Betrifft die Klageänderung die Umwandlung einer Scheidungs- in eine Trennungsklage, **9** ist diese nach Art. 138 Abs. 2 unbeschränkt zulässig. Sie ist somit **in allen Verfahrensstadien** und **in allen Instanzen** möglich. Im Berufungsverfahren vor Bundesgericht geht Art. 138 Abs. 2 als spezielle Bestimmung Art. 55 Abs. 1 lit. b OG (bzw. Art. 99 Abs. 2

BGG) vor (SUTTER/FREIBURGHAUS, Art. 138 N 23 f.; SPÜHLER, Neues Scheidungsrecht, 48). Die Änderung einer Trennungs- in eine Scheidungsklage ist von Art. 138 Abs. 2 nicht erfasst (SUTTER/FREIBURGHAUS, Art. 138 N 30).

V. Ausblick auf die Schweizerische Zivilprozessordnung

10 Art. 138 ZGB soll aufgehoben werden. Nach Art. 215 VE können im erstinstanzlichen Verfahren Noven unbeschränkt bis zur Duplik vorgebracht werden. Im zweitinstanzlichen Verfahren (Art. 297 VE) sind (unechte) Noven dagegen nur noch zulässig, wenn sie trotz zumutbarer Sorgfalt nicht früher haben vorgebracht werden können. Erstinstanzlich soll das Novenrecht damit verhältnismässig grosszügig geregelt werden, was (gegenüber Art. 138 Abs. 1 ZGB) eine Einschränkung im zweitinstanzlichen Verfahren ermöglicht. Nach Art. 243 VE kann im Weiteren nicht nur die Scheidungsklage in eine Trennungsklage, sondern auch die Trennungsklage in eine Scheidungsklage umgewandelt werden.

Art. 139

E. Erforschung des Sachverhalts	[1] **Das Gericht würdigt die Beweise nach freier Überzeugung.** [2] **Es darf Tatsachen, die zur Begründung einer Klage auf Scheidung dienen, nur dann als erwiesen annehmen, wenn es sich von deren Vorhandensein überzeugt hat.** [3] **Wer bei einer Ehe- oder Familienberatung oder bei einer Stelle für Familienmediation für die Ehegatten tätig gewesen ist, kann weder Zeugnis ablegen noch Auskunftsperson sein.**
E. Etablissement des faits	[1] Le juge apprécie librement les preuves. [2] Il ne peut retenir comme établis les faits à l'appui d'une demande en divorce que s'il est convaincu de leur existence. [3] Les personnes qui sont intervenues auprès des conjoints en qualité de conseillers conjugaux ou familiaux ou de médiateurs en matière familiale n'ont pas qualité de témoins ou de personnes appelées à fournir des renseignements.
E. Accertamento dei fatti	[1] Il giudice valuta le prove secondo libero convincimento. [2] Può ritenere provate le circostanze allegate a sostegno di un'azione di divorzio solo quando sia convinto del loro fondamento. [3] Non possono essere sentiti come testimoni né come persone chiamate a fornire informazioni coloro che hanno operato in veste di consulenti in materia matrimoniale o familiare oppure in veste di mediatori in materia familiare.

Literatur

Vgl. die Literaturhinweise zu Art. 135.

Materialien

Bundesamt für Justiz, Hinweise und Anregungen für die Vorbereitung der kantonalen Einführungsbestimmungen zur Änderung des ZGB (exkl. Zivilstandswesen) vom 20. Juli 1998, N 28 (zit. Hinweise und Anregungen).

I. Anwendungsbereich

Art. 139 gilt nach dem Gesetzeswortlaut für **Scheidungsprozesse;** er muss aber auch für 1
Abänderungs- und **Ergänzungsklagen** gelten (SPÜHLER, Neues Scheidungsverfahren,
49; DERS., Supplement, 48). Gemäss Art. 117 Abs. 2 bzw. Art. 110 ist die Bestimmung
auch auf **Trennungs-** bzw. **Eheungültigkeitsprozesse** anwendbar. Für Kinderbelange
gelten Art. 133 (Offizialgrundsatz) und Art. 145 (Untersuchungsgrundsatz).

Nach den Ausführungen in der Botschaft Revision Scheidungsrecht enthält Art. 139 Vor- 2
schriften über die Ermittlung des Sachverhalts in streitigen Scheidungsverfahren; auf **die
Scheidung auf gemeinsames Begehren** seien diese Bestimmungen nicht anwendbar
(Botschaft Revision Scheidungsrecht, 139). Es trifft zwar zu, dass Art. 139 primär auf die
streitigen Scheidungsverfahren zugeschnitten ist, doch haben der Untersuchungsgrundsatz und die freie Beweiswürdigung auch bei der Scheidung auf gemeinsames Begehren
(Art. 111 und 112) ihre Bedeutung. Das Gericht hat sich nämlich von Amtes wegen davon zu überzeugen, dass das Scheidungsbegehren und die Vereinbarung auf freiem Willen beruhen (SPÜHLER, Neues Scheidungsverfahren, 33 f.; SPÜHLER/SCHÜTT, AJP 1999,
1544; **a.M.** SUTTER/FREIBURGHAUS, Art. 139 N 7 f.; FamKomm Scheidung/LEUEN-
BERGER, Art. 139 N 2a/b).

II. Freie Beweiswürdigung

1. Geltung für den ganzen Scheidungsprozess

Der Grundsatz der freien Beweiswürdigung gilt (im Gegensatz zum Untersuchungs- 3
grundsatz, vgl. N 10 ff.) für **alle Fragen,** die im Scheidungsverfahren zu beurteilen sind
(BK-BÜHLER/SPÜHLER, Art. 158 N 99; BSK-LÜCHINGER/GEISER [1. Aufl.], Art. 158 N 14).
Er wurde aus dem **bisherigen Recht** (aArt. 158 Ziff. 4) übernommen (BK-BÜHLER/
SPÜHLER, Art. 158 N 96 ff.; BSK-LÜCHINGER/GEISER [1. Aufl.], Art. 158 N 13 ff.).

Art. 139 Abs. 1 hat keinen Einfluss auf die **Beweislastverteilung** (die sich auch hier 4
nach Art. 8 ZGB richtet) sowie auf das **Beweismass.** Die **antizipierte Beweiswürdigung**
wird von Art. 139 nicht ausgeschlossen (BGE 5C.70/2003 vom 2. Juni 2003 E. 6, publiziert in FamPra.ch 2003, 905 ff.; SUTTER/FREIBURGHAUS, Art. 139 N 12; BK-
BÜHLER/SPÜHLER, Art. 158 N 83; BSK-LÜCHINGER/GEISER [1. Aufl.], Art. 158 N 16;
vgl. aber zu den Grenzen der antizipierten Beweiswürdigung: BGE 121 I 309 E. 1b; 115
II 305; 114 II 291; 109 II 31). Für die Art der Beweisabnahme ist kantonales Recht
massgebend.

2. Frei gebildete Überzeugung ohne Bindung an Beweisregeln

Das Gericht hat nach seiner **frei gebildeten Überzeugung** zu befinden, ob der Beweis 5
für eine bestimmte Tatsache erbracht worden ist oder nicht. Das Gericht kann auch **Indizien,** das **Verhalten der Parteien im Prozess** und die allgemeine **Lebenserfahrung** in
die Beweiswürdigung einbeziehen (SUTTER/FREIBURGHAUS, Art. 139 N 5 ff.; SPÜHLER,
Neues Scheidungsverfahren, 34; VOGEL/SPÜHLER, ZPR Kap. 10 N 68; LEUENBERGER
CH./UFFER-TOBLER, Art. 101 N 1 ff.; BK-BÜHLER/SPÜHLER, Art. 158 N 98). Das Ergebnis der Beweiswürdigung ist, nicht zuletzt im Hinblick auf die Überprüfung im Rechtsmittelverfahren, zu **begründen** (SUTTER/FREIBURGHAUS, Art. 139 N 5; LEUENBERGER
CH./UFFER-TOBLER, Art. 101 N 1d; BK-BÜHLER/SPÜHLER, Art. 158 N 89, 100; BSK-
LÜCHINGER/GEISER [1. Aufl.], Art. 158 N 13).

Das Gericht ist im Scheidungsverfahren nicht an **Beweisregeln des kantonalen Zivil-** 6
prozessrechts gebunden. Mit dem Grundsatz der freien Beweiswürdigung nicht verein-

bar sind kantonale Regeln, welche die Beweiskraft bestimmter Beweismittel generell festlegen, indem sie z.B. einem Parteieid oder einem Gelöbnis volle Beweiskraft zuerkennen (BSK-LÜCHINGER/GEISER [1. Aufl.], Art. 158 N 17; FRANK/STRÄULI/MESSMER, Ergänzungsband, vor § 195a N 158). Solche Regeln würden es dem Gericht verunmöglichen, die Beweiskraft eines Beweismittels im Einzelfall aufgrund der konkreten Umstände zu beurteilen. Problematisch sind Regeln, welche die Unbeachtlichkeit der Aussage zu eigenen Gunsten vorschreiben (z.B. § 149 Abs. 3 ZPO ZH betreffend die persönliche Befragung) oder nur *eine* Partei zur Beweisaussage zulassen (§ 150 Abs. 1 ZPO ZH). Auch solche Regeln nehmen dem Gericht die Möglichkeit, seine Überzeugung frei zu bilden (SUTTER/FREIBURGHAUS, Art. 139 N 10; BSK-LÜCHINGER/GEISER [1. Aufl.], Art. 158 N 17; zur Parteiaussage als volles Beweismittel vgl. LEUENBERGER CH./UFFER-TOBLER, Art. 120 N 1 ff.; **a.M.** BK-BÜHLER/SPÜHLER, Art. 158 N 98 und FRANK/STRÄULI/MESSMER, § 149 N 3, welche einschränkende kantonale Regelungen für bundesrechtskonform halten).

7   Kantonale Beweisregeln, welche **generelle Altersgrenzen für Zeugen** vorsehen, gelten aus dem gleichen Grund als bundesrechtswidrig (FamKomm Scheidung/LEUENBERGER, Art. 139 N 4a; HINDERLING/STECK, 510 Anm. 24; BK-BÜHLER/SPÜHLER, Art. 158 N 105 f.; BSK-LÜCHINGER/GEISER [1. Aufl.], Art. 158 N 15; SPÜHLER/REETZ, 63; BGE 77 II 23 E. 2; vgl. aber den anders lautenden unveröffentlichten Bundesgerichtsentscheid vom 30.10.1970 i.S. Gl. c. Gl. [zitiert bei BSK-LÜCHINGER/GEISER und HINDERLING/STECK]; **a.M.** SUTTER/FREIBURGHAUS, Art. 139 N 11; SUTTER-SOMM, N 5.07). Zulässig muss es aber sein, das Interesse an der Wahrheitsfindung und das Kindeswohl gegeneinander abzuwägen und im konkreten Fall auf eine Einvernahme des Kindes zu verzichten (SPÜHLER/REETZ, 63).

3. Keine Verwertungsfreiheit

8   Art. 139 Abs. 1 verlangt nicht, dass jedes erdenkliche Mittel zur Aufklärung des Sachverhalts von Bundesrechts wegen zugelassen werden muss. Das kantonale Recht bestimmt, welche Beweismittel zulässig sind (Botschaft Revision Scheidungsrecht, 139; SUTTER/FREIBURGHAUS, Art. 139 N 11; BK-BÜHLER/SPÜHLER, Art. 158 N 102; SPÜHLER/REETZ, 63). Art. 139 Abs. 1 schreibt damit nur die **Würdigungsfreiheit,** nicht aber die **Verwertungsfreiheit** vor (vgl. zu diesem Begriffspaar: BÜHLER, 74 ff.). Obwohl Art. 139 Abs. 1 gleich formuliert ist wie Art. 145 betreffend die Kinderbelange, ist der so genannte **Freibeweis** (d.h. die Verwendung von Erkenntnisquellen ausserhalb des kantonalen Beweismittelsystems wie unangemeldete Augenscheine oder informelle Auskünfte) nur bei Kinderbelangen, nicht aber im übrigen Scheidungsverfahren anwendbar. Art. 145 Abs. 1 enthält im Gegensatz zu Art. 139 Abs. 1 eine Verwertungsfreiheit im Sinne des Freibeweises, da in Kinderbelangen der Offizialgrundsatz gilt. Gestützt darauf hat die bundesgerichtliche Rechtsprechung hier die freie Beweiswürdigung entsprechend ausgeweitet (SPÜHLER/REETZ, 63 f.; SUTTER/FREIBURGHAUS, Art. 139 N 6 und 145 N 16; SUTTER-SOMM, N 5.09; MEIER/SCHNELLER, 49; BÜHLER, 76 f.; BGE 122 I 53 ff.; VOGEL, Freibeweis, 609 ff.).

4. Widerrechtlich erlangte Beweismittel

9   Ob **widerrechtlich erlangte Beweismittel** im Scheidungsverfahren berücksichtigt werden dürfen, ist umstritten. Es gilt als mit dem Grundsatz der freien Beweiswürdigung vereinbar, wenn im Einzelfall die Berücksichtigung eines solchen Beweismittels von einer **Interessenabwägung** (zwischen dem Interesse an der Wahrheitsfindung und dem Schutz der Geheimhaltungsinteressen bzw. der Respektierung von straf- und zivilrecht-

lichen Verboten) abhängig gemacht wird (BSK-LÜCHINGER/GEISER [1. Aufl.], Art. 158 N 15; BK-BÜHLER/SPÜHLER sowie Ergänzungsband, Art. 158 je N 115; HINDERLING/ STECK, 560, FN 2; LEUENBERGER CH./UFFER-TOBLER, Art. 97 N 2 betreffend eine etwas strengere kantonale Regelung).

III. Untersuchungsgrundsatz

1. Für scheidungsbegründende Tatsachen

Nach Art. 139 Abs. 2 gilt von Bundesrechts wegen der Untersuchungsgrundsatz für Tatsachen, **die zur Begründung der Klage auf Scheidung** dienen (vgl. aber N 19 zu weiter gehenden kantonalen Regelungen). Die Wahrheitsfindung soll weder durch ein nachlässiges Prozessieren noch durch einen übereinstimmenden Umgehungswillen der Parteien beeinträchtigt werden (VOGEL/SPÜHLER, ZPR, Kap. 12 N 72). Das Gericht hat sich daher von Amtes wegen davon zu überzeugen, dass die Parteien im Sinne von Art. 114 mindestens zwei Jahre getrennt gelebt haben. Im Rahmen von Art. 115 ist von Amtes wegen zu überprüfen, ob die Fortsetzung der Ehe dem klagenden Ehegatten aus schwerwiegenden Gründen nicht zugemutet werden kann und ob diese Gründe ihm nicht zuzurechnen sind.   **10**

Das Gericht hat daher über scheidungsbegründende Tatsachen auch dann Beweis abzunehmen, wenn sie von der Gegenpartei nicht bestritten oder anerkannt worden sind oder wenn es wegen Säumnis der beklagten Partei an einer Stellungnahme fehlt (N 16). Das Zugeständnis einer scheidungsbegründenden Tatsache kann aber immerhin im Rahmen der freien Beweiswürdigung berücksichtigt werden. Keines Beweises bedürfen nicht bestrittene oder zugestandene Tatsachen, wenn sie der Scheidung entgegenstehen (SUTTER/ FREIBURGHAUS, Art. 139 N 13; SPÜHLER/REETZ, 64). Art. 139 Abs. 2 schreibt damit einen **beschränkten Untersuchungsgrundsatz** vor. Gegenüber aArt. 158 Ziff. 1 hat sich in dieser Beziehung nichts geändert (VOGEL/SPÜHLER, ZPR, Kap. 6 N 58; HOHL, N 137 f.; DUCROT, 38; SPÜHLER, Verfahren 146; BK-BÜHLER/SPÜHLER, Art. 158 N 71 ff.; BSK-LÜCHINGER/GEISER [1. Aufl.], Art. 158 N 4).   **11**

Nicht unter den Untersuchungsgrundsatz von Art. 139 Abs. 2 fallen die Scheidungsfolgen (BGE 5C.70/2003 vom 2. Juni 2003 E. 6, publiziert in FamPra.ch 2003, 905 ff.). Für die Beurteilung **der vermögensrechtlichen Folgen** gilt das kantonale Recht (N 19). Für die **Kinderbelange** ist der Untersuchungsgrundsatz gemäss Art. 145 anwendbar (FamKomm Scheidung/LEUENBERGER, Art. 139 N 13; DUCROT, 38).   **12**

2. Überprüfung behaupteter Tatsachen

Art. 139 Abs. 2 verlangt nur, dass die geltend gemachten, d.h. **substantiiert behaupteten scheidungsbegründenden Tatsachen** überprüft werden. Das Gericht ist von Bundesrechts wegen nicht verpflichtet, über die Behauptungen und Beweisanträge hinaus Prozessstoff zu sammeln. Es hat daher weder nach scheidungsbegründenden noch nach scheidungshindernden Tatsachen zu forschen, wenn diese Tatsachen nicht geltend gemacht worden sind. Scheidungshindernde Tatsachen dürfen aber berücksichtigt werden, wenn sie sich – obschon nicht ausdrücklich behauptet – aus den Akten ergeben. Solche Tatsachen können nämlich bewirken, dass im Gericht Zweifel über den Beweis der scheidungsbegründenden Tatsachen entstehen (BK-BÜHLER/SPÜHLER, Art. 158 N 48, 76, 83 ff. mit weiteren Hinweisen auf Autoren, nach denen das Gericht auch nach scheidungshindernden Tatsachen forschen muss, N 87; SUTTER/FREIBURGHAUS, Art. 139 N 13; BSK-LÜCHINGER/GEISER [1. Aufl.], Art. 158 N 5).   **13**

3. Abgeleitete Grundsätze

a) Kontradiktorisches Verfahren

14 Aus Art. 158 Abs. 1 des früheren Scheidungsrechts war der Grundsatz abgeleitet worden, dass das Scheidungsverfahren kontradiktorisch sein müsse (BK-BÜHLER/SPÜHLER, Art. 158 N 116 ff.; BSK-LÜCHINGER/GEISER [1. Aufl.], Art. 158 N 7). Nur auf diese Weise (und bei Anhörung der Parteien, vgl. N 15) könne im Sinne des Untersuchungsgrundsatzes der Sachverhalt abgeklärt werden. Der Grundsatz des kontradiktorischen Verfahrens galt nicht nur für den Scheidungspunkt, sondern auch für die Nebenfolgen. Unter dem jetzigen Recht muss dieser Grundsatz immer noch für die Scheidungsklagen sowie den Entscheid über die Scheidungsfolgen bei Teileinigung gelten (vgl. auch FamKomm Scheidung/LEUENBERGER, Art. 139 N 14). Der beklagten Partei, die sich darauf beschränkt hat, die Abweisung der Scheidungsklage zu beantragen, ist vor der Aussprechung der Scheidung Gelegenheit zu geben, Anträge hinsichtlich der Nebenfolgen zu stellen (BK-BÜHLER/SPÜHLER, zu Art. 158 N 117; BSK-LÜCHINGER/GEISER [1. Aufl.], Art. 158 N 7; BGE 102 II 153, 95 II 67 f. E. b). Für die Scheidung auf gemeinsames Begehren ist mit der getrennten und gemeinsamen Anhörung (Art. 111 Abs. 1) eine besondere Form des Verfahrens festgelegt worden (zit.: VETTERLI, FamPra.ch 2001, 59 ff.).

b) Anhörung der Parteien

15 Ein wesentlicher Bestandteil des Untersuchungsgrundsatzes stellt die persönliche Befragung der Parteien dar. Im früheren Scheidungsrecht wurde dieser Grundsatz ebenfalls aus aArt. 158 Ziff. 1 abgeleitet (BK-BÜHLER/SPÜHLER, sowie Ergänzungsband, Art. 158 je N 121 ff. mit weiteren Hinweisen; BSK-LÜCHINGER/GEISER [1. Aufl.], Art. 158 N 7). Im jetzigen Recht ist die persönliche Befragung nur bei der Scheidung auf gemeinsames Begehren (Art. 111 Abs. 1 und 3) und bei der Teileinigung (Art. 112 Abs. 2) ausdrücklich vorgeschrieben. Sie muss aber nach dem Untersuchungsgrundsatz auch bei den Scheidungsklagen gelten (SPÜHLER, Neues Scheidungsverfahren, 35; MEIER/SCHNELLER, 50). Aus diesem Grund sind kantonale Vorschriften, welche die Einvernahme der Parteien beschränken oder von bestimmten Voraussetzungen abhängig machen, bundesrechtswidrig (zur Frage der Parteiaussage vgl. N 6).

c) Säumnisfolgen

16 Bei **Säumnis** der beklagten Partei setzt der Untersuchungsgrundsatz nach Art. 139 Abs. 2 dem kantonalen Säumnisverfahren gewisse Grenzen. So müssen bei unbekanntem Wohnsitz dieser Partei hinreichende Nachforschungen angestellt werden, bevor die Vorladung veröffentlicht bzw. in Abwesenheit verhandelt wird. Über scheidungsbegründende Tatsachen (N 11) muss Beweis geführt werden, auch wenn die beklagte Partei diese zufolge Säumnis nicht bestreitet (vgl. im Weiteren BK-BÜHLER/SPÜHLER, Art. 158 N 127 ff. und BSK-LÜCHINGER/GEISER [1. Aufl.], Art. 158 N 8).

4. Anwendung bei ausdrücklicher Zustimmung zur Scheidungsklage oder bei Widerklage?

17 Bei ausdrücklicher Zustimmung zur Scheidungsklage oder bei Widerklage sind nach Art. 116 die Bestimmungen über die Scheidung auf gemeinsames Begehren sinngemäss anwendbar. **Stimmt die beklagte Partei einer Klage** gestützt auf Art. 114 oder 115 im Scheidungspunkt ausdrücklich **zu,** sind sich die Parteien im Scheidungspunkt einig. Scheidungsgrundlage ist somit nicht mehr Art. 114 oder 115; es liegt vielmehr sinngemäss eine Scheidung auf gemeinsames Begehren vor (in der Regel eine Teileinigung nach Art. 112). Die Scheidungsgründe nach Art. 114 oder 115 sind damit nicht mehr zu prüfen, womit der Untersuchungsgrundsatz nach Art. 139 Abs. 2 nur noch bezüglich der Willenseinigung Anwendung findet (N 2).

Wird auf eine Scheidungsklage nach Art. 114 oder 115 mit einer **Widerklage** geantwor- **18** tet, ist die Rechtslage umstritten (KELLERHALS/SPYCHER, Einführungsverordnung, 42). Zum Teil wird argumentiert, in einem solchen Fall sei der klägerische Scheidungs- anspruch bestritten; es müssten daher die Scheidungsansprüche der klägerischen und der beklagten Partei geprüft werden. Damit behalte der Untersuchungsgrundsatz von Art. 139 Abs. 2 trotz der sinngemässen Anwendung der Bestimmungen über die Schei- dung auf gemeinsames Begehren seine Bedeutung (SUTTER/FREIBURGHAUS, Art. 116 N 8 ff.; SUTTER-SOMM, N 5.15 und Anmerkung 25; SPÜHLER, Neues Scheidungsverfah- ren, 33; SPÜHLER, Verfahren, 147). Gegen diese Auffassung spricht der klare Wortlaut von Art. 139 Abs. 2, der nicht zwischen Zustimmung zur Klage und Widerklage unter- scheidet, sowie der Grundgedanke von Art. 116, der zum Ausdruck bringt, dass kein Ehegatte das Recht hat, einen Prozess um die Zerrüttungsursache zu führen, wenn beide Parteien die Ehe auflösen wollen (REUSSER, N 1.89). Folgt man dieser Auffassung, sind auch im Fall einer Widerklage die Scheidungsgründe nicht zu prüfen, weshalb der Un- tersuchungsgrundsatz von Art. 139 Abs. 2 in dieser Beziehung nicht zur Anwendung kommt (REUSSER, N 1.89; MEIER/SCHNELLER, 48; FamKomm Scheidung/LEUENBERGER, Art. 139 N 12a). Der Untersuchungsgrundsatz kommt höchstens dann zum Tragen, wenn die Klage oder die Widerklage zurückgezogen wird und das Verfahren somit wieder strei- tig wird (Art. 136 N 11).

5. Kantonales Verfahren

Das **kantonale Recht** kann den Scheidungsprozess **vollständig dem Untersuchungs-** **19** **grundsatz** unterstellen und diesen auch auf den Ehegattenunterhalt und die güterrecht- liche Auseinandersetzung ausdehnen. Es hat dabei die Möglichkeit, den Untersuchungs- grundsatz generell für den Scheidungspunkt vorzuschreiben, so dass das Gericht auch nach nicht geltend gemachten scheidungsbegründenden und scheidungshindernden Tatsachen forschen muss (BK-BÜHLER/SPÜHLER, zu Art. 158 N 45 ff., 72, 78; BSK- LÜCHINGER/GEISER [1. Aufl.], Art. 158 N 3). Es kann auch ein Untersuchungsverfahren vorsehen, das kleinere Anforderungen an die Behauptungs- und Substantiierungslast (N 13) stellt (z.B. Art. 184 ff. ZPO SG betreffend den «Instruktionsprozess»).

IV. Beweiserhebungsverbot

Nach Art. 139 Abs. 3 können Personen, die bei einer **Ehe- oder Familienberatung** oder **20** bei einer Stelle für **Familienmediation** für die Ehegatten tätig gewesen sind, weder Zeugnis ablegen noch Auskunftsperson sein. Unter diese Regel muss auch eine Per- son fallen, die nur *einen* Ehegatten beraten hat, denn es kann vorkommen, dass es zufol- ge Einleitung des Scheidungsprozesses gar nicht mehr zu einer Beratung des anderen Ehegatten kommt (SPÜHLER, Neues Scheidungsverfahren, 35; FamKomm Scheidung/ LEUENBERGER, Art. 139 N 7a; PERRIN, 28; **a.M.** SUTTER/FREIBURGHAUS, Art. 139 N 18). Nach der Botschaft Revision Scheidungsrecht hat die Bestimmung den Zweck, sowohl die Parteien als auch die beratenden Personen zu schützen. Die Parteien sollen sich in der Beratung oder Mediation äussern können (z.B. über eigene Fehler), ohne zu befürchten, dass ihre Äusserungen nachher im Gerichtssaal in der Zeugenaussage der beratenden Person zur Sprache kommen. Die beratenden Personen ihrerseits sollen nicht befürchten müssen, vor Gericht befragt zu werden, weil dadurch eine sachgerechte Beratung gefähr- det würde (Botschaft Revision Scheidungsrecht, 140).

21 Die genannten Personen sind **zwingend** vom Zeugnis ausgeschlossen. Es handelt sich um ein **Beweiserhebungsverbot** und nicht nur um ein Beweisverwertungsverbot (SUT-TER/FREIBURGHAUS, Art. 139 N 16; SPÜHLER/REETZ, 65; kritisch in Bezug auf die Verfassungsmässigkeit dieses Beweiserhebungsverbots: KOFMEL EHRENZELLER, 155). Unter das Beweiserhebungsverbot fallen auch die Hilfspersonen der Ehe- oder Familienberater sowie der Mediatoren (Botschaft Revision Scheidungsrecht, 140). Das Verbot kann auch nicht durch eine schriftliche Stellungnahme umgangen werden (FamKomm Scheidung/LEUENBERGER, Art. 139 N 11). Nicht unter das Beweiserhebungsverbot fallen Kinderpsychologen, die im Interesse des Kindes tätig geworden sind (SPÜHLER/SCHÜTT, AJP 1999, 1544).

22 Ob die beratende Person im Einzelfall im Sinne einer Ehe- oder Familienberatung tätig gewesen war, ist aufgrund der Auslegung von Art. 171 zu beurteilen. Ob eine Mediation vorliegt, ist nach dem anerkannten **Fachbegriff der Mediation** zu entscheiden (SUT-TER/FREIBURGHAUS, Art. 139 N 17; FRANK/STRÄULI/MESSMER, Ergänzungsband, vor § 195a N 172 f.; vgl. auch die Ausführungen zur Mediation in der Botschaft Revision Scheidungsrecht, 151 ff. sowie in FamKomm Scheidung/LIATOWITSCH, Anh. M N 1 ff., insb. 27 ff.).

V. Ausblick auf die Schweizerische Zivilprozessordnung

23 Art. 139 ZGB soll aufgehoben werden. Die freie Beweiswürdigung gilt nach Art. 150 VE allgemein. Der bisher vorgeschriebene Untersuchungsgrundsatz wird in Art. 244 Abs. 1 VE übernommen. Das Beweiserhebungsverbot betreffend Personen der Ehe- oder Familienberatung soll nach Art. 244 Abs. 2 VE weitergelten. Den Personen, die bei einer Familienmediation tätig gewesen sind, soll – wie Mediatoren und Mediatorinnen im Allgemeinen – nach Art. 157 lit. c VE ein Recht auf Verweigerung der Mitwirkung zukommen.

Art. 140

F. Genehmigung der Vereinbarung	**[1] Die Vereinbarung über die Scheidungsfolgen ist erst rechtsgültig, wenn das Gericht sie genehmigt hat. Sie ist in das Urteilsdispositiv aufzunehmen.** **[2] Das Gericht spricht die Genehmigung aus, wenn es sich davon überzeugt hat, dass die Ehegatten aus freiem Willen und nach reiflicher Überlegung die Vereinbarung geschlossen haben und diese klar, vollständig und nicht offensichtlich unangemessen ist.**
F. Ratification de la convention	[1] La convention sur les effets du divorce n'est valable qu'une fois ratifiée par le juge. Elle figure dans le dispositif du jugement. [2] Avant de ratifier la convention, le juge s'assure que les époux l'ont conclue après mûre réflexion et de leur plein gré, qu'elle est claire et complète et qu'elle n'est pas manifestement inéquitable.
F. Omologazione della convenzione	[1] La convenzione sugli effetti del divorzio è giuridicamente valida soltanto se omologata dal giudice. Essa deve figurare nel dispositivo della sentenza. [2] Prima di omologare la convenzione, il giudice si assicura che i coniugi l'abbiano conclusa di loro libera volontà e dopo matura riflessione e che la medesima sia chiara, completa e non manifestamente inadeguata.

Literatur

BRÄM, Die Scheidung auf gemeinsames Begehren, die Wechsel der Verfahren (Art. 111–113, 116 ZGB) und die Anfechtung der Scheidung auf gemeinsames Begehren (Art. 149 ZGB), AJP 1999, 1511 ff.; BREITSCHMID, Scheidungsplanung? Fragen um Scheidungskonventionen auf Vorrat, AJP 1999, 1606; BÜCHLER, Das Scheidungsverfahren in rechtsvergleichender Sicht, in: Vetterli (Hrsg.), Auf dem Weg zum Familiengericht, Bern 2004, 19 ff.; COURVOISIER, Voreheliche und eheliche Scheidungsvereinbarungen – Zulässigkeit und Gültigkeitsvoraussetzungen, Basel 2002; DÖRIG, Nachverfahren im zürcherischen Ehescheidungsprozess, Diss. Zürich 1987; DIETRICH/HEIERLI, Aushandeln und Kontrolle von Scheidungsvereinbarungen, in: Erste Schweizer Familienrecht§Tage 3./4.5.2002: Ergebnisse aus den Arbeitskreisen, FamPra.ch 2002, 730 ff.; FANKENHAUSER, Die einverständliche Scheidung nach dem neuen Scheidungsrecht, Diss. Basel 1999 (zit. Einverständliche Scheidung); DERS., Ausarbeitung und Besonderheiten von Scheidungskonventionen, FamPra.ch 2004, 287 ff.; GEISER, Bedürfen Eheverträge der gerichtlichen Genehmigung, in: Geiser/Koller/Reusser/Wiegand/Walter (Hrsg.), Privatrecht im Spannungsfeld zwischen gesellschaftlichem Wandel und ethischer Verantwortung, FS zum 65. Geburtstag von Heinz Hausheer, Bern 2002, 217 ff.; HARTMANN, Die Scheidungskonvention nach schweizerischem Privatrecht, Diss. Zürich 1945; HAUSHEER/GEISER/KOBEL, Das Eherecht des Schweizerischen Zivilgesetzbuches, Bern 2000; MEIER/SCHNELLER, Scheidungsverfahren nach revidiertem Recht, Zürich 1999; OTT, Gibt es eine Parteidisposition über die Scheidungsnormen?, in: Forstmoser/Schluep (Hrsg.), Freiheit und Verantwortung im Recht, FS zum 60. Geburtstag von Arthur Meier-Hayoz, Bern 1982, 281 ff.; ROHNER/POZAR, Der Widerruf im Scheidungsverfahren (Art. 111 ZGB) nach eingereichter Bestätigungserklärung, AJP 2002, 989 ff.; SCHWENZER, Vertragsfreiheit im Ehevermögens- und Scheidungsfolgenrecht, AcP 196 (1996) 88 ff.; DIES., Richterliche Kontrolle von Unterhaltsvereinbarungen zwischen Ehegatten, ZEuP 1997, 863 ff.; DIES., Richterliche Kontrolle von Unterhaltsvereinbarungen im Scheidungsverfahren, AJP 1996, 1156 ff.; DIES., Grenzen der Vertragsfreiheit in Scheidungskonventionen und Eheverträgen, FamPra.ch 2005, 1 ff.; SPÜHLER, Neues Scheidungsverfahren, Zürich 1999; DERS., Neues Scheidungsverfahren – Supplement, Zürich 2000; STAEHELIN, Rechtsnatur und Anfechtung der Scheidungskonvention, in: FS Hinderling, Basel/Stuttgart 1976, 281 ff.; STECK, Gedanken zur Rechtsnatur der Scheidungskonvention im neuen Scheidungsrecht, in: Donatsch/Fingerhuth/Lieber/Rehberg/Walder-Richli (Hrsg.), FS 125 Jahre Kassationsgericht des Kantons Zürich, Zürich 2002, 553 ff.; DERS., Die Praxisentwicklung zu den Scheidungsgründen, FamPra.ch 2004, 206 ff.

Materialien

SUTTER/FREIBURGHAUS, Kommentar zum neuen Scheidungsrecht, Zürich 1999, betreffend: Protokoll Expertenkommission: 743–745, 865–874, 876–890, 1149 f., 1154–1156, 1160–1175, 1371 f., 3075–3080, 3153, 3319 f., 3384–3387, 3670, 3678, 3682, 3782–3784, 3870, 3880, 3898; Art. 146 VE, Bericht VE 79; Vernehmlassungen, 576 ff.; Protokoll Arbeitsgruppe des Departements: 194 f., 522 f., 566; Botschaft Revision Scheidungsrecht, 140 f. Ziff. 234.7, 211; Rechtskommission Ständerat: Protokolle der Sitzungen vom 28./29.3.1996, 47, 15.8.1996, 20; Rechtskommission Nationalrat: Protokoll der Sitzungen vom 30.6./1.7.1997, 40 ff.; 20./21.10.1997, 46 f.; 4./5.5.1998, 8; AmtlBull StR 1996, 769; AmtlBull NR 1997, 2723 ff.

I. Normzweck/Allgemeines/Überblick

Die überwiegende Mehrheit aller Scheidungsverfahren wird mit einer (meist schriftlichen) Vereinbarung abgeschlossen, weshalb der **gerichtlichen Kontrolle** eine sehr **grosse Bedeutung** zukommt. Artikel 140 entspricht weitgehend dem alten Recht (aArt. 158 Ziff. 5) bzw. der Bundesgerichtspraxis dazu. Die Vereinbarung ist nach wie vor zunächst ein Vertrag, welcher nicht zwingend unmittelbar vor oder während des Scheidungsverfahrens abgeschlossen werden muss (vgl. BREITSCHMID, 1607 ff.; SUTTER/FREIBURGHAUS, N 16 ff.; FamKomm Scheidung/LEUENBERGER/SCHWENZER, N 10) und zu dessen

Urs Gloor　　　　893

Abschluss der übereinstimmende gegenseitige Wille der Parteien notwendig ist (Art. 1 Abs. 1 OR). Artikel 140 findet **Anwendung** auf Vereinbarungen in Scheidungs- und Trennungsverfahren, bei Eheungültigkeitsprozessen, ebenso analog auf solche über die Regelung des Getrenntlebens, betreffend vorsorgliche Massnahmen, im Nachverfahren bei unvollständigem Urteil und in Abänderungsverfahren bei der Parteidisposition entzogenen Regelungspunkten (insbesondere Kinderbelange). Keine Anwendung findet Art. 140 nach rechtskräftiger Scheidung, wenn die Parteien über frei verfügbare Ansprüche in einem gerichtlichen Verfahren eine Vereinbarung schliessen (ZR 77 Nr. 93 zu aArt. 158; BGE 127 III 357, 361 = FamPra.ch 2002, 127, 129; SUTTER/FREIBURGHAUS, N 9 und 60; a.A. FamKomm Scheidung/LEUENBERGER/SCHWENZER, N 8). Die Genehmigung der Vereinbarung ist ein **Konstitutiverfordernis** (SPÜHLER, 52 f.) und dient dem Sozialschutz der Parteien in einer besonderen Lebenssituation (vgl. Botschaft Revision Scheidungsrecht, 141, Ziff. 234.7). Die Prüfungspflicht geht weit über jene bei gewöhnlichen gerichtlichen Vergleichen hinaus, wo lediglich eine Prüfung in formeller Hinsicht erfolgt (vgl. BGE 119 II 297, 301). Die Vereinbarung ist vollumfänglich in das Urteilsdispositiv aufzunehmen, um im Hinblick auf eine allfällige Vollstreckung klare Verhältnisse zu schaffen (Botschaft Revision Scheidungsrecht, 141, Ziff. 234.7).

II. Formelle Aspekte der Genehmigung (Abs. 1)

2   Die gerichtliche Genehmigung der Vereinbarung ist Gültigkeitserfordernis; sie wird damit zum **Urteilsbestandteil** (Botschaft Revision Scheidungsrecht, 140, Ziff. 234.7), wobei es gemäss einem Teil der Lehre genügt, wenn im Urteilsdispositiv auf die dem Urteil in vollständiger Kopie angefügte Vereinbarung verwiesen wird (FamKomm Scheidung/LEUENBERGER/SCHWENZER, N 3; vgl. auch SUTTER/FREIBURGHAUS, N 50). Die immer häufiger anzutreffenden Elternvereinbarungen, welche die Details des Verhältnisses zwischen Eltern und Kind regeln und als Anhang der Konvention beigelegt werden, sind nicht zu genehmigen und gehören nicht ins Urteilsdispositiv (BRÄM, AJP 1999, 1516). Die Genehmigung muss nicht ausdrücklich erfolgen, da sie konkludent aus der Aufnahme in das Dispositiv hervorgeht (Botschaft Revision Scheidungsrecht, 140, Ziff. 234.7). Unterlässt das Gericht die Aufnahme in das Dispositiv, so wird die Vereinbarung nicht ungültig; jede Partei kann jedoch nach Massgabe des kantonalen Prozessrechts die Berichtigung des Urteils verlangen. Artikel 140 Abs. 1 Satz 2 ist demzufolge eine blosse Ordnungsvorschrift. Mit Abschluss der Vereinbarung sind die Parteien schon vor der richterlichen Genehmigung vertraglich gebunden (mit Vorbehalt der Anfechtung infolge eines Willensmangels). Bei der Scheidung auf gemeinsames Begehren ist jedoch ein Widerruf ohne Angabe von Gründen innerhalb der Bedenkfrist von Art. 111 Abs. 2 möglich (**gl.A.** FamKomm Scheidung/LEUENBERGER/SCHWENZER, N 5; **a.A.** FamKomm Scheidung/FANKHAUSER, Art. 111 N 35). Nach Bestätigung der Vereinbarung tritt Bindungswirkung ein und die Parteien können dem Gericht grundsätzlich nur noch Nichtgenehmigung der Vereinbarung beantragen (Botschaft Revision Scheidungsrecht, 141, Ziff. 234.7; ROHNER/POZAR, AJP 2002, 989, 990 f.; vgl. auch Art. 111 N 10). Die Beweislast für das Fehlen der Genehmigungsvoraussetzung trägt diejenige Partei, welche den Antrag auf Nichtgenehmigung stellt. Mit der gerichtlichen Genehmigung verliert die Vereinbarung ihren vertraglichen Charakter. Sie kann bis zum Eintritt der Rechtskraft nur noch auf dem Rechtsmittelweg angefochten werden, danach nur noch durch Revision oder Abänderung des Urteils (Art. 129 und 134). Zum Zeitpunkt des Abschlusses und der Form der Vereinbarung durch die Parteien, vgl. Art. 111 N 4 f.; SUTTER/FREIBURGHAUS, N 16 ff., 21 ff. Sachlich zuständig für die Genehmigung ist der Scheidungsrichter; hinsichtlich der beruflichen Vorsorge nach Überweisung an das Sozialversicherungsgericht (Art. 142 Abs. 2), vgl. SUTTER/FREIBURGHAUS, N 37.

Inhalt der Vereinbarung über die Scheidungsfolgen sind die Regelungen betr. vermö- **3** gensrechtliche Folgen der Scheidung (Wohnung der Familie, berufliche Vorsorge, [nachehelicher] Unterhalt, Güterrecht), nicht hingegen die Kinderbelange. Bereits Art. 111 Abs. 1 hält fest, dass die Parteien hinsichtlich der (unmündigen) Kinder (nur) gemeinsame Anträge stellen können, an welche jedoch das Gericht wegen der Offizialmaxime nicht gebunden ist. Das Gericht hat bei seinem Entscheid immer die Kindesinteressen zu wahren. Die Disposition ist den Parteien hinsichtlich elterlicher Sorge und persönlichem Verkehr vollumfänglich entzogen, während Verträge über den Unterhalt des Kindes abgeschlossen werden können (SUTTER/FREIBURGHAUS, N 43). Vereinbarungen über den Unterhalt des mündigen Kindes (Art. 287 f.) sind nicht Gegenstand des Scheidungsverfahrens und bedürfen keiner richterlichen Genehmigung (BK-HEGNAUER, Art. 287/288 N 144 ff.). Die Bindungswirkung der Beteiligten und die Genehmigungspflicht ergeben sich aus dem Kindesrecht und nicht aus dem Scheidungsrecht (vgl. SUTTER/FREIBURGHAUS, N 25 m.Hw.).

Die Wirksamkeit der Vereinbarung kann **von Suspensiv- oder Resolutivbedingungen** **4** abhängig gemacht oder befristet werden, sofern diese nicht offensichtlich unangemessen oder rechtswidrig sind.

III. Voraussetzungen der Genehmigung (Abs. 2)

1. Allgemeines

Artikel 140 Abs. 2 gilt nicht nur für Scheidungskonventionen im engeren Sinn, sondern **5** auch für **alle Vereinbarungen,** welche die Ehegatten vor der Eheschliessung oder während bestehender Lebensgemeinschaft abgeschlossen haben (vgl. auch COURVOISIER, 203 ff., 233 ff., 295 ff.). Die Frage, ob die Bestimmung auch Eheverträge umfasst, wird in der Literatur kontrovers beurteilt; vgl. zum Stand der Diskussion: FamKomm Scheidung/STECK, Vorbem. zu Art. 196–220 N 10 ff. m.Hw.

2. Freier Wille

Das Gericht muss zunächst prüfen, ob die Vereinbarung von beiden Parteien unter freier **6** **Willensbildung und -äusserung** abgeschlossen worden ist oder ob sie unter Druck oder Drohung bzw. Täuschung durch den anderen oder eine Drittperson zustande gekommen ist. Denkbar sind Irrtum (Art. 23 ff. OR), absichtliche Täuschung (Art. 28 OR) oder Furchterregung (Art. 29 f. OR). Das Gericht muss jedoch nicht nach versteckten Willensmängeln suchen (Botschaft Revision Scheidungsrecht, 141, Ziff. 234.7).

3. Reifliche Überlegung

Weiter muss das Gericht prüfen, ob die Vereinbarung von den Parteien nach reiflicher **7** Überlegung abgeschlossen worden ist oder ob eine oder beide Parteien die Vereinbarung nicht verstanden haben. Diese Genehmigungsvoraussetzung hat neben der Willensbildung eine selbstständige Bedeutung. Reifliche Überlegung bedeutet, dass jede Partei sich über die **Tragweite der Vereinbarung** im Klaren ist und nicht leichtsinnig oder überstürzt Verpflichtungen eingeht oder auf Rechte verzichtet (SUTTER/FREIBURGHAUS, N 68); es geht um die Ernsthaftigkeit, Beständigkeit und Festigkeit des gebildeten Willens (FamKomm Scheidung/FANKHAUSER, Art. 111 N 20). Die Vereinbarung soll nicht aus einer Laune heraus entstanden sein (vgl. auch Botschaft Revision Scheidungsrecht, 86, Ziff. 231.22). Die Dauer eines allfälligen Getrenntlebens ist ein Hinweis auf die reifliche Überlegung des Scheidungswillens (vgl. auch Art. 111 N 7 m.Hw.).

4. Klarheit

8 Der Inhalt der Vereinbarung muss im Hinblick auf eine spätere **Vollstreckung** oder ein Abänderungsverfahren klar sein. Dieses Erfordernis fehlt beispielsweise, wenn nicht ersichtlich ist, ob eine Zahlungspflicht unterhalts-, vorsorge- oder güterrechtlicher Natur ist (Botschaft Revision Scheidungsrecht, 141, Ziff. 234.7), wenn die für die Kinder bzw. eine Partei zu leistenden Unterhaltszahlungen nicht einzeln festgehalten sind oder wenn nicht angegeben wird, von welchem Einkommen und Vermögen jedes Ehegatten ausgegangen worden ist (Art. 143).

9 Unklare Vereinbarungen sind nach Massgabe des kantonalen Rechts der **Erläuterung** zugänglich.

5. Vollständigkeit

10 Die Vereinbarung muss so dann vollständig sein, d.h. **sämtliche im Rahmen einer Scheidung zu regelnden Belange** (Unterhalt, berufliche Vorsorge, Wohnung der Familie, Güterrecht) müssen enthalten sein. Unvollständigkeit liegt etwa dann vor, wenn eine Vereinbarung eine Entschädigung nach Art. 124 Abs. 1 nicht enthält, obschon eine Teilung von Vorsorgeanwartschaften nicht möglich ist (Botschaft Revision Scheidungsrecht, 141, Ziff. 234.7) oder wenn bei gemeinsamer elterlicher Sorge eine Vereinbarung keine Regelung über die Verteilung der Unterhaltskosten enthält (Art. 133 Abs. 3). Unvollständigkeit einer Vereinbarung liegt im Unterschied zur Teilvereinbarung vor, wenn den Parteien nicht bewusst ist, dass gewisse Bereiche ungeregelt bleiben und auch nicht vom Gericht entschieden werden.

6. Fehlende offensichtliche Unangemessenheit

11 Inhaltlich darf die Vereinbarung nicht offensichtlich unangemessen sein. Zunächst muss das Gericht prüfen, ob die Vereinbarung **nicht gesetzwidrig** ist, d.h. gegen zwingende Bestimmungen des Scheidungsrechts oder der übrigen Rechtsordnung verstösst (z.B.: übermässige, gegen Art. 27 verstossende Bindungen, BGE 108 II 405, 408). Die Vereinbarung darf auch **nicht sittenwidrig** sein, was beispielsweise der Fall wäre bei einem gänzlichen Verzicht auf Unterhaltsbeiträge trotz Leistungsfähigkeit der anderen Partei mit der Folge, dass die verzichtende Partei auf Sozialhilfe bzw. Verwandtenunterstützung angewiesen wäre bzw. die Interessen der gemeinsamen unmündigen Kinder beeinträchtigt würden. Fälle von Übervorteilung (Art. 21 OR) führen regelmässig zur Unangemessenheit der Vereinbarung.

12 Fraglich ist, ob darüber hinaus eine **umfassende Inhaltskontrolle** erfolgen soll. Zum alten Recht wurde die Auffassung vertreten, dass aufgrund der Vertragsfreiheit nur eine beschränkte Prüfung stattfinden soll (BK-BÜHLER/SPÜHLER, aArt. 158 N 183). Im neuen Recht wird diese Sichtweise dadurch verstärkt, dass die Genehmigung zu erteilen ist, wenn die Vereinbarung nicht offensichtlich unangemessen ist. Es wird deshalb die Ansicht vertreten, der Parteiautonomie der Ehegatten komme nach neuem Recht eine grössere Bedeutung zu (SUTTER/FREIBURGHAUS, N 71; GEISER, 220; DIETRICH/HEIERLI, FamPra.ch 2002, 731). Das Bundesgericht (BGE 121 III 393 ff., 395 f.) und verschiedene Autoren vertreten demgegenüber (vor allem zum alten Recht) die Auffassung, dass insbesondere wegen der strukturellen Unterlegenheit der Frau eine offene Inhaltskontrolle erfolgen soll (vgl. FamKomm Scheidung/LEUENBERGER/SCHWENZER, N 20 m.Hw.; vgl. auch N 5).

Nach SUTTER/FREIBURGHAUS liegt offensichtliche Unangemessenheit nicht bereits dann vor, wenn das Gericht im Streitfall klarerweise anders entscheiden würde, sondern wenn die Vereinbarung in einer durch Billigkeitserwägungen nicht zu rechtfertigenden Weise von der gesetzlichen Regelung abweicht (SUTTER/FREIBURGHAUS, N 71). Die Genehmigung dient primär dem Schutz der (wirtschaftlich) schwächeren Partei. Für eine **Verweigerung der Genehmigung** müssen nicht zwingend die Voraussetzungen der Übervorteilung (Art. 21 OR) gegeben sein. Es ist nicht erforderlich, dass die Notlage, die Unerfahrenheit oder der Leichtsinn einer Partei ausgebeutet wird. Ein offensichtliches Missverhältnis zwischen Leistung und Gegenleistung genügt. Zurückhaltung ist auch angezeigt, wenn eine Partei aus freiem Willen und nach reiflicher Überlegung sich zu weit über die gesetzlichen Bestimmungen hinausgehenden Leistungen verpflichtet, sofern die wirtschaftliche Leistungsfähigkeit vorhanden ist. Je jünger Ehegatten oder ungefestigter ihre wirtschaftlichen Verhältnisse bei der Scheidung sind, desto zurückhaltender sollte die Genehmigungspraxis von Verzichtserklärungen sein, obschon im Falle einer Sozialkatastrophe (z.B. Zahlungsunfähigkeit einer Pensionskasse) eine Korrektur in Ausnahmefällen über Art. 2 möglich ist (vgl. Botschaft Revision Scheidungsrecht, 118, Ziff. 233–541; SPÜHLER, 56).

Massstab für die gerichtliche Inhaltskontrolle ist eine wirtschaftliche Gesamtbeurteilung. Dabei sollte das (dispositive) Scheidungsrecht Richtschnur sein, soweit ehebedingte Nachteile ausgeglichen werden sollen. Liegen keine solchen Nachteile vor, so ist der Spielraum für eigenverantwortliche Lösungen der Parteien grösser. Keiner richterlichen Korrektur bedarf beispielsweise eine Vereinbarung der Parteien über eine andere als die bundesgerichtliche Mankoteilung (vgl. KGer FR FamPra.ch 2003, 637, 640 f.; FamKomm Scheidung/LEUENBERGER/SCHWENZER, N 21). Die Frage der offensichtlichen Unangemessenheit beinhaltet einen Ermessensentscheid des Gerichts (Art. 4), welcher nicht starren Regeln folgt

Zur besonderen Situation bei der **Teilung der Austrittsleistungen** der beruflichen Vorsorge, vgl. Art. 122 ff., 141 f. sowie SUTTER/FREIBURGHAUS, N 74 f.   **13**

IV. Verweigerung der Genehmigung

Verweigert das Gericht die Genehmigung, so ist die **Vereinbarung grundsätzlich wirkungslos.** Bei Scheidung auf gemeinsames Begehren fehlt es an einer Scheidungsvoraussetzung, so dass das gemeinsame Begehren abzuweisen ist, ausser die Parteien schliessen eine neue, genehmigungsfähige Vereinbarung ab oder erklären im Sinne von Art. 112 Abs. 1, dass der Richter diejenigen Scheidungsfolgen beurteilen soll, welche in der Vereinbarung enthalten, jedoch nicht genehmigungsfähig sind (vgl. auch Art. 113 N 2). Die Verweigerung der Genehmigung kann bei der Scheidung auf gemeinsames Begehren mittels ordentlichen Rechtsmittels als selbstständiger Zwischenentscheid angefochten werden; in den übrigen Fällen ist das kantonale Recht massgebend.   **14**

Kann die Vereinbarung nicht in allen Teilen genehmigt werden, so kommt u.U. auch eine **Teilgenehmigung** in Frage, ausser wenn anzunehmen ist, dass die Vereinbarung ohne die Bestimmungen, welchen die Genehmigung verweigert wird, nicht abgeschlossen worden wäre. Da Scheidungsvereinbarungen in der Regel ein organisches Ganzes darstellen (HINDERLING/STECK, 519), deren einzelne Bestimmungen in einem gegenseitigen Abhängigkeitsverhältnis zueinander stehen, ist von einer Teilgenehmigung zurückhaltend Gebrauch zu machen (vgl. auch SUTTER/FREIBURGHAUS, N 48).   **15**

Art. 141

G. Berufliche Vorsorge; Teilung der Austrittsleistungen

I. Einigung

[1] Haben sich die Ehegatten über die Teilung der Austrittsleistungen sowie die Art der Durchführung der Teilung geeinigt und legen sie eine Bestätigung der beteiligten Einrichtungen der beruflichen Vorsorge über die Durchführbarkeit der getroffenen Regelung und die Höhe der Guthaben vor, die für die Berechnung der zu teilenden Austrittsleistungen massgebend sind, so wird die Vereinbarung mit der Genehmigung durch das Gericht auch für die Einrichtungen der beruflichen Vorsorge verbindlich.

[2] Das Gericht eröffnet den Einrichtungen der beruflichen Vorsorge das rechtskräftige Urteil bezüglich der sie betreffenden Punkte unter Einschluss der nötigen Angaben für die Überweisung des vereinbarten Betrages.

[3] Verzichtet ein Ehegatte in der Vereinbarung ganz oder teilweise auf seinen Anspruch, so prüft das Gericht von Amtes wegen, ob eine entsprechende Alters- und Invalidenvorsorge auf andere Weise gewährleistet ist.

G. Prévoyance professionnelle; partage des prestations de sortie

I. Accord

[1] Lorsque les conjoints sont parvenus à un accord quant au partage des prestations de sortie et aux modalités de son exécution et qu'ils produisent une attestation des institutions de prévoyance professionnelle concernées confirmant le caractère réalisable de cet accord et le montant des avoirs déterminants pour le calcul des prestations de sortie à partager, la convention, une fois ratifiée, est également contraignante pour les institutions de prévoyance professionnelle.

[2] Le juge communique aux institutions de prévoyance professionnelle les dispositions du jugement entré en force qui les concernent, y compris les indications nécessaires au transfert du montant prévu.

[3] Si la convention précise que l'un des époux renonce en tout ou en partie à son droit, le juge vérifie d'office qu'il bénéficie d'une autre manière d'une prévoyance vieillesse et invalidité équivalente.

G. Previdenza professionale; divisione delle prestazioni d'uscita

I. Accordo

[1] Allorché i coniugi si sono accordati sulla divisione delle prestazioni d'uscita e sulle relative modalità d'esecuzione e producono un attestato degli istituti di previdenza professionale interessati che confermi l'attuabilità della regolamentazione adottata e l'importo degli averi determinanti per il calcolo delle prestazioni di uscita da ripartire, la convenzione omologata dal giudice vincola pure gli istituti di previdenza professionale.

[2] Il giudice comunica agli istituti di previdenza professionale le disposizioni della sentenza passata in giudicato che li concernono, comprese le indicazioni necessarie al trasferimento della somma concordata.

[3] Qualora, nella convenzione, uno dei coniugi rinunci totalmente o parzialmente al suo diritto, il giudice verifica d'ufficio se una corrispondente previdenza per la vecchiaia e per l'invalidità sia altrimenti garantita.

Literatur

Vergleiche die Literaturhinweise zu Art. 122.

I. Allgemeines

Von der Aufteilung der Austrittleistungen gem. Art. 122 sind nicht nur die Ehegatten betroffen, sondern auch deren **Vorsorgeeinrichtungen**. Diese haben indessen im Scheidungsverfahren nicht Parteistellung. Andererseits liegen allfällige Streitigkeiten aus dem Vorsorgeverhältnis der Ehegatten mit ihren Vorsorgeeinrichtungen nicht in der Zuständigkeit der Scheidungsgerichte. Dem Gesetzgeber lag daran, die Vorsorgeeinrichtungen in das Verfahren betr. den Vorsorgeausgleich ebenfalls einzubeziehen. Damit hat er die Aufgabe, das Scheidungsverfahren mit dem Verfahren über Ansprüche aus der beruflichen Vorsorge zu koordinieren. Dies geschieht in den Art. 141 und 142 ZGB sowie in Art. 25a FZG. Dabei ist zu unterscheiden zwischen einem Verfahren bei Einigung der Ehegatten über die Teilung der Austrittsleistungen (Art. 141) und einem solchen bei Uneinigkeit (Art. 142 ZGB und Art. 25a FZG). **1**

Die Art. 141 und 142 beziehen sich nach ihrem Wortlaut auf den **Vorsorgeausgleich**, nach Art. 122. Dennoch sind sie teilweise auch bei der Zusprechung einer **angemessenen Entschädigung** i.S.v. Art. 124 zu beachten. Dies dann, wenn aufgrund von Art. 22b FZG ein Teil der Austrittsleistung des leistungpflichtigen Ehegatten auf Anrechnung an die angemessene Entschädigung übertragen wird (BGE 129 III 492 E. 3.6.3). **2**

II. Bei Einigung der Ehegatten

Die Ehegatten können sich in der **Scheidungsvereinbarung** auf eine bestimmte Aufteilung der Austrittsleistungen einigen (Botschaft Revision Scheidungsrecht, 111). In der Regel wird eine hälftige Teilung i.S.v. Art. 122 erfolgen. Ausnahmen sind mit Blick auf Art. 123 möglich. **3**

Stellt man auf die Botschaft ab, kann in der Vereinbarung bestimmt werden, dass ein bestimmter Prozentsatz oder ein bestimmter Betrag der Vorsorgeguthaben des einen Ehegatten dem anderen zuzuweisen ist. Mit SUTTER/FREIBURGHAUS, Art. 122/141–142 N 60–62, ist schon allein aus praktischen Gesichtspunkten eine **konkrete, betragsmässige Teilung** vorzuziehen, weil nur so gesichert ist, dass ein Anspruch gegen eine Vorsorgeeinrichtung in einem allfälligen Vollstreckungsverfahren auch durchgesetzt werden kann. **4**

Eine Vereinbarung über die Teilung der Austrittsleistungen muss vom Gericht genehmigt werden. Die **Genehmigung** kann erfolgen, wenn die beteiligten Einrichtungen der beruflichen Vorsorge die Durchführbarkeit der getroffenen Regelung und die Höhe der Guthaben, die für die Berechnung der zu teilenden Austrittsleistungen massgebend sind, bestätigt haben (Art. 141 Abs. 1). **5**

Die **Anforderungen an die Durchführbarkeitserklärung** werden in Art. 141 nicht näher geregelt. Bei der Abgabe dieser Erklärung haben die betroffenen Einrichtungen der beruflichen Vorsorge einmal zu prüfen, ob ein von ihnen zu übertragender Betrag die bei ihnen vorhandene aktuelle Austrittsleistung des betroffenen Ehegatten nicht übersteigt. Weiter sollte von ihnen aber auch geprüft werden, ob vor der rechtskräftigen Durchführung der Scheidung beim versicherten Ehegatten ein Vorsorgefall (Alter oder Invalidität) absehbar ist und eintreten könnte. Je nachdem müsste dann die Erklärung verweigert oder doch mit einem entsprechenden Vorbehalt versehen werden. Zur Bedeutung der Durchführbarkeitserklärung s. auch N 9. **6**

Im Rahmen der **Genehmigung** der Vereinbarung hat das Gericht von Amtes wegen zu prüfen, ob eine entsprechende Alters- und Invalidenvorsorge auf andere Weise gewährleistet ist, wenn ein Ehegatte ganz oder teilweise auf seinen Anspruch auf die hälftige Teilung verzichtet (Art. 141 Abs. 3). Erfolgt der Verzicht auf eine Vorsorgeleistung im **7**

Hinblick auf Art. 123 Abs. 2, ist bei der Genehmigung zu prüfen, ob eine Aufteilung tatsächlich unbillig wäre.

8   Genehmigt das Gericht die Vereinbarung über die Teilung der Austrittsleistungen und die Art der Durchführung, wird diese mit der Genehmigung auch für die betroffenen **Einrichtungen der beruflichen Vorsorge verbindlich** (Art. 141 Abs. 1 letzter Satz). Das Gericht hat den Einrichtungen der beruflichen Vorsorge alsdann das rechtskräftige Urteil bezüglich der sie treffenden Punkte zu eröffnen (Art. 141 Abs. 2). In die Eröffnung einzuschliessen sind die nötigen Angaben für die Überweisung des vereinbarten Betrages. Es sollte nicht Sache der betroffenen Vorsorge- oder Freizügigkeitseinrichtungen sein, anschliessend beim begünstigten Ehegatten abklären zu müssen, was mit der zu übertragenden Leistung zu geschehen hat. Macht die zu begünstigende Person keine Angaben über die Verwendung der zu übertragenden Austrittsleistung, ist die leistungspflichtige Vorsorge- oder Freizügigkeitseinrichtung verpflichtet, die zu übertragende Leistung an die Auffangeinrichtung zu überweisen.

9   Wie die Entwicklung der Rspr. zeigt, darf die **Bedeutung der Durchführbarkeitserklärung nicht unterschätzt** werden. Hat eine Vorsorgeeinrichtung die Durchführbarkeit einer Vereinbarung der Ehegatten über die Teilung der Austrittsleistungen bestätigt, und wurde alsdann die Vereinbarung in einem rechtskräftig gewordenen Scheidungsurteil genehmigt, so spricht ihr die Rspr. die Möglichkeit ab, nachträglich noch geltend zu machen, die vorgesehene Teilung sei nicht durchführbar (z.B., weil inzwischen der leistungspflichtige Ehegatte invalid geworden ist). Vergleiche dazu BGE 129 V 444 ff. und 129 III 490 ff. E. 3.6). Die Durchführbarkeitserklärung ist damit in der Praxis ein wesentlicher Angelpunkt bei der Abgrenzung der Verfahrenswege nach Art. 141 und 142.

III. Ausländische Scheidungsurteile

10   Auch **ausländische Scheidungsgerichte** können nach Massgabe der Regeln des internationalen Privatrechts über den Vorsorgeausgleich bezüglich Vorsorgeguthaben gegenüber schweizerischen Vorsorge- und Freizügigkeitseinrichtungen entscheiden. Eine vom Grundsatz her anerkennungsfähige ausländische Vorsorgeregelung steht aber unter dem Vorbehalt des materiellen Ordre public. Sie darf nicht gegen qualifizierte Bestimmungen des schweizerischen Rechts verstossen. Es dürfen ihr keine andersartigen, wesentlich weitergehenden Wirkungen zukommen als einer entsprechenden inländischen Regelung (sog. kontrollierte Wirkungsübernahme). Angesichts des grundsätzlich zwingenden Charakters des schweizerischen Vorsorgeausgleichs bedeutet dies praktisch, dass sich die ausländische Vorsorgeregelung nicht weit vom schweizerischen Recht entfernen darf. Schliesslich ist eine in der Schweiz anerkannte ausländische Vorsorgeregelung gegenüber einer schweizerischen Vorsorge- oder Freizügigkeitseinrichtung nur verbindlich, wenn diese im ausländischen Scheidungsverfahren eine Durchführbarkeitsbestätigung analog zu Art. 141 Abs. 1 abgegeben hat. Andernfalls kann das ausländische Gericht nur den Grundsatz und das Ausmass der Teilung festlegen, während die Berechnung der Leistungen von dem gem. Art. 73 BVG i.V.m. Art. 25a FZG zuständigen Gericht in der Schweiz durchzuführen ist. Vergleiche zum Ganzen BGE 130 III 336 ff. m.Hw.

11   Ist eine **Scheidung im Ausland** ausgesprochen worden, ohne dass über den Vorsorge Ausgleich entschieden worden ist und wird das Urteil in der Schweiz anerkannt, ist die internationale Zuständigkeit des schweizerischen Scheidungsgerichts zur Ergänzung von ausländischen Scheidungsurteilen in Bezug auf Fragen des Vorsorgeausgleichs nach Art. 64 Abs. 1 Satz 1 IPRG gegeben. Dabei ist grundsätzlich vom Scheidungsstatut auszugehen. Gestützt auf die Ausnahmeklausel von Art. 15 IPRG kann dann das Vorsorgestatut herangezogen werden, wenn sich zeigt, dass der Sachverhalt mit dem schweizerischen Recht in viel engerem Zusammenhang steht als mit einem anderen Recht. Ein solcher Sachverhalt ist gegeben, wenn die zu teilenden Guthaben bei schweizerischen Vorsorge- oder Freizügigkeitseinrichtungen für die Eheleute vorsorgeprägend sind (langjährige Mitgliedschaft bei schweizerischen Vorsorgeeinrichtungen, weitgehendes Fehlen anderweitiger Vorsorge oder anderweitigen Vermögens). Vergleiche zum Ganzen BGE 131 III 289 ff., Urteil des EVG vom 2. Februar 2004, B 45/00, je m.Hw.

Art. 142

II. Uneinigkeit

[1] **Kommt keine Vereinbarung zustande, so entscheidet das Gericht über das Verhältnis, in welchem die Austrittsleistungen zu teilen sind.**

[2] **Sobald der Entscheid über das Teilungsverhältnis rechtskräftig ist, überweist das Gericht die Streitsache von Amtes wegen dem nach dem Freizügigkeitsgesetz vom 17. Dezember 1993 zuständigen Gericht.**

[3] **Diesem ist insbesondere mitzuteilen:**
1. **der Entscheid über das Teilungsverhältnis;**
2. **das Datum der Eheschliessung und das Datum der Ehescheidung;**
3. **die Einrichtungen der beruflichen Vorsorge, bei denen den Ehegatten voraussichtlich Guthaben zustehen;**
4. **die Höhe der Guthaben der Ehegatten, die diese Einrichtungen gemeldet haben.**

II. Absence de convention

[1] En l'absence de convention, le juge fixe les proportions dans lesquelles les prestations de sortie doivent être partagées.

[2] Aussitôt après l'entrée en force de la décision relative au partage, le juge transfère d'office l'affaire au juge compétent en vertu de la loi du 17 décembre 1993 sur le libre passage.

[3] Il doit en particulier lui communiquer:
1. la décision relative au partage;
2. la date du mariage et celle du divorce;
3. les institutions de prévoyance professionnelle auprès desquelles les conjoints ont probablement des avoirs;
4. le montant des avoirs des époux déclarés par ces institutions.

II. Mancata intesa

[1] In caso di mancata intesa, il giudice fissa le proporzioni secondo le quali suddividere le prestazioni d'uscita.

[2] Non appena la decisione sulle quote di ripartizione è passata in giudicato, il giudice rimette d'ufficio la causa al giudice competente secondo la legge del 17 dicembre 1993 sul libero passaggio.

[3] Egli deve in particolare notificargli:
1. la decisione sulle quote di ripartizione;
2. la data del matrimonio e la data del divorzio;
3. gli istituti di previdenza professionale presso i quali i coniugi probabilmente detengono averi;
4. gli importi degli averi dei coniugi, dichiarati da questi istituti.

Literatur

Vergleiche die Literaturhinweise zu Art. 122.

I. Allgemeines

1 Kommt **keine Vereinbarung** zustande, weil sich die Ehegatten über die Teilung der Austrittsleistungen sowie über die Art der Durchführung der Teilung untereinander oder mit dem Einrichtungen der beruflichen Vorsorge nicht einigen können, koordiniert Art. 142 die sachlichen Zuständigkeit zwischen Scheidungs- und Sozialversicherungsgericht (vgl. dazu BGE 128 V 46 f. E. 2c).

II. Aufgaben des Scheidungsgerichts

2 In einem solchen Fall der Uneinigkeit hat das Scheidungsgericht nur über das **Verhältnis** zu entscheiden, in welchem Die Austrittsleistungen zu teilen sind (Art. 142 Abs. 1). Eine solche Aufteilung kann nur in Prozenten erfolgen. Es kann in solchen Fällen kein fester Betrag bestimmt werden, der zu übertragen ist, weil das Scheidungsurteil die Rechtslage zwischen den Ehegatten einerseits und den Einrichtungen der beruflichen Vorsorge andererseits nicht verbindlich festlegen kann. Das Scheidungsgericht kann somit nur den Teilungsschlüssel verbindlich festlegen.

3 Sobald der Entscheid über das Teilungsverhältnis rechtskräftig geworden ist, hat das Scheidungsgericht gem. Art. 142 Abs. 2 die **Streitsache von Amtes wegen** dem gem. Art. 25a FZG zuständigen Gericht zu **überweisen.** Diesem ist neben dem Entscheid über das Teilungsverhältnis auch das Datum der Eheschliessung und jenes der Ehescheidung mitzuteilen. Ebenso sind die Einrichtungen der beruflichen Vorsorge, bei denen den Ehegatten voraussichtlich Guthaben zustehen, anzugeben sowie die Höhe der Guthaben der Ehegatten, die diese Einrichtungen gemeldet haben (Art. 142 Abs. 3).

III. Aufgaben des Sozialversicherungsgerichts

4 Artikel 25a FZG präzisiert, dass das nach **Art. 73 Abs. 1 BVG zuständige Gericht** gestützt auf den vom Scheidungsgericht bestimmten Teilungsschlüssel die Teilung von Amtes wegen durchzuführen hat, nachdem ihm die Streitsache überwiesen worden ist. Damit wird die sachliche Zuständigkeit der kantonalen Sozialversicherungsgerichte begründet, wobei die Möglichkeit des Weiterzugs der kantonalen Entscheide mittels Verwaltungsgerichtsbeschwerde ans EVG besteht (Art. 73 Abs. 4 BVG)

5 Die **sachliche Zuständigkeit** der Sozialversicherungsgerichte ist in Art. 25a FZG **umfassend** geregelt. Die Zuständigkeit betrifft die Teilung von Austrittsleistungen, die bei Vorsorgeeinrichtungen liegen, aber auch von Austrittsleistungen, die sich bei Freizügigkeitseinrichtungen (Freizügigkeitskonti oder Freizügigkeitspolicen) befinden (BGE 130 V 116 f. E. 3.4). Örtlich zuständig ist das Sozialversicherungsgericht am Ort der Scheidung.

6 Zum Verfahren hält Art. 25a Abs. 2 FZG fest, dass sowohl die Ehegatten wie auch die Einrichtungen der beruflichen Vorsorge **Parteistellung** haben. Das Sozialversicherungsgericht hat beiden Ehegatten und den beteiligten Vorsorgeträgern eine angemessene Frist anzusetzen, um Anträge zu stellen. In seinem Urteil hat das Sozialversicherungsgericht festzulegen, welcher Betrag per Saldo als Austrittsleistung welchem Ehegatten zusteht. Dazu sind die nötigen Angaben für die Überweisung des Betrages zu machen. Verbindlich für das Sozialversicherungsgericht sind der vom Scheidungsgericht festgelegte Verteilungsschlüssel sowie die Feststellungen über das Heiratsdatum und die Ehedauer.

7 Das gleiche Verfahren hat auch dann Platz zu greifen, wenn sich die Ehegatten zwar auf eine prozentuale Aufteilung geeinigt haben, aber mit einer oder mehreren **Einrichtungen der beruflichen Vorsorge** über die Höhe des zu teilenden Betrages **im Streit liegen.**

Zuständig ist das Sozialversicherungsgericht (und nicht das Scheidungsgericht) für die   **8**
Beurteilung der zwischen einem Ehegatten und der Vorsorgeeinrichtung strittigen Frage,
ob eine während der Ehe an den anderen Ehegatten erfolgte **Barauszahlung** einer Austrittsleistung **rechtsgültig** erfolgt ist (BGE 128 V 47 f. E. 2d). Im gleichen Entscheid hat
das EVG auch das Feststellungsinteresse des klagenden Ehegatten im Hinblick auf den
Scheidungsprozess bejaht (BGE 128 V 48 f. E. 3).

Klagt ein forderungsberechtigter Ehegatte bei Sozialversicherungsgericht, weil eine Vor-   **9**
sorgeeinrichtung den Vollzug eines Scheidungsurteils mit der Begründung verweigert,
die vorgesehene Teilung sei nicht durchführbar, so hat das Sozialversicherungsgericht zu
prüfen, ob das ergangene Scheidungsurteil der Vorsorgeeinrichtung entgegengehalten
werden kann. Dies ist der Fall, wenn im Scheidungsurteil eine Vereinbarung der Ehegatten über die Teilung der Austritts-Leistungen der beruflichen Vorsorge genehmigt worden
ist, nachdem die betroffenen Vorsorgeeinrichtungen die Durchführbarkeit bestätigt haben. In diesem Fall ist der klagende Ehegatte auf den Weg der Zwangsvollstreckung zu
verweisen. Fehlt die Durchführbarkeitserklärung, hat das Sozialversicherungsgericht auf
die Klage materiell einzutreten, die Durchführbarkeit der Teilungsvereinbarung zu prüfen
und bei deren Bejahung ein die Vorsorgeeinrichtung verpflichtendes Urteil zu fällen.
Vergleiche dazu BGE 129 V 444 ff.

Art. 143

H. Unterhalts-beiträge	**Werden durch Vereinbarung oder Urteil Unterhaltsbeiträge festgelegt, so ist anzugeben:** 1. **von welchem Einkommen und Vermögen jedes Ehegatten ausgegangen wird;** 2. **wie viel für den Ehegatten und wie viel für jedes Kind bestimmt ist;** 3. **welcher Betrag zur Deckung des gebührenden Unterhalts des berechtigten Ehegatten fehlt, wenn eine nachträgliche Erhöhung der Rente vorbehalten wird;** 4. **ob und in welchem Ausmass die Rente sich den Veränderungen der Lebenskosten anpasst.**
H. Contributions d'entretien	La convention ou le jugement qui fixent des contributions d'entretien doivent indiquer: 1. les éléments du revenu et de la fortune de chaque époux pris en compte dans le calcul; 2. les montants attribués au conjoint et à chaque enfant; 3. le montant nécessaire pour assurer l'entretien convenable du créancier dans le cas où une augmentation ultérieure de la rente a été réservée; 4. si et dans quelle mesure la rente doit être adaptée aux variations du coût de la vie.
H. Contributi di mantenimento	La convenzione o la sentenza che fissa contributi di mantenimento deve menzionare: 1. quali elementi del reddito e della sostanza di ciascun coniuge sono stati presi in considerazione per il calcolo; 2. quale importo è assegnato al coniuge e a ciascun figlio; 3. quale importo manca per coprire il debito mantenimento del coniuge avente diritto, se è fatto salvo un successivo aumento della rendita; 4. se e in quale misura la rendita deve essere adattata alle variazioni del costo della vita.

Literatur

Siehe Vorbemerkungen zu Art. 125–130.

Annette Spycher/Urs Gloor

Materialien

SUTTER/FREIBURGHAUS, Kommentar zum neuen Scheidungsrecht, Zürich 1999, betreffend: Protokoll Expertenkommission, 745, 1163, 1167 f., 3072–3075, 3780 ff., 3858, 3862, 3870, 3887, 3892; Art. 145 VE; Bericht VE, 78, Zusammenstellung der Vernehmlassungen, 572–576; Protokoll departementale Arbeitsgruppe, 194, 566, 1027; Art. 143 E; Rechtskommission Ständerat, Protokolle der Sitzungen vom 28./29.3.1996, Teilprotokoll 2, 47–51; 29.4.1996, Hauptprotokoll, 4–6; 15.8.1996, Hauptprotokoll, 20; 17.6. 1998, 6 f.; Rechtskommission Nationalrat, Protokoll der Sitzungen vom 30.6./1.7.1997, 43; 18.6.1998, 1 ff.; AmtlBull StR 1996, 769 f.; 1998, 710 f.; AmtlBull NR 1997, 2730; 1998, 1317.

I. Überblick

1   Art. 143 enthält eine «**Dokumentationspflicht**» bei der Abfassung des Scheidungsurteils und der Vereinbarung (Botschaft Revision Scheidungsrecht, 142, Ziff. 234.9). Sie dient u.a. der Erleichterung von Bevorschussung und Vollstreckung (Ziff. 2), kann aber auch Anhaltspunkte für die Anfechtung einer rechtskräftigen Vereinbarung wegen Täuschung i.S.v. Art. 148 Abs. 2 liefern. Insbesondere aber hat die Bestimmung den Zweck, einen Teil der für allfällige spätere Abänderungsprozesse erforderlichen Berechnungsgrundlagen zu sichern – Angaben, welche bei unter altem Recht durchgeführten Scheidungen nachträglich oftmals nicht mehr oder nur nach zeitaufwändigem Aktenstudium ermittelt werden konnten (Botschaft Revision Scheidungsrecht, a.a.O.; BGE 5C.197/2003 E. 3.2; 5C.258/2004, E. 1 [www.bger.ch]). Zur Entstehungsgeschichte von Art. 143 s. SUTTER/ FREIBURGHAUS, N 2 ff.

II. Dokumentationspflicht im Einzelnen

1. Allgemeines

2   Die Verpflichtung trifft vorab das **Gericht,** so dann aber auch die Parteien und ihre **Rechtsvertreter** als Verfasser der Vereinbarung. Eine Parteivereinbarung, welche die erforderlichen Angaben nicht enthält, muss gerichtlich ergänzt werden (FamKomm Scheidung/FREIVOGEL/FANKHAUSER, N 5). Unerheblich ist, ob die Scheidung im nichtstreitigen oder streitigen Verfahren erfolgt.

2. Angaben zu Einkommen und Vermögen

3   Die Angaben zu Einkommen und Vermögen sind angesichts des Zwecks der Bestimmung (dazu N 4) in jede Vereinbarung oder **jedes Urteil** aufzunehmen, dies ungeachtet dessen, ob einem Ehegatten tatsächlich ein Unterhaltsbeitrag zugesprochen wird und wenn ja, mit welchen Modalitäten (FamKomm Scheidung/FREIVOGEL/FANKHAUSER, N 10 f.). Eine *Ausnahme* ist einzig zulässig, wenn die Parteien auf die Anwendbarkeit des Art. 129 Abs. 3 verzichten.

Die Angaben beruhen auf denjenigen Zahlen, welche der **Regelung der Scheidungsfolgen** – insbesondere der Unterhaltsbeiträge – **zugrunde gelegt** wurden (BGE 5C.27/2005, E. 2.3 [www.bger.ch]; SUTTER/FREIBURGHAUS, N 11). Beim Vermögen muss demnach das Resultat der güterrechtlichen Auseinandersetzung bereits mit einbezogen werden. Erfolgt eine **Stufung** der Unterhaltsbeiträge, beispielsweise im Hinblick auf eine zumutbare Steigerung des Einkommens des Unterhaltsberechtigten oder aber den Wegfall einer Belastung beim Schuldner, soll das voraussichtliche Einkommen der Partei, bei der die Änderung eintritt, im massgeblichen Zeitpunkt ebenfalls festgehalten werden. Nur so stehen dem Abänderungsgericht lückenlose Vergleichsgrundlagen für die Beurteilung späterer Abänderungsbegehren zur Verfügung (FamKomm Scheidung/FREIVOGEL/FANK-HAUSER, N 12, 17).

Die zugrunde gelegten Zahlen stimmen im Regelfall mit den tatsächlichen Verhältnissen **4** überein. Wird nachträglich eine Abweichung festgestellt, ist für eine spätere Abänderung dennoch **auf die Angaben im Urteil abzustellen** (so auch FamKomm Scheidung/SCHWENZER, Art. 129 N 38; BGE 5C.197/2003, E. 3.2 [www.bger.ch]). Im Hinblick auf die Praktikabilität der Regelung erscheint eine gewisse Rundung der Beträge als zulässig. Ob Netto- oder Bruttoeinkommen anzugeben sind, lässt der Gesetzgeber offen; wesentlich ist allein, dass aus dem Wortlaut von Urteil oder Vereinbarung hervorgeht, welches Einkommen eingesetzt wurde, und dass die verwendeten Werte miteinander vergleichbar sind.

3. Angaben zum Bedarf?

Zur **Prüfung einer Unterhaltsvereinbarung** im Sinne von Art. 140 benötigt das Gericht **5** nebst Einkommen und Vermögen auch Angaben zum **Bedarf** der Parteien. Zudem hat das Bundesgericht in BGE 5C.197/2003 [www.bger.ch] für die Beurteilung der Erheblichkeit – und damit auch für den Umfang – der Abänderung eines Unterhaltsbeitrages nicht auf einen Einkommensvergleich, sondern auf einen **Vergleich der Überschüsse** des Schuldners abgestellt. Damit ein solches (begrüssenswertes; siehe Art. 129 N 7) Vorgehen, nämlich eine Beurteilung der «Verminderung der Leistungskraft» auch vorgenommen werden kann, muss auch der **Bedarf** der Beteiligten, insbesondere des Schuldners, im Scheidungszeitpunkt festgestellt werden. Obwohl vom Gesetz nicht vorgeschrieben empfiehlt es sich deshalb, auch diese Werte im Urteil oder allenfalls in einer Bestandteil des Urteils bildenden Scheidungsvereinbarung festzuhalten, beispielsweise durch Anfügen des massgeblichen Berechnungsblattes.

4. Unterscheidung der einzelnen Unterhaltsbeiträge

Die genaue **Bezifferung der einzelnen,** auf den geschiedenen Ehegatten und die Kinder **6** entfallenden **Unterhaltsbeiträge** sowie die – im Gesetz nicht erwähnte – Ausscheidung des Unterhaltsbeitrages jedes einzelnen Kindes stellen mit Blick auf das Erfordernis der *Vollstreckbarkeit* des Urteils eine Selbstverständlichkeit dar. Eine Unterscheidung war bereits unter bisherigem Recht u.a. in Anbetracht der unterschiedlichen Abänderungsgrundlagen sowie mit Blick auf die Bevorschussung der Kinderalimente geboten, im Gesetz jedoch nicht ausdrücklich verankert (SUTTER/FREIBURGHAUS, N 1 m.Hw.).

5. Feststellung des Fehlbetrages zur Deckung des gebührenden Unterhalts

Ziff. 3 bezieht sich auf Art. 129 Abs. 3, wonach bei verbesserten Verhältnissen des **7** Pflichtigen eine nachträgliche Rentenerhöhung oder eine Neufestsetzung zulässig ist, sofern im Scheidungsurteil eine Mankosituation des (potentiell) Berechtigten festgehalten wurde. Sie verlangt **zusätzlich,** dass im Urteil nicht nur die Mankosituation als solche, sondern gleichzeitig auch der **genaue Fehlbetrag** anzugeben ist. Dies gilt – obwohl in Art. 143 Ziff. 3 nicht erwähnt – auch dann, wenn im Urteil *keine* Rente festgesetzt wird, weil diesfalls später unter Umständen eine Neufestsetzung erfolgen kann (FamKomm Scheidung/FREIVOGEL/FANKHAUSER, N 20, 24).

Ob eine *nachträgliche Erhöhung ausgeschlossen* ist, wenn der Fehlbetrag im Urteil nicht beziffert wurde, oder ob diesfalls dem Kläger lediglich der Beweis erschwert wird, ist in der Lehre *umstritten* (für Letzteres FamKomm Scheidung/FREIVOGEL/FANKHAUSER,

N 21 f., m.Hw.; **a.M.** HAUSHEER/SPYCHER, Ergänzungsband, Rz 09.115c). Der missverständliche Passus «wenn eine nachträgliche Erhöhung der Rente vorbehalten wird» schränkt demgegenüber den Anwendungsbereich von Art. 129 Abs. 3 nicht weiter ein: Die Anwendung eines gesetzlichen Abänderungsgrundes setzt gerade keine Parteivereinbarung und auch keinen gerichtlichen Vorbehalt voraus (DIES., a.a.O.).

8   Ob für den Fall, dass der Unterhaltsbeitrag indexiert wurde, auch der **Fehlbetrag** *automatisch* als **indexiert** gilt, ist u.E. *zweifelhaft* (so aber FamKomm Scheidung/FREIVOGEL/ FANKHAUSER, N 30). Der Rechtssicherheit dienlich ist jedoch die Einfügung einer Klausel, welche ausdrücklich festhält, dass sämtliche einkommensrelevanten Beträge als (mit)indexiert gelten.

6. Angaben zur Indexierung

9   Die Vorschrift über die Angaben zur Indexierung erstreckt sich nur auf Unterhaltsbeiträge zwischen geschiedenen **Ehegatten,** welche in **Rentenform** zugesprochen werden, wird Ziff. 4 doch von der Botschaft Revision Scheidungsrecht als «prozessuales Gegenstück» zu Art. 128 bezeichnet (142, Ziff. 234.9). Sie soll sicherstellen, dass Gericht und Parteien sich mit der Frage, ob eine Indexierung zu erfolgen hat, auch tatsächlich befassen (vgl. Art. 128 N 4). Zumindest aus Beweisgründen empfiehlt es sich, auch einen allfälligen Verzicht auf die Indexierung der Rente in Konvention oder Urteil ausdrücklich als solchen zu deklarieren (für eine entsprechende Verpflichtung: FamKomm Scheidung/ FREIVOGEL/FANKHAUSER, N 27). Falls die Parteien eine Vereinbarung vorlegen, in der die Indexierung nicht erwähnt wird, obliegt es dem Gericht, die Parteien zu den Gründen zu befragen. Zur allfälligen Bedeutung eines Verzichts für die spätere Anwendbarkeit von Art. 129 Abs. 2 siehe die Kommentierung zu Art. 128.

Die Indexierung des Kindesunterhalts folgt aus Art. 286 Abs. 1. Die im Bereich der Kinderbelange geltende Offizialmaxime minimiert die Gefahr einer Nichtberücksichtigung der Frage der Teuerungsanpassung und macht eine diesbezügliche «Deklarationspflicht» entbehrlich.

III. Prozessuales

10 Die Verletzung von Art. 143 kann als Verletzung von Bundesprivatrecht auf dem ordentlichen Rechtsmittelweg gerügt werden. Im Rahmen einer staatsrechtlichen Beschwerde kann auf Antrag eine Korrektur erwirkt werden, wenn die festzustellenden Grundlagen willkürlich ermittelt wurden (BGE 5P.82/2004 E. 4 [www.bger.ch]). Bei Unterschreiten des erforderlichen Streitwerts ist zu überprüfen, ob allenfalls ein ausserordentliches Rechtsmittel zur Verfügung steht. Gemäss der Botschaft Revision Scheidungsrecht (142, Ziff. 234.9) findet die **Beschränkung der Rechtsmittel** bei der einverständlichen Scheidung gemäss Art. 149 Abs. 1 hier *keine Anwendung.* Dies ergibt sich bereits daraus, dass die Anfechtung eines Urteils wegen Mangelhaftigkeit i.S. von Art. 143 sich nie gegen die Auflösung der Ehe, sondern nur gegen den entsprechenden Bestandteil des Urteils richten kann.

11 Die Feststellung von Einkommen und Vermögen im Scheidungsurteil hat ab dem Eintritt von dessen Rechtskraft die Wirkungen gemäss Art. 9 Abs. 1. Somit trifft in einem Abänderungs- oder Revisionsverfahren die **Beweislast** denjenigen Ehegatten, der behauptet, die Angaben im Urteil seien unzutreffend (SUTTER/FREIBURGHAUS, N 16).

Art. 144

J. Kinder **I. Anhörung**	[1] **Sind Anordnungen über Kinder zu treffen, so hört das Gericht die Eltern persönlich an.** [2] **Die Kinder werden in geeigneter Weise durch das Gericht oder durch eine beauftragte Drittperson persönlich angehört, soweit nicht ihr Alter oder andere wichtige Gründe dagegen sprechen.**
J. Sort des enfants I. Audition	[1] Le juge entend les père et mère personnellement pour régler le sort des enfants. [2] Le juge ou un tiers nommé à cet effet entend les enfants personnellement, de manière appropriée, pour autant que leur âge ou d'autres motifs importants ne s'opposent pas à l'audition.
J. Figli I. Audizione	[1] Prima di prendere disposizioni riguardo ai figli, il giudice sente personalmente i genitori. [2] I figli sono personalmente e appropriatamente sentiti dal giudice o da un terzo incaricato, a meno che la loro età o altri motivi gravi vi si oppongano.

Literatur

Anpassung des Zürcher Prozessrechts im Personen- und Familienrecht, BRÄM/Stiftung für jur. Weiterbildung, Hrsg., Zürich 2001; BÄHLER, Die Vertretung des Kindes im Scheidungsprozess, ZVW 2001, 187 ff.; BALTZER-BADER, Die Anhörung des Kindes – rechtliche Aspekte, ZVW 1999, 196 ff.; BIRCHLER, Die Anhörung des Kindes, Erste Erfahrungen, ZVW 2000, 235 ff.; BODENMANN/RUMO-JUNGO, Die Anhörung von Kindern, FamPra 2003, 22 ff.; CZITRON, Die vorsorglichen Massnahmen während des Scheidungsprozesses, Diss. St. Gallen 1995; FELDER/BÜRGIN, Die kinderpsychiatrische Begutachtung bei strittiger Kinderzuteilung im Scheidungsverfahren, FamPra 2000, 629 ff.; FELDER/STECK, Zusammenwirken von Behörden und Experten bei der Anhörung von Kindern in familienrechtlichen Verfahren, FamPra 2003, 43 ff.; FREIBURGHAUS, Auswirkungen der Scheidungsrechtsrevision auf die Kinderbelange und die vormundschaftlichen Organe, ZVW 1999, 133 ff.; GALLI-WIDMER, La représentation de l'enfant dans la procédure de divorce – Aspects de droit matériel et de procédure, ZVW 1999, 229 ff.; HEGNAUER, Der Anwalt des Kindes, ZVW 1994, 181 ff.; HUG-BEELI, Das persönliche formlose Gespräch des Richters mit dem betroffenen Kind im Eheprozess, ZVW 1991, 10 ff.; JACCOTTET TISSOT, Die Anhörung des Kindes, FamPra 2000, 80 ff.; KOSTKA, Im Interesse des Kindes?, Elterntrennung und Sorgerechtsmodelle in Deutschland, Grossbritannien und den USA, Frankfurt a.M. 2004; Kreisschreiben der Verwaltungskommission des OGer ZH vom 29.9.1999 an die Bezirksräte und Vormundschaftsbehörden über die Grundzüge des revidierten Scheidungsrechts und dessen Auswirkungen auf Vormundschaftsbehörden und Bezirksräte, ZR 1999 Nr. 54, 261 ff.; LEVANTE, Die Wahrung der Kindesinteressen im Scheidungsverfahren – die Vertretung des Kindes im Besonderen, Diss. Bern 2000; NUFER, Die Kommunikationssituation bei der Anhörung von Kindern, ZVW 1999, 207 ff.; VON OVERBECK, La Convention relative aux droits de l'enfant et le droit de l'enfant d'être entendu et représenté, in: FS B. Schnyder, Fribourg 1995, 481 ff.; PERRIN, Le droit des enfants à être entendus personellement par le juge dans les procédures les concernant, SJ 1997, 217 ff.; ROELLI, Materiell- und prozessrechtliche Gesichtspunkte der Kindeszuteilung, FS OGer LU ZBJV 1991, 225 ff.; RUMO-JUNGO, Die Anhörung des Kindes unter besonderer Berücksichtigung verfahrensrechtlicher Fragen, AJP 1999, 1578 ff.; DIES., L'audition des enfants lors du divorce de leurs parents, SJ 2003, 115 ff.; SCHREINER/SCHWEIGHAUSER, Die Vertretung von Kindern in zivilrechtlichen Verfahren, FamPra.ch 2002, 524 ff.; SCHÜTT, Die Anhörung des Kindes im Scheidungsverfahren, Diss. Zürich 2002; SCHWEIGHAUSER, Die Vertretung der Kindesinteressen im Scheidungsverfahren – Anwalt des Kindes, Diss. Basel 1998; SPÜHLER, Neues Scheidungsverfahren, Zürich 1999; DERS., Neues Scheidungsverfahren/Supplement, Zürich 2000; STECK, Die Vertretung des Kindes im Prozess der Eltern, AJP 1999, 1558 ff.; DERS., Die Vertretung des Kindes (Art. 146 f. ZGB) – erste praktische Erfahrungen, ZVW 2001, 102 ff.; DERS., Erfahrungen mit der Kindesanhörung, FamPra.ch 2001, 720 ff.; SUTER,

L'audition de l'enfant en procédure matrimoniale, RJJ 2002, 19; VOGEL, Freibeweis in der Kindeszuteilung, in: FS Hegnauer, Bern 1986, 609 ff.

Weitere Hinweise in den Literaturübersichten zu Art. 133, Art. 307 und 315.

1   Vier der 15 scheidungsverfahrensrechtlichen Artikel betreffen Kinder, und der erste statuiert ihre Anhörung, indes erst an zweiter Stelle *(Abs. 2),* doch setzt die erfolgreiche Anhörung des Kindes voraus, dass sich das Gericht zunächst *(Abs. 1)* durch die persönliche Befragung der elterlichen Scheidungsparteien (auch) zur Regelung der Kinderbelange (zur Anhörung der Parteien im Übrigen Art. 111 f., 139; «Anhörung» als Begriff des Informations- und Kommunikationsrechts: DRUEY, in: FS Forstmoser, Zürich 2003, 126 ff.) einen Eindruck von den Verhältnissen verschafft (dazu auch Art 133 Abs. 2). Die Anhörung dient der Sachverhaltsabklärung und ist deshalb als Beweismittel anzusehen. Diesbezüglich und bez. der Urteilsfähigkeit geht die Bedeutung des Art. 144 über Art. 12 UN-KRK hinaus (BGE 131 III 553, 554). Während die **Anhörung der Eltern** Ausfluss des prozessualen rechtlichen Gehörs ist (und ihrerseits i.d.R. dem Unmittelbarkeitsprinzip zu folgen hat: SUTTER/FREIBURGHAUS, N 11), steht dem urteilsfähigen Kind ein aus Art. 12 UN-KRK fliessender persönlichkeitsrechtlicher Anspruch auf die Darlegung seines Standpunkts zu (höchstpersönliches Recht i.S.v. Art. 19 Abs. 2).

2   Die Anhörung bedeutet im Praxisalltag Mehraufwand, bietet allerdings – über ihren unmittelbaren prozessualen Bezug zur Sachverhaltsermittlung hinaus – die Chance, durch familienexterne Fachpersonen das **Kind** nicht als Partei oder wie einen Zeugen als «Beweismittel», sondern **als Betroffenen** in das Verfahren einzubeziehen, ihm dabei auch schlicht die prozessualen Abläufe (u.a. auch die objektive «Gewöhnlichkeit» des Auseinanderbrechens der Elternbeziehung) und seine weiteren Rechte (etwa bez. persönlichem Verkehr, evtl. Abänderungen oder Mündigenunterhalt) zu erörtern und damit zu helfen, das Scheidungserlebnis einordnen und schliesslich überwinden zu können. Das innerfamiliär oft praktizierte Totschweigen zunächst der Eheprobleme und dann der Scheidungsfolgenproblematik ist nicht haltbar und darf nicht durch die gerade in belasteter Situation mit der Wahrung des Kindeswohls betrauten Behörden fortgesetzt werden, weshalb die **Anhörung grundsätzlich obligatorisch** ist.

3   Das Kind ist denn auch *unabhängig von der Natur des konkreten Verfahrens* (namentlich auch bereits im **Massnahmeverfahren**) anzuhören (BGE 126 III 497; ZR 2003 Nr. 18 E. 2a), als Ausfluss von Art. 12 UN-KRK selbst in fremdenpolizeilichen Verfahren betr. Familiennachzug (BGE 124 II 361), namentlich auch im **vormundschaftlichen** Verfahren bei unverheirateten Eltern (BGE 127 III 295) sowie im Eheschutzverfahren, wo die Regeln für die Scheidung eine analoge Anwendung finden (ZR 2002 Nr. 59). Entscheidend ist nur, ob es von den behördlichen Anordnungen *betroffen* ist, was einzig bei lediglich güterrechtliche Ansprüche sichernden Anordnungen des Eheschutzrichters zu verneinen sein dürfte, welche aber kaum je isoliert anzuordnen sind.

4   Das Kind ist grundsätzlich *unabhängig* von seinem **Alter,** aber *unter Berücksichtigung seines Verständnisses* anzuhören (ZR 2003 Nr. 18). Ob sich bei **vorschulpflichtigen Kleinkindern** aus dem blossen Inhalt des Gesprächs massgebliche Anhaltspunkte ergeben, mag zweifelhaft sein, und es wird in diesen Fällen i.d.R. das *Alter als wichtiger Grund gegen* die Anhörung angeführt werden können *(Abs. 2),* was allerdings bedeutet, dass die dennoch gebotene *Sachverhaltsabklärung* umso sorgfältiger zu erfolgen hat (SUTTER/FREIBURGHAUS, N 35). Zudem ist die Bedeutung der Aussagen massgeblich für die Verfahrensrechte Belasteter (sinngemäss BGE 129 I 151). Es kann nämlich der Zuteilungsstreit gerade auch bei Kindern dieses Alters durchaus schwierig zu entscheiden sein, weshalb *unangemeldete Besuche* am Ort, wo sich das Kind gewöhnlich aufhält (Art. 145 N 3), und die *blosse Beobachtung* – verbunden mit einigen beiläufigen Fragen

zur Befindlichkeit – dem Anliegen von Art. 144 Genüge tun und der Sachverhaltsabklärung dienen; zudem schafft solches behördliches Engagement die zum Entscheid erforderliche innere Gewissheit (s. auch N 8), erhöht aber auch die Akzeptanz bei den Beteiligten, da zumindest der Vorwurf der «Schreibtischtäterschaft» entfällt. Ab **Schuleintritt** ist ein gerichtliches Gespräch mit dem Kind selbstverständlich möglich, und es wird lediglich die Auswertung (N 8) von Alter und weiteren Umständen abhängen; gegen Ende des Primarschulalters (also mit 10–12 Jahren) wird im Allgemeinen aber die Fähigkeit des Kindes gegeben sein, sich mit der Tragweite der Obhutsregelung für die eigene künftige Befindlichkeit *auseinander zu setzen* (was von der *Urteilsfähigkeit* zu unterscheiden ist); ob die Äusserung im eigentlichen Sinne «verwertbar» (bzw. die Berücksichtigung der Meinungsäusserung i.S.v. Art. 133 Abs. 2 «tunlich»; dort N 14) ist, hängt davon ab, ob die Meinung unbeeinflusst gebildet werden konnte oder ein Abhängigkeitsverhältnis zu einem Elternteil oder dessen Umfeld besteht (zur Gefahr suggestiver Beeinflussung im Strafprozess s. BGE 128 I 81); im Loyalitätskonflikt des Kindes muss das Gericht Verantwortung für den Entscheid übernehmen. Dieser darf nicht als Vorwand für den Verzicht auf eine Anhörung eingebracht werden, da die Belastung des Kindes ja nicht auf die Anhörung, sondern auf die familiäre Situation zurückzuführen ist. Vielmehr ist erst auf eine Anhörung zu verzichten, falls diese zu einer eigentlichen Beeinträchtigung der physischen oder psychischen Gesundheit des Kindes führen würde (BGE 131 III 553 ff.).

Das Bundesgericht geht davon aus, dass eine Kindesanhörung durch den Richter **grundsätzlich ab dem sechsten Altersjahr** zu erfolgen hat (BGE 131 III 553 E. 1.2.3; s. aber BGE 5C.209/2005, 23.9.2005 E. 3.1). **Spätestens ab zwölf Jahren** hat die Urteilsfähigkeit (BGE 120 Ia 369, 371 E. 1a) und damit die Anhörung uneingeschränkt den Normalfall zu bilden; denkbaren Einschränkungen der unbeeinflussten Meinungsbildung (wie Entwicklungsrückstand oder Abhängigkeitsverhältnis gegenüber dem betreuenden Elternteil) ist im Rahmen der Anhörung bzw. der materiellen Würdigung nachzugehen (heikel deshalb BJM 2002, 92, wonach bei drei Geschwistern im Alter von 13½, 11 und 9 Jahren davon auszugehen sei, es trete die Urteilsfähigkeit «im Sinne einer Vermutung am 12. Geburtstag eines Kindes ein», da die gemeinsam agierenden Schwestern bez. der von ihnen abgelehnten Rücknahme von Pflege- zu den leiblichen Eltern wohl gemeinsam eine für alle stimmige persönlichkeitsrechtliche Meinung gebildet hatten und nicht nur die älteste in dieses Verfahren einzubeziehen gewesen wäre). Handelt es sich nicht um ein gänzlich irrationales Ablehnen des andern Elters bzw. die Wahl einer offenkundig untauglichen Lösung, sondern um den «Normalfall» zweier zwar unterschiedlicher, insgesamt aber in etwa gleichwertiger Betreuungsvarianten (Art. 133 N 6–8; ferner N 6), so verdient auch das Anliegen eines noch nicht 12jährigen Kindes persönlichkeitsrechtlich Vorrang.

Die **Anhörung** hat i.d.R. **durch das Gericht** (bzw. eine Delegation) *selbst* und *nur ausnahmsweise* durch *Dritte* zu erfolgen (BGE 127 III 497; **a.M.** BGE 5C.19/2002, 15.10.2002; ZR 2003 Nr. 18 E. 3b; Steck, FamPra.ch 2003, 53 ff.). Dies gilt vorab dort ausnahmslos, wo das Kind es verlangt. Das Gesetz stellt zwar keinen expliziten Vorrang gerichtlicher Anhörung auf, doch ist die Verwertbarkeit indirekter Aussagen beschränkt (namentlich wegen der nur rudimentären Protokollierung: N 6) und verzögert das Verfahren (u.U. kann sich – wegen verstrichener Zeit oder fehlender Unmittelbarkeit – eine weitere Anhörung aufdrängen: Schweighauser, FamPra.ch 2001, 844). Dass die Delegation Ausnahme ist, ergibt sich auch aus dem Grundsatz, dass die Sachverhaltsermittlung regelmässig dem Gericht obliegt (Art. 145; vgl. z.B. § 171 ZPO ZH). Lediglich in ersichtlich «pathologischen» Fällen rechtfertigt sich, von Beginn weg unter Beizug von VormBehörde, Jugendsekretariat, u.U. kinderpsychologischen oder -psychiatrischen Fachstellen vorzugehen oder den einem Kind schon bestellten Vertreter nach Art. 146 beizuziehen. Das Gericht darf sich ausnahmsweise auf ein zuvor erstelltes Gutachten stützen und somit auf eine eigene Anhörung verzichten, sofern keine bedeutenden neuen Erkenntnisse zu erwarten sind (BGE 5P.322/2003, 18.12.2003, FamPra.ch 2004, 712) und nicht das Kind seinerseits das Gespräch *mit dem Gericht* wünscht. Hingegen fällt ausser Betracht, wer nach Art. 139 Abs. 3 ein Aussageverweigerungsrecht hat. Grundsätzlich ist jedoch denkbar, dem Kind den «juristischen Aspekt» (N 2) im Rahmen eines gemeinsamen Gesprächs mit weiter beizuziehenden Fachpersonen zu erörtern, was namentlich deshalb Sinn macht, weil dadurch im Interesse des Kindes die Zahl von Anhörungen eingeschränkt werden kann. Ob eine Anhörung durch das Gericht erfolgt (oder unterbleibt) bzw. Dritte beigezogen werden, ist eine prozessleitende Frage und als solche rechtsmittelfähig (BGE 5P.290/2001, 16.11.2001).

6   **Inhaltlich** hat das Gespräch darauf Rücksicht zu nehmen, dass es im Interesse des Kindes und nicht zur Sammlung von Beweismaterial geführt wird; es soll das Kind zu Wort kommen – durch unverbindliche Anknüpfung an seine Interessen, Freuden und Sorgen, nicht aber durch Fragen nach seiner Präferenz für Vater oder Mutter (vgl. BODENMANN/ RUMO-JUNGO, FamPra.ch 2003, 22 ff.; allg. Kommunikationsregeln mit dem Kind: SCHÜTT, 187 ff.; BACILIERI-SCHMID, ZVW 2005, 213 ff.). Der **Rahmen** des Gesprächs soll ernsthaft und freundlich sein; eher haben bisherige elterliche Streitigkeiten das Kind traumatisiert, als dass das Betreten eines *Gerichtsbüros* entsprechende Folgen hätte, doch darf das Gespräch keinesfalls vor einem Plenum oder in Anwesenheit der Eltern erfolgen (will das Kind nicht ohne Begleitung der betreuenden Person erscheinen, dürfte sich wegen des manifesten Interessenkonflikts die Bestellung eines Vertreters aufdrängen); Vertrauenspersonen des Kindes sind zuzulassen, ohnehin ein Vertreter nach Art. 146. Ob *Geschwister* getrennt oder gemeinsam angehört werden sollen und wollen, hängt von den Umständen (z.B. älteres Geschwister als Übersetzer; Verhältnis der Geschwister unter sich: diesbez. Art. 133 N 8) und namentlich *ihren* Wünschen ab. Diese bestimmen weitgehend auch die *Gesprächsdauer* (wobei behutsam vorzugehen ist, um weder ein scheues Kind zu drängen noch ein aufgewecktes hinzuhalten); die richtige Gesprächsdauer ist dann erreicht, wenn sie die für eine differenzierte Würdigung erforderlichen Grundlagen ergeben bzw. bestätigt hat (in BGE 5C.210/2000, 27.10.2000, E. 1d [nicht in FamPra.ch] hat – sachverhaltsbezogen – eine zweitinstanzliche Anhörung von zwei rund 12jährigen Schwestern im Januar einen Nachmittag gedauert und war im April eine *zweite* «Befragung» vor einer Gerichtsdelegation erfolgt, worauf das OGer die erstinstanzliche Zuteilung an die Mutter aufgehoben und die beiden Töchter dem Vater zugeteilt hatte, insb. mit der Begründung, bei nicht wesentlich unterschiedlicher Eignung sei erheblich, dass sich die Töchter mit der neuen Freundin des Vaters und deren knapp gleichaltrigen Tochter besser verständen als mit den Söhnen des mütterlichen Freunds). – Die Frage der **Protokollierung** ist mit dem Kind zu besprechen; typisch ist ein Resumé über Inhalt und Verlauf (BGE 122 I 53, 56 E. 4c; 5C.210/2000, 27.10.2000, FamPra.ch 2001, 606 E. 2a), was auf Wunsch des urteilsfähigen Kindes im Blick darauf, dass das Protokoll den Eltern und ihren Vertretern zugänglich sein wird, aber auch auf den blossen Protokollvermerk, es habe die Anhörung stattgefunden, reduziert werden kann; alsdann wird aber der Inhalt für den Entscheid nicht verwertet werden können und läge wohl regelmässig Anlass vor, (Amts-)Berichte oder ein Gutachten einzuholen, was in solchen Fällen adäquat sein dürfte (vgl. Art. 145 N 3 f.). Denkbar wäre auch (wiederum in Absprache mit dem Kind), intern (aber unter expliziter Anordnung von Schutzvorkehren: z.B. § 145 ZPO ZH) eine erweiterte Dokumentation des Gesprächs (namentlich auch zu Handen von Rechtsmittelinstanzen) zu verfassen, um wiederholte Anhörungen im Rechtsmittelverfahren unnötig zu machen.

7   Ob eine **schriftliche Stellungnahme des Kindes** genügt, ist diskutabel. Man wird das Kind zwar nicht zum Gespräch zwingen können, hat aber den Kontakt zu ihm in einer Art zu suchen, welche die Grundlage schafft, dass es – evtl. auch erst etwas später spon-

tan – sich zu äussern getraut und erkennt, dass das Gespräch ausschliesslich in seinem Interesse erfolgen soll. Blosses Stillschweigen auf gerichtliche Briefe (von denen man nicht weiss, ob sie dem Kind überhaupt zugekommen sind) oder wohlformulierte schriftliche Stellungnahmen, deren Unbefangenheit Zweifel lässt, müssten eher Überlegungen i.S.v. Art. 146 auslösen; ein durch einen Vertreter nach Art. 146 kommunizierter Verzicht wäre denn auch glaubhaft und persönlichkeitsrechtlich zu respektieren (indes soll nicht durch eine aus unbestimmtem Grund angeordnete Vertretung nach Art. 146 generell die Anhörung ersetzt, sondern ggf. Unsicherheit nach gescheiterter Anhörung beseitigt werden: Art. 146/147 N 5). Das Ankreuzen des Kästchens «Verzicht» auf einem gerichtlichen Schreiben mag im Einzelfall zwar unbefangen erfolgt sein, ist aber weder Anhörung «in geeigneter Weise» noch «wichtiger Grund» i.S.v. Art. 144 Abs. 2 und damit ungenügend; denkbar ist, in unproblematischen Fällen solche «Anhörungsansätze» telefonisch (mit Protokollvermerk) zu verifizieren. Solches Vorgehen ist hingegen ohne weiteres denkbar, wo die Anhörung (etwa wegen *ausländischem* Aufenthalt) ansonsten aus zwingenden faktischen Gründen unterbleiben müsste *(Abs. 2)*.

Die **Auswertung des Gesprächs** hat auf die gesamten Gegebenheiten Rücksicht zu neh- **8** men (BGE 124 III 90, 93 E. 3b; 122 III 401, 402 f. E. 3b/c): Alter bzw. konkretes Verständnis des Kindes (in den genannten Fällen ein *sechs*jähriges Mädchen bzw. zwei 14- und 16jährige Söhne betr.), welches von den Lebensumständen abhängt, sowohl was die Fähigkeit zum Austausch mit Fremden betrifft (etwa, ob ein kleineres Kind Erfahrungen im Umgang mit betreuenden, wechselnden Fremdpersonen hat) wie auch bez. der konkret zu beurteilenden Frage (in BGE 124 III 90, 93 f. E. 3c, konnte die sechsjährige Julia *nicht wegen ihres Alters* keine massgebliche Äusserung abgeben, sondern weil sie bislang noch gar keinen Kontakt zu ihrem Vater hatte, weshalb die Frage *ausserhalb ihres Vorstellungshorizonts* lag und eine von Anbeginn weg offensichtlich zwecklose Anhörung zu unterbleiben hat). Die *Begründungspflicht* erfordert, dass im Entscheid sowohl die Anhörung an sich (bzw. die Gründe, weshalb auf sie verzichtet wurde) wie auch die gerichtliche Meinungsbildung angeführt werden (zur Frage, wieweit der gerichtliche Entscheid dem Kind zu eröffnen sei, s. SUTTER/FREIBURGHAUS, N 43 ff.; es kommt dem gegen seinen Willen übergangenen Kind jedenfalls die Rechtsmittellegitimation zu). Das Gespräch dient nicht unmittelbar der Entscheidfindung (es soll und darf dem Kind nicht über seine Meinungsäusserung die Verantwortung für den Entscheid übertragen werden), wohl aber der *Verifizierung* der sich aus den übrigen Informationsquellen ergebenden Aktenlage (BGE 5C.52/2005, 1.7.2005); bleibt aber dieses Bild diffus oder wird es aufgrund der Anhörung des Kindes diffus, drängen sich weitere Abklärungen oder Anordnungen (Art. 145 f.) auf; indes: «Dass letzte Zweifel sich nicht ausräumen lassen und dass das Gelingen einer bestmöglichen Entwicklung […] nicht mit Gewissheit vorausgesagt werden kann, liegt in der Natur einer jeden Prognose» (BGE 5C.210/2000, 27.10.2000, E. 1d a.E.; Art. 145 N 4 a.E.).

Art. 145

II. Abklärung der Verhältnisse	[1] **Das Gericht erforscht den Sachverhalt von Amtes wegen und würdigt die Beweise nach freier Überzeugung.**
	[2] **Nötigenfalls zieht es Sachverständige bei und erkundigt sich bei der Vormundschaftsbehörde oder einer in der Jugendhilfe tätigen Stelle.**
II. Appréciation des circonstances	[1] Le juge établit d'office les faits et apprécie librement les preuves.
	[2] Au besoin, il fait appel à des experts et se renseigne auprès de l'autorité tutélaire ou d'un autre service de l'aide à la jeunesse.

Peter Breitschmid

II. Accertamento
dei fatti

[1] Il giudice accerta d'ufficio i fatti e valuta le prove secondo libero convincimento.

[2] Se necessario fa capo a periti e si informa presso l'autorità tutoria o presso un servizio di assistenza della gioventù.

Literatur

Vergleiche die Literaturhinweise zu Art. 144 und 139.

1   Die Verpflichtung auf das **Kindeswohl** bedingt, dass unabhängig von Parteianträgen und Aussageverhalten von Amtes wegen die *elterliche Sorge,* der *persönliche Verkehr* und der *Unterhalt* zu regeln (Art. 133) sowie ggf. die erforderlichen *Kindesschutzmassnahmen* zu treffen sind (Art. 315a Abs. 1). Schon bislang galt namentlich bez. der Kinderbelange uneingeschränkt die **Untersuchungs- und Offizialmaxime** (LÜCHINGER/GEISER, Voraufl., aArt. 156 N 23 ff., abgeleitet aus aArt. 157; BGE 128 III 411), was die Revision mit Blick auf die spezifische Bedeutung des Prinzips für das Kindeswohl nunmehr ausdrücklich im Gesetzeswortlaut verankert hat. Über die in Art. 139 für das Verhältnis der Scheidungsparteien unter sich bez. der scheidungsbegründenden Tatsachen statuierte *Untersuchungsmaxime* hinaus (wonach der Sachverhalt von Amtes wegen zu erforschen ist) soll nicht lediglich das unbeeinträchtigte Selbstbestimmungsrecht der (erwachsenen) Prozessparteien geschützt, sondern *unabhängig von Anträgen und Vorbringen* der Parteien für die von der Scheidung der Elternehe betroffenen minderjährigen Kinder die möglichst ideale Lösung in *allen* zu regelnden Belangen (zu diesen Art. 133) verwirklicht werden. Mit der Untersuchungsmaxime geht aber nicht die Pflicht des Richters einher, auf alle Beweismittel zu reagieren. Demnach ist er nicht gehalten, weitere Nachforschungen anzustellen, sofern er sich aufgrund der bereits erbrachten Beweise ein Bild hat machen können (BGE 5C.22/2005, 13.5.2005, FamPra 2005, 950 ff.). Die Offizialmaxime gilt in allen Instanzen (s. insb. HINDERLING/STECK, 489) und Verfahren (Eheschutz-, Massnahme-, Scheidungs- und Nachverfahren; nur bedingt bei der Vollstreckung, dazu N 2); sie bedeutet namentlich, dass unabhängig von (Teil-)Rechtskraft, Beschwer und Anträgen (Übersicht in BGE 118 II 94) auch obere Instanzen (bis hin zum BGer: BGE 119 II 203) unzulängliche Anordnungen von Amtes wegen noch anpassen können.

2   Im *Sonderfall* des vom kantonalen Recht geregelten (BGE 118 II 392) **Vollstreckungsverfahrens** darf demgegenüber *keine inhaltliche Überprüfung* des zu vollstreckenden Entscheids mehr erfolgen (BGE 111 II 315), sondern es ist lediglich die *Vollstreckung als solche kindeswohlgerecht* auszugestalten, was einen vorübergehenden Aufschub, den begleitenden Beizug von Fachleuten oder die Abklärung, ob ein Abänderungsverfahren pendent sei, rechtfertigt, kaum aber die Einholung eines Gutachtens, da ein solches dem Abänderungsverfahren bzw. dortigen vorsorglichen Massnahmen vorbehalten bliebe (krit. zu BGE 111 II 315 zu Recht SCHNYDER, ZBJV 1987, 100 f.; vgl. zum Sonderfall internationaler *Kindesentführungen* Art. 307 N 31); allenfalls könnte rechtsmissbräuchliches Zuwarten mit dem Vollstreckungsbegehren geltend gemacht werden (ZR 1996 Nr. 19), was aber an den Umständen des konkreten Falls zu verifizieren ist (ZR 1995 Nr. 11: vorläufige Obhutszuteilung an den Vater bzw. faktisch dessen Mutter/Grossmutter wegen Krankheit der Mutter; ausnahmsweise Anhörung des Kindes zwecks Abklärung, ob sich nach seinem Empfinden die Verhältnisse seit dem Urteilszeitpunkt verändert haben). Zudem ist bei der Vollstreckung grundsätzlich direkter, physischer Zwang gegen das Kind möglichst zu vermeiden (BGE 107 II 303; 111 II 409; m.E. wäre vom Vollstreckungsgericht der VormBehörde zwecks Anordnung konkret auf die Ermöglichung einer Kontaktnahme gerichteter Kindesschutzmassnahmen Kenntnis zu geben: ZVW 1991, 144), während dies gegenüber einem obstruierenden Elternteil nicht ausgeschlossen, indes auch hier indirektem Zwang (namentlich durch «Astreinte» oder Androhung der Un-

gehorsamsstrafe nach Art. 292 StGB: BGE 107 II 304; 127 IV 119: unter präziser Umschreibung des verlangten Verhaltens) der Vorzug zu geben ist.

Die Offizialmaxime ist zwar im Interesse des Kindes statuiert; ausgeprägter als im Un-   **3**
terhaltsrecht (dazu Art. 280 N 7) liegen Abklärungen über die Zuteilung elterlicher Sorge und des persönlichen Verkehrs aber im *beiderseitigen* Interesse von Eltern und Kind. Was im Einzelnen erforderlich ist, um zu einem dem Kindeswohl und den berechtigten Interessen der Eltern (bzw. namentlich des nicht sorgeberechtigten Elternteils) entsprechenden Entscheid zu kommen, liegt im *pflichtgemässen Ermessen des Gerichts.* Zwar wird die Grundlinie seiner Abklärungen durch die Vorbringen der Parteien bestimmt, ohne aber durch diese begrenzt zu sein. Routinemässiges Einholen von **Berichten** der Vorm-Behörde oder von Jugendsekretariaten erfasst nur bereits bekannt gewordene pathologische Fälle und entbindet nicht von anderweitigen Abklärungen (etwa bei Schule oder Tageseltern, wofür die genannten Stellen eingesetzt werden können, Amtsberichte), namentlich aber auch **unmittelbarem eigenen Tätigwerden des Gerichts** durch *unangemeldete Besuche,* evtl. verbunden mit einem Gespräch mit dem Kind (Art. 144; vgl. VOGEL, 614 ff.; ROELLI, ZBJV 1991, Bd. 127bis, 246 ff.), sowie namentlich (ergänzender) Befragung der Eltern, wenn Unsicherheit verbleibt.

Kontrovers ist im Einzelfall jeweils aufgrund der Parteianträge, was an **Gutachten** erfor-   **4**
derlich ist. Der EGMR hat erkannt, dass die Verweigerung des persönlichen Verkehrs ohne kinderpsychologische Begutachtung des den Vater ablehnenden Kindes Art. 8 und 6 Abs. 1 EMRK verletze (EGMR 11.10.2001 und 13.7.2000, EuGRZ 2002, 588 ff. bzw. 595 ff.); indes gebietet Wahrung der grundrechtlich gewährleisteten Kontaktansprüche zwar eine sorgfältige Evaluation, je nach schon vorliegenden Abklärungen und weiter (i.S.v. N 2) ermittelten tatsächlichen Umständen jedoch nicht in jedem Falle (weitere) Abklärungen, welche für das Kind letztlich auch zur Belastung werden können. Wie bei strafrechtlichen Untersuchungen sind zwar nach Möglichkeit Abklärungen so zu treffen, dass sie dokumentiert sind (Videoaufzeichnungen u.Ä.; dazu BGE 128 I 81; s. aber Art. 144 N 6 bez. des Anspruchs des Kindes auf Vertraulichkeit seiner Äusserungen) und sich Wiederholungen beim Fehlen wesentlicher zwischenzeitlicher Entwicklungsschritte erübrigen. Namentlich aber sind Fälle häufig, bei welchen eine (vorübergehende) Entfremdung (zum *parental alienation syndrom* s. Art. 133 N 10) oder gelegentliche «nervöse Störungen [...] im Übrigen offensichtlich nicht ernsthafter Natur» (BGE 112 II 381, 384) zwar pathologische Zustände sein mögen, deren Überwindung aber nicht durch kinderpsychologische oder -psychiatrische Untersuchungshandlungen, sondern allenfalls durch Behandlung, eher aber durch mediative Überzeugungsarbeit eines Erziehungs-und/oder Besuchsrechtsbeistands (Art. 308 N 17) im Alltag gelingt; die Belastung des Kindes durch die pathologische Entwicklung der Elternehe darf nicht zu einer Pathologisierung des Kindes führen: Wo der persönliche Verkehr *nicht verweigert* wird (aus Gründen von Art. 311 Abs. 1 Ziff. 2; dazu Art. 133 N 4), sondern lediglich faktisch oder durch behördliche Anordnung *vorübergehend ruht,* bis **beistandschaftliches Wirken** fruchtet, bedarf dies bei korrekt ermittelten tatsächlichen Umständen und ausgewogener Würdigung der Ergebnisse durch eine (familien-)gerichtlich erfahrene Stelle nicht in jedem Falle zwingend fach(ärzt)licher Untermauerung (FamKomm Scheidung/SCHWEIG-HAUSER, N 6; HINDERLING/STECK, 486 f.; LÜCHINGER/GEISER, Voraufl., Art. 156 N 24 a.E.; BGE 112 II 381, 384; 5C.210/2000, 27.10.2000, E. 2c). Es können die in jedem Scheidungsfall mehr oder minder intensiv auftretenden Probleme nicht durch die bisweilen inflationär anbegehrten Gutachten bekämpft werden (weshalb auch bei widersprüchlichen Gutachten nur Anspruch auf Auseinandersetzung mit diesen Widersprüchen im Entscheid, nicht aber auf Einholung eines Obergutachtens besteht: BGE 114 II 201 E. 2b); zudem bringt der mit jeder Delegation von Verfahrensschritten einhergehende

«Aufschub» (welcher hintergründig oft Anlass zum Begehren um gutachtliche Abklärung ist) durch die fortschreitende Entwicklung der Verhältnisse bzw. die andauernde Ungewissheit in aller Regel nur zusätzliche Probleme (zu den *Grenzen gutachtlicher Möglichkeiten* namentlich im *prognostischen* Bereich s. FELDER/BÜRGIN, FamPra.ch 2000, 639 f.; Art. 144 N 8 a.E.).

Art. 146

III. Vertretung des Kindes

1. Voraussetzungen

[1] **Das Gericht ordnet aus wichtigen Gründen die Vertretung des Kindes im Prozess durch einen Beistand an.**

[2] **Es prüft die Anordnung der Beistandschaft insbesondere dann, wenn:**

1. **die Eltern bezüglich der Zuteilung der elterlichen Sorge oder wichtiger Fragen des persönlichen Verkehrs unterschiedliche Anträge stellen;**
2. **die Vormundschaftsbehörde es beantragt;**
3. **die Anhörung der Eltern oder des Kindes oder andere Gründe erhebliche Zweifel an der Angemessenheit der gemeinsamen Anträge der Eltern über die Zuteilung der elterlichen Sorge oder den persönlichen Verkehr erwecken oder Anlass geben, den Erlass von Kindesschutzmassnahmen zu erwägen.**

[3] **Auf Antrag des urteilsfähigen Kindes ist die Beistandschaft anzuordnen.**

III. Représentation de l'enfant

1. Conditions

[1] Lorsque de justes motifs l'exigent, le juge ordonne que l'enfant soit représenté par un curateur dans la procédure.

[2] Il examine s'il doit instituer une curatelle, en particulier lorsque:
1. les père et mère déposent des conclusions différentes relatives à l'attribution de l'autorité parentale ou à des questions importantes concernant les relations personnelles avec l'enfant;
2. l'autorité tutélaire le requiert;
3. l'audition des père et mère ou de l'enfant, ou d'autres raisons, font sérieusement douter du bien-fondé des conclusions communes des père et mère relatives à l'attribution de l'autorité parentale ou à la façon dont les relations personnelles sont réglées ou qu'elles justifient que la nécessité de prononcer une mesure de protection de l'enfant soit examinée.

[3] La curatelle est ordonnée lorsque l'enfant capable de discernement le requiert.

III. Rappresentanza del figlio

1. Requisiti

[1] Per motivi gravi, il giudice ordina che il figlio sia rappresentato al processo da un curatore.

[2] Esamina se debba essere istituita una curatela in particolare nei seguenti casi:
1. i genitori propongono conclusioni differenti in merito all'attribuzione dell'autorità parentale o a questioni importanti concernenti le relazioni personali;
2. l'autorità tutoria lo richiede;
3. l'audizione dei genitori o del figlio oppure altri motivi fanno sorgere notevoli dubbi sull'adeguatezza delle conclusioni comuni dei genitori circa l'attribuzione dell'autorità parentale o circa le relazioni personali oppure danno motivo di prospettare misure di protezione del figlio.

[3] La curatela va ordinata su richiesta del figlio capace di discernimento.

Art. 147

2. Bestellung und Aufgaben	[1] **Die Vormundschaftsbehörde bezeichnet als Beistand eine in fürsorgerischen und rechtlichen Fragen erfahrene Person.**

[2] **Der Beistand des Kindes kann Anträge stellen und Rechtsmittel einlegen, soweit es um die Zuteilung der elterlichen Sorge, um grundlegende Fragen des persönlichen Verkehrs oder um Kindesschutzmassnahmen geht.**
[3] **Dem Kind dürfen keine Gerichts- oder Parteikosten auferlegt werden.**

2. Désignation et attributions

[1] L'autorité tutélaire désigne comme curateur une personne disposant d'expérience en matière d'assistance et dans le domaine juridique.

[2] Le curateur peut déposer des conclusions dans la procédure et interjeter recours contre les décisions relatives à l'attribution de l'autorité parentale, à des questions essentielles concernant les relations personnelles ou aux mesures de protection de l'enfant.

[3] Les frais de procédure et les dépens ne peuvent être mis à la charge de l'enfant.

2. Designazione e compiti

[1] L'autorità tutoria designa quale curatore una persona sperimentata in questioni assistenziali e giuridiche.

[2] Il curatore può proporre conclusioni e interporre rimedi giuridici ove si tratti dell'attribuzione dell'autorità parentale, di questioni fondamentali inerenti alle relazioni personali o di misure di protezione del figlio.

[3] Non si devono mettere a carico del figlio spese giudiziarie o ripetibili.

Literatur

Vergleiche die Literaturhinweise zu Art. 144.

I. Allgemeines – prozessuale Eigenart der Kindesvertretung

Die Möglichkeit der Konstituierung des Kindes im elterlichen Scheidungsprozess ist   1
eine Neuerung der Scheidungsrevision und **prozessuales Unikum:** Das Kind ist weder Kläger noch Beklagter, auch nicht Nebenpartei, sondern im Blick auf die Wahrnehmung seiner eigenen Interessen *selbstständige Hauptpartei* (VOGEL/SPÜHLER, Kap. 5 Rz 31b; ähnlich SUTTER/FREIBURGHAUS, N 2) – man könnte wohl auch sagen, dass *in Bezug auf Kinderbelange* die *Gemeinschaft von Eltern und Kindern eine notwendige Streitgenossenschaft* bilde. Dabei obliegt dem Gericht, im Rahmen der Kindesanhörung (Art. 144) zu evaluieren, ob sich das Kind «unterzieht» (mithin sich vom Prozess fern hält und jedes Ergebnis auch gegen sich gelten lässt: VOGEL/SPÜHLER, Kap. 5 Rz 54), oder ob solches Verhalten unter dem Gesichtspunkt der Untersuchungs- und Offizialmaxime (Art. 145) Handlungsbedarf auslöst, damit nicht die im Verfahren verbliebenen Parteien (Eltern) zu Lasten des Abseitsstehenden (Kind) prozessieren. Bereits die Offizialmaxime legt indes die Interessenwahrung des Kindes in weitem Masse in die Hände des Gerichts, dessen Kommunikation mit dem Kind allerdings bisweilen auf tatsächlicher Ebene (Art. 144 N 7) erschwert sein mag und zudem deshalb beschränkt ist, weil das Gericht sich nur beschränkt mit einer *Partei solidarisieren* kann. Als «Kindesanwalt» kann der Richter deshalb nicht agieren, sondern er muss – wie auch sonst gegenüber einer zur gehörigen Führung ihrer Sache nicht fähigen Partei (vgl. z.B. § 29 Abs. 2 ZPO ZH) – dem Kind *«aus wichtigen Gründen»* (Art. 4) einen Beistand bestellen.

Peter Breitschmid   915

2 Nach überwiegender Auffassung (vgl. mit det. Nw. STECK, AJP 1999, 1561; krit. FREI-BURGHAUS, ZVW 1999, 145) handelt es sich (in Übereinstimmung mit der Terminologie von Art. 147 Abs. 1) um eine **besondere Art der Beistandschaft,** welche den eher *nach*-prozessualen bzw. prozess*begleitend* betreuenden Tätigkeitsschwerpunkt eines Besuchs-rechtsbeistands (Art. 308 Abs. 2, dort N 12 und 14 ff.) um die *Vertretung im Prozess* er-gänzt. Eine «Ämterkumulation» (zur Eignung s. N 9) ist m.E. zulässig, weshalb die dogmatische Einordnung von geringerer Bedeutung ist.

3 Namentlich wirkt sich die Qualifikation m.E. (entgegen FREIBURGHAUS, ZVW 1999, 148 f.) bei der **Kostentragung** nicht aus, da die im Rahmen von Art. 146 f. entstandenen Kosten des Gerichts *und* die erbrachten Leistungen des Vertreters unter **Art. 147 Abs. 3** fallen (der eine Spezialregelung bez. der in diesem Umfeld anfallenden Unterhalts- bzw. Massnahmekosten enthält; vgl. im Übrigen Art. 276 Abs. 1), wonach dem Kind (gemeint: im Konnex des elterlichen Verfahrens) «keine Gerichts- und Parteikosten auferlegt wer-den» dürfen. In jedem Fall – selbst bei unsinnigen Anliegen des Kindes – haben (wie bei Statusklagen) die Eltern das Scheidungsverfahren zu vertreten und die damit verbundenen Gerichtsgebühren und weiteren Kosten auch dann zu tragen, wenn sie durch Anträge des Kindes bzw. seines Vertreters ausgelöst wurden (FamKomm Scheidung/SCHWEIGHAUSER, Art. 147 N 46 f.). Eine Partei hat regelmässig (vgl. z.B. § 68 ZPO ZH) weitere Prozessbe-teiligte in dem Rahmen zu entschädigen, als ihr Kosten auferlegt wurden. Ob in gänzlich atypischen Situationen (Bekämpfung einer vollständigen, adäquaten elterlichen Einigung durch das urteilsfähige Kind) ausnahmsweise von dieser Betrachtung abzuweichen wäre, ist nicht generell-abstrakt zu entscheiden (u.U. wären aber in extremis die Kosten alsdann dem Vertreter des Kindes persönlich aufzuerlegen, der zwar die Meinung des Kindes zu vertreten hat [u. N 10], indes bei gänzlich unsinnigen Anliegen abmahnen müsste, da pro-zessuale Obstruktion nicht vom Kindeswohl erfasst wird). Der Auffassungen zu diesem (Neben-)Punkt sind viele, und es sollte Einfachheit vor höchster Gerechtigkeit in dieser auf das Gesamte gesehen zweitrangigen Frage kommen. Die **Entschädigung des Kindes-vertreters** ist entsprechend im eherechtlichen Entscheid festzusetzen und bildet ebenfalls Teil der Verfahrenskosten, welcher von der kostenpflichtigen Partei zu vergüten ist; bei Gewährung unentgeltlicher Prozessführung ist auch der Kindesvertreter aus der Gerichts-kasse zu entschädigen, wobei sich diese Entschädigung nach konkretem Aufwand und jeweiliger Verantwortung und auch bei anwaltlicher Vertretung nicht ohne weiteres nach dem entsprechenden Gebührentarif richtet, wo nicht eigentlich anwaltliche Leistun-gen zu erbringen waren (FamKomm Scheidung/SCHWEIGHAUSER, Art. 147 N 50 ff.; BREITSCHMID, 134); ggf. wären von der bestellenden VormBehörde mit dem Vertreter ver-einbarte Honoraransätze zu beachten.

II. Voraussetzungen der Anordnung einer Kindesvertretung (Art. 146)

4 Vorausgesetzt werden **wichtige Gründe** (Art. 4), welche in Art. 146 Abs. 2 *exemplifiziert* werden. Falls die Voraussetzungen von Art. 146 Abs. 2 Ziff. 1–3 vorliegen, besteht die gesetzliche Vermutung eines wichtigen Grundes, weshalb eine allfällige Nichteinsetzung zur Beschwerdeberechtigung der Parteien führt (BGE 5P.173/2001, 28.8.2001). *Obliga-torisch muss* ein Beistand indes nur auf Antrag des urteilsfähigen Kindes bestellt werden (Art. 146 *Abs. 3*), während bei unterschiedlichen elterlichen Anträgen bez. Sorgerechts-zuteilung oder persönlichem Verkehr (Art. 146 *Abs. 2 Ziff. 1*), vormundschaftsbehörd-lichem Antrag (Ziff. 2) oder bei erheblichen Zweifeln an den elterlichen Anträgen auf-grund ihrer oder des Kindes Anhörung bzw. der voraussichtlichen Notwendigkeit der Anordnung von Kindesschutzmassnahmen (Ziff. 3 als Auffangtatbestand; FamKomm Scheidung/SCHWEIGHAUSER, Art. 146 N 20) die Anordnung lediglich zu «prüfen» ist.

Während die Anhörung des Kindes grundsätzlich zwingend ist (Art. 144 N 2), ist ein **5** Beistand nicht in jedem Fall geboten (BGE 5C.210/2000, 27.10.2001, FamPra.ch 2001, 606, E. 2b), sondern seine Bestellung bei Vorliegen wichtiger Gründe nur zu prüfen. Dass es sich um einen rechtsmittelfähigen *prozessleitenden Entscheid* handelt (SUTTER/ FREIBURGHAUS, N 20 ff.; FamKomm Scheidung/SCHWEIGHAUSER, Art. 146 N 17; BREIT-SCHMID, 131), gibt dort nicht Anspruch auf einen selbstständigen Zwischenentscheid, wo der Antrag erst im Verlaufe des Verfahrens gestellt wird (BGE, a.a.O.). Es zeigt sich eine eher **restriktive Grundhaltung,** die insofern nachvollziehbar ist, als ein streitiges Drei-ecksverhältnis mit blosser «Sekundantenstellung» einen ohnehin hochgradig streitigen Scheidungsprozess (und die Kontaktfindung) nicht vereinfachen wird. Allerdings ist nachdrücklich zu betonen, dass die selbstständige Wahrnehmung der Kindesinteressen zentrales Anliegen der Revision und selbstverständliches grundrechtliches Anliegen ist; Zurückhaltung in der Bestellung eines Kindesvertreters ist allein dann angezeigt, *wenn die persönliche Anhörung des Kindes klare Ergebnisse gebracht* hat (die Vertretung des Kindes ersetzt nicht dessen Anhörung, sondern setzt sie i.d.R. voraus: Art. 144 N 7) und die «Hauptsacheprognose» (nämlich der Entscheid der das Kind konkret berührenden Frage) nicht von weiteren prozessualen Handlungen des Kindes abhängt (eher wird u.U. eine *weitere Anhörung* des Kindes zu neuen Entwicklungen oder abweichenden Auf-fassungen des Gerichts erforderlich sein: vgl. den in Art. 144 N 6 zit. BGE bzw. den dor-tigen Sachverhalt).

Dem Kind ist in **jedem eherechtlichen Verfahren** (Art. 144 N 3) ein Beistand zu bestel- **6** len, welches seine Interessen in solcher Weise berührt, dass die selbstständige prozessuale Wahrnehmung persönlichkeitsrechtlicher Anliegen aus wichtigen Gründen geboten ist (s. namentlich bez. des *Abänderungsverfahrens* STECK, AJP 1999, 1562 m.Anm. 46 und FamKomm Scheidung/SCHWEIGHAUSER Art. 146 N 10 ff.; SCHREINER/SCHWEIGHAUSER, FamPra 2002, 524, 527). Das **Alter** des Kindes kann Anlass geben, von der Bestellung abzusehen (ZR 2001 Nr. 54 bez. eines 2½jährigen), wobei allerdings nicht ausgeschlos-sen ist, dass gerade gänzlich fehlende **Urteilsfähigkeit** je nach konkreter Fragestellung (im genannten Fall liessen sich die absehbaren Probleme mit einer herkömmlichen Be-suchsrechtsbeistandschaft lösen) wichtiger Grund sein könnte. Ausserhalb eherechtlicher Fragen ist Art. 146 f. hingegen nicht unmittelbar anwendbar, sondern wären Kindes-schutzmassnahmen nach Art. 307 ff. anzuordnen.

Die Kindesvertretung **fällt dahin** mit Abschluss des Verfahrens, für welches sie erfolgt **7** ist, dauert aber in einem allfälligen Rechtsmittelverfahren fort, sofern jene Fragen, wel-che Anlass zur Bestellung gaben, noch kontrovers bzw. konnex sind. Das urteilsfähige Kind kann auf die von ihm verlangte Vertretung (Art. 147 Abs. 3) auch wieder verzich-ten, wobei die Beweggründe im Lichte von Art. 146 Abs. 2 zu überprüfen wären (s. det. SUTTER/FREIBURGHAUS, N 26 ff.).

III. Person des Kindesvertreters (Art. 147 Abs. 1)

Das Gesetz verlangt eine in fürsorgerischen und rechtlichen Belangen (in dieser Reihen- **8** folge) erfahrene Person. Zentral für den Erfolg der Anordnung ist, dass der Mandatsträ-ger das **Vertrauen des Kindes** gewinnt (weshalb einem Beistand mit guter Beziehung das Pflichtenheft zu erweitern wäre: N 2), ohne dass deswegen der *Umgang mit Eltern, Behörden und Gerichten* zurücktritt (vgl. in sachgemässer Analogie die Art. 379 ff.), was die Berücksichtigung von *Wünschen des Kindes* einschliesst (Art. 381), ein Anfechtungs-recht nach Art. 388 Abs. 2 aber z.B. nur aus Gründen des Kindeswohls zulässt. Nebst sozialwissenschaftlichen und rechtlichen Kenntnissen ist mithin namentlich Erfahrung im Umgang mit Kindern der jeweiligen Alters-, evtl. Kulturgruppe, aber auch allgemeine

Sozialkompetenz und Verhandlungsgeschick im Umgang mit Familie und Behörden zu fordern. Ob nebst Mitarbeitern von VormBehörden und Jugendhilfestellen auch Anwälte oder familienexterne Vertrauenspersonen des Kindes (wie Kinderärztin, Tageselter o.Ä.) in Frage kommen, ist im Einzelfall zu prüfen. Anwaltsrechtliche Regeln sind – unabhängig vom Berufsstand des gewählten Vertreters – bezüglich Interessenkollisionen und Doppelvertretung zu beachten. Ob *Geschwistern* gemeinsam oder je einzeln ein Beistand gegeben werden muss, hängt von ihrem Verhältnis untereinander und zu den Eltern ab (vgl. Art. 134 N 8; Art. 144 N 6; STECK, AJP 1999, 1566). Während das **Gericht** die **Vertretung anordnet** (Art. 146 Abs. 1; N 4 ff.), bezeichnet die **VormBehörde** die **Person des Vertreters** (Art. 147 Abs. 1).

IV. Befugnisse der Kindesvertretung (Art. 147 Abs. 2) – Aufsicht?

9   Die **Aufgaben** der Kindesvertretung beschränken sich auf die *Zuteilung der elterlichen Sorge,* auf *grundlegende Fragen des persönlichen Verkehrs* und auf die *Anordnung von Kindesschutzmassnahmen* (Art. 147 Abs. 2), was die *Unterhaltsbelange ausklammert.* Diese Ordnung wird praktisch einhellig kritisiert (Übersicht namentlich bei STECK, AJP 1999, 1562), da der *Verflechtung von Kindeswohl und Unterhalt* Rechnung zu tragen und allfälligen elterlichen «Gegengeschäften» gerade im Bereich Sorgerecht bzw. persönlicher Verkehr versus Unterhalt Aufmerksamkeit zu schenken ist. Immerhin wäre denkbar (wenn auch etwa mit Bezug auf die Kostenregelung unübersichtlich: N 3), dem Kindesvertreter (zusätzlich) eine entsprechende Beistandschaft nach Art. 308 Abs. 2 zu übertragen. Ob Fragen des persönlichen Verkehrs «grundlegend» sind, hängt von ihrer Kindeswohlrelevanz im konkreten Fall ab. Im Rahmen dieser Befugnisse kommt dem Beistand prozessuale Vertretungsbefugnis zu; soweit sie ihm nicht zukommt (namentlich in Unterhaltsbelangen oder wo er vor rechtskräftiger Bestellung handelt), wäre in den Eingaben enthaltenen Hinweisen auf eine Kindeswohlgefährdung allerdings von Amtes wegen (Art. 145) nachzugehen.

10   Die Kindesvertretung ist gegenüber der bestellenden VormBehörde **nicht weisungsgebunden;** den Anliegen des Kindes hat sie hingegen Rechnung zu tragen. Nicht anders als Anwälte hat sie jedoch abzumahnen, und bei fehlender Urteilsfähigkeit des Kindes (nicht unbedingt bezogen auf das Anliegen an sich als auf die Art seiner Durchsetzung) hat sie bez. der konkret unternommenen Schritte u.U. als auftraglose Geschäftsführerin im Kindeswohl zu handeln (bzw. ausnahmsweise offensichtlich obstruktive Handlungen zu unterlassen: vgl. N 2). Entscheidend ist, dass von der Vertretung gewonnene Erkenntnisse über die Anliegen des Kindes (das, was auch im Rahmen seiner Anhörung nach Art. 144 zu erfahren wichtig ist) ungefiltert (immerhin in Absprache mit dem Kind: vgl. sinngemäss Art. 144 N 6) an das Gericht gelangen (vgl. STECK, AJP 1999, 1563), was auch bei Aussichtslosigkeit gilt; Klugheit der Vertretung gebietet, in solchen Situationen zwischen den ausformulierten Anträgen und ergänzenden Mitteilungen in der Begründung zu unterscheiden. Neben dieser unmittelbaren prozessualen Vertretungsfunktion (mit Akteneinsicht, Teilnahme an Verhandlungen und Gelegenheit zu mündlicher bzw. schriftlicher Stellungnahme) hat der Kindesvertreter den Verfahrensverlauf und die Tragweite der jeweiligen Entwicklung dem Kind verständlich zu machen. Aufgrund der Unabhängigkeit des Kindesvertreters steht ihm – sofern die betroffenen Parteien dies akzeptieren – zudem die Möglichkeit offen, als Vermittlungsperson zu agieren (SCHREINER/SCHWEIGHAUSER, FamPra.ch 2002, 538).

11   Die Weisungsfreiheit liegt im Interesse der Sache, bedeutet indes im Interesse des (diesbez. kaum je urteilsfähigen) Kindes wiederum nicht gänzliche Autonomie: Die *sitzungspolizeiliche* Aufsicht des Gerichts erfasst den Kindesvertreter in seinem prozessualen

Handeln (STECK, AJP 1999, 1562; FamKomm Scheidung/SCHWEIGHAUSER, Art. 147 N 12), der im Übrigen aber anwaltliche Unabhängigkeit geniessen muss, indes (soweit nicht Anwalt) nicht der einschlägigen disziplinarischen Aufsicht untersteht. Die Nähe des Instituts zu den Kindesschutzmassnahmen bzw. der Beistandsbestellung rechtfertigt deshalb m.E., dass bei Meinungsverschiedenheiten zwischen Kind und Vertreter bzw. *objektiven Versäumnissen* («Rechtsverweigerung» durch mangelnde Kommunikation mit dem Kind, «Trittbrettfahren» mit dem prozessualen Standpunkt der einen Elternseite, ggf. Belästigung des Kindes u.ä.) über ihn bei der VormBehörde i.S.v. Art. 420 Beschwerde geführt, ggf. ein Wechsel in der Person beantragt werden kann (ähnlich – mit nachdrücklichem und zutreffendem Hinweis auf die Unabhängigkeit eines allenfalls «unbequemen» Beistands – SUTTER/FREIBURGHAUS, N 43 ff.; **a.M.** STECK, AJP 1999, 1562; FamKomm Scheidung/SCHWEIGHAUSER, Art. 147 N 12), während die vom Gericht angeordnete Kindesvertretung als solche auch nur vom Gericht aufgehoben werden könnte, indes auch nicht auf dieser Ebene durch Aufhebung der im Kindeswohl erlassenen Anordnung elterliche bzw. behördliche Anliegen gefördert werden dürfen.

Art. 148

K. Rechtsmittel I. Im Allgemeinen	[1] **Die Einlegung eines Rechtsmittels hemmt den Eintritt der Rechtskraft nur im Umfang der Anträge; wird jedoch der Unterhaltsbeitrag für den Ehegatten angefochten, so können auch die Unterhaltsbeiträge für die Kinder neu beurteilt werden.** [2] **Die rechtskräftige Vereinbarung über die vermögensrechtlichen Scheidungsfolgen kann bei Mängeln im Vertragsschluss mit Revision angefochten werden.**
K. Recours et révision I. En général	[1] Le dépôt d'un recours ne suspend l'entrée en force du jugement que dans la mesure des conclusions prises; toutefois, si le recours porte sur la contribution d'entretien allouée au conjoint, les contributions d'entretien des enfants peuvent aussi faire l'objet d'un nouveau jugement. [2] La convention sur les effets patrimoniaux du divorce entrée en force peut faire l'objet d'une demande en révision pour vices du consentement.
K. Rimedi di diritto I. In genere	[1] Il deposito di un rimedio giuridico sospende il passaggio in giudicato della sentenza soltanto nella misura delle conclusioni; se è però impugnato il contributo di mantenimento per il coniuge, possono essere oggetto di nuovo giudizio anche i contributi di mantenimento per i figli. [2] La convenzione sugli effetti patrimoniali del divorzio passata in giudicato può essere impugnata mediante domanda di revisione per vizi nella conclusione del contratto.

Literatur

Vgl. die Literaturhinweise zu Art. 111, 114, 119 und 120, ferner: GRÜTTER/SUMMERMATTER, Erstinstanzliche Erfahrungen mit dem Vorsorgeausgleich bei Scheidung, insbesondere nach Art. 124 ZGB, FamPra.ch 2002, 641 ff.; HAUSHEER, Der Scheidungsunterhalt und die Familienwohnung, in: Hausheer (Hrsg.), Vom alten zum neuen Scheidungsrecht, Bern 1999, 119 ff. (zit. HAUSHEER, Scheidungsunterhalt, Rz); KOLLER, Die Irrtumsanfechtung von Scheidungskonventionen, AJP 1995, 412 ff.; LEUMANN LIEBSTER, Teilunzuständigkeit des schweizerischen Scheidungsgerichts bei Aufenthaltswechsel des Kindes ins Ausland, FamPra.ch 2002, 511 ff.; LINIGER GROS, Aspects de la pratique judiciaire de l'art. 149 CC (Recours contre les jugements sur requête commune), FamPra.ch 2003, 73 ff.; SCHÜPBACH, Du moment de la dissolution du mariage, in: Mélange en l'honneur de Jacques-Michel Grossen, Basel 1992, 217 ff.; SPÜHLER/VOCK, Rechtsmittel in Zivilsachen im Kanton Zürich und im Bund, Zürich 1999.

I. Allgemeines

1. Entstehungsgeschichte und Verhältnis zum früheren Recht

1   In den Art. 148 und 149 enthält das Gesetz im Gegensatz zum früheren Recht **bundesrechtliche Vorschriften über die Rechtsmittel** (vgl. das Marginale). Art. 148 befasst sich mit zwei allgemeinen Problemen und regelt von Bundesrechts wegen einerseits die *Teilrechtskraft* (Abs. 1; hinten N 13 ff.) sowie anderseits – beschränkt auf den Bereich der rechtskräftigen Vereinbarungen über die vermögensrechtlichen Scheidungsfolgen – die Möglichkeit einer *Revision* (Abs. 2; hinten N 22 ff.).

2   Im früheren Recht galt von Bundesrechts wegen die **Regel der Teilrechtskraft** nur für das Verfahren der eidgenössischen Berufung vor BGer (Art. 54 Abs. 2 OG; Botschaft Revision Scheidungsrecht, 149; SPÜHLER/SCHÜTT, 1544). Für das Verfahren vor den kantonalen Instanzen bestimmte sich nicht nach Bundesrecht, sondern nach der anwendbaren kantonalen Zivilprozessordnung, ob ein Scheidungs- oder Trennungsurteil mit Bezug auf den Hauptpunkt in Teilrechtskraft erwachsen konnte (BGE 120 II 1,2 E. 2a; 126 III 261, 264; SPÜHLER/SCHÜTT, 1544). Die älteren Gesetze schrieben in der Regel vor, dass die Anfechtung des Urteils mit einem ordentlichen Rechtsmittel zu einem umfassenden Aufschub der Rechtskraft führte. Neuere Gesetze erlaubten dagegen, dass die Rechtskraft nur im Umfang der Anträge aufgeschoben wurde (vgl. dazu BÜHLER/SPÜHLER, Art. 146 N 30 ff. und BK-SPÜHLER/FREI-MAURER, Art. 146 N 30 ff.; HINDERLING/STECK, 590 ff.; 1. Aufl., LÜCHINGER/GEISER, Vorbem. zu Art. 137 ff. N 8; SUTTER/FREIBURGHAUS, Art. 148 N 1). Dies führte in den Kantonen zu uneinheitlichen Regelungen über den Zeitpunkt der Beendigung der Ehe und deshalb unter Umständen zu Unbilligkeiten (z.B. bei der Frage nach einer allfälligen Wiederverheiratung oder bei der Dauer der gegenseitigen Erbberechtigung der im Streit über die Scheidungsfolgen stehenden Ehegatten; vgl. Botschaft Revision Scheidungsrecht,149; HINDERLING/STECK, 591, 601; 1. Aufl., LÜCHINGER/GEISER, Vorbem. zu Art. 137 ff. N 9; SCHÜPBACH, 222 ff.; SUTTER/FREIBURGHAUS, Art. 148 N 1; TUOR/SCHNYDER/RUMO-JUNGO, 266; SPÜHLER, Neues Scheidungsverfahren, 58; SPÜHLER/SCHÜTT, 1544). Diese teils stossenden Konsequenzen wurden vom BGer unter Hinweis auf die kantonale Autonomie in verfahrensrechtlichen Belangen nicht beanstandet (BGE 84 II 467; 71 II 49, 53 f.; 62 II 271, 273). Um eine einheitliche Durchsetzung des Bundesprivatrechts zu gewährleisten und dem Gerichtsstand keine zu weitgehende Bedeutung einzuräumen, wurde in Art. 149 Abs. 1 VE vorgesehen, die Regel der Teilrechtskraft für den gesamten Bereich des Scheidungsrechts einzuführen (Begleitbericht zum VE, 81). Trotz vereinzelter Kritik im Vernehmlassungsverfahren wurde diese Bestimmung in Art. 149 Abs. 1 E übernommen (SUTTER/FREIBURGHAUS, Art. 148 N 4). In den parlamentarischen Beratungen wurde ein Antrag, von Bundesrechts wegen den umfassenden Aufschub der Rechtskraft vorzuschreiben, wenn ein kantonales ordentliches Rechtsmittel gegen einen Teil des Scheidungsurteils eingereicht wird, vom Nationalrat abgelehnt (AmtlBull NR 1997, 2723, 2726). Art. 148 Abs. 1 entspricht wörtlich der Fassung von Art. 149 Abs. 1 E. Zu den Ausnahmen vom Prinzip der Teilrechtskraft vgl. hinten N 18 ff.

3   Schon unter dem früheren Recht galt der Grundsatz, dass die Scheidungskonvention nach der gerichtlichen Genehmigung gemäss aArt. 158 Ziff. 5 endgültig ihren rechtsgeschäftlichen Charakter verlor und Bestandteil des Scheidungsurteils wurde. Die Bundesgerichtspraxis legte deshalb fest, dass eine **Anfechtung der Vereinbarung über die vermögensrechtlichen Folgen** der Scheidung im Rechtsmittelverfahren und nicht mit einer neuen Klage gestützt auf das OR zu erfolgen habe (BGE 119 II 297, 300; 110 II 44, 46 E. 4; ZR 1997 Nr. 114; Botschaft Revision Scheidungsrecht, 149; TUOR/SCHNYDER/RUMO-JUNGO, 267; vgl. auch STECK, FS KassGer, 556 ff.). Im kantonalen Recht sind die

Revisionsgründe unterschiedlich und zum Teil sehr restriktiv umschrieben (vgl. VOGEL/
SPÜHLER, 13. Kap., Rz 96 ff.). Nach der bundesgerichtlichen Rechtsprechung kannte das
frühere Recht (abgesehen von Art. 136 ff. OG für die Anfechtung von bundesgerichtlichen Entscheiden) keinen eigenständigen bundesrechtlichen Revisionsgrund für den Fall
einer mit einem Willensmangel behafteten gerichtlichen Scheidungskonvention (BGE
119 II 297, 300; teilweise abweichend noch BGE 117 II 218, 221 f.; **a.M.** KOLLER, AJP
1995, 414, 418 f., der eine Gesetzeslücke annimmt, die durch analoge Anwendung von
Art. 23 ff. OR auszufüllen sei). Auch hier ergaben sich deshalb je nach Kanton unterschiedliche Anfechtungsmöglichkeiten, was als stossend empfunden wurde (SUTTER/
FREIBURGHAUS, Art. 148 N 3; FamKomm Scheidung/FANKHAUSER, Art. 148 N 11; vgl.
auch KOLLER, AJP 1995, 412 ff.). In der Lehre wurde deshalb schon seit längerer Zeit
eine bundesrechtliche Regelung gefordert (vgl. dazu HINDERLING/STECK, 597, 601). Dieses Anliegen wurde in Art. 149 Abs. 2 VE aufgenommen und im Vernehmlassungsverfahren überwiegend begrüsst (SUTTER/FREIBURGHAUS, Art. 148 N 4). Art. 149 Abs. 2
E erfuhr gegenüber der Fassung des VE eine redaktionelle Änderung, wobei der Ausdruck «Willensmängel» durch «Mängel im Vertragsschluss» ersetzt wurde (SUTTER/
FREIBURGHAUS, Art. 148 N 4). Er ist in Art. 148 Abs. 2 unverändert Gesetz geworden.

2. Inhalt und Zweck der Norm, Anwendungsbereich

Das Prinzip der **Teilrechtskraft** i.S.v. Art. 148 Abs. 1 gilt **von Bundesrechts wegen** 4
(BGE 130 III 537, 546; 131 III 404, 406) im Grundsatz für den gesamten Bereich
des Scheidungsverfahrensrechts (4. Abschnitt, Art. 135–149) und beseitigt die bisher
im kantonalen Verfahrensrecht begründeten Ungleichheiten (FamKomm Scheidung/
FANKHAUSER, Art. 148 N 1, 2). Der Grundsatz wird jedoch gemäss ausdrücklicher gesetzlicher Vorschrift (Abs. 1, 2. Halbsatz) mit Bezug auf die Unterhaltsbeiträge im Interesse der Kinder ausnahmsweise durchbrochen (Botschaft Revision Scheidungsrecht,
149; SUTTER/FREIBURGHAUS, Art. 148 N 7, 15; vgl. hinten N 18 f.). Diese Regelung umfasst alle Scheidungsurteile ohne Rücksicht darauf, ob sie auf gemeinsames Begehren
oder auf Klage hin ergangen sind. Aufgrund der Verweisungen in Art. 117 Abs. 2 und
Art. 110 ist sie zudem auch auf Ehetrennungs- und Eheungültigkeitsurteile anwendbar.
Sie gilt im Übrigen nach der Gesetzessystematik (4. Abschnitt: Das Scheidungsverfahren; vgl. auch Art. 120 N 13 ff.) grundsätzlich auch für Abänderungs- und Ergänzungs-
urteile.

Mit **Art. 148 Abs. 2** wurde ein **bundesrechtlicher Revisionsgrund** geschaffen, welcher 5
bisher nicht existierte. Damit wurde ein bundesrechtlicher Minimalstandard des Rechtsschutzes realisiert (HAUSHEER, ZBJV 1999, 35; TUOR/SCHNYDER/RUMO-JUNGO, 267;
FREIBURGHAUS-ARQUINT/LEUENBERGER/SUTTER-SOMM, 400). Nach dem klaren Wortlaut des Gesetzes gilt die Vorschrift nur für die Anfechtung einer **rechtskräftigen**
Vereinbarung über die vermögensrechtlichen Scheidungsfolgen, *nicht jedoch des Scheidungspunktes* selbst (SUTTER/FREIBURGHAUS, Art. 148 N 9, 25; FamKomm Scheidung/
FANKHAUSER, Art. 148 N 13, 14; BRÄM, AJP 1999, 1520; vgl. auch SPÜHLER, Supplement, 56, wonach darunter auch Kinderbelange fallen, wenn sie Auswirkungen auf die
vermögensrechtlichen Konventionsbestimmungen haben). Mit dieser Einschränkung
findet die Bestimmung auch auf Ehetrennungs- und Eheungültigkeitsverfahren Anwendung (vgl. vorn N 4). Hingegen ist sie bezüglich der Frage, wie eine gerichtlich genehmigte, aber noch nicht in Rechtskraft erwachsene Vereinbarung über die vermögensrechtlichen Scheidungsfolgen, oder eine noch nicht genehmigte Scheidungsvereinbarung
angefochten werden kann, nicht anwendbar (Botschaft Revision Scheidungsrecht, 150;
SUTTER/FREIBURGHAUS, Art. 148 N 8; vgl. auch hinten N 24).

II. Abs. 1

1. Die Rechtsmittelordnung im Scheidungverfahren

a) Allgemeines

6 Gemäss Art. 48 OG (künftig Art. 75 BGG, vgl. auch Art. 90 und Art. 110 ff. BGG) sind die Kantone verpflichtet, für die nach den bundesrechtlichen Bestimmungen an das BGer weiterziehbaren Zivilsachen ein **ordentliches Rechtsmittel,** d.h. ein Rechtsmittel, welchem von Gesetzes wegen Suspensiveffekt zukommt (VOGEL/SPÜHLER, 13. Kap., Rz 35), vorzusehen. Zu diesen Verfahren gehören auch die Ehescheidungsprozesse (BK-BÜHLER/SPÜHLER, Art. 146 N 36). Abgesehen von den bundesrechtlichen Verfahrensvorschriften ist wie nach früherem Recht die Rechtsmittelordnung *vor den kantonalen Gerichten* dem **kantonalen Recht** vorbehalten (BGE 95 II 291, 296; BK-BÜHLER/SPÜHLER, Art. 146 N 37; 1. Aufl., LÜCHINGER/GEISER, Vorbem. zu Art. 137 ff. N 8). Zur Ergreifung des Rechtsmittels ist ausser den Ehegatten von Bundesrechts wegen neu auch ein allfälliger Kindesvertreter legitimiert (Art. 147 Abs. 2), nicht jedoch das urteilsfähige Kind. Das kantonale Recht kann ihm aber diese Befugnis in einem beschränktem Umfange (betr. Anhörung und Kindesvertretung sowie bezüglich elterlicher Sorge, persönlichem Verkehr und Unterhalt) einräumen (KELLERHALS/SPYCHER, ZBJV 2000, 57 ff.; vgl. Art. 27 Abs. 2 der bernischen VO betr. Einführung der Änderung des ZGB vom 26.6.1998, zit. in LEUCH/MARBACH/KELLERHALS/STERCHI, Anhang 8, 979 ff.). Die kantonalrechtliche Berufung als ordentliches Rechtsmittel ist ein vollkommenes Rechtsmittel und erlaubt im Rahmen der Anträge eine vollständig neue Beurteilung und Überprüfung des angefochtenen Urteils sowohl auf richtige Tatsachenfeststellung als auch auf Rechtsanwendung, einschliesslich der Ermessensentscheide (VOGEL/SPÜHLER, 13. Kap., Rz 32, 72; vgl. auch hinten N 8). Dies gilt weiterhin auch unter der Herrschaft des neuen Scheidungsrechts, wobei aber zu beachten ist, dass die bundesrechtlichen Verfahrensvorschriften auch mit Bezug auf das Rechtsmittelverfahren gegenüber dem bisherigen Recht erheblich erweitert worden sind (vgl. Art. 138, 148 und 149). Für **Scheidungsklagen** (Art. 114 und 115, mit Einschluss der autoritativ zu beurteilenden Punkte der Scheidungsfolgen wie Vorsorgeausgleich und Kinderbelange; vgl. KELLERHALS/SPYCHER, ZBJV 2000, 54), soweit diese nicht aufgrund von Art. 116 in ein nichtstreitiges Verfahren mutieren (vgl. Art. 116 N 10 ff.), bestehen abgesehen von Art. 138 von Bundesrechts wegen keine besonderen Einschränkungen. Hinsichtlich der **Scheidung auf gemeinsames Begehren** (Art. 111 und 112, bzw. Art. 116 in Verbindung mit diesen Bestimmungen) hat der Bundesgesetzgeber jedoch für das Rechtsmittelverfahren zusätzlich besondere Vorschriften erlassen (Art. 149 Abs. 1 und 2). Werden nur die **vermögensrechtlichen Scheidungsfolgen** (im Rahmen der Scheidung auf gemeinsames Begehren oder bei Scheidung auf Klage) angefochten, ist im kantonalen Recht in der Regel die Höhe des Streitwerts dafür massgebend, ob ein ordentliches Rechtsmittel gegeben ist. Für das kantonale Rechtsmittelverfahren richten sich die massgeblichen Streitwertgrenzen auch in diesen Fällen nach kantonalem Prozessrecht. Möglich ist aber auch, dass das Urteil unabhängig von einem bestimmten Streitwert oder von einer formellen Beschwer (vgl. N 9) angefochten werden kann (vgl. § 220 Abs. 4 ZPO/BS; FREIBURGHAUS-ARQUINT/LEUENBERGER/SUTTER-SOMM, 399 Anm. 113).

7 Sowohl für Scheidungsklagen, die diesbezüglich als nicht vermögensrechtliche Zivilrechtsstreitigkeiten erscheinen, als auch für Scheidungen auf gemeinsames Begehren ist aufgrund von Art. 44 OG bzw. Art. 44 Bst. b^bis OG der Weiterzug durch **eidgenössische Berufung ans BGer** zulässig (SUTTER/FREIBURGHAUS, Art. 148 N 6; vgl. auch Art. 149 N 7 ff.; für das künftige Recht vgl. Art. 72 BGG). Soweit nur die vermögensrechtlichen

Scheidungsfolgen angefochten werden, ist für die Streitwertgrenze Art. 46 OG massgebend (BGE 116 II 493, 494 E. 2a und b; 1. Aufl., LÜCHINGER/GEISER, Vorbem. zu Art. 137 ff. N 8; HEGNAUER/BREITSCHMID, Rz 12.75; für das neue Recht vgl. Art. 74 BGG).

Im Gegensatz zur kantonalen Berufung, die eine vollständige Überprüfung des Prozess-　**8** stoffes und des erstinstanzlichen Verfahrens erlaubt (vgl. vorn N 6; eine Ausnahme besteht im Kt. VD, vgl. diesbezüglich VOGEL/SPÜHLER, 13. Kap., Rz 73), ist die *eidgenössische Berufung* ein ordentliches, aber *unvollkommenes Rechtsmittel*. Mit ihr kann nur die **unrichtige Anwendung von Bundesrecht,** unter Einschluss bundesrechtlicher Verfahrensvorschriften gerügt werden (Art. 43 und 63 Abs. 2 OG; BGE 117 II 121, 123; HEGNAUER/BREITSCHMID, Rz 12.76. Vgl. zudem Art. 43a Abs. 1 und 2 OG mit Bezug auf die besonderen Fragen bei der Anwendung ausländischen Rechts; VOGEL/SPÜHLER, 13. Kap., Rz 170 ff.; für das künftige Recht vgl. Art. 95 ff. BGG). Willkürliche Beweiswürdigung und Sachverhaltsfeststellung ist nicht mit Berufung, sondern mit staatsrechtlicher Beschwerde (Art. 84 ff. OG) zu rügen (VOGEL/SPÜHLER, 13. Kap., Rz 202). Nach dem neuen Recht ist die subsidiäre Verfassungsbeschwerde gegeben (vgl. Art. 113 ff. BGG).

b) Formelle und materielle Beschwer

Für das Rechtsmittelverfahren gilt sowohl vor den kantonalen Instanzen als auch vor　**9** BGer wie im bisherigen Recht grundsätzlich das Erfordernis der **formellen und materiellen Beschwer** (BGE 120 II 5, 7 E. 2a; 114 II 189, 190 E. 2; BK-BÜHLER/SPÜHLER, Art. 146 N 38 ff., 63 ff.; HINDERLING/STECK, 564 ff.; SUTTER/FREIBURGHAUS, Art. 148 N 6; vgl. auch VOGEL/SPÜHLER, 7. Kap., Rz 11 ff., 13. Kap., Rz 58 ff.). Ob und inwieweit *materielle Beschwer* als Zulässigkeitsvoraussetzung von kantonalen Rechtsmitteln anerkannt wird, ist eine Frage des kantonalen Rechts (VOGEL/SPÜHLER, 13. Kap., Rz 62; **a.M.** SUTTER/FREIBURGHAUS, Art. 148 N 6, die dafür halten, dass eine allgemein gültige bundesrechtliche Prozessvoraussetzung vorliegt).

c) Verbot der reformatio in peius

Soweit die *Dispositionsmaxime* gilt, bestimmt diejenige Partei, welche das Rechtsmittel　**10** ergriffen hat, mit ihren Anträgen, in welchem Umfange das angefochtene Urteil abgeändert werden soll und darf. Nach dem **Verbot der reformatio in peius** darf die Rechtsmittelinstanz nicht zum Nachteil dieser Partei darüber hinausgehen, sofern nicht die Gegenpartei ihrerseits Anschlussberufung erhoben hat (vgl. auch BGE 129 III 481, 487). Ausgenommen sind aber die Bereiche, in welchen die uneingeschränkte Offizialmaxime vorgeschrieben ist (z.B. bei Kinderbelangen, Art. 133, 145; vgl. BGE 110 II 113, 114 f.; HEGNAUER/BREITSCHMID, Rz 12.76). Auch wenn dieser Grundsatz nicht ausdrücklich ausgesprochen wird, ist er in denjenigen kantonalen Prozessgesetzen vorausgesetzt, welche die Anschlussberufung kennen (BGE 110 II 113, 114). Er findet auch im Verfahren vor Bundesgericht Anwendung (BK-BÜHLER/SPÜHLER, Art. 146 N 76; vgl. auch Art. 106 f. BGG).

d) Rechtsmittelverzicht

Ein **Vorausverzicht** auf das *ordentliche Rechtsmittel* ist im Hinblick auf Art. 27 Abs. 2　**11** unzulässig, soweit die Parteien über den Streitgegenstand nicht frei verfügen können, wie das bei der Scheidung auf gemeinsames Begehren (Art. 111 und 112) und bei der Scheidung auf einseitige Klage (Art. 114 und 115) der Fall ist. Er ist unwirksam und unbeachtlich und kann gegebenenfalls vor BGer angefochten werden (BGE 113 Ia 26, 30 f.; BK-

BÜHLER/SPÜHLER, Art. 158 N 58; VOGEL/SPÜHLER, 13. Kap., Rz 68; SUTTER/FREIBURG-HAUS, Art. 148 N 20, 24). Hingegen wird ein **nachträglicher Rechtsmittelverzicht nach Urteilseröffnung** gemäss herrschender Lehre und Rechtsprechung als zulässig erachtet (BGE 93 II 213, 218 f. E. 4; BK-BÜHLER/SPÜHLER, Art. 158 N 58; HINDERLING/STECK, 505; VOGEL/SPÜHLER, 13. Kap., Rz 68; SUTTER/FREIBURGHAUS, Art. 148 N 21, 24; teilweise abweichend GULDENER, 501 f., wonach ein Verzicht auf das ordentliche Rechtsmittel nur im Falle der Abweisung der Scheidung zulässig sein soll). Das Bundesrecht steht dem nicht entgegen, doch darf aus diesem Umstand nicht als Regel abgeleitet werden, dass ein nachträglicher Verzicht auf das ordentliche Rechtsmittel zugelassen werden muss. Diese Frage beurteilt sich vielmehr nach kantonalem Zivilprozessrecht (BGE 93 II 213, 218 f.; 1. Aufl., LÜCHINGER/GEISER, Vorbem. zu Art. 137 ff. N 14; vgl. z.B. § 190 Abs. 2 ZPO/ZH; FRANK/STRÄULI/MESSMER, § 190 N 11 f. und vor § 259 N 10 ff.). Immerhin ist es nicht Sache des Gerichts, die Parteien (wenn sie nicht von sich aus den Willen bekunden, das Urteil sogleich anzuerkennen und dadurch in Rechtskraft treten zu lassen), nach der Fällung und Eröffnung des Urteils zu fragen, ob sie auf ein Rechtsmittel verzichten (BGE 93 II 213, 220 f. E. 6). Betr. Besonderheiten bei der Scheidung auf gemeinsames Begehren vgl. Art. 149 N 28, 43.

12   Der Vorausverzicht auf ein **ausserordentliches Rechtsmittel** ist nach Art. 27 Abs. 2 ebenfalls unzulässig. Ein nachträglicher Verzicht *erst nach Kenntnis des Nichtigkeits- oder Revisionsgrundes* ist dagegen möglich (VOGEL/SPÜHLER, 13. Kap., Rz 69; teilweise abweichend SUTTER/FREIBURGHAUS, Art. 148 N 22, die ihn nur zulassen wollen, wenn das entsprechende eingereichte Rechtsmittel nachträglich zurückgezogen wird).

2. Der bundesrechtliche Grundsatz der Teilrechtskraft

a) Begriff und Tragweite der Teilrechtskraft im Sinne von Art. 148 Abs. 1

13   Nach dem Wortlaut von Art. 148 Abs. 1 *hemmt die Einlegung eines Rechtsmittels den Eintritt der Rechtskraft nur im Umfang der Anträge* (BGer, Entscheid vom 14.4.2004, 5C. 3/2004 E. 4.2). Ohne dies ausdrücklich zu sagen, setzt das Gesetz dabei ein **ordentliches Rechtsmittel** voraus, denn nur diesen Rechtsmitteln kommt von Gesetzes wegen Suspensivwirkung zu (vgl. vorn N 6; **a.M.** SPÜHLER, Supplement, 54, der davon ausgeht, Art. 148 Abs. 1 beziehe sich auch auf ausserordentliche Rechtsmittel). Bei einem ausserordentlichen Rechtsmittel könnte demgegenüber die Vollstreckbarkeit des angefochtenen Entscheids höchstens durch eine gerichtliche Anordnung vorläufig aufgeschoben werden (SUTTER/FREIBURGHAUS, Art. 148 N 5). Bleibt der Scheidungspunkt unangefochten, wird die **Scheidung rechtskräftig,** auch wenn der Streit um die Nebenfolgen weitergeht (VOGEL/SPÜHLER, 12. Kap., Rz 85b). In diesem Sinne ist – im formellen wie im materiellen Sinne – **Teilrechtskraft** eingetreten (Botschaft Revision Scheidungsrecht, 149; vgl. auch hinten N 14 f.). Dies hat zur Folge, dass die Scheidungsklage nicht mehr zurückgezogen und auch nicht mehr gemäss Art. 138 Abs. 2 in eine Trennungsklage umgewandelt werden kann (1. Aufl., LÜCHINGER/GEISER, Vorbem. zu Art. 137 ff. N 11; vgl. auch Art. 116 N 27 und Art. 117/118 N 10).

13a   Die Teilrechtskraft entfaltet auch **materiellrechtliche Wirkungen,** indem das gesetzliche Erbrecht entfällt, aus vor der Rechtshängigkeit errichteten Verfügungen von Todes wegen keine Ansprüche mehr abgeleitet werden können und anstelle des ehelichen Unterhalts-anspruchs (Art. 163 ff.) gegebenenfalls nacheheliche Unterhaltsleistungen (Art. 125 ff.) treten (1. Aufl. LÜCHINGER/GEISER, Vorbem. zu Art. 137 ff. N 12; vgl. auch Art. 120 N 18 ff.). In diesem Sinne durchbricht der Grundsatz der Teilrechtskraft den Grundsatz der Einheit des Scheidungsurteils (BGE 130 III 537, 546; vgl. Art. 120 N 7 ff.; Fam-

Komm Scheidung/FANKHAUSER, Art. 148 N 3). Betr. vorsorgliche Massnahmen vgl. N 14 und Art. 137 Abs. 2.

Der bei Ermittlung der Austrittsleistungen (Art. 122) für die **Berechnung der Ehedauer**   **13b** massgebende Endpunkt ist der Zeitpunkt der Teilrechtskraft im Scheidungspunkt (BGE 129 III 577, 578; SUTTER/FREIBURGHAUS, Art. 122/141–142 N 22). Nach Art. 126 Abs. 1 bestimmt das Gericht den **Beginn der nachehelichen Unterhaltspflicht.** In der Regel fällt dieser auf den Zeitpunkt der formellen Rechtskraft des Scheidungsurteils, doch steht es dem Sachgericht im Rahmen des pflichtgemässen Ermessens frei, an den Zeitpunkt der Teilrechtskraft anzuknüpfen (BGE 128 III 121, 123 f. = FamPra.ch 2002, 370, 373; FamKomm Scheidung/FANKHAUSER, Art. 148 N 5a).

b) Voraussetzungen für den Eintritt der Teilrechtskraft

Voraussetzung für den Eintritt der Teilrechtskraft im Sinne von Art. 148 Abs. 1 ist immer,   **14** dass ein **vorinstanzliches Urteil über den Scheidungspunkt** ergangen ist und das Urteil diesbezüglich nicht angefochten wurde. In diesem Falle werden die Scheidung und ge-gebenenfalls die übrigen nicht angefochtenen Teile des Urteils formell rechtskräftig und vollstreckbar (BGer, Entscheid vom 2.4.2004, 5C. 234/2003 E. 2.3; SUTTER/FREIBURG-HAUS, Art. 148 N 14; zu den Ausnahmen vgl. hinten N 18 ff.). Wird jedoch das Urteil nur im Scheidungspunkt, nicht aber mit Bezug auf die Scheidungsfolgen weitergezogen, kann *keine Teilrechtskraft* eintreten. Auch der unangefochten gebliebene «Teil-Ent-scheid» über die Scheidungsfolgen kann dann nicht in Rechtskraft erwachsen, sondern bleibt in der Schwebe, solange die Scheidung im Rechtsmittelverfahren nicht ausgespro-chen, bzw. nicht bestätigt und der Rechtsmittelentscheid nicht rechtskräftig geworden ist (KGer BL, Entscheid vom 11.6.2002, FamPra.ch 2003, 657, 660; FamKomm Schei-dung/FANKHAUSER, Art. 148 N 8a). Bis zu diesem Zeitpunkt gelten daher die für die Dauer des Scheidungsprozesses erlassenen vorsorglichen Massnahmen weiter oder sind solche nötigenfalls gemäss Art. 137 Abs. 2 neu anzuordnen (SUTTER/FREIBURGHAUS, Art. 148 N 14). Wird die Scheidung *letztinstanzlich abgewiesen,* bleibt auch ein unan-gefochten gebliebener Entscheid über die Scheidungsfolgen ohne Wirkung. Dass eine Partei das Urteil nur gerade im Scheidungspunkt anficht, dürfte zwar auch unter dem geltenden Recht möglich sein, aber in der Praxis höchst selten vorkommen. Ein solcher Fall ist dann denkbar, wenn die beklagte Partei sich der Scheidung durch alle Instanzen hindurch widersetzt und die Anfechtung der Scheidungsfolgen nur gerade im Hinblick auf den (als unwahrscheinlich, aber doch nicht als ausgeschlossen erachteten) Eventual-fall einer gegen ihren Willen ausgesprochenen Scheidung aus dem Grunde unterlässt, weil sie diesfalls die gerichtlich geregelten Scheidungsfolgen akzeptieren würde (vgl. Art. 116 N 9).

Der Eintritt der Teilrechtskraft eines Scheidungsurteils ist auch möglich, wenn – in Be-   **15** achtung des Grundsatzes der *Einheit des Scheidungsurteils* – zulässigerweise die güter-rechtliche Auseinandersetzung ad separatum verwiesen wurde (vgl. Art. 120 N 7 ff.) und ein Scheidungsurteil ergangen ist, das lediglich hinsichtlich der im Scheidungsprozess verbliebenen übrigen Scheidungsfolgen mit einem ordentlichen Rechtsmittel angefoch-ten wird. **Unzulässig** ist jedoch der **Erlass eines Teilurteils** über den Scheidungspunkt allein oder über diesen und einen Teil der Scheidungsfolgen, mit der Folge, dass der Restprozess unter Verletzung des Grundsatzes der Einheit des Scheidungsurteils fortge-setzt werden müsste. Insbesondere ist ausgeschlossen, dass im Falle einer Teileinigung (Art. 112) oder im Klageverfahren (in Anwendung von Art. 116) nach Bestätigung des Scheidungswillens beider Parteien bezüglich der Punkte, über welche die Ehegatten sich geeinigt haben, ein Teilurteil gefällt wird, weil der Streit nur noch über die strittigen Anträge weitergeführt werden muss (STECK, 47). Vielmehr hat immer ein *Gesamturteil* zu ergehen (vgl. auch Art. 116 N 17). Ein solches Teilurteil könnte, selbst wenn es von keiner Partei angefochten würde, nicht in Teilrechtskraft erwachsen (vgl. Art. 120 N 11; OGer ZH, Beschluss vom 27.4.2001, Proz.Nr. LC000102).

c) Zeitpunkt des Eintritts der Teilrechtskraft

16   Hinsichtlich des **Zeitpunkts des Eintritts der Teilrechtskraft** bestehen *kontroverse Meinungen.* Nach der von SUTTER/FREIBURGHAUS vertretenen Auffassung wird (mit Bezug auf erstinstanzliche kantonale Urteile) unter Hinweis auf bundesgerichtliche Erwägungen in BGE 51 II 544 davon ausgegangen, dass der Zeitpunkt der formellen Rechtskraft sich ausschliesslich nach kantonalem Zivilprozessrecht richte, welches bei unbenütztem Ablauf der Rechtsmittelfrist den Zeitpunkt der Rechtskraft auf die Urteilsfällung zurückbeziehen könne. Der Bundesgesetzgeber habe zwar die Teilrechtskraft vorgeschrieben, jedoch nichts darüber gesagt, in welchem Zeitpunkt kantonale Urteile formell rechtskräftig werden. Nach der Botschaft sei davon auszugehen, dass nicht geregelte Verfahrenspunkte weiterhin dem kantonalen Recht unterstünden und dass es jedenfalls im neuen Scheidungsrecht keinen ungeschriebenen Rechtssatz gebe, wonach nicht angefochtene Urteile zwingend erst nach unbenütztem Ablauf der Rechtsmittelfrist rechtskräftig würden. Eine derartige Interpretation habe zudem den Vorteil, dass ein Verzicht auf das ordentliche Rechtsmittel hinsichtlich der in der Vereinbarung geregelten Scheidungsfolgen für einigermassen klare Verhältnisse bezüglich der Teilung der Austrittsleistungen der beruflichen Vorsorge sorgen könne (SUTTER/FREIBURGHAUS, Art. 148 N 10, 11). Diese Begründung vermag indessen nicht zu überzeugen. Nach der hier vertretenen Auffassung haben weiterhin die gleichen von Lehre und Rechtsprechung herausgearbeiteten Grundsätze zur Anwendung zu gelangen, wie dies bisher bei der Bestimmung des Eintritts der formellen Rechtskraft von Scheidungsurteilen schlechthin der Fall war. Der Bundesgesetzgeber hatte m.E. bei der Schaffung des bundesrechtlichen Grundsatzes der Teilrechtskraft keinen begründeten Anlass, stillschweigend von dieser gut eingespielten und bewährten Regelung abzuweichen. Massgebend sind deshalb auch im geltenden Recht sowohl für die Bestimmung des Zeitpunkts der formellen Rechtskraft an sich als auch für den Zeitpunkt der Teilrechtskraft von *erstinstanzlichen Scheidungsurteilen* allein die sich aus dem ungeschriebenen Bundesrecht ergebenden Regeln (vgl. diesbezüglich ausführlich Art. 119 N 8; gl.M. HEGNAUER/BREITSCHMID, Rz 12.80; vgl. auch BGE 120 II 1, 2 E. 2a).

17   Der Zeitpunkt der formellen Rechtskraft und damit auch der Teilrechtskraft eines **Urteils der oberen kantonalen Instanz,** das mit einem Rechtsmittel ans Bundesgericht weitergezogen wird, richtet sich gemäss Art. 54 Abs. 2 OG (bzw. künftig Art. 103 BGG) ebenfalls nach Bundesrecht (BGE 126 III 261, 263 ff. E. 3; 120 II 1, 2 E. 2a; FamKomm Scheidung/FANKHAUSER, Art. 148 N 4). Das bundesgerichtliche Urteil wird mit der Ausfällung sofort rechtskräftig (Art. 38 OG, künftig Art. 61 BGG; SUTTER/FREIBURGHAUS, Art. 148 N 12; vgl. auch Art. 120 N 8).

3. Ausnahmen vom Grundsatz der Teilrechtskraft

a) Im Zusammenhang mit der Festlegung der Kinderunterhaltsbeiträge

18   Der bundesrechtliche Grundsatz der Teilrechtskraft wird gemäss Art. 148 Abs. 1 (2. Satzteil) insofern **durchbrochen,** als (auch die nicht angefochtenen) Unterhaltsbeiträge für die Kinder immer dann neu beurteilt werden können, wenn der Unterhaltsbeitrag für den Ehegatten angefochten wird. Es handelt sich dabei um eine Koordination des sachlich in einem engen Zusammenhang stehenden Kindes- und Ehegattenunterhalts (vgl. auch Art. 143 Abs. 1 Ziff. 2 und 3) und um eine notwendige Korrektur der Auswirkungen der Teilrechtskraft in diesem Bereich. Damit wird verhindert, dass die zu Gunsten der Kinder vorgeschriebene Offizialmaxime durch Eintritt der formellen Rechtskraft bezüglich der an sich zwischen den Ehegatten nicht mehr strittigen Kinderunterhaltsbeiträge unterlaufen wird. Denn diese könnten sonst wegen der formellen Rechtskraft selbst dann nicht mehr erhöht werden, wenn sie von der Rechtsmittelinstanz als zu niedrig erachtet und entsprechende Anträge nachträglich gestellt würden, weil sie bereits definitiv beurteilt wären, was besonders dann zu einem stossenden und dem Kindeswohl widersprechenden Resultat führen würde, wenn der Ehegattenunterhalt reduziert werden müsste (Botschaft Revision Scheidungsrecht, 149; BGE 128 III 411, 414 f.; HAUSHEER, Scheidungsunterhalt, Rz 3.83; SUTTER/FREIBURGHAUS, Art. 148 N 15; vgl. auch SJZ 1991, 359 f.). Unangemessene Kinderrenten sind daher in jedem Fall zu korrigieren, gleichgültig, ob eine nachträgliche Änderung der angefochtenen Ehegattenbeiträge erfolgt oder nicht (FamKomm Scheidung/FANKHAUSER, Art. 148 N 7). Dies entspricht der bundesgerichtlichen Rechtsprechung zum bisherigen Recht (BGE 118 II 93, 94; STECK, Rechtsmittel, 77). Eine Konsequenz dieser Ausnahme ist allerdings, dass bei einer Anfechtung des Ehegattenunterhalts (Art. 125 ff.) von Gesetzes wegen auch die Rechtskraft hinsichtlich der Kinderunterhaltsbeiträge aufgeschoben wird (SUTTER/FREIBURGHAUS, Art. 148 N 15). Im Übrigen bleibt aber die Teilrechtskraft der nicht angefochtenen Teile der Scheidungsfolgen unter Vorbehalt der übergangsrechtlichen Regelung von Art. 7b Abs. 2 SchlT bestehen (FamKomm Scheidung/FANKHAUSER, Art. 148 N 9 und FamKomm Scheidung/LEUENBERGER, Art. 7a/b SchlT N 12; vgl. hinten N 30). Diese Regelung gilt insbesondere auch bezüglich der Kindeszuteilung und der Regelung des persönlichen Verkehrs (vgl. dazu aber LEUMANN LIEBSTER, FamPra.ch 2002, 511, 521 f., der für den besonderen Fall der Teilgenehmigung einer Scheidungskonvention, die er für zulässig erachtet, eine abweichende Auffassung vertritt).

Die Durchbrechung des Grundsatzes gilt auch, wenn die **unterhaltsberechtigte Partei** **19** das ordentliche Rechtsmittel ergriffen hat, um eine **Erhöhung ihrer eigenen Unterhaltsansprüche** zu erwirken (SUTTER/FREIBURGHAUS, Art. 148 N 16). Hingegen findet sie umgekehrt keine Anwendung auf den Ehegattenunterhalt, wenn lediglich die Kinderunterhaltsbeiräge mit einem ordentlichen Rechtsmittel angefochten werden (SUTTER/FREIBURGHAUS, Art. 148 N 18; FREIBURGHAUS-ARQUINT/LEUENBERGER/SUTTER-SOMM, 398 f.; TUOR/SCHNYDER/RUMO-JUNGO, 266 f.).

Die Regelung gilt auch im Verfahren der eidgenössischen Berufung vor Bundesgericht. **20** Art. 148 Abs. 1 (2. Satzteil) ist **lex specialis** zu Art. 54 Abs. 2 OG (SUTTER/FREIBURGHAUS, Art. 148 N 17; FamKomm Scheidung/FANKHAUSER, Art. 148 N 6; SPÜHLER/SCHÜTT, 1544 f.; vgl. auch vorn N 17).

b) Im Zusammenhang mit Art. 149 Abs. 2

Werden die **einverständlich geregelten Scheidungsfolgen** von einer Partei mit einem **21** ordentlichen Rechtsmittel angefochten, kann die andere Partei gemäss Art. 149 Abs. 2 erreichen, dass auch die Rechtskraft des Urteils im Scheidungspunkt aufgeschoben wird (SUTTER/FREIBURGHAUS, Art. 148 N 19; FamKomm Scheidung/FANKHAUSER, Art. 148 N 8; TUOR/SCHNYDER/RUMO-JUNGO, 266 f.); vgl. dazu im Einzelnen Art. 149 N 9, 31 ff.).

III. Abs. 2

1. Allgemeines

22 Nach Art. 148 Abs. 2 ist allein das Bestehen von **Mängeln im Vertragsschluss** ein eigenständiger bundesrechtlicher Revisionsgrund. Diese müssen sich *vor* dem Urteilszeitpunkt verwirklicht haben (SUTTER/FREIBURGHAUS, Art. 148 N 27; FamKomm Scheidung/FANKHAUSER, Art. 148 N 10; vgl. hinten N 25). Damit wird im Sinne der bisherigen Bundesgerichtspraxis klargestellt, dass die Vereinbarung über die vermögensrechtlichen Scheidungsfolgen im **Rechtsmittelverfahren** und nicht mit einer auf das OR gestützten Klage anzufechten ist (BGE 119 II 297, 300, 110 II 44, 48 E. 4c; vgl. auch vorn N 3). Der Grund liegt darin, dass die Scheidungskonvention nach der gerichtlichen Genehmigung ihren rechtsgeschäftlichen Charakter endgültig verliert und Bestandteil des Scheidungsurteils wird (vgl. Art. 140 Abs. 1; Botschaft Revision Scheidungsrecht, 149 f.; teilweise abweichend KOLLER, AJP 1995, 412, 417 f.; zur Rechtsnatur der Scheidungskonvention vgl. ferner STECK, FS KassGer, 553, 559 ff.). Ob die rechtskräftige Vereinbarung über die Scheidungsfolgen im Rahmen eines gemeinsamen Scheidungsbegehrens (Art. 111 und 112) oder in einem Klageverfahren (Art. 114, 115 und 116) zustandegekommen war, ist für die Frage der Zulässigkeit der Revision ohne Bedeutung (FamKomm Scheidung/FANKHAUSER, Art. 148 N 12; SPÜHLER/SCHÜTT, 1545; SPÜHLER/REETZ/VOCK/GRAHAM-SIEGENTHALER, 70).

23 Das **Verfahren** richtet sich im Übrigen nicht nach Bundesrecht sondern nach **kantonalem Zivilprozessrecht.** Dies gilt insbesondere für die *Frist* und die *Form* (Botschaft Revision Scheidungsrecht, 150; BGer, Entscheid vom 15.11.2004, 5P.251/2004 E. 4; SUTTER/FREIBURGHAUS, Art. 148 N 26; FamKomm Scheidung/FANKHAUSER, Art. 148 N 17; SPÜHLER, Supplement, 55 ff.). Art. 31 OR ist nicht anwendbar (BGE 110 II 44, 48 E. 4c). Sieht das kantonale Recht keine Sondervorschriften vor, gelten die allgemeinen Vorschriften der massgeblichen Zivilprozessordnung, FREIBURGHAUS-ARQUINT/LEUENBERGER/SUTTER-SOMM, 399 f.). Vgl. zum Verfahren auch hinten N 29 und SPÜHLER/VOCK, 82 ff. Gegen einen letztinstanzlich ergangenen kantonalen Entscheid kann, wenn die Voraussetzung von Art. 46 OG (künftig Art. 74 BGG) erfüllt ist, beim BGer die Verletzung von Art. 148 Abs. 2 gerügt werden (BGE 119 II 297, 299 E. 2a und b; 117 II 218, 221 E. 1; 93 II 151, 153 E. 2; FamKomm Scheidung/FANKHAUSER, Art. 148 N 18). Wenn das kantonale Prozessrecht den Willensmangel auch als Revisionsgrund kennt, kommt diesem im Umfang von Art. 148 Abs. 2 keine eigenständige Bedeutung zu (BGer, Entscheid vom 15.11.2004, 5P.251/2004 E. 2; FamKomm Scheidung/FANKHAUSER, Art. 148 N 18). Sofern der kantonale Entscheid aber aufgrund eines eigenständigen kantonalen Revisionsgrundes ergangen ist und das Revisionsgesuch abgewiesen wurde, ist ein ordentliches eidgenössisches Rechtsmittel ausgeschlossen (BGE 116 II 91 f.; 119 II 297, 299 E. 2a; vgl. hinten N 29). Ist der Entscheid des BGer Gegenstand eines Revisionsverfahrens, sind die bundesrechtlichen Verfahrensvorschriften anwendbar (Art. 136 ff. OG; 1. Aufl. LÜCHINGER/GEISER, Vorbem. zu Art. 137 ff. N 15; für das künftige Recht vgl. Art. 121 ff. BGG).

24 Art. 148 Abs. 2 ist nur auf die **formell rechtskräftige** Vereinbarung über die vermögensrechtlichen Scheidungsfolgen anwendbar (vgl. vorn N 5). Anfechtungsobjekt ist in *prozessualer Hinsicht* jedoch das *Urteil* selbst und nicht die Vereinbarung, welche mit der gerichtlichen Genehmigung zum Bestandteil des Urteils wurde (Art. 140 Abs. 1 Satz 2; FamKomm Scheidung/FANKHAUSER, Art. 148 N 14; vgl. auch KOLLER, AJP 1995, 417, 418). Nicht ausdrücklich geregelt ist im Gesetz die Anfechtung einer *genehmigten,* aber *noch nicht in Rechtskraft erwachsenen Vereinbarung* über die vermögensrechtlichen Nebenfolgen (Botschaft Revision Scheidungsrecht, 150). Entdeckt eine Partei den Mangel innerhalb der Frist für das ordentliche Rechtsmittel, kann sie nicht die Frist verstreichen lassen und sich nachher auf Art. 148 Abs. 2 berufen. In solchen Fällen muss vielmehr das ordentliche Rechtsmittel ergriffen werden (Botschaft Revision Scheidungsrecht, 150; SUTTER/FREIBURGHAUS, Art. 148 N 28; SPÜHLER/ SCHÜTT, 1545; **a.M.** REUSSER, Rz 1.64 FN 28; missverständlich FRANK/STRÄULI/ MESS-MER, Ergänzungsband, Zürich 2000, vor § 195a ff. N 210; vgl. auch Art. 149 N 7). Wird der Mangel *vor der gerichtlichen Genehmigung* bekannt und kann die Vereinbarung nicht mehr einseitig widerrufen werden (vgl. Art. 116 N 17, 27 ff.), bleibt nichts anderes übrig, als im Rahmen des hängigen Verfahrens die Anfechtung wegen Willensmängeln anzu-strengen oder Nichtgenehmigung der Vereinbarung wegen offensichtlicher Unangemes-senheit zu beantragen (Art. 116 N 27; vgl. auch KOLLER, AJP 1995, 412, 416 f.).

2. Mängel im Vertragsschluss im Sinne von Art. 148 Abs. 2

Mit dem Begriff *«Mängel im Vertragsschluss»* wird an die Regelung im OR angeknüpft 25 (vgl. das Marginale von Art. 23 ff. OR, *«Mängel des Vertragsschlusses»;* Botschaft Revision Scheidungsrecht, 150; SUTTER/FREIBURGHAUS, Art. 148 N 29). Revisionsgrund ist die **zivilrechtliche Unverbindlichkeit** der gerichtlich genehmigten und in formelle Rechtskraft erwachsenen Vereinbarung über die vermögensrechtlichen Scheidungsfolgen wegen Irrtums, absichtlicher Täuschung oder Furchterregung (Art. 23–31 OR). Umstrit-ten ist, ob auch die *Übervorteilung* (Art. 21 OR) zum Katalog der Revisionsgründe zu zählen ist (ausdrücklich verneint in der Botschaft Revision Scheidungsrecht, 150, ferner bei SUTTER/FREIBURGHAUS, Art. 148 N 30, mit der Begründung, die gerichtliche Prü-fungspflicht und Genehmigung, Art. 140 Abs. 2 und 141 Abs. 3, biete genügend Schutz; FREIBURGHAUS-ARQUINT/LEUENBERGER/SUTTER-SOMM, 399 f.; ebenso FamKomm Scheidung/FANKHAUSER, Art. 148 N 15; TUOR/SCHNYDER/RUMO-JUNGO, 267; FRANK/ STRÄULI/MESSMER, Ergänzungsband, Zürich 2000, vor § 195a ff. N 208). Die gerichtli-che Genehmigung heilt indessen Willensmängel nicht (HEGNAUER/BREITSCHMID, Rz 12.33). Erfahrungsgemäss kann gerade bei komplexen Scheidungsvereinbarungen nicht ausgeschlossen werden, dass Mängel beim Vertragsschluss im Rahmen der gericht-lichen Prüfungspflicht nicht entdeckt werden. Der Wortlaut von Art. 148 Abs. 2 steht einer Berücksichtigung der Übervorteilung als Revisionsgrund nicht entgegen. Auch Sinn und Zweck der Bestimmung sprechen für eine weniger restriktive Auslegung (gl.M. HEGNAUER/BREITSCHMID, Rz 12.37; SPÜHLER, 59 und DERS, Supplement, 55 f.; SPÜH-LER/SCHÜTT, 1545).

Ob der als Revisionsgrund geltend gemachte Irrtum **wesentlich** ist, beurteilt sich nach 26 dem materiellen Recht (Art. 24 Abs. 1 OR; BGE 117 II 218, 222 ff. E. 3, 4; SUTTER/ FREIBURGHAUS, Art. 148 N 29). Das Revisionsbegehren ist abzuweisen, wenn die Be-rufung auf den Willensmangel *rechtsmissbräuchlich* ist (Art. 25, vgl. dazu auch Art. 149 N 45 ff.). Auch ein *fahrlässiger Irrtum* (Art. 26 OR) kann als Revisionsgrund in Frage kommen (FRANK/STRÄULI/MESSMER, § 293 N 12; **a.M.** SUTTER/FREIBURGHAUS, Art. 148 N 29; FamKomm Scheidung/FANKHAUSER, Art. 148 N 15a).

3. Vorbehaltenes kantonales Recht

Da Art. 148 Abs. 2 nur einen bundesrechtlichen Minimalstandard garantiert (vgl. 27 vorn N 5), kann das kantonale Recht die **bisherigen Revisionsgründe** auch für den Scheidungsbereich **beibehalten** und **nach Bedarf erweitern** (SUTTER/FREIBURGHAUS, Art. 148 N 31; TUOR/SCHNYDER/RUMO-JUNGO, 267; FamKomm Scheidung/FANK-HAUSER, Art. 148 N 16; LINIGER GROS, FamPra.ch 2003, 73, 81; vgl. auch BGE 128 III 305, 310), sei es durch Schaffung besonderer Vorschriften für das Scheidungsverfahren, sei es durch Anwendbarkeit der allgemeinen Bestimmungen der Zivilprozessordnungen über die Revision (vgl. dazu FREIBURGHAUS-ARQUINT/LEUENBERGER/SUTTER-SOMM, 400, mit Hinweisen auf unterschiedliche kantonale Regelungen). Möglich und zulässig ist z.B. die Revision wegen neu entdeckter Tatsachen und Beweismittel (vgl. § 293 Abs. 1 ZPO/ZH; SPÜHLER, Supplement, 55). Auf diesem Weg liesse sich dann auch der Revisionsgrund der Übervorteilung begründen, wenn man der Auffassung folgt, dieser werde in Art. 148 Abs. 2 von Bundesrechts wegen nicht miterfasst (vgl. vorn N 25; FREIBURGHAUS-ARQUINT/LEUENBERGER/SUTTER-SOMM, 400).

28 Bundesrechtlich nicht zu beanstanden ist, dass das kantonale Recht grundsätzlich eine Revision erlaubt, die nicht nur die Vereinbarung über die vermögensrechtlichen Scheidungsfolgen, sondern das rechtskräftige **Scheidungsurteil** als solches (hinsichtlich des Scheidungspunktes oder von Scheidungsfolgen, die nicht auf einer Einigung der Parteien beruhen) zum Gegenstand hat. So ist von Bundesrechts wegen eine kantonale Regelung, welche die Revision gegen ein die Scheidungsklage abweisendes Urteil zulässt, weiterhin möglich, während sie bei Gutheissung der Klage zwar nicht grundsätzlich ausgeschlossen ist, jedenfalls aber dann nicht mehr in Frage kommen kann, wenn einer der Ehegatten gestorben ist oder sich wieder verheiratet hat (BGE 93 II 151, 153 ff.; 85 II 64; 28 II 173 E. 1; BK-BÜHLER/SPÜHLER, Art. 146 N 79 ff.; HINDERLING/STECK, 595 ff.; 1. Aufl., LÜCHINGER/GEISER, Vorbem. zu Art. 137 ff. N 15; FRANK/STRÄULI/MESSMER, § 293 N 9). Aus den gleichen Gründen muss auch die Revision zulässig sein, wenn sie bloss die rechtskräftig erledigten *strittigen* Scheidungsfolgen (vermögensrechtlicher oder nicht vermögensrechtlicher Natur) zum Gegenstand hat (vgl. GRÜTTER/SUMMERMATTER, FamPra.ch. 2002, 641, 649 mit Hinweis auf Art. 368 Ziff. 2 ZPO-BE).

29 Die **Modalitäten des Revisionsverfahrens** richten sich selbstverständlich auch hier nach kantonalem Recht (vgl. vorn N 23; SUTTER/FREIBURGHAUS, Art. 148 N 32). Wird die Revision gutgeheissen (iudicium rescidens), entfällt die Rechtskraft des betreffenden Teils des Urteils und findet darüber ein neues Verfahren statt, das zu einem *neuen Urteil* führt (iudicium rescissorium; SUTTER/FREIBURGHAUS, Art. 148 N 33; zum Verfahren vgl. SPÜHLER, Supplement, 55 ff. und SPÜHLER/VOCK, 82 ff.). Das neue Urteil unterliegt den im einzelnen Fall anwendbaren kantonalen und eidgenössischen Rechtsmitteln (BGE 119 II 297, 299 E. 2a; 112 II 95, 96.; HINDERLING/STECK, 596 f.; 1. Aufl., LÜCHINGER/GEISER, Vorbem. zu Art. 137 ff. N 15; FRANK/STRÄULI/MESSMER, § 298 N 3). Gegen einen letztinstanzlichen, die kantonalrechtlichen Revisionsgründe ablehnenden Entscheid ist jedoch ein ordentliches eidgenössisches Rechtsmittel (Berufung bzw. neu Beschwerde in Zivilsachen) nicht zulässig (BGE 116 II 91 f.; 119 II 297, 299 E. 2a, HINDERLING/STECK, 596 f.; 1. Aufl., LÜCHINGER/GEISER, Vorbem. zu Art. 137 ff. N 15; FRANK/STRÄULI/MESSMER, § 298 N 2; FamKomm Scheidung/FANKHAUSER, Art. 148 N 18; vgl. vorn N 23).

IV. Übergangsrecht

30 Die Regelung von Art. 148 Abs. 1 gelangt in übergangsrechtlicher Hinsicht grundsätzlich ohne weiteres **mit Inkrafttreten** des neuen Scheidungsrechts (1.1.2000) zur Anwendung (Art. 7a Abs. 1 i.V.m. Art. 7b Abs. 1 SchlT; OGer ZH, ZR 2000 Nr. 47 = FamPra.ch 2000, 535 ff. SUTTER/FREIBURGHAUS, Art. 148 N 13; FamKomm Scheidung/LEUENBERGER, Art. 7a/b SchlT N 12; REUSSER, Rz 1.112; SPÜHLER/SCHÜTT, 1545; GEISER, FamPra.ch 2/2001, 185). Dieser Grundsatz erfährt indessen in Art. 7b Abs. 2 SchlT insofern eine *Einschränkung,* als dort zwar einerseits bestimmt wird, dass nicht angefochtene Teile des Urteils verbindlich bleiben, andererseits dies aber unter dem Vorbehalt steht, dass *sinnvollerweise* von dieser Regel abzuweichen ist und eine *Gesamtbeurteilung* erfolgen muss, falls die nicht angefochtenen Teile sachlich eng mit den noch zu beurteilenden Rechtsbegehren zusammenhängen. Damit wird für übergangsrechtliche Fälle der Grundsatz der Teilrechtskraft, wie er nach Art. 148 Abs. 1 umschrieben ist, stärker durchbrochen als die Ausnahme in Art. 148 Abs. 1 (2. Satzteil) dies zulässt (vgl. vorn N 18 f.). Das Gesetz will für die zeitlich beschränkte Phase des Übergangsrechts einen weiten Spielraum gewähren, der es erlaubt, den Bedürfnissen des Einzelfalls besser gerecht zu werden (HAUSHEER, Scheidungsunterhalt, Rz 3.83; SUTTER/FREIBURGHAUS, Art. 7b SchlT N 19 f.).

Eine unter der Herrschaft des bisherigen Rechts rechtskräftig gewordene Vereinbarung 31 über die Scheidungsfolgen bleibt gemäss Art. 7a Abs. 2 SchlT anerkannt. Wird sie nach Inkrafttreten des neuen Rechts (1.1.2000) mit Revision angefochten, so ist auf das Rechtsmittel einzutreten und beurteilt sich nach **Art. 148 Abs. 2**, ob ein Mangel im Vertragsschluss vorliegt oder nicht. Wird die Frage bejaht, sollte jedoch sinnvollerweise die neue Regelung der Scheidungsfolgen aus Gründen der P*raktikabilität* in analoger Anwendung von Art. 7b Abs. 3 SchlT **nach bisherigem Recht** erfolgen. Würde nämlich das neue Recht angewendet, hätte dies zur Folge, dass der Prozess noch einmal aufgerollt werden müsste (vgl. Art. 7b Abs. 2 SchlT), so dass das Rechtsmittel der Revision gleichsam die Wirkung eines ordentlichen Rechtsmittels hätte (GEISER, Rz 6.19). Dies würde Sinn und Zweck von Art. 148 Abs. 2 widersprechen.

Art. 149

II. Bei Scheidung auf gemeinsames Begehren	[1] Bei einer Scheidung auf gemeinsames Begehren kann die Auflösung der Ehe mit einem ordentlichen Rechtsmittel nur wegen Willensmängeln oder Verletzung bundesrechtlicher Verfahrensvorschriften über die Scheidung auf gemeinsames Begehren angefochten werden.

[2] Ficht eine Partei mit einem ordentlichen Rechtsmittel die einverständlich geregelten Scheidungsfolgen an, so kann die andere Partei innert einer vom Gericht angesetzten Frist erklären, dass sie ihre Zustimmung zur Scheidung auf gemeinsames Begehren widerruft, wenn der betreffende Teil des Urteils geändert würde.

II. En cas de divorce sur requête commune	[1] Le jugement de divorce sur requête commune ne peut faire l'objet d'un recours ordinaire dirigé contre le prononcé du divorce que pour vices du consentement ou violation de dispositions fédérales de procédure relatives au divorce sur requête commune.

[2] Si un conjoint attaque par un recours ordinaire les effets du divorce réglés d'un commun accord, l'autre conjoint peut déclarer, dans un délai fixé par le juge, qu'il révoquerait son accord au divorce si la partie du jugement concernant ces effets était modifiée.

II. In caso di divorzio su richiesta comune	[1] In caso di divorzio su richiesta comune, lo scioglimento del matrimonio può essere impugnato con un rimedio di diritto ordinario soltanto per vizi della volontà o violazione delle prescrizioni federali di procedura relative al divorzio su richiesta comune.

[2] Qualora una delle parti interponga un rimedio giuridico ordinario contro il disciplinamento consensuale degli effetti del divorzio, l'altra parte può dichiarare entro un termine fissato dal giudice che revoca il suo accordo al divorzio su richiesta comune, se la corrispondente parte della sentenza fosse modificata.

Literatur

Vgl. die Literaturhinweise zu Art. 111, 114, 119, 120 und 148, ferner: SUTTER-SOMM, Neuerungen im Scheidungsverfahren, in: Hausheer (Hrsg.), Vom alten zum neuen Scheidungsrecht Bern 1999, 217 ff. (zit.SUTTER-SOMM, Rz).

I. Allgemeines

1. Entstehungsgeschichte

1   Im früheren Recht fehlte eine gesetzliche Regelung für Konventionalscheidungen im eigentlichen Sinne (BK-BÜHLER/SPÜHLER, Art. 158 N 142; ferner Art. 142 N 132 ff.; 1. Aufl., LÜCHINGER/GEISER, Art. 158 N 4 f., 9 ff.; SUTTER/FREIBURGHAUS, Art. 149 N 1). Erst mit der Scheidungsrechtsrevision von 1998 wurden die gesetzlichen Grundlagen für eine **Scheidung auf gemeinsames Begehren** geschaffen (Art. 111 und 112). Nach dem Willen des Gesetzgebers soll die einverständliche Scheidung bewusst gefördert werden (vgl. Art. 114 N 2). Das Scheidungsgericht darf sich jedoch nicht damit begnügen, den Konsens der scheidungswilligen Ehegatten zur Kenntnis zu nehmen. Vielmehr erfordert der *Schutz der Ehe als Institut,* dass der fehlerfrei gebildete übereinstimmende Scheidungswille und die Einigung über die Scheidungsfolgen in einem **bundesrechtlich geregelten formellen Verfahren,** welches sich von einem Zivilprozess im herkömmlichen Sinne unterscheidet (BRÄM, AJP 12/99, 1519), überprüft und gerichtlich sanktioniert wird (Art. 111 f., 140; ferner Art. 123 Abs. 2, 133, 139, 141). Die zur Gewährleistung der materiellen Durchsetzbarkeit des Bundesprivatrechts vorgenommenen Eingriffe in das grundsätzlich den Kantonen vorbehaltene Verfahrensrecht gehen daher im neuen Recht wesentlich weiter als dies im früheren (kodifizierten) Recht (aArt. 158) der Fall war (vgl. dazu BK-BÜHLER/SPÜHLER, Art. 158 N 15 ff.; HINDERLING/STECK, 500 ff.; VOGEL/SPÜHLER, 2. Kap. Rz 19 ff. und 12. Kap. Rz 56, 77 ff.). Der Umstand, dass bei der Scheidung auf gemeinsames Begehren von Bundesrechts wegen die verfahrensrechtliche Komponente mit der materiellen Seite der Scheidungsvoraussetzung in einem untrennbaren Zusammenhang steht und inhaltlich in die Norm (Art. 111, 112) integriert wurde (FamKomm Scheidung/FANKHAUSER, Art. 149 N 18), bedingt auch im Rechtsmittelbereich besondere bundesrechtliche Bestimmungen (Begleitbericht zum VE, 82 f.; TUOR/SCHNYDER/RUMO-JUNGO, 267 f.; BRÄM, AJP 1999, 1519 f.; vgl. auch Art. 148 N 6 f.), welche notwendigerweise zu einem weiteren Einbruch in die kantonale Verfahrenshoheit führen (FamKomm Scheidung/FANKHAUSER, Art. 149 N 1).

2   In Art. 149 werden unter ausdrücklicher Bezugnahme auf die *Scheidung auf gemeinsames Begehren* (vgl. das Marginale zu Art. 149) zwei verschiedene Anfechtungsgegenstände **bundesrechtlich** geregelt. Abs. 1 betrifft die Anfechtung der *Auflösung der Ehe* als solcher (hinten N 13 ff.), während Abs. 2 nur zur Anwendung gelangt, wenn die *einverständlich geregelten Scheidungsfolgen* angefochten werden (hinten N 31 ff.; Botschaft Revision Scheidungsrecht, 151; FamKomm Scheidung/FANKHAUSER, Art. 149 N 2; LINIGER GROS, FamPra.ch 2003, 73, 75 ff.).

3   **Art. 149 Abs. 1** entspricht wörtlich der Fassung von Art. 150 Abs. 1 VE und der identischen Bestimmung des vom Bundesrat übernommenen Art. 150 Abs. 1 E. Er fand im Vernehmlassungsverfahren ungeteilte Zustimmung und war auch in den parlamentarischen Beratungen unbestritten (AmtlBull StR 1996, 771; AmtlBull NR 1997, 2726; SUTTER/FREIBURGHAUS, Art. 149 N 2).

4   Höchst umstritten war dagegen die Entstehung von **Art. 149 Abs. 2**. Die ursprüngliche Fassung der (Mehrheit der) ExpK hatte folgenden Wortlaut (Art. 150 Abs. 2 VE): «*Ein Ehegatte kann aber die Auflösung der Ehe nicht allein deswegen anfechten, weil der an-*

dere ein Rechtsmittel gegen die durch die Vereinbarung geregelten Folgen eingelegt hat».
Im Vernehmlassungsverfahren wurde die Streichung der Bestimmung verlangt (vgl. die
Zusammenstellung der Vernehmlassungen, Mai 1993, 611). Im *bundesrätlichen Entwurf*
wurde jedoch die Fassung der ExpK unverändert übernommen (Art. 150 Abs. 2 E; Botschaft Revision Scheidungsrecht, 213). Wegleitend war dabei die Auffassung, dass
bezüglich der Scheidung als solcher die Anfechtung der einverständlich geregelten
Scheidungsfolgen für die Gegenpartei keinen Willensmangel im Sinne eines Grundlagenirrtums (Art. 24 Abs. 2 Ziff. 4 OR) oder einer absichtlichen Täuschung (Art. 28 OR) begründe und deshalb nicht mehr zur Anfechtung der Scheidung berechtige. Damit sollte
verhindert werden, dass die Anfechtung der Scheidung zu einem prozesstaktischen
Instrument verkommt (Botschaft Revision Scheidungsrecht, 151; SUTTER/FREIBURG-
HAUS, Art. 149 N 4; BRÄM, AJP 1999, 1521). In den *parlamentarischen Beratungen* hielt
der StR zunächst an der Fassung des Bundesrates fest (AmtlBull StR 1996, 771). Im NR
überwog dagegen die Meinung, dass die Zustimmung zur Scheidung vielfach unter Berücksichtigung von wirtschaftlichen Überlegungen erfolge. Würden die Scheidungsfolgen angefochten, welche als Bedingungen der Scheidungsbereitschaft anzusehen
seien, so sei es legitim, auch die Scheidung als solche anfechten zu dürfen. In der Folge
setzte sich schliesslich ein von der **nationalrätlichen Kommission** ausgehender Antrag
durch, allerdings erst nach einem Differenzbereinigungsverfahren mit Einigungskonferenz (AmtlBull StR 1998, 328, 711 f., 760; AmtlBull NR 1997, 2726 und 1998, 1192,
1433, 1635 f.; vgl. im Einzelnen auch SUTTER-SOMM, Rz 5.42, 5.49; SUTTER/FREIBURG-
HAUS, Art. 149 N 5, 27; FamKomm Scheidung/FANKHAUSER, Art. 149 N 20; TUOR/
SCHNYDER/RUMO-JUNGO, 268; SPÜHLER, Neues Scheidungsverfahren, 64; LINIGER
GROS, FamPra.ch 2003, 73, 79 ff.). Diese Fassung ist in Art. 149 Abs. 2 Gesetz geworden.

2. Unterschiede zum früheren Recht

Im **früheren Recht** war unter dem Aspekt von aArt. 142 Abs. 2 von eminenter Bedeu-   5
tung, ob die beklagte Partei dem Scheidungsbegehren opponierte oder nicht. Widersetzte
sie sich der Scheidung nicht, war nicht weiter zu prüfen, ob der klagenden Partei ein die
Scheidung ausschliessendes überwiegendes Verschulden anzulasten war. Das Bundesgericht lehnte es in diesen Fällen in konstanter Rechtsprechung ab, aArt. 142 Abs. 2 von
Amtes wegen anzuwenden, sondern leitete aus dieser Gesetzesbestimmung lediglich ein
Widerspruchsrecht des beklagten Ehegatten ab (BGE 84 II 337; HINDERLING/STECK, 63,
514; 1. Aufl. LÜCHINGER/GEISER, Art. 142 N 16). Von Bundesrechts wegen musste die
Zustimmung zur Ehescheidungsklage (bzw. der Verzicht auf Ausübung des Wider-
spruchsrechts) mindestens bis zur erstinstanzlichen Urteilsfällung widerrufen werden
können (BGE 76 II 262; 1. Aufl. LÜCHINGER/GEISER, Art. 142 N 17). Bis zu welchem
Zeitpunkt der Widerruf der Zustimmung zur Scheidung im zweitinstanzlichen Verfahren
noch möglich war, bestimmte sich nach kantonalem Recht (BK-BÜHLER/SPÜHLER,
Art. 142 N 140; HINDERLING/STECK, 514). Ein Ehegatte, welcher im kantonalen Verfahren der Scheidung zugestimmt hatte, konnte sich vor Bundesgericht nicht mehr auf
Art. 142 Abs. 2 berufen (BGE 94 II 209, 211 E. 4; BK-BÜHLER/SPÜHLER, Art. 142
N 140; 1. Aufl. LÜCHINGER/GEISER, Art. 142 N 17; zur Anfechtung der genehmigten,
aber noch nicht in Rechtskraft erwachsenen Scheidungskonvention im früheren Recht
vgl. STECK, FS KassGer, 557 ff.; SUTTER/FREIBURGHAUS, Art. 149 N 32).

Anders als im früheren Recht ermöglicht das **geltende Recht** die Scheidung auf gemein-   6
sames Begehren (Art. 111, 112) und regelt auch die Zustimmung zur Klage, bzw. die
Erhebung einer Widerklage (Art. 116) ausdrücklich von Bundesrechts wegen. In beiden
Fällen beurteilt sich *ausschliesslich nach Massgabe von Art. 149,* unter welchen Voraus-

setzungen ein gemeinsames Scheidungsbegehren oder eine Zustimmung zur Klage im Rechtsmittelverfahren widerrufen, bzw. eine Widerklage zurückgezogen werden kann (vgl. dazu hinten N 39; ferner Art. 116 N 26 ff.).

3. Inhalt und Zweck der Norm, Anwendungsbereich

7   Sowohl in Art. 149 Abs. 1 (Anfechtung der Auflösung der Ehe) als auch in Abs. 2 (Anfechtung der einverständlich geregelten Scheidungsfolgen) ist ausdrücklich die Anfechtung mit einem **ordentlichen Rechtsmittel** vorausgesetzt (vgl. Art. 148 N 6). Es handelt sich um ein besonderes, vom **Bundesrecht vorgeschriebenes Rechtsmittel** gegen noch nicht rechtskräftige erstinstanzliche Urteile an die obere kantonale Instanz und gegen Urteile der oberen kantonalen Instanz ans Bundesgericht (Art. 44 lit. b^bis OG; künftig Art. 72 Abs. 1 und Art. 90 ff. BGG; SUTTER/FREIBURGHAUS, Art. 149 N 6, 11 f., 41), bzw. gegen im Scheidungspunkt teilrechtskräftige Urteile, wenn nur die einverständlich geregelten Scheidungsfolgen angefochten werden. Die Anfechtung ist trotz Fehlens der formellen Beschwer möglich; die *materielle Beschwer* wird von Bundesrechts wegen in Art. 149 Abs. 1 und 2 für die dort genannten Anfechtungsgründe vorausgesetzt (SUTTER/FREIBURGHAUS, Art. 149 N 12; zum Begriff der Beschwer vgl. Art. 148 N 9). Gegenstand der Anfechtung ist stets ein erst- oder zweitinstanzliches, noch nicht in Rechtskraft erwachsenes Urteil, womit die Scheidung auf gemeinsames Begehren (Art. 111, 112) gutgeheissen und die Scheidung ausgesprochen wurde (zu den übrigen Voraussetzungen vgl. hinten N 13 ff. und N 31 ff.). Es wäre unzulässig, die Frist für das ordentliche Rechtsmittel verstreichen zu lassen und nachher die Anfechtung mittels Revision anzustreben (Art. 148 N 24; SUTTER/FREIBURGHAUS, Art. 149 N 10). Wurde die Scheidung auf gemeinsames Begehren *abgewiesen,* findet Art. 149 keine Anwendung. Nicht anwendbar ist Art. 149 ferner, soweit im Teileinigungsverfahren über strittige Scheidungsfolgen entschieden worden ist (FamKomm Scheidung/FANKHAUSER, Art. 149 N 21; vgl. auch hinten N 11). In diesen Fällen gilt die allgemeine Rechtsmittelordnung (vgl. dazu Art. 148 N 6 f.). Auch der Weiterzug von kantonalen Scheidungsurteilen durch *ausserordentliche Rechtsmittel* wird von Art. 149 nicht erfasst (SUTTER/FREIBURGHAUS, Art. 149 N 14; betr. Möglichkeit einer Revision von rechtskräftigen Vereinbarungen über die vermögensrechtlichen Scheidungsfolgen vgl. Art. 148 N 3, 5, 22 ff.). Die Bestimmung ist im gleichen Sinne auch anwendbar auf Urteile betreffend die *Ehetrennung auf gemeinsames Begehren* (Art. 117 Abs. 2; Art. 117/118 N 4; SPÜHLER, Neues Scheidungsverfahren, 61; LINIGER GROS, FamPra.ch 2003, 73, 74; nunmehr auch FamKomm Scheidung/FANKHAUSER, Art. 149 N 6a; kritisch noch FANKHAUSER, 149).

8   **Abs. 1** regelt die Frage, ob und unter welchen vom Bundesrecht umschriebenen Voraussetzungen die von beiden Parteien gewollte **Scheidung** mit einem ordentlichen Rechtsmittel angefochten werden kann. Anfechtungsgegenstand ist grundsätzlich der Status (SUTTER/FREIBURGHAUS, Art. 149 N 6, 11; FamKomm Scheidung/FANKHAUSER, Art. 149 N 3, 5; TUOR/SCHNYDER/RUMO-JUNGO, 267 f.; LINIGER GROS, FamPra.ch 2003, 73, 74 ff.; vgl. aber auch hinten N 10, 16).

9   In **Abs. 2** wird festgelegt, welches die Folgen sind, wenn die **einverständlich geregelten Scheidungsfolgen** mit einem ordentlichen Rechtsmittel angefochten werden (SUTTER/FREIBURGHAUS, Art. 149 N 6; FamKomm Scheidung/FANKHAUSER, Art. 149 N 17; LINIGER GROS, FamPra.ch 2003, 73, 79 ff.). Die Anwendung dieser Bestimmung setzt grundsätzlich voraus, dass das Urteil mindestens im Scheidungspunkt nicht angefochten wird und damit eigentlich insoweit in *Teilrechtskraft* erwachsen müsste (vgl. Art. 148 N 13 ff.), doch wird gleichzeitig festgehalten, dass im Falle einer erfolgreichen Anfechtung und einer deswegen notwendig gewordenen Änderung der im Einverständnis mit den Parteien getroffenen Regelung der Scheidungsfolgen, die **Teilrechtskraft der Scheidung nachträglich durchbrochen** (Art. 148 N 21) und die Zustimmung zur Scheidung vom **andern Ehegatten widerrufen** werden kann (Tuor/Schnyder/Rumo-Jungo, 268; vgl. auch vorn N 4 und hinten 10, 32). Der andere Ehegatte, der das Urteil akzeptiert hätte (vgl. dazu die Ausnahme, wenn beide Ehegatten das Urteil anfechten, hinten N 35), kann damit aus *Gründen des Vertrauensschutzes* eine bevorstehende, ihm missliebige Änderung der im vorinstanzlichen Verfahren einverständlich getroffenen Regelung über die Scheidungsfolgen verhindern, indem er die Scheidung als solche in Frage stellt (Frank/Sträuli/Messmer, Ergänzungsband, vor § 195a ff. N 220; Spühler, Neues Scheidungsverfahren, 64; Spühler/Reetz/Vock/Graham-Siegenthaler, 71; Steck, FS KassGer, 564).

Wenn sich die Ehegatten auf ein gemeinsames Scheidungsbegehren einigen, entsteht   **10** zwischen der Einigung über den Scheidungspunkt und der vereinbarten Regelung über die Scheidungsfolgen eine **Einheit** (Art. 111 und 112). Aus diesem Grunde existiert auch zwischen den **Abs. 1 und 2 von Art. 149 ein enger Zusammenhang** (**a.M.** Sutter/Freiburghaus, Art. 149 N 13, welche die Auffassung vertreten, es handle sich dabei um zwei autonome, von einander unabhängige Bestimmungen; vgl. auch vorn N 1, 4). Auch wenn die bundesrechtlich vorgeschriebene Rechtsmittelbeschränkung in Abs. 1 für den Bereich von Abs. 2 nicht ausdrücklich wiederholt wird, gelangt diese nach der hier vertretenen Auffassung **in gleicher Weise** zur Anwendung. Der Grund dafür liegt in der Besonderheit der Scheidung auf gemeinsames Begehren, wo keine strittigen Fragen entschieden werden, sondern «nur» eine Vereinbarung geprüft und gerichtlich genehmigt werden muss. Deshalb sind die gleichen Anfechtungsgründe relevant, wenn lediglich die einverständlich geregelten Scheidungsfolgen Gegenstand der Anfechtung sind (KGer SG, FamPra.ch 2003, 186, 187; Steck, FS KassGer, 564; gl.M.Bräm, AJP 1999, 1520; ferner wohl auch FamKomm Scheidung/Fankhauser, Art. 149 N 9; vgl. dazu auch BGer, Urteil vom 27.3.2003, 5C. 282/2002 E. 6 sowie Liniger Gros, FamPra.ch 2003, 73, 83 ff.). Ein Teil der Lehre vertritt jedoch die Auffassung, anders als im Falle von Art. 149 Abs. 1 sei die Anfechtung der einverständlich geregelten Scheidungsfolgen gemäss Art. 149 Abs. 2 uneingeschränkt möglich (Sutter/Freiburghaus, Art. 149 N 34, 37; Freiburghaus, plädoyer 6/98, 44; Spühler, Neues Scheidungsverfahren, 61, 63 f.; ders., Supplement, 59 f.; Spühler/Vock, 24; Kellerhals/Spycher, ZBJV 2000, 53; Liniger Gros, FamPra.ch 2003, 73, 81 f.). Danach sollen sich die Anfechtungsmöglichkeiten einvernehmlich geregelter Scheidungsfolgen nach dem einschlägigen kantonalen Prozessrecht bestimmen; das Bundesrecht schreibe nur vor, dass in diesen Fällen der berufungsbeklagten Seite ein Widerspruchsrecht (Art. 149 Abs. 2) zustehe (KGer FR, FamPra.ch 2004, 674 ff. = AJP 2004, 1398). Dass jedoch für Abs. 2 die gleichen Anfechtungsgründe gelten müssen, ergibt sich m.E. aus der Entstehungsgeschichte (Art. 150 E; vgl. Botschaft Revision Scheidungsrecht, 150 f.; **a.M.** Sutter/Freiburghaus, Art. 149 N 37, die sich ebenfalls auf die Entstehungsgeschichte berufen). Die erst in den parlamentarischen Beratungen vorgenommene Änderung von Art. 150 Abs. 2 E (heute Art. 149 Abs. 2) spricht nicht dagegen, denn damit wurde mit Bezug auf die Anfechtungsgrundlage im Verhältnis der beiden Absätze zu einander nichts verändert, sondern einzig neu festgelegt, dass im Falle einer Anfechtung der einverständlich geregelten Scheidungsfolgen auch der Widerruf der Zustimmung zur Scheidung durch die Gegenpartei möglich sein müsse (Freiburghaus, plädoyer 6/98, 44; vgl. vorn N 4 und hinten 35). Die hier vertretene Auffassung drängt sich auch aus weiteren Gründen auf. Wird das ordentliche Rechtsmittel nach Abs. 1 gutgeheissen, resultiert letztlich das gleiche Ergebnis, wie wenn die nach Abs. 2 vorgenommene Anfechtung erfolgreich ist und die Gegenpartei den Widerruf der Zustimmung zur Scheidung erklärt. In beiden Fällen ist dann die

Scheidung auf gemeinsames Begehren gescheitert und muss zur Erlangung der Scheidung ein neuer Weg gesucht werden (hinten N 25, 39). Es ist deshalb nicht einzusehen, weshalb dafür unterschiedliche Anfechtungsgründe massgebend sein sollten. Bei den in Art. 149 Abs. 1 und 2 vorausgesetzten ordentlichen Rechtsmitteln handelt es sich vielmehr um ein **einheitliches, im Bundesrecht verankertes unvollkommenes Rechtsmittel** (zum Begriff vgl. VOGEL/SPÜHLER, 13. Kap., Rz 33; Art. 148 N 8) mit *kongruenten Anfechtungsmöglichkeiten* (STECK, Rechtsmittel, 86; vgl. auch hinten N 34). Da nach der hier vertretenen Auffassung auch eine Verletzung der gerichtlichen Prüfungs- und Genehmigungspflicht nach Art. 140 einer Verletzung einer bundesrechtlichen Verfahrensvorschrift gleichkommt (vgl. hinten N 18, 19), dürfte der Unterschied der beiden Auffassungen praktisch wohl eher geringe Auswirkungen haben. *Legitimiert* zur Anfechtung im Sinne von Art. 149 Abs. 1 und 2 ist nebst den Ehegatten von Bundesrechts wegen auch der Kindesvertreter nach Massgabe von Art. 147 Abs. 2, das urteilsfähige Kind selber jedoch nur dann, wenn das kantonale Recht dies vorsieht (vgl. auch hinten N 36 und Art. 148 N 6). Zum Verfahren vgl. im Übrigen hinten N 12.

11   Nach dem Randtitel ist Art. 149 bei Scheidungen auf gemeinsames Begehren anwendbar. Dies gilt nach der hier vertretenen Auffassung immer auch dann, wenn die Verfahrensbestimmungen von Art. 111 und 112 **bei Zustimmung zur Klage oder bei Widerklage** aufgrund von **Art. 116** sinngemäss zur Anwendung gelangen, mithin auch dann, wenn im Rahmen des Klageverfahrens nachträglich über die Scheidungsfolgen noch eine Vereinbarung zustandegekommen ist (vgl. Art. 116 N 11 ff., 33; FamKomm Scheidung/ FANKHAUSER, Art. 149 N 6; LINIGER GROS, FamPra.ch 2003, 73, 74 f.; teilweise abweichend SUTTER/FREIBURGHAUS, Art. 149 N 6 m.w.Hw.). Hingegen können Urteile über vollständig strittig gebliebene Scheidungsklagen (Art. 114 und 115) nicht nach Art. 149 angefochten werden. Hier gilt die allgemeine Rechtsmittelordnung nach kantonalem Prozessrecht (vgl. auch vorn N 7 und Art. 148 N 6 f.).

12   Die in Art. 149 Abs. 1 und 2 **bundesrechtlich festgelegte Ordnung** ist grundsätzlich **abschliessend** geregelt (SUTTER-SOMM, Rz 5.36, 5.47; vgl. aber vorn N 10 und hinten 19). Ein Anschlussrechtsmittel, wie es die kantonalen Prozessordnungen kennen, ist nur im Rahmen von Art. 149 Abs. 2 möglich (vgl. hinten N 37). Dies gilt auch für die Anschlussberufung gemäss Art. 59 Abs. 2 OG. Soweit jedoch das Bundesrecht keine Regelung enthält, richtet sich im Übrigen das **Rechtsmittelverfahren** vor den kantonalen Instanzen (z.B. betreffend Rechtsmittelfristen, Streitwert, Erfordernis der Beschwer etc.) nach *kantonalem Prozessrecht* (vgl. dazu Art. 148 N 6 ff.). Für das Verfahren vor BGer gelten die Vorschriften des OG (vgl. Art. 148 N 7 und SUTTER/FREIBURGHAUS, Art. 149 N 41) bzw. künftig des BGG (vgl. Art. 72 ff. BGG).

II. Abs. 1

1. Allgemeines

13   Weil das Scheidungsurteil auf einem gemeinsamen (vgl. Art. 111, 112) oder einem beidseitigen (vgl. Art. 116) Scheidungswillen der Ehegatten beruht, wovon sich das Gericht in einem besonderen Verfahren überzeugt hat, soll die Anfechtung nur unter **qualifizierten Voraussetzungen** mit einem ordentlichen Rechtsmittel angefochten werden können (Botschaft Revision Scheidungsrecht, 150; TUOR/SCHNYDER/RUMO-JUNGO, 267 f.). Es kann daher nicht schlechthin jeder Mangel, sondern nur ein Umstand gerügt werden, der das korrekte Zustandekommen dieses Entschlusses der Ehegatten in Frage stellt (BRÄM, AJP 1999, 1520).

2. Anfechtungsgründe

a) Willensmängel

Das Gesetz nennt als Anfechtungsgründe in erster Linie **Willensmängel.** Solche sind 14
gegeben, wenn der Scheidungsentschluss mit einem Mangel in der Willensbildung behaftet ist, so dass in Analogie zum Vertragsrecht (vgl. Art. 7 ZGB) dessen zivilrechtliche Ungültigkeit angenommen werden muss (Botschaft Revision Scheidungsrecht, 150 f.). Während bei der Anfechtung der rechtskräftigen Vereinbarung über die vermögensrechtlichen Scheidungsfolgen in Art. 148 Abs. 2 als Anfechtungsgrund *Mängel im Vertragsschluss* genannt werden (vgl. Art. 148 N 22, 25), wird in Art. 149 Abs. 1 der Begriff *Willensmängel* verwendet. Gemeint sind indessen im Einzelnen die gleichen Anfechtungsgründe. Es handelt sich um Irrtum (Art. 24 Abs. 1 OR), absichtliche Täuschung (Art. 28 OR) und Furchterregung (Art. 29 f. OR; vgl. Botschaft Revision Scheidungsrecht, 151; SUTTER/FREIBURGHAUS, Art. 149 N 15; FamKomm Scheidung/FANKHAUSER, Art. 149 N 8). Gleich wie im Falle der Anfechtung durch Revision gemäss Art. 148 Abs. 2 ist auch hier eine Übervorteilung im Sinne von Art. 21 OR als Anfechtungsgrund zuzulassen (SPÜHLER, Neues Scheidungsverfahren, 62). Eine unterschiedliche Regelung liesse sich angesichts der systematischen Einordnung von Art. 21 OR im Gesetz nicht rechtfertigen (BGE 123 III 292, 299 E. 2e, bb; vgl. im Übrigen auch hinten N 16 sowie Art. 148 N 25; ferner LINIGER GROS, FamPra.ch 2003, 73, 85).

Liegt ein **Motivirrtum** vor, ist analog zu den Regeln des OR zum **Grundlagenirrtum** zu 15
beurteilen, ob er *wesentlich* ist (Art. 24 Abs. 1 Ziff. 4 und Abs. 2 OR; FamKomm Scheidung/FANKHAUSER, Art. 149 N 8; vgl. auch Art. 148 N 26). Auch ein *fahrlässiger Irrtum (Art. 26 OR)* kann als Anfechtungsgrund in Frage kommen (**a.M.** SUTTER/FREIBURGHAUS, Art. 149 N 15; FamKomm Scheidung/FANKHAUSER, Art. 149 N 9a; vgl. auch Art. 148 N 26). Zur rechtsmissbräuchlichen Berufung auf Irrtum vgl. hinten N 45.

Entsprechend dem Normzweck muss der Willensmangel von einer derartigen **Intensität** 16
sein, dass rückblickend auf den Zeitpunkt der Bestätigung der Scheidungsbegehren nicht mehr von dem in Art. 111 f. geforderten *freien Willen und reiflicher Überlegung* ausgegangen werden kann. Dabei ist von Bedeutung, dass sich auch eine einverständliche Regelung über die Scheidungsfolgen bei der Bildung des Scheidungswillens als wesentliches Element erweisen kann (FamKomm Scheidung/FANKHAUSER, Art. 149 N 8; vgl. auch KGer SG, FamPra.ch 2003, 186, 188 f.). Eine *unangemessene Vereinbarung* kann deshalb zur erfolgreichen Anfechtung gemäss Art. 149 Abs. 1 und zur Ungültigkeit des geäusserten Scheidungswillens und damit zum Wegfall der Scheidungsvoraussetzung des gemeinsamen Begehrens führen (FamKomm Scheidung/FANKHAUSER, Art. 149 N 9; vgl.auch vorn N 10 und hinten N 19). Mit der erst in den parlamentarischen Beratungen herbeigeführten Änderung von Art. 149 Abs. 2 wurde dies nicht nur dem Grundsatz nach bestätigt, sondern ausdrücklich auch für den Fall, dass nur die einverständlich geregelten Scheidungsfolgen angefochten werden, im Gesetz festgehalten (vgl. vorn N 4, 10). Darin liegt denn auch ein wesentlicher Unterschied zur Regelung von Art. 148 Abs. 2. Während dort nur ein bundesrechtlicher Minimalstandard geschaffen wurde und eine revisionsweise Aufhebung der rechtskräftig ausgesprochenen *Scheidung als solcher* nur nach Massnahme des kantonalen Rechts in Frage kommt (Art. 148 N 27 ff.), ermöglicht das Bundesrecht in Art. 149 Abs. 1 und 2 durch Ergreifung eines *ordentlichen unvollkommenen Rechtsmittels* vor Eintritt der Rechtskraft des Scheidungsurteils eine zwar beschränkte Anfechtung, die aber zur Aufhebung der Scheidung führen kann.

Die **Behauptungs- und Beweislast** für die Tatsachen, aus welchen ein Willensmangel 17
abgeleitet wird, obliegt gemäss Art. 8 derjenigen Partei, die sich auf den Willensmangel beruft (SUTTER/FREIBURGHAUS, Art. 149 N 16).

Daniel Steck 937

b) Verletzung bundesrechtlicher Verfahrensvorschriften

18 Die Einhaltung der **bundesrechtlichen Verfahrensbestimmungen** ist eine wesentliche Voraussetzung dafür, dass eine Scheidung auf gemeinsames Begehren ausgesprochen werden kann (Art. 111, 112, bzw. Art. 116 i.V.m. Art. 111, 112). *Sie ist mithin Bestandteil des Scheidungsgrundes* (KGer SG, FamPra.ch 2003, 663, 664; SUTTER/FREIBURGHAUS, Art. 149 N 17; TUOR/SCHNYDER/RUMO-JUNGO, 267 f.). Eine Verletzung dieser Bestimmungen bedeutet deshalb immer, dass einer Scheidung aus diesen Gründen nicht hätte stattgegeben werden dürfen. Konsequenterweise ist deshalb die Verletzung bundesrechtlicher Verfahrensvorschriften über die Scheidung auf gemeinsames Begehren in Art. 149 als weiterer **Anfechtungsgrund** ausgestaltet (SUTTER-SOMM, Rz 5.37; Fam-Komm Scheidung/FANKHAUSER, Art. 149 N 11). Darunter fallen die *Missachtung* der Vorschriften über die getrennte und gemeinsame Anhörung der Ehegatten und das Nichteinhalten der zweimonatigen Bedenkzeit (z.B. durch Vordatieren der schriftlichen Bestätigung; vgl. Art. 111 Abs. 2 und Art. 112 Abs. 2; SUTTER/FREIBURGHAUS, Art. 149 N 18; FamKomm Scheidung/FANKHAUSER, Art. 149 N 10) aber auch die unrichtige Anwendung von Art. 116 (vgl. Art. 116 N 11 ff.). Eine solche Verletzung kann ferner darin bestehen, dass das Gericht die Vereinbarung nicht so genehmigt hat oder sonstigen Anträgen nicht so gefolgt ist, wie sie *bei Bestätigung des Scheidungswillens* vorgelegen haben, ohne den Ehegatten vorher das notwendige, nach Art. 111 Abs. 2 (vgl. Art. 111 N 11) geforderte rechtliche Gehör gewährt zu haben (FamKomm Scheidung/FANKHAUSER, Art. 149 N 12). Der Anfechtungsgrund der Verletzung bundesrechtlicher Verfahrensvorschriften ist *formeller Natur*. Er kann im Interesse des Institutsschutzes grundsätzlich auch geltend gemacht werden, ohne dass ein besonderes Interesse an der Aufrechterhaltung der Ehe erforderlich wäre (SUTTER-SOMM, Rz 5.39 Anm. 77; Fam-Komm Scheidung/FANKHAUSER, Art. 149 N 14; vgl. aber BGer, Urteil vom 6.9.2001, 5C. 129/2001 E. 1c; ferner hinten N 19 und 46).

19 Die bundesrechtliche Regelung von Art. 149 Abs. 1 ist *abschliessend* (vgl. vorn N 12). Aus diesem Grunde kann das kantonale Recht *keine zusätzlichen Gründe* für die Anfechtung mit einem ordentlichen Rechtsmittel vorsehen (SUTTER/FREIBURGHAUS, Art. 149 N 12; FamKomm Scheidung/FANKHAUSER, Art. 149 N 41; STECK, Rechtsmittel, 85). Der **Zweck** der mit der Gesetzesrevision neu geschaffenen Scheidungsvoraussetzung einer Scheidung auf gemeinsames Begehren erfordert deshalb, dass der Begriff der Verletzung bundesrechtlicher Verfahrensvorschriften im Sinne von Art. 149 nicht eng auf die in den Art. 111 und 112 enthaltenen verfahrensrechtlichen Komponenten beschränkt, sondern **weit ausgelegt** wird (STECK, Rechtsmittel, 85; **a.M.** SUTTER/FREIBURGHAUS, Art. 149 N 19; FamKomm Scheidung/FANKHAUSER, Art. 149 N 11; LINIGER GROS, FamPra.ch 2003, 73, 78 f., 81). Auch die Verletzung von ausserhalb dieser Gesetzesbestimmungen enthaltenen *bundesrechtlichen Verfahrensbestimmungen* wird nach Art. 149 immer dann relevant, wenn die rechtmässige Bildung sowie die gerichtliche Überprüfung des gemeinsamen oder (im Falle von Art. 116) des beidseitigen Scheidungsentschlusses in irgend einer Weise tangiert ist (**a.M.** SUTTER-SOMM, Rz 5.39; SUTTER/FREIBURGHAUS, Art. 149 N 38; FamKomm Scheidung/FANKHAUSER, Art. 149 N 11; vgl. auch vorn N 16). Meist dürfte es sich dabei zwar um Verletzungen handeln, die gleichzeitig auch gegen Art. 111 Abs. 2 und Art. 112 Abs. 2 verstossen. Es sind aber Fälle denkbar, wo dies nicht zutrifft. In diesem Sinne muss Art. 149 insbesondere auch dann anwendbar sein, wenn eine Scheidungsvereinbarung gerichtlich genehmigt wurde, die wegen Unklarheit, Unvollständigkeit oder offensichtlicher Unangemessenheit (Art. 140 Abs. 2; vgl. diesbezüglich KGer SG, FamPra.ch 2003, 186 f., ferner LINIGER GROS, FamPra.ch 2003, 73, 85 f.; vorn N 16) oder wegen Missachtung von zwingenden Vorschriften bei der Teilung der Austrittsleistungen der beruflichen Vorsorge (Art. 123, 141 Abs. 3) nicht hätte genehmigt

werden dürfen (vgl. auch FREIBURGHAUS, plädoyer 6/98, 44 Anm. 68; SUTTER-SOMM, Rz 5.39 Anm. 78 und Rz 5.45), sowie wenn der Grundsatz der Untersuchungs- und Offizialmaxime (Art. 139 Abs. 2; 145) verletzt oder Kinder zu Unrecht nicht angehört wurden (Art. 144 Abs. 2; STECK, Rechtsmittel, 85; FRANK/STRÄULI/MESSMER; Ergänzungsband, vor § 195a ff. N 224; **a.M.** FamKomm Scheidung/FANKHAUSER, Art. 149 N 11; vgl. auch vorn N 10 und hinten N 33). Der Auffassung, dass hinsichtlich der *Folgen für die Kinder* im Falle materieller Beschwer die Berufung nach Art. 149 immer und unbeschränkt möglich sei (BGer, Urteil vom 27.3.2003, 5C. 282/2002 E. 6; HEGNAUER/BREITSCHMID, Rz 12.78; SUTTER-SOMM, Rz 5.50; SUTTER/FREIBURGHAUS, Art. 149 N 39; FamKomm Scheidung/FANKHAUSER, Art. 149 N 11, 22; SPÜHLER, Neues Scheidungsverfahren, 64; FREIBURGHAUS, plädoyer 6/98, 44) ist zuzustimmen, weil hier immer die Wahrung des Kindeswohls im Vordergrund steht und jede Regelung, die gegen diesen Grundsatz verstösst, stets auch eine Verletzung von Art. 145 impliziert. Würde man eine solche weite Auslegung des Begriffs der Verletzung von bundesrechtlichen Verfahrensbestimmungen über die Scheidung auf gemeinsames Begehen ablehnen, hätte dies zur Folge, dass die Einhaltung wichtiger Bestimmungen des materiellen Scheidungsrechts nicht mehr mit einem ordentlichen Rechtsmittel gemäss Art. 149, sondern nur noch mit einem ausserordentlichen kantonalen Rechtsmittel überprüft werden könnte, was dem Anliegen einer einheitlichen Anwendung von Bundesrecht nicht förderlich wäre (STECK, Rechtsmittel, 86). Im Verfahren vor BGer (eidgenössische Berufung oder subsidiär, wenn gegebenenfalls der notwendige Streitwert gemäss Art. 46 OG nicht erreicht wird, eidgenössische Nichtigkeitsbeschwerde, Art. 68 Abs. 1 lit. a OG, bzw. künftig Beschwerde in Zivilsachen, Art. 72 ff. BGG) muss auch die Rüge zulässig sein, das zweitinstanzliche Novenrecht (Art. 138 Abs. 1) sei verletzt worden (SUTTER/FREIBURGHAUS, Art. 138 N 31).

Ein Anfechtungsgrund ist auch zu bejahen, wenn die Scheidung nicht hätte ausgesprochen werden dürfen, weil die **Vereinbarung** der Ehegatten im Sinne von Art. 20 OR **nichtig** ist, sei es, dass beim Abschluss einem Ehegatten die Handlungsfähigkeit fehlte (BRÄM, AJP 1999, 1520), oder dass sie einen unzulässigen Inhalt aufweist. Bei Vorliegen einer *Teilnichtigkeit* ist in Übereinstimmung mit der bisherigen Lehre und Rechtsprechung Art. 20 Abs. 2 OR analog anzuwenden und abzuklären, ob die Vereinbarung ohne die nicht zu genehmigenden Bestimmungen abgeschlossen worden wäre oder nicht (HINDERLING/STECK, 518 f.; BSK OR-HUGUENIN JACOBS, Art. 19/20 N 61 ff.; vgl. ferner hinten N 25 ff.). **20**

Weist die Verletzung der bundesrechtlichen Verfahrensbestimmung **keinen Zusammenhang mit der Bildung und gerichtlichen Überprüfung des Scheidungswillens** auf, fällt sie *nicht* unter Art. 149. Wird z.B. entgegen Art. 136 Abs. 1 fälschlicherweise ein Sühnversuch durchgeführt, kann dies mit einem ordentlichen Rechtsmittel nicht gerügt werden (SUTTER/FREIBURGHAUS, Art. 149 N 19). **21**

Weil im Rahmen von Art. 111 und 112 sowie 116 die Disposition über den Scheidungsgrund möglich ist, muss es unabhängig vom allgemeinen Erfordernis der materiellen Beschwer auch zulässig sein, dass das Rechtsmittel von beiden Ehegatten ergriffen wird, um das **Scheidungsbegehren gemeinsam zurückzuziehen** (KGer SG, FamPra.ch 2003, 184 f.; BRÄM, AJP 1999, 1520; LINIGER GROS, FamPra.ch 2003, 73, 87). Nach einer gestützt auf ein gemeinsames Scheidungsbegehren frei von Willensmängeln und ohne Verletzung bundesrechtlicher Verfahrensvorschriften ausgesprochenen Scheidung könnte hingegen mangels materieller Beschwer auf das mit dem Ziel des einseitigen Klagerückzugs angehobene Rechtsmittel nur eines Ehegatten nicht eingetreten werden (vgl. Art. 116 N 27). **22**

23 Die **Beweislast** obliegt derjenigen Partei, welche sich auf die Verletzung einer bundesrechtlichen Verfahrensvorschrift über die Scheidung auf gemeinsames Begehren beruft
(SUTTER/FREIBURGHAUS, Art. 149 N 20).

3. Wirkungen

a) Bei Abweisung des Rechtsmittels

24 Bei **Abweisung** des nach Art. 149 Abs. 1 ergriffenen ordentlichen Rechtsmittels wird das
angefochtene Urteil hinsichtlich des Scheidungspunktes und der Scheidungsfolgen vollständig bestätigt (FamKomm Scheidung/FANKHAUSER, Art. 149 N 16). Der Entscheid der
kantonalen ordentlichen Rechtsmittelinstanz ist gemäss Art. 44 lit. b[bis] OG mit eidgenössischer Berufung ans BGer weiterziehbar (künftig Beschwerde in Zivilsachen,
Art. 72 ff. BGG; vgl. auch hinten N 30; Art. 148 N 7). Wird der Rechtsmittelentscheid
nicht weiter angefochten, tritt hinsichtlich des *ganzen Urteils* die formelle Rechtskraft
ein.

b) Bei Gutheissung des Rechtsmittels

aa) Grundsatz

25 Werden die geltend gemachten Anfechtungsgründe von der letzten angerufenen Instanz
bejaht und ist das **Rechtsmittel begründet,** steht fest, dass die Voraussetzungen für eine
Scheidung auf gemeinsames Begehren nicht mehr gegeben sind. Grundsätzlich ist dann
das *Verfahren der Scheidung auf gemeinsames Begehren* sowohl in der Variante einer
umfassenden Einigung (Art. 111) als auch in derjenigen einer Teileinigung (Art. 112,
116) *gescheitert* und das Begehren der Ehegatten *abzuweisen* (KGer SG, FamPra.ch
2003, 663, 665; FamKomm Scheidung/FANKHAUSER, Art. 149 N 16; STECK, FS KassGer,
563; DERS., Rechtsmittel, 80). Die Rechtsmittelinstanz kann die nunmehr bestrittene, auf
der weggefallenen Vereinbarung basierende Regelung nicht durch einen autoritativen
gerichtlichen Entscheid ersetzen (BRÄM, AJP 1999, 1520). Vielmehr hat sie den Ehegatten gegebenenfalls im Sinne von Art. 113 Frist anzusetzen, um das Scheidungsbegehren
durch eine Klage zu ersetzen (SPÜHLER, Supplement, 60 f.; STECK, FS KassGer, 563;
DERS., Rechtsmittel, 80). Basierte jedoch das erfolgreich angefochtene Scheidungsurteil
auf einer erst nachträglich im ursprünglich strittigen Klageverfahren vor der Vorinstanz
zustandegekommenen Einigung der Ehegatten (Art. 116 N 29 f.), findet keine Fristansetzung mehr statt. In diesem Falle entfällt die Anwendung von Art. 116 und lebt der strittige Prozess wieder auf (Art. 116 N 33). Die Rechtsmittelinstanz hat dann entweder aufgrund von Art. 114 oder 115 im Klageverfahren ein Urteil zu fällen, oder, wenn hiefür
die verfahrensrechtlichen Voraussetzungen fehlen, das Verfahren an die Vorinstanz zurückzuweisen.

bb) Ausnahmen

26 Falls zwischen den Ehegatten im Rechtsmittelverfahren eine **neue umfassende Einigung**
zustande kommt (vgl. auch Art. 116 N 34), kann dies von Bundesrechts wegen mindestens nach Massgabe von Art. 138 Abs. 1 und gegebenenfalls darüber hinausgehend nach
dem kantonalen Prozessrecht in dem Sinne relevant werden, dass nunmehr die Rechtsmittelinstanz die Scheidung in Anwendung von Art. 111 ausspricht (STECK, Rechtsmittel,
80). Sind jedoch die prozessualen Voraussetzungen für ein Scheidungsurteil durch die
Rechtsmittelinstanz nicht gegeben, z.B., weil die neue Einigung nicht rechtzeitig zustandegekommen ist, stellt sich nach Massgabe des kantonalen Prozessrechts die Frage nach
einer Rückweisung des Verfahrens an die Vorinstanz. Kommt im Rechtsmittelverfahren

keine Einigung zustande, wird in der Regel eine Rückweisung an die Vorinstanz aus verfahrensrechtlichen Gründen nicht möglich sein, sondern nur der Weg des Wechsels zur Klage nach Art. 113 zur Verfügung stehen.

Kommt im Rechtsmittelverfahren eine **neue Teileinigung** zustande, gelten grundsätzlich   27
die gleichen Überlegungen (vorn N 26). Inwieweit die Rechtsmittelinstanz befugt ist, über die strittig gebliebenen Scheidungsfolgen das Verfahren durchzuführen und einen neuen Entscheid zu fällen, beurteilt sich nach *kantonalem Prozessrecht*. Die Beantwortung dieser Frage wird davon abhängen, ob hiefür die verfahrensrechtlichen Voraussetzungen vor Vorinstanz geschaffen worden waren (STECK, Rechtsmittel, 80). Ist das vorinstanzliche Urteil aufgrund von Art. 111 ergangen, wird dies in der Regel ausgeschlossen sein, weil entsprechend der besonderen Natur dieses Verfahrens über die nunmehr strittigen Fragen wohl weder das vom Prozessrecht geforderte Hauptverfahren im technischen Sinne noch ein Beweisverfahren durchgeführt worden ist. Denkbar ist dann aber unter Umständen eine Rückweisung an die Vorinstanz, damit diese nach Art. 112 vorgeht. Wenn hingegen das vorinstanzliche Urteil in Anwendung von Art. 112 gefällt worden war, ist grundsätzlich ein materieller Entscheid der Rechtsmittelinstanz möglich. Es entscheidet sich dann wiederum nach kantonalem Prozessrecht, ob ein *Gesamturteil* (vgl. Art. 116 N 17, 27) durch die Rechtsmittelinstanz ergehen kann oder eine Rückweisung an die Vorinstanz erfolgen muss (STECK, Rechtsmittel, 80). Gleich verhält es sich, wenn die ursprüngliche Teileinigung erst im Klageverfahren (Art. 116) zustandegekommen war (vgl. auch vorn N 25).

4. Rechtsmittelverzicht

In grundsätzlicher Hinsicht kann auf die Ausführungen in Art. 148 N 11 f. verwiesen   28
werden (vgl. auch SUTTER/FREIBURGHAUS, Art. 149 N 21 ff.). Diese haben nach der hier vertretenen Auffassung auch für die Scheidung auf gemeinsames Begehren Gültigkeit. Es entspricht einem Bedürfnis der Ehegatten, dass **nach Eröffnung des Urteils** der sofortige Eintritt der Rechtskraft herbeigeführt werden kann, indem auf das zur Verfügung stehende ordentliche Rechtsmittel verzichtet wird, was schon unter dem bisherigen Recht auch bundesrechtlich als zulässig erachtet wurde (KGer SG, FamPra.ch 2003, 663, 664; Art. 148 N 11). Ein Teil der Lehre hält aber dafür, dass nach neuem Recht nicht einfach auf die bisherige Praxis abgestellt werden dürfe. Zur Begründung wird angeführt, die Geltendmachung von Willensmängeln sei im Urteilszeitpunkt subjektiv unmöglich, weshalb eine ähnliche Situation bestehe wie bei der ausserordentlichen Revision, auf welche nicht gültig verzichtet werden könne. Hinsichtlich der Verletzung bundesrechtlicher Verfahrensvorschriften über die Scheidung auf gemeinsames Begehren sprächen triftige Gründe für die Unverzichtbarkeit des ordentlichen Rechtsmittels, weil andernfalls die Gefahr bestünde, dass diese genannten Verfahrensvorschriften unterlaufen würden, indem z.B. die zwingende Einhaltung der Bedenkzeit im Ergebnis in die Disposition der Parteien gestellt würde. Letztlich garantiere nur der generelle Ausschluss des gültigen Verzichts auf das ordentliche Rechtsmittel, dass der neue Scheidungsgrund der Scheidung auf gemeinsames Begehren nicht zum vornherein stark relativiert werde (SUTTER/FREIBURGHAUS, Art. 149 N 24; vgl. auch LINIGER GROS, FamPra.ch 2003, 73, 86). Mit Bezug auf den Anfechtungsgrund der Willensmängel besteht indessen keine andere Ausgangslage als nach bisherigem Recht, so dass hier eine Änderung der geltenden Praxis nicht angezeigt ist. Mehr Gewicht ist dem Einwand beizumessen, die bundesrechtlichen Verfahrensbestimmungen über die Scheidung auf gemeinsames Begehren könnten durch den Rechtsmittelverzicht unterlaufen werden. Diese Gefahr ist nicht von der Hand zu weisen (**a.M.** anscheinend WEBER, AJP 1999, 1635, der es, nach entsprechender Aufklärung der Ehegatten, als vertretbar erachtet, den Rechtsmittelverzicht auch in der Absicht

zuzulassen, eine Abkürzung der zwingenden Bedenkzeit unanfechtbar zu machen und das Verfahren einer raschen Erledigung zuzuführen, was m.E. unhaltbar ist). Die praktische Bedeutung dieser Frage darf jedoch nicht überschätzt werden. Auch ohne Rechtsmittelverzicht kann ein Unterlaufen der zwingenden Verfahrensvorschriften, falls ein Gericht dazu überhaupt Hand bietet, nicht wirksam verhindert werden. Zur Frage der rechtsmissbräuchlichen Ergreifung des Rechtsmittels vgl. hinten N 45 f.

5. Anfechtung durch ausserordentliche Rechtsmittel

29   Unter Umständen erweist es sich als notwendig, dass ein noch nicht in formelle Rechtskraft erwachsenes Urteil, welches die Scheidung auf gemeinsames Begehren ausgesprochen hat, allein oder zusätzlich zum ordentlichen Rechtsmittel gemäss Art. 149 durch ein **ausserordentliches Rechtsmittel nach kantonalem Prozessrecht** angefochten wird (STECK, Rechtsmittel, 85). Als Anfechtungsgründe kommen hiefür nur *kantonalrechtliche Nichtigkeitsgründe* in Frage, die nicht unter die bundesrechtlichen Anfechtungsgründe gemäss Art. 149 fallen (vgl. vorn N 19), sondern je nach Prozessordnung nur mit kantonaler Nichtigkeitsbeschwerde oder mit kantonaler Revision (vgl. VOGEL/SPÜHLER, 13. Kap., Rz 87 ff.) gerügt werden können (z.B. bei Verletzung von Verfahrensgrundsätzen, die sich allein aus dem kantonalen Zivilprozessrecht ergeben, vgl. FRANK/STRÄULI/MESSMER, § 281 N 16 ff.; SPÜHLER, Supplement, 59). In solchen Fällen hat der Rechtsmittelkläger immer zu prüfen, ob er sowohl das vom Bundesrecht vorgesehene ordentliche (Art. 149) als auch das kantonale ausserordentliche Rechtsmittel ergreifen muss (STECK, Rechtsmittel, 86).

30   Aus diesem Grund kann sich ergeben, dass auch ein **erstinstanzliches Urteil** bei der kantonalen zweiten Instanz in zwei verschiedenen Rechtsmittelverfahren, einerseits nach Art. 149 und andererseits nach der anwendbaren kantonalen Bestimmung, überprüft werden muss (SPÜHLER, Neues Scheidungsverfahren, 61 ff.; STECK, Rechtsmittel, 85). Der *zweitinstanzliche Entscheid über das ordentliche Rechtsmittel,* ist gegebenenfalls mit einem ordentlichen Rechtsmittel ans BGer weiterziehbar, wobei die Beschränkungen von Art. 149 in gleicher Weise gelten und der generellen Bestimmung von Art. 43 OG vorgehen (SPÜHLER, Neues Scheidungsverfahren, 62, mit Kritik an dieser gesetzlichen Regelung; künftig wird die Beschwerde in Zivilsachen zur Verfügung stehen, Art. 72 ff. BGG). Gegen den noch nicht in Rechtskraft erwachsenen Entscheid der Beschwerdeinstanz über ein kantonales ausserordentliches Rechtsmittel ist in der Regel ein weiteres kantonales ausserordentliches Rechtsmittel nicht mehr gegeben (VOGEL/SPÜHLER, 13. Kap., Rz 92; STECK, Rechtsmittel, 85; vgl. z.B. § 284 Ziff. 1 ZPO/ZH). Hingegen kann das kantonale Recht vorsehen dass gegen den zweitinstanzlichen Entscheid über das ordentliche Rechtsmittel (Art. 149) ein ausserordentliches kantonales Rechtsmittel zur Verfügung steht (vgl. z.B. § 281 und 284 ZPO/ZH). Gegen die Urteile des Bundesgerichtes ist schliesslich die Revision nach Massgabe von Art. 136 ff. OG (künftig Art. 121 ff. BGG) möglich (vgl. Art. 148 N 23).

III. Abs. 2

1. Allgemeines

31   Anfechtungsobjekt sind gemäss Wortlaut der Bestimmung die **einverständlich geregelten Scheidungsfolgen** (vgl. vorn N 9). Soweit die Vorinstanz über strittig gebliebene Scheidungsfolgen entschieden hat, erfolgt diesbezüglich die Anfechtung nicht nach Art. 149 Abs. 2, sondern nach der allgemeinen kantonalen Rechtsmittelordnung (Art. 148 N 6 ff.; FamKomm Scheidung/FANKHAUSER, Art. 149 N 41).

Dem Grundsatz nach bewirkt eine Anfechtung nach Art. 149 Abs. 2, dass das Urteil im **32** Scheidungspunkt und hinsichtlich der nicht angefochtenen Scheidungsfolgen in **Teilrechtskraft** erwächst. Dies gilt jedoch nicht uneingeschränkt, sondern unter der *aufschiebenden Bedingung,* dass die im Rechtsmittelverfahren beklagte Partei nicht von ihrem Recht, den Scheidungsentschluss gemäss Art. 149 Abs. 2 zu widerrufen, Gebrauch macht (vgl. vorn N 9 und hinten 35 ff.; ferner Art. 148 N 18 ff.).

Im Gegensatz zu Art. 148 Abs. 2 spricht das Gesetz in Art. 149 Abs. 2 nicht von *Verein-* **33** *barung,* sondern von den *einverständlich geregelten Scheidungsfolgen.* Diese umfassen mehr als die vermögensrechtlichen Scheidungsfolgen (Art. 148 Abs. 2), denn darunter fallen **alle Scheidungsfolgen.** Mit dieser Differenzierung wird dem Umstand Rechnung getragen, dass von einer Vereinbarung im Rechtssinne nur dann gesprochen werden sollte, wenn ihr Gegenstand der freien Disposition der Parteien unterliegt, was für die Kinderbelange (Art. 133, 145) und den Vorsorgeausgleich (Art. 123, 141 Abs. 3) *nicht* zutrifft (vgl. zum Begriff und Inhalt der Vereinbarung im neuen Scheidungsrecht, STECK, FS KassGer, 559 ff.). Diese Bereiche sollen aber von Art. 149 Abs. 2 auch erfasst werden. Der Anfechtung nach Art. 149 Abs. 2 unterliegt somit *jede einverständliche Regelung der Scheidungsfolgen,* ohne Rücksicht darauf, ob sie auf einer förmlichen *Vereinbarung im technischen Sinne* oder auf *übereinstimmenden Anträgen* der Ehegatten beruht Botschaft Revision Scheidungsrecht, 151; SUTTER-SOMM, Rz 5.43 f.; SUTTER/FREIBURGHAUS, Art. 149 N 29; FamKomm Scheidung/FANKHAUSER, Art. 149 N 22; TUOR/SCHNYDER/RUMO-JUNGO, 268; LINIGER GROS, FamPra.ch 2003, 73, 80; FRANK/STRÄULI/MESSMER, Ergänzungsband, vor § 195a ff. N 221). Die Scheidungsfolgen umfassen insbesondere die güterrechtliche Auseinandersetzung (Art. 120), den Vorsorgeausgleich (Art. 122–124), den nachehelichen Unterhalt (Art. 125 ff.), sowie Zuteilung der elterlichen Sorge, Regelung des persönlichen Verkehrs, Anordnung von Kindesschutzmassnahmen und Festlegung des Kinderunterhalts (Art. 133).

2. Anfechtungsgründe

Die **Anfechtungsgründe gemäss Art. 149 Abs. 1** finden auch für die Anfechtung der **34** einverständlich geregelten Scheidungsfolgen **nach Art. 149 Abs. 2** Anwendung (KGer SG, FamPra.ch 2003, 186, 187 ff.; **a.M.** KGer FR, FamPra.ch 2004, 674 f. = AJP 2004, 1398; SUTTER/FREIBURGHAUS, Art. 149 N 38; vgl. auch vorn N 10, 16, 18 f.). Sind diese Anfechtungsgründe erfüllt (z.B. Mängel beim Abschluss der Vereinbarung über die finanziellen Scheidungsfolgen oder übereinstimmende Anträge in Kinderbelangen, die dem Kindeswohl widersprechen und deshalb nicht hätten genehmigt werden dürfen), muss die einverständliche Regelung über die Scheidungsfolgen aufgehoben werden, so dass die Voraussetzungen für eine Scheidung auf gemeinsames Begehren im Sinne von Art. 111 oder 112 nicht mehr gegeben sind (vgl. hinten N 39 ff.). Zu Fragen des Verfahrens vgl. vorn N 11 f.

3. Rechtsstellung der im Rechtsmittelverfahren beklagten Partei

Zur Entstehungsgeschichte von Abs. 2 vgl. vorn N 4, 10. Die Bestimmung setzt voraus, **35** dass das vorinstanzliche Urteil aufgrund einer umfassenden Einigung oder einer Teileinigung (Art. 111, 112, allenfalls je in Verbindung mit Art. 116) ergangen ist (vgl. auch Art. 116 N 11 ff.) und der Rechtsmittelkläger nicht die Scheidung als solche, sondern nur die Regelung über die einverständlich geregelten Scheidungsfolgen anfechten will und damit den Eintritt der Teilrechtskraft des Urteils mindestens im Scheidungspunkt anstrebt (vgl. vorn N 9). Dies kann indessen die im Rechtsmittelverfahren beklagte Partei, welche selber kein Rechtsmittel ergriffen hat, verhindern, wenn sie innert einer vom Gericht anzusetzenden **richterlichen Frist** durch Ausübung des ihr vom Gesetz eingeräumten Gestaltungsrechts (SUTTER/FREIBURGHAUS, Art. 149 N 46–48) erklärt, sie **widerrufe ihre Zustimmung zur Scheidung auf gemeinsames Begehren, wenn der betreffende Teil des Urteils** (d.h. der angefochtene Teil der einverständlich geregelten Scheidungsfolgen) **geändert würde** (SUTTER/FREIBURGHAUS, Art. 149 N 43). Der Widerruf der Zustimmung zur Scheidung kann nur von der Gegenpartei und nicht von der Partei erklärt werden, welche das ordentliche Rechtsmittel ergriffen hat (FamKomm Scheidung/FANKHAUSER, Art. 149 N 24). Denkbar ist jedoch, dass die einverständliche Regelung über die Scheidungsfolgen von beiden Ehegatten selbständig mit dem ordentlichen Rechtsmittel angefochten wird. In diesem Falle können sich unter den Voraussetzungen von Art. 149 Abs. 2 *beide* (je als Gegenpartei des anfechtenden Partners) auf das Widerrufsrecht berufen (SUTTER-SOMM, Rz 5.47 Anm. 86; FamKomm Scheidung/FANKHAUSER, Art. 149 N 34). In welchem Umfange von der anfechtenden Partei die Änderung der Scheidungsfolgen verlangt wird, hat grundsätzlich auf die Ausübung des Widerrufsrechts keinen Einfluss (FamKomm Scheidung/FANKHAUSER, Art. 149 N 26). Der Widerruf ist voraussetzungslos zulässig (FamKomm Scheidung/FANKHAUSER, Art. 149 N 32); vorbehalten bleibt aber der Rechtsmissbrauch (vgl. hinten N 47). Von einer (materiellen) Änderung im Sinne von Art. 149 Abs. 2 zu unterscheiden sind *reine Erläuterungen oder Präzisierungen.* Solche berechtigen nicht zum Widerruf (FamKomm Scheidung/FANKHAUSER, Art. 149 N 27). Kein Widerrufsrecht besteht, wenn nur *nicht angefochtene Kinderunterhaltsbeiträge* aufgrund von Art. 148 Abs. 1 im Rechtsmittelverfahren abgeändert werden (FamKomm Scheidung/FANKHAUSER, Art. 149 N 28; vgl. Art. 148 N 18 ff.). Nach dem Zweck der Norm (vgl. vorn N 9 f.) muss dem berechtigten Ehegatten die gleiche Möglichkeit des Widerrufs zustehen, um eine im ursprünglich strittigen Verfahren *erhobene und bestätigte Widerklage auf Scheidung* zurückzuziehen. In diesem Falle entfällt die Anwendung von Art. 116 und lebt die ursprüngliche strittige Hauptklage nach Art. 114 oder 115 wieder auf (vgl. Art. 116 N 27).

36 Falls ein **Kindesvertreter** die im Verhältnis unter den Ehegatten einverständlich geregelten Scheidungsfolgen erfolgreich anficht (Art. 147 Abs. 2), muss Art. 149 Abs. 2 analog zur Anwendung gelangen. In diesem Falle muss konsequenterweise beiden Ehegatten die Möglichkeit eingeräumt werden, die früher erteilte Zustimmung zur Scheidung zu widerrufen (STECK, FS KassGer, 564, Anm. 61; **a.M.** FRANK/STRÄULI/MESSMER, Ergänzungsband, vor § 195a ff. N 223).

37 Über die **Modalitäten der Fristansetzung** schweigt sich der Bundesgesetzgeber aus. Nach Sinn und Zweck der Norm wird in Art. 149 Abs. 2 im Gegensatz zum früheren Recht, wo dies nicht vorgesehen war (vgl. BGE 52 II 91; 39 II 287), von Bundesrechts wegen die Schaffung eines **bedingten Anschlussrechtsmittels** ermöglicht (vgl. KELLERHALS/SPYCHER, ZBJV 2000, 55; STECK, FS KassGer, 564; ähnlich SUTTER/FREIBURGHAUS, Art. 149 N 48). Indessen schreibt das Bundesrecht dies den Kantonen nicht vor. Sie sind in der Gestaltung, wie und in welchem Zeitpunkt des Rechtsmittelverfahrens die gerichtliche Fristansetzung im Sinne von Abs. 2 zu erfolgen hat, frei (FREIBURGHAUS-ARQUINT/LEUENBERGER/SUTTER-SOMM, FamPra.ch 2000, 379, 400 f.; FamKomm Scheidung/FANKHAUSER, Art. 149 N 31). Grundsätzlich sind zwei verschiedene Lösungen möglich. Ein Teil der Lehre vertritt die Auffassung, dass die Rechtsmittelinstanz in einem *zweistufigen Verfahren* zuerst vorfrageweise in einem **Vorentscheid** (bzw. einem *bedingten (Eventual)-Endentscheid,* welcher definitiv wird, wenn das Widerrufsrecht nicht oder nicht gültig ausgeübt wird, und welcher nicht selbstständig vor BGer mit einem ordentlichen Rechtsmittel angefochten werden kann) darüber zu befinden habe, ob das ordentliche Rechtsmittel gutgeheissen und das Urteil mit Bezug auf die einverständlich geregelten Scheidungsfolgen geändert werden müsse. Erst wenn dies feststehe, habe die Fristansetzung an die Gegenpartei zu erfolgen (SUTTER-SOMM, Rz 5.41 ff., 5.46; SUTTER/FREIBURGHAUS, Art. 149 N 42 ff., 45; FamKomm Scheidung/ FANKHAUSER, Art. 149 N 30; SPÜHLER, Neues Scheidungsverfahren, 63 ff.; DERS., Supplement, 60; SPÜHLER/ REETZ/VOCK/GRAHAM-SIEGENTHALER, 71 f.; HAUSHEER, ZBJV 1999, 35; TUOR/ SCHNYDER/RUMO-JUNGO, 268; vgl. auch KELLERHALS/SPYCHER, ZBJV 2000, 55; ferner LINIGER GROS, FamPra.ch 2003, 73, 82 f.). Die andere Variante basiert auf einem *einstufigen Verfahren.* Nach der hier vertretenen Auffassung ist dieser einfacheren, prozessökonomischeren und kostengünstigeren Lösung der Vorzug zu geben, wonach das Gericht der Gegenpartei in einem früheren Stadium des Rechtsmittelverfahrens, **gleichzeitig** mit der Fristansetzung zur Beantwortung des ordentlichen Rechtsmittels und Geltendmachung eines allfälligen Anschlussrechtsmittels, die Frist im Sinne von Art. 149 Abs. 2 ansetzt (STECK, FS KassGer, 1564; DERS., Rechtsmittel, 77 ff.; gl.M. REUSSER, Rz 1.64, Anm. 28, S. 29 ff.; BRÄM, AJP 1999, 1521; KELLERHALS/SPYCHER, ZBJV 2000, 55; FRANK/STRÄUL!/MESSMER, Ergänzungsband, vor §§ 195a ff., N 220 ff., 230 ff.; a.M., unter Hinweis auf die Materialien, SUTTER/FREIBURGHAUS, Art. 149 N 46, ferner SPÜHLER, Supplement, 60, der diese Lösung, m.E. zu Unrecht, für bundesrechtswidrig hält). Die Mehrheit der Kantone hat das Verfahren nicht näher konkretisiert, sondern die nähere Ausgestaltung der Gerichtspraxis überlassen (so z.B. Bern, vgl. KELLERHALS/SPYCHER, ZBJV 2000, 55; FREIBURGHAUS-ARQUINT/LEUENBERGER/SUTTER-SOMM, FamPra.ch 2000, 379, 401). Die Lösung des *einstufigen Verfahrens* wurde im Kanton Zürich gesetzlich geregelt (vgl. § 266 Abs. 3 ZPO/ZH, ausdrücklich im Sinne einer *bedingten Anschlussberufung;* vgl. ferner Art. 305i Abs. 2 CPC/JU). Die beiden Varianten unterscheiden sich u.a. auch darin, dass der Widerruf der Zustimmung zur Scheidung beim einstufigen Verfahren (bei Gefahr der Verwirkung des Gestaltungsrechts) in einem früheren Zeitpunkt erklärt werden muss. Dies ist indessen unbedenklich und zumutbar, solange die Erklärung erst nach voller Kenntnis der Rechtsmittelanträge und der Begründung erfolgen muss (gl.M. wohl FamKomm Scheidung/FANKHAUSER, Art. 149 N 29; a.M. SPÜHLER, Neues Scheidungsverfahren, 64 f.; DERS., Supplement, 60). Wird das ordentliche Rechtsmittel zurückgezogen, fällt das Anschlussrechtsmittel grundsätzlich nach Massgabe des kantonalen Prozessrechts dahin (VOGEL/SPÜHLER, 13. Kap., Rz 67). Von Bundesrechts wegen kann aber in einem solchen Falle (gleich wie in einem zweistufigen Verfahren) die Erklärung des Widerrufs nach Art. 149 Abs. 2 aus *materiellrechtlichen Gründen* keinerlei Wirkung mehr entfalten, weil dann die einverständlich geregelten Scheidungsfolgen zufolge Rückzugs des ordentlichen Rechtsmittels nicht geändert werden (SUTTER/FREIBURGHAUS, Art. 149 N 48; STECK, Rechtsmittel, 82). Da die verfahrensrechtliche Stellung der im Rechtsmittelverfahren beklagten Partei nach Art. 149 Abs. 2 *abschliessend* bundesrechtlich geregelt ist (vgl. vorn N 12), ist ein *unbedingtes* Anschlussrechtsmittel im Sinne des kantonalen Prozessrechts in dieser Konstellation *nicht möglich* (SUTTER-SOMM, Rz 5.47; a.M. FamKomm Scheidung/FANKHAUSER, Art. 149 N 35 und N 43 f., ferner FANKHAUSER, 153 ff., wonach bundesrechtlich die Möglichkeit eines ordentlichen kantonalen Rechtsmittels nicht ausgeschlossen wäre; im gleichen Sinne, FREIBURGHAUS, plädoyer 6/98, 44). Denkbar ist jedoch der Fall, dass beide Ehegatten selbstständig die einverständliche Regelung über die Scheidungsfolgen mit einem ordentlichen Rechtsmittel anfechten (vgl. vorn N 35).

4. Wirkungen

Grundsätzlich können Entscheide der kantonalen ordentlichen Rechtsmittelinstanz, die in Anwendung von Art. 149 Abs. 2 ergangen sind, beim Bundesgericht angefochten werden (eidgenössische Berufung nach Art. 44 lit. b[bis] OG bzw. künftig Beschwerde in Zivilsachen nach Art. 72 ff. BGG; SUTTER/FREIBURGHAUS, Art. 149 N 42; vgl. auch Art. 148 N 7).

37a

a) Bei Abweisung des Rechtsmittels

38   Bei **Abweisung** des nach Art. 149 Abs. 2 ergriffenen ordentlichen Rechtsmittels wird das angefochtene (und bezüglich des Scheidungspunktes und nicht angefochtener Scheidungsfolgen aufschiebend bedingt in Teilrechtskraft erwachsene, vgl. vorn N 32) Urteil nun auch hinsichtlich der Scheidungsfolgen vollständig bestätigt. Wird der kantonale Rechtsmittelentscheid nicht weiter angefochten, tritt hinsichtlich des *ganzen Urteils* die formelle Rechtskraft ein. Soweit eine Fristansetzung an die im Rechtsmittelverfahren beklagte Partei zum allfälligen Widerruf der Zustimmung zur Scheidung schon früher erfolgt und eine entsprechende Erklärung abgegeben worden ist, wird diese aus materiellrechtlichen Gründen *gegenstandslos*.

b) Bei Gutheissung des Rechtsmittels

aa) Im Falle eines Widerrufs der Zustimmung zur Scheidung

39   Sind die von der klagenden Partei mit dem ordentlichen Rechtsmittel gerügten Anfechtungsgründe erfüllt und hat die Gegenpartei fristgemäss im Sinne von Art. 149 Abs. 2 den bedingten Widerruf der Zustimmung zur Scheidung erklärt, so dass im Scheidungspunkt keine Teilrechtskraft eintreten kann, ist die **Scheidung auf gemeinsames Begehren** (sowohl in der Variante der umfassenden Einigung als auch der Teileinigung) **grundsätzlich gescheitert** (STECK, FS KassGer, 564; gl.M. aber teilweise, mit Bezug auf die Frage der Teilrechtskraft, abweichend FamKomm Scheidung/FANKHAUSER, Art. 149 N 37). Das Begehren ist abzuweisen und den Ehegatten gegebenenfalls nach Art. 113 Frist anzusetzen, um das Scheidungsbegehren durch eine Klage zu ersetzen (SUTTER/ FREIBURGHAUS, Art. 149 N 51; SPÜHLER, Neues Scheidungsverfahren, 65; STECK, Rechtsmittel, 80; teilweise abweichend FamKomm Scheidung/FANKHAUSER, Art. 149 N 38, wonach dem die Zustimmung zur Scheidung widerrufenden Ehegatten kein Recht zur Klageanhebung zustehen soll). Grundsätzlich besteht dann die gleiche Ausgangslage, wie wenn das ordentliche Rechtsmittel gemäss Art. 149 Abs. 1 gutgeheissen wird (vorn N 10). Da der Scheidungswille und die einverständliche Regelung über die Scheidungsfolgen in einem untrennbaren Zusammenhang stehen, kann das Gericht aus verfahrensrechtlichen Gründen ohne neue Einigung der Ehegatten keinen Entscheid über die Scheidungsfolgen treffen (STECK, FS KassGer, 565; vgl. ferner vorn die Ausführungen in N 25 ff.). Die Frage, wer die *Kosten* für das durch den Widerruf der Zustimmung zur Scheidung verursachte gescheiterte Verfahren zu tragen hat, richtet sich nach kantonalem Prozessrecht. Da mit dem Widerruf grundsätzlich ein voraussetzungslos gewährleistetes Recht geltend gemacht wird, dürfte analog zu den Fällen, in denen eine Scheidungsvereinbarung nicht bestätigt wird (vgl. Art. 111 N 18), in der Regel eine hälftige Teilung der Kosten gerechtfertigt sein (vgl. dazu FamKomm Scheidung/FANKHAUSER, Art. 149 N 39).

bb) Im Falle des Ausbleibens eines Widerrufs der Zustimmung zur Scheidung

40   Macht die im Rechtsmittelverfahren beklagte Partei von ihrem Widerrufsrecht keinen Gebrauch, besteht nunmehr definitiv Klarheit darüber, dass das Urteil im Scheidungspunkt und in den nicht angefochtenen Scheidungsfolgen in **Teilrechtskraft** erwachsen ist (SUTTER/FREIBURGHAUS, Art. 149 N 49; STECK, FS KassGer, 565; DERS., Rechtsmittel, 80 f.; vgl. vorn N 32). Dies ist bei der Ausstellung einer Rechtskraftsbescheinigung und der amtlichen Mitteilung der Scheidung (Art. 40 lit. d ZStV i.d.F. vom 28.4.2004, SR 211.112.2) gebührend zu beachten (FamKomm Scheidung/FANKHAUSER, Art. 149 N 37). Sind hinsichtlich der übrigen Scheidungsfolgen die geltend gemachten Anfechtungsgründe erfüllt und ist das ordentliche Rechtsmittel gutzuheissen, wird die dem vorinstanzlichen Urteil zugrundegelegte einverständliche Regelung über die Scheidungsfolgen insoweit unwirksam (STECK, FS KassGer, 565). Hat die Vorinstanz die Scheidung aufgrund einer **umfassenden Einigung** (Art. 111) ausgesprochen, liegt nunmehr ein *unvollständiges Urteil vor, das von Amtes wegen ergänzt werden muss* (STECK, FS KassGer, 565). Sofern die verfahrensrechtlichen Voraussetzungen gegeben sind (z.B. wenn die umfassende Einigung erst in einem späten Stadium des Klageverfahrens in Verbindung mit Art. 116 zustandegekommen ist, nachdem das erstinstanzliche Hauptverfahren und ein allfälliges Beweisverfahren durchgeführt worden waren), kann die Rechtsmittelinstanz nach den Bestimmungen des kantonalen Prozessrechts unter Umständen die notwendige Ergänzung selber vornehmen und das Urteil fällen (STECK, Rechtsmittel, 81). Andernfalls muss das Verfahren an die für das strittige Klageverfahren sachlich zuständige Instanz *überwiesen* werden, damit dort – analog einem Nachverfahren zur Ergänzung eines rechtskräftigen aber lückenhaften Urteils – nach Durchführung des erforderlichen Haupt- und gegebenenfalls Beweisverfahrens über die Scheidungsfolgen entschieden wird (BRÄM, AJP 1999, 1521; STECK, FS KassGer, 565).

Hat die Vorinstanz die Scheidung aufgrund einer **Teileinigung** (Art. 112) ausgesprochen   **41** und werden die *einverständlich* geregelten Scheidungsfolgen (ganz oder teilweise) erfolgreich angefochten, während Scheidungspunkt und nicht angefochtene Scheidungsfolgen teilrechtskräftig geworden sind, ist mutatis mutandis vorzugehen (STECK, FS KassGer, 565; DERS., 81; vorn N 27, 40).

In beiden Fällen ist indessen möglich, dass im Rechtsmittelverfahren *nachträglich noch*   **42** *eine Einigung* über die strittigen Scheidungsfolgen zustande kommt (vgl. vorn N 26 f.).

5. Rechtsmittelverzicht

Diesbezüglich kann auf die Ausführungen zu Abs. 1 verwiesen werden (vorn N 28; vgl.   **43** ferner SUTTER/FREIBURGHAUS, Art. 149 N 25, die hier den Verzicht auf das ordentliche Rechtsmittel nach Urteilseröffnung auch zulassen wollen).

6. Anfechtung durch ausserordentliche Rechtsmittel

Hier gelten grundsätzlich die gleichen Überlegungen wie zu Abs. 1 (vorn N 29 f.). Im   **44** Hinblick auf das Widerrufsrecht nach Art. 149 Abs. 2 ist jedoch die Ergreifung eines ausserordentlichen kantonalen Rechtsmittels bedeutungslos, weil dieses den Eintritt der formellen Rechtskraft im Scheidungspunkt (Art. 148 Abs. 1; Art. 148 N 13) nicht aufschiebt, so dass auch kein Widerruf der Zustimmung zur Scheidung mehr erfolgen kann (SUTTER/FREIBURGHAUS, Art. 149 N 40).

IV. Rechtsmissbrauch

Ergibt das Rechtsmittelverfahren, dass **Willensmängel** vorliegen, die jedoch von der das   **45** Urteil anfechtenden Partei zu vertreten sind, was praktisch wohl nur beim Irrtum denkbar ist, stellt sich die Frage nach dem **Rechtsmissbrauch** (Art. 2 Abs. 2). Hier sind die allgemeinen Grundsätze des OR heranzuziehen (Art. 7). Grundsätzlich gilt, dass die Berufung auf Irrtum unstatthaft ist, wenn bei einer Abwägung der gegenseitigen Interessen und unter Berücksichtigung der gesamten Umstände dem Irrenden ein Festhalten am Vertrag zuzumuten ist. Dabei werden nach der Rechtsprechung die Wertungen, die eine Berufung auf Irrtum als treuwidrig erscheinen lassen, oft bereits im Rahmen der Prüfung der Wesentlichkeit (vor allem des Grundlagenirrtums) berücksichtigt (BSK OR-SCHWENZER, Art. 25 N 1). Aus der Tatsache allein, dass der Irrtum auf ein Verschulden des Irrenden zurückzuführen ist, lässt sich noch kein Rechtsmissbrauch ableiten (BGE 105 II 23, 26; 91 II 280 E. 3). Dies gilt auch dann, wenn der Gegenpartei kein Verschulden anzulasten ist (BGE 97 II 43, 47). Wird der Rechtsmissbrauch bejaht, erscheint die

Berufung auf den Willensmangel als unstatthaft (Art. 25 Abs. 1 OR; STECK, FS KassGer, 563), so dass das ordentliche Rechtsmittel abgewiesen werden muss (BSK OR-SCHWENZER, Art. 25 N 7; vgl. ferner vorn N 24, 38). Im Falle der Anfechtung einer rechtskräftigen Vereinbarung über die vermögensrechtlichen Scheidungsfolgen gemäss Art. 148 Abs. 2 dürfte ein Rechtsmissbrauch vor allem dann in Frage kommen, wenn diese bereits erfüllt worden ist (vgl. hinten N 46; Art. 148 N 26).

46   Schwieriger zu beantworten ist die Frage, ob die Berufung auf **Missachtung der bundesrechtlichen Formvorschriften** über die Scheidung auf gemeinsames Begehren **rechtsmissbräuchlich** sein kann, beispielsweise, wenn eine Partei ausdrücklich auf die Einhaltung der zweimonatigen Bedenkzeit verzichtet hat (vgl. BRÄM, AJP 1999, 1520). Grundsätzlich ist davon auszugehen, dass wer bei einem *noch nicht erfüllten Vertrag* auf der Einhaltung von Formvorschriften besteht, *nicht rechtsmissbräuchlich* handelt (BGE 102 II 197, 205 E. 4; Art. 2 N 28, 50). Mit der neu geschaffenen Scheidungsvoraussetzung der Scheidung auf gemeinsames Begehren (Art. 111, 112) hat der Reformgesetzgeber den Ehegatten die Disposition über die Scheidung eingeräumt, aber nicht uneingeschränkt, sondern verbunden mit der *zwingenden Auflage,* dass die bundesrechtlichen Formvorschriften gewahrt sein müssen. Angesichts des mit der Scheidungsrechtsrevision verfolgten Zwecks lässt sich deshalb m.E. bei der Berufung auf diesen Anfechtungsgrund im Falle von Art. 149 ein Rechtsmissbrauch kaum begründen.

47   Unter besonderen Umständen kann auch der **Widerruf der Zustimmung zur Scheidung rechtsmissbräuchlich** sein. Falls ein scheidungswilliger Ehegatte nur die einverständlich geregelten Scheidungsfolgen im Sinne von Art. 149 Abs. 2 erfolgreich anficht, weil er vom andern absichtlich getäuscht oder bedroht worden ist (Art. 28 und 29 f. OR), wäre es stossend, wenn der täuschende oder unerlaubten Druck ausübende andere Ehegatte vom Widerrufsrecht Gebrauch machen und die ganze Scheidung wieder in Frage stellen könnte (so das Votum von Bundesrat Koller in den parlamentarischen Beratungen; AmtlBull NR 1998, 1317; SUTTER/FREIBURGHAUS, Art. 149 N 44, 50; FamKomm Scheidung/FANKHAUSER, Art. 149 N 32). In einem solchen Falle dürfte der Widerruf der Zustimmung zur Scheidung gemäss Art. 2 Abs. 2 nicht beachtet werden (grundsätzlich wohl gl.M. SPÜHLER, Neues Scheidungsverfahren, 65, mit dem Hinweis, dass dies nicht generell, sondern nur «in krassen Fällen» angebracht wäre, wobei dem allerdings der Grundsatz des favor matrimonii entgegenstehen würde).

V. Übergangsrecht

48   Ist ein erstinstanzliches Urteil, womit die Scheidung ausgesprochen und eine Scheidungsvereinbarung der Ehegatten genehmigt wurde, noch vor Inkrafttreten des neuen Gesetzes (1.1.2000) ergangen und mit einem ordentlichen Rechtsmittel angefochten worden, und kann der zweitinstanzliche Entscheid erst nach Inkrafttreten gefällt werden, ist Art. 7b Abs. 2 SchlT relevant, wonach neue Rechtsbegehren, die durch den Wechsel des anwendbaren Rechts veranlasst werden, zulässig sind. In diesem Falle ist **Art. 149 nicht anwendbar.** Hingegen ist den Ehegatten unter Hinweis auf Art. 111 oder 112 jedenfalls die *zweimonatige Bedenkzeit* (Art. 111 Abs. 2) zu eröffnen, nach Ablauf welcher sie den Scheidungswillen und gegebenenfalls die Vereinbarung schriftlich zu bestätigen haben (vgl. auch Cour de Justice de Genève in FamPra.ch 2001, 362 ff.).

VI. Gesetzesrevision

49   Nach dem **VE vom Juni 2003** der ExpK für eine schweizerische Zivilprozessordnung (zit. VE-ZPO/CH) sollen die **Art. 135–149 aufgehoben und durch entsprechende Be-**

stimmungen der ZPO/CH ersetzt werden (SUTTER-SOMM/HASENBÖHLER [Hrsg.]), Die künftige schweizerische Zivilprozessordnung, Zürich 2003, 213). In Art. 250 Abs. 1 und 2 VE-ZPO/ZH wird die Appellation gegen Entscheide auf Auflösung der Ehe bei Scheidung auf gemeinsames Begehren grundsätzlich wie in Art. 149 geregelt. Nach Abs. 1 kann nur wegen Willensmängeln (lit. a) oder Verletzung von Vorschriften nach den Art. 111 und 112 (lit. b) appelliert werden. Abs. 2 stimmt zwar nicht wörtlich, aber inhaltlich mit Art. 149 Abs. 2 überein (SUTTER/HASENBÖHLER, a.a.O. 183; vgl. auch FANKHAUSER, Übersicht über die familienrechtlichen Bestimmungen im neuen Entwurf zur Schweizerischen Zivilprozessordnung, FamPra.ch 2004, 42, 45 ff.; vgl. auch Art. 148 N 32).

Art. 150–158

Aufgehoben

Die Bestimmungen sind im Zusammenhang mit der Revision des Scheidungsrechts **1** (Änderung vom 26. Juni 1998) aufgehoben worden (in Kraft seit 1. Januar 2000). Die in aArt. 150 vorgesehene Strafwartefrist war bereits 1987 vom Europäischen Gerichtshof für Menschenrechte für EMRK-widrig erklärt worden (Urteil v. 18.12.1987, Publ. de la cour européenne des droits de l'homme, série A, Vol. 128; SJZ 1988, 268 f.)

Die Regeln über den Scheidungsunterhalt (aArt. 151–153) finden sich nunmehr in den **2** Art. 125–132, jene über das Güterrecht (aArt. 154 f.) in Art. 120 und jene über die Kinderbelange (aArt. 156 f.) in Art. 133 und 134. Das Verfahren (aArt. 158) ist nunmehr wesentlich ausführlicher in den Art. 135 ff. sowie in Art. 15 Gerichtsstandsgesetz geregelt.

Fünfter Titel: Die Wirkungen der Ehe im Allgemeinen

Vorbemerkungen zu Art. 159–180

Literatur

BACHMANN, Die Regelung des Getrenntlebens nach Art. 176 und 179 sowie nach zürcherischem Verfahrensrecht, Diss. St. Gallen 1995; CZITRON, Die vorsorglichen Massnahmen während des Scheidungsprozesses unter Berücksichtigung des am 1. Januar 1988 in Kraft getretenen neuen Eherechts, des in Revision begriffenen Scheidungsrechts sowie des Prozessrechts und der Praxis im Kanton Zürich, Diss. St. Gallen 1995; DESCHENAUX, L'égalité de droit entre l'homme et la femme, La condition féminine: évolution et perspectives, Freiburg i.Ü. 1981, 28 ff.; DESCHENAUX/PETITPIERRE, Vers une réforme du droit du mariage, ZBGR 1975, 138 ff.; DRUEY, Über die Rechtlichkeit der Ehe, SJZ 1985, 257 ff.; ENGLER, Aus der Praxis des Ehegerichtspräsidenten Basel-Stadt, BJM 1990, 169 ff.; EUGSTER, Schwerwiegende Ehe-, Güter- und Erbrechtsrevision, SJZ 1983, 145; Faculté de droit de l'université de Lausanne (éd.), Le nouveau droit du mariage, Travaux des Journées d'études de la Faculté de droit de l' Université de Lausanne des 7 et 8 mars 1986, Lausanne 1986; FAVRE, L'avenir du mariage, SJZ 1987, 285 ff.; FRANK, Grundprobleme des neuen Ehe- und Erbrechts in der Schweiz, Basel 1987; DERS., Der Persönlichkeitsschutz in der Ehe und seine Rechtsbehelfe, in: FS Hans Ulrich Walder, Zürich 1994, 11 ff.; GEISER, Erste Erfahrungen mit dem neuen Eherecht, recht 2/1990, 38 ff.; GEORGII, Stellung und Funktion des Eheschutzrichters nach dem neuen Recht von 1984 und dem alten Recht von 1907, Diss. Zürich 1986; GRAF, Der Eheschutz nach Art. 169–172 ZGB, Diss. Basel 1982; GROSSEN, L'égalité du mari et de la femme au regard du droit de la famille, Neuchâtel 1957; DERS., Le nouveau droit matrimonial, Introduction – les effets généraux du mariage, ZVW 1984, 121 ff.; HALLER-ZIMMERMANN, Rechtsnorm und Gesellschaftsnorm, Bemerkungen zur Gleichstellung von Mann und Frau im Eherecht, SJZ 1976, 301 ff.; HANGARTNER (Hrsg.), Das neue Eherecht, Veröffentlichungen des Schweizerischen Instituts für Verwaltungskurse an der Hochschule St. Gallen, Neue Reihe, Bd. 26, St. Gallen 1987; HAUSHEER (Hrsg.), Vom alten zum neuen Eherecht, Die vermögensrechtlichen Bestimmungen einschliesslich Übergangsrecht, Bern 1986; DERS., Leitgedanken für ein neues Eherecht, ZZW 1979, 333 ff.; DERS., Kritisches zu den «Kritischen Bemerkungen zum Entwurf des Bundesrates für eine Revision des Eherechts», ZBGR 1980, 278 ff.; HEGNAUER, Das neue schweizerische Eherecht, FamRZ 1986, 317 ff.; DERS., Der Entwurf des neuen Eherechts, SJZ 1980, 69 ff.; HENNINGER, Gleichberechtigung von Mann und Frau im Wandel, Diss. Freiburg i.Ü., 1989; HUBER, Kritische Bemerkungen zum Entwurf des Bundesrates für eine Revision des Eherechts, ZBGR 1980, 65 ff.; C. KAUFMANN, Die Gleichstellung von Frau und Mann in der Familie gemäss Art. 4 Abs. 2 Bundesverfassung, Diss. Basel, Grüsch 1985; KAUFMANN/HUWILER (Hrsg.), Das neue Ehe- und Erbrecht des ZGB mit seiner Übergangsordnung, BTJP 1987, Bern 1988; KEHL, Noch mehr Staat im Eherecht?, SJZ 1985, 211 f.; KNOEPFLER, Nouveau droit du mariage, ZZW 1986, 221 ff.; MARRÉ/SCHÜMMELFEDER/KÄMPER (Hrsg.), Ehe und Familie unter veränderten gesellschaftlichen Rahmenbedingungen, Essener Gespräche zum Thema Staat und Kirche, Heft 5, Münster 2001; MIRO-CHA, Gleichberechtigung der Geschlechter und personenrechtliche Wirkungen der Ehe, SJZ 1977, 213 ff.; NÄF-HOFMANN, Partnerschaft als Leitbild der Ehe, Zürich 1980 (zit. Partnerschaft); DIES., Das neue Ehe- und Erbrecht im Zivilgesetzbuch, 2. Aufl. Zürich 1989 (zit. Ehe- und Erbrecht); OTT, Der Schutz der ehelichen Gemeinschaft im neuen Eherecht, in: FS Max Keller, Zürich 1989, 71 ff.; VON OVERBECK, Der schweizerische Gesetzesentwurf vom 11. Juli 1979 über die Wirkungen der Ehe im allgemeinen, das Ehegüterrecht und das Erbrecht, Zeitschrift für Rechtsvergleichung 1981, 126 ff.; PETITPIERRE et al., Die allgemeinen Wirkungen der Ehe, SJK 103–106, Genf 1988; REUSSER, Eherechtliche Aufgabenteilung im Lichte der frauenpolitischen Forderung nach Vereinbarkeit von Familie und Erwerbstätigkeit, in: FS Schnyder, Freiburg i.Ü. 1995, 539 ff.; REY, Grundzüge des neuen Eherechts, recht 1/1988, 1 ff.; SCHOCH (Hrsg.), Neue Partnerschaft in der Ehe, Zürich 1987; SCHWANDER, Das Internationale Familienrecht der Schweiz, 2 Bde., St. Gallen 1985; STETTLER/GERMANI, Droit civil III, Effets généraux du mariage (art. 159–180 CC), 2. Aufl., Freiburg i.Ü. 1999; VOGEL, Der Richter im neuen Eherecht, SJZ 1987, 125 ff.; WEIMAR, Zur Kritik des neuen Eherechts, SJZ 1985, 205 ff.; ZÄCH, Postulate zur Bestimmtheit gesetzlicher Regelungen und der Entwurf des neuen Eherechts, in: FS Meier-Hayoz, Bern 1982, 475 ff.

I. Übersicht

1   Der fünfte Titel des ZGB (umfassend Art. 159–180) trägt die Überschrift: *Die Wirkungen der Ehe im Allgemeinen*. Damit grenzt er sich ab gegenüber dem sechsten Titel: *Das Güterrecht der Ehegatten* (Art. 181–251). Unter dem Begriff der **«allgemeinen»** oder **«persönlichen» Ehewirkungen** werden daher herkömmlicherweise **alle Rechtswirkungen der Ehe** erfasst, **welche nicht zum Güterrecht gehören** (TUOR/SCHNYDER/SCHMID, 193).

2   Innerhalb der Gesetzesbestimmungen über die allgemeinen Ehewirkungen kann unterschieden werden zwischen:

– Bestimmungen über die *innere Organisation der ehelichen Gemeinschaft* (Art. 159, 162–165, 167, 169–170),

– Bestimmungen über die *Beziehungen* der ehelichen Gemeinschaft oder der Eheleute *nach aussen* (Art. 166–170),

– Bestimmungen über den *Familiennamen* und das *Bürgerrecht* (Art. 160–161),

– Bestimmungen über den *Eheschutz* (Art. 171–180).

II. Revision von 1984

3   Am 14.6.1981 wurde der Art. 4 aBV mit einem neuen Absatz 2 ergänzt, wonach Mann und Frau gleichberechtigt sind und das Gesetz für ihre Gleichstellung, u.a. in der Familie, sorgt (vgl. Art. 8 Abs. 3 BV). Um diesen Verfassungsauftrag zu erfüllen, aber auch um die längst fällige Anpassung des Eherechts an die gesellschaftlichen Verhältnisse vorzunehmen (in Teilen sogar durchaus mit dem Ziel, da und dort Anstoss zum Umdenken zu geben), hat die Bundesversammlung am 5.10.1984 ein Nachtragsgesetz zum ZGB über die Wirkungen der Ehe im Allgemeinen, das Ehegüterrecht und das Erbrecht erlassen. Dieses «neue Eherecht» wurde teilweise heftig bekämpft und ist erst nach einer Referendumsabstimmung (die am 22.9.1985 stattgefunden hatte) **am 1.1.1988 in Kraft getreten.**

4   **Materialien zur Eherechtsrevision von 1984:** Botschaft Revision Eherecht (s. allg. Literaturverzeichnis). Parlamentarische Beratungen: AmtlBull: StR 1981, 56 ff., 76 ff., 126 ff., 154 ff.; NR 1983, 594 ff., 702 ff.; StR 1984, 124 ff., 148 ff.; NR 1984, 1040 ff., 1458; StR 1984, 462, 591.

III. Leitlinien der Reform des Ehewirkungsrechts

Die Reform des Rechts der allgemeinen Ehewirkungen lässt sich auf **folgende Leitgedanken** zurückführen:

1. Gleichstellung von Frau und Mann in der ehelichen Gemeinschaft

5   Zahlreiche Bestimmungen aus dem Jahre 1907 hatten dem Ehemann **Vorrechte** eingeräumt und mussten **beseitigt** werden. Manche Bestimmungen des revidierten Rechts sind nur vor diesem Hintergrund verständlich. So wäre Art. 162, wonach die Ehegatten die eheliche Wohnung «gemeinsam» bestimmen, im System der revidierten Gesetzesfassung überflüssig, hätte man nicht ausdrücklich vom alten Recht (aArt. 160 Abs. 2) abweichen wollen, wonach der Ehemann allein die eheliche Wohnung bestimmt.

2. Keine geschlechtsspezifische Festschreibung der Rollen in der ehelichen Gemeinschaft

In der Gesetzesfassung von 1907 galt der Ehemann als «Haupt» der ehelichen Gemein-   **6** schaft, welches «für den Unterhalt von Weib und Kind in gebührender Weise» zu sorgen hatte (aArt. 160), während die Ehefrau «dem Manne mit Rat und Tat zur Seite» zu stehen und ihn «in seiner Sorge für die Gemeinschaft nach Kräften zu unterstützen», insb. «den Haushalt» zu führen hatte (aArt. 161). Solche geschlechtsspezifischen und daher rechts-ungleichen traditionellen Rollenbilder sollten aufgegeben werden.

Im revidierten Recht organisieren sich die Eheleute selbst. Das **Modell gleichgestellter Partner** erfordert **Einigkeit in den wesentlichen Entscheidungen,** weil weder Frau noch Mann den Stichentscheid geben kann und im Eheschutzverfahren einzig die vom Gesetz vorgesehenen Massnahmen möglich sind (Art. 169 Abs. 2), somit die Eheleute das Gericht nicht für alle wesentlichen Belange anrufen können. Gerichtlich kann nur auf eine gütliche Einigung hin (Art. 172 Abs. 1 und 2) und im Übrigen indirekt auf die Rol-lenverteilung eingewirkt werden, indem eine entsprechende Festsetzung der Geldleistun-gen an den Familienunterhalt erfolgt (Art. 173 Abs. 1). Demnach ist es den Eheleuten überlassen, ob sie an der traditionellen Rollenverteilung (Berufsmann/Hausfrau) festhal-ten oder sie umkehren (berufstätige Frau/Hausmann) wollen, ob sie eine sog. Doppelver-dienerehe führen oder Jobsharing betreiben wollen, oder ob der eine Teil voll- und der andere teilzeitig arbeitet (vgl. Hegnauer, Wirkungen der Ehe im allgemeinen: Auf-gabenteilung in der Ehe, in: Hangartner, 9 ff.; Stettler/Germani, 8 ff.).

Auch eine **Änderung der internen Aufgabenteilung** haben die Eheleute gemeinsam zu beschliessen; sie sind dabei an den Grundsatz von Treu und Glauben gebunden, wozu einerseits Schutz bestehenden Vertrauens und andererseits die clausula rebus sic stantibus und das Rechtsmissbrauchsverbot gehören.

3. Stärkung des Persönlichkeitsschutzes jedes Ehegatten

Das revidierte Ehewirkungsrecht schützt in besonderer Weise die **Persönlichkeit jedes**   **7** **Ehegatten.** Dies kommt z.B. in den Art. 160 Abs. 2, 163 Abs. 3, 167, 169, 172, 174 Abs. 2 und 175 zum Ausdruck. Damit vergrössert das Gesetz den Freiraum jedes Ehe-gatten.

4. Stärkung des Schutzes der ehelichen Gemeinschaft

Die präzisere Fassung der Voraussetzungen und die teilweise effizienteren Wirkungen der   **8** Eheschutzmassnahmen (Art. 171–180) garantieren in den einer gerichtlichen Beurteilung zugänglichen Bereichen **Rechtsschutz.** Die Anrufung der mit dem Eheschutz betrauten gerichtlichen Instanz ersetzt den ehemännlichen Stichentscheid und stellt daher die ein-zige noch mögliche Lösung dar.

IV. Internationales Privat- und Zivilprozessrecht

1. Internationale Zuständigkeit schweizerischer Gerichte

Für Klagen und Massnahmen betr. eheliche Rechte und Pflichten, mit Ausnahme des   **9** Güterrechts (Art. 51 lit. a und b IPRG e contrario), aber unter Einschluss des Unterhalts-rechts, sind nach **Art. 46 IPRG** die schweizerischen Gerichte am **Wohnsitz,** oder wenn ein solcher fehlt, diejenigen am **gewöhnlichen Aufenthalt eines der Ehegatten** zustän-dig. Dies gilt unabhängig davon, wer von den beiden klagt oder beklagt wird. Wohnsitz oder gewöhnlicher Aufenthalt in der Schweiz (selbst wenn daneben noch ein Wohnsitz im Ausland besteht) auch nur eines Ehegatten genügt. Dabei kommt es auf die Verhältnisse im Zeitpunkt der Einreichung der Klage bzw. des Massnahmebegehrens an; nachträgliche Änderungen in diesen Verhältnissen berühren die einmal begründete schweizerische Zuständigkeit nicht.

10   **Art. 47 IPRG** stellt die Zuständigkeit der schweizerischen Gerichte am **Heimatort** auch nur eines (des klagenden oder des beklagten) Ehegatten zur Verfügung, wenn es unmöglich oder unzumutbar ist, die Klage oder das Massnahmebegehren am Wohnsitz oder am gewöhnlichen Aufenthalt eines der Ehegatten im Ausland zu erheben. Voraussetzung ist aber, dass keiner der Ehegatten in der Schweiz Wohnsitz oder gewöhnlichen Aufenthalt hat.

11   Für **Unterhaltsansprüche** geht im Verhältnis zu den übrigen Konventionsstaaten das **Lugano-Übereinkommen** (spez. Art. 2 und 5 Ziff. 2) vor.

12   Die Zuständigkeit für **vorsorgliche Anordnungen** kann auf die Zuständigkeit in der Hauptsache, d.h. **Art. 46 und 47 IPRG,** oder auf **Art. 10 IPRG** gestützt werden.

2. Anwendbares Recht

13   Auf allgemeine Ehewirkungen – mit Ausnahme des Unterhalts- und des Güterrechts – ist primär das **Recht des Staates** anwendbar, **in dem beide Ehegatten ihren Wohnsitz haben (Art. 48 Abs. 1 IPRG).** Es genügt Wohnsitz beider im selben Staat; ein gemeinsamer Haushalt wird nicht vorausgesetzt. Haben die Ehegatten oder hat einer von ihnen nirgends einen Wohnsitz, tritt der **gewöhnliche Aufenthalt** an dessen Stelle (Art. 20 Abs. 2 Satz 2 IPRG). Haben die Ehegatten ihren Wohnsitz nicht im selben Staat, unterstehen ihre ehelichen Rechte und Pflichten dem Recht desjenigen Wohnsitzstaates, mit dem der Sachverhalt **in engerem Zusammenhang** steht (Art. 48 Abs. 2 IPRG).

Art. 48 Abs. 2 IPRG wirft namentlich zwei Auslegungsfragen auf:

– In welchem *Zeitpunkt* muss die Voraussetzung des Wohnsitzes der Ehegatten im selben (Art. 48 Abs. 1 IPRG) bzw. in verschiedenen Staaten (Art. 48 Abs. 2 IPRG) erfüllt sein? Es ist dies m.E. der Zeitpunkt des Entscheides, nicht derjenige der Klageanhängigmachung (SCHWANDER, Einführung in das internationale Privatrecht I, St. Gallen 1990, 204 f.; A. BUCHER, DIP Bd. II, 156; **a.M.** DUTOIT, in: DESSEMONTET, Le nouveau droit international privé suisse, CEDIDAC no. 9, Lausanne 1988, 34). Ein Missbrauch ist wegen des gerichtlichen Ermessens nach Art. 48 Abs. 2 IPRG nicht möglich.

– Wie bestimmt sich der Schwerpunkt des *engeren Zusammenhanges* i.S.v. Art. 48 Abs. 2 IPRG? Es wird danach zu fragen sein, wo sich der beantragte Schutz des einen Ehegatten zu verwirklichen hat bzw. wo sich, auch anbetrachts der Dauer der Ehewirkungen, der Schwerpunkt der Lebensbeziehungen und der Anpassung der Eheleute an die örtlichen Gegebenheiten befindet. Auch darf dabei m.E. der Inhalt der anwendbaren Rechtsordnungen mitberücksichtigt werden, d.h. es darf z.B. auch darauf abgestellt werden, welches Recht eher eine effiziente Anordnung zulässt (SCHWANDER, I, 191 ff.).

Stützt sich die schweizerische Gerichtszuständigkeit auf die *Heimatberechtigung* eines der Ehegatten (Art. 47 IPRG), wird schweizerisches Ehewirkungsrecht angewendet (Art. 48 Abs. 3 IPRG). Ausnahmen davon können auf Art. 15 Abs. 1 IPRG gestützt werden.

14   Für die Unterhaltspflicht zwischen Ehegatten geht dem Art. 48 IPRG das – auch im Verhältnis zu Nichtvertragsstaaten anwendbare – **Haager Übereinkommen über das auf**

Unterhaltspflichten anzuwendende Recht vom 2.10.1973 (UStÜ) vor (vgl. Art. 49 IPRG).

3. Anerkennung und Vollstreckung ausländischer Entscheidungen

Gestützt auf **Art. 50 IPRG** (i.V.m. Art. 25 ff. IPRG) werden ausländische Entscheidun- **15** gen oder Massnahmen über die ehelichen Pflichten in der Schweiz *anerkannt,* wenn sie im Staat des Wohnsitzes oder des gewöhnlichen Aufenthaltes eines der Ehegatten ergangen sind. Hingegen bleiben Entscheidungen oder Massnahmen, die sich auf eine Heimatzuständigkeit abstützen, ohne Anerkennung.

Zusätzlich anerkannt sind Zuständigkeiten nach Art. 26 lit. d IPRG (Widerklage) sowie, soweit es um vermögensrechtliche Streitigkeiten geht, nach Art. 26 lit. b (Zuständigkeitsvereinbarung) und lit. c IPRG (vorbehaltlose Einlassung).

Geht es nicht nur um eine blosse Anerkennung, sondern um eine *Vollstreckung* in der **16** Schweiz, ist zu prüfen, ob das Erfordernis der Vollstreckbarkeit des Entscheides in beiden Rechtsordnungen erfüllt ist; weder kann einem ausländischen Entscheid, der nach fremdem Recht nicht realiter durchgesetzt werden kann, in der Schweiz Vollstreckbarkeit zukommen, noch wird man in der Schweiz einen ausländischen Massnahmenentscheid zwangsweise durchsetzen, wenn ein analoger schweizerischer Massnahmenentscheid mit Rücksicht auf den Persönlichkeitsschutz der Eheleute nicht zwangsweise durchsetzbar wäre (SCHWANDER, I, 326 f.).

Hinsichtlich ausländischer Entscheidungen im Unterhaltsrecht gehen dem Art. 50 und **17** den Art. 25 ff. IPRG im Verhältnis zu den anderen Vertragsstaaten vor: (1) das **Haager Übereinkommen über die Anerkennung und Vollstreckung von Unterhaltsentscheidungen vom 2.10.1973** (UVÜ); (2) das **Lugano-Übereinkommen;** (3) **bilaterale Anerkennungs- und Vollstreckungsverträge,** die in diesem Bereich allerdings praktisch kaum mehr Bedeutung haben, weil die zwei zuerst genannten Konventionen fast immer die weiter gehende bzw. leichtere Vollstreckbarkeit gewähren.

Art. 159

A. Eheliche Gemeinschaft; Rechte und Pflichten der Ehegatten	**¹ Durch die Trauung werden die Ehegatten zur ehelichen Gemeinschaft verbunden.** **² Sie verpflichten sich gegenseitig, das Wohl der Gemeinschaft in einträchtigem Zusammenwirken zu wahren und für die Kinder gemeinsam zu sorgen.** **³ Sie schulden einander Treue und Beistand.**
A. Union conjugale; droits et devoirs des époux	¹ La célébration du mariage crée l'union conjugale. ² Les époux s'obligent mutuellement à en assurer la prospérité d'un commun accord et à pourvoir ensemble à l'entretien et à l'éducation de l'enfant. ³ Ils se doivent l'un à l'autre fidélité et assistance.
A. Unione coniugale; diritti doveri dei coniugi	¹ La celebrazione del matrimonio crea l'unione coniugale. ² I coniugi si obbligano a cooperare alla prosperità dell'unione ed a provvedere in comune ai bisogni della prole. ³ Essi si devono reciproca assistenza e fedeltà.

Literatur

Vgl. die Literaturhinweise zu den Vorbem. zu Art. 159–180. JENT, Die immaterielle Beistands-pflicht zwischen Ehegatten unter dem Gesichtspunkt des Persönlichkeitsschutzes, Diss. Basel, Bern 1985.

I. Art. 159 als Grundnorm der ehelichen Gemeinschaft

1   Art. 159 bildet die Grundlage für die gegenseitigen rechtlichen Beziehungen unter den Eheleuten und wird daher als «Grundnorm» (HEGNAUER/BREITSCHMID, 146; TUOR/ SCHNYDER/SCHMID, 196), als «umfassende oberste Norm» der ehelichen Gemeinschaft (HEGNAUER, Wirkungen der Ehe im Allgemeinen, in: HANGARTNER, 12), sozusagen als *Eheverfassung,* verstanden.

2   Daraus ergibt sich:

   – Die Ehe ist eine **rechtlich geschützte Gemeinschaft,** nicht nur (aber auch) eine Insti-tution der Sitte oder der Gesellschaft.

   – Die einzelnen Rechte und Pflichten der Eheleute, die das Gesetz im Folgenden näher regelt, dürfen *nicht isoliert betrachtet* werden; denn sie finden ihre Grundlage im **Ge-meinschaftsverhältnis.** Art. 159 ist somit für die Auslegung der Art. 160–180 und ebenfalls der güterrechtlichen Bestimmungen, welche ein Verhalten vorschreiben, her-anzuziehen. Auch beruht beispielsweise die Beurteilung, ob ein bestimmtes Verhalten als pflichtwidrig zu qualifizieren ist, (nebst den besonderen einschlägigen Regeln) auf einer Anwendung des Art. 159; allenfalls spielen Pflichtwidrigkeiten im Scheidungs-recht noch eine gewissen Rolle (vgl. Art. 115, 125 Abs. 3).

   – Andererseits erfüllt Art. 159 eine **Auffangfunktion.** Rechte und Pflichten, die keine nähere Ausgestaltung in besonderen Bestimmungen (wie Art. 162–165, 167, 170) er-fahren haben, ergeben sich aus dem Grundverhältnis unter den Eheleuten, d.h. durch Auslegung des Art. 159.

II. Die eheliche Gemeinschaft

3   Das Gesetz definiert die Ehe nicht. Es spricht einzig von der **ehelichen Gemeinschaft,** denn nur diese ist einer rechtlichen Ordnung zugänglich.

4   Die Ehe als ausschliesslich verstandene, gegenseitige affektive Zuwendung mit dem Plan gemeinsamer Lebensgestaltung betrifft das höchst Private der Menschen. Das Recht hat die Ehe schon immer vorausgesetzt, diese als solche aber nie zu regulieren vermocht. Die Erwartungen, welche die Partner in die Ehe setzen, sind einerseits von den individuellen Sehnsüchten und Möglichkeiten, andererseits von einem bestimmten Gesellschafts-modell, von Erziehung, Moral und Religion, insbesondere auch von wirtschaftlichen Gegebenheiten geprägt.

In einer pluralistischen Gesellschaft sind daher *staatliche Rechtsregeln im Eherecht nur unter drei Gesichtspunkten legitimierbar:* (1) Gewährleistung der *Gleichberechtigung.* Wo es an faktischer Gleichstellung fehlt, muss das Recht dem – finanziell, gesundheit-lich, psychisch usw. – *schwächeren Partner* beistehen. (2) Der Staat muss ein *Konflikt-lösungsmodell* zur Verfügung stellen, um Selbsthilfe zu verhindern. Dieses besteht hier in einigen wenigen generell-abstrakten Normen, v.a. im Eheschutzverfahren und in der Scheidungsmöglichkeit als letztem Ausweg. (3) Wo *Drittinteressen* berührt sind, recht-fertigt sich ebenfalls eine rechtliche Ordnung. Das gilt beispielsweise für die Vertretung der Gemeinschaft gegenüber Dritten, besonders aber für das *Wohl der Kinder.*

Das heutige ZGB kennt keine geschlechterbedingte Rollenverteilung mehr, sondern nur 5
gemeinsame Aufgaben und **gegenseitige Rücksichtnahmen.** Die Inhalte des Ehelebens
werden im Wesentlichen von den Partnern definiert, soweit sie dies *einvernehmlich* tun.
Dementsprechend bestimmen die Eheleute selbst, was zwischen ihnen «gelten» soll.
Trotzdem gehen die am Gesetzgebungsvorgang Beteiligten und die h.L. (vgl. HAUSHEER/
REUSSER/GEISER, N 6, 9–12; ZK-BRÄM, N 5 ff.) auch heute noch von einem *tradierten
Ehebegriff* aus, welcher folgende Elemente enthält:

– Lebensgemeinschaft, auf Dauer angelegte Beziehung

– einer Frau und eines Mannes,

– welche auf Partnerschaft und Gleichberechtigung beruht,

– ausschliesslich ist bzw. vor anderen Beziehungen Vorrang hat,

– und eine affektive, sexuelle, seelisch-geistige, wirtschaftliche Gemeinschaft umfasst,

– und zumeist in einem gemeinsamen Haushalt gelebt wird.

Da die Rechtsordnung die Rechtswirkungen der Ehe schon an die formgültige Trauung
knüpft (Art. 159 Abs. 1), muss konsequenterweise auch dann von einer Ehe gesprochen
werden, wenn ein nicht unabdingbares Element des umschriebenen tradierten Ehebegriffes (etwa: Geschlechtsgemeinschaft oder gemeinsame Kasse; Ausschliesslichkeit der
Beziehungen) von Anfang an fehlt. Das Element der Gleichberechtigung ist erst mit der
Gesetzesrevision von 1984 hinzugekommen; die nach patriarchalischem Prinzip gelebten
Ehen sind unabhängig davon rechtlich gültige Ehen. Schliesslich ist man sich zwar darin
einig, dass einzig die Lebensgemeinschaft von Partnern verschiedenen Geschlechts als
Ehe im Sinne des ZGB geschlossen werden kann; 2007 wird aber die gesetzliche Regelung von eheähnlichen Gemeinschaften gleichgeschlechtlicher Partner (Bundesgesetz
über die eingetragene Partnerschaft gleichgeschlechtlicher Paare vom 18. Juni 2004, SR
211.231) in Kraft treten. Der Begriff der Ehe ist somit nicht so stabil und selbstverständlich, wie man dies voraussetzt.

Es kommt hinzu, dass das Gesetz nur wenige Pflichten der Ehepartner ausdrücklich festlegt und es im Übrigen den Partnern überlässt, der von ihnen gelebten Ehe einen bestimmten Sinn und Inhalt zu geben, Aufgaben und Rollen zu verteilen, auf das eine oder
andere Element des tradierten Ehebegriffes zu verzichten oder weitere Elemente hinzuzufügen. Wichtige Gründe, wie Gesundheit oder Verminderung der wirtschaftlichen Leistungsfähigkeit, aber auch die Entwicklung der Persönlichkeiten der Eheleute erfordern
indessen auch eine korrigierende Anpassung dieser Regeln an neue Verhältnisse oder
sogar eine gänzliche Neuorientierung der ehelichen Gemeinschaft.

Daher genügt es m.E. im neuen Eherecht nicht mehr danach zu fragen, ob ein bestimmtes
Verhalten allgemein (in abstracto) ehewidrig sei; vielmehr ist festzustellen, ob dieses
Verhalten in den Schranken des Art. 27 *selbstgeschaffene Regeln dieser Eheleute oder
beidseitig stillschweigend akzeptierte Bedingungen* verletzt. Nur wenn der Inhalt der
Grundsätze, nach denen die Eheleute bisher freiwillig und mit übereinstimmender Überzeugung gelebt haben, nicht mehr festgestellt werden kann, hat das Gericht – immer in
Würdigung der psychologischen Situation dieser Eheleute und der individuellen Lebensumstände – auf das *tradierte Eheverständnis* zurückzugreifen (ähnlich dem hypothetischen Parteiwillen im Schuldvertragsrecht).

Als Bereiche, für die in objektiver Sicht notwendigerweise für jede eheliche Gemeinschaft eine gemeinsame Antwort gefunden werden muss, können etwa genannt werden:
Kinderwunsch bzw. Verzicht auf eigene Kinder; jetzige und künftige wirtschaftliche Ab-

sicherung der Partner; ein gewisses Ausmass von Gemeinsamkeit in der Lebensgestaltung, wobei der Schwerpunkt auch nur z.b. im geistig-seelischen oder im sexuellen Bereich oder in der Erziehung der Kinder liegen kann. Es kann gesagt werden, dass die grundlose Nichtbefassung mit diesen Themen die Aufnahme oder Führung einer ehelichen Gemeinschaft übermässig erschwert und daher pflichtwidrig ist.

Das heisst aber nicht, dass es in einigen dieser Fragen nicht doch letztlich aus Gründen des Persönlichkeitsrechts auf die Meinung des einen Ehegatten ankommt, so m.E. diejenige der Frau, wenn es um den Entscheid über den Kinderwunsch geht. Der Persönlichkeitsschutz in den zentralen Bereichen (Art. 27 und 28) wird durch Art. 159 nicht aufgelöst oder relativiert, sondern muss lediglich in der ehelichen Gemeinschaft mit einem allfälligen entgegenstehenden Persönlichkeitsrecht des anderen Ehegatten oder mit anderen grundlegenden Beistandspflichten gegenüber dem Ehepartner oder den Kindern abgewogen werden (Art. 28 Abs. 2).

6   Die eheliche Gemeinschaft **beginnt** mit der förmlichen Trauung (Art. 159 Abs. 1) und **endet** mit der Auflösung der Ehe durch Tod, Scheidung, gerichtliche Ungültigerklärung oder Verschollenerklärung. Ehetrennung und bewilligtes oder faktisches Getrenntleben lassen lediglich die Anwendbarkeit einiger Regeln der allgemeinen Ehewirkungen dahinfallen bzw. ruhen.

7   Die eheliche Gemeinschaft ist **keine juristische Person** *und untersteht* in den Fragen des Ehelebens auch *nicht den subsidiären Regeln der einfachen Gesellschaft.* Es ist einzig nicht ausgeschlossen, dass die Eheleute unter sich, wenn sie z.B. gemeinsame Geldanlagen tätigen, unter denselben Voraussetzungen eine einfache Gesellschaft bilden können, wie dies z.B. unter Geschäftsfreunden der Fall ist (Art. 168).

III. Unmittelbare Rechtswirkungen der ehelichen Gemeinschaft

1. Persönlichkeitsrechtlicher Schutz der ehelichen Gemeinschaft

8   Eine erste unmittelbare Rechtsfolge ihres Bestandes besteht darin, dass die eheliche Gemeinschaft selbst **Teil der rechtlich geschützten Persönlichkeit jedes Ehegatten** wird; d.h. ihre Störung durch Dritte stellt regelmässig eine Persönlichkeitsverletzung i.S.v. Art. 28 dar (BGE 109 II 5; 108 II 344; HAUSHEER/REUSSER/GEISER, N 12). Beteiligt sich der andere Ehepartner an einer solchen Persönlichkeitsverletzung durch Dritte, so kann m.E. gegen den Dritten (nicht aber gegen den anderen Ehegatten, denn im ehelichen Verhältnis wird Art. 28 durch die Regeln des Eheschutzes konsumiert) eine Genugtuungs- oder Unterlassungsklage angestrengt werden, es sei denn, dass wiederum Persönlichkeitsrechte des Dritten (z.B. Freiheit der geistig-seelischen oder sexuellen Beziehungen) in Frage stehen (**a.M.,** dass der verletzte Ehegatte nur gegen den anderen Ehegatten vorgehen könne, HAUSHEER/REUSSER/GEISER, N 12 m.V. auf STARK, Kann ein Dritter wegen Ehestörung zu Genugtuungszahlungen verpflichtet werden?, FS Hegnauer, Bern 1986, 515 ff., 523. Weiter differenzierend ZK-BRÄM, N 67 ff.; HEGNAUER/BREITSCHMID, 151 f.).

2. Pflicht zum einträchtigen Zusammenwirken

9   Die zweite **Pflicht,** die sich unmittelbar aus dem Bestand der ehelichen Gemeinschaft ergibt, ist diejenige **zum «einträchtigen Zusammenwirken»** in Hinsicht auf das «Wohl der Gemeinschaft» (Art. 159 Abs. 2). Weil die Eheleute in einer auf Gleichberechtigung beruhenden Partnerschaft leben, sind sie darauf angewiesen, in allen wichtigen Fragen eine Lösung zu finden, die von beiden Partnern freiwillig und mit Über-

zeugung getragen wird. «Kein Ehegatte darf die Gemeinschaft in wesentlichen Angelegenheiten blockieren. Er muss kooperativ mitwirken, Konflikte auszutragen und gemeinsame Entscheidungen zu finden, sofern ein Entscheid für die eheliche Gemeinschaft notwendig ist. Er muss überdies den anderen als eigene Persönlichkeit respektieren. Die Pflicht zum einträchtigen Zusammenwirken kann die Mitwirkung bei einer Eheberatung oder die Inanspruchnahme einer anderen Hilfe erfordern» (HAUSHEER/REUSSER/GEISER, N 18).

3. Gemeinsame Sorge für die Kinder

Eine dritte Pflicht, die das Gesetz unmittelbar an den Bestand der ehelichen Gemeinschaft knüpft, ist die **gemeinsame Sorge für die Kinder** (Art. 159 Abs. 2).   **10**

Diese Bestimmung erweitert die Pflichten der Eheleute im Vergleich zu den sich ohnehin aus dem Kindesrecht ergebenden Verpflichtungen in folgenden Hinsichten:

– Auch *Stiefkinder* fallen in den Bereich der «gemeinsamen Sorge», und zwar unabhängig davon, ob sie im selben Haushalt leben. Dies gilt unmittelbar hinsichtlich der *Mithilfe in der Erziehung*. Auch *finanzielle Leistungen* können vom Stiefelternteil im Rahmen des Art. 159 Abs. 3 – als Beistandsleistung gegenüber seinem Ehepartner, ohne direkten Anspruch des Stiefkindes gegen den Stiefelternteil – geschuldet sein oder freiwillig geleistet werden (HAUSHEER/REUSSER/GEISER, N 20, 41 ff.; ZK-BRÄM, N 89; BGE 120 II 285 ff.). Zur entsprechenden Frage im Verhältnis zu im Ehebruch geborenen Stiefkindern: u. Art. 163 N 17, BGE 126 III 353 sowie BGE 127 III 68 (indirekte Beistandspflicht bejaht, was «in Ausnahmefällen auch zur Folge haben kann, dass der Ehegatte des Unterhaltspflichtigen eine Erwerbstätigkeit aufnehmen oder eine bestehende Erwerbstätigkeit ausdehnen muss»). Vgl. auch Art. 278 Abs. 2 und 299.

– Die *persönliche Sorge* – im Sinne von Betreuung, Schutz vor Gefährdungen, Pflege – obliegt den Ehepartnern gemeinsam auch hinsichtlich Stiefkindern, die sich nur an *Besuchstagen* oder während der *Ferien* im gemeinsamen Haushalt aufhalten (ZK-BRÄM, N 90).

– Die Verletzung der gemeinsamen Sorgepflicht für die Kinder stellt zugleich eine *Verletzung der ehelichen Pflichten* dar.

4. Treue- und Beistandspflicht

Ebenfalls direkt aus dem Wesen der ehelichen Gemeinschaft leitet schliesslich Art. 159   **11**
Abs. 3 ab, dass die Ehegatten «einander Treue und Beistand» schulden.

Die **Treuepflicht** gebietet «umfassende und unbedingte Loyalität» (HEGNAUER/BREITSCHMID, 147) und bezieht sich auf den affektiven, sexuellen, seelisch-geistigen und den wirtschaftlichen Bereich. «Die Ehegatten verpflichten sich gegenseitig dazu, ihre Beziehungen zu Dritten möglichst so zu gestalten, dass damit die Beziehung unter ihnen als umfassende und auf Dauer angelegte Lebensgemeinschaft nicht gestört wird» (HAUSHEER/REUSSER/GEISER, N 22). Ehewidrig kann eine Beziehung zu Dritten sogar ohne Intimbeziehungen sein, wenn das enge Verhältnis zur Drittperson die eheliche Gemeinschaft beeinträchtigt (BGE 87 II 3; 88 II 244). Anderseits können auch Störungen der Beziehungen des anderen zu Familienangehörigen oder anderen Dritten treuwidrig sein (HAUSHEER/REUSSER/GEISER, N 24; STETTLER/GERMANI, 14).

12 Die **Beistandspflicht** kann in *materiellen* und *immateriellen Leistungen* bestehen.

Materielle Beistandspflichten sind:

– **Unterhaltsleistungen über das nach Art. 163 Geschuldete hinaus,** namentlich wenn der andere Ehegatte vorübergehend seinen Anteil an den Familienunterhalt nicht leisten kann oder im Einvernehmen mit seinem Partner aus anderen Gründen nicht leistet. Ob diese Leistung lediglich eine Vorleistung ist, die später auszugleichen sein wird, oder eine definitive Mehrleistung im Sinne der Anpassung der Unterhaltsbeiträge nach Art. 163 an neue Verhältnisse, hängt von der Vereinbarung der Eheleute und im Übrigen von der Auslegung des Art. 165 Abs. 2 ab. Die Beistandspflicht nach Art. 159 Abs. 3 fordert jedenfalls die sofortige Übernahme des anfallenden Teiles an notwendigen Unterhaltsleistungen gerade auch im Falle, dass sich die Eheleute vorläufig in dieser Frage nicht einigen können.

– **Notwendige Mehrarbeit im eigenen Beruf oder notwendige Mitarbeit im Beruf und Gewerbe des anderen Ehegatten,** wenn auf andere Weise der Familienunterhalt nicht gesichert ist bzw. die Erwerbsmöglichkeit des anderen in dessen Beruf oder Gewerbe sonst gefährdet erscheint.

– **Beiträge zur Aus- und Weiterbildung des anderen Ehegatten.**

– Zusätzliche Übernahme eines grösseren Anteils an dem Familienunterhalt nach Art. 193, damit der andere Ehegatte in die Lage versetzt wird, seinen **Unterhalts- und Unterstützungspflichten gegenüber Dritten** nachzukommen (ausdrücklich hinsichtlich vorehelicher Kinder: Art. 278 Abs. 2).

– Handreichungen und **Mithilfe bei der Erfüllung der Aufgaben des anderen im Alltag,** beispielsweise im Haushalt.

– **Gegenseitige Kranken- und Gesundheitspflege.**

– **Handeln für den anderen Ehegatten,** wenn dieser verhindert ist; Wahrung seiner Interessen in dessen Abwesenheit.

Immaterielle Beistandspflichten sind:

– **Beistehen mit Rat und Trost,** Unterstützung des anderen in gesundheitlichen und anderen Krisen oder z.B. bei einer beruflichen Neuorientierung sowie bei Arbeitslosigkeit.

– **Parteinahme für den anderen Ehegatten nach aussen;** zumindest Wahrung der Persönlichkeitsrechte des anderen in jeder Situation; Verschwiegenheit hinsichtlich Tatsachen aus der Privat- und erst recht aus der Intim- oder Geheimsphäre.

Art. 160

B. Familienname   [1] **Der Name des Ehemannes ist der Familienname der Ehegatten.**

[2] **Die Braut kann jedoch gegenüber dem Zivilstandsbeamten erklären, sie wolle ihren bisherigen Namen dem Familiennamen voranstellen.**

[3] **Trägt sie bereits einen solchen Doppelnamen, so kann sie lediglich den ersten Namen voranstellen.**

B. Nom de famille	[1] Le nom de famille des époux est le nom du mari.
	[2] La fiancée peut toutefois déclarer à l'officier de l'état civil vouloir conserver le nom qu'elle portait jusqu'alors, suivi du nom de famille.
	[3] Lorsqu'elle porte déjà un tel double nom, elle ne peut faire précéder le nom de famille que du premier de ces deux noms.
B. Cognome	[1] Il cognome coniugale è quello del marito.
	[2] La sposa può tuttavia dichiarare all'ufficiale di stato civile di voler mantenere il proprio cognome, anteponendolo a quello coniugale.
	[3] Se già porta un siffatto doppio cognome, può anteporre soltanto il primo cognome.

Literatur

GEISER, Die Namensänderung nach Art. 30 Abs. 1 ZGB unter dem Einfluss des neuen Eherechts, ZZW 1989, 33 ff.; MEIER/HÄNNI/MOHR, Familiennamenbuch der Schweiz, 3. Aufl. Zürich 1989; HÄFLIGER, Die Namensänderung nach Art. 30 ZGB, Diss. Zürich 1996; HAUSHEER, Der Fall Burghartz oder Vom bisweilen garstigen Geschäft der richterlichen Rechtsharmonisierung in internationalen Verhältnissen, in: Festgabe für Bernhard Schnyder zum 65. Geburtstag, Freiburg 1995, 407 ff.; HEGNAUER, Sind die Behörden zum Gebrauch des Doppelnamens gemäss Art. 160 Abs. 2 ZGB verpflichtet?, ZZW 1990, 289 ff.; DERS., Zum amtlichen Gebrauch des Allianznamens, ZZW 1991, 271 ff.; HEUSSLER, Ein Bindestrich macht Schlagzeilen, ZZW 1988, 199 ff.; DERS., Namensrechtliche Diskriminierung des Mannes beseitigt, ZZW 1994, 65 f.; RUMO-JUNGO, Das neue Namensrecht – ein Diskussionsbeitrag, ZVW, 167 ff.; vgl. ferner die Literaturhinweise zu Art. 29, 30 und 270.

I. Divergierende Normzwecke des Art. 160

Art. 160 Abs. 1 verankert im Gesetz die *zwingende namensrechtliche Wirkung der Ehe,* dass jede durch Eheschliessung gegründete Familie notwendigerweise einen Familiennamen hat, d.h. «eine Bezeichnung, die alle Mitglieder einer Familie umfasst» (A. BUCHER, Personen, N 764; HAUSHEER/REUSSER/GEISER, N 22). Mithin gilt nach **Abs. 1** der Grundsatz der **Einheit des Namens in der Familie,** wie er zudem in Art. 270 bestätigt und auf etwaige gemeinsame Kinder der Ehegatten erstreckt wird. Sodann bestimmt Art. 160 Abs. 1 den Mannesnamen zum *Familiennamen von Gesetzes wegen,* wobei die Brautleute sich gemäss Art. 30 Abs. 2 immerhin auch den Frauennamen als Familiennamen behördlich bewilligen lassen können (N 5). Der Familienname – und damit der Name allfälliger gemeinsamer Kinder – ist somit stets der Name eines und nur eines der beiden Ehegatten. **1**

Der Grundsatz der Namenseinheit in der Familie (N 1) bewirkt zwangsläufig, dass einer der beiden Ehegatten seinen bisherigen Namen verliert (HAUSHEER/REUSSER/GEISER, N 12). Im Hinblick darauf bezweckt **Abs. 2** die **namensrechtliche Gleichstellung von Mann und Frau,** indem er den nicht familiennamengebenden Ehegatten (gemäss Gesetzeswortlaut die Ehefrau) berechtigt, seinen bisherigen Namen dem Familiennamen voranzustellen und diesen *eherechtlichen Doppelnamen* anstelle des Familiennamens zu führen (N 8 ff.). Damit gibt das Gesetz den Grundsatz der Namenseinheit in der Familie insofern auf, als es diese Einheit ins Belieben der Eheleute stellt (gemäss Gesetzeswortlaut in jenes der Braut bzw. Ehefrau). Aber auch betreffend Gleichstellung der Geschlechter wird in Art. 160 Abs. 2 **das Ziel weit verfehlt.** Ein gemäss Abs. 2 entstandener Doppelname ist keineswegs der bisherige Name der oder des Betroffenen. Er umfasst immer auch den Namen des anderen Ehepartners und stellt das – nicht selten störend sperrige – Ergebnis einer durch die Eheschliessung verursachten Namensänderung dar, **2** mag diese auch weniger einschneidend sein als eine solche gemäss Abs. 1 (vgl. ferner N 8).

II. Eheliches Namensrecht und Rechtsgleichheit

3 Die Namenseinheit der Familie, bei der nach Art. 160 Abs. 1 der Name eines der Ehegatten Familienname wird (N 1), ist mit der Gleichstellung von Mann und Frau unvereinbar. Dem wollen die *Wahlrechte der Frau* nach Art. 30 Abs. 2 (Wahl des Frauennamens als Familienname) sowie Art. 160 Abs. 2 (Wahl eines Doppelnamens durch die Ehefrau) abhelfen. Das ist jedoch beide Male misslungen, womit die **Familiennamensregelung des ZGB verfassungswidrig** bleibt. So verstösst bereits die Regelung gemäss Art. 160 Abs. 1 und Art. 30 Abs. 2 ZGB in ihrer Gesamtheit gegen das in Art. 8 Abs. 3 BV verankerte Gebot der Gleichstellung der Geschlechter (statt aller BGer 5A./2005, E. 3.3.1 mit Nw.). Das gilt auch für Art. 160 Abs. 2 (vgl. N 2), wobei dieser gemäss *Entscheid des Europäischen Gerichtshofes für Menschenrechte* (EGMR) vom 22.2.1994 (VPB 1994, Nr. 121, 768 ff.) auch Art. 8 EMRK i.V.m. Art. 14 EMRK verletzt, soweit er nur der nicht familiennamengebenden Ehefrau einen Doppelnamen ermöglicht und nicht auch dem Ehemann, falls der Frauenname Familienname ist (Art. 30 Abs. 2). Dieser Mangel des Art. 160 Abs. 2 wurde mittlerweile durch eine Norm minderen Rechts notdürftig überkleistert (Art. 12 Abs. 1 ZStV). Eine **Namensrechtsrevision,** die unter Streichung des Art. 30 Abs. 2 und mit der Möglichkeit für beide Ehegatten ihre bisherigen Namen beizubehalten, zumindest eherechtlich verfassungskonform gewesen wäre, ist nach fast siebenjähriger parlamentarischer Beratung in den Schlussabstimmungen beider Räte vom 22. Juni 2001 gescheitert. Im Juni 2003 hat Nationalrätin Leutenegger Oberholzer nun die neue **parlamentarische Initiative 03.428** eingereicht, und zwar mit dem an erster Stelle erklärten Neuregelungsziel, bei Eheschliessungen die namensrechtliche Gleichstellung der Ehegatten zu gewährleisten. Dieser Initiative stimmte der Nationalrat am 7. Oktober 2004 zu, und sie wird seit Januar 2006 von einer Subkommission dessen Kommission für Rechtsfragen behandelt.

4 Soweit der Grundsatz der Namenseinheit der Familie und jener der Gleichstellung der Geschlechter miteinander kollidieren, geht der Gleichstellungszweck des Art. 160, der ferner auch dem Art. 30 Abs. 2 zugrunde liegt (Art. 30 N 2), vor. So gebieten Art. 8 Abs. 2 und 3 BV sowie Art. 8 in Verbindung mit Art. 14 EMRK in allen diesbezüglichen Einzelfragen soweit möglich eine **am Gebot der Gleichstellung von Mann und Frau ausgerichtete Auslegung** des Art. 160 (vgl. auch BGE 122 III 405; HÄFLIGER, 179; Bsp.: o. Art. 30 N 29). Das ist jedoch nur unvollkommen möglich, zumal es dem Bundesgericht verwehrt bleibt, vom Gesetzgeber verworfene Namensregelungen einzuführen (BGer 5A./2005, E. 3.3.1). Offen bleibt dabei auch, wie es mit den aufgrund der Vorgaben des Art. 160 unausweichlichen Ungleichbehandlungen von Mann und Frau (BGE 122 III 418) im Hinblick auf die Namen ihrer etwaigen gemeinsamen Kinder zu halten ist (dazu besonders aufschlussreich HAUSHEER, 413 f.).

III. Namenserwerb im Zuge der Eheschliessung

1. Der Familienname (Art. 160 Abs. 1)

5 Nach Art. 160 Abs. 1 ist der Name des Ehemannes der Familienname der Ehegatten, womit die Braut ihren bisherigen Namen gleichzeitig durch gesetzliche Namensänderung verliert. Diesen **Grundsatz der Primärgeltung des Mannesnamens** mildert Art. 30 Abs. 2 ab, indem sich die Brautleute den Frauen- anstelle des Mannesnamens als gemeinsamen Familiennamen bewilligen lassen können. Diesfalls tritt die Namensänderung

zufolge Eheschliessung also beim Manne ein, und zwar auch bei internationalen Verhält-
nissen (BGer 5A./2005, E. 3.2.2). Das Gesetz verlangt für diese behördliche Namens-
änderung «achtenswerte Gründe». Indessen sind praktisch beliebige Gründe in diesem
Sinne achtenswert, so dass im Ergebnis ein freies **Familiennamenswahlrecht der
Brautleute** besteht, entweder den Mannes- oder den Frauennamen zum gemeinsamen
Familiennamen zu machen (Art. 30 N 18). Die bei alle dem immer noch nur zweitrangige
Bedeutung des Frauennamens verstösst gegen die BV und die EMRK (o. N 3, Art. 30
N 17 und 20).

Gemäss Art. 160 Abs. 1 (oder Art. 30 Abs. 2) kommt nur ein **Familienname als gemein-** 6
samer Familienname der Ehegatten in Betracht. Massgebend hierfür sind die Verhältnisse im Zeitpunkt der Eheschliessung, wobei unerheblich bleibt, ob der namengebende
Ehegatte seinen Familiennamen durch Abstammung, Heirat oder Namensänderung erworben hat. Dagegen sind eherechtliche Doppelnamen keine Familiennamen (N 8) und
können dies daher auch nicht gemäss Art. 160 werden. Vielmehr hat, falls der namens-
gebende Ehegatte einen Doppelnamen trägt, der gemeinsame Familienname einzig aus
dem vorangestellten früheren Familiennamen zu bestehen (ZK-Bräm, N 11; Hegnauer/
Breitschmid, N 13.47).

Der Mannesname wird gemäss Art. 160 Abs. 1 ohne Zutun der Ehegatten, durch deren 7
blosse Eheschliessung zu ihrem gemeinsamen Namen, also zum **Familiennamen von
Gesetzes wegen.** Wählen die Brautleute dagegen den Frauennamen zum Familiennamen,
haben sie ein gemeinsames Namensänderungsgesuch gemäss Art. 30 Abs. 2 zu stellen,
und zwar vor der Trauung (vgl. aber immerhin u. N 16). Ein solches Gesuch zielt auf
eine *Änderung des Mannesnamens* ab und führt auf diese Weise zu einem **Familiennamen durch behördliche Namensänderung.** Wird der behördliche Namensänderungsentscheid noch vor der Eheschliessung gefällt, ist er im Hinblick auf diese suspensiv bedingt, anderenfalls wirkt er auf den Trauungszeitpunkt zurück (Einzelheiten bei
Hausheer/Reusser/Geiser, N 28 ff.). Die allgemeinen Verfahrensregeln betreffend die
behördliche Namensänderung gelten in den Fällen nach Art. 30 Abs. 2 nur sehr eingeschränkt (Art. 30 N 20), was diese Namensänderung zur reinen Formalität werden lässt.
Trotzdem und gerade deswegen bleibt das Verfahren nach Art. 30 Abs. 2 mit der BV und
der EMRK ebenso unvereinbar wie die in Art. 160 nur zweitrangige Bedeutung des
Frauennamens überhaupt (N 5).

2. Eherechtliche Doppelnamen (Art. 160 Abs. 2 und 3)

a) Allgemeines

Nach Art. 160 Abs. 2 ZGB und Art. 12 Abs. 1 ZStV kann derjenige Ehegatte, dessen 8
Name nicht Familienname geworden ist (N 5–7), seinen bisherigen Namen dem Familiennamen voranstellen und so einen Doppelnamen führen. Dies bewirkt im Sinne einer
gesetzlichen *Preisgabe der Namenseinheit in der Familie* aus Gleichstellungsgründen,
dass ein Ehegatte einen anderen Namen führt als der Rest der Familie, bestehend aus
dem anderen Ehegatten und allfälligen gemeinsamen Kindern (zum diesbez. Normzweck
N 2 f.). Die damit innerhalb ein und derselben Familie koexistierenden unterschiedlichen
Namen sind indessen nicht gleichwertig. Vor allem ist der **Doppelname** – wie sich aus
Art. 160 Abs. 2 sowie aus Art. 270 Abs. 2 ergibt – **kein Familienname,** und er kann daher nicht weitergegeben werden (Art. 160 Abs. 1, 270 Abs. 2; BGE 119 II 312 = Pra
1994, 387; ZK-Bräm, N 35), überdauert somit seinen Träger nicht. Darin unterscheidet
er sich klar von den (bindestrichlosen) sog. «natürlichen» Doppelnamen, wie etwa Blum
Gentilomo, Mutti Cicella, Sulger Büel, Sulzer von Wart (alle zitiert aus Meier/Hänni/

MOHR), die eine gewisse Erhabenheit des historisch Gewachsenen ausstrahlen, echte Familiennamen sind und von einer auf die nächste Generation übergehen.

b) Bildung des Doppelnamens

9 Der eherechtliche Doppelname wird durch **Voranstellung des bisherigen Namens** des betreffenden Ehegatten vor den Familiennamen (N 5–7) gebildet. Dieser bisherige Name ist der unmittelbar vor dem Trauungszeitpunkt geführte (und nicht etwa ein früherer), wobei aber unerheblich bleibt, ob er durch Abstammung, Heirat oder Namensänderung erworben worden ist (ZK-BRÄM, N 33). Es muss aber ein Familienname sein. Trägt der einen Doppelnamen wählende Ehegatte bereits einen eherechtlichen Doppelnamen (zum natürlichen Doppelnamen N 8), so kann er gemäss Art. 160 Abs. 3 nur seinen ersten Namen (seinen früheren Familiennamen) dem neuen Familiennamen voranstellen. Ferner kann nur dann überhaupt ein Doppelname gewählt werden, wenn sich der bisherige Name des betreffenden Ehegatten vom Familiennamen des anderen unterscheidet (HAUSHEER/REUSSER/GEISER, N 20). Als Doppelname unzulässig wäre daher etwa *«Meier Meier»*, nicht aber *«Meier Meyer»*.

10 Anders als bei den vergleichbaren Regelungen des deutschen und des österreichischen Rechts ist beim Doppelnamen nach Art. 160 **kein Bindestrich** zu setzen. Diese seinerzeit umkämpfte Regelung (vgl. HEUSSLER, ZZW 1988, 199 ff.) hebt den Doppelnamen zwar vom Allianznamen (N 18 ff.) ab, verursacht aber oft verwirrende Namen *(Frau Peter Meier)*, Ferner begünstigt die häufige **Unhandlichkeit der Doppelnamen** das weit verbreitete, durchaus verständliche, aber den gesetzgeberischen Absichten (BGE 116 II 80) zuwiderlaufende alleinige Führen bzw. Nennen nur des früheren Frauen- bzw. Familiennamens (vgl etwa die parlamentarische Initiative 03.428 der Nationalrätin Leutenegger Oberholzer, die bei Büchler, PraxKomm., Art. 119 ZGB, N 16, kurzerhand «Leutenegger» genannt wird).

11 Insgesamt gehen mit dem Doppelnamen **vielfältige Möglichkeiten der Namensgestaltung** in der Ehe einher (dazu auch HEUSSLER, ZZW 1994, 65 f.), wie es z.B. die im Burghartz-Entscheid des EGMR (N 3) beurteilten Namen illustrieren. Der dortige Beschwerdeführer hat folgende Namenswahlfreiheit erstritten (Familienname jeweils *kursiv*): (1) Art. 160 Abs. 1: Albert Johann *Schnyder* – Susanne Maria Simone *Schnyder;* (2) Art. 30 Abs. 2: Albert Johann *Burghartz* – Susanne Maria Simone *Burghartz;* (3) Art. 160 Abs. 2: Albert Johann *Schnyder* – Susanne Maria Simone Burghartz Schnyder: (4) Art. 30 Abs. 2/Art. 177a ZStV: Albert Johann Schnyder *Burghartz* – Susanne Maria Simone Burghartz.

c) Vornahme der Namenswahl – Namenswirkungen

12 Die Wahl des eherechtlichen Doppelnamens erfolgt durch blosse – vor der Trauung abzugebende – **Erklärung gegenüber dem Zivilstandsbeamten** (ZStV 12 Abs. 2; weitere Einzelheiten zum Verfahren bei HAUSHEER/REUSSER/GEISER, N 13 ff.; SCHÜPACH, SPR II/3, 141 f.). Diese Namenswahl ist an keinerlei Voraussetzungen gebunden und von den Zivilstandsämtern somit ohne weiteres entgegenzunehmen. Die einmal rechtsgültig erklärte Wahl kann nur auf dem Wege der behördlichen Namensänderung wieder rückgängig gemacht werden (N 15 ff.).

13 Der dem Zivilstandsamt gegenüber erklärte Doppelname ist, wenn auch kein vollwertiger (N 8), so doch ein **amtlicher Name** (ZK-BRÄM, N 35; HEGNAUER/BREITSCHMID, N 13.17). Er ist als solcher für seinen Träger in behördliche Register und Ausweise einzutragen. Behörden wie Private haben den Namensträger mit seinem vollen Doppelnamen zu bezeichnen. Tun sie dies nicht, stehen diesem hiergegen die Rechtsbehelfe des Verwaltungsrechtes sowie hinsichtlich privater Verletzer, wenn eine eigentliche Namensbestreitung vorliegt, die Namensschutzklage gemäss Art. 29 zu (HEGNAUER, ZZW 1990, 289 ff.; offen gelassen in BGE 120 III 62 f.). Andererseits besteht aber für die Doppelnamen, weil sie amtliche Namen sind, auch die Namensführungspflicht seiner Inhaberin bzw. seines Inhabers gemäss Art. 30 (vgl. Art. 30 N 1).

IV. Änderung nach Art. 160 bzw. 30 Abs. 2 erworbener Namen

1. Gesetzliche Namensänderungen

Der gesetzliche Name natürlicher Personen ist unabänderlich (Art. 30 N 1), wobei aber **14** die besonderen gesetzlichen und die behördlich zu bewilligenden Namensänderungsgründe vorbehalten bleiben. Was vorliegend zunächst die **gesetzlichen Namensänderungen** betrifft, so hat die Auflösung der Ehe auch für denjenigen Ehegatten, für den die Eheschliessung zu einer Namensänderung geführt hat, keine namensrechtlichen Wirkungen. Er behält seinen Namen (Familiennamen oder Doppelnamen) bei, kann aber gegenüber dem Zivilstandsamt erklären, seinen angestammten bzw. seinen vor der Heirat getragenen Namen wieder führen zu wollen (Einzelheiten o. Komm. zu Art. 119; für die namensrechtlichen Verhältnisse bei einer Auflösung der Ehe durch deren Ungültigkeitserklärung oder durch Tod des einen Ehegatten, BÜCHLER, PraxKomm., Art. 119 N 1, ZK-BRÄM, N 43 ff.).

2. Behördliche Namensänderungen

Art. 30 Abs. 1 erlaubt die **behördliche Namensänderung** wegen Nachteiligkeit des bis- **15** herigen Namens *als solchem*, etwa weil dessen Lächerlich-, Hässlich- oder Anstössigkeit einen *wichtigen Grund* hierfür ergibt (Art. 30 N 4). Diese *traditionellen Namensänderungen* können auch bei eherechtlich erworbenen Namen zum Zuge kommen (ZK-BRÄM, N 23). Für sie ergeben sich vorliegend wenig Besonderheiten (vgl. aber N 17). Hervorzuheben sind hier jedoch die ebenfalls auf Art. 30 Abs. 1 gestützten Namensänderungen, die nichts mit der Eigenart des bisherigen Namens (als solchem) zu tun haben, sondern auf die Korrektur bzw. Vervollständigung der gesetzlichen Namensordnung im Einzelfall abzielen (Art. 30 N 8). Auch diese **gesetzeskorrigierenden Namensänderungen** setzen einen wichtigen Grund gemäss Art. 30 Abs. 1 voraus. In die Beurteilung dieses Grundes wird hier aber die Eigenart der zu korrigierenden Namensrechtsnorm als einer der massgebenden Gesamtumstände miteinbezogen. Insofern ist der Grundsatz, dass die Namensänderung des Art. 30 Abs. 1 nicht zur Umgehung der zwingenden Namenrechtsordnung des ZGB benutzt werden darf (Bsp.: BGE BGE 127 III 195 = Pra 2001, 886; BGE 108 II 164), zu präzisieren (kritisch hierzu HAUSHEER, 408). Für das *Namensänderungsverfahren* gelten die allgemeinen Regeln (Art. 30 N 13 ff.; betreffend die Zuständigkeitsfragen bei auseinander fallendem Wohnsitz der Ehegatten GEISER, ZZW 1989, 38 f.).

Im Rahmen der Art. 160 und 30 Abs. 2 wird als gesetzeskorrigierende Namensänderung **16** gemäss Art. 30 Abs. 1 der an sich unzulässige **Wechsel der Familienamensvariante während der Ehe** im konkreten Einzelfall bewilligt. So hat BGE 115 II 193 ff. namentlich einen Wechsel vom Familiennamen gemäss Art. 160 Abs. 1 (Mannesname) zu jenem gemäss Art. 30 Abs. 2 (Frauenname) gestützt auf Art. 30 Abs. 1 zugelassen, obschon der Frauenname nach Art. 30 Abs. 2 nur vor der Trauung zum Familiennamen gemacht werden kann (N 6). Hierbei wurde die *Verwirklichung der Einheit des Familiennamens* auch in grenzüberschreitenden Fällen zusammen mit den übrigen Umständen des konkreten

Falles als wichtiger Grund gewertet, wie ihn die Namensänderung nach Art. 30 Abs. 1 voraussetzt (vgl. auch A. BUCHER, Personen, N 807). Gemäss Lehre kommen ganz allgemein Variantenwechsel der eherechtlichen Namensverhältnisse während der Ehe in Frage (HEGNAUER/BREITSCHMID, N 13.30–13.35; vgl. auch HÄFLIGER, 198 ff., 213 ff.). Das gilt zunächst für die Umkehrung des in BGE 115 II 193 ff. zugelassenen Wechsel des Familiennamens, d.h. für den Übergang vom Frauen- zum Mannesname als Familiennamen (womit die vor der Trauung gemäss Art. 30 Abs. 1 getroffene Namenswahl rückgängig gemacht wird). Gemäss BGE 115 II 198 soll dies allerdings nur für Namensänderungsgesuche gelten, die bis zum Dezember 1998 gestellt worden sind. Ob das Bundesgericht an diesem obiter dictum festhalten wird, ist angesichts der fundierten Kritik hieran (ZK-BRÄM, N 22 m.w.Hw.) sehr zu bezweifeln. Hingegen kommen hier wegen der ratio legis des Art. 32 Abs. 2 nur solche Gründe in Betracht, die erst nach der Heirat eingetreten sind und mit denen vorher nicht zu rechnen war (ZK-BRÄM, N 21).

17 Eine **nachträgliche Annahme oder Aufgabe eherechtlicher Doppelnamen** ist zulässig, wenn hierfür wichtige Gründe gemäss Art. 30 Abs. 1 gegeben sind. Nach zutreffender Praxis (AGVE 1997, 526) ist aber etwa die Einheit des Familiennamens kein derartiger Grund, weil diese durch den (notwendigerweise auch den Familiennamen enthaltenden) Doppelnamen bereits gegeben ist. Sodann können wichtige Gründe hier nur solche sein, die erst nach der Heirat eingetreten sind und mit denen vorher nicht zu rechnen war (ZK-BRÄM, N 24; HÄFLIGER, 200 m.w.Hw.). Betrifft die Namensänderung den gemeinsamen Namen der Ehegatten (also den zweiten Teil des eherechtlichen Doppelnamens), bedarf es eines gemeinsamen Namensänderungsgesuchs beider Ehegatten. In den übrigen Fällen, d.h. bei einer Abänderung des Doppelnamens, die nicht den darin enthaltenen Familiennamen betrifft, ist der jeweils andere Ehegatte anzuhören (HEGNAUER/BREITSCHMID, N 13.36; ferner Art. 30 N 14).

V. Allianznamen (Gewohnheitsrecht)

18 Das Gewohnheitsrecht lässt es seit langem zu, dass dem Familiennamen des Mannes derjenige der Frau hinzugefügt, d.h. ein **Allianzname der Frau** gebildet wird (BGE 108 II 163; ferner 120 III 62). Den so entstandenen Doppelnamen (z.B. bei Roland Bühler verheiratet mit Franziska geborene Martin: Bühler-Martin) darf nicht nur die Frau selber, sondern auch der Mann führen (BGE 110 II 99 = Pra 1984, 684). Die seitherige Eherechtsrevision des Jahres 1988, namentlich die Einführung der Doppelnamen gemäss Art. 160 Abs. 2, hat diese Möglichkeit nicht etwa eingeschränkt. Gegenteils ist nun auch ein **Allianzname des Mannes** möglich und zulässig, nämlich wenn der Frauenname gemäss Art. 30 Abs. 2 Familienname geworden ist (HEGNAUER, ZZW 1991, 272). Diesfalls folgt dem Namen der Frau jener des Mannes (z.B. Martin-Bühler).

19 Bei der **Bildung des Allianznamens** sind seit jeher die beiden Namen der Ehegatten durch einen *Bindestrich* verbunden worden. Dies hat nun als zwingend vorgeschrieben zu gelten, weil nur so Verwechslungen mit den bindestrichlosen Doppelnamen gemäss Art. 160 Abs. 2 vermieden werden (dazu und zum Folgenden HEGNAUER, ZZW 1991, 271 ff.). Darüber hinaus bestimmt zufolge fehlender gesetzlicher Regelung allein die *Übung* die (zulässigen) Allianznamen (BGB 120 III 62). Anerkannt ist dabei, dass jedenfalls stets der unmittelbar vor der Eheschliessung vom nicht familiennamensgebenden Ehegatten getragene Name dem Familiennamen angehängt werden darf. Nicht gefestigt ist dagegen, welche weiteren seiner allenfalls mehreren bisherigen Namen ein geschiedener bzw. verwitweter (erneut verheirateter) Ehegatte dem Familiennamen hinzufügen darf (vgl. A. BUCHER, Personen, N 768; HEGNAUER, ZZW 1991, 272; HAUSHEER/REUSSER/GEISER, N 13 ff.).

Der Allianzname ist nicht nur kein Familienname (BGB 110 II 99 = Pra 1984, 684), son-   20
dern v.a. auch **kein amtlicher Name** (BGE 120 III 61 f. = Pra 84, 764 f.). Gleichwohl
besteht grundsätzlich ein Recht der Ehegatten darauf, dass ihr Allianzname auf Verlangen
von den Behörden verwendet wird, so namentlich in *Ausweisen aller Art* einschliesslich des Passes (eidg. Ausweisverordnung [VaWG, SR 143.11] Art. 14 Abs. 1; HAUS-
HEER/REUSSER/GEISER, N 4; HEGNAUER, ZZW 1991, 274; **a.M.** zumindest für das
Betreibungsverfahren BGE 120 III 62 = Pra 84, 766). Sodann wird der Allianzname von
den Handelsregisterbehörden auch bei der Firmenbildung (Art. 944 ff. OR) als Per-
sonennamen anerkannt, soweit es hierbei auf solche Namen ankommt (BGE 116 II 78).
Für die Änderung von Allianznamen ist sodann Art. 30 Abs. 1 entsprechend anwendbar
(BGE 110 II 97 = Pra 1984, 684, ZGGVP 1995, 146; ZK-BRÄM, N 25).

Art. 161

C. Kantons- und Gemeinde- bürgerrecht	**Die Ehefrau erhält das Kantons- und Gemeindebürgerrecht des Ehemannes, ohne das Kantons- und Gemeindebürgerrecht zu verlieren, das sie als ledig hatte.**
C. Droit de cité cantonal et communal	La femme acquiert le droit de cité cantonal et communal de son mari sans perdre le droit de cité cantonal et communal qu'elle possédait lorsqu'elle était célibataire.
C. Cittadinanza	La moglie acquista la cittadinanza cantonale e l'attinenza comunale del marito senza perdere quella che aveva da nubile.

Literatur

GEISER, Der Name und das Bürgerrecht im neuen Eherecht, in: HANGARTNER (Hrsg.), Das neue
Eherecht, St. Gallen 1987, 77 ff.; HEGNAUER, Das Bürgerrecht der Ehefrau im neuen Eherecht,
ZZW 1981, 245 ff.; DERS., Das Kantons- und Gemeindebürgerrecht der Ehefrau im neuen Eherecht, ZBl 1987, 249 ff.; DERS., Wiederannahme des Bürgerrechts durch die Frau, die einen Bürger
ihrer Heimatgemeinde geheiratet hat, Art. 8b SchlT ZGB?, ZZW 1988, 33 ff.; DERS., Ist nach Wie-
dererwerb des angestammten Bürgerrechts durch Heirat eine Wiederannahme gemäss Art. 8b SchlT
ZGB nötig?, ZZW 1988, 35 ff.; NABHOLZ, Zum Bürger- und Namensrecht der Schweizerin im
neuen Eherecht, ZZW 1980, 209 ff.; DERS., Das Bürgerrecht im künftigen Eherecht, ZZW 1981,
195 ff.; OBERHOLZER, Zum Bürgerrecht der Ehefrau im Eherechtsentwurf, ZZW 1980, 98 ff.;
REUSSER, Name und Bürgerrecht, wo stehen wir heute?, ZZW 1983, 242 ff.; STURM, Das Kantons-
und Gemeindebürgerrecht der Schweizerin, Das Standesamt 1989, 191 ff.; vgl. auch die Literaturhinweise zu den Vorbem. zu Art. 159–180.

I. Bedeutung des Art. 161

Entsprechend dem föderalistischen Staatsaufbau der Schweiz besteht das Bürgerrecht   1
notwendigerweise auf drei Stufen. Gemäss Art. 43 Abs. 1 BV bilden **Gemeinde-, Kan-
tons- und Schweizer Bürgerrecht** eine **Einheit.** Das Schweizer Bürgerrecht kann nur
zugleich mit dem Gemeinde- und dem Kantonsbürgerrecht erworben werden. Wer sein
Schweizer Bürgerrecht aufgibt, verliert von Gesetzes wegen auch die beiden anderen
Bürgerrechte.

Im Verhältnis zwischen Eherecht und Bürgerrecht sind zwei Regeln massgeblich: 2

– Nur **Wirkungen der Eheschliessung auf das Bürgerrecht** richten sich nach Art. 161:
  Haben beide Ehepartner die schweizerische Staatsangehörigkeit, richten sich die Ver-

änderungen im Kantons- und Gemeindebürgerrecht der Ehefrau nach dieser Bestimmung.

– Sobald jedoch ein *Ehepartner ausländischer Staatsangehörigkeit* ist, bestimmt das **Bundesgesetz über Erwerb und Verlust des Schweizer Bürgerrechts (BüG)** die Wirkungen einer Eheschliessung auf das Bürgerrecht.

II. Das Bürgerrecht der Ehefrau

3   Im Unterschied zum Rechtszustand vor der Revision von 1984 *verliert die Ehefrau als Folge der Eheschliessung ihr angestammtes Kantons- und Gemeindebürgerrecht nicht mehr.* Dieses **unverlierbare Bürgerrecht** wird «Stammbürgerrecht» genannt (HEGNAUER, ZBl 1987, 251; kritisch zur Unterscheidung zwischen Stammbürgerrecht und Zusatzbürgerrecht HAUSHEER/REUSSER/GEISER, N 16, und DIES., BK N 16). Mit der Regelung von Art. 161 wurde Rechtsgleichheit zwischen Frau und Mann angestrebt (vgl. BGE 114 II 407 f.), denn das angestammte Bürgerrecht des Ehemannes wurde schon früher von einer Heirat nicht betroffen. Gleichwohl widerspricht Art. 161 dem Grundsatz der Gleichbehandlung der Geschlechter, was aus verfassungsrechtlichen Gründen aber nichts an der Verbindlichkeit dieser gesetzlichen Regelung für die Gerichte ändert (BGE 125 III 209, 217).

4   Massgeblich ist dasjenige **Kantons- und Gemeindebürgerrecht, das die Braut unmittelbar vor der Trauung besitzt.** Hat sie ein Ledigenbürgerrecht früher verloren, weil sie sich an einem anderen Ort hat einbürgern lassen, lebt dieses mit der Trauung nicht wieder auf (HAUSHEER/REUSSER/GEISER, N 12).

5   Verheiratet sich eine **geschiedene oder verwitwete Frau,** behält sie nur dasjenige Bürgerrecht, das sie schon vor der ersten Ehe hatte; sie verliert ein durch die frühere Ehe erworbenes Bürgerrecht (HAUSHEER/REUSSER/GEISER, N 13).

Nach der Auslegung des Bundesgerichts bezieht sich Art. 161 aber auch auf diejenigen Bürgerrechte der sich wieder verheiratenden Frau, die sie als Witwe bzw. geschiedene Frau durch Einbürgerung erhalten hat (BGE 114 II 410 f.).

Darüber hinaus gilt: «Ferner soll eine Frau auch ein während einer früheren Ehe durch Einbürgerung erworbenes Kantons- und Gemeindebürgerrecht beibehalten können, wenn sie bei der Wiederverheiratung kein Ledigenbürgerrecht besitzt, sei es, weil sie vor der ersten Heirat gar nicht Schweizerin war, oder aber, weil mit einer Einbürgerung während einer früheren Ehe oder später alle Bürgerrechte, die vor der ersten Ehe bestanden, verlorengegangen sind» (BGE 114 II 411).

III. Änderungen der Bürgerrechte

1. Bürgerrechte des Ehemannes

6   Das Gesetz strebt die **Einheit des Bürgerrechts in der Familie** dadurch an, dass gemäss erstem Satzteil des Art. 161 der Ehefrau alle Bürgerrechte zustehen, die der Ehemann hat. Dem Ehemann ist eine neue Einbürgerung somit nur gemeinsam mit seiner Ehefrau möglich (GEISER, in: HANGARTNER, 105). Dem Sinn des Gesetzes widerspricht es daher m.E., wenn man es zuliesse, dass der Ehemann allein – ohne Zustimmung der Ehefrau – auf eines seiner Bürgerrechte nachträglich verzichtet, denn damit würde ebenfalls die Stellung der Ehefrau berührt (HEGNAUER, ZBl 1987, 252; HEGNAUER/BREITSCHMID, 140; GEISER, in: HANGARTNER, 106; **a.M.** HAUSHEER/REUSSER/GEISER, N 23, und DIES., BK, N 23).

2. Bürgerrechte der Ehefrau

Der Ehefrau steht eine **selbstständige Einbürgerung** offen. Auf ein ihr (nicht aber dem   7
Ehemann) zustehendes Bürgerrecht kann sie ohne dessen Zustimmung verzichten, da damit die Rechtsstellung des Ehemannes nicht berührt wird (GEISER, in: HANGARTNER, 106;
HAUSHEER/REUSSER/GEISER, N 25). Hingegen bedarf ein Verzicht auf ein den Eheleuten
gemeinsames Bürgerrecht der Zustimmung beider Eheleute, selbst wenn die Ehefrau nur
mit Wirkung für sich darauf verzichten wollte (HAUSHEER/REUSSER/GEISER, N 25).

IV. Hinweise

Die **Rechtslage nach Auflösung der Ehe** ist in anderen Bestimmungen geregelt: 8
Art. 119 Abs. 2 (nach Scheidung), Art. 109 (nach Ungültigerklärung). Danach werden
das Kantons- und das Gemeindebürgerrecht durch Scheidung oder Ungültigerklärung der
Ehe nicht berührt. Die Auflösung der Ehe durch Tod und durch Verschollenerklärung
bewirkt ebenfalls keine Änderungen der Bürgerrechte.

Zur Rangfolge bei *mehreren Bürgerrechten:* Art. 22 Abs. 3.   9

Intertemporalrechtlich war Art. 8b SchlT massgeblich. Vgl. dazu ausführlich HAUSHEER/   10
REUSSER/GEISER sowie BGE 119 II 657 ff.

Art. 162

D. Eheliche Wohnung	**Die Ehegatten bestimmen gemeinsam die eheliche Wohnung.**
D. Demeure commune	Les époux choisissent ensemble la demeure commune.
D. Abitazione coniugale	I coniugi scelgono insieme l'abitazione coniugale.

Literatur

BUCHER, Die Wohnung der Familie im neuen Recht, in: BTJP 1987, 37 ff.; GEISER, Neues Eherecht und Grundbuchführung, ZBGR 1987, 15 ff.; GLOOR, Die Zuteilung der ehelichen Wohnung
nach schweizerischem Recht, Diss. Zürich 1987; REUSSER, Wirkungen der Ehe im allgemeinen –
Vertretung der ehelichen Gemeinschaft/Eheliche Wohnung/Auskunftspflicht, in: HANGARTNER
(Hrsg.), Das neue Eherecht, St. Gallen 1987, 35 ff.; HASENBÖHLER, Zur neurechtlichen Regelung
der gemeinschaftlichen Wohnung und der Sicherung gefährdeter Vermögensansprüche von Ehegatten, in: Eherecht in der praktischen Auswirkung, Zürich 1991, 7 ff.; vgl. auch die Literaturhinweise zu den Vorbem. zu 159–180.

I. Bedeutung des Art. 162

Art. 162 stellt klar, dass die eheliche Wohnung von den Ehegatten **gemeinsam** bestimmt   1
wird – im Gegensatz zum alten Recht, nach welchem dieser Entscheid dem Ehemann
allein zugestanden hatte.

Mit dem Bezug der ehelichen Wohnung wird in den meisten Fällen auch der **Wohnsitz**   2
(Art. 23 Abs. 1) bestimmt (für eine solche Zweifelsregel BGE 115 II 120). Zwingend ist
dies jedoch nicht, denn die Eheleute können auch mehrere eheliche Wohnungen an ver-

schiedenen Orten haben oder ein Ehegatte kann den ehelichen Wohnsitz durch Verlassen aufgegeben haben.

3   Der Begriff der «*ehelichen Wohnung*» gemäss Art. 162 *deckt sich* **nicht** mit demjenigen der «**Familienwohnung**» i.S.v. Art. 169. Zur Abgrenzung s.u. bei Art. 169, N 6 und 7.

II. Die eheliche Wohnung

1. Verpflichtung zur Wohngemeinschaft?

4   Das tradierte Ehebild geht von einer selbstverständlichen Wohngemeinschaft, von einer **Pflicht zum Zusammenleben** aus. Eine solche Pflicht ist nicht zwangsweise durchsetzbar, jedoch sieht die h.L. in der ungerechtfertigten Verweigerung des Zusammenlebens bzw. im ungerechtfertigten Verlassen des gemeinsamen Haushaltes eine **Ehewidrigkeit,** welche eherechtliche Folgen nach sich ziehen kann. «Der Ehegatte, der sich in ungerechtfertigter Weise weigert, mit dem anderen zusammenzuleben, begibt sich damit der Möglichkeit, beim Richter die Regelung des Getrenntlebens zu erwirken, soweit die Ehegatten sich nicht einverständlich getrennt haben» (HAUSHEER/REUSSER/GEISER, N 9). Diese Regel benachteiligt m.E. den wirtschaftlich schwächeren Ehepartner, entspricht aber der geltenden Rechtslage.

5   Den Ehegatten steht es frei, sich **darauf zu einigen, in verschiedenen Wohnungen getrennt zu leben.** Diesfalls können sie auch nicht verpflichtet werden, eine der Wohnungen als ihre eheliche Wohnung zu bezeichnen. Eine solche gemeinsame Entscheidung der Eheleute darf aber Kindesinteressen nicht verletzen (Art. 159 Abs. 2); sie kann sonst für die Vormundschaftsbehörde Anlass zu Kindesschutzmassnahmen geben (Art. 307 ff.; vgl. HAUSHEER/REUSSER/GEISER, N 10).

6   Die h.L., die von einer grundsätzlichen Pflicht zum Zusammenleben ausgeht, räumt immerhin demjenigen Ehegatten, der sich **weigert,** in eine bestimmte gemeinsame Wohnung zu ziehen bzw. diese nicht zu verlassen, die Möglichkeit ein, seine Weigerung (z.B. mit gesundheitlichen Argumenten) zu **rechtfertigen.** Darüber hat im Streitfall das Eheschutzgericht zu befinden, wenn es entscheiden muss, ob in dieser Weigerung eine Pflichtwidrigkeit liegt.

Es sind indessen auch Fälle denkbar, in denen es zu keiner gemeinsamen Bestimmung der ehelichen Wohnung bzw. (wenn die alte Wohnung aufgegeben werden muss) einer neuen ehelichen Wohnung kommt, ohne dass darin eine Pflichtwidrigkeit des einen oder des anderen Ehepartners gesehen werden muss. Der Gesetzestext spricht daher m.E. nicht gegen eine Rechtsauffassung, wonach nicht mehr von einer grundsätzlichen Pflicht zum Zusammenleben ausgegangen werden muss; denn das Gesetz besteht auf der *einverständlichen* gemeinsamen Bestimmung der ehelichen Wohnung (Art. 162) – womit nicht nur Gleichstellung von Frau und Mann, sondern auch der Schutz der Persönlichkeit jedes von ihnen bezweckt wird – und verzichtet im Falle fehlender Einigung auf eine Entscheidkompetenz des Eheschutzgerichts (vgl. Art. 172 Abs. 3e contrario; STETTLER/ GERMANI, 48 f.).

Ob ein Verlassen des gemeinsamen Haushaltes pflichtwidrig war oder nicht, spielt im Scheidungsrecht (Art. 114) in der Regel keine Rolle mehr.

2. Begriff der ehelichen Wohnung

7   Eheliche Wohnung ist der von den Eheleuten bestimmte Raum (Haus, Wohnung, Zimmer usw.), in welchem **die Ehegemeinschaft gelebt** wird, d.h. in welchem beide Ehegatten zumindest mit einer gewissen Regelmässigkeit zusammenwohnen. Ein Ehepaar kann somit über mehrere eheliche Wohnungen an verschiedenen Orten verfügen. Leben die Ehegatten berufshalber an verschiedenen Orten, ist diejenige Wohnung als die eheliche Wohnung anzusehen, in welcher die Eheleute regelmässig ihr Wochenende verbringen oder ihre Kinder leben (STETTLER, 30, 34). Ein Geschäftsraum oder eine nur vom einen Ehegatten, z.B. für die Dauer des Studiums bewohnte Wohnung, ist keine eheliche Wohnung. Ausführlich zu den verschiedenen Wohnmodellen ZK-BRÄM, N 13–22).

III. Wirkungen der gemeinsamen Bestimmung der ehelichen Wohnung

Die Bestimmung einer einzigen ehelichen Wohnung hat für verheiratete Personen und die in ihrem Haushalt lebenden Kinder meistens die Bedeutung einer **Wohnsitznahme** (Art. 23). Sind mehrere eheliche Wohnungen an verschiedenen Orten vorhanden, stellt sich hingegen die Frage, wo jeder einzelne Ehegatte seinen Wohnsitz hat (ausführlich STETTLER/GERMANI, 52 ff.).   8

Hingegen wirkt sich die Bestimmung der ehelichen Wohnung *weder auf mietvertragliche noch auf eigentumsrechtliche Verhältnisse* am Objekt aus (ausführlich HAUSHEER/REUSSER/GEISER, N 24–27; ZK-BRÄM, N 36–38).   9

Die **Hausgewalt** und das **Hausrecht** werden von beiden Ehegatten gemeinsam ausgeübt (ausführlich HAUSHEER/REUSSER/GEISER, N 28 und 30; ZK-BRÄM, N 39–42). Dies hat namentlich Bedeutung bei der Anwendung des Art. 333 ZGB und des Art. 186 StGB.   10

Art. 163

E. Unterhalt der Familie	**¹ Die Ehegatten sorgen gemeinsam, ein jeder nach seinen Kräften, für den gebührenden Unterhalt der Familie.**
I. Im Allgemeinen	**² Sie verständigen sich über den Beitrag, den jeder von ihnen leistet, namentlich durch Geldzahlungen, Besorgen des Haushaltes, Betreuen der Kinder oder durch Mithilfe im Beruf oder Gewerbe des andern.**
	³ Dabei berücksichtigen sie die Bedürfnisse der ehelichen Gemeinschaft und ihre persönlichen Umstände.
E. Entretien de la famille	¹ Mari et femme contribuent, chacun selon ses facultés, à l'entretien convenable de la famille.
I. En général	² Ils conviennent de la façon dont chacun apporte sa contribution, notamment par des prestations en argent, son travail au foyer, les soins qu'il voue aux enfants ou l'aide qu'il prête à son conjoint dans sa profession ou son entreprise.
	³ Ce faisant, ils tiennent compte des besoins de l'union conjugale et de leur situation personnelle.
E. Mantenimento della famiglia	¹ I coniugi provvedono in comune, ciascuno nella misura delle sue forze, al debito mantenimento della famiglia.
I. In genere	² Essi s'intendono sul loro contributo rispettivo, segnatamente circa le prestazioni pecuniarie, il governo della casa, la cura della prole o l'assistenza nella professione o nell'impresa dell'altro.
	³ In tale ambito, tengono conto dei bisogni dell'unione coniugale e della loro situazione personale.

Franz Hasenböhler/Andrea Opel   971

Literatur

CALONDER GERSTER, Zur Situation der erwerbstätigen Frau, 1990; DEISS/GUILLAUME/LÜTHI, Kinderkosten in der Schweiz, 1988; GUGLIELMONI/TREZZINI, Unterhaltsbeitrag und Sicherungs-massnahmen, plädoyer 1991, 31 ff.; HEGNAUER, Die allgemeinen vermögensrechtlichen Wirkungen der Ehe, in: HAUSHEER (Hrsg.), Vom alten zum neuen Eherecht, 1986, 9 ff. (zit. Wirkungen); DERS., Der Unterhalt des Stiefkindes nach schweizerischem Recht, in: FS Müller-Freienfels, 1986, 271 ff. (zit. Unterhalt); KEHL-ZELLER, Die Unterhaltsansprüche der Ehegatten während der Ehe, 2. Aufl. 1981; LOCHER, Neues Eherecht und Ehegattenbesteuerung, ASA 1987/88, 2 ff.; MEIER, Neues Eherecht und Schuldbetreibungsrecht, 1987; PICHONNAZ, Conventions et couples concubins, FamPra.ch 2002, 670 ff.; REUSSER, Eherechtliche Aufgabenteilung im Lichte der frauenpolitischen Forderung nach Vereinbarkeit von Familie und Erwerbstätigkeit, in: FS Bernhard Schnyder, 1995, 539 ff.; RUMO-JUNGO/LIATOWITSCH, Nichteheliche Lebensgemeinschaft: vermögens- und kindes-rechtliche Belange, FamPra.ch 2004, 895 ff.; SCHWANDER, Das internationale Familienrecht der Schweiz, 1985; WINZELER, Die Bemessung der Unterhaltsbeiträge für Kinder, 1974.

I. Allgemeines

1. Normzweck

1 Den Unterhalt der Familie regelnd, stellt Art. 163 eine **praktisch bedeutsame Konkreti-sierung der Grundnorm von Art. 159** dar. Die Unterhaltspflicht gem. Art. 163 geht der in Art. 159 verankerten Beistandspflicht grundsätzlich vor – ein Rückgriff auf letztere gebietet sich jedoch dort, wo die Unterhaltsverpflichtung über das nach Art. 163 Ge-schuldete hinaus geht (N 18 ff.). Inhaltlich gliedert sich die Norm in die gemeinsame Verantwortung der Ehegatten für den Unterhalt (Abs. 1), die eheliche Aufgabenteilung (Abs. 2) und das Gebot der Rücksichtnahme (Abs. 3).

2. Anwendungsbereich

2 Art. 163 regelt die Unterhaltspflicht **bei bestehender Ehe.** Die Verpflichtung beginnt mit der Eheschliessung und dauert bis zur Auflösung der Ehe durch den Tod oder durch rechtskräftige Scheidung (selbst wenn der Prozess über die finanziellen Folgen der Ehe-scheidung weitergeführt wird: BGE 111 II 308; 110 II 16 = Pra 1984, 425; OGer ZH ZR 1990, 129). Unterhaltsleistungen zwischen geschiedenen Ehegatten richten sich nach Art. 125 ff. (sog. «nachehelicher» Unterhalt). Die gesetzessystematisch bei den persön-lichen Ehewirkungen eingereihte Bestimmung von Art. 163 gilt **für alle Güterstände.** Bei **intakter Ehe** kommt Art. 163 indes vor allem Leitbildfunktion zu (gemeinsame Ver-antwortung der Ehegatten für den Unterhalt und freie Rollenverteilung als richtungs-weisende Grundsätze).

3 Praktische Bedeutung erlangt die Bestimmung primär bei Ehekrisen. Im **Eheschutzver-fahren** (s. Art. 176 N 2 ff.), im **Scheidungsverfahren** (s. Art. 137 N 10) und bei **gericht-licher Trennung** (s. Art. 117/118 N 17) stellt Art. 163 die Basis für die Festlegung der Unterhaltsbeiträge dar (BGer 5P.47/2005 vom 23.3.2005; 5P.6/2004 vom 12.3.2004 = FamPra.ch 2004, 665 ff.). Zu beachten ist indes, dass gem. neuerer Rspr. bei Abseh-barkeit der Scheidung die für den nachehelichen Unterhalt massgebenden Kriterien (Art. 125) mit einzubeziehen sind (BGE 128 III 65 ff.; zuletzt BGer 5P.313/2004 vom 12.3.2004; OGer AG 22.3.2004 = FamPra.ch 2004, 944 ff.; KGer SG 13.8.2002 = FamPra.ch 2003, 144 ff.).

4 **Nicht** (auch nicht analog) anwendbar ist Art. 163 auf das **Konkubinatsverhältnis,** da es sich als «Kontrastprogramm» zur Ehe ausnimmt (vgl. BGE 108 II 206). Für die **gleichgeschlechtliche Gemeinschaft** ist im künftigen Partnerschaftsgesetz eine Art. 163 vergleichbare Regelung vorgesehen.

II. Gemeinsame Sorge für den Familienunterhalt (Abs. 1)

Dem Ehemodell gleichberechtigter und gleichverpflichteter Partner entspricht es, dass   5
beide Gatten für den Familienunterhalt aufzukommen haben.

1. Bestimmung und Zuordnung der Unterhaltsleistungen

Für die praktische Umsetzung der Vorschrift, dass die Ehegatten die gemeinsame Verantwortung für den Familienunterhalt tragen, ist ein **mehrstufiges Vorgehen** angezeigt.

Auf der ersten Stufe wird der allgemeine Rahmen jener Bedürfnisse abgesteckt, die überhaupt zum Familienunterhalt gehören können (N 6 ff.). Im zweiten Schritt muss dieser Bereich familienindividuell konkretisiert werden (N 21 ff.). Auf der dritten Stufe erfolgt die Zuordnung der Geld- und Naturalleistungen an den einzelnen Ehegatten (N 32).

2. Genereller Umfang des Unterhalts (1. Stufe)

a) In persönlicher Hinsicht

Das Gesetz spricht vom Unterhalt der **Familie** (Randtitel). Daran anknüpfend ist der   6
Kreis jener Personen festzulegen, deren Unterhalt in Frage steht. Im Zusammenhang mit Art. 163 geht das ZGB von einem traditionellen Familienbild aus und versteht unter Familie grundsätzlich die verheirateten Ehegatten mit den gemeinsamen Kindern. Allgemein gelten als Familienmitglieder auch Kinder nur eines Gatten, sofern sie im ehelichen Haushalt leben, zumal eine Ausgliederung ihrer Bedarfspositionen nicht praktikabel erscheint (für nicht in der Hausgemeinschaft lebende Kinder eines Gatten s. N 20).

b) In sachlicher Hinsicht

Der Unterhalt umfasst das, was die Familienangehörigen (N 6) zum Leben brauchen.   7
Dieser **Bedarf** kann unterteilt werden in die Haushaltskosten einerseits (N 8 f.) und in die Aufwendungen für die persönlichen Bedürfnisse der Familienmitglieder anderseits (N 10 ff.).

Die **Haushaltsauslagen** erfassen jedenfalls die **Grundversorgung** der Familie. Dazu   8
gehören einmal die Aufwendungen für das **Wohnen** (Mietzins, beim Eigenheim Hypothekarzins und öffentlich-rechtliche Abgaben, ferner die Kosten für Heizung, Energie und Wasser). Auch die Auslagen für die Ausstattung der Wohnung (Mobiliar, Hausrat) zählen dazu. Neben dem Wohnen gehören die Kosten der **Nahrungsmittelbeschaffung** zum familiären Elementarbedarf.

Der **erweiterte** Familienbedarf umfasst u.a. die Auslagen für Hausangestellte (Reini-   9
gungspersonal, Au-pair usw.), die Kosten der auswärtigen Besorgung von Kleidung und Wäsche, Auslagen für einen Kinderhütedienst, aber auch die Kosten eines oder mehrerer Familienautos. Ferner sind die Aufwendungen für gemeinsame Ferien hierher zu zählen.

In den Bereich der **persönlichen Bedürfnisse** gehören einmal die Aufwendungen für   10
Kleidung und **Körperpflege**. Eine weitere wichtige Position nimmt die **Gesundheitsvorsorge** ein (ärztliche und zahnärztliche Behandlung einschliesslich Medikamente). Soweit medizinische Leistungen von staatlichen und/oder privaten Versicherungsunternehmen übernommen werden, bilden die entsprechenden Prämien Bestandteil des Unterhalts. Durch Versicherungsunternehmen nicht abgegoltene Leistungen (Selbstbehalt, Franchise, weitgehend die zahnärztliche Behandlung) gehören direkt zum Individualbedarf. Ob auch aussergewöhnliche Kosten einer lange dauernden oder besonders aufwendigen medizinischen Behandlung darin eingeschlossen sind, entscheidet sich vorwiegend nach der Leistungsfähigkeit der Ehegatten (dazu N 22 ff.). Immerhin müssen unauf-

schiebbare Behandlungen zum Lebensbedarf gerechnet werden, auch wenn sie kostspielig sind (ZK-BRÄM, N 45 zu Art. 163).

11 Neben dem individuellen Grundbedarf sind persönliche Bedürfnisse zu berücksichtigen, welche der **Lebensqualität** dienen. Darunter fallen Auslagen für die Teilnahme an gesellschaftlichen, sportlichen, kulturellen, religiösen und politischen Aktivitäten etc. Zum persönlichen Bedarf gehört auch das **Taschengeld,** soweit es nicht schon im Betrag zur freien Verfügung (Art. 164) enthalten ist.

12 **Versicherungsprämien** zählen insoweit zum Unterhalt, als der Versicherungsschutz sich auf den Haushalt und/oder die persönlichen Bedürfnisse der Familienmitglieder erstreckt. Dem Haushalt zuzuordnen sind Gebäude- und Hausratversicherung, Unfall- und/oder Krankenversicherung für Hausangestellte, aber auch Motorfahrzeughaftpflicht- und Kaskoversicherung für eines oder mehrere Familienautos. Im Bereich der persönlichen Bedürfnisse nimmt die obligatorische Kranken- und Unfallversicherung eine wichtige Stellung ein. Ob auch Zusatzversicherungen zum Unterhalt nach Art. 163 gehören, hat die Rechtsprechung mit Blick auf die Prämienhöhe offen gelassen (BGE 129 V 90 ff.). Die Frage entscheidet sich weitgehend nach der Leistungsfähigkeit der Ehegatten und ihrem Lebensstil (dazu N 21 ff.). Neben der Kranken- und Unfallversicherung ist die Personenhaftpflichtversicherung von Bedeutung. Ob auch Lebensversicherungen dazu gehören, hängt weitgehend von den wirtschaftlichen Verhältnissen der Ehegatten und dem von ihnen gewählten Lebensstandard ab (dazu N 21 ff.).

13 Im Unterhalt eingeschlossen ist eine angemessene **Altersvorsorge.** Dazu gehören Beiträge an die AHV, IV, ALV und EO [1. Säule] sowie Leistungen an die berufliche Vorsorge [2. Säule, inkl. adäquater überobligatorischer Bereich] und eine den wirtschaftlichen Verhältnissen der Ehegatten angemessene Selbstvorsorge [3. Säule].

14 Anknüpfend an die Einheitsbetrachtung der Ehegatten im Steuerrecht sind die **Einkommens- und Vermögenssteuern** aller Gemeinwesen (betr. Kirchensteuer vgl. BGE 100 Ia 255) dem Familienunterhalt zuzurechnen (anstelle einer nach geltendem Steuerrecht kaum praktikablen Aufsplittung und Berücksichtigung bei der Leistungsfähigkeit jedes Gatten). Vorauszusetzen ist indes, dass das zu versteuernde Einkommen und Vermögen dem Familienunterhalt dient. Rechtsübertragungssteuern wie **Erbschafts-, Schenkungs- und Handänderungssteuern** (BGE 114 II 393) gehören grundsätzlich nicht zum Familienbedarf, da sie regelmässig Vermögenswerte nur eines Ehegatten betreffen.

15 Aufwendungen für den **Unterhalt eines Vermögenswertes** sind zu berücksichtigen, soweit dieser dem Bedarf der Familie dient, z.B. laufende Auslagen für das Haus, das ein Gatte der Familie zur Verfügung stellt (BK-HAUSHEER/REUSSER/GEISER, N 12).

16 Zum Unterhalt der Familie gehören ferner **Aus- und Weiterbildungskosten** der Ehegatten. Bei der Grundausbildung der Ehegatten ist zu beachten, dass die eheliche mit der elterlichen Unterstützungspflicht konkurrieren kann (vgl. hierzu BK-HAUSHEER/REUSSER/GEISER, N 14). Die Kosten einer erweiterten Ausbildung fallen dann unter den Familienbedarf, wenn sie für die Gewährleistung des gebührenden Unterhalts erforderlich sind oder auf einem gemeinsamen Entscheid der Ehegatten beruhen. Ausbildungsaufwand für Kinder bildet nach Massgabe des Kindesrechts Bestandteil des Familienunterhalts (Art. 276 ff.).

17 **Prozesskostenvorschüsse** (vorläufige Zahlungen für Gerichts- und Anwaltskosten) gehören insoweit zum Unterhalt nach Art. 163, als die Rechtsstreitigkeit entweder Angelegenheiten der Ehegemeinschaft betrifft oder die Person des in die Gemeinschaft integrierten Familienmitgliedes unmittelbar tangiert (Botschaft, Ziff. 214.121, Anm. 155; BK-HAUSHEER/REUSSER/GEISER, N 15). Zur ersten Kategorie gehört das Eheschutzverfahren. Ob

auch das die Eheauflösung anstrebende Scheidungsverfahren darunter fällt, ist umstritten (bejahend: BK-HASHEER/REUSSER/GEISER, N 15; ablehnend: HEGNAUER, Eherecht, Rz 15.18, ZK-BRÄM, Art. 159 N 130 ff. und Art. 163 N 120; TUOR/SCHNYDER/RUMO-JUNGO, 276). Die Kontroverse ist kaum von praktischer Relevanz. Weit wichtiger ist der Grundsatz, dass die Kostenvorschusspflicht als Ausfluss der ehelichen Solidarität der staatlichen Fürsorge vorgeht. Deshalb hat ein bedürftiger Ehegatte keinen Anspruch auf unentgeltliche Prozessführung, soweit der andere Gatte leistungsfähig ist (BGE 119 Ia 135; 119 Ia 135; 72 I 135). Massgebend ist im Gegensatz zur Festlegung des Unterhalts allein die *tatsächliche* Bedürftigkeit des ansprechenden Ehegatten (BGer 5P.346/2005 vom 15.11.2005).

Rentenverpflichtungen gegenüber einem geschiedenen Ehegatten gehören nicht zum Familienunterhalt i.e.S (vgl. N 1). Eine Verpflichtung zum Mittragen der Kosten trifft den anderen Gatten insoweit, als es aufgrund der in Art. 159 Abs. 3 statuierten *Beistandspflicht* geboten erscheint (Botschaft, Ziff. 214.121; BGE 79 II 137; BK-HASHEER/REUSSER/GEISER, Art. 159 N 43). Weitergehend rechnet BRÄM solche Aufwendungen generell zum Familienbedarf (ZK-BRÄM, N 31). **18**

Auch **Leistungen aus Verwandtenunterstützung** (Art. 328 f.) sind insoweit zum Familienbedarf zu zählen, als der andere Ehegatte aufgrund seiner *Beistandspflicht* (Art. 159 Abs. 3) an die entsprechenden Kosten beizusteuern hat (Botschaft, Ziff. 214.121). **19**

Aufwendungen für Kinder nur eines Ehegatten, die nicht in der ehelichen Hausgemeinschaft leben, sind insoweit dem Familienbedarf zuzurechnen, als der andere Gatte zufolge seiner *Beistandspflicht* (Art. 159 Abs. 3) an diese Kosten beizutragen hat (ZK-BRÄM, N 61; BK-HASHEER/REUSSER/GEISER, Art. 159 N 41 f.). Für den Unterhalt gegenüber vorehelichen Kindern eines Ehegatten hält das Gesetz in Art. 278 Abs. 2 die Beistandspflicht dem Grundsatz nach fest (vgl. zu den Einzelheiten Art. 278 N 4 ff.). Nicht geregelt ist indes, ob und inwieweit der andere Ehepartner ausserehelichen Kindern («Ehebruchskindern») gegenüber finanziellen Beistand schuldet. Während das BGer gestützt auf Art. 159 Abs. 3 zu einer grundsätzlichen (indirekten) Beistandspflicht gelangt (BGer 5P.470/2002 vom 22.5.2003; BGE 127 III 71 f.), äussert sich die Lehre kontrovers (verneinend HEGNAUER, Kindesrecht, Rz 20.08; STETTLER, SPR III/2, 313; bejahend BK-HASHEER/REUSSER/GEISER, Art. 159 N 42; ZK-BRÄM, N 61 ff.). Nach der hier vertretenen Auffassung ist davon auszugehen, dass an sich keine Beistandpflicht eines Gatten gegenüber seinem Ehepartner besteht, weil anders als bei vorehelichen Kindern zum einen im Zeitpunkt des Eheschlusses die zusätzlichen Aufwendungen noch nicht absehbar waren und andererseits eine Verletzung ehelicher Pflichten vorliegt. Um zu verhindern, dass dieser Grundsatz ausgehöhlt wird, ist bei der Bejahung der Beistandspflicht Zurückhaltung geboten. Daher soll ein Gatte seinen untreuen Ehepartner bei der Erfüllung von dessen Elternpflichten gegenüber einem ausserhalb der Ehe geborenen Kind nur insoweit unterstützen müssen, als dies für ihn ohne weiteres möglich ist und auch zumutbar erscheint. **20**

Zur Bemessung des Unterhaltsbeitrages an ausserehelicher Kinder bei knappen finanziellen Verhältnissen vgl. BGE 126 III 353.

3. Familienindividuelle Konkretisierung (2. Stufe)

Gemeinsam zu sorgen haben die Eheleute für den **«gebührenden» Unterhalt.** Gebührend ist, was den Verhältnissen der Ehegatten entspricht (AmtlBull NR 1983, 645). Der (abstrakte) Rahmen möglicher Bedürfnisse (s. N 6 ff.) muss deshalb **familienindividuell** konkretisiert werden. Als Kriterien stehen die Leistungsfähigkeit beider Ehegatten **21**

(N 22 ff.) und der von ihnen praktizierte Lebensstil im Vordergrund (N 30; BGE 118 II 377; OGer ZH ZR 1992/1993, 81).

a) Wirtschaftliche Verhältnisse der Ehegatten

22 Die **wirtschaftliche Leistungsfähigkeit** der Ehegatten bestimmt sich nach ihren Einkünften (Erwerbseinkommen, Rentenleistungen und Vermögensertrag) sowie ihren Vermögenswerten (N 23 ff.), wobei allfällige Schulden in Abzug zu bringen sind (N 29).

aa) Einkünfte und Vermögen

23 Zu berücksichtigen ist zunächst das Erwerbseinkommen der Ehegatten, da der laufende Unterhalt i.d.R. daraus bestritten wird. In Anlehnung an das Steuerrecht wird auch für das Familienrecht ein **wirtschaftlicher Einkommensbegriff** vorgeschlagen (s. ZK-Bräm N 67 ff.; OGer LU 17.2.2005 = FamPra.ch 2005, 618 ff.). Danach kommt es auf den tatsächlichen Mittelzufluss und nicht darauf an, unter welchem Rechtstitel er erfolgt (vgl. BGer 5P.252/2005 vom 4.8.2005; 5P.6/2004 vom 12.3.2004 = FamPra.ch 2004, 665 ff. zur Anrechnung von «Spesenentschädigungen», denen keine tatsächlichen Ausgaben gegenüberstehen). Also stellt auch jede Form von Ersatzeinkommen familienrechtlich relevantes Einkommen dar (BGer 5P.460/2000 vom 24.4.2001; ZK-Bräm, N 89 ff.; vgl. aber auch OGer LU a.a.O. zur «genugtuungsähnlichen» Qualifikation der Abgeltung für einen Haushaltsschaden).

24 Sofern das tatsächliche Einkommen beider Ehegatten zur Bedarfsdeckung nicht ausreicht, ist auf ein der wirtschaftlichen Leistungsfähigkeit jedes Gatten entsprechendes **hypothetisches Einkommen** abzustellen (BGE 128 III 4; 119 II 316; 117 II 16; 110 II 117). Von einem hypothetischen Betrag ausgegangen werden darf aber nur, falls und insoweit der Pflichtige bei gutem Willen bzw. zumutbarer Anstrengung mehr zu verdienen vermöchte, als er effektiv verdient (BGE 128 III 5; BGer 5P.255/2003 vom 5.11.2003; zur Frage der Zumutbarkeit einer Nebenerwerbstätigkeit vgl. BGer 5P.35/2002 vom 6.6.2002; zur Zurechnung von hypothetischer Arbeitslosenentschädigung vgl. BGer 5P.460/2000 vom 24.4.2001). Erforderlich ist somit, dass eine **reale und zumutbare Möglichkeit zur Einkommenssteigerung** besteht. Ist dies nicht der Fall, muss die Zurechnung von hypothetischem Einkommen ausser Betracht bleiben (BGer 5P.255/2003 vom 5.11.2003; 5P.35/2002 vom 6.6.2002; BGE 128 III 5; 117 II 17). Massgebende Kriterien sind hierfür v.a. die berufliche Qualifikation (Ausbildung, bisher ausgeübte Tätigkeit, Berufserfahrung), die Arbeitsmarktlage sowie individuelle Umstände (Alter, Gesundheitszustand, Kinderbetreuungspflichten), wobei stets aus der persönlichen Warte des Pflichtigen heraus zu urteilen ist (BGer 5P.38/2003 vom 10.3.2003; 5P.473/2002 vom 19.3.2003). Selbst bei gegebenen Voraussetzungen kann jedoch die *sofortige* Zurechnung von hypothetischem Einkommen unbillig sein (z.B. bei längerer Berufsabwesenheit), sodass sich u.U. das Einräumen einer **Anpassungsfrist** gebietet (BGer 5P.341/2002 vom 25.11.2002; 5P.38/2003 vom 10.3.2003). Aus welchem Grund dem Pflichtigen das ihm angerechnete höhere Einkommen fehlt, ist im Prinzip unerheblich; mangels eines pönalen Charakters der Anrechnung ist selbst bei böswilligem Verhalten an obgenannten Grundsätzen festzuhalten (BGE 128 III 5 f.; BGer 5P.35/2002 vom 6.6.2002; 5P.97/2002 vom 7.5.2002). Ist das Erzielen von Mehreinkommen nicht möglich oder nicht zumutbar, so scheidet die Zurechnung von hypothetischem Einkommen jedenfalls aus. Auch die **rückwirkende Berücksichtigung** von hypothetischem Einkommen ist nicht zulässig, da eine Einkommenssteigerung diesfalls rein faktisch ausser Betracht fällt (BGer 5P.95/2003 vom 28.4.2003; 5P.255/2003 vom 5.11.2003; 5P.327/2001 vom 18.2.2002).

Ob und gegebenenfalls in welcher Höhe sowie ab welchem Zeitpunkt der Unterhalts- **25**
pflichtige ein hypothetisches Einkommen zu erzielen vermag, ist gem. der bundesgerichtlichen Rspr. grundsätzlich **Tatfrage** (vgl. dazu BGE 126 III 12 f.). Demgegenüber
erachtet das Bundesgericht als **Rechtsfrage,** ob dem betreffenden Ehegatten ein hypothetisches Einkommen in der angenommenen Höhe auch zugemutet werden kann (BGer
5P.43/2004 vom 22.4.2004; 5P.35/2002 vom 6.6.2002; 5P.473/2002 vom 19.3.2003; BGE
128 III 7; 126 III 12 f.).

Das Einkommen kann aus **unselbständiger oder selbständiger Erwerbstätigkeit** her- **26**
rühren. Bei unselbständiger Erwerbstätigkeit ist grundsätzlich auf das Nettoeinkommen
abzustellen (zu den Einzelheiten vgl. ZK-BRÄM, N 70 ff.). Im Falle selbständiger Erwerbstätigkeit ist entweder der Vermögensstandsgewinn oder bei ordnungsgemässer
Buchführung der in der Erfolgsrechnung ausgewiesene Gewinn massgebend – bei starken Schwankungen darf allenfalls auch von einem Durchschnittseinkommen ausgegangen werden (BGer 5P.138/2001 vom 10.7.2001; ZK-Bräm, N 73 ff., insb. auch zum Ein-
zelunternehmer und zum Allein- oder Hauptaktionär einer Aktiengesellschaft).

Neben Erwerbseinkommen sind als weitere Einkünfte **Rentenleistungen und Vermö-** **27**
genserträge zu berücksichtigen. Nach BGE 117 II 16 ff. verbietet sich die Anrechnung
von **hypothetischem Ertrag,** wenn sich der Unterhaltspflichtige seines Vermögens entäussert hat, und der Vermögensschwund nicht rückgängig gemacht werden kann. Dies
gilt selbst dann, wenn der Pflichtige schuldhaft oder gar bösgläubig gehandelt hat (vgl.
Kritik bei ZK-BRÄM, N 97 m.w.Hw. und bei SUTTER/FREIBURGERHAUS, Art. 125 N 51).
Nicht ausgeschlossen ist nach dieser Rspr. aber, vom Pflichtigen für die Zukunft eine
einträglichere Vermögensanlage zu verlangen (BK-HAUSHEER/REUSSER/GEISER, N 22).

Als ultima ratio ist auch ein Rückgriff auf die **Vermögenssubstanz** der Ehegatten nicht **28**
ausgeschlossen (vgl. Botschaft, Ziff. 214.121; ZK-BRÄM, N 104).

bb) Passiven

Schulden der Ehegatten sind insoweit zu berücksichtigen, als sie mit den dem Familien- **29**
unterhalt dienenden Einkünften **sachlich zusammenhängen.** Einzubeziehen sind nur
Passiven, die auch bei gutem Willen nicht hätten vermieden werden können (BK-
HAUSHEER/REUSSER/GEISER, N 23). An dieser Stelle werden auch gesetzliche Unterhaltspflichten eines Ehegatten berücksichtigt, die nicht als dem Familienunterhalt zugehörig betrachtet werden können (s. N 18 ff.).

b) Lebensstandard der Ehegatten

Der familienangemessene Unterhalt wird nicht nur durch die wirtschaftliche Situation **30**
des Ehepaares, sondern auch durch den von ihm gewählten **Lebensstandard** geprägt, der
seinerseits durch Herkunft, Beruf und soziale Stellung beeinflusst wird. Grundsätzlich
bleibt es den Ehegatten überlassen, für welche Art von Lebensführung sie sich entscheiden. Immerhin muss namentlich mit Rücksicht auf die Kinder ein Mindeststandard eingehalten werden. Bei Uneinigkeit der Gatten über das Niveau der Lebensführung ist bei
dem von ihnen bisher praktizierten Lebensstil anzuknüpfen. Würde dies auf ein unbilliges Ergebnis hinauslaufen, kann der Lebenszuschnitt einer ähnlich situierten Familie als
Orientierungshilfe dienen.

c) Vergleich von Bedarf und Leistungsfähigkeit

Ob der (abstrakt) ermittelte Familienbedarf sich konkret realisieren lässt, hängt wesent- **31**
lich von der Leistungsfähigkeit beider Gatten ab. Bei der **Gegenüberstellung von Be-**

darf und verfügbaren Mitteln können sich unterschiedliche Situationen ergeben. Halten Bedürfnisse und Mittel sich ungefähr die Waage, sind sämtliche verfügbaren Mittel zur Bestreitung des Bedarfs einzusetzen. Reichen dagegen die Mittel nicht aus, muss das Manko durch Bedarfsbegrenzung ausgeglichen werden. Mit Blick auf die Regelung von Abs. 3 (N 39) sind dabei primär Abstriche bei den individuellen Bedürfnissen vorzunehmen, während der gemeinschaftliche Bereich möglichst zu schonen ist. Sind die Mittel reichlich, brauchen davon nur soviel eingesetzt zu werden, als zur Deckung des familienangemessenen Unterhalts erforderlich ist. «Überschiessende» Mittel verbleiben nach Deckung des Betrages zur freien Verfügung (Art. 164) jenem Gatten, der sie erwirtschaftet hat (sog. Sparquote), weil das Unterhaltsrecht nicht auf eine Umverteilung von Vermögen abzielt (BGE 119 II 318; 115 II 426; 114 II 31; BK-HASHEER/REUSSER/GEISER, N 26).

4. Unterhaltsbeitrag jedes Ehegatten (3. Stufe)

32 Die Unterhaltsverpflichtung obliegt **beiden Ehegatten** ohne Aufgliederung nach Geschlechtszugehörigkeit wie im früheren Recht («Die Ehegatten sorgen gemeinsam ...»; vgl. BGE 117 II 216; 117 II 363). Neurechtlich haben sich die Ehegatten über die Aufgabenteilung grundsätzlich selbst zu einigen (Abs. 2; BGE 119 V 425). Dies entspricht dem Verständnis der Ehe als einer Partnerschaft gleichberechtigter und gleichverpflichteter Mitglieder. Gemeinsame Sorge impliziert nicht notwendig gleiche Beträge oder gar hälftiges Tragen der ehelichen Lasten. Richtmass für die Aufteilung der Beiträge soll vielmehr die individuelle Leistungsfähigkeit des einzelnen Gatten bilden («jeder nach seinen Kräften»: BGE 119 II 314; 123 III 4). Die Beitragspflichten beider Ehegatten stehen insofern in einem **Komplementärverhältnis**, als das, was der eine nicht zu leisten vermag, dem anderen im Rahmen des ihm Möglichen und Zumutbaren obliegt (zu denken ist insb. an vorübergehende Mehrbelastungen). Eine der Selbstaufgabe gleichkommende Aufopferung kann von keinem der Ehegatten verlangt werden (BK-HASHEER/REUSSER/GEISER, N 30)

III. Verständigung über die Beiträge (Abs. 2)

33 Weil der Gesetzgeber darauf verzichtet hat, dem Ehepaar eine feste Rollenverteilung vorzuschreiben, bleibt die Aufteilung der Aufgaben und der Unterhaltsleistungen den Gatten selber überlassen. Sie sollen einvernehmlich regeln, wer von ihnen auf welche Weise und in welchem Ausmass zum familienangemessenen Unterhalt beiträgt. Weil Ehegatten jedenfalls bei intakter Ehe nicht in Willenserklärungen miteinander zu verkehren pflegen, sondern ihre Beziehung bewusst oder unbewusst vom Faktischen her gestalten, wird **jede Art von Verständigung in beliebiger Form** anerkannt. Eine während geraumer Zeit praktizierte Abmachung gilt als konkludent vereinbart. Die autonome Gestaltungsmöglichkeit des Ehepaares findet ihre Grenzen an den allgemeinen Schranken der Rechtsordnung (BGer 5C.112/2005 vom 4.8.2005), v.a. an Art. 27, welchem die dauernde Mehrfachbelastung eines Gatten (z.B. durch volle Erwerbstätigkeit sowie Haushaltführung und Kinderbetreuung) widerspricht.

34 Gegenstand der Verständigung bilden Art und Umfang der Unterhaltsleistungen. Die **Beitragsarten** werden im Gesetz beispielhaft und folglich nicht abschliessend aufgezählt: Geldleistungen, Haushaltsführung, Kinderbetreuung sowie Mithilfe im Beruf und Gewerbe des andern Gatten. Daneben existieren eine ganze Reihe weiterer Leistungen: Lieferung von Lebensmitteln, Erbringung von Dienstleistungen, Überlassung von Wohnräumen, Zinsendienst für Hypotheken, Erledigung von Steuerangelegenheiten etc.

Von zentraler Bedeutung ist die prinzipielle **Gleichwertigkeit** aller Beitragsarten (Botschaft, Ziffer 214.121; BGE 114 II 29). Haushaltführung und Kinderbetreuung nehmen also den gleichen Rang ein wie die Geldmittelbeschaffung. **35**

Die einmal getroffene Vereinbarung ist grundsätzlich verbindlich, wenngleich nicht völlig unabänderlich. Angesichts der verschiedenen Phasen, welche eine Ehe zu durchlaufen pflegt, (Vorkinderfamilie, Familie mit Kindern, Nachkinderfamilie), kann sich eine **Anpassung** der bisherigen Abmachung an die neue Situation aufdrängen. Im beiderseitigen **Einvernehmen** können die Gatten die frühere Regelung **jederzeit** umgestalten. Bei wesentlicher Veränderung der Verhältnisse kann auch eine **einseitige** Anpassung gerechtfertigt sein (vgl. dazu BGE 114 II 16). Erzielt etwa der eine Gatte wesentlich höhere Einkünfte, so kann der andere eine angemessene Erhöhung der Unterhaltsleistungen verlangen. Im Übrigen ist im Rahmen einer Interessenabwägung darüber zu befinden, ob der eine Gatte auch gegen den Widerstand des andern eine Änderung der bisherigen Abmachung durchsetzen kann. Dabei sind die Interessen des änderungswilligen Gatten und diejenigen des Ehepartners, der auf der bisherigen Abmachung beharrt, zu gewichten, aber auch die Interessenlage der Kinder zu berücksichtigen. Schlägt die Abwägung zugunsten des änderungsbereiten Gatten aus, so wird dem andern häufig eine angemessene Übergangsfrist einzuräumen sein (dazu BGE 114 II 17). **36**

Zu einer wesentlichen Veränderung der Verhältnisse führt die **Aufhebung des gemeinsamen Haushaltes.** Sie bewirkt indes nicht grundsätzlich die Beendigung der bisherigen Abmachung über die Aufgabenteilung. Da aber künftig zwei Haushalte besorgt und bei meist gleich bleibenden Mitteln finanziert werden müssen, ist vielfach eine Anpassung an die veränderte Situation unvermeidlich (ZK-BRÄM, N 127; **a.M.** HUBER, a.a.O., 125). **37**

Bei einer **Verständigungskrise** in Bezug auf Art und Umfang der Unterhaltsleistungen steht den Gatten (gemeinsam oder einzeln) der Weg zu den Familienberatungsstellen (Art. 171) oder zum Eheschutzgericht (Art. 172) offen; allenfalls kann eine Familienmediation helfen. Auch das Eheschutzgericht versucht primär zu vermitteln; gelingt dies nicht, kann es nur, aber immerhin, Geldleistungen verbindlich festlegen, wogegen ihm für die Zuordnung von Natural- und/oder Dienstleistungen keine Entscheidbefugnis zusteht (Botschaft, Ziff. 219.221; s. Art. 173 N 8 ff.). **38**

IV. Gebot der Rücksichtnahme (Abs. 3)

Bei der Festlegung von Art und Ausmass der Unterhaltsleistungen haben sich die Ehegatten in erster Linie am **Gemeinschaftswohl** zu orientieren, müssen aber auch auf die individuellen Bedürfnissen eines jeden von ihnen Bedacht nehmen (ebenso ZK-BRÄM N 139). Im Falle einer Kollision von Gemeinschaftsinteressen, wozu auch das Kindeswohl zu zählen ist, mit individuellen Sonderbedürfnissen eines Ehegatten ist nach Massgabe von Abs. 3 grundsätzlich ersteren der Vorrang einzuräumen, jedenfalls soweit es sich um grundlegende gemeinschaftliche Anliegen handelt (s. N 8). Gleichwohl hängt beides zusammen: Eine andauernde oder eine besonders schwerwiegende Beeinträchtigung der persönlichen Fähigkeiten, Interessen und Bedürfnisse kann sich wiederum negativ auf das Gemeinwohl auswirken. **39**

V. Rechtsnatur, Grenzen und Durchsetzung des Unterhaltsanspruchs

1. Rechtsnatur des Unterhaltsanspruchs

Das Recht auf Unterhalt als solches (Stammrecht) kann wegen seiner höchstpersönlichen Natur weder abgetreten noch gepfändet werden (Botschaft, Ziff. 214.122). Es erlischt mit dem Tod der berechtigten oder verpflichteten Person (keine Vererblichkeit). **40**

Einzelne konkretisierte, auf Geld gerichtete **Unterhaltsleistungen** können abgetreten werden und sind auch (beschränkt) pfändbar (BGE 114 III 107).

41 **Die Pfändbarkeit ist in zweifacher Hinsicht beschränkt:** Die eine Schranke ergibt sich aus Art. 93 Abs. 1 SchKG, wonach Unterhaltsbeiträge nur soweit gepfändet werden können, als sie für den Schuldner und dessen Familie nicht unbedingt notwendig sind. Es darf also nicht in das Existenzminimum des betriebenen Ehegatten und seiner Familie eingegriffen werden (BGE 114 III 87). Die zweite Schranke folgt aus der Zweckbindung der Unterhaltsbeiträge: diese sind für die Bestreitung der Haushaltskosten (N 7 f.) und zur Deckung der persönlichen Bedürfnisse der Familienmitglieder (N 10 ff.) bestimmt. Dieser Zweck würde vereitelt, wenn sie für irgendwelche Gläubigerforderungen gepfändet werden könnten (BGE 115 III 107). Die Pfändung ist daher nur zulässig für solche Forderungen, die einen Bezug haben zum Haushalt und/oder zu den persönlichen Bedürfnissen der Familienmitglieder (z.B. Mietzinsschulden für die Familienwohnung, Kosten der medizinischen Versorgung, Prämien für die Krankenkasse etc.: BGE 115 III 105 f.; 119 V 25). Der Ansicht, dass bei **richterlicher Regelung des Getrenntlebens** die Unterhaltsbeiträge dem persönlichen Gebrauch des berechtigten Gatten dienen würden und ohne Wahrung einer Zweckbindung gepfändet werden könnten (SchKG-VON DER MÜHLL, Art. 93 N 10), kann nicht gefolgt werden. Denn die Aufhebung des gemeinsamen Haushaltes beseitigt die Zweckbindung der Unterhaltsleistungen nicht, zumal die bisherige Aufgabenteilung nicht grundsätzlich beendet wird (N 37) und jedenfalls der obhutsberechtigte Ehegatte zusammen mit den Kindern weiterhin einen gemeinsamen Haushalt führt.

42 Das Stammrecht auf Unterhalt **verjährt** nicht. Dagegen unterliegen die einzelnen Unterhaltsforderungen als periodische Leistungen der fünfjährigen Verjährungsfrist (Art. 128 Ziff. 1 OR). Für **gerichtlich zugesprochene** Unterhaltsleistungen gilt der Verjährungsstillstand von Art. 134 Abs. 1 Ziff. 3 OR nicht (ZK-BRÄM, N 152; für generellen Verjährungsstillstand offenbar BK-HAUSHEER/REUSSER/GEISER, N 68).

2. Grenzen des Unterhaltsanspruchs

43 Der Unterhaltsanspruch eines Ehegatten entfällt, wenn er ein **qualifiziertes eheähnliches Verhältnis (Konkubinat oder gleichgeschlechtliche Partnerschaft)** eingegangen ist. Eine Lebensgemeinschaft gilt dann als qualifiziert, wenn sie der Ehe an Intensität gleichkommt. Nach neuerer Rspr. ist bezüglich des Wegfalls des Unterhaltsanspruchs weniger auf die tatsächliche finanzielle Unterstützung durch den neuen Partner abzustellen, sondern vielmehr darauf, ob die Lebensgemeinschaft so eng ist, dass dieser zu Beistand und Unterstützung bereit erscheint, gerade so, wie es von Ehegatten gem. Art. 159 Abs. 3 erwartet wird (BGer 5P.35/2002 vom 6.6.2002; BGE 124 III 52; vgl. ZK-BRÄM N 14 f.). Dies erfordert eine Gesamtbewertung aller beziehungsrelevanten Umstände, wozu u.a. auch die Dauer der Beziehung zu zählen ist (im Gegensatz zum nachehelichen Unterhalt ist die Partnerschaft nach fünfjährigem Bestand aber nicht als qualifiziert zu vermuten; ZK-BRÄM, N 17).

44 **Verweigert ein Ehegatte die Auskunftserteilung** über seine Einkommens- und Vermögensverhältnisse, so kann darin ebenfalls ein Grund für den Wegfall seines Unterhaltsanspruchs gesehen werden (BGE 119 II 196; 118 II 378).

45 **Vermindert ein Ehegatte absichtlich seine Leistungsfähigkeit,** so können ihm hypothetische Einkünfte nur aufgerechnet werden, soweit er die Verminderung rückgängig machen kann (N 24). Ist dies nicht der Fall, fragt sich, ob der so in finanzielle Not Geratene gleichwohl seinen Unterhaltsanspruch gegenüber dem anderen Ehegatten behält.

Soweit der Ehepartner sich in einigermassen günstigen wirtschaftlichen Verhältnissen befindet, scheint es eher zumutbar, ihm die Unterstützungspflicht aufzuerlegen, anstatt die öffentliche Fürsorge in Anspruch zu nehmen (KGer SG 18.2.2004 = FamPra.ch 2004, 963 ff.; HAUSHEER/REUSSER/GEISER, N 59f). In diesem Zusammenhang ist hinzuweisen auf einen Entscheid, wonach dem offensichtlich rechtsmissbräuchlich handelnden Ehegatten der Unterhaltsanspruch versagt werden könne (KGer SG, a.a.O.).

3. Durchsetzung des Unterhaltsanspruchs

Je nachdem, ob der Unterhaltsanspruch auf Geldleistung gerichtet ist oder Verhaltens- **46** pflichten zum Gegenstand hat, bestehen **unterschiedliche Durchsetzungsmöglichkeiten.**

Geldbeiträge kann der unterhaltsberechtigte Gatte auf dem Wege der **Schuldbetreibung** **47** durchsetzen. Besitzt er eine gerichtliche Anordnung über den Unterhaltsbeitrag, so dient ihm diese als definitiver Rechtsöffnungstitel (Art. 80 Abs. 1 SchKG), wenn die Verfügung vollstreckbar sowie formell rechtskräftig ist und einem allfälligen ausserordentlichen Rechtsmittel keine aufschiebende Wirkung erteilt wurde. Kann der unterhaltsberechtigte Ehepartner seinen Anspruch auf eine unterschriebene Abmachung stützen, worin der entsprechende Betrag ziffernmässig ausgewiesen ist, so verfügt er zumindest über einen provisorischen Rechtsöffnungstitel (Art. 82 Abs. 1 SchKG). Provisorische Rechtsöffnung kann allerdings dann nicht mehr verlangt werden, wenn für den gleichen Zeitraum ein gerichtliches Verfahren zur Festlegung von Unterhaltsbeiträgen hängig ist.

Fehlt dem Unterhaltsberechtigten eine gerichtliche Verfügung oder eine unterschriftliche Schuldanerkennung, so muss er den fraglichen Geldbeitrag zur Beseitigung des Rechtsvorschlages **klageweise** geltend machen.

Unter bestimmten Voraussetzungen können Geldbeiträge durch **Schuldneranweisung** **48** (Art. 177) realisiert werden. Dabei handelt es sich um eine besondere, privilegierte Zwangsvollstreckungsmassnahme (BGE 110 II 12 ff.), die den Vorteil bietet, dass das meist zeitaufwendige Betreibungsverfahren umgangen werden kann. Im Unterschied zur Schuldbetreibung, die der Durchsetzung verfallener Geldbeiträge dient, bezweckt die Schuldneranweisung die Sicherung künftiger Unterhaltsleistungen in Geld.

Die Massnahme ist allerdings nicht ohne Risiken. Sie impliziert die Gefahr, dass der Unterhaltpflichtige gegenüber Drittpersonen, namentlich gegenüber dem Arbeitgeber, diskreditiert wird, was den Verlust des Arbeitsplatzes und damit einer wichtigen Unterhaltsquelle zur Folge haben kann. Deshalb ist die Anordnung der Massnahme nur gerechtfertigt, wenn sie **verhältnismässig** erscheint. Dies ist bei einer geringfügigen Verzögerung oder beim einmaligen Ausbleiben der geschuldeten Leistung (noch) nicht der Fall, vielmehr bedarf es einer ernsthaften Gefährdung der Unterhaltsleistungen.

Zwischen Schuldbetreibung und Schuldneranweisung besteht von Gesetzes wegen **keine** **49** **Rangfolge,** vielmehr bleibt die Wahl dem unterhaltsberechtigten Gatten überlassen (ZK-BRÄM, Art. 177 N 4). Dieser wird sich bei seinem Entscheid in erster Linie von praktischen Überlegungen leiten lassen. Geht es um die Durchsetzung verfallener Geldbeiträge, und besitzt der Unterhaltsberechtigte einen Rechtsöffnungstitel, so ist die Schuldbetreibung das geeignete Instrument. Will der unterhaltsberechtigte Gatte dagegen künftige Geldbeiträge sichern, so wird er bei gegebenen Voraussetzungen die Schuldneranweisung beantragen, zumal diese auch verlangt werden kann, wenn die Höhe der Unterhaltsbeitrages noch nicht fest steht; in diesem Fall muss das Ehegericht vorfrageweise den Geldbeitrag festsetzen.

50 Besondere Bedeutung hat die **Bevorschussung** von auf Geld gerichteten Unterhaltsbeiträgen. Dabei handelt es sich nicht um eine Massnahme der Zwangsvollstreckung, sondern um eine «Ersatzvornahme», indem das Gemeinwesen an Stelle und letztlich auf Rechnung des Pflichtigen die Geldbeiträge dem Berechtigten ausrichtet. Für diesen ist die Massnahme ebenso effizient wie vorteilhaft, zumal ihm der mühsame und zeitaufwendige Weg der Schuldbetreibung oder Schuldneranweisung erspart bleibt. Allerdings ist die Bevorschussung (noch) keine bundesrechtliche Massnahme, sondern gehört zu den Aufgaben der öffentlichen Fürsorge, welche in die ausschliessliche Kompetenz der Kantone fällt. Deshalb ist es eine Frage des kantonalen Rechts, ob diese Massnahme überhaupt und gegebenenfalls in welcher Ausgestaltung zur Verfügung steht.

51 Schliesslich dient auch die **Verfügungsbeschränkung** gem. Art. 178 über Vermögen des unterhaltpflichtigen Gatten der Sicherung von Unterhaltsleistungen in Geld (s. Art. 178 N 6).

52 Schwieriger als bei Geldbeiträgen gestaltet sich die Durchsetzung bei **Natural- und Dienstleistungen.** Werden Verhaltenspflichten nicht freiwillig erfüllt, so kann der betroffene Gatte zwar das Ehegericht anrufen, doch kann dieses nur vermitteln, nicht aber entscheiden, zumal die im Gesetz abschliessend geregelten Eheschutzmassnahmen dies nicht vorsehen.

VI. Internationales Recht

1. Zuständigkeit

53 Gemäss Art. 46 IPRG sind für Klagen aus ehelichem Unterhalt während des Zusammenlebens oder nach Aufhebung des gemeinsamen Haushalts die schweizerischen Gerichte oder Behörden am **Wohnsitz** oder bei dessen Fehlen am gewöhnlichen Aufenthalt eines Ehegatten zuständig.

Nach Art. 2 des **Lugano-Übereinkommens** (LugÜ) besteht immer eine Zuständigkeit am Wohnsitz der beklagten Partei. Zudem kann die unterhaltsberechtigte Person an ihrem Wohnsitz oder gewöhnlichen Aufenthalt auf Unterhalt klagen (Art. 5 Ziff. 2 LugÜ). Für Unterhaltsansprüche im Massnahmeverfahren kennt das Lugano-Übereinkommen eine Zuständigkeit am Scheidungsgericht, wenn dies dem Forumsrecht entspricht und die Zuständigkeit des Scheidungsgerichts nicht ausschliesslich auf der Staatsangehörigkeit einer Partei beruht (SCHWANDER, Das Lugano-Übereinkommen, 1990, 71 ff.).

2. Anwendbares Recht

54 Für die Unterhaltspflicht zwischen Ehegatten bestimmt sich das anwendbare Recht nach dem **Haager Unterhaltsübereinkommen** vom 2.10.1973 (UStÜ). Es gilt «erga omnes» (BGE 112 II 295). Das anwendbare Recht wird durch eine **Kaskadenanknüpfung** mit dreifacher Stufenfolge ermittelt. Beim ersten Schritt wird auf das Recht des gewöhnlichen Aufenthalts der unterhaltsberechtigten Person abgestellt. Führt diese Anknüpfung nicht zu einem Unterhaltsanspruch, wird auf der zweiten Stufe das Recht der gemeinsamen Staatsangehörigkeit geprüft. Ergibt sich auch daraus kein Anspruch auf Unterhalt, gelangt schliesslich das innerstaatliche Recht der angerufenen Behörde zur Anwendung (Art. 4–10). Die Regeln betr. das anwendbare Recht gelten unabhängig davon, ob der Unterhalt als **Eheschutzmassnahme** oder als **vorsorgliche Massnahme** im Scheidungsrecht verlangt wird.

3. Anerkennung ausländischer Entscheidungen

Massgebend ist das **Haager Übereinkommen über die Anerkennung und Vollstre-** **55**
ckung von Unterhaltsentscheidungen vom 2.10.1973 (UVÜ). Es gilt nur für Entscheidungen jenes Staates, in welchem die unterhaltsberechtigte Person bei der Einleitung
des Verfahrens ihren gewöhnlichen Aufenthalt hatte, oder dessen Staatsangehörige der
Unterhaltsberechtigte oder Unterhaltsverpflichtete z.Zt. der Verfahrenseinleitung waren,
oder dessen Zuständigkeit sich der Beklagte ausdrücklich oder stillschweigend unterzogen hat (Art. 7).

Zählt der entscheidende Staat **nicht zu den Signatarstaaten**, richtet sich die Anerkennung nach Art. 50 IPRG. Danach wird die ausländische Entscheidung anerkannt, wenn
sie im Wohnsitzstaat oder im Staat des gewöhnlichen Aufenthalts eines Ehegatten ergangen ist.

Für die Festlegung von Geldbeiträgen an den Familienunterhalt durch den Eheschutz- **56**
oder Massnahmerichter (sog. Unterhaltsbeitrag) vgl. die Komm. von Art. 173.

Art. 164

II. Betrag zur freien Verfügung	¹ **Der Ehegatte, der den Haushalt besorgt, die Kinder betreut oder dem andern im Beruf oder Gewerbe hilft, hat Anspruch darauf, dass der andere ihm regelmässig einen angemessenen Betrag zur freien Verfügung ausrichtet.**
	² **Bei der Festsetzung des Betrages sind eigene Einkünfte des berechtigten Ehegatten und eine verantwortungsbewusste Vorsorge für Familie, Beruf oder Gewerbe zu berücksichtigen.**
II. Montant à libre disposition	[1] L'époux qui voue ses soins au ménage ou aux enfants ou qui aide l'autre dans sa profession ou son entreprise a le droit de recevoir régulièrement de son conjoint un montant équitable dont il puisse disposer librement.
	[2] Dans la détermination de ce montant, il faut considérer les revenus propres de l'époux créancier ainsi que le devoir du débiteur d'assurer l'avenir de la famille et de pourvoir aux besoins de sa profession ou de son entreprise.
II. Somma a libera disposizione	[1] Il coniuge che provvede al governo della casa o alla cura della prole o assiste l'altro nella sua professione od impresa ha diritto di ricevere regolarmente da costui una congrua somma di cui possa disporre liberamente.
	[2] Tale somma va determinata tenendo conto degli introiti propri del coniuge avente diritto nonché di quanto, nella consapevolezza delle proprie responsabilità, l'altro coniuge impiega per la previdenza in favore della famiglia, della professione od impresa.

Literatur

BRÄM, Auswirkungen von Art. 163–165 ZGB auf Renten bei Scheidung und Getrenntleben, SJZ
1988, 57 ff.; BREITSCHMID, Arrest zur Sicherung eherechtlicher Ansprüche?, SJZ 1989, 168 ff.;
CURTI, Gilt Art. 164 ZGB auch nach Auflösung des gemeinsamen Haushaltes?, SJZ 1988, 302 ff.;
RIEMER, Das Recht der beruflichen Vorsorge in der Schweiz, 1985; STAMM, Der Betrag zur freien
Verfügung gem. Art. 164 ZGB, 1991; STOESSEL, Einige Bemerkungen zu den Artikeln 164 und 165
des neuen Eherechts, SJZ 1985, 260 ff.; STOLL, Die Rückstellung im Handels- und Steuerrecht,
1992.

I. Allgemeines

1. Normzweck

1 Die Vorschrift stellt eine folgerichtige Weiterführung der in Art. 163 Abs. 2 verankerten Gleichrangigkeit von Geldmittelbeschaffung und innerhäuslicher Tätigkeit dar. Die Bestimmung will das **finanzielle Gefälle** zwischen dem erwerbstätigen und dem vorwiegend haushaltführenden Gatten ausgleichen, indem er diesem durch Teilhabe am Verdienst seines erwerbstätigen Ehepartners einen finanziellen Spielraum zur Befriedigung persönlicher Bedürfnisse über das Taschengeld hinaus gewährt (Botschaft, Ziff. 214.2).

2. Anwendungsbereich

2 Die Bestimmung ist zwar auf den **gemeinsamen ehelichen Haushalt** zugeschnitten, doch schliesst dessen **Aufhebung** die Geltendmachung von Ansprüchen aus Art. 164 nicht von vorneherein aus (Botschaft, Ziff. 219.223.2; BGE 114 II 306 = Pra 1989, 379; BGer 5P.313/2004 v. 22.9.2001). Dabei ist allerdings entsprechend dem Normzweck (N 1) vorausgesetzt, dass der (bisherige) Hausgatte weiterhin Aufgaben wahrnimmt (z.B. Kinderbetreuung), welche ihm die Erzielung eines ausreichenden Einkommens zur Finanzierung erweiterter persönlicher Bedürfnisse verunmöglicht.

Wird im familienrechtlichen Prozess der Unterhaltsbeitrag gerichtlich festgesetzt, so ist der Freibetrag i.d.R. darin enthalten und nicht zusätzlich zum gebührenden Unterhalt geschuldet (BGer 5P.313/2004 v. 22.9.2001).

II. Voraussetzungen des Anspruchs auf einen Freibetrag (Abs. 1)

1. Aufgabenteilung

3 Grundvoraussetzung für den Anspruch auf einen Freibetrag bildet eine bestimmte **Aufgabenteilung** zwischen den Gatten, indem der eine im innerhäuslichen Bereich tätig ist, wogegen der andere durch Erwerbstätigkeit ausserhalb des Hauses die Geldmittel beschafft (sog. Hausfrau- bzw. Hausmannsehe). Dieses Modell wird in der Praxis nicht immer rein verwirklicht, vielmehr erfährt es Abwandlungen, welche den Anspruch zur freien Verfügung beeinflussen können.

4 Häufig geht der Hausgatte zusätzlich einer Erwerbstätigkeit nach **(Teilzeitarbeit).** Ist diese gegenüber der innerhäuslichen Tätigkeit von untergeordneter Bedeutung und reicht der Verdienst aus der Teilzeitarbeit (zusammen mit allfälligen Vermögenserträgen) nicht aus, um dem haushaltführenden und gleichzeitig erwerbstätigen Gatten die Befriedigung erweiterter persönlicher Bedürfnisse auf der Basis der familienindividuellen Lebenshaltung zu gestatten, so hat er Anspruch auf einen Betrag zur freien Verfügung (BGE 114 II 306 E. 4a; ZK-Bräm, Art. 164 N 9).

5 Sind beide Gatten **voll erwerbstätig,** führt aber nur einer von ihnen den Haushalt, so gelangt Art. 164 zur Anwendung, wenn der haushaltführende und zugleich erwerbstätige Ehepartner nicht über ausreichend eigene Mittel (aus Arbeitserwerb und Vermögensertrag) verfügt, um seinen persönlichen Bedarf, gemessen am familiären Lebensstandard, zu decken.

6 Erzielen bei der Doppelverdienerehe beide Gatten ungefähr **dieselben Einkünfe** aus Arbeitserwerb sowie Vermögensertrag und engagieren sich beide im **innerhäuslichen** Bereich ungefähr **gleich**, so bleibt für die Anwendung von Art. 164 kein Raum.

Franz Hasenböhler/Andrea Opel

Befinden sich die Ehegatten im **Rentenalter** und besorgt einer von ihnen ausschliesslich   7
oder doch überwiegend den Haushalt, so kann er insoweit einen Freibetrag verlangen, als
seine gesamten Einkünfte (1., 2., 3. Säule; Erwerbseinkommen etc.) nicht ausreichen, um
die Deckung seiner erweiterten persönlichen Bedürfnisse zu gewährleisten.

Jeder Ehegatte, welcher für sich einen Freibetrag beansprucht, muss die ihm im Rahmen   8
der konkreten Aufgabenteilung obliegenden **Leistungen** (Haushaltbesorgung, Kinderbetreuung, berufliche Mithilfe) grundsätzlich seinerseits erbracht haben (STAMM, 68;
WEIMAR, SJZ 1985, 206).

2. Ungenügende Einkünfte des Hausgatten

Nur wenn der haushaltführende Gatte **zu wenig finanzielle Mittel** hat, um seine er-   9
weiterten persönlichen Bedürfnisse zu befriedigen, ist der Anspruch auf einen Freibetrag
gerechtfertigt. Umgekehrt besteht kein solcher Anspruch, wenn der innerhäuslich tätige
Gatte dank eigener Einkünfte (z.B. aus Teilzeiterwerb und/oder Vermögensertrag) über
einen wirtschaftlichen Spielraum verfügt, welcher demjenigen seines erwerbstätigen
Ehepartners einigermassen vergleichbar ist (BGE 114 II 306 = Pra 1989, 379; BGer 5P.
313/2004 v. 22.9.2004).

Arbeitet der haushaltführende Gatte **im Beruf oder Gewerbe seines Ehepartners** mit,   10
ohne dafür eine Vergütung zu erhalten, die ihm einen angemessenen finanziellen Spielraum eröffnet, bleibt sein Anspruch nach Art. 164 gewahrt. Anders, wenn das Entgelt für
seine Mitarbeit so bemessen ist, dass ihm die Befriedigung seiner erweiterten persönlichen Bedürfnisse möglich ist.

Nicht zu den Einkünften des Hausgatten hinzu zu rechnen sind von ihm **gesparte**   11
(frühere) Freibeträge, zumal die Verwendungsart in seinem Belieben steht (STAMM, 77;
s. N 23).

3. Leistungsfähigkeit des Erwerbstätigen

Die Einkünfte des Erwerbstätigen müssen ausreichen, um dem Hausgatten einen Freibe-   12
trag auszuzahlen, was voraussetzt, dass nach Deckung der Haushaltskosten und der persönlichen Bedürfnisse der Familienmitglieder (einschliesslich Taschengeld) ein **Überschuss** vorhanden ist (BGE 114 II 306 = Pra 1989, 379).

Im Unterschied zu Art. 163 sind hier einzig die **tatsächlichen** Einkünfte des Erwerbstäti-   13
gen aus Arbeitseinkommen (bzw. Ersatzeinkommen) und Vermögensertrag zu berücksichtigen. Weil dem erwerbstätigen Gatten keine erhöhten Anstrengungen zur Finanzierung erweiterter persönlicher Bedürfnisse seines (haushaltführenden) Ehepartners
zuzumuten sind, darf weder auf ein hypothetisches Einkommen noch auf einen hypothetischen Vermögensertrag abgestellt werden (ZK-BRÄM, N 26). Auch die Vermögenssubstanz hat ausser Betracht zu bleiben, es sei denn, diese werde für den Unterhalt nach
Art. 163 herangezogen (s. Art. 163 N 28).

III. Bemessung des Betrages zur freien Verfügung (Abs. 2)

Der Gesetzestext spricht von einem **«angemessenen»** Betrag zur freien Verfügung, was   14
die Berücksichtigung aller relevanten Umstände des Einzelfalles impliziert (Art. 4). Als
Leitlinie kann die gesetzgeberische Intention dienen, beiden Gatten einen einigermassen
gleichen finanziellen Spielraum zur Befriedigung erweiterter persönlicher Bedürfnisse
einzuräumen (AmtlBull NR 1983, 650). Damit ist aber nicht eine genau hälftige Teilung

des Überschusses gemeint. Die Ausrichtung von Freibeträgen soll auch nicht zu einer vorweggenommenen güterrechtlichen Auseinandersetzung führen.

15   Bei der Bemessung fallen u.a. folgende **Faktoren** in Betracht, die teilweise in Abs. 2 explizit erwähnt sind.

16   Die **eigenen Einkünfte** des Hausgatten (im Wesentlichen aus Erwerb und/oder Vermögensertrag). Da auch sie dem von Art. 164 anvisierten Ziel, der finanziellen Unabhängigkeit des innerhäuslich tätigen Ehepartners dienen, müssen sie miteinbezogen werden (BGer 5P.313/2004 vom 22.9.2004).

17   Die von den Ehegatten gewählte **Lebensführung.** Haben die Gatten sich beispielsweise wegen geplanter Anschaffungen für eine sparsame Lebensweise entschieden, so ist dieser Tatsache bei der Bemessung des Freibetrages Rechnung zu tragen. Weil aber kein Ehepartner dem andern gegen dessen Willen eine allzu karge Lebensführung aufzwingen darf, kann der Hausgatte einen aus objektiver Sicht angemessenen Freibetrag beanspruchen, auch wenn der erwerbstätige Gatte sich extrem sparsam verhält, obwohl er dies nach den wirtschaftlichen Verhältnissen gar nicht müsste (STAMM, 115).

18   Aufwendungen für die **familiäre und berufliche Vorsorge. Familienvorsorge** meint den Aufwand zum Ausgleich der Folgen von Alter, Invalidität und Tod, ferner Auslagen und Rückstellungen im Zusammenhang mit Krankheit, Unfall und Arbeitslosigkeit. Zur Familienvorsorge gehören auch Rücklagen für eine bessere Lebensweise (z.B. Erwerb oder Erneuerung eines Eigenheimes) oder Reserven für unvorhergesehene Ereignisse (ZK-BRÄM, N 38; STAMM, 115).

Bei der Vorsorge für **Beruf oder Gewerbe** ist primär an Rückstellungen für Investitionen und Wiederbeschaffungen gedacht, welche für die Betriebsentwicklung notwendig erscheinen (Botschaft, Ziff. 214.2; STOLL, 204). Dabei steht der eigene Betrieb im Vordergrund, wobei auch betriebsfremde Investitionen insoweit berücksichtigt werden dürfen, als sie die Weiterführung des eigenen Betriebes sichern (STAMM, 91).

IV. Rechtsnatur, Verwirklichung und Durchsetzung des Freibetrags

1. Rechtsnatur

19   Der Freibetrag gem. Art. 164 ist Teil des ehelichen Unterhalts (vgl. die übergeordnete Marginale zu Art. 163), ist aber weder Arbeitsentgelt («Hausfrauenlohn») noch Lidlohn oder Taschengeld, sondern ein **familienrechtlicher Anspruch sui generis** (AmtlBull NR 1983, 651; BGE 114 II 305 = Pra 1989, 379). Wegen dessen höchstpersönlicher Natur kann auf das **Stammrecht** weder verzichtet, noch dieses abgetreten oder verpfändet werden (BGE 114 III 80 ff.; 115 II 107). Dagegen ist Zession oder Verpfändung **einzelner** aus dem Stammrecht fliessender Leistungen zulässig (s. N 20).

20   Ähnlich wie beim konkretisierten Anspruch gem. Art. 163 besteht auch im Rahmen von Art. 164 eine **beschränkte Pfändbarkeit.** Aus dem Zweck des Freibetrages folgt, dass die Pfändung nur soweit zulässig ist, als die der Betreibung zugrunde liegende Schuldverpflichtung einen Zusammenhang mit den erweiterten persönlichen Bedürfnissen des betriebenen Gatten aufweist. Kein solcher Zusammenhang besteht bei vorehelichen Schulden (BGE 114 III 82; SCHKG-VON DER MÜHLL, Art. 93 N 10) und nach der bundesgerichtlichen Rechtsprechung auch bei Alimentenschulden des betriebenen Gatten (BGE 115 III 107).

21   Grundsätzlich beginnt die **Verjährung** des Anspruchs auf einen Freibetrag während der Ehedauer nicht zu laufen (Art. 134 Abs. 1 Ziff. 3 OR). Für gerichtlich festgelegte Freibeträge gilt dieser Verjährungsstillstand allerdings nicht (ZK-BRÄM, Art. 163 N 152; einen generellen Verjährungsstillstand bejahen dagegen BK-HAUSHEER/REUSSER/GEISER, Art. 163 N 68).

2. Verwirklichung und Durchsetzung des Anspruchs

Der auf **Geld** («Betrag») ausgerichtete Anspruch kann durch Barzahlung oder Einräumung der Verfügungsbefugnis über ein Konto realisiert werden. Verlangt ist **periodische** Ausrichtung («regelmässig»), wobei die Bestimmung der Zahlungskadenz primär Sache der Ehegatten ist. Um dem anspruchsberechtigten Gatten rechtzeitige Dispositionen zu ermöglichen, soll ein eingespielter Zahlungsrhythmus nicht ohne Not geändert werden (STAMM, 119). **22**

Der berechtigte Gatte ist in Bezug auf die Verwendung des Freibetrages weder **auskunfts- noch rechenschaftspflichtig** (Botschaft, Ziff. 214.2). **23**

Da der Betrag zur freien Verfügung zum Unterhalt gem. Art. 163 gehört, kann er mittels Schuldbetreibung **durchgesetzt** werden (Art. 163 N 47). Ob er durch Schuldneranweisung (Art. 177) realisiert und/oder durch Verfügungsbeschränkung (Art. 178) gesichert werden kann, ist umstritten (befürwortend: BK-HAUSHEER/REUSSER/GEISER, N 36; STAMM, 142 und 149; ablehnend: HEGNAUER/BREITSCHMID, Rz 16.52). Die Frage muss im Einzelfall unter Berücksichtigung des Verhältnismässigkeitsprinzips entschieden werden. **24**

V. Verfahrensrechtliches

Siehe Art. 173 N 10. **25**

VI. Internationales Privatrecht

Da der Anspruch aus Art. 164 zum ehelichen Unterhalt gehört, sind die entsprechenden Regeln anwendbar (s. Art. 163 N 53 ff.). **26**

Art. 165

III. Ausserordentliche Beiträge eines Ehegatten	**[1] Hat ein Ehegatte im Beruf oder Gewerbe des andern erheblich mehr mitgearbeitet, als sein Beitrag an den Unterhalt der Familie verlangt, so hat er dafür Anspruch auf angemessene Entschädigung.**
	[2] Dies gilt auch, wenn ein Ehegatte aus seinem Einkommen oder Vermögen an den Unterhalt der Familie bedeutend mehr beigetragen hat, als er verpflichtet war.
	[3] Ein Ehegatte kann aber keine Entschädigung fordern, wenn er seinen ausserordentlichen Beitrag aufgrund eines Arbeits-, Darlehens- oder Gesellschaftsvertrages oder eines andern Rechtsverhältnisses geleistet hat.
III. Contribution extraordinaire d'un époux	[1] Lorsqu'un époux a collaboré à la profession ou à l'entreprise de son conjoint dans une mesure notablement supérieure à ce qu'exige sa contribution à l'entretien de la famille, il a droit à une indemnité équitable.

² Il en va de même lorsqu'un époux, par ses revenus ou sa fortune, a contribué à l'entretien de la famille dans une mesure notablement supérieure à ce qu'il devait.

³ Un époux ne peut élever ces prétentions lorsqu'il a fourni sa contribution extraordinaire en vertu d'un contrat de travail, de prêt ou de société ou en vertu d'un autre rapport juridique.

III. Contributi straordinari di un coniuge

¹ Il coniuge che ha collaborato nella professione o nell'impresa dell'altro in misura notevolmente superiore al contributo che gli incombe per il mantenimento della famiglia ha diritto a un'equa indennità.

² Lo stesso vale per il coniuge che, con il suo reddito o la sua sostanza, ha contribuito al mantenimento della famiglia in misura notevolmente superiore a quanto era tenuto.

³ Tuttavia, l'indennità non può essere pretesa se i contributi straordinari sono stati prestati in base a un contratto di lavoro, di mutuo o di società o in base a un altro rapporto giuridico.

Literatur

DENNLER-RUCKLI, Mitarbeit der Ehefrau, 1984; GEISER, Arbeitsvertrag unter Ehegatten oder eherechtliche Entschädigung nach Art. 165 ZGB?, BJM 1990, 57 ff.; HOHL, Gesellschaften unter Ehegatten, 1996; FAVRE, La contribution extraordinaire d'un époux à la profession de l'autre, L'application de l'article 165 CC, ST 2002, 824 ff.; HUBER, Ausserordentliche Beiträge eines Ehegatten innerhalb der unterhaltsrechtlichen Bestimmungen, 1990; WESSNER, La collaboration professionnelle entre époux dans le nouveau droit matrimonial, 1987.

I. Normzweck

1   Die Bestimmung sieht eine Vergütung für aussergewöhnliche Leistungen eines Ehegatten vor. Insoweit bildet sie eine Sonderregel gegenüber dem gesetzgeberischen Grundkonzept, dass Mehrleistungen eines Ehepartners zugunsten der Familie finanziell nicht abgegolten werden, weil sie durch die eheliche Interessengemeinschaft gerechtfertigt sind. Anderseits verkannte der Gesetzgeber nicht, dass in Sonderfällen die **Billigkeit** eine Entschädigung für den aussergewöhnlichen Einsatz eines Gatten verlangt (Botschaft, Ziff. 214.31). Vor diesem Hintergrund wurde die Norm von Art. 125 geschaffen. Sie befasst sich allerdings nur gerade mit den **Folgen** von aussergewöhnlichen Leistungen; ob ein Gatte zu deren Erbringung verpflichtet ist, entscheidet sich dagegen aufgrund der Unterhalts- bzw. Beistandspflicht (Art. 163, 159).

II. Voraussetzungen der Vergütung

1. Allgemeines

2   Ein Entschädigungsanspruch besteht nur für **aussergewöhnliche** Leistungen, welche die in der betreffenden Familie üblichen Unterhaltsbeiträge **markant** («dans une mesure notablement superieure»: BGE 120 II 282) übersteigt. Oft sind es ausserordentliche Umstände, welche einen Gatten zu Sonderleistungen veranlassen. So kann der Ausfall oder die Verminderung der Leistungsfähigkeit des einen Gatten den andern zu aussergewöhnlichem Arbeitseinsatz bewegen. Oder es fallen ausserordentliche Kosten an (z.B. für eine aufwändige medizinische Behandlung oder für den Besuch einer Privatschule), die der eine Ehepartner allein trägt. Die aussergewöhnliche Leistung muss indes nicht zwingend auf einer Aufnahmesituation beruhen. Der eine Ehepartner kann auch aus Anstand, moralischen oder gesellschaftlichen Gründen oder rein freiwillig entschädigungsberechtigte Sonderleistungen erbringen.

2. Erhebliche Mitarbeit im Beruf oder Gewerbe des andern Gatten (Abs. 1)

Hier geht es um ausserordentliche **Arbeitseinsätze.** Diese müssen im **Beruf oder Gewerbe** des andern Gatten erfolgen. Unerheblich ist, ob der Einsatz in einem Gewerbebetrieb, einem Industrie- oder Dienstleistungsunternehmen oder im Rahmen eines sog. freien Berufes erfolgt. Es kommt auch nicht darauf an, ob der Ehepartner des mehrleistenden Gatten eine selbständige oder unselbständige Tätigkeit (z.B. Hauswartstelle) ausübt. Auszuklammern sind dagegen Leistungen, die mit dem Beruf oder Gewerbe des andern Gatten nichts zu tun haben, beispielsweise Arbeitseinsätze zugunsten einer dem Ehepartner gehörenden Liegenschaft (BGer 5C.137/2001 vom 2.10.2001 = FamPra.ch 2002, 120 ff.).   **3**

Die Mehrarbeit erfolgt dann **für den andern Gatten,** wenn diesem (und nicht ausschliesslich einer Drittperson) der wirtschaftliche Vorteil aus dem Arbeitseinsatz zufliesst (BGE 113 II 414 = Pra 1988, 325; BGE 95 II 130 = Pra 1969, 507). Nicht notwendig ist, dass die Mehrarbeit dem Familienunterhalt dient (BK-HASHEER/REUSSER/GEISER, N 11; ZK-BRÄM, N 25; HUBER, 161; BGE 120 II 283; anders jedoch bei Sonderleistungen gem. Abs. 2, vgl. N 9)   **4**

Die ausserordentliche Arbeitsleistung hat nicht nur im Beruf oder Gewerbe des andern Gatten zu erfolgen, sie muss zudem über das in der betreffenden Familie Übliche in **aussergewöhnlicher** Weise hinausgehen. Ob dies zutrifft, muss aus objektiver Sicht für jene Zeit beurteilt werden, in welcher die Mehrarbeit geleistet wurde (BGE 120 II 282). Dabei ist eine Reihe von Faktoren zu berücksichtigen. Massgebend sind u.a. die Dauer, das Ausmass, die Regelmässigkeit, und die Bedeutung des Arbeitseinsatzes. Eine Rolle spielen kann auch, ob die Mitarbeit für die Erhöhung der Rentabilität des Unternehmens des andern Ehegatten oder gar für die Erhaltung notwendig war. Ferner gilt es zu berücksichtigen, ob der ansprechende Ehegatte neben seiner Mitarbeit zusätzlich Familienarbeit geleistet hat (Cour de justice de Genève, 5.4.2001 = FamPra.ch 2001, 782). Im Sinne einer **Faustregel** wird grundsätzlich dann von einem aussergewöhnlichen Arbeitseinsatz des Ehepartners auszugehen sein, wenn die betreffende Arbeit sonst von einer zu entlöhnenden Drittperson hätte erledigt werden müssen (BGE 120 II 282). Nebst der Qualifikation der Mitarbeit als solcher wird auch dem Güterstand der Ehegatten Beachtung geschenkt. Dies jedenfalls insoweit, als bei Gütertrennung einem Anspruch auf Vergütung nach Art. 165 eher stattgegeben wird, weil sonst der mitarbeitende Ehegatte an Einkommens- und Vermögenssteigerungen des andern nicht teilhätte (BGE 120 II 280; Cour de justice GE 5.4.2001 = FamPra.ch 2001, 780 ff.).   **5**

Die aussergewöhnliche Mitarbeit führt nur dann zu einem Vergütungsanspruch nach Art. 165 Abs. 1, wenn der Arbeitseinsatz nicht aufgrund eines **besonderen Rechtsverhältnisses** (v.a. Arbeitsvertrag, Auftrag oder Gesellschaftsverhältnis) entschädigt wird. Insoweit ist die im Eherecht vorgesehene Abgeltung subsidiär (N 16 ff.).   **6**

3. Bedeutende Mehrleistung aus Einkommen oder Vermögen an den
*   Familienunterhalt (Abs. 2)*

Gegenstand der Vergütung nach Abs. 2 bilden **aussergewöhnliche Zuwendungen** von Ehemann oder Ehefrau aus deren Einkommen oder Vermögen an den ehelichen Unterhalt. Bei der Beurteilung der Frage, ob im Einzelfall eine entschädigungspflichtige Mehrleistung vorliegt, ist von der konkreten Vereinbarung der Ehegatten über die beidseitigen Unterhaltsleistungen auszugehen und zu prüfen, ob die fragliche Zuwendung in ungewöhnlicher Weise davon abweicht.   **7**

8   Die Zuwendung muss zwar aus dem **Einkommen oder Vermögen** des leistenden Ehegatten stammen, braucht selber aber nicht zwingend eine Geldleistung zu sein. Auch Naturalleistungen fallen in Betracht wie das Zurverfügungstellen von Grundeigentum für die Familienwohnung (BGer 5C.137/2001 vom 2.10.2001 = FamPra.ch 2002, 120 f.).

9   Die Sonderleistung muss dem **Familienunterhalt** dienen (anders als aussergewöhnliche Arbeitsleistungen: s. N 4). Der Unterhaltsbegriff ist nicht eng zu verstehen. Auch Sonderleistungen, die nicht zur Deckung der Haushaltskosten oder der persönlichen Grundbedürfnisse der Familienmitglieder bestimmt waren, können abgegolten werden, wenn sie ihren Grund in der Beistandspflicht von Ehefrau oder Ehemann haben (ZK-BRÄM, N 30; BK-HAUSHEER/REUSSER/GEISER, N 32; HUBER, 182).

III. Bemessung der Entschädigung

10   Wegen der umfassenden Gemeinschaft der Ehegatten dachte der Gesetzgeber nicht an eine äquivalente Entschädigung für die erbrachten Sonderleistungen, vielmehr hatte er einen **ehe-individuell angepassten Ausgleich** im Auge. Daher ist die Abgeltung auch **nicht** einfach **dem Lohn gleichzusetzen,** den eine Drittperson für die gleiche Arbeit bekäme; immerhin kann darin ein Ansatz für die konkrete Bemessung liegen.

11   Mit der Formulierung **«angemessene»** Entschädigung ist zum Ausdruck gebracht, dass in einer **Gesamtbeurteilung** die Situationen beider Ehegatten – des mehrleistenden und des ausgleichungspflichtigen – zu berücksichtigen sind. Das Ausmass der Entschädigung richtet sich dabei nach den Verhältnissen zum Zeitpunkt der Geltendmachung des Anspruchs (BK-HAUSHEER/REUSSER/GEISER, N 24 ff.; ZK-BRÄM, N 55).

12   Die Entschädigung ist der **finanziellen Leistungsfähigkeit** des *ausgleichungspflichtigen* Ehegatten anzupassen. Das erfordert auch Rücksichtnahme auf die wirtschaftliche Lage des Unternehmens, in dem mitgearbeitet wurde (Rentabilität, ökonomische Situation). Die Abgeltung erhaltener Sonderleistungen darf nicht zu einer Überschuldung führen. Massgebend sind das gesamte Einkommen und Vermögen des ausgleichungspflichtigen Ehegatten; jedoch nur, was tatsächlich erzielt wurde, nicht auch hypothetisches Einkommen (ZK-BRÄM, N 61).

13   Daneben müssen **die für den mehrleistenden Gatten entstehenden Vor- und Nachteile** bei der Bemessung berücksichtigt werden (höherer Lebensstandard, güter- und erbrechtliche Vorteile). So können bereits bezogene Freibeträge nach Art. 164 oder eine wegen der Mehrarbeit erfolgte Freistellung von Hausarbeiten zu einer reduzierten Entschädigung führen. Umgekehrt beeinflussen auch die Nachteile, welche der mehrleistende Ehegatte infolge der Zusatzleistung erduldet, das Ausmass der Entschädigung: z.B. Verzicht auf die eigene Erwerbstätigkeit, Zurückstellen eigener Berufspläne, Einbussen bei der beruflichen Vorsorge oder Dauerfolgen berufsbedingter Unfälle oder Krankheiten. Bei finanziellen Sonderbeiträgen darf auch die **eigene Situation** des leistenden Gatten in Betracht gezogen werden; ist er vermögend, belasten ihn aussergewöhnliche Leistungen zugunsten seines Ehepartners in aller Regel weniger als bei knappen finanziellen Verhältnissen (ZK-BRÄM, N 55).

14   Leistet ein Ehegatte ausserordentliche Beiträge sowohl in Form von Mitarbeit wie auch durch finanzielle Sonderleistungen, kann sich dies in der Bemessung der Entschädigung erhöhend auswirken. Art. 165 **Abs. 1** und **Abs. 2** sind also **kumulativ** anzuwenden. Anderseits führen **beidseitige** ausserordentliche Beitragsleistungen der Eheleute zu gegenseitigen Forderungen, welche verrechenbar sind (ZK-BRÄM, N 63).

IV. Fehlen eines besonderen Rechtsverhältnisses (Abs. 3)

Der eine Gatte kann seine Mitarbeit oder den finanziellen Sonderbeitrag auch aufgrund 15
eines **besonderen Rechtsverhältnisses** erbringen, wie z.B. eines Arbeits-, Darlehens-
oder Gesellschaftsvertrags. Dann besteht entweder Anspruch auf eine Entschädigung in
Gestalt von Lohn (Arbeitsvertrag), oder es wird meistens eine Abgeltung in Form von
Zins (Darlehen) oder Gewinnbeteiligung (Gesellschaftsvertrag) vereinbart. Derartige
«Spezialentschädigungen» gehen Art. 165 vor. Neben den in Abs. 3 ausdrücklich genannten, fallen auch andere Verträge des OR in Betracht, wie Kauf, Schenkung, Miete,
Werkvertrag oder Auftrag; ebenso kann im Einzelfall Geschäftsführung ohne Auftrag
vorliegen. Aber auch **familienrechtliche Rechtsverhältnisse** können die Entschädi-
gungsordnung des Art. 165 verdrängen. Dies ist etwa der Fall, wenn die Gatten zur Abgeltung von Mehrleistungen eheverträglich eine besondere Vorschlagteilung vereinbaren
oder spezielle Abmachungen betr. Unterhaltsleistungen im Rahmen eines Eheschutz-
oder Massnahmenverfahrens (Art. 137) treffen.

Dagegen schliesst eine Vereinbarung der Ehegatten über die Ausrichtung eines **Freibe-** 16
trages gem. Art. 164 die Abgeltungsregelung von Art. 165 nicht aus; immerhin müssen
ausgerichtete Freibeträge bei der Bemessung der Entschädigung Berücksichtigung finden
(Huber, 168).

Nach der Intention des Gesetzgebers vermag eine in einem besonderen Rechtsverhältnis 17
vorgesehene Entschädigung die Abgeltungsordnung von Art. 165 selbst dann **auszu-**
schliessen, wenn sie hinter jenem Betrag zurückbleibt, der nach Art. 165 geschuldet wäre
(geringer Lohn, niedriger Zins). Denkbar ist anderseits, dass das besondere Rechtsverhältnis Ansprüche nach Art. 165 **nur partiell** verdrängt (ZK-Bräm, N 65).

V. Rechtsnatur und Durchsetzung des Anspruchs

1. Rechtsnatur

Die Entschädigung für ausserordentliche Beiträge eines Ehegatten stellt einen **eherecht-** 18
lichen Anspruch sui generis dar. Entgegen der systematischen Einordnung («E. Der
Unterhalt der Familie») ist er nicht als Unterhaltsanspruch einzustufen, sondern vielmehr
als **Ersatzanspruch für (erheblich) zuviel geleisteten Unterhalt** (BK-Hausheer/
Reusser/Geiser, N 7). Somit regelt Art. 165 die Abschöpfung «ungerechtfertigter Vorteile». Um die im Eherecht grundgelegten Wertungen (z.B. Erfordernis einer ausserordentlichen Mehrleistung) nicht zu unterlaufen, ist Art. 165 im Verhältnis zu den
allgemeinen Bestimmungen des Bereicherungsrechts (Art. 62 ff. OR) der Vorrang einzuräumen (vgl. BGer 5C.137/2001 vom 2.10.2001 = FamPra.ch 2002, 121 f.).

Wegen seiner höchstpersönlichen Natur kann auf das **Stammrecht** weder zum Vor- 19
aus verzichtet, noch kann es abgetreten oder verpfändet werden (**a.M.** Huber, 292). Der
Entschädigungsanspruch als solcher ist zwar nicht aktiv, wohl aber passiv **vererblich**
(der Abgeltungsanspruch des überlebenden Ehegatten für seine Sonderleistungen gegenüber dem Vermögen des Verstorbenen geht den Ansprüchen der Erben vor; ZK-Bräm,
N 103).

Einzelansprüche können (im Gegensatz zum Stammrecht) abgetreten und verpfändet
werden (s. N 21); auch Verzicht ist zulässig.

Da die Vergütung gem. Art. 165 keine Unterhaltsleistung darstellt (s. N 19) und insofern 20
auch nicht zweckgebunden ist, können die einzelnen, aus Art. 165 fliessenden Ansprüche

in einer Betreibung gegen den berechtigten Ehegatten wie eine gewöhnliche Forderung **unbeschränkt gepfändet** werden (ZK-BRÄM, N 117; ISAAK MEIER, Neues Eherecht und Schuldbetreibungsrecht, Zürich 1987, 101). Soweit es sich allerdings um periodisch ausgerichtete Entschädigungen für ausserordentliche **Arbeitseinsätze** handelt, ist die Forderung analog zur Lohnforderung gem. Art. 93 SchKG nur **beschränkt** pfändbar (ZK-BRÄM, N 117).

21 Nach ihrer Entstehung können die Ansprüche aus Art. 165 bei bestehender Ehe jederzeit **geltend gemacht** werden. Während der Ehedauer beginnt für sie die **Verjährung** nicht (Art. 134 Abs. 1 Ziff. 3 OR). Nach Beendigung der Ehe unterliegen sie der zehnjährigen Verjährungsfrist (Art. 127 OR). Sind die Mehrleistungen aber periodisch abgegolten worden, gilt die fünfjährige Frist (Art. 128 Ziff. 1 OR). Die Entschädigungsansprüche müssen spätestens vor Beendigung des Scheidungsverfahrens geltend gemacht werden, sonst tritt **Verwirkung** ein (s. N 25).

2. Durchsetzung

22 Der Entschädigungsanspruch nach Art. 165 kann auf dem Wege der **Zwangsvollstreckung** durchgesetzt werden.

23 Die auf Unterhaltsbeiträge zugeschnittene **Schuldneranweisung** (Art. 177) steht für die Realisierung von Entschädigungsansprüchen nach Art. 165 nicht zur Verfügung. Dagegen kann eine betragsmässig feststehende oder eingeklagte Vergütung aus Art. 165 durch Verfügungsbeschränkung gesichert werden (s. Art. 178 N 7).

24 Entschädigungsansprüche aus Art. 165 können **eingeklagt** werden. Weil keine bundesrechtliche Zuständigkeitsnorm besteht, sind sie als gewöhnliche Forderungen vor dem ordentlichen Gericht und nicht vor dem Eheschutzgericht geltend zu machen. Findet allerdings die Auseinandersetzung über die Entschädigungsforderung im Rahmen einer güterrechtlichen Auseinandersetzung bei Auflösung der Ehe durch Tod oder Scheidung bzw. Trennung, oder bei einem ehevertraglichen Wechsel des Güterstandes statt, so erfolgt eine **Kompetenzattraktion** bei jener gerichtlichen Instanz, die mit der güterrechtlichen Auseinandersetzung bzw. der Scheidung oder Trennung befasst ist. Da die Bemessung der Entschädigung aus Art. 165 mit andern scheidungsrelevanten Aspekten zusammenhängen kann, namentlich mit der Frage des nachehelichen Unterhalts, muss der Anspruch mit Blick auf die Einheit des Scheidungsurteils spätestens vor Abschluss des Scheidungsverfahrens geltend gemacht werden (BGE 123 III 437 f.).

VI. Internationales Privatrecht

25 Da Art. 165 bei den allgemeinen Ehewirkungen eingeordnet ist, gilt für die **Zuständigkeit** Art. 46 bzw. 47 IPRG.

Die Klage auf Entschädigung für ausserordentliche Beiträge ist auf vergangenheitsbezogene finanzielle Abgeltung ausgerichtet. Sie gehört **nicht** zu den **Unterhaltsklagen,** weshalb die Anwendung von Art. 5 Ziff. 2 des Lugano-Übereinkommens ausscheidet (ZK-BRÄM, N 127; **a.M.** SCHWANDER, Das Lugano-Übereinkommen, 1990, 72 f.).

Art. 166

F. Vertretung der ehelichen Gemeinschaft

¹ **Jeder Ehegatte vertritt während des Zusammenlebens die eheliche Gemeinschaft für die laufenden Bedürfnisse der Familie.**

² **Für die übrigen Bedürfnisse der Familie kann ein Ehegatte die eheliche Gemeinschaft nur vertreten:**
1. **wenn er vom andern oder vom Gericht dazu ermächtigt worden ist;**
2. **wenn das Interesse der ehelichen Gemeinschaft keinen Aufschub des Geschäftes duldet und der andere Ehegatte wegen Krankheit, Abwesenheit oder ähnlichen Gründen nicht zustimmen kann.**

³ **Jeder Ehegatte verpflichtet sich durch seine Handlungen persönlich und, soweit diese nicht für Dritte erkennbar über die Vertretungsbefugnis hinausgehen, solidarisch auch den andern Ehegatten.**

F. Représentation de l'union conjugale

¹ Chaque époux représente l'union conjugale pour les besoins courants de la famille pendant la vie commune.

² Au-delà des besoins courants de la famille, un époux ne représente l'union conjugale que:
1. lorsqu'il y a été autorisé par son conjoint ou par le juge;
2. lorsque l'affaire ne souffre aucun retard et que le conjoint est empêché par la maladie, l'absence ou d'autres causes semblables de donner son consentement.

³ Chaque époux s'oblige personnellement par ses actes et il oblige solidairement son conjoint en tant qu'il n'excède pas ses pouvoirs d'une manière reconnaissable pour les tiers.

F. Rappresentanza dell'unione coniugale

¹ Durante la vita comune, ciascun coniuge rappresenta l'unione coniugale per i bisogni correnti della famiglia.

² Per gli altri bisogni, un coniuge rappresenta l'unione coniugale soltanto se:
1. è stato autorizzato dall'altro o dal giudice;
2. l'affare non consente una dilazione e l'altro coniuge è impossibilitato a dare il proprio consenso per malattia, assenza o analoghi motivi.

³ Con i propri atti, ciascun coniuge obbliga se stesso e, in quanto non ecceda il potere di rappresentanza in modo riconoscibile dai terzi, solidalmente anche l'altro.

Literatur

BERGER, Die Stellung Verheirateter im rechtsgeschäftlichen Verkehr, 1987; I. MEIER, Neues Eherecht und Schuldbetreibungsrecht, 1987; WESSNER, Mietrecht und neues Eherecht, mp 1987, 88 ff.

I. Normzweck/Rechtsnatur

1. Normzweck

Die Vorschrift bildet die logische Konsequenz aus dem in Art. 163 verankerten Grundsatz, dass der Familienunterhalt in der Verantwortung **beider** Ehegatten liegt (s. Art. 163 N 5). Hat nämlich jeder von ihnen für den Unterhalt der Familie zu sorgen, so muss er – ungeachtet der konkreten Rollenverteilung – auch zum Abschluss der **entsprechenden** 1

Rechtsgeschäfte befugt sein. Insbesondere soll der haushaltführende und/oder weniger verdienende Gatte nicht für jedes noch so geringe Geschäft eine «Bewilligung» seines finanzstärkeren Ehepartners einholen müssen.

2. Rechtsnatur

2   Die in Art. 166 vorgesehene Vertretungsordnung wird geprägt durch eine Kombination von **Eigen- und Fremdwirkung.** Wird der handelnde Gatte im Rahmen seiner Vertretungsbefugnis tätig, so treten die Folgen des Rechtsgeschäfts nicht nur bei ihm, sondern auch bei seinem Ehepartner ein, und zwar auch dann, wenn das Geschäft nicht im Namen beider, sondern nur in jenem des handelnden Gatten abgeschlossen wurde. Diese Doppelwirkung, die ihren praktisch wichtigsten Niederschlag in der Solidarhaftung der Ehegatten findet (s. N 24), erfährt ihre Rechtfertigung durch die Nutzungs- und Verbrauchsgemeinschaft der einen gemeinsamen Haushalt führenden Ehegatten. Sie beruht zudem nicht auf deren rechtsgeschäftlichem Willen, sondern ist eine **gesetzliche** Nebenwirkung des Eheabschlusses.

3   Die Vertretungsordnung von Art. 166 ist insofern **zwingend,** als eine von den Ehegatten intern getroffene Abrede über die Ausübung der Vertretungsbefugnis dem gutgläubigen Dritten nicht entgegengehalten werden kann.

II. Voraussetzungen und Umfang der Vertretung

1. Allgemeine Voraussetzungen

a) Bestand der Ehe und Vorhandensein eines gemeinsamen Haushalts

4   Grundvoraussetzung für das Wirksamwerden der Vertretungsordnung von Art. 166 ist, dass die Ehe besteht und ein gemeinsamer Haushalt geführt wird («**Zusammenleben**»), wozu die Ehegatten grundsätzlich auch verpflichtet sind (Botschaft, 211). Erst die so entstehende Nutzungs- und Verbrauchsgemeinschaft rechtfertigt eine Ausdehnung der Wirkungen des rechtsgeschäftlichen Handelns eines Gatten auf den andern (s. N 2). Daran vermag eine zeitlich absehbare räumliche Trennung der Ehegatten aus beruflichen (Geschäftsreise), gesundheitlichen (Kuraufenthalt) oder anderen Gründen (Militärdienst, Strafverbüssung) nichts zu ändern – der gemeinsame Haushalt bleibt bestehen und wird durch den andern Gatten weitergeführt. Zum ausnahmsweisen Verzicht auf diese Erfordernisse im Zusammenhang mit Beitragsforderungen von Krankenversicherern s. N 12.

5   Wird der **gemeinsame Haushalt einverständlich oder durch gerichtliche Verfügung aufgehoben,** so entfällt der sachliche Grund für die Vertretungsordnung gem. Art. 166. Die Vertretungsbefugnis **ruht** deshalb so lange, als die häusliche Gemeinschaft nicht wieder aufgenommen wird; immerhin bleibt eine Vertretung nach den Regeln von Art. 32 ff. OR möglich. Rechtssicherheit und Verkehrsschutz verlangen freilich die Weiterdauer der noch während des Zusammenlebens entstandenen Solidarhaftung.

6   Bestand dagegen beim Abschluss des Rechtsgeschäfts der gemeinsame Haushalt nicht mehr, so tritt keine Solidarhaftung ein, selbst wenn der Dritte von der Aufnahme des Getrenntlebens keine Kenntnis hatte. In Übereinstimmung mit der vorherrschenden Lehre ist ein **Gutglaubensschutz zugunsten des Dritten abzulehnen** (vgl. BK-HAUSHEER/ REUSSER/GEISER, N 33 m.w.Hw.). Das Interesse des einen Ehegatten, nicht für von seinem getrennt lebenden Partner abgeschlossene Rechtsgeschäfte belangt zu werden, ist höher einzustufen als das Interesse des Gläubigers an einem zweiten Schuldner. Zum einen würde sonst dem «aussenstehenden» Ehegatten rechtsgeschäftliches Tun zugerech-

net, das nicht in seinem Einflussbereich liegt, zum anderen hat der Dritte immerhin die Möglichkeit, sich die Mithaftung beider Gatten auszubedingen (Solidarklausel).

Die Erfordernisse der bestehenden Ehe und des Zusammenlebens müssen auch für die **ausserordentliche Vertretung gem. Abs. 2** gelten, da auch hier nur die tatsächliche Nutzungsgemeinschaft eine korrespondierende Haftungsgemeinschaft zu rechtfertigen vermag. 7

b) Vorliegen eines Gemeinschaftsgeschäfts

Die erforderlich Nutzungs- und Verbrauchsgemeinschaft der Ehegatten impliziert als weitere Voraussetzung der Vertretungsregelung gem. Art. 166 das Vorliegen eines **Gemeinschaftsgeschäfts**. Zu verlangen ist, dass das betreffende Rechtsgeschäft einen Sachzusammenhang mit dem gemeinsamen Haushalt aufweist (z.B. Auslagen für Nahrung, Wohnung, Kleidung, Gesundheitsvorsorge; BGE 112 II 398). Nicht erfasst werden demgegenüber Geschäfte, die den Individualbereich der einzelnen Familienmitglieder beschlagen (z.B. Aufwendungen für die berufliche/geschäftliche Tätigkeit oder für die Freizeitsbeschäftigung, Vermögensverwaltung), ebenso wenig Verpflichtungen, für die zwar beide Ehegatten aufkommen, die aber nicht durch das Zusammenleben bedingt sind (z.B. Unterhalt von Kindern, die nicht mehr zuhause leben; BGE 112 II 404). 8

2. Ordentliche und ausserordentliche Vertretung

Wegen der neu gestalteten Solidarhaftung (s. N 24) hat der Gesetzgeber zwei **unterschiedliche Vertretungsbereiche** geschaffen: den einen für Alltagsgeschäfte (ordentliche Vertretung; N 10 ff.) und den andern für weiterreichende Angelegenheiten (ausserordentliche Vertretung; N 17 ff.). 9

a) Ordentliche Vertretung (Abs. 1)

Sie erfasst Rechtsgeschäfte des **täglichen Bedarfs** (sog. laufende Bedürfnisse). Bei ihnen darf der handelnde Gatte das stillschweigende Einverständnis seines Ehepartners voraussetzen, zumal auch dieser von solchen Geschäften regelmässig profitiert, und sie i.d.R. das Familienbudget nicht stark belasten. Deswegen rechtfertigt sich die **Einzelvertretungsbefugnis** unter Mithaftung des andern Gatten. Um aber letztern vor überraschender Inanspruchnahme durch Dritte zu schützen, beschränkt sich die Einzelvertretung auf eine «Schmalspurprokura» (HEGNAUER, Die allgemeinen vermögensrechtlichen Wirkungen der Ehe, in: Hausheer (Hrsg.), Vom alten zum neuen Eherecht, 26). 10

Ähnlich wie bei der Bestimmung der Unterhaltsleistungen (s. Art. 163 N 5 ff.) empfiehlt sich auch hier ein **gestaffeltes Vorgehen,** indem auf der ersten Stufe der abstrakte Rahmen der überhaupt in Betracht fallenden Geschäfte abgesteckt, und im zweiten Schritt der generelle Bereich familienindividuell konkretisiert wird. 11

In den **abstrakten Rahmen** gehören: alle typischen Haushaltsgeschäfte, der Abschluss von Werkverträgen für kleinere Reparaturen zugunsten von Haushalt und gemeinsamer Wohnung, Rechtsgeschäfte im Zusammenhang mit der Erziehung und Ausbildung der Kinder, der Abschluss von Rechtsgeschäften, die mit der Gesundheitsvorsorge zusammenhängen (Arzt- und Spitalverträge für normale Behandlungen, jedoch ohne Spitzenmedizin (BGE 112 II 404 = Pra 1987, 320), der Kauf von Medikamenten, der Abschluss von Kranken- und Unfallversicherungen, wobei die Prämien für die obligatorische Krankenversicherung mit einbezogen werden, ungeachtet dessen, ob das Versicherungsverhältnis während des ehelichen Zusammenlebens oder im Hinblick auf die Heirat begründet worden ist (BGE 129 V 90 im Gegensatz zu BGE 119 V 16). In diesen Bereich 12 gehören auch Rechtsgeschäfte, die sich auf kulturelle Bedürfnisse und Freizeitaktivitäten von Familienmitgliedern beziehen.

13   **Keine** Alltagsgeschäfte bilden dagegen: der Bau oder Kauf eines Hauses, der Erwerb einer Eigentumswohnung, die Miete von Räumen, die als Ehe- oder Familienwohnung gedacht sind, der Kauf einer ganzen Wohnungseinrichtung, der Erwerb von teuren Möbeln, Teppichen, Apparaten und Luxusobjekten (mit familienindividueller Differenzierung), die Anordnung von grösseren Reparaturen sowie von Verschönerungen in der gemeinsamen Wohnung, der Erwerb von Autos sowie der Abschluss gewisser Versicherungen (z.B. Lebensversicherungen).

14   Der abstrakte Rahmen muss familienindividuell und zeitbezogen **konkretisiert** werden. Dabei spielen die Grösse der Familie, deren finanzielle Lage, die berufliche und gesellschaftliche Stellung der Ehegatten sowie Orts- und Verkehrssitte eine massgebende Rolle (dazu ZK-HASENBÖHLER, N 46).

15   Die ordentliche Vertretungsbefugnis bezieht sich nicht nur auf den **Abschluss** von Rechtsgeschäften, sondern erstreckt sich auch auf deren **spätere Abwicklung.**

16   Bei den Alltagsgeschäften besteht eine **konkurrierende** Vertretungsbefugnis von Ehefrau und Ehemann. Um Doppelabschlüsse zu vermeiden, müssen die Gatten sich gegenseitig absprechen. Kommt es gleichwohl zu einem Mehrfachabschluss, spielt die Solidarhaftung gem. Abs. 3 zugunsten des Dritten, wenn er die internen Beziehungen der Ehegatten nicht kannte und auch nicht kennen musste. Dagegen kommt die Mehrfachhaftung dann nicht zum Zuge, wenn der Dritte wusste oder hätte wissen müssen, dass der andere Gatte bereits ein Geschäft zur Deckung desselben Bedarfs eingegangen war, aber auch, wenn der nicht handlungswillige Gatte dem Dritten rechtzeitig seinen Widerspruch zum geplanten Geschäft mitgeteilt hat (BK-HAUSHEER/REUSSER/GEISER, N 15).

b) Ausserordentliche Vertretung (Abs. 2)

17   Sie gilt bei Rechtsgeschäften, welche die Deckung des Alltagsbedarfs **übersteigen.** Bei ihnen kann nicht vom stillschweigenden Einverständnis des andern Gatten ausgegangen werden, zumal es sich regelmässig um finanzaufwändigere Geschäfte handelt. Die Mithaftung des nicht handelnden Gatten greift daher nur, wenn dieser dem betreffenden Geschäft zustimmt, oder falls er dies nicht will oder kann, eine richterliche Ermächtigung vorliegt, oder ein Dringlichkeitsfall gegeben ist.

aa) Zustimmung des Ehepartners (Abs. 2 Ziff. 1, erster Halbsatz)

18   Das Zustimmungserfordernis wurzelt im **Konsensprinzip** der partnerschaftlich strukturierten Ehe, wonach wichtigere Rechtsgeschäfte im gegenseitigen Einvernehmen abgeschlossen werden sollen. Die Zustimmung kann **vor** oder **gleichzeitig** mit dem vom handlungswilligen Gatten geplanten Geschäft erteilt werden. Auch **nachträgliche** Genehmigung ist möglich. Die Zustimmung ist an keine besondere Form gebunden, selbst dort nicht, wo das in Aussicht genommene Geschäft seinerseits formbedürftig ist (BGE 99 II 159 E. 2). Aus Beweisgründen empfiehlt sich in jedem Fall Schriftlichkeit.

19   **Adressat** der Einwilligung ist grundsätzlich der handlungsbereite Gatte. Wird die Zustimmung gegenüber einem Dritten erklärt, so bestimmt sich aus Gründen der Verkehrssicherheit der Umfang der Ermächtigung nach der erfolgten Kundgabe.

20   Die sachbezogene **Einzelermächtigung** passt am besten zum Konsensprinzip. Doch ist auch eine **Gattungsermächtigung** zulässig, insbesondere dort, wo einem Gatten die zum Abschluss bestimmter Rechtsgeschäfte erforderliche Sachkunde fehlt. Hingegen er-

scheint die Erteilung einer **Generalvollmacht** durch den nicht handelnden Gatten problematisch, weil damit seine Mithaftung selbst für solche Rechtsgeschäfte ausgelöst wird, an die er bei der Vollmachterteilung möglicherweise gar nicht gedacht hat.

Beweispflichtig für das Vorhandensein einer entsprechenden Einwilligung ist der Dritte, 21 welcher sich auf die Solidarhaftung beider Gatten beruft. Je nach der konkreten Situation kann er sich auf den ihm gegenüber erweckten Anschein der erteilten Ermächtigung berufen (BK-HAUSHEER/REUSSER/GEISER, N 92).

ab) Ermächtigung durch den Richter (Abs. 2 Ziff. 1, zweiter Halbsatz)

Verweigert bei einem zustimmungsbedürftigen Rechtsgeschäft der andere Gatte seine 22 Einwilligung, so kann sich der handlungswillige an den Richter wenden. Dieser hat im Rahmen einer **Interessenabwägung** zu prüfen, ob es sich beim geplanten Geschäft um eine für die Gemeinschaft zwar wichtige, aber nicht gerade dringliche Angelegenheit (N 23) handelt, und ob die Zustimmung ohne sachlich vertretbaren Grund verweigert wurde. Ist beides zu bejahen, so ermächtigt die richterliche Instanz den handlungswilligen Ehegatten zur **alleinigen** Vornahme des in Aussicht genommenen Abschlusses mit der Folge, dass der andere Gatte auch gegen seinen Willen daraus solidarisch haftbar wird (s. N 24).

Die örtliche **Zuständigkeit** richtet sich nach Art. 15 GestG, die sachliche wird durch das kantonale Recht bestimmt.

c) Dringlichkeit (Abs. 2 Ziff. 2)

Ist im Interesse der ehelichen Gemeinschaft **sofortiges** Handeln geboten, kann aber die 23 an sich erforderliche Einwilligung des anderen Ehegatten nicht eingeholt werden (z.B. wegen Krankheit, Unfall etc.), so ist der handlungswillige Gatte zum alleinigen Abschluss des Geschäfts bzw. zur Vornahme der notwendigen Handlungen befugt. Die Berechtigung zum **Alleinhandeln** reicht freilich nicht über die Ausnahmesituation hinaus. Mit der wiedererlangten Fähigkeit des anderen Gatten, sein Einverständnis zu erteilen, geht die Notbefugnis unter. Die zuvor getätigten Handlungen bleiben aber durch sie gedeckt.

Beweispflichtig für das Vorhandensein einer das Alleinhandeln rechtfertigenden Ausnahmesituation ist der sich auf die Mehrfachhaftung der Ehegatten berufende Dritte.

III. Wirkungen der Vertretung (Abs. 3)

1. Im Aussenverhältnis

a) Bei befugter Vertretung

Wird ein Gatte im Rahmen der ihm zustehenden Vertretungsbefugnis gem. Art. 166 24 Abs. 1 oder 2 tätig, so verpflichtet er nicht nur sich selber, sondern gleichzeitig auch seinen Ehepartner. Diese Mithaftung bildet das Korrelat zu der beiden Gatten gleichermassen eingeräumten Vertretungsberechtigung und ist durch die Nutzungs- und Verwaltungsgemeinschaft im Rahmen des gemeinsamen Haushaltes sachlich gerechtfertigt. Der Gesetzgeber hat die primäre und gleichrangige Haftung der Ehegatten als **Solidarhaftung** ausgestaltet, sodass jeder Gatte für die ganze Schuld bis zu deren vollständiger Tilgung einzustehen hat. Ausgelöst wird diese Haftung schon durch den Eintritt der **objektiven** Voraussetzungen gem. Abs. 1 oder 2, unbesehen darum, in wessen Namen der handelnde Gatte das betreffende Geschäft abgeschlossen hat und unabhängig davon, ob der Dritte das Verheiratetsein seines Geschäftspartners gekannt hat oder nicht.

25   Soll die Haftung nur einen Gatten treffen, so muss dies dem **Dritten** gegenüber kundgetan und von diesem auch akzeptiert werden.

26   Anders als das BGB (§ 1357), welches neben der Doppelverpflichtung der Ehegatten auch deren Mitberechtigung ausdrücklich erwähnt, nennt das ZGB als Folge der gem. Abs. 1 oder 2 abgeschlossenen Geschäfte nur die solidarische Haftung der Gatten. Weil aber beide über die gleiche Vertretungsbefugnis verfügen, bildet ihre **Mitberechtigung** das adäquate Korrelat zur Solidarhaftung (Botschaft, Ziff. 215.1; HEGNAUER/BREIT-SCHMID, Rz 18.22).

b) Bei Überschreitung der Vertretungsbefugnis

27   Hält der handelnde Ehegatte die Grenzen der Vertretungsbefugnis nicht ein, so ist für die Haftungslage bedeutsam, ob der Dritte die **Überschreitung** kannte oder hätte erkennen können, oder ob dies nicht der Fall war. War der Dritte **gutgläubig,** so kommt – schon aus Gründen des Verkehrsschutzes – die **Solidarhaftung** zum Zuge. War dagegen die Überschreitung für ihn erkennbar, so haftet ihm der handelnde Gatte **allein** (Botschaft, Ziff. 215.21). Die Frage der **Erkennbarkeit** beurteilt sich nach dem von den Ehegatten nach aussen gezeigten Lebensstil. Entspricht dieser nicht den tatsächlichen wirtschaftlichen Verhältnissen, kommt es gleichwohl auf die äussere Manifestation der Lebensführung an. Allerdings darf die Diligenzpflicht des Dritten nicht überspannt werden, kennt er doch in der Regel die internen Verhältnisse der Ehegatten nicht und sind ihm entsprechende Nachforschungen auch nicht zuzumuten. Er darf daher den Umfang der Vertretungsbefugnis nach äusserlich erkennbaren Kriterien beurteilen.

2. Im Innenverhältnis

28   Hat der handelnde Gatte beim Geschäftsabschluss seine Vertretungsbefugnis überschritten und wurde der andere wegen der Solidarhaftung durch den Dritten in Anspruch genommen, so gilt in Bezug auf einen allfälligen **internen Ausgleich** das Folgende:

a) Wenn das Rechtsgeschäft der **familiären Bedarfsdeckung** diente, entscheidet sich nach der für die Ehegatten massgebenden Unterhaltsregelung (Art. 163), wer von ihnen intern die Schuld letztlich zu übernehmen hat.

b) Wusste der handelnde Gatte, dass das betreffende Familienbedürfnis schon befriedigt war oder kam es wegen fehlender Absprache unter den Eheleuten zu einem mehrfachen Geschäftsabschluss (s. N 16) oder fehlte es gar an einem Gemeinschaftsgeschäft (s. N 8), so muss der handelnde Gatte die Verpflichtung definitiv **allein** tragen. Wurde extern nicht der handelnde Gatte, sondern – wegen der Solidarhaftung – sein Ehepartner belangt, so steht diesem ggf. ein Regressanspruch gegenüber dem tätig gewesenen Gatten zu.

IV. Internationales Privatrecht

29   Da die Vertretungsordnung zum Bereich der persönlichen Ehewirkungen gehört, richtet sich die **Zuständigkeit** für entsprechende Klagen oder Massnahmen nach Art. 46 und 47 IPRG (Wohnsitz, subsidiär Heimatprinzip).

Das auf die Vertretung anwendbare **materielle Recht** wird durch die Rechtsordnung jenes Staates bestimmt, in welchem die Ehegatten ihren Wohnsitz haben, wobei unerheblich ist, ob die Eheleute Schweizer oder Ausländer sind (Art. 48 Abs. 1 IPRG).

Art. 167

G. Beruf und Gewerbe der Ehegatten	**Bei der Wahl und Ausübung seines Berufes oder Gewerbes nimmt jeder Ehegatte auf den andern und das Wohl der ehelichen Gemeinschaft Rücksicht.**
G. Profession et entreprise des époux	Dans le choix de sa profession ou de son entreprise et dans l'exercice de ces activités, chaque époux a égard à la personne de son conjoint et aux intérêts de l'union conjugale.
G. Professione e impresa dei coniugi	Nella scelta e nell'esercizio della propria professione od impresa ciascun coniuge usa riguardo nei confronti dell'altro e tiene conto del bene dell'unione coniugale.

Literatur

BRAUCHLI, Das Kindeswohl als Maxime des Rechts, 1982; SIMMLER, La mesure de l'indépendance des époux dans la gestion de leurs gains et salaires, SemJud 1989, Nr. 3398; VOSER, Die Begrenzung des Berufsausübungsrechts der Ehegatten durch das Wohl der ehelichen Gemeinschaft, SJZ 1992, 193 ff.

I. Normzweck

Die Bestimmung will in Abgrenzung zum früheren Recht klarstellen, dass nunmehr **beide** Ehegatten die **gleiche Möglichkeit der Berufsausübung** haben.   **1**

II. Recht und Pflicht zur Berufstätigkeit

1. Berechtigung

Im Gesetzestext wird das **gleiche Recht** der Gatten zur Erwerbstätigkeit zwar nicht ausdrücklich erwähnt, aber stillschweigend vorausgesetzt. Entsprechend kann von einem Gatten nicht grundsätzlich verlangt werden, er müsse generell und dauernd jede Erwerbstätigkeit unterlassen (s. N 14). Haben aber rechtlich beide die gleiche Chance, Erwerbseinkommen zu erzielen, so sind sie zur Schaffung solcher **Rahmenbedingungen** gehalten, welche dem erwerbswilligen Partner die Ausübung einer Berufstätigkeit ermöglichen. Praktisch erfordert dies häufig die Beteiligung beider an der Hausarbeit.   **2**

Die Berechtigung zur Erwerbstätigkeit ist nicht so zu verstehen, dass der einmal gewählte oder gerade ausgeübte Beruf unter allen Umständen beibehalten werden muss. Das vorrangige Gemeinschaftswohl, aber auch das begründete Individualinteresse des andern Gatten, kann eine **Berufsänderung** notwendig machen. So, wenn die Ausübung einer selbständigen Tätigkeit oder eines freien Berufes die Familie in wirtschaftliche Schwierigkeiten bringen würde.   **3**

2. Verpflichtung

Aus dem Zusammenspiel von Art. 167 mit Art. 159 (Beistandspflicht) sowie Art. 163 (Unterhaltspflicht), kann sich für einen Ehegatten die **Verpflichtung** zur Berufsausübung ergeben. Relevant ist dies namentlich für die **Ehefrau,** weil sie neurechtlich keinen gesetzlichen Anspruch mehr hat, ihren Beitrag an den Familienunterhalt ausschliesslich durch Hausarbeit zu erbringen (BGE 114 II 16; 114 II 302 = Pra 1989, 379; BGE 117 V 194; 117 V 287 = Pra 1993, 228). Unter Umständen kann sie sogar gehalten sein, ihren Unterhaltsbeitrag primär durch Ausübung einer Erwerbstätigkeit zu leisten, so bei Invali-   **4** dität oder Arbeitslosigkeit des Ehemannes (DESCHENAUX/STEINAUER, Droit matrimonial, 56 Anm. 15).

5 Besondere Bedeutung erlangt die Pflicht zur Aufnahme einer Erwerbstätigkeit im Zusammenhang mit der **Aufhebung des gemeinsamen Haushaltes.** Reichen die Einkünfte des einen Ehepartners bei allen zumutbaren Anstrengungen zur Finanzierung von zwei Haushalten nicht aus, wird der andere seinerseits regelmässig einem Erwerb nachgehen müssen (BGE 114 II 16; 114 II 302 = Pra 1989, 379).

6 Die Pflicht zur Berufstätigkeit kann sich auch daraus ergeben, dass der eine Gatte im Beruf oder Gewerbe des anderen **mitarbeiten** muss. Ob er dazu gehalten ist, entscheidet sich anhand einer Interessenabwägung: einander gegenüberzustellen ist das Interesse des betroffenen Gatten, keine Mitarbeit leisten zu müssen, und das Interesse des anderen Gatten bzw. der Familie an der aktiven Mithilfe; überwiegen die Gemeinschaftsinteressen, ist die Mitarbeitspflicht zu bejahen (ZK-BRÄM, Art. 159 N 49; BK-HAUSHEER/REUSSER/GEISER, Art. 159 N 33). Dagegen genügt die berufliche **Karriere** des einen Ehegatten nicht als Grund, den anderen zur Mitarbeit im Beruf oder Gewerbe zu verpflichten, es sei denn, die Lage des Betriebsinhaber-Ehegatten sei derart schwierig, dass er ohne Mitwirkung seines Ehepartners nicht zurechtkommt.

III. Begrenzung durch das Gemeinschaftswohl

7 Das Recht auf Erwerbstätigkeit korrespondiert mit der Pflicht zur **Rücksichtnahme** auf die Gemeinschaftsinteressen, wozu auch das Wohl des andern Ehegatten zählt. Die Eingliederung der Einzelpersönlichkeit in den Familienverband bringt Einschränkungen des Selbstbestimmungsrechts (auch) im beruflichen Bereich mit sich.

8 Die Konkretisierung des unbestimmten Rechtsbegriffs **«Wohl der Gemeinschaft»** obliegt in erster Linie den Ehegatten selber. Sie haben in gegenseitiger Absprache und unter Berücksichtigung der konkreten Situation die Familienverträglichkeit der Berufsausübung zu prüfen. Von besonderer Bedeutung ist dabei, ob Kinder vorhanden sind oder nicht.

9 **Ehegatten ohne Kinder** geniessen weit gehende Freiheit in der Berufsausübung. Das beidseitige Recht auf Erwerbstätigkeit korrespondiert mit der Pflicht zur Beteiligung an der Hausarbeit (direkt oder durch Finanzierung von Hilfskräften). Eine Doppelbelastung des einen Gatten ist tunlichst zu vermeiden (Botschaft, Ziff. 214.122).

Die grundsätzliche Berechtigung zur Berufstätigkeit impliziert keinen unbegrenzten Anspruch auf Verwirklichung beruflicher Ziele. Die Durchsetzung von **Karrierewünschen** stösst dort an Grenzen, wo sie einen übermässigen Einsatz erfordern und dadurch den Bestand der ehelichen Gemeinschaft aufs Spiel setzen würde (BGE 116 II 19 E. 5a).

10 Bei **Ehegatten mit Kindern** hat sich die Berufstätigkeit nach dem **Kindeswohl** zu richten. Die persönlichkeitsbildende Betreuung der Kinder erfordert meistens eine (allenfalls nur vorübergehende) Aufgabe oder zumindest eine erhebliche Einschränkung der Berufsausübung durch den kinderbetreuenden Elternteil.

11 Je nach **Anzahl** und **Alter** der Kinder variiert der für die Berufsausübung verbleibende Freiraum. Zu dessen Bestimmung können die von der Rechtsprechung erarbeiteten Richtsätze für die Festlegung des nachehelichen Unterhalts zugunsten des kinderbetreuenden Elternteils herangezogen werden. Auch dort geht es um das wechselseitige Verhältnis von Kinderbetreuung und Berufsausübung (vgl. BGE 115 II 9; AppGer BS BJM 1980, 195; ZWEIFEL, SJZ 1988, 191). Zeitpunkt der (Wieder-)Aufnahme einer Berufs-

tätigkeit und deren Umfang bestimmen sich wesentlich nach dem Alter der betreuungsbedürftigen Kinder. In der Regel muss die Betreuungsperson so lange für die Erziehungsaufgaben voll zur Verfügung stehen, bis das jüngste Kind dem Kleinkinderalter entwachsen ist. Nach dem zehnten Altersjahr kann der betreuende Elternteil regelmässig einem Teilzeiterwerb nachgehen. Hat das jüngste Kind das 16. Altersjahr erreicht, besteht grundsätzlich die Möglichkeit der vollen Berufstätigkeit (BGE 115 II 10; 114 II 303 = Pra 1989, 379; BGE 109 II 298 = Pra 1984, 221; ZWEIFEL, SJZ 1988, 190). Daneben können andere Umstände Art und Umfang der beruflichen Betätigung beeinflussen. So sollen Beziehungsabbrüche infolge häufigen Wechsels des Arbeitsortes vermieden werden.

In der sog. **Nachkinderfamilie** kann die (Wieder-)Aufnahme der Berufsausübung v.a. **12** für jenen Gatten bedeutsam sein, der bisher die Kinder betreut hat und der diesen «Rollenverlust» durch ausserhäusliche Tätigkeit zu kompensieren wünscht. Der andere Gatte darf sich einer solchen Tätigkeit grundsätzlich nicht widersetzen, auch wenn er sich an die bisher praktizierte Aufgabenverteilung gewöhnt hat.

Mit Erreichen des **Pensionsalters** durch einen Gatten kann das Recht zur Berufsaus- **13** übung des andern insoweit Modifikationen erfahren, als das Rücksichtnahmegebot ein vermehrtes Eingehen auf die Bedürfnisse und Lebensgewohnheiten des (pensionierten) Partners erfordern kann.

Änderungen der internen Aufgabenteilung können die Gatten durch gegenseitige Ab- **14** sprache jederzeit herbeiführen, soweit die Interessen der Gesamtfamilie gewahrt bleiben. Unter dieser Voraussetzung kann ein Gatte auf seinen früheren Entschluss, keine Berufstätigkeit auszuüben, zurückkommen. Ob dem **einseitigen** Änderungswunsch eines Ehegatten stattzugeben ist, entscheidet sich aufgrund einer Interessenabwägung (s. Art. 163 N 36). Der betroffene Gatte hat aber jedenfalls Anspruch auf eine angemessene Umstellungsfrist (BGE 114 II 17; BK-HAUSHEER/REUSSER/GEISER, Art. 163 N 46; ZK-HASENBÖHLER, N 24 ff.).

Für den Fall eines **Dissenses** der Ehegatten über die Berufsausübung hält das Gesetz kei- **15** ne direkte Lösung bereit. Da diese Frage aber eine wichtige Angelegenheit i.S.v. Art. 172 Abs. 1 ist, können die Ehegatten – gemeinsam oder einzeln – den Eheschutzrichter anrufen. Dieser kann freilich nur vermitteln und den pflichtvergessenen Gatten unter Hinweis auf die rechtlichen Konsequenzen des beanstandeten Verhaltens ermahnen. Eine Entscheidbefugnis steht ihm aber nicht zu (Botschaft, Ziff. 216.2; BGE 114 II 16; VOGEL, SJZ 1987, 127). Mangelnde Verständigungsbereitschaft über die Berufsausübung oder Verletzung des Rücksichtnahmegebotes (Art. 167) können bei Gefährdung des gemeinschaftlichen Wohles zur Aufhebung des gemeinsamen Haushaltes oder bei ehezerstörender Wirkung gar zur Scheidung führen (BGE 116 II 19 f.).

Art. 168

H. Rechts-geschäfte der Ehegatten	**Jeder Ehegatte kann mit dem andern oder mit Dritten Rechtsgeschäfte abschliessen, sofern das Gesetz nichts anderes bestimmt.**
I. Im All-gemeinen	
H. Actes juridiques des époux	Chaque époux peut, sauf disposition légale contraire, faire tous actes juridiques avec son conjoint et avec les tiers.
I. En général	

H. Negozi giuridici dei coniugi	Salvo diverso disposto della legge, ciascun coniuge può liberamente concludere negozi giuridici con l'altro o con terzi.
I. In genere	

Literatur

BARBATTI, Verwaltung des Vermögens eines Ehegatten durch den anderen, 1990; BERGER, Die Stellung Verheirateter im rechtsgeschäftlichen Verkehr, 1987; HASENBÖHLER, Mitwirkung beider Ehegatten beim Vertragsschluss, 1982; HEPTING, Ehevereinbarungen, 1984; HOHL, Gesellschaften unter Ehegatten, 1996; SCHMID, Der gemeinsame Mietvertrag, SJZ 1991, 349 ff.; SCHWAGER, Möglichkeiten der rechtsgeschäftlichen Gestaltung, in: Hausheer (Hrsg.), Vom alten zum neuen Eherecht, 1986, 181 ff.; SCHWENZER, Grenzen der Vertragsfreiheit in Scheidungskonventionen und Eheverträgen, FamPra.ch 2005, 1 ff.: WESSNER, La collaboration professionnelle entre époux dans le nouveau droit matrimonial, in: Wessner (Hrsg.), Problèmes de droit de la famille, 1987; ZEITER, Die ehepartnerliche Zustimmung zu Rechtsgeschäften mit Dritten. Eine kritische Bestandsaufnahme, FamPra.ch 2005, 669 ff.

I. Normzweck

1　Ausgehend vom Prinzip, dass in der Ehe die Rechtsgeschäftsfähigkeit der Gatten grundsätzlich nicht beschränkt ist, gewährt die Bestimmung den Ehepartnern weitgehend **privatautonome Gestaltungsfreiheit** im rechtsgeschäftlichen Verkehr untereinander und mit Dritten (1. Halbsatz). Ausnahmsweise Einschränkungen dieser Gestaltungsfreiheit ergeben sich aufgrund besonderer Gesetzesvorschriften (2. Halbsatz). So hat der Gesetzgeber im Interesse des Familienschutzes eine Reihe von Zustimmungserfordernissen statuiert (N 16 ff.).

Die Gestaltungsfreiheit erfasst sowohl **zweiseitige** als auch **einseitige** Rechtsgeschäfte.

II. Rechtsgeschäfte zwischen Ehegatten

2　Grundsätzlich können die Ehegatten **beliebige Rechtsgeschäfte** miteinander eingehen (BGE 121 III 393). Selbst auf «Vorrat» abgeschlossene Scheidungskonventionen fallen in den Anwendungsbereich von Art. 168 (BGer 5C.114/2003 vom 4.12.2003; SCHWENZER, Fampra.ch 2005, 1 ff.).

Weil es sich bei den Vertragspartnern um **verheiratete** Personen handelt, gerät das betreffende Rechtsgeschäft in den Einflussbereich der ehelichen Lebensgemeinschaft mit der Folge, dass die rechtsgeschäftlichen Regeln von familienrechtlichen Sondernormen überlagert werden können.

3　Im Rahmen der **allgemeinen Ehewirkungen** kann der eine Gatte gestützt auf die Beistandspflicht nach Art. 159 von seinem Ehepartner eine **Stundung** für die Erfüllung fälliger Geld- oder Sachleistungen aus gegenseitigen Rechtsgeschäften verlangen, sofern die Einräumung einer Zahlungsfrist dem forderungsberechtigten Ehepartner zuzumuten ist (Art. 203 Abs. 2, 235 Abs. 2, 250 Abs. 2). Eine solche, entweder freiwillig zugestandene oder richterlich angeordnete Zahlungsfrist beeinflusst ein allenfalls vom forderungsberechtigten Gatten in Gang gesetztes **Betreibungsverfahren,** indem der betriebene Ehepartner einwenden kann, die Fälligkeit der in Betreibung gesetzten Forderung sei hinausgeschoben worden.

4　Sonderregeln ergeben sich auch aus dem **Güterrecht:**

Bei der Auflösung der **Errungenschaftsbeteiligung** wird die im Sachenrecht vorgesehene Liquidationsordnung für das Miteigentum insoweit modifiziert, als ein Gatte die Zuweisung eines Vermögenswertes zu Alleineigentum verlangen kann, wenn er ein überwiegendes Interesse daran nachzuweisen vermag (Art. 205 Abs. 2). Gemeint ist damit eine besondere Beziehung des ansprechenden Ehepartners zum betreffenden Objekt, also etwa das Interesse des sachkundigen Gatten z.B. an einer Bilder- oder Münzensammlung. Die Vorschrift von Art. 205 Abs. 2 enthält allerdings dispositives Recht, sodass die Gatten eine andere Lösung vereinbaren können.

Bei der Liquidation der **Gütertrennung** gelten bezüglich der in Miteigentum stehenden 5 Vermögenswerte (Art. 248 Abs. 2) dieselben Grundsätze wie bei der Errungenschaftsbeteiligung (Art. 251; s. N 4).

Ähnlich kann bei der Auflösung der **Gütergemeinschaft** jeder Gatte die Zuweisung sol- 6 cher Vermögenswerte zu Alleineigentum verlangen, zu denen er eine besondere Sachbeziehung darzutun vermag (Art. 245). Die Bestimmung ist indes nicht zwingend, weshalb die Gatten eheverträglich eine andere Teilung des Gesamtgutes vereinbaren können. Ein vorrangiges Interesse wird vom Gesetz direkt bejaht für den überlebenden Ehegatten, der die eheliche Wohnung und/oder den Hausrat gegenüber den Erben des verstorbenen Gatten für sich beansprucht (Art. 244 Abs. 1).

III. Rechtsgeschäfte mit Drittpersonen

Um die materielle Basis der Ehe (Obdach, Nahrung, Kleidung etc.) sicherzustellen, ist in 7 aller Regel der Abschluss von Rechtsgeschäften mit Dritten erforderlich. Die Ehegatten können derartige Verträge **gemeinsam** mit dem Dritten eingehen, doch ist ein solches Zusammenwirken schon aus praktischen Gründen nicht zwingend. Der Rechtsverkehr würde nämlich allzu sehr belastet, wenn nicht auch ein Gatte **allein** solche Geschäfte tätigen könnte.

Schliessen einer oder beide Gatten mit Dritten auf Gütererwerb, Gebrauchsüberlassung 8 etc. ausgerichtete Rechtsgeschäfte ab, so werden diese zwar primär von den **allgemeinen Normen**, insbesondere jenen des Obligationen- oder Sachenrechts, beherrscht. Doch ist die Beteiligung von Ehegatten auf der einen Vertragsseite nicht belanglos, vielmehr gelangt dadurch das betreffende Rechtsgeschäft in den Ausstrahlungsbereich der Ehegemeinschaft, was zu **Modifikationen** der «gewöhnlichen» rechtsgeschäftlichen Grundstrukturen führen kann. Zweckmässigerweise wird dabei unterschieden, ob beide Gatten oder nur einer von ihnen mit Dritten kontrahiert.

1. Rechtsgeschäfte beider Ehegatten

Da Eheleute in einer besonders **engen Beziehung** miteinander leben, beeinflusst deren 9 Beteiligung auf der einen Vertragsseite sowohl die Entstehung als auch die Beendigung des Rechtsgeschäfts.

Zum **Zustandekommen** des Geschäfts braucht es entweder eine gemeinsame Offerte der 10 Gatten an den Dritten, oder aber die Annahme des vom Dritten gestellten Angebots durch beide Ehepartner. Deren Erklärungen müssen nicht gleichzeitig erfolgen, sondern können auch zeitlich gestaffelt vorgenommen werden. Ist die Willenserklärung eines Gatten **unwirksam,** so kommt das Rechtsgeschäft in der Regel nicht zustande, weil die Beteiligung jedes Ehepartners für den andern entscheidend ist, aber auch der Dritte meist nur mit beiden Gatten kontrahieren will. Wäre allerdings das Geschäft ausnahmsweise auch nur mit einem von ihnen abgeschlossen worden, so kann Teilungültigkeit angenommen werden. Rechtsgeschäfte mit Wirkung für und gegen beide Gatten können auch durch **Vertretung** (Art. 166) oder im Rahmen eines **Gesellschaftsverhältnisses** (s. N 15) begründet werden.

11 Ein von beiden Gatten eingegangenes Rechtsgeschäft kann grundsätzlich nur einheitlich, v.a. durch entsprechende Vereinbarung mit dem Dritten, **beendet** werden. Hingegen kann nicht der eine Gatte unter Berufung auf eheinterne Umstände (z.B. Aufnahme des Getrenntlebens) sich einseitig aus dem gemeinsam begründeten Vertragsverhältnis lösen. Deshalb kann der von beiden Gatten geschlossene Mietvertrag über die Familienwohnung nicht durch einen Gatten allein gekündigt werden. Ebenso wenig kann eine von den Gatten intern getroffene Regelung darüber, wer von ihnen in der bisherigen Wohnung bleibt und wer sie verlässt, einfach ins Aussenverhältnis verlängert werden. Für die Entlassung des einen Gatten aus dem seinerzeit gemeinsam geschlossenen Mietvertrag braucht es vielmehr das Einverständnis des Vermieters (SCHMID, 35; ZK-HASENBÖHLER, 56 ff.).

12 Nicht nur die Entstehung und die Beendigung des Vertrages wird durch die Beteiligung von Eheleuten beeinflusst, sondern auch die aus dem Vertrag fliessenden **Rechte und Pflichten** gelangen in den Ausstrahlungsbereich der ehelichen Gemeinschaft.

13 Haben Ehegatten aus einem von ihnen gemeinsam abgeschlossenen Vertrag eine Leistung vom Dritten zu beanspruchen, so besteht unter ihnen **Solidargläubigerschaft.** Denn im Hinblick auf die enge personelle und wirtschaftliche Gemeinschaft von Eheleuten darf als stillschweigend vereinbart gelten, dass jeder Gatte auf die ganze Leistung berechtigt ist, sodass er sie auch mit Wirkung für beide entgegen nehmen darf.

14 Sind beide Gatten gegenüber einem Dritten **Verpflichtungen** eingegangen, so führt der gemeinschaftliche Vertragsschluss für sich allein noch nicht zur **Solidarschuldnerschaft.** Immerhin kann sich eine solche aufgrund einer ausdrücklichen Erklärung oder aus den konkreten Umständen als gewollt ergeben (Art. 143 OR). Dies ist insbesondere dann anzunehmen, wenn der Dritte auf die Beteiligung beider Gatten am Vertrag dringt, weil er aus Sicherheitsgründen nicht nur einen, sondern zwei Schuldner will.

15 Die Ehegatten können sich ferner zu einer **einfachen Gesellschaft** zusammen finden (Art. 530 ff. OR) und auf diese Weise gemeinsam rechtsgeschäftlich betätigen (zu den anderen Gesellschaftsformen s. ZK-HASENBÖHLER, N 40 ff.). Die Begründung der einfachen Gesellschaft folgt auch bei Eheleuten den allgemeinen Regeln (Art. 530 ff. OR), kann mithin formfrei und konkludent erfolgen (BGE 109 II 230; 108 II 208). Darüber hinaus erfordert eine rechtliche Bindung gesellschaftlicher Art unter Gatten, dass ein über die Gestaltung der ehelichen Verhältnisse hinausgehender, «eheneutraler» Zweck verfolgt wird (BGer 4C.20/2002 vom 18.6.2002; ausführlich HOHL, Gesellschaften unter Ehegatten, 84 ff.). Das Vorliegen einer einfachen Gesellschaft ist etwa in Betracht zu ziehen, wenn die Ehegatten gemeinsam Eigentum zu Anlagezwecken erwerben (vgl. BGer 4C.20/2002 vom 18.6.2002). Bilden die Gatten eine einfache Gesellschaft, so entsteht die gemeinschaftliche Berechtigung und solidarische Verpflichtung nicht kraft Vereinbarung, sondern **von Gesetzes wegen** (Art. 544 Abs. 1 und 3 i.V.m. Art. 143 Abs. 2 OR).

2. Rechtsgeschäft nur eines Ehegatten

16 Bei einigen für die materielle Basis der Ehegemeinschaft besonders **risikoreichen** Geschäften hat der Gesetzgeber deren gültiges Zustandekommen vom **Einverständnis** des andern Gatten abhängig gemacht.

17 Dies gilt einmal für die **Bürgschaft.** Gem. Art. 494 Abs. 1 OR bedarf die Bürgschaft einer verheirateten Person zu ihrer Gültigkeit der im Einzelfall vorgängig oder spätestens gleichzeitig abgegebenen schriftlichen Zustimmung des Ehepartners. Dieses Zustimmungserfordernis entfällt, wenn die Ehe durch richterliches Urteil getrennt worden ist (Art. 494 Abs. 1 OR). Unter altem Recht galt dies ebenso, wenn der sich verbürgende

Ehegatte im Handelsregister eingetragen war. Diese zweite Ausnahme wurde indes bei der Teilrevision des Bürgschaftsrechts von 2005 gestrichen, sodass künftig der Ehepartner bei ungetrennter Ehe in jedem Fall der Bürgschaft zustimmen muss, unabhängig davon, ob der sich verbürgende Gatte im Handelsregister eingetragen ist oder nicht.

Aus ähnlichen Überlegungen wie bei der Bürgschaft (Gefährdung der finanziellen Basis der ehelichen Gemeinschaft) hatte der Gesetzgeber beim **Abzahlungs- und Vorauszahlungsvertrag** (aArt. 226a–228 OR) die Zustimmung des andern Ehepartners vorgeschrieben. Bei der Überführung der Bestimmungen des Abzahlungs- und Vorauszahlungsvertrages ins **Konsumkreditgesetz** vom 23.3.2001 wurde allerdings das Zustimmungserfordernis aufgegeben, weil es dem durch die Eherechtsrevision von 1984 getroffenen Grundsatzentscheid der Selbstbestimmung der Eheleute zuwiderlaufe. **18**

Zustimmungsbedürftig sind nach wie vor alle Rechtsgeschäfte, welche zum Verlust oder zur Einschränkung der **Wohnmöglichkeit** für die Familie führen können (Art. 169). **19**

Rechtsgeschäfte, welche die Erfüllung **vermögensrechtlicher** Verpflichtungen aus der ehelichen Gemeinschaft **gefährden,** bedürfen dann der Zustimmung, wenn im Einzelfall eine solche durch richterliche Verfügung angeordnet wurde (Art. 178). **20**

Erforderlich ist die Zustimmung des andern Gatten bei der Verpfändung von Ansprüchen gegenüber der **Vorsorgeeinrichtung** (Art. 331d Abs. 5 OR) und ebenso beim Barbezug solcher Ansprüche (Art. 331e Abs. 5 OR). **21**

Das **Freizügigkeitsgesetz** macht Barauszahlungen von Austrittsleistungen an eine verheiratete Person abhängig von der schriftlichen Zustimmung des Ehepartners (Art. 5 Abs. 2 FZG). **22**

Nach dem Gesetz über die **berufliche Vorsorge** ist die Verwendung von Mitteln aus der beruflichen Vorsorge zum Erwerb von Wohneigentum einer verheirateten Person nur gestattet, wenn der Ehepartner dazu sein Einverständnis erteilt (Art. 30c Abs. 5 BVG). **23**

Auch das **Güterrecht** kennt Zustimmungserfordernisse. **24**

Aus der Überlegung, dass ein nicht genehmer Dritter von der Miteigentümergemeinschaft der Gatten ferngehalten werden soll, bedarf bei der **Errungenschaftsbeteiligung** die Verfügung über die Quote eines im **Miteigentum** der Ehegatten stehenden Vermögenswerts der Zustimmung des andern Ehepartners. Dabei ist unerheblich, ob das Miteigentum durch Ehevertrag begründet wurde oder als Folge von Beweislosigkeit (Art. 200 Abs. 2) entstanden ist. Zustimmungsbedürftig ist jede freiwillige Veräusserung oder Belastung der Miteigentumsquote durch Rechtsgeschäft unter Lebenden mit Ausnahme von Verfügungen gem. Art. 166. Die Sonderregel von Art. 201 Abs. 2 enthält allerdings dispositives Recht, weshalb die Ehegatten durch formfreie Vereinbarung das Zustimmungserfordernis beseitigen können. Zustimmungsbedürftig ist auch jede **unentgeltliche** Zuwendung eines zur Errungenschaft gehörenden Vermögenswertes durch einen Gatten an eine **Drittperson.** Die fehlende Zustimmung führt zwar nicht zur Ungültigkeit des mit dem Dritten geschlossenen Rechtsgeschäfts, doch wird u.U. das eigenmächtige Handeln des am Rechtsgeschäft beteiligten Gatten durch wertmässige Hinzurechnung des veräusserten Vermögensobjektes zur Errungenschaft sanktioniert (Art. 208 Abs. 1 Ziff. 1).

Bei der **Gütertrennung** fehlt eine Art. 201 Abs. 2 vergleichbare Bestimmung, daher findet die sachenrechtliche Regelung gem. Art. 646 Abs. 3 ohne güterrechtliche Modifikation Anwendung (s. Art. 248 N 5). **25**

Bei der **Gütergemeinschaft** folgt aus dem das Gesamtgut beherrschenden Gesamthandprinzip, dass der eine Gatte nur mit Zustimmung seines Ehepartners Vermögensobjekte **26** des Gesamtgutes an Dritte übertragen darf. Drittpersonen haben immerhin die Vermutung für sich, dass der andere Gatte dem geplanten Geschäft zugestimmt habe. Vorbehalten bleiben Handlungen im Rahmen der Vertretung gem. Art. 166 (s. Art. 228).

Im Rahmen der Gütergemeinschaft gelten sodann **betreibungsrechtliche Sonderregeln.**

Wird ein in Gütergemeinschaft lebender Ehegatte betrieben, so müssen der Zahlungsbefehl, die Pfändungsankündigung und die Pfändungsurkunde sowie alle übrigen Betreibungsurkunden nicht nur dem Schuldner, sondern auch dessen Ehepartner zugestellt werden. Dabei spielt es keine Rolle, ob die Betreibung für eine Vollschuld oder eine Eigenschuld eingeleitet wird.

Wurde der Zahlungsbefehl beiden Gatten zugestellt, so kann jeder von ihnen Rechtsvorschlag erheben. Im Rahmen der Änderung des SchKG von 1994 wurde Art. 68a Abs. 3a SchKG aufgehoben mit der Folge, dass der Rechtsvorschlag in keinem Fall mehr begründet werden muss (AmtlBull StR 1983, 643 f.).

Das Rechtsöffnungsbegehren muss gegen denjenigen Ehegatten gerichtet werden, der Rechtsvorschlag erhoben hat. Haben der betriebene Gatte und sein Ehepartner Recht vorgeschlagen, so ist das Rechtsöffnungsbegehren gegen beide zu stellen. Im Rechtsöffnungsverfahren hat das Gericht bei Vorliegen eines entsprechenden Rechtsöffnungstitels darüber zu befinden, ob es sich bei der in Betreibung gesetzten Forderung um eine Eigen- oder Vollschuld handelt (SchKG-KOFMEL, Art. 68a N 18).

Art. 169

II. Wohnung der Familie	**[1] Ein Ehegatte kann nur mit der ausdrücklichen Zustimmung des andern einen Mietvertrag kündigen, das Haus oder die Wohnung der Familie veräussern oder durch andere Rechtsgeschäfte die Rechte an den Wohnräumen der Familie beschränken.** **[2] Kann der Ehegatte diese Zustimmung nicht einholen oder wird sie ihm ohne triftigen Grund verweigert, so kann er das Gericht anrufen.**
II. Logement de la famille	[1] Un époux ne peut, sans le consentement exprès de son conjoint, ni résilier le bail, ni aliéner la maison ou l'appartement familial, ni restreindre par d'autres actes juridiques les droits dont dépend le logement de la famille. [2] S'il n'est pas possible de recueillir ce consentement ou s'il est refusé sans motif légitime, l'époux intéressé peut en appeler au juge.
II. Abitazione familiare	[1] Un coniuge non può, senza l'esplicito consenso dell'altro, disdire un contratto di locazione, alienare la casa o l'appartamento familiare o limitare con altri negozi giuridici i diritti inerenti all'abitazione familiare. [2] Il coniuge che non può procurarsi questo consenso, o cui il consenso è negato senza valido motivo, può ricorrere al giudice.

Literatur

BUCHER, Die Wohnung der Familie im neuen Recht, in: KAUFMANN/HUWILER (Hrsg.), Das neue Ehe- und Erbrecht des ZGB mit seiner Übergangsordnung, BTJP 1987, Bern 1988, 37 ff.; EITEL, Die zustimmungsbedürftigen Rechtsgeschäfte des Ehegatten als Alleineigentümer, recht 1993, 215 ff.; GEISER, Neues Eherecht und Grundbuchführung, ZBGR 1987, 15 ff.; GLOOR, Die Zuteilung der ehelichen Wohnung nach schweizerischem Recht, Diss. Zürich, 1987; GROSSEN, La protection du logement de la famille, in: FS Deschenaux, Freiburg i.Ü. 1977, 99 ff.; HASENBÖHLER, Zur neurechtlichen Regelung der gemeinschaftlichen Wohnung und der Sicherung gefährdeter Vermögensansprüche von Ehegatten, in: Eherecht in der praktischen Auswirkung, Zürich 1991, 7 ff.; DERS., Fragwürdiges zur Familienwohnung, in: FS Schnyder, Freiburg i.Ü. 1995, 397 ff.; KOCH, Der Schutz der Familienwohnung aus mietrechtlicher Sicht, plädoyer 6/1989, 44 ff.; PFÄFFLI, Die Auswirkungen des neuen Ehe- und Erbrechts auf die Grundbuchführung, BN 1986, 281 ff.; DERS., Zur Revision der Grundbuchverordnung mit besonderer Berücksichtigung des neuen Ehe- und Erbrechtes, BN 1988, 221 ff.; PIOTET, La nature des règles protégeant le logement familial suisse (art. 169 CC et 271 a CO) et le droit applicable, in: FS Giger, Bern 1989, 54 ff.; REUSSER, Wirkungen der Ehe im allgemeinen: Vertretung der ehelichen Gemeinschaft/Eheliche Wohnung/Auskunftspflicht, in: HANGARTNER (Hrsg.), Das neue Eherecht, St. Gallen 1987, 35 ff.; RUOSS, Der Einfluss des neuen Eherechts auf Mietverhältnisse an Wohnräumen, ZSR 1988 I 75 ff.; H. SCHMID, Der gemeinsame Mietvertrag, SJZ 1991, 349 ff.; J. SCHMID, Neues Eherecht und Grundbuchführung, ZGBR 1987, 295 ff.; Schweizerischer Verband der Immobilien-Treuhänder, Die Auswirkung des neuen Eherechts bei der Verwaltung für Liegenschaften mit Mietwohnungen, 1987; TRAUFFER, Verfügung über die Ehewohnung nach neuem Eherecht, ZBGR 1987, 71 ff.; VOLLENWEIDER, Le logement de la famille selon l'article 169 CC, Lausanne 1995; WEBER, Der gemeinsame Mietvertrag, Diss. Zürich 1993; WESSNER, Mietrecht und neues Eherecht, in: Mietrechtspraxis 1987, 88 ff.; ZOBL, Die Auswirkungen des neuen Eherechtes auf das Immobiliarsachenrecht, SJZ 1988, 129 ff.; vgl. auch die Literaturhinweise zu den Vorbem. zu Art. 159–180.

I. Zweck des Art. 169

Art. 169 soll verhindern, dass – bei Spannungen in der Ehe, aber auch z.B. aus blosser   **1** Unüberlegtheit – derjenige «Ehegatte, der die dinglichen oder obligatorischen Rechte an der Familienwohnung innehat, den anderen Ehegatten gegen dessen Willen der für ihn lebenswichtigen Wohnung beraubt» (BGE 114 II 399 m.V. auf die Botschaft Revision Eherecht). Der Schutz der Familienwohnung ist **für die eheliche Gemeinschaft und die Kinder existentiell** und liegt auch im **öffentlichen Interesse.** Art. 169 ist daher als *zwingende* Norm ausgestaltet; auf den daraus resultierenden Schutz kann nicht im Voraus, vor der Konkretisierung eines Veräusserungsvorganges, verzichtet werden.

Die der Beibehaltung der Familienwohnung entgegenstehenden Interessen können nur durch gerichtlichen Entscheid i.S.v. Art. 169 Abs. 2 berücksichtigt werden.

II. Abgrenzungen

Zur Abgrenzung zwischen *ehelicher Wohnung* (Art. 162) und Familienwohnung   **2** (Art. 169) nachstehend N 6 und 7.

Art. 169 regelt einzig das **Verhältnis unter den Eheleuten.** Für das Verhältnis zum Ver-   **3** mieter sind die Art. 266m–o und 273a OR massgeblich (vgl. dazu OR-WEBER/ZIHL-MANN, Art. 266m–o und Art. 273a; für das Verhältnis zur landwirtschaftlichen Pacht: BGE vom 14.9.1999, Urteil 4C.139/1999, in Pra 2000, 178 ff.).

Auf Art. 169 kann sich jeder Ehegatte, *unabhängig des Güterstandes* (BK-HAUSHEER/   **4** REUSSER/GEISER, N 11), *während der ganzen Dauer des Bestandes der Ehe* berufen (BGE 118 II 489; BK-HAUSHEER/REUSSER/GEISER, N 11, 21; HASENBÖHLER, FS Schny-der, 403). Nur das Dahinfallen eines Rechtsschutzbedürfnisses (dazu nachstehend N 10) lässt den Schutz der Familienwohnung verwirken. Für die Zeit nach Auflösung der Ehe vgl. die scheidungsrechtliche Grundlage in Art. 121, die erbrechtliche in Art. 612a, die güterrechtliche in Art. 219 und 244.

Liegt keine Familienwohnung i.S.v. Art. 169 vor, ist zu prüfen, ob die Voraussetzungen   **5** nach Art. 178 gegeben sind.

III. Die Familienwohnung

1. Begriff und Begründung der Familienwohnung

6   Familienwohnung bilden *Häuser, Miet- und Eigentumswohnungen, Einzelzimmer, Wohnmobile, Fahrnisbauten* usw., generell «jene Wohnung, die nach dem Willen der Ehegatten *dauernd als gemeinsame Unterkunft* dient oder bestimmungsgemäss dienen sollte» (BK-HAUSHEER/REUSSER/GEISER, N 14 mit Literaturnachweisen). «Geschützt ist nur **die für die Familie lebenswichtige Wohnung**, d.h. der Ort, an dem der *Mittelpunkt des Ehe- und Familienlebens* liegt. Das trifft i.d.R. nur auf eine Wohnung zu. Vorbehalten bleibt der seltene Fall, dass sich das Familienleben in zwei Wohnungen abspielt und sich kein Mittelpunkt des Familienlebens ausmachen lässt» (HAUSHEER/REUSSER/GEISER, N 16 mit Literaturnachweisen; Bsp. für eine Familienwohnung in zwei Wohnungen: Bauer, der mit seiner Familie im Winter im Dorf und im Sommer auf der Alp wohnt: NÄF-HOFMANN, Ehe- und Erbrecht, 19). Ein gewichtiges Indiz ist, wo die Kinder wohnen.

7   **Nicht** als Familienwohnung gelten Zweit- bzw. Ferienwohnungen sowie Wohnungen, in denen ausschliesslich oder überwiegend der Beruf oder das Gewerbe ausgeübt werden (BK-HAUSHEER/REUSSER/GEISER, N 18 und 19; DESCHENAUX/STEINAUER, droit matrimonial, 95 f.: wohl aber bei gemischtem Gebrauch zu geschäftlichen Zwecken und zu Wohnzwecken). Dienstwohnungen im Zusammenhang mit einem Arbeits- oder Pachtverhältnis (dazu BGE 125 III 425) fallen nicht unter Art. 169. Haben die Eheleute zwei Wohnungen i.S.v. Art. 162, und verbringen sie ihre Zeit im Wesentlichen getrennt, so ist es nicht begriffsnotwendig, dass eine davon die Voraussetzungen einer Familienwohnung (Art. 169) erfüllt (HAUSHEER/REUSSER/GEISER, N 17). Andererseits kann ein Haus den Charakter der Familienwohnung beibehalten, selbst wenn die Eheleute aufgrund einer Trennungsvereinbarung die Wohnungen im unteren und im oberen Stockwerk unter sich aufteilen, sofern sich ein Familienleben in beiden Wohnungen oder in einer von ihnen abspielt (PKG 1992 Nr. 2, 12 f., Urteil 7.1.1992). Die Lehre neigt dazu, Art. 169 auf das ganze Grundstück (bzw. wohl auch auf mehrere Grundstücke, wenn diese der Immobilie insgesamt zugeordnet sind) anzuwenden, wenn eine Familienwohnung in einem Mehrfamilienhaus liegt oder sonst wie das Schicksal einer grösseren Liegenschaft teilt (HAUSHEER/REUSSER/GEISER, N 20; PKG 1992 Nr. 2, 13); massgeblich muss sein, dass die Wohnzwecke durch eine Abspaltung von Grundstückteilen nicht beeinträchtigt werden.

8   Allerdings genügt die blosse Absicht der Ehegatten, eine Familienwohnung zu begründen, noch nicht; vorausgesetzt wird vielmehr, dass sie die Wohnung **tatsächlich bezogen** haben (BK-HAUSHEER/REUSSER/GEISER, N 14 mit Literaturhinweisen; ausführlich HASENBÖHLER, FS Schnyder, 397 ff., 401 f. mit Hinweisen auf abweichende Meinungen).

Die **Beweislast** für den Charakter der Familienwohnung und für deren tatsächlichen Bezug trägt jene Partei, welche aus diesem Umstand Rechte für sich ableiten will.

2. Dauer und Wegfall des Charakters einer Familienwohnung

9   Auf Art. 169 kann sich ein Ehegatte **während der ganzen Dauer der Ehe** berufen, unabhängig davon, ob die Eheleute zusammenleben oder nicht (BGE 114 II 402: bei Getrenntleben; bestätigt in BGE 118 II 491; BGE 114 II 399: sogar während des Scheidungsprozesses; vgl. HEGNAUER/BREITSCHMID, 174; HASENBÖHLER, FS Schnyder, 402 ff.). Der Zweck der Norm erfordert gerade, dass der Schutz des Art. 169 auch dann erhalten bleibt, wenn der dinglich oder obligatorisch berechtigte Ehegatte aus der Familienwohnung auszieht (BK-HAUSHEER/REUSSER/GEISER, N 21a; HEGNAUER/BREITSCHMID, 174; HASENBÖHLER, FS Schnyder, 402).

Der mit Art. 169 gewährte Wohnungsschutz setzt ein «Bedürfnis an der Beibehaltung der 10
bisher bewohnten Räume voraus» (HASENBÖHLER, FS Schnyder, 403), somit ein mit dem
Zweck des Art. 169 umschriebenes **Rechtsschutzbedürfnis.** Ein solches entfällt:

– wenn die Ehegatten sich darauf einigen, die Familienwohnung aufzugeben (BGE 114
  II 399; WESSNER, 94; DESCHENAUX/STEINAUER, droit matrimonial, 95 f. Anm. 21;
  HAUSHEER/REUSSER/GEISER, N 22; HASENBÖHLER, FS Schnyder, 404). Die Beweislast
  dafür trägt i.d.R. derjenige Ehegatte, der sich auf eine solche Einigung beruft;

– wenn beide Ehegatten definitiv aus der Familienwohnung ausziehen, ohne die Absicht
  oder reelle Möglichkeit, dorthin zurückzukehren (BGE 114 II 399), wobei sich auch
  hier Beurteilungs- und Beweisprobleme stellen können (vgl. NÄF-HOFMANN, Ehe- und
  Erbrecht, 19 f.);

– wenn der aus Art. 169 (d.h. der an der Familienwohnung nicht dinglich oder obligatorisch) berechtigte Ehegatte die Wohnung «aus freiem Entschluss für unbestimmte Zeit
  verlässt» (BGE 114 II 399; HEGNAUER/BREITSCHMID, 174). Erfolgt der Auszug nur
  vorübergehend, z.B. für die Dauer des Scheidungsprozesses, muss der Charakter als
  Familienwohnung noch nicht dahinfallen (NÄF-HOFMANN, Ehe- und Erbrecht, 19 f.).
  Objektiv entfällt dieser jedoch, wenn der aus Art. 169 berechtigte Ehegatte die Wohnung mehrere Jahre nicht mehr bewohnt (WESSNER, 94); je nach den Verhältnissen
  wird man – insbesondere wenn der dinglich oder obligatorisch berechtigte Ehegatte
  die Wohnungskosten zu tragen hat – dies schon nach Ablauf z.B. eines Jahres annehmen dürfen, wenn der nach Art. 169 berechtigte Teil keine sachlichen Gründe für das
  Nichtbewohnen nennen kann, somit sein Verhalten rechtsmissbräuchlich wird (vgl.
  PKG 1992 Nr. 2, 15: kein Dahinfallen des Charakters als Familienwohnung, obgleich
  die nach Art. 169 berechtigte Ehegattin im Altersheim lebte, Wohnung und Hausrat in
  der Familienwohnung beliess, wohin sie aber zeitweise zurückkehrte). Zu weit geht es
  m.E., den Familienwohnungsschutz schon dann dahinfallen zu lassen, wenn «die objektiv erkennbaren Umstände darauf schliessen lassen, der Lebensmittelpunkt des
  Ehegatten des Mieters oder sonst wie an der Wohnung Berechtigten befinde sich nicht
  mehr in den betreffenden Wohnräumen» (HAUSHEER/REUSSER/GEISER, N 22 m.V. auf
  RUOSS, 83). Damit würden das Erfordernis der Freiwilligkeit des Verlassens und dasjenige des Verlassens auf unbestimmte Zeit allzu stark relativiert. Eine Rücksichtnahme auf die Interessen gutgläubiger Dritter rechtfertigt sich m.E. in dieser Fallkonstellation nicht, weil der Charakter als Familienwohnung bisher bekannt war bzw.
  erfahrbar ist; insb. soll nicht der dinglich oder obligatorisch Berechtigte, der seinerseits die Familienwohnung verlassen hatte oder der die vorerst zurückgebliebene Familie bedroht und bis zum Auszug eingeschüchtert, Einfluss auf die Rechtslage nehmen
  können;

– wenn «die Ehegatten – allerdings nicht schon im Voraus – eine Vereinbarung treffen,
  wonach der nicht dinglich oder obligatorisch an der Familienwohnung berechtigte
  Ehegatte diese nicht nur vorübergehend verlässt, sondern endgültig dem anderen Ehegatten überlässt» (BGE 114 II 399 m.V. auf GEISER, ZBGR 1987, 17; vgl. HAUSHEER/
  REUSSER/GEISER, N 22);

– wenn der aus Art. 169 (nicht dinglich oder obligatorisch) berechtigte Ehegatte «die
  Familienwohnung endgültig verlassen hat oder verlassen muss und wo keine Aussicht
  mehr darauf besteht, dass die Ehegatten in der vormaligen Familienwohnung das Zusammenleben wieder aufnehmen werden» (BGE 114 II 399 f. m.V. auf HAUSHEER/
  REUSSER/GEISER, N 22). Dies ist insb. nach Anordnungen hinsichtlich der Berechtigung des Getrenntlebens und der Zuweisung der Wohnung im Rahmen von Art. 145
  und 176 zu bedenken (BGE 114 II 396 ff.; 114 II 402 ff.). Die Tatsache allein des Ge-

trenntlebens gestützt auf Art. 145 stellt noch keinen triftigen Grund i.S.v. Art. 169 Abs. 2 dar (BGE 114 II 402 ff.). Hingegen kann ein Entscheid nach Art. 145 ein solches Ergebnis präjudizieren, wenn z.b. angeordnet wird, dass die Ehefrau die Familienwohnung aus sachlichen Gründen zu verlassen hat, weil der Beibehalt der Familienwohnung den finanziellen Verhältnissen der Ehegatten in keiner Weise mehr angemessen ist (BGE 114 II 401).

Allgemeines zur **Beweislast:** Steht fest, dass es sich anfänglich um eine Familienwohnung gehandelt hat, ist die Beweislast derjenigen Partei zuzuordnen, die den Wegfall dieses Charakters bzw. eines Rechtsschutzbedürfnisses behauptet.

3. Einfluss der Berechtigung an der Familienwohnung auf die Anwendbarkeit des Art. 169

11   Steht die **dingliche oder schuldrechtliche Berechtigung** *allein einem der Ehegatten* zu, hängt die Anwendbarkeit des Art. 169 nicht davon ab, ob jener Alleineigentum, Stockwerkeigentum, Baurecht, Wohn- oder Nutzniessungsrecht oder einen Mietvertrag hat.

12   Sind *beide Ehegatten* an der Familienwohnung berechtigt, kann jeder von ihnen schon aus dem **Gemeinschaftsverhältnis** (Miteigentum, Art. 648; Gesamteigentum, Art. 653; gemeinsamer Mietvertrag; einfache Gesellschaft) vor eigenmächtigen Dispositionen des anderen geschützt sein. Soweit Art. 169 weiter gehenden Schutz gewährt, ist er aber auch diesfalls anwendbar (HAUSHEER/REUSSER/GEISER, N 26).

13   Die besondere Situation, dass der berechtigte Ehegatte *zusammen mit einem Dritten* an der Familienwohnung berechtigt ist, wird kontrovers behandelt (vgl. im Detail BK-HAUSHEER/REUSSER/GEISER, N 28). Es ist wohl der differenzierenden Lösung zuzustimmen, wonach die Zustimmung des Ehegatten des Miteigentümers immer erforderlich ist, während bei Gesamthandsverhältnissen auf die Zwecksetzung des zugrunde liegenden Gemeinschaftsverhältnisses abzustellen sei (TRAUFFER, ZGRG 1987, 72 f.). Die Kündigung der Wohnung durch die Erbengemeinschaft, welcher der eine Ehegatte, zugleich Mieter der Wohnung, angehört, fällt nicht unter die «anderen Rechtsgeschäfte» i.S.v. Art. 169 (BGE 118 II 489 ff.).

14   Setzt das Benützungsrecht an einer Wohnung die Beteiligung an einer **juristischen Person** (z.B. Wohnbaugenossenschaft oder Immobilienaktiengesellschaft) voraus, ist für die Disposition über diese Beteiligung die Zustimmung des anderen Ehegatten erforderlich (TRAUFFER, ZGRG 1987, 73; DESCHENAUX/STEINAUER, droit matrimonial, 97). Besteht ein solcher Konnex zwischen Beteiligung an der juristischen Person als Eigentümerin und dem berechtigten Ehegatten als Mieter nicht, d.h. hängt der Mietvertrag nicht von der Beteiligung an der juristischen Person ab, kommt Art. 169 i.d.R. nicht zur Anwendung, wenn die juristische Person über die Wohnung verfügt, es sei denn, es liege – insb. bei einer Einpersonen-AG – ein Durchgriffstatbestand vor (DESCHENAUX/STEINAUER, droit matrimonial, 100; BK-HAUSHEER/REUSSER/GEISER, N 27).

IV. Zustimmungsbedürftige Handlungen

15   Die **Rechtsnatur der Zustimmungsbedürftigkeit** nach Art. 169 Abs. 1 ist umstritten. Es werden drei Auffassungen vertreten: (1) Art. 169 beschränke die *Handlungsfähigkeit* des dinglich oder schuldrechtlich berechtigten Ehegatten (TUOR/SCHNYDER/SCHMID, 205; DESCHENAUX/STEINAUER, droit matrimonial, 98; HEGNAUER/BREITSCHMID, 174); (2) Art. 169 beschränke nur die *Verfügungsfähigkeit* (BK-HAUSHEER/REUSSER/GEISER,

N 38 ff.); (3) Art. 169 gehöre zu jenen Bestimmungen, mit denen das Gesetz zur Wahrung öffentlicher oder privater Interessen das Zustandekommen gewisser Rechtsgeschäfte von der Zustimmung betroffener Personen abhängig macht, und liege daher auf einer anderen Ebene als die Abgrenzung Handlungsfähigkeit/Verfügungsfähigkeit (PIOTET, FS Giger, 54 ff.). Das *Zustimmungserfordernis des Ehepartners* ist *als eherechtlich motiviertes Mitspracherecht* Wirksamkeitsvoraussetzung (HASENBÖHLER, FS Schnyder, 399 f.). Diese letztere Auffassung verdient m.E. den Vorzug, weil sie damit das Verpflichtungs- und das Verfügungsgeschäft erfasst und mit dem Wortlaut und der Zwecksetzung der Norm als eherechtliche am besten korreliert.

Gestützt auf Art. 169 Abs. 1 sind alle Rechtsgeschäfte **zustimmungsbedürftig,** welche   16
die Rechte an der Familienwohnung *aufheben* oder deren Ausübung in unzumutbarer Weise *einschränken.*

- Das Gesetz erwähnt ausdrücklich die *Kündigung des Mietvertrages.* Art. 266m OR wiederholt diese Regelung. Überdies hat aber auch der Vermieter, welcher eine Familienwohnung kündigt, dem Ehepartner des Mieters die Kündigung separat zuzustellen (Art. 266n OR). Halten sich Mieter oder Vermieter nicht an diese Vorschriften, ist die Kündigung nichtig (Art. 266o OR). Auch kann der Ehegatte des Mieters alle Rechte ausüben, die dem Mieter gegen eine Kündigung des Vermieters zustehen (Art. 273a OR).

- Auch die *Veräusserung der Familienwohnung* wird ausdrücklich im Gesetz erwähnt. Damit sind u.a. erfasst: Verkauf, Schenkung, Tausch, Sacheinlage oder Sachübernahme in eine Gesellschaft, rechtsgeschäftliche Übertragung eines Wohnrechts.

- Mit erfasst sind aber auch Geschäfte, die wirtschaftlich einem Eigentumsübergang gleichkommen oder die die Benutzung durch die Familie rechtlich verunmöglichen oder erheblich einschränken, wie Vermietung, Begründung eines Nutzniessungs- oder Wohnrechts, Untermiete, Abtretung des Mietvertrages, Verzicht auf ein Wohnrecht oder Beschränkung eines solchen usw. (HAUSHEER/REUSSER/GEISER, N 42; NÄF-HOFMANN, Ehe- und Erbrecht, 23 f.). Wird dem Veräusserer oder dessen Familie beim Verkauf die lebenslängliche Nutzniessung oder das entsprechende Wohnrecht eingeräumt, führt dies allerdings m.E. nicht zu einer Beschränkung i.S.v. Art. 169 (NÄF-HOFMANN, Ehe- und Erbrecht, 24; **a.M.** TRAUFFER, ZGRG 1987, 72; DESCHENAUX/STEINAUER, droit matrimonial, 100; von Fall zu Fall abwägend BK-HAUSHEER/REUSSER/GEISER, N 44). Entsprechendes gilt für die Veräusserung eines Mehrfamilienhauses unter Beibehaltung der Familienwohnung als Stockwerkeigentum (BK-HAUSHEER/REUSSER/GEISER, N 43).

- Die meisten *Grunddienstbarkeiten* beeinträchtigen den Gebrauch der Familienwohnung nicht stark; ihre Begründung oder Erweiterung bedarf daher keiner Zustimmung. Bei sehr weit gehenden Grunddienstbarkeiten kommt aber ein Zustimmungserfordernis in Frage (z.B. wenn sie die Benutzung des Gartens verunmöglichen oder die Wohnqualität in der Familienwohnung stark beeinträchtigen).

- Die Einräumung eines *Vorkaufsrechts,* das die Zustimmung des Ehegatten nicht vorbehält, oder eines *Kaufrechts* an einen Dritten sind zustimmungsbedürftig (BK-HAUSHEER/REUSSER/GEISER, N 45).

- Strittig ist, ob die *Errichtung und Erhöhung von Grundpfandrechten* der Zustimmung bedürfen (Übersicht über die Kontroverse: BK-HAUSHEER/REUSSER/GEISER, N 46). Mit der wohl h.L. ist anzunehmen, dass eine angemessene hypothekarische Belastung den längerfristigen Bestand der Familienwohnung nicht gefährdet; eine Zustimmung des Ehegatten, der nicht Eigentümer ist, erscheint nur als erforderlich, wenn Umgehungsabsicht anzunehmen ist (Überbelastung mit der absehbaren Folge der Zwangsverwertung), oder objektiv die Gefahr besteht, dass die Belastung langfristig nicht getragen werden kann. Wenn die Lehre bisher eine Belastung bis etwa 80% des Verkehrswertes als unbedenklich angesehen hat (TRAUFFER, ZGRG 1987, 74, und BK-HAUSHEER/REUSSER/GEISER, N 46), so ist dem aufgrund der Krise der Grundstückpreise der letzten Jahre zu widersprechen. Zur Stellung des anderen Ehegatten im Betreibungsverfahren gegen den Schuldner, der selber keinen Rechtsvorschlag erhoben hat, im Zusammenhang mit dem Schutz aus Art. 169: BGE 119 III 100 und Kritik daran von SCHWANDER, Urteilsbesprechung, AJP 1994, 257 ff.; vgl. auch Art. 151 und 153 SchKG sowie BGE vom 24.11.2004, Urteil 7B.141/2004, E. 6.2.

V. Die Zustimmung des Ehegatten

17   Wegen des **zwingenden Charakters** des Art. 169 und des besonderen Normzweckes kann ein Ehegatte nicht im Voraus seine Zustimmung zu zustimmungsbedürftigen Rechtsgeschäften geben. Vielmehr ist sie zu jedem genügend konkretisierten und terminierten Rechtsgeschäft neu und separat erforderlich (HASENBÖHLER, BJM 1986, 71; BK-HAUSHEER/REUSSER/GEISER, N 47; **a.M.** BUCHER, BTJP 1987, 51 f.).

18   Die Zustimmung kann **vor, bei und nach Abschluss des Rechtsgeschäfts** abgegeben werden. Eine nachträgliche Zustimmung wirkt ex tunc. Bei der Kündigung der Familienwohnung sind aber die Kündigungsfristen einzuhalten: Eine beim Vermieter verspätet eintreffende Zustimmung des anderen Ehegatten kann daher die Kündigung nicht ohne Einverständnis des Vermieters auf den vorgesehenen Termin gültig machen (HEGNAUER/BREITSCHMID, 175; DESCHENAUX/STEINAUER, droit matrimonial, 103; BK-HAUSHEER/REUSSER/GEISER, N 50–51).

19   Die Zustimmung kann nach h.L. wohl selbst dann **formfrei** erteilt werden, wenn es um die Zustimmung zu einem formbedürftigen Rechtsgeschäft geht (m.V. auf andere Meinungen BK-HAUSHEER/REUSSER/GEISER, N 49). Erforderlich ist aber Ausdrücklichkeit der Zustimmung, und diese ist in der Praxis schwerlich anders als in Schriftform beweisbar. Im Zusammenhang mit Art. 266m und 266n OR wird man ausnahmsweise von einem ausdrücklichen Schrifterfordernis im Mietrecht auszugehen haben. Soweit für Grundstückgeschäfte die Zustimmung des Ehegatten zu den Belegen zu nehmen ist, ergibt sich auch daraus Schriftlichkeit als Formerfordernis.

VI. Rechtslage bei nicht einholbarer oder verweigerter Zustimmung

20   Kann der Ehegatte des dinglich oder obligatorisch an der Familienwohnung Berechtigten wegen **Urteilsunfähigkeit** oder **Abwesenheit** keine Erklärung abgeben, so kann der andere Ehegatte das Gericht anrufen (Art. 169 Abs. 2). Dieses ermächtigt den Gesuchsteller, allein zu handeln (DESCHENAUX/STEINAUER, droit matrimonial, 105; HASENBÖHLER, BJM 1986, 70).

21   Gleich verhält es sich, wenn der Ehegatte ohne triftigen Grund die Zustimmung **verweigert** (Art. 169 Abs. 2).

Als Erstes prüft das Gericht, ob überhaupt die Voraussetzungen, wie Familienwohnung und zustimmungsbedürftiges Rechtsgeschäft, gegeben sind.

Sodann hat es einen Ermessensentscheid zu treffen und dabei eine Interessenabwägung zwischen den beiden Ehegatten unter Einschluss der Kindesinteressen vorzunehmen. Die Zustimmungsverweigerung erfolgt ohne triftigen Grund, wenn beispielsweise die bisherige Familienwohnung längerfristig nicht mehr finanzierbar ist und wenn eine angemessene andere Wohnung bezogen werden kann.

Zuständig für die Ermächtigung ist das Eheschutzgericht i.S.v. Art. 180. Dessen Entscheid wirkt **ex tunc,** was seine Bedeutung haben kann, wenn der an der Familienwohnung berechtigte Ehegatte aus ernsthaften Gründen vorsorglich allein gehandelt hat, z.B. einen Mietkündigungstermin wahrgenommen hat (HAUSHEER/REUSSER/GEISER, N 63–66).

Die nicht in Frage gestellte oder vom Gericht bestätigte Verweigerung bzw. allgemein die **22** fehlende Zustimmung des Ehegatten führt zur **Nichtigkeit** des Rechtsgeschäfts, ohne dass sich der Vertragspartner des anderen Ehegatten auf guten Glauben berufen kann (BGE 115 II 361, 118 II 490, BGE vom 17.3.2005, Urteil B 98/04).

VII. Internationales Privat- und Zivilprozessrecht

1. Schweizerische Gerichtszuständigkeit

Soweit dingliche Rechte an Grundstücken in der Schweiz in Frage stehen, stützt sich die **23** schweizerische **Zuständigkeit für Eheschutzmassnahmen** gemäss Art. 169 auf Art. 97 IPRG (Gericht am Ort der gelegenen Sache); in den übrigen Fallkonstellationen auf Art. 46 und 47 IPRG. Für vorsorgliche Massnahmen kommt auch Art. 10 IPRG in Betracht.

2. Anwendbares Recht

Ist nach *Art. 48 IPRG* fremdes Ehewirkungsrecht anwendbar, so bleibt der Schutz der **24** Familienwohnung nach Art. 169 gleichwohl als **loi d'application immédiate** vorbehalten (Art. 18 IPRG; BK-HAUSHEER/REUSSER/GEISER, N 89).

3. Anerkennung und Vollstreckung ausländischer Entscheidungen

Hinsichtlich Beschränkungen dinglicher Rechte ist *Art. 108 Abs. 1 IPRG* zu beachten; im **25** Übrigen bleibt **Art. 50 IPRG** anwendbar.

Art. 170

J. Auskunftspflicht	[1] **Jeder Ehegatte kann vom andern Auskunft über dessen Einkommen, Vermögen und Schulden verlangen.**
	[2] **Auf sein Begehren kann das Gericht den andern Ehegatten oder Dritte verpflichten, die erforderlichen Auskünfte zu erteilen und die notwendigen Urkunden vorzulegen.**
	[3] **Vorbehalten bleibt das Berufsgeheimnis der Rechtsanwälte, Notare, Ärzte, Geistlichen und ihrer Hilfspersonen.**
J. Devoir de renseigner	[1] Chaque époux peut demander à son conjoint qu'il le renseigne sur ses revenus, ses biens et ses dettes.
	[2] Le juge peut astreindre le conjoint du requérant ou des tiers à fournir les renseignements utiles et à produire les pièces nécessaires.
	[3] Est réservé le secret professionnel des avocats, des notaires, des médecins, des ecclésiastiques et de leurs auxiliaires.
J. Obbligo d'informazione	[1] Ciascun coniuge può esigere che l'altro lo informi su i suoi redditi, la sua sostanza e i suoi debiti.

> [2] A sua istanza, il giudice può obbligare l'altro coniuge o terzi a dare le informazioni occorrenti e a produrre i documenti necessari.

> [3] Resta salvo il segreto professionale degli avvocati, dei notai, dei medici, degli ecclesiastici e dei loro ausiliari.

Literatur

AEPLI, Zur Auskunftspflicht der Bank nach Art. 170 Abs. 2 ZGB, in: FS B. Schnyder, Fribourg 1995, 1 ff.; DRUEY, Information in der Familie, in: FS B. Schnyder, Fribourg 1995, 141 ff.; REUSSER, Wirkungen der Ehe im allgemeinen: Vertretung der ehelichen Gemeinschaft/Eheliche Wohnung/Auskunftspflicht, in: HANGARTNER (Hrsg.), Das neue Eherecht, 35 ff.; vgl. auch die Literaturhinweise zu den Vorbem. zu Art. 159–180.

I. Zweck des Art. 170

1   Damit die Eheleute das Wohl der Gemeinschaft in einträchtigem Zusammenwirken wahren können (Art. 159 Abs. 2), ist es unerlässlich, dass jeder Ehegatte über **das Wesentliche der finanziellen Situation des anderen** orientiert ist (Botschaft Revision Eherecht, 1270 f.). Art. 170 konkretisiert die gegenseitige Auskunftspflicht der Ehegatten als *allgemeine Ehewirkung,* die *unabhängig des Güterstandes* gilt und als *Eheschutzmassnahme auch gerichtlich durchgesetzt* werden kann. Ohne dieses Instrument könnte ein Ehegatte vielfach eherechtliche Ansprüche des anderen illusorisch machen.

II. Abgrenzungen

2   Der **Auskunftsanspruch (als Stammrecht)** nach Art. 170 besteht *auch ausserhalb eines Verfahrens* und *für so lange, als die Ehe besteht,* ebenfalls noch während eines Getrenntlebens oder eines Scheidungsverfahrens. Hingegen hängen der **Umfang dieses Anspruches und dessen Durchsetzbarkeit** vom **Rechtsschutzbedürfnis** im jeweiligen Zeitpunkt ab (dazu N 15).

Im Allgemeinen wird Art. 170 ebenfalls als gesetzliche Grundlage für die Auskunftspflicht *in güterrechtlichen Verhältnissen* herangezogen, obwohl diese Bestimmung gesetzessystematisch bei den allgemeinen Ehewirkungen eingeordnet worden ist. Dem ist für die Dauer der Ehe zuzustimmen; ebenfalls als Nachwirkung der Ehe für die Auskunftserteilung im Rahmen der güterrechtlichen Auseinandersetzung nach dem Tod des anderen Ehegatten. Im Falle der güterrechtlichen Auseinandersetzung im Scheidungsverfahren besteht kein spezifisches Rechtsschutzbedürfnis nach Art. 170 mehr; vielmehr kommen dann die scheidungs- und evtl. prozessrechtlichen Grundlagen zum Zuge (N 3 und 5).

3   Im Rahmen des *Scheidungsprozesses* kann sich jede Partei auf eine Auskunftspflicht der anderen berufen, die ihre Grundlage in einer **ungeschriebenen bundesrechtlichen Regel des Scheidungsrechts** hat (BGE 117 II 229 f. E. 6a a.E.). Entsprechendes hat in einem Abänderungs-, Ergänzungs- oder Revisionsprozess, mit dem Nebenfolgen eines Scheidungsurteils korrigiert bzw. vervollständigt werden sollen, zu gelten.

4   Weitere Grundlagen für eine Auskunftspflicht können, wenn die entsprechenden **besonderen Rechtsbeziehungen** vorliegen, z.B. bilden: Gesellschaftsverhältnisse zwischen den Ehegatten (ZR 1990, 86), Auftragsrecht bei der Verwaltung von Vermögen durch den anderen Ehegatten oder anderen Geschäftsbesorgungen (Art. 400 OR), Arbeitsvertragsrecht (Art. 321b OR).

5   Ein ähnliches Ergebnis kann schliesslich aufgrund des **Prozessrechts** erzielt werden, nämlich durch Befragung der Parteien (Parteibefragung, Parteiaussage) mit entsprechen-

der Beweiswürdigung im Falle der Aussageverweigerung (BGE 118 II 29), durch Editionsverfügungen an Ehegatten oder Dritte, bestimmte Urkunden herauszugeben, durch Zeugenbefragungen, durch Anordnung eines Sachverständigengutachtens. Das Beweisthema des Prozesses bestimmt den Umfang der Auskunftspflicht, welcher lediglich die anerkannten Aussage- oder Mitwirkungsverweigerungsrechte entgegengehalten werden können.

III. Der Anspruch auf Auskunftserteilung

1. Der auskunftsberechtigte Ehegatte

Jeder Ehegatte ist berechtigt, vom anderen **Auskunft in finanziellen Belangen** zu verlangen (Art. 170 Abs. 1). Von diesem unverzichtbaren (Stamm-)Recht kann er *so lange* Gebrauch machen, *als die Ehe formell besteht.* Nur der Umfang bzw. die Frage, auf welche Informationen sich die Auskunftspflicht bezieht, hängen von den Lebensumständen der Eheleute und den von ihnen herbeigeführten besonderen Rechtslagen ab (dazu N 13–15). **6**

Über noch offene Rechtsansprüche (wie etwa im Rahmen von Art. 165, bei ad separatum verwiesener güterrechtlicher Auseinandersetzung) im Falle des Todes eines Ehegatten zur Sicherung erbrechtlicher Ansprüche nimmt die Lehre auch noch für einen *Zeitraum nach der Auflösung der Ehe* ein Auskunftsrecht an (DESCHENAUX/STEINAUER, droit matrimonial, 120; BK-HAUSHEER/REUSSER/GEISER, N 6).

Soweit eine Indexklausel die Anpassung an die Preisentwicklung vom Nachweis der Entwicklung der finanziellen Verhältnisse beim Schuldner abhängig macht, erfordert ihre Durchsetzung kein Wiederaufleben der Pflicht gemäss Art. 170 nach Auflösung der Ehe; vielmehr ergibt sich diesfalls die Auskunftspflicht aus dem Urteil bzw. dessen Rechtskraft selbst. Die Auskunftspflicht in Prozessen, mit denen ein Scheidungsurteil abgeändert oder revidiert werden soll, ist m.E. ebenfalls nicht aus Art. 170, sondern aus Scheidungs- und evtl. Prozessrecht abzuleiten (N 3 und 5).

Für **bevormundete Ehegatten** kann der Vormund Auskunft verlangen; neben ihm auch der urteilsfähige Bevormundete. Eine Beistand- oder Beiratschaft über einen Ehegatten bewirkt noch nicht von Gesetzes wegen, dass der andere Ehegatte dem Beistand oder Beirat Auskunft erteilen müsste (BK-HAUSHEER/REUSSER/GEISER, N 7). Jedoch kann es u.a. gerade auch zur Aufgabe des Beistandes oder Beirates gemacht werden, im Interesse des einen Ehegatten diese Auskunft beim anderen einzuholen. **7**

Die Lehre bejaht die Möglichkeit, dass ein Ehegatte einen **Dritten** beauftragt, für ihn die Auskunft einzuholen, insb. wenn Sachkunde gefordert ist (HEGNAUER/BREITSCHMID, 187), wie z.B. Buchhaltungskenntnisse, und der Dritte Gewähr für vertrauliche Behandlung der Angaben bietet, wie i.d.R. Rechtsanwälte, Beirat oder Beistand (BK-HAUSHEER/REUSSER/GEISER, N 7 und 8). Von der Einordnung des Art. 170 in die Grundpflichten der Eheleute her versteht es sich von selbst, dass der Dritte dabei keine eigenen Interessen oder kollidierende Drittinteressen verfolgen darf, was z.B. bei Einschaltung eines Angestellten einer Bank, zu welcher die Eheleute Geschäftsbeziehungen haben, u.U. nicht gewährleistet ist. **8**

Aus Art. 159 Abs. 3 kann sich die Pflicht des informationsberechtigten Ehegatten zur **Verschwiegenheit über erhaltene Auskünfte** ergeben, so z.B. hinsichtlich nicht versteuerter oder durch Vertragsbruch erworbener Werte. Einzig wenn eine allfällige, sich aus Güterrecht ergebende Beteiligung nicht auf gütlichem Weg erhältlich ist, darf m.E. **9** der Ehegatte entsprechende Ausführungen im Prozess gegen den anderen Ehegatten vorbringen.

2. Der auskunftspflichtige Ehegatte

10 Zur Auskunftserteilung verpflichtet ist **der andere Ehegatte,** allenfalls dessen Vormund bzw. hinsichtlich des verwalteten Vermögens der Beirat oder der Beistand (BK-HAUSHEER/REUSSER/GEISER, N 13).

3. Auskunftspflichtige Dritte

11 Von Dritten kann ein Ehegatte lediglich gestützt auf Art. 170 Abs. 2 und damit **erst aufgrund gerichtlicher Anordnung** Auskunft verlangen. Mehrheitlich wird die Auffassung vertreten, **Verwaltungsbehörden** würden nicht unter Art. 170 Abs. 2 fallen (so BK-HAUSHEER/REUSSER/GEISER, N 33; STETTLER/GERMANI, 167 f.). M.E. besteht für Verwaltungsbehörden die Besonderheit einzig darin, dass die gerichtliche Anordnung (oder hier: Aufforderung) davon abhängig zu machen ist, dass die hierarchisch übergeordnete Verwaltungsbehörde ebenfalls der Auskunftserteilung zustimmt.

12 Will ein Dritter **freiwillig** Auskunft erteilen, hat er die Schranken vertraglicher oder gesetzlicher Geheimhaltungspflichten, der Vertragstreue oder des Gesellschaftsverhältnisses sowie namentlich des Persönlichkeits- und Datenschutzes zu befolgen. Art. 170 stellt keinen allgemeinen, von Gesetzes wegen eingreifenden Rechtfertigungsgrund für freiwillig erteilte Auskünfte dar; vielmehr verlangt Art. 170 Abs. 2, gerade um die notwendige Prüfung der Rechts- und Interessenlage zu gewährleisten, einen gerichtlichen Entscheid.

IV. Gegenstand, Umfang und Form der Auskunftspflicht

1. Gegenstand

13 Das Gesetz (Art. 170 Abs. 1) nennt drei Bereiche, über welche Auskunft verlangt werden kann: **Einkommen, Vermögen** und **Schulden.**

Gegenstand der Auskunftspflicht können insb. sein:

– bez. des Einkommens: sämtliches Haupt- und Nebenerwerbseinkommen aus selbstständiger und unselbstständiger Tätigkeit, Vermögenserträge;

– bez. des Vermögens: Aktiven und Passiven, Sachwerte, Forderungen, Gesellschaftsanteile, andere vermögenswerte Rechte;

– bez. der Schulden: fällige und noch nicht fällige oder bedingte Schulden, akute Haftungsrisiken.

2. Umfang

14 Einige Äusserungen in der Literatur und auch eine Formulierung in BGE 118 II 28 f. (E. 3a, 1. Satz) scheinen davon auszugehen, dass es zwischen den Eheleuten eine umfassende Auskunftspflicht nach Art. 170 Abs. 1 gebe, die aber vom Gericht nach Art. 170 Abs. 2 nur in einem beschränkteren Masse, nämlich soweit dies für das Geltendmachen und Beurteilen von Ansprüchen notwendig ist, durchgesetzt werden könne. Tatsächlich aber kann m.E. im Verhältnis unter den Eheleuten der Umfang der Auskunftspflicht in einem bestimmten Zeitpunkt und einer bestimmten Rechts- und Interessenlage immer nur derselbe sein, gleichgültig ob eine Auskunft aussergerichtlich oder

gerichtlich verlangt wird; denn entweder besteht ein entsprechendes **Rechtsschutz-bedürfnis** des die Auskunft verlangenden Ehegatten, oder aber dieser dringt, soweit der andere nicht freiwillig Auskunft gibt, in dessen **Persönlichkeitssphäre** oder dessen (z.B. in Art. 164 und im Güterstand der Errungenschaftsbeteiligung und erst recht der Güter-trennung garantierten) **Freiraum** in der Verwaltung und der Verwendung des eigenen Vermögens ein.

Der **Umfang der Auskunftspflicht** ist auf das **Rechtsschutzinteresse des auskunftsbe-**   **15**
rechtigten Ehegatten beschränkt (ZR 1990, 84 f.; Gerichts- und Verwaltungspraxis des Kantons NW, 1995, 55; HAUSHEER/REUSSER/GEISER, N 17, 22). Er differiert somit ent-sprechend dem Kontext und den in Frage stehenden Ansprüchen hinsichtlich den Lebenshaltungsansprüchen in der ehelichen Gemeinschaft, der Vertretung derselben nach aussen (Art. 166), den Unterhaltsansprüchen, der Sicherung güterrechtlicher Ansprüche sowie der allfällig notwendigen Wahrnehmung eigener Interessen in Hinsicht auf Ehe-schutzmassnahmen wie Art. 167 ff. und Art. 174 ff.

Bei der Bestimmung des Umfanges der Auskunftspflicht kommt es daher darauf an, für *welchen Zweck und zur Begründung welcher möglicher Rechtsansprüche* der eine Ehe-gatte vom anderen Auskunft verlangt. Wenn eine güterrechtliche Auseinandersetzung durchzuführen ist, schliesst die Auskunftserteilung nicht nur eine «Bilanz», sondern auch eine detaillierte Abrechnung, ggf. mit Belegen ein (BK-HAUSHEER/REUSSER/GEISER, N 18 m.V. auf BGE 90 II 467). Ist dies aber, wie bei der Gütertrennung, nicht der Fall, besteht keine solche Auskunftspflicht (ZR 1990, 85 f.; BGE vom 4.12.2003, Urteil 5C.114/2003, E. 3.2.3). Anerkennt der andere Ehegatte bestimmte Ansprüche, so entfällt ein diesbezügliches Rechtsschutzinteresse hinsichtlich Auskunftserteilung (ZR 1990, 85). Entsprechendes gilt auch für die Feststellung und Bemessung eines Unterhaltsanspru-ches.

Ausgeschlossen ist damit ein Auskunftsbegehren aus blosser Neugier oder Schikane (HAUSHEER/REUSSER/GEISER, N 11, 22), z.B. um den anderen Ehegatten in ein schlech-tes Licht zu stellen oder um weitere, für die zu prüfenden oder geltend gemachten An-sprüchen nicht unbedingt erforderlichen Informationen zu erhalten. Insbesondere ist Art. 170 nicht dazu da, mögliche Begründungen für eine Scheidungsklage auszufor-schen. Unter mehreren möglichen Auskunftserhebungen soll der schonendste Weg be-gangen werden.

3. Form

Die **Form der Auskunftserteilung** bestimmt sich ebenfalls nach dem *Zweck,* zu dem sie   **16**
benötigt wird. In der Regel wird sich von daher die Schriftform aufdrängen, es sei denn, der die Auskunft verlangende Ehegatte begnüge sich mit einer allgemeinen Information über den Stand der finanziellen Verhältnisse.

Im gerichtlichen Verfahren nach Art. 170 Abs. 2 wird der auskunftspflichtige Ehegatte – nachdem Bestand und Umfang der Auskunftspflicht festgestellt worden sind – entweder mündlich als Partei befragt oder zur schriftlichen Stellungnahme und Edition von Ur-kunden aufgefordert.

4. Folgen der Auskunftsverweigerung

Verweigert ein Ehegatte die Auskunft oder kommt er der Auskunftspflicht nur unge- **17**
nügend nach, kann der andere Ehegatte das **Gericht anrufen** (Art. 170 Abs. 2) **und/oder die Gütertrennung verlangen** (Art. 185 Abs. 2 Ziff. 4).

V. Gerichtliche Durchsetzung der Auskunftspflicht

1. Zuständigkeit, Verfahren

18 Auskunftsbegehren können **vorfraglich** oder als **Teilanträge** innerhalb eines anderen eherechtlichen Verfahrens (z.B. mit einem Begehren um Getrenntleben nach Art. 175 ff., einem Ehetrennungs- oder Scheidungsprozess oder dazugehörigen Massnahmeverfahren nach Art. 145) gestellt werden (vgl. ZR 1990, 85). Diesfalls richten sich örtliche und sachliche Zuständigkeit nach den für das Hauptbegehren massgeblichen Bestimmungen. Mit Art. 170 Abs. 2 wird das Gericht nicht zu eigenen Sachverhaltsnachforschungen verpflichtet (BGE vom 22.1.2002, Urteil 5C.308/2001, E. 4b).

19 Wird das Begehren auf gerichtliche Durchsetzung des Auskunftsanspruchs gegen den anderen Ehegatten als beklagte Partei gestützt auf Art. 170 Abs. 2 und 3 **als einziger bzw. Hauptantrag** gestellt, liegt der Sache nach eine **Eheschutzmassnahme** vor, für welche analog Art. 180 für die örtliche Zuständigkeit zur Anwendung kommt. Soweit ein Kanton nicht ausdrücklich eine andere Regelung vorgesehen hat, wird auch sachlich das Eheschutzgericht in dem dafür vorgesehenen (zumeist summarischen) Verfahren zuständig sein. Soweit Auskünfte von Dritten, die in einem anderen Kanton oder einem anderen Staat wohnen, oder von ausserkantonalen Behörden eingeholt werden, ist die entsprechende Zeugenbefragung bzw. Aktenedition auf Rechtshilfe- oder Amtshilfeweg vorzunehmen.

Unmittelbar gegen den Dritten als beklagte Partei gerichtete Auskunftsbegehren sind hingegen an dessen allgemeinen Gerichtsstand einzureichen (VOGEL, Schutz der ehelichen Gemeinschaft, in: HANGARTNER, 111 ff., 121).

2. Vorgehen im Verfahren

20 Zunächst sind *Bestand und Umfang der Auskunftspflicht* zu prüfen (N 13–15). Welche Inhalte, welche Form, welchen Detailgehalt, welche Belege das Gericht fordert, wird erst nach Anhörung beider Parteien in einer Rechtsgüter- und Interessenabwägung entschieden werden können. Sodann wird – im Sinne des minderen Eingriffes bzw. der Prozessökonomie, aber auch weil sich der Anspruch in erster Linie gegen den Ehepartner richtet – der **auskunftspflichtige Ehegatte** aufgefordert werden, mündlich in der Form der Parteibefragung oder schriftlich (allenfalls verbunden mit Urkundenedition) Stellung zu nehmen. Er kann aber auch dazu angehalten werden, die Auskunft direkt seinem Ehepartner zu erteilen (BK-HAUSHEER/REUSSER/GEISER, N 24).

21 Im gerichtlichen Verfahren können dem auskunftspflichtigen Ehegatten die **Strafsanktionen** nach Art. 292 StGB und die vom Prozessrecht vorgesehenen **Zwangsmittel** angedroht werden. Allenfalls können in einem zweiten Schritt, nach Auskunftsverweigerung, **andere Beweismittel** angeordnet werden, wie Akteneditionen und Zeugenbefragungen. Ebenfalls kann in einem späteren Verfahren die Verweigerung der Auskunft im Rahmen der **Beweiswürdigung zum Nachteil des auskunftspflichtigen Ehegatten** berücksichtigt werden, ohne dass es dabei allerdings zu einer Beweislastumkehr kommen darf (BGE 118 II 29). Zudem haftet der die Auskunft verweigernde Ehegatte für den daraus dem anderen erwachsenden **Schaden** in analoger Anwendung des Art. 581 Abs. 2, soweit die Auskunft nicht anderweitig oder nicht rechtzeitig eingeholt werden kann (BK-HAUSHEER/REUSSER/GEISER, N 25).

22 Verweigert der auskunftspflichtige Ehegatte die Auskunft, oder reichen die von ihm gegebenen Auskünfte nicht aus, oder bleiben Zweifel an Vollständigkeit oder Richtigkeit seiner Angaben, ist in einem zweiten Schritt zu prüfen, welche **weiteren Erhebungen** vom Gesetz gedeckt, zweckmässig und verhältnismässig sind.

Dritte, die gestützt auf Art. 170 Abs. 2 zur Auskunft angehalten werden, erfüllen ihre **23** Auskunftspflicht entsprechend der gerichtlichen Anordnung in der Form der mündlichen oder schriftlichen Befragung oder in der Form des kantonalen Prozessrechts, d.h. durch Zeugenaussage, Aktenedition, Expertise, Duldung eines Augenscheins. Die Auskunftspflicht der Dritten wird durch Bundesrecht abschliessend geregelt; sie wird somit nicht durch kantonale Prozessrechtsbestimmungen über die Zeugnisverweigerungsrechte beschränkt. Jedoch ist die Auskunftspflicht der Dritten nicht absolut (Art. 170 Abs. 2 ist eine «Kann»-Vorschrift), so dass das Gericht m.E. nicht nur berechtigt, sondern auch verpflichtet ist, die allenfalls kollidierenden Interessen der Drittpersonen (z.B. im Zusammenhang mit ehewidrigem Verhalten oder mit Geschäftsgeheimnissen) abzuwägen, bevor die Drittperson einbezogen wird (vgl. sinngemäss BK-HAUSHEER/REUSSER/ GEISER, N 27, allerdings mit der Betonung, dass i.d.R. das Interesse eines Ehegatten an einer für ihn unerlässlichen Auskunft, die sonst nicht erhältlich wäre, vorgehe). Geschäftsgeheimnisse und die Privatsphäre Dritter können mit den Mitteln gewahrt werden, wie sie im Prozessrecht allgemein empfohlen werden (HABSCHEID, Schweizerisches Zivilprozess- und Gerichtsorganisationsrecht, 2. Aufl., Basel/Frankfurt a.M. 1990, 396; GVP-SG 2003 Nr. 45). Dasselbe gilt natürlich auch für schutzwürdige Geheimhaltungsinteressen des auskunftspflichtigen Ehegatten.

Generell behält Art. 170 Abs. 3 einzig die **Berufsgeheimnisse** folgender Drittpersonen **24** vor: der Rechtsanwälte, der Notare, der Ärzte, der Geistlichen und ihrer Hilfspersonen. Diese Aufzählung ist bundesrechtlich und abschliessend. Revisoren, Banken, Treuhänder können sich demnach im Rahmen des Art. 170 nicht auf ihre Geheimhaltungspflichten berufen.

VI. Internationales Privatrecht

Entsprechend dem unterschiedlichen Rechtscharakter der verschiedenen Auskunfts- **25** pflichten (N 2–5) muss das darauf **anwendbare Recht** je einzeln bestimmt werden (z.B. Art. 48 IPRG für Eheschutzmassnahmen entsprechend Art. 170 ZGB; Art. 52 ff. IPRG für güterrechtliche Auskunftsansprüche; Art. 61 und 63 IPRG für scheidungsrechtliche Auskunftsbegehren; lex fori für im Prozessrecht begründete Instrumente). Selbst wenn aufgrund des nach Art. 48 IPRG massgeblichen schweizerischen Ehewirkungsstatuts Art. 170 IPRG zur Anwendung kommt, beurteilt sich das Rechtsschutzinteresse bzw. der Umfang der Auskunftspflicht nach dem (allenfalls ausländischen) Unterhalts- oder Güterrechtsstatut.

Art. 171

K. Schutz der ehelichen Gemeinschaft **I. Beratungsstellen**	**Die Kantone sorgen dafür, dass sich die Ehegatten bei Eheschwierigkeiten gemeinsam oder einzeln an Ehe- oder Familienberatungsstellen wenden können.**
K. Protection de l'union conjugale I. Offices de consultation	Les cantons veillent à ce que les conjoints puissent dans les difficultés de leur vie d'époux s'adresser, ensemble ou séparément, à des offices de consultation conjugale ou familiale.

K. Protezione dell'unione coniugale	I Cantoni provvedono affinché, in caso di difficoltà matrimoniali, i coniugi possano rivolgersi, insieme o separatamente, a consultori matrimoniali o familiari.

I. Consultori

Literatur

DUSS-VON WERDT, Familien in Beratung und Therapie, in: FLEINER-GERSTER/GILLIAND/LÜSCHER (Hrsg.), Familien in der Schweiz, Freiburg i.Ü. 1991, 491 ff.; BONO-HOERLER, Wer findet zur Familienmediation, und wie wird sie erfolgreich abgeschlossen?, in: VON SINNER/ZIRKLER (Hrsg.), Hinter den Kulissen der Mediation, Bern 2005, 352 ff.

I. Funktion und Zweck der Ehe- und Familienberatungsstellen

1 Die Schwierigkeiten, welche im Ehe- und Familienleben auftreten, sind oft **höchst persönlicher Natur**. Es geht um Probleme der täglichen Interaktionen der Eheleute, um ihre sexuellen Beziehungen, um Auswirkungen aus dem Berufsleben oder besonderen Stress-Situationen, um die Anpassung an gesundheitliche oder altersbedingte Veränderungen bei sich und dem Partner, um unterschiedliche Entwicklungen der Persönlichkeiten, um Kindeserziehungsprobleme, die sich ebenfalls auf das Eheleben auswirken; aber auch um Fehlverhalten oder Ungenügen des einen oder anderen Ehepartners, wie Desinteresse am Familienleben, Sucht, Misswirtschaft, Zuwendung zu Drittpersonen.

Es ist daher verständlich, dass die Eheleute eine gewisse Scheu haben, derart Persönliches dem Gericht vorzutragen, insb. wenn die grundsätzliche Bereitschaft zum Fortführen der Ehe da ist oder sich der eine Ehegatte dem anderen unterlegen fühlt und den Wunsch zu grundsätzlicher Neuorientierung nicht entschieden genug zu äussern wagt.

2 Die Möglichkeit, bei **Ehe- oder Familienberatungsstellen** *kompetente Ansprechpartner* zu finden, soll den richterlichen Eheschutz ergänzen oder im Idealfall unnötig machen (BK-HAUSHEER/REUSSER/GEISER, N 5).

Die Anforderungen an Eheberaterinnen und Eheberater sind hoch. Psychologische und juristische Kenntnisse sind ebenso gefordert wie Lebenserfahrung, Offenheit für das Individuelle eines Paares und der einzelnen Person, die Fähigkeit zum neutralen Moderator. Aufgrund der einseitigen juristischen Ausbildung verfügen die meisten Richter nicht über alle diese Fähigkeiten, und jedenfalls nicht über die für eine umfassendere Beratung erforderliche Zeit.

Die Aufgaben der Ehe- und Familienberatungsstellen sind dementsprechend breit gefächert; sie reichen von Lebens-, Sexual- und Paar-Beratung, Erziehungsberatung bis zu Rechtsauskünften, Budgetplanung, Vermittlung von Leistungen der Sozialhilfe und der Sozialversicherungen und sogar allgemeiner Lebensberatung. Heute findet die Mediation immer mehr Anwendung. Faktisch lässt sich «Ehe- und Familienberatung» nicht eng eingrenzen.

Dementsprechend haben die Ehe- und Familienberatungsstellen nicht einseitig auf Versöhnung oder Aufrechterhaltung der Ehe hinzuwirken. Sie haben ebenfalls den anderen Zweck des Eheschutzes – den Schutz der Persönlichkeit jedes Ehegatten – zu unterstützen, und dieser kann auch den Rat zur Scheidung einschliessen. Das ergibt sich u.a. daraus, dass sich die Ehegatten «gemeinsam oder einzeln» an diese Beratungsstellen wenden können.

II. Keine Pflicht der Eheleute, die Ehe- und Familienberatung in Anspruch zu nehmen

Aus der Formulierung des Art. 171 («wenden können») ergibt sich, dass kein Zwang 3
dazu besteht, die Beratung in Anspruch zu nehmen. Selbst eine Weisung des Eheschutzrichters nach Art. 172 Abs. 2 bedeutet einzig richterliche Empfehlung oder dringenden
Rat, aber keine durchsetzbare Rechtspflicht. Eine Weigerung, zur Konfliktlösung durch
Eheberatung Hand zu bieten, kann aber als ehewidriges Verhalten (Art. 159 Abs. 2) qualifiziert werden (BK-HAUSHEER/REUSSER/GEISER, N 10).

III. Aufgabe der Kantone

Art. 171 macht es den Kantonen zur Aufgabe, *in ausreichendem Masse* **Ehe- und** 4
Familienberatungsinstitutionen zur Verfügung zu halten. Ob es sich dabei um eine
eigentliche Rechtspflicht der Kantone handelt, ist umstritten; für eine Rechtspflicht:
TUOR/SCHNYDER/SCHMID, 208; DESCHENAUX/STEINAUER, droit matrimonial, 131; keinen
rechtlich verpflichtenden Auftrag sehen darin NÄF-HOFMANN, Ehe- und Erbrecht, 63 und
BK-HAUSHEER/REUSSER/GEISER, N 7. Jedenfalls sind die Kantone nicht verpflichtet,
selber Beratungsstellen einzurichten; sie können auch *private Beratungsstellen fördern*
und *unterstützen* (AmtlBull NR 1983, 659 f.). Dabei haben sie aber darauf zu achten,
dass *weltanschaulich neutrale Beratungsstellen in ausreichendem Masse* vorhanden sind
(NÄF-HOFMANN, Ehe- und Erbrecht, 63).

Art. 172

II. Gerichtliche Massnahmen **1. Im All-gemeinen**	**¹ Erfüllt ein Ehegatte seine Pflichten gegenüber der Familie nicht oder sind die Ehegatten in einer für die eheliche Gemein-schaft wichtigen Angelegenheit uneinig, so können sie gemein-sam oder einzeln das Gericht um Vermittlung anrufen.** **² Das Gericht mahnt die Ehegatten an ihre Pflichten und ver-sucht, sie zu versöhnen; es kann mit ihrem Einverständnis Sach-verständige beiziehen oder sie an eine Ehe- oder Familienbe-ratungsstelle weisen.** **³ Wenn nötig, trifft das Gericht auf Begehren eines Ehegatten die vom Gesetz vorgesehenen Massnahmen.**
II. Mesures judiciaires 1. En général	¹ Lorsqu'un époux ne remplit pas ses devoirs de famille ou que les conjoints sont en désaccord sur une affaire importante pour l'union conjugale, ils peuvent, ensemble ou séparément, requérir l'intervention du juge. ² Le juge rappelle les époux à leurs devoirs et tente de les concilier; il peut requérir, avec leur accord, le concours de personnes qualifiées ou leur conseiller de s'adresser à un office de consultation conjugale ou familiale. ³ Au besoin, le juge prend, à la requête d'un époux, les mesures prévues par la loi.
II. Misure giudiziarie 1. In genere	¹ I coniugi possono, insieme o separatamente, chiedere la mediazione del giudice qualora uno di loro si dimostri dimentico dei suoi doveri familiari od essi siano in disaccordo in un affare importante per l'unione coniugale. ² Il giudice richiama i coniugi ai loro doveri e cerca di conciliarli; con il loro consenso, può far capo a periti o indirizzarli a un consultorio matrimoniale o familiare. ³ Se necessario, il giudice, ad istanza di un coniuge, prende le misure previste dalla legge.

Literatur

Vgl. die Literaturhinweise zu den Vorbem. zu Art. 159–180; VOGEL, Schutz der ehelichen Gemeinschaft, in: HANGARTNER, Das neue Eherecht, St. Gallen 1987, 111 ff.

I. Funktion des Art. 172

1   Art. 172 Abs. 1 zählt die **allgemeinen Voraussetzungen** auf, welche **für jede gerichtliche Eheschutztätigkeit** erfüllt sein müssen, nämlich:

– Begehren des oder der Ehegatten,

– Nichterfüllen der familiären Pflichten oder Uneinigkeit in einer für die eheliche Gemeinschaft wichtigen Angelegenheit.

Weitere Voraussetzungen werden in den nachstehenden weiteren Bestimmungen über die einzelnen Eheschutzmassnahmen (Art. 173–178) genannt.

2   Art. 172 Abs. 2 befasst sich mit den **Aufgaben des Eheschutzgerichts vor oder ausserhalb eigentlicher eheschutzrechtlicher Massnahmen,** nämlich mit der *Ermahnung und der Aussöhnung* der Parteien.

3   Art. 172 Abs. 3 beschränkt im Übrigen die Tätigkeit des Eheschutzgerichts auf die vom Gesetz vorgesehenen Massnahmen.

II. Die allgemeinen Voraussetzungen für das Tätigwerden des Eheschutzgerichts

1. Begehren einer oder beider Parteien

4   Das Eheschutzgericht wird *nicht von Amtes wegen* und auch *nicht auf Anzeige Dritter* hin tätig. Voraussetzung ist vielmehr, dass der eine Ehegatte oder beide Eheleute bei ihm Massnahmen oder auch nur Vermittlung **beantragen** (Art. 172 Abs. 1). Wenn lediglich Ermahnung oder Vermittlung beantragt wird, darf das Gericht nicht von sich aus weiter gehende Eheschutzmassnahmen treffen. Einzig im Rahmen der Art. 176 Abs. 3 und Art. 178 Abs. 3 kann das Eheschutzgericht über gestellte Anträge hinausgehen.

2. Nichterfüllen der familiären Pflichten

5   Zu den **Pflichten gegenüber der Familie,** von deren Nichterfüllung Art. 172 Abs. 1 spricht, gehören *Art. 159 Abs. 2 und 3, 162–170,* aber auch die *elterlichen Pflichten* (Art. 301 ff.) sowie weitere *Verhaltenspflichten der Eheleute, die sich insbesondere aus der vereinbarten Rollenverteilung unter den Ehegatten ergeben.*

Nicht jede geringfügige Pflichtverletzung kann zu Eheschutzmassnahmen Anlass geben. Die Nichterfüllung muss ernsthafter Natur sein; ein Verschulden ist aber nicht erforderlich (HEGNAUER/BREITSCHMID, 197). Anderseits können auch scheinbar geringfügige Differenzen eskalieren oder auf einen bereits bestehenden tiefer liegenden Konflikt hindeuten, welcher den Parteien selber möglicherweise gar nicht bewusst ist. Daher wird gefordert, dass an die Voraussetzung des Nichterfüllens familiärer Pflichten *keine zu hohen Anforderungen* zu stellen sind (BK-HAUSHEER/REUSSER/GEISER, N 8).

6   Die Voraussetzung des Nichterfüllens familiärer Pflichten ist *alternativ* zur nachfolgend behandelten Voraussetzung der Uneinigkeit in wichtigen Angelegenheiten.

3. Uneinigkeit in einer für die eheliche Gemeinschaft wichtigen Angelegenheit

Mit dem Übergang des Eherechts vom patriarchalisch geprägten Ehemodell zur Partner-   7
schaft ist der Stichentscheid des Ehemannes entfallen. **Meinungsverschiedenheiten der Ehepartner** sind daher einvernehmlich auf der Basis der *Gleichberechtigung* zu lösen. Differenzen in Bereichen, welche die Persönlichkeit und die Intimsphäre des einzelnen oder beider Ehegatten besonders tief berühren, können von niemandem anders bereinigt werden als von den Ehegatten allein bzw. gemeinsam. Es gibt dagegen einzelne Bereiche, in denen das Gericht *bei Uneinigkeit der Eheleute* sehr wohl den *Stichentscheid* geben kann und muss. Das sind einerseits die Beziehungen der ehelichen Gemeinschaft *im Verhältnis zu den Kindern und zu Dritten,* andererseits Entscheidungen in *Fragen,* die nach *einigermassen objektiven Gesichtspunkten* gelöst werden können, und schliesslich Massnahmen, die getroffen werden müssen, um die *Persönlichkeit des einen gegen den anderen Ehegatten* zu schützen.

III. Gerichtliche Funktionen vor der Anordnung eigentlicher Eheschutzmassnahmen

1. Vermittlung und Ermahnung

Die Eheleute können gemeinsam oder einzeln das *Eheschutzgericht* zur **Vermittlung**   8
anrufen (Art. 172 Abs. 1), wenn die allgemeinen Voraussetzungen (N 4–7) erfüllt sind. Vermitteln heisst: Beide Parteien anhören und sie aussprechen lassen, ihren Optiken die seine zum Vergleich offen legen oder ihnen Aspekte und Lösungsansätze aufzeigen, an die die Eheleute nicht gedacht hatten. Durch die Vermittlung soll im gemeinsamen Gespräch der Bedeutung und den Ursachen der Uneinigkeit auf den Grund gegangen werden, nicht aber über Schuld oder Nichtschuld befunden werden (GEORGII, 50). Die Vermittlung kann nichts erzwingen, vielmehr stellt sie Hilfe zur Selbsthilfe dar (BK-HAUSHEER/REUSSER/GEISER, N 16 sowie N 16a und b).

Mit der **Ermahnung** geht das Gericht einen Schritt weiter: Hier setzt es seine Autorität   9
ein, indem es einem oder beiden Ehegatten *vernachlässigte Pflichten* in Erinnerung ruft und sich dabei ggf. zur Frage einer allfälligen *Ehewidrigkeit* äussert. Damit kann sich die förmliche Ermahnung einem Feststellungsentscheid annähern, welcher z.B. später im Zusammenhang mit einem Scheidungsverfahren in der Beurteilung der Unterhaltpflicht eine Rolle spielen kann. Das Gericht kann nur einen oder beide Ehegatten ermahnen, nicht aber einen Dritten (somit auch nicht einen Ehestörer, BGE 78 II 297).

Vermittlung (N 8) und Ermahnung (N 9) setzen in aller Regel zwingend von Bundesrechts wegen eine mündliche Verhandlung voraus (BGE vom 24.7.2001, Urteil 5P.186/2001, E. 3 b).

2. Beizug von Sachverständigen

Sachverständige – wie Ärzte, Psychologen, Sozialarbeiter, Drogenfachleute, Erzieher –,   10
welche das Gericht hier nur im Einverständnis mit den Eheleuten beiziehen kann (Art. 172 Abs. 2), erstatten nicht Gutachten mit der prozessualen Funktion von Beweismitteln; ihre Aufgabe ist es vielmehr, das Gericht in dessen *Vermittlertätigkeit* zu unterstützen (VOGEL, in: HANGARTNER, 127). Sollen die Gutachten in späteren Verfahren, wie bei Anordnung von eigentlichen Eheschutzmassnahmen oder in einem späteren Scheidungsprozess, Beweiswert haben, ist auf die dafür erforderlichen Verfahrensgarantien, insb. den Anspruch auf beidseitiges rechtliches Gehör, zu achten (HAUSHEER/REUSSER/GEISER, N 22).

3. Weisung an Ehe- und Familienberatungsstellen

11   Das Gericht kann, wenn es dies für zweckmässig erachtet, die Eheleute an **Ehe- und Familienberatungsstellen** i.S.v. Art. 171, wozu auch **Mediatoren** gehören, weisen (Art. 172 Abs. 2). Die Eheleute sind allerdings frei, ob sie dieser gerichtlichen Empfehlung Folge leisten. Unmittelbare Sanktionen haben sie nicht zu befürchten; vgl. jedoch vorne Art. 171, N 3.

IV. Übergang zu eigentlichen Eheschutzmassnahmen

12   Fruchten Vermittlung oder Ermahnung nicht, oder steht von vornherein fest, dass eine solche gerichtliche Tätigkeit ungeeignet ist, das Problem rechtzeitig und effizient zu lösen, d.h. ausreichenden Rechtsschutz zu gewähren, hat das Eheschutzgericht im Rahmen der gestellten Anträge **eigentliche Eheschutzmassnahmen** (Art. 173 ff.) zu treffen.

13   Das angerufene Eheschutzgericht ist **verpflichtet**, über die beantragten Eheschutzbegehren, namentlich die Regelung der Folgen des Getrenntlebens, zu entscheiden, selbst wenn es selber die Ehe der Parteien als unheilbar zerrüttet und scheidungsreif erachtet (BGE 119 II 313 f.). Zur Zuständigkeitsabgrenzung, wenn während des Eheschutzverfahrens die Scheidung rechtshängig gemacht wird: BGE 129 III 60 ff.

V. Beschränkung der gerichtlichen Massnahmen auf die vom Gesetz vorgesehenen Massnahmen

14   Art. 172 Abs. 3 beschränkt die vom Gericht auf Begehren einer Partei angeordneten Eheschutzmassnahmen auf die **vom Gesetz vorgesehenen Massnahmen.** Es steht ihm also nicht zu, irgendwelche ihm angemessen erscheinende Massnahmen zu treffen (BGE 91 II 418 zum alten, BGE 114 II 22 zum heutigen Recht). Wenn sie diese Regelung zu restriktiv empfindet, sucht die Praxis oft den Ausweg über die extensive Auslegung einzelner gesetzlicher Bestimmungen (wie Art. 178 Abs. 2) und bei entsprechender Dringlichkeit über vorsorgliche Anordnungen aller Art. Ein wichtiges Anliegen ist der Schutz vor häuslicher Gewalt, dem Polizeigesetze in einigen Kantonen vermehrt Rechnung tragen. In dieser Hinsicht wird eine bundesrechtliche Regelung angestrebt.

Art. 173

2. Während des Zusammenlebens	[1] **Auf Begehren eines Ehegatten setzt das Gericht die Geldbeiträge an den Unterhalt der Familie fest.**
a. Geldleistungen	[2] **Ebenso setzt es auf Begehren eines Ehegatten den Betrag für den Ehegatten fest, der den Haushalt besorgt, die Kinder betreut oder dem andern im Beruf oder Gewerbe hilft.**
	[3] **Die Leistungen können für die Zukunft und für das Jahr vor Einreichung des Begehrens gefordert werden.**
2. Pendant la vie commune	[1] A la requête d'un époux, le juge fixe les contributions pécuniaires dues pour l'entretien de la famille.
a. Contributions pécuniaires	[2] De même, à la requête d'un des époux, le juge fixe le montant dû à celui d'entre eux qui voue ses soins au ménage ou aux enfants ou qui aide son conjoint dans sa profession ou son entreprise.
	[3] Ces prestations peuvent être réclamées pour l'avenir et pour l'année qui précède l'introduction de la requête.

2. Durante la convivenza	[1] Ad istanza di un coniuge, il giudice stabilisce i contributi pecuniari per il mantenimento della famiglia.
a. Prestazioni pecuniarie	[2] Parimenti, ad istanza di uno dei coniugi, stabilisce la somma destinata a quello che provvede al governo della casa o alla cura della prole o assiste l'altro nella sua professione od impresa.
	[3] Le prestazioni possono essere pretese per il futuro e per l'anno precedente l'istanza.

Literatur

BRÄM, Auswirkungen von Art. 163–165 ZGB auf Renten bei Scheidung und Getrenntleben, SJZ 1988, 57 ff.; ENGLER, Aus der Praxis des Ehegerichtspräsidenten Basel-Stadt, BJM 1990, 173 ff.; DOLDER/DIETHELM, Eheschutz (Art. 175 ff. ZGB) – Ein aktueller Überblick, AJP 2003, 655 ff.; GEISER, Neuere Tendenzen in der Rechtsprechung zu den familienrechtlichen Unterhaltspflichten, AJP 1993, 903 ff.; GEORGII, Stellung und Funktion des Eheschutzrichters, 1986; GUGLIELMONI/TREZZINI, Die Bemessung des Unterhaltsbeitrages für unmündige Kinder in der Scheidung, AJP 1993, 3 ff.; GULER, Die Bemessung der Unterhaltsbeiträge für Kinder, ZVW 1990, 54 ff.; HEGNAUER, Der Unterhalt des Stiefkindes nach schweizerischem Recht, in: FS Müller-Freienfels, 1986, 271 ff.; KELLER, Die Empfehlungen des Jugendamtes zur Bemessung von Unterhaltsbeiträgen für Kinder, SJZ 1977, 181 ff.; STEINAUER, La fixation de la contribution d'entretien due aux enfants et au conjoint en cas de vie separée, RFJ 1992, 6 ff.; WINZELER, Die Bemessung der Unterhaltsbeiträge für Kinder, 1974; ZWEIFEL, Die Festlegung der Geldbeiträge an den Unterhalt bei Aufhebung des gemeinsamen Haushaltes durch den Eheschutzrichter, SJZ 1988, 190 ff.

I. Normzweck

Die Vorschrift bezweckt die Regelung von **Verständigungskrisen** der Ehegatten über ihre **Geldleistungspflicht** bei bestehender häuslicher Gemeinschaft (vgl. Randtitel «während des Zusammenlebens»). **1**

Dass Ehegatten das Gericht um verbindliche Festlegung der Geldzahlungen an den Unterhalt ersuchen, ist während des **Zusammenlebens** eher selten (für die verlangte Intensität des Zusammenlebens s. BGE 121 II 49 ff. bezüglich Art. 27 f. BüG; ZK-BRÄM, N 3). Viel häufiger entstehen Unstimmigkeiten über die Geldleistungspflicht im Zusammenhang mit der Aufhebung des gemeinsamen Haushalts.

Hierfür ist aber nicht Art. 173 anwendbar, vielmehr kommen Art. 176 (Eheschutzverfahren) oder Art. 137 Abs. 2 (Scheidungsverfahren) zum Zuge. Die Unterscheidung ist auch praktisch bedeutsam, weil es bei Art. 173 um die Finanzierung nur eines Haushaltes geht, wogegen beim sog. Getrenntleben nach Art. 176 bzw. 137 die verfügbaren Geldmittel auf zwei Haushalte aufgeteilt werden müssen (vgl. BK-HAUSHEER/REUSSER/GEISER, N 5b).

II. Bemessung der Geldbeiträge (Abs. 1)

Bemessungsfaktoren sind einerseits der **Familienbedarf** und andererseits die wirtschaftliche **Leistungsfähigkeit** der Ehegatten. **2**

Der **Unterhaltsbedarf** wird nach Massgabe von Art. 163 bestimmt. Es wird auf die einschlägigen Ausführungen in N 6 ff. zu Art. 163 verwiesen. **3**

Zur Bestimmung der wirtschaftlichen **Leistungskraft** sind die gesamten Einkünfte beider Ehegatten zu ermitteln und davon die Schuldverpflichtungen gegenüber Dritten abzuziehen. Auch hiefür kann auf die Ausführungen von N 22 ff. zu Art. 163 verwiesen werden. **4**

Ausgangspunkt für die Festsetzung der Geldbeiträge bildet die **eheliche Aufgabenteilung.** Haben sich die Ehegatten auf eine Rollenverteilung geeinigt, so ist diese für das **5**

Gericht massgebend. Bei Uneinigkeit der Gatten jedoch kommt die richterliche Instanz nicht umhin, **vorfrageweise** eine **Funktionszuweisung** vorzunehmen («hypothetische» Aufgabenverteilung), um darauf gestützt die Geldzahlungen festzulegen (GEORGII, 84). Dem Gericht fehlt jedoch die Kompetenz, den Ehegatten bestimmte Aufgaben verbindlich zuzuweisen: Der Revisionsgesetzgeber wollte nicht anstelle der früheren gesetzlich fixierten Einheitsehe eine richterlich angeordnete Normehe treten lassen (Botschaft, Ziff. 219.221).

6   Bedarf und verfügbare Mittel sind einander gegenüber zu stellen. Der **Vergleich** zeigt, ob die vorhandenen Mittel zur Deckung des Familienbedarfs ausreichen oder nicht. Je nach dem Ergebnis dieser Gegenüberstellung ergeben sich unterschiedliche Situationen.

1. Ausreichende Mittel

7   Zur Bestimmung der Geldleistungspflicht ist vom **Ehemodell** auszugehen, das die Gatten gewählt haben:

– Bei der **Hausgattenehe** mit klar abgegrenzten Tätigkeitsbereichen (Erwerbstätigkeit durch den einen, Haushaltsbesorgung und Kinderbetreuung durch den anderen Gatten), hat der Erwerbstätige vollständig für den Barbedarf der Familie aufzukommen (100%ige Geldleistungspflicht).

– Sind **beide** Gatten **erwerbstätig,** sollen die Barkosten grundsätzlich entsprechend den jeweiligen Einkünften getragen werden. Übernimmt bei der Doppelverdienstehe aber der eine Gatte zusätzlich Familienarbeit in wesentlich grösserem Umfang als der andere, so hat wegen der Gleichwertigkeit von Natural- und Geldleistungen (Art. 163 N 35) und mit Blick auf den Grundsatz der proportionalen Belastung eine Herabsetzung des entsprechenden Geldbeitrages zu erfolgen.

– Ist bei der **Zuverdienstehe** der eine Gatte voll erwerbstätig, während der andere durch Teilzeiterwerb und Familienarbeit ein Vollpensum erfüllt, können die Geldbeiträge proportional zu den Einkommen aufgeteilt werden.

2. Ungenügende Mittel

8   Reichen die verfügbaren Mittel nicht aus, um den Familienbedarf zu decken, ist zunächst zu prüfen, ob und ggf. von welchem Ehegatten eine **Mehrleistung** zwecks Verbesserung der finanziellen Situation verlangt werden kann. Ob zusätzliche Anstrengungen in Ansehung der Beistandspflicht zumutbar sind, entscheidet sich nach den persönlichen Verhältnissen der Gatten, nach Ehedauer und bisheriger Aufgabenteilung (v.a. Belastung mit Kinderbetreuung), nach Alter, Gesundheitszustand, Ausbildung und früherer Berufstätigkeit sowie nach Arbeitsmarkt- und Wirtschaftslage (ZK-BRÄM, Art. 159 N 117; BGE 119 II 314 ff. i.Z.m. Art. 145 ZGB; 114 II 31 E. 6 i.Z.m. Art. 176 ZGB).

Der Eheschutzrichter greift unter Umständen (indirekt) in die **Aufgabenteilung** ein, wenn eine Leistungsanstrengung nur durch Änderung der Lebensgestaltung eines Ehegatten möglich ist. Dies ist im Eherecht nicht aussergewöhnlich, denn auch im Rahmen von Art. 137, 125 und 129 ZGB ist das hypothetisch erzielbare Einkommen massgebend (SUTTER/FREIBURGHAUS, Art. 125 N 47 ff.; BGE 119 II 316 f.; 121 III 297, 299; 123 III 15; 126 III 10).

9   Sind Mehrleistungen weder dem einen noch dem andern Gatten zuzumuten, stellt sich die Frage, zu wessen Lasten der **Fehlbetrag** gehen soll. Die bundesgerichtliche Rechtsprechung geht von der Unantastbarkeit der Leistungskraft des unterhaltspflichtigen Ehepartners aus. In dessen Existenzminimum soll aus zwei Gründen nicht eingegriffen werden. Zum einen soll der Arbeitswille des Pflichtigen erhalten bleiben und anderseits

müsse verhindert werden, dass durch die Inanspruchnahme der Sozialhilfe durch beide Gatten ein unverhältnismässiger Verwaltungsaufwand entsteht (BGE 123 III 4 und 333; 121 I 100; 121 III 303; 114 II 17). Ob allerdings die Überwälzung des Fehlbetrages auf nur einen Gatten (häufig die nicht oder nur beschränkt erwerbstätige Ehefrau) sich mit dem Grundsatz der gemeinsamen Verantwortung beider Gatten für den Familienunterhalt (Art. 163 N 5) und mit dem Prinzip der Gleichwertigkeit von Familienarbeit und Erwerbstätigkeit (Art. 163 N 35) vereinbaren lässt, erscheint zweifelhaft.

III. Festsetzung des Freibetrags (Abs. 2)

Über Voraussetzungen und Bemessung des Betrags zur freien Verfügung s. Art. 164 N 3 ff. Der anspruchsberechtigte Ehegatte kann schon bei bestehender häuslicher Gemeinschaft (also nicht erst nach Aufnahme des Getrenntlebens) beim Eheschutzrichter am Wohnsitz eines Gatten (Art. 15 Abs. 1 lit. a GestG) **Klage** auf Zusprechung eines angemessenen Freibetrags einreichen. Aktiv- und passivlegitimiert sind nur Ehefrau und Ehemann persönlich. Das **Verfahren** ist nach den meisten kantonalen Zivilprozessordnungen ein **summarisches** mit Beschränkung der Beweismittel und des Beweisgrades. Dies schliesst i.d.R. die Einholung zeit- und kostenaufwendiger Expertisen zur praktisch oft relevanten Frage nach dem Ausmass einer verantwortungsbewussten beruflichen Vorsorge aus (s. Art. 164 N 18; ZK-BRÄM, Art. 164 N 39). Zur Festlegung eines angemessenen Freibetrags kann sich die richterliche Instanz aber am finanziellen Spielraum orientieren, den der Unternehmer-Ehegatte sich selbst einräumt (ZK-BRÄM, Art. 164 N 39). **10**

Ob der Anspruch auf einen Freibetrag durch **Schuldneranweisung** (Art. 177) und/oder **Verfügungsbeschränkung** (Art. 178) gesichert werden kann, ist **umstritten** (bejahend BK-HAUSHEER/REUSSER/GEISER, Art. 164 N 36; STAMM, Der Betrag zur freien Verfügung gem. Art. 164 ZGB, 1991, 142 und 149; verneinend HEGNAUER/BREITSCHMID, Rz 16.52). Im Einzelfall ist die Frage unter dem Gesichtswinkel des Verhältnismässigkeitsgrundsatzes zu entscheiden: s. Art. 164 N 24.

IV. Zeitliche Begrenzung (Abs. 3)

Die zum Unterhalt zählenden Ansprüche aus Art. 163 und 164 gehen grundsätzlich auf **künftige** Leistungen (in preaeteritum non vivitur). Sie können allerdings auch rückwirkend für ein Jahr vor Einreichung des Begehrens verlangt werden. Für diesen Fall muss der Richter aber berücksichtigen, was der ins Recht gefasste Gatte schon geleistet hat. Zudem muss geprüft werden, ob im Verhalten des klagenden Gatten, der sich während Monaten oppositionslos mit den ausgerichteten (nunmehr als zu niedrig empfundenen) Beiträgen abgefunden hat, nicht ein Verzicht zu erblicken ist (ZK-BRÄM, Art. 163 N 150, Art. 164 N 45). **11**

Art. 174

b. Entzug der Vertretungs-befugnis	[1] **Überschreitet ein Ehegatte seine Befugnis zur Vertretung der ehelichen Gemeinschaft oder erweist er sich als unfähig, sie auszuüben, so kann ihm das Gericht auf Begehren des andern die Vertretungsbefugnis ganz oder teilweise entziehen.**

[2] **Der Ehegatte, der das Begehren stellt, darf Dritten den Entzug nur durch persönliche Mitteilung bekannt geben.**

[3] **Gutgläubigen Dritten gegenüber ist der Entzug nur wirksam, wenn er auf Anordnung des Gerichts veröffentlicht worden ist.**

b. Retrait du pouvoir de représenter l'union conjugale

[1] Lorsqu'un époux excède son droit de représenter l'union conjugale ou se montre incapable de l'exercer, le juge peut, à la requête de son conjoint, lui retirer tout ou partie de ses pouvoirs.

[2] Le requérant ne peut porter ce retrait à la connaissance des tiers que par avis individuels.

[3] Le retrait des pouvoirs n'est opposable aux tiers de bonne foi qu'après avoir été publié sur l'ordre du juge.

b. Privazione della rappresentanza

[1] Se un coniuge eccede il suo potere di rappresentare l'unione coniugale o se ne dimostra incapace, il giudice, ad istanza dell'altro, può privarlo in tutto od in parte della rappresentanza.

[2] Il coniuge istante può comunicare la privazione a terzi soltanto con avviso personale.

[3] La privazione è opponibile ai terzi di buona fede soltanto quando sia stata pubblicata per ordine del giudice.

Literatur

BERGER, Die Stellung Verheirateter im rechtsgeschäftlichen Verkehr, 1987; BRÄM, Gemeinschaftliches Eigentum unter Ehegatten an Grundstücken, ASR Bd. 605, 1997; GEORGII, Stellung und Funktion des Eheschutzrichters, 1986; MASANTI-MÜLLER, Verwaltung und Vertretung in der Gütergemeinschaft, Diss. 1995; SCHMID, Die Wirkungen in der Ehe im allgemeinen und im Verhältnis zu Dritten, Diss. 1996.

I. Allgemeines

1. Normzweck/Rechtsnatur

1 Die Bestimmung gehört inhaltlich zur ehelichen Vertretungsordnung von Art. 166. Die dort angeordnete Mitverpflichtung und Solidarhaftung von Ehemann und Ehefrau (Abs. 3) schliesst das Risiko in sich, dass der eine Gatte für ein Rechtsgeschäft einstehen muss, das der andere in Überschreitung der (gesetzlichen) Vertretungsbefugnis abgeschlossen hat. Diese **Gefährdung der Vermögensinteressen** des vertretenen Gatten soll (für die Zukunft) dadurch ausgeschaltet oder zumindest beschränkt werden, dass dem Ehepartner die Vertretungsbefugnis entzogen wird.

2 Der Entzug der Vertretungsbefugnis ist als **Eheschutzmassnahme** ausgestaltet, weshalb Art. 174 sich im Abschnitt über den Eheschutz (Art. 171–180) und nicht bei der Regelung der ehelichen Vertretung (Art. 166) findet.

2. Anwendungsbereich

3 Art. 174 bezieht sich nur auf jene Vertretungsbefugnis, die als **gesetzliche** Nebenerscheinung des Eheabschlusses den Gatten ipso iure zukommt. Nicht erfasst wird dagegen die **rechtsgeschäftliche** Ermächtigung, wo der eine Gatte den andern bevollmächtigt, für ihn Rechtsgeschäfte abzuschliessen. Hiefür ist Stellvertretungsrecht (Art. 32 ff. OR) massgebend, sodass der Vollmachtgeber-Ehegatte die seinem Ehepartner erteilte Vertretungsbefugnis jederzeit und ohne richterliche Intervention widerrufen kann (BERGER, 140 f.).

4 Nicht in den Anwendungsbereich von Art. 174 fällt der Entzug von Vertretungsbefugnissen bei **gemeinschaftlichem Eigentum** (v.a. bei Gütergemeinschaft und einfacher Gesellschaft; vgl. zu diesen Fällen BK-HAUSHEER/REUSSER/GEISER, N 7a).

5 Weil die Vertretungsordnung von Art. 166 bei Bargeschäften nicht zum Tragen kommt und im Bereich des ständig wichtiger werdenden bargeldlosen Zahlungsverkehrs die

rechtsgeschäftliche Ermächtigung unter Ehegatten weit im Vordergrund steht, ist die **praktische Bedeutung** von Art. 174 sehr gering.

II. Voraussetzungen des Entzugs (Abs. 1)

1. Bestand von Ehe, gemeinsamen Haushalt und Vorliegen eines Gemeinschaftsgeschäfts

Ohne die Grundvoraussetzungen der **Ehe**, des **gemeinsamen Haushalts** und eines **Gemeinschaftsgeschäfts** kommt es nicht zu der aus der gesetzlichen Vertretungsordnung fliessenden Mitverpflichtung und Solidarhaftung der Ehegatten (s. Art 166 N 4 ff.), weshalb für die Anwendung von Art. 174 von vornherein kein Raum bleibt.   **6**

Hat ein gemeinsamer Haushalt bestanden, wurde dieser aber **aufgehoben,** so ruht die gesetzliche Vertretungsordnung (s. Art. 166 N 5), sodass ein Entzug der Vertretungsbefugnis sich erübrigt. Immerhin können die Ehegatten nach Aufnahme des Getrenntlebens sich individuell zur Vornahme von Rechtsgeschäften ermächtigen, wobei sich die Wirkungen dieser Vertretung nach Obligationenrecht richten (s. N 3).   **7**

2. Überschreitung der Vertretungsbefugnis

a) Für die laufenden Bedürfnisse der Familie (ordentliche Vertretung)

Die Beurteilung der Frage, ob eine Überschreitung vorliege, erfordert einen Vergleich der beanstandeten Bedarfsdeckung mit den familienindividuellen Bedürfnissen (s. Art. 166 N 14). Eine Überschreitung der Vertretungsbefugnis ist anzunehmen, wenn der handelnde Ehepartner ohne Beachtung des vom andern Gatten erhobenen **Einspruchs** Geschäfte abschliesst, welche den **familienangemessenen Rahmen** sprengen. Dabei spielt es keine Rolle, ob nur ein einzelnes, gewichtiges Rechtsgeschäft diese Schranken nicht einhält oder ob es mehrere kleinere Geschäfte sind, die zusammen die vorgegebene Limite übersteigen. Ebenso wenig kommt es darauf an, ob angesichts der verfügbaren Finanzen zu hohe Barausgaben getätigt oder übermässige Schuldverpflichtungen eingegangen werden.   **8**

b) Für die übrigen Bedürfnisse der Familie (ausserordentliche Vertretung)

Hat der eine **Gatte** den andern ausdrücklich oder stillschweigend zum Abschluss von Rechtsgeschäften, die nicht zum alltäglichen Familienbedarf gehören, ermächtigt (s. Art. 166 N 18 ff.), so kann er diese Bevollmächtigung nach den Regeln des Stellvertretungsrechts jederzeit **widerrufen,** womit kein Raum für die Anwendung von Art. 174 bleibt. Erachtet der betroffene Gatte den Widerruf als rechtsmissbräuchlich, kann er sich an das Eheschutzgericht wenden (s. Art. 166 N 22).   **9**

Erwirkt der handlungswillige Gatte beim **Eheschutzrichter** eine Ermächtigung zur Vornahme des geplanten Rechtsgeschäfts, so ist eine Überschreitung der Vertretungsbefugnis praktisch ausgeschlossen. Denkbar ist immerhin, dass der ermächtigte Gatte noch vor Abschluss des Rechtsgeschäfts zu dessen Weiterführung nicht mehr fähig ist, oder dass Indizien bestehen, dass bei einem stufenweise abzuwickelnden Geschäft dieses vom ermächtigten Gatten nicht ordnungsgemäss zu Ende geführt wird (ZK-BRÄM, N 15).   **10**

Hat der eine Gatte von der **Notbefugnis** Gebrauch gemacht und insoweit seinen Ehepartner mitverpflichtet (s. Art. 166, N 23), so fällt ein Entzug der Vertretungsbefugnis gem. Art. 174 ausser Betracht. Die Notbefugnis ist einerseits in der Dringlichkeit und anderseits in der objektiven Unmöglichkeit der Zustimmung durch den andern Gatten begrün-   **11** det. Erhält der zunächst an der Einwilligung verhinderte Gatte später Gelegenheit, sich des fraglichen Rechtsgeschäfts anzunehmen, so fallen die Voraussetzungen der Notbefugnis weg.

3. Wiederholungsgefahr

12 Da die Massnahme **zukunftsgerichtet** ist, müssen zusätzlich zur bereits eingetretenen Überschreitung Anhaltspunkte dafür bestehen, dass der betreffende Gatte auch in Zukunft den Rahmen seiner Vertretungsbefugnis **nicht einhalten** werde.

4. Unfähigkeit eines Ehegatten zur Vertretung der ehelichen Gemeinschaft

Die fehlende Fähigkeit zur Vertretung der Gemeinschaft hat ihren Grund meist in **persönlichen Eigenschaften** eines Ehegatten, ohne dass aber dessen Handlungsfähigkeit in Frage gestellt wäre. Der handelnde Gatte ist nicht imstande, die Grenzen der Vertretungsbefugnis zu erfassen oder aber er erkennt zwar diese Schranken, doch fehlt ihm die Willenskraft zu deren Beachtung. Praktisch wirkt sich dies meist so aus, dass der betreffende Gatte das Familienbudget nicht einhält, indem er entweder nicht alle notwendigen Bedürfnisse abdeckt oder die verfügbaren Mittel nicht so einsetzt, dass sie für die gesamte Bedarfsdeckung während einer bestimmten Zeitspanne ausreichen.

13 Diese Unfähigkeit ist nicht zu verwechseln mit der **Urteilsunfähigkeit,** welche generell die Verpflichtungsfähigkeit des betroffenen Gatten ausschliesst und damit auch keine Solidarhaftung des andern Gatten auszulösen vermag.

Unfähigkeit zur Ausübung der Vertretungsbefugnis ist nicht gleichzusetzen mit **mangelhafter Haushaltsbesorgung.** Diese wirkt nur eheintern, wogegen die Unfähigkeit zur Vertretung der Ehegemeinschaft sich nach aussen, d.h. beim Abschluss von Rechtsgeschäften mit Dritten, manifestieren muss.

III. Entzug und Entzugsverfahren

14 Als Eheschutzmassnahme (s. N 2) ist der Entzug der Vertretungsbefugnis Sache des Eheschutzgerichts. Gegenstand des Entzuges bildet einzig die **gesetzliche** Vertretungsbefugnis gem. Art. 166. Dagegen fällt der Widerruf einer rechtsgeschäftlich erteilten Ermächtigung nicht in die Zuständigkeit der eheschutzrichterlichen Instanz (s. N 3).

15 Aktiv wird das Gericht nur auf **Antrag** jenes Gatten, der einer ungerechtfertigten Mitverpflichtung und solidarischen Mithaftung entgehen will. Der antragstellende Gatte hat **glaubhaft** zu machen, dass die Entzugsvoraussetzungen gegeben sind. Dazu muss sich der andere Ehepartner (vorgängig oder ausnahmsweise erst nach Erlass der Massnahme) äussern können. In besonders dringlichen Fällen kann der Entzug auch ohne vorherige Anhörung des andern Gatten angeordnet werden, soweit die einschlägige Zivilprozessordnung **superprovisorische** Massnahmen kennt (Botschaft, Ziff. 215.22).

16 Weil der Entzug der Vertretungsbefugnis eine einschneidende Massnahme darstellt und für den betroffenen Gatten in aller Regel diskriminierend wirkt, muss der Grundsatz der **Verhältnismässigkeit** gewahrt werden. Der Entzug darf also nur angeordnet werden, wenn konkrete Anhaltspunkte für eine Überschreitung der Vertretungsbefugnis bestehen und mildere Massnahmen wie etwa die Konsultation einer Budgetberatungsstelle oder eine Ermahnung durch das Eheschutzgericht (Art. 172 Abs. 2) nichts gefruchtet haben. Der Entzug kann **umfassend** oder **partiell** sein. Teilweiser Entzug ist etwa dort angezeigt, wo die Überschreitung sich nur auf bestimmte Rechtsgeschäfte oder gewisse Vertragskategorien (z.B. Kreditkartengeschäfte) bezieht.

Der Entzug bezieht sich nur auf **künftige** Rechtsgeschäfte. Eine Rückwirkung auf   **17** Rechtsgeschäfte, die vor dem Erlass der Entzugsverfügung abgeschlossen wurden, ist ausgeschlossen. Solche Rechtsgeschäfte vermögen die Solidarhaftung auszulösen.

IV. Bekanntmachung des Entzugs

1. Mitteilung durch den andern Ehegatten (Abs. 2)

Derjenige Gatte, welcher mit seinem Begehren um Entzug der Vertretungsbefugnis ge-   **18** genüber seinem Ehepartner beim Gericht Erfolg hatte, darf Dritte nur durch **persönliche** Mitteilung informieren. Auf diese Weise soll der betroffene Gatte nicht allzusehr diskriminiert werden. Die persönliche Mitteilung ist allerdings nur praktikabel, wenn der Kreis der Drittpersonen, die als Geschäftspartner des betroffenen Gatten in Betracht fallen, überschaubar ist und diese Dritten namentlich bekannt sind.

2. Publikation des Entzuges (Abs. 3)

Können die potenziellen Geschäftspartner des betroffenen Gatten nicht eruiert werden,   **19** kann der andere Ehepartner beim Eheschutzgericht **Antrag auf Publikation** des Entzuges stellen. Eine Veröffentlichung durch den Ehegatten selber ist unzulässig. Die Publikation des Entzuges darf das Gericht wegen der Nachteile für den betroffenen Gatten nur anordnen, wenn keine andere Möglichkeit zur Information von Dritten besteht, die Interessenabwägung zugunsten des gesuchstellenden Ehegatten ausschlägt und das Verhältnismässigkeitsprinzip beachtet wurde. Die Veröffentlichung kann in Amtsblättern, ggf. auch in der Tagespresse erfolgen.

V. Wirkungen des Entzugs (Abs. 3)

1. Unter den Ehegatten

Der Entzug der Vertretungsbefugnis beeinträchtigt die Handlungsfähigkeit des betroffe-   **20** nen Gatten nicht, weshalb dieser auch weiterhin mit Dritten Rechtsgeschäfte abschliessen kann. Allerdings wird daraus nur gerade **er selber verpflichtet** und nur er **haftet persönlich.**

Kann der Dritte, welcher mit dem nicht mehr vertretungsbefugten Ehegatten ein Geschäft   **21** abgeschlossen hat, sich zu Recht auf seinen **guten Glauben** berufen und nimmt er den anderen Gatten als **Solidarschuldner** in Anspruch, so steht diesem gegebenenfalls eine **Regressforderung** gegenüber seinem Ehepartner zu, wenn dieser sich über den Entzug der Vertretungsbefugnis hinweggesetzt hat und er eine Schuld bezahlen musste, die gem. Art. 163 eigentlich der andere Ehepartner zu tragen gehabt hätte (BERGER, 163).

2. Gegenüber Dritten

Beim Abschluss von Rechtsgeschäften für den **alltäglichen Familienbedarf** (ordentliche   **22** Vertretung) dürfen Dritte grundsätzlich davon ausgehen, dass die in einem gemeinsamen Haushalt lebenden Gatten befugt sind, die eheliche Gemeinschaft für derartige Rechtsgeschäfte zu vertreten (Art. 174 Abs. 3).

Geht es um ein Rechtsgeschäft, das die laufenden Bedürfnisse der Familie **übersteigt**   **23** und beruht die Vertretungsbefugnis des handelnden Gatten auf einer Ermächtigung durch den andern Ehepartner, so wird der Dritte insoweit in seinem **guten Glauben** geschützt, als er nach den konkreten Umständen auf eine entsprechende Bevollmächtigung schliessen durfte.

24   Hingegen kann der Dritte sich **nicht** auf seinen guten Glauben berufen, wenn er eine **persönliche Mitteilung** eines Ehegatten erhält, dass dem andern die Vertretungsbefugnis durch richterliche Anordnung entzogen worden ist. Dasselbe gilt, wenn der Entzug der Vertretungsbefugnis auf gerichtliche Anordnung hin **veröffentlicht** worden ist. Folge des fehlenden Gutglaubensschutzes ist, dass die Mitverpflichtung und solidarische Mithaftung des andern Gatten entfallen.

Das **Haftungssubstrat** richtet sich nach dem Güterrecht, dem die Eheleute unterstehen.

Art. 175

3. Aufhebung des gemeinsamen Haushaltes

a. Gründe

Ein Ehegatte ist berechtigt, den gemeinsamen Haushalt für solange aufzuheben, als seine Persönlichkeit, seine wirtschaftliche Sicherheit oder das Wohl der Familie durch das Zusammenleben ernstlich gefährdet ist.

3. En cas de suspension de la vie commune

a. Causes

Un époux est fondé à refuser la vie commune aussi longtemps que sa personnalité, sa sécurité matérielle ou le bien de la famille sont gravement menacés.

3. Sospensione della comunione domestica

a. Motivi

Un coniuge è autorizzato a sospendere la comunione domestica sintanto che la convivenza pone in grave pericolo la sua personalità, la sua sicurezza economica o il bene della famiglia.

Literatur

Vgl. die Literaturhinweise zu den Vorbem. zu Art. 159–180; BACHMANN, Die Regelung des Getrenntlebens nach Art. 176 und 179 sowie nach zürcherischem Verfahrensrecht, Diss. St. Gallen 1995; ENGLER, Aus der Praxis des Ehegerichtspräsidenten Basel-Stadt, BJM 1990, S. 169 ff.; WEBER, Schutz der ehelichen Gemeinschaft: Aufhebung des gemeinsamen Haushaltes, in: HANGARTNER (Hrsg.), Das neue Eherecht, St. Gallen 1987, 141 ff.

I. Bedeutung des Art. 175

1   Die Eheleute können sich einvernehmlich darauf einigen, den gemeinsamen Haushalt aufzuheben und getrennte Haushalte zu führen; dazu bedarf es keiner gerichtlichen Bewilligung. Art. 175 umschreibt allgemein die Gründe, welche *jeden Ehegatten berechtigen,* **ohne Zustimmung des anderen oder sogar gegen dessen Willen getrennt zu leben,** nämlich: ernstliche Gefährdung der Persönlichkeit, der wirtschaftlichen Sicherheit oder des Wohls der Familie. *Besteht ein solcher ausreichender Grund,* ist die einseitige Aufhebung des gemeinsamen Haushaltes *auch ohne vorangegangenen gerichtlichen Entscheid* zulässig.

2   Eine **förmliche Bewilligung durch das Eheschutzgericht** gestützt auf Art. 175 zu beantragen, erweist sich insb. in folgenden Situationen als praktisch unumgänglich:

– wenn eine Partei gegen den Willen oder ohne Zustimmung des Ehepartners getrennt leben will und anzunehmen ist, dass die einseitige Aufhebung des gemeinsamen Haushaltes ihr später (z.B. im Zusammenhang mit einem Begehren um Unterhalt nach Art. 176 Abs. 1 Ziff. 1, dem nur bei berechtigtem Getrenntleben entsprochen wird, oder im Rahmen von Art. 125 Abs. 3) als schuldhaftes ehewidriges Verhalten vorgehalten werden könnte; die Bewilligung des Getrenntlebens nach Art. 175 beseitigt diesen Streitpunkt und ist notwendige Voraussetzung für die Anordnung von Massnahmen nach Art. 176;

– wenn derjenige Ehegatte, der getrennt leben will, nicht über die finanziellen Mittel verfügt, einen neuen Haushalt zu begründen bzw. in absehbarer Zeit Mittel für den Unterhalt zu beschaffen, und der andere Ehegatte nicht bereit ist, die entsprechenden Mittel zur Verfügung zu stellen;

– wenn derjenige Ehegatte, der getrennt leben will, die bisher gemeinsam bewohnte Wohnung künftig allein bzw. mit den Kindern benutzen will und deshalb einen gerichtlichen Entscheid zur Ausweisung des anderen benötigt.

Sind sich die Eheleute darin einig, dass sie getrennt leben, können sie sich jedoch über die Folgen des Getrenntlebens nicht einigen, können sie ebenfalls das Eheschutzgericht nach Art. 176 anrufen. Eine Einigung der Eheleute über die Regelung der Elternrechte und über den Unterhalt für die Kinder bedarf für ihre Verbindlichkeit in jedem Fall der Genehmigung – innerhalb des gerichtlichen Verfahrens durch das Eheschutzgericht, und sonst durch die Vormundschaftsbehörde (Art. 287 Abs. 1).

Die **Aufhebung des gemeinsamen Haushaltes** nach Art. 175 kann u.U. zur Überwindung ehelicher Schwierigkeiten beitragen, wenn z.B. Lebens- oder Sinnkrisen des einen Ehegatten das alltägliche Zusammenleben erschweren oder umgekehrt Eheleute, die nach wie vor Zuneigung zueinander haben, regelmässig wegen Kleinigkeiten des Haushaltes streiten oder eine Ehepause einlegen wollen, um über ihre Lebensgestaltung nachzudenken. In den meisten Fällen aber stellt die Aufhebung des gemeinsamen Haushaltes nach Art. 175 die «kleine Scheidung» dar für Eheleute, die beide nicht scheiden wollen, oder – noch häufiger – *die Vorstufe bzw. Vorbereitungsphase zur beabsichtigten Scheidung*. Das ist m.E. kein Missbrauch des Eheschutzinstrumentariums, denn Eheschutz schliesst den Schutz der Persönlichkeit jedes Ehegatten und das Wohl der Kinder ein, und ist daher nicht einseitig auf den Erhalt einer unglücklichen Ehe ausgerichtet; und wer ein Eheschutzbegehren stellt und nicht direkt ein allfällig bereits zulässiges Scheidungsbegehren einreicht, akzeptiert damit für eine entsprechend längere Dauer die Regeln des Eherechts, einschliesslich Treue- und Beistandspflichten. Hingegen kann Rechtsmissbrauch vorliegen, wenn der berechtigte Teil nur Eheschutzmassnahmen beantragt, um die Bestimmungen des Ehetrennungsrechts zu umgehen (BK-HAUSHEER/REUSSER/GEISER, N 17).

Das am 1.1.2000 in Kraft getretene Scheidungsrecht liess Begehren um Eheschutz massiv ansteigen, dies insbesondere im Zusammenhang mit der damals vierjährigen, seit 1.5.2004 zweijährigen «Wartefrist» nach Art. 114.

Qualitativ änderte sich die Funktion der Art. 175 f. insofern, als die neurechtliche Scheidung verschuldensunabhängig ausgestaltet ist und daher das Getrenntleben und dessen persönliche und wirtschaftliche Folgen in Hinsicht auf eine von einer Partei angestrebte Scheidungsklage nach Art. 114 trotz einer allfälligen Ehewidrigkeit der klagenden Partei bzw. trotz fehlender Ehewidrigkeit auf Seiten der beklagten Partei notwendigerweise geregelt werden müssen, wenn der Staat seiner Pflicht zur Konfliktlösung in einem zentralen Lebensbereich nachkommen will. Es wäre widersprüchlich, den Parteien den Rechtsschutz für die unmittelbaren Folgen der Tatsache des Getrenntlebens – wie Wohnungszuweisung, Unterhalt, Kinderbelange – im Vorfeld der Scheidung (im Eheschutzverfahren) unter Hinweis auf eine ungenügende Begründung des Getrenntlebens zu verweigern, und andererseits nach Ablauf der Frist des Art. 114 sogar die Ehe zu scheiden, ohne auf die Berechtigung der Aufhebung abzustellen (bzw. diese auch nur prüfen zu können). Das Zürcher Obergericht und das Zürcher Kassationsgericht (ZR 2000, 191 f.; ZR 2001, 151 ff.) vertreten daher zu Recht die Auffassung, dass die Voraussetzung der ernstlichen Gefährdung der Persönlichkeit im Sinne des Art. 175 mit Rücksicht auf den neurechtlichen Art. 114 weit auszulegen ist, so dass im Ergebnis für die Bewilligung des Getrenntlebens nur der unverrückbare Trennungswille eines Ehepartners geprüft wird. Schon unter altem Scheidungsrecht wurde übrigens bereits zu Recht oft erwogen, dass das Zusammenleben bzw. die Wiederaufnahme der Haushaltsgemeinschaft ohnehin nicht gegen den Willen eines Ehegatten erzwungen werden kann. Zudem kann unter neuem Scheidungsrecht – wenn kein gemeinsamer Scheidungswille besteht – eine Scheidungsklage (Art. 115 ausgenommen) nicht sofort hängig gemacht werden, so dass der Rechtsschutz in Bezug auf die Folgen des Getrenntlebens auch nicht mehr über vorsorgliche Massnahmen während des Scheidungsverfahrens gewährleistet werden kann. Schliesslich ist eine eingehendere Abklärung der Verhältnisse im Eheschutzverfahren vonnöten, da die Anordnungen des Eheschutzgerichts vielfach auf einen Zeithorizont von zwei oder mehr Jahren auszurichten sind und daher z.B. in Bezug auf die Zuteilung der elterlichen Sorge ausgesprochen präjudizierende Wirkung für ein späteres Scheidungsurteil haben.

II. Gründe für die Aufhebung des gemeinsamen Haushaltes

1. Gemeinsame Voraussetzungen

4   Die drei in Art. 175 aufgeführten Gründe, die das Getrenntleben rechtfertigen, sind *alternativ;* ein einziger Grund genügt. Gemeinsam ist ihnen, dass die geltend gemachte *Gefährdung der Persönlichkeit* oder *der wirtschaftlichen Sicherheit* des einen Ehegatten oder des *Wohls der Familie* ihren **Grund im Zusammenleben mit dem anderen Ehegatten** haben muss (WEBER, 145). Zusätzlich muss die geltend gemachte Gefährdung *ernsthaft* sein (gegen zu strenge Massstäbe ZR 2001, 151 ff.); einzig der *Nachweis* der ernstlichen Gefährdung wird dadurch erleichtert, dass im summarischen Verfahren «Glaubhaftmachen» genügt.

Ein Verschulden eines Ehegatten ist nicht erforderlich (BK-HAUSHEER/REUSSER/GEISER, N 13 und Art. 176 N 6 a). Hingegen ist der Antrag auf Aufhebung des gemeinsamen Haushaltes abzulehnen, wenn der gesuchstellende Ehegatte «die Ursachen, die zu ehelichen Spannungen geführt haben, in alleiniger Verantwortung gesetzt hat und die Gegenpartei an der Weiterführung der Gemeinschaft festhält» (Gerichts- und Verwaltungsentscheide des Kantons NW 1995, 56, Entscheid vom 14.11.1991).

2. Gefährdung der Persönlichkeit

5   Mit der **Gefährdung der Persönlichkeit eines Ehegatten** sind alle mit *Art. 28 Abs. 1* geschützten Rechtsgüter und Aspekte des Persönlichkeitsrechts gemeint (Botschaft Revision Eherecht, 1277), wie physische und psychische Gesundheit und Integrität, Bewegungsfreiheit, weitere Freiheiten und Selbstbestimmungsrechte (z.B. im Zusammenhang mit dem Entscheid der Frau über den Kinderwunsch), Ehre, guter Ruf, Achtung der Privat- und Intimsphäre (detailliert BACHMANN, 40 ff.).

3. Gefährdung der wirtschaftlichen Sicherheit

6   Dieser Gefährdungstatbestand ist eher unklar (Kritik: KEHL, SJZ 1978, 328 f.) und wird nur selten angerufen. Von einer Gefährdung kann nach h.L. erst die Rede sein, wenn *der* **Notbedarf eines Ehegatten** *in Frage steht* und die *Zwangsvollstreckung* der Unterhaltsansprüche *ergebnislos* geblieben ist, weil der andere Ehegatte beispielsweise kein hin-

reichendes Einkommen erzielen will, wobei für den Antrag auf Getrenntleben weiter vorauszusetzen ist, dass die *Aufhebung des gemeinsamen Haushaltes Voraussetzung für die Aufnahme einer eigenen Erwerbstätigkeit* ist (BK-HAUSHEER/REUSSER/GEISER, N 9–11 m.V. auf BGE 54 I 117 f. und 85 II 300 ff.). Es ist daher verständlich, dass in der Lehre der Versuch unternommen wird, die gesetzliche Formulierung durch Auslegung zu einem partiellen Schutz des «wirtschaftlichen Fortkommens» zu erweitern (HAUSHEER/REUSSER/GEISER, N 9; für weniger strenge Auslegung ebenso WEBER, 146 f.; für Subsumtion dieser Problematik unter die Gefährdung der Persönlichkeit BACHMANN, 45).

4. Gefährdung des Wohls der Familie

Über den Tatbestand der *Gefährdung des Wohls der Familie* kann das **Kindeswohl** als   7
Schutzgut der ehelichen Gemeinschaft einbezogen werden, sei es, dass einzig oder überwiegend die Kinder unter dem Zusammenleben der Eltern leiden, sei es, dass der Massstab bei der Beurteilung der Gefährdung des Wohls der Kinder weniger streng gehandhabt wird als bei der Beurteilung der Gefährdung der Persönlichkeit eines Erwachsenen; der Haushalt mit einem Alkoholiker wird erst recht aufzulösen sein, wenn auch Kinder unter dem Zusammenleben leiden (vgl. BK-HAUSHEER/REUSSER/GEISER, Art. 175 N 12; WEBER, 147).

III. Dauer der Aufhebung des gemeinsamen Haushaltes

Das Eheschutzgericht kann die Berechtigung zum Getrenntleben auch **rückwirkend** auf   8
den Zeitpunkt der effektiven Auflösung des gemeinsamen Haushaltes feststellen (BK-HAUSHEER/REUSSER/GEISER, N 6 d).

Die Aufhebung des Haushaltes ist nur *«für so lange»* (Art. 175) gerechtfertigt, *als ein*   9
Gefährdungstatbestand *noch besteht.* Diese **Zeitdauer** ist i.d.R. nicht vorhersehbar. Beantragt keiner der Ehegatten im Eheschutzverfahren eine zeitliche Befristung der Aufhebung des Haushaltes, sollte m.E. davon abgesehen werden. Insbesondere auch Eheschutzmassnahmen, die im Vorfeld einer nach zwei Jahren angestrebten Scheidung (Art. 114) beantragt werden, sollten in der Regel nicht befristet ausgesprochen werden. Wenn das Eheschutzgericht seinen Entscheid (und damit auch die Folgen des Getrenntlebens) befristet, so in der Erwartung, die Eheleute zu einer Verbesserung der ehelichen Situation bzw. zu einer grundsätzlichen Neuorientierung innert absehbarem Zeitraum zu motivieren. Dauern der Gefährdungstatbestand und das Getrenntleben bei Ablauf der Befristung der Massnahme noch an, ist eine Verlängerung der Massnahme – allenfalls auch nur provisorisch bzw. auf kurze Dauer, bis geltend gemachte Einwände geprüft werden können – anzuordnen (BACHMANN, 50 ff.).

Die eheschutzrechtlichen Anordnungen im Zusammenhang mit der Aufhebung des ge-   10
meinsamen Haushaltes fallen – mit Ausnahme einer angeordneten Gütertrennung oder früher angeordneter Massnahmen nach Art. 174, 177 und 178 – mit der faktischen Wiederaufnahme des Zusammenlebens im Willen, die eheliche Gemeinschaft wieder dauernd aufzunehmen, dahin (s.u. Art. 179 N 13 f.; detailliert zum Begriff der Wiedervereinigung BACHMANN, 247 ff.). Sie werden andererseits durch vorsorgliche Massnahmen nach Art. 137 bei hängigem Scheidungsprozess abgelöst (aus der Rechtsprechung: LGVE 1989 I 6 ff.; Gerichts- und Verwaltungspraxis des Kantons NW 1995, 54, Entscheid vom 12.8.1991; BK-HAUSHEER/REUSSER/GEISER, N 19).

Art. 176

b. Regelung des Getrenntlebens

[1] **Ist die Aufhebung des gemeinsamen Haushaltes begründet, so muss das Gericht auf Begehren eines Ehegatten:**
1. **die Geldbeiträge, die der eine Ehegatte dem andern schuldet, festsetzen;**
2. **die Benützung der Wohnung und des Hausrates regeln;**
3. **die Gütertrennung anordnen, wenn es die Umstände rechtfertigen.**

[2] **Diese Begehren kann ein Ehegatte auch stellen, wenn das Zusammenleben unmöglich ist, namentlich weil der andere es grundlos ablehnt.**

[3] **Haben die Ehegatten unmündige Kinder, so trifft das Gericht nach den Bestimmungen über die Wirkungen des Kindesverhältnisses die nötigen Massnahmen.**

b. Organisation de la vie séparée

[1] A la requête d'un des conjoints et si la suspension de la vie commune est fondée, le juge:
1. fixe la contribution pécuniaire à verser par l'une des parties à l'autre;
2. prend les mesures en ce qui concerne le logement et le mobilier de ménage;
3. ordonne la séparation de biens si les circonstances le justifient.

[2] La requête peut aussi être formée par un époux lorsque la vie commune se révèle impossible, notamment parce que son conjoint la refuse sans y être fondé.

[3] Lorsqu'il y a des enfants mineurs, le juge ordonne les mesures nécessaires, d'après les dispositions sur les effets de la filiation.

b. Organizzazione della vita separata

[1] Ove sia giustificata la sospensione della comunione domestica, il giudice, ad istanza di uno dei coniugi:
1. stabilisce i contributi pecuniari dell'uno in favore dell'altro;
2. prende le misure riguardanti l'abitazione e le suppellettili domestiche;
3. ordina la separazione dei beni se le circostanze la giustificano.

[2] Un coniuge può parimenti proporre l'istanza quando la convivenza sia impossibile, segnatamente perché l'altro la rifiuta senza valido motivo.

[3] Se i coniugi hanno figli minorenni, il giudice prende le misure necessarie secondo le disposizioni sugli effetti della filiazione.

Literatur

Vgl. die Literaturhinweise zu den Vorbem. zu Art. 159–180; BACHMANN, Die Regelung des Getrenntlebens nach Art. 176 und 179 sowie nach zürcherischem Verfahrensrecht, Diss. St. Gallen 1995; BIGLER-EGGENBERGER, Ehetrennung und Getrenntleben – wo bleibt die Gleichstellung der Ehegatten?, AJP 1996, 3 ff.; GEISER, Neuere Tendenzen in der Rechtsprechung zu den familienrechtlichen Unterhaltspflichten, AJP 1993, 903 ff.; WEBER, Schutz der ehelichen Gemeinschaft: Aufhebung des gemeinsamen Haushaltes, in: HANGARTNER (Hrsg.), Das neue Eherecht, St. Gallen 1987, 141 ff.; ZWEIFEL, Die Festlegung der Geldbeiträge an den Unterhalt bei Auflösung des gemeinsamen Haushalts durch den Eheschutzrichter, SJZ 1988, 189 ff.

I. Zum Inhalt des Art. 176

1 Art. 176 hat die gerichtliche Regelung der Folgen des einverständlichen oder des eheschutzrechtlich bewilligten Getrenntlebens zum Gegenstand.

Auf Antrag eines Ehegatten

- setzt das Gericht die *Geldbeträge* fest, die der eine Ehegatte dem anderen schuldet (Art. 176 Abs. 1 Ziff. 1);

- regelt es die *Benützung der Wohnung und des Hausrats* (Art. 176 Abs. 1 Ziff. 2);

- ordnet es die *Gütertrennung* an, wenn es die Umstände rechtfertigen (Art. 176 Abs. 1 Ziff. 3);

- trifft es die nötigen Massnahmen über die *Wirkungen des Kindesverhältnisses,* sofern die Kinder noch unmündig sind (Art. 176 Abs. 3).

Hinsichtlich der in Art. 176 Abs. 1 genannten Folgen des Getrenntlebens hält Art. 176 Abs. 2 fest, dass für die diesbezügliche Regelung das Eheschutzgericht auch dann zuständig ist, wenn das Zusammenleben der Ehegatten nicht unzumutbar im Sinne des Art. 175, aber – z.B. infolge Anstaltsaufenthalts des einen Ehegatten – *unmöglich* ist.

II. Regelung der Folgen des Getrenntlebens

1. Festsetzung von Geldbeiträgen eines Ehegatten an den anderen

Bei der Festsetzung von Geldbeiträgen des einen Ehegatten an den anderen nach Art. 176　**2** Abs. 1 Ziff. 1 geht das Gericht von den *bisherigen ausdrücklich oder stillschweigend getroffenen Vereinbarungen der Ehegatten über Aufgabenteilung und Geldleistungen nach Art. 163 Abs. 2 oder einer allfälligen gerichtlichen Festsetzung* nach Art. 173 aus. Der ursprüngliche **Konsens** (Art. 163 Abs. 2) oder die inzwischen massgeblich gewordene **gerichtliche Verfügung** (Art. 173) hat der ehelichen Gemeinschaft eine bestimmte **Struktur** gegeben, die im Rahmen von Eheschutzmassnahmen nicht gänzlich verändert werden soll; anders entscheiden liefe auf eine Vorwegnahme der Scheidung hinaus (BK-HAUSHEER/REUSSER/GEISER, N 18; GEISER, AJP 1993, 906). Gemäss BGE 128 III 65 ist es dem nicht oder nur teilweise berufstätigen Ehegatten nach einer Übergangsphase zumutbar, bereits während des Getrenntlebens seine Erwerbstätigkeit aufzunehmen oder auszudehnen, bzw. kann ihm ein hypothetisches Erwerbseinkommen angerechnet werden – dies unter der Voraussetzung, dass die Wiederaufnahme der ehelichen Gemeinschaft als unwahrscheinlich erscheint (und, wie m.E. hinzuzufügen ist, an sich die Voraussetzungen des nachehelichen Unterhalts gemäss Art. 125 voraussichtlich verneint werden müssten). Gemäss BGE 130 III 537 ist hingegen im Eheschutzverfahren «eine Pflicht zur Aufnahme oder Ausdehnung einer Erwerbstätigkeit nur zu bejahen, wenn keine Möglichkeit besteht, auf eine während des gemeinsamen Haushalts gegebene Sparquote oder vorübergehend auf Vermögen zurückzugreifen, wenn die vorhandenen finanziellen Mittel – allenfalls unter Rückgriff auf Vermögen – trotz zumutbarer Einschränkungen für zwei getrennte Haushalte nicht ausreichen und wenn die Aufnahme oder Ausdehnung der Erwerbstätigkeit unter den Gesichtspunkten der persönlichen Verhältnisse des betroffenen Ehegatten (Alter, Gesundheit, Ausbildung u.ä.) und des Arbeitsmarktes zumutbar ist. Diese Voraussetzungen müssen kumulativ erfüllt sein».

Demgegenüber sind mit der einverständlichen oder gerichtlich als zulässig erkannten　**3** Auflösung des gemeinsamen Haushaltes regelmässig **Mehrbelastungen** (Kosten zweier Wohnungen usw.) verbunden. Dem bisher nicht oder nur teilzeitweise erwerbstätigen, haushaltführenden Ehegatten ist oft die Aufnahme oder die Erweiterung einer beruflichen Tätigkeit nicht oder noch nicht sogleich – etwa wegen Kinderbetreuung oder auch wegen der Geburt eines (selbst ausserehelichen) Kindes (BGE 129 III 417) – zumutbar. Können mit dem *Erwerbseinkommen der Ehegatten aufgrund der bisherigen*

Aufgabenteilung die Kosten zweier Haushalte unter Beibehaltung der bisherigen Lebenshaltung der Familie *gedeckt* werden, *bleibt es bei der bisherigen Aufgabenteilung* (DESCHENAUX/STEINAUER, droit matrimonial, 140; WEBER, 153; HEGNAUER/BREITSCHMID, 202; BK-HAUSHEER/REUSSER/GEISER, N 18–21; BACHMANN, 90 ff.). Verbleibt ein *Restbetrag,* ist dieser grundsätzlich zwischen den Ehegatten hälftig zu teilen; dies darf aber nach BGE 114 II 31 (und BK-HAUSHEER/REUSSER/GEISER, N 24 und 26) nicht dazu führen, dass es zu einer Vermögensverschiebung vor der Scheidung kommt; soweit ein Überschuss bisher der Vermögensbildung gedient hatte, soll er nicht geteilt, sondern weiterhin dem Erwerber zufallen (Kritik daran BIGLER-EGGENBERGER, AJP 1996, 5 f.).

4 Praktisch häufiger dürfte die umgekehrte Situation vorkommen: *Das bisherige Einkommen* der Eheleute *reicht für die Führung zweier Haushalte bei gleicher Lebenshaltung* **nicht** *aus.* Hier sind – namentlich mit Rücksicht auf den grundsätzlich beschränkten Zeithorizont von Eheschutzmassnahmen – allen Familienmitgliedern *Abstriche an der bisherigen Lebenshaltung* und allenfalls *Rückgriffe auf das Vermögen* zumutbar (STETTLER/GERMANI 237 ff.; GEISER, AJP 1993, 909). Danach sind die *Existenzminima* zu berechnen. Ein – in diesem Fall bescheidener – Überschuss über die Existenzminima hinaus ist auf Ehegatten und Kinder «angemessen», d.h. nicht schematisch proportional zum Notbedarf der verschiedenen Personen, sondern unter Berücksichtigung der unterschiedlich hohen Fixkosten wie z.B. Mietkosten, aufzuteilen; es rechtfertigt sich diesfalls z.B. ein höherer Anteil am Überschuss über dem Existenzminimum für die Ehefrau, welcher die Kinder zugeteilt werden (BK-HAUSHEER/REUSSER/GEISER, N 26; BACHMANN, 137 ff.). *Decken die bisherigen Einkünfte selbst die Existenzminima der Familienmitglieder bei Führung zweier Haushalte nicht mehr,* so können der eine oder beide Ehegatten zur *Aufnahme bzw. zur Ausweitung der Erwerbstätigkeit* angehalten werden (BK-HAUSHEER/REUSSER/GEISER, N 20). Bei der Festlegung der Unterhaltsbeiträge hat das Eheschutzgericht unter Berücksichtigung der Leistungsfähigkeit jedes Ehegatten (aber auch der Konjunkturlage) das in guten Treuen erzielbare und nicht das tatsächliche Einkommen rechnerisch einzubeziehen (BK-HAUSHEER/REUSSER/GEISER, N 20; HEGNAUER/BREITSCHMID, 201; betr. Annahme eines hypothetischen Einkommens eines Ehemannes, der wirtschaftlich seine Gesellschaft beherrscht: ZR 1991, 167 ff. und ZR 2000, 55 ff.; vgl. auch BGE 128 III 4). In der Lehre wird die Frage kontrovers diskutiert, ob bei auch dann noch ungedeckten Existenzminima der *Fehlbetrag* gleichermassen zwischen den Eheleuten aufzuteilen ist oder ob es allein dem nicht oder nur teilzeitweise erwerbstätigen Ehegatten überlassen wird, Sozialhilfe anzufordern; das BGer folgt der zweiten Meinung, womit es m.E. der Gleichstellung nicht nur der Geschlechter, sondern auch der Partner in der Ehe zu wenig Rechnung trägt (für die zweite Lösung HAUSHEER/REUSSER/GEISER, N 27; GEISER, AJP 1993, 911; BGE 121 I 97 ff. mit zustimmenden Bem. GEISER, AJP 1995, 939 f. und krit. Bem. BUSER, AJP 1995, 1506 f.; für die erste Lösung BIGLER-EGGENBERGER, AJP 1996, 6 m.w.H.; s. auch BGE 121 III 301 ff. und 123 III 1 ff.).

5 Für das Vorgehen und für Details in der **Berechnung** wird auf die Komm. zu Art. 137, 163 und 173 verwiesen, ferner auf die detaillierte, mit Rechnungsbeispielen und Präjudizien versehene Darstellung von BACHMANN, 95 ff. sowie HAUSHEER/SPYCHER (Hrsg.), Handbuch des Unterhaltsrechts, Bern 1997 sowie DIES., Unterhalt nach neuem Scheidungsrecht, Bern 2001 und auf BGE 117 II 17 ff. Ist im Eheschutzverfahren neben dem Ehegatten- auch der Kindesunterhalt festzulegen, ist die finanzielle Leistungsfähigkeit des Schuldners insgesamt nach der Untersuchungsmaxime abzuklären (BGE vom 4.8.2005, Urteil 5P.252/2005, E. 2.3). Instruktive Beispiele für das Vorgehen bei der Berechnung des Unterhalts: BGE vom 12.3.2004, Urteil 5P.6/2004; BGE vom 22.9.2004, Urteil 5 P.313/2004; BGE vom 23.3.2005, Urteil 5P.47/2005.

Analog zu Art. 173 Abs. 3 sind Geldbeiträge gemäss Art. 176 Abs. 1 Ziff. 1 nur für die **6**
Zukunft (aber ab Datum des Massnahmebegehrens, nicht erst ab Rechtskraft der
Massnahme, BGE vom 6.7.2004, Urteil 5P.213/2004, E. 1) und *höchstens zurück* **für die**
Zeit eines Jahres vor dem Begehren zuzusprechen (BGE 115 II 204; HEGNAUER/
BREITSCHMID, 201; STETTLER/GERMANI, 244 f.). Bei rückwirkender Festsetzung kann
kein hypothetisches Einkommen angerechnet werden (Pra 2004 Nr. 95).

2. Regelung der Benützung von Wohnung und Hausrat

Es liegt im weiten Ermessen des Eheschutzgerichts, wem es im Streitfall die **eheliche** **7**
Wohnung und den Hausrat (bzw. Teile des Hausrates) zur Benützung zuweist. Entscheidendes Kriterium in der Praxis ist die *Zweckmässigkeit* (BGE 120 II 3 u. 114 II 22;
WEBER, 154; HEGNAUER/BREITSCHMID, 202). Insbesondere ist den Interessen unmündiger Kinder Rechnung zu tragen und folglich die eheliche Wohnung demjenigen Ehe-
gatten zu überlassen, welcher die Kinder in Obhut nimmt. Es kann aber auch z.B. ge-
sundheitliche oder berufliche Gründe geben, die ein besonderes Interesse an der
Beibehaltung der Wohnung ausweisen (vgl. GVP-SG 2003 Nr. 47 betr. eine auf die Invalidität eines Ehegatten zugeschnittene Wohnung). Die dingliche oder schuldrechtliche
Berechtigung an der Wohnung des einen Ehegatten spielt eine untergeordnete Rolle
(BACHMANN, 80 ff.). Ähnliche Überlegungen sind bez. der Nutzung bzw. Aufteilung der
Nutzung des Hausrates anzustellen. Eine doppelte Haushaltsführung erfordert allerdings
oft auch Neuanschaffungen (BGE 114 II 24).

Die Regelung der Benützung der Wohnung und des Hausrates nach Art. 176 Abs. 1 **8**
Ziff. 2 wirkt sich auf die dinglichen oder obligatorischen Rechtsverhältnisse daran nicht
aus.

3. Anordnung der Gütertrennung

Liegen *wichtige Gründe,* wie sie Art. 185 Abs. 2 nennt, vor, kann ein Ehegatte *jederzeit* **9**
beim Gericht die Anordnung der **Gütertrennung** verlangen. Leben die Ehegatten getrennt, kann es jedoch angezeigt sein, unter leichteren Voraussetzungen auf Begehren
eine Gütertrennung anzuordnen, «wenn es die *Umstände* rechtfertigen» (Art. 176 Abs. 1
Ziff. 3). Als solche gelten insb. Gefährdungen finanzieller Interessen eines Ehegatten
(Botschaft Revision Eherecht, 1278; BGE 116 II 28). Gemäss Praxis des Zürcher Obergerichts (u.a. Entscheid vom 9.1.2000, kritisiert von R. WEBER in AJP 2001, 463 ff.) genügt für die Anordnung der Gütertrennung bereits die Tatsache, dass ein Ehegatte die
spätere Scheidung nach Art. 114 anstrebt. Andere Gerichte stellen auf objektive Anhaltspunkte für eine dauerhafte Trennung ab (GVP-SG 2001 Nr. 35).

Wegen der für den gesuchstellenden Ehepartner ebenfalls **nachteiligen Folgen** – dass **10**
nämlich eine allfällige Vorschlagsbeteiligung nicht mehr entsteht oder wächst – wird in
der Lehre zur vorrangigen Beantragung von Massnahmen nach Art. 178 (HEGNAUER/
BREITSCHMID, 202) oder anderen Möglichkeiten (BACHMANN, 163 ff., 192) geraten.

4. Massnahmen betr. unmündige Kinder

Befinden sich unmündige oder entmündigte Kinder *unter elterlicher Sorge,* ist das ohne- **11**
hin mit anderen Begehren im Sinne des Art. 175 f. befasste Eheschutzgericht zuständig,
ebenfalls die Unterhaltsverpflichtungen und andere **Wirkungen des Eltern-Kind-**
Verhältnisses aus Anlass der Aufgabe des gemeinsamen ehelichen Haushaltes zu regeln
sowie Kindesschutzmassnahmen zu treffen (Art. 176 Abs. 3). Im Gegensatz zu den übrigen Eheschutzmassnahmen hat es diese Anordnungen sogar *von Amtes wegen,* ohne dass

ein Elternteil dies beantragt, zu treffen. Hingegen ist nicht das Eheschutzgericht, sondern nur die Vormundschaftsbehörde zuständig, wenn keine anderen Begehren beim Eheschutzgericht ausser solchen nach Art. 176 Abs. 3 gestellt würden; in einem solchen Fall dürfte das Eheschutzgericht gar nicht eintreten, weil der Sache nach keine Eheschutzsache vorliegt. Entsprechendes gilt für die Genehmigung von Vereinbarungen über die Kindesrechtswirkungen und insb. den Kindesunterhalt. Für den Fall, dass der gestellte Antrag auf Aufhebung des gemeinsamen Haushaltes abgelehnt wird und Kindesinteressen dringend einer Regelung bedürfen, wird sich eine – m.E. jedenfalls eine befristete – vorläufige Anordnung des Eheschutzgerichts dennoch rechtfertigen lassen (STETTLER/ GERMANI, 248, m.V. auf RJN 1989, 55; Cour de cassation civile Neuchâtel, 11.7.1989).

12 Das Eheschutzgericht hat sich bei seinen Massnahmen an die Bestimmungen über die *Wirkungen des Kindesverhältnisses* (Art. 270 ff.) zu halten. Relevant sind insb. die Art. 273, 275, 276–280. Das Eheschutzgericht kann gestützt auf Art. 297 Abs. 2 nicht nur die **Obhut,** sondern sogar die **elterliche Sorge** einem Ehegatten allein zuteilen; von dieser Möglichkeit wird es allerdings zurückhaltend Gebrauch machen (s. Komm. zu Art. 297). Zur Praxis BACHMANN, 77 ff., und GVP-SG 2002 Nr. 41.

Die Kompetenz des Eheschutzgerichts beschränkt sich seit dem 1.1.2000 nicht mehr nur auf die Regelung der *gesetzlichen Pflichten im Eltern-Kind-Verhältnis.* Neu kann es *auch Kindesschutzmassnahmen gemäss Art. 307 ff.* anordnen (vgl. Art. 315 Abs. 1).

III. Regelung der Folgen auch bei Unmöglichkeit des Zusammenlebens

13 Art. 176 Abs. 1 setzt voraus, dass sich die Eheleute entweder einig sind, getrennt leben zu wollen, oder dass der eine Ehegatte nach Art. 175 zur Auflösung des gemeinsamen Haushaltes berechtigt ist. Art. 176 Abs. 2 erweitert die Kompetenz des Eheschutzgerichts, Massnahmen nach Art. 176 Abs. 1 (nicht aber, wie sich aus der systematischen Stellung ergibt, nach Abs. 3; diesfalls sind die Vormundschaftsbehörden bzw. der für Kindesunterhaltssachen zuständige Richter zuständig) auch dann zu treffen, wenn das eheliche Zusammenleben **unmöglich** ist. Als Bsp. werden in der Lehre genannt: Verlassung bzw. Verstossung des einen Ehegatten durch den anderen; Weigerung des anderen, nach Abweisung einer Klage auf Getrenntleben oder Scheidung in den gemeinsamen Haushalt zurückzukehren; Aufenthalt in Anstalten oder Abwesenheit bei unbekanntem Aufenthaltsort (BK-HAUSHEER/REUSSER/GEISER, N 40).

Art. 177

4. Anweisungen an die Schuldner	**Erfüllt ein Ehegatte seine Unterhaltspflicht gegenüber der Familie nicht, so kann das Gericht dessen Schuldner anweisen, ihre Zahlungen ganz oder teilweise dem andern Ehegatten zu leisten.**
4. Avis aux débiteurs	Lorsqu'un époux ne satisfait pas à son devoir d'entretien, le juge peut prescrire aux débiteurs de cet époux d'opérer tout ou partie de leurs paiements entre les mains de son conjoint.
4. Diffida ai debitori	Se un coniuge non adempie il suo obbligo di mantenimento, il giudice può ordinare ai suoi debitori che facciano i loro pagamenti, in tutto o in parte, all'altro.

Literatur

Vgl. die Literaturhinweise zu den Vorbem. zu Art. 159–180; BANNWART, Lohnpfändung und familienrechtliche Anweisung, BlschKG 1997, 161 ff.; GEISER, Die Anweisung an die Schuldner und die Sicherstellung, ZVW 1991, 7 ff.; SUHNER, Anweisungen an die Schuldner (Art. 177 und 291), Diss. St. Gallen 1992.

I. Zweck und Rechtsnatur der Anweisung an die Schuldner

1. Zweck der Anweisung

Erfüllt ein Ehegatte – beispielsweise aus Leichtsinn, Misswirtschaft, Verschwendungssucht, Suchtabhängigkeit, Geiz, aus Zuwendung zu einem anderen Partner oder weil er mit dem Geld spekuliert usw. – seine Unterhaltspflicht gegenüber der Familie nicht, ist meistens auch der **künftige Unterhalt** gefährdet. Der gewöhnliche Weg der gerichtlichen Festsetzung der Unterhaltsbeiträge und der Zwangsvollstreckung dauert lange und oft sieht sich der unterhaltsberechtigte Ehegatte weiteren Schwierigkeiten gegenüber, wie z.B. dass der unterhaltsverpflichtete Ehegatte die Wohnung wechselt oder andere Gläubiger auftauchen; die Zwangsvollstreckung ist zudem nur für bereits fällig gewordene Unterhaltszahlungen zulässig, so dass immer ein Loch im Unterhaltsbedarf zu füllen ist. Diesen und anderen Nachteilen begegnen Art. 177 im Ehewirkungsrecht, Art. 132 im Scheidungsrecht und Art. 291 im Kindesrecht auf unkomplizierte und effiziente Weise.

1

Durch die Anweisung des Eheschutzgerichts an die Schuldner (zumeist: Arbeitgeber/innen; aber auch andere Personen, die dem Unterhaltsschuldner Geldleistungen schulden, z.B. Vertragspartner aller Art) des Unterhaltsschuldners werden diese angewiesen, den vom Gericht festgesetzten Betrag nicht dem Unterhaltsschuldner, sondern **direkt dessen unterhaltsberechtigtem Ehegatten** zu bezahlen. Dieses Verfahren ist *unkompliziert,* weil das Eheschutzgericht Bestand und Höhe des Unterhaltsanspruchs (Art. 173 und 176 Abs. 1 Ziff. 1 sowie Abs. 3) wie auch die Anweisung an die Schuldner des unterhaltspflichtigen Ehegatten (Art. 177) im selben summarischen Verfahren festsetzt und die Anweisung den Schuldnern des Unterhaltsschuldners direkt zustellt. *Effizient* ist das Verfahren, weil das Eheschutzgericht mit dieser Anweisung die Androhung verbindet, dass eine anweisungswidrige Leistung bzw. Zahlung des angewiesenen Schuldners an den Unterhaltsschuldner nicht als Erfüllung der Schuld gelte; der Schuldner riskiert in einer solchen Situation, doppelt zahlen zu müssen. Zudem kann mit der Anweisung nach Art. 177 nebst dem fälligen auch der laufende künftige Unterhalt gesichert werden. Die gewöhnliche Zwangsvollstreckung wäre kein milderer Eingriff für den Unterhaltsschuldner, weil sie in den meisten Fällen auf eine Lohnpfändung hinausliefe, die dem Arbeitgeber ebenfalls bekannt wird. Schliesslich ist Art. 177 auch im Verhältnis zu einer Entmündigung des Unterhaltsschuldners der mildere Eingriff.

2

2. Rechtsnatur der Anweisung

Das Bundesgericht hat die Anweisung an die Schuldner nach Art. 177 als eine **besondere, privilegierte Zwangsvollstreckungsmassnahme** charakterisiert (BGE 110 II 9 ff.) und daraus die Konsequenz abgeleitet, dass als einziges Rechtsmittel an das Bundesgericht die staatsrechtliche Beschwerde zur Verfügung stehe. In den wenigen kantonalen Entscheidungen, die sich zur Rechtsnatur der (altrechtlichen) Anweisung äussern, herrscht die Meinung vor, dass es sich um eine **Zivilsache bzw. Ehewirkungsfrage** handle (SUHNER, 151 f. m.H. auf ZBJV 1944, 132 f., SJZ 1953, 46, SJZ 1987, 135; **a.M.** ZR 1952, 316). Die Lehre ist gespalten (für öffentlich-rechtlichen bzw. Zwangsvollstreckungscharakter DESCHENAUX/STEINAUER, droit matrimonial, 145; für zivilrechtlichen

3

bzw. ehewirkungsrechtlichen Charakter VOGEL, ZBJV 1986, 498; SANDOZ, BlSchK 1988, 87; kritisch gegenüber BGE 110 II 9 ff. BK-HAUSHEER/REUSSER/GEISER, N 19). Es ist m.E. der Argumentation von SUHNER, 154 ff., zuzustimmen, dass es sich um eine Massnahme des Zivilrechts, konkret des Familienrechts handelt; im Gegensatz zu Schuldbetreibungsmassnahmen vermöge die Anweisung nicht endgültig zu vollstrecken, und andererseits gebe es auch zivilrechtliche Institute, die auf zwangsweise Verwirklichung zielen; auch setze die Anweisung eine vorgängige materiellrechtliche Prüfung und nicht eine rein formelle voraus. Ebenso BK-HAUSHEER/REUSSER/GEISER, N 19.

II. Abgrenzungen

1. Verhältnis zur Abtretung

4 Ist eine bereits *bestehende* Forderung vom Unterhaltsschuldner abgetreten worden, geht sie ins Vermögen des Zessionars über; eine nachfolgende Anweisung nach Art. 177 ist daher nicht mehr wirksam. Wird eine *künftige* Forderung abgetreten, stellt sich die Wirkung m.E. erst mit Entstehen der Forderung ein; in der Zwischenzeit kann eine wirksame Anweisung verfügt werden, denn der Unterhaltsschuldner ist noch immer Gläubiger der Forderung (ebenso mit Hinweis auf Kontroversen BK-HAUSHEER/REUSSER/GEISER, N 20 a). Wie eine gepfändete kann auch eine *angewiesene* Forderung abgetreten werden; der Zessionar erwirbt dann aber die mit der Anweisung belastete Forderung; die Anweisung hat gegenüber der **Abtretung** Bestand (SUHNER, 128 ff.).

2. Verhältnis zur Verpfändung

5 Das **Pfandrecht** an einer Forderung geht als dingliches Recht einer Anweisung vor. Es macht daher nur Sinn, eine nicht in vollem Umfang verpfändete Forderung anzuweisen oder eine verpfändete Forderung nur anzuweisen, wenn der Wegfall des Pfandrechts absehbar ist. Eine schon angewiesene Forderung kann verpfändet werden, ist aber mit der vorgehenden Anweisung belastet (SUHNER, 133 f.).

3. Verhältnis zum Zwangsvollstreckungsrecht

6 Entsprechend der doktrinellen Meinungsvielfalt darüber, ob die Anweisung zwangsvollstreckungsrechtlichen Charakter habe oder nicht, wurden zur Frage, ob die Anweisung oder die Pfändung im Betreibungsverfahren vorgehe, unterschiedliche Auffassungen vertreten. Die eine Auffassung lässt grundsätzlich die Pfändung der Anweisung vorgehen, selbst wenn sie nach der Anweisung ausgesprochen wird (Botschaft Revision Eherecht, 1281; HAUSHEER/REUSSER/GEISER, N 19/20; w.Nw. bei SUHNER, 119); nach der anderen Auffassung geht die Anweisung vor (BGE 110 II 16, E. 1; BK-BÜHLER/SPÜHLER, aArt. 145 N 381), selbst wenn sie später als die Pfändung angeordnet wird (BJM 1969, 220 f.; w.Nw. bei SUHNER, 120; ebenso BK-HAUSHEER/REUSSER/GEISER, N 20 e).

M.E. überzeugt die Auffassung von SUHNER, 120, wonach eine **Pfändung** eine bestehende Anweisung beachten muss; die Pfändung kann nur in dem Umfang wirksam werden, in welchem die Forderung vorher nicht angewiesen worden ist. Ist die Forderung, die angewiesen werden soll, hingegen bereits gepfändet, besteht zumindest die Möglichkeit für den Unterhaltsgläubiger zur privilegierten Anschlusspfändung (Art. 111 SchKG) innert 40 Tagen und zum Rangprivileg (Art. 146 SchKG i.V.m. Art. 219 SchKG), soweit die Unterhaltsbeiträge fällig sind. SUHNER, 122, begründet sodann den Vorrang der Abtretung vor der bereits erfolgten Pfändung sogar für den laufenden Unterhalt damit, dass die Erfüllung familienrechtlicher Verpflichtungen der Tilgung anderer Schulden vorgehe und dass die Anweisung gegenüber der Pfändung nach SchKG die jüngere lex specialis sei.

A.M. und weitere Differenzierungen treffend BK-HAUSHEER/REUSSER/GEISER, N 20 e–f und 21.

Speziell zur **Lohnpfändung:** Angewiesene Einkommensforderungen zum Zwecke der Sicherung des laufenden Familienunterhalts sind i.d.R. bei der Berechnung des Existenzminimums des Unterhaltsschuldners vollständig einzubeziehen; eine spätere Lohnpfändung Dritter hat das *Existenzminimum* zu beachten. Erfolgt die richterliche Anweisung nach der Lohnpfändung, so ist das Existenzminimum vom Betreibungsamt von Amtes wegen neu zu berechnen und die Lohnpfändung daran anzupassen (SUHNER, 123 ff. m.w.H.).

Zur Rechtslage bei Konkurs und Arrest SUHNER, 125 ff., BK-HAUSHEER/REUSSER/   7
GEISER, N 20 g.

4. Verhältnis zu Art. 291

Die Nichterfüllung von Unterhaltspflichten an die Familie umfasst auch den **Unterhalt**   8
der im Haushalt der Eheleute bzw. des antragstellenden Ehepartners **lebenden unmündigen Kinder;** diesfalls geht die Anweisung nach Art. 291 in derjenigen nach Art. 177 auf (DESCHENAUX/STEINAUER, droit matrimonial, 146; BK-HAUSHEER/REUSSER/GEISER, N 8c, 23). Für den Fall, dass ein Kind fremdplatziert wird, kann der unterhaltsberechtigte Ehegatte in seiner Eigenschaft als gesetzlicher Vertreter des Kindes eine Aufteilung der Anweisung an die Schuldner des unterhaltsverpflichteten Ehegatten gestützt einerseits auf Art. 177 und andererseits gestützt auf Art. 291 verlangen (BK-HAUSHEER/REUSSER/GEISER, N 23 unter Berufung auf den Vorentwurf 1976 und BGE 110 II 9 ff. E. 4b; eingehend SUHNER, 21 ff.).

III. Voraussetzungen für eine Anweisung

Die Anweisung an die Schuldner kann als Eheschutzmassnahme *unabhängig vom Güter-*   9
stand angeordnet werden. Aus der systematischen Einordnung (Ziffer der Marginale: 4) ergibt sich, dass Art. 177 sowohl bei bestehendem als auch bei aufgehobenem gemeinsamen Haushalt angerufen werden kann.

Eine Anweisung an die Schuldner nach Art. 177 erfolgt nur auf entsprechendes *Begehren eines Ehegatten* (Art. 172 Abs. 3), nicht von Amtes wegen.

Eine Anweisung an dessen Schuldner ist nur gerechtfertigt, wenn der Unterhaltsschuld-   10
ner **die Unterhaltspflicht gegenüber seiner Familie,** aus welchen Gründen auch immer, **nicht erfüllt.** Ein Verschulden seinerseits wird nicht vorausgesetzt; jedoch muss die *Pflichtvergessenheit* eine *gewisse Schwere* aufweisen; ein einmaliges Versäumnis genügt i.d.R. nicht, ausser der Unterhaltsschuldner lasse bereits erkennen, dass er auch künftig nicht leisten werde (vgl. GEORGII, 34; HEGNAUER/BREITSCHMID, 204; SUHNER, 27 f.).

Zur **Unterhaltspflicht,** für welche Anweisungen nach Art. 177 erfolgen können, gehören   11
die *Beiträge nach Art. 163 und 164,* nicht aber Forderungen aus Art. 165 (DESCHENAUX/STEINAUER, droit matrimonial, 144; STETTLER/GERMANI, 253; BK-HAUSHEER/REUSSER/GEISER, N 8b; SUHNER, 15 ff.; bez. Art. 164 ZR 1996, 95; **a.M.** bez. Art. 164 HEGNAUER/BREITSCHMID, 204), sowie die vom Eheschutzgericht nach *Art. 173 und 176 Abs. 1 Ziff. 1 und Abs. 3 festgesetzten Geldbeiträge* an den Familienunterhalt. Hat der Alimentenschuldner seinen Beitrag an den Unterhalt bisher ganz oder teilweise mittels Sachleistun-

gen oder Haushaltsführung erbracht, oder steht die Höhe seiner Unterhaltspflicht noch nicht fest, ist der entsprechende Geldbeitrag vorerst vom Eheschutzgericht (Art. 173) festzusetzen, bevor die Anweisung verfügt werden kann (BK-HAUSHEER/REUSSER/ GEISER, N 9a; SUHNER, 18).

12 Eine Anweisung muss sich an einen oder mehrere **namentlich bestimmte Schuldner** des pflichtvergessenen Ehegatten richten und diesem bzw. diesen unter genauer Angabe der Höhe des Anweisungsbetrages, der Dauer der Anweisung und der Zahlungsmodalitäten mitgeteilt werden. Als einzige allgemeine Bezeichnung des dritten Schuldners wird die Anweisung an den «jeweiligen Arbeitgeber» in der Lehre mehrheitlich als zulässig angesehen, vgl. SUHNER, 71 ff.; **a.M.** SUTTER/FREIBURGHAUS, N 21 zu Art. 132 ZGB. Das Gesetz steht m.E. der genannten Formulierung nicht entgegen, jedoch ist es alsdann Sache der Alimentengläubigerin dafür zu sorgen, dass der jeweilige Arbeitgeber Kenntnis von der Anweisung erhält, entweder durch eine neue Zustellung durch das Gericht oder durch eigene Übermittlung der Anweisung.

Als solche Schuldner kommen in den meisten Fällen Arbeitgeber des Ehegatten in Frage; Schuldner im Sinne des Art. 177 ist aber auch z.B. die Bank bzw. Post hinsichtlich Bank- bzw. Postguthaben des säumigen Alimentenschuldners oder der Auftraggeber und andere Vertragspartner des selbstständig erwerbenden Alimentenschuldners; auch ein Gemeinwesen kommt als dritter Schuldner in Betracht, unabhängig davon, ob es sich um eine privat- oder öffentlich-rechtliche Forderung des Alimentengläubigers handelt. Für weite Teile des Sozialversicherungsrechts sieht die Gesetzgebung ohnehin unter ähnlichen Voraussetzungen oder sogar auf blossen Antrag hin eine Auszahlung an den Ehegatten des Versicherten vor.

Nicht anwendbar ist Art. 177 auf Forderungen, die dem schuldnerischen Ehegatten *um dessen Person willen* zustehen, wie Genugtuungsansprüche, militärischer Sold, das Peculium des Strafgefangenen, Ansprüche gegenüber zweckgebundenen Vorsorgeeinrichtungen (SUHNER, 38).

IV. Wirkungen der Anweisung

13 Der **Alimentenschuldner** bleibt auch *nach* der Anweisung seines Schuldners durch das Gericht **Gläubiger seiner Forderung;** im Umfange der Anweisung *kann* er aber *nicht mehr über die Forderung verfügen.* Ein Verzicht auf die Forderung oder deren Abtretung nach der Anweisung hat somit für den antragstellenden Ehegatten keine nachteiligen Konsequenzen (BK-HAUSHEER/REUSSER/GEISER, N 13 f.). Fällt der Alimentenschuldner in Konkurs, bleibt die Anweisung bestehen bzw. es kann weiterhin angewiesen werden (BGE 121 III 383).

14 Der **angewiesene Schuldner** des Ehegatten wird **nicht Angewiesener** im Sinne von Art. 466 OR, denn er wird verpflichtet, nicht nur ermächtigt, an den Ehegatten seines Gläubigers zu leisten; d.h. er kann sich nicht anders von seiner Leistungspflicht befreien (STETTLER/GERMANI, 254; SUHNER, 144 ff.). Am Bestand oder Nichtbestand seiner Schuld ändert sich durch die Anweisung nichts; ein Gläubigerwechsel findet nicht statt. Fällt der Angewiesene in Konkurs, wird die Unterhaltsforderung nach Art. 219 Abs. 4 lit. a SchKG kolloziert.

15 Der **Ehegatte des Gläubigers** wird nicht Gläubiger; somit liegt **keine Legalzession** vor (STETTLER/GERMANI, 254; SUHNER, 141 f.). Er ist einem *Inkassobevollmächtigten* vergleichbar, der den Schuldner seines Ehegatten selbstständig betreiben und gerichtlich beklagen kann, aber den erhältlich gemachten Betrag *zweckgebunden* für den Familien-

unterhalt verwenden muss (BK-HAUSHEER/REUSSER/GEISER, N 16 und 16 a–f; SUHNER, 104 ff.).

V. Internationales Privat- und Zivilprozessrecht

Internationale Zuständigkeit der schweizerischen Gerichte: Da sich die Anweisung **16** an den Schuldner des Alimentenschuldners gleichermassen gegen den Alimentenschuldner wie gegen dessen Schuldner richtet, kann sie m.E. von einem schweizerischen Gericht nur erlassen werden, wenn gegen beide in der Schweiz eine internationale Zuständigkeit besteht; im Verhältnis zum Ehegatten kommen Art. 46 f. IPRG in Frage, im Verhältnis zu dessen Schuldner die Zuständigkeit, welche für das zwischen ihm und dem Alimentenschuldner zugrunde liegende Rechtsverhältnis massgeblich ist (so bei Schuldverträgen z.B. Art. 5 und 112 ff. IPRG).

Ergeht die Anweisung, ohne dass gegen den dritten Schuldner eine schweizerische Zuständigkeit besteht, hat sie dennoch als *Eheschutzmassnahme* Bestand; der pflichtvergessene Ehegatte wird daraus verpflichtet, muss ihm allfällig ausbezahlte Beträge, die Gegenstand der Anweisung sind, aufgrund des schweizerischen Entscheides dem Ehegatten weiterleiten; ein Verstoss gegen die Verfügung seinerseits stellt eine weitere Ehepflichtwidrigkeit dar.

Anwendbares Recht: Massgeblich ist das *Ehewirkungsstatut,* Art. 48 IPRG. Kommt **17** ausländisches Recht zur Anwendung, kann diesem bei entsprechendem in der Schweiz zu realisierenden Schutzzweck Art. 177 als loi d'application immédiate (international zwingendes schweizerisches Recht i.S.v. Art. 18 IPRG) vorgehen. Das dürfte m.E. immer der Fall sein, wenn der unterhaltsberechtigte Ehegatte bzw. die Kinder in der Schweiz Wohnsitz bzw. gewöhnlichen Aufenthalt haben. In BGE 130 III 489 konnte das Bundesgericht die Frage offen lassen, ob schweizerisches Recht in casu gestützt auf Art. 48 IPRG oder auf Art. 18 IPRG zur Anwendung kam; es verneinte jedenfalls die Anwendung des Unterhaltsstatuts.

Anerkennung und Vollstreckung eines schweizerischen Entscheides im Ausland: **18** Diese Frage beurteilt sich nach der *ausländischen Rechtsordnung.* Die Chancen, eine schweizerische Schuldneranweisung im Ausland gegen den Schuldner des Alimentenschuldners durchzusetzen, sind sehr gering, wenn jener im schweizerischen Verfahren nicht vorgängig der Anweisung vom schweizerischen Gericht angehört worden ist. Zudem kennen viele Staaten ein der Anweisung nach Art. 177 vergleichbares Institut nicht. Vor allem aber spricht sich die gerichtliche Anweisung nach Art. 177 nicht über die materielle Berechtigung der Forderung gegenüber dem Drittschuldner aus und ersetzt diesbezüglich keinen Vollstreckungstitel gegen den Drittschuldner, es sei denn, dieser anerkenne die Forderung; eine solche Anerkennung ist aber, solange der Drittschuldner nicht sicher ist, ob er von seinem Gläubiger (dem Alimentenschuldner) doch noch ein zweites Mal in Anspruch genommen werden kann, weil ihn die erste Bezahlung an den Ehegatten seines Gläubigers aus der Sicht seines Wohnsitzstaates nicht befreit hat, kaum zu erwarten. Erfolgversprechender erscheint es daher, im Ausland sichernde Massnahmen (Arrest) und danach Zwangsvollstreckung aufgrund des Unterhaltstitels gegen den Alimentengläubiger zu erwirken oder im Rahmen eines in der Schweiz gegen den Alimentenschuldner durchgeführten Pfändungsverfahrens Rechts- bzw. Amtshilfe im Ausland zu beantragen.

Anerkennung und Vollstreckung eines entsprechenden ausländischen Entscheides **19** **in der Schweiz:** Soll gegen einen dritten Schuldner mit Wohnsitz bzw. Sitz in der Schweiz vollstreckt werden, ist – nebst den anderen Voraussetzungen gemäss Art. 25 ff.

IPRG – zu prüfen, ob dieser Partei bzw. Nebenpartei (oder sonst wie Verfahrensbeteiligter) des Entscheides ist und angehört worden ist. Die indirekte Zuständigkeit des ausländischen Staates muss m.E. kumulativ nach Art. 50 IPRG und der für das zwischen dem Alimentenschuldner und dessen Schuldner bestehende Rechtsverhältnis massgeblichen Regelung für die indirekte Zuständigkeit (z.B. für Schuldverträge: Art. 149 IPRG oder einschlägiges Staatsvertragsrecht) gegeben sein.

Art. 178

5. Beschränkungen der Verfügungsbefugnis

[1] **Soweit es die Sicherung der wirtschaftlichen Grundlagen der Familie oder die Erfüllung einer vermögensrechtlichen Verpflichtung aus der ehelichen Gemeinschaft erfordert, kann das Gericht auf Begehren eines Ehegatten die Verfügung über bestimmte Vermögenswerte von dessen Zustimmung abhängig machen.**

[2] **Das Gericht trifft die geeigneten sichernden Massnahmen.**

[3] **Untersagt es einem Ehegatten, über ein Grundstück zu verfügen, lässt es dies von Amtes wegen im Grundbuch anmerken.**

5. Restrictions du pouvoir de disposer

[1] Dans la mesure nécessaire pour assurer les conditions matérielles de la famille ou l'exécution d'obligations pécuniaires découlant du mariage, le juge peut, à la requête de l'un des époux, restreindre le pouvoir de l'autre de disposer de certains de ses biens sans le consentement de son conjoint.

[2] Le juge ordonne les mesures de sûreté appropriées.

[3] Lorsque le juge interdit à un époux de disposer d'un immeuble, il en fait porter la mention au registre foncier.

5. Restrizioni del potere di disporre

[1] Se necessario per assicurare le basi economiche della famiglia o per adempire un obbligo patrimoniale derivante dall'unione coniugale, il giudice, ad istanza di un coniuge, può subordinare al consenso di questo la disposizione di determinati beni da parte dell'altro.

[2] Il giudice prende le appropriate misure conservative.

[3] Se vieta a un coniuge di disporre di un fondo, ne ordina d'ufficio la menzione nel registro fondiario.

Literatur

BERGER, Die Stellung Verheirateter im rechtsgeschäftlichen Verkehr, 1986; GEISER, Neues Eherecht und Grundbuchführung, ZBGR 1987, 15 ff.; HASENBÖHLER, Verfügungsbeschränkungen zum Schutze eines Ehegatten, BJM 1986, 57 ff.; MEIER, «Swiss-World-Wide-Mareva» im Scheidungsprozess, in: Rechtskollisionen, FS A. HEINI, 1995, 277 ff.; PFÄFFLI, Die Auswirkungen des neuen Ehe- und Erbrechts auf die Grundbuchführung, BN 1986, 281 ff.; SCHMID, Neues Eherecht und Grundbuchführung, ZBGR 1987, 285 ff.; DERS., Familie und Grundbuch, in: Familie und Recht, FS B. SCHNYDER, 1995, 601 ff.; SPÜHLER, Schutz der Familienwohnung?, ZBJV 129 (1993) 764 f.; TRAUFFER, Vormerkung von Verfügungsbeschränkungen und Anmerkung von Kanzleisperren im Grundbuch, ZGRG 1987, 44 ff.

I. Normzweck

1   Die Bestimmung ist eine Folge des Konsensprinzips, welches die partnerschaftlich gestaltete Ehe prägt. Um zu verhindern, dass der eine Gatte vermögensrechtliche Ansprüche seines Ehepartners vereitelt, wird die Gültigkeit bestimmter Vermögensdispositionen

vom Einverständnis des andern Gatten abhängig gemacht. Insofern erfüllt die Norm eine **Präventivfunktion.**

Während der Gesetzgeber zum Schutz der Familienwohnung ein **generelles** Zustim- 2 mungserfordernis eingeführt hat (Art. 169), schuf er mit der Verfügungsbeschränkung nach Art. 178 ein Instrument zur Abwehr **individueller** Gefährdungstatbestände.

Art. 178 findet nicht nur im Eheschutzverfahren Anwendung, sondern auch im Rahmen 3 vorsorglicher Massnahmen bei der Ehescheidung (BGer 5P.360/2004 vom 10.1.2005; BGE 120 II 67 ff.; 118 II 380).

II. Voraussetzungen der Verfügungsbeschränkung (Abs. 1)

1. Bedrohung der wirtschaftlichen Grundlagen der Familie

Die wirtschaftliche Sicherheit der Familie kann dadurch gefährdet werden, dass der eine 4 Gatte eigenmächtig Hausratsobjekte veräussert oder beiseite schafft, in verschwenderi- scher Art Schenkungen vornimmt, Dritten treuhänderisch Vermögensobjekte überträgt, Grundstücke veräussert bzw. übermässig belastet oder existenzsichernde Ersparnisse abhebt (Botschaft, Ziff. 219.225). Nicht notwendig ist, dass durch derart eigenmächtiges Handeln geradezu das Existenzminimum der Familie aufs Spiel gesetzt wird, vielmehr genügt es, wenn der **bisherige Standard der Familie** nicht mehr aufrecht erhalten wer- den kann (BK-HAUSHEER/REUSSER/GEISER, N 6b).

2. Gefährdung der Erfüllung einer vermögensrechtlichen Verpflichtung aus der ehelichen Gemeinschaft

Die vermögensrechtlichen Verpflichtungen, die mit einer Verfügungsbeschränkung ge- 5 sichert werden sollen, müssen «ehe-spezifisch» sein, d.h. entweder in den persönlichen Ehewirkungen (N 6) oder im Güterrecht (N 10) wurzeln.

Bei den persönlichen Ehewirkungen steht die Gefährdung der Erfüllung der **Unterhalts-** 6 **pflicht** (Art. 163) im Vordergrund, soweit diese auf Geldzahlung gerichtet ist (OG ZH ZR 1994, 82). Dabei braucht der Geldbeitrag an den Familienunterhalt nicht schon ge- richtlich festgelegt zu sein, vielmehr genügt es, wenn der berechtigte Gatte glaubhaft dartut, dass der andere finanzielle Leistungen an den Familienunterhalt zu erbringen hat.

Ansprüche auf **nacheheliche Unterhalt** (Art. 125) können nicht durch Verfügungsbe- 7 schränkung gem. Art. 178 gesichert werden, vielmehr richtet sich deren Sicherstellung nach Art. 132 Abs. 2.

Der **Betrag zur freien Verfügung** (Art. 164) gehört zwar zum Unterhalt, doch folgt dar- 8 aus nicht zwangsläufig, der Anspruch auf einen Freibetrag könne generell durch Ver- fügungsbeschränkung gesichert werden. Vielmehr entscheidet sich nach dem Grundsatz der Verhältnismässigkeit im Einzelfall, ob eine solche Sicherung gerechtfertigt ist (s. Art. 164 N 24).

Der Anspruch auf Vergütung für **aussergewöhnliche Leistungen** eines Ehegatten 9 (Art. 165) kann dann durch Verfügungsbeschränkung gesichert werden, wenn die Ent- schädigung bereits festgelegt wurde oder wenn sie gleichzeitig mit dem Gesuch um An- ordnung der Verfügungsbeschränkung geltend gemacht wird (ZK-BRÄM, Art. 165 N 110).

Ansprüche aus **Güterrecht** können schon im Stadium der blossen Anwartschaft gefähr- 10 det sein, wenn ihre spätere Erfüllung wegen nicht vorhandenen oder ungenügenden Ver- mögenssubstrats fraglich erscheint. Zur Ermöglichung einer korrekten güterrechtlichen Auseinandersetzung kann es geboten sein, durch Verfügungsbeschränkung den Vermögensstand in quantitativer und qualitativer Hinsicht zu erhalten (BGE 120 III 67 ff.; 118 II 381). Aus dieser Sicht bildet beispielsweise der Anspruch eines Ehegatten auf Beteiligung am Vorschlag (Art. 215 ff.) oder am Mehrwert (Art. 206/209) Gegenstand einer Verfügungsbeschränkung nach Art. 178 (OG ZH ZR 1994, 82).

3. Begehren eines Ehegatten

11 Die Beschränkung der Verfügungsbefugnis wird auf **Begehren** eines Ehegatten angeordnet. Der angestrebte Rechtsschutz ist nur wirksam, wenn er rasch erfolgt. Angesichts dessen genügt eine summarische Begründung des Gesuches. Immerhin müssen die zu sichernden **Ansprüche** nach Bestand und Umfang so weit dargetan sein, dass sie einer prima-facie Prüfung durch das Gericht standhalten. Weiter hat der gesuchstellende Gatte eine **Gefährdung** seiner Ansprüche durch befürchtetes eigenmächtiges Handeln seines Ehepartners glaubhaft zu machen, was bedeutet, dass er objektive Anhaltspunkte darzulegen hat, aus denen das Gericht auf das wahrscheinliche Vorhandensein einer aktuellen, d.h. für die nächste Zukunft zu erwartenden Gefährdung schliessen kann (BGE 118 II 381; OGer ZH ZR 1994, 82; BERGER, 160: keine Verfügungsbeschränkung auf Vorrat). Eine Gefährdungslage besteht dann nicht (mehr), wenn der andere Gatte hinreichende **Sicherheit** für die gefährdeten Ansprüche leistet oder zumindest anbietet (Botschaft, Ziff. 219.225). Erfolgt die Sicherheitsleistung, nachdem bereits eine Verfügungsbeschränkung angeordnet worden ist, so kann darin ein Grund zur nachträglichen Aufhebung der zuvor erlassenen Verfügungsbeschränkung liegen.

III. Inhalt der Verfügungsbeschränkung

12 Kerngehalt der Verfügungsbeschränkung ist das **Zustimmungserfordernis** des andern Ehegatten. Der handlungswillige Gatte darf ohne Einverständnis seines Ehepartners nicht über die im richterlichen Verbot näher umschriebenen Vermögensobjekte verfügen. Weil der Gesetzgeber eine Globalsperre ausdrücklich abgelehnt hat (s. N 16), darf der Adressat der richterlichen Anordnung nur objektbezogen in seiner Dispositionsbefugnis eingeschränkt werden.

13 Das Einverständnis des andern Gatten kann an sich **formfrei** erfolgen, doch werden Dritte in der Regel aus Gründen der Beweissicherung eine schriftliche Zustimmung verlangen. Eine Zustimmung in Schriftform muss in jedem Fall der Grundbuchführer verlangen (Art. 13 und 15 GBV).

Der dem Zustimmungserfordernis zugrunde liegende Zweckgedanke, dem andern Gatten ein Mitspracherecht zu sichern, verlangt die **Einzelermächtigung** zu einer konkreten Verfügungshandlung.

14 Der andere Gatte kann einer bereits vollzogenen Verfügung auch noch **nachträglich** zustimmen, was aber aus Gründen der Rechtssicherheit und des Verkehrsschutzes verhältnismässig rasch zu geschehen hat.

15 Bei grundloser **Verweigerung** der Zustimmung kann der handlungswillige Gatte das Gericht anrufen. Dieses kann die Verfügungsbeschränkung für einzelne Fälle oder sogar allgemein aufheben oder modifizieren, wenn die Verweigerung der Zustimmung sich nicht auf sachlich vertretbare Gründe abstützen lässt.

IV. Gegenstand und Umfang der Verfügungsbeschränkung

16 Grundsätzlich kann **jede Art** von Vermögen des Ehemannes oder der Ehefrau mit einer Verfügungsbeschränkung belegt werden. Allerdings hat der Gesetzgeber eine Globalsperre bewusst abgelehnt (Botschaft, Ziff. 219.225), weshalb einem Gatten nicht die Dispositionsbefugnis über sein gesamtes Vermögen entzogen werden darf. Vielmehr muss die Verfügungsbeschränkung sich auf **bestimmte Vermögensobjekte** beziehen, die in der richterlichen Anordnung individuell zu bezeichnen sind.

Der **Umfang** der Verfügungsbeschränkung bestimmt sich im Einzelfall nach dem Ver- **17** hältnismässigkeitsprinzip: die Sperre von Vermögensobjekten ist nur so weit zulässig, als dies der Sicherungszweck erfordert. Von daher kann eine Begrenzung der richterlichen Anordnung in sachlicher oder zeitlicher Hinsicht notwendig erscheinen. Jedenfalls müssen dem von der Verfügungsbeschränkung betroffenen Gatten mindestens so viele Vermögensobjekte zur uneingeschränkten Disposition überlassen bleiben, dass er daraus seinen eigenen Lebensunterhalt bestreiten kann (Kass Ger ZH ZR 1976, 52; OGer ZH ZR 1994, 82).

V. Wirkungen der Verfügungsbeschränkung

1. Im Innenverhältnis

Hält der betroffene Gatte sich nicht an die Verfügungsbeschränkung, so liegt darin eine **18** **Verletzung ehelicher Pflichten,** die eine Ermahnung durch die eherichterliche Instanz, die Aufhebung des gemeinsamen Haushaltes und/oder die Anordnung der Gütertrennung nach sich ziehen kann.

2. Im Aussenverhältnis

Die Verfügungsbeschränkung tangiert an sich die **Handlungsfähigkeit** des betroffenen **19** Ehegatten **nicht,** sodass dieser grundsätzlich jede Art von Rechtsgeschäft gültig abzuschliessen vermag. Hingegen kann er über die von der Verfügungsbeschränkung betroffenen Vermögenswerte nicht ohne Zustimmung des andern Gatten verfügen.

Ist der Vertragspartner des von der Verfügungsbeschränkung betroffenen Ehegatten **gut- 20 gläubig,** weil er beispielsweise von der richterlichen Anordnung nichts wusste und davon auch keine Kenntnis haben musste, ist er in seinem guten Glauben insoweit geschützt, als es die allgemeinen Bestimmungen (z.B. Art. 933) vorsehen (ZK-BRÄM, N 32; BK-HAUSHEER/ REUSSER/GEISER, N 13b ff.). Im Gegensatz zu Art. 169, wo nach h.L. kein Gutglaubensschutz gewährt wird, besteht hier also ein beschränkter Schutz (s. Art. 169 N 15).

Die Verfügungsbeschränkung ist auf den Schutz des andern Ehegatten zugeschnitten, **21** weshalb sie nicht verhindern kann, dass Dritte durch **Zwangsvollstreckung** auf bestimmte Vermögenswerte greifen. So kann der Gläubiger eines Ehegatten zur Durchsetzung seiner Forderung Immobilien selbst dann betreibungsrechtlich verwerten lassen, wenn der Eigentümer-Ehegatte mit einem Veräusserungsverbot belegt worden war. Desgleichen kann eine Bank, die einem Ehegatten Kredit gewährt und hiefür Wertpapiere als Sicherheit erhalten hat, diese in die Pfandverwertung mit einbeziehen, sofern der Eigentümer-Ehegatte sie vor Erlass der Verfügungsbeschränkung gem. Art. 178 verpfändet hatte.

VI. Sicherungsmassnahmen

1. Im Allgemeinen (Abs. 2)

Sicherungsmassnahmen wollen die praktische Umsetzung der Verfügungsbeschränkung **22** möglichst wirksam gestalten und verhindern, dass der betroffene Gatte die richterliche Anordnung unterläuft. Was von dieser Zielsetzung her als «geeignete Massnahme» erscheint, muss im Einzelfall anhand des Verhältnismässigkeitsprinzips bestimmt werden. Der Gesetzgeber hat denn auch die Bestimmung von Abs. 2 bewusst offen formuliert (Botschaft, Ziff. 219.225). Immerhin muss das Gericht eine **Interessenabwägung** vornehmen zwischen dem Anspruch des gefährdeten Gatten auf möglichst wirksamen Schutz seiner finanziellen Belange und dem Interesse des andern Ehepartners an möglichst schonungsvoller Umsetzung der Verfügungsbeschränkung (BERGER, 166).

2. Bei Mobilien

23   Als Sicherungsmassnahmen bei **beweglichen Vermögensobjekten** fallen in Betracht: Sperre von Guthaben bei Banken, Versicherungsgesellschaften, andern Finanzinstituten oder Drittpersonen; Hinterlegung (mit Sperrvermerk) von bestimmten Vermögenswerten bei Amtsstellen oder geeigneten privaten Instituten; u.U. auch direkte Beschlagnahme von bestimmten Vermögensobjekten. Auch kann die Verfügung über Einkünfte aus einem Nutzniessungsvermögen oder aus einer unverteilten Erbschaft von der Zustimmung des andern Ehegatten abhängig gemacht werden. Die Beachtung des Verbots wird durch Mitteilung an die beteiligten Drittpersonen gesichert. Als indirekte Massnahme kommt die Androhung von Straffolgen gem. Art. 292 StGB oder von kantonalrechtlichen Sanktionen in Frage.

3. Bei Grundstücken (Abs. 3)

24   Verfügungsbeschränkungen bei Grundstücken sind von Amtes wegen **im Grundbuch anzumerken.** Die Anmerkung führt zur Schliessung des Hauptbuchblattes mit der Folge, dass der Eigentümer-Ehegatte nicht mehr allein über sein Grundstück dinglich verfügen kann, sondern hiefür das Einverständnis seines Ehepartners (oder ggf. eine Ermächtigung des Eheschutzgerichts) benötigt. Die sog. Kanzleisperre hindert indessen die Eintragung von gesetzlich begründeten Ansprüchen Dritter, insbesondere von Bauhandwerkerpfandrechten nicht; ferner bleibt die Durchführung der Zwangsvollstreckung in eine mit Verfügungsbeschränkung belegte Liegenschaft möglich (Botschaft Ziff. 219.225; BGE 120 III 69; 104 II 179; SJZ 1992 86 Nr. 12 = ZBGR 1992, 207).

Art. 179

6. Veränderung der Verhältnisse

[1] Verändern sich die Verhältnisse, so passt das Gericht auf Begehren eines Ehegatten die Massnahmen an oder hebt sie auf, wenn ihr Grund weggefallen ist; in Bezug auf den persönlichen Verkehr und die Kindesschutzmassnahmen bleibt die Zuständigkeit der vormundschaftlichen Behörden vorbehalten.

[2] Nehmen die Ehegatten das Zusammenleben wieder auf, so fallen die für das Getrenntleben angeordneten Massnahmen mit Ausnahme der Gütertrennung und der Kindesschutzmassnahmen dahin.

6. Faits nouveaux

[1] A la requête d'un époux, le juge ordonne les modifications commandées par les faits nouveaux et rapporte les mesures prises lorsque les causes qui les ont déterminées n'existent plus; en ce qui concerne les relations personnelles avec l'enfant et les mesures de protection de l'enfant, la compétence des autorités de tutelle est réservée.

[2] Lorsque les époux reprennent la vie commune, les mesures ordonnées en vue de la vie séparée sont caduques, à l'exception de la séparation de biens et des mesures de protection de l'enfant.

6. Modificazione delle circostanze	[1] Il giudice, ad istanza di un coniuge, adatta le misure alle nuove circostanze e se non sono più giustificate le revoca; per quanto concerne le relazioni personali e le misure di protezione del figlio, è fatta salva la competenza delle autorità di tutela.

[2] Se i coniugi tornano a convivere, le misure ordinate per la vita separata decadono, eccetto la separazione dei beni e le misure di protezione del figlio.

Literatur

BACHMANN, Die Regelung des Getrenntlebens nach Art. 176 und 179 ZGB sowie nach zürcherischem Verfahrensrecht, 1995; DOLDER/DIETHELM, Eheschutz (Art. 175 ff. ZGB) – Ein aktueller Überblick, AJP 2003, 655 ff.; GRAF, Der Eheschutz nach Art. 169–172 ZGB, 1978; PIQUEREZ, Les mesures protectrices de l'union conjugale selon le nouveau droit matrimonial, in: Wessner (Hrsg.), Problèmes de droit de la famille, 1987, 118 ff.; RAPP, Aus der Praxis des Ehegerichtspräsidenten Basel-Stadt, BJM 1980, 281 ff.; WEBER, Kritische Punkte der Scheidungsrechtsrevision, AJP 1999, 1633 ff.

I. Normzweck/Anwendungsbereich

1. Normzweck

Eheschutzmassnahmen sind von ihrem Zweck her **nicht auf Dauer angelegt.** Sie wollen die Beziehungen der Gatten während einer **aussergewöhnlichen** Situation regeln. Normalisieren sich die Verhältnisse wieder oder wird die Ehe aufgelöst, haben sie grundsätzlich keinen Bestand mehr (BGE 115 II 298 E. 2). Zudem werden sie regelmässig im *Summarverfahren* angeordnet, das auf rasche Entscheidung abzielt, nur begrenzt Beweiserhebungen zulässt und deshalb oft keine umfassende Abklärung der Sachlage gestattet. Mit Blick darauf besitzen sie nur **beschränkte materielle Rechtskraft.** Zwar kann der Richter bei gleich bleibenden Umständen nicht ohne weiteres auf sie zurückkommen, doch rechtfertigt sich bei einer wesentlichen Veränderung der Verhältnisse die Vornahme einer Anpassung (Grundsatz der Abänderbarkeit). **1**

2. Anwendungsbereich

Art. 179 regelt die Anpassung von Eheschutzmassnahmen i.S.v. Art. 176 an veränderte Umstände. Treffen die Ehegatten indes Vereinbarungen ausserhalb des gesetzlich abschliessend geregelten Massnahmenkatalogs, so findet Art. 179 keine Anwendung (vgl. OGer LU, 9.3.2004 = FamPra.ch 2005, 303 ff.). **2**

II. Voraussetzungen der Abänderung von Eheschutzmassnahmen (Abs. 1)

1. Materielle Voraussetzungen

Notwendig ist eine wesentliche Veränderung der Entscheidungsgrundlagen. Lehre und Rechtsprechung bejahen eine solche bei: **3**

– einer **erheblichen und dauernden Veränderung der tatsächlichen Verhältnisse** seit der Anordnung der Massnahme (BGer 5P.203/2004 vom 21.10.2004; 5P.385/2004 vom 23.11.2004; 5P.422/2004 vom 8.12.2004; 5P.467/2004 vom 23.2.2005; BGE 92 II 135; OGer ZH ZR 1979, 274; OGer ZH ZR 1981, 155; RAPP, 289; BACHMANN, 226 f.). Die Änderung kann sich beziehen auf die wirtschaftlichen Verhältnisse der Gatten, ihre berufliche Situation (z.B. Ausscheiden aus dem Erwerbsleben; vgl. OGer LU 9.3.2004 = FamPra.ch 2005, 303: mit Erreichen des Pensionsalters ohne besondere Begründung), den Gesundheitszustand der Ehepartner oder auf die Belange der unmündigen Kinder (BK-HAUSHEER/REUSSER/GEISER, N 9). So kann die Neufestlegung eines Unterhaltsbeitrags verlangt werden, wenn sich die Berechnungsfaktoren geändert haben und nicht von vornherein feststeht, dass die Änderungen sich gegenseitig aufheben (OGer ZH ZR 1981, 155). Die Veränderung der Sachlage darf aber *nicht durch eigenmächtiges widerrechtliches Verhalten* jenes Gatten *herbeigeführt* worden sein, der sich darauf beruft. Keinen Abänderungsgrund bildet die selbstverschuldete Arbeitslosigkeit (SPÜHLER, Wechselbeziehungen zwischen Arbeitslosenversicherungsrecht und Familienrecht, FS Hegnauer, 510). *Erheblich* ist die Änderung, wenn die Fortdauer der bisherigen Massnahme Treu und Glauben widerspräche (HEGNAUER/ BREITSCHMID, Rz 21.10);

4   – einer aufgrund vertiefter Abklärung der Sachlage gewonnenen Einsicht, dass der *frühere Entscheid* auf **unzutreffenden Voraussetzungen** beruhte (BGer 5P.161/2003 vom 19.9.2003; 5P.212/2003 vom 9.7.2003; 5P.387/2002 vom 27.2.2003). In diesem Fall ist zwar objektiv keine Veränderung der faktischen Verhältnisse eingetreten, doch ergibt die gründlichere Abklärung der Sachlage, dass der Eheschutzrichter von unrichtigen Prämissen ausgegangen war. Dies trifft etwa zu, wenn er bei Anordnung der Massnahmen wesentliche Tatsachen nicht gekannt hat oder von einer Partei getäuscht worden ist; wohl auch dann, wenn er die Verhältnisse eindeutig falsch gewürdigt hat, so dass nach umfassender Abklärung der Gesamtsituation sein Entscheid als rechtlich nicht haltbar erscheint (RAPP, 289; ZK-SPÜHLER/FREI-MAURER, Art. 145 aZGB N 440; BACHMANN, 228).

2. Formelle Voraussetzung

5   Die Anpassung verlangt ein entsprechendes **Parteibegehren.** Rechtssicherheit und geordneter Verfahrensablauf sprechen dagegen, dass der Eheschutzrichter von sich aus auf einen früheren Entscheid zurückkommen kann (ZK-BÜHLER/SPÜHLER, Art. 145 N 437; RAPP, 289).

Stellt jener Gatte das Gesuch, **gegen** den sich die Massnahme richtete, so hat er eine erhebliche und dauerhafte Verbesserung der Situation darzutun. Bloss verbale Beteuerungen genügen nicht, vielmehr ist i.S. eines «Tatbeweises» zumindest glaubhaft zu machen, dass sich die Weiterführung der Massnahme überhaupt oder jedenfalls in der ursprünglichen Form nicht mehr rechtfertigt. Beantragt jener Ehegatte, welcher die Anordnung der Massnahmen seinerzeit **verlangt** hatte, deren Aufhebung, ist u.a. die Absenz von Willensmängeln zu prüfen. Immerhin gilt es zu beachten, dass ein Ehegatte, zu dessen Schutz Massnahmen angeordnet worden sind, i.d.R. auch darauf *verzichten* kann. So ist ein Verzicht auf verfallene Unterhaltsbeiträge zulässig, nicht aber auf das entsprechende Stammrecht (BGE 107 II 10; BK-HAUSHEER/REUSSER/GEISER, Art. 163 N 48; ZK-BRÄM, Art. 163 N 146). Bei Anträgen auf Abänderung oder Aufhebung von Massnahmen, welche die **Kinder** der Ehegatten betreffen, hat der Richter von Amts wegen abzuklären, ob die verlangte Anpassung dem Kindeswohl entspricht oder nicht. Namentlich ist bei einer beantragten Obhutsänderung zu beachten, dass die Stabilität der Verhältnisse für eine harmonische Entwicklung der Kinder von erheblicher Bedeutung sein kann. Der Richter kann das urteilsfähige Kind im Abänderungsprozess selber anhören (Art. 144; Art. 12 UNO-Kinderrechtskonvention, SR 0.107; vgl. BGE 124 III 90 ff.; BK-HAUSHEER/REUSSER/GEISER, N 10c; ebenso WEBER, AJP 1999, 1645 f.).

III. Inhalt der Abänderung

6   Die Anpassung an die veränderte Sachlage kann so geschehen, dass die früher angeordnete Massnahme **ergänzt,** in sachlicher oder zeitlicher Hinsicht **beschränkt** oder aber ganz **aufgehoben** wird. Zu beachten ist dabei das *Verhältnismässigkeitsprinzip.*

Bei **befristeten** Eheschutzmassnahmen, die mit Zeitablauf automatisch dahinfallen, kann   7
wegen wesentlich veränderter Verhältnisse eine **vorzeitige** Abänderung oder Aufhebung
gerechtfertigt sein.

IV. Wirkungen

Der Anpassungsentscheid wirkt grundsätzlich nur für die **Zukunft.** Da keine rückwir-   8
kende Modifikation möglich ist, bleibt die früher getroffene Massnahme in Kraft, bis der
Abänderungsentscheid rechtskräftig geworden ist (BGE 111 II 107). Entsprechend findet
auch Art. 173 Abs. 3 (rückwirkende Geltendmachung von Unterhaltsbeiträgen für ein
Jahr vor Einreichung des Begehrens) keine Anwendung, selbst dann nicht, wenn sich herausstellt, dass der bisherige Unterhaltsbeitrag zu hoch oder zu niedrig angesetzt war (BK-
Hausheer/Reusser/Geiser, N 14). Im Einzelfall können freilich *Billigkeitsüberlegun-*
gen zur Abweichung vom Grundsatz der zukunftsgerichteten Anpassung führen, doch
vermag die Abänderung nie über den Zeitpunkt der Gesuchseinreichung zurückzuwirken
(BGer 5P.385/2004 vom 23.11.2004; Cour de cassation NE RJN 1984, 37; I Camera civile
TI Rep 1988, 399).

V. Verfahrensrechtliches

Das Abänderungsverfahren ist grundsätzlich summarischer Natur. Bei hoher *Dringlich-*   9
keit ist die Anpassung auf dem Wege der **superprovisorischen Verfügung,** also ohne
vorgängige Anhörung der Gegenpartei, möglich (ZK-Bühler/Spühler, Art. 145 N 441).

Das Abänderungsverfahren fällt grundsätzlich in die sachliche Zuständigkeit des **Ehe-**   10
schutzgerichts. Kindesschutzmassnahmen sowie die Regelung des persönlichen Verkehrs sind jedoch gem. Art. 179 Abs. 1 nicht vom Eheschutzrichter, sondern von den
vormundschaftlichen Behörden abzuändern, obwohl der Eheschutzrichter seit Inkrafttreten des neuen Scheidungsrechts von 1998 auch Kindesschutzmassnahmen anordnen
kann (Art. 315a Abs. 1).

Der Richter entscheidet somit nur noch in folgenden Fällen über die Abänderung (vgl.
dazu Botschaft, Ziff. 233.63):
– streitige Abänderung der elterlichen Sorge und des Beitrages an den Kinderunterhalt
– Änderungen des persönlichen Verkehrs, wenn er ohnehin mit Kinderbelangen befasst
  ist

VI. Wegfall bei Wiederaufnahme des Zusammenlebens (Abs. 2)

1. Grundsatz

Getrennt lebende Ehegatten können – auch ohne richterliche Mitwirkung – den gemein-   11
samen Haushalt wieder aufnehmen. Sie kehren zum normalen Ehealltag zurück, womit
die auf eine «Krisensituation» zugeschnittenen Eheschutzmassnahmen ihre Berechtigung
verlieren. Durch die Wiedervereinigung der Gatten **fallen sie automatisch dahin** (für die
Ausnahmen s. N 13 f.). Dies gilt auch für Unterhaltsbeiträge; im Rechtsöffnungsverfahren hat sich deshalb der Richter mit dem allfälligen Einwand des Schuldners auseinander
zu setzen, dass die in Betreibung gesetzte Unterhaltsforderung zufolge Wiederaufnahme
des gemeinsamen Haushaltes erloschen sei.

Eine das Dahinfallen der Eheschutzmassnahmen bewirkende Wiedervereinigung kann   12
nur bejaht werden, wenn bei beiden Gatten der **vorbehaltlose Wille** zur **dauerhaften**
Wiederherstellung der ehelichen Gemeinschaft vorhanden ist; ein nur probeweises Zusammenleben genügt nicht (BGE 42 I 97 = Pra 1916, 146; OGer ZH ZR 1964, 301).

2. Ausnahmen

13 Die in Gestalt einer Eheschutzmassnahme angeordnete **Gütertrennung** entfällt mit der Wiedervereinigung nicht ohne weiteres. Erforderlich ist vielmehr der Antrag eines Ehegatten beim Richter auf Aufhebung und Wiederherstellung des früheren Güterstandes. Dem Begehren wird zu entsprechen sein, wenn die Schädigung der wirtschaftlichen Interessen, welche ursprünglich zur Gütertrennung geführt hatte, inzwischen beseitigt ist (Botschaft, Ziff. 219.223.2). Den Ehegatten bleibt es allerdings unbenommen, durch Abschluss eines Ehevertrags den früheren oder einen anderen Güterstand zu vereinbaren.

14 Ebenso wie die Gütertrennung fallen auch die **Kindesschutzmassnahmen** mit der Wiedervereinigung der Ehegatten nicht ohne weiteres dahin (Art. 179 Abs. 2). Es handelt sich dabei sowohl um von der Vormundschaftsbehörde als auch vom Eheschutzrichter nach Art. 315a Abs. 1 angeordnete Kindesschutzmassnahmen (BK-HAUSHEER/REUSSER/ GEISER, N 16c).

15 Nach h.L. fallen bei Wiederaufnahme des Zusammenlebens eine früher angeordnete **Schuldneranweisung (Art. 177)** und/oder eine **Verfügungsbeschränkung (Art. 178) nicht automatisch** dahin. Da beide Massnahmen auch ohne Aufhebung des gemeinsamen Haushalts verfügt werden können, gelten sie nicht zwingend als solche des Getrenntlebens (BK-LEMP, Art. 172 altZGB [1907] N 3; BK-HAUSHEER/REUSSER/GEISER, N 16a). Sollen sie mit der Wiederherstellung des gemeinsamen Haushaltes ihre Wirkung verlieren, bedarf es der richterlichen Aufhebung, die nur bei Wegfall der entsprechenden Gefährdungslage erfolgen wird. Dasselbe gilt für einen schon vor Aufnahme des Getrenntlebens angeordneten **Entzug der Vertretungsbefugnis** (Art. 174).

VII. Eheschutzmassnahmen und Scheidungsverfahren

16 Durch Anhängigmachen des Scheidungsverfahrens wird das Eheschutzverfahren nicht einfach gegenstandslos. Das Eheschutzgericht bleibt zuständig für Massnahmen bis zum Eintritt der Rechtshängigkeit der Scheidung, selbst wenn es darüber erst nach diesem Zeitpunkt entscheiden kann (BGE 101 II 2 f.). Für die **Abgrenzung der Kompetenzen** kommt es auf den Eintritt der Rechtshängigkeit der Scheidung an: Für die Zeit davor trifft das Eheschutzgericht sämtliche Massnahmen zur Regelung des Getrenntlebens, für die Zeit danach ist das Scheidungsgericht zuständig (BGE 129 III 60 ff., BGer 5P.422/2004 vom 8.12.2004; 5P.467/2004 vom 23.2.2005; 2P.203/2004 vom 21.10.2004; OGer LU 8.1.2004 = FamPra.ch 2005, 116 ff.).

17 Die vom Eheschutzgericht angeordneten Massnahmen bleiben auch während des Scheidungsverfahrens aufrecht erhalten, solange sie vom Scheidungsgericht nicht abgeändert oder aufgehoben werden. Eine Modifikation für die Zukunft ist v.a. dann angezeigt, wenn sich die tatsächlichen Verhältnisse erheblich und dauernd verändert haben oder wenn eine Änderung der Rechtslage eingetreten ist (Art. 137 N 4).

18 Im Unterschied zum Eheschutzverfahren besteht für vorsorgliche Massnahmen im Scheidungsverfahren keine Einschränkung, weshalb das Gericht **alle erforderlichen** Anordnungen treffen kann.

Art. 180

Aufgehoben

Diese Zuständigkeitsbestimmung wurde per 1. Januar 2001 durch Art. 15 des eidgenössischen Gerichtsstandsgesetzes (Bundesgesetz über den Gerichtsstand in Zivilsachen vom 24. März 2000; SR 272) ersetzt.

Sechster Titel: Das Güterrecht der Ehegatten

Erster Abschnitt: Allgemeine Vorschriften

Literatur zum Ehegüterrecht

AEBI-MÜLLER, Gedanken zur Begünstigung des überlebenden Ehegatten, ZBJV 135 (1999), 492 ff. (zit. AEBI-MÜLLER, ZBJV); DIES., Die optimale Begünstigung des überlebenden Ehegatten, ASR Bd. 641, Bern 2000; BRÄM, Gemeinschaftliches Eigentum unter Ehegatten an Grundstücken, ASR Bd. 605, Bern 1997; DESCHENAUX/STEINAUER/BADDELEY, Les effets du mariage, Bern 2000; DRUEY/BREITSCHMID (Hrsg.), Güter- und erbrechtliche Planung, Bern 1999; EPPENBERGER, Der (teilweise) drittfinanzierte Grundstückerwerb in der güterrechtlichen Auseinandersetzung nach den Regeln des ordentlichen Güterstandes, Zürich 1996; FAVRE, L'achat d'immeuble en copropriété entre époux mariés sous le régime de la participation aux acquêts: une fausse solution?, ZBGR 1994, 324 ff.; HAUSHEER, Anmerkungen zur Ehegattengesellschaft, ZBJV 131 (1995) 617 ff.; DERS., Eheliche Gemeinschaft, Partnerschaft und Vermögen im europäischen Vergleich, in: Henrich/Schwab (Hrsg.), Eheliche Gemeinschaft, Beiträge zum Familienrecht, Bielefeld 2000, 223 ff.; DERS., Die Vertragsfreiheit im Familienrecht in der Schweiz, in: Hofer et al. (Hrsg.), From status to contract?: die Bedeutung des Vertrages im europäischen Familienrecht, Bielefeld 2005, 57 ff.; DERS., Neuere bundesgerichtliche Rechtsprechung zu Umfang und Grenzen der Privatautonomie im Familienrecht: insbesondere zu Unterhaltsvereinbarungen ohne konkreten Scheidungshorizont, zum Vorsorgeausgleich und zur Wahlfreiheit beim Güterstand, ZBJV 140 (2004) 872 ff.; HAUSHEER/GEISER/KOBEL, Das Eherecht des Schweizerischen Zivilgesetzbuches. Eheschliessung, Scheidung, Allgemeine Wirkungen der Ehe, Güterrecht, 2. Aufl., Bern 2002; HAUSHEER/LINDENMEYER LIEB, Einfache Gesellschaft und Ehegüterrecht, in: Wolf (Hrsg.), Güter- und erbrechtliche Fragen (…), Bern 2005, 1 ff.; HAUSHEER/PFÄFFLI, Zur Bedeutung des Anwachsungsprinzips bei der einfachen Gesellschaft und bei der Gütergemeinschaft im Todesfall; zur Tragweite von BGE 119 II 119 ff. für die Grundbuchführung (Urteilsanmerkung), ZBJV, 38 ff.; HEGNAUER/BREITSCHMID, Grundriss des Eherechts, 4. Aufl., Bern 2000; HENNINGER, Der ausserordentliche Güterstand im neuen Eherecht, AISUF 90, Freiburg 1989; HOHL, Gesellschaften unter Ehegatten, 2. unver. Aufl., Basel/Frankfurt a.M. 1996; IZZO, Lebensversicherungsansprüche und -anwartschaften bei der güter- und erbrechtlichen Auseinandersetzung, AISUF 180, Freiburg 1999; KOBEL, Eherechtliche und schuldrechtliche Leistungen unter Ehegatten, ASR Bd. 642, Bern 2001; DIES., Schenkung unter Ehegatten, in: FS Hausheer, Bern 2002, 301 ff.; KOCHER, Aspekte der Steuerplanung unter Ehegatten, Insbesondere zur Gestaltung der Erwerbsverhältnisse bei Zuverdienerehegatten, in: FS Hausheer, Bern 2002, 389 ff.; KOLLER, Familien- und Erbrecht und Vorsorge, Recht, Studienheft 4/1997; MASANTI-MÜLLER, Verwaltung und Vertretung in der Gütergemeinschaft, ASR Bd. 568, Bern 1995; NÄF-HOFMANN, Schweizerisches Ehe- und Erbrecht, Zürich 1998; PIOTET, Die Errungenschaftsbeteiligung nach schweizerischem Ehegüterrecht, Bern 1987; DERS., Les libéralités par contrat de mariage ou autres donations au sens large et le droit successoral, ASR Bd. 606, Bern 1997; SANDOZ, Prévoyance professionnelle et acquisition du logement par des personnes mariées, in: FS Hausheer, Bern 2005, 315 ff.; SCHMID, Ehegüterrecht und grundbuchrechtliche Aspekte, ZBGR 2002, 321 ff.; SCHWAGER, Möglichkeiten der rechtsgeschäftlichen Gestaltung, in: Vom alten zum neuen Eherecht, Bern 1986, 181 ff. (zit. Vom alten zum neuen Eherecht); DERS., Der ausserordentliche Güterstand/Die Betreibung von Ehegatten/Der Schutz der Gläubiger gemäss Art. 193 ZGB, in: Das neue Eherecht, VSIV Bd. 26, St. Gallen 1987, 207 ff. (zit. VSIV); STETTLER/WAELTI, Droit civil IV; Le régime matrimonial (dispositions générales, participation aux acquêts), 2. Aufl., Freiburg i.Ü. 1997; SUTTER/KOBEL, Ist das schweizerische Ehegüterrecht revisionsbedürftig?, FamPra.ch 2004, 776 ff.; WOLF, Grundstücke in der güter- und erbrechtlichen Auseinandersetzung, ZBJV 136 (2000) 241 ff.

Art. 181

A. Ordentlicher Güterstand	**Die Ehegatten unterstehen den Vorschriften über die Errungenschaftsbeteiligung, sofern sie nicht durch Ehevertrag etwas anderes vereinbaren oder der ausserordentliche Güterstand eingetreten ist.**
A. Régime ordinaire	Les époux sont placés sous le régime de la participation aux acquêts, à moins qu'ils n'aient adopté un autre régime par contrat de mariage ou qu'ils ne soient soumis au régime matrimonial extraordinaire.
A. Regime ordinario	I coniugi sono sottoposti al regime della partecipazione agli acquisti in quanto non abbiano altrimenti disposto per convenzione matrimoniale o non sia loro applicato il regime straordinario.

I. Allgemeines

1. Bedeutung von Art. 181

1   Art. 181 erklärt einen unter mehreren vom geltenden Recht zugelassenen Güterständen zum **ordentlichen Güterstand.** Er gilt immer dann und kommt insofern subsidiär zur Anwendung, wenn sich die Ehegatten nicht ehevertraglich auf einen andern Güterstand oder eine Güterstandsmodifikation einigen und auch kein Grund für den – von Gesetzes wegen eintretenden oder gerichtlich anzuordnenden – ausserordentlichen Güterstand besteht (statt vieler s. DESCHENAUX/STEINAUER/BADDELEY, Rz 799).

2. Güterstand

a) Gegenstand

2   Der Güterstand betrifft einen **Ausschnitt aus dem ehelichen Vermögensrecht.** Er umschreibt die Stellung der Ehegatten – aufgrund der Ehe – zum Vermögen in der Ehe im Verhältnis unter sich und zu Dritten und dies – mindestens teilweise – abweichend von den Regeln des allgemeinen Vermögensrechts. Das eheliche Güterrecht beantwortet im Wesentlichen die (vier) Hauptfragen nach

– der **eigentumsmässigen Zuordnung** des in der Ehe vorhandenen Vermögens an die Ehegatten;

– der **Nutzung, Verwaltung und Verfügung** im Zusammenhang mit dem Vermögen in der ehelichen Gemeinschaft;

– der **Haftung** mit dem den beiden Ehegatten zustehenden Vermögen; und der

– **Aufteilung des Vermögens** – ungeachtet des Eigentums – anlässlich der Auflösung des Güterstandes.

b) Beschränkte Wahlmöglichkeit

3   Diese wesentlichen Ordnungsgesichtspunkte werden vom Gesetzgeber in **unterschiedlichen Güterständen** verschieden beantwortet. Die Ehegatten können unter den Güterständen den ihnen besonders zusagenden wählen. Aus Gründen der Sicherheit im Rechtsverkehr müssen sie jedoch einen vom Gesetz zur Wahl gestellten Güterstand wählen, und sei es nur durch Nichtwahl. Sie können ihn bloss in dem vom Gesetzgeber zugelassenen Ausmass modifizieren. Es gilt der Grundsatz der weit gehenden **Typengebundenheit,** was beschränkt zwingendem Recht gleichkommt (Art. 182 Abs. 2).

3. Abgrenzungen

a) Allgemeine Wirkungen der Ehe

Nicht vom **Güterstand** erfasst werden die Vorschriften im Rahmen der **allgemeinen** 4
Wirkungen der Ehe betr.

– den **Unterhalt der Familie** (Art. 163 ff.);

– die Vertretung der ehelichen Gemeinschaft gegen aussen (Art. 166);

– die vermögensrechtlichen Massnahmen des Eheschutzgerichts (Art. 172 ff.).

Diese Vorschriften gelten für alle Ehen in gleicher Weise und sind weitgehend zwingendes Recht. Allerdings setzten sie in zunehmendem Masse eine rechtsgeschäftliche Konkretisierung unter den Ehegatten voraus.

b) Allgemeine Vorschriften des Güterrechts

Nicht erfasst vom Güterstand werden sodann die allgemeinen Vorschriften des Güter- 5
rechts (Art. 181–195a) betr.

– die Vorschriften über die Vermögensverwaltung durch den Nichteigentümerehegatten (Art. 195);

– das **Inventar** (Art. 195a);

– den **Schutz Dritter** im Zusammenhang mit dem Wechsel des Güterstandes und der Haftungsordnung insb. (Art. 193).

Hier handelt es sich um vermögensrechtliche Fragen im Verhältnis unter den Ehegatten, die vom Gesetz ebenfalls weitgehend in der Form von zwingendem Recht beantwortet werden; ob es indessen die Ehegatten je betrifft, steht keineswegs fest. Ein bestimmter Güterstand kommt dagegen für die Ehegatten immer zur Anwendung.

II. Unterschiedliche Arten und Rechtsgrundlagen von Güterständen

1. Arten

Das geltende Recht unterscheidet **drei Güterstände,** nämlich 6

– die **Errungenschaftsbeteiligung** (Art. 196–220);

– die **Gütergemeinschaft** (Art. 221–246);

– die **Gütertrennung** (Art. 247–251).

2. Rechtsgrundlagen

Das geltende Recht kennt **drei unterschiedliche Rechtsgrundlagen** für die drei Güter- 7
stände, nämlich

– die **dispositiv gesetzliche Güterstandswahl** beim ordentlichen, subsidiären Güterstand der Errungenschaftsbeteiligung;

– die **gesetzlich zwingende oder gerichtlich angeordnete Güterstandsordnung** bei der Gütertrennung als ausserordentlichem Güterstand und im Zusammenhang mit der gerichtlichen Wiederherstellung des bisherigen Güterstandes nach Art. 187 Abs. 2 bzw. 191 Abs. 1; und

– die **rechtsgeschäftliche Wahl** zwischen den drei Güterständen der Errungenschaftsbeteilung, der Gütergemeinschaft und der Gütertrennung als vertraglicher Güterstand sowie im Zusammenhang mit der Modifikation dieser Güterstände.

8   Die Rechtsgrundlage entscheidet über Zwang und Freiheit für die güterrechtliche Ordnung des Vermögens der Ehegatten, d.h. insb. aber auch darüber, inwiefern ein Güterstandswechsel möglich bleibt (Art. 191 Abs. 2 und 187 Abs. 1).

III. Die Rangfolge unter den Güterständen und die Wahl des ordentlichen, subsidiären Güterstandes

1. Die gesetzliche Ordnung

9   Alle drei möglichen Güterstände beruhen auf der konkreten Ordnung durch das ZGB und sind somit **gesetzliche Güterstände** (missverständlich insofern das frz. Marginale zu aArt. 178, der übergangsrechtlich noch von Bedeutung sein kann: vgl. u.a. STETTLER/ WAELTI, Rz 30). Innerhalb dieser Güterstände legt Art. 181 mit Hilfe einer gesetzlichen Vermutung (vgl. zum bisherigen Recht BGE 39 II 85 ff.) die verbindliche Ordnung fest.

2. Der ordentliche Güterstand

a) Die Errungenschaftsbeteiligung als ordentlicher, subsidiärer Güterstand

10   Als **ordentlichen Güterstand** bezeichnet Art. 181 die Errungenschaftsbeteiligung. Diese steht im Gegensatz zum ausserordentlichen Güterstand der Gütertrennung von Gesetzes wegen oder aufgrund gerichtlicher Anordnung. Zwar können auch Gütergemeinschaft oder Gütertrennung rechtsgeschäftlich vereinbart werden und ist damit ordentlicher Güterstand. Fehlt allerdings eine rechtsgeschäftliche Vereinbarung, gilt die Errungenschaftsbeteiligung i.S.v. Art. 181 als ordentlicher, **subsidiärer** Güterstand. Für die Errungenschaftsbeteiligung spricht damit eine gesetzliche Vermutung (BK-HAUSHEER/ REUSSER/GEISER, N 9, m.w.H.).

b) Die Grundidee der Errungenschaftsbeteiligung

11   Die Errungenschaftsbeteiligung führt – in **Fortführung der** früheren **Güterverbindung** – bei ihrer Auflösung, ungeachtet des getrennten Eigentums des Frauen- und Mannesgutes, zu einer grundsätzlich **wertmässigen Beteiligung** an der während der und durch die eheliche Gemeinschaft erwirtschafteten Errungenschaft des andern Ehegatten. Sie trägt damit – im Unterschied zur Gütertrennung – dem statistisch nach wie vor vorherrschenden Fall der Ein- und Zuverdienerehe Rechnung, bei der ein Ehegatte zufolge der Aufgabenteilung in der ehelichen Gemeinschaft ganz oder teilweise auf eine eigene Erwerbstätigkeit und damit auf eine wirtschaftliche Selbständigkeit verzichtet hat. Im Vergleich zur Gütergemeinschaft erleichtern die getrennten Vermögen der Ehegatten den Rechtsverkehr, gleichzeitig vermindern sie die Risiken im Zusammenhang mit der Geschäftsführung des andern Ehegatten.

3. Der vertragliche Güterstand

12   Der – innerhalb der Schranken von Art. 182 bzw. 52 Abs. 2 IPRG – rechtsgeschäftlich begründete und grundsätzlich jederzeit wieder auswechselbare Güterstand (Gütergemeinschaft, Gütertrennung oder Errungenschaftsbeteiligung) steht im Gegensatz zum ordentlichen, subsidiären Güterstand der Errungenschaftsbeteiligung und zum ausserordentlichen Güterstand der Gütertrennung:

– Die **Errungenschaftsbeteiligung** kann sowohl von Gesetzes wegen zur Anwendung gelangen (Art. 181 Abs. 1), als auch vertraglicher Güterstand sein. Letzteres ist z.B. der Fall, wenn die Ehegatten von einem andern Güterstand wieder zur Errungenschaftsbeteiligung wechseln, aber auch bei einer ehevertraglichen Modifikation bzw. einer ausdrücklichen ehevertraglichen Wahl der Errungenschaftsbeteiligung. Dies kann u. a. im Hinblick auf Art. 55 Abs. 2 IPRG von Bedeutung sein (BK-Hausheer/Reusser/Geiser, N 13).

– Die **Gütertrennung** kann vertraglicher oder ausserordentlicher Güterstand sein.

– Die **Gütergemeinschaft** ist immer ein vertraglicher Güterstand.

4. Der ausserordentliche Güterstand

Er unterscheidet sich vom vertraglichen und ordentlichen, subsidiären Güterstand dadurch, dass er auch **gegen den Willen** mindestens eines Ehegatten – und zwar von Gesetzes wegen oder auf gerichtliche Anordnung hin – eintritt. Vorausgesetzt werden ausserordentliche Umstände. **13**

Art. 182

B. Ehevertrag **I. Inhalt des Vertrages**	[1] **Ein Ehevertrag kann vor oder nach der Heirat geschlossen werden.** [2] **Die Brautleute oder Ehegatten können ihren Güterstand nur innerhalb der gesetzlichen Schranken wählen, aufheben oder ändern.**
B. Contrat de mariage	[1] Le contrat de mariage peut être passé avant ou après la célébration du mariage.
I. Choix du régime	[2] Les parties ne peuvent adopter un régime, le révoquer ou le modifier que dans les limites de la loi.
B. Convenzione matrimoniale	[1] Le convenzioni matrimoniali possono essere stipulate prima o dopo la celebrazione del matrimonio.
I. Scelta del regime	[2] Gli sposi od i coniugi possono scegliere, revocare o modificare il loro regime dei beni soltanto nei limiti della legge.

Literatur

Geiser, Herkömmliche und neue Bedürfnisse bei der Gestaltung von Eheverträgen, AJP 1993, 1154 ff.; Ders., Bedürfen Eheverträge der gerichtlichen Genehmigung?, in: FS Hausheer, Bern 2002, 217 ff.; Hausheer, Umfang und Grenzen der Privatautonomie im Familienrecht, ZBJV 2004, 872 ff.; Kaufmann, Das Erbrecht sowie die ehe- und erbrechtliche Übergangsordnung, BTJB 1987, Bern 1988, 117 ff.; Schwander, Eheverträge – zwischen ‹ewigen› Verträgen und Inhaltskontrolle, AJP 2003, 572 f.; Schwenzer, Grenzen der Vertragsfreiheit in Scheidungskonventionen und Eheverträgen, FamPra.ch 2005, 1 ff.; vgl. auch die Literaturhinweise vor Art. 181.

I. Allgemeines

1. Bedeutung

Art. 182 äussert sich zu den **Möglichkeiten und Grenzen des Ehevertrages.** Er lässt eine beschränkte Wahl unter mehreren (nämlich drei) Güterständen zu und bekennt sich zur Ehevertragsfreiheit auch insofern, als die Ehegatten den Güterstand im Laufe der Ehe wechseln können. **1**

2. Der Ehevertrag

2   Der **Ehevertrag** ist die formgebundene Einigung der Ehegatten auf einen Güterstand, einen Güterstandswechsel und dessen Aufhebung sowie auf Modifikationen des Güterstandes innerhalb der gesetzlichen Grenzen (BGE 95 II 216 ff.). Gegenstand des Ehevertrages sind nur der Güterstand als Ganzes und gewisse Änderungen eines bestimmten Güterstandes, dagegen weder das eheliche Vermögensrecht insgesamt noch blosse Güterstandsausschnitte (vgl. DESCHENAUX/STEINAUER/BADDELEY, Rz 809 ff.).

3. Abgrenzungen

a) Vereinbarungen im Rahmen der allgemeinen Wirkungen der Ehe

3   Vereinbarungen zum **übrigen ehelichen Vermögensrecht** (dazu, abgesehen von N 4 ff. nachstehend, auch Art. 181 N 4 f.) können zwar anlässlich eines Ehevertrages eingegangen werden, sie bleiben indessen hinsichtlich Formerfordernis und Bestand vom Ehevertrag grundsätzlich unabhängig. So kann die Einigung über den Beitrag jedes Ehegatten an den ehelichen Unterhalt i.S.v. Art. 163 Abs. 2 im Rahmen eines Ehevertrages zustande kommen. Eine Änderung dieser Übereinkunft bedarf im Unterschied zur Aufhebung eines Güterstandes weder der Form des Ehevertrages, noch wird dieser durch die Änderung selber in seinem Bestand gefährdet. Allerdings ist es zulässig, andere Vereinbarungen unter den Ehegatten zur Bedingung des Ehevertrages zu machen. So kann z.B. die volle Erwerbstätigkeit beider Ehegatten die Voraussetzung für das Andauern einer Gütertrennung sein und die Aufgabe oder Einschränkung einer Erwerbstätigkeit Anlass zum – schon vereinbarten – Wechsel zum ordentlichen, subsidiären Güterstand geben (vgl. u.a. HEGNAUER/BREITSCHMID, Rz 16.24 und 23.07; ebenso STETTLER/WAELTI, Rz 64 sowie NÄF-HOFMANN, Rz 517).

3a   Die Abgrenzung zu ehevertraglichen Vereinbarungen kann insofern von Bedeutung sein, als der Inhalt des (eigenltichen) Ehevertrages grundsätzlich **nicht** der **Prüfung des Scheidungsrichters** i.S.v. Art. 140 Abs. 2 ZGB unterliegt (BGE 5C.114/2003 E. 3.2.2.; HAUSHEER, Vertragsfreiheit, 81 f.; GEISER, FS Hausheer, 223 ff.; **a.M.** SCHWENZER, 7 ff.). Allerdings prüft das Gericht bezüglich der «offensichtlichen Unangemessenheit» der Vereinbarung über den nachehelichen Unterhalt im Sinne von Art. 140 ZGB, ob letztere dem Ergebnis der güterrechtlichen Auseinandersetzung hinreichend Rechnung trägt.

4   **Nicht des Ehevertrages,** weil nicht den Güterstand betr., bedürfen insb.:

   – Einigungen der Ehegatten im Rahmen von Art. 163–165 zum **ehelichen Unterhalt im engeren und weiteren Sinn;**

   – die Vollmacht zur **Vertretung der ehelichen Gemeinschaft** mit der Wirkung der Solidarhaftung im Rahmen von Art. 166;

   – die **Zustimmung** zur Veräusserung oder Belastung der Familienwohnung (**Art. 169**);

   – die Einigung unter den Ehegatten über das **Getrenntleben** (Art. 175 f.).

b) Allgemeine Vorschriften des Güterrechts und weitere gesetzliche Ausnahmen

5   Trotz der Berührungspunkte zum Güterstand sind, nach dem Willen des Gesetzgebers, **von der Form des Ehevertrages befreit:**

   – die Einigung über die Vermögensverwaltung durch den Nichteigentümerehegatten (Art. 195);

   – die Errichtung eines Inventars nach Art. 195a;

– der Verzicht auf die Zustimmung nach Art. 201 Abs. 1;

– der **Verzicht auf Stundung bzw. Sicherheitsleistung** nach Art. 203 Abs. 2, 235 Abs. 2 und 250 Abs. 2;

– der Verzicht auf eine ungeteilte Zuweisung nach Art. 205 Abs. 2;

– der (schriftliche) **Verzicht auf eine konkrete Mehrwertbeteiligung** nach Art. 206 Abs. 3 und 239;

– die Zustimmung im Rahmen von Art. 208;

– der Verzicht auf Art. 218;

– die Zustimmungen im Rahmen von Art. 228, 229 und 230;

– die Vereinbarungen i.S.v. Art. 233 Ziff. 4;

– (im Unterschied zur vorausgegangenen Einigung über den Teilungsschlüssel gestützt auf Art. 216 Abs. 1 und 241 Abs. 2) der **schriftliche Teilungsvertrag bzw. die Realteilung** zum Abschluss der güterrechtlichen Auseinandersetzung.

c) Weitere Rechtsgeschäfte zwischen den Ehegatten

Gewöhnliche Transaktionen unter den Ehegatten können zwar die güterrechtliche Zuordnung berühren, nicht aber den Güterstand selber betreffen. So verhält es sich bei einer Schenkung der Ehefrau an den Ehemann. Der geschenkte Vermögensgegenstand wird Eigengut in der Errungenschaftsbeteiligung, berührt aber den Güterstand als solchen nicht. Die Schenkung bedarf deshalb nicht des Ehevertrages. Anders verhält es sich, wenn mit der Schenkung auch gleichzeitig i.S.v. Art. 199 Abs. 2 vereinbart wird, dass die entsprechenden Erträgnisse in Abweichung von Art. 197 Abs. 2 Ziff. 4 dem Eigengut verbleiben. **6**

d) Insb. die Überlebensklausel

Obwohl es sich bei der **Überlebensklausel,** wonach dem überlebenden Ehegatten beim Tod des Erstversterbenden die ganze Gesamterrungenschaft (d.h. die Summe beider Vorschläge) bzw. das gesamte Gesamtgut – aufgrund von Art. 216 Abs. 2 oder 241 Abs. 2 – zukommen soll, materiell um eine Schenkung auf den Todesfall handelt (dazu Art. 216 N 27 ff. und Art. 241 N 15; BK-Hausheer/Reusser/Geiser, Art. 216 N 34 ff.), lässt der Gesetzgeber für dieses Sondererbrecht den Ehevertrag genügen. Es bedarf nicht des Erbvertrages. **7**

e) Die Scheidungskonvention

Nachehelicher Unterhalt nach Scheidung betrifft auch im Falle einer sog. **Scheidungskonvention** das Scheidungsurteil und nicht mehr das eheliche Güterrecht (zum Verhältnis des Ehevertrages zur genehmigungsbedürftigen Scheidungsnebenfolgenregelung s. auch BGE 121 III 393 ff., der im Ergebnis Zustimmung verdient. Zur Problematik von Art. 27 ZGB Hausheer in: ZBJV 2004, 872 ff. und 2005, 572 ff. zu BGer 5C.114/2003 m.w.H.). Zu – allenfalls, nämlich bei einer Verknüpfung mit den Scheidungsfolgen, indirekt genehmigungsbedürftigen – scheidungsüberdauernden erbrechtlichen Anordnungen s. BGE 122 III 308 und sodann Art. 120 Abs. 2, der nunmehr die Möglichkeit von Verfügungen von Todes wegen nach der Rechtshängigkeit des Scheidungsverfahrens bis zur Rechtskraft des Scheidungsurteils e contrario zulässt. **8**

f) Rechtsgeschäfte mit Dritten bez. des Güterstandes

9   **Rechtsgeschäfte mit Dritten** erfordern auch dann nicht des Ehevertrages, wenn nicht nur unentgeltliche Zuwendungen an einen Ehegatten gemacht werden, die aufgrund des Güterstandes zuzuordnen sind, sondern gleichzeitig auch noch festgehalten wird, dass die Zuwendung nur in eine bestimmte Vermögensmasse, nämlich ins Eigengut erfolge (Art. 225 Abs. 1 unter Vorbehalt von Abs. 3).

g) Tatsächliche Feststellungen im Ehevertrag

10   Eheverträge enthalten vielfach **tatsächliche Feststellungen.** Sie können

- (1.) dazu dienen, die Absichten der Ehegatten bez. des Ehevertrages zu verdeutlichen und so zur **Auslegungshilfe für die Willenserklärungen** der Vertragskontrahenten zu werden;

- (2.) sich aber auch auf den **Bestand und** die **Zuordnung von Vermögenswerten** zum einen oder andern Ehegatten und zu einer bestimmten Vermögensmasse im Frauen- oder Mannesgut beziehen. Hier kommt ihnen die gleiche Bedeutung zu wie dem Inventar mit öffentlicher Urkunde nach Art. 195a (BK-HAUSHEER/REUSSER/GEISER, N 7 und Art. 195a N 5, 11 und 20 ff.).

II. Wahl bzw. Wechsel des Güterstandes i. Allg.

1. Ehevertragsfreiheit

11   Das schweizerische Zivilgesetzbuch verpflichtet die Ehegatten weder auf einen einzigen gesetzlichen Güterstand, noch auf den von ihnen einmal gewählten Güterstand für die ganze Dauer der Ehe. Art. 182 erlaubt die **Wahl und den – grundsätzlich jederzeitigen – Wechsel des Güterstandes** (BGE 112 II 394; 99 II 12), und zwar ohne jede behördliche Kontrolle.

2. Drittinteressen

12   Schützenswerte Interessen von bestimmten **Dritten** und des **Rechtsverkehrs** ganz allgemein vor Missbrauch bei der Wahl und dem Wechsel des Güterstandes finden in verschiedener Hinsicht Beachtung:

- durch den **Grundsatz der Typengebundenheit,** d.h. die Beschränkung der zur Auswahl stehenden Güterstände und deren Modifikationsmöglichkeiten;

- durch den **Vorbehalt des Rechtsmissbrauchs.** Diese Schranke hat der Gesetzgeber insb. im Zusammenhang mit den Regeln über die Abänderung des Teilungsschlüssels in Art. 216 Abs. 2 und 241 Abs. 3 konkretisiert, so dass für ein allgemeines Rechtsmissbrauchsverbot kaum mehr Raum bleibt. Die jüngste Rechtsprechung des BGer hat denn auch einen Rechtsmissbrauch bei der Wahl oder beim Wechsel eines Güterstandes bzw. bei der Änderung des erst auf den Auflösungszeitpunkt wirksam werdenden Teilungsschlüssels nur noch dann bejaht, wenn mit dem Ehevertrag in erster Linie die Schädigung Dritter beabsichtigt und die Bevorzugung des andern Ehegatten dabei (als zweitrangig) in Kauf genommen worden ist (BGE 112 II 394 ff. und BGer 27.9.1990, 5C. 109/1990, ZGBR 72 (1991) 275 ff.; vgl. auch BK-HAUSHEER/REUSSER/GEISER, N 25 m.w.H.);

- durch das **Verbot übermässiger Bindung** (Art. 27) **und eines rechts- und sittenwidrigen Vertragsinhalts** (Art. 19/20 OR). Ihm kommt allerdings im Ehegüterrecht keine grosse Bedeutung zu, nachdem der Gesetzgeber die entsprechende Interessenabwägung weitgehend selber vorgenommen hat;

– durch die **Formvorschrift des Ehevertrages,** bei welchem eine öffentliche Urkundsperson mit Aufklärungspflicht mitzuwirken hat;

– durch besondere Vorschriften über den Gläubigerschutz (Art. 193) und das allgemeine Verbot der Gläubigerbenachteiligung nach Art. 285 ff. SchKG (paulianische Klagen).

3. Die Wirkungen des Ehevertrages

a) Interner und externer Güterstand

Die Wirkungen des Ehevertrages treten mit der öffentlichen Beurkundung von Gesetzes **13** wegen ein (Art. 184), sofern keine aufschiebende Bedingung vorliegt. Einer Eintragung in ein öffentliches Register bedarf es nicht. Die Wirkungen betreffen sowohl die **Ehegatten** als auch **Dritte**. Das Zivilgesetzbuch lässt seit dem 1.1.1988 einen bloss internen Güterstand nicht mehr zu. Eine solche Rechtswirkung kann sich indessen noch übergangsrechtsrechtlich insofern ergeben, als sich Dritte auf den neuen ordentlichen, subsidiären Güterstand verlassen dürfen, obwohl die Ehegatten aufgrund von Art. 9 e ff. SchlT einen Güterstand des ZGB von 1912 beibehalten haben. Nach Art. 10a Abs. 2 SchlT gelten Dritten gegenüber die Bestimmungen über die Errungenschaftsbeteiligung, wenn der vor dem 1.1.1988 geschlossene Ehevertrag, mit dem eine Gütergemeinschaft begründet worden ist, nicht mit Wirkung für Dritte in das Güterregister eingetragen und veröffentlicht worden ist. Ist zufolge ehevertraglicher Modifikation (Art. 10 Abs. 1 SchlT) eine bisherige Güterverbindung beibehalten oder ist eine altrechtliche Gütergemeinschaft ins Güterregister eingetragen und veröffentlicht worden, kann gemäss Art. 10a Abs. 1 SchlT dieser Güterstand Dritten entgegengehalten werden, wenn sie ihn kennen oder kennen müssen (Deschenaux/Steinauer/Baddeley, Rz 2054 ff.; Hegnauer/Breitschmid, Rz 27.06; BK-Hausheer/Reusser/Geiser, Vorbem. Art. 181 ff. N 22 ff. und N 39 sowie Art. 182 N 50; s.a. Kaufmann, 174).

b) Verpflichtungs- und Verfügungsgeschäft

Der Ehevertrag ist nicht nur Verpflichtungs-, sondern auch **Verfügungsgeschäft.** Vereinbaren die Ehegatten eine Gütergemeinschaft, bewirkt der Ehevertrag allein den Wechsel **14** von Allein- zu Gesamteigentum. Dies wird in Art. 665 Abs. 3 hinsichtlich von Grundstücken ausdrücklich festgehalten (wobei der Begriff der Auflösung des Güterstandes nach Deschenaux/Steinauer/Baddeley, Rz 835 Anm. 39 eng auszulegen ist; zustimmend Stettler/Waelti, Rz 65). Indessen setzt die Bereinigung des Grundbucheintrages das Begehren eines Ehegatten voraus.

4. Ehevertrag unter den Brautleuten

Art. 182 räumt schon den Brautleuten die Möglichkeit ein, einen Ehevertrag abzuschlies- **15** sen. Die vertragliche Einigung steht allerdings unter dem Vorbehalt (**Suspensivbedingung**) des Eheabschlusses.

III. Die gesetzlichen Schranken der Ehevertragsfreiheit

1. Wahl des Güterstandes

Das Zivilgesetzbuch lässt neben der Errungenschaftsbeteiligung die Gütergemeinschaft **16** und die Gütertrennung zu. Die Ehegatten können seit dem 1.1.1988 nur noch **unter** diesen **drei Güterständen wählen.** Auch eine Mischung unter diesen drei Güterständen durch die entsprechende Abänderung eines gesetzlich anerkannten Güterstandes ist seit diesem Zeitpunkt nicht mehr möglich. Die Wahl eines Güterstandes erfasst das ganze Vermögen der Ehegatten, eine Beschränkung auf einen bestimmten Vermögensausschnitt der Ehegatten bleibt unzulässig (statt vieler STETTLER/WAELTI, Rz 42; DESCHENAUX/ STEINAUER/BADDELEY, Rz 824). Indessen führt z.B. die beliebige Ausscheidung zwischen dem Gesamtgut und den beiden Eigengütern in der Gütergemeinschaft zur Kombination von Gesamthandverhältnis und Gütertrennung (BK-HAUSHEER/REUSSER/GEISER, N 7). Ähnliches gilt im Zusammenhang mit Art. 199 im Rahmen der Errungenschaftsbeteiligung.

2. Wechsel des Güterstandes

a) Grundsatz und Ausnahme

17 **Grundsätzlich** ist ein Güterstandswechsel **jederzeit** möglich. Ist die Gütertrennung als ausserordentlicher Güterstand jedoch zufolge Konkurses (**Art. 188**) von Gesetzes wegen eingetreten oder wegen Pfändung des Gesamtgutanteils im Rahmen von **Art. 189** gerichtlich angeordnet worden, kann das Gericht – auf Antrag eines Ehegatten allein – die Gütergemeinschaft nur unter der Voraussetzung wieder anordnen, dass die Gläubiger befriedigt worden sind. Einer erneuten ehevertraglichen Einigung der Ehegatten auf Wiederherstellung der Gütergemeinschaft steht dagegen nichts entgegen (auch nicht der Wortlaut von Art. 191 Abs. 1: BK-HAUSHEER/REUSSER/GEISER, N 27).

Der Wechsel des Güterstandes kann auch schon **bei** seinem **Abschluss** aufgrund einer Bedingung oder Befristung vorgesehen werden (BK-HAUSHEER/REUSSER/GEISER, N 55 m.w.H., zu ergänzen durch STETTLER/WAELTI, Rz 64).

b) Bisheriges Güterrecht und Güterstand aufgrund des IPR

18 Haben Ehegatten, die vor dem 1.1.1988 geheiratet haben, ihren **bisherigen Güterstand beibehalten** (dazu Art. 9 e ff. SchlT), bleiben sie beim Wechsel des Güterstandes nach diesem Zeitpunkt ebenfalls ausschliesslich auf die Güterstände des neuen Rechts beschränkt. Innerhalb des bisherigen Güterstands sind dagegen – mit Ehevertrag nach neuem Recht – auch noch altrechtliche Modifikationen nach dem 1.1.1988 möglich, sofern es sich nicht um eine eigentliche Typenabwandlung handelt. So bleibt eine Änderung im Rahmen der Vorschlagsteilung (aArt. 214 Abs. 3) möglich, nicht mehr dagegen die Begründung von Sondergut i.S.v. aArt. 190 ff. (BK-HAUSHEER/REUSSER/GEISER, Art. 182 N 28 m.w.H.; **a.M.** WISSMANN, ZBGR 1986, 348).

Unter Vorbehalt der Bestimmungen über das **IPR** (Art. 52 ff. IPRG) verbietet Art. 182 Abs. 2 auch die Wahl eines ausländischen Güterstandes.

c) Rückwirkung des neuen Güterstandes

19 Wechseln die Ehegatten ihren Güterstand im Laufe der Ehe, können sie gewisse **Wirkungen** des neuen Güterstandes auf den Abschluss der Ehe oder einen späteren Zeitpunkt vor dem neuen Ehevertrag **zurückbeziehen** (BGE 100 II 270 ff.). Unter diesen Umständen werden die Ehegatten künftig ehegüterrechtlich so behandelt, wie wenn der neue Güterstand schon bisher gegolten hätte (vgl. das Übergangsrecht in Art. 9d SchlT und Art. 55 Abs. 1 i.V.m. Art. 57 IPRG). Damit kann u.a. verhindert werden, dass der Güterstandswechsel zur Aufteilung der bisherigen Errungenschaften führt und diese zu Eigengut werden lässt. Frühere Rechtsgeschäfte mit Dritten bleiben davon unberührt (vgl. u.a. DESCHENAUX/STEINAUER/BADDELEY, Rz 834; STETTLER/WAELTI, Rz 64). Drittgläubiger werden durch Art. 193 geschützt (dazu Art. 193 N 1 ff.). Mit einer Befristung eines bestimmten Güterstandes bzw. mit einer Bedingung i.V.m. einer Rückwirkungsklausel darf im Übrigen nicht erreicht werden, dass der ursprüngliche Güterstand zwar Dritten gegenüber Geltung erlangte, unter den Ehegatten aber gar nie ernsthaft gewollt war. Unzulässig ist sodann, unterschiedliche Teilungsregeln je nach Auflösungsgrund des Güterstandes so zu vereinbaren, dass erst die Auflösung der Ehe darüber entscheidet, welcher Güterstand für die Ehegatten rückwirkend für die ganze Ehedauer Geltung erlangt (BK-HAUSHEER/REUSSER/GEISER, N 57).

3. Die Modifikation des Güterstandes

a) Im Rahmen der Errungenschaftsbeteiligung

Folgende ehevertragliche Änderungen lässt das Gesetz zu: 20

– die Überführung von **Errungenschaft in Eigengut** zur Ausübung eines Berufes oder zum Betrieb eines Gewerbes gestützt auf Art. 199 Abs. 1 (nicht aber das Umgekehrte unter Vorbehalt eines contrarius actus: BK-HAUSHEER/REUSSER/GEISER, N 33; zustimmend STETTLER/WAELTI, Rz 46; ebenso DESCHENAUX/STEINAUER/BADDELEY, Rz 825);

– die **Vorenthaltung der Erträge des Eigengutes** der Errungenschaft gegenüber (Art. 199 Abs. 2);

– die **Änderung der Teilungsregeln für die Errungenschaft** – unter Vorbehalt von Art. 216 Abs. 2 – im Rahmen von Art. 216 und 217. Das bedeutet: gegenseitiger und einseitiger Ausschluss der Vorschlagsbeteiligung; gegen- und einseitige Änderung der Vorschlagsbeteiligung bzw. unterschiedliche Quotenbeteiligung an der Gesamterrungenschaft oder Beteiligung aufgrund eines Maximal- oder Minimalbetrages; von Art. 211 und 212 abweichende Wertbestimmung; Zuweisung bestimmter Vermögenswerte (Näheres dazu bei diesen Gesetzesbestimmungen, sowie BK-HAUSHEER/REUSSER/GEISER, N 36 und Art. 216 N 12 ff.; vgl. auch HEGNAUER/BREITSCHMID, Rz 26.78);

– den (allerdings umstrittenen) generellen Ausschluss der Mehrwertbeteiligung nach Art. 206 Abs. 3 (s. Komm. zu Art. 206);

– den generellen Ausschluss der Mehr- und Minderwertbeteiligung nach Art. 209 Abs. 3 im Rahmen von Art. 199;

– den **Verzicht auf** die Ansprüche aus **Art. 219** (Wohnung und Hausrat).

b) Im Rahmen der Gütergemeinschaft

sind folgende Änderungen des Güterstandes möglich: 21

– Die Gütergemeinschaft kann nur ehevertraglich begründet werden. Dem Ehevertrag kommt dabei insofern eine besondere Bedeutung zu, als die Umschreibung des Gesamtgutes und der beiden Eigengüter – abgesehen von den gesetzlichen Eigengütern (Art. 225 Abs. 2: Gegenstände ausschliesslich zum persönlichen Gebrauch und Genugtuungsansprüche) – immer durch die Ehegatten zu erfolgen hat (Näheres dazu in Art. 221 ff.). Sie können durch Ehevertragsänderung diese individuelle Umschreibung der Gütermassen entsprechend auch wieder abändern.

– Wie bei der Errungenschaftsbeteiligung kann auch die **Mehrwertbeteiligung i.S.v. Art. 239 generell ausgeschlossen** werden. Zudem kann ehevertraglich eine Minderwertbeteiligung in Analogie zu Art. 209 Abs. 3 vereinbart werden, nachdem Art. 239

auf Art. 206 und nicht auf Art. 209 verweist (dazu Art. 239; vgl. BK-HAUSHEER/ REUSSER/GEISER, N 42; zustimmend STETTLER/WAELTI, Rz 48).

– Im Rahmen von Art. 241 und 242 kann sodann – unter Vorbehalt des Pflichtteils der Nachkommen (Art. 241 Abs. 3) – eine **Änderung der Gesamtgutsteilung** ehevertraglich vereinbart werden und dies allenfalls unterschiedlich für die verschiedenen Auflösungsgründe des Güterstandes (zweifelnd WISSMANN, ZGBR 1986, 349).

– Ehevertraglich kann auf die **besondere Teilungsvorschrift in Art. 243** – ganz oder teilweise – verzichtet werden. Umgekehrt kann diese Gesetzesbestimmung erweitert werden.

– Gegenstand eines Ehevertrages (d.h. im Rahmen von Art. 241 Abs. 2) kann schliesslich die Änderung der Ansprüche nach **Art. 244** (Wohnung und Hausrat) sein.

c) Im Rahmen der Gütertrennung

22   Die gesetzliche Regelung der Gütertrennung lässt **keine Änderung durch Ehevertrag** zu, andernfalls würde das Wesen dieses Güterstandes verändert. Dagegen lässt sich die Gütertrennung – unter Vorbehalt von Art. 248 Abs. 2, 250 Abs. 2 und 251 – als «Nicht-Güterstand» durch beliebige «gewöhnliche» Rechtsgeschäfte der Ehegatten ergänzen, z.B. durch die Begründung von gemeinschaftlichem Eigentum.

4. Rückfallsklauseln mit Wirkung nach Auflösung des Güterstandes

23   Vielfach anzutreffen ist die ehevertragliche Vereinbarung, wonach ein den überlebenden Ehegatten begünstigender Teilungsschlüssel nachträglich dahinfällt, wenn sich der Begünstigte später erneut verheiratet: **sog. Rückfallsklausel.** Es handelt sich dabei um eine resolutiv bedingte Teilungsvereinbarung oder um eine ehevertragliche Begünstigung verbunden mit einer suspensiv bedingten Auflage. Angesichts der gesetzgeberischen Wertungsentscheidung in Art. 473 Abs. 3 wird eine solche Vereinbarung, welche in die Ehefreiheit des überlebenden Ehegatten eingreift, als zulässig angesehen (SCHWAGER, Vom alten zum neuen Eherecht, 200; BK-HAUSHEER/REUSSER/GEISER, N 57 und Art. 216 N 22 mit gewissen Bedenken; zum Ganzen AEBI-MÜLLER, Rz 06.138 ff.; s.a. Art. 216 N 24 in diesem Kommentar).

Art. 183

II. Vertrags- fähigkeit	[1] Wer einen Ehevertrag schliessen will, muss urteilsfähig sein. [2] Unmündige oder Entmündigte brauchen die Zustimmung ihres gesetzlichen Vertreters.
II. Capacité des parties	[1] Les personnes capables de discernement peuvent seules conclure un contrat de mariage. [2] Le mineur et l'interdit doivent être autorisés par leur représentant légal.
II. Capacità di contrattare	[1] Chi intende stipulare una convenzione matrimoniale dev'essere capace di discernimento. [2] I minorenni e gli interdetti abbisognano del consenso del loro rappresentante legale.

Literatur

WISSMANN, Das neue Ehegüterrecht; Vom altrechtlichen zum neurechtlichen Ehevertrag, ZBGR 67 (1986), 321 ff.; vgl. auch die Literaturhinweise vor Art. 181.

I. Allgemeines

1. Normzweck

Art. 183 umschreibt die **Besonderheiten der Handlungsfähigkeit** im Zusammenhang mit einem Ehevertrag. 1

2. Urteilsfähigkeit

Im Unterschied zum Erbvertrag (Art. 468) bedarf es für den Ehevertrag nur der Urteils- 2 fähigkeit, nicht auch der Mündigkeit. Auch **Unmündige und Entmündigte** können – allerdings nur mit Zustimmung ihres gesetzlichen Vertreters – einen Ehevertrag abschliessen, wenn sie die Tragweite dieses Rechtsgeschäfts einzusehen und sich entsprechend zu entschliessen vermögen.

Die Urteilsfähigkeit beurteilt sich nach **Art. 16.**

3. Abschlussfreiheit

Die Abschlussfreiheit ist im Zusammenhang mit dem Ehevertrag ein (trotz der Zustim- 3 mungsbedürftigkeit) **höchstpersönliches Recht.** Der Ehevertrag ist zwar bei fehlender Mündigkeit **zustimmungsbedürftig,** dennoch bleibt er **vertretungsfeindlich.** Weder ein gesetzlicher noch ein gewillkürter Vertreter kann anstelle des urteilsunfähigen Verlobten oder Ehegatten einen Ehevertrag eingehen (Botschaft Revision Eherecht, Ziff. 221.22; DESCHENAUX/STEINAUER/BADDELEY, Rz 819 f.; HEGNAUER/BREITSCHMID, Rz 23.04; BK-HAUSHEER/REUSSER/GEISER, N 7; ebenso STETTLER/WAELTI, Rz 54). Ein gesetzlicher Vertreter kann für den urteilsunfähigen Ehegatten nur Art. 185 Abs. 3 in Anspruch nehmen. Er kann sich in diesem Rahmen für die Herbeiführung der Gütertrennung allerdings auch auf Art. 185 Abs. 2 Ziff. 1–4 berufen (s. Art. 185 N 9).

4. Wirkung der fehlenden Urteilsfähigkeit

Der Ehevertrag unter Mitwirkung eines Urteilsunfähigen ist **nichtig** (Art. 18). 4

II. Die Mitwirkung des gesetzlichen Vertreters

1. Anwendungsbereich

Verbeiratete oder verbeiständete, urteilsfähige und mündige Brautleute und Ehegatten 5 bedürfen keiner Zustimmung (u.a. WISSMANN, 325; ebenso STETTLER/WAELTI, Rz 54 f.).

2. Mitwirkung der Eltern

Sind **beide Eltern** Inhaber der elterlichen Sorge, haben beide dem Ehevertrag ihres 6 urteilsfähigen unmündigen, verlobten, aber noch nicht verheirateten Kindes zuzustimmen (Art. 304 i.V.m. Art. 297 Abs. 1). Eine Berufung auf Art. 304 Abs. 2 muss am ausschliesslichen Kindesinteresse scheitern (BK-HAUSHEER/REUSSER/GEISER, N 8; ebenso STETTLER/WAELTI, Rz 56), und auch eine Beschwerde an die VB bleibt ausgeschlossen.

3. Mitwirkung des gesetzlichen Vertreters eines Entmündigten

7   Ist der Verlobte oder Ehegatte entmündigt, bedarf der Ehevertrag der **Zustimmung des Vormundes und der VB** (Art. 410 i.V.m. Art. 421 Ziff. 9). Die Verweigerung der Zustimmung ist – auf jeder Stufe – beschwerdefähig (Art. 420 Abs. 1 und 2).

8   Steht die entmündigte Person **unter** der **elterlichen Sorge** (Art. 385 Abs. 3), so reicht die Zustimmung der Eltern aus. Gegen die Verweigerung der Zustimmung durch die Eltern besteht keine Beschwerdemöglichkeit (DESCHENAUX/STEINAUER, Personnes physiques et tutelle, Bern 2001, Rz 251).

9   Ist ein **Ehegatte Vormund** des andern, bedarf es einer Beistandschaft nach Art. 392 Ziff. 2.

10   Die **Zustimmung** des gesetzlichen Vertreters muss, wie sich aus Art. 184 ergibt, anlässlich der Unterzeichnung des Ehevertrages gegeben werden (DESCHENAUX/STEINAUER/BADDELEY, Rz 818). Einzig die Genehmigung der VB kann nachträglich erteilt werden (BK-HAUSHEER/REUSSER/GEISER, N 11; STETTLER/WAELTI, Rz 57). Ohne Zustimmung ist der Ehevertrag nichtig.

Art. 184

III. Form des Vertrages	**Der Ehevertrag muss öffentlich beurkundet und von den vertragschliessenden Personen sowie gegebenenfalls vom gesetzlichen Vertreter unterzeichnet werden.**
III. Forme du contrat de mariage	Le contrat de mariage est reçu en la forme authentique et il est signé par les parties et, le cas échéant, par le représentant légal.
III. Forma	La convenzione matrimoniale si fa per atto pubblico firmato dalle persone contraenti e, se del caso, dal rappresentante legale.

Literatur

PFÄFFLI, Zur Revision der Grundbuchverordnung mit besonderer Berücksichtigung des neuen Ehe- und Erbrechts, BN 49 (1988), 221 ff.; REY, Die privatrechtliche Rechtsprechung des Bundesgerichts im Jahre 1987; Sachenrecht, ZBJV 125 (1989), 134 ff.; SCHMID, Die öffentliche Beurkundung von Schuldverträgen, AISUF Bd. 83, Freiburg 1988; WISSMANN, Das neue Ehegüterrecht: Vom altrechtlichen zum neurechtlichen Ehevertrag, ZBGR 67 (1986) 321 ff.; vgl. auch die Literaturhinweise vor Art. 181.

I. Allgemeines

1. Bedeutung von Art. 184

1   Art. 184 umschreibt die **besonderen, qualifizierten Formerfordernisse** des Ehevertrages. Sie dienen dem Schutze der Vertragsparteien, indem die öffentliche Urkundsperson nicht nur aufklärend wirken, sondern auch der Klärung des Parteiwillens und der Beweislage förderlich sein soll.

2. Anwendungsbereich

2   Der qualifizierten Form bedürfen **nur** der **Güterstand** als solcher und seine nach Gesetz zulässigen Modifikationen (Art. 182). Alles, was nur anlässlich des Ehevertrages verein-

bart wird (z.B. ein Unterhaltsbeitrag nach Art. 163), aber nicht dessen Gegenstand ist, braucht nicht öffentlich beurkundet zu werden und kann insb. auch wieder ohne förmlichen Ehevertrag aufgehoben werden (Näheres dazu unter Art. 182 N 3 ff.).

Die Formvorschriften gelten sowohl für den **Abschluss** und die **Änderung,** als auch für   **3** die **rechtsgeschäftliche Aufhebung** eines Ehevertrags. Letzteres ergibt sich aus Art. 182 Abs. 2 (so die ganz überwiegende Lehre, zuletzt TUOR/SCHNYDER/SCHMID/RUMO-JUNGO, 298; DESCHENAUX/STEINAUER/BADDELEY, Rz 827, m.w.H.; **a.M.** WISSMANN, 346). Nach BGE 127 III 529 ff. darf der Richter im Zusammenhang mit der Auslegung des Ehevertrages aber auch dann ‹modifizierend› eingreifen, wenn die **richterliche Vertragsergänzung** im verurkundeten Text keine Anhaltspunkte findet.

Die Form des **Erbvertrages,** der häufig mit einem Ehevertrag verbunden wird, genügt   **4** auch den Formerfordernissen des Letzteren. Dies erfordert indessen ein einheitlich bundesrechtliches Beurkundungsverfahren (Näheres dazu BK-HAUSHEER/REUSSER/GEISER, N 6).

3. Nichtbeachtung der Formerfordernisse

Die qualifizierte Form ist **Gültigkeitserfordernis** für den Ehevertrag (Art. 11 Abs. 2 OR;   **5** zustimmend DESCHENAUX/STEINAUER/BADDELEY, Rz 827).

II. Die Formerfordernisse im Einzelnen

1. Übersicht

Erforderlich sind   **6**

– die öffentliche Beurkundung;

– die Unterschrift der Vertragsparteien; und ggf.

– die Unterschrift der gesetzlichen Vertreter.

2. Die öffentliche Beurkundung

a) Bundes- und kantonales Recht

Die öffentliche Beurkundung ist ein – bez. der **Mindestanforderungen bundesrechtlich**   **7** (BGE 106 II 147; 99 II 159 ff.; 84 II 636; s.a. REY, ZBJV 1989, 134) umschriebenes – förmliches Verfahren, bei welchem eine staatlich autorisierte und örtlich zuständige (Urkunds-)Person rechtserhebliche Tatsachen und rechtsgeschäftliche Erklärungen in einer selbständigen und formgebundenen Urkunde festhält (BGE 99 II 161). Nur unter Vorbehalt dieser bundesrechtlichen Anforderungen gilt Art. 55 SchlT, wonach es Sache der Kantone ist, die öffentliche Beurkundung zu regeln (BK-HAUSHEER/REUSSER/ GEISER, N 9).

b) Die sachliche und örtliche Zuständigkeit

Die **sachliche Zuständigkeit** legen die Kantone fest. In den meisten Kantonen sind aus-   **8** schliesslich die – beamteten oder freien – Notare zuständig; in andern Kantonen können es Rechtsanwälte oder Mitglieder von kantonalen und kommunalen Behörden sein (Näheres dazu BK-HAUSHEER/REUSSER/GEISER, Art. 184 N 11).

Bundesrechtlich ist **örtlich** jede Urkundsperson in der ganzen Schweiz zuständig, die   **9** nach kantonalem Recht zur öffentlichen Beurkundung befähigt worden ist. Nach der –

allerdings nicht ganz unbestrittenen (SCHMID, Rz 227 ff.) – Rechtsprechung des BGer (BGE 113 II 501 ff.) bleiben die Kantone jedoch befugt, als Rechtsgrundausweis für den Eintrag des Eigentumswechsels im Grundbuch dort eine zusätzliche lokale öffentliche Beurkundung zu verlangen, wo der Ehevertrag nicht selber zum Verfügungsgeschäft geworden, sondern nur Verpflichtungsgeschäft geblieben ist (PFÄFFLI, 222 f.; BK-HAUSHEER/REUSSER/GEISER, N 12).

10 Soweit das **Verfahren** kantonal geregelt ist (d.h. im Rahmen der bundesrechtlichen Mindestanforderungen kantonal bleibt), richtet es sich nach den Vorschriften des Errichtungsortes.

3. Die Unterschriften der Vertragsparteien und der gesetzlichen Vertreter

a) Bundesrecht

11 Sowohl die **Unterschrift der Vertragsparteien** als auch jene der gesetzlichen Vertreter für die unmündige oder entmündigte Vertragspartei gehört zu den bundesrechtlichen Minimalanforderungen an das Beurkundungsverfahren.

12 Nach wie vor **umstritten** ist dagegen die zusätzliche Frage, ob der bundesrechtliche Begriff der Einheit des Beurkundungsaktes auch die **gleichzeitige Anwesenheit der Vertragsparteien** und (ggf.) deren gesetzlichen Vertreter erfordert, dürfte jedoch heute – vom Zweck des Beurkundungsverfahrens her betrachtet – mehrheitlich bejaht werden (zum Ganzen BK-HAUSHEER/REUSSER/GEISER, N 13 f. m.w.H.).

b) Begriff

13 Die Anforderungen an die **Unterschrift** richten sich nach Art. 14 OR. Ein **Ersatz der Unterschrift** wegen eines Gebrechens oder aus einem andern Hinderungsgrund ist im Rahmen von Art. 15 OR zuzulassen (vgl. BGE 46 II 14 zu Art. 512 ZGB).

Art. 185

C. Ausserordentlicher Güterstand	[1] Die **Gütertrennung wird auf Begehren eines Ehegatten vom Gericht angeordnet, wenn ein wichtiger Grund dafür vorliegt.**
I. Auf Begehren eines Ehegatten	[2] **Ein wichtiger Grund liegt namentlich vor:**
1. Anordnung	**1. wenn der andere Ehegatte überschuldet ist oder sein Anteil am Gesamtgut gepfändet wird;**

[2] **Ein wichtiger Grund liegt namentlich vor:**

1. wenn der andere Ehegatte überschuldet ist oder sein Anteil am Gesamtgut gepfändet wird;

2. wenn der andere Ehegatte die Interessen des Gesuchstellers oder der Gemeinschaft gefährdet;

3. wenn der andere Ehegatte in ungerechtfertigter Weise die erforderliche Zustimmung zu einer Verfügung über das Gesamtgut verweigert;

4. wenn der andere Ehegatte dem Gesuchsteller die Auskunft über sein Einkommen, sein Vermögen und seine Schulden oder über das Gesamtgut verweigert;

5. wenn der andere Ehegatte dauernd urteilsunfähig ist.

[3] **Ist ein Ehegatte dauernd urteilsunfähig, so kann sein gesetzlicher Vertreter auch aus diesem Grund die Anordnung der Gütertrennung verlangen.**

C. Régime
extraordinaire

I. A la demande
d'un époux

1. Jugement

[1] A la demande d'un époux fondée sur de justes motifs, le juge prononce la séparation de biens.

[2] Il y a notamment justes motifs:
1. lorsque le conjoint est insolvable ou que sa part aux biens communs a été saisie;
2. lorsque le conjoint met en péril les intérêts du requérant ou ceux de la communauté;
3. lorsque le conjoint refuse indûment de donner le consentement requis à un acte de disposition sur des biens communs;
4. lorsque le conjoint refuse de renseigner le requérant sur ses biens, ses revenus ou ses dettes ou sur l'état des biens communs;
5. lorsque le conjoint est incapable de discernement de manière durable.

[3] Lorsqu'un époux est incapable de discernement de manière durable, son représentant légal peut demander que la séparation de biens soit prononcée pour ce motif également.

C. Regime
straordinario

I. Ad istanza di un
coniuge

1. Pronuncia

[1] Ad istanza di un coniuge, il giudice pronuncia la separazione dei beni se vi è grave motivo.

[2] Vi è grave motivo segnatamente se:
1. l'altro coniuge è oberato o la sua quota di beni comuni è pignorata;
2. l'altro coniuge mette in pericolo gli interessi dell'istante o della comunione;
3. l'altro coniuge rifiuta senza giusto motivo il consenso richiesto per disporre di beni comuni;
4. l'altro coniuge rifiuta di informare l'istante sui suoi redditi, sulla sua sostanza e sui suoi debiti o sui beni comuni;
5. l'altro coniuge è durevolmente incapace di discernimento.

[3] L'istanza di separazione dei beni per durevole incapacità di discernimento può essere proposta anche dal rappresentante legale del coniuge incapace.

Literatur

KOCHER, Güterrechtliche Sicherstellung im Massnahmeverfahren (Art. 145 ZGB und Art. 322 ZPO BE), ASR Bd. 577, Bern 1995; SCHÜPBACH, L'execution forcée des obligations patrimoniales entre époux dans le nouveau droit matrimonial, in: Wessner (Hrsg.), Problèmes de droit de la famille, Neuchâtel 1987, 145 ff.; SPYCHER, Erleichterte Anordnung der Gütertrennung unter neuem Scheidungsrecht? in: FS Hausheer, Bern 2002, 361 ff.; vgl. auch die Literaturhinweise vor Art. 181.

I. Allgemeines

1. Bedeutung von Art. 185

Art. 185 umschreibt – allerdings nicht abschliessend – die wichtigen Gründe, aufgrund **1** von welchen – auf Begehren eines Ehegatten allein, d.h. auch gegen den Willen des andern – die **güterrechtliche Interessengemeinschaft** der Errungenschaftsbeteiligung oder der Gütergemeinschaft durch den ausserordentlichen Güterstand der Gütertrennung abgelöst bzw. **beendet** werden kann.

Art. 185 **ergänzt** in allgemeiner Weise, was Art. 176 Abs. 1 Ziff. 3 für den Fall des Ge- **2** trenntlebens (dazu BGE 116 II 29 ff.) und Art. 137 Abs. 2 nach Einreichung der Scheidungsklage ermöglichen (s.a. KOCHER, 77).

Gestützt auf **Art. 189** kann die Gütertrennung sodann auf **Antrag Dritter,** nämlich auf **3** Begehren der Aufsichtsbehörde in Betreibungssachen, gerichtlich angeordnet werden, wenn der Anteil am Gesamtgut im Rahmen der Gütergemeinschaft gepfändet wird.

4 **Von Gesetzes wegen** tritt nach **Art. 188 und Art. 118 Abs. 1** die Gütertrennung ein, wenn über einen Ehegatten unter Gütergemeinschaft der Konkurs eröffnet bzw. wenn gerichtlich die Ehetrennung nach Art. 117 f. ausgesprochen wird. Gleiches galt vor dem 1.1.2000 für die Verschollenerklärung nach Art. 38; vgl. Art. 204 N 7.

2. Ausgestaltung des Anspruchs

5 Die Anordnung der Gütertrennung gehört zum **Eheschutz i.w.S.** (dazu die Übersicht bei KOCHER, 231), was für das gerichtliche Verfahren von Bedeutung sein kann. Allerdings ist neben der Nähe zu Art. 176, was für das Eheschutzgericht spricht, auch zu beachten, dass die anschliessende güterrechtliche Auseinandersetzung vom ordentlichen Gericht durchgeführt wird (dazu BK-HAUSHEER/REUSSER/GEISER, Art. 186 N 10).

6 Bei Art. 185 handelt es sich insofern um **zwingendes Recht,** als darauf nicht im Voraus verzichtet werden kann. Den Ehegatten steht indessen frei, aus anderen wichtigen Gründen gemäss Ehevertrag die Errungenschaftsbeteiligung oder die Gütergemeinschaft durch die Gütertrennung ablösen zu lassen (dazu Art. 182 N 2 ff.).

3. Zuständigkeit und Verfahren

7 Die örtliche Zuständigkeit richtet sich nach **Art. 15 Abs. 1 GestG,** der aArt. 186 ZGB abgelöst hat.

8 Das Gericht wird nur auf **Begehren eines Ehegatten** tätig. Umstritten ist, ob die Ehegatten einen **gerichtlichen Vergleich** schliessen oder das **Begehren** des andern Ehegatten **anerkennen** können mit der Wirkung, dass das Gericht die materiellen Voraussetzungen nicht mehr zu prüfen hat (so BK-HAUSHEER/REUSSER/GEISER, N 17 unter Hinweis darauf, dass das neue Recht auf eine behördliche Kontrolle i.S.v. aArt. 181 Abs. 2 verzichtet; zustimmend nunmehr DESCHENAUX/STEINAUER/BADDELEY, Rz 861, Anm. 40; **a.M.** HENNINGER, 166).

8a Der Zweck des Verfahrens legt von Bundesrechts wegen die **Untersuchungsmaxime** nahe (BK-HAUSHEER/REUSSER/GEISER, N 17 zu aArt. 186; zum Ganzen KOCHER, 309).

4. Persönliche Antragsvoraussetzungen

9 Das für die gerichtliche Anordnung der Gütertrennung erforderliche Begehren eines Ehegatten setzt **volle Handlungsfähigkeit** voraus. Urteilsfähige entmündigte Ehegatten bedürfen – wie beim Ehevertrag – der Zustimmung des Vormundes und der VB (Art. 421 Ziff. 8). Es handelt sich insofern um einen relativ höchstpersönlichen Anspruch. Für dauernd urteilsunfähige Ehegatten lässt Abs. 3 die Vertretung durch den gesetzlichen Vertreter zu, allerdings bedarf es – unter Vorbehalt von Art. 385 Abs. 3 – der Zustimmung der VB. Handelt es sich beim gesetzlichen Vertreter um den andern Ehegatten, ist eine Beistandschaft i.S.v. Art. 392 Ziff. 2 zu errichten.

10 Nach Art. 395 Abs. 1 **verbeiratete Ehegatten** bedürfen der Zustimmung des Beirates, aber nicht der VB. Deren Genehmigung ist dagegen bei einer Verwaltungsbeiratschaft nach Art. 395 Abs. 2 erforderlich (BK-HAUSHEER/REUSSER/GEISER, N 13).

11 **Anspruchsberechtigt** ist im Übrigen – einmal abgesehen von Abs. 3 – nur derjenige Ehegatte, der den wichtigen Grund für die Gütertrennung nicht selber zu verantworten hat.

II. Gütertrennung

Die Gütertrennung stellt die Ehegatten gleich wie nicht verheiratete Partner unter Vorbehalt von   **12**

– **Art. 248** (Miteigentumsvermutung im Falle der Beweislosigkeit des Eigentums für den einen oder andern Ehegatten);

– **Art. 251** (Anspruch auf Zuteilung eines im Miteigentum stehenden Vermögensgegenstandes); und

– **Art. 250** (Zahlungsfristen bei Schwierigkeiten, Schulden gegenüber dem andern Ehegatten zu begleichen).

III. Der wichtige Grund

1. Allgemeines

a) Inhalt

Art. 185 umschreibt den wichtigen Grund für die Beendigung der Errungenschaftsbeteiligung bzw. der Gütergemeinschaft nur anhand von nicht abschliessenden Beispielen in   **13**
Abs. 2. Ihnen allen ist **gemeinsam,** dass

– entweder – in objektiver Betrachtungsweise – die innere **Rechtfertigung der** Weiterführung der **wirtschaftlichen Interessengemeinschaft** (insb. hinsichtlich Vorschlagsbeteiligung bzw. Gesamtgut) entfallen,

– oder – aus irgendeinem Grund – das **einträchtige Zusammenwirken** in güterrechtlicher Hinsicht **nicht mehr gewährleistet** ist (statt vieler HENNINGER, 144).

Zur kontroversen Frage, ob dem (Eheschutz-)Gericht im Zusammenhang mit Art. 176 ein   **14**
erweitertes **Ermessen** zukommt als dem Gericht nach Art. 185 ff. und ob Abs. 1 von
Art. 185 gegenüber Abs. 2 (d.h. mit der Gefährdung der Interessen des Gesuchstellers)
keine selbständige Bedeutung haben soll, s. BK-HAUSHEER/REUSSER/GEISER, N 24 f.;
STETTLER/WAELTI, Rz 75 ff. sowie DESCHENAUX/STEINAUER/BADDELEY, Rz 853 f. (je
m.w.H.).

b) Berechtigter Ehegatte

Auch wenn das Verschulden eines Ehegatten bez. des wichtigen Grundes als solches keine Rolle spielt, kann derjenige Ehegatte, der den **wichtigen Grund,** z.B. die Überschuldung, **zu verantworten** hat, sich nicht auf diesen berufen (s.a. vorne N 9). Geschützt soll   **15**
grundsätzlich nur, d.h. unter Vorbehalt von Art. 188 f., der andere Ehegatte sein, nicht
aber die Gläubiger (teilweise **a.M.** SCHÜPBACH, 159; dazu BK-HAUSHEER/REUSSER/
GEISER, N 26).

c) Auf Dauer

Regelmässig handelt es sich dabei um **nicht** bloss **vorübergehende güterrechtliche**   **16**
(und nicht nur allgemeine wirtschaftliche) **Schwierigkeiten,** die ihren Grund allerdings
auch im persönlichen Verhalten eines Ehegatten haben können (BK-HAUSHEER/REUSSER/
GEISER, N 20 und STETTLER/WAELTI, Rz 76).

d) Verhältnismässigkeit

17 Die Anordnung der Gütertrennung muss in jedem Fall **verhältnismässig** sein; sie hat – im Vergleich zu andern Massnahmen – immer **Ultima Ratio** zu bleiben (BGE 116 II 31 E. 5b; s.a. DESCHENAUX/STEINAUER/BADDELEY, Rz 844).

2. Die gesetzlichen Beispiele eines wichtigen Grundes

a) Die Überschuldung

aa) Begriff

18 Eine Überschuldung eines Ehegatten ist dann gegeben, wenn seine nach dem konkreten Güterstand zu bestimmenden Vermögensaktiven (einschliesslich schon bestehender güterrechtlicher Forderungen gegen den andern Ehegatten) die ebenfalls nach Errungenschaftsbeteiligungs- oder Gütergemeinschaftsrecht zuzuordnenden und nicht notwendigerweise schon fälligen (BK-HAUSHEER/REUSSER/GEISER, N 26 f.; zustimmend STETTLER/WAELTI, Rz 78) Schulden nicht mehr zu decken vermögen. Art. 185 Abs. 2 Ziff. 1 orientiert sich dabei an **Art. 480 ZGB** und – was die Umschreibung der Überschuldung betrifft – an **Art. 287 SchKG** (dazu BGE 40 III 392).

bb) Die Aktiven

19 Zu den Aktiven gehören auch **Ansprüche** aufgrund von Art. 163 ff. **gegen** den **andern Ehegatten.** Im Zusammenhang mit Art. 206 zählt allerdings – unter Vorbehalt von Abs. 2 – nur die Grundforderung dazu (s. Art. 206 N 25 f.).

20 **Nicht** zu berücksichtigen ist in diesem Zusammenhang die vorerst bloss **anwartschaftliche Vorschlagsbeteiligung** gestützt auf Art. 215 ff. Sie kann nicht einem Anteil an einer Personengesellschaft gleichgestellt werden (s.a. STETTLER/WAELTI, Rz 73 und 79). Erst die Anordnung der Gütertrennung führt zur güterrechtlichen Auseinandersetzung (SCHWAGER, VSIV 1987, Bd. 26, 212; HENNINGER, 98 f.). Sodann muss es dem Gesuchsteller verwehrt sein, seine Überschuldung mit der Vorschlagsbeteiligung des andern zu begründen (BK-HAUSHEER/REUSSER/GEISER, N 29). Schliesslich muss der Antragsteller selber, nicht aber das Gericht den Nachteil des Verlustes weiterer Vorschlagsbeteiligung zufolge der Gütertrennung gegen den Vorteil abwägen, weitere Errungenschaft mit dem Partner nicht mehr teilen zu müssen.

21 Bei der **Errungenschaftsbeteiligung** ergeben sich die Aktiven aus der ganzen Errungenschaft und dem Eigengut.

22 Bei der **Gütergemeinschaft** ist in Bezug auf die Haftungsordnung zu beachten, dass sogar für Eigenschulden eines Ehegatten (dazu Art. 234 N 8 ff.) auch Vermögenswerte, die der andere ins Gesamtgut eingebracht hat, bis zur Hälfte des Wertes einzustehen haben. Um eine Überschuldung bejahen zu können, müssen die Passiven des Eigenguts das Eigengut und den Anteil des Ehegatten am Gesamtgutssaldo (d.h. nach Abzug der auf dem Gesamtgut haftenden Schulden beider Ehegatten) übersteigen (so BK-HAUSHEER/REUSSER/GEISER, N 30 in Abgrenzung zu einer Doppelbilanz nach HENNINGER, 100 ff.; im ersteren Sinn auch STETTLER/WAELTI, Rz 80).

b) Pfändung des Anteils am Gesamtgut

23 Hier geht es nicht um die Überschuldung der Gütergemeinschaft als solche. Vielmehr handelt es sich um die fehlende Zahlungsmoral oder die Zahlungsunfähigkeit eines unter Gütergemeinschaft lebenden Ehegatten mit der Folge, dass wegen der Pfändung des Gesamtgutanteils für eine Eigenschuld (gestützt auf Art. 68b Abs. 3 und 4 SchKG, nicht aber im Zusammenhang mit Vollschulden, die den Zugriff auf die Vermögenswerte des Gesamtgutes erlauben) das **Betreibungsamt** auf den Gesamtgutanteil Einfluss nimmt (DESCHENAUX/STEINAUER/BADDELEY, Rz 846; BK-HAUSHEER/REUSSER/GEISER, N 31; zustimmend STETTLER/WAELTI, Rz 82). Die Gütergemeinschaft soll einem ehefremden Dritten unzugänglich sein.

c) Interessengefährdung

aa) Übersicht

Hier handelt es sich   24

– sowohl um die Gefährdung der güterrechtlichen Ansprüche und Anwartschaften des andern Ehegatten als auch um

– die Gefährdung der wirtschaftlichen Grundlagen der Familie.

Beides erfordert eine gerichtliche **Interessenabwägung,** wobei dem Gericht – im Rahmen des **Grundsatzes der Verhältnismässigkeit** – ein weites Ermessen (s. aber vorn N 14) zusteht (HENNINGER, 141; BK-HAUSHEER/REUSSER/GEISER, N 32).

Mit der **Gütertrennung** muss die **Gefährdung abgewendet** werden können.

bb) Kasuistik

Ausreichend für die Interessengefährdung können sein: 25

– die ernsthaft drohende oder die tatsächliche **Errungenschaftsverminderung** durch ungerechtfertigten Verbrauch oder schlechte Verwaltung (Botschaft Revision Eherecht, Ziff. 221.331);

– Handlungen, die von **Art. 208** erfasst werden; dies nicht zuletzt deshalb, weil es die entsprechende Frist von fünf Jahren zu wahren gilt;

– die unter den Ehegatten nicht abgesprochene **Aufgabe der Erwerbstätigkeit,** sofern kein wichtiger Grund gegeben ist;

– die **Konkurseröffnung** über einen oder die **Pfändung** eines unter **Errungenschaftsbeteiligung** lebenden Ehegatten;

– die schlechte ordentliche Verwaltung des Gesamtgutes;

– die Pfändung von Vermögenswerten des Gesamtgutes für Vollschulden des andern Ehegatten;

Nicht ausreichen dürfte dagegen regelmässig: 26

– der blosse Wunsch, die **Vorschlagsbeteiligung oder** einen **Mehrwertanteil** vorzeitig zu realisieren;

– die **Verweigerung** der Zustimmung zur Verfügung über einen Vermögens**gegenstand** im Miteigentum beider Ehegatten, und dies ggf. im Unterschied zur Verweigerung der Verfügung über Miteigentums**anteil** i.S.v. Art. 201 Abs. 1 (dazu BK-HAUSHEER/ REUSSER/GEISER, N 33 in teilweiser Abgrenzung zu HENNINGER, 151);

– die blosse Veränderung der wirtschaftlichen Verhältnisse der Ehegatten.

Leben die Ehegatten faktisch getrennt, erübrigt sich ein Rückgriff auf Art. 185 Abs. 2 und gelangt statt dessen Art. 176 Abs. 1 Ziff. 3 zur Anwendung (BK-HAUSHEER/REUSSER/

GEISER, N 25; SPYCHER, FS Hausheer, 364 f.; **a.M.** DESCHENAUX/STEINAUER/BADDELEY, Rz 853, m.w.H.). Die Aufhebung des gemeinsamen Haushalts ist als solche noch kein wichtiger Grund (SPYCHER, FS Hausheer, 363 f.).

d) Verweigerung von Zustimmungen in der Gütergemeinschaft

27   In Frage stehen die folgenden Zustimmungen, sofern sie für den ordentlichen Gang der Gütergemeinschaft (also nicht im Zusammenhang mit Art. 169 oder 178) erforderlich sind und die – insb. grundlose (d.h. nicht näher begründete) – **Verweigerung** aus der Sicht des Gesamtguts bzw. der ehelichen Gemeinschaft deshalb als **ungerechtfertigt** erscheinen lassen:

– zu notwendigen ausserordentlichen Verwaltungshandlungen (Art. 228);

– zur Ausübung eines Berufes oder Gewerbes mit Mitteln des Gesamtgutes (Art. 229);

– zu notwendigen tatsächlichen Verfügungen und Verpflichtungsgeschäften im Zusammenhang mit dem Gesamtgut.

28   Bezüglich der Zustimmung zur **Ausschlagung einer Erbschaft** oder zur Annahme einer überschuldeten Erbschaft kann das Gericht angerufen werden, so dass die entsprechende Verweigerung eine Gütertrennung nicht rechtfertigen dürfte (HENNINGER, 133 f.; BK-HAUSHEER/REUSSER/GEISER, N 36; zustimmend STETTLER/WAELTI, Rz 85 und nunmehr auch DESCHENAUX/STEINAUER/BADDELEY, Rz 849, Anm. 11).

29   Bei der Zustimmung zur Verfügung über einen im **Miteigentum der beiden Eigengüter** stehenden Vermögenswert sieht Art. 650 die hinreichende Rechtsfolge einer Verweigerung vor. Auf eine Gütertrennung kann verzichtet werden.

e) Verweigerung von Auskünften zur Vermögenslage des andern Ehegatten bzw. des Gesamtgutes

30   **Art. 170** macht die gegenseitige Auskunft der Ehegatten über die konkrete Vermögenslage (mit Aktiven und Passiven) zur ehelichen Pflicht. Davon hängt u.a. der angemessene Beitrag an den ehelichen Unterhalt ab (Art. 163: «ein jeder nach seinen Kräften»). Jedes Mal bei Auskunftsverweigerung das Gericht anzurufen, ist indessen unzumutbar. Eine Alternative dazu ist Art. 185 Abs. 2 Ziff. 4, der anstelle oder gemeinsam mit Art. 170 zur Anwendung kommen kann (BK-HAUSHEER/REUSSER/GEISER, N 39; ebenso STETTLER/WAELTI, Rz 87; **a.M.** HENNINGER, 118). Ein ergebnisloses Verfahren aufgrund von Art. 170 ist daher nicht Voraussetzung für Art. 185 Abs. 2 Ziff. 4; fehlt es indessen schon an den Voraussetzungen für Art. 170, ist auch das Begehren um Gütertrennung abzuweisen (HEGNAUER/BREITSCHMID, Rz 24.11).

f) Dauernde Urteilsunfähigkeit des andern Ehegatten

31   Die Errungenschaftsbeteiligung (z.B. in Art. 201 Abs. 2, 206 oder 208) und v.a. die Gütergemeinschaft (insb. in Art. 228) erfordern in verschiedener Hinsicht ein ständiges **Zusammenwirken der Ehegatten.** Ist dies wegen dauernder Urteilsunfähigkeit nicht mehr gewährleistet, kann sich die Gütertrennung rechtfertigen. Dies umso mehr, als die Urteilsunfähigkeit auch einen Ehevertrag ausschliesst, mit dem die Ehegatten sich den veränderten Verhältnissen anpassen könnten (BK-HAUSHEER/REUSSER/GEISER, N 40).

32   **Massgebend** für die Urteilsunfähigkeit ist die – auf längere Sicht – mangelnde Befähigung (intellektuell und willentlich), das Zusammenwirken im Rahmen einer Errungenschaftsbeteiligung oder Gütergemeinschaft nach den Erfordernissen praktischer Vernunft sicherzustellen.

Umstritten ist, ob aufgrund des Gesetzeszweckes der dauernden Urteilsunfähigkeit **33** die **Entmündigung** trotz verbleibender Urteilsfähigkeit gleichzusetzen ist (so BK-HAUSHEER/REUSSER/GEISER, Art. 185 N 42; **a.M.** STETTLER/WAELTI, Rz 90). Einer weiten Gesetzesauslegung muss an sich die einschränkende Formulierung von Abs. 3 nicht entgegenstehen. Nun dürfte dem andern Ehegatten tatsächlich kaum zuzumuten sein, im Rahmen einer Gütergemeinschaft zur Verwaltung, Nutzung und Verfügung im Zusammenhang mit dem Gesamtgut dauernd mit einem gesetzlichen Vertreter zusammenzuwirken (BK-HAUSHEER/REUSSER/GEISER, N 42); fraglich bleibt indessen, ob unter solchen Umständen die Gütertrennung nicht schon aufgrund von Abs. 1 oder Abs. 2 Ziff. 2 verlangt werden kann (so STETTLER/WAELTI, Rz 90).

g) Dauernde Urteilsunfähigkeit des Gesuchstellers

Bei Abs. 3 handelt es sich insofern um eine Besonderheit, als hier der **wichtige Grund in** **34** **der Person** liegt, **welche die Gütertrennung** mit Hilfe eines gesetzlichen Vertreters **verlangt** (s.a. N 11).

Die dauernde Urteilsunfähigkeit führt nur zu einer **Ausnahme von der grundsätzlichen** **35** **Vertretungsfeindlichkeit** des Rechts, die Gütertrennung zu verlangen (s. u.a. HEGNAUER/BREITSCHMID, Rz 24.12). Erforderlich ist grundsätzlich (d.h. unter Vorbehalt von Art. 385 Abs. 3) die Zustimmung der VB (Art. 421 Ziff. 8; s.a. vorn N 9). Diese rechtfertigt sich umso mehr, als die Gütertrennung zu einem endgültigen Verzicht auf eine künftige Errungenschaftsbeteiligung bzw. Gesamtgutteilhabe führt, nachdem ein späterer Ehevertrag ausgeschlossen bleibt.

Hinsichtlich der Rechtfertigung der Gütertrennung bleibt es nicht beim Umstand der **36** Urteilsunfähigkeit i.S.v. Abs. 2 Ziff. 5 allein, vielmehr können **auch** die andern, in **Ziff. 1–4** beispielhaft aufgeführten, wichtigen Gründe angerufen werden (DESCHENAUX/STEINAUER/BADDELEY, Rz 856; BK-HAUSHEER/REUSSER/GEISER, N 43; ebenso STETTLER/WAELTI, Rz 91).

Art. 186

Aufgehoben

Der bisherige Art. 186 ZGB, der die örtliche Zuständigkeit für die Anordnung der Güter- **1** trennung regelte, wurde mit Inkrafttreten am 1.1.2001 durch Art. 15 GestG ersetzt. Es handelt sich bei der Anordnung der Gütertrennung auf Begehren eines Ehegatten um «Eheschutz im weiteren Sinn», so dass gemäss Art. 15 Abs. 1 Bst. a GestG das Gericht am Wohnsitz eines Ehegatten zuständig ist.

Art. 187

3. Aufhebung ^{1} **Die Ehegatten können jederzeit durch Ehevertrag wieder ihren früheren oder einen andern Güterstand vereinbaren.**

^{2} **Ist der Grund der Gütertrennung weggefallen, so kann das Gericht auf Begehren eines Ehegatten die Wiederherstellung des früheren Güterstandes anordnen.**

3. Révocation   [1] Par contrat de mariage, les époux peuvent en tout temps adopter à nouveau leur régime antérieur ou convenir d'un autre régime.

[2] Lorsque les motifs qui justifiaient la séparation de biens ont disparu, le juge peut, à la demande d'un époux, prescrire le rétablissement du régime antérieur.

3. Revoca   [1] Per convenzione matrimoniale, i coniugi possono in ogni tempo ripristinare il precedente regime dei beni o adottarne uno nuovo.

[2] Caduto il motivo della separazione dei beni, il giudice, ad istanza di un coniuge, può ordinare il ripristino del precedente regime.

Literatur

SANDOZ/POUDRET, Ordonnance de séparation de biens de l'art. 176 al. 1er ch. 3 CC et décision finale de l'art. 48 OJ, JdT 1990, 322 ff.; vgl. auch die Literaturhinweise vor Art. 181.

I. Allgemeines

1. Bedeutung

1 Art. 187 legt die Voraussetzungen fest, unter welchen die Ehegatten nach der Anordnung der Gütertrennung wieder zu ihrem **früheren Güterstand oder** einem **andern** gelangen können, und zwar

– entweder durch Ehevertrag oder

– auf gerichtliche Anordnung hin.

2. Anwendungsbereich

2 Art. 187 gilt für alle Fälle, bei denen der **ausserordentliche Güterstand** der Gütertrennung **auf Begehren eines Ehegatten** eingetreten ist, d.h. **unabhängig** davon, ob aufgrund **von Art. 185 oder zufolge der Art. 38, 137 oder 176** (Botschaft Revision Eherecht, Ziff. 219.227; HEGNAUER/BREITSCHMID, Rz 24.27; DESCHENAUX/STEINAUER/ BADDELEY, Rz 791, 864; BK-HAUSHEER/REUSSER/GEISER, N 9 ff.; STETTLER/WAELTI, Rz 138; vgl. auch HENNINGER, 347 ff.). Im Zusammenhang mit der gerichtlichen Trennung und Art. 155 verlangen indessen gewisse Autoren die Wiederaufnahme des Zusammenlebens, damit die Ehegatten von Art. 187 Abs. 1 Gebrauch machen können (HENNINGER, 343 und 236; BK-SPÜHLER/FREI-MAURER Art. 155 N 16); ohne Beschränkung lassen andere Autoren (HEGNAUER/BREITSCHMID, Rz 24.25; DESCHENAUX/ STEINAUER/BADDELEY, Rz 882 und BK-HAUSHEER/REUSSER/GEISER, N 11) auch in diesem Falle einen neuen Ehevertrag zu (ohne eigene Stellungnahme STETTLER/WAELTI, Rz 137).

3 Demgegenüber kommt Art. 187 weder bei **vertraglicher Gütertrennung** zur Anwendung noch bei der **Gütertrennung zufolge Konkurses** eines Ehegatten unter Gütergemeinschaft (Art. 188) oder aufgrund des **Begehrens der Aufsichtsbehörde in Betreibungssachen** (Art. 189). In letzteren beiden Fällen richtet sich die Aufhebung der Gütertrennung nach Art. 191, was sich schon aus der Gesetzessystematik ergibt. Hier wird einerseits die ehevertragliche Freiheit der Ehegatten eingeschränkt, anderseits die gerichtliche Wiederherstellung der früheren Gütergemeinschaft an besondere Voraussetzungen geknüpft.

3. Zwingendes Recht

Art. 187 ist insofern zwingendes Recht, als die Ehegatten **nicht zum Voraus** auf diese **4**
Gesetzesbestimmung **verzichten** oder diese Norm durch eine Gerichtsstandsvereinbarung ändern können.

II. Die ehevertragliche Einigung

Ehevertraglich können die Ehegatten **jederzeit** von der gerichtlich – gestützt auf **5**
Art. 185 (und Art. 137 bzw. 176 sowie im Rahmen von Art. 38) – angeordneten Gütertrennung abrücken und sowohl die Errungenschaftsbeteiligung als auch die Gütergemeinschaft zum neuen Güterstand wählen. Bezüglich des umstrittenen Art. 155 s. vorn
N 2.

War der **frühere Güterstand,** d.h. jener vor der Gütertrennung, ein solcher des ZGB von **6**
1907, bleibt die Rückkehr ungeachtet des Wortlauts von Abs. 2 ausgeschlossen. Auch ein
anderer altrechtlicher Güterstand steht nicht mehr zur Wahl.

Wird die **Gütertrennung ehevertraglich** vereinbart, ändert sich die Rechtsgrundlage **7**
und es entfällt die Möglichkeit, dass sich ein Ehegatte allein später auf Art. 187 Abs. 2
beruft (BK-HAUSHEER/REUSSER/GEISER, N 16).

Soll mit der Rückkehr zum bisherigen Güterstand eine volle **restitutio in integrum** er- **8**
reicht werden, müssen die Ehegatten die **Rückwirkung** des neuen Güterstandes auf den
Eheabschluss oder auf einen späteren Zeitpunkt vereinbaren (dazu Art. 182 N 19; BK-
HAUSHEER/REUSSER/GEISER, N 18; ebenso STETTLER/WAELTI, Rz 125).

Der Ehevertrag setzt auch im Rahmen von Art. 187 **Urteilsfähigkeit** und bei gesetzlicher **9**
Vertretung die entsprechende **Zustimmung und Genehmigung** voraus (dazu Art. 183
N 5 ff.).

III. Das einseitige Begehren auf Wiederherstellung

1. Veränderung der Verhältnisse

Im Unterschied zur ehevertraglichen Einigung setzt das Begehren eines Ehegatten allein **10**
auf gerichtliche Wiederherstellung des früheren Güterstandes voraus, dass der **Grund
der Gütertrennung entfallen** ist oder – analog zu Art. 179 – sich als Irrtum erwiesen
hat (vgl. 116 II 24 E. 1b).

Der Hinfall des Gütertrennungsgrundes muss sich – aller Wahrscheinlichkeit nach – als **11**
dauerhaft erweisen. Ein entsprechender Nachweis ist z.B. nicht erbracht, wenn nur zu-
folge der güterrechtlichen Auseinandersetzung nach Anordnung der Gütertrennung die
Überschuldung des andern Ehegatten behoben werden konnte (dazu Art. 185 N 18 ff.).
Ebenso wenig genügt allein ein Wegfall einer Pfändung (für weitere Beispiele s. BK-
HAUSHEER/REUSSER/GEISER, N 20).

Im Hinblick auf eine gewisse **Stabilität der güterrechtlichen Verhältnisse** der Ehegat- **12**
ten sollte eine Wiederherstellung des früheren Güterstandes nicht bereits deshalb angeordnet werden, weil die Gütertrennung unter den jetzt gegebenen Verhältnissen nicht
mehr angeordnet würde. Zu beachten bleibt, dass im Unterschied zur ehevertraglichen
Einigung mit «Rückwirkung» (vorn N 8 m.w.H.) mit der Gütertrennung auf jeden Fall
eine Neuzuordnung der Errungenschaft und des Gesamtgutes eingetreten ist. Sie kann
mit der Wiederherstellung allein nicht mehr beseitigt werden, wenn nicht wieder eine

allgemeine Gütergemeinschaft eintritt. Dies ist denn auch der Grund, die Anordnung der Gütertrennung gestützt auf Art. 185 bzw. Art. 176 nicht leichthin als «gewöhnliche Eheschutzmassnahme» ohne materielle Rechtskraft anzusehen (BK-HAUSHEER/REUSSER/GEISER, Art. 180 N 24 m.w.H.; vgl. auch SANDOZ/POUDRET, 322 ff.).

13 Von einem Wegfall des Gütertrennungsgrundes kann auch nicht gesprochen werden, wenn **an Stelle des bisherigen Grundes ein neuer** getreten ist (s. u.a. HENNINGER, 314). Dies kann insb. im Zusammenhang mit der Wiederaufnahme des gemeinsamen Haushaltes der Fall sein. Art. 179 Abs. 2 lässt dementsprechend auch eine aufgrund von Art. 176 Abs. 1 Ziff. 3 angeordnete Gütertrennung nicht schon allein deswegen dahinfallen, weil die Ehegatten wieder zusammenleben.

2. Der frühere Güterstand

14 Auch im Zusammenhang mit der Wiederherstellung des früheren Güterstandes (vgl. N 6) bleibt der Rückgriff auf einen **altrechtlichen Güterstand,** d.h. des ZGB von 1907 ausgeschlossen. Unterstanden die Ehegatten vor der Anordnung der Gütertrennung einer ehevertraglich nicht modifizierten Güterverbindung, führt die Wiederherstellung zur Errungenschaftsbeteiligung des neuen Rechts. War die frühere Güterverbindung ehevertraglich verändert worden, ist die Berufung auf Art. 187 Abs. 2 nicht mehr möglich (BK-HAUSHEER/REUSSER/GEISER, N 40).

15 Die Wiederherstellung erfasst auch die **ehevertraglichen Modifikationen** des Güterstandes, der unter den Ehegatten vor der Anordnung der Gütertrennung gegolten hat (HENNINGER, 319 f.; BK-HAUSHEER/REUSSER/GEISER, N 27).

3. Die Anspruchsberechtigung

16 Das Begehren um Wiederherstellung kann von **beiden Ehegatten** gestellt werden, also auch vom damaligen Gesuchsgegner, der sich selber nicht auf Art. 185 hätte berufen können (s. dazu Art. 185 N 11, 15, 31 ff.; BK-HAUSHEER/REUSSER/GEISER, N 23; **a.M.** wohl SCHWAGER, VSIV, 226).

17 In **persönlicher Hinsicht** gelten die gleichen Voraussetzungen wie für das Begehren nach Art. 185 (vgl. N 9 f. dazu).

18 Eine **Anerkennung** des Begehrens und ein **Vergleich** sind angesichts von Abs. 1 möglich, so dass eine materielle Prüfung des Antrages durch das Gericht entfällt.

4. Zuständigkeit und Verfahren

19 Bezüglich der **örtlichen Zuständigkeit** war bis zum 1.1.2001 aArt. 180 und ist nunmehr Art. 15 Abs. 1 GestG analog anwendbar. Zuständig ist somit das Gericht am Wohnsitz eines Ehegatten.

20 Die **sachliche Zuständigkeit** richtet sich nach dem kantonalen Recht, das Art. 187 diesbez. regelmässig in Übereinstimmung mit Art. 185 bringen dürfte. Dass die Gütertrennung allenfalls im Rahmen von Art. 176 oder 137 angeordnet worden ist, spielt dabei keine Rolle. Im Scheidungsverfahren bestimmt sich die sachliche Zuständigkeit nach Scheidungsrecht.

Art. 188

II. Bei Konkurs und Pfändung **1. Bei Konkurs**	**Wird über einen Ehegatten, der in Gütergemeinschaft lebt, der Konkurs eröffnet, so tritt von Gesetzes wegen Gütertrennung ein.**
II. En cas d'exécution forcée 1. Faillite	Les époux vivant sous un régime de communauté sont soumis de plein droit au régime de la séparation de biens dès que l'un d'eux est déclaré en faillite.
II. In caso di esecuzione forzata 1. Fallimento	Se i coniugi vivono in comunione di beni, il fallimento dichiarato contro uno di loro li assoggetta per legge alla separazione dei beni.

Literatur

AMONN/WALTHER, Grundriss des Schuldbetreibungs- und Konkursrechts, Bern 2003; GEISER, Die vertraglichen Güterstände, in: Vom alten zum neuen Eherecht, Bern 1986, 111 ff.; vgl. auch die Literaturhinweise vor Art. 181.

I. Allgemeines

1. Normzweck

Art. 188 wahrt die **Interessen** des **Ehegatten des Gemeinschuldners** und bedeutet inso- **1** fern Eheschutz im weiteren Sinn. Die Ablösung der Gütergemeinschaft durch die Gütertrennung entbindet den andern Ehegatten insb. von einer Verwaltung des Gesamtgutes zusammen mit der Konkursverwaltung. Sodann kann er aufgrund von Art. 242 Abs. 1 zurücknehmen, was unter der Errungenschaftsbeteiligung sein Eigengut wäre. Bei Vollschulden ist allerdings Art. 233 zu beachten, was zu einer Einschränkung von Art. 242 Abs. 1 führen kann (BK-HAUSHEER/REUSSER/GEISER, N 25). Im Rahmen von Art. 234 können die Gläubiger auf jeden Fall die Hälfte des Wertes des Gesamtgutes für sich beanspruchen. Führt dies zu einer Schmälerung des andern Ehegatten im Hinblick auf Art. 242 Abs. 1, kann dieser im internen Verhältnis unter den Ehegatten eine Ausgleichsforderung geltend machen (GEISER, 132). Auch darüber hinaus bleibt die güterrechtliche Auseinandersetzung mit dem Gang des Konkursverfahrens eng verbunden, weil die güterrechtlichen Ansprüche des Gemeinschuldners der Konkursmasse zuzuordnen sind.

Zudem und v.a. schützt diese Gesetzesbestimmung die **Gläubiger** der unter Güterge- **2** meinschaft lebenden Ehegatten vor güterrechtlichen Machenschaften der Ehepartner. Die Gläubiger des Gemeinschuldners können insb. auf das Gesamtgut greifen, soweit es ihnen im Rahmen von Art. 233 und 234 überhaupt zusteht. Die Gläubiger des andern Ehegatten müssen nach der güterrechtlichen Auseinandersetzung nicht mehr die Konkurrenz weiterer Gläubiger befürchten.

2. Anwendungsbereich

Art. 188 setzt – trotz seiner Einordnung unter die allgemeinen güterrechtlichen Vorschrif- **3** ten – eine **Gütergemeinschaft** voraus. Ob es sich um eine allgemeine oder eine beschränkte Gütergemeinschaft handelt, spielt keine Rolle (BK-HAUSHEER/REUSSER/ GEISER, Art. 188 N 9).

3. Konkurseröffnung

4   Massgebend für die Gütertrennung von Gesetzes wegen ist die **Konkurseröffnung** (Art. 175 SchKG i.V.m. Art. 236 Abs. 1); im Falle der Anfechtung mit aufschiebender Wirkung gibt der entsprechende Rechtsmittelentscheid den Ausschlag (BGE 85 III 157; BK-HAUSHEER/REUSSER/GEISER, N 11). Die Einstellung des Konkurses mangels Aktiven (Art. 230 SchKG; dazu Botschaft Revision Eherecht, Ziff. 231.341) und ein späterer Widerruf des Konkurses (Art. 195 SchKG) vermögen am Eintritt der Gütertrennung nichts mehr zu ändern (AmtlBull StR 1981, 132). Das gilt umso mehr, als der Konkurswiderruf im SchKG üblicherweise Wirkung ex tunc entfaltet (so namentlich in Bezug auf den Zinsenlauf, der diesfalls wieder auflebt; dazu AMONN/WALTHER, § 39 N 5). Der Widerruf des Konkurses erlaubt höchstens eine Wiederherstellung der Gütergemeinschaft gestützt auf Art. 191 (vgl. die Komm. dazu; s.a. HEGNAUER/BREITSCHMID, Rz 24.19 mit Hinweis auf eine rechtsmissbräuchliche Zahlungsunfähigkeitserklärung gestützt auf Art. 191 SchKG).

II. Die Durchführung des Konkurses beim Ehegatten unter Gütergemeinschaft

1. Die Kollokation

5   Die Gütergemeinschaft kennt neben den beiden Eigengütern ein Gesamtgut, an dem beide Ehegatten, somit auch der Ehegatte des Gemeinschuldners, als Gesamteigentümer berechtigt sind und während des Konkurses bis zum Abschluss der güterrechtlichen Auseinandersetzung auch bleiben müssen. Während für die Eigenschulden (Art. 234) das Eigengut des Schuldners und die Hälfte des **Wertes** des Gesamtgutes haften, haften für die Vollschulden (Art. 233) das Eigengut und das ganze Gesamtgut, d.h. dessen **Vermögensgegenstände** als solche. Im Konkurs eines Ehegatten mit gleichzeitiger güterrechtlicher Auseinandersetzung unter den Ehegatten sind daher nicht nur zwei Arten von Gläubigern, sondern auch die güterrechtlichen Ansprüche des andern Ehegatten am Gesamtgut zu berücksichtigen. Entsprechend hat der **Kollokationsplan** nicht nur alle Schulden des Gemeinschuldners zu erfassen, sondern sie auch güterrechtlich als Eigen- oder Vollschulden zu qualifizieren. Streitigkeiten darüber sind ihres materiellrechtlichen Charakters wegen mit Kollokationsklage vor dem Gericht am Konkursort auszutragen (Art. 250 SchKG). Diesbezüglich ist auch der Ehegatte des Gemeinschuldners klageberechtigt. Er muss geltend machen können, eine bestimmte Schuld sei zu Unrecht als Vollschuld kolloziert worden, was seine Ansprüche am Gesamtgut mindere. Dagegen kann er seine Ansprüche aufgrund von Art. 242 Abs. 1 und 3, die erst nach der Konkurseröffnung entstehen, nicht kollozieren lassen. Ebenso wenig findet eine Aussonderung statt. Gleiches gilt für die Kollokation von Forderungen gemäss Art. 238. Sie sind erst im Verwertungsverfahren zu berücksichtigen. Anders verhält es sich mit den gegenseitigen Forderungen der Eigengüter (zum Ganzen BK-HAUSHEER/REUSSER/GEISER, N 27 ff.).

2. Das Konkursinventar

6   Im Konkursinventar ist das **Eigengut des Gemeinschuldners und** – im Hinblick auf die Vollschulden – das **vollständige Gesamtgut** aufzuführen. Sodann ist hier auch der Anteil des Konkursiten am Gesamtgut (d.h. die Hälfte des Nettowertes des Gesamtgutes) festzuhalten (zur Berechnung dieses Wertes s. Art. 233/34 N 8 ff.).

3. Die güterrechtliche Auseinandersetzung

7   Zufolge der Haftungsordnung in Art. 233/34 kann sich der Ehegatte des Gemeinschuldners grundsätzlich, d.h. solange die **Gläubiger** des Konkursiten (im Rahmen dessen, was ihnen als Voll- oder Eigengläubiger zusteht) **nicht befriedigt** sind, nicht auf Art. 242 Abs. 1 berufen und eine entsprechende Aussonderung verlangen (vorn N 1; Näheres dazu BK-HAUSHEER/REUSSER/GEISER, N 33 ff.).

4. Reihenfolge bei der Verwertung

Mit Rücksicht auf die güterrechtlichen Ansprüche des andern Ehegatten am Gesamtgut **8** ist **vorab** das **Eigengut des Gemeinschuldners** zu verwerten. Nur soweit dieses nicht ausreicht, ist für die Vollschulden auch auf die Vermögensgegenstände des Gesamtgutes zu greifen. Muss schliesslich auch zugunsten der im Rahmen des Eigengutes nicht befriedigten Eigengläubigern auf Gesamtgut zurückgegriffen werden, ist der Beschränkung auf die Hälfte des Nettowertes des Gesamtgutes Rechnung zu tragen; es steht nur noch die Hälfte des Wertes des verbleibenden Gesamtgutes zur Verfügung.

5. Entscheid des Gerichts

Kann sich die Gläubigerversammlung mit dem Ehegatten des Gemeinschuldners über **9** dieses Vorgehen, das gleichzeitig die güterrechtliche Auseinandersetzung bedeutet, nicht einigen, hat die Konkursverwaltung im Einverständnis mit der Ersteren das **nach Art. 15 Abs. 1 Bst. c GestG zuständige Gericht** anzurufen.

Art. 189

2. Bei Pfändung **a. Anordnung**	**Ist ein Ehegatte, der in Gütergemeinschaft lebt, für eine Eigenschuld betrieben und sein Anteil am Gesamtgut gepfändet worden, so kann die Aufsichtsbehörde in Betreibungssachen beim Gericht die Anordnung der Gütertrennung verlangen.**
2. Saisie a. Jugement	Lorsqu'un époux vit sous un régime de communauté et que sa part est saisie pour une dette propre, l'autorité de surveillance de la poursuite peut requérir le juge d'ordonner la séparation de biens.
2. Pignoramento a. Pronuncia	Se i coniugi vivono in comunione di beni ed uno di loro sia escusso per un proprio debito con pignoramento della sua quota di beni comuni, l'autorità di vigilanza in materia di esecuzione può chiedere al giudice di pronunciare la separazione dei beni.

Literatur

GEISER, Die vertraglichen Güterstände, in: Vom alten zum neuen Eherecht, Bern 1986, 111 ff.; HAUSHEER/GEISER, Zur Wirkung von Verfügungen über künftige Forderungen in der Zwangsvollstreckung: BGE 118 III 45 einerseits und 107 III 83 anderseits (Urteilsanmerkung); ZBJV 131 (1995), 164 ff.; SANDOZ, Les poursuites dans le nouveau droit matrimonial, in: Le nouveau droit du mariage, CEDIDAC Bd. 5, Lausanne 1986, 103 ff.; vgl. auch die Literaturhinweise vor Art. 181.

I. Allgemeines

1. Normzweck und Anwendungsbereich

Art. 189 sieht (i.V.m. Art. 68b Abs. 5 SchKG) im **Interesse von Gütergemeinschafts-** **1** **gläubigern** die Möglichkeit vor, dass ausnahmsweise eine Behörde dem Gericht die Anordnung des ausserordentlichen Güterstandes beantragen kann. Gleichzeitig sind auch die Interessen des andern Ehegatten in seiner Eigenschaft als Gesamthänder zu schützen.

Insofern geht es hier, wie im Zusammenhang mit Art. 188, um Eheschutz im weitern Sinn.

2 Die Gesetzesbestimmung kommt **nur** bei **Pfändung des Anteils eines Ehegatten am Gesamtgut,** d.h. für Ehegatten unter Gütergemeinschaft zur Anwendung. Auf die konkrete Ausgestaltung dieses Güterstandes kommt es dabei nicht an.

3 Eine Pfändung des Anteils am Gesamtgut setzt eine **Eigenschuld (Art. 234)** voraus. Vollschulden nach Art. 233 lassen den Zugriff auf die einzelnen Vermögensgegenstände des Gesamtgutes zu, ohne dass der Anteil am Gesamtgut – und damit der Güterstand – als solcher berührt wäre.

4 Eine **Betreibung auf Pfandverwertung** steht ausser Frage, da eine Verpfändung des Anteils am Gesamtgut ausgeschlossen ist. Eine Gütergemeinschaft mit Drittbeteiligung ist unzulässig (BK-HAUSHEER/REUSSER/GEISER, Art. 189/190 N 10; ebenso STETTLER/WAELTI, Rz 99).

5 Der andere Ehegatte braucht das Vorgehen der Aufsichtsbehörde in Betreibungssachen nicht abzuwarten: Die Pfändung des Gesamtgutanteils eröffnet ihm, gestützt auf **Art. 185 Abs. 2 Ziff. 1** (vgl. N 23 dazu), den Zugang zum Gericht mit dem Begehren um Anordnung der Gütertrennung.

2. Zwingendes Recht

6 Art. 189 steht **nicht** in der **Dispositionsfreiheit** der Ehegatten.

II. Die Pfändung des Anteils am Gesamtgut

7 Zu beachten sind insb. Art. 68a und 68b SchKG.

1. Zahlungsbefehl und Rechtsvorschlag

8 Stehen die Ehegatten unter Gütergemeinschaft, ist nach Art. 68a Abs. 1 SchKG **beiden je ein Zahlungsbefehl** zuzustellen. Gleiches gilt für die übrigen Betreibungsurkunden. Bereits im Betreibungsbegehren hat der **Gläubiger** zu **erklären,** ob er Befriedigung nur aus dem Eigengut und dem Anteil des Schuldners am Gesamtgut **(Eigenschuld)** oder auch aus dem Gesamtgut selber **(Vollschuld)** verlangt (dazu BK-HAUSHEER/REUSSER/GEISER, Art. 189/190 N 13). Streitigkeiten darüber, ob nur einer oder beide Ehegatten zu betreiben sind, gehören ins schuldbetreibungsrechtliche **Beschwerdeverfahren** (und nicht etwa in das Rechtsöffnungsverfahren). Es kann demgegenüber mit Rechtsvorschlag geltend gemacht werden, dass es um eine Eigenschuld geht, wenn für eine Vollschuld betrieben wird. Nach bisherigem SchKG war der Rechtsvorschlag diesfalls zu begründen (Art. 68a Abs. 3 altSchKG). Mit der Revision des SchKG vom 16.12.1994 (i.K. 1.1.1997) ist diese Bestimmung aufgehoben worden (zu den Folgen SchKG-KOFMEL EHRENZELLER, Art. 68a N 16). Zweifelhaft ist demgegenüber, ob ein Ehegatte auch geltend machen kann, es handle sich um eine Vollschuld, wenn der Gläubiger bloss Befriedigung aus dem Eigengut und dem Anteil seines betreffenden Schuldners am Gesamtgut verlangt (BK-HAUSHEER/REUSSER/GEISER, Art. 189/190 N 14).

2. Die Rechtsöffnung

9 Das **Rechtsöffnungsverfahren** richtet sich nur gegen den Ehegatten, der Rechtsvorschlag erhoben hat, also nicht immer gegen beide. Der Rechtsöffnungsentscheid hat sich ggf. über die Qualifikation der betriebenen Forderung als Eigen- oder Vollschuld auszusprechen (zustimmend SchKG-KOFMEL EHRENZELLER, Art. 68a N 19).

3. Die Pfändung

Wird die Betreibung für eine Eigenschuld, d.h. auf Befriedigung aus dem Eigengut und **10**
dem Anteil am Gesamtgut, tatsächlich fortgesetzt, so richtet sich die Pfändung – und
ebenso hernach die Verwertung – des Anteils am Gesamtgut nach Art. 132 SchKG (so
Art. 68b Abs. 3 SchKG). Anteile an Gemeinschaftsvermögen sind dabei nach Art. 3
VVAG (SR 281.41) (vorbehältlich allfälliger Drittansprüche) in letzter Linie zu pfänden,
so dass ein Anteil am Gesamtgut nur zu pfänden ist, wenn das Eigengut des Schuldners –
einschliesslich der Forderungen gegen den andern Ehegatten – zur Befriedigung des Betreibenden nicht ausreicht (GEISER, 126; DESCHENAUX/STEINAUER/BADDELEY, Rz 1791;
BK-HAUSHEER/REUSSER/GEISER, Art. 189/190 N 17). Anlässlich der SchKG-Revision
von 1994 ist Art. 68b Abs. 3 SchKG dahingehend ergänzt worden, dass die **Pfändung
künftigen Erwerbseinkommens** des betriebenen Ehegatten (dazu Art. 93 SchKG; vgl.
SchKG-KOFMEL EHRENZELLER, Art. 68b N 6) nun ausdrücklich vorbehalten wird. Damit
erübrigt sich die in der bisherigen Lehre umstrittene Frage der Zulässigkeit derartiger
Verdienstpfändungen, die je nach Standpunkt – im Zusammenhang mit der zessionsrechtlichen Unmittelbarkeits- oder Durchgangstheorie – so oder anders beantwortet worden war (vgl. HAUSHEER/GEISER, 164 ff.).

Die Pfändung des **Anteils am Gesamtgut** setzt voraus, dass er überhaupt einen **positi-** **11**
ven Wert darstellt, d.h. dass die Aktiven des Gesamtgutes dessen Passiven übersteigen.
Dies erfordert eine entsprechende Schätzung des Betreibungsbeamten, welche in der
Pfändungsurkunde festzuhalten ist.

Die Pfändung des Anteils am Gesamtgut bewirkt, dass über Gesamtgutbestandteile im **12**
Rahmen der **ausserordentlichen Verwaltung** (Art. 228 und 230, sofern das Gesamtgut
davon direkt betroffen ist) nur noch mit der **Zustimmung des Betreibungsamtes** rechtlich und tatsächlich verfügt werden kann (Art. 69 Abs. 1 SchKG, Art. 6 Abs. 1 VVAG;
Art. 169 StGB). Das schliesst eine weitere Berufung Dritter auf Art. 228 Abs. 2 ZGB
aus. Vorbehalten bleibt Art. 166 ZGB und, mit Bezug auf den Besitzerwerb durch gutgläubige Dritte, Art. 96 Abs. 2 SchKG.

4. Verwertung des Anteils am Gesamtgut und Antrag nach Art. 189

Ausgangspunkt bildet wiederum **Art. 68b Abs. 3 SchKG,** der auf Art. 132 SchKG und **13**
mittelbar auf die VVAG verweist. Es ist somit in erster Linie eine **Verständigung** anzustreben, die auch darin bestehen kann, dass einzelne Vermögensgegenstände des Gesamtgutes verwertet werden.

Scheitert die Einigung, kann die Aufsichtsbehörde in Betreibungssachen nurmehr das **14**
Begehren auf Anordnung der Gütertrennung an das Gericht stellen. Diesen Antrag
können die Gläubiger mit Beschwerde gemäss Art. 18 f. SchKG anfechten (SANDOZ,
114, lässt auch die Ehegatten zur Beschwerde zu; ihnen steht indessen das Verfahren
gestützt auf Art. 190 ZGB zur Verfügung: HENNINGER, 213; BK-HAUSHEER/REUSSER/
GEISER, Art. 189/190 N 24).

Art. 190

b. Begehren	**¹ Das Begehren richtet sich gegen beide Ehegatten.** ² ...
b. Demande	¹ La demande est dirigée contre les deux époux. ² ...
b. Istanza	¹ L'istanza è diretta contro ambo i coniugi. ² ...

I. Allgemeines

1. Bedeutung und Anwendungsbereich

1 Art. 190 beschränkt sich auf das Verfahren, in welchem die Aufsichtsbehörde in Betreibungssachen die Anordnung des ausserordentlichen Güterstandes für Ehegatten unter Gütergemeinschaft verlangt (Art. 189). Dieses **Verfahren** betrifft ausschliesslich die **Anordnung der Gütertrennung**; deren Durchführung ist Sache der Ehegatten bzw. des Gerichts im Rahmen von Art. 15 Abs. 1 Bst. c GestG (vgl. HENNINGER, 216 ff.). Die Betreibungsbehörden haben ggf. dann das entsprechende Verfahren einzuleiten. Im Verfahren für die güterrechtliche Auseinandersetzung üben das Betreibungsamt oder ein durch die Aufsichtsbehörde eingesetzter Verwalter aufgrund von Art. 12 VVAG (SR 281.41) die Rechte des Schuldnerehegatten aus (BK-HAUSHEER/REUSSER/GEISER, Art. 189/190 N 27 m.w.H. zur Durchführung der güterrechtlichen Auseinandersetzung; vgl. dazu auch Art. 188 N 5 ff.: eine Vereinfachung tritt allerdings insofern ein, als nicht zwei Arten von Gläubiger, vielmehr nur Eigengläubiger vorhanden sind).

2 Voraussetzung für die Anrufung des Gerichts nach Art. 190 ist, dass die Verwertung des Anteils am Gesamtgut eines Schuldnerehegatten (vgl. dazu Art. 132 i.V.m. Art. 68b Abs. 3 und 4 SchKG, sowie die Komm. zu Art. 189) zu **keiner Einigung zwischen dem Gläubiger und den Ehegatten** geführt hat (dazu Art. 189 N 14).

2. Zwingendes Recht

3 Die Ehegatten können Art. 190 – wie auch Art. 189 – ehevertraglich nicht umstossen.

II. Das gerichtliche Verfahren

4 **Aktivlegitimiert** ist nur die (nach Art. 13 SchKG bestimmte) Aufsichtsbehörde, nicht dagegen auch die Gläubiger. Diese können sich indessen mit einer SchKG-Beschwerde gegen den Entscheid, die Gütertrennung beim Gericht nicht zu beantragen, zur Wehr setzen (SANDOZ, 114; STETTLER/WAELTI, Rz 108). Die Rechte der Ehegatten sind, da es sich um ein gerichtliches Verfahren handelt, hinreichend gewährleistet.

5 Massgebend für den Zeitpunkt des Güterstandswechsels auf gerichtliche Anordnung hin ist Art. 236 Abs. 2, d.h. das **Einreichen des Begehrens** beim Gericht und nicht jener der Pfändung des Gesamtgutanteils.

6 Bis zum gerichtlichen Entscheid können sich die Ehegatten mit den Gläubigern noch auf deren **Befriedigung** einigen, womit die Auflösung der Gütergemeinschaft abgewendet wird. Eine Befriedigung nach dem rechtskräftigen gerichtlichen Entscheid führt dagegen nicht zur Wiederherstellung der Gütergemeinschaft.

Örtlich zuständig ist das Gericht am Wohnsitz des Schuldners zur Zeit des Begehrens. Art. 15 Abs. 2 GestG hat per 1.1.2001 den bisherigen Abs. 2 ersetzt. 7

Die **sachliche Zuständigkeit** richtet sich ausschliesslich nach kantonalem Recht. 8

Art. 191

3. Aufhebung	[1] **Sind die Gläubiger befriedigt, so kann das Gericht auf Begehren eines Ehegatten die Wiederherstellung der Gütergemeinschaft anordnen.**
	[2] **Die Ehegatten können durch Ehevertrag Errungenschaftsbeteiligung vereinbaren.**
3. Révocation	[1] Lorsque le débiteur a désintéressé ses créanciers, le juge peut, à la requête d'un époux, prescrire le rétablissement du régime de communauté.
	[2] Par contrat de mariage, les époux peuvent adopter le régime de la participation aux acquêts.
3. Cessazione	[1] Tacitati i creditori, il giudice, ad istanza di un coniuge, può ordinare il ripristino della comunione dei beni.
	[2] Per convenzione matrimoniale, i coniugi possono adottare la partecipazione agli acquisti.

Literatur

REUSSER, Die allgemeinen Vorschriften zum Güterrecht, in: Vom alten zum neuen Eherecht, Bern 1986, 35 ff.; vgl. auch die Literaturhinweise vor Art. 181.

I. Allgemeines

1. Normzweck und Anwendungsbereich

Art. 191 **schränkt** – zum Schutze bestimmter Gläubiger – **im Vergleich zu Art. 187** einerseits die Ehevertragsfreiheit der Ehegatten **ein** und erschwert anderseits die gerichtliche Wiederherstellungsmöglichkeit auf Begehren eines Ehegatten allein. 1

Art. 191 kommt nur zur Anwendung, wenn die Ehegatten **vor dem Eintritt der noch bestehenden Gütertrennung** (von Gesetzes wegen nach Art. 188 oder auf behördlichen Antrag nach Art. 189) **unter Gütergemeinschaft gelebt** haben (BK-HAUSHEER/ REUSSER/GEISER, N 6). 2

Für die **Aufhebung bzw. Wiederherstellung einer Gütertrennung gestützt auf Art. 185, 137, 118, 176 gilt** grundsätzlich **Art. 187.** Sind diese Tatbestände allerdings zur Anwendung gelangt, nachdem die Ehegatten eheverträglich nach einer Gütertrennung im Rahmen von Art. 188 und 189 aufgrund von Art. 191 Abs. 2 zur Errungenschaftsbeteiligung gewechselt haben, erfordert der Zweck von Art. 191 dessen Vorrang vor Art. 187. Gleiches muss gelten, wenn Art. 189 nur deshalb nicht angewendet worden ist, weil sich im entsprechenden Verfahren der Nichtschuldnerehegatte mit Erfolg auf Art. 185 berufen hat (BK-HAUSHEER/REUSSER/GEISER, N 7 und Art. 187 N 15). 3

2. Zwingendes Recht

4   Art. 191 kann **ehevertraglich nicht geändert** werden. Abs. 1 kann – wie soeben darge-legt – auch nicht dadurch umgangen werden, dass die Ehegatten in einem ersten Schritt aufgrund von Abs. 2 zur Errungenschaftsbeteiligung wechseln, um dann – ohne dass die Voraussetzungen von Abs. 1 erfüllt sind – in einem zweiten Schritt wiederum die Güter-gemeinschaft vereinbaren (vgl. DESCHENAUX/STEINAUER/BADDELEY, Rz 880).

II. Die gerichtliche Wiederherstellung der Gütergemeinschaft

1. Voraussetzungen

5   Die gerichtliche Wiederherstellung der vor der, auf Art. 188 oder Art. 189 gestützten, Gütertrennung gelebten Gütergemeinschaft setzt kumulativ voraus:

– (1.) das **Begehren** eines Ehegatten;

– (2.) die **Befriedigung der Gläubiger;** und

– (3.) eine **Interessenabwägung** bez. der Ehegatten.

a) Begehren

6   Nur die Ehegatten, **nicht** aber die **Gläubiger** sind berechtigt, die Wiederherstellung zu verlangen.

7   **Fehlt die volle Handlungsfähigkeit,** gelten die gleichen Voraussetzungen wie für das Begehren nach Art. 187 bzw. 185 (vgl. N 9 dazu).

8   Angesichts des beabsichtigten Gläubigerschutzes ist im Unterschied zu Art. 187 die **An-erkennung des Begehrens und** der **Vergleich** nur beschränkt möglich. Sind aber die Gläubigerinteressen gewahrt, muss das Gericht zufolge der Anerkennung oder eines Ver-gleichs ein besonderes Interessen der Ehegatten nicht weiter überprüfen.

b) Gläubigerbefriedigung

9   Massgebend sind nur jene **Gläubiger,** welche Anlass zur Gütertrennung nach Art. 189 und 190 gegeben haben (SCHWAGER, 228; REUSSER, 48). Ist die Befriedigung der Gläu-biger zwar nachgewiesen, hat sich aber die wirtschaftliche Lage des Schuldnerehegatten nicht verbessert, ist diesem Umstand nur bei der Beurteilung der Ehegatteninteressen Rechnung zu tragen. Auch eine neue Überschuldung muss daher einer Wiederherstellung nicht notwendigerweise entgegenstehen.

10   Im Zusammenhang mit einem **Konkurs** müssen auch die **Masseschulden** und Schulden aus einem späteren Konkurs befriedigt sein (REUSSER, 48). Keine Rolle spielt dagegen, wer die Konkursbetreibung veranlasst hat (BK-HAUSHEER/REUSSER/GEISER, N 12).

11   Bei der **Pfändung des Anteils am Gesamtgut** müssen (nur) jene Gläubiger befriedigt sein, welche sich an dieser Pfändung beteiligt haben.

12   Eine Befriedigung dieser Gläubiger kann – entgegen dem frz. Wortlaut von Art. 191 – **auch durch Dritte** erfolgt sein (so BK-HAUSHEER/REUSSER/GEISER, N 13; ebenso DESCHENAUX/STEINAUER/BADDELEY, Rz 877; von der ratio legis her an dieser Betrach-tungsweise zweifelnd STETTLER/WAELTI, Rz 133), allerdings bedarf es dann ggf. einer Schuldentilgung im Rahmen von Art. 110 OR (vgl. BGE 108 II 188). Zudem ist dieser Umstand auch bei der Interessenabwägung zu berücksichtigen.

Keine Befriedigung liegt im **Verzicht seitens des Gläubigers,** da im Rahmen von 13
Art. 191 Interessen des Rechtsverkehrs insgesamt zu schützen sind (BK-HAUSHEER/
REUSSER/GEISER, N 16; zustimmend STETTLER/WAELTI, Rz 134).

Beim **Widerruf des Konkurses** nach Art. 195 Abs. 1 SchKG ist zu prüfen, ob die Ver- 14
pflichtungen eines Nachlassvertrages erfüllt worden sind. Ist dem so, steht einer Wiederherstellung nichts entgegen. Sie ist dagegen ausgeschlossen, wenn die Gläubiger nur ihre
Konkurseingabe zurückgezogen und damit auf die Durchführung des Konkurses verzichtet haben oder wenn mangels Aktiven auf diese Durchführung verzichtet werden musste
(SCHWAGER, 228; HENNINGER, 330; BK-HAUSHEER/REUSSER/GEISER, N 14).

c) Interessenabwägung

Abzuwägen sind die Interessen des Gesuchstellers gegen jene des andern Ehegatten, 15
nachdem mit der Gütertrennung nach Art. 188 und 189 auch dessen Interessen zu schützen sind. Art. 191 ist insofern eine echte **«Kann-Vorschrift»**.

2. Die Wiederherstellung

Sind die Voraussetzungen erfüllt, kann das Gericht nur die Wiederherstellung der (ehe- 16
vertraglich konkret umschriebenen) Gütergemeinschaft, so **wie** sie **vor der Gütertrennung** bestanden hat, anordnen. Es kann sie weder modifizieren, noch durch eine Errungenschaftsbeteiligung ersetzen. Eine Änderung können die Ehegatten ehevertraglich nur
gemeinsam vornehmen. Das ist ungeachtet von Abs. 2 möglich, wenn die Voraussetzungen von Abs. 1 gegeben sind (BK-HAUSHEER/REUSSER/GEISER, insb. N 32). Letztere sind
entweder gerichtlich oder aber notariell (d.h. im neuen Ehevertrag) festzustellen.

Für eine **volle restitutio in integrum** bedarf es zusätzlich einer neuen ehevertraglichen 17
Rückwirkungsklausel, es sei denn, es handle sich beim wieder hergestellten Güterstand
um die allgemeine Gütergemeinschaft (dazu Art. 187 N 8 und Art. 182 N 19; auch in
diesem Fall bleibt allerdings Art. 242 Abs. 1 zu beachten, so dass die Gütertrennung immer gewisse Nachwirkungen zeitigen dürfte). Die Wiederherstellung durch das Gericht
wirkt nur für die Zukunft, d.h. unter Berücksichtigung der güterrechtlichen Verhältnisse
aufgrund der Gütertrennung (BK-HAUSHEER/REUSSER/GEISER, N 24).

3. Verfahren

Das Verfahren richtet sich grundsätzlich nach kantonalem Recht. Da es sich (auch) um 18
eine **Eheschutzmassnahme im weitern Sinn** handelt, stehen aufgrund des – allerdings
nicht unbestrittenen – BGE 116 II 22 ff. nur die staatsrechtliche Beschwerde und die
Nichtigkeitsbeschwerde an das BGer zur Verfügung.

Das kantonale Recht bestimmt auch die **sachliche Zuständigkeit**.

Für die **örtliche Zuständigkeit** ist, wie für Art. 187, Art. 15 Abs. 1 Bst. a GestG analog 19
anzuwenden (vgl. auch Art. 187 N 19).

III. Der ehevertragliche Güterstandswechsel

Die **Errungenschaftsbeteiligung** kann auch **ohne Befriedigung der Gläubiger** verein- 20
bart werden. Letztere bleiben unter der Errungenschaftsbeteiligung in gleicher Weise
geschützt wie bei einer Gütertrennung (Botschaft Revision Eherecht, Ziff. 221.343;
HEGNAUER/BREITSCHMID, Rz 24.26). Die Interessen der Gläubiger desjenigen Ehegatten,
dessen wirtschaftliche Verhältnisse weder zur Anwendung von Art. 188 noch von
Art. 189 geführt haben, welche nach HENNINGER (323 ff., der auch für Abs. 2 die Befrie-

Heinz Hausheer/Regina Aebi-Müller

digung der Gläubiger fordert) im Rahmen von Art. 191 ebenfalls Schutz verdienen, sind unbeachtlich. Diese Gläubiger haben keinen Anspruch darauf, dass ihr nach wie vor solventer Schuldner keine weiteren Schulden (d.h. insb. die Verpflichtung einer Errungenschaftsbeteiligung i.S.v. Art. 215) eingeht (BK-HAUSHEER/REUSSER/GEISER, Art. 191 N 29; ebenso STETTLER/WAELTI, Rz 131). Der Nichtschuldnerehegatte ist selber über seine Abschlussfreiheit bez. des Ehevertrages hinreichend geschützt.

21 Die **Beschränkung auf** die jederzeitige Wahl der **Errungenschaftsbeteiligung,** die den Schutz der Gütergemeinschaftsgläubiger sicherstellen will, gilt nur unter dem Vorbehalt, dass die Voraussetzungen von Abs. 1 nicht erfüllt sind (vgl. vorn N 4, 16). Zudem ist auch ein rechtsgeschäftlicher Wechsel zur **vertraglichen Gütertrennung** denkbar, womit Art. 187 Abs. 2 hinfällig wird (vgl. N 16).

22 Umstritten ist, ob bei Befriedigung der Gläubiger die Ehegatten **ehevertraglich** zur **Gütergemeinschaft** zurückkehren können (so BK-HAUSHEER/REUSSER/GEISER, N 32 aufgrund der Interessenlage; zustimmend DESCHENAUX/STEINAUER/BADDELEY, Rz 880, Anm. 71; **a.M.** STETTLER/WAELTI, Rz 132, mit Rücksicht auf den Gesetzestext und unter Hinweis auf befürchtete praktische Schwierigkeiten).

Art. 192

III. Güterrecht-liche Ausein-andersetzung	**Tritt Gütertrennung ein, so gelten für die güterrechtliche Auseinandersetzung die Bestimmungen des bisherigen Güterstandes, sofern das Gesetz nichts anderes bestimmt.**
III. Liquidation du régime antérieur	Les époux procèdent à la liquidation consécutive à la séparation de biens conformément aux règles de leur régime antérieur, sauf dispositions légales contraires.
III. Liquidazione del regime precedente	In caso di separazione dei beni, la liquidazione fra i coniugi è retta dalle norme del loro precedente regime, salvo diversa disposizione della legge.

I. Allgemeines

1. Normzweck und Anwendungsbereich

1 Art. 192 äussert sich zur **Durchführung der güterrechtlichen Auseinandersetzung,** was auch immer der konkrete Rechtsgrund für den Wechsel zum ausserordentlichen Güterstand der Gütertrennung war (Art. 176, 185, 188, 189, 137, 118). Im Falle der Scheidung oder Ungültigerklärung der Ehe kommt dagegen Art. 120 (evtl. durch Verweis in Art. 109 Abs. 2) zur Anwendung. Art. 192 äussert sich auch nicht zum ehevertraglichen Übergang zur Gütertrennung.

2. Zwingendes Recht

2 Art. 192 kann **ehevertraglich nicht zum Voraus** wegbedungen werden. Insofern aber der Vorbehalt einer vom Gesetz abweichenden Regelung durch dieses selber zum Tragen kommt (Art. 216 f. und 241 f.), kann beim Übergang zum ausserordentlichen Güterstand auch eine vom Gesetz abweichende ehevertragliche Vorschlags- oder Gesamtgutsteilung zu berücksichtigen sein (s.a. N 8 und 12). Im letzteren Fall kann immerhin Art. 242 Abs. 1 ehevertraglich nicht übergangen werden.

Die **konkrete güterrechtliche Auseinandersetzung** unter den Ehegatten, für die künftig   **3**
die Gütertrennung gilt, unterliegt – unter Vorbehalt des Gläubigerschutzes im Rahmen
von Art. 188 und 189, sowie vorbehältlich Art. 140 (siehe BK-HAUSHEER/REUSSER/
GEISER, N 11; ebenso STETTLER/WAELTI, Rz 119; **a.M.** HENNINGER, Art. 188/9277 f., der
den Gläubigerschutz aufgrund von Art. 193 für ausreichend erachtet und im Übrigen zu
Unrecht auf das bisherige Recht verweist) – der Dispositionsfreiheit der Ehepartner.
Können sich die Ehegatten nicht einigen, kann das Gericht nach Art. 15 Abs. 1 Bst. c
GestG angerufen werden.

II. Die Bestimmungen des bisherigen Güterstandes

Art. 192 ist nur eine **Verweisungsnorm.** Dieser Verweis bedeutet Unterschiedliches für   **4**
die Errungenschaftsbeteiligung und die Gütergemeinschaft. In beiden Fällen bleiben aber
zum vornherein jene Gesetzesvorschriften unbeachtlich, welche für die Auflösung des
Güterstandes zufolge Todes oder Verschollenerklärung eines Ehegatten gelten, nämlich
die Art. 216 Abs. 2, 219, 241 Abs. 3, 243 und 244.

1. Errungenschaftsbeteiligung

Die Anwendung von **Art. 205 bis 211, 214 Abs. 2, 215, 218 und 220** erfolgt ohne Ein-   **5**
schränkung.

Im Zusammenhang mit **Art. 212/213** sind auch die besonderen Voraussetzungen des   **6**
bäuerlichen Bodenrechts zu beachten.

Der für die Wertbestimmung nach **Art. 214 Abs. 1** massgebliche Zeitpunkt der güter-   **7**
rechtlichen Auseinandersetzung fällt in aller Regel nicht mit jenem der Auflösung des
Güterstandes zusammen.

Eine von Art. 215 Abs. 1 abweichende Vorschlagsteilung bedarf der ausdrücklichen ehe-   **8**
vertraglichen Absicherung nach **Art. 217** für den Fall des Übergangs zum ausserordentlichen Güterstand.

2. Gütergemeinschaft

Ohne Einschränkung gelten **Art. 237 bis 239** und sodann **Art. 245/246.**   **9**

Der Zeitpunkt der Auflösung des Güterstandes deckt sich regelmässig nicht mit jenem,   **10**
der für den Wert des zu teilenden Gesamtgutes massgeblich ist (**Art. 240**).

Grundsätzlich, d.h. unter Vorbehalt der Besonderheiten im Zusammenhang mit der Pfän-   **11**
dung des Gesamtgutanteils (s. Art. 189 N 2), bleibt **Art. 242 Abs. 1** zu beachten, sofern
die Ehegatten nicht bei der güterrechtlichen Auseinandersetzung – unter Vorbehalt von
Art. 188 und 189 sowie Art. 158 Ziff. 5 – darauf verzichten.

Ein anderer **Teilungsschlüssel** für das – nach Berücksichtigung von Art. 242 Abs. 1 –   **12**
verbleibende Gesamtgut bedarf der ausdrücklichen Absicherung nach **Art. 242 Abs. 3.**

3. Gläubigerschutz

Vorbehalten bleibt für die Gläubiger in jedem Fall **Art. 193.**   **13**

Art. 193

D. Schutz der Gläubiger

[1] Durch Begründung oder Änderung des Güterstandes oder durch güterrechtliche Auseinandersetzungen kann ein Vermögen, aus dem bis anhin die Gläubiger eines Ehegatten oder der Gemeinschaft Befriedigung verlangen konnten, dieser Haftung nicht entzogen werden.

[2] Ist ein solches Vermögen auf einen Ehegatten übergegangen, so hat er die Schulden zu bezahlen, kann sich aber von dieser Haftung so weit befreien, als er nachweist, dass das empfangene Vermögen hiezu nicht ausreicht.

D. Protection des créanciers

[1] L'adoption ou la modification d'un régime matrimonial ainsi que les liquidations entre époux ne peuvent soustraire à l'action des créanciers d'un conjoint ou de la communauté les biens sur lesquels ils pouvaient exercer leurs droits.

[2] L'époux auquel ces biens ont passé est personnellement tenu de payer lesdits créanciers, mais il peut se libérer de sa responsabilité dans la mesure où il établit que les biens reçus ne suffisent pas.

D. Protezione dei creditori

[1] La costituzione o modificazione del regime dei beni e le liquidazioni fra i coniugi non possono sottrarre all'azione dei creditori di un coniuge o della comunione quei beni sui quali i creditori stessi avevano diritto di essere soddisfatti.

[2] Se tali beni sono passati in proprietà di uno dei coniugi, questi è tenuto al pagamento dei debiti, ma può limitare questa responsabilità in quanto provi che i beni ricevuti non bastano per il pagamento integrale.

Literatur

BOSSHARDT, Der Gläubigerschutz bei Veränderung und Auflösung des Güterstandes, Diss. Zürich 1927; MEIER, Privatrechtliche Anfechtungsklagen, in: Freiheit und Zwang, FS Giger, Bern 1989, 481 ff.; PHILIPPIN, Régime matrimonial et protection des créanciers, ASR Bd. 640, Bern 2000; DERS., L'article 193 CC dans la plus récente jurisprudence du Tribunal fédéral, JdT 2001 I, 198 ff.

I. Allgemeines

1. Normzweck und Anwendungsbereich

a) Im Allgemeinen

1 Art. 193 will verhindern, dass sich die **Ehevertragsfreiheit** und der Grundsatz des **jederzeitigen Güterstandswechsels** während der Ehe aufgrund von Art. 182 (vgl. N 12 dazu) zum Nachteil der Gläubiger der Ehegatten auswirken (unveröff. BGE vom 15.9. 1993 i.S.v. Ch. c. K.).

b) Mittel

2 Art. 193 will dies auf zweifachem Weg erreichen:

– durch die Möglichkeit des **Zugriffs auf Vermögenswerte** trotz Wechsels des Rechtsträgers und

– durch eine (akzessorische und subsidiäre) **Bereicherungshaftung,** sofern ein direkter Zugriff nicht mehr möglich ist.

c) Geschützte Gläubiger

Der Schutz von Art. 193 kommt nur jenen Gläubigern zu, die **im Zeitpunkt des mass-gebenden güterrechtlichen Vorgangs** schon **vorhanden** sind.   3

d) Die einzelnen Gefährdungstatbestände

Eine **Gläubigergefährdung** sieht Art. 193   4

– in der ehevertraglichen Vermögensverschiebung bei gleichzeitiger Änderung der Haf-tungsordnung;

– in der **vorzeitigen Vermögensverschiebung** im Hinblick auf die Vorschlagsbetei-ligung bzw. Gesamtgutteilung, nicht aber in der erst später wirksamen Änderung der Vorschlags- (Art. 216 Abs. 1) oder Gesamtgutbeteiligung (Art. 241 Abs. 2), ver-ändert sich doch diesfalls nur eine Anwartschaft (BK-HAUSHEER/REUSSER/Geiser, N 11);

– in der Tilgung bestehender güterrechtlicher Forderungen unter den Ehegatten.

Letzteres kommt einer **Schlechterstellung** der Ehegatten im Zusammenhang mit güter-rechtlichen Forderungen im Vergleich zu den gewöhnlichen Rechtsgeschäften unter den Ehegatten gleich (BK-HAUSHEER/REUSSER/GEISER, N 5 und 17, ebenso HEGNAUER/BREITSCHMID, Rz 23.49).   5

e) Abgrenzung

Keine Gläubigergefährdung bedeutet ein sich erst in der Zukunft auswirkender **rück-wirkender Übergang von der Gütertrennung** ohne gegenseitige Vermögensbeteiligung **zur Errungenschaftsbeteiligung** mit Vorschlagsbeteiligung.   6

Nicht erfasst von Art. 193 werden sodann: 7

– der **simulierte Ehevertrag** (Art. 18 OR i.V.m. Art. 106 ff. SchKG);

– die Tatbestände der **Anfechtungspauliana** (Art. 285 ff. SchKG).

f) Wirkung

Art. 193 stellt die Gläubiger so, wie wenn die güterrechtliche **Vermögensverschiebung nicht stattgefunden** hätte.   8

2. Zwingendes Recht

Die Ehegatten können Art. 193 ehevertraglich **nicht wegbedingen.** Einzig die durch die-se Gesetzesbestimmung geschützten Gläubiger können darauf verzichten, sie im konkre-ten Fall geltend zu machen.   9

II. Die Voraussetzungen von Art. 193

1. Begründung oder Änderung des Güterstandes

a) Der Wechsel zwischen Errungenschaftsbeteiligung und Gütertrennung

10   Nach dem Zweck von Art. 193 kommt es entscheidend darauf an, dass die Begründung oder Änderung eines Güterstandes die **Stellung der bisherigen Gläubiger** eines Ehegatten **verschlechtert**. Das ist beim Wechsel von der Errungenschaftsbeteiligung zur Gütertrennung oder umgekehrt **nicht der Fall**. Dies trifft auch nicht für einen Ehevertrag aufgrund von Art. 199 zu. In jedem Fall haftet weiterhin das ganze – in seinem Bestand unveränderte – Vermögen des Schuldnerehegatten.

b) Die Gütergemeinschaft

11   **Begründung und Änderung des Güterstandes** kann nur bedeuten (DESCHENAUX/ STEINAUER/BADDELEY, Rz 899 ff.; BK-HAUSHEER/REUSSER/GEISER, N 9; vgl. auch STETTLER/WAELTI, Rz 147):

– die Begründung der Gütergemeinschaft zu Beginn der Ehe, oder

– den Wechsel von der Gütergemeinschaft oder zur Gütergemeinschaft; sowie

– ggf. (d.h. soweit nicht schon von der güterrechtlichen Auseinandersetzung erfasst) den **Wechsel innerhalb der Gütergemeinschaft** (z.B. beim Übergang von Gesamtgut in das Eigengut eines Ehegatten oder bei der Überführung von Eigengut eines Ehegatten in das Eigengut des andern, womit den Gläubigern des andern Ehegatten Haftungssubstrat entzogen wird; Näheres dazu BK-HAUSHEER/REUSSER/GEISER, N 11; zustimmend STETTLER/WAELTI, Rz 147 Anm. 277);

– die **Auflösung der Gütergemeinschaft zufolge Todes eines Ehegatten,** soweit nicht der Tatbestand der güterrechtlichen Auseinandersetzung Platz greift (weil den Gläubigern einer Vollschuld weiterhin das ganze Gesamtgut ungeachtet dessen Aufteilung unter die Ehegatten bzw. deren Nachlass zustehen muss; Näheres dazu BK-HAUSHEER/ REUSSER/GEISER, N 12).

2. Güterrechtliche Auseinandersetzung

12   a) Die güterrechtliche Auseinandersetzung **umfasst** (BK-HAUSHEER/REUSSER/GEISER, N 16):

– das **Erfüllen der Beteiligungsforderung** (dazu Art. 215 N 11) im Rahmen von Art. 215 ff.; s. dazu BGE 123 III 438 (Übertragung eines Miteigentumsanteils an einem Grundstück von einem Ehegatten auf den anderen zwecks Abgeltung der Vorschlagsbeteiligungsforderung);

– das **Teilen des Gesamtgutes** gemäss Art. 241 und teilweise nach Art. 242 (d.h. für Voll-, nicht aber für Eigenschulden: dazu BK-HAUSHEER/REUSSER/GEISER, N 35), einschliesslich Art. 245;

– die **Zuwendungen auf Anrechnung** an einen zukünftigen Vorschlags- bzw. Gesamtgutanteil;

– das **Tilgen von (Ersatz-)Forderungen im Zusammenhang mit** einer verhinderten Berufung auf **Art. 242** (Näheres dazu Art. 242 N 12 und BK-HAUSHEER/REUSSER/ GEISER, N 16 und Art. 188 N 38; zustimmend STETTLER/WAELTI, Rz 150);

– die Ansprüche aus **Art. 219** und **244** Abs. 1 und 2 sowie im Zusammenhang mit Art. 244 Abs. 3 und **245** (DESCHENAUX/STEINAUER/BADDELEY, Rz 903; BK-HAUSHEER/REUSSER/GEISER, N 20; ebenso STETTLER/WAELTI, Rz 150).

Diese güterrechtlichen Vorgänge müssen (während der Ehe vorhandene) Aktiven des **13** Schuldnerehegatten zum Gegenstand haben (ein blosser Verzicht auf eine Forderung reicht nicht: BK-HAUSHEER/REUSSER/GEISER, N 23; zustimmend STETTLER/WAELTI, Rz 149), so dass das **Haftungssubstrat** seiner Gläubiger **vermindert** wird. Das trifft unter anderem bei der blossen Verrechnung der Vorschlagsbeteiligungen nach Art. 215 Abs. 2 (BK-HAUSHEER/REUSSER/GEISER, N 16; allgemein zum Verrechnungstatbestand unter Verweis auf N 15 dieser Autoren STETTLER/WAELTI, Rz 149) nicht zu, ebenso wenig auf die gegenseitige Schuldenregelung unter den Ehegatten (Art. 205 Abs. 2) oder auf eine Sicherheitsleistung bzw. Novation. Gleiches sollte nach BK-HAUSHEER/REUSSER/GEISER, N 17, auch für eine Verminderung des Haftungssubstrates nach Abschluss der güterrechtlichen Auseinandersetzung angenommen werden, da sonst Art. 193 zu einer Besserstellung der Gläubiger führen könnte und nicht nur eine Schlechterstellung verhindern würde.

b) Nicht zur güterrechtlichen Auseinandersetzung i.S.v. Art. 193 zählen (BK-HAUSHEER/ **14** REUSSER/GEISER, N 18 ff.):

– die Rücknahme des Eigengutes;

– die Zuweisung eines Vermögenswertes gegen Anrechnung gestützt auf **Art. 205 Abs. 2 und 251;**

– die Ausrichtung von **Mehrwertanteilen nach Art. 206 und 239,** nachdem es nur um eine «Aufbesserung» einer gewöhnlichen Grundforderung geht (Botschaft Revision Eherecht, Ziff. 221.422; BK-HAUSHEER/REUSSER/GEISER, N 21; DESCHE-NAUX/STEINAUER/BADDELEY, Rz 906; ebenso STETTLER/WAELTI; Rz 151);

– die Ansprüche aus der Vermögensverwaltung nach **Art. 195;**

– der Verzicht des Ehegatten auf eine güterrechtliche Forderung;

– die Rückforderung nach **Art. 220.**

Ausser Betracht fallen sodann alle Vorgänge, welche zwischen den Ehegatten aufgrund von **gewöhnlichen Rechtsgeschäften** Platz greifen, handle es sich um ein entgeltliches Rechtsgeschäft (Kauf u.a.m.) oder um eine Schenkung (BGE 108 II 86; vgl. auch HEGNAUER/BREITSCHMID, Rz 23.49). Gleiches gilt für die **allgemeinen Wirkungen der Ehe** (BK-HAUSHEER/REUSSER/GEISER, N 14 a.E.).

3. Die Forderung des Dritten

Durch Art. 193 wird nur die Forderung in ihrem ursprünglichen Umfang, d.h. ohne **Zin-** **15** **sen** geschützt. Eingeschlossen bleibt allerdings ein **Verspätungsschaden** (s. u.a. STETT-LER/WAELTI, Rz 154).

Damit sich der Gläubiger auf Art. 193 berufen kann, muss seine Forderung im **Zeitpunkt** **16** der Begründung oder Änderung der Gütergemeinschaft bzw. der güterrechtlichen Auseinandersetzung bestanden haben, aber nicht fällig gewesen sein (BGE 127 III 6). Dieser Zeitpunkt ist je nach konkretem Grund oder der besonderen Art des relevanten güterrechtlichen Vorgangs (d.h. Begründung bzw. Änderung des Güterstandes und güterrechtliche Auseinandersetzung) zu bestimmen (zu Einzelheiten BK-HAUSHEER/REUSSER/GEISER, N 26 f.; zustimmend STETTLER/WAELTI, Rz 152).

17   Auch ein **Rechtsnachfolger** eines Gläubigers kann sich auf Art. 193 berufen.

18   Einem treuwidrig **verspäteten Geltendmachen** von Art. 193 kann der betroffene Ehegatte eine entsprechende Einrede entgegenhalten (BK-HAUSHEER/REUSSER/GEISER, N 30; zustimmend STETTLER/WAELTI, Rz 153).

III. Die Weiterhaftung des bisherigen Vermögens

1. Aus der Sicht der Gläubiger

19   Art. 193 Abs. 1 bewirkt insofern den Ersatz einer personenbezogenen durch eine «**Sachhaftung**», als bisherige Vermögenswerte und deren (vermögensrechtlichen) Surrogate (DESCHENAUX/STEINAUER/BADDELEY, Rz 917; BK-HAUSHEER/REUSSER/GEISER, N 37; STETTLER/WAELTI, Rz 155 f.) ungeachtet des Wechsels der Rechtsträgerschaft für bestimmte Schulden einzustehen haben.

20   Anlässlich der **Vollstreckung** in das Vermögen des Schuldnerehegatten wird auch (d.h. aufgrund eines parallelen Vollstreckungsverfahrens) auf die entsprechenden Vermögensgegenstände des Nichtschuldnerehegatten gegriffen (Pfändung oder Einbezug in die Konkursmasse: so für Grundstücke ausdrücklich Art. 10 Abs. 1 Ziff. 2 VZG, SR 281.42; Näheres zum Verfahren BGE 111 III 43 ff.). **Soweit der Zugriff gemäss Art. 193 offen steht,** bleibt für die **Anfechtungspauliana grundsätzlich kein Raum** (BGE 127 III 5; 111 III 43; s.a. 100 Ia 27 und BK-HAUSHEER/REUSSER/GEISER, N 61 sowie HEGNAUER/BREITSCHMID, Rz 23.50; **a.M.** MEIER, FS Giger, Bern 1989, 486 f.).

21   Im Falle von **Uneinigkeit** gilt es zu unterscheiden:

–   Die Verweigerung der Verfahrensausweitung (d.h. des Einbezuges der Forderung aufgrund von Art. 193 in die Vollstreckung) durch die Vollstreckungsbehörden kann zum Gegenstand der **SchKG-Beschwerde** (Art. 17 ff. SchKG) gemacht werden (BK-HAUSHEER/REUSSER/GEISER, N 38; ebenso STETTLER/WAELTI, Rz 157).

–   Streitigkeiten zwischen dem Eigentümer-Ehegatten und den Gläubigern des andern bzw. der Konkursmasse über den Bestand der Forderung, die Herkunft oder die Massenzuordnung des fraglichen Vermögenswertes (d.h. die Voraussetzung von Art. 193 und die Frage des Eigen- oder Gesamtgutes) sind im **Widerspruchsverfahren** bzw. im **Aussonderungsprozess** zu bereinigen (Art. 106 ff. SchKG; vgl. zu Art. 260: BGE 111 III 43 ff., insb. 47).

–   Der Streit über die Voll- oder Eigengutschuld bei Gütergemeinschaft ist schliesslich im Rechtsöffnungs- bzw. **Kollokationsverfahren** auszutragen (BK-HAUSHEER/REUSSER/GEISER, N 38 f.; zustimmend STETTLER/WAELTI, Rz 157).

22   Ein allfälliger **Überschuss** verbleibt dem Eigentümerehegatten. Dessen Gläubiger haben gegenüber jenen, die sich auf Art. 193 berufen, zurückzustehen (BK-HAUSHEER/REUSSER/GEISER, N 41).

23   Der entsprechende Vermögenswert macht alle **Wertschwankungen** mit (unveröff. BGE vom 15.9.1993 i.S. Ch. c. K.; nunmehr auch DESCHENAUX/STEINAUER/BADDELEY, Rz 919; anders noch BK-LEMP, aArt. 188 N 55), also auch Wertverminderungen, und der neue Rechtsträger hat grundsätzlich (d.h. unter Vorbehalt der Bereicherungshaftung: dazu N 27 ff.) auch für den Verbrauch nicht einzustehen.

2. Wirkungen beim betroffenen Ehegatten

Mit der Vollstreckung in Vermögenswerte, die der Tilgung von **güterrechtlichen Forde-** 24
rungen dienten, **leben** diese – oder die entsprechende Anwartschaft – gegen den Schuldnerehegatten **wieder auf** (BGE 66 II 4, insb. 10 und unveröff. BGE vom 15.9.1993 i.S. Ch. c. K.). Erstere können durch Pfändungsanschluss oder Konkursteilnahme – und zwar mit dem ganzen Wert der erhaltenen Vermögenswerte – geltend gemacht werden (BGE 66 II 8 ff.; zum Vorgehen im Einzelnen BK-HAUSHEER/REUSSER/GEISER, N 45; zustimmend STETTLER/WAELTI, Rz 158).

Was dem Gläubigerehegatten auf diese Weise wieder zugekommen ist, **haftet weiteren** 25
Gläubigern im Rahmen von Art. 193 wie ein Vollstreckungsüberschuss (vorn N 22).

Art. 193 kann auch für eine **strafprozessuale Beschlagnahmeverfügung** in Betracht 26
fallen. Nach BGE 119 Ia 453 ff. ist es mit dem Bundeszivilrecht vereinbar, wenn die kantonalen Strafbehörden das aufgrund einer güterrechtlichen Auseinandersetzung rechtskräftig an die Ehefrau zugewiesene frühere Vermögen des Ehemannes weiterhin als Haftungssubstrat für bereits aufgelaufene und künftig noch anfallende Kosten eines Strafverfahrens gegen den Ehemann beanspruchen, sofern das Strafverfahren vor dem Güterstandswechsel eingeleitet worden ist.

3. Ersatz durch die Bereicherungshaftung

Abs. 2 kommt nur soweit zur Anwendung, als sich **weder** der **empfangene Vermögens-** 27
wert noch ein **allfälliges Surrogat** im Vermögen des Empfängerehegatten vorfindet. Die Bereicherungshaftung ist insofern akzessorisch und subsidiär (so schon zu aArt. 188: BGE 65 II 105). Dies trifft für folgende Fälle zu:

– Vermischung;

– Veräusserung ohne Ersatz;

– **Verbrauch oder Untergang,** sofern sie nicht auf Zufall oder höhere Gewalt zurückzuführen sind (BK-HAUSHEER/REUSSER/GEISER, N 48).

Es handelt sich hier um eine **persönliche Haftung** mit dem ganzen Vermögen des 28
Schuldners im Umfang, in dem die Gläubiger gegenüber ihrem Schuldner zu Schaden gekommen sind (BGE 127 III 4; 123 III 440; vgl. auch DESCHENAUX/STEINAUER/BADDELEY, Rz 919).

Die Haftung ist auf den – durchgängig zum Verkehrswert einzusetzenden – **Wert des** 29
Empfangenen im Zeitpunkt des Vermögensuntergangs beschränkt (BK-HAUSHEER/REUSSER/GEISER, N 52 a.E. unter Hinweis auf den Zusammenhang mit Abs. 1; ebenso DESCHENAUX/STEINAUER/BADDELEY, Rz 919; **a.M.** STETTLER/WAELTI, Rz 160). Der Verkehrswert ist somit auch im Zusammenhang mit landwirtschaftlichen Grundstücken massgebend (DESCHENAUX/STEINAUER/BADDELEY, Rz 919 Anm. 36; BK-HAUSHEER/REUSSER/GEISER, N 52 und STETTLER/WAELTI, Rz 160).

Abzuziehen ist, was schon im Rahmen von Art. 193 an andere Gläubiger – unter Vorbe- 30
halt von Art. 287 und 288 SchKG (Einzelheiten dazu BK-HAUSHEER/REUSSER/GEISER, N 53) – ausgerichtet worden ist.

Zu berücksichtigen bleibt sodann, was dem Empfängerehegatten durch **Anschlusspfän-** 31
dung bzw. eine **Beteiligung am Konkurs** zugefallen wäre.

Heinz Hausheer/Regina Aebi-Müller

4. Verjährung

32 Die Ansprüche aus Art. 193 Abs. 1 und 2 verjähren grundsätzlich in **zehn Jahren** nach Verwirklichung des güterrechtlich relevanten Tatbestandes bzw. einer spätern Fälligkeit (nicht dagegen aufgrund der Begründung) der ursprünglichen Forderung (BGE 127 III 7 ff.; BOSSHARDT, 102; ebenso STETTLER/WAELTI, Rz 163 Anm. 319).

Art. 194

Aufgehoben

1 aArt. 194 hat bis zum Inkrafttreten des GestG am 1.1.2001 die **örtliche Zuständigkeit** des ordentlichen Gerichts festgelegt, das den Streit um die güterrechtliche Auseinandersetzung (aus welchem Grunde auch immer) zu entscheiden hat. Die Zuständigkeitsregelung findet sich nunmehr in Art. 15 Abs. 1 bzw. (für den Fall der Güterstandsauflösung durch Tod eines Ehegatten) Art. 18 Abs. 1 GestG. Wie schon unter dem bisherigen Recht ist bei Scheidung, Trennung und Ungültigerklärung der Ehe das Scheidungsgericht für die güterrechtliche Auseinandersetzung zuständig (nunmehr aufgrund von Art. 15 Abs. 1 Bst. b GestG), und zwar auch dann, wenn die güterrechtliche Auseinandersetzung ausnahmsweise (vgl. N 2) in ein Separatverfahren verwiesen wurde. Art. 15 Abs. 1 Bst. c GestG hat insofern zu einer materiellen Änderung der Zuständigkeitsregelung geführt, als das Gericht am aktuellen Wohnsitz eines Ehegatten auch bei gerichtlicher Anordnung der Gütertrennung, beim Eintritt des ausserordentlichen Güterstandes wegen Konkurses eines in Gütergemeinschaft lebenden Ehegatten sowie bei der vertraglichen Vereinbarung eines neuen Güterstandes angerufen werden kann.

2 Die **sachliche Zuständigkeit und das Verfahren** bleiben zwar (weiterhin) dem kantonalen Recht überlassen. Von Bundesrechts wegen hat das kantonale Recht allerdings Folgendes zu beachten:

– es muss ein **ordentliches Gericht** urteilen (d.h. ohne Beschränkung der Beweismittel, ohne Beweiserleichterung und bei vollen Parteirechten);

– die **Berufung an das BGer** darf nicht verhindert werden (Art. 48 Abs. 2 lit. a OG; BGE 119 II 183 E. 4);

– im Falle der Scheidung, Ungültigerklärung und Trennung der Ehe gilt an sich der **Grundsatz der Einheit des gerichtlichen Urteils.** Ein Verweisen der wirtschaftlichen Nebenfolgen ad separatum ist nur ausnahmsweise zulässig (BGE 98 II 345 f. E. 5).

Art. 195

F. Verwaltung des Vermögens eines Ehegatten durch den andern

[1] **Hat ein Ehegatte dem andern ausdrücklich oder stillschweigend die Verwaltung seines Vermögens überlassen, so gelten die Bestimmungen über den Auftrag, sofern nichts anderes vereinbart ist.**

[2] **Die Bestimmungen über die Tilgung von Schulden zwischen Ehegatten bleiben vorbehalten.**

F. Administration des biens d'un époux par l'autre	[1] Lorsqu'un époux confie expressément ou tacitement l'administration de ses biens à son conjoint, les règles du mandat sont applicables, sauf convention contraire.
	[2] Les dispositions sur le règlement des dettes entre époux sont réservées.
F. Amministrazione della sostanza di un coniuge da parte dell'altro	[1] Quando un coniuge abbia espressamente o tacitamente affidato all'altro l'amministrazione della sua sostanza, s'applicano, salvo patto diverso, le disposizioni sul mandato.
	[2] Sono salve le disposizioni sull'estinzione dei debiti fra coniugi.

Literatur

BARBATTI, Verwaltung des Vermögens eines Ehegatten durch den andern. Zürcher Studien zum Privatrecht, Bd. 75, Zürich 1991; HAUSHEER/GUINAND/PETITPIERRE, SJK Ersatzkarte 107, 8 ff.; vgl. auch die Literaturhinweise vor Art. 181.

I. Allgemeines

1. Normzweck

Art. 195 stellt den Tatbestand des Überlassens der Vermögensverwaltung an den Nichteigentümerehegatten grundsätzlich (d.h. unter Vorbehalt von Abs. 2) **ausserhalb das eheliche Güterrecht** und bezeichnet das anwendbare – allerdings zur Disposition der Ehegatten gestellte – Recht.   **1**

2. Anwendungsbereich

In **persönlicher Hinsicht** setzt Art. 195 den Bestand einer Ehe, nicht notwendigerweise dagegen einen gemeinsamen Haushalt voraus (BK-HAUSHEER/REUSSER/GEISER, Art. 195 N 6; zustimmend STETTLER/WAELTI, Rz 179). Das Getrenntleben kann indessen auch ein die Unzeit i.S.v. Art. 404 Abs. 2 OR ausschliessender wichtiger Grund sein und den Widerruf oder das Niederlegen des Mandates rechtfertigen.   **2**

In **sachlicher Hinsicht** erstreckt sich Art. 195 auf alle Güterstände und -massen, nach Auffassung gewisser Autoren einschliesslich des Gesamtgutes in der Gütergemeinschaft (BK-HAUSHEER/REUSSER/GEISER, N 7 m.w.H.; vgl. auch STETTLER/WAELTI, Rz 181). Im letzteren Fall bleibt die ordentliche Verwaltung nach Art. 227 vorbehalten und zudem muss das Überlassen der ausserordentlichen Verwaltung jederzeit widerrufbar sein (HAUSHEER/GUINAND/PETITPIERRE, 8). Ausgeschlossen ist Art. 195 im Anwendungsbereich von Art. 229.   **3**

Zum **Vermögen** gehören alle vermögenswerten Güter bzw. Rechte, es sei denn, Herrschaftsrechte (z.B. in Gesellschaften) würden einer Verwaltung der Vermögensrechte entgegenstehen.   **4**

3. Abgrenzungen

Die **Vertretung der ehelichen Gemeinschaft** im Bereiche des ehelichen Unterhalts (Art. 166) bleibt von Art. 195 grundsätzlich unberührt. Interne Weisungen im Rahmen von Art. 195 können indessen auch für Art. 166 Abs. 2 Ziff. 1 von Bedeutung sein.   **5**

Zu einer besonderen, gerichtlich angeordneten Verwaltung für Vermögen des Eigentümerehegatten bzw. zu vergleichbaren Verhältnissen können **Art. 176 Abs. 1 Ziff. 2** (Regelung des Getrenntlebens) und **Art. 177** (Anweisung an die Schuldner) führen.   **6**

7   Hat die Vermögensverwaltung durch den andern Ehegatten ihren Grund in einer dauernden Unfähigkeit oder Behinderung, kann Art. 195 die **vormundschaftliche Massnahme** mit öffentlicher Aufsicht nicht ersetzen.

4. Dispositives Recht

8   Die Ehegatten können, wie der Gesetzestext ausdrücklich festhält, das Auftragsrecht durch eine **andere schuldrechtliche Rechtsgrundlage** ersetzen. Indessen darf die Vermögensverwaltung durch den Nichteigentümer nicht zu einer verbindlichen Abänderung des Güterstandes führen (Art. 182 Abs. 2), vielmehr muss sie grundsätzlich jederzeit einseitig durch den Eigentümerehegatten widerrufen werden können (so schon und noch ausdrücklich aArt. 242 Abs. 3). Sodann kann das anwendbare Vertragsrecht seinerseits, insb. das Auftragsrecht, zwingendes Recht enthalten (z.B. Art. 400 OR oder Art. 404 OR nach BGE 106 II 159 f. E. 2.b).

9   Art. 195 unterscheidet sich von der **Geschäftsführung ohne Auftrag** nach Art. 419 ff. OR, die auch unter Ehegatten vorkommen kann, wo es an einer rechtsgeschäftlichen Einigung und entsprechenden Bevollmächtigung fehlt.

II. Vermögensverwaltung und Verwaltungsauftrag

1. Vermögensverwaltung

10   Die Vermögensverwaltung umfasst all jene **tatsächlichen und rechtlichen Massnahmen,** die zur Erhaltung und Mehrung des anvertrauten Vermögens erforderlich sind (BARBATTI, 31). Ihre Grenze findet sie an der Vermögensnutzung und am Vermögensverbrauch.

2. Grundlagen der Verwaltung

11   Die **Ermächtigung** zur Verwaltung kann ausdrücklich oder stillschweigend erteilt werden. Insbesondere das **Dulden** einer Verwaltungstätigkeit durch den andern Ehegatten bedeutet eine durch Stillschweigen erteilte Ermächtigung. Das setzt indessen ein entsprechendes Wissen des Eigentümerehegatten um Verwaltungshandlungen durch den Ehepartner voraus.

12   Das Überlassen der Verwaltung führt zu einem **schuldrechtlichen Verhältnis,** nämlich – andere Vereinbarung vorbehalten – zu einem Auftrag. Eine abweichende Einigung unter den Ehegatten hat in jedem Fall dem Umstand Rechnung zu tragen, dass der Eigentümerehegatte grundsätzlich jederzeit auf die Verwaltung durch seinen Ehepartner verzichten können muss. Sodann ist zu beachten, dass gewisse Rechtsgeschäfte unter den Ehegatten über die blosse Verwaltung hinausgehen können. Das trifft z.B. für das Darlehen und den Werk(lieferungs)vertrag zu (zum Ganzen BARBATTI, 48 ff. und BK-HAUSHEER/REUSSER/GEISER, N 19).

13   Eine vorübergehende **Pflicht zur Vermögensverwaltung** auf der Grundlage der Geschäftsführung ohne Auftrag kann sich im Rahmen von **Art. 159 Abs. 3** (ehelicher Beistand) ergeben. Bei dauernder Geschäftsunfähigkeit oder anderer Verhinderung bedarf es indessen entsprechender vormundschaftlicher Massnahmen.

3. Inhalt und Umfang der Verwaltung

14   Die Verwaltung kann sich **umfangmässig** auf das ganze Vermögen des andern Ehegatten oder bloss auf Teile davon erstrecken (z.B. auf eine Liegenschaft oder auf ein Wertschrif-

tenportefeuille). Dieser Umfang ergibt sich aus den konkreten Umständen. Eine gesetzliche Vermutung in der einen oder andern Richtung besteht nicht.

Der **Inhalt** der Verwaltung wird durch die Natur des zu besorgenden Geschäfts bestimmt, **15** wie sich Art. 396 Abs. 1 OR ausdrückt. Er kann indessen von den Ehegatten auch individuell festgelegt werden (z.B. mit Hilfe besonderer Weisungen wie diejenige, bestimmte Wertschriften nicht zu erwerben). Entsprechend wird der Umfang der Vollmacht für Rechtshandlungen i.S.v. Art. 396 Abs. 2 OR eingeschränkt oder ausgedehnt.

4. Erforderliche Sorgfalt

Unabhängig davon, dass Art. 398 Abs. 1 OR für die einzuhaltende Sorgfalt auf den Ar- **16** beitsvertrag verweist (Art. 321 e OR, wobei die Anwendung von Abs. 1 oder 2 umstritten ist: BK-HAUSHEER/REUSSER/GEISER, N 26), sind die **Besonderheiten der ehelichen Gemeinschaft** zu berücksichtigen. Einerseits kann die Geschäftsfreiheit eingeschränkt sein, andererseits dürften die Eigenschaften der Ehegatten gegenseitig regelmässig bekannt sein. Des Weitern ist auch den Art. 169, 170 und 201 Abs. 2 Rechnung zu tragen. Sodann liegt die Geschäftsbesorgung immer auch im Interesse der ehelichen Gemeinschaft und damit auch in einem gewissen Eigeninteresse des Vermögensverwalters. Letzteres spricht nach HAUSHEER/REUSSER/GEISER (BK, N 26) nicht schon allein für den milden (Haftungs-)Massstab «quam in suis» (ebenso STETTLER/WAELTI, Rz 184; vgl. ferner DE-SCHENAUX/STEINAUER/BADDELEY, Rz 949, die u.a. darauf hinweisen, dass der Ehegatte nicht gleichermassen frei ist, ein Mandat abzulehnen, was eine Haftungserleichterung rechtfertigen könnte).

Das **Doppel- und Selbstkontrahierungsverbot** gilt auch unter Ehegatten, allerdings **17** unter Berücksichtigung der Interessen der ehelichen Gemeinschaft. Zurückhaltung ist insb. geboten, wo der eine Ehegatte als Verwalter Vermögen des andern in seiner Unternehmung investiert (BARBATTI, 96 f.; BK-FELLMANN, Art. 398 OR N 100 ff.).

Die Vermögensverwaltung ist regelmässig **persönlich** auszuführen, es sei denn, gewisse **18** Geschäftsbesorgungen würden üblicherweise spezialisierten Dritten überlassen (z.B. gewisse Geschäftsabwicklungen über Banken; weniger einschränkend HEGNAUER/BREITSCHMID, Rz 23.37).

5. Entschädigung

Einer **ausdrücklichen Entschädigungsvereinbarung** unter den Ehegatten steht nichts **19** entgegen, indessen wird sie eher die Ausnahme bleiben.

Vielfach bleibt die Vermögensverwaltung mit den **Unterhaltsbeiträgen** der Ehegatten **20** nach Art. 163 verknüpft. Das trifft nicht nur dort zu, wo die entsprechenden Erträge dem ehelichen Unterhalt zugeführt werden, sondern auch dort, wo die Verwaltung in die Einigung der Ehegatten im Rahmen von Art. 163 einbezogen wird (DESCHENAUX/STEINAUER/BADDELEY, Rz 945). Sodann kommt Unterhalt in einem weiteren Sinn im Rahmen einer – allerdings beschränkten – Verwaltungspflicht gestützt auf Art. 159 Abs. 3 in Frage (BK-HAUSHEER/REUSSER/GEISER, N 29; **a.M.** BARBATTI, 122 f.).

Soweit die Vermögensverwaltung als Unterhaltsbeitrag zu bezeichnen ist, liegt – entge- **21** gen der h.M. in der Gefolgschaft der bundesrätlichen Botschaft (Botschaft Revision Eherecht, Ziff. 221.61) – **keine Unentgeltlichkeit** vor. Das heisst freilich nicht, die Vermögensverwaltung sei durch ein besonderes Entgelt zu entschädigen. Die Frage des grundsätzlichen Entgelts bzw. der Unentgeltlichkeit ist aber u.a. im Zusammenhang mit allfälligen Mehrwertanteilen von Bedeutung (zum Ganzen BK-HAUSHEER/REUSSER/GEISER, N 29).

6. Rechenschaft und Ablieferung

22 Massgebend für die **Rechenschaftspflicht ist Art. 400 Abs. 1 OR** i.V.m. Art. 159 und 170 (vgl. BGE 110 II 181 ff.). Dabei handelt es sich um zwingendes Recht, das jederzeit ausgeübt werden kann.

23 Die **Ablieferungspflicht** wird – unter Vorbehalt einer andern Vereinbarung – in Art. 400 Abs. 1 OR und 401 Abs. 1 OR umschrieben. Eine Verrechnung bedarf der besonderen Voraussetzungen von Art. 120 ff. OR, nachdem das ZGB von 1988 aArt. 242 Abs. 2 nicht übernommen hat. Die Fälligkeit tritt grundsätzlich mit dem Erwerb seitens des Verwalters ein.

24 Die **Subrogation** nach Art. 401 Abs. 1 OR setzt nur die Erfüllung der Ersatzpflicht, nicht aber weiterer Pflichten im Rahmen der allgemeinen Wirkungen der Ehe voraus. Gleiches gilt für die **Aussonderung** nach Art. 401 Abs. 2 und 3 OR im Konkurs des Verwalters.

III. Eherechtliche Besonderheiten beim Ende der Verwaltung

25 Während die Beendigung der Verwaltung als solche – grundsätzlich, d.h. unter Vorbehalt von Art. 159, sowie einer Scheidungs- oder Trennungsklage – aufgrund des zwischen den Ehegatten bestehenden **schuldrechtlichen Verhältnisses** zu beurteilen bleibt (insb. Art. 404–406 OR mit dem jederzeitigen Widerrufsrecht; s. DESCHENAUX/STEINAUER/BADDELEY, Rz 954 ff.), gilt es für die konkreten Modalitäten die eherechtliche Vorschrift von **Art. 195 Abs. 2** zu beachten.

26 Art. 195 Abs. 2 betrifft sowohl die **Ablieferungs-** als auch **Rückgabe- und Entschädigungsansprüche** (Botschaft Revision Eherecht, Ziff. 221.61 und in ihrem Gefolge die wohl einhellige Lehre; zur entsprechenden Entstehungsgeschichte von Art. 195 Abs. 2 s. BK-HAUSHEER/REUSSER/GEISER, N 4 und N 33). Der jederzeitige Widerruf beendet somit nur den Verwaltungsauftrag. Die Rückabwicklungspflichten – beider Ehegatten – selber können dagegen gleicherweise aufgeschoben werden, wie die Leistungen unter Ehegatten im Rahmen von Art. 203 Abs. 2 und 218. Damit entfällt regelmässig eine Schadenersatzpflicht nach Art. 404 Abs. 2 OR.

Art. 195a

G. Inventar	[1] **Jeder Ehegatte kann jederzeit vom andern verlangen, dass er bei der Aufnahme eines Inventars ihrer Vermögenswerte mit öffentlicher Urkunde mitwirkt.**
	[2] **Ein solches Inventar wird als richtig vermutet, wenn es binnen eines Jahres seit Einbringen der Vermögenswerte errichtet wurde.**
G. Inventaire	[1] Chaque époux peut demander en tout temps à son conjoint de concourir à la confection d'un inventaire de leurs biens par acte authentique.
	[2] L'exactitude de cet inventaire est présumée lorsqu'il a été dressé dans l'année à compter du jour où les biens sont entrés dans une masse.
G. Inventario	[1] Ciascun coniuge può in ogni tempo chiedere all'altro di concorrere alla compilazione per atto pubblico di un inventario dei loro beni.
	[2] Questo inventario si presume esatto se compilato entro un anno dal conferimento dei beni.

Literatur

KOCHER, Güterrechtliche Sicherstellung im Massnahmeverfahren (Art. 145 ZGB und Art. 322 ZPO BE), ASR Bd. 577, Bern 1995; SCHNYDER, Private Rechtsgestaltung im neuen Ehe- und Erbrecht, BN 47 (1986) 309 ff.; vgl. auch die Literaturhinweise vor Art. 181.

I. Allgemeines

1. Normzweck

Das Inventar mit öffentlicher Urkunde dient der **Erleichterung des Beweises** der Zuge-   **1** hörigkeit zu Mannes- und Frauengut einerseits und zu den unterschiedlichen Gütermassen (Massenzugehörigkeit) als Sondervermögen anderseits. Damit erübrigen sich die Beweisvermutungen nach Art. 200 Abs. 2 und 3, 226 und 248 Abs. 2. Art. 195a geht – mit einer Richtigkeitsvermutung – über Art. 9 hinaus.

Art. 195a erfüllt den gleichen Zweck wie die entsprechenden Parteierklärungen im Rah-   **2** men der **tatsächlichen Feststellungen eines Ehevertrages** (dazu Art. 182 N 10).

2. Anwendungsbereich

Das Inventar nach Art. 195a schliesst eine gewöhnliche oder **private Beweisurkunde**   **3** nicht aus, dieser kommt aber nur ein beschränkter Beweiswert im Rahmen des kantonalen Verfahrensrechts zu (BK-HAUSHEER/REUSSER/GEISER, N 26).

Das Inventar kann **unter jedem Güterstand** errichtet werden und erstreckt sich grund-   **4** sätzlich, d.h. unter Vorbehalt einer gewollten Beschränkung seitens der Ehegatten im konkreten Fall, auf das ganze Vermögen beider Ehegatten (BK-HAUSHEER/REUSSER/GEISER, N 6). Ausgeschlossen bleiben indessen die Schulden. Äussern sich die Ehegatten im Inventar nach Art. 195a zu Schulden (betr. Schuldnerehegatte und Massenzuordnung), gelten Art. 9 und sodann die gewöhnlichen Beweisregeln (s. N 18). Hingegen entfällt die Richtigkeitsvermutung nach Abs. 2 (ebenso STETTLER/WAELTI, Rz 190).

Eine **konkrete Beschränkung** kann sich auf einzelne Vermögenswerte beziehen oder auf   **5** das Vermögen eines Ehegatten allein (z.B., weil dieses durch den Ehepartner verwaltet wird, oder mit Rücksicht auf eine Investition nach Art. 206).

Eine **tatsächliche Vermutung** spricht dafür, dass das im Inventar aufgeführte Frauen-   **6** oder Mannesgut bzw. das Gesamtgut im Zeitpunkt der Errichtung vollständig erfasst wurde (BK-HAUSHEER/REUSSER/GEISER, N 6; zustimmend STETTLER/WAELTI, Rz 190).

3. Zwingendes Recht

Auf den Mitwirkungsanspruch nach Art. 195a können die Ehegatten **ehevertraglich**   **7** **nicht verzichten.** Jeder Ehegatte hat einen unverzichtbaren Anspruch auf grundsätzlich (d.h. unter Vorbehalt der Schikane und des Rechtsmissbrauchs) jederzeitige Mitwirkung des andern an einem Inventar mit öffentlicher Urkunde.

Der Mitwirkungsanspruch ist **relativ höchstpersönlich,** so dass er bei Urteilsunfähigkeit   **8** eines Ehegatten auch durch dessen gesetzlichen Vertreter eines Ehegatten, allerdings nicht gegen den Willen des Vertretenen, geltend gemacht werden kann. Dritten (insb. allfälligen Gläubigern) verleiht Art. 195a keinen Mitwirkungsanspruch.

II. Inventar mit öffentlicher Urkunde

1. Pflicht zur Mitwirkung

9 Art. 195a Abs. 1 konkretisiert **Art. 159 und** ergänzt **Art. 170,** indem er die Mitwirkung beim Inventar mit öffentlicher Urkunde zur ehelichen Pflicht macht (s. u.a. KOCHER, 174). Eine entsprechende Pflicht besteht noch nicht unter Brautleuten.

10 Im Verweigerungsfall kann das – nach Art. 15 Abs. 1 Bst. a GestG zuständige – (**Eheschutz-)Gericht** angerufen werden (so die einhellige Lehre). Dieses wirkt an der Errichtung des Inventars selber mit (allenfalls unter Inanspruchnahme von Art. 170) oder beauftragt eine – nach kantonalem Recht bezeichnete – Urkundsperson (PIOTET, 153; SCHNYDER, 314 f.).

2. Öffentliche Beurkundung

11 Es gelten – abgesehen von der Unterschrift der Vertragsparteien und deren gesetzlichen Vertreter nach Art. 184 und unter Vorbehalt der Errichtung des Inventars durch das Gericht (N 10) – die gleichen Grundsätze wie für den **Ehevertrag** (dazu die Komm. zu Art. 184).

3. Zuständigkeit

12 **Örtlich** zuständig ist jede nach kantonalem Recht als **sachlich** zuständig erklärte Urkundsperson in der ganzen Schweiz oder im Ausland (dazu die Komm. zu Art. 184).

4. Gegenstand

13 Inhalt der öffentlichen Beurkundung ist die **übereinstimmende (Wissens-)Erklärung der Ehegatten** betr. Eigentumsverhältnisse und Massenzugehörigkeit einzelner Vermögenswerte oder des ganzen Vermögens. Hinzu kommen Erklärungen zur Vollständigkeit des Inventars und zum Zeitpunkt des Einbringens der einzelnen Vermögenswerte i.S.v. Abs. 2.

14 Die **Urkundsperson** überprüft diese Erklärungen – im Unterschied zu den Inventaren nach Art. 398 (Vormundschaftsinventar), Art. 553 (Erbschaftsinventar) und 580 ff. (öffentliches Erbschaftsinventar) – nicht auf ihren Wahrheitsgehalt (s. u.a. DESCHENAUX/ STEINAUER/BADDELEY, Rz 925). Es werden nur die Erklärungen als solche verurkundet (BK-HAUSHEER/REUSSER/GEISER, Art. 195a N 15 ff. m.w.H.), und zwar nach erfolgter Rechtsbelehrung.

15 Eine bewusst und gewollt wahrheitswidrige Wissenserklärung erfüllt den Tatbestand des **Erschleichens einer Leistung** (BGE 100 IV 238).

5. Richtigkeitsvermutung

16 Unter besonderen Voraussetzungen stattet der Gesetzgeber das Inventar mit einer unter den **Ehegatten und** gegenüber **Dritten** wirkenden Richtigkeitsvermutung aus (s. u.a. KOCHER, 207).

a) Voraussetzungen materiellrechtlicher Art

17 Die nur erschwert, nämlich durch Gegenbeweis (betr. die Grundlagen der Richtigkeitsvermutung) und Beweis des Gegenteils (betr. den Wahrheitsgehalt als solchen) umzustossende Vermutung nach Abs. 2 setzt einen **zeitlichen Konnex zwischen** dem Eingang des inventarisierten Vermögenswertes in das – güterrechtlich geregelte – Vermögen der Ehegatten (Einbringen) und der Aufnahme des Inventars voraus. Die gegenüber Art. 9 erhöhte Wirkung von Art. 195a Abs. 2 bez. des Wahrheitsgehalts der Wissenerklärungen der Ehegatten wird nur erreicht, wenn zwischen dem **Einbringen und der Errichtung** (oder Ergänzung) **des** formgebundenen **Inventars** mit öffentlicher Urkunde nicht mehr als ein Jahr verstrichen ist.

Ist diese **Jahresfrist nicht eingehalten worden,** ist das Inventar zwar nicht wertlos, beweisrechtlich kommt ihm aber nur die Bedeutung einer übereinstimmenden Ehegattenbehauptung zu einem bestimmten Zeitpunkt zu. Sie geniesst, soweit es um die öffentliche Urkunde geht, den Schutz von Art. 9, d.h. bez. der Erklärungstatsache als solcher und des Erklärungszeitpunktes. Hinsichtlich des Erklärungsinhaltes handelt es sich dagegen um eine gewöhnliche, private Beweisurkunde der Ehegatten, entsprechend dem sog. Privatinventar eines Ehegatten allein, das der freien gerichtlichen Beweiswürdigung unterliegt (BGE 100 IV 238 E. 3). **18**

Das **Einbringen** bezieht sich sowohl auf den zeitlich bestimmten Zugang zum Frauen- oder Mannesgut bzw. zum Gesamtgut als auch auf die fragliche Massenzuordnung. Der in Frage stehende Vermögenswert muss vom Güterstand (einschliesslich eines Güterstandswechsels) als solcher erfasst werden. Bei einem Güterstandswechsel mit «Rückwirkung» (dazu Art. 182 N 19 und Art. 216 N 23) kommt es – für die vorhandenen Vermögenswerte – auf den Zeitpunkt an, bis zu welchem der neue Güterstand zurückwirken soll (BK-HAUSHEER/REUSSER/GEISER, N 24). **19**

b) Wirkung

Die Richtigkeitsvermutung führt zu einer **Umkehr der Beweislast.** **20**

Von der Richtigkeitsvermutung nicht erfasst ist die mit den ins Inventar aufgenommenen Vermögensgegenständen verbundene **Schätzung** in Geldwert (s. u.a. DESCHENAUX/STEINAUER/BADDELEY, Rz 928). Auch hier kommt aber Art. 9 zur Anwendung. **21**

Die **Kosten** des Inventars gehören normalerweise zum ehelichen Unterhalt. **22**

Zweiter Abschnitt: Der ordentliche Güterstand der Errungenschaftsbeteiligung

Art. 196

A. Eigentums-verhältnisse	Der Güterstand der Errungenschaftsbeteiligung umfasst die Errungenschaft und das Eigengut jedes Ehegatten.
I. Zusammensetzung	
A. Propriété I. Composition	Le régime de la participation aux acquêts comprend les acquêts et les biens propres de chaque époux.
A. Rapporti di proprietà I. Composizione	Il regime della partecipazione agli acquisti comprende gli acquisti e i beni propri di ogni coniuge.

Literatur

AEBI-MÜLLER, Vorbezüge für Wohneigentum bei Scheidung: Wer trägt den Zinsverlust?, ZBJV 137 (2001), 132 ff.; BRUNNER, Die Berücksichtigung von Vorbezügen für Wohneigentum bei der Teilung der Austrittsleistung nach Art. 122 ZGB, ZBJV 136 (2000) 525 ff.; ESCHER, Wertsteigerung und eheliches Güterrecht, ASR Bd. 520, Bern 1989; HAUSHEER/JAUN, Grundstücke in der güterrechtlichen Auseinandersetzung, ZBJV 133 (1997), 512 ff.; KOLLER, Vorbezüge für den Erwerb von Wohneigentum und Vorsorgeausgleich bei der Scheidung: Wer trägt den Zinsverlust – Ein weiterer Diskussionsbeitrag, ZBJV 137 (2001), 137 ff.; MÜLLER, Der Mehrwertanteil im neuen Ehegüterrecht, Basler Studien zur Rechtswissenschaft Reihe A Bd. 27, Basel 1993; vgl. auch die Literaturhinweise vor Art. 181.

I. Allgemeines

1. Normgehalt

1   Art. 196 versteht sich in erster Linie aus seiner gleichzeitigen Fortsetzung der und Abkehr von der bisherigen Güterverbindung (aArt. 194). Die Errungenschaftsbeteiligung hält an der Vorstellung eines während und aufgrund der Ehe erwirtschafteten Vermögens fest. Dieses ist zwar bei Auflösung des Güterstandes weiterhin unter die Ehegatten aufzuteilen; es ist aber schon während der Ehe nicht mehr in einer einzigen Errungenschaft (in der Hand des Ehemannes) zusammengefasst, sondern tritt als **Errungenschaft der Ehefrau und des Ehemannes** in Erscheinung.

Neben den Errungenschaften bestehen **zwei Eigengüter,** an denen der andere Ehegatte keinen Anteil hat.

2. Mannes- und Frauengut

2   Die Errungenschaftsbeteiligung unterscheidet – im Gegensatz zum Gesamtgut der Gütergemeinschaft – vertikal zwei nach **Rechtsträgern** getrennte Vermögen der Ehegatten, nämlich das Frauen- und das Mannesgut.

3. Die Gütermassen

3   Innerhalb des Mannes- und des Frauengutes, d.h. bez. des gleichen Rechtsträgers, unterscheidet die Errungenschaftsbeteiligung – im Unterschied zur Gütertrennung – horizontal **zwei Gütermassen** mit verschiedenem rechtlichen Schicksal.

a) Sondervermögen

4   Bei den Errungenschaften und Eigengütern handelt es sich um **Sondervermögen.** Sie bestehen aus konkreten Vermögenswerten, auch wenn Letztere nicht – wie bei der Gütergemeinschaft – aufgrund von unterschiedlichem Eigentum zu einer eigentlichen Rechtsgesamtheit zusammengefasst werden.

b) Bedeutung während des Güterstandes und bei dessen Auflösung

5   Den Sondervermögen kommt v.a. bei der Auflösung des Güterstandes zur Berechnung der Vorschlagsbeteiligung eine grosse Bedeutung zu (dazu die Komm. zu Art. 210 und 215 ff.). Indessen kann auch **während** des Bestandes der **Errungenschaftsbeteiligung** nicht auf die Zuordnung von Vermögensgegenständen zur Errungenschaft und zum Eigengut verzichtet werden; dies im Hinblick auf

– sog. **konjunkturelle Mehr- und Minderwerte** der einzelnen Vermögenswerte. Diese Wertschwankungen aufgrund von Angebot und Nachfrage verbleiben den beiden Gütermassen (vgl. BK-HAUSHEER/REUSSER/GEISER, Art. 206 N 23);

– die Mehrwertbeteiligung nach **Art. 206** und die Mehr- und Minderwertbeteiligung nach **Art. 209 Abs. 3.** In beiden Fällen kann das Zusammenwirken der verschiedenen Gütermassen zwischen und in den Vermögen der Ehegatten schon während der Errungenschaftsbeteiligung zur Berechnung von einseitig und beidseitig variablen (Ersatz-) Forderungen führen (vgl. insb. Art. 206 Abs. 2);

– die gewöhnlichen Ersatzforderungen nach Art. 209 Abs. 1;

– die **Ersatzanschaffungen** nach Art. 197 Abs. 2 Ziff. 5 und Art. 198 Ziff. 4;

– die **Hinzurechnungen** – mit teilweiser zeitlicher Begrenzung – nach Art. 208;

– die Massenumteilung und das Vorenthalten von Erträgen gestützt auf **Art. 199;**

– die **Miteigentumsvermutung** gemäss Art. 200 Abs. 2 und 3. Wo sie zum Tragen kommt, ist schon während des Güterstandes die Sondervorschrift von Art. 201 Abs. 2 anwendbar.

c) Beweis

Lässt sich die Zugehörigkeit zu der einen oder anderen Gütermasse nicht nachweisen, spricht die **gesetzliche Beweisvermutung** in Art. 200 Abs. 3 **für** die **Errungenschaft** (dazu Art. 200 N 24 f.).   6

d) Unabänderlichkeit

Im Verhältnis unter den Ehegatten und im Mannes- und Frauengut gilt der Grundsatz der **Unabänderlichkeit der Gütermassen.** Dies ergibt sich nicht zuletzt aus dem Umkehrschluss aus Art. 199 Abs. 1, sodann auch aus der klaren Formulierung in Art. 198: «Eigengut von Gesetzes wegen». Die Ehegatten können zwar aufgrund von «gewöhnlichen» Rechtsgeschäften miteinander Vermögenswerte vom einem Ehegatten zum andern verschieben; damit werden aber nicht die Gütermassen als solche verändert.   7

II. Das Zusammenwirken der Gütermassen beider Ehegatten

1. Sachen- und güterrechtliches Zusammenwirken

Die Ehegatten können sich bez. eines konkreten Vermögensgegenstandes auf **gemeinschaftliches Eigentum** einigen. Unter diesen Umständen ist der Miteigentums- bzw. (ideelle) Gesamthandanteil güterrechtlich dem Mannes- und Frauengut zugeordnet. Aufgrund des ehelichen Güterrechts ist die Massenzuordnung zur Errungenschaft oder zum Eigengut vorzunehmen. Nach güterrechtlichen Gesichtspunkten beurteilt sich dabei auch die Frage, ob zufolge unterschiedlicher Beiträge an die Finanzierung des hälftigen Miteigentums- oder Gesamthandanteils in der einfachen Gesellschaft (sog. Ehegattengesellschaft) zwischen den Ehegatten eine Ausgleichsforderung bestehen soll oder nicht. Ein entsprechender – nicht zu vermutender (BGE 96 II 1 ff.; 85 II 70 ff.; 83 II 209 ff. E. 2; vgl. hinten, Art. 206 N 1) – Verzicht käme einer Schenkung gleich, was wiederum die Zuordnung des gemeinschaftlichen Eigentums im Vermögen des begünstigten Ehegatten beeinflusst (dazu N 9 ff.; eingehend zu den mit der einfachen Gesellschaft verbundenen güterrechtlichen Problemen HAUSHEER/LINDENMEYER LIEB, 1 ff.; vgl. ferner HAUSHEER, Ehegattengesellschaft, 617 ff.; BRÄM, passim).   8

Beispiel 1:

Die Ehegatten X haben als **einfache Gesellschaft** eine Stockwerkeinheit zu Gesamteigentum erworben. Die Mittel für den Erwerb stammen zu 60% aus dem Eigengut von
Frau X sowie zu 40% aus der Errungenschaft von Herrn X.

Die Wohnung ist beiden Ehegatten (ideell) zur Hälfte zuzuordnen. Der (Gesamthand-)
Anteil der Ehefrau stellt Eigengut, derjenige des Ehemannes Errungenschaft dar. Sofern
Frau X ihrem Ehemann die nicht selbst finanzierten 10% nicht geschenkt hat, bleibt seine
Errungenschaft mit einer entsprechenden Ersatzforderung i.S.v. Art. 206 Abs. 1 zuguns-
ten des Eigengutes von Frau X belastet.

2. Finanzielle Beteiligung am Alleineigentum des andern Ehegatten

9   Zu unterscheiden sind – je nach Rechtsgrund der Beteiligung – drei **unterschiedliche
Sachlagen:**

10   – Soll die Mitfinanzierung eines im Alleineigentum des andern Ehegatten stehenden
Vermögensgegenstandes dem Eigentümer **schenkungshalber** zukommen, ist dieser
Vermögenswert mindestens im Umfang der Liberalität dem Eigengut des Eigentümers
zuzuordnen. Ob dem Eigengut der Vermögensgegenstand selber zukommt oder eine
beidseitig variable Ersatzforderung i.S.v. Art. 209 Abs. 3, entscheidet sich aufgrund
des Wertverhältnisses der Beteiligung von Errungenschaft und Eigengut (nachstehend
N 13 ff.).

11   – Erfolgt die Mitfinanzierung auf der Grundlage eines **entgeltlichen Rechtsgeschäfts**
(z.B. gestützt auf ein verzinsliches Darlehen), steht dem mitfinanzierenden Ehegatten
eine gewöhnliche Forderung zu. Sie ist je nach Herkunft der Mittel der Errungenschaft
oder/und dem Eigengut zuzuordnen. Beim Eigentümerehegatten handelt es sich im
Rahmen der Mitfinanzierung um einen entgeltlichen Erwerb i.S.v. Art. 197 und damit
um Errungenschaft. Ob der entsprechende Vermögensgegenstand selber dieser Gütermasse zukommt oder ob diese auf eine beidseitig variable Ersatzforderung i.S.v.
Art. 209 Abs. 3 verwiesen bleibt, hängt wiederum vom allfälligen Wertverhältnis der
Beteiligungen der Errungenschaft einerseits und des Eigengutes anderseits ab (dazu
hinten N 13 ff.).

12   – Liegt der Mitfinanzierung weder eine **Schenkung noch** eine **Leistung gegen Entgelt**
zugrunde, steht dem mitfinanzierenden Ehegatten eine einseitig variable Forderung
i.S.v. Art. 206 zu. Im Vermögen des Eigentümers ist diese Forderung als Schuld jener
Gütermasse zuzuordnen, die Anspruch auf den entsprechenden Vermögenswert hat
(dazu BK-Hausheer/Reusser/Geiser, Art. 206 N 45 und Art. 209 N 41 ff.).

III. Das Zusammenwirken von Errungenschaft und Eigengut eines Ehegatten

13   Innerhalb des Vermögens eines Ehegatten (d.h. beim Eigentümer im weiteren Sinn) ist ein
bestimmter **Vermögenswert** der einen oder andern **Gütermasse zuzuordnen** (zum Begriff des Vermögenswertes BGE 125 III 1 ff. betreffend Arztpraxis und BGer 5C.
201/2005). Der andern steht, wie sich aus Art. 209 Abs. 3 und dessen Entstehungsgeschichte ergibt, eine beidseitig variable Ersatzforderung zu (BGE 132 III 145; BGE 123
III 155; BK-Hausheer/Reusser/Geiser, N 35 ff. mit eingehender Begründung in Abgrenzung zur abweichenden Meinung von Piotet, 72 ff., insb. 77 ff.; und Escher, 51 ff.;
zur auch bei Müller, 42 ff., ausgesprochenen Befürchtung, die beidseitig variable Ersatzforderung im Rahmen von Art. 209 vertrage sich nicht mit der Hinzurechnung nach
Art. 208 s. BK-Hausheer/Reusser/Geiser, N 36 und Art. 208 N 15).

Massgebendes **Zuordnungskriterium** für den Vermögenswert selber ist der Grundsatz **14** des engsten sachlichen Zusammenhangs nach Art. 209 Abs. 2. Entscheidend kommt es somit auf das quantitative Übergewicht zugunsten der einen Gütermasse an (BGE 123 III 155).

Beispiel 2:

Herr X, in seiner Freizeit begeisterter Amateurmusiker, erwirbt für Fr. 20 000.– einen Occasions-Flügel. Die Zahlung des Kaufpreises erfolgt zu $3/4$ aus seiner Errungenschaft, zu $1/4$ aus seinem Eigengut. Aufgrund des Übergewichts der Beteiligung ist der Flügel der Errungenschaft zuzuordnen. Dem Eigengut von Herrn X steht eine (beidseitig variable) Ersatzforderung gemäss Art. 209 Abs. 3 zu.

Haben beide Gütermassen **im gleichen Ausmass** einen Vermögensgegenstand mitfinan- **15** ziert, ist dieser in Anlehnung an Art. 200 Abs. 3 und 209 Abs. 2 der Errungenschaft zuzuordnen (Prot. nationalrätliche Kommission, 1010; DESCHENAUX/STEINAUER/ BADDELEY, Rz 1035; BK-HAUSHEER/REUSSER/GEISER, N 47).

Eine **nachträgliche Veränderung der Beteiligung** führt nicht mehr zu einer Massenum- **16** teilung (BGE 132 III 145 ff. E. 2.2).

Zur Mitbeteiligung von **Hypotheken** s. BK-HAUSHEER/REUSSER/GEISER, Art. 206 N 10 **17** und Art. 209 N 31; HAUSHEER/JAUN, Urteilsanmerkung zu BGE 123 III 152 ff., ZBJV 133 (1997), 512 ff.; HAUSHEER/GEISER/KOBEL, Rz 12.62 ff.; WOLF, ZBJV 2000, 250 ff. Zur Behandlung eines **Vorbezugs für Wohneigentum** WOLF, a.a.O., 254 f.; vgl. dazu auch BRUNNER, AEBI-MÜLLER und KOLLER, a.a.O.

Art. 197

II. Errungen- schaft	[1] **Errungenschaft sind die Vermögenswerte, die ein Ehegatte während der Dauer des Güterstandes entgeltlich erwirbt.**
	[2] **Die Errungenschaft eines Ehegatten umfasst insbesondere:** **1. seinen Arbeitserwerb;** **2. die Leistungen von Personalfürsorgeeinrichtungen, Sozialver-sicherungen und Sozialfürsorgeeinrichtungen;** **3. die Entschädigungen wegen Arbeitsunfähigkeit;** **4. die Erträge seines Eigengutes;** **5. Ersatzanschaffungen für Errungenschaft.**
II. Acquêts	[1] Sont acquêts les biens acquis par un époux à titre onéreux pendant le régime.
	[2] Les acquêts d'un époux comprennent notamment: 1. le produit de son travail; 2. les sommes versées par des institutions de prévoyance en faveur du personnel ou par des institutions d'assurance ou de prévoyance so-ciale; 3. les dommages-intérêts dus à raison d'une incapacité de travail; 4. les revenus de ses biens propres; 5. les biens acquis en remploi de ses acquêts.
II. Acquisti	[1] Sono acquisti i beni acquisiti da un coniuge a titolo oneroso durante il regime.

² Gli acquisti di un coniuge comprendono segnatamente:
1. il guadagno del suo lavoro;
2. le prestazioni di istituzioni di previdenza a favore del personale, di assicurazioni sociali e di istituzioni di previdenza sociale;
3. il risarcimento per impedimento al lavoro;
4. i redditi dei suoi beni propri;
5. i beni acquisiti in sostituzione degli acquisti.

Literatur

BADDELEY, L'assurance-vie en rapport avec le régime matrimonial et le droit successoral, SemJud 2000, 511 ff.; BÄR, Die kaufmännische Unternehmung im neuen Ehe- und Erbrecht, in: BTJP 1987, Bern 1988, 179 ff.; BRÜHWILER, Die betriebliche Personalvorsorge in der Schweiz, ASR Bd. 521, Bern 1989; GEISER, Die güterrechtliche Behandlung von Ansprüchen aus steuerbegünstigtem Sparen, AJP 1992, 1394 ff.; IZZO, Lebensversicherungsansprüche und -anwartschaften bei der güter- und erbrechtlichen Auseinandersetzung, AISUF 180, Freiburg 1999; KOCHER, Güterrechtliche Sicherstellung im Massnahmeverfahren (Art. 145 ZGB und Art. 322 ZPO BE), ASR Bd. 577, Bern 1995; LOCHER, Abgrenzung von Kapitalgewinn und Kapitalertrag im Bundessteuerrecht, recht 1990, 109 ff.; LÜTHE, Eigengut und Errungenschaft im neuen ordentlichen Güterstand, Diss. Freiburg 1981; RIEMER, Berufliche Vorsorge und eheliches Vermögensrecht, SZS 41 (1997), 106 ff.; SCHNYDER, Die privatrechtliche Rechtsprechung des Bundesgerichts im Jahre 1992, Familienrecht, ZBJV 130 (1994), 144 ff.; STETTLER, La prise en compte de la sécurité sociale des conjoints dans le règlement des effets accessoires du divorce, SemJud 1985, 310 ff.; ZOBL, Zur Rechtsfigur der Anwartschaft und deren Verwendbarkeit im schweizerischen Recht, in: FS Meier-Hayoz, Bern 1982, 495 ff.; vgl. auch die Literaturhinweise vor Art. 181.

I. Allgemeines

1. Zweck der Abgrenzung der Errungenschaft vom Eigengut

1   Die Errungenschaft gilt als **durch das Zusammenwirken beider Ehegatten erwirtschaftet.** Zwar steht sie im Eigentum des einzelnen Ehegatten, doch hat sie ihren Grund in der Arbeitsteilung unter beiden Ehegatten. Sie ist deshalb bei Auflösung des Güterstandes mit dem andern Ehepartner zu teilen (Art. 215 f.). Demgegenüber trägt die eheliche Gemeinschaft nichts zum Eigengut eines Ehegatten bei. Der andere Partner soll daher aufgrund des Güterrechts daran keinen Anteil haben.

2. Massgebende Kriterien

2   Als ausschlaggebend für die Errungenschaft bezeichnet das Gesetz den **entgeltlichen Erwerb** eines bestimmten Vermögenswertes, und zwar während des Güterstandes. Gemeint ist damit, dass für diesen Vermögenswert seitens der ehelichen Gemeinschaft eine Gegenleistung erbracht worden ist (dazu DESCHENAUX/STEINAUER/BADDELEY, Rz 1060 f.).

3   Im Vordergrund steht die Arbeitskraft der Ehegatten, die grundsätzlich der Gemeinschaft zukommt. Es kann sich aber auch um den Einsatz finanzieller Mittel der Errungenschaft handeln. Erfolgt dagegen die Gegenleistung aus dem Eigengut (zum Zweck einer Ersatzanschaffung i.S.v. Art. 198 Ziff. 4) oder im Hinblick auf einen Gegenstand, der einem Ehegatten ausschliesslich zum persönlichen Gebrauch dient (Art. 198 Ziff. 1; zur allfälligen Ersatzforderung in diesem Zusammenhang s. N 11 dazu), liegt zwar ebenfalls ein entgeltlicher Erwerb vor, indessen führt er nicht zu Errungenschaft. Art. 197 Abs. 1 ist somit nicht wörtlich aufzufassen, vielmehr sind **Art. 198 Ziff. 1 und 4 vorzubehalten** (BK-HAUSHEER/REUSSER/GEISER, N 6 ff.).

Im Übrigen kann Errungenschaft **auch ohne Entgelt** seitens der Ehegemeinschaft entstehen. Das trifft bei den Erträgen des Eigengutes zu, die – unter Vorbehalt von Art. 199 Abs. 2 – nach Art. 197 Abs. 2 Ziff. 4 in die Errungenschaft fallen. **4**

Kraft Gesetzes führt des Weitern alles zur Bildung von Errungenschaft, was nach Art. 198 nicht als Eigengut umschrieben bzw. aufgrund des Ehevertrages im Rahmen von Art. 199 zu Eigengut erklärt worden ist (statt vieler HEGNAUER/BREITSCHMID, Rz 26.26). Art. 197 ist im Unterschied zu Art. 198 **nicht abschliessend** gedacht. Nicht ausdrücklich erwähnt werden u.a. die Erträge der Errungenschaft, Leistungen des andern Ehegatten gestützt auf Art. 163–165 (insb. Abs. 2), Unterhaltsleistungen Dritter sowie Schadenersatz wegen Verletzung der Persönlichkeit (dazu hinten N 42 ff.). **5**

3. Entgeltlich erworben während des Güterstandes

a) Begriff des Entgelts

Das Entgelt seitens der Errungenschaft wird im Ehegüterrecht nicht näher umschrieben. Es gelten die **allgemeinen Regeln,** wie sie u.a. auch Art. 19 Abs. 2 oder Art. 626 zugrunde liegen. Das Entgelt kann sowohl in der Person der Ehegatten (persönliche Leistung oder unerlaubte Handlung eines Dritten zum Nachteil eines Ehegatten) begründet sein, als auch in der Hingabe einer Sache oder eines Rechts der Errungenschaft. Im Zweifelsfall ist angesichts von Art. 200 Abs. 3, d.h. bei fehlendem Nachweis einer Schenkungsabsicht, von entgeltlichem Erwerb auszugehen (so der unveröff. BGE vom 26.5.1992 i.S. S. c. S. im Zusammenhang mit der Übernahme eines Gesellschaftsanteils; für weitere Einzelheiten s. BK-HAUSHEER/REUSSER/GEISER, N 12 ff.). **6**

Negativ umschrieben ist alles entgeltlich erworben, was nicht auf einer Liberalität unter Lebenden oder von Todes wegen bzw. auf einem besonderen gesetzlichen Erwerbsgrund ohne Gegenleistung (dazu Art. 198 N 26 ff.) beruht. Vorzubehalten bleibt indessen im Rahmen des Letzteren wiederum, was einem Ehegatten als ehelicher Unterhalt von Gesetzes wegen zusteht (hinten N 43; vgl. auch BK-HAUSHEER/REUSSER/Geiser, N 22 m.w.H.). **7**

Entgeltlich erworben **für die Errungenschaft** ist aber nur, was nicht unter Art. 198 Ziff. 1 und 4 fällt (dazu vorne N 3). **8**

Gemischte Rechtsgeschäfte mit teilweiser Entgeltlichkeit und teilweiser Liberalität führen je nach Übergewicht zu Errungenschaft oder Eigengut. Der andern Gütermasse steht eine anteilsmässige, grundsätzlich variable Ersatzforderung nach Art. 209 Abs. 3 zu (vgl. Art. 209 N 19 ff.). **9**

Fraglich muss bleiben, ob beim **Lotteriegewinn** ein für Errungenschaft hinreichendes Entgelt vorliegt (so jetzt BGE 121 III 201 E. 4, dazu KOCHER, 56; KGer Schwyz, SJZ 1985, 197 mit Zustimmung von HEGNAUER/BREITSCHMID, Rz 26.18). **10**

b) Während des Güterstandes

Mit dem entgeltlichen Erwerb während der Ehe ist der Erwerb **während** des Bestandes der **Errungenschaftsbeteiligung** gemeint. Was unter einem andern Güterstand entgeltlich erworben wurde, verwandelt sich mit dem Wechsel zum ordentlichen, subsidiären Güterstand in Eigengut (Art. 198 Ziff. 2; zu den übergangsrechtlichen Besonderheiten auf den 1.1.1988 hin s. BK-HAUSHEER/REUSSER/GEISER, Vorbem. zu Art. 181 ff. N 40 ff. und die Komm. zu Art. 9b SchlT). **11**

Wann der einzelne Erwerb als verwirklicht gelten kann, hängt von den unterschiedlichen Erwerbstatbeständen ab (Begründung einer Forderung, Anfall von natürlichen oder zivilen Früchten usw.). Als Vermögenswert, d.h. geldwertes Gut oder Recht, gilt auch die **12**

Anwartschaft, die sich zum Anwartschaftsrecht mit weitgehend gesicherter Rechtsstellung des Erwerbers verdichtet hat (dazu ZOBL; zu Anwartschaften ggü. Personalvorsorgeeinrichtungen BGE 123 III 289 f. E. 3b cc, m.w.H.). Bei Dauerschuldverhältnissen greift u.U. eine Aufteilung pro rata temporis Platz.

II. Die gesetzlichen Beispiele von Errungenschaft

1. Der Arbeitserwerb

a) Abgrenzungen

13 Beim Arbeitserwerb handelt es sich um **gegen Entgelt verrichtete Arbeit eines Ehegatten.** Ausgeschlossen bleibt somit die im Rahmen von Art. 163 als Unterhaltsbeitrag geleistete Arbeit, und zwar auch dann, wenn sie als Mithilfe in Beruf oder Gewerbe des andern Partners erbracht wird. Kein Entgelt für Arbeit ist sodann der Betrag zur freien Verfügung des nicht erwerbstätigen Ehegatten nach Art. 164. Als fraglich mag erscheinen, ob entgeltlicher Arbeitserwerb (so BGE 115 Ib 37 hinsichtlich von BVG-Pämien) im Zusammenhang mit der angemessenen Entschädigung i.S.v. Art. 165 Abs. 1 vorliegt. Indessen führt eine solche Entschädigung wie auch der Betrag zur freien Verfügung i.E. immer zu Errungenschaft (DESCHENAUX/STEINAUER/BADDELEY, Rz 1068).

b) Bei unternehmerischer Tätigkeit

14 Arbeit gegen Entgelt wird von den Ehegatten ganz überwiegend in unselbständiger Stellung für Dritte geleistet. Der **gleichzeitige Einsatz von Arbeit und Kapital** seitens des Ehegatten steht regelmässig nicht in Frage. Anders verhält es sich bei selbständiger Erwerbstätigkeit. Hier gilt es mit Rücksicht auf das Kapital **konjunkturelle von industriellen Mehrwerten zu unterscheiden** (BGE 131 III 559 unter Ausschluss einer Mehrwertbeteiligung bei marktgerechter Entschädigung der Unternehmenstätigkeit; zur allfälligen Mehrwertbeteiligung vgl. dazu auch Art. 209 N 21a; BGE 112 II 384, E. 5a; BK-HAUSHEER/REUSSER/GEISER, N 37 ff. m.w.H.; BÄR, 192 ff.). Erstere sind ausschliesslich auf Angebot und Nachfrage des Marktes zurückzuführen und verbleiben daher jener Gütermasse, welcher der fragliche Vermögenswert zuzuordnen ist. Letztere haben ihren Grund im Einsatz des wirtschaftlich tätigen Ehegatten (BGE 112 II 385). Sie stehen deshalb als Arbeitserwerb der Errungenschaft zu. Für die im Einzelfall nicht immer leichte Abgrenzung der beiden Arten von Mehrwerten kann auch danach gefragt werden, ob Einkommenssteuern geschuldet sind oder – wenn überhaupt – Kapitalgewinn zu versteuern ist (BGE in: ASA 56, 366). Zum Arbeitserwerb gehört somit neben der Entschädigung jeglicher Art für eine wirtschaftliche Tätigkeit des Ehegatten (Lohn, Tantiemen usw.) auch der Zuwachs des Berufs- und Gewerbevermögens, soweit er i.S.v. Goodwill auf die Tätigkeit des Ehegatten zurückzuführen ist. Nicht um Arbeitserwerb handelt es sich dagegen sowohl beim Vermögensertrag als auch bei konjunkturellen Wertschwankungen der einzelnen Vermögensbestandteile, die unternehmerisch investiert worden sind. Unter Vorbehalt von Art. 199 Abs. 2 verbleibt Letzterer indessen aufgrund von Art. 197 Abs. 2 Ziff. 4 der Errungenschaft.

15 Im Zusammenhang mit der **Erweiterung einer Unternehmung** ist im Einzelnen zu prüfen, wie sie zustande gekommen ist, da hierfür sowohl Arbeitserwerb als auch konjunkturelle Mehrwerte oder Vermögenserträge in Frage kommen.

c) Im Zusammenhang mit Vermögensverwaltung

16 Die steuerrechtliche Betrachtungsweise gibt darüber zuverlässige Auskunft, wie weit bei **quasiprofessioneller Vermögensverwaltung** Arbeitserwerb vorliegt, d.h. dort, wo Vermögensgewinne darauf zurückzuführen sind, dass von einem Ehegatten ein die ordentliche Vermögensverwaltung offensichtlich übersteigender Einsatz geleistet wird. Arbeitserwerb ist immer dann zu bejahen, wenn die Bewirtschaftung von Vermögen zur Besteuerung von Einkommen führt (dazu BGE 125 II 113 ff. E. 3c).

2. Die Leistungen von Personalfürsorgeeinrichtungen, Sozialversicherungen und Sozialfürsorgeeinrichtungen

a) Ausgangslage

Bei diesen Leistungen geht es um den Ersatz von regelmässig lebensnotwendigem Er-   **17** werbseinkommen, wenn dieses wegen Alters, Krankheit, Invalidität oder eines andern Grundes nicht mehr zur Verfügung steht (DESCHENAUX/STEINAUER/BADDELEY, Rz 1070). Wirtschaftlich betrachtet handelt es sich somit um den **Ersatz für die verlorene Erwerbsfähigkeit** der Ehegatten. Wie diese selber soll daher auch das Ersatzeinkommen der Errungenschaft zustehen, und zwar unabhängig davon, wie es letztlich finanziert worden ist. Ersatzforderungen zugunsten des Eigengutes sind ausgeschlossen. Insofern liegt eine bedeutsame Ausnahme vom fundamentalen Grundsatz der Errungenschaftsbeteiligung vor, nämlich von der güterrechtlichen Surrogation. Danach hätte jene Gütermasse Anspruch auf einen bestimmten Vermögenswert, welche die erforderlichen Mittel für den Erwerb zur Verfügung gestellt hat (BGE 118 II 382 ff. mit Hinweisen auf die nunmehr h.L. und zu ergänzen durch STETTLER/WAELTI, Rz 260 ff. und 369 ff.; vgl. dazu auch SCHNYDER, 156 ff. und sodann HEGNAUER/BREITSCHMID, Rz 26.22; zu Renten der AHV und IV s. BGE 123 III 442. **A.M.** PIOTET in zahlreichen Publikationen, zit. in BGE 118 II 387. Eine eingehendere Darlegung der Kontroverse findet sich im BK-HAUSHEER/REUSSER/GEISER, N 51 ff.; s.a. KOLLER, 7 ff.). Blosse **Anwartschaften** auf künftige Vorsorgeleistungen gehörend demgegenüber nicht zur Errungenschaft, da es an einem konkreten Vermögenswert fehlt (s. AEBI-MÜLLER, Rz 03.16 ff.; vgl. auch BGE 123 III 289). Im Falle der Ehescheidung führt indessen der Vorsorgeausgleich (Art. 122 f.) zu einer grundsätzlich hälftigen Beteiligung beider Ehegatten an den während der Ehe erworbenen Anwartschaften gegenüber der beruflichen Vorsorge. Unter dem bis Ende 1999 geltenden Scheidungsrecht standen demgegenüber als Ausgleich unter den Ehegatten nur die Art. 151 und 152 zur Verfügung (BGE 118 II 385). **Vorbezüge für selbstbewohntes Wohneigentum** stehen bis zum Eintritt eines Vorsorgefalles unter dem Vorbehalt der Rückerstattungspflicht bei Veräusserung der Wohnliegenschaft, weshalb auch diesbezüglich von Anwartschaften auszugehen ist (u.a. AEBI-MÜLLER, Rz 03.38 ff., m.w.H.; **a.M.** SANDOZ, 327 ff.).

b) Während des Güterstandes

Art. 197 Abs. 2 Ziff. 2 betrifft das Ersatzeinkommen **während der Ehe** (bzw. während   **18** des Güterstandes). Was für die Zeit danach bestimmt ist, fällt nicht mehr in den Anwendungsbereich der Errungenschaftsbeteiligung. Sind bis zur Auflösung dieses Güterstandes keine entsprechenden Leistungen ausgerichtet worden, ist die (unveränderte) Anwartschaft bzw. das Stammrecht nicht in die güterrechtliche Auseinandersetzung einzubeziehen (BGE 123 III 289). Sind dagegen während des Güterstandes schon Leistungen erbracht worden oder angefallen, ist danach zu unterscheiden, ob es sich um eine Rente oder eine Kapitalabfindung handelt. Im ersteren Fall sind die künftigen Rentenbeträge von Art. 215 ff. auszunehmen. Im letztgenannten Fall ist nach Art. 207 Abs. 2 jener Teil des Kapitals dem Eigengut zuzuweisen, der bei einer Umrechnung des gesamten Kapitals auf eine Rente der noch verbleibenden künftigen Rente entsprechen würde (vgl. dazu Art. 207 N 17 ff.).

c) Die von Art. 197 Abs. 2 Ziff. 2 erfassten Leistungen

19   Da sich der Gesetzgeber dazu nicht im Einzelnen äussert, ist vom Zweck dieser Gesetzesbestimmung und Art. 207 Abs. 2 auszugehen: Es geht um jene **Absicherung von Erwerbseinkommensersatz,** die für den berechtigten Ehegatten bis zur Verwirklichung eines Leistungsgrundes nicht zum verfügbaren Vermögenswert geworden ist. Der Anspruch bleibt bis zu seiner Fälligkeit bzw. bis zu seinem endgültigen Erwerb bez. Bestand und Umfang ungewiss und ist von Gesetzes wegen der Verfügung der Berechtigten entzogen (BK-HAUSHEER/REUSSER/GEISER, N 57). Das betrifft:

– Leistungen der **AHV** und **IV** (= sog. erste Säule; BGE 123 III 442), unter Vorbehalt von medizinischen Hilfsmitteln (im Rahmen der IV), die zu Gegenständen zum ausschliesslich persönlichen Gebrauch eines Ehegatten i.S.v. Art. 198 Abs. 1 werden;

– Leistungen im Zusammenhang mit **Kranken-, Unfall-, Militär- und Arbeitslosenversicherung,** soweit sie die Beeinträchtigung der Erwerbsfähigkeit betreffen;

– Leistungen zugunsten von Arbeitnehmern im Zusammenhang mit der **beruflichen Vorsorge** (= zweite Säule), und zwar sowohl im Rahmen von Art. 4 BVG (= Sozialversicherung) als auch im darüber hinausgehenden (sog. über- und unterobligatorischen oder erweiterten) Bereich und jenem weiteren Bereich der Personalfürsorgeeinrichtungen mit andern Risiken als Tod, Invalidität und Alter (vgl. dazu BRÜHWILER, 253 ff.; KOCHER, 124 ff.; BGE 127 III 438);

– Leistungen aus **Freizügigkeitsguthaben** (AEBI-MÜLLER, Rz 03.32; KOLLER, 10);

– Leistungen zugunsten von Selbständigerwerbenden, gestützt auf die **freiwillige** (auch Art. 8 BVG übersteigende) **Versicherung** im Rahmen des **BVG** (zur Begründung im einzelnen BK-HAUSHEER/REUSSER/GEISER, N 64; vgl. sodann DESCHENAUX/STEINAUER/BADDELEY, Rz 1093 ff.);

– Leistungen der **Sozialfürsorge,** erfolge sie durch die öffentliche Hand oder private Organisationen. Massgebend ist, dass die Leistung einzig an die Bedürftigkeit anknüpft und auf jede Gegenleistung verzichtet.

d) Die von Art. 197 Abs. 2 Ziff. 2 ausgeschlossenen Leistungen

20   **Umstritten** und von der Rechtsprechung noch nicht geklärt ist die Frage, wieweit auch die **steuerbegünstigte dritte Säule,** d.h. die aufgrund von Art. 82 BVG und Art. 99 VVG in BVV 3 besonders geregelten Sparformen, welche Steuervorteile geniessen, unter Art. 197 Abs. 2 Ziff. 2 fallen. Es geht dabei um einen besonderen (behördlich kontrollierten) Versicherungsvertrag bzw. gebundenes Sparen im Rahmen einer Bankstiftung. Die nunmehr wohl ganz herrschende Lehre schliesst die dritte Säule von Art. 197 Abs. 2 Ziff. 2 aus (vgl. die Übersicht bei DESCHENAUX/STEINAUER/BADDELEY, Rz 1099 ff.; zum Ganzen sodann AEBI-MÜLLER, Rz 03.23 ff.; BADDELEY, 524 f. und nunmehr auch Update BK, Art. 197, N 66).

21   Die von der älteren Lehre angeführten Gründe für eine Zuordnung der Guthaben aus der dritten Säule zu Art. 197 Abs. 2 Ziff. 2 stehen im Widerspruch zur heutigen Rechtslage. Einerseits bestehen auch für selbständig Erwerbstätige ausreichende Möglichkeiten des Anschlusses an eine Einrichtung der beruflichen Vorsorge, womit die Frage der Gleichstellung mit unselbständigen Arbeitnehmern entfällt. Andererseits stehen die erweiterte Verfügbarkeit durch die Bestimmungen über den Vorbezug für selbst genutztes Wohneigentum sowie das neue Scheidungsfolgerecht (Guthaben der Säule 3a unterliegen im Scheidungsverfahren der güterrechtlichen Auseinandersetzung; die Scheidung ermöglicht sodann die Abtretung von Vorsorgeguthaben, Art. 4 BVV3) der bisherigen Einschätzung entgegen, es handle sich bei den in der Säule 3a angelegten Kapitalien um blosse Anwartschaften. Hinsichtlich der in der Säule 3a eingebrachten bzw. von Vorsorgeeinrichtungen ausgerichteten Beträgen bleibt es deshalb beim güterrechtlichen **Surrogationsprinzip** (dazu N 22). In aller Regel wird es sich um angespartes Erwerbseinkommen und damit um Errungenschaft gemäss Art. 197 Abs. 2 Ziff. 1 handeln (AEBI-MÜLLER, Rz 03.27 m.w.H.). Immerhin bleibt im Zusammenhang mit reinen **Risiko-Lebensversicherungen** zu beachten, dass diese keinen Rückkaufswert aufweisen und damit erst bei Eintritt des Versicherungsfalles güterrechtliche Bedeutung aufweisen (AEBI-MÜLLER, Rz 03.25 und 03.34; s.a. N 23).

Von Art. 197 Abs. 2 Ziff. 2 augeschlossen bleiben zudem folgende Leistungen: 22

– **Private Lebensversicherungen mit** als sicher feststehendem versichertem Ereignis und mit **Rückkaufswert.** Es gelten die Grundsätze der güterrechtlichen Surrogation für die Zuordnung der Leistungen an die Errungenschaft oder das Eigengut. Fallen die Versicherungsleistungen während des Güterstandes an, kommt es darauf an, welche Gütermasse die entsprechenden Prämien entrichtet hat. Ist der Versicherungsfall während des Güterstandes nicht eingetreten, steht der massgebenden Gütermasse der Rückkaufswert zu. Sind während des Güterstandes für eine vor der Ehe abgeschlossene Lebensversicherung Prämien aus der Errungenschaft entrichtet worden, verbleiben Rückkaufswert oder Versicherungsleistungen dem Eigengut, indessen steht der Errungenschaft im Umfang der Prämien eine Ersatzforderung zu (weitere Einzelheiten dazu BK-HAUSHEER/REUSSER/GEISER, N 71 ff.; tw. **a.M.** IZZO, 171 ff.). Wird die Lebensversicherung erst während des Güterstandes abgeschlossen, kommt es entscheidend darauf an, welche Gütermasse für die Prämien aufkommen soll. Leistungen der andern Gütermasse führen zu einer Ersatzforderung.

– **Reine Risikoversicherungen,** bei denen nicht sicher ist, ob der Versicherungsfall je   23
eintreten wird. Da es sich auch hier um blosse Anwartschaften handelt, fallen sie güterrechtlich – unter Vorbehalt von Art. 208 Abs. 1 Ziff. 2 – ausser Betracht, wenn der Versicherungsfall während des Güterstandes nicht eingetreten ist. Ist die Versicherungsleistung während des Güterstandes angefallen, hat jene Masse darauf Anspruch, welche für die entsprechenden Prämien aufgekommen ist. Vorzubehalten ist indessen der Fall, dass die Versicherungsleistung tatsächlich eingetretenen Verdienstausfall abdeckt. Unter diesen Umständen gilt wiederum Art. 197 Abs. 2 Ziff. 2 (BK-HAUSHEER/REUSSER/GEISER, N 78).

3. Entschädigungen wegen Arbeitsunfähigkeit

Art. 197 Abs. 2 Ziff. 3 zielt auf jegliche Art von **Entschädigung wegen Beeinträchti-**   24
gung der Erwerbsfähigkeit der Ehegatten, die – für die Zeit der Ehe bzw. des Güterstandes – der Errungenschaft zusteht.

Im Vordergrund steht dabei **Art. 46 OR**, sowohl was eine schon eingetretene Er-   25
werbseinbusse als auch was künftigen Erwerbsausfall und die Erschwerung des wirtschaftlichen Fortkommens betrifft (DESCHENAUX/STEINAUER/BADDELEY, Rz 1120; STETTLER/WAELTI, Rz 268).

Andere Gründe der Entschädigung von Arbeitsausfall, wie unzulässige Inhaftnahme   26
oder ungerechtfertigte FFE, können ebenfalls in Frage stehen (BK-HAUSHEER/REUSSER/GEISER, N 81).

Für **naheheliche bzw. nachgüterstandliche Arbeitsunfähigkeit** ist Art. 207 Abs. 2 zu   27
beachten: Die entsprechende Entschädigung bleibt, wie jene für voreheliche/vorgüter-

standlichen Arbeitsausfall, der Errungenschaft entzogen. Ist vorgüterstandlich schon ein Kapitalbetrag für Arbeitsunfähigkeit angefallen und dauert letztere auch noch unter der Errungenschaftsbeteiligung an, kommt Art. 207 Abs. 2 analog zur Anwendung. (s. Art. 207 N 14; sodann BK-HAUSHEER/REUSSER/GEISER, N 87).

4. Erträge des Eigengutes

a) Ausnahme zu Art. 643 ZGB

28   Erträge, d.h. **natürliche und zivile Früchte** i.S.v. Art. 643 Abs. 2 und 757 (LÜTHE, 210 f.; PIOTET, 139 ff., DESCHENAUX/STEINAUER/BADDELEY, Rz 1123 ff.; BK-HAUSHEER/ REUSSER/GEISER, N 89, STETTLER/WAELTI, Rz 273 f.), stehen nach allgemeiner Regel (so Art. 643 Abs. 1) jenem Vermögen zu, dem die «Muttersache» zugeordnet ist. Davon macht die Errungenschaftsbeteiligung in Art. 197 Abs. 2 Ziff. 4 (eine lange Rechtstradition i.S. einer «Ehesteuer» fortführend) eine Ausnahme. Diese Bestimmung ist insofern dispositiver Natur, als sie aufgrund von Art. 199 Abs. 2 ehevertraglich beseitigt werden kann.

b) Zivile Früchte

29   **Zivile Früchte** sind vorab Zinsen aller Art, etwa aufgrund einer Gebrauchsüberlassung, eines Darlehens oder einer Leistungsstörung, sowie Dividenden und weitere Gewinnausschüttungen bzw. Einkünfte aus Immaterialgüterrechten. Im Unterschied zu den industriellen Mehrwerten haben sie ihren Grund im Kapital. Mit den konjunkturellen Mehrwerten haben sie zwar die Kapitalbasis gemeinsam, zivile Früchte sind aber nicht auf Wertschwankungen der Substanz aufgrund von Angebot und Nachfrage sondern auf die wirtschaftliche Nutzung des Kapitals im weitesten Sinn zurückzuführen. Ob das eine oder andere vorliegt, ist insb. bei Gratisaktien und Bezugsrechten im Einzelfall nach den konkreten Verhältnissen zu beurteilen (BK-HAUSHEER/REUSSER/GEISER, N 96 f. m.w.H.). Keine zivilen Früchte sind Liquidationsgewinne (u.a. LOCHER, 119). S. zum Ganzen auch DESCHENAUX/STEINAUER/BADDELEY, Rz 1129 ff.

c) Natürliche Früchte

30   **Natürliche Früchte** (vgl. dazu DESCHENAUX/STEINAUER/BADDELEY, Rz 1136 f.) umschreibt das ZGB in Art. 643 Abs. 2 als «zeitlich wiederkehrende Erzeugnisse und Erträgnisse, die nach der üblichen Auffassung von einer Sache ihrer Bestimmung gemäss gewonnen werden». Es geht hier einmal um die Ernte bei Pflanzen, und um Jungtiere. Sodann ist auch an die Bodennutzung im weiteren Sinn, z.B. bei Kies- und Steingewinnung, oder an die Nutzung einer Quelle zu denken.

d) Anfall während des Güterstandes

31   Je nach Beschaffenheit der Muttersache kann der **Anfall während der Errungenschaftsbeteiligung** unterschiedlich zu beurteilen sein.

– Bei **zivilen Früchten** kommt es grundsätzlich, d.h. unter Vorbehalt einer vorzeitigen Leistung, auf die Fälligkeit an. Bei Dauerverhältnissen, die schon vor dem Güterstand begonnen haben oder danach noch andauern, sind die Erträgnisse pro rata temporis aufzuteilen.

– Bei **natürlichen Früchten** kommt es entscheidend auf die tatsächliche oder aufgrund der Reife mögliche physische Trennung von der Muttersache an. Auch in diesem Zusammenhang kann u.U. eine pro rata temporis-Aufteilung erfolgen.

e) Umfang

Grundsätzlich stehen der Errungenschaft die Erträge des Eigengutes in vollem Umfang, **32** d.h. als **Bruttoertrag,** zu (DESCHENAUX/STEINAUER/BADDELEY, Rz 1124; BK-HAUSHEER/ REUSSER/GEISER, N 99 ff.; STETTLER/WAELTI, Rz 272 je m.w.H.).

Zur Vermeidung einer Substanzminderung bei Vermögenswerten, die der Alterung bzw. **33** Abnutzung unterliegen, ist indessen ein Vorbehalt für **Aufwendungen zur Substanzerhaltung** zu machen. Das betrifft nicht nur den werterhaltenden Unterhalt einer Liegenschaft, sondern auch die Kosten der Fremdfinanzierung durch Hypotheken, einschliesslich substanzerhaltender Amortisationen. Bei der wirtschaftlichen Unternehmung werden (und zwar ganz selbstverständlich) dementsprechend vor der Gewinnermittlung jene Abschreibungen auf dem investierten Kapital vorgenommen, welcher es zur Fortführung der Unternehmung, d.h. ohne Unternehmensausweitung bedarf. Substanzerhaltende Amortisationen und Abschreibungen bleiben jedoch begrenzt auf den tatsächlichen Anfall von Erträgnissen. Reichen diese zur Substanzerhaltung nicht aus, hat das Eigengut die entsprechende Wertverminderung zu tragen.

Im Zweifelsfall kann das **Steuerrecht** weiterhelfen. Es ist jedoch angesichts seiner unter- **34** schiedlichen Zielsetzung für das Ehegüterrecht nicht in jedem Fall verbindlich.

Bei natürlichen Früchten steht dem Eigengut ein **Aufwendungsersatz** zu, etwa für das **35** Heranziehen von Tieren und Pflanzen (s. u.a. Art. 756 Abs. 2) oder für die Kosten der Bodenausbeutung.

5. Ersatzanschaffungen für Errungenschaft

a) Zweck der Ersatzanschaffungen

Ersatzanschaffungen dienen dem **Erhalt der** verschiedenen **Gütermassen** mit unter- **36** schiedlichen Vermögensbestandteilen und unterschiedlichem rechtlichem Schicksal angesichts des Wechsels von Vermögensgegenständen im Bestand des Sondervermögens (BGE 100 II 184). Sie müssen daher auch der Errungenschaft zustehen.

b) Beschränkung auf Wertersatz

Bei Art. 197 Abs. 2 Ziff. 5 geht es um den sog. **Wertersatz.** Scheidet ein bestimmter **37** Vermögensgegenstand aus der Errungenschaft aus, ohne dass eine Schenkung an einen Dritten oder aber Verbrauch vorliegt, wird jener neue Vermögenswert, der an seine Stelle tritt, wiederum Errungenschaft, und zwar unabhängig davon, ob er von gleicher Beschaffenheit ist oder nicht. Zum Beispiel führt der Verkauf von Aktien zu einem bestimmten Barbetrag, welcher seinerseits für den Kauf eines Kunstgegenstandes eingesetzt wird. Dieser ersetzt die Aktien in der Errungenschaft. Barbetrag und Kunstgegenstand sind von Gesetzes wegen (d.h. aufgrund der vermögensrechtlichen Surrogation) Ersatzanschaffungen zugunsten der Errungenschaft. Nicht erforderlich ist ein rechtsgeschäftlicher Austausch der Vermögensgegenstände: Ersatzanschaffungen können auch auf unerlaubter Handlung oder dinglicher Surrogation im engern Sinn beruhen (vgl. z.B. BGE 110 II 27 E. 3 betr. Art. 19a Bst. d LwG). **Anschaffung** ist somit mit **Erwerb schlechthin** gleichzusetzen (BK-LEMP, aArt. 196 N 27).

Der Wertersatz wird in der Errungenschaftsbeteiligung nicht mehr durch einen den Grund- **38** satz der güterrechtlichen Surrogation durchbrechenden **Zweckersatz** beschränkt (anders aArt. 196 Abs. 2). Bei diesem, hier nicht mehr zur Anwendung gelangenden, Prinzip steht einer Gütermasse allein wegen Zweckgleichheit eines verbrauchten oder sonst wie untergegangenen Vermögensgegenstandes ein neuer Vermögenswert auch dann zu, wenn er durch die andere Gütermasse finanziert worden ist (BK-HAUSHEER/REUSSER/GEISER, N 110 ff. und Art. 198 N 55; zustimmend STETTLER/WAELTI, Rz 227 und jetzt auch HEGNAUER/BREITSCHMID, Rz 26.21 i.V.m. 26.17; sodann KOCHER, 52 ff., insb. 56/57).

c) Voraussetzung

39 Die Ersatzanschaffung setzt voraus,

– dass ein **Vermögensgegenstand durch** einen **andern ersetzt** wird. Das bedeutet wirtschaftliche Nachfolge bzw. Konnexität zwischen der Aufgabe eines Errungenschaftsbestandteils und dem Erwerb eines neuen Vermögensgegenstandes. Ausreichend ist auch eine bloss indirekte oder unterbrochene Konnexität aufgrund des Parteiwillens. So verhält es sich u.a. bei mehrstufiger Geschäftsabwicklung, wenn ein erster Verkaufserlös sich im Rahmen eines gemeinsamen Bankkontos der Ehegatten mit weiteren Guthaben vermischt und erst später wieder für den Erwerb eines Vermögensgegenstandes eines Ehegatten allein verwendet wird (s.a. Botschaft Revision Eherecht, Ziff. 222.12 und weitere Ausführungen zu teilweise kontroversen Einzelheiten bei DESCHENAUX/STEINAUER/BADDELEY, Rz 1011 ff., und BK-HAUSHEER/REUSSER/GEISER, N 114 ff.; zum Ganzen sodann STETTLER/WAELTI, Rz 229 f.).

– Der neu (rechtsgeschäftlich oder von Gesetzes wegen) erworbene Vermögensgegenstand muss sodann demjenigen **Ehegatten** – und zwar in aller Regel als Eigentum – zukommen, dem auch der aufgegebene Vermögensgegenstand zugestanden hat.

Diese Voraussetzungen fehlen beim **reinen Kreditkauf,** da kein Vermögenswert der Errungenschaft bzw. des Eigengutes hingegeben wird. Ein solches Rechtsgeschäft führt aufgrund von Art. 209 Abs. 2 immer zu Errungenschaft (ebenso nun wohl DESCHENAUX/STEINAUER/BADDELEY, Rz 1014).

d) Wirkung der Ersatzanschaffung

40 Sind die gesetzlichen Voraussetzungen erfüllt, tritt die güterrechtliche Zuordnung **von Gesetzes wegen** ein. Es handelt sich dabei – unter Vorbehalt von Art. 199 Abs. 1 – um zwingendes Gesetzesrecht, mit dem der Grundsatz der Unabänderlichkeit der Gütermassen verwirklicht wird. In Art. 197 Abs. 2 Ziff. 2 macht das Gesetz allerdings selber eine **Ausnahme** von Ziff. 5 der gleichen Gesetzesbestimmung (vorn N 19 ff.). Schliesslich kommt auch Art. 198 Ziff. 1 im Zusammenhang mit Gegenständen zum ausschliesslichen persönlichen Gebrauch eines Ehegatten gegenüber Art. 197 Abs. 2 Ziff. 5 so lange der Vorrang zu, als keine Entwidmung eingetreten ist (zur Frage einer allfälligen Ersatzforderung zugunsten der Errungenschaft s. Art. 198 N 11).

e) Ersatzanschaffungen durch Errungenschaft und Eigengut gleichzeitig

41 Dazu die Komm. zu Art. 196 und Art. 206/209.

III. Weitere Tatbestände, die zu Errungenschaft führen

1. Erträge der Errungenschaft

42 Für den Gesetzgeber ist es so **selbstverständlich,** dass die Erträge der Errungenschaft dieser Gütermasse verbleiben, dass er dies, im Unterschied zu Art. 197 Abs. 2 Ziff. 4, nicht eigens vermerkt (für PIOTET, 143, handelt es sich allerdings nicht um einen Parallelfall zu dieser Gesetzesbestimmung, sondern um einen Anwendungsfall von Art. 197 Abs. 2 Ziff. 5; das Ergebnis bleibt das gleiche).

2. Leistungen aufgrund der gesetzlichen Unterhaltspflicht zwischen den Ehegatten

Solche Leistungen im Rahmen von Art. 163 (i.V.m. Art. 173 und 176), 164 und 165 **43**
Abs. 1 und – sofern die Errungenschaft betr. – Abs. 2 führen aufgrund des damit verfolg-
ten **Zweckes** dann zu Errungenschaft, wenn diese Leistungen nicht bestimmungsgemäss
dem Verbrauch zugeführt wurden, sondern geäufnet worden sind (s. u.a. HEGNAUER/
BREITSCHMID, Rz 26.27). Vorausgesetzt ist allerdings ein Eigentümerwechsel unter den
Ehegatten, was beim Haushaltsgeld im gemeinsamen Haushalt nicht der Fall sein muss
(BK-HAUSHEER/REUSSER/GEISER, N 124).

3. Unterhaltsleistungen Dritter

Unterhaltsbeiträge aufgrund von Art. 276 ff., 295, 319 ff. und 328 zugunsten eines Ehe- **44**
gatten werden zufolge ihres **Zweckes** Errungenschaft, sofern sie gespart werden können
(Botschaft Revision Eherecht, Ziff. 222.13 und die h.L.; **a.M.** PIOTET, 144). Gleiches gilt
sodann für den entsprechenden Schadenersatz im Rahmen von Art. 45 Abs. 3 OR nach
einer Wiederverheiratung (BK-HAUSHEER/REUSSER/GEISER, N 125).

4. Schadenersatz im Zusammenhang mit einer Persönlichkeitsverletzung ausserhalb
von Art. 197 Abs. 2 Ziff. 3

Zu denken ist hier an Schadenersatz aufgrund einer **Ehrverletzung oder Namens-** **45**
anmassung, aber auch bei Beeinträchtigungen des Kredites und der wirtschaftlichen
Betätigungsfreiheit ganz allgemein. Solcher Schaden muss sich als Einkommensvermin-
derung oder als Aufwendung zulasten der Errungenschaft bemerkbar machen (DESCHE-
NAUX/STEINAUER/BADDELEY, Rz 1 1 48; BK-HAUSHEER/REUSSER/GEISER, N 1 30; Stett-
ler/WAELTI, Rz 279).

Art. 198

III. Eigengut	Eigengut sind von Gesetzes wegen:
1. Nach Gesetz	1. die Gegenstände, die einem Ehegatten ausschliesslich zum persönlichen Gebrauch dienen;
	2. die Vermögenswerte, die einem Ehegatten zu Beginn des Güterstandes gehören oder ihm später durch Erbgang oder sonstwie unentgeltlich zufallen;
	3. Genugtuungsansprüche;
	4. Ersatzanschaffungen für Eigengut.

III. Biens propres	Sont biens propres de par la loi:
1. Légaux	1. les effets d'un époux exclusivement affectés à son usage personnel;
	2. les biens qui lui appartiennent au début du régime ou qui lui échoient ensuite par succession ou à quelque autre titre gratuit;
	3. les créances en réparation d'un tort moral;
	4. les biens acquis en remploi des biens propres.

III. Beni propri	Sono beni propri per legge:
1. Per legge	1. le cose che servono esclusivamente all'uso personale di un coniuge;
	2. i beni appartenenti ad un coniuge all'inizio del regime o successivamente pervenutigli per eredità od altro titolo gratuito;
	3. le pretese di riparazione morale;
	4. i beni acquisiti in sostituzione dei beni propri.

Literatur

LÜTHE, Eigengut und Errungenschaft im neuen ordentlichen Güterstand, Diss. Freiburg 1981; vgl. auch die Literaturhinweise vor Art. 181.

I. Allgemeines

1. Bedeutung des Eigengutes

1   Beim Eigengut handelt es sich, im Unterschied zur Errungenschaft, um eine Gütermasse bzw. um ein Sondervermögen, das nicht als durch die eheliche Gemeinschaft erwirtschaftet gilt und nach dem Zweck seiner Bestandteile nicht der ehelichen Gemeinschaft, sondern einem Ehegatten allein zukommen soll (Art. 198 Ziff. 1). Es muss daher bei Auflösung des Güterstandes **nicht mit dem andern Ehegatten geteilt** werden und steht den Ehegatten während des Güterstandes nicht im gleichen Masse zur Verfügung wie die Errungenschaft beider Ehepartner. Die Vermutung bezüglich der Massenzugehörigkeit spricht deshalb auch nicht für das Eigengut, sondern für die Errungenschaft (Art. 200 Abs. 3). Im Übrigen verbleiben die Erträge des Eigengutes nicht dieser Vermögensmasse, vielmehr sind sie – unter Vorbehalt von Art. 199 Abs. 2 – zufolge der besonderen gesetzlichen Vorschrift in Art. 197 Abs. 2 Ziff. 4 der Errungenschaft zu überlassen.

2. Rechtliche Grundlage

2   Eigengut kann

– einerseits auf **zwingender Gesetzesvorschrift** beruhen, was für Art. 198 zutrifft, oder aber

– anderseits im Rahmen von Art. 199 **rechtsgeschäftlich,** nämlich durch Ehevertrag, begründet werden.

3   Unter Vorbehalt bzw. Einschluss dieser letzteren Gesetzesbestimmung beinhaltet Art. 198 eine **abschliessende** Umschreibung des Eigengutes. Damit soll der Errungenschaftsbeteiligungsanspruch der Ehegatten gemäss Art. 215 ff. als solcher (d.h. abgesehen von ganz beschränkten und dem eigenen Entscheid vorbehaltenen Modifikationen und von Schenkungen unter Ehegatten, mit denen Errungenschaft eines Ehegatten ins Eigengut des andern überführt werden kann) gesichert bleiben.

3. Vermögensbestandteile

4   Ob sich im Einzelfall eine **Anwartschaft** schon zum Vermögensgegenstand verfestigt hat, welcher zum Eigengut zu zählen ist, beantwortet sich nach den gleichen Grundsätzen wie bei der Errungenschaft (dazu Art. 197 N 12 und 18).

II. Eigengut von Gesetzes wegen

1. Gegenstände, die einem Ehegatten ausschliesslich zum persönlichen Gebrauch dienen

a) Massgebende Zuordnungskriterien

5   Es handelt sich um **Gebrauchsgegenstände,** die einem Ehegatten allein dienen, d.h. unter Ausschluss des andern Ehegatten oder anderer Familienangehöriger. Diese Gegenstände sollen bei Auflösung des Güterstandes grundsätzlich nicht in die Errungenschafts-

beteiligung einbezogen werden. Im Vordergrund stehen bewegliche Sachen wie Kleidung, Schmuck, Sportgeräte u.a.m. Ausnahmsweise kann auch an ein überbautes Grundstück gedacht werden, wenn es etwa der sportlichen Betätigung eines Ehegatten allein dient (BK-HAUSHEER/REUSSER/GEISER, N 12).

Auch die Tatsache, dass der Gebrauchsgegenstand früher oder später verbraucht wird, **6** steht Art. 198 Ziff. 1 nicht entgegen. Diese Gesetzesbestimmung erfasst somit auch sog. **Konsumgüter** (STETTLER/WAELTI, Rz 208 m.w.H.; zweifelnd PIOTET, 115).

Der ausschliesslich persönliche Gebrauch durch einen Ehegatten entfällt nicht schon **7** wegen **Mitgebrauchs durch** einen **Dritten** (z.B. die Mitbenutzung eines Ruderbootes durch einen Mitruderer).

Nicht immer leicht auszumachen ist, ob bei besonders langlebigen und gleichzeitig ausserordentlich wertvollen Vermögensgegenständen der Zweck der **Vermögensanlage** oder **8** des ausschliesslich persönlichen Gebrauchs im Vordergrund steht. Hier ist ein Wertungsentscheid erforderlich: Damit Art. 198 Ziff. 1 zur Anwendung kommt, muss der ausschliesslich persönliche Gebrauch neben dem Zweck der Vermögensanlage von hinreichender Bedeutung bleiben. Eine reine Vermögensanlage fällt nicht unter Art. 198 Ziff. 1.

Für die Zuordnung zum Eigengut nach Art. 198 Ziff. 1 ist somit nicht die Herkunft des **9** Gegenstandes, sondern allein sein **Verwendungszweck** massgebend. Insofern derogiert die Bestimmung ggf. Art. 197 Abs. 2 Ziff. 5 (DESCHENAUX/STEINAUER/BADDELEY, Rz 981; BK-HAUSHEER/REUSSER/GEISER, N 18; STETTLER/WAELTI, Rz 206). Das trifft allerdings nur so lange zu, als der ausschliessliche Verwendungszweck zugunsten eines Ehegatten andauert. Führt eine spätere Ersatzanschaffung gleichzeitig zu einer Entwidmung, fällt der fragliche Vermögenswert dann wieder an die Errungenschaft zurück, wenn er mit Errungenschaftsmitteln angeschafft worden war. Er verbleibt dem Eigengut, wenn diese Mittel dem Eigengut entnommen worden waren (vgl. N 30 ff.).

Kein ausschliesslich persönlicher Gebrauch seitens eines Ehegatten liegt dort vor, wo **10** der Eigentümerehegatte den Gebrauch **ausschliesslich dem andern** überlässt. Dasselbe gilt auch dort, wo es sich um einen Gebrauchsgegenstand handelt, der zwar, z.B. als Hausrat, **der ehelichen Gemeinschaft insgesamt dient,** aufgrund der Aufgabenteilung unter den Ehegatten jedoch nur von einem Ehegatten benutzt wird (was z.B. bei Kochgeräten zutreffen mag: BK-HAUSHEER/REUSSER/GEISER, N 16; zustimmend STETTLER/WAELTI, Rz 209).

b) Ersatzforderungen

Die **Herkunft der Mittel zur Anschaffung** eines Gegenstandes zum ausschliesslich **11** persönlichen Gebrauch kann im Hinblick auf eine allfällige Ersatzforderung zugunsten der Errungenschaft von Bedeutung sein. Ausschlaggebend für die Bejahung einer **Ersatzforderung** ist, ob der fragliche, mit Errungenschaftsmitteln erworbene Gegenstand, der infolge des ausschliesslich persönlichen Gebrauchs Eigengut darstellt, im Rahmen des angemessenen Unterhalts gemäss Art. 163 ZGB liegt (was z.B. bei Kleidern im üblichen Umfang zutrifft), oder aber darüber hinausgeht (z.B. bei besonders wertvollem Schmuck oder Kunstgegenständen). Nur im letzteren Fall steht der Errungenschaft eine **Ersatzforderung** zu, während im ersteren Fall der Unterhaltsbeitrag die Ersatzforderung ausschliesst (PIOTET, 114; BK-HAUSHEER/REUSSER/Geiser, N 18 und STETTLER/WAELTI, Rz 210; vgl. auch HEGNAUER/BREITSCHMID, Rz 26.38).

2. Vermögenswerte, die einem Ehegatten zu Beginn des Güterstandes gehören oder ihm später durch Erbgang oder sonst wie unentgeltlich zufallen

a) Eingebrachtes Gut der Ehegatten

12   Art. 198 Ziff. 2 knüpft an die Umschreibung des **eingebrachten Gutes** (des Ehemannes) in der bisherigen **Güterverbindung** an. An diesem Teilvermögen, welches schon zu Beginn des Güterstandes vorhanden ist oder während des Güterstandes einem Ehegatten ohne Gegenleistung seitens der ehelichen Gemeinschaft zufliesst, hat die Letztere keinen Anteil.

13   Massgebende **Kriterien** für das eingebrachte Gut sind somit

(1.) ein rein **zeitliches,** nämlich der Erwerb vor dem Güterstand oder

(2.) der **Rechtsgrund** des Erwerbs während des Güterstandes, nämlich die Unentgeltlichkeit.

14   Das erste Zuordnungskriterium bewirkt, dass Vermögenswerte u.U. zwar **während und aufgrund der Ehe erwirtschaftet** worden sein können, aber dennoch nicht als Errungenschaft unter den Ehegatten zu teilen sein werden: Erfolgt ein Güterstandswechsel von Gütergemeinschaft oder Gütertrennung hin zur Errungenschaftsbeteiligung ohne Rückwirkung auf den Eheabschluss (dazu Art. 182 N 19), wird der entsprechende Vermögenserwerb zu Eigengut.

b) Vor der Errungenschaftsbeteiligung erworben

15   Hier kann es sich **auch** um **Erträge** von Vermögenswerten handeln, die während der Errungenschaftsbeteiligung ihren Ertrag aufgrund von Art. 197 Abs. 2 Ziff. 4 der Errungenschaft zukommen lassen müssen. Die im Zusammenhang mit dieser Gesetzesbestimmung erwähnten Abgrenzungskriterien finden ebenfalls im Zusammenhang mit Art. 198 Ziff. 2 Anwendung (PIOTET, 104 f.; BK-HAUSHEER/REUSSER/GEISER, N 23 ff.; STETTLER/WAELTI, Rz 214).

16   Einem vorgüterstandlichen Erwerb zugunsten des Eigengutes steht der Umstand nicht entgegen, dass der fragliche Vermögenswert **nie** in den **unmittelbaren Besitz** des berechtigten Ehegatten gelangt ist, z.B., weil er durch den andern Ehegatten oder eine Drittperson verwaltet wird (BGE 82 II 337).

c) Unentgeltlicher Erwerb während des Güterstandes

17   Nach dem Zweck von Art. 198 Ziff. 2 ist der Begriff der Unentgeltlichkeit weit zu umschreiben. Erfasst werden auch der **Schuldenerlass** und die **Schuldentilgung** bzw. der Verzicht auf ein beschränktes dingliches Recht durch einen Dritten. Letztlich begünstigt – allenfalls auf dem Wege einer Ersatzforderung – ist nach nunmehr h.L. (BK-HAUSHEER/REUSSER/GEISER, N 29 m.w.H., zu ergänzen durch STETTLER/WAELTI, Rz 221; jetzt auch HEGNAUER/BREITSCHMID, Rz 26.15) in jedem Fall das Eigengut und nicht jene Gütermasse (d.h. u.U. die Errungenschaft), deren Schuld erlassen oder getilgt worden ist (anders aber PIOTET, 105).

18   **Unentgeltlich** ist der Vermögensanfall während des Güterstandes so lange, als der berechtigte Ehegatte weder aus seinem Vermögen noch in der Form einer Dienstleistung (im weitesten Sinn) eine Gegenleistung erbringt. Dazu reicht u.U. die blosse Erhöhung der Kreditwürdigkeit aus (so der unveröff. BGE vom 26.5.1992 i.S. S. c. S. im Zusammenhang mit der Übernahme eines Gesellschaftsanteils ohne finanzielle Gegenleistung).

Die **Beweislast** für eine Schenkungsabsicht trägt aufgrund von Art. 200 Abs. 3 jener Ehegatte, der Eigengut geltend macht (BGE a.a.O.).

aa) Unentgeltlicher Erwerb von Todes wegen

Von Todes wegen unentgeltlich erworben ist jede **Zuwendung des Erblassers,** für die   **19** **keine Gegenleistung** zu erbringen ist, d.h. unabhängig davon, ob der Begünstigte von Gesetzes wegen oder aufgrund eines Rechtsgeschäfts Erbe oder Vermächtnisnehmer wird.

Gleichgestellt sind die (gesetzlich besonders geregelten) Begünstigungen im Zusammen-   **20** hang mit einer Schenkung von Todes wegen und gestützt auf **Art. 76 ff. VVG** (BGE 112 II 164).

Um eine Vorwegnahme einer unentgeltlichen erbrechtlichen Zuwendung handelt es sich   **21** beim **Erbauskauf** (Erbverzichtsvertrag gegen Entgelt: dazu BK-HAUSHEER/Reusser/ GEISER, N 32 m.w.H. und zu ergänzen durch STETTLER/WAELTI, Rz 217). Ob hier, wie auch generell bei Erbvorempfang und bei der Schenkung von Todes wegen, von einem Rechtsgeschäft von Todes wegen im eigentlichen oder nur in einem übertragenen Sinn gesprochen werden kann, bleibt im Rahmen von Art. 198 Ziff. 2 letztlich dem Grundsatz nach ohne Bedeutung. Auf jeden Fall bleibt der Auffangtatbestand des sonst wie unentgeltlichen Erwerbs erhalten. Je nach dem konkreten Zuwendungstatbestand kann allerdings der Zeitpunkt des Vermögensanfalls ein verschiedener sein. Beim Erwerb von Todes wegen im engern Sinne ist die Eröffnung des Erbgangs massgebend.

An der Unentgeltlichkeit fehlt es   **22**

– beim **Erbeinsetzungsvertrag gegen Entgelt** (es handelt sich um eine Ersatzanschaffung), aber auch

– im Umfang von **Ausgleichszahlungen (soultes)** an Miterben.

Ein Entgelt kann je nach Umständen auch in einer mit einer Verfügung von Todes wegen verbundenen Auflage liegen (dazu DESCHENAUX/STEINAUER/BADDELEY, Rz 992).

bb) Unentgeltlicher Erwerb unter Lebenden

Im Vordergrund steht die **Schenkung** seitens des andern Ehegatten oder eines Dritten. Im   **23** letzteren Fall bleibt zu prüfen, ob die unentgeltliche Zuwendung nur einem oder aber beiden Ehegatten gleicherweise zukommen soll. Gilt die Schenkung nachweisbar beiden Ehegatten, steht den beiden Eigengütern je ein entsprechender Miteigentumsanteil zu. Gleiches gilt aufgrund von Art. 200 Abs. 2, wenn weder das Eigentum des einen noch des andern Ehegatten nachgewiesen werden kann, obwohl feststeht, dass nur ein Ehegatte Empfänger sein sollte (BK-HAUSHEER/REUSSER/GEISER, Art. 200 N 28 ff., zustimmend STETTLER/WAELTI, Rz 219).

Der Schenkung ist im Rahmen von Art. 198 Ziff. 2 die **Erfüllung einer sittlichen**   **24** **Pflicht** gleichgestellt.

Bei der **gemischten Schenkung** (die nach BGE 98 II 352 E. 3b einen bewussten und   **25** gewollten Schenkungswillen bez. des offensichtlichen Missverhältnisses zwischen Leistung und Gegenleistung voraussetzt; s.a. BGE 126 III 171 E. 3a; 120 II 417 E. 3) gilt es zu unterscheiden:

– Das Eigengut hat Anspruch auf den **Vermögenswert** selber, allerdings belastet mit einer anteilsmässigen Ersatzforderung der Errungenschaft, wenn überwiegende Unentgeltlichkeit vorliegt.

– Nur eine **Ersatzforderung** steht dem Eigengut zu, wenn die Entgeltlichkeit überwiegt (im Unterschied zur ganz h.L. geht PIOTET, 108, von einer proportionalen Beteiligung beider Gütermassen am Vermögenswert aus; vgl. auch LÜTHE, 99).

– Bei **Gleichwertigkeit von Entgelt und unentgeltlicher Zuwendung** kommt der Vermögenswert in Analogie zu Art. 200 Abs. 3 der Errungenschaft zu.

cc) Sonst wie unentgeltlicher Vermögensanfall

26 Art. 198 Ziff. 2 erfasst auch die verschiedenen gesetzlichen Tatbestände **originären Eigentumserwerbs,** die als

– Aneignung herrenloser Sachen in **Art. 658 und 718 ff.,**

– Fund in **Art. 720 ff.,**

– Zuführung durch Naturgewalt oder Zufall in **Art. 725,**

– Schatzfund in **Art. 723,** und

– Ersitzung in **Art. 661 f.** und **728**

eine besondere gesetzliche Regelung gefunden haben (zu Einzelheiten BK-HAUSHEER/ REUSSER/GEISER, N 43 ff.).

27 Trotz (zeitlich begrenztem) Rückforderungsanspruch führt die **ungerechtfertigte Bereicherung** zu einem unentgeltlichen Vermögenszuwachs, welcher dem Eigengut direkt oder auf dem Wege einer Ersatzforderung zusteht (DESCHENAUX/STEINAUER/BADDELEY, Rz 1000; BK-HAUSHEER/REUSSER/GEISER, N 48).

28 Vereinzelt sieht das **Gesetz** einen unentgeltlichen Anspruch mit Vermögensvorteil vor. So u.a. in

– **Art. 25 BGBB** betr. Kaufrecht und **Art. 42 ff. BGBB** betr. Vorkaufsrechte;

– **Art. 81 VVG** betr. Eintrittsrecht eines Begünstigten im Zusammenhang mit einer Lebensversicherung.

3. Genugtuungsansprüche

29 Im Unterschied zur vermögensrechtlichen Einbusse (d.h. zum Schaden) im Zusammenhang mit der Verletzung von Rechten der Persönlichkeit, bleibt die Genugtuung derart **personenbezogen,** dass entsprechende Entschädigungen (insb. aufgrund von Art. 28a, 29 Abs. 2 und 429a Abs. 1 ZGB und Art. 47 und 49 OR) von Gesetzes wegen dem Eigengut zugeordnet werden.

4. Ersatzanschaffungen für Eigengut

a) Zweck

30 Als Parallelbestimmung zu Art. 197 Abs. 2 Ziff. 5 dient Art. 198 Ziff. 4 ebenfalls dem **Schutz** des Eigengutes **gegen Substanzverlust** im Zusammenhang mit dem Wechsel im konkreten Vermögensbestand. Auch sie sieht von Gesetzes wegen und mit unmittelbarer Wirkung vor, dass ein neu erworbener Vermögensgegenstand (Sache oder Recht) Eigengut wird, wenn er durch Mittel des Eigengutes finanziert wurde. Dabei kann es sich um einen freiwilligen oder unfreiwilligen Vermögensersatz handeln. Dieser muss indessen mit einer vorangegangenen Vermögenseinbusse zulasten des Eigengutes noch in (entferntem) Zusammenhang stehen, und der neue Vermögensgegenstand muss dem Ehegatten zu Eigentum im weitesten Sinne zustehen (BK-HAUSHEER/REUSSER/GEISER, N 53).

b) Anwendungsbereich

Zu einer Ersatzanschaffung für Eigengut kann auch eine Leistung an den **Unterhalt** 31
i.S.v. **Art. 165 Abs. 2** führen, wenn die entsprechenden Mittel dem Eigengut entstammten (HEGNAUER/BREITSCHMID, Rz 16.71).

c) Wertersatz

Art. 198 Ziff. 4 beschränkt sich – wie Art. 197 Abs. 2 Ziff. 5 – auf den **Wertersatz.** Ein 32
Zweckersatz erübrigt sich in der Errungenschaftsbeteiligung sowohl zugunsten der Errungenschaft als auch insb. zum Vorteil des Eigengutes. Daran vermag auch der Umstand nichts zu ändern, dass dadurch die güterrechtliche Auseinandersetzung (etwa bei mit Errungenschaftsmitteln hinzugekauftem Hausrat) etwas erschwert wird und dass eine gewisse Ungleichbehandlung der Ehegatten eintreten kann, die nur teilweise über Art. 165 Abs. 2 korrigierbar ist (zur Begründung im Einzelnen s. BK-HAUSHEER/REUSSER/GEISER, N 55 ff. m.w.H.; zustimmend STETTLER/WAELTI, Rz 227, HEGNAUER/BREITSCHMID, 3. Aufl., Rz 26.17).

d) Zwingendes Recht

Im Unterschied zu Art. 197 Abs. 2 Ziff. 5 kann **Art. 198 Ziff. 4 nicht Gegenstand des** 33
Ehevertrages im Rahmen von Art. 199 sein.

e) Zusammenwirken von Errungenschaft und Eigengut für eine Ersatzanschaffung

Dazu die Komm. zu Art. 196. 34

Art. 199

2. Nach **Ehevertrag**	**¹ Die Ehegatten können durch Ehevertrag Vermögenswerte der Errungenschaft, die für die Ausübung eines Berufes oder den Betrieb eines Gewerbes bestimmt sind, zu Eigengut erklären.** **² Überdies können die Ehegatten durch Ehevertrag vereinbaren, dass Erträge aus dem Eigengut nicht in die Errungenschaft fallen.**
2. Conventionnels	¹ Par contrat de mariage, les époux peuvent convenir que des biens d'acquêts affectés à l'exercice d'une profession ou à l'exploitation d'une entreprise font partie des biens propres. ² Les époux peuvent en outre convenir par contrat de mariage que des revenus de biens propres ne formeront pas des acquêts.
2. Per convenzione matrimoniale	¹ Per convenzione matrimoniale, i coniugi possono dichiarare beni propri acquisti destinati all'esercizio di una professione od impresa. ² Per convenzione matrimoniale, possono inoltre escludere redditi dei beni propri dagli acquisti.

Literatur

DRUEY, Pflichtteil und Planung, in: DRUEY/BREITSCHMID, Güter- und erbrechtliche Planung, Bern 1998, 147 ff.; FAVRE, Une possibilité méconnue en matière de contrat de mariage: l'article 199 CC, ZBGR 1997, 137 ff.; GROSSEN, Le sort des biens affectés à l'entreprise ou la profession d'un époux sous le régime matrimonial de la participation aux acquêts, Mélanges Patry, Lausanne 1988, 77 ff.; JENE-BOLLAG, Errungenschaftsbeteiligung und Ehevertrag, in: Eherecht in der praktischen Auswirkung, Zürich 1991, 37 ff.; LOCHER, Die steuerliche Behandlung vermögenswerter Leistungen unter Ehegatten nach neuem Eherecht, in: BTJP 1987, Bern 1988, 225 ff.; WISSMANN, Das neue Ehegüterrecht; Vom altrechtlichen zum neurechtlichen Ehevertrag, ZBGR 67 (1986), 321 ff.; vgl. auch die Literaturhinweise vor Art. 181.

I. Allgemeines

1. Bedeutung des rechtsgeschäftlichen Eigenguts

1 Das Eidgenössische Parlament hat die gesetzliche (d.h. zwingende und abschliessende) Umschreibung des Eigengutes im heutigen Art. 198 insb. für Unternehmerkreise als zu eng angesehen. Mit einem neuen Art. 199 sollte der Befürchtung begegnet werden, die Auflösung der Errungenschaftsbeteiligung sowohl durch den Tod eines Ehegatten als auch durch Scheidung könnte einer – bisher der Errungenschaft eines Ehegatten zugeordneten – **Unternehmung** zu viel Substanz entziehen. Tatsächlich führt die neue Errungenschaftsbeteiligung nach Art. 215 kombiniert mit dem in Art. 462 erhöhten Ehegattenerbrecht dazu, dass ohne besondere Vorkehren drei Viertel der beiden Errungenschaftssaldi aus Güter- und Erbrecht dem überlebenden Ehegatten zukommen, sofern er als Erbe in Konkurrenz mit Nachkommen steht. Das erhöhte Erbrecht betrifft sodann auch das Eigengut des erstverstorbenen Ehegatten, das direkt und insgesamt in den Nachlass gelangt. Die erbrechtliche Besserstellung des überlebenden Ehegatten kann deshalb auch mit Bezug auf das Eigengut zulasten von Nachkommen gehen, die als Unternehmensnachfolger in Frage kommen. Die Errungenschaftsbeteiligung führte des Weiteren im Scheidungsfall für die (nach wie vor in geringerem Ausmass erwerbstätige) Ehefrau noch zu einer Anhebung des Vorschlagsanteils von einem Drittel in der bisherigen Güterverbindung auf die Hälfte beider Errungenschaften in der Errungenschaftsbeteiligung. Das kann sich wiederum insb. beim Unternehmerehegatten bemerkbar machen. Hier soll Art. 199 (allein oder zusammen mit andern Vorkehren) ermöglichen, rechtsgeschäftlich einen den konkreten Verhältnissen angepassten Interessenausgleich herbeizuführen.

2 Mittel dazu sind

– der **Ausschluss der Vorschlagsbeteiligung an unternehmerisch investiertem Kapital** durch die Überführung von der Errungenschaft in das Eigengut (Art. 199 Abs. 1) und

– der **Ausschluss von Art. 197 Abs. 2 Ziff. 4.** Damit wird der Abfluss von (allerdings nicht notwendigerweise unternehmerisch erwirtschafteten) Eigengutserträgnissen in die Errungenschaft verhindert (Art. 199 Abs. 2).

3 Beides bedeutet einen **Einbruch in** einen bedeutsamen Grundsatz der Errungenschaftsbeteiligung, nämlich jenen der **Unabänderlichkeit der Gütermassen.**

2. Verhältnis zu Art. 215 ff. und zur Gütertrennung

4 Art. 199 ergänzt – allerdings sachlich beschränkt – den auf Art. 216 bzw. 217 abgestützten (ehevertraglichen) **Verzicht auf** die in **Art. 215** vorgesehene hälftige Vorschlagsbeteiligung zugunsten bzw. zulasten des einen oder andern Ehegatten (Näheres dazu im BK-HAUSHEER/REUSSER/GEISER, N 17).

5 Eine Beeinträchtigung des **Pflichtteils von Nachkommen** i.S.v. Art. 216 Abs. 2 ist nicht auszuschliessen und nach dem Willen des Gesetzgebers – unter Vorbehalt des nicht leichthin zu bejahenden Rechtsmissbrauchs (BGE 112 II 390 ff.; zum Vorgehen vgl. auch BGE 116 II 243 ff.; siehe sodann NÄF-HOFMANN, Rz 1803 mit Beispielen) – hinzunehmen (BK-HAUSHEER/REUSSER/GEISER, N 15 f.; PIOTET, 117; DESCHENAUX/STEINAUER/BADDELEY, Rz 1046; STETTLER/WAELTI, Rz 248; **a.M.** DRUEY, 156).

Im **Unterschied zur Gütertrennung,** welche die Ehegatten gegenseitig von einer Beteiligung an Vermögen, das während der und durch die eheliche Gemeinschaft erwirtschaftet worden ist, ausschliesst, ermöglicht Art. 199 Abs. 1 rechtsgeschäftlich (ähnlich wie aArt. 191 von Gesetzes wegen) auch einen Verzicht auf eine Errungenschaftsbeteiligung eines Ehegatten allein. Der verzichtende Ehegatte ist unter solchen Umständen weiterhin gehalten, seinerseits die Errungenschaft mit dem andern zu teilen. Eine gewisse Korrektur lässt sich freilich über Abs. 2 herbeiführen.   **6**

3. Der Ehevertrag und seine Wirkung

Die rechtsgeschäftliche Begründung von Eigengut (und dessen allfällige spätere Rückführung in die Errungenschaft) setzt einen entsprechenden Ehevertrag voraus. Er bewirkt eine **Massenumteilung** im Zusammenhang mit konkreten Vermögensgegenständen und beschränkt sich nicht auf einen bloss rechnerischen Vorgang im Rahmen der güterrechtlichen Auseinandersetzung. Ersatzanschaffungen führen wiederum zu Eigengut. Auch bez. der Mehr- und Minderwertbeteiligung nach Art. 206 und 209 Abs. 3 ist von Eigengut auszugehen.   **7**

Der Ehevertrag gestützt auf Art. 199 gilt auch für den Fall der **Scheidung,** ohne dass dies i.S.v. Art. 217 ausdrücklich zu vereinbaren wäre.   **8**

II. Vermögenswerte für die Ausübung eines Berufes oder den Betrieb eines Gewerbes

1. Voraussetzungen sachlicher und persönlicher Art

a) Beschränkung auf Vermögenswerte

Mit der Wendung «Ausübung eines Berufes und Betrieb eines Gewerbes» knüpft Art. 199 bei aArt. 191 an, der das entsprechende Teilvermögen der Ehefrau deren Sondergut zugewiesen hat. Der neue Art. 199 beschränkt sich indessen auf die Massenumteilung von bestimmten **zweckgebundenen Vermögensgegenständen,** während aArt. 191 auch das entsprechende Erwerbseinkommen dem Sondergut vorbehalten hat.   **9**

b) Wirtschaftliche Tätigkeit

Die **Berufs- und Gewerbetätigkeit** ist nach dem Willen des Gesetzgebers in sachlicher Hinsicht **weit** auszulegen. Insb. fällt auch der Landwirtschaftsbereich darunter (AmtlBull NR 1983, 664; StR 1984, 136). Investitionen, die dem Beruf und Gewerbe dienen, sind von der blossen Vermögensanlage und der reinen Vermögensverwaltung, wo es an der erforderlichen wirtschaftlichen Tätigkeit im engern Sinn fehlt, abzugrenzen (dazu BK-HAUSHEER/REUSSER/GEISER, N 11 m.w.H.; zur nicht immer leicht fallenden Abgrenzung kann – wie im Zusammenhang mit Art. 197 Abs. 2 Ziff. 1 – auch auf das Steuerrecht zurückgegriffen werden: vgl. Art. 197 N 14 und Art. 206 N 13). Noch ausreichend ist z.B. eine Unternehmensbeteiligung an einer Personengesellschaft oder an einer Aktiengesellschaft, wenn mit dem Aktienbesitz auch ein Sitz im Verwaltungsrat verbunden ist (statt vieler DESCHENAUX/STEINAUER/BADDELEY, Rz 1044; vgl. auch JENE-BOLLAG, 38 f.). Entfällt die wirtschaftliche Tätigkeit im Nachhinein, rechtfertigt sich   **10** die früher erfolgte Massenumteilung zum Eigengut noch so lange, als keine Entwidmung zufolge Ersatzanschaffung eintritt (BK-HAUSHEER/REUSSER/GEISER, N 14; s. sodann JENE-BOLLAG, 39 m.w.H.; einen Rückfall zufolge Geschäftsaufgabe generell ausschliessend DESCHENAUX/STEINAUER/BADDELEY, Rz 1044, sowie STETTLER/WAELTI, Rz 244).

11   Während der Begriff «Gewerbebetrieb» zu keinen weiteren Auslegungsschwierigkeiten führt, werden in der Lehre unterschiedliche Meinungen betr. die **Berufsausübung** vertreten. Übereinstimmung besteht darin, dass Art. 199 Abs. 1 vorab die sog. freien Berufe (d.h. die Tätigkeit des Arztes, Anwalts usw.) meint. Sie bedürfen regelmässig mehr oder weniger bedeutender Sachinvestitionen. Gleiches kann ausnahmsweise auch für die Berufsausübung des **Unselbständigerwerbenden** zutreffen, z.B. im Zusammenhang mit einem besonders wertvollen Musikinstrument einer Konzertmeisterin oder mit der bedeutenden Bibliothek des Universitätsdozenten. Hier mag fraglich bleiben, ob eine Gleichstellung mit den Selbständigerwerbenden angezeigt ist, nachdem die Materialien der Gesetzesnovelle von 1984 (AmtlBull NR 1983, 664; StR 1984, 136; worauf insb. im BK-HAUSHEER/REUSSER/GEISER, N 10 verwiesen wird) sich nur mit den Letzteren befassen (für eine weiter gehende Gesetzesauslegung DESCHENAUX/STEINAUER/BADDELEY, Rz 1043; GROSSEN, 80; NÄF-HOFMANN, Rz 1779 f.). Die Frage verliert indessen insofern an Bedeutung, als auch bei einer einschränkenderen Gesetzesauslegung «Berufswerkzeug» des Unselbständigerwerbenden aufgrund von Art. 198 Ziff. 1 zu Eigengut werden kann. Allerdings bleibt dann die weitere Frage einer Ersatzforderung, wenn die Errungenschaft die erforderlichen Mittel aufgebracht hat (dazu Art. 198 N 11).

2. Gegenwärtige und zukünftige Massenumteilung

12   Nach Zweck und Entstehungsgeschichte von Art. 199 betrifft die Massenumteilung nach Abs. 1 nicht nur schon vorhandene Errungenschaftsbestandteile. Auch **zukünftige Errungenschaft** kann Gegenstand des Ehevertrages sein, sofern Zweckbestimmung und Umschreibung jener künftigen Vermögensgegenstände, die Beruf und Gewerbebetrieb dienen sollen, hinreichend bestimmt bzw. bestimmbar sind (besondere Sorgfalt erfordern diesbezüglich Sachgesamtheiten; s.a. N 14).

13   **Vorzubehalten** bleibt – nach nahezu einhelliger Lehre (Hinweise in BK-HAUSHEER/REUSSER/GEISER, N 23; zu ergänzen durch STETTLER/WAELTI, Rz 246; **a.M.** allerdings FAVRE, 142 ff.) – in jedem Fall die **Arbeitsentschädigung** für den wirtschaftlich tätigen Ehegatten. Das Ergebnis der Arbeitskraft der Ehegatten muss grundsätzlich der Errungenschaft verbleiben. Nur die tatsächlich gemachten Ersparnisse im Zusammenhang mit der Erwerbstätigkeit können – in allenfalls zu wiederholender ehevertraglicher Einigung – für Reinvestitionen in Beruf und Gewerbe verwendet und zu diesem Zweck zu Eigengut erklärt werden.

14   Auszuschliessen ist eine Massenumteilung i.S.v. Art. 199 Abs. 1 im Hinblick auf eine erst **in Zukunft auszuübende Berufs- und Gewerbetätigkeit** (so auch JENE-BOLLAG, 39). Im Zusammenhang mit einem schon bestehenden Geschäftsbetrieb in der Errungenschaft sind reine Vermögensanlagen auszuscheiden, da diese nicht der Unternehmertätigkeit dienen (dazu u.a. JENE-BOLLAG, 40 f. m.w.H.).

15   Zwar sind im Übrigen keine weiteren umfangmässigen oder inhaltlichen Beschränkungen ersichtlich, immer bleibt aber der generelle Vorbehalt zu beachten, wonach der Ehevertrag aufgrund von Art. 199 nicht dazu führen darf, dass tatsächlich eine **Gütertrennung** herbeigeführt wird.

3. Beweis

Neben dem **Ehevertrag** selber kann auch das **Inventar** nach Art. 195a den konkreten   **16**
Nachweis der Massenumteilung von Vermögenswerten erbringen.

III. Erträge des Eigengutes, die der Errungenschaft vorenthalten werden

1. Der Anwendungsbereich

Art. 199 Abs. 2 ermöglicht die ehevertragliche **Änderung von Art. 197 Abs. 2 Ziff. 4,**   **17**
wonach die Erträge des Eigengutes der Errungenschaft zukommen. Diese Erträge können
vollumfänglich oder teilweise im Eigengut zurückbehalten werden. Der Ehevertrag kann
Erträgnisse beider Ehegatten einschliessen oder sich auf das Eigengut eines Ehegatten
bzw. bestimmte Eigengutsbestandteile dieses Sondervermögens beschränken (AmtlBull
StR 1984, 136; und statt vieler JENE-BOLLAG, 41 m.w.H.; vgl. ferner FAVRE, 145).

Die Beschränkung kann

– in **sachlicher** (z.B. Erträge einer bestimmten Liegenschaft),

– in **zeitlicher** (z.B. die Dividenden der Jahre 1999 und 2000) und

– in **summenmässiger Hinsicht** (z.B. jährliche Eigengutserträge im Umfang von
  Fr. 3000.–)

vorgenommen werden.

Mit dem Zurückbehalten von Vermögensertrag im Eigengut kann rechtsgeschäftlich bewirkt werden, was das ZGB von 1907 für das **Sondergut** (aArt. 190 f.) von Gesetzes
wegen vorgesehen hat.

Im Unterschied zu Abs. 1 ist der Anwendungsbereich von Abs. 2 **nicht** auf die Be-   **18**
rufsausübung und den Gewerbebetrieb **beschränkt**. Abs. 1 und 2 von Art. 199 bleiben
auch insofern voneinander unabhängig, als die Massenumteilung von Berufs- und Gewerbevermögen nicht notwendigerweise auch bedeutet, dass die entsprechenden Erträgnisse der Errungenschaft vorenthalten bleiben. Für einen entsprechenden Parteiwillen
mag eine Tatsachenvermutung bestehen, ein Gegenbeweis bleibt allemal offen. Gleiches
gilt sodann für die Frage, ob der konkrete Ehevertrag auch die Erträgnisse der Erträge der
Errungenschaft vorenthält (so BK-HAUSHEER/REUSSER/GEISER, N 34; diese Frage erübrigt sich allerdings, wenn im Zusammenhang mit Art. 199 von einem eigentlichen
Sondergut – biens propres réservés – ausgegangen wird, wie das gewisse Autoren
tun: PIOTET, 23, 117; DESCHENAUX/STEINAUER/BADDELEY, Rz 1054, sowie STETTLER/
WAELTI, Rz 250; abweichend davon wiederum FAVRE, 145; vgl. sodann WISSMANN, 334).

2. Abgrenzungen im Bereiche der wirtschaftlichen Unternehmung

Der Vermögensertrag i.S.v. Art. 199 Abs. 2 ist von der **Abgeltung der Unternehmertä-**   **19**
tigkeit im wirtschaftlichen Unternehmen zu unterscheiden. Das Eigengut kann aufgrund
von Art. 199 Abs. 2 nur beanspruchen, was als zivile und natürliche Früchte auf das unternehmerisch investierte Kapital zurückzuführen ist. Der Errungenschaft dagegen bleibt
alles vorbehalten, was i.S. einer angemessenen Entschädigung der Unternehmertätigkeit
zuzuordnen ist (vgl. BGE 131 III 559; zur näheren Begründung und zu den Einzelheiten
BK-HAUSHEER/REUSSER/GEISER, N 23 ff.; zustimmend STETTLER/WAELTI, Rz 251 sowie
AEBI-MÜLLER, Rz 06.46 f.; vgl. auch HEGNAUER/BREITSCHMID, Rz 26.30 und JENE-
BOLLAG, 41 m.w.H.). Diese Entschädigung ist nach den Umständen – ggf. unter Bezug-

nahme auf steuerrechtliche Gesichtspunkte – festzulegen (vgl. z.B. BGE in: ASA 49, 143 ff. und LOCHER, 244 f. m.w.H.; **a.M.** FAVRE, 142 ff.; dazu AEBI-MÜLLER, Rz 06.47); sie kann auch – im Rahmen eines gewissen Ermessens – ehevertraglich näher umschrieben werden. Ein entsprechendes Abgeltungsdefizit führt zum Tatbestand der variablen Ersatzforderung der Errungenschaft gegen das Eigengut (BGE 131 III 559).

Art. 200

IV. Beweis

[1] **Wer behauptet, ein bestimmter Vermögenswert sei Eigentum des einen oder andern Ehegatten, muss dies beweisen.**

[2] **Kann dieser Beweis nicht erbracht werden, so wird Miteigentum beider Ehegatten angenommen.**

[3] **Alles Vermögen eines Ehegatten gilt bis zum Beweis des Gegenteils als Errungenschaft.**

IV. Preuve

[1] Quiconque allègue qu'un bien appartient à l'un ou à l'autre des époux est tenu d'en établir la preuve.

[2] A défaut de cette preuve, le bien est présumé appartenir en copropriété aux deux époux.

[3] Tout bien d'un époux est présumé acquêt, sauf preuve du contraire.

IV. Prova

[1] Chiunque affermi che un bene sia di proprietà dell'uno o dell'altro coniuge deve fornirne la prova.

[2] Mancando tale prova, si presume che il bene sia di comproprietà dei coniugi.

[3] Fino a prova del contrario, tutti i beni di un coniuge sono considerati acquisti.

Literatur

CERESOLI, Art. 200 Abs. 2 und Art. 248 Abs. 2 ZGB – Miteigentumsvermutungen unter Ehegatten und Eigentumsnachweis, Basler Studien zur Rechtswissenschaft, Reihe A, Bd. 25, Basel 1992; HAUSHEER, Der zukünftige (ordentliche) gesetzliche Güterstand im schweizerischen Recht, ZSR 1977 I 157 ff.; DERS., Beweisfragen im Zusammenhang mit der Familie, FS Sandoz, Zürich 2006, 279 ff.; KOCHER, Güterrechtliche Sicherstellung im Massnahmeverfahren (Art. 145 ZGB und Art. 322 ZPO BE), ASR Bd. 577, Bern 1995; vgl. auch die Literaturhinweise vor Art. 181.

I. Allgemeines

1. Bedeutung von Art. 200

1   Art. 200 befasst sich mit **drei** unterschiedlichen **Fragen:**

– Die eine betrifft die **Beweislast** (bzw. die Folge der Beweislosigkeit), wenn zwischen Ehefrau und Ehemann das **Eigentum** (im weitesten Sinn, d.h. die Berechtigung: vgl. N 5) an einem bestimmten Vermögenswert (Sache, Forderung usw.) streitig ist. Insoweit Abs. 1 und 2 die Beweislast dem Ansprecher auferlegen und bei fehlendem Nachweis des Eigentums (der Berechtigung) vom Miteigentum (Mitberechtigung) beider Ehegatten auszugehen ist, wiederholt Art. 200 im Ehegüterrecht im Wesentlichen, was schon aufgrund von Art. 8 einerseits und Art. 930 f. andrerseits gilt (BGE 117 II 124 ff. und 116 III 34 f. E. 2 zum Verhältnis zwischen Art. 930 f. zu Art. 248).

– Über Art. 8 hinausgehend regelt Art. 200 Abs. 1 (wie auch Abs. 3) zudem die **Behaup-**   2
tungslast (Näheres dazu BK-HAUSHEER/REUSSER/GEISER, N 11).

– Die dritte befasst sich mit – dem ausschliesslich güterrechtlichen Problem – der **un-**   3
bewiesenen (bzw. streitigen) **Massenzuordnung** eines bestimmten Vermögensgegenstandes im Vermögen des einen oder andern Ehegatten. Fest steht zwar der Eigentümer, nicht aber das Eigengut bzw. die Errungenschaft. Nach Abs. 3 wird unter diesen
Umständen Errungenschaft vermutet.

2. Anwendungsbereich

a) In persönlicher Hinsicht

Während **Abs. 1 und 2** nicht nur das Verhältnis unter den **Ehegatten,** sondern gleicher-   4
weise deren Verhältnis zu **Dritten** (v.a. Gläubiger, Erben des vorverstorbenen Ehegatten,
Käufer; für weitere Hinweise s. u.a. CERESOLI, 26 f.) betreffen, bezieht sich **Abs. 3** in
erster Linie auf die **Ehegatten.** Dritte sind davon indirekt nur insofern berührt, als sie
den Beteiligungsanspruch des einen Ehegatten gegen den andern gestützt auf Art. 215 ff.
in die Zwangsvollstreckung einbeziehen (BK-HAUSHEER/REUSSER/GEISER, N 8).

b) In sachlicher und zeitlicher Hinsicht

Die Gesetzesbestimmung erstreckt sich – ungeachtet des Wortlauts – auf **jede Art** von   5
nicht ausschliesslicher Berechtigung eines Ehegatten **an** einem **Vermögenswert** (BK-
HAUSHEER/REUSSER/GEISER, N 15 ff.; CERESOLI, 29 ff.).

Art. 200 kommt auch **nach Auflösung des Güterstandes** für die güterrechtliche Auseinandersetzung zur Anwendung, soweit noch Zuordnungsfragen offen geblieben sind.
Art. 200 gibt aber auf folgende Fragen keine Antwort:

– Wenn streitig bleibt, ob im Hinblick auf **Art. 204 i.V.m. 207** (Zusammensetzung des   6
Vermögens der Ehegatten im Zeitpunkt der Auflösung des Güterstandes) ein bestimmter Vermögensgegenstand noch vorhanden war oder nicht (KOCHER, 221), ergibt sich
die diesbezügliche Beweislast nicht aus Art. 200. Hier kommt ausschliesslich Art. 8
zur Anwendung (BGE 125 III 2 und 118 II 27 ff.). Ein Ehegatte, welcher eine Vorschlagsbeteiligung nach Art. 215 ff. geltend macht, hat somit den Erwerb eines Vermögenswertes durch den andern Ehegatten während der Errungenschaftsbeteiligung
und dessen Vorhandensein im Zeitpunkt der Auflösung des Güterstandes nachzuweisen (BGE 125 III 2 und 118 II 27 ff.), ggf. unter Inanspruchnahme von Art. 170. Miss-
lingt dieser Beweis, ist der entsprechende Vermögenswert nicht in die Vorschlagsberechnung einzubeziehen (vgl. auch STETTLER/WAELTI, Rz 203). Art. 200 regelt die
Frage der Zuordnung von vorhandenem Vermögen, nicht jene nach dem Bestand von
umstrittenem Vermögen.

– Die entsprechende **Vermutung bei Schulden** findet sich in Art. 209 Abs. 2. Auch sie   7
bezieht sich nur auf die Zuordnung einer nicht weiter bestrittenen Schuld. Ist dagegen
der Bestand einer Ersatzforderung zugunsten der Errungenschaft und zulasten des
Eigengutes umstritten, hat derjenige Ehegatte, der eine entsprechende Vorschlagsbeteiligung geltend macht, aufgrund von Art. 8 den erforderlichen Nachweis zu erbringen
(BGE 131 III 565; STETTLER/WAELTI, Rz 204).

– Weder Art. 200 Abs. 3 noch Art. 209 Abs. 2 beantworten die Frage, aus welcher **Mas-**   8
se eine **Schuld getilgt** zu gelten hat, wenn auf das die Schuld begleichende Bankkonto
sowohl Errungenschaft als auch Eigengut überwiesen worden war (zur Beantwortung
der Frage s. Art. 209 N 17 und BK-HAUSHEER/REUSSER/GEISER, N 42).

9   – Aufgrund von Art. 8 hat ein Drittgläubiger auch nachzuweisen, **welcher Ehegatte** sein **Schuldner** ist, wenn nicht beide Ehegatten – v.a. aufgrund von Art. 166 – Solidarschuldner sind. Fehlt es am entsprechenden Nachweis, kann die behauptete Forderung nicht durchgesetzt werden.

10   – Schliesslich wird auch die Frage, welcher Ehegatte im **Innenverhältnis** letztlich eine **Schuld** zu tragen hat, von Art. 200 nicht i.S. einer hälftigen Mitverantwortung entschieden. So beurteilt sich z.B. aufgrund von Art. 163, ob eine Solidarschuld nach Art. 166 auf den andern Ehegatten überwälzt werden kann.

3. Zwingender Charakter

11   Art. 200 kann zwar aufgrund der Richtigkeitsvermutung des Inventars nach Art. 195a oder zufolge entsprechender tatsächlicher Feststellungen in einem Ehevertrag (dazu hinten N 17 und N 23; vgl. sodann Art. 182 N 10) überflüssig werden, sodann kann im konkreten Anwendungsfall auf die Wirkungen von Art. 200 verzichtet werden. **Ehevertragliche** Vereinbarungen zur **Änderung des Inhalts** von Art. 200 **bleiben aber unzulässig** (BK-HAUSHEER/REUSSER/GEISER, N 45; weniger streng wohl CERESOLI, 40 ff.).

II. Insbesondere das Verhältnis von Art. 200 Abs. 1 und Art. 930 ff.

12   Die **Beweiserleichterungen von Art. 930 ff.** mindern die strenge Beweispflicht gemäss Art. 200 Abs. 1 (BGE 117 II 124 ff.). Die güterrechtliche Ordnung beansprucht – im Unterschied zum bisherigen Recht – keine ausschliessliche Geltung mehr. Im Rahmen der sachenrechtlichen Ordnung führt **Mitbesitz** indessen bloss zur Vermutung von Miteigentum (BGE 117 II 126 f.; 116 III 34 f. E. 2). Nur **Alleinbesitz** führt zur Richtigkeitsvermutung, ein Ehegatte sei ausschliesslicher Eigentümer. Solange die Ehegatten im gemeinsamen Haushalt leben, besteht für die beweglichen Sachen keine (Rechts-)Vermutung zugunsten des einen oder andern Ehegatten. Im Einzelnen gilt Folgendes (BK-HAUSHEER/REUSSER/GEISER, N 19 m.w.H. in N 20 ff.; s.a. CERESOLI, 136 ff., insb. 169 ff.):

13   1. Die gesetzliche Vermutung von **Art. 930** aufgrund des (Mit- oder Allein-)Besitzes eines Ehepartners **zugunsten von Alleineigentum** eines Ehegatten kommt **grundsätzlich** (d.h. unter Vorbehalt etwa von vorehelichem Alleinbesitz) **nicht zum Tragen:**

   – Bei **Hausrat** (BGE 117 II 126 f.). Das gilt selbst bei ausschliesslichem Gebrauch eines Bestandteils des Hausrates durch einen Ehegatten (wie Küchengerät oder besonderes Werkzeug), da Gebrauch und Einbringen in die Ehe nichts gemein haben müssen, auch nicht i.S. einer Tatsachenvermutung.

   – Dies gilt umso mehr bei **Vorräten des ehelichen Haushalts,** auch wenn ein Ehegatte sie in besonderer Weise pflegt, z.B. einen Weinkeller von besonderer Qualität (BGE 116 III 34 f. E. 2 mit Rücksicht auf Art. 248 Abs. 2, der mit Art. 200 Abs. 2 übereinstimmt).

   – Beim Gebrauch zufolge **Aufhebung des gemeinsamen Haushalts,** und zwar deshalb, weil die Zuweisung von Hausrat im Rahmen von Art. 176 Abs. 1 Ziff. 2 nach Bedarf und Nützlichkeit erfolgt und nicht nach Berechtigung als Eigentümer (**a.M.** anscheinend CERESOLI, 163 mit Hinweisen auf §§ 1362 f. BGB und § 1006 BGB).

   – Bei Alleinbesitz des **überlebenden Ehegatten** im Zusammenhang mit Vermögensgegenständen des Erstverstorbenen, da der Alleinbesitz nur durch das Versterben des andern Ehegatten begründet ist.

2. Die gesetzliche Vermutung von **Art. 930** zugunsten von Alleineigentum trifft nur **be-   14
schränkt** zu

- für **persönliche Gegenstände** eines Ehegatten: nämlich nur unter der Voraussetzung, dass der fragliche Vermögenswert (z.B. Familienschmuck) dem Besitzer nicht
vom andern Ehegatten überlassen wurde.

3. Die gesetzliche Vermutung von **Art. 930** zugunsten von Alleineigentum kommt **voll   15**
zur Anwendung

- bei Alleinbesitz (BGE 117 II 126 f.), z.B. im Zusammenhang mit **Berufs- und Geschäftsvermögen** oder bei Sachen unter Verschluss (zu den Anforderungen an
den Alleinbesitz als Grundlage von Alleineigentum eines Ehegatten im Einzelnen s.
CERESOLI, 158 ff.).

III. Die Miteigentumsvermutung

1. Anwendungsbereich

Miteigentum beider Ehegatten ist die Folge der **Beweislosigkeit des Alleineigentums** des   16
einen oder andern Ehegatten. Das ist bei Hausrat häufig der Fall (BGE 117 II 124 ff.; vgl.
auch BGE 116 III 32 ff. bez. eines beiden Ehegatten zugänglichen Weinkellers), aber auch
bei einer gemeinsamen Haushaltskasse, in die beide Ehegatten Beiträge geleistet haben
(HEGNAUER/BREITSCHMID, Rz 16.28). Ob nun zufolge fehlenden Alleinbesitzes die Vermutung von Art. 930 zu Miteigentum wegen Mitbesitzes führt (so die Regeste von BGE
117 II 124 ff.; vgl. aber auch die Ausführungen a.a.O., 126 u. und 127 o.) oder diese
Rechtsfolge auf die entsprechende Miteigentumsvermutung des Eherechts in Art. 200
Abs. 2 abgestützt wird (so BGE 116 III 34 f. E. 2 im Zusammenhang mit Art. 248 Abs. 2),
beides führt letztlich zum gleichen Ergebnis (vgl. auch CERESOLI, 171 ff., wo eine Milderung der Anforderungen an den Alleinbesitz für Ehegatten in Anlehnung an die Ordnung im Zusammenhang mit dem Gewahrsam i.S.v. Art. 107/108 SchKG (Art. 106/109
altSchKG) in Erwägung gezogen wird, d.h. anknüpfend an das Kriterium der grösseren
Wahrscheinlichkeit der Berechtigung eines Ehegatten im Vergleich zum andern).

Als Vermutung lässt Abs. 2 den **Gegenbeweis** gegen die Vermutungsbasis (v.a. fehlender   17
Besitz der Ehegatten) und den **Beweis des Gegenteils** bei bewiesener Vermutungsbasis
(Alleineigentum eines Ehegatten) zu. Das Ehegüterrecht erleichtert insb. den letzteren
Beweis mit Hilfe des Inventars (Art. 195a) und entsprechenden tatsächlichen Feststellungen in einem Ehevertrag (vgl. dazu N 23; Näheres zum Beweismass und den Beweismitteln – abgesehen von den in N 12 ff. erwähnten Beweiserleichterungen nach Art. 930 f. –
bei CERESOLI, 124 ff.).

Die **(Rechts-)Vermutung** gilt auch – und wird somit zur unwiderlegbaren **Fiktion** –, wenn
zwar feststeht, dass ein Vermögensgegenstand nur einem Ehegatte zusteht, aber nicht
nachgewiesen werden kann, welchem (BK-HAUSHEER/REUSSER/GEISER, N 28; zur Fiktion auch BGE 117 II 126 und DESCHENAUX/STEINAUER/BADDELEY, Rz 1895 zu Art. 248).

Miteigentum ist in einem **weiten Sinn,** nämlich als Mitberechtigung zu verstehen,   18
sofern Forderungen (einschliesslich verbrieften Rechten in Wertpapieren), Immaterialgüterrechte oder beschränkte dingliche Rechte in Frage stehen. Im letzteren Fall wird
allerdings meistens das Grundbuch für Klarheit bez. der Berechtigung sorgen. Je nach
Gegenstand der Mitberechtigung ist die – in jedem Fall gleichberechtigte – Stellung der
Ehegatten zu einer Sache oder zu einer Drittperson verschieden (Näheres dazu im BK-
HAUSHEER/REUSSER/GEISER, N 34 ff. und CERESOLI, 44 ff.).

2. Wirkung

19 Kommt die Miteigentumsvermutung (im **engeren** Sinn) zum Tragen, so steht beiden Ehegatten **Miteigentum zu gleichen Teilen** zu (Art. 646 Abs. 2; Botschaft Revision Eherecht, Ziff. 222.142; vgl. statt vieler auch CERESOLI, 53).

20 Anwendbar sind – neben Art. 646–651 – **Art. 201 Abs. 2 und 205 Abs. 2**, aber auch **169** (eingehend dazu CERESOLI, 60 ff.).

21 Art. 200 Abs. 2 äussert sich weder zu einem Miteigentumsgrund noch zum **Entstehungszeitpunkt.**

IV. Die Vermutung zugunsten der Errungenschaft

1. Voller Beweis für die Massenzugehörigkeit

22 Der **positive Beweis** für eine bestimmte Massenzugehörigkeit eines Vermögensgegenstandes wird bei der Errungenschaftsbeteiligung nicht weiter geregelt. Grundsätzlich sind alle Beweismittel zulässig (BGE 117 II 126 zum Eigentum der Ehegatten; s.a. BGer 5C. 171/2003 E. 1.3 und 5C.43/2003 E. 2).

2. Beweiserleichterungen für die Massenzugehörigkeit

23 Angesichts des zufolge der Interessengemeinschaft der Ehegatten nicht immer leicht zu erbringenden positiven Beweises der Massenzugehörigkeit, lässt das Eherecht – wie beim Beweis des Eigentums eines Ehegatten – den Rückgriff auf **verschiedene Beweiserleichterungen** zu. Im Rahmen der allgemeinen Vorschriften zum Ehegüterrecht betrifft das

– das Inventar nach **Art. 195a;**

– entsprechende **tatsächliche Feststellungen im** Rahmen eines **Ehevertrages** (s. vorn N 11, 17 bzw. Art. 182 N 10);

– den Ehevertrag, der im Rahmen von **Art. 199 Abs. 1** ganz bestimmte bzw. bestimmbare Vermögenswerte dem Eigengut zuwendet oder aufgrund von **Art. 199 Abs. 2** den Ertrag von Eigengut der Errungenschaft vorenthält.

3. Beweislosigkeit

24 Fehlt es an einer solchen Beweiserleichterung oder an einem vollen Beweis zugunsten einer der beiden Gütermassen im Mannes- oder Frauengut, so kommt die **Errungenschaftsvermutung nach Art. 200 Abs. 3** zum Zug. Alles, was nicht i.S.v. Art. 198 und 199 als Eigengut nachgewiesen ist, ist somit Errungenschaft (dazu Art. 197 N 6). Nicht von Beweislosigkeit kann bei der Abgrenzung von industriellen und konjunkturellen Mehrwerten die Rede sein (HAUSHEER, FS Sandoz, 254 f.).

25 Die Errungenschaftsvermutung erstreckt sich auch auf die Miteigentumsvermutung bzw. -fiktion, aufgrund von Art. 930 bzw. 200 Abs. 2. Diese bekommt damit durch Art. 200 Abs. 3 insofern einen **besonderen ehegüterrechtlichen Charakter,** als sie zugunsten einer bestimmten Gütermasse wirkt (HAUSHEER, ZSR 1977 I 171).

26 Auch diese Vermutung gilt allerdings – wie dargelegt (vorn N 5) – nur bis zum Zeitpunkt der **Güterstandsauflösung** einschliesslich deren Durchführung. Bleibt streitig, ob ein Vermögensgegenstand vor oder erst nach diesem Zeitpunkt Eigentum eines Ehegatten geworden ist und ob somit je Errungenschaft oder Eigengut vorhanden war, bleibt allein Art. 8 anwendbar (vorn N 6).

Art. 201

B. Verwaltung, Nutzung und Verfügung	[1] **Innerhalb der gesetzlichen Schranken verwaltet und nutzt jeder Ehegatte seine Errungenschaft und sein Eigengut und verfügt darüber.**
	[2] **Steht ein Vermögenswert im Miteigentum beider Ehegatten, so kann kein Ehegatte ohne Zustimmung des andern über seinen Anteil verfügen, sofern nichts anderes vereinbart ist.**
B. Administration, jouissance et disposition	[1] Chaque époux a l'administration, la jouissance et la disposition de ses acquêts et de ses biens propres, dans les limites de loi.
	[2] Lorsqu'un bien appartient en copropriété aux deux époux, aucun d'eux ne peut, sauf convention contraire, disposer de sa part sans le consentement de l'autre.
B. Amministrazione, godimento e disposizione	[1] Nei limiti della legge, ciascun coniuge amministra i suoi acquisti e i suoi beni propri, ne gode e ne dispone.
	[2] Se un bene è di comproprietà dei coniugi, nessuno di loro può, salvo patto contrario, disporre della sua quota senza il consenso dell'altro.

Literatur

FELLMANN, Die Verantwortlichkeit der Ehegatten für ihre Errungenschaft, Diss. Freiburg 1985; vgl. auch die Literaturhinweise vor Art. 181.

I. Allgemeines

1. Grundsatz der getrennten Verwaltung, Nutzung und Verfügung

Im Unterschied zur bisherigen Güterverbindung kennt die Errungenschaftsbeteiligung **1** **kein eheliches Vermögen** mehr, welches bei zwar getrenntem Eigentum der Ehegatten deren geldwerte Güter weitgehend zu einer Verwaltungs- und Nutzungseinheit (in der Hand des Ehemannes) zusammengefasst hat. Jeder Ehegatte bleibt nun grundsätzlich frei, sein Eigentum – sei es Errungenschaft oder Eigengut – selber zu verwalten und zu nutzen sowie darüber zu verfügen.

2. Abgrenzungen

Art. 201 befasst sich **nicht** mit der **Frage,** inwieweit der andere Ehegatte **2**

a) von Gesetzes wegen

- **verpflichtet** sein kann, Vermögen seines Partners zu verwalten (Art. 159 Abs. 3 ZGB i.V.m. einer Geschäftsführung ohne Auftrag i.S.v. Art. 419 ff. OR);

- **berechtigt** sein kann, im Rahmen der Belange der ehelichen Gemeinschaft in die Vermögensverwaltung des andern Ehegatten einzugreifen bzw. über dessen Vermögen zu verfügen (Art. 166 betr. den ehelichen Unterhalt);

b) **rechtsgeschäftlich** die Verwaltung des ganzen Vermögens des anderen Ehegatten oder von Teilen davon zu besorgen hat (Art. 195; Art. 32 ff., 394 ff. OR).

Art. 201 äussert sich auch nicht zur Frage, inwiefern eine schlechte Vermögensverwal- **3** tung, welche v.a. im Zusammenhang mit der Errungenschaft die Interessen des andern

Ehegatten betreffen kann, den fehlbaren Ehegatten **verantwortlich** macht. Einen besonderen Haftungstatbestand kennt das Ehegüterrecht nicht. Der in seinen Interessen gefährdete Ehegatte kann allerdings die Gütertrennung verlangen (Art. 176 Abs. 1 Ziff. 3 und Art. 185). Sodann stehen ihm bei unentgeltlichen Verfügungen aus der Errungenschaft, welche ohne seine Zustimmung erfolgten, die Hinzurechnung (Art. 208) und ggf. die Rückforderungsklage nach Art. 220 zur Verfügung. Diese Rechtsbehelfe sind grundsätzlich abschliessend gedacht (FELLMANN, 72).

3. Verwaltung

4 Die Verwaltung des Mannes- und Frauengutes umfasst alle erforderlichen **Tat-** und **Rechtshandlungen,** um das vorhandene Vermögen zu bewirtschaften, d.h. zu erhalten, zu mehren oder zu gebrauchen. Die Rechtshandlungen erstrecken sich über die Rechtsgeschäfte im Zusammenhang mit den einzelnen Vermögenswerten hinaus auch auf die Durchführung von Prozessen und auf Vollmachten an Dritte.

5 Eine **konkurrierende Verwaltung** durch den andern Ehegatten ergibt sich im Rahmen der laufenden Bedürfnisse des ehelichen Unterhalts aufgrund von Art. 166 Abs. 1. So kann z.B. der Nichteigentümerehegatte kleinere Reparaturen an der Liegenschaft vornehmen lassen, die der Eigentümer als Sachleistung i.S.v. Art. 163 der ehelichen Gemeinschaft zur Nutzung überlässt.

6 Im **übrigen Unterhaltsbereich** bedarf es grundsätzlich des Zusammenwirkens beider Ehegatten (Art. 166 Abs. 2), nur ausnahmsweise besteht im Rahmen von Art. 166 Abs. 2 Ziff. 2 eine erweiterte Vertretungsbefugnis mit der Wirkung der Solidarhaftung für den Eigentümerehegatten.

7 Eine zusätzliche Verwaltungsbefugnis bzw. -pflicht kann sich aufgrund von **Art. 159 Abs. 3 ZGB i.V.m. Art. 419 ff. OR** ergeben (BK-HAUSHEER/REUSSER/GEISER, N 11; STETTLER/WAELTI, Rz 284).

4. Verfügung

8 Verfügung über das Vermögen der Frau oder des Mannes bedeutet **Veränderung oder Übertragung** eines Vermögensbestandteils, aber auch Belastung mit Rechten zugunsten Dritter (Pfandrechte und andere). Die Verfügung erfasst sodann die **Vernichtung** eines Vermögensgegenstandes bzw. den **Verzicht** auf einen Vermögenswert im rechtlichen Sinn (dingliches Recht, Forderung, Immaterialgüterrecht usw.).

9 Einerseits erfordert schon die ordentliche Vermögensverwaltung, in deren Rahmen auch dem Nichteigentümerehegatten bestimmte (Mitwirkungs-)Rechte zustehen (Art. 166, vgl. vorne N 5 f.), gewisse **Verfügungen** über Vermögensgegenstände. Anderseits gibt es auch Verfügungen, die keine Verwaltungshandlungen darstellen (z.B. aussergewöhnliche Schenkungen). In beiden Fällen sind die **eherechtlichen Schranken** von besonderer Bedeutung, die dem Eigentümer (und allenfalls dem Mitverwalter) auferlegt sind (insb. Art. 169, 177, 178, 208 und 220; dazu N 15 f.).

5. Nutzung

10 Die Nutzung des Vermögens umfasst das Recht des **Gebrauchs und Verbrauchs** eines Vermögenswertes, einschliesslich der **Verfügung über** die zivilen und natürlichen **Früchte** i.S.v. Art. 197 Abs. 2 Ziff. 4 (s. Art. 197 N 29 ff.). Es geht hier z.B. um Zinsen aller Art, aber auch Dividenden, Früchte und (Jung-)Tiere.

Aus Art. 201 ergibt sich, dass der **Eigentümerehegatte** grundsätzlich keiner Pflicht der   **11**
Substanzerhaltung unterliegt (BGE 118 II 29) und dies ungeachtet Art. 197 Abs. 2
Ziff. 4. Er kann auch die Erträge des Eigengutes beliebig verwenden. Beruht der Ertrag
allerdings bloss auf einem **dinglichen bzw. schuldrechtlichen Nutzungsrecht,** besteht
eine solche Substanzerhaltungspflicht aufgrund dieser besonderen Rechtsverhältnisse
(STETTLER/WAELTI, Rz 286).

Eine **Beteiligung des andern Ehegatten** und der Familie an der Nutzung einzelner Ver-   **12**
mögensgegenstände erfolgt häufig im Zusammenhang mit Beiträgen in Sachleistungs-
form an den ehelichen Unterhalt (Art. 163). Dies trifft z.B. auf das Überlassen eines ererbten Hauses zur Nutzung durch die Familie zu. Von Gesetzes wegen besteht allerdings
kein entsprechender Nutzungsanspruch.

6. Zwingendes Recht

Art. 201 Abs. 1 kann als wesentliches Kennzeichen der Errungenschaftsbeteiligung ehe-   **13**
vertraglich **nicht wegbedungen** werden (HEGNAUER/BREITSCHMID, Rz 25.18). Die Verwaltung kann nur in den Grenzen von Art. 195, d.h. grundsätzlich jederzeit widerrufbar,
dem andern Ehegatten überlassen werden (vgl. die Komm. zu Art. 195). Sodann können
künftige Erträge des einen Ehegatten dem andern schenkungsweise nur im Rahmen von
Art. 27 überlassen werden.

II. Vorbehalt gesetzlicher Schranken

Die in Art. 201 Abs. 1 vorbehaltenen Schranken beziehen sich sowohl auf solche, die   **14**
auch Nicht-Ehegatten betreffen, als auch auf besondere Gesetzesvorschriften ausschliesslich für die Ehegatten (vgl. HEGNAUER/BREITSCHMID, Rz 25.14 ff.). Letztere können,
aber müssen nicht, im Eherecht enthalten sein.

1. Im Rahmen der **allgemeinen Wirkungen der Ehe** können insb.   **15**

   – die **Beistandspflicht** (Art. 159 Abs. 3),

   – die Pflicht, an den **Unterhalt** beizutragen (Art. 163 f.),

   – die Befugnis des andern Ehegatten zur **Vertretung der ehelichen Gemeinschaft**
   (Art. 166),

   – der Schutz der **Wohnung der Familie** (Art. 169),

   – die gerichtliche Regelung der **Aufhebung des gemeinsamen Haushalts** (Art. 176),

   – die **Anweisung** des Gerichts **an die Schuldner** eines Ehegatten (Art. 177) und

   – die gerichtliche **Verfügungsbeschränkung** (Art. 178)

   zu Schranken der Verwaltungs-, Verfügungs- und Nutzungsbefugnis werden.

2. Im Bereiche des **ehelichen Güterrechts** ist v.a.   **16**

   – das Zustimmungserfordernis bei der Verfügung über einen Miteigentumsanteil
   (Art. 201 Abs. 2) zu berücksichtigen; es lässt den Auflösungsanspruch nach
   Art. 650 Abs. 1 grundsätzlich unberührt, indessen dürfte vielfach, wenn nicht
   regelmässig ein Auflösungshindernis zufolge der Zweckbestimmung für die ehe-
   liche Gemeinschaft bestehen (STETTLER/WAELTI, Rz 282; **a.M.** HEGNAUER/BREIT-
   SCHMID, Rz 25.16). Sodann sind

– der Zuweisungsanspruch bei Miteigentum (**Art. 205 Abs. 2**) sowie

– die **Hinzurechnung** i.V.m. der Herausgabeklage gegen Dritte (Art. 208 und 220)

zu beachten.

17 3. Ausserhalb des Eherechts sind

– für Ehegatten u.a. im Zusammenhang mit **Abzahlungsgeschäften und Bürgschaften** Art. 226b OR und Art. 494 OR von besonderer Bedeutung.

– Die Beschränkung der **Abtretung und Verpfändung von zukünftigen Lohnforderungen** in Art. 325 OR ist zwar für Ehegatten besonders bedeutsam, sie kommt indessen auch bei nicht verheirateten Arbeitnehmern zur Anwendung.

– Weitere Beschränkungen ergeben sich im Zusammenhang mit der **beruflichen Vorsorge**, indem Art. 5 Abs. 2 FZG für Barauszahlungen im Freizügigkeitsfall die Zustimmung des Ehegatten voraussetzt und – was allerdings nur die Verfügung über Anwartschaften betrifft – Vorbezüge für Wohneigentum gemäss Art. 30c Abs. 5 BVG ebenfalls zustimmungsbedürftig sind.

III. Kosten

1. Massenzuordnung

18 Fallen im Zusammenhang mit der Verwaltung, Verfügung und Nutzung Kosten an, sind sie nach **Art. 209 Abs. 2** jener Gütermasse zu belasten, welcher der entsprechende Vermögenswert zuzuordnen ist oder war (vgl. die Komm. zu Art. 196–199). Hat indessen die Errungenschaft nach Art. 197 Abs. 2 Ziff. 4 Anspruch auf den Eigengutertrag, sind die entsprechenden Kosten vorab aus diesem Ertrag zu begleichen und gehen somit zulasten der Errungenschaft (PIOTET, 91; DESCHENAUX/STEINAUER/BADDELEY, Rz 1212; BK-HAUSHEER/REUSSER/GEISER, N 22).

2. Abgrenzung

19 Die **Verwaltungskosten** sind von **Investitionen** abzugrenzen, die in die zu verwaltenden Vermögensgegenstände gemacht werden. Zu diesem Zweck kann auf die Regelung der Art. 764 ff. zur Nutzniessung zurückgegriffen werden (BGE 81 II 92). Insbesondere Zinsen für Kapitalschulden, Versicherungsprämien, Steuern und Abgaben sowie Prozesskosten im Zusammenhang mit einem bestimmten Vermögensgegenstand gehen als Verwaltungskosten zulasten der Errungenschaft, auch wenn der Vermögenswert dem Eigengut zusteht, und zwar weil und soweit sie ihrerseits an die Nutzung anknüpfen. Ein Ausbau einer ererbten, überbauten Liegenschaft betrifft dagegen das Eigengut.

3. Im Rahmen des ehelichen Unterhalts

20 Verwaltungskosten können auch den **ehelichen Unterhalt** betreffen, wenn z.B. eine Liegenschaft eines Ehegatten der ehelichen Gemeinschaft – als Sachleistung i.S.v. Art. 163 – zur Nutzung überlassen wird. Der nichterwerbstätige Eigentümer kann dem andern Ehegatten gegenüber einen entsprechenden Unterhaltsbeitrag geltend machen, es sei denn, die Ehegatten hätten diesbezüglich im Rahmen von Art. 163 eine besondere Vereinbarung getroffen.

IV. Die Verfügung über Miteigentum

1. Eherechtliche Ergänzung zum Sachenrecht

Bei Art. 201 Abs. 2 handelt es sich um eine **güterrechtliche Einschränkung zu Art. 646** **21**
Abs. 3. Ohne Zustimmung des andern Ehegatten ist eine Verfügung über einen Miteigentumsanteil ungültig, wenn dieser zusammen mit seinem Partner allein Miteigentümer ist (vgl. N 23).

Die **Zustimmung** kann **grundlos verweigert** werden. Die Verweigerung ist nicht durch **22**
eine Ermächtigung des Gerichts zu ersetzen. Sie kann indessen Anlass dazu sein, dass die gerichtliche Aufhebung des Miteigentums verlangt wird.

2. Anwendungsbereich und Abgrenzungen

Art. 201 Abs. 2 ist nicht anwendbar, sofern ein **weiterer Dritter** zur Miteigentümer-   **23**
gemeinschaft gehört (DESCHENAUX/STEINAUER/BADDELEY, Rz 1172; BK-HAUSHEER/
REUSSER/GEISER, N 37, je m.w.H. zum Anwendungsbereich).

Art. 201 Abs. 2 entfällt auch **nach Auflösung der Errungenschaftsbeteiligung,** und   **24**
dies selbst dann, wenn die güterrechtliche Auseinandersetzung noch nicht abgeschlossen ist (**a.M.** HENNINGER, 268). Denkbar bleibt unter diesen Umständen eine Verfügungsbeschränkung nach Art. 178.

Die Verfügungsbeschränkung gemäss Art. 201 Abs. 2 betrifft nur die **freiwillige Entäus-**   **25**
serung. Weder in der Zwangsvollstreckung, noch im Zusammenhang mit einer Enteignung wird sie wirksam. Auch eine Verfügung von Todes wegen bleibt von ihr unberührt, allerdings kann hier Art. 205 Abs. 2 zu beachten bleiben. Im Übrigen stellt die Verfügungsbeschränkung auch das Verpflichtungsgeschäft nicht in Frage, so dass die Nichterfüllung zu Schadenersatz Anlass geben kann (BK-HAUSHEER/REUSSER/GEISER, N 28 f.).

Das **Zustimmungserfordernis entfällt,** wenn der Verfügende im Rahmen von Art. 166   **26**
handelt.

Wird das Miteigentum aufgelöst, was beide Ehegatten grundsätzlich – unter Vorbehalt   **27**
der Unzeit und einer allfälligen Zweckbestimmung für die eheliche Gemeinschaft (vorn N 16) bzw. vertraglichen Bindung – aufgrund von Art. 650 Abs. 1 immer verlangen können, so sind allenfalls besondere Interessen eines Ehegatten im Rahmen von **Art. 205 Abs. 2** zu berücksichtigen. Hinzu kommt bei Grundstücken das Vorkaufsrecht nach **Art. 682 Abs. 1.** Dieses Recht kann auch vom Ehegatten geltend gemacht werden, welcher der Veräusserung des Miteigentumsanteils zugestimmt hat. Im Einzelfall bleibt zu prüfen, ob ein Vorkaufsfall nach Art. 682 eine Verfügung über den Miteigentumsanteil i.S.v. Art. 201 Abs. 2 bedeutet oder umgekehrt (BK-HAUSHEER/REUSSER/GEISER, N 48).

3. Fehlende Zustimmung

Fehlt die Zustimmung, ist die Verfügung über den Miteigentumsanteil **ungültig.**   **28**

Auf die Ungültigkeit kann sich **jeder Interessierte** berufen. Eine Heilung ist nur inso-   **29**
fern möglich, als der Verfügende nachträglich wieder die alleinige Verfügungsmacht erlangt.

Ein **Gutglaubensschutz** für den Dritten besteht hinsichtlich des Erwerbs des Miteigen-   **30**
tumsanteils nicht, dagegen kann bei der Verfügung über den fraglichen Vermögenswert als Ganzes Art. 933 Platz greifen. Allerdings sind im Zusammenhang mit Hausrat an den guten Glauben hohe Anforderungen zu stellen.

4. Dispositives und zwingendes Recht

31 Die Verfügungsbeschränkung kann durch die Ehegatten – generell oder im Einzelfall – **wegbedungen** werden, wie der Gesetzestext ausdrücklich festhält. Für erst zukünftige Miteigentumsverhältnisse ist ein Ausschluss indessen unzulässig.

Art. 202

C. Haftung gegenüber Dritten	**Jeder Ehegatte haftet für seine Schulden mit seinem gesamten Vermögen.**
C. Dettes envers les tiers	Chaque époux répond de ses dettes sur tous ses biens.
C. Responsabilità verso i terzi	Ciascun coniuge risponde per i propri debiti con tutta la sua sostanza.

I. Allgemeines

1. Normzweck

1 Art. 202 bringt (in Abgrenzung zum alten Güterrecht) zum Ausdruck, dass die Errungenschaftsbeteiligung **keine Haftungsbeschränkung**

– zugunsten eines **Ehegatten** (historisch zugunsten der Ehefrau) oder

– mit Rücksicht auf eine bestimmte **Vermögensmasse** (z.B. Sondergut)

kennt.

2 Die Haftung unter Errungenschaftsbeteiligung entspricht jener der **Gütertrennung**.

2. Anwendungsbereich

3 Entgegen dem, was der Randtitel glauben lassen könnte, gilt der – allgemein gültige – Grundsatz der Vollschulden nicht nur für Schulden gegenüber Dritten, sondern **auch gegenüber dem andern Ehegatten** (DESCHENAUX/STEINAUER/BADDELEY, Rz 1198; BK-HAUSHEER/REUSSER/GEISER, N 9).

4 Grundsätzlich, d.h. einmal abgesehen von im Eherecht begründeten Schulden (wie z.B. die durch die Ehegatten zu konkretisierenden Unterhaltspflichten oder die Mehrwertanteile und Forderungen im Zusammenhang mit der güterrechtlichen Auseinandersetzung), hat das Ehegüterrecht keinen besonderen Einfluss auf die **Entstehung und den Bestand von Schulden** (Botschaft Revision Eherecht, Ziff. 222.3; vgl. dazu auch die Komm. zu Art. 203).

5 Unerheblich ist der **Rechtsgrund** der Schulden (Rechtsgeschäft, unerlaubte Handlung, ungerechtfertigte Bereicherung, Geschäftsführung ohne Auftrag, Gesetz). Auch kommt es nicht darauf an, ob die Schulden vor der Ehe bzw. vor oder während des Güterstandes begründet worden sind.

6 Zu den Schulden eines Ehegatten (**«seine Schulden»**) gehören auch solche, die er nicht selber eingegangen ist, die vielmehr auf der gesetzlichen Vertretung der ehelichen Gemeinschaft durch den andern Ehegatten beruhen (Art. 166 mit der Folge von Solidarschulden i.S.v. Art. 143 Abs. 2 OR). Zwar ist unter solchen Umständen die endgültige interne Schuldenaufteilung unter den Ehegatten noch nicht entschieden (dazu Art. 209 N 2; s. u.a. auch STETTLER/WAELTI, Rz 305, wobei der Hinweis auf die primäre Haftung des Ehemannes im Bereich der (Einkommens)Steuern mit dem geltendenden Recht nicht (mehr) übereinstimmt; vgl. Art. 40 StHG sowie Art. 13 Abs. 1 und 113 DBG, wonach beide Ehegatten Steuersubjekte sind, allerdings – entgegen der eherechtlichen Bestimmung von Art. 166 Abs. 3 – für die Gesamtsteuer solidarisch haften), dem Gläubiger gegenüber kann dieser Einwand jedoch nicht erhoben werden.

Umgekehrt muss das Vermögen eines Ehegatten u.a. aufgrund von Garantie oder Bürgschaft auch für **fremde Schulden** einstehen.   7

3. Zwingendes Recht

Art. 202 kann **nicht** mit einer abweichenden Vereinbarung der Ehegatten durch eine **andere Haftungsordnung** ersetzt werden.   8

II. Das Haftungssubstrat für Schulden eines Ehegatten

1. Das ganze Vermögen

Wenn das Gesetz vom ganzen Vermögen als Haftungssubstrat für Schulden der Ehegatten spricht, sind damit zwar alle Aktiven gemeint. **Vorzubehalten** bleiben in der konkreten Zwangsvollstreckung aber dennoch die so genannten **Kompetenzstücke** und der nicht pfändbare Vermögensanteil nach Art. 92 f. SchKG (zu den Voraussetzungen der Pfändbarkeit der Ansprüche aus Art. 163 f. vgl. BGE 115 II 103 ff.).   9

2. Haftung und eherechtliche Verfügungsbeschränkungen

Wo sich aus **besonderen Gesetzesbestimmungen** wie Art. 169, 178 und 201 Abs. 2 sachliche bzw. gegenständliche Verfügungsbeschränkungen ergeben, müssen die entsprechenden Vermögensgegenstände auch der Zwangsvollstreckung im Zusammenhang mit Schadenersatz wegen Nichterfüllung des Verpflichtungsgeschäfts entzogen bleiben (BK-HAUSHEER/REUSSER/GEISER, N 12).   10

3. Vermögen

Zum Vermögen eines Ehegatten zählen **alle Aktiven,** insb. auch die schon fälligen Unterhaltsbeiträge des einen Ehegatten zugunsten des andern (Art. 163 f. i.V.m. 173 Abs. 2 und 165). Dagegen wird ein Ehegatte aufgrund einer Anweisung des Gerichts an die Schuldner seines Partners (**Art. 177**) nicht seinerseits Gläubiger einer Forderung, die als Haftungssubstrat Dritten zur Verfügung stünde. Gleiches gilt auch bez. Verfügungsbeschränkungen nach **Art. 178.**   11

Bis zur Auflösung des Güterstandes handelt es sich bei der **Vorschlagsbeteiligung** nach Art. 215 ff. um eine blosse Anwartschaft. Sie bildet somit noch kein Haftungssubstrat für die Gläubiger eines Ehegatten.   12

Zum Vermögen eines Ehegatten gehört auch sein Anspruch auf einen **Mehrwertanteil** nach Art. 206, allerdings regelmässig nicht losgelöst von der Grundforderung (BK-HAUSHEER/REUSSER/GEISER, N 16 und Art. 206 N 46 und N 55). Hier kann der Fall eintreten, dass in die Grundforderung seitens eines Drittgläubigers vollstreckt wird, bevor der Mehrwertanteil unter den Ehegatten fällig ist. Da unter diesen Umständen der Wert des künftigen Mehrwertanteils (als bedingte Forderung) kaum zuverlässig zu bestimmen   13 ist, sollte auf dessen Verwertung verzichtet werden (vgl. in anderem Zusammenhang BGE 99 III 55 f. E. 3 und 97 III 27).

14 Allein unter dem Gesichtspunkt der Haftung zählt zum Vermögen eines Ehegatten aufgrund von **Art. 193** auch noch, was zwar – endgültig – in das Vermögen des andern Ehegatten gelangt ist, aber den Gläubigern des bisherigen Eigentümers haftungsmässig weiterhin zustehen muss.

4. Betreibung der Ehegatten

15 Da die Ehegatten mit ihrem ganzen Vermögen haften, hat die **Errungenschaftsbeteiligung keinen Einfluss** auf die Betreibung eines Ehegatten (vgl. die Anweisungen der SchKK des BGer veröffentlicht in BGE 113 III 49 ff.). Jeder Ehegatte ist unabhängig vom andern zu betreiben. Zu beachten bleiben allerdings Art. 95a und 111 SchKG (s.a. die Komm. zu Art. 203), sowie im Zusammenhang mit Art. 169 ZGB Art. 151 Abs. 1 Bst. b und 153 Abs. 2 Bst. b SchKG (vgl. dazu Art. 249 N 4).

16 Grundsätzlich, d.h. unter Vorbehalt von Art. 159 Abs. 3, was bez. von Vollstreckungshandlungen eine gewisse Subsidiarität zu Massnahmen im Rahmen von Art. 169, 174, 177 und 178 bedeuten kann, sind die Ehegatten in der **Zwangsvollstreckung gegen den Partner** nicht eingeschränkt (Näheres zur Betreibung der Ehegatten findet sich in den Instruktionen der SchKK des BGer in BGE 113 III 49 ff.).

Art. 203

D. Schulden zwischen Ehegatten

¹ Der Güterstand hat keinen Einfluss auf die Fälligkeit von Schulden zwischen Ehegatten.

² Bereitet indessen die Zahlung von Geldschulden oder die Erstattung geschuldeter Sachen dem verpflichteten Ehegatten ernstliche Schwierigkeiten, welche die eheliche Gemeinschaft gefährden, so kann er verlangen, dass ihm Fristen eingeräumt werden; die Forderung ist sicherzustellen, wenn es die Umstände rechtfertigen.

D. Dettes entre époux

¹ Le régime n'a pas d'effet sur l'exigibilité des dettes entre les époux.

² Cependant, lorsque le règlement d'une dette ou la restitution d'une chose exposent l'époux débiteur à des difficultés graves qui mettent en péril l'union conjugale, celui-ci peut solliciter des délais de paiement, à charge de fournir des sûretés si les circonstances le justifient.

D. Debiti tra coniugi

¹ Il regime dei beni non influisce sulla scadenza dei debiti fra i coniugi.

² Il coniuge debitore può tuttavia chiedere dilazioni qualora il pagamento di debiti pecuniari o la restituzione di cose gli arrecasse serie difficoltà tali da mettere in pericolo l'unione coniugale; se le circostanze lo giustificano, dovrà fornire garanzie.

I. Allgemeines

1. Bedeutung

1 Art. 203 trägt – i.S.v. **Art. 159 Abs. 3** – dem Umstand Rechnung, dass das geltende Ehe(güter)recht grundsätzlich (dazu Art. 202 N 16) keine Beschränkung der Vollstreckung zwischen den Ehegatten kennt (s. Weisungen der SchKK des BGer in BGE 113 III

49 ff.). Ausserhalb des Ehegüterrechts trägt der Gesetzgeber allerdings weiterhin dafür Sorge, dass ein Ehegatte nicht gedrängt wird, eine Forderung gegen den Partner einzutreiben:

– **Art. 134 Abs. 1 Ziff. 3 OR** verhindert die Verjährung einer Ehegattenforderung, ohne dass eine Unterbrechungshandlung i.S.v. Art. 135 Ziff. 2 OR nötig wäre;

– **Art. 111 SchKG** will mit der Anschlusspfändung erreichen, dass einem Ehegatten aus seinem Zuwarten in der Konkurrenz zu andern Gläubigern kein Nachteil erwächst;

– **Art. 95a SchKG** sieht vor, dass Ansprüche des Schuldnerehegatten gegen seinen Partner erst in letzter Linie gepfändet werden;

– im Rahmen der **allgemeinen Wirkungen der Ehe** nehmen schliesslich insb. Art. 169, 174, 177 und 178 Einfluss auf die Rechtsstellung des berechtigten Ehegatten, womit ein zumindest indirekter Interessenschutz des andern Ehegatten erreicht wird (vgl. auch Art. 202 N 16).

2. Schulden unter den Ehegatten

Art. 203 Abs. 1 ist **nicht wörtlich zu verstehen.** Haben Schulden unter den Ehegatten   **2** ihren Grund im Ehegüterrecht selber, ist die Forderung oder der Sachleistungsanspruch des einen gegen den andern hinsichtlich der Fälligkeit, aber auch bez. Entstehung und Untergang durch den Güterstand bestimmt (z.B. die Mehrwertbeteiligung nach Art. 206 oder die (Ersatz-)Forderung i.w.S., d.h. zwischen Ehegatten im Unterschied zur Ersatzforderung im engern Sinn nach Art. 209 Abs. 1).

Wie im Zusammenhang mit vorehelichen und während der Ehe entstandenen Schulden allgemeiner Art und Schulden aufgrund der allgemeinen Wirkungen der Ehe, sieht das Güterrecht mit Ausnahme von Art. 203 Abs. 2 **weder besondere Fälligkeitsvorschriften noch andere spez. Vorschriften** für Schulden oder Sachleistungsansprüche (dazu aber nachstehend N 4) unter den Ehegatten vor. Dies schliesst jedoch wiederum nicht aus, dass u.a. die Auflösung des Güterstandes oder der Ehe einen wichtigen Grund für die Beendigung eines Dauerschuldverhältnisses unter den Ehegatten bedeuten kann (BK-MERZ, Art. 2 N 245).

3. Zwingendes Recht

Auf Art. 203 kann **nicht zum Voraus verzichtet** werden.   **3**

II. Gewährung von Zahlungsfristen und Sicherstellung

1. Anspruchsinhalt und Anwendungsbereich

Art. 203 Abs. 2 sieht – beschränkt auf **Geldschulden und Ansprüche auf Sachleistun-**   **4** **gen** (dazu – d.h. über den gesetzlichen Wortlaut der «Erstattung geschuldeter Sachen» hinausgehend – BK-HAUSHEER/REUSSER/GEISER, N 27 ff. betr. Zessionen von Forderungen bzw. Forderungen, die sachliche Leistungen zum Gegenstand haben) – von Gesetzes wegen einen Anspruch auf Änderung der Abwicklungsmodalitäten, d.h. eine Stundung im Rahmen des konkreten Schuldverhältnisses unter Ehegatten vor. Der Anspruch muss indessen durch die Ehegatten konkretisiert werden. Können sie sich diesbezüglich nicht einigen, hat – je nach Verfahren – das Eheschutz- oder das ordentliche Gericht (s. N 20) in einem Gestaltungsurteil darüber zu befinden.

2. Voraussetzungen

5 Die **Stundung** kann nur verlangt werden, wenn

1. der ordentliche Fälligkeitstermin zu **ernsthaften,** d.h. nicht nur vorübergehenden bzw. geringfügigen, **Nachteilen** eines Ehegatten führen könnte, so dass

2. die eheliche Gemeinschaft (einschliesslich der Kinder) als solche **objektiv,** d.h. **in wirtschaftlicher Hinsicht** (so HEGNAUER/BREITSCHMID, Rz 20.05; NÄF-HOFMANN, Rz 656 ff.; BK-HAUSHEER/REUSSER/GEISER, N 33 mit Hinweis auf die Gefährdung der Unterhaltspflicht oder einer durch die Familie genutzten Liegenschaft) **gefährdet** ist (was einen Unterschied zu Art. 218 Abs. 1 bedeutet; ein Teil der Lehrmeinungen lässt indessen schon persönliche Belastungen im Verhältnis unter den Ehegatten genügen: STETTLER/WAELTI, Rz 299; vgl. auch DESCHENAUX/STEINAUER/BADDELEY, Rz 1192).

3. Sodann müssen die **Schwierigkeiten mit Hilfe einer Stundung behoben werden** können. Art. 203 ist insofern kein Vollstreckungshindernis auf unbestimmte Dauer (HEGNAUER/BREITSCHMID, Rz 20.06). Bei laufenden Unterhaltsbeiträgen wird die Gesetzesbestimmung kaum je zur Anwendung gelangen, sind doch diese Schulden schon der Sache nach regelmässig zu begleichen.

6 Im Einzelfall hat eine **Interessenabwägung** stattzufinden. Insbesondere sind die weiteren Möglichkeiten beider Ehegatten, d.h. bevorstehende weitere Fälligkeiten von Schulden und Guthaben und das weitere wirtschaftliche Umfeld, einschliesslich der Bedürfnisse einer soweit tragfähigen Familienunternehmung zu berücksichtigen (DESCHENAUX/STEINAUER/BADDELEY, Rz 1192). Zu beachten sind sodann die Möglichkeiten der Verzinsung und von Sicherheiten (BK-HAUSHEER/REUSSER/GEISER, N 34).

3. Wirkungen

a) In sachlicher und persönlicher Hinsicht

7 Die Stundung erstreckt sich grundsätzlich nur auf die fragliche Leistung eines Ehegatten, nicht auch auf eine allfällige **Gegenleistung.** Vorzubehalten sind allerdings die Gegenleistungen, die i.S.v. Art. 82 OR Zug um Zug zu erbringen sind. Ausgeschlossen von Art. 203 Abs. 2 sind auch akzessorische Leistungen Dritter, so dass sich der solidarisch haftende Dritte (unter Vorbehalt des Bürgen; dazu BK-HAUSHEER/REUSSER/GEISER, N 38) nicht darauf berufen kann.

8 Die Stundung verhindert vorab jegliche Art von **Vollstreckungshandlungen** (z.B. als Rechtfertigung für die Verweigerung einer Rechtsöffnung oder als Grund für die Einstellung der Betreibung i.S.v. Art. 85 SchKG). Darüber hinaus sollte die Stundung an sich auch die Verrechnung verhindern. Indessen genügt für die **Verrechnung** regelmässig die Erfüllbarkeit, so dass Art. 203 Abs. 2 in aller Regel nicht entgegensteht.

9 Keinen Einfluss hat diese Gesetzesbestimmung auf die **Verjährung.**

b) In zeitlicher Hinsicht

10 Die Dauer der Stundung legen die Ehegatten oder das Gericht nach den konkreten Bedürfnissen und gegenseitigen Interessen fest. Sie endet mit **Ablauf der** entsprechenden **Frist,** die ihrerseits aufgrund von Art. 76 ff. OR festzulegen ist.

11 Die Stundung fällt regelmässig (so BK-HAUSHEER/REUSSER/GEISER, N 45; kategorischer HEGNAUER/BREITSCHMID, Rz 26.09) spätestens mit der **Auflösung der Ehe** dahin. Glei-

ches gilt für den Eintritt des **ausserordentlichen Güterstandes** (HEGNAUER/BREIT-
SCHMID, Rz 20.11, s.a. Rz 20.13), nicht notwendigerweise dagegen für den ehevertraglichen Wechsel zur Gütergemeinschaft oder zur Gütertrennung. Freilich wechselt dann
die Rechtsgrundlage der Stundung zu Art. 235 Abs. 2 oder 250 Abs. 2 (BK-HAUSHEER/
REUSSER/GEISER, N 45).

c) In der Zwangsvollstreckung

Nicht in jeder Hinsicht wird die Stundung durch die **Konkurseröffnung** beseitigt (BK-   **12**
HAUSHEER/REUSSER/GEISER, N 46 in Abgrenzung gegen HEGNAUER/BREITSCHMID,
Rz 20.11). Gleiches gilt für eine blosse **Betreibung** des Schuldnerehegatten durch einen
Dritten.

Eine Stundung bleibt zwar im Rahmen einer **Pfändung** und sodann bei einer **Forde-**   **13**
rungsabtretung und Schuldübernahme grundsätzlich, d.h. unter Vorbehalt einer (von
HEGNAUER/BREITSCHMID, Rz 20.12 empfohlenen) Resolutivbedingung bzw. der gerichtlichen Aufhebung, erhalten. Sie kann aber nicht mehr neu verlangt werden.

Zur Wirkung der Stundung auf die verschiedenen **Zwangsvollstreckungsverfahren** s.   **14**
im Übrigen BK-HAUSHEER/REUSSER/GEISER, N 63 ff.

4. Sicherstellungspflicht und Verzinsung

a) Sicherstellung

Eine Pflicht zur Sicherstellung besteht nur, sofern es die **Umstände** rechtfertigen. Dar-   **15**
über ist im Rahmen der Interessenabwägung zu befinden. Ebenso über die Art der
Sicherstellung. Eine Sicherstellung ist angezeigt, wo die Stundung zu einer nicht nur
zeitlichen Verschlechterung der Gläubigerstellung führt (BK-HAUSHEER/REUSSER/Geiser,
N 50; HEGNAUER/BREITSCHMID, Rz 20.07; zustimmend STETTLER/WAELTI, Rz 301). Sie
muss aber zumutbar bleiben.

b) Zins

Eine **generelle Verzinsungspflicht** ist für Art. 203 im Unterschied zu Art. 218 Abs. 2   **16**
nicht vorgesehen. Ist für die gestundete Forderung nicht schon ein Zins vereinbart, kann
dieser je nach den Verhältnissen gerichtlich mit der Stundung verfügt werden (angesichts
von Art. 218 zu weit gehend PIOTET, 27, der Zins immer als geschuldet bezeichnet, sofern die Ehegatten nichts anderes vereinbaren).

5. Abänderung und Verhältnis zu weitern Eheschutzmassnahmen

Als Eheschutzmassnahme i.w.S. (d.h. ausserhalb von Art. 171–179) unterliegt die Stun-   **17**
dung dem Abänderungsvorbehalt aufgrund von **veränderten Verhältnissen** (Art. 179).
Im Vordergrund steht eine Fristverkürzung, eine Verlängerung dürfte dagegen angesichts
der generellen Voraussetzungen von Art. 203 Abs. 2 die Ausnahme bleiben.

Je nach den Verhältnissen ist eine Verbindung mit **weiteren Massnahmen,** zwar kaum   **18**
gestützt auf Art. 177, aber mit solchen aufgrund von **Art. 178** denkbar (Näheres dazu
BK-HAUSHEER/REUSSER/GEISER, N 55 f.).

6. Zuständigkeit und Verfahren

Die **örtliche Zuständigkeit** richtet sich nach Art. 15 Abs. 1 Bst. a GestG.   **19**

Sachlich zuständig ist regelmässig das Eheschutzgericht (Botschaft Revision Eherecht,   **20**
Ziff. 222.4). Das ordentliche Gericht kann über Stundung, Sicherstellung und Zinspflicht

nach Art. 203 Abs. 2 befinden, wenn es auch über die Forderung selber zu entscheiden hat. Ausgeschlossen bleibt der Rechtsöffnungsrichter (BK-HAUSHEER/REUSSER/GEISER, N 58 m.w.H.; zustimmend HEGNAUER/BREITSCHMID, Rz 20.08).

21   Das **Verfahren** ist dem kantonalen Recht anheim gestellt. Wird über Art. 203 Abs. 2 nicht durch das ordentliche Gericht entschieden, genügt im summarischen Verfahren Glaubhaftmachen aufgrund von beschränkten, d.h. liquiden Beweisen. Das summarische bzw. ordentliche Verfahren entscheidet auch über die Rechtsmittelmöglichkeiten.

Art. 204

E. Auflösung des Güterstandes und Auseinandersetzung **I. Zeitpunkt der Auflösung**	**¹ Der Güterstand wird mit dem Tod eines Ehegatten oder mit der Vereinbarung eines andern Güterstandes aufgelöst.** **² Bei Scheidung, Trennung, Ungültigerklärung der Ehe oder gerichtlicher Anordnung der Gütertrennung wird die Auflösung des Güterstandes auf den Tag zurückbezogen, an dem das Begehren eingereicht worden ist.**
E. Dissolution et liquidation du régime I. Moment de la dissolution	¹ Le régime est dissous au jour du décès d'un époux ou au jour du contrat adoptant un autre régime. ² S'il y a divorce, séparation de corps, nullité de mariage ou séparation de biens judiciaire, la dissolution du régime rétroagit au jour de la demande.
E. Scioglimento del regime e liquidazione I. Momento dello scioglimento	¹ Il regime dei beni è sciolto alla morte di un coniuge o allorquando sia convenuto un altro regime. ² In caso di divorzio, separazione, nullità del matrimonio o separazione dei beni giudiziale, lo scioglimento si ha per avvenuto il giorno della presentazione dell'istanza.

Literatur

SPYCHER, Erleichterte Anordnung der Gütertrennung unter neuem Scheidunsrecht? in: FS Hausheer, Bern 2002, 361 ff.

I. Allgemeines

1. Bedeutung

1   Art. 204 zählt zwar die Beendigungsgründe der Errungenschaftsbeteiligung mit Ausnahme der Verschollenheit vollständig auf, dennoch geht es der Gesetzesbestimmung im Wesentlichen um den massgeblichen **Auflösungszeitpunkt** (BGE 121 III 154). Fallen die Auflösung des Güterstandes und der Auflösungsgrund zusammen, wie dies beim Tod eines Ehegatten der Fall ist, so stellen sich in zeitlicher Hinsicht keine Probleme. Fallen sie jedoch nicht zusammen, so ist der Auflösungszeitpunkt von Bedeutung. Mit dem Abstellen auf das Einleiten des Verfahrens – zur Beendigung der Ehe oder über die Anordnung des ausserordentlichen Güterstandes – will der Gesetzgeber verhindern, dass durch Verfahrensverlängerung wirtschaftliche Vorteile erzielt werden können. Der entscheidende Schritt zur Eheauflösung oder ausserordentlichen Gütertrennung ist ausschlaggebend für den Bestand (Art. 207 Abs. 1), nicht aber für die Bewertung des für die güterrechtliche Auseinandersetzung (d.h. für die Abrechnung unter den Ehegatten) massgebenden Vermögens (Art. 214 Abs. 1; vgl. BK-HAUSHEER/REUSSER/GEISER, N 12).

2. Zwingendes Recht

Art. 204 kann durch Vereinbarung der Parteien **nicht abgeändert** werden. 2

II. Die Auflösung des Güterstandes

1. Wirkung

Die Auflösung des Güterstandes (d.h. das Ende eines ganz bestimmten Güterstandes) 3
bewirkt insb., dass aus der bisherigen blossen Anwartschaft ein konkreter, allerdings dem Betrage nach erst noch zu bestimmender **Anspruch auf Vorschlagsbeteiligung** (Art. 215 ff.) wird. Zu diesem Zweck sind Errungenschaften und Eigengüter ihrem Bestand nach festzulegen und die entsprechenden Vermögenswerte voneinander zu trennen (Art. 207 Abs. 1; vgl. BGE 118 II 28 E. 2 und 121 III 154). Dabei sind insb. auch Art. 205 Abs. 2 und 219 zu beachten.

Keine Beachtung finden **Vermögenswerte,** welche erst **nach** dem **Auflösungszeitpunkt** 4
in Erscheinung treten (BGE 121 III 154; zur Barauszahlung von Vorsorgekapitalien BGE 123 III 289; BK-HAUSHEER/REUSSER/GEISER, Art. 207 N 13 ff.; zustimmend HEGNAUER/ BREITSCHMID, Rz 26.13; vgl. sodann STETTLER/WAELTI, Rz 323; s.a. RJN 1989, 51 f.).

2. Tod eines Ehegatten

Der massgebende Zeitpunkt wird durch **Art. 31 ff.** festgelegt. Heute wird im Wesentli- 5
chen auf den Hirntod abgestellt (BGE 98 I a 514 ff. E. 4b, c).

In den **Nachlass** fällt das ganze Eigengut des Verstorbenen. Die Errungenschaft kann im 6
Nachlass je nach Ausgang der beiden Vorschlagsberechnungen mit einer Beteiligungs-forderung (dazu Art. 215 N 11) zugunsten oder zulasten des überlebenden Ehegatten kleiner oder grösser werden. Daher setzt die Erbteilung die güterrechtliche Auseinander-setzung voraus.

3. Verschollenerklärung eines Ehegatten

Seit dem 1.1.2000 wird die Ehe mit der Verschollenerklärung **von Gesetzes wegen auf-** 7
gelöst (Art. 38 Abs. 3 idF vom 26.6.1998). Die Verschollenerklärung löst – wie schon unter dem bis 31.12.1999 geltenden Recht – auch den Güterstand von Gesetzes wegen auf, und zwar auf den Zeitpunkt der hohen Todesgefahr oder der letzten Nach-richt (Art. 38 Abs. 2; BK-HAUSHEER/REUSSER/GEISER, N 15 m.w.H.; DESCHENAUX/ STEINAUER/BADDELEY, Rz 1231; **a.M.** unter dem früheren Recht, d.h. für Wirkung ex nunc ab dem Zeitpunkt der Verschollenerklärung BUCHER, Natürliche Personen und Persönlichkeitsschutz, 3. Aufl., Basel 1999, Rz 241. Nachdem zur Eheauflösung kein – allenfalls erst Jahre nach der Verschollenerklärung eingereichtes – Gesuch mehr erforder-lich ist, vermag diese Auffassung jedenfalls heute nicht mehr zu überzeugen).

Umstritten ist, ob auch hinsichtlich vor dem 1.1.2000 in Rechtskraft erwachsener Ver- 7a
schollenerklärungen die Ehe auf den Zeitpunkt des Inkrafttretens der Gesetzesnovelle hin als aufgelöst gilt (so HEGNAUER in ZZW 1999, 205 ff.; gegen eine Rückwirkung REIN-HARD, ZBJV 136 (2000) 74; ebenso NÄGELI/GUGGENBÜHL, Art. 38 N 8a). Es sollte des-halb nicht von einer Rückwirkung ausgegangen werden, weil damit dem zurückgeblie-

benen Ehegatten (der keine gerichtliche Eheauflösung im Sinne von aArt. 102 beantragt hat und u.U. unter dem nunmehr geltenden Recht überhaupt kein Verfahren um Verschollenerklärung eingeleitet hätte, so dass ein Gesuch anderer gemäss Art. 35 Abs. 1 Interessierter abzuwarten gewesen wäre) möglicherweise gegen seinen Willen eine Eheauflösung aufgedrängt wird. Kehrt der vor dem 1.1.2000 als verschollen erklärte Ehegatte später wieder zurück, kommt – bei nicht gemäss aArt. 102 aufgelöster Ehe – nachträglich Art. 217 zur Anwendung. Art. 547 bzw. 938 ff. finden analoge Anwendung. Ist die Ehe inzwischen vom Gericht aufgelöst worden, bleibt die hohe Todesgefahr bzw. die letzte Nachricht weiterhin massgebend.

4. Vereinbarung eines andern Güterstandes

8   Hier ist grundsätzlich der Tag, an dem der entsprechende **Ehevertrag abgeschlossen** wird, massgebend.

9   Vorbehalten sind **Suspensivbedingung** und **Befristung.** Sodann können die Ehegatten, allerdings nur mit Wirkung unter sich, den neu vereinbarten Güterstand **rückwirkend** auf den Eheabschluss oder einen späteren Zeitpunkt vor dem Abschluss des Ehevertrages vereinbaren (dazu Art. 182 N 19). Der bisherige Güterstand gilt dann auf diesen zurückliegenden Zeitpunkt hin aufgelöst.

10 Eine **güterrechtliche Auseinandersetzung erübrigt sich** immer beim Übergang zur allgemeinen Gütergemeinschaft (so die einhellige Lehre). Sodann bei einem Wechsel von der Errungenschaftsbeteiligung zur Gütertrennung, wenn der Rückbezug auf den Eheabschluss vereinbart wird. Die Ehegatten werden in diesem Fall bei Auflösung des neu vereinbarten Güterstandes so behandelt, wie wenn sie von allem Anfang an unter diesem Güterstand gelebt hätten (dazu Art. 182 N 19; vgl. auch Art. 216 N 23). Der Güterstandswechsel führt aber zu einem Verzicht auf eine Vorschlags- und Mehrwertbeteiligung (BK-HAUSHEER/REUSSER/GEISER, N 19).

5. Die gerichtliche Eheauflösung

a) Bundes- und kantonales Recht

11 Die verschiedenen behördlichen Verfahren, die zur Auflösung der Ehe führen, sind als solche bundesrechtlich vorgesehen (Art. 104 ff., 111 ff.; Gleiches gilt für die Verfahren gestützt auf die Art. 135 ff., 176 Abs. 1 Ziff. 3 und 185); für die **Durchführung der** verschiedenen **Verfahren** ist jedoch vorab **kantonales Recht** massgebend. Letzteres bestimmt die Rechtshängigkcit und damit auch den Zeitpunkt, zu welchem das Begehren i.S.v. Art. 204 Abs. 2 eingereicht ist (für die einhellige Lehre BK-HAUSHEER/REUSSER/ GEISER, N 25 in Abgrenzung zum bundesrechtlichen Begriff der Klageerhebung; ebenso STETTLER/WAELTI, Rz 325 Anm. 636; nicht näher festgelegt in BGE 121 II 154; **a.M.** KOCHER, 217). Ein Vorbehalt ist allerdings zu machen bei Änderung des Klagegrundes, wenn sich der neue erst im Laufe des Verfahrens verwirklicht hat.

12 Wird eine Scheidungsklage abgewiesen, die **Widerklage** dagegen gutgeheissen, ist die Rechtshängigkeit der Letzteren massgebend (HEGNAUER/BREITSCHMID, Rz 26.13).

b) Güterstand vom Einreichen des Begehrens bis zur Rechtskraft des gerichtlichen Urteils

13 In der güterrechtlichen Auseinandersetzung ist so abzurechnen, wie wenn die Errungenschaftsbeteiligung mit dem Einreichen des Begehrens ihr Ende gefunden hätte. Fraglich bleibt, ob bis zum Abschluss des behördlichen Verfahrens tatsächlich noch die **Errun-**

genschaftsbeteiligung oder die **Gütertrennung** gilt. Das spielt im Rahmen der Art. 196 ff. v.a. im Zusammenhang mit Art. 205 Abs. 2 eine Rolle, wirkt sich sodann besonders stark bei Art. 236 Abs. 2 (Gütergemeinschaft) aus, einer Gesetzesbestimmung, die auf jeden Fall gleich wie Art. 204 Abs. 2 auszulegen ist. Ein Abwägen der Vor- und Nachteile der beiden unterschiedlichen Betrachtungsweisen (dazu eingehend BK-HAUSHEER/REUSSER/GEISER, N 28 ff.) spricht für die Gütertrennung – unter den Ehegatten und für Dritte – ab dem Einreichen des Begehrens bis zur Rechtskraft des gerichtlichen Urteils, sofern das behördliche Verfahren tatsächlich zur Auflösung der Ehe führt (zustimmend STETTLER/WAELTI, Rz 325 Anm. 637).

Ist die Gütertrennung schon aufgrund von **vorsorglichen Massnahmen nach Art. 137** **14** angeordnet worden, kommt ihr gegenüber Art. 204 Abs. 2 keine selbständige Bedeutung zu, sofern das behördliche Verfahren zur Eheauflösung führt. Die vorsorglich angeordnete Gütertrennung bleibt dagegen auch bestehen, wenn das Eheauflösungsbegehren abgewiesen wird (BK-HAUSHEER/REUSSER/GEISER, N 36; KOCHER, 77).

c) Beweis

Zur **Beweissicherung** empfiehlt sich in jedem Fall, mit dem Einreichen des Begehrens **15** nach Art. 204 Abs. 2 auch ein **Inventar nach Art. 195a** zu verlangen.

d) Güterrechtliche Auseinandersetzung

Scheidung und Ungültigerklärung der Ehe führen, wie der Tod eines Ehegatten, zur **16** endgültigen Abrechnung unter den Ehegatten. Die güterrechtliche Auseinandersetzung erfolgt (jetzt) ganz nach den gesetzlichen Vorschriften der Errungenschaftsbeteiligung. Besondere ehevertragliche Teilungsvereinbarungen haben nur Bestand, wenn sie i.S.v. Art. 217 ausdrücklich auch im Scheidungsfall gelten sollen.

6. Gerichtliche Ehetrennung und Eintritt des ausserordentlichen Güterstandes

Bei **gerichtlicher Ehetrennung** tritt (von Gesetzes wegen) die Gütertrennung ein **17** (Art. 118 Abs. 1), d.h. ebenso wie (auf gerichtliche Anordnung oder von Gesetzes wegen) aufgrund von Art. 176 Abs. 1 Ziff. 3, 185 sowie Art. 188 und 189. Weil bei den letzten beiden Tatbeständen auch Gläubigerinteressen im Rahmen der Betreibung bzw. des Konkurses eines bisher unter Gütergemeinschaft lebenden Ehegatten zu berücksichtigen sind, ergibt sich eine Überlagerung von Zwangsvollstreckung und güterrechtlicher Auseinandersetzung (vgl. die Komm. zu Art. 188 und Art. 189).

Bez. des Zeitpunktes, zu dem das Begehren i.S.v. Art. 204 Abs. 2 als eingereicht gilt, vgl. vorne N 11.

Art. 205

II. Rücknahme von Vermögenswerten und Regelung der Schulden	¹ **Jeder Ehegatte nimmt seine Vermögenswerte zurück, die sich im Besitz des andern Ehegatten befinden.**
	² **Steht ein Vermögenswert im Miteigentum und weist ein Ehegatte ein überwiegendes Interesse nach, so kann er neben den übrigen gesetzlichen Massnahmen verlangen, dass ihm dieser Vermögenswert gegen Entschädigung des andern Ehegatten ungeteilt zugewiesen wird.**
1. Im Allgemeinen	³ **Die Ehegatten regeln ihre gegenseitigen Schulden.**

II. Reprises de biens et règlement des dettes 1. En général	[1] Chaque époux reprend ceux de ses biens qui sont en possession de son conjoint. [2] Lorsqu'un bien est en copropriété, un époux peut demander, en sus des autres mesures prévues par la loi, que ce bien lui soit attribué entièrement s'il justifie d'un intérêt prépondérant, à charge de désintéresser son conjoint. [3] Les époux règlent leurs dettes réciproques.
II. Ripresa di beni e regolamento dei debiti 1. In genere	[1] Ciascun coniuge riprende i suoi beni che si trovano in possesso dell'altro. [2] Se un bene è in comproprietà, il coniuge che provi d'avere un interesse preponderante può, oltre alle altre misure legali, chiedere che tale bene gli sia attribuito per intero contro compenso all'altro coniuge. [3] I coniugi regolano i loro debiti reciproci.

Literatur

MEIER, Privatrechtliche Anfechtungsklagen, in: Freiheit und Zwang, FS Giger, Bern 1989, 481 ff.; vgl. auch die Literaturhinweise vor Art. 181.

I. Allgemeines

1. Bedeutung

Art. 205 gibt

1   – einerseits (in den Abs. 1 und 3) **blosse Anweisungen** zur Ausscheidung des Frauen- und Mannesgutes als erster Schritt zur güterrechtlichen Auseinandersetzung. Die Rücknahme selber (Abs. 1) erfolgt aufgrund der bestehenden Rechtsverhältnisse zwischen den Ehegatten, sofern sie überhaupt zu vollziehen ist (nachstehend N 3). Von Bundesrechts wegen können die entsprechenden Ansprüche vor dem nach Art. 15 Abs. 1 bzw. Art. 18 Abs. 1 GestG für die güterrechtliche Auseinandersetzung zuständigen Gericht geltend gemacht werden.

2   – Anderseits sieht Art. 205 (in Abs. 2) eine ehegüterrechtliche **Ergänzung zu Art. 651** betr. die Auflösung von Miteigentum vor (BGE 119 II 198 E. 2).

2. Anwendungsbereich

3   Art. 205 ist so formuliert, als ob er bei jeder Auflösung (dazu Art. 204 N 3 ff.) der Errungenschaftsbeteiligung zu beachten wäre. Nicht jeder **Güterstandswechsel** setzt indessen das Vorgehen nach Art. 205 voraus. Dauert die Ehe unter einem andern Güterstand an, kann sich – etwa beim Wechsel zur allgemeinen Gütergemeinschaft – eine güterrechtliche Auseinandersetzung im eigentlichen Sinn erübrigen (dazu Art. 204 N 10). Denkbar ist sodann eine bloss rechnerische Schuldenbereinigung und Festlegung der Vorschlagsbeteiligung, so z.B. beim Übergang zur Gütertrennung (BK-HAUSHEER/REUSSER/GEISER, N 6). Schliesslich kann Miteigentum unter den Ehegatten auch die Eheauflösung überdauern (s. N 10).

II. Die Rücknahme von Vermögenswerten eines Ehegatten

1. Vermögenswert

4   Im Unterschied zu andern Gesetzesbestimmungen, die auf Vermögenswerte Bezug nehmen (z.B. Art. 197 Abs. 1 oder Art. 200 Abs. 1), beschränkt sich der Anwendungsbereich von Art. 205 Abs. 1 auf **bewegliche Sachen und Immobilien,** die sich – aus irgendeinem Grunde – im Besitz des andern Ehegatten befinden.

2. Rücknahme

Die Rücknahme, d.h. die Beendigung des Allein- oder Aufgabe des Mitbesitzes durch   **5**
den Nichteigentümerehegatten, erfolgt regelmässig **in natura.** Allfällige Mehr- oder
Minderwerte verbleiben somit dem Eigentümer. Ersatzanschaffungen sind ebenfalls zurückzugeben; anstelle von Bargeld tritt eine Forderung.

Ausnahmsweise – etwa bei fiduziarischem Eigentum oder bei einem Widerrufsgrund für   **6**
eine Schenkung nach Art. 249 OR – kann auch ein **Anspruch auf Rückübertragung
von Eigentum** in Frage stehen.

Art. 205 bewirkt als solcher grundsätzlich **keine vorzeitige Rückgabepflicht.** Massge-   **7**
bend bleibt vielmehr das (nicht durch Art. 205 Abs. 2 geregelte) Rechtsverhältnis zwischen den Ehegatten (allenfalls unter Beachtung von Art. 895 und vergleichbarer Rechtsnormen). Allerdings kann die Auflösung der Ehe ein (wichtiger) Grund sein, das den
Besitz begründende Rechtsverhältnis zu beenden (so z.B. im Rahmen von Art. 195).

3. Weitere Ansprüche

Zum Rücknahmeanspruch kann sich ein – jedoch nicht in Art. 205 begründeter – **Er-**   **8**
satzanspruch wegen Vermögenseinbusse gesellen (Art. 41 ff., 62 ff. OR; Art. 940 ZGB).

Dem bisherigen Besitzer können demgegenüber **Ansprüche auf Verwendungsersatz**   **9**
(Art. 939 f.) und auf **Mehrwertbeteiligung** nach Art. 206 zustehen.

III. Die Auflösung von Miteigentum zwischen den Ehegatten

1. Anwendungsbereich und Abgrenzungen

Art. 205 Abs. 2 bezieht sich auf **jede Art von Miteigentum zwischen den Ehegatten,**   **10**
d.h. auch auf solches gestützt auf Art. 200 Abs. 2. Er kann auch – als Konkretisierung
von Art. 159 Abs. 3 ausschliesslich durch die Ehegatten – geltend gemacht werden, wenn
das Miteigentum vor der Beendigung des Güterstandes aufgelöst wird (BK-HAUSHEER/
REUSSER/GEISER, N 29; zustimmend nunmehr DESCHENAUX/STEINAUER/BADDELEY,
Rz 1243). Dagegen findet diese Gesetzesbestimmung auf Miteigentum, das die Ehe
überdauert hat (s. N 3), keine Anwendung mehr.

Die Bestimmungen über die Auflösung des Miteigentums – und damit Art. 205 Abs. 2 –   **11**
können aufgrund von Art. 654 Abs. 2 auch bei **Gesamteigentum** Anwendung finden(zustimmend HEGNAUER/BREITSCHMID, Rz 26.07). Sodann kann Art. 205 Abs. 2 auch
im Rahmen von Art. 219 geltend gemacht werden (Näheres dazu in BK-HAUSHEER/
REUSSER/GEISER, N 33 ff.). Gleiches gilt, wenn sich die Ehegatten **nach der Löschung
von Stockwerkeigentum** über die Liquidation des Miteigentums nicht zu einigen vermögen, so dass das Gericht auf Art. 651 Abs. 2 zurückgreifen muss.

Art. 36 BGBB geht bei **landwirtschaftlichen Grundstücken** dem eherechtlichen Zu-   **12**
weisungsanspruch vor, da es sich bei der Selbstbewirtschaftung und der Arrondierung um
überwiegende Interessen handelt. Umgekehrt hat das Vorkaufsrecht der Verwandten nach
Art. 42 ff. BGBB hinter Art. 205 Abs. 2 zurückzutreten.

Der Zuweisungsanspruch kann auch im **Zwangsvollstreckungsverfahren** gegen den   **13**
Miteigentümerehegatten geltend gemacht werden (MEIER, 111; BK-HAUSHEER/REUSSER/
GEISER, N 40 f.).

2. Verhältnis zu Art. 651 Abs. 2

14   Der Zuweisungsanspruch gegen Entschädigung nach Art. 205 Abs. 2 ergänzt die Regelung der Auflösung von Miteigentum in Art. 651 Abs. 2 dahin, dass bei Nachweis eines überwiegenden Interesses das Ehegüterrecht der sachenrechtlichen Ordnung vorgeht. Kann ein **überwiegendes Interesse nicht nachgewiesen** werden, hat das Gericht nach Art. 651 Abs. 2 vorzugehen, sofern sich die Ehegatten nicht zu einigen vermögen (vgl. dazu BGE 119 II 199 E. 2; 115 II 431 sowie 100 II 187 ff.).

3. Überwiegendes Interesse

15   Anspruch auf Zuweisung hat jener Ehegatte, der ein überwiegendes Interesse nachweisen kann. Massgebend ist der **besondere Bezug zur fraglichen Sache** (BGE 119 II 199). Dabei kann u.a. ein grösserer Miteigentumsanteil des einen Ehegatten entscheidend sein. Im Rahmen der erforderlichen Interessenabwägung sind sodann neben beruflichen oder gewerblichen bzw. gesundheitlichen Bedürfnissen des einen oder andern Ehegatten auch reine Affektionsinteressen zu berücksichtigen (BGE 119 II 199 f. E. 3: Kauf einer Liegenschaft von den Eltern der Ehefrau zu einem besonders günstigen Preis).

16   Bei der **Familienwohnung** und beim **Hausrat** sind die familiären Verhältnisse zu beachten; z.B. der Umstand, dass ein Elternteil nach der Scheidung die Kinder zu betreuen hat.

4. Entschädigung

17   Der Zuweisungsanspruch kann nur gegen – **volle,** d.h. grundsätzlich auf dem Verkehrswert beruhende – **Entschädigung** des andern Ehegatten gutgeheissen werden. Der Verkehrswert der Sache kann die Summe beider Miteigentumsanteile übersteigen (NÄF-HOFMANN, Rz 1017). Vermag der übernahmewillige Ehegatte die Entschädigung nicht zu leisten, hat er keinen Übernahmeanspruch, denn die Zuweisung zu Eigentum eines Ehegatten darf den anderen Ehegatten wirtschaftlich nicht schlechter stellen als die körperliche Teilung der Sache oder deren Versteigerung (BGE 4.3.2002).

18   Anders verhält es sich aufgrund von **Art. 37 BGBB,** der für die Ehegatten Art. 213 ZGB – d.h. eine angemessene Erhöhung des **Ertragswertes** – vorbehält. Letztere Gesetzesbestimmung entspricht weitgehend Art. 52 BGBB. Hinzu kommt ein Gewinnbeteiligungsrecht für den Fall der späteren Veräusserung zum Verkehrswert (s. dazu Art. 212 N 22 ff.).

5. Vollzug

19   Das Alleineigentum wird nach den Vorschriften des Sachenrechts begründet. Bei Grundstücken ist daher ein Eintrag im Grundbuch erforderlich. Als Grundlage des Letzteren genügt bei einer güterrechtlichen Auseinandersetzung ein schriftlicher **Teilungsvertrag** oder eine schriftliche **Verzichtserklärung.** Hat das Gericht zu entscheiden, begründet sein **Gestaltungsurteil** aufgrund von Art. 656 Abs. 2 unmittelbar Alleineigentum. Erst ein Grundbucheintrag erlaubt aber eine Verfügung über das Grundstück.

6. Rechtsnatur

20   Der Zuweisungsanspruch ist relativ **höchstpersönlich** und damit zwar unübertragbar, aber nicht in jeder Hinsicht vertretungsfeindlich. Auf die Erben eines Ehegatten geht er nur insoweit über, als er vom Berechtigten noch zu Lebzeiten geltend gemacht und vom Verpflichteten anerkannt worden ist (BK-HAUSHEER/REUSSER/GEISER, N 47 m.w.H. und zu ergänzen mit STETTLER/WAELTI, Rz 335; vgl. auch Botschaft Revision Eherecht, Ziff. 222.521).

Beim Zuweisungsanspruch handelt es sich um **dispositives Recht,** auf das die Ehegatten **21** bez. bestehenden Miteigentums zum Voraus verzichten können. Hinsichtlich allen erst zukünftig zu begründenden Miteigentums kommt ein Ausschluss einer unzulässigen Änderung der Errungenschaftsbeteiligung gleich (BK-HAUSHEER/REUSSER/GEISER, N 59; strenger allenfalls HEGNAUER/BREITSCHMID, Rz 26.07).

IV. Bereinigung gegenseitiger Schulden

1. Anwendungsbereich

Gemeint sind **Schulden** unter den Ehegatten **aller Art** (z.B. Darlehen, Auftrag im Zu- **22** sammenhang mit Art. 195), nicht nur solche eherechtlicher Natur (z.B. aufgrund von Art. 163–165). Dazu gehören somit auch (Ersatz-)Forderungen unter Ehegatten im weitern Sinn (d.h. im Unterschied zu Art. 209 Abs. 1), wenn ein Ehegatte als Beauftragter (Art. 402 Abs. 1 OR) oder Geschäftsführer ohne Auftrag (Art. 419 ff. OR) für den andern Schulden beglichen hat (STETTLER/WAELTI, Rz 339).

Unter Vorbehalt eines Mehrwertanteils nach Art. 206 sind die Schulden grundsätzlich (s. **23** aber Art. 211 N 17) zum **Nominalwert** einzusetzen (ebenso HEGNAUER/BREITSCHMID, Rz 26.09).

Während die Auflösung des Güterstandes die **Fälligkeit** von Mehrwertanteilen nach **24** Art. 206 herbeiführt und die Vorschlagsbeteiligung nach Art. 215 ff. zum konkreten Rechtsanspruch verfestigt (s. Art. 204 N 3), lässt Art. 205 Abs. 3 Bestand und Fälligkeit anderer Forderungen unter den Ehegatten unberührt (s. Art. 203 Abs. 1 und die Komm. dazu).

Die **Massenzugehörigkeit einer Schuld** (Errungenschaft oder Eigengut) bestimmt sich **25** nicht nach Art. 205 Abs. 3, sondern nach Art. 209 Abs. 2.

2. Durchführung

Schuldenregelung bzw. -bereinigung kann **tatsächliche Tilgung** der Schulden bedeuten **26** oder aber blosses **In-Rechnung-Stellen.** Letzteres trifft zu, wenn keine volle güterrechtliche Auseinandersetzung vorgenommen werden muss (dazu vorn N 3) bzw. wenn eine Schuld noch nicht fällig ist.

Betrifft eine **Errungenschaftsschuld** eines Ehegatten eine **Errungenschaftsforderung** **27** des andern, kann sie zufolge Neutralisierung im Rahmen des Beteiligungsanspruches nach Art. 215 ff. unberücksichtigt bleiben, wenn für die Vorschlagsteilung für beide Ehegatten der gleiche Teilungsschlüssel gilt und kein Ehegatte einen Rückschlag aufweist (s. Art. 215 N 7; DESCHENAUX/STEINAUER/BADDELEY, Rz 1254; BK-HAUSHEER/REUSSER/ GEISER, N 69 f.; vgl. auch STETTLER/WAELTI, Rz 340).

Art. 206

| 2. Mehrwert-anteil des Ehegatten | [1] Hat ein Ehegatte zum Erwerb, zur Verbesserung oder zur Erhaltung von Vermögensgegenständen des andern ohne entsprechende Gegenleistung beigetragen und besteht im Zeitpunkt der Auseinandersetzung ein Mehrwert, so entspricht seine Forderung dem Anteil seines Beitrages und wird nach dem gegenwärtigen Wert der Vermögensgegenstände berechnet; ist dagegen |

ein Minderwert eingetreten, so entspricht die Forderung dem ursprünglichen Beitrag.

[2] Ist einer dieser Vermögensgegenstände vorher veräussert worden, so berechnet sich die Forderung nach dem bei der Veräusserung erzielten Erlös und wird sofort fällig.

[3] Die Ehegatten können durch schriftliche Vereinbarung den Mehrwertanteil ausschliessen oder ändern.

2. Part à la plus-value

[1] Lorsqu'un époux a contribué sans contrepartie correspondante à l'acquisition, à l'amélioration ou à la conservation de biens de son conjoint qui se retrouvent à la liquidation avec une plus-value, sa créance est proportionnelle à sa contribution et elle se calcule sur la valeur actuelle du biens; en cas de moins-value, il peut en tout cas réclamer le montant de ses investissements.

[2] Si l'un des biens considérés a été aliéné auparavant, la créance est immédiatement exigible et elle se calcule sur la valeur de réalisation du bien à l'époque de l'aliénation.

[3] Par convention écrite, les époux peuvent écarter ou modifier la part à la plus-value d'un bien.

2. Partecipazione al plusvalore

[1] Se un coniuge ha contribuito senza corrispettivo all'acquisto, al miglioramento o alla conservazione di beni dell'altro e, al momento della liquidazione, ne risulta un plusvalore, il suo credito è proporzionale al contributo prestato ed è calcolato secondo il valore attuale dei beni; se ne risulta un deprezzamento, il credito equivale al contributo prestato.

[2] Se uno di questi beni è stato precedentemente alienato, il credito è calcolato secondo il ricavo ottenuto al momento dell'alienazione ed è immediatamente esigibile.

[3] I coniugi possono escludere o modificare per convenzione scritta la partecipazione al plusvalore.

Literatur

ESCHER, Wertsteigerung und eheliches Güterrecht, ASR Bd. 520, Bern 1989; HAUSHEER/JAUN, Grundstücke in der güterrechtlichen Auseinandersetzung: zu BGE 123 III 152 ff., ZBJV 133 (1997), 512 ff.; HUWILER, Beiträge zur Dogmatik des neuen ordentlichen Güterstandes der Errungenschaftsbeteiligung, BTJP 1987, Bern 1988, 63 ff.; JENE-BOLLAG, Errungenschaftsbeteiligung und Ehevertrag, in: Eherecht in der praktischen Auswirkung, Zürich 1991, 37 ff.; JÖRG, Wertveränderungen einer Aktiengesellschaft bei Auflösung des ordentlichen Güterstandes, Bern u.a. 1997; KOCHER, Güterrechtliche Sicherstellung im Massnahmeverfahren (Art. 145 ZGB und Art. 322 ZPO BE), ASR Bd. 577, Bern 1995; LOCHER PETER, Grundstückgewinnsteueraufschub beim Handwechsel von Grundstücken unter Ehegatten, in: FS Hausheer, Bern 2002, 377 ff.; MÜLLER, Der Mehrwertanteil im neuen Ehegüterrecht, Basler Studien zur Rechtswissenschaft Reihe A Bd. 27, Basel 1993; PIOTET, Des créances variables entre époux (art. 206 CC), ZBGR 72 (1991), 65 ff.; PORTMANN, Pflichtteilsschutz bei Errungenschaftsbeteiligung: Schnittstelle zwischen Erbrecht und Eherecht, Recht 1997, 9 ff.; SANDOZ, Le casse-tête des créances variables entre époux ou quelques problèmes posés par l'art. 206 CCS, ZSR 1991 I 421 ff.; SCHNYDER, Private Rechtsgestaltung im neuen Ehe- und Erbrecht, BN 47 (1987), 309 ff.; SCHULER, Die Mehrwertbeteiligung unter Ehegatten, Diss. Zürich 1984; SIMONEK, Steuerliche Probleme der Geschäftsnachfolge bei Ableben eines Personenunternehmers, Berner Beiträge zum Steuer- und Wirtschaftsrecht Bd. 8, Bern 1994; STEINAUER, A propos des remplois, des plus-(ou moins-)values et des dettes hypothécaires dans la liquidation du régime matrimonial légal ordinaire, Mélanges Flattet, Lausanne 1985, 381 ff.; WOLF, Grundstücke in der güter- und erbrechtlichen Auseinandersetzung, ZBJV 136 (2000), 241 ff.; ZELLWEGER, Errungenschaftsbeteiligung oder Errungenschaftsgemeinschaft im neuen Ehegüterrecht, BJM 1980, 57 ff.; vgl. auch die Literaturhinweise vor Art. 181.

I. Allgemeines

1. Die Bedeutung der Mehrwertbeteiligung

Bei der Mehrwertbeteiligung handelt es sich um ein ausschliesslich eherechtliches Institut. Es findet seine Rechtfertigung darin, dass sich Ehegatten aufgrund der ehelichen Solidarität auch in wirtschaftlichen Belangen nicht ohne weiteres gleich wie gegenüber einem Dritten verhalten. Werden Dritten gegenüber Geld-, Sach- oder Arbeitsleistungen regelmässig gegen Entgelt erbracht, trifft Gleiches unter Ehegatten nicht zu. Einerseits sollen Leistungen aller Art dem andern Ehegatten häufiger als Dritten (bewusst) als Liberalität zukommen (eine Schenkung ist indessen auch unter Ehegatten nicht zu vermuten: Vgl. die unterschiedliche Würdigung der Umstände je nach Zuwendungsgegenstand in BGE 96 II 1 ff. zu aArt. 246 Abs. 3; 85 II 70 f. betr. Familienschmuck; 83 II 209 ff. E. 2 bez. Geldbeitrag; vgl. auch N 9 sowie Art. 196 N 8; zum Ganzen sodann KOBEL SCHNIDRIG, FS Hausheer, 302 ff.). Andererseits sind Leistungen gegen eine vereinbarte Gegenleistung weniger zahlreich. Beide Sachlagen werden von Art. 206 nicht erfasst. Dieser beschränkt sich auf die grosse Zahl der Fälle im Verhältnis unter den Ehegatten, da der eine an einen Vermögensgegenstand des andern (durch Geld-, Sach- oder Arbeitsleistung) beiträgt, ohne dass eine Gegenleistung vereinbart wird oder eine Schenkung beabsichtigt ist. Unter solchen Umständen soll die erbrachte Leistung nicht nur als Forderung im ursprünglichen Nominalwert Bestand haben, vielmehr soll sie auch an konjunkturellen Mehrwerten des mitfinanzierten Vermögenswertes im Vermögen des andern Ehegatten beteiligt bleiben. Der **Rückforderungsanspruch** bleibt nicht auf den ursprünglichen Wert beschränkt; er kann einen Zuwachs erfahren und wird somit **variabel**. Weist dagegen der vom Nichteigentümerehegatten mitfinanzierte Vermögensgegenstand im Zeitpunkt der Rückforderung im Vergleich zum Wert im Zeitpunkt des ursprünglichen Beitrages einen Minderwert auf, bleibt dem Rückforderungsberechtigten der anfängliche Nominalwert seiner Investition garantiert (zur nur anscheinend berechtigten Kritik an dieser Beschränkung s. u.a. MÜLLER, 43 f.). Vgl. ferner das Anwendungsbeispiel in BGE 14.1.2002 (5C.81/2001). 1

2. Voraussetzungen der Mehrwertbeteiligung

a) Beitrag in einen Vermögensgegenstand des andern Ehegatten

Der Anspruch auf einen Mehrwertanteil setzt voraus, dass ohne Schenkungsabsicht und Gegenleistung zum Erwerb, zur Verbesserung oder zur Erhaltung eines Vermögensgegenstandes des andern (Eigentümer-)Ehegatten beigetragen worden ist. 2

Der Beitrag hat immer im Hinblick auf einen **bestimmten Vermögensgegenstand** zu erfolgen (statt vieler MÜLLER, 47; zu Vermögensgesamtheiten siehe BGE 125 III 1 ff. E. 4b betreffend Arztpraxis sowie BGE 121 III 152 ff., E. 3c, betreffend ein Unternehmen, je m.w.H.; s. sodann BGer 5C.201/2005). Wenn Art. 206 Abs. 2 von Vermögensgegenständen in der Mehrzahl spricht, geschieht dies nur im Hinblick auf die vom Parlament nachträglich eingeführte Globalabrechnung, d.h. die Verrechnung von Mehr- und Minderwerten im Falle mehrerer Investitionen bzw. Beiträge (dazu hinten N 24). 3

Eigentum muss nicht Alleineigentum bedeuten. Ein Beitrag i.S.v. Art. 206 ist auch denkbar, wenn der Miteigentumsanteil eines Ehegatten an der gemeinsamen Eigentumswohnung durch den andern mitfinanziert wird, weil es dem einen Miteigentümer an den erforderlichen Mitteln mangelt (BK-HAUSHEER/REUSSER/GEISER, N 9; so auch PIOTET, 30, im Zusammenhang mit Art. 200 Abs. 2; **a.M.** im letztern Fall SCHULER, 90; s. sodann HAUSHEER, ZBJV 131 (1995), 628 f. zur Investition in den Gesamtgutsanteil des anderen Ehegatten im Rahmen einer Ehegattengesellschaft). 4

5   Der **Beitrag** (in Geld, als Sach- oder Arbeitsleistung) muss im Verhältnis zum mitfinanzierten Vermögenswert **von** einer gewissen **Bedeutung** sein, soll das als selbstverständlich empfundene Zusammenwirken der Ehegatten nicht in unerträglicher Weise kommerzialisiert werden.

aa) Erwerb

6   Der Beitrag zum Erwerb ist in einem **weiten** Sinn zu verstehen. Anders als unter bisherigem Recht (BGE 112 II 384 ff.) fällt z.B. auch die nachträgliche Amortisation einer Hypothek durch den Nichteigentümer darunter. Zur Frage des Erwerbs aufgrund eines grundpfandgesicherten Kredits (Hypothek) s. N 35.

bb) Verbesserung

7   Bei der Verbesserung handelt es sich um eine **Wertschöpfung,** z.B. um den Ausbau einer durch die Familie genutzten Liegenschaft (vgl. BGE 123 III 152 E. 6 a/aa; Botschaft Revision Eherecht, Ziff. 222.522).

cc) Erhaltung

8   Bei der Erhaltung eines Vermögenswertes geht es um die **Verhinderung** einer **erheblichen Wertverminderung** durch Alterung oder Verbrauch u.a.m. Kleiner Unterhalt, etwa in der Gestalt von Reparaturen, die im Rahmen von Art. 765 ZGB und Art. 259 OR bleiben, scheidet dabei aus. Allerdings kann auch die über eine lange Zeitspanne erbrachte geringfügige Leistung zu einem für Art. 206 relevanten Beitrag werden (BK-HAUSHEER/REUSSER/GEISER, N 15, m.w.H.). Ausser Betracht fällt die ordentliche Vermögensverwaltung im Rahmen von Art. 195.

b) Ohne Schenkungsabsicht oder Gegenleistung

aa) Schenkung

9   Mit der (im Obligationenrecht näher umschriebenen) Schenkung (zum Beweis BGE 96 II 1 ff.; vgl. auch N 1) geht die dem andern Ehegatten erbrachte Leistung endgültig in dessen Vermögen über. Eine **Rückforderung,** die einen Mehrwert erfahren könnte, **entfällt,** anders verhält es sich beim zinslosen Darlehen (BGE 131 III 252 ff.).

bb) Gegenleistung

10   Hat der die Leistung erbringende Nichteigentümerehegatte vom andern eine Gegenleistung empfangen, stehen sich die **Ehegatten wie Dritte** gegenüber. Daran ändert sich auch nichts, wenn die Gegenleistung wegen des engen Verhältnisses unter Ehegatten besonders entgegenkommend festgelegt worden ist (= «Freundschaftspreis»; so jetzt die ganz überwiegende Lehre: dazu BK-HAUSHEER/REUSSER/GEISER, N 21, zu ergänzen durch STETTLER/WAELTI, Rz 343; **a.M.** SCHULER, 112 und MÜLLER, 66; vgl. auch JENE-BOLLAG, 43).

11   Ein **Entgelt** ist der Zins für eine Geld- oder Sachhingabe oder der Lohn für eine Arbeitsleistung. Im letzteren Zusammenhang hat sich die Frage gestellt, ob der Lohn ausdrücklich vereinbart worden sein muss, um als Gegenleistung anerkannt zu werden (diesbezüglich etwas missverständlich DESCHENAUX/STEINAUER/BADDELEY, Rz 1279; vgl. ESCHER, 79 und BK-HAUSHEER/REUSSER/GEISER, N 20; neuerdings für Ausdrücklichkeit MÜLLER, 55). Weitgehende Übereinstimmung besteht inzwischen darin, dass eine Arbeitsleistung dann nicht mehr einen Beitrag i.S.v. Art. 206 darstellen kann, wenn sie aufgrund

von Art. 320 Abs. 2 OR oder 165 Abs. 1 ZGB tatsächlich entschädigt worden ist (BK-
HAUSHEER/REUSSER/GEISER, N 20 m.w.H., insb. Art. 165 N 48 und Art. 206 N 21; ebenso
DESCHENAUX/STEINAUER/BADDELEY, Rz 1278, und HEGNAUER/BREITSCHMID, Rz 26.59;
vgl. auch STETTLER/WAELTI, Rz 343 und MÜLLER, 57 f. sowie JENE-BOLLAG, 44 f.).

Ein **ausdrücklicher Verzicht** auf eine Gegenleistung bedeutet nicht ohne weiteres auch   **12**
einen Verzicht auf einen Mehrwertanteil (BGE 131 III 252 E. 3.1–3.4, zum zinslosen
Darlehen; SCHULER, 111, und BK-HAUSHEER/REUSSER/GEISER, N 22; **a.M.** PIOTET, 33).

c) Mehrwert

Nur ein Mehrwert **konjktureller** Art gibt Anlass zu einem Mehrwertanteil i.S.v.   **13**
Art. 206 (s.a. KOCHER, 98/99 und 110). Ein derartiger Mehrwert beruht allein auf Angebot und Nachfrage betr. den fraglichen Vermögenswert und nicht auf einer persönlichen
Leistung des Eigentümers (so die einhellige Lehre: s. BK-HAUSHEER/REUSSER/GEISER,
N 23 m.w.H.; ebenso STETTLER/WAELTI, Rz 341 und 273; zur Abgrenzung konjunktuel-
ler von industriellen Mehrwerten s.a. Art. 197 N 14 mit Hinweis auf das Steuerrecht; vgl.
ferner JÖRG, passim). Ein industrieller Mehrwert (z.B. eine besonders intensive Vermö-
gensbewirtschaftung, die zu überdurchschnittlichen «Gewinnen», d.h. steuerlich zu entsprechendem Erwerbseinkommen führt: dazu BGE 125 II 113 ff. E. 3c, sowie BGE vom
2.10.1992 in: StE 1993, B. 23.1 Nr. 27 und vom 9.11.1990 in: ASA 59, 709 ff.) kann
indessen seinerseits ein Beitrag i.S.v. Art. 206 sein.

Ein konjunktureller Mehrwert ist auch jener, der nur gerade die **Geldentwertung** ganz   **14**
oder teilweise auffängt, nicht aber einen **echten Wertzuwachs** bedeutet.

Ob ein Mehrwert eingetreten ist, beurteilt sich grundsätzlich – d.h. unter Vorbehalt von   **15**
Abs. 2 – erst im **Zeitpunkt** der güterrechtlichen Auseinandersetzung (BGE 125 III 2).

II. Die Berechnung des Mehrwertanteils

1. Ausgangspunkt

Gilt es, den Mehrwert unter die wirtschaftlich gemeinsam am jeweiligen Vermögenswert   **16**
beteiligten Ehegatten aufzuteilen, ist vorerst der massgebende **Mehrwert und** sodann
das **Beteiligungsverhältnis** beider Ehegatten zu bestimmen.

2. Mehrwert als Differenz von Anfangs- und Endwert

Der **Mehrwert** ergibt sich aus der Differenz zwischen dem Anfangswert im Zeitpunkt   **17**
der Begründung der Beteiligung durch einen Beitrag nach Art. 206 und dem Endwert im
Zeitpunkt der Mehrwertbeteiligung.

a) Anfangswert

Der Anfangswert fällt mit dem **Anschaffungswert** zusammen, wenn der mehrwert-   **18**
anteilsberechtigte Beitrag im Zeitpunkt des Erwerbs des fraglichen Vermögenswertes
geleistet worden ist. Dieser Anschaffungswert kann höher als der (auf dem Markt zu erzielende) Verkehrswert sein, wenn Kaufpreis und Renovationskosten für eine Liegenschaft mehr ausmachen als der nach der Renovation erzielbare Wiederverkaufspreis. Um
einen Anrechnungswert handelt es sich regelmässig bei Übernahme eines Vermögensgegenstandes aus einem Nachlass. Ist der massgebende Beitrag **später** erfolgt, z.B. in der
Form der Amortisation einer Hypothek, ist der Anfangswert mit dem Verkehrswert in

diesem Zeitpunkt gleichzusetzen. Bei landwirtschaftlichen Gewerben kann – in Analogie zu Art. 212 – ein entsprechender Ertragswert einzusetzen sein.

b) Endwert

19 Der Endwert ergibt sich aus dem Verkehrs- oder Ertragswert (dazu BGE 125 III 1 ff. E. 5) im **Zeitpunkt** der güterrechtlichen Auseinandersetzung oder des vorzeitigen Beitragsendes.

Von einem allfälligen Verkaufserlös sind **Kosten** und **Abgaben** abzuziehen. Zu berücksichtigen sind sodann **latente Steuern** (BGE 125 III 50 ff.; in Abweichung von der früheren Praxis gemäss BGE 121 III 304 ff. und die Kritik in: ZBJV 1996, 247 ff.). Einer bestehenden Ungewissheit hinsichtlich der Verwirklichung der latenten Lasten ist bei deren Bewertung Rechnung zu tragen (eingehend LOCHER, 384 ff.).

3. Das massgebende Beteiligungsverhältnis

20 Der **Mehrwertanteil** errechnet sich aufgrund des proportionalen Anteils des Beitrags des mehrwertanteilsberechtigten Ehegatten am massgebenden Anfangswert.

Beispiel 1:

Frau X übernimmt aus dem Nachlass ihrer Mutter eine renovationsbedürftige Liegenschaft zum Anrechnungswert von Fr. 300 000.–. Sie investiert weitere Fr. 20 000.– in Renovationsarbeiten, während Herr X Arbeit und Material im Wert von Fr. 40 000.– beisteuert.

Der Verkehrswert der Liegenschaft beträgt:

a) nach dem Umbau:	Fr. 350 000.–
b) bei der güterrechtlichen Auseinadersetzung:	Fr. 540 000.–

Berechnung

Mehrwert	= 540 000–3 600 000[1]	= Fr. 180 000.–
Beteiligungsverhältnis	= 320 000 : 40 000 = 8 : 1 (= 9 Teile)	
Schlussrechnung:		
Anspruch Herr X	= 1 Teil = 180 000 : 9	= Fr. 20 000.–[2]

[1] Es ist *nicht* von der Differenz der Verkehrswerte, sondern von derjenigen der ursprünglichen Investitionen (Fr. 300 000.– + Fr. 20 000.– + Fr. 40 000.–) zum Verkehrswert im Zeitpunkt der Auseinandersetzung auszugehen; vgl. vorne N 18.

[2] Dieser Anteil ist der Errungenschaft von Herrn X zuzurechnen.

4. Zeitliche Staffelung mehrerer Beiträge in den gleichen Vermögenswert

21 Erfolgt der Beitrag eines Ehegatten an den Vermögensgegenstand des andern nicht auf einmal, sondern **zeitlich verschoben in Teilbeiträgen,** verändert sich das Beteiligungsverhältnis. Wollte man der Mehrwertaufteilung das abschliessende Beteiligungsverhältnis zugrunde legen, würde dies eine Privilegierung des anteilsberechtigten Ehegatten bedeuten. Es sind daher bei der Schlussabrechnung mehrere Mehrwertberechnungen vorzunehmen (so die nunmehr h.L.: s. BK-HAUSHEER/REUSSER/GEISER, N 40 m.w.H. und zu ergänzen mit HEGNAUER/BREITSCHMID, Rz 26.51 sowie JENE-BOLLAG, 44; **a.M.** SANDOZ, 421 ff.; vgl. auch STETTLER/WAELTI, Rz 352 ff., welche eine «vermittelnde» Berechnungsart in Erwägung ziehen, die sich aber i.E. mit jenem der h.L. deckt; vgl. sodann BGE 123 III 152 ff., E. 6a, cc).

Für jeden neuen Beitrag ist der seit der letzten Investition entstandene Mehrwert aufzu-   22 teilen und dem **neu zu berechnenden Beteiligungsverhältnis** zusammen mit dem weiteren Teilbeitrag für den künftigen Mehrwert zugrunde zu legen.

Beispiel 2:

Herr X erfüllt sich einen langjährigen Wunsch und kauft aus während der Ehe erspartem Erwerbseinkommen eine Ferienwohnung in Adelboden für Fr. 350 000.–. An den Kaufpreis trägt Frau X Fr. 50 000.– (aus dem Nachlass ihrer Mutter) bei. Fünf Jahre später finanziert Frau X den Umbau des Badezimmers mit Fr. 30 000.– aus ihrem Arbeitserwerb.

Der Verkehrswert der Liegenschaft beträgt:

a) nach dem Umbau:	Fr. 420 000.–
b) bei der güterrechtlichen Auseinadersetzung:	Fr. 525 000.–

1. Berechnung

Mehrwert	= 420 000 – 350 000	= Fr. 70 000.–
Beteiligungsverhältnis	= 300 000 : 50 000 = 6 : 1 (= 7 Teile)	
Zwischenergebnis:		
1 Teil	= 70 000 : 7	= Fr. 10 000.–
Anteil Frau X (Eigengut)	a) Mehrwert = Fr. 10 000.– b) Investition = Fr. 50 000.– c) *total*	= Fr. 60 000.–
Anspruch Herr X	*total*	= *Fr. 360 000.–*

2. Berechnung

Mehrwert	= 525 000 – 4 500 000[1]	= Fr. 75 000.–
Beteiligungsverhältnis	= 360 000 : 900 000[2] : 4 : 1 (= 5 Teile)	
Ergebnis:		
1 Teil	= 75 000 : 5	= Fr. 15 000.–
Anteil Frau X	a) Mehrwert = Fr. 15 000.– b) Investition = Fr. 90 000.– c) *total*	= Fr. 105 000.–
Anteil Herr X	a) Mehrwert = Fr. 60 000.– b) Investition = Fr. 360 000.– c) *total*	= Fr. 420 000.–

[1] Fr. 450 000.– = früherer Verkehrswert (Fr. 420 000.–) + Neuinvestition (Fr. 30 000.–)
[2] Fr. 90 000.– = bisheriger Anteil von Frau X (Eigengut, Fr. 60 000.–) plus Neuinvestition (Errungenschaft, Fr. 30 000.–)

3. Aufteilung zwischen Errungenschaft (ER) und Eigengut (EG) Frau X

Der zweite Mehrwert kommt unter Beteiligung beider Gütermassen (Errungenschaft und Eigengut) der Ehefrau zustande. Es stellt sich die Frage wie der Mehrwert auf die beiden Gütermassen zu verteilen ist:

zusätzlicher Mehrwert Ehefrau[1]		= Fr. 15 000.–
Verhältnis Investitionen EG/ER	= 60 000 : 30 000 = 2 : 1 (= 3 Teile)	
Anteil Errungenschaft	= 1 Teil	= Fr. 5 000.–
total Errungenschaft	= 30 000 + 5 000	= Fr. 35 000.–
total Eigengut	= 60 000 + 10 000	= Fr. 70 000.–

[1] Nur dieser zweite Mehrwert wurde mit Beteiligung *beider* Gütermassen der Ehefrau erwirtschaftet.

23 Bei kontinuierlichen Teilbeiträgen erweist sich eine fortlaufende Mehrwertaufteilung mit Veränderung des Beteiligungsverhältnisses freilich als undurchführbar. Es ist daher von einer **Durchschnittsberechnung** auszugehen (s. u.a. HEGNAUER/BREITSCHMID, Rz 26.57).

Beispiel 3:

Frau A kauft eine Liegenschaft im Wert von Fr. 500 000.–. Dafür kann sie einen Erbvorbezug von Fr. 300 000.– und voreheliche Ersparnisse von Fr. 20 000.– einsetzen. Die Kaufpreisrestanz von Fr. 180 000.– wird über einen grundpfandgesicherten Bankkredit (Hypothek) finanziert. Die Hypothek wird regelmässig aus dem Erwerbseinkommen von Herrn A amortisiert. Bis zur Scheidung zehn Jahre später machen die regelmässigen Amortisationen aus Erwerbseinkommen von Herrn A insgesamt Fr. 80 000.– aus. Der Mehrwert der Liegenschaft beträgt Fr. 250 000.–, d.h. die Hälfte des Erwerbspreises, so dass der Mehrwertanteil jeder investierenden Masse ebenfalls gerade die Hälfte der Investition ausmacht. Da die Amortisationen jedoch nicht auf einmal und mit Beginn des Mehrwertzuwachses, sondern kontinuierlich erfolgten, wird für die Mehrwertberechnung lediglich *die Hälfte* der Amortisationen berücksichtigt (= Fr. 40 000.–), was zu einem Mehrwertanteil von Fr. 20 000.– führt. Der Errungenschaft von Herrn A steht somit bei der güterrechtlichen Auseinandersetzung im Zusammenhang mit der Liegenschaft eine Forderung von Fr. 100 000.– (= 80 000.– Amortisationen plus 20 000 Mehrwertanteil) zu. Der Rest vom Schlusswert von Fr. 750 000.– verbleibt dem Eigengut von Frau A, auf dem auch die restliche Hypothek von Fr. 100 000.– lastet.

Für ein entsprechendes Beispiel in einer vollständigen güterrechtlichen Auseinandersetzung s. BK-HAUSHEER/REUSSER/GEISER, Art. 210 N 16.

5. Mehrere Beiträge in unterschiedliche Vermögensgegenstände

24 Hat ein Ehegatte mehrere Beiträge (gleichzeitig oder zeitlich gestaffelt) in unterschiedliche Vermögenswerte des andern erbracht, sind die Mehrwertanteile einzeln zu berechnen (so die h.L., vgl. BK-HAUSHEER/REUSSER/GEISER, N 41 ff.; jetzt auch HEGNAUER/BREITSCHMID, Rz 26.51a; **a.M.** SANDOZ, 441 ff.). Dies ist schon deshalb erforderlich, weil die Beiträge des berechtigten Ehegatten mit Rücksicht auf die Massenzuordnung (Errungenschaft und Eigengut) ein unterschiedliches Schicksal haben (dazu hinten N 27 ff.). Sodann haben die Eidgenössischen Räte eine sog. **Globalabrechnung** eingefügt. Zwar sieht Art. 206 (im Unterschied zu Art. 209 Abs. 3) nur eine Mehrwertbeteiligung, nicht aber auch eine Beteiligung an Minderwerten vor. Diese Nominalwertgarantie (Art. 206 Abs. 1 Schlusssatz) bezieht sich indessen nur auf die Gesamtheit der Investitionen, nicht aber auf die einzelnen Vermögenswerte. Mehrwertanteile im Zusammenhang mit gewissen Beiträgen sind daher mit allfälligen Minderwertanteilen bei andern Beiträgen zu verrechnen. Mehrwertanteile verbleiben dem berechtigten Ehegatten somit nur insoweit, als sie nicht zur Deckung von ihn betreffenden Minderwertanteilen heranzuziehen waren.

Beispiel 4:

Herr X erwirbt ein Aktienpaket für Fr. 100 000.–. Fr. 40 000.– werden ihm von Frau X als zinsloses Darlehen zur Verfügung gestellt. An einen späteren Kauf von Devisenoptionen für Fr. 200 000.– steuert Frau X Fr. 50 000.– bei.

Verkehrs- bzw. Kurswert im Zeitpunkt der güterrechtlichen Auseinandersetzung:

Aktien	= Fr. 200 000.–	(Mehrwert = *Fr. 100 000.–*)
Devisenoptionen	= Fr. 80 000.–	(Minderwert = *Fr. 120 000.–*)

1. Mehrwertanteil der Ehefrau bez. der Aktien

Beteiligungsverhältnis	= 60 000 : 40 000 = 3 : 2 (= 5 Teile)	
Ergebnis 1 Teil	= 100 000 : 5	= Fr. 20 000.–
Mehrwertanteil	= 2 Teile	= *Fr. 40 000.–*

2. «Minderwertanteil» der Ehefrau bez. der Devisenoptionen

Beteiligungsverhältnis	= 150 000 : 50 000 = 3 : 1 (= 4 Teile)	
Ergebnis 1 Teil «Minderwertanteil»	= 120 000 : 4 = 1 Teil	= Fr. 30 000.– = *Fr. 30 000.–*

3. Ansprüche der Ehefrau

ursprüngl. Investitionen	= 40 000 + 50 000	= Fr. 90 000.–
Saldo Mehr- u. Minderwertanteile	= *40 000 – 30 000*	= *Fr. 10 000.–*
total		= Fr. 100 000.–

III. Rechtsnatur und Massenzuordnung des Mehrwertanteils

1. Einseitig variable Forderung

(Grund-)Forderung und Mehrwertanteil bilden regelmässig eine **Einheit** in dem Sinne, dass die aufgrund des ursprünglichen Beitrags errechnete (Grund-)Forderung des berechtigten Ehegatten – unter der Bedingung eines Mehrwertes im Zeitpunkt der Abrechnung – einen zum Beitrag proportionalen Zuwachs erfahren kann (BK-Hausheer/Reusser/ Geiser, N 46 m.w.H. insb. auch auf die Materialien und zu ergänzen durch Hegnauer/ Breitschmid, Rz 26.50; Stettler/Waelti, Rz 346; Sandoz, 429; Kocher, 111; nun-   25 mehr auch NÄF-HOFMANN, Rz 1310 ff.). Diese Betrachtungsweise ergibt sich schon aus der Grundlage des Mehrwertes und dem Zweck der Mehrwertbeteiligung. Beim Mehrwert handelt es sich weder um Kapitalgewinn, noch um Vermögensertrag (zur Betrachtungsweise im Steuerrecht eingehend SIMONEK, passim). Die Mehrwertbeteiligung will jene Gütermasse, welcher die (Grund-)Forderung zusteht, über den Mehrwertanteil auch an konjunkturellen Mehrwerten Anteil haben lassen, die sie zwar nicht bewirkt, aber wirtschaftlich mitgetragen hat (Botschaft Revision Eherecht, Ziff. 222.531; HAUSHEER/ GEISER, in: Vom alten zum neuen Eherecht, 89 ff.; PIOTET, 149; DESCHENAUX/STEIN-AUER/BADDELEY, Rz 1301; HEGNAUER/BREITSCHMID, Rz 26.63 [anders noch HEGNAUER in SJZ 1982, 162]; ESCHER, 60 ff.; SIMONEK, 71 f.; MÜLLER, 79; **a.M.** ZELLWEGER, 63, welcher Mehrwertanteile durchwegs den Errungenschaften zuhalten will und SCHULER, 100 ff., der umgekehrt Mehrwertanteile ausschliesslich den Eigengütern vorbehalten möchte; vgl. sodann HUWILER, 105 ff.).

26 Die Einheit zwischen der (Grund)Forderung und dem Mehrwertanteil kann bei **vorzeitiger Beitragsrückzahlung** verloren gehen. Unter diesen Umständen ist für den noch ausstehenden Mehrwertanteil gleichwohl bis zur Auflösung des Güterstandes oder bis zur Veräusserung des mitfinanzierten Vermögensgegenstandes (Art. 206 Abs. 2) zuzuwarten. Im letzteren Fall wird der Mehrwertanteil vorzeitig fällig. Dennoch muss er in einer allfälligen Globalabrechnung berücksichtigt werden.

2. Massenzuordnung

a) Im Vermögen des Beitragsleistenden

27 Erfolgt **ein Beitrag** in einen Vermögensgegenstand des andern Ehegatten, stehen (Grund-) Forderung und Mehrwertanteil jener Gütermasse zu, aus welcher der Beitrag erbracht worden ist.

28 Wurden **Beiträge aus verschiedenen Gütermassen** geleistet, erfolgt die **Massenzuordnung** nach der Herkunft und dem Umfang der einzelnen Beiträge.

Beispiel 5a:

Herr X hat aus der Erbschaft seines Vaters eine Liegenschaft im Wert von Fr. 500 000.– übernommen, während sein Erbanteil nur Fr. 300 000.– ausmachte. Die Ehefrau leistet aus ihrem Eigengut die erforderliche Ausgleichszahlung von Fr. 200 000.–. Jahre später stellt die Ehefrau dem Ehemann für den Kauf von Aktien im Wert von Fr. 100 000.– ein Darlehen von Fr. 20 000.– aus ihrer Errungenschaft zur Verfügung. Bei der Auflösung des Güterstandes macht der Verkehrswert der Liegenschaft Fr. 750 000.– aus, die Aktien sind in diesem Zeitpunkt mit Fr. 150 000.– in Rechnung zu stellen. Dem Eigengut der Ehefrau steht gegen das Eigengut des Ehemannes eine Forderung von Fr. 300 000.– zu, ihrer Errungenschaft ist ein Betrag von Fr. 30 000.– zuzurechnen.

Bewirken nicht alle Beiträge aus Errungenschaft und Eigengut die Entstehung von Mehrwerten, sondern haben sich auf einer oder mehreren Investitionen Minderwerte eingestellt, bleibt im internen Verhältnis zwischen den beiden Gütermassen die **Globalabrechnung** zu beachten. Sie führt im Endergebnis zu einer Kürzung der auf anderen Gegenständen erwirtschafteten und an sich geschuldeten Mehrwertanteile. Derartige Kürzungen gehen nach nunmehr überwiegender Lehre (dazu BK-HAUSHEER/REUSSER/ GEISER, N 52; zustimmend STETTLER/WAELTI, Rz 357) insofern allein zulasten jener Investitionen bzw. Gütermassen, deren mitfinanzierter Vermögensgegenstand einen Minderwert erfahren hat, als der entsprechenden Investition bzw. Gütermasse nur der Nominalwert der (Grund-)Forderung zukommt. Die verbleibenden Mehrwertanteile dagegen sind ausschliesslich auf diejenigen Investitionen bzw. Gütermassen proportional nach dem Beitragsumfang aufzuteilen, welche Anspruch auf einen Mehrwertanteil haben.

Beispiel 5b:

Der in Beispiel 5a erwähnte Aktienwert ist nicht um Fr. 50 000.– gestiegen, sondern um Fr. 45 000.– gefallen. Der Errungenschaft der Ehefrau kommen dennoch die ursprünglichen Fr. 20 000.– zu, während ihrem Eigengut statt Fr. 300 000.– nur Fr. 291 000.– (Fr. 300 000.– minus Minderwertanteil von $^1/_5$ auf den Aktien, d.h. – Fr. 9000.–) zustehen. Der Restmehrwertanteil des Eigengutes von Fr. 91 000.– ist dagegen nicht im Verhältnis von 10 : 1 (Fr. 200 000.– aus Eigengut: Fr. 20 000.– aus Errungenschaft) aufzuteilen, sondern verbleibt dem Eigengut.

Stehen jener Gütermasse, welche in der Globalabrechnung **Minderwertanteile** verrechnungsweise tragen müsste, sich aber auf die Nennwertgarantie berufen kann, aus weiteren Beiträgen in andere Vermögenswerte **Mehrwertanteile** zu, hat die **Verrechnung** vorerst in dieser Vermögensmasse zu erfolgen.   **29**

Beispiel 5c:

Das Darlehen aus der Errungenschaft von Frau X gemäss Beispiel 5a erfolgte unter zwei Malen und für zwei unterschiedliche Aktienkäufe. Der eine Aktienkauf führte zu einem Mehrwert, der andere zu einem gleich grossen Minderwert. Für den Minderwert ist nicht auf den Mehrwertanteil des Eigengutes von Frau X (aus der Investition in die Liegenschaft) zurückzugreifen, da der Minderwert bereits durch einen entsprechenden Mehrwert in der investierenden Vermögensmasse, d.h. der Errungenschaft, ausgeglichen wird.

b) Im Vermögen des Beitragsempfängers

Der Beitrag i.S.v. Art. 206 bedeutet für den Empfänger eine Schuld. Sie ist nach den Regeln von **Art. 209 Abs. 2** seiner Errungenschaft oder seinem Eigengut zuzuordnen. Massgebend ist die Massenzugehörigkeit jenes Vermögensgegenstandes, dem der Beitrag des andern Ehegatten zugekommen ist (dazu Art. 209 N 25).   **30**

Besonderheiten können sich auch hier aufgrund der **Globalabrechnung** ergeben.

Zu unterscheiden sind vier Fallkonstellationen:

aa) Alle **Investitionen** betreffen Vermögenswerte der **gleichen Gütermasse**. In dieser hat auch die Globalabrechnung zu erfolgen.   **31**

bb) Die Investitionen verteilen sich auf die **Errungenschaft und** das **Eigengut** und alle führen zu Mehrwerten mit unterschiedlichem Erfolg. Die beiden Gütermassen sind mit den einzeln berechneten Mehrwertanteilen zu belasten.   **32**

Beispiel 6a:

Herr X erbt eine Liegenschaft im Wert von Fr. 300 000.–. Die Ausgleichszahlung von Fr. 150 000.– an einen Miterben erfolgt aus der Errungenschaft der Ehefrau. Später trägt Frau X zum Kauf eines Steinway-Flügels zum Preis von Fr. 50 000.– Fr. 20 000.– aus ihrem Eigengut bei, während der Ehemann die restlichen Fr. 30 000.– aus seiner Errungenschaft nimmt. Im Zeitpunkt der güterrechtlichen Auseinandersetzung macht der Verkehrswert der Liegenschaft Fr. 600 000.– aus, der Flügel wird mit Fr. 80 000.– geschätzt. Dem Eigengut des Ehemannes sind zugunsten der Errungenschaft der Ehefrau Fr. 300 000.– zu belasten; seiner Errungenschaft dagegen zugunsten des Eigengutes der Ehefrau Fr. 32 000.–.

Mehrwertanteile: Belastung der Vermögensmassen des Verpflichteten

Liegenschaft

Mehrwert	600 000 – 300 000	= Fr. 300 000.–
Beteiligungsverhältnis	150 000 EG M : 150 000 ER F = 1 : 1 (= 2 Teile)	
Mehrwert pro «Anteil»	300 000 : 2	= Fr. 150 000.–
Ansprüche F total (ER)	150 000 Investition + 150 000 Mehrwertanteil	= Fr. 300 000.–
Belastung EG M		*– Fr. 300 000.–*

Flügel

Mehrwert	80 000 – 50 000	= Fr. 30 000.–
Beteiligungsverhältnis	30 000 ER M : 20 000 EG F = 3 : 2 (= 5 Teile)	
Mehrwert pro «Anteil»	30 000 : 5	= Fr. 6 000.–
Anspruch F total	20 000 Investition + 12 000 Mehrwertanteil	= Fr. 32 000.–
Belastung ER M		– Fr. 32 000.–

Abkürzungen: ER: Errungenschaft; EG: Eigengut.

33 cc) Ergibt die **Aufrechnung von Mehr- und Minderwerten** einen Gesamtbetrag, der **über der Summe der ursprünglichen Einzelbeträge** liegt, erfolgt die Schuldenbelastung beim Verpflichteten ungeachtet der Nennwertgarantie beim Berechtigten im vollen Ausmass des Mehrwertes einerseits und des Minderwertes anderseits.

Beispiel 6b:

Weist der Steinway-Flügel im Zeitpunkt der güterrechtlichen Auseinandersetzung infolge unsachgemässer Behandlung einen Minderwert von Fr. 20 000.– aus, steht der Ehefrau gesamthaft eine Forderung von Fr. 312 000.– zu (ursprüngliche Beiträge von Fr. 150 000.– und Fr. 20 000.– plus Mehrwertanteil am Haus von Fr. 150 000.– minus Minderwertanteil am Flügel von Fr. 8000.–). Davon sind der den Flügel finanzierenden Errungenschaft des Ehemannes zugunsten des Eigengutes der Ehefrau Fr. 12 000.– zu belasten (Fr. 20 000.– Investition – Fr. 8000.– theoretischer Minderwertanteil Ehefrau). Seinem Eigengut ist die Schuld zugunsten der Errungenschaft der Ehefrau von Fr. 300 000.– zuzuweisen. Im Frauengut entfallen Fr. 20 000.– auf das Eigengut und Fr. 292 000.– auf die Errungenschaft.

Liegenschaft: vgl. Beispiel 6a

Flügel

Minderwert		= Fr. 20 000.–
Beteiligungsverhältnis	vgl. Beispiel 6a = 3 : 2 (= 5 Teile)	
Minderwert pro «Anteil»		= Fr. 4 000.–
Ansprüche F (EG)	= Investition	= Fr. 20 000.–

Schlussrechnung für Ehefrau

Ansprüche ER	a) Investition Liegenschaft b) Mehrwertanteil Liegen- schaft c) Minderwertanteil Flügel *total*	Fr. 150 000.– Fr. 150 000.– – Fr. 8 000.– = *Fr. 292 000.–*
Ansprüche EG	Investition Flügel	= Fr. 20 000.–
zusammen		= *Fr. 312 000.–*

Schlussrechnung für Ehemann

Belastung ER M zugunsten EG F	– Fr. 12 000.–
Belastung EG M zugunsten ER F	– Fr. 300 000.–

dd) Ergibt die **Globalrechnung** einen Betrag, der **unter der Summe aller ursprüng-**   34
lichen Investitionen bleibt, hat der Investierende Anspruch auf den Betrag der ursprünglichen Investitionen. Im Vermögen des Schuldners ist jene Gütermasse, welche unter
Mithilfe des Beitrages des andern einen Mehrwert erfahren hat, mit der entsprechenden,
um den Mehrwertanteil bereinigten Forderung zu belasten, während die andere Vermögensmasse für den Restbetrag bis zur Summe der ursprünglichen Investitionen aufzukommen hat.

Beispiel 6c:

Die Liegenschaft des Ehemannes erfährt zwar einen Mehrwert von Fr. 10 000.–, dagegen
ist der Wert des Steinway-Flügels um Fr. 20 000.– gesunken. Das Eigengut des Ehemannes ist zugunsten der Errungenschaft der Ehefrau mit einer Schuld von Fr. 105 000.– zu
belasten; der Errungenschaft des Ehemannes ist sodann eine Schuld zugunsten des
Eigengutes der Ehefrau von Fr. 15 000.– zuzuweisen. Die Errungenschaft des Ehemannes kommt damit allein für den den Mehrwertanteil übersteigenden Minderwert
(Fr. 10 000.– minus Fr. 5000.–) auf.

Liegenschaft

Mehrwert		= Fr. 10 000.–
Beteiligungsverhältnis	vgl. Beispiel 6a = 1 : 1 (= 2 Teile)	
Mehrwert pro «Anteil»		= Fr. 5 000.–
Ansprüche ER F (provisorisch)	150 000 Investition + 5000 Mehrwertanteil	= Fr. 155 000.–
Belastung EG M		– Fr. 155 000.–

Flügel

Minderwert		– Fr. 20 000.–
Beteiligungsverhältnis	vgl. Beispiel 6a = 3 : 2 (= 5 Teile)	
Minderwert pro «Anteil»		= Fr. 4 000.–
Minderwertanteil EG F theoretisch		= Fr. 8 000.–
Ansprüche EG F	= Investition	= Fr. 20 000.–
Ansprüche ER F (definitiv)	155 000 −5 000 (– Anteil Minderwertant. EG)[1]	*= Fr. 150 000.–*
Ansprüche F total	150 000 ER + 20 000 EG	*= Fr. 170 000.–*
Belastung ER M	20 000 (Investition EG F) −8 000 (theoret. Minderwertanteil EG F)	*– Fr. 12 000.–*

[1] Wegen der Nennwertgarantie kann der verbleibende Minderwertanteil von Fr. 3 000.– der Ehefrau nicht belastet werden.

3. *Spezialfall: Mehrwerte aufgrund von Hypotheken und Vorbezügen von Vorsorgeleistungen*

35   Liegenschaften werden häufig, wenn nicht regelmässig, mit hypothekarisch gesicherten Krediten mitfinanziert. Diese Kredite, die als **Schulden nach Art. 209 Abs. 2** beim Eigentümerehegatten der Errungenschaft oder/und dem Eigengut zuzuordnen sind (dazu BGE 123 III 152 ff., HAUSHEER/JAUN, ZBJV 1997, 512 ff. und Art. 209 N 27 ff.), berühren den andern Ehegatten in aller Regel nicht. Insbesondere steht dem Ehepartner nicht schon deshalb ein proportionaler Anteil an der Hypothek bzw. an dem aufgrund dieses dinglich gesicherten Drittkredits eingetretenen Mehrwert zu, weil er seinerseits einen Beitrag i.S.v. Art. 206 an die Liegenschaft erbracht hat. Gleiches gilt bei einem Vorbezug von Mitteln der beruflichen Vorsorge des Eigentümerehegatten für selbst genutztes Wohneigentum. Der (rechnerisch) darauf entfallende Mehrwert ist ausschliesslich dem Vorsorgenehmer zuzuordnen. Anders verhält es sich allerdings – sowohl bei einer Hypothek als auch bei einem Vorbezug – innerhalb des Frauen- oder Mannesguts, gestützt auf Art. 209 Abs. 3: vgl. N 30 dazu. Hat der Nichteigentümerehegatte bei einer hypothekarischen Belastung ganz oder teilweise den Zinsendienst übernommen, ist im entsprechenden Umfang die Hypothek als solche (und nicht der addierte Betrag an Hypothekarzinsen) als zusätzlicher Beitrag nach Art. 206 zu behandeln (s. u.a. STEINAUER, 392 ff.; DESCHENAUX/STEINAUER/BADDELEY, Rz 1313; HAUSHEER/GEISER, 92; HEGNAUER/BREITSCHMID, Rz 26.57; ESCHER, 74; JENE-BOLLAG, 45; KOCHER, 114 ff.; MÜLLER, 50 (Zinszahlung als Erhaltung des Grundpfandes) sowie neuerdings auch NÄF-HOFMANN, Rz 1279 ff.; vgl. sodann die weiteren Hinweise bei MÜLLER, 52 f. und STETTLER/WAELTI, Rz 239 ff. mit gleichem Ergebnis für die Mehrwertbeteiligung über eine Ersatzforderung sui generis an Stelle einer Aufteilung der Hypothek und unter Ausschluss einer entsprechenden Minderwertbeteiligung). Für Einzelheiten zu dieser Übernahme des Zinsendienstes durch eine Gütermasse, die aufgrund von Art. 209 Abs. 2 damit an sich nicht belastet ist, s. Art. 209 N 28.

Beispiel 7:

Aus der elterlichen Erbschaft übernimmt die Ehefrau auf Anrechnung an ihren Erbteil von Fr. 150 000.– eine Liegenschaft im Wert von Fr. 600 000.–. Die hypothekarische

Belastung, für welche die Ehefrau die Zinsen leistet, macht Fr. 200 000.– aus. Die demnach noch zu leistende Ausgleichszahlung an die Miterben beläuft sich auf Fr. 250 000.–; sie wird im Umfang von Fr. 200 000.– aus dem Eigengut des Ehemannes erbracht, während die Errungenschaft der Ehefrau die verbleibenden Fr. 50 000.– aufbringt.

Tilgung Anrechnungswert	Betrag	Gütermasse
Erwerb von Todes wegen	Fr. 150 000.–	fällt ins Eigengut der Frau
Schuldübernahme	Fr. 200 000.–	dito
Ausgleichszahlung	Fr. 200 000.–	aus Eigengut Mann
Ausgleichszahlung	Fr. 50 000.–	aus Errungenschaft der Frau
Total Anrechnungswert	Fr. 600 000.–	

Abb. 1: Finanzierung der erworbenen Liegenschaft.

Obwohl das Eigengut des Ehemannes mit seinem Beitrag von Fr. 200 000.– nominell den grössten Barbetrag aufgewendet hat, gehört die Liegenschaft *aufgrund der Eigentumsverhältnisse* – im Grundbuch ist die Ehefrau kraft des Titels Erbgang als Eigentümerin eingetragen – zum *Frauengut.*

Beteiligte Vermögen	Erwerbtitel	Berechtigung
Frauengut	Erbgang	dinglich: Alleineigentum
Mannesgut	keiner	rein obligatorisch: variable Forderung gemäss Art. 206 Abs. 1

Abb. 2: Sachenrechtliche Betrachtungsweise.

Innerhalb des Frauengutes macht der unentgeltliche Erwerb zugunsten des Eigengutes der Ehefrau den *grösseren Teil* aus. Die Liegenschaft ist daher *Bestandteil des Eigengutes der Ehefrau,* während der Errungenschaft eine variable Ersatzforderung i.S.v. *Art. 209 Abs. 3* zukommt.

Gütermasse der Ehefrau	Beteiligung	Berechtigung
Eigengut	Fr. 150 000.–	Zuweisung
Errungenschaft	Fr. 50 000.–	variable Ersatzforderung gemäss Art. 209 Abs. 3

Abb. 3: Güterrechtliche Betrachtungsweise.

Annahme: Im Zeitpunkt der güterrechtlichen Auseinandersetzung habe sich der Verkehrswert der Liegenschaft aufgrund der günstigen konjunkturellen Lage auf Fr. 900 000.– erhöht.

Schritt 1: Zuweisung und Aufteilung der Hypothek. Nachdem die Ehefrau die Zahlung der fälligen Darlehenszinsen stets aus dem Liegenschaftsertrag vorgenommen hat, verbleibt die *Hypothek allein im Frauengut.* Sie ist im Hinblick auf die Mehrwertbeteiligung *im Verhältnis 3:1* auf das Eigengut und die Errungenschaft aufzuteilen. Eine Änderung könnte sich nur daraus ergeben, dass die entsprechende Vermögensmasse den Zinsendienst nicht selber erbracht hätte (s. dazu BK-HAUSHEER/REUSSER/GEISER, Art. 196 N 59 und 65).

Gütermasse der Ehefrau	Betrag	%	Anteil Hypothek
Eigengut	Fr. 150 000.–	75	Fr. 150 000.–
Errungenschaft	Fr. 50 000.–	25	Fr. 50 000.–
Total Beitrag Ehefrau	Fr. 200 000.–	100	Fr. 200 000.–

Abb. 4: Aufteilung der Hypothek auf die Gütermassen der Ehefrau.

Schritt 2: Aufteilung des Mehrwerts auf Frauen- und Mannesgut. Die nunmehr vorzunehmende «Grobverteilung» auf Frauen- und Mannesgut richtet sich nach den ursprünglichen Anteilen der Eheleute beim Liegenschaftserwerb.

Das Mannesgut hatte einen Drittel des Anrechnungswertes aufzubringen. Dementsprechend beträgt der heutige Mehrwertanteil auch einen Drittel des realisierten Wertzuwachses.

Der seinerzeitige Beitrag des Frauengutes belief sich auf zwei Drittel (nämlich: Fr. 150 000.– kraft Erbgangs, Fr. 200 000.– aufgrund der erfolgten Schuldübernahme und sodann Fr. 50 000.–, die der Errungenschaft entnommen wurden).

Nachdem nun die Beteiligungsquoten feststehen, kann gesagt werden, dass am konjunkturell bedingten Mehrwert von Fr. 300 000.– das Mannesgut mit Fr. 100 000.– beteiligt ist, während der auf das Frauengut entfallende Anteil Fr. 200 000.– ausmacht.

Schritt 3: Aufteilung der jeweiligen Mehrwertanteile auf Errungenschaft und Eigengut von Mann und Frau. Im Bereich des Mannesguts gestaltet sich die nun vorzunehmende «Feinverteilung» einfach: Da seinerzeit auf Seiten des Mannes nur dessen Eigengut zum Erwerb der Liegenschaft beigetragen hat, ist bei der im Mannesgut intern vorzunehmenden Zuweisung auch nur das Eigengut berechtigt.

Hinsichtlich der internen Verteilung des auf das Frauengut entfallenden Mehrwertanteils von Fr. 200 000.– ist zu berücksichtigen, dass dieser Betrag zur Hälfte auf die Hypothek zurückzuführen ist. Auf die Hypothek entfällt mithin ein Mehrwertanteil in Höhe von Fr. 100 000.–. Die verbleibenden Fr. 100 000.– sind sodann nach den in Abb. 3 hievor ermittelten Quoten zu verteilen. Demnach betreffen Fr. 75 000.– das Eigengut, während der Errungenschaft des Frauengutes ein Mehrwertanteil von Fr. 25 000.– zusteht.

Da dem Eigengut der Ehefrau in der güterrechtlichen Auseinandersetzung die Liegenschaft einschliesslich der gesamten Hypothek von unverändert Fr. 200 000.– verbleibt, sind dem Eigengut der Ehefrau Fr. 300 000.– zugunsten des Eigengutes des Ehemannes zu belasten (Fr. 200 000.– für den seinerzeitigen Eigengutsbeitrag und Fr. 100 000.– als Mehrwertanteil auf diesem Betrag).

In die gegenseitige Errungenschaftsbeteiligung unter den Ehegatten ist sodann eine Ersatzforderung von Fr. 100 000.– zugunsten der Errungenschaft der Ehefrau gegen deren Eigengut einzubeziehen (Fr. 50 000.– für den seinerzeitigen Errungenschaftsbeitrag, ferner Fr. 25 000.– als Mehrwertanteil auf dieser Investition seitens der Errungenschaft und schliesslich Fr. 25 000.– als Mehrwertanteil aufgrund der Hypothek). Ohne die Aufteilung der Hypothek auf die Errungenschaft und das Eigengut der Ehefrau zum (ausschliesslichen) Zweck der Mehrwertaufteilung würde die variable Ersatzforderung zugunsten der Errungenschaft nur Fr. 75 000.– ausmachen, was sich auf die Beteiligungsforderung nach Art. 215 ff. auswirken würde.

Gütermasse	Finanzierung am Anfang	Veränderung	Finanzierung bei Auflösung
Eigengut Frau Verkehrswert – Anteil an Hypothek (zG ER Frau) – zG ER Frau – BF zG EG Mann	Fr. 600 000.– – Fr. 50 000.– – Fr. 50 000.– – Fr. 200 000.– = Fr. 300 000.–		
+ Mehrwert – MWA auf Hypothek (Anteil ER Frau) – MWA zG ER Frau – MWA zG EG Mann		+ Fr. 300 000.– – Fr. 25 000.– – Fr. 25 000.– – Fr. 100 000.– = Fr. 150 000.–	Fr. 450 000.–
Errungenschaft Frau Anteil an Hypothek + BF zL EG Frau	Fr. 50 000.– + Fr. 50 000.– = Fr. 100 000.–		
+ MWA auf Hypothek + MWA zL EG Frau		+ Fr. 25 000.– + Fr. 25 000.– = Fr. 50 000.–	Fr. 150 000.–
Errungenschaft Mann	Fr. –.–		Fr. –.–
Eigengut Mann BF zL EG Frau + MWA zL EG Frau	Fr. 200 000.–	+ Fr. 100 000.–	Fr. 300 000.–
Total	*Fr. 600 000.–*	*+ Fr. 300 000.–*	*Fr. 900 000.–*

Abb. 5: Betreffnis nach der güterrechtlichen Auseinandersetzung.

Abkürzungen: ER: Errungenschaft; EG: Eigengut; BF: (Ersatz)Forderung für ursprünglichen Beitrag bzw. «Beitragsforderung»; MWA: Mehrwertanteil; zL: zulasten; zG: zugunsten.

Das Beispiel ist einem Beitrag von HAUSHEER/KOCHER, in: «in dubio» 5/1992, 6 ff. entnommen.

4. Neutralisation der Mehrwertbeteiligung durch die Vorschlagsbeteiligung

Mehrwertanteile aufgrund von Beiträgen in Vermögensgegenstände der Errungenschaft   36
des andern Ehegatten können unberücksichtigt bleiben, sofern die Vorschlagbeteiligung
zum gleichen Ergebnis führt. Das trifft so lange zu, als Art. 215 unverändert bzw. für
beide Ehegatten der gleiche **Teilungsschlüssel** zur Anwendung kommt und nicht ein
Ehegatte in seiner Errungenschaft einen **Rückschlag** zu verzeichnen hat.

IV. Fälligkeit des Mehrwertanteils, Rückzahlbarkeit des ursprünglichen Beitrags sowie vorzeitige Veräusserung des Vermögensgegenstandes

1. Fälligkeit

Der Mehrwertanteil wird erst mit der **güterrechtlichen Auseinandersetzung** fällig, es   37
sei denn, der fragliche Vermögensgegenstand sei schon vorher veräussert worden
(Art. 206 Abs. 2).

38   Wird der Vermögensgegenstand, für den der andere Ehegatte einen Beitrag erbracht hat, vor der güterrechtlichen Auseinandersetzung veräussert, berechnet sich der damit fällig werdende Mehrwertanteil auf der Grundlage des **Veräusserungserlöses** (Abs. 2). Vorbehalten bleibt allerdings die Ersatzanschaffung, auf die der Mehrwertbeteiligungsanspruch übertragen wird, sofern die Ehegatten nichts anderes vereinbaren (Botschaft Revision Eherecht, Ziff. 222.522). Eine Veräusserung bedeutet aber auch die Schenkung an einen Dritten und der Verbrauch. Unter diesen Umständen ist der entsprechende Verkehrswert als (fiktiver) Veräusserungserlös einzusetzen.

Eine allfällige vorzeitige Mehrwertanteilsregelung ist anlässlich der güterrechtlichen Auseinandersetzung in die **Globalabrechnung** einzubeziehen.

2. Vorzeitige Rückzahlung

39   Haben sich die Ehegatten auf eine vorzeitige Rückzahlung des Beitrages **geeinigt** (kontrovers ist, ob konkludentes Verhalten genügt: so DESCHENAUX/STEINAUER/BADDELEY, Rz 1305, und HEGNAUER/BREITSCHMID, Rz 26.56; strenger SANDOZ, 430), wird dies in der Lehre überwiegend – und zwar in jeder Hinsicht – einer Veräusserung vor der güterrechtlichen Auseinandersetzung gleichgestellt (DESCHENAUX/STEINAUER/BADDELEY, Rz 1304; weitere Hinweise und Bedenken, weil ein Mehrwertanteil vor der Realisierung eines Mehrwertes auszurichten ist, finden sich bei BK-HAUSHEER/REUSSER/GEISER, N 54; vgl. auch STETTLER/WAELTI, Rz 347).

40   **Ohne Einigung** unter den Ehegatten auf eine beschränkte Beitragsdauer kann der Anspruch auf Mehrwertbeteiligung nicht vorzeitig erfüllt werden.

V. Ausschluss der Mehrwertbeteiligung

1. Ausschluss im Einzelfall

41   Aus Art. 206 Abs. 3 ergibt sich, dass es sich bei der Mehrwertbeteiligung um dispositives Recht handelt. Die Ehegatten können im Zusammenhang mit einem konkreten Beitrag den Mehrwertanteil zum Voraus aufgrund einer **klaren und schriftlichen Vereinbarung** ganz ausschliessen oder modifizieren (BGE 5C.223/2004 E. 3; DESCHENAUX/STEINAUER/BADDELEY, Rz 1307; BK-HAUSHEER/REUSSER/GEISER, N 60 ff.).

42   Ein **nachträglicher Verzicht** ist jederzeit **formlos** möglich (Art. 115 OR), und zwar mit oder ohne Verzicht auf die (Grund-)Forderung. Allerdings bleibt hier der Pflichtteilsschutz gemäss Art. 216 Abs. 2 zu beachten.

2. Genereller Ausschluss

43   In der Lehre wird (gestützt auf die Materialien: Botschaft Revision Eherecht, Ziff. 222.522) überwiegend bejaht, dass **durch Ehevertrag** die Mehrwertbeteiligung generell, d.h. unabhängig von einem konkreten Beitrag, ausgeschlossen werden kann (PIOTET, 32; SCHNYDER, 317; ESCHER, 67, NÄF-HOFMANN, Rz 1340; BK-HAUSHEER/REUSSER/GEISER, N 62; MÜLLER, 84; DESCHENAUX/STEINAUER/BADDELEY, Rz 1307; ohne eigene Stellungnahme STETTLER/WAELTI, Rz 348; **a.M.** HEGNAUER/BREITSCHMID, Rz 26.61 SCHWAGER, Vom alten zum neuen Eherecht, 195; SANDOZ, 431; vgl. auch JENE-BOLLAG, 47). Bei einem solchen generellen Ausschluss geht es um eine nicht unbedeutende Änderung des Güterstandes. Indessen ist nicht nur der gesetzgeberische Wertungsentscheid in Art. 206 Abs. 3, sondern auch die den Ehegatten verbleibende Freiheit zu beachten, unter diesen Umständen eine Investition in den Vermögensgegenstand des andern Ehegatten vorzunehmen. Auch steht einem solchen Ausschluss Art. 216 Abs. 2 nicht entgegen (BK-HAUSHEER/REUSSER/GEISER, N 63; teilweise **a.M.** MÜLLER, 89).

Der ehevertragliche Ausschluss gilt auch für den Fall der **Scheidung,** Trennung, Ungül- **44** tigkeitserklärung der Ehe oder der gerichtlichen Anordnung der Gütertrennung (BK-HAUSHEER/REUSSER/GEISER, N 63 m.w.H.; **a.M.** SCHULER, 153).

Der generelle Ausschluss der Mehrwertbeteiligung bleibt trotz des Einflusses auf **44a** den Umfang der Erbmasse eines verstorbenen Ehegatten hinsichtlich des Pflichtteils-schutzes unbeachtlich (HAUSHEER/REUSSER/GEISER, N 63; Deschenaux/Steinauer/ Baddeley, Rz 1308; zustimmend AEBI-MÜLLER, Rz 06.56; offen gelassen bei HEGNAUER/ BREITSCHMID, Rz 26.62; **a.M.** SCHULER, Rz 356 f., MÜLLER, 88; PORTMANN, 15; DRUEY, 156 f.).

Statt eines Ausschlusses des Mehrwertes ist eine **blosse Änderung,** und zwar i.S. der **45** Erhöhung als auch der Herabsetzung möglich (HEGNAUER/BREITSCHMID, Rz 26.62).

VI. Einzelfragen

Umstritten ist, ob die Mehrwertbeteiligung sinngemäss auch auf **Brautleute** Anwendung **46** finden kann (so die h.L. in Anlehnung an BGE 109 II 93 ff. E. 2b; PIOTET, ZBGR 1991, 70; HEGNAUER/BREITSCHMID, Rz 26.52; BK-HAUSHEER/REUSSER/GEISER, N 64; **a.M.** SANDOZ, 427).

Zur Behandlung des Mehrwertanteils im **Steuerrecht,** in der **Zwangsvollstreckung** und **47** im **IPR** s. BK-HAUSHEER/REUSSER/GEISER (Art. 206 N 67 ff.).

Eine **Minderwertbeteiligung** kann zwischen den Ehegatten ehevertraglich nicht verein- **48** bart werden, ist aber allenfalls auf anderer und zwar besonderer vertraglicher Grundlage möglich (BK-HAUSHEER/REUSSER/GEISER, N 60; zustimmend STETTLER/WAELTI, Rz 349; vgl. auch SANDOZ, 430 und MÜLLER, 84).

Art. 207

III. Berechnung des Vorschlages jedes Ehegatten	**[1] Errungenschaft und Eigengut jedes Ehegatten werden nach ihrem Bestand im Zeitpunkt der Auflösung des Güterstandes ausgeschieden.**
1. Ausscheidung der Errungen-schaft und des Eigengutes	**[2] Die Kapitalleistung, die ein Ehegatte von einer Vorsorgeein-richtung oder wegen Arbeitsunfähigkeit erhalten hat, wird im Betrag des Kapitalwertes der Rente, die dem Ehegatten bei Auf-lösung des Güterstandes zustünde, dem Eigengut zugerechnet.**
III. Détermination du bénéfice de chaque époux	[1] Les acquêts et les biens propres de chaque époux sont disjoints dans leur composition au jour de la dissolution du régime.
1. Dissociation des acquêts et des biens propres	[2] Le capital versé à un époux par une institution de prévoyance ou à raison de la perte de sa capacité de travail est compté dans les biens propres à concurrence de la valeur capitalisée de la rente qui eût appartenu à cet époux à la dissolution du régime.
III. Calcolo degli aumenti	[1] Gli acquisti e i beni propri di ogni coniuge sono disgiunti secondo il loro stato al momento dello scioglimento del regime dei beni.
1. Separazione degli acquisti e dei beni propri	[2] Il capitale ricevuto da un coniuge da un'istituzione di previdenza o per impedimento al lavoro è ascritto ai beni propri fino a concorrenza del valore capitalizzato della rendita che gli sarebbe spettata allo scioglimento del regime dei beni.

Literatur

HAUSHEER/GEISER, Güterrechtliche Sonderprobleme, in: Vom alten zum neuen Eherecht, Bern 1986, 79 ff.; KOCHER, Güterrechtliche Sicherstellung im Massnahmeverfahren (Art. 145 ZGB und Art. 322 ZPO BE), ASR Bd. 577, Bern 1995; OTT, Der Schutz der Anwartschaft auf den Vorschlagsanteil unter dem Güterstand der Errungenschaftsbeteiligung mit Hilfe der güterrechtlichen Herabsetzungs- und Rückforderungsklage, in: FS Hegnauer, Bern 1986, 289 ff.; PIOTET, Les expectatives de droit dans la liquidation du régime matrimonial, notamment en matière de prévoyance professionnelle, SJZ 82 (1986), 237 ff. (zit. PIOTET, SJZ 1986); RIEMER, Berufliche Vorsorge und eheliches Vermögensrecht, SZS 41 (1997), 107 ff.; vgl. auch die Literaturhinweise vor Art. 181.

I. Allgemeines

1. Normzweck

Abs. 1 und 2 von Art. 207 haben miteinander wenig gemeinsam.

1   – **Abs. 1** bezeichnet den massgebenden Zeitpunkt für den **Bestand** der Errungenschaft und des Eigenguts im Mannes- und Frauengut, die Gegenstand der güterrechtlichen Auseinandersetzung sind. Inhaltlich näher umschrieben wird dieser Zeitpunkt allerdings in Art. 204 (BGE 121 III 154). Für die Bewertung der einzelnen Vermögenswerte in den verschiedenen Vermögensmassen ist sodann Art. 214 Abs. 1 zu beachten.

2   – **Abs. 2** sieht auf diesen Zeitpunkt hin eine **«Massenumteilung» besonderer Art** vor. Dies gilt für den Fall, dass eine Kapitalabfindung aus einer Vorsorgeeinrichtung oder wegen Arbeitsunfähigkeit auch für die Zeit nach Auflösung des Güterstandes bzw. der Ehe ausgerichtet worden ist. In entsprechendem Ausmass soll die Abfindung der Vorschlagsbeteiligung durch den andern Ehegatten entzogen werden.

2. Abgrenzung

3   Art. 207 äussert sich nicht zur rechtspolitisch wichtigen Frage, wie blosse **Anwartschaften** im Zusammenhang mit Vorsorgeeinrichtungen zu behandeln sind. Sie ist im Rahmen von Art. 197 Abs. 2 Ziff. 2 und 3 zu beantworten (s. Art. 197 N 17 ff.).

4   Art. 207 findet auch keine direkte Anwendung auf **Renten** aus Vorsorgeeinrichtungen oder wegen Arbeitsunfähigkeit. Künftige Rentenleistungen werden freilich durch Abs. 1 von der Errungenschaft ausgeschlossen.

3. Zwingendes Recht

5   Art. 207 kann **ehevertraglich nicht zum Voraus geändert** werden. Der Umfang der Gütermassen bleibt nur im Rahmen von Art. 199 der Parteiautonomie überlassen. Bei der güterrechtlichen Auseinandersetzung kann allerdings auf Ansprüche, die sich aus Art. 207 ergeben, verzichtet werden.

II. Massgebender Zeitpunkt für Errungenschaft und Eigengut im Frauen- und Mannesgut

1. Die Auflösung des Güterstandes

6   **Welche Vermögensgegenstände** in die güterrechtliche Auseinandersetzung einzubeziehen sind, ergibt sich aus dem Vermögensbestand bei Auflösung des Güterstandes (dazu Art. 204 N 3 ff.; BGE 125 III 2). Der massgebende Zeitpunkt dafür wird in Art. 204 für die verschiedenen Auflösungsgründe näher – und zwar unterschiedlich – danach um-

schrieben, ob der Güterstand zufolge Todes eines Ehegatten, aufgrund eines behördlichen Verfahrens oder von Gesetzes wegen aufgelöst wird (dazu die Komm. zu Art. 204; vgl. auch BGE 121 III 154).

2. Vermögensbestand

Was im Auflösungszeitpunkt an Vermögen vorhanden ist, beurteilt sich nicht nach der Fälligkeit entsprechender Leistungen Dritter, sondern aufgrund ihres **Entstehungszeitpunktes.** So kommt es z.B. auf die Begründung einer Forderung an oder auf den Anfall pro rata temporis von Vermögensertrag. Bei der Arbeit gilt nur jener Lohn als erworben, der auf schon erbrachte Arbeitsleistungen entfällt (BK-HAUSHEER/REUSSER/GEISER, N 13 ff.; ebenso STETTLER/WAELTI, Rz 360).

3. Wirkungen der Güterstandsauflösung

a) Errungenschaftsende

Nach diesem Zeitpunkt entsteht – und zwar bez. der Aktiven und Passiven – **keine Errungenschaft mehr,** die unter den Ehegatten zu teilen wäre (s. Art. 204 N 4 m.w.H.; vgl. auch BGE 121 III 154; 123 III 289 ff.). Neu hinzukommendes Vermögen bleibt ausserhalb des bisherigen Güterstandes und wird nur für den Fall einer nachfolgenden Gütergemeinschaft wieder in eine Gütermasse (als Sondervermögen bzw. Rechtsgesamtheit) überführt. Im Zusammenhang mit Dauerschuldverhältnissen bleibt im Einzelnen zu prüfen, was (z.B. bei Erwerbseinkommen, Vermögensertrag, Vorsorgeleistungen u.a.m.) noch als unter dem bisherigen Güterstand erworben zu gelten hat.

b) Nachträgliche Veräusserungen

Werden nach Auflösung des Güterstandes Vermögensgegenstände veräussert, bleiben sie – allerdings zum Wert im Zeitpunkt der Veräusserung (**a.M.** OTT, 303 f.) – weiterhin massgebend für die güterrechtliche Auseinandersetzung und **nicht** allfällige **Ersatzanschaffungen** (BK-HAUSHEER/REUSSER/GEISER, N 18 m.w.H.; ebenso HEGNAUER/BREITSCHMID, Rz 26.13; zustimmend auch STETTLER/WAELTI, Rz 361). Auch Art. 208 findet keine Anwendung mehr (dazu Art. 208 N 9).

c) Nachträglicher Verbrauch

Verbrauch oder **anderweitiger Untergang,** aber auch **Verwaltungskosten** sowie **neue Schulden** gehen grundsätzlich ausschliesslich zulasten des Eigentümers, d.h. sie berühren die güterrechtliche Auseinandersetzung und damit den andern Ehegatten nicht mehr. Mehrere Autoren machen indessen zu Recht einen Vorbehalt bei zufälligem Untergang (HEGNAUER/BREITSCHMID, Rz 26.13; BK-HAUSHEER/REUSSER/GEISER, N 20; zustimmend STETTLER/WAELTI, Rz 363; vgl. auch BGE 107 II 306 ff.). Gleicherweise ist der Verbrauch im Zusammenhang mit dem Unterhalt vorzubehalten, der nicht aus dem Einkommen bestritten werden kann. Vorauszusetzen ist jedoch, dass er sich im bisherigen Rahmen bewegt oder die Zustimmung des andern Ehegatten bzw. des Gerichts vorliegt (BK-HAUSHEER/REUSSER/GEISER, N 20; zustimmend HEGNAUER/BREITSCHMID, Rz 26.13; vgl. auch STETTLER/WAELTI, Rz 364). Entsprechendes muss auch für das Eingehen neuer Schulden gelten.

Wertverminderungen im Rahmen des Vermögensgegenstandes können dagegen – wie entsprechende Wertsteigerungen – gestützt auf Art. 214 weiterhin berücksichtigt werden.

III. Kapitalabfindungen aus Vorsorgeeinrichtungen oder wegen Arbeitsunfähigkeit

1. Ausgangspunkt und Anwendungsbereich

12 Kapitalabfindungen aus Vorsorgeeinrichtungen oder wegen Arbeitsunfähigkeit sind während des Güterstandes gestützt auf **Art. 197 Abs. 2 Ziff. 2 und 3** Errungenschaft geworden; dies unter Missachtung des wichtigen Grundsatzes der güterrechtlichen Surrogation, weil es hier um Ersatz für die (verlorene) Erwerbsfähigkeit der Ehegatten geht, die der Errungenschaft zusteht (Näheres dazu in Art. 197 N 13 ff. und 19). Diese Betrachtungsweise rechtfertigt sich jedoch **nur für die Dauer des Güterstandes.** Wäre anstelle des Kapitals eine Rente ausgerichtet worden, würden die Leistungen nach Auflösung des Güterstandes aufgrund von Abs. 1 ausschliesslich dem Berechtigten zukommen. Ist mit der – während des Güterstandes angefallenen – Kapitalabfindung auch die Zeit nach Auflösung des Güterstandes abgedeckt worden, bedarf es der entsprechenden Korrektur im bisherigen Errungenschaftsvermögen (so schon BGE 107 II 294 ff. E. 4, 5; vgl. zum alten und neuen Recht jetzt auch BGE 118 II 386 ff. insb. E. 4 b/aa; **a.M.** – wie im Zusammenhang mit Art. 197 Abs. 2 Ziff. 2 gegen die ganz überwiegende Lehre: vgl. Art. 197 N 17 ff. – PIOTET, SJZ 1986, 243). Von der Errungenschaft ist ein bestimmter Betrag (rechnerisch) in Abzug zu bringen und in der Vermögenszuweisung (Schlussabrechnung für die Ehegatten) wie Eigengut zu behandeln. Die Erträge der Kapitalabfindung, die während des Güterstandes angefallen sind, verbleiben der Errungenschaft (dazu nachstehend N 17).

13 Ist das **Kapital** im Zeitpunkt der Güterstandsauflösung **nicht mehr vorhanden,** sind Art. 208 und 220 zu beachten.

14 Wird die Errungenschaftsbeteiligung zufolge **Todes desjenigen** Ehegatten aufgelöst, dem die **Kapitalabfindung zugekommen** ist, wird Art. 207 Abs. 2 gegenstandslos (HAUSHEER/GEISER, 102 f.; DESCHENAUX/STEINAUER/BADDELEY, Rz 1081; zustimmend STETTLER/WAELTI, Rz 370). Allerdings kann Art. 207 Abs. 2 unter solchen Umständen analog zur Anwendung kommen, wenn die Kapitalabfindung schon vor der Errungenschaftsbeteiligung angefallen und auch die Zeitspanne während des Güterstandes erfasst worden ist (BK-HAUSHEER/REUSSER/GEISER, N 39).

15 Im **sachlichen Anwendungsbereich** stimmt Art. 207 Abs. 2 mit Art. 197 Abs. 2 Ziff. 2 und 3 überein. Es kann daher auf die dortigen Ausführungen verwiesen werden (weitere Einzelheiten s. im BK-HAUSHEER/REUSSER/GEISER, N 28 ff., zu ergänzen mit BK-Update, Bem. des Hrsg. zu N 31).

2. Kapitalleistungen

16 Solche (in aller Regel einmaligen und mindestens als solche berechneten) Leistungen stehen im Gegensatz zu Renten, die periodisch ausbezahlt werden und auf die konkrete Aktivitäts- oder Lebensdauer Rücksicht nehmen.

3. Berechnung des auszuscheidenden Betrags

17 Die tatsächlich ausbezahlte Kapitalabfindung ist auf eine – auf den **ursprünglichen Grundlagen** beruhende – Rente umzurechnen, nachdem vom ursprünglichen Kapitalbetrag alles abgezogen worden ist, was nicht den Erwerbsausfall bzw. die Einbusse der Erwerbsfähigkeit betrifft (z.B. Heilungs- und Anwaltskosten). Davon ist jener Rententeil – wiederum (mit Hilfe von Barwerttafeln) in einen Kapitalbetrag umgerechnet – abzuziehen, der auf die Zeit nach der Güterstandsauflösung entfällt (s. das Bsp. bei KOCHER,

132). Eine Verzinsung des auszuscheidenden Rechnungsbetrages ist nicht vorzunehmen, da Kapitalertrag während des Güterstandes auf jeden Fall Errungenschaft wurde und der Ausgleich erst auf den Auflösungszeitpunkt hin erfolgt (BK-HAUSHEER/REUSSER/GEISER, N 41; zustimmend STETTLER/WAELTI, Rz 377).

Kapitalleistungen aus Vorsorgeeinrichtungen gelten von ihrem Zweck her normalerweise **18** eine auf die **mutmassliche Lebensdauer** des Berechtigten berechnete Rente ab.

Im privaten Haftpflichtrecht wird dagegen in aller Regel eine kürzere **Aktivitätsdauer** **19** Grundlage für die Rente sein, die durch ein Kapital abzugelten war.

(Weitere Ausführungen dazu und zu den **mathematischen Grundlagen** im Einzelnen **20** finden sich im BK-HAUSHEER/REUSSER/GEISER, N 42 ff.)

Art. 208

2. Hinzu- rechnung	[1] **Zur Errungenschaft hinzugerechnet werden:** 1. **unentgeltliche Zuwendungen, die ein Ehegatte während der letzten fünf Jahre vor Auflösung des Güterstandes ohne Zustimmung des andern Ehegatten gemacht hat, ausgenommen die üblichen Gelegenheitsgeschenke;** 2. **Vermögensentäusserungen, die ein Ehegatte während der Dauer des Güterstandes vorgenommen hat, um den Beteiligungsanspruch des andern zu schmälern.** [2] **Bei Streitigkeiten über solche Zuwendungen oder Entäusserungen kann das Urteil dem begünstigten Dritten entgegengehalten werden, wenn ihm der Streit verkündet worden ist.**
2. Réunions aux acquêts	[1] Sont réunis aux acquêts, en valeur: 1. les biens qui en faisaient partie et dont l'époux a disposé par libéralités entre vifs sans le consentement de son conjoint dans les cinq années antérieures à la dissolution du régime, à l'exception des présents d'usage; 2. les aliénations de biens d'acquêts qu'un époux a faites pendant le régime dans l'intention de compromettre la participation de son conjoint. [2] S'il s'élève une contestation sur des libéralités ou des aliénations sujettes à réunion, le jugement est opposable au tiers bénéficiaire pour autant que le litige lui a été dénoncé.
2. Reintegrazione negli acquisti	[1] Sono reintegrate negli acquisti: 1. le liberalità fatte da un coniuge negli ultimi cinque anni prima dello scioglimento del regime dei beni senza il consenso dell'altro, eccettuati i regali d'uso; 2. le alienazioni fatte da un coniuge durante il regime dei beni con l'intenzione di sminuire la partecipazione dell'altro. [2] In caso di controversie inerenti a tali liberalità o alienazioni, la sentenza è opponibile al terzo beneficato sempreché la lite gli sia stata denunciata.

Literatur

BLAUENSTEIN, Le projet de révision du régime matrimonial et le statut des prestations d'assurances des personnes et de prévoyance professionnelle, SVZ 48 (1988), 100 ff.; FELLMANN, Die Verantwortlichkeit der Ehegatten für ihre Errungenschaft, Diss. Freiburg 1985; HAUSHEER/JAUN, Grundstücke in der güterrechtlichen Auseinandersetzung: zu BGE 123 III 152 ff., ZBJV 133

(1997), 512 ff.; KOCHER, Güterrechtliche Sicherstellung im Massnahmeverfahren (Art. 145 ZGB und Art. 322 ZPO BE), ASR Bd. 577, Bern 1995; KRADOLFER, Schutz des Rechts der Ehefrau auf Vorschlagsteilhabe im ordentlichen Güterstand der Güterverbindung, Diss. Zürich 1974; PIOTET, Erbrecht, SPR IV/1 (zit. PIOTET, SPR IV/1); vgl. auch die Literaturhinweise vor Art. 181.

I. Allgemeines

1. Bedeutung der Hinzurechnung

1 Art. 208 verfolgt – in Ergänzung zu andern Rechtsbehelfen (u.a. Art. 169, 170, 178, 201 Abs. 2, 204 Abs. 2) und in Anlehnung an die erbrechtliche Hinzurechnung (Art. 475 i.V.m. Art. 522 ff.) – den Schutz des Anspruchs auf Vorschlagsbeteiligung nach Art. 215 ff. Derjenige Ehegatte, der ohne die Zustimmung seines Partners seine Errungenschaft unentgeltlich Dritten zukommen lässt, soll deswegen nicht einen umso grösseren Anteil an der Errungenschaft des andern Ehegatten beanspruchen können. Er wird vielmehr so behandelt, wie wenn die Zuwendungen bzw. Vermögensentäusserungen nicht stattgefunden hätten. In Verbindung mit Art. 220 führt Art. 208 zum Ergebnis, dass **Liberalitäten,** die über übliche Gelegenheitsgeschenke hinausgehen, **in erster Linie zulasten des Eigengutes** zu erfolgen haben und wenn das Eigengut dazu nicht ausreicht – unter gewissen Voraussetzungen – beim Empfänger zurückgeholt werden können.

2. Berechtigte und Verpflichtete

a) Berechtigte

2 Die Hinzurechnung kann in erster Linie der **Ehegatte** verlangen, dessen Beteiligungsanspruch durch Rechtsgeschäfte oder weitere Handlungen des andern beeinträchtigt worden ist.

3 Wird die Ehe durch den Tod des solcherweise berechtigten Ehegatten aufgelöst, kann **jeder Erbe** – analog zur Herabsetzung und zur Sicherstellung des Gewinnanspruchs nach Art. 34 BGBB – **im Ausmass seiner Erbberechtigung** auf der Hinzurechnung bestehen (BK-HAUSHEER/REUSSER/GEISER, N 12; vgl. BGE 113 II 130 ff.). Dabei hat er gestützt auf Art. 610 Abs. 2 ZGB einen erbrechtlichen Anspruch auf Auskunfterteilung bezüglich Zuwendungen, die der Hinzurechnung unterliegen könnten (BGE 127 III 396 ff.).

4 Ist der **Erbe gleichzeitig Beschenkter,** steht die unentgeltliche Zuwendung unter dem Widerrufsvorbehalt zugunsten des Schenkers für den Fall, dass die Hinzurechnung verlangt wird.

5 Zählt der **Schenker** zu den **Erben** des nach Art. 208 berechtigten Ehegatten, ist ihm gestützt auf Art. 2 Abs. 2 (venire contra factum proprium) die Hinzurechnung verwehrt.

6 **Gläubigern** des Ehegatten oder seiner Erben steht die Hinzurechnung **nicht** zu.

b) Verpflichtete

7 Die Hinzurechnung richtet sich gegen den **Ehegatten,** der die unentgeltliche Zuwendung bzw. Vermögensentäusserung vorgenommen hat, oder gegen seine **Erben.** Vermögensempfänger können nur im Rahmen von Art. 220 belangt werden.

3. Hinzurechnung

a) Vorschlagsberechnung

8 Die Hinzurechnung ist ein **rechnerischer Vorgang** und lässt die Verfügung über die fraglichen Vermögensgegenstände als solche unberührt. Daran ändert auch Art. 220

nichts. Massgebend ist regelmässig – d.h. unter Vorbehalt von Art. 212 – der Verkehrswert zum Zeitpunkt der Entäusserung.

b) Verfügung über Errungenschaft

Die Herabsetzung greift nur insoweit Platz, als über **Errungenschaft** verfügt worden ist. Dieser Nachweis obliegt demjenigen, der die Hinzurechnung nach Art. 208 geltend macht (dazu BGE 118 II 28 ff. E. 3). Nach Auflösung der Errungenschaftsbeteiligung ist Art. 208 nicht mehr anwendbar (statt vieler STETTLER/WAELTI, Rz 362). Zu beachten bleibt indessen, dass von einer unentgeltlichen Entäusserung von Eigengut auch eine Ersatzforderung i.S.v. Art. 209 Abs. 1 oder 3 zugunsten der Errungenschaft mit erfasst sein kann (hinten N 20; **a.M.** SANDOZ, JdT 1997, 625, allerdings unter Missachtung eines Konjunktiv in BK).   **9**

Im Zusammenhang mit Geld oder vertretbaren Sachen ist nicht immer ohne weiteres auszumachen, ob die Vermögensentäusserung Errungenschaft oder Eigengut betrifft. Eine generelle **Vermutung,** dass unübliche Schenkungen zulasten des Eigengutes vorgenommen worden sind, besteht **nicht** (so aber i.E. PIOTET, 94 ff., welcher der Errungenschaft immer eine Ersatzforderung gegen das Eigengut zugestehen will, wenn mit ihren Mitteln eine unentgeltliche Verfügung gemacht worden ist; vgl. auch FELLMANN, 31 und KRADOLFER, 124 f.). Art. 208 würde seiner Bedeutung und insb. seiner zeitlichen Beschränkung in Abs. 1 Ziff. 1 beraubt (BK-HAUSHEER/REUSSER/GEISER, N 17; zustimmend STETTLER/WAELTI, Rz 388).   **10**

Es ist im Einzelfall auf den **tatsächlichen oder** wenigstens **hypothetischen Willen** des Schenkenden abzustellen. Bei Einzelsachen ist die Massenzuordnung massgebend. Bei Geld, das z.B. einem allgemeinen Konto entnommen wird, sind die besonderen Umstände ausschlaggebend. Ist auf dieses Konto unmittelbar vor der Zuwendung an den Dritten eine grössere Tantieme einbezahlt worden, was die Liberalität veranlasst hat, ist die Zuwendung der entsprechenden Gütermasse, d.h. der Errungenschaft zuzuordnen. Trifft Gleiches im Zusammenhang mit einer Erbschaft zu, ist von Eigengut auszugehen.   **11**

4. Zwingendes Recht

Bei Art. 208 handelt es sich um **zwingendes Recht.** Der Anspruch ist güterrechtlicher Natur und als solcher in der güterrechtlichen Auseinandersetzung geltend zu machen (Art. 15 Abs. 1 bzw. Art. 18 Abs. 1 GestG).   **12**

II. Unentgeltliche Zuwendungen (Ziff. 1)

1. Begriff

Bei der unentgeltlichen Zuwendung (so auch die Ausdrucksweise in Art. 527 ff.) handelt es sich um einen – unter Lebenden verschafften – **Vermögensvorteil ohne Gegenleistung** zugunsten eines Dritten, der in der Errungenschaft eine Vermögenseinbusse bewirkt (s. unveröff. BGE vom 26.5.1992 i.S. S. c. S.) oder dieser Gütermasse gegenüber einen Vermögenszuwachs verhindert.   **13**

Im Einzelnen geht es (u.a.) um: **14**

– **Schenkungen,** einschliesslich gemischter Schenkungen und des Verzichts auf einen Rechtsanspruch;

– lebzeitigen **Erbauskauf;**

– **Begünstigung aus Lebensversicherungen** (Art. 76 ff. VVG: dazu BGE 112 II 157 ff. in Übereinstimmung mit der herrschenden Lehre und in Abweichung von PIOTET, SPR IV/1, 199 ff. und 468 ff.);

– Errichtung einer **Stiftung.**

15 Umstritten ist, ob und inwieweit die **Erfüllung einer sittlichen Pflicht** von Art. 208 erfasst wird. Bejaht wird dies in Botschaft Revision Eherecht, Ziff. 222.532 und in der bundesgerichtlichen Rechtsprechung zur Herabsetzung gestützt auf Art. 527 ff. (BGE 116 II 245 f. E. 4a, b; 102 II 325 f. E. 4c), die gleicherweise für Art. 208 wegleitend sein muss (vgl. zu teilweise abweichenden Meinungen und zum Ganzen BK-HAUSHEER/ REUSSER/GEISER, N 22).

2. Gesetzliche Ausnahmen

Von Art. 208 werden – ausdrücklich oder vom Zweck her – **ausgenommen:**

16 – in **sachlicher** Hinsicht: die üblichen Gelegenheitsgeschenke (vgl. auch Art. 527 Ziff. 3 und 632; zum Irrtum über den Wert des Geschenkes vgl. BGE 116 II 234 f. E. 3e.aa eine gemischte Schenkung betr.; unerheblich ist der Irrtum über das noch Übliche); Verfügungen von Todes wegen fallen angesichts des Vorrangs des Ehegüterrechts ausser Betracht;

17 – in **persönlicher** Hinsicht: Zuwendungen an den andern Ehegatten;

18 – in **zeitlicher** Hinsicht: Zuwendungen, die im Zeitpunkt der Auflösung des Güterstands mehr als fünf Jahre zurückliegen, es sei denn, die Vermögensentäusserung sei in der Absicht der Vermögensschmälerung vorgenommen worden (Abs. 1 Ziff. 2). Bei Schenkungsversprechen beginnt die Frist erst mit dem Vollzug der Schenkung zu laufen (BK-HAUSHEER/REUSSER/GEISER, N 27 m.w.H.; zustimmend STETTLER/WAELTI, Rz 390). Bei Auflösung des Güterstandes noch nicht erfüllte Schenkungsversprechen bleiben bei den Passiven unberücksichtigt. Bei Begünstigungen aus Lebensversicherung kommt es auf den Zeitpunkt an, da der Vertrag unwiderruflich wird (Art. 77 Abs. 2 VVG: d.h. bei schriftlichem Widerrufsverzicht in der Police und deren Übergabe an den Begünstigten). Spätere Prämien sind neue Zuwendungen. Bleibt die Begünstigung bis zur Auflösung des Güterstandes (zufolge Todes eines Ehegatten oder aufgrund eines behördlichen Verfahrens) widerruflich, ist der Versicherungs- bzw. der Widerrufsanspruch noch als Vermögenswert der Errungenschaft zu betrachten (BK-HAUSHEER/REUSSER/GEISER, N 28 in teilweiser Abgrenzung zu DESCHENAUX/ STEINAUER/BADDELEY, Rz 1118, Anm. 74 und BLAUENSTEIN, 39, die allerdings über die Hinzurechnung zum gleichen Ergebnis gelangen; eingehend zur Rechtsnatur der Begünstigung IZZO, 81 ff.);

19 – **aufgrund des Normzweckes:** unentgeltliche Verfügungen mit Zustimmung des andern Ehegatten. Die Zustimmung ist an keine Form gebunden und kann auch nachträglich erteilt werden. Eine Zustimmung muss nicht auch einen gleichzeitigen Verzicht auf den Ausgleichungs- bzw. Herabsetzungsanspruch bedeuten.

III. Vermögensentäusserungen in Schmälerungsabsicht

1. Vermögensentäusserung

20 Sie erfasst – in Erweiterung von Ziff. 1 – neben den unentgeltlichen Zuwendungen auch bewusst und gewollt **unvorteilhafte entgeltliche Geschäfte** während des Güterstandes. Gegebenenfalls kann auch eine einen Mehrwertanteil zugunsten der Errungenschaft schmälernde Eigengutsveräusserung in Frage stehen (BK-HAUSHEER/REUSSER/GEISER, N 15; zustimmend STETTLER/WAELTI, Rz 395; vgl. demgegenüber BGE 123 III 152 ff. E. 5c und dazu kritisch HAUSHEER/JAUN, 515 f.). Hinzu kommen Dereliktion und weitere wertvermindernde Realakte, wie die Zerstörung u.a.m.; ausgeschlossen bleibt dagegen der allenfalls ehewidrige Eigenverbrauch (dazu BGE 118 II 30 f. E. 4).

Das Vermögen schliesst auch das **Einkommen** ein. 21

2. Schmälerungsabsicht

Die zeitlich nicht begrenzte Vermögensentäusserung muss den Zweck haben, den **Beteiligungsanspruch** des Ehepartners nach Art. 215 zu beeinträchtigen; dagegen bedarf es – im Gegensatz zu Art. 527 Ziff. 4 – keiner «offenbaren» Umgehungsabsicht (s.a. KOCHER, 153 ff.). 22

IV. Wirkungen gegenüber Dritten

Art. 208 Abs. 2 ist zu entnehmen, dass die Hinzurechnung das fragliche Rechtsgeschäft mit Dritten nicht aufhebt, vielmehr bei der Berechnung des Vorschlags (so der Randtitel zu Art. 207 ff.) zu berücksichtigen ist. Dritte können indessen über Art. 220 von der Hinzurechnung betroffen sein. Gründe der Prozessökonomie lassen es daher **von Bundesrechts wegen** als angezeigt erscheinen, dass Urteile aufgrund von Art. 208 auf dem Wege der **Streitverkündung** (regelmässig als Aufforderung zur streitgenössischen Nebenintervention) auch dem Zuwendungsempfänger gegenüber Geltung erlangen. Die Form der Streitverkündung (bis zum Ende des kantonalen Verfahrens im Rahmen von Art. 208) und die Ausgestaltung der Nebenintervention richten sich nach kantonalem Recht. 23

Zuständig ist das **Gericht** nach Art. 15 Abs. 1 bzw. Art. 18 Abs. 1 GestG. Der Hinzurechnungsanspruch verjährt in zehn Jahren seit Auflösung des Güterstandes. Nach Ablauf der Frist kann er noch einredeweise geltend gemacht werden. 24

V. Verhältnis von Art. 208 zu Art. 475

Wird der Güterstand durch den Tod eines Ehegatten aufgelöst, kann **neben** die **güterrechtliche** Hinzurechnung die **erbrechtliche** im Rahmen der Herabsetzung treten. Unter diesen Umständen ist zuerst Art. 208 anzuwenden, da das Erbrecht die güterrechtliche Auseinandersetzung voraussetzt. Die güterrechtliche Hinzurechnung schlägt insofern voll auf den Nachlass des Entäusserers durch, als sie i.E. zu einer Schenkung aus dem Eigengut führt. Hat die güterrechtliche Hinzurechnung stattgefunden, muss daher die unentgeltliche Vermögenszuwendung auch in der Nachlassberechnung **vollumfänglich aufgerechnet** werden. 25

Für die **Bewertung** der hinzuzurechnenden Vermögenswerte stellt das Ehegüterrecht auf den Entäusserungszeitpunkt ab, während im Erbrecht die Eröffnung des Erbgangs massgebend ist. Ergibt sich aufgrund des Erbrechts deshalb ein höherer Wert als im Ehegüterrecht, sollte bei der Wertdifferenz – entgegen BGE 107 II 126 ff. E. 2d, e – dem Umstand Rechnung getragen werden, dass ohne die Vermögensentäusserung zulasten der Errungenschaft der andere Ehegatte seine Vorschlagsbeteiligung hätte geltend machen können (BK-HAUSHEER/REUSSER/GEISER, N 55; Frage nunmehr offen gelassen in BGE 127 III 402). 26

Letzteres gilt auch für den Fall, dass **nur** die Voraussetzungen der **erbrechtlichen** Hinzurechnung, nicht aber jene des Ehegüterrechts erfüllt sind, z.B. weil der andere Ehegatte 27 zugestimmt hat oder selber Beschenkter ist. Im letztern Fall wäre sonst der beschenkte Ehegatte schlechter gestellt als ohne Schenkung (BK-HAUSHEER/REUSSER/GEISER, N 57 ff.; AEBI-MÜLLER, Rz 08.45 ff.).

Art. 209

3. Ersatzforderungen zwischen Errungenschaft und Eigengut	**[1] Sind Schulden der Errungenschaft aus dem Eigengut oder Schulden des Eigengutes aus der Errungenschaft eines Ehegatten bezahlt worden, so besteht bei der güterrechtlichen Auseinandersetzung eine Ersatzforderung.**
	[2] Eine Schuld belastet die Vermögensmasse, mit welcher sie sachlich zusammenhängt, im Zweifel aber die Errungenschaft.
	[3] Haben Mittel der einen Vermögensmasse zum Erwerb, zur Verbesserung oder zur Erhaltung von Vermögensgegenständen der andern beigetragen und ist ein Mehr- oder ein Minderwert eingetreten, so entspricht die Ersatzforderung dem Anteil des Beitrages und wird nach dem Wert der Vermögensgegenstände im Zeitpunkt der Auseinandersetzung oder der Veräusserung berechnet.
3. Récompenses entre acquêts et biens propres	[1] Il y a lieu à récompense, lors de la liquidation, entre les acquêts et les biens propres d'un même époux lorsqu'une dette grevant l'une des masses a été payée de deniers provenant de l'autre.
	[2] Une dette grève la masse avec laquelle elle est en rapport de connexité ou, dans le doute, les acquêts.
	[3] Lorsqu'une masse a contribué à l'acquisition, à l'amélioration ou à la conservation de biens appartenant à l'autre masse, la récompense, en cas de plus-value ou de moins-value, est proportionnelle à la contribution fournie et elle se calcule sur la valeur de ces biens à la liquidation ou à l'époque de leur aliénation.
3. Compensi tra acquisti e beni propri	[1] In caso di liquidazione, vi è diritto al compenso tra acquisti e beni propri di uno stesso coniuge qualora debiti gravanti gli uni siano stati pagati con gli altri.
	[2] Un debito grava la massa patrimoniale cui è materialmente connesso, ma nel dubbio gli acquisti.
	[3] Se una massa patrimoniale ha contribuito all'acquisto, al miglioramento o alla conservazione di beni dell'altra e ne è derivato un plusvalore o un deprezzamento, il diritto al compenso è proporzionale al contributo prestato ed è calcolato secondo il valore dei beni al momento della liquidazione o dell'alienazione.

Literatur

AEBI-MÜLLER, Vorbezüge für Wohneigentum bei Scheidung: Wer trägt den Zinsverlust?, ZBJV 137 (2001), 132 ff.; ESCHER, Wertsteigerung und eheliches Güterrecht, ASR Bd. 520, Bern 1989; HAUSHEER/JAUN, ZBJV 1997, 512 ff.; JENE-BOLLAG, Errungenschaftsbeteiligung und Ehevertrag, in: Eherecht in der praktischen Auswirkung, Zürich 1991, 37 ff.; KOCHER, Güterrechtliche Sicherstellung im Massnahmeverfahren (Art. 145 ZGB und Art. 322 ZPO BE), ASR Bd. 577, Bern 1995; KOLLER, Vorbezüge für den Erwerb von Wohneigentum und Vorsorgeausgleich bei der Scheidung: Wer trägt den Zinsverlust – Ein weiterer Diskussionsbeitrag, ZBJV 137 (2001), 137 ff.; PIOTET, Les dettes entre époux, variant en fonction de plus-values dans le régime matrimonial de la participation aux acquêts, in: FS Hegnauer, Bern 1986, 181 ff. (zit. PIOTET, FS Hegnauer); DERS., Dettes hypothécaires et plus-value ou moins-value dans la participation aux acquêts, ZSR N. F., Bd. 117 (1998), Halbbd. 1, 37 ff. (zit. PIOTET, ZSR); SANDOZ, Le casse-tête des créances variables entre époux ou quelques problèmes posés par l'art. 206 CCS, ZSR 1991 I 421 ff.; WOLF, Grundstücke in der güter- und erbrechtlichen Auseinandersetzung, ZBJV 136 (2000), 241 ff.; vgl. auch die Literaturhinweise vor Art. 181.

I. Allgemeines

Art. 209 äussert sich zu drei – nicht unbedingt zusammenhängenden – Fragen: 1

1. Zur gewöhnlichen **Ersatzforderung** als Ausgleich von Leistungen der einen Gütermasse zugunsten der andern im Vermögen eines Ehegatten (= wertmässige Substanzerhaltung von Errungenschaft und Eigengut).

2. Zur **Massenzuordnung von Schulden** im Frauen- und Mannesgut (= Frage der Passiven der beiden Sondervermögen).

3. Zur **Mehr- und Minderwertbeteiligung** für den Fall, dass eine Gütermasse einen Beitrag an einen Vermögenswert der andern erbracht hat (= Frage der beidseitig variablen Ersatzforderung).

II. Gewöhnliche Ersatzforderungen

1. Ersatzforderung i.Allg.

Ersatzforderungen dienen dem Ausgleich zwischen der Errungenschaft und dem Eigengut, wenn die eine Gütermasse gegenüber Dritten oder dem andern Ehegatten eine Schuld beglichen hat, für die sie letztlich nicht aufzukommen hat. Es geht somit um eine vermögensinterne Bereinigung, die verhindern soll, dass der Grundsatz der **Unveränderlichkeit der Gütermassen** umgangen wird. Von Art. 209 Abs. 1 nicht erfasst wird dagegen die vergleichbare Sachlage im Verhältnis zwischen den Ehegatten, dass ein Ehegatte gegenüber einem Drittgläubiger (z.B. aufgrund von Art. 166 ZGB oder Art. 394 ff. und 419 ff. OR) eine Schuld getilgt hat, für die (z.B. zufolge einer Vereinbarung im Rahmen von Art. 163) nicht sein Vermögen, sondern dasjenige des anderen Ehegatten aufzukommen hat. Die Frage, welcher Ehegatte letztlich eine Schuld intern zu tragen hat, nachdem beide Ehegatten Schuldner gegenüber einem Dritten waren, kann indessen im Hinblick auf Art. 209 Abs. 1 vorfrageweise zu klären sein.   2

Wer Gläubiger ist, sei es nun der andere Ehegatte oder ein Dritter, und aus welchem Rechtsgrund (und zu welchem Zeitpunkt) eine Schuld entstanden ist, spielt keine Rolle. Massgebend für Art. 209 Abs. 1 ist allein die **Massenzuordnung** der getilgten Schuld und die Tatsache, dass die andere Masse – während des Güterstandes – die Schuld getilgt hat.   3

Die **Schuldentilgung** ist in einem weiten Sinne zu verstehen. Darunter fällt z.B. auch der Kauf von Gegenständen zum ausschliesslich persönlichen Gebrauch (z.B. eine Segeljacht), die nicht mehr vom ehelichen Unterhalt erfasst werden, mit Errungenschaftsmitteln (BK-HAUSHEER/REUSSER/GEISER, Art. 198 N 18); vgl. sodann das Beispiel in BGE 104 II 156 ff. (Aktienerwerb mit Errungenschaftsmitteln aufgrund von Bezugsrechten des Eigengutes).   4

Zu den Fragen des **Beweises und** des **Untergangs einer Ersatzforderung** infolge Verlusts des Vermögenswertes aufgrund von Zufall oder Verschulden s. BGE 107 II 306 ff.   5

2. Gewöhnliche Ersatzforderungen

6   Die gewöhnliche Ersatzforderung nach Abs. 1 unterscheidet sich von der beidseitig variablen Ersatzforderung nach Abs. 3 dadurch, dass sie auf den **Nominalwert** beschränkt bleibt und keinen Anteil an einem Mehr- oder Minderwert eines bestimmten Vermögensgegenstandes hat.

7   Die Ersatzforderung lautet immer auf **Geld**. Eine Zinspflicht besteht nicht. Über die Ersatzforderung ist – spätestens – anlässlich der güterrechtlichen Auseinandersetzung abzurechnen.

3. Zwingendes Recht

8   Sind die gesetzlichen Voraussetzungen erfüllt, entsteht die *Ersatzforderung* **von Gesetzes wegen.** Es handelt sich dabei um **zwingendes** Recht.

III. Massenzuordnung von Schulden

1. Bedeutung

9   Schulden entscheiden gleicherweise wie Aktiven über den **Umfang von Eigengut und Errungenschaft.** Insbesondere mit Rücksicht auf den Beteiligungsanspruch nach Art. 215 ff. ist daher die Massenzuordnung der Schulden von grosser Tragweite (BGE 121 III 154; s.a. KOCHER, 112).

2. Massgebendes Kriterium

10   Schulden sind nach Art. 209 Abs. 2 jener Gütermasse zuzuweisen, mit der sie im engeren **sachlichen Zusammenhang** stehen. Zu berücksichtigen sind dabei Entstehungsgrund und -zeitpunkt, sowie Zweck und Inhalt der Schuld (BGE 121 III 154 f.; PIOTET, 88 ff. DESCHENAUX/STEINAUER/BADDELEY,   Rz 1209 ff.;   BK-HAUSHEER/REUSSER/GEISER, N 20).

11   Zwei Unterscheidungen sind **wesentlich:**

1. ob die Schuld vor oder während des Güterstandes begründet worden ist; und

2. ob die während des Güterstandes eingegangene Schuld das **Einkommen oder bestimmte Vermögensgegenstände** betrifft.

3. Zuordnungskriterien im Einzelnen

a) Vorgüterstandliche Schulden

12   Sie belasten **ausnahmslos** – d.h. auch mit Rücksicht auf Ausbildungskosten, die späterem Erwerbseinkommen und damit der Errungenschaft dienen – das **Eigengut** (PIOTET, 89; BK-HAUSHEER/REUSSER/GEISER, N 21 f. STETTLER/WAELTI, Rz 310; **a.M.** DESCHENAUX/STEINAUER/BADDELEY, Rz 1213 bez. der Ausbildungskosten).

b) Schulden während des Güterstandes

aa) Schulden zulasten des Einkommens

13   Solche Schulden sind der **Errungenschaft** zu belasten, nachdem das Einkommen, sei es aus Arbeitserwerb oder Vermögensertrag, der Errungenschaft zusteht (Art. 197 Abs. 2 Ziff. 1 und 4). Vorzubehalten ist allerdings eine anders lautende Regelung in einem Ehevertrag gestützt auf Art. 199 Abs. 2.

Zulasten des **Einkommens** gehen insb.   **14**

– Schulden im Zusammenhang mit dem **ehelichen bzw. Familien-Unterhalt** aufgrund von Art. 163, 164, 165 Abs. 2, 133 und 276 ff. sowie Art. 125 f. und 328;

– **Berufsschulden** (einschliesslich solcher für berufliche Weiterbildung), soweit es sich nicht um die Substanzerhaltung von Berufsvermögen handelt, welches dem Eigengut zusteht. Hinzu kommen Schulden aufgrund von Art. 165 Abs. 1 (STETTLER/WAELTI, Rz 312);

– **Verwaltungskosten** im Zusammenhang mit Vermögen, dessen Ertrag der Errungenschaft zusteht, einschliesslich des **ordentlichen Unterhalts**, der aus dem Ertrag zu begleichen ist (dazu BGE 52 II 419 ff. E. 1; 58 II 87 ff. E. 3; 82 II 94 ff. E. 4b). Auszuschliessen ist dagegen der ausserordentliche Unterhalt (vgl. dazu Art. 765);

– **Steuern,** die das **Einkommen und** den **Vermögensertrag** zugunsten der Errungenschaft betreffen;

– Schulden aufgrund von **unerlaubten Handlungen,** die **der Person** (und nicht einem Vermögensgegenstand, wie gemäss Art. 679 ZGB, Art. 56 und 58 OR, Art. 58 SVG) eines Ehegatten **zuzurechnen** sind (Einzelheiten dazu im BK-HAUSHEER/REUSSER/GEISER, N 28). Gleiches gilt für Schulden im Zusammenhang mit einer Geschäftsführung ohne Auftrag (Art. 419 ff. OR).

bb) Schulden im Zusammenhang mit einzelnen Vermögensgegenständen

Objektsschulden sind derjenigen Gütermasse zuzuordnen, der auch der fragliche Vermögensgegenstand zusteht; das betrifft unter anderem   **15**

– Schulden im Zusammenhang mit dem **Erwerb eines Vermögensgegenstandes,** wie Kaufpreis, Notariatskosten, Grundbuchgebühren u.a.m. Insb. steht nunmehr aufgrund der bundesgerichtlichen Rechtsprechung fest, dass Hypotheken (im Unterschied zum bisherigen Recht: BGE 112 II 474 ff. und 116 II 225 ff.) grundsätzlich (zu den Ausnahmen s. hinten N 28 f.) der Massenzuordnung der Liegenschaft folgen (BGE 123 III 145 ff. E. 2.3.2; 123 III 152 ff. E. 6b);

– **Schenkungsversprechen,** und zwar ohne Rücksicht auf blosse Gelegenheitsgeschenke;

– Schulden in der Gestalt von **Rückforderungsansprüchen** des andern Ehegatten einschliesslich eines **Mehrwertanteils** i.S.v. Art. 206. Zur Massenzuordnung im Einzelnen s. Art. 206 N 27 ff.;

– Schulden bei **Gegenständen zum ausschliesslichen persönlichen Gebrauch** eines Ehegatten, sofern sie sich nicht im Rahmen des ehelichen Unterhalts bewegen (dazu Art. 198 N 11);

– Schulden für substanzerhaltenden **ausserordentlichen Sachunterhalt,** der den Rahmen von Art. 764 f. sprengt;

– objektbezogener Versicherungsschutz;

– **Objektsteuern** (insb. Schenkungs- und Erbschaftssteuern) und entsprechende öffentliche Abgaben;

– objektbezogene Prozesskosten;

– Haftung aus unerlaubter Handlung im Zusammenhang mit einem Vermögensgegenstand;

– die Verpflichtung auf Rückleistung aus ungerechtfertigter Bereicherung.

4. Vermutung zulasten der Errungenschaft

16 Lässt sich die Zuordnung zum Eigengut nicht zweifelsfrei vornehmen, etwa weil Unsicherheit über den Entstehenszeitpunkt der Schuld bestehen bleibt, ist nach Art. 209 Abs. 2 – als Spiegelbild der Ordnung im Zusammenhang mit Art. 197 und 198 – die Schuld der **Errungenschaft** zu belasten.

17 Bleibt bei der güterrechtlichen Auseinandersetzung **streitig**, ob eine bestimmte Schuld aus der Errungenschaft oder aus dem Eigengut getilgt wurde, etwa weil auf einem Bankkonto Errungenschaft und Eigengut zusammenkamen, ist davon auszugehen, die Schuld sei durch jene Gütermasse beglichen worden, der sie auch zuzuordnen war (BK-HAUSHEER/REUSSER/GEISER, N 40; zustimmend STETTLER/WAELTI, Rz 320).

5. Zwingendes Recht

18 Art. 209 Abs. 2 ist zwingendes Recht, da diese Bestimmung sich auch auf den Umfang der Errungenschaft und die Vorschlagsbeteiligung auswirkt (Grundsatz der **Unabänderlichkeit der Gütermassen**).

IV. Beidseitig variable Ersatzforderungen zwischen der Errungenschaft und dem Eigengut eines Ehegatten

1. Ausgangspunkt

19 Beiträge im Hinblick auf bestimmte Vermögensgegenstände, wie sie im Verhältnis unter den Ehegatten vorkommen und im Rahmen von Art. 206 Anlass zu einer Mehrwertbeteiligung geben können, sind auch im **Zusammenwirken von Eigengut und Errungenschaft** denkbar (BGE 121 III 154 f. sowie BGer 5C.81/2001).

20 Sie kommen umso häufiger vor, als im Mannes- oder Frauengut, d.h. zwischen den beiden Gütermassen, **weder** eine **Schenkung** noch eine **Gegenleistung** denkbar sind.

21 Umgekehrt sollen aber – im Unterschied zu Art. 206 – weder Mehr- noch Minderwerte eines von beiden Gütermassen gemeinsam finanzierten Vermögensgegenstandes allein jener Gütermasse zugute kommen oder zu belasten sein, welche den fraglichen Vermögenswert für sich beanspruchen kann. Das Eigengut könnte andernfalls gemeinschaftsfeindlich zulasten der Errungenschaft finanziert werden. Aus diesem Grund lässt das Gesetz auch im Frauen- und Mannesgut variable Ersatzforderungen zu; allerdings handelt es sich – im Gegensatz zu Art. 206 – um **beidseitig variable Ersatzforderungen.**

21a Eine Finanzierung von Eigengut zulasten der Errungenschaft liegt auch beim **Zurückbehalten von industriellen Mehrwerten** und der dadurch bedingten Wertsteigerung eines Eigengutsunternehmens vor. Keine Ersatzforderung entsteht allerdings dann, wenn der Unternehmer-Ehegatte für den Arbeitseinsatz durch Bezüge aus dem Unternehmen (die seiner Errungenschaft zuzurechnen sind) angemessen entschädigt wurde (BGE 131 III 559). Vgl. zur Problematik der Abgrenzung von industriellen und konjunkturellen Mehrwerten Art. 197 N 14 und zur entsprechenden Beweislage Art. 200 N 24.

22 Im Unterschied zu Art. 206 bedarf eine **vorzeitige Rückzahlung** des Beitrages an die rückforderungsberechtigte Gütermasse keiner Einigung unter den Ehegatten. Die **Fälligkeit** tritt grundsätzlich immer erst mit der güterrechtlichen Auseinandersetzung ein.

23 Im Übrigen sind die **Voraussetzungen** für eine variable Ersatzforderung im Frauen- und Mannesgut die gleichen wie im Rahmen von Art. 206 (zum Begriff des Vermögensgegenstandes s. BGE 125 III 1 ff. betr. Arztpraxis).

Gleiches gilt für die **Berechnung** eines Mehrwertes und des Mehrwertanteils, wobei zu   24
beachten bleibt, dass bei einer vorzeitigen Veräusserung des Vermögensgegenstandes im
Rahmen von Art. 209 Abs. 3 – anders als bei Art. 206 Abs. 2 – vom Verkehrswert (und
nicht vom erzielten Erlös) auszugehen ist (BGE 123 III 155). Die Berechnungsmethode
kann sodann für einen Minderwert und einen Minderwertanteil befolgt werden. Zu einem
Minderwert führen auch die Schenkung und der Verbrauch (BK-HAUSHEER/REUSSER/
GEISER, N 51; zustimmend STETTLER/WAELTI, Rz 408).

2. Massenzuordnung des Vermögensgegenstandes

Haben beim Erwerb eines konkreten Vermögensgegenstandes beide Gütermassen des   25
Ehemannes oder der Ehefrau zusammengewirkt, gilt es vorerst zu klären, welcher Gütermasse der Vermögenswert und welcher die variable Ersatzforderung zusteht. Darüber
entscheidet im Rahmen von Art. 209 nicht, wie im Verhältnis zwischen den Ehegatten,
das Eigentum, sondern das **Übergewicht der Beiträge** der beiden zusammenwirkenden
Gütermassen (vgl. BGE 123 III 155). Bei gleichwertigen Beiträgen ist der Vermögensgegenstand in Analogie zu Art. 200 Abs. 3 der Errungenschaft zuzuweisen.

Tritt **nachträglich** eine **Veränderung** der Beiträge ein, führt dies nicht zu einer Massen-   26
umteilung.

3. Mehr- und Minderwerte insb. aufgrund einer Hypothek oder eines Vorbezuges von
   Vorsorgeleistungen

a) Die Massenzuordnung von Hypotheken

Mehr- und Minderwerte können ebenfalls bei einer Liegenschaft eintreten, die hypothe-   27
karisch belastet ist. Unter diesen Umständen entfällt ein Mehr- oder Minderwertanteil
auch auf die durch das Grundstück gesicherte Forderung eines Dritten (BGE 132 III
145 ff.; 123 III 152 ff. sowie zur bisherigen Praxis unter Güterverbindungsrecht BGE
112 II 474 ff. und 116 II 225 ff.; so jetzt auch NÄF-HOFMANN, Rz 1298 f. und 1409 ff.).
Bei dieser Forderung handelt es sich um eine Schuld, die nach den Grundsätzen von
Art. 209 Abs. 2 zuzuordnen ist (vgl. BGE 123 III 152 ff.). Angesichts der Objektgebun-
denheit belastet sie jene Gütermasse, welcher auch die Liegenschaft zusteht (BGE 132
III 145 ff. E. 2.3.2). Zur Errungenschaft gehört die Liegenschaft, wenn sie entweder ausschliesslich auf Kredit gekauft wurde (BK-HAUSHEER/REUSSER/GEISER, Art. 196 N 55;
ebenso das Berner OGer in einem Entscheid vom 25.2.1992 in ZBJV 1992, 178 ff.) oder
wenn der Erwerbspreis (mindestens zum grösseren Teil) von der Errungenschaft geleistet
wurde. Zum Eigengut gehört die Liegenschaft, wenn es sich (mindestens zum grösseren
Teil) um eine Ersatzanschaffung für Eigengut handelt. Unter diesen Umständen verbleibt
der hypothekarisch gesicherte Drittkredit der entsprechenden Gütermasse. Ihr verbleibt
sodann auch der auf diesen Kredit entfallende Mehr- oder Minderwert.

Eine **Ausnahme** von dieser Zuordnung eines hypothekarisch gesicherten Kredites zur   28
Liegenschaftsfinanzierung rechtfertigt sich – und zwar im Verhältnis unter den Ehegatten
und im Verhältnis zwischen den beiden Gütermassen eines Ehegatten – allerdings dann,
wenn die mit der Schuld und dem entsprechendem Zinsendienst belastete Gütermasse
diesen Zinsendienst – über lange Zeit – nicht erfüllt, sondern der andern Gütermasse
überlässt. Die Hypothek gilt in diesem Umfang als Beitrag i.S.v. Art. 209 Abs. 3 (wie
auch i.S.v. Art. 206 Abs. 1). Eine Übernahme des Zinsendienstes durch die andere Gütermasse liegt z.B. dann vor, wenn die Hypothekarzinsen für ein ererbtes, unüberbautes
Grundstück dauernd und regelmässig aus dem Erwerbseinkommen des Erben-Ehegatten
beglichen werden. Dies trifft dagegen dann nicht zu, wenn diese Hypothekarzinsen aus

dem Mietzinsertrag einer ererbten und überbauten Liegenschaft bezahlt werden. Zwar hat die Errungenschaft aufgrund von Art. 197 Abs. 2 Ziff. 4 Anspruch auf den Ertrag des Eigengutes, dies allerdings nur i.S. eines Nettoertrages (dazu Art. 197 N 32 ff.), so dass der Zinsendienst als vom Eigengut erfüllt zu gelten hat (DESCHENAUX/STEINAUER/ BADDELEY, Rz 1387; BK-HAUSHEER/REUSSER/GEISER, Art. 196 N 58 m.w.H., das Verhältnis unter den Ehegatten nach Art. 206 betr.; zum Ganzen auch STETTLER/WAELTI, Rz 236 ff.; KOCHER, 112 ff.).

29   Daran ändert sich auch nichts, wenn der Hypothekarzins zufolge **Nutzung der Liegenschaft als Familienwohnung** nicht aus dem Mietzinsertrag beglichen werden kann, sondern im Rahmen des ehelichen Unterhalts aus der Errungenschaft bezahlt wird. Derjenige Ehegatte, der durch die Überlassung der Liegenschaft an die Familie einen Unterhaltsbeitrag erbringt, soll nicht schlechter gestellt sein als jener, der die Liegenschaft an Dritte vermietet (PIOTET, FS Hegnauer, 349 ff., 352; BK-HAUSHEER/REUSSER/ GEISER, Art. 196 N 60; so nun auch DESCHENAUX/STEINAUER/BADDELEY, Rz 1322; **a.M.** HEGNAUER/BREITSCHMID, Rz 26.57; und ESCHER, 74; vgl. sodann SANDOZ, 425).

b) Hypotheken beim Zusammenwirken von Errungenschaft und Eigengut

30   Haben **Errungenschaft und Eigengut gemeinsam** den Erwerbspreis aufgebracht, erfolgt die Zuordnung der Liegenschaft nach dem allgemeinen Grundsatz des Übergewichts des Beitrags. Diese (in gewissem Sinne reine) Zufälligkeit, die sich auf das Vermögen eines Ehegatten beschränkt, sollte nun nicht dazu führen, dass Mehr- und Minderwertanteile im Zusammenhang mit einem Drittkredit ganz im Eigengut verbleiben und somit mit dem andern Ehegatten nicht zu teilen sind, oder aber umgekehrt vollumfänglich der Errungenschaft verbleiben und somit letztlich auch auf beide Ehegatten aufzuteilen sind. Nachdem für die Hypothek (im Unterschied zu den Verhältnissen im Rahmen von Art. 206) das ganze Vermögen des gleichen Eigentümers haftet, sollte daher eine anteilsmässige Aufteilung der Hypothek auf die Errungenschaft und das Eigengut – und zwar ausschliesslich zum Zweck der Aufteilung des entsprechenden Mehr- und Minderwertanteils – vorgenommen werden (BGE 132 III 145 ff.; 123 III 152 ff. E. 6b, bb; HAUSHEER/JAUN, ZBJV 1997, 512 ff.; so bereits OGer BE ZBJV 1992, 178 ff.).

Beispiel (vgl. auch Art. 206 N 35):

Frau X erwirbt aus dem Nachlass ihres Vaters eine Liegenschaft im Wert von Fr. 600 000.– unter Anrechnung auf ihren Erbteil von Fr. 150 000.–.

Die hypothekarische Belastung, für welche Frau X die Zinsen leistet, macht Fr. 200 000.– aus. Die verbleibende Ausgleichszahlung an die Miterben von Fr. 250 000.– wird im Umfang von Fr. 200 000.– aus dem Eigengut von Herrn X finanziert. Fr. 50 000.– bringt Frau X aus ihrer Errungenschaft auf.

Tilgung Anrechnungswert	Betrag	Gütermasse
Erwerb von Todes wegen	Fr. 150 000.–	Eigengut Ehefrau
Ausgleichszahlung	Fr. 200 000.–	Eigengut Ehemann
Ausgleichszahlung	Fr. 50 000.–	Errungenschaft Ehefrau
Schuldübernahme (Hypothek)	Fr. 200 000.–	Eigengut/Errungenschaft Ehefrau (3 : 1)
total Anrechnungswert	Fr. 600 000.–	

Die Liegenschaft befindet sich im Eigentum der Ehefrau (Grundbucheintrag).

Dem Eigengut des Ehemannes steht eine variable Ersatzforderung nach Art. 206 Abs. 1 zu.

Von den Gütermassen der Ehefrau hat das Eigengut den grösseren Anteil an den Erwerb beigetragen. Die Liegenschaft gehört deshalb zum Eigengut, während der Errungenschaft der Ehefrau eine variable Ersatzforderung nach Art. 209 Abs. 3 zukommt. Die Hypothek ist zum (blossen) Zweck der entsprechenden Mehr- und Minderwertaufteilung zu ³/₄ dem Eigengut der Ehefrau zuzuordnen, zu ¹/₄ ihrer Errungenschaft.

c) Vorbezüge von Vorsorgeleistungen zum Erwerb von selbst genutztem Wohneigentum

Werden für den Erwerb der Liegenschaft **Mittel der beruflichen Vorsorge** eingesetzt, ist der Vorbezug bei der Verteilung von Mehrwerten grundsätzlich gleich zu behandeln wie ein Hypothekardarlehen (u.a. WOLF, 254 f., m.w.H.): Es erfolgt – entsprechend den anderen zum Erwerb eingesetzten finanziellen Mitteln – entweder eine ausschliessliche Zuordnung zum Eigengut oder zur Errungenschaft, oder aber eine proportionale Aufteilung auf die beiden Gütermassen des Eigentümerehegatten. Ist der auf den Vorbezug entfallende Mehrwert entsprechend diesen Regeln ganz oder teilweise der Errungenschaft des Vorsorgenehmers zuzuordnen, fragt sich, inwiefern die Tatsache, dass der andere Ehegatte im Rahmen der Vorschlagsteilung an diesem Mehrwert güterrechtlich beteiligt wird, im Rahmen des Vorsorgeausgleichs zu berücksichtigen ist; vgl. dazu AEBI-MÜLLER sowie KOLLER, a.a.O. Erfolgt der Vorbezug aus Mitteln, die im Rahmen einer **freiwilligen, gebundenen Selbstvorsorge (Säule 3a)** angelegt wurden, handelt es sich, da eine Rückzahlungspflicht bei der Veräusserung im Gegensatz zu Vorbezügen der beruflichen Vorsorge entfällt, um eine Investition aus (nunmehr) freiem Vermögen, wobei es sich in aller Regel um Errungenschaft des Vorsorgenehmers handeln wird. Es gelten deshalb die ordentlichen Regeln der Zuordnung von Mehrwerten (vorne, N 19 ff.), sofern zum Erwerb auch Mittel der anderen Gütermassen eingesetzt wurden.   **30a**

4. Zwingender Charakter

Im **Zeitpunkt der güterrechtlichen Auseinandersetzung** kann auf einen Mehrwertanteil für das Eigengut zugunsten der Errungenschaft einseitig verzichtet werden. Ein entsprechender Verzicht zulasten der Errungenschaft und zugunsten des Eigengutes bedarf der Zustimmung des andern Ehegatten.   **31**

Ehevertraglich kann im Voraus im Rahmen von Art. 199 auf eine Mehr- und Minderwertbeteiligung verzichtet werden (BK-HAUSHEER/REUSSER/GEISER, N 56; zustimmend HEGNAUER/BREITSCHMID, Rz 26.71 und JENE-BOLLAG, 51 f.; ebenso STETTLER/WAELTI, Rz 46 und jetzt auch DESCHENAUX/STEINAUER/BADDELEY, Rz 1381 mit Anm. 43).   **32**

Art. 210

| 4. Vorschlag | ¹ Was vom Gesamtwert der Errungenschaft, einschliesslich der hinzugerechneten Vermögenswerte und der Ersatzforderungen, nach Abzug der auf ihr lastenden Schulden verbleibt, bildet den Vorschlag. |
| | ² Ein Rückschlag wird nicht berücksichtigt. |

4. Bénéfice

[1] Des acquêts de chaque époux, réunions et récompenses comprises, on déduit toutes les dettes qui les grèvent pour dégager le bénéfice.

[2] Il n'est pas tenu compte d'un déficit.

4. Aumento

[1] L'aumento è dato dal valore totale degli acquisti, inclusi i beni reintegrati ed i compensi e dedotti i debiti che li gravano.

[2] Non è tenuto conto delle diminuzioni.

I. Allgemeines

1. Bedeutung von Art. 210

1 – Art. 210 **Abs. 1** nimmt – auf der Grundlage der bisherigen Rechtsprechung (BGE 100 II 73 E. 2b) und Lehre – eine **Legaldefinition des Vorschlags** vor. Dieser ist mit dem andern Ehegatten zu teilen, freilich nur wertmässig, wenn man von der Sondervorschrift von Art. 219 absieht.

2 – **Abs. 2** äussert sich nicht zur Vorschlagsberechnung, sondern hält mit Rücksicht auf die **Vorschlagsbeteiligung** – Art. 215 verdeutlichend – fest, dass ein Ehegatte seinem Partner auch dann höchstens die Hälfte seiner Errungenschaft überlassen muss, wenn dessen Errungenschaft überschuldet ist.

2. Einigung unter den Ehegatten und zwingendes Recht

3 Die **Abrechnung** über die beiden Errungenschaften nach Abs. 1 ist Gegenstand der Einigung unter den Ehegatten. Kommt eine solche nicht zustande, hat darüber das Gericht nach Art. 15 Abs. 1 bzw. Art. 18 Abs. 1 GestG zu befinden.

4 Im Gegensatz zur Vorschlagsbeteiligung kann **Abs. 2** eheverträglich nicht geändert werden.

II. Vorschlag und Vorschlagsberechnung

1. Der Vorschlag

5 Beim Vorschlag handelt es sich um eine rechnerische Grösse, nämlich den **Aktivsaldo der Errungenschaft.** Er ergibt sich aufgrund einer geldmässigen Bewertung (im Zeitpunkt der güterrechtlichen Auseinandersetzung: Art. 214 Abs. 1) der in Art. 197 erwähnten Vermögensbestandteile, wobei eine allfällige Korrektur gestützt auf Art. 207 Abs. 2 zu beachten bleibt. Vom in Art. 197 nicht ausdrücklich erwähnten Errungenschaftsvermögen (dazu Art. 197 N 5 und N 42 ff.) vermerkt Art. 210 nur die Ersatzforderungen i.S.v. Art. 209 Abs. 1 und 3. Sodann wird an die Hinzurechnung nach Art. 208 erinnert, bei der es sich um nicht mehr vorhandene Errungenschaftswerte handelt. Von diesen Aktiven sind die Errungenschaftsschulden abzuziehen. Ausgeschieden sind auch die Aktiven und Passiven der Eigengüter.

2. Die Vorschlagsberechnung

6 Die Vorschlagsberechnung erfordert – je nach Umständen – verschiedene **Rechnungsoperationen:**

a) Berechnung nach gesetzlicher Vorschrift

7 Sie beruht – unter Berücksichtigung der Anleitung in Art. 205 Abs. 1 – auf folgenden **Einzelschritten:**

– **Zusammenstellung aller** – tatsächlichen und rein rechnerischen – **Aktiven und Passiven** beider Ehegatten im Rahmen von Art. 207 Abs. 1 und 208;

– **Aufteilung** des Gesamtvermögens mit den Schulden **auf das Mannes- und Frauengut;** darin eingeschlossen sind sowohl die Miteigentumsanteile nach Art. 200 Abs. 2 bzw. die Auflösung des Miteigentums gegen Entschädigung nach Art. 205 Abs. 2, als auch allfällige Mehrwertanteile gestützt auf Art. 206;

– **Massenzuordnung** der Vermögensgegenstände und Schulden im Vermögen der beiden Ehegatten unter Berücksichtigung von Art. 200 Abs. 3 und 209 Abs. 1 und 3;

– **Bewertung** aufgrund von Art. 211 ff. der einzelnen Vermögensgegenstände der Errungenschaft und jener Eigengutswerte, in welche i.S.v. Art. 206 und 209 Abs. 3 investiert worden ist; massgebend ist gemäss Art. 214 – regelmässig aber nicht ausnahmslos – der Zeitpunkt der güterrechtlichen Auseinandersetzung;

– **Saldierung der Errungenschaft** durch Subtraktion der Errungenschaftsschulden.

Beispiel 1 (zu den Abkürzungen siehe Art. 206 N 35):

F (Ehefrau) und M (Ehemann) verheirateten sich am 15.5.1992 unter dem ordentlichen Güterstand der Errungenschaftsbeteiligung. Während F im Zeitpunkt der Heirat über Aktien im Wert von Fr. 50 000.– sowie ein Barvermögen von Fr. 15 000.– (Sparheft) verfügte, setzte sich das Vermögen von M (im Wesentlichen) aus Obligationen im Wert von Fr. 40 000.– und einem älteren Automobil (Fr. 4000.–) zusammen. Beide Ehegatten brachten sodann verschiedene Möbel mit in die Ehe («Möbel F» = Fr. 10 000.–, «Möbel M» = Fr. 8000.–). Die übrige Wohnungseinrichtung wurde durch den Verkauf der Aktien von F finanziert.

Anfangs 1993 wurde die alte Polstergruppe (Eigengut von M) durch ein Designermodell ersetzt und je hälftig aus Erwerbseinkommen von F und M finanziert. M erwarb ferner aus seinem Erwerbseinkommen ein neues Automobil für Fr. 25 000.–.

1994 zogen die Ehegatten in eine ältere Eigentumswohnung, deren Erwerb (Kaufpreis: Fr. 400 000.–) aus dem Erlös des Verkaufs von M's Obligationen (Fr. 60 000.–), Ersparnissen aus Arbeitserwerb des M von Fr. 40 000.– sowie durch Aufnahme eines Kredites von Fr. 300 000.– finanziert wurde. M wurde als Alleineigentümer der Wohnung im Grundbuch eingetragen.

1997 finanzierte F aus ererbten Mitteln den Umbau des Badezimmers (Fr. 30 000.–). Der Verkehrswert der Wohnung betrug vor dem Umbau Fr. 450 000.– (nachträgliche Schätzung). Amortisationen wurden bisher nicht geleistet.

Im Zeitpunkt der Einreichung des Scheidungsbegehrens vom 28.9.2001 weisen die verschiedenen Vermögensgegenstände folgende Werte auf:

Wohnung	Fr. 544 000.–	Automobil	Fr. 16 000.–
«Möbel F»	Fr. 5 000.–	Sparheft F	Fr. 12 000.–
«Möbel M»	Fr. 4 000.–	Lohnkonto M	Fr. 18 000.–
Polstergruppe	Fr. 8 000.–	Lohnkonto F	Fr. 2 000.–
übrige Einrichtung	Fr. 40 000.–		

a) Feststellung des im massgeblichen Zeitpunkt (Klageeinreichung) vorhandenen
   Frauen- und Mannesvermögens

Vermögen F/Ehefrau	Aktiven	Passiven
Möbel F	Fr. 5 000.–	
Polstergruppe: Miteigentum zu ½	Fr. 4 000.–	
übrige Wohnungseinrichtung	Fr. 40 000.–	
Sparheft	Fr. 12 000.–	
Forderung (Art. 206 Abs. 1) aus Umbau Bad[1]	Fr. 34 000.–[1]	
Lohnkonto	Fr. 2 000.–	
Vermögen		*Fr. 97 000.–*
	Fr. 97 000.–	Fr. 97 000.–

[1] **Berechnung der Ersatzforderung von F:** Die Wohnung ist Alleineigentum von M. Aufgrund des Übergewichts der Beteiligung (Verhältnis 3 : 2) ist sie seinem Eigengut zuzurechnen. Die Hypothek ist im gleichen Verhältnis zwischen seinem Eigengut und seiner Errungenschaft aufzuteilen: Die Tatsache, dass die Errungenschaft des M für die gesamten Hypothekarzinsen aufkommt, führt zu keiner Umteilung der Hypothek, da es sich dabei um einen Beitrag an den Unterhalt der Familie handelt (s. Art. 209 N 27 ff.). Zur Höhe der Forderung von F siehe die folgenden Berechnungen:

1. Mehrwertberechnung (Eigentumswohnung):

Wert vor Umbau		Fr. 450 000.–
Kaufpreis		Fr. 400 000.–
Mehrwert		Fr. 50 000.–
Beteiligungsverhältnis	= 60 000 (EG M) : 40 000 (ER M) = 3 : 2 (= 5 Teile)	
1 Teil Mehrwert	= 50 000 : 5	= Fr. 10 000.–
Aufteilung Mehrwert	= Fr. 30 000.– (EG) und Fr. 20 000.– (ER)	
1 Teil Hypothek	= 300 000 : 5	= Fr. 60 000.–
Aufteilung Hypothek	= Fr. 180 000.– (EG) und Fr. 120 000.– (ER)	
EG M:	Investition Anteil Hypothek MWA 1 *total*	Fr. 60 000.– Fr. 180 000.– Fr. 30 000.– *Fr. 270 000.–*
ER M:	Investition Anteil Hypothek MWA 1 *total*	Fr. 40 000.– Fr. 120 000.– Fr. 20 000.– *Fr. 180 000.–*

Diese beiden Endbeträge werden im vorliegenden Fall nur für die Festlegung des Beteiligungsverhältnisses am zweiten Mehrwert (= Mehrwert nach Umbau) benötigt.

2. Mehrwertberechnung:

Die nachträgliche Investition von F rechtfertigt keine Umteilung der Hypothek (vgl. Art. 209 N 29)

Wert per 28.9.2001		Fr. 544 000.–
Wert nach Umbau		Fr. 480 000.–
Mehrwert		Fr. 64 000.–
Beteiligungsverhältnis	= 270 (EG M) : 180 (ER M) : 30 (EG F) = 9 : 6 : 1 (= 16 Teile)	
1 Teil Mehrwert	= 64 000 : 16	= Fr. 4 000.–

Ansprüche gegen EG M:

der ER M:	Investition	Fr. 40 000.–
	MWA 1	Fr. 20 000.–
	MWA 2 (6 × Fr. 4 000.–)	Fr. 24 000.–
	total	*= Fr. 84 000.–*
des EG F:	Investition	Fr. 30 000.–
	MWA (1 × Fr. 4 000.–)	Fr. 4 000.–
	total	*= Fr. 34 000.–*

Vermögen M/Ehemann	*Aktiven*	*Passiven*
Wohnung	Fr. 544 000.–	
Hypothekarschuld		Fr. 300 000.–
Schuldanteil gegenüber Ehefrau (Umbau Bad; Forderung nach Art. 206)		Fr. 34 000.–
Polstergruppe; Miteigentum zu $^1/_2$	Fr. 4 000.–	
Möbel M	Fr. 4 000.–	
Automobil	Fr. 16 000.–	
Lohnkonto	Fr. 18 000.–	
Vermögen		*Fr. 252 000.–*
	Fr. 586 000.–	Fr. 586 000.–

b) Ermittlung der Eigengüter

Eigengut F/Ehefrau	*Aktiven*	*Passiven*
Möbel F	Fr. 5 000.–	
übrige Wohnungseinrichtung	Fr. 40 000.–	
Forderung (Art. 206 Abs. 1) aus Umbau Bad	Fr. 34 000.–	
Sparheft*	Fr. 12 000.–	
Wert Eigengut F		*Fr. 91 000.–*
	Fr. 91 000.–	Fr. 91 000.–

Eigengut M/Ehemann	Aktiven	Passiven
Eigentumswohnung	Fr. 544 000.–	
Hypothekarschuld		Fr. 300 000.–
Forderung EG F (Art. 206)		Fr. 34 000.–
Ersatzforderung ER M (Art. 209)		Fr. 84 000.–
Möbel M	Fr. 4 000.–	
Wert Eigengut M		*Fr. 130 000.–*
	Fr. 548 000.–	Fr. 548 000.–

Bemerkungen:

- Sparheft F (*): Es lässt sich nicht nachweisen, worauf die Verminderung des ersparten Vermögens zurückzuführen ist. Zu berücksichtigen ist deshalb der aktuelle Kontostand.

- Automobil: Da das neue Automobil aus Arbeitseinkommen des M bezahlt wurde, ist es dessen ER zuzuordnen; kein Zweckersatz.

c) Berechnung des Vorschlags jedes Ehegatten

Ehefrau	
Vermögen gemäss a)	Fr. 97 000.–
– Wert Eigengut b)	– Fr. 91 000.–
Vorschlag	= Fr. 6 000.–

Ehemann	
Vermögen gemäss a)	Fr. 252 000.–
– Wert Eigengut b)	– Fr. 130 000.–
Vorschlag	= Fr. 122 000.–

d) Vorschlagsbeteiligung

Anspruch F und M je	
¹/₂ Vorschlag F	Fr. 3 000.–
¹/₂ Vorschlag M	+ Fr. 61 000.–
	= *Fr. 64 000.–*

Abrechnung: M bezahlt F Fr. 58 000.– (= Gesamtanspruch F – Vorschlag F). Diese Summe vergrössert oder verringert sich um Fr. 4000.–, je nachdem, welcher der Ehegatten die Polstergruppe (zum Verkehrswert) übernimmt.

e) Schlussabrechnung

Forderungen F gegenüber M aus Güterrecht:	
Vorschlagsbeteiligung	Fr. 58 000.–
Ersatzforderung Eigengut	Fr. 34 000.–
	= *Fr. 92 000.–*

b) Vereinfachtes Vorgehen

Mit oder ohne Ehevertrag ist – gegenüber dem gesetzlichen Vorgehen – eine Vereinfa-   **8**
chung der Vorschlagsberechnung dort zulässig, wo der Vorschlag unter die beiden Ehegatten zwar nicht unbedingt hälftig, aber doch gleichmässig aufzuteilen ist (= gleicher
Teilungsschlüssel) und kein Ehegatte für seine Errungenschaft einen Rückschlag
(= Negativsaldo) aufweist. Unter diesen Umständen genügt es, wenn nach dem Ausscheiden der beiden Eigengüter der **Aktivsaldo der Gesamterrungenschaft beider
Ehegatten** bestimmt wird. Bei diesem Vorgehen entfällt insb. die Schuldenbereinigung
und die Mehrwertbeteiligung zwischen den beiden Errungenschaften. Jeder Ehegatte
behält seine Errungenschaftswerte und derjenige, dem wertmässig weniger davon zustehen als seinem Ehepartner, hat Anspruch auf einen entsprechenden Wertausgleich der
Differenz i.S. des Gesetzes oder des Ehevertrages.

Beispiel 2 (zu den Abkürzungen siehe Art. 206 N 35):

Beispiel 1 erfährt folgende Änderungen: Die von M in die Ehe eingebrachten Obligationen haben einen Wert von Fr. 30 000.–. M verkauft sie 1994 für Fr. 40 000.– und verwendet diesen Betrag zusammen mit Ersparnissen aus Arbeitserwerb in der Höhe von
Fr. 60 000.– für den Erwerb der Eigentumswohnung. Der Fremdkapitalanteil beträgt unverändert Fr. 300 000.–. Den Umbau des Bades im Jahr 1997 finanziert F aus ihrem Arbeitserwerb.

*a) Feststellung des im massgeblichen Zeitpunkt (Klageeinreichung) vorhandenen
Frauen- und Mannesvermögens*

Vermögen F/Ehefrau	Aktiven	Passiven
Möbel F	Fr. 5 000.–	
Polstergruppe: Miteigentum zu ½	Fr. 4 000.–	
übrige Wohnungseinrichtung	Fr. 40 000.–	
Sparheft	Fr. 12 000.–	
Lohnkonto	Fr. 2 000.–	
Vermögen		*Fr. 63 000.–*[1]
	Fr. 63 000.–	Fr. 63 000.–

[1] Eigentlich müsste in der Vermögensaufstellung die Forderung der Errungenschaft gemäss
Art. 206 berücksichtigt werden. Da die Vorschläge aber nach dem gleichen Teilungsschlüssel aufzuteilen sind, kann auf die Berechnung der Forderung verzichtet werden.

Vermögen M/Ehemann	Aktiven	Passiven
Wohnung	Fr. 544 000.–	
Hypothekarschuld		Fr. 300 000.–
Polstergruppe: Miteigentum zu ½	Fr. 4 000.–	
Möbel M	Fr. 4 000.–	
Automobil[2]	Fr. 16 000.–	
Lohnkonto	Fr. 18 000.–	
Vermögen		*Fr. 286 000.–*
	Fr. 586 000.–	Fr. 586 000.–

[2] vgl. Beispiel 1.

b) Ermittlung der Eigengüter

Eigengut F/Ehefrau	Aktiven	Passiven
Möbel F	Fr. 5 000.–	
übrige Wohnungseinrichtung	Fr. 40 000.–	
Sparheft[1]	Fr. 12 000.–	
Wert Eigengut F		*Fr. 57 000.–*
	Fr. 57 000.–	Fr. 57 000.–

[1] vgl. Beispiel 1

Eigengut M/Ehemann	Aktiven	Passiven
Ersatzforderung nach Art. 209[2]	Fr. 84 000.–	
Möbel M	Fr. 4 000.–	
Wert Eigengut M		*Fr. 88 000.–*
	Fr. 88 000.–	Fr. 88 000.–

[2] Zur Ersatzforderung von M gemäss. Art. 209 Abs. 3: Die Wohnung ist Alleineigentum von M. Aufgrund des Übergewichts der Beteiligung (Verhältnis 3 : 2) ist sie seiner Errungenschaft zuzurechnen. Die Hypothek ist im gleichen Verhältnis zwischen seinem Eigengut und seiner Errungenschaft aufzuteilen: Die Tatsache, dass die Errungenschaft des M für die gesamten Hypothekarzinsen aufkommt, führt zu keiner Umteilung der Hypothek, da es sich dabei um einen Beitrag an den Unterhalt der Familie handelt.

1. Mehrwertberechnung:

Wert vor Umbau Kaufpreis Mehrwert		Fr. 450 000.– Fr. 400 000.– Fr. 50 000.–
Beteiligungsverhältnis 1 Teil Mehrwert Aufteilung Mehrwert	= 60 000 (ER M) : 40 000 EG M = 3 : 2 (= 5 Teile) = 50 000 : 5 = 30 000 (ER)/20 000 (EG)	 = Fr. 10 000.–
1 Teil Hypothek Aufteilung Hypothek	= 300 000 : 5 = Fr. 180 000.– (ER) und Fr. 120 000.– (EG)	= Fr. 60 000.–
ER M:	Investition Anteil Hyp. MWA 1 *total*	Fr. 60 000.– Fr. 180 000.– Fr. 30 000.– *Fr. 270 000.–*
EG M:	Investition Anteil Hyp. MWA 1 *total*	Fr. 40 000.– Fr. 120 000.– Fr. 20 000.– *Fr. 180 000.–*

Diese beiden Endbeträge werden nur für die Festlegung des Beteiligungsverhältnisses am zweiten Mehrwert (= Mehrwert nach Umbau) benötigt.

2. Mehrwertberechnung:

Die nachträgliche Investition von F rechtfertigt keine Umteilung der Hypothek (vgl. Art. 206 N 35 und Art. 209 N 27 ff.).

Wert per 28.9.2001: Wert nach Umbau Mehrwert:		Fr. 544 000.– Fr. 480 000.– Fr. 64 000.–
Beteiligungsverhältnis: 1 Teil Mehrwert	= 270 (ER M) : 180 (EG M) : 30 (ER F) 9 : 6 : 1 (= 16 Teile) = 64 000 : 16	= Fr. 4 000.–

Anspruch EG M gegen ER M:

Investition	Fr. 40 000.–
MWA 1	Fr. 20 000.–
MWA 2 (6 × Fr. 4 000.–)	Fr. 24 000.–
total	Fr. 84 000.–

c) Berechnung des Vorschlags jedes Ehegatten

Ehefrau	
Vermögen gemäss a)	Fr. 63 000.–
– Wert Eigengut b)	– Fr. 57 000.–
Vorschlag	= *Fr. 6 000.–*

Ehemann	
Vermögen gemäss a)	Fr. 286 000.–
– Wert Eigengut b)	– Fr. 88 000.–
Vorschlag	= *Fr. 198 000.–*

d) Vorschlagsbeteiligung

Anspruch F und M je	
¹/₂ Vorschlag F	Fr. 3 000.–
¹/₂ Vorschlag M	+ Fr. 99 000.–
	= *Fr. 102 000.–*

Abrechnung: M bezahlt F Fr. 96 000.– (= Gesamtanspruch F – Vorschlag F). Diese Summe vergrössert oder verringert sich um Fr. 4000.–, je nachdem, welcher der Ehegatten die Polstergruppe (zum Verkehrswert) übernimmt.

c) Beschränkung auf das Ausscheiden der Eigengüter

Eine getrennte Berechnung des Vorschlags für jeden Ehegatten kann sich erübrigen, **9** wenn der **ganze Vorschlag beider Ehepartner** – ehevertraglich – **einem allein** zukommt. Allerdings setzt dies zusätzlich voraus, dass dem Begünstigten nicht nur eine Geldforderung gegen den andern Ehegatten oder seinen Nachlass zusteht, sondern aufgrund güter- und erbrechtlicher Teilungsvorschriften ein Anspruch auf die Vermögensgegenstände selbst eingeräumt worden ist (BK-HAUSHEER/REUSSER/GEISER, N 11 und Art. 216 N 26; vgl. zum Ganzen AEBI-MÜLLER, Rz 06.107 ff. und 07.71 ff., m.w.H.). Ist dies der Fall, kann sich die güterrechtliche Auseinandersetzung auf eine Rücknahme der beiden Eigengüter beschränken.

III. Rückschlag und Rückschlagstragung

1. Begriff und Berechnung

10 Beim Rückschlag handelt es sich um den **Negativsaldo der Errungenschaft** des Ehemannes oder der Ehefrau. Der Weg, auf dem dieser rechnerische Verlust zustande gekommen ist, stimmt mit der Vorschlagsberechnung überein. Einzig die Saldierung fällt negativ statt positiv aus.

11 Steht ein Rückschlag fest, braucht er – unter Vorbehalt von Art. 213 – allerdings **nicht** eigens **berechnet** zu werden. Dies ergibt sich aus der Regelung der Vorschlagstragung. In die Abrechnung unter den Ehegatten ist die Errungenschaft mit Fr. 0.– einzusetzen.

2. Tragung des Rückschlags

12 Ergibt sich bei einem Ehegatten ein Rückschlag, entfällt die Vorschlagsbeteiligung seines Partners. Dieser hat von seiner Errungenschaft nur die gesetzliche Hälfte oder den ehevertraglich vereinbarten Anteil an denjenigen Ehegatten abzugeben, der mit einem Errungenschaftsverlust abgeschlossen hat. Im Unterschied zur Gütergemeinschaft kennt die Errungenschaftsbeteiligung **keinen Schuldenausgleich** im Rahmen der Errungenschaften.

Art. 211

IV. Wert-bestimmung	**Bei der güterrechtlichen Auseinandersetzung sind die Vermögensgegenstände zu ihrem Verkehrswert einzusetzen.**
1. Verkehrswert	
IV. Valeur d'estimation	A la liquidation du régime matrimonial, les biens sont estimés à leur valeur vénale.
1. Valeur vénale	
IV. Determinazione del valore	In caso di liquidazione, i beni sono stimati secondo il valore venale.
1. Valore venale	

Literatur

HAUSHEER, Erbrechtliche Probleme des Unternehmers, ASR Bd. 399, Bern 1970 (zit. Erbrechtliche Probleme); SIMONEK, Steuerliche Probleme der Geschäftsnachfolge bei Ableben eines Personenunternehmers, Berner Beiträge zum Steuer- und Wirtschaftsrecht Bd. 8, Bern 1994.

I. Allgemeines

1. Die Bedeutung von Art. 211

Verschiedene Forderungen und weitere Rechenoperationen im Zusammenhang mit der **1** güterrechtlichen Auseinandersetzung setzen eine **Bewertung der einzelnen – geldwerten – Vermögenswerte** in Geld voraus.

Das betrifft insb.:

– die **Beteiligungsforderung** nach Art. 215 ff. aufgrund der Errungenschaftsaktiven abzüglich der entsprechenden Schulden;

– die Entschädigung gemäss Art. 205 Abs. 2;

– den **Mehrwertanteil** gestützt auf Art. 206 sowie die Mehr- und Minderwertanteile im Rahmen von Art. 209 Abs. 3;

– die **Ersatzforderungen** i.S.v. Art. 209 Abs. 1;

– den **Betrag,** der **nach Art. 208** zur Errungenschaft hinzuzurechnen ist;

– die Berechnung der Pflichtteile gemäss Art. 216 Abs. 2;

– die Nutzniessung, das Wohnrecht und den Hausrat gegen Anrechnung nach Art. 219.

Art. 211 legt zusammen mit Art. 212/213 den **Massstab** dieser Bewertung fest. Der Zeit- **2** punkt für die Bewertung wird dagegen in Art. 214 i.V.m. Art. 206 Abs. 2 und Art. 209 Abs. 3 festgehalten, und über den Bestand der zu bewertenden Vermögenswerte entscheidet die Auflösung des Güterstandes (Art. 207 Abs. 1 i.V.m. Art. 204).

2. Abgrenzung

Nicht anwendbar ist Art. 211 (wie Art. 212/213) auf blosse Anwartschaften, Persön- **3** lichkeitsrechte, Gegenstände mit reinem Affektionswert und andere **Rechte ohne Tauschwert.**

Eine Sonderregelung sieht **Art. 618** beim Tod eines Ehegatten vor (BK-HAUSHEER/ **4** REUSSER/GEISER, N 26 f.).

3. Dispositives und zwingendes Recht

Die Ehegatten können sich – zum voraus in einem Ehevertrag oder formlos im Zusam- **5** menhang mit der güterrechtlichen Auseinandersetzung, d.h. nach Auflösung des Güter- standes – auf die erforderlichen Bewertungen einigen. Vorbehalten bleibt die Berechnung der **Pflichtteile** der nichtgemeinsamen Nachkommen i.S.v. Art. 216.

Kommt keine Einigung zustande, hat das **Gericht** – u.U. mit Hilfe von Sachverständigen **6** – zu entscheiden. Die Frage der Bewertungsmethode bleibt dabei Rechtsfrage (BGE 125 III 6; 121 III 155; 115 Ib 409 E. 1b), die Schätzung des tatsächlichen Werts dagegen ist (an das BGer nicht berufungsfähige) Sachfrage (unveröff. E. 1 des BGE 113 II 222 ff. i.S. F. gegen D.).

II. Der Verkehrswert

1. Im Allgemeinen

Das Ehegüterrecht stellt zwar die Regel auf, wonach die erforderlichen Bewertungen **7** unter Vorbehalt einer besonderen gesetzlichen Ausnahme aufgrund des Verkehrswertes vorzunehmen sind (BGE 125 III 6; 121 III 155). Letzterer wird indessen nicht näher um-schrieben. Damit wird auf einen Begriff verwiesen, der auch in der übrigen Rechtsord-nung Anwendung findet. Es muss daher auch auf **andere Rechtsbereiche** zurückgegrif-fen werden (Botschaft Revision Eherecht, Ziff. 222.534), insb. auf die Grundsätze im Erbrecht oder bei der öffentlich-rechtlichen Enteignung. Dabei ist einerseits den Beson-derheiten dieser Rechtsbereiche Rechnung zu tragen; anderseits bleibt zu berücksichti-gen, dass sich die güterrechtliche Auseinandersetzung und die Nachlassteilung in einem grossen Teil der Fälle unmittelbar folgen und daher für beide grundsätzlich gleiche Be-wertung erforderlich ist (Art. 212 und 617). Freilich kommt dem Grundsatz der Teilung in natura im Erbrecht die grössere Bedeutung zu als im Ehegüterrecht. Die Gleichbe-handlung der Erben erfordert aber in jedem Fall eine objektive Bewertung der Lose.

a) Begriff

8 Beim **Verkehrswert** handelt es sich um jenen in Geld ausgedrückten (Tausch-)Wert, der sich – zum massgeblichen Zeitpunkt – auf einem unbehinderten Markt unter normalen Verhältnissen erzielen lässt (BGE 125 III 6; 115 Ib 408 E. 2c; 113 Ib 39 E. 2a; 107 III 40 E. 2,3; BK-Hausheer/Reusser/Geiser, N 12 m.w.H.). Somit bleiben überhöhte Lieb-haber- und besonders tiefe Freundschaftspreise unbeachtlich (BGE 75 II 280 E. 3).

b) Verschiedene Methoden

9 Für den Verkehrswert kann auf den – zeitlich nahe liegenden – konkreten Erlös ver-gleichbarer Vermögensgegenstände zurückgegriffen werden (BGE 115 Ib 408 E. 2c zur sog. **statistischen Methode**). Andernfalls ist eine **Schätzung** vorzunehmen. Solche Schätzungen haben in gewissen Verfahren der Zwangsvollstreckung nur eine vorläufige Bedeutung, so dass darauf für das Ehegüterrecht kein Verlass ist (anders verhält es sich im Zusammenhang mit Art. 305 SchKG). Bei Art. 206 Abs. 2 ist grundsätzlich auf den tatsächlich **erzielten Veräusserungserlös** (einschliesslich eines Versteigerungserlöses nach Art. 612) abzustellen. Dabei handelt es sich um einen verallgemeinerungsfähigen Gedanken, wenn die güterrechtliche Auseinandersetzung zur Versilberung führt (BK-Hausheer/Reusser/Geiser, N 13). Vorzubehalten ist eine Korrektur zufolge besonderer Umstände der Veräusserung.

c) Insbesondere bei Belastungen durch Rechte Dritter

10 Sind Vermögenswerte mit **Kaufs- und Vorkaufsrechten** u.a.m. belastet, führt dies zu einem Abzug (so in Änderung der bisherigen Praxis BGE 125 III 50 ff.; zur früheren Rechtsprechung s. BGE 121 III 304 ff.; vgl. ferner BGE 84 II 338). Gleiches gilt auch für **latente Steuern** (zur vielfach angewandten «Halbwertmethode» eingehend Simonek, 118 ff.) und Ähnliches mehr, nachdem bei der tatsächlichen Veräusserung entsprechende Abgaben und Lasten vom Verkaufserlös in Abzug zu bringen sind. Der Umfang des Ab-zuges bleibt im Rahmen einer gerichtlichen Ermessensausübung unter anderem abhängig von der Wahrscheinlichkeit der Verwirklichung der latenten Last und bei der Geltend-machung von Kaufs- bzw. Vorkaufsrechten von der Frage, zu welchem Wert (z.B. zum Ertragswert für landwirtschaftliche Grundstücke) dies ggf. geschieht.

2. Zu einzelnen Vermögensgegenständen

11 a) Sind **Liegenschaften** zu schätzen, ist der Sach- (= Boden- und Zeitwert der Bauten) und der Ertragswert (= kapitalisierter Mietwert) zu kombinieren und je nach Verhält-nissen zu gewichten (BGE 125 III 6 f., E. c). Die statistische Methode eignet sich da-gegen v.a. für unüberbaute Grundstücke und Abbruchobjekte. Sie kann durch die sog.

Lageklassemethode verfeinert werden (Näheres BK-HAUSHEER/REUSSER/GEISER, N 16 m.w.H.).

b) Bei **Kunstgegenständen und Sammlungen aller Art** sind die Sachgesamtheiten zu bewerten. Massgebend ist der im Fachhandel zu erzielende Preis (dazu u.a. BGE 115 III 52 und 105 III 67). **12**

c) Bei **beschränkten dinglichen Rechten** ist der Nutzungswert (= erzielbarer Nutzungszins) aufgrund der Dauer zu kapitalisieren. **13**

d) Gleiches gilt bei **Immaterialgüterrechten.** **14**

e) Bei börsenkotierten **Wertpapieren** kann allenfalls ein Paketzuschlag in Frage stehen. Bei nicht börsenkotierten Wertpapieren steht die Frage der Verkäuflichkeit im Vordergrund. Deshalb ist ein Abschlag für Minderheitspakete zu machen, während das Mehrheitspaket einen Zuschlag aufgrund der Unternehmensbewertung als solcher erfährt (HAUSHEER, Erbrechtliche Probleme, 217; AEBI-MÜLLER, Rz 13.11, je m.w.H.). **15**

f) Bei der **Unternehmensbewertung** (s. BGE 121 III 155 sowie BGer 5C.85/2003; eingehend dazu auch SIMONEK, 110 ff.) ist vorerst darüber zu befinden, ob das Unternehmen fortgeführt werden kann (= Fortführungswert) oder zu liquidieren sein wird (= Liquidationswert). Im erstern Fall ist aufgrund der letzten Jahre eine Zukunftsprognose des Ertrages (insb. des tatsächlichen Gewinnes) der Unternehmung insgesamt (vgl. BGE 121 III 155) zu erstellen. Sie ist mit einer aktuellen Substanzbewertung – unter Auflösung stiller Reserven und mit Unterscheidung von betriebsnotwendiger und anderer Substanz – zu kombinieren. Der Goodwill gehört soweit zur Unternehmung, als er nicht allein auf dem Unternehmer beruht. **16**

g) Bei **Forderungen** ist regelmässig der Nominalwert massgebend, doch ist auch einer unsicheren Durchsetzbarkeit (mangelnder Bonität) Rechnung zu tragen (DESCHENAUX/STEINAUER/BADDELEY, Rz 1406). Sodann sind Marchzinsen u.a.m. zu berücksichtigen. Gleiches gilt für Schulden gegenüber Dritten. **17**

h) **Lebensversicherungen** sind nach dem Rückkaufswert zu bewerten (dazu im Einzelnen IZZO, passim). Vorzubehalten ist allerdings die Auflösung des Güterstandes durch den Tod des Versicherungsnehmers. In diesem Fall ist der ausbezahlte Versicherungsbetrag massgebend. Bei unwiderruflicher Drittbegünstigung steht er – unter Vorbehalt von Art. 208 – allerdings nicht mehr dem Versicherungsnehmer zu. Reine Risikoversicherungen sind bis zum Eintritt des Versicherungsfalles blosse Anwartschaften ohne Geldwert. Anders verhält es sich bei den beitragsfreien Versicherungen nach Art. 90 und 93 VVG; es gilt der Umwandlungswert. **18**

Art. 212

2. Ertragswert **a. Im Allgemeinen**	[1] **Ein landwirtschaftliches Gewerbe, das ein Ehegatte als Eigentümer selber weiterbewirtschaftet oder für das der überlebende Ehegatte oder ein Nachkomme begründet Anspruch auf ungeteilte Zuweisung erhebt, ist bei Berechnung des Mehrwertanteils und der Beteiligungsforderung zum Ertragswert einzusetzen.** [2] **Der Eigentümer des landwirtschaftlichen Gewerbes oder seine Erben können gegenüber dem andern Ehegatten als Mehrwert-**

anteil oder als Beteiligungsforderung nur den Betrag geltend machen, den sie bei Anrechnung des Gewerbes zum Verkehrswert erhielten.

[3] **Die erbrechtlichen Bestimmungen über die Bewertung und über den Anteil der Miterben am Gewinn gelten sinngemäss.**

2. Valeur de rendement

a. En général

[1] Lorsque l'époux propriétaire d'une entreprise agricole continue de l'exploiter personnellement ou lorsque le conjoint survivant ou un descendant est en droit d'exiger qu'elle lui soit attribuée entièrement, la part à la plus-value et la créance de participation se calculent sur la base de la valeur de rendement.

[2] Lorsque l'époux propriétaire de l'entreprise agricole, ou ses héritiers, peuvent de leur côté réclamer au conjoint une part à la plus-value ou une participation au bénéfice, la créance ne peut porter que sur ce qui aurait été dû si l'entreprise avait été estimée à sa valeur vénale.

[3] Les dispositions du droit successoral sur l'estimation et sur la part des cohéritiers au gain sont applicables par analogie.

2. Valore di reddito

a. In genere

[1] L'azienda agricola che un coniuge continua ad amministrare personalmente in qualità di proprietario o di cui il coniuge superstite o un discendente pretende legittimamente l'attribuzione per intero è stimata, per calcolare la quota di plusvalore e il credito di partecipazione, secondo il valore di reddito.

[2] Il coniuge proprietario dell'azienda agricola o i suoi eredi possono opporre all'altro coniuge, a titolo di quota di plusvalore o di credito di partecipazione, soltanto l'importo che avrebbero ricevuto in caso di imputazione dell'azienda secondo il valore venale.

[3] Le disposizioni successorie sulla stima e sulla partecipazione dei coeredi all'utile si applicano per analogia.

Literatur

GEISER, Ehegüterrecht und Bäuerliches Bodenrecht, in: Wolf (Hrsg.), Güter- und erbrechtliche Fragen (…), Bern 2005, 99 ff.; KELLER, Das Ertragswertprinzip im neuen bäuerlichen Ehegüterrecht, Diss. Zürich 1993; STUDER, Das bäuerliche Bodenrecht, Kommentar zum Bundesgesetz über das bäuerliche Bodenrecht vom 4. Oktober 1991, Brugg 1995, 229 ff.; vgl. auch die Literaturhinweise vor Art. 181.

I. Allgemeines

1. Bedeutung von Art. 212

1 Art. 212 übernimmt das dem Erbrecht des ZGB schon immer vertraute sog. **Ertragswertprinzip** auch ins Ehegüterrecht. Die Selbstbewirtschaftung eines landwirtschaftlichen Gewerbes zu einem vom Ertrag bestimmten Fortführungswert soll durch die Mehrwertbeteiligung insb. und die güterrechtliche Auseinandersetzung unter Ehegatten ganz allgemein nicht verunmöglicht werden. Zu beachten bleibt indessen, dass es im Zusammenhang mit dem Erbrecht in erster Linie um eine Nachfolge in einen bestimmten Nachlasswert geht, während es sich bei der güterrechtlichen Auseinandersetzung um ein Teilen all dessen unter den Ehegatten handelt, was gemeinsam während des Güterstandes erwirtschaftet worden ist. Es ist daher dafür zu sorgen, dass die bevorzugte Behandlung des Verpflichteten nach Art. 212 nicht noch zu einer weiteren Bevorzugung bez. seiner eigenen Ansprüche auf Mehrwertanteil und Vorschlagsbeteiligung führt.

2. Anwendungsbereich

a) Voraussetzungen für Art. 212

Das **bäuerliche Ehegüterrecht** deckt sich nicht völlig mit dem (seit dem 1.1.1994) in   **2**
Art. 11–24 und 28–35 BGBB geregelten **bäuerlichen Erbrecht.**

Unterschiede ergeben sich insb.:

– beim Einbezug landwirtschaftlicher Grundstücke (vgl. N 5);

– beim **betroffenen Personenkreis** i.S. der Begünstigung oder Benachteiligung;

– bei der **Selbstbewirtschaftung als Voraussetzung** für die Anwendung des Ertragswertes;

sowie **u.U.**

– bei der **Umschreibung** des landwirtschaftlichen Gewerbes (dazu Abs. 3 und sodann
   N 11) und

– bei der **Korrektur des Ertragswertes** aufgrund von Art. 213 einerseits und Art. 18
   BGBB anderseits.

Die **Anwendung des Ertragswertprinzips** rechtfertigt sich nur unter den **einschränkenden** Voraussetzungen:

1. dass der **Eigentümer** das landwirtschaftliche Gewerbe (in der Errungenschaft) i.S.v.
   Art. 7 BGBB nach Auflösung des Güterstandes **weiterbewirtschaftet** oder dass der
   überlebende Ehegatte oder ein **Nachkomme** nach Art. 11 BGBB die **ungeteilte
   Zuweisung** des Gewerbes verlangen kann; und

2. dass ein **Mehrwertanteil** nach Art. 206 bzw. eine Mehr- und Minderwertbeteiligung
   nach Art. 209 Abs. 3 oder

dass ein **Beteiligungsanspruch** nach Art. 215 ff. in Frage steht, der das landwirtschaftliche Gewerbe in der Errungenschaft betrifft.

Während bei der Fortsetzung der Selbstbewirtschaftung durch den Eigentümer an das
landwirtschaftliche Gewerbe vom Gesetzestext her keine weiteren Voraussetzungen
gestellt werden, ergibt sich beim Anspruch auf ungeteilte Zuweisung des überlebenden
Ehegatten oder Nachkommen eine Mindestanforderung aus Art. 7 Abs. 1 BGBB (halbe
Arbeitskraft einer bäuerlichen Familie; vgl. aber auch N 11).

b) Mit- oder Gesamteigentum

Aufgrund der Entstehungsgeschichte sollte Art. 212 bei der **Auflösung von Mit- und**   **3**
Gesamteigentum der Ehegatten im Zusammenhang mit einem landwirtschaftlichen
Gewerbe keine Anwendung finden (BK-Hausheer/Reusser/Geiser, Art. 212/213 N 27;
ebenso Keller, 36 m.w.H.). Diese Betrachtungsweise wird nunmehr in Art. 37 Abs. 1
und 2 BGBB für das Gesamt- und Miteigentum unter den Ehegatten aufgegeben (in
Art. 37 Abs. 2 wird entsprechend nur noch Art. 213 vorbehalten; s. dazu die Botschaft
des Bundesrates zum BGBB, BBl 1988 III 953 ff., 1017 f. Ziff. 222.2; vgl. auch
Hegnauer/Breitschmid, Rz 26.45; Keller, 37).

Betrifft das Mit- oder Gesamteigentum nur einen Ehegatten **mit einem Dritten** (d.h. mit   **4**
irgendeiner andern Person als der andere Ehegatte), kann Art. 212 Anwendung finden,
wenn das landwirtschaftliche Gewerbe nach Auflösung des Güterstandes mit dem Dritten
weiterbewirtschaftet, das gemeinschaftliche Eigentum aufgelöst und der Ehegatte Allein-

eigentümer wird, oder zufolge Todes dieses Ehegatten ausnahmsweise dem überlebenden Ehegatten oder einem Nachkommen des verstorbenen ein Anspruch auf ungeteilte Zuweisung zusteht (BK-HAUSHEER/REUSSER/GEISER, Art. 212/213 N 28).

c) Landwirtschaftliche Grundstücke

5 Landwirtschaftliche Grundstücke sind – im Gegensatz zum bäuerlichen Erbrecht, d.h. unbesehen darum, dass sie vom BGBB erfasst werden (s. Art. 21) – aufgrund von Abs. 1 von Art. 212 **ausgenommen.**

d) Nominalwertgarantie

6 Das Ertragswertprinzip kommt nur zur Anwendung, wenn es gegenüber einer Verkehrswertbewertung aufgrund von Art. 211 zu einem **günstigeren Anrechnungwert** in der güterrechtlichen Auseinandersetzung führt. Der Mehrwertanteilsberechtigte hat in jedem Fall Anspruch auf den Nominalwert seines Beitrages.

3. Zwingender oder dispositiver Charakter

7 Angesichts der mit Art. 212 verfolgten **agrarpolitischen Ziele** kann darauf ehevertraglich nicht zum Voraus und vollumfänglich verzichtet werden (so auch KELLER, 9). Zwar bleiben die Modifikationen der Mehr- bzw. Mehr- und Minderwertbeteiligung – im Einzelfall oder generell durch Ehevertrag – in dem Umfang möglich, wie dies auch im Zusammenhang mit dem übrigen Vermögen der Fall ist (BK-HAUSHEER/REUSSER/Geiser, Art. 212/213 N 18). Ein generelles ehevertragliches Abweichen vom Ertragswert in diesem Zusammenhang ist angesichts des konkreten Nachweises besonderer Voraussetzungen für eine Erhöhung gemäss Art. 213 abzulehnen (vgl. nunmehr auch DESCHENAUX/STEINAUER/BADDELEY, Rz 1544 mit Anm. 2).

8 Zulässig wiederum ist die ehevertragliche **Ausdehnung des persönlichen und sachlichen Anwendungsbereichs** (BK-HAUSHEER/REUSSER/GEISER, Art. 212/213 N 19).

4. Zuständigkeit

9 Im Streitfall ist in erster Linie das **Gericht** für die güterrechtliche Auseinandersetzung zuständig (Art. 15 Abs. 1 bzw. Art. 18 Abs. 1 GestG), indessen kann es an Entscheidungen der für das bäuerliche Bodenrecht bzw. das Erbrecht zuständigen Behörden gebunden sein (das gilt insb. bez. der Schätzung des Ertragswertes im Rahmen von Art. 87 f. BGBB; vgl. auch BGE 116 II 38 E. 5a; 87 II 74). Streitigkeiten im Zusammenhang mit Art. 212 können sodann vor dem für die Erbteilung zuständigen Gericht ausgetragen werden.

II. Der Ertragswert und seine Voraussetzungen im Einzelnen

1. Ertragswert

10 Er wird in **Art. 10 BGBB** gesetzlich umschrieben und betrifft das landwirtschaftliche Gewerbe (Art. 7 BGBB) als solches, während für das Betriebsinventar der Nutzwert i.S.v. von Art. 17 Abs. 2 BGBB (= aArt. 620bis ZGB: diesbezüglich im Zusammenhang mit Art. 212 **a.M.** KELLER, 5) gemeint ist.

2. Landwirtschaftliches Gewerbe

11 Art. 212 hat sich – für den überlebenden Ehegatten oder einen Nachkommen als Übernehmer – an aArt. 620 ZGB orientiert und dabei auf das Erfordernis der ausreichenden

landwirtschaftlichen Existenz verzichtet. Infolge des Inkrafttretens des BGBB, welches für den Landwirtschaftsbereich die Art. 617 ff. ZGB abgelöst hat, ist auf die Umschreibung des landwirtschaftlichen Gewerbes in Art. 7 BGBB abzustellen. Vom sachlich beschränkteren Anwendungsbereich des BGBB her betrachtet sollte **Art. 7 BGBB** auch für den weiterbewirtschaftenden Eigentümer massgebend sein (BK-HAUSHEER/REUSSER/ GEISER, Art. 212/213 N 23; ebenso KELLER, 24 Anm. 67).

Nach wie vor von Bedeutung ist, dass der landwirtschaftliche Charakter noch **während** **längerer Dauer** erhalten bleiben wird, wofür die raumplanerische Zonenzuordnung ein wesentliches Indiz darstellt (BGE 113 II 484; 116 II 38 E. 5a; vgl. auch KELLER, 30). Die Zuweisung eines notwendigen Wohn- und Ökonomiegebäudes, nicht aber weiterer landwirtschaftlich genutzter Grundstücke, zum Baugebiet schliesst die Anwendung des Ertragswertprinzips nicht aus (bisher u.a. BGE 116 II 38 E. 5a, und jetzt ausdrücklich BGBB Art. 2 Abs. 2 Bst. a und Art. 7; die erstere Gesetzesbestimmung umschreibt den allgemeinen und damit insb. auch den örtlichen Geltungsbereich, die letztere definiert das landwirtschaftliche Gewerbe. Fehlt es an einem solchen, kann zwar das BGBB gleichwohl Anwendung finden, indessen entfällt die Anwendung von Art. 212; vgl. vorn N 5). **12**

3. Selbst- bzw. Weiterbewirtschaftung

Dazu findet sich nunmehr in **Art. 9 Abs. 1 BGBB** eine Legaldefinition: «Selbstbewirtschafter ist, wer den landwirtschaftlichen Boden selber bearbeitet und das landwirtschaftliche Gewerbe selber leitet.» Dabei wird die Eignung aufgrund der bisherigen Tätigkeit als gegeben angenommen. **13**

Wird die **Selbstbewirtschaftung** zufolge der Auflösung des Güterstandes **aufgegeben,** sollte der Übernahme des landwirtschaftlichen Gewerbes durch einen geeigneten Nachkommen – analog zum erbrechtlichen Zuweisungsanspruch – aufgrund von Art. 212 nichts entgegenstehen (BK-HAUSHEER/REUSSER/GEISER, Art. 212/213 N 31). **14**

4. Der Zuweisungsanspruch zur Selbstbewirtschaftung

Art. 11 und 17 Abs. 1 BGBB räumen nur noch den **Selbstbewirtschaftern** das Privileg der Übernahme zum Ertragswert ein, so dass auch der überlebende Ehegatte oder ein Nachkomme im Rahmen von Art. 212 dieses Erfordernis erfüllen muss. **15**

III. Mehrwertanteil und Beteiligungsforderung des andern Ehegatten

Art. 212 ändert nur den **Bewertungsmassstab** vom Verkehrs- zum Ertragswert für einen Vermögenswert in der Errungenschaft, die Grundlagen des Mehrwertanteils (vgl. Art. 206 N 2 ff.) bzw. der Mehr- und Minderwertbeteiligung (s. Art. 209 N 19 ff.) einerseits und der Beteiligungsforderung (dazu Art. 215 N 11) des andern Ehegatten anderseits bleiben davon unberührt. **16**

Zu bewerten ist das **landwirtschaftliche Gewerbe als Ganzes,** es sei denn, der Beitrag des berechtigten Ehegatten nach Art. 206 habe sich auf die Fahrhabe beschränkt. **17**

IV. Der Mehrwertanteil und die Beteiligungsforderung des privilegierten **Ehegatten**

Macht derjenige Ehegatte, der sich auf das Ertragswertprinzip berufen hat, oder machen seine Erben, von denen einer aus dem Ertragswertprinzip Nutzen gezogen hat, ihrerseits **18**

Mehrwertanteile und/oder eine Beteiligungsforderung geltend, können diese Ansprüche nur in dem Ausmass durchgesetzt werden, als sie auch noch bestehen, wenn für das landwirtschaftliche Gewerbe, das zum Ertragswert bewertet worden ist, der Verkehrswert eingesetzt wird. Es ist somit eine **Vergleichsrechnung,** einmal aufgrund des Ertragswerts und einmal gestützt auf den Verkehrswert berechnet, vorzunehmen.

Beispiel 1:

Landwirt X hat vor zehn Jahren den von ihm bis anhin als Pächter bewirtschafteten Bauernhof im Voralpengebiet zum damaligen Verkehrswert von Fr. 500 000.– erworben (Ertragswert: Fr. 300 000.–). Die Finanzierung erfolgte durch eine Zahlung aus der Errungenschaft des X von Fr. 200 000.–, einen Zuschuss aus dem Eigengut von Frau X von Fr. 100 000.– sowie unter Eingehung von grundpfandgesicherten Schuldverpflichtungen im Umfang von Fr. 200 000.–.

Die Ehegatten X lassen sich scheiden. Frau X hat während der gesamten Ehedauer teilzeitlich als Lehrerin gearbeitet und aus ihrem Einkommen Ersparnisse in Höhe von Fr. 100 000.– gebildet. Die Errungenschaft von Herr X besteht aus dem Hof mit einem Ertragswert von Fr. 400 000.– und einem Verkehrswert von Fr. 800 000.– sowie aus weiteren Gegenständen im Gesamtwert von Fr. 15 000.–. Die Ansprüche von Frau X in der güterrechtlichen Auseinandersetzung bemessen sich wie folgt:

1. Ersatzforderung für Eigengut: Fr. 120 000.–

(Investition + Mehrwertanteil von $^1/_5$ gemessen an der Steigerung des Ertragswertes auf Fr. 400 000.–)

2. Vorschlagsanteil

a) An ihrem eigenen Vorschlag ist Frau X grundsätzlich zur Hälfte, d.h. mit Fr. 50 000.– beteiligt.

b) Am Vorschlag des Ehemannes würden ihr zustehen:

bei Bewertung des Heimwesens zum Ertragswert: Fr. 47 500.–

Aktiven = Fr. 415 000.–, Passiven = Fr. 320 000.– (Hypotheken + Ersatzforderung EG Frau X); Saldo = Fr. 95 000.–, davon $^1/_2$. Nach dieser Vorschlagsberechnung würde Frau X Herrn X Fr. 2500.– (Differenz der Vorschlagshälften) schulden.

bei Bewertung des Heimwesens zum Verkehrswert: Fr. 247 500.–

Aktiven Fr. 815 000.– (Hof Fr. 800 000.–, weiteres Vermögen Fr. 15 000.–), Passiven wie oben, Saldo Fr. 495 000.–, davon $^1/_2$. Herr X müsste Frau X somit Fr. 197 500.– ausbezahlen (= Differenz der Vorschlagshälften).

c) Ergebnis gemäss Art. 212 Abs. 2 ZGB

Frau X kann ihren gesamten Vorschlag für sich behalten, jedoch neben der Ersatzforderung für Eigengut keine weiteren güterrechtlichen Ansprüche gegen ihren Ehemann geltend machen.

V. Sinngemässe Anwendung von Erbrecht für Bewertung und Gewinnbeteiligung

1. Berechnung des Ertrags- und Nutzungswertes

a) Ertragswert

Mit dem Verweis auf die erbrechtlichen Bewertungsvorschriften waren aArt. 620 Abs. 3 **19** und 620bis ZGB gemeint, die jetzt von **Art. 10 und 15 BGBB** abgelöst worden sind.

Nach Art. 10 BGBB entspricht der **Ertragswert** «dem Kapital, das mit dem Ertrag eines **20** landwirtschaftlichen Gewerbes […] bei landesüblicher Bewirtschaftung zum durch-schnittlichen Zinssatz für erste Hypotheken verzinst werden kann. Für die Feststellung des Ertrags und des Zinssatzes ist auf das Mittel mehrerer Jahre (Bemessungsperiode) abzustellen». Einzelheiten werden in einer besonderen VO des Bundesrates (VBB) ge-regelt.

b) Nutzungswert

Beim Nutzwert von **Fahrhabe** ist für Vieh der Mittelwert von Verkehrs- und Schlacht- **21** wert einzusetzen. Maschinen und Gerätschaften sind angemessen abzuschreiben und bei Vorräten ist der Marktpreis zu mässigen.

2. Die güterrechtliche Gewinnbeteiligung

a) Ausgangspunkt

Art. 212 Abs. 3 erklärt auch **Art. 28 ff. BGBB** als sinngemäss anwendbar. Damit wird **22** eine Gewinnbeteiligung – entsprechend der güterrechtlichen Beteiligungsquote – vorge-sehen für den Fall, dass der durch den Ertragswert privilegierte Eigentümer bzw. Über-nehmer das landwirtschaftliche Gewerbe nachträglich zum Verkehrswert bzw. zu einem höheren Preis als dem Anrechnungswert in der güterrechtlichen Auseinandersetzung ver-äussert. Sie kann auch geltend gemacht werden, wenn Letzterer aufgrund von Art. 213 über den Ertragswert hinaus angehoben worden ist.

b) Veräusserung

Nach **Art. 29 Abs. 1 BGBB** gilt als Veräusserung jeder Verkauf und jedes andere **23** Rechtsgeschäft, das einem Verkauf gleichkommt, sodann die Enteignung, der Übergang zu einer nichtlandwirtschaftlichen Nutzung und nunmehr der blosse Einbezug in eine Bauzone (Bst. c). Teilveräusserungen reichen aus, um den Gewinnbeteiligungsanspruch entstehen zu lassen.

Anders verhält es sich bei der **Schenkung,** beim **Erbfall** und – grundsätzlich – bei der **24** **Ersatzanschaffung** (BK-Hausheer/Reusser/Geiser, Art. 212/213 N 52 f.; teilweise **a.M.** Keller, 96 f.).

c) Berechnung

Gewinn ist jede Differenz zwischen dem Veräusserungserlös und dem ursprünglichen **25** Anrechnungs- bzw. Übernahmewert unter Abzug wertschöpfender Aufwendungen. Abzuziehen sind sodann 2% des Gewinnes pro Jahr Besitzdauer.

Dieser Gewinn ist – im Rahmen einer neuen, vollständigen güterrechtlichen Auseinan- **26** dersetzung – im Verhältnis der ursprünglichen güterrechtlichen bzw. anschliessenden erbrechtlichen Auseinandersetzung **aufzuteilen.**

Beispiel 2:

Zwei Jahre nach der Scheidung verkauft Landwirt X sein Heimwesen zum (den aktuellen Ertragswert von Fr. 400 000.– übersteigenden) Preis von Fr. 600 000.– an Y. Sein Gewinn beträgt netto Fr. 192 000.– (= 96% von Fr. 200 000.–). Für Frau X ergeben sich die folgenden Ansprüche:

1. Ersatzforderung für Eigengut: + Fr. 38 400.– (zusätzlicher Mehrwertanteil von ⅕ am Gewinn)

2. Aus neu berechneter Beteiligung am Vorschlag: Fr. 78 300.–

Aktiven = Fr. 615 000.– (Verkaufserlös Fr. 600 000.– + 15 000.– weiteres Vermögen), Passiven = Fr. 358 400.– (Hypotheken + Ersatzforderung EG Frau X), Saldo = Fr. 256 600.–, davon ½ = Fr. 128 300.–, abzüglich Vorschlagshälfte Frau X von Fr. 50 000.–.

d) Durchsetzung

27 Der Anspruch ist auf **25 Jahre** – ab Eigentumsübernahme oder Auflösung des Güterstandes und bis zur öffentlichen Beurkundung des Veräusserungsgeschäfts bzw. bis zum auslösenden Ereignis für den Gewinnanspruch nach Art. 29 BGBB – beschränkt.

28 Der Gewinnbeteiligungsanspruch ist als gesetzliche Forderung **aktiv und passiv vererblich** (s. dazu BGE 113 II 130; jetzt kodifiziert in Art. 28 Abs. 2 BGBB). Jeder Miterbe kann seinen Anspruch selbständig geltend machen. Er kann durch die vorläufige Eintragung eines Pfandrechts im Grundbuch ohne die Mitwirkung des Eigentümers gesichert werden (Art. 34 BGBB i.V.m. Art. 961 ZGB: Vormerkung).

29 Zur allfälligen Überlagerung von güterrechtlichen und erbrechtlichen Gewinnbeteiligungsansprüchen s. BK-HAUSHEER/REUSSER/GEISER, Art. 212/213 N 62.

Art. 213

b. Besondere Umstände

¹ Der Anrechnungswert kann angemessen erhöht werden, wenn besondere Umstände es rechtfertigen.

² Als besondere Umstände gelten insbesondere die Unterhaltsbedürfnisse des überlebenden Ehegatten, der Ankaufspreis des landwirtschaftlichen Gewerbes einschliesslich der Investitionen oder die Vermögensverhältnisse des Ehegatten, dem das landwirtschaftliche Gewerbe gehört.

b. Circonstances particulières

¹ La valeur d'attribution peut être équitablement augmentée en raison de circonstances particulières.

² Ces circonstances sont notamment les besoins d'entretien du conjoint survivant, le prix d'acquisition de l'entreprise agricole, y compris les investissements, ou la situation financière de l'époux auquel elle appartient.

b. Circostanze speciali

¹ Il valore d'imputazione può essere adeguatamente aumentato se circostanze speciali lo giustificano.

² Sono circostanze speciali segnatamente i bisogni di sostentamento del coniuge superstite, il prezzo d'acquisto dell'azienda agricola, con gli investimenti, e la situazione finanziaria del coniuge cui appartiene l'azienda agricola.

I. Allgemeines

1. Normzweck

Bei Art. 213 geht es um eine **Härteklausel** zu Art. 212. Mit ihr soll das Opfer des von Art. 212 betroffenen Ehegatten – in Anlehnung an aArt. 12 Abs. 3 EGG – in angemessenen Grenzen gehalten werden. **1**

2. Berechtigung

Anspruchsberechtigt ist der Ehepartner desjenigen Ehegatten oder Eigentümernachkommen, der das landwirtschaftliche Gewerbe zum Ertragswert übernommen hat. Nur ganz ausnahmsweise wird in der Lehre auch den Erben (des Hofeigentümers) die Berufung auf Art. 213 zugestanden (BK-HAUSHEER/REUSSER/GEISER, Art. 212/213 N 72). **2**

3. Durchsetzung

Eine Erhöhung ist bis zum rechtskräftigen Abschluss der güterrechtlichen Auseinandersetzung zu verlangen. **3**

Die **gerichtliche Zuständigkeit** stimmt mit jener für Art. 212 überein. **4**

II. Besondere Umstände

1. Im Allgemeinen

Art. 213 verweist die Beteiligten bzw. das Gericht auf die Billigkeit i.S.v. **Art. 4.** Welche Umstände als besondere zu würdigen sind, hält Abs. 2 – allerdings nicht abschliessend – fest. Sie können zwar sowohl in der Person des anspruchsberechtigten Ehegatten begründet sein als auch beim Eigentümer des landwirtschaftlichen Gewerbes (sei es der Ehegatte oder ein Nachkomme) liegen; indessen geht es in erster Linie um ein «erträgliches Opfer» für den Ehegatten, der sich den Ertragswert entgegenhalten lassen muss. **5**

2. Im Besonderen

Von besonderer Bedeutung sind: **6**

– Die **Unterhaltsbedürfnisse** des überlebenden (im Gesetz allein erwähnt), aber auch des geschiedenen Ehegatten. Eine hinreichende Existenzsicherung – im Rahmen der bisherigen Lebenshaltung – desjenigen, der im landwirtschaftlichen Gewerbe mitgearbeitet hat, soll nicht der Existenzsicherung des Nachfolgers auf dem Hof hintangestellt werden.

– Der **Erwerbspreis für das landwirtschaftliche Gewerbe,** sei es ein Kaufpreis oder ein Anrechnungswert verbunden mit Ausgleichszahlungen an Dritte, wenn dabei der Verkehrs- und nicht der Ertragswert i.S.v. Art. 212 massgebend war. Hinzu kommen allfällige **Investitionen,** Letztere allenfalls auch in ein landwirtschaftliches Gewerbe im Eigengut. Beide Sachlagen sind – aufgrund der Materialien (Prot. Kommission NR, 1042) – als besondere Umstände zu berücksichtigen, sofern die entsprechenden Mittel der Errungenschaft entnommen worden sind. Unter diesen Umständen führt nämlich die Anrechnung zum Ertragswert regelmässig zu einer wesentlichen Minderung der Errungenschaft, weil mehr geleistet werden musste als der Ertragswert ausmacht. **7**

– Die **Vermögensverhältnisse** des Eigentümerehegatten bzw. dessen Nachfolger-Nachkommen. Sind hier hinreichende zusätzliche Mittel zur Fortführung des landwirt- **8** schaftlichen Gewerbes vorhanden, soll die Eigenleistung dem «Opfer» des Ehepartners vorgehen.

III. Erhöhung des Anrechnungswertes

1. Begriff

9 Unter **Anrechnungswert** ist jener Geldbetrag zu verstehen, mit dem das landwirtschaftliche Gewerbe unter Berücksichtigung des Ertragswertes in die güterrechtliche Auseinandersetzung an sich einzusetzen wäre.

2. Erhöhungsausschluss

10 Der Anrechnungswert kann aufgrund von besonderen Umständen angemessen erhöht werden, wenn er nicht schon im Rahmen von **Art. 212 Abs. 2** eine Erhöhung erfahren hat (BK-HAUSHEER/REUSSER/GEISER, Art. 212/213 N 68).

3. Mass der Erhöhung

11 Die **angemessene Erhöhung** beurteilt sich aufgrund der konkreten Umstände, insb. mit Rücksicht auf die bestehenden finanziellen Verhältnisse. Oberste Grenze ist grundsätzlich der Verkehrswert, aber auch eine Verschuldung über die Belastungsgrenze gemäss Art. 73 Abs. 1 BGBB hinaus sollte soweit als möglich vermieden werden (AmtlBull NR 1983, 670). Eine allfällige Stundung gestützt auf Art. 218 zugunsten des Eigentümers des landwirtschaftlichen Gewerbes kann für die Festlegung des Anrechnungswertes von Bedeutung sein.

Art. 214

3. Massgebender Zeitpunkt	**¹ Massgebend für den Wert der bei der Auflösung des Güterstandes vorhandenen Errungenschaft ist der Zeitpunkt der Auseinandersetzung.**
	² Für Vermögenswerte, die zur Errungenschaft hinzugerechnet werden, ist der Zeitpunkt massgebend, in dem sie veräussert worden sind.
3. Moment de l'estimation	¹ Les acquêts existant à la dissolution sont estimés à leur valeur à l'époque de la liquidation.
	² Les biens sujets à réunion sont estimés à leur valeur au jour de leur aliénation.
3. Momento determinante	¹ Per il valore degli acquisti esistenti allo scioglimento del regime dei beni, è determinante il momento della liquidazione.
	² Per i beni reintegrati negli acquisti, è determinante il momento in cui furono alienati.

Literatur

HAUSHEER, Der neue ordentliche Güterstand der Errungenschaftsbeteiligung, in: Vom alten zum neuen Eherecht, Bern 1986, 55 ff. (zit. HAUSHEER, Der neue ordentliche Güterstand); vgl. auch die Literaturhinweise vor Art. 181.

I. Allgemeines

1. Bedeutung von Art. 214

Für die Zusammensetzung der Errungenschaft ist die Auflösung des Güterstandes ent- **1** scheidend. Ihr Wert bestimmt sich hingegen im Zeitpunkt der Auseinandersetzung. **Bis** zum **Abschluss der güterrechtlichen Auseinandersetzung** kann – u.a. im Falle der Kampfscheidung – viel Zeit verstreichen. Inzwischen können die einzelnen Vermögens-gegenstände (z.B. börsenkotierte Aktien) starken **Wertschwankungen** unterworfen sein. Daran sollen die Ehegatten (analog zur Erbengemeinschaft, die sich häufig an die güter-rechtliche Auseinandersetzung anschliesst) im Positiven wie im Negativen noch Anteil haben (BGE 121 III 154 ff.).

Eine **Ausnahme** macht das Gesetz in Abs. 2 für nicht mehr vorhandene, aber nach **2** Art. 208 hinzuzurechnende Errungenschaft. Massgebend ist hier der Wert im Entäusse-rungszeitpunkt.

2. Anwendungsbereich

Art. 214 beschränkt sich auf die in die güterrechtliche Auseinandersetzung einzubeziehen- **3** den **Vermögenswerte der Errungenschaft,** welche umfangmässig durch Art. 207 Abs. 1 festgeschrieben werden. Bewertet wird nicht die Errungenschaft als Vermögensmasse, sondern der **einzelne Vermögenswert**, wobei dieser ausnahmsweise aus mehreren Vermö-gens*gegenständen* bestehen kann (z.B. kaufmännisches Gewerbe; BGer 5C.201/2005).

Für **Eigengut** ist eine Bewertung nur im Zusammenhang mit Mehrwertanteilen nach **4** Art. 206 und der Mehr- und Minderwertbeteiligung gemäss Art. 209 Abs. 3 erforderlich. Sie findet in diesen Gesetzesbestimmungen – auch bez. des massgeblichen Zeitpunkts – eine eigene Regelung.

Werden nach Auflösung des Güterstandes Errungenschaftswerte gegen Entgelt veräussert, **5** tritt grundsätzlich der **Veräusserungserlös** an die Stelle der Bewertung. Das gilt auch für den Fall, dass ein Vermögenswert durch einen andern ersetzt wird. Ersatzanschaffungen i.S.v. Art. 197 Abs. 2 Ziff. 5 gibt es nach Auflösung des Güterstandes keine mehr (HAUS-HEER, Der neue ordentliche Güterstand, 71 f.; zustimmend STETTLER/WAELTI, Rz 412).

Werden **nach Auflösung** der Errungenschaftsbeteiligung Errungenschaftswerte verschenkt **6** oder verbraucht, ist in Anlehnung an Abs. 2 der Schenkungszeitpunkt oder jener des Ver-brauchs massgebend (BK-HAUSHEER/REUSSER/GEISER, N 9 m.w.H.). Das gilt allerdings nur unter dem Vorbehalt, dass der Untergang oder der Verbrauch nicht – ausnahmsweise – den Bestand der Errungenschaft i.S.v. Art. 207 Abs. 1 mindert (s. N 10 dazu).

3. Zwingendes Recht

Wie die Bewertungsvorschriften in Art. 211 ff. ist Art. 214 insofern zwingendes Recht, **7** als Pflichtteile i.S.v. **Art. 216 Abs. 2** in Frage stehen. Abgesehen davon können sich die Ehegatten über die Bewertung der Vermögensgegenstände in der güterrechtlichen Aus-einandersetzung nach Belieben einigen.

Über **Streitigkeiten** entscheidet das Gericht, das gemäss **Art. 15 Abs. 1 bzw. Art. 18** **8** **Abs. 1 GestG** für die güterrechtliche Auseinandersetzung zuständig ist.

II. Der Zeitpunkt der güterrechtlichen Auseinandersetzung

Massgebend ist die Einigung unter den Ehegatten bzw. zwischen dem verbleibenden **9** Ehegatten und den Erben des andern über den – was die Bewertung des zu teilenden Vermögens betrifft – **verbindlichen Abschluss des Verfahrens** nach Art. 205 ff. Ist Letzteres streitig, kommt es (wie bei der Erbteilung) auf den Tag des gerichtlichen Urteils an (BGE 121 III 154). Entsprechend hat das Gericht Bewertungen im Laufe des Verfahrens prospektiv vorzunehmen oder die Vermögensgegenstände je nach Umständen nachschätzen zu lassen.

III. Massgebender Zeitpunkt für die Hinzurechnung

10   Ausschlaggebend ist der Tag der **Vermögensentäusserung.** Ist allerdings Geld einem Dritten unentgeltlich zugewendet worden, bedarf es keiner Bewertung. Eine Vermögensentäusserung kann auch in einem Verbrauch mit Schmälerungsabsicht liegen. Hier ist auf den Verbrauch abzustellen. Beim Schenkungsversprechen ist – in Übereinstimmung mit der Berechnung der Fünfjahresfrist nach Art. 208 Abs. 1 Ziff. 1 – der Vollzug massgebend (dazu Art. 208 N 18).

Art. 215

V. Beteiligung am Vorschlag	**[1] Jedem Ehegatten oder seinen Erben steht die Hälfte des Vorschlages des andern zu.**
1. Nach Gesetz	**[2] Die Forderungen werden verrechnet.**
V. Participation au bénéfice	[1] Chaque époux ou sa succession a droit à la moitié du bénéfice de l'autre.
1. Légale	[2] Les créances sont compensées.
V. Partecipazione all'aumento	[1] A ciascun coniuge od ai suoi eredi spetta la metà dell'aumento conseguito dall'altro.
1. Per legge	[2] I crediti sono compensati.

Literatur

HAUSHEER, Grundeigentum und Ehescheidung aus zivilrechtlicher Sicht, ZBGR 65 (1984), 265 ff. (zit. HAUSHEER, ZBGR 1984); HUWILER, Beiträge zur Dogmatik des neuen ordentlichen Güterstandes der Errungenschaftsbeteiligung, in: BTJP 1987, Bern 1988, 63 ff.; vgl. auch die Literaturhinweise vor Art. 181.

I. Allgemeines

1. Bedeutung von Art. 215

1   Die gegenseitige Beteiligung der Ehegatten an der **Errungenschaft** beruht auf dem Gedanken, dass dieses Vermögen – und zwar unbesehen der konkreten Arbeitsteilung – **durch beide Ehegatten gemeinsam erwirtschaftet** worden ist, und sei es nur durch sparsames Verhalten des nicht erwerbstätigen Ehegatten.

2. Dispositives Recht

2   Da die schematische hälftige Beteiligung an der Errungenschaft des andern besonderen wirtschaftlichen Verhältnissen nicht ohne weiteres angemessen Rechnung trägt, kann Art. 215 – im Rahmen von Art. 216 Abs. 2 – durch **Ehevertrag** abgeändert werden.

II. Die Vorschlagsbeteiligung

1. Der Vorschlag

Art. 215 befasst sich **nur** mit der **Vorschlagsbeteiligung.** Der Vorschlag selber wird als **3** rechnerisches Ergebnis in Art. 210 i.S. einer Legaldefinition umschrieben (s. N 5 dazu).

Der **Umfang** des **Vorschlages** bestimmt sich aufgrund von Art. 207 Abs. 1 und Art. 204. **4**

2. Die gesetzliche Beteiligung

a) Teilungsschlüssel

Von Gesetzes wegen (zum Vorbehalt des Rechtsmissbrauchs KGer FR in FamPra.ch **5** 2004, 382 ff.) steht jedem Ehegatten am positiven Saldo der Errungenschaft des andern, d.h. nach der Hinzurechnung und der Bereinigung von Ersatzforderungen und Schulden sowie allfälliger Mehr- und Minderwertanteile (dazu Art. 210 N 7 ff.), die **Hälfte als Geldforderung** zu.

b) Berechnung

aa) Nach Art. 215

Im Hinblick auf Art. 210 Abs. 2 geht Art. 215 Abs. 1 von der Berechnung **zweier Vor-** **6** **schlagsforderungen** aus.

bb) Abgekürzte Berechnungen

Eine **vereinfachte Gesamtberechnung** beider Errungenschaften – durch Ausscheiden **7** der beiden Eigengüter – und eine Teilung des Gesamterrungenschaftssaldos (= Nettoge-samterrungenschaft) bzw. der Differenz zwischen den beiden Errungenschaftssaldi kann immer dann Platz greifen, wenn

– **kein Rückschlag** vorliegt und

– die Errungenschaft beider Ehegatten nach dem **gleichen Teilungsschlüssel** (hälftig oder nicht) aufzuteilen ist (z.B. sollen der Ehefrau zwei Drittel beider Errungenschaften zustehen).

Im Falle eines **Rückschlages** ist der Vorschlag des andern Ehegatten allein zu berechnen. **8** Der Rückschlag ist mit Fr. 0.– einzusetzen (dazu Art. 210 N 11).

cc) Verzicht auf Berechnung

Eine güterrechtliche Auseinandersetzung und damit eine Berechnung der Vorschlagsbe- **9** teiligung erübrigt sich – zumindest aus güterrechtlicher Sicht (vorzubehalten bleibt u.U. das Steuerrecht) – ganz, wenn die Ehe durch Tod eines Ehegatten aufgelöst wird und der **andere einziger Erbe** ist (BK-HAUSHEER/REUSSER/GEISER, N 11), oder wenn beide Ehegatten – allenfalls i.S.v. Art. 32 Abs. 2 – **gleichzeitig verstorben** sind, sofern sie die gleichen Erben hinterlassen.

3. Verrechnung der Vorschlagsforderungen und Beteiligungsforderung

a) Verrechnung und Beteiligungsforderung

Art. 215 Abs. 2 verweist zwar dem Anschein nach auf Art. 120 OR, indessen erfolgt die **10** **Verrechnung** – mit Vorrang gegenüber andern Gegenforderungen und Forderungen von Drittgläubigern – **von Gesetzes wegen.** Es handelt sich somit um eine Verrechnung besonderer Art.

11 Die Verrechnung führt zur (in Geld ausgedrückten, d.h. schuldrechtlichen) **Beteiligungs-forderung** eines Ehegatten gegen den andern. Sie entspricht – unter Vorbehalt eines andern ehevertraglichen Teilungsschlüssels – der Hälfte der Differenz zwischen dem grösseren und kleineren (positiven) Errungenschaftssaldo.

Beispiel:

Der Vorschlag des Ehemannes beträgt Fr. 45 000.– derjenige der Ehefrau Fr. 55 000.–. Die Beteiligungsforderung des Ehemannes gegen die Ehefrau macht Fr. 5000.– aus.

b) Fälligkeit

12 Nach der nunmehr überwiegenden Lehre (HEGNAUER/BREITSCHMID, Rz 26.83; DESCHE-NAUX/STEINAUER/BADDELEY, Rz 1488, sowie mit eingehender Begründung BK-HAUSHEER/REUSSER/GEISER, N 19) lässt Art. 215 die Fälligkeit der Beteiligungsforderung und allfälliger Mehrwertanteile zugunsten des Eigengutes mit der **Verzinsungs-pflicht** nach Art. 218 Abs. 2, d.h. mit dem verbindlichen Abschluss der güterrechtlichen Auseinandersetzung zusammenfallen (vgl. nunmehr BGE 127 V 248, E. 4c; **a.M.** noch gestützt auf die Praxis zum Güterverbindungsrecht, zuletzt BGE 116 II 235 ff. E. 5, HUWILER, 109 f., NÄF-HOFMANN, Rz 1152 f.). Massgebend ist somit der (schriftliche) Teilungsvertrag oder die Realteilung durch Tilgung der Beteiligungsforderung (s.a. Art. 214 N 9). Das gilt auch für den Fall, dass die güterrechtliche Auseinandersetzung zwischen dem überlebenden Ehegatten und den Erben des andern stattfindet.

c) Tilgung

13 Die Beteiligungsforderung kann gegen den Willen des Gläubigers nicht durch **Sachleis-tungen** getilgt werden (BGE 100 II 71; HAUSHEER, ZBGR 1984, 272). Der Gläubiger kann sich umgekehrt gegenüber den Erben des Erstverstorbenen auf Art. 219 berufen. Einer Einigung unter den Ehegatten über Sachwerte steht nichts entgegen; sie ist in den dafür vorgeschriebenen gesetzlichen Formen zu vollziehen. Auch eine entsprechende ehevertragliche Einigung zum Voraus wird als zulässig erachtet (BK-HAUSHEER/REUSSER/GEISER, N 25; zustimmend HEGNAUER/BREITSCHMID, Rz 26.78; eingehend zu den verschiedenen Gestaltungsmöglichkeiten AEBI-MÜLLER, Rz 06.107 ff.).

d) Vorzeitige Erfüllung

14 Die Beteiligungsforderung kann schon während des Güterstandes **antizipiert** werden. Sie ist im Rahmen der güterrechtlichen Auseinandersetzung auch im Falle des Verbrauchs bei der Errungenschaft des Entäusserers zu berücksichtigen, nachdem die Zuwendung nicht schenkungshalber erfolgt ist. Drittgläubiger bleiben nach Art. 193 geschützt.

e) Verjährung

15 Die Beteiligungsforderung verjährt nach **zehn Jahren** (Art. 127 OR) ab Fälligkeit (vorn N 12).

f) Zuständigkeit des Gerichts

16 Streitigkeiten hat regelmässig das nach **Art. 15 Abs. 1 bzw. Art. 18 Abs. 1 GestG** zuständige Gericht zu entscheiden.

Art. 216

2. Nach Vertrag **a. Im** **Allgemeinen**	[1] **Durch Ehevertrag kann eine andere Beteiligung am Vorschlag vereinbart werden.** [2] **Solche Vereinbarungen dürfen die Pflichtteilsansprüche der nichtgemeinsamen Kinder und deren Nachkommen nicht beeinträchtigen.**
2. Conventionnelle a. En général	[1] Par contrat de mariage, les époux peuvent convenir d'une autre participation au bénéfice. [2] Ces conventions ne peuvent porter atteinte à la réserve des enfants non communs et de leurs descendants.
2. Per convenzione a. In genere	[1] Per convenzione matrimoniale può essere stabilita una diversa partecipazione all'aumento. [2] Tali convenzioni non devono pregiudicare i diritti alla legittima dei figli non comuni e dei loro discendenti.

Literatur

AEBI-MÜLLER, Zum Stand der Diskussion über Fragen im Grenzbereich zwischen Güter- und Erbrecht, ZBJV 134 (1998), 421 ff.; DIES., Die optimale Begünstigung des überlebenden Ehegatten, ASR Bd. 641, Bern 2000 (zit. nach Rz); BRÄNDLI, Vorschlagszuweisung an den vorversterbenden Ehegatten und die Frage der erbrechtlichen Herabsetzung, AJP 2003, 33f ff.; GUINAND/STETTLER/LEUBA, Droit des successions (art. 457–640 CC), 6. Aufl., Genf 2005; HAUSHEER, Grenzfragen des Erbrechts und ihre Reflexwirkung auf das Grundbuch, ZBGR 52 (1971), 262 ff. (zit. HAUSHEER, ZBGR 1971); DERS., Die Abgrenzung der Verfügungen von Todes wegen von den Verfügungen unter Lebenden, in: BREITSCHMID (Hrsg.), Testament und Erbvertrag, Bern 1991, 79 ff. (zit. HAUSHEER, Abgrenzung); HUWILER, Beiträge zur Dogmatik des neuen ordentlichen Güterstandes der Errungenschaftsbeteiligung, in: BTJP 1987, Bern 1988, 63 ff.; JENE-BOLLAG, Errungenschaftsbeteiligung und Ehevertrag, in: Eherecht in der praktischen Auswirkung, Zürich 1991, 37 ff.; PIOTET, Réserves et réductions en cas de contrat de mariage sur la liquidation du régime matrimonial, SJZ 86 (1990), 37 ff. (zit. PIOTET, SJZ 1990); STEINAUER, Le calcul des réserves héréditaires et de la quotité disponible en cas de répartition conventionnelle du bénéfice dans la participation aux acquêts (art. 216 al. 2 CC), in: FS Engel, Lausanne 1989, 403 ff. (zit. STEINAUER, FS Engel); WILDISEN, Das Erbrecht des überlebenden Ehegatten, AISUF 167, Freiburg i.Ü. 1997; WISSMANN, Das neue Ehegüterrecht; Vom altrechtlichen zum neurechtlichen Ehevertrag, ZBGR 67 (1986), 321 ff.; WOLF, Vorschlags- und Gesamtgutszuweisung an den überlebenden Ehegatten: mit Berücksichtigung der grundbuchlichen Auswirkungen, ASR Bd. 584, Bern 1996; vgl. auch die Literaturhinweise vor Art. 181.

I. Allgemeines

1. Bedeutung von Art. 216

Art. 216 **erklärt** die Vorschlagsbeteiligung nach **Art. 215 zu weitgehend dispositivem Recht.** Ehevertraglich haben die Ehegatten die Möglichkeit, die Errungenschaft beider Partner nach ihren Bedürfnissen und Wünschen aufzuteilen.   1

Diese ehevertraglich gewillkürte Aufteilung kann insb. auch die Stellung des überlebenden Ehegatten (und zwar gerade in dieser Eigenschaft als überlebender Partner) verbessern. Unter dem Vorbehalt der Pflichtteile von nichtgemeinsamen Kindern und deren Nachkommen lässt Art. 216 ein **Sondererbrecht** zu (dazu allgemein HAUSHEER, ZBGR 1971). Auch abgesehen vom Pflichtteilsschutz der nichtgemeinsamen Nachkommen nach   2

Abs. 2 ist freilich zu bedenken, dass die ehevertragliche Vorschlagszuweisung der **erbrechtlichen Herabsetzung** unterliegen kann. In BGE 128 III 317 (betr. Vorschlagszuweisung an den vorversterbenden Ehegatten) wurde eine Umgehungsabsicht i.S.v. Art. 527 Ziff. 4 bejaht für den Fall, dass der spätere Erblasser und Ehegatte im Zeitpunkt des Ehevertrages bereits pflichtteilsberechtigte Nachkommen hat und «deren Benachteiligung für möglich halten muss». Dieser Rechtsprechung ist bei der Ausgestaltung von Erbverträgen besondere Beachtung zu schenken.

2. Anwendungsbereich

3   Art. 216 gilt für die **ehevertragliche Einigung** der Ehegatten oder Brautleute, Vereinbarungen nach Auflösung des Güterstandes werden davon nicht erfasst.

4   Die ehevertragliche Vereinbarung gilt für den Fall der Scheidung, Trennung, Ungültigerklärung der Ehe oder der gerichtlichen Anordnung der Gütertrennung nur, sofern dies der Ehevertrag ausdrücklich vorsieht (**Art. 217**).

5   Aus Art. 216 i.V.m. Art. 210 Abs. 2 ergibt sich ein Verbot, sich ehevertraglich am **Rückschlag** eines Ehegatten zu beteiligen.

6   Zur – grundsätzlich zu bejahenden – **Konversion** von erbvertraglichen Begünstigungen des überlebenden Ehegatten in ehevertragliche nach Art. 216 Abs. 1 s. BK-HAUSHEER/REUSSER/GEISER (Art. 216 N 57).

7   Der **Schutz der Gläubiger** desjenigen Ehegatten, der den andern im Rahmen von Art. 216 begünstigt, erfolgt durch Art. 193.

3. Dispositives und zwingendes Recht

8   **Art. 216 Abs. 2** ist von seinem Zweck her **zwingendes** Recht, das die Ehevertragsfreiheit aufgrund von Abs. 1 einschränkt.

4. Willensmängel und Widerruf

9   Eine ehevertragliche Begünstigung steht – im Gegensatz zum gesetzlichen Vorschlagsbeteiligungsanspruch – unter dem Vorbehalt von **Art. 23 ff. und Art. 250 OR**. Soweit sie materiell eine Schenkung von Todes wegen bedeutet (BGE 102 II 313 ff. bestätigt in BGE 116 II 243 ff. m.w.H.; vgl. auch BGE 113 II 270 ff.), sind auch **Art. 540 f. ZGB** zu beachten. Schliesslich kann – mit der angesichts der ausdrücklichen gesetzlichen Regelung in Art. 216 Abs. 2 gebotenen Zurückhaltung – die Berufung auf **Art. 2 Abs. 2** der Durchsetzung einer ehevertaglichen Begünstigung entgegenstehen (dazu BGE 112 II 390 ff.; BGE in ZGBR 1991, 275 ff.; vgl. sodann BGE 116 II 243 ff.; AEBI-MÜLLER, ZBJV 1998, 421 ff.). Streitigkeiten entscheidet das nach **Art. 15 Abs. 1 bzw. 18 Abs. 1 GestG** zuständige Gericht.

II. Ehevertragliche Abänderungen des gesetzlichen Teilungsschlüssels

1. Ehevertrag

10   Der Ehevertrag i.S.v. Art. 182 ff. (s. die Komm. dazu) ist die **notwendige, und** – im Hinblick auf materielle Verfügungen von Todes wegen – auch **hinreichende Form** für eine vom Gesetz abweichende Errungenschaftsaufteilung.

11   **Nach Auflösung des Güterstandes** können sich die Ehegatten im Rahmen eines schriftlichen Teilungsvertrages oder auch formlos (Realteilung) auf eine andere Errungenschaftsteilung einigen.

2. Änderung der Vorschlagsbeteiligung

a) Vorschlagsbeteiligung

Gegenstand der ehevertraglichen Vereinbarung ist **nur** die **Aufteilung** der beiden Errun- **12** genschaften, nicht die Umschreibung der Errungenschaft selber während des Güterstandes. Eine solche privatautonome Änderung der Gütermassen mit Massenumteilung lässt das Gesetz für die Errungenschaftsbeteiligung ausschliesslich im Rahmen von Art. 199 zu.

b) Anwendungsbereich und Voraussetzungen der Änderungen

Die Abweichung vom Gesetz kann sich auf **eine Errungenschaft allein** beschränken, **13** was der entsprechenden Klarstellung im Ehevertrag bedarf. Sodann können die ehevertraglichen Änderungen **für die beiden Errungenschaften getrennt und verschieden** vorgenommen werden.

Zulässig ist ein unterschiedlicher Teilungsschlüssel je **nach Auflösungsgrund des Gü- 14 terstandes;** wie sich aus Art. 217 ergibt, kann insb. zwischen der Scheidung einerseits und der Auflösung der Ehe durch Tod eines Ehegatten anderseits unterschieden werden. Aber auch **andere Bedingungen und Auflagen** können mit dem ehevertraglichen Teilungsschlüssel verbunden werden.

Soll bei einer grösstmöglichen Begünstigung des überlebenden Ehegatten zugleich nach **15** Möglichkeit eine vermögensrechtliche Auseinandersetzung mit den Erben des Verstorbenen vermieden werden, sind **güterrechtliche** (dazu hinten N 26) **und/oder erbrechtliche Teilungsanordnungen** vorzusehen.

c) Inhaltliche Gestaltungsmöglichkeiten

Inhaltlich kann die Änderung von Art. 215 Abs. 1 nach folgenden Kriterien vorgenom- **16** men werden (vgl. auch AEBI-MÜLLER, Rz 06.04 ff.):

– Festlegung **abstrakter Wertquoten,** und zwar für die (Netto-)Gesamterrungenschaft **17** oder unterschiedlich für die beiden Errungenschaftssaldi. Eine materielle Begründung kann beigefügt werden, ist aber nicht erforderlich;

– Zuweisung eines **festen** – in Geld ausgedrückten – **Betrages,** und zwar wiederum bez. **18** der (Netto-)Gesamterrungenschaft oder der einen oder andern (Netto-)Errungenschaft; Auslegungsschwierigkeiten können hier allerdings entstehen, wenn dazu die tatsächlich aufzuteilende Errungenschaft nicht ausreicht (BK-HAUSHEER/REUSSER/GEISER, N 15);

– Verbindung einer abstrakten **Wertquote mit einem festen Minimal- oder Maximal- 19 betrag;**

– **einseitiger oder zweiseitiger Verzicht auf eine Vorschlagsbeteiligung;** trotz starker **20** Annäherung an die Gütertrennung bleiben sowohl der Pflichtteilsschutz nach Abs. 2 als auch die Mehrwertbeteiligung nach Art. 206 sowie die Mehr- und Minderwertbeteiligung gemäss Art. 209 Abs. 3 unberührt. Erst wenn auch diese letzteren Besonderheiten der Errungenschaftsbeteiligung ehevertraglich ausgeräumt werden, stellt sich die Frage der Gütertrennung (so jetzt auch NÄF-HOFMANN, Rz 1811);

– **Ausnahme bestimmter Vermögensgegenstände von der Vorschlagsbeteiligung** **21** **dem Werte nach** (so Art. 213 Abs. 2 des bundesrätlichen Gesetzesentwurfes, der durch Art. 199 nicht ausgeschlossen werden sollte: BK-HAUSHEER/REUSSER/GEISER, N 16; zustimmend STETTLER/WAELTI, Rz 433);

22   – **Bestimmung des anrechenbaren Wertes bestimmter Vermögensgegenstände** unter Vorbehalt zwingenden Gesetzesrechts (d.h. neben Abs. 2 insb. Art. 212);

23   – **zeitlich beschränkter Anfall** von Errungenschaft; so kann z.b. ein bestimmter Teilungsschlüssel für die Zeit beidseitiger voller Erwerbstätigkeit gewählt werden und ein anderer nach ganzer oder teilweiser Aufgabe der Erwerbstätigkeit. Ohne ein entsprechendes Inventar nach Art. 195a dürfte eine solche Vereinbarung allerdings kaum durchführbar sein. Zur allfälligen Rückwirkung auf den Eheabschluss s. BGE 100 II 270 ff. und Art. 182 N 19.

3. Insbesondere Rückfallsklauseln

24   Um eine **Resolutivbedingung oder Auflage besonderer Art,** weil nicht mehr die güterrechtliche Auseinandersetzung, sondern den Fortbestand der Errungenschaftsaufteilung nach Auflösung der Ehe betr., handelt es sich bei der ehevertraglichen Klausel, wonach das über den gesetzlichen Anspruch Hinausgehende bei Tod oder Wiederverheiratung des Begünstigten an den andern Ehegatten oder dessen Erben fallen soll. Solche in der Praxis häufig anzutreffende Rückfallsklauseln sind – insb. angesichts der vom Gesetzgeber selber vorgenommenen Wertung in Art. 473 – **grundsätzlich als zulässig** zu bezeichnen (SCHWAGER, Vom alten zum neuen Eherecht, 200; WISSMANN, 333; BK-HAUSHEER/REUSSER/GEISER, N 22; zustimmend AEBI-MÜLLER, Rz 06.144). Fällt (z.B. im Wiederverheiratungsfall) der über Art. 215 hinausgehende Errungenschaftsanteil an die Erben des Erstverstorbenen, gehört der überlebende Ehegatte – unter Vorbehalt eines andern Ehevertrags – auch dazu.

25   Wurde eine **Rückfallsklausel auf den Überrest** vereinbart, ist nur noch das Vermögen herauszugeben, um das der Begünstigte über seinen gesetzlichen Anspruch hinaus bereichert ist.

4. Güterrechtliche Teilungsvorschriften

26   Die Lehre vertritt im Rahmen der Errungenschaftsbeteiligung mehrheitlich die Auffassung, dass sich die Ehegatten ehevertraglich auch dahin einigen können, dass die Beteiligungsforderung durch **bestimmte Sachwerte** zu tilgen ist (SCHWAGER, Vom alten zum neuen Eherecht, 191; HUWILER, 110; BK-HAUSHEER/REUSSER/GEISER, N 26; HEGNAUER/BREITSCHMID, Rz 26.78; NÄF-HOFMANN, 1899 f.; AEBI-MÜLLER, Rz 06.107; mit ausführlicher Begründung sodann WOLF, 52 ff.; **a.M.** WISSMANN, 334).

III. Der Pflichtteilsschutz für nichtgemeinsame Kinder und deren Nachkommen

1. Die Rechtsnatur von Überlebensklauseln

a) Ausgangslage

26a   Besonders beliebt i.S. einer maximalen Begünstigung des überlebenden Ehegatten sind Klauseln, welche die Summe beider Vorschläge der Ehegatten bei Auflösung der Ehe durch Tod dem überlebenden Ehegatten zuweisen. In diesen Sachlagen wird die Frage nach dem Pflichtteilsschutz der Nachkommen besonders aktuell. Auch die umgekehrte Vertragsgestaltung, nämlich die Zuweisung der Vorschläge an den vorversterbenden Ehegatten (und damit an dessen Erben) kann aber Pflichtteile verletzen (BGE 128 III 314; dazu u.a. BRÄNDLI, 335 ff.). Der Verzicht auf den Vorschlagsanteil zugunsten des vorversterbenden Ehegatten ist (mit Blick auf den Erbfall des zweitversterbenden Ehegatten) eine Schenkung unter Lebenden.

b) Überlebensklauseln zugunsten des überlebenden Ehegatten

Angesichts der ebenso heftigen wie weit tragenden Kontroversen um aArt. 214 hat der **27** Reformgesetzgeber den Pflichtteilsschutz im Zusammenhang mit ehevertraglichen Begünstigungen im Falle des Todes des erstversterbenden Ehegatten in Art. 216 Abs. 2 ausdrücklich geregelt. Ausgangspunkt ist dabei die Rechtsprechung in BGE 102 II 313 ff. (Fall Nobel), wonach Überlebensklauseln zugunsten des überlebenden Ehegatten **materiell als Schenkungen von Todes wegen** zu qualifizieren sind (Botschaft Revision Eherecht, Ziff. 222.542.1; PIOTET, SJZ 1990, 37 ff., und DERS., ASR 606, passim; HAUSHEER, Abgrenzung, 94 f.; BK-HAUSHEER/REUSSER/GEISER, N 34 f. m.w.H.; zustimmend STETTLER/WAELTI, Rz 437 ff., sowie AEBI-MÜLLER, Rz 06.23, ebenso WILDISEN, 87 f.; **a.M.** STEINAUER, FS Engel, 411 f., der von einer im Ehegüterrecht besonders geregelten Schenkung unter Lebenden ausgeht, was sich auf die Reihenfolge einer allfälligen Herabsetzung auswirkt und überdies auch ausserhalb des Ehegüterrechts Folgen zeitigt: BGE 113 II 270 ff.; so auch DESCHENAUX/STEINAUER/BADDELEY, Rz 831 Anm. 32, Rz 1462; vgl. ferner WOLF, 104 ff., 150 ff., sowie BK-WEIMAR, Einl. vor Art. 467 N 106 ff.). Sie bedürfen indessen aufgrund von Art. 216 Abs. 1 nicht der erbrechtlichen Form, vielmehr können sie **ehevertraglich vereinbart** werden. Sodann gelten auch die Teilungsvorschriften in Art. 218 und 219 für dieses Sondererbrecht.

c) Überlebensklauseln zugunsten eines bestimmten überlebenden Ehegatten

Hier bleibt danach zu unterscheiden, ob die Begünstigung **28**

– **nur für** den Fall der Auflösung des Güterstandes durch **Tod des andern Ehegatten** gelten oder

– **auch bei** einer **Auflösung zu Lebzeiten der Ehegatten** Bestand haben soll, und zwar, unter der Voraussetzung von Art. 217, für die gerichtliche Auflösung der Ehe oder die Anordnung des ausserordentlichen Güterstandes.

Im ersteren Fall handelt es sich wiederum um eine **Schenkung von Todes wegen.** Im **29** letzteren Fall dagegen um eine Schenkung **unter Lebenden** auf den Zeitpunkt der Güterstandsauflösung (dazu Art. 204 N 5 ff.). Die Herabsetzung kann nur unter den Voraussetzungen von Art. 527 verlangt werden, wobei die Fünfjahresfrist mit der Auflösung des Güterstandes zu laufen beginnt (BGE 113 II 270 ff. e contrario; BK-HAUSHEER/REUSSER/GEISER, N 39; zustimmend STETTLER/WAELTI, Rz 437 ff. m.w.H. zu den unterschiedlichen Lehrmeinungen; **a.M.** PIOTET, SJZ 1990, 39 hinsichtlich der Qualifizierung der einzelnen Auflösungsgründe).

2. Nicht gemeinsame Kinder und deren Nachkommen

a) Kreis der Pflichtteilsgeschützten

Mit der etwas schwerfälligen Ausdrucksweise des Gesetzes werden **auch voreheliche** **30** **Kinder nicht gemeinsamer Kinder** der Ehegatten erfasst.

b) Pflichtteil

Beim **Pflichtteil** handelt es sich um denjenigen **des Erbrechts;** er ist nicht güterrechtli- **31** cher Natur. Seiner Berechnung ist daher u.a. das Eigengut des Verstorbenen und die Hälfte beider Vorschläge einschliesslich der Hinzurechnungen zugrunde zu legen, soweit es sich bei der ehevertraglichen Begünstigung um eine Schenkung von Todes wegen handelt. Im Falle der Schenkung unter Lebenden kann die Frist von Art. 527 Ziff. 3 zu einer anderen Berechnung führen, sofern die Zuwendung nicht unter Ziff. 1 dieser Bestimmung zu subsumieren ist (zum Ganzen AEBI-MÜLLER, Rz 06.30, 06.61 ff., 08.40 ff.).

c) Durchsetzung

32 Die zur Verwirklichung des Pflichtteils erforderliche **Herabsetzungsklage** hat ihre Grundlage in Art. 522 ff.

33 Die **Reihenfolge der Herabsetzung** ergibt sich aus Art. 523, 525 Abs. 1 und 532. Das bedeutet (so BK-HAUSHEER/REUSSER/GEISER, N 48 f.; zustimmend STETTLER/WAELTI, Rz 441 ff., sowie AEBI-MÜLLER, Rz 10.28 ff.) für

34 – **Schenkungen von Todes wegen** eine Gleichstellung des entsprechenden Ehevertrages mit gleichzeitigen Erbverträgen. Vor ihnen sind gesetzliche Erbansprüche und dem Ehe- und Erbvertrag zeitlich nachgehende letztwillige Verfügungen herabzusetzen. Erst nach den ehevertraglichen Schenkungen von Todes wegen und gleichzeitigen Erbverträgen sind Begünstigungen aus Lebensversicherungen und zuletzt weitere unentgeltliche Zuwendungen unter Lebenden herabzusetzen;

35 – **unentgeltliche Zuwendungen unter Lebenden** eine Gleichstellung mit weiteren solchen Zuwendungen. Die ehevertraglichen Begünstigungen sind somit erst in letzter Linie herabzusetzen, wobei es auf den Zeitpunkt der Zuwendung ankommt: Die späteren sind vor den früheren herabzusetzen.

3. Die weiteren pflichtteilsberechtigten Erben

a) Kreis der betroffenen Personen

36 Aus der Beschränkung des (erbrechtlichen) Pflichtteilsschutzes auf nichtgemeinsame Kinder und deren Nachkommen ergibt sich, dass die übrigen Pflichtteilserben nach Erbrecht (d.h. gemäss Art. 471 **gemeinsame Nachkommen und Eltern**) eine Pflichtteilsverletzung nicht geltend machen können, soweit diese auf eine ehegüterrechtliche Begünstigung zurückzuführen ist.

b) Wirkungen des Pflichtteilsschutzes nach Art. 216 Abs. 2

37 Umstritten ist,

– ob das bedeutet, dass für die Pflichtteilsberechnung der weiteren Erben die ehevertragliche Begünstigung ausser Acht bleiben muss, so dass eine **unterschiedliche Pflichtteilsberechnung je nach Pflichtteilserbenkategorie** Platz greift (so STEINAUER, FS Engel, 404 ff.), oder

– ob der **Pflichtteil** für alle Pflichtteilsberechtigten **gleich,** d.h. unter Einschluss der ehevertraglichen Begünstigung zu berechnen ist, den in Art. 216 Abs. 2 nicht erwähnten Pflichtteilserben aber die **Herabsetzungsklage gegen die nichtgemeinsamen Kinder und deren Nachkommen versagt** bleibt (so PIOTET, SJZ 1990, 41 ff.).

38 Eine Zurücksetzung der weiteren Pflichtteilserben über den Ausschluss der Herabsetzungsklage gegen die nach Art. 216 Abs. 2 Privilegierten hinaus ist der Entstehungsgeschichte dieser Gesetzesbestimmung nicht zu entnehmen. Sie wird aus diesem Grund nunmehr überwiegend abgelehnt (HEGNAUER/BREITSCHMID, Rz 26.79; BK-Hausheer/REUSSER/GEISER, N 51 ff. mit eingehender Begründung; STETTLER/WAELTI, Rz 437, 439, 446 f.; JENE-BOLLAG, 53 ff.; GUINAND/STETTLER/LEUBA, Rz 131 WOLF, 157 f.; WILDISEN, 88 ff., 209 f.; AEBI-MÜLLER, Rz 06.32 ff.; **a.M.** DESCHENAUX/STEINAUER/BADDELEY, Rz 1467; NÄF-HOFMANN, Rz 1858a ff.; PORTMANN, 14; vgl. sodann eine weitere Berechnungsvariante bei BK-WEIMAR, 474 N 31 ff.). Der **Pflichtteil** ist somit **in jedem Fall aufgrund der gesetzlichen Hälftenteilung beider Vorschläge** nach Art. 215 Abs. 1 zu berechnen.

Beispiel:

Beim Tod des Ehemannes macht die Errungenschaft Fr. 720 000.– und das Eigengut Fr. 400 000.– aus. Der Verstorbene hinterlässt die Ehefrau, der ehevertraglich der ganze Vorschlag zugewiesen worden ist, und eine gemeinsame Tochter. Testamentarisch hat er einer gemeinnützigen Institution Fr. 80 000.– vermacht. Das verbleibende Eigengut im Wert von 320 000.– teilt sich je hälftig unter die überlebende Ehefrau und die Tochter auf. Jede erhält Fr. 160 000.–. Die frei verfügbare Quote, berechnet auf dem Nachlass, wie er bei gesetzlicher Teilung des Vorschlags bestünde, beträgt 285 000.– ($^3/_8$ von 360 000.– Vorschlagsanteil und Fr. 400 000.– Eigengut = $^3/_8$ von Fr. 760 000.–). Der Pflichtteil der Tochter beläuft sich ebenfalls auf Fr. 285 000.–, derjenige der Ehefrau auf Fr. 190 000.– ($^1/_4$ von Fr. 760 000.–).

Errungenschaft	Fr. 720 000.–
Eigengut	Fr. 400 000.–

Teilung gemäss Willen des Erblassers	+	Pflichtteile	
Ehefrau Fr. 720 000.– (Art. 216) Ehefrau Fr. 160 000.– (Art. 462) Tochter Fr. 160 000.– Gem. Inst. Fr. 80 000.–	+	Fr. 360 000.– (Art. 215) Fr. 190 000.– Fr. 285 000.–	
Wert der Pflichtteile gesamthaft Frei verfügbare Quote	+	Fr. 835 000.– Fr. 285 000.–	
Massgebendes Vermögen insgesamt	+	Fr. 1 120 000.–	

Mit der Zuweisung des ganzen Vorschlags an seine Ehefrau hat der Verstorbene an sich die frei verfügbare Quote zu Fr. 170 000.– ausgeschöpft. Fr. 115 000.– des Eigengutes sind noch frei verfügbar. Zur Vermeidung einer Verletzung des Pflichtteils der Tochter fehlen dieser Fr. 125 000.– Mit der Klage gemäss Art. 522 ff. kann sie in erster Linie den Intestaterwerb der Mutter herabsetzen lassen. Das reicht aus, um ihren Pflichtteil zu gewährleisten. Letztlich verteilt sich das Eigengut wie folgt:

Ehefrau	Fr. 35 000.–
Tochter	Fr. 285 000.–
Gem. Inst.	Fr. 80 000.–

Leicht verändertes Beispiel aus BK-HAUSHEER/REUSSER/GEISER, N 53.

Art. 217

b. Bei Scheidung, Trennung, Ungültigerklärung der Ehe oder gerichtlicher Gütertrennung	**Bei Scheidung, Trennung, Ungültigerklärung der Ehe oder gerichtlicher Anordnung der Gütertrennung gelten Vereinbarungen über die Änderung der gesetzlichen Beteiligung am Vorschlag nur, wenn der Ehevertrag dies ausdrücklich vorsieht.**
b. En cas de divorce, de séparation de corps, de nullité de mariage ou de séparation de biens judiciaire	En cas de dissolution du régime pour cause de divorce, de séparation de corps, de nullité de mariage ou de séparation de biens judiciaire, les clauses qui modifient la participation légale au bénéfice ne s'appliquent pas, à moins que le contrat de mariage ne prévoie expressément le contraire.
b. In caso di divorzio, separazione, nullità del matrimonio o separazione dei beni giudiziale	In caso di divorzio, separazione, nullità del matrimonio o separazione dei beni giudiziale, le clausole che modificano la partecipazione legale all'aumento s'applicano soltanto se la convenzione matrimoniale lo prevede espressamente.

Literatur

JENE-BOLLAG, Errungenschaftsbeteiligung und Ehevertrag, in: Eherecht in der praktischen Auswirkung, Zürich 1991, 37 ff.; vgl. auch die Literaturangaben vor Art. 181.

I. Allgemeines

1. Bedeutung von Art. 217

a) Gesetzliche Vermutung

1 Änderungen der Vorschlagsbeteiligung nach Art. 216 gelten von Gesetzes wegen nur für die Auflösung des Güterstandes durch den Tod eines Ehegatten. Der Gesetzgeber geht, wie sich aus Art. 217 ergibt, von der Vermutung aus, dass eine ehevertragliche **Begünstigung eines Ehegatten** (Art. 216) im Vergleich zur gesetzlichen Vorschlagsbeteiligung (Art. 215) nach dem Willen der Ehegatten den **Bestand der Ehe bis zur Auflösung durch Tod** eines Ehegatten **voraussetzt.** Diese Vermutung kann – in erster Linie aus Gründen der Beweisbarkeit – nur durch einen ausdrücklichen gegenteiligen Willen, der in einem Ehevertrag geäussert worden ist, umgestossen werden.

b) Erweiterung der Ehevertragsfreiheit

2 Art. 217 bedeutet eine Ergänzung und Alternative zur ehevertraglichen **Gestaltungsfreiheit** gestützt auf Art. 199. Anstelle oder neben der Massenumteilung aufgrund von Art. 199 Abs. 1, die an sich ungeachtet des konkreten Auflösungsgrundes der Errungenschaftsbeteiligung gilt, kann aufgrund von Art. 217 eine unterschiedliche Regelung der Errungenschaftsaufteilung je danach getroffen werden, ob ein überlebender Ehegatte besonders zu schützen ist, oder aber einer Unternehmung im Scheidungsfall in besonderer Weise Rechnung zu tragen bleibt. Möglich wird damit z.B. die Vereinbarung, dass im Falle des Todes eines Ehegatten die (Netto-)Gesamterrungenschaft (dazu Art. 215 N 7) dem überlebenden Ehegatten (auch als Unternehmernachfolger) zukommen soll, wäh-

rend im Scheidungsfall die gegenseitige Beteiligung am Vorschlag ausgeschlossen wird (dazu Art. 216 N 20; vgl. auch JENE-BOLLAG, 52 f.).

Damit können besondere Verhältnisse auch differenzierter angegangen werden, als es im 3 Rahmen der Gütertrennung möglich wäre. Insofern ist Art. 217 auch eine **Alternative zu Art. 185,** der zu einer güterrechtlichen Auseinandersetzung während der Ehe und zu einem Verzicht auf eine weitere Errungenschaftsbeteiligung führen müsste.

2. Anwendungsbereich

Der ausdrücklichen Geltungserklärung nach Art. 217 bedarf es weder für den Ausschluss 4 der Mehrwertbeteiligung nach **Art. 206** (DESCHENAUX/STEINAUER/BADDELEY, Rz 1307) noch für den Ehevertrag gestützt auf **Art. 199** (BK-HAUSHEER/REUSSER/Geiser, N 8). Diese Eheverträge gelten – unter Vorbehalt besonderer Bedingungen – für alle unterschiedlichen Gründe der Güterstandsauflösung.

Die Gesetzesbestimmung gilt nicht für die **Verschollenerklärung,** da in diesem Fall die 5 Regeln anwendbar sind, die für die Auflösung der Ehe durch den Tod eines Ehegatten gelten.

Sinngemäss bleibt Art. 217 anwendbar, wenn die Ehegatten von der Errungenschaftsbe- 6 teilung **zur Gütertrennung oder** zur **Gütergemeinschaft** wechseln (BK-HAUSHEER/ REUSSER/GEISER, N 11; zustimmend STETTLER/WAELTI, Rz 435). Zwar sollten sich die Ehegatten unter diesen Umständen über die güterrechtliche Auseinandersetzung des bisherigen Güterstandes einigen können und sei es nur in dem Sinn, dass der neue Güterstand rückwirkend auf den Abschluss der Ehe anwendbar erklärt wird (dazu Art. 182 N 19). Uneinigkeit zwischen den Ehegatten ist dennoch nicht ganz auszuschliessen. Streitigkeiten entscheidet das nach **Art. 15 Abs. 1 Bst. a GestG** zuständige Gericht.

II. Ausdrückliche ehevertragliche Vereinbarung

Ausdrücklich bedeutet, dass sich der entsprechende Wille der Ehegatten aus dem Ehe- 7 vertrag selber zweifelsfrei ergeben muss; es kann diesbezüglich auf das allgemeine Recht der Willenserklärungen verwiesen werden.

Art. 217 verlangt **nicht,** dass die Weitergeltung des Ehevertrages sich auch ausdrücklich 8 auf **alle Auflösungsgründe** unter Vorbehalt des Todes eines Ehegatten bezieht. Allenfalls kann es eine Frage der Auslegung sein, ob mit einem ausdrücklich erwähnten Auflösungsgrund (z.B. mit der Scheidung) auch die andern miterfasst werden sollten. Hinreichend ist unter anderem die ehevertragliche Wendung, dass der Ehevertrag immer Bestand haben soll.

Die ehevertragliche Vereinbarung kann auch im Zusammenhang mit Art. 217 (wie bei 9 Art. 216) mit besonderen **Bedingungen** verknüpft werden (dazu Art. 182 N 23 und Art. 216 N 24).

Art. 218

VI. Bezahlung der Beteiligungsforderung und des Mehrwertanteils

[1] Bringt die sofortige Bezahlung der Beteiligungsforderung und des Mehrwertanteils den verpflichteten Ehegatten in ernstliche Schwierigkeiten, so kann er verlangen, dass ihm Zahlungsfristen eingeräumt werden.

**1. Zahlungsauf-
schub**

² **Die Beteiligungsforderung und der Mehrwertanteil sind, soweit die Parteien nichts anderes vereinbaren, vom Abschluss der
Auseinandersetzung an zu verzinsen und, wenn es die Umstände
rechtfertigen, sicherzustellen.**

VI. Règlement de la
créance de participa-
tion et de la part à la
plus-value

1. Sursis au
paiement

¹ Lorsque le règlement immédiat de la créance de participation et de la part à
la plus-value expose l'époux débiteur à des difficultés graves, celui-ci peut
solliciter des délais de paiement.

² Sauf convention contraire, il doit des intérêts dès la clôture de la liquidation et peut être tenu de fournir des sûretés si les circonstances le justifient.

VI. Pagamento del
credito di partecipa-
zione e della quota
di plusvalore

1. Dilazione

¹ Il coniuge debitore della partecipazione all'aumento e della quota di
plusvalore può chiedere dilazioni qualora il pagamento immediato gli arrecasse serie difficoltà.

² Se le parti non convengono altrimenti, il credito di partecipazione e la
quota di plusvalore fruttano interessi a contare dalla chiusura della liquidazione e, se le circostanze lo giustificano, devono essere garantiti.

I. Allgemeines

1. Bedeutung und Anwendungsbereich

1 Art. 218 **ergänzt Art. 203 Abs. 2** über den Abschluss der güterrechtlichen Auseinandersetzung hinaus. Diese Härteklausel beschränkt sich indessen auf die Beteiligungsforderung gestützt auf Art. 215 ff. einerseits und den Mehrwertanteil nach Art. 206 (einschliesslich Abs. 2: BK-HAUSHEER/REUSSER/GEISER, N 7; zustimmend STETTLER/WAELTI,
Rz 450 ff.) andererseits. Bei Letzterem hat der Verpflichtete einen Teil eines Mehrwerts dem
Ehegatten oder dessen Erben zu überlassen, der im Zeitpunkt der güterrechtlichen Auseinandersetzung zwar besteht, aber nicht notwendigerweise auch realisiert worden ist.

2. Abgrenzung

2 Art. 218 stellt auf der einen Seite – angesichts der häufigen gleichzeitigen Eheauflösung
– geringere Anforderungen als Art. 203 Abs. 2. Es genügen **ernstliche Schwierigkeiten.**
Auf der andern Seite tritt insofern eine Erschwerung ein, als Abs. 2 – unter Vorbehalt
einer gegenteiligen Vereinbarung – neben der Sicherstellungs- auch eine **Verzinsungspflicht** vorsieht.

3 Beim Wechsel zu einem andern Güterstand wird Art. 218 durch **235 Abs. 2** bzw. **250
Abs. 2** (allerdings mit andern Voraussetzungen) abgelöst.

3. Inhalt und Ausgestaltung der Ansprüche

4 Beim Zahlungsaufschub handelt es sich um eine **Stundung,** mit der Fälligkeit und Verjährung hinausgeschoben werden, die Erfüllbarkeit dagegen nicht berührt wird. Hinzu
kommen eine generelle, aber **dispositive Verzinsungspflicht und** ggf. eine **Sicherstellungspflicht.**

5 **Berechtigt** – aufgrund von Art. 159 – ist **nur** ein **Ehegatte,** verpflichtet können auch
Erben des verstorbenen Ehegatten sein.

4. Durchsetzung

6 Der Anspruch ist spätestens **vor Abschluss der güterrechtlichen Auseinandersetzung**
(durch schriftlichen Teilungsvertrag, Realteilung oder gerichtliches Urteil) geltend zu

machen; im Streitfall – unter Vorbehalt von Art. 203 Abs. 2 bei Weiterdauer der Ehe (vgl. N 4 und 20 dazu) – vor dem nach Art. 15 Abs. 1 bzw. Art. 18 Abs. 1 GestG örtlich zuständigen Gericht. Gleiches gilt im Zusammenhang mit der vorgezogenen partiellen güterrechtlichen Auseinandersetzung gestützt auf Art. 206 Abs. 2. Die sachliche Zuständigkeit und das Verfahren bestimmen sich nach kantonalem Recht.

5. Zwingendes Recht

Auf die Ansprüche aufgrund Art. 218 kann vor der Auflösung des Güterstandes nicht verzichtet werden. **7**

II. Stundungsvoraussetzungen im Einzelnen

1. Auflösung des Güterstandes

Die – ihrem Umfang nach bestimmte – **Beteiligungsforderung** (zum Begriff s. Art. 215 N 11) setzt in jedem Fall den Abschluss einer güterrechtlichen Auseinandersetzung voraus; gleichgültig ist indessen der Grund dafür. **8**

Der – betragsmässig festgelegte – **Mehrwertanteil,** einschliesslich der Grundforderung kann ausnahmsweise schon während des Güterstandes fällig werden und damit zu einer Stundung Anlass geben (DESCHENAUX/STEINAUER/BADDELEY, Rz 1497; BK-HAUSHEER/REUSSER/GEISER, N 12), nämlich wenn der fragliche Vermögensgegenstand vor der Güterstandsauflösung veräussert wird (Art. 206 Abs. 2). **9**

2. Ernsthafte Schwierigkeiten

Gemeint sind Schwierigkeiten **wirtschaftlicher Art,** nämlich mangelnde Liquidität, die auch bei zumutbarer Anstrengung nicht behoben werden kann (dazu Art. 203 N 5 ff.). Die sofortige Schuldentilgung muss beim Verpflichteten zu spürbaren Nachteilen (z.B. zur Veräusserung eines Unternehmens oder zur Berufsaufgabe: Botschaft Revision Eherecht, Ziff. 222.551) führen, während ein Zuwarten dem Berechtigten zumutbar sein muss. Dies erfordert eine Interessenabwägung aufgrund der gesamten Umstände. Von (unentgeltlich begünstigten) Erben ist z.B. mehr Rücksicht zu erwarten als vom berechtigten Ehegatten, der auf sein Vermögen, das er (mit)erwirtschaftet hat, angewiesen ist (BK-HAUSHEER/REUSSER/GEISER, N 13, zustimmend STETTLER/WAELTI, Rz 450). **10**

Die Schwierigkeiten müssen sich mit dem Zahlungsaufschub beheben oder mildern lassen (s. Art. 203 N 5; HEGNAUER/BREITSCHMID, Rz 20.06). Eine zeitlich unbeschränkte Stundung ist daher unzulässig, Bedingungen dagegen sind nicht zum vornherein auszuschliessen. Besteht eine **Verrechnungsmöglichkeit,** fehlt es nicht an Liquidität (BK-HAUSHEER/REUSSER/GEISER, N 14). **11**

Erfolgt ein **Schuldnerwechsel,** kann dies ein Grund zu einer neuen Interessenbewertung und Anlass zur Änderung der Stundungsmodalitäten sein. Gleiches kann auch eine Betreibung des Verpflichteten durch Drittgläubiger bewirken. Mit der Konkurseröffnung wird die Stundung immer hinfällig (BK-HAUSHEER/REUSSER/GEISER, N 26). Eine Verlängerung des Zahlungsaufschubs nach Auflösung der Ehe bleibt – im Unterschied zu Art. 203 (N 10 ff. dazu) – generell ausgeschlossen. **12**

III. Verzinsungs- und Sicherstellungspflicht

1. Verzinsungspflicht

13   Die **Verzinsungspflicht** tritt **von Gesetzes wegen** an die Stelle der mit der Stundung entfallenden Möglichkeit, Verzugszinsen (Art. 102 ff. OR) geltend zu machen.

14   Sie beginnt mit dem **Abschluss der güterrechtlichen Auseinandersetzung** (dazu Art. 214 N 9) oder einer Veräusserung nach Art. 206 Abs. 2, sofern die Ehegatten sich – zu diesem Zeitpunkt – nicht anders einigen.

2. Sicherstellungspflicht

15   Eine **Sicherstellungspflicht** besteht nur, sofern es die Umstände rechtfertigen. Damit wird auf Art. 4 verwiesen. Eine Gefährdung der aufgeschobenen Forderung kann ein wichtiger Grund für eine Sicherstellung sein, ist aber nicht in jedem Fall notwendige Voraussetzung. Die Anforderungen an die Sicherstellungspflicht sollten insb. bei Auflösung der Ehe nicht allzu hoch angesetzt werden. Mit der Sicherstellung kann der Zahlungsaufschub u.U. überhaupt erst zumutbar werden. Das Nichterfüllen der (zur Bedingung gewordenen) Sicherstellungspflicht kann zur sofortigen Vollstreckung der sichergestellten Forderung führen.

16   Über die **Art der Sicherstellung** haben sich die Ehegatten (oder deren Erben) zu einigen, oder sie wird vom zuständigen Gericht von Amtes wegen festgelegt.

3. Der Abänderungsvorbehalt

17   Sowohl die Verzinsungs- wie die Sicherstellungspflicht sind insofern **dispositives** Recht, als sie unter dem Vorbehalt einer andern Vereinbarung der Ehegatten stehen. Diese – an keine Form gebundene – Einigung kann sich auf einen Verzicht oder auf eine Änderung der Modalitäten beziehen. Sie kann indessen **nicht ehevertraglich schon zum Voraus** erfolgen (vorn N 7; BK-Hausheer/Reusser/Geiser, N 8 und 29; zustimmend Stettler/Waelti, Rz 452).

Art. 219

2. Wohnung und Hausrat

[1] **Damit der überlebende Ehegatte seine bisherige Lebensweise beibehalten kann, wird ihm auf sein Verlangen am Haus oder an der Wohnung, worin die Ehegatten gelebt haben und die dem verstorbenen Ehegatten gehört hat, die Nutzniessung oder ein Wohnrecht auf Anrechnung zugeteilt; vorbehalten bleibt eine andere ehevertragliche Regelung.**

[2] **Unter den gleichen Voraussetzungen kann er die Zuteilung des Eigentums am Hausrat verlangen.**

[3] **Wo die Umstände es rechtfertigen, kann auf Verlangen des überlebenden Ehegatten oder der andern gesetzlichen Erben des Verstorbenen statt der Nutzniessung oder des Wohnrechts das Eigentum am Haus oder an der Wohnung eingeräumt werden.**

[4] **An Räumlichkeiten, in denen der Erblasser einen Beruf ausübte oder ein Gewerbe betrieb und die ein Nachkomme zu dessen**

Weiterführung benötigt, kann der überlebende Ehegatte diese Rechte nicht beanspruchen; die Vorschriften des bäuerlichen Erbrechts bleiben vorbehalten.

2. Logement et
mobilier de ménage

[1] Pour assurer le maintien de ses conditions de vie, le conjoint survivant peut demander qu'un droit d'usufruit ou d'habitation sur la maison ou l'appartement conjugal qu'occupaient les époux et qui appartenait au défunt lui soit attribué en imputation sur sa créance de participation; les clauses contraires du contrat de mariage sont réservées.

[2] Aux mêmes conditions, il peut demander l'attribution du mobilier de ménage en propriété.

[3] A la demande du conjoint survivant ou des autres héritiers légaux, le conjoint survivant peut, si les circonstances le justifient, se voir attribuer, en lieu et place de l'usufruit ou du droit d'habitation, la propriété de la maison ou de l'appartement.

[4] Le conjoint survivant ne peut faire valoir ces droits sur les locaux dans lesquels le défunt exerçait une profession ou exploitait une entreprise s'ils sont nécessaires à un descendant pour continuer cette activité; les dispositions du droit successoral paysan sont réservées.

2. Abitazione e
suppellettili
domestiche

[1] Per poter mantenere l'attuale tenore di vita, il coniuge superstite può chiedere che la casa o l'appartamento in cui vivevano i coniugi e che apparteneva al defunto gli sia attribuito in usufrutto o in diritto d'abitazione, imputandolo sul suo credito di partecipazione; è fatto salvo un diverso disciplinamento pattuito per convenzione matrimoniale.

[2] Alle stesse condizioni, può chiedere che gli sia attribuita la proprietà delle suppellettili domestiche.

[3] Ove le circostanze lo giustifichino, invece dell'usufrutto o del diritto d'abitazione può essergli attribuita, ad istanza sua o degli altri eredi legittimi del defunto, la proprietà della casa o dell'appartamento.

[4] Questi diritti del coniuge superstite non si estendono ai locali di cui un discendente ha bisogno per continuare la professione od impresa esercitatavi dal defunto; sono salve le disposizioni del diritto successorio rurale.

Literatur

DRUEY, Art. 612a ZGB – wirklich nur dispositiv?, AJP 1993, 126 ff.; KAUFMANN, Das Erbrecht sowie die ehe- und erbrechtliche Übergangsordnung, in: BTJP 1987, Bern 1988, 117 ff.; MOOSER, Le droit d'habitation: présentation générale fondée sur le droit d'habitation constitué à l'occasion d'actes translatifs de propriété convenues dans un contexte familial, Freiburg 1997; SCHLEISS, Hausrat und Wohnung in Güterstandsauseinandersetzung und Erbteilung (nach den neuen Art. 219, 244 und 612a ZGB), Diss. Bern 1989; SCHÖBI, Bemerkungen zur sogenannten «Höchstpersönlichkeit» des Wohnrechts, recht 1988, 58 ff.; SEEBERGER, Die richterliche Erbteilung, AISUF Bd. 119, Freiburg 1992; vgl. auch die Literaturhinweise vor Art. 181.

I. Allgemeines

1. Bedeutung von Art. 219

Mit Art. 219 wird der **Grundsatz des getrennten Eigentums der Ehegatten** und der   1
bloss schuldrechtlichen Vorschlagsbeteiligung **durchbrochen,** damit der überlebende Ehegatte nach Möglichkeit in den gewohnten Lebensverhältnissen verbleiben kann. Er ist die Parallelbestimmung zu Art. 612a im Erbrecht, wo allerdings schon die Erbenstellung zu gemeinsamem Eigentum am Nachlass führt.

2. Anwendungsbereich

a) In persönlicher Hinsicht

2 **Anspruchsberechtigt** ist **nur** der **überlebende Ehegatte** gegenüber den Erben seines verstorbenen Partners. Der Berechtigte muss nicht Erbe sein. Der (relativ höchstpersönliche) Anspruch kann auch durch seinen gesetzlichen Vertreter (mit Zustimmung der VB: Art. 421 Ziff. 9) geltend gemacht werden. Er ist aber weder übertragbar und verpfändbar noch vererblich, solange die Ausübung der Berechtigung von den Erben des Verstorbenen nicht anerkannt worden ist. Mit dem Tod des Berechtigten gehen Nutzniessung und Wohnrecht unter.

b) In sachlicher Hinsicht

3 Es handelt sich um einen **obligatorischen (güterrechtlichen) Anspruch auf** Einräumung

– eines **dinglichen Nutzungsrechts,** eventuell des Eigentums an **Haus oder Wohnung** (vgl. BGE 116 II 285 f.), in der die Ehegatten gelebt hatten und/oder

– von **Eigentum** an bisherigem **Hausrat.**

4 Dabei spielt es keine Rolle, ob Haus, Wohnung oder Hausrat der **Errungenschaft oder** dem **Eigengut** des verstorbenen Ehegatten zuzuordnen war.

c) Gegen Anrechnung

5 Der Anspruch erfolgt nur gegen Anrechnung vorab auf die Beteiligungsforderung (dazu Art. 215 N 11), aber – vom Gesetzeszweck her betrachtet – auch auf einen Mehrwertanteil (BK-HAUSHEER/REUSSER/GEISER, N 58 unter Hinweis auf die Materialien; zustimmend STETTLER/WAELTI, Rz 454, sowie NÄF-HOFMANN, Rz 2017 f.; **a.M.** DESCHENAUX/ STEINAUER/BADDELEY, Rz 1503 mit Anm. 14). Art. 219 bezweckt somit keine wertmässige Privilegierung, sondern eine **Teilungsregel besonderer Art** mit Wahlmöglichkeit des Gläubigerehegatten. Ein Ausgleich eines Wertunterschiedes zwischen der bestehenden güterrechtlichen Forderung und der (nach Verkehrswert) kapitalisierten Nutzungsberechtigung ist – aufgrund der Materialien (Art. 216 E) – zulässig und im Hinblick auf Art. 612a grosszügig zu handhaben (NÄF-HOFMANN, Rz 2016, 2020; BK-HAUSHEER/ REUSSER/GEISER, N 59; vgl. auch STETTLER/WAELTI, Rz 455; einschränkender DESCHENAUX/STEINAUER/BADDELEY, Rz 1504).

3. Abgrenzungen

6 **Art. 205 Abs. 2** und 219 können **alternativ** geltend gemacht werden, soweit Hausrat und Haus oder Wohnung, in der die Ehegatten gelebt haben, im Miteigentum der Ehegatten gestanden haben. In der Übertragung des Miteigentumsanteils des überlebenden Ehegatten auf die Erben oder Dritte liegt ein Verzicht auf den Anspruch nach Art. 219 (BK-HAUSHEER/REUSSER/GEISER, N 14; zustimmend STETTLER/WAELTI, Rz 466). Art. 205 Abs. 2 kann insb. geltend gemacht werden, wenn die besonderen Voraussetzungen für Art. 219 (Beteiligungsforderung oder Mehrwertanteil) nicht gegeben sind.

7 Bei **Art. 612a** handelt es sich um eine erbrechtliche Teilungsregel. Sie kann nur zur Anwendung gelangen, soweit der Erblasser nicht durch Verfügung von Todes wegen anders verfügt hat (BGE 119 II 323 ff. in Bestätigung der h.L. gegen DRUEY, AJP 1993, 126 ff.; vgl. auch SEEBERGER, 156). Im Unterschied zu Art. 219 geht der erbrechtliche Anspruch auch im Zusammenhang mit dem Haus und der Wohnung, worin die Familie gelebt hat, in erster Linie auf Übertragung des Eigentums. Er setzt auch nicht den Bestand einer güterrechtlichen Forderung, die zur Verrechnung steht, voraus, so dass Art. 612a allein geltend gemacht werden kann, wenn diese güterrechtliche Voraussetzung fehlt. Nur Art. 219 steht umgekehrt zur Verfügung, wenn dem Berechtigten die Erbenstellung abgeht, oder Art. 612a durch Verfügung von Todes wegen ausgeschlossen worden ist. Sind die Voraussetzungen beider Gesetzesbestimmungen gegeben, kann sie der überlebende Ehegatte auch alternativ geltend machen. Eine erfolgreiche Berufung auf Art. 219 schliesst dann die Anwendung von Art. 612a, trotz leicht anderen Inhalts, aus (BK-HAUSHEER/REUSSER/GEISER, N 19; a.M. KAUFMANN, 135 f.). Ein Verzicht auf Art. 219 kann zufolge des Formerfordernisses für den erbrechtlichen Anspruch (Erbvertrag) nicht auch einen solchen auf Art. 612a bedeuten. Im umgekehrten Fall kommt es auf den Parteiwillen an, da der Erbvertrag für die Form des Ehevertrages genügt (dazu Art. 184 N 4).

Zwischen Art. 219 und **Art. 216** besteht – bez. von Haus, Wohnung und Hausrat – insofern ein Berührungspunkt, als die Ehegatten sich ehevertraglich generell auf die Beteiligungsforderung Sachwerte zuweisen können (dazu Art. 216 N 26). **8**

4. Dispositives Recht

Art. 219 kann **ehevertraglich** (auch in einem Erbvertrag) **ausgeschlossen** werden (AmtlBull StR 1984, 139). Mit Ehevertrag kann sodann – unter Vorbehalt des bäuerlichen Erbrechts – der Anspruch nach Art. 219 – inhaltlich, umfangmässig und zeitlich-konkretisiert und modifiziert werden. Der Anwendungsbereich von Art. 219 kann aber nicht auf andere Auflösungsgründe des Güterstandes (als der Tod eines Ehegatten) erweitert werden (DESCHENAUX/STEINAUER/BADDELEY, Rz 1508; STETTLER/WAELTI, Rz 465). Der entsprechende Vorbehalt in Art. 219 Abs. 1 letzter Teilsatz bezieht sich – nach dem Sinn der Gesetzesbestimmung – auf die Abs. 1, 2 und 3 sowie auf Abs. 4 unter Vorbehalt des landwirtschaftlichen Gewerbes (SCHLEISS, 171; BK-HAUSHEER/REUSSER/GEISER, N 73 f.; ebenso STETTLER/WAELTI, Rz 464). **9**

II. Die einzelnen Anspruchsvoraussetzungen

1. Beibehalten der bisherigen Lebensverhältnisse

Diese Anspruchsvoraussetzung ist insofern nicht allzu ernst zu nehmen, als mit dem Tod des Ehepartners die Wohnverhältnisse auf jeden Fall ändern. Auf eine diesbezügliche Einschränkung der Bedürfnisse muss der Berechtigte sich aber grundsätzlich nicht einlassen (BK-HAUSHEER/REUSSER/GEISER, N 30; a.M. SEEBERGER, 153). Auf jeden Fall setzt der Anspruch **Eigengebrauch** voraus. **10**

2. Haus oder Wohnung, worin die Ehegatten gelebt haben

Nicht erforderlich ist, dass die Ehegatten ein **Mehrfamilienhaus** ganz für sich genutzt haben oder dass die genutzte Wohnung zu Stockwerkeigentum verselbständigt war. **11**

Auch die **Aufhebung des gemeinsamen Haushalts** noch zu Lebzeiten beider Ehegatten muss dem Anspruch gestützt auf Art. 219 Abs. 1 nicht entgegenstehen, wenn der überlebende (Nichteigentümer-)Ehegatte in der bisherigen, früher gemeinsam bewohnten Wohnung (= nicht unbedingt Familienwohnung i.S.v. Art. 169) geblieben ist. Vom gesetzlichen Schutzzweck her gesehen ist Art. 219 in der Tendenz grosszügig auszulegen: Die Bestimmung erfasst jede Wohnung, die vom überlebenden Ehegatten genutzt worden ist und dem Verstorbenen gehört hat (BK-HAUSHEER/REUSSER/GEISER, N 34 ff.; zustimmend STETTLER/WAELTI, Rz 457; enger DESCHENAUX/STEINAUER/BADDELEY, Rz 1505). **12**

3. Im Nachlass des verstorbenen Ehegatten

13   **Dem Verstorbenen gehört haben** bedeutet – ungeachtet der Massenzuordnung zur Errungenschaft oder zum Eigengut – Eigentum oder eine andere Verfügungsberechtigung, die das Einräumen einer Nutzniessung oder eines Wohnrechts, eventuell aber auch des Eigentums erlaubt. Das trifft zu für

– Alleineigentum;

– **Stockwerkeigentum** (Art. 712 a ff.);

– den gewöhnlichen Miteigentumsanteil (Art. 646 ff.);

– ein übertragbares Baurecht (Art. 779 ff.);

– **übertragbare Anteilsrechte an juristischen Personen** (z.B. bei Wohnbaugenossenschaften [BGE 108 II 99] regelmässig, d.h. unter Vorbehalt von «Stockwerkeigentum» in der Form von Aktien, aber nicht bei AG).

14   Eine **Wohnung im Gesamteigentum des Verstorbenen mit Dritten** wird dagegen nicht von Art. 219 erfasst. Vorzubehalten ist der Fall eines Gesellschaftsvertrages, welcher den Beitritt eines überlebenden Ehegatten – im Einverständnis mit den verbleibenden Gesellschaftern – zulässt. Hier kann der überlebende Ehegatte in der Erbengemeinschaft gestützt auf Art. 219 Abs. 3 den Anteil an der Personengesellschaft beanspruchen.

15   Bei einem über den Tod des bisherigen Mieters andauernden **Mietvertrag** hat der Vermieter der Übertragung des Mietvertrags zuzustimmen.

III. Anspruchsinhalt

1. Nutzniessung und Wohnrecht

a) Nutzniessung

16   Bei der **Nutzniessung** handelt es sich um die reguläre Dienstbarkeit nach Art. 745 ff., die sich immer auf das **ganze Grundstück** bezieht. Dem entspricht auch die Lastentragung (Art. 764 ff.). Gewisse Nutzungsarten können ausgeschlossen werden (BGE 116 II 282). In persönlicher Hinsicht ist sie weder abtretbar noch vererblich. Die Ausübung der Nutzniessung kann allerdings auf Dritte übertragen werden (Art. 758 Abs. 1).

b) Wohnrecht

17   Beim **Wohnrecht** geht es um die reguläre Dienstbarkeit gemäss Art. 776 ff., die sich auf einen **Teil eines Gebäudes** beschränken lässt (Art. 776 Abs. 1). Die Lastentragung ist entsprechend beschränkt (Art. 764: dazu BGE 52 II 124 ff.). Das Wohnrecht gilt als höchstpersönlich (BGE 116 II 289); es ist daher – abgesehen von Art. 777 Abs. 2 – auch bez. der Ausübung nicht übertragbar (eingehend MOOSER, 28 ff.). Eine Weitervermietung der Wohnräume ist nur unter der Voraussetzung zulässig, dass der Eigentümer eine entsprechende Berechtigung schuldrechtlich eingeräumt hat.

c) Wahlmöglichkeit und Dauer der Berechtigung

18   Lässt die Nutzniessung eine freiere Gestaltung der tatsächlichen Nutzung zu, erweist sich das Wohnrecht in räumlicher Hinsicht als anpassungsfähiger (BGE 116 II 281 ff.; kritisch dazu SCHÖBI, recht 1988, 58 ff.; zur Frage einer Nutzungsdienstbarkeit nach Art. 781 s.a. BK-HAUSHEER/REUSSER/GEISER, N 52 sowie MOOSER, 65 f.). Dem Berech-

tigten steht aufgrund von Art. 219 **grundsätzlich** – d.h. unter Vorbehalt einer konkreten Interessenabwägung – ein **Wahlrecht** zwischen den beiden Nutzungsrechten zu.

Eine **Aufteilung in Stockwerkeigentum** kann der Berechtigte nicht erzwingen (BK- **19** HAUSHEER/REUSSER/GEISER, N 54).

Nach dem Zweck der Nutzungsberechtigung ist diese regelmässig **lebenslänglich** einzu- **20** räumen. Eine zeitliche Begrenzung ist allerdings nicht ausgeschlossen.

2. Eigentum

Wo es die Umstände rechtfertigen (Art. 4), können der überlebende **Ehegatte und/oder** **21** **die Erben** des Verstorbenen die Übertragung von Haus oder Wohnung zu Eigentum ver- langen. Ein entsprechendes Begehren der Letzteren setzt allerdings voraus, dass der überlebende Ehegatte ein Nutzungsrecht beansprucht. Eigentum ist in weitem Sinn zu verstehen (z.B. auch die Berechtigung an einer Personengesellschaft oder ein verselb- ständigtes Baurecht: BK-HAUSHEER/REUSSER/GEISER, Art. 219 N 98).

Zu **berücksichtigen** sind insb.: **22**

– der **Altersunterschied** zwischen dem Berechtigten und den Verpflichteten;

– das persönliche Verhältnis zu den Erben und deren Nähe zum Erblasser;

– das **Verhältnis** der güterrechtlichen **Forderung** zum kapitalisierten **Nutzungswert** der Wohnung;

– die bisherige Massenzuordnung und die Bedeutung des übrigen Nachlasses;

– die Möglichkeit einer **Ausgleichszahlung.**

IV. Die Ausübung des Anspruchs

Die Ausübung des Anspruchs steht dem **Berechtigten frei.** Er ist – als konkrete Gestal- **23** tungserklärung – gegenüber der Erbengemeinschaft geltend zu machen (Näheres dazu BK-HAUSHEER/REUSSER/GEISER, N 65 ff.).

Der **unbestrittene Anspruch** ist im Rahmen der güterrechtlichen Auseinandersetzung **24** mit den Erben zu konkretisieren (schriftlicher Teilungsvertrag oder Realteilung) und so- dann grundbuchlich zu vollziehen.

Über den **strittigen Anspruch** entscheidet das nach Art. 18 Abs. 1 GestG örtlich zustän- **25** dige Gericht. Die Nutzung steht während dieser Zeitspanne – i.S.v. Art. 219 – dem über- lebenden Ehegatten zu.

Soweit die **Erben** die Übertragung des Eigentums verlangen, können sie das Begehren **26** nur gemeinsam durchsetzen (DESCHENAUX/STEINAUER/BADDELEY, Rz 1510, 1958; SCHLEISS, 112).

V. Der Hausrat

Die **Voraussetzungen,** Hausrat zu Eigentum zu verlangen, sind grundsätzlich die glei- **27** chen wie für die Ansprüche nach Abs. 1. Der bisher Berechtigte musste allerdings Eigen- tümer gewesen sein.

Beim **Hausrat** handelt es sich um die Ausstattung von Haus oder Wohnung im Dienste **28** beider Ehegatten und der Familie (d.h. nicht zum ausschliesslichen persönlichen Ge- brauch eines Ehegatten oder zum Zweck der Kapitalanlage: dazu Art. 198 N 5 ff.).

29 Der Berechtigte kann sich auf einen **Teil des Hausrates** beschränken (SCHLEISS, 87; BK-HAUSHEER/REUSSER/GEISER, N 86 unter Hinweis auf die Materialien; **a.M.** SEEBERGER, 153). Mit den Erben kann auch ein **blosses Nutzungsrecht** vereinbart werden (STETTLER/WAELTI, Rz 461).

VI. Vorbehalt für beruflich oder gewerblich genutzte Räume

30 Ansprüche aufgrund von Art. 219 Abs. 1 und 3 sollen die **Weiterführung eines Gewerbes** oder die Fortsetzung eines freien Berufes durch Nachkommen des erstverstorbenen Ehegatten **nicht verunmöglichen,** sofern der bisherige Betriebsinhaber nicht selber eine Nachfolge ausgeschlossen hat. Ein gesetzlicher Anspruch auf Nachfolge kann sich allerdings im Rahmen des bäuerlichen Bodenrechts ergeben.

31 **Beruf und Gewerbe** ist gleichbedeutend wie in Art. 163. Auf den bisherigen räumlichen und grundsätzlich auch sachlichen (= Anlagevermögen) Grundlagen haben der oder die Nachfolger weiterzufahren. Daher setzt Art. 219 Abs. 4 eine entsprechende Verfügung von Todes wegen oder eine entsprechende Vermögenszuweisung im Rahmen der Erbteilung voraus. Zudem ist der Nachweis zu erbringen, dass die beanspruchten Räume, welche der weiteren Bewohnung durch den überlebenden Ehegatten entzogen werden sollen, für die Weiterführung von Beruf oder Gewerbe unerlässlich sind.

32 Die für den Beruf oder das Gewerbe beanspruchten **Räumlichkeiten** müssen in engem Zusammenhang mit der Wohnung des Verstorbenen gestanden haben, wie das in kleingewerblichen Verhältnissen (z.B. bei Schneidereien, Bäckereien oder Dienstleistungen im Bereiche der Schönheitspflege) der Fall sein kann.

33 Der **Vorbehalt des bäuerlichen Erbrechts** wird nunmehr durch **Art. 11 Abs. 3 BGBB** klargestellt. Diese neue Gesetzesbestimmung geht Art. 219 insoweit als lex spezialis vor, als nicht Hausrat in Frage steht. Sie erweitert u.a. den Anspruch des überlebenden Ehegatten insofern, als die Anrechnung nicht mehr ausschliesslich auf die Beteiligungsforderung bzw. einen Mehranteil beschränkt ist. Anderseits bleibt die Einräumung von Eigentum an Wohnräumen ausgeschlossen, wenn ein Erbe das landwirtschaftliche Gewerbe ungeteilt übernimmt.

Art. 220

3. Klage gegen Dritte	[1] **Deckt das Vermögen des verpflichteten Ehegatten oder seine Erbschaft bei der güterrechtlichen Auseinandersetzung die Beteiligungsforderung nicht, so können der berechtigte Ehegatte oder seine Erben Zuwendungen, die der Errungenschaft hinzuzurechnen sind, bis zur Höhe des Fehlbetrages bei den begünstigten Dritten einfordern.** [2] **Das Klagerecht erlischt ein Jahr nachdem der Ehegatte oder seine Erben von der Verletzung ihrer Rechte Kenntnis erhalten haben, in jedem Fall aber zehn Jahre nach der Auflösung des Güterstandes.** [3] **Im Übrigen gelten die Bestimmungen über die erbrechtliche Herabsetzungsklage sinngemäss.**
3. Action contre des tiers	[1] Si les biens, qui appartiennent à l'époux débiteur ou à sa succession lors de la liquidation ne couvrent pas la créance de participation, l'époux créancier

ou ses héritiers peuvent rechercher pour le découvert les tiers qui ont bénéficié d'aliénations sujettes à réunion.

[2] L'action s'éteint après une année à compter du jour où l'époux créancier ou ses héritiers ont connu la lésion et, dans tous les cas, après dix ans dès la dissolution du régime.

[3] Pour le surplus, les dispositions sur l'action successorale en réduction sont applicables par analogie.

3. Azione contro i terzi

[1] Se i beni del coniuge debitore o della sua successione non bastano a soddisfare il credito di partecipazione all'aumento, il coniuge creditore o i suoi eredi possono esigere dai terzi beneficati la restituzione, fino a concorrenza dell'importo scoperto, delle liberalità reintegrabili negli acquisti.

[2] L'azione dev'essere proposta entro un anno dal momento in cui il coniuge creditore o i suoi eredi hanno avuto conoscenza della lesione dei loro diritti, in ogni caso però entro dieci anni dallo scioglimento del regime dei beni.

[3] Per altro, si applicano per analogia le disposizioni sull'azione di riduzione ereditaria.

Literatur

AEBI-MÜLLER, Zum Stand der Diskussion über Fragen im Grenzbereich zwischen Güter- und Erbrecht, ZBJV 134 (1998), 421 ff.; FELLMANN, Die Verantwortlichkeit der Ehegatten für ihre Errungenschaft, Diss. Freiburg 1985; KOCHER, Güterrechtliche Sicherstellung im Massnahmeverfahren (Art. 145 ZGB und Art. 322 ZPO BE), ASR Bd. 577, Bern 1995; OTT, Der Schutz der Anwartschaft auf den Vorschlagsanteil unter dem Güterstand der Errungenschaftsbeteiligung mit Hilfe der güterrechtlichen Herabsetzungs- und Rückforderungsklage, in: FS Hegnauer, Bern 1986, 289 ff.; vgl. auch die Literaturhinweise vor Art. 181.

I. Allgemeines

1. Normzweck

Art. 220 dient der **Sicherung des Beteiligungsanspruchs** (dazu Art. 215 N 11 ff.; zum System der eherechtlichen Sicherungsmassnahmen KOCHER, 172) des Ehegatten nach Art. 215 ff., und dies nicht nur gegenüber dem Schuldnerehegatten bzw. dessen Nachlass, sondern auch gegenüber Dritten, denen – ohne die Zustimmung des andern Ehegatten – aus der Errungenschaft eine Zuwendung gemacht worden ist.

1

2. Abgrenzungen

Die Klage gegen den Dritten ist **subsidiär.** So lange das Vermögen des Schuldnerehegatten ausreicht, um die Beteiligungsforderung zu begleichen, kann der Dritte nicht in Anspruch genommen werden.

2

Die Klage ist **zur erbrechtlichen Herabsetzung alternativ und kumulativ.** Sie kann unabhängig von der erbrechtlichen Herabsetzungsklage geltend gemacht werden, und zwar nicht nur, wenn Ehe und Güterstand nicht durch den Tod eines Ehegatten aufgelöst werden. Sie kann zudem neben die erbrechtliche Herabsetzung treten, da sich die beiden Anwendungsbereiche nicht decken:

3

– Die **güterrechtliche Rückerstattung geht** der erbrechtlichen Herabsetzung und Ausgleichung insofern **vor,** als die letzteren Rechtsbehelfe nur so weit zur Anwendung gelangen, als nicht schon gestützt auf Art. 220 die Pflicht zur wertmässigen Rückleistung zur konkreten Forderung geführt hat. Dabei bleibt allerdings zu beachten, dass der

4

massgebende Wert für die Herabsetzung güter- und erbrechtlich verschieden sein kann. Im einen Fall kommt es auf den Zeitpunkt der Zuwendung an, im andern auf den Todestag des Erblassers (DESCHENAUX/STEINAUER/BADDELEY, Rz 1535; FELLMANN, 166 ff.; BK-HAUSHEER/REUSSER/GEISER, N 64; vgl. auch BGE 110 II 231 f.). Liegt der Wert im letzteren Zeitpunkt höher, kann bez. der Differenz noch die erbrechtliche Herabsetzung geltend gemacht werden; indessen ist – entgegen BGE 107 II 120 – dem güterrechtlichen Schicksal dieser Zuwendungsdifferenz an den Dritten Rechnung zu tragen. Zu beachten bleibt somit, wie die Zuwendung an den Dritten, wäre sie unterblieben, sich in der güterrechtlichen Auseinandersetzung ausgewirkt hätte (BK-HAUSHEER/REUSSER/GEISER, N 65 und Art 208 N 57; vgl. auch die Komm. zu Art. 208).

5   – Die **erbrechtliche Herabsetzung** geht insofern über Art. 220 hinaus, als sie sich im Gegensatz zur güterrechtlichen Herabsetzung nicht auf die Errungenschaft beschränkt.

3. Verzicht auf die Hinzurechnung und/oder die güterrechtliche Herabsetzung

6   Ist **auf die güterrechtliche Herabsetzung, nicht aber auf die Hinzurechnung nach Art. 208 verzichtet** worden, belastet die Zuwendung direkt den Nachlass desjenigen, der die Zuwendung an den Dritten gemacht hat. In vollem Umfang können die Pflichtteilserben – bei Verletzung ihres Pflichtteils – die erbrechtliche Herabsetzung verlangen.

7   Ist **auf die güterrechtliche Herabsetzung und die Hinzurechnung gemäss Art. 208 verzichtet** worden, ist der Nachlass des Zuwendenden und damit die erbrechtliche Herabsetzung nur insoweit berührt, als die Errungenschaft in den Nachlass gefallen wäre. Der andere Teil verbleibt in jedem Fall dem Zuwendungsempfänger. Gleiches gilt, wenn nur die Voraussetzungen für die erbrechtliche, nicht aber jene für die güterrechtliche Herabsetzung erfüllt sind (z.B., weil nicht über Errungenschaft verfügt wurde).

4. Fehlende Voraussetzungen für die güter- oder erbrechtliche Herabsetzung

8   **Fehlt** es an den **Voraussetzungen der erbrechtlichen,** nicht aber an jenen der güterrechtlichen Herabsetzung, muss sich der herabsetzungsberechtigte Ehegatte in seiner Eigenschaft als Erbe des Zuwendenden vom Zuwendungsempfänger entgegenhalten lassen, dass er seine ungedeckte Beteiligungsforderung bei den Erben, und damit bei sich selber, geltend zu machen hat (BK-HAUSHEER/REUSSER/GEISER, N 66).

9   **Fehlt** es an den **Voraussetzungen der güterrechtlichen** Herabsetzung, nicht aber an jenen für Art. 475 bzw. 527 ff., ist dem güterrechtlichen Schicksal der Zuwendung Rechnung zu tragen, wenn sie nicht vorgenommen worden wäre. Es ist somit für den Nachlass nur von Bedeutung, was nicht güterrechtlich an den andern Ehegatten gefallen wäre.

5. Verhältnis zur erbrechtlichen Ausgleichung

10   Für die **Ausgleichung** aufgrund von **Art. 626 ff.** gelten die gleichen Grundsätze wie für die erbrechtliche Herabsetzung, wenn die fragliche Zuwendung nur der güterrechtlichen Hinzurechnung, jedoch nicht der erbrechtlichen Ausgleichung unterliegt. Die in ihren Pflichtteilen Verletzten können die Zuwendung in vollem Umfang herabsetzen lassen. Besteht dagegen eine Ausgleichungspflicht, ohne dass eine güterrechtliche Herabsetzung erfolgt, bleibt bei Nachkommen Art. 626 Abs. 2 zu beachten. Im Hinblick auf die Gleichbehandlung der Nachkommen ist bei ihnen – im Unterschied zum Ehegatten (ge-

stützt auf Art. 626 Abs. 1) – der ganze Zuwendungsbetrag auszugleichen, d.h. unbesehen darum, dass aufgrund des güterrechtlichen Schicksals der Zuwendung ein Teil davon dem Nachlass entzogen worden wäre (BK-HAUSHEER/REUSSER/GEISER, N 68).

6. Haftung gegenüber dem Rückleistungspflichtigen

Von Art. 220 **nicht erfasst** ist die Frage, ob der Dritte, dessen Zuwendung herabgesetzt **11** wird, sich am Ehegatten, der die Zuwendung gemacht hat, schadlos halten kann. Sie beurteilt sich aufgrund der **Gewährleistung** des ursprünglichen – und in seinem Bestand von der Herabsetzung unberührten – Rechtsgeschäfts, mit dem die Zuwendung erfolgt ist (vgl. z.B. Art. 248 OR, der aber angesichts der strengen Voraussetzungen kaum je zur Anwendung gelangen dürfte: ebenso STETTLER/WAELTI, Rz 480). Art. 220 kennt keine mit Art. 149 und 507 OR vergleichbaren Vorschriften.

7. Rechtsnatur des Rückleistungsanspruchs

Art. 220 schränkt die Verfügungsfreiheit der Ehegatten nicht ein, er führt vielmehr zu **12** einer bestimmten **Rückforderung** (so im Zusammenhang mit der erbrechtlichen Herabsetzung BGE 110 II 232 f. E. 7c).

Die Klage gestützt auf Art. 220 ist eine **Leistungsklage** (BK-HAUSHEER/REUSSER/ **13** Geiser, N 46 mit Hinweisen zur Frage einer – in der Lehre vertretenen – Gestaltungswirkung).

Ein **Urteil über die Hinzurechnung nach Art. 208** kann dem Zuwendungsempfän- **14** ger nur entgegengehalten werden, wenn ihm der Streit verkündet worden ist (Art. 208 Abs. 2).

8. Geltendmachung

Der Anspruch entsteht mit dem **Abschluss der güterrechtlichen Auseinandersetzung** **15** (dazu Art. 214 N 9).

Im **Streitfall** gilt nicht Art. 15 Abs. 1 GestG, der sich – wie der bisherige aArt. 194 – **16** nur auf das Verhältnis unter den Ehegatten beschränkt. Zuständig ist das Gericht am Wohnsitz des beklagten Dritten (vgl. Botschaft Revision Eherecht, Ziff. 222.553 sowie die einhellige Lehre). Allerdings ist die Streitverkündung nach Art. 208 Abs. 2 vorzubehalten, für welche die Zuständigkeitsordnung von Art. 15 Abs. 1 bzw. Art. 18 Abs. 1 GestG gilt.

9. Zwingendes Recht

Auf Art. 220 kann eheverträglich **nicht zum Voraus verzichtet** werden. Nach Auflösung **17** des Güterstandes kann es der Berechtigte unterlassen, den entsprechenden Anspruch geltend zu machen.

II. Voraussetzungen im Einzelnen

1. Beteiligungsforderung unter den Ehegatten

Geschützt wird nur jener Ehegatte, dem nach Verrechnung der Vorschlagsbeteiligungen **18** (Art. 215 Abs. 2) gegen den andern eine ungedeckte Beteiligungsforderung zusteht, handle es sich um die **gesetzliche oder** eine **eheverträglich** vereinbarte **Vorschlagsbeteiligung** (analog zu Art. 494 Abs. 3; vgl. auch BK-HAUSHEER/REUSSER/GEISER, N 7 ff. m.w.H. zur Reihenfolge der Schuldentilgung unter den Ehegatten, wenn neben der Beteiligungsforderung weitere Forderungen des Berechtigten gegen den Verpflichteten zu begleichen sind).

19 Ansprüche aufgrund von **Art. 206** werden somit von Art. 220 nicht erfasst, beiseitig variable Ersatzforderungen i.S.v. **Art. 209 Abs. 3** nur insoweit, als davon der Umfang der Beteiligungsforderung abhängt.

2. Zuwendung an den Dritten

20 Anlass zu einer Rückforderung sind **unentgeltliche Zuwendungen (Art. 208 Abs. 1 Ziff. 1) und** (entgegen dem Anschein des Gesetzeswortlauts) als solche erkennbare **Vermögensentäusserungen (Art. 208 Abs. 1 Ziff. 2)** des Ehegatten **an Dritte,** die nach Art. 208 der Hinzurechnung unterliegen. Hinzukommen können weitere Liberalitäten, die nicht von Art. 208 erfasst werden, wenn sie gleichwohl für die Berechnung der Beteiligungsforderung massgebend sind. Letzteres trifft u.a. auf Zuwendungen an Dritte zu, die nach Auflösung des Güterstandes im Zusammenhang mit Vermögensgegenständen erfolgen, die für die güterrechtliche Auseinandersetzung aufgrund von Art. 207 Abs. 1 noch zur Errungenschaft zu zählen sind (BK-HAUSHEER/REUSSER/Geiser, N 14 ff. mit ausführlicher Begründung und in Abgrenzung zu DESCHENAUX/STEINAUER/BADDELEY, Rz 1523, die ausschliesslich auf den Anwendungsbereich von Art. 208 Abs. 1 abstellen; zustimmend zum BK STETTLER/WAELTI, Rz 472). Die **Hinzurechnung** ist somit in **Art. 220 umfassender als in Art. 208.**

3. Überschuldung des pflichtigen Ehegatten und Fehlbetrag beim Berechtigten

21 Art. 220 kommt nur zur Anwendung, wenn der Schuldnerehegatte mit seinem (auch für landwirtschaftliche Gewerbe und Grundstücke zum Verkehrswert einzusetzenden) **Vermögen im Zeitpunkt des Abschlusses der güterrechtlichen Auseinandersetzung bzw.** seinem **Nachlassvermögen** die fällige Beteiligungsforderung – und sei es nur durch Verrechnung mit Schulden des nach Art. 220 berechtigten Ehegatten – nicht zu begleichen vermag. Zukünftiges Einkommen und Zahlungsfristen nach Art. 218 bleiben ebenso wie Vermögensverschlechterungen nach Abschluss der güterrechtlichen Auseinandersetzung ausser Betracht. Vorzubehalten sind – ausnahmsweise – Vermögensverbesserungen beim pflichtigen Ehegatten (dazu BK-HAUSHEER/REUSSER/GEISER, N 24; zustimmend STETTLER/WAELTI, Rz 471 mit Betonung auf ausnahmsweise). War das Vermögen des Schuldnerehegatten im massgebenden Zeitpunkt ausreichend, haben der Gläubigerehegatte oder seine Erben für einen allfälligen vorsorglichen Rechtsschutz zu sorgen.

22 Das Ausmass der **Überschuldung** des Schuldners der Beteiligungsforderung ist gleichzeitig die umfangmässige **Begrenzung des Rückforderungsbetrages.** Für den tatsächlichen Rückforderungsbetrag bleibt indessen zu berücksichtigen bzw. abzuziehen, was der Dritte – wertmässig im Zeitpunkt der Zuwendung (Art. 214 Abs. 2) – empfangen hat und was dem Gläubigerehegatten auf Anrechnung an die Beteiligungsforderung von Drittseite – oder nach der güterrechtlichen Auseinandersetzung seitens des Schuldnerehegatten – noch zugekommen ist. Erst daraus ergibt sich ein allfälliger **Fehlbetrag,** für den der Dritte belangt werden kann.

23 Der Dritte kann einwenden, dass der Fehlbetrag von jenen **andern Zuwendungsempfängern** zu tilgen sei, die aufgrund von Art. 220 Abs. 3 in der Herabsetzungsreihenfolge vorangehen (dazu hinten N 32 ff.). Der Herabsetzungspflichtige hat für die Zahlungsunfähigkeit des Schuldnerehegatten einzustehen, nicht auch für die Insolvenz vorgehender Rückforderungspflichtiger (BK-HAUSHEER/REUSSER/GEISER, N 36).

4. Bereicherung des gutgläubigen Dritten

Während der Zuwendungsempfänger, der um die Erfüllungsbeeinträchtigung der Beteiligungsforderung wusste oder wissen musste, grundsätzlich, d.h. unter Vorbehalt des Verlusts zufolge höherer Gewalt (Zufall nach DESCHENAUX/STEINAUER/BADDELEY, Rz 1529 Anm. 51; vgl. auch BGE 110 II 234 ff.) für den Wert der ursprünglichen Zuwendung einzustehen hat, hat der Gutgläubige höchstens so viel zu leisten, um wie viel er – **im Zeitpunkt der Klage – noch bereichert** ist (s. Art. 528 Abs. 1; dazu Deschenaux/ STEINAUER/BADDELEY, Rz 1529 Anm. 50; BK-HAUSHEER/REUSSER/Geiser, N 38 mit Hinweis auf abweichende Meinungen und weitere Einzelheiten).   **24**

III. Berechtigter und Verpflichteter

1. Berechtigter

Berechtigt sind jener **Ehegatte,** dem eine ungetilgte Beteiligungsforderung zusteht, oder dessen **Erben,** und zwar jeder für seinen Teil. Gehört zu diesen Erben auch der Schuldner der Beteiligungsforderung, kann sich der Dritte auf widersprüchliches Verhalten i.S.v. Art. 2 Abs. 2 berufen, nachdem der Vermögensentäusserer und jetzt als Erbe berechtigte Ehegatte die Zuwendung selber ohne die Zustimmung seines Ehegatten vorgenommen hat (BK-HAUSHEER/REUSSER/GEISER, N 44).   **25**

Verlustscheinsgläubiger und die **Konkursverwaltung** können sich **nicht** – i.S.v. Art. 524 – auf Art. 220 berufen (PIOTET, 170 FN 3; OTT, 311; DESCHENAUX/STEINAUER/ BADDELEY, Rz 1517 f.; STETTLER/WAELTI, Rz 473). Letztere kann allerdings den Herabsetzungsanspruch als Nebenrecht (Art. 170 OR i.V.m. Art. 131 SchKG) der Beteiligungsforderung für die Konkursmasse eines Zessionars geltend machen (BK-HAUSHEER/ REUSSER/GEISER, N 45; ebenso STETTLER/WAELTI, Rz 473; DESCHENAUX/STEINAUER/ BADDELEY, Rz 1518).   **26**

2. Verpflichteter

An die Stelle des unmittelbaren Zuwendungsempfängers kann **als Beklagter** – und nur als solcher – sein Rechtsnachfolger treten (insb. sein Erbe, aber ggf. auch ein weiterer **Universalsukzessor**). Ist das Empfangene einem Dritten weiterverschenkt worden, wird dieser vom Ehegatten nicht direkt Begünstigte von Art. 220 nicht erfasst (DESCHENAUX/STEINAUER/BADDELEY, Rz 1519).   **27**

IV. Befristung und Durchführung der Klage

Art. 220 Abs. 2 sieht eine relative und eine absolute **Verwirkungsfrist** vor (PIOTET, 172). Sie kann nicht unterbrochen werden und führt nach ihrem Ablauf zum Untergang des Herabsetzungsanspruchs. Auch eine einredeweise Geltendmachung entfällt nach dem Fristablauf (BK-HAUSHEER/REUSSER/GEISER, N 49; **a.M.** OTT, 321).   **28**

Die **einjährige Frist** beginnt mit der Kenntnis des Zuwendungsempfängers i.S.v. Art. 220 und der Tatsache, dass die Beteiligungsforderung ganz oder teilweise ungedeckt bleiben wird. Nicht erforderlich ist dagegen die Kenntnis vom genauen Ausmass der herabsetzungsrelevanten Zuwendungen.   **29**

Die **zehnjährige Frist** hat ihren Anfang bei der Auflösung des Güterstandes (dazu Art. 204 N 3 ff.).   **30**

31 Die Frist wird durch die **Klageeinreichung** gewahrt. Dabei handelt es sich um einen Begriff des Bundesrechts, der auf die Pflicht des kantonalen Gerichts – nach kantonalem Recht – abstellt, die Klage an die Hand zu nehmen (BGE 114 II 263). Zulässig ist eine Nachfrist nach Art. 139 OR.

V. Analoge Anwendung des Erbrechts

32 Mit dem Verweis auf die Vorschriften über die erbrechtliche Herabsetzungsklage sind **insb. Art. 525 Abs. 1, 528, 529 und 532** gemeint.

33 In der Lehre **umstritten** ist

– die sinngemässe Anwendung von **Art. 523** (teilweise bejahend OTT, 314 f.; gegen eine analoge Anwendung PIOTET, 170 Anm. 4 und – mit eingehender Begründung – BK-HAUSHEER/REUSSER/GEISER, N 58 und 60; zustimmend STETTLER/WAELTI, Rz 478).

– Gleiches gilt für **Art. 526.** OTT (310–319), lässt dem Zuwendungsempfänger die Möglichkeit, die Forderung durch den erhaltenen Vermögensgegenstand, d.h. in natura zu tilgen. BK-HAUSHEER/REUSSER/GEISER (N 58; ebenso STETTLER/WAELTI, Rz 476) bejahen diese Möglichkeit mit der Einschränkung, dass bei dieser Erfüllung an Zahlungs statt der Wert der empfangenen Sache im Zeitpunkt der Rückgabe massgebend und eine Differenz in Geld auszugleichen ist, wenn dieser Wert unter jenem im Zeitpunkt der Zuwendung liegt. Für den Berechtigten darf sich an der umfangmässigen Begrenzung der Rückforderung durch Art. 214 Abs. 2 nichts verändern und es ist ihm keine Ausgleichszahlung aufzuzwingen. PIOTET (170 FN 3) schliesst Art. 526 im Eherecht ganz aus.

34 Aus dem Verweis auf die erbrechtliche Herabsetzung ergibt sich insb. auch die Reihenfolge der Herabsetzung bei einer **Mehrheit von herabsetzbaren Zuwendungen** (Art. 532): Die zuletzt erfolgten Zuwendungen sind als Erste herabzusetzen (PIOTET, 170 f.; OTT, 313 f.; DESCHENAUX/STEINAUER/BADDELEY, Rz 1527; BK-HAUSHEER/REUSSER/GEISER, N 59). Zum Erbrecht ergeben sich insofern gewisse Unterschiede bei Begünstigungen im Zusammenhang mit Lebensversicherungen und bei Schenkungen, als der Zeitpunkt der Zuwendung mit der Befristung der Hinzurechnung nach Art. 208 zusammenfällt (vgl. zu Art. 208 N 18; sodann BK-HAUSHEER/REUSSER/GEISER, N 59). Das Risiko der Insolvenz des Empfängers einer späteren Zuwendung trägt der berechtigte Ehegatte und nicht ein früherer Zuwendungsempfänger (s.a. vorn N 23). Dagegen führt eine Einschränkung der Rückleistungspflicht wegen des guten Glaubens des späteren Zuwendungsempfängers (dazu vorn N 24) nicht zu einer entsprechenden Befreiung eines früheren Zuwendungsempfängers.

35 Mehrere **gleichzeitige Zuwendungen an verschiedene Empfänger** sind nach Art. 525 Abs. 1 anteilsmässig – und unter Ausschluss einer Insolvenzhaftung des einen für den andern – herabzusetzen.

Dritter Abschnitt: Die Gütergemeinschaft

Art. 221

A. Eigentumsverhältnisse	**Der Güterstand der Gütergemeinschaft umfasst das Gesamtgut und das Eigengut jedes Ehegatten.**
I. Zusammensetzung	
A. Propriété I. Composition	Le régime de la communauté de biens se compose des biens communs et des biens propres de chaque époux.
A. Rapporti di proprietà I. Composizione	Il regime della comunione dei beni comprende i beni comuni e i beni propri di ciascun coniuge.

Literatur

FAVRE, L'achat d'immeuble en copropriété entre époux mariés sous le régime de la participation aux acquêts – une fausse solution?, ZBGR 75 (1994), 324 ff.; KOBEL, Eherechtliche und schuldrechtliche Leistungen unter Ehegatten, ASR Bd. 642, Bern 2001; REY, Die Grundlagen des Sachenrechts und das Eigentum, 2. Aufl., Bern 2000 (zit. Sachenrecht); vgl. auch die Literaturhinweise vor Art. 181.

I. Allgemeines

1. Normzweck

Wie Art. 196 **entbehrt** Art. 221 eines eigenen **materiellen Gehaltes** (s. Art. 196 N 1). Er deutet immerhin an, was dann in Art. 225 festgehalten wird, dass in jeder, d.h. auch in der allgemeinen Gütergemeinschaft neben dem Gesamtgut beider Ehegatten auch zwei jeweils einem Ehepartner gehörende Eigengüter vorhanden sind.   **1**

2. Die Unterscheidung zwischen Gesamtgut und Eigengütern

Im Unterschied zur Errungenschaftsbeteiligung beschränkt sich die Unterscheidung der   **2** beiden Arten von Gütermassen nicht auf das Vermögen der beiden Ehegatten (Mannes- oder Frauengut), vielmehr stellt sie **gemeinsames Vermögen** der Ehegatten dem **alleinigen Vermögen** der Ehefrau und des Ehemannes gegenüber.

Das bedeutet:

– abgesehen von einem **unterschiedlichen rechtlichen Schicksal** der beiden Arten von Gütermassen (Nutzung, Verwaltung, Verfügung, Haftung, Aufteilung) auch immer

– **unterschiedliche Eigentumsverhältnisse** bez. der beiden Arten von Gütermassen.

Über die **Zuordnung** zum gemeinschaftlichen bzw. ausschliesslichen Eigentum (i.w.S., d.h. i.S.v. Berechtigung) befindet im Unterschied zu Art. 197 f. nicht das Gesetz, sondern die **ehevertragliche Einigung** unter den Ehegatten.

Sodann sind die beiden Gütermassen der **ehelichen Gemeinschaft** nicht als solche, sondern je nach der konkreten Umschreibung des Gesamtgutes bzw. der Eigengüter in unterschiedlicher Weise zugeordnet. Während die Errungenschaft im ordentlichen subsidiären

Güterstand immer in erster Linie dem ehelichen **Unterhalt** dient, trifft dies für das Gesamtgut der Gütergemeinschaft nur unter der Voraussetzung zu, dass ihm das Erwerbseinkommen der Ehegatten zufliesst.

a) Das Gesamtgut

3 Beim Gesamtgut handelt es sich um eine **Rechtsgesamtheit besonderer Art** (BK-MEIER-HAYOZ, Art. 652 N 19; BK-HAUSHEER/REUSSER/GEISER, Vorbem. vor Art. 221 ff. N 19 ff. und Art. 221 N 7 je m.w.H.). Sie ist als solche mit den Personengesellschaften ausserhalb des Familienrechts vergleichbar, hat indessen eine eigene rechtliche Ordnung gefunden. Weder steht eine verselbständigte Rechtspersönlichkeit in Frage, noch handelt es sich um ein besonderes eheliches Vermögen, wie dies für die altrechtliche Gütergemeinschaft zutraf. Wesentlich für das Gesamthandeigentum (bzw. die Gesamthandberechtigung) bleibt dennoch die durch das Ehegüterrecht im Hinblick auf das Vermögen eigens geregelte Personenverbindung der Ehegatten in der ehelichen Gemeinschaft. Dies macht letztlich auch den Unterschied zum Miteigentum unter den Ehegatten aus, welches ebenfalls zu einer mehrfachen Zuständigkeit am ungeteilten Eigentumsobjekt führt, bei der Rechtsausübung indessen bei einem bruchteilsmässig umschriebenen Anteil anknüpft (statt vieler REY, Sachenrecht, Rz 610 ff.). Dieser Anteil wird im Rahmen der Gütertrennung Art. 251 und in der Errungenschaftsbeteiligung insoweit besonderen eherechtlichen Beschränkungen unterworfen, als Art. 201 Abs. 1 ein Verfügungsverbot und Art. 205 Abs. 2 eine spezielle Teilungsregel vorsieht. Dies führt zu einer gewissen Annäherung der beiden Formen des gemeinschaftlichen Eigentums.

Zum Gesamtgut**anteil** s. Art. 222 N 18 ff.

b) Die Eigengüter

4 Bei den Eigengütern handelt es sich um Vermögen in der **ausschliesslichen Berechtigung** des einen oder andern Ehegatten. Dem steht allerdings gemeinschaftliches Eigentum zwischen den beiden Eigengütern nicht entgegen. Regelmässig sollte es sich dabei um Miteigentum handeln, da ein weiteres Gesamthandverhältnis nach andern Regeln als jenen des Gesamtgutes zu einer kaum mehr zu bewältigenden Überlagerung von Rechtsnormen führen müsste. Besteht Miteigentum unter den Eigengütern (z.B. bez. einer Liegenschaft, wenn eine solche generell vom Gesamtgut ausgeschlossen worden ist), steht jedem Eigengut der entsprechende Miteigentumsanteil zu (s. u.a. FAVRE, ZBGR 1994, 324 ff., passim). Entspricht die Eigenfinanzierung des Miteigentumsanteils nicht der ideellen Quote der Ehefrau oder des Ehemannes, steht dem andern Eigengut dann eine variable (Ersatz-)Forderung i.S.v. Art. 206 i.V.m. Art. 239 zu, wenn der Beitrag an den andern Ehegatten nicht geschenkt wurde. Eine Schenkung ist auch unter Ehegatten nicht zu vermuten, vielmehr aus den Umständen zu schliessen oder zu verneinen (vgl. zu unterschiedlichen Zuwendungsgegenständen BGE 96 II 1; 85 II 71; 83 II 209; s.a. KOBEL, Rz 4.53 f.; BK-HAUSHEER/REUSSER/GEISER, Vorbem. vor Art. 221 ff. N 51 m.w.H.).

Zur **Ehegattengesellschaft** im Zusammenhang mit den beiden Eigengütern und im Rahmen der Errungenschaftsbeteiligung als Alternative zur Gütergemeinschaft s. BK-HAUSHEER/REUSSER/GEISER, Vorbem. vor Art. 221 ff. N 40 ff. mit teilweise abweichender Meinung gegenüber OR-STAEHELIN, Art. 548/549 N 13; ferner BRÄM, passim.

3. Die Unabänderlichkeit der Gütermassen

5 Die Unterscheidung zwischen dem Gesamtgut einerseits und den beiden Eigengütern andererseits ist nicht nur für das **Innenverhältnis** unter den Ehegatten von Bedeutung, sie betrifft im Zusammenhang mit der Verwaltung (vorab Art. 227 f.), Verfügung (insb. Art. 227 Abs. 2 und Art. 228) und insb. mit der Haftung auch den **Rechtsverkehr mit Dritten** (Art. 233 f.).

Diesen unterschiedlichen Interessen dient einerseits   **6**

(1) der Grundsatz der **Unabänderlichkeit der Gütermassen** und anderseits

(2) die **Surrogation.**

Im Einzelnen bedeutet das: **7**

– Der Unabänderlichkeitsgrundsatz lässt eine Neuumschreibung des Gesamtgutes und der beiden Eigengüter nur aufgrund eines **neuen Ehevertrages** zu, was die Beachtung von **Art. 193** zur Folge hat.

– **Schenkungen** zwischen dem Gesamtgut und den beiden Eigengütern sind zwar zuläs-   **8** sig, sie erfordern indessen eine ehevertragliche Neuumschreibung der Gütermassen, wenn der geschenkte Vermögenswert sich nicht mit der sachlichen Umschreibung der begünstigten Gütermasse vereinbaren lässt (Beispiel: Die Ehegatten wollen eine Gesamtgutliegenschaft in das Eigengut der Ehefrau überführen, das aufgrund seiner ehevertraglichen Umschreibung nur Beweglichkeiten umfassen soll).

– Der Grundsatz, wonach der Ersatz eines bestimmten Vermögenswertes einer Güter-   **9** masse wiederum der gleichen Vermögensmasse zuzuordnen ist (= vermögensrechtliche **Surrogation:** s. Art. 197 N 36 ff. und Art. 198 N 30 ff. m.w.H.), gilt an sich auch für die Gütergemeinschaft bzw. für das Gesamtgut und die Eigengüter. Im Unterschied zur Errungenschaftsbeteiligung kann ihm allerdings die rechtsgeschäftliche, d.h. ehevertragliche Umschreibung dieser verschiedenen Gütermassen mit dinglicher Wirkung (s. N 2 und 15 sowie Art. 222 N 15) entgegenstehen, so dass für die andere Gütermasse erworben wird. Aus dieser Sicht kann bei der Gütergemeinschaft – im Unterschied zur Errungenschaftsbeteiligung – (auch) von einer dinglichen Surrogation gesprochen werden (so ohne Differenzierung MASANTI-MÜLLER, 55). Ist dies der Fall, muss jener Gütermasse, welche die vermögensrechtliche Surrogation nicht durchzusetzen vermag, angesichts von Art. 193 eine Ersatzforderung zustehen (BK-HAUSHEER/REUSSER/ GEISER, N 10). Die vermögensrechtliche Surrogation kann sodann an sich auch dort in Frage stehen, wo die besonderen Regeln der Verfügung über das Gesamtgut verletzt worden sind, ohne dass sich Dritte auf den Gutglaubensschutz nach Art. 228 Abs. 2 berufen könnten. Unter solchen Umständen ist aber das entsprechende Rechtsgeschäft nichtig, so dass der Surrogationstatbestand gar nicht eintreten kann.

4. Die Rangordnung unter den Gütermassen

Aus der gesetzlichen Beweisvermutung zugunsten des Gesamtgutes (**Art. 226**) im Falle   **10** der Beweislosigkeit des Alleineigentums eines Ehegatten bzw. von Gesamteigentum (Gesamtberechtigung) beider Ehegatten, ergibt sich eine **Bevorzugung des Gesamtgutes.** Dies gilt auch für den vom Gesetz nicht eigens geregelten Fall, dass zwar Alleineigentum eines Ehegatten feststeht, nicht aber das Eigentum des Ehemannes bzw. der Ehefrau (s. u.a. DESCHENAUX/STEINAUER/BADDELEY, Rz 1684).

5. Passiven

Den einzelnen Gütermassen sind zwar im Innenverhältnis unter den Ehegatten immer   **11** auch die entsprechenden Schulden zuzuordnen (s. Art. 238). Dennoch bleibt bei den einzelnen Gesetzesbestimmungen zu prüfen, ob das Gesetz von einem **Brutto- oder Nettovermögen** ausgeht.

Letzteres ist z.B. im Zusammenhang mit der Haftung gemäss Art. 233 und 234 der Fall. Gleiches gilt für die Gesamtguthälfte nach Art. 241 (s. N. 7 dazu) und gemäss Art. 242 Abs. 2 (vgl. N 14 dazu). Demgegenüber erfassen Art. 242 Abs. 1 und 246 – ohne sie zu erwähnen – auch die Schulden (s. Art. 242 N 6 und 246 N 2).

II. Die Massenzuordnung beim Zusammenwirken des Gesamtgutes und der beiden Eigengüter

1. Allgemeines

12 Ein **Zusammenwirken** der Ehegatten findet in der Gütergemeinschaft an sich in gleicher Weise statt wie im Rahmen des ordentlichen, subsidiären Güterstandes (s. Art. 196 N 8 ff.). Indessen gilt es dem Umstand Rechnung zu tragen, dass es sich beim Zusammenwirken der beiden Ehegatten nur insoweit um mit der Errungenschaftsbeteiligung vergleichbare Vorgänge handelt, als die beiden **Eigengüter** in Frage stehen. Hier können die gleichen Grundsätze Anwendung finden, die der Gesetzgeber in Art. 206 festgehalten hat (s. dazu die Komm. zu Art. 206).

13 Handelt es sich dagegen um das Zusammenwirken von **Gesamtgut und Eigengut** eines Ehegatten, findet dieser Vorgang, im Unterschied zur Regelung in Art. 209, nicht allein im Vermögen eines Ehegatten statt. Vielmehr stehen beide Ehegatten als Gesamthandberechtigte einem Ehegatten als Alleineigentümer gegenüber. Es gilt daher auch unter diesen Umständen dem Grundsatz nach die Regelung von Art. 206 (dazu Art. 239 N 2 ff.).

14 Das bedeutet im Einzelnen:
– Die Zuordnung eines finanziell gemeinsam erworbenen Vermögenswertes zum Eigen- bzw. Gesamtgut richtet sich grundsätzlich nicht nach dem engsten sachlichen Zusammenhang i.S. eines finanziellen Übergewichts, sondern vielmehr danach, ob ein Ehegatte allein (dazu Art. 222 N 15) oder beide Ehegatten für das **Gesamt- oder** für das **Eigengut** eines Ehegatten erworben haben. Ist allerdings der fragliche Erwerb, z.B. im Zusammenhang mit Fahrnis, zweifelhaft, ist der Vermögenswert in Analogie zu Art. 226 dem Gesamtgut zuzuweisen (Näheres dazu in BK-HAUSHEER/REUSSER/ GEISER, N 18).

15 – Da der **eheverträglichen** Umschreibung des Gesamtgutes und der Eigengüter nach sachlichen Kriterien (Liegenschaften sind z.B. unabhängig von deren Herkunft bzw. Finanzierung Gesamtgut) **dingliche Wirkung** zukommt (s. N 2 und 9 sowie Art. 222 N 15), entscheidet letztlich der Ehevertrag über Gesamthandberechtigung bzw. Alleineigentum. In diesem Fall steht der andern Gütermasse eine einseitig variable (Ersatz-) Forderung i.S.v. Art. 239 zu.

16 – Massgebend für die Massenzuordnung ist der **Zeitpunkt** des Erwerbs des fraglichen Vermögenswertes. Eine nachträgliche Beteiligung der andern Vermögensmasse führt nicht mehr zu einer Massenumteilung (BK-HAUSHEER/REUSSER/GEISER, N 19).

2. Insbesondere die Massenzuordnung von Hypotheken

a) Besonderheit der Gütergemeinschaft

17 Auch bei einer Mitfinanzierung einer Liegenschaft durch eine Hypothek ist bei einem Zusammenwirken beider Ehegatten nur von den Grundsätzen nach Art. 239 i.V.m. **Art. 206** (vgl. zur letzteren Gesetzesbestimmung BGE 123 III 152 ff.), nicht dagegen i.V.m. Art. 209 auszugehen.

b) Der reine Kreditkauf

Ein solches Zusammenwirken fehlt beim **reinen Kreditkauf.** Dieser ist bei der allgemeinen Gütergemeinschaft ausschliesslich dem Gesamtgut zuzuordnen. Bei den beschränkten Gütergemeinschaften kommt es darauf an, welcher Gütermasse die auf diesem Weg erworbene Liegenschaft zukommt. **18**

c) Arten der Beteiligung beider Gütermassen

Eine gemeinsame Beteiligung des Gesamtgutes und eines Eigengutes liegt vor: **19**

– Bei einer **partiellen Ersatzanschaffung** gleichzeitig für das Gesamtgut und für ein Eigengut. Von einer solchen Ersatzanschaffung kann allerdings allein im wirtschaftlichen Sinne die Rede sein, da der mit Mitteln des Gesamtgutes und des Eigengutes neu erworbene Vermögenswert nur als Ganzes ins Eigen- oder Gesamtgut fallen kann, währenddem der anderen Gütermasse eine (grundsätzlich variable) (Ersatz-)Forderung zusteht.

– Bei der **regelmässigen und andauernden** – ganzen oder teilweisen – **Übernahme des Zinsendienstes** durch jene Gütermasse, welcher die Liegenschaft eigentumsmässig nicht zusteht (zum Sonderfall des Zinsendienstes als **Unterhaltsbeitrag** zugunsten der ehelichen Gemeinschaft s. Art. 209 N 29). Eine anteilsmässige Aufteilung der Hypothek findet u.a. dann statt, wenn die Erträge jener Gütermasse, welcher das Eigentum an der Liegenschaft zukommt, für den Zinsendienst nicht ausreichen, so dass die andere Gütermasse die verbleibende Zinsenlast übernehmen muss (s. dazu insb. das Beispiel in Art. 206 N 35; vgl. sodann Art. 209 N 27 ff.).

d) Nachträgliche Amortisationen

Werden nachträglich **Amortisationen** vorgenommen, sind zwei Sachlagen zu unterscheiden: **20**

– Erfolgt die Amortisation durch jene **Gütermasse, welcher die Hypothek zugeordnet** ist, ersetzt die Amortisation die Hypothek und vermindert somit nur gerade die Passiven des Eigen- oder Gesamtgutes.

– Wird dagegen die Amortisation seitens der **andern Gütermasse** herbeigeführt, handelt es sich um eine nachträgliche Investition i.S.v. Art. 239 i.V.m. Art. 206. Sie führt jedoch nicht mehr zu einer Neuaufteilung der Hypothek (dazu BK-HAUSHEER/REUSSER/GEISER, Art. 196 N 63 und 65; in diesem Sinne auch OGer BE ZBJV 1992, 178 ff.).

Erfolgt die Amortisation durch die andere Gütermasse in mehr oder weniger regelmässigen kleineren Beträgen, ist eine **Durchschnittsberechnung** angezeigt (dazu Art. 206 N 23).

Art. 222

II. Gesamtgut **1. Allgemeine Gütergemeinschaft**	[1] **Die allgemeine Gütergemeinschaft vereinigt das Vermögen und die Einkünfte der Ehegatten zu einem Gesamtgut, mit Ausnahme der Gegenstände, die von Gesetzes wegen Eigengut sind.** [2] **Das Gesamtgut gehört beiden Ehegatten ungeteilt.** [3] **Kein Ehegatte kann über seinen Anteil am Gesamtgut verfügen.**

II. Biens communs 1. Communauté universelle	[1] La communauté universelle se compose de tous les biens et revenus des époux qui ne sont pas biens propres de par la loi. [2] La communauté appartient indivisément aux deux époux. [3] Aucun d'eux ne peut disposer de sa part aux biens communs.
II. Beni comuni 1. Comunione universale	[1] La comunione universale dei beni riunisce in un'unica sostanza tutti i beni e tutti i redditi dei coniugi, eccetto i beni propri per legge. [2] La sostanza comune appartiene, indivisa, ad entrambi i coniugi. [3] Nessun coniuge può disporre della sua quota.

Literatur

GNEKOW, Die Liquidation der allgemeinen Gütergemeinschaft nach dem Ableben eines Ehegatten, Diss. Zürich 1975; vgl. auch die Literaturhinweise vor Art. 181.

I. Allgemeines

1. Normzweck

1   Art. 222 verfolgt drei unterschiedliche Ziele:

– **Abs. 1** macht vorerst deutlich, dass selbst bei der umfassenden, d.h. allgemeinen Gütergemeinschaft **gesetzliches Eigengut** vorhanden ist bzw. sein kann;

– **Abs. 2** unterstellt das beiden Ehegatten gemeinsame Vermögen den sachenrechtlichen Regeln über die **Gesamthand i.S.v. Art. 652 ff.;** und

– **Abs. 3** weist schliesslich darauf hin, inwiefern die sachenrechtliche Ordnung wiederum **durch** das **Ehegüterrecht ergänzt** wird, um den besonderen Bedürfnissen der ehelichen Gemeinschaft Rechnung zu tragen.

2. Zwingendes und dispositives Recht

2   Während der Umfang des Gesamtgutes, d.h. die allgemeine Gütergemeinschaft als solche, in das Belieben der Ehegatten gestellt ist, handelt es sich beim **gesetzlichen Eigengut,** das in Art. 225 näher umschrieben wird (s. die Komm. dazu), bei den **Regeln über die Gesamthand** und beim **Verfügungsverbot** i.S.v. Abs. 3 um **zwingendes Recht.**

II. Gesamtgut und Eigengut

1. Umfang des Gesamtgutes in der allgemeinen Gütergemeinschaft

a) Die Negativumschreibung

3   Bei der allgemeinen Gütergemeinschaft umfasst das Gesamtgut der Ehegatten **alles, was nicht von Gesetzes wegen** als **Eigengut** i.S.v. Art. 225 Abs. 2 und allfällige Ersatzanschaffungen für dieses (Art. 198 Ziff. 4: vgl. dazu allerdings die Einschränkung in N 13) ausgenommen ist. Bei den Gegenständen, die einem Ehegatten ausschliesslich zum persönlichen Gebrauch dienen, und bei den Genugtuungsansprüchen handelt es sich um Begriffe, die Art. 198 Ziff. 1 einerseits und Art. 198 Ziff. 3 anderseits entsprechen.

b) Zuwendungen Dritter ins Eigengut

4   Während ehevertragliches Eigengut immer zu einer beschränkten Gütergemeinschaft i.S.v. Art. 223 führt, spricht sich das Gesetz über die **Zuwendungen Dritter in das**

Eigengut (Art. 225 Abs. 1) nicht aus. Die Meinungen darüber, ob auch unter diesen Umständen noch von einer allgemeinen Gütergemeinschaft gesprochen werden kann, gehen in der Lehre auseinander (s. BK-HAUSHEER/REUSSER/GEISER, N 9 und Art. 225 N 26 je m.w.H.). Entscheidend ist dabei die Frage, ob der Wille des Dritten auch insofern zu beachten ist, als er die Erträge der Zuwendung ins Eigengut dieser Gütermasse vorbehalten möchte. Sie ist zu verneinen, weil sonst der Dritte allein den Wechsel von einer allgemeinen zu einer beschränkten Gütergemeinschaft bewirken könnte(so BK, a.a.O.; DESCHENAUX/STEINAUER/BADDELEY, Rz 1624 Anm. 22; **a.M.** TUOR/SCHNYDER/SCHMID/RUMO-JUNGO, 326; HEGNAUER/BREITSCHMID, Rz 28.17 sowie MASANTI-MÜLLER, 44).

Das **Eigengut** umfasst somit entgegen dem Wortlaut von Art. 222 Abs. 1 neben den ge- **5** setzlichen Eigengutkategorien grundsätzlich, d.h. unter Vorbehalt einer Entwidmung bei Gegenständen zum ausschliesslichen persönlichen Gebrauch, auch deren Ersatzanschaffungen und die Zuwendungen Dritter ins Eigengut. Entsprechend vermindert sich der Umfang des Gesamtgutes.

c) Nachträgliche Änderungen

Herkunft und Beschaffenheit der Vermögenswerte sowie der **Zeitpunkt des Erwerbs** **6** des Gesamtgutes sind im Unterschied zum ordentlichen, subsidiären Güterstand an sich bedeutungslos. Diese Eigenschaften bleiben indessen

– **während des Güterstandes** im Hinblick auf **Art. 229** von Bedeutung (s. die Komm. dazu) und sodann

– bei **Auflösung des Güterstandes** mit Rücksicht auf die **Art. 242 und 243,** welche einen bevorzugten Anspruch bei der Gesamtgutteilung (Art. 243) oder gar der Neuordnung des Vermögens nach Art. 197 und 198 einschliesslich Ersatzanschaffungen und (Ersatz-)Forderungen nach Art. 206 und 209 vorsehen (Art. 242): s. die Komm. dazu. Bei der ordentlichen und ausserordentlichen Auflösung der allgemeinen Gütergemeinschaft kann sodann **Art. 237** eine **Massenumteilung** vorschreiben.

d) Beweissicherung

Angesichts des in verschiedener Hinsicht nur prekären Bestandes des Gesamtgutes in der **7** allgemeinen Gütergemeinschaft, bedarf es (mit Vorteil) der Beweissicherung durch entsprechende **Feststellungen im Ehevertrag** (s. Art. 182 N 10 und Art. 195a N 2) oder durch ein **Inventar** mit öffentlicher bzw. privater Urkunde (s. die Komm. zu Art. 195a).

e) Vermögen und Einkünfte als Gesamtgutbestandteile

Beim **Vermögen** geht es um Vermögensrechte irgendwelcher Art. Vorausgesetzt wird **8** somit grundsätzlich ein Geldwert; auf die Art der Berechtigung kommt es dagegen nicht an (z.B. Eigentum und beschränkte dingliche Rechte, Immaterialgüterrechte, familienrechtliche Vermögensrechte wie Unterhaltsansprüche, Forderungen aller Art, aber auch Nebenrechte sowie Gestaltungs- und Mitgliedschaftsrechte mit Vermögenswert). Nicht zu den Vermögensrechten zählen dagegen Rechte um der Persönlichkeit willen und nicht vermögensbezogene Mitgliedschaftsrechte in Personenverbänden verschiedenster Art (z.B. Erbengemeinschaft, Verein u.a.m.).

Unübertragbare Vermögensrechte eines Ehegatten allein stehen einer Gesamtgutszu- **9** gehörigkeit im Innenverhältnis unter den Ehegatten nicht entgegen (Näheres dazu BK-HAUSHEER/REUSSER/GEISER, N 31).

10   **Anwartschaften** bedürfen einer hinreichenden Verfestigung der Rechtsverwirklichung, um als Vermögensbestandteil Beachtung zu finden.

11   **Einkünfte** (i.S.v. Abs. 1 als Einkommen schlechthin und damit als Oberbegriff zu den Erträgen gemäss Art. 223 Abs. 2 und 224 Abs. 2 und als Gegensatz zum Vermögen) werden mit ihrem Anfall Gesamtgut, und zwar unabhängig davon, ob sie zur Vermögensäufnung herangezogen werden. Das ist für die Frage der Verfügung über entsprechende Vermögenswerte von Bedeutung (d.h. für die Frage der Mitwirkung des andern Ehegatten).

12   Auch die **Schulden** gehören zum Gesamtgut i.S.v. Art. 222. Die Schuldenzuordnung und allfällige Ersatzforderungen im Zusammenhang damit werden indessen in Art. 238 Abs. 2 näher geordnet (s. die Komm. dazu). Sodann untersteht die Frage der Haftung der Ehegatten gegenüber Dritten der besonderen Regelung von Art. 233 und 234, die nicht mit der Abgrenzung zwischen dem Gesamtgut und den Eigengütern übereinstimmt.

2. Umfang des Eigengutes in der allgemeinen Gütergemeinschaft

13   Das Eigengut umfasst – wie dargelegt –

– das **gesetzliche Eigengut** i.S.v. Art. 225 Abs. 2 (s. die Komm. dazu);

– **Zuwendungen Dritter** in das Eigengut i.S.v. Art. 225 Abs. 1 unter Vorbehalt allfälliger Pflichtteile i.S.v. Abs. 3 dieser Gesetzesbestimmung (s. die Komm. dazu) und

– **Ersatzanschaffungen für das Eigengut,** soweit sie sich mit dem Ehevertrag vereinbaren lassen, bzw. allfällige Ersatzforderungen, wenn der Ehevertrag im Zusammenhang mit einer Ersatzanschaffung mit Mitteln aus dem Eigengut zu einem Wechsel der Gütermasse führt (vgl. Art. 221 N 9 f. und Art. 198 N 11). Der Grundsatz der vermögensrechtlichen Surrogation wird im Unterschied zum Gesamtgut auch insoweit eingeschränkt, als Ersatzanschaffungen für Gegenstände zum ausschliesslich persönlichen Gebrauch eines Ehegatten zu einer Entwidmung führen können und dann wieder ganz dem Ehevertrag für die Zuordnung der Ersatzanschaffung Rechnung zu tragen ist.

14   Die **Erträge des Eigengutes** stehen dem Gesamtgut zu (Art. 224 e contrario).

3. Entstehung und Untergang des Gesamtgutes

15   Gesamtgut **entsteht – von Gesetzes wegen,** d.h. ohne weitere Übertragungsakte und mit Wirkung unter den Ehegatten und gegenüber Dritten – in dem Zeitpunkt, da der Ehevertrag wirksam wird (s. dazu Art. 184; vgl. sodann Art. 665 Abs. 3 für Liegenschaften). Der Ehevertrag ist somit Verpflichtungs- und Verfügungsgeschäft (Art. 182 N 14) und dies auch für künftige Rechte, welche vom Ehevertrag erfasst werden. Er bewirkt eine Gesamtnachfolge, wie sie auch im Zusammenhang mit dem Nachlass vorkommt. Die Änderung bez. der einzelnen Vermögensrechte betrifft nur die Gesamthandberechtigung, nicht aber deren Inhalt als solchen. Ein Grundbucheintrag ist allerdings im Hinblick auf den guten Glauben des Dritten i.S.v. Art. 973 angezeigt bzw. erforderlich. Bei Fahrnis sind in diesem Zusammenhang Art. 228 Abs. 2 und sodann Art. 930 ff. zu beachten. Keiner Eintragsänderung im Grundbuch bedarf es für Grundpfandrechte (zum Gläubigerregister s. immerhin Art. 66 Abs. 2 GBV), Grundlasten und persönliche Dienstbarkeiten. Das gilt bei den Letzteren umso mehr, als sich die gemeinsame Berechtigung der Ehegatten nur auf deren Innenverhältnis beschränkt (vgl. vorn N 9; für die Nutzniessung ist dabei Art. 758 zu beachten).

Die gemeinsame Berechtigung unter den Ehegatten tritt aufgrund des dinglich wirkenden Ehevertrages (s. ebenfalls Art. 221 N 2 und 9) auch ein, wenn ein Ehegatte **während des Güterstandes** dem Dritten gegenüber als Alleinberechtigter auftritt und dementsprechend ins Grundbuch eingetragen wird (BK-HAUSHEER/REUSSER/GEISER, N 42).

Erklärt der während der Ehe abgeschlossene Ehevertrag die **Gütergemeinschaft** für **rückwirkend** auf den Eheabschluss oder einen späteren Zeitpunkt **anwendbar,** betrifft dies nur die künftige güterrechtliche Auseinandersetzung. Sie hat so zu erfolgen, wie wenn die Gütergemeinschaft schon vor dem Abschluss des Ehevertrages bestanden hätte (s. u.a. MASANTI-MÜLLER, 30 f. Anm. 190 m.w.H.).

Gesamtgut **fällt** u.a. mit der nachträglichen Widmung eines Vermögenswertes zum ausschliesslich persönlichen Gebrauch eines Ehegatten **dahin.** Zur Frage, ob dem Gesamtgut unter diesen Umständen eine Ersatzforderung zusteht, s. Art. 225 N 9. **16**

4. Rechte am Gesamtgut nach Abs. 2

Aus der Gesamthand entsteht keine juristische Person. Sie erschöpft sich in einer gemeinsamen, ungeteilten bzw. gleichen **Berechtigung der Ehegatten an den einzelnen zur Rechtsgesamtheit gehörenden Rechte** (sog. Prinzip der Spezialität). Die Berechtigung beider Ehegatten auf das Ganze der einzelnen Vermögensgegenstände und nicht auf das Gesamtgut insgesamt (mit der entsprechenden Beschränkung der Rechtsstellung des andern Berechtigten) wird für Liegenschaften in Art. 652 ff. näher umschrieben. Diese Ordnung gilt für andere Rechte analog (dazu BK-MEIER-HAYOZ, Vorbem. zu Art. 646– 654, N 27 f.). Die Berechtigung beider Ehegatten bleibt während des Güterstandes auch für den Fall die gleiche, dass ein Ehegatte aufgrund des Ehevertrages im Zeitpunkt der Auflösung i.S.v. Art. 241 Abs. 2 oder Art. 242 Abs. 3 bevorzugt werden soll. **17**

Zur **Rechtsnatur** der Gesamthandberechtigung im Vergleich zum Miteigentum s.a. Art. 221 N 3.

5. Das Verfügungsverbot über den Gesamtgutsanteil nach Abs. 3

a) Zum Gesamtgutsanteil im Allgemeinen

Zwar kennt die Gesamthandberechtigung keine der Bruchteilsgemeinschaft des Miteigentums vergleichbare Anteile (vgl. Art. 653 Abs. 3). Dennoch führt die mehrfache Eigentumszuständigkeit zu einer für den einzelnen Gesamthandberechtigten getrennten **Gesamtheit von Rechten und Pflichten in der Rechtsgemeinschaft.** Das Gesetz bezeichnet sie als Anteil. Freilich bleibt im Einzelfall zu prüfen, was der konkrete Inhalt dieser (Teil-)Rechtsgesamtheit ist, da das Zivilgesetzbuch unter Anteil nicht immer das Gleiche versteht (z.B. in Art. 222 Abs. 3 und 635: dazu MASANTI-MÜLLER, 18). **18**

Art. 222 Abs. 3 beschränkt sich nicht auf die Gesamtheit der den beiden Ehegatten zustehenden vermögenswerten Rechte und Pflichten (= Anteil i.e.S.: MASANTI-MÜLLER, 19 m.w.H.), obwohl diese im Vordergrund stehen. Die Gesetzesbestimmung erfasst die **Rechte und Pflichten der Ehegatten in der Gütergemeinschaft insgesamt** (= Anteil i.w.S.).

Während der Gütergemeinschaft besteht auch **kein Anspruch auf** eine **Gesamtgutteilung.** Die Gütergemeinschaft kann nur als solche aufgelöst oder (ehevertraglich) in eine andere Gütergemeinschaft geändert werden (N 22).

Dieser Anteil i.e.S. bekommt mit der Auflösung der Gütergemeinschaft einen besonderen Charakter als **Liquidationsanteil** (s. Art. 236 N 2 ff.). An der Liquidationsgemeinschaft **19** können ausnahmsweise auch die Erben eines verstorbenen Ehegatten teilhaben, und es gelten für sie andere Regeln als für das Gesamthandverhältnis während der Gütergemeinschaft (s. u.a. GNEKOW, passim; HAUSHEER/PFÄFFLI, 38 ff.). Bis zur Auflösung des Güterstandes ist der Liquidationsanteil eine blosse Anwartschaft.

20 Im Zusammenhang mit der Eigenschuldenhaftung spricht das Gesetz noch einmal in einem andern Sinn von Gesamtgutanteil, nämlich von der **Hälfte des Wertes des Gesamtgutes.**

b) Zum Verfügungsverbot im Besonderen

21 Im Unterschied zur einfachen Gesellschaft schliesst das Ehegüterrecht während des Güterstandes die Übertragung des Gesamtgutsanteils i.e.S. (= Gesamthandberechtigung an Vermögen und Einkünften und Anwartschaft auf einen Liquidationsanteil) auf einen Dritten aus. Damit bleibt die Gütergemeinschaft notwendigerweise auf die Ehegatten beschränkt. Die entsprechenden Rechte und Pflichten sind überdies in dem Sinne unverzichtbar und unübertragbar, als sie auch nicht teilweise auf den andern Ehegatten übertragen werden können. Die **Rechtsstellung der Ehegatten** bleibt **bis zur Auflösung** der Gütergemeinschaft **unveränderlich.** Dann tritt anstelle des Anteiles am Gesamtgut der Anteil am Liquidationsergebnis (N 19), über den analog zu Art. 635 verfügt werden kann.

22 Wird eine **vorzeitige Teilung** des Gesamtgutes durch eine neue (ehevertragliche) Umschreibung des Gesamtgutes und der Eigengüter erreicht (N 18), was eine Änderung des Güterstandes bedeutet, bleibt **Art. 193** zu beachten.

Art. 223

2. Beschränkte Gütergemeinschaften **a. Errungenschaftsgemeinschaft**	**Die Ehegatten können durch Ehevertrag die Gemeinschaft auf die Errungenschaft beschränken.** [2] **Die Erträge des Eigengutes fallen in das Gesamtgut.**
2. Communautés réduites a. Communauté d'acquêts	[1] Par contrat de mariage, les époux peuvent convenir que la communauté sera réduite aux acquêts. [2] Les revenus du bien propre entrent dans les biens communs.
2. Comunioni limitate a. Comunione d'acquisti	[1] Per convenzione matrimoniale, i coniugi possono limitare la comunione agli acquisti. [2] I redditi dei beni propri entrano nei beni comuni.

Art. 224

b. Andere Güter-gemeinschaften	**¹ Die Ehegatten können durch Ehevertrag bestimmte Vermögenswerte oder Arten von Vermögenswerten, wie Grundstücke, den Arbeitserwerb eines Ehegatten oder Vermögenswerte, mit denen dieser einen Beruf ausübt oder ein Gewerbe betreibt, von der Gemeinschaft ausschliessen.**
	² Sofern nichts anderes vereinbart ist, fallen die Erträge dieser Vermögenswerte nicht in das Gesamtgut.
b. Autres communautés	¹ Par contrat de mariage, les époux peuvent convenir d'exclure de la communauté certains biens ou espèces de biens, notamment les immeubles, le produit du travail d'un époux ou les biens qui servent à l'exercice de sa profession ou à l'exploitation de son entreprise.
	² Sauf convention contraire, les revenus de ces biens n'entrent pas dans la communauté.
b. Altre comunioni	¹ Per convenzione matrimoniale, i coniugi possono escludere dalla comunione determinati beni o categorie di beni, come i fondi, il reddito lavorativo di un coniuge o i beni che gli servono per esercitare una professione o un'impresa.
	² Salvo patto contrario, i redditi di questi beni non entrano nei beni comuni.

I. Allgemeines

1. Normzweck

Art. 223 und 224 beschreiben die Möglichkeiten, die allgemeine **Gütergemeinschaft** **1**
einzuschränken, und zwar mit der Folge, dass, je nach dem Vorgehen, die Erträge des
Eigengutes diesem verbleiben (andere Gütergemeinschaften nach Art. 224), oder aber
dem Gesamtgut zufliessen (Errungenschaftsgemeinschaft nach Art. 223), sofern die Ehegatten nichts anderes vereinbaren.

2. Die beschränkten Gütergemeinschaften

Sie sind dadurch gekennzeichnet, dass sie – neben dem gesetzlichen Eigengut (Art. 225 **2**
Abs. 2), allfälligen Zuwendungen Dritter ins Eigengut (Art. 225 Abs. 3) und entsprechenden Ersatzanschaffungen in Übereinstimmung mit dem Ehevertrag (Art. 222 N 13) –
ehevertragliches Eigengut (Art. 225 Abs. 1) kennen, das über jenes der allgemeinen
Gütergemeinschaft hinausgeht (dazu Art. 222 N 4 f.).

Der Ehevertrag muss **notwendigerweise** den **Umfang des Gesamtgutes** bzw. der Eigen- **3**
güter im Einzelnen umschreiben. Er kann nicht die beschränkte Gütergemeinschaft als
solche zum Güterstand wählen, es sei denn, er bezeichne sie als Errungenschaftsgemeinschaft (statt vieler MASANTI-MÜLLER, 42). Werden im Ehevertrag sowohl die Eigengüter
als auch das Gesamtgut positiv umschrieben, ist durch Auslegung des Ehevertrages
zu ermitteln, ob nicht erwähnte Vermögenskategorien Gesamt- oder Eigengut sind. Im
Zweifelsfall ist aufgrund von Art. 226 Ersteres anzunehmen.

Die konkrete ehevertragliche Umschreibung des Gesamtgutes und der Eigengüter bedeu- **4**
tet eine Einschränkung des Grundsatzes der **vermögensrechtlichen Surrogation**
im Zusammenhang mit diesen Gütermassen (s. dazu Art. 221 N 9 f. m.w.H.). Führt
der Wechsel eines Vermögensbestandteils gleichzeitig zu einer Massenumteilung (von

MASANTI-MÜLLER, 55, als dingliche Surrogation bezeichnet), weil der neue Vermögens-
gegenstand nach dem Ehevertrag der andern Gütermasse zusteht, muss der entreicherten
Gütermasse angesichts der herbeigeführten Veränderung des Haftungssubstrates und mit
Rücksicht auf Art. 193 eine entsprechende Ersatzforderung zugebilligt werden (s.a.
Art. 221 N 9 f.).

5   Die unter Vorbehalt des gesetzlichen Eigengutes i.S.v. Art. 225 Abs. 2 jederzeit mögliche
    Neuumschreibung des Gesamtgutes und der Eigengüter bedeutet auch eine Einschrän-
    kung des Grundsatzes der Unabänderlichkeit der Gütermassen. Zu beachten bleibt indes-
    sen auch in diesem Zusammenhang der Drittgläubigerschutz aufgrund von **Art. 193.**

6   Im **Belieben der Ehegatten** bleibt es, ob sie eine vom Gesetz abweichende Regelung
    bez. der Erträge des Eigengutes vorsehen wollen.

7   Im Übrigen gelten für die beschränkte Gütergemeinschaft die gleichen **Regeln** wie für
    die **allgemeine Gütergemeinschaft.** Auch bei der beschränkten Gütergemeinschaft kann
    die ehevertragliche Ordnung aufgrund von Art. 242 und 243 von Gesetzes wegen eine
    Änderung erfahren (s. die Komm. dazu, sowie Art. 222 N 6 f.). Bei der Errungenschafts-
    gemeinschaft stimmt die Aufteilung von Gesamtgut und Eigengütern allerdings mit
    Art. 243 überein.

II. Die Errungenschaftsgemeinschaft

8   Für die Umschreibung der **Errungenschaft** ist Art. 197 massgebend. Das Eigengut ent-
    spricht – unter Vorbehalt von Art. 199 – somit ebenfalls der zwingenden Umschreibung
    durch Art. 198.

9   Die **Erträge der Eigengüter** stehen dem Gesamtgut zu. Behalten die Ehegatten diese
    Erträge ehevertraglich den Eigengütern vor, vereinbaren sie eine andere Gütergemein-
    schaft nach Art. 224 (dazu BK-HAUSHEER/REUSSER/GEISER, N 14 m.w.H.).

10 **Art. 237** verweist auf Art. 207 Abs. 2 i.V.m. Art. 197 Abs. 2 Ziff. 2 und 3.

III. Andere Gütergemeinschaften

11 Die anderen beschränkten Gütergemeinschaften erfordern – unter Vorbehalt der Er-
    rungenschaftsgemeinschaft, bei der die Eigengutserträge den Eigengütern verbleiben
    sollen – eine **konkrete Umschreibung der Eigengüter bzw. des Gesamtgutes.** Der
    Gesetzgeber erwähnt in Art. 224 – unter indirektem Verweis auf Art. 197 Abs. 2 Ziff. 1
    und 199 Abs. 1 – entsprechende Möglichkeiten. Sie sind nur als Beispiele gemeint. Einen
    generellen Verweis auf die Errungenschaftsbeteiligung können die Ehegatten auch
    bewirken, wenn sie z.B. von «eingebrachtem Gut» sprechen, um das Eigengut zu um-
    schreiben.

    Den Ehegatten bleiben indessen weitere Abgrenzungsmöglichkeiten offen. So kann sich
    das Gesamtgut bzw. Eigengut auf Liegenschaften oder Fahrnis beschränken, auf Vermö-
    gen, das vor dem Güterstand bestanden hat oder auf das Vermögen eines Ehegatten allein
    (vgl. BK-HAUSHEER/REUSSER/GEISER, N 21 f.).

12 Bei Streit darüber, ob die Abgrenzungskriterien für das Gesamtgut bzw. die Eigengüter
    erfüllt sind, gilt die Beweislastregelung nach **Art. 226** (s. die Komm. dazu).

13 Die **Erträge der Eigengüter** verbleiben diesen Gütermassen, sofern nichts anderes ver-
    einbart wurde.

Art. 225

III. Eigengut

¹ Eigengut entsteht durch Ehevertrag, durch Zuwendung Dritter oder von Gesetzes wegen.

² Von Gesetzes wegen umfasst das Eigengut jedes Ehegatten die Gegenstände, die ihm ausschliesslich zum persönlichen Gebrauch dienen, sowie die Genugtuungsansprüche.

³ Was ein Ehegatte als Pflichtteil zu beanspruchen hat, kann ihm von seinen Verwandten nicht als Eigengut zugewendet werden, sofern der Ehevertrag vorsieht, dass diese Vermögenswerte Gesamtgut sind.

III. Biens propres

¹ Les biens propres sont constitués par contrat de mariage, par des libéralités provenant de tiers ou par l'effet de la loi.

² Les biens propres de chaque époux comprennent de par la loi les effets exclusivement affectés à son usage personnel, ainsi que ses créances en réparation d'un tort moral.

³ La réserve héréditaire d'un époux ne peut être constituée en biens propres par des parents si, d'après le contrat de mariage, elle doit entrer dans les biens communs.

III. Beni propri

¹ I beni propri sono costituiti per convenzione matrimoniale, per liberalità di terzi o per legge.

² Sono beni propri per legge le cose che servono esclusivamente all'uso personale di uno dei coniugi e le pretese di riparazione morale.

³ I beni spettanti a un coniuge a titolo di legittima non possono essergli devoluti a titolo di beni propri per liberalità dei suoi parenti se, secondo la convenzione matrimoniale, fanno parte dei beni comuni.

I. Allgemeines

1. Normzweck

Art. 225 umschreibt   1

– einerseits die **Entstehungsgründe** für das Eigengut, ohne allerdings Ersatzanschaffungen für Eigengut und dessen Erträgnisse eigens zu erwähnen (Abs. 1).

– Anderseits werden abschliessend die beiden **gesetzlichen Eigengutskategorien** festgehalten (Abs. 2).

– Schliesslich äussert sich die Gesetzesbestimmung zu Möglichkeit und Umfang von **Zuwendungen Dritter ins Eigengut** eines Ehegatten (Abs. 3).

·Die materiellrechtliche Ordnung der beiden Eigengüter ist andern Bestimmungen der Gütergemeinschaft vorbehalten.

2. Zwingendes und dispositives Recht

Die Umschreibung der Entstehungsgründe des Eigengutes, des gesetzlichen Eigengutes   2
und die Begrenzung der Zuwendung Dritter ins Eigengut ist **zwingenden Rechts.** Dies gilt nicht für die Zuordnung der Erträge des Eigengutes.

II. Die Entstehungsgründe von Eigengut

1. Im Allgemeinen

3   Neben den drei vom Gesetz ausdrücklich erwähnten Entstehungsgründen, nämlich **Ehevertrag, Zuwendung Dritter und Gesetz,** führen auch **Ersatzanschaffungen** aufgrund der vermögensrechtlichen Surrogation zu Eigengut, soweit sich dies mit dem Ehevertrag vereinbaren lässt. Bez. der **Erträge** von Eigengut kommt es vorerst auf die entsprechende ehevertragliche Vereinbarung (Art. 223 Abs. 2 und Art. 224 Abs. 2) und sodann auf die Art der vereinbarten Gütergemeinschaft an.

Das gesetzlich umschriebene Eigengut (Abs. 2) und die zwingende Begrenzung der Zuwendungen Dritter ins Eigengut (Abs. 3) sind bei der allgemeinen Gütergemeinschaft von besonderer Bedeutung. Alles, was nicht von diesen beiden eng begrenzten Eigengutkategorien und den entsprechenden Ersatzanschaffungen (s. dazu aber N 9 sowie Art. 222 N 13) erfasst wird, ist Gesamtgut.

2. Insbesondere der Ehevertrag

a) Ehevertrag als Rechtsgrundlage und formbedürftiges Rechtsgeschäft

4   Ehevertrag i.S.v. Abs. 1 bedeutet einerseits eine weit gehende **Vertragsfreiheit** für die Ehegatten in der Abgrenzung von Gesamtgut und Eigengütern. Immerhin müssen bei jeder Gütergemeinschaft beide Gütermassen vorkommen. Wird z.B. das gegenwärtige und zukünftige Vermögen beider Ehegatten zu Eigengut erklärt, haben diese eine Gütertrennung vereinbart (BK-HAUSHEER/REUSSER/GEISER, N 9). Zulässig ist indessen, dass das ganze Vermögen eines Ehegatten dessen Eigengut zugewiesen wird, während das Vermögen des andern auf sein Eigengut und das Gesamtgut beider Ehegatten aufgeteilt wird (**a.M.** BK-LEMP, aArt. 190 N 30).

Anderseits bedeutet Ehevertrag das **formbedürftige Rechtsgeschäft** i.S.v. Art. 182 ff. Es kann unter der Bedingung der Trauung schon vor, aber auch mit und nach dem Eheschluss vereinbart werden.

b) Ehevertragliche Verfügung und Rechtsgrund der güterrechtlichen Zuwendung

5   Durch ihren Ehevertrag teilen die Ehegatten nicht nur ihr eigenes Vermögen auf das Gesamtgut und ihr Eigengut auf, sie können auch eigenes Vermögen dem Eigengut des andern zuweisen. Unter diesen Umständen ist die güterrechtliche Zuwendung von deren Rechtsgrund zu unterscheiden (s. u.a. BGE 62 II 10 ff. E. 2, 12). Dabei ist **nicht in jedem Fall** auf **Schenkung** zu schliessen (vgl. auch Art. 206 N 1 sowie BK-HAUSHEER/REUSSER/GEISER, Vorbem. vor Art. 221 ff. N 51; Art. 225 N 11 je m.w.H.). Denkbar ist auch ein bloss fiduziarisches Rechtsgeschäft.

c) Bestimmbarkeit des Eigengutes

6   Der Ehevertrag hat – unter Vorbehalt der Errungenschaftsgemeinschaft – die Vermögensbestandteile des Eigengutes aufgrund von bestimmten Vermögensgegenständen oder Arten von solchen so zu umschreiben, dass die Eigengüter ihrem Umfang nach bestimmbar sind (s.a. Art. 223/224 N 3). Dies erfordert nicht nur die unterschiedliche Ordnung hinsichtlich Eigentum, Nutzung, Verwaltung und Verfügung. Auch bez. der Haftung muss das Eigengut, und zwar insb. mit Rücksicht auf erst **zukünftiges Eigengut,** bestimmbar sein. Hinreichend bestimmt ist z.B. die ehevertragliche Vereinbarung, dass alles künftig unter Lebenden unentgeltlich erworbene Vermögen beider Ehegatten deren Eigengut sein soll.

d) Nachträgliche Änderung

Eine nachträgliche Änderung der Eigengutsumschreibung bedarf eines **neuen Ehever-** **7**
trages zugunsten des Gesamtgutes (BK-HAUSHEER/REUSSER/GEISER, N 14 m.w.H.).
Schenkungen zwischen dem Gesamtgut und den Eigengütern betreffen den Ehevertrag
allerdings insoweit nicht, als sie mit diesem vereinbar sind.

3. Das gesetzliche Eigengut

Das gesetzliche Eigengut umfasst nach der **abschliessenden Umschreibung** in Art. 225   **8**
Abs. 2 einerseits die Gegenstände, die einem Ehegatten ausschliesslich zum persönlichen
Gebrauch dienen, und anderseits Genugtuungsansprüche. Dass solches Eigengut tatsäch-
lich vorhanden ist, ist für die Gütergemeinschaft nicht erforderlich.

Für die Umschreibung der Gegenstände zum ausschliesslich persönlichen Gebrauch   **9**
eines Ehegatten kann auf die Komm. zu **Art. 198 Ziff. 1** verwiesen werden.

Solches Eigengut entsteht unbesehen des Umstandes, dass der entsprechende Vermögenswert durch das Gesamtgut finanziert worden ist. Unter Vorbehalt des ehelichen
Unterhalts entsteht allerdings eine **(Ersatz-)Forderung** zugunsten des Gesamtgutes
(s. Art. 198 N 11).

Eine **nachträgliche Massenumteilung** kann – je nach konkretem Ehevertrag – im Falle
der Entwidmung eintreten.

Für die Genugtuungsansprüche kann auf **Art. 198 Ziff. 3** verwiesen werden. Nach ihrem   **10**
Anfall können die entsprechenden Vermögenswerte durch Schenkung oder neuen Ehevertrag dem Gesamtgut zugeführt werden.

4. Zuwendungen Dritter ins Eigengut

a) Bedeutung von Abs. 3

Aufgrund von Art. 225 Abs. 3 können – nach dem ausdrücklichen Willen des Parlamen-   **11**
tes wie unter bisherigem Recht (bzw. der entsprechenden Praxis) – **allein aufgrund des**
Willens eines Drittzuwenders dem Gesamtgut Vermögenswerte entzogen werden,
die nach dem konkreten Ehevertrag an sich dem Gesamtgut zufallen sollten. Das gilt
auch für die allgemeine Gütergemeinschaft (s. Art. 222 N 4). Vorbehalten bleiben allein
die mit Rücksicht auf erbrechtliche Pflichtteilsansprüche der Ehegatten massgebenden
Zuwendungen (insb. Schenkungen, Zuwendung in Erfüllung einer sittlichen Pflicht und
Erbauskauf, aber auch Schenkungen und Verfügungen von Todes wegen), wenn solche
(als Erbschaft oder ein entsprechender Vorbezug) gestützt auf den Ehevertrag dem Gesamtgut zugeordnet sind. Diese Letzteren werden ausschliesslich durch das Erbrecht
bestimmt und sind bez. des Pflichtteils notwendigerweise unentgeltlich erworben (so
ausdrücklich der französische und italienische Gesetzestext). Das Ehegüterrecht sorgt
dagegen für den Schutz der Interessen des Ehegatten, der nicht Erbe ist.

b) Die Zuwendung des Dritten

Bei der unentgeltlichen Zuwendung **ins Eigengut** durch den Dritten handelt es sich nicht   **12**
um ein güterrechtliches, sondern bloss um ein güterrechtsrelevantes Rechtsgeschäft. Es
bedarf daher **nicht** des **Ehevertrages**. Es genügt vorerst eine entsprechende (auch bloss
konkludente, an sich formlose) Willensäusserung gegenüber dem Zuwendungsempfänger, sodann sind die entsprechenden (allenfalls formbedürftigen) Verfügungsgeschäfte
unter Lebenden oder von Todes wegen erforderlich. Letzteres gilt auch für den Fall, dass

die Willenserklärung zusammen mit diesen Rechtsgeschäften in der Gestalt einer Bedingung oder Auflage erfolgt (vgl. MASANTI-MÜLLER, 47 f. m.w.H.). Die **Erklärung** bez. der Zuwendung ins Eigengut hat spätestens anlässlich dieser **Verfügungsgeschäfte** zu erfolgen, kann aber auch vorangehen.

Die Zuwendung eines Dritten ins Eigengut ist in jeder Gütergemeinschaft zulässig, somit auch im Rahmen der **allgemeinen Gütergemeinschaft**. Diese wird damit nicht zur beschränkten Gütergemeinschaft (s. Art. 222 N 4 m.w.H.).

Regelmässig kann davon ausgegangen werden, dass der Wille des Zuwendenden das Rechtsgeschäft nicht an die Bedingung knüpft, dass die Zuwendung integral dem Eigengut zukommt. Kann das Gegenteil bewiesen werden und **fällt** die **Zuwendung** aus diesem Grund **dahin,** verbleibt dem Erbenehegatten der Anspruch auf seinen Erbteil. Dieser Anspruch beschränkt sich auf den blossen Pflichtteil, wenn ein entsprechender – formgerechter – erbrechtlicher Wille des Erblassers nachgewiesen werden kann (BK-HAUSHEER/REUSSER/GEISER, N 25).

Die Zuwendung des Dritten kann **nachträglich** durch die Ehegatten **ehevertraglich** dem Gesamtgut zugeführt werden. Allerdings bleibt Art. 193 zu beachten.

c) Die güterrechtliche Abwicklung

13   Unter Vorbehalt eines entgeltlichen Erbverzichtes (dazu BK-HAUSHEER/REUSSER/Geiser, N 23) und der Zuwendungen ins Eigengut durch Verfügung von Todes wegen stehen die Pflichtteilsansprüche i.S.v. Abs. 3 erst im **Zeitpunkt des Erbgangs** fest. Bis dahin sind die entsprechenden Zuwendungen an den Erbenehegatten sein Eigengut. Steht der Pflichtteil fest, entsteht ein entsprechender **Anspruch auf Massenumteilung** (und nicht bloss eine Ersatzforderung) zugunsten des Gesamtgutes (BK-HAUSHEER/REUSSER/GEISER, N 30; MASANTI-MÜLLER, 50).

Macht der Pflichtteilsanspruch weniger aus als die tatsächliche Zuwendung seitens des Dritten ins Eigengut, ist eine **Aufteilung** derselben auf das Gesamt- und das Eigengut vorzunehmen. Sie ist Sache der Ehegatten, erfolgt also nicht von Gesetzes wegen.

14   **Vor der Eröffnung des Erbganges** kann ehevertraglich die schon tatsächlich erfolgte Zuwendung ins Eigengut dem Gesamtgut zugeführt werden (N 11).

Nach der Eröffnung des Erbganges kann umgekehrt ehevertraglich auf die Zuweisung an das Gesamtgut verzichtet werden.

15   Bei Zuwendungen ins Eigengut durch eine **Verfügung von Todes wegen** erübrigt sich eine Massenumteilung. Macht sie mehr als den Pflichtteil aus, hat allerdings auch hier eine – durch die Ehegatten vorzunehmende – Aufteilung auf das Gesamtgut und das Eigengut zu erfolgen.

Art. 226

IV. Beweis	**Alle Vermögenswerte gelten als Gesamtgut, solange nicht bewiesen ist, dass sie Eigengut eines Ehegatten sind.**
IV. Preuve	Tout bien est présumé commun s'il n'est prouvé qu'il est bien propre de l'un ou de l'autre époux.
IV. Prova	Sono considerati comuni tutti i beni di cui non sia provato che siano beni propri di un coniuge.

I. Allgemeines

1. Normzweck

Art. 226 regelt – in Anlehnung an Art. 200 im Rahmen der Errungenschaftsbeteiligung – die das Eigentum betreffenden Rechtsfolgen, wenn die Zuordnung zum Gesamtgut bzw. zu einem Eigengut **unbewiesen** bleibt. Soweit aufgrund des kantonalen Verfahrensrechts nicht – ausnahmsweise – die Untersuchungsmaxime gilt, äussert sich die Gesetzesbestimmung auch zur **Behauptungslast.** 1

2. Tragweite und Wirkung von Art. 226

Im Falle der Beweislosigkeit wird Gesamtgut **vermutet.** Sowohl der Gegenbeweis als auch der Beweis des Gegenteils bleiben offen. 2

Eine **Fiktion** für diese Gütermasse greift dann Platz, wenn Gesamtgut entsteht, obwohl die Zugehörigkeit eines Vermögenswertes zu einem Eigengut feststeht, aber nicht nachgewiesen werden kann, welches Eigengut Alleineigentum beanspruchen kann. Miteigentum der beiden Eigengüter aufgrund dieser Beweislosigkeit vorzusehen, hätte die schon an sich schwerfällige Gütergemeinschaft noch weiter erschwert (s. Botschaft Revision Eherecht, Ziff. 223.24). Art. 226 ist in diesem Sinne ein Entstehungsgrund von Gesamtgut.

Schliesslich ist Art. 226 zu entnehmen, dass der **Ehevertrag** im Zweifel zugunsten des Gesamtgutes **auszulegen** ist (BK-HAUSHEER/REUSSER/GEISER, N 5 und 26).

3. Zwingendes Recht

Art. 226 kann ehevertraglich **nicht abgeändert** werden. 3

4. Anwendungsbereich

Art. 226 gilt – als Gebot der Gleichbehandlung der Ehegatten – **für jede** Art von **Gütergemeinschaft,** d.h. auch für die beschränkten Gütergemeinschaften und für den Fall, dass im Rahmen der allgemeinen Gütergemeinschaft – bei der Auflösung des Güterstandes – Art. 242 zur Anwendung kommt. Die Gesetzesbestimmung ist lex specialis zu Art. 8. Sie findet – zur Vermeidung von Miteigentum – auch im Verhältnis zwischen den Eigengütern Anwendung (Botschaft Revision Eherecht, Ziff. 223.24). Sie kommt sowohl während des Güterstandes zwischen den Ehegatten und gegenüber deren Gläubigern als auch bei der güterrechtlichen Auseinandersetzung (Art. 246 N 11 ff.) zum Tragen. 4

Analog zu Art. 200 (s. N 6 dazu) findet die Gesetzesbestimmung **keine Anwendung,** wenn Streit darüber besteht, ob ein bestimmter Vermögenswert von der Gütergemeinschaft überhaupt erfasst worden ist bzw. im Zeitpunkt der Auflösung des Güterstandes noch vorhanden und somit in die güterrechtliche Auseinandersetzung einzubeziehen ist oder nicht. Auch der Nachweis, dass einmal Gesamtgut vorhanden war, genügt somit nicht für den Einbezug des fraglichen Vermögenswertes in die güterrechtliche Auseinandersetzung. Es gilt vielmehr Art. 8 (BGE 125 III 2 und 118 II 28 zur Errungenschaftsbeteiligung). Ist dagegen streitig, ob im Rahmen einer Errungenschaftsgemeinschaft ein Vermögenswert vor oder während der Gütergemeinschaft erworben worden ist, kommt die Vermutung zugunsten des Gesamtgutes zur Anwendung.

Eine Art. 226 entsprechende Vermutung betr. die **Schulden** findet sich in Art. 238 Abs. 2. Sie kommt zur Anwendung, wenn zweifelhaft bleibt, welcher Gütermasse eine Schuld zu belasten ist. Die Frage dagegen, welcher Ehegatte im Aussenverhältnis

Schuldner ist, beurteilt sich weder nach dieser Gesetzesbestimmung noch nach Art. 226, sondern aufgrund von Art. 8. Fehlt es an einem entsprechenden Nachweis des Schuldner-ehegatten, kann die fragliche Forderung nicht durchgesetzt werden. Haften im Aussen-verhältnis beide Ehegatten dem Gläubiger, beurteilt sich die Frage, wer im **Innen-verhältnis unter den Ehegatten** letztlich eine Schuld zu tragen hat, vorab nach Art. 163. Je nach Ehevertrag führt dies auch wieder zum Gesamtgut, ggf. aber auch zu den Eigen-gütern.

Zur Zuordnung von **getilgten Schulden** bei Tilgung aus einem (Bank-)Konto, das so-wohl Gesamtgut als auch Eigengut umfasst, s. Art. 200 N 8.

II. Die Voraussetzung von Art. 226

1. Beweislosigkeit

5 Kann **Eigentum** (bzw. eine – u.U. vom Sachenrecht beherrschten oder nicht beherrschten – Berechtigung an einem Vermögenswert) des Gesamtgutes oder eines bzw. beider Eigengüter **bewiesen** werden, erübrigt sich ein Rückgriff auf Art. 226 (s. BGE 114 II 289 ff. E. 2a, 291). Diese Gesetzesbestimmung setzt somit Beweislosigkeit bez. Gesamt-gut bzw. Eigengut voraus.

2. Der Nachweis von Gesamtgut oder Eigengut

6 Zum Beweis des Eigentums stehen alle Beweismittel zur Verfügung: Abgesehen von einem Inventar nach Art. 195a (s. die Komm. dazu) und von tatsächlichen Feststellungen in einem Ehevertrag (s. Art. 182 N 10) sind insb. auch die **Beweiserleichterungen aufgrund von Art. 930 ff.** – allerdings ggf. mit der Wirkung von Gesamt- und nicht Miteigentum – zu beachten (s. dazu im Einzelnen Art. 200 N 12 ff.). Dabei ist auch dem konkreten Ehevertrag mit der Abgrenzung zwischen den Eigengütern und dem Gesamtgut Rechnung zu tragen. Ihm kommt dingliche Wirkung zu (s. Art. 182 N 14), so dass z.B. auf einen Eintrag im Grundbuch kein absoluter Verlass ist (BK-HAUSHEER/ REUSSER/GEISER, N 16). Gleicherweise kann auf die Richtigkeitsvermutung nach Art. 195a Abs. 2 nicht abgestellt werden, wenn das Inventar eindeutig der ehevertrag-lichen Vermögenszuordnung widerspricht (Näheres dazu in BK-HAUSHEER/REUSSER/ GEISER, N 17).

Art. 227

B. Verwaltung und Verfügung	**¹ Die Ehegatten verwalten das Gesamtgut im Interesse der ehe-lichen Gemeinschaft.**
I. Gesamtgut **1. Ordentliche Verwaltung**	**² Jeder Ehegatte kann in den Schranken der ordentlichen Ver-waltung die Gemeinschaft verpflichten und über das Gesamtgut verfügen.**
B. Gestion et disposition I. Biens communs 1. Administration ordinaire	¹ Les époux gèrent les biens communs dans l'intérêt de l'union conjugale. ² Dans les limites de l'administration ordinaire, chaque époux peut engager la communauté et disposer des biens communs.

B. Amministrazione
e disposizione

I. Beni comuni

1. Amministrazione
ordinaria

[1] I coniugi amministrano i beni comuni nell'interesse dell'unione coniugale.

[2] Nei limiti dell'amministrazione ordinaria, ciascun coniuge può obbligare la comunione e disporre dei beni comuni.

Art. 228

2. Ausserordent-
liche Verwaltung

[1] **Die Ehegatten können ausser für die ordentliche Verwaltung nur gemeinsam oder der eine nur mit Einwilligung des andern die Gemeinschaft verpflichten und über das Gesamtgut verfügen.**

[2] **Dritte dürfen diese Einwilligung voraussetzen, sofern sie nicht wissen oder wissen sollten, dass sie fehlt.**

[3] **Die Bestimmungen über die Vertretung der ehelichen Gemeinschaft bleiben vorbehalten.**

2. Administration
extraordinaire

[1] Au-delà de l'administration ordinaire, les époux ne peuvent engager la communauté et disposer des biens communs que conjointement ou avec le consentement l'un de l'autre.

[2] Ce consentement est présumé au profit du tiers, à moins que ceux-ci ne sachent ou ne doivent savoir qu'il n'a pas été donné.

[3] Les dispositions sur la représentation de l'union conjugale sont réservées.

2. Amministrazione
straordinaria

[1] Al di là dell'amministrazione ordinaria, i coniugi possono obbligare la comunione e disporre dei beni comuni soltanto congiuntamente o con il consenso reciproco.

[2] I terzi possono presumere il consenso sempreché non sappiano o non debbano sapere che manca.

[3] Sono salve le disposizioni sulla rappresentanza dell'unione coniugale.

I. Allgemeines

1. Normzweck

Im Hinblick auf die Schutzbedürfnisse des einen Ehegatten gegen den andern einerseits   1
und die Interessen des Rechtsverkehrs an einem nicht allzu schwerfälligen Umgang mit
den Ehegatten anderseits unterscheidet das Gütergemeinschaftsrecht in Art. 227 und 228
eine **ordentliche bzw. konkurrierende und** eine **ausserordentliche bzw. gemeinsame
Verwaltung der Ehegatten** hinsichtlich des Gesamtgutes.

2. Anwendungsbereich

a) Im Allgemeinen

Art. 227 und 228 befassen sich nur mit dem **Gesamtgut** (und zwar i.S.v. Vermögensrech-   2
ten, d.h. unter Ausschluss etwa von Persönlichkeitsrechten). Verwaltung der und Verfügung über die Eigengutsbestandteile sind Gegenstand von Art. 232. Besondere Vorschriften bez. des Gesamtgutes finden sich sodann in Art. 229 und 230.

Art. 227 und 228 überschneiden sich insofern, als Art. 227 Abs. 1 auch für Art. 228 und Art. 228 Abs. 3 ebenso für Art. 227 gilt. Sodann relativiert der Gutglaubensschutz Dritter nach Art. 228 Abs. 2 wiederum die Abgrenzung zwischen den beiden Gesetzesbestimmungen in ihren Wirkungen.

In **zeitlicher** Hinsicht gelten diese Gesetzesbestimmungen nur bis zur Auflösung des Güterstandes. Sie kommen nicht zur Anwendung von diesem Zeitpunkt (d.h. dem Beginn der Liquidationsgemeinschaft: Art. 236 N 4 ff.) an bis zum Abschluss der güterrechtlichen Auseinandersetzung (Art. 246 N 11 ff.).

b) Verwaltung und Verfügung

3   Es handelt sich sowohl um die **rechtliche** als auch um die **tatsächliche** Verwaltung und Verfügung i.S. der Errungenschaftsbeteiligung (s. die Komm. zu Art. 201). Gegenstand dieser Handlungen ist allerdings das gemeinschaftliche Vermögen der Ehegatten und nicht deren getrenntes Mannes- und Frauengut wie bei der Errungenschaftsbeteiligung.

c) Verpflichtung der Gemeinschaft

4   Die Ausdrucksweise von Art. 228 Abs. 1 bezieht sich (im Unterschied zu Art. 227 Abs. 1) auf die **Gemeinschaft** der Ehegatten aufgrund des Gesamtgutes und nicht auf die eheliche Gemeinschaft insgesamt. In der Wirkung für die Ehegatten als Gesamthänder geht es sodann – sowohl im Rahmen von Art. 227 als auch im Zusammenhang mit Art. 228 – um Vollschulden nach Art. 233 Ziff. 1 und nicht um eine solidarische Haftung ganz allgemein, d.h. auch ohne dass z.B. Art. 166 in Frage stünde.

Die **Verpflichtungsmacht** deckt sich mit der Verwaltungsbefugnis eines Ehegatten allein oder beider Ehepartner zusammen.

d) Die Nutzung des Gesamtgutes

5   Das Gütergemeinschaftsrecht äussert sich – einmal abgesehen vom e contario-Schluss aus Art. 223 Abs. 2 und 224 Abs. 2 betr. die Erträge der Eigengüter – nicht ausdrücklich (wie Art. 201) zur Frage der Gesamtgutnutzung durch die beiden Ehegatten. Sie ist letztlich Sache des **Ehevertrages.** Äussert er sich nicht eigens dazu, steht die Gesamtgutsnutzung beiden Gesamthandsberechtigten zu.

3. Zwingendes und dispositives Recht

6   Die **Ordnung** in Art. 227 und 228 ist **zwingend,** d.h. sie bleibt als solche der ehevertraglichen Regelung unzugänglich.

Nur **einzelne Verwaltungs- und Verfügungshandlungen** stehen in der Disposition der Ehegatten. Soweit die Verwaltungsbefugnis des einen Ehegatten dem andern im Rahmen von Art. 195 (s. N 2 dazu) überlassen wird, ist sie – wie die Einzelermächtigung – grundsätzlich jederzeit widerruflich.

II. Die Verwaltung im Interesse der ehelichen Gemeinschaft

7   Art. 227 Abs. 1 ist eine **Konkretisierung von Art. 159.** Soweit auch die ausserordentliche Verwaltung beider Ehegatten in Frage steht, die grundsätzlich das Zusammenwirken beider Ehegatten erfordert (Art. 228 Abs. 1), geht es um Tathandlungen eines Ehegatten einerseits und Fälle des Gutglaubensschutzes anderseits.

Interessenwidrige Handlungen bleiben gültig, können aber zu einer Verantwortlichkeit nach Art. 231 Abs. 1 führen (BK-HAUSHEER/REUSSER/GEISER, N 18 f.).

III. Die ordentliche Verwaltung

1. Abgrenzung zur ausserordentlichen Verwaltung

Massgebendes Abgrenzungskriterium ist die Tragweite der Rechts- oder Tathandlungen **8** für eine sorgfältige Interessenwahrung (Erhaltung und Mehrung des Vermögens: s. dazu Art. 195 N 10) im Zusammenhang mit einzelnen Vermögenswerten des Gesamtgutes und dieser Gütermasse insgesamt. Die ordentliche Verwaltung umfasst, wie u.a. den Beispielen von Art. 647a im Zusammenhang mit Miteigentum – und zwar ausserhalb von baulichen Massnahmen – zu entnehmen ist, notwendige und zweckmässige (Tat- und Rechts-)**Handlungen von geringerer Bedeutung.** Im Übrigen können weiterhin Rechtsprechung und Lehre zu aArt. 202 Abs. 1 herangezogen werden.

Was im **Einzelfall** noch als von geringerer Bedeutung bezeichnet werden kann, lässt sich **9** nicht ein für alle Mal nach allgemein gültigen Kriterien umschreiben, sondern ist – allerdings vom blossen Willen der Ehegatten grundsätzlich unabhängig – nach den konkreten Umständen zu beurteilen. Zu beachten ist dabei auch das Schutzbedürfnis des andern Ehegatten, nachdem die ordentliche Verwaltung den Ehepartnern nicht entzogen werden und einer interessenwidrigen Ausübung letztlich nur mit dem Wechsel zur ausserordentlichen Gütertrennung begegnet werden kann.

Zur ordentlichen Verwaltung zählen **zum Beispiel** kleinere Reparaturen an Gesamt- **10** gutsgegenständen (Sacherhaltung), das Einziehen von Guthaben aller Art wie etwa das Geltendmachen von Mietzinsen im Zusammenhang mit einer so genannten Renditenliegenschaft (Durchsetzung von Ansprüchen), die Neuanlage von Wertschriften (Vermögensdispositionen), soweit dabei die Anlagepolitik keine wesentliche Veränderung erfährt. Hinzu kommen kleinere Neuanschaffungen bzw. Veräusserungen. Generell ausgeschlossen bleibt die Prozessführung um Gesamtgut, da sich eine Unterscheidung zwischen wichtigen und weniger bedeutenden Verfahren kaum als praktikabel erweist.

2. Konkurrierende Verwaltungsbefugnis

a) Von Gesetzes wegen

Im Rahmen der ordentlichen Verwaltung kann **jeder Ehegatte** ohne die Zustimmung des **11** andern handeln. Dabei handelt es sich um eine gesetzliche Befugnis, die – im Unterschied zu Art. 166 i.V.m. Art. 174 – nicht gegen den Willen des Berechtigten entzogen werden kann, aber im Rahmen der Gütergemeinschaft auch rechtsgeschäftlich unverzichtbar ist.

b) Rechtsgeschäftliche Modifikationen

Einigen sich die Ehegatten im Innenverhältnis unter sich – und zwar unter dem Vor- **12** behalt des jederzeitigen Widerrufs – auf gewisse Einschränkungen bzw. Abgrenzungen (s. DESCHENAUX/STEINAUER/BADDELEY, Rz 1711), können sie Dritten nur im Rahmen der **Art. 32 ff. OR** entgegengehalten werden (BK-HAUSHEER/REUSSER/GEISER, N 25). Für die Ehegatten können sie zudem im Zusammenhang mit der Verantwortlichkeit nach Art. 231 Bedeutung erlangen.

IV. Die ausserordentliche Verwaltung

1. Der Grundsatz der gemeinsamen Verwaltung

13 Art. 228 Abs. 1 sieht für den Bereich der ausserordentlichen Verwaltung zwei Möglichkeiten mit unterschiedlicher rechtlicher Wirkung vor:

- Beim **gemeinsamen** rechtsgeschäftlichen **Handeln** der Ehegatten werden beide Partner verpflichtet, so z.b. wenn sie gemeinsam mit einem Dritten einen Darlehensvertrag abschliessen.

- Bei der **Handlung eines Ehegatten allein mit der Zustimmung des andern** führt eine Ermächtigung i.S.v. Art. 32 ff. OR ebenfalls zu einer solidarischen Verpflichtung beider Ehegatten. Kommt dagegen der (güterrechtlichen) Zustimmung nicht die Bedeutung einer solchen Ermächtigung zu, wird nur eine Vollschuld zulasten des handelnden Ehegatten, nicht aber auch eine Solidarverpflichtung des andern Ehepartners begründet.

2. Die Zustimmungsmodalitäten

a) Zeitpunkt

14 Eine Zustimmung kann **vor, mit oder nach dem Handeln** eines Ehegatten allein erteilt werden.

Erfolgt sie beim **Verpflichtungsgeschäft** erst nachträglich, wird vorerst ein hinkendes Rechtsgeschäft zulasten des Handelnden begründet, es sei denn, dass auch dem Dritten gegenüber – ausdrücklich oder aufgrund der Umstände – die Zustimmung vorbehalten wurde. Mit der Zustimmung wird dann eine allfällige Eigenschuld i.S.v. Art. 234 zur Vollschuld i.S.v. Art. 233 (BK-HAUSHEER/REUSSER/GEISER, N 28).

Eine **Verfügung** ohne die erforderliche Zustimmung ist grundsätzlich nichtig (DESCHENAUX/STEINAUER/BADDELEY, Rz 1730; zu allfälligen Einschränkungen bei der Berufung auf die Nichtigkeit s. BK-HAUSHEER/REUSSER/GEISER, N 31).

Fehlt die Zustimmung für den **Erwerb** eines Vermögensgegenstandes für das Gesamtgut, ist davon regelmässig nur die Gegenleistung betroffen, z.B. die Kaufpreisschuld. Der Erwerb selber führt zur Vermögenszuordnung nach Ehevertrag, da dieser dinglich wirkt (Art. 221 N 9 m.w.H.).

b) Form

15 Die Zustimmung kann auch hinsichtlich formgebundener Rechtsgeschäften **formlos** erteilt werden (BGE 117 II 21 für den analogen Bereich der Vormundschaft). Bisweilen wird allerdings (v.a. zum Zwecke der Beweissicherung) die Schriftlichkeit vorbehalten werden.

3. Der Vorbehalt der Bestimmungen über die Vertretung der ehelichen Gemeinschaft (Art. 228 Abs. 3)

16 Zu einer **Erweiterung der konkurrierenden Verwaltungsbefugnis,** wie sie bei der ordentlichen Verwaltung Platz greift, **in die ausserordentliche Verwaltung** hinein, kann der Verweis in Art. 228 Abs. 3 auf Art. 166 (und zwar Abs. 1 und 2: Näheres dazu im BK-HAUSHEER/REUSSER/GEISER, N 36) führen. Vorbehalten ist allerdings ein Entzug dieser gesetzlichen Vertretungsbefugnis für die eheliche Gemeinschaft aufgrund von

Art. 174. Sodann setzt Art. 166 einen gemeinsamen Haushalt und überdies Bedürfnisse der Familie voraus (HAUSHEER/REUSSER/GEISER, Art. 166 N 35 ff.).

V. Der Gutglaubensschutz nach Art. 228 Abs. 2

1. Zweck

Art. 228 Abs. 2 dient der **Erleichterung des Rechtsverkehrs,** und zwar je unterschied-   **17**
lich danach, ob ein Verpflichtungs- oder Verfügungsgeschäft in Frage steht.

2. Anwendungsbereich

a) Bei Verfügungsgeschäften

Bei Verfügungen über Grundstücke und Fahrnis nimmt die h.L. an, dass Art. 228 Abs. 2   **18**
nur insoweit zum Tragen kommt, als nicht schon das **Sachenrecht** den gutgläubigen
Dritten schützt (DESCHENAUX/STEINAUER/BADDELEY, Rz 1725; BK-HAUSHEER/REUSSER/
GEISER, N 39). Ist z.B. entgegen dem Ehevertrag (d.h. bez. Gesamtgut) nur ein Ehegatte
im Grundbuch eingetragen, kann sich der Dritterwerber schon gestützt auf Art. 973 auf
den mangelhaften Eintrag verlassen, sofern er den Mangel nicht erkannt hat oder erkennen konnte. Art. 228 Abs. 2 kann demgegenüber geltend gemacht werden, wenn der Eintrag eines Ehegatten allein im Grundbuch als falsch erkannt worden ist oder wenn beide
Ehegatten im Grundbuch eingetragen sind und nur ein Ehegatte über die Liegenschaft
verfügt hat. Ähnlich verhält es sich im Zusammenhang mit Art. 933 ff. bei Fahrnis, so
dass Art. 228 Abs. 2 bei gewissen Gesamtbesitzverhältnissen, grundsätzlich aber nicht
bei Mitbesitz, zur Anwendung gelangt. Im letztern Fall führt schon das Sachenrecht zum
Gutglaubensschutz (dazu BK-HAUSHEER/REUSSER/GEISER, N 39).

Umfassender ist die Bedeutung von Art. 228 Abs. 2 im Zusammenhang mit der **Abtre-   **19**
tung von Forderungen** ohne Wertpapiercharakter, da hier das OR keinen allgemeinen
Gutglaubensschutz vorsieht (s. DESCHENAUX/STEINAUER/BADDELEY, Rz 1725).

b) Bei Verpflichtungsgeschäften

Wird im Zusammenhang mit der Gesamtgutsverwaltung die Verwaltungsbefugnis über-   **20**
schritten, haftet nach **Art. 234** für die entsprechenden Schulden nicht das Gesamtgut als
solches, sondern es entsteht eine Eigenschuld, für die neben dem Eigengut die Hälfte des
Wertes des Gesamtgutes einzustehen hat. Kann sich der Gläubiger unter solchen Umständen auf Art. 228 Abs. 2 berufen, führt dies i.E. zu einer Erweiterung der Vertretungsmacht des handelnden Ehegatten.

c) Gegenstand des guten Glaubens

Der gute Glaube bezieht sich auf die fehlende **Zustimmung des andern Ehegatten** zu   **21**
einer ausserordentlichen Verwaltungshandlung. Er erstreckt sich dagegen nicht auf die
Unkenntnis der Ehe bzw. der Gütergemeinschaft (**a.M.** DESCHENAUX/STEINAUER/
BADDELEY, Rz 1723, m.w.H.) und sodann – im Unterschied zu Art. 166 Abs. 2 – auch
nicht auf das irrige Vertrauen auf eine Handlung im Rahmen der ordentlichen Verwaltung.

Gutgläubig ist umgekehrt nicht nur jener, der in guten Treuen vom Vorliegen der Zustimmung ausgehen konnte und durfte, sondern auch, wer in guten Treuen von der
ausschliesslichen Verfügungsberechtigung des Handelnden ausging (BK-HAUSHEER/
REUSSER/GEISER, N 43).

d) Vermutung des guten Glaubens

22   Auch im Zusammenhang mit Art. 228 Abs. 2 gilt die Gutglaubensvermutung nach **Art. 3.**

Art. 229

3. Beruf oder Gewerbe der Gemeinschaft	**Übt ein Ehegatte mit Zustimmung des andern mit Mitteln des Gesamtgutes allein einen Beruf aus oder betreibt er allein ein Gewerbe, so kann er alle Rechtsgeschäfte vornehmen, die diese Tätigkeiten mit sich bringen.**
3. Profession ou entreprise commune	Lorsqu'un époux, avec le consentement de son conjoint et au moyen des biens communs, exerce seul une profession ou exploite seul une entreprise, il peut accomplir tous les actes qui entrent dans l'exercice de ces activités.
3. Professione od impresa comune	Il coniuge che, con il consenso dell'altro, eserciti da solo una professione od impresa attingendo ai beni comuni può compiere tutti gli atti giuridici connessi con tale esercizio.

Literatur

BÄR, Die kaufmännische Unternehmung im neuen Ehe- und Erbrecht, in: BTJP 1987, Bern 1988, 179 ff.; vgl. auch die Literaturhinweise vor Art. 181.

I. Allgemeines

1. Normzweck

1   Zur **Erleichterung des Rechtsverkehrs** im Zusammenhang mit Beruf und Gewerbe eines Ehegatten unter Gütergemeinschaft erweitert Art. 229 die gestützt auf Art. 227 diesem Ehegatten allein zustehende Verwaltungsbefugnis, ohne die konkurrierende Befugnis nach Art. 227 Abs. 2 des andern einzuschränken. Entsprechend wird Art. 228 für den nicht berufstätigen bzw. gewerbetreibenden Ehegatten eingeschränkt. Die Gütergemeinschaft soll auch für Freiberufe und Gewerbebetriebe zugänglich bleiben.

2. Dispositives und zwingendes Recht

2   Art. 229 kann **ehevertraglich nicht wegbedungen** werden. Indessen bleibt es im Belieben des andern Ehegatten, zur Berufsausübung bzw. zum Gewerbebetrieb mit Mitteln des Gesamtgutes zuzustimmen. Sodann ist eine – allerdings jederzeit widerrufbare – Erweiterung der Verwaltungsbefugnis zugunsten eines Ehegatten allein zulässig.

II. Beruf und Gewerbe mit Gesamtgutmitteln

1. Tragweite der gesetzlichen Begriffe

3   Die Umschreibung von Beruf und Gewerbe in Art. 229 deckt sich mindestens dem Grundsatze nach mit jener in **anderem eherechtlichem Zusammenhang** (Art. 163 Abs. 2, 164 Abs. 1 und 2, 165 Abs. 1, 167, 173, 199 Abs. 1, 219 Abs. 4, 224 Abs. 1 und 233 Ziff. 2). Es kann daher auf die entsprechenden Erläuterungen zurückgegriffen werden. Leichte Unterschiede können sich namentlich hinsichtlich der Frage ergeben, ob unselbständige Tätigkeiten mit erfasst werden.

Beim **Gewerbe** ist die auf Erwerb gerichtete wirtschaftliche Tätigkeit entscheidend, **4** nicht die Rechtsform, unter der sie ausgeübt wird. Von Art. 229 werden auch landwirtschaftliche Betriebe erfasst (s. Prot. Kommission StR, 432).

Unter **Berufsausübung** ist nicht nur die freiberufliche Tätigkeit zu verstehen, auch wenn **5** diese im Rahmen von Art. 229 (Mitteleinsatz seitens des Gesamtgutes) im Vordergrund stehen dürfte (vgl. auch MASANTI-MÜLLER, 151).

2. Alleinige Ausübung

Nur bei der alleinigen Ausübung des Berufes oder der Gewerbstätigkeit durch einen Ehe- **6** gatten kommt Art. 229 zur Anwendung. Er ist somit ausgeschlossen für alle Arten von **Gesellschaftsverträgen unter den Ehegatten,** die wirtschaftlichen Zielen dienen. Unter solchen Umständen geht das Gesellschaftsrecht dem Ehegüterrecht für die Ordnung der Verwaltungsbefugnis vor (zur einfachen Gesellschaft, Kollektiv-, Kommandit-, Aktiengesellschaft sowie zur GmbH im Einzelnen s. BK-HAUSHEER/REUSSER/GEISER, N 11). Im Übrigen, d.h. v.a. in vermögensrechtlicher Hinsicht, bleiben aber, was bisweilen übersehen wird, die Gesellschaftsanteile dennoch weiterhin vom Ehegüterrecht beherrscht (dazu BK-HAUSHEER/REUSSER/GEISER, Vorbem. vor Art. 221 ff. N 40 ff.; vgl. auch Art. 221 N 4 m.w.H.).

Angesichts des Schutzbedürfnisses des andern Ehegatten kann nach Auffassung gewisser **7** Autoren (s. BK-HAUSHEER/REUSSER/GEISER, N 12) von einer alleinigen Ausübung auch schon dann nicht mehr gesprochen werden, wenn der andere Ehegatte **im Beruf oder Gewerbe** seines Partners **mitarbeitet.** Begründet wird dies mit der Fachkompetenz beider Ehegatten einerseits und der erhöhten Möglichkeit eines kontinuierlichen und mehr oder weniger raschen Zusammenwirkens anderseits. Als angezeigt erscheinen immerhin hinreichende Anforderungen an diese Mitarbeit.

Der alleinigen Ausübung des Berufes oder der Gewerbetätigkeit steht ein **Zusammen-** **8** **wirken mit einem Dritten** nicht entgegen (DESCHENAUX/STEINAUER/BADDELEY, Rz 1737). Vorzubehalten sind allerdings regelmässig Gesellschaften mit eigener Rechtspersönlichkeit, da hier auch das Vermögen der Gesellschaft verselbständigt ist und somit als solches dem Gesamtgut entzogen bleibt (BK-HAUSHEER/REUSSER/GEISER, N 13).

3. Mittel des Gesamtgutes

Angesichts des Zweckes von Art. 229, nämlich der Erleichterung des Rechtsverkehrs im **9** Zusammenhang mit wirtschaftlich investiertem Gesamtgut, kann diese Gesetzesbestimmung zwar bloss bez. Gesamtgut zur Anwendung gelangen, setzt aber **nicht** voraus, dass der Beruf oder das Gewerbe **nur** mit **gemeinschaftlichem Vermögen** ausgeübt bzw. betrieben wird. Soweit Eigengut dem Berufe oder Gewerbe dient, führt Art. 232 zum gleichen Ergebnis wie Art. 229. Im Zusammenhang mit Eigengut entfällt allerdings die konkurrierende Verwaltungsbefugnis des andern Ehegatten (s. N 1). Was zum Gesamtgut bzw. zum Eigengut gehört, bestimmt der konkrete Ehevertrag. Zur Vermeidung von allfälligen (Ersatz)Forderungen i.S.v. Art. 238 bzw. 239, dürfte es sich als sinnvoll erweisen, die Unternehmung insgesamt dem Gesamtgut (bzw. dem Eigengut) zuzuweisen. Insofern bedarf es im Rahmen der Gütergemeinschaft auch nicht der besonderen Gesetzesgrundlage von Art. 199 Abs. 1. Art. 229 bedeutet im Vergleich zur Kombination von Errungenschaftsbeteiligung mit Art. 199 eine Mittellösung, indem gemeinschaftliches

Eigentum (im weitesten Sinn) der Ehegatten bei erweiterter Geschäftsführungs- und Verwaltungsbefugnis eines Ehepartners ermöglicht werden soll.

10   Zum Gesamtgut können auch **Kredite** gehören, die der Finanzierung von Beruf und Gewerbe dienen (BK-HAUSHEER/REUSSER/GEISER, N 17). In jedem Fall müssen aber die Gesamtgutmittel **unmittelbar** der Berufsausübung bzw. dem Gewerbebetrieb des wirtschaftlich tätigen Ehegatten dienlich sein.

III. Die Zustimmung des andern Ehegatten

1. Modalitäten der Zustimmung

11   Die erweiterte Verwaltungsbefugnis nach Art. 229 für einen Ehegatten allein setzt die Zustimmung des andern (handlungsfähigen) gesamthandberechtigten Partners voraus. Sie ist **nicht formgebunden** und kann – zum Voraus oder anlässlich der Berufsausübung oder des Gewerbebetriebs – auch konkludent (z.B. durch entsprechendes Gewährenlassen) erteilt werden.

12   Angesichts der ehegüterrechtlichen Bedeutung mit Wirkung für Dritte ist die rechtsgeschäftliche Zustimmung **bedingungsfeindlich.** Sie bezieht sich auf die Berufsausübung und die Verwendung von Gesamtgutmitteln.

2. Wirkung der Zustimmung

13   Mit der Zustimmung wird der andere Ehegatte – i.S. einer erweiterten Geschäftsführungsbefugnis – zur **rechtlichen und** (entgegen dem Gesetzeswortlaut) **tatsächlichen Alleinverwaltung** des berufs- bzw. gewerbegebundenen Gesamtgutes ermächtigt, d.h. soweit es diesem besonderen Zwecke dient (BK-HAUSHEER/REUSSER/GEISER, N 24; s.a. DESCHENAUX/STEINAUER/BADDELEY, Rz 1740. Zum Vorbehalt der konkurrierenden Verwaltung des zustimmenden Ehegatten s. N 1). Die Zustimmung bezieht sich auf die Berufsausübung bzw. den Gewerbebetrieb mit Gesamtgutvermögen insgesamt, nicht dagegen auf die einzelne Handlung. Diese ist deshalb auch rechtsgültig, wenn sie vom andern Ehegatten abgelehnt würde.

14   Handlungen im Rahmen von Art. 229 führen zu **Vollschulden** i.S.v. Art. 233, so dass neben dem Eigengut des Handelnden das ganze Gesamtgut haftet (BÄR, 185).

15   Zur Verantwortlichkeit des Handelnden s. Art. 231.

16   Die erweiterte (Geschäftsführungsbefugnis bzw.) Vertretungsmacht schliesst auch **Verfügungen** über das zweckgebundene Gesamtgut ein.

Geht ein **Dritter** irrtümlich von einer Vertretungsbefugnis aufgrund von Art. 229 aus, kann er nur im Rahmen einer so genannten Anscheinsvollmacht Rechtsschutz finden (BK-HAUSHEER/REUSSER/GEISER, N 31 m.w.H.).

3. Beweislast

17   Es gilt **Art. 8,** so dass derjenige die Zustimmung nachweisen muss, der aus Art. 229 Rechte zu seinen Gunsten ableitet.

4. Verweigerung

18   Die **Verweigerung der Zustimmung** kann – anders als bei Art. 166 Abs. 2 Ziff. 1 – nicht durch Richterspruch ersetzt werden, ganz ausnahmsweise aber gegen die Beistandspflicht nach Art. 159 verstossen.

5. Widerruf

Der **Widerruf der Zustimmung** ist zulässig, darf jedoch nicht zur Unzeit erfolgen und 19
kann Anlass für eine Gütertrennung nach Art. 185 Abs. 2 Ziff. 3 geben.

6. Beendigung

Art. 229 gilt nur für die Dauer der Güter-, **nicht** dagegen für die **Liquidationsgemein-** 20
schaft (dazu Art. 236 N 4 ff.).

Art. 230

4. Ausschlagung und Annahme von Erbschaften	[1] **Ohne Zustimmung des andern kann ein Ehegatte weder eine Erbschaft, die ins Gesamtgut fallen würde, ausschlagen noch eine überschuldete Erbschaft annehmen.**
	[2] **Kann der Ehegatte diese Zustimmung nicht einholen oder wird sie ihm ohne triftigen Grund verweigert, so kann er das Gericht an seinem Wohnsitz anrufen.**
4. Répudiation et acquisition de successions	[1] Un époux ne peut, sans le consentement de son conjoint, répudier une succession qui entrerait dans les biens communs ni accepter une succession insolvable.
	[2] S'il n'est pas possible de recueillir ce consentement ou s'il est refusé sans motif légitime, l'époux peut en appeler au juge de son domicile.
4. Rinuncia e accettazione di eredità	[1] Un coniuge non può, senza il consenso dell'altro, rinunciare a un'eredità che entrerebbe nei beni comuni o accettare un'eredità oberata.
	[2] Il coniuge che non può procurarsi questo consenso, o cui il consenso è negato senza valido motivo, può ricorrere al giudice del suo domicilio.

I. Allgemeines

1. Normzweck

Art. 230 strebt – ggf. unter Mithilfe des Gerichts (dazu N 16 f.) – einen **Interessenaus-** 1
gleich im Zusammenhang mit Rechtsgeschäften an, bei denen die Interessen der Gütergemeinschaft und jene des einzelnen Ehegatten als Erbe besonders oft bzw. nachhaltig
auseinander gehen können. Das trifft nicht nur auf den Fall zu, dass eine überschuldete
Erbschaft in das Gesamtgut fallen sollte, sondern angesichts der Haftung nach Art. 234
auch für den Fall, dass die (überschuldete) Erbschaft gemäss Ehevertrag dem Eigengut
zukommt.

Bei der Ausschlagung einer Erbschaft handelt es sich um eine **ausserordentliche Ver-**
waltungshandlung i.S.v. Art. 228, die der Gesetzgeber in besonderer Weise regelt. Dies
nicht nur wegen der spez. Interessenlage unter den Ehegatten, sondern auch im Hinblick
darauf, dass neben dem güterrechtlichen auch das erbrechtliche Gesamthandverhältnis
(bzw. die Unübertragbarkeit der Erbenstellung) zu beachten bleibt. Dies geschieht – im
Unterschied zum bisherigen Recht (s. u.a. BK-Lemp, aArt. 215 N 8 und aArt. 219 N 19)
derart, dass zwar in die Erbenstellung als solche nicht eingegriffen wird, diese Erbenstellung aus güterrechtlicher Sicht jedoch nicht ohne Zustimmung des andern Ehegatten
ausgeübt werden darf (Näheres dazu in BK-Hausheer/Reusser/Geiser, N 10 ff.).

2. Zwingendes Recht

2 Art. 230 kann ehevertraglich nicht wegbedungen werden.

II. Ausschlagung einer nicht überschuldeten Erbschaft und Annahme einer überschuldeten Erbschaft

1. Ausschlagung einer nicht überschuldeten Erbschaft

3 Der Zustimmung des andern Ehegatten bedarf es für die Ausschlagung einer **Erbschaft** nur, wenn diese gemäss Ehevertrag an sich in das **Gesamtgut** fallen würde. Dies ist bei der allgemeinen Gütergemeinschaft immer der Fall, nicht dagegen bei der Errungenschaftsgemeinschaft. Bei den andern Gütergemeinschaften kommt es auf die Abgrenzung von Gesamtgut und Eigengütern im Einzelfall an, wobei möglicherweise eine Aufteilung nach Erbschaftswerten vorzunehmen ist. Unter solchen Umständen ist Art. 230 immer anwendbar.

4 Auf die Zuwendung eines **Vermächtnisses** kann teilweise verzichtet werden. Soweit sich ein solcher Teilverzicht auf das Eigengut beschränkt, findet Art. 230 keine Anwendung. Im Übrigen aber gilt diese Gesetzesbestimmung von ihrem Zweck her, aber auch angesichts von Art. 228, obwohl ein Verzicht auf ein Vermächtnis keine Ausschlagung einer Erbschaft bedeutet (BK-HAUSHEER/REUSSER/GEISER, N 14 f.).

5 Art. 230 kommt auch nicht zum Tragen, wenn der Erblasser die **Erbschaft** entgegen dem Ehevertrag **ins Eigengut zuwendet** (Art. 225 Abs. 1), obwohl im Zusammenhang mit Pflichtteilsansprüchen eine nachträgliche Massenumteilung bewirkt werden kann (s. Art. 225 N 12). Art. 225 Abs. 1 begründet nur eine schuldrechtliche Verpflichtung auf den Zeitpunkt des Erbgangs hin, dessen Verletzung eine Verantwortlichkeit und gleichzeitig – u.a. bez. Art. 185 – eine Ehewidrigkeit bedeuten kann (BK-HAUSHEER/REUSSER/GEISER, N 14).

2. Annahme einer überschuldeten Erbschaft

6 Erbschaftsschulden führen regelmässig zu **Eigenschulden** i.S.v. Art. 234, d.h. sofern der andere Ehegatte nicht auch Erbe ist. Für solche Schulden haftet das Eigengut und die Hälfte des Wertes des Gesamtgutes (s. Art. 233/234 N 8 m.w.H.). Diese (beschränkte) Haftung kann auch dann Anlass zur Auflösung der Gütergemeinschaft sein, wenn die Erbschaft nicht in das Gesamtgut fällt. Art. 230 ist daher in jedem Fall anwendbar (s. N 1).

7 Nach **Art. 566 Abs. 2** wird die Ausschlagung von Gesetzes wegen vermutet, wenn die Zahlungsunfähigkeit des Erblassers im Zeitpunkt seines Todes amtlich festgestellt oder offenkundig ist. Unter solchen Umständen bedarf es einer ausdrücklichen Annahmeerklärung gegenüber den zuständigen Behörden bzw. gegenüber den interessierten Personen (dazu BK-HAUSHEER/REUSSER/GEISER, N 17). Diese Annahmeerklärung erfordert an sich, d.h. aufgrund von Art. 228 Abs. 1, eine Zustimmung des andern Ehegatten, sie ist indessen aus erbrechtlicher Sicht auch ohne diese Zustimmung rechtswirksam. Art. 230 ist somit nicht anwendbar.

8 Erfolgt die Annahme aufgrund eines Tatbestandes von **Art. 571,** ist die Mitwirkung des andern Ehegatten ohne Belang bzw. nicht denkbar (Näheres in BK-HAUSHEER/Reusser/GEISER, N 19 ff. m.H. auf abweichende Meinungen; vgl. MASANTI-MÜLLER, 164 ff.). Allerdings kann eine Verantwortlichkeit i.S.v. Art. 231 in Frage stehen.

3. Weitere erbrechtliche Vorkehren und Rechtsgeschäfte

Der Ausschlagung ist das **Begehren um eine amtlichen Liquidation** gleichgestellt, obwohl hier die Übernahme von Schulden verhindert wird und der Erwerb eines Nettoüberschusses noch möglich bleibt. Massgebend ist, dass auf diesem Wege – wie bei der Ausschlagung – die Einflussnahme auf den Nachlass, der in das Gesamtgut fallen sollte, verunmöglicht wird.   9

Beim Begehren um die Aufnahme eines **öffentlichen Inventars** handelt es sich um eine blosse Sicherungsmassnahme, auf welche Art. 230 keine Anwendung findet. Dagegen kommt diese Gesetzesbestimmung bei der nachfolgenden Erklärung gemäss Art. 588 Abs. 1 zum Tragen, sofern die Erbschaft in das Gesamtgut fallen sollte. Fällt sie an sich in das Eigengut, ist eine Zustimmung – wegen der Haftung – nur im Falle der vorbehaltlosen Annahme oder einer solchen unter Inventar erforderlich. Sie kann allerdings auf dem Umweg von Abs. 2 dieser Gesetzesbestimmung gegenstandslos werden (BK-Hausheer/Reusser/Geiser, N 25).   10

Abtretungen der angefallenen Erbschaftsanteile fallen als rein obligatorische Rechtsgeschäfte unter Art. 228 und nicht unter Art. 230. Mit dem Abschluss der Erbteilung wird das konkrete Erbenlos von Gesetzes wegen Gesamtgut und kann nicht mehr ohne Zustimmung des andern Ehegatten abgetreten werden.   11

Der **Erbteilungsvertrag** kann und muss vom Erben allein abgeschlossen werden, da die Teilung gemäss Art. 635 Abs. 2 nur den Erben vorbehalten ist. Der andere Ehegatte bleibt auf einen allfälligen Anspruch gestützt auf Art. 231 verwiesen.

Die **Herabsetzung und Testamentsanfechtung** bzw. ein **Verzicht** darauf fallen nicht unter Art. 230.   12

Von Art. 230 nicht erfasst wird der **Erbverzicht,** da es sich hier nur um eine Anwartschaft handelt (BK-Lemp, aArt. 218 N 5; BK-Hausheer/Reusser/Geiser, N 28).   13

III. Die Zustimmung

1. Modalitäten

Die Zustimmung, die **nicht höchstpersönlicher Natur** ist und damit nicht jede Vertretung bzw. Mitwirkung seitens eines gesetzlichen Vertreters ausschliesst, kann **vor, mit oder nach** der fraglichen rechtsgeschäftlichen Erklärung des Erben erteilt werden.   14

Sie kann **formlos** erfolgen und auch **konkludent** erteilt werden.

Grundsätzlich ist die Zustimmung **widerruflich,** d.h. mindestens insoweit, als nicht die Erklärung des Erben ihrerseits unwiderruflich geworden ist.

2. Fehlen der Zustimmung

Fehlende Zustimmung führt zur **Nichtigkeit** der Ausschlagung bzw. Annahme der Erbschaft, es sei denn, die Gütergemeinschaft werde noch vor Ablauf der Ausschlagungsfrist aufgelöst, so dass Art. 230 entfällt. Eine überschuldete Erbschaft kann sodann durch Einmischung angenommen werden (Art. 571 Abs. 2), womit die fehlende Zustimmung umgangen wird. Allerdings kann dies zu einer Haftung nach Art. 231 führen.   15

IV. Die Anrufung des Gerichts

1. Rechtsnatur des gerichtlichen Entscheides

16   Kann die Zustimmung – z.B. wegen Urteilsunfähigkeit oder Abwesenheit – nicht eingeholt werden oder wird sie ohne triftigen Grund verweigert, kann sie durch das Gericht dahingehend ersetzt werden, dass er den Erben **zum alleinigen Handeln ermächtigt**.

2. Örtliche und sachliche Zuständigkeit

17   **Örtlich** zuständig ist aufgrund des Bundesprivatrechts der Wohnsitzrichter der gesuchstellenden Partei.

Die **sachliche** Zuständigkeit ist Sache der Kantone. In Anlehnung an Art. 169 steht das Eheschutzgericht im Vordergrund. Dies schliesst – angesichts der Tragweite des Entscheides allerdings nicht ohne Bedenken – eine Berufung an das BGer aus (BGE 116 II 23).

Art. 231

5. Verantwortlichkeit und Verwaltungskosten	¹ **Für Handlungen, die das Gesamtgut betreffen, ist jeder Ehegatte bei Auflösung des Güterstandes gleich einem Beauftragten verantwortlich.** ² **Die Kosten der Verwaltung werden dem Gesamtgut belastet.**
5. Responsabilité et frais de gestion	¹ L'époux qui fait des actes de gestion pour la communauté encourt envers elle la responsabilité d'un mandataire à la dissolution du régime. ² Les frais de gestion grèvent les biens communs.
5. Responsabilità e spese dell'amministrazione	¹ Allo scioglimento del regime dei beni, ciascun coniuge risponde degli atti concernenti i beni comuni al pari di un mandatario. ² Le spese dell'amministrazione gravano i beni comuni.

I. Allgemeines

1. Normzweck

1   Art. 231 äussert sich zu zwei voneinander unabhängigen Fragen der Verwaltung des Gesamtgutes. Die eine, nämlich die **Verantwortlichkeit** im Zusammenhang mit der Verwaltung, betrifft nur das **Gesamtgut**. Die andere, d.h. die Belastung des Gesamtgutes mit **Verwaltungskosten,** wird ergänzt durch die spiegelbildliche Bestimmung in Art. 232 Abs. 2.

2. Anwendungsbereich und Abgrenzung

2   Art. 231 gilt nur für die **Dauer des Güterstandes.** Andere Regeln gelten zwischen der Auflösung der Gütergemeinschaft und dem Abschluss der güterrechtlichen Auseinandersetzung (s. Art. 236 N 4 ff. und Art. 246 N 11 ff).

3   Art. 231 knüpft an die gesetzliche Ordnung der Gesamtgutsverwaltung (Art. 227 ff.) – unter Einschluss der Gesamtgutnutzung (BK-HAUSHEER/REUSSER/GEISER, N 12) – an. **Art. 195,** der ebenfalls die Fragen nach der Verantwortlichkeit und bez. der Verwaltungs-

kosten im Zusammenhang mit der Verwaltung von Gesamtgut aufwirft, kommt demgegenüber nur und zudem mit anderem Inhalt zur Anwendung, wenn die einem Ehegatten zustehende Verwaltung – auf Zusehen – dem andern überlassen wird (s. Art. 195 N 3 und 25 f.).

3. Zwingendes und dispositives Recht

Die **Verantwortlichkeitsordnung** ist im Rahmen von Art. 100 Abs. 1 OR einer rechtsge-   **4**
schäftlichen Änderung durch die Ehegatten zugänglich. Während ein genereller Verzicht auf entsprechende Ansprüche unzulässig ist, weil dies einer Änderung des Güterstandes gleichkäme, bleibt ein nachträglicher Verzicht auf einen konkreten Verantwortlichkeitsanspruch möglich.

Die **Zuordnung von Verwaltungskosten** ist zwingenden Rechts. Erst nach Auflösung des Güterstandes, d.h. anlässlich der güterrechtlichen Auseinandersetzung, kann auf einen entsprechenden Anspruch verzichtet werden.

II. Die Verantwortlichkeit im Zusammenhang mit der Gesamtgutsverwaltung

1. Die unterschiedlichen Verwaltungsbereiche

Insbesondere im Zusammenhang mit der **konkurrierenden Verwaltungsbefugnis,** d.h.   **5**
im Rahmen der ordentlichen Verwaltung, kann das Handeln bzw. – bei Verwaltungspflichten – Unterlassen eines Ehegatten die Interessen des andern als Mitberechtigter am Gesamtgut verletzen. Das trifft vorab dort zu, wo der andere Ehegatte aus irgendeinem Grund nicht in der Lage ist, die Verwaltung seines Partners zu kontrollieren bzw. schadenabwendend zu korrigieren. Dabei kann Unsorgfalt oder Überschreiten der Verwaltungsbefugnis zu Schaden führen.

Mit Rücksicht auf die **gemeinsame ausserordentliche Verwaltung** steht die ungerecht-   **6**
fertigte Kooperationsverweigerung bei notwendigen Verwaltungshandlungen im Vordergrund.

2. Berechtigung und Verpflichtung

Berechtigt ist – entgegen dem Wortlaut der romanischen Gesetzestexte – nicht die Güter-   **7**
gemeinschaft als solche, sondern der **andere Ehegatte,** dessen Interessen an der Gesamthandsgemeinschaft verletzt worden sind. Gleicherweise trifft die Verpflichtung den fehlbaren Ehegatten persönlich und nicht die zur Gemeinschaft verbundenen Ehegatten insgesamt. Der Verantwortlichkeitsanspruch wird denn auch erst mit der Auflösung des Güterstandes fällig und ist nicht mehr in die güterrechtliche Auseinandersetzung einzubeziehen.

Wird die **Gütergemeinschaft durch einen andern Güterstand abgelöst,** wird der Verantwortlichkeitsanspruch zu einer vorgüterstandlichen Schuld des haftbaren Ehegatten. In der Errungenschaftsbeteiligung ist er daher z.B. dem Eigengut zu belasten. Die gleiche Zuordnung gilt auf Seiten des Berechtigten.

3. Verwaltung und Nutzung

a) Umfang

Bei Verwaltung handelt es sich – wie auch im Zusammenhang mit Art. 227 ff. ganz all-   **8**
gemein – um **rechtsgeschäftliches Handeln und** um tatsächliches **Verhalten.** Letzteres steht bei der pflichtwidrigen Nutzung im Vordergrund.

9   Zu denken ist – abgesehen von ganz seltener absichtlicher Schädigung – vorab an folgende Fallgruppen:

– Unterlassen oder Unsorgfalt anlässlich von dringlichen Verwaltungsmassnahmen bei **Verhinderung des andern Ehegatten.**

– **Ungerechtfertigte Verweigerung von dringenden Massnahmen** im Bereich der ausserordentlichen Verwaltung von Gesamtgut.

– Unsorgfalt im Rahmen von **Art. 229,** d.h. im Zusammenhang mit der erweiterten Vertretungsbefugnis in Beruf und Gewerbe.

– Verhalten im Zusammenhang mit der Ausschlagung einer positiven Erbschaft bzw. Annahme einer überschuldeten Erbschaft **(Art. 230).** Allerdings bleibt hier die Möglichkeit zu beachten, das Gericht anzurufen.

b) Massgebende Sorgfalt

10   Wie Art. 195 (s. die Komm. dazu) verweist Art. 231 auf das Auftragsrecht, das seinerseits auf den Arbeitsvertrag (Art. 321e OR) zurückverweist. Diese Verweise bedeuten aber nicht, dass sowohl im Rahmen von Art. 195 als auch im Zusammenhang mit Art. 231, Art. 321e OR sklavisch zur Anwendung gelänge. Zwar reicht in allen Fällen neben der eher seltenen Absicht die Fahrlässigkeit als Schuldform zur Haftungsbegründung aus. Im Übrigen ist aber für den Sorgfaltsmassstab den **unterschiedlichen Interessenlagen** Rechnung zu tragen.

11   Im Zusammenhang mit Art. 231 ist im Unterschied zu Art. 195 zu beachten, dass die Verwaltung dem andern Ehegatten zwar nicht freiwillig überlassen wird, aber letztlich doch auf dem freien Entschluss zur Gütergemeinschaft beruht (Näheres dazu BK-Hausheer/Reusser/Geiser, N 14 ff.). Sodann ist zwischen der **ordentlichen und der ausserordentlichen Verwaltung** zu unterscheiden. Im letzteren Fall kann die Pflicht zu gemeinsamem Handeln einerseits korrigierend wirken, andererseits kann deren Verletzung auch gerade Grundlage der Verantwortlichkeit sein.

12   Grundsätzlich ist die Sorgfalt erforderlich, die in den eigenen Angelegenheiten geübt wird. Massgebend ist somit der Massstab **«quam in suis»** (der sich bei einer allgemeinen Gütergemeinschaft allerdings nicht oder nur mit Schwierigkeiten bestimmen lässt: dazu BK-Hausheer/Reusser/Geiser, N 14). Dieses Sorgfaltsmass kann durch stillschweigende oder ausdrückliche Vereinbarungen unter den Ehegatten modifiziert werden (insb. auch erschwert i.S.v. Art. 195 für Fremdinteressenwahrung).

4. Durchsetzung des Verantwortlichkeitsanspruchs

13   Der Anspruch, der während des Güterstandes entstanden ist, wird – entgegen dem Gesetzeswortlaut (dazu BK-Hausheer/Reusser/Geiser, N 21) – erst mit dem Abschluss der güterrechtlichen Auseinandersetzung **fällig** (Botschaft Revision Eherecht, Ziff. 223.315). Er ist auch spätestens zu diesem Zeitpunkt geltend zu machen.

14   Die **Verjährung** beginnt mit der güterrechtlichen Auseinandersetzung. Es gilt die Zehnjahresfrist nach Art. 127 OR.

15   Vor der Auflösung des Güterstandes kann der Anspruch **nicht abgetreten** werden.

III. Verwaltungskosten im Zusammenhang mit dem Gesamtgut

1. Begriff

In Frage stehen hier die **Kosten für** den **ordentlichen Unterhalt,** die **Sicherung und** 16
Nutzung des Gesamtgutes (BK-LEMP, aArt. 216 N 35).

2. Zuordnung

Verwaltungskosten im Zusammenhang mit dem **Gesamtgut** gehen zulasten dieser Gü- 17
termasse. Damit ist allerdings nicht beantwortet, welcher Ehegatte einem Drittgläubiger
für solche Schulden haftet (Botschaft Revision Eherecht, Ziff. 223.315; so schon BK-
LEMP, aArt. 215 N 39).

Sind die fraglichen Verwaltungskosten während des Güterstandes durch ein Eigengut 18
beglichen worden, steht ihm bei Auflösung des Güterstandes aufgrund von Art. 238
Abs. 1 eine entsprechende **Ersatzforderung** zu.

Werden die **Erträge des Gesamtgutes** aufgrund des Ehevertrages **den Eigengütern** 19
überlassen, sind die entsprechenden Verwaltungskosten diesen Erträgen zu belasten,
d.h. grundsätzlich dem Eigengut. Dieses hat nur Anspruch auf den Nettoertrag (BK-
HAUSHEER/REUSSER/GEISER, N 25).

An der Zuordnung der Verwaltungskosten nach Art. 231 Abs. 2 ändert auch **Art. 242** 20
nichts.

Art. 232

II. Eigengut	[1] **Innerhalb der gesetzlichen Schranken verwaltet jeder Ehegatte sein Eigengut und verfügt darüber.**
	[2] **Fallen die Erträge in das Eigengut, werden die Kosten der Verwaltung diesem belastet.**
II. Biens propres	[1] Chaque époux a l'administration et la disposition de ses biens propres, dans les limites de la loi.
	[2] Si les revenus entrent dans les biens propres, les frais de gestion de ceux-ci grèvent les biens propres.
II. Beni propri	[1] Nei limiti della legge, ciascun coniuge amministra i suoi beni propri e ne dispone.
	[2] Se i redditi confluiscono nei beni propri, questi ne sopportano le spese.

I. Allgemeines

1. Normzweck

Art. 232 bringt in erster Linie die **Abkehr vom bisherigen Recht** zum Ausdruck, wel- 1
ches das Eigengut den Sondergutsregeln (und damit dem Gütertrennungsrecht) unterstellt
hat.

Abs. 2 ist das Spiegelbild von Art. 231 Abs. 2.

Art. 232 wird **durch Art. 230 ergänzt,** welcher die Verwaltung von Eigengut im
Zusammenhang mit überschuldeten Erbschaften betrifft.

2. Zwingendes und dispositives Recht

2 Zwar kann die Verwaltung des Eigengutes gestützt auf **Art. 195 rechtsgeschäftlich** dem andern Ehegatten überlassen werden. Indessen kann dies nicht ehevertraglich geschehen. Zudem bleibt die Übertragung der Verwaltungsbefugnis unter dem Vorbehalt des jederzeitigen Widerrufs.

3 Die **Kostentragungspflicht** trifft zwingend jene Gütermasse, welcher die Erträge des Vermögens zufliessen (s. N 9; vgl. auch Art. 238 betr. die Ersatzforderungen). Diese Gütermasse kann allerdings ehevertraglich festgelegt werden. Sodann können bei der güterrechtlichen Auseinandersetzung die Verwaltungskosten nach Belieben anders verteilt werden. Schliesslich verbleiben die Erträge des Eigengutes nach Auflösung der Gütergemeinschaft immer dem Eigengut, so dass ihm auch die entsprechenden Verwaltungskosten zu belasten sind.

II. Verwaltung und Verfügung

1. Getrennte Verwaltung und Verfügung

4 Das Eigengut untersteht (neu) sowohl bez. der (rechtlichen und tatsächlichen) Verwaltung als auch hinsichtlich der Verfügung grundsätzlich (s. N 6) der gleichen Ordnung wie im Rahmen des **ordentlichen subsidiären Güterstandes**. Es gilt der Grundsatz der getrennten Verwaltung und Verfügung.

2. Gesetzliche Schranken

a) Im Allgemeinen

5 Mit dem Vorbehalt der «gesetzlichen Schranken» wird bez. der **allgemeinen Schranken und** jener aufgrund der **allgemeinen Wirkungen der Ehe** auf Art. 201 der Errungenschaftsbeteiligung verwiesen (s. die Komm. dazu).

b) Im Besonderen

6 Aus der **Gütergemeinschaft** ergibt sich folgende – mit der Errungenschaftsbeteiligung übereinstimmende – Schranke:

– **Art. 235 Abs. 2** ermöglicht Zahlungsfristen analog Art. 203 Abs. 2 (s. die Komm. dazu);

dagegen **entfällt** im Unterschied zur Errungenschaftsbeteiligung

– eine Beschränkung analog zu **Art. 201 Abs. 2** bez. der Verfügung über einen Miteigentumsanteil, wenn den beiden Eigengütern gemeinsames Miteigentum zusteht.

– Entsprechend besteht an sich auch kein Anspruch auf ungeteilte Zuweisung i.S.v. **Art. 205 Abs. 2,** obwohl auch das Gütertrennungsrecht in Art. 251 (s. N 2 ff. dazu) einen solchen Anspruch wie die Errungenschaftsbeteiligung kennt. Ähnliche Ergebnisse lassen sich indessen aufgrund einer analogen Anwendung von Art. 243–245 auf Miteigentum der Eigengüter erzielen (vgl. dazu BK-HAUSHEER/REUSSER/GEISER, N 10).

– Auch eine indirekte Veräusserungsbeschränkung wie gestützt auf **Art. 208 i.V.m. Art. 220** besteht nicht in der Gütergemeinschaft.

3. Verantwortlichkeit und Auskunftspflicht

Aus der alleinigen Verwaltungs- und Verfügungsbefugnis ergibt sich **keine besondere Verantwortlichkeit,** es sei denn, es würden dabei allgemeine eherechtliche Pflichten (insb. im Zusammenhang mit dem ehelichen Unterhalt) verletzt (BK-HAUSHEER/REUSSER/GEISER, N 11). **7**

Auskunft über das Eigengut ist dem andern Ehegatten – im Unterschied zum unmittelbaren Anspruch aus Gesamtgut (d.h. dem Gesamthandverhältnis) – aufgrund von **Art. 170** zu geben, es sei denn, es komme zufolge von Art. 195 Auftragsrecht zur Anwendung oder das Scheidungsverfahren sehe eine entsprechende Pflicht vor (BGE 117 II 228 ff.). **8**

III. Kosten der Verwaltung

1. Zuordnung

Die Kosten der Verwaltung gehen (zwingend: dazu N 3) mit der **Nutzung** einher (Abs. 2: ausdrücklich für das Eigengut, e contrario für das Gesamtgut). Diese umfasst an sich den Gebrauch des Vermögenswertes und den Verbrauch des Ertrages. Indessen stehen nur die Erträge in der **9**

– **allgemeinen Gütergemeinschaft** und in der

– **Errungenschaftsgemeinschaft** dem Gesamtgut zu; bei den

– **andern Gütergemeinschaften** kommt es – wie für den Nutzen insgesamt – auf den Ehevertrag an.

Bei **unproduktiven** (d.h. ertragslosen) **Vermögenswerten** ist darauf abzustellen, welchen Zwecken der entsprechende Vermögenswert dient und welche Gütermasse für diese Zwecke einzustehen hat (z.B. regelmässig) aber nicht notwendigerweise das Gesamtgut für den ehelichen Unterhalt: dazu Art. 238 N 19). **10**

2. Umfang

Verwaltungskosten umfassen alles, was dem **ordentlichen Unterhalt bzw. der Nutzung und Sicherung** der entsprechenden Vermögenswerte dient, nicht aber einer Investition gleichkommt. **11**

Art. 233

C. Haftung gegenüber Dritten

I. Vollschulden

Jeder Ehegatte haftet mit seinem Eigengut und dem Gesamtgut:
1. für Schulden, die er in Ausübung seiner Befugnisse zur Vertretung der ehelichen Gemeinschaft oder zur Verwaltung des Gesamtgutes eingeht;
2. für Schulden, die er in Ausübung eines Berufes oder Gewerbes eingeht, sofern für diese Mittel des Gesamtgutes verwendet werden oder deren Erträge ins Gesamtgut fallen;
3. für Schulden, für die auch der andere Ehegatte persönlich einzustehen hat;
4. für Schulden, bei welchen die Ehegatten mit dem Dritten vereinbart haben, dass das Gesamtgut neben dem Eigengut des Schuldners haftet.

C. Dettes envers les tiers I. Dettes générales	Chaque époux répond sur ses biens propres et sur les biens communs: 1. des dettes qu'il a contractées dans les limites de son pouvoir de représenter l'union conjugale et d'administrer les biens communs; 2. des dettes qu'il a faites dans l'exercice d'une profession ou dans l'exploitation d'une entreprise si ces activités sont exercées au moyen de biens communs, ou si leurs revenus tombent dans ces biens; 3. des dettes qui obligent aussi personnellement le conjoint; 4. des dettes à l'égard desquelles les époux sont convenus avec un tiers que le débiteur répondra aussi sur les biens communs.
C. Responsabilità verso i terzi I. Debiti integrali	Ciascun coniuge risponde con i suoi beni propri e con i beni comuni: 1. per i debiti contratti nell'esercizio del suo potere di rappresentanza dell'unione coniugale o di amministrazione dei beni comuni; 2. per i debiti contratti nell'esercizio della sua professione od impresa, sempreché essa sia esercitata attingendo ai beni comuni o i redditi della medesima confluiscano nei beni comuni; 3. per i debiti che obbligano personalmente anche l'altro coniuge; 4. per i debiti per i quali i coniugi hanno convenuto con il terzo che il debitore risponderà, oltre che con i suoi beni propri, anche con quelli comuni.

Art. 234

II. Eigen-schulden	[1] **Für alle übrigen Schulden haftet ein Ehegatte nur mit seinem Eigengut und der Hälfte des Wertes des Gesamtgutes.** [2] **Vorbehalten bleiben die Ansprüche wegen Bereicherung der Gemeinschaft.**
II. Dettes propres	[1] Pour toutes les autres dettes chaque époux ne répond que sur ses biens propres et sur la moitié de la valeur des biens communs. [2] L'action fondée sur l'enrichissement de la communauté est réservée.
II. Debiti propri	[1] Per tutti gli altri debiti, ciascun coniuge risponde soltanto con i suoi beni propri e con la metà del valore dei beni comuni. [2] Sono salve le pretese per arricchimento della comunione.

I. Allgemeines

1. Normzweck

1   Art. 233 und 234 befassen sich mit der Frage, in welchem Umfang das gemeinschaftliche Gesamtgut und das Eigengut der Ehegatten für Vollschulden (Art. 233) einerseits und Eigenschulden (Art. 234) anderseits gegenüber Gläubigern einzustehen haben.

2. Abgrenzungen

2   Art. 233 und 234 beschränken sich auf die Haftung (d.h. das Haftungssubstrat für Schulden) gegenüber Dritten. Entscheidend geht es dabei um die Frage, für welche Schulden neben dem Eigengut das ganze Gesamtgut beider Ehegatten (sog. Vollschulden: N 5 ff.) oder nur der – von Gesetzes wegen immer auf die wertmässige Hälfte des Gesamtgutes lautende (Art. 234 Abs. 1) – Gesamtgutanteil eines von diesen (sog. Eigenschulden: N 8 ff.) haftet.

Art. 233 und 234 äussern sich **nicht** zu den weiteren Fragen,

– **welcher Ehegatte Schuldner** des Drittgläubigers ist (DESCHENAUX/STEINAUER/ BADDELEY, Rz 1754);

– **wie** die **Schulden** unter den Ehegatten und zwischen den verschiedenen Gütermassen **aufzuteilen bzw. zuzuordnen** sind (vgl. dazu Art. 238 f.);

– welche (besonderen) Regeln für die **Schulden zwischen den Ehegatten** gelten (s. Art. 235); und

– unter welchen besonderen Umständen auch auf das Eigengut des andern Ehegatten gegriffen werden kann **(Art. 193).**

3. Anwendungsbereich

Art. 233 und 234 beschränken sich auf Schulden, die **vor oder während des Güter-** **standes** begründet werden. Nach Auflösung des Güterstandes begründete Schulden werden dagegen von diesen Gesetzesbestimmungen nicht mehr erfasst (s. Art. 236 N 7). **3**

Sodann besteht kein besonderer **Gutglaubensschutz** zugunsten des Gläubigers, der von einem falschen Güterstand der Ehegatten ausgeht (BK-HAUSHEER/REUSSER/GEISER, N 48).

4. Zwingendes und dispositives Recht

Die Haftungsordnung kann ehevertraglich **unter den Ehegatten** nicht geändert werden. **4**

Dagegen können diese **mit den Gläubigern** eine von Art. 233 und 234 abweichende Regelung vereinbaren. So ausdrücklich Art. 233 Ziff. 4 bez. einer Haftungserweiterung, stillschweigend aber auch bez. einer Haftungseinschränkung (s. BK-HAUSHEER/ REUSSER/GEISER, N 54).

II. Vollschulden

1. Begriff

Als Vollschulden bezeichnet das Gesetz jene Schulden eines Ehegatten, für die dieser mit seinem **Eigengut und** dem **ganzen Gesamtgut** einzustehen hat. Dies gilt zwar ungeachtet des Umstandes, dass der Nichtschuldnerehegatte am Gesamtgut in gleicher Weise berechtigt ist wie der Schuldner. Indessen handelt es sich dabei überwiegend um Schulden, für die auch der andere Ehegatte einzustehen hat, so dass letztlich das ganze Vermögen beider Ehegatten in Frage steht. In die Zwangsvollstreckung sind dann allerdings beide Ehegatten einzubeziehen. Zu einer solchen Haftung bedarf es im Einzelfall eines besonderen Grundes, den das Gesetz in den Ziff. 1–4 von Art. 233 abschliessend festhält. Eine gesetzliche Vermutung zugunsten von Vollschulden besteht nicht. **5**

2. Haftung des Gesamtgutes

Haftung des Gesamtgutes (neben dem Eigengut des Schuldners) bedeutet den **direkten** **Zugriff** des Gläubigers **auf die Vermögenswerte des Gesamthandverhältnisses.** Eine Beschränkung auf den Gesamtgutanteil (dazu Art. N 18 ff.) entfällt. Aber auch eine güterrechtliche Rangfolge zwischen den Eigenguts- und den Gesamtgutswerten besteht nicht (zur näheren Begründung s. BK-HAUSHEER/REUSSER/GEISER, N 32). Dagegen bleiben die allgemeinen Regeln über die Verwertbarkeit bzw. Reihenfolge von verschiedenen Vermögenswerten zu beachten (insb. Art. 95 f. SchKG). **6**

3. Arten von Vollschulden

7   Das Gesetz zählt in Art. 233 folgende Vollschulden **abschliessend** auf:

- Schulden **in Vertretung der ehelichen Gemeinschaft** (Art. 233 Ziff. 1): Dabei handelt es sich um Schulden für den ehelichen Unterhalt, die im Rahmen von Art. 166 eingegangen werden und zu einer solidarischen Haftung beider Ehegatten führen (Art. 166 Abs. 3).

- Schulden aus der **Verwaltung des Gesamtgutes** (Art. 233 Ziff. 1): Keine Rolle spielt dabei, ob es sich um die ordentliche oder ausserordentliche Verwaltung handelt bzw. um den entsprechenden Gutglaubensschutz des Gläubigers (s. dazu Art. 227/228 N 17 ff.). Besondere Regeln gelten indessen für Beruf und Gewerbe im Rahmen des Gesamtgutes (Art. 233 Ziff. 2 nachstehend) und die Rechtsgeschäfte im Rahmen von Art. 230. Erbschaftsschulden werden daher nicht schon deshalb Vollschulden, weil der andere Ehegatte zur Annahme einer (allenfalls überschuldeten) Erbschaft zugestimmt hat.

- Schulden in Ausübung eines **Berufes** oder beim Betrieb eines **Gewerbes mit Mitteln des Gesamtgutes** (durch einen Ehegatten allein) **oder** wenn **entsprechende Erträge** (einschliesslich des Einkommens im Zusammenhang mit einem Berufs- oder Gewerbevermögen im Eigengut: so der französische Gesetzestext; s.a. BK-HAUSHEER/ REUSSER/GEISER, N 36 ff.) ins Gesamtgut fallen (Art. 233 Ziff. 2). Im erstern Fall ist regelmässig die Zustimmung des andern Ehegatten vorausgesetzt, nur ausnahmsweise besteht ein Gutglaubensschutz für den Gläubiger (s. insb. Art. 229 N 13). Die entsprechenden Rechtsgeschäfte müssen sodann von Art. 229 erfasst sein. In beiden Fällen bleiben nach dem Willen des Gesetzgebers Schulden aus rein personenbezogenen unerlaubten Handlungen bei der Berufsausübung oder im Rahmen des Gewerbebetriebs ausgeschlossen (s. dazu Prot. Kommission StR, 634).

- Schulden, für die **auch der andere Ehegatte persönlich einzustehen** hat (Art. 233 Ziff. 3): Soweit es dabei auch um die Vertretung der ehelichen Gemeinschaft im Rahmen von Art. 166 geht, ergibt sich eine Überschneidung mit Ziff. 1, darüber hinaus ist aber auch an gemeinsame unerlaubte Handlungen zu denken (z.B. im Zusammenhang mit Art. 333).

- Schulden, bei welchen die Ehegatten (bzw. bei Schulden der Ehegatten neben dem Hauptschuldner) **mit** dem **Gläubiger** eine entsprechende (formlose) **Vereinbarung** getroffen haben (Art. 233 Ziff. 4): Das dürfte u.a. regelmässig bei Bürgschafts- und Garantieverpflichtungen der Fall sein.

III. Eigenschulden

1. Begriff und Arten

8   Bei den Eigenschulden handelt es sich um alle jene Schulden eines Ehegatten, die nicht von Art. 233 erfasst werden und für die neben dem **Eigengut** (s. dazu Art. 221 N 4; Art. 222 N 13 und die Komm. zu Art. 225) des Schuldners nur dessen (immer, d.h. ohne Rücksicht auf Art. 241 Abs. 2 und 242, hälftiger) **Anteil am Gesamtgut** (bzw. die Hälfte des Wertes des Gesamtgutes: vgl. Art. 221 N 3; Art. 222 N 18 ff.) haftet.

9   Bei den Eigenschulden eines Ehegatten allein kann es sich um **Schulden aller Art** handeln, einschliesslich vorehelicher Schulden, Erbschaftsschulden, Schulden aus unerlaubter Handlung ohne Beteiligung des andern Ehegatten und solche aus ungerechtfertigter Bereicherung zugunsten des Eigengutes.

2. Anteil am Gesamtgut

Haftung mit dem Anteil am Gesamtgut bedeutet – mindestens rechnerisch – **Auflösung** **10** **der Gütergemeinschaft** (vgl. die Komm. zu Art. 236 ff., d.h. einschliesslich Art. 238 und 239), da eine Übertragung dieses Anteils zu Verwertungszwecken auf den andern Ehegatten oder einen Dritten ausgeschlossen ist. Zur tatsächlichen Auflösung kommt es im konkreten Fall aufgrund von Art. 3 VVAG allerdings nur insoweit, als das Eigengut allein (einschliesslich künftigen Einkommens i.S.v. Art. 68b Abs. 3 SchKG aber ohne Ersatzforderungen und Mehrwertanteile, da diese – immer bzw. im letztern Fall regelmässig – erst mit der Auflösung des Güterstandes fällig werden) zur Befriedigung der Eigenschuld nicht ausreicht (BK-HAUSHEER/REUSSER/GEISER, N 24; s.a. hinten N 15).

Bei der **Verwertung des Liquidationserlöses** ist bez. Verwertbarkeit und Reihenfolge **11** den allgemeinen Regeln der Zwangsvollstreckung (insb. Art. 92 ff. SchKG) Rechnung zu tragen.

IV. Der Vorbehalt von Art. 234 Abs. 2

Wird von einem Ehegatten ein Vermögenswert, der nach Ehevertrag ins Gesamtgut fällt, **12** gegen Entgelt erworben, lässt dies eine Eigenschuld entstehen, sofern nicht die besonderen Voraussetzungen von Art. 233 erfüllt sind. Das führt zu einer Bereicherung besonderer Art (d.h. ausserhalb der Art. 62 ff. OR) des Gesamtgutes, von der auch der andere Ehegatte Nutzen zieht. Diesem Umstand soll mit dem Vorbehalt in Art. 234 Abs. 2 so Rechnung getragen werden, dass beschränkt auf diese Schuld und die eingetretene und noch vorhandene Bereicherung i.E. eine **weitere Vollschuld** zugelassen wird. Sie lässt den Gläubiger – trotz der Eigenschuld – direkt auf Vermögenswerte des Gesamtgutes greifen, soweit dieses noch bereichert ist (BK-HAUSHEER/REUSSER/GEISER, N 43 ff.).

V. Die Haftungsregeln in der Zwangsvollstreckung

Dazu kann vorerst auf die Komm. von **Art. 188–190** verwiesen werden. **13**

Was den Bereicherungsanspruch nach **Art. 234 Abs. 2** betrifft, so kann er **direkt geltend** **14** **gemacht** werden. Es ist eine Betreibung für eine Vollschuld einzuleiten. Die Voraussetzungen für den Anspruch sind ggf. im Rechtsöffnungsverfahren zu prüfen (BK-HAUSHEER/REUSSER/GEISER, N 52).

Art. 68b Abs. 3 SchKG hält neu (1994) ausdrücklich fest, dass die Pfändung künftigen **15** Einkommens für Eigenschulden möglich ist. Damit soll eine allzu rasche Auflösung der Gütergemeinschaft verhindert werden.

Im Zusammenhang mit der Familienwohnung i.S.v. **Art. 169** sind sodann mit der ab dem 1.1.1997 in Kraft stehenden Revision des Schuldbetreibungs- und Konkursrechts Art. 151 und 153 SchKG auch dann zu beachten, wenn die Familienwohnung zum Eigengut gehört (s.a. Art. 202 N 15 f. und Art. 249 N 4).

Art. 235

D. Schulden zwischen Ehegatten

¹ Der Güterstand hat keinen Einfluss auf die Fälligkeit von Schulden zwischen Ehegatten.

² Bereitet indessen die Zahlung von Geldschulden oder die Erstattung geschuldeter Sachen dem verpflichteten Ehegatten

ernstliche Schwierigkeiten, welche die eheliche Gemeinschaft gefährden, so kann er verlangen, dass ihm Fristen eingeräumt werden; die Forderung ist sicherzustellen, wenn es die Umstände rechtfertigen.

D. Dettes entre époux

[1] Le régime n'a pas d'effet sur l'exigibilité des dettes entre les époux.

[2] Cependant, lorsque le règlement d'une dette ou la restitution d'une chose exposent l'époux débiteur à des difficultés graves qui mettent en péril l'union conjugale, celui-ci peut solliciter des délais de paiement, à charge de fournir des sûretés si les circonstances le justifient.

D. Debiti tra coniugi

[1] Il regime dei beni non influisce sulla scadenza dei debiti fra i coniugi.

[2] Il coniuge debitore può tuttavia chiedere dilazioni qualora il pagamento di debiti pecuniari o la restituzione di cose gli arrecasse serie difficoltà tali da mettere in pericolo l'unione coniugale; se le circostanze lo giustificano, dovrà fornire garanzie.

I. Allgemeines

1. Normzweck

1   Art. 235 entspricht Art. 203, der für die Errungenschaftsbeteiligung zu beachten ist.

Als Konkretisierung von Art. 159 mildert er die Folgen des neuen Eherechts, welches das **eherechtliche Zwangsvollstreckungsverbot** zwischen den Ehegatten **aufgehoben** hat (Abs. 1: vgl. BGE 113 III 49 ff.).

Das **Stundungsgebot** (Abs. 2) wird durch Art. 134 Abs. 1 Ziff. 3 OR sowie Art. 95a und 111 SchKG ergänzt (vgl. dazu Art. 203 N 1).

2. Anwendungsbereich

2   Das Gesamtgut der Gütergemeinschaft steht eigentumsmässig beiden Ehegatten zu. Im Verhältnis dieser Gütermasse zum Eigengut eines Ehegatten steht sich somit der gleiche Ehegatte als Schuldner und Gläubiger gegenüber. **Ersatzforderungen zwischen diesen beiden Gütermassen** werden nicht von Art. 235 (HAUSHEER/REUSSER/GEISER, N 9 ff.), sondern von **Art. 238** beherrscht und werden zufolge dieser Gesetzesbestimmung erst mit Auflösung des Güterstandes fällig. Dies zeigt u.a., dass Art. 235 Abs. 1 weder bez. der Fälligkeit noch hinsichtlich Entstehung und Untergang von güterrechtlichen Ansprüchen (wie auch Art. 203 Abs. 1: vgl. N 1 der Kommentierung dazu) wörtlich zu verstehen ist (s.a. **Art. 239** N 1 mit Verweis auf Art. 206. Abs. 2 dieser letzten Bestimmung gilt für einseitig variable (Ersatz-)Forderungen ungeachtet der davon abweichenden Regelung in Art. 238 für gewöhnliche (Ersatz-)Forderungen: dazu BK-HAUSHEER/REUSSER/GEISER, N 18; Art. 239 N 6. Diese güterrechtliche Forderung während des Güterstandes wird aber von Art. 235 deshalb nicht erfasst, weil sie das Verhältnis zwischen Gesamtgut und Eigengut betrifft und auf einer besonderen Rechtsgrundlage beruht).

3   Von Art. 235 ausgeschlossen bleiben sodann – und zwar bez. Fälligkeit wie hinsichtlich der Begründung und des Bestandes – die **Ansprüche** im Zusammenhang mit der **Auflösung des Güterstandes** (Art. 241 ff.). Diese Forderungen werden nicht mehr während des Güterstandes fällig. Dauert die Ehe nach der Auflösung der Gütergemeinschaft allerdings an, kann diesbezüglich Art. 203 Abs. 2 oder Art. 250 Abs. 2 Anwendung finden.

Art. 235 bezieht sich auf **Schulden zwischen den Eigengütern.** Diese Gütermassen   **4**
haben denn – ungeachtet von Art. 233 und 234 – auch allein für Schulden zwischen den
Ehegatten einzustehen (zur näheren Begründung s. BK-HAUSHEER/REUSSER/GEISER,
N 15 f.).

3. Zwingendes Recht

Art. 235 kann ehevertraglich zum Voraus **nicht wegbedungen** werden. Auf das (immer   **5**
erforderliche) Begehren an das Gericht auf Zahlungsaufschub nach Abs. 2 kann dagegen
im konkreten Fall verzichtet werden.

II. Gewährung von Zahlungsfristen und Sicherstellung

1. Allgemeines

Art. 235 Abs. 2 stimmt – abgesehen von seinem engen Anwendungsbereich für Forde-   **6**
rungen zwischen den Eigengütern – voll mit **Art. 203 Abs. 2** überein, so dass auf die
Komm. dazu verwiesen werden kann.

2. Besonderheiten im Zwangsvollstreckungsverfahren

Da nur die Eigengüter der Ehegatten in Frage stehen, gelten die Sondervorschriften für   **7**
Ehegatten unter Gütergemeinschaft in **Art. 68a und 68b SchKG nicht.** Solange nicht
der Konkurs eröffnet worden ist, womit der Güterstand aufgelöst wird, kann immer nur
in das Eigengut vollstreckt werden, und ein Verlustschein kann – angesichts des davon
unberührten Gesamtgutes – nicht ausgestellt werden.

Art. 236

E. Auflösung des
Güterstandes
und Auseinan-
dersetzung

I. Zeitpunkt der
Auflösung

[1] **Der Güterstand wird mit dem Tod eines Ehegatten, mit der
Vereinbarung eines andern Güterstandes oder mit der Konkurseröffnung über einen Ehegatten aufgelöst.**

[2] **Bei Scheidung, Trennung, Ungültigerklärung der Ehe oder
gerichtlicher Anordnung der Gütertrennung wird die Auflösung
des Güterstandes auf den Tag zurückbezogen, an dem das
Begehren eingereicht worden ist.**

[3] **Für die Zusammensetzung des Gesamtgutes und des Eigengutes ist der Zeitpunkt der Auflösung des Güterstandes massgebend.**

E. Dissolution et
liquidation du
régime

I. Moment de la
dissolution

[1] Le régime est dissous au jour du décès d'un époux, au jour du contrat
adoptant un autre régime ou au jour de la déclaration de faillite d'un époux.

[2] S'il y a divorce, séparation de corps, nullité de mariage ou séparation de
biens judiciaire, la dissolution du régime rétroagit au jour de la demande.

[3] La composition des biens communs et des biens propres est arrêtée au jour
de la dissolution.

E. Scioglimento
del regime e
liquidazione

[1] Il regime dei beni è sciolto alla morte di un coniuge o allorquando sia convenuto un altro regime o dichiarato il fallimento di uno dei coniugi.

I. Momento dello
scioglimento

² In caso di divorzio, separazione, nullità del matrimonio o separazione dei beni giudiziale, lo scioglimento si ha per avvenuto il giorno della presentazione dell'istanza.

³ Per lo stato dei beni comuni e dei beni propri è determinante il momento dello scioglimento del regime dei beni.

Literatur

SUTTER, Die Aktivlegitimation bei der güterrechtlichen Liquidationsgemeinschaft, SJZ 2005, 286 ff.; vgl. auch die Literaturhinweise vor Art. 181.

I. Allgemeines

1. Normzweck

1   Art. 236 nennt mit Ausnahme der Verschollenheitserklärung alle **Gründe,** die **zur Auflösung der Gütergemeinschaft** führen können.

Der Tod eines Ehegatten, dessen Todesfeststellung sowie die Verschollenerklärung (vgl. Art. 38 Abs. 3; zur Anwendbarkeit von Abs. 2 dieser Bestimmung s. Art. 204 N 7), die Wahl eines andern Güterstandes und die Konkurseröffnung über einen Ehegatten unter Gütergemeinschaft lösen diese mit **sofortiger Wirkung** auf (Abs. 1).

Bei der Scheidung, der gerichtlichen Trennung, der Ungültigerklärung der Ehe sowie bei der gerichtlichen Anordnung der Gütertrennung muss – zur Verhinderung von Trölerei im Verfahren – nicht der entsprechende gerichtliche Entscheid abgewartet werden, vielmehr kommt es auf das **Begehren** an, mit welchem das fragliche Verfahren eingeleitet wird (Abs. 2).

Mit dem massgebenden Auflösungszeitpunkt wird die Gütergemeinschaft zur **Liquidationsgemeinschaft** (vgl. BGE 119 II 119 ff. zur einfachen Gesellschaft). Auf diesen Zeitpunkt wird das unter die Ehegatten aufzuteilende Gesamtgut seinem Bestande nach festgelegt (Abs. 3).

2. Anwendungsbereich

2   Art. 236 gilt für alle Gütergemeinschaften. Inhaltlich beschränkt er sich auf den **Zeitpunkt des Wechsels** vom bisherigen Güterstand **zur Liquidationsgemeinschaft.** Welche Regeln für dieses geänderte Gesamthandverhältnis gelten, ist dieser Gesetzesbestimmung nicht zu entnehmen, wird aber auch anderswo im Gesetz kaum näher umschrieben (vgl. auch BGE 119 II 119 ff. und HAUSHEER/PFÄFFLI). Dagegen befassen sich Art. 237–246 mit der Ausscheidung zwischen den beiden Eigengütern und dem Gesamtgut und sodann mit der Teilung des Letzteren:

– **Art. 237** befasst sich – in Übereinstimmung mit Art. 207 Abs. 2 – mit einer Massenumteilung vom Gesamtgut zum Eigengut im Zusammenhang mit **Kapitalleistungen** von Vorsorgeeinrichtungen oder wegen Arbeitsunfähigkeit an einen Ehegatten.

– **Art. 238** regelt die **Ersatzforderungen und Schuldenbereinigung** zwischen dem Gesamtgut und den Eigengütern.

– **Art. 239** befasst sich (i.S.v. Art. 206) mit allfälligen **Mehrwertanteilen** im Verhältnis zwischen dem Gesamtgut und den beiden Eigengütern.

– In **Art. 240** geht es um die **Bewertung des** unter die Ehegatten aufzuteilenden **Gesamtgutes.**

– **Art. 241** und **242** befassen sich mit dem **Teilungsschlüssel bzw.** dem **Umfang des Gesamtgutes,** der je nach Auflösungsgrund unterschiedlich sein kann (Frage des *Was* der Teilung).

– **Art. 243–246** nehmen sich den eigentlichen **Teilungsregeln** an (Frage des *Wie* der Teilung).

– Durch Verweis in Art. 246 auf **Art. 634** äussert sich das Recht der Gütergemeinschaft, im Unterschied zur Errungenschaftsbeteiligung, auch zum **verbindlichen Abschluss der Teilung.**

3. Zwingendes Recht

Der für die Liquidationsgemeinschaft massgebliche Zeitpunkt kann auch **ehevertraglich nicht geändert** werden. Art. 236 ist zwingendes Recht.   3

4. Die Liquidationsgemeinschaft

a) Im Allgemeinen

Das Gesetz äussert sich nicht dazu, welche Regeln für die Liquidationsgemeinschaft gelten, an welcher nun auch die Erben des Erstverstorbenen teilhaben können. Da zwar das bisherige Gesamthandverhältnis nachwirkt, indessen mit der Auflösung des Güterstandes einem andern Zweck zugeführt wird, können die bisherigen Regeln über die Verwaltung, Verfügung und Haftung nicht mehr unmittelbar zur Anwendung gelangen, vielmehr – wenn überhaupt – höchstens angepasst an die neuen Bedürfnisse weitergelten. Die **Analogie** ist – m.a.W. – nicht mehr in erster Linie bei der von zwei kooperationswilligen Ehegatten getragenen Gütergemeinschaft zu finden, sondern bei der Liquidationsgemeinschaft für den Nachlass, d.h. bei der Erbengemeinschaft (**a.M.** SUTTER, 287 ff.).   4

b) Verwaltung und Verfügung

Als Regel gilt – im Unterschied zur bisher konkurrierenden Verwaltungs- und Verfügungsbefugnis nach Art. 227 Abs. 2 und zu Art. 229 – **durchgängig** die **gemeinsame Verwaltung und Verfügung.**   5

Ausnahmen sind nur zu machen:

– i.S. der Erbengemeinschaft bei **Dringlichkeit** von Verwaltungshandlungen (BGE 58 II 198 ff. betr. eine Widerspruchsklage; s. auch BGE 125 III 219 ff. E. 1a zur Erbengemeinschaft) und

– aufgrund von Art. 166 bei **Andauern des Zusammenlebens.**

Das Verfügungsverbot von Art. 222 Abs. 3 entfällt mit der Auflösung des Güterstandes. Es gilt vielmehr sinngemäss **Art. 635** betr. die Abtretung von Erbanteilen.   6

c) Haftung gegenüber Dritten

Für **Schulden,** die erst **nach Auflösung des Güterstandes begründet** werden, gelten Art. 233 und 234 nicht mehr (s.a. Art. 233/234 N 3). Eine Haftung besteht – unter Vorbehalt einer andern Vereinbarung mit den Gläubigern – nurmehr im Rahmen des Eigengutes und des (allenfalls aufgrund von Art. 242 verminderten) Liquidationsanteils am Gesamtgut. Gleiches gilt für Schulden zwischen den Ehegatten.   7

Das Ehegüterrecht von 1988 verzichtet generell auf einen **Gutglaubensschutz,** so dass sich die Gläubiger auch gegenüber der Liquidationsgemeinschaft **nicht** auf **Art. 227 ff.**

verlassen können (BK-HAUSHEER/REUSSER/GEISER, N 39 f.). Ein Gutglaubensschutz kann sich indessen aus Art. 930 ff. und sodann im Zusammenhang mit Art. 62 ff. OR ergeben.

d) Verantwortlichkeit und Schulden zwischen den Ehegatten

8   Die **Verantwortlichkeit** im Zusammenhang mit dem auch nach Auflösung der Güter-gemeinschaft weiterbestehenden Gesamtgut und den Eigengütern richtet sich – unter Vorbehalt von Art. 195a – nach **Art. 41 ff. OR** und nicht mehr nach Art. 231 Abs. 1. Dies allenfalls i.V.m. Art. 159 und 170 (BGE 117 II 228 ff.).

Die Beschränkung der Haftung auf das Eigengut (Art. 235 N 4) für **Schulden unter den Ehegatten** entfällt mit der Auflösung des Güterstandes.

Für die bei Auflösung schon begründeten Schulden ist **Art. 193** zu beachten.

II. Absatz 1

1. Die Auflösung des Güterstandes im Allgemeinen

9   Bei allen Auflösungsgründen geht es um die Auflösung der Gütergemeinschaft insge-samt. Sie betreffen daher sowohl das **Gesamtgut** als auch die **Eigengüter,** was insb. für die geänderten Regeln betr. Verwaltung, Verfügung und Haftung im Zusammenhang mit den unterschiedlichen Gütermassen nach Auflösung des Güterstandes von Bedeutung ist.

2. Die einzelnen Auflösungsgründe

a) Der Tod eines Ehegatten

10   Mit dem Tod eines Ehegatten endet nicht nur der Güterstand, vielmehr tritt damit auch der Erbgang ein (Art. 537 Abs. 1). Damit überlagern sich **zwei Gesamthandverhältnis-se,** an denen regelmässig, aber nicht notwendigerweise, die gleichen Berechtigten betei-ligt sind. Die Stellung des Erstverstorbenen in der aufgelösten Gütergemeinschaft ist als solche nicht vererblich; es vererbt sich nur die Berechtigung auf einen Liquidationsanteil. Dieser wird mit dem Tod von der blossen Anwartschaft zum Anspruch. Erbgangsschul-den betreffen nur den Nachlass, nicht mehr den Güterstand.

11   Tritt der Tod **während** eines **Auflösungsverfahrens** nach Abs. 2 ein, macht der Tod die-ses Verfahren gegenstandslos.

12   Eine **Liquidationsgemeinschaft entfällt,** wo dem überlebenden Ehegatten aufgrund des Ehevertrages das ganze Gesamtgut anwächst (BGE 111 II 113 ff., dazu HAUSHEER/ PFÄFFLI; vgl. auch Art. 240 N 1).

13   Zur **Todesfeststellung** s. Art. 204 N 5.

b) Die Verschollenerklärung

14   Sie wird dem Tod gleichgesetzt und bewirkt gemäss Art. 38 Abs. 3 (i.d.F. vom 26.6.1998; i.K. 1.1.2000) die Auflösung der Ehe, wobei in Anwendung von Art. 38 Abs. 2 die Wir-kung der Verschollenerklärung auf den Zeitpunkt der Todesgefahr oder der letzten Nach-richt zurückzuziehen ist (vgl. Art. 204 N 7 m.w.H.).

14a   Die Gesetzesnovelle entfaltet keine Rückwirkung, weshalb hinsichtlich vor dem 1.1.2000 ausgesprochener Verschollenerklärungen eine Eheauflösung nach wie vor durch das Gericht herbeizuführen ist (aArt. 102 ZGB; REINHARD, ZBJV 136 (2000) 74; **a.M.**

HEGNAUER, ZZW 1999, 205 ff.; vgl. Art. 204 N 7a). Von Gesetzes wegen ist indessen die Gütertrennung eingetreten, so dass die Gütergemeinschaft auf jeden Fall aufzulösen war.

Kehrt der vor dem 1.1.2000 als verschollen erklärte Ehegatte, dessen Ehe nicht gemäss aArt. 102 ZGB gerichtlich aufgelöst wurde, **zurück,** ist die Gütergemeinschaft zu Unrecht nach den Regeln der Auflösung durch Tod eines Ehegatten (Art. 241) abgewickelt worden. Wird nun die Ehe durch Scheidung aufgelöst, was nach Art. 242 von Gesetzes wegen zu einer (allenfalls beschränkten) Errungenschaftsgemeinschaft führt (s. dazu Art. 241 N 6), ist den Veränderungen bei der güterrechtlichen Auseinandersetzung insb. in Analogie zu Art. 547 bzw. 938 ff. Rechnung zu tragen (BK-HAUSHEER/REUSSER/ GEISER, N 13 mit zusätzlichen Erörterungen; s.a. Art. 204 N 7). Überwiegende Interessen i.S.v. Art. 243–245 im Rahmen des vorangegangenen Wechsels zur Gütertrennung oder einer anderweitigen güterrechtlichen Auseinandersetzung bleiben von der Rückkehr unberührt.

c) Die Vereinbarung eines andern Güterstandes

Massgebend ist die **Verbindlichkeit des Ehevertrages,** mit welchem die Ehegatten einen andern Güterstand wählen. Wie eine Güterstandsänderung ist der Wechsel von der allgemeinen zu einer beschränkten Gütergemeinschaft zu behandeln, weil hier eine Teilliquidation des Gesamtgutes vorzunehmen ist. **15**

d) Die Konkurseröffnung

Konkurseröffnung über einen Ehegatten in Gütergemeinschaft führt nach Art. 188 von Gesetzes wegen zum Wechsel zur **Gütertrennung.** Siehe die Komm. zu Art. 188. **16**

III. Absatz 2

1. Die Auflösungsgründe

Im Einzelnen ist Folgendes zu beachten: **17**

– Bei der **Scheidung** geht es um ein Verfahren nach Art. 137 ff. aufgrund der Zuständigkeit von Art. 144.

– Die **Ehetrennung** nach Art. 155 löst zwar die Ehe nicht auf, führt aber – wie Art. 188 – von Gesetzes wegen zur Gütertrennung.

– Die **Ungültigkeitserklärung** setzt einen Nichtigkeits- oder Anfechtungsgrund i.S.v. Art. 120 ff. voraus.

– Bei der **gerichtlichen** Anordnung der **Gütertrennung** stehen die **Eheschutzmassnahmen** im engern und weitern Sinn gestützt auf Art. 176 Abs. 2 Ziff. 3 und Art. 185 im Vordergrund. Der entsprechenden vorsorglichen Massnahme im Rahmen von Art. 145 kommt gegenüber dem Scheidungsbegehren nur unter der Voraussetzung selbständige Bedeutung zu, dass die Scheidung abgewiesen oder auf das Begehren nicht eingetreten wird (vgl. auch Art. 204 N 14).

2. Die Einreichung des Begehrens

Es geht um jene kantonalrechtliche Prozesshandlung, welche zur **formellen Rechtshängigkeit des Verfahrens** führt, nicht dagegen um den bundesrechtlichen Begriff der Klageeinreichung bzw. -anhebung (s. Art. 204 N 11 und sodann N 12 zur Widerklage). Da **18** ein Begehren um vorsorgliche Massnahmen ein Hauptbegehren voraussetzt, kann gestützt auf Art. 145 kein früherer Zeitpunkt als jener für das Letztere massgebend sein.

3. Die güterrechtlichen Wirkungen

19 In der güterrechtlichen Auseinandersetzung ist – obwohl erst mit der Gutheissung des Begehrens der geltend gemachte Auflösungsgrund feststeht – so **abzurechnen,** wie wenn die Gütergemeinschaft mit der Rechtshängigkeit beendet worden wäre.

20 Zwischen dem Einreichen des Begehrens **bis zur Rechtskraft des** gerichtlichen **Urteils,** das zur Auflösung der Ehe führt, gilt **Gütertrennung** (vgl. Art. 204 N 13 m.w.H.). Das bedeutet, dass die Regeln über die gemeinsame Verwaltung, Verfügung sowie Haftung gegenüber Dritten bez. jener Vermögensgegenstände, welche nach Art. 242 ins Eigengut zurückfallen, nicht mehr anwendbar sind. Nur bez. des verbleibenden Gesamtgutes bleibt das Gesamthandverhältnis bis zum Vollzug der Teilung bzw. bis zum Abschluss der güterrechtlichen Auseinandersetzung bestehen (s. Näheres dazu im BK-HAUSHEER/ REUSSER/GEISER, N 25).

IV. Absatz 3: Der Bestand von Gesamtgut und Eigengüter

21 In Übereinstimmung mit Art. 207 Abs. 1 hält Abs. 3 von Art. 236 fest, dass die Auflösung des Güterstandes über den Bestand des Gesamtgutes und der Eigengüter entscheidet. **Nach** der **Auflösung** des Güterstandes bildet sich somit **kein Gesamtgut mehr.**

Dies ist indessen eine Regel, von der – aufgrund des verbleibenden Gesamteigentums – verschiedene **Ausnahmen** zu machen sind:

– Anders als bei der Errungenschaftsbeteiligung ist weiterhin die **Ersatzanschaffung für** das **Gesamtgut** zu beachten (BK-LEMP, aArt. 225 N 17).

– Auch **Früchte und Erträgnisse** des Gesamtgutes führen bis zum Abschluss der güterrechtlichen Auseinandersetzung nach wie vor zu Gesamtgut. Unter Umständen ist eine pro rata temporis-Aufteilung vorzunehmen, wenn z.B. bei Früchten bis zu diesem Zeitpunkt noch nicht die volle Reife eingetreten ist.

– Abzuziehen sind umgekehrt der **eheliche Unterhalt** im bisherigen Rahmen, sofern er vor Auflösung des Güterstandes aus dem Gesamtgut zu finanzieren war, und die **Verwaltungskosten** für das Gesamtgut. Beides gilt bis zum Abschluss der Teilung (dazu Art. 246 N 11).

– Vermindert wird das Gesamtgut schliesslich durch den **zufälligen Untergang** von einzelnen Bestandteilen.

Art. 237

II. Zuweisung zum Eigengut	**Die Kapitalleistung, die ein Ehegatte von einer Vorsorgeeinrichtung oder wegen Arbeitsunfähigkeit erhalten hat und die Gesamtgut geworden ist, wird im Betrag des Kapitalwertes der Rente, die dem Ehegatten bei Auflösung des Güterstandes zustünde, dem Eigengut zugerechnet.**
II. Attribution aux biens propres	Le capital versé à un époux par une institution de prévoyance ou à raison de la perte de sa capacité de travail et qui est entré dans les biens communs est

compté dans les biens propres à concurrence de la valeur capitalisée de la rente qui eût appartenu à cet époux à la dissolution du régime.

II. Attribuzione ai beni propri	Il capitale ricevuto da un coniuge da un'istituzione di previdenza o per impedimento al lavoro e divenuto bene comune è ascritto ai beni propri fino a concorrenza del valore capitalizzato della rendita che gli sarebbe spettata allo scioglimento del regime dei beni.

Literatur

RIEMER, Berufliche Vorsorge und eheliches Vermögensrecht, SZS 41 (1997), 107 ff.; vgl. auch die Literaturhinweise vor Art. 181.

I. Allgemeines

1. Normzweck

In Übereinstimmung mit Art. 207 Abs. 2 sieht Art. 237 auf die Auflösung des Güterstan- **1** des i.S.v. Art. 236 hin eine **Massenumteilung besonderer Art** vor, wenn eine Kapitalleistung einer Vorsorgeeinrichtung oder wegen Arbeitsunfähigkeit Gesamtgut geworden ist. Solche Leistungen sind v.a. im Rahmen des Sozialversicherungsrechts auf die mutmassliche Lebensdauer, im Übrigen aber meist auf die gesamte Aktivitätsdauer des Empfängers berechnet (s. Art. 207 N 18 f.). Wird der Güterstand nicht durch den Tod des Leistungsempfängers aufgelöst, dient die Kapitalleistung daher vielfach auch Unterhaltsersatzzwecken für eine Zeit, an welcher das Gesamtgut beider Ehegatten keinen Anteil mehr hat. Diesem Umstand ist so Rechnung zu tragen, dass umgerechnet auf eine Rente jener Kapitalanteil dem Eigengut zugewiesen wird, der dem (hypothetischen) Rententeil nach Auflösung des Güterstandes entspricht.

2. Abgrenzung

Art. 237 befasst sich nur mit den während der Gütergemeinschaft dem Gesamtgut tat- **2** sächlich angefallenen Kapitalleistungen. **Blosse Anwartschaften** werden vom Ehegüterrecht nicht erfasst (BGE 118 II 382 ff.; vgl. auch AEBI-MÜLLER, Rz 03.16, 03.20 ff., 03.23 ff. je m.w.H.). Im Falle von andauernden **Rentenleistungen** werden – wenn überhaupt, dann nur – jene Gesamtgut, die schon während der Gütergemeinschaft fällig geworden sind (s. Art. 236 N 4 ff.). Unter diesen Umständen erübrigt sich eine Ausscheidung nach Art. 237.

3. Zwingendes und dispositives Recht

Art. 237 kann als solcher grundsätzlich **ehevertraglich nicht zum Voraus abgeändert** **3** werden. Im Unterschied zur Errungenschaftsbeteiligung (mit dem Grundsatz der Unabänderlichkeit der Gütermassen: s. Art. 196 N 7; vgl. auch Art. 221 N 7 f.) räumt die Gütergemeinschaft dem Ehevertrag unter den Ehegatten jedoch insofern mehr Freiraum ein, als es den Ehepartnern – unter Vorbehalt des gesetzlichen Eigenguts i.S.v. Art. 225 Abs. 2 und der Zuwendungen Dritter ins Eigengut im Rahmen von Art. 225 Abs. 3 – freisteht, was sie dem Gesamtgut bzw. den Eigengütern zuweisen (vgl. Art. 222 N 3 f.). Kapitalleistungen i.S.v. Art. 237 können daher zum vornherein den Eigengütern zugeordnet werden. Letztere bleiben somit im Umfang von Art. 237 immer geschützt. Erst im Rahmen der güterrechtlichen Auseinandersetzung kann dann auf einen entsprechenden Anspruch gegen das Gesamtgut verzichtet werden, wenn die Kapitalleistung während der

Gütergemeinschaft dieser Gütermasse zugefallen ist. Vorbehalten bleiben indessen allfällige Ansprüche nach Art. 527 Ziff. 3 und 4 (vgl. Art. 242 N 16).

Erfolgt im Laufe der Gütergemeinschaft im Zusammenhang mit den fraglichen Kapitalleistungen eine ehevertragliche Neuumschreibung des Gesamtgutes und der Eigengüter, ist mit Rücksicht auf eine angefallene Kapitalleistung **Art. 193** zu berücksichtigen (s. Art. 221 N 7).

II. Kapitalabfindungen aus Vorsorgeeinrichtung oder wegen Arbeitsunfähigkeit im Gesamtgut

4 Ist die – im Unterschied zu Art. 207 Abs. 2 (Zugehörigkeit der angefallenen Kapitalleistung zur Errungenschaft) – im Einzelfall zu prüfende Zuordnung der Kapitalleistung **zum Gesamtgut** gegeben, unterscheidet sich Art. 237 in nichts von Art. 207 Abs. 2. Es kann daher auf die dortigen Erläuterungen verwiesen werden. Äussert sich der Ehevertrag nicht näher zur Zuordnung solcher Kapitalleistungen, ist darauf abzustellen, welcher Gütermasse das Erwerbseinkommen zukommt, nachdem die fragliche Kapitalleistung als Ersatz für die verlorene Erwerbsfähigkeit anzusehen ist.

Art. 238

III. Ersatzforderungen zwischen Gesamtgut und Eigengut	**¹ Bei der güterrechtlichen Auseinandersetzung bestehen zwischen dem Gesamtgut und dem Eigengut jedes Ehegatten Ersatzforderungen, wenn Schulden, die die eine Vermögensmasse belasten, mit Mitteln der andern bezahlt worden sind.** **² Eine Schuld belastet die Vermögensmasse, mit welcher sie zusammenhängt, im Zweifel aber das Gesamtgut.**
III. Récompenses entre biens communs et biens propres	¹ Il y a lieu à récompense, lors de la liquidation, entre les biens communs et les biens propres de chaque époux lorsqu'une dette grevant l'une des masses a été payée de deniers provenant de l'autre. ² Une dette grève la masse avec laquelle elle est en rapport de connexité ou, dans le doute, les biens communs.
III. Compensi tra beni comuni e beni propri	¹ In caso di liquidazione, vi è diritto al compenso tra beni comuni e beni propri di un coniuge qualora debiti gravanti gli uni siano stati pagati con gli altri. ² Un debito grava la massa patrimoniale cui è materialmente connesso, ma nel dubbio i beni comuni.

I. Allgemeines

1. Normzweck

1 Art. 238 betrifft einen Teilbereich der **internen Schuldenordnung unter den Ehegatten bzw. deren Gütermassen** (Abs. 2). Sodann sorgt er auf dem Weg der **Ersatzforderung** (Abs. 1) für die Verwirklichung des Grundsatzes der Unabänderlichkeit der Gütermassen mit unterschiedlichem rechtlichem Schicksal (dazu Art. 221 N 5 ff.).

2. Anwendungsbereich und beschränkt zwingendes Recht

Art. 238 befasst sich nur mit der Schuldenzuordnung und dem Vermögensausgleich,   **2**
wenn die eine Gütermasse Schulden der andern beglichen hat oder es zu einer Vermögensverschiebung ohne entsprechenden Rechtsgrund gekommen ist, **nicht** dagegen mit

– der **Begründung und** dem **Bestand von Schulden** unter den Ehegatten und gegenüber Dritten und

– der **Haftung** der Ehegatten bzw. der verschiedenen Gütermassen für Schulden eines
  Ehegatten gegenüber dem andern oder gegenüber Dritten (Art. 233 f.). Allerdings kann
  die Tilgung entsprechender Schulden zu Ersatzforderungen führen. Ausgeschlossen
  bleiben auch

– die Vermögensverschiebungen aufgrund der **Gütergemeinschaft als solcher** (d.h. im
  Zusammenhang mit der Begründung und Änderung der Gütergemeinschaft) und Tatbestände wie Art. 726 f.

Bei der Schuldenzuordnung und dem Vermögensausgleich handelt es sich insofern um
beschränkt zwingendes Recht, als sie zwar im Hinblick auf den Grundsatz der Unabänderlichkeit der Gütermassen unerlässlich sind, diese güterrechtliche Fundamentalregel
aber während des Güterstandes ehevertraglich jederzeit durchkreuzt werden kann
(Art. 221 N 7). Nach Auflösung des Güterstandes können sich die Ehegatten im Rahmen
der grundsätzlich frei, d.h. unter Vorbehalt von erbrechtlichen Pflichtteilen (s. insb.
Art. 241 Abs. 1 und die Komm. dazu) zu vereinbarenden Teilung über Art. 238 Abs. 1
hinwegsetzen. Während der Gütergemeinschaft kommt der Verzicht einer konkreten Ersatzforderung einer Schenkung gleich. Siehe auch N 11.

Ergänzt wird Art. 238 durch **Art. 235** (betr. Fälligkeit und Stundung von Forderungen)   **3**
einerseits und durch **Art. 239** (betr. Mehrwertanteile) anderseits. Ersatzforderungen eines
Ehegatten gegen den andern aufgrund der Vermögensverwaltung im Rahmen von
Art. 195 richten sich nach dieser Gesetzesbestimmung. Forderungen i.S.v. **Art. 206** kön-
nen schliesslich im Verhältnis unter den beiden Eigengütern entstehen (BK-HAUSHEER/
REUSSER/GEISER, N 10).

II. Ersatzforderungen zwischen dem Gesamtgut und den beiden Eigengütern

1. Zweck

Ersatzforderungen i.w.S. (zur Terminologie im Einzelnen s. BK-HAUSHEER/REUSSER/   **4**
GEISER, N 12) nach Abs. 1 dienen der **Erhaltung der Gütermassen dem Werte nach.**
Ihre Besonderheit besteht darin, dass ein Ehegatte als Gesamthandberechtigter und
Alleineigentümer des Eigengutes sowohl Mitberechtigter (bei Ersatzforderungen des
Gesamtgutes gegen das Eigengut) als auch Mitverpflichteter (bei Ersatzforderungen des
Eigengutes gegen das Gesamtgut) ist.

2. Rechtsnatur und Anwendungsbereich

Bei den Ersatzforderungen nach Abs. 1 geht es im Unterschied zur Mehrwertbeteiligung   **5**
um sog. **gewöhnliche Ersatzforderungen** i.S.v. Art. 209 Abs. 1.

Von den verschiedenen Möglichkeiten für das Entstehen solcher Ersatzforderungen nennt
Art. 238 nur die Schuldentilgung im Aussenverhältnis der Ehegatten zu einem Drittgläubiger. Gewöhnliche Ersatzforderungen können indessen auch im Innenverhältnis unter
den Ehegatten entstehen, wenn im Zusammenhang mit Investitionen in das Vermögen

des andern Ehegatten (ohne Gegenleistung und ohne Schenkungsabsicht) die Voraussetzungen für eine Mehrwertbeteiligung nach Art. 239 fehlen oder auf eine solche verzichtet worden ist.

3. Schuldentilgung zugunsten der andern Gütermasse

6 An sich erfasst Abs. 1 nur den Fall, dass Schulden des Gesamtgutes durch das Eigengut eines Ehegatten getilgt worden sind oder umgekehrt. Im Zusammenhang mit Schulden des Gesamtgutes, die von diesem beglichen worden sind, bleibt indessen zu beachten, dass **Art. 242 Abs. 1** bei der Auflösung des Güterstandes eine Neuordnung der Vermögensmassen und somit auch entsprechende Ersatzforderungen bewirken kann (s. Art. 242 N 10).

7 Die Schuldentilgung muss **vor Auflösung des Güterstandes** erfolgt sein. Bestehen in diesem Zeitpunkt noch ungetilgte Schulden, sind sie der entsprechenden Vermögensmasse als Passiven zu belasten.

4. Modalitäten der Ersatzforderung

8 Grundsätzlich kann für die Ersatzforderungen auf Art. 209 Abs. 1 verwiesen werden. Angesichts der unterschiedlichen Rechtsträgerschaft im Zusammenhang mit dem Gesamtgut und den Eigengütern steht indessen der **Verzinslichkeit** der Ersatzforderung unter den Ehegatten nichts entgegen, d.h. sofern eine solche vereinbart worden ist. Ein entsprechender Zins schliesst eine Mehrwertbeteiligung i.S.v. Art. 239 aus.

9 Die Ersatzforderungen werden erst mit der güterrechtlichen Auseinandersetzung **fällig** (DESCHENAUX/STEINAUER/BADDELEY, Rz 1834), sofern sie nicht schon während des Güterstandes bereinigt worden sind. Zum massgebenden Zeitpunkt der Teilung s. Art. 246 N 11 ff. sowie Art. 236 N 19 ff.

10 Die (zehnjährige) **Verjährung** nach Art. 127 OR beginnt gemäss Art. 130 OR an sich mit der Fälligkeit zu laufen. Dauert die Ehe nach Auflösung des Güterstandes noch an, kommt allerdings Art. 134 Abs. 1 Ziff. 3 OR zum Tragen.

11 Ersatzforderungen werden in der güterrechtlichen Auseinandersetzung **verrechnet.**

Erst in diesem Zeitpunkt kann auf die Ersatzforderungen generell **verzichtet** werden. Vorher käme ein allgemeiner (nicht aber ein konkreter Einzel-)Verzicht einer unzulässigen Abänderung des Güterstandes gleich, sofern er nicht zur rechtsgeschäftlichen, nämlich ehevertraglichen Regel der Ausscheidung von Gesamtgut und Eigengütern gemacht worden ist (BK-HAUSHEER/REUSSER/GEISER, N 22).

III. Die Massenzuordnung der Schulden nach Abs. 2

1. Anwendungsbereich und Tragweite von Abs. 2

12 Abs. 2 gilt für **Schulden unter den Ehegatten und** für solche **gegenüber Drittgläubigern.** Für die Ersteren sehen Art. 235 (Fälligkeit und Stundung) und 239 (Mehrwertbeteiligung) güterrechtliche Sondervorschriften vor. Eine Privilegierung ausserhalb des Eheguterrechts können aber gewisse dieser Schulden in Art. 134 Abs. 1 Ziff. 3 OR und in Art. 95a, 111, 146 Abs. 2 sowie 219 Abs. 4 SchKG erfahren.

13 Von der Schuldenzuordnung an das Gesamtgut oder die Eigengüter hängt insb. der **Umfang** dieser **Gütermassen** ab. Das ist nicht nur für die Aufteilung unter die Ehegatten bei Auflösung des Güterstandes, sondern schon während des Güterstandes für die Haftung nach Art. 233 f. von Bedeutung.

2. Der engste sachliche Zusammenhang als Zuordnungskriterium

a) Im Allgemeinen

Ein besonderer sachlicher Zusammenhang zum Gesamtgut oder zum Eigengut kann sich **14** aufgrund

– der **Herkunft der Schuld** (z.B. Kauf für das Gesamtgut) ergeben; sodann zufolge

– ihres **Zweckes** (z.B. Schuld im Zusammenhang mit dem ehelichen Unterhalt); und schliesslich aus

– einer besonderen **Sachbeziehung** (Unterhaltsaufwand für einen bestimmten Vermögenswert).

Die von Rechtsprechung und Lehre für die Errungenschaftsbeteiligung entwickelten **15** Grundsätze (s. Art. 209 N 13 ff.) lassen sich deshalb nicht ohne weiteres auf die Gütergemeinschaft übertragen, weil hier – im Unterschied zur weitgehend zwingenden Abgrenzung zwischen Art. 197 und 198 f. – dem **Ehevertrag** eine grössere Freiheit zugestanden wird (dazu BK-HAUSHEER/REUSSER/GEISER, N 26 ff.).

So kann z.B. im Zusammenhang mit dem ehelichen Unterhalt nicht einfach auf das Gesamtgut geschlossen werden, vielmehr ist im Rahmen des konkreten Ehevertrages zu prüfen, ob dieser Gütermasse oder den Eigengütern das Erwerbseinkommen zukommt. Der Ehevertrag ist letztlich auch von grösserer Bedeutung für die Zuordnung eines neu erworbenen Vermögenswertes als das Handeln des einzelnen Ehegatten oder beider zusammen im Rahmen von Art. 166 bzw. 227 ff.

Entsteht die Schuld zufolge einer **Gegenleistung** in eine bestimmte Gütermasse, ent- **16** scheidet deren Zuordnung – unter Vorbehalt der Gegenstände zum ausschliesslich persönlichen Gebrauch eines Ehegatten (s. dazu Art. 225 N 9 m.w.H.) – auch über die Massenzuordnung der entsprechenden Schuld.

Fehlt es an einer Gegenleistung, steht der **Zweck der Schuld** im Vordergrund, insb. die **17** Beziehung zur ehelichen Gemeinschaft insgesamt oder zu einem Ehegatten allein. Ob das eine oder andere der Fall ist, entscheidet sich allerdings wiederum aufgrund des konkreten Ehevertrages; z.B. je danach, ob das Einkommen im Zusammenhang mit der Arbeitskraft der Ehegatten dem Gesamtgut oder den Eigengütern zukommen soll.

b) Die massgebenden Fallgruppen im Besonderen

aa) Vor dem Güterstand begründete Schulden

Bei der **allgemeinen Gütergemeinschaft** sind sie immer dem Gesamtgut zuzuordnen. **18**

Bei der **Errungenschaftsgemeinschaft** sind sie den Eigengütern zu belasten.

Bei den **übrigen Gütergemeinschaften** kommt es auf den konkreten Ehevertrag an, d.h. darauf, ob das Gesamtgut oder die Eigengüter auch das voreheliche bzw. -güterstandliche Vermögen erfassen (Näheres dazu BK-HAUSHEER/REUSSER/GEISER, N 30).

bb) Schulden für ehelichen Unterhalt und Unterhaltspflichten

Weil für den ehelichen Unterhalt das **Erwerbseinkommen** im Vordergrund steht, kommt **19** es in erster Linie darauf an, welcher Gütermasse der Ehevertrag dieses Einkommen zuordnet. Nur subsidiär, d.h. im Falle des Ungenügens, ist auf die andern Gütermassen zurückzugreifen (s. BK-HAUSHEER/REUSSER/GEISER, Art. 163 N 60; zur Besonderheit im

Zusammenhang mit Art. 242 Abs. 1 vgl. auch BK-HAUSHEER/REUSSER/Geiser, N 31 m.w.H.).

Gleiches gilt im Zusammenhang mit Unterhaltspflichten gestützt auf Art. 151 f., 156 Abs. 2, 277 Abs. 2 und 328 f.

cc) Schulden für die Einkommenserzielung

20 Massgebend ist die **ehevertragliche Zuordnung** des entsprechenden Einkommens. Das gilt sowohl für Berufsschulden als auch für Verwaltungskosten bzw. für den gewöhnlichen (nicht aber für den ausserordentlichen) Sachunterhalt im Zusammenhang mit Vermögensertrag (s. Näheres dazu im BK-HAUSHEER/REUSSER/GEISER, N 33).

Gleiches gilt – im Unterschied zur Errungenschaftsbeteiligung – für die **Leistungen von Sozialversicherungen, Personal- und Sozialfürsorgeeinrichtungen.** Vorzubehalten ist allerdings der Versicherungsschutz, welcher dem andern ehelichen Unterhalt zuzuzählen ist (BK-HAUSHEER/REUSSER/GEISER, N 33).

dd) Schulden für einzelne Vermögensgegenstände

21 Diese Schulden gehen mit den entsprechenden Vermögenswerten, seien sie entgeltlich oder unentgeltlich erworben worden. Die ehevertragliche Zuordnung eines geschenkten Gegenstandes entscheidet somit über die Belastung mit dem Aufwand (einschliesslich Steuern und Abgaben) für diesen Vermögensgegenstand.

ee) Unerlaubte Handlungen und Rechtsschutzkosten

22 Hier ist zu unterscheiden:

– Geht es um eine **personenbezogene Verantwortlichkeit,** wie z.B. bei einer Persönlichkeitsverletzung, ist bei der ehevertraglichen Einkommenszuordnung einerseits und der Zuordnung des fehlbaren Verhaltens anderseits anzuknüpfen. Während die Familienhaupthaftung nach Art. 333 regelmässig dem Gesamtgut zuzuordnen ist, muss gleiches für einen UWG-Tatbestand nicht zutreffen.

– Bei einer **vermögensbezogenen Verantwortlichkeit,** wie z.B. bei einer Werkeigentümerhaftung, kommt es auf die ehevertragliche Vermögenszuordnung an.

Analoge Differenzierungen sind für Rechtsschutzkosten vorzunehmen, handle es sich dabei um **Versicherungs- oder Prozesskosten** (s. BK-HAUSHEER/REUSSER/GEISER, N 36).

IV. Die Vermutung zulasten des Gesamtgutes

23 Lässt sich eine zweifelsfreie Schuldenzuordnung nicht vornehmen, geht die gesetzliche Vermutung – in (seitenverkehrter) Übereinstimmung mit **Art. 226** – zulasten des Gesamtgutes (Abs. 2 letzter Halbsatz).

24 Ist die **Schuldentilgung** aus der einen oder andern Gütermasse streitig, wird die Tilgung aus jener Masse vermutet, welcher die entsprechende Schuld zuzuordnen wäre, wäre die Schuld noch nicht beglichen worden (BK-HAUSHEER/REUSSER/GEISER, N 38).

Art. 239

IV. Mehrwert-anteil	**Hat das Eigengut eines Ehegatten oder das Gesamtgut zum Erwerb, zur Verbesserung oder zur Erhaltung eines Vermögensgegenstandes einer andern Vermögensmasse beigetragen, so gelten sinngemäss die Bestimmungen über den Mehrwertanteil bei der Errungenschaftsbeteiligung.**
IV. Part à la plus-value	Lorsque les biens propres d'un époux ou les biens communs ont contribué à l'acquisition, à l'amélioration ou à la conservation d'un bien appartenant à une autre masse, les dispositions du régime de la participation aux acquêts relatives aux cas de plus-value ou de moins-value sont applicables par analogie.
IV. Partecipazione al plusvalore	Se i beni propri di un coniuge o i beni comuni hanno contribuito all'acquisto, al miglioramento o alla conservazione di un bene di un'altra massa patrimoniale, s'applicano per analogia le disposizioni sulla partecipazione al plusvalore previste nel regime della partecipazione agli acquisti.

I. Allgemeines

1. Normzweck

Art. 239 verfolgt grundsätzlich den gleichen Zweck wie die Mehrwertbeteiligung im Rahmen der Errungenschaftsbeteiligung (s. dazu Art. 206 N 1). **1**

2. Verweis auf die Errungenschaftsbeteiligung

Die Gütergemeinschaft beschränkt sich – im Unterschied zur Errungenschaftsbeteiligung **2** – zufolge der gemeinsamen Berechtigung der Ehegatten am Gesamtgut auf drei Gütermassen. Unter diesen Umständen stellt sich mit Rücksicht auf die unterschiedlichen Regelungen in Art. 206 und 209 die Frage, ob für die Mehrwertbeteiligung in Art. 239 bei der unterschiedlichen Berechtigung am Gesamtgut einerseits und an den Eigengütern anderseits anzuknüpfen ist (Art. 206) oder an der Person der beiden Ehegatten als unterschiedliche Vermögensträger (Art. 209). Diese Frage, welche über eine bloss einseitig variable Forderung nach Art. 206, d.h. den Ausschluss einer Minderwertbeteiligung, oder aber eine beidseitig variable Ersatzforderung nach Art. 209 mit Mehr- und Minderwertbeteiligung entscheidet, wird vom Gesetz mit dem allgemeinen Verweis auf die Errungenschaftsbeteiligung nicht (ausdrücklich) beantwortet. Die einhellige Lehre versteht indessen diesen **Verweis** als solchen **auf Art. 206** (statt vieler BK-HAUSHEER/REUSSER/ GEISER, N 5 m.w.H.). Begründet wird dies mit dem Umstand, dass – im Gegensatz zu Art. 209 Abs. 3 – Austauschgeschäfte zwischen dem Gesamtgut und den Eigengütern durchaus möglich sind und auf jeden Fall die besonderen Interessen des andern Ehegatten analog zu Art. 206 zu schützen bleiben.

II. Besonderheiten der Mehrwertbeteiligung nach Art. 239

1. Der Rückgriff auf Art. 206 dem Grundsatze nach

Auf Art. 206 kann **vollumfänglich** zurückgegriffen werden: **3**

- Für die **Voraussetzungen einer Mehrwertbeteiligung** (d.h. für den Beitrag zum Erwerb, zur Verbesserung oder zur Erhaltung eines Vermögenswertes bzw. bez. der fehlenden Schenkungsabsicht oder der mangelnden Gegenleistung: Art. 206 N 2–10).

– Für den **massgeblichen Mehrwert und dessen Bewertung** (Art. 211–214 mit allfälligem Verweis auf das BGBB: dazu Art. 240 N 4) bzw. dessen steuerlichen Behandlung (Art. 206 N 13–24).

– Für den Mehrwertanteil aufgrund von **Hypotheken** (Art. 206 N 35).

– Für die **Rechtsnatur** des Mehrwertbeteiligungsanspruchs (Art. 206 N 25 f.).

– Für die **Massenzuordnung** der Mehrwertbeteiligungsforderung im Vermögen des berechtigten und des verpflichteten Ehegatten (Art. 206 N 27–34).

– Für die **Fälligkeit** des Mehrwertanteils und die **vorzeitige Rückzahlbarkeit** des ursprünglichen Beitrags (Art. 206 N 37–40).

– Für den **Ausschluss** der Mehrwertbeteiligung (Art. 206 N 41–45).

– Für das Zusammenwirken unter den **Brautleuten** (Art. 206 N 64).

– Für die Behandlung der Mehrwertanteile im **Zwangsvollstreckungsverfahren** (Art. 206 N 47 mit Verweis auf BK-HAUSHEER/REUSSER/GEISER, Art. 206 N 71 ff.).

2. Ausnahmen

Als Besonderheiten aufgrund der Gütergemeinschaften sind zu vermerken:

– Die **Globalabrechnung** i.S.v. Art. 206 ist getrennt für jedes Eigengut gegen das Gesamtgut und das Gesamtgut gegen die Eigengüter durchzuführen (DESCHENAUX/STEINAUER/BADDELEY, Rz 1847; BK-HAUSHEER/REUSSER/GEISER, N 6).

– Bei der vorzeitigen Veräusserung des Vermögensgegenstandes geht **Art. 238** (Fälligkeit der Ersatzforderungen auf den Zeitpunkt der güterrechtlichen Auseinandersetzung) dem Verweis von Art. 239 auf Art. 206 Abs. 2 betr. den Anrechnungswert im Veräusserungszeitpunkt **nicht** vor (BK-HAUSHEER/REUSSER/GEISER, N 6; so nun auch DESCHENAUX/STEINAUER/BADDELEY, Rz 1847). Erfolgt eine Mehrwertanteilsabrechnung schon während des Güterstandes, ist sie in die Globalabrechnung anlässlich der Auflösung des Güterstandes einzubeziehen.

– Im Zusammenhang mit einer Umwandlung der allgemeinen Gütergemeinschaft in eine Errungenschaftsgemeinschaft zufolge von **Art. 242** sind die Mehrwertbeteiligungen (ausschliesslich zum Zwecke der Güterstandsauflösung) so vorzunehmen, wie wenn die Gütergemeinschaft seit Beginn eine **Errungenschaftsgemeinschaft** gewesen wäre (BK-HAUSHEER/REUSSER/GEISER, N 7).

Art. 240

V. Wert-bestimmung	**Massgebend für den Wert des bei Auflösung des Güterstandes vorhandenen Gesamtgutes ist der Zeitpunkt der Auseinandersetzung.**
V. Valeur d'estimation	Les biens communs existant à la dissolution sont estimés à leur valeur à l'époque de la liquidation.
V. Determinazione del valore	Per il valore dei beni comuni esistenti allo scioglimento del regime dei beni è determinante il momento della liquidazione.

Literatur

HOTZ, in: Das Bäuerliche Bodenrecht, Kommentar zum Bundesgesetz über das bäuerliche Bodenrecht vom 4. Oktober 1991, Brugg 1995, 417 ff.; STUDER, in: Das Bäuerliche Bodenrecht, Kommentar zum Bundesgesetz über das bäuerliche Bodenrecht vom 4. Oktober 1991, Brugg 1995, 229 ff.; vgl. auch die Literaturhinweise vor Art. 181.

I. Allgemeines

1. Normzweck

Art. 240 unterscheidet in Übereinstimmung mit der Errungenschaftsbeteiligung zwischen   **1**
den **massgeblichen Zeitpunkten für** den **Bestand des Gesamtgutes und** für den bei
den einzelnen Vermögensgegenständen einzusetzenden **Wert.**

Was den erstern Zeitpunkt betrifft, wird auf Art. 236 Abs. 3, d.h. die **Auflösung des Güterstandes,** verwiesen. Nach diesem Zeitpunkt kommt grundsätzlich, d.h. unter Vorbehalt von Ausnahmen nach Art. 236 (N 21 dazu), kein neues Gesamtgut mehr hinzu. Was
vorhanden ist, bleibt in der Verfügungsgewalt beider Ehegatten, es sei denn, eine Verfügung bleibe im Rahmen der ordentlichen Verwaltung (Art. 228 Abs. 1).

Für die Bewertung der verschiedenen Bestandteile des Gesamtgutes dagegen wird analog
zu Art. 211 die **güterrechtliche Auseinandersetzung** als massgeblich erklärt. Diese
Regel ergibt sich in der Gütergemeinschaft allerdings schon aus dem Umstand, dass beide Ehegatten bis zur Teilung Gesamteigentümer bleiben.

Bewertung und Bewertungszeitpunkt erübrigen sich, soweit die Teilung des Gesamtgutes
der Sache nach selber (Natural- oder Realteilung im engern Sinn: dazu Art. 246 N 5)
oder so erfolgt, dass den Ehegatten Vermögensgegenstände gleicher Art und gleichen
Umfangs zugewiesen werden. Sie entfallen auch dort, wo nach Ehevertrag (Art. 241
Abs. 2 und 242 Abs. 3) dem einen Ehegatten (regelmässig dem überlebenden) das ganze
Gesamtgut anwachsen soll (vgl. BGE 111 II 113 ff. sowie HAUSHEER/PFÄFFLI m.w.H.;
vgl. auch Art. 236 N 12 sowie Art. 246 N 2).

2. Anwendungsbereich

Art. 240 äussert sich nicht zur Bewertung von **Mehrwertanteilen.** Auch diese können   **2**
indessen Einfluss nehmen auf den Umfang des unter die Ehegatten aufzuteilenden Gesamtgutes. Der einschlägige Art. 239 verweist auf Art. 206 zurück (s. Art. 239 N 2), der
seinerseits – unter Vorbehalt des Abs. 2 – auf die güterrechtliche Auseinandersetzung
abstellt.

Sind keine Mehrwertanteile im Verhältnis zwischen dem Gesamtgut und den Eigengütern
zu bewerten, entfällt eine Bewertung der **Eigengüter** gänzlich.

3. Zwingendes und dispositives Recht

Der **Zeitpunkt der güterrechtlichen Auseinandersetzung** lässt sich im Unterschied zur   **3**
Errungenschaftsbeteiligung durch die Ehegatten insofern nicht ändern, als sie beide bis
zur Gesamtgutteilung Gesamthandberechtigte bleiben.

Der **Bewertungsmassstab** bleibt dagegen – unter Vorbehalt von Pflichtteilen (vgl. u.a.
Art. 241 Abs. 3) – der Einigung unter den Ehegatten anheim gestellt. Er kann vor der
Auflösung des Güterstandes allerdings nur ehevertraglich vereinbart werden. Nach Auf-
lösung des Güterstandes ist eine Einigung der Ehegatten – und zwar in der für den Ab-

schluss der güterrechtlichen Auseinandersetzung erforderlichen Form (s. Art. 246 N 12 f.) – bis zur Teilung selber zulässig.

II. Die Gesamtgutbewertung

1. Bewertungsmassstab

4   Der Bewertungsmassstab wird in der Gütergemeinschaft – im Unterschied zu Art. 211– 213 – **nicht ausdrücklich** festgehalten. Er ergibt sich indirekt aus **Art. 246,** und zwar insofern, als hier einerseits auf Art. 651 ff., d.h. einschliesslich Art. 654a mit Weiterverweis auf das BGBB, und anderseits auf (den entgegen seinem Wortlaut auf alle Nachlassgegenstände anzuwendenden) Art. 617 verwiesen wird.

Nach allgemeiner Regel ist der **Verkehrswert** massgebend. Vorbehalten bleibt für landwirtschaftliche Gewerbe und Grundstücke im Mit- oder Gesamteigentum – unter den Voraussetzungen von Art. 36 BGBB – nach Art. 37 dieses Spezialgesetzes der (einfache oder doppelte) Ertragswert. (jetzt i.S.v. Art. 10 BGBB). Er kann i.S.v. Art. 213 erhöht werden (s. die Komm. dazu). Besondere Bewertungsvorschriften gelten sodann aufgrund von Art. 14 ff., 24 und 42 ff. BGBB (vgl. die Komm. von STUDER bzw. HOTZ dazu; BK-HAUSHEER/REUSSER/GEISER, N 7).

2. Untergang von Gesamtgut nach Auflösung des Güterstandes

5   Zu unterscheiden sind verschiedene Fallgruppen (vgl. BK-HAUSHEER/REUSSER/GEISER, N 5 und 8):

– Wird nach Auflösung des Güterstandes Gesamtgut **gegen Entgelt veräussert,** tritt der Erlös an die Stelle der Gesamtgutbewertung.

– Erfolgt eine **Entäusserung ohne Entgelt,** aber mit Zustimmung beider Ehegatten, entfällt eine Bewertung, da es unter den Ehegatten nichts mehr zu teilen gibt.

– Wird die Schenkung einem gutgläubigen Dritten gemacht, tritt (i.S. einer Surrogation) der **Verantwortlichkeitsanspruch** aufgrund von **Art. 231** an die Stelle des verschenkten Vermögensgegenstandes.

– Bei Bösgläubigkeit des Beschenkten kann das Schenkungsobjekt **zurückgefordert** werden.

– Wird Gesamtgut für die eheliche Gemeinschaft **verbraucht,** erübrigen sich Teilung und Bewertung. Diente der Verbrauch ausschliesslich persönlichen Interessen eines Ehegatten, bleibt ein Verantwortlichkeitsanspruch nach Art. 231 zu prüfen.

3. Die güterrechtliche Auseinandersetzung

6   Wie im Zusammenhang mit Art. 214 bedarf es nicht einer Einigung über die Teilung des Gesamtgutes insgesamt, vielmehr genügt eine **Teileinigung** über bestimmte Gesamtgutbestandteile. Die Einigung bezieht sich auf die verbindliche Festlegung des anrechenbaren Wertes eines bestimmten Vermögensgegenstandes im Gesamtgut (vgl. auch Art. 214 N 9).

Art. 241

VI. Teilung

1. Bei Tod oder Vereinbarung eines andern Güterstandes

¹ Wird die Gütergemeinschaft durch Tod eines Ehegatten oder durch Vereinbarung eines andern Güterstandes aufgelöst, so steht jedem Ehegatten oder seinen Erben die Hälfte des Gesamtgutes zu.

² Durch Ehevertrag kann eine andere Teilung vereinbart werden.

³ Solche Vereinbarungen dürfen die Pflichtteilsansprüche der Nachkommen nicht beeinträchtigen.

VI. Partage

1. En cas de décès ou d'adoption d'un autre régime

¹ Lorsque la communauté de biens prend fin par le décès d'un époux ou par l'adoption d'un autre régime, elle se partage par moitié entre les époux ou leurs héritiers.

² Par contrat de mariage les époux peuvent convenir d'un partage autre que par moitié.

³ Ces conventions ne peuvent porter atteinte à la réserve des descendants.

VI. Ripartizione

1. In caso di morte o di pattuizione di un altro regime dei beni

¹ In caso di scioglimento della comunione per la morte di un coniuge o per pattuizione di un altro regime, a ciascun coniuge od ai suoi eredi spetta la metà dei beni comuni.

² Per convenzione matrimoniale può essere stabilito un altro modo di ripartizione.

³ Tali convenzioni non devono pregiudicare i diritti alla legittima dei discendenti.

Literatur

WOLF, Vorschlags- und Gesamtgutszuweisung an den überlebenden Ehegatten: mit Berücksichtigung der grundbuchlichen Auswirkungen, ASR Bd. 584, Bern 1996.

I. Allgemeines

1. Normzweck

Art. 241 befasst sich mit dem **Teilungsschlüssel** für das Gesamtgut bzw. mit der (quotenmässigen) Festlegung des Liquidationsanteils für den Fall, dass die Gütergemeinschaft durch den Tod eines Ehegatten, durch Verschollenheit oder die Wahl eines andern Güterstandes aufgelöst wird. Unter Vorbehalt einer abweichenden Regelung im Ehevertrag (Absatz 2) ist das Gesamtgut hälftig auf den überlebenden Ehegatten und die Erben des Erstverstorbenen (zu denen auch der Überlebende gehört) aufzuteilen. Dies entspricht dem Gedanken der Schicksalsgemeinschaft in einer partnerschaftlichen Ehe. Eheverträglich können sich die Ehegatten allerdings auf einen andern Teilungsschlüssel einigen, ohne dass es dazu einer besonderen Begründung bedürfte. Dabei bleiben aber die Pflichtteile der Nachkommen geschützt (Absatz 3). **1**

2. Anwendungsbereich

Art. 241 befasst sich **nur** mit dem **Ausmass des Liquidationsanteils,** nicht dagegen mit der Art der Teilung. Diese wird in Art. 243–246 geregelt. Im Falle der ausserordentlichen Ehe- oder Güterstandsauflösung beeinflusst sodann Art. 242 die Art der Teilung insofern, **2** als sich die allgemeine oder andere Gütergemeinschaft (i.S.v. Art. 224) von Gesetzes wegen zur Errungenschaftsgemeinschaft wandelt (s. Art. 242 N 1 ff.). Im Übrigen legt – abgesehen vom gesetzlichen Eigengut (Art. 225 Abs. 2) und von Zuwendungen Dritter ins Eigengut (Art. 225 Abs. 3) – ausschliesslich der Ehevertrag fest, was Gesamtgut und was Eigengut der Ehegatten ist.

3. Nachgiebiges und zwingendes Recht

3   Art. 241 Abs. 3 kann nur mit Hilfe eines **Erbverzichtsvertrags** unbeachtlich werden. Fehlt es indessen an Nachkommen, ist die Ehevertragsfreiheit – unter Vorbehalt der allgemeinen gesetzlichen Schranken und insb. von Art. 2 (s. dazu Art. 182 N 12) – unbeschränkt, obwohl die Zuwendung von mehr als der Gesamtguthälfte an den überlebenden Ehegatten materiell einer Verfügung von Todes wegen gleichkommt. Art. 241 bedeutet insofern **gesetzliches Sondererbrecht,** das auch auf die erbrechtlichen Formvorschriften verzichtet (dazu Art. 216 N 2).

4. Gerichtliche Zuständigkeit

4   Streitigkeiten im Zusammenhang mit Art. 241 entscheidet das nach **Art. 15 Abs. 1 bzw. Art. 18 Abs. 1 GestG** zuständige Gericht.

II. Absatz 1

1. Die Liquidationsgemeinschaft

5   Mit der Auflösung des Güterstandes wandelt sich die Gütergemeinschaft – unter Vorbehalt der Anwachsung an den überlebenden Ehegatten (BGE 111 II 113 ff.) – vorerst zur Liquidationgemeinschaft, an welcher der überlebende Ehegatte und die Erben des Erstverstorbenen gesamthandberechtigt sind (s. Art. 236 N 2 ff. und 222 N 19; vgl. auch HAUSHEER/PFÄFFLI sowie BGE 119 II 119 ff. zur einfachen Gesellschaft). Für die Aufteilung des Gesamtgutes (in seinem Bestand nach Art. 236 i.V.m. Art. 240) gilt es, in einem ersten Schritt den Liquidationsanteil der einzelnen Berechtigten, der bisher angesichts der Ungewissheit über den Auflösungsgrund nur eine Anwartschaft war (s. Art. 222 N 19), festzulegen. Art. 241 tut dies für gewisse, aber nicht alle Auflösungsgründe.

2. Die von Art. 241 erfassten Auflösungsgründe

6   Art. 241 gilt:

– Für die Auflösung der Gütergemeinschaft durch **Tod eines Ehegatten.** Für die Todesfeststellung s. Art. 204 N 5. Art. 241 gilt auch für den Fall des gleichzeitigen Versterbens der Ehegatten (Art. 32 Abs. 2; s. BK-HAUSHEER/REUSSER/GEISER, N 15).

– Im Falle der **Verschollenerklärung** eines Ehegatten, obwohl dieser seltene Fall in Art. 241 nicht eigens erwähnt wird. Das Verfahren nach Art. 35 ff. dient der besonderen behördlichen Todesfeststellung (Art. 204 N 7) und bedeutet insoweit keine gerichtliche Güterstandsauflösung i.S.v. Art. 242. Die nach dem 1.1.2000 ausgesprochene Verschollenerklärung führt ohne weiteres zur Eheauflösung (Art. 38 Abs. 3). Wird die Ehe nach der Rückkehr eines vor dem Inkrafttreten der Revision Verschollenen durch Scheidung aufgelöst, ist eine zweite Gesamtgutteilung aufgrund von Art. 242 nachzuholen (vgl. Art. 236 N 14 und 14a; s. ferner BK-HAUSHEER/REUSSER/GEISER, N 16 zu Art. 241).

– Bei **Vereinbarung eines andern Güterstandes,** was grundsätzlich jederzeit geschehen kann. Ein anderer Güterstand kann auch eine andere Gütergemeinschaft sein, z.B. die Errungenschaftsgemeinschaft nach allgemeiner Gütergemeinschaft. Hier entsteht zusätzliches Eigengut. Im umgekehrten Fall tritt nur eine Vergrösserung des Gesamtgutes ein, so dass Art. 241 entfallen muss.

3. Der gesetzliche Teilungsschlüssel

Von Gesetzes wegen ist die **hälftige Gesamtgutteilung** vorgesehen. Damit ist der Nettowert des Gesamtgutes gemeint. Es sind daher vorerst die auf dieser Gütermasse liegenden Schulden abzuziehen. Der massgebende Wert bestimmt sich nach Art. 240. **7**

Ist das **Gesamtgut überschuldet,** erfolgt – im Unterschied zur Errungenschaftsbeteiligung – eine hälftige Aufteilung dieser Schulden auf die Ehegatten. Die Solidarhaftung gegenüber Drittgläubigern und Art. 193 bleiben jedoch vorbehalten. Eine Schuldenbefreiung bedarf, in Analogie zu Art. 639 Abs. 1, der Zustimmung des Gläubigers (vgl. Art. 246 N 2). **8**

Die hälftige Teilung gilt – im Unterschied zu aArt. 225 Abs. 3 – auch im Falle der allgemeinen Gütergemeinschaft **absolut,** d.h. ohne Rücksicht auf eine allfällige Erbunwürdigkeit (vgl. AEBI-MÜLLER, ZBJV 1998, 421 ff.). Vorzubehalten ist einzig der nicht leichthin zu bejahende offensichtliche Rechtsmissbrauch. **9**

III. Absatz 2

1. Die formellen Anforderungen

Die Änderung des Teilungsschlüssels gemäss Absatz 2 setzt während des Güterstandes einen **Ehevertrag** voraus. Er genügt auch dort, wo materiell Verfügungen von Todes wegen vorliegen (s. die Komm. zu Art. 182–184 sowie Art. 216 N 10). Nach Auflösung des Güterstandes können sich die Ehegatten oder deren Erben im Rahmen der frei zu vereinbarenden Teilung nach Art. 243–246 grundsätzlich (d.h. unter Vorbehalt von Art. 527 Ziff. 3 und 4) beliebig einigen. Dazu genügt aufgrund von Art. 246 i.V.m. Art. 634 die **Teilung von Hand zu Hand** (Natural- oder Realteilung im weiteren Sinn: s. Art. 246 N 11 und 13) **oder** der **schriftliche Teilungsvertrag** (Art. 246 N 12). **10**

2. Der Inhalt

Die **Abänderung des Teilungsschlüssels** gemäss Absatz 1 beschränkt sich **nicht** auf eine **bestimmte Abänderungsmodalität;** denkbar sind vielmehr, auch in Kombination: **11**

– Die Festlegung der **Quoten** am Liquidationsergebnis.

– Die Zuweisung eines **festen Geldbetrages.** Das Gesamtgut verbleibt unter diesen Umständen einem Ehegatten, der den andern zu einer bestimmten Summe auskauft. Erreicht das vorhandene Gesamtgut diesen Betrag nicht, ist er nur geschuldet, wenn sich eine entsprechende Schenkung zulasten des Eigenguts nachweisen lässt (BK-HAUSHEER/REUSSER/GEISER, N 27).

– Die Zuweisung von **bestimmten Vermögensgegenständen.** Festzuhalten ist allerdings, ob es sich dabei um einen Vorbezug ohne Anrechnung auf das Gesamtgut handelt, so dass das verbleibende Vermögen im Gesamteigentum zu teilen bleibt, oder ob damit ein Ehegatte abgefunden wird, so dass der Rest dem andern verbleibt.

- Die **rückwirkende Vereinbarung eines andern Güterstandes.** Einigen sich die Ehegatten auf die Errungenschaftsbeteiligung oder die Gütertrennung mit der Abrede, dass der neue Güterstand ab Eheschluss gelten soll (s. Art. 182 N 19), kommt dies der Teilung des Gesamtgutes nach den Zuordnungskriterien von Art. 197 und 198 bzw. gestützt auf Art. 247 ff. gleich. Im Zweifelsfall gilt Miteigentum nach Art. 200 Abs. 2 und 248 Abs. 2.

- Besondere Vereinbarungen über die **Schuldentragung.** Sie führen dazu, dass der hälftige Anteil am Nettogesamtgut mit ungleichen Schulden belastet wird.

- Der **Verzicht auf** einen **Gesamtgutanteil.** Diese Art der Teilung ist i.S. einer Begünstigung des überlebenden Ehegatten häufig anzutreffen (s. dazu Art. 216 N 20 und 27 ff. zur Errungenschaftsbeteiligung). Verschiedentlich wird sie mit einer Rückfallsklausel, etwa für den Fall der Wiederverheiratung verbunden (dazu Art. 216 N 24).

Vergleiche im Übrigen die Ausführungen zu Art. 216, insb. N 16 ff.

12 Eine unterschiedliche Teilung des Gesamtgutes kann beliebig auf den **Auflösungsgrund innerhalb von Art. 241** abgestimmt werden, so dass z.B. für die Scheidung etwas anderes gilt als für die Wahl eines andern Güterstandes. Damit übernehmen die Ehegatten rechtsgeschäftlich den Gedanken, welcher der Gesetzgeber Art. 241 und 242 zugrunde gelegt hat.

13 Zulässig sind auch **blosse Teilungsvorschriften** in dem Sinn, dass bestimmte Vermögensgegenstände unter Anrechnung auf die Gesamtguthälfte den beiden Ehegatten zugewiesen werden. Es handelt sich dabei um eine Ergänzung oder Änderung von Art. 243–246. Allfällige Wertunterschiede sind hier auszugleichen. Analog zu Art. 608 Abs. 3 gilt im Zweifel eine bestimmte Sachzuweisung als blosse Teilungsvorschrift.

14 **Bedingungen und Auflagen** sind in der Gütergemeinschaft gleicherweise zulässig wie in den übrigen Güterständen (vgl. N 12; s. sodann Art. 182 N 3 und 17 sowie Art. 216 N 14 und 24 f.).

Soweit die ehevertragliche Änderung von Absatz 1 einer Schenkung gleichkommt, steht sie von Gesetzes wegen – abgesehen von **Art. 23 ff. OR** – unter dem Widerrufsvorbehalt von **Art. 250 f. OR** (BK-HAUSHEER/REUSSER/GEISER, N 41). Soweit eine Schenkung von Todes wegen vorliegt (BGE 102 II 313 ff., bestätigt in BGE 113 II 270 ff.), sind sodann auch Art. 540 f. zu beachten.

Denkbar – wenn auch mit Zurückhaltung – bleibt auch eine Berufung auf **Art. 2 Abs. 2** (dazu Art. 182 N 12).

IV. Absatz 3

1. Der Pflichtteilsschutz im Allgemeinen

15 Art. 241 Abs. 3 unterscheidet sich von Art. 216 Abs. 3 nur darin, dass der Pflichtteilsschutz im Zusammenhang mit der Gütergemeinschaft **allen Nachkommen** zukommt und nicht auf die nichtgemeinsamen beschränkt bleibt. Die Erwägungen zu Art. 216 gelten somit auch für Art. 241. Soweit die Rechtsnatur von Überlebensklauseln und weiteren Begünstigungen unter Lebenden, die Berechnung des Pflichtteils für die Nachkommen sowie die Ansprüche der Eltern des erstverstorbenen Ehegatten in Frage stehen, kann daher auf die Komm. zu Art. 216 (N 27 ff.) verwiesen werden.

2. *Der Anwendungsbereich*

Art. 241 Abs. 3 gilt für **alle Gütergemeinschaften.** Die gemeinsamen Kinder und deren   **16** Nachkommen geniessen daher bei der Errungenschaftsgemeinschaft einen Pflichtteilsschutz, der ihnen bei der Errungenschaftsbeteiligung nicht zusteht. Die Vereinigung beider Errungenschaften zum Gesamtgut wirkt sich somit zum Nachteil des überlebenden Ehegatten aus. HEGNAUER/BREITSCHMID (Rz 28.46 ff., gefolgt von TUOR/SCHNYDER/ SCHMID/RUMO-JUNGO, 334 f.; vgl. auch DESCHENAUX/STEINAUER/BADDELEY, Rz 1858) gehen daher von einer Gesetzeslücke aus. Davon kann aufgrund der Entstehungsgeschichte allerdings nicht die Rede sein (Näheres dazu im BK-HAUSHEER/REUSSER/ GEISER, N 50 m.w.H.). Die unterschiedliche Regelung in der Errungenschaftsbeteiligung einerseits und der Errungenschaftsgemeinschaft andererseits mag allenfalls nicht zu überzeugen, sie ist indessen vom Gesetzgeber gewollt. Ehegatten mit Kindern tun deshalb gut daran, genau zu prüfen, ob eine Errungenschaftsgemeinschaft als zweckmässig erscheint (SCHWAGER, Vom alten zum neuen Eherecht, 198 f.).

Art. 242

2. In den übrigen Fällen	¹ **Bei Scheidung, Trennung, Ungültigerklärung der Ehe oder Eintritt der gesetzlichen oder gerichtlichen Gütertrennung nimmt jeder Ehegatte vom Gesamtgut zurück, was unter der Errungenschaftsbeteiligung sein Eigengut wäre.**
	² **Das übrige Gesamtgut fällt den Ehegatten je zur Hälfte zu.**
	³ **Vereinbarungen über die Änderung der gesetzlichen Teilung gelten nur, wenn der Ehevertrag dies ausdrücklich vorsieht.**
2. Dans les autres cas	¹ En cas de divorce, de séparation de corps, de nullité de mariage ou de séparation de biens légale ou judiciaire, chacun des époux reprend ceux des biens communs qui auraient formé ses biens propres sous le régime de la participation aux acquêts.
	² Les biens communs restants sont partagés par moitié entre les époux.
	³ Les clauses qui modifient le partage légal ne s'appliquent pas, à moins que le contrat de mariage ne prévoie expressément le contraire.
2. Negli altri casi	¹ In caso di divorzio, separazione, nullità del matrimonio o separazione dei beni legale o giudiziale, ciascun coniuge riprende fra i beni comuni quelli che nel regime della partecipazione agli acquisti sarebbero stati suoi beni propri.
	² I beni comuni restanti spettano per metà a ciascuno dei coniugi.
	³ Le clausole che modificano la ripartizione legale si applicano soltanto se la convenzione matrimoniale lo prevede espressamente.

Literatur

BREITSCHMID, Ist Art. 242 Abs. 1 ZGB (Rücknahme der Eigengüter bei Auflösung der Gütergemeinschaft durch Scheidung) zwingendes Recht?, FamPra.ch 2001, 430 ff.; vgl. auch die Literaturhinweise vor Art. 181.

I. Allgemeines

1. Normzweck

1   Wird die Ehe und damit die Gütergemeinschaft nicht durch Tod oder Verschollenerklärung, wird der Güterstand vielmehr durch Scheidung, gerichtliche Trennung, Ungültigerklärung oder Eintritt der gesetzlichen oder gerichtlichen Gütertrennung aufgelöst, wird die Gütergemeinschaft **von Gesetzes wegen** zur **Errungenschaftsgemeinschaft.** Nur jenes Gesamtgut soll unter die beiden Ehegatten (grundsätzlich, d.h. unter Vorbehalt einer andern Vereinbarung i.S.v. Absatz 3) hälftig aufgeteilt werden, das während und zufolge der Ehegemeinschaft gebildet worden ist. Was aber ohne Anteil seitens der ehelichen Gemeinschaft, d.h. allein aufgrund des Ehevertrages Gesamtgut geworden ist, soll wieder an jenen Ehegatten zurückfallen, von dem es ins Gesamtgut eingebracht worden ist. Hat der Ehevertrag die beiden Eigengüter der Ehegatten so umschrieben, dass auch gewisse Vermögenswerte zu Eigengut geworden sind, welche nach Art. 197 Errungenschaft wären, verbleiben sie den beiden Eigengütern. Hier führt Art. 242 zu einer beschränkten Errungenschaftsgemeinschaft.

Art. 242 Abs. 3 lässt einen besonderen **ehevertraglichen Teilungsschlüssel,** d.h. in Abweichung von Absatz 2, unter der Voraussetzung zu, dass er für alle oder irgendeinen Auflösungsgrund nach Absatz 1 ausdrücklich vereinbart worden ist.

2. Anwendungsbereich

2   **Art. 242 Abs. 1** bezieht sich auf alle Gütergemeinschaften mit Ausnahme der Errungenschaftsgemeinschaft. Letztere ist ja letztlich das Ziel dieser Gesetzesvorschriften (zur beschränkten Errungenschaftsgemeinschaft s. allerdings N 1).

Absatz 3 i.V.m. Absatz 2 gilt demgegenüber für alle Gütergemeinschaften.

3. Zwingendes Recht

3   Art. 242 Abs. 1 ist insofern zwingendes Recht (BK-HAUSHEER/REUSSER/GEISER, N 9 m.w.H.), als die Ehegatten vor Auflösung der Gütergemeinschaft ehevertraglich darauf nicht verzichten können. Einzig im Rahmen der konkreten güterrechtlichen Auseinandersetzung können sie – unter Vorbehalt von Art. 527 Ziff. 3 und 4 – diese Gesetzesvorschrift missachten. Allerdings bedarf eine entsprechende Einigung im Scheidungsfall der gerichtlichen Genehmigung nach Art. 158 Ziff. 5. Neuerdings vertritt demgegenüber BREITSCHMID (a.a.O.) die Auffassung, dass eine Beteiligung des haushaltführenden Ehegatten am Eigengut des andern insbesondere zur Abgeltung eines Verzichts auf eine Erwerbstätigkeit während der Ehe auch für den Scheidungsfall gültig vereinbart werden könne. Dem ist entgegenzuhalten, dass einer ehebedingten Karriereeinbusse vorab durch die Aufteilung des während der Ehe Ersparten (Errungenschaft i.S. von Art. 197 ZGB; zur Aufteilung vgl. hinten, Rz 14) sowie allenfalls durch nachehelichen Unterhalt (Art. 125 ZGB) bzw. durch den Vorsorgeausgleich (Art. 122 ff. ZGB) Rechnung getragen wird. Zudem müsste das Scheidungsgericht jedenfalls bei der Bestimmung des scheidungsbedingten Unterhaltsverlustes (des «Scheidungsschadens») eine Art. 242 Abs. 1 zuwiderlaufende Vereinbarung zulasten des unterhaltsberechtigten Ehegatten berücksichtigen. Anders könnte es sich ausnahmsweise in den Fällen verhalten, in denen die wirtschaftlichen Verhältnisse des erwerbstätigen Ehegatten einen ausreichenden nachehelichen Unterhalt nicht ermöglichen oder die Ehegatten bereits vor dem Scheidungsfall regelmässig das Vermögen eines Ehegatten für den ehelichen Unterhalt anzehren mussten. Indessen würde eine einzelfallbezogene Aufweichung von Art. 242 Abs. 1 ZGB die mit dieser Gesetzesbestimmung angestrebte Rechtssicherheit gefährden.

Art. 242 gilt auch im Rahmen des **BGBB** (Art. 36 Abs. 3 BGBB).

II. Absatz 1

1. Die Auflösungsgründe

Art. 242 zählt alle – gesetzlichen oder gerichtlichen – Beendigungsgründe der Gütergemeinschaft auf, die zu seiner Anwendung führen. Die **Verschollenheit** führt, obwohl im Gesetz nicht eigens vermerkt, zur Anwendung von Art. 241 (s. N 6 dazu). **4**

2. Eigengut i.S. der Errungenschaftsbeteiligung

Obwohl der Gesetzeswortlaut generell auf das Eigengut der Errungenschaftsbeteiligung verweist, stehen für die Neuzuordnung der Vermögensgegenstände aufgrund von Art. 242 nur **5**

– die Vermögenswerte, die einem Ehegatten zu Beginn des Güterstandes gehören oder ihm später durch Erbgang oder sonst wie unentgeltlich zufallen (**Art. 198 Ziff. 2**) und

– Ersatzanschaffungen für Eigengut (**Art. 198 Ziff. 4**)

in Frage. Gegenstände, die einem Ehegatten ausschliesslich zum persönlichen Gebrauch dienen (Art. 198 Ziff. 1), und Genugtuungsansprüche (Art. 198 Ziff. 3) sind in jeder Gütergemeinschaft schon von Gesetzes wegen Eigengut (Art. 225 Abs. 2).

Das Eigengut i.S.v. Art. 242 Abs. 1 umfasst auch die entsprechenden **Schulden,** d.h. jene Schulden, welche in einer Errungenschaftsgemeinschaft zufolge des engsten sachlichen Zusammenhangs nach Art. 209 Abs. 2 das Eigengut belastet hätten. **6**

3. Die Rücknahme

Sie erfolgt **in natura.** Es soll eine restitutio in integrum erreicht werden, d.h. die güterrechtliche Auseinandersetzung ist – ex tunc – so vorzunehmen, wie wenn während der ganzen Dauer der Gütergemeinschaft die (allenfalls beschränkte: N 1) Errungenschaftsgemeinschaft gegolten hätte. Ein Ertrag des zurückgefallenen Eigengutes verbleibt allerdings dem Gesamtgut (BK-HAUSHEER/REUSSER/GEISER, N 14). **7**

Die Rücknahme, d.h. die Überführung ins Alleineigentum des einen oder andern Ehegatten erfolgt **von Gesetzes wegen und** hat **dingliche Wirkung.** Es handelt sich somit um einen **Rückfall.** **8**

Der Rückfall bedeutet, dass Wertschwankungen mit dem entsprechenden Vermögensgegenstand ins Alleineigentum überführt werden. Konjunkturelle Mehr- und Minderwerte verbleiben somit dem ins Eigengut zurückfallenden Vermögensgegenstand. Sind innerhalb des Gesamtgutes auf einem vom Rückfall betroffenen Vermögensgegenstand **industrielle Mehrwerte** eingetreten, die aufgrund des Ehevertrages dem Gesamtgut verbleiben, führt der Rückfall – im entsprechenden Umfang – zu einer **nachträglichen Mehrwertbeteiligung** (vgl. BK-HAUSHEER/REUSSER/GEISER, Art. 239 N 7; s.a. DESCHENAUX/STEINAUER/BADDELEY, Rz 1859). **9**

Der Rückfall kann zur Begründung oder zum Untergang von **Ersatzforderungen** i.S.v. Art. 238 führen (DESCHENAUX/STEINAUER/BADDELEY, Rz 1859), z.B. weil das Gesamtgut Schulden getilgt oder Aufwendungen erbracht hat, welche in der Errungenschaftsge- **10** meinschaft vom Eigengut hätten getragen werden müssen. Indessen gibt der Rückfall als solcher, d.h. für sich allein betrachtet, zu keinen neuen Ersatzforderungen zugunsten des verbleibenden Gesamtgutes Anlass. Es würde sonst der Zweck von Art. 242 Abs. 1 vereitelt.

11 Allfällige **Verantwortlichkeitsansprüche** nach Art. 231 eines Ehegatten gegen den andern im Zusammenhang mit dem Gesamtgut bleiben vom Rückfall unberührt.

12 Auf die **Haftung gegenüber Dritten** hat der Rückfall keine Auswirkungen. Für Eigenschulden hat neben dem Eigengut immer die Hälfte des Gesamtgutwertes einzustehen, was ein Haftungssubstrat bedeutet, das auf Art. 242 keine Rücksicht nimmt (DESCHENAUX/STEINAUER/BADDELEY, Rz 1860; BK-HAUSHEER/REUSSER/GEISER, N 23). Ist für Vollschulden direkt auf Gesamtgut gegriffen worden, steht ein Rückfall insoweit nicht mehr in Frage. Im Übrigen ist auch nach der Güterstandsauflösung Art. 193 zu beachten.

Sind indessen Schulden im Zusammenhang mit einem Vermögenswert, der dem Rückfall unterliegt, durch das Gesamtgut getilgt worden, kann dies nachträglich zu einer **Ersatzforderung** Anlass geben (N 10).

III. Absatz 2

1. Das übrige Gesamtgut

13 Der **Ehevertrag** bestimmt insofern das übrige, grundsätzlich hälftig zu teilende Gesamtgut, als Vermögenswerte zu Eigengut erklärt werden können, die nach Art. 197 Errungenschaft wären (s. N 1). Das Gesamtgut kann nie grösser als die Errungenschaft i.S.v. Art. 197 sein, wohl aber kleiner.

Massgebend ist der **Zeitpunkt** der Güterstandsauflösung.

2. Hälftige Teilung

14 Das übrige Gesamtgut ist – unter Vorbehalt von Absatz 3 – hälftig unter die Ehegatten aufzuteilen. Durch eine unterschiedliche Teilung, die ausdrücklich auch für den Scheidungsfall vorgesehen wird (N 15), kann beispielsweise einem ehebedingten Karriereunterbruch Rechnung getragen werden, der mangels ausreichenden Erwerbseinkommens nicht durch die gesetzliche Teilung ausgeglichen werden kann (vgl. vorne N 3).

Entscheidend ist hier der **Nettowert** des Gesamtgutes, welcher nach Art. 240 zu bestimmen ist.

Die **Teilungsart** richtet sich nach Art. 243–246.

IV. Absatz 3

1. Der eheverträgliche Teilungsschlüssel

15 Haben sich die Ehegatten eheverträglich auf einen andern Teilungsschlüssel als die Hälftenteilung i.S.v. Art. 241 Abs. 1 geeinigt, bleibt dieser Schlüssel (im Unterschied zu Art. 241 Abs. 2) nur unter der Voraussetzung auch bei Scheidung, Trennung, Ungültigerklärung der Ehe oder bei Eintritt der gesetzlichen oder gerichtlichen Gütertrennung wirksam, dass dies der Ehevertrag **ausdrücklich** vorsieht. Der Ehevertrag kann dies auch nur für einzelne dieser Auflösungsgründe vorsehen. Ob dies zutrifft, ist durch die konkrete Vertragsauslegung zu ermitteln. Sodann kann eine unterschiedliche Regelung – im Rahmen des nach Art. 241 Erlaubten – für die verschiedenen Auflösungsgründe vorgesehen werden.

2. Pflichtteilsschutz

Ein den andern Ehegatten begünstigender Teilungsschlüssel i.S.v. Absatz 3 kann – unter **16** den Voraussetzungen von **Art. 527 Ziff. 3 und 4** – für die Nachkommen des Zuwenden- den (Art. 241 Abs. 3) Anlass zu einer Herabsetzungsklage geben.

Art. 243

VII. Durchfüh-rung der Teilung **1. Eigengut**	**Wird die Gütergemeinschaft durch Tod eines Ehegatten aufge-löst, so kann der überlebende Ehegatte verlangen, dass ihm auf Anrechnung überlassen wird, was unter der Errungenschafts-beteiligung sein Eigengut wäre.**
VII. Mode et procédure de partage 1. Biens propres	Lorsque la communauté de biens prend fin par le décès d'un époux, le conjoint survivant peut demander que les biens qui eussent été ses biens propres sous le régime de la participation aux acquêts lui soient attribués en imputation sur sa part.
VII. Esecuzione della ripartizione 1. Beni propri	In caso di scioglimento della comunione per la morte di un coniuge, il coniuge superstite può chiedere di ricuperare i beni che nel regime della partecipazione agli acquisti sarebbero stati suoi beni propri, imputandoli sulla sua quota.

I. Allgemeines

1. Normzweck

Art. 243 modifiziert zugunsten des **überlebenden Ehegatten** den aufgrund der Gesamt- **1** handberechtigung bestehenden Anspruch auf Gleichbehandlung beider Ehegatten bei der **Teilung des Gesamtgutes** (Art. 246 i.V.m. Art. 610). Der Gesetzgeber geht für den über- lebenden Ehegatten im Zusammenhang mit jenen Bestandteilen des Gesamtgutes von einem **überwiegenden Interesse** i.S.v. Art. 245 aus, die er in die Ehe eingebracht hat (vgl. Art. 198 Ziff. 2 und 4).

2. Anwendungsbereich

Art. 243 macht bei der **Errungenschaftsgemeinschaft,** die durch den Tod eines Ehegat- **2** ten aufgelöst wird, keinen Sinn. In allen Fällen, in denen die Gütergemeinschaft nicht zufolge Todes bzw. Verschollenerklärung eines Ehegatten aufgelöst wird, entfällt Art. 243 zum vornherein.

3. Abgrenzungen

Abgrenzungen sind nach verschiedenen Seiten hin erforderlich: **3**

– Art. 243 ist ein Anwendungsbeispiel von **Art. 245,** wobei der Gesetzgeber die Frage des überwiegenden Interesses selber beantwortet.

Ergänzt wird Art. 243 durch **Art. 244 Abs. 1 und 2,** und zwar im Hinblick auf den be- **4** sonderen Zweck bestimmter Gesamtgutbestandteile, nicht dagegen mit Rücksicht auf die Herkunft der Vermögensgegenstände.

Art. 243 geht, wie sich aus Art. 36 Abs. 3 des BGBB ergibt, **Art. 36 Abs. 1 und 2 BGBB** **5** bzw. **Art. 14 Abs. 2 i.V.m. Art. 11 Abs. 1 und 2 BGBB** vor. Damit soll verhindert werden, dass ein Selbstbewirtschafter dem überlebenden Ehegatten ein landwirtschaftliches Gewerbe oder Grundstück entziehen kann, das dieser in die Ehe eingebracht hat (vgl. Botschaft zum BGBB, BBl 1988 III 953 ff., Ziff. 222.2; STUDER, Art. 36 BGBB N 9 ff.; vgl. auch Botschaft Revision Eherecht, Ziff. 223.73).

6   Im Unterschied zu **Art. 242** handelt es sich bei Art. 243 nur um eine güterrechtliche Teilungsregel, so dass die Zuweisung des Vermögensgegenstandes auf Anrechnung auf den Gesamtgutanteil erfolgt (N 12).

4. Dispositives Recht

7   Art. 243 kann – nach einhelliger Lehre (vgl. REUSSER, Vom alten zum neuen Eherecht, 40; DESCHENAUX/STEINAUER/BADDELEY, Rz 1870; BK-HAUSHEER/REUSSER/GEISER, N 9 m.w.H.) – nicht nur anlässlich der konkreten Teilung, sondern ehevertraglich schon zum Voraus **wegbedungen,** aber auch durch andere Vereinbarungen der Ehegatten ersetzt (s. Art. 241 N 10 ff. und Art. 242 N 15 f.) werden.

II. Inhalt und Voraussetzungen des Zuweisungsanspruchs

1. Rechtsnatur

8   Bei Art. 243 handelt es sich – in Übereinstimmung mit Art. 244 f. – um eine **güterrechtliche Teilungsregel.** Sie räumt dem Berechtigten den relativ höchstpersönlichen, d.h. unübertragbaren, unverpfändbaren und grundsätzlich unvererbbaren (s. aber N 9 nachfolgend), aber nicht in jeder Hinsicht vertretungsfeindlichen (s. N 9) **schuldrechtlichen Anspruch** ein, jene Vermögensgegenstände des Gesamtgutes auf Anrechnung an den Gesamtgutanteil zu Alleineigentum an sich zu ziehen, die bei Errungenschaftsbeteiligung Eigengut (Art. 198) wären.

2. Anspruchsberechtigter

9   Anspruchsberechtigt ist ausschliesslich der **überlebende Ehegatte.** Im Falle seiner Urteilsunfähigkeit kann der Anspruch durch den gesetzlichen Vertreter geltend gemacht werden. Erben dieses Ehegatten treten nur insoweit in dessen Rechtsstellung ein, als der Verstorbene den Anspruch noch zu seinen Lebzeiten geltend gemacht hat und er anerkannt worden ist (BK-HAUSHEER/REUSSER/GEISER, N 15).

3. Anspruchsbelastete

10   Der Anspruch richtet sich gegen die **Erbengemeinschaft** des erstverstorbenen Ehegatten, allenfalls gegen dessen **Konkursmasse** (Art. 573 und 597).

4. Anspruchsgegenstand

11   Der Zuweisungsanspruch erstreckt sich insb. auf alle Gesamtgutbestandteile, die dem Berechtigten im ordentlichen, subsidiären Güterstand aufgrund von **Art. 198 Abs. 2 und 4,** d.h. über die Ziff. 1 und 3 hinaus zuständen, nachdem diese Letzteren in der Gütergemeinschaft schon zufolge von Art. 225 Abs. 2 von Gesetzes wegen Eigengut sind (s. dazu die entsprechende Komm. im Rahmen von Art. 198). Massgebend ist der Zeitpunkt der Güterstandsauflösung mit dem Tod des Erstverstorbenen.

5. Auf Anrechnung

12   Die Zuweisung erfolgt auf **Anrechnung an den Gesamtgutanteil,** wie die romanischen Gesetzestexte ausdrücklich festhalten.

Übersteigt der Anrechnungsbetrag den Wert dieses Gesamtgutanteils, ist eine **Ausgleichszahlung (soulte)** zulässig (zur näheren Begründung insb. auch aufgrund der Entstehungsgeschichte s. BK-HAUSHEER/REUSSER/GEISER, N 19 ff.). **13**

Massgebend ist – unter Vorbehalt aufgrund von Art. 654a ZGB i.V.m. Art. 246 von Art. 37 i.V.m. Art. 36 Abs. 1 und 2 BGBB für landwirtschaftliche Heimwesen oder Grundstücke – der **Verkehrswert** i.S.v. Art. 240 i.V.m. Art. 246 und 617 bzw. Art. 211 ff. (vgl. BK-HAUSHEER/REUSSER/GEISER, N 24). **14**

III. Durchführung

1. Begehren des überlebenden Ehegatten

Art. 243 setzt ein entsprechendes, u.U. umfangmässig konkretisiertes Begehren des überlebenden Ehegatten voraus. Es ist **formfrei** und richtet sich an die Erbengemeinschaft des erstverstorbenen Ehegatten, allenfalls an die Konkursverwaltung. Können sich die Betroffenen nicht einigen, entscheidet das nach Art. 18 Abs. 1 GestG zuständige Gericht. Das Gestaltungsurteil wirkt dinglich i.S.v. Art. 665 Abs. 3. **15**

Spätester **Zeitpunkt** ist der Abschluss der güterrechtlichen Auseinandersetzung, sei es durch Realteilung, schriftlichen Teilungsvertrag oder Urteil (vgl. dazu Art. 246 N 1 sowie BK-HAUSHEER/REUSSER/GEISER, N 26 und 29 f.). **16**

2. Gewährleistung

Die Gewährleistungspflicht ergibt sich aufgrund von Art. 246 aus **Art. 637.** **17**

Art. 244

2. Wohnung und Hausrat	[1] Gehören das Haus oder die Wohnung, worin die Ehegatten gelebt haben, oder Hausratsgegenstände zum Gesamtgut, so kann der überlebende Ehegatte verlangen, dass ihm das Eigentum daran auf Anrechnung zugeteilt wird.
	[2] Wo die Umstände es rechtfertigen, kann auf Verlangen des überlebenden Ehegatten oder der andern gesetzlichen Erben des Verstorbenen statt des Eigentums die Nutzniessung oder ein Wohnrecht eingeräumt werden.
	[3] Wird die Gütergemeinschaft nicht durch Tod aufgelöst, kann jeder Ehegatte diese Begehren stellen, wenn er ein überwiegendes Interesse nachweist.
2. Logement et mobilier de ménage	[1] Lorsque la maison ou l'appartement qu'occupaient les époux, ou du mobilier de ménage, étaient compris dans les biens communs, le conjoint survivant peut demander que la propriété de ces biens lui soit attribuée en imputation sur sa part.
	[2] A la demande du conjoint survivant ou des autres héritiers légaux de l'époux défunt, le conjoint survivant peut, si les circonstances le justifient, se voir attribuer, en lieu et place de la propriété, un usufruit ou un droit d'habitation.
	[3] Si la communauté de biens prend fin autrement que par le décès, chacun des époux peut former les mêmes demandes s'il justifie d'un intérêt prépondérant à l'attribution.

2. Abitazione e
suppellettili
domestiche

¹ Se la casa o l'appartamento, in cui vivevano i coniugi, o suppellettili domestiche appartengono ai beni comuni, il coniuge superstite può chiedere che gliene sia attribuita la proprietà imputandoli sulla sua quota.

² Ove le circostanze lo giustifichino, invece della proprietà può essergli attribuito, ad istanza sua o degli altri eredi legittimi del defunto, l'usufrutto o un diritto d'abitazione.

³ Se lo scioglimento della comunione non è dovuto alla morte di un coniuge, l'istanza può essere proposta dal coniuge che provi di avere un interesse preponderante.

Literatur

DONZALLAZ, Commentaire de la loi fédérale du 4 octobre 1991 sur le nouveau droit foncier rural, Sion 1993; SCHLEISS, Hausrat und Wohnung in Güterstandsauseinandersetzung und Erbteilung (nach den neuen Art. 219, 244 und 612a), Diss. Bern 1989; STUDER, Das Bäuerliche Bodenrecht, Kommentar zum Bundesgesetz über das bäuerliche Bodenrecht vom 4. Oktober 1991, Brugg 1995, 229 ff.; vgl. auch die Literaturhinweise vor Art. 181.

I. Allgemeines

1. Normzweck

1   Art. 244 schützt im **Todesfall eines Ehegatten** (Abs. 1 und 2) – wie Art. 219 – das besondere Interesse des Überlebenden, die bisherige Wohnung sowie den Hausrat und damit einen wesentlichen Bestandteil der bisherigen **Lebensverhältnisse beibehalten** zu können. Da aber den Ehegatten diesbezüglich schon während des Güterstandes gemeinschaftliches Eigentum zugekommen ist, geht es hier im Unterschied zu Art. 219 in erster Linie um die Überführung von Wohnung und Hausrat in das Alleineigentum eines Ehegatten, somit um eine güterrechtliche Teilungsvorschrift (Absatz 1).

Absatz 2 kommt angesichts von Absatz 1 nur subsidiärer Charakter zu (vgl. auch N 15).

Absatz 3 dehnt den Grundgedanken von Absatz 1 auf jede Auflösung des Güterstandes aus, allerdings bleibt – angesichts von zwei Ehegatten – nur jener geschützt, welcher ein überwiegendes Interesse nachzuweisen vermag. Insofern bedeutet diese Gesetzesbestimmung einen Anwendungsfall von Art. 245.

2. Anwendungsbereich

2   Art. 244 beschränkt sich auf das **Gesamtgut.** Bez. des Eigenguts wird Art. 244 durch Art. 612a ergänzt.

3. Abgrenzungen

3   Art. 244 erfordert in verschiedener Hinsicht Abgrenzungen, indessen kommt nicht allen die gleiche Bedeutung zu:

– Art. 244 liegt – abgesehen von Art. 242 für den Scheidungsfall, der die Gütergemeinschaft von Gesetzes wegen zur (allenfalls beschränkten: Art. 242 N 1) Errungenschaftsgemeinschaft werden lässt – insofern auf der Linie von **Art. 243** einerseits und **Art. 245** andererseits, als es in all diesen Fällen darum geht, jenem Ehegatten auf Anrechnung an seinen Gesamtgutanteil Alleineigentum einzuräumen, der ein **überwiegendes Interesse** nachzuweisen vermag, sei es aufgrund der Herkunft oder des Zweckes des fraglichen Vermögensgegenstandes. Sind gleichzeitig alle Voraussetzungen dieser Gesetzesbestimmungen erfüllt, führt jede zum gleichen Ergebnis, ohne dass dessen Rechtsgrundlage weiter von Bedeutung wäre.

– Art. 244 unterscheidet sich inhaltlich nur wenig von **Art. 612a.** Letzterer enthält im   **4** Unterschied zu Art. 244 in Absatz 3 (wie Art. 219 Abs. 4) eine besondere Schutzbestimmung für Gewerbe und Unternehmen. Art. 612a kann sodann durch den Erblasser allein, nämlich durch Testament wirkungslos gemacht werden (BGE 119 II 323). Im Zusammenhang mit Art. 244 bedarf es dazu des Ehevertrags (s. N 7 nachstehend). Art. 244 steht daher ausschliesslich zur Verfügung, wenn u.a. Art. 612a testamentarisch ausgeschlossen worden oder der überlebende Ehegatte nicht Erbe geworden ist. Die letztere Gesetzesbestimmung kann umgekehrt allein angerufen werden, soweit Eigengut in Frage steht (s. N 2).

– Art. 244 äussert sich nicht zum bäuerlichen Erbrecht. Demgegenüber behält der am   **5** 1.1.1994 in Kraft getretene Art. 36 Abs. 3 BGBB im Zusammenhang mit der Auflösung von – vertraglich begründetem – gemeinschaftlichem Eigentum zum Schutze des Ehegatten zwar Art. 242 und 243 ZGB vor, nicht aber Art. 244. Das lässt den Schluss zu, dass **Art. 36 BGBB** als **lex specialis** den Vorrang vor Art. 244 beansprucht (Näheres dazu in BK-HAUSHEER/REUSSER/GEISER, N 16 mit Hinweis auf Ziff. 223.73 der Botschaft Revision Eherecht; zustimmend DESCHENAUX/STEINAUER/BADDELEY, Rz 1872 Anm. 60; s.a. STUDER, Art. 36 BGBB N 9 ff.).

Das bedeutet Folgendes: **6**

Sofern die fragliche Wohnung der Ehegatten zu einem landwirtschaftlichen Gewerbe i.S.v. Art. 7 oder 5 Bst. a BGBB gehört, das ein Ehegatte oder einer seiner Erben aufgrund von Art. 36 Abs. 1 als (geeigneter) Selbstbewirtschafter übernehmen will, beschränkt sich der Anwendungsbereich des Art. 244 auf den Hausrat. Das setzt allerdings voraus, dass sich die **Vorbehalte** in Art. 36 Abs. 3 BGBB **zugunsten von Art. 242 und 243 ZGB** nicht verwirklicht haben. Mit diesen Vorbehalten soll verhindert werden, dass sich der Selbstbewirtschafter selbst gegenüber demjenigen Ehegatten durchsetzt, der das landwirtschaftliche Gewerbe in die Ehe eingebracht hat (Botschaft zum BGBB, BBl 1988 III 953 ff., Ziff. 222.2; STUDER, Art. 36 N 9 BGBB).

Gelangt **Art. 242 nicht** zur Anwendung, so kann jeder Ehegatte die ungeteilte Zuweisung als (geeigneter) Selbstbewirtschafter aufgrund von Art. 36 Abs. 1 BGBB zum Ertragswert (Art. 37 BGBB) verlangen. Angesichts des überwiegenden Interesses des Selbstbewirtschafters muss Art. 244 Abs. 3 weichen. Auch Art. 11 Abs. 3 BGBB steht – mangels Erbfalls – nicht zur Verfügung (BK-HAUSHEER/REUSSER/GEISER, N 18).

Kommt im Falle des Todes eines Ehegatten **Art. 243 nicht** zur Anwendung, kann ein Erbe des Verstorbenen aufgrund von Art. 14 Abs. 2 BGBB verlangen, an der Auflösung des Gesamthandverhältnisses mitzuwirken und als (geeigneter) Selbstbewirtschafter (Art. 11 Abs. 1 BGBB) oder als Pflichtteilserbe (Art. 11 Abs. 2 BGBB) das landwirtschaftliche Heimwesen an sich ziehen. Der überlebende Ehegatte kann unter diesen Umständen seinerseits gemäss Art. 11 Abs. 3 BGBB eine Nutzungsdienstbarkeit (im weitern Sinn gemäss Art. 745 bzw. 776 oder engern Sinn nach Art. 781) oder gar die Abtretung einer Wohnung beanspruchen, sofern es die Umstände zulassen. Nur in dieser Form wird dem Grundgedanken von Art. 244 durch die Spezialgesetzgebung Rechnung getragen (BK-HAUSHEER/REUSSER/GEISER, N 19; DONZALLAZ, Art. 11 BGBB Rz 181 f.). Umgekehrt setzt Art. 11 Abs. 3 BGBB nicht voraus, dass die entsprechenden Räume schon bisher von den Ehegatten bewohnt worden sind (DONZALLAZ, Art. 11 BGBB Rz 181).

Auch im Zusammenhang mit Art. 58 BGBB steht eine Nutzungsdienstbarkeit i.S.v. Art. 244 Abs. 2 im Vordergrund.

4. Dispositives Recht

7   Nach einhelliger Lehre (s. BK-HAUSHEER/REUSSER/GEISER, N 10 m.w.H.) kann Art. 244 **ehevertraglich** schon zum voraus **wegbedungen** werden, obwohl dies – im Unterschied zu Art. 219 – im Gesetzestext nicht ausdrücklich festgehalten wird.

II. Voraussetzungen und Inhalt des Zuweisungsanspruchs nach Absatz 1

1. Rechtsnatur und Anspruchszweck

8   Art. 244 räumt dem berechtigten Ehegatten einen **relativ höchstpersönlichen,** d.h. unübertragbaren, unverpfändbaren und (grundsätzlich: dazu N 10) unvererblichen, aber nicht in jeder Hinsicht vertretungsfeindlichen schuldrechtlichen **Anspruch auf Einräumung** des Alleineigentums an der bisherigen Wohnung bzw. am Haus und am Hausrat ein.

Er ist im Rahmen der **güterrechtlichen Auseinandersetzung** (s. dazu Art. 246 N 11 ff.) geltend zu machen und ggf. (insb. umfangmässig) zu konkretisieren.

Das **Alleineigentum** ist nicht in einem engen sachenrechtlichen Sinn zu verstehen. Vielmehr kann es sich bei der Berechtigung am Haus oder an der Wohnung auch um entsprechende Anteile an einer juristischen Person oder um eine übertragbare Berechtigung an einer Personengemeinschaft handeln.

9   Nachdem der überlebende Ehegatte schon als Gesamteigentümer an der bisherigen Wohnung bzw. am Haus und am Hausrat berechtigt war und sein Partner verstorben ist, vermutet Art. 244 in Absatz 1 und 2 – im Unterschied zu Absatz 3 und zu Art. 219 Abs. 1 – ein **hinreichendes Interesse** als Voraussetzung für den Zuweisungsanspruch. Ein Gegenbeweis oder Beweis des Gegenteils bleibt allerdings möglich (BK-HAUSHEER/ REUSSER/GEISER, N 27).

2. Anspruchsberechtigter

10   Anspruchsberechtigt ist der **überlebende Ehegatte,** der in Gütergemeinschaft gelebt hat, wenn die Wohnung bzw. das Haus und der Hausrat zum Gesamtgut gehören (Absatz 1). Erben treten – im Rahmen von Art. 244 – in die Rechtsstellung des Ehegatten nur unter der Voraussetzung ein, dass der verstorbene (überlebende) Ehegatte seinen Anspruch geltend gemacht hat und dieser anerkannt worden ist (BK-HAUSHEER/REUSSER/GEISER, N 23).

3. Anspruchsbelasteter

11   Anspruchsbelastet sind die **Erben** des verstorbenen Ehegatten oder dessen **Konkursmasse,** insoweit sie an der güterrechtlichen Auseinandersetzung teilhaben.

4. Haus, Wohnung und Hausrat

12   Die Umschreibung des Anspruchsgegenstandes stimmt mit **Art. 219 Abs. 1 und 2** überein, so dass auf die entsprechende Komm. verwiesen werden kann (vgl. Art. 219 N 11 ff.).

5. Auf Anrechnung

Bei Art. 244 handelt es sich um eine blosse Teilungsregel (s. N 1), nicht dagegen um **13**
einen wirtschaftlichen Vorteil für den Berechtigten. Der Zuweisungsgegenstand ist daher
auf den **Gesamtgutsanteil** anzurechnen. Macht der – nach Art. 240 auf den Zeitpunkt
der güterrechtlichen Auseinandersetzung berechnete – Anrechnungswert mehr aus als
dieser Anteil, ist eine Ausgleichszahlung (soulte) zulässig (dazu auch Art. 243 N 12 ff.
und 245 N 9 m.w.H.).

III. Nutzniessung oder Wohnrecht nach Absatz 2

1. Anwendungsbereich

Absatz 2 von Art. 244 befasst sich ungeachtet des allgemein formulierten Gesetzeswort- **14**
lauts **nur** mit dem **Haus** bzw. mit der **Wohnung**, in der die Ehegatten bisher gewohnt
haben (zur entsprechenden Entstehungsgeschichte s. BK-HAUSHEER/REUSSER/GEISER,
N 38; ebenso DESCHENAUX/STEINAUER/BADDELEY, Rz 1872; **a.M.** SCHLEISS, 124 ff.).
Vorausgesetzt wird, dass überhaupt eine Nutzniessung, ein Wohnrecht oder – obwohl
nicht eigens erwähnt – eine andere Nutzungsdienstbarkeit i.S.v. Art. 781 (dazu BGE 116
II 281 ff.) eingeräumt werden kann (zu Einzelheiten s. Art. 219 N 16 ff.). Das ist z.B. bei
der Wohnungsnutzung aufgrund einer Beteiligung an einer Personengesellschaft oder
zufolge Aktienbesitzes nicht der Fall.

2. Auf Verlangen des überlebenden Ehegatten oder der Erben

Den Anspruch von Absatz 2 können abgesehen vom überlebenden Ehegatten **auch** die **15**
(weiteren) **gesetzlichen Erben** des Verstorbenen – und zwar gemeinsam (vgl. Art. 219
N 26) – geltend machen, jedoch nur, wenn der Ehegatte das Alleineigentum nach
Absatz 1 für sich beansprucht. Damit soll eine bessere Interessenabwägung (dazu nachstehend N 16) bzw. Verhältnismässigkeit der einzuräumenden Berechtigung ermöglicht
werden. Obsiegen die Erben mit ihrem Antrag, kann der Ehegatte wiederum auf eine
blosse Wohnungsnutzung ganz verzichten. Auch insofern ist Abs. 2 subsidiär zu Art. 244
Abs. 1.

Entgegen dem, was der Gesetzeswortlaut vermuten lassen könnte, erfordert Absatz 2
nicht, dass der **überlebende Ehegatte** gesetzlicher Erbe ist. Dies wird zwar regelmässig
zutreffen, indessen schliesst ein allfälliger Erbverzicht die Möglichkeiten von Absatz 2
nicht aus (SCHLEISS, 58 ff.).

3. Rechtfertigung durch die Umstände

Der Zuweisungsanspruch zu Alleineigentum kann durch eine blosse dingliche Nutzungs- **16**
berechtigung ersetzt werden, wenn die gesamten Umstände dies rechtfertigen (**Art. 4**).
Unter den unterschiedlichen Möglichkeiten kann gewählt werden, wenn die Voraussetzungen für alle gegeben sind. Für weitere Einzelheiten kann auf die Komm. zu Art. 219
(s. N 16 ff. und insb. N 21) verwiesen werden.

4. Dauer der Berechtigung

Die konkreten Umstände können eine bloss **zeitlich begrenzte** Nutzungsberechtigung als **17**
angezeigt erscheinen lassen, auch wenn die **lebenslängliche** Nutzung der Regel entsprechen dürfte (vgl. Art. 219 N 20).

IV. Auflösung der Gütergemeinschaft anders als durch Tod eines Ehegatten

18   Wird die Gütergemeinschaft zufolge eines andern Grundes als der Tod eines Ehegatten aufgelöst (allenfalls auch nur neu umschrieben: dazu BK-HAUSHEER/REUSSER/GEISER, N 52) und sind somit im Auflösungszeitpunkt noch **beide Ehegatten gesamthandberechtigt,** so setzt der Zuweisungs- bzw. Nutzungsanspruch betr. Haus oder Wohnung und Hausrat i.S.v. Absatz 1 und 2 (vgl. N 14) zugunsten des einen Ehegatten gegen den andern ein **überwiegendes Interesse** voraus. Dieses beurteilt sich nach den gleichen Gesichtspunkten wie im Zusammenhang mit Art. 245. Art. 244 Abs. 3 ist denn auch nur ein Anwendungsfall von Art. 245, so dass für weitere Einzelheiten auf die entsprechende Kommentierung (einschliesslich der Ausführungen zu Art. 205 Abs. 2) verwiesen werden kann.

Art. 245

3. Andere Vermögenswerte	**Weist ein Ehegatte ein überwiegendes Interesse nach, so kann er verlangen, dass ihm auch andere Vermögenswerte auf Anrechnung zugeteilt werden.**
3. Autres biens	Chacun des époux peut aussi demander que d'autres biens communs lui soient attribués en imputation sur sa part, s'il justifie d'un intérêt prépondérant.
3. Altri beni	Il coniuge che provi di avere un interesse preponderante può chiedere anche l'attribuzione di altri beni, imputandoli sulla sua quota.

I. Allgemeines

1. Normzweck

1   Art. 245 **ergänzt** – in Verallgemeinerung des Gedankens von Art. 205 Abs. 2 – die Teilungsvorschriften für das Gesamtgut in Art. 243 und 244. Weist ein Ehegatte bez. eines Bestandteils des Gesamtgutes ein besonderes Interesse nach, soll ihm dieser Vermögenswert auf Anrechnung an seinen Gesamtgutsanteil zufallen. Nur subsidiär soll demgegenüber Art. 246 mit dem Verweis auf die Bestimmungen über die Teilung von Miteigentum (Art. 651, 654 und 654a) und die Durchführung der Erbteilung (Art. 610 ff.) zum Tragen kommen.

2. Anwendungsbereich

2   Art. 245 kommt nur zur Anwendung, wenn bei irgendeiner Auflösung des Güterstandes **Gesamtgut zu teilen** ist. Dies trifft **nicht** zu:

– wo das Gesamtgut kraft **Anwachsung** ins Alleineigentum eines Ehegatten übergeht (vgl. BGE 111 II 113 und sodann HAUSHEER/PFÄFFLI zu BGE 119 II 119 ff.);

– wenn im **Konkurs eines Ehegatten** für Vollschulden direkt auf die einzelnen Vermögensgegenstände des Gesamtgutes gegriffen wird, so dass der Anspruch nach Art. 245 weichen muss (BK-HAUSHEER/REUSSER/GEISER, N 9 mit Hinweis auf die Verwertung des Anteils am Gesamtgut im Zusammenhang mit Eigenschulden, wo Art. 245 weiterhin zu beachten bleibt).

3. Abgrenzungen

Abgrenzungen sind nach zwei Seiten hin vorzunehmen, nämlich   3

– gegen **Art. 243 und 244,** die das überwiegende Interesse aufgrund der Herkunft bzw. des besonderen Zweckes der Gesamtgutsbestandteile (Wohnung – dazu Art. 244 N 8 ff. – und Hausrat) konkretisieren, und gegenüber

– dem **Bundesgesetz über das bäuerliche Bodenrecht** (BGBB). Dieses Gesetz sieht in Art. 36 ff. Teilungsvorschriften für das vertraglich begründete Gesamthandverhältnis vor. Diese Vorschriften gehen dem Anspruch des Ehegatten gestützt auf Art. 245 ZGB vor, nachdem in Art. 36 Abs. 3 BGBB nur die Art. 242 und 243 ZGB vorbehalten werden (dazu eingehend Art. 244 N 5 f.; s. sodann BK-HAUSHEER/REUSSER/Geiser, N 11).

4. Dispositives Recht

Die Ehegatten können sich sowohl anlässlich der konkreten güterrechtlichen Auseinandersetzung als auch – ehevertraglich – schon im Voraus auf eine **andere Gesamtgutteilung** einigen. Wird ehevertraglich nur gerade Art. 245 ausgeschlossen, kommt der Verweis in Art. 246 auf das Sachen- und Erbrecht zum Zug (BK-HAUSHEER/REUSSER/GEISER, N 7 m.w.H.).   4

II. Voraussetzung, Inhalt und Ausgestaltung des Anspruchs

1. Rechtsnatur und Gegenstand des Anspruchs

Die güterrechtliche Teilungsregel des Art. 245 begründet einen **relativ höchstpersönlichen,** d.h. unübertragbaren, unvererblichen (vgl. aber auch N 6), unpfändbaren, aber nicht schlechthin vertretungsfeindlichen, schuldrechtlichen Anspruch (dazu N 6 nachfolgend und Art. 243 N 8 f.) gegen den andern Ehegatten, dessen Erben oder gegen dessen Konkursmasse auf Überführung irgendeines bestimmten Vermögensgegenstandes des Gesamtgutes ins Alleineigentum. Vorbehalten bleiben – wie in N 1 dargelegt – allerdings Art. 242–244. Diese Gesetzesbestimmungen können Art. 245 vorwegnehmen oder ihm entgegenstehen.   5

2. Anspruchsberechtigter

Anspruchsberechtigt ist nur ein **gesamthandberechtigter Ehegatte,** und zwar unabhängig davon, ob die Ehe durch den Tod des andern Ehegatten schon aufgelöst oder eine Scheidungsklage eingereicht worden ist. Für den urteilsunfähigen Ehegatten kann allerdings der gesetzliche Vertreter handeln. Erben können in die Rechtsstellung eines verstorbenen Ehegatten nur eintreten, wenn dieser Letztere den entsprechenden Anspruch geltend gemacht hat und er von der Gegenpartei anerkannt worden ist (BK-HAUSHEER/REUSSER/GEISER, N 12).   6

3. Anspruchsbelasteter

Der Anspruch kann sich nicht nur gegen den Ehegatten, sondern auch gegen dessen **Erben** oder **Konkursmasse** richten.   7

4. Überwiegendes Interesse

Art. 245 setzt ein überwiegendes Interesse voraus. Ein solches besteht in einem besonderen Bezug zum fraglichen Vermögensgegenstand. Es ist aufgrund der **konkreten Um-**   8 stände durch **Interessenabwägung** zu ermitteln (vgl. BGE 119 II 199 zu Art. 205 Abs. 2; s.a. N 15 dazu und die Beispiele in BK-HAUSHEER/REUSSER/GEISER, N 17).

5. Auf Anrechnung

9   Ist das überwiegende Interesse nachgewiesen, erfolgt die Zuweisung des Vermögensgegenstandes **auf Anrechnung an den Gesamtgutsanteil** des berechtigten Ehegatten bzw. an einen Mehrwertanteil (Art. 239) des Eigenguts gegen das Gesamtgut. Denkbar ist eine Ausgleichszahlung (soulte), wenn der fragliche Vermögenswert mehr ausmacht als der Gesamtgutsanteil (zur näheren Begründung s. BK-HAUSHEER/REUSSER/GEISER, N 18).

10   Massgebend ist der **Verkehrswert** zum Zeitpunkt der Zuweisung (Art. 240; s. die Komm. dazu sowie Art. 211 N 7 ff.).

III. Die Durchsetzung des Anspruchs

1. Geltendmachung

11   Der Anspruch ist im Rahmen der güterrechtlichen Auseinandersetzung, d.h. zwischen der Auflösung des Güterstandes und dem Abschluss der güterrechtlichen Auseinandersetzung (s. dazu Art. 246 N 11 ff.), durch eine entsprechend **konkretisierte, empfangsbedürftige Willenserklärung** geltend zu machen.

12   Wird der Anspruch anerkannt, wird er durch **Realteilung** (Art. 246 N 11 und 13) vollzogen oder zum Bestandteil des **schriftlichen Teilungsvertrages** (s. dazu Art. 246 N 12).

13   Können sich die Ehegatten unter sich oder der berechtigte Ehegatte mit den Erben bzw. der Konkursmasse des andern nicht einigen, entscheidet das – nach Art. 15 Abs. 1 bzw. Art. 18 Abs. 1 GestG zuständige – **Gericht**. Dem Urteil, das die Klage gutheisst, kommt – hinsichtlich des Alleineigentums – rechtsgestaltende Wirkung zu.

2. Gewährleistung

14   Die – allerdings wegdingbare – Gewährleistung richtet sich aufgrund von Art. 246 nach **Art. 637** (BK-HAUSHEER/REUSSER/GEISER, N 24).

Art. 246

4. Andere Teilungsvorschriften	**Im Übrigen gelten die Bestimmungen über die Teilung von Miteigentum und die Durchführung der Erbteilung sinngemäss.**
4. Autres règles de partage	Pour le surplus, les dispositions sur le partage de la copropriété et sur le mode et la procédure du partage successoral sont applicables par analogie.
4. Altre norme di ripartizione	Per altro, s'applicano per analogia le disposizioni sulla ripartizione della comproprietà e sull'esecuzione della divisione dell'eredità.

Literatur

REY, Die Grundlagen des Sachenrechts und das Eigentum, 2. Aufl., Bern 2000; vgl. auch die Literaturhinweise vor Art. 181.

I. Allgemeines

1. Normzweck

Soweit die Teilung im engern Sinne, d.h. die Überführung der Gesamtgutbestandteile ins **1** Alleineigentum der Ehegatten, nicht aufgrund von Art. 241 f. einerseits und der Teilungsregeln in Art. 243–245 anderseits vorgenommen werden kann, verweist Art. 246 für den Rest des Gesamtgutes auf die Teilungsregeln für gemeinschaftliches Eigentum in **Art. 651–654a** und für die Erbengemeinschaft in **Art. 610 ff.** Über Art. 654a wird neuerdings auch das BGBB erfasst, das im Zusammenhang mit landwirtschaftlichen Gewerben und Grundstücken besondere Teilungsregeln kennt.

Mit dem indirekten Verweis auf Art. 634 äussert sich Art. 246 auch zum rechtsgeschäftlichen Vollzug der Teilung, d.h. zur Teilung von Hand zu Hand und zum Teilungsvertrag.

2. Der Anwendungsbereich

Art. 246 befasst sich ausschliesslich mit den **Teilungsregeln** des Gesamtgutes im Falle **2** der Auflösung des Güterstandes. Der massgebliche Auflösungszeitpunkt wird in Art. 236 umschrieben. Die vorweg zu vollziehende Ausscheidung zwischen dem Gesamtgut und den Eigengütern hat aufgrund von Art. 237–239 zu erfolgen. Art. 240 ZGB äussert sich sodann zusammen mit Art. 17 ff., 28 ff. und 37 Abs. 3 BGBB zum massgebenden Zeitpunkt für die Bewertung des zu teilenden Gesamtgutes.

Im Unterschied zu Art. 243–245 gilt Art. 246 **für jede** Art von **Gütergemeinschaft.** Der Grund der Auflösung der Gütergemeinschaft spielt keine Rolle. Eine Teilung des Gesamtgutes erübrigt sich allerdings, wenn das ganze Gesamtgut einem Gesamthandberechtigten allein anwachsen soll und keine Pflichtteile zu berücksichtigen sind (BGE 111 II 113 ff.; vgl. auch BGE 119 II 119 ff. und HAUSHEER/PFÄFFLI).

Obwohl in Art. 246 nicht näher erwähnt, erfasst das Gesamtgut auch die damit zusammenhängenden **Schulden** (vgl. auch Art. 241 N 11). Diesbezüglich gilt Art. 610 Abs. 3 insoweit nicht, als die Ehegatten aufgrund von Art. 233 Solidarschuldner sind (BK-HAUSHEER/REUSSER/GEISER, N 10 und 20 m.w.H.; zustimmend DESCHENAUX/STEINAUER/BADDELEY, Rz 1867). Nach der Zuweisung der Schulden an den einen oder andern Ehegatten kann sich der Drittgläubiger auf Art. 193 berufen. Eine Haftungsbefreiung eines Ehegatten im Zusammenhang mit der Schuldenzuweisung erfordert – in Analogie zu Art. 639 Abs. 1 – die Zustimmung des Gläubigers.

3. Subsidiär nachgiebiges Recht

Art. 246 ist **nachgiebiges** Recht, da sich die Ehegatten unbesehen der gesetzlichen **3** Teilungsregeln – unter Vorbehalt von Pflichtteilen (s. insb. Art. 241 Abs. 3; vgl. auch Art. 240 N 3) – völlig frei auf die Gesamtgutteilung einigen können. Die Ehegatten sind dabei auch nicht an die in Art. 651 Abs. 1 erwähnten Teilungsarten gebunden. Dies gilt umso mehr, als diese Gesetzesbestimmung nicht abschliessend gedacht ist.

Art. 246 ist insofern **subsidiäres** Recht, als er nur zur Anwendung kommt, soweit Art. 241 f., bzw. Art. 243–245 keine Teilungsregel für einen bestimmten Gesamtgutbestandteil vorsehen.

II. Der Verweis auf die Bestimmungen über die Teilung von Miteigentum

1. Die Bedeutung des Verweises im Allgemeinen

4 Der Verweis auf die Bestimmungen in Art. 651–654a erfasst nicht nur die Teilungsregeln von Art. 651 Abs. 2 und 3, sondern – aufgrund von Art. 654a – **auch** jene des neuen **BGBB**.

2. Die Natural- oder Realteilung

5 Nach Art. 651 Abs. 2 steht bei gemeinschaftlichem Eigentum (gewöhnlich an einem einzigen Vermögensgegenstand) die **körperliche Teilung** im Vordergrund. Sie umfasst die Natural- oder Realteilung im engern Sinn, d.h. die Teilung der Sache selber oder die Zuweisung von Sachen gleicher Art in gleicher Zahl (s. Art. 240 N 1; BK-HAUSHEER/ REUSSER/GEISER, N 12) und i.w.S., d.h. die Zuweisung von ungleichen Teilen i.S.v. Absatz 3.

Die Realteilung im engern Sinn setzt voraus, dass die Teilung **keinen nennenswerten Verlust** bewirkt (BGE 100 II 193). Bei teilbaren Sachen (z.B. Aktien der gleichen Gesellschaft) kann dies zutreffen, wenn die Teilung den Charakter der Teile verändert, z.B wenn ein Mehrheitspaket diese Eigenschaft verliert.

Die Zuweisung von ungleichen Teilen dagegen kann nach Art. 651 Abs. 3 durch eine **Ausgleichszahlung** (soulte) ausgeglichen werden. Sie muss aber in einem vernünftigen Verhältnis zur anteilsmässigen Berechtigung verbleiben (BGE 100 II 193; vgl. auch hinten N 9 f.). Dabei ist auch eine Interessenabwägung analog zu Art. 245 sowie Art. 205 und 219 vorzunehmen.

3. Die Versilberung

6 Ist die Natural- oder Realteilung nicht möglich oder sinnvoll (BGE 100 II 193), bleibt im Rahmen von Art. 651 Abs. 2 nur die **Versteigerung** unter den Gesamthandberechtigten selber oder unter Öffnung für jedermann. Indessen gilt es zufolge des gleichzeitigen Verweises auf Art. 611 Abs. 1 vorgängig zu prüfen, ob eine Losbildung angezeigt erscheint (hinten N 10). Im Streitfall entscheidet das nach Art. 15 Abs. 1 bzw. Art. 18 Abs. 1 GestG zuständige Gericht über die öffentliche oder private Versteigerung aufgrund der konkreten Umstände.

4. Die Teilungsregeln des BGBB

7 **Besondere Teilungsregeln** ergeben sich aufgrund von Art. 36 Abs. 1 und 2 sowie gestützt auf Art. 14 Abs. 2 i.V.m. Art. 11 Abs. 1 und 2 BGBB (vgl. Art. 243 N 6). Sie werden ergänzt durch die besonderen **Anrechnungswerte** in Art. 17 f., 21 und 37 BGBB (s. Art. 240 N 4). Sodann kann – unter der Voraussetzung der Gesamtgutauflösung in der Erbteilung – gemäss Art. 28 ff. BGBB ein Gewinnbeteiligungsanspruch mit der Teilung einhergehen.

III. Der Verweis auf die Erbteilung

1. Allgemeines

8 Der Verweis in Art. 246 auf Art. 610 ff. ist insofern nahe liegend, als beim Gesamtgut wie beim Nachlass eine Rechtsgesamtheit besonderer Art bzw. ein Sondervermögen insgesamt und nicht, wie normalerweise im Zusammenhang mit Art. 651, ein bestimmter

Vermögensgegenstand im gemeinschaftlichen Eigentum im Vordergrund steht. So sieht denn Art. 611 Abs. 1 insb. die Möglichkeit der **Losbildung** vor.

Art. 634, auf den Art. 246 ebenfalls verweist (s. Botschaft Revision Eherecht, Ziff. 223.71) präzisiert – in Ergänzung zum Gütergemeinschaftsrecht und im Unterschied zu Art. 651 ff. – zudem den **Abschluss der Teilung.**

Im Übrigen sind die Bestimmungen über die Erbteilung **nur sinngemäss** heranzuziehen. Diesbezüglich kann grundsätzlich auf Lehre und Rechtsprechung unter bisherigem Recht zurückgegriffen werden (Botschaft Revision Eherecht, Ziff. 223.71). Insbesondere findet im Rahmen der güterrechtlichen Auseinandersetzung keine behördliche Mitwirkung i.S.v. Art. 611 Abs. 2 statt. Soweit sich die Ehegatten oder deren Erben nicht einigen können, bleibt nur der gerichtliche Entscheid. Die Erben des erstverstorbenen Ehegatten und nur sie, d.h. nicht auch der überlebende Ehegatte, werden ggf. durch einen Willensvollstrecker vertreten. Gleiches gilt nicht für den Erbschaftsverwalter nach Art. 554. Ausgeschlossen bleibt sodann ein Erbenvertreter i.S.v. Art. 602 Abs. 3. Im Falle der amtlichen Nachlassliquidation gestützt auf Art. 593 ff. beschränkt sich die Mitwirkung der Behörde auf den Liquidationsanteil (s. Art. 222 N 19 und Art. 236 N 2 ff.) des überschuldeten Verstorbenen (zum Ganzen vgl. BK-Hausheer/Reusser/Geiser, N 20 ff.).

2. Das Zusammenspiel von Erb- und Sachenrecht

Die nicht gänzlich widerspruchsfreien Teilungsregeln im Erb- und Sachenrecht sind so **9** zu harmonisieren bzw. konkretisieren, dass sie ein sinnvolles Ganzes i.S. eines umfassenden Interessenausgleichs ergeben. So ist eine Ausgleichszahlung nach Art. 651 Abs. 3 auch im Rahmen von Art. 610 ff. zulässig, obwohl sie im Erbrecht an sich nicht vorgesehen wäre bzw. nur mit besonderer Zurückhaltung bejaht wird (Druey, Erbrecht, § 16 Rz 52 ff.). Art. 246 ist diesbezüglich im Lichte der vergleichbaren Tatbestände in Art. 245 und sodann Art. 205 und 219 auszulegen.

3. Die Losbildung

Losbildung bedeutet (als Natural- oder Realteilung im weiteren Sinn) im Zusammenhang **10** mit der Gütergemeinschaft, dass zwei Teile des Gesamtgutes so zusammenzustellen sind, dass in beiden Teilen nach Möglichkeit inhaltlich gleichwertige oder ähnliche Güter vorkommen (BGE 112 II 209 E. 2a; 113 II 227 E. 8). Wertmässige Ungleichheit ist ggf. durch eine Ausgleichszahlung wettzumachen. Erst dort, wo die Losbildung ihrerseits nicht sinnvoll erscheint, erfolgt die Versilberung (vorn N 6). Art. 611 Abs. 3 lässt neben der Versteigerung auch den Freihandverkauf zu.

IV. Der Abschluss der güterrechtlichen Auseinandersetzung

1. Die Bedeutung von Art. 634

Abschluss der Teilung bedeutet die verbindliche Überführung des bisherigen Gesamt- **11** eigentums (im weitern Sinn) in das Alleineigentum der Gesamthandberechtigten oder die entsprechende rechtliche Verpflichtung dazu. Im ersteren Fall handelt es sich um die so genannte **Teilung von Hand zu Hand** oder – in der Ausdrucksweise von Art. 634 – um die Entgegennahme der Lose. Bei der rechtlichen Verpflichtung geht es um den **Teilungsvertrag** (BGE 116 II 181 E. 6).

Die beiden Teilungsarten lassen sich auch **kombinieren.**

2. Der Teilungsvertrag

12 Er bezweckt, das Gesamtgut ganz oder teilweise so auf die Berechtigten aufzuteilen, dass für jeden Vermögensgegenstand ein **neuer, ausschliesslicher Rechtsträger** feststeht (BGE 118 II 399 E. 4; 100 Ib 124) oder mindestens bestimmbar wird (115 II 328 E. 2a).

Wie bei der Realteilung ist durch Teilteilungsvertrag eine **zeitliche Staffelung** zulässig, und zwar sowohl in sachlicher Hinsicht (Ausscheiden bestimmter Vermögenswerte) als auch in personeller Hinsicht (Ausscheiden bestimmter Gesamthandsberechtigter durch Abfindung).

Der Teilungsvertrag bedarf der **Schriftform** (Art. 634 Abs. 2). Sie genügt auch zur Übertragung eines Grundstücks (BGE 118 II 397 E. 2 m.w.H.). Dagegen kommt Art. 665 Abs. 3 nicht zur Anwendung, setzt dieser Eigentumswechsel von Gesetzes wegen doch eine gesetzliche Teilungsregel (z.B. Art. 242 Abs. 1 ZGB oder Art. 36 BGBB) voraus. Grundstücke bedürfen somit des Grundbucheintrags. Auch für andere Vermögensgegenstände bedarf es der entsprechenden Rechtsgeschäftsformen zur Begründung von Alleineigentum bzw. der Aufgabe der Gesamthandberechtigung. Für Beweglichkeiten heisst das Besitzübertragung i.S.v. Art. 714. Für Forderungen ist die schriftliche Abtretungserklärung gemäss Art. 165 OR im schriftlichen Teilungsvertrag mitenthalten (BGE 69 II 371).

3. Die Teilung von Hand zu Hand

13 Hier erfolgt die Überführung des gemeinschaftlichen Eigentums (im weitern Sinn) ohne vorangehende Teilungsverpflichtung. Für den Grundbucheintrag ist die schriftliche Zustimmung aller Mitberechtigten erforderlich.

4. Die gerichtliche Teilung

14 Ein **gerichtliches Gestaltungsurteil** ist dort unausweichlich, wo sich die Ehegatten oder deren Erben nicht auf die vollständige Teilung des Gesamtgutes einigen können. Dem Urteil kommt konstitutive Wirkung zu und es bedeutet für Grundstücke einen aussergrundbuchlichen Eigentumserwerb i.S.v. Art. 656 Abs. 2 (vgl. u.a. REY, Sachenrecht, Rz 749).

Vierter Abschnitt: Die Gütertrennung

Art. 247

A. Verwaltung, Nutzung und Verfügung **I. Im Allgemeinen**	**Innerhalb der gesetzlichen Schranken verwaltet und nutzt jeder Ehegatte sein Vermögen und verfügt darüber.**
A. Administration, jouissance et disposition I. En général	Chaque époux a l'administration, la jouissance et la disposition de ses biens, dans les limites de la loi.

A. Amministra-
zione, godimento e
disposizione

I. In genere

Nei limiti della legge, ciascun coniuge amministra i suoi beni, ne gode e ne dispone.

I. Allgemeines

1. Normzweck

Art. 247 bringt – wie schon aArt. 242 Abs. 1 und 245 – an sich **Selbstverständliches** **1**
zum Ausdruck, nachdem die Gütertrennung aus der Stellung als Ehegatten, abgesehen
von Art. 250 und 251, keine Besonderheiten für das Vermögen der beiden ableitet. Die
Ehepartner werden somit bez. ihres Vermögens grundsätzlich gleich behandelt wie die
Interessengemeinschaft zweier nicht miteinander verheirateter Personen. Für die Ehegatten unter Gütertrennung gelten zwar auch die vermögensrechtlichen Bestimmungen der
allgemeinen Wirkungen der Ehe (insb. Art. 163–166, 169, 177, 178), sie haben aber nur
indirekte Rückwirkungen auf ihr Vermögen. Art. 247 versteht sich im Übrigen als **Abkehr vom bisherigen aArt. 247 Abs. 2.**

2. Anwendungsbereich

Die Regeln über die Gütertrennung erfassen immer das **ganze Vermögen der Ehegat-** **2**
ten, da das ZGB von 1984 im Unterschied zu jenem von 1907 keine gemischten Güterstände mehr zulässt und somit das Eigengut im Rahmen der Errungenschaftsbeteiligung
und der Gütergemeinschaft besonderen Vorschriften dieser Güterstände unterwirft.

II. Der Grundsatz der getrennten Verwaltung, Nutzung und Verfügung

1. Inhalt

Art. 247 entspricht **Art. 201 Abs. 1.** Bez. der Umschreibung und Tragweite von Verwal- **3**
tung, Nutzung und Verfügung kann daher auf die dortigen Ausführungen verwiesen werden (Art. 201 N 2–13).

2. Schranken

Soweit sich für die Verwaltung, Nutzung und Verfügung über das Vermögen der Ehegat- **4**
ten aus den **allgemeinen Wirkungen der Ehe** (Art. 159, 163 f., 166, 169, 176–178) und
aus **Gesetzesbestimmungen ausserhalb des Eherechts** Schranken ergeben (insb.
Art. 226b und 494 OR), stimmen sie mit der Errungenschaftsbeteiligung überein. Es
kann daher auf die entsprechenden Ausführungen zu Art. 201 Abs. 1 (vgl. N 14–17 dazu)
verwiesen werden.

Art. 201 Abs. 2 gilt für die Gütertrennung **nicht.** Auch für Art. 208 und 220 ist im Rah- **5**
men der Gütertrennung kein Platz. Dagegen entspricht Art. 251 dem Art. 205 Abs. 2.

3. Verantwortlichkeit

Eine eherechtliche Verantwortlichkeit des einen Ehegatten gegenüber dem andern für **6**
eine besondere Sorgfalt im Zusammenhang mit Verwaltung, Nutzung und Verfügung
besteht **nicht.** Bei Gefährdung der ehelichen Gemeinschaft als solcher kann indessen
Eheschutz in Frage stehen (insb. Art. 177 f.) oder gar eine vormundschaftliche Massnahme ergriffen werden. Auch Art. 217 StGB kann zur Anwendung gelangen.

III. Kosten der Verwaltung

7   Verwaltungskosten (zum Begriff s. Art. 201 N 19) belasten nur das Vermögen des einzelnen Ehegatten, es sei denn, die Bestimmungen über den **ehelichen Unterhalt** (Art. 163 ff.) würden etwas anderes vorsehen (dazu Art. 201 N 20).

Art. 248

II. Beweis	[1] **Wer behauptet, ein bestimmter Vermögenswert sei Eigentum des einen oder andern Ehegatten, muss dies beweisen.**
	[2] **Kann dieser Beweis nicht erbracht werden, so wird Miteigentum beider Ehegatten angenommen.**
II. Preuve	[1] Quiconque allègue qu'un bien appartient à l'un ou à l'autre des époux est tenu d'en établir la preuve.
	[2] A défaut de cette preuve, le bien est présumé appartenir en copropriété aux deux époux.
II. Prova	[1] Chiunque affermi che un bene sia di proprietà dell'uno o dell'altro coniuge deve fornirne la prova.
	[2] Mancando tale prova, si presume che il bene sia di comproprietà dei coniugi.

Literatur

CERESOLI, Art. 200 Abs. 2 und Art. 248 Abs. 2 – Miteigentumsvermutungen unter Ehegatten und Eigentumsnachweis; Basler Studien zur Rechtswissenschaft, Reihe A, Bd. 25, Basel 1992; vgl. auch die Literaturhinweise vor Art. 181.

I. Allgemeines

1. Normzweck

1   Art. 248 entspricht Art. 200 Abs. 1 und 2. Er befasst sich mit der **Beweislast und** der **Behauptungslast,** wenn das Eigentum an einem bestimmten Vermögensgegenstand zwischen den Ehegatten streitig ist (dazu Art. 200 N 2 m.w.H.). Nicht erforderlich ist in der Gütertrennung dagegen eine Art. 200 Abs. 3 entsprechende Gesetzesbestimmung.

Zur – weitgehend unberechtigten – Kritik an der Miteigentumsvermutung im Rahmen eines «Nicht-Güterstandes» s. CERESOLI, 15 ff., 18 und dazu BK-HAUSHEER/REUSSER/GEISER, N 7.

2. Anwendungsbereich

2   In **persönlicher Hinsicht** kann auf Art. 200 (N 4 i.V.m. N 2 dazu, d.h. mit Hinweis auf BGE 117 II 124 ff. und 116 III 34 f. E. 2) verwiesen werden.

3   In **sachlicher und zeitlicher Hinsicht** bezieht sich Art. 248 wie Art. 200 auf jede Art von Berechtigung (CERESOLI, 29 ff.) und kann auch noch nach Auflösung des Güterstandes zum Tragen kommen (vgl. Art. 200 N 5).

Art. 248 äussert sich **nicht** zur Frage des Bestandes des Frauen- und Mannesguts im Zeitpunkt der Güterstandsauflösung; er beschränkt sich auf die Zuordnung von in diesem

Zeitpunkt vorhandenem Vermögen (so sinngemäss BGE 118 II 27 ff.; vgl. auch BGE 125 III 2 zur Errungenschaftsbeteiligung).

Art. 248 äussert sich **nicht** zur Zuordnung von **Schulden** zum Mannes- oder Frauenver- 4 mögen. In teilweisem Unterschied zur Errungenschaftsbeteiligung (Art. 209 Abs. 2) wird diese Frage auch nicht von einer andern Bestimmung des Gütertrennungsrechts beantwortet.

3. Zwingendes und dispositives Recht

Im Hinblick auf die Richtigkeitsvermutung eines öffentlich beurkundeten Inventars nach 5 Art. 195a und entsprechende tatsächliche Feststellungen im Ehevertrag (s. Art. 182 N 10) kann Art. 248 bedeutungslos sein. Sodann kann im konkreten Anwendungsfall auf seine Anwendung verzichtet werden. Er kann dagegen **nicht durch** einen **Ehevertrag ausgeschlossen** werden (BK-HAUSHEER/REUSSER/GEISER, N 9 in teilweiser Abgrenzung zu CERESOLI, 40 ff.).

II. Insbesondere zum Verhältnis von Art. 248 Abs. 1 zu Art. 930 ff.

Es kann vollumfänglich auf die entsprechenden **Ausführungen zu Art. 200** (s. N 12–15) 6 verwiesen werden.

III. Die Miteigentumsvermutung

Was das **Entstehen von Miteigentum** der Ehegatten zufolge Beweislosigkeit von 7 Alleineigentum zugunsten eines Partners betrifft, kann ebenfalls auf Art. 200 Abs. 2 (s. N 16–19 und 21 dazu) verwiesen werden.

Unterschiede zur Ordnung solchen Miteigentums aufgrund der **Errungenschaftsbetei-** 8 **ligung** ergeben sich bei der Gütertrennung mit Rücksicht auf

– die Verfügung über einen Miteigentumsanteil: Das Gütertrennungsrecht kennt keine Verfügungsbeschränkung i.S.v. Art. 201 Abs. 2. **Art. 646 Abs. 3** wird für Ehegatten höchstens durch Art. 159 eingeschränkt. Sodann kann eine Verfügungsbeschränkung nach Art. 178 zu beachten sein.

– Die Auflösung des Miteigentums richtet sich nicht ausschliesslich nach Art. 650, vielmehr ist auch **Art. 251** zu beachten (s. die Komm. dazu).

Art. 249

B. Haftung ge-	**Jeder Ehegatte haftet für seine Schulden mit seinem gesamten**
genüber Dritten	**Vermögen.**
B. Dettes envers les tiers	Chaque époux répond de ses dettes sur tous ses biens.
B. Responsabilità verso i terzi	Ciascun coniuge risponde per i propri debiti con tutta la sua sostanza.

Literatur

AMONN/WALTHER, Grundriss des Schuldbetreibungs- und Konkursrechts, 7. Aufl. Bern 2003; vgl. auch die Literaturhinweise vor Art. 181.

I. Allgemeines

1. Normzweck

1   Art. 249 bestätigt für die Haftung den **Grundsatz der Gütertrennung,** dass die Ehegatten – Sondervorschriften wie Art. 248 Abs. 2, 250 Abs. 2 und 251 vorbehalten – vermögensrechtlich wie unverheiratete Dritte in Interessengemeinschaft behandelt werden. Im Rahmen der Zwangsvollstreckung können sich indessen für die Ehegatten Einschränkungen aus den Art. 169 und 178 ergeben (s. die Komm. dazu). Art. 92 f. SchKG gelten dagegen für alle Schuldner, ob verheiratet oder nicht.

2. Anwendungsbereich

2   Art. 249 gilt auch für Schulden unter den Ehegatten.

Art. 249 entspricht voll **Art. 202,** so dass auf die Erläuterungen zu dieser Gesetzesbestimmung verwiesen werden kann. Die Gütertrennung kennt indessen weder eine Vorschlagsbeteiligung noch den Mehrwertanteil (i.S.v. Art. 202 N 12 f.).

3. Zwingendes Recht

3   Art. 249 kann ehevertraglich nicht geändert werden. Vorbehalten bleiben **besondere Haftungsvereinbarungen** mit einem bestimmten Gläubiger im Einzelfall (BK-HAUS-HEER/REUSSER/GEISER, N 9).

II. Insbesondere zur Zwangsvollstreckung gegen einen Ehegatten

4   Die Gütertrennung als solche führt zu **keinen Besonderheiten in der Zwangsvollstreckung** gegen den einen oder andern Ehegatten. Jeder unterliegt grundsätzlich ohne Bezugnahme auf den andern der Zwangsvollstreckung (s. die Anweisungen der SchKK des BGer in BGE 113 III 49 ff.). Generell gelten für die Ehegatten die Art. 95a (Subsidiarität bei der Pfändung einer Forderung des Schuldnerehegatten gegen den andern) und 111 (Anschlussprivileg, und zwar entgegen dem Gesetzeswortlaut für alle Forderungen zwischen Ehegatten: AMONN/WALTHER, § 25 Rz 32) sowie (nach der Revision des Schuldbetreibungs- und Konkursrechts von 1994 mit Inkrafttreten am 1.1.1997) auch Art. 151 Abs. 1 Bst. b SchKG im Zusammenhang mit Art. 169. Im Zusammenhang mit der verpfändeten Familienwohnung ist gemäss Art. 153 SchKG auch der Ehepartner in die Zwangsvollstreckung einzubeziehen, damit er Rechtsvorschlag erheben kann (BK-HAUSHEER/REUSSER/GEISER, N 8).

Art. 250

C. Schulden zwischen Ehegatten

[1] **Der Güterstand hat keinen Einfluss auf die Fälligkeit von Schulden zwischen Ehegatten.**

[2] **Bereitet indessen die Zahlung von Geldschulden oder die Erstattung geschuldeter Sachen dem verpflichteten Ehegatten ernstliche Schwierigkeiten, welche die eheliche Gemeinschaft gefährden, so kann er verlangen, dass ihm Fristen eingeräumt werden; die Forderung ist sicherzustellen, wenn es die Umstände rechtfertigen.**

C. Dettes entre époux	[1] Le régime n'a pas d'effet sur l'exigibilité des dettes entre les époux.
	[2] Cependant, lorsque le règlement d'une dette ou la restitution d'une chose exposent l'époux débiteur à des difficultés graves qui mettent en péril l'union conjugale, celui-ci peut solliciter des délais de paiement, à charge de fournir des sûretés si les circonstances le justifient.
C. Debiti fra coniugi	[1] Il regime dei beni non influisce sulla scadenza dei debiti fra i coniugi.
	[2] Il coniuge debitore può tuttavia chiedere dilazioni qualora il pagamento di debiti pecuniari o la restituzione di cose gli arrecasse serie difficoltà tali da mettere in pericolo l'unione coniugale; se le circostanze lo giustificano, dovrà fornire garanzie.

I. Allgemeines

1. Normzweck

Besonderer eherechtlicher Gehalt kommt nur Absatz 2 zu. Er **ersetzt** das bis zum 1.1.1988 zur Anwendung gelangte grundsätzliche **Zwangsvollstreckungsverbot unter Ehegatten** nach aArt. 173–176. Zur allgemeinen Tragweite dieser Gesetzesbestimmung s. die Komm. in Art. 203 (N 1). **1**

2. Anwendungsbereich

Art. 250 gilt auch für Schulden unter den Ehegatten, die ihren Grund im **Ehegüterrecht** haben (vgl. Art. 203 N 2). **2**

3. Zwingendes Recht

Auf Art. 250 kann – wie auf Art. 203 – **nicht zum Voraus verzichtet** werden (zu rechtsgeschäftlichen Sonderregelungen im Einzelfall s. BK-HAUSHEER/REUSSER/GEISER, N 6). **3**

II. Gewährung von Zahlungsfristen und Sicherstellung

Art. 250 Abs. 2 entspricht ganz **Art. 203 Abs. 2.** Es kann daher auf die Komm. zu dieser Gesetzesbestimmung verwiesen werden (insb. N 4–21). **4**

Art. 251

D. Zuweisung bei Miteigentum	**Steht ein Vermögenswert im Miteigentum und weist ein Ehegatte ein überwiegendes Interesse nach, so kann er bei Auflösung des Güterstandes neben den übrigen gesetzlichen Massnahmen verlangen, dass ihm dieser Vermögenswert gegen Entschädigung des andern Ehegatten ungeteilt zugewiesen wird.**
D. Attribution d'un bien en copropriété	Lorsqu'un bien est en copropriété, un époux peut, à la dissolution du régime, demander, en sus des autres mesures prévues par la loi, que ce bien lui soit attribué entièrement s'il justifie d'un intérêt prépondérant, à charge de désintéresser son conjoint.
D. Attribuzione in caso di comproprietà	Se un bene è in comproprietà, il coniuge che provi d'avere un interesse preponderante può, al momento dello scioglimento del regime dei beni e oltre alle altre misure legali, chiedere che tale bene gli sia attribuito per intero contro compenso all'altro coniuge.

I. Allgemeines

1. Normzweck

1 Art. 251 **ergänzt** als familienrechtliche Sonderregel i.S.v. Art. 159 – wie Art. 205 Abs. 2 – die sachenrechtliche Teilungsvorschrift in **Art. 651 Abs. 2** (vgl. BGE 119 II 198 E. 2 zu Art. 205).

2. Anwendungsbereich

2 Art. 251 kommt – entgegen dem Gesetzeswortlaut – für **Mit- und** (aufgrund von Art. 654 Abs. 2: vgl. Art. 205 N 11 m.w.H.) **Gesamteigentum** zur Anwendung. Dies gilt – ungeachtet des von Art. 205 Abs. 2 abweichenden Wortlauts («bei Auflösung des Güterstandes»: vgl. die Marginalien von Art. 204 ff.) – auch unabhängig vom Umstand, ob das gemeinschaftliche Eigentum während des Güterstandes oder erst bei dessen Auflösung beendet wird. Diese Letztere bewirkt allerdings keine güterrechtliche Auseinandersetzung im eigentlichen Sinn, jedoch findet eine Entflechtung des Frauen- und Mannesgutes allemal statt. Dabei ist Art. 251 vom Ehegatten (BGE 119 II 198) geltend zu machen (Näheres zum Zeitpunkt – angesichts des fehlenden Teilungsabschlusses i.S.v. Art. 634 i.V.m. Art. 246 – in BK-HAUSHEER/REUSSER/GEISER, N 7).

3 **Keine Anwendung** findet Art. 251, wenn das gemeinschaftliche Eigentum den Güterstand bzw. die Ehe überdauert. Im Streitfall hat das Gericht sodann aufgrund von Art. 650 bzw. 653 Abs. 3 zu prüfen, ob die Auflösung des Gesamt- oder Miteigentums zulässig ist. Die Scheidung, Ehetrennung oder Nichtigerklärung der Ehe schliesst die Unzeit regelmässig aus (BGE 119 II 199).

3. Dispositives und zwingendes Recht

4 Auf den relativ höchstpersönlichen – und damit zwar unübertragbaren, unvererblichen, unverpfändbaren, aber nicht in jeder Hinsicht vertretungsfeindlichen – Zuweisungsanspruch können die Ehegatten für den konkreten **Einzelfall,** nicht aber generell, auch schon **zum Voraus** verzichten (vgl. Art. 205 N 21).

II. Die Auflösung des gemeinschaftlichen Eigentums im Besonderen

5 Da Art. 251 im Wesentlichen, d.h. bis auf den Zeitpunkt der Geltendmachung **Art. 205 Abs. 2** entspricht, kann auf die Komm. dieser letzteren Gesetzesbestimmung verwiesen werden. Siehe sodann den konkreten Anwendungsfall in BGE 119 II 200.

Zweite Abteilung: Die Verwandtschaft

Siebenter Titel: Die Entstehung des Kindesverhältnisses

Vorbemerkungen zu Art. 252–359

Literatur

Allgemeine Literatur: AMREIN/GULER/HÄFELI, Mustersammlung zum Adoptions- und Kindes-recht, 4. Aufl., Zürich 2005; BALLOFF, Kinder vor Gericht, München 1992; Bericht mit Vorentwurf für eine Revision des ZGB, 1992 (zit. Bericht VE 1992); BRÄM, Tendenzen der Scheidungsrechts-revision, SJZ 1990, 257 ff.; BUCHER N./ERMERT/PERREZ, Bericht über die Situation der Familie im Kanton Basel-Stadt, FamPra.ch 2001, 231 ff.; DORSCH, Die Konvention der Vereinten Nationen über die Rechte des Kindes, Berlin 1994; DUSS-VON WERDT, Was weiss das Recht von Ehe und Familie?, FamPra.ch 2000, 41 ff.; ELL, Väter-Väter-Väter, ZfJ 1988, 436 ff.; FLEINER-GERSTER/ GILLIAND/LÜSCHER (Hrsg.), Familien in der Schweiz, 1991; FREIBURGHAUS-ARQUINT, Gerichts-standgesetz – Bedeutung für das Familienrecht, FamPra.ch 2001, 275 ff.; FTHENAKIS, Väter, Bd. I und II, München 1985; DERS., Kindeswohl – gesetzlicher Anspruch und Wirklichkeit, in: Brühler Schriften zum Familienrecht Bd. 3, Bielefeld 1984, 33 ff.; FURSTENBERG/CHERLIN, Geteilte Fami-lien, Stuttgart 1993; FUX/BAUMGARTNER, Familialer Wandel am Beispiel von Partnerschafts- und Erwerbsverläufen, FamPra.ch 2001, 440 ff.; GEHRING, Zur Revision des Scheidungsrechtes: Plä-doyer für eine psychosoziale Sichtweise, AJP 1992, 937 ff.; HÄFELI, Wegleitung für vormund-schaftliche Organe, 4. Aufl., Zürich 2005; HEGNAUER, Entwicklungen des schweizerischen Fami-lienrechts, FamPra.ch 2000, 1 ff.; DERS., Die Gemeinschaft der Eltern und Kinder, Bern 1997; DERS., Kindesrecht in Deutschland und in der Schweiz, FamRZ 1996, 914 ff.; DERS., Die Reform des schweizerischen Scheidungsrechts, FamRZ 1994, 729 ff.; JAMETTI GREINER, Bericht über die 17. Session der Haager Konferenz für internationales Privatrecht, AJP 1993, 1211 ff.; MACCO-BY/MNOOKIN, Dividing the Child, Cambridge (Mass.) 1992; MEIER-SCHATZ, Über Entwicklung, Inhalt und Strukturelemente des Kindesrechts, AJP 1993, 1035 ff.; NAPP-PETERS, Ein-Elternteil-Familien: soziale Randgruppe oder neues familiales Selbstverständnis?, 2. Aufl. Weinheim 1987; PAPAUX-OFFNER, La Convention des Nations Unies relative aux droits de l'enfant, plädoyer 1/1993, 45 ff.; PERREZ, Scheidungsfolgen bei den Kindern, AJP 1997, 37 ff.; REUSSER, Die Revision des Scheidungsrechts: Die aus kindes- und vormundschaftsrechtlicher Sicht relevanten Neuerungen, ZVW 1993, 47 ff.; SANDOZ, Quelques problèmes de filiation en relation avec la procréation médi-calement assistée, ZVW 2001, 90 ff.; SCARTAZZINI, Schnittstellen und Wechselwirkungen zwischen Familien- und Sozialversicherungsrecht, FamPra.ch 2001, 405 ff.; SCHLEIFFER, Elternverluste, Eine explorative Datenanalyse zur Klinik und Familiendynamik, Heidelberg 1988; SCHWAB/HENRICH (Hrsg.), Entwicklungen des europäischen Kindschaftsrechts, Bielefeld 1994; SCHWENZER, Über die Beliebigkeit juristischer Argumentation, FamPra.ch 2000, 24 ff.; DIES., Die UN-Kinderrechts-konvention und das schweizerische Kindesrecht, AJP 1994, 817 ff.; DIES., Die Rechtsstellung des nichtehelichen Kindes, FamRZ 1992, 121 ff.; DIES., Empfiehlt es sich, das Kindschaftsrecht neu zu regeln?, Gutachten A zum 59. Deutschen Juristentag, München 1992; Statistisches Jahrbuch der Schweiz 2005, Zürich 2005; Wallerstein/Blakeslee, Gewinner und Verlierer. Frauen, Männer, Kinder nach der Scheidung, München 1989; WALLERSTEIN/LEWIS/BLAKESLEE, The Unexpected Legacy of Divorce, New York 2000.

Literatur zum ausländischen Familienrecht: AESCHLIMANN, «The Welfare» oder «The Best Interest of the Child» im angloamerikanischen Rechtsraum, FamPra.ch 2001, 247 ff.; BAINHAM, Children – the modern law, Bristol 1998; BENABENT, Droit civil, La famille, 7. Aufl. Paris 1995; BÜCH-LER/RÜETSCHI, Der englische Family Law Act 1996, FamPra.ch 2000, 231 ff.; CRETNEY/MASSON, Principles of Family Law, 6. Aufl. London 1997; DEWAR, Law and the Family, 2. Aufl. London 1992; DOPFFEL (Hrsg.), Kindschaftsrecht im Wandel, Zwölf Länderberichte mit einer vergleichen-den Summe, Tübingen 1994; EHRENZWEIG/SCHWIND, Familienrecht, 3. Aufl. Wien 1984; FULCHI-RON, Une nouvelle réforme de l'autorité parentale, Commentaire de la loi no. 93–22 du 8 janvier 1993 à la lumière de la loi «Malhuret», D.1993.Chron.117; GAUL, Die Neuregelung des Abstam-mungsrechts durch das Kindschaftsreformgesetz, FamRZ 1997, 1441 ff.; GRESSMANN, Neues

Kindschaftsrecht, Bielefeld 1998; KRÖMER, Die Neuordnung des Kindschaftsrechts und des Ehe-schliessungsrechts in der Bundesrepublik Deutschland, ZZW 1999, 169 ff.; LIPP, Das neue Kind-schaftsrecht, Stuttgart 1999; LOWE, Die Rechtsstellung des Kindes – Reform auf englische Art: Eine Einführung zum Children Act 1989, FuR 1991, 123 ff.; LÜDERITZ, Familienrecht, 27. Aufl. München 1999; RUBELLIN-DEVICHI, Une importante réforme en droit de la famille: la loi no. 93–22 du 8 janvier 1993, J. C. P.1993.I.3659; SCHUMACHER, Das neue deutsche Kindschaftsrecht, FamPra.ch 2000, 62 ff.; STEINDORFF, Familienrechtsreform in Frankreich – Das Gesetz vom 8. Januar 1993, FuR 1993, 319 ff.

I. Das Recht der Verwandtschaft

1 Die zweite Abteilung des zweiten Teils des ZGB regelt unter der Überschrift «Die Ver-wandtschaft» v.a. das Verhältnis zwischen Eltern und Kindern (7. und 8. Titel, Art. 252–327). Der Neunte Titel (Art. 328–359: Die Familiengemeinschaft) enthält verschiedene heterogene Vorschriften zur Familiengemeinschaft.

II. Das Kindesrecht

1. Begriff und Bedeutung

2 Das Kindesrecht umfasst die Regelungen zur **rechtlichen Zuordnung** eines Kindes zu bestimmten Eltern sowie die **Wirkungen des Kindesverhältnisses.** Neben den im 7. und 8. Titel geregelten Fragen des Kindesrechts im engeren Sinne sind für das Kindesrecht i.w.S. v.a. auch Vorschriften des Personenrechts, des Eherechts, des Rechts der Familien-gemeinschaft, des Vormundschaftsrechts und des Erbrechts sowie des PartG von Bedeu-tung. Hinzu treten zahlreiche öffentlich-rechtliche Bestimmungen, wie namentlich das BG über Erwerb und Verlust des Schweizer Bürgerrechts (BüG).

3 Das Kindesrecht hat seit Inkrafttreten des ZGB einen grundlegenden **Bedeutungswandel** erfahren. Beherrschte zu Beginn dieses Jahrhunderts noch klar die patriarchalische Fami-lienstruktur das Kindesrecht, so wird es heute zunehmend als Spiegel der sozialen Wirk-lichkeit begriffen. Mit der Massgeblichkeit des Kindeswohls rückt im Kindesrecht die Institution gegenüber der Person in den Hintergrund. Herausragende Bedeutung kommt insoweit der soziodemographischen Entwicklung zu (vgl. LEY, in: FLEINER-GERSTER et al. (Hrsg.), 225 ff.).

4 Hinzuweisen ist zunächst auf das starke **Anwachsen ausserehelicher Geburten.** Seit 1980 hat sich der Anteil nichtehelicher Geburten verdoppelt und lag im Jahre 2002 bei 11% (vgl. Statistisches Jahrbuch 2005, 40, 44). Dabei liegt das Alter der Mütter ausser-ehelicher Kinder im Gegensatz zu früheren Zeiten kaum unter jenem der Mütter ehe-licher Kinder. Oft werden die ausserehelichen Kinder in die stabile Gemeinschaft ihrer Eltern hineingeboren. Dies schlägt sich auch in der Zahl freiwilliger Anerkennun-gen nieder, die schon im Jahre 1997 bei fast 98% lag (vgl. HEGNAUER, Kindesrecht, N 7.22.).

5 Auch das Bild ehelicher Kindschaft hat sich in den letzten 40 Jahren stark verändert. Die Scheidungsziffer hat sich seit 1970 mehr als verdoppelt. Geht man von der für das Jahr 2003 ermittelten **Scheidungshäufigkeit** aus, so werden 41% der Ehen voraussichtlich geschieden (vgl. Statistisches Jahrbuch 2005, 65, T 1.1.1). Im Jahre 2003 waren knapp unter 17 000 unmündige Kinder von der Scheidung ihrer Eltern betroffen (1970: knapp 7000, vgl. Statistisches Jahrbuch 2005, 40, Fig. 1.6). 45% der Kinder sind zum Zeitpunkt der Scheidung jünger als 10 Jahre (vgl. Statistisches Jahrbuch 2005, 39). Mit der Zahl der Scheidungskinder nimmt auch diejenige der Stiefkinder und der in Ein-Elternteil-Familien lebenden Kinder drastisch zu. So lebten im Jahre 1990 bereits ca. 125 000 Kinder in Einelternhaushalten (Statistisches Jahrbuch 1998, T 1.11a); wobei es sich freilich in vielen Fällen um faktische Stieffamilien handeln dürfte.

Mit dem in den 1970er Jahren einsetzenden Geburtenrückgang hat sich auch die **Struk-** **6** **tur der Familie** gewandelt (vgl. GILLIAND, in: FLEINER-GERSTER et al. (Hrsg.), 3, 23 f.; LÜSCHER, ibid., 511, 514 f.). 1-Eltern-Haushalte machten im Jahre 2000 etwa 15% aller Haushalte mit Kind aus (vgl. Statistisches Jahrbuch 2005, 40). Im Jahre 1990 wuchsen über 80% aller Kinder als Einzelkinder oder nur mit einem Geschwister auf (vgl. Statistisches Jahrbuch 1998, T 1.11). Dies bedingt eine zunehmende Individualisierung der Jugend und eine stärkere Ausrichtung an den Erwachsenen. Verändert hat sich auch die Eltern-Kind-Beziehung als solche. Mit der **«Emanzipation des Kindes»** ist aus der elterlichen Erziehungsrolle tendenziell eine elterliche «Begründungsrolle» geworden (vgl. KELLERHALS/MONTANDON, in: Fleiner-Gerster et al. (Hrsg.), 195 ff.).

Einhergehend mit einem **Aufweichen traditioneller Rollenstrukturen** von Mann und **7** Frau in der Familie und der Zunahme der Zahl der Väter, die Anteil an der Betreuung der Kinder in der Familie nehmen und deshalb eine sehr enge Beziehung zu den Kindern haben, hat auch in der humanwissenschaftlichen Forschung ein Paradigmenwechsel stattgefunden (vgl. FTHENAKIS, Kindeswohl, 33 ff.; ELL, ZfJ 1988, 436 ff.). In den 1950er und 1960er Jahren sah man in der Mutter v.a. für das Kleinkind die primäre, wenn nicht sogar ausschliessliche Bezugsperson. Die neuere humanwissenschaftliche Forschung, die sich v.a. auch auf Langzeituntersuchungen bei Scheidungskindern stützt, betont demgegenüber die herausragende Bedeutung beider Eltern für eine gesunde Entwicklung des Kindes (vgl. WALLERSTEIN/BLAKESLEE, 332 f.; FURSTENBERG/CHERLIN, 112 ff.; PERREZ, AJP 1997, 37, 42).

Neue Fragen im Kindesrecht ergeben sich schliesslich aufgrund der medizinischen Ent- **8** wicklung im Bereich der **künstlichen Fortpflanzung** (vgl. dazu Art. 252 N 7 f.; 256 N 12 ff.; 261 N 10 f.; SANDOZ, ZVW 2001, 90 ff.).

2. Geschichtliche Entwicklung des Bundesrechts

Das Kindesrecht ist seit Inkrafttreten des ZGB wiederholt geändert worden. Durch Bun- **9** desgesetz vom 30.6.1972 (in Kraft seit 1.4.1973) wurde die Adoption neu gestaltet und der Grundsatz der Volladoption realisiert (vgl. dazu Vorbem. zu Art. 264–269c N 5 f.). Durch Bundesgesetz vom 25.6.1976 (in Kraft seit 1.1.1978) wurden die übrigen Bestimmungen des 7. und 8. Titels von Grund auf neu bearbeitet. Neben der Gleichberechtigung von Vater und Mutter im ehelichen Kindesrecht war die Verbesserung der Rechtsstellung des ausserehelichen Kindes das Hauptanliegen. Trotz der seither postulierten «Einheit des Kindesverhältnisses» bestehen freilich auch heute noch gravierende Unterschiede zwischen ehelichen und ausserehelichen Kindern im Bereich der Anfechtung der Vaterschaft (vgl. dazu nur Art. 256 N 2 ff. und 260a N 2 ff.) und der elterlichen Sorge (vgl. dazu Art. 298a N 7).

Änderungen des Kindesrechts ergaben sich darüber hinaus aus verschiedenen anderen **10** Gesetzesrevisionen: So wurde durch Gesetz vom 6.10.1978 (in Kraft seit 1.1.1981) Art. 314a neu eingefügt, durch Gesetz vom 5.10.1984 (in Kraft seit 1.1.1988) wurde Art. 270 Abs. 2 an die neuen eherechtlichen Bestimmungen angepasst, die Revision vom 7.10.1994 (Mündigkeitsalter; in Kraft seit 1.1.1996) änderte Art. 277 Abs. 2. Wichtige Veränderungen ergaben sich auch durch die Scheidungsrechtsrevision vom 26.6.1998 (in Kraft seit 1.1.2000), namentlich im Bereich der elterlichen Sorge. Das Fortpflanzungsmedizingesetz (FMedG) vom 18.12.1998 (in Kraft seit 1.1.2001) hat Art. 256 Abs. 3 neu gefasst.

11 Ausführungsbestimmungen enthalten namentlich die Verordnungen über das Zivilstandswesen (ZStV) vom 28. April 2004, über die Adoptionsvermittlung AdoV vom 29.11.2002 und über die Aufnahme von Pflegekindern (PAVO) vom 19.10.1977.

12 Weitere Veränderungen werden sich mit Inkrafttreten des PartG und des GUMG sowie in Zusammenhang mit der Revision des Vormundschafts- und Jugendstrafrechts ergeben. Schliesslich besteht nach wie vor Revisionsbedarf im Hinblick auf die UN-KRK (dazu SCHWENZER, AJP 1994, 817, 819 ff.). Über kurz oder lang erscheint eine erneute Gesamtrevision des Kindesrechts geboten.

3. Kantonales Recht

13 Das kantonale Recht regelt **Zuständigkeit und Verfahren** für die Klagen betr. das Kindesverhältnis (Art. 256, 260a, 261, 269 f.), Unterhaltsklagen (Art. 279 ff.), Rechtsbehelfe bei Entziehung der elterlichen Sorge und fürsorgerischer Freiheitsentziehung (Art. 314, 314a), Adoption (Art. 268) und Adoptionsvermittlung (Art. 269c). Es erlässt **Ausführungsverordnungen** zur ZStV und PAV und ordnet die Alimentenbevorschussung (Art. 293 Abs. 2) und die Zusammenarbeit mit der Jugendhilfe (Art. 317).

4. Internationales Recht

14 *a) IPRG*

Von Bedeutung für das Kindesrecht sind v.a. Art. 20, 22–24, 37–40, 66–85 IPRG.

b) Vereinte Nationen

– Erklärung der Rechte des Kindes, vom 20.11.1959

– Übereinkommen über die Geltendmachung von Unterhaltsansprüchen im Ausland vom 20.6.1956 (SR 0.274.15)

– Erklärung über den Schutz des Kindes bei Adoption des Kindes und Fremdpflege vom 3.12.1986

– Übereinkommen über die Rechte des Kindes, vom 20.11.1989 (SR 0.107)

c) Haager Übereinkommen

– Übereinkommen über das auf Unterhaltsverpflichtungen gegenüber Kindern anzuwendende Recht (UStÜK), vom 24.10.1956 (SR 0.211.221.431)

– Übereinkommen über die Anerkennung und Vollstreckung von Entscheidungen auf dem Gebiet der Unterhaltspflicht gegenüber Kindern, vom 15.4.1958 (SR 0.211.221.432)

– Übereinkommen über die Zuständigkeit der Behörden und das anzuwendende Recht auf dem Gebiet des Schutzes von Minderjährigen (MSA), vom 5.10.1961 (SR 0.211.231.01)

– Übereinkommen über die behördliche Zuständigkeit, das anzuwendende Recht und die Anerkennung von Entscheidungen auf dem Gebiet der Annahme an Kindesstatt, vom 15.11.1965 (SR 0.211.221.315)

– Übereinkommen über das auf Unterhaltspflichten anzuwendende Recht (UStÜ), vom 2.10.1973 (SR 0.211.213.01)

– Übereinkommen über die Anerkennung und Vollstreckung von Unterhaltsentscheidungen (UVÜ), vom 2.10.1973 (SR 0.211.213.02)

– Übereinkommen über die zivilrechtlichen Aspekte internationaler Kindesentführungen (HEntfÜ), vom 25.10.1980 (SR 0.211.230.02)

– Übereinkommen über den Schutz von Kindern und die Zusammenarbeit im Gebiet der internationalen Adoption (HAÜ), vom 29.5.1993 (SR 0.211.221.311)

d) Europarat

– Konvention zum Schutze der Menschenrechte und Grundfreiheiten (EMRK), vom 4.11.1950 (SR 0.101)

– Europäisches Übereinkommen über die Adoption von Kindern, vom 24.4.1967 (SR 0.211.221.310)

– Europäisches Übereinkommen über die Rechtsstellung der unehelichen Kinder vom 15.10.1975 (SR 0.211.221.131)

– Europäisches Übereinkommen über die Anerkennung und Vollstreckung von Entscheidungen über das Sorgerecht für Kinder und die Wiederherstellung des Sorgerechts (ESÜ), vom 20.5.1980 (SR 0.211.230.01)

– Empfehlung zur elterlichen Sorge, Recommandation R (84) 4 vom 28.2.1984

– Empfehlung zu Pflegefamilien, Recommandation R (87) 6 vom 20.3.1987

– Empfehlung zur Fürsorge des Kindes – Bereitstellung institutioneller Fürsorge für Kleinkinder und Kinder, Recommendation 1071 vom 23.3.1988

– Empfehlung betr. die Rechte des Kindes, Recommendation 1121 vom 1.2.1990

– Empfehlung zur Anwendung des ESÜ, Recommendation (95)6 vom 7.2.1995

– Empfehlung zu einer europäischen Strategie für Kinder, Recommendation 1286 vom 24.1.1996

– Konvention über die Ausübung von Kinderrechten, vom 25.1.1996

– Empfehlung zu den Grundsätzen der Familienmediation, Recommendation No. R (98)1 vom 21.1.1998

– Empfehlung betr. Kindesmissbrauch und Vernachlässigung von Kindern, Recommendation 1371 vom 23.4.1998

– Empfehlung zur Partizipation von Kindern in Familie und Gesellschaft, Recommendation (98)8 vom 18.9.1998

– Empfehlung zur Anwendung des ESÜ, Recommendation (99) vom 23.2.1999

– Verordnung betr. Zuständigkeit, Anerkennung und Vollstreckung von Entscheidungen in Ehesachen und in Verfahren betreffend die elterliche Verantwortung für die gemeinsamen Kinder der Ehegatten, Brüssel II vom 29.5.2000

– White Paper on Principles concerning the establishment and legal consequences of parentage on 15th January 2002

– Konvention betr. die persönlichen Beziehungen zu Kindern, vom 15.5.2003

– Verordnung betr. die Zuständigkeit, Anerkennung und Vollstreckung von Entscheidungen in Ehesachen und in Verfahren die elterliche Sorge betreffend, Brüssel IIa vom 27.11.2003

e) Andere

– New Yorker Übereinkommen über die Geltendmachung von Unterhaltsansprüchen im Ausland, vom 20.6.1956 (SR 0.274.15)

– Übereinkommen betr. die Erweiterung der Zuständigkeit der Behörden, die zur Entgegennahme von Anerkennungen ausserehelicher Kinder befugt sind, vom 14.9.1961 (SR 0.211.112.13)

– Übereinkommen über die Feststellung der mütterlichen Abstammung ausserhalb der Ehe geborener Kinder, vom 12.9.1962 (SR 0.211.222.1)

5. Ausländische Rechtsentwicklungen

15 Das Kindesrecht war in den letzten 40 Jahren in allen massgeblichen ausländischen Rechtsordnungen Gegenstand grundlegender Reformen.

16 In **Deutschland** wurde im Jahre 1969 das Recht der nichtehelichen Kinder reformiert, gefolgt von der Revision des Adoptionsrechts im Jahre 1976, dem Recht der elterlichen Sorge im Jahre 1980 und des Namensrechts im Jahre 1994. Wichtige Impulse gingen in den 1980 er und 1990 er Jahren zunehmend auch von der Rechtsprechung des Bundesverfassungsgerichts aus. Zum 1.7.1998 ist eine Gesamtreform des Kindesrechts in Kraft getreten, die das Abstammungsrecht, das Recht der elterlichen Sorge, das Umgangsrecht, das Unterhaltsrecht sowie das Adoptions- und das Namensrecht betrifft. Im Jahre 2002 wurde dieses nochmals ergänzt.

17 In **Österreich** setzte die schrittweise Reform des Familienrechts im Jahre 1960 mit dem neuen Adoptionsrecht ein. Es folgte im Jahre 1970 die Neuordnung der Rechtsstellung des unehelichen Kindes. Die Reform des Eherechts von 1978 hatte zum Ziel, den Grundsatz der Gleichstellung der Eltern zu verwirklichen, während das Kindschaftsrechts-Änderungsgesetz aus dem Jahre 1989 die weitgehende Gleichbehandlung von ehelichen und unehelichen Kindern erreichte. Zuletzt erfolgten Änderungen des Kindschaftsrechts aufgrund des neuen Fortpflanzungsmedizingesetzes von 1992 und des Namensrechtsänderungsgesetzes von 1995. Das Kindschaftsrechtsänderungsgesetz 2001 hat die Stellung des Kindes entscheidend gestärkt. Durch das Familien- und Erbrechtsänderungsgesetz 2004 wurde das Abstammungsrecht neu gefasst.

18 In **Frankreich** wurde ebenfalls zunächst im Jahre 1966 das Adoptionsrecht neu gefasst (G Nr. 66–500 vom 11.7.1966). Im Jahre 1972 (G Nr. 72–3 vom 3.1.1972) wurde das Recht für nichteheliche Kinder grundlegend reformiert; weitere Verbesserungen für die Rechtsstellung nichtehelicher Kinder erfolgten im Jahre 1993 (G Nr. 93–22 vom 8.1.1993). Das Gesetz (G Nr. 2002-93 vom 22.1.2002) betreffend die Kenntnis der eigenen Abstammung zugunsten der adoptierten Kinder und pupilles de l'Etat (Pflegekinder unter der Obhut des Staates) ermöglicht «anonym» geborenen Kindern den Zugang zu Informationen über die eigene Abstammung. Die elterliche Sorge war ebenfalls mehrfach Gegenstand gesetzgeberischer Reformen, und zwar in den Jahren 1970 (G Nr. 70–459 vom 4.6.1970), 1987 (G Nr. 87–570 vom 22.7.1987) 1993 (G Nr. 93–22 vom 8.1.1993) und 2002 (G Nr. 2002–305 vom 4.3.2002). Auch das Scheidungsrecht (G Nr. 2004–439 vom 26.5.2004) wurde reformiert und trat am 1.1.2005 in Kraft.

19 Die bedeutendste Neuerung des **italienischen** Kindschaftsrechts stellt die Familienrechtsreform von 1975 dar. Sie verwirklichte die sehr weitgehende Gleichstellung nichtehelicher Kinder mit ehelichen Kindern. Als nächste grössere Reformen folgten ihr die Neuregelung des Adoptionsrechts 1983 und die 2. Scheidungsrechtsreform 1987. Im

Jahre 2001 erfolgte eine Novelle des Adoptionsrechts von 1983 mit grundlegenden Änderungen. Zurzeit steht die Regelung nichtehelicher Lebensgemeinschaften bevor.

In **England** brachte der Children Act 1989 grundlegende Neuerungen im Recht des [20] Eltern-Kind-Verhältnisses. Darüber hinaus ist der Adoption Act 1976 zu nennen, dessen neuerliche Reform jedoch bereits diskutiert wird. Beide Statutes haben wichtige Veränderungen und Ergänzungen erfahren durch den Adoption and Children Act 2002.

In vielen Fragen des Kindesrechts ist die ausländische Rechtsentwicklung weit über das [21] hinaus gegangen, was im Schweizer Recht an Reformen im Kindesrecht verwirklicht ist. Dies gilt namentlich für die konsequente Gleichstellung von ehelichen und nichtehelichen Kindern sowie für die elterliche Sorge geschiedener und nicht verheirateter Eltern sowie vor allem für Kinder in gleichgeschlechtlichen Gemeinschaften (vgl. FamKomm PartG/SCHWENZER, Art. 28 N 13, 15).

Erster Abschnitt: Allgemeine Bestimmungen

Art. 252

A. Entstehung des Kindesverhältnisses im Allgemeinen

[1] **Das Kindesverhältnis entsteht zwischen dem Kind und der Mutter mit der Geburt.**

[2] **Zwischen dem Kind und dem Vater wird es kraft der Ehe der Mutter begründet oder durch Anerkennung oder durch das Gericht festgestellt.**

[3] **Ausserdem entsteht das Kindesverhältnis durch Adoption.**

A. Etablissement de la filiation en général

[1] A l'égard de la mère, la filiation résulte de la naissance.

[2] A l'égard du père, elle est établie par son mariage avec la mère, par reconnaissance ou par jugement.

[3] La filiation résulte en outre de l'adoption.

A. Sorgere della filiazione in genere

[1] Il rapporto di filiazione sorge, fra la madre ed il figlio, con la nascita.

[2] Fra il padre ed il figlio, risulta dal matrimonio con la madre o è stabilito per riconoscimento o per sentenza del giudice.

[3] Inoltre, il rapporto di filiazione sorge con l'adozione.

Literatur

AEBI-MÜLLER, Anonyme Geburt im schweizerischen Rechtssystem, Jusletter 26. September 2005; AMREIN/GULER/HÄFELI, Mustersammlung zum Adoptions- und Kindesrecht, 4. Aufl., Zürich 2005; Arbeitspapier auf Grundlage der Diskussion im Fachausschuss «Rechts- und Organisationsfragen in der Jugendhilfe» der AGJ, die «Babyklappe» aus jugendhilferechtlicher und jugendpolitischer Sicht, KindPrax 2000, 184 ff.; ANDORNO, Les droits nationaux européens face à la procréation médicalement assistée: primauté de la technique ou primauté de la personne?, RIDC 1994, 141 ff.; AUBERT, Législations cantonales sur la procréation artificielle, in: WESSNER (Hrsg.), Problèmes de droit de la famille, 1987, 7 ff.; Bericht der Expertenkommission Humangenetik und Reproduktionsmedizin, BBl 1989 III 1029, 1054 ff.; BEN-AM, Gespaltene Mutterschaft, Basel/Frankfurt a.M. 1998; Botschaft des Bundesrates über die Volksinitiative «zum Schutz des Menschen vor Manipulationen in der Fortpflanzungstechnologie (Initiative für menschenwürdige Fortpflanzung, FMF)» und zu einem Bundesgesetz über die medizinisch unterstützte Fortpflanzung (Fortpflanzungsmedizingesetz, FMedG), BBl 1996 III 205 ff. (zit. nach Separatdruck); BRÜCKNER,

Künstliche Fortpflanzung und Forschung am Embryo in vitro – Gedanken de lege ferenda, SJZ 1985, 381 ff.; BUCHLI-SCHNEIDER, Künstliche Fortpflanzung aus zivilrechtlicher Sicht, Diss. Freiburg i.Ü. 1987; BÜCHLER, Aussergerichtliche Abstammungsuntersuchungen, ZVW 2005, 32 ff.; BÜCHLER, Das Abstammungsrecht in rechtsvergleichender Sicht, FamPra.ch 2005, 438 ff.; BÜCHLER, Sag mir, wer die Eltern sind …, Konzeptionen rechtlicher Elternschaft im Spannungsfeld genetischer Gewissheit und sozialer Geborgenheit, AJP 2004, 1175 ff.; COTTIER, Kein Recht auf Kenntnis des eigenen Vaters?, Urteilsanmerkung zu BGE 112 Ia 102, recht 1986, 135 ff.; DEUTSCH, Artifizielle Wege menschlicher Reproduktion: Rechtsgrundsätze; Konservierung von Sperma, Eiern und Embryonen; künstliche Insemination und ausserkörperliche Fertilisation; Embryotransfer, MDR 1985, 177 ff.; DUBLER-NÜSS, Les nouveaux modes de procréation artificielle et le droit suisse de la filiation, Diss. Freiburg i.Ü. 1988; EBELING/ZIMMERMANN, Die «künstliche» Fortpflanzung, DeuFamR 1999, 25 ff.; ERNST, Künstliche Zeugung, in: FLEINER-GERSTER/GILLIAND/ LÜSCHER (Hrsg.), Familien in der Schweiz, 1991, 437 ff.; ESER/KOCH/WIESENBART (Hrsg.), Regelungen der Fortpflanzungsmedizin und Humangenetik Bd. 2, Frankfurt 1990; Fachtagung von Caritas und Diakonie, Berlin im «Haus der Kirche», Auf den Prüfstand gestellt – Babyklappe und anonyme Geburt, KindPrax 2003, 97 ff.; FERRAND, Aktuelles zum Familienrecht in Frankreich, FamRZ 2004, 1423 ff.; FRANK/HELMS, Rechtliche Aspekte der anonymen Kindesabgabe in Deutschland und Frankreich, FamRZ 2001, 1340 ff.; FURKEL, Die französischen Gesetze über Bioethik vom 29. Juli 1994 und ihr Einfluss auf das Kindschaftsrecht, FamRZ 1996, 772 ff.; FRANK, Die künstliche Fortpflanzung beim Menschen im geltenden und im künftigen Recht, 1990; GROS-LIERE, La possession d'état comme pivot du droit de la filiation ou le danger d'une vérité sociologique, D.1991.Chron.149; GUILLOD, Implications juridiques de certains progrès scientifiques dans le domaine de la procréation et du génie génétique: Aspects du droit de la personnalité, SemJud 1986, 133 ff.; GUINAND, Implications juridiques de certains progrès scientifiques dans le domaine de la procréation et du génie génétique: Aspects contractuels, SemJud 1986, 125 ff.; HANGARTNER, Anmerkung zu BGE 119 Ia 460, AJP 1994, 1184 ff.; HARDER, Wer sind Vater und Mutter – Familienrechtliche Probleme der Fortpflanzungsmedizin, JuS 1986, 505 ff.; HAUSHEER, Zur Problematik der künstlichen Insemination: Ein Beitrag aus Strassburg?, in: Berner Festgabe zum Schweizerischen Juristentag 1979, 1979, 209 ff.; HEGNAUER, Neuerungen bei der Entstehung des Kindesverhältnisses, ZZW 1999, 69 ff.; DERS., Aufgabe des Beistandes nach Art. 309, 308 Abs. 2 ZGB bei künstlicher Insemination einer unverheirateten Frau. – Haftung des Arztes (Art. 28, 28a ZGB, Art. 41 ff., 49 OR), ZVW 1995, 139 ff.; DERS., Künstliche Fortpflanzung und persönliche Freiheit, Bemerkungen zu BGE 115 Ia 246, ZBl 1991, 341 ff.; DERS., Künstliche Fortpflanzung und Vertrag, in: FS Piotet, 1990, 67 ff.; DERS., Künstliche Fortpflanzung und Grundrechte, in: FS Häfelin, 1989, 127 ff.; DERS., Gesetzgebung und Fortpflanzungsmedizin, in: GS Noll, 1984, 49 ff.; HOPF, Die medizinisch unterstützte Fortpflanzung als legislatives Problem, ÖJZ 1992, 442 ff.; HUET-WEILLER, L'établissement de la filiation naturelle par la possession d'état, D.1982.Chron.185; IDAGEN-Bericht, Bericht der Interdepartementalen Arbeitsgruppe für Gentechnologie, 1993; Institut Suisse de Droit comparé (Hrsg.), Procréation artificielle, génétique et droit, 1986; JÄGGI/WIDMER, Der Leihmutterschaftsvertrag, in: FS Schluep, 1988, 61 ff.; KATZENMEYER, Rechtsfragen der «Babyklappe» und der medizinisch assistierten «anonymen Geburt», FamRZ 2005, 1134 ff.; KOLLHOSSER, Rechtsprobleme bei künstlichen Zeugungshilfen, JA 1985, 553 ff.; KÜPPERS, Die zivilrechtlichen Folgen der entgeltlichen Tragemutterschaft, Diss. Würzburg 1988; LOSCH, Lebensschutz am Lebensbeginn: Verfassungsrechtliche Probleme des Embryonenschutzes, NJW 1992, 2926 ff.; MANDOFIA BERNEY, Vérités de la filiation et procréation assistée, Diss. Genf 1993; MANDOFIA BERNEY/GUILLOD, Liberté personnelle et procréation artificielle, SJZ 1993, 205 ff.; MÜLLER (Hrsg.), Reproduktionsmedizin und Gentechnologie, Schweizer Experten informieren, 1987; MÜLLER-MAGDEBURG, Recht auf Leben – Die anonyme Geburt, FPR 2003, 109 ff.; REUSSER, Fortpflanzungsmedizin – Stand des Gesetzgebungsverfahrens, ZBJV 1997, 472 ff.; REUSSER/SCHWEIZER, Das Recht auf Kenntnis der Abstammung aus völker- und landesrechtlicher Sicht, ZBJV 2000, 605 ff.; Schweizerische Akademie der medizinischen Wissenschaften (SAMW), Medizinisch-ethische Richtlinien für die ärztlich assistierte Fortpflanzung, 1990; SCHWIMANN, Neues Fortpflanzungsmedizinrecht in Österreich, StAZ 1993, 169 ff.; SEIDL, Anfechtung bei der homologen und heterologen Insemination, FPR 2002, 402 ff.; STEINMANN, Anmerkung zu BGE 119 Ia 460, ZBJV 1994, 557 f.; STEPAN (Hrsg.), International Survey of Laws on Assisted Procreation, 1990; DERS., Rechtsvergleichende Gedanken zur Regelung der heterologen Insemination, in: FS von Overbeck, 1990, 559 ff.; WERRO/MÜLLER, Les droits du père naturel, in: FS Schnyder, 1995, 859 ff.; WOLF, Über Konsequenzen aus den gescheiterten Versuchen, Babyklappen und «anonyme» Geburten durch Gesetz zu legalisieren, FPR 2003, 112 ff.

I. Allgemeines

Die Vorschrift regelt als Grundnorm die Fälle der **Entstehung des Kindesverhältnisses.** 1
Für das Kindesverhältnis zur Mutter ist sie konstitutiv; für das Kindesverhältnis zum Vater stellt sie lediglich eine Verweisungsnorm auf Art. 255, 260 und 261 dar. Dasselbe gilt für das Kindesverhältnis aufgrund Adoption (Art. 264 ff.).

II. Kindesverhältnis

Das Kindesverhältnis ist ein **Rechtsverhältnis** (vgl. BGE 108 II 347 = Pra 1983, 236). 2
Es wird zwar in aller Regel mit der genetischen Abstammung (Abs. 1, 2) bzw. – im Falle der Adoption (Abs. 3) – jedenfalls mit der sozialen Elternschaft übereinstimmen; diese sind jedoch weder notwendige noch hinreichende Bedingung für seine Entstehung.

Das Kindesverhältnis im rechtlichen Sinne ist Grundlage für alle rechtlichen Wirkungen 3
der Eltern-Kind-Beziehung. Es begründet die **Verwandtschaft** und **Schwägerschaft** i.S.
der Art. 20 f. Zu beachten ist jedoch, dass der Straftatbestand des Inzests (Art. 213 StGB)
nicht an das rechtliche Kindesverhältnis, sondern an die wirkliche genetische Abstammung anknüpft (vgl. BGE 77 IV 170, trotz Berufung auf den Schutz des Familienfriedens; BGE 82 IV 102; 83 IV 160; STRATENWERTH, BT II, § 29 N 2 ff.; TRECHSEL, Art. 213 N 1, 3).

Das Kindesverhältnis gehört zu den **persönlichen Verhältnissen** i.S. des Art. 28 Abs. 1 4
(vgl. BGE 108 II 348 = Pra 1983, 236).

Das Kindesverhältnis wird im Personenstandsregister eingetragen (Art. 8 lit. e ZStV). 5
Das Kindesverhältnis ist im **Geburts-, im Ehe- und im Familienregister** einzutragen
(Art. 52, 59 ff., 73 a ff., 94, 115 ff. ZStV). Dem Eintrag kommt Beweiskraft (Art. 9 ZGB,
Art. 28 ZStV), jedoch keine konstitutive Wirkung zu. Die Unrichtigkeit kann jederzeit
nachgewiesen werden (vgl. GÖTZ, SPR II, 1967, 402 f.; Art. 9 N 29 ff.). Das Anerkennungsregister (Art. 102 ff. ZStV) erbringt Beweis für die erfolgte Anerkennung, nicht
jedoch für das Kindesverhältnis.

III. Kindesverhältnis zur Mutter (Abs. 1)

1. Im Allgemeinen

Kraft Gesetzes wird das Kindesverhältnis zur Mutter durch die Geburt begründet. Das 6
schweizerische Recht folgt damit dem Grundsatz **mater semper certa est** (vgl. BÜCHLER, AJP 2004, 1175 ff.). Ist die Mutter bekannt, so ist die Geburt binnen drei Tagen
zur Eintragung ins Geburtsregister anzuzeigen (Art. 40 ZGB; Art. 35 Abs. 1 ZStV). Bei
unbekannter (Findelkind) oder streitiger Mutterschaft (Kinderverwechslung oder -unterschiebung) entsteht das Kindesverhältnis gleichwohl zur genetischen Mutter (vgl. BK-HEGNAUER, N 35). Ein Findelkind wird unter dem Familien- und Vornamen eingetragen,
den ihm die Behörde gibt (Art. 38 Abs. 2 ZStV). In beiden Fällen ist nach Feststellung
der wirklichen Mutter das Geburtsregister entsprechend zu berichtigen (Art. 38 Abs. 3
ZStV; BGE 50 II 103).

2. Künstliche Fortpflanzung

Mit den neuen Techniken der Fortpflanzungsmedizin trifft der Satz mater semper certa 7
est nicht mehr unbedingt zu. Genetische Abstammung und rechtliche Mutterschaft fallen
auseinander, wenn einer Frau eine fremde befruchtete Eizelle eingepflanzt wird, sei es,

dass die Befruchtung in vitro oder im Körper einer anderen Frau erfolgt und der Embryo mittels Ausspülung gewonnen wird (vgl. dazu ausführlich BUCHLI-SCHNEIDER, 39 ff.). Von einer **Eizellen- und Embryonenspende** spricht man, wenn sie ausschliesslich im Interesse der austragenden Frau erfolgt, die das Kind auch behalten soll. **Leih- oder Tragemutterschaft** liegt vor, wenn das Kind nach der Geburt an die Wunscheltern herausgegeben werden soll (zu den Begriffen vgl. auch Art. 2 FMedG; Botschaft FMedG, 42 ff.; BEN-AM, 10 ff.).

8   In der Schweiz sind nach Art. 119 Abs. 2 lit. d BV sowie Art. 4 FMedG **Ei- und Embryonenspende** und alle Arten von **Leihmutterschaft untersagt** (vgl. dazu Botschaft FMedG, 49, 75; auch schon SAMW, Medizinisch-ethische Richtlinien für die ärztlich assistierte Fortpflanzung, 1990, Ziff. 12.5, 12.6), in anderen Staaten sind diese jedoch durchaus zulässig (vgl. N 16). Die zivilrechtliche Diskussion muss deshalb davon ausgehen, dass es trotz Verbots entsprechender Massnahmen auch in der Schweiz Fälle gespaltener Mutterschaft geben wird.

8a   Personen, die in einer eingetragenen Partnerschaft leben, sind zu fortpflanzungsmedizinischen Verfahren nicht zugelassen (Art. 28 PartG). Hier Kommentar zum PartG.

9   Auch in Fällen einer solchen «gespaltenen Mutterschaft» besteht das Kindesverhältnis ausschliesslich zu der Gebärenden (vgl. BÜCHLER, AJP 2004, 1175, 1178). Eine **Anfechtung der Mutterschaft** ist **de lege lata** nicht möglich (vgl. ausführlich BEN-AM, 21 ff.). Im Falle fehlender Zustimmung zur Entnahme oder Einpflanzung der Eizelle oder des Embryos will allerdings HEGNAUER (BK-HEGNAUER, N 39) eine Anfechtung analog Art. 256 ff. und Art. 260 a ff. zulassen (Anfechtungsrecht des Kindes bejaht: HEGNAUER, GS Noll, 49, 56). Diese Ausnahmefälle dürften freilich kaum praktisch werden.

10   Ein **Vertrag,** in dem sich eine Frau verpflichtet, einen fremden Embryo auszutragen, ist wegen Gesetzeswidrigkeit gemäss Art. 20 Abs. 1 OR **nichtig** (vgl. nur Art. 119 Abs. 2 lit. d BV; JÄGGI/WIDMER, FS Schluep, 61, 73 ff.). Die genetischen Eltern können – falls die gebärende Frau verheiratet ist – ein Kindesverhältnis nur durch **Adoption** begründen. Ist die gebärende Frau unverheiratet, kommt eine **Anerkennung** durch den genetischen Vater in Betracht (Art. 260). Ein Kindesverhältnis zur genetischen Mutter ist auch hier nur durch Adoption möglich.

11   Auch **de lege ferenda** sollte am Grundsatz der Unanfechtbarkeit der Mutterschaft festgehalten werden (vgl. auch LURGER, DEuFamR 1999, 210, 220; HENRICH, 190; HARDER, JuS 1986, 505, 509; KOLLHOSSER, JA 1985, 553, 555). Eine gerichtliche Feststellung der genetischen Elternschaft könnte jedoch in Fällen erwogen werden, in denen alle Beteiligten zustimmen (vgl. Sec. 30 englischer Human Fertilisation and Embryology Act 1990). Auch muss im Hinblick auf Art. 8 UN-KRK, der dem Kind ein Recht auf Achtung seiner Identität gewährt, für das Kind die Möglichkeit in Betracht gezogen werden, die genetische Mutterschaft feststellen zu lassen (vgl. LURGER, DEuFamR 1999, 210, 221; SCHWENZER, AJP 1994, 817, 821).

3. Bedeutung des Kindesverhältnisses zur Mutter

12   Neben der **Verwandtschaft** zur Mutter und deren Verwandten ist das Kindesverhältnis zur Mutter auch im Hinblick auf die **Vermutung der Vaterschaft** von Bedeutung, wenn die Mutter im Zeitpunkt der Geburt verheiratet ist oder das Kind innert 300 Tagen nach Tod oder Verschollenheit des Ehemannes geboren wird (vgl. Art. 255 N 4 ff.).

4. Anonyme Geburt

Im Anschluss an das französische Recht wird auch im deutschen Rechtskreis in den letz- **12a**
ten Jahren vermehrt die Frage diskutiert, ob es einer Frau ermöglicht werden sollte, unter
Geheimhaltung ihrer Identität ein Kind zur Welt zu bringen, sei es im Wege einer
anonymen Geburt im Spital oder durch Bereitstellung eines sogenannten **Babyfens-**
ters. Inzwischen liegt eine entsprechende Motion (05.3338) «Begleitet ‹anonym› gebäh-
ren», eingereicht im Nationalrat am 16.6.2005 durch Josy Gyr-Steiner, vor.

Unstreitig ist, dass eine anonyme Geburt **geltendem Recht widerspricht.** Nach Art. 34 **12b**
ZStV müssen Geburten von Kliniken, Ärzten etc. gemeldet werden. Unterbleibt diese
Meldung, so ändert dies nichts an der Mutterschaft nach Art. 252 Abs. 1.

Doch auch **de lege ferenda** ist die anonyme Geburt nicht zu befürworten. Dieser steht **12c**
bereits das aus Art. 7 UN-KRK abzuleitende Recht auf Kenntnis der eigenen Abstammung entgegen, das auch in der Schweiz inzwischen allgemein anerkannt ist (vgl.
Nachweise bei Aᴇʙɪ-Mᴜ̈ʟʟᴇʀ, Jusletter 26. September 2005, RZ 4 ff.).

IV. Kindesverhältnis zum Vater (Abs. 2)

Kraft Gesetzes wird das Kindesverhältnis zum Vater zunächst **aufgrund Ehe mit der** **13**
Mutter (Art. 255) oder – falls die Mutter nicht verheiratet ist oder die Vaterschaft des
Ehemannes erfolgreich angefochten worden ist – durch **Anerkennung** (Art. 260) begründet. Insoweit handelt es sich jedoch lediglich um Vaterschaftsvermutungen, die
durch Anfechtung ausgeräumt werden können (Art. 256 ff., 260 a ff.). Greift keine der
vorgenannten Vermutungen ein, kann das Kindesverhältnis nur durch **Urteil** begründet
werden (Art. 261, 263).

V. Kindesverhältnis durch Adoption (Abs. 3)

Ausser durch Abstammung (Abs. 1 und 2) wird das Kindesverhältnis durch **Adoption** **14**
begründet. Der Bestimmung kommt keine selbständige Bedeutung zu, vielmehr ist darin
lediglich ein Verweis auf Art. 264 ff. zu sehen. Nach erfolgter Adoption ist die Feststellung oder Begründung eines Kindesverhältnisses nach Abs. 1 oder 2 ausgeschlossen (vgl.
BK-Hᴇɢɴᴀᴜᴇʀ, N 102).

Paare, die in einer eingetragenen Lebenspartnerschaft leben, sind gemäss Art. 28 PartG **15**
nicht zur Adoption zugelassen (zur Kritik vgl. FamKomm PartG/Sᴄʜᴡᴇɴᴢᴇʀ, Art. 28
N 12 ff.).

VI. Rechtsvergleichung

Während das deutsche, das österreichische, englische und skandinavische Recht eben- **16**
falls vom Grundsatz **mater semper certa est** ausgehen, entsteht in den Rechtsordnungen
des romanischen Rechtskreises das Kindesverhältnis zu einer nicht verheirateten Mutter
nur durch Anerkennung, aufgrund einer gelebten Mutter-Kind-Beziehung (possession
d'état) oder durch Mutterschaftsklage (Frankreich: Art. 334-8 CC fr., Art. 335 ff. CC fr.,
Art. 341 CC fr.; Italien: Art. 250 CC it., Art. 269 ff. CC it.). In Frankreich ist insoweit auch eine Anfechtung der Mutterschaft möglich, wenn Status und gelebte Mutter-
Kind-Beziehung auseinander fallen (Art. 339 CC fr., Art. 322 CC fr. e contrario). Ausführlich insgesamt zu ausländischen Rechtsordnungen: Bᴜ̈ᴄʜʟᴇʀ, FamPra.ch 2005, 437,
448 ff.

17 Wie im schweizerischen Recht, sind **Embryonenspende und Leihmutterschaft** in der Mehrzahl der europäischen Staaten unzulässig (vgl. Deutschland: § 1 Abs. 1 Ziff. 6 und 7 EschG; vgl. zu den sich ergebenden Fragen nach einer im Ausland rechtmässig erfolgten Ei- und Embryonenspende, SEIDL, FPR 2002, 402 ff.; Österreich: § 3 Abs. 3 FMedG). In Frankreich ist die Eispende zugelassen, während die Leihmutterschaft verboten ist (vgl. Art. 16–7 CC fr.; Art. L. 152–1 ff. Code de la santé publique; Cass.civ. 1 re, 29.6.1994, J. C. P.1994. Actualités No. 31.). Im Gegensatz dazu lässt Grossbritannien auch diese Formen der Reproduktionsmedizin zu. Das Gesetz sieht die Möglichkeit vor, dass in diesen Fällen die Spaltung der Mutterschaft durch gerichtliche Verfügung «korrigiert» wird (vgl. Sec. 27 Human Fertilisation and Embryology Act 1990). Zur gesamteuropäischen Situation vgl. auch Botschaft FMedG, 35 ff. Zum us-amerikanischen Recht vgl. BÜCHLER, FamPra.ch 2005, 437, 442 ff.

Art. 253

Aufgehoben

Literatur

HEUSSLER, Internationalrechtliche Probleme des Vormundschaftsrechtes und des Kindesrechts aus der Sicht des Zivilstandswesens, ZVW 1999, 1 ff.; D. PIOTET, Des effets intercantonaux de l'abrogation de la Loi fédérale sur les rapports de droit civil des citoyens établis ou en séjour, ZZW 1981, 113 ff.; SIEHR, Zur Anerkennung ausländischer Statusakte, in: FS Schnyder, 1995, 697 ff.

I. Allgemeines

1 aArt. 253 wurde aufgehoben durch das GestG vom 24.3.2000 (in Kraft seit 1.1.2001). Art. 16 GestG, der nunmehr die Zuständigkeit für Feststellung und Anfechtung des Kindesverhältnisses regelt, entspricht jedoch aArt. 253 in der Sache vollständig. Die Vorschrift regelt die **interkantonale** und die **örtliche Zuständigkeit** für sog. **Statusklagen** abschliessend und zwingend. Das kantonale Recht kann keine weiteren Gerichtsstände bestimmen. Prorogation oder Schiedsabreden sind in diesem Bereich unzulässig (vgl. STAEHELIN/SUTTER, § 8 N 18). Zur internationalen Zuständigkeit vgl. N 8.

II. Anwendungsbereich

2 Unter Art. 16 GestG fallen die **Vaterschaftsklage** (Art. 261), die **Anfechtung** der Vaterschaft des Ehemannes der Mutter (Art. 256), die Anfechtung der Anerkennung (Art. 260a, 259 Abs. 2 und 3) sowie die Anfechtung der Adoption (Art. 269, 269a). Die Vorschrift gilt ausserdem für positive oder negative **Feststellungsklagen** bezüglich des Kindesverhältnisses zur Mutter oder zum Vater (vgl. BK-HEGNAUER, Art. 253 N 8; PIOTET, ZZW 1981, 113, 114). Ausserdem richtet sich die Zuständigkeit ebenfalls nach Art. 16 GestG für die Unterhaltsklage der nicht verheirateten Mutter (Art. 295) sowie für die Unterhaltsklage des ausserehelichen Kindes, wenn diese mit der Vaterschaftsklage verbunden wird (Art. 279 Abs. 3). Art. 16 GestG ist entsprechend anzuwenden auf Klagen für die **Feststellung des Geschlechts** (vgl. BK-HEGNAUER, Art. 253 N 11).

III. Wohnsitz einer Partei

1. Grundsatz

Der **Wohnsitz** bestimmt sich nach Art. 23–26 (ausführlich hierzu BK-Hegnauer, **3** Art. 253 N 16 ff).

Wer die **Parteien** des jeweiligen Statusverfahrens sind, ergibt sich aus den entsprechen- **4** den Bestimmungen (Art. 256 Abs. 1 und 2, 258 Abs. 1 und 2, 259 Abs. 2 und 3, 260a, 261 Abs. 1 und 2), wobei die Parteistellung im Prozess vom Wortlaut des Art. 16 GestG her betrachtet nicht auf die am Kindesverhältnis Beteiligten beschränkt werden kann (so auch Stettler, SPR III/2, 1992, 62; **a.A.** teilweise BK-Hegnauer, Art. 253 N 30 f., der jedenfalls Nachfolger eines Beteiligten am Kindesverhältnisses nicht als Partei i.S. des aArt. 253 ansehen, sondern insoweit auf den letzten Wohnsitz des oder der Beteiligten abstellen will). Rechtspolitisch ist allerdings eine Beschränkung der Gerichtsstände auf den Wohnsitz der am Kindesverhältnis Beteiligten zu befürworten (so auch BK-Hegnauer, Art. 253 N 33).

2. Zeitpunkt

Es kommt sowohl der Wohnsitz einer Partei im **Zeitpunkt der Geburt** des Kindes als **5** auch im **Zeitpunkt der Klageerhebung** in Betracht. Der Zeitpunkt der Klageerhebung entscheidet sich nach der Prozesshandlung, die nach kantonalem Recht die Rechtshän- gigkeit begründet (BGE 91 II 158). Wird bereits vor der Geburt des Kindes Vaterschafts- klage erhoben, so ist an den Wohnsitz anzuknüpfen, den die Parteien im Zeitpunkt der Geburt voraussichtlich haben werden (vgl. BGE 82 II 259). Für Klagen auf Anfechtung der Adoption ist auf den Zeitpunkt der Adoption abzustellen.

IV. Mehrere Gerichtsstände

Haben die Parteien unterschiedliche Wohnsitze im Zeitpunkt der Geburt und tritt zudem **6** ein Wohnsitzwechsel vor Klageerhebung ein, so kommen mindestens vier Gerichtsstände in Betracht. Bei mehreren Beteiligten (vgl. nur Art. 256 Abs. 2, 260a Abs. 3, 261 Abs. 2) tritt eine weitere Erhöhung der Zahl der möglichen Gerichtsstände ein. Der klagenden Partei steht die **Wahl des Gerichtsstandes frei.**

Die Erhebung der Klage durch einen Klageberechtigten begründet von Bundesrechts **7** wegen einen **ausschliesslichen Gerichtsstand,** der auch für andere Klageberechtigte verbindlich ist (vgl. BBl 1974 II 26).

V. Internationales Recht

1. Internationale Zuständigkeit

In Fällen mit Auslandsberührung (dazu ausführlich ZK-Siehr, Art. 66 N 22 ff. IPRG) **8** sind für Klagen auf Feststellung oder Anfechtung eines Kindesverhältnisses, für die An- fechtung der Anerkennung und der Adoption zunächst die schweizerischen Gerichte am **gewöhnlichen Aufenthalt** des Kindes (BGE 129 III 404 = FamPra.ch 2003, 938 f.) oder am **Wohnsitz** der Mutter oder des Vaters zuständig (Art. 66, 68, 71 Abs. 3, 75 Abs. 2 IPRG, vgl. BGE 129 III 288; BGE 129 III 404). Nach Art. 67 IPRG ist auch ohne eine territoriale Beziehung eines der Beteiligten zur Schweiz ein Gerichtsstand in der Schweiz gegeben, wenn Mutter oder Vater **Auslandschweizer** sind und es unmöglich oder unzumutbar ist, die Klage am Wohnsitz der Mutter oder des Vaters oder am gewöhnlichen Aufenthaltsort des Kindes zu erheben (Einzelheiten bei ZK-SIEHR, Art. 67 N 7 ff. IPRG).

2. Anwendbares Recht

9 Entstehung, Feststellung und Anfechtung von Kindesverhältnissen unterliegen grundsätzlich dem Recht des Staates, in dem das Kind im Zeitpunkt seiner Geburt seinen **gewöhnlichen Aufenthalt** hat (Art. 68 Abs. 1, 69 Abs. 1 IPRG; vgl. OGer ZH ZR 1988 Nr. 6; BGer, FamPra.ch 2004, 702 ff.; BGE 5C.187/2002 = FamPra.ch 2003, 697 f.). Haben beide Eltern des Kindes ihren Wohnsitz nicht im Aufenthaltsstaat des Kindes, ist jedoch an eine, allen drei Personen gemeinsame effektive **Staatsangehörigkeit** anzuknüpfen (Art. 68 Abs. 2 IPRG). Schliesslich kann ausnahmsweise, statt der Geburt als Anknüpfungszeitpunkt, jener der Klageerhebung herangezogen werden, wenn ein überwiegendes Interesse des Kindes dies erfordert (Art. 69 Abs. 2 IPRG; vgl. hierzu BGE 129 III 288 ff.).

3. Anerkennung ausländischer Entscheidungen

10 Neben bilateralen Abkommen über die Anerkennung und Vollstreckung von gerichtlichen Entscheiden (ausführlich dazu ZK-SIEHR, Art. 70 N 4 ff. IPRG) ist insoweit Art. 70 IPRG massgeblich. Danach werden ausländische Entscheide – nicht jedoch blosse Registrierungen – betr. die Feststellung oder Anfechtung eines Kindesverhältnisses anerkannt, wenn sie im **Aufenthalts- oder Heimatstaat** des Kindes oder im **Wohnsitz- oder Heimatstaat** der Mutter oder des Vaters ergangen sind (Einzelheiten vgl. SIEHR, FS Schnyder, 697 ff.; HEUSSLER, ZVW 1999, 1 ff.).

Art. 254

II. Verfahren	**Das Verfahren zur Feststellung oder Anfechtung des Kindesverhältnisses wird durch das kantonale Prozessrecht geordnet unter Vorbehalt folgender Vorschriften:** **1. Das Gericht erforscht den Sachverhalt von Amtes wegen und würdigt die Beweise nach freier Überzeugung.** **2. Die Parteien und Dritte haben an Untersuchungen mitzuwirken, die zur Aufklärung der Abstammung nötig und ohne Gefahr für die Gesundheit sind.**
II. Procédure	La procédure de constatation ou de contestation de la filiation est réglée par le droit cantonal, sous les réserves suivantes: 1. le juge examine d'office les faits et apprécie librement les preuves; 2. les parties et les tiers sont tenus de prêter leur concours aux expertises qui sont nécessaires pour élucider la filiation et qui peuvent leur être imposées sans danger pour leur santé.
II. Procedura	La procedura di accertamento o di contestazione della filiazione è stabilita dal diritto cantonale riservate le seguenti norme: 1. il giudice esamina d'ufficio la fattispecie e valuta liberamente le prove; 2. le parti e i terzi devono cooperare agli esami necessari al chiarimento della discendenza, sempreché non pericolosi per la salute.

Literatur

AESCHLIMANN, Heimlich eingeholte Abstammungsuntersuchungen – Bedeutung und Handhabung im Abstammungsprozess in Deutschland und der Schweiz, FamPra.ch 2005, 518 ff.; BÄR, DNA-Fingerprinting: Anwendungsbereich, Möglichkeiten und Grenzen, in: Schweizerisches Institut für Verwaltungskurse an der Hochschule St. Gallen (Hrsg.), Rechtsmedizinische Aspekte der Rechtspflege, St. Gallen 1993; BÄR/HARTMANN, Leistung des hämatologisch-erbbiologischen (serologischen) Vaterschaftsgutachtens, SJZ 1985, 365 ff.; BÄR/KRATZER, Die Leistungsfähigkeit des DNA-Gutachtens in der Vaterschaftsbegutachtung, AJP 1992, 357 ff.; BRANDT-CASADEVALL, La «sérologie» médico-légale et ses applications, RMSR 1984, 897 ff.; BÜCHLER, Aussergerichtliche Abstammungsgutachten, ZVW 2005, 32 ff.; BÜTLER, Neuere Aspekte des hämogenetischen Abstammungsgutachtens, in: FS Hegnauer, 1986, 1 ff.; DERS., Der heutige Stand der hämatologisch-erbbiologischen (serologischen) Vaterschaftsbegutachtungen, SJZ 1978, 305 ff.; ESSEN-MÖLLER, Die Beweiskraft der Ähnlichkeit im Vaterschaftsbeweis, Mitt.Anthrop.Ges. 1938, 9 ff.; FRANK, Die zwangsweise körperliche Untersuchung zur Feststellung der Abstammung, FamRZ 1995, 975 ff.; GEISER, Private Vaterschaftsabklärungen – Zustimmung des Kindes, ZVW 2002, 242 ff.; GUILLOD, Tests génétiques de la personnalité. Quelques réflexions, in: FS Grossen, 1992, 55 ff.; HEGNAUER, Nochmals: Aussergerichtliche Abstammungsuntersuchung beim urteilsfähigen Kind, ZVW 1999, 81 ff.; DERS., Postmortale aussergerichtliche Abstammungsuntersuchung, ZVW 1998, 154 f.; DERS., Die aussergerichtliche Abstammungsuntersuchung und das Persönlichkeitsrecht, ZVW 1997, 124; DERS., Aussergerichtliche Abstammungsuntersuchung bezüglich eines verstorbenen Kindes (Art. 28 ZGB), ZVW 1997, 124 f.; DERS., Aufgabe des Beistandes nach Art. 309, 308 Abs. 2 ZGB bei künstlicher Insemination einer unverheirateten Frau. – Haftung des Arztes (Art. 28, 28a ZGB, Art. 41 ff., 49 OR), ZVW 1995, 139 ff.; DERS., Voraussetzungen der aussergerichtlichen Abstammungsuntersuchung beim urteilsunfähigen Kind, ZVW 1994, 16 ff.; DERS., Voraussetzungen der aussergerichtlichen Abstammungsuntersuchung, ZVW 1994, 144 ff.; DERS., Aussergerichtliche Blutgruppenuntersuchung gegen den Willen der Mutter?, ZVW 1988, 104 f.; DERS., Rechtsfragen der aussergerichtlichen Blutgruppenbegutachtung, ZVW 1988, 29 ff.; HELMS, Die Feststellung der biologischen Abstammung, Diss. Berlin 1999; HUMMEL, Das Blutgruppengutachten; seine Bedeutung vor Gericht, NJW 1981, 605 ff.; LAKKIS, Die Exhumierung zur postmortalen Vaterschaftsfeststellung und -anfechtung, FamRZ 2006, 454 ff.; MIRABAIL, Les obstacles juridiques à la recherche de la vérité biologique en matière de filiation: discordances et anachronismes, D.2000.chron.146; MONDOFIA BERNEY, L'expertise en paternité sur demande privée, ZVW 1998, 129 ff.; MULLIS, Serologische Ausschlüsse in der Abklärung strittiger Abstammungsverhältnisse. Sind Zweifel berechtigt?, ZBJV 1979, 607 ff.; MUSCHELER, Das Recht des Vaters auf Kenntnis seiner Vaterschaft, FPR 2005, 185 ff.; MUTSCHLER, Können Richtlinien für die Abstammungsbegutachtung die Wahrheitsfindung im gerichtlichen Verfahren, insbesondere die Kindschaftssachen, erleichtern?, FamRZ 1995, 841 ff.; DERS., Unerlaubte DNA-Gutachten als Einfallstor für die gerichtliche Vaterschaftsanfechtung, FamRZ 2003, 74; REICHELT, Verfahren, Zulässigkeit und Auswirkungen der DNA-Technologie (genetischer Fingerabdruck) auf den Anwendungsbereich der Vaterschaftsvermutung im Rahmen von § 1600o BGB, Bielefeld 1992; DERS., Anwendung der DNA-Analyse (genetischer Fingerabdruck) im Vaterschaftsfeststellungsverfahren, FamRZ 1991, 1265 ff.; ROBERT-KOCH-INSTITUT BERLIN, Richtlinien für die Erstattung von Abstammungsgutachten – Novellierung 1996, FamRZ 1997, 344 ff.; SIEG, Die anthropologisch-erbbiologische Vaterschaftsbegutachtung: Ein Situations- und Standortbericht, SJZ 1970, 213 ff.; VOGEL, «Der Richter erforscht den Sachverhalt von Amtes wegen», Urteilsanmerkung zu BGE 107 II 233 und BGE 109 II 195, recht 1985, 64 ff.; WELLENHOFER, Die prozessuale Verwertbarkeit privater Abstammungsgutachten, FamRZ 2005, 665 ff.

I. Allgemeines

Die Vorschrift enthält **bundesrechtliche Grundsätze** für das im Übrigen kantonalem 1
Prozessrecht unterliegende Statusverfahren.

II. Anwendungsbereich

Art. 254 gilt für die Fälle der Art. 256, 260a, 261, 269, 269a sowie für die Feststellungs- 2
klage und entsprechend für das Berichtigungsverfahren (BK-HEGNAUER, N 26). Keine
Anwendung findet Art. 254 im Rahmen der Leistungsklage nach Art. 295 und der Unterhaltsklage des Kindes nach Art. 279 ff. (vgl. aber Art. 280 Abs. 2).

III. Bundesrechtliche Grundsätze

3 Das Bundeszivilrecht bestimmt **Partei-, Prozess- und Postulationsfähigkeit** (VOGEL/ SPÜHLER, ZPR, Kap. 5 N 1 ff.) sowie die **Aktiv- und Passivlegitimation** (Einzelheiten bei STAEHELIN/SUTTER, § 9; VOGEL/SPÜHLER, ZPR, Kap. 5 N 57, Kap. 7 N 89; GULDE- NER, ZPR, 124 ff.; BK-HEGNAUER, N 9 ff.).

IV. Offizialmaxime

4 Feststellung und Anfechtung des Kindesverhältnisses sind der Parteidisposition entzogen (zur Tragweite der Offizialmaxime vgl. BGE 118 II 94). Daher können die Klagen auf Anfechtung der Vaterschaft und auf Anfechtung der Vaterschaftsanerkennung (Art. 256, 260a; BGE 95 II 295) **nicht anerkannt** werden (vgl. HEGNAUER, Kindesrecht, N 6.28 ff.). Auch ein zum Voraus erklärter Verzicht ist nicht möglich. Anerkennung der Klage auf Feststellung der Vaterschaft ist dagegen zulässig (vgl. Art. 260 Abs. 3). Fest- stellung und Anfechtung des Kindesverhältnisses können nicht Gegenstand einer Schiedsabrede sein (vgl. HABSCHEID, N 850).

V. Untersuchungsmaxime

5 In Statusverfahren erforscht das Gericht den Sachverhalt **von Amtes wegen.** Ihm obliegt eine unbeschränkte Pflicht zur Tatsachenfeststellung, ohne an die von den Parteien vor- gebrachten Tatsachen oder Beweisanträge gebunden zu sein. Die Streitfrage, ob diese Prinzipien nur **zugunsten des Kindes** (so insb. BGer, FamPra.ch 2004, 705; BGE 109 II 198; AmtsGer Hochdorf, ZZW 1982, 4, 6) oder auch **zugunsten der Gegenpartei** anwendbar sind (so insb. OGer ZH ZR 1986 Nr. 128; zurückhaltender OGer ZH SJZ 1991, 359 Nr. 57; HEGNAUER, Kindesrecht, N 14.10) wurde mittlerweile durch das BGer ausdrücklich in letzterem Sinne geklärt (vgl. unveröff. Entscheid vom 19.1.1990; BGE 118 II 94 = SemJud 1992, 464; BGer, FamPra.ch 2004, 705). Soweit es um die Interes- sen des Kindes geht, darf die Beweiserhebung nicht von Kostenvorschüssen abhängig gemacht werden (vgl. OGer ZH ZR 1979 Nr. 127 = SJZ 1981, 111 Nr. 22). Dies gilt auch für die Entkräftung der Vaterschaftsvermutung (vgl. OGer AG, ABVE 1995, 48; Vogel, recht 1985, 64, 71 f.; **a.A.** noch BGE 109 II 199). Dem Beklagten, der die Vaterschafts- vermutung mit einer Expertise widerlegen will, kann indes ein Kostenvorschuss auferlegt werden (BGer, FamPra.ch 2004, 705).

VI. Abstammungsgutachten

6 Aufgrund grösserer Zuverlässigkeit als Zeugenaussagen und Parteibefragung nimmt heu- te das **naturwissenschaftliche Gutachten** den zentralen Platz im Abstammungsprozess ein. Jede Partei hat deshalb **Anspruch auf Durchführung** jeder Untersuchung, die nach dem Stand der Wissenschaft die streitige Abstammung mit genügender Sicherheit zu klären vermag (BBl 1974 II 26 f.). Für das Kind ergibt sich dies aus dem mittlerweile allgemein anerkannten Recht auf Kenntnis der genetischen Abstammung.

1. Medizinische Gutachten

7 **Medizinische Gutachten** berechnen die Wahrscheinlichkeit, dass eine bestimmte Bei- wohnung zur Empfängnis geführt hat (vgl. im Einzelnen GERNHUBER/COESTER-WALTJEN, 782; BK-HEGNAUER, N 107 ff.; STETTLER, SPR III/2, 1992, 64 f.). Gegenüber der DNA- Analyse haben sie zwar erheblich an Bedeutung eingebüsst. Relevant bleiben sie freilich v.a. bei möglicher Vaterschaft eineiiger Zwillinge sowie evtl. noch in sog. Defizienzfällen, bei welchen einer der Beteiligten nicht untersucht werden kann.

a) **Tragzeit- oder Reifegradgutachten** ziehen Schlüsse aus den Reifemerkmalen des **8**
Kindes auf die Schwangerschaftsdauer (BK-HEGNAUER, N 118 ff.). Sie sind ungeeignet
für den positiven Vaterschaftsnachweis. Dagegen lässt sich bei sehr kurzen oder langen
Tragezeiten die Vaterschaft (eines z.B. während bestimmter Monate abwesenden Mannes) ausschliessen bzw. die Vaterschaft eines Mannes für wahrscheinlicher als die eines
anderen erklären (BGE 82 II 84; 80 II 294).

b) **Andrologische Gutachten** sollen die Frage klären, ob ein bestimmter Mann zur Zeit **9**
der Empfängnis zeugungsunfähig war. Sie dienen dem Beweis der Nichtvaterschaft. Ausser wenn feststeht, dass dauernde Zeugungsunfähigkeit schon vor dem Empfängniszeitpunkt vorlag, finden sie v.a. im Rahmen des Additionsbeweises (vgl. N 23) Berücksichtigung.

c) **Gynäkologische Gutachten** sollen ausschliessen, dass die Frau bei einem bestimmten **10**
Geschlechtsverkehr ein Kind empfangen hat, z.B. weil sie zu diesem Zeitpunkt bereits
schwanger war. Sie können allenfalls Nichtvaterschaft oder grössere Wahrscheinlichkeit
der Vaterschaft des einen oder anderen Mannes beweisen (Einzelheiten bei BK-
HEGNAUER, N 112 ff.). I.d.R. werden auch sie nur im Rahmen des Additionsbeweises
herangezogen.

2. Erbbiologische Gutachten

Sie beurteilen aufgrund der Erbmerkmale die Wahrscheinlichkeit der Abstammung oder **11**
Nichtabstammung eines Kindes von einem bestimmten Mann. Sie ermöglichen damit
auch den positiven Vaterschaftsbeweis.

a) **DNA-Analyse** (DNA-Fingerprinting, genetischer Fingerabdruck). Sie untersucht die **12**
Erbsubstanz (Desoxyribonucleinsäure – DNS, engl.: DNA). Die DNA ist ein Fadenmolekül, das aus ca. sechs bis sieben Milliarden Basenpaaren besteht, von denen nur
ca. 5% die eigentlichen Erbfaktoren repräsentieren («codierend»). Die restlichen 95%
der DNA enthalten keine genetische Information, wie sie zum Bau von Proteinen etc.
erforderlich ist, sie werden deshalb als «nicht-codierend» oder «stumm» bezeichnet.
Die Funktion dieser stummen DNA-Abschnitte ist noch unbekannt (vgl. REICHELT,
FamRZ 1991, 1265). Bestimmte Abschnitte (hypervariable Regionen) in den nicht-
codierenden DNA-Bereichen unterscheiden sich bei jedem Menschen durch ihre Länge, d.h. durch die unterschiedliche Anzahl ihrer Elemente (Repetitionen, Tandem-
Repeats). Die hypervariablen Regionen bilden den Gegenstand der DNA-Anaylse
(vgl. REICHELT, FamRZ 1991, 1265, 1266).

Zunächst wird die DNA aus den Zellen isoliert und mittels sog. Restriktionsenzyme **13**
an bestimmten Stellen fragmentiert, so dass die hypervariablen Regionen herausge-
schnitten werden. Die verschiedenen DNA-Stücke werden dann im Wege der
Elektrophorese nach Länge sortiert. Zur optischen Erfassung der hypervariablen
Regionen werden diese radioaktiv markiert und können durch Auflegen eines Rönt-
genfilms in Form von schwarzen Strichen (Banden) sichtbar gemacht werden. Es entsteht ein individuelles **Bandenmuster** (vgl. REICHELT, FamRZ 1991, 1265, 1266;
BÄR/KRATZER, AJP 1992, 357, 359). Durch Vergleich der Bandenmuster des Kindes
mit denen von Mutter und angeblichem Vater lässt sich die Vaterschaft mit fast 100%
iger Sicherheit ausschliessen. In Fällen ohne Ausschluss erfolgt eine **biostatistische**
Auswertung (vgl. N 15). Die Wahrscheinlichkeit, dass ein nicht ausgeschlossener
Mann der Vater ist, liegt bei über 99,8% (vgl. BÄR/KRATZER, AJP 1992, 357, 360). Für

die Erstellung eines DNA-Profils wird in der Praxis meist ein Wangenschleimhautabstrich verwendet (vgl. BÜCHLER, ZVW 2005, 32, 33). Zu den Anforderungen an das Verfahren nach GUMG vgl. BÜCHLER, ZVW 2005, 32, 36.

14 b) **Blutgruppengutachten** (serologische, hämogenetische Gutachten) beruhen auf den Vererbungsregeln für Blutfaktoren (ausführlich dazu noch BK-HEGNAUER, N 130 ff.; STETTLER, SPR III/2, 1992, 65 ff.; BÄR/HARTMANN, SJZ 1985, 365 ff.; BÜTLER, SJZ 1978, 305 ff.; BRANDT-CASADEVALL, RMSR 1984, 897 ff.). Die einzelnen Blutfaktoren gehören zu verschiedenen Blutsystemen, die genetisch nicht miteinander verbunden sind und deshalb je für sich einen Vaterschaftsausschluss rechtfertigen können. Der Ausschluss kann darauf beruhen, dass ein beim Kind vorhandener Blutfaktor weder bei der Mutter noch beim Mann vorhanden ist (**klassischer Ausschluss**) oder darauf, dass das Kind und der Mann in Bezug auf ein bestimmtes Gen entgegengesetzt reinerbig sind (**Reinerbigkeitsausschluss**). Blutgruppengutachten erlauben eine Aussage darüber, ob die Vaterschaft eines bestimmten Mannes ausgeschlossen oder möglich ist (vgl. MULLIS, ZBJV 1979, 607 ff.; BGE 112 II 14; 104 II 299 = Pra 1979, 444; KGer SG SJZ 1984, 114 Nr. 17). Ist die Vaterschaft nicht ausgeschlossen, kann anschliessend die **biostatistische Auswertung** erfolgen (vgl. N 15).

15 c) **Biostatistische Auswertung** (serostatistisches Gutachten). Die biostatistische Auswertung berechnet die Wahrscheinlichkeit der Vaterschaft eines durch DNA-Analyse oder serologisches Gutachten nicht ausgeschlossenen Mannes. Eine statistische Auswertung der Banden bzw. Bluteigenschaften, die bei Kind, Mutter und mutmasslichem Vater vorliegen, erlaubt es, auf die Wahrscheinlichkeit der Vaterschaft zu schliessen. Die Wahrscheinlichkeit der Vaterschaft wird in den sog. Terzettenfällen (Mutter, Vater und Kind) nach einer im Jahre 1938 von **Essen-Möller** entwickelten mathematischen Formel errechnet (vgl. ESSEN-MÖLLER, Mitt.Anthrop.Ges. 1938, 9 ff.). Die Wahrscheinlichkeit muss einen Wert von mindestens 99,8% erreichen (vgl. BGE 101 II 13 = Pra 1975, 660). Für Fälle mit unbekannten Mehrverkehrern steht ein neuentwickelter «erweiterter Kinship-Algorythmus» zur Verfügung (vgl. REICHELT, FamRZ 1991, 1265, 1270). In Defizienzfällen erfolgt eine besondere biostatistische Auswertung (vgl. BÄR/KRATZER, AJP 1992, 357, 359).

16 d) **Anthropologische Gutachten** vergleichen bis zu 300 anthropologische Einzelmerkmale, die zusammengefasst zum positiven Vaterschaftsbeweis führen können. Bei Kindern unter drei Jahren ist dieses Gutachten meist nicht geeignet (BGE 109 II 293; 98 II 270 = Pra 1973, 264; BGE 97 II 193; 55 II 295).

3. Praxis

17 Seit 1991 wird in der Schweiz nur noch das **DNA-Gutachten** eingeholt (zur kantonalen Gerichtspraxis vgl. OGer ZH ZR 1992/93 Nr. 30 = SJZ 1992, 430 Nr. 59). Es ist den anderen erbbiologischen Gutachten v.a. im Bereich des positiven Vaterschaftsbeweises weit überlegen (zusammenfassend BÄR/KRATZER, AJP 1992, 357, 361). Auch schwierige Defizienz- und Verwandtenfälle (Bruderfälle, Inzest) können mit der DNA-Analyse mit besseren Erfolgsaussichten bearbeitet werden (vgl. AmtsGer BE ZVW 1986, 31, Nr. 1: Grosseltern des Putativvaters). Die DNA-Analyse kann schon beim Fötus (zur pränatalen Abstammungsuntersuchung vgl. BÜCHLER, ZVW 2005, 32, 41 f.), jedenfalls aber ab Geburt vorgenommen werden; die bei Blutgruppengutachten erforderliche Wartezeit von sechs Monaten entfällt damit (REICHELT, FamRZ 1991, 1265, 1267; BÄR/KRATZER, AJP 1992, 357, 361). Hinzu kommt, dass das Material für die DNA-Untersuchung bei entsprechender Konservierung über mehrere Wochen verwendbar bleibt, was insb. bei Abstammungsfällen mit Auslandsberührung ins Gewicht fällt. Schliesslich kann die DNA-

Analyse wesentlich kostengünstiger als konventionelle serologische Gutachten durchgeführt werden (REICHELT, FamRZ 1991, 1265, 1268).

VII. Mitwirkungspflicht

Nach Art. 254 Ziff. 2 sind die Parteien und Dritte von Bundesrechts wegen verpflichtet, **18**
an **Untersuchungen mitzuwirken,** die zur Aufklärung der Abstammung nötig und nach
ihrer Auswirkung auf die Gesundheit zumutbar sind (BGE 112 Ia 249; OG LU,
FamPra.ch 2003, 943 f.). Die Vorschrift gilt nicht für **aussergerichtliche Untersuchungen;** diese erfordern die Zustimmung der Beteiligten (vgl. nunmehr Art. 34 Abs. 1
GUMG; grundlegend BÜCHLER, ZVW 2005, 32, 37 ff.). Für das **urteilsunfähige Kind**
muss der gesetzliche Vertreter zustimmen. Ob wegen Interessenkonflikts bei aussergerichtlichen Abstammungsgutachten immer eine Vertretungsbeistandschaft erforderlich ist,
ist streitig (vgl. mit umfangreichen Nachw. BÜCHLER, ZVW 2005, 32, 39 f.). Zur
postmortalen aussergerichtlichen Abstammungsuntersuchung, vgl. den Entscheid
des BGer, FamPra.ch 2000, 702; BÜCHLER, ZVW 2005, 32, 42; zur Exhumierung vgl.
LAKKIS, FamRZ 2006, 454 ff.). Das Ergebnis **heimlich eingeholter Abstammungsuntersuchungen** (vgl. dazu grundlegend AESCHLIMANN, FamPra.ch 2005, 518 ff.) ist zwar
im Abstammungsprozess nicht verwertbar, hindert jedoch nicht, dass im Abstammungsprozess selbst ein weiteres Abstammungsgutachten eingeholt wird. Hingegen wird vom
deutschen Bundesgerichtshof (vgl. BGH, FamRZ 2005, 340 f.; BGH, FamRZ 2005,
342 f.; dazu ausführlich AESCHLIMANN, FamPra.ch 2005, 518, 520 ff.) im Vaterschaftsanfechtungsverfahren zur Substantiierung des Klägerbegehrens ein sogenannter **Anfangsverdacht** verlangt, der nicht auf ein aussergerichtliches Gutachten, das ohne Zustimmung des Kindes erstellt wurde, gestützt werden kann.

1. Kreis der Mitwirkungspflichtigen

Dritte i.S. dieser Bestimmung sind Personen, die als **mögliche Erzeuger** in Betracht **19**
kommen, ohne dass sie im in Frage stehenden Prozess Partei sind. Auch die Mutter des
Kindes fällt hierunter. Dritte können jedoch auch **Blutsverwandte** sein, wenn die unmittelbar Beteiligten zur Untersuchung nicht zur Verfügung stehen oder diese nicht schlüssig
ist. Eine Befugnis zur Ablehnung der Untersuchung entsprechend dem **Zeugnisverweigerungsrecht** besteht nicht (vgl. BBl 1974 II 28). Auch aus religiösen Gründen darf eine
Blutentnahme nicht verweigert werden (vgl. BGE 112 Ia 250).

2. Durchsetzung

In Betracht kommen Ordnungsbussen nach kantonalem Recht (zur polizeilichen Vorfüh- **20**
rung zwecks Blutentnahme vgl. OGer AG, AGVE 1997, 82 ff.) oder Androhen einer Ungehorsamsstrafe nach Art. 292 StGB. Die Anwendung körperlichen Zwangs scheidet
jedoch aus (vgl. BBl 1974 II 28; HEGNAUER, Kindesrecht, N 15.14; STETTLER, SPR III/2,
1992, 71; STAEHELIN/SUTTER, § 14 N 72 f.). Eine Schadenersatzpflicht nach Art. 41
Abs. 2 bzw. 49 OR wird meist aus Beweisgründen scheitern (vgl. STETTLER, SPR III/2,
1992, 72; weiter wohl BK-HEGNAUER, N 99).

VIII. Beweiswürdigung

1. Beweislast

Die Beweislast ergibt sich aus **Art. 8** (BGer, FamPra.ch 2004, 414 ff.). Die beweispflich- **21**
tige Partei hat Anspruch auf Einholung jedes Gutachtens, das nach dem heutigen Stand
der Wissenschaft geeignet ist, die Abstammung zuverlässig zu verneinen oder nachzuweisen (vgl. BGE 91 II 162; 101 II 15 = Pra 1975, 660).

2. Freie Beweiswürdigung

22   Das Gericht würdigt die Beweise nach **freier Überzeugung.** Damit sollten nach kantonalem Recht bestehende Bindungswirkungen bei bestimmten Beweismitteln ausgeschlossen werden (vgl. BGer, FamPra.ch 2004, 414, 4150; BGE 109 II 292; 77 II 23 = Pra 1951, 227). Praktisch ist der Bereich eigentlich freier Beweiswürdigung durch den Fortschritt der Wissenschaft heute freilich erheblich eingeengt. Das **naturwissenschaftliche Gutachten** – heute v.a. in Form der DNA-Analyse – hat **Vorrang** vor Partei- und Zeugenaussagen (vgl. HEGNAUER, Kindesrecht, N 15.15) und ist i.d.R. zuerst einzuholen. In Nichtausschlussfällen ist eine biostatistische Auswertung vorzunehmen.

23   Für den Beweis der Vaterschaft oder der Nichtvaterschaft ist eine **an Sicherheit grenzende Wahrscheinlichkeit** erforderlich (vgl. BGE 101 II 14 = Pra 1975, 660; BGE 94 II 85). Bei den erbbiologischen Gutachten ist diese gegeben, wenn der Wahrscheinlichkeitsgrad **99,8%** beträgt (vgl. BGE 112 II 16; 101 II 13 = Pra 1975, 660). Wird dieser Wahrscheinlichkeitsgrad durch ein einzelnes Gutachten nicht erreicht, so kann eine Gesamtschau mehrerer Gutachten und weiterer, sich aus Partei- und Zeugenaussagen ergebender Indizien die erforderliche Sicherheit erbringen (**Additionsbeweis,** vgl. dazu BGE 95 II 83 f. = Pra 1970, 17). Gegenüber der eindeutigen Aussage eines naturwissenschaftlichen Gutachtens ist der Gegenbeweis durch Partei- oder Zeugenaussagen ausgeschlossen (vgl. HEGNAUER, Kindesrecht, N 15.18).

3. Rechtsmittel

24   Die Einhaltung bundesrechtlicher Beweisvorschriften kann vom BGer nach Art. 43 Abs. 3 und 63 Abs. 2 OG im **Berufungsverfahren** überprüft werden (vgl. BGE 109 II 291; 97 II 297; BGer, ZVW 2004, 120). Die Beweiswürdigung selbst hingegen kann nur mit **staatsrechtlicher Beschwerde** wegen Willkür angefochten werden (vgl. Art. 84 Abs. 1 lit. a OG).

Zweiter Abschnitt: Die Vaterschaft des Ehemannes

Art. 255

A. Vermutung	[1] **Ist ein Kind während der Ehe geboren, so gilt der Ehemann als Vater.**
	[2] **Stirbt der Ehemann, so gilt er als Vater, wenn das Kind innert 300 Tagen nach seinem Tod geboren wird oder bei späterer Geburt nachgewiesenermassen vor dem Tod des Ehemannes gezeugt worden ist.**
	[3] **Wird der Ehemann für verschollen erklärt, so gilt er als Vater, wenn das Kind vor Ablauf von 300 Tagen seit dem Zeitpunkt der Todesgefahr oder der letzten Nachricht geboren worden ist.**
A. Présomption	[1] L'enfant né pendant le mariage a pour père le mari.
	[2] En cas de décès du mari, celui-ci est réputé être le père si l'enfant est né soit dans les trois cents jours qui suivent le décès, soit après les trois cents jours s'il est prouvé qu'il a été conçu avant le décès du mari.
	[3] Si le mari est déclaré absent, il est réputé être le père de l'enfant né dans les trois cents jours qui suivent le danger de mort ou les dernières nouvelles.

A. Presunzione

[1] Il marito è presunto essere il padre del figlio nato durante il matrimonio.

[2] Se muore, il marito è presunto essere il padre del figlio nato entro trecento giorni dalla sua morte oppure, in caso di nascita più tardiva, se è provata l'anteriorità del concepimento rispetto alla morte.

[3] Se è dichiarato scomparso, il marito è presunto essere il padre del figlio nato entro trecento giorni dal momento del pericolo di morte o dell'ultima notizia.

Literatur

BALLENEGGER-CORNAZ, Le droit de la filiation hors mariage aux Etats-Unis et en Suisse, Diss. Lausanne 1975; GROSSEN, Père de droit et père de fait: Sur trois arrêts concernant la filiation paternelle de l'enfant adultérin non desavoué, in: FS Schnyder, 1995, 315 ff.; HEGNAUER, Neuerungen bei der Entstehung des Kindesverhältnisses, ZZW 1999, 69 ff.; DERS., Anwendung der Ehelichkeitsvermutung auf nach der Scheidung geborene Kinder, ZZW 1993, 205 ff.; DERS., Zum Stand des vor Ablauf von 300 Tagen seit Auflösung der Ehe geborenen Kindes, ZZW 1991, 157 ff.; DERS., Plädoyer für die Abschaffung der Frauenwartefrist gemäss Art. 103 ZGB, ZZW 1983, 65 ff.; HEUSSLER, Zweierlei 300-Tage-Kinder, ZZW 1990, 33 ff.; PIOTET, Kindesverhältnis zum Vater eines innerhalb von 300 Tagen seit Eheauflösung gezeugten und geborenen Kindes und eines während der Ehe gezeugten, aber erst nach Ablauf von 300 Tagen seit Eheauflösung geborenen Kindes, ZZW 1991, 152 ff. = ZZW 1991, 90 ff.; RAUSCHER, Vaterschaft aufgrund Ehe mit der Mutter, FPR 2002, 352 ff.; RIETMANN, Eheliche Geburt trotz Abkürzung der Wartefrist, ZZW 1982, 194 f.; SANDOZ, Die Vaterschaftsvermutung beim innerhalb von 300 Tagen seit Eheauflösung geborenen Kind, ZZW 1991, 149 ff. = ZZW 1990, 388 ff.; SCHWEIZERISCHER VERBAND DER ZIVILSTANDSBEAMTEN, Gegen Vaterschaftsvermutung bei 300-Tage-Kindern geschiedener Mütter, ZZW 1997, 242 ff.; DERS., Gegen realitätsfremde Vaterschaftsvermutung – Für liberalere Ordnung der Namenswiederannahme nach Eheauflösung, ZZW 1997, 245 ff.; SCHWENZER, Ehelichkeitsvermutung und Ehelichkeitsanfechtung, FamRZ 1985, 1 ff.; SIEGENTHALER, Statusänderungen vor der Geburt des Kindes, ZZW 1987, 35 ff.; DERS., Enfant illégitime d'une femme mariée. Naissance et reconnaissance en Californie, ZZW 1987, 85 ff.; WILL, Wer ist Vater im Sinne des Gesetzes? FPR 2005, 172 ff.

I. Allgemeines

Art. 255 stellt eine **Vaterschaftsvermutung** für den mit der Mutter verheirateten Mann **1** auf. Das Schweizer Recht folgt damit dem Grundsatz **pateris est, quem nuptiae demonstrant.** Rechtfertigung für diese Regel können in heutiger Zeit allein noch Praktikabilitätserwägungen sein (SCHWENZER, Gutachten A zum 59. DJT, 25 f.); ist die Mutter verheiratet, so spricht die Wahrscheinlichkeit für die Vaterschaft des Ehemannes. Für den Fall der Scheidung der Elternehe wurde die Vaterschaftsvermutung im Zuge der Scheidungsrechtsrevision (in Kraft seit 1.1.2000) eingeschränkt (vgl. N 5). Dies entspricht der bereits länger erhobenen Forderung der Literatur, Fälle aus dem Anwendungsbereich der pater est-Regel auszuschliessen, in denen die Vaterschaft des Ehemannes unwahrscheinlich ist (vgl. SCHWENZER, Gutachten A zum 59. DJT, 25 ff.; HEGNAUER, ZZW 1993, 205 ff.; SCHWEIZ. VERBAND DER ZIVILSTANDSBEAMTEN, ZZW 1997, 242 ff.).

II. Voraussetzungen

1. Kindesverhältnis zur Mutter

Erforderlich ist zunächst ein **Kindesverhältnis zur Mutter** (vgl. dazu Art. 252 N 6). **2** Liegt dieses vor, so wird z.B. auch die Vaterschaft des mit einer sog. Tragemutter (vgl. dazu Art. 252 N 7) verheirateten Mannes vermutet.

2. Ehe der Mutter

3 Art. 255 knüpft allein an das **Bestehen des formalen Ehebandes** an. Eine **Nichtehe** (vgl. dazu Art. 120 N 2 ff.) begründet die Vermutung nicht. Dagegen hindern weder **gerichtliche Trennung** (Art. 146 f.), spätere **Scheidung** oder **Ungültigerklärung** der Ehe (vgl. Art. 133 Abs. 1) das Eingreifen des Art. 255. Auch faktisches Zusammenleben der Eltern ist nicht Voraussetzung. Umgekehrt greift bei **nichtehelichem Zusammenleben** die Vermutung nicht ein. In Betracht kommt hier lediglich die Vermutung nach Art. 262.

3. Geburt oder Zeugung während der Ehe

a) Geburt während der Ehe, Abs. 1

4 Entscheidend ist allein das Bestehen der **Ehe im Zeitpunkt der Geburt.** Auf ein Zusammenleben der Ehegatten zur Zeit der Zeugung oder Geburt kommt es nicht an; auch aus einer sog. **Scheinehe** erwächst die Vaterschaftsvermutung (vgl. BGE 122 II 289, 293). Zeugung während der Ehe ist nicht Voraussetzung (zur erleichterten Anfechtung bei Zeugung vor der Eheschliessung vgl. Art. 256b). Hat ein anderer Mann das Kind vorgeburtlich und vor Eheschliessung der Mutter anerkannt, geht die Vermutung des Art. 255 gleichwohl vor.

b) Geburt nach Scheidung oder Ungültigerklärung der Ehe

5 Seit 1.1.2000 gilt die Vaterschaftsvermutung nicht mehr, wenn das Kind nach Scheidung oder Ungültigerklärung der Ehe geboren wurde. Massgeblich ist insoweit der Zeitpunkt der Rechtskraft des Urteils (vgl. HEGNAUER, Kindesrecht, N 5.10a).

c) Geburt nach Tod des Ehemannes, Abs. 2

6 Weiter gehend als nach Auflösung der Ehe durch Scheidung oder Ungültigerklärung gilt die Vaterschaftsvermutung, wenn das Kind innerhalb von 300 Tagen nach dem Tod des Ehemannes geboren wird. Streitig ist, ob die Vermutung auch eingreift, wenn das Kind zwar innerhalb der 300-tägigen Frist geboren, aber nachweislich nach dem Tod des Ehemannes gezeugt wurde (zum alten Recht bejahend: SANDOZ, ZZW 1990, 149, 151; PIOTET, ZZW 1991, 152; BALLENEGGER-CORNAZ, 8; verneinend: BK-HEGNAUER, N 37; DERS., ZZW 1991, 157; STETTLER, SPR III/2, 1992, 26). Nach dem eindeutigen Wortlaut kann es nur auf die Geburt innerhalb der Frist von 300 Tagen ankommen. Die Vaterschaftsvermutung muss deshalb in solchen Fällen mit der Anfechtungsklage angegriffen werden. Der Zivilstandsbeamte hat für die Eintragung allein auf den Zeitpunkt der Geburt abzustellen (vgl. MEIER/STETTLER, Droit civil VI/1, N 54; **a.A.** HEGNAUER, Kindesrecht, N 5.12).

7 Wird das Kind später als 300 Tage nach dem Tod des Ehemannes geboren, so greift die Vaterschaftsvermutung nur ein, wenn das Kind vor dem Tode des Ehemannes gezeugt worden ist. Die **Beweislast** trifft die Person, die sich auf Zeugung vor dem Tod des Ehemannes beruft. Als Beweismittel kommt v.a. das Tragezeitgutachten in Betracht.

d) Geburt nach Verschollenheit, Abs. 3

8 Wurde der Ehemann der Mutter für verschollen erklärt (Art. 38), so ist nach Abs. 3 für den Beginn der 300-tägigen Frist auf den Zeitpunkt der Todesgefahr oder der letzten Nachricht (Art. 38 Abs. 2) abzustellen (vgl. dazu BGE 117 V 260). Abs. 2 ist im Rahmen des Abs. 3 entsprechend anzuwenden (vgl. BK-HEGNAUER, N 38), wenn das Kind nachgewiesenermassen vor dem Zeitpunkt der Todesgefahr oder der letzten Nachricht gezeugt wurde.

e) Künstliche Insemination

Die Vermutungen des Art. 255 gelten auch im Falle künstlicher Insemination, und zwar **9** unabhängig davon, ob es sich um homologe (Sperma des Ehemannes) oder um heterologe (Sperma eines Dritten) Insemination handelt. Zum Anfechtungsrecht des Ehemannes im Falle heterologer Insemination vgl. Art. 256 N 12.

4. Kritik

De lege ferenda kann kaum ein Zweifel daran bestehen, dass die **pater est-Regel ein-** **10** **zuschränken** ist (Einzelheiten bei SCHWENZER, Gutachten A zum 59. DJT, 25 ff.; HEGNAUER, ZZW 1993, 205 ff.). Es gilt die Fälle aus ihrem Anwendungsbereich auszuschliessen, in denen die Vaterschaft des Ehemannes unwahrscheinlich ist. Dabei ist. v.a. an die dauernde Trennung der Ehegatten im Vorfeld der Scheidung zu denken.

III. Beurkundung

Der Ehemann der Mutter wird nach Art. 8 lit. e ZStV im Personenstandsregister geführt. **11** Der Zivilstandsbeamte trägt den Ehemann der Mutter neben dieser im **Geburtsregister** ein (Art. 67 Abs. 1 Ziff. 4 ZStV), das Kind wird auf dem Blatt des Ehemannes im **Familienregister** eingetragen (Art. 117 ZStV). Haben die Voraussetzungen des Art. 255 in Wirklichkeit nicht vorgelegen, kommt eine Berichtigungsklage nach Art. 42 in Betracht. Mit der Vermutung nicht übereinstimmende genetische Abstammung kann dagegen nur nach Art. 256 ff. geltend gemacht werden.

IV. IPR

Die Entstehung des Kindesverhältnisses zum Vater aufgrund Ehe mit der Mutter be- **12** stimmt sich nach Art. 68 IPRG nach dem Recht am gewöhnlichen Aufenthalt des Kindes (Abs. 1), hilfsweise nach dem gemeinsamen **Heimatrecht** aller Beteiligten (Abs. 2). Die Vorfrage des Bestehens der Ehe ist richtiger Ansicht nach in favorem infantis alternativ nach der lex fori (Art. 44, 45 IPRG) oder nach der berufenen lex causae anzuknüpfen (vgl. ZK-SIEHR, Art. 68 N 35 IPRG). Ausländische Entscheidungen betr. die Feststellung oder Anfechtung des Kindesverhältnisses werden in der Schweiz nach Massgabe von Art. 70 IPRG **anerkannt** (vgl. Fall nach altem Recht, geschildert von SIEGENTHALER, ZZW 1987, 85).

V. Rechtsvergleichung

Alle massgeblichen ausländischen Rechtsordnungen gehen auch heute noch trotz inzwi- **13** schen erfolgter Einschränkungen vom Grundsatz der pater est-Regel aus (vgl. umfassend BÜCHLER, FamPra.ch 2005, 437, 453 ff.; Deutschland: § 1592 BGB; Österreich: § 138 ABGB; Frankreich: Art. 312 Abs. 1 CC fr.; Italien: Art. 231 CC it.). Vor allem in Frankreich wurde der Anwendungsbereich der pater est-Regel jedoch in jüngerer Zeit beträchtlich eingeschränkt. Trotz Ehe gilt ein Kind dann nicht als Kind des Ehemannes der Mutter, wenn es ohne Nennung des Namens des Ehemannes ins Geburtsregister eingetragen wird und keine gelebte Vater-Kind-Beziehung zum Ehemann besteht (Art. 313–1 CC fr.). Weitere Beispiele bei SCHWENZER, Gutachten A zum 59. DJT, 25 f.

Art. 256

B. Anfechtung

I. Klagerecht

[1] **Die Vermutung der Vaterschaft kann beim Gericht angefochten werden:**
1. **vom Ehemann;**
2. **vom Kind, wenn während seiner Unmündigkeit der gemeinsame Haushalt der Ehegatten aufgehört hat.**

[2] **Die Klage des Ehemannes richtet sich gegen das Kind und die Mutter, die Klage des Kindes gegen den Ehemann und die Mutter.**

[3] **Der Ehemann hat keine Klage, wenn er der Zeugung durch einen Dritten zugestimmt hat. Für das Anfechtungsrecht des Kindes bleibt das Fortpflanzungsmedizingesetz vom 18. Dezember 1998 vorbehalten.**

B. Désaveu

I. Qualité pour agir

[1] La présomption de paternité peut être attaquée devant le juge:
1. par le mari;
2. par l'enfant, si la vie commune des époux a pris fin pendant sa minorité.

[2] L'action du mari est intentée contre l'enfant et la mère, celle de l'enfant contre le mari et la mère.

[3] Le mari ne peut intenter l'action s'il a consenti à la conception par un tiers. La loi fédérale du 18 décembre 1998 sur la procréation médicalement assistée est réservée en ce qui concerne l'action en désaveu de l'enfant

B. Contestazione

I. Diritto all'azione

[1] La presunzione di paternità può essere contestata giudizialmente:
1. dal marito;
2. dal figlio, se la comunione domestica dei coniugi è cessata durante la sua minore età.

[2] L'azione del marito è diretta contro il figlio e la madre, quella del figlio contro il marito e la madre.

[3] L'azione è improponibile per il marito che ha consentito al concepimento da parte di un terzo. Riguardo il diritto di contestazione del figlio è fatta salva la legge del 18 dicembre 1998 sulla medicina della procreazione.

Literatur

ALBERTI, Figlio nato entro i 300 giorni dal divorzio della madre. Communicazione dell' officiale dello stato civile all'autorità tutoria, ZZW 1980, 29 f.; BEVAN, Child Law, London 1989; CRETNEY/MASSON, Principles of Family Law, 5. Aufl. London 1990; FLATTET, Le nouveau droit suisse de la filiation, RIDC 1977, 679 ff.; GERMOND-BURNIER, L'établissement et la contestation de la filiation de l'enfant né dans le mariage en droits suisse, français et anglais, Diss. Lausanne 1986; GROSSEN, Père de droit et père de fait: Sur trois arrêts concernant la filiation paternelle de l'enfant adultérin non désavoué, in: FS Schnyder, Freiburg 1995, 315 ff.; Hänni, Die Bedeutung der EMRK für das schweizerische Familienrecht, in: FS Schnyder, 1995, 365 ff.; HEGNAUER, Zur Beistandschaft für das Kind im Anfechtungsprozess (Art. 256, 392 Ziff. 2 ZGB), ZVW 1995, 213 ff.; DERS., Besprechung zweier rechtsvergleichender Gutachten zur Ehelichkeitsanfechtung durch das Kind, RabelsZ 1992, 365; DERS., Gegen wen richtet sich die Ehelichkeitsanfechtungsklage des Kindes nach dem Tod des Ehemannes, Art. 256 Abs. 1 Ziff. 2 und Abs. 2 ZGB?, ZVW 1991, 69 ff.; DERS., Aussergerichtliche Blutgruppenuntersuchung gegen den Willen der Mutter?, ZVW 1988, 104 f.; DERS., Können Vermögensvorteile die Anfechtung der Ehelichkeitsvermutung durch das Kind rechtfertigen?, ZVW 1988, 101 f.; DERS., Hat der Registervater Anspruch auf Rückerstattung der bis zur Aufhebung des Kindesverhältnisses bezahlten Unterhaltsbeiträge?, ZVW 1987, 142 ff.; DERS., Das Interesse des Kindes an der Anfechtung der Vermutung der Vaterschaft des Ehemannes (Art. 256 Abs. 1 Ziff. 2 ZGB), ZVW 1986, 108 ff.; DERS., Zur Anfechtung der Vermutung der Vaterschaft des Ehemannes durch das Kind (Art. 256 Abs. 1 Ziff. 2 ZGB), ZVW 1984, 53 ff.; HEUSSLER, Aufhebung des Kindesverhältnisses zum verstorbenen Ehemann der Mutter; Blatteröffnung im Familienregister, ZZW 1995, 175 ff.; DERS., Aufhebung des Kindesverhältnisses zum gegenwärtigen Ehemann der MUTTER; Blatteröffnung im Familienregister, ZZW 1995, 197 ff.; NEHLSEN-VON STRYK, Probleme des Scheinvaterregresses, FamRZ 1990, 225 ff.; SANDOZ, Le rôle du discernement dans les actions du droit de la filiation, in: Le droit en action, FS Juristentag 1996, Lausanne 1996, 419 ff.; DIES., L'action en désaveu de l'orphelin, ZVW 1992, 17 ff.; DIES., Peut-on désavouer un enfant mort?, ZVW 1994, 188 ff.; PIEPER, Anfechtungs- und Umgangsrecht des biologischen Vaters, FuR 2004, 385 ff.; SCHWENZER, Empfiehlt es sich, das Kindschaftsrecht neu zu regeln?, Gutachten A zum 59. Deutschen Juristentag, München 1992; SIEGENTHALER, Statusänderungen vor der Geburt des Kindes, ZZW 1987, 35 ff.; STARK, Kann ein Dritter wegen Ehestörung zu Genugtuungszahlungen verpflichtet werden?, in: FS Hegnauer 1986, 515 ff.; vgl. ausserdem die Literaturhinweise zu Art. 255.

I. Allgemeines

Die Nichtvaterschaft des nach Art. 255 als Vater vermuteten Ehemannes der Mutter kann nur im Wege der **Anfechtungsklage** geltend gemacht werden. Dies gilt auch bei Vorliegen von Anhaltspunkten dafür, dass ein anderer Mann als der Ehegatte der leibliche Vater sein könnte (vgl. BGE 122 II 289, 293). Andere Rechtsbehelfe, wie namentlich Berichtigung nach Art. 42 oder Feststellungsklage, kommen demgegenüber nicht in Betracht (vgl. BGE 108 II 344 = Pra 1983, 236; w.Nw. bei BK-HEGNAUER, N 7). Auch vorfrageweise darf die Vaterschaft des Ehemannes nicht in einem anderen Verfahren überprüft werden (Nw. bei BK-HEGNAUER, N 8). **1**

II. Anfechtungskläger (Abs. 1)

1. Ehemann (Ziff. 1)

Die Anfechtungsklage steht primär dem **als Vater vermuteten Ehemann** der Mutter zu. Sein Klagerecht ist lediglich befristet (vgl. Art. 256c Abs. 1); andere Einschränkungen, wie insb. das Kindeswohl oder eine bestehende Vater-Kind-Beziehung, bestehen nicht (vgl. zur Anfechtung der Vaterschaftsvermutung vor Geburt des Kindes SIEGENTHALER, ZZW 1987, 35). Ist der Ehemann verstorben, so steht u.U. seinen **Eltern** das Anfechtungsrecht zu (vgl. Art. 258). **2**

2. Kind (Ziff. 2)

Das Kind kann Anfechtungsklage nur erheben, wenn während seiner Unmündigkeit der **gemeinsame Haushalt der Ehegatten aufgehört** hat. Durch diese Beschränkung des Anfechtungsrechtes soll eine noch intakte Elternehe geschützt werden. Der gemeinsame Haushalt der Eltern muss dauernd aufgehört haben (vgl. BBl 1974 II 30). In Betracht kommen insoweit **Auflösung der Ehe** durch Tod, Scheidung oder Ungültigerklärung, gerichtliche Trennung, aber auch die bloss **faktische Trennung,** wenn eine Wiedervereinigung der Ehegatten nicht zu erwarten ist. Ohne Auflösung des gemeinsamen Haushalts der Eltern ist dem Kind ein Anfechtungsrecht zu gewähren, wenn es selbst nicht im Haushalt der Eltern aufwächst, sondern diesen z.B. die elterliche Sorge entzogen ist oder das Kind beim genetischen Vater lebt (vgl. BK-HEGNAUER, N 61). Als **Zeitpunkt** ist jeweils auf das Mündigkeitsalter abzustellen. Bei späterer Aufhebung des gemeinsamen Haushalts besteht kein Anfechtungsrecht mehr. **3**

4   Das Anfechtungsrecht des Kindes steht **selbständig** neben dem des Ehemannes (vgl. BGE 88 II 477). Das Klagerecht setzt nicht voraus, dass die Anfechtung im Interesse des Kindes liegt, das Kindeswohl ist jedoch bei der Frage der Ausübung des Klagerechtes zu berücksichtigen (vgl. HEGNAUER, ZVW 1988, 101, 102; DERS., ZVW 1986, 108 ff.; DERS., ZVW 1995, 213, 215 ff.; STETTLER, SPR III/2, 1992, 180 f.; vgl. auch N 11). Stirbt das Kind, ohne die Vaterschaft angefochten zu haben, so geht das Klagerecht unter. Es geht **nicht** auf die **Nachkommen** über.

5   **Kritik.** Mit dem Kindeswohl lässt sich die Beschränkung des Anfechtungsrechtes des Kindes allenfalls während seiner Unmündigkeit rechtfertigen, wenn und soweit zum Scheinvater eine gelebte Vater-Kind-Beziehung besteht. **De lege ferenda** muss v.a. im Hinblick auf Art. 8 UN-KRK – Recht auf Identität – ein uneingeschränktes Klagerecht des Kindes jedenfalls ab Mündigkeit in Erwägung gezogen werden (vgl. SCHWENZER, AJP 1994, 817, 821; MEIER/STETTLER, Droit civil VI/1, N 70).

3. Mutter

6   Der **Mutter** steht **kein Anfechtungsrecht** zu (vgl. BGE 108 II 347). Dies wird u.a. damit begründet, dass ihr kein selbständig schutzwürdiges Interesse an der Anfechtung zukomme (vgl. BBl 1974 II 30). **De lege ferenda** kann freilich kaum zweifelhaft sein, dass schon unter Gleichheitsgesichtspunkten der Mutter ein eigenes Klagerecht einzuräumen ist. Denn durch die Vaterschaftsvermutung werden wesentliche **Interessen der Mutter** berührt, die auch über das Anfechtungsrecht des Kindes nicht ausreichend gewahrt werden können. Der sich am Ehemann orientierende Status des Kindes bestimmt auch die Rechtsstellung der Mutter. Dies gilt v.a. für die elterliche Sorge, das Besuchsrecht und das Erbrecht (vgl. SCHWENZER, Gutachten A zum 59. DJT, 34 ff.). Auch die **internationale Tendenz** geht eindeutig dahin, die Mutter in Bezug auf das Anfechtungsrecht dem Ehemann gleichzustellen (vgl. BÜCHLER, FamPra.ch 2005, 437, 461 f.). Allein dies entspricht auch **Art. 8 EMRK** (vgl. EGMR, Kroon u.a. c/Niederlande, 27.10.1994, Serie A 297-C).

4. Dritte Personen, insb. der genetische Vater des Kindes

7   Auch **Dritten** steht ein Klagerecht nicht zu. Dies gilt insb. für den **genetischen Vater** des Kindes (vgl. BGE 108 II 347 = Pra 1983, 236; vgl. GROSSEN, FS Schnyder, 315, 316 f.). Er kann sich allenfalls als Nebenintervenient der Klägerseite anschliessen (vgl. BK-HEGNAUER, N 35; STETTLER, SPR III/2, 1992, 174). Wenn jedoch die Eltern mit der Änderung der rechtlichen Zuordnung einverstanden sind oder eine gelebte Eltern-Kind-Beziehung nicht oder nicht mehr besteht, sollte **de lege ferenda** auch an eine einzelfallweise Zulassung des Klagerechts des genetischen Vaters gedacht werden (vgl. SCHWENZER, Gutachten A zum 59. DJT, 36 f.). Darüber hinaus hat der EGMR im Urteil Kroon u.a. c/Niederlande (27.10.1994, Serie A 297-C) den Ausschluss der Anerkennungsmöglichkeit des biologischen Vaters, solange der Ehemann der Mutter die Vaterschaft nicht anficht, als Verletzung von Art. 8 EMRK gewertet.

III. Anfechtungsbeklagte

1. Beklagte Personen (Abs. 2)

8   Beklagt ist zunächst die **am Kindesverhältnis beteiligte Person,** d.h. bei der Klage des Ehemannes das **Kind** und bei der Klage des Kindes der **Ehemann.** Daneben ist jeweils die **Mutter** Beklagte, da ihre Interessen durch die Anfechtung ebenfalls betroffen werden.

2. Notwendige Streitgenossenschaft

Auf Seite der Beklagten liegt **notwendige Streitgenossenschaft** vor (vgl. BGE 87 II 9
281; 55 II 326; 51 II 6). Sie erfasst auch Zwillingsgeschwister, soweit sie nicht selbst
Kläger sind (vgl. STAEHELIN/SUTTER, § 10 N 14).

3. Tod einzelner Beklagter

Bei Tod einer beklagten Partei richtet sich die Klage allein **gegen die noch lebende Par-** 10
tei. Sind beide Beklagten verstorben, ist die Klage ohne Beklagte durchzuführen (vgl.
HEGNAUER, Kindesrecht, N 6.09; DERS., ZVW 1991, 69, 70; SANDOZ, ZVW 1992, 17 ff.;
a.M. noch BK-HEGNAUER, N 87 f.; STETTLER, SPR III/2, 1992, 174: Anwendung von
Art. 261 Abs. 2 analog).

IV. Ausübung des Klagerechts

Das Anfechtungsrecht ist **höchstpersönlich** (vgl. SANDOZ, FS Juristentag 1996, 419, 11
440). **Urteilsfähige** unmündige oder entmündigte Beteiligte führen den Prozess daher
selbst. An die Urteilsfähigkeit sind allerdings hohe Anforderungen zu stellen (vgl. BBl
1974 II 29). **Urteilsunfähige** Beteiligte werden grundsätzlich durch ihren gesetzlichen
Vertreter vertreten. Ist der Ehemann urteilsunfähig, steht daneben auch seinen Eltern das
Anfechtungsrecht zu (Art. 258). Für das unter elterlicher Sorge stehende urteilsunfähige
Kind ist allerdings regelmässig ein **Beistand** zu bestellen, da aufgrund möglicher Interessenkollision eine Vertretung durch Vater oder Mutter nicht in Betracht kommt
(Art. 392 Ziff. 2; vgl. BBl 1974 II 30; zur Abwägung des Kindesinteresses durch die
Vormundschaftsbehörde HEGNAUER, ZVW 1984, 53, 55). Der für die Vertretung des beklagten Kindes ernannte Beistand kann nicht namens des Kindes die Anfechtungsklage
erheben. Hierfür bedarf es eines ausdrücklichen Beschlusses der Vormundschaftsbehörde
(vgl. HEGNAUER, ZVW 1995, 213 ff.).

V. Ausschluss des Klagerechts

1. Zustimmung zur Zeugung durch Dritte (Abs. 3)

Hat der Ehemann der Zeugung durch einen Dritten zugestimmt, so **entfällt** sein **Klage-** 12
recht. Dies ist ein Anwendungsfall des allgemeinen Rechtsmissbrauchsverbots (Art. 2
Abs. 2). In Betracht kommt insoweit natürliche Zeugung durch einen Zeugungshelfer,
v.a. aber auch **heterologe Insemination.**

Die **Zustimmung** ist eine Rechtshandlung. Sie ist höchstpersönlich und setzt Urteilsfä- 13
higkeit voraus. Nach wie vor ist hierfür keine Form erforderlich; Art. 7 Abs. 1 FMedG,
der für Verfahren der medizinisch unterstützten Fortpflanzung die schriftliche Einwilligung verlangt, hat lediglich die Funktion der Beweiserleichterung (vgl. Botschaft
FMedG, 55). Zustimmung zum Geschlechtsverkehr mit einem Dritten reicht allein nicht
zur Anwendung des Abs. 3 (vgl. BGE 82 II 180).

Abs. 3 schliesst lediglich das **Klagerecht des Ehemannes** aus; dasjenige des **Kindes** 14
bleibt an sich unberührt. Für den Fall einer den Bestimmungen des FMedG entsprechenden **heterologen Insemination** schliesst jedoch Art. 23 Abs. 1 FMedG auch das Anfechtungsrecht des Kindes aus (vgl. dazu Botschaft FMedG, 64 f.). Das Kind kann nach
Art. 27 FMedG lediglich Auskunft über den Samenspender verlangen.

2. Rechtsmissbrauch

15 Die Ausübung des Klagerechts wird ausserdem durch das **allgemeine Rechtsmissbrauchsverbot** beschränkt (Art. 2 Abs. 2). Zuwarten innerhalb der gesetzlichen Jahresfrist (Art. 256c Abs. 1 und 2) begründet allein noch keinen Rechtsmissbrauch. Rechtsmissbräuchlich wäre jedoch die Anfechtung, wenn der **Ehemann** die schwangere Mutter in Kenntnis, dass das Kind von einem Dritten stammt, geheiratet hat (vgl. BK-HEGNAUER, N 50; STETTLER, SPR III/2, 1992, 177). Zum Teil wird die Auffassung vertreten, dass dem **Kind** die Anfechtung zu versagen sei, wenn es sich in Kenntnis der Nichtvaterschaft grössere Geschenke hat zuwenden lassen (vgl. BBl 1974 II 30 f.; FLATTET, RIDC 1977, 679). Dies ist indes kaum mit dem Persönlichkeitsrecht des Kindes vereinbar und widerspricht auch Art. 8 UN-KRK (vgl. N 5).

VI. Wirkungen der Anfechtung

1. Aufhebung des Kindesverhältnisses

16 Mit Gutheissung der Anfechtungsklage (**Gestaltungsurteil**) wird das Kindesverhältnis rückwirkend auf den Zeitpunkt der Geburt aufgehoben. Es bleibt dann – vorbehaltlich der Anerkennung durch den wirklichen Vater – nur noch das Kindesverhältnis zur Mutter. **Name** und **elterliche Sorge** richten sich nach den Vorschriften für ausserehliche Kinder (Art. 270 Abs. 2, 298 Abs. 1). Nach Art. 309 Abs. 2 ist dem Kind zur Feststellung der Vaterschaft ein Beistand zu bestellen.

2. Unterhaltspflicht

17 Mit Anfechtung der Vaterschaft entfällt rückwirkend auch die **Unterhaltspflicht** des Ehemannes gegenüber dem Kind. Bereits geleistete Unterhaltsbeiträge können sowohl von der Mutter als auch vom wirklichen Vater aus **ungerechtfertigter Bereicherung** (Art. 62 OR) zurückgefordert werden (grundlegend nunmehr BGE 129 III 646 ff.; vgl. BK-HEGNAUER, N 125 ff.; STETTLER, SPR III/2, 1992, 192; KGer TI SJZ 1990, 268 Nr. 57; BezGer Rorschach, FamPra.ch 2000, 108 ff.). Ein entsprechender Anspruch gegenüber dem Kind scheitert hingegen regelmässig an Art. 64 OR. Beim Kind liegt durch den Verbrauch auch keine Ersparnisbereicherung vor, da es grundsätzlich nicht verpflichtet ist, für seinen Unterhalt selbst aufzukommen (Art. 276 Abs. 1; vgl. HEGNAUER, ZVW 1987, 142, 144). Gegen Mutter und wirklichen Vater kommt darüber hinaus auch ein Anspruch aus **Geschäftsführung ohne Auftrag** (Art. 422 OR) in Betracht.

3. Bürgerrecht

a) Mutter und Scheinvater sind Schweizer

18 Das Kind erhält die Bürgerrechte der Mutter (vgl. ausführlicher Art. 271 N 8).

b) Mutter ist Schweizerin, Scheinvater Ausländer

19 Das von der Mutter erworbene Bürgerrecht bleibt unverändert, sofern die Mutter nicht nach altem Recht durch frühere Heirat Schweizerin geworden ist (Art. 1 Abs. 1 lit. a BüG; zum Vorbehalt von Art. 57a BüG vgl. Art. 271 N 5).

c) Mutter ist Ausländerin, Scheinvater Schweizer

20 Das Kind verliert nach Art. 8 BüG das Schweizer Bürgerrecht (vgl. ausführlich Art. 259 N 22).

4. Schadenersatz

Die Literatur (vgl. BK-HEGNAUER, N 128 ff.; STETTLER, SPR III/2, 1992, 192 f.) bejahte **21** früher teilweise eine **Schadenersatzpflicht** der Mutter und des wirklichen Vaters aus Art. 41 Abs. 1 OR. Der wirkliche Vater sollte so insb. auch für die bei Mutter und Kind nicht einbringlichen Kosten des Anfechtungsprozesses haften (vgl. BGE 109 II 6). Diese Auffassung ist **abzulehnen.** Das Recht auf eheliche Treue kann nicht als absolutes Recht i.S. des Widerrechtlichkeitsbegriffs des Art. 41 Abs. 1 OR und auch nicht als Teil des Persönlichkeitsrechtes (Art. 28) angesehen werden (vgl. auch KGer TI SJZ 1990, 268 Nr. 57; BezGer Rorschach FamPra.ch 2000, 108, 110; STARK, FS Hegnauer, 515, 531; SCHWENZER, OR AT, N 50.14). In Bezug auf die Mutter kommt noch hinzu, dass die Vorschriften zur Ehescheidung als abschliessende Regelung gelten müssen.

VII. Mitteilungen

Das Urteil ist nach Art. 40 Abs. 1 lit. g ZStV der Aufsichtsbehörde am Sitz des Gerichts **22** (Art. 43 Abs. 1 ZStV) und der Vormundschaftsbehörde des Wohnsitzes des unmündigen Kindes (Art. 43 Abs. 4 lit. a ZStV) mitzuteilen.

VIII. Internationales Privatrecht

Vgl. Art. 253 N 8 f.   **23**

IX. Rechtsvergleichung

In ausländischen Rechtsordnungen steht das Anfechtungsrecht ebenfalls primär dem **24** **Ehemann** der Mutter zu (vgl. Deutschland: § 1600 Abs. 1 Nr. 1 BGB; Frankreich: Art. 312 CC fr.), es sei denn, er habe einer heterologen Insemination zugestimmt (vgl. Deutschland: § 1600 Abs. 4 BGB; Frankreich: Art. 311–20 Abs. 2 CC fr.; Österreich: § 156a ABGB; w.Nw. bei SCHWENZER, Gutachten A zum 59. DJT, 30 f.). Darüber hinaus geht die internationale Tendenz eindeutig dahin, dem **Kind** (vgl. Österreich: § 157 ABGB) und der **Mutter** ein uneingeschränktes Anfechtungsrecht einzuräumen (vgl. nur § 1600 BGB; SCHWENZER, a.a.O., 32 ff.; BÜCHLER, FamPra.ch 2005, 437, 461 f.). Auch das Anfechtungsrecht des **wirklichen Vaters** wird in vielen ausländischen Rechtsordnungen unter bestimmten – am Kindeswohl orientierten – Voraussetzungen bejaht (vgl. SCHWENZER, a.a.O., 36 f.; BÜCHLER, FamPra.ch 2005, 437, 462 ff). In Deutschland ist Tatbestandsvoraussetzung der Anfechtungsklage des biologischen Vaters gemäss § 1600 Abs. 2 BGB neben der Beiwohnung und der genetischen Abstammung vom Kläger das Fehlen einer sozial-familiären Beziehung des Kindes zum gesetzlichen Vater. In Norwegen kann der biologische Vater die Vaterschaft des Ehemannes inzwischen sogar ohne Beschränkung anfechten (§§ 6, 28a KinderG). In Österreich erfolgt eine Durchbrechung der bereits festgestellten Vaterschaft durch Anerkennung des biologischen Vaters mit Zustimmung des Kindes und ggf. der Mutter (§ 163e Abs. 2 ABGB). Im englischen Recht kann die Vaterschaft von jedermann in jedem Verfahren bestritten werden (vgl. BEVAN, N 2.23, 2.35; CRETNEY/MASSON, 500 f.).

Art. 256a

II. Klagegrund

1. Bei Zeugung während der Ehe

[1] Ist ein Kind während der Ehe gezeugt worden, so hat der Kläger nachzuweisen, dass der Ehemann nicht der Vater ist.

[2] Ist das Kind frühestens 180 Tage nach Abschluss und spätestens 300 Tage nach Auflösung der Ehe durch Tod geboren, so wird vermutet, dass es während der Ehe gezeugt worden ist.

II. Moyen

1. Enfant conçu pendant le mariage

[1] Lorsque l'enfant a été conçu pendant le mariage, le demandeur doit établir que le mari n'est pas le père.

[2] L'enfant né cent quatre-vingts jours au moins après la célébration du mariage ou trois cents jours au plus après sa dissolution par suite de décès est présumé avoir été conçu pendant le mariage.

II. Motivo

1. Concepimento nel matrimonio

[1] Se il figlio è stato concepito durante il matrimonio, l'attore deve dimostrare che il marito non è il padre.

[2] Si presume concepito durante il matrimonio il figlio nato non prima di centottanta giorni dalla celebrazione del matrimonio e non oltre trecento giorni dallo scioglimento di quest'ultimo per causa di morte.

Art. 256b

2. Bei Zeugung vor der Ehe oder während Aufhebung des Haushaltes

[1] Ist ein Kind vor Abschluss der Ehe oder zu einer Zeit gezeugt worden, da der gemeinsame Haushalt aufgehoben war, so ist die Anfechtung nicht weiter zu begründen.

[2] Die Vaterschaft des Ehemannes wird jedoch auch in diesem Fall vermutet, wenn glaubhaft gemacht wird, dass er um die Zeit der Empfängnis der Mutter beigewohnt hat.

2. Enfant conçu avant le mariage ou pendant la suspension de la vie commune

[1] Lorsque l'enfant a été conçu avant la célébration du mariage ou lorsqu'au moment de la conception la vie commune était suspendue, le demandeur n'a pas à prouver d'autre fait à l'appui de l'action.

[2] Toutefois, dans ce cas également, la paternité du mari est présumée lorsqu'il est rendu vraisemblable qu'il a cohabité avec sa femme à l'époque de la conception.

2. Concepimento prima del matrimonio o durante la sospensione della comunione domestica

[1] Se il figlio è stato concepito prima della celebrazione del matrimonio o in un momento in cui la comunione domestica era sospesa, la contestazione non dev'essere ulteriormente motivata.

[2] La paternità del marito è tuttavia presunta anche in questo caso quando sia reso verosimile ch'egli abbia avuto concubito con la madre al tempo del concepimento.

Literatur

Vgl. die Literaturhinweise zu Art. 256.

I. Allgemeines

Art. 256a und 256b stufen die **Beweislast** danach ab, ob das Kind in der Ehe oder aber   **1**
vor der Ehe oder während der Aufhebung des gemeinsamen Haushalts gezeugt wurde.
Entsprechend der Einschränkung der pater est-Regel (vgl. Art. 255 N 5) beschränkt sich
die Vermutung des Art. 256a Abs. 2 nunmehr auf die Fälle der Auflösung der Ehe durch
Tod.

II. Beweislast bei Zeugung in der Ehe und während des Zusammenlebens (Art. 256a)

1. Grundsatz (Abs. 1)

Bei Zeugung des Kindes in der Ehe trägt der **Kläger** die **volle Beweislast** für die Nicht-   **2**
vaterschaft des Ehemannes.

2. Vermutung (Abs. 2)

Nach Art. 256a Abs. 2 wird **vermutet,** dass ein Kind, das mindestens 180 Tage nach   **3**
Eheschliessung und spätestens 300 Tage nach Auflösung der Ehe durch Tod geboren
wurde, **während der Ehe gezeugt** worden ist (gesetzliche Tatsachenvermutung vgl.
STAEHELIN/SUTTER, § 14 N 100). Kann jedoch der Kläger mittels gynäkologischem oder
Tragezeitgutachten (vgl. Art. 254 N 8, 10) nachweisen, dass das Kind vor der Ehe ge-
zeugt wurde, greift die erleichterte Anfechtung nach Art. 256b (vgl. N 6) ein.

III. Beweis der Nichtvaterschaft

a) Fehlende Beiwohnung

Die Nichtvaterschaft kann zunächst durch den Beweis **fehlender Beiwohnung** (zur Bei-   **4**
wohnung vgl. Art. 262 N 2) bewiesen werden. An diesen Beweis sind freilich hohe Anforderungen zu stellen. I.d.R. wird er nur durch Nachweis der Abwesenheit während der
Empfängniszeit oder dauernder Impotenz erbracht werden können (vgl. BGE 97 II 116;
zum Falle eineiiger Zwillinge vgl. BezGer SG SJZ 1991, 246 Nr. 34). **Homologe Inse-**
mination ist der Beiwohnung gleichzustellen (vgl. BK-HEGNAUER, N 37).

b) Fehlende Abstammung

Kann der Beweis fehlender Beiwohnung nicht mit an Sicherheit grenzender Wahrschein-   **5**
lichkeit geführt werden, so kann die Nichtvaterschaft nur im Wege **naturwissenschaft-**
licher Gutachten (vgl. BGE 109 II 293; 101 II 15 = Pra 1975, 660; BGE 91 II 164; vgl.
Art. 254 N 11 ff.) bewiesen werden.

IV. Beweislast bei Zeugung vor der Ehe oder während der Aufhebung des gemeinsamen Haushalts (Art. 256b)

1. Grundsatz (Abs. 1)

Bei Zeugung **vor der Ehe** oder während der **Aufhebung des gemeinsamen Haushalts**   **6**
wird die **Anfechtung erleichtert.** Den Kläger trifft insoweit nur die Beweislast hinsichtlich der vorgenannten Umstände. Die Nichtbeiwohnung wird in diesen Fällen vermutet.

a) Zeugung vor der Ehe

7   Es wird vermutet, dass ein Kind, das innerhalb von 180 Tagen nach Eheschliessung geboren wurde, vor der Ehe gezeugt wurde (Art. 256a Abs. 2e contrario). Kann jedoch mittels gynäkologischem oder Tragezeitgutachten nachgewiesen werden, dass die Schwangerschaft weniger als 180 Tage gedauert hat, so gilt die ordentliche Anfechtung nach Art. 256a (vgl. N 4 f.).

b) Zeugung während der Aufhebung des gemeinsamen Haushalts

8   Entscheidend ist die faktische Aufhebung des gemeinsamen Haushalts, ohne dass es auf die Gründe hierfür ankommt. Für die Vermutung, ob das Kind während des Bestehens des gemeinsamen Haushalts, davor oder danach gezeugt wurde, gilt Art. 256a Abs. 2 entsprechend (vgl. BK-HEGNAUER, N 16; DERS., Kindesrecht, N 6.20 f.; STETTLER, SPR III/2, 1992, 186). Zur Widerlegbarkeit dieser Vermutung vgl. N 4 und 5.

2. Glaubhaftgemachte Beiwohnung (Abs. 2)

9   Die erleichterte Anfechtungsmöglichkeit entfällt jedoch wieder, wenn die Beklagten eine **Beiwohnung** um die Zeit der Empfängnis **glaubhaft** machen (vgl. BGE 69 II 215). Es gilt dann die **ordentliche Anfechtung** (vgl. N 4 f.). Entsprechendes gilt für den Fall der **homologen Insemination**.

10   **Empfängniszeit** i.S. der Bestimmung ist der Zeitraum, während dessen die Zeugung aufgrund gynäkologischem oder Tragezeitgutachten nicht mit an Sicherheit grenzender Wahrscheinlichkeit ausgeschlossen werden kann (vgl. BGE 83 II 179). **Glaubhaft** gemacht ist die Beiwohnung, wenn für sie eine gewisse Wahrscheinlichkeit spricht, auch wenn der gegenteilige Sachverhalt nicht ausgeschlossen werden kann (vgl. STAEHELIN/ SUTTER, § 14 N 92). Bestreiten der Beiwohnung durch die Ehegatten oder Geschlechtsverkehr mit einem Dritten schliesst die Glaubhaftmachung nicht aus (vgl. BK-HEGNAUER, N 19 ff.; BALLENEGGER-CORNAZ, 152 f.).

3. Beweis der Vaterschaft

11   Kann die Beiwohnung nicht glaubhaft gemacht werden, so können die Beklagten gleichwohl den **direkten Vaterschaftsbeweis** durch naturwissenschaftliche Gutachten (vgl. Art. 254 N 11 ff.) führen (vgl. HEGNAUER, Kindesrecht, N 6.23; kritisch hierzu STETTLER, SPR III/2, 1992, 187).

Art. 256c

III. Klagefrist	[1] **Der Ehemann hat die Klage binnen Jahresfrist einzureichen, seitdem er die Geburt und die Tatsache erfahren hat, dass er nicht der Vater ist oder dass ein Dritter der Mutter um die Zeit der Empfängnis beigewohnt hat, in jedem Fall aber vor Ablauf von fünf Jahren seit der Geburt.**
	[2] **Die Klage des Kindes ist spätestens ein Jahr nach Erreichen des Mündigkeitsalters zu erheben.**
	[3] **Nach Ablauf der Frist wird eine Anfechtung zugelassen, wenn die Verspätung mit wichtigen Gründen entschuldigt wird.**

III. Délai

[1] Le mari doit intenter action au plus tard un an après qu'il a connu la naissance et le fait qu'il n'est pas le père ou qu'un tiers a cohabité avec la mère à l'époque de la conception, mais en tout cas dans les cinq ans depuis la naissance.

[2] L'action de l'enfant doit être intentée au plus tard une année après qu'il a atteint l'âge de la majorité.

[3] L'action peut être intentée après l'expiration du délai lorsque de justes motifs rendent le retard excusable.

III. Termine

[1] Il marito può proporre l'azione entro un anno dacché ebbe notizia della nascita e dell'esclusa sua paternità, o del concubito di un terzo con la madre al tempo del concepimento, in ogni caso però entro cinque anni dalla nascita.

[2] L'azione del figlio può essere proposta al più tardi un anno dopo la raggiunta maggiore età.

[3] Scaduto il termine, la contestazione è ammessa se il ritardo è scusato da gravi motivi.

Literatur

VOGEL, Die Gefahr der Klageverwirkung, recht 1986, 60 ff.; vgl. ausserdem die Literaturhinweise zu Art. 256.

I. Allgemeines

Art. 256c regelt die **Fristen** zur Erhebung der Anfechtungsklage durch Ehemann und Kind sowie deren mögliche Wiederherstellung. Es handelt sich insoweit um **Verwirkungs- und nicht um Verjährungsfristen** (vgl. VOGEL, recht 1986, 60, 61 f.).   **1**

II. Klage vor der Geburt

Sowohl der Ehemann als auch das Kind – vertreten durch einen Beistand nach Art. 392 Ziff. 2 – können die Klage schon **vor der Geburt** erheben (Art. 263 Abs. 1 analog; STETTLER, SPR III/2, 1992, 177; SIEGENTHALER, ZZW 1987, 35).   **2**

III. Klagefrist für den Ehemann (Abs. 1)

1. Relative Frist

Abs. 1 statuiert zunächst für den Ehemann eine **einjährige relative Frist** zur Klageerhebung. Die **Frist beginnt** mit Kenntnis der Geburt und der Tatsache, dass er nicht der Vater ist oder ein Dritter der Mutter um die Zeit der Empfängnis beigewohnt hat. **Kenntnis** von der Geburt erlangt der Ehemann bei Zusammenleben i.d.R. sofort, bei Getrenntleben u.U. erst später. Die Frist beginnt keinesfalls vor der Geburt zu laufen. Ausserdem muss der Ehemann Kenntnis davon besitzen, dass er nicht der Vater ist. Diese kann schon im Zeitpunkt der Geburt vorliegen, wenn er der Mutter während der Empfängniszeit nicht beigewohnt hat, wenn er um seine eigene Zeugungsunfähigkeit oder um die Schwangerschaft schon beim ersten Geschlechtsverkehr mit der Mutter weiss. Spätere Kenntnis kann der Ehemann etwa aufgrund medizinischer oder erbbiologischer Untersuchung oder dadurch erlangen, dass beim Kind fremdrassige Merkmale vorliegen (vgl. BK-HEGNAUER, N 16 ff.; STETTLER, SPR III/2, 1992, 178). Die Frist beginnt auch zu laufen, wenn der   **3**

Ehemann Kenntnis davon hat, dass ein Dritter der Mutter in der Zeit der Empfängnis beigewohnt hat. Kenntnis der Person ist insoweit nicht erforderlich (vgl. BGE 119 II 111 = SJZ 1993, 381 Nr. 3). In jedem Fall ist eine sichere Kenntnis zu verlangen; **blosse Zweifel** oder **Befürchtungen** reichen nicht aus (vgl. BGE 119 II 113: Sterilität). U.U. kann freilich bei Zweifeln erwartet werden, dass der Ehemann weitere Erkundigungen einzieht (vgl. BGE 100 II 283). Für das «doppelt eheliche» Kind vgl. Art. 257 N 3.

2. Absolute Frist

4 Neben der relativen Frist gilt eine **absolute fünfjährige Frist,** beginnend mit der Geburt des Kindes. Für das «doppelt eheliche» Kind vgl. Art. 257 N 3.

IV. Klagefrist für das Kind (Abs. 2)

5 Die Klage kann **jederzeit vor der Mündigkeit** erhoben werden, unterliegt jedoch bis zur Mündigkeit keiner Verwirkungsfrist. **Ab Eintritt der Mündigkeit** beginnt eine absolute einjährige Klagefrist zu laufen.

V. Wiederherstellung der Frist (Abs. 3)

6 Trotz Fristversäumung wird die Klage zugelassen, wenn die Verspätung mit **wichtigen Gründen** entschuldigt wird. Der Wiederherstellung sind sowohl die relative als auch die absolute Frist zugänglich. Die h.M. zeigt sich recht grosszügig und anerkennt sowohl **objektive Hindernisse** (Krankheit, Abwesenheit und Urteilsunfähigkeit etc.) als auch **subjektive Hindernisse,** wie z.B. die Hoffnung des Ehemannes, die Ehe mit der Mutter weiterzuführen oder die fehlende intellektuelle Fähigkeit, biologische Zusammenhänge zu verstehen. In jüngerer Zeit zeigt sich eine deutliche Tendenz, durch Wiederherstellung der Frist in verstärktem Masse die Anfechtung der Vaterschaft zuzulassen, wie die Entwicklung von BGer, FamPra.ch 2004, 142 ff. (mit Bemerkungen BÜCHLER, 147 ff.), wo noch ausgeführt wurde, die Bestimmungen über die Wiederherstellung der Klagefrist seien restriktiv anzuwenden, und die Beurteilung der Gründe, die eine verspätete Anfechtung entschuldigen sollen, habe nach einem strengen Massstab zu erfolgen, bis hin zu BGer, FamPra.ch 2006, 170 ff., zeigt. Nach diesem neuesten Entscheid wird die **Wiederherstellung** der Frist **erleichtert,** da regelmässig bezüglich einer DNA-Analyse im Hinblick auf eine allfällige Anfechtung der Vaterschaft gewisse Hemmungen bestehen. Deshalb müsse eine solche Untersuchung erst durchgeführt werden, «wenn Zweifel einer bestimmten Intensität vorliegen».

7 Bei Klageerhebung innerhalb der Frist ist, wenn die Klage an einem verbesserlichen Fehler leidet, **Art. 139 OR entsprechend** anzuwenden (BGE 100 II 284 = Pra 1975, 344; vgl. STAEHELIN/SUTTER, § 12 N 19).

VI. Rechtsvergleichung

8 Im ausländischen Recht **variieren die Fristen** erheblich. Eine einjährige Frist kennt das italienische Recht (Art. 244 Abs. 1 CC it. [Klagefrist der Mutter: 6 Monate], Art. 244 Abs. 2 CC it. [Vater: 1 Jahr], Art. 244 Abs. 3 CC it. [Kind: 1 Jahr nach Mündigkeit]); Deutschland und Österreich sehen eine zweijährige Frist vor (§ 1600b BGB, § 158 Abs. 1 ABGB). Frankreich geht zwar von einer 6-monatigen Frist aus (Art. 316 CC fr.), lässt jedoch bei Widerspruch zwischen Registereintrag und possession d'état (gelebte Eltern-Kind-Beziehung) die Anfechtung noch 30 Jahre ab Geburt des Kindes zu (vgl.

Art. 311–7 CC fr.; Cass.civ.1 re, 27.2.1985, D.1985.265). Andere Rechtsordnungen kennen gar keine Befristung (w.Nw. bei SCHWENZER, Gutachten A zum 59. DJT, 38 FN 92; BÜCHLER, FamPra.ch 2005, 437, 466 f.).

Art. 257

C. Zusammen-treffen zweier Vermutungen	**¹ Ist ein Kind vor Ablauf von 300 Tagen seit der Auflösung der Ehe durch Tod geboren und hat die Mutter inzwischen eine neue Ehe geschlossen, so gilt der zweite Ehemann als Vater.**
	² Wird diese Vermutung beseitigt, so gilt der erste Ehemann als Vater.
C. Conflit de présomptions	¹ Lorsqu'un enfant est né dans les trois cents jours qui suivent la dissolution du mariage par suite de décès et que sa mère a contracté un nouveau mariage, le second mari est réputé être le père.
	² Si cette présomption est écartée, le premier mari est réputé être le père.
C. Duplice presunzione	¹ Se il figlio è nato nei trecento giorni successivi allo scioglimento del matrimonio per causa di morte e la madre è nel frattempo passata a nuove nozze, il presunto padre è il secondo marito.
	² Se questa presunzione è infirmata, si ha per padre il primo marito.

Literatur

HEGNAUER, Wann trifft die Vermutung der Vaterschaft auf zwei Ehemänner zu (Art. 257 ZGB)?, ZZW 1983, 44 f.; DERS., Plädoyer für die Abschaffung der Frauenwartefrist gemäss Art. 103 ZGB, ZZW 1983, 65 ff.; HEUSSLER, Zum materiellen Falscheintrag verpflichtet, ZZW 1990, 75 ff.; vgl. ausserdem die Literaturhinweise zu Art. 255.

I. Allgemeines

Art. 257 regelt die Vaterschaftsvermutung für das **«doppelt eheliche» Kind,** d.h. ein   **1**
Kind, das einerseits innerhalb von 300 Tagen nach Auflösung einer Ehe durch Tod und andererseits nach zweiter Eheschliessung der Mutter geboren wird (vgl. HEGNAUER, ZZW 1983, 44 f.; HEUSSLER, ZZW 1990, 75, 77). Bei **bigamischer Ehe** ist Art. 257 zumindest entsprechend anwendbar (vgl. HEGNAUER, Kindesrecht, N 5.13).

II. Vaterschaftsvermutung für den zweiten Ehemann (Abs. 1)

Nach Abs. 1 wird in diesen Fällen der **zweite Ehemann** als Vater vermutet. Die Vater-   **2**
schaft kann nach Art. 256 ff. angefochten werden.

III. Vaterschaftsvermutung für den ersten Ehemann (Abs. 2)

Ist die Nichtvaterschaft des zweiten Ehemannes durch Urteil rechtskräftig festgestellt,   **3**
gilt der **erste (verstorbene) Ehemann** als Vater. Für die Anfechtung dieser Vermutung ist Art. 256c in dem Sinne entsprechend anzuwenden, dass statt auf die Geburt des Kindes auf das die Vermutungswirkung bezüglich des ersten Ehemannes begründende rechtskräftige Gestaltungsurteil abzustellen ist (vgl. BK-HEGNAUER, N 13).

IV. Rechtsvergleichung

4   Verwandte Bestimmungen finden sich im deutschen (§ 1593 BGB) und österreichischen Recht (§ 138 Abs. 2 ABGB).

Art. 258

D. Klage der Eltern	[1] Ist der Ehemann vor Ablauf der Klagefrist gestorben oder urteilsunfähig geworden, so kann die Anfechtungsklage von seinem Vater oder seiner Mutter erhoben werden.

[2] Die Bestimmungen über die Anfechtung durch den Ehemann finden entsprechende Anwendung.

[3] Die einjährige Klagefrist beginnt frühestens mit der Kenntnis des Todes oder der Urteilsunfähigkeit des Ehemannes.

D. Action des père et mère	[1] Lorsque le mari est décédé ou devenu incapable de discernement avant l'expiration du délai, l'action en désaveu peut être intentée par son père ou par sa mère.

[2] Les dispositions sur le désaveu par le mari sont applicables par analogie.

[3] Le délai d'une année pour intenter l'action commence à courir au plus tôt lorsque le père ou la mère a appris le décès ou l'incapacité de discernement du mari.

D. Azione dei genitori	[1] L'azione di contestazione può essere proposta dal padre o dalla madre del marito morto o divenuto incapace di discernimento prima della scadenza del termine per proporla.

[2] Le disposizioni sulla contestazione da parte del marito si applicano per analogia.

[3] Il termine annuale per proporre l'azione decorre al più presto dal momento in cui si è avuto conoscenza della morte o dell'incapacità di discernimento del marito.

Literatur

Vgl. die Literaturhinweise zu Art. 256.

I. Allgemeines

1   Art. 258 räumt den Eltern des Ehemannes ein **subsidiäres Klagerecht** ein, wenn der Ehemann vor Ablauf der Klagefrist gestorben oder urteilsunfähig geworden ist.

II. Voraussetzungen

2   **Voraussetzung ist zunächst der Tod** oder die **dauernde Urteilsunfähigkeit** des Ehemannes. Vorübergehende Urteilsunfähigkeit begründet das Klagerecht der Eltern nicht, kann aber für den Ehemann selbst einen Wiederherstellungsgrund nach Art. 256c Abs. 3 bilden. Der Ehemann darf das Klagerecht noch nicht verloren haben (vgl. BK-HEGNAUER, N 7 ff.). Liegt ein Fall des Art. 256 Abs. 3 vor oder war die relative oder die absolute Frist nach Art. 256c Abs. 1 für den Ehemann bereits abgelaufen, entfällt auch das Anfechtungsrecht der Eltern.

III. Ausübung des Klagerechtes

Das Klagerecht steht jedem Elternteil **allein** zu (vgl. BK-Hegnauer, N 10); es ist **höchst-** **3** **persönlicher Natur** (vgl. auch Art. 256 N 11). Die Bestimmungen zur Anfechtung durch den Ehemann (Art. 253, 254, 256, 256a, 256b, 256c) gelten entsprechend (Abs. 2). Hinsichtlich der relativen Jahresfrist bestimmt Abs. 3, dass diese frühestens mit Kenntnis des Todes oder der Urteilsunfähigkeit des Ehemannes zu laufen beginnt.

IV. Rechtsvergleichung

Deutschland hat das subsidiäre Anfechtungsrecht der Eltern im Jahre 1998 abgeschafft; **4** in Frankreich steht es den **Erben** (Art. 316–1 Abs. 2 CC fr.), in Italien **Aszendenten** und **Deszendenten** zu (Art. 246 Ziff. 1 CC it.). In Österreich kannn die **Staatsanwaltschaft** die Feststellung der fehlenden Abstammung beantragen (§ 158 ABGB). Weitere Nachweise bei SCHWENZER, Gutachten A zum 59. DJT, 29 f. FN 38.

Art. 259

E. Heirat der Eltern	¹ **Heiraten die Eltern einander, so finden auf das vorher geborene Kind die Bestimmungen über das während der Ehe geborene entsprechende Anwendung, sobald die Vaterschaft des Ehemannes durch Anerkennung oder Urteil festgestellt ist.**

² **Die Anerkennung kann angefochten werden:**
1. **von der Mutter;**
2. **vom Kind, oder nach seinem Tode von den Nachkommen, wenn während seiner Unmündigkeit der gemeinsame Haushalt der Ehegatten aufgehört hat oder die Anerkennung erst nach Vollendung seines zwölften Altersjahres ausgesprochen worden ist;**
3. **von der Heimat- oder Wohnsitzgemeinde des Ehemannes;**
4. **vom Ehemann.**

³ **Die Vorschriften über die Anfechtung der Anerkennung finden entsprechende Anwendung.**

E. Mariage des père et mère	¹ Lorsque les père et mère se marient, les dispositions concernant l'enfant né pendant le mariage sont applicables par analogie à l'enfant né avant leur mariage, dès que la paternité du mari est établie par une reconnaissance ou un jugement.

² La reconnaissance peut être attaquée:
1. par la mère;
2. par l'enfant ou, après sa mort, par ses descendants, si la vie commune des époux a pris fin pendant sa minorité ou si la reconnaissance a eu lieu après qu'il a atteint l'âge de 12 ans révolus;
3. par la commune d'origine ou de domicile du mari;
4. par le mari.

³ Les dispositions sur la contestation de la reconnaissance sont applicables par analogie.

E. Matrimonio dei genitori	¹ Se i genitori si uniscono in matrimonio, ai figli prenati s'applicano per analogia le disposizioni sui figli nati durante il matrimonio, tosto che la paternità del marito sia stata stabilita per riconoscimento o per sentenza del giudice.

Ingeborg Schwenzer

² Il riconoscimento può essere contestato:
1. dalla madre;
2. dal figlio o, dopo la sua morte, dai suoi discendenti, se la comunione domestica dei coniugi è cessata durante la sua minore età o il riconoscimento è stato pronunciato soltanto dopo il compimento del suo dodicesimo anno d'età;
3. dal Comune di origine o di domicilio del marito;
4. dal marito.

³ Le disposizioni sulla contestazione del riconoscimento sono applicabili per analogia.

Literatur

HAUSHEER, Die Begründung des Eltern-Kind-Verhältnisses, BTJP 1977, 1978, 9 ff.; HEGNAUER, Zur Errichtung und Aufhebung der Beistandschaft für das ausserhalb der Ehe geborene Kind (Art. 309 ZGB), ZVW 1982, 45 ff.; DERS., Die Legitimation im bisherigen und künftigen schweizerischen Kindesrecht, in: FS Hinderling, 1976, 81 ff.; DERS., Grundgedanken des neuen Kindesrechts, in: FS Guldener, 1973, 127 ff.; JORIO, Der Inhaber der elterlichen Gewalt nach dem neuen Kindesrecht, Diss. Freiburg i.Ü. 1977; SAGER, Die Begründung des Kindesverhältnisses zum Vater durch Anerkennung und seine Aufhebung, Diss. Zürich 1979; SIEGENTHALER, Die Legitimation als ein der Begründung des Kindesverhältnisses dienendes Rechtsinstitut, ZZW 1980, 213 ff.; SONDER, Die «Heirat der Eltern» nach Artikel 259 ZGB, Diss. Freiburg i.Ü. 1982.

I. Allgemeines

1   Art. 259 regelt die **Folgen** einer nach Geburt des Kindes erfolgten **Heirat der Eltern.** Es geht dabei zum einen um eine **Gleichstellung** des Kindes mit einem während der Ehe geborenen Kind (HEGNAUER, FS Hinderling, 81, 89 f.). Zum anderen wird der **Kreis der Anfechtungsberechtigten** gegenüber jenem bei Anfechtung einer normalen Anerkennung eingeschränkt (vgl. Art. 260a N 3).

II. Voraussetzungen

2   Neben dem **Kindesverhältnis zur Mutter** muss ein **Kindesverhältnis zum Vater** bestehen, und zwar aufgrund Anerkennung (Art. 260) oder aufgrund gerichtlichen Urteils (Art. 261; im Gegensatz dazu die altrechtliche Legitimation durch nachfolgende Ehe der Mutter, vgl. SAGER, 122; HEGNAUER, FS Hinderling, 81, 96; SIEGENTHALER, ZZW 1980, 213, 215). Irrelevant ist, ob die Begründung des Kindesverhältnisses zum Vater der Heirat vorangeht oder erst nachfolgt (vgl. HAUSHEER, 22; HEGNAUER, FS Guldener, 127, 133). Die Begründung des Kindesverhältnisses mit den Wirkungen des Art. 259 ist selbst noch nach Aufhebung der Ehe möglich (vgl. BK-HEGNAUER, N 20, 26).

3   Weitere Voraussetzung ist die **Eheschliessung der Eltern** nach der Geburt des Kindes. Die Ungültigerklärung der Ehe lässt die Wirkungen des Art. 259 nicht entfallen (Art. 109 Abs. 1). Dies gilt erst recht für die Auflösung der Ehe durch Tod oder Scheidung (vgl. SONDER, 217 ff.).

III. Wirkungen (Abs. 1)

1. Familienname

4   Sind die Voraussetzungen des Art. 259 Abs. 1 erfüllt, so erhält das Kind den **Familiennamen der Eltern** (Art. 270 Abs. 1). Ob dadurch ein Namenswechsel eintritt, hängt davon ab, welchen Namen das Kind ursprünglich führt (vgl. Art. 270 Abs. 2, 271 Abs. 3, 30

Abs. 1), und ob die Eltern den Mannes- oder den Frauennamen als Familiennamen tragen (Art. 160 Abs. 1, 30 Abs. 2). Eine eventuelle **Namensänderung** tritt **automatisch** und unabhängig vom Alter des Kindes ein. Sie erstreckt sich auch auf andere Personen (Ehegatte, Abkömmlinge), die ihren Namen von dem des Kindes ableiten. Eine **Beibehaltung** des ursprünglichen Namens ist nur im Wege einer Namensänderung (Art. 30 Abs. 1) möglich (vgl. zum Grundsatz der Namenseinheit BGE 108 II 161). Im Hinblick auf das Persönlichkeitsrecht des Kindes erscheint diese Lösung als höchst problematisch (vgl. SONDER, 180 ff.; BK-HEGNAUER, N 46 f.). **De lege lata** ist deshalb eine grosszügige Anwendung des Art. 30 Abs. 1 jedenfalls im Hinblick auf das urteilsfähige und besonders auf das mündige Kind geboten. **De lege ferenda** sollte eine Namensänderung von einer entsprechenden Anschlusserklärung jedenfalls des urteilsfähigen Kindes abhängig gemacht werden (Deutschland: vgl. nur § 1617c BGB: Anschlusserklärung ab dem fünften Lebensjahr, ab vierzehntem Lebensjahr muss das Kind selbst zustimmen; Frankreich: Art. 334–4 CC fr.: ab Mündigkeit).

2. Bürgerrecht

Das Kind erwirbt dasjenige **Bürgerrecht,** welches es bei Geburt in der Ehe erhalten hätte. Eine spätere Auflösung oder Ungültigerklärung der Ehe bleibt ohne Wirkung (vgl. BK-HEGNAUER, N 29; BK-HEGNAUER, Art. 271 N 42).   **5**

a) Beide Eltern sind Schweizer

Das Kind, das bisher das Kantons- und Gemeindebürgerrecht der Mutter besass (vgl. Art. 271 Abs. 2, Ausnahme: Art. 271 Abs. 3), erwirbt automatisch das Kantons- und Gemeindebürgerrecht des Vaters (Art. 271 Abs. 1 ZGB; Art. 1 Abs. 1 lit. a, Art. 1 Abs. 2 BüG). Gleichzeitig verliert es sein ursprüngliches, durch die Mutter vermitteltes Bürgerrecht (vgl. Art. 4 Abs. 3 Satz 2 BüG). Dies gilt sowohl für unmündige als auch für mündige Kinder (vgl. STETTLER, SPR III/2, 1992, 485).   **6**

b) Mutter ist Schweizerin, Vater Ausländer

Das Kind behält das mit der Geburt von der Mutter erworbene Schweizer Bürgerrecht (Art. 1 Abs. 1 lit. b BüG), auch wenn es nach dem Heimatrecht des Vaters dessen Staatsangehörigkeit erwirbt (vgl. STETTLER, SPR III/2, 1992, 480; vgl. Art. 271 N 8). Ohne Bedeutung ist, ob die Mutter durch eine frühere Ehe Schweizerin geworden ist (Art. 57a BüG; BK-HEGNAUER, Art. 271 N 45).   **7**

c) Mutter ist Ausländerin, Vater Schweizer

Das unmündige Kind erwirbt das Schweizer Bürgerrecht des Vaters (Art. 1 Abs. 2 BüG, Art. 4 Abs. 3 BüG) inkl. dessen Kantons- und Gemeindebürgerrecht (Art. 271 Abs. 1; vgl. BK-HEGNAUER, Art. 271 N 44). Ist das Kind im Zeitpunkt, in dem die Voraussetzungen des Art. 259 Abs. 1 eintreten, bereits mündig, verbleibt es beim ursprünglichen Bürgerrecht.   **8**

3. Unterhaltspflicht

Da die elterliche **Unterhaltspflicht** für eheliche und auspereheliche Kinder keine grundsätzlichen Unterschiede aufweist, ergeben sich bei Eintritt des Tatbestandes des Art. 259 Abs. 1 im Prinzip **keine Änderungen.** Für das Verhältnis der Eltern untereinander gilt nach der Heirat Art. 278 Abs. 1, 163. Zum Einfluss der Eheschliessung auf eine zuvor   **9** abgeschlossene **Abfindungsvereinbarung** vgl. Art. 288 (vgl. BK-HEGNAUER, N 67; SONDER, 194 f.).

4. Elterliche Sorge

10 Ab Eintritt der Voraussetzungen des Art. 259 Abs. 1 steht die elterliche Sorge den **Eltern gemeinsam** zu (Art. 297 Abs. 1; vgl. JORIO, 113 f.), falls sie nicht ohnehin zuvor die elterliche Sorge nach Art. 298a bereits gemeinsam ausgeübt haben. Heiraten die Eltern bevor das Kindesverhältnis zum Vater begründet wird, steht die elterliche Sorge der **Mutter** zu (Art. 298 Abs. 1), für den Vater gilt die Stiefelternregelung des Art. 299 (vgl. BK-HEGNAUER, N 79).

11 Bestehende **Kindesschutzmassnahmen** nach Art. 307, 308 oder 310 fallen nicht automatisch dahin, u.U. kommt jedoch eine Anpassung in Betracht (Art. 313 Abs. 1; KGer VS SJZ 1987, 243 Nr. 2). Eine Ausserehelichenbeistandschaft ist aufzuheben, wenn das Kindesverhältnis zum Vater festgestellt ist (vgl. HEGNAUER, ZVW 1982, 45, 49; BGE 107 II 313 = Pra 1981, 707).

IV. Anfechtung der Anerkennung

1. Grundsätze (Abs. 3)

12 Grundsätzlich gelten für die Anfechtung der Anerkennung nach Abs. 3 die **allgemeinen Regeln** (Art. 260a Abs. 2 und 3, 260b, 260c, 253 und 254). Wird durch Urteil festgestellt, dass ein Kindesverhältnis zum Ehemann der Mutter nicht besteht, entfallen rückwirkend auch wieder die Wirkungen aus Art. 259 Abs. 1 (vgl. BK-HEGNAUER, N 84).

2. Kreis der Anfechtungsberechtigten (Abs. 2)

13 Während die normale Anerkennung von jedermann, der ein Interesse hat, angefochten werden kann (Art. 260a), schränkt Art. 259 Abs. 2 den Kreis der Anfechtungsberechtigten ein. Die **Aufzählung** ist **abschliessend.** Der Kreis ist aber immer noch weiter als beim während der Ehe seiner Eltern geborenen Kind (vgl. Art. 256 Abs. 1). In Bezug auf die Anfechtung der Vaterschaft steht damit das durch nachträgliche Ehe «legitimierte» Kind zwischen dem ehelichen und dem ausserehelichen Kind (vgl. SONDER, 237; SAGER, 154 f.). Der Kreis der Anfechtungsberechtigten wird durch spätere Auflösung der Ehe nicht wieder erweitert (vgl. BK-HEGNAUER, N 106; zum Anfechtungsrecht erbberechtigter Verwandter nach altem Recht BGE 95 II 391).

a) Mutter, Ziff. 1

14 Im Gegensatz zu Art. 256 Abs. 1 steht der Mutter ein eigenes Anfechtungsrecht zu. Die Begründungsversuche, die für diese unterschiedliche Regelung angeführt werden (vgl. BK-HEGNAUER, N 29; HAUSHEER, 9, 23), vermögen nicht zu überzeugen (so auch SONDER, 248 ff.). **De lege ferenda** ist deshalb eine einheitliche Lösung zu befürworten (vgl. auch Art. 256 N 6 f.; vgl. im Übrigen Art. 260a N 3).

b) Kind, Ziff. 2

15 Für das Kind gestaltet sich das Anfechtungsrecht unterschiedlich je nachdem, ob die Anerkennung vor oder nach Vollendung des zwölften Lebensjahres erfolgt ist. **Bei Anerkennung vor Vollendung des zwölften Lebensjahres** kann das Kind nur unter denselben Voraussetzungen wie das während der Ehe der Eltern geborene Kind anfechten (Einzelheiten bei Art. 256 N 3). Demgegenüber steht ihm bei **Anerkennung nach Vollendung des zwölften Lebensjahres** ein unbeschränktes Anfechtungsrecht zu. Begründet wird dies damit, dass in einem solchen Fall der Eheschutz hinter dem Persönlichkeitsrecht des Kindes zurückstehen müsse (vgl. BK-HEGNAUER, N 93; SONDER, 253 f.).

c) Nachkommen des Kindes, Ziff. 2

Wiederum im Gegensatz zu Art. 256 Abs. 1 steht auch den Nachkommen des Kindes ein **16** **subsidiäres Anfechtungsrecht** zu, wenn dieses verstorben ist. Dieser Unterschied lässt sich jedenfalls in Fällen, in denen das Kind vor Vollendung des zwölften Lebensjahres anerkannt wurde, nicht rechtfertigen (anders offenbar SONDER, 272). Die Voraussetzungen für das Anfechtungsrecht des Kindes gelten auch für dessen Nachkommen. Die absolute fünfjährige Frist des Art. 260c Abs. 1 ist auf die Nachkommen nicht anwendbar (vgl. SONDER, 271; BK-HEGNAUER, N 95; **a.A.** SAGER, 146). Wird das Kind erst nach seinem Tod anerkannt, ist Art. 259 Abs. 2 Ziff. 2 entsprechend anzuwenden; ein selbständiges Anfechtungsrecht nach Art. 260a Abs. 1 ist abzulehnen (**a.A.** SONDER, 272; BK-HEGNAUER, N 96).

d) Heimat- oder Wohnsitzgemeinde des Ehemannes, Ziff. 3

Heimat- und Wohnsitzgemeinde des Ehemannes haben ein **selbständiges,** ausser der **17** Frist des Art. 260c keinen weiteren Schranken unterliegendes Anfechtungsrecht. Auch insoweit lässt sich der Unterschied zu Art. 256 Abs. 1 nicht rechtfertigen (kritisch auch SONDER, 273 ff.; SAGER, 147 f., 156; STETTLER, SPR III/2, 1992, 204). Vgl. im Übrigen Art. 260a N 5.

e) Ehemann, Ziff. 4

Dem Ehemann steht das Anfechtungsrecht unter denselben Voraussetzungen wie nach **18** Art. 260a Abs. 2 zu (vgl. im Einzelnen Art. 260a N 2).

f) Eltern des Ehemannes

Zwar werden die Eltern des Ehemannes nicht ausdrücklich erwähnt; in entsprechender **19** Anwendung des Art. 258 muss ihnen jedoch bei Tod des Ehemannes vor Ablauf der Klagefrist ebenfalls ein Anfechtungsrecht eingeräumt werden (vgl. BK-HEGNAUER, N 103).

3. Wirkung der erfolgreichen Anfechtung auf das Bürgerrecht

a) Mutter und Scheinvater sind Schweizer

Das Kind verliert das aufgrund Art. 259 Abs. 1 erworbene Bürgerrecht und kehrt zu dem **20** mit der Geburt erworbenen Bürgerrecht der Mutter zurück (Art. 271 Abs. 2; vgl. Art. 271 N 8).

b) Mutter ist Schweizerin, Scheinvater Ausländer

Das von der Mutter nach Art. 1 Abs. 1 lit. b BüG erworbene Bürgerrecht wird durch die **21** Anfechtung nicht berührt.

c) Mutter ist Ausländerin, Scheinvater Schweizer

Das Kind verliert das Schweizer Bürgerrecht, sofern es dadurch nicht staatenlos wird **22** (Art. 8 BüG). Es hat jedoch Anspruch auf erleichterte Einbürgerung (Art. 29 Abs. 4 BüG;

vgl. BK-HEGNAUER, Art. 271 N 67 f.). Der Verlust des Schweizer Bürgerrechts tritt unabhängig vom Alter des Kindes ein (vgl. BBl 1987 III 303).

V. Rechtsvergleichung

23 In ausländischen Rechtsordnungen, die nach wie vor die Unterscheidung zwischen ehelichen und ausserehelichen Kindern kennen, erlangt das aussereheliche Kind die rechtliche Stellung eines ehelichen im Wege der **Legitimation durch nachfolgende Ehe** der Eltern (Österreich: § 161 Abs. 1 ABGB; Frankreich: Art. 331 ff. CC fr.; Italien: Art. 280 ff. CC it.). Wo nur noch in wenigen Einzelpunkten Unterschiede zwischen ehelichen und ausserehelichen Kindern gemacht werden, wird der Tatbestand der Heirat der Eltern im **Zusammenhang** mit der **jeweiligen Sachfrage** (z.B. bei der elterlichen Sorge) geregelt (vgl. Deutschland: § 1626a Abs. 1 Ziff. 2 BGB; Schweden: 6. Kap., § 6 Abs. 1 Satz 2 ElternG 1949; Norwegen: § 34 Abs. 1 KinderG 1981).

Dritter Abschnitt: Anerkennung und Vaterschaftsurteil

Vorbemerkungen zu Art. 260–263

1 Art. 260–263 regeln die zwei Arten, wie das Kindesverhältnis zu einem ausserehelichen Kind zustande kommt: nämlich durch **Anerkennung** (Art. 260–260c) und durch **Vaterschaftsurteil** (Art. 261–263).

2 Im Gegensatz zu einer ganzen Reihe moderner ausländischer Rechtsordnungen (Österreich: § 163 Abs. 1 Satz 1 ABGB; Ontario: Ch. 41, Art. 8 Children's Law Reform Act, S. O. 1977; New South Wales: Sec. 10 Abs. 3 Children (Equality of Status) Act 1976; Frankreich: Gleichstellung der gelebten Eltern-Kind-Beziehung (possession d'état) für Feststellung der Elternschaft mit Anerkennung oder Urteil, Art. 334–8 Abs. 2 CC fr.) kennt das schweizerische Recht **keine Vaterschaftsvermutung** in Bezug auf den mit der Mutter **in nichtehelicher Gemeinschaft** zusammenlebenden Mann. Auch insoweit kommen nur die beiden genannten Arten zur Begründung eines Kindesverhältnisses in Betracht.

3 **De lege lata** entsteht kein Kindesverhältnis zum mit der Mutter nicht verheirateten Partner, der mit dem Willen, das Kind später als gemeinsames aufzuziehen, einer **heterologen Insemination zugestimmt** hat, das Kind später aber nicht anerkennt. Verschiedene ausländische Rechtsordnungen (vgl. Österreich: § 163 Abs. 3 ABGB; England: Sec. 28 Abs. 3 Human Fertilization and Embryology Act 1990; Schweden: 1. Kap. § 7 ElternG 1949; Frankreich: Art. 311–20 CC fr.; w.Nw. bei SCHWENZER, Gutachten A zum 59. DJT, 32 FN 52) ordnen demgegenüber an, dass allein die Zustimmung zur heterologen Insemination zu einer für den zustimmenden Partner **nicht widerlegbaren Vaterschaftsvermutung** führt. Art. 3 Abs. 3 FMedG schliesst zwar die heterologe Insemination bei unverheirateten Paaren aus. Gleichwohl kann dieser Fall zivilrechtlich nicht unberücksichtigt bleiben; **de lege ferenda** sollte schon aus Gründen der Gleichbehandlung (vgl. Art. 256 Abs. 3) auch für das Schweizer Recht eine den ausländischen Lösungen entsprechende Regelung befürwortet werden.

Art. 260

A. Anerkennung **I. Zulässigkeit** **und Form**	[1] **Besteht das Kindesverhältnis nur zur Mutter, so kann der Vater das Kind anerkennen.** [2] **Ist der Anerkennende unmündig oder entmündigt, so ist die Zustimmung seiner Eltern oder seines Vormundes notwendig.** [3] **Die Anerkennung erfolgt durch Erklärung vor dem Zivilstandsbeamten oder durch letztwillige Verfügung oder, wenn eine Klage auf Feststellung der Vaterschaft hängig ist, vor dem Gericht.**
A. Reconnaissance I. Conditions et forme	[1] Lorsque le rapport de filiation existe seulement avec la mère, le père peut reconnaître l'enfant. [2] Si l'auteur de la reconnaissance est mineur ou interdit, le consentement de ses père et mère ou de son tuteur est nécessaire. [3] La reconnaissance a lieu par déclaration devant l'officier de l'état civil ou par testament ou, lorsqu'une action en constatation de paternité est pendante, devant le juge.
A. Riconoscimento I. Condizioni e forma	[1] Se il rapporto di filiazione esiste soltanto nei confronti della madre, il padre può riconoscere il figlio. [2] Se l'autore del riconoscimento è minorenne o interdetto, è necessario il consenso dei genitori o del tutore. [3] Il riconoscimento avviene mediante dichiarazione davanti all'ufficiale di stato civile o per testamento o, se è pendente un'azione d'accertamento della paternità, davanti al giudice.

Literatur

ALBERTI, Pubblicazione sul diritto di filiazione, ZZW 1979, 387 ff.; BOURDIN, L'inscription au registre des reconnaissances, ZZW 1984, 300; A. BUCHER, Die Anwendung des IPRG auf den Zivilstand, Teil II, ZZW 1994, 168 ff.; BÜCHLER, Das Abstammungsrecht in rechtsvergleichender Sicht, FamPra.ch 2005, 437 ff.; CALUORI, Die «Feststellung des Kindesverhältnisses zum Vater» durch Anerkennung im neuen schweizerischen Kindesrecht, ZZW 1979, 129 ff.; DEGOUMOIS, L'évolution de la jurisprudence en matière de filiation paternelle et la protection de l'enfant né hors mariage, in: FS Hundertjahrfeier Bundesgericht, 1975, 315 ff.; GROSSEN, Père de droit et père de fait: Sur trois arrêts concernant la filiation paternelle de l'enfant adultérin non desavoué, in: FS Schnyder, 1995, 315 ff.; DERS., L'opposition à la reconnaissance de l'enfant né hors mariage, in: FS Bosch, Bielefeld 1976, 349 ff.; GUILLOD, «Des cigognes aux éprouvettes: les méthodes changent, l'amour reste», in: Journées de la Société de législation comparée, Paris 1989, 637 ff.; HEGNAUER, Pränatale Anerkennung – zulässig oder unzulässig?, ZZW 1998, 149 ff.; DERS., Anerkennung durch letztwillige Verfügung, Art. 260 Abs. 3 ZGB – Zuständigkeit zum Entscheid über Eintragung, Art. 134 ZStV, ZZW 1993, 178 ff.; DERS., Anwendung der Ehelichkeitsvermutung auf nach der Scheidung geborene Kinder, ZZW 1993, 205 ff.; DERS., Die Legitimation im bisherigen und künftigen schweizerischen Kindesrecht, in: FS Hinderling, 1976, 81 ff.; HEUSSLER, Pas de communication de la reconnaissance avant la naissance à l'autorité tutélaire?, ZZW 1993, 188 f.; DERS., Zahlväter nicht durch Registereintrag aufwerten, ZZW 1992, 8 f.; KNOEPFLER, Anmerkung zu BGE 106 II 236, RCDIP 1981, 296 ff.; MANDOFIA BERNEY, Vérités de la filiation et procréation assistée, Diss. Genf 1993; NABHOLZ, Enfant reconnu d'ex-conjoints, ZZW 1987, 49 f.; DERS., Die Entstehung des Kindesverhältnisses und seine Registrierung in den schweizerischen Zivilstandsregistern, ZZW 1980, 171 ff.; OBERHOLZER, Neurechtliche Anerkennung, ZZW 1977, 276 ff.; OCHSNER, Die Anerkennung eines Kindes nach altem Recht, ZZW 1984, 36 ff.; VON OVERBECK, L'intérêt de l'enfant et l'évolution du droit international privé de la filiation, in: FS Schnitzer, 1979, 361 ff.; DERS., Internationalprivatrechtliches zum neuen schweizerischen Kindesrecht, ZfRV 1978, 87 ff.; PERRET, Reconnaissance avant la naissance, ZZW 1984, 300 f.; Pressemitteilung des EJPD, Änderung der Zivilstandsverordnung vom 25. Mai 1994, ZZW 1994, 165 ff.; RIETMANN, Anerkennung des Kindes vor dessen Geburt; Heirat der Eltern vor der Geburt des Kindes, ZZW 1993, 150 f. = ZZW 1993, 411 f. = ZZW 1994, 30 f.; ROY, Des effets de la reconnaissance prénatale reçue avant le 1ᵉʳ janvier 1978, ZZW 1978, 21 f.; SAGER, Die Begründung des Kindesverhältnisses zum Vater durch Anerkennung und seine Aufhebung, Diss. Zürich 1979; SANDOZ, La reconnaissance du nasciturus ou reconnaissance prénatale, in: Mélanges CIEC, Bern 1997, 54 ff.; DIES., Le rôle du discernement dans les actions du droit de la filiation, in: Le droit en action, FS Juristentag 1996, Lausanne 1996, 419 ff.; SIEGENTHALER, Nichteheliches Kind einer Ehefrau. Geburt und Anerkennung in Kalifornien, ZZW 1986, 71 ff.; DERS., Hinweise für den Praktiker, ZZW 1979, 107 f.; SIEHR, Rechtsvergleichende Betrachtungen zum Einfluss des Zivilstandsregisters auf das Familienrecht, in: FS Grossen, 1993, 231 ff.; SONDER, Die «Heirat der Eltern» nach Artikel 259 ZGB, Diss. Freiburg i.Ü. 1982; Stellungnahme des Bundesamtes für Justiz, Anerkennung des in Kanada geborenen, vom kanadischen Vater dort anerkannten Kindes einer in der Schweiz lebenden Schweizerin, ZVW 1988, 99 ff.; STUBER, Reconnaissance conditionnelle, ZZW 1979, 53 ff.; STURM, Das neue Schweizer Kindesrecht und seine Spiegelung im deutschen IPR, StAZ 1979, 185 ff.; VENDITI, Schweizer anerkennt ungeborenes Kind seiner französischen Konkubine, ZZW 1995, 147 ff.; VOLKEN, Aktuelle Fragen des internationalen Kindesrechts, ZZW 1980, 163 ff.; WERRO/MÜLLER, Les droits du père naturel, in: FS Schnyder, 1995, 859 ff.; für Literatur zur Reproduktionsmedizin vgl. auch die Literaturhinweise zu Art. 252.

I. Allgemeines

1 Die **Anerkennung** ist eine **formbedürftige** (vgl. N 11), **unwiderrufliche Willenserklärung** des Vaters eines ausserehelichen Kindes, durch die das Kindesverhältnis begründet wird. Sie bedarf weder der Zustimmung des Kindes noch der Mutter. Diese können die Anerkennung jedoch anfechten (Art. 260a Abs. 1). Die Anerkennung ist **befristungs- und** grundsätzlich **bedingungsfeindlich** (für Ausnahmen vgl. N 3 und 4). Die Anerkennung ist ein **absolut höchstpersönliches Recht** (vgl. Art. 19 N 33 f.). Jede Form der Stellvertretung ist deshalb ausgeschlossen. Urteilsunfähige Personen können nicht anerkennen (für urteilsfähige Unmündige oder Entmündigte vgl. N 8); insoweit kommt nur die Begründung des Kindesverhältnisses durch Urteil (Art. 261) in Betracht. Auf das Recht zur Anerkennung kann **nicht** zum Voraus **verzichtet** werden (vgl. BK-BUCHER, Art. 27 N 73).

II. Voraussetzungen (Abs. 1 und 2)

1. Kindesverhältnis zur Mutter

2 Die Anerkennung ist nur möglich, wenn ein **Kindesverhältnis zur Mutter** besteht. Bei unbekannter Mutter (Findelkind) ist die Anerkennung nicht möglich.

2. Kein väterliches Kindesverhältnis

3 Anerkannt werden kann nur ein Kind, das zu **keinem anderen Mann in einem Kindesverhältnis** steht (vgl. Art. 11 Abs. 1 ZStV). Die Vaterschaftsvermutung nach Art. 255 (BGE 108 II 344; vgl. GROSSEN, FS Schnyder, 315, 316 f.), eine anderweitige Anerkennung sowie ein Vaterschaftsurteil nach Art. 261 schliessen die Anerkennung aus (vgl. aber Art. 256 N 7). Dasselbe gilt bei Adoption, sei es gemeinsame, Stiefvater- oder Einzeladoption (vgl. BK-HEGNAUER, N 58 ff.; vgl. auch Art. 11 Abs. 3 ZStV). Fraglich ist, ob für den Fall, dass ein zu einem anderen Mann bestehendes Kindesverhältnis aufgeho-

ben wird, eine **bedingte Anerkennung** möglich ist. Das BGer (BGE 107 II 403 = Pra 1982, 142; vgl. auch BGE 108 II 351 = Pra 1983, 236) hat die Frage verneint. Die überwiegende Literatur (vgl. BK-HEGNAUER, N 38 ff.; DERS., Kindesrecht, N 7.13; STETTLER, SPR III/2, 1992, 32; abl. aus Sicht der Zivilstandsbeamten STUBER, ZZW 1979, 53 f.) will sie jedoch zu Recht unter Hinweis auf das Interesse des Kindes an einer einfachen Feststellung des Kindesverhältnisses zum Vater jedenfalls dann zulassen, wenn ernsthaft damit zu rechnen ist, dass das bestehende Kindesverhältnis beseitigt wird (vgl. auch zum deutschen Recht BGHZ 99, 236).

3. Zeitpunkt der Anerkennung

Die Anerkennung kann **jederzeit** zu **Lebzeiten des Kindes** erfolgen. Sie ist auch noch **4** nach dem **Tode des Kindes** möglich, selbst wenn das Kind keine Nachkommen hinterlässt (vgl. BK-HEGNAUER, N 84 m.w.Nw.; MANDOFIA BERNEY, 86 f.; Sager, 56 f.). Die Anerkennung kann auch **vor der Geburt** erklärt werden (Art. 11 Abs. 2 ZStV; HEGNAUER, ZZW 1998, 149 ff.; Pressemitteilung EJPD, ZZW 1994, 165, 167; RIETMANN, ZZW 1993, 150 f.; HEUSSLER, ZZW 1993, 188 f.; PERRET, ZZW 1984, 300 f.; ROY, ZZW 1978, 21 f.; **a.A.** nur SANDOZ, FS Juristentag 1996, 47, 63 ff.). Eine solche pränatale Anerkennung steht unter einer **doppelten Bedingung,** nämlich einmal, dass das Kind lebend zur Welt kommt, und zum anderen, dass die Mutter vor der Geburt nicht einen anderen Mann heiratet. Bei **Zwillings- oder Mehrlingsgeburten** erstreckt sich die Anerkennung auf sämtliche Kinder (vgl. SAGER, 55 f.; BK-HEGNAUER, N 87 f.).

Vor der Zeugung ist eine Anerkennung jedoch nicht möglich. Dementsprechend kann der **5** Mann, der zum Zwecke **postmortaler homologer Insemination** seiner (Ehe-)Partnerin Sperma konservieren lässt, das Kind nicht zu seinen Lebzeiten anerkennen (vgl. BK-HEGNAUER, N 82; DERS., GS Noll, 1984, 49, 52 f.; DUBLER-NÜSS, N 36 ff.; STETTLER, SPR III/2, 1992, 33; das Verfahren der postmortalen Insemination ist unzulässig gemäss Art. 3 Abs. 4 FMedG; dazu Botschaft FMedG, 49; zur Vaterschaftsklage bei postmortaler Insemination vgl. Art. 261 N 11).

4. Umstände der Zeugung

Die Umstände der Zeugung sind für die Frage der Anerkennung irrelevant. Liegen die **6** übrigen Voraussetzungen vor, so kann auch ein im **Ehebruch** oder **Inzest** gezeugtes Kind anerkannt werden (vgl. SAGER, 57 ff.; DEGOUMOIS, 315, 326 f.).

5. Bewusst unrichtige Anerkennung

Auch die **bewusst unrichtige Anerkennung** ist **wirksam** und kann nur durch Anfech- **7** tung (Art. 260a) beseitigt werden (so auch SAGER, 68 ff.). In der Literatur (BK-HEGNAUER, N 62 ff.; DERS., Kindesrecht, N 7.05; STETTLER, SPR III/2, 1992, 34 f.) wird zwar die Auffassung vertreten, nur derjenige dürfe anerkennen, der Vater ist oder es zu sein glaubt; dementsprechend habe der Zivilstandsbeamte die Eintragung der Anerkennung zu verweigern, wenn die Nichtvaterschaft des Anerkennenden gewiss sei. Dieser Auffassung ist jedoch entgegenzuhalten, dass auch bei Eheschluss vor Geburt des Kindes die Vaterschaftsvermutung des Art. 255 eingreift, selbst wenn sicher ist, dass der Ehemann nicht der Vater ist. Eine unterschiedliche Behandlung der beiden Fälle lässt sich aber nicht aus Gründen des Kindeswohls rechtfertigen (vgl. auch GUILLOD, 637, 651; MANDOFIA BERNEY, 87 f.; **a.A.** offenbar BK-HEGNAUER, N 62: Gefälligkeitsanerkennung widerspreche dem Kindesinteresse).

6. Urteilsfähige Unmündige oder Entmündigte

8 Der **urteilsfähige Unmündige** oder **Entmündigte** kann nur **selbst anerkennen** (für Urteilsunfähige vgl. N 1). Von der Literatur wurde unter altem Recht **Urteilsfähigkeit** im Hinblick auf die Anerkennung i.d.R. erst ab Vollendung des 18. Lebensjahres angenommen (vgl. BK-HEGNAUER, N 69; STETTLER, SPR III/2, 1992, 36). Dieses Alterserfordernis dürfte v.a. auch im Vergleich zu unseren Nachbarrechtsordnungen zu hoch sein (vgl. Deutschland: § 1596 Abs. 2 BGB – 14 Jahre; Österreich: § 163c Abs. 3 Satz 2 ABGB – «beschränkt handlungsfähig»; Italien: Art. 250 Abs. 5 CC it. – 16 Jahre). I.d.R. sollte Urteilsfähigkeit deshalb schon mit **14–16 Jahren** angenommen werden.

9 Der urteilsfähige Unmündige oder Entmündigte bedarf jedoch zur Anerkennung der **ausdrücklichen Zustimmung** seiner **Eltern** oder seines **Vormundes** (Abs. 2). Dies gilt nicht, wenn die Anerkennung im Rahmen einer letztwilligen Verfügung erfolgt. Auch die Zustimmung ist **höchstpersönlich** (vgl. N 1). Sie kann vor oder nach der Anerkennung erfolgen, muss jedoch nicht in derselben Form wie die Anerkennung selbst gegeben werden (BGE 117 II 18, 21; A. BUCHER, Personnes physiques, N 128 ff.; vgl. auch BK-HEGNAUER, N 100; zur Form vgl. Art. 11 Abs. 4 S. 2 ZStV). Sie kann, wie die Anerkennungserklärung (vgl. Art. 260a N 2), nicht wegen **Willensmangels** nach Art. 23 ff. OR angefochten werden. Die Anerkennung wird erst mit der Zustimmung **wirksam.** Analog Art. 410 Abs. 2 kann der Zivilstandsbeamte oder das Gericht den gesetzlichen Vertretern eine **Frist** zur Erklärung über die Zustimmung setzen.

10 Gegen die Versagung der Zustimmung durch einen Vormund – nicht jedoch durch die Eltern – ist die **Beschwerde** an die Vormundschaftsbehörde nach Art. 420 möglich (vgl. STETTLER, SPR III/2, 1992, 37).

III. Form der Anerkennung (Abs. 3)

11 Die Anerkennung erfolgt entweder vor dem **Zivilstandsbeamten,** vor dem **Gericht** im Rahmen des Vaterschaftsprozesses oder durch **letztwillige Verfügung.** Andere Formen der Anerkennung sind nicht wirksam (vgl. HEGNAUER, Kindesrecht, N 7.11).

1. Anerkennung vor dem Zivilstandsbeamten

12 Zuständig für die Entgegennahme der Anerkennung ist jeder **Zivilstandsbeamte** (Art. 11 Abs. 5 ZStV). In Ausnahmefällen kann die Beurkundung ausserhalb des Zivilstandsamtes erfolgen (Art. 11 Abs. 6 ZStV). Ausgeschlossen ist die Anerkennung durch Erklärung vor dem Zivilstandsbeamten, «wenn durch rechtskräftiges Gerichtsurteil festgestellt worden ist, dass der Erklärende nicht der Vater des Kindes sei» (BGE 122 III 99 f.).

2. Anerkennung vor dem Gericht

13 Vor dem Gericht kann die Anerkennung nur im Rahmen einer vom Kind oder von der Mutter erhobenen **Vaterschaftsklage** i.S.v. Art. 261 erklärt werden. Die Anerkennung muss jedenfalls **ausdrücklich** erfolgen (vgl. BGE 108 II 533). Im Übrigen richtet sich die Form nach **kantonalem Prozessrecht,** so dass u.U. auch eine schriftliche Erklärung möglich ist (vgl. BK-HEGNAUER, N 133; BezGer Bülach ZVW 1993, 129 Nr. 5, 132; **a.M.** SAGER, 94). Art. 260 Abs. 2 gilt auch bei Anerkennung vor dem Gericht.

14 Die Befugnis zur Anerkennung im Prozess steht nur dem **als Vater Beklagten** zu, nicht jedoch den **Angehörigen** oder der **Behörde,** die nach seinem Tod in die Beklagtenstellung (Art. 261 Abs. 2) einrücken (vgl. STETTLER, SPR III/2, 1992, 39; SANDOZ, FS Juris-

tentag 1996, 419, 430). Die gegenteilige Auffassung (vgl. BK-HEGNAUER, N 127 ff.; SAGER, 95 f.) widerspricht der höchstpersönlichen Natur der Anerkennung.

Der Anerkennung vor dem Gericht ist die unterstellte **Klageanerkennung bei Säumnis**   **15** gleichzustellen, sofern die vorliegenden Akten diesen Schluss nicht ausschliessen (vgl. STAEHELIN/SUTTER, § 11 N 8, § 16 N 14; BREITSCHMID, ZVW 1991, 104, 105; offenbar **a.M.** BK-HEGNAUER, N 36).

3. Anerkennung durch letztwillige Verfügung

Die Anerkennung kann nur durch **Testament** (Art. 498–511), nicht jedoch durch Erbver-   **16** trag erfolgen. Der Wille zur Anerkennung des Kindes muss aus dem Wortlaut klar hervorgehen (vgl. HEGNAUER, ZZW 1993, 178, 182). Erbrechtliche Regelungen können zwar, müssen jedoch nicht hinzutreten. Die Anerkennung wird erst **mit dem Tode wirksam;** zu Lebzeiten ist sie **frei widerruflich** (vgl. Art. 509–511).

IV. Mitteilungen

Nach Art. 11 Abs. 7 ZStV ist die Anerkennung der **Mutter** und dem **Kind** oder ggf. sei-   **17** nen Nachkommen unter Hinweis auf Art. 260a–260c mitzuteilen.

Zu den Mitteilungspflichten bei **Anerkennung vor dem Gericht** vgl. Art. 40 Abs. 2, 43   **18** Abs. 4 lit. a ZStV, bei **testamentarischer Anerkennung** vgl. Art. 42 Abs. 1 lit. b, Abs. 2 ZStV (vgl. auch CALUORI, ZZW 1979, 129, 133).

V. Nichtigkeit der Anerkennung

Nichtig ist die Anerkennung, wenn die **materiellen oder formellen Voraussetzungen**   **19** nicht erfüllt sind, d.h. namentlich die Anerkennung durch einen Urteilsunfähigen, bei anderweitigem väterlichen Kindesverhältnis oder im Falle des bereits adoptierten Kindes (vgl. N 3), wenn die Mutter vor der Geburt einen anderen Mann heiratet (vgl. N 3) oder wegen bestimmter formeller Fehler (Einzelheiten bei BK-HEGNAUER, Art. 260a N 7, 16 ff.). Die wegen **fehlender Zustimmung** des gesetzlichen Vertreters zunächst unwirksame Anerkennung durch einen urteilsfähigen Unmündigen (vgl. N 9) kann von diesem nach Eintritt der Mündigkeit genehmigt werden (vgl. BGE 106 Ib 195 f.; BK-BUCHER, Art. 17/18 N 155 f.; A. BUCHER, Personnes physiques, N 131).

Bei Nichtigkeit der Anerkennung ist die **Eintragung** im Personenstandsregister nach   **20** Art. 42 f. zu **berichtigen.** Bei Anerkennung in letztwilliger Verfügung sind Verfügungsunfähigkeit, Willens- und Formmängel mit der erbrechtlichen **Ungültigkeitsklage** geltend zu machen (vgl. HEGNAUER, Kindesrecht, N 8.02). Fehlende genetische Vaterschaft kann dagegen nur mit der Anfechtungsklage (Art. 260 a ff.) geltend gemacht werden.

VI. Wirkungen

Die Anerkennung begründet das Kindesverhältnis zum Vater grundsätzlich **rückwirkend**   **21** auf den Zeitpunkt der Geburt (vgl. BK-HEGNAUER, N 170; SAGER, 23 ff.; STETTLER, SPR III/2, 1992, 41 f.). Bedeutung hat dies v.a. für die gegenseitigen Erbansprüche und die Unterhaltspflicht (vgl. jedoch Art. 279 Abs. 1; zum Rückgriff des Scheinvaters gegen den Anerkennenden vgl. BGE 129 III 646 ff. und Art. 256 N 17). Bei Anerkennung vor oder anlässlich der Geburt des Kindes erfolgt keine Ernennung eines Ausserehelichenbeistandes (vgl. BGE 107 II 312 = Pra 1981, 707). Für die weiteren Wirkungen vgl. BK-HEGNAUER, N 171 ff.

VII. Internationales Privatrecht

1. Zuständigkeit

22   Nach Art. 71 Abs. 1 IPRG sind die schweizerischen Behörden am **Geburts- oder Aufenthaltsort** des Kindes und die Behörden am **Wohnsitz** oder **Heimatort** der Mutter oder des Vaters für die Entgegennahme der Anerkennung zuständig (vgl. auch A. BUCHER, ZZW 1994, 168, 169 f.). Weiter gehend als nach Art. 260 Abs. 3 kann auch das Gericht im Rahmen eines gerichtlichen Verfahrens, in dem die Abstammung rechtserheblich ist – d.h. z.B. auch im reinen Unterhaltsprozess –, die Anerkennung entgegennehmen. Zur Anerkennung vor schweizerischen diplomatischen oder konsularischen Vertretungen im Ausland vgl. ZK-SIEHR, Art. 71 N 13 IPRG.

2. Anwendbares Recht

23   Entsprechend dem Prinzip der Begünstigung einer wirksamen Anerkennung kann nach Art. 72 Abs. 1 IPRG alternativ das Recht am **gewöhnlichen Aufenthalt** des Kindes, das **Wohnsitzrecht** jedes Elternteils oder das **Heimatrecht** jedes der drei Beteiligten angewandt werden. Massgebend ist der **Zeitpunkt der Anerkennung** (vgl. SIEHR, FS Grossen, 231, 240 f.; A. BUCHER, ZZW 1994, 168, 169 f. zur Unstimmigkeit der ZStV zum IPRG bezüglich Kindesanerkennung durch die Mutter). Die **Form der Anerkennung** richtet sich nach Art. 260 Abs. 3 (Art. 72 Abs. 2 IPRG).

3. Anerkennung ausländischer Kindesanerkennung

24   Eine im Ausland erfolgte Anerkennung wird in der Schweiz anerkannt, wenn sie nach dem Recht am **gewöhnlichen Aufenthalt** des Kindes, dem **Wohnsitzrecht** eines Elternteils oder dem **Heimatrecht** eines der drei Beteiligten wirksam ist (Art. 73 Abs. 1 IPRG; BGE 106 II 239; KNOEPFLER, RCDIP 1981, 296 ff.; A. BUCHER, ZZW 1994, 168, 169 f.; SIEGENTHALER, ZZW 1986, 71 ff.; vgl. zur Anerkennung ohne Standesfolge nach kanadischem Recht: Stellungnahme des BJ, ZVW 1988, 99 ff.). Zum Anknüpfungszeitpunkt vgl. ZK-SIEHR, Art. 73 N 10 IPRG.

VIII. Rechtsvergleichung

25   Auch in den Nachbarstaaten kann das **Kindesverhältnis durch Anerkennung** begründet werden (vgl. Deutschland: §§ 1592 Ziff. 2, 1594 ff. BGB; Österreich: §§ 163 c ff. ABGB; Frankreich: Art. 334–8 Abs. 1 CC fr., Art. 335 ff. CC fr.; Italien: Art. 250 ff. CC it.). In den romanischen Rechtsordnungen gilt dies auch für das **Kindesverhältnis zur Mutter.** Die Anerkennung des im **Inzest** gezeugten Kindes durch beide Eltern ist dort ausgeschlossen (Frankreich: Art. 334–10 CC fr.; Italien: Art. 251 CC it.). Nach wie vor unbekannt ist die Anerkennung dem englischen Recht; möglich ist jedoch die förmliche Feststellung der Vaterschaft (Sec. 22 Family Law Reform Act 1987). Darüber hinaus wird die Vaterschaft des Mannes vermutet, der im Geburtsregister eingetragen ist (vgl. BÜCHLER, FamPra.ch 2005, 437, 458).

26   Ausländische Rechtsordnungen verlangen z. T. die **Zustimmung des Kindes** (Italien: Art. 250 Abs. 2 CC it.; Belgien: Art. 319 CC belg.), **der Mutter** (Deutschland: § 1595 Abs. 1 BGB; Belgien: Art. 319 CC belg.; Norwegen: § 4 Abs. 3 KinderG 1981; Schweden: 1. Kap., § 4 Abs. 1 ElternG 1949) oder **des anderen Elternteils** (Italien: Art. 250 Abs. 3 CC it.). Die Anerkennung erfolgt durch **öffentliche Beurkundung** (Deutschland: § 1597 Abs. 1 BGB; Frankreich: Art. 335 CC fr.; Italien: Art. 254 Abs. 1 CC it.), durch

Erklärung gegenüber bestimmten Behörden (Frankreich: Art. 335 CC fr.; Italien: Art. 254 Abs. 1 CC it.) oder durch **Testament** (Italien: Art. 254 Abs. 1 CC it.).

Art. 260a

II. Anfechtung

1. Klagerecht

[1] Die Anerkennung kann von jedermann, der ein Interesse hat, beim Gericht angefochten werden, namentlich von der Mutter, vom Kind und nach seinem Tode von den Nachkommen sowie von der Heimat- oder Wohnsitzgemeinde des Anerkennenden.

[2] Dem Anerkennenden steht diese Klage nur zu, wenn er das Kind unter dem Einfluss einer Drohung mit einer nahen und erheblichen Gefahr für das Leben, die Gesundheit, die Ehre oder das Vermögen seiner selbst oder einer ihm nahe stehenden Person oder in einem Irrtum über seine Vaterschaft anerkannt hat.

[3] Die Klage richtet sich gegen den Anerkennenden und das Kind, soweit diese nicht selber klagen.

II. Action en contestation

1. Qualité pour agir

[1] La reconnaissance peut être attaquée en justice par tout intéressé, en particulier par la mère, par l'enfant et, s'il est décédé, par ses descendants, ainsi que par la commune d'origine ou la commune de domicile de l'auteur de la reconnaissance.

[2] L'action n'est ouverte à l'auteur de la reconnaissance que s'il l'a faite en croyant qu'un danger grave et imminent le menaçait lui-même, ou l'un de ses proches, dans sa vie, sa santé, son honneur ou ses biens, ou s'il était dans l'erreur concernant sa paternité.

[3] L'action est intentée contre l'auteur de la reconnaissance et contre l'enfant lorsque ceux-ci ne l'intentent pas eux-mêmes.

II. Contestazione

1. Diritto all'azione

[1] Il riconoscimento può essere contestato davanti al giudice da ogni interessato, segnatamente dalla madre, dal figlio e, dopo la sua morte, dai suoi discendenti, nonché dal Comune di origine o di domicilio dell'autore del riconoscimento.

[2] L'autore del riconoscimento può proporre l'azione soltanto se ha riconosciuto il figlio sotto l'influsso di una minaccia di grave ed imminente pericolo per la vita, la salute, l'onore o il patrimonio proprio o di una persona a lui intimamente legata ovvero trovandosi in errore circa la sua paternità.

[3] L'azione è diretta contro l'autore del riconoscimento e il figlio, sempreché essi non siano attori.

Literatur

HEGNAUER, Anfechtung der Anerkennung der Vaterschaft und Feststellung der Nichtvaterschaft, ZVW 2002, 49 f.; DERS., Zur Anfechtungsklage der Wohnsitzgemeinde, Art. 260a, 260c ZGB, ZZW 1999, 33 ff.; KOLLER, Irrtumsanfechtung familienrechtlicher Rechtsgeschäfte, insbesondere die Anfechtung der Vaterschaftsanerkennung durch den Anerkennenden, in: FS Schnyder, 1995, 455 ff.; SCHNYDER, «... jedermann, der ein Interesse hat»., in: FS Hegnauer, 1986, 453 ff.; vgl. ausserdem die Literaturhinweise zu Art. 260.

I. Allgemeines

1 Mit der Anfechtungsklage macht der Kläger geltend, dass eine formell und materiell wirksame Anerkennung (vgl. Art. 260 N 19) nicht der Wahrheit entspricht, d.h. dass der **Anerkennende nicht der genetische Vater** sei. Diese Tatsache kann nur im Rahmen der Anfechtungsklage, nicht in irgendeinem anderen Verfahren (vgl. nur BGE 100 II 281 = Pra 1975, 344: Feststellungsklage; BGE 101 Ib 12: Strafverfahren) überprüft werden.

II. Anfechtungsberechtigte

1. Der Anerkennende (Art. 260a Abs. 2)

2 Der Anerkennende kann die Vaterschaft nur anfechten, wenn er das Kind unter dem Einfluss einer **Drohung** mit einer nahen und erheblichen Gefahr für das Leben, die Gesundheit, die Ehre oder das Vermögen seiner selbst oder einer ihm nahe stehenden Person oder in einem **Irrtum** über seine Vaterschaft anerkannt hat (vgl. HEGNAUER, ZVW 2002, 49 f.). Dies steht in eklatantem **Widerspruch** zum **Anfechtungsrecht des Ehemannes** der Mutter, das z.B. auch dann besteht, wenn der Mann eine schwangere Frau geheiratet hat, obwohl er wusste, dass das Kind von einem anderen Mann abstammt. Die **Drohung** mit einer Vaterschaftsklage oder damit, die ehewidrige Beziehung der Ehefrau des Anerkennenden zu offenbaren, reicht nicht aus (vgl. BK-HEGNAUER, N 92 f.; SAGER, 166). Im Übrigen kann auf Rechtsprechung und Literatur zu Art. 30 OR zurückgegriffen werden (vgl. dazu BSK OR I-SCHWENZER, Art. 30 N 2 ff.). Der **Irrtum** muss sich darauf beziehen, dass der Anerkennende der Mutter als einziger Mann während der empfängnisrelevanten Zeit beigewohnt hat (BBl 1974 II 40; vgl. BGE 100 II 281 = Pra 1964, 344; BGE 79 II 30). Bei Zustimmung des Anerkennenden zu einer **heterologen Insemination** (vgl. aber Art. 3 Abs. 3 FMedG: heterologe Insemination nur bei Ehepaaren) ist ein Irrtum zu verneinen. Der Irrtum muss für die Anerkennung kausal gewesen sein. Ein Irrtum über andere Umstände als die Vaterschaft ist unbeachtlich. Neben Art. 260a Abs. 2 kommt eine Anfechtung nach Art. 23 ff. OR nicht in Betracht (vgl. BK-HEGNAUER, N 89; **a.M.** SAGER, 167).

2. Jedermann, der ein Interesse hat (Abs. 1)

3 Anders als bei der Anfechtung der Vaterschaftsvermutung des Ehemannes der Mutter (vgl. Art. 256 N 2 f.) und der Anfechtung der Anerkennung, wenn der Anerkennende die Mutter des Kindes geheiratet hat (vgl. Art. 259 N 13), kann die Anerkennung von **jedermann, der ein Interesse hat,** angefochten werden (vgl. SCHNYDER, FS Hegnauer, 453, 456 f.; SONDER, 245 f.).

4 Das Anfechtungsrecht steht in erster Linie **Mutter** und **Kind** als den in ihrer Rechtsstellung unmittelbar Betroffenen zu. Ist das Kind verstorben, so steht dessen **Nachkommen** ein Anfechtungsrecht zu (vgl. SANDOZ, FS Juristentag 1996, 419, 436). Bei Anerkennung zu Lebzeiten des Kindes ist dieses Anfechtungsrecht subsidiär und besteht nur, soweit das Kind selbst noch hätte anfechten können (Art. 260c; BK-HEGNAUER, N 79 ff.; SONDER, 271; **a.M.** SAGER, 146); bei Anerkennung nach dem Tode des Kindes besteht es als selbständiges Recht innerhalb der Schranken des Art. 260c Abs. 1 (vgl. BK-HEGNAUER, N 79; STETTLER, SPR III/2, 1992, 203 f.).

5 **Die Heimat- und die Wohnsitzgemeinde des Anerkennenden** können ebenfalls anfechten. Deren Interesse wird damit begründet, dass das Kind u.U. (vgl. Art. 259 Abs. 1, 271 Abs. 3 ZGB; Art. 1 Abs. 2 BüG) das Bürgerrecht des Anerkennenden erhalten kann und dass der Anerkennende infolge seiner Unterhaltspflicht gegenüber dem Kind unterstützungsbedürftig werden könnte (vgl. BK-HEGNAUER, N 84). Vor allem soll dieses Anfechtungsrecht zur Kontrolle unwahrer Anerkennungen dienen (vgl. SAGER, 148). Der Unterschied zu Art. 256 lässt sich indes sachlich nicht rechtfertigen (vgl. auch Art. 259 N 17 und dortige Nw.).

Als **weitere Personen,** die ein Interesse an der Anfechtung haben können, kommen in   **6** Betracht: der wirkliche Vater des Kindes, die Ehefrau und Verwandte des Anerkennenden sowie evtl. die Erben der Mutter oder des Kindes (Einzelheiten bei SAGER, 151 ff.; BK-HEGNAUER, N 101 ff.).

Die Zulassung der Anfechtung durch einen derartig weiten Personenkreis lässt u.U. be-   **7** stehende **Interessen des Kindes** an der Aufrechterhaltung einer sozialen Eltern-Kind-Beziehung zum Anerkennenden völlig unberücksichtigt (vgl. auch SONDER, 274 f.; SAGER, 149; BK-HEGNAUER, N 85). Sie lässt sich deshalb nicht mit dem Kindeswohl vereinbaren. **De lege lata** sollten schützenswerte Interessen Dritter nur mit Vorsicht angenommen, **de lege ferenda** muss eine Beschränkung des Anfechtungsrechtes Dritter erwogen werden.

III. Anfechtungsbeklagte (Abs. 3)

Anfechtungsbeklagt sind der **Anerkennende** und das **Kind** als **notwendige Streitgenos-   8 sen** (vgl. STAEHELIN/SUTTER, § 10 N 12 ff.). Die Klage des Kindes richtet sich gegen den Anerkennenden; die des Anerkennenden gegen das Kind. Bei **Tod einer beklagten Partei** richtet sich die Klage allein gegen die noch lebende Partei; ggf. ist die Klage ohne Beklagte durchzuführen (vgl. Art. 256 N 10; **a.A.** BK-HEGNAUER, N 113; SAGER, 158: analoge Anwendung von Art. 261 Abs. 2 bzw. Art. 259 Abs. 2 Ziff. 2). Die **Mutter** ist im Gegensatz zu Art. 256 Abs. 2 nicht Beklagte; sie kann jedoch ebenso wie der **biologische Vater** als **Nebenintervenientin** beitreten (vgl. OGer ZH ZR 1991 Nr. 24; BK-HEGNAUER, N 115; STETTLER, SPR III/2, 1992, 201).

IV. Ausübung des Klagerechtes

Mehrere Kläger üben das Klagerecht **selbständig** aus. Statt selber zu klagen, kommt auch   **9** eine Nebenintervention auf Klägerseite in Betracht (vgl. VOGEL/SPÜHLER, ZPR, Kap. 5 N 65 ff.). Das Anfechtungsrecht ist **höchstpersönlich.** Zur Ausübung durch urteilsfähige Unmündige und Entmündigte und durch urteilsunfähige Beteiligte vgl. Art. 256 N 11.

V. Wirkungen der Anfechtung

Mit Aufhebung der Anerkennung **(Gestaltungsurteil)** fällt das Kindesverhältnis zum   **10** Anerkennenden **rückwirkend** dahin. Bürgerrecht und Name werden grundsätzlich nur betroffen, wenn die Eltern einander geheiratet haben (Art. 259). Bürgerrechtserwerb und elterliche Sorge nach Art. 271 Abs. 3 (vgl. Art. 271 N 13) verlieren ihre Grundlage. Eine Annahme des Namens des Vaters nach Art. 30 Abs. 1 kann allenfalls wiederum nach Art. 30 Abs. 1 rückgängig gemacht werden (vgl. BGE 115 II 306 = Pra 1990, 34; BGE 117 II 6 = Pra 1992, 127). Zum Unterhaltsregress des Scheinvaters vgl. BGE 129 III 646 ff. und Art. 256 N 17.

VI. Mitteilungen

Das Gericht meldet die Aufhebung der Anerkennung der **Aufsichtsbehörde** am Sitz des   **11** Gerichts (Art. 40 Abs. 1 lit. h, 43 Abs. 1 ZStV) sowie der Vormundschaftsbehörde des Wohnsitzes des unmündigen Kindes (Art. 43 Abs. 4 lit. a ZStV).

VII. Internationales Privatrecht

12 Für die **Zuständigkeit** bei Anfechtung der Anerkennung gelten nach Art. 71 Abs. 3 IPRG die Vorschriften der Art. 66 f. IPRG über die Feststellung oder Anfechtung des Kindesverhältnisses (vgl. dazu Art. 253 N 8). Die Anfechtung im Inland unterliegt **schweizerischem Recht** (Art. 72 Abs. 3 IPRG; zur Anwendung der Ausnahmeklausel des Art. 15 Abs. 1 IPRG vgl. ZK-SIEHR, Art. 72 N 21 IPRG). Ausländische Entscheidungen über die Anfechtung der Anerkennung werden **anerkannt,** wenn sie im Staat des gewöhnlichen Aufenthalts des Kindes, dem Wohnsitzstaat eines Elternteils oder dem Heimatstaat von Vater, Mutter oder Kind ergangen sind (Art. 73 Abs. 2 IPRG).

VIII. Rechtsvergleichung

13 Die Anerkennung kann im französischen (Art. 339 Abs. 1 CC fr.) und im italienischen Recht (Art. 263 ff. CC it.) ebenfalls von **jedermann, der ein Interesse daran hat,** angefochten werden. Frankreich sieht allerdings nach zehn Jahren eine Beschränkung des Kreises der Anfechtungsberechtigten vor, wenn zum Anerkennenden eine soziale Eltern-Kind-Beziehung besteht (Art. 339 Abs. 3 CC fr.). Darüber hinaus zeigen sich die Gerichte zunehmend zurückhaltend bei der Anerkennung schützenswerter Interessen Dritter (vgl. Paris, 17.4.1992, D.1993.Somm.164: Ablehnung der Anfechtung durch Grossmutter). Das spanische Recht sieht – ähnlich wie das französische – eine unbefristete Anfechtungsmöglichkeit aller durch das Kindesverhältnis Benachteiligten vor, wenn keine soziale Eltern-Kind-Beziehung besteht (Art. 140 Abs. 1 CC esp., Art. 1936 CC esp.). Liegt eine solche Beziehung vor, ist die Anfechtung sowohl hinsichtlich des Kreises der Berechtigten als auch hinsichtlich der Frist beschränkt (Art. 140 Abs. 2 CC esp.). Nach deutschem Recht können nur der **Anerkennende,** die **Mutter** und das **Kind,** unter engen Voraussetzungen auch der biologische Vater anfechten (§ 1600 BGB); in Österreich können Mutter und Kind der Anerkennung widersprechen (§ 163d ABGB), im Übrigen kann nur der Anerkennende selbst anfechten (§ 164 Abs. 1, Ziff. 3 ABGB).

14 Der Partner, der einer **heterologen Insemination** zugestimmt und das Kind anerkannt hat, kann auch nach den meisten ausländischen Rechtsordnungen nicht anfechten (vgl. Frankreich: Art. 311–20 Abs. 2 CC fr.; Österreich: § 163 Abs. 3 ABGB; England: Sec. 28 Abs. 3 Human Fertilization and Embryology Act 1990).

Art. 260b

2. Klagegrund	[1] **Der Kläger hat zu beweisen, dass der Anerkennende nicht der Vater des Kindes ist.**
	[2] **Mutter und Kind haben diesen Beweis jedoch nur zu erbringen, wenn der Anerkennende glaubhaft macht, dass er der Mutter um die Zeit der Empfängnis beigewohnt habe.**
2. Moyen	[1] Le demandeur doit prouver que l'auteur de la reconnaissance n'est pas le père de l'enfant.
	[2] Toutefois, la mère et l'enfant n'ont à fournir cette preuve que si l'auteur de la reconnaissance rend vraisemblable qu'il a cohabité avec la mère à l'époque de la conception.

2. Motivo

[1] L'attore deve dimostrare che l'autore del riconoscimento non è il padre.

[2] Madre e figlio devono tuttavia addurre questa prova soltanto se l'autore del riconoscimento rende verosimile di aver avuto concubito con la madre al tempo del concepimento.

Literatur

Vgl. die Literaturhinweise zu Art. 260.

I. Allgemeines

Entsprechend der Regelung bei Anfechtung der Vaterschaft des Ehemannes (Art. 256a, 256b) ist nach Art. 260b Anfechtungsgrund die Behauptung, der **Anerkennende sei nicht der wirkliche Vater** des Kindes. Die Behauptungs- und Beweislast gestaltet sich unterschiedlich, je nachdem, ob Mutter und Kind oder ob andere Personen klagen. **1**

II. Beweislast

1. Ordentliche Anfechtung (Abs. 1)

Grundsätzlich muss der **Kläger** beweisen, dass der Anerkennende nicht der wirkliche Vater des Kindes ist. **2**

2. Erleichterte Anfechtung durch Mutter und Kind (Abs. 2)

Mutter und **Kind** müssen den Beweis der Nichtvaterschaft zunächst nicht führen, ihrer Klage unterstellt das Gesetz die **Behauptung der Nichtbeiwohnung.** Macht der Anerkennende jedoch **glaubhaft,** dass er der Mutter um die Zeit der Empfängnis beigewohnt hat (vgl. hierzu Art. 256a/256b N 10), so müssen auch Mutter und Kind den **Nachweis der Nichtvaterschaft** erbringen (vgl. HEGNAUER, Kindesrecht, N 8.21; BK-HEGNAUER, N 17 ff.). Gelingt die Glaubhaftmachung nicht, kann die beklagte Partei dennoch den **direkten Beweis der Vaterschaft** erbringen (vgl. HEGNAUER, Kindesrecht, N 8.21; SAGER, 141; kritisch STETTLER, SPR III/2, 1992, 187). **3**

III. Beweis der Nichtvaterschaft

Die Nichtvaterschaft kann sowohl durch den Beweis fehlender Beiwohnung (vgl. dazu Art. 262 N 4 f.) als auch durch **naturwissenschaftliche Gutachten** (vgl. dazu Art. 254 N 11 ff.) bewiesen werden. Der Beweis, dass die Vaterschaft weniger wahrscheinlich ist als die eines Dritten (Art. 262 Abs. 3), reicht nicht aus. **4**

Art. 260c

3. Klagefrist

[1] **Die Klage ist binnen Jahresfrist einzureichen, seitdem der Kläger von der Anerkennung und von der Tatsache Kenntnis erhielt, dass der Anerkennende nicht der Vater ist oder dass ein Dritter der Mutter um die Zeit der Empfängnis beigewohnt hat, oder seitdem er den Irrtum entdeckte oder seitdem die Drohung wegfiel, in jedem Fall aber vor Ablauf von fünf Jahren seit der Anerkennung.**

² Die Klage des Kindes kann in jedem Fall bis zum Ablauf eines Jahres seit Erreichen des Mündigkeitsalters erhoben werden.

³ Nach Ablauf der Frist wird eine Anfechtung zugelassen, wenn die Verspätung mit wichtigen Gründen entschuldigt wird.

3. Délai

¹ Le demandeur doit intenter l'action dans le délai d'un an à compter du jour où il a appris que la reconnaissance a eu lieu et que son auteur n'est pas le père ou qu'un tiers a cohabité avec la mère à l'époque de la conception, ou à compter du jour où l'erreur a été découverte ou de celui où la menace a été écartée, mais en tout cas dans les cinq ans depuis la reconnaissance.

² Dans tous les cas, l'action de l'enfant peut encore être intentée dans l'année après qu'il a atteint l'âge de la majorité.

³ L'action peut être intentée après l'expiration du délai lorsque de justes motifs rendent le retard excusable.

3. Termine

¹ L'attore deve proporre l'azione entro un anno da quando ebbe conoscenza del riconoscimento e del fatto che l'autore di esso non è il padre o che un terzo ha avuto concubito con la madre al tempo del concepimento, ovvero dalla scoperta dell'errore o dalla cessazione della minaccia, in ogni caso però entro cinque anni dal riconoscimento.

² Tuttavia, l'azione del figlio può essere proposta fino a un anno dopo la raggiunta maggiore età.

³ Scaduto il termine, la contestazione è ammessa se il ritardo è giustificato da gravi motivi.

Literatur

Vgl. die Literaturhinweise zu Art. 260 und 260a.

I. Allgemeines

1 Art. 260c regelt die Fristen zur Anfechtung der Anerkennung entsprechend jenen zur Anfechtung der Vaterschaft des Ehemannes der Mutter (Art. 256c). Auch insoweit handelt es sich um **Verwirkungs- und nicht um Verjährungsfristen** (vgl. SAGER, 179).

II. Klagefrist für Dritte und den Anerkennenden (Abs. 1)

1. Relative Frist

2 Für Dritte beginnt die **einjährige Ausschlussfrist** zu laufen, wenn sie sowohl von der Anerkennung als auch von der Tatsache Kenntnis erhalten, dass der Anerkennende nicht der Vater des Kindes ist, oder dass ein anderer Mann der Mutter um die Zeit der Empfängnis beigewohnt hat (zum Fristenlauf für die Gemeinde bei Wohnsitzverlegung vgl. HEGNAUER, ZZW 1999, 33 ff.). Der Anerkennende hat innert Jahresfrist ab Entdeckung des Irrtums über seine Vaterschaft oder ab Wegfall der Drohung zu klagen (vgl. BGer, FamPra.ch 2004, 142, 143). In analoger Anwendung von Art. 258 Abs. 3 beginnt die Frist für die Nachkommen des Kindes frühestens mit Kenntnis des Todes zu laufen (vgl. BK-HEGNAUER, N 23 f.; SAGER, 181). Erforderlich ist auch hier **sichere Kenntnis;** blosse Zweifel an der Vaterschaft oder Befürchtungen reichen nicht aus (vgl. auch Art. 256c N 3; BGE 119 II 110; 100 II 278 = Pra 1975, 344).

2. Absolute Frist

In jedem Fall ist die Klage innerhalb von **fünf Jahren** ab Anerkennung zu erheben; bei 3
vorgeburtlicher Anerkennung ist auch insoweit auf den Zeitpunkt der Geburt abzustellen
(Art. 256c Abs. 1 analog; vgl. BGer, ZVW 2004, 33 ff.).

III. Klagefrist für das Kind (Abs. 2)

Das Kind kann in jedem Fall bis zum Ablauf **eines Jahres** nach Erreichen des **Mündig-** 4
keitsalters Anfechtungsklage erheben. Erfolgt die Anerkennung erst nach Eintritt der
Mündigkeit des Kindes, so gelten auch für das Kind die in Abs. 1 niedergelegten allgemeinen Fristen.

IV. Wiederherstellung der Frist

Vgl. hierzu Art. 256c N 6 f.; BGer, FamPra.ch 2004, 142 ff., m. Bemerkungen Büchler, 5
147 ff.; OGer AG AGVE 1991, 17.

V. Rechtsvergleichung

Nach deutschem Recht beträgt die Klagefrist zwei Jahre (§ 1600b Abs. 1 BGB). Nach 6
österreichischem Recht haben Mutter oder Kind innerhalb von zwei Jahren der Anerkennung zu widersprechen (§ 163d Abs. 1 ABGB); die Anfechtungsfrist für den Anerkennenden beträgt ebenfalls zwei Jahre (§ 164 Abs. 2 ABGB). In Frankreich ist die Anfechtung grundsätzlich 30 Jahre ab Anerkennung möglich (vgl. Art. 311–7 CC fr., vgl. aber
Art. 339 Abs. 3 CC fr.). Nach italienischem Recht besteht ausser für den Fall der Drohung (Art. 265 CC it.: ein Jahr) keine Anfechtungsfrist (Art. 263 Abs. 3 CC it.).

Art. 261

B. Vaterschafts- **klage** **I. Klagerecht**	**[1] Sowohl die Mutter als das Kind können auf Feststellung des Kindesverhältnisses zwischen dem Kind und dem Vater klagen.** **[2] Die Klage richtet sich gegen den Vater oder, wenn er gestorben ist, nacheinander gegen seine Nachkommen, Eltern oder Geschwister oder, wenn solche fehlen, gegen die zuständige Behörde seines letzten Wohnsitzes.** **[3] Ist der Vater gestorben, so wird seiner Ehefrau zur Wahrung ihrer Interessen die Einreichung der Klage vom Gericht mitgeteilt.**
B. Action en paternité I. Qualité pour agir	[1] La mère et l'enfant peuvent intenter action pour que la filiation soit constatée à l'égard du père. [2] L'action est intentée contre le père ou, s'il est décédé, contre ses descendants ou à leur défaut, dans l'ordre, contre ses père et mère, contre ses frères et sœurs ou contre l'autorité compétente de son dernier domicile. [3] Lorsque le père est décédé, le juge informe l'épouse que l'action a été intentée afin qu'elle puisse sauvegarder ses intérêts.

B. Azione di
paternità

¹ Tanto la madre quanto il figlio possono proporre l'azione d'accertamento della filiazione paterna.

I. Diritto all'azione

² L'azione è diretta contro il padre o, dopo la sua morte e nell'ordine qui dato, contro i suoi discendenti, genitori o fratelli e sorelle ovvero, se questi mancano, contro l'autorità competente del suo ultimo domicilio.

³ Se il padre è morto, sua moglie, a salvaguardia dei propri interessi, è informata dal giudice che l'azione è stata proposta.

Literatur

Zu Abstammungsgutachten vgl. die Literaturhinweise zu Art. 254; BREITSCHMID, Vollstreckungsprobleme um Säumnisurteile in Vaterschaftsverfahren, ZVW 1991, 104 ff.; BRÜCKNER, Künstliche Fortpflanzung und Forschung am Embryo in vitro – Gedanken de lege ferenda, SJZ 1985, 381 ff.; DERS., Künstliche Insemination beim Menschen, ZZW 1985, 137 ff.; BUCHLI-SCHNEIDER, Künstliche Fortpflanzung aus zivilrechtlicher Sicht, Diss. Bern 1987; COTTIER, Kein Recht auf Kenntnis des eigenen Vaters? Urteilsanmerkung BGE 112 Ia 102, recht 1986, 136 ff.; DUBLER-NÜSS, Les nouveaux modes de procréation artificielle et le droit suisse de la filiation, Diss. Freiburg i.Ü. 1988; FRANK, Die künstliche Fortpflanzung beim Menschen im geltenden und im künftigen Recht, 1989; GUINAND, Les aspects juridiques, in: LEUBA (Hrsg.), L'insémination artificielle appliquée à l'être humain, 1982, 23 ff.; HAUSHEER, Zur Problematik der künstlichen Insemination: Ein Beitrag aus Strassburg?, in: FS Schweizerischer Juristentag 1979, 1979, 209 ff.; HEGNAUER, Über die Pflicht zur Erhebung der Vaterschafts- und Unterhaltsklage (Art. 308 Abs. 2 und 309 ZGB), ZVW 1997, 126 ff.; DERS., Aufgabe des Beistandes nach Art. 309, 308 Abs. 2 ZGB bei künstlicher Insemination einer unverheirateten Frau. – Haftung des Arztes (Art. 28, 28a ZGB, Art. 41 ff., 49 OR), ZVW 1995, 139 ff.; DERS., Posthume Feststellung des väterlichen Kindesverhältnisses, ZVW 1988, 103 f.; DERS., Gesetzgebung und Fortpflanzungsmedizin, in: GS Noll 1984, 49 ff.; DERS., Darf der Beistand sich durch Drohungen des Vaters von der Erhebung der Vaterschaftsklage abhalten lassen?, ZVW 1980, 17 ff.; DERS., Darf der Beistand von der Feststellung des Kindesverhältnisses zum Vater absehen?, ZVW 1979, 101 ff.; DERS., Die Übergangsbestimmungen zum neuen Kindesrecht, in: FS Deschenaux, 1977, 151 ff.; HUG, Die gerichtliche Feststellung der Vaterschaft nach dem neuen Schweizer Kindesrecht, Diss. Freiburg i.Ü. 1977; LAKKIS, Die Exhumierung zur postmortalen Vaterschaftsfeststellung und -anfechtung, FamRZ 2006, 454 ff.; MANDOFIA BERNEY, Vérités de la filiation et procréation assistée, Diss. Genf 1993; MANDOFIA BERNEY/GUILLOD, Liberté personnelle et procréation assistée, SJZ 1993, 205 ff.; SANDOZ, Le rôle du discernement dans les actions du droit de la filiation, in: Le droit en action, FS Juristentag 1996, Lausanne 1996, 419 ff.; TERCIER, L'action en paternité selon le nouveau droit de la filiation, ZBJV 1978, 377 ff.; WERRO/MÜLLER, Les droits du père naturel, in: FS Schnyder, 1995, 859 ff.

I. Allgemeines

1   Mit der Vaterschaftsklage wird das Kindesverhältnis in den Fällen festgestellt, wo es nicht bereits aufgrund der Vermutung des Art. 255 oder aufgrund Anerkennung nach Art. 260 zustande kommt. Es handelt sich um ein **Gestaltungsurteil.** Auf das Recht zur Erhebung der Vaterschaftsklage kann nicht im Voraus verzichtet werden (vgl. STETTLER, SPR III/2, 1992, 59; BK-BUCHER, Art. 27 N 227).

II. Vaterschaftsklage

1. Voraussetzungen

2   Wie die übrigen Formen der Begründung eines Kindesverhältnisses (vgl. Art. 255 N 2 und Art. 260 N 2), setzt die Vaterschaftsklage voraus, dass ein **Kindesverhältnis zur Mutter** besteht (vgl. HUG, 77; BK-HEGNAUER, N 9). Ein Findelkind unbekannter Mutter kann keine Vaterschaftsklage erheben. Weitere Voraussetzung ist, dass **kein Kindesver-**

hältnis zu einem anderen Mann vorliegt, sei es aufgrund der Vermutung des Art. 255, aufgrund Anerkennung oder aufgrund eines anderen Vaterschaftsurteils. Nach **Adoption** – auch bei Einzeladoption durch eine Frau (Art. 264b) – ist die Vaterschaftsklage ausgeschlossen (vgl. HEGNAUER, Kindesrecht, 12.03 f.).

2. Verbindung mit anderen Klagen

Mit der Vaterschaftsklage können die **Unterhaltsklage des Kindes** (Art. 279 Abs. 1 und   **3** 3) und die **Leistungsklage der Mutter** (Art. 295) verbunden werden. Eine Übertragung der elterlichen Sorge auf den Vater (Art. 298 Abs. 2), Regelung des persönlichen Verkehrs (Art. 273) oder Namensänderung (Art. 30 Abs. 1) ist in diesem Verfahren nicht möglich (kritisch hierzu TERCIER, ZBJV 1978, 377, 394).

3. Zuständigkeit und Verfahren

Vgl. Art. 253 N 2 und Art. 254 N 2.   **4**

III. Klageberechtigte (Abs. 1)

1. Kind

Die Klage steht primär dem **Kind** zu. Das Klagerecht ist **höchstpersönlich** und wird   **5** vom urteilsfähigen Kind selbst ausgeübt. Das **urteilsunfähige** unmündige oder entmündigte Kind wird vom Beistand nach Art. 309 oder vom Vormund vertreten. Eine Vertretung durch die Mutter als Inhaberin der elterlichen Sorge scheidet aus (vgl. TERCIER, ZBJV 1978, 377, 383 FN 20, 384 FN 28; BK-HEGNAUER, N 49). Im Sinne des Gesetzgebers soll grundsätzlich jedes Kind auch zu seinem Vater in ein Kindesverhältnis treten. Die Klageerhebung ist danach nicht vom **Interesse des Kindes** abhängig zu machen (vgl. BBl 1974 II 41; HEGNAUER, ZVW 1980, 17, 18 f.; DERS., ZVW 1979, 101, 102).

Ist das **Kind verstorben,** so geht das Klagerecht entgegen teilweise in der Literatur ver-   **6** tretener Auffassung (vgl. BK-HEGNAUER, N 52 m.w.Nw.) weder auf die Nachkommen noch auf die Erben des Kindes über (ebenso HUG, 80; STETTLER, SPR III/2, 1992, 48; SANDOZ, FS Juristentag 1996, 419, 427 m.w.Nachw.), sondern erlischt. Das selbständige Klagerecht der Mutter (vgl. N 7) bleibt bestehen.

2. Mutter

Neben dem Kind steht der **Mutter** ein **selbständiges Klagerecht** zu (kritisch HUG, 75 f.;   **7** TERCIER, ZBJV 1978, 377, 385). Auch ihr Klagerecht ist **höchstpersönlich.** Urteilsfähige üben es selbst aus, für Urteilsunfähige handelt der gesetzliche Vertreter (vgl. BK-BUCHER, Art. 19 N 260; HUG, 78; ebenso nunmehr BK-HEGNAUER, N 43; **a.M.** TERCIER, ZBJV 1978, 377, 383; ausführlich zum Ganzen SANDOZ, FS Juristentag 1996, 419, 425 ff.). Bei **Tod der Mutter** erlischt das Klagerecht (vgl. HUG, 80; BK-HEGNAUER, N 44 m.w.Nw.; vgl. auch N 6).

3. Verhältnis der beiden Klagen

Die Klagen von Kind und Mutter sind voneinander **unabhängig** (vgl. HUG, 81). Klagen   **8** sie zusammen, liegt **einfache,** nicht notwendige **Streitgenossenschaft** vor. Mutter und Kind können jedoch jeweils auch als **Nebenintervenienten** der Klage des anderen beitreten (vgl. BK-HEGNAUER, N 64).

4. Vater

9 Dem Vater steht nach dem Wortlaut des Art. 261 Abs. 1 ein Klagerecht nicht zu. Da jedoch der **Urteilsunfähige** nicht anerkennen kann (vgl. Art. 260 N 1), muss ihm um seiner Persönlichkeit willen die Möglichkeit gegeben werden, in Analogie zu Art. 261 seine Vaterschaft feststellen zu lassen. Er wird dabei durch seinen gesetzlichen Vertreter vertreten.

IV. Beklagte (Abs. 2)

1. Vater

10 Die Klage richtet sich gegen den Mann, der **angeblich der Vater** des Kindes ist. Der **urteilsfähige Beklagte** führt den Prozess selbst; **Urteilsunfähige** werden durch den gesetzlichen Vertreter vertreten. Im Falle der **heterologen Insemination** ist die Vaterschaftsklage nach Art. 23 Abs. 2 FMedG gegen den Samenspender grundsätzlich ausgeschlossen. Sie ist nur dann zulässig, wenn die Samenspende wissentlich bei einer Person erfolgt, die keine Bewilligung für die Fortpflanzungsverfahren oder für die Konservierung und Vermittlung gespendeter Samenzellen hat. Im Übrigen kann das mündige Kind nach Art. 27 Abs. 1 FMedG Auskunft über die äussere Erscheinung und die Personalien des Spenders verlangen (weiter gehend nach Art. 27 Abs. 2 FMedG bei schutzwürdigem Interesse).

2. Tod des Vaters

11 Auch nach dem **Tod des Vaters** ist die Vaterschaftsklage möglich. Dies muss selbst dann gelten, wenn der Vater bereits vor Zeugung des Kindes gestorben ist, seine Samenzellen aber nach seinem Willen zur Befruchtung der Eizelle der Mutter verwendet wurden **(postmortale Insemination)**. Zwar erklärt Art. 3 Abs. 4 FMedG die Einleitung einer Schwangerschaft bei einer Frau mit Keimgut des verstorbenen Partners für unzulässig, eine gleichwohl erfolgte postmortale Insemination kann jedoch nicht dazu führen, dass zulasten des Kindes eine Vater-Kind-Beziehung nicht mehr festgestellt werden kann (ebenso HAUSHEER, FS Schweizerischer Juristentag 1979, 209, 217; GUINAND, in: LEUBA [Hrsg.], 23, 29; **a.A.** HEGNAUER, GS Noll, 49, 54; BK-HEGNAUER, N 78a, der aber einen Schadenersatzanspruch des Kindes gegen den Arzt aus Art. 28 und Art. 49 OR postuliert; STETTLER, SPR III/2, 1992, 77, allerdings nicht ohne Bedenken; DUBLER-NÜSS, N 46 ff., 76). Zur Unwirksamkeit der pränatalen Anerkennung in diesem Fall vgl. Art. 260 N 5.

12 Die Klage richtet sich nach dem Tod des Vaters zunächst gegen seine **Nachkommen;** fehlen solche, gegen seine **Eltern.** Sind die Eltern gestorben, richtet sie sich gegen die **Geschwister** einschliesslich etwaiger Halbgeschwister. Bei mehreren Beklagten liegt notwendige Streitgenossenschaft vor (vgl. TERCIER, ZBJV 1978, 377, 386).

13 Im Gegensatz zum Vater, der die Klage anerkennen kann (vgl. dazu Art. 260 N 13), ist den in die Beklagtenposition einrückenden Verwandten des Vaters die **Befugnis zur Klaganerkennung** nicht einzuräumen (vgl. SANDOZ, FS Juristentag 1996, 419, 430; STETTLER, SPR III/2, 1992, 49 f.; **a.A.** HEGNAUER, ZVW 1988, 103 f.; BBl 1974 II 43; vgl. auch Art. 260 N 14).

14 Leben weder Nachkommen, Eltern noch Geschwister des Vaters, richtet sich die Klage gegen die nach kantonalem Recht zu bestimmende zuständige **Behörde am letzten Wohnsitz** des Vaters (vgl. Hug, 84 f.). War der Vater Schweizer mit letztem Wohnsitz im

Ausland, ist gegen die zuständige Behörde des Heimatorts zu klagen (vgl. BK-HEGNAUER, N 84; STETTLER, SPR III/2, 1992, 48). Auch der Behörde steht ein Anerkennungsrecht nicht zu (**a.A.** BK-HEGNAUER, N 85).

3. Klage gegen mehrere Männer

Haben mehrere Männer der Mutter in der empfängnisrelevanten Zeit beigewohnt, so **15** kann gegen jeden von ihnen **unabhängig** vorgegangen werden (BGE 101 Ia 34, 35). Werden die Klagen vereinigt, so bestimmt das Gericht die Reihenfolge allfälliger Gutachten, ggf. nach vorheriger Einholung eines gynäkologischen oder Tragezeitgutachtens (Einzelheiten bei TERCIER, ZBJV 1978, 377, 391; BK-HEGNAUER, N 70 ff.).

4. Klage des Vaters

Eine ausnahmsweise mögliche Klage des Vaters (vgl. N 9) richtet sich analog Abs. 2 ge- **16** gen das **Kind** bzw. bei dessen Tod gegen die in Abs. 2 genannten Personen.

5. Intervenienten

Jeder, der zur Anfechtung der Vaterschaft im Falle einer Anerkennung befugt wäre (vgl. **17** Art. 259 N 13 ff., Art. 260a N 2 ff.), ist im Rahmen des kantonalen Prozessrechts zur **Nebenintervention** befugt (vgl. SAGER, 184 f.; BK-HEGNAUER, N 86). Von Bundesrechts wegen steht der **Ehefrau** des verstorbenen, mutmasslichen Vaters das Recht zur Intervention zu; ihr ist die Einreichung der Klage zur Wahrung ihrer Interessen vom Gericht mitzuteilen (Abs. 3).

V. Wirkungen

Mit dem gutheissenden Urteil wird das **Kindesverhältnis** zum Vater **rückwirkend** auf **18** den Zeitpunkt der Geburt (vgl. auch Art. 260 N 21) begründet. Weitere hängige Klagen gegen andere potentielle Väter werden gegenstandslos, neue Klagen sind ausgeschlossen (vgl. HUG, 82).

VI. Mitteilungen

Das Gericht meldet das rechtskräftige Vaterschaftsurteil gemäss Art. 40 Abs. 1 lit. f ZStV **19** der Aufsichtsbehörde am Sitz des Gerichts (Art. 43 Abs. 4 lit. b ZStV) sowie der Vormundschaftsbehörde des Wohnsitzes der Mutter z.Zt. der Geburt des Kindes (Art. 43 Abs. 4 lit. b ZStV).

VII. Internationales Privatrecht

Vgl. Art. 253 N 8 ff.   **20**

VIII. Rechtsvergleichung

Auch in ausländischen Rechtsordnungen steht die Vaterschaftsklage in erster Linie dem **21** **Kind** offen (vgl. Deutschland: § 1600e Abs. 1 BGB; Österreich: § 163 Abs. 1 ABGB; Frankreich: Art. 340–2 CC fr.; Italien: Art. 270 Abs. 1 CC it.). Daneben kann teilweise auch der **Mann** (so nach deutschem und österreichischem Recht, § 1600e Abs. 1 BGB;

§ 163 Abs. 1 ABGB) und die Mutter (Deutschland: § 1600e Abs. 1 BGB) auf Feststellung der Vaterschaft klagen. Neben der Vaterschaftsklage gibt es im romanischen Rechtskreis auch die **Mutterschaftsklage** (vgl. Frankreich: Art. 341 CC fr.; Italien: Art. 269 CC it.). Im italienischen Recht (Art. 269 Abs. 1 CC it. i.V.m. Art. 251 CC it.) sind Vaterschafts- oder Mutterschaftsklage jedoch grundsätzlich nicht möglich, wenn das Kind im **Inzest** gezeugt wurde. In diesem Fall kommt nur eine Unterhaltsklage in Betracht (vgl. Art. 279 CC it.).

22   Bei **heterologer Insemination** ist die Vaterschaftsklage gegen den Samenspender nach deutschem, österreichischem und französischem Recht ausgeschlossen (§ 1600 Abs. 2 BGB; § 163 Abs. 4 ABGB; Art. 311–19 CC fr.).

Art. 262

II. Vermutung

¹ **Hat der Beklagte in der Zeit vom 300. bis zum 180. Tag vor der Geburt des Kindes der Mutter beigewohnt, so wird seine Vaterschaft vermutet.**

² **Diese Vermutung gilt auch, wenn das Kind vor dem 300. oder nach dem 180. Tag vor der Geburt gezeugt worden ist und der Beklagte der Mutter um die Zeit der Empfängnis beigewohnt hat.**

³ **Die Vermutung fällt weg, wenn der Beklagte nachweist, dass seine Vaterschaft ausgeschlossen oder weniger wahrscheinlich ist als die eines Dritten.**

II. Présomption

¹ La paternité est présumée lorsque, entre le trois centième et le cent quatre-vingtième jour avant la naissance de l'enfant, le défendeur a cohabité avec la mère.

² La paternité est également présumée lorsque l'enfant a été conçu avant le trois centième jour ou après le cent quatre-vingtième jour avant la naissance et que le défendeur a cohabité avec la mère à l'époque de la conception.

³ La présomption cesse lorsque le défendeur prouve que sa paternité est exclue ou moins vraisemblable que celle d'un tiers.

II. Presunzione

¹ La paternità è presunta quando il convenuto ha avuto concubito con la madre nel tempo dal trecentesimo al centottantesimo giorno prima della nascita.

² Questa presunzione vale anche se il figlio è stato concepito innanzi il trecentesimo giorno o dopo il centottantesimo giorno prima della nascita e il convenuto ha avuto concubito con la madre al tempo del concepimento.

³ La presunzione cade se il convenuto dimostra che la sua paternità è esclusa o meno verosimile di quella altrui.

Literatur

DASSER, Mit dem ordre public gegen italienisches Kindesrecht?, SJZ 1988, 9 ff.; vgl. ausserdem die Literaturhinweise zu Art. 261.

I. Allgemeines

Zugunsten der Kläger enthalten Art. 262 Abs. 1 und 2 eine **Vaterschaftsvermutung,** 1
wenn feststeht, dass der Beklagte der Mutter in der Empfängniszeit beigewohnt hat. Die
so begründete Vermutung muss dann vom Beklagten nach Abs. 3 ausgeräumt werden.

II. Vaterschaftsvermutung aufgrund Beiwohnung (Abs. 1 und Abs. 2)

1. Beiwohnung

Unter **Beiwohnung** ist jeder **geschlechtliche Kontakt** zu verstehen, der zu einer Be- 2
fruchtung führen kann, auch wenn dabei empfängnisverhütende Mittel oder Methoden
angewandt werden (vgl. BGE 93 II 6 = Pra 1967, 374; BGE 82 II 505; HUG, 147 ff.; BK-
HEGNAUER, N 21 m.w.Nw. zur Rechtsprechung). Die **künstliche Insemination** ist der
Beiwohnung gleichzustellen. Dies muss auch im Falle postmortaler Insemination gelten
(vgl. Art. 261 N 11; **a.A.** BK-HEGNAUER, N 23a; STETTLER, SPR III/2, 1992, 77; wie hier
jedoch GUINAND, in: LEUBA [Hrsg.], 23, 29; HAUSHEER, FS Schweizerischer Juristentag
1979, 209, 217).

2. Empfängniszeit

Als **gesetzliche Empfängniszeit** (Abs. 1) gilt der Zeitraum zwischen dem Beginn des 3
300. Tages und dem Ende des 180. Tages vor der Geburt (vgl. Tabelle bei BK-
HEGNAUER, N 49; HUG, 150 ff.). Ist die Beiwohnung innerhalb dieses Zeitraums be-
wiesen, greift die Vermutung unabhängig vom Reifegrad des Kindes bei der Geburt ein.
Weisen die Kläger durch ein gynäkologisches oder Tragezeitgutachten (vgl. dazu
Art. 254 N 8, 10) nach, dass es wahrscheinlich ist, dass die Schwangerschaft **länger
als 300** oder **kürzer als 180 Tage** gedauert hat und dass der Beklagte der Mutter um die
Zeit der Empfängnis beigewohnt hat, so besteht die Vaterschaftsvermutung ebenfalls
(Abs. 2).

3. Beweis

Der Beweis der Beiwohnung in der Empfängniszeit ist entsprechend den Bestimmungen 4
des **kantonalen Prozessrechts** zu erbringen (beachte aber Art. 254 N 5, 22: Erforschung
des Sachverhalts von Amtes wegen und Grundsatz der freien Beweiswürdigung). Neben
dem **Indizienbeweis** (BGE 95 II 80 = Pra 1970, 17; AppGer BS BJM 1966, 123; vgl.
dazu BK-HEGNAUER, N 42 ff., mit vielen Beispielen aus der älteren Rechtsprechung)
kann die Beiwohnung v.a. auch durch **Geständnis** des Beklagten bewiesen werden. Kann
der Beweis der Beiwohnung nicht erbracht werden, kommt immer noch der **direkte Beweis** der Vaterschaft in Betracht (vgl. N 7).

III. Widerlegung der Vermutung (Abs. 3)

Der Beklagte kann die Vermutung einmal durch **Beweis seiner Nichtvaterschaft** wider- 5
legen. Wie bei Art. 256a Abs. 1 und Art. 260b Abs. 1 ist auch hier der Beweis erbracht,
wenn die Abstammung des Kindes vom Beklagten **mit an Sicherheit grenzender
Wahrscheinlichkeit** auszuschliessen ist (vgl. dazu Art. 254 N 23; BBl 1974 II 45; BGE
112 II 14; 104 II 299 = Pra 1979, 444; BGE 101 II 13 = Pra 1975, 660). Blosse Zweifel
an der Vaterschaft reichen nicht, um die Vermutung zu widerlegen.

Darüber hinaus entfällt die Vermutung, wenn die Vaterschaft des Beklagten **weniger** 6
wahrscheinlich ist als die eines Dritten. Hierzu hat der Beklagte zunächst die Beiwoh-

nung eines Dritten entsprechend den in N 4 genannten Grundsätzen zu beweisen (vgl. die Kasuistik bei BK-HEGNAUER, N 82 f.). Diese «**Mehrverkehrseinrede**» oder selbst der Beweis gewerbsmässiger Prostitution reicht indessen allein nicht aus (vgl. BGE 109 II 201 f.; 117 II 377 f.; BGer, ZVW 2004, 120); hinzukommen muss vielmehr der Beweis, dass die **Vaterschaft des Dritten wahrscheinlicher** ist als die des Beklagten (in diese Richtung schon nach altem Recht BGE 95 II 82 f. = Pra 1970, 17; BGE 101 Ia 34; vgl. HUG, 156). Dieser Beweis kann regelmässig nur mit **naturwissenschaftlichen Gutachten** (vgl. Art. 254 N 11 ff.) geführt werden. Die Wahrscheinlichkeit der Vaterschaft des Beklagten muss dabei eindeutig geringer sein als die des Dritten, so dass bei einer später gegen den Dritten gerichteten Vaterschaftsklage die umgekehrte Beurteilung des Sachverhalts auszuschliessen ist (vgl. BK-HEGNAUER, N 90; STETTLER, SPR III/2, 1992, 82; BBl 1974 II 45 ff.). Haben **mehrere Dritte** der Mutter in der relevanten Zeit beigewohnt, so ist das Verhältnis der Wahrscheinlichkeit zwischen jedem Einzelnen und dem Beklagten zu bestimmen (vgl. BGE 117 II 377; OGer ZH ZR 1992/93 Nr. 30, 107; TERCIER, ZBJV 1978, 377, 390 f.).

IV. Direkter Beweis der Vaterschaft

7   Können die Kläger den Beweis der Beiwohnung nicht erbringen, steht ihnen gleichwohl der **direkte Beweis der Vaterschaft** durch naturwissenschaftliche Gutachten offen. Erforderlich ist die **an Sicherheit grenzende Wahrscheinlichkeit** der Vaterschaft des Beklagten (vgl. dazu Art. 254 N 23; KGer SG SJZ 1984, 114 Nr. 17). Der direkte Vaterschaftsbeweis ist grundsätzlich auch möglich, wenn der Beklagte die Vaterschaftsvermutung durch Nachweis der grösseren Wahrscheinlichkeit der Vaterschaft eines Dritten widerlegen konnte (vgl. HUG, 160; TERCIER, ZBJV 1978, 377, 390; **a.A.** BK-HEGNAUER, N 107), nicht jedoch, wenn die Vaterschaft des Beklagten ausgeschlossen ist (vgl. BGE 104 II 301 = Pra 1979, 444).

V. Internationales Privatrecht

8   Zum Verhältnis der schweizerischen Regelung zur Mehrverkehrseinrede nach italienischem Recht vgl. OGer ZH SJZ 1987, 83 Nr. 12; DASSER, SJZ 1988, 9 ff.

VI. Rechtsvergleichung

9   Eine Vaterschaftsvermutung **aufgrund erwiesener Beiwohnung** sehen auch das deutsche (§ 1600d Abs. 2 BGB) und das österreichische Recht (§ 163 Abs. 2 Satz 1 ABGB) vor. Österreich kennt darüber hinaus eine grundsätzlich unwiderlegbare Vaterschaftsvermutung für den zustimmenden Partner bei **heterologer Insemination** (§ 163 Abs. 3 ABGB).

Art. 263

III. Klagefrist   [1] **Die Klage kann vor oder nach der Niederkunft angebracht werden, ist aber einzureichen:**
1. von der Mutter vor Ablauf eines Jahres seit der Geburt;
2. vom Kind vor Ablauf eines Jahres seit Erreichen des Mündigkeitsalters.

² **Besteht schon ein Kindesverhältnis zu einem andern Mann, so kann die Klage in jedem Fall innerhalb eines Jahres seit dem Tag, da es beseitigt ist, angebracht werden.**

³ **Nach Ablauf der Frist wird eine Klage zugelassen, wenn die Verspätung mit wichtigen Gründen entschuldigt wird.**

III. Délai

¹ L'action peut être intentée avant ou après la naissance de l'enfant, mais au plus tard:
1. par la mère, une année après la naissance;
2. par l'enfant, une année après qu'il a atteint l'âge de la majorité.

² S'il existe déjà un rapport de filiation avec un autre homme, l'action peut en tout cas être intentée dans l'année qui suit la dissolution de ce rapport.

³ L'action peut être intentée après l'expiration du délai lorsque de justes motifs rendent le retard excusable.

III. Termine

¹ L'azione può essere proposta prima o dopo il parto, ma al più tardi:
1. dalla madre, entro un anno dalla nascita;
2. dal figlio, entro un anno dalla raggiunta maggiore età.

² Se già esiste rapporto di filiazione con un altro uomo, l'azione può essere in ogni caso proposta entro un anno dal giorno dell'estinzione di tale rapporto.

³ Scaduto il termine, l'azione è ammessa se il ritardo è scusato da gravi motivi.

Literatur

Vgl. die Literaturhinweise zu Art. 261 und Art. 256c.

I. Allgemeines

Art. 263 regelt die **Klagefrist** für die Erhebung der Vaterschaftsklage entsprechend den Fristen, die für die Anfechtung der Vaterschaftsvermutung gelten (vgl. Art. 256c). **1**

II. Klagefrist

1. Im Allgemeinen (Abs. 1)

Die Klage kann **vor oder nach der Geburt** des Kindes angebracht werden. Für die **Mutter** gilt eine einjährige Klagefrist beginnend mit der Geburt des Kindes; das **Kind** kann bis ein Jahr nach Erreichen des Mündigkeitsalters klagen. Bei Zulassung einer Klage des **urteilsunfähigen Vaters** (vgl. Art. 261 N 9) wird man in Analogie zu Art. 263 von einer einjährigen Frist beginnend ab Kenntnis der Geburt des Kindes ausgehen müssen. **2**

2. Aufhebung eines anderen Kindesverhältnisses (Abs. 2)

Hat ein Kindesverhältnis zu einem anderen Mann bestanden – aufgrund der Vermutung des Art. 255, Anerkennung, Vaterschaftsurteil oder Adoption –, so kann Klage auf jeden Fall innerhalb **eines Jahres ab Aufhebung dieses Kindesverhältnisses** erhoben werden (BGE 81 II 489; Tercier, ZBJV 1978, 377, 392). Entsprechendes muss gelten, wenn ein Kindesverhältnis zu Unrecht im Zivilstandsregister eingetragen ist (vgl. BK-Hegnauer, N 14); die Jahresfrist beginnt mit Rechtskraft des Berichtigungsurteils (vgl. Art. 9 ZGB). **3**

III. Wiederherstellung der Frist (Abs. 3)

4   **Wichtige Gründe,** die zu einer Wiederherstellung der Frist führen, liegen insb. vor, wenn dem Kind die Identität des Vaters verheimlicht wurde oder die Mutter und deren Familienstand zur Zeit der Geburt unbekannt sind (vgl. OGer SO SJZ 1972, 188 Nr. 77), wenn der Kläger in entschuldbarer Weise auf das Bestehen eines anderweitigen Kindesverhältnisses vertraut hat (vgl. BezGer Winterthur ZVW 1972, 147 Nr. 32), oder wenn der Kläger unverschuldet von der Aufhebung des Kindesverhältnisses keine Kenntnis hatte (vgl. BGE 103 II 22 f.; vgl. auch KGer ZG SJZ 1985, 326 Nr. 58). Vgl. im Übrigen Art. 256c N 6 f.

IV. Internationales Privatrecht

5   Zur Vaterschaftsklage eines in der Schweiz wohnhaften 35-jährigen Italieners gegen einen in der Schweiz wohnhaften Schweizer unter Anwendung italienischen Rechts vgl. BGE 118 II 468 = Pra 1993, 275.

V. Rechtsvergleichung

6   In den meisten ausländischen Rechtsordnungen ist die Vaterschaftsklage des Kindes **unbefristet** möglich (ausdrücklich geregelt in Italien: Art. 270 Abs. 1 CC it.). In Frankreich muss die Klage für das unmündige Kind innerhalb von zwei Jahren ab der Geburt, bzw. ab Auflösung einer nichtehelichen Lebensgemeinschaft zwischen Mutter und Vater oder aber Einstellung von Unterhaltszahlungen des Vaters angebracht werden, das mündige Kind kann jedoch bis zwei Jahre nach Eintritt der Mündigkeit klagen (Art. 340–4 CC fr.).

Vierter Abschnitt: Die Adoption

Vorbemerkungen zu Art. 264–269c

Literatur

CESCHI, Adoption ausländischer Kinder in der Schweiz, Diss. Zürich 1996; CLERC, Die Stiefkindadoption, Diss. Freiburg i.Ü. 1991; EICHENBERGER, Die materiellen Voraussetzungen der Adoption Unmündiger nach neuem schweizerischem Adoptionsrecht, Diss. Freiburg i.Ü. 1974; GROSSEN, SJK Nr. 1352–60 (1976/77); HAUSHEER, Die Familie im Wechselspiel von Gesellschaftsentwicklung und Recht, ZBJV 2003, 585; JAMETTI GREINER, Adoption in der Schweiz; Überblick über die Rechtsprechung, Adoption und UNO-Konvention über die Rechte des Kindes, ZVW 1994, 52 f.; KÜFFER, Die Erwachsenenadoption: von der Mutter der Adoption zur Schwiegermutter, FamPra.ch 2004, 27 ff.; LOCHER, Persönlichkeitsschutz und Adoptionsgeheimnis, Diss. Zürich 1993; LÜCKER-BABEL, Auslandsadoption und Kinderrechte, Freiburg i.Ü. 1991 (franz. unter dem Titel: Adoption internationale et droits de l'enfant); DIES., Les cas d'échec de l'adoption internationale en Suisse, ZVW 1994, 87 f.; MEIER/STETTLER, Droit de la filiation, Etablissement de la filiation, 3. Aufl. Genf, Zürich 2005; Mustersammlung zum Adoptions- und Kindesrecht, hrsg. von der Konferenz der kant. Vormundschaftsbehörden VBK, 4. Aufl. Zürich 2005 (zit. Mustersammlung); PAULITZ (Hrsg.), Adoption: Positionen, Impulse, Perspektiven, München 2000; REUSSER, Neuerungen im Adoptionsrecht des ZGB, ZVW 2001, 33 ff.; SIEGENTHALER, Von Adoptionen und vom Alltag im Zivilstandsdienst, ZZW 2002, 378; Terre des hommes (Hrsg.), L'adoption dans tous ses états, 2004; VOGEL-ETIENNE, Das Pflegeverhältnis vor der Adoption, Diss. Zürich 1981; WEIMAR, Die Zustimmung der Eltern zur Adoption, ZVW 2001, 124 ff.; ZUEGG, Die Vermittlung ausländischer Adoptivkinder als Problem des präventiven Kindesschutzes, Diss. Freiburg i.Ü., Zürich 1986.

Literatur zum IPR der Adoption: Botschaft betreffend das Haager Übereinkommen vom 29.5.1993 über den Schutz von Kindern und die Zusammenarbeit auf dem Gebiet der internationalen Adoption sowie das Bundesgesetz zum Haager Adoptionsübereinkommen und über Massnahmen zum Schutz des Kindes bei internationalen Adoptionen, BBl 1999 5795 ff.; Bucher, DIP Bd. II, § 13, N 714–760; Ders., La nouvelle Convention de La Haye relative à l'adoption internationale, ZVW 1994, 97 f.; Ders., L'application de la LDIP à l'état civil, ZZW 1993, 342 f.; Bucher/Jametti Greiner, La Dix-septième session de la Conférence de La Haye sur l'adoption internationale, SZIER 1993, 153 f.; Chervaz Dramé, L'introduction en Suisse de la Convention de la Haye sur la protection des enfants et la coopération en matière d'adoption internationale et ses implications sur la pratique actuelle, ZVW 2003, 16 ff.; Hegnauer, Die Schweiz und das Haager Übereinkommen von 1993 über die internationale Adoption, in: FS Heini, Zürich 1995, 179 f.; Jametti Greiner, Bericht über die 17. Session der Haager Konferenz für internationales Privatrecht, AJP 1993, 1211 f.; Dies., Das Haager Übereinkommen und seine Umsetzung im schweizerischen Recht, ZVW 1997, 171 ff.; Straessle, Stiefkindadoption im internationalen Privatrecht, ZZW 2004, 5 f.; Urwyler, Erste Erfahrungen mit dem Haager Adoptionsübereinkommen, FamPra.ch 2004, 519 ff.; Ders., Zukunft der internationalen Adoption in der Schweiz: Welche Lösungen für welche Probleme?, Erste Schweizerische Tagung zur internationalen Adoption, Bellinzona 28./29.10.2004, 24 ff.; Ders., Das Verfahren bei internationalen Adoptionen nach dem HAÜ, ZVW 2003, 6 ff.; Ders., Adoptionsverfahren nach dem Haager Übereinkommen und seine Auswirkungen auf die Zivilstandsbehörden, ZZW 2002, 368 ff.; Wuppermann, Adoption ein Handbuch für die Praxis, Adoptionsvorbereitung im In- und Ausland, Köln 2006; Kreisschreiben des Eidg. Amtes für das Zivilstandswesen vom 29.11.2002 betr. Umsetzung des Haager Übereinkommens vom 29.5.1993 über den Schutz von Kindern und die Zusammenarbeit auf dem Gebiet der internationalen Adoption (HAÜ) sowie des Bundesgesetzes vom 22.6.2001 zum Haager Adoptionsübereinkommen über Massnahmen zum Schutz des Kindes bei internationalen Adoptionen (BG-HAÜ); Kreisschreiben des Bundesamtes für Justiz betr. Anerkennung von im Ausland vorgenommenen Adoptionen, ZZW 1992, 266 f.

I. Wesen und Arten der Adoption

Die **Adoption begründet durch Rechtsakt das Kindesverhältnis,** d.h. eine rechtliche Kind-Eltern-Beziehung zwischen nichtverwandten Personen (Art. 252 Abs. 3). Sie ist **unauflöslich** (Art. 269e contrario). **Zweck der Adoption** ist heute weit weniger der Wunsch nach einem Erben als elternlosen Kindern neue Eltern zu geben und kinderlosen Eltern Elternschaft zu ermöglichen; Tuor/Schnyder/Schmid nennen als *Leitbild die Erziehungs- und Fürsorgeadoption* (§ 33 IV bei Anm. 70). **1**

Regelfall ist die *Adoption Unmündiger durch Ehegatten* (Art. 264a); *Adoption Mündiger* (Art. 266) und *Adoption durch Einzelpersonen* (Art. 264b Abs. 1) bilden demgegenüber die **Ausnahme.** Wohlstandsgefälle und Kinderwunsch lassen bei Fremdadoption (N 3) die *Adoption ausländischer Kinder* (N 8) zum Regelfall werden. **2**

Der **Fremd-** steht die mit der Scheidungsnovelle wieder erschwerte **Stiefkindadoption** (Art. 264a Abs. 3) gegenüber: Während i.d.R. ein fremdes, elternloses Kind in eine kinderlose Familie aufgenommen werden soll, wird mit der Stiefkindadoption die Konzentration der rechtlichen Beziehung auf den neuen (Ehe-)Partner des natürlichen Elternteils angestrebt; das kann sinnvoll sein, wo die Beziehung zum leiblichen Elter abgebrochen ist, nicht aber, wo dieser als «Störenfried» aus der neuen Beziehung des Obhutsinhabers gewaltsam ausgeschlossen werden soll oder der Abbruch der Beziehung Folge davon ist (s. Art. 264a N 10). **3**

Bei aller Vielfalt der individuellen Beweggründe bleibt das **Kindeswohl** wichtigste Voraussetzung jeder Adoption (Art. 264; s. dort N 18 f.). Im Allgemeinen ist die Adoption der Heimerziehung oder blosser Pflegeelternschaft (als Vorstufe zur Adoption, Art. 264 N 6 f.) vorzuziehen. Das Kindeswohl ist umso sorgfältiger zu prüfen, als die «Nachfrage» nach Adoptivkindern das «Angebot» weit übersteigt (FamRZ 1990, 285: ein zur Adoption gemeldetes Kind auf 27,5 Bewerber) und der elterliche Kinderwunsch deshalb **4** weitgehend dominiert. Dies sei insb. mit Blick auf die zunehmende Zahl von *Drittwelt-adoptionen* (HEGNAUER, FS Heini, 185) hervorgehoben (dazu u. N 5, 8).

II. Entwicklung des Adoptionsrechts

5   Das schweizerische Adoptionsrecht hat mit der **Revision von 1972** eine entscheidende Umgestaltung erfahren (zum alten Recht ZK-EGGER [1943] und BK-HEGNAUER zu aArt. 264–269 [1964]; zur Revision von 1972 BK-HEGNAUER, N 18 f. der Einl. zur Adoption; Botschaft BBl 1971 I 1200 f.): Es entfielen die Mindestaltervoraussetzung von vierzig Jahren (Art. 264a N 6), das Erfordernis der Kinderlosigkeit (aArt. 264 Abs. 1) und die fortbestehenden Bindungen an die Ursprungsfamilie (aArt. 268) bzw. die unvoll-ständige Eingliederung in die Adoptivfamilie (insb. die Möglichkeit der Aufhebung, aArt. 269). Die *Revision des Scheidungsrechts* hat auf den **1.1.2000** die *Privilegierung der Stiefkindadoption beseitigt,* und durch das Inkrafttreten des *Haager Übereinkommens über den Schutz von Kindern und die Zusammenarbeit auf dem Gebiet der internationa-len Adoption* (SR 0.211) am **1.1.2003** haben einerseits *internationale Adoptionen* eine einlässliche Regelung erfahren, in deren Gefolge im internen Recht die *Mindestpflege-dauer* von zwei Jahren *halbiert* (Art. 264) und das *Recht auf Kenntnis der eigenen Ab-stammung* im neuen Art. 268c verankert wurde (zum HAÜ s. auch Mustersammlung, Nr. 25 ff.).

6   Das geltende Recht verwirklicht das Prinzip der **Volladoption** (Art. 267 N 1 f.; BK-HEGNAUER, N 40 der Einl. zur Adoption): Das Adoptivkind verlässt *rechtlich* seine ange-stammte Familie und ist einem leiblichen Kind der Adoptivfamilie in jeder Beziehung gleichgestellt. *Ausnahmen* bestehen nur beim *Ehehindernis* (Art. 95 Abs. 1 Ziff. 1 und Abs. 2) und bei der *Mündigenadoption* bez. des Bürgerrechts (Art. 267a) sowie bei der *Stiefkindadoption* (Art. 264a Abs. 3, 267 Abs. 2 Satz 2; hinten Art. 267 N 6 f.). Das gel-tende Recht entspricht damit dem *Europäischen Übereinkommen über die Adoption von Kindern* (vom 24.4.1967, SR 0.211.221.310), welches nicht unmittelbar anwendbares Recht enthält, sondern lediglich die Mitgliedstaaten auf einen *minimal standard* verpflich-tet. Der *rechtliche* Akt ändert aber nichts an der *Diskrepanz zwischen rechtlicher und bio-logischer Elternschaft;* zur sozialpsychischen Elternstellung der tatsächlich betreuenden Personen tritt die *medizinische* Bedeutung der genetischen Abstammung und die *entwick-lungspsychologische* Bedeutung der Kenntnis eigener Abstammung (verstanden nicht als blosses Wissen um zivilstandsregisterliche Daten, sondern den gesamten persönlichen und sozialen Kontext) hinzu (vgl. Art. 268b/268c N 5 f.): Wie bei elterlichen Beziehungskrisen steht auch bei Adoption das Kind zu mehreren Erwachsenen in bedeutungsvollen, sich wandelnden Beziehungen und resultiert eine *patch work-Familie* (Art. 264a N 10), die – wie oft – die Beteiligten zumindest phasenweise überfordern kann.

III. Übergangsrecht

7   *Vor dem 1.4.1973 ausgesprochene Adoptionen* stehen weiterhin unter dem *alten Recht* (Art. 12a Abs. 1 SchlT), sofern sie nicht binnen fünf Jahren (d.h. bis zum 31.3.1978) dem neuen Recht unterstellt wurden (Art. 12b SchlT). – Gemäss Art. 12a Abs. 2 SchlT konn-ten Personen, die am 1.1.1996 (beim Inkrafttreten der *Herabsetzung des Mündigkeitsal-ters,* Art. 14) noch nicht 20 Jahre alt waren, noch nach den Bestimmungen über die Un-mündigenadoption (zur Bedeutung des Unterschiedes s. zu Art. 266) adoptiert werden, sofern das Gesuch bis spätestens 31.12.1997, jedenfalls aber vor dem 20. Geburtstag eingereicht worden war. Ansonsten sind je die während Hängigkeit eines Verfahrens gül-tigen Vorschriften, ggf. das neue mildere Recht (im Blick auf die Neufassung von

Art. 264 Abs. 1: dort N 15) anzuwenden, während das Recht auf Kenntnis der eigenen Abstammung (Art. 268c) für alle seit dem 1.4.1973 ausgesprochenen bzw. dem neuen Recht unterstellten Adoptionen gilt; für altrechtliche Fälle (da nicht Volladoptionen) stellt sich die Frage an sich nicht, wäre im Einzelfall aber wohl unter persönlichkeitsrechtlichen Gesichtspunkten zu prüfen. Das per 1.1.2007 in Kraft tretende PartG führt im Adoptionsrecht zu keinen Änderungen (u. Art. 264b N 2 f.)

IV. IPR

Die vom IPRG getroffene Regelung war bereits durch die Änderungen vorgezeichnet, **8** welche das NAG bei der Revision des Adoptionsrechts von 1972 erfahren hatte. Die internationalen Bezüge haben für die alltägliche Rechtsanwendung deshalb erhebliche Bedeutung, weil der Kinderwunsch kinderloser Ehepaare nicht mit schweizerischen Kindern befriedigt werden kann (o. N 4). Da bei **internationalen Adoptionen** (i.d.R. *Adoption eines ausländischen Kindes durch ein Schweizer Ehepaar*) das vorgängige Pflegeverhältnis (Art. 264 Abs. 1; zu diesbezüglichen Problemen im Rahmen des Haager Übereinkommens von 1993, HEGNAUER, FS Heini, 182 f.) die Einreise- und Aufenthaltsbewilligung voraussetzt, sind einerseits **fremdenpolizeiliche** Bestimmungen zu beachten (dazu Art. 8b PAVO), welche «private Importe» von vornherein ausschliessen bzw. Missachtung der gesetzlichen und staatsvertraglichen Ordnung mit Haft oder mit Busse bis Fr. 20 000.– bedrohen (Art. 22 BG-HAÜ, BBl 1999 5795 ff., 5845 ff.). Anderseits hat das BG-HAÜ Anpassungen für jene Fälle gebracht, wo typische Herkunftsländer ihrerseits eine Kindeswohlkontrolle ausüben wollen und nur die Ausreise bereits nach ihrem Recht adoptierter Kinder zulassen; diesfalls ist trotz regelmässig nicht gewahrter Minimaldauer des Pflegeverhältnisses (Art. 264; vgl. BGE 120 II 87, 88 f. E. 3) die ausländische Adoption zu anerkennen (Art. 23 Abs. 1 HAÜ; Art. 9 BG-HAÜ = Grundsatz der quasi automatischen Anerkennung von ausländischen Adoptionen: s. Kreisschreiben vom 29.11.2002) – immerhin ist dem Kind aber für die Dauer von längstens 18 Monaten ein *Adoptionsbeistand* zu bestellen (Art. 17 BG-HAÜ; Art. 269c N 4; Mustersammlung, Nr. 255) –, ausser es sei durch gravierende Mängel der ausländischen Adoption der *ordre public* offensichtlich verletzt, wovon erst auszugehen ist, wenn das Kindeswohl ernstlich gefährdet ist (Art. 24 BG-HAÜ; Kreisschreiben vom 29.11.2002). Zu den **bürgerrechtlichen Folgen** der Adoption s. zu Art. 267a und BK-HEGNAUER, Art. 271 N 47 f.; die Adoption darf indes nicht der Umgehung der Einbürgerungsvorschriften dienstbar gemacht werden (HEGNAUER, Adoption eines unmündigen Asylbewerbers?, ZVW 1993, 102 f.), weshalb bei untypischen Gegebenheiten das Vorliegen eines sozialpsychischen Eltern-Kind-Verhältnisses besonders genau zu prüfen ist.

a) **Zuständig** zur *Aussprechung* der Adoption sind die schweizerischen Amtsstellen am **9** Wohnsitz der oder des Adoptierenden (Art. 75 Abs. 1 IPRG); für die Zuständigkeit zur Anfechtung (dazu Art. 269 f.) gelten die Regeln über die Feststellung bzw. Anfechtung des Kindesverhältnisses (Art. 75 Abs. 2, 66 und 67 IPRG). Art. 76 IPRG räumt Auslandschweizern einen subsidiären Heimatgerichtsstand ein.

b) **Anwendbares Recht:** In der Schweiz kann eine Adoption nur nach den Bestimmun- **10** gen des schweizerischen Rechts ausgesprochen werden (Art. 77 Abs. 1 IPRG), welche indes durch das BG-HAÜ und damit indirekt durch ursprungsstaatliche Regeln ergänzt werden; es müssen also z.B. die Zustimmungen der ausländischen leiblichen Eltern oder Gründe für das Absehen davon vorliegen (Art. 265a f.; IPRG-Kommentar-SIEHR, Art. 77 N 22); das Kindeswohl beurteilt sich aus hiesiger Sicht, wobei die Wahrscheinlichkeit einer allfälligen Rückkehr in einen andern Kulturraum zu bedenken ist. Wird eine solche Adoption im Wohnsitz- oder im Heimatstaat der oder des Adoptierenden nicht anerkannt, so sind auch (kumulativ) die Voraussetzungen des betreffenden Rechts zu berücksichtigen; im Zweifel darf die Adoption nicht ausgesprochen werden (Art. 77 Abs. 2 IPRG).

11 Die **Anfechtung** einer in der Schweiz ausgesprochenen Adoption untersteht schweizerischem Recht (Art. 77 Abs. 3 Satz 1 IPRG); auch ausländische Adoptionen können in der Schweiz nur angefochten werden, wenn ein Anfechtungsgrund nach schweizerischem Recht vorliegt (Art. 77 Abs. 3 Satz 2 IPRG).

12 c) **Anerkennung:** Im Wohnsitz- oder Heimatstaat der oder des Adoptierenden ausgesprochene Adoptionen werden *anerkannt* (Art. 78 Abs. 1 IPRG). Ein Vorbehalt gegenüber diesem grosszügigen Abstellen auf die gegebenen Familienstrukturen besteht lediglich dort, wo der ausländische Akt von einer schweizerischen Adoption erheblich abweichende (d.h. geringere) Wirkungen hat: wo also keine Volladoption (o. N 6) erfolgt ist oder diese mit dem schweizerischen ordre public unvereinbar wäre (Art. 78 Abs. 2 u. Art. 27 Abs. 1 IPRG; vgl. bez. ordre public BGE 129 III 250 E. 3.4.2; BGE 5C.18/2004, 20.8.2004, FamPra 2005, 146 ff.; BGE 120 II 87, dazu SCHWANDER, AJP 1994, 513 f.; bez. der Anerkennungsfähigkeit einer nach Bantu-Stammesrecht ausgesprochenen Privatadoption: BGE 5P.148/2005, 21.8.2005, FamPra 2006, 178 ff.; altrechtlicher Anwendungsfall in BGE 117 II 340, dazu SIEHR/TEJURA, Anerkennung ausländischer Adoptionen, SJZ 1993, 277 f.; ferner BGE 113 II 106; betr. eine algerische *Kafala* s. ZZW 2000, 160 ff.; Überblick bei IPRG-Kommentar-SIEHR, Art. 78 N 21), doch wäre die Beziehung zu prüfen, u.U. als (Adoptions-)Pflegeverhältnis zu behandeln (vgl. Art. 264 N 8), zu begleiten und ggf. eine Volladoption in der Schweiz auszusprechen (vgl. Art. 27 HAÜ).

Art. 264

A. Adoption Unmündiger **I. Allgemeine Voraussetzungen**	**Ein Kind darf adoptiert werden, wenn ihm die künftigen Adoptiveltern während wenigstens eines Jahres Pflege und Erziehung erwiesen haben und nach den gesamten Umständen zu erwarten ist, die Begründung eines Kindesverhältnisses diene seinem Wohl, ohne andere Kinder der Adoptiveltern in unbilliger Weise zurückzusetzen.**
A. Adoption de mineurs I. Conditions générales	Un enfant peut être adopté si les futurs parents adoptifs lui ont fourni des soins et ont pourvu à son éducation pendant au moins un an et si toutes les circonstances permettent de prévoir que l'établissement d'un lien de filiation servira au bien de l'enfant sans porter une atteinte inéquitable à la situation d'autres enfants des parents adoptifs.
A. Adozione di minori I. Condizioni generali	Il minorenne può essere adottato quando i futuri genitori adottivi gli abbiano prodigato cure e provveduto alla sua educazione, durante almeno un anno, e l'insieme delle circostanze consenta di prevedere che il vincolo di filiazione servirà al suo bene, senza pregiudicare, in modo non equo, altri figli dei genitori adottivi.

1 Art. 264 regelt die *allgemeinen Voraussetzungen des Normalfalls:* nämlich der **Adoption Unmündiger.**

I. Das adoptionsfähige Kind: Unmündigenadoption

1. Stellung zum Adoptierenden

Die Adoption setzt voraus, dass ein (rechtliches) *Kindesverhältnis* zwischen Adoptieren- 2
dem und Kind *noch nicht* besteht. Alsdann kann ein gänzlich *fremdes* oder ein *bekanntes*
(z.B. das Paten- oder Stiefkind, zu Letzterem Art. 264a Abs. 3), auch ein *verwandtes*
Kind adoptiert werden, z.B. bei Grosselternadoption (BGE 119 II 1; BK-HEGNAUER,
N 12 f.; DERS., ZVW 1994, 121 f.; Art. 265 N 4) oder bei Adoption durch einen ausserehelichen Vater, wenn das Kind zu einem andern Mann in einem Kindesverhältnis steht
(BK-HEGNAUER, N 6a f.).

Das (durch Abstammung oder durch Adoption begründete) **Kindesverhältnis zu einem** 3
Dritten *schliesst die Adoption nicht aus:* Diese lässt ein bestehendes Kindesverhältnis automatisch dahinfallen. Die vorgängige Anfechtung der Ehelichkeitsvermutung
(Art. 256) erübrigt sich deshalb; der betroffene Registerelternteil (meist: -vater) ist aber
anzuhören (Art. 265a Abs. 1, dort N 2 f.).

2. Unmündigkeit

Art. 264 handelt – wie die Marginalie deutlich macht – von der **Unmündigenadoption** 4
(zur an strengere Voraussetzungen geknüpften und in der Wirkung weniger weit tragenden Mündigenadoption s. zu Art. 266). Unmündig ist, wer das *18. Lebensjahr noch nicht*
vollendet hat (Art. 14). Zum Übergangsrecht aufgrund der Herabsetzung des Mündigkeitsalters s. Art. 12a Abs. 2 SchlT und Vorbem. zu Art. 264–269c N 7.

Ob noch die Unmündigenadoption ausgesprochen werden kann, hängt vom *Zeitpunkt* 5
des Adoptionsgesuchs ab (Art. 268 Abs. 3): Es muss noch während der Unmündigkeit
eingereicht werden, wobei die Mindestdauer des Pflegeverhältnisses (N 15) spätestens
mit Erreichen der Mündigkeit erfüllt sein muss, während die Zustimmungen nach
Art. 265a und 265c – wird die Adoption erst nach Erreichen der Mündigkeit ausgesprochen – alsdann nicht mehr erforderlich sind (BK-HEGNAUER, Art. 265c N 24a, Art. 268
N 27a).

II. Vorgängiges Pflegeverhältnis

1. Zweck des Pflegeverhältnisses

Die Adoption ist dem natürlichen Kindesverhältnis nachgebildet. Der einzige Unter- 6
schied – nämlich die (i.d.R.: o. N 3) fehlende (biologische) Abstammung – wird durch
eine der biologischen Elternschaft entsprechende **Beziehungsintensität** als Folge der
sozialpsychischen Elternstellung der oder des Adoptierenden (dazu HEGNAUER, Vom
zweifachen Grund des Kindesverhältnisses, ZSR 1971 I 1 f.) ersetzt.

Solche Beziehungsintensität bedingt eine **gegenseitige Gewöhnungs- und Bedenk-** 7
frist, weshalb das Gesetz weiterhin eine «*Probezeit*» in Form der *Adoptionspflege* verlangt: dass nämlich die künftigen Adoptiveltern dem Kind «*während wenigstens eines*
Jahres Pflege und Erziehung erwiesen haben». Diese (durch das BG-HAÜ halbierte)
Dauer (N 15 f.) – nebst den weiteren Abklärungen über das Umfeld (Art. 268a) –
rechtfertigt die Erwartung, es sei die nötige, gewöhnlich mit der biologischen Elternschaft verbundene Stabilität der gegenseitigen Beziehung erreicht und auf Dauer gewährleistet.

2. Entstehung des Pflegeverhältnisses

8 Bereits dem Pflegeverhältnis – und nicht erst der nachmaligen Adoption (Art. 268a) – hat eine **enquête sociale** vorauszugehen (Art. 5, 11a–11j PAVO), die bei Aufnahme im Blick auf die spätere Adoption *gesteigerten Anforderungen* genügen muss (Art. 7, 11b PAVO: Beizug eines Sachverständigen in Sozialarbeit nebst der üblichen Hausbesuche); dazu gehört etwa, ob die *voraussichtlichen Adoptiveltern verfügbar sind und das Kind persönlich betreuen* können (BGE 111 II 235: verneint bez. Einzeladoption durch eine vollberuflich tätige, auf das Erwerbseinkommen angewiesene Hebamme; BGE 125 III 161: bejaht bei berufstätiger Ärztin; teilweise Bewilligung für die zwei jüngsten von fünf Nichten und Neffen der philippinischen Ehegattin, nämlich 11- und 14-jährig bei 44- und 57-jährigen Pflegeeltern: BGE 5A.21/1999, 21.12.1999; vgl. Art. 264b N 5). Dies hat insb. bei der **Aufnahme ausländischer** Kinder zur Adoption zu gelten (Art. 11c f. PAVO; s. auch N 18), wo nicht nur das persönliche, sondern auch das kulturelle Umfeld wechselt. Für das Bundesgericht ist «nicht die rechtliche Qualifikation der Bindung, sondern das Bestehen einer tatsächlichen dauernden Familiengemeinschaft entscheidend», was die Gewährung von Familienasyl für minderjährige Kinder angeht (BGE 5P.148/2005, 31.8.2005, FamPra 2006, 178 ff.; s.o. Vorbem. zu Art. 264-269c N 12); «do-it-yourself»-Methoden der Adoptionswilligen dürfen nichts präjudizieren und es ist ggf. durch rasch erfolgende nachträgliche Untersuchungen der normativen Kraft des Faktischen zuvorzukommen. Dafür bietet Art. 19 BG-HAÜ nunmehr die unmissverständliche Handhabe (unverzügliche Unterbringung in [anderer] Pflegefamilie oder Heim, Rechtsmittel ohne aufschiebende Wirkung, unter Umständen Rückführung ins Ursprungsland; zu den *strafrechtlichen* Folgen Art. 22 BG-HAÜ: Es geht nicht um ein «Kavaliersdelikt»; zur Zuständigkeit Art. 316 Abs. 1bis). – Die enquête sociale muss auch auf die *Interessen bereits vorhandener Kinder der Adoptierenden* (u. N 20 f.) eingehen.

9 Das **Pflegeverhältnis entsteht** mit *Aufnahme des Unmündigen* bei Personen, die nicht seine Eltern sind, aber *auf absehbare Dauer* an deren Stelle treten – ihm mithin Pflege und Erziehung gewähren. Ist von vornherein bereits vorgesehen, dass das Adoptivkind zu seinen leiblichen Eltern einen engen Kontakt pflegen soll und später gar zu ihnen zurückkehren kann, so widerspricht dies gem. Bundesgericht dem Ziel einer vollständigen Integration in die Adoptivfamilie, weshalb eine Anerkennung der Adoption auszuschliessen ist (dazu: BGE 5A.35/2004, 4.2.2005, FamPra 2005, 945 ff.). Aspekte der Pflegeelternschaft werden in Art. 294 (Entschädigung) und 300 (elterliche Sorge) geregelt (s. da näher zur Struktur der Pflegekind- bzw. -elternschaft; ferner Hegnauer, Kindesrecht, N 10.03 f.). Die Pflegeelternschaft entsteht durch *freiwillige oder behördlich angeordnete Unterbringung.* Wie auch immer das Pflegeverhältnis ausgestaltet ist, bedarf die Aufnahme eines noch schulpflichtigen oder noch nicht 15 Jahre alten Kindes für mehr als drei Monate oder auf unbestimmte Zeit *behördlicher Bewilligung* (Art. 316, Art. 4 PAVO).

10 Das *urteilsfähige* **Kind ist anzuhören** (BGE 107 II 23 f. E. 6; Hegnauer, Kindesrecht, N 10.07; Art. 265 N 5 f.; vgl. ferner Art. 144 ff.: Würde sich nach den Kriterien von Art. 146 eine Vertretung bzw. Beistandsbestellung aufdrängen, dürfte eine Adoption in der Regel kaum in Frage kommen). Auch die *Einstellung weiterer Nachkommen* der Adoptierenden (u. N 20 f.) ist schon in diesem Stadium in geeigneter Form zu ermitteln (BK-Hegnauer, Art. 268a N 24 f.).

3. Wirkungen und Verlauf

11 *Pflegeeltern sollen vor wichtigen Entscheiden angehört werden* (Art. 300 Abs. 2); sie können – je länger sie das Kind in Pflege haben und mit seinen Anliegen und Anlagen vertraut sind – in vielen Fragen am besten beurteilen, was seinen Interessen dient. Ob das Pflegeverhältnis allerdings bereits **familienrechtliche Wirkungen** entfalten soll – so bez. einer allfälligen *Namensänderung, Regelung des persönlichen Verkehrs* usw. (Hinweise bei HEGNAUER, Kindesrecht, N 10.14) sowie des Umfangs, in welchem Pflegeeltern den Inhaber der elterlichen Sorge in der *alltäglichen Erziehungsarbeit* oder weiterführenden Entscheiden vertreten (HEGNAUER, Kindesrecht, N 25.12 f.; N 12 f.; Art. 300 N 7) –, hängt von den Umständen ab. Die *vorübergehende* Natur des Pflegeverhältnisses legt *generell Zurückhaltung* nahe: aufschiebbare Entscheide sollen zurückgestellt werden, bis entweder die Pflege- als Adoptiveltern oder wieder die leiblichen Eltern darüber befinden können; so rechtfertigt das Pflegeverhältnis (noch) keine Namensänderung, wo eine Adoption möglich ist oder sein wird.

Pflegeeltern **vertreten** den Inhaber der elterlichen Sorge (leibliche Eltern, Vormund) in **12** der Wahrnehmung jener Aufgaben, die das *konkrete* Pflegeverhältnis mit sich bringt (Art. 300 Abs. 1): massgeblich für die Entscheidbefugnis sind individuelle Absprachen oder Übung, welche je nach bisheriger und voraussichtlicher zukünftiger Dauer einen engeren oder auch weiter gesteckten Rahmen rechtfertigen, allenfalls auch die momentanen Gegebenheiten (sofortiger Entscheid oder fehlende Möglichkeit zur Rücksprache; vgl. HEGNAUER, Kindesrecht, N 25.13). Die i.d.R. *vorübergehende Natur der Pflegeelternschaft* gebietet aber *Zurückhaltung* in all den Belangen, die über das «Alltagsgeschäft» elterlicher Erziehungs- und Betreuungsfunktion hinausreichen. – *Thematisch* werden die möglichen Bereiche *durch Art. 301 f.* umrissen.

Wo das **Pflegeverhältnis im Blick auf die künftige Adoption** eingegangen wurde oder **13** durch den Lauf der Zeit eine derartige Intensität eingetreten ist, dass eine Adoption ins Blickfeld rückt (vgl. Art. 310 Abs. 3), kommt den Pflegeeltern aufgrund der (Adoptionsvoraussetzung bildenden) *Intensität* der sozialpsychischen Beziehung ein weiter gesteckter Verantwortungsbereich zu; wenn sie auch *rechtlich* nicht Inhaber der elterlichen Sorge sind, müssen sie doch alle – auch nicht von ihnen getroffene – Entscheidungen mittragen und das Kind *faktisch* in allen Belangen eigenverantwortlich betreuen. Sie erfüllen deshalb die Voraussetzung von Art. 264 nur, wenn sie während *eines* Jahres (u. N 15 f.) **Pflege und Erziehung umfassend besorgt** haben. Dies schliesst i.d.R. ein, dass sie dem Kind auch den **Unterhalt** (Art. 276 Abs. 2) gewährt haben, da Unentgeltlichkeit des im Blick auf die künftige *Adoption* (und deshalb mit *ideeller Motivation*) eingegangenen Pflegeverhältnisses vermutet wird (Art. 294 Abs. 2). Die *Betreuung ist überwiegend persönlich* zu erbringen (BGE 111 II 233; o. N 8).

4. Aufhebung des Pflegeverhältnisses

Entsprechend der vorübergehenden Natur des Pflegeverhältnisses – das entweder zur **14** Adoption, zur Rücknahme in die angestammte Familie oder einer anderweitigen Platzierung führt und i.d.R. nicht Dauerzustand ist – kann es *von allen Beteiligten jederzeit, jedoch nicht zur Unzeit* **aufgehoben** werden (KELLER, Der Obhutsvertrag, in: FS Schluep, Zürich 1988, 167 f., 186 f.). Eingeschränkt ist die Befugnis der leiblichen Eltern, sofern die Voraussetzungen von Art. 310 Abs. 3 vorliegen (HEGNAUER, Kindesrecht, N 10.09, 27.38); auch das (unverzichtbare) Recht der Pflegeeltern, das Pflegeverhältnis zu beenden, ist bei längerer Dauer an eine angemessene Anpassungs-(«Kündigungs-»)Frist zu knüpfen (enger KELLER, a.a.O., 188; vgl. auch Art. 268 N 15). – **Umplatzierungen** hat – wie der erstmaligen Platzierung (o. N 8) – eine umfassende Abklärung der Verhältnisse vorauszugehen; sie müssen unterbleiben, wo eine stabile Beziehung zu den Pflegeeltern entstanden ist (Art. 310 Abs. 3; dort N 24 f.); diese Bestimmung schützt Pflegeeltern auch gegenüber Anordnungen der Behörde, welche aber selbstverständlich die Befugnisse nach Art. 307 Abs. 2 und 3 wahrzunehmen hat und deshalb u.U. eine *ausserordentliche Auflösung* anordnen kann (HEGNAUER, Kindesrecht, N 11.06; s.a. u. N 17), was jedoch die *ultima ratio* bildet (Trennung der Pflegeeltern [dazu auch Art. 264a N 4] nicht ausreichend: vgl. sinngemäss BGE 126 III 412; ebenso bei Eigenmacht: s. aber N 8, N 19 a.E.).

5. Minimaldauer des Pflegeverhältnisses

15 Die künftigen Adoptiveltern müssen dem Kind **während wenigstens eines Jahres** Pflege und Erziehung erwiesen haben (BBl 1999 5839 f. Ziff. 231.1). Die *Halbierung der bisherigen Mindestpflegedauer* ändert nichts an den qualitativen Voraussetzungen: Das Pflegeverhältnis braucht zwar nicht in einem Zuge (ZR 1986 Nr. 6; ZVW 1984, 74, Nr. 3), hat aber in Form einer *«Alltags-»* und nicht einer *«Schönwettergemeinschaft»* zu verlaufen (BGE 111 II 230: ungenügend 262 Ferienwochen während 17 Jahren beim adoptionswilligen Stiefvater; ebenso BGE 101 II 9 E. 2 bez. *Mündigenadoption*), weshalb zwar auch eine *Trennung der Pflegeeltern* gemeinsame Adoption nicht hindert, aber besonders sorgfältige Prüfung des Kindeswohls erfordert (BGE 126 III 412; s. auch BGE 125 III 57). **Kürzere Unterbrüche** bei Kind oder Pflegeeltern (Schullager, Spitalaufenthalt, berufliche Abwesenheit) brauchen *nicht berücksichtigt* zu werden, *wenn sie nicht die Gemeinschaft unterbrechen* (wo bei längerer Pflegeabwesenheit z.B. auch Besuche unterbleiben); auswärtiger *Wochenaufenthalt* zu Erwerbs- oder Ausbildungszwecken während eines Teils der Periode dürfte bei regelmässiger Rückkehr am Wochenende und erheblicher Dauer einer ununterbrochenen Gemeinschaft ebenfalls unerheblich sein (BK-HEGNAUER, N 37 f.; vgl. analog BGE 20.1.1994, BJM 1994, 330 betr. Steuerwohnsitz des Wochenaufenthalters). **Etappierung,** welche das Pflegeverhältnis auf unterschiedliche Lebensabschnitte des Kindes verteilt, wird bes. unter der neuen Ordnung eine *Verlängerung* der Mindestdauer gebieten (schon unter alter Ordnung BK-HEGNAUER, N 41). Hinweise in BGE 129 V 352 bez. gem. Hauhalt bei Betreuungsgutschriften (rund 180 Tage pro Jahr).

16 Von der Mindestdauer kann nach überwiegender Meinung **nicht dispensiert** werden (BK-HEGNAUER, N 42 f.); zwar ist sie im schweizerischen Recht vergleichsweise hoch (JAMETTI GREINER, ZVW 1994, 56 f.), nach ihrer Halbierung aber jedenfalls der Bedeutung angemessen: Es ist nämlich zu berücksichtigen, dass bei einem *Kleinkind* – wo die Gewöhnung rascher verläuft – ein Dispens eher möglich wäre, dort aber kaum zwingende Gründe bestehen, während bei *Jugendlichen* im Vorfeld der Mündigkeit der Dispens zur Ausnützung der Vorteile der Unmündigenadoption angestrebt werden dürfte, hier aber die Gewöhnungsfrist gegenseitig höher und deshalb die Mindestdauer strikt zu beachten ist (s. aber zur Dispensdiskussion auch Art. 265 N 2 f.). «Erosiven Tendenzen» bez. der Mindestpflegedauer bei Adoption *ausländischer Kinder* (Art. 9 und 17 f. BG-HAÜ; Vorbem. N 8) steht intensivere behördliche Begleitung gegenüber; zudem dürfte es sich meist um Kinder im Vorschulalter handeln, bei denen die Gewöhnung durch persönliche Betreuung erfolgt und das Persönlichkeitsrecht des Kindes gegenüber einer sich ihm aufdrängenden (neuen) Betreuungsperson eher in den Hintergrund tritt.

17 Eine **Verpflichtung** zur Adoption nach Ablauf der *Mindest*dauer besteht *nicht* und könnte auch nicht gültig eingegangen werden, doch liegt die rechtliche Stabilisierung eines günstig verlaufenen Pflegeverhältnisses im Interesse des Kindes (vgl. auch N 12 und Art. 268 N 15). Ob eine *Umplatzierung bei ausbleibender Adoption* (BK-HEGNAUER, N 40) erwogen werden soll, hängt vom Kindeswohl ab und dürfte zu verneinen sein, wo die Pflegeeltern sich aus nachvollziehbaren Gründen nicht drängen lassen wollen. Bei *Zweifeln* wird eine Verlängerung – verbunden mit Beratung oder konkreten Weisungen an die Pflegeeltern, wo davon eine Klärung zu erwarten ist – einer Umplatzierung (dazu N 14 a.E.) vorzuziehen sein.

III. Kindeswohl

1. Wohl des Adoptivkindes

Der **Begriff des Kindeswohls** ist vielschichtig (HEGNAUER, Kindesrecht, N 26.04a f.; 18
BRAUCHLI, Das Kindeswohl als Maxime des Rechts, Diss. Zürich 1982, 78 f.). Er setzt
eine für das Kind *in jeder Beziehung förderliche Umgebung* in allen – nicht nur wirtschaftlichen – Belangen voraus: Gewährleistung gedeihlicher körperlicher und intellektueller Entwicklung in allen Lebensabschnitten, kontinuierliche emotionale und gesundheitliche Sorge, stabile wirtschaftliche und sachliche Rahmenbedingungen wie Wohnumfeld, fähigkeitsadäquate Ausbildungschancen usw.; in allen Altersstufen haben die
Adoptierenden dem Kind die je gebotene **Geborgenheit und Freiheit** zu gewähren (vgl.
auch die *Erziehungsziele,* Art. 302 N 3 ff.). Die Adoption eines zehnjährigen ausländischen Kindes aus an sich intakten heimatlichen Familienverhältnissen ist (trotz Verwandtschaft des Kindes mit der ausländischen Ehegattin eines Schweizers) nicht allein
wegen der massiv besseren Lebens- und Ausbildungsbedingungen dem Kindeswohl dienlich (OGer ZH 8.1.2002 in ZR 2002 Nr. 45); vielmehr ist bei aller Offenheit für kulturellen Austausch und alternative Partnerschaftsformen im Interesse des Kindes auf eine
stabile, in sich gefestigte Betreuungssituation Gewicht zu legen, die dem Kind schützenden Rahmen gibt und nicht ihrerseits des Kindes zur Stützung der eigenen Legitimation
bedarf.

An das **Kindeswohl** sind *hohe Anforderungen* zu stellen: Es ist **Ziel und Rechtferti-** 19
gung der Adoption überhaupt. Doch darf *keine schematische Wertung* erfolgen, sondern es sind die *massgeblichen Gesichtspunkte aufgrund ihrer Bedeutung im Einzelfall
zu gewichten* (BK-MEIER-HAYOZ, Art. 4 N 46 f.). Bei sorgfältiger «enquête sociale»
(Art. 268a) müsste es angesichts des gewaltigen Nachfrageüberhangs Adoptionswilliger
(Vorbem. zu Art. 264–269c N 4) verhältnismässig einfach sein, nicht nur eine «tragbare»
Lösung (wie im Zuteilungsstreit, wo – liegt nicht ein Fall von Art. 311 Abs. 2 vor – nur
zwischen den beiden bisherigen Ehegatten gewählt werden kann), sondern eine *optimale Lösung* zu verwirklichen (BRAUCHLI, 79). Prekär deshalb die Argumentation in
der Regeste zu BGE 125 III 161 (Pflegekindaufnahme im Blick auf eine Einzeladoption), wonach unter gewöhnlichen Umständen es nicht angehe, «erzieherische Erfahrung oder eine vorbestandene Beziehung zum Kind zu verlangen» (s. näher Art. 264b
N 5). Im Zweifel ist deshalb nicht erst die Adoption, sondern schon die Pflegekinderbewilligung zu verweigern (ZVW 1982, 35), und zwar u.U. auch dort, wo die Behörden
erst nachträglich von eigenmächtiger Aufnahme eines Kindes bei Pflegeeltern erfahren
(o. N 8).

2. Interessen anderer Kinder der Adoptiveltern

Die **Adoption verändert die Familienstruktur;** diese muss stabil genug sein, um die 20
Integration eines neuen, bisweilen vielleicht auch «schwierigen» Kindes zu ermöglichen,
ohne dass die Betreuung bereits vorhandener Kinder leidet. Dabei handelt es sich allerdings um Risiken, welche auch bei natürlicher Elternschaft eintreten können, hier aber –
da die Adoption i.d.R. «planbar» ist (soeben N 19) – zu vermeiden sind. Wo das Wohl
des Adoptivkindes gewährleistet scheint – bei welcher Prüfung ja die bestehenden Strukturen und deren Tragfähigkeit (sowohl mit Bezug auf die *Belastbarkeit der Eltern wie die
Geschwisterbeziehungen*) zu beurteilen sind – dürfte aber **auf ideeller Ebene** keine unbillige Beeinträchtigung anderer Kinder vorliegen. Anzustreben ist jedoch eine *gleich-
mässige Integration* aller Kinder in einer neu zusammengesetzten Familie (*gegenseitige*
Adoption von Stiefkindern: BK-HEGNAUER, N 74).

21   Auf **materieller Ebene** bilden die Verringerung der *Erbanwartschaft* und allenfalls auch
gewisse Einschränkungen im *laufenden Unterhalt* keine unbillige Zurücksetzung, wo die
Adoption aus *ideeller Sicht* (soeben N 20) gerechtfertigt und wirtschaftlich zumindest
nicht unrealistisch scheint; letzteres dürfte i.d.R. dann gegeben sein, wenn nach der
Adoption noch ein *das erweiterte Existenzminimum um 20% übersteigender Betrag* (s.
zum Begriff u.a. Art. 277 N 17) zur Verfügung steht; diese Regel ist aber individuell zu
handhaben und dürfte sowohl bei sehr hohen Einkommen wie niedrigerem Bareinkom-
men aber anderweitig günstigen Gegebenheiten (geringer Barbedarf wegen hohem
Selbstversorgungsgrad) zu relativieren sein. – Ideelle Gesichtspunkte aus Sicht vorhandener Kinder (z.B. der Umstand, mit einem Geschwister aufzuwachsen) können zudem
materielle Nachteile aufwiegen.

22   Vermieden werden soll nur die *unbillige,* d.h. in rechtsmissbräuchlicher Absicht erfolgende *Zurücksetzung* (wo z.B. die Adoption eine «kalte» Enterbung leiblicher Nachkommen bezweckt). Nicht die mit der Adoption i.d.R. verbundene (wirtschaftliche) Besserstellung des Adoptivkindes, sondern die bewusste Zurücksetzung anderer Nachkommen
(in wirtschaftlicher oder ideeller Beziehung) ist verpönt.

Art. 264a

II. Gemein-schaftliche Adoption	[1] **Ehegatten können nur gemeinschaftlich adoptieren; anderen Personen ist die gemeinschaftliche Adoption nicht gestattet.**
	[2] **Die Ehegatten müssen 5 Jahre verheiratet sein oder das 35. Altersjahr zurückgelegt haben.**
	[3] **Eine Person darf das Kind ihres Ehegatten adoptieren, wenn die Ehegatten seit mindestens fünf Jahren verheiratet sind.**
II. Adoption conjointe	[1] Des époux ne peuvent adopter que conjointement; l'adoption conjointe n'est pas permise à d'autres personnes.
	[2] Les époux doivent être mariés depuis cinq ans ou être âgés de 35 ans révolus.
	[3] Un époux peut adopter l'enfant de son conjoint s'il est marié avec ce dernier depuis cinq ans.
II. Adozione congiunta	[1] Coniugi possono adottare soltanto congiuntamente; l'adozione in comune non è permessa ad altri.
	[2] I coniugi devono essere sposati da cinque anni o aver compito il trentacinquesimo anno d'età.
	[3] Un coniuge può adottare il figlio dell'altro se i coniugi sono sposati da cinque anni.

I. Prinzip der gemeinschaftlichen Adoption (Abs. 1)

1   Die Adoption soll dem natürlichen Kindesverhältnis entsprechende stabile, ausgeglichene Verhältnisse mit emotionaler Beziehung des Kindes zu **Vater und Mutter** schaffen.
Die **Einzeladoption** (Art. 265b), bei der die Beziehung nur zu einem Elternteil entsteht,
soll daher die **Ausnahme** bilden. Die **Stiefkindadoption** (Abs. 3, u. N 7 f.) begründet
zwar auch nur die Beziehung zu einem Elternteil, lässt aber das bisherige Verhältnis zu

dessen Partner fortbestehen und bildet deshalb eine Variante der gemeinschaftlichen und nicht der Einzeladoption.

Die *gemeinschaftliche Adoption ist* **Ehegatten vorbehalten.** Anderen Personen (kon- **2** kubinats- und gleichgeschlechtlichen Paaren, Geschwistern) ist die gemeinschaftliche Adoption nicht gestattet (so die Botschaft zum PartG, BBl 2003, 1319 ff., 1345; BGE 129 III 656 ff.); ob eine Einzeladoption durch *einen* Partner einer solchen Beziehung allein möglich sei, beurteilt sich nach den restriktiveren Voraussetzungen von Art. 264b (Art. 264b N 5), ist aber in einer lesbischen Beziehung durchaus nicht ausgeschlossen (so schon BGE 108 II 369, 371).

Verweigert ein Ehegatte die Mitwirkung, kann (ausser im Ausnahmefall von Art. 264b **3** Abs. 2, dort N 8) keine Einzeladoption ausgesprochen werden, da dies offensichtlich dem Kindeswohl nicht zuträglich ist.

Nach dem Wortlaut von Art. 264a müssen die Ehegatten *nur verheiratet* sein, aber *nicht* **4** *zwingend einen gemeinsamen Haushalt* führen; ob allerdings bei (freiwillig vereinbartem oder gerichtlich angeordnetem) **Getrenntleben** die gemeinschaftliche Adoption im Interesse des Kindes liege, ist zweifelhaft und im Einzelfall zu prüfen, allerdings dort nicht auszuschliessen, wo das Kind trotz kriselnder Ehe zu beiden Gatten eine günstige Beziehung entwickelt hat (BGE 126 III 412; BK-Hegnauer, N 14 m.Nw.); andernfalls und wenn die *gerichtliche angeordnete Trennung* «stabil» bzw. «irreversibel» ist (gem. BGE 125 III 57 – ausgehend noch von aArt. 147 Abs. 3 ZGB und damit kaum zwingend – nach mehr als drei Jahren), kann eine Einzeladoption (Art. 264b) möglich sein, *nicht* aber bei blosser eheschutzgerichtlicher *Aufhebung des gemeinsamen Haushalts.* Die Ehegatten müssen (erst) *bei Anhandnahme des Adoptionsverfahrens verheiratet* sein, während das Pflegeverhältnis auch von unverheirateten Partnern erbracht werden kann, indes von beiden während der gebotenen Dauer (Art. 264 N 15 f.) erbracht werden muss (BK-Hegnauer, N 28).

II. Voraussetzungen gemeinschaftlicher Adoption (Abs. 2)

«Die Ehegatten müssen 5 Jahre verheiratet sein oder das 35. Altersjahr zurückgelegt **5** *haben»* (Art. 264a Abs. 2). Es müssen die Gatten *miteinander* während der Minimaldauer verheiratet gewesen sein oder *beide* das Mindestaltererfordernis erfüllen (was für Ehegatten mit grossem Altersunterschied gegenüber Einzelpersonen nachteilig ist: BK-Hegnauer, N 26). Das Mindestalter von 35 Jahren ist europaweit absolute Spitze und bildet Gegenstand für Kritik (Hubmann, Herabsetzung des vorgeschriebenen Alters für adoptionswillige Eltern und Reduktion der verlangten Ehedauer, Motion 05.3135 vom 17.3.2005; Urwyler, Zukunft der internationalen Adoption in der Schweiz: Welche Lösungen für welche Probleme?, 27). Es kommt auf die Dauer der Ehe und nicht des Zusammenlebens, sodann auf die Stabilität ihrer gesamten Situation an.

Die Minimaldauer der Ehe bzw. das Mindestalter der Ehegatten sollen für **stabile Ver-** **6** **hältnisse** bürgen. Damit soll statt des bei Annahme von Kleinkindern unnatürlich hohen Mindestalters von 40 Jahren im alten Recht (aArt. 264 Abs. 1) ein flexibler, den biologischen Gegebenheiten entsprechender Rahmen gesetzt werden. Das *Stabilitätserfordernis bezieht sich einerseits auf die Ehe an sich, aber auch auf das familiäre Umfeld,* insb. das Vorhandensein leiblicher Kinder der Ehegatten. Indes bedeutet die *Erfüllung der abstrakten zeitlichen Erfordernisse nicht automatisch genügende Stabilität* und ohnehin nicht die persönliche und erzieherische Eignung, weshalb die Verhältnisse in jedem Fall umfassend (nicht formal, sondern qualitativ) zu würdigen sind.

III. Voraussetzungen der Stiefkindadoption (Abs. 3)

7 Für die Adoption des Kindes des andern Ehegatten begnügte sich das revidierte Recht von 1972 mit einer (nur) *zwei*jährigen Ehedauer bzw. dem Vorliegen des *Mindestalters* von 35 Jahren *nur beim Adoptierenden* (aArt. 264a Abs. 3). Diese *Privilegierung* ist bezüglich der *Mindestehedauer* im Zuge der Revision des Scheidungsrechts *beseitigt* worden, weshalb zwar weiterhin kein bestimmtes Mindestalter, wohl aber eine fünfjährige Ehedauer vorliegen muss. Vgl. zu rechtsvergleichenden Bezügen der zu grosszügigen früheren Lösung SCHWENZER, Gutachten A zum 59. DJT, München 1992, A 97 f.; vgl. Pra 2000, 514 (BGE 5C.131/1999, 30.9.1999; aus div. Gründen nach Wiederheirat der ursprünglichen Ehegattin die Stiefkindadoption des während der «mittleren» Ehe mit der Schwester der Ehegattin gezeugten Kindes abl.).

8 Wiederum muss eine *Ehe* und nicht blosses Konkubinat vorliegen (o. N 5).

9 **Zweck** der zunehmend **umstritten gewordenen Privilegierung der Stiefkindadoption** ist, die «Vervollständigung» der Stieffamilie zu erleichtern (BK-HEGNAUER, N 29 f.), was primär eine stabile Familiensituation und weniger ein bestimmtes Mindestalter erfordert; da Zweitehen kaum wesentlich stabiler sind, besteht nicht Anlass, von der Fünfjahresfrist in Art. 264a Abs. 2 abzugehen (während ein Abwarten der Altersschranke von 35 Jahren zu einem Hinauszögern der Adoption bis zu einem entwicklungspsychologisch späten Zeitpunkt führen könnte).

10 Die **Problematik** liegt im ausgeprägten Bestreben mancher Stieffamilien zu *erzwungener* «rechtlicher Stabilisierung» (bez. *Name* Art. 270 N 14 f.). Es darf nämlich nicht übersehen werden, dass die Familien*neugründung* nach einer gescheiterten ersten Ehe (im Gegensatz zur Aufnahme eines *vorehelichen* Kindes) auf wenig stabiler und emotional meist erheblich belasteter Grundlage aufbaut. Es wird zudem bei der Stiefkindadoption der (nur) rechtlich begründeten neben der (trotz und gerade bei Auflösung der Elternehe fortdauernden) biologischen und sozialpsychischen Elternschaft des nicht sorgeberechtigten geschiedenen Elternteils eine (zu) starke Stellung eingeräumt (zur fortdauernden Bedeutung der biologischen Elternschaft trotz Adoption s. Vorbem. zu Art. 264–269c N 6, Art. 268b/268c N 5 f.). Zudem wird häufig verkannt, dass *rechtlich eine engere Bindung geschaffen wird, als sie zwischen leiblichem und adoptierendem Stiefelternteil besteht* (deren Ehe wiederum geschieden werden kann); dies kann wiederholt zu *«hinkenden»* – nur rechtlichen und nicht gelebten – *familienrechtlichen Beziehungen* führen.

11 Die noch verbliebene gesetzliche Privilegierung (N 9) darf angesichts der oft heiklen Rahmenbedingungen namentlich die ausgeprägte Problematik nicht verdecken, dass mit der Adoption durch den Stiefelternteil die *rechtlichen Bande zum leiblichen Elternteil und dessen Angehörigen* – Grosseltern und andern Verwandten, allenfalls sogar Geschwister, zu denen das Kind möglicherweise enge(re) emotionale Beziehungen hat (BK-HEGNAUER, N 29a) – *abgebrochen werden* (s.a. Vorbem. zu Art. 264–269c N 3; Art. 267 N 6 ff.), was eine *sorgfältige Abwägung des Kindeswohls* bedingt (BK-HEGNAUER, N 42) und insb. auch den Zustimmungen des Kindes selbst wie des Elternteils, zu dem das Verhältnis abgebrochen werden soll, erheblichen Stellenwert beizulegen verlangt (BK-HEGNAUER, N 40). Siehe zum Ganzen auch die Botschaft Revision Scheidungsrecht, BBl 1996 I 155 ff., Ziff. 243.

Art. 264b

III. Einzel-adoption	[1] Eine unverheiratete Person darf allein adoptieren, wenn sie das 35. Altersjahr zurückgelegt hat.

[2] Eine verheiratete Person, die das 35. Altersjahr zurückgelegt hat, darf allein adoptieren, wenn sich die gemeinschaftliche Adoption als unmöglich erweist, weil der Ehegatte dauernd urteilsunfähig oder seit mehr als 2 Jahren mit unbekanntem Aufenthalt abwesend, oder wenn die Ehe seit mehr als 3 Jahren gerichtlich getrennt ist.

III. Adoption par une personne seule

[1] Une personne non mariée peut adopter seule si elle a 35 ans révolus.

[2] Une personne mariée, âgée de 35 ans révolus, peut adopter seule lorsqu'une adoption conjointe se révèle impossible parce que le conjoint est devenu incapable de discernement de manière durable, ou qu'il est absent depuis plus de deux ans sans résidence connue, ou lorsque la séparation de corps a été prononcée depuis plus de trois ans.

III. Adozione singola

[1] Una persona non coniugata può adottare da sola se ha compito il trentacinquesimo anno di età.

[2] Una persona coniugata che ha compito il trentacinquesimo anno d'età può adottare da sola se l'adozione congiunta si rileva impossibile poiché l'altro coniuge è durevolmente incapace di discernimento o è, da oltre due anni, assente con ignota dimora, oppure se vi è separazione giudiziale pronunciata da oltre tre anni.

Literatur

GROSSEN, A propos de l'adoption par une personne seule, ZVW 2001, 40 ff.; HEGNAUER, Zum Ausnahmecharakter der Einzeladoption – Bemerkungen zu BGE 125 III 161, ZVW 1999, 239 ff.

I. Problematik der Einzeladoption

Die Einzeladoption verschafft dem Kind *nur einen* Elternteil und führt es nicht wie die Stiefkindadoption (Art. 264a Abs. 3) in eine vollständige Familie. Die Einzeladoption ist deshalb nicht primär in der rechtlichen Ausgestaltung, aber sachlich ein **Ausnahmefall.** Sie kann aber dennoch dem Kindeswohl dienen, wo z.B. kein adoptionswilliges Paar ein gebrechliches Kind aufnehmen will, zur Einzelperson ein besonders enges Verhältnis besteht (Pate, Tagesmutter, überlebender Konkubinatspartner mit sozialpsychischer Elternstellung) oder andere plausible Gründe vorliegen. Sie darf aber nach der Praxis *nicht dazu dienen,* ohne solche qualifizierenden Momente in der Beziehung von Adoptivkind und Adoptierendem den *Kindeswunsch einer Einzelperson zu befriedigen* (restriktiv BGE 111 II 233: Einzeladoption durch Hebamme wegen mangelnder Verfügbarkeit abgelehnt; zu weitgehend und ohne Auseinandersetzung mit dem Wesen der Einzeladoption BGE 125 III 161 [u. N 5] und BVR 1995, 408 ff.: Einzeladoption durch «Einzelgänger» bewilligt).   1

Die Einzeladoption bietet insb. keine «Gestaltungsmöglichkeiten» bei unverheirateten Paaren (etwa aus namens- oder erbrechtlichen Überlegungen): Bei der Adoption des leiblichen Kindes des einen durch den andern würde das Kindesverhältnis zum leiblichen Elternteil dahinfallen (Art. 267 Abs. 2; BGE 129 III 656; BK-HEGNAUER, N 4), bei «gemeinschaftlicher Adoption» eines fremden Kindes durch Konkubinatspartner würde zu   2 diesem eine stärkere Bindung erzeugt als sie unter den unverheirateten Adoptiveltern besteht (noch ausgeprägter als bei der Stiefkindadoption: dazu Art. 264a N 10); denkbar ist immerhin die *Einzeladoption* eines fremden Kindes durch die Partner eines gleich- oder gegengeschlechtlichen Konkubinats (Art. 264a N 2), wenn das Kindeswohl gewahrt ist (d.h.: eine Einzeladoption ausnahmsweise überhaupt gerechtfertigt ist). Gelegentlich beobachteten «eheähnlichen» Diskrepanz-Adoptionen insbes. in internationalen Verhältnissen ist mit Inkrafttreten des PartG endgültig jegliche Rechtfertigung entzogen.

3 Das *Verbot der Adoption durch gleichgeschlechtliche Paare* (Art. 28 PartG) hält vor der EMRK stand (vgl. Entscheidung Fretté, EuGMR, Urteil v. 26.2.2002, FamRZ 2002, 1393 = FamPra 2002, 780 ff.; Art. 14 i.V.m. Art. 8 EMRK greift nicht). Aus Art. 27 PartG (der Art. 278 Abs. 2 ZGB entspricht) ergibt sich jedoch die gesetzgeberische Wertung, dass die sozialpsychische Nähe zu einem Stiefelternteil innerhalb einer gleichgeschlechtlichen Partnerschaft nach dem Wegfall der leiblichen Eltern (Tod, Unvermögen zur Ausübung der elterlichen Sorge) u.U. eine stiefadoptionsähnliche Einzeladoption rechtfertigen kann.

II. Voraussetzungen der Einzeladoption

4 In jedem Falle ist ein Mindestalter von 35 Jahren erforderlich (zu dessen Zweck sinngemäss Art. 264a N 6). Diese wie die weiteren Anforderungen (N 6 f.) müssen zur Anhandnahme des Adoptionsgesuchs erfüllt sein. Ein Dispens ist nicht möglich (s. aber Art. 265 N 3 a.E.).

5 *Trotz des Ausnahmecharakters* (o. N 1) sind vom Gesetz *wichtige Gründe* zwar *nicht explizit* vorgeschrieben, was aber nichts daran ändert, dass das *Kindeswohl unter dem speziellen Gesichtspunkt,* dass dem Kind nur *ein* Elternteil verschafft wird, zu würdigen ist. Würde mit BGE 125 III 161, 165 E. 4b als genügend erachtet, dass das Kindeswohl «du point de vue affectif et intellectuel que physique» gewahrt sei, dürfte wegen günstiger(er) wirtschaftlicher Verhältnisse die Einzeladoption oft vorteilhafter erscheinen als die gemeinschaftliche (BGE 111 II 233 abl. bei Hebamme, BGE 125 III 161 gutheissend bei Ärztin), was Verzerrung und Überbewertung wirtschaftlicher Gesichtspunkte ist. Fehlende erzieherische Erfahrung fällt bei Einzelpersonen (entgegen der largen Perspektive von BGE 125 III 161, 165 f. E. 5) zudem stärker ins Gewicht, weil die partnerschaftliche Unterstützung des andern (Adoptiv-)Elternteils fehlt und die Intensität eigener erzieherischer Erfahrung bei berufsbedingter Fremdbetreuung (a.a.O., 166 f. E. 6) zusätzlich leidet (was BGE 111 II 233 – seinerseits streng – zum Anlass für Ablehnung nahm). Schliesslich lässt BGE 125 III 161, 168 f. E. 7b, auch eine Begründung dafür vermissen, weshalb eine Einzelperson ohne besondere erzieherische Befähigung und mit berufsbedingt beschränkter Verfügbarkeit bei einem *Altersunterschied von 44 Jahren* (dazu im Übrigen Art. 265 N 4) in der erzieherisch anspruchsvollen Pubertätsphase der bei Einzeladoption erhöhten Belastung genügen soll. Kritisch zu BGE 125 III 161 auch B. Schnyder, ZBJV 2000, 405 ff., und Hegnauer, ZVW 1999, 239 ff.; dass Einzeladoption beschränkt sei «auf Situationen, wo als Alternative zur Einzeladoption nur die Nichtadoption verbleibt» (Hegnauer, ZVW 1999, 239 [Res.], 241), gilt allerdings dann nicht, wenn das Kind zur adoptionswilligen Einzelperson bereits eine besondere Beziehung hat (o. N 1).

1. Unverheiratete Person

6 **Unverheiratet** i.S.v. Art. 264b Abs. 1 ist, wer *ledig, verwitwet oder geschieden* ist. Heirat während pendentem Verfahren schliesst Einzeladoption nicht aus (BK-Hegnauer,

N 11 f.) und kann nach Vorliegen der Voraussetzungen von Art. 264a Abs. 3 durch Stiefkindadoption ergänzt werden.

2. Verheiratete Person

Im Gegensatz zur Stiefkindadoption (Art. 264a Abs. 3) geht es hier um die Adoption eines **fremden** Kindes. **7**

Einer verheirateten Person soll in Fällen wie den in N 1 genannten, die Adoption nicht deshalb verunmöglicht werden, weil der Ehegatte wegen *Urteilsunfähigkeit* (Art. 16: fehlende Einsicht über Bedeutung der Adoption bzw. des Eingehens eines Kindesverhältnisses) oder *langer Abwesenheit* (vgl. Art. 35 f.) nicht zustimmen kann oder wegen einer **anhaltenden Ehekrise** (nämlich *irreversibler,* meist wohl *mehr als drei- bis vierjähriger gerichtlicher Trennung;* BGE 125 II 57) nicht zustimmen würde (vgl. zur Dauer o. Art. 264a N 4 bzw. Art. 114 und aArt. 147 Abs. 3); bei *bloss eheschutzrichterlicher Trennung* wäre demgegenüber nach wie vor nur eine gemeinschaftliche Adoption möglich, wenn deren Voraussetzungen im Übrigen gegeben sind (Art. 264a N 4). **8**

Art. 265

IV. Alter und Zustimmung des Kindes	[1] **Das Kind muss wenigstens 16 Jahre jünger sein als die Adoptiveltern.** [2] **Ist das Kind urteilsfähig, so ist zur Adoption seine Zustimmung notwendig.** [3] **Ist es bevormundet, so kann, auch wenn es urteilsfähig ist, die Adoption nur mit Zustimmung der vormundschaftlichen Aufsichtsbehörde erfolgen.**
IV. Age et consentement de l'enfant	[1] L'enfant doit être d'au moins seize ans plus jeune que les parents adoptifs. [2] L'adoption ne peut avoir lieu que du consentement de l'enfant, si ce dernier est capable de discernement. [3] Lorsque l'enfant est sous tutelle, l'autorité tutélaire de surveillance devra consentir à l'adoption, même s'il est capable de discernement.
IV. Età e consenso dell'adottando	[1] L'adottando deve avere almeno sedici anni meno dei genitori adottivi. [2] Se è capace di discernimento, il suo consenso è necessario perché possa essere adottato. [3] Se è sotto tutela, è necessario il consenso dell'autorità di vigilanza sulle tutele, quand'anche sia capace di discernimento.

I. Mindestaltersunterschied (Abs. 1)

Auch der **Mindestaltersunterschied** bezweckt die *Angleichung an die biologische Elternschaft* (vgl. Art. 264a N 1) und damit eine *ausgewogene Familienstruktur.* **1**

Die **gesetzliche Regelung ist zwingend** (BGE 102 II 79; BK-HEGNAUER, N 4; DERS., Kann vom Mindestaltersunterschied bei der Adoption abgewichen werden?, ZVW 1993, 95 f. m.Nw.; STETTLER, SPR III/2, 108 f.; CLERC, 58 f., 63), in der unterinstanzlichen Praxis aber gelegentlich missachtet worden (ZZW 1975, 309 f.), was von RIEMER (Um- **2** fang und Schranken richterlicher Gebotsberichtigung, dargestellt anhand aktueller Beispiele aus dem Familienrecht, recht 1993, 127 f., 129; s.a. EICHENBERGER, 170) i.S. einer Gebotsberichtigung gebilligt wird.

3   Die Reduktion des Mindestaltersunterschieds von 18 auf 16 Jahre war indes bei der Revision des Adoptionsrechts von 1972 umstritten; der Ständerat hatte diesen als Kompromiss für den Regelfall bei 18 Jahren belassen und nur ausnahmsweise bei schwerwiegenden Gründen eine Reduktion auf 16 Jahre gewähren wollen (BK-HEGNAUER, N 2c). Dies rechtfertigt – nebst den in N 1 dargelegten Gründen – ein *Festhalten am Gesetzeswortlaut.* Zudem kann auch bei Gewährung einer Adoption eine «unauffällig-konventionelle Familienstruktur» nicht mit rechtlichen Mitteln herbeigezwungen werden, wo die biologischen Gegebenheiten dem zuwiderlaufen und weitgehend ausschliessen, dass der Adoptierende als gewissermassen «älteres Geschwister» Vater- oder Mutterrolle einnehmen kann. Zudem lässt sich die Stiefkindschaft durchaus i.S. der Beteiligten ausgestalten und ermöglicht die Übernahme von erzieherischer und wirtschaftlicher Verantwortung (Art. 278 Abs. 2, Art. 299; STETTLER, SPR III/2, 109; zur rechtlichen Qualität der Stiefkindschaft s. auch den Erläuternden Bericht zu einem BG über die registrierte Partnerschaft gleichgeschlechtlicher Paare, 2001, Ziff. 1.7.8). Ob in extrem gelagerten Fällen – einem Abweichen von Tagen oder Wochen beim ältesten von mehreren zu adoptierenden Geschwistern (von RIEMER aufgenommenes Beispiel bei BK-HEGNAUER, N 5a) – ein Abweichen denkbar wäre, um die Gleichbehandlung von Geschwistern (und damit in gewissem Sinne auch die Einheitlichkeit der rechtlichen Familienstruktur) zu ermöglichen, wird die Praxis aufgrund der Eigenheiten eines konkreten Falls mit der für ein Abweichen vom klaren Gesetzeswortlaut gebotenen Zurückhaltung zu prüfen haben (zu Recht abgelehnt ein Abweichen bez. Dispens von der Kinderlosigkeit bei Erwachsenenadoption, wo das mündige Geschwister adoptiert werden sollte, aber mit dem Adoptionsgesuch missbräuchlich bis nach der Mündigkeit zugewartet worden war, um noch von Unterhaltsbeiträgen des leiblichen Vaters zu profitieren: HEGNAUER, ZVW 1994, 116; Art. 266 N 6).

4   *Nicht ausdrücklich statuiert,* aber vom Prinzip des Kindeswohls vorgegeben ist eine **Maximaldifferenz.** Diese soll gewährleisten, dass bei Unmündigenadoption *(psychisch)* während der gesamten Entwicklungsphase das Verständnis für die Anliegen des Kindes gewährleistet ist und ihm *(physisch)* solange die elterliche Betreuung erwiesen werden kann, als es ihrer bedarf (ZVW 1985, 69 Nr. 7; BGer ZVW 1993, 153 Nr. 8 E. 4); bez. der *Unmündigenadoption* verlangt bereits Art. 11b Abs. 3 lit. a PAVO eine *besondere Eignungsprüfung,* wo der Altersunterschied zwischen dem Kind und einem der Pflegeeltern *mehr als vierzig Jahre* beträgt (vgl. HEGNAUER, ZVW 1994, 121, wo bei grosselterlicher Betreuung des vaterlosen Enkels nach Tod der Mutter die **Adoption durch die Grosseltern** bewilligt wurde; ferner RDAF 1995, 154; BGE 119 II 1, 4 E. 3b a.E.; unzureichende Prüfung in BGE 125 III 161: o. Art. 264b N 5; s. zudem BGE 5A.6/2004, 7.6.2004, FamPra 2004, 708 ff., sowie BGE 5A.11/2005, 3.8.2005, FamPra 2006, 174 ff., wo Einzeladoption verweigert wurde aufgrund des Altersunterschieds von mind. 45 Jahren). Bei der *Erwachsenenadoption* ist zu vermeiden, dass eine solche gewissermassen *«mortis causa»* nur unter erbrechtlicher Optik angestrebt wird, wo kein echtes sozialpsychisches Kind-Eltern-Verhältnis bestand.

II. Zustimmung des Kindes (Abs. 2)

5   Das *Kind* wird durch die Adoption in rechtlicher und vorab in persönlicher Hinsicht *am unmittelbarsten betroffen.* Ist es *urteilsfähig,* hat es deshalb **um seiner Persönlichkeit willen** der beabsichtigten Adoption *zuzustimmen* (Art. 19 Abs. 2, Art. 12 UN-KRK).

1. Urteilsfähigkeit

Die **Urteilsfähigkeit** richtet sich nach Art. 16. Sie hängt zunächst davon ab, ob das Kind **6** altersmässig überhaupt zu erkennen vermag, dass eine Adoption stattfindet und was sie bedeutet, was beim *Kleinkind* zum vornherein zu verneinen ist. Beim **Vorschul- und Schulkind** wird *bis zu einem Alter von etwa zehn Jahren* die Urteilsfähigkeit mit Bezug auf die Bedeutung der Adoption zwar zu verneinen, mit Bezug auf die mit ihr konkret verbundenen Wirkungen aber zu bejahen sein (BK-HEGNAUER, N 17; bez. *sieben*jährigem Kind das [dt.] BVerfG, FamRZ 2002, 229; Stiefadoption eines Sechsjährigen in BGE 5C.131/1999, 30.9.1999, Pra 2000, 514 abgelehnt, da von den Adoptierenden unter Berufung auf die «muslimische Umgebung» zunächst keine Aufklärung darüber ins Auge gefasst wurde, dass leibliche Mutter die Schwester der Stiefmutter und frühere Ehegattin des leiblichen Vaters war). Die Urteilsfähigkeit hängt wesentlich davon ab, wie intensiv sich eine mit der Adoption allenfalls verbundene Änderung der Lebensverhältnisse (örtliche Veränderungen; Abbruch der Beziehungen zu vertrauten Personen aus dem bisherigen familiären und/oder schulischen Umfeld) auswirkt, oder ob solche Wirkungen (bei kontinuierlicher Fortführung eines bewährten Pflegeverhältnisses) gar nicht eintreten. Solche Begleitumstände, bez. derer Urteilsfähigkeit anzunehmen ist, hat die «enquête sociale» (Art. 268a) bereits im Vorfeld des Pflegeverhältnisses zu ermitteln (zu den Methoden der Abklärung die Hinweise in N 7).

Beim älteren Kind **zwischen etwa zehn und 14 Jahren** ist auf die Umstände des Einzel- **7** falls abzustellen (BGE 107 II 22 verneint die Urteilsfähigkeit bei einem Zehnjährigen und billigt sie einem Vierzehnjährigen zu; vgl. BK-HEGNAUER, N 10; BGE 119 II 4 E. 4b); nach dem Sinn der Anhörung und mit Rücksicht auf die *Aufklärungspflicht* gegenüber dem Kind (u. N 9) hat eine **Befragung** stattzufinden, was in den für scheidungsrechtliche Verfahren mittlerweile erprobten Formen – informelles Gespräch des Sachbearbeiters oder einer Fachperson mit dem Kind – zu erfolgen hat (vgl. zu Art. 144 f.; Nachweise auch bei HINDERLING/STECK, 491; BK-HEGNAUER, Art. 275 N 46; Botschaft Revision Scheidungsrecht, Ziff. 234.104, 146 ff.). Das **Kind muss in die Untersuchung einbezogen** werden (was erst die Feststellung der Begleitumstände und zugleich auch der Urteilsfähigkeit ermöglicht); alsdann ist zu beurteilen, wieweit seiner Meinung Rechnung getragen werden kann (Art. 12 UN-KRK). – Bei *über 14 Jahren* ist die Urteilsfähigkeit zu vermuten.

Die Adoption ist – liegen die Voraussetzungen vor – *nicht aufzuschieben, bis das Kind* **8** *urteilsfähig* ist und zuzustimmen vermag (BGE 107 II 21 u.); entscheidend ist, dass das Kind in altersgerechter Form in das Verfahren einbezogen, seine Einstellung fachkundig erfragt und seine Meinung adäquat gewürdigt wird. – Zur *Form der Zustimmung* s. BK-HEGNAUER, N 11.

2. Aufklärung des Kindes über seine Abstammung

Ist das Kind in die Untersuchung einzubeziehen und zu seiner Einstellung zu befragen, **9** schliesst dies ein, dass es *bereits während des Pflegeverhältnisses über seine Abstammung aufgeklärt* wird (BGE 107 II 23 E. 6; BK-HEGNAUER, N 12; DERS., Ist die Aufklärung des Kindes über seine Herkunft Voraussetzung zur Adoption?, ZVW 1979, 128 f.), was *nicht mit dem Adoptionsgeheimnis* (Art. 268b, dort N 4 f.) *zu verwechseln* ist, das sich nur an Dritte richtet (BK-HEGNAUER, Art. 268b N 20).

Die **Aufklärung über die Abstammung** bildet allerdings nicht lediglich ein Element der **10** Abklärungen im Vorfeld der Adoption; vielmehr ist das Kind auch aufzuklären, wenn es (z.B. als Kleinkind) während des Adoptionsverfahrens nicht informiert wurde, da bez.

des *Wissens um die Abstammung sein Persönlichkeitsrecht in Frage steht* (WERRO, Quelques aspects juridiques du secret de l'adoption, ZVW 1994, 73 f., 77; vgl. auch BGE 119 II 4 f. E. 4b: ob die Aufklärung erfolgen kann oder aus besonderen Gründen allenfalls unterbleiben oder aufgeschoben werden muss, kann für den Entscheid über das Adoptionsgesuch nicht entscheidend sein) und die Ausübung des Rechts von Art. 7 UN-KRK bzw. Art. 268c (s.d.) vom Wissen um die erfolgte Adoption abhängt (dazu einlässlich BGE 128 I 63, 70 f. E. 3.2.2 mit det. Nw., u.a. auch auf die parallele Regelung von Art. 27 FMedG, dazu 74 E. 4.1; BGE 125 I 257, 262 E. 3c/bb). Eine Vereinbarung der Adoptiveltern unter sich oder mit leiblichen Eltern, nicht aufzuklären, würde vor Art. 19 f. OR nicht standhalten.

III. Zustimmung der vormundschaftlichen Aufsichtsbehörde bei bevormundetem Kind (Abs. 3)

11 Die *Zustimmung der vormundschaftlichen Aufsichtsbehörde ist nur erforderlich,* wo das Kind **bevormundet** ist, dann aber in *jedem* Fall, mithin auch bei Urteilsfähigkeit (nicht aber, wenn bis zum Adoptionsentscheid das Kind mündig geworden ist: BK-HEGNAUER N 19), ebenso wie der Inhaber der elterlichen Sorge zuzustimmen hätte, wo das Kind im Zeitpunkt der Adoption ihr noch untersteht (Art. 265a N 5).

12 Massgeblich ist nicht die Beurteilung des Vormunds oder der VormBehörde (auch wenn sie das Geschäft bearbeiten: Art. 422 Ziff. 1; Mustersammlung, Nr. 214.1), sondern nur jene der Aufsichtsbehörde (wo diese zugleich Adoptionsbehörde i.S.v. Art. 268 Abs. 1 ist, kann der Entscheid zusammen mit dem Adoptionsentscheid ergehen: BK-HEGNAUER, N 26).

13 Der Entscheid hat sich *nach dem Kindeswohl* zu richten; massgebend sind damit die Gesichtspunkte von Art. 264 (dort N 18 f.). Ausser Betracht bleiben öffentliche Interessen und solche Dritter (BK-HEGNAUER, N 28), welche beim eigentlichen Adoptionsentscheid zu berücksichtigen sind (Art. 268a N 10).

14 Im *Verfahren* sind die **Beteiligten anzuhören.** Der Entscheid der vormundschaftlichen Aufsichtsbehörde bindet die Adoptionsbehörde nicht; der durch die Bevormundung bewirkte Dualismus erscheint sachlich nicht zwingend geboten (BK-HEGNAUER, N 35). Wird die Zustimmung nach Art. 265 Abs. 3 verweigert, kann dies mit den in vormundschaftlichen Belangen zur Verfügung stehenden **Rechtsmitteln** angefochten werden, seit BGE 118 Ia 473 in einem *gerichtlichen Verfahren* auf kantonaler Ebene (HEGNAUER, Kindesrecht, N 11.17 und 13.09).

Art. 265a

V. Zustimmung der Eltern	¹ **Die Adoption bedarf der Zustimmung des Vaters und der Mutter des Kindes.**
1. Form	² **Die Zustimmung ist bei der Vormundschaftsbehörde am Wohnsitz oder Aufenthaltsort der Eltern oder des Kindes mündlich oder schriftlich zu erklären und im Protokoll vorzumerken.**
	³ **Sie ist gültig, selbst wenn die künftigen Adoptiveltern nicht genannt oder noch nicht bestimmt sind.**

V. Consentement
des parents

1. Forme

¹ L'adoption requiert le consentement du père et de la mère de l'enfant.

² Le consentement est déclaré, par écrit ou oralement, à l'autorité tutélaire du domicile ou du lieu de séjour des parents ou de l'enfant et il doit être consigné au procès-verbal.

³ Il est valable, même s'il ne nomme pas les futurs parents adoptifs ou si ces derniers ne sont pas encore désignés.

V. Consenso dei
genitori del sangue

1. Forma

¹ Per l'adozione è richiesto il consenso del padre e della madre dell'adottando.

² Il consenso dev'essere dato, oralmente o per scritto, all'autorità tutoria del domicilio o della dimora dei genitori o dell'adottando e registrato a verbale.

³ È valido anche ove non indicasse i futuri genitori adottivi o questi non fossero ancora designati.

Literatur

HAUSHEER/AEBI-MÜLLER, Renaissance einer alten Idee: Das Einsiedler Baby-Fenster aus (zivil)rechtlicher Sicht, recht 2002, 1 ff.; HEGNAUER, Zur Form der Zustimmung der Eltern zur Adoption, ZVW 1982, 101 f.; Mustersammlung, Nr. 211.1; WEIMAR, Die Zustimmung der Eltern zur Adoption, ZVW 2001, 124 ff.

I. Zustimmung der bisherigen Eltern (Abs. 1)

1. Bedeutung

Durch die Adoption **erlischt das Kindesverhältnis zu den bisherigen Eltern** (meist, aber nicht notwendig den *leiblichen;* Art. 267 Abs. 2). Sie sind deshalb – neben dem Kind (Art. 265 N 5) – von dieser *mitbetroffen;* gegen den gänzlichen Abbruch der Beziehungen zum Kind, müssen sie sich selbst dann, wenn ihnen die elterliche Sorge nicht zusteht, *um ihrer eigenen Persönlichkeit willen* zur Wehr sctzen können (BGE 104 II 66 E. 3; zur Bedeutung der Zustimmung auch Art. 265b), wo nicht besondere Umstände (Art. 265c f.) gebieten, von ihrer Zustimmung abzusehen.   **1**

2. Zustimmungsberechtigte

Zuzustimmen haben demnach nebst dem Kind (Art. 265 Abs. 2) **alle,** die zu ihm **in einem Kindesverhältnis stehen:** der ausserehliche Vater, zu dem das Kindesverhältnis festgestellt ist; die unmündige Mutter, deren Kind unter Vormundschaft steht; der geschiedene Elternteil, dem die elterliche Sorge nicht zugesprochen wurde; Adoptiveltern aus früherer Adoption. – *Nicht* aber der bloss *biologische Vater,* solange das Kind (noch) als Kind des Ehemanns seiner Mutter gilt; fehlt aber ein väterliches Kindesverhältnis und ist der leibliche Elternteil bekannt, so ist er über die Verhältnisse zu informieren, damit er durch Anerkennung sein Zustimmungsrecht erwerben kann (BGE 113 Ia 275 f. E. 6 f.); ist dies nicht möglich, ist er anzuhören (N 3). Zustimmungsberechtigt ist auch die *Mutter des Findelkindes,* da – sobald sie bekannt ist – das Kindesverhältnis gem. Art. 252 Abs. 1 besteht; Abgabe des Kindes bei einem *«Baby-Fenster»* bedeutet nicht notwendig Verwirken der Zustimmungsbefugnis i.S.v. Art. 265c Ziff. 2 (vgl. HAUSHEER/ AEBI-MÜLLER, recht 2002, 8–10), allenfalls wäre die Mutter anzuhören (N 3; vgl. Art. 265c N 11).   **2**

Weitere dem Kind aufgrund der konkreten Gegebenheiten **nahe stehende Personen** (zur Umschreibung des Kreises Art. 274a N 3 f.) sind ggf. *anzuhören* (BK-HEGNAUER, N 12 f.).   **3**

4 Zuzustimmen haben **Vater und Mutter;** die fehlende Zustimmung auch nur einem von ihnen verunmöglicht die Adoption.

3. Besonderheiten bei Stiefkindadoption

5 Bei der *Adoption eines Kindes, das unter elterlicher Sorge steht,* entfällt die Notwendigkeit der Zustimmung der VormBehörde gemäss Art. 265 Abs. 3 (dort N 11 f.). Wer Inhaber elterlicher Sorge ist, hat deshalb nicht nur um seiner Persönlichkeit willen (o. N 1), sondern zugleich – statt der VormBehörde – als Vertreter des Kindes zuzustimmen. Es dürfte (wegen Art. 312 Ziff. 2) diese Konstellation praktisch nur bei **Stiefkindadoption** vorliegen. Da sich hier verschiedene **Interessenkollisionen** (dazu Art. 264a N 10 f.; Art. 265 N 13) ergeben können – (i) zwischen dem Alleininhaber der elterlichen Sorge an der «Vervollständigung» seiner neuen Familie, (ii) dem Unterhaltsverpflichteten an Übertragung der Elternlasten auf einen Dritten –, erfordert das Wohl des Kindes – welches ein Interesse am Fortbestand des Kindesverhältnisses zum andern Elternteil bzw. (wo dieser verstorben oder nicht zustimmungsberechtigt ist) zu dessen Verwandten haben kann – die Bestellung eines **Beistands** i.S.v. Art. 392 Ziff. 2 (HEGNAUER, Kindesrecht, N 11.19a m.Nw. zur bisherigen Kontroverse). Die Zustimmung des Beistandes ersetzt nur die Zustimmung des Sorgerechtsinhabers in dieser Funktion, nicht aber die um seiner Persönlichkeit willen (N 1) zu erteilende.

4. Verweigerung der Zustimmung

6 Wird die **Zustimmung verweigert, so kann die Adoption nicht ausgesprochen** werden, ausser es lägen die Voraussetzungen von Art. 265c vor. Einer «Zweckmässigkeitsprüfung» hat die Verweigerung der Zustimmung nicht standzuhalten: Hat sich ein die Adoption ablehnender Elternteil um das Kind gekümmert (Art. 265c Ziff. 2 e contrario), so liegt die Fortführung dieser rechtlichen und sozialen Beziehung im vorrangigen Interesse des Kindes; *Rechtsmissbrauch* ist allerdings *vorbehalten* (BK-HEGNAUER, Art. 265c N 28 f.; u. Art. 265c N 7 f.).

5. Wirkungen der Zustimmung

7 Unmittelbar *mit erteilter Zustimmung* (unter Vorbehalt der Zustimmung auch des andern Elternteils, N 4, und unterbleibenden Widerrufs, Art. 265b Abs. 2) **erlischt das Recht auf persönlichen Verkehr** (Art. 274 Abs. 3) und *i.d.R.* die **Unterhaltspflicht** (Art. 294 Abs. 2; s. im Übrigen aber Art. 267 [und dort N 7], wonach die Adoption Wirkungen erst ab Aussprechung entfaltet); die **elterliche Sorge** ist aufgrund von Art. 312 Ziff. 2 zu *entziehen* (bzw. aufgrund von Art. 368 Vormundschaft anzuordnen; Mustersammlung, Nr. 212 ff.).

II. Verfahren (Abs. 2)

8 **Zuständig** zur Entgegennahme der Zustimmungserklärung ist *alternativ* die *VormBehörde am Wohnsitz oder Aufenthaltsort der Eltern oder des Kindes.* Der Erklärung kommt indes nicht nur im Rahmen vormundschaftlicher Anordnungen gegenüber dem Kind, sondern v.a. in einem hängigen Adoptionsverfahren unmittelbare Bedeutung zu; sie kann deshalb auch gegenüber der *Adoptionsbehörde* (Art. 268 Abs. 1) erklärt werden (BK-HEGNAUER, N 23). Zur Zuständigkeit, wo vormundschaftliche Anordnungen nötig werden (N 7), s. Art. 315 und BK-HEGNAUER, N 56.

9 **Formal** bestehen keine expliziten Anforderungen: Die Zustimmung kann *mündlich oder schriftlich* erfolgen. Sie hat aber – unter Berücksichtigung allgemeiner Auslegungsgrundsätze – **klar und explizit** zu sein; konkludente bzw. stillschweigende Zustimmung (Schweigen während einer behördlich angesetzten Frist) genügt nicht.

Ein bestimmter **Inhalt** (dazu im Übrigen N 13 f.) ist *nicht vorgeschrieben;* die Erklä- **10** rung muss aber sowohl nach Form wie Inhalt als **Ausdruck des freien Willens** erscheinen, der Adoption des eigenen Kindes **zuzustimmen.** An dieses *qualitative* Erfordernis sind *hohe* Anforderungen zu stellen (an sich müsste ja eine Erklärung, auf das eigene Kind zu verzichten, als *persönlichkeitswidrig* i.S.v. Art. 27 gelten). Die **Gewissheit um Ernstlichkeit und Authentizität** (N 11) dürfte eher gewährleistet sein, wo die Erklärung mündlich vor der Behörde abgegeben und so sichergestellt wird, dass sie in Kenntnis der Tragweite der Adoption und des Widerrufsrechts (Art. 265b Abs. 2) erfolgt.

Die **Behörde hat sich zu vergewissern,** dass die Äusserung *vom Zustimmungsberechtig-* **11** *ten stammt* (weshalb telefonische Erklärungen von der Lehre als unzureichend betrachtet werden: BK-HEGNAUER, N 27; STETTLER, SPR III/2, 115 f.) und *in Kenntnis ihrer Tragweite abgegeben* wurde; das gilt sowohl, wo eine Erklärung unbeholfen formuliert oder die von einem Dritten – z.B. dem Adoptionsvermittler – aufgesetzte Erklärung unterschrieben wurde oder die Erklärung an sachlichen Mängeln (z.B. unzulässige oder zweifelhafte Bedingung: u. N 14) leidet. Im Zweifelsfall ist nachzufragen; es trifft die Behörde eine **Prüfungspflicht** (BK-HEGNAUER, N 35 f.). Bezüglich ordre public-Charakter der Zustimmung der leiblichen Eltern zur Adoption s. BGE 2A.655/2004, 11.4.2005, FamPra 2005, 574 ff.

Die **Protokollierung** ist *Ordnungsvorschrift,* die sich an die Behörde richtet und vor- **12** ab *Beweiszwecken* im Falle eines Widerrufs der Erklärung (Art. 265b Abs. 2) dient; allfällige Besonderheiten oder Zweifel der die Erklärung entgegennehmenden Stelle sind festzuhalten, aber ohne unmittelbare rechtliche Bedeutung. **Unterbleibt** die Protokollierung, kann sie m.E. nachgeholt werden; über den Beweiswert mögen alsdann aber Zweifel aufkommen. Den *Betroffenen* (Pflegeeltern, gesetzlichem Vertreter, mit Blick auf das Widerrufsrecht auch dem Zustimmenden, dazu Mustersammlung, Nr. 211.2) sowie mitbeteiligten Stellen ist **vom Eingang der Zustimmung Mitteilung** zu machen.

III. Inhalt der Erklärung (Abs. 3)

Die Erklärung muss die ausdrückliche (N 9) Willensäusserung des Zustimmenden **13** enthalten, **das Kind zur Adoption freizugeben** (N 10). Personalien, Angaben über die Umstände des Zustandekommens (Beratung durch Dritte etc.) sind zweckmässigerweise festzuhalten, gehören aber nicht zum Kerngehalt.

Die Erklärung kann mit **Bedingungen** gekoppelt werden. Allerdings müssen diese **mit** **14** **dem Wesen der Adoption vereinbar** sein und dürfen sich nur *sachlich auf die künftige Situation des Kindes beziehen* (BK-HEGNAUER, N 43 f.): i.d.R. *unzulässig* sind z.B. Anordnungen über die religiöse Erziehung des Kindes, laufende Berichterstattung durch die Adoptiveltern (da dem Adoptionsgeheimnis und dem Prinzip klarer Erziehungsverantwortung zuwiderlaufend), Eintritt ungewisser zukünftiger Bedingungen (Freigabe für den Fall, dass der Zustimmende wieder ein eigenes Kind bekommt); Ausnahmen sind aber denkbar (wo z.B. dem Kind aufgrund seines Alters ein Religions*wechsel* nicht zumutbar wäre, bei Verwandtenadoption gewisse Kontakte fortdauern *sollen*). Eine *mit unzulässiger Bedingung verknüpfte Zustimmung ist unwirksam* (zu den Pflichten der Behörde, N 11) und kann zur Anfechtung der Adoption führen (Art. 269).

15 Die Zustimmung ist **gültig,** ohne dass die Adoptiveltern genannt (**«Inkognito-»**) oder auch nur bestimmt wären (**«Blanko-Adoption»**). Sie kann aber auch mit der Bedingung verbunden werden, dass die Adoption durch eine bzw. zwei **bestimmte Personen** erfolge (vgl. sinngemäss Art. 381).

Art. 265b

2. Zeitpunkt

[1] **Die Zustimmung darf nicht vor Ablauf von sechs Wochen seit der Geburt des Kindes erteilt werden.**

[2] **Sie kann binnen sechs Wochen seit ihrer Entgegennahme widerrufen werden.**

[3] **Wird sie nach einem Widerruf erneuert, so ist sie endgültig.**

2. Moment

[1] Le consentement ne peut être donné avant six semaines à compter de la naissance de l'enfant.

[2] Il peut être révoqué dans les six semaines qui suivent sa réception.

[3] S'il est renouvelé après avoir été révoqué, il est définitif.

2. Termini

[1] Il consenso non può essere dato prima di sei settimane dalla nascita dell'adottando.

[2] Può essere revocato entro sei settimane dalla ricezione.

[3] Se rinnovato dopo la revoca è definitivo.

I. Sperrfrist (Abs. 1)

1 Die **Zustimmung** i.S.v. Art. 265a **darf nicht vor Ablauf von sechs Wochen seit der Geburt des Kindes erteilt** werden. Diese Sperrfrist gilt für **Vater und Mutter,** obwohl *v.a. die Mutter im Vor- und Umfeld der Geburt schutzbedürftiger* ist.

2 Die Frist bestimmt sich nach der Regel von Art. 77 Abs. 1 Ziff. 2 OR.

3 Eine **verfrüht erteilte Zustimmung** bleibt auch nach Ablauf der Sperrfrist **unwirksam;** insb. ist auch eine der Adoptionsvermittlungsstelle gegenüber verfrüht erklärte, von dieser aber erst nach Ablauf der Sperrfrist an die VormBehörde weitergeleitete Erklärung unwirksam (BK-HEGNAUER, N 5). Der Mangel ist nur durch *erneute Abgabe* einer Zustimmungserklärung heilbar; kann eine solche – wegen unbekannten Aufenthalts eines Zustimmungsberechtigten – nicht (mehr) erlangt werden, wird dessen Verhalten aber meist die Voraussetzungen von Art. 265c Ziff. 1 oder 2 erfüllen.

4 Die Fristendiskussion darf nicht darüber hinwegtäuschen, dass die Schutzwirkung der Sperrfrist beschränkt ist; eine *unabhängige und sorgfältige psychologische und rechtliche* **Beratung der Schwangeren** über Möglichkeit und Schwierigkeit des Entscheids zur Adoptionsfreigabe schon im Vorfeld der Geburt, erscheint für alle Beteiligten förderlicher (EICHENBERGER, 204 f.), und wäre auch Notbehelfen wie «Baby-Fenstern» (dazu HAUSHEER/AEBI-MÜLLER [zit. bei Art. 265a], recht 2002, 1 ff.) vorzuziehen; die Sperrfrist hindert deshalb nicht die Platzierung des Kindes bei Pflegeeltern im Blick auf eine mögliche (in diesem Zeitpunkt aber noch «qualifiziert ungewisse») Adoption.

II. Widerruf der Zustimmung (Abs. 2 und 3)

1. Widerruf im Allgemeinen

Die erteilte *Zustimmung kann binnen sechs Wochen seit ihrer Entgegennahme* (schriftlich **5**
oder mündlich) **widerrufen** werden. Der Übereilungsschutz (Abs. 1) wird gekoppelt mit
einer Bedenk- oder Reuefrist (Abs. 2). Zur Frist*berechnung* N 2, zur Frist*wahrung*
Art. 48 Abs. 1 BGG und Art. 21 Abs. 2 VwVG per analogiam.

Der Widerruf bedarf weder einer qualifizierten Form (zum Verfahren sinngemäss **6**
Art. 265a N 8 f.) noch einer Begründung.

Wird die *Zustimmung nach einem Widerruf erneuert,* so ist sie *endgültig* (Abs. 3). **7**

2. Anfechtung der Zustimmungserklärung wegen Irrtums

Ist die sechswöchige Reuefrist abgelaufen (Abs. 2) oder die Zustimmung nach Widerruf **8**
erteilt worden (Abs. 3), so bleibt eine **Anfechtung der Zustimmung wegen Willensmängeln** i.S.v. Art. 23 f. OR möglich (N 9 f.; BK-Hegnauer, N 20 f.; BGE 5A.16/2002,
28.5.2002, FamPra 2004, 150 ff.), ebenso die (gerichtliche) **Feststellung der Nichtigkeit**
z.B. wegen Urteilsunfähigkeit (s. Art. 269 N 3; ferner den Sachverhalt von BGE 117 II
109).

An das **Vorliegen eines Irrtums** sind allerdings entsprechend der Bedeutung der Adop- **9**
tion **hohe Anforderungen** zu stellen, und es ist insb. der **Irrtum über künftige Entwicklungen nur äusserst begrenzt zu beachten,** da einerseits Probleme oder gar das
Scheitern einer Adoption – genau wie beim natürlichen Kindesverhältnis – realistischerweise nicht auszuschliessen sind, anderseits die Verhältnisse beim Zustimmenden sich
günstiger entwickeln können als im Zeitpunkt der Zustimmung angenommen oder befürchtet (allgemein zum Grundlagenirrtum über zukünftige Sachverhalte BK-Schmidlin,
Art. 23/24 OR N 192 f.; OR-Schwenzer, Art. 24 N 18 f.; Gauch/Schluep/Schmid,
Nr. 794 f.): So verschafft etwa das *Scheitern der Ehe nach Stiefkindadoption* i.d.R. nicht
die Anfechtungsklage (zum Zusammenhang von Irrtum und Anfechtung s. Art. 269 N 8
und 269a N 2).

Der **Irrtum ist gegenüber jener Stelle geltend zu machen,** welche die Erklärung ent- **10**
gegengenommen hat; er ist auch von ihr zu beurteilen. Ist das Adoptionsverfahren schon
eingeleitet (Art. 268), ist die Adoptionsbehörde zuständig. Wurde die Adoption bereits ausgesprochen, muss der Willensmangel im Anfechtungsprozess nach Art. 269
Abs. 1 (dort N 7 f.) geltend gemacht werden; zur Frist für die Geltendmachung s.
Art. 269b N 1.

Da die Verbindlichkeit der Zustimmungserklärung nach Ablauf der relativ knappen Frist **11**
in erster Linie die **Stabilität** der erfolgten Adoption bzw. des vorgängigen Pflegeverhältnisses schützen soll, erscheint ein **Widerruf mangels Zweckverwirklichung** (wo weder
eine Adoption erfolgt ist noch das Kind bei Pflegeeltern untergebracht werden konnte)
denkbar (näher BK-Hegnauer, N 23).

Art. 265c

3. Absehen von der Zustimmung **a. Voraussetzungen**	**Von der Zustimmung eines Elternteils kann abgesehen werden,**
	1. wenn er unbekannt, mit unbekanntem Aufenthalt länger abwesend oder dauernd urteilsunfähig ist,
	2. wenn er sich um das Kind nicht ernstlich gekümmert hat.

3. Disposition du consentement a. Conditions	Il peut être fait abstraction du consentement d'un des parents,
	1. lorsqu'il est inconnu, absent depuis longtemps sans résidence connue ou incapable de discernement de manière durable;
	2. lorsqu'il ne s'est pas soucié sérieusement de l'enfant.

3. Astrazione a. Condizioni	Si può prescindere dal consenso di un genitore:
	1. s'egli è sconosciuto, assente da lungo tempo con ignota dimora oppure durevolmente incapace di discernimento;
	2. s'egli non si è curato seriamente del figlio.

Literatur

BIDERBOST, Das Absehen von der Zustimmung zur Adoption, AJP 1998 1155 ff.; BOOS-HERSBERGER, Die Stellung des Stiefelternteils im Kindesrecht bei Auflösung der Stieffamilie im amerikanischen und schweizerischen Recht. Diss. Basel 2000; HEGNAUER, Absehen von der Zustimmung zur Adoption (Art. 265c Ziff. 2 ZGB), ZVW 1980, 55; DERS., Verweigerung und Absehen von der Zustimmung zur Adoption, ZVW 1999, 116 ff.; DERS., Absehen von der Anhörung und Zustimmung des Registervaters zur Adoption bei Bedrohung des Lebens von Mutter und Kind …, ZVW 2001, 280 ff.; SCHNYDER, Zustimmung zur Adoption, in: Beiträge zur Anwendung des neuen Adoptionsrechts, Veröffentlichungen des Instituts für Verwaltungskurse, St. Gallen 1979, 51 f.; WEIMAR, Die Zustimmung der Eltern zur Adoption, ZVW 2001, 124 ff.

I. Schranken des Zustimmungsrechts

1 Das **Recht zur Zustimmung** wurzelt in der **Persönlichkeit des Berechtigten** (Art. 265a N 1), ist aber dem **Recht des Kindes** gegenüberzustellen, **geborgen und in stabilen Verhältnissen aufzuwachsen.** Einer dem Kindeswohl (Art. 264 N 18 f.) dienlichen Adoption kann sich deshalb nur ein Zustimmungsberechtigter widersetzen, der sich effektiv um das Kind kümmern *kann* (Ziff. 1, u. N 2 f.) und für sein Mitspracherecht achtenswerte Gründe hat, weil er sich um das Kind gekümmert *hat* (Ziff. 2, u. N 7 f.). Vgl. auch Art. 311 Abs. 1 Ziff. 2 mit dem Unterschied, dass dort bei Vorliegen gleicher Voraussetzungen eine Behörde überhaupt erst interveniert, hier aber meist bereits längere Erfahrungen über die elterliche Beziehung und den Verlauf eines Pflegeverhältnisses vorliegen, weshalb die Voraussetzungen bei der Adoption zwar nicht strenger als beim Entzug der elterlichen Sorge (**a.M.** JORIO, Der Inhaber der elterlichen Gewalt nach dem neuen Kindesrecht, Diss. Freiburg i.Ü. 1977, 136 f.; vgl. BK-HEGNAUER, N 3a), sondern in jedem Fall aufgrund der konkreten Gegebenheiten (Art. 4) selbständig zu handhaben sind (BK-HEGNAUER, N 20).

II. Objektive Gründe: Unmöglichkeit der Zustimmung (Ziff. 1)

1. Unbekannte Eltern

Unbekannt sind die Eltern des Findelkindes oder biologische Eltern, zu denen ein Kindesverhältnis nicht hergestellt ist (s. aber Art. 265a N 2 bzw. BGE 113 Ia 271). Das Zustimmungsrecht entsteht mit dessen Begründung (Art. 265a N 2), ausser es sei der Entscheid, von der Zustimmung abzusehen, schon vorher gefallen.   2

2. Längere Abwesenheit mit unbekanntem Aufenthalt

Unbekannter Aufenthalt liegt vor, wo weder den beteiligten Amtsstellen noch den Pflegeeltern Anhaltspunkte bekannt sind noch mit dem gebotenen (der Bedeutung der Zustimmungserklärung entsprechendem) Aufwand festgestellt werden können.   3

Längere Abwesenheit meint nicht die Zweijahresfrist von Art. 264b Abs. 2; es soll nur   4
ausgeschlossen werden, dass eine bloss vorübergehende Abwesenheit ausgenützt wird, um das Zustimmungserfordernis zu umgehen. Darauf zu verzichten rechtfertigt sich aber, wo Eltern verschwinden, ohne die für Versorgung und Erziehung eines zurückbleibenden Kindes nötigen Vorkehren zu treffen oder wenigstens angemessenen Kontakt sicherzustellen, der eine Fortdauer der sozialpsychischen Gemeinschaft unabhängig von der Abwesenheit ermöglicht, ferner bei den Tatbeständen von Art. 34 f.

Wo **Eltern unfreiwillig vom Kind getrennt** sind (stationäre Dauerpflege, Saisonniers,   5
Flüchtlinge, Entführung), fällt die Anwendung von Art. 265c Ziff. 1 solange ausser Betracht, als das Kindeswohl ein Absehen von der Adoption erlaubt bzw. Hoffnung auf eine Zusammenführung besteht. Sobald sich die Verbindung wieder herstellen lässt, lebt das Zustimmungsrecht wieder auf.

3. Urteilsunfähigkeit

Zum **Begriff der Urteilsunfähigkeit** vgl. Art. 264b N 8. Ob diese *dauernd* sei, richtet   6
sich nach h.L. nicht danach, ob sie nie (wieder-)erlangt werden könne, sondern nur, ob im Interesse des Kindes der Adoptionsentscheid früher erfolgen müsse; ob dies bei der *jugendlichen Mutter* der Fall sei, die aufgrund ihres Alters *noch* urteilsunfähig scheint, i.d.R. aber während der Probezeit von Art. 264 die Urteilsfähigkeit erlangen dürfte (BK-HEGNAUER, N 19), scheint zweifelhaft, weshalb nicht schon im Zeitpunkt der Platzierung, sondern erst der Adoption die Lage definitiv zu beurteilen wäre, weil auch hier (o. N 5) das Zustimmungsrecht wiederaufleben bzw. noch entstehen kann.

III. Subjektive Gründe: Verwirkung des Zustimmungsrechts (Ziff. 2)

1. Im Allgemeinen

Das **Recht zur Zustimmung** soll nur ausüben können, **wer zum Kind eine derart enge**   7
Beziehung geschaffen hat, dass deren **Abbruch ihn effektiv in seiner Persönlichkeit treffen** würde. Andernfalls wäre die Verweigerung der Zustimmung rechtsmissbräuchlich und damit nicht schutzwürdig (vgl. Art. 265a N 6; BK-HEGNAUER, N 28 f.); insofern konkretisiert diese Bestimmung das Rechtsmissbrauchsverbot von Art. 2.

Es handelt sich hier um die wohl umstrittenste Frage des Adoptionsrechts; für eine *aus-*   8
führliche Kasuistik auch unpublizierter Entscheide BK-HEGNAUER, N 27 f. Zur Wertung von Kindes- und Elterninteressen (im Kontext mit § 1748 Abs. 4 BGB) BGH NJW 2005, 1781: Es besteht auch bei sozialpsychischer Elternstellung Dritter weiterhin ein Interesse

an der Beziehung zum biologischen Elter – *jede* «Monopolisierung» des Kindes schafft Risiken.

2. Begriff des «Sich-ernstlich-Kümmerns»

9   Der **Begriff des Sich-ernstlich-Kümmerns** knüpft an das *persönliche Verhalten des Zustimmungsberechtigten* an und würdigt die **aktive Wahrnehmung der Elternrechte und -pflichten** mit all ihren Facetten, d.h. in persönlicher und wirtschaftlicher Beziehung (zum Ganzen BGE 113 II 384 E. 2; 111 II 323 E. 3c). **Ernstliches Kümmern** ist danach nicht die bloss sporadische Teilnahme an der Entwicklung des Kindes und seines Umfelds (Schule, Berufswahl, gesundheitliche und emotionale Belange), sondern verlangt **stetes, kontinuierliches Engagement** – auch in kleinen Dingen des Alltags –, also z.B. einigermassen regelmässige Ausübung des Besuchsrechts in adäquater Art und/oder weiterer Kontaktmöglichkeiten (zu solchen BK-HEGNAUER, Art. 273 N 79 f.); diese sind mit *Rücksicht auf die Bedürfnisse des Kindes wahrzunehmen,* das aber auch seinerseits dem Elternteil Rücksicht und Achtung i.S.v. Art. 272 entgegenzubringen hat. – Wer aber solches Engagement *gar nie* gezeigt hat (N 11), es in der *Lebensphase vor der Adoption* oder in einer andern *entwicklungspsychologisch sensiblen Phase* (beim Kleinkind, während Unterbringung bei Pflegeeltern oder Zusammenleben mit Stiefelternteil) vermissen liess, hat sein Zustimmungsrecht (vorbehältlich der Ausnahmen von N 13 f.) verwirkt.

10   Dass – z.B. wegen unvermeidlicher räumlicher Distanz – die *Kontakte zum leiblichen Elternteil weniger intensiv sind als zu andern* Bezugspersonen, *reicht aber für das Absehen von der Zustimmung nicht aus:* Dass das Kind zu einem Dritten gute Beziehungen hat, rechtfertigt für sich allein die Adoption nicht, sondern ist lediglich *eine* Voraussetzung, damit diese überhaupt erfolgen kann (BK-HEGNAUER, N 23).

11   Hingegen lässt solches **Engagement vermissen,** wer das *Kind schon vor der Geburt ablehnt* (zur Abtreibung rät, die Vaterschaft wider besseres Wissen bestreitet oder sich nicht nach dem Kind erkundigt: BK-HEGNAUER, N 21b), die *Unterhaltsbeiträge böswillig nicht bezahlt* oder sich lediglich durch deren Entrichtung von persönlicher Beteiligung «loskauft». Eine *Intensivierung des Bemühens* ist aber beachtlich, solange das Kind nicht zur Adoption untergebracht oder an einem Pflegeplatz integriert ist (BK-HEGNAUER, N 26), was namentlich bei Abgabe des Neugeborenen an einem Baby-Fenster das Recht auf Zustimmung – allenfalls sogar die behördlich überwachte Rücknahme des Kindes in eigene Betreuung – nicht ausschliesst (Art. 265a N 2).

12   **Persönlichkeitsrecht des Kindes und des Elternteils sind abzuwägen:** Wo das urteilsfähige Kind die Adoption befürwortet (Art. 265 N 6 f.), spricht dies eher gegen eine verwurzelte Beziehung zum leiblichen Elternteil. WEIMAR (ZVW 2001, 127; vereinzelt) verneint, dass ein solches Abwägen zulässig oder überhaupt möglich sei; indes könnte alsdann gerade in den Fällen von Art. 265c Ziff. 2 eine Adoption nie erfolgen, wenn kindliche wie elterliche Zustimmung in jedem Falle kumulativ erforderlich wären (s. aber u. N 16 a.E.). Als Folge von Art. 12 UN-KRK geht die bundesgerichtliche Praxis in Grenzfällen verstärkt von den abstrakt erwogenen bzw. vom urteilsfähigen Kind (Art. 265 N 6 f.) geäusserten Anliegen aus (BGE 5C.4/2001, 26.4.2001, ZZW 2001 295; 5C.251/2001, 19.4.2002).

3. Grenzfälle: Unmöglichkeit des «Sich-Kümmerns»

13   Die **Adäquanz elterlichen Bemühens um das Kind** muss mit Rücksicht auf das Kindeswohl (Art. 264 N 18 f., s.a. N 12) **aus der Perspektive des Kindes gegeben** sein (BK-HEGNAUER, N 25). Wo der Elternteil sich zwar **ernstlich zu kümmern versucht**

hat, in seinen Bemühungen aber **erfolglos** blieb, während das Kind bei Pflegeeltern verwurzelt ist, gebietet das Kindeswohl (Art. 265a N 1), der Adoption den Vorrang vor
einem nur auf dem Papier bestehenden Kindesverhältnis einzuräumen. Es kann um des
gewiss wichtigen elterlichen Persönlichkeitsrechts willen nicht eine für das Kind nachteilige Lösung gewählt werden (so ist die überaus apodiktische Äusserung in BGE 111 II
324 E. 3c a.E., wonach «l'intérêt de l'enfant n'est pas décisif quand il s'agit d'appliquer
l'art. 265c ch. 2», in den weiteren Zusammenhang zu stellen).

Dass das Zustimmungsrecht primär die *intakte Kind-Eltern-Beziehung schützen* soll,   **14**
hielt BGE 107 II 23 E. 5 ausdrücklich fest (BK-HEGNAUER, N 25); die *Praxis* hat sich
indes dahingehend *weiterentwickelt,* dass *nicht mehr bloss das Ergebnis der bisherigen
Kind-Eltern-Beziehung,* sondern auch das **Verhalten des Elternteils** – *unabhängig vom
bewirkten Ergebnis* – zählt (BGE 108 II 523; 109 II 384 f. E. 1; 111 II 323 f. E. 3c;
113 II 382 f. E. 2). Damit ist die Zustimmung nun auch in Fällen nötig, wo ohne Verschulden des Zustimmungsberechtigten keine lebendige, tragfähige Beziehung zustande
gekommen ist, weil dieser sich nicht ernstlich kümmern *konnte,* dazu jedoch Bereitschaft
gezeigt hat (was der Zustimmungsberechtigte nachzuweisen hat: STETTLER, SPR III/2,
121 f., nach Anm. 94; dazu BGE 5C.69/2004, 14.5.2004, FamPra 2005, 158 ff., wo die
Mutter das Besuchsrecht des Vaters zu unterbinden versuchte. Dass dieser sich an Weihnachten, Geburtstagen etc. nicht meldete, ist unerheblich). Das mag (ungeachtet der Kritik am Abweichen von der streng objektiven Sicht: dazu BK-HEGNAUER, N 25; DERS.,
ZVW 1984, 110 f.; SCHNYDER, ZBJV 1984, 129 f.; 1985, 93 f.; 1987, 78 f.; die bundesgerichtliche Praxis billigend STETTLER, SPR III/2, 121 ff.) dann zutreffend sein, wenn
der Zustimmungsberechtigte *aus Gründen, die nicht in seinen Risikobereich fallen*
(HEGNAUER, Kindesrecht, N 11.24), eine solche Beziehung nicht aufbauen konnte (so in
BGE 109 II 382, wo die Adoptionsvermittlungsstelle das Kind der Mutter missbräuchlich vorenthielt: Bem. HAUSHEER, ZBJV 1985, 95; s. auch BGE 5P.337/2002, 13.3.2003
wo dem leiblichen Vater glauben gemacht wurde, sein Kind sei eine Totgeburt gewesen
und er somit unverschuldet keine Beziehung zu ihm aufbauen konnte), weil es sonst – in
Anbetracht des Nachfrageüberhangs nach Adoptivkindern – Behörden in der Hand hätten, ungeahndet Kinder den Eltern vorzuenthalten und so das Zustimmungsrecht zu verunmöglichen (s.a. Art. 265d N 12). Immerhin wird man aber **im Grundsatz dem Kindeswohl den Vorrang vor dem elterlichen Zustimmungsrecht einräumen** (N 12
und 13) und deshalb prüfen müssen, ob realistischerweise noch eine derart tragfähige
Kind-Eltern-Beziehung heranwachsen kann, dass ein Absehen von der Adoption gerechtfertigt ist (wofür in BGE 109 II 382 allerdings wirklich jeglicher Anhaltspunkt
fehlte).

Insbesondere bei der **Stiefkindadoption** wird ein Absehen von der Zustimmung durch   **15**
den betroffenen Elternteil deshalb als ungerecht empfunden, weil so oft *er* ein kontakter-
schwerendes Verhalten des Sorgerechtsinhabers zu entgelten hat; die Bitterkeit ist verständlich, doch lässt sich das Problem nicht (mehr) im Adoptionsvorfeld angehen, wenn
nur die unterbrochene Beziehung zum Zustimmungsberechtigten perpetuiert würde.
Vielmehr ist eine *kontinuierliche Beziehung* (N 9) vom Berechtigten *schon früher* anzustreben – sei es mit behördlicher (Art. 308) oder gerichtlicher Hilfe (Art. 134). Wurde
dies versäumt, so fällt dies in den Risikobereich des Zustimmungsberechtigten (N 14),
und zwar *unabhängig von der Frage, wer den Beziehungsabbruch zu vertreten* habe
(HEGNAUER, Kindesrecht, N 11.24; DERS., ZVW 2001 280 ff. bei Bedrohungssituation
für Mutter und Kind). Hat er nämlich die «Abschottung» des Kindes durch den Sorgerechtsinhaber als angenehm empfunden oder doch teilnahmslos hingenommen, und er-
wacht der «Besitztrieb» erst im Vorfeld einer Adoption, so hat für das Kind die tatsächliche vor der rechtlichen Beziehung längst Oberhand erlangt.

16 Immerhin ist aber denkbar, dass bei der **Stiefkindadoption der Sorgerechtsinhaber den Kontakt verunmöglicht** hat und ein Ankämpfen dagegen aussichtslos bzw. dem Kindeswohl abträglich wäre. Alsdann soll dieses missbräuchliche, dem Prinzip *fortdauernder gemeinsamer Elternverantwortung* auch *nach Trennung der Gemeinschaft* (und damit zusammenhängender Aufhebung der gemeinsamen elterlichen *Sorge*) zuwiderlaufende Verhalten nicht durch eine (alsdann primär im Interesse des Sorgerechtsinhabers liegende) Adoption belohnt werden. Vielmehr ist die **rechtliche Beziehung beizubehalten,** um eine spätere Kontaktnahme zu erleichtern. Solches hätte die verschiedentlich eher willfährige Behördenpraxis namentlich bei internationalen Sachverhalten (Einreise von Mutter und Kind aus einem Entwicklungsland, [Wieder-]Verheiratung in der Schweiz) vermehrt zu bedenken, da nicht bloss eine behördliche Dienstleistung gegenüber der Stieffamilie zu erbringen, sondern – entsprechend den Wertungen des neuen Art. 268c – das Bewusstsein des Kindes für seine (kulturelle und familiäre) Abstammung zu bewahren ist; insofern sind die von WEIMAR (ZVW 2001, 126 f.) drastisch formulierten (o. N 12) Bedenken gerechtfertigt.

17 Als **Quintessenz** bleibt, dass die Verhältnisse des einzelnen Falles zu würdigen sind (BGE 111 II 323 E. 3b a.E.). Dabei erscheint die Stiefkindadoption als Ausnahmetatbestand, der höhere Anforderungen an das Absehen von der Zustimmung rechtfertigt (BK-HEGNAUER, N 24), weil eine Beziehung zum Zustimmungsberechtigten früher – anders als im Sachverhalt von BGE 109 II 382 (o. N 14) – bestand und das Kindeswohl auch im Stiefverhältnis gewährleistet ist, welches sich im Rahmen der bestehenden Hausgemeinschaft konsolidieren lässt (BK-HEGNAUER, N 24; STEINAUER, L'enfant dans le Code civil, in: L'image de l'homme en droit, FS Hundertjahrfeier Universität Freiburg, Freiburg i.Ü. 1990, 472 f., 491; s. Art. 265 N 3).

Art. 265d

b. Entscheid	[1] **Wird das Kind zum Zwecke späterer Adoption untergebracht und fehlt die Zustimmung eines Elternteils, so entscheidet die Vormundschaftsbehörde am Wohnsitz des Kindes, auf Gesuch einer Vermittlungsstelle oder der Adoptiveltern und in der Regel vor Beginn der Unterbringung, ob von dieser Zustimmung abzusehen sei.**
	[2] **In den andern Fällen ist hierüber anlässlich der Adoption zu entscheiden.**
	[3] **Wird von der Zustimmung eines Elternteils abgesehen, weil er sich um das Kind nicht ernstlich gekümmert hat, so ist ihm der Entscheid schriftlich mitzuteilen.**
b. Décision	[1] Lorsque l'enfant est placé en vue d'une future adoption et que le consentement d'un des parents fait défaut, l'autorité tutélaire du domicile de l'enfant décide, sur requête d'un organisme de placement ou des parents adoptifs et en règle générale avant le début du placement, si l'on peut faire abstraction de ce consentement.
	[2] Dans les autres cas, c'est au moment de l'adoption qu'une décision sera prise à ce sujet.
	[3] Lorsqu'il est fait abstraction du consentement d'un des parents, parce qu'il ne s'est pas soucié sérieusement de l'enfant, la décision doit lui être communiquée par écrit.

b. Decisione

¹ Se il genitore del figlio collocato in vista di un'adozione non dà il consenso, l'autorità tutoria del domicilio del figlio decide, a richiesta di un ufficio per il collocamento o dei genitori adottivi e, di regola, prima del collocamento, se si possa prescindere da tale consenso.

² Negli altri casi, la decisione è presa al momento dell'adozione.

³ Il genitore, dal cui consenso si prescinde perché non si è curato seriamente del figlio, deve ricevere comunicazione scritta della decisione.

I. Normzweck

Wird die **Zustimmung nach Art. 265a nicht erteilt,** ist für alle Beteiligten (N 4) **Klar-** **1** **heit darüber zu schaffen, ob eine Adoption** (trotzdem) **in Betracht kommt,** weil ein Tatbestand von Art. 265c vorliegt. Ein solcher Entscheid ist insb. auch dann nötig, wenn ungewiss ist, ob ein noch unbekannter Elternteil nach Feststellung des Kindesverhältnisses das Zustimmungsrecht erwerben wird (BK-HEGNAUER, N 3c; u. N 10, 15; Mustersammlung, Nr. 213).

II. Zeitpunkt des Entscheids

a) **Entscheid vor Unterbringung zur Adoption** (Abs. 1): Der Entscheid über das Abse- **2** hen von der Zustimmung *muss* getroffen werden, wo die Behörde das Kind *im Blick auf künftige Adoption* bei Pflegeeltern unterbringt (sinngemäss Art. 11b Abs. 1 lit. a PAVO; STETTLER, SPR III/2, 127). Es muss im Zeitpunkt des Entscheids noch nicht untergebracht sein, kann aber – wie sich aus Abs. 2 ergibt – auch schon vor diesem untergebracht werden, doch kann dann bei negativem Entscheid nur das Pflegeverhältnis fortgesetzt werden, aber keine Adoption erfolgen. Wo die Adoption ursprünglich nicht beabsichtigt war, sich das Pflegeverhältnis aber konsolidiert hat, kann auch während dessen Dauer ein Entscheid beantragt werden (BK-HEGNAUER, N 5).

b) **Entscheid nach Einleitung des Adoptionsverfahrens** (Abs. 2): Ist das Adoptionsver- **3** fahren schon eingeleitet, ist der Entscheid zusammen mit jenem über die Adoption (Art. 268) zu treffen.

III. Aspekte des Verfahrens

1. Legitimation

Kann die Zustimmung eines Elternteils nicht beigebracht werden, so kann **jeder an** **4** **der Adoption Interessierte** – Adoptionsvermittlungsstelle, Pflege- bzw. künftige Adoptiveltern, gesetzlicher Vertreter (dazu sogleich N 5) sowie das urteilsfähige Kind – einen Entscheid über die Frage beantragen, ob von der Zustimmung abgesehen werden könne.

Bei der **Stiefkindadoption** befindet sich der Inhaber der elterlichen Sorge in einem **Inte-** **5** **ressenkonflikt** (vgl. Art. 264a N 10, 265a N 5) und kann deshalb das Gesuch nicht selbst stellen, weshalb dem Kind ein **Beistand** nach Art. 392 Ziff. 2 zu bestellen ist (BK-HEGNAUER, N 10).

Unabhängig von einem Antrag kann die *VormBehörde* den Entscheid nach *Abs. 1* auch **6** von sich aus treffen (oder damit noch zuwarten); beim Verfahren nach *Abs. 2* kann die *Adoptionsbehörde* einen Entscheid jedoch nicht umgehen (Art. 268 Abs. 1).

2. Örtliche und sachliche Zuständigkeit (Abs. 1 und 2)

7 *Vor* Einleitung des Adoptionsverfahrens (Abs. 1) ist die VormBehörde, *im* Adoptionsverfahren (Abs. 2) die Adoptionsbehörde zuständig. *Örtlich* ist die VormBehörde am Wohnsitz (Art. 25) des Kindes (Art. 265d Abs. 1; Mustersammlung, Nr. 213), jedoch die Adoptionsbehörde am Wohnsitz der Adoptivpflegeeltern (Art. 268 Abs. 1) zuständig.

3. Verfahrensgrundsätze (Abs. 3)

8 Das Verfahren untersteht der **Offizial- bzw. Untersuchungsmaxime:** Die zuständige (N 7) Behörde hat von Amtes wegen alle für den Entscheid massgeblichen Umstände – wem und ob ihm das Zustimmungsrecht zustehe – abzuklären. Ob sie *Unbekannten nachzuforschen* hat, beurteilt sich nach den Umständen: nicht der Mutter des Findelkindes (die sich auch nicht i.S.v. Art. 265c Ziff. 2 gekümmert hat), eher dem noch nicht über die Geburt informierten Vater (Art. 265a N 2).

9 In Fällen von Art. 265c Ziff. 2 ist aber dem erreichbaren Elternteil das rechtliche Gehör zu gewähren und deshalb **Gelegenheit zur Stellungnahme** einzuräumen (BGE 104 II 65). Gemäss BGer ist das Versäumnis der schriftlichen Mitteilung an den leiblichen Elter der fehlenden Zustimmung gleich zu stellen, was zur Aufhebung der Adoption führen kann, sofern das Kindeswohl dem nicht entgegensteht (BGE 5C.18/2004, 30.8.2004, FamPra 2005, 146 ff.).

10 Das Kindeswohl verlangt stabile Verhältnisse, Klarheit über die künftige Entwicklung und deshalb einen **raschen Entscheid** (BK-Hegnauer, N 17; s. unten N 12); allerdings belastet ein rechtsstaatlich korrektes Verfahren (i.S.v. N 9) trotz seiner möglicherweise längeren Dauer das Wohl des in Adoptionspflege befindlichen Kindes nicht. Der Entscheid wirkt *rechtsgestaltend,* weshalb das Zustimmungsrecht – wurde es verneint – endgültig beseitigt ist. Der Entscheid muss **begründet** werden (Abs. 3; BGE 109 Ia 15), damit er im *Rechtsmittelverfahren* (N 13) überprüfbar ist.

11 Im Verfahren und bei der Begründung, insbes. bei der Mitteilung, ist das **Adoptionsgeheimnis** (s. zu Art. 268b) zu wahren.

4. Massgebliche Verhältnisse

12 Massgeblich sind sowohl vor Unterbringung im Blick auf spätere Adoption wie auch bei bereits erfolgter Unterbringung primär die **Verhältnisse im Vorfeld der Unterbringung,** d.h. das Verhalten des Zustimmungsberechtigten in jener Phase, da eine sozialpsychische Elternstellung der Pflegeeltern noch gar nicht oder erst schwach ausgebildet war (BGE 108 II 386 stellt demgegenüber auf die *Verhältnisse im Zeitpunkt der Einleitung des Verfahrens* ab); ob ein verändertes Verhalten des Zustimmungsberechtigten während der Pflegedauer bei späterem Entscheid noch zu berücksichtigen sei, hängt davon ab, ob überhaupt noch ein Zustimmungsrecht besteht (zur diesbezüglichen Kontroverse Art. 265c N 14); jedenfalls soll das Kind nicht die Verfahrensdauer bzw. den aufgeschobenen Entscheid entgelten müssen, wo die sozialpsychische Beziehung zu den Pflegeeltern bereits konsolidiert ist (BK-Hegnauer, N 19a).

5. Rechtsmittel

13 Ob von der Vormundschafts- oder der Adoptionsbehörde getroffen, muss der Entscheid – soweit nicht (z.B. wegen saumseliger Verfahrensführung: N 10) die Vormundschaftsbeschwerde (Art. 420) in Betracht fällt – von einer (kantonalen) **gerichtlichen Behörde**

überprüft werden können (BGE 118 Ia 473). Die *Beschwer* (und damit die *Beschwerde in Zivilsachen,* Art. 72 BGG) steht hingegen *nur jenem Elternteil* zu, *von dessen Zustimmung abgesehen* wird (Art. 268 N 27).

Sieht die Behörde nicht von der Zustimmung ab (und wird diese durch den Berechtigten verweigert), so sind die **Pflegeeltern** davon insofern *mitbetroffen,* als dadurch mittelbar (im Verfahren nach Abs. 1) oder unmittelbar (Verfahren nach Abs. 2) die *Adoption verweigert* bzw. diese zumindest *aufgeschoben* wird. Ihnen steht – neben kantonalen Rechtsmitteln (gemäss N 13) – gegen die Ablehnung des Absehens von der Zustimmung nach bisheriger Rechtsprechung (BGE 111 II 320 E. 1; ZVW 1982, 27 Nr. 2; HEGNAUER, Kindesrecht, N 11.26 und BK-HEGNAUER, N 30 f.) im *Verfahren nach Abs. 1* nur die *subsidiäre Verfassungsbeschwerde* zu (Art. 113 BGG), *im Verfahren nach Abs. 2 jedoch die Beschwerde in Zivilsachen* (Art. 72 BGG). **14**

IV. Wirkungen des Entscheids

Wird von der **Zustimmung nicht abgesehen**, so kann die Adoption *einstweilen* nicht erfolgen, was aber Anordnung bzw. Fortdauer eines Pflegeverhältnisses nicht ausschliesst; *ändern sich die Verhältnisse,* kann erneut ein Entscheid beantragt werden. **15**

Wurde von der **Zustimmung abgesehen**, so ist der Entscheid *endgültig* (N 10), d.h. nachträgliche Standesänderungen (Feststellung des Kindesverhältnisses zum Vater) lassen das Zustimmungsrecht nicht wieder aufleben. **16**

Zu den Wirkungen bez. Unterhalt, persönlichem Verkehr und elterlicher Sorge s. Art. 265a N 7. **17**

Art. 266

B. Adoption Mündiger und Entmündigter	[1] Fehlen Nachkommen, so darf eine mündige oder entmündigte Person adoptiert werden,

[1] Fehlen Nachkommen, so darf eine mündige oder entmündigte Person adoptiert werden,

1. wenn sie infolge körperlicher oder geistiger Gebrechen dauernd hilfsbedürftig ist und die Adoptiveltern ihr während wenigstens fünf Jahren Pflege erwiesen haben,
2. wenn ihr während ihrer Unmündigkeit die Adoptiveltern wenigstens fünf Jahre lang Pflege und Erziehung erwiesen haben,
3. wenn andere wichtige Gründe vorliegen und die zu adoptierende Person während wenigstens fünf Jahren mit den Adoptiveltern in Hausgemeinschaft gelebt hat.

[2] Eine verheiratete Person kann nur mit Zustimmung ihres Ehegatten adoptiert werden.

[3] Im übrigen finden die Bestimmungen über die Adoption Unmündiger entsprechende Anwendung.

B. Adoption de majeurs et d'interdits

[1] En l'absence de descendants, une personne majeure ou interdite peut être adoptée:

1. lorsqu'elle souffre d'une infirmité physique ou mentale nécessitant une aide permanente et que les parents adoptifs lui ont fourni des soins pendant au moins cinq ans;
2. lorsque, durant sa minorité, les parents adoptifs lui ont fourni des soins et ont pourvu à son éducation pendant au moins cinq ans;

3. lorsqu'il y a d'autres justes motifs et qu'elle a vécu pendant au moins cinq ans en communauté domestique avec les parents adoptifs.

[2] Un époux ne peut être adopté sans le consentement de son conjoint.

[3] Au surplus, les dispositions sur l'adoption de mineurs s'appliquent par analogie.

B. Adozione di maggiorenni e interdetti

[1] Ove manchino discendenti, una persona maggiorenne o interdetta può essere adottata:
1. se è durevolmente bisognosa di aiuto, per infermità mentale o fisica, ed i genitori adottivi le hanno prodigato cure durante almeno cinque anni;
2. se durante la sua minore età, i genitori adottivi, per almeno cinque anni, le hanno prodigato cure e provveduto alla sua educazione;
3. se esistono altri motivi gravi ed essa ha vissuto, per almeno cinque anni, in comunione domestica con i genitori adottivi.

[2] Un coniuge non può essere adottato senza il consenso dell'altro.

[3] Per altro si applicano analogicamente le norme sull'adozione dei minorenni.

I. Allgemeines zur Erwachsenenadoption

1   Die **Erwachsenenadoption** widerspricht insofern der Grundidee der Adoption (Vorbem. zu Art. 264–269c N 1), als der Mündige auch dort, wo er keine Eltern (mehr) hat, i.d.R. sein Leben selbst zu gestalten vermag und nicht wie das unmündige Kind auf Schutz, Fürsorge und Erziehung durch Ersatzeltern angewiesen ist. Selten wird sich deshalb unter Erwachsenen eine derart enge Gemeinschaft bei gleichzeitigem Abhängigkeitsverhältnis (Abs. 1 Ziff. 1) schon während der Unmündigkeit (Abs. 1 Ziff. 2) herausbilden, wie sie für die Annahme einer sozialpsychischen Kind-Eltern-Beziehung vorauszusetzen ist. Die Erwachsenenadoption bildet deshalb **Ausnahmetatbestand** (und entfaltet z.B. keine bürgerrechtlichen Wirkungen: Art. 267a N 1 f.).

2   Immerhin ist aber denkbar, dass bei einem nicht oder nur beschränkt handlungsfähigen (Art. 17 f.) Mündigen – anstelle oder neben vormundschaftlicher Massnahmen – oder bei unterlassener Adoption vor Mündigkeit, eine Erwachsenenadoption den Erziehungs- und Fürsorgezweck (Vorbem. zu Art. 264–269c N 1) aufnimmt. Schliesslich soll sie auch für weitere Fälle dauernder und enger Verbundenheit erwachsener Personen nicht a priori ausgeschlossen werden, wenn *«wichtige Gründe»* (Abs. 1 Ziff. 3) vorliegen. Dabei ist aber immer zu beachten, dass eine Kind-Eltern- und nicht eine konkubinatsähnliche gleich- oder gegengeschlechtliche Beziehung verankert wird (Art. 264b N 2 f.) oder andere **sachfremde Zwecke** verfolgt werden (Umgehung von Pflichtteilsschranken, Reduktion von Erbschaftssteuern, Erwirkung fremdenpolizeilichen Anwesenheitsrechts).

3   Zum **Übergangsrecht** *im Zuge der Herabsetzung des Mündigkeitsalters* s. Vorbem. zu Art. 264–269c N 7.

II. Voraussetzungen

1. Mündigkeit (Abs. 1)

4   Art. 266 gilt für die **Adoption Mündiger** (Art. 14) **und Entmündigter** (Art. 369–372). Über 18-jährige, nach Heimatrecht unmündige Ausländer können damit in der Schweiz nur mehr nach den Bestimmungen über die Erwachsenenadoption adoptiert werden, da das schweizerische Adoptionsstatut zur Anwendung kommt (Vorbem. zu Art. 264–269c N 10; BK-HEGNAUER, Art. 264 N 26).

Wird das *Adoptionsgesuch noch während der Unmündigkeit gestellt* und sind die Voraus-   **5**
setzungen zur Aussprechung der Adoption spätestens im Zeitpunkt der Erreichung der
Mündigkeit erfüllt, so bleiben die Bestimmungen über die Adoption Unmündiger anwendbar (Art. 268 Abs. 3, dort N 14).

2. Fehlen von Nachkommen (Abs. 1)

Während bei der Adoption Unmündiger die Interessen anderer Kinder der Adoptierenden   **6**
zu würdigen sind (Art. 264 N 20 f.), ist die **Erwachsenenadoption ausgeschlossen,**
wenn im Zeitpunkt der Adoption Nachkommen (leibliche oder adoptierte Kinder,
Enkel und Urenkel) *leben,* selbst wenn diese zustimmen (BGE 106 II 282) oder der vorhandene Nachkomme ein Geschwister des zu Adoptierenden ist (HEGNAUER, ZVW 1994,
116: vgl. zu jenem Sachverhalt o. Art. 265 N 3; AppGer BS ZVW 2000, 76 ff.). Die *spä-*
tere Geburt leiblicher Kinder berührt dagegen die Wirksamkeit der erfolgten Adoption
nicht; die Adoption während der Schwangerschaft kann aber (analog Art. 605) die nachmalige Anfechtbarkeit (Art. 269a) herbeiführen.

Möglich ist immerhin die *gleichzeitige* Adoption *mehrerer* (mündiger oder unmündiger)   **7**
Personen, die dadurch – sind sie es noch nicht – Geschwister werden (BK-HEGNAUER,
N 10).

Bei gemeinsamer Adoption (Art. 264a Abs. 1) dürfen beide Annehmenden keine Nach-   **8**
kommen haben, bei der Stiefkindadoption (Art. 264a Abs. 3) nur der Stiefelternteil nicht
(BGE 106 II 278).

3. Positive Voraussetzungen

Die innere Rechtfertigung zur Begründung eines Eltern-Kind-Verhältnisses zwischen   **9**
Erwachsenen (N 1) erfordert **besondere Umstände** (Abs. 1 Ziff. 1–3), welche **kumula-**
tiv zu den eben behandelten (N 4 f.) hinzutreten:

a) **Dauernde Hilfsbedürftigkeit** (Abs. 1 Ziff. 1): Wo *geistige oder körperliche Gebrech-*   **10**
lichkeit die zu adoptierende Person von der *dauernden persönlichen Hilfe und Für-*
sorge Dritter abhängig macht, können diese Dritten – haben sie *während wenigstens*
fünf Jahren solche Pflege erbracht – den Hilfsbedürftigen adoptieren. Im Sinne dieser Regelung qualifizierte Pflege setzt Hausgemeinschaft und nicht eine blosse «Wo-
chenendbetreuung» voraus (BGE 101 II 7; weiter MERZ, ZBJV 1977, 145). Bei
Kur- und Spitalaufenthalten gelten sinngemäss die Ausführungen in Art. 264 N 15 f.
Eine Adoption scheint mir auch möglich, wenn zwar die genannten Voraussetzungen
erfüllt sind, eine absehbare Verschlechterung des Gesundheitszustands des Betroffenen aber die kontinuierliche Fortführung der Pflege in Frage stellt (**a.M.** BK-
HEGNAUER, N 18).

b) **Erziehung während Unmündigkeit** (Abs. 1 Ziff. 2): Wo die Unmündigenadoption   **11**
unterlassen wurde, indes die künftigen Adoptiveltern während der Unmündigkeit über
fünf Jahre (statt gemäss Art. 264 ein Jahr) Pflege und Erziehung erbracht haben, kann
die Mündigenadoption ausgesprochen werden. Ob im Zeitpunkt der Adoption noch
Hausgemeinschaft erforderlich sei, ist streitig (BK-HEGNAUER, N 19a), doch ist jedenfalls eine fortdauernde sozialpsychische Beziehung vorauszusetzen, welche einen
stärkeren Bezug zur Adoptiv- statt zur Ursprungsfamilie bedingt, was in den bislang
entschiedenen Fällen (BGE 105 II 65; 108 II 1) eher zweifelhaft scheint, nachdem jeweils von den Adoptierten die Fortführung des angestammten Namens verlangt wurde
(BK-HEGNAUER, N 19a), wobei immerhin zu berücksichtigen ist, dass die Namensänderung für Erwachsene regelmässig einschneidender ist als für Jugendliche.

12 c) **Andere wichtige Gründe** (Abs. 1 Ziff. 3): Wo eine *fünfjährige Hausgemeinschaft* (wiederum mit die Gemeinschaft nicht in Frage stellenden Unterbrüchen i.S. der Ausführungen in Art. 264 N 15 f.; vgl. BGE 101 II 6; 101 II 10; 106 II 9) besteht und *wichtige Gründe* – mithin nicht etwa ein blosses Untermietverhältnis, sondern eine **intensive zwischenmenschliche Beziehung** – hinzutreten, ist eine Adoption ebenfalls möglich. Als Beispiele der kumulativ neben der Hausgemeinschaft erforderlichen wichtigen Gründe wird der zu Ziff. 1 spiegelbildliche Fall genannt: wo die zu adoptierende Person den künftigen Adoptiveltern Pflege erwiesen hat (HEGNAUER, ZVW 1978, 132). *Kein privilegierter Tatbestand* ist hier die *Stiefkindadoption* (BGE 106 II 278; o. N 8).

4. Zustimmung des Ehegatten (Abs. 2)

13 Im Spezialfall der Adoption einer verheirateten Person hat deren **Ehegatte** zuzustimmen.

5. Analoge Anwendung der Vorschriften über die Unmündigenadoption (Abs. 3)

14 Diese Bestimmung bezieht sich auf die Art. 264 (allgemeine Voraussetzungen), 264a (Prinzip gemeinschaftlicher Adoption), 264b (Einzeladoption) und 265 (Mindestaltersunterschied [dazu BGE 102 II 80] und Zustimmung des Kindes). Nicht anwendbar sind demgegenüber die Regeln über die Zustimmung der Eltern des zu Adoptierenden (Art. 265a f.; so ausdrücklich aArt. 265 Abs. 2), da dieser als Mündiger familienrechtliche Gestaltungsrechte selbständig auszuüben vermag (BK-HEGNAUER, N 29).

Art. 267

C. Wirkung I. Im Allgemeinen	**[1] Das Adoptivkind erhält die Rechtsstellung eines Kindes der Adoptiveltern.** **[2] Das bisherige Kindesverhältnis erlischt; vorbehalten bleibt es zum Elternteil, der mit dem Adoptierenden verheiratet ist.** **[3] Bei der Adoption kann dem Kind ein neuer Vorname gegeben werden.**
C. Effets I. En général	[1] L'enfant acquiert le statut juridique d'un enfant de ses parents adoptifs. [2] Les liens de filiation antérieurs sont rompus, sauf à l'égard du conjoint de l'adoptant. [3] Un nouveau prénom peut être donné à l'enfant lors de l'adoption.
C. Effetti I. In generale	[1] L'adottato acquista lo stato giuridico di figlio dei genitori adottivi. [2] I vincoli di filiazione anteriori sono sciolti, eccetto nei riguardi del coniuge dell'adottante. [3] Con l'adozione può essere dato al figlio un nuovo prenome.

I. Prinzip der Volladoption: Wirkungen im Allgemeinen

1. Grundsatz

1 «Das Adoptivkind erhält die Rechtsstellung eines [leiblichen] Kindes der Adoptiveltern» (Abs. 1); «das bisherige Kindesverhältnis erlischt» (Abs. 2 Satz 1). **Zwischen Adoptiv- und Blutsverwandtschaft wird nicht mehr unterschieden.** Es liegt darin die zentrale

Errungenschaft der Revision von 1972, während das alte Recht (aArt. 268) keine klare Zuordnung zwischen Ursprungs- und Adoptivfamilie vorgenommen und z.B. erbrechtliche Bindungen an die bisherige Familie aufrechterhalten hatte. Zum Übergangsrecht bez. Fortgeltung altrechtlicher Adoptionen s.u. N 21.

Das **Prinzip der Volladoption bezieht sich auf alle Wirkungen des Kindesverhältnis-** 2 **ses,** nämlich die Gemeinschaft (Art. 270 ff.; Name, Bürgerrecht und Wohnsitz, Beistand und persönlichen Verkehr, u. N 6 f.), den Unterhalt (Art. 276 ff.; u. N 16) und die elterliche Sorge (Art. 296 ff.; u. N 17 f.), welche vollständig und ausschliesslich durch die neue Familie bestimmt werden. Gleiches gilt für die *Wirkungen des Kindesverhältnisses ausserhalb des Familienrechts,* wie namentlich das Erbrecht (u. N 4, 19 f.), welches nur mehr in der adoptivelterlichen Verwandtschaft besteht und gegenüber sämtlichen leiblichen Verwandten aktiv und passiv erlischt. – Zu einzelnen **Ausnahmen** von der gänzlichen Gleichstellung mit dem leiblichen Kindesverhältnis s. Art. 267 Abs. 2 (Fortbestehen des bisherigen Kindesverhältnisses bei Stiefkindadoption, N 6), Art. 95 Abs. 1 Ziff. 1 bzw. Abs. 2 (Ehehindernis, u. N 8), Art. 267a (keine Änderung des Bürgerrechts bei Mündigenadoption), Art. 274a (ggf. Fortdauer des Besuchsrechts, u. N 18), Anspruch auf Kenntnis der eigenen Abstammung (Art. 265 N 9 f., 268b N 5, 268c).

2. Zeitpunkt des Wirkungseintritts

Die *Wirkungen der Adoption* treten grundsätzlich mit dem **Zeitpunkt** ein, **da sie ausge-** 3 **sprochen wird,** vorbehältlich des Eintritts der Rechtskraft. Siehe etwa BGE 101 Ib 116 E. 3a, wonach auch der *Bürgerrechtserwerb* (bei einer in Anwendung von Art. 12c SchlT erfolgten Adoption) *erst mit der Adoption* eintritt (und nicht auf den Zeitpunkt der Geburt zurückbezogen wird).

Das Prinzip erleidet gewisse **Durchbrechungen:** Zwar fällt eine **Erbschaft** aus der Her- 4 kunftsfamilie dem zu Adoptierenden noch an, wenn der Erbgang (Art. 537 Abs. 1) vor dem Adoptionsentscheid ausgelöst wurde; erfolgt er später, fällt der Adoptierte als Erbe in der Herkunftsfamilie ausser Betracht (ausser es würde die Adoption aus einem der in Art. 269 f. genannten Gründen wieder dahinfallen). Da umgekehrt aber beim Tod der Adoptiveltern bzw. eines von ihnen für das Erbrecht des Adoptivkindes genügt, dass im Zeitpunkt des Erbgangs ein (genehmigungsfähiges) Adoptionsgesuch hängig war (analoge Anwendung von Art. 31 Abs. 2, 268 Abs. 2 und 544 Abs. 1), müsste der Wegfall der erbrechtlichen Wirkungen gegenüber der Herkunftsfamilie unter Vorbehalt des Zustandekommens der Adoption ebenfalls auf den Zeitpunkt der Anhängigmachung des Adoptionsgesuchs zurückbezogen werden, um «doppelte» Anfälle während des Verfahrens auszuschliessen (BK-HEGNAUER, N 68 und 71; STETTLER, SPR III/2, 162; beachte ferner Art. 120 Abs. 2, wo die Wirkungen zweckmässigerweise ebenfalls auf den Zeitpunkt der Klageeinleitung zurückbezogen werden: vgl. Botschaft Revision Scheidungsrecht, Ziff. 233.2), während m.E. eine explizit die Adoption überdauernde testamentarische oder erbvertragliche Begünstigung möglich ist (vgl. analog HEGNAUER, Adoption und Unterhaltsversprechen der leiblichen Eltern, ZVW 1976, 136), da zwar die verwandtschaftlichen, nicht aber notwendig die sozialpsychischen Bande entfallen und damit ein die erbrechtliche Begünstigung rechtfertigendes Element fortdauern kann, allerdings erbschaftssteuerlich nachteilig: u. N 20.

3. Unauflöslichkeit der Adoption

Gleichstellung mit dem leiblichen Kindesverhältnis schliesst – Anfechtungstatbestände 5 gem. Art. 269 und 269a vorbehalten – die **Unauflöslichkeit** der Adoption mit ein (Art. 269 N 1 f.).

II. Wirkungen im Einzelnen

1. Wirkungen auf die Verwandtschaft

6   Die **Adoption löst sämtliche verwandtschaftlichen Beziehungen zur Herkunftsfamilie** – sowohl zu den Eltern wie den weiteren Verwandten und Verschwägerten, mit Ausnahme des Ehehindernisses (Art. 95 Abs. 1 Ziff. 1 und Abs. 2; u. N 8) – **unwiderruflich** (mit Ausnahme einer «Rück-Adoption» bzw. den Tatbeständen von Art. 269 f.). Bei der Stiefkindadoption erlischt das Kindesverhältnis nur gegenüber dem nicht mit dem Adoptierenden verheirateten Elternteil.

7   Gleichzeitig **begründet die Adoption ein Kindesverhältnis zu dem bzw. den Adoptierenden** und damit die Verwandtschaft sowie Schwägerschaft (Art. 20 und 21) in der Adoptivfamilie. Der Adoptierte wird also zum Enkel der Eltern der Adoptierenden usw. Bei *Stiefkindadoption* entsteht ein *gemeinschaftliches* Kindesverhältnis zum leiblichen Elternteil und dessen Ehegatten, bei der *Einzeladoption* ein *Stiefverhältnis* zum allfälligen Ehegatten (Art. 264b N 8), ggf. mit Möglichkeit späterer Stiefkindadoption (Art. 264a Abs. 3).

8   Die Adoption begründet in der *Adoptivfamilie* das **Ehehindernis der Verwandtschaft** (Art. 95; wobei generell das Ehehindernis der Schwägerschaft entfallen ist). Gegenüber der *Herkunftsfamilie* bleibt das Ehehindernis aus eugenischen Überlegungen bestehen (selbst bez. erst *nach* Adoption begründeter Beziehungen, BK-HEGNAUER, N 27), aber auch für früher erfolgte Adoptionen nur im Rahmen der gelockerten Bestimmungen des revidierten Eheschliessungsrechts. – Zum Vorgehen, um im *Verkündverfahren* bei Adoptierten allfällige Ehehindernisse zu eruieren, s. Art. 268 N 29; BK-HEGNAUER, N 28.

2. Name

a) Grundsatz

9   Das Prinzip der Volladoption führt (Art. 252 Abs. 3) zur Geltung von Art. 270: Der *Adoptierte erhält den Familiennamen der verheirateten Eltern bzw. denjenigen des Einzeladoptierenden.* Das gilt insb. auch bei der Stiefkindadoption, die ein gemeinsames Kindesverhältnis (Art. 264a N 1) begründet und **Namenseinheit** herbeiführt, soweit nicht schon früher ein Namensänderungsgesuch im Blick auf die familiäre Namenseinheit gestellt worden ist (dazu BK-HEGNAUER, Art. 270 N 70 f.). – Ob die *Namenseinheit* als Garant familiärer Einheit überhaupt wesentlich sei, erscheint *zweifelhaft* (BK-HEGNAUER, Art. 270 N 113 f.); sie wird von den Beteiligten indes oft angestrebt, weshalb es – wo Stabilität und Eignung offenkundig gewährleistet sind – angezeigt sein kann, bei Kindern schon einem während der Pflegedauer angestrebten *Namensänderungsgesuch* zu entsprechen, als (bei älterem, bereits ins Berufsleben eingetretenem Kind) nach Adoption die Weiterführung eines bereits eingelebten früheren Namens bewilligen zu müssen (dazu N 12).

10   Der **ursprüngliche Name erlischt;** er könnte als *Pseudonym* (A. BUCHER, Personen, Rz 767) fortgeführt werden.

11   Der Automatismus der Namensanpassung kann nur durch **Namensänderung** i.S.v. Art. 30 verhindert werden, was aber einen wichtigen Grund (Art. 30 N 4, 6 ff.) voraussetzt, der insb. den Widerspruch zwischen der durch Adoption angestrebten familiären Einheit und dem Auseinanderklaffen des die Familienbande äusserlich signalisierenden Namens zu erklären hat (s.a. Art. 266 N 12 sowie BK-HEGNAUER, N 37); die mit dem Namenswechsel verbundenen allgemeinen Unannehmlichkeiten bilden keinen wichtigen Grund (BGE 105 II 65; 108 II 1).

b) Wirkungen auf Angehörige der adoptierten Person

Die namensrechtlichen Wirkungen der Adoption treten nicht nur beim Adoptierten ein, **12** sondern **erstrecken sich auf jene Personen,** die ihren **Namen vom Adoptierten ableiten** (nämlich *Ehefrau und gemeinsame Kinder:* Art. 160 Abs. 1, 255, 259 Abs. 1, 270; HEGNAUER, Der Familienname mündiger Nachkommen des Adoptivkindes, ZZW 1977, 98 f.); wo aber die Angehörigen des Adoptierten nicht (mehr) mit diesem in Hausgemeinschaft leben oder der bisherige Name sozial verwurzelt und deshalb die Erstreckungswirkung für sie einschneidend ist, dürfte regelmässig ein wichtiger Grund für dessen Beibehaltung i.S.v. Art. 30 Abs. 2 vorliegen (HEGNAUER, Begrenzung der gesetzlichen Namensänderung für Kinder, ZZW 1990, 165 f.; o. N 9 a.E.).

c) Adoption einer verheirateten Frau

Bei *Adoption einer verheirateten Frau* tritt der Adoptivname an Stelle des vor der Heirat **13** geführten Namens. Führt die Frau den Namen des Mannes (Art. 160 Abs. 1), bleibt die Adoption ohne Wirkung auf den aktuell geführten Namen, doch wird der Adoptivname zu ihrem Namen, wenn sie nach Auflösung der Ehe den durch die Heirat erworbenen Namen nicht beibehält (Art. 119 Abs. 1). Hat sie jedoch ihren bisherigen Namen dem Familiennamen vorangestellt (Art. 160 Abs. 2), tritt an die Stelle des bisherigen der Adoptivname.

d) Vorname (Abs. 3)

Die Familiennamenseinheit (N 9) lässt den Vornamen unberührt. Doch räumt Abs. 3 den **14** Adoptiveltern das Recht ein, dem Kind einen **neuen Vornamen** zu geben. Da dies spätestens ab Schulpflicht des Kindes für dieses mit erheblichen Nachteilen verbunden sein kann, hat die Adoptionsbehörde das Gesuch zu prüfen und die Zustimmung des urteilsfähigen Kindes einzuholen (Art. 19 Abs. 2). – Zum Vornamen im Übrigen Art. 301 Abs. 4; über **kirchliche Taufe** und Adoption s. Mustersammlung, Nr. 233.

3. Bürgerrecht

Siehe Art. 267a. – Bürgerrechtliche Wirkungen treten *nur bei der Unmündigenadoption* **15** ein.

4. Unterhalts- und Unterstützungspflichten

Mit der Adoption entsteht in der Adoptivfamilie die **elterliche Unterhaltspflicht** **16** (Art. 276) und die gegenseitige **Unterstützungspflicht** (Art. 328 f.). Häufig werden aber die Adoptivpflegeeltern *faktisch* (Art. 294 Abs. 2; s. Art. 264 N 13) die Kosten des laufenden Unterhalts schon vor der Adoption tragen. Soll ein *ausländisches Kind adoptiert* werden, müssen sich die Adoptivpflegeeltern zur *Übernahme der gesamten Unterhaltskosten bereits für die Pflegedauer verpflichten* (Art. 8 Abs. 3 PAVO; vgl. jedoch Art. 14 Abs. 2 VAdoV; HEGNAUER, FS Heini, 194 [zit. bei den Vorbem. zu Art. 264–269c]; DERS., Haben Adoptiveltern für die Kosten einer Übergangsplatzierung aufzukommen?, ZVW 2004, 61 ff.; DERS., Unterhaltsverpflichtung für ausländische Kinder, ZVW 1995, 144 ff., und dazu Art. 20 BG-HAÜ).

5. Elterliche Sorge

Die Adoptiveltern erwerben bei der Unmündigenadoption die **gemeinsame elterliche** **17** **Sorge** (Art. 297 Abs. 1); diese tritt i.d.R. an die Stelle der *Vormundschaft* über das Pflegekind (Art. 312 Ziff. 2); auch bei der *Stiefkindadoption* entsteht gemeinschaftliche elterliche Sorge der Ehegatten. Bei *Einzeladoption* (Art. 264b) erwirbt der Adoptierende allein die elterliche Sorge. Die elterliche Sorge wird umfassend erworben und schliesst die Regelung des persönlichen Verkehrs (N 18), die Verwaltung des Kindesvermögens, die Pflicht zu (weiterer) Betreuung und Erziehung ein. Bei *Auflösung der Ehe der Adoptiveltern* s. Art. 297 Abs. 2 und 3.

18 Früher angeordnete **Besuchsrechte** erlöschen spätestens mit der Adoption (Art. 274 Abs. 3); doch können die Adoptiveltern als Inhaber der elterlichen Sorge Dritten Besuchsrechte einräumen, oder es kann die VormBehörde wichtigen Bezugspersonen des bisherigen Umfelds (zu denen in besonderen Fällen selbst die bisherigen leiblichen Eltern gehören) nach Art. 274a Abs. 1 ein solches gewähren (allgemein BK-HEGNAUER zu Art. 274a; DERS., Elterliche Zustimmung zur Adoption und Besuchsrecht, ZVW 1986, 55; DERS., ZVW 1979, 132).

6. Weitere Wirkungen

19 **Erbrechtlich** entsteht das aktive und passive gesetzliche Erbrecht unter den neuen Verwandten (N 7; Art. 457 f.), einschliesslich des Pflichtteilsrechts. – Zum Erbrecht s. im Übrigen bereits o. N 4.

20 Die Adoption verschafft dem Kindesverhältnis **in allen Rechtsbereichen** die der Blutsverwandtschaft entsprechenden Wirkungen (*Zeugnisverweigerungsrechte, Anspruch auf Kinderzulagen und Steuerabzüge, Sozialversicherungsleistungen*) und lässt an die bisherige Verwandtschaft anknüpfende Wirkungen (z.B. sozialversicherungsrechtliche Renten, *erbschaftssteuerliche Privilegierung*, BGE 2P.139/2004, 31.11.04, Bespr. von HANGARTNER, AJP 2005, 347 ff.) entfallen (bestanden allenfalls sozialpsychische Beziehungen in der Herkunftsfamilie fort, wäre eine steuerliche Privilegierung zu prüfen [Art. 278 N 8], doch steht schnäppchenjägerisch-steueroptimierendes «Pendeln» zwischen Herkunfts- und Adoptivfamilie mit dem Wesen der Adoption in Widerspruch. Lediglich das *Bürgerrecht* bei Mündigenadoption besteht fort. – Zum Ganzen BK-HEGNAUER, N 74 f.

III. Übergangsrecht

21 Die Wirkungen altrechtlicher Adoptionen, welche in der Übergangsfrist (Art. 12b SchlT) nicht dem neuen Recht unterstellt wurden, beurteilen sich weiterhin nach dem früheren Recht (Art. 12a SchlT).

Art. 267a

II. Heimat **Das unmündige Kind erhält anstelle seines bisherigen das Kantons- und Gemeindebürgerrecht der Adoptiveltern.**

II. Droit de cité L'enfant mineur acquiert, en lieu et place de son droit de cité cantonal et communal antérieur, celui des parents adoptifs.

II. Cittadinanza Il figlio minorenne acquista la cittadinanza cantonale e l'attinenza comunale dei genitori adottivi in luogo e vece di quella anteriore.

I. Grundsatz

1 **Nur das unmündige Kind** erwirbt durch Adoption von Gesetzes wegen das **Bürgerrecht** der oder des Adoptierenden – bei gemeinschaftlicher Adoption also jenes des Adoptivvaters (Art. 271; Art. 7, 8a BüG). Das durch Adoption erworbene Bürgerrecht ist dem durch Abstammung erworbenen in jeder Beziehung gleich (vgl. analog Art. 267 N 20). Zum Zeitpunkt des Wirkungseintritts Art. 267 N 3. – Zum Ganzen BK-HEGNAUER, Art. 271 N 47 f.

Demgegenüber bleibt die Adoption einer mündigen Person ohne Einfluss auf deren Bürgerrecht. **2**

Die Regeln über das Schweizer Bürgerrecht sind Teil des *öffentlichen Rechts* und damit **3** (anders als der Name; Art. 267 N 9 f.) der *Parteidisposition entzogen.* Die bürgerrechtlichen Wirkungen lassen sich deshalb nur im Wege des ordentlichen Einbürgerungsverfahrens abändern oder herbeiführen.

II. Internationale Adoptionen

Für den Begriff der Unmündigkeit ist das (schweizerische) Wohnsitzrecht massgeblich **4** (Art. 77 Abs. 1 IPRG). Vgl. Vorbem. zu Art. 264–269c N 10.

Die bürgerrechtlichen Wirkungen treten insb. auch bei **Adoption eines ausländischen** **5** **Kindes** ein (Art. 7 BüG; BK-HEGNAUER, Art. 271 N 60 f.). Die *enquête sociale* (Art. 268a) hat zu gewährleisten, dass mit der Adoption nicht lediglich die Einbürgerungsvorschriften umgangen werden (s. Vorbem. zu Art. 264–269c N 8) bzw. einzelnen ausländischen Kindern von Angehörigen zu einem hiesigen Ausbildungsaufenthalt verholfen wird (Art. 264 N 18 a.E.). – Zu den Problemen, wo im Blick auf die spätere Adoption ein Pflegeverhältnis mit einem ausländischen Kind begründet werden soll, vgl. HEGNAUER, FS Heini, 193 f. (zit. bei den Vorbem. zu Art. 264–269c) sowie LÜCKER-BABEL, Les cas d'échec de l'adoption internationale en Suisse, ZVW 1994, 86 f.; zu fremdenpolizeilichen Vorschriften Art. 8b, 11d, 11e, 11h PAVO; vgl. Art. 10a Abs. 2 lit. a VAdoV; Art, 7a ANAG (i.d.F. des BG-HAÜ); räumt dem Pflegekind explizit Anspruch auf Erteilung und Verlängerung einer Aufenthaltsbewilligung und Erleichterungen auch im Falle eines Scheiterns der Adoption ein, die nicht das Kind zu vertreten hat. – Zur Pflicht der Pflegeeltern, den Unterhalt (einschliesslich Abschluss üblicher Versicherungen: Art. 8 Abs. 3 PAVO) auch in dem Fall zu decken, da es nicht zur Adoption kommt bzw. bis zur Adoption durch Dritte, s. Art. 20 BG-HAÜ (vgl. Art. 267 N 16).

Bei **Adoption eines schweizerischen Kindes durch Ausländer** verliert dieses das **6** Schweizer Bürgerrecht nur, wenn es die Staatsangehörigkeit der Adoptierenden erwirbt oder bereits besitzt (Art. 8a Abs. 1 BüG) und nicht ein Kindesverhältnis zu einem Schweizer Bürger begründet wird oder fortbesteht (Art. 8a Abs. 1bis; BK-HEGNAUER, Art. 271 N 57 f.).

Art. 268

D. Verfahren	[1] **Die Adoption wird von der zuständigen kantonalen Behörde am Wohnsitz der Adoptiveltern ausgesprochen.**
I. Im Allgemeinen	[2] **Ist das Adoptionsgesuch eingereicht, so hindert Tod oder Eintritt der Urteilsunfähigkeit des Adoptierenden die Adoption nicht, sofern deren Voraussetzungen im Übrigen nicht berührt werden.**
	[3] **Wird das Kind nach Einreichung des Gesuches mündig, so bleiben die Bestimmungen über die Adoption Unmündiger anwendbar, wenn deren Voraussetzungen vorher erfüllt waren.**

D. Procédure

I. En général

[1] L'adoption est prononcée par l'autorité cantonale compétente du domicile des parents adoptifs.

[2] Lorsqu'une requête d'adoption est déposée, la mort ou l'incapacité de discernement de l'adoptant ne fait pas obstacle à l'adoption, si la réalisation des autres conditions ne s'en trouve pas compromise.

[3] Lorsque l'enfant devient majeur après le dépôt de la requête, les dispositions sur l'adoption de mineurs restent applicables si les conditions étaient réalisées auparavant.

D. Procedura

I. In generale

[1] L'adozione è pronunciata dall'autorità cantonale competente del domicilio dei genitori adottivi.

[2] Presentata la domanda, il sopravvenire della morte o dell'incapacità di discernimento dell'adottante non è di ostacolo all'adozione, purché non comprometta le altre condizioni.

[3] Se il figlio diventa maggiorenne dopo la presentazione della domanda, rimangono applicabili le disposizioni sull'adozione di minorenni se le pertinenti condizioni erano precedentemente adempite.

I. Verfahren im Allgemeinen

1 Die Adoption ist nicht (mehr) ein vertragsähnliches Geschäft unter den Beteiligten, sondern **staatlicher Hoheitsakt,** der aber nur auf deren Antrag und mit ihrer Zustimmung ergeht, sofern die zwingenden Voraussetzungen erfüllt sind.

2 Was das Gesetz in Art. 268 f. unter dem Randtitel *«Verfahren»* behandelt, ist (lediglich) das zum Adoptionsentscheid durch die Adoptionsbehörden führende *letzte Stadium* der verfahrensmässigen Abwicklung (vgl. EICHENBERGER, 125 f.). Regelmässig hatten andere Stellen bereits im Rahmen der Adoptionsvermittlung (Art. 269c; VAdoV) oder der Pflegekinderaufsicht (Art. 316; PAVO) Entscheide zu treffen, welche **verfahrensmässigen Mindestanforderungen** *(Beachtung des Kindeswohls bzw. Offizialmaxime, rechtliches Gehör für die Betroffenen, Begründungspflicht und Mitteilung)* zu genügen haben; Verfahrensfragen vor dem eigentlichen Adoptionsentscheid schliesst insb. auch Art. 265d Abs. 1 (dort N 4 f.) ein. Die in Art. 268a vorgeschriebene «enquête sociale» ist gleichermassen bereits bei der Begründung eines Pflegeverhältnisses durchzuführen (Art. 268a N 2; Art. 264 N 8).

II. Zuständigkeit (Abs. 1)

3 **Sachlich** ist die vom kantonalen Recht (Art. 54 SchlT) bezeichnete Behörde zuständig, i.d.R. eine Bezirksbehörde, eine regierungsrätliche Direktion oder der Regierungsrat, in Westschweizer Kantonen die obere vormundschaftliche Aufsichtsbehörde. Überblick über die Regelung in den einzelnen Kantonen bei BK-HEGNAUER, N 7; STETTLER, SPR III/2, 152 ff.; Mustersammlung, Nr. 241.1; ZVW 1984, 29. – Zu den Folgen für die *Behördenorganisation (Anpassung an die EMRK-Anforderungen)* in vormundschaftlichen Verfahren aufgrund von BGE 118 Ia 473 f. (E. 8 nur in ZVW 1993, 38) s. N 6.

4 **Örtlich** zuständig ist die Behörde am Wohnsitz der Adoptiveltern im Zeitpunkt der Stellung eines genehmigungsfähigen Adoptionsgesuchs. Der Grundsatz gilt auch im internationalen Verhältnis, unabhängig von der Nationalität der Gesuchsteller (Art. 75 Abs. 1 IPRG; dazu im Übrigen Vorbem. zu Art. 264–269c N 9). Bei Unzuständigkeit ist das Gesuch an die zuständige Behörde weiterzuleiten (Art. 8 VwVG sinngemäss).

III. Verfahren und Entscheid

1. Im Allgemeinen

Die **bundesrechtliche Regelung des Verfahrens** durch Art. 268 und 268a ist *nicht* 5 *abschliessend,* sondern behandelt nur die *Aktivlegitimation* (Art. 268 Abs. 1), den *Einfluss veränderter Verhältnisse* (Art. 268 Abs. 2 und 3; u. N 12 f.) und die *Untersuchungsmaxime* in ihren wesentlichen Aspekten (u. N 8; Art. 268a).

Das Adoptionsverfahren bildet Teil der sog. *nichtstreitigen* bzw. *freiwilligen Gerichtsbar-* 6 *keit* (dazu HABSCHEID, Rz 137 f.; MESSMER/IMBODEN, Ziff. 53 f.; GULDENER, Grundzüge der freiwilligen Gerichtsbarkeit, Zürich 1954); während BGE 109 Ia 17 daraus noch den Schluss zog, die kantonalen Vorschriften dürften von denen eines ordentlichen Zivilprozesses abweichen, leitet BGE 118 Ia 473 aus Art. 6 Abs. 1 EMRK *weiterreichende Verfahrensgarantien* ab. Aus E. 8 von BGE 118 Ia 473 (zu Art. 275 Abs. 1; vgl. ZVW 1993, 38; s.o. N 3 a.E.) folgt, dass aufgrund von Art. 6 Abs. 1 EMRK *«wenigstens in einer Instanz ein* **Gericht mit umfassender Kognition** *die Rechts- und Tatfragen»* prüfen muss; zudem sind die gebotenen **Anhörungen von einem Mitglied der entscheidenden Behörde** durchzuführen (so BGE 117 II 379 zu Art. 374): Beides hat sinngemäss auch in Adoptionsbelangen zu gelten.

Selbstverständlich gelten sodann die **allgemeinen Verfahrensgarantien,** insbes. *recht-* 7 *liches Gehör,* aber auch (richterliche) *Fragepflicht, Rechtsanwendung von Amtes wegen* (s. allgemein O. GUILLOD, Les garanties de procédure en droit tutélaire, ZVW 1991, 41 f.; CH. HÄFELI, Leistungen und Lücken des Rechtsschutzes im Vormundschaftsrecht, ZVW 1991, 56 f., sowie §§ 280a ff. ZPO ZH und dazu FRANK/STRÄULI/MESSMER, Ergänzungsbd.).

Die **Offizial-** bzw. **Untersuchungsmaxime** (BK-HEGNAUER, N 13; DERS., Art. 268a 8 N 3 f.; STETTLER, SPR III/2, 148 f.; allgemein auch Art. 254 Ziff. 1 und dort N 4 f.) bedeutet, dass die zuständige Behörde *von Amtes wegen* (Offizialmaxime) und *unabhängig von den ihr durch die Beteiligten unterbreiteten Unterlagen,* alle für einen sachgerechten Entscheid im Einzelfall *gebotenen Abklärungen* (Untersuchungsmaxime) zu treffen hat. Die Gesuchsteller müssen zu den Untersuchungsergebnissen Stellung nehmen können (N 7; s. aber BGE 101 II 4 E. 2). **Besondere Aufmerksamkeit** ist dem Vorliegen der Voraussetzungen zur Erwachsenenadoption zu schenken (BGE 101 II 5 E. 3) bzw. anderweitigen Besonderheiten (wo z.B. Anhaltspunkte für Umgehung bürgerrechtlicher Vorschriften oder einer Stiefkindadoption mit erzwungenem Ausschluss der Beziehung zum leiblichen Elternteil etc. bestehen: Art. 264a N 10; 264b N 2 f.; 266 N 2) (s.u. N 17 f.).

2. Einleitung des Verfahrens

Das Verfahren wird durch **Einreichung eines Adoptionsgesuchs** (Mustersammlung, 9 Nr. 231) ausgelöst; dieses soll von den erforderlichen Belegen (Mustersammlung, Nr. 232) begleitet werden, die aber auf Aufforderung nachgebracht werden können.

Das Gesuch muss vom *urteilsfähigen Adoptionswilligen persönlich* (wo nicht eine Ein- 10 zeladoption vorliegt also von *beiden* Ehegatten) gestellt werden.

Das Verfahren darf von der Behörde aber erst anhandgenommen werden, wenn die zeit- 11 lichen Voraussetzungen (Pflegedauer, Mindestalter) gegeben sind (näher u. N 17 f.). Die Behandlung verfrühter Gesuche ist zurückzustellen bzw. zurzeit abzulehnen.

3. Veränderungen während des Verfahrens

12 Verändern sich die tatsächlichen Verhältnisse während des Verfahrens, so sind diese Änderungen beim Entscheid insoweit zu berücksichtigen als sie geeignet sind, das Kindeswohl (im Guten oder im Schlechten) zu beeinflussen; **massgeblich für den Entscheid sind die tatsächlichen Gegebenheiten, die in diesem Zeitpunkt bestehen** (so Art. 97–99 BGG und die Mehrheit der kantonalen Zivilprozessgesetze: GULDENER, ZPR, 377; LEUCH/MARBACH/KELLERHALS/STERCHI, Art. 160 ZPO BE N 3.b; FRANK/STRÄULI/MESSMER, § 188 ZPO ZH N 3 f.).

13 Die **Berücksichtigung veränderter Verhältnisse** soll aber nicht eine zulässige Adoption zu Ungunsten des zu Adoptierenden verunmöglichen. Er erfährt einen ähnlichen Schutz wie der *nasciturus* im Erbgang (Art. 605 Abs. 1). *Tod* oder *Urteilsunfähigkeit des Adoptierenden während* eines *gültig* (N 11) anhängig gemachten Verfahrens hindern somit die (nachträgliche) Herstellung eines Kindesverhältnisses nicht (Abs. 2). Beides indes nur, wenn auch *unter diesen veränderten Verhältnissen das Kindeswohl* (Art. 264) nach wie vor gewährleistet und ein bewilligungsfähiges Verfahren überhaupt anhängig ist (s. NE SJZ 1999 15). Im Gegensatz zu Art. 260 Abs. 3 gibt es hingegen keine «testamentarische» Adoption.

14 Gleiches gilt, wenn *während der Verfahrensdauer* einer Unmündigenadoption das **Adoptivkind mündig** wird, sofern die zeitlichen Voraussetzungen noch während der Unmündigkeit erfüllt wurden (Abs. 3; für eine Ausnahmesituation – Mündigenadoptionsgesuch und Tod des Adoptierenden vor Mündigkeit – s. HEGNAUER, ZVW 1977, 102: Die Voraussetzungen müssen sämtlich gleichzeitig vorgelegen und nur das Verfahren darf sich verzögert haben). Wird die Unmündigenadoption erst nach Eintritt der Mündigkeit ausgesprochen, werden die Zustimmungen der Eltern (Art. 265a) nicht mehr benötigt (HEGNAUER, ZVW 1987, 51).

15 *Andere Veränderungen der Situation beim Adoptivkind* (z.B. Rückzug des Einverständnisses des Ehegatten bei Mündigenadoption vor Aussprechung der Adoption, Art. 266 Abs. 2) sind zu berücksichtigen, weil sie die Zulässigkeitsvoraussetzungen betreffen. Heikler ist die Frage, ob – z.B. bei unfallbedingter Invalidität – die Adoptiveltern ihr **Gesuch zurückziehen** können; ein solcher «schwangerschaftsabbruchähnlicher» Wegfall der Adoptionsbereitschaft wäre wohl zu berücksichtigen, weil nicht gegen den Willen der Beteiligten eine verwandtschaftliche Beziehung künstlich erzwungen werden soll und eine Bindung in clausula-rebus-sic-stantibus-Situationen persönlichkeitswidrig (Art. 27) wäre (vgl. BK-HEGNAUER, N 17 und 21), weshalb ein *Rückzug des Gesuchs vor rechtskräftiger Erledigung zulässig* ist (vgl. auch Art. 264 N 17), was aber in qualifizierten Fällen Schadenersatz- oder Genugtuungspflicht auslösen kann (BK-HEGNAUER, N 17a; STETTLER, SPR III/2, 147 f.; zu *unterhaltsrechtlichen* Folgen s. sinngemäss Art. 20 BGHAÜ). *Tod des Adoptivkindes* lässt das Verfahren *gegenstandslos* werden.

16 *Andere Gründe*, welche der Gutheissung entgegenstehen könnten, sind an der gesetzlichen Regelung (Abs. 2 und 3) zu messen; für Einzelfälle s. BK-HEGNAUER, N 28 f.

4. Prüfung durch die Behörde: Adoptionsvoraussetzungen

17 Aufgrund der im Rahmen der «enquête sociale» – dazu im Einzelnen zu Art. 268a – getätigten **Abklärungen über das weitere Umfeld** hat die Behörde das *Vorliegen der verfahrensmässigen Voraussetzungen* zu prüfen (dazu die Checkliste der Mustersammlung, Nr. 215; BK-HEGNAUER, N 34 f.):

18 a) **Vorliegen eines gültigen Gesuchs** (N 11), insbes. der *persönlichen Voraussetzungen:* Dazu gehört Urteilsfähigkeit des oder der Gesuchsteller und Wissen um Wesen und

Bedeutung der Adoption, ferner ein gemeinsames Gesuch bei gemeinschaftlicher Adoption (Art. 264a Abs. 1) bzw. Voraussetzungen der Einzeladoption (Art. 264b).

b) **Sachliche Voraussetzungen:** Wahrung des Kindeswohls – auch leiblicher Kinder – **19** und Vorliegen eines erfolgreich verlaufenen Pflegeverhältnisses (Art. 264) bzw. bei Erwachsenenadoption der besonderen Voraussetzungen des Art. 266.

c) **Zeitliche Voraussetzungen:** Alter des Kindes (Art. 264 bzw. 266) und Mindestalters- **20** unterschied (Art. 265 Abs. 1); Ehedauer bzw. Mindestalter sowohl bei gemeinschaftlicher (Art. 264a Abs. 2) bzw. Stiefkindadoption (Art. 264a Abs. 3) bzw. Mindestalter bei Einzeladoption (Art. 264b); Mindestdauer des Pflegeverhältnisses bei Unmündigen- (Art. 264) bzw. Erwachsenenadoption (Art. 266 Abs. 1 Ziff. 1).

d) **Zustimmungen** des Kindes (Art. 265 Abs. 2), der vormundschaftlichen Aufsichtsbe- **21** hörde (Art. 265 Abs. 3 sowie 422 Ziff. 1) bzw. der Eltern (Art. 265a und 265b) oder Umstände, weshalb davon abgesehen werden kann (Art. 265c) bzw. Entscheid der VormBehörde (Art. 265d Abs. 1) über das Absehen.

5. Entscheid

Der Entscheid hat sich über das Vorliegen der erwähnten (N 17 f.) Voraussetzungen aus- **22** zusprechen und insb. bez. des Kindeswohls, aber auch anderer Ermessensfragen (Absehen von der elterlichen Zustimmung, sofern darüber nicht bereits bei der Unterbringung entschieden wurde: Art. 265d Abs. 1 und dort N 2 f.; Interessen anderer Kinder der Adoptierenden) eine *konkrete Wertung der Umstände* zu enthalten. Daraus resultiert eine **Begründungspflicht** (BK-HEGNAUER, N 44 f.; DERS., ZVW 1973, 134 f.); dies setzt voraus, dass über die gebotenen Anhörungen und Abklärungen (N 7 f.) taugliche Aufzeichnungen (Protokoll von Befragungen, schriftliche Berichte beigezogener Sachverständiger) erstellt wurden.

Das **Dispositiv** hat die für die registerrechtliche Behandlung (N 28 f.) erforderlichen per- **23** sönlichen Angaben zu enthalten (Name des zu Adoptierenden und der oder des Adoptierenden, allfälliger neuer Vorname, Vorbehalt des Fortbestehens des Kindesverhältnisses zum leiblichen Elternteil bei Stiefkindadoption).

Der Entscheid ist den persönlich Beteiligten – Adoptiveltern, dem urteilsfähigen Adop- **24** tierten, allenfalls den leiblichen Eltern (BK-HEGNAUER, N 55 f.; unter Wahrung des Adoptionsgeheimnisses: Art. 268b N 3, 9) und gesetzlichen Vertretern sowie den beteiligten Amtsstellen (Adoptionsvermittlungsstelle, VormBehörde, Pflegekinderaufsicht) und den Zivilstandsämtern von Wohnsitz- und Heimatgemeinden – **mitzuteilen** (zur zivilstandsrechtlichen Behandlung im Einzelnen Art. 42 Abs. 1 lit. a ZStV sowie SCHÜP-BACH, SPR II/3, 53 f., 62, 88).

6. Rechtsmittel

Zunächst bestimmt das *kantonale Recht* über mögliche **Rechtsmittel** im dortigen Verfah- **25** ren; es muss nunmehr auch die Überprüfung des Entscheids der Adoptionsbehörde durch eine gerichtliche Instanz ermöglichen (N 6).

Lässt das kantonale Recht im Rechtsmittelverfahren die **Berücksichtigung neuer Tatsa-** **26** **chen** zu, so sind nicht nur die nach Art. 269a Abs. 1 Legitimierten (dort N 3), sondern auch der Adoptionswillige oder der urteilsfähige Adoptierte zum Weiterzug berechtigt, wenn sie auf ihre Zustimmung zurückkommen oder bei abweisendem Entscheid weitere Argumente nachbringen wollen.

27 Gegen den Entscheid der letzten kantonalen Instanz (Art. 75 BGG) ist die **Beschwerde in Zivilsachen** zulässig, wenn von der Zustimmung eines Elternteils abgesehen (Art. 265c Ziff. 2; vgl. Art. 265d N 13 f.) oder die Adoption verweigert wurde; alsdann ist aber nur legitimiert, wer das Adoptionsgesuch gestellt hatte, *nicht* das Kind oder weitere Beteiligte. Gegen eine fehlerhafte Gutheissung der Adoption sind die Behelfe von Art. 269 bzw. 269a zu ergreifen.

IV. Registerrechtliche Aspekte

28 Siehe dazu näher BK-HEGNAUER, N 70 f. und STETTLER, SPR III/2, 157 sowie SCHÜPBACH, SPR II/3, 110 f. (insb. zum Auskunftsrecht). Die Regeln finden sich in Art. 7 Abs. 2 lit. m, 22, 40 Abs. 1 lit. i, 42 Abs. 1 lit. a ZStV, bezüglich des *Auskunftsrechts des mündigen Adoptierten über die Personalien der leiblichen Eltern* Art. 268c.

29 Die **Registerführung** ist so ausgestaltet, dass die Adoptiveltern für die Ursprungsfamilie nicht erkennbar sind (Art. 46 Abs. 1 ZStV: es besteht keine Verwandtschaft mehr), anderseits dem Annehmenden und dem Kind ermöglicht wird, Auszüge zu erhalten, welche zwar Tag und Ort der Geburt des Kindes bescheinigen, nicht aber (unter Vorbehalt des Auskunftsrechts von Art. 268c) die leiblichen Eltern zu erkennen geben (Art. 81 Abs. 1, 46 ZStV); endlich wird aber auch gewährleistet, dass Dritte nicht erkennen können, ob jemand adoptiert ist (Art. 59 ZStV). Das zentrale Adoptionsregister zur Aufdeckung von Ehehindernissen wurde auf Inkrafttreten der Art. 22 und 43 Abs. 1 ZStV geschlossen. Mittels der zentralen Datenbank Infostar werden sämtliche Daten elektronisch erfasst.

30 Das Adoptionsgeheimnis und das Persönlichkeitsrecht des Adoptierten verlangen die **Anpassung auch von kirchlichen Registern** sowie **Ausweisen und Zeugnissen,** welche auf den früheren Namen lauten (vgl. BK-HEGNAUER, N 100 f.), was zu verlangen aus Art. 27 Adoptiveltern (nach Art. 301/304) verpflichtet bzw. der urteilsfähige Adoptierte berechtigt sind.

Art. 268a

II. Untersuchung ¹ **Die Adoption darf erst nach umfassender Untersuchung aller wesentlichen Umstände, nötigenfalls unter Beizug von Sachverständigen, ausgesprochen werden.**

² **Namentlich sind die Persönlichkeit und die Gesundheit der Adoptiveltern und des Adoptivkindes, ihre gegenseitige Beziehung, die erzieherische Eignung, die wirtschaftliche Lage, die Beweggründe und die Familienverhältnisse der Adoptiveltern sowie die Entwicklung des Pflegeverhältnisses abzuklären.**

³ **Haben die Adoptiveltern Nachkommen, so ist deren Einstellung zur Adoption zu würdigen.**

II. Enquête ¹ L'adoption ne peut être prononcée avant qu'une enquête portant sur toutes les circonstances essentielles n'ait été faite, au besoin avec le concours d'experts.

² L'enquête devra porter notamment sur la personnalité et la santé des parents adoptifs et de l'enfant, sur leur convenance mutuelle, l'aptitude des parents adoptifs à éduquer l'enfant, leur situation économique, leurs mobiles et leurs conditions de famille, ainsi que sur l'évolution du lien nourricier.

³ Lorsque les parents adoptifs ont des descendants, leur opinion doit être prise en considération.

II. Istruttoria   ¹ L'adozione può essere pronunciata solo dopo istruttoria sulle circostanze essenziali, eventualmente con la collaborazione di periti.

² Occorre specialmente indagare su la personalità e la salute dei genitori adottivi e dell'adottando, la compatibilità dei soggetti, l'idoneità ad educare il figlio, la situazione economica, i motivi e le condizioni familiari dei genitori adottivi, come pure sul decorso dei rapporti d'assistenza.

³ Va tenuto conto dell'atteggiamento dei discendenti dei genitori adottivi.

I. Bedeutung der «enquête sociale»

Eine sorgfältige und **umfassende Ausleuchtung aller für das familiäre Zusammenleben bedeutungsvollen Aspekte** bildet den eigentlichen Kern des Adoptionsverfahrens: Die Adoption als künstlich begründetes Verwandtschaftsverhältnis soll nur dann ausgesprochen werden, wenn die positiven Aspekte die immer möglichen und allenfalls konkret absehbaren Risiken deutlich überwiegen (Art. 264 N 19) und die Beteiligten auch unerwarteten, wenn auch unvermeidlichen Belastungssituationen gewachsen sind (s. dazu BGE 5P.283/2003, 15.9.2003, FamPra 2004, 420 ff.).   **1**

Die Untersuchung hat alle für die Adoption wesentlichen Umstände abzuklären. Dazu gehört in erster Linie die **Prüfung des Kindeswohls** als zentralem Aspekt der Adoption, was aber nicht erst Sache des Adoptionsverfahrens ist, sondern bereits bei Begründung des Pflegeverhältnisses erfolgen muss (Art. 264 N 8). Abzustellen ist auf eine *konkrete, individuelle Würdigung des Einzelfalls,* welche in objektiver Weise Stärken und Schwachstellen aufzuzeigen hat (Art. 264 N 19). Die Argumente für und jene gegen die Adoption sind sowohl je für sich allein wie auch in gesamthafter Gegenüberstellung zu würdigen. – Vgl. Mustersammlung, Nr. 215 und 232 (insb. lit. d) i.S. einer «Check-Liste».   **2**

Die Bedeutung der einzelnen nachfolgend besprochenen Aspekte variiert nach den **Umständen des Einzelfalls:** Je nach Alter des Kindes, erlebnisgeschichtlichem, religiösem oder kulturellem Umfeld der Beteiligten kann objektiv bedeutsamen Umständen geringerer oder objektiv scheinbar wenig bedeutenden Umständen hoher Stellenwert zukommen.   **3**

II. Die einzelnen Aspekte

1. Bei den Adoptiveltern

Die Eignung der **Eltern** hängt von ihrer **Persönlichkeit** ab: *Lebenserfahrung und Charakter* stehen im Vordergrund; *Ausbildung und Lebensumfeld* können die Aufgabe als Adoptiveltern erleichtern oder erschweren. Der *Verlauf des Pflegeverhältnisses* zeigt, ob sie organisch in ihre künftige Elternstellung hineinzuwachsen vermochten und Gewähr bieten, diese *auch künftig* – solange das Kind ihrer bedarf – versehen zu können. Dies stellt sowohl Anforderungen an den Intellekt als auch an die körperlich-gesundheitliche Belastbarkeit.   **4**

Neben diesen in der Persönlichkeit der Eltern wurzelnden Aspekten stehen **sachliche Gesichtspunkte:** *Beziehung der Ehegatten, Wohnumfeld, Kontakte zu Angehörigen und Bekanntenkreis;* wo die Freigabe zur Adoption an Bedingungen der leiblichen Eltern geknüpft war, gehören möglicherweise auch die religiöse Haltung oder andere Umstände dazu. Wiederum ist neben der momentanen Sachlage wichtig, dass die Verhältnisse auch der *künftigen Entwicklung* gerecht werden.   **5**

6 Abzuklären sind auch die **Beweggründe des Adoptionswunsches:** Diese sind am Adoptionszweck (Vorbem. zu Art. 264–269c N 1: Leitbild der Erziehungs- und Fürsorgeadoption) zu messen. Wo Anhaltspunkte insb. für erbrechtliche oder fremdenpolizeirechtliche Beweggründe vorliegen (könnten), ist besonders sorgfältig nachzuforschen, ob solche sachfremden Aspekte im Vordergrund stehen oder lediglich Begleiterscheinungen eines echten Adoptionswunsches sind. Dazu gehört auch die Prüfung, ob die Adoption dem **freien Wunsch** der Beteiligten entspricht – so bei der Stiefkindadoption (ob sich der Stiefelternteil gegenüber seinem Ehegatten zur Adoption «verpflichtet» fühle) – und ihnen die **rechtlichen Wirkungen bewusst** sind (vgl. Art. 269c N 5). – Zu Vorsicht besteht besonders auch bei *idealisierten Vorstellungen* des Adoptionswilligen Anlass: wo er z.B. den spezifischen *Problemen einer internationalen Adoption* (Sprache, Kulturschock beim Adoptivkind, das nicht mehr Kleinkind ist: ZVW 1980, 154) nicht gewachsen ist oder *wirtschaftliche Aspekte* (bei Einzeladoption: BGE 111 II 235; Art. 264 N 8) verdrängt.

7 Immerhin sind die Anforderungen nicht zu überspannen; wo ein stabiles, übereinstimmend als positiv empfundenes Pflegeverhältnis vorliegt, kann allenfalls trotz einer *Krise in der ehelichen Beziehung der Adoptiveltern* – wo diese von ihnen erkannt ist und mit geeigneten Mitteln angegangen wird – eine Adoption erwogen werden; es müsste aber bei einer allfälligen Trennung die kontinuierliche Fortführung des Kontakts zu beiden Adoptiveltern gewährleistet sein, worüber – z.B. durch Beizug von Akten eines Eheschutzverfahrens – Aufschluss zu suchen wäre. Ebenfalls schliessen vereinzelte *Vorstrafen* von Adoptiveltern, welche nicht unmittelbar ihre erzieherische Eignung in Frage stellen, eine Adoption nicht a priori aus.

2. Beim Adoptivkind

8 Bezüglich jener Aspekte, welche das **Adoptivkind** aufgrund seines Alters bereits wahrzunehmen und einigermassen zu würdigen vermag, ist seine *Einstellung abzuklären* (zum Vorgehen vgl. Art. 144 ff.). Das gilt ganz besonders, wo das Kind bereits eine Beziehung zu seinen leiblichen Eltern oder andern Angehörigen der Ursprungsfamilie erworben und sich aufgrund seines Alters auf ein bestimmtes soziales und kulturelles Umfeld eingestellt hat. Besonders sorgfältige Abklärungen sind geboten, wo das Kind selbst die effektive Tragweite solcher Umstellungen aufgrund seines Alters, oder weil fundamentale Aspekte seines vertrauten Umfelds betroffen sind, gar nicht zu ermessen vermag.

9 Ebenso ist auf seine persönlichen Anliegen und Anlagen wie auch sachliche Gegebenheiten (z.B. krankheitsbedingte Bedürfnisse, besondere Betreuungsbedürftigkeit aufgrund durchlebter psychischer Belastungen, analog N 4 f.) besondere Rücksicht zu nehmen und – soweit das Kind zuzustimmen hatte (Art. 265 Abs. 2, dort N 5 f.) – zu überprüfen, ob die Zustimmungserklärung unbeeinflusst und im Wissen um die damit verbundenen Folgen erging (o. N 6).

3. Weitere Betroffene

10 Die **Einstellung leiblicher Nachkommen** der Adoptiveltern (Art. 264 N 20 f.) ist durch eigene Abklärungen der Adoptionsbehörde (BK-HEGNAUER, N 24 f.) festzustellen; ebenso sind **weitere Beteiligte** – deren Rahmen analog zu Art. 274a zu umreissen ist (vgl. auch N 8) – einzubeziehen. Deren *Einstellung* ist aber nicht mit *Zustimmung* zu verwechseln und in einer Form abzuklären, welche sie nicht zu «Schuldigen» am Zustandekommen oder Scheitern der Adoption werden lässt.

III. Vorgehen bei der Untersuchung

Das Vorgehen hat üblichen **Verfahrensgrundsätzen** zu folgen (dazu Art. 268 N 5 f.) und ist so anzulegen, dass alle massgeblichen Aspekte umfassend, mit klarem Ergebnis und in nachvollziehbarer Form abgeklärt werden.   **11**

Die Adoptionsbehörde kann einzelne ihrer Mitglieder mit **Befragungen** betrauen oder sachverständige Dritte (Lehrer, andere Betreuungspersonen) entweder befragen oder von ihnen **Berichte** einholen. Bei Zweifeln sind Fachpersonen sowohl zu einzelnen Untersuchungshandlungen oder zur Erstattung von **Gutachten** beizuziehen. Die von der Vorm-Behörde oder weiteren am Adoptionsverfahren beteiligten Privaten und Amtsstellen getätigten Abklärungen bilden Teil der Akten der Adoptionsbehörde und sind in deren Entscheidfindung einzubeziehen, ohne dass sie aber die **eigene Aufarbeitung der aktuellen Gegebenheiten im Zeitpunkt des Adoptionsentscheids** zu ersetzen vermöchten.   **12**

Mängel des Verfahrens können zur **Anfechtung** nach Art. 269a Abs. 1 führen (dort N 2).   **13**

Art. 268b

D[bis.]. Adoptionsgeheimnis	**Die Adoptiveltern dürfen ohne ihre Zustimmung den Eltern des Kindes nicht bekannt gegeben werden.**
D[bis]. Secret de l'adoption	L'identité des parents adoptifs ne sera révélée aux parents de l'enfant qu'avec leur consentement.
D[bis]. Segreto	I genitori adottivi, se non vi acconsentono, non possono essere resi noti ai genitori del sangue.

Art. 268c

D[ter.] Auskunft über die Personalien der leiblichen Eltern	[1] **Hat das Kind das 18. Lebensjahr vollendet, so kann es jederzeit Auskunft über die Personalien seiner leiblichen Eltern verlangen; vorher kann es Auskunft verlangen, wenn es ein schutzwürdiges Interesse hat.**
	[2] **Bevor die Behörde oder Stelle, welche über die gewünschten Angaben verfügt, Auskunft erteilt, informiert sie wenn möglich die leiblichen Eltern. Lehnen diese den persönlichen Kontakt ab, so ist das Kind darüber zu informieren und auf die Persönlichkeitsrechte der leiblichen Eltern aufmerksam zu machen.**
	[3] **Die Kantone bezeichnen eine geeignete Stelle, welche das Kind auf Wunsch beratend unterstützt.**
D[ter]. Information sur l'identité des parents biologiques	[1] A partir de 18 ans révolus, l'enfant peut obtenir les données relatives à l'identité de ses parents biologiques; il a le droit d'obtenir ces données avant ses 18 ans lorsqu'il peut faire valoir un intérêt légitime.
	[2] Avant de communiquer à l'enfant les données demandées, l'autorité ou l'office qui les détient en informe les parents biologiques dans la mesure du possible. Si ces derniers refusent de rencontrer l'enfant, celui-ci doit en être avisé et doit être informé des droits de la personnalité des parents biologiques.

³ Les cantons désignent un office approprié, qui conseille l'enfant, à sa demande.

D^{ter}. Informazione circa l'identità dei genitori del sangue

¹ Se ha compiuto il diciottesimo anno di età, il figlio può in ogni tempo chiedere informazioni concernenti l'identità dei genitori del sangue; può farlo prima di aver raggiunto tale età se ha un interesse degno di protezione.

² Prima di comunicare i dati richiesti, l'autorità o l'ufficio che ne dispone informa, per quanto possibile, i genitori del sangue. Se questi ultimi rifiutano di stabilire un contatto personale, il figlio ne è informato ed è reso attento sui diritti della personalità dei genitori del sangue.

³ I Cantoni designano un ufficio adeguato incaricato di consigliare il figlio che ne faccia richiesta.

Literatur

COTTIER M., Austausch von Informationen im Adoptionsdreieck – Das Adoptionsgeheimnis und die Macht der Leiblichkeit, in: Cottier/Rüetschi/Sahlfeld (Hrsg.), Information & Recht, Basel 2002, 31 ff.; COTTIER TH., Die Suche nach der eigenen Herkunft: Verfassungsrechtliche Aspekte, Beiheft Nr. 6 zur ZSR, Basel 1987; PRADERVAND/UEHLINGER, La recherche des origines pour les personnes adoptées: embûches et perspectives, ZVW 2000, 133 ff.; REUSSER/SCHWEIZER, Das Recht auf Kenntnis der Abstammung aus völker- und landesrechtlicher Sicht, ZBJV 2000, 605 ff.; SUTTER, Orientierung – das Recht auf Kenntnis der eigenen Abstammung, recht 2002, 154 ff.; WOLF, Die UNO-Konvention über die Rechte des Kindes und ihre Umsetzung im schweizerischen Kindesrecht, ZBJV 1999, 113 ff.; Botschaft zum FMedG, BBl 1996 III 205 ff.; Kreisschreiben Umsetzung von Art. 268c ZGB betr. das Recht des Adoptivkindes auf Kenntnis der Personalien seiner leiblichen Eltern, 21.3.03, ZZW 2003, 145 ff.

I. Normzweck

1 Das **Adoptionsgeheimnis** sichert die vollständige Loslösung von der Herkunfts- und die ausschliessliche Einbindung in die Adoptivfamilie. Da nur zu *einer* Familie ein echtes Kindesverhältnis bestehen kann, ist neben der *rechtlichen* auch eine *ausschliessliche soziale Integration* anzustreben, was sich mit der Fortdauer des Kontakts zur Herkunftsfamilie i.d.R. nicht verträgt (dazu Art. 268b), während anderseits Interessen des Adoptivkindes Kenntnis der Abstammung erfordern (dazu der neue Art. 268c; u. N 5).

2 Art. 268b betrifft explizit nur den Fall, dass die leiblichen Eltern in die **Adoptivfamilie** «eindringen» und dadurch deren Autonomie und Unversehrtheit beeinträchtigen. Damit dieser Schutz der Adoptivfamilie gewährleistet ist, muss das Adoptionsgeheimnis von allen Beteiligten umfassend gewahrt werden. Anderseits verdienen aber auch die **leiblichen Eltern** (über den unmittelbaren Wortlaut dieser Bestimmung hinaus) einen gewissen Schutz davor, nach Jahren wieder mit dem Umstand konfrontiert zu werden, ihr Kind zur Adoption freigegeben zu haben; dies schliesst die *«Suche nach der eigenen Herkunft»* des Adoptivkindes (Art. 268c; u. N 5) nicht a priori aus, macht aber eine *persönliche* Kontaktnahme von der vorgängigen Benachrichtigung der leiblichen Eltern (N 6) abhängig, wenn das adoptierte Kind nach ihnen fragt.

II. Geheimhaltungspflichtige

3 **Wer immer** in irgendeinem formellen Stadium des Adoptionsverfahrens oder auch aufgrund seines Wissens um informelle Vorabklärungen vom Umstand der Adoption **Kenntnis** erhalten hat, ist zur **Geheimhaltung verpflichtet** (zu den Sanktionen N 9 f.). Es sind dies die Mitarbeiter der beteiligten Vormundschafts- und Adoptionsbehörden

sowie weiterer Amtsstellen (insb. die Zivilstandsorgane: Art. 44 ZStV), ferner die beige-zogenen Hilfs- und Auskunftspersonen wie Gutachter, Lehrer, Ärzte, Pfarrer, Angehörige oder Nachbarn.

Adoptivkind und Adoptiveltern selbst sind **nicht** an das Adoptionsgeheimnis gebun- **4** den, haben unter sich aber aufgrund von Art. 272 Rücksicht zu üben, wenn sie es gegen-über Dritten preisgeben. Dies gilt besonders, wo das urteilsfähige Adoptivkind Kontakt zu den leiblichen Eltern erlangt hat und es diesen die Adoptiveltern bekannt gibt (HEGNAUER, Dürfen dem mündigen Adoptierten die leiblichen Eltern gegen den Willen der Adoptiveltern bekannt gegeben werden?, ZVW 1991, 101 f. E. 7 f.).

Im Verhältnis der Adoptiveltern zum Adoptivkind besteht über den Umstand der Adop- **5** tion hingegen eine **Aufklärungspflicht** (Art. 265 N 9 f.; BK-HEGNAUER, Art. 265 N 12; DERS., Kindesrecht, N 13.11 m.w.Nw.; WERRO [Art. 265 N 10], ZVW 1994, 73 f.; TU-OR/SCHNYDER/SCHMID, § 33 IV c bei Anm. 107 f.), die sich aus dem **Recht auf Kennt-nis der eigenen Abstammung** ergibt (Art. 7 Abs. 1 UN-KRK; vgl. auch Art. 119 Abs. 2 lit. g BV bzw. der Art. 268c entsprechende Art. 27 FMedG [dazu die Botschaft, BBl 1996 III 205 ff., 271 ff.], sowie BGE 125 I 257 zum Recht auf Einsicht in Vormund-schaftsakten; zum Ganzen BGE 128 I 63); ansonst würde das durch Art. 268c neu einge-führte Auskunftsrecht des Adoptierten leer drehen (vgl. diesbez. namentlich WOLF, ZBJV 1998, 135 m.Nw.). Diese Aufklärung hat *altersgerecht* und *kontinuierlich* so zu erfolgen, dass entweder das mündige Adoptivkind über sein Recht nach Art. 268c Abs. 1 Halbsatz 1 befinden bzw. das noch unmündige sich ein Urteil darüber bilden kann, ob es bereits ein schutzwürdiges Interesse nach Halbsatz 2 dieser Bestimmung habe (im Vordergrund stehen dürften medizinische Gründe, während bei Entwicklungsstörungen und Identitäts-krisen in der Pubertät die *beratende Stelle* nach Art. 268c Abs. 3 sorgfältig zu prüfen haben wird, ob nach den Umständen von der Auskunft Erleichterung zu erwarten ist; immerhin könnten auch Überlegungen zu eigenen Fähigkeiten bzw. Berufswahl taug-licher Grund sein). Entsprechend hat das Adoptivkind **Anspruch auf Einsicht** in die es betreffenden **Zivilstandsregisterauszüge** (Art. 81 ff. ZStV; HEGNAUER, [N 4], ZVW 1991, 101 E. 1 f.; LOCHER, 68; BGE 128 I 63, 76 E. 4.3), hingegen nur be-schränkt in *weitere Akten* (LOCHER, 92 ff.), da ein *Auskunftsanspruch nur auf die* **Perso-nalien** *der leiblichen Eltern* und *nicht die Personalia der Adoptionsfreigabe* besteht. – Angemerkt sei, dass in scheidungsrechtlichen Sorgerechtskonflikten aus nämlichen Gründen gleiche Interessen auf Fortdauer des Kontakts zum nicht-sorgeberechtigten Elternteil bestehen.

Die urteilsfähigen **Geheimnisberechtigten** – *Adoptivkind und Adoptiveltern* – können **6** (je für sich) von der Geheimhaltungspflicht **befreien.** Die nicht unmittelbar geschützten *leiblichen Eltern* (N 2) können nicht verhindern, dass das Kind Auskünfte über ihre Iden-tität erlangt, sind aber nicht gehalten, mit dem Kind persönlich in Kontakt zu treten (Art. 268c Abs. 2): es fehlt eine *familienrechtliche* Pflicht aus Art. 272, doch spricht die **gesetzliche Anerkennung des kindlichen Rechts auf Kontaktnahme mit den leibli-chen Eltern** für eine qualifizierte, rechtlich geschützte Beziehung, welche von allen Be-teiligten rücksichtsvoll zu suchen und zu pflegen ist, was einer auf die spezifische Situa-tion bezogenen sinngemässen Handhabung von Art. 272 ruft. Wünschbar erscheint, dass die das Kind *beratende Stelle* (Art. 268c Abs. 3) über den Gesetzeswortlaut hinaus auch die *leiblichen Eltern* in Absprache mit dem Kind in geeigneter Form beratend unterstützt, indem die persönlichkeitsrechtlichen Anliegen beider Seiten wahrgenommen und respek-tiert werden, zugleich aber das *wechselseitige Verständnis* für diese Anliegen gefördert, namentlich *schonende Kontaktaufnahme* ermöglicht (vgl. dazu auch BGE 128 I 63, 77 E. 5 und namentlich das a.a.O. 78 f. E. 6 gepflogene Vorgehen, die Namensnennung nicht [schon] im Rahmen der Zustellung eines gerichtlichen Urteils vorzunehmen), aber bei *Dringlichkeit rascher Informationsaustausch* gewährleistet wird. Dass sowohl unklare Verhältnisse wie auch empfangene Information und Kenntnis die Beteiligten in manchen Fällen überfordern wird, liegt in der Natur der Sache und mahnt zu Behutsamkeit und kontinuierlicher Begleitung durch beratende Stellen, deren Bedeutung sich nicht im Adressaustausch erschöpft. Zu Recht kritisch gegenüber der unzulänglichen Interessenwahrung der leiblichen Mutter (COTTIER, Information & Recht, 31 ff.).

III. Inhalt des Adoptionsgeheimnisses

7   Das Adoptionsgeheimnis schliesst die **Tatsache der Adoption** an sich und die **Identität der Adoptiv- bzw. der leiblichen Eltern** ein, *soweit ein berechtigtes Geheimhaltungsinteresse* besteht. Die *leiblichen* Eltern haben deshalb Anspruch darauf zu erfahren, *dass* ihr Kind adoptiert worden ist und eventuelle Bedingungen (Art. 265a N 14) beachtet wurden; die *Adoptiv*eltern müssen u.U. (bevor dem Kind ein eigenes Recht nach Art. 268c Abs. 1 zusteht) Aufschluss erlangen können, soweit es für besondere Abklärungen (z.B. genetische Auskünfte) geboten ist.

8   Soweit das Adoptionsgeheimnis der Sache nach *nicht besteht* (bei *Stiefkind- oder Verwandtenadoption*), ist dennoch dieses Familieninternum Dritten gegenüber nach Massgabe von N 4 zu bewahren.

IV. Vorkehren zum Schutz des Adoptionsgeheimnisses

9   Die **zivilstandsrechtliche Ordnung** (Art. 268 N 29) bietet Gewähr, dass Unbefugte keine Auskünfte erlangen. Bedeutungsvoller ist, bereits im Vorfeld des Pflegeverhältnisses sicherzustellen, dass nicht durch Akteneinsicht (z.B. in einem Verfahren nach Art. 265c f.) oder durch örtliche Bezeichnung beteiligter (kleinerer) Behörden die leiblichen Eltern Anhaltspunkte über den Aufenthaltsort des Kindes gewinnen (s. näher BK-HEGNAUER, N 24 f.).

10   **Verletzung des Adoptionsgeheimnisses** kann ggf. nach Art. 320 f. StGB strafbar sein und/oder Ansprüche wegen Verletzung in den persönlichen Verhältnissen begründen (Art. 28; Art. 49 OR).

Art. 269

E. Anfechtung **I. Gründe** **1. Fehlen der Zustimmung**	**[1] Ist eine Zustimmung ohne gesetzlichen Grund nicht eingeholt worden, so können die Zustimmungsberechtigten die Adoption beim Gericht anfechten, sofern dadurch das Wohl des Kindes nicht ernstlich beeinträchtigt wird.** **[2] Den Eltern steht diese Klage jedoch nicht zu, wenn sie den Entscheid ans Bundesgericht weiterziehen können.**
E. Action en annulation I. Motifs 1. Défaut de consentement	[1] Lorsque, sans motif légal, un consentement n'a pas été demandé, les personnes habilitées à le donner peuvent attaquer l'adoption devant le juge, si le bien de l'enfant ne s'en trouve pas sérieusement compromis. [2] Ce droit n'appartient toutefois pas aux parents s'ils peuvent recourir au Tribunal fédéral contre la décision.

E. Contestazione	¹ L'adozione può essere contestata giudizialmente da chi, senza motivo
I. Motivi	legale, non fu richiesto del consenso, purché il bene del figlio non risulti seriamente compromesso.
1. Mancanza del consenso	² L'azione non è data ai genitori, qualora possano ricorrere al Tribunale federale contro la decisione.

I. Prinzip der Unauflöslichkeit der Adoption

Das **Prinzip der Volladoption** (Art. 267 N 1 f.) verlangt, dass die erfolgte **Adoption** **1**
grundsätzlich nicht aufgehoben werden kann. Dafür besteht denn auch weder ein praktisch noch sachlich gerechtfertigtes Bedürfnis: Das **Pflegeverhältnis als Probezeit** – die
es bei natürlicher Elternschaft nicht gibt! – schafft ausreichend Bedenkzeit (BK-
Hegnauer, N 3).

Die Analogie zum natürlichen Kindesverhältnis ermöglicht immerhin die Aufhebung **2**
einer ersten Adoption durch eine zweite (Art. 267 Abs. 2), während der sachlich anders
gelagerten Anfechtungsklage (Art. 256) die der Adoption eigenen Anfechtungsgründe
von Art. 269 und 269a entspricht (s. dazu Art. 16 GestG).

II. Ungültigkeitsgründe

Ähnlich einer «Nicht-Ehe» (Hegnauer/Breitschmid, N 7.03 f.) sind auch bei einer **3**
Adoption extreme Mängel denkbar, die zu deren *absoluten Unwirksamkeit* (**Nichtigkeit**)
führen: wo sie nicht durch eine staatliche Behörde ausgesprochen wurde, durch delikti-
sche Machenschaften (Fälschung von Zivilstandsausweisen o.ä.) erwirkt wurde (BK-
Hegnauer, N 6 f.); zu prüfen ist auch, ob Urteilsunfähigkeit eines Beteiligten zum Fehlen einer unabdingbaren Voraussetzung führte (Art. 265b N 8). Blosse *Verfahrensmängel*
(u. N 9) haben jedoch nie derart weit reichende Folgen, um nicht die Stabilität der Beziehung und das Prinzip der Unauflöslichkeit zu gefährden. Die Unwirksamkeit ist – wo die
ungültige Adoption registerrechtliche Wirkungen entfaltet hat – mit Rücksicht auf Art. 8
in einem Feststellungsverfahren geltend zu machen; dieses richtet sich analog nach
den nachfolgend (N 5) für das Anfechtungsverfahren dargestellten Grundsätzen.

Im Übrigen kann die **rechtskräftig ausgesprochene Adoption nur im gerichtlichen** **4**
Anfechtungsprozess aufgehoben werden. Art. 269 Abs. 1 regelt den wichtigen Fall des
Fehlens einer Zustimmung, während Art. 269a die Anfechtung wegen *anderer Mängel*
(dort N 2) ermöglicht.

III. Anfechtung wegen fehlender Zustimmung

1. Verfahren

Die Anfechtungsklage ist in einem **gerichtlichen Verfahren** zu behandeln und nicht **5**
etwa von der Adoptionsbehörde i.S. einer Revision. *Örtlich* zuständig ist der Richter am
Ort, wo die Adoption ausgesprochen wurde, oder wo eine Partei im Zeitpunkt der Klageerhebung Wohnsitz hat (Art. 16 GestG; BK-Hegnauer, N 13). Die Klage richtet sich
gegen das Kind und die Adoptiveltern, sofern nicht diese klagen (vgl. Art. 260a Abs. 3).
Sie ist nur zulässig, wo gegen den Adoptionsentscheid (Art. 268) kein ordentliches
Rechtsmittel mehr offen steht (Abs. 2; BGE 112 II 298). Das gutheissende Urteil beseitigt die Adoption rückwirkend (*ex tunc;* BK-Hegnauer, N 18).

Zur *Klagefrist* s. Art. 269b, zur *registerrechtlichen Abwicklung* BK-Hegnauer, N 19. **6**

2. Fehlende Zustimmungen

7 Anfechtbarkeit i.S.v. Art. 269 setzt **Fehlen einer vorgeschriebenen Zustimmung** voraus: jener des urteilsfähigen Kindes (Art. 265 Abs. 2), der vormundschaftlichen Aufsichtsbehörde (Art. 265 Abs. 3), der leiblichen Eltern (Art. 265a Abs. 1) oder des Ehegatten bei Mündigenadoption (Art. 266 Abs. 2).

8 Der fehlenden entspricht die *vor Ablauf der Sperrfrist* (Art. 265b N 3) abgegebene Zustimmung; ebenso, wo der Entscheid nach Art. 265d Abs. 3 dem Betroffenen *nicht zugestellt* wurde (BGE 112 II 298). Leidet die Zustimmung an einem beachtlichen (Art. 265b N 9) *Irrtum,* so ist die *Anfechtung der Adoption subsidiär* (Art. 265b N 10).

9 **Unbeachtlich** sind hingegen rein **formale Mängel** – wo z.B. eine Zustimmung gegenüber einer örtlich unzuständigen Behörde erklärt oder nicht gehörig im Protokoll vermerkt wurde (Art. 265a Abs. 2, dort N 12).

10 **Aktivlegitimiert** ist, wer zustimmungsberechtigt gewesen wäre, dessen Zustimmung aber nicht eingeholt wurde, und dem im Adoptionsverfahren keine Äusserung bzw. kein Rechtsmittel (mehr) zusteht (Abs. 2; o. N 5).

3. Kindeswohl

11 Selbst gewichtige Mängel des Verfahrens (N 7 f.) sollen das integrierte Kind nicht aus der Adoptivfamilie herausreissen: **Das Kindeswohl geht dem Zustimmungsrecht vor** (BK-HEGNAUER, N 29). Die Abwägung der Interessen hat den Anforderungen von Art. 264 und 268 zu genügen; es müssen die Untersuchungen nach Art. 268a erfolgen. Dass faktisch der zu Unrecht übergangene Zustimmungsberechtigte (vgl. insb. Art. 265c N 14 f.) die erfolgte Adoption kaum je mit Erfolg noch wird anfechten können, ändert nichts daran, dass er von den behördlichen Entscheiden in Kenntnis zu setzen ist, was letztlich auch eine spätere Kontaktaufnahme (und damit das «Funktionieren» von Art. 268c) erleichtert.

Art. 269a

2. Andere Mängel	[1] **Leidet die Adoption an anderen schwerwiegenden Mängeln, so kann jedermann, der ein Interesse hat, namentlich auch die Heimat- oder Wohnsitzgemeinde, sie anfechten.** [2] **Die Anfechtung ist jedoch ausgeschlossen, wenn der Mangel inzwischen behoben ist oder ausschliesslich Verfahrensvorschriften betrifft.**
2. Autres vices	[1] Lorsque l'adoption est entachée d'autres vices, d'un caractère grave, tout intéressé, notamment la commune d'origine ou de domicile, peut l'attaquer. [2] L'action est toutefois exclue, si le vice a entre-temps été écarté ou s'il ne concerne que des prescriptions de procédure.
2. Altri vizi	[1] L'adozione inficiata d'altri vizi gravi può essere contestata da ogni interessato, specialmente dal Comune d'origine o di domicilio. [2] L'azione è tuttavia esclusa, se il vizio è stato nel frattempo eliminato, oppure se concerne soltanto prescrizioni di procedura.

I. Anfechtungsgrund der «anderen schwerwiegenden Mängel» (Abs. 1)

Neben fehlender Zustimmung als Anfechtungsgrund (Art. 269 Abs. 1, dort N 4 bzw. 7 f.) **1**
kann *jede Verletzung gesetzlicher Vorschriften,* die einen *schwerwiegenden Mangel* darstellt, zur Anfechtung der Adoption führen.

Schwerwiegende Mängel sind Verletzungen gesetzlicher Vorschriften, wodurch der **2**
Wesensgehalt der Adoption (Volladoption, Gleichstellung mit dem natürlichen Kindes-
verhältnis) berührt wird; zudem müssen *im konkreten Fall wesentliche Interessen* der
Beteiligten oder der Öffentlichkeit tangiert sein. – Als **Beispiele** seien genannt: eine we-
sentliche, *biologisch unmögliche Unterschreitung des Mindestaltersunterschieds,* das
Fehlen eines echten Pflegeverhältnisses oder das deutliche *Überwiegen adoptionsfremder
Nebenzwecke* erb- oder bürgerrechtlicher Art (BK-HEGNAUER, N 5 f.; STETTLER, SPR
III/2, 216 f.). **Kein schwerwiegender Mangel** in diesem Sinne wären ein *Irrtum* bzw.
enttäuschte Erwartungen der Adoptiveltern *über die Entwicklung des Adoptivkindes;* das
entsprechende Risiko ist adoptionsimmanent und der Irrtum deshalb an sich schon nicht
wesentlich (Art. 265b N 9), während auftragsrechtliche oder ausservertragliche *Haftung
des Adoptionsvermittlers* (BK-HEGNAUER, Art. 269c N 69) kaum je vorliegen wird;
entwickelt sich das Adoptionsverhältnis ungünstig, sind *Kindesschutzmassnahmen*
(Art. 307 f.) der einzige Behelf.

Zum **Verfahren** s. Art. 269 N 5 f. – *Aktivlegitimiert* ist *«jedermann, der ein Interesse* **3**
hat» (Art. 76 BGG): Das trifft auf die am Adoptionsverfahren unmittelbar Beteiligten zu
(Adoptivkind und -eltern, leibliche Eltern), weitere Betroffene (andere Kinder der Adoptiveltern, bisherige Angehörige des Adoptivkindes oder der Adoptiveltern mit Erbenstellung; Heimat- und [neue] Wohnsitzgemeinde).

II. Ausschluss der Klage (Abs. 2)

Kein schwerwiegender Mangel i.S.v. Art. 269a Abs. 1 ist die **Verletzung blosser Ver-** **4**
fahrensvorschriften (etwa Art. 265 Abs. 3; ferner solche des kantonalen Verfahrens und
über örtliche Zuständigkeit, z.B. Art. 265d Abs. 1, 268 Abs. 1), *sofern dadurch nicht die
Willensbildung* und damit der Gehalt der Adoption betroffen ist, so bei fehlender oder
unrichtiger Aufklärung über Bedeutung und Wirkung der Adoption (s. Art. 268a N 6).

Zudem können die Beteiligten ihnen schon während des Verfahrens bekannte Mängel **5**
nicht mehr geltend machen. Ist der Mangel bereits geheilt (z.B. das Mindestalter im
Zeitpunkt des Anfechtungsurteils erreicht oder bei Einzeladoption durch einen Ehegatten, dessen Ehe inzwischen geschieden) oder noch heilbar, so ist er ebenfalls unbeachtlich.

Art. 269b

II. Klagefrist	**Die Klage ist binnen sechs Monaten seit Entdeckung des An-fechtungsgrundes und in jedem Falle binnen zwei Jahren seit der Adoption zu erheben.**
II. Délai	L'action doit être intentée dans les six mois à compter du jour où le motif en a été découvert et, dans tous les cas, dans les deux ans depuis l'adoption.
II. Termine	L'azione deve essere proposta entro sei mesi dal momento in cui fu cono-sciuto il motivo della contestazione e, in ogni caso, entro due anni dall'adozione.

1 Verhältnismässig knappe *relative* (sechs Monate nach Entdeckung) und *absolute Klage-fristen* (zwei Jahre seit der Adoption) sollen die erfolgte Adoption vor gerichtlicher Anfechtung schützen (noch eine altrechtliche Adoption betr. demgegenüber BGE 101 II 203 m.Hw. auf Art. 31 OR). Der Bedeutung nach handelt es sich um **Verwirkungsfristen** (BGE 93 II 372; BK-HEGNAUER, N 4 bzw. DERS., Art. 265c N 37), wobei aber in Analogie zu Art. 256c, 260c und 263 (je Abs. 3) eine Klage zuzulassen wäre, wenn die Verspätung mit wichtigen Gründen entschuldigt wird (BGE 112 II 298 f.; BK-HEGNAUER, N 10 bzw. DERS., BK, Art. 256c N 45 f.; o. Art. 256c N 6).

2 Zur *Berechnung und Wahrung* der Frist s. Art. 77 und 132 OR. Die Zweijahresfrist läuft ab Rechtskraft, die Sechsmonatsfrist ab Entdeckung des Anfechtungsgrundes. – Vgl. im Übrigen Art. 127 OR sowie die Hinweise auf die Anfechtungsklagen soeben in N 1.

Art. 269c

F. Adoptiv-kinder-vermittlung

[1] Der Bund übt die Aufsicht über die Vermittlung von Kindern zur Adoption aus.

[2] Wer diese Vermittlung berufsmässig oder im Zusammenhang mit seinem Beruf betreibt, bedarf einer Bewilligung; die Vermittlung durch vormundschaftliche Organe bleibt vorbehalten.

[3] Der Bundesrat erlässt die Ausführungsbestimmungen und regelt die Mitwirkung der für die Aufnahme von Kindern zum Zweck späterer Adoption zuständigen kantonalen Behörde bei der Abklärung der Bewilligungsvoraussetzungen und bei der Aufsicht.

[4] Verfügungen der Aufsichtsbehörde können mit Beschwerde bei der Rekurskommission für die Adoptionsvermittlung angefochten werden.

F. Activité d'intermédiaire en vue d'adoption

[1] La Confédération exerce la surveillance sur l'activité d'intermédiaire en vue d'adoption.

[2] Celui qui exerce l'activité d'intermédiaire à titre professionnel ou en relation avec sa profession est soumis à autorisation; le placement par les organes de tutelle est réservé.

[3] Le Conseil fédéral édicte les dispositions d'exécution; il règle en outre, s'agissant des conditions d'autorisation et de la surveillance, la collaboration avec les autorités cantonales compétentes en matière de placement d'enfants en vue d'adoption.

[4] Les décisions de l'autorité de surveillance peuvent faire l'objet d'un recours à la commission de recours en matière d'activité d'intermédiaire en vue d'adoption.

F. Collocamento in vista d'adozione

[1] La Confederazione esercita la vigilanza sul collocamento degli adottandi.

[2] Chi si occupa di questi collocamenti a titolo professionale o in relazione alla sua professione deve avere un'autorizzazione; è fatto salvo il collocamento tramite gli organi di tutela.

[3] Il Consiglio federale emana le norme esecutive e disciplina il concorso dell'autorità cantonale competente in materia di collocamento in vista d'adozione, nell'accertamento delle condizioni per l'autorizzazione e nella vigilanza.

⁴ Le decisioni dell'autorità di vigilanza possono essere impugnate con ricorso alla Commissione di ricorso in materia di collocamento in vista d'adozione.

Literatur

BOÉCHAT, Die Adoptionsvermittlung: erste Erfahrungen der Aufsichtsbehörde des Bundes, FamPra 2004, 553 ff.; URWYLER, Adoptivkinder werden besser geschützt – Gesetzliche Änderungen im Hinblick auf das Inkrafttreten des Haager Adoptionsübereinkommens (HAÜ), ZVW 2003, 1 ff.

I. Normzweck

Art. 269c weist auf die **Bedeutung der Vermittlungstätigkeit für das Gelingen der**   1
Adoption hin: Wo nicht eine Verwandten- oder Stiefkindadoption erfolgt, bewirkt regelmässig ein Vermittler die «Familienzusammenführung». Diese Tätigkeit erfordert fachliche Kompetenz, um durch Vorabklärungen bereits bei der Pflegeplatzvermittlung (s. Art. 264 N 8) geeignete Pflege- bzw. Adoptiveltern zu finden und so Umplatzierungen zu vermeiden; zugleich stellt die Tätigkeit angesichts des gewaltigen Nachfrageüberhangs nach Adoptivkindern (Vorbem. zu Art. 264–269c N 4) **ethische Anforderungen:** der Vermittler darf nicht eigene (materielle: u. N 7) Interessen dem Kindeswohl (Art. 3 VAdoV) voranstellen.

Die **berufsmässige** (Übersicht über die Bewilligungsinhaber bei BK-HEGNAUER, N 32)   2
oder im *Zusammenhang mit dem Beruf* betriebene (Mütterberatungsstellen, Ärzte, Sozialarbeiter etc.) Tätigkeit als Adoptionsvermittler bedarf deshalb einer Bewilligung (Abs. 2; Art. 4 VAdoV) und steht mit Rücksicht auf ihre Bedeutung unter der **Aufsicht des Bundes** (Abs. 1; vgl. N 3). Die Bewilligung der Vermittlungstätigkeit ist befristet und auf bestimmte Länder beschränkt. Daneben regelt die Zentrale Behörde zur Behandlung internationaler Adoptionen unter anderem den grenzüberschreitenden Informationsaustausch und erlässt Weisungen über den Vollzug des Haager Übereinkommens (URWYLER, ZVW 2003, 1 ff.; Mustersammlung, Nr. 241.2). Im Inland kommt ihr hauptsächlich eine Koordinationsfunktion zu (URWYLER, FamPra 2004, 519 ff.). Keiner Bewilligung bedarf die Vermittlung durch die als integer und kompetent vermuteten vormundschaftlichen Organe (Abs. 2; Art. 19 Abs. 1 VAdoV). Dass bei Adoptionspflege nur noch *eine* zentrale kantonale Behörde zuständig ist (Art. 316 Abs. 1ᵇⁱˢ), konzentriert Fachkunde, schafft Übersicht und strafft Abläufe. Die Neuorganisation der Behörden auf Bundes- und Kantonsebene hat sich weitaus als vorteilhaft erwiesen – wohingegen die Zusammenarbeit mit den Herkunftsstaaten bei internationalen Adoptionen erst stockend vorangeht (URWYLER, Zukunft der internationalen Adoption in der Schweiz: Welche Lösungen für welche Probleme?, 24 ff.).

II. Hinweis in Abs. 3: Regelung durch die Verordnung über die Adoptionsvermittlung (VAdoV)

Die **Verordnung über die Adoptionsvermittlung** (VAdoV) regelt die Tätigkeit im Einzelnen, insbes. die Voraussetzungen zur Erteilung einer Bewilligung (Art. 5 VAdoV), der Besonderheiten bei zwischenstaatlicher Vermittlung (Art. 6 und 9 VAdoV; vgl. Vorbem. zu Art. 264–269c N 8, Art. 267a N 5; HEGNAUER, FS Heini, 192 f. [zit. bei den Vorbem. zu Art. 264–269c], der die *Bundesaufsicht über die internationale Vermittlung* forderte) und die Koordination zwischen dem Vertreter des Kindes (Vormund, Beistand) und dem Vermittler (Art. 8 VAdoV) – Nach bisherigem Recht von den bisher zuständigen Stellen erteilte Bewilligungen bleiben nach Art. 12cᵇⁱˢ Abs. 1 SchlT bis zu ihrem Ablauf gültig,   3 wobei sich die Bundesaufsicht auf die von den Kantonen zu übermittelnden Bewilligungsunterlagen stützen kann.

4   Zentral ist, dass eine Unterbringung nur erfolgen darf, wenn der **Vermittler alle im Blick auf eine spätere Adoption bedeutsamen Umstände abgeklärt** hat und die künftigen **Adoptiveltern über eine Bewilligung** i.S.v. Art. 4 f. und zusätzlich Art. 11a–11j PAVO (s. Art. 264 N 8 f.) verfügen (Art. 10 VAdoV), was insbes. bei internationalen Adoptionen zu beachten ist (Art. 9 VAdoV). Es soll Präjudizierung einer nachmaligen Adoption durch übereilte Unterbringung auf Druck adoptionswilliger Eltern vermieden werden (zur gesamten Problematik internationaler Adoptionen HEGNAUER, zit. N 3). Da die Tätigkeit des Vermittlers eher in der vorbereitenden Phase liegt, ist bei internationalen Adoptionen dem Kind neu nach Art. 17 BG-HAÜ bei schon im Ausland erfolgter Adoption noch vor Einreise für die faktisch erst *nach* erfolgter Adoption beginnende Phase der «Pflegekindschaft» für die Dauer von längstens 18 Monaten ein sog. **Adoptionsbeistand** zu ernennen, welcher ggf. durch Kindesschutzmassnahmen nach Art. 307 ff. abzulösen wäre (Art. 17 Abs. 4 BG-HAÜ; Mustersammlung, Nr. 254 f.). Dass die Anordnung einer solchen Beistandschaft *beschwerdefähig* ist (Art. 72 Abs. 2 lit. b Ziff. 6 BGG), unterstreicht eher ihre Bedeutung als dass damit zu rechnen wäre, es lasse sich die Anordnung einer solchen Massnahme im Einzelfall abwenden.

5   Der Vermittler hat die Adoptiveltern über das Kind sowie über Wesen und Schwierigkeiten einer Adoption zu **beraten** (Art. 12 VAdoV; Art. 268 N 6).

6   Generell hat der Vermittler durch seine Tätigkeit das **Adoptionsverfahren zu erleichtern:** durch Meldepflichten (Art. 13 VAdoV) und Aktenführung (Art. 15 VAdoV) sowie Auskunfts- und Editionspflichten gegenüber den Behörden (Art. 16 VAdoV). Er hat das Adoptionsgeheimnis zu wahren (Art. 17 VAdoV).

7   Dem ideellen Zweck der Adoption entsprechend hat der Vermittler neben dem Auslagenersatz lediglich Anspruch auf eine **angemessene Vergütung** (Art. 14 VAdoV; vgl. Art. 23 BG-HAÜ). Dafür – wie auch für seine Tätigkeit insgesamt – gilt subsidiär *Auftragsrecht* (BK-HEGNAUER, N 69; s.a. Art. 269a N 2).

III. Rechtsmittel (Abs. 4)

8   Die neu eingeführte *Aufsicht durch den Bund* (N 2) zieht eine *bundesrechtliche Zuständigkeit in Aufsichtsbelangen* des Adoptivkindervermittlungswesens nach sich, und zwar unabhängig davon, ob es um eine interne oder internationale Adoption geht (BBl 1999 5840). Zum Adoptionsbeistand s.o. N 4.

Achter Titel: Die Wirkungen des Kindesverhältnisses

Erster Abschnitt: Die Gemeinschaft der Eltern und Kinder

Art. 270

A. Familienname

[1] Sind die Eltern miteinander verheiratet, so erhält das Kind ihren Familiennamen.

[2] Sind sie nicht miteinander verheiratet, so erhält das Kind den Namen der Mutter, oder, wenn diese infolge früherer Eheschliessung einen Doppelnamen führt, den ersten Namen.

A. Nom de famille

[1] L'enfant de conjoints porte leur nom de famille.

[2] L'enfant dont la mère n'est pas mariée avec le père acquiert le nom de la mère ou, lorsque celle-ci porte un double nom à la suite d'un mariage conclu antérieurement, le premier de ces deux noms.

A. Cognome

[1] Se i genitori sono uniti in matrimonio, il figlio ne assume il cognome.

[2] Se i genitori non sono uniti in matrimonio, il figlio assume il cognome della madre ma, se costei porta un doppio cognome in seguito a un matrimonio precedente, soltanto il primo cognome.

Literatur

BREITSCHMID, Zulässigkeit «Schulischer Namensänderungen»? – Grenzen vorsorglicher Massnahmen bei Namensänderungen, ZZW 1996, 41 ff.; CONRAD, Meier und Bühler als Vornamen in den Familienregistern, ZZW 1993, 119; DERS., Soldat, Himmelschinese und Rucksack als Vornamen, ZZW 1993, 395 ff.; HÄFLIGER, Die Namensänderung nach Art. 30 ZGB, Diss. Zürich 1996; HEGNAUER, Begrenzung der gesetzlichen Namensänderung für Kinder, ZZW 1990, 165 ff.; KOHLHEIM/KOHLHEIM, Duden, Familiennamen, Mannheim 2000; PINTENS, Der Kindesname in rechtsvergleichender Sicht, ZZW 1992, 133; STURM, Zur Wahl des Vornamens – Die elterliche Phantasie und ihre Grenzen, ZZW 1987, 201 ff. (deutsche Fassung) und 294 ff. (französische Fassung mit Anmerkungsapparat); RÜFENACHT, Praxis des Bundesgerichtes zur Namensänderung beim Scheidungskind, recht 2005, 62 ff.; WERLEN, Das schweizerische Vornamensrecht, Diss. Basel 1981; vgl. ferner die Literaturangaben zu Art. 30 und 160.

I. Der Familienname

1. Gesetzlicher Name – Persönlichkeitsgut

Der zwingende Art. 270 verankert den seit langem überlieferten und in den meisten Rechtssystemen geltenden Grundsatz im ZGB, dass natürliche Personen ihren Namen (bei der Geburt) durch Abstammung erhalten: den Familiennamen (zur Namensrechtsgeschichte HÄFLIGER, 3 ff.; ferner KOHLHEIM/KOHLHEIM, 13 ff.; PINTENS, 135 ff.). Dieser bildet zusammen mit dem oder den Vornamen (N 36 ff.) den **gesetzlichen bzw. amtlichen Namen** der durch ihn gekennzeichneten Person (vgl. z.B. BGE 120 III 61). Der Name wird nicht nur bei der Geburt nach Art. 270 derivativ von den Eltern bzw. der Mutter erworben, sondern auch nach dieser Bestimmung an die Nachkommen weitergegeben. Zahlreiche Familiennamen lassen sich über viele, viele Generationen zurückverfolgen: Ihre Anfänge verlieren sich oft erst in weit entfernten Jahrhunderten.

1

2 Als sprachliches Kennzeichen seines Trägers hat der Familienname – wie alle anderen Namen auch – **Kennzeichnungs- und Unterscheidungsfunktion.** So erfüllt der Name v.a. die wichtige Aufgabe, seinen Träger in die umfassende Gemeinschaft einzuordnen (BGE 108 II 162), wozu bei den Familiennamen nicht zuletzt die *Kennzeichnung der Familienzugehörigkeit* gehört (BGE 126 III 2; 119 II 308; 108 II 162). Gleichzeitig hat der Name den Namensträger auch in seinen sämtlichen Tätigkeits- und Wirkungsbereichen von allen anderen unterscheidbar zu machen (weitere Einzelheiten zu den Namensfunktionen vgl. Art. 29 N 2).

3 Der Familienname stellt **Bestandteil der Persönlichkeit** seines Trägers dar, so dass an ihm ein Persönlichkeitsrecht besteht (Art. 29 N 1, 18). Dieses *Recht am eigenen Namen* gehört bei Familiennamen zudem zu den Menschenrechten (BK-HEGNAUER, N 4) und ist nach Art. 8 EMRK besonders geschützt (VILLIGER, 356; vgl. ferner Art. 7 UKRK). Der Familienname ist sodann als gesetzlicher Name (N 1) der natürlichen Personen von den vielfältigen anderen Kennzeichen zu unterscheiden, deren sich diese – unter Vorbehalt ihrer Namensführungspflicht (Art. 30 N 1) – namensmässig bedienen dürfen. Solche Kennzeichen sind zwar keine gesetzlichen Namen, aber ebenfalls namensrechtlich geschützte Persönlichkeitsgüter (Art. 29 N 4 und 7 ff.). Hierzu gehören vor allem die *Pseudonyme,* an denen durch entsprechenden Zeichengebrauch Namensrechte erworben werden können (Art. 29 N 7, 16). Den Pseudonymen gleichgestellt sind die (seltenen, in Art. 83 Abs. 1 Ziff. 3 ZStV beiläufig erwähnten) *Beinamen* etwa vom Typ «A. von X» wie z.B. «Bigot de Morogues» (Direktion des Inneren, ZGGVP 1989–190, A. BUCHER, Personen, 767). Diese werden durch einen für den Rechtserwerb nach Art. 29 hinreichenden Zeichengebrauch zu Persönlichkeitsgütern, stellen bisweilen aber auch – etwa durch eine Namensänderung gemäss Art. 30 Abs. 1 erworbene – Bestandteile von Familiennamen dar (BGE 118 II 4 = Pra 82, 348 – »Bigot de Morogues»; HÄFLIGER, 36 f.).

2. Abgrenzung gegen andere gesetzliche Namen natürlicher Personen

4 Die nach Art. 270 erworbenen – und allenfalls nach Art. 30 Abs. 1 abgeänderten – Namen heissen von Gesetzes wegen Familiennamen. Das Gesetz nennt sie zutreffend auch *angestammte Namen* (Art. 119), werden sie doch durch Abstammung bzw. aufgrund eines Kindesverhältnisses erworben (N 7 ff.). Die Namen gemäss Art. 270 sind von den **ausserhalb Art. 270 erworbenen Familiennamen** zu unterscheiden, so von den im Zuge der *Eheschliessung* (Art. 160 N 5 ff.) oder durch *Adoption* (Art. 267) erlangten Familiennamen. Nach Massgabe des Art. 40 IPRG können sodann *ausländische Familiennamen* in das Zivilstandsregister eingetragen und sind alsdann schweizerische gesetzliche Namen ihrer Träger. Bezogen auf ihren Erwerbszeitpunkt mag man Familiennamen gegebenenfalls als *Geburtsnamen* bezeichnen, was jedoch innerhalb des ZGB keine gesetzesterminologische, sondern nur klassifikatorische Bedeutung hat (vgl. demgegenüber aber z.B. VO vom 1.12.1999 über das automatisierte Strafregister, Art. 16).

5 Innerhalb einer bestimmten Familie wird der Namensträger durch einen oder mehrere **Vornamen** individualisiert (BGE 108 II 162). Zusammen mit dem oder den Vornamen (N 36 ff.) bildet der Familienname den gesetzlichen bzw. amtlichen Namen der natürlichen Person, stellen Vornamen also ihrerseits gesetzliche Namen dar. Es gilt somit auch im ZGB das Prinzip der **Zweinamigkeit,** wie sie schon vor Jahrhunderten die Einnamigkeit abgelöst hat.

6 Nicht jede Person führt einen Familiennamen. Vielmehr können verheiratete Personen einen **eherechtlichen Doppelnamen** als gesetzlichen Namen wählen (Art. 160 N 8 ff.; zu den hiervon zu unterscheidenden Allianznamen Art. 160 N 18 ff.). Eherechtliche Doppelnamen bestehen zwar aus Familiennamen, sind selber aber keine solchen und können namentlich auch nicht weitergegeben werden (Art. 160 N 8). Überblickt man die jahrhundertealte und ungebrochene Familiennamenstradition (N 1) erscheint das hierzulande im Jahre 1988 eingeführte Institut der eherechtlichen Doppelnamen eher als namensrechtliche Arabeske, die wohl über kurz oder lang wieder abgeschafft werden wird (vgl. auch Art. N 10).

II. Erwerb des angestammten Familiennamens

1. Namenserwerb durch Abstammung

a) Erwerbstatbestände

Nach Abs. 1 des Art. 270 erhält das Kind den **Familiennamen der Eltern,** wenn diese   **7** miteinander verheiratet sind. Diese Regelung hält vor der EMRK stand und erlaubt es nicht, dem Kind den Namen desjenigen Elternteils zu geben, dessen Name nicht Familienname geworden ist (BGE 122 III 414). Art. 270 Abs. 1 ist auch massgebend, wenn die Ehe der Eltern im Zeitpunkt der Geburt des Kindes nicht mehr besteht, für dieses aber die Vaterschaftsvermutung des Art. 255 gilt (HEGNAUER, Kindesrecht, N 16.03). Der nach Abs. 1 massgebende Familienname ist jener der eherechtlichen Namensverhältnisse der Eltern, d.h. in aller Regel der *Name des Vaters* (Art. 160 Abs 1), selten derjenige der Mutter (Art. 30 Abs. 2). Ein allfälliger anstelle des Familiennamens geführter eherechtlicher Doppelname des Vaters oder der Mutter (Art. 160 N 8 ff.) ist dagegen für den Namenserwerb der Kinder gemäss Abs. 1 bedeutungslos (vgl. dazu auch Abs. 2; ferner zu den natürlichen Doppelnamen, die echte Familiennamen sind, Art. 160 N 8).

Sind die Eltern bei der Geburt ihres Kindes nicht miteinander verheiratet (und besteht   **8** auch keine Vaterschaftsvermutung nach Art. 255), erhält dieses nach Art. 270 Abs. 2 den **Familiennamen der Mutter.** Massgebend ist deren Name im Zeitpunkt der Geburt des Kindes, wobei unerheblich bleibt, ob sie diesen ihrerseits durch Abstammung, Heirat oder Namensänderung erworben hat (HEGNAUER, Kindesrecht, N 16.06). Führt sie jedoch infolge einer früheren Eheschliessung einen eherechtlichen Doppelnamen (Art. 160 Abs. 2), so wird nur dessen erster Teil (ihr früherer Familienname) auch Name des Kindes.

b) Kausalität des abstammungsmässigen Namenserwerbs

Art. 270 ist die erste Bestimmung des ZGB bzw. dessen achten Titels über die **Wirkungen**   **9** **des Kindesverhältnisses.** Als Teil dieser Wirkungen ist der Namenserwerb nach Art. 270 demnach durch das Verhältnis des Kindes zu seinen miteinander verheirateten Eltern bzw. zu seiner ledigen Mutter bedingt und in diesem Sinne kausal (BK-HEGNAUER, N 17). Als Folge dieser Kausalität fällt der durch Geburt erfolgte Namenserwerb dahin, wenn das diesem zugrunde liegende Kindesverhältnis sich später als nicht gegeben erweist oder sich nachträglich ändert (N 12 f.; ferner zum Sonderfall des Findelkindes N 10).

2. Namenserwerb bei unbekannter Abstammung

Wird ein Kind unbekannter Abstammung – ein **Findelkind** – gefunden, hat ihm gemäss   **10** Art. 38 Abs. 2 ZStV die nach kantonalem Recht zuständige Behörde einen Familiennamen samt Vornamen zu geben. Lassen sich die Mutter bzw. gar miteinander verheiratete Eltern des Findelkindes später feststellen (Art. 38 Abs. 3 ZStV), erhält dieses einen Familiennamen gemäss Art. 270 Abs. 1 und 2 (HAUSHEER/AEBI-MÜLLER, 253, N 16.13; HEGNAUER, Kindesrecht, N 16.11) sowie einen oder mehrere Vornamen (A. BUCHER, Personen, N 787).

III. Gesetzliche Änderungen des angestammten Familiennamens

1. Heirat als gesetzlicher Namensänderungsgrund

11   Der gesetzliche Name natürlicher Personen ist unabänderlich (Art. 30 N 1), wobei aber die besonderen gesetzlichen und die behördlich zu bewilligenden Namensänderungen (N 14 ff.) vorbehalten bleiben. Als gesetzliche Namensänderung ist hier die zufolge Heirat zu nennen (Art. 160 Abs. 1; vgl. aber Art. 30 Abs. 2). Ihr sind in der schweizerischen Lebenswirklichkeit v.a. die Frauen ausgesetzt, sofern sie heiraten und deshalb den Mannesnamen anstelle ihres bisherigen Namens erhalten (Art. 160 N 4 ff.). Anders als bei den Männern ist der **Geburtsname der Frauen** tendenziell **nur ein vorläufiger**, was sich auch mit dem revidierten Eherecht nicht grundsätzlich geändert hat. Eine Revision des Namensrechtes, wonach die Ehepartner ihre bisherigen Namen hätten beibehalten können, ist im Jahre 2001 gescheitert (Art. 160 N 3).

2. Änderungen des Geburtsnamens wegen Änderung des Kindesverhältnisses

12   Wird ein Kind adoptiert, so erhält es gemäss Art. 267 Abs. 1 durch die **Adoption** die Rechtsstellung eines Kindes der Adoptierenden und damit auch deren Familiennamen (Einzelheiten – insb. auch zu den namensrechtlichen Wirkungen der Einzeladoption – bei BK-Hegnauer, Art. 267 N 34 ff.). Soll das Kind demgegenüber seinen Namen beibehalten, ist hierzu eine Namensänderung gemäss Art. 30 Abs. 1 erforderlich (N 31).

13   Im Bereich des Art. 270 ergeben sich als **Folge der Kausalität des geburtlichen Namenserwerbs** (N 9) gesetzliche Namensänderungen (vgl. zum Folgenden auch Häfliger, 233 ff.). Ein solcher Fall von Änderungen des Geburtsnamens wegen Änderung des Kindesverhältnisses folgt zunächst aus *Art. 259 Abs. 1*. Ist die Vaterschaft eines bei seiner Geburt nichtehelichen Kindes festgestellt und verheiraten sich dessen Eltern später, ändert sich sein nach Art. 270 Abs. 2 erworbener Name in einen solchen gemäss Art. 270 Abs. 1 (und es verliert ihn im Falle einer Vaterschaftsanfechtung wieder; Art. 259 Abs. 2 und 3). Zu einem Wegfall des Geburtsnamens führt auch die *Anfechtung der Ehelichkeit* eines Kindes, wenn aufgrund deren Begleitumstände die Familiennamen von Vater und Mutter gemäss Art. 270 Abs. 1 und 2 nicht bzw. nicht mehr identisch sind (Näheres bei BK-Hegnauer, N 37 ff.).

14   Die **Wirkungen einer Namensänderung wegen Änderung des Kindesverhältnisses** bestehen nicht nur für den Namensträger oder die Namensträgerin selber, sondern unabhängig von deren Alter auch für alle anderen Personen (Ehegatten, eheliche und nichteheliche Kinder), die von diesem ihren Namen erhalten haben (Hegnauer, Kindesrecht, N 16.12 m.w.Nw.). Es bedarf daher einer weiteren, eigenen Namensänderung nach Art. 30 Abs. 1 dieser Personen, wenn sie eine solche von ihnen nicht veranlasste erste Änderung ihres Namens abwenden wollen (BK-Hegnauer, N 41 ff.; Häfliger, 239 ff.; ferner zu dieser problematischen Situation Hegnauer, ZZW 1990, 165, mit einem Vorschlag für eine einschlägige Änderung des Art. 270).

IV. Behördliche Änderungen des angestammten Familiennamens (Art. 30)

1. Allgemeines

a) Traditionelle Namensänderung im Bereich des Art. 270

15   Nach Art. 30 Abs. 1 kann einer Person die Änderung ihres Namens bewilligt werden, wenn hierfür wichtige Gründe vorliegen. Dies bezieht sich auf die gesetzlichen Namen natürlicher Personen (Art. 30 N 4), wofür die *Familiennamen des Art. 270 Hauptan-*

wendungsfall sind (vgl. ferner Art. 160 N 14 ff. zur Änderung eherechtlich erworbener Familiennamen und von Doppelnamen und u. N 41 zu jener von Vornamen). Dabei erlaubt Art. 30 Abs. 1 zunächst die behördliche Namensänderung wegen **Nachteiligkeit des bisherigen Namens als solchem,** etwa weil dessen Lächerlich-, Hässlich- oder Anstössigkeit einen wichtigen Grund hierfür ergibt (Art. 30 N 8 f.). Für diese traditionellen Namensänderungen bestehen bei den nach Art. 270 Abs. 1 und 2 erworbenen Namen wenig Besonderheiten (vgl. jedoch zum Namensänderungsverfahren N 33 ff.). Immerhin kann aber bei den durch Abstammung erworbenen Namen gerade diese selber einen wichtigen Grund gemäss Art. 30 Abs. 1 darstellen, so z.B. wenn der Namensgeber ein entehrendes Verbrechen begangen hat (ZK-BRÄM, Art. 160 N 23; A. BUCHER, Personen, N 799).

b) Korrekturen des Namenserwerbs nach Art. 270

Von den traditionellen Namensänderungen (N 15) sind jene ebenfalls auf Art. 30 Abs. 1 **16** gestützten zu unterscheiden, die nichts mit der Eigenart des bisherigen Familiennamens (als solchem) zu tun haben, sondern auf die *Korrektur der gesetzlichen Namensordnung im Einzelfall* abzielen (Art. 30 N 8, 10). Von Sondertatbeständen abgesehen (N 27, 30 und 31 f.), geht es hierbei zumeist um **Namensunterschiede zwischen Kindern und ihren Sorgeberechtigten,** wie sie bei Scheidungs- und Waisenkindern (N 20 ff.) sowie bei ausserehelichen Kindern (N 25 ff.) vorkommen können. Solche Kinder tragen nicht den Namen der sozialen Familie, der sie besonderer Umstände wegen angehören. In den heutigen Gesellschaft erwächst ihnen aber allein deshalb, weil ihre Familienverhältnisse in den fraglichen Namensunterschiede erkennbar werden, kaum ein Nachteil, so dass dieser Unterschied für sich allein auch **kein wichtiger Grund nach Art. 30 Abs. 1** ist (BGer 5C.163/2002, E. 2.3 m.Nw.; ferner statt vieler HEGNAUER, Kindesrecht, N 16.14). Hierfür muss das Kind vielmehr durch Führen seines von Gesetzes wegen erworbenen Familiennamens anderweitig Nachteile erleiden, welche als wichtige (den Allgemeininteressen an der Namenskontinuität vorgehende) Gründe für eine Namensänderung in Betracht gezogen werden können (vgl. erneut BGer 5C.163/2002).

Wichtige Gründe i.S.v. Art. 30 Abs. 1 liegen hier vor, wenn dem Kind aus dem Führen **17** seines angestammten Namens **konkrete ernstliche soziale Nachteile** erwachsen (BGer 5C.97/2004; 5C.163/2002: BGE 126 I 1; 124 III 401; 121 III 147). Dafür sind einzig sachliche Kriterien massgebend, wogegen eine Namensänderung aus rein subjektiven bzw. gefühlmässigen Gründen ausser Betracht fällt (Art. 30 N 5). Deshalb waren nach BGer 5C.97/2004 unter den dortigen Umständen durch die Namenssituation verursachte *körperliche und seelische Symtome* der betroffenen Kinder unbeachtlich (was m.E. die gegenteilige Bewertung eigentlicher Erkrankungen solcher Kinder nicht ausschliesst). Auch ist es kein wichtiger Grund für eine Namensänderung, seine – z.B. balkanische – *Herkunft verschleiern* und/oder in der neuen Famlie vergessen machen zu wollen (BGer 5C.163/2002, E. 3). Ebensowenig reichen durch einen fremd klingenden Namen möglicherweise verursachte *Schwierigkeiten auf dem Arbeitsmarkt* als Namensänderungsgrund aus, weil für die grosse Mehrheit der Arbeitgeber (bzw. Lehrmeister) nicht anzunehmen ist, sie würde sich von solchen Namen gegen Arbeitnehmer beeinflussen lassen (BGer 5C.163/2002, E. 3; **a.M.** VGer SZ, ZBL 2001–280). Diese ganze Bundesgerichtspraxis ist zutreffend (so auch BREITSCHMID, AJP 2003, 705 f., zu BGer 5C.163/2002), obschon mehrheitlich und mit beachtlichen Gründen kritisiert (BUCHER, AJP 2005, 103 ff.; HAUSHEER/AEBI-MÜLLER, 259, N 16.39; RIEMER, Personenrecht, 115 f., Rz 234 ff.; RÜFENACHT, 64 f.). Im übrigen ist es nicht geradezu willkürlich, von ihr abzuweichen (BGer 5P.152/2005, E. 3).

18   Die Namensänderung steht nicht im Belieben des Einzelnen, weshalb ein **unbewilligtes Führen des neuen Namens** grundsätzlich **kein wichtiger Grund** für eine Namensänderung hergeben kann. Vorbehalten bleiben allerdings Fälle, wo sich ein solch neuer Name des Kindes ohne dessen wesentliches eigenes Zutun durch langen Drittgebrauch im Verkehr durchgesetzt hat (offen gelassen in BGer 5C.163/2002, E. 4.3; dazu auch BREITSCHMID, AJP 2003, 706).

c) Familiennamensänderungen bei Namensgebern nach Art. 270

19   Beim Namenserwerb nach Art. 270 erhält das Kind bei seiner Geburt den Familiennamen seiner (verheirateten) Eltern oder seiner (ausserehelichen) Mutter (vgl. aber N 10). Eine spätere behördliche **Familiennamensänderung von Eltern bzw. einer ausserehelichen Mutter,** erfolge diese im traditionellen Sinne (Art. 30 N 8 f., Art. 160 N 15) oder aus eherechtlich wichtigen Gründen (Art. 160 N 16 ff.), erstreckt sich immer auch auf die (unmündigen) Kinder. Deshalb ist nur eine *gemeinsame Namensänderung von Eltern bzw. ausserehelicher Mutter und Kind* zulässig, was sich im Rahmen des Art. 270 Abs. 1 allein schon aus dem Grundsatz der Einheit des Namens der Familie (vgl. Art. 160 N 1) ergibt (BK-HEGNAUER, N 46 ff.; dieser auch zu den Sonderfragen der Wirkungen von Namensänderungen geschiedener Eltern und der ausserehelichen Mutter auf den Namen des Kindes). Erst wenn das Kind mündig geworden ist, bleibt es von Namensänderungen seiner Namensgeber nach Art. 270 unberührt (BGE 97 I 623; BK-HEGNAUER, N 56; HÄFLIGER, 91).

2. Namensänderung bei Scheidungs- und Waisenkindern

a) Namenswechsel der obhutsberechtigten Mutter nach Art. 119 Abs. 1

20   Die Ehescheidung hat für die Namen allfälliger Kinder keine Rechtsfolgen, kann sich aber gleichwohl auf deren Namenssituation auswirken. Wird ein Kind (wie meist) seiner Mutter zugeteilt und hat diese trotzdem ihren früheren Namen wieder angenommen (Art. 119 Abs. 1), entsteht eine Namensverschiedenheit zwischen obhutsberechtigter Mutter und Kind. Diese kann nur mit einem **Namenswechsel des Kindes zum Namen der Mutter** beseitigt werden. Dafür genügt diese blosse Namensverschiedenheit als solche jedoch nicht (N 16), sondern eine Namensänderung nach Art. 30 Abs. 1 kann nur erfolgen, wenn der *angestammte Name* dem Kind *sozial ernstlich nachteilig* ist (N 17). Das trifft oft nicht wirklich zu, wobei neben den hierzu bereits genannten Konstellationen (N 17) vor allem auch das Bestreben, im Umfeld des Kindes die Erinnerung an dessen leiblichen Vater und früheren (nun ungeliebten) Ehemann der Mutter möglichst vergessen machen zu wollen, kein wichtiger Grund für eine Namensänderung ist (BGer 5C.97/2004, E. 3.3).

21   Eine Namensänderung ist unter den erwähnten Voraussetzungen (N 20) auch bei **Waisenkindern** zulässig, wenn der überlebende Ehepartner (d.h. im Regelfall die Ehefrau; Art. 160 N 5 ff.) nach Auflösung der Ehe infolge Todes den vor der Heirat getragenen Namen wieder angenommen hat (die Zulässigkeit einer solchen Namenswahl überlebender Ehepartner ist allerdings umstritten; FamKomm Scheidung/BÜCHLER, Art. 119 ZGB N 1; HEGNAUER/BREITSCHMID, N 13.39, beide m.w.Hw.).

b) Wiederverheiratung oder Konkubinat der obhutsberechtigten Mutter

22   Bei der Wiederverheiratung einer geschiedenen (oder verwitweten) Mutter kommt eine Namensänderung nach Art. 30 Abs. 1 in Betracht, wenn ein Scheidungskind (oder Vaterwaisenkind) mit dieser und deren neuem Ehemann, der nicht sein leiblicher Vater ist, zusammenlebt. In solchen Fällen kann unter anderem ein **Namenswechsel des Kindes zum Namen des Stiefvaters** dessen Namenseinheit mit seiner Mutter und seinem Stiefvater herstellen. Allerdings ist der bloss allgemeine Hinweis des Kindes auf die fehlende Einheit des Familiennamens für sich allein für eine Namensänderung nicht genügend (N 16), bzw. gibt es – bei Konkubinatsverhältnissen – einen gemeinsamen Familiennamen gar nicht. Wie auch immer müssen für eine Namensänderung anderweitig wichtige Gründe gemäss Art. 30 Abs. 1 vorliegen, was oft nicht zutrifft (N 17).

Da indessen dem Kind mit einer **Adoption durch den Stiefvater** dessen Namen verschafft werden kann (Art. 264a Abs. 3), ist eine Namensänderung aus kindesrechtlich wichtigen Gründen (N 16 f.) nur zuzulassen, wenn eine solche Adoption aus *triftigen* Gründen unterbleibt (BK-HEGNAUER, N 106; diesem zustimmend HÄFLIGER, 266). Könnte sich bei Scheidungskindern der (leibliche) Vater einer Adoption allenfalls erfolgreich widersetzen, kümmert er sich also ernstlich um das Kind (Art. 265c Ziff. 2), so kommt eine Namensänderung nach der hier vertretenen Auffassung von vornherein nicht in Frage. In diesen Fällen liegt es gegenteils im Interesse des Kindes, dessen Beziehung zu seinem Vater nicht über die Scheidungsfolgen hinaus noch zusätzlich juristisch zu belasten. **23**

Zu beachten ist ferner auch, dass die Mutter bei ihrer Wiederverheiratung zumeist durch **Annahme eines eherechtlichen Doppelnamens** wenigstens eine teilweise Namensübereinstimmung herbeiführen kann. Dies darf aber einem Namensänderungsgesuch deren Kindes jedoch grundsätzlich nicht entgegengehalten werden (offen gelassen in BGE 124 III 404 f.), weil die Mutter schon allein etwa im Hinblick auf künftige Kinder schützenswerte Interessen daran haben kann, in der neuen Ehe unter einem Familiennamen nach Art. 160 Abs. 1 zu leben. **24**

3. Namensänderung bei ausserehelichen Kindern

a) Heirat der Mutter

Sind die Eltern eines Kindes nicht miteinander verheiratet, erhält dieses den Familiennamen der Mutter und nicht jenen des Vaters (Art. 270 Abs. 2). Verheiratet sich diese später mit einem Manne, der nicht der leibliche Vater des Kindes ist, kann unter anderem ein **Namenswechsel des Kindes zum Namen des Stiefvaters** dessen Namenseinheit mit seiner Mutter und seinem Stiefvater herstellen. Da der Stiefvater das Kind aber auch adoptieren und ihm dadurch seinen Namen verleihen kann, ist eine Namensänderung des Kindes nach Art. 30 Abs. 1 nur zuzulassen, wenn eine Adoption aus *triftigen* Gründen unterbleibt. Trifft dies zu, müssen für eine behördliche Namensänderung nach Art. 30 Abs. 1 (anstelle einer gesetzlichen nach Art. 267) wichtige Gründe vorliegen (N 16 f.). **25**

b) Besondere Beziehungen zum leiblichen Vater

Der Erwerb des Namens ausserehelicher Kinder von der Mutter (Art. 270 Abs. 2) kann beim Vorliegen wichtiger Gründe (Art. 30 Abs. 1) durch einen **Namenswechsel des Kindes zum Namen des leiblichen Vaters** korrigiert werden. Bei den heutigen gesellschaftlichen Verhältnissen ist uneheliche Geburt, wie sie hier aus dem Namen ersichtlich wird, jedoch niemandem nachteilig. Daher müssen dem Kind durch seinen von der Mutter erworbenen Namen aber konkrete und ernsthafte soziale Nachteile entstehen, die nicht bloss hypothetisch sind bzw. nicht bloss auf Umständen beruhen, die sich noch gar nicht verwirklicht haben und die nicht konkret vorhersehbar sind (BGE 126 III 1; o. N 17). Deshalb begründet allein die Tatsache, dass ein Kind mit doppelter Staatsangehörigkeit den Namen der Mutter trägt, bei der es in der Schweiz lebt, in den amtlichen Ak- **26** ten Italiens aber unter dem Namen des Vaters eingetragen ist, noch keinen wichtigen Grund für eine Namensänderung in der Schweiz (BGE 126 III 1; zustimmend SIEHR/ GERSTEL, SJZ 97 80 f.; ablehnend A. BUCHER, SZIER 2001, 207 ff.)

27 Ist die Mutter eines ausserehelichen Kindes unmündig, entmündigt oder gestorben oder ist ihr die elterliche Sorge entzogen, kann diese unter den in Art. 298 Abs. 3 umschriebenen Voraussetzungen (Kindeswohl) dem Vater übertragen werden. Eine solche **Übertragung des Sorgerechtes** ist **per se** – nämlich ein in Art. 271 Abs. 3 festgelegter – ein **wichtiger Grund** im Sinne des Art. 30 Abs. 1, dem Kind eine Änderung seines nach Art. 270 Abs. 2 erworbenen Namen in jenes des leiblichen Vaters zu bewilligen (HEGNAUER, Kindesrecht, N 16.14; HÄFLIGER, 252 f.; zur Zweitrangigkeit der Interessen der Mutter in solchen Fällen VGer ZG, ZGGVP 292). Ferner bleibt ein Wechsel zum Namen des leiblichen Vaters auch denkbar, wenn ein aussereheliches Kind bei einem solchen aufwächst, ohne dass ihm das Sorgerecht übertragen worden ist. In diesen Fällen ist aber neben dem Vorliegen eines wichtigen Grundes nach Art. 30 Abs. 1 (N 17) im Interesse des Kindes zu verlangen, dass dauerhafte Verhältnisse vorliegen, was sich im Allgemeinen erst nach einiger Zeit beurteilen lässt (zur diesbezüglichen Wartefrist BGE 105 II 246; 197 II 290; 109 II 179; 110 II 433; alle teilweise überholt durch die in N 16 f. aufgeführte Judikatur).

c) Kinder aus Konkubinatsverhältnissen

28 In Konkubinatsfamilien erhalten die Kinder den Namen der Mutter (Art. 270 Abs. 2) und nicht wie eheliche Kinder jenen des Vaters (Art. 270 Abs. 1). Von vornherein ausgeschlossen ist in solchen Fällen die gewissermassen salomonische Lösung, dem Kind einen Doppelnamen zu geben, der sich aus dem seiner Mutter und jenem seines Vaters zusammensetzt (BGE 119 II 312 = Pra 1994, 389 f.). Hingegen kommt in Betracht, in Konkubinatsfamilien einen **Namenswechsel des Kindes zum Namen des leiblichen Vaters** herbeizuführen. Dadurch entsteht in der Konkubinatsfamilie eine Namenssituation, die mit jener einer ehelichen Familie vergleichbar ist, bei der der Mannesname Familienname ist und die Ehefrau einen Doppelnamen angenommen hat (Art. 270/160 Abs. 2). Für einen Namenswechsel dieser Art muss die Konkubinatsfamilie zunächst vor allem als stabil erscheinen (zur diesbezüglichen Wartefrist o. N 27). Umgekehrt sind sodann Namensänderungen von Kindern unverheirateter Eltern, die zwar eine Lebensgemeinschaft bilden, aber nicht in einem gemeinsamen Haushalt leben, schlechterdings unzulässig (BGE 117 II 11 = Pra 1992, 131).

29 Konkubinatsverhältnisse sind weit verbreitet und werden in der sozialen Umwelt im Allgemeinen ebenso wenig negativ bewertet wie aussereheliche Kindesverhältnisse. Es ist somit einem Kind auch kaum noch nachteilig, wenn aus seinem Namen seine aussereheliche Abstammung erkennbar wird (N 26). Daher reicht allein die Tatsache eines stabilen Konkubinatsverhältnisses zwischen der Mutter als Inhaberin der elterlichen Sorge und dem Konkubinatspartner als leiblichem Vater für eine Namensänderung des mit diesen in Hausgemeinschaft lebenden Kindes für eine Namensänderung nicht aus. Vielmehr muss in solchen Fällen dargetan werden, dass die für das Kind von Gesetzes wegen vorgesehene Führung des Namens der Mutter (Art. 270 Abs. 2) **konkrete und ernsthafte soziale Nachteile** verursacht, die **als wichtige Gründe** für eine Namensänderung in Betracht gezogen werden können (o. N 17). Das kann etwa der Fall sein, wenn das Kind faktisch einen anderen Namen erworben hat als den rechtmässigen und eine Rückkehr zu letzterem seine Persönlichkeit einschneidend berühren würde (vgl. o. N 18 sowie den Fall bei BREITSCHMID, ZZW 1996, 41 ff., im Zusammenhang mit einer Namensänderung gemäss o. N 20).

Unter den Voraussetzungen nach Art. 298a, der seit dem 1.1.2000 in Kraft steht, **30** kann unverheirateten Eltern die **gemeinsame elterliche Sorge** für (gemeinsame) Kinder übertragen werden, sofern dies mit dem Kindeswohl vereinbar ist. Hierzu ist eine kantonale Praxis zu beobachten (z.B. im Kanton Aargau), eine solch gemeinsame elterliche Sorge im Rahmen des Art. 30 Abs. 1 als wichtigen **Namensänderungsgrund per se** zu behandeln, der ohne weiteres einen Wechsel von dem nach Art. 270 Abs. 2 erworbenen Namen zum Namen des leiblichen Vaters ermöglicht. Dies wird mit einem Analogieschluss aus Art. 271 Abs. 3 begründet, wo als gesetzlich umschriebener wichtiger Grund (Art. 30 Abs. 1) eine Annahme des väterlichen Namens als Folge der Übertragung der elterlichen Sorge auf den Vater vorgesehen ist (N 27). Auch wenn sich der in Art. 271 Abs. 3 umschriebene Tatbestand (Sorgerecht des Vaters *anstelle* eines solchen der Mutter) von dem vorliegenden (gemeinsames Sorgerecht von Vater *und* Mutter) unterscheidet, verdient die fragliche Praxis jedenfalls im Ergebnis volle Zustimmung. Das gilt vor allem dann, wenn triftige Gründe das Konkubinatspaar daran hindern, eine Ehe einzugehen.

4. Namensänderung zwecks Beibehaltung des bisherigen Namens

Gesetzliche Namensänderungen von Kindern können deren Interessen – namentlich mit **31** zunehmendem Alter – sehr zuwiderlaufen. Daher ist hier grundsätzlich eine Namensänderung aus wichtigem Grund gemäss Art. 30 Abs. 1 (o. N 17) möglich, welche die Beibehaltung des bisherigen Namens bezweckt. So kann bei der **Adoption** das Adoptivkind aus wichtigen Gründen seinen bisherigen Namen entgegen Art. 267 Abs. 1 beibehalten (BGE 108 II 3; 105 II 65; Kasuistiken dazu bei BK-HEGNAUER, N 67 f.).

In den Fällen, in denen wegen der **Kausalität des Namenserwerbs** eine Änderung des **32** Kindesverhältnisses zugleich eine Namensänderung bewirkt (N 13 f.), kann der bisherige Namen beibehalten werden, wenn hierfür wichtige Gründe gemäss Art. 30 Abs. 1 (N 17) vorliegen (Einzelheiten bei HÄFLIGER, 248 f. i.V.m. 233 ff.).

5. Verfahren der behördlichen Namensänderung – Anfechtungsklage

Für das **administrative Namensänderungsverfahren** im Bereich des Art. 270 gelten **33** zunächst die allgemeinen Regeln (vgl. Art. 30 N 13 ff.). Eltern können indessen bereits aus materiellrechtlichen Gründen nur gemeinsame Namenänderungsgesuche und nur solche unter Einbezug auch ihrer Kinder stellen (N 19). Bei Namensänderungen von unmündigen Kindern allein ist ferner zu beachten, dass zunächst demjenigen Elternteil, dessen Name aufgegeben werden soll, im Bewilligungsverfahren Parteistellung einzuräumen und rechtliches Gehör zu gewähren ist (BGE 124 III 51 = Pra 87, 514 f.; ferner BREITSCHMID, ZZW 1996, 46; HÄFLIGER, 246 ff. sowie o. Art. 30 N 14). Diese Stellung kommt einem solchen Elternteil aber auch zu, wenn das Kind seinen Namen nicht trägt bzw. nicht dieser Name geändert werden soll (A. BUCHER, Personen, N 824; Appellationshof BS, ZVW 2000, 250; offen gelassen in 124 III 51 = Pra 87, 514 f.). Keine derartige Parteistellung hat demgegenüber der Vater eines volljährigen Kindes (BGE 97 I 619, 623 E. 4b = Pra 61 Nr. 33) und der Grossvater eines unmündigen Kindes (BGE 105 IA 281, 284 E. 2b = Pra 69 Nr. 56).

Auch gegen Namensänderungen im Bereich des Art. 270 sind nach allgemeiner Massgabe **34** **Anfechtungsklagen** möglich (Art. 30 N 21 ff.). Im vorliegenden Zusammenhang geht es dabei aber weniger um echte Dritte als Kläger, denn um Verwandte, die gegen eine Namensänderung eigene schutzwürdige Interessen einwenden (z.B. BGE 95 II 503 ff.), aber nicht in das administrative Bewilligungsverfahren mit einzubeziehen sind.

35 Im administrativen Bewilligungsverfahren ebenso wie im Anfechtungsprozess kann das Namensrecht als lediglich *relativ* höchstpersönliches Recht auch vertretungsweise ausgeübt werden (BGE 117 II 8 = Pra 1992, 128). Dabei ist eine **gesetzliche Vertretung durch die Eltern** bzw. durch Sorgeberechtigte, obschon vielfach geübt und von Gerichten hingenommen (vgl. z.B. BGer 5P.152/2005), m.E. **ausgeschlossen.** In Namensänderungssachen unmündiger Kinder besteht stets eine zumindest abstrakte und häufig auch eine ganz konkrete *Interessenkollision,* indem die Interessen des Kindes am Ausgang des Verfahrens mit jenen der für sie gesetzlich vertretungsberechtigten Person (d.h. im Regelfall mit jenen der Mutter) oft nicht übereinstimmen, jedenfalls aber vor allem in Scheidungsfällen nicht notwendigerweise übereinzustimmen brauchen. Das gilt nicht nur, aber vor allem für gesetzliche Vertreter, denen in diesen Verfahren eigene Parteistellung zukommt. Kann das Kind zufolge Urteilsfähigkeit in solchen Fällen nicht ohnehin für sich selber handeln (Art. 19 Abs. 2), ist für Namenänderungssachen schon bei bloss *abstrakten Interessenkollisionen* nach Art. 392 Ziff. 2 i.V.m. 306 Abs. 2 eine Vertretungsbeistandschaft anzuordnen (VGer ZG, EGVSZ 1999 10; GEISER zu BGE 124 III 401 in AJP 1998, 1513; HEGNAUER, Kindesrecht, N 16.13).

V. Der Vorname

1. Allgemeines

36 Die Vornamen bilden zusammen mit den Familiennamen **gesetzliche bzw. amtliche Namen** der natürlichen Personen (N 1). Dabei sind nicht nur ein, sondern auch in frei wählbarer Reihenfolge *mehrere Vornamen* zulässig (A. BUCHER, Personen, N 790), wobei ihre insofern beliebige Schreibweise als unverbundene Doppelnamen («Hans Peter») oder mit einem Bindestrich verbundene («Hans-Peter») erlaubt ist (ZZW 1971, 58 ff.; WERLEN, 57 f.). Die Vornamen geniessen zusammen mit dem Familiennamen und u.U. auch für sich allein – d.h. in Alleinstellung – den *Namensschutz des ZGB* (vgl. Art. 29 N 4, 7).

37 Sind die Eltern miteinander verheiratet, so bestimmen sie den (oder die) Vornamen ihres Kindes (Art. 301 Abs. 4). Können sie sich über diese **Vornamenswahl** nicht einigen, so kann jeder Elternteil dem Kind einen Vornamen geben, wobei die Mutter den Vortritt hat (HEGNAUER, Kindesrecht, N 16.17: Appellationshof BS, ZVW 2000, 250; **a.M.** A. BUCHER, Personen, N 785, wonach in solchen Fällen die Vormundschaftsbehörde beizuziehen ist). Für Kinder nicht miteinander verheirateter Eltern wählt nach Art. 37 Abs. 1 ZStV die Mutter den bzw. die Vornamen, soweit diese das Sorgerecht nicht gemeinsam ausüben (kritisch zum Ausschluss des Vaters von der Vornamenswahl A. BUCHER, Personen, N 786). Ferner kann dem Kind bei einer Adoption gemäss Art. 267 Abs. 3 ein neuer Vorname gegeben werden. Für das Findelkind hat die zuständige Behörde sodann zusammen mit dem Familiennamen auch einen Vornamen zu bestimmen (N 10).

2. Freiheit der Vornamenswahl

38 Gemäss ZGB gilt der Grundsatz der freien Vornamenswahl (BGE 118 II 244). Dabei sind Vornamen vom Zivilstandsbeamten nur bei **offensichtlicher Verletzung der Kindesinteressen** zurückzuweisen (Art. 37 Abs. 3 ZStV), besteht also ein liberales Vornamensrecht (EJPD in: ZZW 1994, 165; ferner HÄFLIGER, 186 ff.). Daher sind namentlich auch in der Schweiz sonst ungebräuchliche Vornamen wie «Osceola» und «Ozzy» (RegRat AG ZZW 1994, 273 ff.) oder «Jacinta Rabea» (Appellationshof BS, ZVW 2000, 250) zulässig, jedoch nur nach den geltenden Rechtschreiberegeln eintragbar (ZZW 2004, 35 ff.; HAUSHEER/AEBI-MÜLLER, 256, N 16.26).

Die freie Vornamenswahl kann gemäss Art. 37 Abs. 1 ZStV nicht bedeuten, dass lächerliche oder absurde Vornamen wie «Wiesengrund» (BGE 107 II 26 ff.) oder «Djonatan» (phonetische Schreibweise für «Jonatan»; BGE 119 II 401 ff.) zulässig wären (vgl. A. BUCHER, Personen, N 788; RIEMER, Personenrecht, N 217; aufschlussreich, aber teils überholt zu lächerlichen und absurden Vornamen WERLEN, 22 ff.). Insoweit gelten die bundesgerichtlichen Grundsätze, wie sie noch vor Einführung des Art. 69bis aZStV (1.7.1994) bzw. des Art. 37 ZStV entwickelt worden sind, nach wie vor, mag auch der eine oder andere Entscheid im Ergebnis nicht mehr zutreffen (vgl. etwa BGE 119 II 401 ff., «Djonatan»; 118 II 243 ff., «Schmuki»; 116 II 505 ff., «Van Vleck»; 109 II 95 ff., «Wiesengrund»; 71 I 366 ff., «Mayor»; 69 I 61 ff., «Marisa»; weitere Bsp. aus der früheren Amtspraxis bei CONRAD, ZZW 1993, 121 ff. und ZZW 1993, 396 ff. sowie bei STURM, ZZW 1987, 205).

Gemäss der früheren Fassung des aArt. 69 ZStV waren auch Vornamen zurückzuweisen, die allein oder zusammen mit anderen das **Geschlecht des Kindes** nicht eindeutig erkennen liessen. Dieses strenge Geschlechtskriterium (von WERLEN, 38, noch im Jahre 1981 als unbestritten bezeichnet) wurde schon in Art. 69bis aZStV (Juli 1994) angesichts der Zunahme von Vornamen aus anderen Kulturkreisen fallen gelassen, und es wird in der ZStV vom 28.4.2004 erst recht nicht mehr erwähnt. Immerhin sind unzweifelhaft dem anderen Geschlecht zugehörige Vornamen nach wie vor zurückzuweisen (EJPD in: ZZW 1994, 165; HAUSHEER/AEBI-MÜLLER, 256, N 16.24)

3. Unveränderlichkeit des oder der Vornamen

Da Vornamen Teil des gesetzlichen Namens ihrer Träger bilden (N 1), sind sie wie die Familiennamen grundsätzlich unabänderlich. Im Hinblick auf diese **Namenskontinuität** können sie daher ebenso wenig wie Familiennamen in der Schreibweise beliebig verändert bzw. durch andere Namen ergänzt oder durch neue ersetzt werden. Vielmehr bedarf es hierfür einer **Namensänderung gemäss Art. 30 Abs. 1**, bei der hier aber geringere Anforderungen an den hierfür nötigen wichtigen Grund zu stellen sind als bei den Familiennamen (vgl. z.B. VerwGer SO, SJZ 1985, 9 «Uri»; Appellationshof BS, ZVW 2000, 250, «Jacinta Rabea»; Bezirksgericht SG, SJZ 93442, Geschlechtsänderung als wichtiger Grund; zur Paxis der Vornamensänderung einlässlich HÄFLIGER, 52 ff., 192 ff.; WERLEN, 68 ff.).

Art. 271

B. Heimat	[1] **Sind die Eltern miteinander verheiratet, so erhält das Kind das Kantons- und Gemeindebürgerrecht des Vaters.**
	[2] **Sind sie nicht miteinander verheiratet, so erhält das Kind das Kantons- und Gemeindebürgerrecht der Mutter.**
	[3] **Erwirbt das Kind unverheirateter Eltern durch Namensänderung den Familiennamen des Vaters, weil es unter seiner elterlichen Sorge aufwächst, so erhält es das Kantons- und Gemeindebürgerrecht des Vaters.**
B. Droit de cité cantonal et communal	[1] L'enfant de conjoints acquiert le droit de cité cantonal et communal du père.
	[2] L'enfant dont la mère n'est pas mariée avec le père acquiert le droit de cité cantonal et communal de la mère.

³ Si l'enfant dont la mère n'est pas mariée avec le père est élevé sous l'autorité parentale du père et reçoit par conséquent l'autorisation de prendre son nom de famille, il en acquiert également le droit de cité cantonal et communal.

B. Cittadinanza

¹ Se i genitori sono uniti in matrimonio, il figlio segue la cittadinanza cantonale e l'attinenza comunale del padre.

² Se i genitori non sono uniti in matrimonio, il figlio segue la cittadinanza cantonale e l'attinenza comunale della madre.

³ Tuttavia, il figlio di genitori non coniugati che, essendo allevato sotto l'autorità del padre, ottiene di assumerne il cognome, ne segue anche la cittadinanza cantonale e l'attinenza comunale.

Literatur

GÖKSU, Wirkungen von Eheschliessung, Trennung und Eheauflösung auf den ausländerrechtlichen Status der Ehegatten und ihrer Kinder (1. Teil), FamPra.ch 2003, 1 ff.; (2. Teil), FamPra.ch 2003, 237 ff.; DE GRAFFENRIED, L'enfant au regard des droits français et suisse, Diss. Lausanne 1984; HAILBRONNER, Die Richtlinie zur Familienzusammenführung, FamRZ 2005, 1 ff.; HÄNNI/BELSER, Die Rechte der Kinder. Zu den Grundrechten Minderjähriger und der Schwierigkeit ihrer rechtlichen Durchsetzung, AJP 1998, 139 ff.; JÄGER, Die Teilrevision vom 23. März 1990 des Bundesgesetzes über Erwerb und Verlust des Schweizer Bürgerrechts (BüG), ZZW 1992, 2 ff.; LÜCKER-BABEL, Kinderrechte und Verstärkung der innerfamiliären Beziehungen, ZVW 1995, 218 ff.; SCHÄRER, Erfahrungen bei der Anwendung der letzten Revision des BüG, ZZW 1994, 33 ff. = ZZW 1993, 359 ff.; DERS., Die neue Revision des Bürgerrechtsgesetzes, ZZW 1990, 197 ff.; DERS., Das Bürgerrecht der mit einem Ausländer verheirateten Schweizerin und ihrer Kinder, ZZW 1986, 33 ff.; DERS., Das Bürgerrecht der Kinder eines schweizerischen Elternteils, ZZW 1985, 203 ff.; SCHÄRER/BABEY, Entwicklung des Bürgerrechts und des Namensrechts gestützt auf ein familienrechtliches Ereignis seit Einführung des Familienregisters 1929, ZZW 1993, 281 ff.; SCHMID, Entstehung und Entwicklung des Gemeindebürgerrechts, ZZW 1991, 359 ff.; SCHNEIDER, Situation juridique des enfants de concubins, ZVW 1981, 121 ff.; SCHWEIZER, Bürgerrecht und Korporationen, ZZW 1989, 337 ff.; SIEGENTHALER/SIEGRIST, Übersicht über die kantonalen Bürgerrechtsgesetze und über die kantonalen Bürgerrechtsbehörden, ZZW 1998, 33 ff.; SIEGENTHALER, Wie erwerben Kinder einer Schweizerin und ihres ausländischen Ehemannes das Bürgerrecht der Mutter, ZZW 1986, 137 f.; STETTLER, Le nom, le droit de cité et le domicile de l'enfant à la suite de diverses réformes législatives, ZVW 1987, 81 ff.; STURM, Das Kantons- und Gemeindebürgerrecht der Schweizerin, StAZ 1989, 191 ff.; STURM/STURM, Erwerb des Schweizer Bürgerrechts durch Kinder einer Schweizer Mutter, StAZ 1986, 29 ff.; VOGEL MANSOUR, Die Beurkundung des Bürgerrechts, der Abstammung und der familienrechtlichen Verhältnisse, ZZW 1991, 382 f.; WIEDERKEHR, Erwerb und Verlust des Schweizer Bürgerrechts von Gesetzes wegen, Diss. Zürich 1983; ZANGA/GUHL, Familiennachzug ausländischer Personen in die Schweiz, AJP 2001, 403 ff.

I. Allgemeines

1   Art. 271 regelt den Erwerb des **Kantons- und Gemeindebürgerrechts,** wenn **alle Beteiligten Schweizer** Bürger sind. Im Übrigen gelten die Bestimmungen des BüG für den Erwerb des **Schweizer Bürgerrechts** und für die davon betroffenen Kantons- und Gemeindebürgerrechte (vgl. SCHMID, ZZW 1991, 359 ff.; STURM, StAZ 1989, 191 ff.) sowie für Einbürgerung und Entlassung aus dem Bürgerrecht. Das Schweizer Recht folgt im Bürgerrecht dem **Abstammungsprinzip** (ius sanguinis).

2   Art. 7 und 8 UN-KRK sichern dem Kind das **Recht auf eine Staatsangehörigkeit** bei Geburt und deren Achtung zu.

3   Zur **Feststellung** und **Beurkundung** des Bürgerrechts vgl. BK-HEGNAUER, N 21 ff.; VOGEL MANSOUR, ZZW 1991, 382 f.

Nach der parlamentarischen Initiative Sandoz, Familiennamen und Bürgerrecht der Ehegatten und Kinder, BBl 1999, 5306, 5313, sollte das Kind das Kantons- und Gemeindebürgerrecht des Elternteils, dessen **Familiennamen** es führt, erhalten. Die Revision scheiterte in der Schlussabstimmung (AmtlBull: StR 2001 471, NR 2001 949 ff.).   3a

II. Bürgerrecht bei Geburt

1. Verheiratete Eltern (Abs. 1)

Entgegen dem Wortlaut ist nicht entscheidend, ob die Eltern im Zeitpunkt der Geburt des Kindes miteinander verheiratet sind, sondern ob das Kindesverhältnis zum Vater aufgrund der **Vermutung des Art. 255** entsteht.   4

a) Mutter ist Schweizerin, Vater ist Ausländer

Ist nur die Mutter Schweizerin, der Vater jedoch Ausländer, so erwirbt das Kind das Kantons- und Gemeindebürgerrecht sowie das Schweizer Bürgerrecht der Mutter (Art. 1 Abs. 1 lit. a BüG, Art. 4 Abs. 1 BüG; vgl. JÄGER, ZZW 1992, 2, 4; SIEGENTHALER, ZZW 1986, 137 f.; SCHÄRER, ZZW 1985, 203, 204 f.; STURM/STURM, StAZ 1986, 29, 30 f.). Dies gilt nicht, wenn die Mutter das Schweizer Bürgerrecht nach altem Recht durch eine frühere Heirat mit einem Schweizer erworben hat, es sei denn, dass das Kind sonst staatenlos wäre (vgl. Art. 57a BüG). Das Kind kann jedoch erleichtert eingebürgert werden, wenn die Voraussetzungen von Art. 58b BüG vorliegen (vgl. dazu SCHÄRER, ZZW 1994, 33, 40 f.; DERS., ZZW 1990, 197, 198 f.; BK-HEGNAUER, N 34 f.; im Unterschied dazu vgl. Art. 259 N 7; kritisch STETTLER, SPR III/2, 1992, 477).   5

b) Vater ist Schweizer

Ist der Vater Schweizer, so erwirbt das Kind das Kantons- und Gemeindebürgerrecht sowie das Schweizer Bürgerrecht des Vaters (Art. 271 Abs. 1 ZGB, Art. 1 Abs. 1 lit. a BüG, Art. 4 Abs. 1 BüG), unabhängig davon, ob die Mutter ebenfalls Schweizerin ist oder ob sie eine ausländische Staatsangehörigkeit besitzt (vgl. zum Kantons- und Gemeindebürgerrecht der Mutter BK-HEGNAUER, N 32; HAUSHEER/REUSSER/GEISER, Art. 161 N 11 ff.; Art. 8b SchlT). Diese Regelung widerspricht **Art. 8 Abs. 3 BV** (vgl. BGE 125 III 209, 215; HEGNAUER, Kindesrecht, N 17.02), gleichwohl sieht sich das Bundesgericht daran gebunden (a.a.O.). Der Erwerb eines Kantons- und Gemeindebürgerrechts soll jedoch weder in den Schutzbereich des Rechts auf Achtung des Privat- und Familienlebens noch in denjenigen der Ehefreiheit (Art. 8, 12, 14 EMRK) fallen, so dass das Diskriminierungsverbot der **EMRK** nicht mit Erfolg angerufen werden kann (BGE 125 III 209, 216 ff.). Zur gescheiterten Revision vgl. N 3a.   6

2. Nicht verheiratete Eltern (Abs. 2)

Entscheidend ist, dass die Vermutung von Art. 255 nicht eingreift.   7

Das Kind erhält das **Schweizer, Kantons- und Gemeindebürgerrecht der Mutter**   8
(Art. 271 Abs. 2 ZGB, Art. 1 Abs. 1 lit. b BüG, Art. 4 Abs. 1 BüG, Art. 4 Abs. 2 lit. b BüG). Ist die Mutter verwitwet oder geschieden, so erhält das Kind sowohl ihr Stammbürgerrecht als auch das durch die aufgelöste Ehe erworbene Zusatzbürgerrecht (vgl. BK-HEGNAUER, N 38; HAUSHEER/REUSSER/GEISER, Art. 161 N 35; vgl. auch Tabelle zu Art. 161 in ZZW 1994, 69; **a.A.** STETTLER, SPR III/2, 1992, 476).

Im Gegensatz zur altrechtlichen Anerkennung mit Standesfolge und zu den meisten ausländischen Rechtsordnungen (vgl. N 22) erwirbt das Kind einer **ausländischen Mutter,**   9 die mit dem schweizerischen Vater nicht verheiratet ist, nicht das Schweizer Bürgerrecht, selbst wenn ein Kindesverhältnis zum Vater aufgrund Anerkennung oder Vaterschaftsurteil besteht (vgl. STETTLER, SPR III/2, 1992, 477 f.; SCHNEIDER, ZVW 1981, 121, 132; BBl 1987 III 301).

3. Findelkinder

10   Findelkinder erhalten das **Bürgerrecht des Kantons,** in dem sie ausgesetzt wurden, und damit das Schweizer Bürgerrecht. Das Gemeindebürgerrecht wird durch den Kanton bestimmt (Art. 6 Abs. 1 BüG, Art. 6 Abs. 2 BüG; BK-HEGNAUER, N 40).

III. Änderung des Bürgerrechts

1. Von Gesetzes wegen

a) Heirat der Eltern

11   Vgl. Art. 259 N 5 ff.

b) Einbürgerung des Vaters

12   Das unmündige Schweizer Kind einer mit dem ausländischen Vater verheirateten Mutter erwirbt das Kantons- und Gemeindebürgerrecht des Vaters, wenn dieser während der Ehe Schweizer Bürger wird. Es verliert gleichzeitig das Kantons- und Gemeindebürgerrecht der Mutter (Art. 4 Abs. 3 BüG; JÄGER, ZZW 1992, 2, 5; SCHÄRER, ZZW 1994, 33, 38).

c) Zuteilung der elterlichen Sorge für aussereheliche Kinder an den Vater

13   Abs. 3 (vgl. Art. 298 N 3 ff.). Wächst das **schweizerische aussereheliche Kind** unter der elterlichen Sorge des schweizerischen Vaters auf und erhält es deshalb im Wege der Namensänderung (Art. 30 Abs. 1) den Familiennamen des Vaters, so erwirbt es gleichzeitig das Kantons- und Gemeindebürgerrecht des Vaters anstelle des bisherigen Kantons- und Gemeindebürgerrechts der Mutter. Entscheidend ist nun freilich nicht die rechtliche Innehabung der elterlichen Sorge durch den Vater, sondern die **tatsächliche Lebensgemeinschaft** zwischen Vater und Kind sowie die **Namensänderung,** wie sie auch häufig bei stabiler nichtehelicher Lebensgemeinschaft der Eltern bewilligt wird (vgl. Art. 270 N 16 f.; **a.A.** offenbar BK-HEGNAUER, N 78 unter Hinweis auf BBl 1974 II 50 f.).

14   Für das **ausländische aussereheliche Kind** eines Schweizer Vaters existiert eine dem Art. 271 Abs. 3 entsprechende Bestimmung im BüG nicht mehr (vgl. STETTLER, SPR III/2, 1992, 481; DERS., ZVW 1987, 81, 88). Das ausländische aussereheliche Kind kann jedoch bei Erfüllung bestimmter Voraussetzungen nach Art. 31 BüG eine **erleichterte Einbürgerung** verlangen (BK-HEGNAUER, N 82; SCHÄRER, ZZW 1994, 33, 40; JÄGER, ZZW 1992, 2, 4). Wird diese gewährt, so erwirbt es das väterliche Kantons- und Gemeindebürgerrecht (Art. 31 Abs. 3 BüG).

d) Adoption

15   Vgl. Art. 267a N 1 ff.

e) Anfechtung der Vaterschaft des Ehemannes der Mutter

16   Vgl. Art. 256 N 18 ff., Art. 259 N 20 ff.

f) Feststellung des Kindesverhältnisses eines Findelkindes

Wird während der Unmündigkeit das Kindesverhältnis festgestellt, so tritt das aus diesem **17**
fliessende Bürgerrecht an die Stelle des ursprünglichen, falls das Kind dadurch nicht
staatenlos wird (Art. 6 Abs. 3 BüG; BK-HEGNAUER, N 71).

g) Verwirkung

Ein im Ausland geborenes Schweizer Kind, das noch eine andere Staatsangehörig- **18**
keit besitzt, verwirkt das Schweizer Bürgerrecht mit Vollendung des 22. Lebensjahres,
wenn bis dahin keine Meldung an eine schweizerische Behörde oder eine Erklärung
über die Beibehaltung des Schweizer Bürgerrechts erfolgt ist (Art. 10 BüG; BGE 114 Ib
258 f.).

2. Durch Verwaltungsakt

In Betracht kommt insoweit der Erwerb des Bürgerrechts durch **Einbürgerung** (Art. 12– **19**
41 BüG) und der Verlust durch **Entlassung** (Art. 42–47 BüG) oder **Entzug** (Art. 48
BüG). Für Einzelheiten in Bezug auf Einbürgerung und Entlassung unmündiger Kinder
vgl. BK-HEGNAUER, N 84 ff.

IV. Niederlassungsrecht

Nach Art. 17 Abs. 2 ANAG haben ledige Kinder unter 18 Jahren Anspruch auf **Einbezug** **20**
in die Niederlassungsbewilligung, wenn sie mit ihren Eltern zusammenwohnen (vgl.
dazu BGer, FamPra.ch 2005, 299; BGer, FamPra.ch 2001, 93 ff., mit Bemerkungen COT-
TIER, 98; BGer, FamPra.ch 2001, 324 ff.; BGE 124 II 361, 364; 119 Ib 88 ff.; 115 Ib
101). Für die **Aufenthaltsbewilligung** stellt Art. 4 ANAG die Bewilligung des Nachzugs
in das Ermessen der Fremdenpolizeibehörden (vgl. Art. 38 und 39 BVO; dazu BGE 125
II 633, 638); diese müssen bei ihrer Entscheidung Art. 10 Abs. 1 UN-KRK sowie Art. 8
EMRK berücksichtigen. Während die Schweiz zur UN-KRK im Hinblick auf die Gesetzgebung zur Familienzusammenführung einen Vorbehalt angebracht hat (vgl. dazu
HÄNNI/BELSER, AJP 1998, 139, 150), ist im Rahmen vom Art. 8 EMRK eine Güterab-
wägung durchzuführen (vgl. BGE 125 II 633, 639). Leben die Ehegatten getrennt, setzt
ein Nachzugsrecht voraus, dass zum in der Schweiz lebenden Elternteil die vorrangige
familiäre Beziehung besteht (vgl. BGE 125 II 585 = FamPra.ch 2000, 295; BGE 124 II
361, 366). Für ausländische Kinder in der Schweiz lebender Schweizer vgl. BGE 118 Ib
155, 159; BBl 1987 III 322. Zum neuen Recht vgl. Art. 41 ff. AuG.

V. Internationales Privatrecht

Vgl. Art. 22 N 7.   **21**

VI. Rechtsvergleichung

In den massgeblichen europäischen Rechtsordnungen erwirbt ein eheliches Kind die Na- **22**
tionalität des jeweiligen Staates, auch wenn nur ein Elternteil sie besitzt. Im Gegensatz
zum schweizerischen Recht gilt dieser Grundsatz auch für das ausserhalb der Ehe geborene Kind, wenn während seiner Unmündigkeit das Kindesverhältnis zum betreffenden
Elternteil festgestellt worden ist (vgl. Deutschland: § 4 RuStAG; Österreich: §§ 7 und 7a
StaatsbürgerschaftsG; Frankreich: Art. 17 Code de la nationalité française, ersetzt Art. 21
CC fr.; Italien: Art. 1 f. Legge sulla cittadinanza). In der Europäischen Gemeinschaft

existieren Richtlinien zum Familiennachzug (RL 2003/86/EG v. 22.9.2003 betreffend das Recht auf Familienzusammenführung, Abl EG L 251/109/EG vom 3.10.2003, ABl EG L 16/44 vom 23.1.2004) (vgl. dazu HAILBRONNER, FamRZ 2005, 1 ff.).

Art. 272

C. Beistand und Gemeinschaft	**Eltern und Kinder sind einander allen Beistand, alle Rücksicht und Achtung schuldig, die das Wohl der Gemeinschaft erfordert.**
C. Devoirs réciproques	Les père et mère et l'enfant se doivent mutuellement l'aide, les égards et le respect qu'exige l'intérêt de la famille.
C. Doveri vicendevoli	I genitori ed i figli si devono vicendevolmente l'assistenza, i riguardi e il rispetto che il bene della comunione richiede.

Literatur

COESTER, 15 Jahre Beistand und Rücksicht im deutschen Kindschaftsrecht, FS Schnyder, 1995, 101 ff.; DEGOUMOIS, Le concept d'éducation dans le nouveau droit de la filiation, ZVW 1979, 1 ff.; GROSSEN, Les liens de droit civil entre frères et sœurs, in: FS Hinderling, 1976, 41 ff.; HEGNAUER, Grosseltern und Enkel im schweizerischen Recht, FS Schnyder, 1995, 421 ff.; DERS., Ist die Aufklärung des Kindes über seine Herkunft Voraussetzung der Adoption?, ZVW 1979, 128 ff.; JULMY, Die elterliche Gewalt über Entmündigte (Art. 385 Abs. 3 ZGB), Diss. Freiburg i.Ü. 1991; KNELLWOLF, Postmortaler Persönlichkeitsschutz – Andenkensschutz der Hinterbliebenen, Diss. Zürich 1991; KNÖPFEL, Beistand und Rücksicht zwischen Eltern und Kindern (§ 1618a BGB), FamRZ 1985, 554 ff.; LÜCHINGER, Begriff und Bedeutung der Familie im schweizerischen Recht, Diss. Zürich 1987; MEULDERS-KLEIN, Le printemps des grands-parents et le droit, in: FS Grossen, 1992, 165 ff.; SALADIN, Rechtsbeziehungen zwischen Eltern und Kindern als Gegenstand des Verfassungsrechts, in: FS Hinderling, 1976, 175 ff.; SCHNYDER, Die Gemeinschaft der Eltern und Kinder, in: BTJP 1977, 1978, 35 ff.; SCHWAB, Beistand und Rücksicht. Zu den Aussenwirkungen einer Rechtsmaxime, FS Schnyder, 1995, 647 ff.; STRATENWERTH, Schweizerisches Strafrecht, Allgemeiner Teil I, 2. Aufl. Bern 1996; TSCHÜMPERLIN, Die elterliche Gewalt in Bezug auf die Person des Kindes, Diss. Freiburg i.Ü. 1989.

I. Allgemeines

1   Art. 272 hat primär als Generalklausel **Leitbildfunktion** für eine **partnerschaftliche Eltern-Kind-Beziehung.** Das Gebot gegenseitigen Beistandes, Rücksichtnahme und Achtung ist der ehelichen Beistandspflicht aus Art. 159 Abs. 3 und dem allgemeinen Gebot von Treu und Glauben nach Art. 2 Abs. 1 verwandt (BBl 1974 II 52; BK-MERZ, Art. 2 N 30 ff.). Konkretisiert wird Art. 272 durch die Bestimmungen über die elterliche Unterhaltspflicht (Art. 276 ff.), die Verwandtenunterstützungspflicht (Art. 328 ff.), die elterliche Sorge (Art. 296 ff.), den persönlichen Verkehr (Art. 273 ff.) und das Kindesvermögen (Art. 318 ff.).

II. Anwendungsbereich

2   Die Pflichten aus Art. 272 gelten **unabhängig** vom **Status** (eheliche Kinder/ausserehliche Kinder/Kinder aus geschiedenen Ehen), vom **Alter des Kindes** (Unmündigkeit/Mündigkeit), von **elterlicher Sorge** oder **häuslicher Gemeinschaft** (vgl. BBl 1974 II 52; LÜCHINGER, 71 ff.; JULMY, 70). Sie gelten nicht für **Stief- oder Pflegeeltern** (vgl.

aber Art. 299, Art. 300). Auf das Verhältnis zwischen **Grosseltern und Enkeln** sowie zwischen **Geschwistern** kann Art. 272 nur vermittelt über das Eltern-Kind-Verhältnis Einfluss gewinnen (vgl. BGE 76 II 272; Grossen, 41, 44; für sinngemässe Anwendung des Art. 272 Hegnauer, FS Schnyder, 421, 425).

III. Norminhalt

1. Beistand

Über die Unterhalts- und Unterstützungspflicht hinausgehend sind Eltern und Kinder   3
einander zu Beistand in Form von **Geld-, Natural- oder Dienstleistungen** verpflichtet, wie z.B. Zahlung von Prozesskostenvorschuss (vgl. dazu BGE 119 Ia 135; JustizKomm LU LGVE 1987, 91 Nr. 35), Darlehen für wichtige Angelegenheiten, Mithilfe im Gewerbe oder Beruf, zumutbare Aufnahme in die häusliche Gemeinschaft. Solche Leistungen stellen grundsätzlich **keine Schenkung** dar, sie können auch nicht nach Bereicherungsrecht zurückgefordert werden (vgl. Art. 63 Abs. 2 OR; Schnyder, BTJP 1977, 35, 40). Übersteigen die Leistungen das übliche Mass, kommen jedoch Ausgleichsansprüche in Betracht (vgl. Art. 334 ZGB, Art. 320 Abs. 2 OR).

Auf **geistig-sittlicher Ebene** besteht die Pflicht zur psychischen Unterstützung bei All-   4
tagsproblemen und in Krankheits- und Notsituationen. Zur strafrechtlichen Garantenstellung vgl. Stratenwerth, AT I, § 14 N 7 ff., N 13.

Darüber hinaus entspringt aus der Beistandspflicht die Pflicht zu **gegenseitiger Informa-**   5
tion, soweit diese zur Wahrung schutzwürdiger Interessen erforderlich ist. Insbesondere hat das mündige aussereheliche Kind gegen die Mutter Anspruch auf Auskunft über den möglichen Erzeuger, Adoptiveltern haben das Kind über die Tatsache der Adoption aufzuklären (vgl. BK-Hegnauer, N 31; ders., ZVW 1982, 45, 51).

2. Rücksicht

Rücksichtnahme bedeutet das **Zurückstellen eigener Wünsche** hinter die Belange der   6
Familie oder einzelner Familienmitglieder. Daraus folgt die Pflicht zur schonenden Geltendmachung von Rechtsansprüchen (z.B. Entgegennahme von Natural- statt Geldunterstützung; BGE 111 II 417), zur Unterlassung einer ungerechtfertigten oder leichtfertigen Strafanzeige (vgl. BGE 76 II 271 f.; AppHof BE ZBJV 1976, 120). Die Pflicht zur Rücksichtnahme prägt auch die **Ausübung des persönlichen Verkehrs** (vgl. Art. 274 N 2 f.) und bildet die Grundlage für den persönlichen Verkehr nach Mündigkeit.

3. Achtung

Achtung bedeutet die **Wertschätzung der Person** des anderen Familienmitglieds, das   7
Tolerieren seiner Eigenart, insb. seiner religiösen, weltanschaulichen oder politischen Ansichten (vgl. Tschümperlin, 69 f.; Degoumois, 1, 2 f.; BK-Hegnauer, N 44 f.; ersetzt Pflicht der Kinder zu Ehrerbietung gegenüber den Eltern: Knöpfel, FamRZ 1985, 554 f.).

4. Umfang

Die Pflichten aus Art. 272 können nicht einheitlich bestimmt werden. Sie richten sich   8
nach dem Alter, Gesundheitszustand und den übrigen **Verhältnissen der Beteiligten.**

IV. Wirkungen

9   **Die Pflichten aus Art. 272 sind grundsätzlich weder klagbar noch vollstreckbar** (vgl. SCHNYDER, BTJP 1977, 35, 38; SALADIN, FS Hinderling, 175, 179). Ihre Verletzung kann jedoch auf die Zumutbarkeit der Leistung von Unterhalt Einfluss haben (BGE 111 II 417; vgl. Art. 277 Abs. 2, Art. 329 Abs. 2) oder mag einen Enterbungsgrund darstellen (vgl. BGE 106 II 308). Verletzung der Beistandspflicht kann auch u.U. zu Kindesschutzmassnahmen (Art. 307 ff.) oder zu einem Eheschutzverfahren (Art. 172 ff.) führen.

V. Rechtsvergleichung

10 Deutschland und Österreich haben an das Schweizer Recht angelehnte, entsprechende Bestimmungen (§ 1618a BGB, § 137 ABGB).

Art. 273

D. Persönlicher Verkehr

I. Eltern und Kinder

1. Grundsatz

[1] **Eltern, denen die elterliche Sorge oder Obhut nicht zusteht, und das unmündige Kind haben gegenseitig Anspruch auf angemessenen persönlichen Verkehr.**

[2] **Die Vormundschaftsbehörde kann Eltern, Pflegeeltern oder das Kind ermahnen und ihnen Weisungen erteilen, wenn sich die Ausübung oder Nichtausübung des persönlichen Verkehrs für das Kind nachteilig auswirkt oder wenn eine Ermahnung oder eine Weisung aus anderen Gründen geboten ist.**

[3] **Der Vater oder die Mutter können verlangen, dass ihr Anspruch auf persönlichen Verkehr geregelt wird.**

D. Relations personnelles

I. Père, mère et enfant

1. Principe

[1] Le père ou la mère qui ne détient pas l'autorité parentale ou la garde ainsi que l'enfant mineur ont réciproquement le droit d'entretenir les relations personnelles indiquées par les circonstances.

[2] Lorsque l'exercice ou le défaut d'exercice de ce droit est préjudiciable à l'enfant, ou que d'autres motifs l'exigent, l'autorité tutélaire peut rappeler les père et mère, les parents nourriciers ou l'enfant à leurs devoirs et leur donner des instructions.

[3] Le père ou la mère peut exiger que son droit d'entretenir des relations personnelles avec l'enfant soit réglé.

D. Relazioni personali

I. Genitori e figlio

1. Principio

[1] I genitori che non sono detentori dell'autorità parentale o della custodia nonché il figlio minorenne hanno reciprocamente il diritto di conservare le relazioni personali indicate dalle circostanze.

[2] Se l'esercizio o il mancato esercizio delle relazioni personali è pregiudizievole al figlio, oppure altri motivi lo esigono, l'autorità tutoria può richiamare ai loro doveri i genitori, gli affilianti o il figlio e dare loro istruzioni.

[3] Il padre o la madre può esigere che il suo diritto all'esercizio delle relazioni personali sia regolato.

Literatur

ALBERSTÖTTER, Hocheskalierte Elternkonflikte – professionelles Handeln zwischen Hilfe und Kontrolle, KindPrax 2004, 90 ff.; AMT FÜR JUGEND- UND BERUFSBERATUNG DES KANTONS ZÜRICH, Das begleitete Besuchsrecht als Spezialfall der Besuchsregelung, ZVW 1999, 21 ff.;

ARNTZEN, Elterliche Sorge und Umgang mit Kindern 2. Aufl. München 1994; BACH/GILDENAST, Internationale Kindesentführung: das Haager Kindesentführungsübereinkommen und das Europäische Sorgerechtsübereinkommen, Bielefeld 1999; BACILIERI-SCHMID, Kinder bei Trennung und Scheidung – Psychologisches Basiswissen für Juristinnen und Juristen, ZVW 2005, 199 ff.; BALLY, Die Anordnung des begleiteten Besuchsrechts aus der Sicht der Vormundschaftsbehörde, ZVW 1998, 1 ff.; BLÜLLE, Begleitetes Besuchsrecht: Indikation – Entscheidungsprozesse – Gestaltung, ZVW 1998, 45 ff.; BLUM, Der persönliche Verkehr mit dem unmündigen Kind gemäss Art. 273–275 ZGB, Diss. Zürich 1983; BODENMANN/RUMO-JUNGO, Die Anhörung von Kindern aus rechtlicher und psychologischer Sicht, FamPra.ch 2003, 22 ff.; BRÄM, Das Besuchsrecht geschiedener Eltern, AJP 1994, 899 ff.; BRAUCHLI, Das Kindeswohl als Maxime des Rechts, Diss. Zürich 1982; BREITSCHMID, Zuständigkeit zur Anordnung von Kindesschutzmassnahmen im zivilprozessualen Vollstreckungsverfahren (Art. 275, 315, 315a ZGB), ZVW 1991, 139 ff.; BRUCH, Parental Alienation Syndrome und Parental Alienation: Wie man sich in Sorgerechtsfällen irren kann, FamRZ 2002, 1304 ff.; BÜCHLER, Zivilrechtliche Interventionen bei Gewalt in Lebensgemeinschaften, FamPra.ch 2000, 583 ff.; CORNU, Quelques réflexions sur le droit de visite dans le procès en divorce, ZVW 1992, 3 ff.; DAOUDI BEUCHAT, La protection des enfants sous les auspices du nouveau droit du divorce, législation et pratique dans le canton de Genève, ZVW 1999, 156 ff.; DESCHENAUX, Internationale Kindesentführungen und Mittel, ihnen zu begegnen, ZVW 1985, 41 ff.; DUNAND, La compétence pour modifier l'attribution des droits parentaux dans la perspective du nouveau droit du divorce, ZVW 1998, 180 ff.; FAHRENHORST, Sorge- und Umgangsrecht nach der Ehescheidung und die Europäische Konvention zum Schutze der Menschenrechte und Grundfreiheiten, FamRZ 1988, 238 ff.; FEGERT, Parental Alienation oder Parental Accusation Syndrome?, (Teil 1), KindPrax 2001, 3 ff.; (Teil 2), KindPrax 2001, 39 ff.; FELDER, Die Meinung von Scheidungskindern zur Kindszuteilung, Anhörung vor Gericht und Besuchsrechtsregelung – Befragung in Zürich, Z. Kinder-Jugendpsychiat. 1989, 55 ff.; FELDER/HAUSHEER, Drittüberwachtes Besuchsrecht: Die Sicht der Kinderpsychiatrie. Zum BGE 119 II Nr. 41, ZBJV 1993, 698 ff.; FELDER/WÜTHRICH/ZOLLINGER, Kind und Scheidung, AJP 1994, 894 ff.; FREIBURGHAUS, Auswirkungen der Scheidungsrechtsrevision auf die Kinderbelange und die vormundschaftlichen Organe, ZVW 1999, 133 ff.; FURSTENBERG/CHERLIN, Geteilte Familien, Stuttgart 1993; GUGLIELMONI/MAURI/TREZZINI, Besuchsrecht und Kinderzuteilung in der Scheidung: Zur Aufgabe von Dogmen und zur Begehung neuer konstruktiver und evolutiver Wege, AJP 1999, 45 ff.; GULER, Ausgewählte Fragen zur Regelung des Besuchsrechts, ZVW 1984, 98 ff.; HÄFELE, Seelisch erkrankte Eltern und Kindeswohlgefährdung, FPR 2003, 307 ff.; HÄFELI, Kosten für begleitete Besuchstage von unmündigen Kindern mit ihrem nicht obhutsberechtigten Elternteil, ZVW 2001, 198 ff.; HAMMER-FELDGES, Persönlicher Verkehr – Probleme der Rechtsanwendung für Vormundschaftsbehörden, Richter und Anwälte, ZVW 1993, 15 ff.; HÄNNI, Die Bedeutung der EMRK für das schweizerische Familienrecht, in: FS Schnyder 1995, 365 ff.; HAUSHEER, Die drittüberwachte Besuchsrechtsausübung (das sog. «begleitete» Besuchsrecht) – Rechtliche Grundlage, ZVW 1998, 17 ff.; HEGNAUER, Vormundschaftsbehörde und persönlicher Verkehr, ZVW 1998, 169 ff.; DERS., Die Vormundschaftsbehörde und der begleitete persönliche Verkehr, ZVW 1996, 51 ff.; DERS., Persönlicher Verkehr – Grundlagen, ZVW 1993, 2 ff.; DERS., Wer ist Inhaber der «vormundschaftlichen Gewalt» i.S.v. Art. 220 StGB?, ZVW 1993, 111 ff.; DERS., Persönlicher Verkehr – Ergebnisse einer Genfer Untersuchung, ZVW 1991, 103 f.; DERS., Persönlicher Verkehr mit urteilsunfähigen Entmündigten – Festsetzung bei Erstreckung der elterlichen Gewalt, Art. 272, 273 ff., 385 Abs. 3 ZGB, ZVW 1990, 74 ff.; DERS., Die Befugnisse des Richters und der vormundschaftlichen Behörden bei und nach der Scheidung von Eltern mit Kindern. Sollen die Art. 156, 157 und 315a ZGB revidiert werden?, ZVW 1989, 121 ff.; DERS., Elterliche Zustimmung zur Adoption und Besuchsrecht, ZVW 1986, 55 f.; DERS., Kinderzuteilung und Besuchsrecht als Aufgaben der Gesetzgebung, in: DUSS-V. WERDT (Hrsg.), Kindeszuteilung 2. Aufl. 1986; DERS., Adoption und Besuchsrecht der leiblichen Mutter, ZVW 1979, 132 ff.; HENKEL, Die Anordnung von Kindesschutzmassnahmen gemäss rev. Art. 307 ZGB, Diss. Zürich 1977; HUG-BEELI, Das persönliche formlose Gespräch des Richters mit dem betroffenen Kind im Eheprozess, ZVW 1992, 10 ff.; HÜPPI, Straf- und zivilrechtliche Aspekte der Kindesentziehung gemäss Art. 220 StGB mit Schwergewicht auf den Kindesentführungen durch einen Elternteil, Diss. Zürich 1988; KING, Nonresident Father Involvement and Child Well-Being: Can Dads Make a Difference?, Journal of Family Issues 15 (1994)1:78 ff.; KINDLER/SALZGEBER/FICHTNER/WERNER, Familiäre Gewalt und Umgang, FamRZ 2004, 1241 ff.; KLENNER, Rituale der Umgangsvereitelung bei getrennt lebenden oder geschiedenen Ehegatten, FamRZ 1995, 1529 ff.; LANGUIN, Les contacts entre père et enfant à la suite du divorce, Genf 1990; KOSTKA, Im Interesse des Kindes? Frankfurt a.M. 2004; DIES., Einfache Lösungen für komplexe Situationen?

«PAS» und gemeinsames elterliche Sorgerecht – ein Bericht aus Deutschland, FamPra.ch 2005, 802 ff.; LEUMANN LIEBSTER, Teilunzuständigkeit des schweizerischen Scheidungsgerichts bei Aufenthaltswechsel des Kindes ins Ausland, FamPra.ch 2002, 511 ff.; LÜCKER-BABEL, Kinderrechte und Verstärkung der innerfamiliären Beziehungen, ZVW 1995, 218 ff.; MACCOBY/MNOOKIN, Dividing the Child, Social and Legal Dilemmas of Custody, Cambridge (Mass.) 1992; MANAÏ, Prendre les droits de l'enfant au sérieux: le nouveau droit du divorce, in: PFISTER-LIECHTI (Hrsg.), De l'ancien au nouveau droit du divorce, Bern 1999, 99 ff.; DIES., Le statut de l'enfant à la lumière du droit aux relations personnelles, ZSR 1988 I 309 ff.; MARKUS, Die Anerkennung gesetzlicher Gewaltverhältnisse nach Art. 3 Minderjährigenschutzabkommen und Art. 82 IPRG, AJP 1992, 874 ff.; NEIDHART, Das persönliche formlose Gespräch des Richters mit dem betroffenen Kind im Eheprozess, ZVW 1993, 68 ff.; PERRIN/TRICOT, Pratiques judiciaires du divorce: une recherche à finalité législative 1986; PESCHEL-GUTZEIT, Das missverstandene PAS – Wie Sorgerechtsentzug und Geschwisterkoppelung das Wohl der Kinder gefährdet, FPR 2003, 271 ff.; PETER, Hochstrittige Eltern im Besuchsrechtskonflikt, ZVW 2005, 193 ff.; PITTET, Le droit aux relations personnelles, ZVW 1984, 1 ff.; REDAY, Le droit aux relations personnelles avec l'enfant en droit français et en droit suisse, Diss. Lausanne 1981; REUSSER, Die Stellung des Kindes im neuen Scheidungsrecht, in: HAUSHEER (Hrsg.), Vom alten zum neuen Scheidungsrecht, Bern 1999, 175 ff.; REXILIUS, Kindeswohl und PAS – Zur aktuellen Diskussion des Parental Alienation Syndrome, KindPrax 1999, 149 ff.; ROHMANN, Feindselige Ablehnung eines Elternteils und elterlich erzieherische Verantwortung, KindPrax 2005, 162 ff.; RUSCA-CLERC, La Convention de la Haye sur l'enlèvement international dans l'intérêt des enfants, FamPra.ch 2004, 1 ff.; SALZGEBER/STADLER/SCHMIDT/PARTALE, Umgangsprobleme – Ursache des Kontaktabbruchs durch das Kind jenseits des Parental Alienation Syndrome, KindPrax 1999, 107 ff.; SANDOZ, Attribution conjointe de l'autorité parentale aux parents divorcés?, in: FS Piotet 1990, 107 ff.; SCHMID, Neuere Entwicklungen im Bereich der internationalen Kindesentführungen, AJP 2002, 1325 ff.; SCHNEIDER, Der persönliche Verkehr, SJK Nr. 332, 1982; SCHNYDER, Die Gemeinschaft der Eltern und Kinder, BTJP 1977, 1978, 35 ff.; SCHREINER/SCHWEIGHAUSER, Komplexe/schwierige Besuchs- und Sorgerechtsregelungen. Lösungsansätze: Spannungsfeld zwischen Theorie und Praxis, FamPra.ch 2004, 911 ff.; SCHWEIGHAUSER, Die Vertretung der Kindesinteressen im Scheidungsverfahren – Anwalt des Kindes, Diss. Basel 1998; DERS., Anhörung der Kinder bei der Frage der Besuchsrechtsausübung. Direkte Anwendbarkeit von Art. 12 UN-Kinderrechtskonvention, AJP 1998, 837 ff.; SCHWENZER, Die UN-Kinderrechtskonvention und das schweizerische Kindesrecht, AJP 1994, 817 ff.; SIMONI, Beziehung und Entfremdung, FamPra.ch 2005, 772 ff.; SMART/NEALE, Family Fragments?, Cambridge 1999; SMART/NEALE/WADE, The Changing Experience of Childhood: Families and Divorce, Cambridge 2001; SPANGENBERG/SPANGENBERG, Induzierte Umgangsverweigerung (PAS) und richterliche Kreativität, FPR 2002, 256 ff.; SPÜHLER, Abänderungs- oder Ergänzungs- (bzw. Nach-)verfahren zum Ehescheidungsprozess. Insbesondere mit Bezug auf das Recht der Eltern auf persönlichen Verkehr, SJZ 1983, 37 ff.; STAUB, Langzeitstudie zur relativen Wirksamkeit der begleiteten Besuche, ZVW 2000, 119 ff.; DERS., Scheidung und Kindeswohl, Bern 2004; STECK, Erfahrungen mit der Kindesanhörung, FamPra.ch 2001, 720 ff.; STETTLER, A propos d'un jugement récent concernant une suspension du droit de visite du parent non gardien durant la procédure de divorce, ZVW 2001, 21 ff.; DERS., Les compétences du juge et des autorités de tutelle durant et après la procédure matrimoniale impliquant des enfants, ZVW 1989, 129 ff.; TSCHÜMPERLIN, Die elterliche Gewalt in Bezug auf die Person des Kindes (Art. 301–303 ZGB), Diss. Freiburg i.Ü. 1989; WALLERSTEIN/BLAKESLEE, Gewinner und Verlierer. Frauen, Männer, Kinder nach der Scheidung. Eine Langzeitstudie, München 1989; WALLERSTEIN/LEWIS, Langzeitwirkungen der elterlichen Ehescheidung auf Kinder, FamRZ 2001, 65 ff.; WALLERSTEIN/LEWIS/BLAKESLEE, The Unexpected Legacy of Divorce, New York 2000; WERRO/MÜLLER, Les droits du père naturel, in: FS Schnyder 1995, 859 ff.; WOLF, Die UNO-Konvention über die Rechte des Kindes und ihre Umsetzung in das schweizerische Kindesrecht, ZBJV 1998, 113 ff.; WYSS, Besuchsrecht im Interesse des Kindes, plädoyer 3/1994, 20 ff.

I. Allgemeines

1   Die Vorschrift regelt das **Besuchsrecht von Eltern** und Kindern, die nicht unter ihrer elterlichen Sorge oder Obhut stehen. Praktische Bedeutung gewinnt das Recht auf persönlichen Verkehr v.a. in der **Trennungs- und Scheidungssituation** bei verheirateten Eltern, aber auch bei **nicht verheirateten Eltern.** Das Recht auf persönlichen Verkehr ist

Teil des Anspruchs auf Achtung des Familienlebens nach Art. 8 EMRK (vgl. BGE 120 Ib 4 f.; 119 Ib 84; 118 Ia 483; 118 Ib 157; 107 II 304; EGMR, FamPra.ch 2005, 93 ff., m. krit. Anm. SCHWENZER, 105 f.).

II. Begriff und Rechtsnatur

1. Begriff

Zum persönlichen Verkehr i.w.S. gehört die **gesamte verbale und nonverbale Kommu-** **2** **nikation** (vgl. BK-HEGNAUER, N 10). Im Vordergrund steht selbstverständlich das tatsächliche Zusammensein zwischen Eltern und Kindern, jedoch auch **telefonischer** oder **brieflicher Kontakt** sowie ein solcher über e-mail und SMS (vgl. ausführlich BLUM, 72 ff.). Das Recht des Verkehrsberechtigten, über die Entwicklung des Kindes auf andere Weise **informiert** zu werden, das früher ebenfalls aus Art. 273 abgeleitet werden musste, ist nunmehr ausdrücklich in Art. 275a niedergelegt.

2. Rechtsnatur

Das Recht auf persönlichen Verkehr wurzelt nach richtiger Ansicht weder in der bluts- **3** mässigen Abstammung oder der psychosozialen Elternschaft, noch ist es Restbestand der elterlichen Sorge, sondern es steht Eltern und Kindern **um ihrer Persönlichkeit willen** zu (vgl. BBl 1974 II 52; BGE 123 III 445, 451; 122 III 404, 406; 119 II 204; FamKomm Scheidung/WIRZ, Art. 273 N 3; BK-HEGNAUER, N 53; BK-SPÜHLER/FREI-MAURER, Art. 156 N 293, 295; MANAÏ, ZSR 1988 I 309, 321 ff.; WERRO, N 760; **a.A.** SANDOZ, FS Piotet, 107, 115). Es ist **unübertragbar** und **unverzichtbar** (ebenso BK-HEGNAUER, N 54; **a.M.** BK-SPÜHLER/FREI-MAURER, Art. 156 N 293).

Schon nach altem Recht war anerkannt, dass, obwohl Art. 273 a.F. nur von einem Recht **4** der Eltern auf persönlichen Verkehr sprach, das Besuchsrecht als Pflichtrecht aufzufassen sei und schon im Hinblick auf Art. 272 dem Kind ein reziprokes Recht auf persönlichen Verkehr mit den Eltern zustehen müsse (vgl. die Nw. in der Vorauflage, Art. 273 N 4). Auch Art. 9 Abs. 3 UN-KRK normiert ausdrücklich das Recht des Kindes auf regelmässige persönliche Beziehungen und unmittelbare Kontakte zu beiden Eltern (vgl. SCHWENZER, AJP 1994, 817, 873; WOLF, ZBJV 1998, 113, 122). Dementsprechend wird nunmehr in Art. 273 Abs. 1 das **gegenseitige Besuchsrecht** des nicht obhutsberechtigten Elternteils und des Kindes ausdrücklich verankert. Zur Durchsetzung des Besuchsrechts des Kindes vgl. Art. 275 N 13 ff.

3. Verpflichtete

Verpflichtet, den persönlichen Verkehr zwischen Eltern und Kind zu dulden, ja zu ermög- **5** lichen (vgl. Art. 274 Abs. 1), ist die die **elterliche Sorge oder Obhut innehabende Person,** d.h. i.d.R. der andere Elternteil, aber auch ein Vormund oder Pflegeeltern (vgl. BK-HEGNAUER, N 47 ff.; BLUM, 71).

III. Zweck des persönlichen Verkehrs

Während entsprechend früherer Elternzentriertheit der Zweck des Besuchsrechts v.a. **6** darin gesehen wurde, es dem Besuchsberechtigten zu ermöglichen, die verwandtschaftlichen Beziehungen zum Kind aufrechtzuerhalten (BGE 100 II 76; 72 II 10 = Pra 1946, 193), betont man heute v.a. das **Bedürfnis des Kindes,** regelmässige **Kontakte zu beiden Eltern** zu haben. So ist aus der Scheidungsforschung bekannt, dass ein Kind die Scheidung der Eltern leichter verarbeitet, wenn es zu beiden Eltern Kontakt behält (vgl.

ARNTZEN, 34; FURSTENBERG/CHERLIN, 114; WALLERSTEIN/BLAKESLEE, 332 f.; relativierend WALLERSTEIN/LEWIS, FamRZ 2001, 65 ff.). Auch wo noch keine emotionale Eltern-Kind-Beziehung bestand (aussereheliche Kinder, Scheidung der Eltern im Säuglingsalter), ist heute anerkannt, dass aus Gründen der Persönlichkeitsentwicklung des Kindes der **Aufbau einer** solchen **Beziehung** durch persönlichen Verkehr gefördert werden sollte (vgl. OGer TG RBOG 1991 Nr. 2 = SJZ 1993, 231 Nr. 26; ibid. SJZ 1988, 284 Nr. 62). Nur durch Besuchskontakte kann einer in der Phantasie des Kindes stattfindenden Idealisierung oder Dämonisierung des abwesenden Vaters gegengesteuert werden (vgl. BGE 120 II 229, 235; FELDER/HAUSHEER, ZBJV 1993, 698, 701, 705; FamKomm Scheidung/WIRZ, Art. 273 N 15 m.w.Nw.). Hat freilich über längere Zeit kein Kontakt stattgefunden, werden die Kindesinteressen eher in eine andere Richtung weisen.

IV. Voraussetzungen

7 Persönlicher Verkehr nach Art. 273 setzt ein **Kindesverhältnis** im Rechtssinn voraus. Der Status der Eltern oder des Kindes ist irrelevant; das Besuchsrecht gilt gleichermassen für eheliche, aussereheliche oder adoptierte Kinder (BBl 1974 II 52; BezRat Hinwil/ZH ZVW 1979, 140 Nr. 9). Ohne Kindesverhältnis (z.B. Scheinvater nach erfolgreicher Anfechtung des Kindesverhältnisses, Vater eines ausserehelichen Kindes vor Feststellung des Kindesverhältnisses) kann ein Besuchsrecht nur über Art. 274a eingeräumt werden (vgl. JustizDir ZH ZVW 1980, 63).

8 Voraussetzung ist weiter, dass der besuchsberechtigte Elternteil **weder die elterliche Sorge noch die Obhut** über das Kind innehat, sei es von Gesetzes wegen (vgl. Art. 296 Abs. 2, 298 Abs. 1) oder aufgrund gerichtlicher oder behördlicher Anordnung (Art. 133 Abs. 1, 137 Abs. 1, 297 Abs. 2, 310). Eine **analoge Anwendung** des Art. 273 ist jedoch geboten, wenn sich das Kind dauernd tatsächlich bei einer anderen Person als dem Inhaber der elterlichen Sorge oder Obhutsberechtigten aufhält (Beispiel: Pflegefamilie, dauernder faktischer Aufenthalt beim anderen Elternteil). Zwar behält der Sorgerechts- oder Obhutsinhaber hier die Befugnis, über den Umgang des Kindes zu bestimmen, gleichwohl ist auch hier im Kindesinteresse ein Verfahren entsprechend Art. 273 ff. zur Verfügung zu stellen, ohne damit zwingend eine Änderung der Zuteilung der elterlichen Sorge zu verbinden (**a.A.** wohl BK-HEGNAUER, N 41). Dasselbe gilt in Fällen, in denen die elterliche Sorge den Eltern nach Scheidung gemeinsam belassen wurde (vgl. Art. 133 N 16 ff.). Der (Mit-)Inhaber der elterlichen Sorge kann das Umgangsrecht gegenüber der Person geltend machen, in deren Obhut sich das Kind befindet.

V. Gestaltung des persönlichen Verkehrs

1. Allgemeines

9 Primär ist es Sache der Eltern und des betroffenen Kindes, gemeinsam eine **einvernehmliche Besuchsrechtsregelung** zu erarbeiten. Eine solche einvernehmliche Lösung wird regelmässig dem Kindeswohl am besten gerecht. Im Scheidungsverfahren kann eine Besuchsrechtsregelung Teil einer Scheidungskonvention sein (zu möglichen Regelungen vgl. FamKomm Scheidung/LIATOWITSCH, Anh. K N 63 ff.); aber auch nicht verheirateten Eltern steht es frei, eine Parteivereinbarung zur Regelung des persönlichen Verkehrs mit dem Kind zu treffen (vgl. BGer, FamPra.ch 2002, 400 ff.). In beiden Fällen haben zwar Gericht bzw. Vormundschaftsbehörde von Amtes wegen zu prüfen, ob die vorgeschlagene Regelung des persönlichen Verkehrs mit dem Wohl des Kindes vereinbar ist (vgl. HEGNAUER, Kindesrecht, N 19.18; BGE 122 III 404, 408 f.), dabei ist jedoch zu beachten, dass eine von beiden Eltern und dem Kind selbst mitgetragene Regelung grundsätz-

lich dem Kindeswohl am besten entspricht. Vor allem darf eine Vereinbarung, die ein ausgedehntes Besuchsrecht vorsieht, nicht allein mit der Begründung verworfen werden, die Konvention gehe weiter als das nach kantonaler Praxis übliche Besuchsrecht (vgl. BGE 123 III 445, 451 ff.).

Im Übrigen spricht Art. 273 Abs. 1 von **«angemessenem» persönlichen Verkehr.** Was **10** angemessen ist, lässt sich grundsätzlich nur anhand der Umstände des **Einzelfalls** unter Berücksichtigung des Zwecks des Besuchsrechts bestimmen (BGE 123 III 445, 451). Oberste Richtschnur muss auch hier das **Kindeswohl** sein, allfällige Interessen der Eltern stehen dahinter zurück (vgl. STETTLER, SPR III/2, 1992, 237; BLUM, 26 ff.). Folgende **Umstände** können bei der Regelung des Besuchsrechts in Betracht zu ziehen sein: Alter des Kindes, Persönlichkeit und Bedürfnisse des Kindes und des Besuchsberechtigten, Beziehung des Kindes zum Besuchsberechtigten, Beziehung der Eltern untereinander, zeitliche Beanspruchung bzw. Verfügbarkeit aller Beteiligten, Gesundheitszustand der Beteiligten, Geschwister, Entfernung bzw. Erreichbarkeit der Wohnorte, Wohnverhältnisse beim besuchsberechtigten Elternteil (vgl. BGer, FamPra.ch 2002, 400; BK-HEGNAUER, N 65 ff. m.w.Nw.; ARNTZEN, 33 ff.; BACILIERI-SCHMID, ZVW 2005, 199, 208 ff.; FELDER/HAUSHEER, ZBJV 1993, 698, 702; HEGNAUER, ZVW 1993, 2, 9). Zur Angemessenheit der Besuchsrechtsregelung gehört ebenfalls die Möglichkeit der Anpassung an veränderte Verhältnisse (BGE 100 II 80 f.; 111 II 408; Blum, 191 ff.).

Von herausragender Bedeutung für die Regelung des Besuchsrechts ist der **Wille des** **11** **Kindes** (vgl. BGE 124 III 90, 92; OGer LU LGVE 1998 I 4). Zur Ermittlung des Kindeswillens ist das Kind anzuhören (vgl. Art. 275 N 9). Der Kindeswille ist nicht nur bei der Ausgestaltung des Besuchsrechts im Einzelnen zu berücksichtigen, sondern vor allem auch bei der Frage, ob überhaupt Besuche stattfinden sollen (vgl. BGE 127 III 295, 296 f.). Lehnt ein urteilsfähiges Kind den Umgang kategorisch ab, so ist dieser aus Gründen des Kindeswohls auszuschliessen, weil ein gegen den starken Widerstand erzwungener Besuchskontakt mit dem Zweck des Umgangsrechts im Allgemeinen ebenso unvereinbar ist wie mit dem Persönlichkeitsrecht des Kindes. Auch bei jüngeren Kindern muss den Ursachen für eine Ablehnung von Besuchskontakten nachgegangen werden. Beruht die Weigerungshaltung auf eigenem Erleben des Kindes, beispielsweise von familiärer Gewalt, oder auf einem unlösbaren Loyalitätskonflikt, so darf sie nicht einfach übergangen werden. **Abzulehnen** ist dagegen die Theorie des **Parental Alienation Syndrome** (PAS) des amerikanischen Kinderpsychiaters GARDNER, welche davon ausgeht, dass in den meisten Fällen, in denen das Kind den Kontakt verweigert, eine Beeinflussung durch den obhutsberechtigten Elternteil vorliege und deshalb das Besuchsrecht gegen den Willen des Kindes durchgesetzt werden müsse (vgl. umfassend hierzu FamKomm Scheidung/SCHREINER, Anh. Psych N 145 ff.). Die Theorie konnte nie wissenschaftlich erhärtet werden (vgl. BRUCH, FamRZ 2002, 1304, 1305 ff.; FEGERT, KindPrax 2001, 3 ff. sowie KindPrax 2001, 39 ff.; KOSTKA, FamPra.ch 2005, 802 ff.; SIMONI, FamPra.ch 2005, 772 ff.). Die Scheidungsforschung macht deutlich, dass gerichtlich verordnete Besuche, über die das Kind nicht mitbestimmen kann, auf Dauer negative Auswirkungen auf die Beziehung zwischen Kind und Vater haben, und dass in den meisten Fällen eine Parteinahme für die Mutter gegen den Vater vom Kind selbst spätestens in der mittleren Adoleszenz aufgegeben wird (vgl. WALLERSTEIN/LEWIS, FamRZ 2001, 65, 69 f.). Vgl. auch Art. 274 N 11 ff.

2. Form

Neben den im Vordergrund stehenden **Besuchskontakten** kommen v.a. auch **Briefver-** **12** **kehr** und **Telefonate** sowie andere Formen moderner Telekommunikation wie insbesondere e-mail und SMS in Betracht (vgl. BLUM, 72 ff.).

3. Häufigkeit und Dauer der Besuchskontakte

13   a) **Kriterien.** Häufigkeit und Dauer richten sich v.a. nach dem **Alter** des Kindes (BGer, FamPra.ch 2003, 948 ff.; BGer, FamPra.ch 2003, 454; BGE 111 II 407; OGer TG SJZ 1988, 384 Nr. 62; ibid. RBOG 1991 Nr. 2 = SJZ 1993, 231 Nr. 26), seiner bisherigen **Bindung** an den anderen Elternteil (BGE 111 II 408; BGer ZVW 1982, 106 Nr. 11), der Häufigkeit bisheriger Kontakte (OGer SH ABSH 1997, 99, 100), der **Entfernung** und Erreichbarkeit der Wohnungen der Eltern und der **Lebensausgestaltung** des Kindes und beider Eltern in Beruf, Schule und Freizeit. Entscheidend beeinflusst werden Häufigkeit und Dauer auch von der **Beziehung der Eltern** untereinander: bei hohem Konfliktpotential können zur Verminderung nachteiliger Auswirkungen auf das Kind Einschränkungen erforderlich sein (BGE 115 II 320; 115 II 210; BGer, FamPra.ch 2004, 714; OGer LU LGVE 1990 I Nr. 1). Ist das Verhältnis zwischen dem besuchsberechtigten Elternteil und dem Kind gut, dürfen Konflikte zwischen den Eltern allerdings nicht zu einer einschneidenden Beschränkung des Besuchsrechts auf unbestimmte Zeit führen (BGE 131 III 209 ff. = FamPra.ch 2005, 397 ff.).

14   Das **kindliche Zeitgefühl** ist in jedem Fall zu beachten, so dass insb. bei Kleinkindern einerseits keine zu lange Trennung des Kleinkindes von der Hauptbezugsperson erfolgen darf, andererseits der Abstand zwischen den Besuchen zwei Wochen nicht überschreiten sollte (vgl. OGer TG SJZ 1993, 231 Nr. 26: zwei halbe Tage pro Monat am Wochenende bei dreizehnmonatigem Säugling; ARNTZEN, 49). Ob das Kind beim Besuchsberechtigten **übernachtet,** hängt neben dem Alter v.a. auch von der Qualität der Beziehung zwischen Besuchsberechtigtem und Kind ab. Neben periodischen Kurzbesuchen kommt insb. noch eine Regelung für die **Feiertage** sowie den **Ferienbesuch** in Frage.

15   b) **Praxis** (vgl. dazu FamKomm Scheidung/WIRZ, Art. 273 N 23 ff.; SCHWEIGHAUSER, 24 ff.; BURGER-SUTZ, 130 f.). In der Praxis hat sich in den letzten Jahren eine deutliche Tendenz zur **Erweiterung des Besuchsrechts** gezeigt. In der **französischen Schweiz** gilt schon seit langem die Regel, dass schulpflichtige Kinder die Hälfte der Ferien und jedes zweite Wochenende beim Besuchsberechtigten verbringen (vgl. REDAY, 59 f.; PERRIN/TRICOT, zit. bei BK-HEGNAUER, N 152; vgl. auch AppGer TI, FamPra.ch 2000, 320, 323 f.). Auch in der **deutschen Schweiz** gelten inzwischen ähnliche Prinzipien, v.a. wenn über das Besuchsrecht kein Streit besteht (FARNER-SCHMIDHAUSER, in: Bericht Eidg. Kommission für Frauenfragen 25 f.; FREIVOGEL, ibid., 139; BRÄM, AJP 1994, 899, 901). In solchen Fällen kann sogar eine Regelung in Betracht kommen, die auf eine Gleichberechtigung der Eltern in der arbeitsfreien Zeit hinausläuft (vgl. BGE 123 III 445 ff.; KGer SG SGGP 1991, 68 Nr. 32 = SJZ 1993, 67 Nr. 5). Besteht Streit über das Besuchsrecht, tendiert die Praxis in der deutschen Schweiz bei Kleinkindern zu zwei halben Tagen pro Monat, bei Schulkindern zu einem Wochenende pro Monat und zwei bis drei Ferienwochen (vgl. BGer, FamPra.ch 2002, 842, 843; BGE 100 II 80; FREIVOGEL, in: Bericht Eidg. Kommission für Frauenfragen 139; FARNER-SCHMIDHAUSER, ibid., 25 f.). Untersuchungen aus Zürich und Genf (FELDER, Z. Kinder-Jugendpsychiat. 1989, 55, 58 ff.; LANGUIN, 11 ff.) haben jedoch ergeben, dass fast ein Drittel aller Scheidungskinder ihre Väter in Wirklichkeit sehr selten oder gar nie sehen. Das Besuchsrechtsschema wird lediglich in ca. 20% der Fälle eingehalten.

4. Ersatzbesuche und Benachrichtigung

16   **Ausgefallene Besuche** sind – will man den Zweck des Besuchsrechts nicht unterlaufen – jedenfalls dann **nachzuholen,** wenn sie aus Gründen nicht haben wahrgenommen werden können, die der Inhaber der elterlichen Sorge oder der Obhutsberechtigte zu vertreten haben (BGer, FamPra.ch 2002, 398, 399; BK-HEGNAUER, N 130 ff.; HAMMER-FELDGES,

ZVW 1993, 15, 25; BLUM, 79). In diesem Zusammenhang sollten auch allfällige **Benachrichtigungsmodalitäten** geregelt werden, v.a. wenn insoweit in der Vergangenheit Probleme aufgetreten sind.

5. Besuchsort

Regelmässig finden die Besuche in der eigenen **Umgebung des Besuchsberechtigten**   **17** statt (beachte jedoch BGE 120 II 235 f.). Die Wohnung der Inhaberin der elterlichen Sorge oder Obhut ist wegen möglicher Loyalitätskonflikte für das Kind grundsätzlich ungeeignet; etwas anderes mag bei Säuglingen gelten (vgl. aber BGer, FamPra.ch 2003, 948 f.: externes Besuchsrecht ab 2. Altersjahr). Nur ausnahmsweise soll ein **neutraler Ort** gewählt werden, wenn das Kindeswohl dies erfordert (z.B. Wohnung gemeinsamer Freunde, Pfarrhaus, Kindergarten, Jugendamt). Bei Inhaftierung des Besuchsberechtigten muss ein Ort gewählt werden, der dem Kind keinen Schaden zufügt (vgl. BGE 119 II 11; OGer BL SJZ 1997, 280).

6. Holen und Bringen

Grundsätzlich obliegt es dem **Besuchsberechtigten,** das Kind **abzuholen** und **zurück-**   **18** **zubringen.** Die Sorge- oder Obhutsberechtigte trifft aufgrund der Wohlverhaltensklausel des Art. 274 Abs. 1 die Pflicht, das Kind auf den Besuch angemessen vorzubereiten und pünktlich bereitzuhalten.

7. Anwesenheit Dritter

Über den **Verkehr des Kindes mit Dritten** hat während der Dauer des Besuchs der Be-   **19** suchsberechtigte zu bestimmen. Bestimmte Personen können nur ausgeschlossen werden, wenn das Kindeswohl dies erfordert. Die Tatsache, dass der **neue Partner** des Besuchsberechtigten das Scheitern der Ehe (mit)verursacht hat, rechtfertigt keinen Ausschluss (vgl. BK-HEGNAUER, N 116 m.w.Nw.).

8. Kosten

Die **Besuchskosten** (Fahrtkosten, Verpflegung) fallen regelmässig dem Besuchsberech-   **20** tigten zur Last (vgl. BLUM, 62 ff.). Die Tragung dieser Kosten berechtigt grundsätzlich nicht zur Kürzung der Kinderunterhaltsbeiträge (vgl. BK-HEGNAUER, N 144), es sei denn, die Dauer des Aufenthalts des Kindes beim besuchsberechtigten Unterhaltspflichtigen würde das Übliche weit überschreiten. Bei fehlender Leistungsfähigkeit des Besuchsberechtigten ist u.U. eine Teilung der Kosten angezeigt (vgl. OGer LU, FamPra.ch 2003, 957). In Mangelfällen ist ein Ausgleich zwischen dem Nutzen des Besuchskontakts für das Kind und dem Interesse an der Deckung des Kindesunterhalts zu suchen (vgl. BGer, FamPra.ch 2003, 677, 681). Zu den Kosten beim begleiteten Besuchsrecht vgl. N 28.

9. Hausgewalt und Haftpflicht

Während des Besuchs steht das Kind unter der **Hausgewalt des Besuchsberechtigten;**   **21** dieser haftet ggf. nach Art. 333 (vgl. BLUM, 64 ff.).

VI. Ermahnungen und Weisungen (Abs. 2)

1. Im Allgemeinen

Schon nach altem Recht war anerkannt, dass die Vormundschaftsbehörde flankierende   **22** Massnahmen zur Ausübung des Besuchsrechts treffen kann (vgl. Vorauflage, Art. 273 N 19). Nunmehr normiert Art. 273 Abs. 2 ein ausdrückliches **Ermahnungs- und Wei-**

sungsrecht der Vormundschaftsbehörde, wenn sich die Ausübung oder Nichtausübung des persönlichen Verkehrs nachteilig für das Kind auswirkt. Diese Kompetenz entspricht der bereits in Art. 307 Abs. 3 niedergelegten Befugnis (vgl. Botschaft Revision Scheidungsrecht, 158 f.). Die Bestimmung verdeutlicht, dass eine kindeswohlwidrige, z.B. unregelmässige, verspätete, im Programm ungeeignete Ausübung des Besuchsrechts Anlass zu vormundschaftsbehördlicher Intervention gibt (vgl. Kreisschreiben der Verwaltungskommission ZH vom 29.9.1999, ZR 2000, Nr. 54 N 37).

23 Entsprechend dem **Verhältnismässigkeitsprinzip** hat die Vormundschaftsbehörde zunächst zu versuchen, durch Mahnungen auf eine Kindeswohl geeignete Ausübung des Besuchsrechts hinzuwirken. Auf der zweiten Stufe kommen Weisungen in Betracht, die auch mit der Ungehorsamsstrafe nach Art. 292 StGB verbunden werden können. Die dritte Stufe bildet schliesslich der teilweise oder gänzliche Entzug des Besuchsrechts nach Art. 274 Abs. 2.

24 Neben dem sog. begleiteten Besuchsrecht (vgl. N 25 ff.) kommen als Weisungen vor allem in Betracht: **Verbot,** mit dem Kind **die Schweiz zu verlassen** (vgl. HÜPPI, 279 ff.; HAMMER-FELDGES, ZVW 1993, 15, 23; BGer, FamPra.ch 2002, 182 f.); Verbindung der Besuche mit einer **Spieltherapie** (vgl. OGer ZH ZR 1968, Nr. 13); Verpflichtung zur **Führung von Gesprächen** mit Beratungsstellen (OGer LU, FamPra.ch 2003, 191 f.); **Passhinterlegung** bei Entführungsgefahr kommt aus völkerrechtlichen Gründen nur für den Schweizer Pass des Kindes in Betracht und dürfte i.E. nur wenig effektiv sein. Die bloss abstrakte Gefahr genügt nicht für den Erlass von Auflagen (vgl. FamKomm Scheidung/WIRTZ, Art. 273 N 32a; BGer, FamPra.ch 2003, 945, 947).

2. Begleitetes Besuchsrecht

25 Unter begleitetem Besuchsrecht (vgl. hierzu FELDER/HAUSHEER, ZBJV 1993, 698 ff.; BRÄM, AJP 1994, 899, 905 ff.; HEGNAUER, ZVW 1996, 51 ff.; BALLY, ZVW 1998, 1 ff.; BLÜLLE, ZVW 1998, 45 ff.; GUGLIELMONI/MAURI/TREZZINI, AJP 1999, 45, 55 ff.; HAUSHEER, ZVW 1998, 17 ff.) wird die Ausübung von Besuchskontakten in Anwesenheit einer oder mehrerer **Drittpersonen** verstanden (aus psychologischer Sicht vgl. FamKomm Scheidung/SCHREINER, Anh. Psych N 121 ff.). Soweit sich die Eltern nicht einvernehmlich auf die Ausübung des Besuchsrechts an einem bestimmten Ort in Anwesenheit Dritter einigen, ist mit der Anordnung eines begleiteten Besuchsrechts die Ernennung eines **Beistandes** gemäss Art. 308 Abs. 2 verbunden (vgl. BALLY, ZVW 1998, 1, 8 f.). Das begleitete Besuchsrecht stellt damit eine Kindesschutzmassnahme i.S. der Art. 307 ff. dar (vgl. BGE 122 III 404, 405; HEGNAUER, ZVW 1998, 169, 176; HAUSHEER, ZVW 1998, 17, 22). Nur in seltenen Fällen wird dabei der Beistand selbst die Besuche begleiten; seine Aufgabe ist es vielmehr, die Ausgestaltung der Besuchskontakte im Einzelnen zu bestimmen und die Überwachung an Drittpersonen zu delegieren. In zahlreichen Kantonen existieren bereits institutionalisierte Begegnungstreffpunkte oder begleitete Besuchssonntage (vgl. STAUB, LJZ 1999, 45, 46; FamKomm Scheidung/WIRZ, Art. 274 N 20).

26 Das begleitete Besuchsrecht bezweckt, der **Gefährdung des Kindes** wirksam zu begegnen, Krisensituationen zu entschärfen und Ängste abzubauen sowie Hilfestellungen für eine Verbesserung der Beziehungen zum Kind und unter den Eltern zu vermitteln (vgl. BALLY, ZVW 1998, 1, 5). Es erscheint insbesondere indiziert bei Verdacht auf sexuelle Übergriffe, Gewaltanwendungen, Entführungsgefahr, Suchtabhängigkeit oder psychische Erkrankung, negative Beeinflussung des Kindes, Überforderungen und Ängste des Kindes sowie bei einem stark gestörten Verhältnis unter den Eltern (vgl. BALLY, a.a.O.; BGer, FamPra.ch 2004, 417 ff.; BGer, FamPra.ch 2003, 945 ff.; BGer, FamPra.ch

2002, 172 ff.). Das begleitete Besuchsrecht stellt sich als **Alternative zum Entzug des Besuchsrechts** nach Art. 274 Abs. 2 dar, so dass dessen Voraussetzungen erfüllt sein müssen (vgl. BGE 122 III 404, 408; BGer, FamPra.ch 2004, 418; BLÜLLE, ZVW 1998, 45, 47 f.). Das begleitete Besuchsrecht als solches muss verhältnismässig sein (vgl. hierzu ausführlich BALLY, ZVW 1998, 1, 4 f.). Zur praktischen Ausgestaltung des begleiteten Besuchsrechts vgl. BALLY, ZVW 1998, 1, 6 ff.; STAUB, LJZ 1999, 45 ff.; HAUSHEER, ZVW 1998, 17, 31 ff.

Das begleitete Besuchsrecht stellt lediglich eine **Übergangslösung** dar und ist deshalb **27** stets nur für eine begrenzte Dauer anzuordnen, wie z.B. zur Abklärung eines Verdachts auf sexuellen Missbrauch (vgl. BGer, FamPra.ch 2002, 172, 174; BGer, FamPra.ch 2003, 705). Es ist im Regelfall zeitlich auf ein halbes oder ein ganzes Jahr zu begrenzen (vgl. AMT FÜR JUGEND- UND BERUFSBERATUNG ZH, ZVW 1999, 21, 24); es scheidet aus, wenn klar ist, dass die Besuche nicht innert absehbarer Zeit ohne Begleitung ausgeübt werden können (vgl. BGE 119 II 201, 205 f.; BLÜLLE, ZVW 1998, 45, 57; KOSTKA, Im Interesse des Kindes?, 473). Im Einzelfall wurde freilich auch schon ein begleitetes Besuchsrecht auf sieben Jahre hinaus gutgeheissen (vgl. BGE 120 II 229, 235).

Sofern das begleitete Besuchsrecht nicht durch das Verhalten eines Elternteils allein ver- **28** ursacht ist, sollten die entstandenen **Kosten** für Überwachung, allfällige Begutachtung etc. durch beide Elternteile je zur Hälfte getragen werden (vgl. BALLY, ZVW 1998, 1, 10; Einzelheiten bei HÄFELI, ZVW 2001, 198 ff.).

VII. Anspruch auf Regelung (Abs. 3)

Nach Art. 273 Abs. 3 kann lediglich der **besuchsberechtigte Elternteil** verlangen, dass **29** sein Anspruch auf persönlichen Verkehr geregelt wird, wobei solche Anordnungen im Scheidungsfall von Amtes wegen durch das Scheidungsgericht (Art. 133 Abs. 1), in den übrigen Fällen durch die Vormundschaftsbehörde (Art. 275) zu treffen sind. Nach dem Wortlaut der Bestimmung steht dem **Kind** kein derartiger Anspruch zu. Im Gesetzgebungsverfahren wurde dies damit begründet, dass die Ordnung des Besuchsrechts des Kindes den Beteiligten überlassen werden müsse, da es nicht denkbar sei, dass eine staatliche Stelle einen Elternteil verpflichte, sich für eine bestimmte Zeit dem Kind zur Verfügung zu halten (vgl. Botschaft Revision Scheidungsrecht, 159). Diese Auffassung begegnet erheblichen Bedenken. Ein eigenes **Antragsrecht des Kindes** kann schon im Hinblick auf Art. 9 Abs. 2, 12 UN-KRK nicht verneint werden (vgl. FamKomm Scheidung/WIRZ, Art. 273 N 35 m.w.Nw.). Dies gilt insbesondere im Hinblick auf eine mögliche Abänderung bereits bestehender Besuchsrechtsregelungen, aber auch bezüglich allfälliger Ermahnungen und Weisungen. Auch wo noch keine Besuchsrechtsregelung besteht, kann es Sinn machen, dem Kind ein Antragsrecht zu geben. Die Frage der Durchsetzbarkeit des Besuchsrechts des Kindes gegenüber einem unwilligen Elternteil (vgl. dazu Art. 275 N 13 ff.) wird dadurch nicht präjudiziert.

VIII. Internationales Privatrecht

Der persönliche Verkehr gehört zur Regelungsmaterie des **Minderjährigenschutzes** und **30** untersteht deshalb im Hinblick auf Zuständigkeit, anwendbares Recht und Anerkennung ausländischer Entscheidungen nach Art. 85 Abs. 1 IPRG dem **MSA** (ausführlich hierzu FamKomm Scheidung/JAMETTI GREINER, Anh. IPR, N 90 ff.; LEUMANN LIEBSTER, FamPra.ch 2002, 511, 512 ff.). Für den wichtigen Bereich internationaler Kindesentführung gehen das **HEntfÜ** und das **EurEntfÜ** dem MSA vor (zu beiden Übereinkommen ausführlich RUSCA-CLERC, FamPra.ch 2004, 1 ff.; FamKomm Scheidung/JAMETTI GREINER, Anh. IPR, N 106 ff.; vgl. auch BACH/GILDENAST, 3 ff.).

1. Zuständigkeit

31 Primär sind nach Art. 1 MSA die Gerichte und Behörden am **gewöhnlichen Aufent-haltsort** des Kindes zuständig (vgl. OGer LU, FamPra.ch 2000, 332, 333 ff.; AppGer TI, FamPra.ch 2000, 336 ff.; für weitere Zuständigkeiten vgl. Art. 4 Abs. 1 MSA: Heimatzu-ständigkeit; Art. 8 Abs. 1 MSA: Gefährdungszuständigkeit; Art. 9 Abs. 1 MSA: Eilzu-ständigkeit).

2. Anwendbares Recht

32 Nach Art. 2 MSA, Art. 4 Abs. 2 MSA wenden die zuständigen Behörden grundsätzlich ihr **eigenes Sachrecht** an (zur Ausnahme des Art. 3 MSA vgl. ZK-Siehr, Art. 85 N 31 f. IPRG; FamKomm Scheidung/Jametti Greiner, Anh. IPR, N 104; Markus, AJP 1992, 874 ff.; zur Vereinbarkeit iranischen Rechts mit dem ordre public vgl. Schwander, AJP 2003, 725 ff.).

3. Anerkennung und Vollstreckung

33 Die Anerkennung ausländischer Kindesschutzmassnahmen richtet sich nach Art. 7 Satz 1 MSA; die Vollstreckung folgt grundsätzlich Art. 84 Abs. 1 IPRG. Das **EurEntfÜ** ent-hält ein **spezielles System der Anerkennung und Vollstreckung** von Sorgerechts-entscheiden (dazu FamKomm Scheidung/Jametti Greiner, Anh. IPR, N 123 ff.); **Rechtshilfe** mit dem Ziel der Rückgabe widerrechtlich entführter Kinder oder der Ver-wirklichung des Besuchsrechts regelt das **HEntfÜ** (ZK-Siehr, Art. 85 Anhang I, N 6, 11 IPRG; FamKomm Scheidung/Jametti Greiner, Anh. IPR, N 108 ff.; Schmid, AJP 2002, 1325 ff.).

IX. Rechtsvergleichung

34 Das Besuchsrecht des nicht sorgeberechtigten Elternteils ist allen massgeblichen ausländ-ischen Rechtsordnungen bekannt (vgl. Deutschland: § 1684 BGB; Österreich: § 148 Abs. 1 ABGB, § 166 Satz 2 ABGB, § 178 Abs. 1 ABGB; Frankreich: Art. 371 ff. CC fr., Art. 375–7 Abs. 2 CC fr., Art. 374 Abs. 4 CC fr.; Italien: Art. 155 Abs. 3 Satz 3 CC it., Art. 317bis Abs. 3 CC it.). Die moderne Tendenz geht dahin, das Besuchsrecht v.a. als Recht des Kindes und nicht der Eltern zu begreifen (vgl. Deutschland: § 1684 Abs. 1 BGB; Österreich: 148 Abs. 1 ABGB; England: Sec. 8 (1) Children Act 1989; Norwegen: § 42 Abs. 1 KinderG 1981; Schweden: 6. Kap., § 15 Abs. 1 ElternG 1949 i.d.F. 1990). Auf europäischer Ebene hat der Europarat ein Übereinkommen über den Umgang mit Kindern geschaffen (vgl. Konvention über die persönlichen Beziehungen zu Kindern, 15. Mai 2003, SEV-Nr: 192).

Art. 274

2. Schranken	**¹ Der Vater und die Mutter haben alles zu unterlassen, was das Verhältnis des Kindes zum anderen Elternteil beeinträchtigt oder die Aufgabe der erziehenden Person erschwert.** **² Wird das Wohl des Kindes durch den persönlichen Verkehr gefährdet, üben die Eltern ihn pflichtwidrig aus, haben sie sich nicht ernsthaft um das Kind gekümmert oder liegen andere wichtige Gründe vor, so kann ihnen das Recht auf persönlichen Verkehr verweigert oder entzogen werden.**

³ Haben die Eltern der Adoption ihres Kindes zugestimmt oder kann von ihrer Zustimmung abgesehen werden, so erlischt das Recht auf persönlichen Verkehr, sobald das Kind zum Zwecke künftiger Adoption untergebracht wird.

2. Limites

¹ Le père et la mère doivent veiller à ne pas perturber les relations de l'enfant avec l'autre parent et à ne pas rendre l'éducation plus difficile.

² Si les relations personnelles compromettent le développement de l'enfant, si les père et mère qui les entretiennent violent leurs obligations, s'ils ne se sont pas souciés sérieusement de l'enfant ou s'il existe d'autres justes motifs, le droit d'entretenir ces relations peut leur être refusé ou retiré.

³ Si les père et mère ont consenti à l'adoption de leur enfant ou s'il peut être fait abstraction de leur consentement, le droit aux relations personnelles cesse lorsque l'enfant est placé en vue d'une adoption.

2. Limiti

¹ Padre e madre devono astenersi da tutto ciò che alteri i rapporti del figlio con l'altro genitore o intralci il compito dell'educatore.

² Il diritto alle relazioni personali può essere negato o revocato se pregiudica il bene del figlio, se i genitori se ne sono avvalsi in violazione dei loro doveri o non si sono curati seriamente del figlio, ovvero per altri gravi motivi.

³ Se i genitori hanno acconsentito all'adozione del figlio o se si può prescindere da tale consenso, il diritto alle relazioni personali si estingue appena il figlio sia collocato in vista d'adozione.

Literatur

Vgl. die Literaturhinweise zu Art. 273.

I. Allgemeines

Art. 274 statuiert zunächst eine **wechselseitige Wohlverhaltensklausel** für beide   1
Elternteile bei der Verwirklichung des Besuchsrechts. Er normiert darüber hinaus die Gründe, bei deren Vorliegen das Besuchsrecht ausgeschlossen werden kann. Im Rahmen der Scheidungsrechtsrevision wurde lediglich eine sprachliche Korrektur vorgenommen.

II. Wohlverhaltensklausel (Abs. 1)

1. Grundsatz

Beide Eltern haben alles zu **unterlassen,** was die **Beziehung** zum anderen Elternteil **be-**   2
einträchtigen oder die **Erziehungsaufgabe erschweren** könnte. Damit soll der Gefahr gegengesteuert werden, dass die Streitigkeiten zwischen den Eltern auf Kosten, oft auch unter Einbeziehung des Kindes fortgesetzt werden (BBl 1974 II 54; vgl. insg. zu hochstrittigen Konflikten zwischen den Eltern, PETER, ZVW 2005, 193 ff.; ALBERSTÖTTER, KindPrax 2004, 90 ff.; FURSTENBERG/CHERLIN, 113 f.).

Der sorge- oder obhutinnehabende Elternteil darf das Kind **nicht** gegen den Besuchsbe-   3
rechtigten **negativ beeinflussen;** er muss vielmehr im Rahmen der Erziehung auf das Kind einwirken mit dem Ziel, psychologische Widerstände gegen den andern Elternteil abzubauen und eine **positive Einstellung** zu gewinnen (sehr weitgehend die ältere Praxis: OGer ZH ZR 1954 Nr. 88, 204: «… Widerstand der Kinder zu brechen.»; zurückhaltender heute BGE 120 II 181; 111 II 406; BezRat Hinwil ZVW 1979, Nr. 9, 140, 144;

ARNTZEN, 47 f.; HEGNAUER, ZVW 1994, 152, 154; DERS., ZVW 1993, 2, 5; HAMMER-FELDGES, ZVW 1993, 15, 19). Dagegen kann aus der Wohlverhaltensklausel keine Pflicht des Obhutsberechtigten abgeleitet werden, den **Wohnort nicht zu wechseln**, selbst wenn dies zu gewissen Nachteilen bei der Ausübung des Besuchsrechts führt (BGE 5P.14/2004, ZVW 2004, 123; BGE 115 II 317; 101 II 200 = Pra 1975, 739). Allenfalls in Ausnahmefällen (Auswanderung nach Übersee ohne triftige Gründe) wird man einen Verstoss gegen die Loyalitätspflicht bejahen können. Andererseits verbietet Art. 274 Abs. 1 dem Besuchsberechtigten, das Kind gegen den Obhutsberechtigten Elternteil einzunehmen oder dessen **Erziehung zu vereiteln oder zu beeinträchtigen** (vgl. BBl 1974 II 55; GULER, ZVW 1984, 98, 101; HAMMER-FELDGES, ZVW 1993, 15, 19; zur religiösen Erziehung vgl. BezRat Hinwil ZVW 1993, 71, 73; OGer LU ZBJV 1990, 150) oder auch nur dessen Autorität in Frage zu stellen.

2. Sanktionen

4   Die Frage, welcher Elternteil besser geeignet ist, auch in der Zukunft eine möglichst konfliktarme Beziehung des Kindes zum anderen Elternteil zu gewährleisten, kann ein Kriterium unter anderen bei der **Zuteilung der elterlichen Sorge** im Scheidungsfall sein (vgl. BGE 117 II 359; 115 II 210 f.; 115 II 320; vgl. auch Art. 133 N 6 ff.). Bei wiederholter Missachtung der Pflicht aus Art. 274 Abs. 1 kann eine **Änderung der Regelung der elterlichen Sorge** auf der einen oder ein **Ausschluss des Besuchsrechts** nach Abs. 2 auf der anderen Seite in Betracht kommen (vgl. N 6).

III. Schranken des Besuchsrechts (Abs. 2)

1. Kindeswohlgefährdung

5   Das Besuchsrecht kann nur ausgeschlossen werden, wenn seine Ausübung das **Kindeswohl gefährdet** (vgl. nur BGer, FamPra.ch 2002, 183 f.; BGE 122 III 404, 407; BGE 118 II 242; BK-HEGNAUER, N 23 f. m.w.Nw.). Die Schwelle ist dabei freilich nicht so hoch anzusetzen wie bei Entzug der elterlichen Sorge; ausreichen müssen vielmehr **triftige, das Kindeswohl nachhaltig berührende Gründe** (vgl. auch Art. 9 Abs. 3 UN-KRK: «... soweit dies [der Kontakt] nicht dem Wohl des Kindes widerspricht»). Ein Verschulden des Bezugsberechtigten ist nicht erforderlich (vgl. GULER, ZVW 1984, 98, 100). Andere als das Kindeswohl nachhaltig berührende Gründe (z.B. als Strafmassnahme oder Druckmittel) rechtfertigen den Ausschluss nicht (vgl. BGE 118 II 24 = Pra 1993, 365; BBl 1974 II 54).

2. Pflichtwidrige Ausübung

6   Pflichtwidrige Ausübung des Besuchsrechts liegt vor, wenn der Besuchsberechtigte seine **Loyalitätspflicht** nach Abs. 1 **verletzt** (vgl. N 2), das Kind während der Besuche vernachlässigt, missbraucht, misshandelt oder überanstrengt. Sie liegt aber auch vor, wenn das Besuchsrecht **unregelmässig ausgeübt** oder für die Abmachung erforderliche Modalitäten nicht eingehalten werden, denn dies kann das Kindeswohl nachhaltig berühren (vgl. VerwGerBL BLVGE 1995, 127, 131: Nichtbeachten der Besuchszeiten; vgl. auch HAMMER-FELDGES, ZVW 1993, 15, 19). Ein Missbrauch des Besuchsrechts liegt auch vor, wenn die Besuche benutzt werden, um das Kind ins Ausland zu entführen, oder wenn diese Gefahr konkret besteht. Kann der **Entführungsgefahr** nicht durch andere Massnahmen (vgl. Art. 273 N 22 ff.) entgegengewirkt werden, kommt ein Ausschluss des Besuchsrechts in Betracht (vgl. BGer, FamPra.ch 2003, 954 ff.).

3. Nicht ernsthaft gekümmert

Das Merkmal entspricht Art. 265c Ziff. 2 (vgl. BK-HEGNAUER, N 28). Ein Elternteil 7
kümmert sich nicht ernsthaft um das Kind, wenn er **keinerlei Anteil** an seinem Wohlergehen nimmt und nichts unternimmt, um eine lebendige Beziehung zu dem Kind aufrechtzuerhalten oder aufzubauen (vgl. BGer, ZVW 2004, 263 f.; BGE 118 II 25 = Pra
1993, 365; BGer 15.10.1981, ZVW 1982, 106 Nr. 11). Dazu gehört auch der Fall, dass
das Besuchsrecht über längere Zeit **grundlos nicht ausgeübt** wird (vgl. Zivilgericht
Tafers, FamPra.ch 2002, 611; HEGNAUER, ZVW 1993, 2, 10). Blosse Unregelmässigkeiten oder das Ausbleiben der Leistung des Unterhaltsbeitrags reichen nicht aus (vgl. BK-
SPÜHLER/FREI-MAURER, Art. 157 N 166; GULER, ZVW 1984, 98, 101; **a.A.** STETTLER,
SPR III/2, 1992, 252; BK-HEGNAUER, N 28, beachte jedoch auch Art. 273 N 59; BGE 89
II 10), wie umgekehrt die Zahlung von Unterhaltsbeiträgen noch nicht ein Sich-
Kümmern darstellt. Ebenso wenig kann im blossen Bestreiten oder der **Anfechtung der
Vaterschaft** ohne weitere hinzutretende Umstände ein Sich-Nicht-Kümmern gesehen
werden (vgl. STETTLER, SPR III/2, 1992, 252; BK-HEGNAUER, N 29: «ohne zureichenden
Grund»; BGE 118 II 25 = Pra 1993, 365; **a.A.** wohl BBl 1974 II 55).

4. Andere wichtige Gründe

a) Bei den Eltern liegende Gründe

aa) **Erkrankung des Besuchsberechtigten.** Leidet der Besuchsberechtigte an einer an- 8
steckenden Krankheit, ohne dass es möglich wäre, das Kind wirksam vor Ansteckung zu
schützen, kann ein Ausschluss des Besuchsrechts angezeigt sein (vgl. OGer ZH ZR 1965
Nr. 102: Tuberkulose). Bei Suchtkrankheit oder Psychose muss in jedem Einzelfall ermittelt werden, ob ein Besuchsrecht ohne nachhaltige Beeinträchtigung des Kindeswohls
möglich ist (Fälle in der Praxis selten, vgl. FELDER/HAUSHEER, ZBJV 1993, 698, 703;
BGer, ZVW 2004, 265: suizidale und pädophile Neigungen; OGer ZH ZR 1965 Nr. 104:
Wirtshausverbot während Besuch).

bb) **Anstössiger Lebenswandel.** Anstössiger Lebenswandel (z.B. gewerbsmässige Pros- 9
titution) rechtfertigt allein noch nicht den Ausschluss des Besuchsrechts (vgl. BGE 72 II
10 = Pra 1946, 193).

cc) **Vorstrafen, Inhaftierungen.** Bei Vorstrafen oder Inhaftierung kommt es ebenfalls 10
stark auf den Einzelfall an. Wo sich die Straftaten gegen das Kind selbst oder gegen den
anderen Elternteil gerichtet haben, wird ein Besuchsrecht oft auszuschliessen sein, in
anderen Fällen hingegen grundsätzlich nicht (vgl. BGE 119 II 9).

dd) **Sexueller Missbrauch, häusliche Gewalt.** Bei begründetem Verdacht auf sexuellen 11
Missbrauch ist das Besuchsrecht grundsätzlich auszuschliessen, falls nicht ein begleitetes
Besuchsrecht (vgl. Art. 273 N 25 ff.) in Frage kommt (BGE 120 II 229, 235; 119 II 201;
KGer SG SGGP 1992, 65 Nr. 24; JustizDir ZH ZVW 1992, 199 Nr. 7; vgl. HAMMER-
FELDGES, ZVW 1993, 15, 23; FELDER/HAUSHEER, ZBJV 1993, 698 ff.; FELDER/
WÜTHRICH/ZOLLINGER, AJP 1994, 894, 897; zum Umgang mit Missbrauchsvorwurf vgl.
FamKomm Scheidung/SCHREINER, Anh. Psych N 133 ff.; OGer LU, FamPra.ch 2004,
164 f., m. Bem. SCHREINER/SCHWEIGHAUSER, 165 f.). Das Gleiche muss bei begründe-
tem Verdacht auf gegen das Kind oder den anderen Elternteil gerichtete Gewalt gelten
(vgl. zur Regelung in Neuseeland BÜCHLER, FamPra.ch 2000, 583, 589 FN 24).

ee) **Spannungen zwischen den Eltern.** Fortbestehende Spannungen zwischen den Eltern 12
wirken sich besonders belastend und schädigend auf das Kind aus (BGE 120 II 181; 115
II 320; 115 II 210; OGer LU LGVE 1990, Nr. 1; zu Lösungsansätzen vgl. SCHREINER/

SCHWEIGHAUSER, FamPra.ch 2004, 911 ff.). Wenn das Verhältnis zwischen dem besuchsberechtigten Elternteil und dem Kind gut ist, dürfen Konfliktsituationen, wie sie in jeder Scheidung auftreten können, nicht zu einer einschneidenden Beschränkung des Besuchsrechts auf unbestimmte Zeit führen (vgl. BGer 5C.123/2004, SJZ 2004, 494 f.).

b) Beim Kind liegende Gründe

13 aa) **Entgegenstehender Kindeswille.** Nach früher überwiegender Lehre und Rechtsprechung (vgl. BK-SPÜHLER/FREI-MAURER, Art. 156 N 295, 311; w.Nw. bei BRÄM, AJP 1994, 899, 902; BGer unveröff. Urteil vom 17.11.1994; BGE 118 II 242; 111 II 407) spielte die Haltung des Kindes bei der Regelung des Besuchsrechts nur eine untergeordnete Rolle. Die veränderte Sichtweise des Besuchsrechts und sein Zweck (vgl. dazu Art. 273 N 6) gebieten indes, die **Wünsche und Meinungen des Kindes** vorrangig zu berücksichtigen (vgl. Art. 273 N 11; BGE 124 III 90, 93; FamPra.ch 2000, 546, 549; zum alten Recht schon ähnlich BK-HEGNAUER, Art. 273 N 77; BRÄM, AJP 1994, 899, 902; aus psychologischer Sicht vgl. FamKomm Scheidung/SCHREINER, Anh. Psych N 68 ff.). Solange das Kind sich ernsthaft weigert, mit dem anderen Elternteil zusammenzukommen, ist eine mit dem Kindeswohl zu vereinbarende Durchführung der Kontakte nicht möglich (vgl. TC FR, FamPra.ch 2002, 609 ff.; BGE 126 III 219, 221 f.; 124 III 90, 93; vgl. auch BLUM, 99 f. m.w.Nw.).

14 bb) **Alter des Kindes.** Das sehr niedrige Alter steht Besuchskontakten nicht entgegen, da nur im Wege des Besuchs eine Entfremdung zwischen Eltern und Kind vermieden werden kann (vgl. Art. 273 N 6; BGer, FamPra.ch 2003, 948 f.).

15 cc) **Integration des Kindes in eine neue Familie.** Häufig wünscht der obhutsberechtigte Elternteil die Ausgrenzung des anderen Elternteils, wenn ein neuer Partner die Stiefelternrolle für das Kind übernimmt (vgl. BGer, ZVW 1982, 106 Nr. 11). In solchen Fällen wird aber nur selten eine erhebliche Beeinträchtigung des Kindeswohls durch weiteren Besuchskontakt anzunehmen sein (vgl. BGer, ZVW 2004, 263 f.; vgl. jedoch Mutter eines in Pflege gegebenen Kindes, die bei Besuchen Rücknahmewillen kundgibt: OGer AG ZVW 1994, 21 Nr. 1). Etwas anderes mag gelten, wenn der Kontakt zum leiblichen Elternteil über Jahre abgebrochen ist und das Kind den Stiefvater als Vater ansieht (vgl. BGE 118 II 26 = Pra 1993, 365; BK-HEGNAUER, N 36).

5. Rechtsfolge

16 Bei einer Beeinträchtigung des Kindeswohls kann das Besuchsrecht von vornherein (z.B. anlässlich der Scheidung) **verweigert** oder **nachträglich entzogen** werden (vgl. SPÜHLER, SJZ 1983, 37 ff.). Zu beachten ist insoweit jedoch das **Verhältnismässigkeitsprinzip.** Der vollständige Entzug des Rechts auf persönlichen Verkehr bildet die «ultima ratio» und darf im Interesse des Kindes nur angeordnet werden, wenn die nachteiligen Auswirkungen des persönlichen Verkehrs sich nicht in für das Kind vertretbaren Grenzen halten lassen (vgl. BGE 122 III 404, 407; 120 II 229, 233). Kommen weniger einschneidende Massnahmen in Betracht, durch die das Kindeswohl gewahrt bleiben kann (begleitetes Besuchsrecht, Ermahnungen und Weisungen, vgl. dazu Art. 273 N 22 ff.), sind diese einem Ausschluss des Besuchsrechts vorzuziehen. Ein zeitweiliger Ausschluss (vgl. dazu BezRat Hinwil, ZVW 1993, 71 Nr. 2) geht dem dauernden vor. Stehen Gründe des Kindeswohls dem persönlichen Verkehr entgegen, sind darauf abzielende Kontakte auch nicht durch die Errichtung einer Beistandschaft anzubahnen (vgl. BGE 126 III 219, 221 f.). Auch bei einem Ausschluss des Besuchsrechts bleibt jedoch die Möglichkeit zu **brieflichem Kontakt** grundsätzlich aufrechterhalten (vgl. BGer, FamPra.ch 2000, 546,

549; BGE 126 III 219, 222; Justizdir. ZH, ZVW 1992, 199, 202). Der Ausschluss des Besuchsrechts sollte grundsätzlich fortlaufend auf seine zeitliche Gültigkeit hin überprüft werden.

IV. Erlöschen des Besuchsrechts (Abs. 3)

Nach Abs. 3 erlischt das Besuchsrecht von Gesetzes wegen, wenn die Eltern der **Adop-** **17** **tion zugestimmt** haben (Art. 265a, Art. 265b) oder die Vormundschaftsbehörde den Entscheid gefällt hat, dass von der Zustimmung der Eltern zur Adoption abzusehen ist, und das Kind in Adoptionspflege untergebracht ist. Abs. 3 gilt damit praktisch nur bei in Aussicht genommener **Fremdadoption,** nicht aber bei einfachem Stief- oder Pflegekindverhältnis (vgl. KGer VD SJZ 1987, 243 Nr. 3; zum Besuchsrecht trotz Zustimmung zur Adoption: HEGNAUER, ZVW 1986, 55 f.).

V. Rechtsvergleichung

In Anlehnung an das Schweizer Recht hat auch das deutsche Recht (§ 1684 Abs. 2 BGB) **18** die Loyalitätspflicht ausdrücklich geregelt.

Das Besuchsrecht gilt auch in ausländischen Rechtsordnungen nicht absolut, sondern **19** kann aus Gründen des Kindeswohls eingeschränkt oder ausgeschlossen werden. Deutschland: § 1684 Abs. 4 BGB; Österreich: § 148 Abs. 1 Satz 2 ABGB; Frankreich: Art. 288 Abs. 2 CC fr., Art. 375–7 Abs. 2 CC fr.; Grossbritannien: Sec. 8 Children Act 1989).

Art. 274a

II. Dritte	**¹ Liegen ausserordentliche Umstände vor, so kann der Anspruch auf persönlichen Verkehr auch andern Personen, insbesondere Verwandten, eingeräumt werden, sofern dies dem Wohle des Kindes dient.**
	² Die für die Eltern aufgestellten Schranken des Besuchsrechtes gelten sinngemäss.
II. Tiers	¹ Dans des circonstances exceptionnelles, le droit d'entretenir des relations personnelles peut aussi être accordé à d'autres personnes, en particulier à des membres de la parenté, à condition que ce soit dans l'intérêt de l'enfant.
	² Les limites du droit aux relations personnelles du père et mère sont applicables par analogie.
II. Terzi	¹ In circostanze straordinarie, il diritto alle relazioni personali può essere conferito anche a altre persone, segnatamente a parenti, in quanto ciò serva al bene del figlio.
	² I limiti del diritto di visita posti ai genitori vigono per analogia.

Literatur

GROSSEN, Les liens de droit civil entre frères et soeurs, in: FS Hinderling, 1976, 41 ff.; HEGNAUER, Grosseltern und Enkel im schweizerischen Recht, in: FS Schnyder, 1995, 421 ff.; MEULDERS-KLEIN, Le printemps des grands-parents et le droit, in: FS Grossen, 1992, 165 ff.; s.a. die Literaturhinweise zu Art. 273.

I. Allgemeines

1   Art. 274a sieht die Möglichkeit vor, im Interesse des Kindes auch **anderen Personen** als den Eltern ein **Besuchsrecht** einzuräumen.

II. Voraussetzungen (Abs. 1)

1. Dem Kindeswohl dienlich

2   Der persönliche Verkehr mit Dritten kommt zunächst nur in Betracht, wenn er dem Kindeswohl dient, m.a.W. wenn ein Kontaktausschluss dem Kindeswohl abträglich wäre. Insofern steht hier noch mehr als bei Art. 273, 274 ausschliesslich das **Interesse des Kindes** im Mittelpunkt.

2. Besuchsberechtigter Personenkreis

3   In erster Linie kommen Personen in Betracht, mit denen das Kind eine **soziale Eltern-Kind-Beziehung** verbindet, also Stief- und Pflegeeltern, der Scheinvater oder gleichgeschlechtliche Partner bzw. Partnerin (vgl. Art. 27 Abs. 2 PartG) nach Beendigung der Familiengemeinschaft. Aus der Sicht des Kindes geht es hier um den Schutz gewachsener Beziehungen; entscheidend ist die emotionale Bindung zum faktischen Elternteil. Dasselbe muss aber auch für die leiblichen Eltern nach erfolgter Adoption gelten, wenn vorher eine Eltern-Kind-Beziehung bestanden hat (vgl. HEGNAUER, ZVW 1986, 55).

4   Beispielhaft nennt das Gesetz sodann **Verwandte.** Zu denken ist insoweit v.a. an Grosseltern (vgl. HEGNAUER, Grosseltern und Enkel im schweizerischen Recht, FS Schnyder, 421, 430 f.), Geschwister, aber auch andere Verwandte, die dem Kind nahe stehen (vgl. GROSSEN, FS Hinderling, 41, 43 f.; MEULDERS-KLEIN, FS Grossen, 165 ff.). Schliesslich können auch **nicht verwandte Personen** zu dem Kind eine besonders enge Beziehung besitzen (z.B. Taufpaten, vgl. REDAY, 26). Zur Einräumung des Besuchsrechts gegenüber dem biologischen Vater, zu dem keine rechtliche Vater-Kind-Beziehung besteht, vgl. BGE 108 II 344; WERRO/MÜLLER, FS Schnyder, 859, 866 f.

3. Ausserordentliche Umstände

5   Das Besuchsrecht dritter Personen soll mit Rücksicht auf den Inhaber der Obhut nur gewährt werden, wenn **ausserordentliche Umstände** vorliegen (vgl. BBl 1974 II 53 f.; HEGNAUER, ZVW 1993, 2, 6; STETTLER, SPR III/2, 1992, 239). In Fällen, in denen es um **Aufrechterhaltung** einer gewachsenen **sozialen Eltern-Kind-Beziehung** geht, sind diese regelmässig zu bejahen und das Besuchsrecht demgemäss einzuräumen (vgl. VormBehörde Thalwil ZVW 1990, 106 Nr. 7: Stiefvater nach Scheidung; RegRat SO ZVW 1971, 70 Nr. 20: getrennt lebende Pflegeeltern). In allen **anderen Fällen** müssen widerstreitende Interessen des Obhutsinhabers und die Belastungen, die Streitigkeiten über das Besuchsrecht auch für das Kind mit sich bringen, gegen die Interessen des Kindes nach Kontakt abgewogen werden (zur Abwägung des Rechts auf religiöse Erziehung und Besuchskontakten Dritter vgl. BGE 129 III 689, 691 f.). Aussergewöhnliche Umstände sind insb. anzunehmen, wenn nach **Auflösung der Elternehe** durch Scheidung oder Tod durch das Besuchsrecht der Kontakt zur Familie des andern Elternteils aufrechterhalten werden soll (vgl. auch Vormundschaftsaufsichtsbehörde GE, 1.11.1995, SJ 1996, 465 ff.; BK-HEGNAUER, N 19; BK-SPÜHLER/FREI-MAURER, Art. 156 N 314; BLUM, 46 ff.).

III. Schranken (Abs. 2)

Für die Festsetzung und die Schranken des persönlichen Verkehrs gelten Art. 273 und 274 entsprechend. Vor allem sind auch Ermahnungen und Weisungen nach Art. 273 Abs. 2 möglich. Vorrangige Bedeutung muss beim Besuchsrecht Dritter dem Kindeswillen beigemessen werden (vgl. REDAY, 28 f.).   **6**

IV. Rechtsvergleichung

Deutschland normiert inzwischen ein Besuchsrecht für Grosseltern, Geschwister, Stief- und Pflegeeltern (1685 BGB). Österreich und Frankreich kennen ein ausdrückliches Besuchsrecht der Grosseltern (Österreich: § 148 Abs. 3 ABGB; Frankreich: Art. 371–4 Abs. 1 CC fr.: generell für Aszendenten). Frankreich sieht darüber hinaus allgemein die Möglichkeit eines Besuchsrechts dritter Personen vor (Art. 371–4 Abs. 2 CC fr.). Norwegen macht für das Besuchsrecht der Grosseltern den Tod mindestens eines Elternteils zur Voraussetzung (§ 45 KinderG 1981). In England ist ein Besuchsrecht für Personen, die mit dem Kind zusammengelebt haben, vorgesehen (Sec. 10 [5] [a] und [b] Children Act 1989).   **7**

Art. 275

III. Zuständig-keit	**¹ Für Anordnungen über den persönlichen Verkehr ist die Vormundschaftsbehörde am Wohnsitz des Kindes zuständig und, sofern sie Kindesschutzmassnahmen getroffen hat oder trifft, diejenige an seinem Aufenthaltsort.**
	² Teilt das Gericht nach den Bestimmungen über die Ehescheidung und den Schutz der ehelichen Gemeinschaft die elterliche Sorge oder die Obhut zu, oder hat es über die Änderung dieser Zuteilung oder des Unterhaltsbeitrages zu befinden, so regelt es auch den persönlichen Verkehr.
	³ Bestehen noch keine Anordnungen über den Anspruch von Vater und Mutter, so kann der persönliche Verkehr nicht gegen den Willen der Person ausgeübt werden, welcher die elterliche Sorge oder Obhut zusteht.
III. For et compétence	¹ L'autorité tutélaire du domicile de l'enfant est compétente pour prendre les mesures nécessaires concernant les relations personnelles; la même compétence appartient en outre à l'autorité tutélaire du lieu de séjour de l'enfant si celle-ci a pris des mesures de protection en sa faveur ou qu'elle se prépare à en prendre.
	² Le juge est compétent pour régler les relations personnelles lorsqu'il attribue l'autorité parentale ou la garde selon les dispositions régissant le divorce et la protection de l'union conjugale, ou qu'il modifie cette attribution ou la contribution d'entretien.
	³ Si des mesures concernant le droit du père et de la mère n'ont pas encore été prises, les relations personnelles ne peuvent être entretenues contre la volonté de la personne qui a l'autorité parentale ou à qui la garde de l'enfant est confiée.
III. Competenza	¹ L'autorità tutoria del domicilio del figlio è competente per le misure in merito alle relazioni personali; è pure competente l'autorità tutoria del luogo

di dimora del figlio se quest'ultima ha già preso o prende misure a protezione del figlio.

² Il giudice è competente a disciplinare le relazioni personali allorché attribuisce l'autorità parentale o la custodia secondo le disposizioni sul divorzio e a tutela dell'unione coniugale, oppure se modifica tale attribuzione o il contributo di mantenimento.

³ Se non sono state ancora prese misure circa il diritto del padre e della madre, le relazioni personali non possono essere esercitate contro la volontà della persona cui compete l'autorità parentale o la custodia.

Literatur

Vgl. die Literaturhinweise zu Art. 273.

I. Allgemeines

1 Art. 275 regelt die **Zuständigkeit** für die Festsetzung und Ausgestaltung des persönlichen Verkehrs zwingend und unverzichtbar.

II. Festsetzung des persönlichen Verkehrs

1. Inhaber der elterlichen Sorge oder Obhut (Abs. 3)

2 Fehlen behördliche oder gerichtliche Anordnungen, so entscheidet primär der **Inhaber der elterlichen Sorge** über die Ausübung des persönlichen Verkehrs. Im Einzelnen sind dies: die Mutter des ausserehelichen Kindes gegenüber dem Vater (Art. 298 Abs. 1), der Vormund gegenüber der unmündigen Mutter und dem Vater eines ausserehelichen Kindes und gegenüber entmündigten Eltern (Art. 296 Abs. 2), Vormund oder Vormundschaftsbehörde bei Entzug der elterlichen Sorge (Art. 311, 312), der Elternteil, dem bei Trennung oder Scheidung die elterliche Sorge zugeteilt wurde (Art. 133 Abs. 1). Fallen elterliche Sorge und rechtliche Obhut auseinander (Entzug der Obhut: Art. 310; Zuteilung der Obhut im Eheschutz-, Scheidungs- oder Trennungsverfahren: Art. 176 Abs. 3, 137 Abs. 2, 297 Abs. 2), entscheidet der oder die **Obhutsberechtigte** (vgl. BK-SPÜHLER/ FREI-MAURER, Art. 145 N 200 f.; TSCHÜMPERLIN, 37 f.; BLUM, 245 f.). Bei faktischer Obhut (vgl. v.a. Art. 300 Abs. 1; STETTLER, SPR III/2, 1992, 233 f.) steht das Bestimmungsrecht – vorbehaltlich anderweitiger Bestimmung des Inhabers der rechtlichen Obhut – dem Inhaber der faktischen Obhut zu (vgl. PITTET, ZVW 1984, 1).

2. Vormundschaftsbehörde (Abs. 1)

a) Grundsatz

3 Vorbehaltlich der Zuständigkeit des Gerichts im Eheschutz- und Scheidungsverfahren (Abs. 2, vgl. N 7) ist bei einem Streit über die Ausübung des Besuchsrechts grundsätzlich die **Vormundschaftsbehörde** für dessen Festsetzung zuständig. Die Vormundschaftsbehörde wird **auf Antrag** tätig bei Regelung des persönlichen Verkehrs des Vaters mit seinem ausserehelichen Kind (Art. 298 Abs. 1; vgl. OGer TG SJZ 1992, 129 Nr. 19), bzw. der Mutter mit ihrem ausserehelichen Kind (Art. 298 Abs. 2) sowie des Besuchsrechts Dritter (Art. 274a). Zur Antragsbefugnis vgl. Art. 273 N 29. **Von Amts wegen** regelt die Vormundschaftsbehörde den persönlichen Verkehr zwischen Eltern und Kindern, wenn Ersteren im Wege einer Kindesschutzmassnahme (Art. 310 ff.) die Obhut oder die elterliche Sorge entzogen wurde. Die Gründe der Entziehung sind bei der Regelung zu berücksichtigen (vgl. BLUM, 185 f.; BGE 93 II 66 = Pra 1967, 283).

b) Örtliche Zuständigkeit

Nach Abs. 1 ist die Vormundschaftsbehörde am Wohnsitz des Kindes zuständig. In Fäl- **4**
len, in denen die Vormundschaftsbehörde am Aufenthaltsort des Kindes nach Art. 315
Abs. 2 eine Kindesschutzmassnahme getroffen hat oder trifft, ist aus Gründen der Prozessökonomie auch diese zuständig.

c) Verfahren

Aus Art. 8 BV und Art. 8 EMRK ergibt sich die Pflicht der Behörde, die **Eltern** in das **5**
Verfahren einzubeziehen, sie zu informieren und zu befragen (vgl. EGMR, 8.7.1987 [W.
v. UK], Série A, vol. 121 = EuGRZ 1990, 533, 539 f.; BGE 115 Ib 4; BK-HEGNAUER,
N 82 ff.; DERS., ZVW 1993, 2, 8; HÄNNI, FS Schnyder, 365, 380 f.). Ein Beteiligungsan-
spruch des **Kindes** am Verfahren folgt heute unmittelbar aus Art. 12 UN-KRK (vgl.
BGer, FamPra.ch 2002, 854 f.; BGE 124 III 90, 92 f.; SCHWENZER, AJP 1994, 817, 823).
Dies setzt freilich voraus, dass das Kind fähig ist, sich eine eigene Meinung zu bilden
(verneint bei 6-jährigem Kind, das bis dahin keinerlei Kontakt zum leiblichen Vater hatte,
BGE 124 III 90, 93; vgl. aber BGer, FamPra.ch 2005, 958 ff.: Anhörungspflicht ab
6. Altersjahr).

d) Rechtsmittel

Gegen die Anordnungen der Vormundschaftsbehörde ist zunächst gemäss Art. 420 Abs. 2 **6**
Beschwerde an die Aufsichtsbehörde möglich. Darüber hinaus muss aufgrund Art. 6
Ziff. 1 EMRK das kantonale Recht die umfassende tatsächliche und rechtliche Überprüfung der Entscheidung durch ein Gericht sicherstellen (vgl. BGE 118 Ia 478 ff.). Nunmehr ist auch die **Berufung ans Bundesgericht** zulässig (Art. 44 lit. d OG).

3. Gericht (Abs. 2)

a) Grundsatz

Das Gericht ist zur Regelung des persönlichen Verkehrs zuständig im Eheschutzverfah- **7**
ren (Art. 176 Abs. 3), im Rahmen der vorsorglichen Massnahmen im Scheidungs- und
Trennungsverfahren (Art. 137 Abs. 2), bei Scheidung, Trennung oder Ungültigerklärung
der Ehe (Art. 133 Abs. 1, 118 Abs. 2, 109 Abs. 2). Es ist auch zuständig, wenn es darum
geht, bereits bestehende Kindesschutzmassnahmen anzupassen (Art. 315a Abs. 2). Vorbehalten bleibt die Zuständigkeit der Vormundschaftsbehörde zur Fortführung eines vor
dem gerichtlichen Verfahren eingeleiteten Kindesschutzverfahrens sowie in Fällen besonderer zeitlicher Dringlichkeit (Art. 315a Abs. 3).

b) Verfahren

Das Gericht hat das Besuchsrecht im Eheschutz-, Scheidungs- und Trennungsverfahren **8**
von Amts wegen zu regeln (Art. 176 Abs. 3, 133 Abs. 1, 137 Abs. 2). Es gilt der **Untersuchungsgrundsatz.** An eine **Vereinbarung** zwischen den Eltern ist das Gericht nicht
gebunden, diese muss vom Gericht vielmehr nach Art. 140 genehmigt werden (vgl.
SPÜHLER, SJZ 1983, 37 ff.; BGE 115 II 209). Indes gibt es i.d.R. kaum Gründe, von einer
einvernehmlichen Regelung des Besuchsrechts durch die Eltern abzuweichen (vgl. Fam-
Komm Scheidung/LEUENBERGER/SCHWENZER, Art. 140 N 16). Dies gilt v.a. dort, wo ein
über die übliche Praxis (vgl. dazu Art. 273 N 15) hinausgehendes Besuchsrecht von allen
Beteiligten gewünscht wird (vgl. etwa BGE 123 III 445, 450 ff.; KGer SG SGGP 1991,
68 Nr. 32 = SJZ 1993, 67 Nr. 5).

9 Neben den **Eltern** und nötigenfalls der Vormundschaftsbehörde ist v.a. grundsätzlich auch **das Kind anzuhören** (Art. 144; Art. 12 UN-KRK; vgl. auch BK-HEGNAUER, N 46 m.w.Nw.). Nach neuerer Rechtsprechung (BGer, FamPra.ch 2005, 958 ff., m. Bem. SCHWEIGHAUSER, 961 ff.) besteht die Anhörungspflicht grundsätzlich ab dem 6. Altersjahr. Gegebenenfalls ist die **Vertretung des Kindes** durch einen Beistand nach Art. 146 anzuordnen. Ein kinderpsychiatrisches oder -psychologisches **Gutachten** ist einzuholen, wenn ein Verdacht auf sexuellen Missbrauch besteht, wenn vermutet werden muss, dass ein Kind seine eigenen Wünsche nicht äussert, weil es dem Einfluss eines Elternteils ausgesetzt ist, sowie wenn eine Partei behauptet, dass Besuche dem Kind schaden würden, oder wenn die Parteien sonst wie im Hinblick auf das Kind in entscheidenden Punkten gegensätzliche Behauptungen vortragen (vgl. Einzelheiten bei FamKomm Scheidung/SCHREINER, Anh. Psych N 186 ff.; ARNTZEN, 69 f.; BK-HEGNAUER, N 49; aus der Praxis BGer, FamPra.ch 2002, 179, 181 f.; BGE 122 III 404, 409; 111 II 408; 100 II 80; OGer LU ZBJV 1990, 150 Nr. 7).

c) Rechtsmittel

10 Die Anordnungen des Gerichts können mit den nach kantonalem Prozessrecht vorgesehenen Rechtsmitteln angefochten werden. Gegen die Besuchsrechtsregelung bei Scheidung, Trennung oder Ungültigerklärung der Ehe ist die Berufung ans BGer möglich (BGE 119 II 201; 115 II 317).

III. Abänderung

11 Die Inhaberin der elterlichen Sorge oder Obhut ist jederzeit frei, **Besuche in grösserem Umfang** als in einer behördlich oder gerichtlichen Regelung vorgesehen zu gestatten (Art. 275 Abs. 3 analog; HEGNAUER, ZVW 1993, 2, 9; HAMMER-FELDGES, ZVW 1993, 15, 18). Bindungswirkung für die Zukunft kommt einer solchen Gestattung freilich nicht zu.

12 Entsprechend Art. 313 Abs. 1 sind Regelungen der Vormundschaftsbehörde bei einer **Veränderung der Verhältnisse** auf Antrag eines Beteiligten – bei Kindeswohlgefährdung von Amts wegen – **anzupassen.** Zuständig ist die **Vormundschaftsbehörde.** Die Vormundschaftsbehörde ist nunmehr grundsätzlich auch zuständig zur Änderung einer gerichtlichen Besuchsregelung (Art. 134 Abs. 4), es sei denn, das Gericht befindet über eine Änderung der Zuteilung der elterlichen Sorge oder der Obhut oder des Unterhaltsbeitrags, dann verbleibt es wiederum bei der Annexzuständigkeit des Gerichts für die Regelung des persönlichen Verkehrs (Art. 275 Abs. 2).

IV. Durchsetzung

1. Beratung und vormundschaftsrechtlicher Schutz

13 Neben **Beratung** kommen **Ermahnungen** und nach Art. 273 Abs. 2 **Weisungen** oder eine **Beistandschaft** nach Art. 308 Abs. 2 (Einzelheiten bei Art. 308 N 14 ff.) in Betracht.

2. Änderung bestehender Regelungen

14 Verhinderung des persönlichen Verkehrs durch den Inhaber der elterlichen Sorge kann im Ausnahmefall Anlass geben für eine Änderung der Zuteilung der **elterlichen Sorge** oder **Obhut** – allerdings nicht, wenn das Kind die Besuchskontakte verweigert –, wie umgekehrt die Nichtausübung des Besuchsrechts zu einer **Einschränkung** oder einem **Ausschluss** desselben führen kann (vgl. Art. 274 N 7).

3. Strafrechtliche Sanktionen

Zuwiderhandlung gegen eine behördliche oder gerichtliche Besuchsrechtsregelung kann   **15**
nach Androhung nach **Art. 292 StGB** geahndet werden (vgl. BGE 118 II 293; 119 IV 238). Eigenmächtige Durchsetzung des persönlichen Verkehrs oder Nichtrückgabe des Kindes erfüllt den Tatbestand der **Kindesentziehung** des Art. 220 StGB (vgl. BGE 118 IV 61; 110 IV 35; 108 IV 22; 104 IV 90; HEGNAUER, ZVW 1993, 111 ff.) oder sogar der **Entführung** nach Art. 183 f. StGB (BGE 119 IV 216).

4. Schadenersatz

Da als Ausfluss des Besuchsrechts des Kindes dieses einen Anspruch auf Betreuung hat,   **16**
kommt bei Nichtausübung des Besuchsrechts ein **Schadenersatzanspruch des Kindes** in Höhe allfälliger während der ausgefallenen Besuchszeit erforderlicher **Fremdbetreuungskosten** in Betracht (vgl. Bericht Eidg. Kommission für Frauenfragen, 195; vgl. auch Art. 285 Abs. 1). Umgekehrt muss man allerdings dem Besuchsberechtigten bei Ausfall eines Besuchs infolge Verschuldens des Inhabers der elterlichen Sorge oder Obhut einen Schadenersatzanspruch wegen **vergeblicher Aufwendungen** (z.B. Reisekosten) zuerkennen. Wegen der Verankerung des Besuchsrechts als Persönlichkeitsrecht (vgl. Art. 273 N 3) kann diese Schadenersatzpflicht wegen Verletzung eines absoluten Rechts deliktsrechtlich begründet werden.

5. Vollstreckung

Gegen den **Besuchsberechtigten** kommt eine Vollstreckung nicht in Betracht, wenn dieser die Besuchsregelung nicht einhält (vgl. jedoch N 16). Möglich ist jedoch eine Ermahnung nach Art. 273 Abs. 2 (vgl. dazu HEGNAUER, ZVW 1998, 177 f.).   **17**

Hingegen kann der **Inhaber der elterlichen Sorge** oder Obhut zur Einhaltung der Besuchsregelung mit den Mitteln des **kantonalen Vollstreckungsrechtes** (BGE 118 II 393), insb. durch Androhung von Ordnungsbusse und Ungehorsamkeitsstrafe nach Art. 292 StGB angehalten werden (vgl. BGE 107 II 303; OGer ZH ZR 1986, Nr. 98).   **18**

Die Anwendung **direkten Zwangs** ist abzulehnen, da sie Sinn und Zweck des Verkehrsrechts widerspricht (vgl. BGer, FamPra.ch 2002, 389, 392; BGE 118 II 393; 111 II 409; 107 II 303; TC FR, FamPra.ch 2002, 609; OGer ZH ZR 1986 Nr. 98 = ZVW 1987, 62 Nr. 5; HEGNAUER, Kindesrecht, N 19.27; HAMMER-FELDGES, ZVW 1993, 15, 25 f.; BLUM, 254 f.; WERRO, N 764; a.A. BK-SPÜHLER/FREI-MAURER, Art. 156 N 354). Ein Recht des Kindes, gegen die Vollstreckung vorzugehen, folgt zwar nicht aus Art. 8 EMRK (BGE 120 Ia 376), wohl aber aus Art. 12 UN-KRK.   **19**

V. Internationales Recht

Für die internationale Vollstreckung und Rechtshilfe im Bereich des persönlichen Verkehrs gelten vor allem das EurEntfÜ und das HEntfÜ (vgl. dazu Art. 273 N 30 ff.).   **20**

Art. 275a

E. Information und Auskunft

¹ Eltern ohne elterliche Sorge sollen über besondere Ereignisse im Leben des Kindes benachrichtigt und vor Entscheidungen, die für die Entwicklung des Kindes wichtig sind, angehört werden.

² Sie können bei Drittpersonen, die an der Betreuung des Kindes beteiligt sind, wie namentlich bei Lehrkräften, Ärztinnen und Ärzten, in gleicher Weise wie der Inhaber der elterlichen Sorge Auskünfte über den Zustand und die Entwicklung des Kindes einholen.

³ Die Bestimmungen über die Schranken des persönlichen Verkehrs und die Zuständigkeit gelten sinngemäss.

E. Information et renseignements

¹ Le père ou la mère qui ne détient pas l'autorité parentale sera informé des événements particuliers survenant dans la vie de l'enfant et entendu avant la prise de décisions importantes pour le développement de celui-ci.

² Il peut, tout comme le détenteur de l'autorité parentale, recueillir auprès de tiers qui participent à la prise en charge de l'enfant, notamment auprès de ses enseignants ou de son médecin, des renseignements sur son état et son développement.

³ Les dispositions limitant le droit aux relations personnelles avec l'enfant et la compétence en la matière s'appliquent par analogie.

E. Informazione e schiarimenti

¹ I genitori senza autorità parentale devono essere informati sugli avvenimenti particolari sopraggiunti nella vita del figlio e devono essere sentiti prima di decisioni importanti per lo sviluppo del figlio.

² Essi, alla stregua del detentore dell'autorità parentale, possono chiedere ai terzi che partecipano alle cure del figlio, segnatamente ai docenti e ai medici, informazioni sullo stato e sullo sviluppo di costui.

³ Le disposizioni sui limiti del diritto alle relazioni personali e sulla competenza si applicano per analogia.

Literatur

DOLDER, Die Informations- und Anhörungsrechte des nichtsorgeberechtigten Elternteils nach Art. 275a ZGB, Diss. St. Gallen 2002; vgl. ausserdem die Literaturhinweise zu Art. 273.

I. Allgemeines

1 Bereits unter altem Recht wurde ein **Informations- und Auskunftsrecht** des nicht sorgeberechtigten Elternteils aus Art. 272, 273 abgeleitet (vgl. 1. Aufl., Art. 273 N 11). Dieses Recht wird nunmehr ausdrücklich in Art. 275a niedergelegt. Die Bestimmung entspricht einer Empfehlung des Europarates von 1984 (Recommendation Nr. R (84) 4, Principle 11). Sie lehnt sich an Art. 300 Abs. 2, dem Anhörungsrecht der Pflegeeltern, an (vgl. Botschaft Revision Scheidungsrecht, 160).

2 Der **Zweck der Bestimmung** ist es, Eltern, die nicht oder nicht mehr Inhaber der elterlichen Sorge sind, die Möglichkeit zu geben, am Wohlergehen des Kindes Anteil zu nehmen und ihr Verantwortungsgefühl im Interesse des Kindes zu fördern.

II. Anwendungsbereich

Nach dem Wortlaut des Gesetzes steht das Informations- und Auskunftsrecht **Eltern**   3
ohne elterliche Sorge zu. Es kommt auch bei bevormundeten Kindern zur Anwendung.
Eine entsprechende Anwendung ist jedenfalls geboten bei Eltern, denen zwar die elterliche Sorge, nicht aber die Obhut zusteht (vgl. HEGNAUER, Kindesrecht, N 19.33). Eine
weiter gehende analoge Anwendung der Bestimmung auf **Drittpersonen,** denen nach
Art. 274a ein Besuchsrecht eingeräumt wurde, sollte jedenfalls nicht von vornherein
ausgeschlossen werden. Dies gilt insbesondere für Stiefeltern nach einer Scheidung der
Stiefelternehe, wenn sie unter Umständen jahrelang die Elternposition für ein Kind
eingenommen haben.

III. Information und Anhörung (Abs. 1)

Der nicht sorgeberechtigte Elternteil ist zunächst über **besondere Ereignisse** im Leben   4
des Kindes zu benachrichtigen. Hierzu gehören namentlich Krankheit und Unfall, Erfolge und Misserfolge in der Schule, Teilnahme an wichtigen Wettkämpfen im Sport oder
Wettbewerben in Musik, Verhaltensauffälligkeiten etc. Soweit möglich ist der nicht sorgeberechtigte Elternteil rechtzeitig **vorgängig** zu informieren, so dass er zum Beispiel an
einer für das Kind besonders wichtigen Veranstaltung teilnehmen kann. Ist eine vorgängige Information nicht möglich, hat die Benachrichtigung alsbald nach Eintritt des Ereignisses zu erfolgen.

Vor Entscheidungen, die für die Entwicklung des Kindes wichtig sind, soll der nicht sor-   5
geberechtigte Elternteil **angehört** werden. Damit soll ihm zwar kein Mitentscheidungs-,
wohl aber ein Mitspracherecht zustehen. Zu den **wichtigen Entscheidungen** gehören vor
allem Fragen der allgemeinen und der beruflichen Ausbildung, der Aufnahme eines zeit-
und kostenintensiven oder gefährlichen Hobbys, der religiösen Erziehung, der medizinischen Behandlung etc. Ist wegen zeitlicher Dringlichkeit eine vorgängige Anhörung nicht
möglich, muss auch insoweit alsbald informiert werden.

Die Pflicht zur Information und Anhörung besteht nicht, wenn der Elternteil ohne elter-   6
liche Sorge am Wohlergehen des Kindes **keinen Anteil** nimmt, namentlich wenn er sein
Besuchsrecht nicht oder unregelmässig wahrnimmt (vgl. Botschaft Revision Scheidungsrecht, 160). Auch bei anhaltenden **schweren Konflikten** zwischen den Eltern mag die
Pflicht zur Information oder Anhörung im Einzelfall dem sorgeberechtigten Elternteil
nicht zumutbar sein. Unberührt bleibt jedoch auf jeden Fall das Recht auf Auskunft gegenüber Dritten nach Abs. 2.

IV. Auskunftsrecht gegenüber Drittpersonen (Abs. 2)

Von Drittpersonen, die an der Betreuung des Kindes beteiligt sind, kann der Elternteil   7
ohne elterliche Sorge in gleicher Weise wie der Inhaber der elterlichen Sorge Auskünfte
über den Zustand und die Entwicklung des Kindes einholen. Zum **Kreis dieser Drittpersonen** gehören insbesondere Lehrkräfte sowie medizinische Betreuungspersonen,
aber auch Trainer etc. Dabei muss im Einzelfall zwischen dem Informationsanspruch des
nicht Obhutsberechtigten und dem persönlichkeitsrechtlichen Anspruch des Kindes auf
Geheimhaltung eines informationellen Kernbereichs abgewogen werden (vgl. Kreisschreiben der Verwaltungskommission ZH vom 29.9.1999, ZR 2000, Nr. 54 N 38). Das
Auskunftsrecht darf nicht als Kontrollrecht missbraucht werden. Auch darf sich der nicht
sorgeberechtigte Elternteil nicht über das Auskunftsrecht in die Erziehung einmischen.

V. Schranken des Informations- und Auskunftsrechts (Abs. 3)

8 Nach Abs. 3 gelten die **Schranken für den persönlichen Verkehr** entsprechend auch für das Informations- und Auskunftsrecht, d.h. dieses kann eingeschränkt oder aufgehoben werden, soweit es im Interesse des Kindes erforderlich ist. Art. 274 ist insoweit entsprechend anwendbar. In Verfolgung des **Verhältnismässigkeitsprinzips** sind jedoch auch im Rahmen des Art. 275a Ermahnungen und Weisungen nach Art. 273 Abs. 2 möglich, soweit sie sich als mildere Massnahme gegenüber einer Einschränkung bzw. dem Entzug des Informations- und Auskunftsrechts darstellen.

9 Besteht **Streit** über Umfang oder Art und Weise der Ausübung des Informations- und Auskunftsrechts, so ist auch Art. 273 Abs. 3 entsprechend anzuwenden, wobei auch hier dem urteilsfähigen Kind ein eigenes Antragsrecht zu gewähren ist (vgl. Art. 273 N 29).

10 Die **Zuständigkeit** für Regelung, Einschränkung und Ausschluss des Informations- und Auskunftsrechts ergibt sich aus Art. 275.

VI. Internationales Privatrecht

11 Vgl. Art. 273 N 30 ff.

VII. Rechtsvergleichung

12 Das deutsche Recht enthält in § 1686 BGB einen Auskunftsanspruch gegenüber dem andern Elternteil. Ein Auskunftsanspruch gegenüber Drittpersonen ist jedoch nicht vorgesehen.

Zweiter Abschnitt: Die Unterhaltspflicht der Eltern

Vorbemerkungen zu Art. 276–295

Literatur

BREITSCHMID, System und Entwicklung des Unterhaltsrechts, AJP 1994, 835 ff.; DERS., Verzicht auf künftige Unterhaltsbeiträge – Zulässigkeit und Umfang, ZVW 1994, 155 ff.; CURTY, A propos des «recommandations» pour la fixation des contributions d'entretien des enfants édictées par l'office de la jeunesse du canton de Zurich, Recherche d'une méthode de calcul, JdT 1985 I 322 ff.; DOPPFEL/BUCHHOFER (Hrsg.), Unterhaltsrecht in Europa, Tübingen 1983; Empfehlungen zur Bemessung von Unterhaltsbeiträgen für Kinder, hrsg. vom Amt für Jugend und Berufsberatung des Kantons Zürich, Oktober 1974 (Stand Januar 2000) (zit. Empfehlungen); FREY, Die Unterhaltspflicht der Eltern gegenüber ihren Kindern nach schweizerischem Recht, Diss. Zürich 1948; GEISER, Neuere Tendenzen in der Rechtsprechung zu den familienrechtlichen Unterhaltsansprüchen, AJP 1993, 903 ff.; GEISER/WIDMER, Ein Vorschlag zur Bemessung der Kinderunterhaltsbeiträge, AJP 2000, 3 ff.; GUGLIELMONI/TREZZINI, Die Bemessung des Unterhaltsbeitrages für unmündige Kinder bei der Scheidung, AJP 1993, 3 ff. (ital.: Rep 1991, 345 ff.); GULER, Die Bemessung von Unterhaltsbeiträgen der [recte: für] Kinder, ZVW 1990, 54 ff. (franz.: ZVW 1991, 18 ff.); HAFFTER, Der Unterhalt des Kindes als Aufgabe von Privatrecht und öffentlichem Recht, Diss. Zürich 1984; HAUSHEER/SPYCHER (Hrsg.), Handbuch des Unterhaltsrechts, Bern 1997; DIES., Unterhalt nach neuem Scheidungsrecht, Ergänzungsband zum Handbuch des Unterhaltsrechts, Bern 2001; DIES., Die verschiedenen Methoden der Unterhaltsberechnung, ZBJV 1997, 149 ff.; HEGNAUER, Bewirken laufende Mehrleistungen die Tilgung künftiger Unterhaltsbeiträge, ZVW 1986, 56 ff.; DERS., Verzicht auf Unterhaltsbeiträge, ZVW 1986, 59 ff.; DERS., Elterliche Unterhaltspflicht, Leistungsfähigkeit und Bevorschussung, ZVW 1986, 61 ff.; DERS., Der Unterhalt des Stiefkindes nach schweizerischem Recht, in: FS Müller-Freienfels, Baden-Baden 1987; DERS., Die Dauer der elterlichen Unterhaltspflicht, in: FS Keller, Zürich 1989, 19 ff.; DERS., Aktuelle Fragen der elterlichen Unterhaltspflicht, ZVW 1990, 41 ff.; DERS., Kindesrecht – ein weites Feld, ZVW 2006, 25 ff.; HUBER, Handlungsfähigkeit Unmündiger aufgrund eigenen Arbeitserwerbs, Diss. Zürich 1988; LÖTSCHER-STEIGER, Unterhalt bei knappen (Mankofällen) bis mittleren finanziellen Verhältnissen, FamPra 2004, 828 ff.; LÜCHINGER, Begriff und Bedeutung der Familie im schweizerischen Recht, Diss. Zürich 1987, 174 ff.; MASMEJAN, Dette alimentaire, Zürich 2003; MEIER/STETTLER, Droit de la filiation, Effets de la filiation, 3. Aufl. Genf, Zürich 2005; Mustersammlung zum Adoptions- und Kindesrecht, hrsg. von der Konferenz der kant. Vormundschaftsbehörden VBK, 4. Aufl. Zürich 2005 (zit. Mustersammlung); OFTINGER/STARK, Schweizerisches Haftpflichtrecht, Bd. I, 5. Aufl. Zürich 1995; PERRIN, La détermination des contributions alimentaires en cas de surendettement, in: FS Schnyder, Freiburg i.Ü. 1995, 529 ff.; REUSSER, Unterhaltspflicht, Unterstützungspflicht, Kindesvermögen, in: Das neue Kindesrecht, BTJP 1977, Bern 1978, 61 ff.; SCHNEIDER, SJK Nr. 333 (1982); SPYCHER, Unterhaltsleistungen bei Scheidung: Grundlagen und Bemessungsmethoden, Diss. Bern 1996; STEINAUER, La fixation de la contribution d'entretien due aux enfants et au conjoint en cas de vie séparée, FZR 1992, 3 ff.; STETTLER, L'obligation d'entretien à l'égard des enfants majeurs, ZBJV 1992, 133 ff.; WIDMER, Der volkswirtschaftliche Wert der unbezahlten Arbeit und deren Bedeutung im Kinderunterhaltsrecht, Diss. St. Gallen 1999; WINZELER, Die Bemessung der Unterhaltsbeiträge für Kinder, Diss. Zürich 1974; DERS., Die Festsetzung der Unterhaltsbeiträge für Kinder, ZVW 1984, 56 ff.; WOLFFERS, Grundriss des Sozialhilferechts, 2. Aufl. Bern 1999. Weitere Hinweise u. zu Art. 285 insb. bei HEGNAUER, Kindesrecht, N 20.01, 21.14; STETTLER, SPR III/2, 294 ff.; HINDERLING/STECK, Das Schweizerische Ehescheidungsrecht, 4. Aufl., Zürich 1995, 455 f.; ältere Literatur bei BK-HEGNAUER, zu aArt. 272 und zu aArt. 319.

Literatur zum IPR des Unterhalts: A. BUCHER, DIP Bd. II, § 14, N 761–827; DUTOIT, SJK Nr. 942a (1990); HANGARTNER/VOLKEN (Hrsg.), Alimenteninkasso im Ausland: Die Schaffung und Vollstreckung schweizerischer Unterhaltstitel, St. Gallen 1989; IPRG-Kommentar-SIEHR, zu Art. 79 ff.; JAMETTI GREINER, Das Haager Übereinkommen vom 2. Oktober 1973 über die Anerkennung und Vollstreckung von Unterhaltsentscheidungen (HUÜ) [hier: UVÜ] und schweizerische Unterhaltsverträge mit vormundschaftlicher Genehmigung, ZBJV 1996, 408 ff.; VOLKEN, Die internationale Vermögenssorge für Minderjährige, in: FS Schnyder, Freiburg i.Ü. 1995, 817 ff., 824 ff.

I. Bedeutung des Unterhaltsrechts

Unterhaltspflicht (Art. 276–295) und **elterliche Sorge** (Art. 296–317) bilden – zusammen mit Art. 272 als Grundnorm familiärer Gemeinsamkeit (BK-HEGNAUER, Art. 272 N 6 und 19 ff.) – die **Bausteine der rechtlichen Kind-Eltern-Beziehung:** Das Kind ist auf Unterhalt sowie Betreuung, Anleitung und Förderung durch Erwachsene angewiesen (insb. Art. 27 Abs. 2 UN-KRK). Während die Regeln über die elterliche Sorge den zweiten, ideellen Aspekt betreffen, regelt die **Unterhaltspflicht die materielle Basis.** Die «Abwicklung» bei Geltendmachung und Leistung von Unterhalt hat die *familienrechtliche Beziehung von Pflichtigem und Berechtigtem* («Schuldner» und «Gläubiger») zu berücksichtigen; es ergeben sich daraus **spezifische Treuepflichten,** so auf gegenseitige **Information** über die für Leistungsbemessung und Bedürfnisse massgeblichen Umstände (allgemein BK-HEGNAUER, Art. 272 N 31; DRUEY, Information in der Familie, in: FS Schnyder, Freiburg i.Ü. 1995, 141 ff., 151 zur Ausdehnung von Art. 170). **1**

Wie jede familienrechtliche Beziehung ist aber auch der Unterhaltsanspruch keine «Einbahnstrasse»; wiederum als Ausprägung von Art. 272 (o. N 1) besteht auch im Unterhaltsrecht eine **Eigenverantwortung des Kindes,** zu deren Wahrnehmung die materielle Unterstützung durch die Eltern wie die Erziehung überhaupt hinlenken soll (Art. 276 Abs. 3 bzw. Art. 323 Abs. 2, dort N 31 bzw. N 9). Wie die elterliche Sorge soll auch die elterliche Unterhaltspflicht die Grundlage schaffen, sich selbst überflüssig zu machen und zu wirtschaftlicher Autonomie des jungen Erwachsenen zu führen (HEGNAUER, Kindesrecht, N 25.03). **2**

3   Neben der elterlichen **Unterhalts-** steht die nur subsidiäre familienrechtliche **Unterstützungspflicht** (Art. 328 f.; zur *Abgrenzung* s. dort sowie HEGNAUER, Kindesrecht, N 29.05; DERS., Elterliche Unterhaltspflicht und Verwandtenunterstützungspflicht, ZVW 1994, 12 f.).

4   Zunehmend bedeutungsvoller ist neben der familiären die **staatliche Unterstützung** durch *wirtschaftliche* und *persönliche* **Sozialhilfe** (Fürsorge), die *schulische und berufliche* **Ausbildungsförderung,** welche allen Kindern zugute kommt (Art. 19 und 62 Abs. 2 BV, dazu BVK-BORGHI, Art. 27 N 53 ff.; MEYER-BLASER/GÄCHTER, in: Verfassungsrecht der Schweiz, § 34 Rz 32 ff. und KIENER, a.a.O., § 57 Rz 6 ff.; Art. 276 N 15), sowie **Stipendien** (Art. 293 N 6) und Gesundheitsprävention; hinzuweisen ist ferner auf **Sozialversicherungsansprüche** als Unterhaltsersatz (HAFFTER/MAURER, Bundessozialversicherungsrecht, Basel 1993, passim; HEGNAUER, Kindesrecht, N 20.34 ff.).

5   Zu beachten sind weiter unterhaltsrechtliche Bezüge im **Schuldbetreibungs-** (Art. 92 f. SchKG; Art. 276 N 6; Art. 289 N 12 ff.) und **Haftpflichtrecht** (Art. 45 Abs. 3 OR); auch das **Steuerrecht** hat die Unterhaltspflicht als für die Steuerbemessung massgeblichen Faktor zu berücksichtigen (dazu LÜCHINGER, 249 ff.; KOLLER [zit. Art. 285 N 12], ASA 1993/94, 289 ff.; BOSSHARD, Familienbesteuerung im Umbruch, ASA 2000/01, 757 ff.).

II. Entwicklung des Unterhaltsrechts

6   Die **Revision des Kindesrechts von 1976** hat auch im Unterhaltsrecht die *Gleichstellung von ehelichen und ausserehelichen Kindern* gebracht; daneben wurden die von der Praxis zur überaus knappen Regelung von aArt. 272 – die «Kosten des Unterhalts und der Erziehung» betr. – entwickelten Grundsätze (dazu insb. BK-HEGNAUER, zu aArt. 272 [1964, zum ehelichen Kindesverhältnis] sowie zu aArt. 319 [1969, zur «Zahlvaterschaft» beim ausserehelichen Kindesverhältnis]) kodifiziert: Neu sind praktisch alle Bestimmungen von Art. 276–295, so die allen (nicht nur ausserehelichen) Kindern zustehende *Unterhaltsklage;* schon mit der Revision des Adoptionsrechts von 1972 waren die heutigen Art. 282–284 (*vorsorgliche Massnahmen* vor Feststellung der Vaterschaft) bereits als aArt. 321–321b eingefügt worden. Wesentliche Konkretisierungen sind die Regeln über die *Bemessung des Unterhaltsbeitrags* (Art. 285 f.), die einheitliche Regelung der *Unterhaltsverträge* (Art. 287 f.) und insb. die *Erfüllung* der Unterhaltspflicht (Art. 289 ff.). Die **Herabsetzung des Mündigkeitsalters** per 1.1.1996 brachte eine Anpassung von Art. 277 Abs. 2 (*Mündigenunterhalt;* s.a. u. N 8). Im Zuge der **Scheidungsrevision** sind auf den 1.1.2000 in Art. 285 Abs. 2bis (dort N 29 ff.) und in Art. 286 Abs. 3 (dort N 15) neu eingefügt und ist Art. 289 (dort N 4) textlich angepasst worden; auf 1.1.2001 sind die Abs. 2 und 3 von Art. 279 in Art. 17 GestG aufgegangen.

III. Übergangsrecht

7   Art. 276 ff. gelten auch für die **vor dem 1.1.1978 geborenen ausserehelichen Kinder,** welche im Rahmen von Art. 13a Abs. 1 SchlT dem neuen Recht unterstellt bzw. anerkannt oder gemäss aArt. 323 mit Standesfolge zugesprochen worden waren. Andernfalls – wo also die altrechtliche Zahlvaterschaft gemäss aArt. 319 fortdauerte –, galten weiterhin aArt. 319–322 (s. dazu noch HEGNAUER, Kindesrecht, *3. Aufl. Bern 1989,* N 21.31 ff.).

8   Die **Revision des Mündigkeitsalters** und damit einhergehend von Art. 277 Abs. 2 bleibt aufgrund von Art. 13c SchlT in all den Fällen ohne Einfluss, wo vor dem Inkrafttreten der Revision – mithin bis zum 31.12.1995 – Unterhaltsbeiträge *«bis zur Mündigkeit»* festgelegt wurden; diesfalls ist weiterhin der Unterhalt bis zur Vollendung des *20. Alters-jahres* geschuldet. Es handelt sich alsdann in der Sache noch um Minderjährigenunter-halt, wobei das mündige Kind über massgebliche Entwicklungen zu informieren hat. Es hat diese an sich kinderfreundlich gemeinte Regelung zur Folge, dass noch zwanzig Jah-re über das Datum der Revision hinaus Unterschiede in der zeitlichen Anspruchsberech-tigung bestehen werden, die in vielen Fällen auf zufällig (oft ohne Wissen um diese übergangsrechtliche Regelung) gewählte Formulierungen im Urteilsdispositiv zurückge-hen dürften (die Tragweite wird ohnehin wesentlich von der praktischen Handhabung der Ausnahmebestimmungen von Art. 276 Abs. 3 und Art. 277 Abs. 2 in den nächsten zehn Jahren abhängen). Der Mündigenunterhaltsanspruch gemäss Art. 277 Abs. 2 beurteilt sich als Wirkung des Kindesverhältnisses seit 1.1.1996 nach dem rev. Recht (Art. 12 Abs. 1 SchlT; dazu Art. 277 N 11).

IV. Internationales Recht

a) Zuständigkeit

Unterhalt kann geltend gemacht werden am Wohnsitz oder auch nur am gewöhnlichen   **9**
Aufenthalt des Kindes oder am Wohnsitz oder – wo ein solcher fehlt – am gewöhnlichen Aufenthalt des pflichtigen Elters (Art. 79 Abs. 1 IPRG); Art. 80 IPRG räumt zudem Schweizer Bürgern einen Heimatgerichtsstand ein. Im *Scheidungs- bzw. Abänderungs-prozess* ist der Richter zugleich zur Festsetzung des Unterhaltsbeitrages für das unmün-dige Kind zuständig (Art. 63 Abs. 1 bzw. Art. 64 IPRG). Die Zuständigkeit erstreckt sich nicht nur auf die Beurteilung des vom unmittelbar Berechtigten geforderten Unterhalts, sondern auch auf *Ansprüche von Behörden,* welche Unterhaltsbeiträge bevorschusst ha-ben (Art. 289 Abs. 2, 293 Abs. 2) sowie die *Ansprüche der Mutter* gemäss Art. 295 ZGB (Art. 81 IPRG; VOLKEN, FS Schnyder, 826). Diese Regelung deckt sich mit dem unter den Vertragsstaaten vorgehenden (Art. 1 Abs. 2 IPRG) *Lugano-Übereinkommen,* wonach (Art. 5 Ziff. 2 LugÜ) der Richter am gewöhnlichen Aufenthalt des Berechtigten – bzw. beim Inzidenzentscheid über eine Unterhaltssache in einem Personenstandsverfahren der dafür zuständige Richter – zuständig ist (vgl. VOLKEN/MEIER, in: Hangartner/Volken, 22 f. bzw. 65 f.; IPRG-Kommentar-SIEHR, Art. 79 N 2). Bei MSA-Zuständigkeit zur Behandlung der Elternrechte als Nebenfolgen einer im Ausland rechtskräftig geschiede-nen Ehe fallen die Unterhaltsbelange, obwohl vom MSA nicht erfasst, ebenfalls in die schweizerische Zuständigkeit (BGE 126 III 298 m.Bem. SCHWANDER, AJP 2000, 1294 ff.).

b) Anwendbares Recht

Dieses wird bestimmt durch das *Haager Übereinkommen über das auf Unterhaltspflich-   **10**
ten anzuwendende Recht* (UStÜ) (Art. 83 IPRG). Dieses Übereinkommen erfasst alle Ansprüche gemäss obiger N 9 (vgl. Art. 63 Abs. 2 und 64 Abs. 2 sowie Art. 83 Abs. 1 IPRG), welche aufgrund von Art. 4–6 UStÜ nach dem am *gewöhnlichen Aufenthaltsort des Berechtigten* geltenden innerstaatlichen Recht, eventuell nach gemeinsamem Heimat-recht oder der lex fori zu beurteilen sind. Das so bestimmte Recht kann auch jenes eines Nicht-Vertragsstaates sein (sog. *erga omnes-Wirkung:* Art. 3 UStÜ; BGE 112 II 295).

c) Anerkennung und Vollstreckung

Art. 84 Abs. 1 IPRG verlangt, dass Entscheide im Staat ergangen sein müssen, wo das   **11**
Kind seinen gewöhnlichen Aufenthalt bzw. der beklagte Elternteil seinen Wohnsitz oder gewöhnlichen Aufenthalt hat. Praktisch ebenso bedeutsam sind aber die aufgrund von

Art. 1 Abs. 2 IPRG vorbehaltenen einschlägigen Staatsverträge: Das Vorgehen richtet sich deshalb für vollstreckbare Titel aus Vertragsstaaten des *Lugano-Übereinkommens* (die zudem nach Inkrafttreten des LugÜ entstanden sein müssen) nach diesem (IPRG-Kommentar-SIEHR, Art. 84 N 5 ff.; dazu die Erläuterungen des Bundesamtes für Justiz, AJP 1992, 94 ff. [m.Bem. SCHWANDER, 97 ff.] = BlSchK 1991, 181 ff.), andernfalls nach dem *Haager Übereinkommen über die Anerkennung und Vollstreckung von Unterhalts-entscheidungen* (UVÜ); IPRG-Kommentar-SIEHR, Art. 84 N 23 ff. bzw. dessen Vorläufer von 1958 (a.a.O., N 44 ff.) sowie bilateralen Übereinkommen (a.a.O., N 59 ff.).

Art. 276

A. Gegenstand und Umfang

¹ **Die Eltern haben für den Unterhalt des Kindes aufzukommen, inbegriffen die Kosten von Erziehung, Ausbildung und Kindes-schutzmassnahmen.**

² **Der Unterhalt wird durch Pflege und Erziehung oder, wenn das Kind nicht unter der Obhut der Eltern steht, durch Geld-zahlung geleistet.**

³ **Die Eltern sind von der Unterhaltspflicht in dem Mass befreit, als dem Kinde zugemutet werden kann, den Unterhalt aus sei-nem Arbeitserwerb oder andern Mitteln zu bestreiten.**

A. Objet et étendue

¹ Les père et mère doivent pourvoir à l'entretien de l'enfant et assumer, par conséquent, les frais de son éducation, de sa formation et des mesures prises pour le protéger.

² L'entretien est assuré par les soins et l'éducation ou, lorsque l'enfant n'est pas sous la garde de ses père et mère, par des prestations pécuniaires.

³ Les père et mère sont déliés de leur obligation d'entretien dans la mesure où l'on peut attendre de l'enfant qu'il subvienne à son entretien par le produit de son travail ou par ses autres ressources.

A. Oggetto e estensione

¹ I genitori devono provvedere al mantenimento del figlio, incluse le spese d'educazione e formazione e delle misure prese a sua tutela.

² Il mantenimento consiste nella cura e nell'educazione ovvero, se il figlio non è sotto la custodia dei genitori, in prestazioni pecuniarie.

³ I genitori sono liberati dall'obbligo di mantenimento nella misura in cui si possa ragionevolmente pretendere che il figlio vi provveda da sé con il provento del suo lavoro o con altri mezzi.

Literatur

Vgl. die Literaturhinweise zu den Vorbem. zu Art. 276–295, ferner allgemein zum Unterhaltsbegriff auch die Literaturhinweise zu Art. 163.

I. Struktur der Unterhaltspflicht

1. Entstehung und Rechtsnatur

1 **Rechtlich** ergibt sich die **Unterhaltspflicht der Eltern** bei Bestehen des Kindesverhält-nisses unmittelbar aus dem **Gesetz** (Art. 276 Abs. 1). Sie kann aber – wo das Kindesver-hältnis nicht schon mit der Geburt entsteht – auch erst zusammen mit dem Kindesver-

hältnis (Art. 280 Abs. 3) begründet werden. Die **quantitative Festlegung** der Unterhalts-pflicht erfolgt auf entsprechende Klage (Art. 279) hin durch **Urteil** – ggf. in einem *ehe-rechtlichen Verfahren* (Art. 279, 133 Abs. 1, 137, 176 Abs. 3; HEGNAUER/BREITSCHMID, N 11.78 ff., 21.31) oder durch **vertragliche** Regelung (Art. 287 f.).

Unterhalt ist unentbehrlich (Vorbem. zu Art. 276–295 N 1), weshalb **strenge Anforde-**   2
rungen an die Pflichtigen zu stellen sind (u. N 25). Das Kind ist regelmässig auf die Leistungen unbedingt angewiesen; es hat seine Bedürftigkeit nicht selbst zu vertreten. Diese Umstände prägen die **Rechtsnatur des Unterhaltsanspruchs:** Dieser ist *als gan-zer* (u. N 4 a.E.) **unverzichtbar** (BK-HEGNAUER, aArt. 272 N 13; DERS., ZVW 1980, 96 Ziff. 2 und ZVW 1986, 59; BREITSCHMID, ZVW 1994, 156 f.; vgl. Art. 288 N 3), weder *abtretbar* (Art. 164 Abs. 1 OR; BGE 107 II 465 E. 6b 474 f.; BSK OR I-GIRSBERGER, Art. 164 N 33) noch *verpfändbar* (Art. 899 Abs. 1 ZGB i.V.m. Art. 164 Abs. 1 OR; ZK-OFTINGER/BÄR, Art. 899 N 51) und **voraussetzungslos,** d.h. im Prinzip (s. aber Abs. 3, u. N 29 ff., und Art. 277 Abs. 2, dort N 18) *unabhängig von den Verhältnissen* (wirtschaft-liche Leistungsfähigkeit, häusliche Gemeinschaft und persönliche Beziehung, Inneha-bung der elterlichen Sorge oder Besuchsrecht [BGE 120 II 179 E. b]) geschuldet. Unter-halts- (und Unterstützungs-)Pflicht sind *unmittelbare Folge der familienrechtlichen Beziehung* und deshalb – wie der Status (ausser bei Adoption: Art. 267 N 1 f. und 6) – **unauflöslich** (bez. *Abfindung* s. Art. 288 und dort N 3 ff., 8).

2. Schutz des Unterhaltsanspruchs

Dem **schutzbedürftigen Kind Unterhalt** zu erbringen ist **mehr als Rechtspflicht,** näm-   3
lich ein *in der Natur des Menschen angelegtes Bedürfnis,* das indes in einer zunehmend loser strukturierten Gesellschaft besonderen **gesetzlichen Schutzes** bedarf. Neben den schon aus der Rechtsnatur des Unterhaltsanspruchs (soeben N 2) fliessenden Eigenarten hat dies in verschiedensten Bereichen der Rechtsordnung zu expliziten Schutznormen geführt:

a) Das **Zivilrecht** sorgt dafür, dass **Unterhalt dem Berechtigten effektiv zukommt:**   4
Dazu gehört nebst der *Unterhaltsklage* mit Offizialmaxime (Art. 280 N 4) bzw. der Genehmigungspflicht bei *vertraglicher Regelung* (Art. 287 N 14 ff.) und dem Abtre-tungs- und Verpfändungsverbot (N 2) der **Ausschluss der Verrechnung** gegen den Willen des Berechtigten (Art. 125 Ziff. 2 OR; einschliesslich des Falls, wo der Pflich-tige während einer bestimmten Periode *mehr als den effektiv geschuldeten Unterhalts-beitrag bezahlt hat,* was ihn von künftig fällig werdenden Leistungen nicht befreit: HEGNAUER, Bewirken laufende Mehrleistungen die Tilgung künftiger Unterhaltsbei-träge?, ZVW 1986, 56 ff., 58; Effektivitätsgrundsatz: BÜHLER, SJZ 2004, 28). – Das Schutzbedürfnis tritt hingegen dort in den Hintergrund, wo *rechtsgeschäftliche Verein-barungen (nur) über die einzelne fällige Unterhaltsbeitragsforderung* getroffen wer-den, weshalb ein **Erlass** unter bestimmten Umständen möglich ist (dazu Art. 285 N 33; Art. 289 N 5).

Vgl. im Übrigen zu den **kindesrechtlichen Schutzmechanismen** im Blick auf die   5
Erfüllung des Unterhaltsanspruchs (*Vollstreckungshilfe, Anweisungen an die Schuld-ner* und *Sicherstellung*) die Komm. unten zu Art. 290 ff.

b) Im **Schuldbetreibungsrecht** sind laufende *Unterhaltsverpflichtungen des Schuldners*   6
bei der Berechnung seines Notbedarfs zu berücksichtigen (Art. 93 Abs. 1 SchKG; FRITZSCHE/WALDER, I, § 24 Rz 48 ff., insb. Rz 61), wobei aber auf die effektive ge-richtliche Zuteilung abgestellt wird (BGE 120 III 16; vgl. aber die differenzierende Basler Praxis bei überdurchschnittlicher Besuchs-/Betreuungsintensität: BlSchK 2001,

174 f.); insofern **gehen Unterhalts- anderweitigen Verpflichtungen vor.** Im *Verhältnis von Unterhaltspflichtigem und -berechtigtem* kann zu dessen Gunsten ins **Existenzminimum** des Pflichtigen eingegriffen werden (BGE 105 III 48, 50; 111 III 13; HEGNAUER, Kindesrecht, N 23.18; FRITZSCHE/WALDER, I, § 24 Rz 52, 67 ff.); Unterhalts- und Unterstützungsansprüche sind im Konkurs privilegiert (Art. 219 Abs. 4 Erste Klasse lit. c SchKG). *Empfangene Unterhaltsleistungen* (bzw. deren Surrogate) sind – soweit sie nicht aus der 1. Säule fliessen (die unpfändbar ist: Art. 92 Abs. 1 Ziff. 9a SchKG; vgl. aber Botschaft Revision SchKG, Ziff. 203.11, 76 f.) – beschränkt pfändbar (Art. 93 SchKG; FRITZSCHE/WALDER, I, § 24 Rz 51). – Vgl. im Übrigen Art. 289 N 12 ff.

7   c) Wo der Unterhaltspflichtige ausfällt, regeln das **Haftpflicht-** (Art. 45 Abs. 3 OR; OR-SCHNYDER, Art. 45 N 7 ff. m.Nw.; OFTINGER/STARK, I, § 6 N 270 ff.; REY, Ausservertragliches Haftpflichtrecht, Zürich 1995, Rz 285 ff.) bzw. das **Sozialversicherungsrecht** die Ansprüche des Berechtigten (dazu Überblicke bei HAFFTER, passim; MAURER, Bundessozialversicherungsrecht, Basel 1993, passim; w.Hw. bei HEGNAUER, Kindesrecht, N 20.36). – Zu bedenken sind sozialversicherungsrechtliche «*Gegenleistungen*» für erbrachte Familienarbeit, nämlich die *Erziehungsgutschriften* gem. Art. 29[sexies] AHVG, welche nicht nur dem sorgeberechtigten Elternteil, sondern auch dem persönlich betreuenden Vormund zustehen (BGE 126 V 1). In besonderen Fällen (unter Berücksichtigung der Mittel und Verhältnisse der Eltern und des Verschuldens) können Dritte zu Schadenersatzleistungen an die unterhaltspflichtigen Eltern (N 8) verpflichtet werden (BGE 132 III 359).

II. Unterhaltspflichtige

1. Grundsatz: Eltern

8   a) Unterhaltspflichtig sind **Vater und Mutter,** die *persönlich,* unter sich *solidarisch, primär* – d.h. vor Verwandten (Art. 328) und andern Leistungsträgern wie dem Gemeinwesen nach Art. 289 Abs. 2 – und bei ausreichender Leistungsfähigkeit *ausschliesslich* für den *gesamten Unterhalt* aufzukommen haben: «*Qui fait l'enfant le doit nourrir*».

9   b) Die Eltern schulden Unterhalt *unabhängig von der konkreten Familiensituation:* **Verheiratete** Eltern tragen die Kosten nach den Bestimmungen des Eherechts (Art. 278 Abs. 1; s. Art. 163 ff., Art. 173 Abs. 1, Art. 176), d.h. unter Berücksichtigung der wirtschaftlichen Leistungsfähigkeit und ihres Einsatzes bei der persönlichen Betreuung (HEGNAUER/BREITSCHMID, N 16.10 ff.). **Unverheiratete** Eltern tragen die Kosten nach stillschweigender oder ausdrücklicher individueller Absprache, die sich entweder lediglich auf den Unterhalt des Kindes beziehen oder in den Rahmen eines ihre Lebensgemeinschaft umfassend regelnden Konkubinatsvertrags (vgl. Art. 287 N 7) eingebettet sein kann; immer setzt aber die *Verbindlichkeit der Absprache für das unmündige Kind* voraus, dass diese *gerichtlich* (Art. 280 N 4) oder *durch die Vormundschaftsbehörde genehmigt* wurde (Art. 287 Abs. 1, dort N 14 ff.).

10   c) **Alleinerziehende** (die ledige Mutter, wo ein Kindesverhältnis zum Erzeuger nicht festgestellt ist; der Obhutsinhaber nach Tod, Urteilsunfähigkeit oder gänzlicher Leistungsunfähigkeit des andern Elternteils) haben allein, aber ebenfalls für den *gesamten Bedarf* des Kindes aufzukommen.

2. Pflichtige in Ausnahmefällen

Wo die primäre und im Prinzip ausschliessliche (N 8) Unterhaltspflicht der Eltern aus **11** irgendwelchen Gründen versagt, müssen wegen der Unentbehrlichkeit des Unterhalts **subsidiär Dritte** einspringen:

a) **Stiefeltern:** s. Art. 278 Abs. 2, dort N 4 ff. **12**

b) **Pflegeeltern** (s. Art. 294): Obwohl *Pflege durch Dritte Ersatzleistung* für die den *El-* **13** *tern obliegende Betreuungs- und Erziehungsaufgabe* darstellt, für deren *Kosten denn auch die leiblichen Eltern* (bzw. an deren Stelle das Gemeinwesen: u. N 15 und N 19) *aufzukommen* haben, wird **ausnahmsweise** (Art. 294 Abs. 2, dort N 5 f.) die Unentgeltlichkeit der Pflege durch nahe Verwandte oder durch Pflegeeltern im **Vorfeld der Adoption** vermutet; im *letztern Fall* dürfte – wo nicht aufgrund eines Pflegevertrags die leiblichen Eltern oder das Gemeinwesen Schuldner eines Pflegegeldes sind (HEGNAUER, Kindesrecht, N 20.15; DERS., ZVW 1985, 101 f.) – eine Unterhalts**pflicht** der Pflegeeltern zu vermuten sein (analog der Aufnahme eines ausländischen Pflegekindes: vgl. Art. 264 N 13, Art. 267 N 16, Art. 294 N 6; Art. 20 BG-HAÜ), die alsdann Anspruchsgrundlage für Sozialversicherungsleistungen an die Pflegeeltern bildet (HAFFTER, 125 f.), während diese Versorger i.S.v. Art. 45 Abs. 3 OR sind (vgl. Art. 278 N 11).

c) **Verwandte** (i.S.v. Art. 328 Abs. 1: in auf- und absteigender [gerader: Art. 20 Abs. 2] **14** Linie) sind *nicht unterhalts-,* aber **unterstützungspflichtig** (zum *geringeren* Umfang der Unterstützungspflicht Art. 328/329 N 9 f.).

d) **Gemeinwesen:** Wo weder Unterhalts- noch Unterstützungspflichtige vorhanden oder **15** diese nicht (ausreichend) leistungsfähig sind, hat das Gemeinwesen die (verbleibenden) Kosten des Unterhalts nach den einschlägigen Bestimmungen des öffentlichen Rechts **(Sozialhilfe-/Fürsorgerecht)** zu tragen (Art. 293 Abs. 1, dort N 1; Vorbem. zu Art. 276–295 N 4; für Einzelheiten WOLFFERS, passim, insb. Kap. 8, 12, 13). – Daneben ist das Gemeinwesen in verschiedenen Bereichen kraft (kantonaler) *öffentlich-rechtlicher* Spezialregelungen *generell* für die Erfüllung von Teilaspekten an sich den Eltern obliegender Pflichten zuständig, die das Gemeinwesen zweckmässiger erbringen kann: namentlich im Bereich der **Schule,** wobei Zusatzleistungen im Rahmen von Kindesschutzmassnahmen – d.h. dort, wo die Eltern (sonder-)schulische Massnahmen zu vertreten haben – allerdings zum Unterhalt gehören (Abs. 1 a.E.); zudem sind aufgrund schulrechtlicher Regelungen u.U. Beiträge (sog. «Verpflegungsbeiträge») soweit zu leisten, als die Eltern durch Aufenthalt des Kindes in einem Schulheim Kosten sparen.

3. Kind

Ausnahmsweise – d.h. unter den Voraussetzungen von Art. 276 Abs. 3 (Beitragspflicht **16** des Kindes aus seinem Arbeitserwerb oder andern Mitteln, u. N 29 ff.) bzw. Art. 277 Abs. 2 (Mündigenunterhaltspflicht der Eltern nur, soweit es ihnen «nach den gesamten Umständen zugemutet werden darf», Art. 277 N 14 ff.; vgl. auch Art. 319 Abs. 1, 320 Abs. 1, 323 Abs. 2) – ist das **Kind** neben oder statt den Eltern (mit-)beitragspflichtig.

III. Unterhaltsberechtigte

1. Berechtigte

«Der **Anspruch auf Unterhaltsbeiträge steht dem Kind zu** und wird durch Leistung an **17** dessen gesetzlichen Vertreter erfüllt» (Art. 289 Abs. 1, dort N 4), solange das Kind noch unmündig ist. – Für das Verhältnis bei *mehreren Berechtigten* u. N 19 und Art. 285 N 17.

18 Der in einem **eherechtlichen Verfahren** für das (unmündige) Kind festgesetzte (**Kin-derunterhalts-)Beitrag** ist von dessen **gesetzlichem Vertreter** geltend zu machen (Art. 289 Abs. 1, dort N 4 ff.; BGE 107 II 473 f. E. 6b [Abtretung des Anspruchs des *mündigen* Kindes an den bisherigen Inhaber der elterlichen Sorge: Art. 289 N 7]; 109 II 372 f. E. 4; 129 III 55 E. 3; HINDERLING/STECK, 457/458 m.Nw. Anm. 5; HEGNAUER, Kindesrecht, N 23.04). Endlich wird auch das **Gemeinwesen** kraft Legalzession (Art. 289 Abs. 2, dort N 9 f.) zum Unterhaltsgläubiger, wo es aufgrund seiner subsidiären Pflicht (o. N 15) Leistungen erbracht hat.

2. Konkurrenzen: Verhältnis mehrerer Berechtigter

19 Regelmässig sind die Berechtigten unter sich nach Art. 272 zu gegenseitiger Rücksicht verpflichtet (GEISER, AJP 1993, 911), weshalb im Einzelfall ihre gegenseitigen Be-dürfnisse und Möglichkeiten abzuwägen sind. **Kinder unter sich** haben *nicht* Anspruch auf *nominell* gleichen Unterhalt, aber auf *Gleichachtung* ihrer individuellen Bedürfnis-se (Art. 285 N 17; BGE 126 III 359 E. 2b). In Konkurrenz mit **Ehegattenunterhalt** geht der Anspruch des *unmündigen,* nicht i.S.v. Abs. 3 beitragspflichtigen Kindes i.d.R. vor (STEINAUER, FZR 1992, 9 ff.; zurückhaltender GEISER, AJP 1993, 910; vermit-telnd-situationsbedingt HINDERLING/STECK, 469 Anm. 14a; HEGNAUER/BREITSCHMID, N 21.24e/f), während **Mündigenunterhalt** vorgängige Deckung der andern (Unterhalts-) Verpflichtungen bedingt (GEISER, a.a.O.; Art. 277 N 17). **Unterstützungsberechtigte** und (bevorschussendes) **Gemeinwesen** können ihre Ansprüche ebenfalls nur geltend machen, wo die (ausgewiesenen) *Unterhaltsansprüche* gedeckt sind. – Siehe auch BK-HEGNAUER, N 70 ff. und HAUSHEER/SPYCHER, Rz 08.45 ff.

IV. Inhalt des Unterhaltsanspruchs

1. Im Allgemeinen

20 Unterhalt umfasst nach dem allgemeinen Sprachgebrauch zunächst eine **absolut unent-behrliche leiblich-körperliche Komponente:** *Nahrung, Bekleidung, Unterkunft, Kör-per- und Gesundheitspflege* (je nach Situation auch ärztliche Leistungen bzw. Prävention und Versicherung). – In arbeitsteiligen Verhältnissen versteht sich, dass i.d.R. **Natural-leistung** (in gebotener Qualität) **oder Geldzahlung** (zur Beschaffung von Dritten oder als Ausgleich von Leistungen des andern Elternteils: Abs. 2) ausreichend ist (s. näher N 26).

21 Das Gesetz verdeutlicht indes mit seiner exemplifizierenden Aufzählung, dass der **Un-terhaltsanspruch mehr als nur Geld- und Sachleistungen** einschliesst und **umfassen-der Unterhalt** geschuldet ist, welcher neben den physischen Grundbedürfnissen (N 20) auch **psychisch-emotionalen Anliegen** genügen und **ganzheitlicher Förderung** des Kindes dienen muss (HINDERLING/STECK, 456 Anm. 2): *Erziehung* (Art. 302 Abs. 1), *Ausbildung* (Art. 302 Abs. 2), ggf. *Kindesschutzmassnahmen* (Art. 307 ff.), aber auch schlicht *Beistand mit Rat und Tat*, Vermittlung von *Geborgenheit* in einem Umfeld *ge-genseitiger Achtung und Unterstützung* (Art. 272, dort N 3 ff.); Letzteres erfordert i.d.R. **persönlichen Einsatz** (wenn nicht durch dauernde eigene Bemühungen so doch im Rahmen persönlicher Kontakte insb. während Besuchen: vgl. Art. 273 N 4; ferner u. N 26).

2. Einzelne Komponenten

22 a) «Zum Unterhalt des Kindes gehört alles, was für seine körperliche, geistige und sittli-che Entfaltung nötig ist» (BK-HEGNAUER, N 32): Das sind die bereits in N 20 erwähnten

existentiellen Grundbedürfnisse, aber – je nach den Verhältnissen (wirtschaftliche Gegebenheiten [Nw. u. N 27], Alter, Interessen und Anlagen des Kindes) – **verfeinernde Komponenten,** etwa Beiträge an kulturelle und sportliche Betätigungen (Zeitschriften-Abonnements, Vereinsbeiträge, Kauf oder Miete von Musikinstrumenten oder Ausrüstungsgegenständen), ergänzende/vertiefende Ausbildung (Repetitions- oder Sprachkurse), aber auch Erholung, Unterhaltung und ein altersgerechtes **Taschengeld** (dessen Höhe nicht nur vom Alter, sondern auch davon abhängt, welche der vorstehenden Betätigungen von den Eltern direkt finanziert werden und was dem Ermessen des Kindes anheim gestellt wird). – Die Kosten von **Kindesschutzmassnahmen** gehören gemäss ausdrücklicher Regelung (Abs. 1 a.E.) zum Unterhalt (HEGNAUER, Kindesrecht, N 20.21; STETTLER, SPR III/2, 317 m.Anm. 59; HINDERLING/STECK, 456 Anm. 2; s. auch Art. 307 N 13, Art. 146/147 N 3), nicht aber blosse Verfahrenskosten; Letztere sind nach Prozessausgang zu verlegen und müssen ggf. vom Kind getragen werden: Da aber auch **Rechtsschutz** Teil des Unterhalts bildet (BGE 119 Ia 134; 127 I 202), greift insofern die elterliche Unterhaltspflicht ein, die dem Anspruch auf **unentgeltliche Prozessführung** (BGE 119 Ia 135) auch beim *mündigen* Kind vorgeht (BGE 127 I 208 f.). Die kontroverse Frage, wieweit eine **Vorschusspflicht für Prozesskosten** zum Unterhalt gehört (s. etwa HINDERLING/STECK, 540 f. m.Nw., durchweg zum eheunterhaltsrechtlichen Aspekt), dürfte für Kindesunterhaltsbelange wegen Art. 308 Abs. 2 in Prozessen gegen die Eltern meist belanglos (vgl. auch Art. 281 N 5), in allgemeinen Prozessen gegen Dritte hingegen – bestehen die Voraussetzungen insb. der *(Mündigen-)*Unterhaltspflicht – zu bejahen sein.

Die Eltern haben bei **Gewährung des Unterhalts differenziert** vorzugehen: Nicht nach   **23** dem «Giesskannenprinzip» das Kind mit Impulsen zu überhäufen, sondern gezielt aufgrund seiner Anlagen (Fähigkeiten *und* Schwächen) jenen Unterhalt zu gewähren, welcher die Entwicklung des Kindes in *schulischer und beruflicher Ausbildung* und *charakterlicher Festigung* bestmöglich fördert. Gerade im die Grundbedürfnisse übersteigenden Angebot ist nicht einfach eine materielle, sondern eine *qualitative Steigerung* des Unterhalts anzustreben, die zwar Leistung von Geldunterhalt voraussetzt, indes einen **von erzieherischen Leitideen bestimmten Mitteleinsatz** (dazu auch Art. 302 N 2 ff.) erfordert.

b) **Nicht zum Unterhalt** gehören vom Kind geschuldete **Leistungen an Dritte,** etwa   **24** Unterhalts- und Unterstützungsleistungen an Enkel, weitere Verwandte oder den Ehegatten des Kindes (HEGNAUER, Kindesrecht, N 20.21a; zum Verhältnis der elterlichen Unterhaltspflicht und jener des Ehegatten, wo das Kind verheiratet ist, s. HEGNAUER, Kindesrecht, N 20.26; BK-HAUSHEER/REUSSER/GEISER, Art. 163 N 14). Gleiches gilt für dem Kind auferlegte *Bussen,* von ihm verursachte *Schäden bzw. Ersatzleistungen* (soweit nicht unter Art. 333 fallend) und *anderweitige Verpflichtungen,* welche das unmündige Kind aufgrund seiner beschränkten Handlungsfähigkeit (im Umfang seines Arbeitserwerbs: Art. 323, dort N 4 ff.) einzugehen vermochte. Insbesondere ist im Unterhalt auch **keine Sparquote** eingeschlossen: Es mag zwar eine Reserve für unvorhergesehene Bedürfnisse oder ein Ansparen auf grössere Anschaffungen oder für Ausbildungsbelange vorgesehen werden (BGE 120 II 292 o.; vgl. nun auch Art. 286 Abs. 3); erzieherisch ebenfalls wertvoll ist die Möglichkeit gewisser Ersparnisse aus dem **Taschengeld,** doch ist *Unterhalt begriffsnotwendig zum Verbrauch und nicht zur Vermögensbildung bzw. vorweggenommenen erbrechtlichen Teilhabe* bestimmt (in diesem Sinne BGE 116 II 113 f. E. 3b, wo bei einem jährlichen Einkommen von Fr. 700 000.– auf die tatsächlich gelebte Lebensstellung Bezug genommen und aus erzieherischen Gründen für das Kind eine einfachere Lebensstellung als beim Pflichtigen als vertretbar erachtet wurde; s. ferner Art. 285 N 22 f.).

3. Leistungs-/Erwerbspflicht

25 Der Unterhaltsanspruch bleibt sinnleer, wenn der Pflichtige die materiellen Mittel hierfür nicht bereitzustellen vermag oder sich nicht darum (bzw. um Ersatzleistungen wie Arbeitslosenunterstützung o.Ä.) bemüht. Der Berechtigte hat wegen der Voraussetzungslosigkeit des Unterhalts (o. N 2) und dem familienrechtlichen Verhältnis zum Pflichtigen einen **sittlich qualifizierten Anspruch** (o. N 1; allgemein BK-HEGNAUER, Art. 272 N 6) nicht bloss auf (Minimal-)Leistung, sondern auf **persönlichen Einsatz des Pflichtigen,** damit dieser die bestmögliche Leistung erbringe: **Erfüllung der Unterhaltspflicht verlangt Ausschöpfung aller** finanziellen, intellektuellen und/oder körperlichen **Ressourcen.** Es besteht **Erwerbspflicht** (BGE 123 III 1, 7 E. 3e m.Nw.; z.B. auch Pflicht zur Übernahme einer unselbständigen Tätigkeit: BGE 126 IV 131 zu Art. 217 Abs. 1 StGB, dazu Art. 289 N 17 f.), welche dem Selbstverwirklichungsanspruch des Unterhaltsschuldners vorgeht, da nicht nur sein, sondern auch das Persönlichkeitsrecht des Berechtigten zu achten ist, zu dessen Entfaltung angemessener Unterhalt unentbehrlich ist (zum Ganzen BK-HEGNAUER, Art. 285 N 55 f.; DERS., Kindesrecht, N 21.15c; GEISER, AJP 1993, 905; BREITSCHMID, AJP 1994, 842; HAUSHEER/REUSSER/GEISER, Art. 163 N 22; ZK-BRÄM, Art. 163 N 83; deutlich insb. auch die deutsche Lehre und Praxis: Hw. bei GERNHUBER/COESTER-WALTJEN, § 45 III.3; näheres zudem bei Art. 285 N 12 f.).

4. Naturalleistungen und Geldzahlung (Abs. 2)

26 Ob **Natural- oder Geldleistung** geschuldet sei, beurteilt sich *nach den Umständen* (HEGNAUER, Kindesrecht, N 20.33; BK-HEGNAUER, aArt. 272 N 139 ff. i.V.m. aArt. 273 N 71 ff. und aArt. 275 N 17 ff.; HINDERLING/STECK, 457 Anm. 2c). Für *Fremdbetreuung* ist immer Geldleistung geschuldet (Abs. 2; für differenzierende Behandlung von besonderen Verhältnissen aber TUOR/SCHNYDER/RUMO-JUNGO, § 34 II.a.1 in Anm. 53), während bei *persönlicher Betreuung* das Verhältnis eigener und «zugekaufter» Unterhaltsleistungen im Belieben des oder der Obhutsinhaber steht, solange die gedeihliche Entwicklung nicht beeinträchtigt wird (N 21 a.E.): Obwohl persönlicher Einsatz der Eltern besonders wertvoll ist, können viele existentielle Leistungen (Bekleidung, Ernährung, medizinische Betreuung, Ausbildungsmaterial usw.) meist nur von spezialisierten Dritten – und damit gegen Bezahlung – zweckmässig erbracht werden (BGE 125 V 436 bez. ärztliche Behandlung durch Elternteil), weshalb der nicht persönlich Betreuende seine Leistung nicht in natura erbringen darf (BK-HEGNAUER, N 92), obwohl dem Berechtigten sachlich und persönlich nützlicher Naturalunterhalt ausnahmsweise (z.B. BK-HEGNAUER, N 99 bei elterlichem Konkubinat) anzurechnen wäre (streng gegenüber Eigenmacht BGE 106 IV 36 f.).

5. Bemessung des Unterhalts (Art. 285)

27 Geschuldet ist nicht bloss der zum Überleben unabdingbare, sondern der den **Verhältnissen angemessene Unterhalt;** s. dazu im Einzelnen Art. 285 Abs. 1 und dort N 3 ff.; ferner o. N 22 f.

6. Dauer des Unterhaltsanspruchs (Art. 277)

28 Siehe Art. 277, dort N 4 ff. bzw. N 8 ff. (Mündigenunterhalt).

V. Beitrag des Kindes (Abs. 3)

1. Grundsatz – Anwendungsfälle

29 Das Kind ist, weil i.d.R. ohne Einkommen und Vermögen, vollständig auf die **Eltern** angewiesen, deren **Unterhaltspflicht** deshalb *im Prinzip* **ausschliesslich** (N 8) ist.

Wo das **Kind aber über eigene Mittel verfügt,** die entweder *Unterhaltscharakter* haben 30
(Art. 319: Erträge des Kindesvermögens; Art. 320: Erträge aus Abfindungen, Schadenersatz u.Ä.) oder dem *freien Kindesvermögen* zugehören (Art. 321/322: was dem Kind leb-
zeitig oder von Todes wegen zu freiem, nicht elterlicher Nutzung unterliegendem Vermögen zugewendet wurde; Art. 323: Arbeitserwerb), würde eine *absolute* Unterhaltspflicht
der Eltern ungeachtet der **effektiven Leistungsfähigkeit** weder vor dem Fairnessprinzip
des Art. 2 noch dessen spezifisch familienrechtlicher Ausprägung in Art. 272 standhalten.
Immerhin ist die Verwendung von Mitteln des freien Kindesvermögens (Art. 321–323)
an strengere Voraussetzungen geknüpft, worauf im jeweiligen Zusammenhang einzugehen ist – nachfolgend für den Arbeitserwerb. *Nicht befreit* werden die Eltern durch *Leistungen Dritter,* welche Rückgriffsansprüche aus Geschäftsführung ohne Auftrag geltend
machen können (BGE 123 III 161; vgl. Art. 278 N 7, 289 N 8).

2. Beitragspflicht des Kindes, insb. aus Arbeitserwerb

a) Verhältnis von Eltern- und Kinderpflicht

Nach dem Grundsatz, dass *Einkommen primär dem Unterhalt* dient, sind Eltern auf- 31
grund von Abs. 3 in dem Masse (d.h. i.d.R. *nur teilweise:* s. näher zu den Anteilen u.
N 35) von der Unterhaltspflicht befreit, «*als dem Kinde zugemutet werden kann, den
Unterhalt aus seinem Arbeitserwerb oder andern Mitteln zu bestreiten*» (HEGNAUER,
Kindesrecht, N 20.03 ff.; STETTLER, SPR III/2, 303). Das Bundesgericht geht in seiner
neuesten Rechtsprechung davon aus, dass die Eigenverantwortung des mündigen Kindes
unabhängig von der wirtschaftlichen Leistungsfähigkeit der Eltern besteht und eine Erwerbstätigkeit nebst dem Studium bis zu 20% durchaus zumutbar ist (allenfalls Aufrechnung eines hypothetischen Einkommens des mündigen Kindes: BGE 5C.150/2005,
11.10.2005; vgl. BGE 119 II 314 E. 4a; s. dazu Soziale Lage der Studierenden in der
Schweiz, Erste Ergebnisse der Studierendenbefragung an den Hochschulen, Bundesamt
für Statistik, 2005, 15 ff.). Solche pauschale Annahmen sind indes immer in der konkreten Situation daraufhin zu verifizieren, ob sie realistisch sind (Angebot an Arbeitsstel-
len). Im Gegensatz zu den in N 30 genannten Fällen, wo die *Eltern über Mittel des Kindes verfügen,* hat hier das *Kind selbst die in seiner Verwaltung stehenden Mittel für den
eigenen Unterhalt einzusetzen.* Die **Beitragspflicht aus Arbeitserwerb oder andern
Mitteln** – gemeint ist das *Berufs- oder Gewerbevermögen* i.S.v. Art. 323 Abs. 1
(HEGNAUER, Kindesrecht, N 20.04; DERS., FS Keller, 20, nennt zudem Zuwendungen
i.S.v. Art. 321 Abs. 2, deren Verwaltung dem Kind überlassen ist, m.E. auch Mittel nach
Art. 322) – konkretisiert die **Überleitung von Fremd- zu Eigenverantwortung** (Vorbem. zu Art. 276–295 N 2); Unterhalts*pflicht* für andere setzt ein Unterhalts*bedürfnis*
voraus, das im Zuge normaler Entwicklung abnehmen sollte (GERNHUBER/COESTER-
WALTJEN, § 45 II.2 nach Anm. 7: «Zwar kann der Bedürftige nicht zu einem bestimmten
wirtschaftlichen Handeln gezwungen werden, doch ist er zu sinnvollem, am Gedanken
der Selbsterhaltung orientierten Verhalten verpflichtet»). So konkurriert der *Mündigenunterhaltsanspruch des verheirateten Kindes* mit der Beistandspflicht des Ehegatten,
wobei zwar die Bindung zum Ehegatten enger, die elterliche Pflicht zur Verschaffung
einer den Umständen gerecht werdenden Ausbildung aber vorrangig sein dürfte, weshalb
nach der Lehre (BK-HAUSHEER/REUSSER/GEISER, Art. 163 N 14; BK-HEGNAUER,
Art. 277 N 100 f.) die Heirat keine Schlechterstellung der pflichtigen Eltern zur Folge
haben darf. Die Bedeutung der Beitragspflicht des Unterhaltsberechtigten hat mit der
wirtschaftlichen Selbständigkeit Jugendlicher zugenommen, wurde aber als Folge der
Herabsetzung des Mündigkeitsalters eher wieder etwas eingegrenzt, da Lehrlingslöhne
und Ferienverdienst von Schülern in dieser Altersphase erst relativ geringfügige Beträge
erreichen.

32 Hervorzuheben ist der **Ausnahmecharakter** dieser Regelung (vgl. STETTLER, SPR III/2, 303 unter Hinweis auf die Fassung im bundesrätlichen Entwurf: Art. 276 Abs. 3 E; BBl 1974 II 121: «*... nur in dem Masse befreit ...*»). Sie setzt *objektiv* das Vorhandensein entsprechender Mittel, *subjektiv* die Zumutbarkeit für das unterhaltsberechtigte Kind voraus.

b) Objektive Voraussetzung: Vorhandensein entsprechender Mittel

33 Das Kind ist beitragspflichtig aus dem **freien Kindesvermögen** i.S.v. Art. 321–323 (N 29 und 31). Das **Vorhandensein** solcher Mittel bedeutet indes *nicht notwendig die Beitragspflicht* und insb. nicht, dass das Kind diese Mittel *vollständig* für seinen Unterhalt einzusetzen hat (dazu N 35).

c) Subjektive Voraussetzung: Zumutbarkeit

34 Die *Vorrangigkeit der elterlichen Pflicht* rechtfertigt, an die **Zumutbarkeit von Eigenleistungen des Kindes hohe Anforderungen** zu stellen: Die wirtschaftliche Lage des Kindes muss *eindeutig besser* sein als jene der Eltern (HEGNAUER, Kindesrecht, N 20.05; HUBER, 90 ff.). Zudem hat das Kind nur vorhandene bzw. realisierbare Mittel einzubringen (Stipendien, Sozialversicherungsleistungen), nicht aber zulasten seines Ausbildungsanspruchs einen Arbeitserwerb aufzunehmen (HEGNAUER, Unter welchen Voraussetzungen befreit Arbeitserwerb des Kindes die Eltern von der Unterhaltspflicht?, ZVW 1983, 136 ff., 137). Die Beitragspflicht des Kindes ist dort eher zu bejahen, wo es auf elterliche Naturalleistungen (insb. Wohnung: von Art. 25 Abs. 1 abweichender tatsächlicher Aufenthalt, s. Art. 301 N 13) ohne Not verzichtet oder (obwohl arbeitsfähig) eine Ausbildung ablehnt.

35 Wie regelmässig bei **Konkurrenz mehrerer Pflichtiger** und in Art. 323 Abs. 2 explizit statuiert ist lediglich ein **angemessener Beitrag** zu leisten, der i.d.R. zwischen **Eltern und Kind einvernehmlich** und im Streitfall nach pflichtgemässem Ermessen i.S.v. Art. 4 festzulegen ist (HUBER, 105 bzw. 122 ff. sowie 137 ff.). Nach überzeugender Auffassung von HUBER (141 ff.) soll der Beitrag **i.d.R. 60% des (Arbeits-)Einkommens des Kindes** (80% bei sehr *schlechten* finanziellen Verhältnissen der Eltern) nicht übersteigen (während HUBER [145] eine tiefere Quote bei sehr *guten* wirtschaftlichen Verhältnissen der Eltern aus erzieherischen Gründen zu Recht ablehnt). Bei der *Berechnung des elterlichen Existenzminimums* nach den einschlägigen Richtlinien (s. Art. 285 N 12) wird der *Beitrag aus dem Erwerbseinkommen Minderjähriger* auf *einen Drittel* ihres Nettoeinkommens begrenzt (HUBER, 110 f.; GUGLIELMONI/TREZZINI, AJP 1993, 12; BGE 104 III 77 f.; *nicht* zu verwechseln mit der Behandlung der *Kinderunterhaltsbeiträge:* dazu Art. 289 N 6).

36 Zur Festlegung der Beiträge besteht unter den Beteiligten eine **Auskunftspflicht** über die massgeblichen Umstände (HEGNAUER, FS Keller, 24; Vorbem. zu Art. 276–295 N 1). – Zur Berechnung bei Getrenntleben der Eltern GUGLIELMONI/TREZZINI, AJP 1993, 12.

37 Die Zumutbarkeit muss *ständig* gewährleistet sein; die Beiträge von Eltern bzw. Kind sind deshalb in analoger Anwendung von Art. 286 Abs. 2 bei **veränderten Verhältnissen anzupassen** (s. näher Art. 286 N 7 ff.). Über die **Geltendmachung** im Rechtsöffnungsverfahren Art. 289 N 16.

Art. 277

B. Dauer

¹ **Die Unterhaltspflicht der Eltern dauert bis zur Mündigkeit des Kindes.**

² **Hat es dann noch keine angemessene Ausbildung, so haben die Eltern, soweit es ihnen nach den gesamten Umständen zugemutet werden darf, für seinen Unterhalt aufzukommen, bis eine entsprechende Ausbildung ordentlicherweise abgeschlossen werden kann.**

B. Durée

¹ L'obligation d'entretien des père et mère dure jusqu'à la majorité de l'enfant.

² Si, à sa majorité, l'enfant n'a pas encore de formation appropriée, les père et mère doivent, dans la mesure où les circonstances permettent de l'exiger d'eux, subvenir à son entretien jusqu'à ce qu'il ait acquis une telle formation, pour autant qu'elle soit achevée dans les délais normaux.

B. Durata

¹ L'obbligo di mantenimento dura fino alla maggiore età del figlio.

² Se, raggiunta la maggiore età, il figlio non ha ancora una formazione appropriata, i genitori, per quanto si possa ragionevolmente pretendere da loro dato l'insieme delle circostanze, devono continuare a provvedere al suo mantenimento fino al momento in cui una simile formazione possa normalmente concludersi.

Literatur

Vgl. die Literaturhinweise zu den Vorbem. zu Art. 276–295. Zum Mündigenunterhalt insb.: BREITSCHMID, Alimentenbevorschussung und Unterhaltsvereinbarungen bei Mündigenunterhalt, ZVW 1993, 88 ff.; BREITSCHMID/RUMO-JUNGO, Ausbildungsunterhalt für mündige Kinder – Bemerkungen zur jüngeren Rechtsprechung des Bundesgerichts und Thesen, Dritte Schweizer Familienrechtsfrage, in: Büchler/Schwenzer, Schriftenreihe zum Familienrecht, 2006, 81 ff.; BREITSCHMID/VETSCH, Mündigenunterhalt (Art. 277 Abs. 2 ZGB) – Ausnahme oder Regel?, FamPra 2005, 471 ff.; FORNI, Die Unterhaltspflicht der Eltern nach der Mündigkeit des Kindes in der bundesgerichtlichen Rechtsprechung, ZBJV 1996, 429 ff.; J. GROB, Die familienrechtlichen Unterhalts- und Unterstützungsansprüche des Studenten, Diss. Bern 1975; HAUSHEER/SPYCHER, Rz 06.57 ff.; HEGNAUER, Die Dauer der elterlichen Unterhaltspflicht, in: FS Keller, Zürich 1989, 19 ff.; DERS., Zum Unterhaltsanspruch mündiger Kinder, ZVW 1980, 96 ff.; DERS., Zur elterlichen Unterhaltspflicht für das mündige Kind, ZVW 1982, 41 ff.; DERS., Nach welchem Recht richtet sich die Mündigkeit bei Beendigung der Unterhaltspflicht gemäss Art. 277 Abs. 1 ZGB?, ZVW 1986, 107 f.; HENRIOD, L'obligation d'entretien à l'égard des enfants majeurs, Diss. Lausanne 1999; RAPP, Aus der Praxis des Ehegerichtspräsidenten Basel-Stadt, BJM 1980, 281 ff., 295 ff.; RIEMER-KAFKA, Bildung, Ausbildung und Weiterbildung aus sozialversicherungsrechtlicher Sicht, SZS 2004, 206 ff.; STETTLER, L'obligation d'entretien à l'égard des enfants majeurs, ZBJV 1992, 133 ff.; DERS., L'obligation d'entretien des parents à l'égard d'enfants majeurs, ZVW 1982, 6 ff.; Soziale Lage der Studierenden in der Schweiz 2005: Erste Ergebnisse der Studierendenbefragung an den Hochschulen, hrsg. vom Bundesamt für Statistik, 2005.

I. Allgemeines

Die gesetzliche Regelung hält den – namentlich mit Blick auf Art. 276 Abs. 3 (dort **1** N 29 f.) wesentlichen – **Grundsatz** fest, dass die **Unterhaltspflicht der Eltern bis zur Mündigkeit** des Kindes (Abs. 1), bei Vorliegen qualifizierter Voraussetzungen aber auch **darüber hinaus** dauert (Abs. 2), wobei die *Mündigenunterhaltspflicht nicht Ausnahme,* sondern nach wie vor Ausfluss der elterlichen **Ausbildungspflicht** ist (Art. 302 Abs. 2, dort N 10).

II. Dauer der Unterhaltspflicht im Regelfall (Abs. 1)

1. Beginn

2   Die **Unterhaltspflicht beginnt** i.d.R. mit der **Geburt;** für die *Kosten der Geburt* und der *Mutter* im Umfeld der Geburt vgl. Art. 295. Ausnahmsweise – wenn das Kindesverhältnis erst später begründet wird (Art. 260, 261) – kann Unterhalt nur für die Zukunft und für ein Jahr vor Klageerhebung verlangt werden (Art. 279 Abs. 1, dort N 5): es werden die Wirkungen des Kindesverhältnisses zwar rückwirkend auf den Zeitpunkt der Geburt begründet (Art. 260 N 21), nicht aber der vergangene und deshalb konsumierte Unterhalt nachberechnet.

2. Unterbrüche

3   Die Unterhaltspflicht **ruht** ganz oder teilweise, solange und soweit das *Kind* (vgl. Art. 276 N 29 ff.) oder ein *Dritter* (z.B. bei Adoptionspflege: Art. 286 N 14, Art. 294 N 5 f.; bei stiefelterlichen Leistungen: Art. 278 N 7; bei vorübergehendem Erlass wegen Leistungsunfähigkeit des Pflichtigen: Art. 289 N 5) dafür aufkommt.

3. Beendigung

4   a) **Regelfall:** Die Unterhaltspflicht **endet** i.d.R. **mit der Mündigkeit** (Abs. 1) – nicht entschieden ist, ob der Pflichtige für den angefangenen Monat nach dem 18. Geburtstag des Berechtigten ebenfalls noch aufzukommen hat (aufgrund der Fälligkeit des Betrages im Voraus wohl zu bejahen). Es sind aber Ausnahmesituationen zu berücksichtigen:

5   b) **Ausnahmen:** Bei *früherem Eintritt wirtschaftlicher Selbständigkeit* (zu den Tatbeständen Art. 276 N 29 ff.) oder *längerer Ausbildungsdauer* (u. N 9 ff.) endet die elterliche Unterhaltspflicht vor oder nach Mündigkeit; wieweit die zeitliche Abweichung reicht, beurteilt sich nach den Verhältnissen im Einzelfall (**Zumutbarkeit** sowohl gemäss Art. 276 Abs. 3 wie 277 Abs. 2).

6   c) **Fällt das Kindesverhältnis** nachträglich **dahin** – durch *Adoption* (Art. 267 Abs. 2, dort N 16) oder durch *Anfechtung der Vaterschaftsvermutung* des Ehemannes oder *Anfechtung der Anerkennung* (Art. 256 [dort N 17] bzw. 260a) –, so **erlischt** die Unterhaltspflicht und es können (nicht bei Adoption, aber nach erfolgreicher Anfechtung) bereits erbrachte Leistungen aufgrund von Art. 62 ff. OR zurückgefordert werden (Ersparnisbereicherung; s. dazu BGE 129 III 646; HEGNAUER, Kindesrecht, N 6.29 m.Nw.).

7   d) Der Unterhaltsanspruch **erlischt** ferner bei **Tod des Berechtigten oder Verpflichteten:** Weder haben die Erben des Berechtigten einen Unterhalts- (sondern ggf. nur einen *Unterstützungs-*)Anspruch gegenüber dem Pflichtigen, noch dauert der Unterhaltsanspruch über den Tod des Pflichtigen hinaus: fällige Leistungen werden zu Nachlassschulden (Art. 560 Abs. 2, 603 Abs. 1), es besteht ggf. Anspruch auf den Dreissigsten (Art. 606, s.a. Art. 631 Abs. 2) und v.a. wird das Kind zum pflichtteilsgeschützten Erben (Art. 457 i.V.m. Art. 471 Ziff. 1).

III. Mündigenunterhalt (Abs. 2)

1. Im Allgemeinen – Bedeutung des «Ausbildungs-» bzw. «beruflichen Lebensplans»

8   Die Praxis zu Art. 277 Abs. 2 – «zweifellos demjenigen Artikel des Unterhaltsrechtes des Kindes, der am meisten BGE auf dem Gewissen hat» (SCHNYDER, ZBJV 1994, 160 f.) –

ist überaus reichhaltig und unterstreicht die **Konfliktträchtigkeit** der Situation (Spannungsverhältnisse im Umfeld persönlicher Ablösung und wirtschaftlicher Abhängigkeit der Jugendlichen). Als **Leitlinie** galt bislang vor Herabsetzung des Mündigkeitsalters und der damit einhergehenden Neufassung von Abs. 2 (dazu HEGNAUER, Kindesrecht, N 20.23; REUSSER, ZBJV 1995, 701 f.; SCHNYDER, a.a.O., 161; SCHWANDER, AJP 1996, 13 f.; SUTTER-SOMM, ZVW 1994, 224 f.; OGer AG ZVW 1996, 14 f.), dass Mündigenunterhaltspflicht bestand, wenn der **Ausbildungs- bzw. berufliche Lebensplan** während der Unmündigkeit noch nicht zu einem Berufs- oder Ausbildungsabschluss führte, welcher den Eintritt ins Erwerbsleben ermöglichte (vgl. HEGNAUER, FS Keller, 25 f.; s. insb. BGE 115 II 123, 126 E. 4b; 118 II 97, 98 E. 4a). *Das gilt in den Grundzügen weiterhin:* Die gesetzliche Regelung und ihre Anwendung haben sicherzustellen, dass das *Kind solange elterlichen Unterhalt beanspruchen kann, als es dessen bedarf und billigerweise auf Fremdmittel Anspruch erheben darf.* Bereits unter dem früheren Recht hatte STETTLER (SPR III/2, 307 bei Anm. 23; DERS., ZBJV 1992, 10) betont, es könne der Eintritt der Mündigkeit als blosse rechtliche Tatsache nicht dazu führen, wirtschaftliche Situation und persönliches Verhältnis der Beteiligten anders als vor der Mündigkeit zu bewerten, was nunmehr insb. für die häufige Übergangsphase bei Eintritt der Mündigkeit noch während Schulpflicht (u. N 10) von Bedeutung ist. – Es versteht sich, dass immer dann, wenn Mündigenunterhalt geschuldet ist, dessen **Inhalt** sich nach Art. 276 (dort insb. N 22) richtet.

Der **Ausbildungs-** bzw. **berufliche Lebensplan** ist von **Eltern und Kind gemeinsam** zu **9** entwickeln; er hat den *Fähigkeiten des Kindes* und den *tatsächlichen* (Ausbildungsmöglichkeiten) und *wirtschaftlichen* (elterliche Leistungsfähigkeit, allfällige Stipendienleistungen) Rahmenbedingungen Rechnung zu tragen. Die Planung hat fortlaufend, gewissermassen «rollend» zu erfolgen: Sie ist aufgrund der schulischen Leistungsentwicklung und der weiteren Umstände (Gesundheit, wirtschaftliche Möglichkeiten) *periodisch zu überprüfen;* mit zunehmendem Alter des Kindes ist seinen (bedachten) Wünschen stets grösserer Stellenwert beizulegen (HEGNAUER, FS Keller, 25). Trotz grosser Persönlichkeitsnähe des Entscheids besteht m.E. (im Gegensatz zu SCHWENZER, Art. 302 N 11) bei diesem meist noch während Unmündigkeit (s. im Übrigen N 13) zu treffenden Entscheid kein genereller Vorrang des Kindeswunsches, sondern eine **Zusammenwirkungs- und Einigungspflicht** (Art. 301 Abs. 2; HEGNAUER, a.a.O.): Nachvollziehbaren, auf die Anliegen des Kindes Rücksicht nehmenden Argumenten der Eltern wird sich das Kind deshalb zu unterziehen haben, weil auch bei klageweiser Durchsetzung des Anspruchs (u. N 23) eine Abwägung stattfindet (BJM 1992, 314: Anspruch verneint mangels *Eignung* des Kindes für die beabsichtigte Ausbildung). Eine *ungerechtfertigte Verweigerung des Zusammenwirkens* durch Eltern *oder* Kind wäre bei der persönlichen bzw. wirtschaftlichen Zumutbarkeit (u. N 14, 18 ff.) zu berücksichtigen. – Im **Konfliktfall** empfiehlt sich, vorweg die Dienste der **Berufsberatung** in Anspruch zu nehmen.

2. Tragweite der Revision von 1994

Seit der **Herabsetzung des Mündigkeitsalters** ist in der **Phase vom 18. bis zum 20.** **10** **Altersjahr** häufig Mündigenunterhalt erforderlich, ohne dass (insb. bei Maturanden, «Zwischenjahren», Sprachaufenthalten und – oft auch ausbildungspolitisch erwünschten – Praktika) der eigentliche Berufs- bzw. Studienwahlentscheid schon getroffen wäre. Bezüglich solcher **Übergangssituationen** ist der Satz, dass Mündigenunterhalt die Ausnahme bilde, zu relativieren (s. schon N 1; BGE 129 III 375 E. 3.3) und es werden in *jener* Phase selbst bei noch unklarem (weiterem) Ausbildungsplan noch Leistungen zuzusprechen; um aber *weitere* Leistungen zu rechtfertigen, müssen sich die Vorstellungen nach Abschluss des schulischen Ausbildungsgangs bzw. *um das 20. Altersjahr zu einem* *konkreten Plan verdichtet* haben. Diese Übergangsphase ist erforderlich, weil Ausbildung **kontinuierliche,** wenn auch nicht unbedingt ungebrochene **Abläufe** erfordert und der etwa im *«Ausbildungsplan Maturität»* enthaltene **Aufschub** des Entscheids über den weiteren Ausbildungsverlauf mindestens bis zu jenem Zeitpunkt eine Beitragspflicht der Eltern einschliesst, ohne dass aber deswegen das Erfordernis einer gewissen **Kohärenz des Ausbildungsgangs** (und *Kalkulierbarkeit* der zukünftigen Leistungen für den Pflichtigen: vgl. die Bedenken bei HEGNAUER, Kindesrecht, 4. Aufl. Bern 1994, N 20.24) aufgegeben wäre (wobei Kohärenz im Rahmen üblichen *«Schnupperns»* eine Orientierungsphase freilich nicht ausschliesst).

11 Das Gebot der **Ausbildungskontinuität** (N 10) führt dazu, dass die Revision trotz Art. 12 Abs. 1 SchlT (Vorbem. zu Art. 276–295 N 8 a.E.) auch *nicht zu einer übergangsrechtlichen Neubeurteilung* allenfalls noch *bestehender* Mündigenunterhaltssituationen führen darf (SCHWANDER, AJP 1996, 14). Obwohl heute lebenslang kontinuierliche *Weiterbildung* in allen Berufen unabdingbar ist, bedeutet Mündigenunterhaltspflicht die Hinführung zu Erwerbsfähigkeit und -tätigkeit, *nicht* aber *generelle* Weiterbildungsfinanzierung (BK-HEGNAUER, N 72 ff.), wohl aber u.U. mit dem Ausbildungsgang *konnexe* Zusatz- und Vertiefungsbildungsgänge (u. N 12).

3. Voraussetzungen

a) Fehlen einer angemessenen Ausbildung

12 **Angemessen** ist eine **Ausbildung,** wenn das geplante (und realistische) **Ausbildungsziel erreicht** ist. Ob darin **Zweit- und Zusatzausbildungen** eingeschlossen sind, hängt von den Umständen ab, insb. den getroffenen Absprachen und der Zumutbarkeit (u. N 14 ff.), aber auch vom konkreten Ausbildungsgang (BGE 107 II 465: Hotelfachschule nach Abschluss einer kaufmännischen Ausbildung mit 21 Jahren). War das Kind bereits ins Erwerbsleben eingetreten, dürfte die Vermutung eher für eine *vom Berufstätigen* **selbst zu finanzierende Weiterbildung oder einen Berufswechsel** sprechen (so im Fall BGE 115 II 123: abgeschlossene Ausbildung als Autoservicemann; jetzt Zusatzschulung und neue Berufslehre), ausser es habe die Erwerbstätigkeit vorab *Praktikumscharakter* gehabt (BGE 107 II 406: Maturität mit Entschluss, Berufsphotograph zu werden; die zweijährige Ausbildung war trotz bereits zweijähriger Tätigkeit als Photoartikelverkäufer zu finanzieren; enger BGE v. 30.11.1990, unveröff., wo m.E. zu Unrecht ein Jahr nach Abschluss der Primarlehrerinnenausbildung der Anspruch für ein Studium der Heilpädagogik verneint wurde).

13 **Abschluss der Ausbildung bedeutet** im Regelfall **Übernahme der Selbstverantwortung** für das weitere (und lebenslange) Bemühen um Weiterbildung. Das gilt auch bei einem zurechenbaren **Ausbildungsabbruch** nach Mündigkeit, womit einseitig der Ausbildungsplan aufgekündigt wird; bei einem *unverschuldeten* Abbruch oder **Neuorientierung** *ruht* die Pflicht lediglich, da das Kind dann durch Aushilfstätigkeit für den laufenden Unterhalt aufkommen können sollte (vgl. o. N 3). Kann eine zunächst an Hand genommene Ausbildung ohne Verschulden wirtschaftlich noch gar nicht umgesetzt bzw. aufgrund veränderter gesundheitlicher oder wirtschaftlicher Verhältnisse nicht mehr fortgeführt werden so ist die elterliche Ausbildungsunterhaltspflicht noch immer zu bejahen; ob aber ein **Ausbildungswechsel** aus freiem Willen den Pflichtigen zumutbar sei, ist im Einzelfall zu prüfen: Für ein Abweichen vom gemeinsam erarbeiteten Ausbildungsplan sind qualifizierte Gründe erforderlich, doch ist diese Planung auch nach Mündigkeit gemeinsam auf sich ändernde Rahmenbedingungen einzustellen. Immerhin wäre zu unterscheiden zwischen (gemeinsam zu verantwortendem; vgl. auch N 9) *Irrtum in der Fest-*

legung des Ausbildungsplans und damit der Berufswahl einschliesslich immanenter (z.B. konjunktureller oder gesundheitlicher) Risiken und *blosser Unlust.* Ein **elterliches Bestimmungsrecht** besteht **nach Mündigkeit nicht mehr** (vgl. N 9), weiterhin aber die **Pflicht zum Zusammenwirken,** die sich aus der Natur des Entscheids – es sind nicht Ausbildungsträume, sondern nur *-pläne* zu finanzieren – und Art. 272 ergibt. Konnte (namentlich wegen des tieferen Mündigkeitsalters) ein Plan über den Schul- oder einen anderweitigen (Teil-)Abschluss hinaus während Unmündigkeit noch nicht getroffen werden, muss dies *nachgeholt* werden.

b) Zumutbarkeit nach den gesamten Umständen

Die Zumutbarkeit beurteilt sich nach einer **Gesamtwürdigung aller massgeblichen Gesichtspunkte** (Art. 4), d.h. sowohl des einmal entworfenen Lebensplans (einschliesslich notwendiger Anpassungen; N 8 f.), des bisherigen Ausbildungsstandes (o. N 12 f.) wie auch der einzelnen Aspekte der Zumutbarkeit (N 15–20; HEGNAUER, Kindesrecht, N 20.30; DERS., FS Keller, 29). Die Zumutbarkeit verlangt z.B. Rücksichtnahme auf die wirtschaftliche Leistungskraft der Eltern bei der Wahl der Ausbildung insoweit, als staatliche Leistungen dafür nur beschränkt erhältlich sind.   **14**

aa) Wirtschaftliche Gegebenheiten

Unterhalt kann nur erbracht werden, wenn der Pflichtige leistungsfähig ist (dazu allgemein Art. 276 N 25; Mündigenunterhaltspflicht kann den Gläubigern des Pflichtigen nicht entgegengehalten werden: BGE 98 III 34; BGE 5C.150/2005, 11.10.2005 E. 4.2.2; BSK SchKG-VON DER MÜHLL, Art. 93 N 24, 30); **Zumutbarkeit** bedeutet, dass die **wirtschaftlich relevanten Rahmenbedingungen von Pflichtigen und Berechtigtem** einander gegenüberzustellen sind. Dazu gehören (mögliche: N 17 a.E.) Einkommen und Vermögen aller Beteiligten (BGE 107 II 406, 410; 111 II 410 ff. [wo die Tochter angesichts des überdurchschnittlichen Einkommens des Vaters nicht auf die Substanz ihres Vermögens greifen musste]; ZR 1986 Nr. 112; ZR 1990 Nr. 45 = SJZ 1991, 49 [studentischer Nebenverdienst]; ZR 1991 Nr. 5), aber auch die bestehenden Chancen (aufgrund schon empfangener Ausbildung oder zweckgebundener Ersparnisse/Zuwendungen: HEGNAUER, FS Keller, 27; DERS., ZVW 1982, 41) und Absprachen (wo der Abschluss einer vor Mündigkeit vom Pflichtigen gebilligten Ausbildung in Frage steht: HEGNAUER, Kindesrecht, N 20.25).   **15**

Zu berücksichtigen ist bei allen Beteiligten **Einkommensersatz:** So *Arbeitslosenversicherungsleistungen* u.ä., *Beiträge des andern Elternteils* bzw. des Stiefelters aufgrund von Art. 278 Abs. 2 (dort insb. N 7), *Stipendien* (die aber i.d.R. nur bei fehlender Leistungspflicht der Eltern erhältlich sind und durchaus Eigenleistungen des Stipendiaten vorsehen: HAFFTER, 72 und 168 m.Nw.; Art. 293 N 6) oder zumutbare *Naturalleistungen* von (Stief-)Eltern (BGE 111 II 413 ff.; 419 f. E. 5b; ZR 1991 Nr. 45 = SJZ 1991, 47, wo ein Anspruch auf selbständiges Wohnen am Studienort bei gegebener Wohnmöglichkeit, sonst aber allseitig knappen Verhältnissen verneint und stündige SBB-Fahrten als dem Studienzweck nicht abträglich beurteilt wurden). Anzurechnen sind weiter *Beiträge des Ehegatten des Berechtigten.* Nur ausnahmsweise (bei sehr ungünstigen Verhältnissen des Pflichtigen und absehbarer Verbesserung beim Berechtigten) sind rückerstattungspflichtige *Fürsorgeleistungen* oder die Möglichkeit einer *Darlehensaufnahme* zu berücksichtigen. Allenfalls ist statt Unterhalt *Unterstützung* i.S.v. Art. 328 geschuldet.   **16**

Die bundesgerichtliche Praxis erachtet weitere Leistungen nur dann als zumutbar, wenn dem Pflichtigen – unter Berücksichtigung auch seiner weiteren Verpflichtungen (z.B.   **17**

Ehegattenunterhalt: Art. 276 N 19) – ein **den erweiterten Notbedarf um mehr als 20%
übersteigendes Einkommen** bleibt (BGE 118 II 97; dazu Bem. GEISER, ZBJV 1992,
296; BGE 5C.238/2003, 27.1.2004, FamPra 2004, 426 ff.), wie dies anderseits bei Bedürftigkeitsrenten aus aArt. 152 für den Empfänger als ausreichend betrachtet worden
war (BGE 114 II 304; 121 III 50 f.; vgl. HEGNAUER/BREITSCHMID, N 21.24b m.Nw.). Wo
nur mehr für eine *kürzere Übergangszeit* Unterhalt erforderlich ist, kann dem Pflichtigen
aber auch eine *stärkere Einschränkung* zugemutet werden (BGE 118 II 100 E. b.cc);
m.E. ebenfalls dort, wo er eine verlängerte Ausbildung mitzuvertreten hat (vgl. N 9 a.E.)
oder ihm zusätzliche Anstrengungen zuzumuten sind (ZR 1986, 277 f.). In diesen Notbedarf sind selbstverständlich die eherechtlichen Unterhaltsbeiträge einzubeziehen (BGE
132 III 209; s. aber auch u. N 25).

bb) Persönliche Beziehungen

18   Die **Rücksichts- und Zusammenwirkungspflicht in Ausbildungs- und Unterhaltsbelangen** setzt ein einigermassen **erspriessliches persönliches Verhältnis** voraus, wobei
allerdings die *Konfliktträchtigkeit der Situation* (N 8) zu bedenken ist. Vom älteren und
oft nach höherer Ausbildung strebenden Kind ist indes im Regelfall zu erwarten, dass es
sich selbst bei gespannten persönlichen Beziehungen – allenfalls in Anwesenheit eines
Mitglieds von Vormundschafts-/Bevorschussungsbehörde, Lehrer, Berufsberater (N 9
a.E.) o.Ä. – zu einem sachlichen Gespräch mit dem Pflichtigen über die beruflichen Vorstellungen und die wirtschaftlichen Rahmenbedingungen bereit findet (Vorbem. zu
Art. 276–295 N 1; der Unterhaltpflichtige soll jedoch nicht zur «blossen Zahlstelle»
degradiert werden: BGE 129 III 375 E. 4.2). Allerdings darf dieses Schlagwort nicht ver-
absolutiert werden und zu einer «Verschuldensabwägung» im Eltern/Kind-Verhältnis
führen, ausser es läge ein dem Art. 125 Abs. 3 entsprechender Sachverhalt vor.

19   Auch Mündigenunterhalt ist aber nicht von harmonischer persönlicher Beziehung oder
gar einem funktionierenden Besuchsrecht (Art. 276 N 2) abhängig, und es ist verfehlt,
das Kind für einen von ihm nicht verarbeiteten Scheidungsschock (mit daraus resultie-
render Kontaktverweigerung auch nach Mündigkeit) durch Unterhaltsentzug büssen zu
lassen (so aber BGE 129 III 375 krit. Bespr. v. SCHWANDER, AJP 2003, 846 ff.; BGE 113
II 374 mit Kritik von HEGNAUER, ZVW 1988, 76 f.; DERS., FS Keller, 28; allenfalls für
Herabsetzung der Beitragspflicht SCHNYDER, ZBJV 1987, 111; ferner BGE 117 II 131);
gerade im Blick auf die Entwicklung im Scheidungsrecht (Botschaft Revision Scheidungsrecht, Ziff. 144.3 und passim: *Abkehr vom Verschuldensprinzip*) erscheint es verfehlt, wenn im Verhältnis von mündigem Kind und unterhaltspflichtigem Elternteil nach
Jahren eine subtile Verschuldensabwägung erfolgen soll. Dies gilt für sämtliche Situationen, in denen die **Eltern zumindest eine Mitverantwortung für das gestörte persönliche Verhältnis** trifft (vgl. etwa BGE 111 II 413 und BJM 1988, 80 [Konkubinat bzw.
Heirat gegen Willen der Eltern]), nicht aber, wo das Kind schuldhaft (ohne Veranlassung)
seine Pflichten aus Art. 272 verletzt (zur Abklärung: ZR 2003 Nr. 14; weiterhin [sehr]
streng: BGE 129 III 375). Wo der Vater (seit Geburt) jegliche Kontaktaufnahme mit dem
mündigen Kind verweigert, ist ihm allerdings Mündigenunterhalt zuzumuten (BGE
5C.237/2005, 9.11.2005, E. 4.3.2).

cc) Ernsthaftigkeit der Ausbildung

20   **Unterhalt** ist nur zumutbar, wenn er **nutzbringend eingesetzt** wird – mithin das Kind
sich für die beabsichtigte **Ausbildung eignet** (BJM 1992, 314), diese **ernsthaft** und (von
«üblichem» Prüfungsversagen oder einer persönlichen Krisenphase abgesehen) **zielstre-
big** betreibt (BGE 114 II 205; Fleiss, Einsatz und guter Wille: BGE 130 V 237 E. 3.2).

4. Dauer des Unterhalts über die Mündigkeit hinaus

Eltern haben für den *«Unterhalt aufzukommen, bis eine entsprechende Ausbildung or-* **21**
dentlicherweise abgeschlossen werden kann» (Abs. 2 a.E.). Es besteht **keine absolute
Altersgrenze** (wie sie im deutschen Schrifttum intensiv diskutiert wird [SCHWENZER,
Gutachten zum 59. DJT, München 1992, A46: Vollendung des 27. Lebensjahres] und
auch im Entwurf von 1974 bei 25 Jahren vorgesehen war: Botschaft, BBl 1974 II 57;
STETTLER, SPR III/2, 306). Es scheint eine solche auch nicht zweckmässig, da für ausserordentliche Fälle, wo das Kind ohne eigenes Verschulden binnen üblicher Fristen (noch)
keinen Ausbildungsabschluss erlangen konnte und der (weitere) Unterhalt den Eltern persönlich und wirtschaftlich zumutbar ist, wohl Ausnahmen aufgrund der Bedeutung des
Unterhalts und der familiären Bindung (allgemein Vorbem. zu Art. 276–295 N 1; Art. 276
N 2; s.a. BREITSCHMID, AJP 1994, 843 Ziff. 21) vorzusehen wären (namentlich in Zeiten
restriktiver Stipendienpolitik), während deutlich kürzere Finanzierungsperioden aus verschiedensten Gründen – z.B. wegen erst nachträglich eintretender persönlicher Unzumutbarkeit (N 18) – gleichermassen denkbar sind. Die familiäre Bindung erlaubt kaum eine
Gleichstellung mit den starren Altersgrenzen des Sozialversicherungsrechts.

Massstab kann **nicht ein «Idealverlauf»** des jeweiligen Bildungsgangs sein (vgl. N 20); **22**
erforderlich ist aber das die individuellen Fähigkeiten ausschöpfende, ernsthafte Bemühen um eine **optimale Nutzung der Mittel,** was bei **Prüfungsversagen** durchaus zu
intensiviertem Bedarf führen kann (BGE 107 II 465, 470; BJM 1988, 80). Ebenso sind
obligatorische oder doch faktisch unentbehrliche **Praktika** oder Sprach*(schul)*aufent-
halte, Militärdienst u.Ä. zu berücksichtigen. Postgraduate- oder Doktoratsstudien (BGE
117 II 372; abl. ZR 1986 Nr. 112 E. 5 bezügl. Veterinärmedizin) fallen – ausser bei überdurchschnittlichen wirtschaftlichen und zumindest normalen persönlichen Verhältnissen
– nicht mehr unter die Mündigenunterhaltspflicht, die zwar **nicht unbedingt schlagartig
erlischt** (N 19, 21), **aber mit zunehmendem Alter graduell verflacht** (BJM 1985, 88
bezüglich eines 30-Jährigen; REUSSER, ZBJV 1995, 702 zu einem 35-Jährigen; bei wenig
anspruchsvoller Ausbildung auch schon knapp nach der Mündigkeit).

5. Geltendmachung

Die **Klage** (dazu im Übrigen Art. 279 N 5; HEGNAUER, FS Keller, 30) ist bloss Notbehelf **23**
(N 9) und vom mündigen Kind zu erheben (vgl. aber Art. 289 N 7). Ein Mündigenunter-
haltsbeitrag kann jedoch bei absehbar die Mündigkeit überdauernder Ausbildung noch
während Unmündigkeit bereits im **eherechtlichen Verfahren festgesetzt** werden
(Art. 133 Abs. 1 Satz 2, dort N 14; BGE 112 II 199; HEGNAUER, FS Keller, 30 ff.; HIN-
DERLING/STECK, 462 m.Anm. 6l). Er ist alsdann genehmigungsbedürftig, wobei die Fra-
ge der persönlichen Zumutbarkeit noch nicht relevant ist (FamKomm Scheidung/WULL-
SCHLEGER, Allg.Bem. zu Art. 276–293 N 31).

Klagt das **mündige Kind,** unterliegt das Verfahren **nicht der Offizialmaxime** (BGE 118 **24**
II 95), doch ist die Untersuchungsmaxime grosszügig zu handhaben (AmtsGer LU SJZ
1992, 316 = ZVW 1993, 135 ff.; Untersuchungsmaxime gilt auch zu Gunsten des Unterhaltspflichtigen, s. BGE 128 III 411); eine **Genehmigung von Unterhaltsvereinbarungen ist nicht erforderlich** (im Gegensatz zu Art. 280 N 5), ggf. aber von Alimentenbevorschussungsstellen die Angemessenheitsprüfung nachzuholen (BREITSCHMID, ZVW
1993, 90 f.; Art. 293 N 5; BVR 2001 440 ff.; ZR 2001 Nr. 49).

I.d.R. wird das Kind von den solidarisch haftenden Eltern (Art. 276 N 8) jenen ins Recht **25**
fassen, der nicht schon Naturalleistungen (N 16) erbracht hat bzw. wirtschaftlich besser
gestellt ist. Ob dadurch eine allfällige nacheheliche Solidarität unter den ehemaligen Gat-

ten tangiert wird, wäre gegebenenfalls in gesonderten Verfahren zu prüfen (285 N 17 zu Koordinationsproblemen; s. BGE 107 II 406, 410 E. 2.c; BGE 5C.205/2004, 8.11.2004, E. 6, FamPra 2005, 414 ff.; BK-HEGNAUER Art. 277 N 108). BGE 132 III 209 (o. N 17) bedeutet nicht, dass die stets wechselnde wechselseitige Leistungsfähigkeit nicht stets auszutarieren wäre.

Art. 278

C. Verheiratete Eltern

[1] **Während der Ehe tragen die Eltern die Kosten des Unterhaltes nach den Bestimmungen des Eherechts.**

[2] **Jeder Ehegatte hat dem andern in der Erfüllung der Unterhaltspflicht gegenüber vorehelichen Kindern in angemessener Weise beizustehen.**

C. Parents mariés

[1] Pendant le mariage, les père et mère supportent les frais d'entretien conformément aux dispositions du droit du mariage.

[2] Chaque époux est tenu d'assister son conjoint de façon appropriée dans l'accomplissement de son obligation d'entretien envers les enfants nés avant le mariage.

C. Genitori coniugati

[1] Durante il matrimonio, i genitori sopportano le spese del mantenimento del figlio secondo le disposizioni del diritto matrimoniale.

[2] I coniugi si devono vicendevolmente adeguata assistenza nell'adempimento dell'obbligo verso i figli nati prima del matrimonio.

Literatur

Vgl. die Literaturhinweise zu den Vorbem. zu Art. 276–295 sowie zu Art. 163, ferner insb.: HEGNAUER, Stiefelterliche Beistandspflicht und Stipendienanspruch, ZVW 1985, 25 ff.; DERS., Der Unterhalt des Stiefkindes nach schweizerischem Recht, in: FS Müller-Freienfels, Baden-Baden 1986, 271 ff.; DERS., Nochmals: Stiefelterliche Beistandspflicht und Stipendienanspruch, ZVW 1987, 47 f.; DERS., Beistandspflicht des Stiefelternteils, ZVW 1987, 48 f.

I. Unterhaltspflicht verheirateter Eltern für gemeinsame Kinder (Abs. 1)

1   **Während der Ehe** tragen **verheiratete Eltern** die Kosten für den **Unterhalt des Kindes gemeinsam** (Abs. 1; Art. 163 Abs. 1 und 2, dort N 7; ZK-BRÄM, Art. 163 N 25 f.; HAUSHEER/REUSSER/GEISER, Art. 163 N 39; HINDERLING/STECK, 456; Art. 276 N 9).

2   Das gilt auch in **Krisensituationen:** Sowohl bei *vorsorglichen Massnahmen* im Scheidungsverfahren (Art. 137 Abs. 2), *Eheschutzmassnahmen* (Art. 173 Abs. 1, Art. 176 Abs. 3, dort N 11 f.) wie auch *gerichtlicher Trennung* sowie für die Zeit *nach Auflösung der Ehe* (Art. 133 Abs. 1, dort N 13 f.) hat der Richter die für Kinderbelange nötigen Anordnungen zu treffen, nämlich wer in welchem Umfange für den (Bar-)Unterhalt aufzukommen und wer für die Betreuung zu sorgen hat, soweit nicht eine auch die Unterhaltskosten umfassende genehmigungsfähige Vereinbarung der Eltern vorliegt (Art. 133 Abs. 3).

3   Entfallen Leistungen des einen Ehegatten oder kann dieser nur mehr weniger beitragen, so hat der andere den Ausfall zu decken (Art. 276 N 10; vgl. Art. 134 Abs. 3). Zur **Lastenverteilung unter den Eltern** s. Art. 285 N 14 ff., 20 f., zum *Verhältnis von leiblichen Eltern und Stiefeltern* u. N 6 ff.

II. Beistandspflicht des Stiefelternteils gegenüber seinem Ehegatten (Abs. 2)

1. Grundsatz

«Jeder Ehegatte hat dem andern in der Erfüllung der Unterhaltspflicht gegenüber vorehe-	**4**
lichen Kindern in angemessener Weise beizustehen» (Abs. 2). Dabei handelt es sich im
Grunde um eine ehe- bzw. partnerschaftstypische Bestimmung (vgl. Art. 27 Abs. 1
PartG), welche die **eheliche Beistandspflicht** des Stiefelternteils (Art. 159 Abs. 3) und
die **gemeinsame Unterhaltspflicht** auch in der Stieffamilie (Art. 163) konkretisiert, aber
nicht dem Stiefkind einen direkten Unterhaltsanspruch gegenüber dem Stiefelter
verschafft (HEGNAUER, FS Müller-Freienfels, 272, 274; STETTLER, SPR III/2, 312; BBl
1974 II 58; KGer FR SJZ 1985, 233; OGer SO SJZ 1988, 107).

Die Bestimmung bezieht sich nach ihrem Wortlaut nur auf **voreheliche** Kinder des an-	**5**
dern Ehegatten; der Unterhalt des **Ehebruchkindes** ist demgegenüber (ausschliesslich)
von dessen Eltern zu tragen. Indes wird dann – scheitert nicht die Ehe – die Beistandspflicht von Art. 159 eine Lösung in Anlehnung an Art. 278 Abs. 2 – ggf. unter Neuausrichtung der Aufgabenteilung bzw. Neufestsetzung der Beiträge nach Art. 163–165 –
faktisch gebieten (Überblick bei ZK-BRÄM, Art. 159 N 143 f.; HEGNAUER/BREITSCHMID,
N 15.24b), da die Leistungsfähigkeit des pflichtigen Gatten von der Lastenteilung in dessen Ehe abhängt (worüber denn auch bei der Beitragsfestsetzung Abklärungen zu treffen
sind: BGE 127 III 71 ff. E. 3). – Für *gemeinsame voreheliche* (oft *Konkubinats-*)*Kinder*
vgl. Art. 259 Abs. 1.

2. Verhältnis von Eltern- und Stiefelternpflicht

Die **Unterhaltspflicht der leiblichen Eltern gegenüber dem Kind geht** der *Beistands-*	**6**
pflicht des Stiefelters gegenüber seinem Gatten **vor** (BGE 120 II 287 f. E. 2b). Beistand
kann nur verlangt werden, wo Unterhalt nicht oder nicht ausreichend erhältlich und zudem Beistand dem Stiefelternteil nach Deckung eigener Unterhaltsverpflichtungen möglich ist (N 8), anderseits die Aufgaben in der (neuen) Ehe verhindern, dass der verheira-
te Elternteil (unter Berücksichtigung der ihm bzw. dem Kind vom andern zustehenden
*Unterhalts*leistungen) den Verpflichtungen gegenüber seinem vorehelichen Kind selbst
vollständig nachkommen kann. Mit der Heirat wird nicht eine unmittelbare wirtschaftliche Verantwortung für das voreheliche Kind des Partners übernommen, sondern nur die
Pflicht, diesen so zu stellen, wie wenn er nicht verheiratet wäre (BGE 78 III 124;
HEGNAUER, Kindesrecht, N 20.12); da die Leistungen des Stiefelternteils an seinen Gatten aber von der Lebensstellung der Stieffamilie abhängen, können sie dennoch höher
sein, als was der leibliche Elternteil aufgrund von Art. 285 Abs. 1 zu leisten hat
(HEGNAUER, FS Müller-Freienfels, 279/280; u. N 12 a.E.). Obwohl den Konkubinatpart-
ner keine Beistands- und Unterhaltspflicht trifft, darf dessen Einkommen dennoch berücksichtigt werden (BGE 129 I 1 E. 3.1). Für den **nicht-obhutsberechtigten leiblichen
Elternteil** soll demgegenüber die (neue) Heirat des andern im Prinzip *kostenneutral* sein:
Weder hat er Anspruch darauf, vom Stiefelternteil entlastet zu werden, noch darf ihn die
Heirat des andern leiblichen Elternteils wirtschaftlich belasten – insofern greift die Beistandspflicht –, doch können erhebliche und dauernde Veränderungen der Umstände ggf.
zu einem Abänderungsverfahren und Neuverlegung der beiderseitigen Unterhaltsbeiträge
führen (Art. 286, vgl. N 12 a.E.).

Da **Stiefelternschaft Vorstufe zu einer Stiefkindadoption** bilden und die sozial-	**7**
psychische Integration in der Stieffamilie (konkretisiert durch Art. 299, s. dort) zu
einer Entfremdung gegenüber dem aussenstehenden leiblichen Elternteil führen kann
(HEGNAUER, FS Müller-Freienfels, 281, 288; o. Art. 264a N 7 ff. sowie Art. 264 N 13;

zur Unentgeltlichkeit der Adoptionspflege: Art. 294 Abs. 2, dort N 6), ist Ausgewogenheit von stiefelterlicher Beistands- und elterlicher Unterhaltspflicht anzustreben. Art. 278 Abs. 2 signalisiert, dass das (Unterhalts-)Recht eine **Gesamtschau der faktischen Familiensituation** voraussetzt und *keine abstrakte Reduktion auf* eine auseinander gebrochene *«rechtliche Kernfamilie»* zulässt. **Regelmässig erbrachte Leistungen des Stiefelternteils mit Unterhaltscharakter** sind deshalb solange zu berücksichtigen, als sie tatsächlich fliessen; dies gilt selbstverständlich nicht, wo die Leistungen des Stiefelters lediglich zur Kompensation unzureichender Beiträge des primär unterhaltspflichtigen leiblichen Elternteils unentbehrlich sind (vgl. Art. 276 N 30 a.E.), wohl aber, wo sie im Interesse der Beziehung zum Stiefkind und als Ausfluss der sozialpsychischen stiefelterlichen Verantwortung erfolgen, was eine (zumindest vorübergehende) Entlastung des nicht obhutsberechtigten leiblichen Elternteils rechtfertigt (vgl. BREITSCHMID, AJP 1994, 837).

8   Beistand ist nur **zumutbar,** wo die Mittel des Stiefelternteils dies in Abwägung der allseitigen Bedürfnisse und Möglichkeiten erlauben (BGE 109 III 102; 66 I 170; HEGNAUER, Kindesrecht, N 20.12, 20.14; o. N 6). Die Beistandspflicht des Stiefelternteils wird im *Schuldbetreibungs-, Steuer- und Sozialversicherungsrecht* berücksichtigt (HEGNAUER, FS Müller-Freienfels, 285 ff.). BGE 2P.256/2004, 7.1.2005, hat allerdings mit sehr formalistischen Argumenten über das Wesen der Schwägerschaft jegliche erbschaftssteuerliche Privilegierung einer stiefmütterlichen Zuwendung an die ausserehliche Tochter des vorverstorbenen Ehemannes verweigert; dies verkennt die in den Erbschaftssteuer-Stufen enthaltene Berücksichtigung von patch-work- und Stieffamilien, und es wäre die Steuergesetzgebung gefordert.

3. Die Stiefkind-Situationen

9   Vgl. zum Folgenden detailliert HEGNAUER, Kindesrecht, N 20.09–20.14, sowie DERS., FS Müller-Freienfels, 276 ff. bzw. 282 ff.

a) Hausgemeinschaft des Kindes mit dem Stiefelternteil

10   Regelmässig gehört der Unterhalt des Stiefkindes zum gemeinsam zu erbringenden Unterhalt der Familie (Art. 163 Abs. 1). Beide Gatten leisten (i.d.R. unterschiedliche) Beiträge durch persönliche Betreuung, der leibliche Elternteil dadurch, dass er Unterhaltsbeiträge des andern leiblichen Elternteils einfordert (BGE 108 II 277; 111 III 20) bzw. die entsprechenden Behelfe (Art. 290–293) oder Surrogate (z.B. dem Kind aus Erbschaft oder Schadenersatz angefallenes Vermögen: Art. 318–320) einsetzt (HEGNAUER, FS Müller-Freienfels, 278) und das Empfangene an den Unterhalt der Familie beisteuert. Wo der *Stiefelternteil den Haushalt betreut,* leistet er i.d.R. seinen Beitrag und Beistand durch den höheren Anteil an der Betreuung des Stiefkindes bereits vollständig (BGE 120 II 290).

11   Der Stiefelternteil ist bei Hausgemeinschaft kraft Art. 299 seinem Gatten ausdrücklich zu **angemessenem Beistand in der Ausübung der elterlichen Sorge** verpflichtet. Zudem ist der Stiefelternteil Versorger i.S.v. Art. 45 Abs. 3 OR (HEGNAUER, FS Müller-Freienfels, 281).

b) Kind ausserhalb der Hausgemeinschaft des Stiefelternteils

12   Der leibliche Elternteil hat statt Betreuung Geldbeiträge zu entrichten (vgl. Art. 276 Abs. 2). Diese bleiben seine persönlichen Schulden (BGE 115 III 106 f.), sind aber bei der Berücksichtigung seiner wirtschaftlichen Leistungsfähigkeit im Rahmen von Art. 163

Abs. 2 gegenüber seinem Gatten zu berücksichtigen. Dessen Beistand als Stiefelternteil besteht alsdann in der Tragung eines entsprechend höheren Anteils an den Kosten des gemeinsamen Haushaltes (BGE 115 III 103, 106 E. 3b). Um der Kostenneutralität willen (N 6) soll nach h.L. der leibliche Elternteil (nur) so gestellt werden, wie er es ohne Ehe wäre (BGE 78 III 124; KGer FR SJZ 1985, 233; HEGNAUER, Kindesrecht, N 20.12; DERS., FS Müller-Freienfels, 283 f.). Bewirkt die Heirat aber eine wirtschaftliche Besserstellung des leiblichen Elternteils, da er Anspruch auf Beiträge seines Gatten hat (Art. 163–165), führt dies nicht zwangsläufig zu einer Anpassung seiner Leistungen an das Kind (bzw. zur Pflicht, nebst Betreuung und Pflege noch einen Anteil des Barunterhalts zu leisten), da diese eherechtlichen Beiträge dem Ehegatten kraft Eherecht und nicht etwa dem Stiefkind zustehen; vielmehr ist im Einzelfall zu prüfen, ob sich im Blick auf eine ausgewogene Belastung der leiblichen Eltern eine Neuverteilung der Lasten rechtfertigt (dazu insb. die tatsächlichen Hinweise in BGE 116 II 114 und BGE 120 II 288 und 290; zu letzterem Entscheid Bem. SCHETT, Subsidiäre Beistandspflicht des Stiefvaters und Bemessung des Unterhaltsbeitrags des leiblichen Vaters, ZBJV 1995, 34 ff.).

Art. 279

D. Klage	[1] **Das Kind kann gegen den Vater oder die Mutter oder gegen**
I. Klagerecht	**beide klagen auf Leistung des Unterhalts für die Zukunft und**
	für ein Jahr vor Klageerhebung.
	[2-3] …

D. Action	[1] L'enfant peut agir contre son père et sa mère, ou contre les deux ensemble,
I. Qualité pour agir	afin de leur réclamer l'entretien pour l'avenir et pour l'année qui précède
	l'ouverture de l'action.
	[2] et [3] …

D. Azione	[1] Il figlio può proporre azione contro il padre o la madre o contro ambedue
I. Diritto	per chiedere il mantenimento futuro e quello per l'anno precedente l'azione.
	[2] e [3] …

Literatur

Vgl. die Literaturhinweise zu den Vorbem. zu Art. 276–295, ferner insb.: ECKERT, Compétence et procédure au sujet de l'autorité parentale dans les causes matrimoniales, Diss. Lausanne 1990; GEISER, Zur Rückforderung von Unterhaltsbeiträgen, ZVW 2001 29 ff.; REUSSER, Die Geltendmachung des Unterhaltsanspruches des Scheidungskindes – eine unorthodoxe Meinung, in: FS Hegnauer» Zürich 1986, 395 ff.; SCHÄTZLE, Das Kind im Zivilprozess, Diss. Zürich 1982. Bez. der Gerichtsstandsfragen (aufgehobene Abs. 2 und 3) s. Art. 17 GestG und dazu die einschlägige Literatur, etwa BSK GestG-SIEHR/GRAHAM-SIEGENTHALER.

Regelt das Gesetz die **Klage** (Art. 279 ff.) **vor** dem **Vertrag** (Art. 287 f.), so ist doch **1**
Klage nur zu erheben, wenn kein (genehmigungsfähiger: Art. 287 Abs. 1, dort N 14 ff.; Mustersammlung Nr. 111.6 und 114.1, 114.4) **Vertrag zustande kommt** (Art. 287 N 1).

I. Klagerecht

1. Gegenstand der Klage im Allgemeinen

Die **klageweise Durchsetzung des Unterhaltsanspruchs** ist **für den Barbedarf** und die **2**
weiteren Kosten (ersatzweiser) persönlicher Betreuung möglich (Erziehung, Ausbildung

und Kindesschutz: Art. 276 Abs. 1). Wo die persönlich zu erbringenden manuellen und ideellen Leistungen (Art. 276 N 20 f.) ausbleiben, haben die säumigen Eltern für die zusätzlichen Aufwendungen aufzukommen (Art. 276 Abs. 1 a.E., dort N 22).

3 Die Klage geht i.d.R. auf *Festsetzung und Zahlung des Unterhaltsbeitrags* **(Leistungsklage),** während die blosse *Feststellungsklage* (wo nur die Unterhaltspflicht als solche bestritten wird: BK-HEGNAUER, aArt. 272 N 179) ihre praktische Bedeutung verloren hat.

4 Wo in einem **eherechtlichen Verfahren** über den Unterhalt des Kindes entschieden worden ist (vgl. die Übersicht über die verwandten Behelfe bei BK-HEGNAUER, N 65 ff.), steht die Klage von Art. 279 nicht mehr offen; diese ist insoweit *subsidiär* (u. N 12).

2. Zeitlicher Rahmen

a) Zeitlich auf ein Jahr beschränkte Rückwirkung

5 Unterhalt kann verlangt werden *«für die Zukunft und für ein Jahr vor Klageerhebung»* (Abs. 1; vgl. Art. 173 Abs. 3). Die das Verhältnis zwischen Eltern und Kind belastende Klageerhebung kann damit etwas aufgeschoben werden, um nicht eine gütliche Einigung zu verhindern (Botschaft, BBl 1974 II 58 f.; TUOR/SCHNYDER/SCHMID, 324 bei Anm. 74; BGE 127 III 503 E. 3b; 5C.99/2004, 7.6.2004, FamPra 2005, 172 ff.). Bei **Klageerhebung mehr als ein Jahr nach Geburt** bleibt aber der Beklagte von der Pflicht zur Erstattung der Beiträge für weiter zurückliegende Perioden *gegenüber dem Kind* befreit (da dieses nicht Zahlungen für Unterhalt verlangen kann, der – anderweitig – bereits gedeckt wurde: *«In praeteritum non vivitur»*), hat aber u.U. damit zu rechnen, aus ungerechtfertigter Bereicherung demjenigen Ersatz leisten zu müssen, der für diese frühere Periode den Barunterhalt erbracht hat (so im Fall der Ehelichkeitsanfechtung: BK-HEGNAUER, Art. 256 N 127, bzw. o. Art. 256 N 17; BGE 129 III 646), während nach irrtümlicher Anerkennung der Vertrauensschutz des erst später belangten Erzeugers zu bedenken ist, was für eine Beschränkung der Rückwirkung sprechen kann (so GEISER, ZVW 2001, 38 f.; Gleichsetzung mit der Ehelichkeitsanfechtung jedoch bei BK-HEGNAUER, Art. 277 N 18).

b) Leistungen für die Zukunft

6 Unterhalt ist geschuldet **mind. bis zur Mündigkeit** (Art. 277 Abs. 1) und wird – bei Gutheissung der Klage – regelmässig bis zu diesem Zeitpunkt festgesetzt (Mustersammlung, Nr. 113.1–113.3). **Ausnahmen bezüglich der Dauer des Unterhalts** (Art. 276 Abs. 3, 277 Abs. 2, 286 Abs. 1) sind möglichst bereits im Urteilszeitpunkt zu berücksichtigen, wo ein früherer oder späterer Termin aufgrund der bereits konkret absehbaren Gegebenheiten *wahrscheinlich* ist (vgl. zu Art. 133 Abs. 1 Satz 2: sachliche Rechtfertigung aufgrund der konkreten Umstände). Die zurückhaltende frühere Rechtsprechung (BGE 104 II 296 und ZR 1981 Nr. 103 E. 7, 8; klarer BGE 112 II 199) und die teils noch restriktivere Doktrin (insb. BK-BÜHLER/SPÜHLER, Art. 156 N 244 bzw. Ergänzungsbd., N 245) ist überholt (TUOR/SCHNYDER/RUMO-JUNGO, 189 m.Anm. 52; vgl. auch HEGNAUER, Kindesrecht, N 21.04; DERS., ZVW 1990, 50 f.; HINDERLING/STECK, 458 Anm. 6). **Frühere** bzw. *vorübergehende* (Art. 277 N 3) **Beendigung** bzw. (wohl häufiger) lediglich *Herabsetzung* kann vorgesehen werden, wo der Lebens- und Ausbildungsplan und dessen bisheriger Verlauf (Art. 277 N 8) absehen lassen, dass das Kind mit Abschluss der obligatorischen Schulzeit erwerbstätig und damit beitragspflichtig werden dürfte; **spätere** i.d.R. dort, wo eine längere Ausbildung vorgesehen ist. Sollte sich die *Prognose als unzutreffend* erweisen, kann – unabhängig davon, ob ein entsprechender Vorbehalt angebracht wurde – die **Abänderung** (Art. 286 N 11) verlangt werden. Diese ist aber auch möglich, wenn erst vor oder bei Eintritt der Mündigkeit die Fortdauer der Unterhaltspflicht absehbar wird bzw. der Ausbildungsplan überdacht werden muss (Art. 277 N 9).

3. Parteien

Kläger ist das **Kind,** welches aber – da die Unterhaltsklage im Regelfall bereits *im zeit-* 7
lichen Umfeld der Geburt bzw. bald danach zu erheben ist – regelmässig durch seinen **gesetzlichen Vertreter** (aufgrund von Art. 298 Abs. 2 i.d.R. die Mutter; Art. 304 Abs. 1 und 3) handeln wird, ggf. durch einen zur Durchsetzung der Unterhaltsansprüche bestellten *Beistand* (s. Art. 308 Abs. 2 bzw. Art. 309; HEGNAUER, Kindesrecht, N 27.20 und 27.27; Mustersammlung, Nr. 111.1 ff.). Der Urteilsfähige kann mit Zustimmung seines gesetzlichen Vertreters selbst klagen, ohnehin aber nach **Mündigkeit.** – Zur **Prozessstandschaft des Inhabers der elterlichen Sorge** s. BGE 84 II 244 f. sowie Art. 289 N 4, zur **Klagelegitimation des Gemeinwesens** Art. 289 Abs. 2.

Beklagte sind *Vater* – in aller Regel der ausserehelliche Erzeuger – *und/oder Mutter* (vgl. 8
Mustersammlung, Nr. 113.1 ff.) bzw. *(als einfache Streitgenossen)* Eltern, welche das Kind nicht in ihrer Obhut haben (Art. 276 Abs. 2, Art. 310–312) oder bei Geltendmachung von Mündigenunterhalt (Art. 277 Abs. 2). Voraussetzung ist in jedem Fall, dass zum Beklagten bereits ein *Kindesverhältnis besteht* oder gleichzeitig (Art. 280 Abs. 3) festgestellt werden soll.

II. Zuständigkeit im Allgemeinen (Art. 17 GestG)

1. Ausschliessliche gerichtliche Zuständigkeit

Zuständig ist (ausschliesslich) das **Gericht** (Art. 17 GestG Ingress; zum Verfahren 9
Art. 280 Abs. 1 und 2 sowie dort N 1 und 5), in *keinem Fall die Vormundschaftsbehörde* (entgegen dem verfehlten obiter dictum in BGE 110 II 8 E. 2b und der vereinzelten Auffassung bei BK-BÜHLER/SPÜHLER, Ergänzungsbd., Art. 156 N 238; vgl. die Nachweise bei HEGNAUER, Kindesrecht, N 21.05; ferner insb. SCHNYDER, ZBJV 1986, 91; STETT-LER, SPR III/2, 336; MESSMER/IMBODEN, Nr. 55 Anm. 13). Lediglich dort, wo *aussergerichtlich* (z.B. einvernehmlich durch Konkubinatspartner oder bei Vermittlung durch einen Beistand nach Art. 308 Abs. 2: Mustersammlung, Nr. 112.4 bzw. 111.2) eine *Vereinbarung* über die Unterhaltspflicht getroffen wurde (Art. 287), ist die Vormundschaftsbehörde zur Genehmigung zuständig (vgl. Mustersammlung, Nr. 114.1 u. 114.2 i.V.m. 111.6; BK-HEGNAUER, Art. 260 N 140–143).

2. Örtliche Zuständigkeit

Zuständig ist – *alternativ* – das Gericht **am Wohnsitz des Klägers oder des Beklagten** 10
(Art. 17 GestG Ingress; zum Wohnsitzbegriff sowie zur Bedeutung von Wohnsitzveränderungen BSK GestG-SIEHR/GRAHAM-SIEGENTHALER, Art. 16 N 23 f.). Es handelt sich um einen *abschliessenden* und *zwingenden* Gerichtsstand. Massgeblich ist (im Gegensatz zu den Statusklagen: aArt. 253 bzw. Art. 16 GestG; ausser bei Kombination der Klagen gem. Art. 280 Abs. 3; N 11) nicht auch der Wohnsitz im Zeitpunkt der Geburt, sondern nur jener einer Partei *im Zeitpunkt der Klageerhebung.* – Zu *internationalen Verhältnissen* s. Vorbem. zu Art. 276 ff. N 9, wobei das **subrogierende Gemeinwesen** (Art. 289 Abs. 2; dort N 10) mit dem Klagerecht sowohl innerstaatlich wie international auch das Gerichtsstandsprivileg erwirbt (IPRG-Kommentar-SIEHR, Art. 79 N 14, Art. 81 N 11).

III. Zuständigkeit im Rahmen eherechtlicher Verfahren oder bei Feststellung des Kindesverhältnisses

11   Wo in **eherechtlichen Verfahren** (Art. 137 bzw. 176 Abs. 3) der Unterhaltsbeitrag zu bestimmen ist, sowie bei **kombinierter Vaterschafts- und Unterhaltsklage** (Art. 280 Abs. 3: aArt. 253 bzw. Art. 16 GestG; Art. 261, dort N 3 f.), bleibt um der Einheitlichkeit der Beurteilung und der Prozessökonomie willen die Zuständigkeit des in jenen Verfahren urteilenden Richters vorbehalten (HEGNAUER, Kindesrecht, N 22.02 f.; STETTLER, SPR III/2, 345); es geht in jenen Fällen Art. 16 GestG vor (BSK GestG-SIEHR/GRAHAM-SIEGENTHALER, Art. 17 N 13).

12   Die **Zuständigkeit des Eheschutz-, Massnahme- oder Scheidungsrichters** ist die speziellere und geht Art. 279 vor (o. N 4); auch sie ist *ausschliesslich und zwingend* (auch für Abänderungen; ausdrücklich Art. 134 Abs. 4 bez. des Scheidungsverfahrens), ausser das *mündige Kind* verlange die Änderung eines über die Mündigkeit hinaus (N 6) festgelegten Unterhaltsbeitrages. Demgegenüber steht dem Kläger frei, ob er die Unterhalts- mit der Vaterschaftsklage verbinden wolle (Art. 280 Abs. 3), was indes aus prozessökonomischen Gründen die Regel ist.

13   Das **Verfahren** im eherechtlichen Konnex wird zwar durch die einschlägigen **eherechtlichen Grundsätze** bestimmt (diesbez. Art. 15 GestG), was heute indes weder bez. der *örtlichen Zuständigkeit* (vgl. Art. 15 GestG bzw. zu aArt. 135 Abs. 1 die Botschaft Revision Scheidungsrecht, Ziff. 234.2, 134) noch analog zu Art. 280 Abs. 1 und 2 bez. der *Untersuchungsmaxime* (Art. 139) sowie (bei Massnahme- und Eheschutzentscheiden) der Notwendigkeit eines *einfachen und raschen Verfahrens* Abweichungen mit sich bringt.

14   Das **Kind hat im eherechtlichen Verfahren** nur **beschränkte Parteistellung** (vgl. Art. 147 Abs. 2: FamKomm Scheidung/SCHWEIGHAUSER, Art. 146 N 8; anders im «reinen» Unterhaltsprozess: o. N 7), und es steht der Vormundschaftsbehörde (oder einem allfälligen Vormund oder Beistand) die Pflicht zur Wahrung seiner Interessen auch unter dem revidierten Scheidungsrecht weiterhin nur soweit zu, als das Gericht dies «aus wichtigen Gründen» anordnet (Art. 146 Abs. 1 a.E.); namentlich hat eine *Kindesvertretung in Unterhaltssachen keine Befugnisse* (SUTTER/FREIBURGHAUS, Art. 146/147 N 50). Dennoch ist – und sei es nur durch sorgfältige Handhabung der Untersuchungsmaxime – der durch die Revision des Scheidungsrechts (Botschaft Revision Scheidungsrecht, Ziff. 234.104; HINDERLING/STECK, 484 f.) geschaffene *Spielraum zur Wahrung der Kindesinteressen im Zweifel auszuschöpfen* (s. schon ZK-EGGER, aArt. 156 N 13); weshalb restriktive neuere Entscheide zur früheren Rechtslage (z.B. AppHof BE ZBJV 1994, 87, 91: keine Rechtsmittellegitimation der VormBehörde; krit. dazu HEGNAUER, «Der Anwalt des Kindes», ZVW 1994, 181 ff., 186) mit Bedacht zu würdigen sind: Urteilsfähiges Kind und namentlich ein Beistand können Anhaltspunkte geben, welche auch zur Klärung von Unterhaltsfragen von Bedeutung und – etwa zur Abwägung, ob Mündigenunterhalt bereits im eherechlichen Verfahren festzusetzen sei – unentbehrlich sind.

Art. 280

II. Verfahren	[1] **Die Kantone haben für Streitigkeiten über die Unterhaltspflicht ein einfaches und rasches Verfahren vorzusehen.** [2] **Das Gericht erforscht den Sachverhalt von Amtes wegen und würdigt die Beweise nach freier Überzeugung.** [3] **Die Unterhaltsklage kann mit der Vaterschaftsklage verbunden werden.**

II. Procédure	[1] Les cantons sont tenus de soumettre à une procédure simple et rapide les litiges relatifs à l'obligation d'entretien.

[2] Le juge examine d'office les faits et apprécie librement les preuves.

[3] La demande d'aliments peut être cumulée avec l'action en paternité.

II. Procedura	[1] I Cantoni prevedono una procedura semplice e rapida per le controversie inerenti all'obbligo di mantenimento.

[2] Il giudice esamina d'ufficio la fattispecie e valuta liberamente le prove.

[3] L'azione di mantenimento può essere combinata con quella di paternità.

Literatur

Vgl. die Literaturhinweise zu den Vorbem. zu Art. 276–295, ferner aus der prozessrechtlichen Literatur: BRÖNNIMANN, Verfassungsrechtliche Probleme des einfachen und raschen Verfahrens, ZSR 1989 I 351 ff.; DERS., Gedanken zur Untersuchungsmaxime, ZBJV 1990, 329 ff.; FRANK, Das «einfache und rasche Verfahren» und seine Abarten, SJZ 1988, 21 ff.

I. Prozessuale Charakteristika der Unterhaltsklage (Abs. 1)

Der laufende Unterhaltsbedarf erfordert, dass der Anspruch in einem **einfachen und** **1**
raschen Verfahren beurteilt wird (Abs. 1; BBl 1974 II 59; Art. 276 N 4). Es ist kantonalem Prozessrecht überlassen, wie diese bundesrechtliche Anforderung umgesetzt wird; häufigste (aber nicht von Bundesrechts wegen verbindliche) Lösungen sind etwa: Verzicht auf Sühnverfahren (im «Trend», aber vom Zweck der Regelung her fragwürdig) und Kautionen, verkürzte Fristen und besondere Regeln bei Säumnis, Mündlichkeit (insb. im Hinblick auf die Untersuchungsmaxime: u. N 5), Zuständigkeit von Einzelrichtern statt Kollegialbehörden, verkürzter Instanzenzug, aber auch bloss eine privilegierte Behandlung gegenüber «normalen» Verfahren (allgemein BRÖNNIMANN, ZSR 1989 I 362 ff.; VOGEL/SPÜHLER, ZPR, 12 N 86 ff.; s. für ZH: FRANK/STRÄULI/MESSMER, Kommentar zur Zürcherischen Zivilprozessordnung, 3. Aufl. Zürich 1997, § 203 ZPO, N 15 ff., ZPO ZH, § 53; BE: LEUCH/MARBACH/KELLERHALS/STERCHI, Die Zivilprozessordnung für den Kanton Bern, 5. Aufl. Bern 2000, vor Art. 144 ZPO BE und N 4 zu Art. 299 ZPO BE; BS/BL: STAEHELIN/SUTTER, § 17 Rz 7; LU: STUDER/RÜEGG/ EIHOLZER, Der Luzerner Zivilprozess, Luzern 1994, zu §§ 220 ff. ZPO LU; SG: Art. 59 Abs. 2 ZPO SG). Das **Beschleunigungsgebot** darf aber **nicht mit bloss summarischer Anspruchs- bzw. Glaubhaftigkeitsprüfung verwechselt** werden, wie sie einem Massnahmeverfahren (dazu Art. 281–284; Art. 281 N 4 f.) eigen ist: Immer muss eine **umfassende, abschliessende** (vorbehältlich N 3) **Anspruchsprüfung** gewährleistet sein (Abs. 2, u. N 5).

Die Vereinfachungen sind bundesrechtlich *nur bei der separaten Unterhaltsklage,* nicht **2**
aber ohne weiteres bei der (häufigeren und prozessökonomischen: Art. 281 N 1) **Kombination mit der Vaterschaftsklage** geboten, wo Art. 254 lediglich die Offizial- bzw. Untersuchungsmaxime statuiert (Art. 254 N 2 ff.); immerhin sind kantonalrechtliche Beschleunigungsgebote nicht ausgeschlossen.

Die **Rechtskraft** des Unterhaltsentscheids ist **wegen der Abänderbarkeit** (Art. 286) **3**
insofern **beschränkt,** als sie nur mit Bezug auf die Verhältnisse im Zeitpunkt des ursprünglichen Entscheids wirkt; die einem Entscheid über zukünftige Ansprüche immanente *Prognose* muss demgegenüber *korrekturfähig* sein (HABSCHEID, Rz 516).

Während die **Genehmigung einer Unterhaltsvereinbarung** gemäss Art. 287 Abs. 1 der **4**
freiwilligen Gerichtsbarkeit zuzuordnen und damit nicht berufungsfähig ist (MESSMER/

IMBODEN, 74 Nr. 55; Art. 287 N 10), kann ein letztinstanzlicher kantonaler Entscheid über eine **Unterhaltsklage** mit **Beschwerde in Zivilsachen** an das **BGer** gezogen werden, wenn der **Streitwert** wenigstens Fr. 30 000.– beträgt oder wenn es sich um eine Ausnahme gem. Art. 74 Abs. 2 BGG handelt (Art. 72 BGG; BGE 116 II 494 f.); massgeblich (z.b. beim Streit um einen Differenzbetrag oder die Indexierung) ist der mutmassliche Kapitalwert bis zur Mündigkeit, bei Mündigenunterhalt die voraussichtliche (zusätzliche) Ausbildungsdauer. Der Streitwert muss auch dann erreicht sein, wenn nebst dem Unterhaltsbeitrag nicht-vermögensrechtliche Fragen (z.b. Kinderzuteilung) streitig sind (BGE 116 II 495).

II. Untersuchungs- bzw. Offizialmaxime (Abs. 2)

5　Während es i.d.R. den Parteien obliegt, dem Gericht die massgeblichen Tatsachen darzulegen *(Dispositionsmaxime),* erfordert die besondere Bedeutung gewisser Ansprüche, dass der Richter den **Sachverhalt von Amtes wegen erforscht (Untersuchungsmaxime);** dennoch haben die Parteien bei der Sammlung des Prozessstoffes mitzuwirken: «Dem Gericht steht kein eigener Erkennungsdienst zur Verfügung» (GULDENER, ZPR, 169; BRÖNNIMANN, ZBJV 1990, 341 f.), weshalb die Parteien das Tatsachenmaterial (z.B. Angaben über ihre wirtschaftlichen Verhältnisse) dem Gericht zu unterbreiten und die Beweismittel zu bezeichnen haben (BGE 128 III 411 E. 3.2.1). Die Abklärungen müssen sich jedoch nicht nur auf das Kind beziehen. Zudem gilt die Untersuchungsmaxime auch zu Gunsten des Unterhaltspflichtigen (BGE 128 III 411 ff.). Lediglich hat das Gericht – aufgrund der **Offizialmaxime** unabhängig von den von ihm gemachten Angaben und den gestellten Anträgen – den wirklichen Sachverhalt und den Wahrheitsgehalt der Vorbringen selbst dort, wo sie von der Gegenpartei zugestanden wurden, zu **erforschen** und die **Beweise frei zu würdigen** (zum Ganzen GULDENER, ZPR, 168 ff.). Die **Parteianträge sind nicht bindend** (BGE 118 II 94; 130 III 734 E. 2.2.3; 5C.53/2005, 31.5.2005, FamPra 2005, 969 ff.); *anders* aber im Prozess des *mündigen* Kindes (BGE 118 II 95, dazu Art. 277 N 22). Die Parteianträge sind nicht nur im Urteilsfall frei zu prüfen, sondern es ist auch die **Angemessenheit eines Vergleichs** – nämlich ein im *gerichtlichen Verfahren geschlossener Unterhaltsvertrag* – richterlich zu würdigen (Art. 287 Abs. 3, dort N 14 und 16; HEGNAUER, Kindesrecht, N 21.20) und ggf. der Unterhaltsbeitrag vom Richter abweichend festzusetzen (a.a.O., N 21.21; einschränkend aber der in Art. 287 N 16 erwähnte BGE). In jedem Fall ist der Entscheid soweit zu **begründen,** dass die Bemessungsgrundlagen im Blick auf allfällige Abänderungen (Art. 286 N 13; Art. 287 N 15) ersichtlich sind (vgl. Art. 143).

6　Die Untersuchungsmaxime führt dazu, dass **neue Umstände** Berücksichtigung finden müssen, weshalb **Klageänderungen und Widerklage** – nach Massgabe der kantonalen Prozessordnung (die immerhin die Eigenart des Unterhaltsprozesses [N 1 und N 5] zu beachten hat) – regelmässig in weitem Umfange zugelassen sind (z.B. § 200 ZPO ZH). Nach einem unveröff. BGE v. 20.9.1995 (E. 1b, unter Hinweis auf MESSMER/IMBODEN, 64 mit Anm. 11 und 152 mit Anm. 14), sind auch im bundesgerichtlichen Verfahren (abweichend von Art. 99 BGG) *neue Begehren* – im Gegensatz zu *neuen tatsächlichen Behauptungen und Beweismitteln* (BGE 120 II 231; VOGEL, ZBJV 1996, 139) – nicht generell ausgeschlossen, weshalb das BGer auf eine Berufung eingetreten ist, obwohl teilweise höhere Beiträge als im kantonalen Verfahren gefordert wurden, da wegen des Kindeswohls die Unterhaltsbeiträge der freien Verfügung der Parteien entzogen seien.

7　Die **Untersuchungsmaxime ist bezüglich Unterhaltssachen im Interesse des Kindes** statuiert, weshalb bei Säumnis des Beklagten diesen die Folgen treffen (GULDENER, ZPR, 272); dennoch sind bei Säumnis oder unbeholfener Prozessführung dessen wirtschaftliche Verhältnisse mit der faktisch möglichen Genauigkeit abzuklären – da die Offizialmaxime grundsätzlich auch für den Unterhalts*pflichtigen* gilt (BGE 118 II 93; 128 III 411) –, um zu vermeiden, dass der Beklagte sich oder die Alimentenbevorschussung mit übermässigen Pflichten belastet (STAEHELIN/SUTTER, § 11 Rz 30; HEGNAUER, Kindesrecht, N 21.05 a.E. m.Nw.; Art. 293 N 5, ferner Art. 254 N 5); immerhin hat aber der Beklagte veränderte finanzielle Verhältnisse zumindest zu behaupten (vgl. OGer BE ZBJV 2000, 814).

III. Kombination von Vaterschafts- und Unterhaltsklage (Abs. 3)

Vgl. o. N 2, Art. 281 N 1 und Mustersammlung, Nr. 113.1 f. – Zur **Vaterschaftsklage** s. 8 im Übrigen zu Art. 261.

Art. 281

III. Vorsorgliche Massregeln **1. Im Allgemeinen**	**¹ Ist die Klage eingereicht, so trifft das Gericht auf Begehren des Klägers für die Dauer des Prozesses die nötigen vorsorglichen Massregeln.** **² Steht das Kindesverhältnis fest, so kann der Beklagte verpflichtet werden, angemessene Beiträge zu hinterlegen oder vorläufig zu zahlen.** **³ Die Hinterlegung erfolgt durch Zahlung an eine vom Gericht bezeichnete Kasse.**
III. Mesure provisoires 1. En général	¹ Une fois l'action introduite, le juge prend, à la requête du demandeur, les mesures provisoires nécessaires pour la durée du procès. ² Si la filiation est établie, le défendeur peut être tenu de consigner ou d'avancer des contributions équitables. ³ La consignation s'opère par versement à un établissement financier désigné par le juge.
III. Misure provvisionali 1. In genere	¹ Proposta l'azione, il giudice, ad istanza dell'attore, ordina le opportune misure provvisionali per la durata della causa. ² Se la filiazione è stabilita, il convenuto può essere obbligato a depositare o pagare provvisoriamente adeguati contributi. ³ Il deposito avviene mediante versamento a un istituto finanziario designato dal giudice.

Literatur

Vgl. die Literaturhinweise zu den Vorbem. zu Art. 276–295, ferner zu Art. 145 und insb.: FRICKER, Die vorsorglichen Massnahmen im Vaterschaftsprozess nach Art. 282–284 ZGB, Diss. Freiburg i.Ü. 1978; GILLIOZ, Compétences des autorités judiciaires valaisannes et procédure civile pour l'application du nouveau droit de filiation, ZWR 1978, 406 ff.; GLOOR, Vorsorgliche Massnahmen im Spannungsfeld von Bundesrecht und kantonalem Zivilprozessrecht, Diss. Zürich 1982; HEGNAUER, Wann beginnt die Pflicht des ausserehelichen Vaters zur Hinterlegung und vorläufigen Zahlung …, ZöF 1976, 122 ff.; HESS, Vorsorgliche Massnahmen im Vaterschaftsprozess, ZöF 1975, 177 ff.; HOHL, L'exécution anticipée «provisoire» des droits privés, AJP 1992, 576 ff.; DIES., La réalisation du droit et les procédures rapides, Freiburg i.Ü. 1994; JAMETTI GREINER, Der vorsorgliche Rechtsschutz im internationalen Verhältnis, ZBJV 1994, 649 ff.; PELET, Mesures provisionnelles: droit fédéral ou droit cantonal?, Diss. Lausanne 1987; STACH, Vorsorgliche Massnahmen nach Bundesrecht und st. gallischem Zivilprozessrecht, Diss. St. Gallen 1991; VOGEL, Probleme des vorsorglichen Rechtsschutzes, SJZ 1980, 89 ff.

I. Vorsorgliche Massnahmen im Allgemeinen (Abs. 1)

1. Funktion, Arten und Bedeutung im Unterhaltsprozess

1   Unterhalt muss bereits während hängigem (Vaterschafts- und/oder Unterhalts-)Verfahren erbracht werden, und zwar – solange ein Kindesverhältnis zum Erzeuger noch nicht hergestellt ist – ausschliesslich von der Mutter (Art. 276 N 10). Wo der Anspruch hinreichend glaubhaft (N 5; Art. 282/283 N 2) ist, rechtfertigen sich mit Blick auf die einseitige Belastung der Mutter durch Barunterhalt *und* persönliche Betreuung **vorsorgliche Massnahmen** für die Dauer des Unterhaltsprozesses. Solche setzen neben Hängigkeit der (Unterhalts-)Klage ein **entsprechendes Begehren des Klägers** voraus (Abs. 1). Wo *ausschliesslich auf Vaterschaft geklagt* wird, stehen die der *Unterhalts*klage (Art. 279 ff.) eigenen Behelfe der Art. 281 ff. nicht zu Gebot (FRICKER, 96), was den *Vorteil der kombinierten Klage* (Art. 280 Abs. 3, dort N 2 und 8) unterstreicht.

2   Die Massnahmen können in **vorläufiger Zahlung** (alternativ in Abs. 2; Art. 283) oder auch nur in **Hinterlegung** bestehen (Abs. 2 bzw. Art. 282). Während bei *vorläufiger Zahlung* der **laufende Unterhalt** effektiv geleistet wird (mithin der Ausnahmefall einer Leistungsmassnahme vorliegt: VOGEL, SJZ 1980, 90), was erhöhte Anforderungen an die Glaubhaftigkeit stellt (Feststehen bzw. Vermutung der Vaterschaft: Abs. 2 bzw. Art. 283), soll die *Hinterlegung* lediglich – gewissermassen in Form eines «*Zwangssparens*» – Gewähr bieten, dass der **dereinstige Vollzug** des Unterhaltsurteils gesichert ist (sog. Sicherungsmassnahme). Ausnahmsweise – wo im Rahmen einer Klage auf **Mündigenunterhalt** (u. N 11) die Fortführung der während Unmündigkeit geltenden Regelung beantragt wird – liegt (analog Art. 145) eine *Regelungsmassnahme* vor, welche das Rechtsverhältnis für die Dauer des Streites gestaltet.

3   Die Alimentenbevorschussung (Art. 293 Abs. 2) liess die **praktische Bedeutung der Unterscheidung von vorläufiger Zahlung und Hinterlegung** in den Hintergrund treten (STETTLER, SPR III/2, 343; TUOR/SCHNYDER/RUMO-JUNGO, 324 Anm. 72): Regelmässig wird heute weit überwiegend nur auf Hinterlegung geklagt – was einen hinreichenden Titel zur Alimentenbevorschussung (bzw. sog. «*Überbrückungshilfe*» für die Dauer des Vaterschaftsverfahrens: u. N 7; Art. 293 N 5) verschafft –, weshalb blosse *Glaubhaftmachung* der Vaterschaft (Art. 282) genügt und nicht deren *Wahrscheinlichkeit* (Art. 283 i.V.m. Art. 262) dargetan werden muss (s. Art. 282/283 N 2 und 6). Anderseits führen die neuen Methoden im Abstammungsprozess (Art. 254 N 6 ff., insb. N 17) zu rascherem Ergebnis, weshalb bald die Voraussetzungen zu vorläufiger Zahlung vorliegen. – Vgl. zur *Evaluation der Behelfe* und zur *Formulierung des Rechtsbegehrens* Mustersammlung, Nr. 113.4.

2. Voraussetzungen im Allgemeinen

4   Voraussetzung für den Erlass einer vorsorglichen Massnahme ist, dass dem Gesuchsteller ein **nicht leicht wieder gut zu machender Nachteil droht.** Wo sich nicht das Kind oder der Sorgeinhaber ausnahmsweise in besonders günstigen (und zudem im Vergleich mit dem Beklagten weitaus besseren) wirtschaftlichen Verhältnissen befindet und deshalb auf Unterstützung für den laufenden Bedarf kaum angewiesen ist, ist ein solcher *qualifizierter Nachteil mit Rücksicht auf die Natur des Unterhaltsanspruchs regelmässig zu bejahen* (PELET, 144). Dass bei ausbleibenden Leistungen des mutmasslichen Erzeugers für den

Unterhalt ein Dritter (etwa der andere Elternteil, die Eltern der Kindsmutter mit freiwilligen Leistungen oder die staatliche Sozialhilfe) aufkommen muss, steht der Anordnung vorsorglicher Massnahmen nicht entgegen (BGE 117 II 131 E. 4), da die *Unterhaltspflicht unbedingt* ist (Art. 276 N 2).

Zudem muss im Rahmen der sog. **«Hauptsacheprognose»** (allgemein VOGEL, 12 N 211;   5
STACH, 126 ff.) das Hauptbegehren begründet scheinen – mithin ein Unterhaltsanspruch des Klägers gegenüber dem Beklagten sowohl bezüglich der **Unterhaltspflicht an sich** (Abstammung: insb. zeitliche Möglichkeit der Konzeption aufgrund des behaupteten Zeitpunkts der Beiwohnung) wie auch **der Höhe des Unterhalts** (wirtschaftliche Gegebenheiten) **glaubhaft** gemacht sein (N 12). Der Richter ist auch im Massnahmeverfahren an die **Untersuchungsmaxime** (Art. 280 N 5 ff.) gebunden, ohne hier aber über die Parteianträge hinausgehen zu dürfen (PELET, 148 f. m.Nw.; **a.M.** FRICKER, 195). Das Erfordernis der Begründetheit widerspricht weder der Untersuchungsmaxime noch dem Verbot des überspitzten Formalismus i.S.v. Art. 29 Abs. 1 BV (BGE 5P.184/2005, 18.7.2005, E. 2.1).

3. Inhalt des Anspruchs

Das Gericht hat die **nötigen Massnahmen** zu treffen (Abs. 1; vgl. zu Art. 137), weshalb   6
es – im Rahmen der Parteianträge (N 5 a.E.) – die zweckmässigen und verhältnismässigen Behelfe evaluieren muss. Ob **Hinterlegung oder vorläufige Zahlung:** Immer bildet der den Verhältnissen entsprechende laufende **(Bar-)Unterhaltsbedarf** die Grundlage (vgl. Art. 276 N 20 ff.; zur Bemessung im *Massnahmeverfahren* u. N 7), wobei allfällige Sonderbedürfnisse zwar zu erwägen, in Anbetracht der bloss vorläufigen Regelung aber nur mit Zurückhaltung zu berücksichtigen sind. Einen separaten Anspruch auf **Prozesskostenvorschuss** hat das OGer SO für den Mündigenunterhaltsprozess wohl i.E. zu Recht verneint (SJZ 1990, 267 Nr. 56; Art. 276 N 22 a.E.), doch bleibt entgegen der Begründung zu beachten, dass auch in einem Massnahmeverfahren namentlich bei vorläufiger Zahlung durchaus auch für **einmalige Bedürfnisse** (z.B. nicht kassenpflichtige zahnärztliche Behandlung) Beiträge zugesprochen werden können; Voraussetzung zur Pflicht eines Prozesskostenvorschusses ist jedenfalls, *dass* ein Unterhaltsanspruch *überhaupt* besteht (BGE 117 II 132 E. 6).

Für die **Bemessung der Hinterlegungsleistungen** bzw. des **Betrags der vorläufigen**   7
Zahlung sind – analog Art. 285 – die Bedürfnisse des Kindes und die Lebensstellung und Leistungsfähigkeit der *Eltern* massgeblich: Diese sind nach Massgabe ihrer Leistungsfähigkeit – die angemessen auszuschöpfen ist (Art. 276 N 25) – *gleich zu belasten*. Dem summarischen Charakter des Massnahmeverfahrens entsprechend sind aber die finanziellen Verhältnisse der Beteiligten nicht umfassend zu ermitteln (ZR 1978 Nr. 130); da regelmässig die Mutter das Kleinkind in der ersten Lebensphase weitgehend persönlich betreut, hat der Beklagte den Barbedarf im Rahmen seiner vermuteten Leistungsfähigkeit zu tragen (Art. 276 Abs. 1 und 2). Die kantonalen Regeln über die **Alimentenbevorschussung** (Art. 293 Abs. 2) sehen oft bereits für die Dauer des Unterhaltsprozesses sog. *Überbrückungshilfen* vor, z.T. unabhängig davon, ob der Beklagte bereits aufgrund eines gerichtlichen Entscheids zu vorläufiger Zahlung oder Hinterlegung verpflichtet wurde (z.B. ZH: VO zum Jugendhilfegesetz, LS 852.11, §§ 43 ff.); da diese Überbrückungshilfe i.d.R. limitiert ist (in ZH gegenwärtig mtl. Fr. 520.–: § 45 der VO; dies bei einem maximal bevorschussten Betrag in ZH von mtl. Fr. 650.–: § 26 der erw. VO), rechtfertigen sich – ausser bei günstigen wirtschaftlichen Verhältnissen des Beklagten – keine Abklärungen, ob ihm diese Limite übersteigende Beiträge im Massnahmeverfahren zumutbar seien; anderseits ist davon auszugehen, der Barbedarf des Kindes erfordere

Beiträge in dieser Grössenordnung, weshalb dem Beklagten der glaubhafte Nachweis obliegt, dass er Leistungen in dieser Höhe nicht zu erbringen vermöge; auch im Massnahmeverfahren muss aber vermieden werden, dass nur im Blick auf höhere Bevorschussungsleistungen übersetzte Beiträge festgelegt werden (dazu Art. 280 N 7; Art. 293 N 5). Bei **ausländischen Beteiligten** ist zu beachten, dass sich der Bedarf eines in der Schweiz lebenden Kindes nach hiesigen Verhältnissen bemisst (Art. 83 Abs. 1 IPRG i.V.m. Art. 4 UStÜ: Vorbem. zu Art. 276–295 N 10; Art. 285 N 25 f.).

8   **Massnahmen** werden für die **Dauer des Prozesses** getroffen (Abs. 1) und wirken i.d.R. **ab Stellung des Gesuchs** (vgl. zu Art. 137), doch können Unterhaltsleistungen mit Blick auf Art. 279 Abs. 1 (bzw. Art. 137 Abs. 2 Satz 4 und Art. 173 Abs. 3) **auch noch für ein Jahr vor Stellung des Gesuchs** gefordert werden. Bei den kindesunterhaltsrechtlichen Massnahmen unterschied die h.L. allerdings bez. einer allfälligen Rückwirkung zwischen Hinterlegung (Art. 282) und vorläufiger Zahlung (Art. 283): Nur Art. 282 sehe rückwirkende Anordnung vor (HEGNAUER, ZöF 1976, 123 f.; FRICKER, 116 f. bzw. 147; STACH, 49; PELET, 145; **a.M.** HESS, ZöF 1975, 180 f.; ebenso nun BK-HEGNAUER, Art. 281–283 N 23, DERS., Kindesrecht, N 21.12). Es ist dieser heute wohl überwiegenden zweiten Meinung insofern der Vorzug zu geben, als die allgemeine und zugleich für Unterhaltsbelange spezifische Regel von Art. 279 Abs. 1 auch im Massnahmeverfahren massgeblich ist – und zwar auch im Interesse des Schuldners, der bei Gutheissung der Klage zu Leistungen im zeitlichen Rahmen von Art. 279 verpflichtet wird und sich darauf einzustellen hat; es überzeugt nicht, dass bei vorläufiger Zahlung (wo mithin höhere Glaubhaftigkeit vorliegt) ein zeitlich beschränkterer Rechtsschutz besteht: Es muss in *beiden* Fällen – nebst der unterschiedlichen Behandlung der laufenden Unterhaltsbedürfnisse – die *künftige Vollstreckung der gesamten Unterhaltsforderung gesichert* sein und deshalb bei Anordnung vorläufiger Zahlung i.S.v. Art. 281 Abs. 2 bzw. Art. 283 für zurückliegende Perioden immerhin die Hinterlegung vorgesehen werden.

9   Vorsorgliche Massnahmen sind als prozessleitende Anordnungen **abänderbar** (z.B. § 110 Abs. 3 i.V.m. § 229 ZPO ZH) und damit auf Antrag einer Prozesspartei analog Art. 286 Abs. 2 dauerhaft und erheblich veränderten Verhältnissen anzupassen. Die Pflicht zu vorsorglichen Leistungen entfällt, sobald sich im Verfahrensverlauf der Ausschluss der Vaterschaft ergibt.

II. Vorgehen bei feststehendem Kindesverhältnis (Abs. 2)

10   **Steht das Kindesverhältnis fest** (Abs. 2), so rechtfertigt dies ohne weiteres die Verpflichtung des Beklagten zur **Leistung von Unterhalt schon während der Dauer des Verfahrens.** Es betrifft dies Fälle, wo die Unterhalts- *nicht* mit der Vaterschaftsklage i.S.v. Art. 280 Abs. 3 verbunden worden war, insb. aber auch, wo *Kinderunterhaltsbelange in eherechtlichen Massnahmeverfahren* zu regeln (Art. 137; FRICKER, 90; PELET, 140) oder *abzuändern* (Art. 286) sind, ferner bei der *Klage der Mutter* nach Art. 295 und bei der *Unterstützungsklage* gem. Art. 328 (Art. 329 Abs. 3).

11   Art. 281 Abs. 2 ist insb. auch für den **Mündigenunterhaltsprozess** anwendbar (BGE 117 II 127). Bereits im Massnahmeverfahren ist zu prüfen, ob die Voraussetzungen von Art. 277 Abs. 2 vorliegen, wobei allerdings Glaubhaftmachung (N 4) genügt (a.a.O., 130 E. 3c).

12   Ob **Zahlung oder Hinterlegung** angeordnet wird, richtet sich nach dem klägerischen Antrag (lautet dieser nur auf Hinterlegung, kann nicht Zahlung angeordnet werden: N 5 a.E.) und der richterlichen Würdigung der Umstände (N 6 am Anfang; BGE 117 II 130 E. 3c). Zahlung und Hinterlegung können **kombiniert** werden (HEGNAUER, Kindesrecht, N 21.09; N 8 a.E.). Wo die dereinstige Vollstreckung gewährleistet ist und lediglich

um einen Differenzbetrag gestritten wird, mag Hinterlegung genügen, wenn der unbestrittene Sockelbeitrag bezahlt wird. Die **Glaubhaftigkeitsprüfung** des klägerischen Begehrens beschränkt sich bei dieser Situation auf die *wirtschaftlichen Verhältnisse* der Beteiligten.

III. Modalitäten der Hinterlegung (Abs. 3)

Die Hinterlegungsstelle wird durch den Richter bestimmt; wo keine kantonalen Richtlinien bestehen zweckmässigerweise in Anlehnung an Art. 9 SchKG die im jeweiligen EGSchKG bezeichnete Depositenstelle (i.d.R. die Kantonalbank). Dort wird auf richterliche Anordnung **ein auf den Namen des Beklagten lautendes Sparheft** (bzw. -konto) eröffnet, ggf. dort deponiert und bis zu rechtskräftiger Erledigung des (Haupt-)-Verfahrens (Art. 284) **gesperrt.** Der Beklagte hat monatlich im Voraus den festgelegten Betrag auf dieses Heft einzuzahlen; die Bank ist anzuweisen, dem Kläger die Nummer des Hefts anzugeben und ihm bzw. seinem gesetzlichen Vertreter jede Zahlung des Beklagten anzuzeigen.

13

Art. 282

2. Vor der Feststellung der Vaterschaft **a. Hinterlegung**	**Ist die Unterhaltsklage zusammen mit der Vaterschaftsklage eingereicht worden und die Vaterschaft glaubhaft gemacht, so hat der Beklagte auf Begehren des Klägers schon vor dem Urteil die Entbindungskosten und angemessene Beiträge an den Unterhalt von Mutter und Kind zu hinterlegen.**
2. Avant la constatation de la paternité a. Consignation	Lorsque la demande d'aliments est introduite avec l'action en paternité et que la paternité du défendeur est rendue vraisemblable, celui-ci doit, sur requête du demandeur, même avant le jugement, consigner les frais d'accouchement et des contributions équitables pour l'entretien de la mère et de l'enfant.
2. Prima dell'accertamento della paternità a. Deposito	Se l'azione di mantenimento è proposta con quella di paternità e la paternità è resa verosimile, il convenuto, ad istanza dell'attore, deve depositare, già prima della sentenza, la somma per le spese del parto e adeguati contributi per il mantenimento della madre e del figlio.

Art. 283

b. Vorläufige Zahlung	**Ist die Vaterschaft zu vermuten und wird die Vermutung durch die ohne Verzug verfügbaren Beweismittel nicht zerstört, so hat der Beklagte auf Begehren des Klägers schon vor dem Urteil angemessene Beiträge an den Unterhalt des Kindes zu zahlen.**
b. Paiement provisoire	Lorsque la paternité est présumée et le reste après l'administration des preuves immédiatement disponibles, le défendeur doit, sur requête du demandeur, même avant le jugement, contribuer d'une manière équitable à l'entretien de l'enfant.
b. Pagamento provvisorio	Quando la paternità sia presunta e la presunzione non possa essere infirmata da prove rapidamente esperibili, il convenuto, ad istanza dell'attore, deve già prima della sentenza pagare adeguati contributi per il mantenimento del figlio.

Literatur

Vgl. die Literaturhinweise zu Art. 281.

I. Allgemeines

1   Ist das **Kindesverhältnis** – im Gegensatz zu Art. 281 Abs. 2 (dort N 10 ff.) – **noch nicht festgestellt** (d.h. die Vaterschafts- mit der Unterhaltsklage verbunden worden: Art. 280 Abs. 3), so ist die **Grundlage der Unterhaltspflicht noch in der Schwebe.** Dabei unterscheidet das Gesetz in den Art. 282 f. nach der Überzeugungskraft, mit der klägerischerseits die Abstammung dargetan wird, wobei die praktische Bedeutung der Unterscheidung gering ist (Art. 281 N 3).

II. Hinterlegung bei Glaubhaftmachung (Art. 282)

1. Glaubhaftmachung

2   **Glaubhaftmachung der Vaterschaft ist weniger als Vermutung:** während die Vaterschafts*vermutung* gemäss Art. 262 auf die *nachgewiesene bzw. zugegebene Beiwohnung* abstellt, braucht eine solche zur Glaubhaftmachung i.S.v. Art. 282 nicht nachgewiesen zu werden, sondern es sind lediglich Anhaltspunkte darzutun, welche die Beiwohnung *wahrscheinlich* scheinen lassen (z.B. Zusammenwohnen, eine gewisse Bekanntschaftsdauer mit gemeinsamen Ferien, aber auch bloss regelmässige gemeinsame Freizeitaktivitäten, ggf. selbst triftige Anhaltspunkte für Beiwohnung bei kurzfristigem/einmaligem Kontakt), wo die Beiwohnung als solche bestritten wird. Abzustellen ist ausschliesslich auf die in einem summarischen Verfahren verfügbaren Beweismittel (HEGNAUER, Kindesrecht, N 21.11, unter Hinweis auf ZR 1978 Nr. 130 = SJZ 1980, 139; Art. 281 N 7), weshalb keine Gutachten einzuholen sind.

3   Werden Umstände dargetan, die mit einer Konzeption ernstlich rechnen lassen (Art. 281 N 5), ist unerheblich, wenn **auch die Vaterschaft eines Dritten glaubhaft** scheint (selbst dort, wo Dirnentätigkeit der Mutter eingewendet wird: BGE 109 II 201; 117 II 374) – es soll das Massnahmeverfahren von Vorwürfen über den Lebenswandel der Kindesmutter entlastet werden, wo nur glaubhaft ist, dass (auch) der Beklagte mit ihr verkehrt hat. Indes rechtfertigt sich, bei dieser Konstellation Klagen gegen mehrere mögliche Väter zu führen (HEGNAUER, Kindesrecht, N 9.18), die ihrerseits alle zur Hinterlegung verpflichtet werden können.

2. Inhalt der Anordnung

4   Vgl. Art. 281 N 6 ff. zum **Inhalt des Anspruchs** bzw. dort N 13 zu den **Modalitäten.**

5   Da bei Glaubhaftmachung die **Unterhaltspflicht** des Beklagten aus Art. 276 **noch nicht zwingend feststeht,** rechtfertigt sich eine gewisse Zurückhaltung: *Zahlung* würde für den Beklagten das Risiko bergen, nach Feststellung seiner allfälligen Nicht-Vaterschaft die verbrauchten Unterhaltsleistungen nicht mehr zurückerstattet zu erhalten. Es wird deshalb in der Praxis bei Anordnung der Hinterlegung nur in Extremfällen **in sein Existenzminimum eingegriffen** (Art. 276 N 6), da dem Berechtigten daraus kein unmittelbarer Nutzen zufliesst; die Glaubhaftmachung rechtfertigt aber doch Druck auf den Beklagten, sich auf die ihm wahrscheinlich obliegende Unterhaltspflicht einzustellen.

III. Vorläufige Zahlung bei Vermutung der Vaterschaft (Art. 283)

6   **Ist die Vaterschaft nicht nur glaubhaft (o. N 2), sondern i.S.v. Art. 262 zu vermuten – also die Beiwohnung nachgewiesen bzw. zugestanden –,** so rechtfertigt sich auf klä-

gerischen Antrag statt blosser Hinterlegung die **vorläufige Zahlung.** – Zum **Umfang der Leistungen** im Massnahmestadium s. Art. 281 N 7 und soeben N 5. – Die praktische Bedeutung vorläufiger Zahlungen ist nur mehr gering (Art. 281 N 3).

Art. 284

3. Zuständigkeit	**Über die Hinterlegung, die vorläufige Zahlung, die Auszahlung hinterlegter Beiträge und die Rückerstattung vorläufiger Zahlungen entscheidet das für die Beurteilung der Klage zuständige Gericht.**
3. For	Le juge compétent pour connaître de l'action statue sur la consignation, les paiements provisoires, le versement des montants consignés et le remboursement des paiements provisoires.
3. Competenza	Il giudice competente per l'azione decide su il deposito, il pagamento provvisorio, il versamento dei contributi depositati e la restituzione dei pagamenti provvisori.

Literatur

Vgl. die Literaturhinweise zu Art. 281.

Über die **Anordnung vorsorglicher Massnahmen** hat das **nach Art. 279 zuständige Gericht** zu befinden (zur *sachlichen Zuständigkeit* Art. 279 N 9, 11 f., Art. 280 N 1; zur *örtlichen* Art. 279 N 10; zur Geltung der *Untersuchungsmaxime* Art. 279 N 5, Art. 281 N 5). Es bedeutet dies ein Abweichen von der Regel, dass die kantonalen Prozessgesetze den Massnahmeentscheid oft Einzelrichtern überlassen (z.B. GULDENER, ZPR, 582), doch setzen die Anordnungen von Art. 281 ff. voraus, dass die Klage *eingereicht* ist (Art. 281 Abs. 1), weshalb der Sachzusammenhang und die Vertrautheit mit dem Prozessstoff die Zuständigkeit des für den Hauptanspruch zuständigen Gerichts nahe legt (z.B. § 229 Satz 2 ZPO ZH).   1

Art. 284 regelt nebst der Zuständigkeit zum Erlass von Massnahmeentscheiden auch jene bez. der **Aufhebung,** wobei dafür aber **nicht der Massnahmerichter** zuständig ist (PELET, 147 f.; FRICKER, 191): Wird die **Unterhaltsklage gutgeheissen,** so ist *in diesem Entscheid* über die Aushändigung eines allfälligen Depositums an den gesetzlichen Vertreter des Kindes bzw. die Bevorschussungsstelle (Art. 289 Abs. 2) zu befinden; wird die **Klage abgewiesen,** so ist *zugleich* das Depositum dem Beklagten auszuhändigen, während allfällige direkt erbrachte Leistungen auf diesbezüglichen Antrag hin gestützt auf Art. 62 OR zurückzuerstatten wären.   2

Art. 285

IV. Bemessung des Unterhaltsbeitrages	**¹ Der Unterhaltsbeitrag soll den Bedürfnissen des Kindes sowie der Lebensstellung und Leistungsfähigkeit der Eltern entsprechen und ausserdem Vermögen und Einkünfte des Kindes sowie den Beitrag des nicht obhutsberechtigten Elternteils an der Betreuung des Kindes berücksichtigen.**
	² Kinderzulagen, Sozialversicherungsrenten und ähnliche für den Unterhalt des Kindes bestimmte Leistungen, die dem

Unterhaltspflichtigen zustehen, sind zusätzlich zum Unterhaltsbeitrag zu zahlen, soweit das Gericht es nicht anders bestimmt.

[2bis] Erhält der Unterhaltspflichtige infolge Alter oder Invalidität nachträglich Sozialversicherungsrenten oder ähnliche für den Unterhalt des Kindes bestimmte Leistungen, die Erwerbseinkommen ersetzen, so hat er diese Beträge dem Kind zu zahlen; der bisherige Unterhaltsbeitrag vermindert sich von Gesetzes wegen im Umfang dieser neuen Leistungen.

[3] Der Unterhaltsbeitrag ist zum voraus auf die Termine zu entrichten, die das Gericht festsetzt.

IV. Etendue de la contribution d'entretien

[1] La contribution d'entretien doit correspondre aux besoins de l'enfant ainsi qu'à la situation et aux ressources des père et mère; il est tenu compte de la fortune et des revenus de l'enfant ainsi que de la participation de celui des parents qui n'a pas la garde de l'enfant à la prise en charge de ce dernier.

[2] Sauf décision contraire du juge, les allocations pour enfants, les rentes d'assurances sociales et d'autres prestations destinées à l'entretien de l'enfant, qui reviennent à la personne tenue de pourvoir à son entretien, doivent être versées en sus de la contribution d'entretien.

[2bis] Les rentes d'assurances sociales ou d'autres prestations destinées à l'entretien de l'enfant qui reviennent par la suite au père ou à la mère en raison de leur âge ou de leur invalidité et en remplacement du revenu d'une activité, doivent être versées à l'enfant; le montant de la contribution d'entretien versée jusqu'alors est réduit d'office en conséquence.

[3] La contribution d'entretien doit être versée d'avance, aux époques fixées par le juge.

IV. Commisurazione del contributo per il mantenimento

[1] Il contributo per il mantenimento deve essere commisurato ai bisogni del figlio, alla situazione sociale e alle possibilità dei genitori, e tener conto inoltre della sostanza e dei redditi del figlio, come pure della partecipazione del genitore che non ha la custodia del figlio alle cure di costui.

[2] Salvo diversa disposizione del giudice, gli assegni per i figli, le rendite d'assicurazione sociale e analoghe prestazioni per il mantenimento del figlio, spettanti alla persona tenuta al mantenimento, sono pagate in aggiunta al contributo.

[2bis] L'obbligato al mantenimento che, per motivi d'età o invalidità, riceva successivamente rendite delle assicurazioni sociali o analoghe prestazioni destinate al mantenimento del figlio, che sostituiscono il reddito di un'attività lucrativa, deve pagare tali importi al figlio; il precedente contributo di mantenimento va diminuito per legge dell'importo di tali nuove prestazioni.

[3] Il contributo è pagato anticipatamente, per le scadenze fissate dal giudice.

Literatur

Vgl. die Literaturhinweise zu den Vorbem. zu Art. 276–295, davon und zudem insb.: AMSTUTZ, Das Grundrecht auf Existenzsicherung, Diss. Bern 2002; BREITSCHMID, System und Entwicklung des Unterhaltsrechts, AJP 1994, 835 ff.; BÜHLER, Aktuelle Probleme bei der Existenzminimumberechnung, SJZ 2004, 25 ff.; CURTY, A propos des «recommandations» pour la fixation des contributions d'entretien des enfants édictées par l'office de la jeunesse du canton de Zurich, Recherche d'une méthode de calcul, JdT 1985 I 322 ff.; DEISS/GUILLAUME/LÜTHI, Kinderkosten in der Schweiz, Freiburg i.Ü. 1988 (franz.: Le coût de l'enfant en Suisse, Fribourg 1988); DEISS, Kinderkosten und

Lebensstandard der Familien in der Schweiz, in: Familienfragen, Informationsbulletin der Zentralstelle für Familienfragen am Bundesamt für Sozialversicherung, Sondernummer Kinderkosten, 1988; DERS., Budgets familiaux et compensation des charges, in: Fleiner-Gerster/Gilliand/Lüscher (Hrsg.), Familien in der Schweiz, Freiburg i.Ü. 1991, 261 ff.; *Empfehlungen* zur Bemessung von Unterhaltsbeiträgen für Kinder, hrsg. vom Amt für Jugend und Berufsberatung des Kantons Zürich, Stand 1.1.2005); EPINEY-COLOMBO, Criteri per il calcolo del contributo alimentare provvisionale secondo l'art. 145 CC, Rep 1994, 135 ff.; DIES., Aide-mémoire pour le calcul de la contribution d'entretien (méthode tessinoise), FamPra 2005, 271 ff.; FREY, Die Unterhaltspflicht der Eltern gegenüber ihren Kindern nach schweizerischem Recht, Diss. Zürich 1948; GEISER, Neuere Tendenzen in der Rechtsprechung zu den familienrechtlichen Unterhaltsansprüchen, AJP 1993, 903 ff.; DERS., Das EVG als heimliches Familiengericht?, in: FS 75 Jahre EVG, Bern 1992, 353 ff.; GEISER/WIDMER, Ein Vorschlag zur Bemessung der Kinderunterhaltsbeiträge, AJP 2000, 3 ff.; GESSLER, Scheidungsurteile als definitive Rechtsöffnungstitel, SJZ 1987, 249 ff.; GUGLIELMONI/TREZZINI, Die Bemessung des Unterhaltsbeitrages für unmündige Kinder bei der Scheidung, AJP 1993, 3 ff.; GULER, Die Bemessung von Unterhaltsbeiträgen der [recte: *für*] Kinder, ZVW 1990, 54 ff. (franz.: ZVW 1991, 18 ff.); HÄBERLI, Neuster bundesgerichtlicher Entscheid zum Kindesunterhalt bei Mangellage, Jusletter 2.4.2001; HAFFTER, Der Unterhalt des Kindes als Aufgabe von Privatrecht und öffentlichem Recht, Diss. Zürich 1984; HAUSHEER/SPYCHER (Hrsg.), Handbuch des Unterhaltsrechts, Bern 1997 (mit Supplement 2001), 349 ff.; DIES., Die verschiedenen Methoden der Unterhaltsberechnung, ZBJV 1997, 149 ff.; HEGNAUER, Bewirken laufende Mehrleistungen die Tilgung künftiger Unterhaltsbeiträge, ZVW 1986, 56 ff.; DERS., Elterliche Unterhaltspflicht, Leistungsfähigkeit und Bevorschussung, ZVW 1986, 61 ff.; DERS., Aktuelle Fragen der elterlichen Unterhaltspflicht, ZVW 1990, 41 ff.; BK-HEGNAUER, Art. 285; HINDERLING/STECK, 463 ff.; HOHN/TSCHÜMPERLIN, Grundlagen, Bedeutung und Anwendung der SKöF-Richtlinien, ZöF 1994, 186 ff.; KAPPELER, Die Neue Schweizer Familie, Familienmanagement und Rentensicherheit, Zürich 2004; KELLER, Die Empfehlungen des Jugendamtes des Kantons Zürich zur Bemessung von Unterhaltsbeiträgen für Kinder, SJZ 1977, 181 ff.; R.A. KOLLER, Die kantonalen Familienzulagengesetze, Diss. Zürich 1984; TH. KOLLER, Art. 285 Abs. 2 ZGB – Eine gesetzgeberische Fehlleistung an der Schnittstelle zwischen Sozialversicherungsrecht und Kindesrecht, recht 1988, 35 ff.; KRAPF, Die Koordination von Unterhalts- und Sozialversicherungsleistungen für Kinder, Diss. Freiburg 2004; PERRIN, La fixation des contributions pécuniaires en cas de vie séparée des époux, in: FS Grossen, Basel 1992, 181 ff.; DERS., La méthode du minimum vital, SemJud 1993, 425 ff.; DERS., La détermination des contributions alimentaires en cas de surendettement, in: FS Schnyder, Freiburg i.Ü. 1995, 529 ff.; Preise und Löhne rund um die Welt – ein internationaler Kaufkraftvergleich (Ausgabe 2003 mit Update 2005), hrsg. von UBS Schweiz, Zürich; Pflegegeldrichtlinien für Dauer- und Wochenpflegeplätze (vom 1.–15. Altersjahr), Jugendamt des Kantons Zürich, 1.1.2004; REUSSER, Unterhaltspflicht, Unterstützungspflicht, Kindesvermögen, in: Das neue Kindesrecht, BTJP 1977, Bern 1978, 61 ff.; Richtlinien für die Ausgestaltung und Bemessung der Sozialhilfe, hrsg. von der Schweiz. Konferenz für Sozialhilfe (SKOS), Bern, 4. Ausgabe April 2005; 34; SCHAEPPI, Der Anspruch auf Kinderzulagen, Diss. Bern 1974; SCHEIWE, Kinderkosten und Sorgearbeit im Recht: eine rechtsvergleichende Studie, Frankfurt/a.M. 1999; SCHNEIDER, SJK Nr. 333 (1982); SPYCHER, Unterhaltsleistungen bei Scheidung: Grundlagen und Bemessungsmethoden, Diss. Bern 1996; SPYCHER/BAUER/B. BAUMANN, Die Schweiz und ihre Kinder – Private Kosten und staatliche Unterstützungsleistungen, Chur 1995; STEINAUER, La fixation de la contribution d'entretien due aux enfants et au conjoint en cas de vie séparée, FZR 1992, 3 ff.; WIDMER, Der volkswirtschaftliche Wert der unbezahlten Arbeit und deren Bedeutung im Kinderunterhaltsrecht, Diss. St.Gallen 1999; WINZELER, Die Bemessung der Unterhaltsbeiträge für Kinder, Diss. Zürich 1974; DERS., Die Festsetzung der Unterhaltsbeiträge für Kinder, ZVW 1984, 56 ff.; WOLFFERS, Grundriss des Sozialhilferechts, 2. Aufl. Bern 1999.

I. Zur Diskussion um die Kinderkosten

Die auf der Dissertation von WINZELER beruhenden, periodisch aktualisierten *Empfehlungen zur Bemessung von Unterhaltsbeiträgen für Kinder* (hrsg. vom Amt für Jugend und Berufsbildung des Kantons Zürich; dazu näher N 6 ff.), welche von der Praxis nur beschränkt rezipiert und verschiedentlich kritisiert wurden (N 7), indes ein praktisch wichtiges Arbeitsinstrument darstellen, sowie neuere **ökonomische Studien** über die

1

Kinderkosten in der Schweiz haben in den letzten Jahren die **Diskussion um die Höhe der von Gerichten zugesprochenen Unterhaltsbeiträge** belebt. Namentlich Fürsorgestellen fordern höhere Beiträge (GULER, ZVW 1990, 60 ff.; Würdigung bei STETTLER, SPR III/2, 323); es zeigt allerdings die Praxis, dass zahlreiche Familien im unteren bis mittleren Einkommenssegment (zum *durchschnittlichen Haushaltseinkommen* N 18) mit tieferen als den empfohlenen Kinderkosten *leben (müssen und können),* was auch die SKOS-Richtlinien (N 9) unterstreichen. Ziel der auf eine **volkswirtschaftliche Problemstellung** ausgerichteten Freiburger Untersuchung von DEISS/GUILLAUME/LÜTHI (in diesem Sinne auch SPYCHER/BAUER/BAUMANN; sowie DIES., Neue Wege für den Ausgleich der Kinderkosten in der Schweiz, Familienfragen 1995, Nr. 2, 12 ff.; DIES., Kinderkosten und deren Ausgleich in der Schweiz – Empirische Analyse und Reformmodelle, Familienfragen 1994, Nr. 3, 41 f.; KAPPELER, Die Neue Schweizer Familie, 2004, 66 ff.) war denn auch die *Erarbeitung eines Familienlastenausgleichs im Rahmen einer familienbezogenen Steuer- und Sozialpolitik;* gefragt wurde *nicht unmittelbar* nach den im einzelnen Haushalt effektiv von einem Kind *verursachten Kosten,* sondern nach dem *zusätzlichen Einkommen, das erforderlich ist, um in einem Haushalt mit Kindern den gleichen Lebensstandard beibehalten zu können wie ein als Referenzgrösse gewähltes kinderloses Ehepaar.* Das wird deutlich, wenn der Arbeitszeitaufwand für Kinder nicht nur zeitlich quantifiziert (SPYCHER/BAUER/BAUMANN, Familienfragen 1995, Nr. 2, 13: 4,3 Stunden täglich für ein Kind, 6,5 für zwei, 7,6 für drei und 9,9 für vier Kinder), sondern zu einem Ansatz von 26.– Fr./Stunde aufgerechnet wird, was bereits bei einem Einzelkind unbezahlbare mtl. **Betreuungskosten** von Fr. 3354.– ergibt (vgl. ZR 1991 Nr. 25 E. 4.5.2): effektiv mag der Gesellschaft Arbeitsproduktivität in diesem Umfang und dem Betreuungspflichtigen Erwerbsmöglichkeit verloren gehen, was aber alles **zwangsläufige Folge des Entscheids** ist, **Kinder zu haben;** *unterhaltsrechtlich abgegolten* werden können aber *diese* Kosten *nicht,* sofern man nicht das Kind (und dessen Betreuung) als Schadensposition betrachtet, wofür die Grundlage selbst bei Drittverschulden streitig ist (s. u.a. WEIMAR, Schadenersatz für den Unterhalt des unerwünschten Kindes?, in: FS Hegnauer, Bern 1986, 641 ff.; OFTINGER/STARK, § 2 N 45 ff.; s. dazu BGE 132 III 359). Richtigerweise stellen die Zürcher Empfehlungen (u. N 6, S. 11 Ziff. III.B) nach wie vor auf einen Umwandlungssatz von Fr. 4.–/Std. ab (allerdings bei eher grosszügiger Aufwandfestsetzung, indem zwar nicht der Stundenaufwand an sich, aber – aus den vorstehend und den in N 2 dargelegten Gründen – die «Fakturierbarkeit» *aller für* das Kind und *mit ihm* aufgewendeten Zeit diskutabel scheint).

2   Die **familienrechtliche Perspektive ist eine andere:** Bei Eintreffen von Nachwuchs nehmen die verfügbaren Haushaltmittel nicht zu, sondern ab (eingeschränkte Erwerbsmöglichkeiten beider Eltern bzw. des Zweitverdienenden, zusätzliche Kosten des Kindes); ebenso dort, wo Ehekrisen doppelte Haushaltsführung bedingen. Die Eltern haben sich auf diese Gegebenheiten einzustellen, was im Eherecht selbstverständlich ist (HEGNAUER/BREITSCHMID, N 16.25), aber auch bei ausserehelichen Kindesverhältnissen als **Folge eigenen Verhaltens** von *beiden* Eltern hingenommen werden muss. Die (noch) vorhandenen Mittel müssen neu aufgeteilt werden, wobei oft nur mehr lebensnotwendigste Grundbedürfnisse befriedigt werden können: Es resultiert – selbst bei voller Ausschöpfung der beiderseitigen Leistungsfähigkeit (Art. 276 N 25; u. N 12) – eine **Einbusse an Lebensstandard.** Kinder zu haben beeinträchtigt regelmässig die Freiheit der Lebensgestaltung, und es ist in normalen Verhältnissen ausgeschlossen, durch höhere Kinderunterhaltsbeiträge (meist) der Mutter als Obhutsinhaberin die kinderbedingten Mehrkosten der Haushaltsführung derart zu kompensieren, dass sie sich so stellt, wie wenn sie *kein* Kind hätte (während eine solche Annäherung der wirtschaftlichen Position von kinderlosen Haushalten und solchen mit Kindern aber Ziel der in N 1 erwähnten volkswirtschaftlichen Studien über die

Kinderkosten ist). Immerhin soll die *Obhutsinhaberin sich aber möglichst so stellen können wie andere Eltern mit Kindern* (welche alle denselben [N 1 a.E.] Betreuungsaufwand haben). Bei der ganzen Diskussion bleibt zu bedenken, dass das **Kind nicht lediglich Kostenfaktor** ist (N 8, 15): *«Kinder zu haben und aufzuziehen bedeutet für viele Menschen eine zentrale Sinngebung ihres Lebens»* (BGE 115 Ia 247 E. 5a a.E.; OFTINGER/STARK, § 2 N 47 und 50); wo hingegen *das Kind nicht* (mehr) *gewollt* ist, lässt sich dies *nicht wirtschaftlich abgelten*, sondern wäre in extremis die Freigabe zur Adoption zu prüfen.

II. Angemessener Unterhaltsbeitrag (Abs. 1)

1. Gesetzlicher Rahmen

Nach Art. 276 Abs. 1 haben die Eltern für den Unterhalt des Kindes aufzukommen, inbegriffen die Kosten von Erziehung, Ausbildung und Kindesschutzmassnahmen; der Unterhalt wird durch Pflege und Erziehung oder, wenn das Kind nicht unter der Obhut der Eltern steht, durch **Geldzahlung** geleistet (Art. 276 Abs. 2). Dieser Unterhalt mittels Geldzahlung soll nach Art. 285 Abs. 1 «den **Bedürfnissen des Kindes sowie der Lebensstellung und Leistungsfähigkeit der Eltern entsprechen** und ausserdem **Vermögen und Einkünfte des Kindes** berücksichtigen». Die vier **Faktoren sind unter sich konnex** (BGE 116 II 113 f.; CURTY, JdT 1985 I 322; SCHNYDER, ZBJV 1993, 131; STETTLER, SPR III/2, 318), doch ist in diesem Geflecht – soweit es die Verhältnisse gestatten – als Folge des **Vorrangs der elterlichen Unterhaltspflicht in erster Linie von den Bedürfnissen des Kindes auszugehen,** worauf sich die Eltern in ihrer Lebensgestaltung einzustellen haben (N 13). **3**

Art. 285 Abs. 1 bezweckt, dem Kind **langfristig** die **situationsbezogene** Deckung seiner **effektiven Bedürfnisse** zu ermöglichen (so schon bez. des Verhältnisses von Art. 276 Abs. 1 zu Abs. 2, d.h. inwiefern überhaupt *Bar*unterhalt geschuldet ist: Art. 276 N 26). Diese Bedürfnisse lassen sich allerdings kaum je im Detail zuverlässig festlegen und ohnehin nicht für die gesamte Dauer der Unterhaltspflicht prognostizieren, weshalb die **Kontinuität der Angemessenheit** durch **altersmässige Abstufung der Beiträge** (N 6; Art. 286 N 3), **Indexierung** (Art. 286 N 5 f.) und ggf. **gerichtliche Abänderung** gewährleistet wird (Art. 286). Eine gewisse **Pauschalierung aufgrund von Vergleichs- und Erfahrungswerten** ist unumgänglich (N 5 ff.). **4**

2. Konkretisierung der Bedürfnisse des Kindes: Besonderheiten der Handhabung von Richtsätzen und Empfehlungen

Es ist Wesenszug des schweizerischen Rechts, **auf die individuelle Bedürfnislage jedes Einzelfalls abzustellen** (HEGNAUER, Kindesrecht, N 21.15; vgl. auch HAUSHEER/SPYCHER, Rz 02.02, wonach das Unterhaltsrecht typischer Anwendungsbereich von Art. 4 sei), was auch die Vielfalt verfügbarer Zahlenwerte (N 6–10, 12; Überblick bei SPYCHER, 195 ff.) deutlich macht. Dies im Gegensatz zum **Regel-***(Minimal-)***Unterhalt** im deutschen Recht (§ 1612a BGB; GERNHUBER/COESTER-WALTJEN, § 47 II; allgemein auch DIES., § 45 IV und zur massgeblichen *«Düsseldorfer Tabelle»* insb. SCHOLZ, FamRZ 1993; letzte Fassungen dieser Tabelle per 2005 in: www.familienrecht.dammpp.de/Kindesunterhalt.htm; zur wenig intensiven Diskussion von Tabellenlösungen in der Schweiz BREITSCHMID, AJP 1994, 843 f. m.Nw.). Auf die statistisch breit abgestützten deutschen Tabellen sei hingewiesen, weil die Praxis – trotz Pflicht zu individueller Festlegung – stets solche *Richt- und* namentlich **Minimalwerte** sucht und (unabhängig von ihrer Eignung) auch anwendet (so galt am *BezGer ZH* in den 90er Jahren in *eherechtlichen* Verfahren als inoffizieller Minimalsatz ein Betrag von ca. Fr. 550.–, auf den aber **5** «nur in sehr engen finanziellen Verhältnissen erkannt werden» sollte; in ZH gilt für die Überbrückungshilfe momentan ein Ansatz von Fr. 520.–: Art. 281 N 7). Nach der erwähnten *Düsseldorfer Tabelle* beträgt 2005 der minimale *«Regelunterhalt»* (bei einem Nettoeinkommen des Pflichtigen von mtl. unter € 1300.–) bis zum vollendeten 6. Lebensjahr € 204.–, bis zum 12. € 247.–, bis zum 18. € 291.– und ab dem 18. € 335.–; bei einem Nettoeinkommen von € 4400.– bis 4800.– € 408.– bzw. € 494.–, € 582.– und € 670.–; bei höherem Einkommen sind die Umstände des Falls massgebend. – In der schweizerischen Praxis müssen v.a. die vom *Amt für Jugend und Berufsberatung des Kantons ZH* herausgegebenen **Empfehlungen zur Bemessung von Unterhaltsbeiträgen für Kinder** als objektivierte Anhaltspunkte für einen Basisunterhalt und dessen einzelne Komponenten gelten, weshalb nachfolgend (N 6) die aktuellen Ansätze wiederzugeben und zu diskutieren sind.

a) *«Empfehlungen zur Bemessung von Unterhaltsbeiträgen für Kinder»*
   (hrsg. vom Amt für Jugend und Berufsbildung des Kantons ZH)

6   Die *«Empfehlungen»* erschienen erstmals 1974 (vgl. WINZELER, 118 ff.) und liegen nunmehr in einer überarbeiten Fassung per 1.1.2005 vor, wobei weiterhin die laufende Aufdatierung des durchschnittlichen Unterhaltsbedarfs beabsichtigt ist:

«Es handelt sich vorliegend um statistische Vergleichswerte zur Ermittlung des individuellen Unterhaltsbedarfs von Kindern, welcher grundsätzlich durch die Unterhaltsbeiträge der **Eltern** (Vater und Mutter) gedeckt werden sollte.

	Alters-jahre	Ernährung Fr./Monat	Bekleidung Fr./Monat	Unterkunft Fr./Monat	Weitere Kosten Fr./Monat	Pflege und Erziehung Fr./Monat	Total Bedarf Fr./Monat
Einzel-kind	1.–6.	300.–	85.–	355.–	515.–	695.–	**1950.–**
	7.–12.	315.–	110.–	355.–	630.–	440.–	**1850.–**
	13.–18.	405.–	135.–	325.–	840.–	315.–	**2020.–**
Eines von zwei Kindern	1.–6.	260.–	75.–	320.–	440.–	565.–	**1660.–**
	7.–12.	275.–	85.–	320.–	565.–	375.–	**1620.–**
	13.–18.	340.–	115.–	300.–	780.–	255.–	**1790.–**
Eines von drei und mehr Kindern	1.–6.	225.–	65.–	295.–	405.–	440.–	**1430.–**
	7.–12.	240.–	85.–	295.–	505.–	315.–	**1440.–**
	13.–18.	310.–	105.–	275.–	720.–	190.–	**1600.–**

Der durchschnittliche Unterhaltsbedarf per 1.1.2005 bezieht sich auf einen Stand des Landesindexes der Konsumentenpreise des Bundesamtes für Statistik (BFS), Bern, per November 2004 von 110.7 (Mai 1993 = 100.0).»

Die Bedarfszahlen beziehen sich auf Arbeitnehmer- und Angestelltenhaushalte in städtischen Verhältnissen; ob daraus der Schluss gezogen werden darf (Empfehlungen 11 in Ziff. III.B), es handle sich um Haushalte «mit eher bescheidenem Einkommen», erscheint allerdings weiterhin fraglich, nachdem die Werte doch (zu Recht) deutlich von **Existenzminimumwerten** abweichen (s. im Übrigen N 12) und namentlich bezüglich Wohn- und den sog. weiteren Kosten (an sich nicht zu Unrecht) eine beträchtliche Erhöhung erfahren haben. Regelmässig wird der *Unterhaltsbeitrag der höchsten Altersstufe* Basis für die *Festlegung von Mündigenunterhalt* abgeben, wo eher höhere Ausbildungsaufwendungen, Fahrt- und Verpflegungskosten einerseits, andererseits oft auch ein (und sei es nur bescheidener) Teilzeiterwerb des Kindes zu berücksichtigen sind.

Dass die Gerichte sich bei der Ermittlung des tatsächlichen Unterhaltsbedarfs von sol- **7**
chen **Empfehlungen** leiten lassen, wird vom **BGer gebilligt** (BGE 120 II 288 f.; 116 II
112 f.; eine gewisse Pauschalisierung ist gar unumgänglich: BGE 5C.66/2004, 7.9.2004,
ZVW 2005, 132 f.); dieses legt sich bei der Überprüfung sachrichterlicher Ermessensentscheide im Übrigen Zurückhaltung auf (BGE 107 II 410 E. 2c), verlangt hingegen, dass
auch bei Anwendung solcher Richtlinien aus dem Entscheid ersichtlich sei, nach welchen
Kriterien im Einzelnen der Unterhaltsbeitrag ermittelt (BGE 120 II 289), d.h. weshalb er
unverändert übernommen bzw. reduziert oder erhöht wurde. Es weicht die (auch zürcherische) Praxis von den Richtlinien des Zürcher Jugendamtes verschiedentlich *nach unten*
ab (BGE 103 V 57; ZR 1985 Nr. 81 unter Hinweis auf ZAK 1978, 296 [= BGE 103 V
55]; zur Kritik GULER, ZVW 1990, 64 f.; ZR 1991 Nr. 25 [im Anschluss an GULER], ZR
1992/1993 Nr. 66; für ungekürzte Anwendung nun das VerwGer BL, plädoyer 1992,
Nr. 6, 58 ff. und insb. BGE 122 V 125, 129 ff. E. 4 als explizite Praxisänderung; zu bedenken indes, dass die *sozialversicherungsrechtlichen* Entscheide nicht unmittelbar das
hier interessierende Verhältnis unter den beiden pflichtigen Eltern berühren: a.a.O., 128 f.
E. 3). Der pauschalierende Ansatz jeglicher Empfehlungen und Richtlinien ist **im Einzelfall auf die Angemessenheit hin zu prüfen** (Art. 4) und der Entscheid zu begründen (so
wird im Tessin gegenüber den zürcherischen Werten generell ein Abzug von 5–10% vorgenommen: GUGLIELMONI/TREZZINI, AJP 1993, 6, Anm. 21; im Kanton Wallis sind es
gar 30%: ZWR 2002, 181). Dies ergibt sich aus der Untersuchungsmaxime (Art. 280
N 5) und dem Grundsatz, dass **nur sachlich gleiche Verhältnisse gleich behandelt werden dürfen,** was ein Abstellen auf ausschliesslich quantitative Faktoren zum vornherein
ausschliesst und die Berücksichtigung des regionalen Lebenskostenniveaus erfordert.
Damit wird zugleich gewissen berechtigten Vorbehalten gegenüber «Tabellenlösungen»
Rechnung getragen (s. CURTY, JdT 1985 I 325 f.; BK-BÜHLER/SPÜHLER, aArt. 156
N 256, sowie DIES., Ergänzungsbd., daselbst; KEHL, SJZ 1981, 367; KELLER, SJZ 1977,
185; differenzierende Stellungnahmen bei STETTLER, SPR III/2, 321 f. und WINZELER,
ZVW 1984, 61 f.). Ohnehin sind die Zürcher *Empfehlungen* nach Sinn und explizitem
Titel **Empfehlungen** und **nicht Weisungen,** zudem begleitet von mehrseitigen Erörterungen zu den *Bemessungskriterien* (Ziff. II), zum *Unterhaltsbedarf* (Ziff. III) und zur
Kostenverteilung unter den Eltern (Ziff. IV), welche für **individuelle Abweichungen
und Konkretisierungen breiten Spielraum** lassen (N 11 ff.). – Vor allem ist zu beachten, dass **Vater und Mutter** die in den Tabellen angeführten **Gesamtbeträge gemeinsam,** «ein jeder nach seinen Kräften» zu tragen haben (Art. 163 Abs. 1; Art. 276 N 8 f.;
u. N 14 ff., 21; HEGNAUER, Kindesrecht, N 21.15; STETTLER, SPR III/2, 322), wobei der
betreuende Elternteil seinen Beitrag in natura erbringt (BGE 114 II 31; 120 II 290;
N 8, 15) und die *Position «Pflege und Erziehung»* deshalb *nicht zu vergüten* bzw. Erträge
aus Teilzeitarbeit anzurechnen sind.

Für **Beispiele** zu **verfeinernden Berechnungen** auf Basis der *Empfehlungen* des Ju- **8**
gendamtes sowie weiter anwendbarer Richtgrössen (N 12) s. CURTY, JdT 1985 I 335 ff.;
GUGLIELMONI/TREZZINI, AJP 1993, 11 ff.; GULER, ZVW 1993, 71 ff.; HAUSHEER/
REUSSER/GEISER, Art. 176 N 26; STETTLER, SPR III/2, 319 f.; ZK-BRÄM, Art. 163
N 117 ff.; SPYCHER, 202 ff. – Die Tendenz muss (mit CURTY) dahin gehen, eine *Gewichtung der Beiträge beider Eltern* nach ihrem effektiven Einsatz und ihrer wirtschaftlichen
Leistungskraft vorzunehmen, wobei aber eine **Doppelbelastung des betreuenden Elternteils zu vermeiden** ist (so verdeutlichend die neue Fassung von Abs. 1 als Folge der Revision des Scheidungsrecht, vgl. die diesbez. Botschaft, Ziff. 244.3, 161); GUGLIELMONI/
TREZZINI schlagen zutreffend vor, den betreuenden Elternteil lediglich dann zusätzlich zu
einer Geldleistung zu verpflichten, «wenn die proportionale Berechnung seines Einkommens im Verhältnis zum Einkommen des andern Ehegatten einen Geldbeitrag zu

seinen Lasten ergibt, welcher höher ist als der Beitrag in natura, den er bereits leistet» (AJP 1993, 11 m.Bsp.). SPYCHER (218 f.) stellt auf das Verhältnis der elterlichen Einkommens*überschüsse* ab; ähnlich BK-HEGNAUER (N 78 ff.), welcher dem nicht betreuenden Elternteil einen Unterhaltsbeitrag auferlegt, berechnet ausgehend vom Verhältnis seines Unterhaltsbeitrags zum ungedeckten Bedarf, welcher seiner Leistungsfähigkeit zur Summe der Leistungsfähigkeiten beider Eltern entspricht.

b) Richtlinien für die Bemessung und Ausgestaltung der Sozialhilfe (Schweiz. Konferenz für Sozialhilfe, SKOS)

9 Die bei der Unterhaltsbestimmung eher weniger beachteten **Richtlinien der SKOS** (www.skos.ch; zu den früheren SKöF-Richtlinien s. WOLFFERS, 134 ff.; HOHN/ TSCHÜMPERLIN; zu den SKOS-Richtlinien AMSTUTZ, 54 ff.; beachte ferner den in den Richtlinien mitabgedruckten Kommentar) bezwecken *«nicht nur die Existenz und das Überleben der Bedürftigen, sondern auch ihre Teilhabe am Sozial- und Arbeitsleben»* (A. 1; vgl. Art. 12 BV) – gehen also etwas weiter als die betreibungsrechtlichen Existenzminima (N 12; zu beachten ist die Annäherung von betreibungs- und fürsorgerechtlichem Existenzminimum aufgrund von Art. 92 Ziff. 9 SchKG: Botschaft Revision SchKG, Ziff. 203.11, 76 ff.; BSK-VONDER MÜHLL, Art. 93 SchKG N 21; MEIER/ ZWEIFEL/ZABOROWSKI/JENT-SÖRENSEN, Lohnpfändung – Optimales Existenzminimum und Neuanfang, Zürich 1998, bzw. DIES., BlSchK 1998, 161 ff.; SKOS-Richtlinien B. 2.2; Quervergleich in BlSchK 2001, 18) – und basieren stets auf Vergleichsbudgets mit bescheidenen, aber zur wirtschaftlichen Selbständigkeit ausreichenden Einkommen. Die SKOS-Richtlinien sehen keine eigentlichen Kinderbeiträge mehr vor, sondern stellen ausschliesslich auf die Haushaltsgrösse ab (B. 2.2), ausgehend vom Grundbetrag des betreibungsrechtlichen Existenzminimums für eine Person von Fr. 960.–; bei zwei Personen Fr. 1469.–, bei drei Fr. 1786.–, bei vier Fr. 2054.–, bei fünf Fr. 2323.–; es ergeben sich eine Äquivalenzskala von 153%, 186%, 214%, 242% bzw. pro-Kopf-Pauschalen von Fr. 960.–, Fr. 735.–, Fr. 595.–, Fr. 514.– und Fr. 465.–.

c) «Prozentregeln»

10 Die in der Praxis ebenfalls verbreiteten **«Prozentregeln»** – wonach der Unterhalt für ein Kind sich in der Grössenordnung von 15–17% des elterlichen Einkommens bewege, für zwei Kinder bei 25–27%, für drei bei 33–35% (BE: WINZELER, 46 f.; HAUSHEER, ZBJV 1993, 657; VD: BGE 29.8.1984, SemJud 1985, 77, E. 3; BS: RAPP, BJM 1980, 293; krit. BK-HEGNAUER, N 14 f.; GULER, ZVW 1990, 73; BK-BÜHLER/SPÜHLER, Art. 156 N 256, sowie DIES., Ergänzungsbd., daselbst; allgemein GUGLIELMONI/TREZZINI, AJP 1993, 4 Anm. 6; HINDERLING/STECK, 465 Anm. 6w; SPYCHER, 245 ff.; s.a. BGE 116 II 110 E. 3a) – mögen für «Überschlagsrechnungen» bei Massnahmeentscheiden hilfreich sein, bedürfen aber immer konkreter Unterlegung aufgrund der Umstände des Einzelfalls (zum Verhältnis zwischen Einkommenshöhe und bisheriger Unterhaltsverpflichtung: BGE 5C.197/2003, 30.4.2004, E. 3.3, FamPra 2004, 690 ff.). Gerade hier zeigt sich übrigens, dass die Zahlen der volkswirtschaftlichen Modellrechnungen (N 1 f.) nicht ohne weiteres übernommen werden können: Nach der Untersuchung von DEISS/GUILLAUME/LÜTHI, 31, lägen die entsprechenden Ansätze bei 24%, 43% bzw. 60% (bei Ein- bis Drei-Kind-Familien; s.a. STETTLER, SPR III/2, 323).

3. Lebensstellung und Leistungsfähigkeit der Eltern

a) Allgemeine Gesichtspunkte

11 Jegliche Konkretisierung hat vorab den **Bedürfnissen des Kindes** Rechnung zu tragen (o. N 3), welche aber durch die wirtschaftlichen Bedingungen seines Umfelds beeinflusst werden. Die **Leistungsfähigkeit der Eltern** ergibt sich **ausgehend von ihrem (betreibungsrechtlichen) Existenzminimum** (N 12), die **Lebensstellung** von der effektiv gepflogenen *Lebenshaltung,* wobei – wo die Eltern *über ihre Verhältnisse leben* – nicht ein Anspruch des Kindes auf Teilhabe an der Schuldenäufnung, sondern nur auf angemessene Berücksichtigung seiner Interessen bestehen kann, während bei *sparsamer Lebensführung* die Sparsamkeit nicht zu Lasten berechtigter (z.B. Ausbildungs-)Ansprüche des Kindes gehen darf. Allgemein verbreitet ist die Bildung von *Fallgruppen normaler, reichlicher und knapper Verhältnisse* (u. N 18–23; vgl. GEISER, AJP 1993, 906 ff.; GUGLIELMONI/ TREZZINI, AJP 1993, 8 ff.; BK-HEGNAUER, N 78 ff.; DERS., Kindesrecht, N 21.15a ff.; HAUSHEER/SPYCHER, Rz 06.103 ff.). – **Unterhalt** muss **gebührend** sein sowohl bez. der **Behandlung der Interessen der einzelnen Familienmitglieder** wie auch des **Verhältnisses von Ausgaben und Reservebildung** und namentlich der **Beteiligung an einem Überschuss** bzw. am Lebensgenuss (HAUSHEER/REUSSER/GEISER, Art. 163 N 21 ff.; HEGNAUER/BREITSCHMID, N 16.04, 16.09, 21.24f; FamKomm Scheidung/FREIVOGEL, Anh. UB N 40 ff.).

Die **Leistungsfähigkeit** ergibt sich aus der **Gegenüberstellung von Bedarf** (ermittelt   **12** auf Basis des **betreibungsrechtlichen Existenzminimums;** BGE 126 III 353, 355 E. 1a; 127 III 68, 69 E. 2b; 5C.238/2003, 27.1.2004; aktueller Stand zuletzt BlSchK 2001, 12 ff., 2000, 69 ff.; ZR 2001 Nr. 46 Ziff. II.3: für Kinder bis zu 6 Jahren Fr. 250.–, von 6–12 Fr. 350.–, von 12–18 Jahren bzw. bis zum Abschluss einer ordentlichen Ausbildung Fr. 500.–; BÜHLER, AJP 2002, 644 ff.) und **Nettoeinkommen** (Arbeitserwerb, Versicherungs- und Rentenansprüche, Vermögensertrag, unter Anrechnung der Gestehungs- und angemessener Mietkosten); s. im Einzelnen u.a. ENGLER, BJM 1990, 172 ff.; EPINEY-COLOMBO, Rep 1994, 142 ff.; GEISER, AJP 1993, 904 f.; HAUSHEER/REUSSER/GEISER, Art. 176 N 26; PERRIN, SemJud 1993, 425 ff.; STEINAUER, FZR 1992, 9 ff.; HÄBERLI, Jusletter, 2.4.2001. Es darf jedoch durchaus von einem (höheren) **hypothetischen Einkommen** ausgegangen werden, sofern ein höherer Verdienst des Pflichtigen tatsächlich möglich und zumutbar ist (besonders in dem Falle, wo der Pflichtige freiwillig seine Stelle aufgibt: BGE 128 III 4 E. 4a; 5C.34/2004, 22.4.2004, E. 2.2). – Der auf *fast zwei Jahrzehnte* und möglicherweise noch über die Mündigkeit hinaus *geschuldete Kinderunterhaltsbeitrag* erfordert aber zwingend, dem Beitragsschuldner (und dessen Familie) «im Interesse der Erhaltung seiner Arbeitskraft und Arbeitslust» (HINDERLING/STECK, 466 f.) ein **erweitertes Existenzminimum** zu belassen, soweit er seine Erwerbspflicht (Art. 276 N 25) unter den gegebenen Verhältnissen (Ausbildung, Gesundheit, Arbeitsmarktlage, noch anstehende Dauer der Unterhaltspflicht) angemessen wahrnimmt (BGE 118 II 98; ferner betr. die eherechtliche Unterhaltspflicht BGE 119 II 316 f.; 117 II 17; HINDERLING/STECK, 467 m.Anm. 9; HAUSHEER/REUSSER/GEISER, Art. 173 N 10; GEISER, AJP 1993, 910 f.); Anstrengung (z.B. ein Berufswechsel, zumutbare Überzeitarbeit) geht kontemplativer Selbstverwirlichung vor (Art. 276 N 25; STETTLER, SPR III/2, 326; BREITSCHMID, AJP 1994, 842 f.). **Vermögenssubstanz** ist nur ausnahmsweise anzugreifen (BK-HEGNAUER, N 54; HINDERLING/STECK, 466 m.Nw.; GEISER, AJP 1993, 904). Immer sind aber (bezahlte) **Steuern,** je nach Verhältnissen zudem auch angemessene **Versicherungsprämien** und **Kulturausgaben** zu berücksichtigen (TH. KOLLER, Die Besteuerung von Unterhaltsleistungen an Kinder im Lichte von BGE 118 Ia 277 ff., ASA 62 [1993/94] 289 ff., 308; BGE 128 III 257; **a.M.** bez. Berücksichtigung der Steuern in knappen Verhältnissen BGE 127 III 68, 70; 126 III 353, 356 E. 1a/bb; ZR 2004 Nr. 8; krit. CADOSCH, ZBJV 2001, 145 ff.). – Zu einem vergleichbaren Ergebnis würde die Anwendung der *SKOS-Richtlinien* (N 9) führen, wobei das BGer indes die Berücksichtigung des leicht höheren fürsorgerischen Existenzminimums in knappen Verhältnissen *ablehnt* (BGE

127 III 68, 69 E. 2b). Die Besuchsrechtskosten dürfen im betreibungsrechtlichen Notbedarf berücksichtigt werden (BGE 7B.145/2005, 11.10.2005, Bespr. v. JOSI, Jusletter 21.11.2005).

13 Mit gleichem Recht wie der Pflichtige ein erweitertes Existenzminimum beansprucht, kann aber auch das Kind einen seinen Bedürfnissen angemessenen Unterhaltsbeitrag fordern, woraus sich die **hohen Anforderungen an die Leistungspflicht des Unterhaltspflichtigen** (N 12; Art. 276 N 25) ergeben, weshalb dem Pflichtigen nicht generell zum erweiterten Existenzminimum ein (weiterer) Zuschlag (etwa i.S. der Rechtsprechung zu Art. 277, dort N 17) zu gewähren ist. Anderseits besteht **kein Anspruch auf einen Minimalunterhalt** (N 5); so bleibt etwa das Pekulium des Strafgefangenen i.d.R. unangetastet (SJZ 1982, 288 f.; s.a. ZBJV 1983, 358 ff.).

b) Verhältnis unter den Eltern

14 Wo – in **eherechtlichem Konnex** – die **Unterhaltsbeiträge sowohl für Ehepartner wie Kinder festzusetzen** sind, besteht unter diesen nicht eine eigentliche Rangfolge (s. zur Kontroverse etwa ZK-BRÄM, Art. 163 N 48 ff., STEINAUER, FZR 1993, 9 ff.; GEISER, AJP 1993, 910; Art. 276 N 19, ferner Art. 277 N 25), indem die Bedürfnisse aller aus den zur Verfügung stehenden Mitteln angemessen und damit *verhältnismässig* zu befriedigen sind, weshalb *keine hälftige Aufteilung eines Überschusses auf ungleiche Haushalte* erfolgen darf (BGE 126 III 8). Praktisch führt die *gemeinsame* elterliche Unterhaltspflicht bei eher knappen Verhältnissen oft dazu, nach Ausschöpfung der wirtschaftlichen Leistungsfähigkeit des Barunterhaltspflichtigen zunächst auch dem unterhaltsbeitragsberechtigten Gatten bzw. Obhutsinhaber eine Einschränkung soweit zuzumuten, als auch er (meist die Mutter, ggf. aber auch der Vater: HINDERLING/STECK, 469 mit Anm. 15) im Rahmen seiner wirtschaftlichen Leistungskraft (durch Einschränkung der Lebensstellung oder Teilzeitverdienst) einen Beitrag an den Unterhalt der Kinder zu leisten vermag, was aber wegen des Einsatzes bei der persönlichen Betreuung (N 8, 21) und der nachteiligen Ordnung beim Bezug von Sozialhilfe (N 20) nur mit Zurückhaltung erfolgen darf. – Zum **Verhältnis von Kindesunterhalt und Scheidungsrente** s. BGE 118 II 95, die Hinweise in N 12 und 21; ferner insb. HINDERLING/STECK, 468 f. und o. zu Art. 125 Abs. 2 Ziff. 6.

15 Der Betreuungsaufwand des Obhutsinhabers ist wesentlich intensiver beim Kleinkind und nimmt tendenziell mit dem Alter ab, während der Barunterhalt beim schulpflichtigen und in Ausbildung befindlichen Kind stetig ansteigt. Diese gegenläufige Entwicklung führt – zusammen mit im gemeinsamen Haushalt anfallender Teilhabe an der Sphäre des Obhutsinhabers (gemeinsame Ausflüge, Benützung von Radio, TV, Zeitungen usw.) – langfristig zur Angleichung der Beitragsintensität, ohne dass eine restlose quantitative Aufrechnung erfolgen kann: so ist bei der Diskussion um die Wohnanteilskosten (s. GUGLIELMONI/TREZZINI, 7 lit. e; GULER, ZVW 1990, 66: 30% beim Einzelkind bzw. 40% bei zweien) zu bedenken, dass eine etwas grössere Wohnung auch dem Obhutsinhaber eine gewisse Komfortsteigerung bringen kann; auch darf nicht jedes Gespräch mit dem Kind «fakturiert» werden (welche Gefahr bei Quantifizierung des Betreuungsaufwands aber besteht: N 2; GULER, ZVW 1990, 64), ansonsten auch Beiträge des Kindes (Einkaufen, Mithilfe im Haushalt, was der Obhutsinhaber im Blick auf *Eigenverantwortlichkeit und Gemeinschaftsfähigkeit* als Erziehungsziele [Art. 301 N 5] durchaus verlangen soll) mitzuveranschlagen wären.

16 Im **Verhältnis unter den Eltern** (welche **gemeinsam** für den Unterhalt aufzukommen haben: Art. 276 N 8 f.) sind die **Anteile proportional zu ihrer Leistungsfähigkeit** zu verlegen (HEGNAUER/BREITSCHMID, N 16.11 ff.). In der Regel erbringt der Obhutsinhaber seinen Anteil durch die Betreuung (N 8). Zur **Defizitverteilung unter den Eltern** s. N 21.

c) Geschwister

Der Grundsatz der **Geschwistergleichbehandlung** (BGE 116 II 114 ff.; 120 II 291;　**17** OGer SO AJP 1996, 490; HEGNAUER, ZVW 1989, 136 ff.) ist **im Grundsatz absolut:** D.h. es haben alle Kinder eines Elters Anspruch auf Gleichbehandlung durch ihn, unabhängig davon, ob sie mit besser oder schlechter gestellten *Stief*geschwistern zusammenleben; anderseits ist er **relativ** insoweit, als die Kinder **nach Massgabe ihrer Bedürfnisse** (wirtschaftliche Rahmenbedingungen des Haushalts, in dem sie leben; konkreter Ausbildungsbedarf und -chancen usw.) gleich zu behandeln sind (BGE 126 III 353, 358 ff. E. 2; der Entscheid – s. auch Art. 286 N 5 – behandelt einen nahezu unlösbaren Fall: Hat der Pflichtige zwei Kinder aus einer früheren Ehe, ein Kind und zwei Stiefkinder aus der gegenwärtigen Ehe und zeugt er ausserehelich ein weiteres Kind – Kläger im erwähnten Fall –, so lassen sich die in drei Kantonen zu führenden [Abänderungs-]Verfahren kaum mehr sinnvoll koordinieren). Zur Geschwistergleichbehandlung s. auch Art. 276 N 19 sowie Art. 631. – Eine Mehrheit von Berechtigten wirkt in jedem Fall kostenerhöhend (besonders bei Zwillingen), allerdings mit degressivem Verlauf (vgl. die Werte in N 9 und 10).

d) Fallgruppen nach wirtschaftlichen Verhältnissen

aa) Normale Verhältnisse

Es lässt sich kaum abstrakt und verbindlich festlegen, wann von **normalen wirtschaft-**　**18** **lichen Verhältnissen** auszugehen ist (auf welche die *zürcherischen Empfehlungen* zugeschnitten sind: N 6). Da die Bedarfsermittlung indes auf eine rechnerische Grundlage angewiesen ist, rechtfertigt sich ein Hinweis auf statistische Erfahrungswerte: Gemäss dem *Statistischen Jahrbuch der Schweiz 2005* (hrsg. vom Bundesamt für Statistik, Zürich 2005, 835 ff.) haben 2002 die **privaten Haushalte durchschnittlich pro Monat rund Fr. 7867.– ausgegeben** (für detailliertere Aufschlüsselungen a.a.O., 840 T 20.3.1.1 bzw. 836 T 20.2.1.2, mit Unterscheidung der Ausgabenstruktur nach sozio-ökonomischen Gruppen bzw. Haushaltgrösse: Danach umfasste 2002 der *«Durchschnittshaushalt»* 2,43 Personen und der Median der monatlichen Einkommen betrug Fr. 8933.–; dem Einpersonenhaushalt standen Fr. 6451.–, dem Elternteil mit Kind(ern) 7595.–, dem (Doppelverdiener-)Paar Fr. 11 157.–, dem Dreipersonenhaushalt [Kleinfamilie] Fr. 10 957.– zur Verfügung; vier Personen Fr. 11 189.– und fünfen Fr. 11 813.–); in einer Vorauflage ergaben sich für 1992 mtl. Ausgaben von rund Fr. 6800.–: bereits danach waren etwa die Werte in BGE 116 II 112 E. 3a, überholt, wo Einkommen von Fr. 3500.– bis 4000.– als durchschnittlich betrachtet wurden; zu bedenken ist überdies, dass die Kinder betreuende Generation gegenüber dem Durchschnitt aller Altersgruppen ein noch tieferes Einkommen und Vermögen hat (a.a.O., 836 ff. T 20.2.1.2, 20.2.2.1.2, 20.2.2.2.2). – Dies unterstreicht, dass die **Empfehlungen des Jugendamtes** (abgesehen von lokalen Reduktionen: N 7) **nur dann unverändert übernommen** werden können, wenn dem jeweiligen Haushalt unter Berücksichtigung seiner konkreten und angemessenen Kostenstruktur (z.B. Mietzins) ein das *erweiterte Existenzminimum deutlich übersteigender* **Freibetrag von 20%** verbleibt (i.S. der bundesgerichtlichen Rechtsprechung zum Mündigenunterhalt: s. die Hinweise – auch bez. allfällig gebotener Differenzierungen – in Art. 277 N 17), weil *auch die «Empfehlungen» nicht auf Existenzminimumwerten basieren* (N 6); selbstverständlich sind die unter Ehegatten allgemein (Art. 163–165) und aufgrund von Art. 278 Abs. 2 geschuldeten Beiträge sowie der Grundsatz, dass der Unterhaltskläger und weitere Kinder des Beklagten gleichzustellen sind (N 17), zu berücksichtigen.

bb) Unterdurchschnittliche Verhältnisse

19 Bereits die *Zürcher Empfehlungen* sahen bislang – wenn auch in der geltenden Fassung nur mehr in allgemeiner Form (Ziff. III.C) – vor, dass **Reduktionsfaktoren** (bescheidener Lebensstandard in ländlichen Verhältnissen, Naturalwirtschaft; darüber hinaus aber generell bei **schlechten wirtschaftlichen Verhältnissen** des Pflichtigen) zu beachten sind und von den empfohlenen Werten um bis zu 25% nach unten abgewichen werden könne; dies betrifft alle Positionen des Bedarfs, insb. auch Wohnkosten und Nebenauslagen. Wo es die Leistungsfähigkeit des Pflichtigen nicht zulässt, sind noch tiefere Beiträge zuzusprechen, da der Pflichtige nur zu einem seiner Leistungsfähigkeit entsprechenden, nicht aber zu einem «kostendeckenden» Beitrag verpflichtet werden kann (N 5, 13; BK-HEGNAUER, N 65; DERS., ZVW 1986, 63 E. 5 f. und ZVW 1987, 96 ff.). Zu **Anhaltspunkten für eine unterste Grenze** bei bedarfsorientierter Sicht s. N 5, 7; indes kann der Leistungs*unfähige* (im Gegensatz zum Leistungsunwilligen: N 12) nicht zu einem Unterhaltsbeitrag verpflichtet werden (HINDERLING/STECK, 469 Anm. 15a m.Nw.; **a.M.** OGer SO AJP 1996, 490 f. mit Bem. GEISER).

20 Dabei stellt sich die im Eherecht diskutierte Frage, ob es richtig sei, dem **Pflichtigen sein Existenzminimum** zu belassen und nur den **Berechtigten an die Fürsorge** zu verweisen, oder ob nicht der Fehlbetrag proportional zu verteilen wäre (s. zum Problem allg. u.a. Art. 176 N 4; ZK-BRÄM Art. 176 N 30 ff.; HINDERLING/STECK, 539 f.; GEISER, AJP 1993, 913; HEGNAUER/BREITSCHMID, Eherecht, N 21.24e; RÜEGG, plädoyer 1994, 22 ff.; PERRIN, FS Schnyder, 529 ff.; s. Art. 289 N 13). Immerhin statuiert nämlich der spezifisch kindesrechtliche Art. 285 Abs. 1 ausdrücklich eine «Wechselwirkung» der allseitigen wirtschaftlichen Verhältnisse (N 3) – allerdings ohne explizit eine Wertung für den Fall ungenügender Leistungsfähigkeit vorzusehen. Die im Eheunterhalts- und Scheidungsrecht kontrovers diskutierte Frage entbehrt indes beim Kindesunterhalt insofern der Schärfe, als der Unmündige die ihm ausbezahlten Fürsorgeleistungen nicht zurückzuerstatten hat (HEGNAUER, ZVW 1986, 63 E. 7; vgl. Art. 293 N 3). Dennoch ist die *Garantie des Existenzminimums des Pflichtigen nicht absolut,* da seine Leistungsfähigkeit gerade dann, wenn er das eigene Existenzminimum unter Berücksichtigung der ihm (im Rahmen des Existenzminimums ebenfalls zwingend) obliegenden Unterhaltspflichten nicht erreicht, sich nicht nur nach seinen effektiven, sondern den erzielbaren Verhältnissen beurteilt (o. N 12), weshalb ihm zuzumuten ist, alle Ressourcen (zur Erwerbspflicht Art. 276 N 25), namentlich auch *ehe*rechtliche Beiträge aus Art. 159 Abs. 3 (soweit nicht Art. 278 Abs. 2 als Sondernorm für *vor*eheliche Kinder anwendbar ist) erhältlich zu machen (BGE 127 III 68, 71 f. E. 3); vgl. ferner Art. 328 bez. grosselterlicher *Unterstützungsbeiträge* (BK-HEGNAUER, Art. 276 N 12; BGE 128 III 161 E. 2.c).

21 Besonders bei knappen Verhältnissen stellt sich auch die Frage, wie der **Fehlbetrag unter den Eltern zu verteilen** sei. *Unter den Eltern* gilt das Prinzip **verhältnismässiger Belastung** (N 8, 16); ob dem Obhutsinhaber (neu) eine Arbeit ausser Haus zuzumuten sei (GULER, ZVW 1990, 68 m.Nw.), richtet sich nach bisheriger Übung, effektiven Möglichkeiten und konkreten Umständen (wo z.B. Schulden abzutragen sind, die während der Ehe im Interesse beider Gatten eingegangen wurden, nicht aber bei Neuverschuldung des Pflichtigen in Kenntnis seiner Unterhaltspflicht: HINDERLING/STECK, 467 Anm. 8; PERRIN, SemJud 1993, 436 ff.); jedenfalls darf keine Besserstellung gegenüber vergleichbaren «intakten» Haushalten eintreten.

cc) Überdurchschnittliche Verhältnisse

22 Bei **überdurchschnittlich günstigen Verhältnissen der Eltern** lassen sich auch die Bedürfnisse des Kindes grosszügiger berücksichtigen (BGE 83 II 359; 116 II 113). Ein

absoluter oberer Rahmen besteht nicht; massgeblich ist in erster Linie «die dem Kind einzuräumende Lebensstellung aufgrund der von seinen Eltern tatsächlich praktizierten Lebenshaltung» (BGE 120 II 291). Indes versteht sich auch im Kindesunterhaltsrecht (analog dem Eherecht: BGE 116 II 113 E. 3b unter Hinweis auf HAUSHEER/REUSSER/ GEISER, Art. 173 N 9), dass – wo die vertretbaren Bedürfnisse es nicht erfordern – nicht die gesamte wirtschaftliche Leistungskraft der Eltern zur Ermittlung des Kinderunterhalts heranzuziehen ist, sondern dieser eine Grenze an der **effektiven Lebensstellung** der Eltern und den möglicherweise enger zu steckenden **pädagogisch sinnvollen Unterhaltsbedürfnissen** findet (BGE 120 II 291). Massgeblich ist die Lebensstellung **beider Eltern;** das Kind hat sich mithin nicht auf den tieferen Lebensstandard des ihn betreuenden Elternteils zu beschränken, sondern hat Anspruch, über die Unterhaltsleistungen am Lebensstandard des besser gestellten Unterhaltspflichtigen teilzuhaben (BGE 116 II 114; 120 II 290 f.) und mit allfälligen weiteren Kindern des Pflichtigen gleich behandelt (dazu N 17) zu werden; soweit sich dadurch im Einzelfall eine Ungleichbehandlung mit Halbgeschwistern im Haushalt des obhutsberechtigten Elternteils ergibt (was auch bei einem Erbfall eintreten könnte), obliegt es diesem, eine dem Wohl des berechtigten Kindes zuträgliche Verwendung zu sichern (BGE 120 II 291; ggf. hätte die Vormundschaftsbehörde Anordnungen nach Art. 324 f. zu treffen: BGE 116 II 116 E. 4c a.E.).

Wie weit in solchen Fällen der Rahmen des durchschnittlichen Bedarfs überschritten werden soll, hängt mit der **Natur des Unterhalts** zusammen, der **für laufenden Verbrauch** und lediglich eine beschränkte Ersparnisbildung (im Blick auf vorübergehend höhere oder absehbare zukünftige Bedürfnisse: Ausbildungs-, evtl. medizinische Behandlungskosten u.Ä.: BGE 120 II 291 f.) bestimmt ist, nicht aber zu systematischer Äufnung von Vermögen (Art. 276 N 24; diesbez. undifferenziert die *Zürcherischen Empfehlungen*, III.B a.E.; BGE 5C.173/2005 E. 2.3.3, 7.12.2005). Das rechtfertigt m.E., bei Fehlen besonderer Umstände aus erzieherischen Gründen von den Bedarfszahlen einschlägiger Richtlinien (einschliesslich des Betreuungsaufwandes, der ebenfalls grosszügiger abzugelten ist) um **nicht mehr als 25% nach oben abzuweichen;** anders wäre – ähnlich der Praxis zu Art. 277 Abs. 2 (dort N 9) – nur zu entscheiden, wo ein *entsprechender Lebensplan* bewusst angelegt oder zumindest praktiziert wurde, dessen Kontinuität mit Blick auf das Kindeswohl zu schützen ist (so darf z.B. eine kostenintensive Internats- oder Zusatzausbildung kultureller, sprachlicher oder sportlicher Art nicht ohne qualifizierte Gründe abgebrochen werden bzw. sollen Zusatzaufwendungen möglich werden, wo die wirtschaftliche Entwicklung beim Pflichtigen eine Steigerung erlaubt; Art. 286 N 2). 23

e) Besondere Verhältnisse: Leistungen Dritter, ausländische Beteiligte

Zur Behandlung der Beiträge **Dritter, insb. Stiefeltern,** s. Art. 278 N 4 ff. sowie o. N 20; bez. Kinderzulagen, IV-Renten, Stipendien u. N 28 f. (s. BGE 128 III 161 bez. Beiträgen der Eltern des Unterstützungspflichtigen sowie BGE 1P.254/2002 bez. Berücksichtigung des Einkommens des Konkubinatpartners). 24

Für den **Unterhaltsberechtigten sind die Bedürfnisse an seinem Wohn- oder gewöhnlichen Aufenthaltsort** massgeblich (Art. 25 Abs. 1; Art. 83 Abs. 1 IPRG bzw. Art. 4 i.V.m. Art. 10 Ziff. 1 UStÜ). Liegt dieser **nicht in der Schweiz,** kann aber der Pflichtige hier belangt werden, so bewirkt dessen hiesiger Lebensstandard zwar eine grosszügige Bewertung seiner Leistungsfähigkeit, während aber den *tieferen Unterhaltskosten am Wohnort des Klägers* und damit seinem geringeren Bedarf mit einer **Reduktion** zu begegnen ist (ggf. auch nur für die Periode, während der er sich nicht in der Schweiz aufhält). 25

26　**Wohnt der Pflichtige im Ausland** (BezGer Bülach, ZVW 1993, 129 ff., 133 E. 3d), so kann er nur zu einer seiner effektiven Leistungsfähigkeit und nicht den Bedürfnissen des hiesigen Klägers entsprechenden Leistung verpflichtet werden. Zur Reduktion des betreibungsrechtlichen Grundbedarfs bei einem *Grenzgänger* (Reduktion um 10%) s. BlSchK 2000, 63, zum Prinzip der Anknüpfung an den schuldnerischen Wohnsitz zur Beurteilung seiner Leistungsfähigkeit BGE 126 III 353, 356 E. 1a/bb (innerhalb der Schweiz).

27　Zur **Ermittlung der ausländischen Verhältnisse** ist auf **kaufkraftbereinigte Paritätskurse** abzustellen (SJZ 1992, 67 E. 1; vgl. *Preise und Löhne rund um die Welt*); es ergeben sich daraus die Reduktionsfaktoren bez. des dem Pflichtigen anzurechnenden (i.d.R. tieferen) Existenzminimumgrundbetrags und daraus eine höhere Freiquote (zu beachten ist insb., dass bei ländlichem Wohnsitz und Abstellen nicht auf europäische, sondern die jeweiligen einheimischen Konsumgewohnheiten tendenziell höhere Abschläge resultieren dürften).

4. Vermögen und Einkünfte des Kindes

28　Das **Kind** hat sich aufgrund von Art. 276 Abs. 3 **Arbeitserwerb oder andere Mittel an den Unterhalt anrechnen** zu lassen, soweit dies **zumutbar** ist; gemeint sind *Stipendien, Sozialversicherungsleistungen, Erträge des Kindesvermögens* (Art. 319 Abs. 1, nicht aber Art. 321 Abs. 1), *Anzehrung des Kindesvermögens* (Art. 320), *Beiträge aus Arbeitserwerb* (Art. 323 Abs. 2). Wegen des Vorrangs elterlicher Unterhaltspflicht ist diese Ausnahmebestimmung insb. während der Unmündigkeit restriktiv zu handhaben (Art. 276 N 29 f.) und greift nur dort, wo die wirtschaftliche Lage des Kindes deutlich besser ist als jene der Eltern und zudem die Eltern ihr Existenzminimum nur knapp zu decken vermögen.

III. Behandlung von Kinderzulagen und Sozialversicherungsleistungen (Abs. 2, Abs. 2bis)

29　«Kinderzulagen, Sozialversicherungsleistungen und ähnliche für den Unterhalt des Kindes bestimmte Leistungen, die dem Unterhaltspflichtigen zustehen, sind *zusätzlich* zum Unterhaltsbeitrag zu zahlen» (Abs. 2 erste Hälfte; Kumulationsgrundsatz; BGE 128 III 305 E. 4, s. dazu AEBI-MÜLLER, ZBJV 2005, 298 ff.; BGE 129 V 362; krit. s. KRAPF, 90 ff.). Diese Bestimmung ist **Auslegungsrichtlinie: Leistungen,** welche im **Zeitpunkt der Festsetzung des Unterhaltsbeitrags bekannt** sind, gelten als darin **mitgeschuldet,** obwohl sie möglicherweise aber (als selbstverständlich) nicht erwähnt werden; dennoch müssen diese von Drittseite zufliessenden Leistungen bei der Vollstreckung (Rechtsöffnung) aber im Interesse des Kindes miteinbezogen werden, da es auf den Unterhaltsbeitrag *einschliesslich* Kinderzulagen u.ä. angewiesen ist (zum Problem näher GESSLER, SJZ 1987, 251; ZR 1998 Nr. 10). Auch mit dem Inkrafttreten der Bestimmung des Art. 285 Abs. 2bis hat sich nichts an der Rechtsprechung zur Auszahlung der Kinderrenten der Invalidenversicherung an den Gatten des Berechtigten geändert. Mit den per 1.1.2002 in Kraft getretenen Art. 71ter AHVV und 82 IVV erst erfolgte eine Anpassung (BGE 129 V 362). **Richtigerweise** sind aber im Unterhaltsurteil oder -vertrag diese bekannten und **mitgeschuldeten Leistungen ausdrücklich zu spezifizieren.** BGE 113 III 6 (wo das BGer eine «automatische Hinzurechnung» der **Kinderzulagen** im Rechtsöffnungsverfahren verweigert hat) betraf indes ein vor Inkrafttreten von Art. 285 ergangenes Scheidungsurteil, weshalb GEISER (FS 75 Jahre EVG, 365 f.) die Verallgemeinerungsfähigkeit des Entscheids mit Recht verneint und damit der auf BGE 113 III 6 fussenden Kritik von

KOLLER (recht 1988, 35 ff.) die Grundlage entzieht (s.a. HEGNAUER, Kindesrecht, N 21.16 f.; ferner einlässlich HAFFTER, 173 ff.; SG GVP 1995, 94). KRAPF vertritt die Auffassung, dass den Art. 285 Abs. 2 und 2bis keine materielle Bedeutung zukommt, was die Koordination von Unterhaltsbeitrag und Sozialversicherungsleistung angeht.

Ausnahmsweise ist aber denkbar, dass solche Leistungen **nicht oder nur teilweise dem**   **30** **Kind zukommen** sollen, was aber vom Richter ausdrücklich anzuordnen ist (GUGLIEL-MONI/TREZZINI, 7 f.: wo z.B. ein ausreichender Unterhaltsbeitrag festgesetzt werden kann und noch unklar ist, welcher Elternteil Anspruch auf **Kinderzulagen** hat; dazu KIESER/RIEMER-KAFKA, Tafeln zum schweizerischen Sozialversicherungsrecht, Zürich 2003, Tafel 56). Wo dem Pflichtigen zustehende Sozialversicherungsleistungen direkt dem Unterhaltsberechtigten ausbezahlt werden, kann *Rechtsöffnung* in einer Betreibung des Berechtigten gegen den Pflichtigen verweigert werden (BGE 114 III 86; s. im Übrigen Art. 289 N 16).

Entstand der Anspruch auf Leistungen i.S.v. Abs. 2 erst nach **Festlegung des Unter-**   **31** **haltsbeitrags** und war er im Urteil auch nicht eventuell mitberücksichtigt worden, so lagen bislang veränderte Verhältnisse i.S.v. Art. 286 Abs. 2 vor, was vom Pflichtigen im Regelfall in einem Abänderungsverfahren geltend zu machen war (Art. 286 N 13). Für **alters- oder invaliditätsbedingt** *einkommensersetzende,* dem Unterhalt des Kindes dienende **Rentenleistungen** an den Pflichtigen (AHV, IV, berufliche Vorsorge) hält der mit der Scheidungsrevision neu eingefügte **Abs. 2bis** nunmehr von Gesetzes wegen fest, dass diese unmittelbar dem Kind zustehen, zwar unter entsprechender Reduktion des vom Pflichtigen zu leistenden Unterhaltsbeitrags, indes allenfalls auch in einem die bisherigen Leistungen übersteigenden Umfang (HEGNAUER, Kindesrecht, N 21.17). Es handelt sich dabei um Umstände, die auch in einem *Rechtsöffnungsverfahren* zu Gunsten wie zu Lasten des Pflichtigen zu berücksichtigen sind (vgl. bereits BGE 114 II 123, wonach eine Reduktion der eigenen Leistungen nach Entstehung einer direkt dem Kind zufliessenden Kinder-Zusatzrente im Rechtsöffnungsverfahren auf diesbez. Einwendung des Pflichtigen hin nicht geradezu willkürlich sei sowie noch zur bisherigen Problemlage BK-HEGNAUER, Art. 285 N 103 ff. bzw. Art. 286 N 79).

IV. Fälligkeit (Abs. 3)

Fälligkeitstermin ist regelmässig der Monatsbeginn; auf diesen Zeitpunkt **entsteht** die   **32** jeweilige **Beitragsforderung** und wird zugleich **fällig** (*Verfalltag:* GAUCH/SCHLUEP, Rz 2957); Verzugszinsen setzen indes Betreibung voraus (GESSLER, SJZ 1987, 254; dort auch detailliert zur Behandlung **verspäteter Zahlungen** sowie von **Minder- und Mehrleistungen,** welche keine Tilgung künftiger Unterhaltsbeiträge bewirken: HEGNAUER, ZVW 1986, 57; ZBJV 2004, 781 ff.).

Unterhaltsbeiträge **verjähren** binnen *fünf Jahren* seit Fälligkeit (Art. 128 Ziff. 1 OR).   **33** Mit der Fälligkeit wird die einzelne Beitragsquote aktiv und passiv *vererblich* und kann *verrechnet, abgetreten* oder *gepfändet* werden, soweit der Gläubiger ihrer nicht unmittelbar bedarf; nur in diesem Rahmen ist auch *Stundung* möglich (HEGNAUER, Kindesrecht, N 23.05; Art. 289 N 5).

Zur **Erfüllung** und **Vollstreckung** s. im Übrigen zu Art. 289.   **34**

Art. 286

V. Veränderung der Verhältnisse	**¹ Das Gericht kann anordnen, dass der Unterhaltsbeitrag sich bei bestimmten Veränderungen der Bedürfnisse des Kindes oder der Leistungsfähigkeit der Eltern oder der Lebenskosten ohne weiteres erhöht oder vermindert.**

² Bei erheblicher Veränderung der Verhältnisse setzt das Gericht den Unterhaltsbeitrag auf Antrag eines Elternteils oder des Kindes neu fest oder hebt ihn auf.

³ Bei nicht vorhergesehenen ausserordentlichen Bedürfnissen des Kindes kann das Gericht die Eltern zur Leistung eines besonderen Beitrags verpflichten.

V. Faits nouveaux

¹ Le juge peut ordonner que la contribution d'entretien soit augmentée ou réduite dès que des changements déterminés interviennent dans les besoins de l'enfant, les ressources du père et mère ou le coût de la vie.

² Si la situation change notablement, le juge modifie ou supprime la contribution d'entretien à la demande du père, de la mère ou de l'enfant.

³ Le juge peut contraindre les parents à verser une contribution spéciale lorsque des besoins extraordinaires imprévus de l'enfant le requièrent.

V. Modificazione delle circostanze

¹ Il giudice può ordinare che il contributo per il mantenimento sia senz'altro aumentato o ridotto in caso di determinate modificazioni dei bisogni del figlio, delle possibilità dei genitori o del costo della vita.

² Se le circostanze siano notevolmente mutate, il giudice, ad istanza di un genitore o del figlio, modifica o toglie il contributo.

³ Il giudice può obbligare i genitori a versare un contributo speciale allorché lo richiedano bisogni straordinari e imprevisti del figlio.

Literatur

Vgl. die Literaturhinweise zu den Vorbem. zu Art. 276–295, ferner insb.: GESSLER, Scheidungsurteile als definitive Rechtsöffnungstitel, SJZ 1987, 249 ff.; GUINAND, Le problème de l'indexation des pensions alimentaires, ZBJV 1975, 321 ff.; HAUSHEER/SPYCHER, 485 ff.; BK-HEGNAUER, aArt. 320; DERS., Der Gerichtsstand für die Abänderung einer Vereinbarung über Unterhaltsbeiträge an ein mündiges Kind (Art. 279 Abs. 2, 286 Abs. 2 ZGB), ZVW 1981, 139 ff.; DERS., Kann die Befreiung von der elterlichen Unterhaltspflicht (Art. 276 Abs. 3 ZGB) im Rechtsöffnungsverfahren geltend gemacht werden?, ZVW 1983, 57 ff.; DERS., Kann die Vormundschaftsbehörde die vertragliche Abänderung von Unterhaltsbeiträgen für das Scheidungskind genehmigen?, ZVW 1986, 52 ff.; DERS., Zuständigkeit zur Genehmigung eines Vertrages über Herabsetzung oder Aufhebung von Unterhaltsbeiträgen bei nachträglicher Zusprechung von Sozialleistungen (Art. 285 Abs. 2, 286 Abs. 2, 287 Abs. 1 ZGB), ZVW 1987, 52 ff.; DERS., Erhöhung des Unterhaltsbeitrages bei Heimunterbringung des Scheidungskindes, Art. 157, 286 Abs. 2 ZGB, ZVW 1989, 136 ff.; KREIS, Zur Indexierung von Unterhaltsbeiträgen, SJZ 1982, 286 ff.; ZEN-RUFFINEN, Le mensonge du nominalisme ou quelques réflexions sur l'indexation des rentes alimentaires et des rentes indemnitaires, in: FS Jeanprêtre, Neuchâtel 1982, 141 ff. Siehe ferner die Literaturhinweise zu Art. 127 ff. und 134.

I. Vorweggenommene bzw. automatische Anpassung an geänderte Verhältnisse: insb. Indexierung (Abs. 1)

1. Voraussetzungen im Allgemeinen

1 BGE 98 II 257 hat – entgegen früherer Praxis – die Indexierung der Unterhaltsbeiträge für eheliche oder ausserehliche Kinder als grundsätzlich zulässig erklärt, *wenn im Ein-*

zelfall zu erwarten sei, es werde sich das Einkommen des Beitragspflichtigen an die Teuerung anpassen (N 5). Art. 286 Abs. 1 hat diese Praxis kodifiziert und lässt eine **Anpassung im Voraus** (Zeitpunkt des Unterhaltsurteils oder der Genehmigung einer Vereinbarung gem. Art. 287) **für den Fall künftiger Änderungen in den massgeblichen Verhältnissen** zu; in Betracht kommen *bestimmte Veränderungen der Bedürfnisse des Kindes* (N 3) *oder der Leistungsfähigkeit der Eltern* (N 4) sowie *Erhöhung oder Verminderung der Lebenskosten* (N 5).

Voraussetzung einer Abänderung im Voraus ist, dass ein relevanter Anpassungsbedarf 2 (N 10 f.) konkret oder doch mit gewisser Wahrscheinlichkeit absehbar ist. Trifft dies zu, so ist aber mit Rücksicht auf die Prozessökonomie und ein unbelastetes Verhältnis der Beteiligten die (automatische) Anpassung vorzusehen, was nachträgliche Abänderung unnötig macht und eine im Interesse aller Beteiligten liegende Kontinuität bewirkt. – Generell sind *Anpassungen zu Gunsten des Kindes* nicht an allzu strenge Voraussetzungen zu knüpfen, da – anders als beim Geschiedenenunterhalt – die familienrechtliche Beziehung zum Kind (fort-)besteht und das mit Art. 286 ausgesprochene Prinzip der Abänderbarkeit rechtfertigt, dass das Kind an einer günstigen Einkommens- und Vermögensentwicklung des Pflichtigen partizipiert. Eine *Verschlechterung der wirtschaftlichen Lage des Pflichtigen* lässt demgegenüber den Bedarf des Kindes unverändert und kann nur dort zu einer Herabsetzung führen, wo ursprünglich überdurchschnittliche Beiträge festgesetzt werden konnten; andernfalls liegt es zunächst am Pflichtigen, den Abänderungsgrund abzuwenden (Art. 276 N 25).

2. Anpassungstatbestände

a) Veränderungen der Bedürfnisse des Kindes

Üblich sind **Abstufungen nach dem Alter des Kindes** (Art. 285 N 4, 6; ausnahmsweise 3 auch nach dessen Wohnort: Art. 285 N 25), wobei der Bedarf mit Eintritt in die Schule (d.h. mit etwa sechs Jahren) und dann mit Übertritt in weiterführende Schulen (also mit zehn bis zwölf Jahren) ansteigt. Eine weitere Anpassung wird i.d.R. im Alter von 15 oder 16 Jahren vorgesehen, wobei sich hier allerdings bereits gegenläufige Tendenzen ergeben können: Weitere Bedarfszunahme bei Besuch höherer Schulen oder Zusatzausbildung, oder aber Stabilisierung und später möglicherweise eine Reduktion parallel zur Entwicklung eines allfälligen (Lehrlings-)Lohns (Art. 276 Abs. 3). Seit der Herabsetzung des Mündigkeitsalters kann sich deshalb in Fällen, wo der *Beitrag schon vor Eintritt in die Schulpflicht* festgelegt wird, rechtfertigen, eine letzte Anpassung um das 12. Altersjahr vorzusehen und zugleich auf *je nach Ausbildungsgang vorbehaltene Anpassungen auf diesen oder den Zeitpunkt der Mündigkeit hin* zu verweisen, um – z.B. nach dem 16. Altersjahr – auf Grundlage der damaligen Umstände («Lebens- und Ausbildungsplan»: Art. 277 N 9) eine Unterhaltsvereinbarung über die Mündigkeit hinaus, ggf. verbunden mit einer Neufestlegung des Beitragssatzes zu treffen bzw. – wo eine Einigung sich nicht ergibt – noch während der Unmündigkeit eine entsprechende Abänderungsklage zu erheben.

b) Veränderung der Leistungsfähigkeit der Eltern

Wo im Zeitpunkt des Urteils oder des Abschlusses eines Unterhaltsvertrags sich *Eltern* 4 *z.B. noch in Ausbildung befinden* und nach deren Abschluss ein **höheres Einkommen** zu erwarten ist, oder wo *anderweitige Unterhaltspflichten wegfallen* werden, rechtfertigt sich, eine entsprechende Anpassung vorzusehen. Auch vom Pflichtigen nicht beeinflussbare **Herabsetzungsgründe** (z.B. *Pensionierung*) sind zu berücksichtigen; nicht aber eine noch nicht konkret geplante Heirat (die bez. vorehelicher Kinder des Pflichtigen zudem ohne Einfluss ist: Art. 278 Abs. 2), da erst weitere Kinderunterhaltspflicht aus dieser Ehe Grund zur Anpassung gäbe (N 14), solches aber zu wenig konkret ist (N 2).

c) Anpassung an die Lebenskosten

5 Es handelt sich dabei um den praktisch wichtigsten Aspekt. Kontrovers ist, ob eine *automatische Koppelung des Unterhaltsbeitrags mit der allgemeinen Preisentwicklung* oder lediglich mit der *Einkommensentwicklung des Pflichtigen* vorzusehen sei. Für Ersteres spricht der Bedarf des Kindes, für Letzteres die Berücksichtigung der effektiven Leistungsfähigkeit des Pflichtigen, was beides aber gesamthaft zu würdigen und gegeneinander abzuwägen ist (Art. 285 N 3). Seit der «Automatismus» des Teuerungsausgleichs nicht mehr spielt, hat sich die Frage akzentuiert. Da das Kind weniger flexibel auf die Preisentwicklung reagieren kann als der Pflichtige (der altersbedingt oft noch Lohnerhöhungen durch zunehmende Erfahrung oder Verantwortung erhalten wird), ist das Schwergewicht nicht darauf zu legen, ob das Einkommen des Pflichtigen sich (automatisch) der Teuerung anpasse, sondern ob es nicht dem Pflichtigen eher als dem Kind zuzumuten sei, sich auf die Kostenentwicklung durch vermehrten Einsatz (Art. 285 N 12) einzustellen (so die – gegenüber dem zurückhaltenderen BGE 98 II 260 f. – praktisch einmütige Lehre: BK-Bühler/Spühler, aArt. 156 N 272; BK-Hegnauer, N 26 ff.; ders., Kindesrecht, N 21.27; Kreis, SJZ 1982, 287 f.; Stettler, SPR III/2, 326 f.; nun BGE 126 III 353, 357 f. E. 1b), was umso mehr gilt, als gerade in mittleren bis knappen Verhältnissen regelmässig Unterhaltsbeiträge zugesprochen werden, die wenig Spielraum lassen. BGE 126 III 358 lehnt die Genehmigung einer Indexklausel ab, bei welcher nach einiger Zeit unklar werde, wie hoch der effektiv geschuldete Unterhaltsbeitrag sei; es bleibt allerdings unklar, worin die Unklarheit einer Ordnung besteht, welche den Nachweis der Nicht-Anpassung des Lohns an die Indexklausel dem Pflichtigen überbindet, welcher gegebenenfalls seinerseits ein Abänderungsverfahren einzuleiten hätte (BK-Hegnauer, N 33; ausser es wäre nach dem konkreten Sachverhalt eine Anpassung von vornherein ausser Betracht gefallen: s. alsdann a.a.O., N 32; der eine prekäre Situation behandelnde Entscheid [s. Art. 285 N 17] ist nur beschränkt verallgemeinerungsfähig). – Art. 134 Abs. 2 (Beurteilung veränderter Verhältnisse bez. des Kindesunterhaltsbeitrags in *eherechtlichen Verfahren*) verweist auf die vorliegende Ordnung.

3. Formulierung der Indexklausel

6 Während zunächst die Lösung verbreitet war, eine Anpassung des Unterhaltsbeitrags in unregelmässigen Abständen erst beim *Anstieg des Lebenskostenindexes um eine bestimmte Punktezahl* (i.d.R. 10% der Ausgangsgrösse) vorzunehmen (BGE 98 II 257; ZBJV 1975, 348), *überwiegt heute in der Praxis* die **jährliche Anpassung** (BGE 100 II 255), was eine feinere Abstufung im Gleichschritt mit Lohn- und Preisentwicklung ohne permanente Überwachung erlaubt (Mustersammlung, Nr. 113.1–113.3, 114.1, 114.2; SJZ 1987, 169 = ZR 1987 Nr. 29 = ZVW 1987, 153; Zürcher Empfehlungen Ziff. V): Der Beitrag berechnet sich nach der **Formel** *ursprünglicher Unterhaltsbeitrag multipliziert mit neuem Indexpunktestand, dividiert durch den ursprünglichen Indexpunktestand.* Referenzgrösse ist regelmässig der *Landesindex der Konsumentenpreise* (des Bundesamtes für Statistik). Denkbar (soweit später in einem Vollstreckungs- bzw. Abänderungsverfahren feststellbar) wäre aber auch, auf Branchen- oder lokale Indizes abzustellen. – Die *eherechtliche* Ordnung (Art. 143 Ziff. 1), wonach die **Bezugsgrössen** der getroffenen Ordnung in einer Vereinbarung bzw. im behördlichen Entscheid (ggf. unter Bezugnahme auf die jeweiligen Aktenstellen) zu **dokumentieren** sind, gilt sinngemäss.

II. Individuelle Anpassung an geänderte Verhältnisse: Dauernde (Abs. 2) und vorübergehende (Abs. 3) Anpassungen

1. Prozessuale Aspekte der Abänderungsklage

Für die **Abänderungsklage gelten die Grundsätze der Unterhaltsklage** (Art. 279 f.; **7**
ZR 2003 Nr. 61, 284 ff.) sowohl bezüglich Zuständigkeit wie Verfahren; strittig ist, ob
eine Anpassung auch für ein Jahr vor Klageanhebung verlangt werden könne bzw. ob
auch der Pflichtige von der Rückwirkung profitieren könne (so BK-HEGNAUER, N 93 ff.;
gegenteilig HAUSHEER/SPYCHER, Rz 09.61, da in diesem Stadium keine Schonung mehr
geboten sei; in diesem Sinne nun aber auch BGE 127 III 503 und 128 III 305, E. 6, womit die *Rückwirkung zu Gunsten des Pflichtigen nicht gilt*); richtigerweise wäre allerdings wohl doch (mit HEGNAUER) nach der Natur der familienrechtlichen Beziehung
(Art. 272) zu Gunsten sowohl des Berechtigten wie des Pflichtigen vorab darauf abzustellen, dass der Gegenpartei der Eintritt des Abänderungsgrunds beweisbar mitgeteilt
(vgl. Art. 275a) wurde, um sich auf die Gegebenheiten einstellen zu können. – Weiter ist
zu bedenken, dass die in Anlehnung an Art. 286 im revidierten Scheidungsrecht getroffene, auf der Dispositionsmaxime beruhende Ordnung von Art. 128 f. (vgl. namentlich die
diesbez. Botschaft, Ziff. 233.542, 118 f.) keine «Rückkoppelung» auf das Kindesrecht
entwickeln darf, indem sowohl die ursprüngliche Anordnung einer Indexierung wie auch
die nachträgliche Anpassung den Regeln von Art. 280 Abs. 2 und damit der *Untersu-
chungs- bzw. Offizialmaxime* (dort N 5 ff.) folgen (vgl. entsprechend die unterschiedliche
Ordnung von Art. 127–129 bzw. den Verweis auf die kindesrechtliche Ordnung in
Art. 134 Abs. 2). – Auch **vorsorgliche Massnahmen** gemäss Art. 281 sind möglich
(HEGNAUER, Kindesrecht, N 21.29 a.E.). – **Legitimiert** zur Klage sind **beide Elternteile**
(auf Erhöhung bzw. Herabsetzung) **und das Kind** (im Rahmen von Art. 279 N 7) bzw.
an dessen Stelle das subrogierende **Gemeinwesen** (Art. 289 Abs. 2) oder (im Rahmen
von Art. 134) die **Vormundschaftsbehörde**. – Vgl. STETTLER, SPR III/2, 358 f. m.Nw.

Zulässig sind auch **vertragliche Änderungen,** und zwar unabhängig davon, ob der Bei- **8**
trag ursprünglich auf Klage oder einvernehmlich, im Unterhalts- oder einem eherechtlichen Verfahren festgesetzt worden war (STETTLER, SPR III/2, 355 f.). Es sind dabei aber
die Regeln von Art. 287 f. zu beachten. Zur **Genehmigung** einer *aussergerichtlich* (also
nicht in einem Abänderungs*prozess*) getroffenen Abänderungsvereinbarung ist immer die
Vormundschaftsbehörde zuständig (einhellige Lehre: BK-HEGNAUER, N 92 bzw.
DERS., Art. 287/288 N 42; DERS., ZVW 1986, 52; STETTLER, SPR III/2, 350; Mustersammlung Nr. 114.2; **a.M.** einzig BK-BÜHLER/SPÜHLER bzw. Ergbd., aArt. 158 N 170).

Auch **Abänderung setzt ein Kindesverhältnis** als Grundlage der elterlichen Unterhalts- **9**
pflicht **voraus.** Ein solches konnte (für vor dem 1.1.1978 geborene Kinder) nicht nachträglich mit einer Abänderungsklage nach Art. 286 begründet werden, wo die Möglichkeit von Art. 13a Abs. 1 SchlT unbenutzt blieb. – Möglich wäre lediglich noch die
Anerkennung (HEGNAUER, Kindesrecht, N 7.21), ebenso eine Vaterschaftsklage, wo das
Kind früher von der (möglichen) Vaterschaft des Beklagten gar nicht gewusst hat
(Art. 263 Abs. 3 und dort N 4).

2. Voraussetzungen

Vorausgesetzt ist eine **erhebliche Änderung der Verhältnisse,** soweit sie zur Bestim- **10**
mung der Beitragshöhe von Bedeutung sind und es sich nicht um *ordentliche Erlöschensgründe* (Art. 277 N 4 ff.) handelt, die nur ausnahmsweise gerichtlicher oder vertraglicher Feststellung bedürfen. Gründe für die *(gänzliche)* **Aufhebung** (Abs. 2 a.E.)
dürften ansonst die Ausnahme bilden, da etwa bei kontroverser Mündigenunter-

haltspflicht oder vorübergehender Aufnahme zu unentgeltlicher Pflege (u. N 14) lediglich *Ruhen* oder eine *blosse Reduktion* vorzusehen ist (Art. 277 N 3 und 19); vgl. zum *«Ruhen»* (als *zu Abs. 3 «spiegelbildlichem»* Tatbestand) auch Art. 129 Abs. 1 Halbsatz 1.

11   Ohne Belang ist, ob eine Regelung im Voraus (N 1 ff.) – trotz Absehbarkeit – unterblieb (ausser es sei dies *ausdrücklich ausgeschlossen* oder eine *Abfindung vereinbart* worden: Art. 287 Abs. 2 bzw. Art. 288) oder ob es sich um «echte Noven» handelt. Ob die Änderung **erheblich** ist, beurteilt sich nach richterlichem Ermessen i.S.v. Art. 4 unter Würdigung aller massgeblichen Gesichtspunkte bez. **Dauer** wie **Höhe** des Beitrags (so kann bei einem geringen Unterhaltsbeitrag auch eine eher geringfügige Schwankung bereits Grund zur Abänderung geben).

3. Abänderungsgründe im Allgemeinen (Abs. 2)

12   Eine abschliessende Aufzählung fällt ausser Betracht und es besteht durchweg mit Blick auf die Bedeutung des Unterhalts und die familienrechtliche Rücksichtspflicht unter den Parteien ein *clausula rebus sic stantibus*-Vorbehalt, weshalb **einvernehmlich** über die für die Bemessung des Unterhaltsbeitrags massgeblichen Gesichtspunkte und allfällige vorübergehende Schwankungen der Leistungsfähigkeit des Pflichtigen wie auch besondere Bedürfnisse des Kindes verhandelt werden soll (Abs. 3, u. N 15 f.; vgl. Art. 272, Art. 289 N 5). An sich ist der Abänderungs*prozess* den auf eine *gewisse Dauer* angelegten Tatsachen vorbehalten, muss in den Fällen des neuen Abs. 3 ausnahmsweise aber auch zur Behandlung einmaliger Vorgänge von gewisser Tragweite dienen.

13   In Betracht kommen nebst **unvorhersehbaren Ereignissen** (Krankheit oder Invalidität eines der Eltern oder des Kindes, besondere Ausbildungsziele beim Kind: insb. *Mündigenunterhalt,* Art. 277 Abs. 2) und dem **allgemeinen Lauf der Dinge** (bei unterbliebener Indexierung, N 5) **qualifiziert veränderte wirtschaftliche Umstände** (Arbeitslosigkeit oder sonstiger Einkommensrückgang ohne Einflussmöglichkeit des Pflichtigen [dazu BGE 5/2003, 30.4.2004: Einkommenseinbusse des Pflichtigen führt zur prozentual «verhältnismässigen» Kürzung des Unterhalts], ausbleibender Teuerungsausgleich, Erbanfall oder Vermögenseinbusse beim Pflichtigen oder beim Kind), namentlich *Arbeitserwerb des Kindes* (Art. 276 Abs. 3, dort N 29 ff.); *nicht* zu berücksichtigen ist aber i.d.R. die *wirtschaftliche Besserstellung des Inhabers der elterlichen Sorge* (BGE 108 II 83), welche – soweit nicht das Gleichgewicht der Belastung aller Beteiligten (Art. 285 N 3) in Frage gestellt wird – dem Kind zukommen soll; dies gilt namentlich in Fällen von Art. 129 Abs. 2 und 3, welcher Vorbehalt auch zu Gunsten des Kindes möglich ist.

14   Abänderungsgrund bilden auch **familiäre Veränderungen,** welche zur Angleichung der Unterhaltsbeiträge von Halbgeschwistern führen (N 4 a.E.), oder eine relevante Verschlechterung der persönlichen Beziehung während Mündigenunterhaltspflicht (Art. 277 N 21) sowie ein Wechsel der elterlichen Sorge (BK-Hegnauer, N 52). Wo schon der Scheidungsrichter die Unterhaltspflicht über die Mündigkeit hinaus angeordnet hat (Art. 133 Abs. 1 Satz 2; BGE 112 II 199), schliesst dies eine Abänderung (mit dem mündigen Kind als neuer Partei) nicht aus. Auch eine **beabsichtigte Adoption** kann bereits während des Pflegeverhältnisses zu einem Ruhen der Beitragspflicht führen (Art. 294 Abs. 2, dort N 5 f.; Art. 277 N 3; vgl. den Sachverhalt von BGE 78 II 318 und 113 II 113).

4. Vorübergehende ausserordentliche Bedürfnisse (Abs. 3)

15   Die «erhebliche» (N 10) wurde oft als «dauernde» Änderung der Verhältnisse begriffen (Hinweise bei BK-Hegnauer, N 83); zwar soll ein Abänderungsverfahren nicht nur quantitativ, sondern auch qualitativ gerechtfertigt sein, was bei «Einzelereignissen» eher

atypisch scheinen mag. Indes belegt das Bedürfnis nach Anpassungsmechanismen an sich, dass die Verhältnisse sich vielgestaltig und unabsehbar entwickeln können, zudem – gerade bei knappen Verhältnissen – bereits eine (zahn-)ärztliche Behandlung oder (sonder-)schulische Vorkehren (dies die Beispiele der Botschaft Scheidungsrevision, Ziff. 244.3, 161 f.; vgl. ferner FamKomm Scheidung/WULLSCHLEGER, N 19 ff., namentlich etwa Prozess- [Art. 276 N 22] und Umzugskosten) zu einer beträchtlichen Belastung werden können, für welche sich keine Rückstellungen bilden liessen. Um den Abwehrreflex gegen ein auf Dauer gestelltes Begehren zu brechen, hat die Scheidungsrevision mit dem neuen Abs. 3 für «nicht vorhergesehene ausserordentliche Bedürfnisse» eine Sonderregelung getroffen (zu deren Geist BK-HEGNAUER, N 83 f.). Wie die Beispiele zeigen, muss es sich *nicht um strikt einmalige,* aber doch lediglich vorübergehende und nach absehbarer Zeit voraussichtlich wieder entfallende Bedürfnisse handeln, welche zudem im Zeitpunkt der Festlegung des Unterhaltsbeitrags nicht in Betracht gezogen wurden und auch nicht in Betracht gezogen werden konnten. Ob die Bedürfnisse «ausserordentlich» in dem Sinne sind, dass sie (kommt es nicht einvernehmlich zur Leistung eines «Zuschusses», welcher der Natur der Sache nach m.E. nicht als genehmigungsbedürftiger Abänderungsvertrag verstanden werden darf: s. aber Art. 287 N 13) ein gerichtliches Abänderungsverfahren rechtfertigen, beurteilt sich **fallbezogen** (Art. 4): Es wird dies eher zu bejahen sein bei an sich *knappen* Verhältnissen, doch bleibt zu bedenken, dass auch bei *günstigen* Verhältnissen die «Freiquote» regelmässig verplant sein dürfte und dem Pflichtigen eine Zusatzleistung leichter fällt; in beiden Fällen gilt allerdings, dass jeder Beitrag eine gewisse Freiquote enthält, welche in erster Linie heranzuziehen ist. Ob im Übrigen die geltend gemachten Bedürfnisse «finanzierungswürdig» sind – wo sie z.B. in Zusammenhang mit einem sportlichen oder kulturellen Hobby stehen (FamKomm Scheidung/WULLSCHLEGER, N 19: Teilnahme an auswärtigen Wettkämpfen, Anschaffung bzw. Ersatz eines Musikinstruments usf.) – beurteilt sich nach den persönlichen Verhältnissen und damit nach den Regeln von Art. 285 N 11.

Nicht behandelt wird vom Gesetz die Frage eines **vorübergehenden «Ruhens»** bei zeitweise *sistierter Bedarfslage des Berechtigten* (o. N 10 a.E.) oder *vorübergehender Verschlechterung der Situation des Pflichtigen* (in Analogie zu obigen Beispielen mag eine Zahnbehandlung oder ein Umzug bei ihm in Betracht kommen). Art. 272 gebietet auch in solchen «spiegelbildlichen» Fällen Rücksichtnahme, indem entweder die erzwungene Einforderung des Beitrags aufgeschoben bzw. die vorübergehend verbesserte Situation mitgeteilt (Art. 275a Abs. 1) werden soll. Eine *Schonung des Pflichtigen* hat der Gesetzgeber allerdings *nicht* eingeführt, und es sind deshalb mit Blick auf die ausgeprägtere Schutzbedürftigkeit des Kindes (Art. 276 N 2) ggf. vorrangig Sozialhilfe- oder anderweitige Leistungen erhältlich zu machen. **16**

Art. 287

E. Verträge über die Unterhaltspflicht	¹ **Unterhaltsverträge werden für das Kind erst mit der Genehmigung durch die Vormundschaftsbehörde verbindlich.**
I. Periodische Leistungen	² **Vertraglich festgelegte Unterhaltsbeiträge können geändert werden, soweit dies nicht mit Genehmigung der vormundschaftlichen Aufsichtsbehörde ausgeschlossen worden ist.**
	³ **Wird der Vertrag in einem gerichtlichen Verfahren geschlossen, so ist für die Genehmigung das Gericht zuständig.**

E. Convention
concernant
l'obligation
d'entretien

I. Contributions
périodiques

[1] Les conventions relatives aux contributions d'entretien n'obligent l'enfant qu'après avoir été approuvées par l'autorité tutélaire.

[2] Les contributions d'entretien fixées par convention peuvent être modifiées, à moins qu'une telle modification n'ait été exclue avec l'approbation de l'autorité tutélaire de surveillance.

[3] Si la convention est conclue dans une procédure judiciaire, le juge est compétent pour l'approbation.

E. Contratti circa
l'obbligo di
mantenimento

I. Prestazioni
periodiche

[1] I contratti circa l'obbligo di mantenimento vincolano il figlio soltanto se approvati dall'autorità tutoria.

[2] I contributi per il mantenimento contrattualmente stabiliti possono essere modificati, salvo stipulazione contraria approvata dall'autorità di vigilanza sulle tutele.

[3] Se il contratto è concluso in una procedura giudiziaria, l'approvazione è di competenza del giudice.

Literatur

Vgl. die Literaturhinweise zu den Vorbem. zu Art. 276–295, ferner insb.: BREITSCHMID, Alimentenbevorschussung und Unterhaltsvereinbarungen bei Mündigenunterhalt, ZVW 1993, 88 ff.; HAUSHEER/SPYCHER, 380 ff.; BK-HEGNAUER, aArt. 319 N 82 ff.; DERS., Adoption und Unterhaltsversprechen der leiblichen Eltern, ZVW 1976, 136 ff.; DERS., Die vormundschaftlichen Organe und das neue Kindesrecht, ZVW 1978, 10 ff.; DERS., Zum Unterhaltsanspruch mündiger Kinder, ZVW 1980, 96 ff.; DERS., Der Abfindungsvertrag über die altrechtliche Unterhaltsbeitragspflicht des ausserehelichen Vaters, ZVW 1980, 98 ff.; DERS., Elterliche Unterhaltspflicht, Leistungsunfähigkeit und Bevorschussung, ZVW 1986, 62 ff.; DERS., Genehmigung von Unterhaltsverträgen (Art. 287 ZGB) und Alimentenbevorschussung, ZVW 1987, 96 ff.; DERS., Fragen um den Abfindungsvertrag, Art. 288 ZGB, ZVW 1996, 6 ff.; METZLER, Die Unterhaltsverträge nach dem neuen Kindesrecht, Diss. Freiburg i.Ü. 1980; Mustersammlung Nr. 111.6, 114.1 ff.

I. Verträge über die Unterhaltspflicht im Allgemeinen (Art. 287 und 288)

1. Bedeutung und Tragweite vertraglicher Regelung

1   Die **einvernehmliche (vertragliche) Regelung** der Unterhaltspflicht verdient Vorrang gegenüber der klageweisen Durchsetzung (Art. 279 N 1) und überwiegt denn auch praktisch bei weitem (STETTLER, SPR III/2, 331, spricht von 90%, einschliesslich gerichtlicher Vergleiche; bereits BK-HEGNAUER, aArt. 319 N 142, nennt – noch in einer Zeit vor Geburtenkontrolle und Konkubinat – eine Anerkennungs-/Vergleichsquote von 70% in den gerichtlichen Verfahren).

2   Verträge über die Unterhaltspflicht i.S.v. Art. 287 f. setzen das **Bestehen eines Kindesverhältnisses bzw. dessen gleichzeitige Feststellung** voraus. Wo jemandem Unterhalt versprochen wird, ohne dass ein Kindesverhältnis rechtlich festgestellt wurde, ist eine behördliche Genehmigung der Vereinbarung weder nötig noch möglich (BGE 108 II 530 f.); dennoch ist auch eine solche **reine Unterhaltsvereinbarung ohne familienrechtliche Wirkung** für den Pflichtigen verbindlich (Art. 287 Abs. l e contrario); sie ist **formlos** gültig (BGE 47 II 21; 126 III 49, 53 E. 2b; BK-HEGNAUER, N 152), soweit man sie als *Versprechen der Erfüllung einer sittlichen Pflicht* betrachtet (Art. 239 Abs. 3; dazu allgemein BSK OR I-VOGT, Art. 239 N 35 f.), bedarf aber zweckmässigerweise im Blick auf Art. 243 Abs. 1 OR und mögliche Beweisprobleme doch der Schriftform (s. HEGNAUER, Kindesrecht, N 21.24). BGE 126 III 49 (54 f. E. 2d) statuiert explizit eine *Genehmigungspflicht* auch für eine ausländische Unterhaltsbeiträge *erhöhende* (mündliche) Absprache (u. N 13).

Wird eine solche *Unterhaltsvereinbarung ohne familienrechtliche Wirkung* mit **weiteren** **3** **Absprachen** verbunden – insb. einem **Schweigeversprechen** der Mutter, wonach sie den Schwängerer nicht zu nennen verspricht (vgl. BK-HEGNAUER, N 21, 152, aArt. 319 N 103) –, so sind solche Abreden mit Rücksicht auf die Interessen des Kindes (nämlich Kontaktnahme auch mit dem Vater, Erbrecht gegenüber diesem) zu würdigen und deshalb i.d.R. sowohl für das Kind wie die Mutter unverbindlich (Art. 20 Abs. 1 OR; s. für einzelne Ausnahmen BK-HEGNAUER, Art. 261 N 67), wobei nur *Teilunverbindlichkeit* bezüglich dieser Klausel eintritt. Unzulässig sind auch «Koppelungsgeschäfte» zwischen **Unterhaltspflicht und Besuchsrecht,** welche Letzteres von der Bezahlung der Unterhaltsbeiträge abhängig machen oder einen Besuchsrechtsverzicht durch Unterhaltsbefreiung «honorieren» (BK-HEGNAUER, Art. 273 N 59 f.).

2. Parteien

Die Vereinbarung wird **zwischen dem Kind und dem unterhaltspflichtigen Elternteil** **4** geschlossen. Für das **unmündige Kind** handelt der gesetzliche Vertreter (mithin ggf. ein Beistand, Art. 308 Abs. 2; zu den Kriterien seiner Bestellung STETTLER, SPR III/2, 331; gem. BGE 111 II 5 f. würde das BGer für das Absehen von der Beistandsbestellung genügen lassen, dass ein genehmigungsfähiger Vertrag vorgelegt wurde; so nun wohl auch die Praxis zu Art. 133 Abs. 3). Bei *Urteilsfähigkeit des Kindes* hätte vor bzw. zusätzlich zur behördlichen Genehmigung i.S.v. Art. 287 der Vertreter einer vom Kind persönlich mit dem Pflichtigen abgesprochenen Regelung seine Zustimmung zu erteilen (Art. 19 Abs. 1, 304 Abs. 1 und 3, 407); jedenfalls ist aber das *urteilsfähige* **Kind anzuhören** (Art. 301 Abs. 2 a.E.; HEGNAUER, ZVW 1996, 10). Ist das **Kind mündig,** ist weder Genehmigung durch die Behörde noch Vertretung des Kindes erforderlich (HEGNAUER, ZVW 1978, 10; DERS., ZVW 1980, 96; BREITSCHMID, ZVW 1993, 90).

Der **Pflichtige** handelt selbst, ausser er sei unmündig oder entmündigt, was ein Handeln **5** seines gesetzlichen Vertreters (bzw. bei Urteilsfähigkeit dessen Zustimmung) bedarf, bei Bevormundung oder Verbeiständung zudem der Genehmigung der Vormundschaftsbehörde gemäss Art. 421 Ziff. 8. – Siehe zum Ganzen HEGNAUER, Kindesrecht, N 21.19, 21.22.

3. Inhalt der Vereinbarung

Zu beurteilen ist (meist: s. N 3) nur die *unterhaltsrechtliche Komponente* solcher Verein- **6** barungen; diese betrifft **Höhe des Unterhaltsbeitrags,** dessen **Dauer,** allfällige **Abstufungen, Indexierung und Abänderung,** ggf. Sonderbestimmungen für den Fall, dass die *Eltern zusammenleben* (Art. 276 Abs. 2; vgl. dazu den unveröff. Entscheid des OGer ZH v. 23.11.1982 bei FRANK/GIRSBERGER/VOGT/WALDER/WEBER, Die eheähnliche Gemeinschaft [Konkubinat] im schweizerischen Recht, Zürich 1984, 101 Anm. 14) und für *Unterhaltsleistungen über die Mündigkeit hinaus* (vgl. Mustersammlung, Nr. 114.1).

Neben oder anstelle dieses Normalinhalts können **individuelle Regelungsbedürfnisse** **7** treten. In Betracht kommen kann z.B. eine **erbvertragliche Lösung,** wo wegen schwerer Krankheit des Pflichtigen baldiges Erlöschen (Art. 277 N 7) der Unterhaltspflicht zu befürchten ist und so den Bedürfnissen des Kindes (das zusätzlich Anspruch auf Hinterbliebenenrente haben wird: Art. 285 Abs. 2; Sachverhalt von BGE 86 I 137) bei Berücksichtigung des *Erbanspruchs nebst Unterhalts- und Ausbildungsbedürfnissen* (Art. 631 Abs. 2) besser Rechnung getragen werden kann. **Unzulässig** sind jedoch i.d.R. *«Koppelungsgeschäfte»* (N 3), ausser wo dies im Vorfeld einer geplanten Adoption erfolgt (dazu der Sachverhalt von BGE 78 II 318 und 113 II 113).

Ohne besondere Abreden ist davon auszugehen, dass ein **Unterhaltsvertrag weder die** **8** **Unterstützungspflicht noch den Mündigenunterhalt einschliesst** und diese damit nicht abgegolten sind. Ist die Vereinbarung (trotz alsdann fehlerhaft erteilter Genehmigung: N 14 ff.) anderweitig **lückenhaft** – fehlt z.B. Indexklausel oder Regelung über die Kinderzulagen –, so sind die Lücken **in Anlehnung an die gesetzliche Regelung** bzw. unter Berücksichtigung von Anhaltspunkten über den (zulässigen: N 3, 7) **Parteiwillen** zu ergänzen.

II. Genehmigungsbedürftige Verträge (Abs. 1)

1. Zuständigkeit und Legitimation (Abs. 1 und 3)

9   **Zuständig zur Genehmigung** der (ursprünglichen) **Unterhaltsvereinbarung** ist ausserhalb eines hängigen gerichtlichen Verfahrens die **Vormundschaftsbehörde** (Abs. 1; BGE 126 III 49, 51 f. E. 2a/bb), bei Hängigkeit einer Unterhaltsklage (Art. 279) oder eines eherechtlichen Verfahrens (Art. 133 Abs. 1, 176 Abs. 3) der **Richter.** Ein gerichtliches (Genehmigungs-)Verfahren ist (entgegen dem irrtümlichen BGE 110 II 8: Art. 279 N 9) auch notwendig, wenn die Vormundschaftsbehörde die ihr vorgelegte Vereinbarung für nicht genehmigungsfähig befand und sich eine die Genehmigung ermöglichende Anpassung nicht ergab (HEGNAUER, Kindesrecht, N 21.21, 21.05). Solange sie nicht genehmigungsfähig ist, bleibt eine Vereinbarung unverbindlich (BGE 113 II 113, 116), doch wäre es rechtsmissbräuchlich, wenn das Gemeinwesen Unterhaltsansprüche im Rahmen von Art. 289 Abs. 2 (dort N 8) einfordert, die es dem Kind nicht zu erbringen hatte; ein Unterbruch bereits geleisteter Zahlungen seitens des Pflichtigen liefe u.U. Art. 272 und 281 ff. zuwider (BK-HEGNAUER, N 98). – Falls der Vertrag über die Unterhaltspflicht in einem **Abänderungsverfahren** getroffen wird, s. Art. 286 N 8; zur **Abänderbarkeit von Vereinbarungen** u. N 17 ff. Zu Fragen der Rechtsöffnung s. Art. 289 N 16.

10   **Verweigert der Richter die Genehmigung,** so sind die jeweiligen Rechtsmittel gegeben; genehmigt die **Vormundschaftsbehörde** nicht, ist die Beschwerde nach Art. 420 zulässig (keine eidgenössische Berufung nach altem Recht [bzw. neu Einheitsbeschwerde]): BGE 111 II 18, aber Möglichkeit gerichtlicher Beurteilung auf kantonaler Ebene, wie im Anschluss an BGE 118 Ia 473 vorgesehen).

11   Die **Legitimation** zur Anfechtung einer Genehmigung oder deren Verweigerung steht *allen Beteiligten* (N 4 f.) zu, einschliesslich einem *Beistand,* wo die Behörde eine seines Erachtens den Interessen des Kindes nur unzureichend Rechnung tragende Vereinbarung genehmigt hätte.

2. Ausnahmen von der Genehmigungspflicht

12   Keine Genehmigungspflicht besteht bei **Vereinbarungen über den Mündigenunterhalt,** welche **vom Mündigen selbst** (also nach Eintritt der Mündigkeit) getroffen werden, wohl aber bei Klauseln über den Mündigenunterhalt in früher vom Vertreter des Kindes geschlossenen Vereinbarungen. Wo solche Vereinbarungen für *Alimentenbevorschussungsstellen* von Bedeutung sind, sind sie aber durch diese zu prüfen (BREITSCHMID, ZVW 1993, 91 ff.; Art. 293 N 5).

13   Gleiches gilt – wie dargelegt (N 2 f.) – für *Unterhaltsvereinbarungen ohne familienrechtliche Wirkungen.* – Auch nach BGE 126 III 49 (o. N 2) bleibt die Frage, ob eine reine Unterhalts*erhöhung* (wo über die familienrechtliche Wirkung bereits vorgängig in einem Art. 280 Abs. 3 entsprechenden Verfahren befunden worden war) nicht als solcher Vertrag zu betrachten wäre: es überzeugt nicht, dass Verträge *ohne* familienrechtliche Wirkung durchsetzbar sind (so implizit auch das BGer, a.a.O. 57 E. 3a/bb, mit Blick auf Art. 63 Abs. 2 OR), nicht aber *in* der Familie getroffene, zu Unterhalts- und Statusfragen hinzutretende, oft wohl auf Zusehen hin erfolgte (Art. 286 N 15) Absprachen (in concreto wohl eine steuerlich motivierte Ordnung, indem in Brasilien gerichtlich Unterhaltsbei-

träge von US-$ 500 pro Kind und Monat vereinbart wurden, einvernehmlich aber offenbar Leistungen von zunächst über Fr. 200 000.– und dann noch von Fr. 120 000.– jährlich effektiv flossen: vgl. den Sachverhalt, a.a.O., 50); eine Abänderung in dieser Grössenordnung gefährdet das Kindeswohl in einer Weise (vgl. Art. 285 N 23 a.E.; vgl. auch BK-HEGNAUER, N 98), die mit den Interessen des Pflichtigen, nur aus genehmigten Vereinbarungen belangt werden zu können, nicht zu rechtfertigen ist (krit. zu Recht mit zusätzlichen Argumenten denn auch EITEL, Jusletter 19.6.2000, insb. Rz 10 ff.).

3. Prüfungspflicht der Genehmigungsbehörde (Abs. 1 und 3)

Die **Genehmigung** (ob durch Gericht oder Vormundschaftsbehörde) erfolgt bei eigener   **14**
Verantwortlichkeit der Behörde (BK-HEGNAUER, N 51 ff.) und beinhaltet nicht eine
bloss formale Vormerknahme, sondern **materielle Prüfungspflicht,** ob die Vereinbarung
insb. den quantitativen (Art. 285 f.: u. N 16) und qualitativen Aspekten (Dauer, Indexierung usw.: o. N 6) genügt, was konkrete Ermittlung der Verhältnisse in Nachachtung der
Untersuchungsmaxime (Art. 280 Abs. 2) erfordert (BK-HEGNAUER, N 88 ff.). Ziel ist
die **Wahrung der Interessen des Kindes, Klarheit** (Vollstreckbarkeit) der Regelung,
rechtliche Zulässigkeit (N 3, 7) und **inhaltliche Angemessenheit** nach den Kriterien
von Art. 285.

Die **Genehmigung ist zu erteilen,** wenn sich die Zulässigkeit bei einer **Angemessenheits-**   **15**
prüfung auf Grundlage der im Urteilszeitpunkt gegebenen und absehbaren zukünftigen
wirtschaftlichen und anderweitigen Verhältnisse und Chancen der Beteiligten (Art. 285
N 3) ergibt. Diese Umstände sind im gerichtlichen oder vormundschaftlichen Genehmigungsentscheid anzuführen (**Begründungspflicht**), um im Hinblick auf allfällige Abänderungsverfahren den massgebenden Ausgangstatbestand festzulegen (vgl. Art. 143 Ziff. 1).

Sie ist **zu verweigern,** wo sie in einem oder mehreren Punkten diesen Anforderungen   **16**
nicht genügt und die Beteiligten sich auch nicht auf eine genehmigungsfähige Alternative
zu einigen vermögen. Das gilt insb., wo lediglich im Blick auf die Bevorschussung
(Art. 293 Abs. 2) vom weniger leistungsfähigen Pflichtigen übersetzte Beiträge zugestanden werden (HEGNAUER, ZVW 1986, 62 f.; DERS., ZVW 1987, 96 ff.; GEISER, AJP
1993, 911 f.; Art. 280 N 5, 293 N 5). – Das BGer hat in einem unveröff. Urteil vom
7.12.1995 (E. 3b) eine Unterscheidung danach vorgenommen, ob im Rahmen eines strittigen Unterhaltsverfahrens *entschieden* oder lediglich eine Vereinbarung *genehmigt* werde, weshalb die von den kantonalen Instanzen verweigerte Genehmigung einer von den
Parteien *vereinbarten* Indexklausel aufgehoben wurde, obwohl aufgrund der konkreten
Umstände auch das BGer zum Ergebnis kam, der Richter hätte im Rahmen eines *streitigen* Verfahrens ohne Bundesrechtsverletzung die automatische Teuerungsanpassung
weglassen können. Gerade bei *Vereinbarungen* der Parteien ist aber aus den soeben dargelegten Gründen der Angemessenheitsprüfung besondere Aufmerksamkeit zu schenken.

III. Abänderbarkeit bzw. Abänderungsausschluss (Abs. 2)

Der einmal **abgeschlossene Vertrag ist verbindlich,** doch bedingt die *spezifische Natur*   **17**
des auf Dauer angelegten Unterhaltsvertrags, dass das **Prinzip der Abänderbarkeit** im
Rahmen einer Anpassung an gewandelte Umstände (Art. 286 N 2) auch (und gerade) für
einvernehmliche Regelung gilt (entgegen dem früheren Recht: dazu noch BGE 101 II 17).

Ausnahmsweise kann die Abänderbarkeit aber **ausgeschlossen** werden, was indes die   **18**
vormundschaftliche Aufsichtsbehörde (über die Aufzählung in Art. 422 hinaus) oder
der Richter (Abs. 3: Art. 140 Abs. 1, 176 Abs. 3, 279) besonders zu genehmigen hat
(BK-HEGNAUER, N 43, N 103).

19   Nach METZLER (207) und STETTLER (SPR III/2, 329 f.) soll Sinn einer solchen Abrede nur sein, dass eine *Anrufung des Richters zur Abänderung* ausgeschlossen sei, während vertragliche (durch die Vormundschaftsbehörde zu genehmigende: Abs. 1) Änderungen aber möglich blieben und selbstverständlich auch Indexklauseln oder Altersabstufungen in der ursprünglichen Vereinbarung enthalten sein können (bzw. gerade in dieser Situation enthalten sein müssen). Indes scheint der Wortlaut des Gesetzes doch nicht auszuschliessen, dass bei Vorliegen qualifizierter Gründe (unter den gegebenen Verhältnissen überdurchschnittlicher Unterhaltsbeitrag; voraussichtlich stabile Verhältnisse: HEGNAUER, Kindesrecht, N 21.29) **jegliche Abänderung ausgeschlossen** wird; da aber die *clausula rebus sic stantibus* vorbehalten bleibt (STETTLER, SPR III/2, 330), fragt sich, welche praktische Bedeutung solchen Abreden zukommt, da – wo die Parteien nichts mehr miteinander zu tun haben wollen – eine einmalige Abfindung i.S.v. Art. 288 näher liegt.

IV. Anfechtung

20   Als familienrechtlicher **Vertrag** unterliegt eine Vereinbarung über die Unterhaltspflicht aufgrund von Art. 7 den Irrtumsregeln von Art. 23 ff. OR. Soweit die Vereinbarung nicht daran krankt, dass der Pflichtige sich bereits über seine **Vaterschaft geirrt** hat (dazu BK-HEGNAUER, Art. 260a N 9 ff. und N 91 ff. bzw. o. Art. 260a N 2; A. KOLLER, Irrtumsanfechtung familienrechtlicher Rechtsgeschäfte, in: FS Schnyder, Freiburg i.Ü. 1995, 455 ff.), fällt v.a. **Irrtum** oder **Täuschung** über den *Bedarf des Kindes* (z.B. Mehrlingsgeburt oder Behinderung bei Abschluss vor Geburt) bzw. ein **Irrtum über die eigenen Ressourcen** (z.B. über die Höhe einer Erbanwartschaft) oder **Drohung** in Betracht (BK-HEGNAUER, N 38 f.). Irrtum kann aber auch dort vorliegen, wo eine für den Abschluss kausale, stillschweigend zugrunde gelegte Bedingung nicht eingetreten ist (HEGNAUER, ZVW 1996, 8 f.; Art. 288 N 11).

21   Sinngemäss lassen sich die Regeln über die **Anwendung der Irrtumstatbestände** auf die **Anfechtung von Scheidungskonventionen** (dazu BK-SCHMIDLIN, Art. 23/24 OR N 371 f.; BSK OR I-SCHWENZER, Vorbem. zu Art. 23–31 N 16; A. KOLLER, Die Irrtumsanfechtung von Scheidungskonventionen, AJP 1995, 412 ff.) auf die Anfechtung einer Unterhaltsvereinbarung übertragen.

Art. 288

II. Abfindung   [1] **Die Abfindung des Kindes für seinen Unterhaltsanspruch kann vereinbart werden, wenn sein Interesse es rechtfertigt,**

[2] **Die Vereinbarung wird für das Kind erst verbindlich:**
1. **wenn die vormundschaftliche Aufsichtsbehörde, oder bei Abschluss in einem gerichtlichen Verfahren, das Gericht die Genehmigung erteilt hat, und**
2. **wenn die Abfindungssumme an die dabei bezeichnete Stelle entrichtet worden ist.**

II. Indemnité unique   [1] Si l'intérêt de l'enfant le justifie, les parties peuvent convenir que l'obligation d'entretien sera exécutée par le versement d'une indemnité unique.

[2] La convention ne lie l'enfant que:
1. lorsqu'elle a été approuvée par l'autorité tutélaire de surveillance ou, si elle a été conclue dans une procédure judiciaire, par le juge, et
2. lorsque l'indemnité a été versée à l'office qu'ils ont désigné.

II. Tacitazione

¹ La tacitazione della pretesa di mantenimento con un versamento unico può essere convenuta se l'interesse del figlio la giustifica.

² Tale convenzione vincola il figlio soltanto se:
1. sia stata approvata dall'autorità di vigilanza sulle tutele, o dal giudice se conclusa in una procedura giudiziaria, e
2. la somma a titolo di tacitazione sia stata pagata all'ufficio designato.

Literatur

Vgl. die Literaturhinweise zu Art. 287.

Vgl. allgemein zu den **Eigenarten vertraglicher Regelung** Art. 287 N 1–8.   **1**

I. Abfindung und Kindesinteresse (Abs. 1)

1. Anwendungsbereich von Abfindungsverträgen

Art. 288 bietet eine «Lösung» für Fälle, wo keine dauernde persönliche Beziehung ange-   **2** strebt und durch die einmalige Abfindung auch die wirtschaftliche Komponente der Eltern-Kind-Beziehung ein für allemal abgegolten werden soll (vgl. Art. 287 N 19). Wo dem Pflichtigen die Zahlung einer einmaligen Abfindung wirtschaftlich möglich ist, bietet dies dem Kind relative wirtschaftliche Sicherheit (z.B. gegen das Risiko nachträglichen Vermögensverfalls des Pflichtigen oder erschwerter Eintreibung bei Auswanderung; meist aber wohl fraglich, ob bei unstabiler Lebensweise [ZVW 1989, 74] der Pflichtige eine ausreichende Abfindung zu leisten vermöge), doch ist die abschliessende wirtschaftliche Entflechtung emotionslos und von daher – anders als im Schadenersatzrecht, wo Kapitalabfindungen überwiegen (OFTINGER/STARK, § 6 N 214 ff.) – nur ausnahmsweise im Interesse des Kindes (z.B., wo es möglicherweise im kostengünstigeren Ausland leben wird und von daher mit niedrigeren Unterhaltsbeiträgen rechnen müsste: Art. 285 N 25; wo eine Platzierung bei Pflegeeltern im Blick auf nachmalige Adoption erwogen wird; wo der Pflichtige auswandert: HEGNAUER, ZVW 1996, 7 f.).

2. Charakteristika der Abfindung

Abfindung ist **weder Erlass** (Art. 289 N 5) **noch Unterhaltsverzicht** (Art. 276 N 2).   **3** Sie muss, damit sie ihren Zweck erfüllt, **grundsätzlich unabänderlich** sein, ausser sie werde durch übereinstimmenden Parteiwillen modifiziert bzw. durch einen neuen Abfindungsvertrag ersetzt, wobei Art. 287 Abs. 1 anwendbar wäre und Wirksamkeit einer nachträglichen Schlechterstellung des Kindes Zustimmung der vormundschaftlichen Aufsichtsbehörde voraussetzt (Art. 287 Abs. 2; ZR 2003 Nr. 61). Vorbehalten bleibt sodann immer die *clausula rebus sic stantibus* (Art. 2; wo sich z.B. eine entscheidende Bedingung nicht verwirklicht: HEGNAUER, ZVW 1996, 8).

Soweit das Prinzip der Unabänderlichkeit durch **Rückerstattungsklauseln** (etwa für den   **4** Fall vorzeitigen Todes des Kindes oder dessen Adoption, bzw. Hinterlegung eines Teils der Abfindungssumme, der nur bei Eintritt gewisser Bedingungen ausbezahlt wird: z.B. STETTLER, SPR III/2, 329) abgeschwächt wird, sind an die *Genehmigungsfähigkeit hohe Anforderungen* zu stellen; Genehmigung ist allerdings möglich, wo der unter den konkreten Umständen absehbare «Normalunterhalt» gedeckt ist und durch solche Klauseln **Sonderentwicklungen** (z.B. ungewisse Mündigenunterhaltspflicht, ein allfälliges Invaliditätsrisiko – ähnlich dem *Rektifikationsvorbehalt* im Schadenersatzrecht: OFTINGER/ STARK, § 6 N 222 ff.) Rechnung getragen werden soll. Da das Kind bei Abschluss einer

Abfindungsvereinbarung aber ebenfalls (konjunkturelle) Risiken eingeht, ist Zurückhaltung bei einschränkenden Bedingungen angezeigt, da eine «Bereicherung» des Kindes (wo es etwa zur Adoption freigegeben wird) nicht verpönt ist (weshalb denn auch eine [angemessene] *Abfindung nicht der erbrechtlichen Herabsetzungspflicht unterliegt:* BK-HEGNAUER, aArt. 319 N 109).

5 METZLER (246 f.) verlangt – was an sich mit dem Prinzip der Unabänderlichkeit (N 3) korreliert –, dass eine Vereinbarung i.S.v. Art. 288 begriffsnotwendig als **einmalige Abgeltung der gesamten Unterhaltspflicht** zu verstehen sei. Das bedeutet indes wohl nicht, dass die Abfindung in jedem Falle die gesamte Unterhaltsdauer umfassen müsse (andernfalls ja auch Rückerstattungsklauseln gem. N 4 dogmatisch nicht zu vertreten wären), sondern nur, dass die **Abfindung bloss für eine Teilphase** der Unterhaltsberechtigung (z.B. bis zum Eintritt in die Schulpflicht oder bis zum zehnten Altersjahr) den berechtigten Interessen (auch) des Kindes entsprechen und eine klare Regelung für die Zeit nach Ablauf der durch Abfindung abgegoltenen Phase enthalten muss (Modalitäten der Neuaushandlung, subsidiär Vereinbarung eines angemessenen monatlichen Unterhaltsbeitrags); es entspricht dies dem Prinzip, dass den Parteien eine Neuaushandlung möglich ist (N 3) und die Abfindung von ihnen *jederzeit* vereinbart werden kann (BK-HEGNAUER, N 119; DERS., ZVW 1996, 9), mithin auch jederzeit durch eine andere Lösung ersetzt werden kann. METZLER (247) sieht bei zu kurzen Abfindungsperioden die Grenze zu den periodischen Leistungen verwischt; unzweifelhaft sind Abfindungen nur für sachlich gerechtfertigte Perioden zu vereinbaren und andernfalls nicht zu genehmigen.

3. Prüfungspflicht

6 Die **behördliche Prüfungspflicht** (vgl. Art. 287 N 14 ff.) – die **Zuständigkeit** liegt bei der **vormundschaftlichen Aufsichtsbehörde** – erfasst bei der Abfindung nebst dem **quantitativen** Moment (Angemessenheit der Abfindungssumme: N 7) insb. den **qualitativen** Aspekt: Ob eine einmalige Abfindung überhaupt (N 2: HEGNAUER, ZVW 1996, 7) bzw. allfällige Modalitäten (N 3 ff.: Rückerstattungsklauseln, Periodizität) **im Interesse des Kindes** seien. So darf sich der Pflichtige nicht aufgrund vager Äusserungen über eine mögliche Auswanderung durch Entrichtung einer verhältnismässig tiefen Abfindung «freikaufen», wie dies im von HEGNAUER, (ZVW 1996, 6 ff.) geschilderten Fall (dazu N 11) den Anschein macht.

7 **Quantitativ** bestimmt sich der **massgebliche Betrag** durch **Kapitalisierung** (METZLER, 249 f.; detailliert nun aber SCHAETZLE/WEBER, Kapitalisieren, Handbuch zur Anwendung der Barwerttafeln, 5. Aufl. Zürich 2001, 284 ff., Bsp. 47a mit Rz 2.700 ff., vgl. ferner für gewöhnlichen Kinderunterhalt 276 ff., Bsp. 43 mit Rz 2.672 ff.; RUMO-JUNGO/HÜRLIMANN/KRAPF, Kapitalisieren im Zivilrecht, ZBJV 2004, 559 f.; Berechnungsbeispiele: ZR 1977 Nr. 100 E. III; ZVW 1989, 75 f.) des **nach den Kriterien von Art. 285 Abs. 1 bestimmten,** nach Alter abgestuften **Unterhaltsbeitrags,** ggf. mit mutmasslichem Teuerungsfaktor aufindexiert.

4. Wirkungen

8 Der Abschluss eines Abfindungsvertrags ändert nichts am Bestehen eines Kindesverhältnisses mit *allen* Wirkungen; abgefunden wird **nur die unterhaltsrechtliche Komponente,** weshalb alle **persönlichen** und die **sonstigen vermögensrechtlichen Wirkungen** (Unterstützungspflicht, Erbrecht; bez. des persönlichen Verkehrs s. die Betonung des *Pflicht*rechts durch die Neufassung von Art. 273) **fortbestehen** (HEGNAUER, Kindesrecht, N 21.23); Kinderzulagen sind – analog Art. 285 Abs. 2 – vorbehältlich einer ausdrücklich

abweichenden Vereinbarung *zusätzlich* geschuldet (ZVW 1989, 76; BK-HEGNAUER, N 139; STETTLER, SPR III/2, 335).

Mit Entrichtung der Abfindungssumme **entsteht Kindesvermögen** i.S.v. Art. 318, das 9 elterlicher Verwaltung unterliegt und (gem. Art. 320 Abs. 1) als *Abfindung* in Teilbeträgen *a conto Unterhalt* verbraucht werden darf.

II. Modalitäten (Abs. 2)

Verbindlichkeit der Vereinbarung für das Kind bedingt *kumulativ* **Genehmigung** durch 10 die **vormundschaftliche Aufsichtsbehörde** (Art. 287 N 18) oder den **Richter** (Art. 133 Abs. 1, 176 Abs. 3, 279) **und Entrichtung der Abfindungssumme** bei der bezeichneten Stelle (i.d.R. eine Bank: vgl. Art. 401, 281 Abs. 3 und dort N 13).

III. Anfechtung

Vgl. Art. 287 N 20 f.; ferner insb. zum **Abfindungsvertrag** HEGNAUER, ZVW 1996, 11 6 ff.: Es müssen die für den Abschluss eines *Abfindungs*vertrags kausalen Rahmenbedingungen eintreten; ist dies nicht der Fall (wandert z.B. der Pflichtige nicht aus), so bedarf es weder eines Irrtums noch der Anfechtung – vielmehr ist eine (vom Gesetz in Form des spezifischen Interesses des Kindes [N 6] vorausgesetzte, wenn auch nicht formulierte) Bedingung ausgefallen, was den Vertrag unwirksam macht (HEGNAUER, ZVW 1996, 9, unter Hinweis auf VON TUHR/PETER, 313 bei Anm. 43a; s.a. GAUCH/SCHLUEP, Rz 790 f.).

Art. 289

F. Erfüllung I. Gläubiger	[1] **Der Anspruch auf Unterhaltsbeiträge steht dem Kind zu und wird, solange das Kind unmündig ist, durch Leistung an dessen gesetzlichen Vertreter oder den Inhaber der Obhut erfüllt.** [2] **Kommt jedoch das Gemeinwesen für den Unterhalt auf, so geht der Unterhaltsanspruch mit allen Rechten auf das Gemeinwesen über.**
F. Paiement I. Créancier	[1] Les contributions d'entretien sont dues à l'enfant et sont versées durant sa minorité à son représentant légal ou au parent qui en assume la garde. [2] La prétention à la contribution d'entretien passe avec tous les droits qui lui sont rattachés à la collectivité publique lorsque celle-ci assume l'entretien de l'enfant.
F. Adempimento I. Creditore	[1] I contributi di mantenimento spettano al figlio e, per la durata della minore età, sono versati al suo rappresentante legale oppure al detentore della custodia. [2] Tuttavia, la pretesa si trasmette con tutti i diritti all'ente pubblico che provveda al mantenimento.

Literatur zu Art. 289–293

Vgl. die Literaturhinweise zu den Vorbem. zu Art. 276–295, ferner insb.: BANNWART, Lohnpfändung und familienrechtliche Anweisung, BlSchK 2001, 161 ff.; BREITSCHMID, Sicherstellung künftiger Unterhaltsbeiträge, ZVW 1990, 1 ff. = BlSchK 1990, 201 ff.; DERS., Fragen um die Zwangsvollstreckung bei Alimentenbevorschussung (Art. 289 ff.) – insb.: Darf bei leistungsunwilligen Schuldnern ins Existenzminimum eingegriffen werden? (Bem. zu BGE 116 III 10 ff.), SJZ 1992,

57 ff., 83 ff.; DERS., Alimentenbevorschussung und Unterhaltsvereinbarungen bei Mündigenunterhalt, ZVW 1993, 88 ff.; DERS., Verzicht auf künftige Kinderunterhaltsbeiträge – Zulässigkeit und Umfang, ZVW 1994, 155 ff.; BÜHLER, Aktuelle Probleme bei der Existenzminimumberechnung, SJZ 2004, 25 ff.; DEGOUMOIS, Pensions alimentaires, Aide au recouvrement et avances, Genf 1982; DEGOUMOIS/JACCOTTET, La notion d'avance selon l'art. 293 al. 2 CCS, ZSR 1980 I 453 ff.; EPINEY-COLOMBO/PICHONNAZ/RUMO-JUNGO/GUIDICELLI/MOSER/MUSCHIETTI/PICCIRILLI, Aspetti patrimoniali nel diritto di famiglia, insbes. MUSCHIETTI, Aspetti pratici nell'esercizio dell'azione penale fondata sull'art. 217 CP, Basel 2005, 143 ff.; GEISER, Zur Frage der privilegierten Anschlusspfändung für fällige Unterhaltsforderungen der Kinder, ZVW 1985, 60 ff.; DERS., Die Anweisung an die Schuldner und die Sicherstellung, ZVW 1991, 7 ff.; DERS., Zur Rückforderung von Unterhaltsbeiträgen, ZVW 2001, 29 ff.; HAFFTER, Der Unterhalt des Kindes als Aufgabe von Privatrecht und öffentlichem Recht, Diss. Zürich 1984; HANGARTNER/VOLKEN (Hrsg.), Alimenteninkasso im Ausland, Die Schaffung und Vollstreckung schweizerischer Unterhaltstitel, St. Gallen 1989; HASELBACH, Zivilrechtliche Vollstreckungshilfen im Kindesrecht (Art. 290–291 ZGB), Freiburger Diss., Zürich 1991; HAUSHEER/SPYCHER, 615 ff.; HEGNAUER, Zur Erfüllung der Unterhaltsbeitragspflicht geschiedener Eltern, ZVW 1980, 100 ff.; DERS., Alimentenbevorschussung – örtliche Zuständigkeit, ZöF 1982, 154 f.; DERS., Bundesrechtliche Inkassohilfe und kantonaler Anwaltszwang, ZVW 1983, 104 ff.; DERS., Elterliche Unterhaltpflicht, Leistungsfähigkeit und Bevorschussung, ZVW 1986, 61 ff.; DERS., Genehmigung von Unterhaltsverträgen (Art. 287 ZGB) und Alimentenbevorschussung, ZVW 1987, 96 f.; DERS., Alimentenbevorschussung – Verrechnung, ZVW 1989, 72 ff.; DERS., Alimentenbevorschussung und Abtretung, ZVW 1991, 67 ff.; DERS., Unterhaltsbeiträge für Kinder und Verrechnung, ZVW 1998, 192 ff.; DERS., Zum Umfang der Subrogation des Gemeinwesens nach Art. 289 Abs. 2 ZGB, ZVW 1999 18 ff.; HOLLENWEGER, Fragen der Vollstreckung des Unterhaltsanspruchs, ZVW 1990, 81 ff.; MARTINY, Unterhaltsrang und -rückgriff, Mehrpersonenverhältnisse und Rückgriffsansprüche im Unterhaltsrecht Deutschlands, Österreichs, der Schweiz, Frankreichs, Englands und der Vereinigten Staaten von Amerika, 2 Bde., Tübingen 2000; SANDOZ, L'avis aux créanciers de l'art. 171 (177n CC) et 291 CC est-il une mesure d'exécution forcée?, BlSchK 1988, 81 ff.; STETTLER, L'injonction judiciaire au tiers débiteur propre à l'exécution de la contribution d'entretien, in: FS Dallèves, Genf 2000, 311 ff.; STORRER, Unterhaltsbeiträge in der Zwangsvollstreckung, Diss. Zürich 1979; SUHNER, Anweisungen an den Schuldner (Art. 177 und 291 ZGB), Diss. St. Gallen 1992; VOLLENWEIDER, Alimentenbevorschussung bei Uneinbringlichkeit der Unterhaltsbeiträge, FamPra 2006, 1 ff.; WAGNER, Die Zulässigkeit der Abtretung von Unterhaltsansprüchen bei der Bevorschussung von Unterhaltsbeiträgen, ZöF 1979, 149 ff.; WEBER, Anweisungen an die Schuldner, Sicherstellung der Unterhaltsforderung und Verfügungsbeschränkung, AJP 2002, 235 ff.

Daneben bestehen *Handbücher für den Behördenalltag:* ZH: HAUSER/MEIER, Die Unterhaltsforderung in der Zwangsvollstreckung, hrsg. vom Verband der Gemeindeammänner und Betreibungsbeamten des Kantons Zürich, o.O., 1986; BE: Handbuch Bevorschussung von Unterhaltsbeiträgen für Kinder und Inkassohilfe, hrsg. vom Kantonalen Jugendamt Bern, 1999; SG: Handbuch für Inkassohilfe, hrsg. vom Verband St. Gallischer Gemeinderatsschreiber ... (VGGV), St. Gallen 1995, 3. Nachtrag 2000.

Zum *strafrechtlichen Schutz* des Unterhalts s. N 17 f.

I. Allgemeines: Unterhalt und Erfüllung

1   Das Kind lebt nicht vom Unterhaltsanspruch, sondern von dessen regelmässiger **Erfüllung.** Für das Kindeswohl entscheidend ist, **ob, mit welchen Mitteln und in welchem Umfang** der Anspruch **durchgesetzt** werden kann, weshalb den Bestimmungen über die Erfüllung (Art. 289–292) – einschliesslich der (i.S.v. Art. 6) kantonalem *öffentlichen Recht* überlassenen Regelung der *Alimentenbevorschussung* für den Fall, dass der Anspruch vom Pflichtigen nicht erfüllt wird und subsidiär das Gemeinwesen einspringen muss (Art. 293) – erhebliche Bedeutung zukommt.

2   Die Art. 289 ff. ergänzen (i.S.v. Art. 7) die Art. 68 ff. OR; im Übrigen sind aber die einschlägigen **obligationenrechtlichen Bestimmungen anwendbar,** so namentlich das **Verrechnungsverbot** ohne Zustimmung des Gläubigers (Art. 125 Ziff. 2 OR), das (beschränkte: BGE 107 II 473 f.; WAGNER, ZöF 1979, 149 ff.; u. N 8) **Abtretungsverbot** (Art. 164 Abs. 1 OR; Art. 276 N 2). – Zur **Fälligkeit** s. Art. 285 Abs. 3 und dort N 32 f.

Unterhalt ist *i.d.R. persönlich* (Art. 276), ausnahmsweise aber dort, wo das Kind nicht   **3** unter der Obhut des unterhaltspflichtigen Elternteils steht, durch **Geldzahlung** zu erbringen (Art. 276 Abs. 2, dort N 26). Nur die **Erfüllung des Barunterhalts** (bzw. von Surrogaten für nicht persönlich erbrachte Leistungen) ist vollstreckbar und von den Art. 289 ff. erfasst. Soweit ein Anspruch auf Geldzahlung oder Sicherheitsleistung vollstreckt werden soll, ist auf dem Betreibungsweg vorzugehen (Art. 38 SchKG; N 12 ff.). Die **Vollstreckungsbehelfe gelten für jegliche Art von Barunterhalt,** mithin auch für *eherichterlich* angeordnete Kinderunterhaltsbeiträge (Art. 133, 176 Abs. 3; HINDERLING/STECK, 472 ff.) und *Massnahmeanordnungen* i.S.v. Art. 281 ff. (HASELBACH, 95).

II. Grundsatz: Gläubigerstellung des Kindes (Abs. 1)

Unterhaltsberechtigt ist das **Kind** (unabhängig davon, ob der Unterhalt in einem Unter-   **4** haltsprozess oder einem eherechtlichen Verfahren festgesetzt worden ist: BGE 112 II 202; Art. 276 N 17 f.), und ihm steht denn auch der Anspruch zu; indes wird das **unmündige Kind** in wirtschaftlichen Belangen **durch den Inhaber der elterlichen Sorge vertreten** (Art. 279 N 7), weshalb sein Anspruch während der Unmündigkeit durch Leistung an den gesetzlichen Vertreter zu erfüllen ist (Abs. 1 mit den im Zuge der Revision des Scheidungsrechts auf 1.1.2000 eingefügten Präzisierungen; zu diesen Botschaft Revision Scheidungsrecht, Ziff. 244.3, 162) und nur solche Leistung den Pflichtigen befreit (STETTLER, SPR III/2, 363). Eine Betreibung sowohl für den Unterhaltsbeitrag des geschiedenen Gatten und des Kindes ist allerdings zulässig (OGer ZG, SJZ 2005, 348).

Die **Vertretungsmacht des Inhabers elterlicher Sorge ist beschränkt** und schliesst   **5** **unentgeltliche Zuwendungen** zulasten des Kindes i.d.R. aus (Art. 318 N 10), nicht aber den **Erlass** oder **Stundung einzelner Beitragsraten** (BK-HEGNAUER, N 42 ff. bzw. N 40 f.; DERS., Kindesrecht, N 23.05), was bei Leistungs*un*fähigkeit des Pflichtigen keine Zuwendung und aufgrund der *Rücksichtspflicht* gem. Art. 272 geboten ist (HEGNAUER, ZVW 1977, 63 f.). Einmal (selbst nur konkludent) *erlassene Beiträge über mehr als ein Jahr zurück nachzufordern,* ist venire contra factum proprium (**a.M.** BGE 119 III 6; krit. dazu BREITSCHMID, ZVW 1994, 158 f. und SCHNYDER, ZBJV 1995, 154).

Da der Anspruch dem Kind zusteht, dürfen die **Unterhaltsbeiträge** an das Kind **nicht in**   **6** **der Notbedarfsrechnung des Obhutinhabers berücksichtigt** werden (BGE 115 Ia 327 f.; *anders* die Behandlung des *Erwerbseinkommens* Minderjähriger: Art. 276 N 35), soweit dies nicht ausnahmsweise – bei einem Missverhältnis aufgrund überdurchschnittlicher Beiträge an das Kind und unzureichender Mittel des Obhutinhabers – die Billigkeit gebietet (Art. 319 Abs. 1; BGE, a.a.O., 329).

Gläubigerstellung schliesst das Recht zur **Bestellung eines Vertreters** ein, und als sol-   **7** chen kann das **mündige Kind** auch den nicht barunterhaltspflichtigen Elternteil (N 8) oder der **Sorgerechtsinhaber das Gemeinwesen** bezeichnen (N 9 f.).

III. Ausnahme: Gläubigerstellung desjenigen, der für den Unterhalt aufgekommen ist

1. Im Allgemeinen

Bereits die Regelung von Abs. 1 macht deutlich, dass Unterhaltsleistungen demjenigen   **8** zu vergüten sind, der *effektiv* dafür aufgekommen ist (vgl. Art. 110 OR). Dies ist im

Normalfall der **Inhaber der elterlichen Sorge,** und zwar ggf. selbst nach Mündigkeit des Kindes, wo *er* die **ausgebliebenen Zahlungen anstelle des Pflichtigen erbracht** oder das Kind ihn mit seiner Vertretung betraut (STETTLER, SPR III/2, 310; BGE 107 II 473 f.; 109 II 372; OGer TG, SJZ 2004, 190) bzw. ihm den Anspruch abgetreten hat. Dies ist zulässig (N 2), bedarf indes zumindest konkludenter Anordnung, da insoweit *keine Legal*zession vorgesehen ist (N 9). Rückforderungsberechtigt sind alsdann aber z.B. auch Grosseltern, welche Verwandtenunterstützung erbrachten (Art. 293 Abs. 1, Art. 328 f.), soweit es sich nicht um Leistungen handelt, welche als unentgeltlich vermutet werden (Art. 294 N 2); solche Dritte können gegenüber dem Pflichtigen Ansprüche aus Geschäftsführung ohne Auftrag geltend machen (BGE 123 III 161, 164 E. 4c; Art. 276 N 30). – *Kein* Forderungsrecht besteht umgekehrt dort, wo der an sich *Bar*unterhaltspflichtige berechtigterweise (Art. 276 N 26) *Natural*unterhalt erbracht hat (weil z.B. das Kind während einer bestimmten Periode bei ihm lebte: BGE 107 II 13; HEGNAUER, ZVW 1980, 101; STETTLER, SPR III/2, 363; s.a. N 14); es handelt sich hier um eine *Erlass*situation (N 6; HEGNAUER, Kindesrecht, N 23.05 a.E.).

2. Stellung des Gemeinwesens: Legalzession (Abs. 2)

9   Abs. 2 bewirkt (nur) zu Gunsten des **Gemeinwesens** eine **Legalzession** (KGer VD SJZ 1996, 242; ggf. nur bez. jenes Teilbetrags, den es tatsächlich geleistet hat: Wo z.B. nicht der gesamte Unterhaltsbeitrag bevorschusst wurde). Siehe dazu im Einzelnen HAFFTER, 204 ff. sowie nun BGE 123 III 161.

10 Das Gemeinwesen tritt **bezüglich aller von ihm für den Unterhalt** des Kindes **an Stelle des Pflichtigen** erbrachter Leistungen (also *nicht* für Sozialversicherungsrenten oder normale schulische Ausbildung) in den Anspruch des Kindes ein; es betrifft dies **Fürsorge- bzw. Sozialhilfeleistungen** im Allgemeinen sowie **Bevorschussungsleistungen** i.S.v. Art. 293 Abs. 2 (BREITSCHMID, SJZ 1992, 61 ff.; HAFFTER, 209 f.; STETTLER, SPR III/2, 308 f.), aber auch die **Nebenrechte** (*Klagerecht* gem. Art. 279 ff. – z.B. auf Feststellung des weiteren Bestehens der Unterhaltspflicht [Art. 279 N 3] –, mit Massnahme- und Abänderungsanspruch sowie Sicherungsbehelfen gem. Art. 291 f. sowie dem Gerichtsstandsprivileg [Art. 279 N 10], das *Konkursprivileg* von Art. 219 SchKG, die *Anschlusspfändung* gem. Art. 111 SchKG; *str.* bezüglich des Rechts zum *Eingriff ins Existenzminimum* des Leistungsunwilligen: abl. BGE 116 III 10; **a.M.** ZK-SPIRIG, Art. 170 OR N 14, 21; BREITSCHMID, SJZ 1992, 64 ff.; s. zum Ganzen BK-HEGNAUER, N 81 ff., 87 ff.; DERS., Kindesrecht, N 23.06; HAFFTER, 216 ff.).

11 Der Anspruch bezieht sich auf fällige wie früher erbrachte Leistungen, wobei nicht die zeitliche Beschränkung gem. Art. 279 Abs. 1, sondern die obligationenrechtliche **Verjährungsregel** von Art. 128 Ziff. 1 OR gilt (nur soweit das Gemeinwesen seinen Anspruch nicht durch Subrogation, sondern erst gestützt auf eigene Klage i.S.v. Art. 279 erwirbt, würde die zeitliche Begrenzung der Rückwirkung von Art. 279 Abs. 1 gelten; s. aber u. KOLLER, Art. 328/329 N 29). Aus Praktikabilitätsgründen sollte dem Gemeinwesen sinnvollerweise die Klagelegitimation auch für zukünftige Forderungen eingeräumt werden.

IV. Vollstreckung und Schutz von Unterhaltsbeitragsforderungen in speziellen Situationen

1. Unterhaltsbeiträge im Betreibungsverfahren

12 Siehe zum Folgenden nebst den Werken zum SchKG (FRITZSCHE/WALDER, I, insb. § 24 Rz 52, Rz 57 ff., 67 ff., und AMONN, insb. §§ 23 ff.; BSK SchKG-ACOCELLA, Art. 43

N 14 ff.; BSK SchKG-VONDER MÜHLL, Art. 93 N 9 ff., 20, 29 f. 37 ff.; BSK SchKG-PETER Art. 219 N 47 ff.) insb.: BREITSCHMID, SJZ 1992, 63 ff.; HAFFTER, 216 ff.; HASELBACH, 133 ff.; HEGNAUER, Kindesrecht, N 23.16 ff.; STETTLER, SPR III/2, 368 ff.; STORRER; ferner Art. 276 N 6.

a) Betreibungen Dritter gegen den Unterhaltsberechtigten

Nach Art. 93 Abs. 1 SchKG sind die *einzelnen,* fälligen Beitragsquoten richterlich oder **13** vertraglich festgesetzter oder freiwillig geleisteter (moralisch geschuldeter) *Unterhaltsbeiträge beschränkt pfändbar* (im Gegensatz zum unpfändbaren Unterhaltsanspruch *an sich*), nämlich in dem Umfange, als der Berechtigte sie nicht zur Bestreitung des (auf das *Existenzminimum* beschränkten; s. Art. 285 N 12) Lebensunterhalts benötigt (FRITZSCHE/ WALDER, I, § 24 Rz 87).

b) Betreibungen Dritter gegen den Unterhaltsschuldner

Unterhaltsforderungen geniessen in Betreibungen Dritter gegenüber dem Pflichtigen den **14** *privilegierten Anschluss* (Art. 111 SchKG), das Privileg (rückwirkend für ein Jahr) *gegenüber bestehenden Lohnpfändungen* (BGE 107 III 75) und das *Konkursprivileg erster Klasse* für die in den letzten *sechs* Monaten vor Konkurseröffnung fällig gewordenen Raten (Art. 219 Abs. 4, Erste Klasse lit. c SchKG).

c) Betreibungen des Unterhaltsberechtigten gegen den Unterhaltsschuldner

Wo sich Unterhaltsberechtigter und -verpflichteter gegenüberstehen, ist das Existenzmi **15** nimum nicht unantastbar, sondern die familiäre Solidarität verlangt, dass beide eine verhältnismässige Einbusse auf ihr Existenzminimum in Kauf zu nehmen haben (BGE 111 III 16; auch aus dieser Perspektive erscheint es zweifelhaft, bei der *Festsetzung* der Unterhaltsbeiträge das Existenzminimum des Pflichtigen unangetastet zu lassen: s. Art. 285 N 20). – Siehe zur **Sicherstellung künftiger Ansprüche** zu Art. 292.

d) Unterhaltsbeiträge in der Rechtsöffnung

Eine **private Vereinbarung** ist Schuldanerkennung, welche **provisorische** Rechtsöff **16** nung ermöglicht (PANCHAUD/CAPREZ, Die Rechtsöffnung, Zürich 1980, § 91). **Gerichtliche Urteile und Vergleiche** stellen **definitive Rechtsöffnungstitel** dar (PANCHAUD/ CAPREZ, § 110 II; ebenso *Massnahmentscheide:* a.a.O., § 100; der Sache nach *zu Unrecht* aber **nicht vormundschaftsbehördlich** genehmigte Vereinbarungen: zur Kritik überzeugend STETTLER, SPR III/2, 372 ff.; BK-HEGNAUER, N 48 und nun KG VD JdT 2000 II 121). Die Frage, wieweit im Rechtsöffnungsverfahren der **Eintritt von Bedingungen** überprüft werden kann, ist *kontrovers* (vgl. BK-HEGNAUER, N 50 ff.; DERS., ZVW 1983, 58 und ZVW 1990, 48, wonach die Befreiung der Eltern von der Unterhaltspflicht aufgrund von Art. 276 Abs. 3 *graduell* und damit im Rechtsöffnungsverfahren nicht überprüfbar sei; demgegenüber OGer ZH III.ZK, plädoyer 1990, 69 f. [in Bestätigung von ZR 1982 Nr. 13], wonach – bei tauglichem *urkundenmässigem* Nachweis – der *gänzliche* Wegfall im Rechtsöffnungsverfahren berücksichtigt werden könne und Abänderung bei dieser Konstellation nicht erforderlich sei; s. nun aber BGE 124 III 501); unproblematisch jedenfalls soweit, als eine übliche **Indexklausel** zugrunde liegt (OGer LU LGVE 1980, 663; OGer BL BJM 1985, 260; s. aber RAPP, BJM 1980, 292; BGE 126 III 358). Nach BGE v. 22.3.1994 (mit Bem. GEISER, Durchsetzung von Kinderalimenten, wenn das Kind beim Schuldner wohnt, ZBJV 1994, 382; dazu N 6 a.E.) liegt kein **Rechtsmissbrauch** vor, wenn Rechtsöffnung für Unterhaltsbeiträge erteilt wird, obwohl die Kinder beim Schuldner wohnen; auch der Rechtsmissbrauch müsste *urkundlich* nachgewiesen werden (was z.B. bei direkter Ausrichtung von Sozialversicherungsleistungen an den Berechtigten aber möglich ist: BGE 114 III 82; Art. 285 N 30 a.E.), da andernfalls schwer nachvollziehbar wäre, weshalb eine gegenüber der ursprünglichen, gerichtlich bzw. behördlich genehmigten Ordnung fundamental veränderte Lage bestehen soll (BK-HEGNAUER, N 59).

2. Strafrechtlicher Schutz

17   Aufgrund von Art. 217 StGB wird, «wer seine familienrechtlichen Unterhalts- oder Unterstützungspflichten nicht erfüllt, obschon er über die Mittel dazu verfügt oder verfügen könnte» (Erwerbspflicht: Art. 276 N 25, Art. 285 N 12), auf Antrag mit **Gefängnis** bestraft (BGE 119 IV 315; 121 IV 272; 126 IV 131; BRODER, Delikte gegen die Familie, insb. Vernachlässigung von Unterhaltspflichten, ZStR 1992, 290 ff., 296 ff.). Das **Strafantragsrecht** steht auch dem Gemeinwesen zu (zur Frist BGE 121 IV 275). Ob der Pflichtige **leistungsfähig** ist, bestimmt sich in analoger Anwendung der betreibungsrechtlichen Regeln (BGE 121 IV 277 f.). Voraussetzung ist nicht, dass der Unterhaltsbetrag gerichtlich festgesetzt oder vertraglich vereinbart worden ist, obwohl er dadurch konkretisiert würde (BGE 128 IV 86; s. aber ZR 2005 Nr. 23).

18   Die **praktische Tragweite** von Art. 217 StGB ist – abgesehen von ihrer generalpräventiven Wirkung – eher gering, da beim leistungs*unwilligen* Schuldner die strafrechtliche Ahndung zusätzliche Belastung für die fortbestehende familienrechtliche Beziehung darstellt, ohne dass das Strafverfahren dem Berechtigten unmittelbar zum Unterhalt verhilft, weshalb strafrechtliche Schritte in der Stufenfolge der Massnahmen gegenüber dem Pflichtigen (Art. 290 N 3) nicht an erster Stelle stehen sollen (zum Zusammenspiel zivil- und strafrechtlichen Schutzes s.a. STETTLER, L'évolution de la protection civile et de la protection pénale de la famille, in: Gauthier (Hrsg.), Le rôle sanctionnateur du droit pénal, Freiburg i.Ü. 1985, 101 ff.; DERS., SPR III/2, 375 f.; BREITSCHMID, SJZ 1992, 84 f.).

3. Abtretung künftiger Lohnforderungen (Art. 325 OR)

19   Vgl. BSK OR I-REHBINDER, Art. 325; MANG, Die Abtretung und Verpfändung künftiger Lohnforderungen, Diss. Zürich 1993, 60 ff.

4. Internationale Verhältnisse

20   Vgl. N 9 ff. der Vorbem. zu Art. 276–295 und insb. HANGARTNER/VOLKEN sowie HAUSHEER/SPYCHER, Rz 12.28 ff. und BK-HEGNAUER, N 106 ff.

Art. 290

II. Vollstreckung **1. Geeignete Hilfe**	**Erfüllt der Vater oder die Mutter die Unterhaltspflicht nicht, so hat die Vormundschaftsbehörde oder eine andere vom kantonalen Recht bezeichnete Stelle auf Gesuch dem anderen Elternteil bei der Vollstreckung des Unterhaltsanspruches in geeigneter Weise und unentgeltlich zu helfen.**
II. Exécution 1. Aide appropriée	Lorsque le père ou la mère néglige son obligation d'entretien, l'autorité tutélaire ou un autre office désigné par le droit cantonal aide de manière adéquate et gratuitement l'autre parent qui le demande à obtenir l'exécution des prestations d'entretien.

II. Esecuzione	Se il padre o la madre non adempie l'obbligo di mantenimento, l'autorità
1. Aiuto appropriato	tutoria o un altro ufficio designato dal diritto cantonale deve, ad istanza dell'altro genitore, prestare un aiuto appropriato e gratuito per l'esecuzione della pretesa di mantenimento.

Art. 290 (i.V.m. Art. 52 Abs. 1 SchlT) verpflichtet die Kantone zur Schaffung von Inkassostellen; die **organisatorische Ausgestaltung** (dazu die jeweilige kant. *Jugend- oder Sozialhilfegesetzgebung*) ist Sache der Kantone und hat in der Westschweiz zur Schaffung zentraler kantonaler Behörden geführt, während die Deutschschweizer Kantone die Regelung weitgehend den Gemeinden bzw. den lokalen Vormundschaftsbehörden überlassen haben. **1**

«**Geeignete Hilfe**» bei der Vollstreckung (so das Marginale) bedingt, dem nichtleistungspflichtigen Elternteil nicht erst dann beizustehen, wenn der Pflichtige die Unterhaltspflicht *nicht* erfüllt (so an sich der Wortlaut, woraus man ableiten könnte, es müsse der Nachweis gescheiterter Bemühungen erbracht werden), sondern schon dann, wenn er sich über das zweckmässige Vorgehen in irgendeinem Stadium nicht im Klaren ist. Es handelt sich um eine **Dienstleistung des Gemeinwesens gegenüber Privaten** auf deren Ersuchen und in deren Interesse, die sich im Wesentlichen nach **auftragsrechtlichen Grundsätzen** beurteilt, wobei das mitenthaltene öffentliche Interesse (vgl. Art. 293 Abs. 1) zu bedenken ist. **2**

In einer ersten Phase stehen **Auskünfte und Beratung** gegenüber dem Ratsuchenden im Vordergrund, was auch der Beratungsstelle einen Überblick über die Verhältnisse ermöglichen soll (zum Ganzen HASELBACH, 129 ff.). Alsdann hat die Inkassostelle vor Einleitung betreibungsrechtlicher Schritte i.d.R. durch **informelle Kontaktnahme mit dem Schuldner** die Gegebenheiten zu verifizieren und eine einvernehmliche Lösung zu prüfen, insb. den Pflichtigen zu freiwilliger Erfüllung zu motivieren, allenfalls auch ihm (z.B. im Blick auf Arbeitsplatzsuche, Integrationsprogramme, Bezug von Sozialleistungen) Rat zu erteilen (STETTLER, SPR III/2, 364 f.; HASELBACH, 132; BREITSCHMID, SJZ 1992, 58 f.). Nur wo einvernehmliche Lösungen scheitern oder offenkundig aussichtslos sind, können **betreibungs- oder strafrechtliche Schritte** (zu Letzterem Art. 289 N 17) eingeleitet werden. **3**

Die **Hilfe** – nämlich die Beratungsleistung – hat **unentgeltlich** zu sein (insofern abweichend Art. 131 Abs. 1, wonach die Hilfe dort nur «in der Regel» unentgeltlich ist; Botschaft Revision Scheidungsrecht, Ziff. 233.55, 122); die eigentlichen, immer anfallenden **Vollstreckungskosten** sind demgegenüber vom Berechtigten zu tragen (STETTLER, SPR III/2, 365 f.). **4**

Die **Beratungsstelle** selbst kann als **Vertreter des Unterhaltsberechtigten** handeln und alle zum **Inkasso der Unterhaltsforderung notwendigen Schritte** (Stellung des Rechtsöffnungsgesuchs, Vertretung in der Rechtsöffnungsverhandlung) ergreifen, ohne dass der Kanton anwaltliche Vertretung vorschreiben darf (BGE 109 Ia 75; HEGNAUER, ZVW 1983, 104 ff.). **5**

Art. 291

2. Anweisungen an die Schuldner	**Wenn die Eltern die Sorge für das Kind vernachlässigen, kann das Gericht ihre Schuldner anweisen, die Zahlungen ganz oder zum Teil an den gesetzlichen Vertreter des Kindes zu leisten.**
2. Avis aux débiteurs	Lorsque les père et mère négligent de prendre soin de l'enfant, le juge peut prescrire à leurs débiteurs d'opérer tout ou partie de leurs paiements entre les mains du représentant légal de l'enfant.

2. Diffida ai debitori Se i genitori trascurano i propri doveri verso il figlio, il giudice può ordinare ai loro debitori che facciano i pagamenti del tutto o in parte nelle mani del rappresentante legale del figlio.

I. Bedeutung der Anweisung

1 Bereits das alte Eherecht (aArt. 171) kannte das Institut der **Anweisung an die Schuldner** für den Fall, dass der Pflichtige den Unterhalt des Berechtigten vernachlässigte; Art. 291 hat diese Regelung ins Kindesrecht übernommen und Art. 177 des rev. Eherechts (welcher mit Art. 132 Abs. 1 [Botschaft Revision Scheidungsrecht, Ziff. 233.55] auf den Geschiedenenunterhalt ausgedehnt wurde) lautet – von sachlich bedeutungslosen Unterschieden abgesehen – gleich. Zum **Verhältnis der ehe- und der kindesrechtlichen Anweisung** – bei eheschutzrichterlichen Anordnungen wird Art. 291 i.d.R. in Art. 177 aufgehen – s. HAUSHEER/REUSSER/GEISER, Art. 177 N 23. Die *Bewilligung der Anweisung* bedeutet *nicht Überprüfung* der zu vollstreckenden Anordnung, welche in einem Abänderungsverfahren zu erfolgen hätte (OGer BE ZBJV 2000, 814).

2 Das **Problem** der an sich effizienten Regelung liegt in der Blossstellung des Pflichtigen gegenüber Dritten (Arbeitgeber, Mieter; s. aber Art. 99 SchKG). Dies trifft gerade solche Pflichtige, die (noch) über einen Arbeitsplatz verfügen (STETTLER, SPR III/2, 367; Botschaft, BBl 1974 II 65), ausser es lasse sich die **Anweisung mit der Sicherstellung verbinden** (dazu Art. 292 N 4) und es werde nach erfolgter Sicherheitsleistung die Hinterlegungsstelle (meist eine geheimnispflichtige Bank) zur Ausrichtung der periodisch fälligen Raten angewiesen.

3 Der **Vorteil der Anweisung gegenüber betreibungsrechtlichen Schritten** liegt darin, dass sie in einem einfacheren Verfahren das Inkasso periodisch fällig werdender Unterhaltsbeiträge ermöglicht (GEISER, ZVW 1991, 7; STETTLER, SPR III/2, 367). Der i.d.R. zuverlässigere Arbeitgeber wird nur mehr durch Leistung an den Alimentengläubiger befreit, ausser es ergebe sich, dass die dem Alimentenschuldner ausgerichteten Zahlungen effektiv (trotzdem) dem Unterhaltsberechtigten zugekommen sind.

II. Voraussetzungen

4 Voraussetzung ist eine *(relevante)* **Vernachlässigung unterhaltsrechtlicher Pflichten.** Alsdann kann der Richter die *bekannten* Schuldner (HEGNAUER, Kindesrecht, N 23.10) anweisen, zukünftig die einzelnen Unterhaltsbeitragsquoten (oder Teile davon) periodisch direkt dem Unterhaltsberechtigten auszuzahlen. Die Anweisung erfasst deshalb *weder rückständige* Unterhaltsbeiträge (GEISER, ZVW 1991, 8; SANDOZ, BlSchK 1988, 89) *noch gar zukünftige,* noch nicht fällige. Ist der Unterhaltsberechtigte durch eine Anweisung gesichert, so hat er sich vorab aus diesem «Pfand» zu befriedigen (Art. 41 SchKG per analogiam; GEISER, ZVW 1991, 9).

III. Verhältnis zu betreibungsrechtlichen Behelfen

5 Die **Anweisung** als familienrechtliches Institut **geht** – entsprechend dem Vorrang familienrechtlicher Ansprüche in Vollstreckungsverfahren (Art. 289 N 12) – **der Pfändung vor** (BGE 110 II 16; OGer SO SJZ 1995, 317; vgl. BGE 130 III 489; BK-HEGNAUER, N 34; BANNWART, BlSchK 2001, 161 ff.; STETTLER, SPR III/2, 367; SCHNYDER, ZBJV 1986, 93; HASELBACH, 175 ff.; **a.M.** SANDOZ, BlSchK 1988, 87 f.; GEISER, ZVW 1991, 10 ff.; s. ferner HAUSHEER/REUSSER/GEISER, Art. 177 N 18 ff.; o. Art. 177 N 3, 6). Es handelt sich um eine im ZGB enthaltene privilegierte **Zwangsvollstreckungsmassnahme eige-**

ner Art (BGE 110 II 10; Schnyder, ZBJV 1986, 93: «nicht Fisch und nicht Vogel»), welche zwar eher Zivilsache, aber nicht Endentscheid und vom BGer nur im staatsrechtlichen Beschwerdeverfahren überprüfbar war (krit. Vogel, ZBJV 1986, 497 f.).

Diese mehr theoretischen Feststellungen zur Rechtsnatur ändern aber nichts daran, dass – **6** unabhängig von der zeitlichen Abfolge der Anordnungen – konkurrierende (d.h. von mehreren Gläubigern für verschiedene Forderungen verlangte und zusammen ins Existenzminimum eingreifende) **Anweisungen und Pfändungen koordiniert** werden müssen. Dabei versteht sich, dass vom Unterhaltspflichtigen einem Dritten *verpfändete* Werte nicht mehr erfasst werden können (Art. 904 ff.: Geiser, ZVW 1991, 11). Da der Richter bei der Anweisung auf die wirtschaftlichen Gegebenheiten Rücksicht zu nehmen hat, müssen schon *bestehende Pfändungen* berücksichtigt werden, was aber unter den Voraussetzungen von Art. 289 N 13 einen Eingriff ins Existenzminimum des Pflichtigen durch die Anweisung nicht ausschliesst (Geiser, ZVW 1991, 10). Einer Pfändung zu Gunsten Dritter *nach* Anordnung einer Anweisung zu seinen Gunsten hätte der Unterhaltsberechtigte durch Anschlusspfändung zu begegnen.

Art. 292

III. Sicherstellung	**Vernachlässigen die Eltern beharrlich die Erfüllung ihrer Unterhaltspflicht, oder ist anzunehmen, dass sie Anstalten zur Flucht treffen oder ihr Vermögen verschleudern oder beiseite schaffen, so kann das Gericht sie verpflichten, für die künftigen Unterhaltsbeiträge angemessene Sicherheit zu leisten.**
III. Sûretés	Lorsque les père et mère persistent à négliger leur obligation d'entretien ou qu'il y a lieu d'admettre qu'ils se préparent à fuir, dilapident leur fortune ou la font disparaître, le juge peut les astreindre à fournir des sûretés appropriées pour les contributions d'entretien futures.
III. Garanzie	Se i genitori trascurano ostinatamente il loro obbligo di mantenimento o se vi è motivo di credere ch'essi facciano preparativi di fuga, dissipino o dissimulino il proprio patrimonio, il giudice può obbligarli a fornire adeguate garanzie per i contributi futuri.

Literatur

Siehe die Literaturhinweise zu Art. 131 f., Art. 177 und Art. 289.

I. Voraussetzungen der Sicherheitsleistung

Wo der Pflichtige *(alternativ)* die Erfüllung der **Unterhaltspflicht beharrlich und andauernd vernachlässigt** (und damit im Grunde den strafrechtlichen Tatbestand von Art. 217 StGB erfüllt: Art. 289 N 17), **Anstalten zur Flucht trifft** oder sein **Vermögen beiseite schafft** (was den Arrestgrund von Art. 271 Abs. 1 Ziff. 2 SchKG erfüllt) oder es **verschleudert,** kann ihn der Richter zur **Sicherheitsleistung für künftige Unterhaltsbeiträge verpflichten.** – Vgl. schon für analoge Regeln bei der Rente nach aArt. 151 aufgrund von Art. 43 Abs. 2 OR BGE 107 II 399 f. (abl. aber bez. Renten nach aArt. 152 BGE 119 II 12; geklärt nunmehr durch Art. 132 Abs. 2).

Die Sicherstellung wird verschiedentlich als zivilrechtliche **Sanktion** bezeichnet (Stettler, SPR III/2, 368; Botschaft Revision Scheidungsrecht, Ziff. 233.55, 123 [zu Art. 132 Abs. 2 E]); indes steht nicht ein *pönales* Moment im Vordergrund, sondern die **Sicherung der Erfüllung.**

II. Vorgehen

3   Es sind die im jeweiligen Fall **geeigneten Massnahmen** (s. etwa Art. 178 Abs. 2, dort N 15 f.) anzuordnen; in Betracht kommen z.B. Verfügungsbeschränkungen, Sperre von Bankkonten und -depots, Errichtung von Schuldbriefen (BG Baden SJZ 1995, 434) oder Bürgschaft (HOLLENWEGER, ZVW 1990, 83), wobei die Evaluation noch im (betreibungs- oder kantonalrechtlichen) Vollstreckungsverfahren erfolgen kann (BGE 107 II 402). Die Anordnung setzt voraus, dass der Schuldner über ausreichendes Substrat verfügt, wobei an diesen Nachweis keine strengen Anforderungen zu stellen sind (BGE 107 II 401 f.; HINDERLING/STECK, 292 Anm. 13v m.Nw.). Oft kommen einzig (noch) **Freizügigkeitsansprüche** in Betracht; nach Art. 22 FZG können solche nur zu Gunsten des früheren Ehegatten unmittelbar herangezogen werden (Überblick bei HINDERLING/STECK, 390 f.), hingegen können nach einem Gesuch um Barauszahlung (BGE 119 III 19) fällige (Art. 5 FZG) Freizügigkeitsansprüche auch zu Gunsten des Kindes *verarrestiert* werden (BGE 120 III 75 und dazu Bem. GEISER, ZBJV 1994, 644 f.; ggf. durch *Arrest auf Sicherheitsleistung,* wo die Fälligkeit vom Schuldner noch nicht herbeigeführt wurde: ZR 1990 Nr. 113 E. 2d). Ebenso sind **Invalidenleistungen** der 2. Säule *beschränkt pfändbar* (BGE 120 III 71 m.Bem. GEISER, ZBJV 1994, 643).

4   Zu bedenken ist allerdings, dass die blosse richterliche *Verpflichtung* noch nicht deren *Erfüllung* bewirkt, zudem das gerichtliche Verfahren den Schuldner warnen und zu einem Verhalten bestimmen kann, welches mit der Anordnung gerade hätte verhindert werden sollen. Soweit die Tatbestandselemente von Art. 271 Abs. 1 Ziff. 2 SchKG vorliegen (Anstalten zur Flucht oder Beiseiteschaffen von Vermögen; ebenso dort, wo der Pflichtige im Ausland lebt: Art. 271 Abs. 1 Ziff. 4 SchKG; der seit der SchKG-Revision neu erforderliche Binnenbezug ist bei inländischem Wohnsitz des Berechtigten oder Unterhaltsfestlegung durch ein hiesiges Gericht gewährleistet), steht deshalb eine **Arrestlegung** im Vordergrund, welche anschliessend auf *Sicherheitsleistung* zu prosequieren (N 3 a.E.) und mit einer richterlichen **Anweisung** i.S.v. Art. 291 gegenüber der Hinterlegungsstelle zu verbinden ist (Art. 291 N 2), damit die einzelnen Quoten regelmässig dem Berechtigten ausgerichtet werden (BREITSCHMID, ZVW 1990, 5 ff.; GEISER, ZVW 1991, 16 ff.; ZR 1990 Nr. 113); die Prosequierung eines solchen Arrests hätte – wo ein *Rechtsöffnungstitel bezüglich des Sicherungsanspruchs* noch fehlt (BezGer ZH BlSchK 1995, 190, 192) – durch nachträgliche Erwirkung einer Anordnung auf Sicherheitsleistung – ggf. kumuliert mit einer Anweisung – zu erfolgen. Sicherheitsleistung und Anweisung können ohnehin verbunden werden (OGer BL BJM 2000, 136 ff.).

Art. 293

G. Öffentliches Recht	**¹ Das öffentliche Recht bestimmt, unter Vorbehalt der Unterstützungspflicht der Verwandten, wer die Kosten des Unterhaltes zu tragen hat, wenn weder die Eltern noch das Kind sie bestreiten können.**
	² Ausserdem regelt das öffentliche Recht die Ausrichtung von Vorschüssen für den Unterhalt des Kindes, wenn die Eltern ihrer Unterhaltspflicht nicht nachkommen.
G. Droit public	¹ Le droit public détermine, sous réserve de la dette alimentaire du parent, à qui incombent les frais de l'entretien lorsque ni les père et mère ni l'enfant ne peuvent les assumer.

² Le droit public règle en outre le versement d'avances pour l'entretien de l'enfant lorsque les père et mère ne satisfont pas à leur obligation d'entretien.

G. Diritto pubblico ¹ Il diritto pubblico stabilisce chi debba sopportare le spese del mantenimento in quanto eccedano i mezzi dei genitori e dei figli, riservato l'obbligo di assistenza tra i parenti.

² Inoltre, il diritto pubblico disciplina il pagamento di anticipazioni quando i genitori non soddisfacciano al loro obbligo di mantenimento del figlio.

Literatur

Siehe die Literaturhinweise zu Art. 289.

I. Fürsorge- bzw. Sozialhilfeleistungen im Allgemeinen (Abs. 1)

Wo weder das Kind (Art. 276 Abs. 3) noch die Eltern den Unterhalt bestreiten können **1** und auch die Verwandtenunterstützung (Art. 328 f.) nicht greift, muss die «Öffentlichkeit» – das Gemeinwesen – nach Massgabe der entsprechenden (kantonalen) **öffentlich-rechtlichen Regeln** einspringen. Die kantonalen Sozialhilfegesetze enthalten regelmässig Bestimmungen über die **Subsidiarität** solcher Leistungen, deren Rückerstattung und das Verfahren. Die **quantitative Festlegung** richtet sich nach einer (behördlichem Ermessen unterliegenden) Bedarfsbeurteilung, wobei indes die **Richtlinien der SKOS** (dazu Art. 285 N 9) – obwohl an sich unverbindlich – eine erhebliche Bedeutung erlangt haben (s. zum Ganzen WOLFFERS, 67 ff.: zum *Rechtsanspruch auf Sozialhilfe* 67 ff.; zur *Rechtsstellung* und zum *Verfahren*, 93 ff.; zur *wirtschaftlichen Hilfe* einschliesslich deren *Bemessung*, 125 ff. bzw. 134 ff.). Das **Grundrecht auf Existenzsicherung** (Art. 12 BV) hat Bestrebungen im Blick auf eine vereinheitlichende bundesrechtliche Regelung bewirkt (WOLFFERS, Braucht es für die Sozialhilfe eine bundesrechtliche Regelung?, SZS 1994, 118 ff.; AMSTUTZ, zit. zu Art. 286).

Soweit konkret den **Kinderunterhalt** betreffend ist bei der Beitragsbemessung sicherzu- **2** stellen, dass die meist über längere Perioden zu erbringenden Leistungen ausreichend sind, um dem Kind nicht bloss das nackte Existenzminimum, sondern die für seine Entwicklung unentbehrliche *intellektuelle Anregung* und *harmonische Betreuung* zu sichern; beim schulpflichtigen Kind erbringt die öffentliche Hand allerdings einen bedeutenden Anteil solcher Leistungen bereits durch Schule und ausserschulische Betreuungseinrichtungen (Art. 276 N 15; u. N 6).

II. Bedeutung und Regelung der Alimentenbevorschussung (Abs. 2)

Art. 291 Abs. 2 enthält die für die Kantone an sich unverbindliche (BGE 106 II 286 E. 3; **3** 112 Ia 257), indes im Grundsatz durchweg realisierte Erwartung des Bundeszivilgesetzgebers, sie möchten in ihrem **kantonalen öffentlichen (Sozialhilfe-)Recht** Anordnungen zur **Bevorschussung von (Kinder-)Unterhaltsbeiträgen** vorsehen (vgl. die SKOS-Richtlinien sowie die *Empfehlungen der SKöF zur Bevorschussung von Unterhaltsbeiträgen für Kinder*, ZöF 1980, 26 f., und dazu die Erläuterungen von G. KAUFMANN, ZöF 1980, 13 ff.); zur Ausdehnung auf *Geschiedenenunterhalt* nunmehr Art. 131 Abs. 2. – Dass ausgerechnet diese *«wirksamste Hilfe bei einer schlechten Zahlungsmoral des Schuldners»* (Botschaft Revision Scheidungsrecht, Ziff. 233.55 Abs. 3) von kantonalen Partikularismen abhängt, mag den politisch zweifellos umstrittenen Ruf nach bundesrechtlicher Ordnung (N 1 a.E.) akzentuieren (vgl. dazu Stellungnahme des Bundesrates vom 25.2.2004 zur Motion 03.3586 vom 25.11.2003): Denn es lässt sich nicht rechtfertigen, das

Funktionieren des praktisch bedeutendsten (Nachweise bei BREITSCHMID, SJZ 1992, 57 f.) und sinnvollsten Instruments (z.B.) ausgerechnet dort scheitern zu lassen, wo die bevorschussten Leistungen für das auf den Pflichtigen regressierende (Art. 289 Abs. 2) Gemeinwesen (momentan) uneinbringlich sind (vgl. BREITSCHMID, SJZ 1992, 58, 60; DEGOUMOIS, 38 f.; HAFFTER, 203; HAUSHEER, ZBJV 1982, 105). Dies insb. deshalb, weil der Berechtigte i.d.R. **Bevorschussungsleistungen** (im Gegensatz zu gewöhnlicher Sozialhilfe) **nicht zurückzuerstatten** hat (BREITSCHMID, SJZ 1992, 62; HAFFTER, 199 und 202; HEGNAUER, ZVW 1986, 63; zu einem Rückforderungsverfahren wegen zu grosszügiger Bevorschussung s. Ombudsmann der Stadt Zürich, ZVW 1996, 24, m.Bem. HEGNAUER, a.a.O., 28). Es führt dies zu erheblicher Schlechterstellung des Unterhaltsberechtigten je nach Kanton (zusätzlich zur in Art. 285 N 20 dargelegten Problematik). Zweifelhaft scheint auch, die Bevorschussung vom *Nachweis von Inkassoproblemen* abhängig zu machen (was Art. 290 nicht voraussetzt: dort N 2). Kaum zu beanstanden sind demgegenüber jene Regelungen, welche die Bevorschussung an bestimmte *Einkommens- bzw. Vermögensfreigrenzen* koppeln (BGE 112 Ia 257), wobei allerdings die kantonale Gesetzgebung die bundeszivilrechtlichen Bestimmungen (z.B. über die Beistandspflicht des Stiefelternteils) zu respektieren hätte (insofern krit. zu BGE 112 Ia 257 HEGNAUER, Kindesrecht, N 23.15). Ziel der Bevorschussung ist indes auch nicht, dem Kind ein höheres Einkommen zu sichern, als dies mit der Sozialhilfe möglich wäre (VOLLENWEIDER, FamPra 2006, 11).

4 Die **Alimentenbevorschussung tritt zu den dem Kind zustehenden Sozialleistungen** (Kinderzulagen, AHV- und IV-Renten) **hinzu,** welche lediglich bezüglich der Bemessung der Vorschüsse zu berücksichtigen sind, während eine Verrechnung ausser Betracht fällt, da dem Gemeinwesen gegenüber dem Kind keine Forderung zusteht (sondern nur gegenüber dem Pflichtigen: Art. 289 Abs. 2; vgl. HEGNAUER, ZVW 1989, 72 f.; das Gemeinwesen erfüllt mit der Bevorschussung den *privatrechtlichen* Unterhaltsanspruch, den es denn ja auch von Gesetzes wegen abgetreten erhält: BREITSCHMID, SJZ 1992, 60 m.Anm. 18); immerhin ist das Gemeinwesen – zur Vermeidung von Doppelzahlungen an das Kind – befugt, die Bevorschussung von der Erteilung einer Inkassovollmacht und der Zustimmung zur Anrechnung direkter Zahlungen auf die Bevorschussungsleistungen abhängig zu machen (HEGNAUER, ZVW 1991, 67 ff.). Der Ausfall der Alimentenbevorschussung gilt als Versorgerschaden (der auch im Opferhilferecht gilt) des hinterbliebenen Kindes, weshalb er nach Art. 45 Abs. 3 OR zu ersetzen ist, unabhängig davon, ob das Gemeinwesen schon vorher für den Unterhalt aufkommen musste (BGE 129 II 49 E. 4.3.2).

5 Die Bevorschussungsstelle ist zudem berechtigt (und im öffentlichen Interesse auch verpflichtet), **Leistungen nur soweit** zu erbringen, als dem Kind gegenüber dem Pflichtigen ein **Unterhaltsanspruch zusteht** (mit Ausnahme der sog. *«Überbrückungshilfe»*, welche vorsorgliche Massnahmen begleitet: Art. 281 N 3, 7), weshalb die Behörde selbständig und unabhängig von gerichtlicher bzw. vormundschaftsbehördlicher Genehmigung die **Anspruchsvoraussetzungen** (bzw. deren weiteres Vorliegen im Verlauf der Bevorschussung) **zu prüfen** hat, und zwar sowohl *quantitativ* (Art. 285 Abs. 1; HEGNAUER, ZVW 1986, 61; DERS., ZVW 1987, 96; DERS., ZVW 1989, 73; z.B. auch bez. der Frage, ob ein Stiefelternteil Leistungen i.S.v. Art. 278 Abs. 2 erbringt) als auch *zeitlich* (Art. 277 Abs. 2; insb., weil bei Vereinbarungen über den Mündigenunterhalt keine richterliche Genehmigung erforderlich ist: BREITSCHMID, ZVW 1993, 91). Zum Verhältnis von Abs. 1 zu Abs. 2 s. VOLLENWEIDER, FamPra 2006, 6.

III. Weitere öffentlich-rechtliche Leistungen

6 Von der Regelung des Art. 293 nicht berührt sind Leistungen, welche das Gemeinwesen unabhängig vom sozialhilferechtlichen **Subsidiaritätsprinzip** (und i.d.R. ohne Rücker-

stattungspflicht) ausrichtet, obgleich sie unterhaltsrelevant sind: dazu gehören etwa Wohneigentumsförderungsmassnahmen, insb. aber Kinderzulagen (Art. 285 Abs. 2) und **Stipendien:** Deren Regelung ist kantonalem Recht überlassen; bei Erstausbildung ist regelmässig der Wohnsitzkanton der Eltern, beim zweiten Bildungsweg jener Kanton zuständig, wo der Antragsteller vor Beginn der angestrebten Zweitausbildung Wohnsitz hatte (und erwerbstätig war). Bei ausländischem Wohnsitz schweizerischer Gesuchsteller ist der Heimatkanton zuständig (s. zum Ganzen HAFFTER, 56 und passim).

Art. 294

H. Pflegeeltern	**¹ Pflegeeltern haben Anspruch auf ein angemessenes Pflegegeld, sofern nichts Abweichendes vereinbart ist oder sich eindeutig aus den Umständen ergibt.** **² Unentgeltlichkeit ist zu vermuten, wenn Kinder von nahen Verwandten oder zum Zweck späterer Adoption aufgenommen werden.**
H. Parents nourriciers	¹ A moins que le contraire n'ait été convenu ou ne résulte clairement des circonstances, les parents nourriciers ont droit à une rémunération équitable. ² La gratuité est présumée lorsqu'il s'agit d'enfants de proches parents ou d'enfants accueillis en vue de leur adoption.
H. Genitori affilianti	¹ I genitori affilianti hanno diritto a un congruo compenso per le cure prestate, salvo deroghe convenute o risultanti con chiarezza dalle circostanze. ² La gratuità è presunta ove trattasi di figli di stretti parenti o di figli accolti in vista d'adozione.

Literatur

DEGOUMOIS, La situation juridique de l'enfant placé chez des parents nourriciers, in: Mélanges Deschenaux, Freiburg i.Ü. 1977, 133 ff.; GIRARD, La réglementation du placement des mineurs dans le nouveau droit suisse de la filiation, Diss. Neuchâtel 1983; HEGNAUER, Haben Adoptiveltern für die Kosten einer Übergangsplatzierung aufzukommen?, ZVW 2004, 61 ff.; KELLER, Der Obhutsvertrag, in: FS Schluep, Zürich 1988, 167 ff.; MÜLLER, Erreichtes und Wünschbares in der rechtlichen Ausgestaltung des Pflegekinderwesens, ZöF 1980, 18 ff.; VOGEL-ETIENNE, Das Pflegeverhältnis vor der Adoption, Diss. Zürich 1981.

I. Anspruch auf Pflegegeld (Abs. 1)

Unabhängig von einer allfälligen Fremdunterbringung bleiben die Eltern unterhaltspflichtig (Art. 276 Abs. 2), und es haben die Pflegeeltern deshalb Anspruch auf ein angemessenes **Pflegegeld,** welches im Pflegevertrag festzulegen ist. Wo nicht besondere Umstände vorliegen, welche den Betreuungs- und/oder Baraufwand der Pflegeeltern erheblich vermindern oder erhöhen, rechtfertigt es sich, auf die **«Pflegegeldrichtlinien für Dauer- und Wochenpflegeplätze»** (vom 1.–15. Altersjahr) des *Jugendamtes des Kantons Zürich* abzustellen (per 1.1.2004; vgl. per 1.1.1996 in ZVW 1996, 34; zuvor ZVW 1993, 79). Art. 297 Abs. 1 findet hier keine Anwendung (BGE 129 III 55, ZVW 2003, 148). **1**

Schuldner des Pflegegeldes ist der Vertragspartner der Pflegeeltern; es sind dies (trotz Bewilligungsbedürftigkeit: Art. 4 PAVO) die *leiblichen Eltern,* wo das Kind **2**

auf ihren Wunsch bei Pflegeeltern untergebracht wird oder die *Adoptiveltern,* wo aus praktischen Gründen eine vorübergehende Unterbringung bei Dritten notwendig ist (HEGNAUER, ZVW 2004, 63). Erfolgt die Fremdunterbringung aufgrund *behördlicher Anordnung,* ist gegenüber den Pflegeeltern das Gemeinwesen Schuldner, welches aber auf die Eltern regressieren kann (Art. 289 Abs. 2). Soweit die Pflegeeltern auf ein Entgelt verzichten (entsprechende Tatbestände in N 4 und 5), kommt das Gemeinwesen nicht (mehr) i.S.v. Art. 289 Abs. 2 für den Unterhalt auf (Art. 289 N 9); dessen weitere Einforderung durch die Behörde bei den leiblichen Eltern wäre nur mehr zulässig, soweit es sich um Rückstände handelt, ausser wenn ausnahmsweise (Art. 276 N 24) Kindesvermögen geäufnet würde (Art. 276 N 24; Art. 285 N 23). Zur Abgrenzung der Familien- von der Heimpflege s. BGE 5A.3/2003, 14.7.2003, FamPra 2003, 958 ff.

3   Die Regelung lässt sich auch auf **Teilpflegeverhältnisse** (Tagesmütter, Kinderkrippen etc.) anwenden; soweit nicht standardisierte Verträge vorliegen, ist Versicherungsfragen u.Ä. (Art. 8 Abs. 3 PAVO) auch Beachtung zu schenken, wo die Aufnahme nur für eine nicht-bewilligungspflichtige Periode von weniger als drei Monaten (Art. 4 PAVO) erfolgt.

4   **Unentgeltlichkeit** lässt sich indes explizit **vereinbaren;** sie kann sich auch – unabhängig davon, ob die Voraussetzungen von Abs. 2 (N 5 f.) vorliegen – **konkludent** ergeben.

II. Ausnahme: Vermutete Unentgeltlichkeit (Abs. 2)

5   Wo das Kind von **nahen Verwandten** (BK-HEGNAUER, Art. 272 N 25 f.) oder im Blick auf **spätere Adoption** aufgenommen wurde, ist die **Unentgeltlichkeit zu vermuten** (Abs. 2). Es ergibt sich dies aus der Adoptionsvoraussetzung mindestens jähriger Pflege und Erziehung (Art. 264; dort N 13; Art. 267 N 16; Art. 276 N 13; entsprechende Sachverhalte in BGE 78 II 318 und 113 II 113) bzw. der Verwandtenunterstützungspflicht (Art. 328 f.). Die Unentgeltlichkeit bezieht sich indes nur auf den **Pflegeanteil** des Unterhalts (Art. 276 N 26; Art. 285 N 6), weshalb «*besondere Kosten,* wie namentlich für ärztliche Behandlung oder für Ausbildung» von den leiblichen Eltern zu tragen sind (HEGNAUER, Kindesrecht, N 20.16).

6   Die **Kostenpflicht der leiblichen Eltern für den ausserordentlichen Barbedarf** auch im Rahmen von Abs. 2 (N 5 a.E.) erscheint insofern praktikabel, als ein Kostenanteil für den laufenden Barbedarf (Ernährung etc.) kaum auszuscheiden und eine Übernahme ausserordentlicher Risiken nicht zu vermuten ist. Anderseits verbleibt eine Unschärfe, etwa bezüglich *normaler* Kosten wie Bekleidung, Freizeitaktivitäten u.Ä., weshalb zu *vertraglicher Festlegung* auch in solchen Situationen zu raten ist. Fehlt eine Abrede, ist aufgrund der Umstände (Abs. 1 a.E.; Art. 4; N 4) – nämlich der Interessen- (und wirtschaftlichen) Lage der Beteiligten, wo oft der Kindeswunsch der Pflegeeltern dominieren wird (z.B. Sachverhalt von BGE 78 II 319) – m.E. eher von einer **umfassenden Kostentragungspflicht der Pflegeeltern** auszugehen (Art. 276 N 13), da ein erfolgreiches Pflegeverhältnis vorab auf emotionaler Zuwendung beruht, welcher wirtschaftliche Motive fremd sind (so wohl auch TUOR/SCHNYDER/SCHMID, 329).

Art. 295

J. Ansprüche der unverheirateten Mutter

¹ Die Mutter kann spätestens bis ein Jahr nach der Geburt bei dem für die Vaterschaftsklage zuständigen Gericht gegen den Vater oder dessen Erben auf Ersatz klagen:
1. **für die Entbindungskosten;**
2. **für die Kosten des Unterhaltes während mindestens vier Wochen vor und mindestens acht Wochen nach der Geburt;**
3. **für andere infolge der Schwangerschaft oder der Entbindung notwendig gewordene Auslagen unter Einschluss der ersten Ausstattung des Kindes.**

² Aus Billigkeit kann das Gericht teilweisen oder vollständigen Ersatz der entsprechenden Kosten zusprechen, wenn die Schwangerschaft vorzeitig beendigt wird.

³ Leistungen Dritter, auf welche die Mutter nach Gesetz oder Vertrag Anspruch hat, sind anzurechnen, soweit es die Umstände rechtfertigen.

J. Droits de la mère non mariée

¹ Devant le juge compétent pour l'action en paternité, la mère peut demander au père ou à ses héritiers, au plus tard dans l'année qui suit la naissance, de l'indemniser:
1. des frais de couches;
2. des frais d'entretien, au moins pour quatre semaines avant et au moins pour huit semaines après la naissance;
3. des autres dépenses occasionnées par la grossesse et l'accouchement, y compris le premier trousseau de l'enfant.

² Pour des raisons d'équité, le juge peut allouer tout ou partie de ces indemnités, même si la grossesse a pris fin prématurément.

³ Dans la mesure où les circonstances le justifient, les prestations de tiers auxquelles la mère a droit en vertu de la loi ou d'un contrat sont imputées sur ces indemnités.

J. Azione della donna nubile

¹ La madre può, al più tardi entro un anno dalla nascita convenire il padre o i costui eredi dinanzi al giudice competente per l'azione di paternità chiedendo la rifusione:
1. delle spese di parto;
2. delle spese di mantenimento per almeno quattro settimane prima e per almeno otto settimane dopo la nascita;
3. delle altre spese necessarie a causa della gravidanza o del parto, incluso il primo corredo per il figlio.

² In caso di fine prematura della gravidanza, il giudice può, per motivi di equità, accordare in tutto o in parte la rifusione delle spese corrispondenti.

³ Prestazioni di terzi, spettanti alla madre per legge o per contratto, sono da imputare in quanto le circostanze lo giustifichino.

Literatur

HAFFTER, Der Unterhalt des Kindes als Aufgabe von Privatrecht und öffentlichem Recht, Diss. Zürich 1984; BK-HEGNAUER, aArt. 317; DERS., Zur Geltendmachung der Ansprüche der unverheirateten Mutter (Art. 295 ZGB) durch den Beistand des Kindes, ZVW 1985, 50 ff.; RIEMER-KAFKA, Rechtsprobleme der Mutterschaft, Diss. Zürich 1987, 293 ff.; RUMO-JUNGO, Kindesunterhalt und neue Familienstrukturen, in: Rumo-Jungo/Pichonnaz, Kind und Scheidung, Zürich 2006; STEIN, Die Konkurrenz von Sozialversicherungsansprüchen unter sich und von Sozialversicherungsansprüchen mit Haftpflicht- und Alimentationsansprüchen, BJM 1979, 1 ff.; TERCIER, L'action en paternité selon le nouveau droit de la filiation, ZBJV 1978, 377 ff.

I. Allgemeines

1 **Vermögensleistungen an die Mutter** bilden an sich *nicht* Thema des Kindesunterhalts. Wo die Mutter aber keine *ehe*rechtlichen Ansprüche (Art. 163) gegenüber dem Erzeuger für die ihr persönlich entstehenden Kosten bzw. den entgangenen Verdienst – die sog. **Schadloshaltung** – geltend machen kann, gereicht dies auch dem Kind zum Nachteil. Indes sieht das Gesetz eine Entschädigung unabhängig von der Begründung eines Kindesverhältnisses zum Vater vor (Abs. 2), womit der deliktische/haftpflichtrechtliche Charakter (STETTLER, SPR III/2, 439) der mütterlichen Ansprüche deutlich wird. TERCIER (ZBJV 1978, 395 Anm. 69) schlägt eine vom Recht der unerlaubten Handlung losgelöste Qualifikation als «obligation légale» vor, was insb. bei **Konkubinatsverhältnissen** den tatsächlichen Gegebenheiten näher kommen dürfte. Ohnehin hat Art. 295 nicht pönalen Charakter; nicht nur ist der in aArt. 318 vorgesehene Genugtuungsanspruch entfallen (es bleibt Art. 49 OR vorbehalten; s.a. Botschaft Revision Scheidungsrecht, Ziff. 221.22, 61 f., bez. des Verlöbnisses und der Aufhebung von aArt. 93), sondern es stehen bei **deliktischem Verhalten** des Schwängerers (Vergewaltigung, Art. 190 StGB) zusätzlich die Behelfe des *Opferhilfegesetzes* (OHG, SR 312.5) zu Gebot (subsidiär gegenüber Schadenersatzansprüchen: Art. 14 OHG; aber mit Anspruch auf Vorschüsse bei sofortigem Bedarf: Art. 15 OHG).

2 Art. 295 regelt (mit Ausnahme der zeitlich durch Abs. 1 Ziff. 2 beschränkten Periode: N 5) **nicht einen Unterhaltsanspruch der ledigen Mutter** gegen den Vater des nichtehelichen Kindes, wie er im deutschen (§ 1615*l* Abs. 2 BGB) eingeführt ist und im schweizerischen Recht (RUMO-JUNGO, 14 ff.; SCHWENZER, Gutachten A zum 59. DJT [zit. Vorbem. zu Art. 252–359], A 51 f. m.Nw.; BÜTTNER, Unterhalt für die nichteheliche Mutter, FamRZ 2000, 781 ff., im heutigen Wortlaut von Art. 295) diskutiert wird (sog. «*Betreuungsunterhalt*»): Für einen solchen Anspruch fehlt es an einer Rechtsgrundlage, soweit nicht ein *Konkubinatsvertrag* oder *Deliktshaftung* des Erzeugers besteht (N 1 a.E.), da der *Kindes*unterhalt nur dessen *unmittelbaren eigenen Lebensbedarf,* nicht aber die Kosten seiner Betreuung umfasst (s. insb. DIEDERICHSEN, 59. DJT, Sitzungsberichte, Bd. II Teil M, München 1992, M 73 ff.), die vom Obhutsinhaber zu erbringen ist (Art. 285 N 2, 7 a.E., 15). Die **prekäre wirtschaftliche Lage** mancher lediger Mütter lässt sich allerdings nur beschränkt mit einem direkten eigenen Unterhaltsanspruch gegen den Schwängerer lösen – ansonsten müssten sich *geschiedene* Mütter ja in besseren Verhältnissen befinden, was bei Weitem nicht der Fall ist (ZENZ, 59. DJT, Sitzungsberichte, a.a.O., M 22 f.) –, sondern es wären die *Behelfe zu verbessern,* damit der undiskutierbar geschuldete *Kindesunterhalt eingetrieben* (Hinweise bei BREITSCHMID, AJP 1994, 838 Anm. 19, 845) und die *Leistungsfähigkeit des Pflichtigen ausgeschöpft* werden kann (Art. 276 N 25; Art. 285 N 12 f.).

3 Der Anspruch steht nach dem Marginale nur der **unverheirateten Mutter** zu. Indes vertritt die Doktrin einmütig – und aufgrund der Erwägungen in N 1 zutreffend – die Auffassung, dass auch der **verheirateten** Mutter für das **Ehebruchkind** die Ansprüche gem. Art. 295 zustehen, da sie insoweit (Art. 278 Abs. 2; dort N 5) keine Rechte gegen den Ehegatten hat (STETTLER, SPR III/2, 442; BK-HAUSHEER/REUSSER/GEISER, Art. 197 N 127; ZK-BRÄM, Art. 163 N 63).

II. Gegenstand und Verfahren (Abs. 1)

1. Gegenstand der Ansprüche

4 Zu ersetzen sind die **Entbindungskosten** (Ziff. 1: Kosten von Spital oder Hauspflege, Arzt und/oder Hebamme, Medikamente, Material, Transport), die Kosten des **Unterhalts**

während mindestens vier Wochen vor und mindestens acht Wochen nach der Geburt (Ziff. 2; zur Tragweite der *Minimal*zeiten N 5) und **andere infolge Schwangerschaft oder Entbindung nötige Auslagen,** unter Einschluss der **ersten Ausstattung des Kindes** (Ziff. 3: nur tatsächliche *Kosten* – gynäkologische Untersuchungen, Umstandskleider, Hilfe Dritter für Verrichtungen, welche die Schwangere nicht mehr zu besorgen vermochte, Suche nach neuer Arbeitsstelle oder Wohnmöglichkeit –, *nicht aber entgangener Verdienst*); die erste Ausstattung des Kindes gehört der Sache nach nicht zu den Ansprüchen der Mutter, sondern zum Unterhalt des Kindes (TERCIER, ZBJV 1978, 396), weshalb sie der Mutter nur dann gesondert zu vergüten ist, wo wegen Tot- oder Fehlgeburt das Kind gar keinen Anspruch erwirbt, die Objekte von der Mutter aber schon angeschafft werden mussten.

Art. 295 Abs. 1 Ziff. 2 legt für die **Dauer des Unterhalts** ausdrücklich nur **Minimalperioden** für die Zeit vor und nach Geburt fest. Die **zeitliche Obergrenze für die Schwangerschaftsphase** ergibt sich ohne weiteres aus den jeweiligen Verhältnissen: Unterhalt (allenfalls abgestuft) ist geschuldet ab dem Zeitpunkt, da die Schwangere nicht mehr oder nur noch teilweise für ihren Unterhalt aufzukommen vermag. Für die **Zeit nach der Geburt** besteht keine zeitliche, aber doch eine *sachliche Grenze:* Das Gesetz sieht *keinen nachgeburtlichen Betreuungsunterhalt* (N 2), sondern nur einen *nachgeburtlichen Unterhaltsanspruch* vor. Abgegolten werden soll mithin nur die Erwerbsunfähigkeit der Mutter *wegen der Geburt* und nicht wegen der Betreuung. Immerhin wäre zu erwägen, den in Abs. 2 enthaltenen Billigkeitsgesichtspunkt (N 8) bei einem krassen wirtschaftlichen Ungleichgewicht unter den Eltern – mithin bei günstigen wirtschaftlichen Verhältnissen des Schwängerers – heranzuziehen und die Beanspruchung durch Geburt, Stillzeit und Kleinkindbetreuung grosszügig zu beurteilen; wo aber nicht ganz ausserordentliche Umstände vorliegen, wird die Jahresfrist von § 1615*l* Abs. 2 BGB allerdings eine absolute Grenze bilden. 5

2. Verfahren

Die **Klage** ist bis spätestens *ein Jahr seit der Geburt* bei dem für die *Vaterschaftsklage zuständigen Richter* (Art. 16 statt Art. 17 GestG) geltend zu machen. Sie ist von der Mutter (ggf. vertreten durch einen Beistand des Kindes: Eine Interessenkollision besteht bez. der Schadloshaltung nicht) zu erheben und richtet sich gegen den Vater oder dessen Erben. Auch für die Ansprüche der Mutter sind *vorsorgliche Massnahmen* (nämlich Hinterlegung: Art. 282) möglich. **Vertragliche Regelung** ist möglich (vgl. Mustersammlung, Nr. 114.5); auch soweit die Vereinbarung im Rahmen eines Vertrags nach Art. 287 f. getroffen wird, sind Klauseln über die Schadloshaltung der Mutter nicht genehmigungsbedürftig. 6

Da Art. 295 vermögensrechtliche Aspekte beschlägt, gelten trotz des Hinweises auf die Vaterschaftsklage (Abs. 1) die spezifischen Regeln von Art. 254 nicht (HEGNAUER, Kindesrecht, N 24.04; STETTLER, SPR III/2, 443); insb. ist eine **körperliche Untersuchung** des Schwängerers (Art. 254 Ziff. 2) gegen dessen Willen nicht möglich, doch sind die im Vaterschaftsprozess gewonnenen Beweise verwendbar. 7

III. Ersatz bei vorzeitigem Abbruch der Schwangerschaft (Abs. 2)

Auch bei **Fehlgeburt** (unabhängig von der Schwangerschaftsdauer: BK-HEGNAUER, aArt. 317 N 12) oder einem **legalen Abbruch** der Schwangerschaft (SJZ 1969, 344) entstehen der Mutter – als Folge der Beiwohnung – Kosten, für die sich ein Ersatz durch den Schwängerer rechtfertigt. Ein *«teilweiser oder vollständiger Ersatz der entsprechenden* 8

Kosten» (nämlich jener gem. Abs. 1 Ziff. 1–3) ist zuzusprechen, wo die **Billigkeit** (Art. 4; vgl. Art. 54 Abs. 1 OR) es rechtfertigt. Bestimmend ist einerseits, welche Aufwendungen vernünftigerweise (schon) zu tätigen waren, sodann eine Abwägung der beiderseitigen wirtschaftlichen Verhältnisse (STETTLER, SPR III/2, 442).

IV. Anrechnung von Leistungen Dritter (Abs. 3)

9   Die Umstände (Art. 4) rechtfertigen die **Anrechnung der Leistungen Dritter** immer und insoweit, als sie der Mutter tatsächlich zugeflossen sind und weitere Leistungen des Schwängerers zu doppelter Befriedigung führen würden. Wo sich aber der **Schwängerer** in einigermassen **günstigen wirtschaftlichen Verhältnissen** befindet, darf er durchaus zu **zusätzlichen Leistungen** herangezogen werden, wo Dritte – etwa die obligatorische Krankenversicherung – nur *Basisleistungen* erbringen (vgl. HAFFTER, 192; RIEMER-KAFKA, 297 f.).

10   Nachdem das **BG über die Krankenversicherung** (KVG) ein Obligatorium eingeführt (Art. 3 KVG) und Art. 29 f. KVG (Leistungen bei Mutterschaft bzw. straflosem Abbruch der Schwangerschaft) im Wesentlichen die Kosten gem. Abs. 1 Ziff. 1 und 3 decken und die Ansprüche gem. Abs. 1 Ziff. 2 durch die im **Arbeitsrecht** statuierte beschränkte Lohnfortzahlungspflicht zumindest teilweise abgegolten werden (Art. 324a Abs. 1 i.V.m. Abs. 3; s.a. Art. 336c Abs. 1 lit. c OR), rechtfertigt sich, die dem Schwängerer gegenüber bestehenden – gewissermassen «überobligatorischen» – Ansprüche tendenziell grosszügig zu handhaben (so N 5).

11   Dritten Leistungserbringern (Krankenkasse, Arbeitgeber, aber auch Angehörigen) steht **kein Rückgriffsrecht auf den Schwängerer** zu (TERCIER, ZBJV 1978, 396 Anm. 73; STEIN, BJM 1979, 11), ausser sie hätten lediglich überbrückungsweise Darlehen an die Mutter ausgerichtet.

Dritter Abschnitt: Die elterliche Sorge

Art. 296

A. Voraussetzungen	**[1] Die Kinder stehen, solange sie unmündig sind, unter elterlicher Sorge.**
I. Im Allgemeinen	**[2] Unmündigen und Entmündigten steht keine elterliche Sorge zu.**
A. Conditions	[1] L'enfant est soumis, pendant sa minorité, à l'autorité parentale.
I. En général	[2] Les mineurs et les interdits n'ont pas l'autorité parentale.
A. Condizioni	[1] Il figlio è soggetto, finché minorenne, all'autorità parentale.
I. In genere	[2] I minorenni e gli interdetti non hanno autorità parentale.

Literatur

BALSCHEIT, Gesetzgebung und Rechtsprechung zur gemeinsamen elterlichen Gewalt, AJP 1993, 1204 ff.; BOOS-HERSBERGER, Die Stellung des Stiefelternteils im Kindsrecht bei Auflösung der Stieffamilie im amerikanischen und im schweizerischen Recht, Diss. Basel/Genf/München 2000; FERRARI/PFEILER, Die österreichische Reform des Kindschaftsrechts, FamRZ 2002, 1079 ff.; DE

GRAFFENRIED, L'Enfant au regard des droits français et suisse, Diss. Lausanne 1984; GRÜNDEL, Gemeinsames Sorgerecht: Erfahrungen geschiedener Eltern, Freiburg i. Br. 1995; HÄNNI/BELSER, Die Rechte der Kinder. Zu den Grundrechten Minderjähriger und der Schwierigkeit ihrer rechtlichen Durchsetzung, AJP 1998, 139 ff.; HAUSHEER, Rechte des Kindes und Personensorge als Kontinuum der Rechtsordnung, ZVW 2001, 45 ff.; HEGNAUER, Soll der Ausdruck «elterliche Gewalt» ersetzt werden?, ZVW 1993, 63 ff.; DERS., Die Übertragung der Obhut durch den geschiedenen Inhaber der elterlichen Gewalt auf den andern Elternteil, ZVW 1980, 59 ff.; HENKEL, Die elterliche Gewalt, BTJP 1977, 1978, 89 ff.; HESS, Neues Kindesrecht – Konsequenzen für die Sozialarbeit, ZöF 1977, 66 ff. und ZöF 1978, 28 ff.; JORIO, Der Inhaber der elterlichen Gewalt nach dem neuen Kindesrecht, Diss. Freiburg i.Ü. 1977; JULMY, Die elterliche Gewalt über Entmündigte (Art. 385 Abs. 3 ZGB), Diss. Freiburg i.Ü. 1991; KNELLWOLF, Postmortaler Persönlichkeitsschutz – Andenkensschutz der Hinterbliebenen, Diss. Zürich 1991; LANGENEGGER, Die gemeinsame elterliche Sorge, ZVW 2000, 223 ff.; MARKUS, Die Anerkennung gesetzlicher Gewaltverhältnisse nach Art. 3 Minderjährigenschutzabkommen und Art. 82 IPRG, AJP 1992, 874 ff.; RÜETSCHI, «Sorgerechtsstreit» um tiefgefrorene Embryonen, FamPra.ch 2002, 67 ff.; SALADIN, Rechtsbeziehungen zwischen Eltern und Kindern als Gegenstand des Verfassungsrechts, in: FS Hinderling, 1976, 175 ff.; SCHNEIDER, Elterliche Gewalt, SJK 334, Genf 1982; SPITZER, Die Revision des Vormundschaftsrechtes, ZVW 1977, 1 ff. und 140 ff.; SUTTER, Einige Überlegungen zur Konzeption der elterlichen Sorge geschiedener und unverheirateter Eltern de lege ferenda, in: FS Schnyder, 1995, 777 ff.; TSCHÜMPERLIN, Die elterliche Gewalt in bezug auf die Person des Kindes (Art. 301 bis 303 ZGB), Diss. Freiburg i.Ü. 1989; WERRO/MÜLLER, Les droits du père natural, in: FS Schnyder, 1995, 859 ff.

I. Allgemeines

Die Vorschrift bestimmt als Grundnorm, welche Personen unter elterlicher Sorge stehen **1**
und welche Personen fähig sind, diese auszuüben.

II. Begriff und Rechtsnatur

1. Inhalt

Elterliche Sorge umfasst die Gesamtheit der elterlichen Verantwortlichkeiten und Befug- **2**
nisse in Bezug auf das Kind, d.h. **Erziehung** und **gesetzliche Vertretung** des Kindes
(Art. 301–306) sowie die **Verwaltung seines Vermögens** (Art. 318 ff.).

2. Rechtsnatur

Das Institut der elterlichen Sorge hat in den letzten Jahrzehnten einen entscheidenden **3**
Bedeutungswandel erlebt. Während es früher überwiegend als Herrschaftsrecht der
Eltern gegenüber ihrem Kind angesehen wurde, wird es heute als **Pflichtrecht** begriffen
(vgl. JORIO, 68 ff.; SUTTER, FS Schnyder, 777 f.). Der Status der Eltern ist geprägt von
vorwiegender Verpflichtung und Verantwortung (vgl. SALADIN, FS Hinderling, 175, 197).
Die elterliche Sorge stellt keinen Bestandteil des Selbstverständnisses und der Persönlichkeit der Eltern dar (vgl. BGer unveröff. Urteil vom 3.10.1994). Oberste Maxime bildet immer das **Kindeswohl** (vgl. zu diesem Begriff im einzelnen Art. 301 N 5).

Die elterliche Sorge ist ein **höchstpersönliches Recht,** das weder verzichtbar, übertrag- **4**
bar noch vererblich ist (vgl. BK-HEGNAUER, aArt. 285 N 5 f.). Jedoch kann die **Aus-
übung** der elterlichen Sorge teilweise oder ganz auf Dritte übertragen werden (vgl. nur
Art. 299, 300; Internatserziehung etc.; vgl. auch HEGNAUER, ZVW 1980, 59, 60). Der
Primat der Inhaber der elterlichen Sorge bleibt dabei jedoch stets gewahrt. Die elterliche
Sorge ist **unteilbar;** es ist grundsätzlich keine Unterteilung in Personen- und Vermögens-
sorge oder Trennung zwischen Obhut und elterlicher Sorge zulässig (vgl. BGE 94 II 1 =
Pra 1968, 365, 2; BGer unveröff. Urteil vom 3.10.1994; BK-HEGNAUER, aArt. 273 N 26).

3. Abgrenzung

5   Elterliche Sorge und **Vormundschaft** schliessen einander aus. Ein unmündiges Kind gehört nur dann unter Vormundschaft, wenn elterliche Sorge nicht besteht (Art. 368 Abs. 1; DESCHENAUX/STEINAUER, Personnes, 4. Aufl., N 874 ff.).

6   Die **Obhut** als die Befugnis, über den Aufenthaltsort des Kindes zu entscheiden und die Rechte und Pflichten auszuüben, die mit der täglichen Betreuung und Erziehung des Kindes verbunden sind (vgl. Art. 301 N 10 ff.), ist grundsätzlich Teil der elterlichen Sorge; das Obhutsrecht kann jedoch durch Entscheid des Gerichts oder der Vormundschaftsbehörde (Art. 310, 315 ff.) von der elterlichen Sorge gelöst werden (vgl. STETTLER, SPR III/2, 1992, 232).

7   Elterliche Sorge und **Hausgewalt** (Art. 331–333) sind keine identischen Begriffe. Nicht unter die Hausgewalt fallen unter elterlicher Sorge stehende, aber nicht in Hausgemeinschaft mit den Eltern lebende Kinder; andererseits umfasst die Hausgewalt auch mündige Personen, Stief- und Pflegekinder (Art. 331 Abs. 2).

4. Sprachgebrauch

8   Durch die Scheidungsrechtsrevision wurde der Begriff der **elterlichen Gewalt** ersetzt durch den im deutschen Recht gebrauchten Begriff der elterlichen Sorge. Der Begriff der elterlichen Gewalt entsprach dem gewandelten Verständnis des Rechtsinstituts nicht mehr. Mit dem Begriff der elterlichen Sorge soll der **Pflichtcharakter** besser zum Ausdruck gebracht werden. Allerdings vermag auch der Begriff der elterlichen Sorge nicht voll zu überzeugen (krit. auch HEGNAUER, Kindesrecht, N 25.05). Zum einen fehlt jegliche Entsprechung zur «autorité parentale» und «autorità parentale» des französischen und des italienischen Gesetzestextes, zum anderen erscheint er als unklar und irreführend. Der Begriff der **«elterlichen Verantwortung»** (so auch die Empfehlung des Europarates R (84) vom 28.2.1984, Principle 4) wäre deshalb m.E. angemessener gewesen (zur Ablehnung dieses Begriffs vgl. Botschaft Revision Scheidungsrecht, 49). HEGNAUER (Kindesrecht N 25.05) schlägt demgegenüber den Begriff der «elterlichen Entscheidbefugnis» vor.

III. Voraussetzungen der elterlichen Sorge

1. Kindesverhältnis

9   Elterliche Sorge setzt ein **rechtliches Kindesverhältnis** als notwendige, wenngleich nicht immer hinreichende Bedingung voraus. Andere Personen als die Eltern (Grosseltern, Stiefeltern, Pflegeeltern, andere Dritte) können nach schweizerischem Rechtsverständnis nie Inhaber der elterlichen Sorge sein (vgl. SCHNEIDER, 3); sie können allenfalls den Inhaber der elterlichen Sorge in deren Ausübung vertreten (Art. 299, 300, 308) oder zum Vormund für das Kind bestellt werden (vgl. aber de lege ferenda die Vorschläge von BOOS-HERSBERGER, 152 ff.).

2. Mündigkeit (Abs. 2)

10   Elterliche Sorge setzt **Mündigkeit** voraus; Unmündige oder Entmündigte können nicht Inhaber der elterlichen Sorge sein; soweit die elterliche Sorge nicht dem andern Elternteil zusteht, ist in diesen Fällen ein Vormund für das Kind zu bestellen (vgl. auch Art. 298 Abs. 2; HENKEL, BTJP 1977, 89, 90).

IV. Dauer der elterlichen Sorge

1. Beginn und Vorwirkungen

Von Gesetzes wegen beginnt für die Mutter die elterliche Sorge grundsätzlich mit der **Geburt des Kindes** (Art. 297 Abs. 1, 298 Abs. 1), für den Vater jedoch nur, wenn er mit der Mutter verheiratet ist (Art. 297 Abs. 1); der Vater des ausserehelichen Kindes erwirbt sie nur, wenn er die Mutter heiratet (Art. 259 Abs. 1), aufgrund Übertragung durch die Vormundschaftsbehörde (Art. 298 Abs. 2; vgl. HENKEL, BTJP 1977, 89, 92 f.) oder bei genehmigter Sorgevereinbarung (Art. 298a Abs. 1). **11**

Die Personen, die mit der Geburt die elterliche Sorge innehaben werden, trifft als **Vorwirkung** eine **Fürsorgepflicht,** in der sie ggf. durch einen Beistand (vgl. Art. 309, 393 Ziff. 3) unterstützt werden. Entsprechend Art. 297 Abs. 1 steht die Fürsorge für den ehelichen nasciturus beiden Eltern gemeinsam, entsprechend Art. 298 Abs. 1 für den ausserehelichen grundsätzlich der Mutter allein zu; bei vorgeburtlicher Sorgevereinbarung (Art. 298a Abs. 1) sind auch hier beide Eltern gemeinsam zuständig. Wo eine Kindeswohlgefährdung vorliegt, können Kindesschutzmassnahmen (Art. 310 ff.) auch schon vor der Geburt in Betracht kommen. **12**

Eine Besonderheit besteht in Bezug auf den straflosen **Schwangerschaftsabbruch** (Art. 119 StGB). Hier ist die Entscheidbefugnis ausschliesslich in die Hand der Schwangeren gelegt. Der Ehemann oder Partner hat kein Recht auf Anhörung oder Anrufung der Behörden; weder Ehemann noch Vormundschaftsbehörde können einen solchen Abbruch verhindern (vgl. BK-HEGNAUER, Art. 255 N 22; vgl. auch WERRO/MÜLLER, FS Schnyder, 859, 869 ff.). Etwas anderes gilt bei beabsichtigtem strafbarem Schwangerschaftsabbruch (Art. 118 Abs. 3 StGB), wo Massnahmen nach Art. 310 ff. in Betracht kommen. **13**

Nicht unter die elterliche Sorge fällt die Bestimmungsbefugnis bezüglich in vitro befruchteter, aber noch **nicht implantierter Eizellen.** Zum Schutze der Persönlichkeit kann jeder Partner die Einwilligung zur Konservierung imprägnierter Eizellen jederzeit widerrufen (Art. 16 Abs. 3 FMedG). Vgl. zum «Sorgerechtsstreit» um tiefgefrorene Embryonen in den USA, RÜETSCHI, FamPra.ch 2002, 67 ff. **14**

2. Ende und Nachwirkungen

Im Normalfall endet die elterliche Sorge mit der **Mündigkeit** des Kindes. Wird ein mündiges Kind entmündigt, so kann es freilich statt unter Vormundschaft wieder unter elterliche Sorge gestellt werden (Art. 385 Abs. 3). Von dieser Möglichkeit wird allerdings in der Praxis nur äusserst selten Gebrauch gemacht (vgl. ausführlich zur erstreckten elterlichen Sorge JULMY, 16, 39 ff.; BK-SCHNYDER/MURER, Art. 385 N 43; SPITZER, ZVW 1977, 140, 145; RIEMER, Vormundschaftsrecht, § 3 N 4, 29; DESCHENAUX/STEINAUER, Personnes, 4. Aufl., N 912; vgl. auch schon BBl 1974 II 71). Die Bestimmung soll deshalb im neuen Erwachsenenschutzrecht aufgehoben werden (vgl. STETTLER, FamPra.ch 2004, 183, 197). **15**

Vor Mündigkeit des Kindes endet die elterliche Sorge mit dem **Tod des Kindes** oder der **Auflösung des Kindesverhältnisses,** mit **Tod oder Entmündigung der Eltern** sowie durch gerichtliche oder behördliche **Verfügung** (Art. 133 Abs. 1, 297 Abs. 2, 298a Abs. 2, 311, 312, 315a Abs. 1 und Art. 53 StGB). **16**

Als **Nachwirkung** der elterlichen Sorge haben die Eltern beim Tod des Kindes das Recht und die Pflicht zur **Totenfürsorge** (vgl. dazu KNELLWOLF, 60 ff., 85 ff.). Neben der Regelung der Bestattung umfasst sie u.a. das Recht, über eine Sektion, Organentnahme oder **17**

Überlassung des Leichnams an die Pathologie zu bestimmen. Dem Vater eines ausserehelichen Kindes, der an der elterlichen Sorge nicht teilhat, steht das Recht auf Totenfürsorge grundsätzlich nicht zu. Nach Art. 275a Abs. 1 ist er aber jedenfalls über den Tod des Kindes zu benachrichtigen.

V. Internationales Privatrecht

18   Die elterliche Sorge untersteht nach überwiegender Meinung (vgl. MARKUS, AJP 1992, 874, 881; BBl 1983 I 375; kritisch jedoch ZK-SIEHR, Art. 82 N 7 IPRG) **Art. 82 Abs. 1 und 2 IPRG,** da es sich, soweit diese automatisch in Kraft trete, nicht um eine unter das MSA fallende Kindesschutzmassnahme handle. Nach Art. 82 Abs. 1 IPRG ist grundsätzlich das Recht am **gewöhnlichen Aufenthalt** des Kindes anwendbar; Art. 82 Abs. 2 IPRG beruft das gemeinsame Heimatrecht von Eltern und Kind, falls weder Mutter noch Vater ihren Wohnsitz im Staat des gewöhnlichen Aufenthalts des Kindes haben (Einzelheiten bei ZK-SIEHR, Art. 82 N 13 IPRG).

19   Soweit die elterliche Sorge durch **gerichtliche oder behördliche Verfügung** geregelt wird, stellt dies eine **Kindesschutzmassnahme i.S. des MSA** dar und fällt damit nach Art. 82 Abs. 3 und Art. 85 IPRG unter das MSA (vgl. zu Zuständigkeit und anwendbarem Recht nach MSA Art. 273 N 30 ff.).

VI. Rechtsvergleichung

20   Das deutsche Recht spricht von elterlicher Sorge (§§ 1626 ff. BGB), das österreichische von Obsorge (§§ 144 ff., §§ 166 f. und §§ 172 ff. ABGB), das französische von autorité parentale (Art. 371 ff. CC fr.), das italienische von potestà dei genitori (Art. 315 ff. CC it.), das englische von parental responsibility (Sec. 2 ff. Children Act 1989). Alle Rechtsordnungen gehen davon aus, dass die elterliche Sorge nicht verzichtbar oder übertragbar ist (vgl. etwa Frankreich: Art. 376 CC fr.; Grossbritannien: Sec. 2 (9) Children Act 1989).

Art. 297

II. Verheiratete Eltern	**[1] Während der Ehe üben die Eltern die elterliche Sorge gemeinsam aus.**
	[2] Wird der gemeinsame Haushalt aufgehoben oder die Ehe getrennt, so kann das Gericht die elterliche Sorge einem Ehegatten allein zuteilen.
	[3] Nach dem Tode eines Ehegatten steht die elterliche Sorge dem überlebenden Ehegatten zu; bei Scheidung entscheidet das Gericht nach den Bestimmungen über die Ehescheidung.
II. Parents mariés	[1] Pendant le mariage, les père et mère exercent l'autorité parentale en commun.
	[2] Lorsque la vie commune est suspendue ou que les époux sont séparés de corps, le juge peut confier l'autorité parentale à un seul des époux.
	[3] A la mort de l'un des époux, l'autorité parentale appartient au survivant; en cas de divorce, le juge l'attribue selon les dispositions applicables en la matière.

II. Genitori
coniugati

¹ Durante il matrimonio i genitori esercitano insieme l'autorità parentale.

² In caso di sospensione della comunione domestica o di separazione dei coniugi, il giudice può attribuire l'autorità parentale a uno solo di essi.

³ Dopo la morte di uno dei coniugi, l'autorità parentale compete al superstite; in caso di divorzio, il giudice l'attribuisce secondo le disposizioni sul divorzio.

Literatur

BALSCHEIT, Gesetzgebung und Rechtsprechung zur gemeinsamen elterlichen Gewalt, AJP 1993, 1204 ff.; Bericht mit Vorentwurf für eine Revision des ZGB, 1992 (zit. Bericht VE 1992); BREITSCHMID, Kind und Scheidung der Elternehe, in: Stiftung für juristische Weiterbildung, Das neue Scheidungsrecht, Zürich 1999, 95 ff.; FRANK, Grenzbereiche der elterlichen Gewalt, in: FS Hegnauer, 1986, 33 ff.; FRISCHKOPF, Die gemeinsame Ausübung der elterlichen Gewalt, Diss. Freiburg i.Ü. 1991; FULCHIRON, Une nouvelle réforme de l'autorité parentale, D.1993.Chron.117; FURSTENBERG/CHERLIN, Geteilte Familien, Stuttgart 1993; KLINE/TSCHANN/JOHNSTON/WALLER-STEIN, Children's Adjustment in Joint and Sole Physical Custody Families, Developmental Psychology 1989, 430 ff.; KRAMER, Teleologische Reduktion – Plädoyer für einen Akt methodentheoretischer Rezeption, in: Rechtsanwendung in Theorie und Praxis, Beiheft 15 zur ZSR 1993, 65 ff.; ROELLI, Materiell- und prozessrechtliche Gesichtspunkte der Kinderzuteilung, Festgabe 150 Jahre Luzerner Obergericht, 1991, 225 ff.; STAUB/FELDER, Scheidung und Kindeswohl, Bern 2004; WIRZ, Gemeinsame elterliche Gewalt geschiedener und nicht verheirateter Eltern. Unter Berücksichtigung des deutschen, französischen, englischen und schweizerischen Rechts, Diss. Basel 1995; vgl. ausserdem die Literaturhinweise zu Art. 133 und 296.

I. Allgemeines

Art. 297 regelt die elterliche Sorge für **verheiratete Eltern** bei Zusammenleben, Trennung und Tod eines Elternteils. Für den Fall der Scheidung wird auf Art. 133 verwiesen. **1**

II. Grundsatz (Abs. 1)

Während der Ehe üben die Eltern die elterliche Sorge grundsätzlich **gemeinsam** aus. Leitbild ist heute die **elterliche Gleichberechtigung**. Gemeinsame Ausübung bedeutet freilich nicht, dass die Eltern immer gemeinschaftlich und gleichzeitig handeln müssten. Vielmehr kann jeder Elternteil mit vorheriger oder nachträglicher, ausdrücklicher oder stillschweigender Zustimmung des anderen Elternteils die elterliche Sorge selbst ausüben (vgl. JORIO, 110 f.). Die Befugnis zum **Alleinhandeln** eines Elternteils wird sich häufig aus einer zwischen den Eltern vereinbarten Aufgabenteilung ergeben. Jeder selbständig handelnde Elternteil muss jedoch Rücksicht auf den mutmasslichen Willen des anderen nehmen. Einseitiges Handeln eines Elternteils gegen den erklärten Willen des anderen ist nur dann zulässig, wenn eine Gefährdung für das Kindeswohl anders nicht abgewendet werden kann (z.B. Verweigerung der Zustimmung zu dringender ärztlicher Behandlung; vgl. auch HEGNAUER, ZVW 1988, 104 f.; DERS., ZVW 1988, 29 f.). **2**

Bei **Meinungsverschiedenheiten** müssen die Eltern – entsprechend der aus Art. 159 Abs. 2 folgenden Pflicht zu einträchtigem Zusammenwirken – zunächst versuchen, sich zu einigen. Scheitert die Einigung, so steht keinem Elternteil ein «Stichentscheid» zu (vgl. dazu FRANK, FS Hegnauer, 33, 34 f.). Als Ausweg bleibt dann nur die Anrufung des Eheschutzgerichts (Art. 172). Wird durch die Uneinigkeit der Eltern das Kindeswohl gefährdet, kommen Kindesschutzmassnahmen nach Art. 307 ff. in Betracht. **3**

III. Faktische Trennung ohne gerichtliche Massnahmen

Die elterliche Sorge steht verheirateten Eltern auch dann gemeinsam zu, wenn sie eine sog. **Commuter-Ehe** führen oder **faktisch getrennt** leben (vgl. STETTLER, SPR III/2, **4**

1992, 241; SUTTER, FS Schnyder, 777, 784). Unterhalb der Schwelle der Gefährdung des Kindeswohls, wo Kindesschutzmassnahmen angezeigt sind, kommt eine Änderung der gemeinsamen elterlichen Sorge nur in Betracht, wenn ein Elternteil das Eheschutz- oder Scheidungsgericht anruft.

IV. Aufhebung des gemeinsamen Haushalts mit gerichtlichen Massnahmen (Abs. 2)

1. Eheschutzverfahren

5   Bei Auflösung des gemeinsamen Haushalts kann das Gericht die elterliche Sorge im Rahmen des Eheschutzverfahrens **einem Elternteil allein** zuteilen (vgl. Art. 176 Abs. 3). Grundsätzlich wird das Eheschutzgericht dabei zwar von Amts wegen tätig (vgl. Botschaft Revision Eherecht, 1278); faktisch kommt ein Eingriff in die elterliche Sorge jedoch nur in Betracht, wenn entsprechende Parteianträge vorliegen, weil sich die Eltern nicht einigen können.

6   Statt die elterliche Sorge zuzuteilen, kann das Eheschutzgericht einem Elternteil auch die **Obhut** übertragen. Als geringerer Eingriff in die Eltern-Kind-Beziehung ist diese Lösung grundsätzlich vorzuziehen, sofern das Kindeswohl nicht etwas anderes erfordert (vgl. FamKomm Scheidung/VETTERLI, Art. 176 N 1; JORIO, 270; HAUSHEER/REUSSER/GEISER, Art. 176 N 44). Bei Obhutszuweisung kann das Gericht **zusätzliche Anordnungen** über das Mitsprache- und Mitentscheidungsrecht des anderen Elternteils für bestimmte Bereiche und Fragen treffen (vgl. HEGNAUER, Kindesrecht, N 25.20). U.U. kann auch die Bestellung eines **Erziehungsbeistands** angezeigt sein (vgl. Art. 308 N 12).

7   Die **Zuteilungskriterien** im Rahmen des Eheschutzverfahrens entsprechen grundsätzlich jenen, die bei Scheidung anzuwenden sind (vgl. HAUSHEER/REUSSER/GEISER, Art. 176 N 45; vgl. auch Art. 176 N 11 f.). Allerdings kommt bei der Zuteilung der **Obhut** dem Grundsatz der **Beziehungs- und Erlebniskontinuität** herausragende Bedeutung zu, ohne dass schon umfassend zu prüfen ist, welcher Elternteil dem Kind auf Dauer stabileren Halt verschaffen kann (vgl. BGer, FamPra.ch 2003, 700, 703 f.; FamKomm Scheidung/VETTERLI, Art. 176 N 2).

2. Vorsorgliche Massnahmen im Scheidungs- oder Trennungsprozess

8   Die elterliche Sorge kann auch als **vorsorgliche Massnahme** im Scheidungs- oder Trennungsverfahren (Art. 137 Abs. 2) einem Elternteil zugeteilt werden. Faktisch wird auch hier das Gericht nur auf Antrag einer der Parteien tätig (vgl. N 5). Wie für die definitive Kindeszuteilung gilt auch für die vorläufige die unbeschränkte **Offizialmaxime** (vgl. BGer 10.6.1991 AJP 1992, 129 m.Anm. STACH; BGE 114 II 200; KassGer ZH ZR 1991, 259, Nr. 82; FamKomm Scheidung/LEUENBERGER, Art. 137 N 14a; ROELLI, FS Luzerner Obergericht, 225 ff.; VOGEL, 609 ff.; vgl. auch Art. 137 N 6 ff.).

9   Häufig wird zwar vertreten, dass für die vorsorglichen Massnahmen **andere Kriterien** gelten als für die endgültige Kindeszuteilung anlässlich der Scheidung (vgl. BGE 111 II 224). Da den vorsorglichen Massnahmen jedoch immer ein **präjudizieller Charakter** innewohnt, geht die neuere Tendenz der Gerichtspraxis zu Recht dahin, auch bei vorsorglichen Massnahmen die Verhältnisse sorgfältig zu prüfen und eine Lösung zu suchen, die auf Dauer Stabilität verspricht (vgl. KGer SG GVP 1992, 58 Nr. 21).

3. Trennung

10   Die gerichtliche Trennung der Ehe (Art. 117 f.) stellt sich als Alternative zur Scheidung dar (vgl. Art. 117/118 N 1 ff.). Über die Kindeszuteilung ist daher nach denselben **Krite-

rien wie bei Scheidung zu entscheiden (vgl. Art. 133). Allerdings erlaubt es bereits der Wortlaut des Abs. 2, im Falle gerichtlicher Trennung die elterliche Sorge bei beiden Eltern gemeinsam zu belassen, ohne dass hierfür wie in Art. 133 Abs. 3 besondere Voraussetzungen aufgestellt werden (vgl. dazu Art. 133 N 16 ff.). Diese unterschiedliche Behandlung lässt sich durch keinerlei sachliche Argumente rechtfertigen.

V. Tod eines Elternteils (Abs. 3), 1. Alternative

1. Grundsatz

Sind die **Eltern verheiratet** und **stirbt ein Elternteil,** so steht die elterliche Sorge **au-   11 tomatisch dem anderen Elternteil** zu. Dasselbe gilt bei Verschollenerklärung (kritisch JORIO, 115 ff.), Entmündigung oder Entzug der elterlichen Sorge nur eines Elternteils. In letzteren Fällen können freilich weiter gehende Kindesschutzmassnahmen auch gegenüber dem anderen Elternteil angezeigt sein. Ebenfalls automatisch verbleibt die elterliche Sorge beim überlebenden Elternteil, wenn die Eltern die elterliche Sorge nach **Scheidung** oder gerichtlicher **Trennung** gemeinsam ausgeübt haben (vgl. Art. 133 Abs. 3).

2. Nach Scheidung bei Einzelsorge

Sind die **Eltern geschieden** und **stirbt der alleinige Inhaber der elterlichen Sorge,** so   12 fällt diese **nicht automatisch dem andern Elternteil** zu. Sie muss ihm vielmehr übertragen werden (vgl. STETTLER, SPR III/2, 1992, 258). Nach Art. 134 Abs. 3 Satz 1 ist hierfür die Vormundschaftsbehörde **zuständig.**

Die Übertragung der elterlichen Sorge auf den überlebenden Elternteil ist nicht ohne   13 weiteres der Bestellung eines Vormundes vorzuziehen (**a.A.** wohl STETTLER, SPR III/2, 1992, 278; BK-SPÜHLER/FREI-MAURER, Art. 157 N 124). Zu prüfen ist vielmehr insb., ob das Kind inzwischen zu einer anderen Person – v.a. Stiefelternteil – eine Eltern-Kind-Beziehung aufgebaut hat, die es zu erhalten gilt, und wie sich die Beziehung zum überlebenden Elternteil in der Zeit nach der Scheidung entwickelt hat (vgl. BOOS-HERSBERGER, 144 ff.).

3. Nach Trennung bei Einzelsorge

Sind die **Eltern** lediglich **gerichtlich getrennt** und ist die elterliche Sorge im Tren-   14 nungsurteil einem Elternteil zugewiesen worden, so spräche zwar der Wortlaut des Abs. 3 dafür, die elterliche Sorge automatisch dem überlebenden Elternteil zufallen zu lassen. Aus der Sicht des Kindes weist die Situation jedoch keinen Unterschied zur Scheidung auf. Das Kindeswohl verbietet deshalb auch hier jeglichen Automatismus und erfordert einen auf seine individuelle Situation Rücksicht nehmenden Entscheid (vgl. auch BK-SPÜHLER/FREI-MAURER, Art. 157 N 122).

VI. Scheidung (Abs. 3), 2. Alternative

Die Zuteilung der elterlichen Sorge bei Scheidung ist nunmehr ausschliesslich in   15 **Art. 133** geregelt; Art. 297 Abs. 3 beschränkt sich auf einen **Verweis** auf diese Bestimmung.

VII. IPR

Vgl. Art. 296 N 18 f.   16

VIII. Rechtsvergleichung

17 Die **gemeinsame Elternverantwortung verheirateter Eltern** gilt in allen massgeblichen ausländischen Rechtsordnungen (vgl. Deutschland: §§ 1626 ff. BGB; Österreich: § 144 ABGB; Frankreich: Art. 372 Abs. 1 CC fr.; Italien: Art. 316 Abs. 2 CC it.; Grossbritannien: Sec. 2 (1) Children Act 1989). Bei Meinungsverschiedenheiten in Bezug auf die Ausübung der elterlichen Sorge ist in manchen Rechtsordnungen ein besonderes Verfahren vorgesehen (vgl. Deutschland: § 1628 BGB; Frankreich: Art. 373–2-11 CC fr. [Anordnung von Mediation]; Italien: Art. 316 Abs. 2 und 4 CC it.).

18 Inzwischen gehen praktisch alle massgeblichen ausländischen Rechtsordnungen von der gemeinsamen elterlichen Sorge als Regelfall auch nach Scheidung der Elternehe aus. Eine Intervention des Staates findet nur statt, wenn ein Elternteil oder das Kind die Zuteilung der Alleinsorge beantragt (vgl. Deutschland: § 1671 BGB; Frankreich: Art. 373-2 CC fr.; Italien: Art. 317 Abs. 2 CC it.; Grossbritannien: Sec. 2 (1) Children Act 1989 und Prinzip der Nichtintervention Sec. 1 (5) Children Act 1989). Auch Österreich (vgl. § 177 ABGB) ist inzwischen zur gemeinsamen Sorge als Regelfall übergegangen. Oft kann die gemeinsame elterliche Sorge auch gegen den Willen eines Elternteils angeordnet werden (vgl. Frankreich: FULCHIRON, D.1993.Chron.117, 119; Grossbritannien: Sec. 4 (1) (a) Children Act 1989).

19 Bei **Ausfall eines Elternteils** finden sich dem Schweizer Recht weitgehend entsprechende Lösungen auch im Ausland (vgl. Deutschland: §§ 1680 f. BGB; Österreich: § 145 ABGB; Frankreich: Art. 373-1, 373-3 CC fr.; Italien: Art. 317 Abs. 1 CC it.). Die Problematik der Stieffamilie findet jedoch oft stärkere Berücksichtigung als im Schweizer Recht (vgl. nur § 1682 BGB).

Art. 298

III. Unver- **heiratete Eltern**	[1] **Sind die Eltern nicht verheiratet, so steht die elterliche Sorge der Mutter zu.**
1. Im **Allgemeinen**	[2] **Ist die Mutter unmündig, entmündigt oder gestorben oder ist ihr die elterliche Sorge entzogen, so überträgt die Vormundschaftbehörde die elterliche Sorge dem Vater oder bestellt dem Kind einen Vormund, je nachdem, was das Wohl des Kindes erfordert.**
III. Parents non mariés	[1] Si la mère n'est pas mariée avec le père, l'autorité parentale appartient à la mère.
1. En général	[2] Si la mère est mineure, interdite ou décédée ou si elle a été déchue de l'autorité parentale, l'autorité tutélaire transfère l'autorité parentale au père ou nomme un tuteur à l'enfant, selon ce que le bien de l'enfant commande.
III. Genitori non coniugati	[1] Se i genitori non sono uniti in matrimonio, l'autorità parentale spetta alla madre.
1. In genere	[2] Se la madre è minorenne, interdetta, deceduta o privata dell'autorità parentale, l'autorità tutoria nomina un tutore al figlio o trasferisce al padre l'autorità parentale, secondo quanto richiesto dal bene del figlio.

Literatur

BECKER, Ausgewählte Rechtsfragen des schweizerischen Kindschafts- und Unterhaltsrechts nach der Reform von 1972/76, in: DOPFFEL (Hrsg.), Kindschaftsrecht im Wandel, Tübingen 1994, 47 ff.;

BRÖTEL, Der Anspruch auf Achtung des Familienlebens, Baden-Baden 1991; FINGER, Die gemeinsame elterliche Sorge für nichteheliche Kinder, FPR 2003, 341 f.; GEISER, Das Konkubinat im schweizerischen Straf- und Zivilrecht, in: Arbeitsgemeinschaft für Jugendhilfe (Hrsg.), Die nichteheliche Lebensgemeinschaft, 1983, 86 ff.; HEGNAUER, Die Reform des schweizerischen Scheidungsrechts, FamRZ 1994, 729 ff.; DERS., Zur elterlichen Gewalt der ledigen Mutter, ZVW 1990, 99 ff.; HESS, Neues Kindesrecht – Konsequenzen für die Sozialarbeit. Der aussereheliche Vater und sein Kind, ZöF 1978, 17 ff.; HEUMANN, Eltern ohne Sorgerecht – Gedanken zu «Familie und Recht», FuR 2003, 293 ff.; LEMPP, Das gemeinsame Sorgerecht aus kinderpsychiatrischer Sicht, ZfJ 1984, 305 ff.; REUSSER, Die Revision des Scheidungsrechts und die aus kindes- und vormundschaftsrechtlicher Sicht relevanten Neuerungen, ZVW 1993, 47 ff.; RHOADES, The «no contact mother»: reconstructions of motherhood in the era of the «new father», International Journal of Law, Policy and the Family 2002, 71 ff.; RHOADES/BOYD, Reforming custody laws: a comparative study, International Journal of Law, Policy and the Family 2004, 119 ff.; RICHTER, Die Alleinsorge der Mutter nach § 1626a Abs. 2 BGB und das Kindeswohl, FPR 2004, 484 ff.; RONFANI, Children, Law and social policy in Italy, International Journal of Law, Policy and the Family, 2001, 276 ff.; SCHNEIDER, Situation juridique des enfants de concubins, ZVW 1981, 121 ff.; SCHWENZER, Gutachten A zum 59. DJT, München 1992; WENGER-LEHNHERR, Scheidungsrechtsrevision: Neuerungen bei der Kinderzuteilung und im Kindesrecht, AJP 1996, 1225 ff.; WIRZ, Gemeinsame elterliche Gewalt geschiedener und nicht verheirateter Eltern, Diss. Basel 1995; vgl. auch die Literaturhinweise zu Art. 296 und 297.

I. Allgemeines

Art. 298 regelt die elterliche Sorge für ausserehliche Kinder i.S. eines **Vorrangs der** 1
Mutter. Die elterliche Sorge der Mutter wird freilich eingeschränkt durch die obligatorische Bestellung eines Ausserehelichenbeistands nach Art. 309.

II. Elterliche Sorge der Mutter (Abs. 1)

Sind die Eltern eines Kindes nicht verheiratet, so steht die elterliche Sorge von Gesetzes 2
wegen grundsätzlich **allein der Mutter** zu. Die Begründung für diese Regelung sah der
Gesetzgeber darin, dass das Kindesverhältnis zur Mutter schon mit der Geburt zustande
kommt und das Kind meist auch bei ihr aufwächst (vgl. BBl 1974 II 75).

III. Zuweisung der elterlichen Sorge an den Vater (Abs. 2)

1. Allgemeines

Nur bei Vorliegen der in Abs. 2 abschliessend genannten Gründe kann die Vormund- 3
schaftsbehörde die elterliche Sorge **auf den Vater übertragen**. Die elterliche Sorge geht
in den in Abs. 2 genannten Fällen nicht automatisch auf den Vater über, vielmehr hat die
Vormundschaftsbehörde zu prüfen, ob die **Übertragung auf den Vater** oder die **Bestellung eines Vormunds** dem Wohl des Kindes besser entspricht. Dabei ist zu berücksichtigen, dass nach Wegfall oder Aufhebung einer Vormundschaft die Mutter die elterliche
Sorge automatisch (wieder-)erlangt (vgl. HEGNAUER, Kindesrecht, N 25.23; analog
Art. 433 Abs. 2); wird die elterliche Sorge dagegen auf den Vater übertragen, so kann sie
nur dann auf die Mutter (zurück-)übertragen werden, wenn sie zuvor dem Vater entzogen
wurde. Dies ist jedoch nur im Wege von Kindesschutzmassnahmen nach Art. 311 f. möglich (vgl. dazu HENKEL, BTJP 1977, 89, 93).

Örtlich zuständig ist entsprechend Art. 315 Abs. 1 die Vormundschaftsbehörde am 4
Wohnsitz des Kindes, ggf. auch jene am Aufenthaltsort des Kindes (Art. 315 Abs. 2
und 3).

2. Die einzelnen Übertragungsgründe

5 a) **Unmündigkeit oder Entmündigung der Mutter.** Ist die Mutter unmündig oder entmündigt, so steht ihr die elterliche Sorge nicht zu (vgl. Art. 296 N 10). Sie ist jedoch berechtigt, die **tatsächliche Obhut** über das Kind auszuüben, soweit nicht im Ausnahmefall eine Kindeswohlgefährdung zu befürchten ist. Bei der Frage, ob in diesen Fällen eine Vormundschaft oder die Übertragung der elterlichen Sorge auf den Vater vorzuziehen ist, muss v.a. berücksichtigt werden, wer das Kind faktisch betreut. Lebt das Kind allein **bei der Mutter,** wird grundsätzlich eine Vormundschaft vorzuziehen sein, da sie bei Wegfall des Bevormundungsgrundes ohne weiteres die elterliche Sorge der Mutter ermöglicht (vgl. auch HEGNAUER, Kindesrecht, N 25.24; STETTLER, SPR III/2, 1992, 246 f.). Hat hingegen der **Vater die faktische Obhut** über das Kind inne, entspricht eine Übertragung der elterlichen Sorge auf ihn regelmässig dem Kindeswohl (vgl. Reg Rat SG ZVW 1983, 74 Nr. 7; **a.M.** HEGNAUER, Kindesrecht N 25.23; nach Probephase: HESS, ZöF 1978, 17, 29; JORIO, 240). **Leben die Eltern zusammen,** so dürfte i.d.R. ebenfalls eine Übertragung der elterlichen Sorge auf den Vater angezeigt sein (**a.A.** SCHNEIDER, ZVW 1981, 121, 127). Bei **Drittunterbringung** des Kindes (Pflegeeltern, Heim) ist auf die Umstände des einzelnen Falles abzustellen, insb. darauf, ob die Aussicht besteht, dass ein Elternteil das Kind nach einer Übergangszeit selbst betreuen wird.

6 b) **Tod der Mutter.** Bei Tod der Mutter ist vor allem entscheidend, ob zwischen Vater und Kind eine gelebte Vater-Kind-Beziehung besteht. Liegt diese vor, ist grundsätzlich dem Vater die elterliche Sorge zu übertragen. Zu berücksichtigen ist jedoch auch, ob das Kind mit einer dritten Person (Stiefvater, eingetragene Partnerin, Grosseltern) eine Eltern-Kind-Beziehung verbindet. Liegt es im Kindesinteresse, dass diese Beziehung aufrechterhalten wird, so ist regelmässig ein Vormund zu bestellen.

7 c) **Entzug der elterlichen Sorge.** Wird der Mutter die elterliche Sorge nach Art. 311 entzogen, so wird es sich i.d.R. um eine dauernde Massnahme handeln, der die Erziehungsunfähigkeit der Mutter zugrunde liegt. Einer Übertragung der elterlichen Sorge auf den Vater steht deshalb regelmässig nicht der Gesichtspunkt des Schutzes der Mutter-Kind-Beziehung entgegen (vgl. auch HEGNAUER, ZVW 1990, 99, 100).

8 Ein Entzug der elterlichen Sorge kann aber auch **auf Ersuchen der Mutter** selbst nach Art. 312 Ziff. 1 erfolgen. Fraglich ist insoweit, ob allein der Wunsch der Eltern, dadurch die Voraussetzungen für eine Übertragung der elterlichen Sorge auf den Vater zu schaffen, als **wichtiger Grund** anzusehen ist (verneinend BK-HEGNAUER, Art. 271 N 79; SCHNEIDER, ZVW 1981, 121, 125 f.; STETTLER, SPR III/2, 1992, 247). Berücksichtigt man, dass die geltende Regelung der elterlichen Sorge für ausserehelische Kinder nach wie vor nicht voll befriedigend ist (vgl. Art. 298a N 7) und eine von allen Beteiligten getragene Lösung dem Kindeswohl am besten entspricht, so sollte man den **Wunsch der Eltern** nach Übertragung der elterlichen Sorge auf den Vater **respektieren** und das Vorliegen wichtiger Gründe i.S. des Art. 312 Ziff. 1 in solchen Fällen bejahen. Eine Rückübertragung der elterlichen Sorge auf die Mutter kommt dann freilich ebenfalls nur nach Art. 311 f. in Betracht.

IV. IPR

9 Vgl. Art. 296 N 18 f.

V. Rechtsvergleichung

10 Im deutschen (§ 1626a Abs. 2 BGB), österreichischen (§ 166 ABGB) und englischen Recht (Sec. 2 (2) Children Act 1989) steht die elterliche Sorge für ausserehelische Kinder ebenfalls der Mutter zu, falls keine Sorgeerklärung abgegeben wurde. Im französischen Rechtskreis kommt es darauf an, welcher Elternteil das Kind zuerst anerkannt hat (Frankreich: Art. 372 Abs. 2 CC fr.; Italien: Art. 317bis Abs. 1 CC it.). Nach französischem Recht hat, wenn die zweite Anerkennung mehr als ein Jahr nach der Geburt des Kindes erfolgt ist, oder wenn das Kindesverhältnis zum zweiten Elternteil durch Urteil begründet wurde, derjenige Elternteil, der zuerst anerkannt hat, die elterliche Sorge inne (Art. 372 Abs. 2 CC fr.). Nach italienischem Recht hat derjenige Elternteil, bei dem das Kind lebt, oder falls es bei keinem Elternteil lebt, derjenige, der zuerst anerkannt hat, die elterliche Sorge inne (Art. 317bis Abs. 2 Satz 2 CC it.).

Art. 298a

2. Gemeinsame elterliche Sorge	[1] **Haben die Eltern sich in einer genehmigungsfähigen Vereinbarung über ihre Anteile an der Betreuung des Kindes und die Verteilung der Unterhaltskosten verständigt, so überträgt ihnen die Vormundschaftsbehörde auf gemeinsamen Antrag die elterliche Sorge, sofern dies mit dem Kindeswohl vereinbar ist.**
	[2] **Auf Begehren eines Elternteils, des Kindes oder der Vormundschaftsbehörde ist die Zuteilung der elterlichen Sorge durch die vormundschaftliche Aufsichtsbehörde neu zu regeln, wenn dies wegen wesentlicher Veränderung der Verhältnisse zum Wohl des Kindes geboten ist.**
2. Autorité parentale conjointe	[1] Sur requête conjointe du père et mère, l'autorité tutélaire attribue l'autorité parentale conjointement aux deux parents, pour autant que cela soit compatible avec le bien de l'enfant et qu'ils soumettent à sa ratification une convention qui détermine leur participation à la prise en charge de l'enfant et la répartition des frais d'entretien de celui-ci.
	[2] A la requête du père ou de la mère, de l'enfant ou de l'autorité tutélaire, l'autorité tutélaire de surveillance modifie l'attribution de l'autorité parentale lorsque des faits nouveaux importants l'exigent pour le bien de l'enfant.
2. Autorità parentale in comune	[1] A richiesta congiunta dei genitori, l'autorità tutoria attribuisce loro l'autorità parentale in comune, a condizione che ciò sia compatibile con il bene del figlio e che essi le sottopongano per approvazione una convenzione che determini la loro partecipazione alle cure del figlio e la ripartizione delle spese di mantenimento.
	[2] A richiesta di un genitore, del figlio o dell'autorità tutoria, l'autorità di vigilanza sulle tutele modifica l'attribuzione dell'autorità parentale ove lo esiga, per il bene del figlio, un sostanziale cambiamento delle circostanze.

Literatur

AMREIN/GULER/HÄFELI, Mustersammlung zum Adoptions- und Kindesrecht, 4. Aufl., Zürich 2005; GLOOR, Gemeinsame elterliche Sorge – erste Erfahrungen und besondere Fragestellungen, AJP 2004, 217 ff.; HÄFELI, Gemeinsame elterliche Sorge geschiedener und nicht verheirateter Eltern, ZVW 1999, 76 ff.; LANGENEGGER, Die gemeinsame elterliche Sorge, ZVW 2000, 223 ff.; REUSSER, Die Stellung der Kinder im neuen Scheidungsrecht, in: HAUSHEER (Hrsg.), Vom alten zum neuen Scheidungsrecht, Bern 1999, 175 ff.; SUTTER, Einige Überlegungen zur Konzeption der elterlichen Sorge geschiedener und unverheirateter Eltern de lege ferenda, in: FS Schnyder, 1995, 777 ff.; WIRZ, Gemeinsame elterliche Gewalt geschiedener und nicht verheirateter Eltern. Unter Berücksichtigung des deutschen, französischen, englischen und schweizerischen Rechts, Diss. Basel 1995; vgl. auch die Literaturhinweise zu Art. 133, 296, 297 und 298.

I. Allgemeines

1 Mit der **Scheidungsrechtsrevision** wurde die Möglichkeit geschaffen, dass auch unverheiratete Eltern die elterliche Sorge gemeinsam ausüben können. Die Möglichkeit gemeinsamer elterlicher Sorge nicht verheirateter Eltern wird schon durch Art. 18 Abs. 1 UN-KRK und Art. 8 EMRK gefordert (vgl. SCHWENZER, AJP 1994, 817, 822; WIRZ, 74 ff., 120).

2 Die gemeinsame elterliche Sorge nicht verheirateter Eltern tritt allerdings **nicht automatisch** ein, es reicht auch nicht eine einfache Erklärung der Eltern wie z.B. nach deutschem Recht (§ 1626a Abs. 1 BGB), vielmehr muss sie den Eltern von der **Vormundschaftsbehörde** übertragen werden (zur Kritik vgl. N 7). Im Vergleich zu verheirateten Paaren sind die Anforderungen deutlich höher. Dies erscheint nicht nur als Widerspruch zum gesetzgeberischen Anliegen der Gleichbehandlung von ehelichen und ausserehelichen Kindern (vgl. dazu Vorbem. zu Art. 252–359 N 9), sondern auch als Verletzung des Diskriminierungsverbots des Art. 2 Abs. 1 UN-KRK.

2a Mangels repräsentativer rechtstatsächlicher Untersuchungen ist unklar, wie gross die **Nachfrage** nach gemeinsamer elterliche Sorge ist (vgl. FamKomm Scheidung/WIRZ, Art. 298a N 2 m. Nachw.). Zudem dürfte die Informations- und Beratungspraxis in den Gemeinden erheblich divergieren (vgl. FamKomm Scheidung/WIRZ, Art. 298a N 4).

II. Übertragung der gemeinsamen elterlichen Sorge (Abs. 1)

1. Voraussetzungen

3 Im Hinblick auf die Voraussetzungen entspricht der Wortlaut des Art. 298a Abs. 1 demjenigen des Art. 133 Abs. 3 in Bezug auf die **gemeinsame elterliche Sorge nach Scheidung**, Art. 298a N 4; HEGNAUER, Kindesrecht, N 25.24a). Mag bei Eltern, die sich scheiden lassen, eine gewisse Skepsis (noch) angebracht sein, ob sie in der Lage sind, die elterliche Sorge für ihre Kinder gemeinsam auszuüben, so kann doch nichteheliche Geburt heute nicht mehr schlechterdings mit einer Kindeswohlgefährdung gleichgesetzt werden. Will man eine Diskriminierung nichtehelicher Kinder gegenüber ehelichen Kindern, wie sie schon Art. 2 Abs. 1 UN-KRK verbietet, vermeiden, dürfen die Anforderungen an die gemeinsame elterliche Sorge nicht verheirateter Eltern **nicht zu hoch** angesetzt werden.

4 Nach dem Wortlaut des Art. 298a Abs. 1 ist eine genehmigungsfähige **Vereinbarung** über die Anteile an der Betreuung des Kindes und die Verteilung der Unterhaltskosten erforderlich (zur Formulierung einer solchen Elternvereinbarung vgl. GLOOR, AJP 2004, 217, 222 f.; AMREIN/GULER/HÄFELI, Mustersammlung, 102 ff.). In der Regel handelt es sich jedoch insoweit um eine reine Formsache. Denn die Vormundschaftsbehörde ist einerseits nicht in der Lage, die Ernsthaftigkeit einer solchen Vereinbarung zu überprüfen, zum andern steht es den Eltern frei, einer solchen Vereinbarung nachzuleben oder nicht. Die Anforderungen an diese Vereinbarung dürfen deshalb nicht zu hoch angesetzt werden. Entscheidend ist vielmehr die Kommunikationsfähigkeit (vgl. LANGENEGGER, ZVW 2000, 223, 230).

5 Das **Zusammenleben** der Eltern bildet keine Voraussetzung für die Übertragung der gemeinsamen elterlichen Sorge (vgl. Botschaft Revision Scheidungsrecht, 164), denn einerseits könnte ein Zusammenleben im Zeitpunkt der Antragstellung vorgetäuscht werden, andererseits wäre eine spätere Kontrolle des Zusammenlebens ohnehin nicht möglich (vgl. SUTTER, FS Schnyder, 777, 797). Bei getrennten Wohnsitzen kommt – wie bei geschiedenen Eltern (vgl. dazu BGer, FamPra.ch 2001, 823 ff.; KGer SG, FamPra.ch

2003, 468 ff.) – **alternierende Obhut** in Betracht, wenn beide Eltern einverstanden sind. Die gemeinsame elterliche Sorge ist auch dann möglich, wenn Mutter oder/und Vater mit einem andern Mann bzw. einer anderen Frau verheiratet ist oder in eingetragener Partnerschaft lebt (vgl. FamKomm Scheidung/WIRZ, Art. 298a N 6).

Erforderlich ist auf jeden Fall ein **gemeinsamer Antrag** der Eltern. Jedenfalls nach **6** schweizerischem Verständnis ist die sich in einem gemeinsamen Antrag dokumentierende Kooperationsfähigkeit der Eltern Voraussetzung für die gemeinsame Ausübung der elterlichen Sorge. Eine gemeinsame elterliche Sorge gegen oder ohne den Willen eines Elternteils kommt hingegen nicht in Betracht.

Art. 298a Abs. 1 verlangt im Gegensatz zu den meisten ausländischen Rechtsordnungen **7** (vgl. N 18) zur Übertragung der gemeinsamen elterlichen Sorge eine **Kindeswohlprüfung.** Dazu soll gehören, dass beide Eltern in einem gewissen Umfang ihr Kind persönlich betreuen und eine enge persönliche Beziehung zu ihm haben (vgl. Botschaft Revision Scheidungsrecht, 164). Eine derartige Prüfung ist jedoch von vornherein nicht möglich, wenn das Kind noch gar nicht geboren ist, die Eltern den Antrag auf Übertragung der gemeinsamen elterlichen Sorge vielmehr vor der Geburt des Kindes stellen, was zweifellos möglich sein muss. Vor allem aber ist die Kindeswohlprüfung mit einer Prognose der künftigen Entwicklung der Eltern-Kind-Beziehung verknüpft, mit der die Vormundschaftsbehörden regelmässig überfordert sein dürften. Im Ergebnis ist deshalb aufgrund des gemeinsamen Antrags der Eltern, die Willens sind, die gemeinsame Verantwortung für ihr Kind zu übernehmen, das Kindeswohl als gewahrt anzusehen (vgl. auch FamKomm Scheidung/WIRZ, Art. 298a N 8). Die teilweise vertretene Praxis einer Karenz- bzw. Wartefrist von einem Jahr (vgl. LANGENEGGER, ZVW 2000, 223, 228) erscheint als unzulässig.

2. Zuständigkeit

Sachlich zuständig für die Übertragung der gemeinsamen elterlichen Sorge ist die **Vor- 8 mundschaftsbehörde.** Für die **örtliche Zuständigkeit** ist Art. 315 entsprechend anzuwenden (vgl. FamKomm Scheidung/WIRZ, Art. 298a N 9).

3. Verfahren

Erforderlich ist zunächst ein gemeinsamer **Antrag der Eltern.** Ein eigenes **Antrags- 9 recht des Kindes** ist nicht vorgesehen, da es entscheidend auf den Willen der Eltern zu gemeinsamer Elternverantwortung ankommt. Unmittelbar aus Art. 12 UN-KRK (vgl. BGE 124 III 90, 92) folgt jedoch, dass auf die Meinung des Kindes Rücksicht zu nehmen ist. Entspricht z.B. die Übertragung der gemeinsamen elterlichen Sorge nicht dem Willen des urteilsfähigen Kindes, so ist im Regelfall auch die Kindeswohlgeeignetheit zu verneinen.

Gegen eine Verfügung der Vormundschaftsbehörde ist die **Beschwerde** an die Aufsichts- **10** behörde möglich (vgl. Art. 420 Abs. 9). Aus Art. 12 UN-KRK muss dem Kind insoweit ein eigenes Antragsrecht zugestanden werden.

4. Rechtsfolgen

Die **Ausübung** der gemeinsamen elterlichen Sorge durch nicht verheiratete Eltern folgt **11** denselben Grundsätzen wie die Ausübung durch verheiratete Eltern (vgl. Art. 297 N 2 f.).

Obgleich Art. 298a keine entsprechende Regelung enthält, muss bei **Tod eines Eltern- 12 teils** Art. 297 Abs. 3 entsprechend angewandt werden, d.h. die elterliche Sorge steht dem überlebenden Elternteil automatisch allein zu.

III. Abänderung der gemeinsamen elterlichen Sorge (Abs. 2)

1. Voraussetzungen

13 Wie bei der gemeinsamen elterlichen Sorge nach Scheidung (vgl. Art. 134 Abs. 1) ist die Zuteilung der elterlichen Sorge **neu zu regeln,** wenn dies wegen wesentlicher Veränderung der Verhältnisse zum Wohl des Kindes geboten ist (BGer, FamPra.ch 2003, 449 ff.). Eine **wesentliche Veränderung** der Verhältnisse liegt vor, wenn die Eltern nicht mehr in der Lage sind, zum Wohle des Kindes zu kooperieren (vgl. FamKomm Scheidung/Wirz, Art. 298a N 15 f.). Allerdings stellt nicht jede Uneinigkeit der Eltern bezüglich Kinderfragen eine wesentliche Veränderung der Verhältnisse dar. Die gemeinsame Sorge kann nicht einfach gekündigt werden. Es gelten auf der anderen Seite jedoch nicht so strenge Voraussetzungen wie beim Entzug der elterlichen Sorge (Art. 311 Abs. 1). Notwendig, aber auch ausreichend ist, dass die wesentlichen Grundlagen für eine gemeinsame Elternverantwortung nicht mehr vorhanden sind. Das kann der Fall sein, wenn die Kooperationsfähigkeit der Eltern entfallen ist (BGer, FamPra.ch 2003, 449, 452). Der Antrag eines Elternteils oder des Kindes auf Neubeurteilung der elterlichen Sorge ist in der Regel ein Indiz dafür, dass die gemeinsame elterliche Sorge nicht mehr dem Kindeswohl.

2. Zuständigkeit

14 Zuständig für die Neuregelung der elterlichen Sorge ist die **vormundschaftliche Aufsichtsbehörde.** Für die örtliche Zuständigkeit gilt Art. 315 entsprechend (vgl. FamKomm Scheidung/Wirz, Art. 298a N 18).

3. Verfahren

15 **Antragsberechtigt** nach Art. 298a Abs. 2 sind die Eltern, das Kind sowie die Vormundschaftsbehörde. Die Eltern und das Kind sind auf jeden Fall anzuhören. Die **Anhörung des Kindes** folgt unmittelbar aus Art. 12 UN-KRK (vgl. BGE 124 III 90, 92; vgl. auch Reusser, in: Hausheer [Hrsg.], N 4.68). Art. 144 ist entsprechend anzuwenden (vgl. FamKomm Scheidung/Wirz, Art. 298a N 20).

4. Rechtsfolgen

16 Die **Neuregelung** der elterlichen Sorge nach Aufhebung der gemeinsamen elterlichen Sorge hat sich ausschliesslich am Kindeswohl zu orientieren. Im Ergebnis kommen dabei dieselben Kriterien zur Anwendung wie bei der Zuteilung der elterlichen Sorge nach Scheidung (vgl. Art. 133 N 4 ff.). Ein Vorrang der Mutter, wie er in Art. 298 Abs. 1 niedergelegt ist, besteht nicht. Dies liesse sich mit dem Kindeswohl, das eine Beurteilung anhand des jeweiligen Einzelfalles gebietet, nicht vereinbaren.

IV. IPR

17 Vgl. Art. 296 N 18 f.

V. Rechtsvergleichung

18 Alle massgeblichen ausländischen Rechtsordnungen lassen inzwischen die **gemeinsame elterliche Sorge** auch bei nicht verheirateten Eltern zu. In einigen Rechtsordnungen entsteht automatisch gemeinsame elterliche Sorge, wenn die Elternschaft anerkannt wird (Frankreich: Art. 372 CC fr.; Belgien: Art. 373 f. CC belg.), in anderen jedenfalls bei Zusammenleben (Italien: Art. 317bis CC it.). Viele Rechtsordnungen ermöglichen gemeinsame elterliche Sorge auf gemeinsamen Antrag hin (Deutschland: § 1626a Abs. 1 BGB; Österreich: § 167 ABGB; Frankreich: Art. 372 Abs. 3 CC fr. – soweit Voraussetzungen für den automatischen Eintritt nicht vorliegen –; Grossbritannien: Sec. 4 (1) (b) Children Act 1989; Norwegen: § 35 Abs. 2 und 3 KinderG 1981; Schweden: 6. Kap., § 4 Abs. 1 ElternG i.d.F. 1990). Teilweise kann gemeinsame elterliche Sorge auch gegen den Willen der Mutter angeordnet werden (Frankreich: Art. 372 Abs. 3 CC fr.; Grossbritannien: Sec. 4 (1) (a) Children Act 1989).

Art. 299

IV. Stiefeltern	**Jeder Ehegatte hat dem andern in der Ausübung der elterlichen Sorge gegenüber dessen Kindern in angemessener Weise beizustehen und ihn zu vertreten, wenn es die Umstände erfordern.**
IV. Beauxparents	Chaque époux est tenu d'assister son conjoint de façon appropriée dans l'exercice de l'autorité parentale à l'égard des enfants de l'autre et de le représenter lorsque les circonstances l'exigent.
IV. Patrigno e matrigna	Ogni coniuge deve all'altro adeguata assistenza nell'esercizio dell'autorità parentale verso i di lui figli e rappresentarlo ove le circostanze lo richiedano.

Literatur

BOOS-HERSBERGER, Die Stellung des Stiefelternteils im Kindsrecht bei Auflösung der Stieffamilie im amerikanischen und im schweizerischen Recht, Diss. Basel/Genf/München 2000; GRAHAM-SIEGENTHALER, Das Stiefkind im schweizerischen und kanadischen Familienrecht, Diss. Zürich 1996; HEGNAUER, Der Unterhalt des Stiefkindes nach schweizerischem Recht, in: FS Müller-Freienfels, 1986, 271 ff.; LEY, Die neue Vielfalt familialer und alternativer Lebensformen, Verhältnisse – Verhinderungen – Perspektiven, in: GERSTER/GILLIAND/LÜSCHER, Familien in der Schweiz, 1991, 225 ff.; WERRO, Le temps des familles recomposées: quelques aspects du droits de l'enfant et de la belle famille, AJP 1994, 847 ff.; vgl. ausserdem die Literaturhinweise zu Art. 296 und 297.

I. Allgemeines

Stiefeltern haben **keine elterliche Sorge** (zur Kritik vgl. BOOS-HERSBERGER, 126).   **1** Art. 299 normiert jedoch für sie – ähnlich wie für Pflegeeltern in Art. 300 – die Pflicht und das Recht zur **Beteiligung an der elterlichen Verantwortung** (vgl. für den Fall der Erstreckung der elterlichen Sorge JULMY, 58 f.). Die Vorschrift gilt nur für den **Ehegatten** des Inhabers der elterlichen Sorge. Auf **nichteheliche Partner** können Art. 299 f. jedoch analog angewandt werden. Für **eingetragene Partner oder Partnerinnen** enthält Art. 27 Abs. 1 PartG eine Art. 299 vergleichbare Bestimmung. Die Beteiligung des Stiefelters gilt unabhängig davon, ob der Ehegatte die alleinige elterliche Sorge innehat oder diese nach Scheidung gemeinsam mit dem anderen rechtlichen Elter des Kindes ausübt.

II. Beistandspflicht

Die in Art. 299 normierte Beistandspflicht ergibt sich bereits aus allgemeinem Eherecht   **2** (Art. 159 Abs. 3). Aus ihr folgt die Pflicht der Ehegatten, der **Aufnahme** nicht gemeinsamer Kinder (Kinder aus einer Vorehe, voreheliche ausserehliche Kinder) **in den gemeinsamen Haushalt** zuzustimmen (vgl. ZK-BRÄM/HASENBÖHLER, Art. 159 N 90 ff., 158). Dies gilt grundsätzlich auch für das während der Ehe geborene Kind, dessen Ehelichkeit angefochten wurde (vgl. HAUSHEER/REUSSER/GEISER, Art. 159 N 44). Die Beistandspflicht ist subsidiär, die elterliche Unterhaltspflicht gegenüber den eigenen leiblichen Kindern geht vor (BGE 120 II 287 f.).

III. Vertretung

3 Das Recht des Stiefelternteils, den leiblichen Elternteil in der Ausübung der elterlichen Sorge zu vertreten, wird sich i.d.R. bereits aus der zwischen den Ehegatten vereinbarten oder praktizierten **Aufgabenteilung in der Familie** ergeben (vgl. BBl 1974 II 75; HEGNAUER/BREITSCHMID, N 16.16; HEGNAUER, FS Müller-Freienfels, 271, 282). Im **rechtsgeschäftlichen Bereich** kann insoweit, wenn im Einzelfall nicht sogar von ausdrücklicher, so doch von konkludenter Bevollmächtigung ausgegangen werden (vgl. BK-ZÄCH, Art. 30 OR N 36, 44).

4 Im Übrigen hat der Stiefelternteil das Recht und die Pflicht, den leiblichen Elternteil zu vertreten, wenn es **die Umstände erfordern.** Hierzu zählt insb. der Fall, dass der leibliche Elternteil durch Krankheit, Abwesenheit oder Ähnliches verhindert ist, die elterliche Sorge selbst auszuüben, und sofort gehandelt werden muss, wie z.B. bei dringend erforderlicher ärztlicher Behandlung, Unterzeichnung von Schulzeugnissen, Absenzenentschuldigungen etc. (vgl. HEGNAUER, Kindesrecht, N 25.10).

5 Bei der **Ausübung** der elterlichen Sorge hat der Stiefelternteil den erklärten oder mutmasslichen Willen des leiblichen Elternteils zu befolgen; Letzterem kommt immer die primäre Entscheidungskompetenz zu (vgl. DE GRAFFENRIED, 72; kritisch JORIO, 103, 153 ff. mit Vorschlag der Gleichberechtigung in der Ausübung). Allerdings gilt auch insoweit die Pflicht zu einträchtigem Zusammenwirken nach Art. 159 Abs. 2.

6 Der Stiefelternteil kann den leiblichen Elternteil **nicht vertreten,** wo das Gesetz ausdrücklich die Zustimmung der Eltern verlangt (vgl. Art. 90 Abs. 2, 260 Abs. 2, 265a Abs. 1; vgl. HENKEL, BTJP 1977, 91, 94; so auch JORIO, 158; TSCHÜMPERLIN, 126 f.).

IV. Auflösung der Stiefelternehe

1. Scheidung

7 Bei Scheidung der Stiefelternehe **endet das Vertretungsrecht** des Stiefelternteils. Die elterliche Sorge bildet keinen Gegenstand des Scheidungsverfahrens, da Art. 133 Abs. 1 nur die Gestaltung der Elternrechte bei gemeinsamen Kindern betrifft (vgl. BK-SPÜHLER/FREI-MAURER, Art. 156 N 115). Dem Stiefelternteil kann allenfalls ein **Besuchsrecht** nach Art. 274a (vgl. Art. 274a N 3) eingeräumt werden. Nur unter den Voraussetzungen der Art. 311 und 312 kann dem leiblichen Elternteil die elterliche Sorge entzogen werden, um das Kind unter **Vormundschaft des Stiefelternteils** zu stellen. Ausser in Fällen, in denen der leibliche Elternteil mit dem Verbleib des Kindes beim Stiefelternteil einverstanden ist (Art. 312 Ziff. 1), dürfte dies nur selten in Frage kommen (vgl. die rechtstatsächliche Erhebung von BOOS-HERSBERGER, 148; zu den Voraussetzungen BBl 1974 II 84; JORIO, 348 ff.; HENKEL, BTJP 1977, 89, 109 f.). **De lege ferenda** sollte auch bei Scheidung der Stiefelternehe eine differenziertere Beurteilung des Kindeswohls ermöglicht werden (vgl. SCHWENZER, Gutachten A zum 59. DJT, 81 f.; BOOS-HERSBERGER, 152 ff.).

2. Tod des leiblichen Elternteils

8 Da in diesem Fall die elterliche Sorge nicht automatisch an den überlebenden leiblichen Elternteil fällt (vgl. Art. 297 N 12), ist im **Einzelfall** zu prüfen, ob ein **Verbleib beim**

Stiefelternteil dem Kindeswohl besser entspricht als ein **Wechsel zum leiblichen** Elternteil (HEGNAUER, Kindesrecht, N 25.10). Faktisch erfolgt die Bestellung des Stiefelternteils zum Vormund jedoch auch in dieser Situation selten (vgl. BOOS-HERSBERGER, 149).

V. Rechtsvergleichung

In zunehmendem Masse wird die faktische Elternstellung des Stiefelternteils in ausländischen Rechtsordnungen auch rechtlich anerkannt, sei es dass er Inhaber der elterlichen Sorge werden kann (England/Wales: Sec. 12 Abs. 2 Children Act 1989; Dänemark: Art. 11 G. über elterliche Sorge und Besuchsrecht; Finnland: Sec. 9 Abs. 1 G. über elterliche Sorge und Besuchsrecht) oder ihm ein sog. «kleines» Sorgerecht zusteht (Deutschland: § 1687b BGB, § 9 Abs. 1 LPartG). **9**

Art. 300

V. Pflegeeltern	[1] **Wird ein Kind Dritten zur Pflege anvertraut, so vertreten sie, unter Vorbehalt abweichender Anordnungen, die Eltern in der Ausübung der elterlichen Sorge, soweit es zur gehörigen Erfüllung ihrer Aufgabe angezeigt ist.**
	[2] **Vor wichtigen Entscheidungen sollen die Pflegeeltern angehört werden.**
V. Parents nourriciers	[1] Lorsqu'un enfant est confié aux soins de tiers, ceux-ci, sous réserve d'autres mesures, représentent les père et mère dans l'exercice de l'autorité parentale en tant que cela est indiqué pour leur permettre d'accomplir correctement leur tâche.
	[2] Les parents nourriciers seront entendus avant toute décision importante.
V. Genitori affilianti	[1] I terzi cui è affidata la cura di un figlio rappresentano i genitori nell'esercizio dell'autorità parentale, per quanto ciò sia indicato per il debito adempimento del loro compito e riservate misure diverse.
	[2] I genitori affilianti devono essere uditi prima di ogni decisione importante.

Literatur

BÄTTIG, Die Pflegekinderaufsicht im Bund und in den Kantonen, Diss. Freiburg i.Ü. 1984; BIZZO-ZERO, Asili-nido in Ticino, ZVW 1991, 1 ff.; CHÂTEL, Placement familial, Genève 1983; DEGOU-MOIS, La situation juridique de l'enfant placé chez des parents nourriciers, in: FS Deschenaux, 1977, 133 ff.; GIRARD, La réglementation du placement des mineurs dans le nouveau droit suisse de la filiation, Diss. Neuchâtel 1983; HEGNAUER, Empfehlung des Europarates über die Pflegefamilien, ZVW 1989, 108 ff.; DERS., Das schweizerische Pflegekindesrecht – Struktur und Entwicklung, ZVW 1985, 96 ff.; DERS., Die Legitimation der Pflegeeltern zur staatsrechtlichen Beschwerde (Bemerkungen zu BGE 110 Ia 78), ZVW 1985, 52 f.; DERS., Die vormundschaftlichen Organe und das neue Kindesrecht, ZVW 1978, 1 ff.; HELLMANN, Krippen ein Notbehelf – oder mehr?, ZVW 1989, 139 ff.; HESS, Die rechtliche Stellung der Pflegefamilie im künftigen Bundeszivilrecht, ZöF 1975, 151 ff.; HESS-HAEBERLI, Die Eidgenössische Verordnung über die Aufnahme von Pflegekindern, ZVW 1978, 81 ff.; KEHL-BÖHLEN, Die Obhut als Institut des Familienrechts, Diss. Zürich 1974; KELLER, Der Obhutvertrag, in: FS Schluep, 1988, 167 ff.; MÜLLER, Erreichtes und Wünschbares in der rechtlichen Ausgestaltung des Pflegekinderwesens, ZöF 1980, 18 ff.; SALGO, Pflegekindschaft und Staatsintervention, Darmstadt 1987; SOLARO DEL BORGO FOGLIA, Aspetti sociologico-giuridici dell'affidamento etero-familiare, Milano 1990; SPINNER, Kinder mit zwei Familien – Die Bedürfnisse des Pflegekindes, ZöF 1980, 36 ff. und ZöF 1980, 58 ff.; VOGEL-ETIENNE, Das

Pflegeverhältnis vor der Adoption, Diss. Zürich 1981; VÖLKLE, Die Begründung des Pflegeverhältnisses unter besonderer Berücksichtigung des neuen Kindesrechts, Diss. Basel 1978; ZUEGG, Die Vermittlung ausländischer Adoptivkinder als Problem des präventiven Kinderschutzes, 1986; vgl. auch die Literaturhinweise zu Art. 299.

I. Allgemeines

1 Pflegeeltern haben **keine elterliche Sorge.** Auch das **Obhutsrecht** kann Pflegeeltern nicht übertragen werden, da es Teil der elterlichen Sorge ist (BGer, FamPra.ch 2002, 408 ff.). Art. 300 Abs. 1 gibt jedoch den Pflegeeltern – ähnlich wie Art. 299 den Stiefeltern – die Befugnis, die Eltern in Ausübung der elterlichen Sorge zu vertreten, und trägt damit wesentlich zur Klärung des Rechtsverhältnisses zwischen Eltern und Pflegeeltern bei. Abs. 2 statuiert ein Anhörungsrecht der Pflegeeltern und damit ein Kooperationsgebot für Eltern und Pflegeeltern.

II. Begriff der Pflegeeltern

2 Der Begriff der Pflegeeltern ist denkbar weit zu verstehen. Er umfasst **alle Personen,** die die **faktische Obhut** über ein Kind ausüben, gleichgültig ob es sich um Verwandte oder Dritte, Einzelpersonen oder Heime, um Adoptions- (zur Adoptionspflege vgl. Art. 264), Monats- oder Tagespflege handelt (vgl. BBl 1974 II 75 f.; STETTLER, SPR III/2, 1992, 533; TSCHÜMPERLIN, 165 ff.).

3 Art. 300 gilt sowohl, wenn die **Eltern** das Kind in Pflege gegeben haben, als auch wenn die Unterbringung durch einen **Vormund** (vgl. Art. 405 Abs. 2) oder aufgrund einer Kindesschutzmassnahme durch die **Vormundschaftsbehörde** im Rahmen der Art. 310 ff. erfolgt ist. Entscheidend ist allein das funktionale Element faktischer Obhut, irgendeine Formalisierung ist nicht erforderlich (vgl. KELLER, FS Schluep, 167, 182).

III. Vertretungsmacht (Abs. 1)

4 Die Pflegepersonen vertreten die Eltern in der Ausübung der elterlichen Sorge, soweit es zur **gehörigen Erfüllung ihrer Aufgaben** angezeigt ist. Die flexible Formulierung wurde bewusst gewählt, um der Heterogenität und Dynamik von Pflegeverhältnissen gerecht zu werden (vgl. DEGOUMOIS, FS Descheneaux, 133, 145).

5 Die Vertretungsmacht der Pflegeeltern schränkt die elterlichen Rechte nicht ein (vgl. JORIO, 99 ff.). Die Pflegeeltern haben nur **abgeleitete Rechte.** Durch konkrete elterliche Gestaltungswünsche, die von den Pflegeeltern zu berücksichtigen sind, können diese näher bestimmt werden (vgl. JORIO, 99; MÜLLER, ZöF 1980, 18, 21; zur Rücknahme des Kindes vgl. Art. 310 N 24 ff.; STETTLER, SPR III/2, 1992, 234). Allerdings sind in der Praxis schriftliche **Vereinbarungen** zwischen Eltern und Pflegeeltern nur selten anzutreffen, mündliche Vereinbarungen sind oft unklar (vgl. SALGO, 104). Steht die elterliche Sorge Eltern gemeinsam zu und erteilen sie einander **widersprechende Weisungen,** so entscheiden die Pflegeeltern bei dringenden Angelegenheiten selbst; bei weniger dringenden Angelegenheiten haben sie jedenfalls im Falle einer Kindeswohlgefährdung die Vormundschaftsbehörde zu benachrichtigen (vgl. HEGNAUER, Kindesrecht, N 25.14). Dasselbe gilt bei Weisungen, deren Ausführung dem Kindeswohl widersprechen würde. Ist das Kind nach Art. 310 oder aufgrund einer Massnahme des **Jugendstrafrechts** untergebracht, sind in erster Linie die Anordnungen der Behörden zu beachten, Weisungen der Eltern sind in diesem Fall nur massgeblich, wenn sie diesen Anordnungen nicht zuwiderlaufen (vgl. HEGNAUER, Kindesrecht, N 25.14).

Zur Vertretungsmacht der Pflegeeltern gehört sowohl die **alltägliche Pflege** und Erziehung des Kindes, die Bestimmung des **Aufenthalts** (vgl. aber BGer, FamPra.ch 2002, 408 ff.: keine Übertragung des Obhutsrechts) und des Umgangs mit Dritten als auch die Ausübung der **gesetzlichen Vertretung** (vgl. GIRARD, 71 ff.; KELLER, FS Schluep, 167, 183 f.). **6**

Der **Umfang der Vertretungsmacht** hängt entscheidend ab von Dauer und Zweck des Pflegeverhältnisses, der Art und Intensität der Beziehung zwischen Eltern und Kind einerseits und zwischen Pflegeeltern und Kind andererseits, der Entfernung und Erreichbarkeit, der Möglichkeit, Weisungen der Eltern einzuholen, der Tragweite und Dringlichkeit der Entscheidung, Alter, Gesundheit und Reife des Kindes, dem mutmasslichen Willen der Eltern und dem Kindeswohl (vgl. HEGNAUER, Kindesrecht, N 25.13; DERS., ZVW 1985, 96, 103; STETTLER, SPR III/2, 1992, 535). **7**

Die Wahrscheinlichkeit der **Kindeswohlgefährdung** durch plötzliche Anordnungen der Eltern, die sich von ihrem Kind entfernt haben, steigt mit der **Dauer und Intensität des Pflegeverhältnisses,** kennen doch nach längeren Zeiten der Trennung die Eltern die Bedürfnisse und die Entwicklung ihrer Kinder häufig nicht mehr (vgl. SALGO, 105). Der Entscheidungsspielraum der Pflegeeltern ist bei kurzfristiger Unterbringung entsprechend eingeschränkt, bei normalen Pflegeverhältnissen erweitert er sich bis hin zu einem weiten Spielraum bei Adoptionspflege (vgl. dazu VOGEL-ETIENNE, 187; JORIO, 138). **8**

Art. 301 ff. sind entsprechend auf die Pflegeeltern anzuwenden. **9**

Keine Vertretungsmacht steht den Pflegeeltern in Fällen zu, in denen das Gesetz ausdrücklich den Entscheid der Eltern verlangt, vgl. Art. 90 Abs. 2, 260 Abs. 2 und 265a Abs. 1. Auch bleibt die Entscheidung darüber, in welcher **Religion** ein Kind erzogen werden soll, grundsätzlich den Eltern vorbehalten (vgl. Art. 303 Abs. 1; GIRARD, 82). Desgleichen werden im Regelfall grundlegende Entscheidungen die **Schul- und Berufsbildung** betreffend den Eltern vorbehalten sein (vgl. VÖLKLE, 90). **10**

IV. Anhörungsrecht (Abs. 2)

Vor **wichtigen Entscheidungen** durch die Eltern sollen die Pflegeeltern **angehört** werden. Zweck dieses Anhörungsrechtes ist es, Missverständnisse und Konflikte zwischen Eltern und Pflegeeltern zu vermeiden und beide zur Förderung des Kindeswohls zu Kooperation anzuhalten, damit das Kind nicht zwischen verschiedenen Erziehungssystemen hin- und hergerissen wird. Pflegeeltern, die das Kind durch den täglichen Kontakt möglicherweise besser kennen als die Eltern, können wertvolle und entscheidungserleichternde Hinweise geben (vgl. DEGOUMOIS, FS Deschenaux, 133, 146; KELLER, FS Schluep, 167, 183). Praktisch wird das Anhörungsrecht v.a. bei Entscheidungen über **Schul- und Berufsbildung,** Fragen der **Gesundheitspflege** und der Weiterführung oder Beendigung des **Pflegeverhältnisses** (vgl. BGer unveröff. Urteil vom 31.10.1994; HEGNAUER, Kindesrecht, N 25.16; DERS., ZVW 1985, 96, 104). **11**

Auch **gegenüber Behörden** und **Gerichten** steht den Pflegeeltern ein Anhörungsrecht zu: so insb. in einem Verfahren nach Art. 310 Abs. 3 betr. die Rücknahme des Kindes (vgl. MÜLLER, ZöF 1980, 18, 23), bei Regelung der elterlichen Sorge im Rahmen eines Scheidungsverfahrens, bei die Eltern betreffenden Kindesschutzmassnahmen sowie bei Festsetzung oder Änderung des persönlichen Verkehrs zwischen Eltern bzw. Dritten und dem Kind (vgl. STETTLER, SPR III/2, 1992, 536). **12**

V. IPR

Vgl. Art. 296 N 18 f. **13**

VI. Rechtsvergleichung

14   Eine ähnliche Regelung wie das Schweizer Recht kennt namentlich das deutsche Recht (§ 1688 BGB).

15   Verschiedene Rechtsordnungen sehen die Möglichkeit vor, den Pflegeeltern die elterliche Sorge oder Teile davon zu übertragen (vgl. Deutschland: § 1630 Abs. 3 BGB, auf Antrag bzw. mit Zustimmung der Eltern; Österreich: § 186a ABGB, auf Antrag der Pflegeeltern bei einer dem Verhältnis zwischen leiblichen Eltern und Kindern nahe kommenden Beziehung; Grossbritannien: Sec. 10 (5) (b) Children Act 1989, auf Antrag der Pflegeeltern nach dreijährigem Zusammenleben mit dem Kind).

Art. 301

B. Inhalt

I. Im Allgemeinen

[1] **Die Eltern leiten im Blick auf das Wohl des Kindes seine Pflege und Erziehung und treffen unter Vorbehalt seiner eigenen Handlungsfähigkeit die nötigen Entscheidungen.**

[2] **Das Kind schuldet den Eltern Gehorsam; die Eltern gewähren dem Kind die seiner Reife entsprechende Freiheit der Lebensgestaltung und nehmen in wichtigen Angelegenheiten, soweit tunlich, auf seine Meinung Rücksicht.**

[3] **Das Kind darf ohne Einwilligung der Eltern die häusliche Gemeinschaft nicht verlassen; es darf ihnen auch nicht widerrechtlich entzogen werden.**

[4] **Die Eltern geben dem Kind den Vornamen.**

B. Contenu

I. En général

[1] Les père et mère déterminent les soins à donner à l'enfant, dirigent son éducation en vue de son bien et prennent les décisions nécessaires, sous réserve de sa propre capacité.

[2] L'enfant doit obéissance à ses père et mère, qui lui accordent la liberté d'organiser sa vie selon son degré de maturité et tiennent compte autant que possible de son avis pour les affaires importantes.

[3] L'enfant ne peut quitter la communauté domestique sans l'assentiment de ses père et mère; il ne peut pas non plus leur être enlevé sans cause légitime.

[4] Les père et mère choisissent le prénom de l'enfant.

B. Contenuto

I. In genere

[1] I genitori, in considerazione del bene del figlio, ne dirigono le cure e l'educazione e, riservata la sua capacità, prendono le decisioni necessarie.

[2] Il figlio deve obbedienza ai genitori; i genitori consentono al figlio, corrispondentemente alla sua maturità, di organizzare liberamente la sua vita e, in affari importanti, tengono quanto possibile conto della sua opinione.

[3] Il figlio non può abbandonare la comunione domestica senza il consenso dei genitori; non può nemmeno esser loro tolto senza causa legittima.

[4] I genitori scelgono il prenome del figlio.

Literatur

AESCHLIMANN, «The Welfare» oder «The Best Interest of the Child» im angloamerikanischen Rechtsraum, FamPra.ch 2001, 247 ff.; ARNTZEN, Elterliche Sorge und Umgang mit Kindern 2. Aufl. München 1994; BRAUCHLI, Das Kindeswohl als Maxime des Rechts, Diss. Zürich 1982; BURGER-SUTZ, Die Kinderbelange unter altem und neuem Scheidungsrecht, Diss. Zürich 1999;

COESTER, Das Kindeswohl als Rechtsbegriff, in: DUSS-VON WERDT, Kindeszuteilung, 2. Aufl. Zürich 1986; DERS., Das Kindeswohl als Rechtsbegriff, Frankfurt a.M. 1983; CONSTAM, Bedeutung und Problematik kinderpsychiatrischer Gutachten in Trennungs- und Scheidungsprozessen, SJZ 1985, 229 ff.; CORBOZ, Das Kind und seine psychische Gesundheit, ZVW 1980, 6 ff.; COTTIER, Weibliche Genitalverstümmelung, zivilrechtlicher Kindesschutz und interkulturelle Verständigung, FamPra.ch 2005, 698 ff.; DEGOUMOIS, Le concept d'éducation dans le nouveau droit de filiation, ZVW 1979, 1 ff.; DIES., Le nouvel article 323 CCS et l'autonomie du mineur, ZSR 1978 I 113 ff.; DIES., Quelques réflexions sur le droit du mineurs, in: FS Société suisse des Juristes, 1976, 91 ff.; FELDER, Kinderpsychiatrische Aspekte der Kinderzuteilung, SJZ 1989, 185 ff.; DERS., Fragebogen-untersuchung bei Richtern zum Thema Kinderzuteilung im Scheidungsprozess, SJZ 1988, 340 ff.; FLEINER-GERSTER, Die Rechte der Eltern gegenüber der Schule, AJP 1993, 666 ff.; FRANK, Grenzbereiche der elterlichen Gewalt, in: FS Hegnauer, 1986, 33 ff.; FREEMAN, The Welfare of Children in England and New Zealand, in: FS Grossen, 1992, 131 ff.; GERNHUBER, Kindeswohl und Elternwille, FamRZ 1973, 229 ff.; GROSSEN, L'autorité parentale, le secret médicale et la contraception, in: FS Hegnauer, 1986, 79 ff.; HÄNNI/BELSER, Die Rechte der Kinder. Zu den Grundrechten Minderjähriger und der Schwierigkeit ihrer rechtlichen Durchsetzung, AJP 1998, 139 ff.; HEGNAUER, Wer ist Inhaber der «vormundschaftlichen Gewalt» i.S.v. Art. 220 StGB, ZVW 1993, 111 ff.; DERS., Zur Erfüllung der Unterhaltsbeitragspflicht geschiedener Eltern, ZVW 1980, 100 ff.; DERS., Die Übertragung der Obhut durch den geschiedenen Inhaber der elterlichen Gewalt, ZVW 1980, 59 ff.; HENKEL, Die elterliche Gewalt, BTJP 1977, 1978, 89 ff.; INVERSINI, Erzie-hungsfähigkeit, ZVW 1989, 22 ff.; JAAG, Grundlagen der Volksschule, insbesondere im Kanton Zürich, ZBl 1997, 537 ff.; JORIO, Der Inhaber der elterlichen Gewalt nach dem neuen Kindesrecht, Diss. Freiburg i.Ü. 1977; KELLERHALS/MONTANDON, Les styles d'éducation dans la famille, in: FLEINER-GERSTER/GILLIAND/LÜSCHER, Familien in der Schweiz, 1991, 195 ff.; KOSTKA, Im Inte-resse des Kindes?, Frankfurt a.M. 2004; MASCELLO, Elternrechte und Privatschulfreiheit, Diss. St. Gallen 1995; VON OVERBECK, L'intérêt de l'enfant et l'évolution du droit international privé de la filiation, in: FS Schnitzer 1979, 361 ff.; ROELLI, Materiell- und prozessrechtliche Gesichtspunkte der Kinderzuteilung, in: FS 150 Jahre Obergericht Luzern, 1991, 225 ff.; SALADIN, Grundrechte der Familie; Grundrechte in der Familie, in: SCHNYDER (Hrsg.), Familie – Herausforderung der Zukunft, 1982, 141 ff.; DERS., Rechtsbeziehungen zwischen Eltern und Kindern als Gegenstand des Verfassungsrechts, in: FS Hinderling, 1976, 175 ff.; Schlussbericht der Arbeitsgruppe Kindesmiss-handlung zuhanden des Vorstehers des Eidgenössischen Departementes des Innern, 1992; SCHNEI-DER, L'attribution des enfants lors du divorce des parents, in: FS Grossen, 1992, 205 ff.; SPANGEN-BERG/SPANGENBERG, Kindeswohl und Glaubenssätze, KindPrax 1999, 187 ff.; STAUBLI/GUT-V. SCHULTHESS, Interkulturalität und Familienrecht – Umgang mit interkulturellen Aspekten in fami-lienrechtlichen Auseinandersetzungen, FamPra.ch 2004, 885 ff.; STEINAUER, L'enfant dans le code civil, in: FS 100 Jahre Universität Freiburg, 1990, 471 ff.; STRATENWERTH, Schweizerisches Straf-recht, Besonderer Teil I, 6. Aufl., Bern 2003; SUTTER, Einige Überlegungen zur Konzeption der elterlichen Sorge geschiedener und unverheirateter Eltern de lege ferenda, FS Schnyder, 1995, 777; TRECHSEL/SCHLAURI, Weibliche Genitalverstümmelung in der Schweiz – gekürzte Fassung eines Rechtsgutachtens für UNICEF Schweiz, FamPra.ch 2005, 718 ff.; TSCHÜMPERLIN, Die elterliche Gewalt in bezug auf die Person des Kindes (Art. 301 bis 303 ZGB), Diss. Freiburg i.Ü. 1989.

I. Allgemeines

Art. 301 regelt in Abs. 1 und 2 i.S. eines **Programmsatzes** den **Inhalt der elterlichen** **1**
Sorge, der insb. durch Art. 272, der die gegenseitige Beistands- und Rücksichtspflicht zwischen Eltern und Kindern statuiert, ergänzt wird. Abs. 3 und 4 normieren konkrete Teilbereiche der elterlichen Sorge, nämlich das **Obhutsrecht** und das Recht zur Ertei-lung des **Vornamens.** Weitere Aspekte der elterlichen Sorge sind in eigenen Bestimmun-gen geregelt, wie das Erziehungsrecht (Art. 302 f.), die gesetzliche Vertretungsmacht der Eltern (Art. 304) und die Verwaltung des Kindesvermögens (Art. 318 ff.).

II. Elterliche Entscheidungskompetenz (Abs. 1)

Abs. 1 normiert die **primäre Entscheidungszuständigkeit** der Eltern. Sie gilt gegenüber   **2**
dem Staat (vgl. SALADIN, in: SCHNYDER (Hrsg.), 141, 147; DERS., FS Hinderling, 175,

176; zu den Rechten der Eltern gegenüber der Schule vgl. FLEINER-GERSTER, AJP 1993, 666 ff.; JAAG, ZBl 1997, 537, 540 f.), gegenüber Dritten und gegenüber dem Kind. Gegenüber dem Kind wird sie jedoch **beschränkt** durch das **Kindeswohl** und die **Achtung der Persönlichkeit** des Kindes. Im Hinblick darauf, was im Einzelfall dem Prinzip des Kindeswohls und der Achtung der Persönlichkeit entspricht, besitzen die Eltern allerdings ein «Konkretisierungsmonopol» (vgl. TSCHÜMPERLIN, 119 ff.), das bis zur Grenze der Gefährdung des Kindeswohls reicht (vgl. INVERSINI, ZVW 1989, 22 ff.). Erst bei Überschreiten dieser Grenze kann und muss der Staat im Wege von Kindesschutzmassnahmen (Art. 307 ff.) eingreifen.

3   Die elterliche Entscheidungskompetenz steht weiter unter dem **Vorbehalt der eigenen Handlungsfähigkeit** des Kindes. Zu berücksichtigen sind insoweit zunächst die Bereiche, in denen das Gesetz dem urteilsfähigen Kind einen eigenen Entscheidungsspielraum zugesteht (vgl. Art. 19, 303 Abs. 3, 305 Abs. 1, 323 Abs. 1, 410–412). Sodann schränkt die Pflicht nach Abs. 2, dem Kind die seiner Reife entsprechende Freiheit der Lebensgestaltung zu gewähren, die elterliche Entscheidungskompetenz mit **zunehmendem Alter und zunehmender Reife** des Kindes ein. Die elterliche Sorge verfolgt somit letztlich das Ziel, sich überflüssig zu machen (vgl. BGer unveröff. Urteil vom 3.10.1994; BK-HEGNAUER, aArt. 273 N 8; GERNHUBER, FamRZ 1962, 90, 92; DEGOUMOIS, ZVW 1979, 1, 2 f.).

III. Kindeswohl

4   Das Kindeswohl ist oberste Maxime des gesamten Kindesrechts und auch **Leitlinie** für die Ausübung der elterlichen Sorge. Als unbestimmter Rechtsbegriff entzieht sich das Kindeswohl einer abschliessenden Definition (grundlegend: KOSTKA, Im Interesse des Kindes?, 107 ff.).

5   Der Kernbereich des Kindeswohls wird in Art. 302 Abs. 1 mit der **körperlichen, geistigen und sittlichen Entfaltung** umschrieben. Mögen für das körperliche Wohl noch einheitliche Massstäbe zu finden sein (zur weiblichen Genitalverstümmelung vgl. COTTIER, FamPra.ch 2005, 698 ff.), so sind in einer pluralistischen, multikulturellen Gesellschaft nur noch wenige allgemein gültige Aussagen möglich, wenn es um die Präzisierung des geistigen, sittlichen und seelischen Wohls des Kindes geht. Gewisse Grundaussagen können jedoch aus dem Verfassungsrecht wie auch aus der Gesamtheit der familienrechtlichen Normen abgeleitet werden, wie z.B. der **Wert höherer Bildung** (vgl. SALADIN, FS Hinderling, 175, 183) und das Aufwachsen in einer **harmonischen Beziehung,** das Erziehungsziel der **Eigenverantwortlichkeit** und **Gemeinschaftsfähigkeit** sowie das Bedürfnis des Kindes nach **Stabilität** und **Kontinuität** (vgl. dazu aus der reichhaltigen Rechtsprechung zu aArt. 156: BGE 117 II 354; 115 II 319; 115 II 209; 114 II 201; vgl. auch GERNHUBER/COESTER-WALTJEN, 864). Bei der Konkretisierung des Begriffs Kindeswohl sind die Erkenntnisse der **Humanwissenschaften** zu berücksichtigen (vgl. TSCHÜMPERLIN, 91 f.; BRAUCHLI, 128 ff.; COESTER, 163 f.; ROELLI, FS Obergericht Luzern, 225, 227 ff.; SCHNEIDER, FS Grossen, 205, 207). Die **Interkulturalität** stellt das Familienrecht gerade auch im Bereich der Eltern-Kind-Beziehung vor neue Aufgaben (vgl. STAUBLI/GUT-V. SCHULTHESS, FamPra.ch 2004, 885 ff.).

6   Kindeswohl ist nicht unbedingt mit dem **subjektiven Willen des Kindes** gleichzusetzen. Der Kindeswille ist jedoch im Rahmen des Abs. 2 mit zunehmender Reife des Kindes als Ausdruck der Selbstbestimmung zu berücksichtigen (vgl. BGer unveröff. Urteil vom 3.10.1994, E. 3a, 3c.bb).

IV. Gehorsamspflicht versus Achtung der Persönlichkeit des Kindes (Abs. 2)

Das rev. Kindesrecht hat zwar ausdrücklich die **Gehorsamspflicht** des Kindes beibehalten (vgl. TSCHÜMPERLIN, 332 ff.). Da aber Erziehung kein «Einbahnverkehr von oben nach unten» ist, haben die Eltern die **Person und Freiheit des Kindes zu achten,** sie dürfen notwendigen Widerstand nicht unterdrücken und sein Selbstwertgefühl nicht zerstören (vgl. BBl 1974 II 76). **Schutz und Förderung der Persönlichkeit des Kindes** sind deshalb Leitidee für die Ausübung der elterlichen Sorge (vgl. TSCHÜMPERLIN, 102). Besondere Ausprägung erfährt dieser Grundsatz durch die Pflicht der Eltern, in wichtigen Angelegenheiten auf die Meinung des Kindes Rücksicht zu nehmen. Das **Mitspracherecht** bezieht sich auf sämtliche Lebensbereiche (vgl. auch Art. 302 Abs. 2: Ausbildung entsprechend den Fähigkeiten und Neigungen des Kindes) und ist nicht von einem Mindestalter abhängig (vgl. STETTLER, SPR III/2, 1992, 383). **7**

Aus dem Spannungsverhältnis zwischen Gehorsamspflicht einerseits und Achtung der Persönlichkeit des Kindes andererseits ergibt sich auch eine **Beschränkung der Erziehungsmittel. Unzulässig** sind sicher zunächst jegliche entwürdigenden Erziehungsmassnahmen sowie Massnahmen, die das Kind quälen, sein Anstandsgefühl verletzen oder zu einer Gesundheitsbeeinträchtigung führen können. Darüber hinaus muss jede **körperliche Züchtigung** als unzulässig angesehen werden (**a.A.** die wohl h.M. vgl. BRAUCHLI, 204; TSCHÜMPERLIN, 349 ff.; STRATENWERTH, BT I, § 3 N 18; BBl 1985 II 1033; BBl 1974 II 77; BGE 117 IV 18; 105 IV 25 = Pra 1979, 293; wie hier jedoch GERNHUBER/COESTER-WALTJEN, 889). So sind inzwischen nach § 1631 Abs. 2 Satz 2 BGB körperliche Bestrafungen, seelische Verletzungen und andere entwürdigende Massnahmen unzulässig. Eine andere Frage ist, ob jeder «Klaps» strafrechtliche Sanktionen nach sich ziehen sollte. **8**

V. Aufenthaltsbestimmungsrecht (Obhutsrecht) (Abs. 3)

1. Allgemeines

Die elterliche Sorge umfasst auch das Recht, über den **Aufenthalt des Kindes** zu bestimmen (**Obhutsrecht**). Freilich kann das Obhutsrecht durch Entscheid des Gerichts (Art. 137 Abs. 2, 315a Abs. 1, 2, 315b Abs. 1) oder der Vormundschaftsbehörde (Art. 310) von der elterlichen Sorge gelöst werden. Es kann indes nicht ohne elterliche Sorge auf eine dritte Person übertragen werden (vgl. BGer, FamPra.ch 2002, 408 ff.). Einer unmündigen Mutter (vgl. dazu Art. 298 N 5) bzw. entmündigten Eltern steht i.d.R. ein Anspruch auf faktische Obhut zu (vgl. STETTLER, SPR III/2, 1992, 233). **9**

2. Inhalt

Das Obhutsrecht beinhaltet zunächst die **Wahl des Aufenthaltsorts.** I.d.R. soll das Kind in **häuslicher Gemeinschaft** mit seinen Eltern aufwachsen. Jedoch erfasst das Obhutsrecht auch das Recht zur **Unterbringung ausserhalb der häuslichen Gemeinschaft,** wie z.B. in einem Internat, einem Heim oder bei Pflegeeltern (vgl. Art. 300). Eine Unterbringung bei Dritten liegt auch vor, wenn ein Elternteil, dem allein die elterliche Sorge zusteht (nach Scheidung, unverheiratete Mutter), damit einverstanden ist, dass das Kind beim andern Elternteil lebt (vgl. HEGNAUER, ZVW 1980, 59 f.; BGE 111 II 9). **10**

Das Obhutsrecht beinhaltet auch das Recht, über den **persönlichen und sonstigen Verkehr des Kindes** zu bestimmen (vgl. auch Art. 275 Abs. 3; FRANK, FS Hegnauer, 33, 46 f.). **11**

Auch das Obhutsrecht steht unter dem **Primat des Kindeswohls.** Von besonderer Bedeutung ist insoweit der Aspekt der **Stabilität und Kontinuität,** wobei das kindliche Zeitge- **12** fühl zu berücksichtigen ist. Diesen Gesichtspunkten trägt die Rechtsprechung des Bundesgerichtes (vgl. BGE 111 II 123 ff.) nicht immer hinreichend Rechnung (zur Kritik vgl. Tschümperlin, 166 ff.). Darüber hinaus ist auch in diesem Bereich der **Kindeswille** entsprechend seiner wachsenden Reife zu berücksichtigen (Abs. 2).

3. Adressat

13   a) Das Aufenthaltsbestimmungsrecht richtet sich einerseits **gegen das Kind;** ohne Einwilligung der Eltern darf es die häusliche Gemeinschaft oder einen von diesen bestimmten Pflegeplatz nicht verlassen (vgl. Hegnauer, Kindesrecht, N 26.08). Widersetzt sich das Kind elterlichen Anordnungen den Aufenthalt betreffend, kommt nur das **Anrufen der Vormundschaftsbehörde** in Betracht (BGE 94 I 101 = Pra 1968, 419). Ein **Zwangsvollzug** gegen das Kind muss als mit dem Kindeswohl grundsätzlich unvereinbar abgelehnt werden (vgl. auch Art. 275 N 19; Tschümperlin, 186 ff. m.w.Nw.).

14   b) Das Bestimmungsrecht richtet sich ausserdem auch **gegen Dritte.** Diese dürfen das Kind den Eltern nicht widerrechtlich entziehen oder gegen deren Willen Umgang mit ihm pflegen. Dies gilt auch für den Elternteil, dem die elterliche Sorge nicht zusteht. Die **widerrechtliche Entziehung** eines Kindes oder die Weigerung, das Kind zurückzugeben, ist nach **Art. 220 StGB** auf Antrag **strafbar** (vgl. Art. 275 N 15; BGE 118 IV 63; 110 IV 36). Antragsberechtigt ist der Inhaber der elterlichen Sorge (vgl. BGE 108 IV 24 = Pra 1982, 567; Hegnauer, ZVW 1993, 111, 113 f.). **Keine widerrechtliche Entziehung** liegt vor, wenn ein Elternteil, dem die elterliche Sorge nicht zusteht, das Kind aufgrund seiner Beistandspflicht aus Art. 272 bei sich aufnimmt (Art. 32 StGB) oder Dritte dem von zu Hause weggelaufenen Kind vorläufig Unterkunft gewähren (vgl. Art. 34 Ziff. 2 StGB; vgl. Hegnauer, Kindesrecht, N 26.09; ders., ZVW 1980, 100, 102).

15   Gegen Dritte, die das Bestimmungsrecht der Eltern missachten, ist im Wege des **allgemeinen Zivilprozesses** vorzugehen. Die Durchsetzung des Anspruchs erfolgt mit den Mitteln des kantonalen Prozessrechtes (vgl. KassGer ZH ZR 1989 Nr. 54). **Direkter Zwang** gegen das Kind, das z.B. eine Rückführung zu den Eltern entschieden ablehnt, muss auch hier ausscheiden.

4. Grenzen

16   Das Aufenthaltsbestimmungsrecht findet seine Grenze in **öffentlich-rechtlichen Vorschriften,** insb. über die Schulpflicht und Anordnungen über den persönlichen Verkehr (Art. 273 ff.). Das **Bestimmungsrecht** eines Elternteils **entfällt,** wenn dem anderen Elternteil als vorsorgliche Massnahme im Scheidungsverfahren oder im Eheschutzverfahren die Obhut (Art. 137 Abs. 2, 176 Abs. 3) oder die elterliche Sorge bei Scheidung (Art. 133 Abs. 1) zugesprochen wurde. Ausserdem kann das Obhutsrecht im Wege von Kindesschutzmassnahmen (Art. 307 ff.) **eingeschränkt oder entzogen** werden (vgl. Frank, FS Hegnauer, 33, 40 f.). Es entfällt ebenfalls mit Entziehung der elterlichen Sorge nach Art. 311, 312 ZGB, Art. 53 StGB sowie bei Untersuchungs-, Erziehungs-, Behandlungsmassnahmen und Straffällen nach Art. 83–87 StGB, Art. 90–97 StGB, Art. 100–100ter StGB (vgl. Hegnauer, Kindesrecht, N 26.10 ff.).

VI. Vorname (Abs. 4)

17   Vgl. Art. 270 N 36 ff.

VII. IPR

18   Vgl. Art. 296 N 18 f.

VIII. Rechtsvergleichung

Die Grundprinzipien zur Ausübung der elterlichen Sorge finden sich in Deutschland in **19** § 1626 BGB, in Österreich in § 144 ABGB, in Frankreich in Art. 371, 371-1 CC fr. und in Italien in Art. 315 CC it. Auch ausländische Rechtsordnungen regeln ausdrücklich das Aufenthaltsbestimmungsrecht bzw. das Recht, das Kind von Dritten, die es den Eltern widerrechtlich entziehen, herauszuverlangen (vgl. Deutschland: §§ 1631 Abs. 1, 1632 BGB; Österreich: § 146b ABGB; Frankreich: Art. 371-3 CC fr.; Italien: Art. 318 CC it.; Grossbritannien: Sec. 14 Children Act 1989). In Deutschland und Österreich wird inzwischen ein Recht des Kindes auf gewaltfreie Erziehung ausdrücklich vorgesehen (§ 1631 Abs. 2 BGB; 146a S. 2 ABGB).

Das Recht der Eltern als Teil der elterlichen Sorge, den Vornamen des Kindes zu **20** bestimmen, ist zwar überall anerkannt, aber nur selten gesetzlich verankert (vgl. Österreich: § 154 Abs. 2 ABGB: Änderung des Vornamens).

Art. 302

II. Erziehung

[1] **Die Eltern haben das Kind ihren Verhältnissen entsprechend zu erziehen und seine körperliche, geistige und sittliche Entfaltung zu fördern und zu schützen.**

[2] **Sie haben dem Kind, insbesondere auch dem körperlich oder geistig gebrechlichen, eine angemessene, seinen Fähigkeiten und Neigungen soweit möglich entsprechende allgemeine und berufliche Ausbildung zu verschaffen.**

[3] **Zu diesem Zweck sollen sie in geeigneter Weise mit der Schule und, wo es die Umstände erfordern, mit der öffentlichen und gemeinnützigen Jugendhilfe zusammenarbeiten.**

II. Education

[1] Les père et mère sont tenus d'élever l'enfant selon leurs facultés et leurs moyens et ils ont le devoir de favoriser et de protéger son développement corporel, intellectuel et moral.

[2] Ils doivent donner à l'enfant, en particulier à celui qui est atteint de déficiences physiques ou mentales, une formation générale et professionnelle appropriée, correspondant autant que possible à ses goûts et à ses aptitudes.

[3] A cet effet, ils doivent collaborer de façon appropriée avec l'école et, lorsque les circonstances l'exigent, avec les institutions publiques et d'utilité publique de protection de la jeunesse.

II. Educazione

[1] I genitori devono educare il figlio secondo la loro condizione, promuovendone e proteggendone lo sviluppo fisico, intellettuale e morale.

[2] Essi devono procurare al figlio, particolarmente se infermo di corpo o di mente, un'appropriata istruzione generale e professionale, conforme quanto possibile alle sue attitudini e inclinazioni.

[3] A tal fine, essi devono cooperare appropriatamente con la scuola e, ove le circostanze lo richiedano, con le istituzioni pubbliche e d'utilità pubblica per l'aiuto alla gioventù.

Literatur

Vgl. die Literaturhinweise zu Art. 301.

I. Allgemeines

1   Art. 302 regelt das Recht und die Pflicht der Eltern zur **Erziehung des Kindes,** worunter auch die **Pflege** des Kindes und die **Ausbildung** zu verstehen sind.

II. Erziehung

1. Allgemeine Kriterien

2   Aus Art. 302 ergeben sich zwei Eckwerte, an denen sich die Erziehung der Kinder zu orientieren hat: zum einen die **Verhältnisse der Eltern** und zum anderen die **Fähigkeiten und Neigungen des Kindes,** die zwar nur in Abs. 2 erwähnt werden, aber über Bildung und Ausbildung hinausgehend für die gesamte Erziehung massgeblich sein müssen (vgl. TSCHÜMPERLIN, 201 f.). Unter den **Verhältnissen der Eltern** ist ihre gesamte Lage, Lebensstellung und Leistungsfähigkeit in persönlicher wie auch finanzieller Hinsicht zu verstehen (vgl. BK-HEGNAUER, aArt. 275 N 22 ff.). Die **Fähigkeiten und Neigungen des Kindes** müssen andererseits optimal gefördert werden, wie sich aus dem in Abs. 1 niedergelegten Begriff «Entfaltung» ergibt. Im Spannungsverhältnis zwischen den Verhältnissen der Eltern und den individuellen Kindesanlagen ist grundsätzlich Letzteren der **Vorrang** einzuräumen (vgl. TSCHÜMPERLIN, 203). Ist den Eltern etwa aufgrund ihrer Verhältnisse eine angemessene Erziehung ihres hochbegabten Kindes nicht möglich, sind sie angehalten, dies durch entsprechende Zusammenarbeit mit Schule und Jugendhilfe (vgl. Abs. 3) auszugleichen.

2. Erziehungsziele

3   Die Formulierung allgemeiner Erziehungsziele durch den Gesetzgeber ist in einer pluralistischen Gesellschaft nicht möglich. Art. 302 Abs. 1 beschränkt sich daher auf die Aufstellung **elementarer Leitsätze** (vgl. BBl 1974 II 77; vgl. Ergebnisse einer Untersuchung von Erziehungsstilen in der Romandie: KELLERHALS/MONTANDON, in: FLEINER-GERSTER et al., 195 ff.).

4   a) An erster Stelle wird das **körperliche Wohl** des Kindes genannt. Hierzu gehört neben der allgemeinen körperlichen Pflege, der Gesundheitspflege, der Ernährung und Bekleidung auch das Heranführen des Kindes an die selbständige Wahrnehmung dieser Aufgaben. Zur Gesundheitspflege gehören auch Entscheidungen über **ärztliche Eingriffe** (BGE 118 Ia 444: Einschränkung des Entscheidungsrechts durch Zulässigkeit eines kantonalen Schulzahnpflegeobligatoriums). Ist das Kind allerdings urteilsfähig, so muss es aufgrund des höchstpersönlichen Charakters der Zustimmung zu einem ärztlichen Eingriff selbständig darüber entscheiden (vgl. STETTLER, SPR III/2, 1992, 388 m.w.Nw.). Dies gilt insb. auch für einen straflosen **Schwangerschaftsabbruch** und – a maiore ad minus – für Fragen der **Empfängnisverhütung** (vgl. GROSSEN, FS Hegnauer, 79, 91).

5   b) **Förderung der geistigen Entfaltung** beinhaltet primär eine den Kindesanlagen optimal entsprechende Bildung und Ausbildung (vgl. dazu N 8 ff.).

6   c) Was zum **sittlichen Wohl** des Kindes gehört, lässt sich in einer Gesellschaft mit sich schnell wandelnden Moralvorstellungen nur noch für Grenzbereiche bestimmen (vgl. Umschreibungen bei ROELLI, FS Luzerner Obergericht, 225, 231 f.). Auch bestehen erhebliche kulturelle Unterschiede in Bezug auf die Konkretisierung des Begriffs des Kindeswohls (vgl. COTTIER, FamPra.ch 2005, 698, 700 f.). Unbestreitbar kann allerdings die **Achtung strafrechtlicher Ge- und Verbote** hierzu gerechnet werden. Leben in nichtehelicher Gemeinschaft oder Homosexualität als solche können heute nicht mehr per se als mit dem sittlichen Wohl des Kindes unvereinbar angesehen werden.

d) Aus der Gesamtheit der kindesrechtlichen Bestimmungen können hierzulande zudem 7 als Erziehungsziele eine **ausgewogene Entwicklung der Gesamtpersönlichkeit** des Kindes und die **Fähigkeit zu sozialer Integration** sowie zu **Freiheit** und **Selbständigkeit** abgeleitet werden (vgl. TSCHÜMPERLIN, 207 ff.).

III. Allgemeine und berufliche Ausbildung (Abs. 2)

1. Im Allgemeinen

Abs. 2 erwähnt besonders die Pflicht der Eltern, dem Kind eine **angemessene,** seinen 8 Fähigkeiten und Neigungen soweit wie möglich entsprechende **allgemeine und berufliche Ausbildung** zu verschaffen (vgl. STETTLER, SPR III/2, 1992, 384). Grenze für die Verpflichtung der Eltern ist freilich immer ihre **eigene Leistungsfähigkeit,** namentlich in finanzieller Hinsicht (vgl. zur Pflicht der Eltern, sich um Stipendien zu bemühen: BK-HEGNAUER, aArt. 276 N 16 f.; SALADIN, FS Hinderling, 175, 203). Reichen die wirtschaftlichen Möglichkeiten nicht aus, um z.B. allen Kindern ein Hochschulstudium zu ermöglichen, darf bei gleicher Begabung keines der Geschwister bevorzugt werden.

Zur **allgemeinen Ausbildung** gehört der Besuch der Primar- und Oberstufenschule sowie 9 bei entsprechenden Anlagen des Kindes der Mittelschule. Grundsätzlich genügen die Eltern ihrer Verpflichtung, wenn sie den Besuch einer staatlichen Schule ermöglichen; ein Anspruch auf Besuch einer **Privatschule** besteht nur dann, wenn aufgrund besonderer Umstände das Bildungsziel in öffentlichen Schulen nicht erreicht werden kann (vgl. z.B. BGE 114 Ia 133) und den Eltern der Besuch einer Privatschule aufgrund ihrer wirtschaftlichen Möglichkeiten zumutbar ist. Zur allgemeinen Ausbildung kann ferner auch Unterricht in Musik, Kunst, Sport, Sprachen etc. gehören (vgl. SALADIN, in: SCHNYDER (Hrsg.), 141, 147).

Das Kind hat auch Anspruch auf eine seinen Fähigkeiten und Neigungen entsprechende 10 **berufliche Ausbildung.** Hierzu kann auch nach Abschluss einer Berufslehre eine Zusatzausbildung gehören (vgl. BGE 107 II 465: kaufmännische Lehre und Hotelfachschule). Eine **Zweitausbildung** kann, soweit die Erstausbildung den Fähigkeiten und Neigungen des Kindes entsprochen hat, hingegen grundsätzlich nicht verlangt werden (vgl. BGE 115 II 123; TSCHÜMPERLIN, 261). Bei entsprechender Begabung besteht Anspruch auf ein **Hochschulstudium.** Bei der Bestimmung dessen, was als angemessene berufliche Ausbildung anzusehen ist, kann auch auf die Rechtsprechung zu Art. 277 zurückgegriffen werden (vgl. Art. 277 N 12).

Die **Entscheidung über die Wahl** einer höheren Schulbildung oder einer bestimmten 11 Berufslehre ist von Eltern und Kind entsprechend Art. 301 Abs. 2 **gemeinsam** zu treffen (vgl. STETTLER, SPR III/2, 1992, 390; TSCHÜMPERLIN, 266). Von einem Verzicht auf jegliche Ausbildung müssen die Eltern das Kind abhalten; im Übrigen ist bei Meinungsverschiedenheiten zwischen Eltern und Kind in Fragen der Berufswahl dem **Kindeswillen Vorrang** einzuräumen, soweit die Ausbildung die finanziellen Möglichkeiten der Eltern nicht übersteigt (vgl. TSCHÜMPERLIN, 268 ff.). Dieselben Grundsätze gelten auch für die Wahl des Ausbildungsplatzes. Bei Streitigkeiten können Eltern oder Kinder die Vormundschaftsbehörde anrufen (vgl. Art. 307 ff.; BK-HEGNAUER, aArt. 276 N 22).

2. Behindertes Kind

Das behinderte Kind hat grundsätzlich den **gleichen Anspruch auf allgemeine und be-** 12 **rufliche Ausbildung** wie das nicht behinderte. Ist es nicht in der Lage, dem ordentlichen Schulbetrieb zu folgen, so müssen die Eltern ihm ggf. den Besuch von Hilfskursen oder

Spezialschulen ermöglichen oder es in einer besonderen Fördereinrichtung unterbringen (BGE 117 Ia 34; RegRat AG AGVE 1991, 524 Nr. 26).

IV. Zusammenarbeit mit Schule und öffentlicher oder gemeinnütziger Jugendhilfe (Abs. 3)

13 Nach Abs. 3 sollen die Eltern in geeigneter Weise mit der Schule und – soweit erforderlich – mit der öffentlichen und gemeinnützigen Jugendhilfe zusammenarbeiten. Die Vorschrift beschneidet nicht die Entscheidungskompetenz der Eltern in Erziehungsfragen (zur Kritik vgl. DEGOUMOIS, ZVW 1979, 1, 10 ff.; FLEINER-GERSTER, AJP 1994, 666, 670 f.; SALADIN, FS Hinderling, 175, 204). Können sich die Eltern jedoch z.B. untereinander oder mit dem Kind nicht einigen, ist das Kind behindert oder treten schulische oder erzieherische Schwierigkeiten auf, haben die Eltern die Pflicht, nötigenfalls den **Rat fachkundiger Stellen** der Schule oder der Vormundschaftsbehörde einzuholen.

V. IPR

14 Vgl. Art. 296 N 18 f.

VI. Rechtsvergleichung

15 In den meisten Rechtsordnungen ist die Pflicht der Eltern, für eine angemessene Ausbildung der Kinder zu sorgen, zusammen mit dem Inhalt der elterlichen Sorge statuiert (vgl. Italien: Art. 147 CC it.; Grossbritannien: Sec. 36 Education Act 1944, beschränkt auf Dauer der Schulpflicht; Frankreich: Art. 371-1 Abs. 2 CC fr.). Einzelfragen der Ausbildung und des Berufes sind ausdrücklich geregelt im deutschen (§ 1631a BGB) und im österreichischen Recht (§ 147 ABGB).

Art. 303

III. Religiöse Erziehung	[1] Über die religiöse Erziehung verfügen die Eltern.
	[2] Ein Vertrag, der diese Befugnis beschränkt, ist ungültig.
	[3] Hat ein Kind das 16. Altersjahr zurückgelegt, so entscheidet es selbständig über sein religiöses Bekenntnis.
III. Education religieuse	[1] Les père et mère disposent de l'éducation religieuse de l'enfant.
	[2] Sont nulles toutes conventions qui limiteraient leur liberté à cet égard.
	[3] L'enfant âgé de 16 ans révolus a le droit de choisir lui-même sa confession.
III. Educazione religiosa	[1] I genitori dispongono dell'educazione religiosa.
	[2] Ogni convenzione che limiti questo diritto è nulla.
	[3] Il figlio che ha compiuto il sedicesimo anno di età decide liberamente circa la propria confessione religiosa.

Literatur

ALLENSPACH, Kinder in Sekten – zivil- und strafrechtliche Aspekte, FS Niklaus Schmid, 1999, 93 ff.; KARLEN, Das Grundrecht der Religionsfreiheit in der Schweiz, Diss. Zürich 1988; PAHUD DE MORTANGES, Destruktive Sekten und Missbrauch der Religionsfreiheit, AJP 1997, 766 ff.

I. Allgemeines

Das Recht der Eltern, über die religiöse Erziehung des Kindes zu bestimmen, ist Ausfluss **1** der **Glaubensfreiheit** (Art. 15 BV). Zur Verpflichtung der öffentlichen Schulen zur Gewährleistung der Glaubensfreiheit durch Toleranz vgl. BGE 119 Ia 178 «Schwimmunterricht», mit Anm. HANGARTNER, AJP 1994, 622; BGE 116 Ia 252 = Pra 1992, 271 ff. «Kruzifix»; BGE 114 Ia 129 ff.; 117 Ia 311 «Weltweite Kirche Gottes, Feiern jüdischer Festtage».

II. Begriff der religiösen Erziehung

Die religiöse Erziehung erfasst zunächst die **Bestimmung der Religion** und **Konfession** **2** des Kindes sowie die Gesamtheit des erzieherischen Einflusses auf die **Bildung des religiösen Gefühls und Glaubens** des heranwachsenden Kindes. Nach übereinstimmender Auffassung steht den Eltern auch das Recht zu, das Kind **konfessionslos** oder areligiös zu erziehen (TSCHÜMPERLIN, 286; SALADIN, FS Hinderling, 175, 207).

III. Elterliche Entscheidungskompetenz

1. Grundsatz

Grundsätzlich entscheidet der **Inhaber der elterlichen Sorge** über die religiöse Erziehung, auch wenn dem Sorgerechtsinhaber die Obhut entzogen wurde (vgl. BGE 129 III **3** 689 ff. = FamPra.ch 2004, 159 ff.). Verheiratete Eltern und nicht verheiratete mit gemeinsamem Sorgerecht entscheiden gemeinsam; ist nur ein Elternteil Inhaber der elterlichen Sorge, so entscheidet dieser allein. Darüber hinaus kann auch **Eltern ohne elterliche Sorge** das Entscheidungsrecht zukommen, wie z.B. der unmündigen Mutter eines unter Vormundschaft stehenden ausserehelichen Kindes oder den Eltern nach Entzug der elterlichen Sorge aufgrund einer Kindesschutzmassnahme, sofern das Kindeswohl dem nicht entgegensteht, etwa weil die elterliche Sorge gerade aus Gründen der religiösen Erziehung oder nach Art. 312 Ziff. 2 entzogen wurde (vgl. KARLEN, 431 f.).

Das **Weisungsrecht der Heimatbehörde** nach Art. 378 Abs. 3 hat nur dann Relevanz, **4** wenn die Eltern sich um das Kind überhaupt nicht kümmern, urteilsunfähig oder gestorben sind (vgl. HEGNAUER, Kindesrecht, N 26.18).

Das Recht, frei über die religiöse Erziehung zu bestimmen, ist **unveräusserlich; ein** Ver- **5** trag – sei es zwischen den Eltern oder mit Dritten –, der diese Befugnis beschränkt, ist wegen Verstosses gegen das Persönlichkeitsrecht nichtig (Abs. 2; vgl. zum Versprechen römisch-katholischer Erziehung der Kinder: BBl 1974 II 78).

2. Grenzen

Die **allgemeinen Grundsätze** über die Erziehung in Art. 301 Abs. 1 und 2 und Art. 302 **6** Abs. 1 gelten auch für die religiöse Erziehung des Kindes. Daraus ergibt sich insb., dass die Eltern auch schon vor Erreichen des in Abs. 3 festgelegten Religionsmündigkeitsalters das eigene religiöse Gefühl und Bewusstsein des Kindes mit zunehmendem Alter respektieren müssen und ihm keinen Religions- oder Konfessionswechsel aufdrängen dürfen (vgl. KARLEN, 434; STETTLER, SPR III/2, 1992, 394; TSCHÜMPERLIN, 291 f.; noch weiter gehend: SALADIN, FS Hinderling, 175, 207, 209). Schliesslich darf durch die religiöse Erziehung das **Kindeswohl** nicht gefährdet werden. Das elterliche Bestimmungsrecht ist überschritten, wenn die Eltern einer Sekte angehören, die Kinder einer Gehirnwäsche unterzieht, sie zur Prostitution anhält, die Bildung des Kindes über ein Grundniveau hinaus ablehnt, einen autoritären Erziehungsstil pflegt oder jeden Kontakt mit Nichtmitgliedern verbietet (vgl. Beispiele bei COESTER, 233 f.). Hier sind Kindesschutzmassnahmen (Art. 307 ff.) angezeigt.

IV. Religionsmündigkeit

7   Mit vollendetem 16. Lebensjahr erlangt das Kind im gesamten religiösen Bereich eine **Teilmündigkeit.** Es kann aus der von den Eltern gewählten Glaubensgemeinschaft austreten, einer anderen beitreten und entscheidet selbst über jedwede religiöse Betätigung (vgl. BK-HEGNAUER, aArt. 277 N 29 ff.). Das in diesem Alter noch bestehende Aufenthaltsbestimmungsrecht der Eltern (Art. 301 Abs. 3) darf die Religionsfreiheit des Kindes nicht beeinträchtigen und hat ggf. dahinter zurückzustehen, es sei denn, es läge eine Kindeswohlgefährdung vor (vgl. N 6; TSCHÜMPERLIN, 294).

V. IPR

8   Vgl. Art. 296 N 18 f.

VI. Rechtsvergleichung

9   In Deutschland ist die religiöse Erziehung des Kindes im Gesetz über die religiöse Kindererziehung (RKEG) geregelt; Religionsmündigkeit tritt dort schon mit 14 Jahren ein (vgl. § 5 RKEG). Österreich hat die deutsche Regelung im Jahre 1939 übernommen, heute ist diese Materie im Bundesgesetz über die religiöse Kindererziehung 1985 (RKEG) geregelt. Das französische Recht kennt keine Religionsmündigkeit vor Erreichen des Mündigkeitsalters (vgl. Cass.civ. 1 re, 11.6.1991, D.1991.52 mit Anm. MALAUME; zur Kritik vgl. DE GRAFFENRIED, 124 f.).

Art. 304

IV. Vertretung 1. Dritten gegenüber a. Im Allgemeinen	[1] Die Eltern haben von Gesetzes wegen die Vertretung des Kindes gegenüber Drittpersonen im Umfang der ihnen zustehenden elterlichen Sorge. [2] Sind beide Eltern Inhaber der elterlichen Sorge, so dürfen gutgläubige Drittpersonen voraussetzen, dass jeder Elternteil im Einvernehmen mit dem andern handelt. [3] Die Bestimmungen über die Vertretung des Bevormundeten finden entsprechende Anwendung mit Ausschluss der Vorschriften über die Mitwirkung der vormundschaftlichen Behörden.
IV. Représentation 1. A l'égard des tiers a. En général	[1] Les père et mère sont, dans les limites de leur autorité parentale, les représentants légaux de leurs enfants à l'égard des tiers. [2] Lorsque les père et mère sont tous deux détenteurs de l'autorité parentale, les tiers de bonne foi peuvent présumer que chaque parent agit avec le consentement de l'autre. [3] Les dispositions sur la représentation du pupille s'appliquent par analogie, à l'exclusion de celles qui concernent le concours des autorités de tutelle.

IV. Rappresentanza	¹ I genitori rappresentano per legge il figlio verso i terzi, nella misura
1. Verso i terzi	dell'autorità parentale che loro compete.
a. In genere	

² Se ambedue i genitori sono detentori dell'autorità parentale, i terzi di buona fede possono presumere che ciascun genitore agisca con il consenso dell'altro.

³ Le disposizioni relative alla rappresentanza del tutelato sono applicabili per analogia, eccettuate quelle relative al concorso delle autorità tutorie.

Art. 305

b. Handlungs-fähigkeit des Kindes	**¹ Das Kind hat unter der elterlichen Sorge die gleiche beschränkte Handlungsfähigkeit wie eine bevormundete Person.**
	² Für Verpflichtungen des Kindes haftet sein Vermögen ohne Rücksicht auf die elterlichen Vermögensrechte.
b. Capacité de l'enfant	¹ La capacité de l'enfant soumis à l'autorité parentale est la même que celle du mineur sous tutelle.
	² L'enfant qui s'oblige est tenu sur ses propres biens, sans égard aux droits d'administration et de jouissance du père et mère.
b. Capacità del figlio	¹ Il figlio sotto l'autorità parentale ha la capacità limitata di una persona sotto tutela.
	² La sostanza del figlio risponde per le costui obbligazioni senza riguardo ai diritti dei genitori sulla medesima.

Literatur

BEVAN, Child Law, London 1989; EBERHARD, Die Zustimmung des Vormundes zu Rechtsgeschäften des urteilsfähigen Mündels, Diss. Bern 1990; FRANK, Der Minderjährige und das Vereinsrecht, ZSR 1989 I 339 ff.; DERS., Grenzbereiche der elterlichen Gewalt, in: FS Hegnauer, 1986, 33 ff.; GROSSEN, L'autorité parentale, le secret médical et la contraception, in: FS Hegnauer, 1986, 79 ff.; HEGNAUER, Der Anwalt des Kindes, ZVW 1994, 181 ff.; KOEPPEL, Verbotene Geschäfte (insb. Art. 408 ZGB) – Ein Beitrag zum Handlungsfähigkeitsrecht, Diss. Freiburg i.Ü. 1989; NÄGELI, Die ärztliche Behandlung handlungsunfähiger Patienten aus zivilrechtlicher Sicht, Diss. Zürich 1984; RIEMER, Die Vertretung bei der Ausübung von Rechten, die unmündigen oder unter vormundschaftlichen Massnahmen stehenden Personen «um ihrer Persönlichkeit willen» zustehen, ZVW 1998, 216 ff.; SCHÄTZLE, Das Kind im Zivilprozess unter besonderer Berücksichtigung seiner Stellung als selbständig handelnde Partei, Diss. Zürich 1982; SCHWENZER, Gesetzliche Vertretungsmacht der Eltern für unmündige Kinder – Notwendigkeit oder Relikt patriarchalischer Familienstruktur?, in: FS Schnyder, 1995, 679 ff.

I. Allgemeines

Art. 304 und Art. 305 regeln Grundsatz, Ausübung, Wirkung und Grenzen der **gesetzlichen Vertretungsbefugnis der Eltern** für unmündige Kinder. Die gesetzliche Vertretungsmacht ist Ausfluss der elterlichen Sorge. Faktisch kommt der Vertretungsmacht allerdings nur bei Vertretung des Kindes im Aktiv- und Passivprozess Bedeutung zu sowie dann, wenn das Kind nennenswertes eigenes Vermögen – etwa aufgrund Erbfalls oder Schenkung – besitzt. Im Regelfall hingegen gebieten im rechtsgeschäftlichen Bereich schon die Interessen des Vertragspartners eine Auslegung elterlichen Handelns für ihre Kinder in dem Sinne, dass diese im eigenen Namen allenfalls zugunsten des Kindes handeln (z.B. Arztvertrag, Internatsvertrag, Beförderungsvertrag) (vgl. SCHWENZER, FS Schnyder, 679, 685 ff.). [1]

II. Handlungsfähigkeit des Kindes

1. Das urteilsunfähige Kind

2   Das **urteilsunfähige unmündige Kind** ist **handlungsunfähig** (Art. 16, 18). Seine Teilnahme am Rechtsverkehr ist nur im Wege der gesetzlichen Vertretung durch die Eltern möglich.

2. Das urteilsfähige Kind

3   Das **urteilsfähige unmündige Kind** kann selbständig **unentgeltliche Vorteile** erlangen und die ihm um seiner **Persönlichkeit** willen zustehenden Rechte ausüben (Art. 19 Abs. 2; vgl. A. BUCHER, Personnes physiques, N 149; Einzelheiten hierzu bei Art. 19 N 26 ff.). Im Übrigen bedarf es für die Wirksamkeit eines vom urteilsfähigen Kind vorgenommenen Rechtsgeschäfts der **Zustimmung des gesetzlichen Vertreters** (Art. 19 Abs. 1; vgl. BK-BUCHER, Art. 19 N 9, 36). Für die Einzelheiten der Zustimmung gelten Art. 410 f. entsprechend (Art. 305 Abs. 1). Darüber hinaus ist das Kind handlungsfähig im Rahmen der Art. 323 und Art. 412.

III. Grenzen elterlicher Vertretungsmacht

4   Die Vertretungsmacht steht den Eltern nur **im Umfang ihrer elterlichen Sorge** zu (Art. 304 Abs. 1). Sie besteht daher nicht bei Entziehung oder Einschränkung der elterlichen Sorge aufgrund einer Massnahme des Kindesschutzes (Art. 308 ff., 325). Sie erlischt automatisch bei Vorliegen einer Interessenkollision (vgl. Art. 306 Abs. 2 i.V.m. 392 Ziff. 2), unabhängig davon, ob ein Beistand ernannt wurde oder nicht (vgl. Art. 306 N 6).

5   Die Vertretungsmacht der Eltern besteht weiter nicht, soweit es sich um ein **vertretungsfeindliches Geschäft** handelt. Hierzu gehören die höchstpersönlichen Rechte ersten Grades bzw. absolut höchstpersönlichen Rechte (vgl. STETTLER, SPR III/2, 1992, 398), z.B. Verlöbnis (Art. 90), Anerkennung eines Kindes (Art. 260), Zustimmung zur Adoption (Art. 265 Abs. 2, 265a Abs. 1), sowie Eingriffe in das Persönlichkeitsrecht von solcher Schwere, dass jede Vertretung ausgeschlossen sein muss, wie z.B. Sterilisation oder schwere Eingriffe zu Forschungszwecken (vgl. BGE 114 Ia 350, 363 = Pra 1989, 951; A. BUCHER, Personnes physiques, N 528; a.A. für die Sterilisation RIEMER, ZVW 1998, 216, 218). In diesen Fällen kann auch das urteilsunfähige Kind nicht wirksam vertreten werden. Es ist damit **partiell rechtsunfähig** (vgl. STETTLER, SPR III/2, 1992, 400). Das urteilsfähige unmündige Kind muss insoweit selbst handeln, teilweise wird freilich vom Gesetz ausdrücklich die Zustimmung der Eltern verlangt (vgl. Art. 90 Abs. 2, 183 Abs. 2, 260 Abs. 2).

6   Vertretung durch die Eltern ist auch dort ausgeschlossen, wo das Gesetz eine **Teilmündigkeit des unmündigen Kindes** vorsieht (vgl. Art. 303 Abs. 3) oder Eltern oder Vormundschaftsbehörde ihm einen selbständigen Handlungsbereich eingeräumt haben (Art. 323 Abs. 1). Darüber hinaus können die Eltern das urteilsfähige Kind nicht vertreten, wo es um die Ausübung von Rechten geht, die ihm **um seiner Person willen** zustehen, auch wenn das jeweilige Recht an sich nicht per se vertretungsfeindlich ist. Dazu gehören Eingriffe in das Persönlichkeitsrecht gemäss Art. 28 (z.B. Werbung mit Kindern), der Antrag auf Namensänderung (Art. 30 Abs. 1; vgl. BK-BUCHER, Art. 19 N 235 f.; für das urteilsunfähige Kind: BGE 117 II 7 f. = Pra 1992, 127; BGE 115 II 306 = Pra 1990, 34) oder der Beitritt zu einem Verein (vgl. BK-BUCHER, Art. 19 N 281; FRANK, ZSR 1989 I 339, 345). Zur Frage, ob bei medizinischer Behandlung neben der Einwilligung des urteilsfähigen Kindes auch die Zustimmung des gesetzlichen Vertreters erforderlich ist, vgl. GROSSEN, 79, 91; NÄGELI, 123 ff.

Die Vertretungsmacht der Eltern umfasst nicht die Befugnis, zulasten des Kindes **Bürg-** **7**
schaften einzugehen, **erhebliche Schenkungen** vorzunehmen oder **Stiftungen** zu errichten (Art. 304 Abs. 3 i.V.m. 408; vgl. Hegnauer, Kindesrecht, N 26.26; Koeppel, 188 ff.;
Einzelheiten bei Art. 408). Diese Geschäfte können auch nicht wirksam durch das urteilsfähige Kind mit Zustimmung der Eltern getätigt werden.

Zur Vertretung des Kindes in **Gerichts- und Betreibungsverfahren** vgl. Stettler, **8**
SPR III/2, 1992, 412 ff.

IV. Ausübung der gesetzlichen Vertretung

1. Grundsatz

Im Umfang ihrer Vertretungsmacht handeln die Eltern **selbständig**. Im Gegensatz zum **9**
Vormund bedürfen sie auch nicht für bestimmte Geschäfte der Zustimmung der Vormundschaftsbehörde (Art. 304 Abs. 3; für den Vormund vgl. aber Art. 421 f.). Die Vertretungsmacht der Eltern ist im Übrigen **grundsätzlich unbeschränkt.** Aus dem Persönlichkeitsrecht des Kindes wird man jedoch eine Grenze insoweit ableiten müssen, als die
Eltern es nicht über den Wert seines Vermögens bei Eintritt der Mündigkeit hinausgehend
unbegrenzt überschulden können (vgl. in Deutschland § 1629a BGB: Beschränkung der
Minderjährigenhaftung auf Bestand des mit Eintritt der Mündigkeit vorhandenen Vermögens).

Für die **Ausübung der Vertretungsmacht** gelten die allgemeinen Grundsätze in Bezug **10**
auf die Ausübung der elterlichen Sorge (vgl. Art. 301 N 4 ff.). Neben dem Primat des
Kindeswohls ist dabei insb. die Pflicht der Eltern, auf die **Meinung des Kindes** entsprechend seiner Reife Rücksicht zu nehmen, von besonderer Bedeutung. Dies gilt unabhängig vom Alter, jedenfalls soweit das Kind urteilsfähig ist. Art. 409, der für den Vormund
eine Anhörung des Mündels erst ab 16 Jahren vorschreibt und auf den in Art. 304 Abs. 3
verwiesen wird, muss gegenüber Art. 301 Abs. 2 zurücktreten (vgl. Hegnauer, Kindesrecht, N 26.28).

2. Schutz gutgläubiger Dritter (Art. 304 Abs. 2)

Sind beide Eltern Inhaber der elterlichen Sorge, so vertreten sie das Kind grundsätzlich **11**
auch **gemeinsam** (vgl. Art. 297 N 2, 298a N 11). **Gutgläubige Dritte** dürfen jedoch nach
Art. 304 Abs. 2 davon ausgehen, dass ein allein handelnder Elternteil im Einvernehmen
mit dem andern handelt, d.h. es wird der gute Glaube an die Vertretungsmacht geschützt
(vgl. BBl 1974 II 78), so dass die Wirkungen der Vertretung (vgl. N 12) auch dann eintreten, wenn in casu der andere Elternteil mit der Vertretungshandlung nicht einverstanden
ist. Bei der Bestimmung der **Gutgläubigkeit** des Dritten sind die Umstände des Einzelfalls zu berücksichtigen (vgl. Hegnauer, Kindesrecht, N 26.29). Dazu gehört insb. die
Dringlichkeit und die **Bedeutung** des in Frage stehenden Geschäfts. Wo die Eltern als
Vertreter des Kindes im Rahmen eines diesem gehörenden Geschäftsbetriebs oder einer
Liegenschaft tätig werden, wird guter Glaube bezüglich der damit üblicherweise verbundenen Geschäfte (z.B. Kaufvertrag, Mietvertrag, Arbeitsvertrag) regelmässig zu bejahen
sein. Art. 304 Abs. 2 gilt jedoch nicht bei möglicherweise besonders belastenden Geschäften, wie z.B. Prozessführung, belastende Grundstücksgeschäfte, nicht dringliche
schwere medizinische Eingriffe oder wenn ein Elternteil wegen Interessenkollision nach
Art. 306 Abs. 2, 392 Ziff. 2 von der Vertretung ausgeschlossen ist. Er entbindet auch
nicht die **Behörde** von ihrer Prüfungspflicht (vgl. BK-Jäggi, Art. 3 N 82). Bei wichtigeren Angelegenheiten, wie z.B. Namens- oder Staatsbürgerschaftsangelegenheiten, ist in
jedem Fall die Zustimmung beider Elternteile sicherzustellen.

V. Haftung des Kindesvermögens

1. Für Handlungen der Eltern

12 Für Handlungen der Eltern innerhalb der ihnen zustehenden Vertretungsmacht haftet grundsätzlich das **gesamte Kindesvermögen** (einschränkend wohl STETTLER, SPR III/2, 1992, 420; vgl. auch § 1629a BGB). Soweit den Eltern die Vertretungsmacht nicht zusteht (vgl. N 6), handeln sie als **falsus procurator** und haften deshalb nach Art. 39 OR, falls das Kind die Vertretungshandlung nach Eintritt der Mündigkeit nicht genehmigt (vgl. Art. 38 OR).

2. Für Handlungen des Kindes

13 Soweit das Kind selbst handlungsfähig ist, haftet für eigenes Handeln des Kindes grundsätzlich sein **gesamtes Vermögen** (Art. 305 Abs. 2; vgl. auch Art. 412 in fine). Dies gilt auch für Handlungen im Rahmen des Art. 323, wobei freilich die Handlungsfähigkeit – nicht aber die Haftung (vgl. A. BUCHER, Personnes physiques, N 144; BGE 113 II 479; **a.A.** offenbar STETTLER, SPR III/2, 1992, 421) – insoweit von vornherein auf das durch eigene Arbeit Erworbene oder zur Ausübung eines Berufs oder Gewerbes Überlassene beschränkt ist.

VI. IPR

14 Vgl. Art. 296 N 18 f.

VII. Rechtsvergleichung

15 **Die kontinentalen Rechtsordnungen** kennen alle das Institut der gesetzlichen Vertretung unmündiger Kinder durch ihre Eltern (Deutschland: § 1629 BGB; Österreich: §§ 154, 154a ABGB; Frankreich: Art. 389 ff. CC fr.; Italien: Art. 320 Abs. 1 CC it.). Für bestimmte Geschäfte wird die Vertretungsmacht der Eltern allerdings auch dort ausgeschlossen oder etwa durch das Erfordernis der Zustimmung einer Behörde oder eines Gerichtes beschränkt (vgl. Deutschland: §§ 1631b, 1631c, 1643 BGB; Österreich: § 154 Abs. 3 ABGB; Frankreich: Art. 389-5 Abs. 3 CC fr.; Italien: Art. 320 Abs. 3–5, Art. 323 CC it.).

16 Dem **anglo-amerikanischen Recht** ist das Institut der gesetzlichen Vertretung Unmündiger demgegenüber fremd, es wird dort ersetzt durch verschiedene andere Rechtsinstitute wie z.B. guardian ad litem, next friend etc. (vgl. nur Grossbritannien: Sec. 41 Children Act 1989; BEVAN, N 1.55).

Art. 306

2. Innerhalb der Gemeinschaft	[1] **Urteilsfähige Kinder, die unter elterlicher Sorge stehen, können mit Zustimmung der Eltern für die Gemeinschaft handeln, verpflichten damit aber nicht sich selbst, sondern die Eltern.** [2] **Haben die Eltern in einer Angelegenheit Interessen, die denen des Kindes widersprechen, so finden die Bestimmungen über die Vertretungsbeistandschaft Anwendung.**
2. A l'égard de la famille	[1] L'enfant soumis à l'autorité parentale peut, s'il est capable de discernement, agir pour la famille du consentement de ses père et mère; dans ce cas, il n'est pas tenu lui-même, mais il oblige ses père et mère.

² Les dispositions sur la curatelle de représentation sont applicables lorsque, dans une affaire, les intérêts du père et mère s'opposent à ceux de l'enfant.

2. Nei rapporti interni della comunione

¹ Il figlio sotto l'autorità parentale e capace di discernimento può agire per la comunione domestica col consenso dei genitori, e in tal caso non obbliga se stesso, ma i genitori.

² Quando in un determinato affare i genitori abbiano interessi in collisione con quelli del figlio, s'applicano le disposizioni sulla curatela di rappresentanza.

Literatur

BICHSEL, Entstehung und Wirkungen des Kindesverhältnisses, insbesondere ihre Bedeutung für das gesetzliche Erbrecht und die Vertretung des unmündigen Kindes, BN 1978, 309 ff.; DI BISCEGLIA, Die Kindesschutzmassnahmen nach Art. 307, 308 und 310 ZGB und ihre einschränkende Wirkung auf die elterliche Gewalt, Diss. Basel 1979; FOUNTOULAKIS, Interzession naher Angehöriger, eine rechtsvergleichende Untersuchung im deutschen und angelsächsischen Rechtskreis, Bern 2005; HEGNAUER, Voraussetzungen der aussergerichtlichen Abstammungsuntersuchung beim urteilsunfähigen Kind, ZVW 1994, 16 ff.; DERS., Kann die Mutter das Kind im Strafverfahren gegen den Vater vertreten?, ZVW 1994, 152 ff.; DERS., Der Anwalt des Kindes, ZVW 1994, 181 ff.; DERS., Die Wahrung der Kinderinteressen im Scheidungsprozess, AJP 1994, 888 ff.; DERS., Rechtsfragen der aussergerichtlichen Blutgruppenuntersuchung, ZVW 1988, 29 ff.; DERS., Können Vermögensvorteile die Anfechtung der Ehelichkeitsvermutung durch das Kind rechtfertigen?, ZVW 1988, 101 ff.; DERS., Aussergerichtliche Blutgruppenuntersuchung gegen den Willen der Mutter?, ZVW 1988, 104 f.; DERS., Vormundschaftliche Mitwirkung bei Schenkungen von Eltern an ihre unmündigen Kinder (Art. 306 Abs. 2, 392 Ziff. 2, 422 Ziff. 7 ZGB), ZVW 1988, 106 ff.; DERS., Die vormundschaftlichen Organe und das neue Kindesrecht, ZVW 1978, 1 ff.; DERS., Örtliche Zuständigkeit zur Errichtung der Beistandschaft gemäss Art. 392 Ziff. 2 ZGB, ZVW 1976, 21 ff.; VON OVERBECK, La convention relative aux droits de l'enfant et le droit de l'enfant d'être entendu et représenté, in: FS Schnyder 1995, 481 ff.; PFANDER, Die Beistandschaft nach Art. 392 und 393 ZGB, Diss. Bern 1932; REUSSER, Die Revision des Scheidungsrechts – die aus kindes- und vormundschaftsrechtlicher Sicht relevanten Neuerungen, ZVW 1993, 47 ff.; SCHMID, Der Schutz des guten Glaubens in die Vertretungsmacht der Eltern, Diss. Basel 1953; SCHWAGER, Die Vertretungsbeistandschaft bei Interessenkollision gemäss Art. 392 Ziff. 2 ZGB, ZBJV 1983, 93 ff.; SCHWENZER, Gesetzliche Vertretungsmacht der Eltern für unmündige Kinder – Notwendigkeit oder Relikt patriarchalischer Familienstruktur?, in: FS Schnyder, 1995, 679 ff.; VOGEL MANSOUR, Wegleitung für die Vormundschaftsbehörden, Vormünder, Beiräte und Beistände, 2. Aufl. 1990.

I. Allgemeines

Art. 306 enthält zwei recht heterogene Tatbestände, nämlich zum einen die **Vertretungsmacht des Kindes** (Abs. 1), zum anderen den **Ausschluss der elterlichen Vertretungsmacht** bei Interessenkollision (Abs. 2). **1**

II. Vertretungsmacht des Kindes (Abs. 1)

Abs. 1 normiert eine Selbstverständlichkeit, die sich bereits aus den Regeln des allgemeinen **Stellvertretungsrechtes** ergibt. Da die Wirkungen der Stellvertretung in der Person des Vertretenen und nicht in der des Vertreters eintreten, braucht der Stellvertreter selbst nicht handlungsfähig zu sein (vgl. Art. 19 Abs. 2; BK-BUCHER, Art. 19 N 335). Die in Abs. 1 geforderte Zustimmung der Eltern ist nichts anderes als eine rechtsgeschäftlich erteilte Vollmacht, wobei zugunsten gutgläubiger Dritter auch hier die Grundsätze zur Duldungs- und Anscheinsvollmacht (vgl. dazu BSK OR I-WATTER, Art. 33 N 15 f.) zur Anwendung kommen. Abs. 1 erfasst nur den Fall der **direkten Stellvertretung,** d.h. das Kind muss ausdrücklich im Namen der Eltern handeln, oder dies muss sich aus den Um- **2** ständen ergeben (STETTLER, SPR III/2, 1992, 422). Geschäfte des Kindes im Rahmen des Abs. 1 **verpflichten ausschliesslich die Eltern;** eine Haftung des Kindes aus Art. 39 OR kommt nicht in Betracht, da es bei Fehlen oder Überschreiten der Vertretungsmacht regelmässig an der elterlichen Zustimmung fehlt.

3   Statt als Stellvertreter können Kinder auch als **Bote** (zur Abgrenzung vgl. BSK OR I-WATTER, Art. 32 N 8) tätig werden. Im Unterschied zur Stellvertretung kann auch das urteilsunfähige Kind Bote sein.

III. Ausschluss elterlicher Vertretungsmacht bei Interessenkollision (Abs. 2)

1. Grundsatz

4   Die elterliche Vertretungsmacht ist ausgeschlossen, wenn die Eltern in einer Angelegenheit Interessen haben, die denen des Kindes widersprechen. Ob eine Interessenkollision vorliegt, ist – wie bei Art. 392 Ziff. 2 – **abstrakt** und nicht konkret zu bestimmen, d.h. es ist nicht darauf abzustellen, wie viel Vertrauen der gesetzliche Vertreter im Einzelfall verdient (vgl. BGE 118 II 105; vgl. auch BGE 107 II 109 f.; BK-SCHNYDER/MURER, Art. 392 N 84 f.; **a.M.** PFANDER, 36). Eine Interessenkollision liegt vor, wenn die Interessen des Kindes denen der Eltern unmittelbar widersprechen **(direkte Interessenkollision),** sowie wenn die Interessen des Kindes denen eines Dritten widersprechen, der den Eltern besonders nahe steht **(indirekte Interessenkollision).** Direkte Interessenkollision ist anzunehmen bei Selbstkontrahieren, Doppelvertretung, Interzession und interzessionsähnlichen Sachverhalten (dazu grundlegend FOUNTOULAKIS, Interzession naher Angehöriger, 51 ff.). Indirekte Interessenkollision liegt vor, wenn zwischen dem Vertragspartner und den Eltern eine so nahe persönliche Beziehung besteht, dass angenommen werden muss, die Rücksichtnahme auf die Interessen des Vertragspartners könnte das Handeln der Eltern beeinflussen (vgl. BGE 107 II 111; aArt. 282; BK-SCHNYDER/ MURER, Art. 392 N 82). Hierzu zählen sicher Rechtsgeschäfte des Kindes mit dem Ehegatten oder eingetragenen Partner des Elternteils oder mit Personen, die in gerader Linie mit dem Elternteil verwandt sind. Doch auch bei anderen Personen kann ein zur Interessenkollision führendes Näheverhältnis vorliegen (vgl. BGE 107 II 111: Vertrag des Mündels mit Stieftochter des Vormunds; kritisch dazu SCHWAGER, ZBJV 1983, 93, 95 f.).

2. Einzelfälle

5   Hauptfälle der Interessenkollision finden sich im Rahmen der **erbrechtlichen Auseinandersetzung,** z.B. bei Inventaraufnahme, Erbteilung (vgl. RegRat SG ZVW 1990, 110 Nr. 8: Grossvater setzt Kindesmutter auf den Pflichtteil und weist die freie Quote den Enkeln zu), Ausschlagung einer Erbschaft, Pflichtteilsanspruch des Kindes gegenüber dem überlebenden Ehegatten (vgl. RegRat ZG 1978, 27 Nr. 1) oder Erbauskaufvertrag zwischen Kind und Eltern des verstorbenen Vaters (vgl. BGE 118 II 101; anders Vormundschaftsbehörde Stadt ZH ZVW 1981, 34 Nr. 6; vgl. BK-SCHNYDER/MURER, Art. 392 N 94 m.w.Nw.). Am nächst häufigsten kommt eine Interessenkollision bei **Anfechtung der Vaterschaft** nach Art. 256, bzw. Anfechtung der Vaterschaftsanerkennung nach Art. 260a vor (vgl. HEGNAUER, ZVW 1994, 16 ff.; DERS., ZVW 1988, 29 ff.). Weitere Fälle sind insb. die Klage des unmündigen Kindes auf **Unterhalt** gegen beide Eltern sowie sämtliche Klagen, bei denen Eltern und Kinder als Prozessgegner auftreten, sowie **Grundstücksgeschäfte,** mit denen eine Belastung des Kindesvermögens verbunden ist (RegRat LU ZVW 1972, 29 Nr. 7; RegRat LU ZVW 1956, 28 Nr. 8; HEGNAUER, ZVW 1988, 106 ff.; BK-HEGNAUER, aArt. 282 N 15 ff.). Darüber hinaus kann auch in **Schei-**

dungsverfahren generell sowie in Fällen, in denen es um **strafrechtliche Delikte** innerhalb der Familie geht – insb. bei sexuellem Missbrauch von Kindern –, eine Interessenkollision nicht von der Hand gewiesen werden (vgl. HEGNAUER, ZVW 1994, 152, 153; BGer, ZVW 2004, 265 f.).

3. Rechtsfolgen

Bei Vorliegen einer Interessenkollision **entfällt die Vertretungsmacht** der Eltern automatisch, auch wenn ein Beistand (noch) nicht ernannt ist (vgl. BK-SCHNYDER/MURER, Art. 392 N 21 m.w.Nw.; BGE 89 I 96; **a.M.** SCHWAGER, ZBJV 1983, 93, 98 ff.). Ein gleichwohl abgeschlossenes Geschäft bindet das Kind nicht; die Eltern haften ggf. aus Art. 39 OR. Im Einzelfall ist es freilich möglich, dass der **gutgläubige Dritte** im Vertrauen auf die Vertretungsmacht der Eltern zu schützen ist, wenn er die Möglichkeit einer Interessenkollision nicht erkennen konnte (vgl. DESCHENAUX/STEINAUER, Personnes, N 1103; offen gelassen in BGE 107 II 116 m.w.Nw.). An die Sorgfaltspflicht des sich auf seinen guten Glauben berufenden Dritten sind jedoch hohe Anforderungen zu stellen (vgl. BK-HEGNAUER, aArt. 282 N 40 ff.).   **6**

Sind die Eltern wegen Interessenkollision von der Vertretung des Kindes ausgeschlossen, so ist dem Kind gemäss Art. 392 Ziff. 2 ein **Vertretungsbeistand** zu bestellen (RegRat BE ZVW 1994, 165 Nr. 13, 169). Bei Vorliegen eines besonderen Grundes, insb. wenn die Angelegenheit dringlich und infolge ihrer Liquidität rasch lösbar ist, oder wenn sie so unproblematisch ist, dass die Bestellung eines Beistands eine unnötige Formalität darstellen würde, kann die **Vormundschaftsbehörde** auf die Errichtung einer Beistandschaft verzichten und stattdessen selbst handeln (vgl. BK-SCHNYDER/MURER, Art. 392 N 36; BK-HEGNAUER, aArt. 282 N 49 m.w.Nw.; BGE 86 II 211; offen gelassen in BGE 107 II 113 f.). Die Vertretungsbeistandschaft ist nicht gleichzusetzen mit der in Art. 146 f. vorgesehenen oder aus Art. 12 UN-KRK für alle Verfahren mit Kindesbezug zu entwickelnden **Kindesvertretung.**   **7**

IV. IPR

Vgl. im Allgemeinen Art. 296 N 18 f. Die Bestellung eines Vertretungsbeistandes stellt eine **Massnahme des Minderjährigenschutzes** dar und beurteilt sich deshalb nach Art. 82 Abs. 3 IPRG, Art. 85 IPRG entsprechend den Vorschriften des MSA.   **8**

V. Rechtsvergleichung

Soweit ersichtlich fehlen in ausländischen Rechtsordnungen Regelungen, die eine ausdrückliche Vertretungsmacht des Kindes für seine Eltern statuieren. Insoweit sind die Bestimmungen des allgemeinen Stellvertretungsrechts anzuwenden.   **9**

Beschränkungen elterlicher Vertretungsmacht bei Interessenkollision finden sich auch in ausländischen Rechtsordnungen. Allgemeine Bestimmungen enthalten insoweit das französische und italienische Recht (Frankreich: Art. 388-2 CC fr., Art. 389-3 Abs. 2 CC fr.: administrateur ad hoc; Italien: Art. 320 Abs. 6 CC it.: Spezialkurator). Besonders behandelt werden im deutschen und österreichischen Recht das Insichgeschäft und die Doppelvertretung (Deutschland: § 181 BGB; Österreich: §§ 271, 272 ABGB). Weitere enumerativ aufgeführte Fälle der Interessenkollision finden sich im deutschen und österreichischen Recht (§ 1629 Abs. 2 Satz 1 BGB i.V.m. § 1795 BGB; § 154 Abs. 3 ABGB, § 176 Abs. 2 ABGB).   **10**

Art. 307

C. Kindesschutz

I. Geeignete Massnahmen

[1] **Ist das Wohl des Kindes gefährdet und sorgen die Eltern nicht von sich aus für Abhilfe oder sind sie dazu ausserstande, so trifft die Vormundschaftsbehörde die geeigneten Massnahmen zum Schutz des Kindes.**

[2] **Die Vormundschaftsbehörde ist dazu auch gegenüber Kindern verpflichtet, die bei Pflegeeltern untergebracht sind oder sonst ausserhalb der häuslichen Gemeinschaft der Eltern leben.**

[3] **Sie kann insbesondere die Eltern, die Pflegeeltern oder das Kind ermahnen, ihnen bestimmte Weisungen für die Pflege, Erziehung oder Ausbildung erteilen und eine geeignete Person oder Stelle bestimmen, der Einblick und Auskunft zu geben ist.**

C. Protection de l'enfant

I. Mesures protectrices

[1] L'autorité tutélaire prend les mesures nécessaires pour protéger l'enfant si son développement est menacé et que les père et mère n'y remédient pas d'eux-mêmes ou soient hors d'état de le faire.

[2] Elle y est également tenue dans les mêmes circonstances à l'égard des enfants placés chez des parents nourriciers ou vivant, dans d'autres cas, hors de la communauté familiale de leur père et mère.

[3] Elle peut, en particulier, rappeler les père et mère, les parents nourriciers ou l'enfant à leurs devoirs, donner des indications ou instructions relatives au soin, à l'éducation et à la formation de l'enfant, et désigner une personne ou un office qualifiés qui aura un droit de regard et d'information.

C. Protezione del figlio

I. Misure opportune

[1] Se il bene del figlio è minacciato e i genitori non vi rimediano o non sono in grado di rimediarvi, l'autorità tutoria ordina le misure opportune per la protezione del figlio.

[2] L'autorità tutoria vi è parimenti tenuta riguardo ai figli collocati presso genitori affilianti o viventi altrimenti fuori della comunione domestica dei genitori.

[3] L'autorità tutoria può segnatamente ammonire i genitori, gli affilianti od il figlio, impartire loro istruzioni per la cura, l'educazione o l'istruzione e designare una persona o un ufficio idoneo che abbia diritto di controllo e informazione.

Literatur

AFFOLTER, Kindesschutz zwischen Elternhaus und Schule, ZVW 2000 175 ff.; DERS., Mit der Totalrevision des Vormundschaftsrechts zu einer neuen Qualität des Erwachsenenschutzes?, ZVW 2003, 393 ff.; ALLENSPACH, Schutz von Kindern in neuen religiösen Bewegungen («new religious movements», Diss. Zürich 2001; DIES., Kinder in Sekten – zivil- und strafrechtliche Aspekte, in: Ackermann (Hrsg.), Strafrecht als Herausforderung, zur Emeritierung von N. Schmid, Zürich 1999, 93 ff.; AMELANG/KRÜGER, Misshandlung von Kindern – Gewalt in einem sensiblen Bereich, Darmstadt 1995; Bericht des Bundesrates über die Adoptionen in der Schweiz (Antwort auf das Postulat Hubmann «Bericht über die Adoptionen», BBl 2006 ...; Bericht Kindesmisshandlung in der Schweiz – Stellungnahme des Bundesrates, BBl 1995 IV 1 ff. (zit. Bericht Kindesmisshandlung); BIDERBOST, Die Erziehungsbeistandschaft (Art. 308 ZGB), Diss. Freiburg 1996; BINDER/ HÄFELI, Sanktionen im Kindesschutz, ZVW 2004, 150 f.; BIRCHLER, «Tauglichkeit» des Instrumentariums vormundschaftlicher Massnahmen zur Betreuung von Adoleszenten/jungen Erwachsenen mit psychischen Störungen, ZVW 2005, 20 ff.; BISCEGLIA, Die Kindesschutzmassnahmen nach Art. 307, 308 und 310 ZGB und ihre einschränkende Wirkung auf die elterliche Gewalt, Diss.

Basel 1979; BLÜLLE, Ausserfamiliäre Plazierung – Ein Leitfaden für zuweisende und platzierungs-begleitende Fachleute, Zürich 1996; BRAUCHLI, Das Kindeswohl als Maxime des Rechts, Diss. Zürich 1982; BREITSCHMID, Ersatzlösungen anstelle der Errichtung einer Vormundschaft od. von vormundschaftl. Massnahmen unter Berücksichtigung rechtsgeschäftl. Handelns für Urteilsunfähi-ge allg. und insb. bei Eingriffen in die körperl. Integrität, ZVW 2003, 47 ff.; ECKERT, Compétence et procédure au sujet de l'autorité parentale dans les causes matrimoniales, Diss. Lausanne 1990; ECKSTEIN, Rechtsfragen im Schulalltag, Zug 1999; DÄPPEN-MÜLLER, Kindsmisshandlung und -vernachlässigung aus straf- und zivilrechtlicher Sicht, Diss. Zürich 1998; FELDER/BÜRGIN, Die kinderpsychiatrische Begutachtung bei strittiger Kindszuteilung im Scheidungsverfahren, FamPra 2001, 629 ff.; GIANOLA, Die Abgrenzung der Kompetenzen zwischen Richter und vormundschaft-lichen Behörden bei Massnahmen zum Schutze der Person des Kindes, Diss. Basel 1980; GENNA, Rechtliche Aspekte der stationären psychiatrischen Behandlung von Kindern und Jugendlichen, ZVW 2000, 91 ff.; GERBER JENNI/HAUSAMMANN (Hrsg.), Kinderrechte – Kinderschutz, Rechts-stellung und Gewaltbetroffenheit von Kindern und Jugendlichen, Basel 2002; GIRARD, La régle-mentation du placement du mineurs dans le nouveau droit suisse de la filiation, Diss. Neuchâtel 1983; GULER, Die Beistandschaft nach Art. 308 ZGB (ohne die Themen: Wahrung des Unterhalts-anspruches und Überwachung des persönlichen Verkehrs), ZVW 1995, 51 ff.; DERS., Die Aufhe-bung der elterlichen Obhut (Art. 310 und 314a), ZVW 1996, 121 ff.; DERS., Koordination in der Betreuung «auffälliger Familien» durch Behörden und Institutionen, ZVW 1998, 92 ff.; GÜRBER, Jugendstrafgesetz: Vom Erwachsenenstrafrecht geprägt, Plädoyer 2006, 36 ff.; HÄFELI, Die Aufhe-bung der elterlichen Obhut nach Art. 310, ZVW 2001, 111 ff.; BK-HEGNAUER, zu aArt. 283; DERS., Die vormundschaftlichen Organe und das neue Kindesrecht, ZVW 1978, 1 ff.; DERS., Zum Verhält-nis der Überwachung der Erziehung gemäss Art. 307 Abs. 3 und der Erziehungsbeistandschaft ge-mäss Art. 308 ZGB, ZVW 1978, 133 ff.; DERS., Vormundschaftliche Hilfe für Flüchtlinge – Bei-standschaft, ZVW 1985, 108 ff.; DERS., Heimerziehung als Massnahme des Kindesschutzes und der fürsorgerischen Freiheitsentziehung, ZVW 1988, 54 ff.; DERS., Revision des Jugendstrafrechts und zivilrechtlicher Kindesschutz, ZVW 1989, 16 ff.; DERS., Der Anwalt des Kindes, ZVW 1994, 181 ff.; DERS., Vormundschaftsbehörde und persönlicher Verkehr – Ein Überblick, ZVW 1998, 169 ff.; HELFER/KEMPE/KRUGMAN (Hrsg.), Das misshandelte Kind, Frankfurt a.M. 2002; HENKEL, Die Anordnung von Kindesschutzmassnahmen gemäss Art. 307 rev. ZGB, Diss. Zürich 1977; DERS., Die elterliche Gewalt, in: Das neue Kindesrecht, BTJP 1977, Bern 1978, 89 ff., 99 ff.; HOCHHEUSER, Grundrechtsaspekte der zivilrechtlichen Kindesschutzmassnahmen und der kom-menden jugendstrafrechtlichen Sanktionen, Diss. St. Gallen 1997; HOFMANN, Die Vormund-schaftsbehörde als familienrechtliches Kontrollorgan, ZBJV 1946, 393 ff.; *Leitfaden* zur Standardi-sierung des Verfahrens in Fällen von Kindesmisshandlung, hrsg. von der Kommission für Kindesschutz des Kantons Zürich, Zürich 2000; LERCH, Strafprozessuale Probleme im Bereich des Kindesschutzes, in: Ackermann (Hrsg.), Strafrecht als Herausforderung, zur Emeritierung von N. Schmid, Zürich 1999, 435 ff.; LIECHTI/ZBINDEN, Verminderung eingeleiteter Massnahmen als Resultat systemischer Sozialarbeit, ZVW 1988, 81 ff.; LÜSSI, Systemische Sozialarbeit, 2. Aufl. Bern 1992; PH. MEIER, Révision du droit de la tutelle – Tentative d'analyse statistique, ZVW 1992, 171 ff. (deutsch: 183 ff.); Mustersammlung zum Adoptions- und Kindesrecht, hrsg. von der Konfe-renz der kant. Vormundschaftsbehörden VBK, 4. Aufl. Zürich 2005, Nr. 5 (zit. Mustersammlung); PERRIN, La révision du droit du divorce et ses incidences sur le droit tutélaire, ZVW 1993, 41 ff.; PLOTKE, Schweizerisches Schulrecht, Bern 1979; DERS., Rechtsfragen des Schulpsychologischen Dienstes, ZBl 1980, 200 ff.; REHBERG, Grundriss Strafrecht II, Strafen und Massnahmen, Jugend-strafrecht, 7. Aufl. Zürich 2001; REUSSER, Die Revision des Scheidungsrechts – die aus kindes-und vormundschaftsrechtlicher Sicht relevanten Neuerungen, ZVW 1993, 47 ff.; SALZGEBER, Familienpsychologische Gutachten, Rechtliche Vorgaben und sachverständiges Vorgehen, 3. Aufl. München 2001; SALGO, Der Anwalt des Kindes, 2. Aufl. Frankfurt/a.M. 1996; SCHNEIDER, SJK Nr. 334 (1982); SCHNYDER, Die Stufenfolge vormundschaftlicher Massnahmen und die Verhält-nismässigkeit des Eingriffs, ZVW 1971, 41 ff.; SCHWEIGHAUSER, Die Vertretung des Kindes im Scheidungsprozess – Anwalt des Kindes, Diss. Basel 1998; STETTLER, L'application de l'art. 315a al. 3 CCS compte tenu de la législation et des structures judiciaires et administratives genevoises, SemJud 1981, 609 ff.; DERS., L'impact du principe de proportionnalité sur la gradation et le champ d'application des mesures tutélaires, ZVW 1984, 41 ff.; DERS., La révision du droit pénal des mi-neurs: vers une conjonction des mesures protectrices, civiles ou pénales, et des sanctions, ZStR 1992, 331 ff.; STRUCK, Die Kunst der Erziehung, Darmstadt 1996; TRECHSEL, Schweiz. Strafge-setzbuch, Kurzkommentar, 2. Aufl., Zürich 1997; Übertragung vormundschaftlicher Massnah-men, Empfehlungen der Konferenz der kantonalen Vormundschaftsbehörden, ZVW 2002, 205 ff.;

UNGER-KÖPPEL, Kindsmisshandlungen – Abläufe und Interventionsmöglichkeiten, Kriminalistik 1994, 743 ff.; WENDL-KEMPMANN/WENDL, Partnerkrisen und Scheidung, München 1986; WILLE, Ambulante psychiatrische Hilfen bei Störungen im Kindes- und Jugendalter, ZVW 1986, 41 ff.; WYSS SISTI, Die eigenständige Vertretung von Kindern und Jugendlichen als Opfer im Strafverfahren, FamPra 2002, 305 ff.; ZUEGG, Die Vermittlung ausländischer Adoptivkinder als Problem des präventiven Kindesschutzes, Diss. Freiburg i.Ü., Zürich 1986. Vgl. auch HEGNAUER, Kindesrecht, N 27.01 und passim, sowie HINDERLING/STECK, 400 ff., ferner die Literaturhinweise zu Art. 133 f. und Art. 144 ff.

Zum internationalen Recht (N 28 ff., dort N 31 Hinweise zu *internationalen Kindesentführungen* und zu *alleinlebenden Flüchtlingskindern*): A. BUCHER, DIP II, N 834–932; DERS., La révision de la Convention de La Haye sur la protection des mineurs, in: FS B. Schnyder, Fribourg 1995, 407 ff.; DERS., La Dix-huitième session de la Conférence de La Haye de droit international privé, SZIER 1997, 67 ff., 74 ff.; DESCHENAUX, L'enlèvement international d'enfants par un parent, Bern 1995; DUTOIT, SJK Nr. 942a (1990); DERS., Commentaire de la loi fédérale du 18 décembre 1987, Basel 1996, zu Art. 85 IPRG; HAUSER, Vollzugsprobleme bei internationaler Kindesrückführung, FamPra 2004, 247 ff.; HAUSER/URWYLER, Kindesentführungen, in: Rechtshilfe und Vollstreckung, SWR, Bern 2004, 55 ff.; KASME-KNOCH, Die Dienstleistungen des Internationalen Sozialdienstes für vormundschaftliche Organe bei international-rechtlichen Problemen, ZVW 1998, 209 ff.; KNOEPFLER, La protection des mineurs et les conventions internationales, ZVW 1977, 81 ff.; MARAUHN (Hrsg.), Internationaler Kinderschutz, Tübingen 2005; MARKUS, Die Anerkennung gesetzlicher Gewaltverhältnisse nach Art. 3 Minderjährigenschutzabkommen und Art. 82 IPRG, AJP 1992, 874 ff.; REEB, L'enlèvement international d' enfants par un parent en Suisse, RJN 2002, 13 ff.; Schlussbericht der Eidg. Experten-Kommission über den Kinderschutz bei Kindesentführungen, Bern 2005; SCHWANDER, Kindes- und Erwachsenenschutzmassnahmen im internationalen Verhältnis, ZVW 1998, 77 ff.; SIEHR, Verhältnis zwischen Aufenthalts- und Heimatzuständigkeit nach dem MSA, IPRax 1989, 253 ff.; DERS., Münchener Kommentar zum Bürgerlichen Gesetzbuch, Ergänzungsbd. zur 2. Aufl., München 1991, Anhang II zu Art. 19 EGBGB (Kommentierung des Haager Übereinkommens über die zivilrechtlichen Aspekte internationaler Kindesentführung v. 25.10.1980); DERS., Das neue Haager Übereinkommen von 1996 über den Schutz von Kindern, RabelsZ 1998, 464 ff.

Nicht-juristische Fachliteratur: Der zunehmende Komplexitätsgrad der in der Praxis zu behandelnden Fälle und der damit intensivierte Austausch insb. mit medizinischen und (entwicklungs-)-psychologischen Fachkräften erfordert bei der (nur) rechtlich ausgebildeten Leser- und Auftraggeberschaft von Gutachten gewisse Fachkenntnisse oder gelegentlich die Fähigkeit, fachliche Aussagen aus andern Wissenschaften in den jeweiligen grösseren Zusammenhang einordnen zu können; ohne jeden Anspruch auf Vollständigkeit oder fachliche Wertung sei deshalb (neben den o. bereits erwähnten Arbeiten namentlich von FELDER/BÜRGIN, SALZGEBER und WENDL-KEMPMANN/WENDL) auf folgende Werke hingewiesen, welche dies erleichtern können: BUDDEBERG/WILLI (Hrsg.), Psychosoziale Medizin, 2. Aufl. Berlin etc. 1998; DASEN (Hrsg.), Geburt und frühe Kindheit: Interdisziplinäre Aspekte, Freiburg 2002; KAUFMANN/ZIEGLER (Hrsg.), Kindeswohl – Le bien de l'enfant, Zürich 2003; VON HARNACK/KOLETZKO (Hrsg.), Kinderheilkunde, 10. Aufl. Berlin etc. 1997; OERTER/MONTADA (Hrsg.), Entwicklungspsychologie, 4. Aufl. Weinheim 1998; FamKomm Scheidung/SCHREINER, Ausgewählte psychologische Aspekte im Zusammenhang mit Trennung und Scheidung, 1291 ff.; STAUB/HAUSHEER/FELDER, Gemeinsame elterliche Sorge – eine psychologische Betrachtungsweise, ZBJV 2006, 537 ff.; WIRSCHING/SCHEIB (Hrsg.), Paar- und Familientherapie, Berlin etc. 2002.

I. Überblick über das System des Kindesschutzes

1. Im Allgemeinen

1   Die Natur und das Gesetz (mit Einräumung der elterlichen Sorge: Art. 296 N 2) verlangen, dass **Eltern die umfassende Verantwortung** für ihr Kind übernehmen. Wo ihnen dies aus besonderen Gründen zeitweise oder dauernd nicht oder nicht in allen Belangen möglich ist und dadurch das **Wohl des Kindes gefährdet** wird (N 18), müssen **geeignete**

Massnahmen (N 14 ff.) zum Schutz des Kindes anstelle der Eltern durch die **staatliche Gemeinschaft** getroffen werden (i.d.R. durch die *Vormundschaftsbehörde* bzw. von ihr beigezogene Stellen oder Personen; für *die ausnahmsweise richterliche Zuständigkeit* s. Art. 315a). Voraussetzung der Massnahmen nach Art. 307 ff. ist deshalb, dass der Unmündige unter elterlicher Sorge steht.

Wo **Beratung, Mahnung oder Weisungen** i.S.v. Abs. 3 (N 19 ff.) als mildeste Mass- 2 nahmen nicht ausreichen, ist entweder eine **Beistandschaft** anzuordnen (Art. 308 f.), **die elterliche Obhut aufzuheben** (Art. 310) oder – als *Ultima Ratio* – die **elterliche Sorge zu entziehen** (Art. 311 f.); s. zur **Stufenfolge** des zivilrechtlichen Kindesschutzes BIDERBOST, 58 ff.; zu *Abgrenzungs- und Evaluationsfragen* GULER, ZVW 1995, 54 ff. – *Nicht* zu behandeln sind hier die Regeln der **Unmündigenvormundschaft** (Art. 368, 405 f., 407 ff.), welche Elternlosigkeit, Fehlen (Art. 296 Abs. 2) oder den Entzug der elterlichen Sorge (Art. 311 Abs. 2) voraussetzt, und der **Vertretungsbeistandschaft** gemäss Art. 392, wo weniger die Erziehungsarbeit der Eltern (Art. 301 f.) Anlass zu behördlicher Intervention gibt als die Bedrohung des Kindeswohls durch eine (wirtschaftliche: Art. 324 N 7) Interessenkollision zwischen dem Kind und dem Inhaber der elterlichen Sorge (Tatbestand von Art. 392 Ziff. 2). Familienrechtliche Kindesschutzmassnahmen gehen der Opferhilfe grds. vor (Sozialversicherungsgericht ZH, ZVW 2006, 52 ff.).

Massnahmen nach Art. 307 Abs. 3 (Ermahnungen und Weisungen), Art. 308 f. (Beistand- 3 schaft) und Art. 310 (Obhutsentzug) können **kombiniert** werden, soweit sie in ihrer Summe nicht faktisch den Entzug der elterlichen Sorge bewirken (HEGNAUER, ZVW 1985, 109; BGE 5C.207/2004, 26.11.2004, FamPra 2005, 407 ff.). In der behördlichen Praxis wird die Stufenfolge (N 2) allerdings nicht konsequent gehandhabt (BK-HEGNAUER, aArt. 283 N 34 f.; MEIER, ZVW 1992, 176 ff. bzw. 187 f.) und der **Evaluation** *der im konkreten Fall gebotenen Massnahme nach den Kriterien von Art. 4* zu wenig Beachtung geschenkt: Es ist die *sachlich richtige* Anordnung *nicht* aufgrund bloss *rechtlicher* Klassifikation, sondern unter Würdigung der im Einzelfall bestimmenden **sozialen, medizinischen und erziehungswissenschaftlichen Gesichtspunkte** zu treffen (s. N 8 a.E.; zum vergleichbaren Vorgehen bei der *Anordnung jugendstrafrechtlicher Massnahmen* REHBERG, 219 ff.).

2. *Prinzipien des Kindesschutzes*

Kindesschutz soll **rasch** (Art. 314/314a N 5), **nachhaltig** und **fachlich korrekt,** doch 4 **mit minimalen Eingriffen in Elternrechte und Familienstruktur** der konkreten Gefährdungslage begegnen. Die Anordnung einer Massnahme setzt **kein Verschulden** der Eltern voraus und ist auch **nicht Sanktion** (BK-HEGNAUER, aArt. 283 N 99 ff.; BK-BÜHLER/SPÜHLER, aArt. 156 N 160; HENKEL, BTJP, 101), sondern hat als einziges **Ziel,** trotz einer Gefährdungslage das **Wohl des Kindes** zu bewahren oder wiederherzustellen: Es soll Hilfe geleistet und die Bereitschaft der Betroffenen zu **freiwilliger Zusammenarbeit** gefördert werden; namentlich den beteiligten Erwachsenen ist bewusst zu machen, dass Vernachlässigung oder Misshandlung des Kindes in sehr verschiedener Ausprägung und Intensität auftreten kann, indes immer Ausdruck eines gestörten bzw. in seinen Selbstheilungsmechanismen beeinträchtigten familiären Systems ist, weshalb von behördlichen Anordnungen bzw. fachlicher Beratung und Begleitung auch die *Eltern profitieren* (s. u.a. WNUK-GETTE, in: Wirsching/Scheib, 626 f.). Das Kindeswohl gebietet, dass nur Massnahmen ergriffen werden, die (soweit prognostizierbar) **Erfolg versprechend** sind. – Das *Nebeneinander von privater und staatlicher Verantwortung im Krisenfall* führt zu folgenden **Grundsätzen des Kindesschutzes** (vgl. BK-HEGNAUER, aArt. 283 N 36 ff.; DERS., Kindesrecht, N 27.09 ff.; STETTLER, SPR III/2, 498 f.), die letztlich alle das **Verhältnismässigkeitsprinzip** (N 8) **konkretisieren:**

5 a) **Prävention:** Kindesschutz verlangt vorausschauendes Handeln. Statt einem kostenintensiven und spektakulären «Grossaufgebot» im «Katastrophenfall», wo das Kindeswohl bereits erheblich strapaziert wurde, ist – wo die *Eingriffsschwelle* erreicht, nämlich behördliches Eingreifen unvermeidlich geworden ist (HENKEL, 35 f.) – **möglichst milden Massnahmen in möglichst frühem Stadium** der Vorzug zu geben. Nach dem **Prinzip der Stufenfolge** (BK-HEGNAUER, aArt. 283 N 54 f.; o. N 2) lassen sich die einmal getroffenen Massnahmen bei *Bedarf verstärken,* so wie auch ein *stufenweiser Abbau* denkbar und durch das Verhältnismässigkeitsprinzip (N 8) geboten ist (Art. 313 N 1).

6 b) **Subsidiarität:** Behördliche Massnahmen dürfen nur erfolgen, wo die Eltern die ihnen obliegenden Pflichten nicht oder nicht ausreichend wahrnehmen. Nicht jede Unzulänglichkeit rechtfertigt behördliches Eingreifen: Es erübrigt sich, wo zwar ein Elternteil aus gesundheitlichen Gründen oder wegen persönlicher Schwierigkeiten ausfällt, der andere aber die elterlichen Aufgaben dennoch genügend zu versehen vermag (BK-HEGNAUER, aArt. 283 N 41), oder wenn beide aus eigenem Antrieb geeignete Massnahmen ergreifen, um anstehende Schwierigkeiten ohne Notwendigkeit behördlicher Intervention zu überwinden (z.B. durch Inanspruchnahme der freiwilligen Jugendhilfe, Art. 302 Abs. 3 und dort N 13). Der **Vorrang privater Verantwortung** und die **Freiheit privater Lebensgestaltung** auch bei der Erziehung von Kindern (Art. 301 N 2) lassen behördliches Eingreifen nur dort als (i.S.v. Abs. 1) geeignete Massnahme erscheinen, wo sich dadurch zumindest mittelfristig eine Besserung relevanter, objektiver Missstände erreichen lässt. – Liegt eine insofern qualifizierte Gefährdung des Kindeswohls vor, sind **Kindesschutzmassnahmen mit Art. 8 Abs. 2 EMRK vereinbar** (dazu näher IntKommEMRK [WILDHABER] Art. 8 N 373, 392 ff.; HOCHHEUSER, 35 ff.; BGE 120 II 387 E. 5a), da mit Art. 307 ff. eine gesetzliche Grundlage (a.a.O., N 526 ff.) besteht und die Wahrung des Kindeswohls dem Schutz der Gesundheit dient (a.a.O., N 628 ff.), soweit der Eingriff überhaupt und in seiner konkreten Ausgestaltung verhältnismässig (N 8) ist (a.a.O., N 659 ff.).

7 c) **Komplementarität:** Staatliche Massnahmen sollen – wo nicht der Entzug der elterlichen Sorge (Art. 311) als radikalste Anordnung unumgänglich ist – **nicht an Stelle elterlicher Bemühungen** treten, sondern allfällige elterliche **Defizite kompensieren** (weshalb z.B. BGE 112 II 21 E. 5 dem Vormund im konkreten Fall zugestand, die Kinder einem Elternteil zur Pflege und Erziehung zu überlassen, obwohl im Scheidungsurteil beiden Eltern die Sorge entzogen worden war).

8 d) **Proportionalität:** Rechtfertigt sich aufgrund des Vorstehenden eine behördliche Intervention, so ist die **mildeste im Einzelfall Erfolg versprechende Massnahme** zu treffen («so schwach als möglich, aber auch so stark als nötig», bzw. – noch anschaulicher – es solle weder «mit Kanonen auf Spatzen geschossen» werden noch «mit Schrot auf Elefanten»: SCHNYDER, ZVW 1971, 42; vgl. den Wortlaut von Art. 311 Abs. 1). Die **Dauer der Massnahme** wird ebenfalls durch das Gebot der Verhältnismässigkeit bestimmt; wo Anordnungen nur für eine absehbare Periode zu treffen sind, ist die Massnahme zu *befristen,* andernfalls *anzupassen* (Art. 310 N 15; Art. 313 N 1). Es besteht das Risiko, dass – weil behördliche Intervention als stigmatisierend empfunden, von den Eltern abgelehnt und von der Behörde hinausgeschoben wird – (zu) spät mit (zu) intensiven Anordnungen interveniert werden muss, wo in einem frühen Stadium noch wenig einschneidende Anordnungen Erfolg versprechend gewesen wären (N 5). Das bedeutet, bei der Beurteilung der Proportionalität nicht nur die Schwere

des Eingriffs im Moment, sondern auch die Perspektiven bei einem allfälligen Aufschub in die Abwägung einzubeziehen. Nicht angängig ist aber auch, wenn die Behörde – um die Eingriffsvoraussetzung bildende Erfolgsprognose (N 4) zu sichern – (zu) scharfe Massnahmen trifft: *Langfristig Erfolg versprechend sind nur Anordnungen, welche (auch) der elterlichen Verantwortung Raum belassen, auf deren (erneute) selbständige Ausübung die Massnahmen im Idealfall hinwirken müssten*, weshalb z.B. nach Möglichkeit ambulanter Betreuung von Eltern und Kind gegenüber einer stationären Massnahme der Vorzug zu geben ist, da die Lösung der Schwierigkeiten den **Einbezug der systemischen Interaktionen unter den Beteiligten und ihres jeweiligen Umfelds** voraussetzt (vgl. LIECHTI/ZBINDEN, ZVW 1988, 81 ff., 90 ff.; LÜSSI, 59 ff. und passim; WILLE, ZVW 1986, 41 ff.).

3. Strafrechtlicher Kindesschutz

Der *zivilrechtliche* wird ergänzt durch den **strafrechtlichen Kindesschutz,** der allerdings   **9**
weniger *präventiv* als *repressiv* wirkt, indes der besonderen Schutzbedürftigkeit des Kindes durch verschiedene (z.T. qualifizierte) Tatbestände Rechnung trägt (Körperverletzung und Tätlichkeiten: Art. 123 und 126 StGB (zum [elterl.] Züchtigungsrecht s. den wenig klärenden BGE 129 IV 216); Aussetzung: Art. 127 StGB; Verabreichen gesundheitsgefährdender Stoffe: Art. 136 StGB; sexuelle Handlungen mit Kindern und Abhängigen: Art. 187 f. StGB [unter Kindern s. BGE 6P.112/2005, 17.11.2005]; Prostitution oder Pornographie: Art. 195 und 197 StGB; Vernachlässigung der Unterhalts- bzw. der Fürsorge- und Erziehungspflicht: Art. 217 [dazu Art. 289 N 17 f.] und 219 StGB) und als *Nebenstrafe* die Entziehung der elterlichen Sorge vorsieht (Art. 53 Abs. 1 StGB; Art. 311/312 N 4). Dass BGE 131 IV 100 in einem eher frühen Stadium die Schwelle von der straflosen Vorbereitung zum Versuch überschritten sah, ist aus Sicht des Kindesschutzes zu begrüssen.

Zentrale Bestimmungen sind Art. 358bis und 358ter StGB, welche eine **Mitteilungspflicht**   **10**
von Strafuntersuchungsbehörden gegenüber der zuständigen vormundschaftlichen Instanz vorsehen, wo im Verlauf der Untersuchung *strafbare Handlungen von* oder *an Unmündigen* festgestellt werden, und es kann von strafrechtlichen Massnahmen (Art. 84 f. und 91 f. StGB) oder Strafe (Art. 84 bzw. 95 StGB) abgesehen werden, wo bereits vormundschaftliche Massnahmen angeordnet wurden (Art. 88 bzw. 98 StGB), was deutlich macht, dass trotz des grundsätzlichen Vorrangs der straf- vor den zivilrechtlichen Anordnungen (BGE 70 IV 117) das stärker stigmatisierende Strafrecht bei koordinierter Handhabung zurücktreten kann, wie BIDERBOST (56) fordert. Es ermöglicht dies eine *Konvergenz straf- und zivilrechtlicher Behelfe* (vgl. zur «Doppelspurigkeit» BGE 117 IV 13 f. E. 3b; HEGNAUER, Kindesrecht, N 27.06). Ein 1993 vorgestellter *VE Jugendstrafrechtspflege* (Art. 10–18 VE) sieht die **Konvergenz** der neu als solche bezeichneten *jugendstrafrechtlichen* «*Schutzmassnahmen*» **mit den zivilrechtlichen Behelfen** vor (vgl. TRECHSEL, vor Art. 82 StGB N 7, 9; BIDERBOST, 456 ff.; HOCHHEUSER 101 ff.), und folgerichtig erübrigt sich ein Tätigwerden der Opferhilfestelle, wo bereits Massnahmen des familienrechtlichen Kindesschutzes getroffen wurden (BGE 125 II 230, 236 f. E. 3d). Das Zivilgericht hat unabhängig von den Ergebnissen eines Strafverfahrens die Gefährdung des Kindes zu prüfen (BGE 125 III 401, 410 E. 3).

4. Weitere Bereiche – insb. Schule

a) **Allgemein:** Derjenige, dem ein Unmündiger anvertraut ist, hat für dessen Schutz im   **11**
spezifischen Umfeld besorgt zu sein. Dies trifft vorab zu auf **Lehrer** bzw. **Schulbehörden** (PLOTKE, 441), aber auch **Ärzte, Pflegepersonal, Justizorgane,** Mitarbeiter

von **Fürsorgebehörden** und der freiwilligen Jugendhilfe usw., welche *im Rahmen ihrer Tätigkeit Gefährdungen, Missbräuche oder Förderungsbedürfnisse wahrnehmen* (auch solche, die von Einflussfaktoren ausserhalb des jeweiligen Fachgebietes herrühren) *und aufgrund ihrer Aufgabe geeignete Schritte* (Kontaktnahme mit den Eltern, ggf. auch direkt mit Kinder- und Jugendpsychiatrischen Diensten, Vormundschaftsbehörden, Bezirks- und Kreisjugendsekretariaten oder Amtsärzten) *einzuleiten verpflichtet* sind (vgl. z.B. § 60 Abs. 1 EGZGB ZH; bei strafrechtlichen Übergriffen unter Schülern machen sich Schulverantwortliche bei Untätigkeit nach Art. 219 StGB strafbar: BGE 125 IV 64). Zur Anzeige solcher Wahrnehmungen bei den zuständigen Behörden sind aber auch **Private** (Nachbarn, Verwandte, Lehrmeister usw.) und Mitarbeiter privater gemeinnütziger Organisationen *befugt* (z.B. § 60 Abs. 2 EGZGB ZH). Wie sich aus Art. 310 Abs. 2 ergibt, sind selbstverständlich auch **Eltern und Kind** befugt, sich mit der *Bitte um Rat und Schutz* an die Behörde zu wenden (Art. 310 N 22). Es ist alsdann Sache der vormundschaftlichen Instanzen, solchen Hinweisen in geeigneter Form – ohne zusätzliche Belastung für das Kind und die allenfalls beeinträchtigten familiären Strukturen – nachzugehen (so sollte die Untersuchung durch die Behörde [Art. 314/314a N 4] die Nennung des Informanten gegenüber den Betroffenen unnötig machen: HENKEL, 210).

12 b) **Schulbehörden** steht in ihrem Zuständigkeitsbereich – nämlich dem Kind einen seiner Reife und seinen Fähigkeiten angepassten Unterricht zu erteilen (BVK-BORGHI, Art. 27 N 29; BGE 117 Ia 31) bzw. entsprechende Stütz- und Fördermassnahmen einzuleiten und die für solche Entscheide gebotenen Untersuchungen vorzunehmen – ein selbständiger Schutzauftrag zu. Im Gegensatz zum im ZGB geregelten *zivilrechtlichen* und in die *vormundschaftliche Zuständigkeit* fallenden Kindesschutz handelt es sich dabei um **verwaltungsrechtliche** Verfahren; der Eingriff bedarf der *gesetzlichen Grundlage* und hat dem *Grundsatz der Verhältnismässigkeit* zu genügen (BGE 117 Ia 32), was bei Zuweisung eines Kindes, welches dem Unterricht in einer Normalklasse nicht zu folgen vermag, in eine **Sonder- oder Kleinklasse** gegeben ist (BGE 117 Ia 35). – Vgl. allgemein zur **gegenseitigen Zusammenwirkungspflicht von Eltern und Schule** Art. 301 N 16, 302 N 13; PLOTKE, 37 ff. und 440 f.

13 Führt die schulische Massnahme zu einem **über den Schulbetrieb hinauswirkenden Eingriff in das Familienleben** (Einweisung eines Schülers in ein *Sonderschulheim:* RRE AG, 21.10.1991, ZBl 1993, 31 ff.), so ist für den damit verbundenen Obhutsentzug entweder die *Zustimmung der Eltern* erforderlich, oder aber er fällt als zivilrechtliche Kindesschutzmassnahme (für welche die schulische Schwäche und/oder weitere Gründe Auslöser sind) in die *Zuständigkeit der Vormundschaftsbehörde* (Art. 310 N 8; Art. 315/315a/315b N 1). – Unter den Behörden hat im Blick auf die **Kostentragung** für die Massnahme ein Meinungsaustausch über die Indikation stattzufinden (vgl. analog HEGNAUER [zit. zu Art. 317], ZVW 1996, 41 ff.). Bei überwiegend schulischen Gründen bzw. insoweit, als Verhaltensstörungen aufgrund ungünstiger häuslicher Verhältnisse schulische Schwierigkeiten bewirken und dagegen schulische Massnahmen getroffen werden, gehören die *schulischen Massnahmen nicht* zum (den Eltern obliegenden) *Unterhalt* aufgrund der Unentgeltlichkeit eines ausreichenden, obligatorischen, staatlich überwachten Grundschulunterrichts (Art. 19 und 62 Abs. 2 BV bzw. ausdehnender kantonaler Regeln, z.B. für ZH § 39 des Reglements über die Sonderklassen, Sonderschulung und Stütz- und Förderungsmassnahmen, LS 412.13 bzw. § 15 des Schulleistungsgesetzes, LS 412.32). Bei medizinischen Gründen hingegen sind IV- oder Krankenkassenleistungen erhältlich. Im Übrigen tragen aber nach Art. 276 Abs. 1 a.E. (dort N 22) die *Eltern die Kosten von Kindesschutzmassnahmen* bzw. Differenzbeiträge oder Kostenanteile für Einsparungen durch die auswärtige Platzierung.

II. Geeignete behördliche Massnahmen im Allgemeinen (Abs. 1 und 3)

Massnahmen nach Art. 307 bilden die **unterste Stufe** des Interventionssystems (N 2).   **14**
Ihre Ergreifung setzt eine Gefährdung des Kindeswohls voraus, welcher die Eltern allein
nicht begegnen können oder nicht von sich aus begegnen wollen. Zu unterscheiden ist ein
informelles Beratungs- und ein förmliches Untersuchungsverfahren (vgl. zum Ganzen
Mustersammlung, Nr. 51 ff.).

1. Beratung – Sachverhaltsermittlung

Vor Anordnung einer Massnahme steht i.d.R. das **Gespräch der Behörde mit den**   **15**
Eltern und dem Kind; dabei geht es einesteils um deren (für jegliche [ausser vorsorgliche: Art. 314/314a N 6] Massnahme unabdingbare) **Anhörung** zum Problem und ihre
Einstellung zu möglichen Lösungen, vorab aber auch um die Herstellung eines informellen Kontakts und Schaffung einer **Vertrauensbasis** (HENKEL, 75 f.; STETTLER, SPR III/2,
500). Es soll – noch **ohne förmliche Intervention** der Vormundschaftsbehörde – die
elterliche Einsicht über die Grenzen der eigenen Erziehungs- (Art. 301 Abs. 1) und För-
derungsmöglichkeiten (Art. 302 Abs. 1) deutlich gemacht und aufgezeigt werden, welche
Hilfe (Art. 302 Abs. 3, dort N 13) zweckmässigerweise zu beanspruchen wäre bzw. welchen elterlichen Anordnungen das Kind sich in seinem eigenen Interesse zu fügen hätte.
– Diese eher unverbindliche Tätigkeit als *«Beratungsstelle in Kinder- und Erziehungs-
belangen»* lässt sich mit der Funktion der in Art. 171 vorgesehenen Ehe- und Familienberatungsstellen vergleichen und kaum scharf von der Jugendhilfe i.S.v. Art. 302 Abs. 3
unterscheiden, der sie an sich obliegen würde. – Wenn auch die Nachachtung der Verfahrensrechte der Beteiligten zentral ist, so gilt Art. 146 nicht für das Verfahren nach
Art. 307 ff.: es bedarf das Kind zur Bestellung eines Beistands keines Beistands (RR SG
ZVW 2000, 123), wäre aber ggf. bez. dessen Person anzuhören (Art. 381 sinngemäss).

Gegebenenfalls sind *Sachverständige, Vorakten* (z.B. des Scheidungsverfahrens: Art. 315a   **16**
Abs. 1) usw. beizuziehen (BK-BÜHLER/SPÜHLER, aArt. 156 N 33; BK-HEGNAUER,
Art. 275 N 81). Die Anordnung eines *Gutachtens* ist – im Gegensatz zu einer *Therapie –
nicht Massnahme,* sondern ebenfalls **Untersuchungshandlung** und unterliegt daher nur
beschränkter Überprüfung im Rechtsmittelweg (allg. BGE 108 Ia 204; zulässig die Beschwerde nach Art. 420), ausser dort, wo damit eine fürsorgerische Freiheitsentziehung
verbunden ist (Art. 310 N 19 f.; Art. 314/314a N 8).

2. Gefährdungslagen und Massnahmen

Ergibt diese Bestandesaufnahme einen **förmlichen Handlungsbedarf** ohne Möglichkeit   **17**
einvernehmlicher Regelung, so geht die unverbindliche Beratung über in ein vormund-
schaftsbehördliches Verfahren, welches gestützt auf die Untersuchung der Verhältnisse
(Art. 314/314a N 2–4) zu einem Entscheid – Anordnen oder Absehen von Massnahmen –
führt; ggf. ist Beschwerden – namentlich soweit sie sich gegen konkrete Weisungen oder
die Anordnung von Untersuchungen richten – *die aufschiebende Wirkung zu entziehen*
(Art. 314 Ziff. 2; Art. 314/314a N 5).

a) Gefährdung des Kindeswohls (Abs. 1)

Elterliches Wirken und auch das kontinuierliche Zurückstehen und Gewährenlassen im   **18**
Rahmen der Entwicklung hat sich am **Wohl des Kindes** (HEGNAUER, Kindesrecht,
N 26.04a ff.; BRAUCHLI, passim; Art. 301 N 4 ff.) zu orientieren. Je nach dessen Alter
und dem gesamten Lebensumfeld kann ein Tun oder Unterlassen vertretbar sein oder
eine das Kindeswohl gefährdende Pflichtwidrigkeit darstellen. Es wird unterschieden

(BK-HEGNAUER, aArt. 283 N 67 ff.; aArt. 284 N 15 ff. – zu bedenken, dass es sich bei der dort genannten durchweg um mehr als 30 Jahre zurückliegende Praxis handelt) zwischen

- **Gefährdungen des körperlichen Wohls:** Körperliche Misshandlungen, Fehlernährung, mangelnde Körper- und Gesundheitspflege, Verweigerung ärztlicher Behandlung oder präventiver Eingriffe (z.B. Impfungen), fehlende Hygiene bei Bekleidung und Wohnung;

- **Gefährdungen des geistigen Wohls:** Erschwerung der Kontakte mit dem besuchsberechtigten Elternteil oder weiteren nahestehenden Personen; durch den Obhutsinhaber (Art. 274 N 2 f.) oder durch den Besuchsberechtigten verursachte Schwierigkeiten; fehlende Zusammenarbeit mit Schulbehörden oder Ausbildern; Konflikte bei Berufwahlentscheiden; fehlende Erziehungs- und Durchsetzungsfähigkeit; fehlende Bereitschaft zur Förderung bei allgemeinen schulischen Schwächen oder besonderer Förderbedürftigkeit wegen geistiger Schwächen, in Extremfällen wohl auch fehlende Förderung bei besonderen Begabungen; gefühllos-rohe oder überbetont fürsorglichverhätschelnde Behandlung; soziale Isolation bzw. Einbinden in ein (angestammtes) religiöses oder kulturelles System ohne Balance zum sozio-kulturellen Kontext des hiesigen Aufenthalts; unzureichende Überwachung zweifelhafter Beziehungen des Kindes zu sektenähnlichen Organisationen; wahnhafte religiöse oder haltlose sittliche Einstellung der Eltern.

- **Kombinationen physischer und psychischer Beeinträchtigung:** Wo Eltern abwesend sind, ohne für die Betreuung des Kindes gesorgt zu haben (Art. 265c N 4), wegen Alter oder gesundheitlicher Gebrechen für das Kind nur ungenügend sorgen können, bei ungeregelter Fremdunterbringung mit wechselnden, unzulänglichen Bezugspersonen, oder bei zu Unrecht beschnittener wirtschaftlicher und persönlicher Autonomie des erwerbstätigen, vor der Mündigkeit stehenden Kindes.

Die Aufzählung ist nur *exemplifizierend*. – Bezüglich Gefährdung des **Kindesvermögens** s. zu Art. 324 f. Einzelne sehen die *Gefährdung des Kindeswohls* weniger in jenen Problemen, welchen durch behördliche Anordnungen begegnet werden soll, als in den *behördlichen Anordnungen* selbst. Gewiss gewöhnt sich das Kind an sein soziales, familiäres und ausserfamiliäres Netzwerk, auch an dessen (unvermeidliche, lediglich in der Intensität variierende) Probleme; es darf aber in der Krisensituation nicht auf dieses (dann problematische) Netzwerk beschränkt bleiben, weshalb dieses entweder erweitert oder stärker geknüpft werden muss.

b) Massnahmen (Abs. 1 und 3)

19   Analog dem Eheschutz (wo Art. 172 Abs. 1 vermittelnde Lösungen in den Vordergrund stellt und autoritative Anordnungen nach Art. 172 Abs. 3 ultima ratio bilden) sieht Abs. 3 **Ermahnungen oder Weisungen** vor. Diese Behelfe sind nicht scharf voneinander zuunterscheiden und lassen sich kombinieren (N 3). Sie können **sämtliche Bereiche elterlichen Handelns** erfassen (BK-BÜHLER/SPÜHLER, aArt. 156 N 166 ff.; BK-HEGNAUER, aArt. 283 N 118 ff.; HENKEL, 75 ff.; STETTLER, SPR III/2, 500 f.): von der Säuglingspflege bis zu Berufswahlentscheiden, Ernährungsfragen (blosse Speisezubereitung oder Vorgehen bei Bulimie bzw. Anorexie), Gesundheits-, Sprach-, Schul- und allgemeine Entwicklungsstörungen, Freizeitgestaltung und Umgang Dritter mit dem Kind, Suchtprävention, Verwaltung des Kindesvermögens (zum **Kindesvermögensschutz** s. zu **Art. 324 f.). Adressaten** sind **alle Personen im Umfeld des Kindes** (Eltern und Pflegeeltern, Verwandte, Nachbarn, Freunde) **und das Kind** selbst.

20   Die einmal getroffenen Anordnungen sind im üblichen Verfahren (Anhörung aller Beteiligter einschliesslich des Kindes) **abänderbar** (dazu Art. 313, ferner o. N 5 a.E.); bei

Wegfall der Gefährdung sind sie **aufzuheben** (zur *Zuständigkeit* s. Art. 134 bzw. Art. 315a Abs. 2 und 315b), bei *Mündigkeit* **fallen sie dahin** (BK-HEGNAUER, aArt. 283 N 151) bzw. wären förmlich in Anordnungen der Erwachsenenbetreuung überzuleiten. Eine bestimmte Dauer der Massnahme lässt sich deshalb i.d.R. nicht festlegen (mit Ausnahme des Sondertatbestands von Art. 313 Abs. 2, wonach die elterliche Sorge nicht vor Ablauf eines Jahres seit ihrer Entziehung wiederhergestellt werden darf).

aa) **Ermahnungen** sollen den Obhutinhabern Mängel und Risiken ihres Vorgehens vor **21** Augen führen. Sie sind unabhängig von den Erfolgsaussichten auszusprechen (HEGNAUER/BREITSCHMID, N 21.15 zu Art. 172), da sie jedenfalls nicht schädlich sind, sollen aber immer dann ausgesprochen werden, wenn die Angesprochenen guten Willens und zur Anpassung ihres Verhaltens fähig sind. Die Ermahnung hat eher **empfehlenden** Charakter, was aber die Akzeptanz erleichtern kann.

bb) **Weisungen** unterscheiden sich von der Ermahnung kaum in der sachlichen Stoss- **22** richtung, sondern – von den Adressaten wohl nur teilweise verspürt – in der verbindlicheren Formulierung, welche indes mit Androhung der *Ungehorsamsstrafe* (Art. 292 StGB) unterstrichen werden kann (BGE 90 IV 81 f., gemeinsame Ferien des besuchsberechtigten Vaters mit Freundin und 14-jährigem Sohn betreffend; ZVW 1978, 151). *Ermahnungen und Weisungen* können sich auf ein **konkretes Tun oder Unterlassen** richten: etwa periodische Berichterstattung gegenüber Vormundschafts-, Fürsorgebehörden oder Jugendsekretariat über den Gang der Entwicklung; Einblick in Unterlagen bzw. Auskunft über konkrete Vorgänge; Durchführung einer Therapie; Pflicht zur Ausübung des Besuchsrechts bzw. konkreter Ablauf der Besuche (dazu BK-HEGNAUER, Art. 275 N 110 ff.). – Dabei ist die Abgrenzung zur

cc) **Überwachung** fliessend, wo die Eltern zwar ihre Rechte und Pflichten nach wie vor **23** *autonom ausüben,* aber darin von der Behörde *laufend beaufsichtigt* werden (sog. **Erziehungsaufsicht;** vgl. BIDERBOST, 452 ff.; BK-HEGNAUER, aArt. 283 N 124 ff.; HEGNAUER, ZVW 1978, 134 f.; HINDERLING/STECK, 429; STETTLER, SPR III/2, 502; ferner zur *jugendstrafrechtlichen Erziehungshilfe* REHBERG, 204), was aber in der Intensität noch **nicht einer Beistandschaft** i.S.v. Art. 308 entspricht (Art. 308 N 2), wo dem Obhutsinhaber zumindest Teile seiner Befugnisse insofern *entzogen* werden, als eine Zusammenarbeits*pflicht* mit dem Beistand besteht (nach GULER, ZVW 1995, 55, 57, wird aber zumindest faktisch die elterliche Sorge auch durch solche Anordnungen nach Art. 307 Abs. 3 beschränkt). Die **Überwachung obliegt der Vormundschaftsbehörde** (Art. 314/314a N 3; Art. 315/315a/315b N 1), welche diese meist dem Jugendsekretariat überträgt (zur *Auswahl des Betreuers* – i.d.R. einem **Sozialarbeiter** – s. Art. 314/314a N 3); dieses kann das Vorgehen (anders als dort, wo es von den Beteiligten nach Art. 302 Abs. 3 direkt angegangen wird) nur beschränkt nach eigenem Befinden gestalten (BGE 51 II 96; 56 II 10), da es sich um ein von der Vormundschaftsbehörde übertragenes und bis zu förmlicher Aufhebung fortbestehendes Mandat handelt (HEGNAUER, ZVW 1978, 136). Überwachung wie Weisungen (N 22) betreffen eher **punktuelle Anordnungen,** weshalb es ohnehin an einem eigenen Bereich konkretisierender Gestaltung fehlt, wie er dem Beistand zusteht (Art. 308 N 14; GULER, ZVW 1995, 57). Scheinen dem Überwachungsorgan schärfere Massnahmen geboten, hat es dies der auftraggebenden Behörde anzuzeigen.

dd) **Abgrenzung zu den Massnahmen nach Art. 308 ff.** (GULER, ZVW 1995, 56 ff.; **24** BIDERBOST, 452 ff.): Wo absehbar ist, dass mit keiner der genannten Anordnungen und auch nicht mit ihrer Kombination die gebotene Wirkung erreicht werden kann, sind die schärferen Behelfe von Art. 308, 310 bzw. 311 zu ergreifen (BGE 90 II 474 f.; 96 II 75 f.). Ob Weisung und/oder Überwachung genügend oder eine

Beistandschaft anzuordnen ist, hängt von der Intensität der Gefährdung, v.a. aber auch von der Kooperationsbereitschaft der Angesprochenen ab, da der Erziehungsaufsicht (N 22) imperative Befugnisse abgehen und sie lediglich durch ihre persönliche und fachliche Überzeugungskraft zu wirken vermag (wobei sogleich anzumerken ist, dass der Unterschied mehr terminologisch als praktisch bedeutsam ist und auch eine funktionierende Beistandschaft Kooperationsbereitschaft voraussetzt: Art. 308 N 2, 19).

3. Verfahren

25 a) Vgl. **allgemein** Art. 314 und 314a, zur **örtlichen Zuständigkeit** Art. 315/315a/315b N 17 ff., zur **sachlichen Zuständigkeit** (insb. der Abgrenzung scheidungsrichterlicher und vormundschaftsbehördlicher Zuständigkeit) Art. 315/315a/315b N 3, 7 ff., 10 ff.

26 b) **Rechtsmittel:** Jedes vormundschaftsbehördliche Handeln (bzw. das Nicht-Handeln bzw. nicht-förmliche Handeln) ist durch *Vormundschaftsbeschwerde* i.S.v. Art. 420 überprüfbar. Obwohl nach der im Zuge der Scheidungsrevision erweiterten Fassung von Art. 44 lit. d OG (bzw. dazu die Botschaft, Ziff. 261) alle *Kindesschutzmassnahmen berufungsfähig* wurden (und damit die *Beschwerde in Zivilsachen* nach Art. 72 ff. BGG offen steht), bilden Entscheide, die gestützt auf Art. 307 ergehen – bzw. generell verfahrensleitende Anordnungen betr. Untersuchungshandlungen (N 16) –, *nicht End*entscheide im Sinne von Art. 48 OG bzw. nunmehr Art. 90 BGG (vgl. Stettler, SPR III/2, 531; die Abgrenzung kann im Einzelnen allerdings zu Diskussionen Anlass geben: vgl. Art. 310 N 26), weshalb die Voraussetzungen von Art. 91–94 BGG zu beachten sind. Zu den Kriterien strenger Beschränkung der *Ermessensüberprüfung* im Rahmen der ehemaligen *staatsrechtlichen Beschwerde* s. BGE 109 Ia 305 (wo allerdings Aufrechterhaltung einer Ausserehelichenvormundschaft nach Stabilisierung der Mutter lediglich zum Zweck, einen plötzlichen Milieuwechsel des Kindes zu verhindern, als unverhältnismässig qualifiziert wurde).

III. Massnahmen gegenüber Pflege- und fremduntergebrachten Kindern (Abs. 2)

27 Pflegeeltern **vertreten** aufgrund von Art. 300 die Eltern in der **Ausübung der elterlichen Sorge** (Art. 300 N 1), ohne deswegen ein (autonomes) Obhutsrecht zu haben (BGE 128 III 9; Art. 310 N 6). Sie nehmen dadurch im Alltag und bei der Entwicklung des Kindes eine wichtige Stellung ein, weshalb ihre Betreuungstätigkeit in gleicher Weise wie jene der leiblichen Eltern der behördlichen Überwachung bedarf. Dies gilt umso mehr, als das bei Pflegeeltern untergebrachte Kind meist bereits eine konkrete Gefährdungslage durchlaufen hat, welche zum Obhutsentzug führte (Art. 310) oder familiäre Belastungen die freiwillige Fremdunterbringung (Art. 310 N 21) erforderten. Soweit Dritte das Kind nur vorübergehend und ohne förmliche Regelung des Pflegeverhältnisses betreuen (zum weiten Begriff Art. 300 N 2 f.; s. aber *zur Bewilligungspflicht und Überwachung von Pflegeverhältnissen* Art. 316 N 1, 4 ff., im Adoptionsvorfeld Art. 264 N 8, Art. 268 N 2), schliesst dies Massnahmen ihnen gegenüber nicht aus, auch nicht gegenüber dem ausserhalb der häuslichen Gemeinschaft der Eltern lebenden (Art. 301 N 9 f.) Kind (N 19 a.E.).

IV. Internationale Verhältnisse (bez. Kindesschutzmassnahmen im Allgemeinen)

28 Für den Schutz von Minderjährigen gilt aufgrund von Art. 85 Abs. 1 IPRG **erga omnes** (also nicht nur gegenüber den Vertragsstaaten) in Bezug auf die *Zuständigkeit* der schweizerischen Gerichte oder Behörden, das *anwendbare Recht* und die *Anerkennung* ausländischer Entscheidungen oder Massnahmen das *Haager Übereinkommen vom 5.10.1961 über die Zuständigkeit der Behörden und das anzuwendende Recht auf dem Gebiet des Schutzes von Minderjährigen* (**MSA**). Zur Grundstruktur des MSA s. Art. 273 N 23 ff. sowie die IPRG-Kommentare zu Art. 85 IPRG. Zu beachten ist, dass der Begriff der «Schutzmassnahme» gemäss Art. 1 MSA einen gegenüber den Art. 307 ff. *weiter gefassten* Bereich abdeckt und auch Kindeszuteilung und Regelung des persönlichen Verkehrs umfasst (vgl. BSK IPRG-SCHWANDER, Art. 85 N 24 f.).

Hervorzuheben ist der Grundsatz der **Aufenthaltszuständigkeit:** Massgeblich ist der **29** *gewöhnliche Aufenthalt* (i.S.v. Art. 1 MSA: minimale soziale Integration durch Beziehungen zu Familienangehörigen oder Schulbesuch; BGE 110 II 122 E. 3); s. zu Ausnahmen bez. der *Heimatzuständigkeit* Art. 4 MSA, bez. *Gefährdungs- und Eilzuständigkeit* Art. 8 f. MSA (zum Vorrang des *Wohnsitzprinzips* im internen Recht Art. 315/315a/315b N 17 ff.). Art. 2 MSA bestimmt den **Gleichlauf von Zuständigkeit und anwendbarem Recht** (mithin Anwendbarkeit des materiellen Rechts am Ort der zuständigen Behörde). Art. 3 MSA regelt die **Anerkennung von ex lege-Verhältnissen des Heimatrechts** (von Gesetzes wegen einem Elternteil zustehende elterliche Sorge). Zur **gegenseitigen Anerkennung** von Entscheiden und Massnahmen s. Art. 7 MSA; bei Wohnsitzwechsel des Kindes hat ein **Meinungsaustausch** unter den beteiligten Behörden zu erfolgen (Art. 10 f. MSA).

Unter das **MSA** fällt nicht nur der **Schutz der Person,** sondern auch des **Vermögens.** **30** Der Vermögensschutz berührt indes **nicht Unterhaltsfragen** (dazu Vorbem. zu Art. 276– 295 N 9 ff.), obwohl der Schutz des laufenden Unterhalts für das Kindeswohl zentral ist und deshalb der Einbezug von *Unterhaltsschutzmassnahmen* (Art. 291 f.) unter die Regeln des MSA vertreten wird, wo dieses dem Minderjährigen die bessere Durchsetzung im internationalen Verhältnis erlaubt (BSK IPRG-SCHWANDER, Art. 85 N 57 a.E.; C. SCHMID, AJP 2002, 1325 ff.; BUCHER, SZIER 2003, 407 ff.).

An *Spezialfragen* sei hingewiesen auf die dem MSA vorgehenden Regeln in **Kindesent-** **31** **führungsfällen** (insb. durch das **HEntfÜ**: IPRG-Kommentar-SIEHR, Art. 85 N 57 ff.; BSK IPRG-SCHWANDER, Art. 85 N 70 ff.; ABT, Der ordre public-Vorbehalt des Haager Übereinkommens über die zivilrechtlichen Aspekte internationaler Kindesentführungen, AJP 1997, 1079; KUHN, «Ihr Kinderlein bleibet, so bleibet doch all» – neuere schweizerische Rechtsprechung zum Haager Kindesentführungsübereinkommen, AJP 1997, 1093 ff.; MARKUS, Beschleunigungsgebot und Berufungsfähigkeit bei Kinderrückgabeentscheidungen nach Haager Übereinkommen, AJP 1997, 1085 ff.; RUSCA-CLERC, La convention de La Haye sur les aspects de l'enlèvement international d'enfants, AJP 1997, 1072 ff.; K. SCHWEPPE, Kindesentführungen und Kindesinteressen – Die Praxis des Haager Übereinkommens in England und Deutschland, Frankfurter Diss., Münster 2001), welche in der Praxis deshalb zu *Schwierigkeiten* führen, weil die *Verfahrensdauer* über alle Instanzen bezogen auf den kindlichen Zeithorizont bzw. die (auch schulische) Integration oft ein fait accompli schafft, weshalb es sich um einen der tragischen Fälle handelt, wo Rechtsmittelerhebung gewissermassen zur anwaltlichen Sorgfaltspflicht gehört. Hier setzen die geplanten gesetzgeberischen Massnahmen an (BBl 2006 ...). Man hat sich indes *konsequent am Gedanken zu orientieren, dass der Sorgerechts(abände-rungs)streit am Forum des bisherigen Aufenthalts auszutragen ist* (auf welchen sich auch der in die schweizerische «Heimat» zurückgekehrte schweizerische Elternteil über meist längere Zeit durch die dortige Begründung einer Beziehung «eingelassen» hatte und welcher in der Regel – je rascher die Rückführung erfolgt – auch für das Kind [noch] zumutbar ist), wo auch alle begleitenden Abklärungen zu treffen sind. Sinn und Geist des Abkommens verlangen, dass nicht nur ein Rückführung*entscheid* ergeht, sondern dieser auch *vollstreckt* werden kann; das Filibustern gegen die Rückführung setzt sich nämlich regelmässig im Vollstreckungsverfahren fort und ist vom BGer in einem fünf Jahre nach Verbringen der ehelichen Tochter von den USA in die Schweiz ergangenen Entscheid insoweit geschützt worden, als das BGer die Anwendung der Grundsätze des HEntfÜ im Vollstreckungsverfahren abgelehnt hat (5P.160/2001, 13.9.2001, zu Recht in allen Punkten eindringlich kritisiert von A. BUCHER, AJP 2002, 471 ff., mit Rücksicht auf den Umstand, dass die im Zeitpunkt des Verbringens in die Schweiz 4½-jährige Tochter als nunmehr 9½-jährige bis zum Entscheid ununterbrochen in der schweizerischen [Stief-]Familie gelebt hatte, im konkreten, singulären Fall nachvollziehbar, wenn auch in hohem Masse unbefriedigend). Da die Vollstreckung des Rückführungsentscheides Sache kantonalen Zivilprozessrechts ist, war es einer Mutter zweier Kinder möglich, letztere durch ständigen Wechsel des Aufenthaltsortes in versch. Kantonen der Rückführung nach Australien zu entziehen (BGE 130 III 530; Gefährdung des Kindeswohls durch labile Verhältnisse).

31a   An die Glaubhaftmachung von *Ablehnungsgründen* nach Art. 13 HEntfÜ sind *erhöhte Anforderungen* zu stellen und es ist im Zweifel die Rückführung anzuordnen (SIEHR, Münchener Komm. zum BGB, Erg.Bd. zur 2. Aufl., München 1991, N 55 zu Art. 19 EGBGB Anh. II) bzw. wären (trotz grundsätzlicher Abänderbarkeit von Rückführungsentscheiden: BGE 5P.454/2000, 16.10.2001, E. 2) an das Vorliegen triftiger Gründe zu einer Anpassung strenge Massstäbe anzulegen. Allein wirtschaftliche, erzieherische Nachteile oder Integrationsschwierigkeiten können nicht als Ablehnungsgründe gelten. Vielmehr wären solche zu bejahen, wenn eine Rückführung körperliche oder seelische Nachteile zur Folge haben könnte, was aber konkret zu substanzieren wäre, insbesondere auch bez. Fehlens einer wirksamen Intervention auf Seiten der lokalen Behörden (BGE 5P.71/2003, 27.3.2003, ZVW 2003, 154 f.). Entsprechend ist eine *Anhörung des Kindes* trotz seiner nach Art. 13 Abs. 2 HEntfÜ bestehenden Möglichkeit, sich der Rückführung zu widersetzen, nur anzuordnen, wenn sich davon nach der konkreten Sachlage Klärung der für ein Massnahmeverfahren massgeblicher Aspekte erwarten lässt (vgl. BGE 125 III 301 zur Frage, ob bei hiesigem Entführungsaufenthalt überhaupt eine Massnahmezuständigkeit nach MSA bestehe; s. auch BGE 131 III 334 E. 5.1 f. betr. Würdigung der Aussagen des Kindes, Berücksichtigung des Alters; krit. dazu BUCHER, AJP 2005, 106 ff.). Vgl. aus der *Praxis* allg. ZR 1989 Nr. 24; bei hiesigen (Abänderungs-)Verfahren ist zu vermeiden, dass mit einer Entführung *in* die Schweiz hier ein (ordentliches) Forum geschaffen wird (ZR 1991 Nr. 22), und es geht nach Art. 16 HEntfÜ ein entsprechendes Verfahren einem Massnahmeentscheid vor (ZR 1997 Nr. 54). Falls Mitgliedstaaten des HEntfÜ ohne fundierte Begründung keinerlei Anstalten zur Beschleunigung bzw. Durchsetzung eines entspr. Gerichtsurteils unternehmen, so verstösst dies gem. EGMR gegen das Recht auf Achtung des Familienlebens nach. Art. 8 EMRK. Deshalb sind die Staaten verpflichtet alle notwendigen Massnahmen zu ergreifen, um eine Rückführung zu beschleunigen und einer weiteren Entfremdung von Kind und Elternteil entgegenzuwirken. Der entführende Elternteil kann sich hingegen nicht auf Art. 8 EMRK berufen (EGMR 15.12.2005 bzw. EGMR 6.12.2005, ius.full 2006, 40 f.; betr. die Schweiz s. Schlussbericht der Eidg. Experten-Kommission über den Kinderschutz bei Kindesentführungen, Bern 2005, insbes. Entwurf eines Bundesgesetzes über internationale Kindesentführungen, BBl 2006 ...). – Zur *Abgrenzung gegenüber Art. 183 Ziff. 2 StGB* s. BGE 126 IV 221: strafrechtlich steht das Obhuts- und Aufenthaltsbestimmungsrecht des Sorgerechtsinhabers im Vordergrund.

32   Zum (zunehmend häufigeren) Spezialfall des in der Schweiz lebenden **unbegleiteten Flüchtlingskindes,** welches des Schutzes der hiesigen Aufenthaltsbehörden (nach Kriterien des MSA) bedarf (Art. 20 UN-KRK; Art. 17 AsylG, Art. 7; AsylVO I) s. COSSY, Le statut du requérant d'asile mineur non accompagné dans la procédure d'asile, Diss. Lausanne 2000; HEGNAUER, ZVW 1985, 109; LÜCKER-BABEL, La garantie des droits des mineurs migrants par les conventions internationales et la législation interne suisse, ZVW 1998, 58 ff.; UNHCR, Richtlinien über allgemeine Grundsätze und Verfahren zur Behandlung asylsuchender unbegleiteter Minderjähriger, April 1997; VPB 69.52, 29.10.2004; RRE BE, ZVW 1996, 1 ff.; VB Biel, ZVW 1996, 20; RR SG ZVW 1997, 8 ff.

Art. 308

II. Beistand-schaft **1. Im Allgemeinen**	**¹ Erfordern es die Verhältnisse, so ernennt die Vormundschafts-behörde dem Kind einen Beistand, der die Eltern in ihrer Sorge um das Kind mit Rat und Tat unterstützt.** **² Sie kann dem Beistand besondere Befugnisse übertragen, namentlich die Vertretung des Kindes bei der Wahrung seines Unterhaltsanspruches und anderer Rechte und die Überwachung des persönlichen Verkehrs.** **³ Die elterliche Sorge kann entsprechend beschränkt werden.**
II. Curatelle 1. En général	¹ Lorsque les circonstances l'exigent, l'autorité tutélaire nomme à l'enfant un curateur qui assiste les père et mère de ses conseils et de son appui dans le soin de l'enfant. ² Elle peut conférer au curateur certains pouvoirs tels que celui de représenter l'enfant pour faire valoir sa créance alimentaire et d'autres droits, ainsi que la surveillance des relations personnelles. ³ L'autorité parentale peut être limitée en conséquence.
II. Curatela 1. In genere	¹ Se le circostanze lo richiedono, l'autorità tutoria nomina al figlio un curatore, perché consigli ed aiuti i genitori nella cura del figlio. ² L'autorità tutoria può conferire al curatore speciali poteri, segnatamente la rappresentanza del figlio per salvaguardarne il diritto al mantenimento o diritti d'altra natura e la vigilanza delle relazioni personali. ³ L'autorità parentale può essere corrispondentemente limitata.

Literatur

Vgl. die Literaturhinweise zu Art. 307 sowie (bez. der Besuchsrechtsbeistandschaft, Abs. 2) zu Art. 273, ferner: BIDERBOST, Die Erziehungsbeistandschaft, Diss. Freiburg i.Ü. 1996; DI BISCEGLIA, Die Kindesschutzmassnahmen nach Art. 307, 308 und 310 ZGB und ihre einschränkende Wirkung auf die elterliche Gewalt, Diss. Basel 1979; CHESEAUX, Mauvais traitements envers les enfants, Liens entre aspects médicaux et aspects civil et pénal, ZVW 2002, 18 ff.; FELDER/ HAUSHEER, Drittüberwachtes Besuchsrecht: Die Sicht der Kinderpsychiatrie. Zum BGE 119 II 201, ZBJV 1993, 698 ff.; GULER, Ausgewählte Fragen zur Regelung des Besuchsrechts, ZVW 1984, 98 ff.; DERS., Die Beistandschaft nach Art. 308 ZGB (ohne die Themen: Wahrung des Unterhaltsanspruches und Überwachung des persönlichen Verkehrs), ZVW 1995, 51 ff.; HEGNAUER, Zum Verhältnis der Überwachung der Erziehung gemäss Art. 307 Abs. 3 und der Erziehungsbeistandschaft gemäss Art. 308 ZGB, ZVW 1978, 133 ff.; DERS., Vormundschaftliche Hilfe für Flüchtlinge – Beistandschaft, ZVW 1985, 108 ff.; DERS., Wer ist zur Anordnung der Besuchsrechtsbeistandschaft (Art. 308 Abs. 2 ZGB) für das Scheidungskind zuständig?, ZVW 1991, 145 ff.; DERS., Die Wahrung der Kindesinteressen im Scheidungsprozess, AJP 1994, 888 ff.; DERS., Verwaltung der Einkünfte des Kindes durch Erziehungsbeistandschaft (Art. 308) oder Kindesvermögensbeistandschaft (Art. 325 ZGB)?, ZVW 1995, 47 ff.; DERS., Die Vormundschaftsbehörde und der begleitete persönliche Verkehr, ZVW 1996, 51 ff.; HINDERLING/STECK, 425 ff.; KS der Justizdirektion des Kantons Zürich vom 1.11.1982 betreffend Beistandschaften für ausserhalb der Ehe geborene Kinder gemäss Art. 309 ZGB und Art. 308 Abs. 2 ZGB, ZVW 1983, 28 ff. (zit. KS ZH); Mustersammlung zum Adoptions- und Kindesrecht, hrsg. von der Konferenz der kant. Vormundschaftsbehörden VBK, 4. Aufl. Zürich 2005, Nr. 523 (zit. Mustersammlung); PORTMANN, Der Beistand/Vormund – Vollstrecker der richterlichen Entscheide oder Familienbetreuer?, in: Duss-von Werdt (Hrsg.), Kindeszuteilung, Zürich 1985, 73 ff.; SCHNEIDER, Situation juridique des enfants de concubins, ZVW 1981, 121 ff.; STECK, Kinder mit psychisch kranken Eltern – Die Auswirkung psychisch kranker Eltern auf die Psyche ihrer Kinder und Jugendlichen; mögliche therapeutische und soziale Massnahmen, ZVW 2002, 1 ff.

I. Charakteristika der Beistandschaft im Allgemeinen

1   Wo die **Verhältnisse es erfordern** – mithin die Anordnungen von Art. 307 und insb. dessen Abs. 3 (dort N 17 ff.) nicht genügen – ernennt die Vormundschaftsbehörde dem Kind einen **Beistand,** ausser die *Behörde selbst* treffe eine punktuelle Anordnung (z.B. Erteilung einer Zustimmung: BGE 86 II 206, 211 m.Nw.; TUOR/SCHNYDER/SCHMID, 351; GULER, ZVW 1995, 63; HENKEL, BTJP 1977, 105). Der Beistand soll die Eltern – werden ihm nicht *besondere Befugnisse* i.S.v. Abs. 2 (N 6 ff.) übertragen – in ihrer Sorge um das Kind *mit Rat und Tat unterstützen* (sog. *Erziehungsbeistandschaft,* Abs. 1).

2   Die **Beistandschaft** zielt – im Gegensatz namentlich zur *Erziehungsaufsicht* (N 5; Art. 307 N 22) – nicht auf blosse Empfehlung und Begleitung, sondern auf **aktives, autoritatives** und **kontinuierliches Einwirken** auf die Erziehungsarbeit der Eltern und das Gebaren des Kindes. Alle Beteiligten sind zur **Zusammenarbeit** mit dem Beistand **verpflichtet** und die **elterliche Sorge** ist insofern **beschränkt** (Abs. 3, N 20 ff.; HEGNAUER, Kindesrecht, N 27.24; STETTLER, SPR III/2, 505; offener HINDERLING/STECK, 429 Anm. 11c a.E., und GULER, ZVW 1995, 55, 57, 61 f., bez. der Abgrenzung von Erziehungsaufsicht und Erziehungsbeistandschaft; aus praktischer Sicht die *Beistandschaft favorisierend* PORTMANN, 75). Wo sich die betreute Person der Beistandschaft konsequent widersetzt, ist allerdings fraglich, ob deren Anordnung ihren Zweck erfüllt oder ob die Ressourcen anderweitig nicht sinnvoller eingesetzt werden könnten (AFFOLTER, ZVW 2003, 297 f.). Der Beistand ist dabei im Rahmen der Umschreibung seines Auftrags (N 6) in den konkreten Anordnungen frei. Unabhängig vom konkreten Auftrag *erfordert Erfolg mehr Überzeugungskraft denn Befehle,* insb. dort, wo elterliche Zuneigung und Bereitschaft fehlen, sich dem Kind und seinen Problemen zu widmen.

3   Der **Beistand** hat seine Aufgabe i.d.R. **persönlich auszuüben** (BIDERBOST, 431 ff.), um **Kind und Eltern** als **vertraute Ansprechperson** (N 4) dienen zu können. Immerhin ist analog Art. 398 Abs. 3 OR – wo nach der Natur der konkreten Vorkehr der Beizug von Hilfspersonen zweckmässig erscheint (z.B. u. N 15) – der Beizug Dritter möglich, wobei Behörde bzw. Beistand alsdann für gehörige Auswahl, Instruktion und Überwachung zu sorgen haben (vgl. Art. 399 Abs. 2 OR).

II. Erziehungsbeistandschaft (Abs. 1)

4   Die Erziehungsbeistandschaft als **allgemeinste Form** einer Beistandschaft i.S.v. Art. 308 soll durch ambulante, aber kontinuierliche Behandlung **erzieherische Missstände abbauen** durch Kontakt mit Eltern und Kind. Instrumente sind **Vermittlung, Anleitung und Weisung** gegenüber Eltern (und unter ihnen), dem Kind und Dritten. Das elterliche oder familiäre Umfeld bleibt erhalten, soll aber durch stete persönliche Kontakte (insb.

auch Hausbesuche) **beobachtet** werden. Der Beistand ist **Vertrauens- und Ansprech-person aller Beteiligten** und soll insb. auch zum Kind eine tragfähige Beziehung auf-bauen (in welchem Rahmen er nach BIDERBOST, 275 ff. bei Dringlichkeit oder im Rah-men allgemeiner Interessenwahrung das Kind auch *vertreten* soll; enger GULER, ZVW 1985, 61, der jegliches «Tun» nur nach Absprache und im Einverständnis mit den Eltern zulässt; ebenso JORIO, [zit. Art. 296] 83 ff., der bez. Abs. 1 von «partnerschaftlichem» im Gegensatz zum die elterliche Sorge «beschränkenden Beistand» in Abs. 3 spricht). **Hilfe geht vor Aufsicht** und hat auf familiäre Eigenheiten religiöser, kultureller oder sozialer Natur Rücksicht zu nehmen (vgl. Art. 307 N 6). Wo allerdings statt einer Stabili-sierung des Umfelds eine Neuorientierung geboten ist (die Eltern bzw. der Obhutsinha-ber z.B. einer einnehmenden Sekte angehören: Art. 303 N 6), reicht eine Erziehungsbei-standschaft nicht aus.

Die **Erziehungsbeistandschaft unterscheidet** sich – beschränkt sie sich strikt auf Rat   **5** und Tat – kaum von einer funktionierenden **Erziehungsaufsicht** (N 2; Art. 307 N 22 ff.), welche ebenfalls «Einmischung» in das familiäre Geschehen voraussetzt (BIDERBOST, 455 f.). Welche dieser beiden funktional gleichartigen Anordnungen getroffen wird, hängt von der Kooperationsbereitschaft der Beteiligten ab; es mag den Empfehlungen eines Beistands insb. dann höheres Gewicht zukommen, wenn man ihm (mit BIDERBOST, 277 ff.; s. zur einschränkenderen Lehre soeben N 4) eine **beschränkte Vertretungs-befugnis** zugesteht, was m.E. (nebst der Dringlichkeitsvertretung) in **allgemeinen Er-ziehungsbelangen** (z.B. Vereinsmitgliedschaft, Musikkurse, Freiraum bez. Anschaffun-gen aus angespartem Taschengeld etc.) zutrifft. Wo nicht ein (Teil-)Entzug der elterlichen Sorge erfolgt (Abs. 3, N 20 ff.), führt dies zu einer **konkurrierenden Zuständigkeit des Beistands neben dem Inhaber der elterlichen Sorge** (HEGNAUER, Kindesrecht, N 27.24; GULER, ZVW 1995, 63), weshalb der Beistand z.B. einen *Unterhaltsvertrag ohne Zustimmung der Inhaberin der elterlichen Sorge abschliessen* kann (RegRat BE, ZVW 1994, 165 ff.); die Auffassung, es werde durch die Anordnung einer Beistandschaft die Rechtsstellung der Eltern nur berührt, wenn ihre elterliche Sorge explizit beschränkt werde (etwa HINDERLING/STECK, 429 in Anm. 11c), vernachlässigt die **akzentuierte Zusammenwirkungs- bzw. Unterordnungspflicht** im Bereich konkurrierender Zustän-digkeit, welche den entscheidenden Unterschied zur Erziehungsaufsicht ausmacht (rich-tig ist allerdings, dass die Befugnisse der Eltern nicht über die für jegliche Erziehungsar-beit gebotene Rücksichtnahme auf die gesamten Umstände hinaus beschränkt werden, weshalb zur Anordnung aufgrund von Art. 315a Abs. 3 die Vormundschaftsbehörde auch beim Scheidungskind zuständig ist: vgl. HEGNAUER, ZVW 1991, 147, im Gegensatz zu BK-BÜHLER/SPÜHLER, aArt. 157 N 28 a.E.; Art. 315/315a/315b N 13).

III. Besondere Aufgaben (Abs. 2)

1. Im Allgemeinen

Erfordern es die Verhältnisse (Art. 4; Art. 307 N 4 ff.), so können dem Beistand **beson-   **6** dere Befugnisse** (in der Terminologie der *Revision des Scheidungsrechts* [Botschaft Ziff. 234.104.2] bzw. nun im Marginale zu Art. 147: «*Aufgaben*», was den *Pflichtcharak-ter* beiständlicher Befugnisse betont: BIDERBOST, 284 ff. und dort passim zum Folgen-den) übertragen werden (Abs. 2). Der **Inhalt des Auftrags** ist von der anordnenden Stelle (Vormundschaftsbehörde oder Gericht) **präzise festzulegen** (BGE 118 II 242; BK-HEGNAUER, Art. 275 N 121; GULER, ZVW 1995, 63 f.; HINDERLING/STECK, 431 mit Anm. 12e). Die Anordnungen können alle denkbaren Gefährdungen des Kindeswohls betreffen (Art. 307 N 17) und der Beistand ist zu allen geeigneten Vorkehren (Art. 307

N 19 ff.; u. N 11 f.) befugt; für einen *detaillierten Katalog* möglicher Anordnungen s. GULER, ZVW 1995, 64 f.; ferner zum Ganzen BIDERBOST, 284–358.

7   Die Übertragung besonderer Aufgaben schränkt die Pflicht aufgrund von Abs. 1, die Eltern in ihrer Sorge um das Kind mit Rat und Tat zu unterstützen, nicht ein (weshalb denn auch Beistandschaften nach Abs. 2 bzw. in Verbindung der beiden Absätze ebenfalls als *Erziehungsbeistandschaften* bezeichnet werden); die **Übertragung besonderer Befugnisse** bedeutet i.d.R. **keine Einschränkung** des Mandats, sondern umreisst lediglich den **Tätigkeitsschwerpunkt**, ohne dass deswegen in punktueller Sicht die umfassende Sorge für das Kindeswohl vernachlässigt werden soll (STETTLER, SPR III/2, 503; enger HEGNAUER, Kindesrecht, N 27.20, wonach sich die Beistandschaft «auf eine solche besondere Aufgabe beschränken» könne, was indes nur bei einer [seltenen!] punktuellen Störung zweckmässig erscheint und nicht einzig wegen der Anordnung einer nur auf Abs. 2 Bezug nehmenden Beistandschaft zu vermuten ist). Im Rahmen des spezifischen Auftrags stehen hingegen dem Beistand alle zur Durchsetzung gebotenen Behelfe zur Verfügung, und es konkurrieren seine Befugnisse mit jenen der Inhaber der elterlichen Sorge (s. N 5).

2. Vertretung des Kindes bei der Wahrung seines Unterhaltsanspruches

8   a) **Anwendungsfälle:** Die **Ausserehelichenbeistandschaft** nach Art. 309 (dort N 11) wird i.d.R. mit einer Beistandschaft zur Festsetzung des Unterhaltsanspruchs verbunden (Mustersammlung, Nr. 111.2; soweit nicht nach Art. 298 Abs. 2 i.V.m. Art. 368 eine Vormundschaft anzuordnen ist: Mustersammlung, Nr. 111.4; Art. 296 N 10); ebenso bei **Aufhebung der elterlichen Obhut** (Art. 310 N 18). Die Anordnung kann aber auch zur **Durchsetzung des Unterhaltsanspruchs** des unmündigen Kindes errichtet werden, wo der gesetzliche Vertreter dazu nicht in der Lage oder wegen Loyalität zum Unterhaltspflichtigen befangen ist (Art. 279 N 7; s. ferner Art. 287 N 4, Art. 290 N 5; BIDERBOST, 292 Anm. 118 m.Nw.); werden geeignete Schritte wegen *Kollision mit eigenen Interessen oder Verhinderung* unterlassen, so liesse sich auch eine Beistandschaft nach Art. 392 Ziff. 2 bzw. Ziff. 3 denken (**a.M.** STETTLER, SPR III/2, 337 f. und 510, der Art. 308 Abs. 2 als lex specialis erachtet); die terminologische Zuordnung ist indes ohne qualitative Bedeutung (in keinem Fall würde der Beistand nämlich Befugnisse ausüben, die ihm nicht zuständen: zu entsprechenden Problemen s. die Hinweise bei GULER, ZVW 1995, 58 f.) – entscheidend ist, *dass* eine Beistandschaft *errichtet* wird.

9   b) **Aufgabenbereich:** Die Beratung zielt in *allen Anwendungsfällen* vorab auf eine die unterhaltsrechtlichen Interessen wahrende, doch *einvernehmliche Regelung* durch Abschluss eines **Unterhaltsvertrags** (Art. 289; dort N 1); scheitert dies, ist die **Unterhaltsklage** (Art. 279; allenfalls verbunden mit vorsorglichen Massregeln gemäss Art. 281 ff.) zu erheben. Gegebenenfalls fällt auch die nachmalige **Durchsetzung von Urteil oder Vertrag** durch Vorkehren nach Art. 290 ff. (s. N 7), eine allfällige **Abänderung** (Art. 286) oder die **Stellung eines Strafantrags** (Art. 217 StGB; vgl. Art. 289 N 17 f.) in das Pflichtenheft (s. zum Ganzen BIDERBOST, 289 ff.; HEGNAUER, Kindesrecht, N 27.20; STETTLER, SPR III/2, 508). – Bei der *Ausserehelichenbeistandschaft* ist die Mutter zudem über die Notwendigkeit einer verbindlichen Unterhaltsregelung zu **beraten** (Art. 309 N 3) und es sind der oder die möglichen Beklagten und deren Aufenthaltsort durch *Befragen der Mutter* ausfindig zu machen.

10   c) Bei den Eltern des **Konkubinatskindes,** gelegentlich aber auch bei der **bewusst allein erziehenden Mutter** stösst die *im Falle von Art. 309* (dort N 5) *zwingende behörd-*

liche Intervention oft auf wenig Verständnis. Indes dürfte in einer funktionierenden, stabilen Konkubinatsbeziehung mit dem Willen zu gemeinsamer Sorge um das Kind (vgl. Art. 298a) Bereitschaft für den Abschluss eines Unterhaltsvertrags mit vormundschaftsbehördlicher Genehmigung (Art. 287) zu wecken sein; zur Pflicht der Mutter, dem Beistand den Schwängerer zu nennen, vgl. BK-HEGNAUER, Art. 261 N 67. Gelingt dies nicht, so sind Massnahmen zur Sicherung des Anspruchs gemäss Art. 308 Abs. 2 verhältnismässig (Abs. 1; für gewisse Ausnahmen BGE 111 II 2, 6; KS ZH, ZVW 1983, 28 ff.; Mustersammlung, Nr. 112.4). Ausserordentlich gute finanzielle Verhältnisse der allein erziehenden Mutter ändern daran (entgegen JPD SG, ZVW 2005, 226 ff.) nichts, da das Kind unabhängig von den Motiven der Mutter einen eigenen persönlichkeitsrechtlichen Anspruch hat, seinen Vater zu kennen und die ihm gegenüber bestehenden Ansprüche wahrzunehmen. Folgt man der westschweizer Auffassung, eine allein erziehende Mutter vermöge die Alleinverantwortung für das Kind auch in Unterhaltsbelangen zu tragen (ZVW 1985, 65; STETTLER, SPR III/2, 508 mit Anm. 40; strenger BGE 111 II 2, wonach «die Gefährdung des Kindeswohls schon in der Tatsache der ausserehelichen Geburt» liegt: a.a.O., 5), ist diese (i.d.R. durchaus zutreffende) Annahme *in jedem einzelnen Fall eingehend zu prüfen,* um eine dem Kindeswohl abträgliche *Überlastung der Mutter zu verhindern.*

3. Beistand zur Wahrung anderer Rechte

Eine Beistandsbestellung ist *immer* möglich, wo **bestimmte Aufgaben** zweckmässiger-   **11**
weise durch einen Beistand zu erfüllen sind. Der *präzisen Auftragsumschreibung* (N 6) kommt gerade bei nicht gesetzlich definierten Formen besondere Bedeutung zu. Denkbar sind (GULER, ZVW 1995, 63 ff.; BIDERBOST, 332 ff.; HINDERLING/STECK, 431 f. mit Anm. 12g) Anordnungen zum *Vollzug einer Weisung* nach Art. 307 Abs. 3 (dort N 22 f.; z.B. «Filter» gegen ungeeignete Geschenke oder Briefe: HINDERLING/STECK, 431 Anm. 12g), zu Fragen der Unterbringung und der Finanzierung beim *Obhutsentzug* (Art. 310), oder wenn die Eltern – nach diesbezüglicher Beratung, sofern es sich nicht um eine unaufschiebbare Angelegenheit handelt – eine unentbehrliche *Zustimmung oder Mitwirkung* verweigern (z.B. zu einer präventiven medizinischen Behandlung oder Operation, zu einer psychologischen/psychiatrischen Abklärung, zum Abschluss eines Lehrvertrags, zur Annahme einer Schenkung, zur Wahrnehmung von Persönlichkeitsrechten, bei Bürgerrechts- oder Versicherungsfragen; vgl. N 1), wo die Eltern bei der Verwaltung des Kindesvermögens (Art. 318 Abs. 1) auf die Entwicklung und Interessen des Kindes (Art. 301 f.) nicht angemessen Rücksicht nehmen (wo zwar nicht die Voraussetzungen von Art. 320 Abs. 2 vorliegen, aber *Neigung und Wunsch des Kindes* z.B. die Anschaffung eines Musikinstruments oder sonstige wirtschaftliche Massnahmen zur *Förderung besonderer Begabungen* nahe legen), usw.

Bereits unter dem alten Scheidungsrecht liessen sich zudem **scheidungsbegleitende**   **12**
(mithin *weniger der Überwachung* des persönlichen Verkehrs [dazu N 14 ff.] *als der Organisation und Verarbeitung der Trennung* dienende, auch präventive) Anordnungen diesem Zusammenhang zuordnen (s. allg. zur **Vertretung des Kindes im Scheidungsprozess** nunmehr Art. 146 f. und dort N 2 bzw. Botschaft Revision Scheidungsrecht, Ziff. 234.104.1; ferner bereits ZK-EGGER, Art. 392 N 38; HINDERLING/STECK, 432 Anm. 12h; HEGNAUER, AJP 1994, 888 ff.); effektiv geht es darum, in schwierigen Verhältnissen die vom Gericht in verschiedenen Stadien des Scheidungsprozesses je nur punktuell beurteilte Situation der Kinder durch deren *kontinuierliche Begleitung* in **Belangen des Alltags** (etwa bei Umzug und Schulwechsel, medizinischer und psychologischer Betreuung u.Ä.) sicherzustellen; dies ist möglich (BIDERBOST, 340 ff.; REUSSER, ZVW 1993, 58), obwohl der Beistand im Scheidungs*prozess* auch unter revidiertem Recht nur die

begrenzten Kompetenzen von Art. 147 Abs. 2 hat, welche indes mit Blick auf das Kindeswohl und nicht restriktiv zu deuten sind (vgl. HEGNAUER, ZVW 1995, 186), sondern Einsatz gerade bei solchen ausserprozessualen, die Lebensqualität prägenden **scheidungserleichternden** Vorkehren gebieten.

13   **Zur Vertretungsbeistandschaft bei Interessenkollision** zwischen Eltern und Kind s. Art. 306 Abs. 2 bzw. dort N 4 ff. sowie Art. 318 N 10 f. sowie MANDOFIA BERNEY, ZVW 1998, 129 passim.

4. Überwachung des persönlichen Verkehrs

14   Die **Besuchsrechtsüberwachung** bildet (wie in N 12 erwähnt) nur einen – allerdings praktisch bedeutsamen – Aspekt zur *Bewältigung der Trennung* von Kind und Eltern (beim ausserehelichen Kind, bei Obhuts- oder Sorgerechtsentzug) oder Scheidung der Eltern; sie ist anzuordnen, wo erhebliche, das Kindeswohl gefährdende *Auseinandersetzungen im Umfeld des Besuchsrechts* zu befürchten sind (BGE 108 II 372; ZR 1986 Nr. 27; BIDERBOST, 303 ff.; HAMMER-FELDGES, ZVW 1993, 23 f.; BK-HEGNAUER, Art. 275 N 108 ff., insb. N 118 ff.; HINDERLING/STECK, 430 mit Anm. 12b, 431 mit Anm. 12f; BK-BÜHLER/SPÜHLER, aArt. 156 N 321, 346 ff.; STETTLER, SPR III/2, 503 f.; Art. 147 Abs. 2). Der Beistand hat *im Rahmen der gerichtlich* (BK-HEGNAUER, Art. 275 N 31 ff.) *oder vormundschaftsbehördlich verbindlich festgelegten Besuchsordnung* die für einen reibungslosen Verlauf der einzelnen Besuche nötigen Modalitäten (BIDERBOST, 316 ff.; BK-HEGNAUER, Art. 273 N 105 ff.; o. Art. 273 N 10 ff.) so festzusetzen, dass **Spannungen abgebaut,** negative Beeinflussungen vermieden und die Beteiligten bei Problemen beraten werden (BK-HEGNAUER, Art. 275 N 124 ff.; Art. 273 Abs. 2 in der revidierten Fassung [Botschaft Revision Scheidungsrecht, Ziff. 244.1, 159]); eine *gewisse Flexibilität* aller Beteiligten ist für den Erfolg unabdingbar (u. N 16 a.E.). Ein adäquat begleitetes Besuchsrecht ist *für das Kind unschädlich* und auch bei problematischem Umfeld *für seine Persönlichkeitsentwicklung unabdingbar* (vgl. die Kritik von FELDER/HAUSHEER, ZBJV 1993, 698 ff., an BGE 119 II 201; differenzierter BGE 120 II 229): Es ist beim Besuchsrecht, das von unterschiedlichsten, teilweise dem direkten Einfluss der Beteiligten entzogenen Faktoren (Entwicklungsprozess des Kindes) abhängt, in Kauf zu nehmen, dass es steter Anpassung bedarf; eine «endgültige und dauerhafte Regelung» (Regeste Ziff. 2 zu BGE 119 II 201) ist nur im Idealfall möglich (Art. 133 N 10 f.), eine unbefristet angeordnete Beistandschaft zudem abänderbar (Art. 313 N 1; Art. 315/315a/315b N 12). – Es versteht sich, dass eine *Besuchsrechts*beistandschaft sich erübrigt, wo ein (auch nur rudimentäres) Besuchsrecht *gar nicht* angeordnet wurde (BGE 126 III 219), da der Beistand nicht eine nicht existierende Regelung herbeiführen kann (vgl. N 17); indes ist Gewicht darauf zu legen, dass *andere* Formen des persönlichen Verkehrs dennoch geeigneter Förderung bedürfen (nach BGE, a.a.O. 222 E. 2.c, konnte im konkreten Fall die Weiterleitung von Briefen von der Vormundschafts*behörde* besorgt werden), wobei sich fragt, ob nicht die Bezeichnung einer *bestimmten, individualisierten Person* als Ansprechpartner kontinuierlichen Kontakt erleichtern würde (teilw. krit. denn auch die Bespr. von EITEL, Jusletter 11.12.2000, und SCHNYDER, ZBJV 2001, 415, zustimmend hingegen KOBEL, Jusletter 3.7.2000).

15   Obwohl der Beistand seine Aufgaben grundsätzlich persönlich zu erfüllen hat (o. N 3) und den Beteiligten als Ansprechpartner dienen soll, können konkrete Aufgabenbereiche, die nicht unmittelbar der Betreuung des Kindes dienen (*Zuführung des Kindes zum Besuchsberechtigten, Anwesenheit bei Übergabe, ggf. Anwesenheit während der Besuche* usw.: Art. 273 N 16–19; BK-HEGNAUER, Art. 273 N 106 ff.; Empfehlungen des Amtes für Jugend- und Berufsberatung des Kts. Zürich, ZVW 1999, 21 ff.; BGE 5C.146/2004,

1.9.2004, ZVW 2004, 266), geeigneten Dritten delegiert werden; in Betracht kommen namentlich Vertrauenspersonen *beider* Eltern und – wo solche fehlen – sog. **begleitete Besuchssonntage** (HAMMER-FELDGES, ZVW 1993, 24). Diese Einrichtung verwirklicht mit relativ geringem (auch personellem) Aufwand ein Höchstmass an *Aufsicht* (z.B. bei Bedenken wegen allfälligem sexuellem Missbrauch: Art. 274 N 11 m.Nw; dazu auch FELDER/HAUSHEER, ZBJV 1993, 698 ff.), *Anleitung* (z.B. Kontaktnahme nach längerem Unterbruch der persönlichen Beziehungen, bei unklarer Befähigung des Besuchsberechtigten zu geeigneter Beschäftigung mit dem Kind oder bei Ungewissheit, ob er das Besuchsrecht überhaupt wahrnimmt) und *Entflechtung* verfeindeter Eltern (kein persönlicher Kontakt bei Übergabe).

Der Besuchsrechtsbeistand kann nicht nur im Hintergrund – bei Vorbereitung von Besuchen und Absprache von Terminen – wirken, sondern muss u.U. (zumindest während einer Übergangsfrist) die **einzelnen Kontakte von Besuchsberechtigtem und Kind begleiten,** und zwar auch an *Wochenenden* (HEGNAUER, ZVW 1996, 53 f.): Es geht mit Rücksicht auf Art. 8 Ziff. 2 EMRK nicht an, in heiklen Fällen die Besuchsrechtsausübung behördenseitig deshalb einzuschränken, weil Schutzvorkehren an Wochenenden geboten sind. Anderseits ist auch die Besuchsrechtsbeistandschaft – wie jede Kindesschutzmassnahme – insofern vorübergehender Natur, als sie zum massnahmelosen Normalzustand hinführen soll (Art. 307 N 8). Wo sich eine Normalisierung der Verhältnisse nicht abzeichnet, ist deshalb ein **Ausschluss des Besuchsrechts möglich** (Art. 273 N 19), in welchem Sinne der *Beistand* – bei entsprechender Umschreibung bzw. Ergänzung seines Auftrags – bei der nach Art. 315 f. zuständigen Behörde *Antrag stellen* kann. Vorweg sind aber *verhältnismässige mildere* Massnahmen zu prüfen, etwa bloss **feierabendliche Besuche/Treffen** von 2–3 Stunden, welche Kontaktaufnahme und -pflege erleichtern, ohne die Freiheit der Lebensgestaltung aller Beteiligten (namentlich auch des Kindes, welches sich mit zunehmendem Alter einem ausgedehnten Wochenendbesuchsrecht häufig verweigert) zu beeinträchtigen. **16**

Die Besuchsrechtsbeistandschaft darf nicht zu einer Delegation der behördlichen Verantwortung für den Entscheid über die Obhuts- und Besuchsrechtsregelung auf die mit der Durchführung solcher Massnahmen betrauten Stellen führen (STETTLER, SPR III/2, 504). Eine Massnahme darf auch nicht schon dort angeordnet werden, wo sie der blossen Bequemlichkeit zerstrittener Eltern dient, die hoffen, so jeglichen Kontakt untereinander meiden zu können, da ansonsten Behörden und Beistände gänzlich überfordert würden. Anzustreben wäre hingegen eine **Beratung der Eltern über die Bewältigung der Scheidungsfolgen,** welche möglicherweise durch die im Entwurf zur Scheidungsrevision (Art. 151 f. E [Botschaft Revision Scheidungsrecht, Ziff. 234.121 und 234.122]) vorgesehene Mediation und das Verfahren vor Familiengerichten hätte verbessert werden können; weiterhin wäre deshalb zu erwägen, den Eltern *Mahnung* (Art. 307 N 21; BK-HEGNAUER, Art. 275 N 110 ff.) zum Besuch von **Elternbildungskursen über die Scheidungsfolgenbewältigung** zu erteilen, um sie an Ansätze zu einer einvernehmlichen Lösung mit Respekt gegenüber den Anliegen aller Beteiligter heranzuführen. **17**

5. Kombinationen und Abgrenzungen

Die einzelnen **in Abs. 2 vorgesehenen Aufgabenbereiche** lassen sich untereinander und mit Abs. 3 (N 20) **kombinieren;** ebenso kann die Beistandschaft **Anordnungen nach Art. 307 verstärken** (Art. 307 N 24). Regelmässig wird eine **Ausserehelichenbeistandschaft** gemäss Art. 309 mit einer solchen zur Wahrung des Unterhaltsanspruchs verbunden (N 8). Bei der **Aufhebung der elterlichen Obhut** (Art. 310) sind sodann Unterhalts- **18** und Unterbringungsfragen durch die Vormundschaftsbehörde festzulegen, während dem Beistand nur die konkrete Abwicklung übertragen werden kann (Art. 310 N 8). Entspricht die Kombination der Massnahmen von Art. 307–310 einer tatsächlichen Entziehung der elterlichen Sorge gem. Art. 311, dann ist Letztere formell auszusprechen (BGE 5C.207/2004, 26.11.2004, ZVW 2005, 135 f.).

19 Zur **Abgrenzung** gegenüber den *Massnahmen nach Art. 307* s. N 5. Ob statt einer Beistandschaft die Obhut *aufgehoben* oder die *elterliche Sorge entzogen* werden soll (Art. 310 bzw. 311), hängt davon ab, ob das Kind im Umfeld der Eltern bzw. wenigstens unter deren (konkurrierenden: N 5) elterlichen Sorge belassen werden kann, was Kooperationsbereitschaft voraussetzt (Art. 307 N 24).

IV. Einschränkung der elterlichen Sorge (Abs. 3)

20 Wo die Anordnung einer Beistandschaft i.S.v. Abs. 1 und/oder 2 nicht genügt, kann die **elterliche Sorge «entsprechend beschränkt»** – mithin die konkurrierende Vertretungsmacht von Eltern und Beistand (o. N 5) ausgeschlossen – werden (BIDERBOST, 359 ff.; GULER, ZVW 1995, 65 f.; HEGNAUER, Kindesrecht, N 27.24). Die Beschränkung der elterlichen Sorge kann sich auf *Teile oder den gesamten* dem Beistand übertragenen Aufgabenbereich beziehen (worüber präzise Anordnungen zu treffen sind: N 6) und ist angezeigt, wo die **Eltern wenig kooperativ** sind und Gefahr besteht, dass sie die Anordnungen des Beistands unterlaufen. Der Entzug kann im Zeitpunkt der Anordnung der Beistandschaft oder später (als selbständige, aber eine Beistandschaft voraussetzende und insofern mit ihr untrennbar verbundene Massnahme: BIDERBOST, 383 f.) erfolgen (Art. 313 Abs. 1).

21 **Handeln die Eltern trotz Beschränkung** ihrer Befugnisse, so ist das Geschäft genehmigungsbedürftig und allenfalls unwirksam (Art. 38 f. OR; vgl. BIDERBOST, 390 ff.); zur Frage des Schutzes gutgläubiger Dritter s. BIDERBOST, 393 ff.

V. Rechtsmittel

22 Nach einer *Beschwerde* aufgrund von Art. 420 ZGB war gegen die Anordnung einer Beistandschaft gestützt auf Art. 308 ZGB (und Art. 325 ZGB), Art. 44 lit. d OG (in der Fassung der Scheidungsnovelle, dazu die Botschaft, Ziff. 261) die *bundesrechtliche Berufung zulässig* (was bez. der Anordnung einer Beistandschaft schon unter altem Recht galt; s. STETTLER, SPR III/2, 530 f.), nicht jedoch gegen die Bezeichnung des Beistandes (BGE 5C.216/2004, 19.11.2004, ZVW 2005, 137); unter dem BGG wird sich die Frage nur noch unter dem Kognitionsrahmen stellen.

Art. 309

2. Feststellung der Vaterschaft	¹ **Sobald eine unverheiratete Frau während der Schwangerschaft die Vormundschaftsbehörde darum ersucht oder diese von der Niederkunft Kenntnis erhält, wird dem Kind ein Beistand ernannt, der für die Feststellung des Kindesverhältnisses zum Vater zu sorgen und die Mutter in der nach den Umständen gebotenen Weise zu beraten und zu betreuen hat.**
	² **Die gleiche Anordnung trifft die Vormundschaftsbehörde, wenn ein Kindesverhältnis infolge Anfechtung beseitigt worden ist.**

³ **Ist das Kindesverhältnis festgestellt oder die Vaterschaftsklage binnen zwei Jahren seit der Geburt nicht erhoben worden, so hat die Vormundschaftsbehörde auf Antrag des Beistandes darüber zu entscheiden, ob die Beistandschaft aufzuheben oder andere Kindesschutzmassnahmen anzuordnen seien.**

2. Constatation de la paternité

¹ Dès qu'une femme enceinte non mariée en fait la demande à l'autorité tutélaire ou que celle-ci a été informée de l'accouchement, elle nomme un curateur chargé d'établir la filiation paternelle, de conseiller et d'assister la mère d'une façon appropriée.

² Elle prend la même mesure lorsque la filiation a été écartée à la suite d'une contestation.

³ Si la filiation est établie, ou si l'action en paternité n'a pas été intentée dans les deux ans qui suivent la naissance, l'autorité tutélaire décide, sur proposition du curateur, s'il y a lieu de lever la curatelle ou de prendre d'autres mesures pour protéger l'enfant.

2. Accertamento della paternità

¹ L'autorità tutoria, a richiesta della nubile gravida o tosto che sia informata del parto, nomina al nascituro o all'infante un curatore che provveda all'accertamento della filiazione paterna e consigli e assista la madre nel modo richiesto dalle circostanze.

² L'autorità tutoria prende la stessa misura qualora la filiazione sia stata tolta per contestazione.

³ Se la filiazione è stata accertata o se l'azione di paternità non è stata promossa entro due anni dalla nascita, l'autorità tutoria, su proposta del curatore, decide se si debba por fine alla curatela o ordinare altre misure per la protezione del figlio.

Literatur

Vgl. die Literaturhinweise zu Art. 307, ferner: BÜCHLER, Aussergerichtliche Abstammungsuntersuchungen – die neuen Bestimmungen des Bundesgesetzes über die genetische Untersuchungen beim Menschen (GUMG), ZVW 2005, 32 ff.; BK-HEGNAUER, aArt. 311; DERS., Die Beistandschaft für das ausserhalb der Ehe geborene Kind im neuen Kindesrecht, ZVW 1977, 122 ff.; DERS., Darf der Beistand von der Feststellung des Kindesverhältnisses zum Vater absehen?, ZVW 1979, 101 ff.; DERS., Darf der Beistand sich durch Drohungen des Vaters von der Erhebung der Vaterschaftsklage abhalten lassen?, ZVW 1980, 17 ff.; DERS., Die Beistandschaft für das ausserhalb der Ehe geborene Kind, in: Kindes- und Adoptionsrecht, Zürich 1981, 89 ff.; DERS., Zur Errichtung und Aufhebung der Beistandschaft für das ausserhalb der Ehe geborene Kind, ZVW 1982, 45 ff.; DERS., Posthume Feststellung des väterlichen Kindesverhältnisses, ZVW 1988, 103 ff.; DERS., Beistandschaft und Betreuung gemäss Art. 309 ZGB bei Frühtod des Kindes, ZVW 1992, 19 ff.; DERS., Aufgabe des Beistandes nach Art. 309, 308 Abs. 2 ZGB bei künstlicher Insemination einer unverheirateten Frau – Haftung des Arztes, ZVW 1995, 139 ff.; KS der Justizdirektion des Kantons Zürich vom 1.11.1982 betreffend Beistandschaften für ausserhalb der Ehe geborene Kinder gemäss Art. 309 ZGB und Art. 308 Abs. 2 ZGB, ZVW 1983, 28 ff.; MANDOFIA BERNEY, L'expertise en paternité sur demande privée, ZVW 1998, 129 ff.; Mustersammlung zum Adoptions- und Kindesrecht, hrsg. von der Konferenz der kant. Vormundschaftsbehörden VBK, 4. Aufl. Zürich 2005, Nr. 111.1–111.3, 111.9 (zit. Mustersammlung); SCHNEIDER, Situation juridique des enfants de concubins, ZVW 1981, 121 ff.; VON SETHE, Die Durchsetzbarkeit des Rechts auf Kenntnis der eigenen Abstammung aus der Sicht des Kindes, Diss. Münster, Berlin 1995.

I. Zweck der Ausserehelichenbeistandschaft

Besteht ein **Kindesverhältnis nur zur Mutter** – wenn eine *unverheiratete Frau ein Kind* **1** *zur Welt bringt* (Abs. 1) oder das *Kindesverhältnis infolge Anfechtung beseitigt* worden ist (Abs. 2) –, so ernennt die Vormundschaftsbehörde – auch gegen den Willen der Mutter (dazu OGer ZH ZVW 2005, 45 ff.) – dem Kind einen Beistand. Dieser hat *«für die Feststellung des Kindesverhältnisses zum Vater zu sorgen und die Mutter in der nach den Umständen gebotenen Weise zu beraten und zu betreuen»* (Abs. 1; BGE 121 III 4 E. 2.b: [bloss wirtschaftliche] Interessen des Erzeugers sind nicht zu berücksichtigen).

2   Die **Beratung der Mutter** hat klarzustellen, dass die *Begründung des Kindesverhältnisses zum Vater* für das Kind unter verschiedensten Gesichtspunkten *unentbehrlich* ist, insb. im Blick auf eine *stabile unterhaltsrechtliche Situation* (Art. 308 N 10), das *Erbrecht* des Kindes in der väterlichen Verwandtschaft und die *Beziehung* zu dieser überhaupt (N 4). Es trifft die Mutter insofern eine **Zusammenwirkungspflicht mit dem Beistand** (BK-HEGNAUER, aArt. 311 N 64 ff.).

3   Daneben ist aber auch die *Mutter selbst* über alle für ihre wirtschaftliche und persönliche Situation im Zusammenhang mit der Geburt des Kindes wichtigen Aspekte zu informieren (Umgang mit Arbeitgeber und Versicherungen, Betreuungsangebote durch Pflegeeltern und Krippen, Fürsorge-, Alimentenbevorschussungs- und Überbrückungsleistungen [Art. 293 N 3 ff.; Art. 295 N 6], allenfalls auch über die Freigabe zur Adoption [s. Art. 312 Ziff. 2; Art. 265a N 2; Art. 265b N 4; HEGNAUER, Kindesrecht, N 27.31] usw.).

4   Vor allem aber muss dem **Kind um seiner Persönlichkeit willen** die Möglichkeit verschafft werden, seinen (genetischen) **Vater zu kennen** (Art. 261 N 5; vgl. bez. der Mutterschaft Art. 252 N 11; HEGNAUER, Kindesrecht, N 27.30 m.Nw.; FELDER/HAUSHEER, [zit. zu Art. 308], ZBJV 1993, 698 ff.) und zu ihm in ein Rechtsverhältnis und in persönlichen Kontakt zu treten (N 2).

II. Errichtung und Aufgaben der Ausserehelichenbeistandschaft

1. Errichtung

5   Das **Eingreifen der Behörde** ist grundsätzlich in all den Fällen **zwingend,** wo nicht aufgrund von Art. 255 der Ehemann der Mutter als Vater vermutet wird bzw. diese Vermutung weggefallen ist (Abs. 2). Soweit im Gesetzeswortlaut *Freiwilligkeit* anklingt («sobald eine unverheiratete Frau … darum *ersucht»*: BK-HEGNAUER, aArt. 311 N 6 ff.), bezieht sich dies einzig auf die Beratung der Mutter bereits *während der Schwangerschaft.* Die *Niederkunft* wird der Vormundschaftsbehörde am Wohnsitz der Mutter aufgrund von Art. 50 Abs. 1 lit. a bzw. Abs. 2 lit. a ZStV durch den Zivilstandsbeamten mitgeteilt (BK-HEGNAUER, aArt. 311 N 10 ff.). Zwar ist die Beistandschaft von der Behörde zu errichten, sobald sie von der Tatsache ausserehelicher Geburt Kenntnis hat (BK-HEGNAUER, aArt. 311 N 15), doch wird heute in der Praxis den Eltern (bzw. der Mutter) eine Frist von *einem Monat* eingeräumt, um die Vaterschaft und die Unterhaltspflicht ohne Intervention eines Beistands zu regeln (Mustersammlung, Nr. 111.1 f.; ZVW 1983, 28 ff.); die Frist kann erstreckt werden, wo sich die Anerkennung wegen der Beschaffung von (ausländischen) Dokumenten verzögert (ZVW 1983, 29 f.), m.E. auch dann, wenn sonstige triftige Gründe vorliegen und die Eltern sich mit der Behörde über das konkrete Vorgehen verständigen. Insofern relativieren sich die von SCHWENZER (Die UN-Kinderrechtskonvention und das schweizerische Kindesrecht, AJP 1994, 817 ff., 823) mit Blick auf Art. 5 und Art. 18 Abs. 1 UN-KRK geäusserten Bedenken.

6   Die Anordnung einer Ausserehelichenbeistandschaft **erübrigt sich nur dort,** wo das Kind vor Tätigwerden der Behörde (insb. vor Geburt: CH ZVW 1998, 149 ff., **a.M.** SANDOZ) **anerkannt** wurde (BGE 107 II 312; HEGNAUER, ZVW 1982, 45; auch diese

Mitteilung erfolgt von Amtes wegen: Art. 50 Abs. 1 lit. c ZStV); ebenso dort, wo das Kind aufgrund von Art. 298 Abs. 2 einen Vormund erhält (wobei die Vormundschaft nach Mündigkeit der Mutter in eine Beistandschaft nach Art. 309/308 Abs. 2 umgewandelt wird: Mustersammlung, Nr. 111.4). Immerhin kann ausnahmsweise eine *Beistandschaft trotz Anerkennung* angezeigt sein, wo Letztere für das Kind *nachteilig* und daher anzufechten wäre (Art. 260a; BK-HEGNAUER, aArt. 311 N 16); ebenso dort, wo die *Ehelichkeitsvermutung* angefochten werden soll (Art. 256; Mustersammlung, Nr. 111.5). Auf den Wunsch der Mutter, auf die Herstellung des Kindesverhältnisses zum ausländischen Vater zu verzichten, da dieser das Kind entführen könnte, ist nicht einzugehen. Solche Interessen der Mutter sind nur ganz ausnahmsweise zu rechtfertigen (OGer ZH, ZVW 2005, 45 ff.; vgl. Bsp. bei HEGNAUER, ZVW 2001, 280 ff.).

2. Aufgaben

Die **Aufgaben** ergeben sich aus Zweck (N 1 ff.) und Voraussetzungen der Errichtung   **7**
(N 4 f.). Die **Feststellung der Vaterschaft** setzt *Abklärungen über die Person und die Verhältnisse des Erzeugers,* Verhandlungen mit diesem und der Mutter über einen *Unterhaltsvertrag* bzw. *Klageerhebung,* ggf. die Einholung der Zustimmung zur Adoption (N 3 a.E.) voraus. Im Unterhaltsprozess ist der Beistand *Vertreter des Kindes* (Art. 279 N 7), wenn ihm die Vormundschaftsbehörde bei der Bestellung die entsprechenden Befugnisse übertragen hat, was bei einer explizit gestützt auf Art. 309 i.V.m. Art. 308 Abs. 2 angeordneten Beistandschaft in der Bestellung enthalten ist (zur Notwendigkeit präziser Auftragsumschreibung Art. 308 N 6; konkret Mustersammlung, Nr. 111.2). Schliesst ein naturwissenschaftliches Gutachten einen Beklagten als Vater aus, so ist der Beistand (ohne dass deswegen ein Beendigungsgrund i.S.v. N 9 vorläge) auch zum *Rückzug der Klage* berechtigt.

Wo die **Mutter in ausserordentlich günstigen Verhältnissen** lebt, kann *ausnahmsweise*   **8**
von einer Regelung des *Unterhalts*anspruchs abgesehen werden (BGE 111 II 9 E. 4; ZVW 1983, 31; Art. 276 N 10; Art. 285 N 16; Art. 308 N 10; Mustersammlung, Nr. 112.4). Dass ein (bislang) **stabiles Konkubinat** besteht, entbindet hingegen *nicht* von verbindlicher Regelung der Unterhaltsfrage, da die moralische Verpflichtung und die möglicherweise lang dauernd faktisch stabilen Verhältnisse nichts daran ändern, dass im Krisenfall keine rechtlich durchsetzbare Verpflichtung besteht und der Vorgang insb. auch nicht – wie bei der Ehescheidung – zwingend gerichtlicher Mitwirkung bedarf (ZVW 1983, 31).

3. Beendigung bzw. Anpassung (Abs. 3)

Die Beistandschaft ist aufzuheben, sobald sie ihren **Zweck erfüllt** hat – mithin sowohl   **9**
Vaterschaft wie Unterhalt verbindlich geregelt wurden. Der Beistand hat entsprechenden Antrag zu stellen. Bei *Teilregelung* (Anerkennung ohne Unterhaltsregelung) ist die *Massnahme auf den verbleibenden Auftrag zu beschränken.* Vgl. Mustersammlung, Nr. 111.9 bzw. 111.10.

Konnte das Kindesverhältnis *binnen zwei Jahren seit der Geburt* **nicht festgestellt** wer-   **10**
den, so hat die Vormundschaftsbehörde auf Antrag des Beistands über das weitere Vorgehen zu befinden. Wo eine Vaterschafts- oder Unterhaltsklage noch hängig ist, hat die Behörde die Fortführung der Beistandschaft anzuordnen. Konnte eine **Klage noch gar nicht hängig** gemacht werden (etwa, weil die Mutter den Schwängerer nicht genannt hat: o. N 2; Art. 308 N 10), so hängt das Vorgehen von den Aussichten ab, ob Klage künftig noch erhoben werden könnte (HEGNAUER, ZVW 1982, 49 ff.). Gegebenenfalls ist

– gelangen der Behörde *neue Anhaltspunkte* zur Kenntnis – eine aufgehobene erfolglose *Massnahme erneut anzuordnen.*

4. Kombinationen (Abs. 3)

11 Die Schutzmassnahme der Ausserehelichenbeistandschaft *erschöpft sich nicht in der Feststellung der Vaterschaft* im gerichtlichen Verfahren bzw. durch Anerkennung, sondern verlangt insb. die **Regelung der unterhaltsrechtlichen Aspekte,** ggf. aber auch **sämtliche weiteren im konkreten Fall gebotenen Anordnungen** nach Art. 307 (dort N 18 ff.), 308 (dort N 6 ff., 11), 310 (dort N 3 ff.), ggf. auch Vorkehren im Blick auf eine allfällige Adoption (o. N 3 a.E.; Art. 312 Ziff. 2). Die Prüfung weiterer Massnahmen hat sowohl im Zeitpunkt der Anordnung, auf allfällige Zwischenberichte des Beistands hin (oder von Amtes wegen: HENKEL, BTJP 1977, 106) wie auch im Blick auf eine – nur teilweise – Aufhebung der Massnahme unter den jeweils gegebenen Umständen zu erfolgen.

5. Rechtsmittel

12 Vgl. Art. 308 N 22; eine Beschwerde in Zivilsachen ans BGer ist nach Art. 72 Abs. 2 lit. b Ziff. 6 BGG ebenso zulässig wie früher nach Art. 44 lit. d OG die Berufung.

Art. 310

III. Aufhebung der elterlichen Obhut	[1] Kann der Gefährdung des Kindes nicht anders begegnet werden, so hat die Vormundschaftsbehörde es den Eltern oder, wenn es sich bei Dritten befindet, diesen wegzunehmen und in angemessener Weise unterzubringen.

[2] Die gleiche Anordnung trifft die Vormundschaftsbehörde auf Begehren der Eltern oder des Kindes, wenn das Verhältnis so schwer gestört ist, dass das Verbleiben des Kindes im gemeinsamen Haushalt unzumutbar geworden ist und nach den Umständen nicht anders geholfen werden kann.

[3] Hat ein Kind längere Zeit bei Pflegeeltern gelebt, so kann die Vormundschaftsbehörde den Eltern seine Rücknahme untersagen, wenn diese die Entwicklung des Kindes ernstlich zu gefährden droht.

III. Retrait du droit de garde des père et mère

[1] Lorsqu'elle ne peut éviter autrement que le développement de l'enfant ne soit compromis, l'autorité tutélaire retire l'enfant aux père et mère ou aux tiers chez qui il se trouve et le place de façon appropriée.

[2] A la demande du père et mère ou de l'enfant, l'autorité tutélaire prend les mêmes mesures lorsque les rapports entre eux sont si gravement atteints que le maintien de l'enfant dans la communauté familiale est devenu insupportable et que, selon toute prévision, d'autres moyens seraient inefficaces.

[3] Lorsqu'un enfant a vécu longtemps chez des parents nourriciers, l'autorité tutélaire peut interdire aux père et mère de le reprendre s'il existe une menace sérieuse que son développement soit ainsi compromis.

III. Privazione della custodia parentale

[1] Quando il figlio non possa essere altrimenti sottratto al pericolo, l'autorità tutoria deve toglierlo alla custodia dei genitori, o dei terzi presso cui egli si trova, e ricoverarlo convenientemente.

[2] L'autorità tutoria, ad istanza dei genitori o del figlio, prende la stessa misura nel caso in cui le relazioni siano così gravemente turbate che non si possa più esigere ragionevolmente la convivenza ulteriore e, secondo le circostanze, non si possa rimediare altrimenti.

[3] L'autorità tutoria può vietare ai genitori di riprendere il figlio vissuto per lungo tempo presso genitori affilianti qualora il suo sviluppo possa esserne seriamente pregiudicato.

Literatur

Vgl. die Literaturhinweise zu Art. 307, ferner: BIRCHLER, Die Frage des Zeitpunkts der Obhutsentziehung bei Kindern psychisch kranker Eltern, ZVW 2002, 26 ff.; FAHRENHORST, Der Schutz elterlicher Rechte bei einer Trennung von Eltern und Kind und die EMRK, FamRZ 1996, 454 ff.; FRANK, Grenzbereiche elterlicher Gewalt, in: FS Hegnauer, Bern 1986, 33 ff.; GIRARD, La réglementation du placement des mineurs dans le nouveau droit suisse de la filiation, Diss. Neuchâtel 1983; GULER, Die Aufhebung der elterlichen Obhut, ZVW 1996, 121 f.; HÄFELI, Aufhebung der elterlichen Obhut – Art. 310 ZGB, Jusletter 31.10.2005; BK-HEGNAUER, aArt. 284; DERS., Zum Verbot der Rücknahme des Kindes vom Pflegeplatz gemäss Art. 310 Abs. 3, ZVW 1985, 143 ff.; DERS., Heimerziehung als Massnahme des Kindesschutzes und der fürsorgerischen Freiheitsentziehung, ZVW 1988, 54 ff.; DERS., Wer ist Inhaber der «vormundschaftlichen Gewalt» i.S.v. Art. 220 StGB?, ZVW 1993, 111 ff.; JACOT-GUILLARMOD, Intérêt de la jurisprudence de l'organe de la CEDH pour la mise en œuvre du nouveau droit suisse de la privation de liberté à des fins d'assistance, ZVW 1981, 41 ff.; KEHL-BÖHLEN, Die Obhut als Institut des Familienrechts, Diss. Zürich 1974; LUSTENBERGER, Die fürsorgerische Freiheitsentziehung bei Unmündigen unter elterlicher Gewalt (Art. 310/314a ZGB), Diss. Freiburg i.Ü. 1987; Mustersammlung zum Adoptions- und Kindesrecht, hrsg. von der Konferenz der kant. Vormundschaftsbehörden VBK, 4. Aufl. Zürich 2005, Nr. 521 ff. (zit. Mustersammlung); SALZGEBER/VOGEL/PARTALE/SCHRADER, Zur Frage der Erziehungsfähigkeit aus medizinisch-psychologischer Sicht bei gerichtlichen Fragen zu Sorge- und Umgangsregelungen, FamRZ 1995, 1311 ff.; SCHNYDER, Vormundschaft und Menschenrechte, ZVW 1972, 41 ff.; SCHÜRMANN, Institutionalisierte Fremderziehung – Eine Darstellung der Erziehungseinrichtungen für schulentlassene weibliche und männliche Jugendliche und junge Erwachsene, Diss. Bern 1978.

I. Der Obhutsentzug im Allgemeinen

Wird den Eltern das **Aufenthaltsbestimmungsrecht entzogen,** so **verbleibt** ihnen zwar die **elterliche Sorge,** doch *verlieren sie wichtige Befugnisse,* welche ihnen durch diese verliehen sind (Art. 301 Abs. 1 und 3; BGE 93 II 66 E. 2). Je nach konkreter Ausgestaltung des Obhutsentzugs (insb. durch Kombination mit Beistandschaften nach Art. 308 Abs. 2; dort N 8 bzw. 18) können die **Eltern** aber nach wie vor bei **Ausbildungs- und Berufswahlfragen** sowie bez. **Verwaltung und Nutzung des Kindesvermögens bestimmen** (Art. 300 N 4 ff.; BK-HEGNAUER, aArt. 284 N 67 ff.; FRANK, 40). *Einschränkungen* der elterlichen Sorge ergeben sich durch die Pflicht zur Deckung der Kosten der Unterbringung (Art. 276 N 22; u. N 23) und die Ausbildungsmöglichkeiten im Rahmen einer geeigneten Institution. Ebenso haben die Eltern das Recht, sich von den neuen Betreuern des Kindes (Pflegeeltern, Organe der Institution) – ggf. durch Vermittlung der über die Unterbringung bestimmenden (N 8) Vormundschaftsbehörde – über **laufende Entscheide informieren** zu lassen (Art. 275a [Botschaft Revision Scheidungsrecht, Ziff. 244.2]; allg. DRUEY [FS Schnyder, zit. in Vorbem. zu Art. 276–295 N 1], 141 ff., zur Bedeutung des Informationsbedürfnisses und eines Kommunikationsgleichgewichts für das Funktionieren familiärer Gemeinschaft) und – wie das Kind (Art. 301 N 6 f.) – eigene *Anregungen und Wünsche anzubringen,* mit denen sich die Vormundschaftsbehörde auseinander zu setzen hat (BK-HEGNAUER, aArt. 284 N 69). Ohnehin verbleibt den Eltern das **Besuchs-** (Art. 273 N 7 f.) bzw. wenigstens ein den Umständen

1

angepasstes **Kontaktrecht** (Art. 273 N 11), welches von der Vormundschaftsbehörde zu regeln ist (N 10). – Der **Wohnsitz** des Kindes bleibt unverändert (Art. 25 Abs. 1, 26; BGE 67 II 80).

2 Das Familienleben wird durch den Obhutsentzug wesentlich einschneidender berührt als durch ambulante Massnahmen – es wird *«die wechselseitige Freude von Eltern und Kindern an der Gesellschaft des andern»* unterbrochen (ständige Rechtsprechung der EMRK-Organe, zit. nach FAHRENHORST, FamRZ 1996, 455 und dort Anm. 14 f.). Es ist deshalb auch unter dem Gesichtspunkt von **Art. 5 Abs. 1 lit. d EMRK** (zu Art. 8 EMRK s. Art. 307 N 6) die *Stufenfolge* von Kindesschutzmassnahmen (Art. 307 N 2 und 5) zu wahren, weshalb besondere Anforderungen an die familienexterne Betreuung des Unmündigen zu stellen sind. Diese Voraussetzungen liegen aber vor, wenn *nur die Einweisung in ein Jugendheim erlaubt, die Entwicklung des Kindes in geordnete Bahnen zu lenken* (Grundsatz der Verhältnismässigkeit; BGE 131 III 409, Bespr. von HÄFELI, Jusletter 31.10.2005; BGE 29.10.1990, SZIER 1991, 389 f.); ebenso dort, wo der Obhutsentzug anzuordnen ist zur *Untersuchung,* ob eine *Massnahme überhaupt* nötig sei (FROWEIN/PEUKERT, EMRK-Kommentar, Kehl/Strasbourg 1985, N 70 zu Art. 5; Art. 307 N 16; Art. 314/314a N 8), oder wo die *körperliche Entwicklung* stationäre Behandlung gebietet (SCHNYDER, ZVW 1972, 43).

II. Obhutsentzug durch die Behörde (Abs. 1)

1. Voraussetzungen der Wegnahme

3 Die **Wegnahme ist nur zulässig,** wenn *«der Gefährdung des Kindes nicht anders begegnet werden»* und das Kind in seiner körperlichen, geistigen und sittlichen Entwicklung nicht anders geschützt werden kann (BGE 5C.117/2002, 1.7.2002, FamPra 2002, 854 ff.), was das **Subsidiaritätsprinzip** (Art. 307 N 6) deutlich zum Ausdruck bringt und den Vorrang ambulanter, die Familiengemeinschaft respektierender vor stationären Massnahmen (u. N 4) unterstreicht. Bei *gemeinsamem Haushalt der Eltern* muss der Obhutsentzug *gegenüber beiden* ausgesprochen werden, damit er faktisch realisiert wird (vgl. Art. 311/312 N 12). Unbeachtlich ist dabei, ob die Eltern ein Verschulden trifft (BGE 5C.27/2002, 21.2.2002, FamPra 2002, 613 ff.).

4 Der Obhutsentzug setzt **nicht** voraus, dass **ambulante Massnahmen versucht** wurden, aber erfolglos blieben, sondern nur, dass aufgrund der Umstände nicht damit gerechnet werden kann, es lasse sich die Gefährdung mit solchen abwenden (BGE 90 II 471; der Zweck ist ausschlaggebend: BGE 5C.71/2005 E. 3.4, 26.4.2005, FamPra 2005, 990 ff.; BK-HEGNAUER, aArt. 284 N 6 ff.); ebenso wenig, dass das Kind schon Schaden genommen hat, sondern nur, dass der *Schaden ohne Obhutsentzug einzutreten droht.* Da auch der Obhutsentzug Risiken einschliesst (ob das Kind in einer Stressphase die Umplatzierung ertrage und die Integration am Pflegeplatz gelingt, dieser geeignet sei oder allenfalls eine Umplatzierung erfolgen muss, ob die Reintegration bei den Eltern wieder möglich werde), sind *einschneidende Veränderungen nur nach fachkundiger Abklärung* (stationär in einem Durchgangsheim oder ambulant, ggf. durch eine sog. «Kinderschutzgruppe»: interdisziplinäres Team von Kinderarzt, -psychiater, -gynäkologe und Sozialdienst) anzuordnen.

5 Die elterliche **Obhut** schliesst die Verantwortung für das Kind hinsichtlich **Pflege, Erziehung und Aufenthaltsort** ein (HEGNAUER, Kindesrecht, N 26.06 ff.; FRANK, 37; Art. 301 N 10 f.). Sie ist zu entziehen, wenn in einem oder allen Belangen qualifizierte Mängel (i.S.v. N 4) vorliegen. In Betracht kommen (ältere Kasuistik bei BK-HEGNAUER, aArt. 284 N 15 ff.; vgl. Art. 307 N 18) fehlende Eignung zu Pflege und Erziehung aus Nachlässigkeit oder vom Betroffenen nicht beeinflussbaren sachlichen (Wohnverhältnisse) oder medizinischen Gründen (SALZGEBER/VOGEL/PARTALE/SCHRADER, FamRZ 1995, 1311 ff.): z.B. *ungeeignete Fremdunterbringung durch* die Eltern (N 21), weshalb ihre Obhut denn auch entzogen werden kann, wenn das Kind sich (mit deren Willen oder gegen diesen) bereits bei Dritten befindet; *hygienische Verwahrlosung,* wo sie nicht bloss Folge beengter wirtschaftlicher Verhältnisse ist (welchen mit den Instrumenten des Sozialhilferechts zu begegnen wäre; Art. 317), sondern sich die allgemeine elterliche Vernachlässigung *dadurch* manifestiert; sodann *Anschuldigung wegen sexuellen Missbrauchs,* wobei Bedacht darauf zu legen ist, dass Missbräuchen nachhaltig begegnet wird, aber nicht aufgrund unbelegter Anschuldigungen intakte oder anderweitig etwas belastete Strukturen zum grösseren Schaden des Kindes abgebrochen werden (vgl. analog Art. 308 N 14 f.), weshalb bei den zunehmend verbreiteten Anschuldigungen nicht notwendig (anders noch SJZ 1935/36, 232, zit. bei BK-HEGNAUER, aArt. 284 N 17) ein sofortiger Obhutsentzug, sondern v.a. eine sorgfältige Untersuchung (und in deren Rahmen ggf. eine stationäre Begutachtung: Art. 307 N 16; Art. 314/314a N 8) zu erfolgen hat.

Voraussetzung der Wegnahme bildet schliesslich aber auch das zweite Tatbestandsele- **6** ment von Abs. 1 – dass nämlich das **Kind in angemessener Weise untergebracht** wird (N 7 ff.). Mit Unterbringung in einer Pflegefamilie wird dieser die den Eltern entzogene *Obhut indes nicht übertragen,* sondern es ist die Vormundschaftsbehörde, welche in Ausübung des den Eltern entzogenen Obhutsrechts das Kind bei einer Pflegefamilie unterbringt (BGE 128 III 9, Bespr. von STETTLER, ZVW 2002, 236 ff.), was indes nichts daran ändert, dass die Pflegeeltern durch die Betreuung im Alltag wesentlichen Einfluss ausüben (s. Art. 300), indes nicht autonom die Obhut weiter delegieren können, wohl aber z.B. ein zur Pflege anvertrautes Kind vorübergehend bei einer Tagesmutter unterbringen dürften, worüber immerhin die zuweisende Behörde zu informieren wäre: Wenn auch solche «Delegation» eher atypisch und an sich nicht erwünscht ist, so kann sie doch nicht ausgeschlossen werden, wenn das Kind wegen an sich guten Beziehungen bei einer teilweise berufstätigen Tante o.Ä. untergebracht wird.

2. Angemessene Unterbringung

Die Wegnahme des Kindes bewirkt für sich allein nicht die Lösung der Probleme, son- **7** dern bildet lediglich die Voraussetzung, dass dem Kind in **neuem Umfeld bessere Bedingungen** geboten werden können.

a) Die **Vormundschaftsbehörde hat zu bestimmen,** wo das Kind untergebracht wird **8** (Mustersammlung, Nr. 524.1 lit. c; BK-HEGNAUER, aArt. 284 N 43 f.). In Betracht kommen (vgl. Art. 316 N 3 ff.) **Familienpflege** (insb. bei jüngeren Kindern oder wo bereits Beziehungen [z.B. aufgrund von Tagespflege, Lehrmeister, Eltern von Schulfreunden o.Ä.] bestehen), eine betreute **Wohngruppe** (beim älteren Kind) oder **Heimpflege** (nämlich *Unterbringung in einer Anstalt,* N 12 f.) im Blick auf *besondere Erziehungs- oder Betreuungsbedürfnisse,* die ihren Grund nicht notwendig im Ausfall der Eltern, sondern in der Behebung von persönlichen, entwicklungs- oder bildungsmässigen Defiziten welcher Ursache auch immer haben, schliesslich aber auch eine **selbständige Unterkunft** beim älteren Kind (HEGNAUER, Kindesrecht, N 27.41).

b) Die **Eignung des Pflegeplatzes** ist Voraussetzung für die Zulässigkeit der Anordnung **9** (vgl. analog Art. 397a Abs. 1; Art. 314/314a N 8), doch führt mangelnde Eignung nicht zur Aufhebung, sondern vorab zur Änderung der Anordnung (Art. 313 Abs. 1). **Kriterien** bilden die *Kontinuität* (Bewahrung bisheriger positiver Momente, z.B. Pflegefamilie am Wohnort, welche den Schulbesuch im bisherigen Umfeld ermöglicht), aber auch die *besondere Eignung* einer bestimmten Institution. Es besteht **kein Angehörigenvorrang,** doch ist im Rahmen der Kriterien von Art. 274a Abs. 1 auf gewachsene Beziehungen Rücksicht zu nehmen, wo solche nicht entweder den Zweck der Massnahme gefährden oder dadurch die Reintegration in der Familie erschwert wird (vgl. HEGNAUER, Grosseltern und Enkel im schweizerischen Recht, FS Schnyder, Freiburg i.Ü. 1995, 427 f.).

10 c) Im Idealfall – wo die Ursachen behebbar sind (N 11) – ist die Massnahme auf **Wiedereinsetzung der elterlichen Obhut** gerichtet, doch ist dies nicht das bestimmende Kriterium in der Wahl der Platzierung; eine Rückkehr zu den Eltern könnte dort dem Kindeswohl entgegenstehen, wo die Bindung zu den Pflegeeltern derart intensiv ist, dass eine Umplatzierung unzumutbar wäre (OGer LU FamPra 2005, 967 ff.; Interessenabwägung BGE 5P.116/2002, 15.4.2002, FamPra 2002, 622 ff.). Das Kind ist deshalb so zu betreuen, dass es seinen Eltern möglichst nicht entfremdet wird, weshalb auf Bewahrung kultureller, sozialer und religiöser Usanzen Rücksicht zu nehmen ist (soweit nicht gerade darin der Grund zum Obhutsentzug liegt; zum religiösen Aspekt vgl. BGE 129 III 689 E.1.2). Ebenso müssen die Eltern die ihnen im Rahmen der elterlichen Sorge verbliebenen Befugnisse (N 1) wahrnehmen können. **Der laufende Kontakt mit den Eltern** ist durch *Besuche, Briefe und Telefonate* nach Möglichkeit aufrecht zu erhalten; ggf. sind sie durch die Vormundschaftsbehörde periodisch und über wichtige Vorgänge zu informieren (N 1). *Einschränkungen des persönlichen Verkehrs* sind indes denkbar aufgrund der konkreten Verhältnisse, insb. im unmittelbaren zeitlichen Umfeld der Platzierung sowie aufgrund der Hausordnung einer Institution bzw. in Abstimmung mit der Pflegefamilie sowie bei konkreter Gefahr sexuellen Missbrauchs (JustizDir ZH, ZVW 1992, 199 ff., 202 f.; s. aber auch Art. 308 N 15); die Regelung der Einzelheiten obliegt der anordnenden Vormundschaftsbehörde (Art. 275 Abs. 1, Art. 315 Abs. 1; Art. 315/315a/315b N 2).

11 d) Parallel zur Fremdunterbringung sollen die **Eltern in geeigneter Weise auf die Wiederaufnahme des Kindes vorbereitet** werden, was Aufrechterhaltung des Kontakts mit dem Kind erfordert (N 10; andernfalls könnten die Voraussetzungen von Abs. 3 eintreten: N 24 f.), ggf. verbunden mit Beratung (Art. 307 N 15) oder fürsorgerischer Intervention bzw. Veranlassung von geeigneten therapeutischen Massnahmen (Art. 308 N 17 a.E.) mit dem Zweck, die objektiven Fähigkeiten der Eltern und ihre Überzeugung, die Betreuung persönlich erbringen zu können, nach Möglichkeit zu stärken.

3. Abgrenzung zur fürsorgerischen Freiheitsentziehung (Art. 314a Abs. 1)

12 Wo das Kind statt in Familienpflege in einer **nicht Familienstruktur aufweisenden Institution** (meist mit sog. «Wohngruppen») untergebracht wird, unterliegt es i.d.R. einer *strengeren Aufsicht und stärkerer Einschränkung der Kontakte zu Dritten als der Durchschnitt seiner Altersgenossen;* es liegt darin die Konkretisierung des gesetzlich nicht definierten Begriffs der **Anstalt** (BGE 121 III 308 f.; SJZ 1988, 65; SJZ 1995, 157 ff., je m.Nw.; krit. GULER, ZVW 1996, 129 ff.), weshalb die behördliche *Einweisung in ein (Schul-)Heim* (mit speziellem, *heilpädagogisch ausgerichtetem Unterricht*) regelmässig als **fürsorgerische Freiheitsentziehung** (FFE) zu qualifizieren ist (ZK-SPIRIG, Art. 397a N 121). Allerdings erscheint der von Eltern, Kind und ggf. Schulbehörde einvernehmlich abgesprochene Aufenthalt in einem **Internat** aus schulischen oder familiären Gründen als Ausfluss elterlicher Aufenthaltsbestimmung (Art. 301 N 10), weshalb auch das über 16-jährige Kind (Art. 314a Abs. 2) nicht durch Stellung eines Gesuchs um gerichtliche Beurteilung den Austritt erzwingen kann, da es das Internat als Folge der Gehorsamspflicht nicht von sich aus verlassen darf; anderseits kann das Kind nicht selbst die Haus-

gemeinschaft verlassen (Art. 301 N 13; zur Behebung solcher Konflikte s.u. N 22 f.). Anhaltspunkt für die Qualifikation der Anordnung als Massnahme des FFE geben regelmässig die Umstände des Eintritts bzw. der Einweisung (BGE 121 III 309 E. 2b a.E.).

Die *fürsorgerische Freiheitsentziehung* ist **selbständige Massnahme** (ZK-Spirig, Vorbem. zu Art. 397a–f N 47) und als – im Rahmen der Anordnungen von Art. 310 Abs. 1 (N 8) – *intensivster* Eingriff **subsidiär** gegenüber Familienpflege oder Unterbringung in einer betreuten Wohngruppe (Lustenberger, 37; Art. 397a Abs. 1 a.E.: «… wenn … die nötige persönliche Fürsorge anders nicht erwiesen werden kann»). *Angemessen* i.S.v. Abs. 1 ist ein FFE deshalb dort, wo Probleme (auch) in der Person des Kindes liegen (bzw. aufgrund ungenügender Betreuung durch die Eltern entstanden sind) oder die Abklärung nur stationär erfolgen kann (Art. 314/314a N 8), während dort, wo lediglich Eltern*ersatz* (z.B. wegen längerer Krankheit oder Abwesenheit) erforderlich ist, familiärer vor Heimpflege der Vorrang zukommt (soweit es sich nicht ohnehin um *Ferienheim* oder *Internat* mit vorab schulisch-persönlich betreuender Ausrichtung handelt, was von einer *Anstalt* i.S.v. Art. 397a Abs. 1 mit medizinischem Behandlungskonzept zu unterscheiden ist). **13**

Zur **verfahrensmässigen Abgrenzung** von allgemeinem Kindesschutz und FFE s. zu Art. 314a sowie Mustersammlung, Nr. 524.2; bez. *Rechtsmitteln* hat sich die Bedeutung der Abgrenzung erübrigt: u. N 19 f. – Zu den Problemen bei **Eintritt der Mündigkeit** wegen der strengeren Voraussetzungen für den weiteren Verbleib in der Anstalt (nach Art. 310 Abs. 1 ist ein FFE zulässig, wenn so der «Gefährdung» in «angemessener Weise» begegnet wird, während nach Art. 397a Abs. 1 «Geisteskrankheit, Geistesschwäche, Trunksucht, anderen Suchterkrankungen oder schwerer Verwahrlosung» vorliegen muss) s. Hegnauer, ZVW 1988, 54 ff. **14**

4. Abwicklungsfragen

a) Die **Dauer des Obhutsentzugs** richtet sich – im Gegensatz zur Regelung beim Entzug der elterlichen Sorge (Art. 313 Abs. 2) – nach den Gegebenheiten des Einzelfalls. Die Massnahme ist aufzuheben bzw. abzuändern (Art. 313 Abs. 1), wo sie nicht mehr geboten (und daher nicht mehr verhältnismässig: Art. 307 N 8; Art. 313 N 3) ist. Sie fällt mit Eintritt der Mündigkeit dahin (analog Art. 431; BK-Hegnauer, aArt. 284 N 56 ff.; vgl. aber N 14). Wo die Eltern das Kind selbst bei Dritten untergebracht haben, können sie es unter Vorbehalt von Abs. 3 jederzeit zurücknehmen. **15**

b) **Kostentragung:** Vgl. Art. 276 N 22; Art. 307 N 13; es haben danach i.d.R. die Eltern die Kosten zu tragen. Bei behördlicher Fremdplatzierung gilt aber gegenüber Pflegeeltern oder Heim als faktischen Inhabern der Obhut das Gemeinwesen als Auftraggeber (BK-Hegnauer, aArt. 284 N 75), welches jedoch seine Auslagen aufgrund von Art. 289 Abs. 2 von den Eltern zurückfordern kann. Doch darf die Anordnung gebotener Massnahmen nicht davon abhängig gemacht werden, ob die Eltern zur Rückerstattung fähig sind. Geben die Eltern das Kind selbst bei Dritten in Obhut, so handelt es sich (Fortführung der Obhut im Rahmen von Abs. 3 vorbehalten) nicht um eine Kindesschutzmassnahme; mit Blick auf die durch Fremdbetreuung entstehenden Kosten wie die Regeln der PAVO (Art. 316) ist aber eine Absprache der Eltern mit öffentlichen Stellen wie auch dieser unter sich (Art. 317) angezeigt (Stettler, SPR III/2, 512; Hegnauer, ZVW 1996, 42 f.). Fehlt eine Übereinkunft über die Platzierungskosten, so obliegt die Regelung einem Gericht (TC FR, 25.3.2004, ZVW 2004, 161 ff.). **16**

c) **Durchsetzung:** Je nach den Umständen wird die Vormundschaftsbehörde zusammen mit den Eltern über die Möglichkeiten der Unterbringung Abklärungen treffen und das **17**

Kind – sobald ein geeigneter Platz gefunden ist – dort unterbringen. Sind die Eltern zur Zusammenarbeit nicht bereit oder erfordert das Wohl des Kindes die sofortige Unterbringung, ist dieses vorerst in einem *Durchgangsheim* zu platzieren. Weigern sich die Eltern, das Kind der Behörde zu übergeben, so ist Anwendung **direkten Zwangs** nicht zu umgehen (anders als bei der Durchsetzung des Besuchsrechts, wo die Frage streitig ist: Art. 275 N 19), aber unter grösster Schonung des Kindes.

18   d) **Kombinationen:** Der Obhutsentzug kann (in den Schranken von Art. 307 N 3) mit weiteren Massnahmen kombiniert werden. In Betracht kommt v.a. eine *Besuchsrechtsbeistandschaft* zur Konkretisierung (Art. 308 N 14 ff.) des in den verschiedenen Phasen der Unterbringung unterschiedlich zu handhabenden persönlichen Verkehrs, sowie ggf. Anordnungen betr. die *Regelung des Unterhalts* (Art. 308 N 8 f.) sowie *Weisungen oder Beratung* im Rahmen von Art. 307 (dort N 15 und 19 ff.) oder mittels Anordnung einer allgemeinen *Erziehungsbeistandschaft* (Art. 308 N 4 f.). Nicht angängig ist demgegenüber eine Beistandschaft mit dem Auftrag zur Fremdunterbringung (GULER, ZVW 1995, 58).

5. Rechtsmittel

19   Auch der Entzug der Obhut i.S.v. Art. 310 kann nach Art. 72 Abs. 2 lit. b Ziff. 6 i.V.m. Art. 93 BGG, allerdings mit beschränkter Kognition (Art. 98 BGG) dem BGer vorgelegt werden (vgl. altrechtlich BGE 109 II 388; STETTLER, SPR III/2, 530 f.).

20   Auf **kantonaler Ebene** steht der vormundschaftliche Instanzenzug und damit die **Beschwerde** gem. Art. 420 offen. Wo indes der *Obhutsentzug* mit der *Einweisung in eine Anstalt (FFE)* verbunden wird, ist bez. des Letzteren (betr. Einweisung an sich und Eignung der Anstalt) aufgrund von Art. 314a die *gerichtliche Beurteilung* gemäss Art. 397d zu verlangen und es ist die Vormundschaftsbeschwerde durch den spezielleren Instanzenzug ausgeschlossen (LUSTENBERGER, 131 ff.); wo sowohl der Obhutsentzug an sich wie auch die Anstaltseinweisung angefochten werden soll, sind demnach *beide* Behelfe zu ergreifen (was deutlich macht, dass dadurch eine künstliche Unterscheidung analoger Fallgruppen getroffen wird und *einheitlich vormundschaftsgerichtliche Beurteilung aller Interventionen* zum Schutze des Kindes anzustreben wäre).

III. Obhutsentzug auf Begehren von Eltern oder Kind (Abs. 2)

21   a) **Private Fremdunterbringung:** Eltern können im Rahmen ihres **Rechts zur Aufenthaltsbestimmung** (Art. 301 N 9 ff.; ggf. unter Beachtung der einschlägigen Regeln der PAVO: Art. 316) *aus eigener Veranlassung* das **Kind zeitweise oder auf längere Dauer bei Dritten** (Verwandten oder Freunden, aber auch Pflegefamilie, Internat oder Heim) unterbringen (und es selbstverständlich auch wieder in ihre Gemeinschaft zurücknehmen; BK-HEGNAUER, aArt. 284 N 25 f.). Sie haben dabei das Wohl des Kindes zu beachten: Es steht nämlich solches Vorgehen – ist es nicht durch besondere Umstände gerechtfertigt – in Widerspruch zum (impliziten) *Gebot persönlicher Betreuung und Erziehung* (BK-HEGNAUER, aArt. 275 N 18), und kann u.U. das Verbot der Rücknahme (Abs. 3) oder Würdigung i.S.v. Art. 265c Ziff. 2 bewirken.

22   b) **Anzeige an die Vormundschaftsbehörde:** Abs. 2 betrifft *nicht solche private Vorkehren* (N 21), sondern räumt **Eltern und urteilsfähigem Kind** die Möglichkeit ein, bei einer das *weitere Zusammenleben im gemeinsamen Haushalt verunmöglichenden Störung des gegenseitigen Verhältnisses,* die sich mit andern Massnahmen (i.S.v. Art. 307 f.) nicht abwenden lässt, bei der Vormundschaftsbehörde ein **Begehren auf Anordnung der Fremdunterbringung** zu stellen. *Die Urteilsfähigkeit des Kindes* setzt eine gewisse Reife und Selbständigkeit voraus. – Der **Obhutsentzug nach Abs. 2** unterscheidet sich von jenem nach Abs. 1 lediglich dadurch, dass die behördliche Massnahme nicht von Amtes wegen, sondern auf **Antrag** (*Anzeige:* BK-HEGNAUER, aArt. 284 N 24; Art. 314/314a N 4) eines Beteiligten erfolgt, welchen die Behörde zu behandeln hat. – Nach dem Prinzip *in maiore minus* können Eltern und Kind auch **Antrag auf Massnahmen nach Art. 307 und 308** stellen (Art. 307 N 11).

c) **Anwendungsfälle:** Es handelt sich bei Abs. 2 zwar *nicht um den «Scheidungs-»,* aber **23** immerhin den *«Trennungsgrund» im Eltern-Kind-Verhältnis,* der *eine «Regelung des Getrenntlebens»* ermöglicht (vgl. sinngemäss Art. 176). Eine solche **Trennung der Hausgemeinschaft von Eltern und Kind** ist auch bei Antrag von Beteiligten nur zu treffen, wo die *qualifizierten Voraussetzungen* von Abs. 1 vorliegen (N 3 ff.). Das trifft zu bei *schwerst gestörten persönlichen Beziehungen,* wo die Hausgemeinschaft die *Persönlichkeit von Eltern und/oder Kind bedroht* (HEGNAUER, Kindesrecht, N 27.37), wo das Kind *schwer erziehbar* ist (BK-HEGNAUER, aArt. 284 N 29) oder wo das Scheidungskind beim nicht obhutsberechtigten Elternteil oder einer Institution («Schlupfhuus») *Zuflucht sucht* (BGE 94 I 101 f.; HEGNAUER, Kindesrecht, N 26.09 f.). Der bei Anordnungen nach Abs. 2 mögliche Kontakt zu Fachleuten gerade in den Fällen, wo zumindest einzelne Beteiligte das Vorhandensein schwerwiegender Probleme anerkennen und deshalb eine gewisse Behandlungsbereitschaft vorliegt, kann einvernehmliche und gezielte Lösungen (allenfalls auch mildere: Art. 307 bzw. 308; o. N 22) erleichtern. – Der behördliche Obhutsentzug hat gegenüber der privaten Fremdunterbringung insb. den Vorteil, dass u.U. *Kostenbeiträge an Ausbildungs- und Förderungsmassnahmen* erhältlich sind (STETTLER, SPR III/2, 512).

IV. Verbot der Rücknahme des Kindes (Abs. 3)

a) Wo das Kind durch die Eltern (N 21) längere Zeit bei Pflegeeltern untergebracht wur- **24** de, kann die Vormundschaftsbehörde seine **Rücknahme untersagen,** wenn dadurch eine **ernstliche Gefährdung der Entwicklung des Kindes** droht (Abs. 3; wo das Kind durch behördliche Anordnung i.S.v. Abs. 1 oder 2 platziert wurde, bestimmt ohnehin die Behörde die Dauer der Massnahme). Die Bestimmung konkretisiert den *allgemeinen Grundsatz,* dass *Umplatzierungen möglichst vermieden und kontinuierliche Verhältnisse angestrebt* werden sollen.

b) Massgebend ist weniger die zeitliche Dauer des Pflegeverhältnisses als die Frage, ob **25** während dessen Dauer eine **Verwurzelung mit sozialpsychischer Elternstellung der Pflegeeltern** eingetreten ist (HEGNAUER, Kindesrecht, N 27.38; ältere Kasuistik bei BK-HEGNAUER, aArt. 284 N 20 f.), was sowohl vom Alter des Kindes wie den gesamten Umständen (Qualität der früheren Beziehung zu den leiblichen Eltern, Kontaktverlauf mit ihnen während der Pflegedauer) und der Bereitschaft und Eignung der Pflegeeltern zu weiterer Betreuung abhängt. Wo die Voraussetzungen zur Erteilung der Obhut wieder (in Fällen nach Art. 298 Abs. 2 ggf.: erstmals) vorliegen und die Eltern sich während der Fremdplatzierung um **Aufbau bzw. Fortführung der persönlichen Beziehung zum Kind bemüht** haben (vgl. Art. 265c Ziff. 2 bzw. dort N 7 ff.), kann Abs. 3 nicht deshalb angerufen werden, weil das Kind auch zu den Pflegeeltern gute Beziehungen entwickelt hat (BGE 111 II 119 = [det.] ZVW 1986, 70 ff. und Besprechung SCHNYDER, ZBJV 1987, 113 ff., wo die Mutter mit dem Vater des Kindes zunächst bei dessen Eltern gelebt und das Kind deshalb eine enge Bindung [auch] an die Grossmutter väterlicherseits geknüpft hatte). Der Anspruch der Eltern auf persönliche Betreuung und das Interesse des Kindes an kontinuierlichen, stabilen Beziehungen sind gegeneinander abzuwägen (BGE 111 II 125 f. E. 6; vgl. SIEDHOFF, Probleme im Spannungsfeld zwischen Elternrecht und Kindeswohl im Rahmen des § 1632 IV BGB, NJW 1994, 616 ff.). Art. 310 Abs. 1 und Abs. 3 sind zu unterscheiden: Scheitert die Rückplatzierung beim leiblichen Elternteil, so ist die erneute Fremdplatzierung in Anwendung von Abs. 1 anzuordnen (RR JU ZVW 2002, 52).

26   c) **Rechtsmittel:** Sowohl die Verweigerung der Rücknahme wie auch deren Bewilligung können von den leiblichen bzw. den Pflegeeltern durch *Beschwerde nach Art. 420* angefochten werden. Da – gleich wie beim Entzug der Obhut (N 19) – zwar nicht «eine endgültige, dauernde Regelung zivilrechtlicher Verhältnisse durch behördlichen Entscheid» (vgl. etwa den grundbuchrechtlichen BGE 123 III 346, 349 E. 1a) erreicht wird (indem jegliche Kindesschutzmassnahme sich den sich laufend verändernden Verhältnissen wieder anzupassen hat), ist mit dem BGG keine Änderung eingetreten (o. N 19). – Die Legitimation (bzw. generell die Rechtsmittelvoraussetzung bildende Beschwer) steht auch den *Pflegeeltern* zu (in BGE 120 Ia 263 f. z.B. dem leiblichen Vater als bloss faktischem Inhaber der Obhut, nachdem die Kinder der Sorgerechtsinhaberin nach Art. 310 Abs. 1 entzogen worden waren). Da Pflegeeltern derselbe Rechtsschutz einzuräumen ist, steht auch ihnen die Beschwerde offen, namentlich auch dort, wo das Kind nicht den leiblichen Eltern zurückgegeben, sondern vom Vormund bzw. Beistand *umplatziert* werden soll (HEGNAUER, Kindesrecht, N 27.39 a.E.).

Art. 311

IV. Entziehung der elterlichen Sorge **1. durch die vormundschaftliche Aufsichtsbehörde**	[1] **Sind andere Kindesschutzmassnahmen erfolglos geblieben oder erscheinen sie von vornherein als ungenügend, so entzieht die vormundschaftliche Aufsichtsbehörde die elterliche Sorge:** **1. Wenn die Eltern wegen Unerfahrenheit, Krankheit, Gebrechen, Ortsabwesenheit oder ähnlichen Gründen ausserstande sind, die elterliche Sorge pflichtgemäss auszuüben;** **2. wenn die Eltern sich um das Kind nicht ernstlich gekümmert oder ihre Pflichten gegenüber dem Kinde gröblich verletzt haben.** [2] **Wird beiden Eltern die Sorge entzogen, so erhalten die Kinder einen Vormund.** [3] **Die Entziehung ist, wenn nicht ausdrücklich das Gegenteil angeordnet wird, gegenüber allen, auch den später geborenen Kindern wirksam.**
IV. Retrait de l'autorité parentale **1. Par l'autorité tutélaire de surveillance**	[1] Lorsque d'autres mesures de protection de l'enfant sont demeurées sans résultat ou paraissent d'emblée insuffisantes, l'autorité tutélaire de surveillance prononce le retrait de l'autorité parentale: 1. lorsque, pour cause d'inexpérience, de maladie, d'infirmité, d'absence ou d'autres motifs analogues, le père et mère ne sont pas en mesure d'exercer correctement l'autorité parentale; 2. lorsque les père et mère ne se sont pas souciés sérieusement de l'enfant ou qu'ils ont manqué gravement à leurs devoirs envers lui. [2] Si le père et la mère sont déchus de l'autorité parentale, un tuteur est nommé à l'enfant. [3] Lorsque le contraire n'a pas été ordonné expressément, les effets du retrait s'étendent aux enfants nés après qu'il a été prononcé.

IV. Privazione dell'autorità parentale

1. Da parte dell'autorità di vigilanza sulle tutele

¹ Se altre misure per la protezione del figlio sono rimaste infruttuose o sembrano a priori insufficienti, l'autorità di vigilanza sulle tutele priva i genitori della loro autorità:

1. quando per inesperienza, malattia, infermità, assenza o analoghi motivi non sono in grado di esercitarla debitamente;
2. quando non si sono curati seriamente del figlio o hanno violato gravemente i loro doveri nei suoi confronti.

² Quando l'autorità parentale sia tolta ad entrambi i genitori, si procede alla nomina di un tutore.

³ Salvo esplicita disposizione contraria, la privazione dell'autorità parentale vale anche riguardo ai figli nascituri.

Art. 312

2. durch die Vormundschaftsbehörde

Die Vormundschaftsbehörde entzieht die elterliche Sorge:
1. **wenn die Eltern aus wichtigen Gründen darum nachsuchen;**
2. **wenn sie in eine künftige Adoption des Kindes durch ungenannte Dritte eingewilligt haben.**

2. Par l'autorité tutélaire

L'autorité tutélaire prononce le retrait de l'autorité parentale:
1. lorsque les père et mère le demandent pour de justes motifs;
2. lorsqu'ils ont donné leur consentement à l'adoption future de l'enfant par des tiers anonymes.

2. Da parte dell'autorità tutoria

L'autorità tutoria priva i genitori della loro autorità:
1. quando ne facciano richiesta per motivi gravi;
2. quando abbiano dato il consenso ad un'adozione futura del figlio da parte di terzi non designati.

Literatur

Vgl. die Literaturhinweise zu Art. 307 und 310, ferner: BK-HEGNAUER, aArt. 285; DERS., Die Entziehung der elterlichen Gewalt gegenüber später geborenen Kindern (Art. 311 Abs. 3 ZGB), ZVW 1978, 137 ff.; DERS., Adoption – Zustimmung der unmündigen Mutter und Entziehung der elterlichen Gewalt (Art. 312 Ziff. 2 ZGB), ZVW 1980, 57 ff.; DERS., Entziehung der elterlichen Gewalt gegenüber später geborenen ausserehelichen Kindern einer geschiedenen Mutter (Art. 311 Abs. 3 ZGB), ZVW 1992, 21 f.; JORIO, Der Inhaber der elterlichen Gewalt nach dem neuen Kindesrecht, Diss. Freiburg i.Ü. 1977, insb. 307 ff.

I. Die Entziehung der elterlichen Sorge im Allgemeinen

Mit der Entziehung der elterlichen Sorge **fallen sämtliche** daraus fliessende **Bestimmungsbefugnisse** des oder der betroffenen leiblichen Eltern **dahin** (im Gegensatz zum Obhutsentzug, wo Restbefugnisse verbleiben: Art. 310 N 1) und das Kind erhält einen Vormund (Art. 311 Abs. 2), sofern die Sorge nicht einem Elter überlassen (N 12) oder übertragen (N 13) werden kann. Es bestehen (im Gegensatz zur Adoption) die verwandtschaftliche Beziehung – und damit die **Unterhaltspflicht,** die **Informations- und Kommunikationsrechte** zwischen Eltern und Kind (Art. 310 N 1 und 10) – und überhaupt die den Beteiligten um ihrer Persönlichkeit willen zustehenden Befugnisse weiter (so die Zustimmung zur Adoption, Art. 265a und dort N 1). Die Entziehung der elterlichen Sorge hat gegenüber der Aufhebung der elterlichen Obhut in Kombination mit spezifischen weitern Anordnungen an *Bedeutung eingebüsst.*

1

2 Wird der **Inhaber der elterlichen Sorge entmündigt,** so entfällt diese von Gesetzes wegen (Art. 296 Abs. 2, 298 Abs. 2); hat das **Kind einen Vormund** (Art. 368, 298 Abs. 2, 311 Abs. 2; BGE 107 II 22), so erübrigen sich Anordnungen über die elterliche Sorge.

3 Die Entziehung der elterlichen Sorge als **einschneidendste Massnahme** (BGE 119 II 11 E. 4a; Art. 307 N 2) ist gegenüber der Aufhebung der Obhut (Art. 310) wie auch allen übrigen Anordnungen subsidiär (Art. 311 Abs. 1 Ingress; BGE 38 II 454). Sie ist nur auszusprechen, wo die Inhaber der elterlichen Sorge **auf Dauer** (BGE 5C.262/2003, 8.4.2004, ZVW 2004, 272 f.: 15 Jahre Landesverweis nach abgesessener Haftstrafe; BGE 119 II 9, 11 E. 4b: Verurteilung zu mehrjähriger Freiheitsstrafe; vgl. Art. 313 Abs. 2, 312 Ziff. 2; HEGNAUER, Kindesrecht, N 27.46) und nicht absehbar nur vorübergehend zu pflichtgemässer Ausübung ihrer Aufgaben ausserstande sind; der blosse Umstand, dass in entfernter Zukunft (d.h. ausserhalb des Zeithorizonts von Art. 313 Abs. 2, der eine *Minimaldauer des Sorgerechtsentzugs von einem Jahr festlegt*) mit der Möglichkeit einer Wiedereinsetzung in die elterliche Sorge gerechnet werden kann, steht der Entziehung indes nicht entgegen (s. dazu BGE 5C.207/2004 E. 3.3.2, 26.11.2004, FamPra 2005, 407 ff.).

4 Bezüglich des **Verhältnisses zu strafrechtlichen Massnahmen** s. Art. 307 N 9 f. – Die *Entziehung der elterlichen Sorge aufgrund von Art. 53 StGB* ist **Strafe** und deshalb unabhängig von zivilrechtlichen Kindesschutzmassnahmen (BGE 89 IV 1; REHBERG, 110); dem Vorteil, dass die Nebenstrafe im gleichen Verfahren wie die Strafe ausgefällt werden kann (TRECHSEL, Art. 53 StGB N 1), steht aus der vormundschaftlichen Perspektive der Nachteil entgegen, dass das Kindeswohl regelmässig Vorkehren erfordert, bevor ein rechtskräftiges Strafurteil vorliegt. Dem *Straf*charakter entsprechend fällt die Nebenstrafe mit Aufhebung paralleler vormundschaftlicher Anordnungen nicht dahin (TRECHSEL, Art. 53 StGB N 4), könnte aber wohl – der rehabilitativen Komponente nach – kaum aufrechterhalten werden, wo die zivilrechtliche Massnahme (welche aus dem Blickwinkel des Kindeswohls ergangen war) aufgehoben wird.

II. Voraussetzungen der Entziehung der elterlichen Sorge

5 Die **Behörde** schreitet nach **Art. 311 gegen die Eltern** ein, wo diese wegen Unvermögen oder Nachlässigkeit ihre Aufgabe nicht wahrnehmen (N 6 ff.); **Art. 312** regelt demgegenüber zwei Tatbestände, wo **in Übereinstimmung mit den Eltern** vorgegangen wird (N 9 f.). Da die Rechtsstellung der Eltern im ersten Fall *gegen ihren Willen* beeinträchtigt wird, ist für die *Entziehung nach Art. 311 die vormundschaftliche Aufsichtsbehörde* zuständig (Art. 311 Abs. 1).

1. Ordentliche Entziehung (Art. 311 Abs. 1)

6 **Ordentliche Entziehungsgründe** sind *ungenügende erzieherische Eignung* der Eltern (Art. 311 Abs. 1 Ziff. 1; N 7) oder *Pflichtversäumnis* (Art. 311 Abs. 1 Ziff. 2; N 8), wobei sich die beiden Tatbestände oft überschneiden werden (BK-HEGNAUER, aArt. 275 N 44). In allen Fällen ist aufgrund des *Verhältnismässigkeitsprinzips* (explizit Art. 311 Abs. 1 Ingress; Art. 307 N 8; AppGer BS BJM 1996, 189) zu prüfen, ob dem festgestellten Mangel unter den konkreten Gegebenheiten nicht mit weniger einschneidenden Massnahmen begegnet werden könnte.

7 a) **Ungenügen der Eltern** (Ziff. 1): Die elterliche Sorge ist zu entziehen, «wenn die Eltern wegen Unerfahrenheit, Krankheit, Gebrechen, Ortsabwesenheit oder ähnlichen Gründen ausserstande sind, die elterliche Sorge pflichtgemäss auszuüben»; bez.

gewisser Analogien dieser **objektiven Entziehungsgründe** zu Art. 265c Ziff. 1, vgl. dort N 3 ff. Beim Unvermögen, den Aufgaben nach Art. 301–306 nachzukommen, handelt es sich um die Gründe, welche bereits einen Obhutsentzug rechtfertigen (Art. 310 N 3 ff.); hinzutreten muss für die Entziehung der elterlichen Sorge, dass nicht nur die Betreuung durch die Eltern selbst, sondern (aus intellektuellem Unvermögen, wegen Gebrechlichkeit oder psychischer Erkrankung, wegen Abwesenheit ohne Möglichkeit periodischer Kontaktnahme) auch eine Teilnahme an der Fremderziehung und die Ausübung der verbleibenden Aufgaben (Art. 310 N 1) ausgeschlossen ist. Dies trifft u.a. zu bei langjähriger Freiheitsstrafe (BGE 119 II 9), bei psychischen Erkrankungen (BGE 90 II 471), Trunksucht (ZR 1986 Nr. 83), m.E. auch dort, wo beim Kind schwerwiegende, die Eltern überfordernde Gebrechen vorliegen. Abgelehnt wurde die Entziehung der elterlichen Sorge z.B. bei Invalidität des Sorgerechtsinhabers, welche lediglich die Ausübung der Obhut verunmöglichte (BGE 96 II 76 ff.). Für ältere Praxis s. BK-Hegnauer, aArt. 285 N 7 ff.

b) **Pflichtversäumnis der Eltern** (Ziff. 2): Auch Pflichtverletzungen setzen *kein Verschulden* voraus, sondern knüpfen an das **bisherige subjektive Gebaren** der Eltern an. Betreffend das *Sich-nicht-ernstliche-Kümmern* verwendet das Gesetz wörtlich die Umschreibung in Art. 265c Ziff. 2 (dort N 9 ff.). Die *gröbliche Verletzung elterlicher Pflichten* misst sich an den Aufgaben von Art. 301–306, unter Einbezug der Erfüllung von Unterhaltspflicht und Besuchsrechtsabwicklung. Ob die Pflichtverletzung hinreichend qualifiziert sei, beurteilt sich nach den Umständen des Einzelfalls; so wurde die Entziehung der elterlichen Sorge abgelehnt in einem Fall, wo Eltern ein wenig begabtes Kind verschiedentlich vernachlässigt hatten, es keine Berufslehre antreten liessen, mildere Massnahmen von der zuständigen Behörde aber unterlassen worden waren (ZR 1964 Nr. 121; vgl. BGE 86 II 213), hingegen bejaht, wo die Mutter das Kind Dritten überliess, es nur unregelmässig besuchte und sich um einen neuen Pflegeplatz nicht kümmerte (ZVW 1982, 61), auch dort, wo der Vater seine elterl. Pflichten grob verletzte, die Mutter völlig überfordert war und beide mangelnden Kooperationswillen an den Tag legten (RegRat OW, OWVVGE XVI 27 ff.). Ob eine *sittliche Gefährdung* vorliege, beurteilt sich vorab nach den häuslichen Lebensverhältnissen (BGE 54 II 70): So dürfte nach heutigem Verständnis die elterliche Sorge nicht deshalb entzogen werden, weil die Mutter als Prostituierte tätig ist, sondern nur dann, wenn sie durch die Art der Ausübung ihrer Tätigkeit das Wohl des Kindes und dessen gedeihliche Entwicklung konkret gefährdet. – Vgl. für Bsp. aus der älteren Praxis BK-Hegnauer, aArt. 285 N 29 ff.

8

2. Erleichterte Entziehung (Art. 312)

Der in der Doktrin gebräuchliche Begriff der **erleichterten Entziehung** (Hegnauer, Kindesrecht, N 27.49) darf nicht darüber hinwegtäuschen, dass die **Voraussetzungen** für eine Entziehung nach Art. 312 **dieselben** sind wie in Art. 311 (N 6 ff.), hingegen bei Einverständnis der Eltern das *Verfahren* insofern *erleichtert* ist, als *statt der vormundschaftlichen Aufsichtsbehörde* (Abs. 1; N 5) **die Vormundschaftsbehörde zuständig** ist. Zu beachten ist nämlich die **Unverzichtbarkeit der elterlichen Sorge** (Hegnauer, ZVW 1980, 59; Stettler, SPR III/2, 230; Biderbost, 30 f.).

9

Die erleichterte Entziehung ist möglich, wo die **Eltern aus wichtigen Gründen** darum **nachsuchen** (Art. 312 Ziff. 1; vgl. Art. 372); wichtige Gründe i.S. dieser Bestimmung sind die in Art. 311 Abs. 1 Ziff. 1 genannten, welche aufgrund von Art. 4 zur Konkretisierung heranzuziehen sind (vgl. Mustersammlung, Nr. 526). Die Entziehung ist durch die Vormundschaftsbehörde sodann anzuordnen, wo die Eltern in eine **künftige Adop-**

10

tion durch ungenannte Dritte eingewilligt haben (Art. 312 Ziff. 2; vgl. Mustersammlung, Nr. 212; Art. 265a Abs. 3, dort N 7; Art. 274 Abs. 3, dort N 17).

III. Wirkungen der Entziehung der elterlichen Sorge (Art. 311 Abs. 2 und 3)

11 Siehe allg. N 1.

1. Bezüglich der Inhaber der elterlichen Sorge (Abs. 2)

a) Bislang gemeinsame Innehabung der elterlichen Sorge

12 Wird die Sorge beiden Eltern entzogen, so erhalten die Kinder einen Vormund (Art. 311 Abs. 2). E contrario ergibt sich, dass die Sorge nicht notwendig beiden Eltern entzogen werden muss und bei Entziehung nur gegenüber einem dem andern zukommt (SJZ 1982, 112); nach dem Komplementaritätsprinzip (Art. 307 N 7) ist solcher partieller Entziehung der Vorzug zu geben, doch ist (bei weiterhin *gemeinsamem Haushalt* des alleinigen Sorgeinhabers mit dem andern Elter) dieses Vorgehen nur angezeigt, wenn der alleinige Inhaber sich gegen seinen Partner durchzusetzen vermag (BGE 82 II 184 f.; BK-Hegnauer, aArt. 285 N 13 ff.).

b) Entziehung der Sorge gegenüber dem alleinigen Inhaber

13 Ist nur ein Elternteil Inhaber der elterlichen Sorge, so bewirkt deren Entzug *nicht,* dass der andere sie *automatisch* (von Gesetzes wegen) erwirbt (Hegnauer, Kindesrecht, N 27.47; vgl. analog Art. 297 Abs. 3 und dort N 17 bzw. Art. 298 Abs. 2 und dort N 3). – Bezüglich des **Verfahrens** ist bei dieser Konstellation danach zu unterscheiden, ob *ab initio* nur ein Elternteil die Sorge innehatte (vgl. Art. 298) bzw. die Sorge dem Alleininhaber durch Entscheid der Vormundschaftsbehörde übertragen worden war (N 12) – dann ist die Vormundschaftsbehörde zur Übertragung zuständig –, oder ob die Sorge dem Alleininhaber durch gerichtlichen Entscheid im Rahmen eines eherechtlichen Verfahrens zugeteilt wurde, womit – nach dem Kriterium von Art. 315a Abs. 3 (Art. 315/315a/315b N 10 ff.) – entweder der Richter im Rahmen von Art. 134 oder die Vormundschaftsbehörde zuständig ist.

2. Bezüglich mehrerer Kinder (Abs. 3)

14 Die Gründe, welche zur Entziehung der elterlichen Sorge führen, stellen i.d.R. die **Erziehungsfähigkeit der Eltern gegenüber allen Kindern** in Frage, weshalb aufgrund von Art. 311 Abs. 3 die Entziehung auch gegenüber Kindern, welche erst nach Erlass der behördlichen Anordnung geboren werden, gilt; diese Regelung ist (mit Hegnauer, ZVW 1978, 139 f., 141) aber dahin zu verstehen, dass *nur die später in derselben familienrechtlichen Situation geborenen Kinder* davon erfasst werden, während familiäre Veränderungen – Auflösung einer belastenden Ehe durch Scheidung (**a.M.** Hegnauer, ZVW 1992, 22; so aber noch Ders., ZVW 1978, 141 f.), Heirat der ledigen Mutter o.Ä. – die Erziehungsfähigkeit günstig beeinflussen können und deshalb eine Neubeurteilung erfordern. Zudem kann das *Gegenteil angeordnet* werden (Art. 311 Abs. 3); dies namentlich, wenn nur ein einzelnes Kind zur Adoption freigegeben werden soll oder den Eltern die Sorge nur über ein besonders schwer erziehbares Kind entzogen wird.

3. Kombinationen

15 Die Entziehung der elterlichen Sorge ist umfassend und lässt sich **nicht mit weitern Anordnungen kombinieren.** Immerhin haben Vormund und Eltern bzw. der Sorgerechtsinhaber mit dem andern Elternteil im Rahmen von Information und Besuchen (N 1) *zusammenzuwirken,* um die persönlichkeitsrechtliche Komponente der Eltern-Kind-Beziehung zu bewahren und nicht eine Rückübertragung der elterlichen Sorge zu verunmöglichen. Zudem kann *ausnahmsweise* – wo die emotionale Betreuung beim Kleinkind einstweilen gewährleistet ist oder probeweise vor Rückübertragung – trotz Entziehung der elterlichen Sorge die **Obhut den Eltern belassen** werden (TUOR/SCHNYDER/SCHMID, 355 mit Anm. 100; **a.M.** JORIO, 321; zur Kritik an der älteren Praxis, wonach der Vormund die Kinder relativ oft auf Zusehen hin den Eltern überliess s. BK-HEGNAUER, aArt. 285 N 57 f.).

4. Rechtsmittel

Nebst der **Beschwerde nach Art. 420 ZGB** ist auch die Beschwerde ans BGer gestützt   16
auf Art. 72 Abs. 2 lit. b Ziff. 7 BGG zulässig gegen die auf Art. 311 ZGB gestützte *ordentliche Entziehung* der elterlichen Sorge (Art. 311; N 6 ff.). Bei der *erleichterten Entziehung* (Art. 312; N 9 f.) liegt demgegenüber *keine* Zivilrechts*streitigkeit* vor und fällt damit eine Beschwer ausser Betracht (STETTLER, SPR III/2, 530; SCHNYDER, Zur Vormundschaftsbeschwerde nach Art. 420 ZGB, ZVW 2002, 75 ff.).

Art. 313

V. Änderung der Verhältnisse	**¹ Verändern sich die Verhältnisse, so sind die Massnahmen zum Schutz des Kindes der neuen Lage anzupassen.**
	² Die elterliche Sorge darf in keinem Fall vor Ablauf eines Jahres nach ihrer Entziehung wiederhergestellt werden.
V. Faits nouveaux	¹ Lors de faits nouveaux, les mesures prises pour protéger l'enfant doivent être adaptées à la nouvelle situation.
	² L'autorité parentale ne peut pas être rétablie avant un an à compter du retrait.
V. Modificazione delle circostanze	¹ In caso di modificazione delle circostanze, le misure prese per proteggere il figlio sono adattate alla nuova situazione.
	² In nessun caso può farsi luogo al ripristino dell'autorità parentale prima d'un anno dalla privazione.

Literatur

Vgl. die Literaturhinweise zu Art. 307 und allg. zur Abänderung Art. 134, ferner: BK-HEGNAUER, aArt. 287.

I. Veränderung der Verhältnisse im Allgemeinen (Abs. 1)

1. Grundsatz

Die allgemeine Regel, wonach bei **Veränderung der Verhältnisse** die Massnahme   1
den **neuen Gegebenheiten anzupassen** ist (Abs. 1; BGE 120 II 384, 386 E. 4d), erscheint als unmittelbarer Ausfluss des **Verhältnismässigkeitsprinzips** (Art. 307 N 8): Ungeeignete Massnahmen sind anzupassen, entweder durch *Ergänzung* (Kombination) bzw. *Verschärfung* im Rahmen der Stufenfolge, oder durch Reduktion (z.B. Überleitung einer Beistandschaft in eine Erziehungsaufsicht nach Art. 307 Abs. 3); je schärfer die ursprüngliche Massnahme war, umso mehr ist diese *stufenweise abzubauen,* ausser

die Gegebenheiten hätten sich durch äusserliche Einflüsse radikal zum Guten gewendet. – Siehe zu den **Abänderungsgründen** i.A. zu Art. 134, wonach die *Abänderung eine dauernde und erhebliche Veränderung der Gegebenheiten* voraussetzt; es gilt aber zu beachten, dass ein Scheidungsurteil tendenziell auf statische Verhältnisse ausgerichtet ist, während Kindesschutzmassnahmen auf Besserung eines gestörten Zustandes hinwirken sollen und deshalb laufend zu optimieren sind, bis sie schliesslich im Idealfall durch ihre Wirkung hinfällig werden. Ein Abänderungsgrund liegt zudem auch vor, wo sich die Verhältnisse nicht wie angenommen entwickelt haben (z.B. Art. 308 N 16 a.E.).

2. Zuständigkeit

2 **Zuständig** zur Anpassung *ausserhalb eherechtlicher Verfahren* ist die **anordnende Behörde,** welche im Rahmen **laufender Überwachung** (N 4; vgl. Art. 316 N 6) der eigenen Tätigkeit bzw. der beigezogenen Hilfspersonen auch die (weitere) Eignung der Massnahme zu evaluieren hat; ebenso sind aber auch entsprechende Begehren der von der Massnahme Betroffenen zu prüfen. Haben sich die Voraussetzungen bei einer *gerichtlich angeordneten Massnahme* geändert, so ist auch die Vormundschaftsbehörde zu einem Abänderungsbegehren legitimiert (HEGNAUER, ZVW 1996, 54 E. 9, zu aArt. 157). – Zur *Abgrenzung der sachlichen Zuständigkeit von Vormundschaftsbehörde und Scheidungsrichter* im Blick auf die Abänderung von Kindesschutzmassnahmen s. Art. 315/315a/315b N 10 ff.

3. Rechtsmittel

3 Gegen die Verweigerung einer Anpassung kann **Beschwerde nach Art. 420** geführt werden; nachdem sämtliche zugrunde liegende Anordnung mit dem BGG beschwerdefähig geworden sind, ist (stehen nicht ausschliesslich verfahrensbegleitende Anordnungen in Frage: Art. 307 N 26) die Beschwerdefähigkeit auch der jeweiligen Abänderungsentscheide zu bejahen (vgl. e contrario die altrechtliche Argumentation in BGE 120 II 386 E. 4b/c).

4. Dauer bzw. Anpassung von Kindesschutzmassnahmen im Allgemeinen

4 Mit der laufenden Anpassung an die Verhältnisse beantwortet sich zugleich die Frage nach der **Dauer von Kindesschutzmassnahmen.** Diese lässt sich nur ausnahmsweise bereits im Zeitpunkt der Anordnung verbindlich festlegen, weshalb i.d.R. **Berichterstattung** (periodisch oder bei aktuellen Ereignissen) **durch den Beistand oder weitere Kontaktpersonen** anzuordnen ist (vgl. analog Art. 423 Abs. 1; als Bsp. für eine einschlägige kantonale Regelung §§ 108 ff. EGZGB ZH), wobei für Kindesschutzmassnahmen i.d.R. deutlich kürzere Berichterstattungsintervalle als der Zweijahresturnus von Art. 413 Abs. 2 vorzusehen sind. Wenn keine «feste Laufzeit» bestimmt wurde, bedeutet dies aber nicht zwangsläufiges Fortdauern bis zur Mündigkeit (für das Dahinfallen von *Kindes*schutzmassnahmen bei Eintritt der Mündigkeit s. Art. 310 N 15), sondern lediglich bis zum Vorliegen eines Abänderungsgrundes. Anderseits hindert die Festlegung einer bestimmten Dauer nicht die Erneuerung oder Fortsetzung der Massnahme und – bei unvorhergesehenen günstigen Entwicklungen – auch deren frühere Aufhebung, soweit nicht eine Destabilisierung des Kindes zu befürchten ist (dazu Abs. 2, N 5).

II. Mindestdauer der Entziehung der elterlichen Sorge (Abs. 2)

5 Siehe zur *ratio* dieser Bestimmung Art. 311/312 N 3. BGE 42 II 93 betrachtet die Mindestdauer der Gewaltentziehung als **zwingend;** dies wird allerdings heute nicht mehr in

dieser Schärfe vertreten (TUOR/SCHNYDER/SCHMID, 355 mit Anm. 101), namentlich in Fällen, wo die Entziehung der sachlichen Grundlage entbehrt (womit sie – auch wegen Verstosses gegen die EMRK – *nichtig* wäre; nach STETTLER, SPR III/2, 519, läge diesfalls ein *Revisionsgrund* vor); ggf. ist aber die Rückeingliederung kindeswohlverträglich zu gestalten.

Art. 314

VI. Verfahren

1. Im Allgemeinen

Das Verfahren wird durch das kantonale Recht geordnet unter Vorbehalt folgender Vorschriften:
1. **Vor dem Erlass von Kindesschutzmassnahmen ist das Kind in geeigneter Weise durch die vormundschaftliche Behörde oder durch eine beauftragte Drittperson persönlich anzuhören, soweit nicht sein Alter oder andere wichtige Gründe dagegen sprechen.**
2. **Hat eine Beschwerde gegen eine Kindesschutzmassnahme aufschiebende Wirkung, so kann ihr diese von der anordnenden oder von der Beschwerdeinstanz entzogen werden.**

VI. Procédure

1. En général

La procédure est réglée par la législation cantonale, sous réserve des prescriptions suivantes:
1. avant d'ordonner une mesure de protection de l'enfant, l'autorité tutélaire ou le tiers nommé à cet effet entend l'enfant personnellement et de manière appropriée, pour autant que son âge ou d'autres motifs importants ne s'opposent pas à l'audition;
2. lorsqu'un recours contre une mesure de protection de l'enfant a un effet suspensif, l'autorité qui l'a ordonnée ou l'autorité de recours peut le priver de cet effet.

VI. Procedura

1. In genere

La procedura è stabilita dal diritto cantonale, riservate le seguenti norme:
1. prima di ordinare una misura a protezione del figlio, l'autorità tutoria o il terzo incaricato lo sentono personalmente e in modo appropriato, a meno che la sua età o altri motivi gravi vi si oppongano;
2. l'autorità disponente o di ricorso può togliere l'effetto sospensivo al ricorso contro una misura ordinata per proteggere il figlio.

Art. 314a

2. Bei fürsorgerischer Freiheitsentziehung

[1] **Wird das Kind von einer Behörde in einer Anstalt untergebracht, so gelten die Vorschriften über die gerichtliche Beurteilung und das Verfahren bei fürsorgerischer Freiheitsentziehung gegenüber mündigen oder entmündigten Personen sinngemäss.**

[2] **Hat das Kind das 16. Altersjahr noch nicht zurückgelegt, so kann es nicht selber gerichtliche Beurteilung verlangen.**

[3] **Für die Fälle, in denen Gefahr im Verzuge liegt oder das Kind psychisch krank ist, können die Kantone die Zuständigkeit zur Unterbringung in einer Anstalt ausser der Vormundschaftsbehörde auch andern geeigneten Stellen einräumen.**

2. Privation de liberté à des fins d'assistance

[1] Lorsque l'enfant est placé dans un établissement par une autorité, les dispositions relatives au contrôle judiciaire et à la procédure en cas de privation de liberté à des fins d'assistance à l'égard de personnes majeures ou interdites s'appliquent par analogie.

² Si l'enfant n'a pas encore atteint l'âge de 16 ans révolus, il ne peut lui-même en appeler au juge.

³ Pour les cas de péril en la demeure ou de maladie psychique, les cantons peuvent attribuer la compétence de placer l'enfant dans un établissement non seulement à l'autorité tutélaire mais aussi à d'autres offices appropriés.

2. In caso di privazione della libertà a scopo d'assistenza

¹ Se il figlio è collocato in uno stabilimento da un'autorità, si applicano per analogia le disposizioni sulla decisione giudiziaria e sulla procedura in caso di privazione della libertà a scopo d'assistenza riguardo a persone maggiorenni o interdette.

² Il figlio che non abbia ancora compiuto i sedici anni non può chiedere lui stesso la decisione giudiziaria.

³ In caso di pericolo nel ritardo o di malattia psichica del figlio, i Cantoni possono attribuire la competenza ad ordinare il collocamento, oltre che all'autorità tutoria, anche ad altri uffici idonei.

Literatur

Vgl. die Literaturhinweise zu Art. 307, ferner: GEISER, Die Aufsicht im Vormundschaftswesen, ZVW 1993, 201 ff.; GENNA, Rechtliche Aspekte der stationären psychiatrischen Behandlung von Kindern und Jugendlichen, ZVW 2000, 91 ff.; GUILLOD, Les garanties de procédure en droit tutélaire, ZVW 1991, 41 ff.; HÄFELI, Leistungen und Lücken des Rechtsschutzes im Vormundschaftsrecht, ZVW 1991, 56 ff.; BK-HEGNAUER, aArt. 288; DERS., Zum Begriff der nahestehenden Person i.S.v. Art. 397d ZGB, ZVW 1984, 26 ff.; DERS., Die Legitimation der Pflegeeltern zur staatsrechtlichen Beschwerde, ZVW 1985, 52 ff.; DERS., Die Anhörung bei der Entmündigung, ZVW 1993, 81 ff.; HENKEL (zit. zu Art. 307), insb. 155 ff.; LUSTENBERGER, Die fürsorgerische Freiheitsentziehung bei Unmündigen unter elterlicher Gewalt (Art. 310/314a ZGB), Diss. Freiburg i.Ü. 1987.

I. Verweis auf das kantonale Recht (Art. 314 Ingress) – allgemeine Verfahrensgrundsätze

1. Behördenorganisation und Rechtsmittel

1   Das **Verfahrensrecht** ist – auch im vormundschaftsbehördlichen Bereich, unter Vorbehalt der vormundschaftlichen Beschwerde (Art. 420) – **Sache der Kantone** (BK-HEGNAUER, aArt. 288 N 12 ff.; s. allg. BVK-KNAPP, Art. 64 N 65). Die in aArt. 314 Ziff. 1 für die Entziehung der elterlichen Sorge ausdrücklich verlangte Möglichkeit, entsprechende Entscheide der vormundschaftlichen Aufsichtsbehörde *durch eine richterliche Behörde überprüfen* zu lassen, hat als Folge der Anpassung der vormundschaftlichen Verfahren durch die Kantone im Anschluss an BGE 118 Ia 473 an Bedeutung verloren (Botschaft Revision Scheidungsrecht, Ziff. 244.43), da wenigstens im (kantonalen) **Rechtsmittelverfahren** in allen (auch kindesschutzrechtlichen) Belangen ein **Gericht entscheiden** muss (BGE 118 Ia 478 ff. E. 5–7 = ZVW 1993, 28 ff., dort insb. 38 E. 8). Die bundesgerichtliche Beschwerdefähigkeit ergibt sich aus Art. 93 BGG.

2. Verfahrensgrundsätze

2   Bereits das **Verfahren vor Vormundschaftsbehörde** hat – auch wo diese nicht gerichtlich organisiert ist – **allgemeinen rechtsstaatlichen Grundsätzen** zu entsprechen. Schon das *KS des BGer zum Verfahren bei Entmündigungen* (BGE 40 II 182; zur *Anhörung* ferner insb. BGE 117 II 132 und 379; HEGNAUER, ZVW 1993, 81 ff.) verlangte, dass die **massgeblichen Tatsachen den Betroffenen einzeln vorgehalten** werden müssen und ihnen Gelegenheit gegeben werden muss, dazu in geeigneter Form (d.h. i.d.R. mündlich)

Stellung zu nehmen bzw. **Beweise zu offerieren,** dass die Verhandlung zu **protokollie-ren,** die **Akten geordnet und vollständig** zu führen, der **Entscheid zu begründen** und mit einer **Rechtsmittelbelehrung** zu versehen ist (vgl. RIEMER, Vormundschaftsrecht, § 4 N 71). Aufgrund von BGE 111 Ia 5 bestand – wo die wirtschaftlichen Bedingungen vorliegen – mindestens vor der letzten mit voller Prüfungsbefugnis entscheidenden kantonalen Instanz ein Anspruch auf Bestellung eines **unentgeltlichen Rechtsvertreters;** im Verfahren vor der Vormundschaftsbehörde, welches v.a. die Bereitschaft zum Zusammenwirken von Behörden und Eltern stärken müsste, dürfte eine Vertretung hingegen u.U. eher hinderlich sein (anders in BGE 5P.182/2004 1.7.2004 E. 3.2 a.E., FamPra 2005, 165 ff.).

Zu weiteren Anforderungen, insb. aufgrund der EMRK, s. nebst HÄFELI und GUILLOD **3** (ZVW 1991, 41 ff. bzw. 56 ff.) auch den Expertenbericht *«Zur Revision des schweizerischen Vormundschaftsrechts»* (Bern 1995, insb. 37 f., 64 ff., 95 ff.) bzw. den diesbez. *Begleitbericht mit Vorentwurf für eine Änderung des ZGB (Betreuungsrecht)* (Juni 1998, E Art. 123, 22 f.). Mit der Revision des Scheidungsrechts ist die bisherige, allgemeine Verfahrensgrundsätze enthaltende Fassung von Art. 314 Ziff. 1 ersetzt worden durch eine Art. 144 Abs. 2 entsprechende Ordnung (dazu Botschaft Revision Scheidungsrecht, Ziff. 244.43); danach ist *«vor dem Erlass von Kindesschutzmassnahmen ... das Kind in geeigneter Weise persönlich anzuhören, soweit nicht sein Alter oder andere wichtige Gründe dafür sprechen, dass die Anhörung durch eine Drittperson erfolgt oder überhaupt unterbleibt».* Damit soll lediglich kodifiziert werden, was schon bislang vorausgesetzt war: *Kindes*schutzmassnahmen bedingen, das **Kind** als unmittelbar von der Anordnung mitbetroffen *in altersgerechter Form* in das **Verfahren einzubeziehen** und auch seine Sicht der Verhältnisse zu würdigen; das Kind hat der Behörde gegenüber keine weiterreichende Gehorsamspflicht als gegenüber den Eltern (dazu Art. 301 N 7). Es gelten dabei die *nämlichen Kriterien wie nach Art. 144 Abs. 2,* auf dessen Kommentierung verwiesen sei (s. im Übrigen u. N 7; zum Verhältnis zu Art. 144 s. BGE 127 III 295).

Anzuhören sind die Beteiligten auch über die **Person eines allfälligen Beistands** (BGE **4** 118 Ia 229; bei dessen Wahl gelten aufgrund von Art. 367 Abs. 3 und Art. 397 im Übrigen die Bestimmungen über den Vormund) oder von **Pflegeeltern:** Zwar wird es sich beim vorgesehenen Beistand meist um den Mitarbeiter einer örtlichen Behörde (Sozialarbeiter bei Jugendfürsorgestellen usw.; zum Anforderungsprofil BIDERBOST, 435 ff.) handeln, doch sollen Bedenken, welche einem einvernehmlichen Zusammenwirken entgegenstehen, im Vorfeld ausgeräumt werden. *Fachliche Eignung geht mit Rücksicht auf die qualifizierten Anforderungen persönlicher Nähe i.d.R. vor* (Art. 310 N 9; entgegen Art. 380–382: HENKEL, BTJP 1977, 103; zum Ausserehelichenbeistand insb. BK-HEGNAUER, aArt. 311 N 18 f.), ohne dass aber berechtigte Anliegen der Beteiligten übergangen werden sollen (BIDERBOST, 443 ff.).

Voraussetzung eines ordnungsgemässen Verfahrens ist v.a. die **umfassende Untersu-** **5** **chung der Verhältnisse,** weshalb das Verfahren in allen Stadien – sowohl vor Vormundschaftsbehörde als auch bei gerichtlicher Beurteilung – der **Offizialmaxime** unterliegt (BGE 108 II 375; BGE 5C.207/2004, 26.11.2004, FamPra 2005, 407 ff.: eine willkürfreie antizipierte Beweiswürdigung wird damit jedoch nicht ausgeschlossen; STETTLER, SPR III/2, 527; BK-HEGNAUER, aArt. 288 N 23 ff.; HINDERLING/STECK, 427 Anm. 3a). Die Behörden sind indes auf Hinweise Aussenstehender (Zusammenarbeit von Behörden, Art. 317; Art. 307 N 11; insb. auch Kenntnisse aus konnexen Verfahren, z.B. vormundschaftliche Massnahmen gegenüber Eltern oder Geschwistern), aber auch der Betroffenen selbst (überforderte Eltern, Kind: Art. 307 N 11; Art. 310 N 22) angewiesen: Die Beteiligten trifft eine *Mitwirkungspflicht* (BGE 5C.112/2001, 30.8.2001). Die Behörde hat *Hinweise von Informanten* selbst zu verifizieren; zwar kann nicht leichthin Geheimhaltung zugesichert werden (s. aber HENKEL, 210; Art. 307 N 11 a.E.), doch ist Bedacht darauf zu legen, für Eltern und/oder Kind wichtige Bezugspersonen nicht zu desavouieren.

II. Anhörung des Kindes, Entzug der aufschiebenden Wirkung (Ziff. 1 und 2)

6 **Kindesschutzmassnahmen** sind **regelmässig dringlich.** Diese Dringlichkeit prägt das Verfahren nach allen Richtungen, ohne dass sie von der Beachtung der zwingenden rechtsstaatlichen Regeln befreien würde. Zum *Beschleunigungsgebot* gemäss Art. 6 Abs. 1 EMRK s. IntKommEMRK (WILDHABER), Art. 8 N 397 f.; die Regel von Art. 397f Abs. 1, wonach der Richter *«in einem einfachen und raschen Verfahren»* zu entscheiden hat, bezieht sich der Sache nach nicht nur auf Art. 314a, sondern auf *alle Kindesschutz-verfahren.* Das Gefährdungspotential ist, wo Rechtsmittelverfahren anstehen, selbst bei beförderlicher Behandlung (welche generell für familienrechtliche Verfahren gilt: z.B. § 53 Abs. 1 ZPO ZH) ausgeprägt, da der kindliche Zeitbegriff von jenem der Erwachsenen abweicht und das Kind (je jünger es ist) selbst verhältnismässig kurze Zeitspannen als wesentlich länger empfinden wird. Es drängt sich deshalb auf, zumindest bez. *Anordnungen, die unmittelbar die Situation des Kindes berühren,* Rechtsmitteln (N 1; ferner Art. 420) die **aufschiebende Wirkung zu entziehen (Ziff. 2);** diese kann von der Rechtsmittelinstanz ggf. wieder erteilt werden. Dabei handelt es sich um eine für vorsorgliche Massnahmen im Allg. (denen die Kindesschutzmassnahmen verfahrensrechtlich nahe stehen) und insb. familienrechtliche Verfahren (z.B. § 275 Abs. 2 ZPO ZH) übliche zivilprozessuale Regel. – Wo im Rahmen eines Kindesschutzverfahrens **vorsorgliche Massnahmen** – z.B. die sofortige Wegnahme des Kindes aus der elterlichen Obhut – geboten sind, müssen *unterbliebene Verfahrensschritte* – Anhörungen, vertiefende Untersuchung usw. – *nachgeholt* werden (BGE 131 III 409 E. 4.4 insofern bedenklich, dass der Einzelrichter diese unterlassen hatte; BK-HEGNAUER, aArt. 288 N 36 f.); Präsidialverfügungen sind durch die Behörde zu bestätigen.

7 Was insb. die in **Ziff. 1** explizit angeordnete **Anhörung des Kindes** betrifft, so bildet diese Teil der elementaren verfahrensrechtlichen Grundregeln (o. N 3), welche indes der soeben in N 6 dargelegten Relativierungen unterliegen (s.o. Art. 307 N 31 zur Frage, ob das Kind in Entführungs-/Rückführungsfällen anzuhören sei). Es wird der Praxis obliegen, das *ausnahmsweise* verfahrensbedingte *Abweichen* vom *Grundsatz der Anhörung* zu begründen (mithin darüber einen seiner Natur nach nur beschränkt überprüfbaren, aber rechtsmittelfähigen Entscheid zu treffen) und das (einstweilen!) Unterlassene nachzuholen (soeben N 6 a.E.; BGE a.a.O. E. 4.4). Rechtsstaatlich korrekter Verzicht auf die Anhörung dürfte (ausser bei Kleinkindern) deshalb kaum wesentlich geringere Umtriebe bescheren als deren Durchführung. Immerhin mögen die bei Kindesschutzfällen belasteten und meist unmittelbar das Kind selbst betreffenden Verhältnisse eher als bei der Anhörung im Scheidungsverfahren rechtfertigen, dass die Anhörung an eine mit einer fachlichen (z.B. medizinischen, psychologischen) Untersuchung des Kindes betraute Person *delegiert* wird bzw. statt einer Anhörung durch die Behörde bei einzelnen, geeigneten Untersuchungshandlungen (wohl meist in einer frühe, anamnestischen Phase) ein Behördenvertreter zugegen ist; die Behörde hat jedenfalls (in solchem Rahmen oder durch spätere Kontaktnahme mit dem Kind) darauf hinzuwirken, dass die für ein erfolgreiches «Zusammenspannen» der Beteiligten unentbehrliche *Vertrauensbasis* (dazu allg. Art. 307 N 15) geschaffen wird, was *unvermeidlich persönliche Kontakte einer Behördenvertretung mit dem Kind* erfordert.

III. Verfahren bei fürsorgerischer Freiheitsentziehung (Art. 314a)

1. Verhältnis des FFE zum Kindesschutz

Art. 314a regelt den Spezialfall, dass ein *unter elterlicher Sorge stehendes Kind* (falls dies **8** nicht zutrifft, ist Art. 405a anwendbar) im Rahmen eines Obhutsentzugs nach Art. 310 (dort N 4 ff. zu den Voraussetzungen bzw. N 12 ff. zur Abgrenzung vom «gewöhnlichen» Obhutsentzug) in einer **Anstalt** untergebracht wird (s. zum Ganzen LUSTENBERGER). Die Bestimmung verweist auf die für den *FFE einschlägigen Regeln von Art. 397a–f,* die sinngemäss anwendbar sind. Ein FFE ist nur zulässig, wenn die nötige persönliche Fürsorge anders nicht erwiesen werden kann (Art. 397a Abs. 1), was indes beim Kind nicht einen der Gründe von Art. 397a Abs. 1, sondern eine *spezifisch kindesrechtliche Gefährdungslage* voraussetzt (GVP 1990, Nr. 37), unter welcher Optik auch die *Eignung der Anstalt* (dazu allg. ZK-SPIRIG, Art. 397a N 123 ff.) zu würdigen ist; «geeignete Anstalt besagt allerdings nicht ideale Anstalt» (TUOR/SCHNYDER/SCHMID, 405), weshalb an die Eignung realistische Anforderungen zu stellen sind. Sind für die Beurteilung von Obhutsentzug im Allg. und FFE kantonal unterschiedliche Behörden zuständig, so führt die Überprüfung lediglich des FFE nicht zur Aufhebung des Obhutsentzugs (**a.M.** TUOR/SCHNYDER/ SCHMID, 358 Anm. 112 unter Hinweis auf LUSTENBERGER, 158 ff.), sondern die anordnende Vormundschaftsbehörde (nicht aber die «andere Stelle» nach Abs. 3: N 11) bleibt frei, den Obhutsentzug in anderer Form (Familienpflege) durchzuführen.

Wo lediglich eine **vorläufige Unterbringung** zum Zweck weiterer Untersuchung – z.B. **9** Erstellung eines kinderpsychiatrischen Gutachtens – angeordnet wird, kann es sich um eine *Massnahme nach Art. 307* handeln (allg. dort N 16; so STETTLER, SPR III/2, 526; LUSTENBERGER, 34 f.; HENKEL, 88; BGE 5C.202/2002, 18.11.2002, FamPra 2003, 197 ff.; **a.M.** HEGNAUER, Kindesrecht, N 27.16); m.E. handelt es sich – wo nicht lediglich eine ganz kurzfristige Unterbringung von höchstens wenigen Tagen für den Untersuchungszweck genügt oder Gefahr im Verzuge liegt (Abs. 3, N 11) – qualitativ um einen *Obhutsentzug nach Art. 310,* der ggf. bereits als vorsorgliche Massnahme (i.S.v. N 6) angeordnet wird, aber während der Dauer der Unterbringung umgehend durch einen ordnungsgemäss durchgeführten Obhutsentzug zu ergänzen ist.

2. Alter des Kindes; besondere Instanzen (Abs. 2 und 3)

Gerichtliche Beurteilung kann nur das über *16-jährige Kind* verlangen (Abs. 2); für ein **10** jüngeres kann eine nahe stehende Person (i.S.v. Art. 397d Abs. 1; HEGNAUER, ZVW 1984, 26 ff.) handeln, doch ist auch das urteilsfähige jüngere **Kind ins Verfahren einzubeziehen** (o. N 3, 7; Anhörung eines 15-Jährigen, auch damit der Richter die familiäre Situation erfassen kann: BGE 5P.392/2003, 5.3.2004, ZVW 2004, 262; eine Nichtbeachtung der Gesamtsituation bzw. Urteilsfähigkeit des Kindes widerspricht dem höchstpersönlichen Recht auf Anhörung gem. Art. 9 u. 12 UN-KRK: ZR 2002 Nr. 43).

Abs. 3 räumt den Kantonen fakultativ das Recht ein, bei *Dringlichkeit* oder *psychischer* **11** *Krankheit des Kindes* (im Gegensatz zu Störungen des Eltern-Kind-Verhältnisses) nebst der Vormundschaftsbehörde auch **andern geeigneten Stellen** (i.d.R. psychiatrische Fachärzte, Amts- oder auch Hausärzte mit kinderpsychiatrischem Fachwissen) die Zuständigkeit zur Anstaltseinweisung einräumen (LUSTENBERGER, 58 ff.). Es dürfte sich dabei – da die «andern geeigneten Stellen» nicht Vormundschaftsbehörde und damit zum Obhutsentzug nicht zuständig sind – lediglich um *vorläufige Unterbringungen* i.S.v. N 8 handeln.

Art. 315

VII. Zuständig-
keit

1. Im All-
gemeinen

¹ **Die Kindesschutzmassnahmen werden von den vormund-**
schaftlichen Behörden am Wohnsitz des Kindes angeordnet.

² **Lebt das Kind bei Pflegeeltern oder sonst ausserhalb der häus-**
lichen Gemeinschaft der Eltern oder liegt Gefahr im Verzug, so
sind auch die Behörden am Ort zuständig, wo sich das Kind
aufhält.

³ **Trifft die Behörde am Aufenthaltsort eine Kindesschutzmass-**
nahme, so benachrichtigt sie die Wohnsitzbehörde.

VII. For et
compétence

1. En général

¹ Les mesures de protection de l'enfant sont ordonnées par les autorités de
tutelle du domicile de l'enfant.

² Lorsque l'enfant vit chez des parents nourriciers ou, d'une autre manière,
hors de la communauté familiale du père et mère, ou lorsqu'il y a péril en la
demeure, les autorités du lieu où se trouve l'enfant sont également compétentes.

³ Lorsque cette autorité ordonne une mesure de protection de l'enfant, elle
en avise l'autorité du domicile.

VII. Competenza

1. In genere

¹ Le misure per la protezione del figlio sono ordinate dalle autorità tutorie
del domicilio del figlio.

² Se il figlio vive presso genitori affilianti o altrimenti fuori dalla comunione
domestica dei genitori, ovvero se vi è pericolo nel ritardo, sono pure competenti le autorità del luogo di dimora del figlio.

³ L'autorità del luogo di dimora che ordina una misura per la protezione del
figlio ne informa l'autorità del domicilio.

Art. 315a

2. In eherecht-
lichen Verfahren

a. Zuständigkeit
des Gerichts

¹ **Hat das Gericht nach den Bestimmungen über die Eheschei-**
dung oder den Schutz der ehelichen Gemeinschaft die Bezie-
hungen der Eltern zu den Kindern zu gestalten, so trifft es auch
die nötigen Kindesschutzmassnahmen und betraut die vor-
mundschaftlichen Behörden mit dem Vollzug.

² **Bestehende Kindesschutzmassnahmen können auch vom Ge-**
richt den neuen Verhältnissen angepasst werden.

³ **Die vormundschaftlichen Behörden bleiben jedoch befugt:**
1. ein vor dem gerichtlichen Verfahren eingeleitetes Kindes-
schutzverfahren weiterzuführen;
2. die zum Schutz des Kindes sofort notwendigen Massnahmen
anzuordnen, wenn sie das Gericht voraussichtlich nicht
rechtzeitig treffen kann.

2. Dans une
procédure
matrimoniale

a. Compétence du
juge

¹ Le juge chargé de régler, selon les dispositions régissant le divorce ou la
protection de l'union conjugale, les relations du père et mère avec l'enfant
prend également les mesures nécessaires à la protection de ce dernier et
charge les autorités de tutelle de leur exécution.

² Le juge peut aussi modifier, en fonction des circonstances, les mesures de
protection de l'enfant qui ont déjà été prises.

[3] Les autorités de tutelle demeurent toutefois compétentes pour:
1. poursuivre une procédure de protection de l'enfant introduite avant la procédure judiciaire;
2. prendre les mesures immédiatement nécessaires à la protection de l'enfant lorsqu'il est probable que le juge ne pourra pas les prendre à temps.

2. Nella procedura matrimoniale

a. Competenza del giudice

[1] Il giudice chiamato a decidere sulle relazioni personali dei genitori con i figli, secondo le disposizioni sul divorzio o a tutela dell'unione coniugale, prende anche le misure necessarie per proteggere il figlio e ne affida l'esecuzione alle autorità di tutela.

[2] Il giudice può anche adeguare alle nuove circostanze le misure di protezione del figlio che sono già state prese.

[3] Le autorità di tutela restano tuttavia competenti a:
1. continuare una procedura di protezione del figlio introdotta prima della procedura giudiziaria;
2. ordinare le misure immediatamente necessarie alla protezione del figlio, quando sia prevedibile che il giudice non possa prenderle tempestivamente.

Art. 315b

b. Abänderung gerichtlicher Anordnungen

[1] **Zur Abänderung gerichtlicher Anordnungen über die Kindeszuteilung und den Kindesschutz ist das Gericht zuständig:**
1. **während des Scheidungsverfahrens;**
2. **im Verfahren zur Abänderung des Scheidungsurteils gemäss den Vorschriften über die Ehescheidung;**
3. **im Verfahren zur Änderung von Eheschutzmassnahmen; die Vorschriften über die Ehescheidung sind sinngemäss anwendbar.**

[2] **In den übrigen Fällen sind die vormundschaftlichen Behörden zuständig.**

b. Modification des mesures judiciaires

[1] Le juge est compétent pour modifier les mesures judiciaires relatives à l'attribution et à la protection des enfants:
1. dans la procédure de divorce;
2. dans la procédure en modification du jugement de divorce, selon les dispositions régissant le divorce;
3. dans la procédure en modification des mesures protectrices de l'union conjugale; les dispositions qui régissent le divorce s'appliquent par analogie.

[2] Dans les autres cas, les autorités de tutelle sont compétentes.

b. Modifica di misure giudiziarie

[1] Il giudice è competente a modificare le misure giudiziarie relative all'attribuzione e alla protezione del figlio:
1. durante la procedura di divorzio;
2. nella procedura di modifica della sentenza di divorzio, secondo le norme disciplinanti il divorzio;
3. nella procedura di modifica delle misure a tutela dell'unione coniugale; le disposizioni sul divorzio sono applicabili per analogia.

[2] Negli altri casi sono competenti le autorità di tutela.

Literatur

Vgl. die Literaturhinweise zu Art. 133 f. und 307, ferner: BREITSCHMID, Zuständigkeit zur Anordnung von Kindesschutzmassnahmen im zivilprozessualen Vollstreckungsverfahren (Art. 275, 315, 315a ZGB)?, ZVW 1991, 139 ff.; DERS., Kind und Scheidung der Elternehe, in: Das neue Scheidungsrecht, hrsg. von der Stiftung für juristische Weiterbildung, Zürich 1999, 95 ff.; ECKERT, Compétence et procédure au sujet de l'autorité parentale dans les causes matrimoniales, Diss. Lausanne 1990; GIANOLA, Die Abgrenzung der Kompetenzen zwischen Richter und vormundschaftlichen Behörden bei Massnahmen zum Schutze der Person des Kindes, Diss. Basel 1980; HEGNAUER, Kann die Vormundschaftsbehörde nach dem Tod des im Scheidungsurteil bestimmten Inhabers der elterlichen Gewalt diese dem überlebenden Elternteil übertragen?, ZVW 1981, 15 ff.; DERS., Zur Abgrenzung der Kinderschutzbefugnisse der vormundschaftlichen Behörden und des Scheidungsrichters (Art. 315a Abs. 1 und 2 Ziff. 1 ZGB), ZVW 1981, 58 ff.; DERS., Zur örtlichen Zuständigkeit zur Anordnung von Kindesschutzmassnahmen bei Aufhebung der Vormundschaft über die Eltern (Art. 315 ZGB), ZVW 1982, 146 ff.; DERS., Zur örtlichen Zuständigkeit für die Anordnung und Führung von Kindesschutzmassnahmen nach Art. 315 ZGB, ZVW 1983, 106 ff.; DERS., Zur Übertragung der Vormundschaft bei Wohnsitzwechsel der Adoptivpflegeeltern, ZVW 1983, 113 ff.; DERS., Wohnsitz des Kindes unter elterlicher Gewalt, ZVW 1988, 150 ff.; DERS., Die Befugnisse des Richters und der vormundschaftlichen Behörden bei und nach Scheidung von Eltern mit Kindern – sollen die Art. 156, 157 und 315a ZGB revidiert werden?, ZVW 1989, 121 ff.; DERS., Sachliche Zuständigkeit für vorsorgliche Kindesschutzmassnahmen im Abänderungsverfahren (Art. 157, 308, 315a ZGB), ZVW 1994, 149 ff.; HINDERLING/STECK, 492 ff.; PITTET, Le droit aux relations personelles, ZVW 1984, 1 ff.; STETTLER, L'application de l'art. 315a al. 3 CCS compte tenu de la législation et des structures administratives genevoises, SemJud 1981, 609 ff.; DERS., Les compétences du juge et des autorités de tutelle durant et après la procédure matrimoniale impliquant des enfants, ZVW 1989, 129 ff.; FamKomm Scheidung/WIRZ, zu Art. 134, sowie *generell die Doktrin zu Art. 134.*

I. Sachliche Zuständigkeit: Abgrenzung der Zuständigkeit von vormundschaftlicher Behörde (Art. 315), ehegerichtlicher (Art. 315a) und Abänderungszuständigkeit (Art. 315b)

1. Grundregel: Zuständigkeit der vormundschaftlichen Behörden (Art. 315 Abs. 1)

1   **Kindesschutzmassnahmen** sind *grundsätzlich* von der **Vormundschaftsbehörde** (Art. 361) **anzuordnen** (Art. 315 Abs. 1; lediglich die Entziehung der elterlichen Sorge nach Art. 311 Abs. 1 erfolgt durch die *vormundschaftliche Aufsichtsbehörde*).

2   Selbst dort, wo *ausnahmsweise* (aber praktisch dennoch häufig) *eheschutzrichterliche oder scheidungsgerichtliche Zuständigkeit* besteht (s. Art. 315a Abs. 1 bzw. N 3 ff.), obliegt die **Durchführung** der Massnahme der **Vormundschaftsbehörde** (Art. 315a Abs. 1 a.E.; HEGNAUER, ZVW 1981, 58 ff. passim; ZR 1981 Nr. 13), da das *gerichtliche Verfahren mit dem Entscheid abgeschlossen* wird, während der Schutz des Kindes meist eine *kontinuierliche weitere Begleitung* erfordert.

2. Ausnahme: Ehegerichtliche Zuständigkeit (Art. 315a)

a) Tatbestände gerichtlicher Zuständigkeit (Art. 315a Abs. 1 und 2)

3   aa) Aufgrund von Art. 133 und des Prinzips der *Einheit des Scheidungsurteils* (allg. BGE 113 II 97; HINDERLING/STECK, 492 mit Anm. 14i; HEGNAUER/BREITSCHMID, N 12.73) hat das Scheidungs- oder Trennungsgericht die Elternrechte und die persönlichen Beziehungen der Eltern zu den Kindern zu gestalten; das schliesst vom sachlichen Konnex und der Prozessökonomie her zwingend ein, dass diese Regelung ggf. mit Kindesschutzmassnahmen verbunden *(Abs. 1)* wird bzw. *bestehende* Kindesschutzmassnahmen in diesem Konnex *angepasst (Abs. 2; Art. 315b Abs. Ziff. 1–3)* werden (HEGNAUER, ZVW 1989, 122; allg. BK-BÜHLER/SPÜHLER, aArt. 156 N 152 ff. bzw. DIES., Ergänzungsbd., a.a.O.). Deshalb kommt nach Art. 315a Abs. 1 dem **Richter** dort die (an sich) **ausnahmsweise** (aber häufige) Zuständigkeit zur Anordnung von Kindesschutzmassnahmen zu, wo er nach den Bestimmungen über die **Ehescheidung** (Art. 133 f.) die *Elternrechte* (d.h. die elterliche Sorge: Art. 297 Abs. 3) bzw. die *persönlichen Beziehungen* der Eltern zu den Kindern (Besuchsrecht: Art. 273 ff.) zu regeln hat (er ist mithin nicht zuständig, wo die Klage abgewiesen oder darauf nicht eingetreten wird: HENKEL, 117; BK-HEGNAUER, aArt. 283 N 172; s. aber N 9), mithin selbst dann, wenn die Regelung darin besteht, beiden Eltern die Sorge zu entziehen (BGE 125 III 401, 407 E. 2c).

Möglich sind **Anordnungen nach Art. 307, 308, 310, 311 und 312 Ziff. 1** **4**
(HEGNAUER, Kindesrecht, N 27.56; HINDERLING/STECK, 492); es gelten dabei die jeweiligen Voraussetzungen und die Anforderungen an die Ausgestaltung der Massnahme in gleicher Weisewie bei vormundschaftsbehördlicher Anordnung (BK-BÜHLER/SPÜHLER, aArt. 156 N 159). Ist das Scheidungsgericht zuständig, so kann es die Anordnung entsprechender Massnahmen *nicht an die Vormundschaftsbehörde delegieren* (HENKEL, 117 f.; BK-HEGNAUER, aArt. 283 N 169 und 175).

bb) Die gleichen Befugnisse kommen dem Scheidungs- bzw. Trennungsgericht auch im   **5**
Rahmen **vorsorglicher Massnahmen** zu (HENKEL, 109 f. mit Anm. 3).

cc) Kraft expliziter Erwähnung besteht nunmehr auch eine **eheschutzgerichtliche** Zu-   **6**
ständigkeit (Art. 171 ff.; HEGNAUER, Kindesrecht, N 27.56; aus der kontroversen Doktrin zur früheren Ordnung namentlich noch HENKEL, 133 Anm. 3; HAUSHEER/REUSSER/GEISER, Vorbem. zu Art. 171 ff. N 23 m.Nw., Art. 176 N 43; kritisch insb. STETTLER, SPR III/2, 521); dies deshalb, weil der Eheschutz sich i.d.R. (ausser in eigentlich unproblematischen Fällen) nicht mehr nur kurzfristig und vorübergehend mit den Gegebenheiten zu befassen hat, sondern bei nicht-einvernehmlichen Scheidungsverfahren (Art. 113 f.) massnahmerichterliche Stellung einnimmt. – Weiterhin zu **verneinen** ist eine **vollstreckungsrichterliche** Zuständigkeit (BREITSCHMID, ZVW 1991, 144; BK-BÜHLER/SPÜHLER, Ergänzungsbd., aArt. 156 N 32a). Vgl. im Übrigen Art. 275 N 7 f. bzw. BK-HEGNAUER, Art. 275 N 21 ff. und N 108 ff. bez. der Zuständigkeit zur Anordnung von Kindesschutzmassnahmen im Falle, dass die gerichtliche Regelung des *persönlichen Verkehrs* zur Anordnung von Kindesschutzmassnahmen Anlass gibt. – Fehlt einer Stelle die Zuständigkeit, so wird diese Lücke allerdings relativiert durch die Pflicht, der jeweils zuständigen (gerichtlichen oder vormundschaftlichen) Behörde Mitteilung über Fälle mit Handlungsbedarf zu machen (Art. 317; HAUSHEER/REUSSER/GEISER, Art. 172 N 27). Überschneidungen können sich im Einzelnen bei den sowohl dem Eheschutzgericht wie den vormundschaftlichen Behörden zustehenden *vermittelnde Befugnissen* ergeben (vgl. Art. 172 bzw. die *Ermahnungen* i.S.v. Art. 307, dort N 19, 21).

b) Vorbehaltene Zuständigkeit der Vormundschaftsbehörde im scheidungsgerichtlichen Zuständigkeitsfeld (Art. 315a Abs. 3 bzw. aArt. 315a Abs. 2)

Selbst in diesen Fällen scheidungsgerichtlicher Zuständigkeit (N 3–6) obliegt die *Vollzie-*   **7**
hung der Anordnungen den vormundschaftlichen Behörden (N 2). – Zudem **behält Art. 315a Abs. 3** ausnahmsweise die **vormundschaftsbehördliche Zuständigkeit** in *zwei Fällen* vor:

aa) Nämlich bei *Einleitung oder Durchführung* des **Kindesschutzverfahrens vor dem**   **8**
Scheidungsverfahren (Art. 315a *Abs. 3 Ziff. 1;* AppHof BE ZBJV 1988, 307), *aus-*

ser die Verhältnisse hätten sich gegenüber den von der Vormundschaftsbehörde beurteilten *grundsätzlich verändert* und der Richter hätte deshalb nicht die bestehende Anordnung anzupassen, sondern eine neue Situation zu beurteilen (BGE 125 III 401, 404 E. 2b; KassGer ZH SJZ 1993, 199; die Abgrenzung mag bisweilen diskutabel sein); ist ein gerichtliches Verfahren hängig, so fiele auch die Wiederaufnahme einer bereits abgeschlossenen Kindesschutzmassnahme nicht mehr in die Zuständigkeit der Vormundschaftsbehörde. Im Gegensatz zu Art. 315b (u. N 10 ff.) handelt es sich hier um Änderungen der Verhältnisse *im Vorfeld bzw. während der Dauer des gerichtlichen Verfahrens.* Leitgedanke der Regelung ist, dass das Gericht nicht ohne hinreichenden (Abänderungs-)Grund die von der Vormundschaftsbehörde getroffene (und begriffsimmanent auch begleitete: Art. 307 N 23 m.Nw.) Massnahme aufheben oder abschwächen darf, diese ggf. aber verstärken soll (HEGNAUER, ZVW 1981, 65; STETTLER, SPR III/2, 521; **a.M.** BK-BÜHLER/SPÜHLER, aArt. 156 N 26; anders nun aber auch DIES., Ergänzungsbd., aArt. 156 N 25), wobei zentral der Meinungs- und Informationsaustausch (Art. 317) ist.

9   bb) **Dringlichkeitszuständigkeit** (Art. 315a *Abs. 3 Ziff. 2*; vgl. BK-HEGNAUER, aArt. 283 N 168); diese beinhaltet allerdings lediglich Eingriffe *vorsorglicher Natur* und setzt umgehende **Benachrichtigung** der zuständigen Behörde voraus (HENKEL, 121). Es wird diese Situation vorab dann eintreten können, wenn bestehende Kindesschutzmassnahmen (N 3) von der Behörde weiterhin durchzuführen sind und dabei (mithin noch vor dem gerichtlichen Entscheid) Anpassungsbedarf entsteht. – Im Rahmen der **Dringlichkeitszuständigkeit** wird Art. 315a Abs. 3 Ziff. 2 aber *spiegelbildlich* auch weiterhin **zugunsten gerichtlicher Zuständigkeit** gehandhabt, wo die Vormundschaftsbehörde nicht rechtzeitig einzugreifen vermöchte (HENKEL, 121; **a.M.** BK-BÜHLER/SPÜHLER, aArt. 156 N 29). Da es sich bei der vormundschaftsbehördlichen Dringlichkeitszuständigkeit von Art. 315a Abs. 3 Ziff. 2 lediglich um vorsorgliche Massnahmen handelt und nicht um Endentscheide, unterlagen diese gem. bundesgerichtlicher Rechtsprechung nicht der Berufung (5C.110/2003, 30.6.2003; 5C.120/2003, 9.7.2003 beide ZVW 2003, 447), aber der staatsrechtlichen Beschwerde (BGE 5C.78/2003, 25.8.2003, SJZ 2003, 567 ff.) und neu Art. 93 u. 98 BGG.

3. Zuständigkeit zur Abänderung bei veränderten Verhältnissen nach ehegerichtlichem Entscheid (Art. 315b bzw. aArt. 315a Abs. 3)

a) Grundregel

10   *Änderten* sich die Verhältnisse *nach* dem Scheidungs- bzw. Trennungsurteil, so konnten die vormundschaftlichen Behörden *bislang* nach dem in seiner Tragweite schwer zu erfassenden aArt. 315a Abs. 3 vom Richter getroffene Kindesschutzmassnahmen nur dann anpassen, wenn «dadurch die Stellung des andern nicht unmittelbar berührt» wurde – mithin wenn die Massnahme nur das Kind, nicht aber die nach aArt. 156 festgelegte Rechtsstellung der Eltern (Zuteilung der elterlichen Sorge; Besuchsrecht) betraf, die nur im Verfahren nach aArt. 157 abgeändert werden konnte (vgl. zu dieser im Einzelnen vielfach diskutierten Regelung HEGNAUER, ZVW 1991, 146 f.; HENKEL, 122 ff.; STETTLER, SPR III/2, 522 f.; BK-BÜHLER/SPÜHLER, aArt. 156 N 28 f. bzw. DIES., Ergänzungsbd., a.a.O.). Die Ordnung war schwer überschaubar, und namentlich war bei Verfahrenseinleitung nicht ohne weiteres zu erkennen, welche Wendung sich ergeben würde. – Da weiterhin bei **streitigen Änderungen,** welche *primär die Eltern betreffen,* das Gericht zuständig ist (Sorgerechtszu- und -umteilung, Unterhaltsbeiträge: Art. 134 Abs. 1, 286 Abs. 2), kommt dem Kriterium «elterlicher Betroffenheit» nach wie vor eine gewisse

Bedeutung zu, indem die Änderung von Kindesschutzmassnahmen in diesen Fällen in ein gerichtliches Verfahren hinübergezogen wird.

Allerdings ist nicht primär entscheidend, *ob* behördlich-autoritativ in die «Rechte» eines **10a** Elters eingegriffen wird, sondern *in welchem Kontext* dies geschieht (Art. 315b). Tritt nach Abschluss eines ehegerichtlichen Verfahrens neu oder erneut Handlungsbedarf zum Schutz des Kindes auf, so ist nach der **Grundregel** (Art. 315 Abs. 1) die **Vormundschaftsbehörde zuständig,** da in dieser Situation keine richterliche Zuständigkeit nach Art. 315a Abs. 1 oder 2 (mehr) besteht (dazu o. N 3). Indes bleibt zu bedenken, dass Art. 315b nur Abänderungen von Kindesschutzmassnahmen betrifft, während die Abänderung allgemeiner kinderbezogener Scheidungsnebenfolgen von Art. 134 erfasst wird und deshalb eine erneute Befassung ehegerichtlicher Stellen möglich ist (o. N 10 a.E.; *Art. 315b Abs. 1 Ziff. 1–3:* Scheidungsrichter bei erneuter Anhängigmachung eines zuvor nicht durch Gutheissung erledigten Verfahrens, Abänderungs- bzw. abänderungsbegleitende Massnahme- und Eheschutzverfahren). Erweisen sich bei **Hängigkeit** eines solchen **gerichtlichen Verfahrens** Anpassungen von Kindesschutzmassnahmen als nötig, so gilt – in Analogie zum Grundsatz der Einheit des Scheidungsurteils (N 3) – eine *einheitliche gerichtliche Abänderungszuständigkeit* (Überblick bei HEGNAUER/BREITSCHMID, Eherecht, N 11.86 ff.; bez. Abänderung der elterl. Sorge TC FR, 25.3.2004, ZVW 2004, 161 ff.).

b) Einzelne typische Situationen

Unabhängig davon, ob nach der neuen Ordnung Gericht oder Vormundschaftsbehörde **11** zuständig ist (soeben N 10a), unterscheidet sich das Vorgehen in den einzelnen Abänderungssituationen; Ausgangspunkt ist, dass sich *wesentliche Umstände in massgeblicher, das Kindeswohl berührender Weise geändert* haben. Die Regelung folgt allerdings weitgehend der bisherigen Praxis, die sie im Wesentlichen kodifiziert.

aa) **Aufhebung bzw. Abschwächung gerichtlicher Anordnungen:** Fällt der Grund zur **12** Anordnung von Schutzmassnahmen weg, so sind diese aufzuheben oder ggf. anzupassen (Art. 307 N 8; Art. 313 N 1). So kann ein Obhutsentzug durch eine Beistandschaft ersetzt, trotz Entzug der elterlichen Sorge gegenüber beiden Eltern die Obhut auf Zusehen hin einem von ihnen überlassen (BGE 112 II 16; STETTLER, SPR III/2, 280 f.) oder eine Beistandschaft aufgehoben werden (Art. 308 N 14 a.E.). Dies wird üblicherweise die *Vormundschaftsbehörde* zuerst erfahren und danach verfahren. – *Nach Tod oder Entmündigung des Sorgerechtsinhabers oder mit dessen Einverständnis* kann die *Vormundschaftsbehörde* die Sorge dem andern Elternteil übertragen (Art. 134 Abs. 3; noch unter altem Recht OGer ZH ZVW 1985, 147 = ZR 1985 Nr. 127; HEGNAUER, ZVW 1978, 46; DERS., ZVW 1981, 15; DERS., ZVW 1989, 126; STETTLER, SPR III/2, 279 f.; **a.M.** OGer ZH ZVW 1980, 26); das BGer nahm unter alter Ordnung eine *alternative Zuständigkeit* von Abänderungsrichter und Vormundschaftsbehörde an (BGE 107 II 100, 103 E. 3; 108 II 375, 378 f. E. 2; dazu krit. SCHNYDER, ZBJV 1984, 123 f.; OGer ZH ZVW 1985, 154; Art. 297 N 17 f.), wozu heute – ist nicht ein eherechtliches Verfahren hängig (Art. 315b Abs. 1) – kein Anlass mehr besteht. Tritt der Tod *während hängigem* Abänderungsverfahren ein, ist die Zuteilung der elterlichen Sorge an den andern Elternteil vom *Gericht* zu entscheiden (ZR 1994 Nr. 38) und eine Überweisung zu vermeiden. – Die **Regelung des Besuchsrechts** kann *nur im Rahmen von Art. 134 Abs. 3 und 4 durch die Vormundschaftsbehörde* angepasst werden (vgl. BK-HEGNAUER, Art. 275 N 60), doch hat diese stets den konkretisierenden Spielraum einer allfälligen Besuchsrechtsbeistandschaft auszuschöpfen (Art. 308 N 14 f.).

13 bb) **Erlass neuer bzw. Verschärfung bestehender Anordnungen:** Die *Vormund-schaftsbehörde* kann die im jeweiligen Fall neu gebotenen Massnahmen treffen, wo bislang gar keine Anordnungen bestanden, also Weisungen nach Art. 307 erteilen, einen Beistand nach Art. 308 bestellen (Art. 308 N 5 a.E.), die Obhut oder die elterliche Sorge dem Inhaber entziehen, gegen dessen Widerspruch aber nicht dem andern übertragen. Unter den gleichen Voraussetzungen sind bestehende Anordnungen graduell zu verschärfen (BBl 1974 II 86 f.; STETTLER, SPR III/2, 522 f.); der Obhutsentzug gegenüber dem Sorgerechtsinhaber berührt die Stellung des andern Elternteils nicht, soweit durch die Art der Unterbringung das Besuchsrecht nicht grundlegend tangiert wird (dass eine Veränderung insofern eintritt, als ein Abänderungsgrund zu seinen Gunsten gegeben sein mag,«berührt» zwar die Stellung des andern Elternteils, *beeinträchtigt* sie aber *nicht,* da die Erhebung einer Abänderungsklage seinem freien Entscheid obliegt; dazu eher zweifelnd STETTLER, SPR III/2, 523).

14 cc) Werden in einem **gerichtlichen Abänderungsverfahren nach Art. 134** vorsorgliche **Massnahmen zum Schutz des Kindes** getroffen, so liegt – analog dem *Scheidungs-prozess* (o. N 3) – die *Zuständigkeit beim Abänderungsrichter* (HEGNAUER, ZVW 1994, 150; BK-BÜHLER/SPÜHLER, aArt. 157 N 48 ff.); wiederum besteht die Dring-lichkeitszuständigkeit von Art. 315a Abs. 3 Ziff. 2. Bei gerichtlicher Zuständigkeit ist aber die Vormundschaftsbehörde aufgrund von Art. 146 Abs. 2 Ziff. 2 berechtigt, die Bestellung einer *Kindesvertretung* zu beantragen, und es gibt Art. 145 Abs. 2 dem Gericht auf, *bei Vormundschaftsbehörden Erkundigungen* einzuholen (vgl. auch HEGNAUER, ZVW 1996, 54), was Konkretisierungen des Zusammenarbeitsprinzips sind (Art. 317).

4. Bewährung und weitere Entwicklung der Ordnung

15 Die **Revision des Scheidungsrechts** nahm am früheren System gewisse *Präzisierungen* vor (Botschaft Ziff. 233.61, 123 ff., insb. 124 [zu Art. 315a]; Ziff. 233.63, 130 f. [zum neuen Art. 315b]; Ziff. 242, 155 [zur Ausdehnung auf das Eheschutzverfahren]): *Beibe-halten* wurde die **grundsätzliche Zuständigkeit der Vormundschaftsbehörden** (An-passung des Randtitels zum unveränderten Art. 315); als *eherechtliches Verfahren* (Mar-ginale zu Art. 315a f.) wird in Art. 315a Abs. 1 zusätzlich auch jenes vor dem Eheschutzrichter verstanden und auch diesem die Befugnis zur Anordnung von Kindes-schutzmassnahmen zugestanden. Der neue Art. 315a Abs. 2 will alternativ zur Vormund-schaftsbehörde auch dem (nach Abs. 1) zuständigen Gericht die Befugnis zur **Anpas-sung bzw. Abänderung** bestehender Kindesschutzmassnahmen einräumen, während Art. 315a Abs. 3 die Regelung des bisherigen Art. 315a Abs. 2 übernimmt. Der neu hin-zugefügte Art. 315b stellt eine Konkretisierung von aArt. 315a Abs. 3 dar; die neue Regelung behält **streitige Abänderungen** dem **Gericht** vor: nämlich solche, die noch während des Scheidungsverfahrens (Art. 315b Abs. 1 Ziff. 1) oder in einem nach den einschlägigen scheidungsrechtlichen bzw. eheschutzrichterlichen Regeln durchgeführten Abänderungsverfahren zu erlassen sind (Art. 315b Abs. 1 Ziff. 2 bzw. 3; vgl. Art. 134 N 6 ff.); in den übrigen – nämlich den **nichtstreitigen** – Fällen sind die **vormundschaft-lichen Behörden** zuständig (Art. 315b Abs. 2; Botschaft Revision Scheidungsrecht, Ziff. 233.63, 131 f.), was *einvernehmliche und im weiteren Verlauf überwachte Lösungen* erleichtern soll. Nach wie vor bestehen allerdings Überschneidungen und nicht einfache Weichenstellungen; zudem zeigen sich im vormundschaftsbehördlichen Verfahren nach wie vor verfahrenstechnische Unebenheiten, und es ist das Fehlen einer einheitlichen familien- und vormundschaftsgerichtlichen Zuständigkeit zu bedauern.

16 (*entfällt*)

II. Örtliche Zuständigkeit

1. Grundregel: Wohnsitzzuständigkeit (Art. 315 Abs. 1)

Kindesschutzmassnahmen sind von den **vormundschaftlichen Behörden** am **Wohnsitz** **17**
des Kindes (mithin am Wohnsitz des Sorgerechtsinhabers: Art. 25) anzuordnen (Art. 315
Abs. 1; vgl. Art. 376 und 396 bzw. BGE 89 II 14; 101 II 12). – Bei *sachlicher Zuständig-*
keit des **Gerichts** (Art. 315a) gelten die *prozessrechtlichen Regeln* über die örtliche Zuständigkeit (Art. 144, 158 Ingress).

Im Falle eines **Wohnsitzwechsels** bleibt die im Zeitpunkt der *Einleitung* des Verfahrens **18**
zuständige Behörde mit dem hängigen Verfahren weiterhin befasst (BGE 101 II 11, 12);
erfolgt eine Entziehung der elterlichen Sorge, ändert sich der Wohnsitz des Kindes nur,
falls die Vormundschaftsbehörde dies so verfügt und der Aufenthaltsort des Kindes nicht
dem Wohnsitz entsprach. Strittig ist, wo sich der Wohnsitz des Kindes befindet, wenn im
Scheidungsverfahren den Eltern die elterl. Sorge entzogen wird und es bereits vorher
in eine Anstalt platziert worden war (ZVW 2002, 208 ff.; JPD SG ZVW 2000, 196 ff.).
Lediglich der *Vollzug* einer rechtskräftig angeordneten Massnahme ist der Behörde am
neuen Wohnsitz oder Aufenthalt zu übertragen (ZVW 1989, 115), wo nicht der Aufenthalt des Kindes am bisherigen Wohnsitz verbleibt (wo es z.B. weiterhin in der Obhut von
Pflegeeltern am bisherigen Wohnsitz der wegziehenden Mutter als Inhaberin der Sorge
lebt: Hegnauer, Kindesrecht, N 27.61); bei Vormundschaft über das Kind gilt ohnehin
Art. 25 Abs. 2 (vgl. BK-Hegnauer, aArt. 285 N 53 f.; ders., ZVW 1983, 113; Stellungnahme der JustizDir ZH betr. Übernahme einer Vormundschaft nach Art. 368, ZVW
1983, 32). Die Übertragung des Vollzugs hat auch dort zu unterbleiben, wo einmalige
Vorkehren zu treffen sind, nur mehr eine kurze Übergangsphase in Frage steht oder der
persönliche Kontakt zwischen Betreuungsperson und Kind bzw. Eltern nicht unterbrochen werden soll; so ist bei der Ausserehelichenbeistandschaft die Massnahme fortzuführen, bis die anordnende Behörde den Entscheid nach Art. 309 Abs. 3 treffen kann (vgl.
sinngemäss BK-Hegnauer, aArt. 311 N 24).

Zu einem interkantonalen *negativen* **Kompetenzkonflikt** zweier Vormundschaftsbehör- **19**
den s. BGE 109 Ib 76 (keine staatsrechtliche Beschwerde zulässig, sondern nur staatsrechtliche Klage eines beteiligten Kantons; nunmehr Art. 120 BGG); s. dazu auch BGE
129 I 419 (ausschliessliche Zuständigkeit der Vormundschaftsbehörde für Kindesschutzmassnahmen am Wohnsitz des Kindes – Prüfung der Zuständigkeit am gewöhnl. Aufenthaltsort des Kindes nicht nötig); zum zweckmässigen Vorgehen s. KS der JustizDir
ZH, ZVW 1978, 112 f. (intra- bzw. interkantonaler Meinungsaustausch der jeweiligen
Aufsichtsbehörden; vgl. im Übrigen sinngemäss Art. 5 MSA über die Fortdauer von
Massnahmen bei Verlegung von Aufenthalt bzw. Wohnsitz, Art. 6 MSA über die einvernehmliche Übertragung der Durchführung von Massnahmen sowie Art. 10 und 11
MSA über Meinungsaustausch und gegenseitige Benachrichtigung mehrerer beteiligter
Behörden) sowie Stettler, SPR III/2, 525 f. *Vernünftige Lösungen* ergeben sich durch
koordinierenden Meinungsaustausch unter den Behörden (Art. 317), der zu berücksichtigen hat, dass zwar der Wohnsitz gegenüber dem blossen Aufenthalt einen gewissen (aber
nur formalen) Vorrang hat, weshalb einerseits die *Nähe zum tatsächlichen Aufenthalt*
Bedeutung hat, wo z.B. schulische Belange durch Behörden am Ort der Schule enger
begleitet werden können oder Distanzen räumlich schlechthin unüberblickbar sind, anderseits ein Augenmerk auf *forum shopping* und elterliches «Entweichen» aus dem behördlichen Zuständigkeitsrayon zu richten ist. Damit allerdings nicht statt behördlichen
Entscheiden blosser behördlicher Meinungsaustausch erfolgt, steht Kontinuität im Vordergrund, solange nicht das Kindeswohl Übertragung erfordert (Hegnauer, ZVW 2003
460 ff.).

2. Alternative: Aufenthaltszuständigkeit (Art. 315 Abs. 2)

20 Lebt das Kind bei Pflegeeltern (Art. 300) oder sonst ausserhalb der häuslichen Gemeinschaft der Eltern, oder liegt Gefahr im Verzug, so sind **kumulativ** zu den Wohnsitz- auch
die **Aufenthaltsbehörden zuständig** (KS der JustizDir ZH, ZVW 1978, 110 ff.; RegRat
SG, ZVW 1982, 61; RegRat ZG, ZVW 1994, 210). Der Begriff des gewöhnlichen Aufenthalts ist nicht eng zu fassen; bei hoher Dringlichkeit begründet schon der *einfache*
(z.B. am Ferienort) statt des *gewöhnlichen Aufenthalts* die Zuständigkeit (HEGNAUER,
Kindesrecht, N 27.60). Zweckmässigerweise gebührt der *Vorrang* der *mit den Verhältnissen besser vertrauten Behörde;* das ist – wo kumulative Zuständigkeit besteht – zumindest nach Eintritt der Schulpflicht i.d.R. die *Aufenthaltsbehörde* (HEGNAUER, Kindesrecht, N 27.59 m.Nw.; RegRat ZG, ZVW 1994, 214 E. II.3; s. aber N 19 a.E.).

3. Internationale Verhältnisse

21 Siehe zu den **internationalprivatrechtlichen Aspekten** Art. 307 N 28 ff.

4. Zusammenarbeit der Behörden (Art. 315 Abs. 3)

22 Art. 315 Abs. 3 stimmt dem Sinn nach mit Art. 10 f. MSA (Art. 307 N 29; o. N 19) überein. Das *Kindeswohl* bedingt die **Zusammenarbeit der Behörden ungeachtet ihrer
jeweiligen sachlichen und örtlichen Zuständigkeit** (s. auch Art. 317), weshalb die
Aufenthalts- die Wohnsitzbehörde über die von ihr getroffenen Anordnungen zu unterrichten hat; obgleich der Gesetzeswortlaut dies nicht einschliesst, hat aber auch die
Wohnsitz- der Aufenthaltsbehörde von ihren Entscheiden Kenntnis zu geben (so KS der
JustizDir ZH, ZVW 1978, 110 ff., 112 u.), damit Letztere auf eine allfällige Dringlichkeitszuständigkeit (Art. 315a Abs. 2; o. N 9) vorbereitet ist.

Art. 316

VIII. Pflege-kinderaufsicht	**[1] Wer Pflegekinder aufnimmt, bedarf einer Bewilligung der Vormundschaftsbehörde oder einer andern vom kantonalen Recht bezeichneten Stelle seines Wohnsitzes und steht unter deren Aufsicht.**
	[1bis] Wird ein Pflegekind zum Zweck der späteren Adoption auf-genommen, so ist eine einzige kantonale Behörde zuständig.
	[2] Der Bundesrat erlässt Ausführungsvorschriften.
VIII. Surveillance des enfants placés chez des parents nourriciers	[1] Le placement d'enfants auprès de parents nourriciers est soumis à l'autorisation et à la surveillance de l'autorité tutélaire ou d'un autre office du domicile des parents nourriciers, désigné par le droit cantonal.
	[1bis] Lorsqu'un enfant est placé en vue de son adoption, une autorité cantonale unique est compétente.
	[2] Le Conseil fédéral édicte des prescriptions d'exécution.
VIII. Vigilanza sugli affiliati	[1] L'affiliante abbisogna di un'autorizzazione dell'autorità tutoria o di un altro ufficio del suo domicilio designato dal diritto cantonale e soggiace alla loro vigilanza.
	[1bis] Se un affiliando viene accolto a scopo di futura adozione, è competente un'unica autorità cantonale.
	[2] Il Consiglio federale emana norme esecutive.

Literatur

Vgl. die Literaturhinweise zu Art. 300 und 307, ferner: BÄTTIG, Die Pflegekinderaufsicht im Bund und in den Kantonen, Freiburger Diss., Zürich 1984; DEGOUMOIS, La situation juridique de l'enfant placé chez des parents nourriciers, in: FS Deschenaux, Freiburg i.Ü. 1977, 133 ff.; Fachstelle für das Pflegekinderwesen (Hrsg.), Handbuch Pflegekinderwesen Schweiz – Pädagogische, psychologische und rechtliche Fragen, Prävention und Qualitätsentwicklung, Zürich 2001; GIRARD, La réglementation du placement du mineur dans le nouveau droit suisse de la filiation, Diss. Neuchâtel 1983; GUGGENBÜHL-HERTNER, Das Pflegekind: gestern, heute – und morgen?, SJZ 1975, 89 ff.; HEGNAUER, Das schweizerische Pflegekindesrecht – Struktur und Entwicklung, ZVW 1985, 96 ff.; DERS., Unterhaltsverpflichtung für ausländische Pflegekinder, ZVW 1995, 144 ff.; HESS, Der Schutz der Pflegekinder, in: Gesundheit und Wohlfahrt, 1950 Heft 9; DERS., Die rechtliche Stellung der Pflegefamilie im zukünftigen Familienrecht, ZöF 1975, 151 ff.; DERS., Die Eidg. Verordnung über die Aufnahme von Pflegekindern, ZVW 1978, 81 ff.; LANDOLT, Schweizerisches Pflegerecht, Bd. II, Bern 2002; LUTHER, Familiengemeinschaft und Pflegekindschaft – Eine rechtsvergleichende Betrachtung, FamRZ 1983, 434 ff.; VOGEL-ETIENNE, Das Pflegeverhältnis vor der Adoption, Diss. Zürich 1981; ZUEGG, Die Vermittlung ausländischer Adoptivkinder als Problem des präventiven Kindesschutzes, Diss. Freiburg i.Ü., Zürich 1986.

I. Normzweck

1. Im Allgemeinen

Der Fremdplatzierung von Kindern ausserhalb des Elternhauses liegen meist erschwerte Umstände zugrunde, weshalb bundesrechtlich die **Bewilligungspflicht** und die **Überwachung** der Pflegeverhältnisse durch die Vormundschaftsbehörde (oder eine andere, vom kantonalen Recht zu bezeichnende Stelle; nicht zu verwechseln mit Anordnungen nach Art. 307 f.: GULER, ZVW 1995, 61 mit Anm. 12) vorgeschrieben wird (Art. 316 Abs. 1; Art. 2 PAVO). Die bundesrechtliche Ordnung legt lediglich *Minimalanforderungen* fest, weshalb die Kantone weitergehende Bestimmungen zum Schutze fremduntergebrachter Unmündiger aufstellen und Fördermassnahmen zugunsten des Pflegekinderwesens treffen können (Art. 3 PAVO). **1**

2. Pflegeverhältnis im Vorfeld der Adoption

Siehe zur **Adoptionspflege** Art. 264 N 6–14 sowie die *VAdoV*, Art. 269c N 3 ff.; ferner u. N 5. Der mit dem BG-HAÜ neu eingefügte *Abs. 1bis* bezweckt Bündelung und Konzentration der Fachkompetenz. **2**

II. Struktur der Regelung durch die PAVO

Die **Verordnung über die Aufnahme von Pflegekindern** (PAVO) unterscheidet **Familienpflege** (Art. 4–11 PAVO), **Aufnahme zur Adoption** (Art. 11a–11j PAVO), **Tagespflege** (Art. 12 PAVO) und **Heimpflege** (Art. 13–20 PAVO; vgl. Art. 310 N 8); Art. 21–27 PAVO regeln das **Verfahren**. **3**

1. Familienpflege

Wer ein noch schulpflichtiges oder noch nicht 15 Jahre altes Kind für mehr als drei Monate oder für unbestimmte Zeit entgeltlich oder unentgeltlich in seinen Haushalt aufnehmen will, bedarf hierzu in jedem Fall einer **Bewilligung,** unabhängig davon, ob das Kind von einer Behörde (Art. 310 Abs. 1) oder von den Eltern selbst dort untergebracht werden soll, und zwar selbst dann, wenn das Kind die Wochenenden nicht in der Pflegefamilie verbringt (Art. 4 PAVO). Die *Bewilligung darf nur erteilt* werden, wenn die Pflege- **4** eltern und ihre Hausgenossen nach Persönlichkeit, Gesundheit und erzieherischer Eignung sowie nach den Wohnverhältnissen für gute Pflege, Erziehung und Ausbildung des Kindes Gewähr bieten und das Wohl anderer in der Pflegefamilie lebender Kinder nicht gefährdet wird (Art. 5 Abs. 1 PAVO).

5   Besondere Anforderungen werden bei der **Adoptionspflege** gestellt (Art. 11a ff. PAVO; Art. 264 N 8 ff.; Art. 265 N 4; Art. 265d N 2). Zu den besonderen Bestimmungen bei beabsichtigter Adoption bzw. sonstiger Aufnahme *ausländischer Kinder* (Art. 6 bzw. 6b, 8a, 8b, 11c, 11f Abs. 4 u. 5, 11g f. PAVO) s. Art. 267 N 16; Art. 268 N 5; Art. 269c N 4.

6   Vor Unterbringung des Kindes hat die Behörde die **Verhältnisse zu untersuchen** (Art. 7, 11d PAVO) – was mit Blick auf das Kindeswohl und nicht in willfähriger Dienstfertigkeit gegenüber Gesuchstellern zu erfolgen hat – und ggf. die Bewilligung zu erteilen (Art. 8, 11f PAVO), wobei insb. auch der *Versicherungsschutz* gewährleistet sein muss (Art. 8 Abs. 3, 11f Abs. 3 PAVO; BGE 116 II 238). **Änderungen der Verhältnisse** sind unter den Beteiligten (Pflegeeltern, Behörde, leibliche Eltern) *mitzuteilen* (Art. 9 PAVO). Gemäss Art. 11g PAVO kann eine vorläufige Bewilligung zur Aufnahme eines Kindes, das bisher im Ausland gelebt hat, zwecks Adoption erteilt werden. Die Behörde ist zur *Beaufsichtigung* verpflichtet (Art. 10 PAVO) und kann die Bewilligung ggf. **widerrufen** (Art. 11 PAVO); zur *Anordnung der Wegnahme* ist die Vormundschaftsbehörde zuständig (Art. 310 N 9; Art. 313 N 2), nur bei Gefahr im Verzug die Pflegekinderaufsicht, die denn auch zum Erlass von Kindesschutzmassnahmen nicht zuständig ist (HENKEL, BTJP 1977, 117).

2. Tagespflege

7   Wer sich allgemein anbietet, Kinder unter zwölf Jahren gegen Entgelt regelmässig tagsüber in seinem Haushalt zu betreuen, muss dies der Behörde melden (Art. 12 Abs. 1 PAVO). Für die Überwachung der **Tagespflege** gelten sinngemäss die Regeln von Art. 5 und 10 PAVO.

3. Heimpflege

8   Die **Heimpflege** – umfassend auch *Krippen* und *Horte* (Art. 13 Abs. 1 lit. b PAVO) – betrifft professionell organisierte, mehrere Unmündige betreuende Institutionen mit einer Mehrzahl von Betreuern (zur in der Praxis bedeutsamen Abgrenzung zw. Familien- und Heimpflege sowie zur Kompetenz der Kantone Konkretisierungsbestimmungen zu erlassen s. BGE 5A.3/2003, 14.7.2003, FamPra 2003, 985 ff.). Es werden hier strengere Anforderungen gestellt, weshalb das Bewilligungsgesuch (Art. 14 PAVO) detaillierte Angaben zum Konzept und der Qualifikation der Mitarbeiter zu enthalten hat und auch die Voraussetzungen der Bewilligung schärfer umrissen sind (Art. 15 PAVO). – *Ausgenommen* von der Bewilligungspflicht sind öffentlich-rechtlicher Aufsicht unterstehende Einrichtungen (Art. 13 Abs. 2 PAVO).

4. Verfahren

9   Art. 21–26 PAVO regeln **verfahrensrechtliche Aspekte,** nämlich *Aktenführung, Schweigepflicht* der Beteiligten, *Mitteilungen* und *Rechtshilfe* unter den beteiligten Behörden, Vorschriften über allfällige *Verfahrenskosten* und *Sanktionen* bei Widerhandlungen. Die Kantone können die Zuständigkeit für die Bewilligung und die Aufsicht anderen, der PAVO abweichenden Behörden oder Stellen übertragen (Art. 2 Abs. 2 PAVO).

10   Gegen Entscheide der Vormundschaftsbehörden ist die *vormundschaftliche Aufsichtsbeschwerde* (Art. 420; Art. 27 PAVO), auf bundesrechtlicher Ebene die *Verwaltungs-*

gerichtsbeschwerde gegeben (BGE 107 Ib 283 betr. Verweigerung der Bewilligung zur Aufnahme eines Pflegekindes; BGE 116 II 238 betr. zusätzlichen Versicherungsschutz nach kantonaler Ausführungsgesetzgebung; BGE 5A.19/2005, 20.7.2005, FamPra 2005, 939 ff.), und es kommt Eltern ein schutzwürdiges Interesse an die Betriebsführung betreffenden Entscheiden zu (BGE 5A.10/2001, 6.8.2001, betr. Verwaltungsgerichtsbeschwerde von Eltern gegen aufsichtsrechtliche Reduktion der Zahl von Pflegeplätzen).

Art. 317

IX. Zusammenarbeit in der Jugendhilfe	**Die Kantone sichern durch geeignete Vorschriften die zweckmässige Zusammenarbeit der Behörden und Stellen auf dem Gebiet des zivilrechtlichen Kindesschutzes, des Jugendstrafrechts und der übrigen Jugendhilfe.**
IX. Collaboration dans la protection de la jeunesse	Les cantons assurent, par des dispositions appropriées, une collaboration efficace des autorités et services chargés des mesures de droit civil pour la protection de l'enfance, du droit pénal des mineurs et d'autres formes d'aide à la jeunesse.
IX. Cooperazione dell'aiuto alla gioventù	I Cantoni assicurano con appropriate prescrizioni l'acconcia cooperazione fra autorità ed uffici nel campo della protezione dell'infanzia secondo il diritto civile, in quello del diritto penale per gli adolescenti ed in genere dell'aiuto alla gioventù.

Literatur

Vgl. die Literaturhinweise zu Art. 307, ferner: AUBERT, Devoirs de fonction et de secret des organes de la tutelle. Production des dossiers tutélaires aux autorités judiciaires, ZVW 1978, 121 ff.; FARNER/PRINS, Schweizerisches Jugend- und Familienrecht – Systematisches Gesetzesverzeichnis, 2. Aufl. Zürich 1988; HEGNAUER, Zum Verhältnis von Vormundschafts- und Fürsorgebehörden, ZVW 1996, 41 ff.; LEHMANN, Limites et ressources du partenaire entre autorités tutélaires et services sociaux, ZVW 1996, 44 ff.

I. Normzweck

Die Behörden erfahren – namentlich beim noch nicht schulpflichtigen Kind – kaum und jedenfalls nur punktuell von Problemen, die allenfalls eine Intervention auslösen müssten. Das **Kindeswohl** gebietet deshalb **Koordination** allfälliger Anordnungen und **Kooperation** der beteiligten Stellen, um Kräfte zu bündeln und die Betroffenen *gezielt und einheitlich zu betreuen.* Die ausserhalb eherichterlicher Tätigkeit ausschliessliche Zuständigkeit der Vormundschaftsbehörden zur Ergreifung von Kindesschutzmassnahmen bedingt eine Ordnung, welche Meldungen irgendwelcher Provenienz (Art. 307 N 11) bei dieser Stelle zusammenfliessen lässt (vgl. auch Art. 302 Abs. 3). **1**

Datenschutzrechtlich dient Art. 317 als gesetzliche Grundlage für die Zulässigkeit des Informationsaustauschs im Interesse der Betroffenen. **2**

II. Tatbestände der Behördenzusammenarbeit im Allgemeinen

Für **Beispiele** zum Abstimmungs- und Mitteilungsbedarf unter Behörden s. Art. 307 N 10 (Mitteilungspflicht von Strafuntersuchungsbehörden), Art. 307 N 13 und 310 N 16 (bez. **3**

Kostentragung von schulischen Massnahmen und Fremdunterbringung), Art. 314/314a N 4 (Wissen aus Parallelverfahren), Art. 315/315a/315b N 6 (Zusammenarbeit von Eheschutzrichter und Kindesschutzstellen), N 14 (Antragsrecht der Vormundschaftsbehörde im Rahmen von Art. 157; vgl. auch Art. 156 Abs. 1: Anhörung der Vormundschaftsbehörde durch den Scheidungsrichter betr. Gestaltung der Elternrechte), N 16 (Vermittlungsfunktion der Vormundschaftsbehörden), N 19 und 22 (zu Art. 315 Abs. 3), ferner zur internationalen Behördenzusammenarbeit Art. 10 f. MSA (Art. 307 N 29).

III. Kantonalrechtliche Vorschriften über die Zusammenarbeit mit der Jugendhilfe

4   Die Kantone sind ihrer Koordinationsaufgabe i.d.R. in ihrer Jugendhilfegesetzgebung nachgekommen, welche Grundlage des generellen und individuellen *Beratungs- und Betreuungsangebots* für Eltern, Kinder und Jugendliche bilden. In Betracht kommen Mütterberatung, Säuglingsfürsorge, Erziehungs- und Berufsberatung, Elternbildung, Hilfe bei Inkasso und Bevorschussung von Unterhaltsbeiträgen, Freizeitgestaltung; weitere Aufgaben obliegen spezialisierten Stellen von Schule und Berufsbildung. Besondere Regeln bestehen über die ausserfamiliäre Unterbringung von Kindern und Jugendlichen, die Jugendstrafrechtspflege und das Vormundschaftswesen (vgl. z.B. § 1 des zürcherischen JugendhilfeG, LS 852.1; ferner STETTLER, SPR III/2, 532 f.; FARNER/PRINS).

5   Die in N 4 genannten Aufgaben werden von Kantons-, Kreis-, Bezirks- oder Gemeindebehörden (Jugendämter oder -sekretariate usw.) wahrgenommen, teilweise auch von privaten Trägervereinen, Stiftungen (*Pro Juventute* usw.) und Selbsthilfegruppen (vgl. zum **freiwilligen Kindesschutz** BIDERBOST, 49; Art. 302 Abs. 3). Die Kantone haben die zweckmässige Koordination der Zusammenarbeit zuständigen Behörden entweder im jeweiligen EGZGB oder in der Jugendhilfegesetzgebung festgelegt (für ZH z.B. § 4 lit. e JugendhilfeG [o. N 4]: Kantonales Jugendamt). Zu beachten bleiben indes neben den kantonalen die weiteren Zusammenwirkungspflichten (o. N 3).

Vierter Abschnitt: Das Kindesvermögen

Art. 318

A. Verwaltung   [1] **Die Eltern haben, solange ihnen die elterliche Sorge zusteht, das Recht und die Pflicht, das Kindesvermögen zu verwalten.**

[2] **Steht die elterliche Sorge nur einem Elternteil zu, so hat dieser der Vormundschaftsbehörde ein Inventar über das Kindesvermögen einzureichen.**

[3] **Erachtet es die Vormundschaftsbehörde nach Art und Grösse des Kindesvermögens und nach den persönlichen Verhältnissen der Eltern für angezeigt, so ordnet sie die periodische Rechnungsstellung und Berichterstattung an.**

A. Administration   [1] Les père et mère administrent les biens de l'enfant aussi longtemps qu'ils ont l'autorité parentale.

[2] Si le père ou la mère a seul l'autorité parentale, il est tenu de remettre à l'autorité tutélaire un inventaire du biens de l'enfant.

³ Lorsque l'autorité tutélaire le juge opportun, vu le genre ou l'importance des biens de l'enfant et la situation personnelle des père et mère, elle ordonne la remise périodique de comptes et de rapports.

A. Amministrazione

¹ I genitori hanno il diritto e il dovere di amministrare la sostanza del figlio finché è soggetto alla loro autorità.

² Se l'autorità parentale spetta a un solo genitore, questi deve consegnare all'autorità tutoria un inventario della sostanza del figlio.

³ L'autorità tutoria, se lo ritiene opportuno visti il genere e l'importanza della sostanza del figlio e le condizioni personali dei genitori, ordina la consegna periodica di rendiconti e rapporti.

Literatur

AFFOLTER, Anzehrung des Kindesvermögens von Vollwaisen zur Deckung des Unterhaltsbedarfs? Aus der Beratungspraxis der VSAV, ZVW 2005, 220 ff.; BREITSCHMID, Fragen um Bank und Kindesvermögen, in: FS Zobl, Zürich 2004, 217 ff.; BÜHLER, Betreibungs- und prozessrechtliches Existenzminimum, AJP 2002, 644 ff.; DEGOUMOIS, Le nouvel article 323 CCS et l'autonomie du mineur, ZSR 1978 I 113 ff.; FRANK, Der Minderjährige und das Vereinsrecht – zugleich ein Beitrag zu seiner Haftbarkeit, ZSR 1989 I 339 ff.; HÄFELI, Unterstellung des entmündigten Kindes unter die elterliche Sorge (Art. 385 Abs. 3 ZGB), Pflicht der Eltern zur periodischen Berichterstattung und Rechnungsstellung, ZVW 2002, 99 ff.; BK-HEGNAUER, aArt. 290–301; DERS., Kann der Pflichtteil des Kindes nach [a]Art. 294 ZGB von der elterlichen Verwaltung und Nutzung befreit werden?, SJZ 1967, 301 ff., 317 ff.; DERS., Zur Verwendung der Erträge des Kindesvermögens (Art. 319 ZGB), ZVW 1979, 14 ff.; DERS., Der präventive Schutz des Kindesvermögens durch die Vormundschaftsbehörde (Art. 318 Abs. 3 ZGB), ZVW 1979, 136 ff.; DERS., Unterhaltsabfindung und Adoption, ZVW 1983, 26 ff.; DERS., Der Ausschluss des Pflichtteils des unmündigen Erben von der elterlichen Verwaltung (Art. 322 ZGB), in: FS Vischer, Zürich 1983, 17 ff.; DERS., Vormundschaftliche Mitwirkung bei Schenkungen von Eltern an ihre unmündigen Kinder (Art. 306 Abs. 2, 392 Ziff. 2, 422 Ziff. 7 ZGB), ZVW 1988, 106 ff.; DERS., Ist bei gemeinsamer elterlicher Sorge geschiedener Eltern ein Inventar über das Kindesvermögen einzureichen?, ZVW 1990, 102 ff.; DERS., Zur Kindesvermögensbeistandschaft, ZVW 1993, 107 ff.; DERS., Verwaltung der Einkünfte des Kindes durch Erziehungsbeistandschaft (Art. 308) oder Kindesvermögensbeistandschaft (Art. 325 ZGB)?, ZVW 1995, 47 ff.; HUBER, Handlungsfähigkeit Unmündiger aufgrund eigenen Arbeitserwerbes (Art. 323 ZGB), Diss. Zürich 1988; MOSER, La protection du patrimoine du mineur soumis à l'autorité parentale, Diss. Lausanne 1977; Mustersammlung zum Adoptions- und Kindesrecht, hrsg. von der Konferenz der kant. Vormundschaftsbehörden VBK, 4. Aufl. Zürich 2005, Nr. 7 (zit. Mustersammlung); REUSSER, Unterhaltspflicht, Unterstützungspflicht, Kindesvermögen, in: Das neue Kindesrecht, BTJP 1977, 61 ff., 76 ff.; RIEMER, Verwaltung von Kindesvermögen durch Dritte gemäss Art. 321 Abs. 2, Art. 322 Abs. 2 ZGB und Beistandschaft gemäss Art. 325 ZGB, insbesondere in der Gestalt der «mehrfachen Vermögensverwaltung» und der «mehrfachen Beistandschaft», ZVW 2001, 84 ff.; RHODE, die Ernennung von Drittpersonen zur Verwaltung von Vermögen Minderjähriger (Art. 321 und 322 ZGB), Diss. Basel, Zürich 2006; SCHÄTZLE, Das Kind im Zivilprozess unter besonderer Berücksichtigung seiner Stellung als selbständig handelnde Partei, Diss. Zürich 1982; SCHIESSER, Der Schutz des Kindesvermögens im schweizerischen Zivilrecht, Diss. Zürich 1945; SCHNEIDER, SJK Nr. 334 (1982); SPITZER, Kindervermögensaufsicht heute, ZVW 1980, 50 ff.

Zum internationalen Recht (vgl. auch zu Art. 307): A. BUCHER, DIP Bd. II, §§ 15 f.; DUTOIT, SJK Nr. 942a (1990); VOLKEN, Die internationale Vermögenssorge für Minderjährige, in: FS Schnyder, Freiburg i.Ü. 1995, 817 ff.

I. Begriff des Kindesvermögens

Das Gesetz definiert den Begriff des **Kindesvermögens** nicht. Das Kind ist *selbst* Träger   1
von Vermögensrechten, die eine **selbständige, vom Vermögen der Eltern losgelöste eigene Vermögensmasse** – gewissermassen (in ehegüterrechtlicher Terminologie) das *«Eigengut des Kindes»* – bilden: **Kindesgut ist eisern Gut.** Es ist deshalb in jeder Be-

ziehung – insb. auch *organisatorisch* – **strikte vom Vermögen der Eltern zu trennen.** – Das Kindesvermögen bedarf deshalb (anders als nach aArt. 301) bei **Pfändung oder Konkurs eines Elternteils** keines besonderen *zivilrechtlichen* Schutzes; s. aber die Regeln der *privilegierten Anschlusspfändung* (Art. 111 Abs. 1 Ziff. 2 und Abs. 2 SchKG; dazu BSK SchKG-JENT SØRENSEN, Art. 111 SchKG N 23–26) und des Konkursprivilegs (Art. 219 Abs. 4 Erste Klasse lit. c sowie Zweite Klasse; BSK SchKG-PETER, Art. 219 N 47 ff., 55; FRITZSCHE/WALDER, I, § 43, Rz 13 ff.; STETTLER, SPR III/2, 438) bzw. zur *Verantwortlichkeit der Eltern* (Art. 327 N 1 ff.).

2 Der Grundsatz der **Unantastbarkeit des Kindesgutes** gilt allerdings nur **beschränkt:** Wie im *Eherecht,* wo trotz i.d.R. weitgehender güterrechtlicher Verselbständigung der Vermögen der Ehegatten *die Verpflichtung zu gemeinsamer Bestreitung des laufenden Unterhalts* besteht (Art. 163 Abs. 1; HEGNAUER/BREITSCHMID, N 16.03 ff.), gebietet die familiäre Verbundenheit (Art. 272) über das Verhältnis unter Ehegatten hinaus im Bedarfsfall gemeinsame Teilhabe am Eigentum Einzelner. Die Verpflichtung des Kindes ist dabei gegenüber jener unter den Ehegatten insofern nachrangig, als der *Unterhaltsanspruch des Kindes grundsätzlich unbedingt* ist (Art. 276 N 2); dennoch hat in bestimmten Situationen ausnahmsweise auch das **Kind in angemessener Weise an seinen Unterhalt** (Art. 276 N 29 ff.; Art. 319, 320 und 323 Abs. 2), u.U. sogar an die **Bedürfnisse des elterlichen Haushaltes beizutragen** (Art. 319 Abs. 1 a.E.).

3 Das Kindesvermögen ist *keine Konstante;* **Wertveränderungen** sind möglich: *Verminderung* bei zulässiger Verwendung durch die Eltern (Art. 319 bzw. 320) oder durch Entrichtung gebotener Beiträge an den Haushalt (Art. 323 Abs. 2), ebenso durch Rechtsgeschäfte des Kindes im Rahmen der ihm zukommenden Handlungsfähigkeit (HEGNAUER, Kindesrecht, N 26.26; Art. 301 N 3; Art. 305 N 3 und 6 f.) sowie bei Wertverminderung bestimmter Objekte; *Zuwachs* erfolgt durch Erträge, Arbeitserwerb, Schenkung, Erbanfall, Schadenersatz-, Versicherungs- und Genugtuungsleistungen usw. (BK-HEGNAUER, aArt. 290 N 5 ff.; DERS., Kindesrecht, N 28.02; STETTLER, SPR III/2, 427). Wertveränderungen gehen immer zu Gunsten/zu Lasten des Kindesvermögens. Erfolgt lediglich *Anlage* von Kindesvermögen – wo z.B. bei Kauf der Wohnung der Familie statt oder neben Fremdmitteln auch solche des Kindesvermögens eingesetzt werden (BK-HEGNAUER, aArt. 290 N 78) –, steht dem Kindesvermögen eine entsprechende (Ersatz-)Forderung zu (Art. 327 N 7). Nicht zulässig sind demgegenüber Geschäfte im ausschliesslichen Interesse der Eltern (z.B. Heranziehung von Kindesvermögen als Sicherheit für geschäftliche Kreditaufnahme der Eltern: vgl. den Sachverhalt von BGE 45 II 118), deren *Interzessionscharakter* die Bestellung eines *Vertretungsbeistandes* erfordert (Art. 306 Abs. 2; Art. 306 N 4 f.; u. N 10 f.).

4 **Wird ein Sparheft** zugunsten und **auf den Namen des Kindes** eröffnet bzw. geäufnet – sei es von Eltern oder Dritten (Paten, ausserehelicher Erzeuger usw.) –, so handelt es sich (schon nach allgemeiner Übung: Art. 112 Abs. 2 OR a.E.) um einen *echten Vertrag zu Gunsten Dritter* (BGE 4.8.1995 mit Bem. FLÜCK-LÜSCHER, ZBJV 1996, 99 f.; Bundesamt für Justiz, ZVW 1980, 112, 113 f. E. 1; BK-HEGNAUER, aArt. 290 N 19 ff.; GAUCH/SCHLUEP, N 4021; STETTLER, SPR III/2, 434 f.; s. aber BGH 18.1.2005 NJW 2005 980 f. wo bei der Errichtung eines Sparkontos auf den Namen eines Kindes nicht auf einen Vertrag zu Gunsten desselben geschlossen werden konnte, da der Zuwendende das *Sparbuch* nicht aus der Hand gab und sich daraus folgern liess, er behielte die Verfügung über das Sparguthaben bis zu seinem Tod vor). Im Rahmen einer *Kontobeziehung* hält eine solche Betrachtungsweise allerdings nicht stand (Breitschmid, FS Zobl, 227 f. mit Anm. 34 f.). – Analog verhält es sich mit **Versicherungsverträgen,** welche eine unwiderrufliche Begünstigung des Kindes vorsehen oder wo die bedingte

Anwartschaft aus einer gemischten Versicherung sich verwirklicht (BK-HEGNAUER, aArt. 290 N 27).

II. Verwaltung des Kindesvermögens durch die Eltern (Art. 318)

1. Voraussetzung der Verwaltungsbefugnis

Die Befugnis zur Verwaltung des Kindesvermögens ist **Teil der elterlichen Sorge** 5 (Art. 301 N 1) und dauert, solange diese den Eltern zusteht (Abs. 1; s. Art. 326); möglich ist indes, den Eltern zwar nicht die elterliche Sorge, aber die Verwaltung des Kindesvermögens zu entziehen (Art. 325), wo sich nicht eine Massnahme zum persönlichen Schutz des Kindes (Art. 307 ff., insb. Art. 311), sondern lediglich eine solche zum Schutz seines Vermögens aufdrängt (Art. 324/325 N 15 ff.).

2. Verwaltung des Kindesvermögens als Pflichtrecht

Die Verwaltung ist **Recht** und zugleich **Pflicht** der Eltern. Sie ist von ihnen i.d.R. **per-** 6 **sönlich** und **unentgeltlich** zu erbringen (kritisch zur h.L., wonach die Verwaltung des Vermögens eines Ehegatten durch den andern gemäss Art. 195 als unentgeltlich betrachtet wird, BARBATTI [zit. in Lit. zu Art. 195], 121); die *Kindesvermögensverwaltung* ist indes Teil der elterlichen Erziehungs- und Betreuungsaufgabe, welche nicht gegen Honorar erbracht wird (REUSSER, BTJP 1977, 80; STETTLER, SPR III/2, 427; Art. 319 N 4); Eltern partizipieren allerdings – anders als Ehegatten – nur indirekt und ausnahmsweise (nämlich dort, wo Erträge ausnahmsweise für Bedürfnisse des Haushaltes verwendet werden dürfen [Art. 319 N 4] oder im Rahmen der Unterstützungspflicht gem. Art. 328) vom Wertzuwachs des Kindesvermögens. Gegebenenfalls – wo die Eltern dazu selbst aus besonderen Gründen nicht in der Lage sind oder die Struktur des Kindesvermögens qualifizierte Anforderungen stellt – kann (oder muss sogar im Blick auf die Verantwortlichkeit: Art. 327 N 3) die *Verwaltung Dritten übergeben* oder der *Rat Dritter eingeholt* werden (dazu SCHWENZER, Gesetzliche Vertretungsmacht der Eltern für unmündige Kinder – Notwendigkeit oder Relikt patriarchalischer Familienstruktur?, in: FS Schnyder, Freiburg i.Ü. 1995, 679 ff., 690, welche an der elterlichen Fähigkeit zur Verwaltung grösserer Vermögen zweifelt); dass bei *Fremdverwaltung* entstehende **Verwaltungskosten** und ohnehin die **Steuern** zulasten des verwalteten Vermögens gehen, versteht sich (HEGNAUER, ZVW 1979, 18; REUSSER, BTJP 1977, 80; STETTLER, SPR III/2, 427; s. zur *steuerrechtlichen Behandlung* des Kindes Art. 9 Abs. 2 DBG und Art. 3 Abs. 3 StHG sowie CASANOVA, Die unselbständige Steuerpflicht des Kindes, in: FS Schnyder, Freiburg i.Ü. 1995, 91 ff.; HÖHN/WALDBURGER, Steuerrecht, Bd. I, 9. Aufl. Bern 2001, § 13, Rz 18 f.).

Die Verwaltung wird von den **Eltern in eigener Verantwortlichkeit** (spezifisch zum 7 Kindesvermögen Art. 327; dort N 1 ff.; u. N 9 zu besonderen Anlageformen) und – wo nicht eine Kindes*(vermögens)*schutzmassnahme i.S.v. Art. 324 f. angeordnet wird – *ohne behördliche Weisung oder Zustimmung* ausgeübt. Indes ist das **urteilsfähige Kind** im Rahmen der Erziehungsarbeit in die **Verwaltung seines Vermögens einzuführen** und deshalb bei der Entscheidfindung beizuziehen (N 9).

3. Durchführung der Verwaltung

Das elterliche **Verwaltungsrecht** umfasst das **gesamte Kindesvermögen** (N 3), mit 8 **Ausnahme** der Mittel des *freien Kindesvermögens* (Art. 321–323). – Vgl. Mustersammlung, Nr. 72 (Merkblatt über die Verwaltung des Kindesvermögens). Ordnungsgemässe Verwaltung erfordert *organisatorische Trennung* vom elterlichen Vermögen (N 1).

9 Inhaber der elterlichen Sorge können in eigenem Namen sämtliche Handlungen tätigen, welche die **Substanzerhaltung und angemessene Mehrung des Kindesvermögens** erfordert; sie haben aber auch sämtliche dafür erforderlichen Vorkehren zu treffen und können die dafür nötigen Aufwendungen aus dem Kindesvermögen decken. Die **Anlage flüssiger Mittel** hat in üblicher Form zu erfolgen, was je nach Umfang des Vermögens aber nicht durchweg mündelsichere Anlageformen verlangt (die Art. 399–404 und 413 sind nicht anwendbar: REUSSER, BTJP 1977, 78), sondern bei entsprechender Überwachung auch weitere, unter den gegebenen Verhältnissen bank- oder versicherungsmässig übliche Anlagemöglichkeiten einschliesst. Die Struktur des Kindesvermögens ist auf die **Bedürfnisse des Kindes** auszurichten; dies erfordert, je nach Alter angemessene *Liquidität* im Blick auf Ausbildungs- und Ausstattungsbedürfnisse zu halten. **Die Struktur des Kindesvermögens** darf von den Eltern nach eigenem pflichtgemässen Ermessen **verändert** werden (BK-HEGNAUER, aArt. 290 N 40: z.B. Verkauf einer Liegenschaft; alsdann fällt der Erlös ins Kindesvermögen: Art. 327 Abs. 2; vgl. Art. 197 Abs. 2 Ziff. 5 bzw. Art. 198 Ziff. 4). Das **urteilsfähige Kind** ist allerdings **bei Entscheiden grösserer Tragweite in die Meinungsbildung einzubeziehen** (Art. 301; Art. 305 N 9 f.; REUSSER, BTJP 1977, 78) – so wie es überhaupt in die Vermögensverwaltung einzuführen ist – und es gehen langfristige Interessen des Kindes auf spätere Nutzung bestimmter Objekte und damit deren *Bewahrung in natura* (Erbstücke, Sammlergegenstände) dem Anspruch auf bequeme Verwaltbarkeit vor, wo die Verhältnisse dies zulassen (insb. solche Gegenstände nicht einer bewilligten Anzehrung nach Art. 320 zum Opfer fallen müssen).

10 Im Einzelnen umfasst die **Verwaltungsbefugnis** etwa *Prozessführung,* einschliesslich eines allfälligen Gesuchs um *unentgeltliche Prozessführung,* bei dessen Behandlung die elterlichen Unterhaltsbeiträge mit zu berücksichtigen sind (BGE 119 Ia 134; wobei allerdings dort, wo vermögensrechtliche Auseinandersetzungen zwischen Eltern und Kind anstehen, die effektive Erhältlichkeit von Leistungen Voraussetzung bildet; Prozessstandschaft des Elternteils zur Geltendmachung von Unterhaltsbeiträgen BGE 129 III 55; s. auch Art. 276 N 22), *Betreibungshandlungen* (BGE 84 II 245; Art. 323 N 4), der Entscheid über *Annahme oder Ausschlagung einer Erbschaft* (Art. 566; wobei dieser Entscheid bei überschuldeter Erbschaft allerdings ein erhebliches Risiko für Interessenkollisionen beinhaltet, wo z.B. der Inhaber der elterlichen Sorge nach dem Tod des andern Elternteils aus Pietätsgründen nicht ausschlagen möchte) bzw. *Untersagung der Annahme einer Schenkung* (bei Schenkungen von Eltern an ihre unmündigen Kinder HEGNAUER, ZVW 1988, 106 ff.), Eintreibung der *Unterhaltsbeiträge* (Art. 289 N 4 f.), Aufnahme von *Darlehen* (BGE 45 II 121), *Reparaturen und Unterhaltsarbeiten* sowie sämtliche Vorkehren, die nach der konkreten Struktur des Kindesvermögens geboten sind (z.B. im Rahmen des Betriebs eines zum Kindesvermögen gehörenden Geschäfts usw.), **nicht aber Belastungen des Kindesvermögens** ohne Gegenwert für das Kind (Art. 305 N 7; Art. 289 N 5), soweit es sich nicht um moralisch geschuldete und übliche *Gelegenheitsgeschenke, Trinkgelder o.Ä.* handelt.

11 Zu beachten sind allerdings im Zuge der Verwaltung auftretende oder vorbestehende mögliche **Interessenkollisionen,** wo z.B. Eltern und Kind gemeinsam an einer *Erbengemeinschaft* beteiligt sind (BGE 118 II 106 f. E. 6c; dazu als Vorinstanz KGer VS ZWR 1992, 236; vgl. RegRat ZG, ZGGVP 2003, 262 ff.), bei Schenkungen der Eltern an die Kinder (N 10), oder wo *Mittel des Kindes im elterlichen Geschäft investiert* sind, was die **Bestellung eines Vertretungsbeistands** nach Art. 392 Ziff. 2 gebietet (N 3 a.E.; BK-HEGNAUER, aArt. 290 N 47, 50; DERS., Kindesrecht, N 26.30, 28.06 a.E.); Gleiches gilt dort, wo die elterliche Verwaltung des Kindesvermögens i.S.v. Art. 322 ausgeschlossen wurde, ohne dass der Erblasser die mit der Verwaltung betraute Person bezeichnet hätte (Art. 321/322 N 4).

4. Träger der Verwaltung

a) Grundsatz: Gemeinsame Verwaltung durch die Inhaber der elterlichen Sorge (Abs. 1)

Verheiratete Eltern üben die Verwaltung des Kindesvermögens **gemeinsam** aus und   **12**
haften solidarisch (vgl. allg. Art. 297 N 2 f.). Indes kann einer dem andern die Verwaltung überlassen oder bei Dringlichkeit selbst Entscheide treffen (Art. 166 Abs. 2 Ziff. 1 und 2).

b) Alleininhaber der elterlichen Sorge (Abs. 2)

Steht die **elterliche Sorge nur einem Elter** zu (nach Tod, Scheidung, oder wo ein Kin-   **13**
desverhältnis zum andern nicht hergestellt wurde: Art. 297/298), so ist auch er *allein zur Verwaltung zuständig* (KGer VS SJZ 1980, 149 = ZWR 1979, 68; der Entscheid sieht zutreffend eine sachlich beschränkte Möglichkeit vor, dem andern Elter durch jederzeit widerrufbaren Auftrag i.S.v. Art. 394 ff. OR bestimmte Objekte [z.B. eine Liegenschaft] zur Verwaltung zu überlassen; s. auch N 12).

Da aber beim Alleininhaber der elterlichen Sorge das System von *checks and balances* –   **14**
die familieninterne Selbstkontrolle sachgerechter Anlage und ggf. Verwendung des Kindesvermögens – nicht spielt, ist der Vormundschaftsbehörde innert zweckmässiger Frist ein **Inventar über das Kindesvermögen** (Stand im Zeitpunkt der Übernahme der Verwaltung) einzureichen (Mustersammlung, Nr. 711–713; BezRat Pfäffikon ZH, ZVW 1978, 58; vgl. z.B. EGZGB ZH, § 58); dies besagt allerdings nicht, dass auch *periodische Berichterstattung oder Rechnungslegung* i.S.v. Abs. 3 (u. N 16 f.) zu erfolgen hätte, wo nicht die entsprechenden Voraussetzungen *zusätzlich* vorliegen (HEGNAUER, Kindesrecht, N 28.03 a.E.); das kann aber der Fall sein, wo durch eine erhebliche Veränderung des Vermögens (z.B. durch *Erbanfall oder Schenkung*) eine **Ergänzung des Inventars** – und damit *einmalige Berichterstattung* über den Vermögenszuwachs bzw. -abgang – nötig wird, damit das Inventar seinen Schutzzweck weiterhin erfüllen kann (Mustersammlung, Nr. 714; HEGNAUER, ZVW 1979, 138; wohl **a.M.** REUSSER, BTJP 1977, 82, wonach ein Inventar nur einmal – nämlich bei Antritt der Alleinverwaltung – verlangt werden könne).

c) Kind bzw. Dritte

Bezüglich der **Verwaltung des freien Kindesvermögens** bestehen Sonderregeln: Sol-   **15**
ches nach **Art. 321** wird von den *Eltern* verwaltet, allerdings unter Vorbehalt des Ausschlusses ihrer Verwaltungsbefugnis nach Art. 321 Abs. 2 (Art. 321/322 N 2); alsdann ist der *Zuwendende selbst* oder auf seine Anordnung ein *Dritter* oder das urteilsfähige *Kind* zur Verwaltung befugt (bez. Letzterem BK-HEGNAUER, aArt. 294 N 46 ff. m.Nw.; s. auch BK-BUCHER, Art. 19 N 163; dazu BGH 18.1.2005 NJW 2005 980 f.; vorbehalten allerdings eine entsprechende Einschränkung der Sorgerechtsinhaber aufgrund von Art. 241 Abs. 2 OR). Im Falle von **Art. 322** kann ein *Dritter* (frei gewählter Vermögensverwalter oder Beistand) mit der Verwaltung betraut werden, *nicht* hingegen das *Kind* (HEGNAUER, FS Vischer, 27 Anm. 29; MOSER, 242 f., der allerdings eine diesbezügliche Bewilligung der Vormundschaftsbehörde vorbehält). – Bezüglich seines Arbeitserwerbs bzw. des Berufs- und Gewerbevermögens steht aufgrund von **Art. 323 Abs. 1** die Verwaltung dem *urteilsfähigen Kind* zu, wobei Urteilsfähigkeit bez. des selbst erarbeiteten Einkommens bzw. des zur selbständigen Ausübung eines Berufs überlassenen Vermögens zu vermuten ist. – Die mit der Verwaltung einzelner Teile des Kindesvermögens Betrauten haben sich im Blick auf eine optimale Wahrung der Kindesinteressen über *Koordinationsbelange abzusprechen* (vgl. sinngemäss die Hinweise in N 1 der Vorbem. zu Art. 276–295; Art. 324/325 N 14; HEGNAUER, FS Vischer, 31).

5. Anordnung von Rechnungsstellung bzw. Berichterstattung durch die Vormundschaftsbehörde (Abs. 3)

16 Wo es die Vormundschaftsbehörde «nach Art und Grösse des Kindesvermögens» und/oder «nach den persönlichen Verhältnissen der Eltern» als (i.S.v. Art. 4) angezeigt erachtet, ordnet sie **präventiv** die **periodische Rechnungsstellung** und/oder **Berichterstattung** durch die Eltern an (Abs. 3; Mustersammlung, Nr. 714). Es handelt sich dabei um eine Massnahme des *präventiven Kindesvermögensschutzes* (zum Vorrang präventiver Vorkehren Art. 307 N 5; zur Massnahme im Einzelnen Art. 324/325 N 9; zur Thematik des entmündigten, unter elterlicher Sorge stehenden Kindes: HÄFELI, ZVW 2002, 99 ff.).

17 Rechnungsstellung und Berichterstattung dienen nicht unmittelbar dem Vermögensschutz, sondern verschaffen der **Behörde Einblick in die Verhältnisse.** Dies erleichtert die Beurteilung, ob allenfalls weiter reichende Schutzmassnahmen geboten sind (Mustersammlung, Nr. 714; Art. 324/325 N 11). Für die Eltern muss mit der Pflicht zur Berichterstattung zweckmässigerweise eine **Budgetplanung bzw. -beratung** verbunden werden, damit sie die Erträge des Kindesvermögens kontinuierlich und den realistischen Bedürfnissen entsprechend verbrauchen (Art. 324/325 N 10).

18 Die Bezeichnung der zur Entgegennahme von Inventar (N 15) sowie zur Kontrolle von Rechnungsstellung und Abnahme der Berichterstattung (Abs. 2 und 3) *zuständigen Behörden* sowie das *Verfahren* bleiben **kantonalem Recht** überlassen (BGE 58 II 397; vgl. dazu die jeweiligen EGZGB).

III. Internationales Recht

19 **Verwaltung und Nutzung** des Kindesvermögens (Art. 318–323) bilden *Teil der Ausübung der elterlichen Sorge* (vgl. Art. 296 N 17). **Zuständig** sind damit die schweizerischen Gerichte, entweder am *gewöhnlichen Aufenthalt* des *Kindes* oder am *Wohnsitz* (bzw. wenn ein solcher fehlt, am gewöhnlichen Aufenthalt) des *beklagten Elternteils* (Art. 79 Abs. 1 IPRG).

20 **Anwendbar** ist aufgrund von Art. 82 Abs. 1 IPRG i.d.R. das *Recht am gewöhnlichen Aufenthalt des Kindes;* s. Art. 82 Abs. 2 IPRG zur *ausnahmsweisen* gemeinsamen Heimatzuständigkeit aller Beteiligten, wo die Eltern nicht im Staat des gewöhnlichen Aufenthalts des Kindes Wohnsitz haben.

21 Zum IPR des **Kindesvermögensschutzes** s. Art. 324/325 N 4; vgl. den Katalog der unter das MSA fallenden Schutzmassnahmen bei BSK IPRG-SCHWANDER, Art. 85 N 24.

Art. 319

B. Verwendung der Erträge	[1] **Die Eltern dürfen die Erträge des Kindesvermögens für Unterhalt, Erziehung und Ausbildung des Kindes und, soweit es der Billigkeit entspricht, auch für die Bedürfnisse des Haushaltes verwenden.** [2] **Ein Überschuss fällt ins Kindesvermögen.**
B. Utilisation des revenus	[1] Les père et mère peuvent utiliser les revenus du bien de l'enfant pour son entretien, son éducation et sa formation et, dans la mesure où cela est équitable, pour les besoins du ménage. [2] Le surplus passe dans les biens de l'enfant.

B. Impiego dei
redditi

¹ I genitori possono impiegare i redditi della sostanza del figlio per il suo mantenimento, la sua educazione e istruzione e, in quanto l'equità lo richieda, anche per i bisogni dell'economia domestica.

² L'avanzo spetta alla sostanza del figlio.

Literatur

Vgl. die Literaturhinweise zu Art. 318.

I. Verwendung der Erträge des Kindesvermögens (Abs. 1)

1. Ordentliche Verwendung: Unterhalt, Erziehung und Ausbildung

Die **Verwendung der Erträge** des Kindesvermögens zu **Unterhalts-, Erziehungs- und**   1
Ausbildungszwecken steht in einem gewissen Widerspruch zur elterlichen Unterhaltspflicht (Art. 276 Abs. 1), wird aber bereits von Art. 276 Abs. 3 (dort N 29 ff.) vorausgesetzt: Es entspricht der Billigkeit, dass die letztlich dem Kind zukommenden Ausbildungsaufwendungen dort von ihm (mit-)getragen werden, wo sich das Kind wirtschaftlich so stellt, dass sein Vermögensertrag die Eltern von ihrer (vorrangigen: Art. 276 N 2, 8, 16) Unterhaltspflicht zu entlasten ermöglicht und solche Entlastung der Eltern nach den konkreten Gegebenheiten gerechtfertigt ist (zu den Kriterien der Abwägung Art. 276 N 30, 35; u. N 3).

Die **Beitragspflicht des Kindes** ist unmittelbare Folge seiner mit der Revision von 1976   2
eingeführten *vermögensrechtlichen Autonomie* (Art. 318 N 1), während nach dem früheren Recht (vgl. BK-HEGNAUER, aArt. 292/293 N 45 ff.) der Überschuss des Ertrags über die Ausbildungsaufwendungen hinaus aufgrund des (umfassenden) Nutzungsrechts der Eltern am Kindesvermögen in das elterliche Vermögen fiel. Die «güterrechtliche Verselbständigung» des Kindes ändert aber nichts an der *gemeinsamen* Verantwortung aller Familienmitglieder für den Unterhalt (Art. 318 N 2).

Eine **Abwägung der Leistungsfähigkeit** (und -pflicht) **von Eltern und Kind** ist m.E.   3
aber auch im Rahmen von Art. 319 als Ausdruck von Art. 285 (dort N 3; vgl. analog Art. 277 N 15) geboten, da der Unterhaltsbeitrag *«der Lebensstellung und Leistungsfähigkeit der Eltern entsprechen und ausserdem Vermögen und Einkünfte des Kindes berücksichtigen»* muss; es wäre unbillig, wenn das über zwar ausreichenden eigenen Vermögensertrag verfügende Kind **wohlhabender Eltern** die Ausbildungsaufwendungen *vollständig* zu erbringen hätte (**a.M.** REUSSER, BTJP 1977, 80; HEGNAUER, ZVW 1979, 16 und ihm folgend STETTLER, SPR III/2, 426, welche wohl davon ausgehen, das Kindesvermögen trete anstelle der Unterhaltspflicht eines verstorbenen Elternteils [s. HEGNAUER, SJZ 1967, 322 Ziff. 11], was indes nicht unbedingt zuzutreffen braucht: Art. 321/322 N 5), denn es soll sowohl **Eltern wie Kind** je eine **angemessene Mehrung ihres Vermögens** möglich sein. Zudem hat nämlich umgekehrt das **wohlhabende Kind** wenig günstig gestellter Eltern auch dort, wo diese nicht in einer eigentlichen Notlage leben, über seinen unmittelbaren Kostenanteil hinaus beizutragen (N 4).

2. Ausserordentliche Verwendung: Bedürfnisse des elterlichen Haushaltes

Das Kind ist nicht nur gehalten, aus dem Ertrag eigener Mittel für eigene Bedürfnisse   4
und namentlich für spezielle Interessen aufzukommen, sondern muss, wo es der *Billigkeit* (Art. 4) entspricht, *ausnahmsweise* auch an die **Bedürfnisse des (gemeinsamen) Haushaltes** beitragen. Diese ausserordentliche Beitragspflicht liegt vor bei einem *erheblichen Ungleichgewicht der Leistungsfähigkeit* von Eltern und Kind, wo der auf das Kind entfallende Anteil der Haushaltskosten oder sogar eine höhere Quote davon aus dem Einkommen der Eltern nicht gedeckt werden kann. Alsdann rechtfertigt sich, auch den

Aufwand für die persönliche Betreuung zu berücksichtigen – allerdings *nicht im Sinne einer «Entlöhnung»* der Eltern durch das Kind für die von ihnen persönlich erbrachte Pflege und Erziehung (Art. 276 Abs. 2), sondern nur als *solidarische Abgeltung* für in diesem Bereich entstehende Auslagen (Fremdbetreuung) oder entgehende Einnahmen (Unmöglichkeit oder beschränkter Umfang einer für den Unterhalt der Familie unabdingbaren ausserhäuslichen beruflichen Tätigkeit) oder als Anteil an die Wohnkosten (vgl. HEGNAUER, ZVW 1979, 16 f.), bzw. als *angemessene Teilhabe am Wohlergehen* eines Familienmitglieds, wie er dem Anspruch von Art. 164 zugrunde liegt (HEGNAUER/ BREITSCHMID, N 16.38).

5   Voraussetzung ist ein **gemeinsamer Haushalt** (bzw. unberechtigtes Getrenntleben des Kindes); eine eigentliche Unterhaltspflicht des Kindes für nicht mit ihm zusammenlebende Eltern und Geschwister ist abzulehnen, wo nicht die Voraussetzungen der *Unterstützungspflicht* (Art. 328 f.) vorliegen (HEGNAUER, ZVW 1979, 17; DERS., Kindesrecht, N 28.09).

II. Überschüsse (Abs. 2)

6   **Überschüsse** des Kindesvermögensertrags über die in Abs. 1 erwähnten Beiträge hinaus – bzw. der *gesamte Ertrag,* wo solche Beiträge nicht geschuldet oder von den Eltern nicht erhoben werden –, fallen ins **Kindesvermögen.** Sind die Erträge einmal zum Vermögen geschlagen, bilden sie ihrerseits Vermögen: Was nicht unmittelbar konsumiert wird, kann später nur noch im Rahmen von Art. 320 wieder «ausgelöst» werden. Damit soll allerdings periodisches Ansparen im Blick auf höhere einmalige Aufwendungen nicht ausgeschlossen werden (vgl. analog Art. 276 N 24).

Art. 320

C. Anzehrung des Kindesvermögens	[1] **Abfindungen, Schadenersatz und ähnliche Leistungen dürfen in Teilbeträgen entsprechend den laufenden Bedürfnissen für den Unterhalt des Kindes verbraucht werden.**
	[2] **Erweist es sich für die Bestreitung der Kosten des Unterhalts, der Erziehung oder der Ausbildung als notwendig, so kann die Vormundschaftsbehörde den Eltern gestatten, auch das übrige Kindesvermögen in bestimmten Beträgen anzugreifen.**
C. Prélèvements sur les biens de l'enfant	[1] Les versements en capital, dommages-intérêts et autres prestations semblables peuvent être utilisés par tranches pour l'entretien de l'enfant, autant que les besoins courants l'exigent.
	[2] Lorsque cela est nécessaire pour subvenir à l'entretien, à l'éducation ou à la formation de l'enfant, l'autorité tutélaire peut permettre aux père et mère de prélever sur les autres biens de l'enfant la contribution qu'elle fixera.
C. Prelevamento sulla sostanza del figlio	[1] Versamenti a tacitazione, risarcimenti e analoghe prestazioni possono essere adoperati per il mantenimento del figlio, in rate corrispondenti ai bisogni correnti.
	[2] Se necessario per provvedere alle spese di mantenimento, educazione o istruzione, l'autorità tutoria può permettere ai genitori di attingere in misura determinata anche alla rimanente sostanza del figlio.

Literatur

Vgl. die Literaturhinweise zu Art. 318.

I. Anzehrung von Kapitalleistungen mit Einkommensersatzcharakter (Abs. 1)

Renten irgendwelcher Provenienz haben regelmässig Unterhalts(ersatz)funktion und sind deshalb zum Unterhalt des Kindes heranzuziehen (vgl. Art. 285 Abs. 2). **Abfindungen** (Art. 288), **Schadenersatz** (Art. 41 OR) und ähnliche Leistungen mit Unterhaltsersatzcharakter fallen ins Kindesvermögen. Nach der Regel von Art. 319 Abs. 1 dürfte nur deren *Ertrag* zur Bestreitung der Kosten von Unterhalt, Erziehung und Ausbildung herangezogen werden. Indes haben *Kapitalleistungen Unterhaltsersatzfunktion,* weshalb sie für die entsprechenden laufenden Bedürfnisse in angemessenen Teilbeträgen verbraucht werden dürfen. **1**

Zur **Bestimmung der Quoten,** die sie dem Kapital periodisch zum laufenden Verbrauch entnehmen, sind die **Eltern** im Rahmen ihrer Verwaltungsaufgabe **befugt** (im Gegensatz zu Abs. 2, u. N 4), vorbehältlich Anordnungen nach Art. 325 Abs. 3. Sie haben dies nach pflichtgemässem Ermessen unter konkreter Würdigung der Umstände (voraussichtliche Dauer des Unterhalts, Reserve für grössere Auslagen usw.) zu tun. **2**

Es empfiehlt sich, Kapital mit **Unterhaltsersatzfunktion** vom Übrigen Kindesvermögen durch organisatorische Massnahmen (z.B. durch separates Konto) zu trennen, um eine ordnungsgemässe Abwicklung und die Rechenschaftspflicht (Art. 326) zu erleichtern (welche Vorkehr nicht mit der Pflicht zur Trennung von Kindes- und Elterngut zu verwechseln ist: Art. 318 N 8). **3**

II. Anzehrung des übrigen Kindesvermögens (Abs. 2)

Das übrige Kindesvermögen darf von den Eltern nur nach **Bewilligung durch die Vormundschaftsbehörde** angegriffen werden. Die **Behörde hat zu entscheiden,** ob die Anzehrung des Kindesvermögens überhaupt *notwendig* ist, und sie hat auch *Höhe und zeitliches Intervall* der zu entnehmenden Beträge festzulegen (Mustersammlung, Nr. 715; Bundesamt für Justiz, ZVW 1980, 112, 114; zur Anzehrung des Vermögens von Vollwaisen s. AFFOLTER, ZVW 2005, 220 ff.). **4**

Die **Anzehrung ist möglich** sowohl für den *Unterhaltsbedarf des Kindes* selbst wie dessen *weitere wirtschaftlichen Verpflichtungen* aus nachträglich genehmigten Verträgen (Art. 305 Abs. 2), Deliktshaftung oder zur Verwandtenunterstützung nach Art. 328 (HEGNAUER, Kindesrecht, N 28.09; s. allg. auch Art. 305 N 13). **5**

Sind die Eltern bislang für den Unterhalt des Kindes umfassend aufgekommen und hat danach das Kind Vermögen erworben, so dürfen sich die Eltern **nicht** durch Anzehrung des Kindesvermögens für ihre **früheren Unterhaltsaufwendungen** bezahlt machen (BezRat Pfäffikon, ZVW 1986, 77, 79; s. analog Art. 327 N 8). **6**

Art. 321

D. Freies Kindesvermögen **I. Zuwendungen**	**¹ Die Eltern dürfen Erträge des Kindesvermögens nicht verbrauchen, wenn es dem Kind mit dieser ausdrücklichen Auflage oder unter der Bestimmung zinstragender Anlage oder als Spargeld zugewendet worden ist.** **² Die Verwaltung durch die Eltern ist nur dann ausgeschlossen, wenn dies bei der Zuwendung ausdrücklich bestimmt wird.**

D. Biens libérés

I. Biens remis par stipulation

[1] Les père et mère ne peuvent pas disposer des revenus des libéralités faites à l'enfant pour que le montant en soit placé à intérêt ou sur carnet d'épargne ou sous la condition expresse que les père et mère ne les utiliseront pas.

[2] Ces libéralités ne sont soustraites à l'administration des père et mère que si le disposant l'a expressément ordonné lorsqu'il les a faites.

D. Beni liberi

I. Liberalità

[1] I genitori non possono adoperare i redditi della sostanza che il figlio ha ricevuto sotto questa espressa condizione o che gli fu data perché frutti interesse a suo favore, o come libretto di risparmio.

[2] L'amministrazione di questi beni da parte dei genitori può essere esclusa soltanto se espressamente stabilito all'atto della liberalità.

Art. 322

II. Pflichtteil

[1] **Durch Verfügung von Todes wegen kann auch der Pflichtteil des Kindes von der elterlichen Verwaltung ausgenommen werden.**

[2] **Überträgt der Erblasser die Verwaltung einem Dritten, so kann die Vormundschaftsbehörde diesen zur periodischen Rechnungsstellung und Berichterstattung anhalten.**

II. Réserve héréditaire

[1] La réserve de l'enfant peut aussi, par disposition pour cause de mort, être soustraite à l'administration des père et mère.

[2] Si le disposant remet l'administration à un tiers, l'autorité tutélaire peut astreindre celui-ci à présenter périodiquement un rapport et des comptes.

II. Porzione legittima

[1] Per disposizione a causa di morte, anche la porzione legittima del figlio può essere esclusa dall'amministrazione parentale.

[2] Se il disponente affida l'amministrazione a un terzo, l'autorità tutoria può esigere rendiconti e rapporti periodici.

Literatur

Vgl. die Literaturhinweise zu Art. 318.

I. Begriff des freien Kindesvermögens

1   **Freies Kindesvermögen** liegt vor, wenn *entweder* die **Erträge nicht verbraucht** werden dürfen *und/oder* die **elterliche Verwaltung** des betreffenden Vermögensteils **ausgeschlossen** ist. Die Anordnung kann sich beziehen (BK-HEGNAUER, aArt. 294 N 8 ff.) auf *Zuwendungen unter Lebenden oder von Todes wegen* an das Kind seitens der Eltern oder Dritter (Art. 321), oder den *Ausschluss elterlicher Verwaltung des Pflichtteils* betreffen (Art. 322). Das **Arbeits-, Berufs- und Gewerbevermögen** (Art. 323, s. dort) bildet insofern eine besondere Kategorie des freien Kindesvermögens, als die Verwaltung *nicht den Eltern weggenommen* werden soll, sondern der Natur dieser Mittel entsprechend *dem Kind zusteht*. Sollen die Eltern das Kind gegenüber der Bank vertreten und über das freie Kindesvermögen verfügen können, so bedarf es einer Vollmacht des Kindes (EMCH/RENZ/ARPAGAUS (Hrsg.), Das Schweizerische Bankgeschäft, 6. Aufl. Zürich 2004, N 678).

II. Entstehung des freien Kindesvermögens
(Art. 321 Abs. 1 bzw. Art. 322 Abs. 1)

1. Voraussetzungen der Entstehung bei den einzelnen Tatbeständen

a) Besondere Anordnung (Art. 321 Abs. 1 und 2; Art. 322 Abs. 1)

Freies Kindesvermögen entsteht durch *ausdrückliche Anordnung bei der Zuwendung*   **2**
(Art. 321 Abs. 1 bzw. 2; Art. 322 Abs. 1; TC VD ZVW 1998, 103 ff.: Zuwendungen des
Unterhaltsschuldners über die Unterhaltspflicht hinaus durch Einzahlungen auf Jugend-
sparkonto; BGH 18.1.2005 NJW 2005 980 f.: Allein die Tatsache, dass ein Angehöriger
ein Sparkonto auf den Namen eines unmündigen Kindes errichtet, lässt noch nicht auf
einen Vertrag zu Gunsten Dritter schliessen, sofern er noch immer die tatsächliche Verfügungsmacht [in Form des Sparbuches] innehat) – unabhängig davon, ob die Zuwendung
durch Dritte oder die Eltern selbst erfolgt – sowie *von Gesetzes wegen bzw. durch entsprechende Widmung* (beim Arbeitserwerb bzw. Berufs- oder Gewerbevermögen, welches das Kind zu diesem Zweck von den Eltern herausbekommt; Art. 323 Abs. 2; dort
N 5). Zudem können (bzw. müssen) die Eltern die Verwaltung und/oder Nutzung des
Kindesvermögens *Dritten übertragen,* wobei sie dafür eine adäquate Lösung zu treffen
haben (Art. 318 N 6; Art. 327 N 3). – Es ist demnach möglich, die **Regel von Art. 319**,
wonach die Erträge seines Vermögens für den Unterhalt des Kindes und ggf. die Bedürfnisse des Haushaltes verwendet werden dürfen, **auszuschliessen** (s. aber N 3 a.E. bez.
Anzehrung).

b) Ausschluss der Verwendung der Erträge (Art. 321 Abs. 1)

Hier genügt, dass dem **Sinn der Zuwendung nach die Erträge zum Kapital geschlagen**   **3**
werden sollen (Art. 321 Abs. 1: durch *ausdrückliche Auflage* oder *sinngemässe Anordnung,* z.B. durch Zuwendung als Zins tragende Anlage, Spargeld o.Ä.). Soll den **Eltern
oder sinngemäss einem Elternteil** (RegRat ZG, ZGGVP 2003, 262 ff.) **die Verwaltung
entzogen** sein, ist dies *bei der Zuwendung ausdrücklich* zu bestimmen (Art. 321 Abs. 2)
– kann also vom Geber *nicht nachträglich* angeordnet werden, ausser es bestehe Anlass
zu einer Vermögensschutzmassnahme, welche auch er durch Anzeige bei der Vormundschaftsbehörde veranlassen könnte (Art. 307 N 11; Art. 324/325 N 2). – Beide Anordnungen *schliessen aber die* **Anzehrung** (und auch die Stellung eines entsprechenden Antrags
durch die Eltern) *nicht aus,* wenn die Voraussetzungen von Art. 320 Abs. 2 vorliegen.

c) Ausschluss der elterlichen Verwaltung über den Pflichtteil (Art. 322)

Art. 322 Abs. 1 erlaubt dem Erblasser, dem Kind nicht nur eine gewöhnliche Begünsti-   **4**
gung in das freie Kindesvermögen zuzuweisen (Art. 321 Abs. 1; o. N 1; zur beschränkten
Möglichkeit, bei Gütergemeinschaft einem Gatten den Pflichtteil zu Eigengut zuzuwen-
den, s. Art. 225), sondern auch den **Pflichtteil** der **elterlichen Verwaltung zu entziehen.**
Art. 322 ermöglicht aber *nur den Entzug der Verwaltung, nicht aber der Nutzung i.S.v.
Art. 319 Abs. 1 bzw. der Anzehrung nach Art. 320 Abs. 2* (HEGNAUER, FS Vischer, 31 f.
m.Nw.); über den Umfang solcher Verwendung hat – unter Würdigung der gesamten
wirtschaftlichen Verhältnisse – der Verwalter des Pflichtteils nach pflichtgemässem Ermessen (oder auf Beschwerde des Sorgerechtsinhabers hin die Vormundschaftsbehörde)
zu befinden (HEGNAUER, FS Vischer, 32). – Die Verwaltung des Pflichtteils kann in diesem Fall bis zur Mündigkeit von einer **durch den Erblasser bestimmten Person ausgeübt** werden (zu gewissen Parallelen mit dem Willensvollstrecker s. HEGNAUER, FS
Vischer, 27: der Verwalter befindet sich in der Rolle des *auf einen Erbteil beschränkten
Willensvollstreckers*). – Wie die Person des Willensvollstreckers (Art. 517 Abs. 1; im

Gegensatz dazu ist hier erb*vertragliche* Anordnung möglich) hat der Erblasser auch den Verwalter nach Art. 322 in bestimmbarer Form zu bezeichnen; ist dies unterblieben, hat aufgrund von Art. 393 die Vormundschaftsbehörde einen Beistand zu ernennen (vgl. Art. 318 N 11; HEGNAUER, FS Vischer, 30).

2. Zweck der Begründung freien Kindesvermögens

5   Zur Begründung freien Kindesvermögens besteht Anlass (BK-HEGNAUER, aArt. 294 N 5 ff.), wenn das Kind auf die **wirtschaftliche Selbständigkeit vorbereitet** werden soll (dazu im Übrigen zu Art. 323), das **Kindesvermögen wachsen** soll (vgl. Art. 319 N 3) oder die **Eltern zur Verwaltung ungeeignet** scheinen (vgl. Art. 318 N 6). – Mit zunehmender Bedeutung **direkter (Ur-)Enkelbegünstigung durch den Erblasser** (die erbschaftssteuerlich interessant ist, weil mit *einem* Vermögensübergang *mehrere* Generationen übersprungen werden können, wobei *nur einmal besteuert* wird), dürften unmündige Kinder häufiger erben und besondere *(erbrechtliche)* Anordnungen über die Verwaltung solcher Erbteile (z.B. nach Art. 482; etwa ein Aufschub der Aushändigung über die Mündigkeit hinaus, wo es sich nicht um Pflichtteile handelt) von Bedeutung sein; gerade dann erscheint die Kombination erbrechtlicher Vorkehren mit dem Ausschluss der elterlichen Verwaltung geeignet, ohne dass der Tatbestand von Art. 480 vorzuliegen braucht (s. auch HEGNAUER, FS Vischer, 20).

III. Stellung des mit der Verwaltung betrauten Dritten (Art. 322 Abs. 2)

6   **Hat der Erblasser die Verwaltung einem Dritten übertragen, so** *kann* die **Vormundschaftsbehörde** diesen zur **periodischen Rechnungsstellung und Berichterstattung** anhalten (Art. 322 Abs. 2). Sie wird dies bei einem unübersichtlich strukturierten, einigermassen erheblichen Vermögen tun, ebenso auch dann, wenn ein ihr Unbekannter mit der Verwaltung betraut ist, während bei Verwaltung durch eine Bank oder einen anerkannten Treuhänder zunächst von der Vertrauenswürdigkeit – bzw. der Befolgung üblicher Verwaltungsgrundsätze (N 7) ohne besondere behördliche Anordnung – ausgegangen werden darf.

7   Der mit der Verwaltung betraute Dritte seinerseits wird in eigenem Interesse und aufgrund üblicher *auftragsrechtlicher Sorgfaltspflicht* unabhängig von behördlichen Auflagen ein **Inventar der von ihm in Verwaltung genommenen Werte** erstellen (vgl. allgemein BSK OR I-WEBER, Art. 400 N 2 ff.).

8   Ist ein **Beistand** mit der Verwaltung betraut, so richtet sich seine Tätigkeit nach den einschlägigen Grundsätzen (insb. Art. 398 und 419; HEGNAUER, FS Vischer, 30), während ein **vom Erblasser Beauftragter** in einem privatrechtlichen Auftragsverhältnis eigener Art steht, indem er zwar für seine Verwaltungsaufgaben (wie die Eltern) nicht der Zustimmung vormundschaftlicher Behörden bedarf (Art. 318 N 7), anderseits aber auch (wiederum wie die Eltern) zu **Handeln im Interesse des Kindes** – unter Berücksichtigung seiner persönlichen Wünsche, Ausbildungsbedürfnisse und Verpflichtungen gegenüber Familie und Dritten – gehalten ist (Art. 301; HEGNAUER, FS Vischer, 27). Zugleich haben aber der behördlich bestimmte Beistand und der vom Erblasser bezeichnete Dritte auch **auf die Erziehungsaufgabe der Eltern Rücksicht zu nehmen** und sich mit ihnen abzusprechen (HEGNAUER, FS Vischer, 27 bzw. 30 f.).

9   Zur **Entschädigung** des mit der Verwaltung beauftragten Dritten s. Art. 318 N 6 bzw. Art. 394 Abs. 3 OR (dazu allg. BSK OR I-WEBER, Art. 394 N 35 ff.); *Unentgeltlichkeit* dürfte m.E. allerdings in Analogie zu Art. 294 Abs. 2 in entsprechenden Situationen zu vermuten sein.

Art. 323

III. Arbeits-erwerb, Berufs-und Gewerbe-vermögen	**¹ Was das Kind durch eigene Arbeit erwirbt und was es von den Eltern aus seinem Vermögen zur Ausübung eines Berufes oder eines eigenen Gewerbes herausbekommt, steht unter seiner Verwaltung und Nutzung.**

² Lebt das Kind mit den Eltern in häuslicher Gemeinschaft, so können sie verlangen, dass es einen angemessenen Beitrag an seinen Unterhalt leistet.

III. Produit du travail, fonds professionnel

¹ L'enfant a l'administration et la jouissance du produit de son travail et de ceux de ses biens que les père et mère lui remettent pour exercer une profession ou une industrie.

² Lorsque l'enfant vit en ménage commun avec ses père et mère, ceux-ci peuvent exiger qu'il contribue équitablement à son entretien.

III. Provento del lavoro, assegno professionale

¹ Il figlio ha l'amministrazione e il godimento di ciò che guadagna col proprio lavoro e di quanto gli anticipano i genitori sulla sua sostanza per l'esercizio del mestiere o della professione.

² I genitori possono esigere dal figlio che vive con essi in economia domestica un adeguato contributo per il suo mantenimento.

Literatur

Vgl. die Literaturhinweise zu Art. 318.

I. Arbeitserwerb, Berufs- und Gewerbevermögen im Allgemeinen

Die **praktische Bedeutung** des Arbeitserwerbs bzw. von Berufs- und Gewerbevermögen **1** des unmündigen Kindes dürfte mit der Herabsetzung des Mündigkeitsalters auf 18 Jahre zurückgegangen sein (vgl. Art. 276 N 31 a.E.).

Der **Arbeitserwerb des Kindes** – wo er aus einem *mit Bewilligung der Eltern geschlos-* **2** *senen Arbeitsvertrag* hervorgeht (m.E. auch dann, wenn Ferienverdienst eines Schülers aus einer Tätigkeit vorliegt, die er ohne elterliche Zustimmung ausüben durfte: N 8) – steht (vorbehältlich sonstiger Verpflichtungen) dem **urteilsfähigen Kind zur Verfügung.** Gleiches gilt für *Ersparnisse aus dem Taschengeld* oder anderweitiger geringfügiger *Zuwendungen zum Verbrauch* (z.B. für besondere Hilfe im Haushalt; vgl. zur Abgrenzung bez. *Lidlohn* u. N 11), welche nicht ins Kindesvermögen und ohnehin nicht unter Art. 321 fallen.

II. Handlungsfähigkeit des Kindes (Abs. 1)

1. Im Allgemeinen

Vgl. bez. **rechtsgeschäftlicher Autonomie** des Kindes Art. 304/305 N 4 ff., bez. der **3** **Vermögensverwaltung im Allg.** Art. 318 N 15.

2. Bez. Arbeitserwerb, Berufs- und Gewerbevermögen

Die Handlungsfähigkeit des Kindes ist im Rahmen des ihm nach Art. 323 Abs. 1 gewähr- **4** ten Betätigungsspielraums unbeschränkt, aber zugleich auf diesen Bereich beschränkt: Das Kind kann *alle Verpflichtungen* eingehen, welche im Rahmen seines Arbeitsverdienstes liegen – mithin beschränkt auf das Einkommen bis zum nächsten ordentlichen Kündigungstermin (BBl 1974 II 91; verneint bez. des Abschlusses einer Lebensversicherung: OGer OW SJZ 1977, 141 f.) sowie unter Berücksichtigung weiterer Verpflichtungen (HEGNAUER, Kindesrecht, N 28.12: z.B. des Beitrags nach Abs. 2) bzw. zwingender gesetzlicher Bestimmungen (Art. 226b Abs. 2 und 228 OR) – oder welche mit der Ausübung seines Berufs oder dem Betrieb seines Gewerbes zusammenhängen (z.b. ein Forderungsprozess: BGE 112 II 102). Für solche Verpflichtungen kann das Kind auch belangt werden *(Betreibungen für Geschäftsschulden* sind ausschliesslich gegen das Kind anzuheben: BGE 106 III 8; JustizKomm ZG SJZ 1991, 103; für eine *Deliktsschuld* **a.M.** OGer AG SJZ 1991, 248).

5   Indes muss diese **Handlungsfähigkeit von den Eltern zuerst eingeräumt** werden: durch *Zustimmung zum Abschluss des Arbeitsvertrags* (Art. 19 Abs. 1 bzw. Art. 304 f.; BBl 1974 II 91) bzw. *Aushändigung des Berufs- oder Gewerbevermögens aus Mitteln des Kindesvermögens* oder (i.S. einer *Ausstattung:* vgl. Art. 626 Abs. 2) aus elterlichem Gut (wobei auf Letzteres kein Anspruch besteht). Es liegt im **erzieherischen Ermessen** der Eltern, ob bzw. zu welcher Form beruflicher Betätigung sie Hand bieten. Es handelt sich dabei indes um einen Entscheid im **Rahmen des Ausbildungs- bzw. beruflichen Lebensplans,** der von den Eltern **in Absprache mit dem Kind** und in Würdigung der gesamten persönlichen und wirtschaftlichen Ressourcen der Beteiligten (vgl. Art. 277 N 9) zu treffen ist. – Entsprechend ist auch die Befugnis der Eltern zur **Rückgängigmachung** dem Kind eingeräumter Befugnisse bzw. zur Auflösung eines Arbeitsvertrags beschränkt (zum praktisch vorab bedeutungsvollen *Lehrvertrag* s. Art. 345 ff. OR), und zwar auf Fälle, wo das *Kind zustimmt* oder *sein persönliches oder wirtschaftliches Wohl objektiv erheblich gefährdet* ist (s. auch N 7 a.E.), wobei der Widerruf allerdings nicht zur Unzeit und nur unter sachgerechter Liquidation der mit Dritten eingegangenen Verpflichtungen erfolgen darf (BK-HEGNAUER, aArt. 296 N 26 ff.).

6   Die **Zustimmung** der Eltern kann mit zweckmässigen **Auflagen** verbunden werden, z.B. betr. den Umfang der Erwerbstätigkeit bzw. paralleler weiterer Ausbildung oder die Verwendung des Einkommens (Letzteres **str.:** abl. HUBER, 48; DEGOUMOIS, ZSR 1978 I 121 f.; wie hier HEGNAUER, Kindesrecht, N 28.12: die Zustimmung zu wirtschaftlicher Autonomie im Blick auf Ausübung eines Berufs enthebt allerdings die Eltern nicht ihrer weiteren erzieherischen Befugnisse; ggf. wäre der Konflikt durch Vermittlung im Rahmen des Kindesschutzes zu schlichten: Art. 307 N 11; Art. 310 N 22; vgl. Art. 301 N 2 f.).

7   Bei beruflicher Tätigkeit **ohne Zustimmung der Eltern** oder gegen deren erklärten Willen entsteht kein gültiger Arbeitsvertrag. Dritte, welche mit dem Kind Verträge geschlossen haben, sind jedoch verpflichtet, die empfangene Bereicherung den Eltern zuhanden des Kindesvermögens herauszugeben; der Dritte wird diesfalls nur durch Leistung an die Eltern befreit (HEGNAUER, Kindesrecht, N 28.14); die *abweichende Auffassung* von HUBER (84 ff.) würde das Kind des Schutzes vor dem Arbeitgeber verlustig gehen lassen (welchem Gesichtspunkt mit Rücksicht auf die Herabsetzung des Mündigkeitsalters vermehrte Bedeutung zukommt), während bei Meinungsverschiedenheiten zwischen Eltern und unmündigem Kind die Lösung nicht in Ausdehnung der Befugnisse des Kindes, sondern in vormundschaftsbehördlicher Vermittlung zu suchen ist (dazu auch HUBER, 87). – Immerhin scheint möglich, im *Rahmen altersgerechter Autonomie der Freizeitgestaltung* ab dem 14. Lebensjahr den Abschluss von Verträgen über «Ferienjobs» oder z.B. das Austragen von Zeitungen an freien Nachmittagen durch das Kind allein als *zulässig und wirksam* zu betrachten (vgl. N 2); über das entsprechende Einkommen kann das Kind wie über Taschengeld autonom verfügen. Allerdings können die

Eltern kraft ihrer Vertretungsbefugnis solche Verträge rückgängig machen (N 5 a.E.), wenn die schulische Leistungsfähigkeit oder die Erholungsfunktion der Freizeit tangiert werden.

III. Beitrag an die Unterhaltskosten bei häuslicher Gemeinschaft (Abs. 2)

1. Im Allgemeinen

Zur **Beitragspflicht des Kindes aus Arbeitserwerb** im Allg. s. Art. 276 N 31 ff., bez. **8** der **Heranziehung des Kindesvermögens** zur Deckung von Unterhalts- bzw. Haushaltskosten Art. 319 N 1 ff. bzw. N 4 f., bez. der Verwendung von **Kapitalzahlungen mit Unterhaltsersatzcharakter** Art. 320 N 1 f.

Was im Besonderen die Beitragspflicht des Kindes aus **Arbeitserwerb** betrifft, ist zu **9** berücksichtigen, dass solcher **regelmässig in erster Linie zur Bestreitung der Lebenshaltungskosten** bestimmt ist; die Heranziehung entsprechender Mittel zur *Beteiligung an den Kosten von Logis und Unterhalt* (bis hin zu deren *gesamten Deckung:* HEGNAUER, Kindesrecht, N 28.13) geht mithin den weiteren in N 8 genannten Beitragspflichten vor, wobei allerdings die *Beitragspflicht des Kindes und die elterliche Unterhaltspflicht aufgrund der jeweiligen Umstände gegeneinander abzuwägen* sind (vgl. Art. 319 N 3); mit der Herabsetzung des Mündigkeitsalters (N 1) dürften Fälle, wo bereits das unmündige Kind substantielle Beiträge zu leisten vermag, deutlich seltener werden, und es steht damit die **Unterhaltpflicht im Vordergrund** (näher Art. 276 N 29 ff.). In betreibungsrechtlicher Hinsicht ist der vom unmündigen Kind geschuldete Beitrag aus dessen Lohn an das Einkommen der mit ihm zusammenlebenden Eltern aufzurechnen – ohne Belang bleibt dabei, ob solche Zahlungen je geleistet wurden (BÜHLER, AJP 2002, 659).

Für die **konkrete Bemessung** der Beiträge ist auf Empfehlungen von Budgetberatungs- **10** stellen bzw. die Vermittlung durch die Vormundschaftsbehörde abzustellen. Hinweise ergeben sich auch aus den einschlägigen unterhaltsrechtlichen Richtlinien, namentlich der SKOS (Art. 285 N 6–9).

2. Immaterielle Beiträge des Kindes

Das mit den Eltern in gemeinsamem Haushalt lebende Kind ist nicht nur Kostenfaktor (s. **11** Art. 285 N 15), sondern kann durch eigenen (dauernden oder periodischen) Einsatz einen kleineren oder grösseren **Beitrag an den Haushalt oder ein elterliches Gewerbe** leisten, der von Dritten nur gegen Lohn erbracht würde. Je nach dem Umfang solcher Tätigkeit für die Familie und den wirtschaftlichen Verhältnissen der einzelnen Beteiligten dürfte die Einforderung eines daneben auswärts erarbeiteten Lohns ausser Betracht fallen; ggf. entsteht ein Anspruch des Kindes (*auch des unmündigen:* HEGNAUER, Kindesrecht, N 31.06) auf **Lidlohn** (Art. 334 f.).

Art. 324

E. Schutz des Kindesvermögen	**¹ Ist die sorgfältige Verwaltung nicht hinreichend gewährleistet, so trifft die Vormundschaftsbehörde die geeigneten Massnahmen zum Schutz des Kindesvermögens.**
I. Geeignete Massnahmen	**² Sie kann namentlich Weisungen für die Verwaltung erteilen und, wenn die periodische Rechnungsstellung und Berichterstattung nicht ausreichen, die Hinterlegung oder Sicherheitsleistung anordnen.**

³ **Auf das Verfahren und die Zuständigkeit finden die Bestimmungen über den Kindesschutz entsprechende Anwendung.**

E. Protection des
biens de l'enfant

¹ Si une administration diligente n'est pas suffisamment assurée, l'autorité tutélaire prend les mesures nécessaires pour protéger les biens de l'enfant.

I. Mesures
protectrices

² Elle peut, en particulier, donner des instructions concernant l'administration et, lorsque les comptes et le rapport périodiques ne suffisent pas, exiger une consignation ou des sûretés.

³ Pour la procédure, le for et la compétence, les dispositions sur la protection de l'enfant sont applicables par analogie.

E. Protezione della
sostanza del figlio

¹ Se la diligente amministrazione non è sufficientemente garantita, l'autorità tutoria ordina le misure opportune per la protezione della sostanza del figlio.

I. Misure opportune

² Essa può segnatamente dare istruzioni per l'amministrazione e, se i rapporti e i rendiconti periodici non bastano, ordinare il deposito o la prestazione di garanzie.

³ Le disposizioni sulla protezione del figlio s'applicano per analogia alla procedura e alla competenza.

Art. 325

II. Entziehung
der Verwaltung

¹ **Kann der Gefährdung des Kindesvermögens auf andere Weise nicht begegnet werden, so überträgt die Vormundschaftsbehörde die Verwaltung einem Beistand.**

² **Die Vormundschaftsbehörde trifft die gleiche Anordnung, wenn Kindesvermögen, das nicht von den Eltern verwaltet wird, gefährdet ist.**

³ **Ist zu befürchten, dass die Erträge oder die für den Verbrauch bestimmten oder freigegebenen Beträge des Kindesvermögens nicht bestimmungsgemäss verwendet werden, so kann die Vormundschaftsbehörde auch deren Verwaltung einem Beistand übertragen.**

II. Retrait de
l'administration

¹ S'il n'y a pas d'autre façon d'empêcher que les biens de l'enfant soient mis en péril, l'autorité tutélaire en confie l'administration à un curateur.

² L'autorité tutélaire agit de même lorsque les biens de l'enfant qui ne sont pas administrés par les père et mère sont mis en péril.

³ S'il est à craindre que les revenus des biens de l'enfant ou les montants prélevés sur ces biens ne soient pas utilisés conformément à la loi, l'autorité tutélaire peut également en confier l'administration à un curateur.

II. Privazione
dell'amministrazione

¹ Quando la sostanza del figlio non possa essere altrimenti sottratta al pericolo, l'autorità tutoria ne affida l'amministrazione a un curatore.

² L'autorità tutoria prende la stessa misura anche in caso di pericolo per la sostanza del figlio non amministrata dai genitori.

³ Se v'è da temere che i redditi o le parti della sostanza del figlio destinate all'uso o liberate non saranno impiegate conformemente alla destinazione, l'autorità tutoria può parimenti affidarne l'amministrazione a un curatore.

Literatur

Vgl. die Literaturhinweise zu Art. 318.

I. Kindesvermögensschutz im Allgemeinen

Den **Schutz der vermögensrechtlichen Interessen des Kindes** regeln die Art. 324 **1** und 325, welche der *Abwendung konkret drohender Gefahren* dienen. Daneben enthalten aber Art. 318 Abs. 2 und 3 (über das Inventar bzw. die Pflicht zu Rechnungsstellung und Berichterstattung) sowie Art. 326 (über die Erstattungspflicht der Eltern nach Beendigung der elterlichen Sorge) und Art. 327 (über die Verantwortlichkeit) vermögensschutzrechtliche Bestimmungen *präventiver* Art; sodann bewirkt der *Entzug der elterlichen Sorge* als einschneidendste Massnahme des allgemeinen Kindesschutzes (Art. 311 f.; u. N 5, 17) auch den Entzug der Verwaltungsbefugnis.

1. Prinzipien des Kindesvermögensschutzes

Art. 324 Abs. 3 verweist für **Verfahren und Zuständigkeit** auf die Regeln des allge- **2** meinen Kindesschutzes (Art. 307 ff.). – Für den Kindesvermögensschutz sind insb. von Belang das **Prinzip der Stufenfolge** (*Subsidiarität:* Vorrang milderer Massnahmen, Art. 324 Abs. 2; s. Art. 307 N 2), die **allgemeinen Prinzipien des Kindesschutzes** (Art. 307 N 4 ff.: *Verhältnismässigkeitsprinzip* in den verschiedenen Ausprägungen), die Regeln über die Berücksichtigung **veränderter Verhältnisse** (Art. 313), das **Verfahren** (Art. 314) und die **Zuständigkeit** (Art. 315 und 315a; obwohl Art. 324 f. regelmässig von der Vormundschaftsbehörde sprechen, bleibt die Sonderregel von Art. 315a auch auf den Kindesvermögensschutz anwendbar) sowie die **Zusammenarbeit unter verschiedenen Behörden** bzw. Hinweise Dritter (Art. 317; vgl. Art. 317 N 10 f.; Art. 310 N 22; Art. 317 N 3), z.B. Mitteilung über erbrechtlichen Vermögensanfall an das Kind (HEGNAUER, Kindesrecht, N 28.22; DERS., ZVW 1979, 138 f.).

Adressat behördlicher Massnahmen ist, wer das Kindesvermögen verwaltet: der bzw. die **3** Inhaber der elterlichen Sorge, ein von ihnen oder vom Erblasser (Art. 322 Abs. 2) damit Betrauter oder das Kind selbst (HEGNAUER, Kindesrecht, N 28.17, 28.23; Art. 307 N 19 a.E.). Die Intervention setzt **Kenntnis der Behörde von der Gefährdungslage** voraus; sowohl solche Information wie auch das weitere Vorgehen unterliegen der **Offizialmaxime** (Art. 314/314a N 5); zum Informationsaustausch unter Behörden bzw. zu Anzeigen s. N 2 a.E.

2. IPR des Kindesvermögensschutzes

Der **Kindesvermögensschutz** bildet (im Gegensatz zu Verwaltung und Nutzung: **4** Art. 318 N 19 ff.) Teil des *Kindesschutzes* und unterliegt damit dem **MSA** (dazu Art. 307 N 28 ff.).

II. Die Massnahmen im Einzelnen

1. Koordination von Massnahmen des allgemeinen Kindesschutzes mit Vermögensschutzmassnahmen – weitere Bereiche

a) Je nach konkreter Sachlage besteht die Notwendigkeit, **Massnahmen des allgemei-** **5** **nen Kindesschutzes mit solchen des Kindesvermögensschutzes zu kombinieren.** So namentlich, wenn nicht nur die Kosten des laufenden Unterhalts *eingetrieben* werden müssen (Art. 308 N 8 f.), sondern statt des Sorgerechtsinhabers der *Beistand die Verwaltung der so erlangten Mittel* (z.B. zur Deckung der Kosten einer Fremdplatzierung) zu besorgen hat (HEGNAUER, ZVW 1995, 48 f.; GULER, ZVW 1995, 59). Weiter dürfte bei allgemeiner Beratung der Eltern oder Erteilung von Ermahnungen und Weisungen (Art. 307 N 19 und ff.; u. N 13) oft auch zu Budget- und Verwaltungsfragen

Stellung zu nehmen sein, wobei in diesem Bereich – da die Behörde nicht konkrete Aufträge erteilt – die Abgrenzung von Art. 307 Abs. 1 und 3 bzw. Art. 324 Abs. 1 und 2 von geringer praktischer Bedeutung ist (vgl. N 13 a.E.). – *Zum Entzug der elterlichen Sorge* s. N 1 und N 17.

6   b) Neben dem zivilrechtlichen steht der **strafrechtliche Schutz** des Kindesvermögens: Art. 138 und 158 StGB (Veruntreuung bzw. ungetreue Geschäftsbesorgung). – Zu den **schuldbetreibungsrechtlichen Privilegien** s. Art. 318 N 1.

2. Präventive Vorkehren (Art. 318 Abs. 2 und 3, Art. 324 Abs. 1)

7   Ist die *sorgfältige Verwaltung nicht hinreichend gewährleistet,* so trifft die Vormundschaftsbehörde die *geeigneten Massnahmen* (Art. 324 Abs. 1; vgl. Art. 307 Abs. 1); ob im konkreten Fall aufgrund eines bestimmten Tuns oder Unterlassens der Eltern eine **Gefährdung** vorliegt, hängt von der *Art und Grösse des Kindesvermögens und den persönlichen Verhältnissen der Eltern* ab (Art. 318 Abs. 1; gem. RegRat SG, ZVW 1987, 68, genügt verspätete Einreichung des Inventars nach Art. 318 Abs. 2 nicht zur Anordnung von Massnahmen nach Abs. 3). Wesentliche **Kriterien** sind, ob das elterliche Tun oder Unterlassen von eigenen Interessen mitbestimmt wird (**Interessenkollisionen:** Art. 318 N 10 f.; RegRat ZG, ZGGVP 2003, 262 ff. hat eine solche zu Recht bejaht, wo Vater zugleich Miterbe und Verwalter eines sich auf je 100 000 Fr. belaufenden Legats an seine Kinder war), die Eltern den konkreten Anforderungen (Verwaltung eines grösseren oder komplex zusammengesetzten Vermögens) genügen, sich ernsthaft um die Verwaltung kümmern, zu vernünftiger Einteilung eines Kapitals gem. Art. 320 Abs. 1 imstande sind (HEGNAUER, Kindesrecht, N 28.20); vgl. für ältere **Kasuistik** BK-HEGNAUER, aArt. 297 N 28 ff. – Als Massnahmen kommen in Betracht:

a) Inventar über das Kindesvermögen (Art. 318 Abs. 2)

8   Vgl. Art. 318 N 14. – Ein **Inventar** *zur Beurteilung des Status quo* kann von der Behörde indes nicht nur bei Vorliegen der Tatbestandselemente von Art. 318 Abs. 2, sondern auch als im konkreten Fall *geeignete Massnahme i.S.v. Art. 324 Abs. 1* verlangt werden. Es ist auf Basis vorhandener Unterlagen (frühere Steuererklärungen, Bankauszüge usw.) und einer Befragung der Beteiligten zu verifizieren; ein von der Behörde angeordnetes bzw. auf Wunsch des Rechenschaftspflichtigen von ihr aufgenommenes Inventar ersetzt die private Aufzeichnung (vgl. z.B. § 58 Abs. 2 und 4 EGZGB ZH).

b) Periodische Rechnungsstellung bzw. Berichterstattung (Art. 318 Abs. 3)

9   **Rechnungsstellung** bedeutet *Abrechnung* (vgl. BK-HEGNAUER, aArt. 299 N 20 ff.; Art. 326), mithin eine buchhalterisch nachvollziehbare, belegte Aufstellung der Vermögenszu- und -abgänge, wobei Bankauszüge genügen, wenn lediglich ein Sparkonto oder Depot besteht. Über die Verwendung der Rückzüge vom Konto bzw. von Vermögensabgängen ist aber zugleich Bericht zu erstatten (wobei i.d.R. die Bezüge für den laufenden Unterhalt nicht im Detail zu spezifizieren sind, wo nicht gerade darin der Grund zur Anordnung der Massnahme liegt). Vgl. zum Vorgehen im Übrigen die analog anwendbaren Bestimmungen über die Vermögensverwaltung durch den Vormund (Art. 413, ggf. aufgrund von Art. 425 Abs. 2 einschlägige kantonale Regelungen; s. SPITZER, ZVW 1980, 50 ff.).

10   Wo nur **Berichterstattung** angeordnet wurde, ist nicht eine detaillierte Abrechnung, sondern ein *Rechenschaftsbericht über die wesentlichen Ereignisse* (z.B. den Fortgang einer Liegenschaftenrenovation oder eines Prozesses) zu erstatten.

Rechnungsstellung und Berichterstattung können *kombiniert oder einzeln für Teile*   **11**
oder das gesamte Vermögen angeordnet werden. Sie sind *periodisch auf bestimmte*
Termine vorzulegen. Das Recht der Eltern, über die Erträge des Kindesvermögens zu
verfügen und die Verwaltung zu besorgen, bleibt im Übrigen unberührt. – Aufgrund der
Unterlagen – Inventar (N 8), solcher Berichte und Abrechnungen sowie ihrer Einschätzung der Sachlage (N 7) – hat die Behörde zu prüfen, ob ggf. *einschneidendere Mass-*
nahmen angezeigt sind (N 13 ff.; Mustersammlung, Nr. 714, 716 f.).

c) Weitere geeignete Vorkehren (Art. 324 Abs. 1)

Im Vorfeld der Anordnung einer Massnahme – und ausserhalb des expliziten gesetzlichen   **12**
Katalogs – steht die **allgemeine Beratung der Eltern** über das zweckmässige Vorgehen
bzw. ihre Pflichten (vgl. Mustersammlung, Nr. 72, Merkblatt über die Verwaltung des
Kindesvermögens; BK-HEGNAUER, aArt. 297 N 68), ggf. verbunden mit einer **Budget-**
beratung (Art. 318 N 17). Die Behörde hat Rat suchenden Eltern beizustehen (Art. 307
N 11). – Allgemeine **Weisungen** (Art. 324 Abs. 2; d.h. nebst Rechnungsstellung und Berichterstattung) können ein bestimmtes **Verhalten im Rahmen der Verwaltungstätig-**
keit (Zins tragende Anlage, Kriterien der Kreditgewährung, Führung oder Unterlassung
eines Prozesses, konkrete Verwaltungshandlungen an bestimmten Objekten des Kindesvermögens u.Ä.: Mustersammlung, Nr. 716 lit. d) oder die **Pflicht zu Einblick und Aus-**
kunft beschlagen, ohne dass diesbezüglich zusätzlich auf Art. 307 Abs. 3 zurückgegriffen werden müsste (so aber STETTLER, SPR III/2, 502/503).

3. Hinterlegung oder Sicherheitsleistung (Art. 324 Abs. 2)

Bei **Hinterlegung** oder **Sicherheitsleistung** (dazu etwa Art. 203 bzw. 218, je Abs. 2)   **13**
handelt es sich um spezifisch dem Vermögensschutz dienende Anordnungen; sie fallen in
Betracht, wenn eine *konkrete Gefährdung* eine *konkrete Schutzmassnahme* bedingt. Praktisch setzen Hinterlegung wie Sicherheitsleistung voraus, dass durch Hinterlegung das
Kindesvermögen oder Teile davon überhaupt wirksam geschützt werden können bzw.
dass dem Sorgerechtsinhaber Sicherheitsleistung aus dem eigenen Vermögen (wirtschaftlich) möglich ist (vgl. Mustersammlung, Nr. 714). Im Gegensatz zu Art. 281 (s. dort
N 13) fällt vorab die *Hinterlegung von Sachwerten* in Betracht, während bei bankgängi-
gem Vermögen eher ein (Teil-)Entzug der Verwaltung anzuordnen ist (N 14).

4. Kindesvermögensverwaltungsbeistandschaft (Art. 325)

a) Die **Übertragung der Verwaltung des Kindesvermögens auf einen Beistand** be-   **14**
schränkt sich auf Fälle, wo der Gefährdung nicht anders (d.h. nicht durch die in N 8–
14 dargestellten Vorkehren) begegnet werden kann oder konnte (**Art. 325 Abs. 1),** ist
mithin **subsidiär** (N 2; Mustersammlung, Nr. 717). Möglich ist die Anordnung auf
Ersuchen der Eltern (Art. 312 Ziff. 1; KGer VD SJZ 1987, 243; N 10). Die Massnahme kann auch *bloss einen Teil* des Vermögens betreffen. Da es nur um die Anordnung
einer *Vermögensverwaltungs*beistandschaft geht (anders, wenn nach Abs. 3 vorgegangen wird: N 16), bleibt den Eltern – wird die Massnahme auf Abs. 1 gestützt – weiterhin die Verwendung der Erträge bzw. die Anzehrung (Art. 319 Abs. 1 bzw. Art. 320)
überlassen (HEGNAUER, Kindesrecht, N 28.25), worüber sie sich mit dem Beistand zu
verständigen haben.

b) Die *gleiche Massnahme* kann aufgrund von **Art. 325 Abs. 2** auch angeordnet werden,   **15**
wo die **Verwaltung in Händen eines Dritten** (Tatbestände von Art. 321 Abs. 2, 322)
oder des **Kindes** liegt (HEGNAUER, ZVW 1993, 108 f.; **a.M.** HUBER, 196 ff.); im letztern Fall dürfte sich aber (entgegen HEGNAUER, ZVW 1978, 19; DERS., Kindesrecht,

Peter Breitschmid   1675

N 28.26) unabhängig vom Fehlen einer Interessenkollision die *Übertragung der Kindesvermögensbeistandschaft auf die Eltern* nur ausnahmsweise rechtfertigen, da meist der Widerruf der dem Kind eingeräumten Befugnis zu selbständiger Verwaltung näher liegen dürfte (Art. 323 N 5).

16   c) Auch die *nicht bestimmungsgemässe* **Verwendung der Erträgnisse** kann Anlass zur Übertragung der Verwaltung auf einen Beistand geben (**Art. 325 Abs. 3**). Lässt sich die ordnungsgemässe Verwendung der *Erträgnisse* nicht mit milderen Vorkehren (z.B. Weisungen oder Budgetberatung; N 12) sichern, dürfte regelmässig auch das *Vermögen als solches gefährdet* sein, weshalb nicht nur die Ausrichtung der Erträge, sondern jegliche Betätigung des Sorgerechtsinhabers im vermögensrechtlichen Bereich auszuschliessen ist. Es liegt damit nicht mehr eine Kindesvermögensbeistandschaft, sondern ein **auf die vermögensrechtlichen Aspekte beschränkter** (Teil-)**Entzug der elterlichen Sorge** vor.

5. Entziehung der elterlichen Sorge (Art. 311)

17   Ein umfassender (über N 16 hinausgehender) Entzug der elterlichen Sorge wegen bloss *wirtschaftlicher* Gefährdung des Kindes fällt ausser Betracht, da persönlicher Betreuung durch die Eltern weniger im vermögensrechtlichen Bereich als in *allgemeinen erzieherischen Belangen* der Vorrang zukommt. Wo aber die Eltern schon zur Erbringung persönlicher Fürsorge ungeeignet sind, versteht sich, dass auch die Vermögenssorge nicht mehr in ihren Händen belassen werden kann (vgl. Art. 310 N 1 i.V.m. Art. 311/312 N 1), weshalb die **Entziehung der elterlichen Sorge** zugleich **Vermögensschutzmassnahme** ist.

Art. 326

F. Ende der Verwaltung	Endet die elterliche Sorge oder Verwaltung, so haben die Eltern das Kindesvermögen aufgrund einer Abrechnung an das mündige Kind oder an den Vormund oder Beistand des Kindes herauszugeben.
I. Rückerstattung	
F. Fin de l'administration	Dès que l'autorité parentale ou l'administration du père et mère prend fin, les biens sont remis suivant compte à l'enfant majeur, à son tuteur ou à son curateur.
I. Restitution	
F. Fine dell'amministrazione	Cessando l'autorità o l'amministrazione parentale, i genitori devono consegnare la sostanza al figlio divenuto maggiorenne od al suo tutore o curatore sulla scorta di un rendiconto.
I. Restituzione	

Literatur

Vgl. die Literaturhinweise zu Art. 318.

I. Tatbestände der Beendigung elterlicher Verwaltung

1   Das Recht der Eltern zur Verwaltung des Kindesvermögens und der Nutzung seiner Erträge **erlischt entweder mit dem Aufhören der elterlichen Sorge** – d.h. mit Mündigkeit des Kindes, Tod oder Handlungsunfähigkeit des Elternteils (nicht aber Konkurs, der ggf. eine Kindesvermögensschutzmassnahme i.S.v. Art. 324 f. rechtfertigt) oder der Entziehung der elterlichen Sorge (Art. 296 Abs. 1 bzw. Art. 311 f.) – oder der **Entziehung der**

Verwaltungsbefugnis (Art. 325; Art. 324/325 N 14 ff.). – Die einmal erloschene oder entzogene Verwaltungsbefugnis wird *wiedererlangt* nach Aufhebung der Massnahme oder bei Übertragung der Vormundschaft über das mündige Kind auf die Eltern (Art. 385 Abs. 3).

II. Pflichten bei Beendigung der elterlichen Verwaltung

1. Abrechnung

Mit dem Erlöschen der Verwaltungsbefugnis haben die Eltern das Kindesvermögen auf- **2** grund einer Abrechnung an das mündige Kind oder an den Vormund oder Beistand des Kindes oder an den andern Elternteil (wo nur die Sorge des einen entfällt) heraus- zugeben (BK-HEGNAUER, aArt. 299 N 27; STETTLER, SPR III/2, 434). Die **Abrechnung** ist administrativ einfach und dürfte sich praktisch meist erübrigen, wo die Eltern das Kindesvermögen ordnungsgemäss von ihren eigenen Mitteln unterschieden und als selbständige Vermögensmasse (Art. 318 N 1, 8) verwaltet haben; auch in diesem Falle haben sie aber dem Kind sämtliche *Unterlagen* herauszugeben, die Angaben über die Zusammensetzung des Vermögens enthalten (Bankbelege, Kauf- und Erbteilungs- verträge, Unterlagen im Zusammenhang mit vormundschaftlichen Massnahmen, ein all- fälliges Inventar usw.). Wo die Vermögensverwaltung an einen Vormund oder Beistand übergeht, steht dessen Inventarpflicht (Art. 398) – welche Gegenstück zur Abrechnungs- pflicht des bisherigen Verwalters bildet – praktisch im Vordergrund, und er hat un- vollständige Angaben der Eltern zu ergänzen (vgl. Art. 324/325 N 8; BK-HEGNAUER, aArt. 299 N 20 ff.).

Gleiches gilt, wo nach Art. 321 Abs. 2 bzw. Art. 322 ein **Dritter** mit der Verwaltung des **3** Kindesvermögens betraut war, der schon aufgrund auftragsrechtlicher Regeln zur Ab- rechnung verpflichtet ist (Art. 400 OR), und ohnehin für den **Beistand,** der bei Beendi- gung seiner Aufgabe aufgrund von Art. 413 (i.V.m. Art. 367 Abs. 3) zur Einreichung eines Schlussberichtes verpflichtet ist, und zwar sowohl dann, wenn das Vermögen an das mündige Kind herauszugeben ist, oder wenn die Massnahme aufgehoben und die Vermögensverwaltung wieder den Eltern übergeben wird. Bei Beendigung einer **Vor- mundschaft** gelten Art. 451–453 (vgl. STETTLER, SPR III/2, 434).

2. Herausgabe des Kindesvermögens

Eltern oder Dritte (N 3) haben das Kindesvermögen bei Ablauf ihrer Verwaltungsbe- **4** fugnis ohne Mahnung (Art. 102 Abs. 2 OR) innert angemessener Frist (nötigenfalls auf Klage des Berechtigten hin) **herauszugeben** (Bundesamt für Justiz, ZVW 1980, 112, 114 f.). Dies erfolgt durch *Besitzübertragung* (bei Fahrnis und Wertpapieren), während die Befugnis zur *Geltendmachung von Rechten* ohne weiteres auf das Kind übergeht (s. zur Aushändigung eines auf seinen Namen lautenden Sparhefts Art. 318 N 4).

Zugleich haben die **Eltern das Recht,** sich nach Erlöschen der elterlichen Sorge von der **5** **Verwaltung des Kindesvermögens zu befreien,** ggf. durch Hinterlegung nach Art. 92 OR (BK-HEGNAUER, aArt. 299 N 12); u.U. wäre dann aber eine Vermögensverwaltungs- beistandschaft (Art. 392 Ziff. 1 i.V.m. Art. 392 Ziff. 2) zu beantragen, wozu die Eltern schon aufgrund von Art. 272 verpflichtet sind. Führen sie die Verwaltung (im still- schweigenden Einverständnis des Kindes) weiter, so geht ihre gesetzliche Vertretung in ein auftragsrechtliches Verhältnis über (BK-HEGNAUER, aArt. 299 N 21).

Art. 327

II. Verantwort-
lichkeit

[1] **Für die Rückleistung sind die Eltern gleich einem Beauftragten verantwortlich.**

[2] **Für das, was sie in guten Treuen veräussert haben, ist der Erlös zu erstatten.**

[3] **Für die Beträge, die sie befugtermassen für das Kind oder den Haushalt verwendet haben, schulden sie keinen Ersatz.**

II. Responsabilité

[1] Les père et mère répondent, de la même manière qu'un mandataire, de la restitution des biens de l'enfant.

[2] Ils doivent le prix de vente des biens aliénés de bonne foi.

[3] Ils ne sont tenus à aucune indemnité pour les prélèvements qu'ils étaient en droit de faire pour l'enfant ou pour le ménage.

II. Responsabilità

[1] I genitori sono responsabili per la restituzione come un mandatario.

[2] Di quanto fu da loro alienato in buona fede devono restituire il prezzo ricavato.

[3] Non devono alcun risarcimento per ciò che avessero consumato per il figlio o l'economia domestica nei limiti dei loro diritti.

Literatur

Vgl. die Literaturhinweise zu Art. 318.

I. Verantwortlichkeit der Eltern (Abs. 1)

1   Während unter dem alten Kindesrecht die Eltern die Stellung von *Nutzniessern* hatten und nach Art. 752 hafteten (aArt. 300 Abs. 1; dazu BK-HEGNAUER), verweist Art. 327 Abs. 1 auf die **auftragsrechtliche Haftungsregelung** (Art. 398 f. OR), «welche in Lehre und Praxis gründlich beackert worden» ist (TUOR/SCHNYDER/SCHMID, 346; STETTLER, SPR III/2, 436). Auftragsrecht ist in allen Belangen heranzuziehen, wo sich daraus sachgerechte Lösungen ergeben; so ist m.E. die Regelung des *Aussonderungsanspruchs von Art. 401 OR* anwendbar (vgl. analog BARBATTI [zit. in Lit. zu Art. 195], 103 ff.).

2   Die verantwortlichkeitsrechtliche Beurteilung hat sich indes an der **spezifischen Situation der Kind-Eltern-Beziehung** zu orientieren (allgemein zur Sorgfaltspflicht bei familieninternen Vermögensverwaltungsaufträgen BARBATTI [zit. zu Art. 195], 86 ff.). Dabei kommt der Verweisung auf die arbeitsvertragliche Haftungsregelung (Art. 398 Abs. 1 OR i.V.m. Art. 321a Abs. 1 und insb. Art. 321e OR) besondere Bedeutung zu. Nach Art. 321e Abs. 2 OR richtet sich das Mass der Sorgfalt u.a. «nach dem Einzelnen Arbeitsverhältnis, unter Berücksichtigung des Berufsrisikos, des Bildungsgrades oder der Fachkenntnisse, die zu der Arbeit verlangt werden sowie der Fähigkeiten und Eigenschaften des Arbeitnehmers». Dies erlaubt, die unterschiedlichen Fähigkeiten der Eltern und die unterschiedlichen Anforderungen, die im Einzelfall an ihre verwalterischen Fähigkeiten gestellt werden, angemessen zu berücksichtigen (s. dazu sinngemäss BSK OR I-REHBINDER, Art. 321e N 5). Im Gegensatz zum gewöhnlichen Auftrag ist bei der *zwingenden elterlichen Verpflichtung* zur Verwaltung des Kindesvermögens ein sog. Übernahmeverschulden (BSK OR I-WEBER, Art. 398 N 28) ausgeschlossen; vorwerfbar wäre höchstens, dass die Eltern nicht erkannt haben, zu alleiniger Verwaltung ausserstande zu sein und den Beizug von Rat und Tat der Behörde (Art. 324/325 N 12) oder fachkundiger

Dritter (vgl. Art. 318 N 6, 9) unterlassen haben. Im Blick auf die **Beweislastregelung** hält STETTLER (SPR III/2, 436) nach wie vor Art. 752 als «zweckgerecht und leicht verständlich».

Wo sorgfältige Wahrnehmung der gesetzlichen Verwaltungspflicht den **Beizug Dritter**   **3** gebietet (Art. 398 Abs. 3; s. Art. 318 N 6), ist die elterliche Verantwortlichkeit auf die gehörige Sorgfalt bei Auswahl, Instruktion und Überwachung des Dritten beschränkt (Art. 399 Abs. 2 OR; BARBATTI [zit. zu Art. 195], 109 ff.).

Zur **Verantwortlichkeit von Vormund und Beistand** s. Art. 454 ff., wobei Art. 327   **4** sinngemäss Anwendung findet (HEGNAUER, FS Vischer, 28; STETTLER, SPR III/2, 437). Beispiel eines Haftungsfalls wegen *unterlassener Vermögensschutzmassnahmen* in ZöF 1996, 15 (KGer SG 25.2.1994, BGE 28.3.1995). – Mit der Verwaltung des Kindesvermögens oder Teilen davon betraute **Dritte** (i.S.v. Art. 322 oder von den Eltern gemäss N 3 hinzugezogene: Bank oder Treuhänder) haften nach auftragsrechtlichen Grundsätzen, wobei das Kind den Dritten in jedem Falle *direkt* belangen kann (Art. 399 Abs. 3 OR).

Neben der zivilrechtlichen Verantwortlichkeit bieten das *Strafrecht* (Art. 324/325 N 6)   **5** und die *schuldbetreibungsrechtlichen Privilegien* (Art. 318 N 1) dem Kindesvermögen Schutz.

II. Surrogation (Abs. 2)

Der **Bestand des Kindesvermögens** darf im Zuge der Verwaltung **verändert** werden   **6** (Art. 318 N 9). Haben die mit der Verwaltung Betrauten in guten Treuen ein Objekt *unter dem Verkehrswert* veräussert, so schulden sie (nur) den Erlös, andernfalls auch die Differenz zum (damaligen) Verkehrswert; von einem allfälligen Mehrerlös über den effektiven Verkehrswert hinaus profitiert das Kindesvermögen (zum Ganzen BK-HEGNAUER, aArt. 300 N 36 ff.).

Wo Mittel des **Kindesvermögens in elterliches Vermögen investiert** wurden (Art. 318   **7** N 3), wäre m.E. eine sinngemässe Anwendung der Regel von Art. 206 über die **Beteiligung am Mehrwert** zu erwägen.

III. Kein Ersatz bei befugter Verwendung (Abs. 3)

Abs. 3 bestätigt, was sich aus Art. 318 Abs. 1, 319 Abs. 1 und 320 ergibt: die Befugnis   **8** der Eltern, Erträge und unter gewissen Voraussetzungen auch die Substanz des Kindesvermögens für das Kind oder den Haushalt zu verwenden. Sie werden für solche **erlaubte Verwendungen** auch dann nicht ersatzpflichtig, wenn sie im Nachhinein in bessere Verhältnisse gekommen sind, welche einen höheren elterlichen Beitrag an den Unterhalt geboten oder eine Anzehrung des Kindesvermögens ausgeschlossen hätten (s. analog Art. 320 N 6).

Keine Ersatzpflicht besteht auch, wenn die Eltern aus Mitteln des Kindesvermögens an-   **9** dere **Objekte des Kindesvermögens unterhalten** haben, z.B. Barmittel zu Wert erhaltender oder -vermehrender Renovation einer Liegenschaft des Kindesvermögens eingesetzt haben (zu Investitionen in elterlichem Vermögen o. N 7).

Neunter Titel: Die Familiengemeinschaft

Vorbemerkungen zu Art. 328–348

Der Neunte Titel des ZGB (Art. 328–348) umfasst die drei Abschnitte «Die Unterstützungspflicht» (Art. 328–330), «Die Hausgewalt» (Art. 331–334bis) und «Das Familienvermögen» (Art. 335–348; die Art. 349–358 wurden mit der Scheidungsrechtsrevision aufgehoben). Die Zusammenfassung dieser Abschnitte unter einem Titel ist aus heutiger Sicht schwer verständlich, da die einzelnen Regelungsmaterien höchst unterschiedlich sind. Insbesondere besteht die Verwandtenunterstützungspflicht unabhängig von einer (gelebten) Familiengemeinschaft: Weder setzt sie einen gemeinsamen Haushalt voraus, noch begründet sie eine Gemeinschaft (ZK-EGGER, Art. 328 N 1); sie knüpft rechtlich einzig an das Bestehen eines Verwandtschaftsverhältnisses i.S.v. Art. 20 an. **1**

Der Systematisierung des Gesetzes liegt im Wesentlichen die (mittelalterliche) Vorstellung eines grösseren Familienverbandes zugrunde, der nicht nur aus der Kleinfamilie i.e.S. (Eltern und minderjährige Kinder) besteht, sondern dem auch volljährige Kinder sowie weitere Verwandte und Verschwägerte, ggf. auch Arbeitnehmer, angehören (vgl. v.a. Art. 331 ff.). Diese «Grossfamilie» lebt **idealtypischerweise** unter der Autorität eines Familienhauptes in einem gemeinsamen Haushalt (Art. 331 ff.), hat ein gemeinsames Vermögen (Art. 335 ff.), und deren Mitglieder stehen einander in Zeiten der Not helfend bei (Art. 328 ff.). Der **Lebenswirklichkeit** entsprach diese Vorstellung schon bei Erlass des ZGB offensichtlich über weite Strecken nicht mehr; heute ist sie erst recht überholt. **2**

Einzelne Regelungsbereiche des Neunten Titels sind denn auch nur noch von geringer praktischer Bedeutung oder waren gar – wie das in der Scheidungsrechtsrevision abgeschaffte Institut der Heimstätten (aArt. 349 ff.) – gesetzgeberische Totgeburten. Andere Regelungen dagegen sind nach wie vor aktuell. Das trifft insb. für die Haftung des Familienhauptes nach Art. 333 – beschränkt auf die Haftung der Eltern für ihre minderjährigen Kinder (vgl. dazu BGE 103 II 24 = Pra 1977, 387) – sowie in bäuerlichen Kreisen für die Probleme des Lidlohnanspruchs (Art. 334/334bis; vgl. etwa BGE 124 III 193 und 109 II 389) zu. An Bedeutung deutlich eingebüsst hat in den letzten Jahrzehnten dagegen die Verwandtenunterstützungspflicht, was nach der restriktiven Neuregelung dieses Rechtsinstituts im Rahmen der Scheidungsrechtsrevision nun in noch stärkerem Mass gelten dürfte (vgl. Art. 328/329 N 4 f.). **3**

Erster Abschnitt: Die Unterstützungspflicht

Art. 328

A. Unterstützungspflichtige	¹ Wer in günstigen Verhältnissen lebt, ist verpflichtet, Verwandte in auf- und absteigender Linie zu unterstützen, die ohne diesen Beistand in Not geraten würden.
	² Die Unterhaltspflicht der Eltern und des Ehegatten, der eingetragenen Partnerin oder des eingetragenen Partners bleibt vorbehalten.

A. Débiteurs

[1] Chacun, pour autant qu'il vive dans l'aisance, est tenu de fournir des aliments à ses parents en ligne directe ascendante et descendante, lorsque, à défaut de cette assistance, ils tomberaient dans le besoin.

[2] L'obligation d'entretien des père et mère et du conjoint est réservée.

A. Persone
obbligate

[1] Chi vive in condizioni agiate è tenuto a soccorrere i parenti in linea ascendente e discendente quando senza di ciò essi cadessero nel bisogno.

[2] È fatto salvo l'obbligo di mantenimento dei genitori e del coniuge.

Art. 329

B. Umfang und
Geltendmachung
des Anspruches

[1] Der Anspruch auf Unterstützung ist gegen die Pflichtigen in der Reihenfolge ihrer Erbberechtigung geltend zu machen und geht auf die Leistung, die zum Lebensunterhalt des Bedürftigen erforderlich und den Verhältnissen des Pflichtigen angemessen ist.

[2] Erscheint die Heranziehung eines Pflichtigen wegen besonderer Umstände als unbillig, so kann das Gericht die Unterstützungspflicht ermässigen oder aufheben.

[3] Die Bestimmungen über die Unterhaltsklage des Kindes und über den Übergang seines Unterhaltsanspruches auf das Gemeinwesen finden entsprechende Anwendung.

B. Demande
d'aliments

[1] L'action alimentaire est intentée contre les débiteurs dans l'ordre de leurs droits de succession; elle tend aux prestations nécessaires à l'entretien du demandeur et compatibles avec les ressources de l'autre partie.

[2] Si en raison de circonstances particulières, il paraît inéquitable d'exiger d'un débiteur qu'il s'acquitte de ses obligations, le juge peut réduire ou supprimer la dette alimentaire.

[3] Les dispositions concernant l'action alimentaire de l'enfant et le transfert de son droit à l'entretien à la collectivité publique sont applicables par analogie.

B. Oggetto e modo
dell'azione

[1] L'azione di assistenza è proposta contro gli obbligati, secondo l'ordine dei loro diritti ereditari, ed ha per oggetto le prestazioni necessarie al mantenimento dell'istante, compatibilmente con le condizioni dell'obbligato.

[2] Se, per circostanze speciali, appaia iniquo esigere le prestazioni dall'obbligato, il giudice può limitare o togliere l'obbligo assistenziale.

[3] Le disposizioni sull'azione di mantenimento del figlio e sulla trasmissione del suo diritto all'ente pubblico si applicano per analogia.

Literatur

ANDEREGG, Verwandtenunterstützung und Rückerstattungspflicht, ZöF 1977, 161 ff.; DERS., Einige Gedanken zur rev. Verwandtenunterstützungspflicht, SJZ 1978, 55 f.; DERS., Unterstützungspflicht, SJK Nr. 637, 1981; BANZER, Die Verwandtenunterstützungspflicht nach Art. 328/329 ZGB, Diss. Zürich 1979; BECKER, Generationensolidarität in Deutschland zwischen öffentlicher Altersvorsorge, Unterhaltpflicht und Testierfreiheit, ZNR 2000, 425 ff.; CARIGIET, Ergänzungsleistungen zur AHV/IV, Zürich 1995; DERS., Überblick über die Rückerstattungspflicht und die familienrechtlichen Unterstützungspflichten, ZöF 1987, 50 ff. und 72 ff.; CARIGIET/KOCH, Ergänzungsleistungen zur AHV/IV, Supplement, Zürich 2000; COULLERY, Das Recht auf Sozialhilfe, Diss. Bern 1993;

FUCHS, Empfiehlt es sich, die rechtliche Ordnung finanzieller Solidarität zwischen Verwandten im Unterhalts-, Pflichtteils-, Sozialhilfe- und Sozialversicherungsrecht neu zu gestalten?, JZ 2002, 785 ff.; DERS., Zivilrecht und Sozialrecht, Recht und Dogmatik materieller Existenzsicherung in der modernen Gesellschaft, München 1992; GROB, Die familienrechtlichen Unterhalts- und Unterstützungsansprüche des Studenten, Diss. Bern 1975; GYSIN, Der Schutz des Existenzminimums in der Schweiz, Basel etc. 1999; HAFFTER, Der Unterhalt des Kindes als Aufgabe von Privatrecht und öffentlichem Recht, Diss. Zürich 1984; HAUSHEER/BRUNNER, in: Hausheer/Spycher (Hrsg.), Handbuch des Unterhaltsrechts, Bern 1997, 391 ff.; HAUSHEER/KOCHER, in: Hausheer/Spycher (Hrsg.), Handbuch des Unterhaltsrechts, Bern 1997, 615 ff.; HAUSHEER/SPYCHER, in: Hausheer/Spycher (Hrsg.), Unterhalt nach neuem Scheidungsrecht, Ergänzungsband zum Handbuch des Unterhaltsrechts, Bern 2001; JAGGI, Verwandtenunterstützung (Art. 329 Abs. 3 ZGB) und Rückforderung von öffentlichrechtlichen Unterstützungsleistungen als Ausweg aus der Finanzkrise der öffentlichen Hand?, ZBJV 1998, 393 ff.; KOLLER, Gibt es eine (rechtlich relevante) «Pflicht» des Vaters, während der Pubertät des Sohnes durch vermehrte Präsenz in dessen Leben den Entfremdungsprozess zu stoppen?, Jusletter 8. April 2002; DERS., Das Institut der Verwandtenunterstützung im Lichte eines neueren Bundesgerichtsurteils (Bemerkungen zu BGE 132 III 97), recht 2006, 64 ff.; KOLLER/ACKERMANN, Wann Sie Verwandte unterstützen müssen, Anwalts-Revue Heft 8/2001, 17 f.; KRAPF, Die Koordination von Unterhalts- und Sozialversicherungsleistungen für Kinder, Diss. Freiburg 2004; LIPP, Finanzielle Solidarität zwischen Verwandten im Privat- und Sozialrecht, NJW 2002, 2201 ff.; MARTINY, Empfiehlt es sich, die rechtliche Ordnung finanzieller Solidarität zwischen Verwandten in den Bereichen des Unterhaltsrechts, des Pflichtteilsrechts, des Sozialhilferechts und des Sozialversicherungsrechts neu zu gestalten?, Unterhalts- und erbrechtliches Teilgutachten, Gutachten für den 64. Deutschen Juristentag, München 2003; DERS., Finanzielle Solidarität zwischen Verwandten im Unterhalts- und im Pflichtteilsrecht, NJW 2002, 12 ff.; ABC OECD, Bekämpfung sozialer Ausgrenzung, Band 3: Sozialhilfe in Kanada und in der Schweiz, 1999; MÜLLER, BG über Ergänzungsleistungen zur Alters-, Hinterlassenen- und Invalidenversicherung, 2. Aufl., Zürich etc. 2006; SALZMANN, Verwandten-Unterstützung vom Staat neu entdeckt, ST 1996, 467 ff.; SCHWAB/HENRICH (Hrsg.), Familiäre Solidarität, Bielefeld 1997; STEBLER, Die heutige Problematik der Verwandtenunterstützungspflicht und der armenrechtlichen Rückerstattungsforderung, ZöF 1971, 102 ff.; TSCHUDIN, Muss ich meines Bruders Hüterin sein?, Bern 2000; TSCHÜMPERLIN, Recht, Politik und Praxis – Die öffentliche Fürsorge zwischen Anspruch und Wirklichkeit, ZöF 1989, 169 ff.; WEISS, Evaluation der neuen SKOS-Richtlinien, Ergebnisse der Mitgliederbefragung, Bern 2000; WIDMER, Verhältnis der Verwandtenunterstützungspflicht zur Sozialhilfe in Theorie und Praxis, Zürich 2001; WOLFFERS, Grundriss des Sozialhilferechts, 2. Aufl., Bern etc. 1999. Zahlreiche Hinweise auf die ältere Literatur finden sich bei BANZER, XIII ff.

I. Allgemeines

Ist ein Mensch nicht in der Lage, seinen Lebensunterhalt selbst zu bestreiten, so ist er auf die Hilfe anderer angewiesen. Es ist sowohl Aufgabe des öffentlichen Rechts als auch des Privatrechts, zu regeln, wer in welcher Weise diese Hilfe zu leisten hat. Im öffentlichen Recht wird diese Funktion von den Normen des **Sozialversicherungsrechts** und des **Sozialhilferechts** übernommen (vgl. zu Letzterem Art. 12 BV und z.B. Art. 29 Abs. 1 KV BE, die ein *verfassungsmässiges Recht des Einzelnen auf Existenzsicherung* vorsehen, sowie schon vorher grundlegend BGE 121 I 367 und einzelfallbezogen 122 II 193), im Privatrecht von den Bestimmungen des **Unterhaltsrechts (i.e.S.)** im Eherecht (Art. 163 ff.) und im Kindesrecht (Art. 276 ff.) sowie von den Regeln des **Verwandtenunterstützungsrechts** (Art. 328/329; vgl. zur privatrechtlichen Natur der Regelung der Verwandtenunterstützungspflicht BGE 106 II 287 E. 2a S. 290, m.Nw.). All diese Regelungsbereiche können als **Unterhaltsrecht i.w.S.** verstanden werden (in diesem umfassenden Sinne s. auch HAFFTER, spez. 226 ff., sowie BREITSCHMID, System und Entwicklung des Unterhaltsrechts, AJP 1994, 835 ff.; ähnlich auch HAUSHEER/SPYCHER, Handbuch des Unterhaltsrechts, Bern 1997; zur geschichtlichen Entwicklung ausführlich CARIGIET, Ergänzungsleistungen, 5 ff.; für Deutschland vgl. z.B. BECKER).

1

2   Die Funktionsgleichheit dieser verschiedenen privat- und öffentlich-rechtlichen Norm-komplexe verlangt umfassende **Koordinationsregeln,** die das gegenseitige Verhältnis der einzelnen «Unterhaltsansprüche» bestimmen und «Überentschädigungen» verhindern (dazu grundsätzlich MURER, Zur Koordination der Sozialversicherungsleistungen mit der eigenen Leistungsfähigkeit des Versicherten, in: FS 75 Jahre EVG, Bern 1992, 284 f.). Insbesondere muss geregelt werden, in welcher Reihenfolge die einzelnen Träger der «Unterhaltpflicht» ihre Leistungen zu erbringen haben bzw. welche Leistungen der einen Träger (Sozialversicherungen, Sozialfürsorge, Ehegatten, Eltern, Verwandte) auf die Leistungspflicht der anderen anzurechnen sind (vgl. N 11, 22 ff. und 36 ff.; s.a. HAFFTER, 87 ff. und passim).

3   Die Verwandtenunterstützungspflicht beruht ihrem ethischen Gehalt nach auf der Vorstel-lung, dass (bestimmte) Verwandte zu einem **sippenartigen Familienverband** gehören, deren Mitglieder in einem engeren Verhältnis zueinander stehen als zu anderen Individu-en der Gesellschaft und daher in Bezug auf die menschlichen Existenzrisiken eine **soli-darische Gefahrengemeinschaft** bilden (vgl. ZK-EGGER, Art. 328 N 2 und N 6 f., sowie BANZER, 3 ff., zur Gesetzgebungsgeschichte spez. 15 ff.). Dieser Familienverband stellt in wenig entwickelten Gesellschaftsordnungen den engsten (und oft einzigen) Kreis des sozialen Sicherungssystems dar. Aus ökonomischer Sicht besteht denn auch eine klassi-sche Funktion der Familie … «*in der Bereitstellung innerfamiliärer Transfers zur Ver-wirklichung sozialer Sicherheit*» (SCHLEE, Einkommensteuerliche Behandlung von Transferzahlungen, Zur Neuordnung der Familienbesteuerung sowie der Besteuerung von Versicherungsleistungen und Sozialtransfers, Frankfurt a.M. etc. 1994, 137), die meist in Form von **Naturalleistungen** erfolgen. Mit der Auflösung der Grossfamilie in der modernen Industrie- und Dienstleistungsgesellschaft einerseits sowie dem Aus-bau der Sozialversicherungen andererseits hat die Verwandtenunterstützungspflicht als soziales Sicherungssystem an Bedeutung stark eingebüsst (CARIGIET, ZöF 1987, 50 ff.; COULLERY, 76 f.; STEBLER, 102 ff.; vgl. für Deutschland etwa BECKER). Im Vordergrund innerfamiliärer Transferleistungen stehen heute das eheliche Unterhaltsrecht sowie v.a. das einseitige Unterhaltsrecht der (minderjährigen oder in Ausbildung befindlichen) Kin-der gegenüber den Eltern. In der zurückgedrängten Bedeutung der *privaten Solidarität zwischen den Generationen* wird zwar oft eine entscheidende Ursache für Fehlentwick-lungen im generativen Verhalten erblickt (SCHLEE, a.a.O., 139, m.Nw.). Gleichzeitig ist es damit aber gelungen, die persönlichen Beziehungen zwischen Verwandten, insbeson-dere zwischen den Angehörigen der erwerbstätigen Generation und ihren nicht mehr erwerbstätigen Eltern, weitgehend von Spannungen und Belastungen zu befreien, welche die finanziellen Folgen der Verwandtenunterstützungspflicht hervorrufen konnten. Aller-dings ist eine (zumindest teilweise) Gegenentwicklung nicht ausgeschlossen. Denn zu-nehmend mehren sich die Fälle, in denen sich v.a. die «mittlere» Generation (die eigent-lich ökonomisch aktiv sein müsste) in gewissen Problemlagen wie Scheidung, Konkurs, Langzeitarbeitslosigkeit oder Drogensucht auf die Verwandtenunterstützungspflicht ihrer (meist schon pensionierten oder kurz vor der Pensionierung stehenden) Eltern beruft, da die wirtschaftlichen Folgen solcher Lebensrisiken (verständlicherweise) nicht von Sozi-alversicherungen (sondern höchstens von der Sozialfürsorge) abgedeckt werden. Das private Einstehenmüssen der «alten» Generation für die gescheiterte Lebensgestaltung erwachsener Nachkommen (welches faktisch wie ein *Kausalhaftungstatbestand* wirkt; plastisch dazu WIDMER, 319, die Eltern würden die Verantwortung des von ihnen ge-zeugten Lebens «nicht mehr los») kann zu erheblichen Spannungen innerhalb der Fami-lie führen, und zwar insbesondere dann, wenn mehrere Nachkommen vorhanden sind, von denen Einzelne mehr oder weniger selbstverschuldet unterstützungsbedürftig gewor-den sind (vgl. dazu als Bsp. etwa den bei TSCHUDIN, 66 ff., geschilderten Fall). Solche

Fälle stellen die in der heutigen Gesellschaftsordnung an sich schon schwache Legitimität des Instituts der Verwandtenunterstützungspflicht zusätzlich in Frage.

In den letzten Jahrzehnten kam der Verwandtenunterstützungspflicht in der Praxis der **4**
Fürsorgebehörden (anders als vermutlich früher) nur noch eine geringe Bedeutung zu
(vgl. dazu insgesamt auch die rechtstatsächlichen Untersuchungen von WIDMER, 259 ff.;
neuere empirische Daten sind bis heute nicht erhältlich). Die Gründe dafür dürften unterschiedlichster Natur gewesen sein: Schwierigkeiten bei der Abklärung der Vermögensverhältnisse aufgrund verstärkten Datenschutzes, schwerfällige Prozesse, Bestreben der
Behörden, innerfamiliäre Konflikte zwischen Unterstützten und Unterstützungspflichtigen zu vermeiden etc. (Umfrage der Konferenz der kantonalen Fürsorgedirektoren vom
29.4.1994, 1 ff.; ähnlich auch der Bundesrat in der Botschaft zur Scheidungsrechtsrevision, BBl 1996 I 166). Dementsprechend gering waren die Einkünfte, die den Fürsorgebehörden aus dem Rückgriff auf Verwandte von Hilfeempfängern zuflossen. Im Kanton
Luzern etwa beliefen sich die eingeforderten Beträge der Verwandtenunterstützungspflicht 1992 auf nur 0,2% (!) der ausgerichteten Sozialhilfe (Umfrage, a.a.O., 8). In anderen Kantonen waren die Verhältnisse wohl ähnlich (Angaben für die Städte Bern und
Zürich bei COULLERY, 104 FN 397); gesamtschweizerische Zahlen fehlen (ein Ansatz
findet sich bei TSCHUDIN, 32). Immerhin wurden in der ganzen Schweiz in ca. 2% aller
Sozialhilfefälle von den Verwandten Unterstützungsleistungen verlangt (Projekt Sozialhilfestatistik [Nationales Forschungsprogramm 29], Schlussbericht, Bern 1994, Anhang
2, 12). In jüngerer Zeit (d.h. bis Ende 1999) wurde allerdings die Frage des möglichen
Rückgriffs auf Verwandte von den zuständigen Behörden vermehrt systematisch abgeklärt, wobei aber z.T. offenbar beachtliche Unterschiede zwischen den Kantonen
resp. den Gemeinden bestanden (vgl. TSCHUDIN, 23; WIDMER, 290 ff.; Angaben für bernische Gemeinden bei JAGGI, 399 ff., sowie OECD-Bericht, 74, für die Kantone GR, TI
und ZH). Mit Abstand am Schärfsten gingen – zumindest bis 1996 – die Gemeinden im
Kanton Aargau gegen Verwandte von Fürsorgebezügern vor (WIDMER, 293 ff.). SKOS-
Mitglieder gaben an, die Verwandtenunterstützungspflicht in 49,8% der Fälle systematisch geprüft zu haben; demgegenüber sollen nur 3,7% der SKOS-Mitglieder den möglichen Rückgriff auf Verwandte nie geprüft haben (WEISS, 61; vgl. auch TSCHUDIN, 32,
sowie die Angaben für den Kanton BE bei JAGGI, 399 ff.; vgl. zu diesen Fragen insgesamt wiederum auch die rechtstatsächlichen Untersuchungen von WIDMER, 259 ff.).
Welchen Einfluss die restriktive Neufassung von Art. 328 in der Scheidungsrechtsrevision (vgl. dazu sogleich in N 5) auf die «Regresspraxis» der Fürsorgebehörden hat, ist
zurzeit noch nicht bekannt. Es ist wohl anzunehmen, dass ein Rückgriff auf die Verwandten nunmehr nur noch selten in Betracht gezogen wird (vgl. dazu allerdings die problematisch angesetzten Grenzwerte in den SKOS-Richtlinien 2005 [hinten N 17 ff.]).

Im Rahmen der Scheidungsrechtsrevision wurde die Unterstützungspflicht der Geschwis- **5**
ter, nicht aber diejenige der Verwandten in gerader Linie, abgeschafft (Botschaft Revision Scheidungsrecht, 166 f. und 218). Dass sich der Gesetzgeber nicht dazu durchringen
konnte, die Verwandtenunterstützungspflicht insgesamt abzuschaffen, ist aus verschiedenen Gründen bedauerlich (gl.M. SCHWENZER, AJP 1996, 1162 f.). Die geringe Rückgriffsquote (vgl. N 4) rückt das Belangen der wenigen übrigen Verwandten in die Nähe
der **Willkür** (ähnlich TSCHÜMPERLIN, 169 f.). Das wirkt sich umso verheerender aus, als
in Einzelfällen – etwa bei teuren, von den Strafverfolgungsbehörden angeordneten Drogenentzugstherapien (BGE 106 II 287; OGer LU LGVE 1980 I 602; ähnlich VerwGer
AG AGVE 1982, 219 f., und BezGer Baden SJZ 1995, 434 f.; vgl. auch TSCHUDIN,
66 ff.) – die den Pflichtigen auferlegten Beträge durchaus erheblich sein können (kritisch
zur Abwälzung von Kosten einer Drogenentzugstherapie auch WIDMER, 318). Da aufgrund der grossen internationalen Mobilität die Zahl der unterstützungsbedürftigen Aus-

länder absolut und in Prozenten recht beträchtlich geworden ist, die Geltendmachung von Verwandtenunterstützung aber weitgehend aussichtslos ist, wenn die Angehörigen im Ausland leben, führt das Institut der Verwandtenunterstützung zudem zu einer eigentlichen **Inländerdiskriminierung** (Umfrage, a.a.O., 9; vgl. dazu auch den Beitrag «Eine Gefahr fürs Image», in: «Der Bund» vom 15.6.2001, 17, betr. Nichtbelangung von Christoph Meili in den USA).

5a Zum Teil wird auch gefordert, dass die Verwandtenunterstützung keiner gesetzlichen Regelung bedürfe, weil sie in vielen Fällen ohne gesetzlichen Zwang funktioniere; wer sich weigere, wisse auch gut Bescheid darüber, wie er sich der Zahlungspflicht entziehen könne (JAGGI, 404). Ein weiteres wichtiges Argument für die Abschaffung der Verwandtenunterstützungspflicht sind sodann die Kosten der Geltendmachung (vgl. JAGGI, 401). Nebst diesen *praktischen Gründen* bestehen aber auch **aus rechtsethischer Sicht grundsätzliche Bedenken** gegen dieses Rechtsinstitut. Unser Gesellschaftssystem basiert auf dem Grundsatz, dass jeder Mensch in seiner persönlichen Lebensgestaltung frei sein soll. Der «Familienverband» hat (richtigerweise) keine rechtliche Möglichkeit, auf die Lebensweise des volljährigen Individuums Einfluss zu nehmen (als – praktisch allerdings wenig bedeutsame – Ausnahme kann hier das Recht der unterstützungspflichtigen Verwandten betrachtet werden, die Entmündigung des potentiell Unterstützungsberechtigten zu beantragen; vgl. dazu BGE 112 II 479 sowie N 47). Im Gegenzug ist es aber *rechtsethisch anstössig,* Private für die finanziellen Folgen der von ihnen nicht beeinflussbaren, ggf. verunglückten Lebensführung des Unterstützungsbedürftigen einstehen zu lassen, wie das nach geltendem Recht der Fall ist. Solche *Risiken unseres individualistisch geprägten Gesellschaftssystems sind* nicht einzelnen (willkürlich betroffenen) Personen aufzubürden, sondern primär (dem Gedanken der Eigenverantwortung folgend) dem direkt Betroffenen zu belassen oder allenfalls – z.T. über einen geeigneten Ausbau des Sozialversicherungssystems und in letzter Linie über die Bestimmungen der Sozialfürsorge – *zu sozialisieren* (ähnlich COULLERY, 76 f. und 104; **a.M.** tendenziell etwa STEBLER, 102 ff., ZK-BRÄM, Art. 159 N 147, und wohl auch Widmer, passim, sowie für Deutschland BECKER, 449 f. und MARTINY, NJW 2002, 12). Problematisch ist im Weiteren, dass der Staat zwar ein Recht auf Existenzsicherung garantiert (vgl. Art. 12 BV, Art. 29 Abs. 1 KV BE sowie BGE 121 I 367), sich der Finanzierung dieses Grundrechts aber (teilweise) entledigen will, indem die Kosten auf zufällig betroffene Private abgewälzt werden (in diesem Zusammenhang spricht LIPP, 2203, in Bezug auf Deutschland von der Wahrung fiskalischer Belange durch die Verwandtenunterstützung). Immerhin haben es die rechtsanwendenden Organe in der Hand, über eine **sachgerechte Anwendung des neu gefassten Art. 328** (in diesem Sinne auch BGE 132 III 97 E. 2.4 S. 103) sowie über eine **ausdehnende Interpretation des Begriffs der Unbilligkeit** i.S.v. Art. 329 Abs. 2 solchen Problemen Rechnung zu tragen (vgl. N 12 und 19).

5b Praktisch wird heute die Verwandtenunterstützung im Wesentlichen in vier Fallgruppen relevant (vgl. dazu auch die Angaben bei WIDMER, 303 ff. und 317 ff.):

a) **Alte oder invalide Verwandte:** Solche Fälle sind infolge der Entwicklung der Sozialversicherung (AHV, IV, EL, BVG) selten geworden, haben aber vor allem dann noch eine gewisse Bedeutung, wenn die Ansprecher in einem Staat mit schlecht ausgebautem Sozialversicherungssystem leben (zum internationalen Privatrecht vgl. N 33 ff.).

b) **Scheidung der mittleren Generation:** Diese führt oft mangels genügendem Einkommen und Vermögen für die Führung zweier Haushalte zur Verarmung beider Ex-Ehegatten und der Kinder (wobei Letztere allerdings regelmässig in den Genuss einer Alimentenbevorschussung [Art. 293 Abs. 2] gelangen). Siehe dazu als typisches Fallbeispiel BGE 132 III 97.

c) Erwachsene **Drogensüchtige:** Vgl. zu den Entzugstherapien die Angaben in N 5.

d) Ausgesteuerte **Langzeitarbeitslose.**

Für die erste (historisch bedeutsame, aber heute kaum noch relevante) Fallgruppe ist die Verwandtenunterstützungspflicht legitim, liegt hier doch gleichsam eine «Gegenleistung» für den früheren Kindesunterhalt vor. Deshalb kann man sich fragen, ob die Anspruchsvoraussetzungen für diese (wenigen) Fälle mit der Revision nicht gar allzu sehr eingeengt wurden. Die anderen drei Fallgruppen hingegen beschlagen typische Lebensrisiken der aktiven Generation (vgl. dazu FUCHS, Finanzielle Solidarität, 790 f., der die Arbeitslosigkeit als soziales Risiko nicht der Solidarität der Familie überantworten will), die nicht individuell durch rechtlichen Zwang auf die vorangehende (oft nicht mehr aktive) Generation abgewälzt werden sollten (eine Beanspruchung der Nachkommen der gescheiterten Generation wird in der Regel mangels Leistungsfähigkeit ausgeschlossen sein). In diesen Konstellationen wirkt sich die Verwandtenunterstützungspflicht faktisch wie eine Verlängerung der Kindesunterhaltspflicht weit ins Erwachsenenleben hinein aus (ebenso WIDMER, 319; eindrücklich dazu der BGE 132 III 97 zugrunde liegende Fall). Bis heute bestehen noch kaum Hinweise, ob die mit der Scheidungsrechtsrevision eingeführte restriktivere Fassung von Art. 328 geeignet ist, hier wenigstens die stossendsten Fälle zu verhindern (vgl. nun immerhin BGE 132 III 97).

Auch in anderen Ländern, so etwa in Deutschland, wurde in neuerer Zeit einlässlich und kritisch die Frage diskutiert, ob bzw. inwiefern das Recht der Verwandtenunterstützungspflicht reformbedürftig sei (vgl. dazu etwa MARTINY, Gutachten, passim; DERS., NJW 2002, 12 ff.; FUCHS, Finanzielle Solidarität, 785 ff.; LIPP, 2201 ff.).   **5c**

II. Voraussetzungen und Umfang der Verwandtenunterstützungspflicht

1. Die unterstützungspflichtigen und -berechtigten Personen

Unterstützungspflichtig sind **Verwandte** in auf- und absteigender Linie – ohne Begrenzung des Verwandtschaftsgrades (Art. 20). Die Aufzählung ist *erschöpfend* (ZK-EGGER, Art. 328 N 20); weiter entfernte Verwandte sowie Verschwägerte werden von Art. 328/329 nicht erfasst (HEGNAUER, Kindesrecht, Rz 29.07). Seit der Revision sind insbesondere die Geschwister *nicht* mehr unterstützungspflichtig. Ebenfalls nicht unterstützungspflichtig sind grundsätzlich Stiefeltern und -kinder; Letzteren steht auch kein indirekter Unterstützungsanspruch gegen den Stiefelternteil gemäss Art. 278 Abs. 2 zu, da die Verweisung von Art. 329 Abs. 3 nur die Bestimmungen über die Unterhaltsklage (Art. 279 ff.), nicht aber diese Norm umfasst (unzutreffend daher HAUSHEER/BRUNNER, N 07.08). Die Kantone sind nicht befugt, den Kreis der unterstützungspflichtigen Personen auszudehnen (Urteil des Bundesgerichts 1P.254/2002 vom 6. November 2002, E. 4.2; BGE 42 I 346; KGE VS RVJ 2005, 74; BANZER, 96 ff.).   **6**

Ein Verwandtschaftsverhältnis kann auch durch **Volladoption** nach dem seit 1.4.1973 geltenden Recht sowie durch **Anerkennung** oder **richterliche Vaterschaftsfeststellung** (Art. 260 ff.) hergestellt werden (vgl. HEGNAUER, Kindesrecht, Rz 29.07; STETTLER, SPR III/2, 162; BANZER, 86 und 90 f.; ANDEREGG, SJK Nr. 637, 4; WIDMER, 38), nicht aber durch eine altrechtliche blosse «Zahlvaterschaft» (BANZER, 81; ZK-EGGER, Art. 328 N 19; zu den komplizierteren Verhältnissen bei altrechtlichen Adoptionen vgl. BANZER, 83 f., m.Nw.).   **7**

Unterstützungsberechtigt ist der gleiche Personenkreis. Die Verwandtenunterstützungspflicht beruht auf dem Grundsatz der **Gegenseitigkeit** (ZK-EGGER, Art. 328 N 24; BANZER, 106, m.w.Nw.). Die Revision hat daran in der Theorie nichts geändert; das nunmehr   **8** geltende Kriterium der günstigen Verhältnisse hat allerdings zur Folge, dass die Unterstützung praktisch durchwegs nur noch im Sinne einer «Einbahnstrasse» von der älteren an die jüngere Generation erfolgen wird (vgl. dazu oben N 5b).

2. Die Notlage des Bedürftigen

9 Der Anspruch auf Verwandtenunterstützungsbeiträge setzt – wie schon vor der Revision – eine **Notlage** des Ansprechers voraus (vgl. dazu ausführlich WIDMER, 42 ff.). In einer Notlage befindet sich der Bedürftige dann, wenn er sich das zu seinem Lebensunterhalt Notwendige nicht mehr aus eigener Kraft verschaffen kann (BGE 121 III 441 E. 3 S. 442 [vgl. dazu SCHWENZER, AJP 1996, 1162 f.]; 106 II 287 E. 3a S. 292; BANZER, 107; ZK-EGGER, Art. 328 N 27). Der Unterstützungsanspruch bezieht sich auf die Leistung, die zum Lebensunterhalt des Bedürftigen erforderlich ist (Art. 329 Abs. 1), somit i.d.R. auf die Verschaffung von Nahrung, Kleidung, Wohnung, ärztlicher Betreuung und dergleichen mehr (BGE 132 III 97 E. 2.2 S. 100; 106 II 287 E. 3a S. 292; KGer GR PKG 1997, 13 ff. [spez. E. 2a S. 14]; VerwGer GR PVG 1975, 27 ff.); er kann aber auch die Kosten des Massnahmenvollzugs bei Straffälligen umfassen (BGE 106 II 287; OGer LU LGVE 1980 I 602; vgl. auch VerwGer AG AGVE 1982, 219 f.), nicht jedoch anfallende Prozesskosten (Urteil des Bundesgerichts B.76/2005 vom 12. September 2005, E. 4.2, m.w.H.). Beim (an sich erwerbsfähigen) Studenten ist – soweit nicht ohnehin Art. 277 Abs. 2 zur Anwendung kommt – i.A. eine Notlage zu verneinen, da die Ausbildung nicht zu den existenzerhaltenden Bedürfnissen gehört; Ausnahmen sind aber möglich, etwa dann, wenn der Studienabschluss kurz bevorsteht (BGE 50 II 1; GROB, 96; weiter gehend VerwGer BE ZBJV 1971, 197 ff.). Die Notlage umfasst aber nicht Steuerschulden, soll doch der Staat nicht über Art. 328 privilegierter Gläubiger werden (HAUSHEER/BRUNNER, N 07.89), ebenso wenig die Verzinsung und Tilgung von anderen Schulden (HAUSHEER/BRUNNER, N 07.90).

10 Die Notlage kann sich aus dem Fehlen ausreichenden Einkommens oder verwertbaren Vermögens ergeben (dazu ausführlich BANZER, 108 ff.). Ein bescheidenes Vermögen muss nicht vollständig aufgebraucht werden, bevor eine Unterstützungsklage erhoben werden kann (BGE 101 II 21; VerwGer GR PVG 1972, 34 f.). Bei der Abklärung der Bedürftigkeit dürfen die im Betreibungsrecht aufgestellten Regeln über den Notbedarf herangezogen werden (BGE 132 III 97 E. 2 S. 99 ff.; vgl. dazu auch ausführlich KOLLER, recht 2006, 71 ff.); die so ermittelten Beträge stellen das Minimum dar (BGE 101 II 21; 81 II 427). Der Bedarf des Berechtigten i.S.v. Art. 328/329 ist unter Berücksichtigung der besonderen Verhältnisse des einzelnen Falles mit Hilfe der allgemeinen Lebenserfahrung zu ermitteln (BGE 83 II 7 E. 1 S. 8 f.), wobei die kantonalen Gerichte gemäss Art. 4 ZGB unter Würdigung aller Umstände *nach Ermessen* zu entscheiden haben (BGE 132 III 97 E. 1 99; kritisch dazu KOLLER, recht 2006, 70 f.). Der so festgestellte notwendige Lebensbedarf bildet die obere Grenze der Unterstützungspflicht, selbst wenn der Belangte mehr leisten könnte (BGE 83 II 7 E. 1 S. 8; KRAPF, Rz 11). In der Literatur wird etwa die These vertreten, es liege *keine Notlage* vor, wenn der um 20% erhöhte erweiterte Notbedarf gedeckt sei (GYSIN, 193; in krassem Widerspruch dazu allerdings DIES., 200, wonach sich das zu gewährleistende *Minimum* wie folgt berechnen soll: Betreibungsrechtlicher Notbedarf + familienrechtliche Erweiterung + Erhöhung um einen Zuschlag bis zu 20% des familienrechtlichen Grundbedarfs). Diese Berechnungsmethode galt indessen bloss bei den (früheren) scheidungsrechtlichen Bedürftigkeitsrenten nach aArt. 152 (BGE 121 III 49 E. 1c S. 51, m.Nw.). Ein über den betreibungsrechtlichen Notbedarf hinausgehender Zuschlag in dieser Höhe hat bei Art. 328 keine Berechtigung (so zutreffend auch mit einlässlicher Begründung BGE 132 III 97 E. 2.3 S. 101 f.; vgl. auch KOLLER, recht 2006, 73). Die SKOS-Richtlinien sind für die Ermittlung des Bedarfs des Berechtigten nicht – jedenfalls nicht unmittelbar – anwendbar (BGE 132 III 97 E. 2.4 S. 103 f.), da andernfalls die subrogierenden Fürsorgebehörden die Höhe des Anspruches selber bestimmen könnten (HAUSHEER/BRUNNER, N 07.22). Das sozialhilferechtliche Existenzminimum bildet auf jeden Fall die Obergrenze des Anspruchs auf Verwandtenunterstützung (BGE 132 III 97 E. 2.4 S. 103 f.; KOLLER, recht 2006, 72; veraltet insoweit BGE 81 II 427, der noch von einem unter dem zivilrechtlichen liegenden «armenrechtlichen» Existenzminimum ausging). *Der unterstützungsrechtliche Notbedarf wird somit nach unten durch das betreibungsrechtliche Existenzminimum und nach oben durch das sozialhilferechtliche Existenzminimum begrenzt, wobei die Obergrenze des unterstützungsrechtlichen Notbedarfs gleichzeitig deutlich unter 120% des betreibungsrechtlichen Existenzminimums liegen muss* (KOLLER, recht 2006, 73, nach eingehender Analyse von BGE 132 III 97). Viel Spielraum für eine Ermessensbeurteilung bleibt damit den kantonalen Gerichten bei der Ermittlung der Notlage der Ansprecherin – zu Recht – nicht.

Ob Bedürfnisse von Familienangehörigen des Ansprechers mit zu berücksichtigen sind, ist umstritten (BANZER, 120 ff.; wenig klärend BGE 132 III 97 und 61 II 297). M.E. sind diese grundsätzlich ausser Acht zu lassen, ist doch in solchen Fällen stets zu prüfen, ob die Familienangehörigen ihrerseits einen Unterstützungsanspruch gegen ihre Verwandten haben (KOLLER, recht 2006, 68 f.). **10a**

Ansprüche aus der Unterhaltspflicht der Eltern gegenüber ihren minderjährigen oder in Ausbildung befindlichen Kindern (Art. 276 ff.) und der Ehegatten untereinander gemäss Eherecht (Art. 125 ff., 159, 163 ff.) sowie eingetragener Partnerinnen bzw. Partner untereinander gemäss Partnerschaftsgesetz (Art. 12 f. PartG) gehen der Verwandtenunterstützung vor (Art. 328 Abs. 2; OGer SH SJZ 1998, 392; ZK-EGGER, Art. 328 N 14 und 329 N 1; HAUSHEER/BRUNNER, N 07.34; STETTLER, SPR III/2, 314; HAFFTER, 23; HEGNAUER, Kindesrecht, Rz 29.05 [nur bez. kindesrechtlicher und ehelicher Unterhaltspflicht, nicht aber bez. ehelicher und nachehelicher Beistandspflicht]; kritisch in Bezug auf Studentenehen GROB, 110 ff.), ebenso Ansprüche des Stiefkindes aufgrund der indirekten Beistandspflicht des Stiefelternteils gemäss Art. 278 Abs. 2 (HAUSHEER/BRUNNER, N 07.37; **a.M.** Urteil des Bundesgerichts 5C.112/2005 vom 4. August 2005, E. 3.2.1; BANZER, 70 f. und HEGNAUER, Rz 29.05). Soweit die unterhaltspflichtigen Eltern, Ehegatten oder eingetragenen Partner bzw. Partnerinnen *effektiv* in der Lage sind, die Bedürfnisse des Berechtigten zu befriedigen, besteht keine Notlage und daher keine Unterstützungspflicht der (übrigen) Verwandten (BGE 82 III 110 E. 1 S. 113; 59 II 1; 50 I 1; BezGer ZH SJZ 1970, 88 f.); dasselbe gilt, wenn (bzw. insoweit als) Kinderalimente durch das Gemeinwesen bevorschusst werden (Art. 293 Abs. 2). Andernfalls aber – etwa wenn eine geschiedene Mutter weder über Vermögen noch über Einkommen verfügt und von ihrem im Ausland wohnenden Ex-Ehemann keine Kinderunterhaltsbeiträge eintreiben kann (BGE 132 III 97; 101 II 21; VerwGer VS RVJ 1975, 80) oder wenn einer ledigen Mutter eine Erwerbstätigkeit nicht zugemutet werden darf, weil sie ihre Kleinkinder persönlich betreuen muss (BGE 121 III 441) – können die Verwandten (heute konkret: die Eltern und für die Kinder zusätzlich die andern Grosseltern) zur Unterstützung herangezogen werden (RRE ZG SJZ 1970, 183 f.; das wurde im BGE 132 III 97 zugrunde liegenden Fall übersehen [KOLLER, recht 2006, 68 f.]). **11**

Unerheblich ist nach h.M., ob der Bedürftige die Notlage selbst verschuldet hat; eine Notlage ist nur dann zu verneinen, wenn sich der Ansprecher mit gutem Willen selbst erhalten könnte, dies jedoch mutwillig unterlässt (BGE 121 III 441 E. 3 S. 442 [vgl. dazu SCHWENZER, AJP 1996, 1162 f.]; 106 II 287 E. 3a S. 292; 62 II 14; 39 II 679 E. 3 S. 683; VerwGer GR PVG 1985, 46 ff.; BANZER, 108 f.; HEGNAUER, Kindesrecht, Rz 29.09). **12**

Ebenso ist es irrelevant, ob den Unterstützungsberechtigten ein Verschulden gegenüber einem vorrangig Verpflichteten (z.B. Ehegatten) trifft, so dass dieser nicht mehr leisten muss (HAUSHEER/BRUNNER, N 07.49). Im Hinblick auf Art. 329 Abs. 2 in der seit 1.1.1978 geltenden Fassung sowie zur vernünftigen Begrenzung des ohnehin nicht mehr zeitgemässen Rechtsinstituts der Verwandtenunterstützungspflicht (vgl. dazu N 5 ff. und 19) sollte an dieser Auffassung jedoch nicht festgehalten werden; eine vom Berechtigten selbstverschuldete Notlage oder ein verschuldeter Verlust von Ansprüchen gegenüber vorrangig Pflichtigen kann es je nach den Umständen unbillig erscheinen lassen, den Belangten zur Unterstützung heranzuziehen.

13 Die **Beweislast** dafür, dass eine Notlage vorliegt, die einen Anspruch aus Art. 328/329 begründet, obliegt dem Ansprecher (Art. 8; BGE 60 II 266 E. 4 S. 268; BANZER, 196). Der Umstand, dass der Ansprecher vom Gemeinwesen unterstützt wird, begründet keine tatsächliche Vermutung für das Vorliegen einer Not i.S.v. Art. 328 f. (WIDMER, 225 ff.).

14 Vgl. im Übrigen zu den Einzelheiten in Bezug auf die Notlage des Bedürftigen sowie hinsichtlich der Bemessung der Unterstützungsbeiträge BANZER, 107 ff. und 168 ff., WIDMER, 48 ff., sowie HAUSHEER/BRUNNER, N 07.83, und nunmehr zur Hauptsache BGE 132 III 97.

3. Die Leistungsfähigkeit des Verpflichteten

a) Allgemeines

15 Die Unterstützungspflicht der Verwandten in auf- und absteigender Linie besteht neu nur noch, wenn der Pflichtige **in günstigen Verhältnissen** lebt. Der Wortlaut des revidierten Art. 328 Abs. 1 knüpft die Verwandtenunterstützungspflicht somit an dasselbe (restriktive) Kriterium, welches aArt. 328 Abs. 2 für die (in der Revision abgeschaffte) Unterstützungspflicht der Geschwister vorsah.

15a In der parlamentarischen Beratung war sich der Ständerat nicht einig, wie der – vom Nationalrat eingefügte (AmtlBull NR 1997, 2743) – Passus «in günstigen Verhältnissen» zu verstehen sei; StR Küchler war der Auffassung, dass nur herangezogen werden darf, «wer ohne wesentliche Beeinträchtigung der bisherigen Lebensführung in der Lage ist, die geforderte Unterstützung zu leisten» (AmtlBull StR 1998, 329), während BR Koller und StR Wicki von im Luxus lebenden Leuten verlangen wollten, auf «gewisse Extravaganzen» zu verzichten (AmtlBull StR 1998, 329) resp. dass «die verbleibende Verwandtenunterstützungspflicht … nicht gleich eng ausgelegt werden [solle], wie dies bis jetzt hinsichtlich der Geschwisterunterstützungspflicht der Fall war» (a.a.O.). In der anschliessenden weiteren Behandlung der Scheidungsrechtsrevision im Nationalrat hat sich dieser, trotz Aufforderung durch den Ständerat (AmtlBull StR 1998, 330), dazu nicht geäussert. Es besteht somit keine Klarheit darüber, was der *subjektiv-historische Gesetzgeber* mit der Wendung «in günstigen Verhältnissen» gemeint hat (**a.M.** WIDMER, 38 f.). Deren Tragweite muss daher aufgrund anderer Auslegungselemente ermittelt werden. Im Vordergrund steht dabei eine *objektiv-zeitgemässe Betrachtungsweise*.

15b Da das Institut der Verwandtenunterstützungspflicht an sich problematisch ist und nicht mehr in die heutige Zeit passt (vgl. N 5 ff.), sollte das Kriterium der «günstigen Verhältnisse» eng interpretiert werden. Dementsprechend rechtfertigt es sich, die bisherige restriktive Rechtsprechung zur Geschwisterunterstützungspflicht auf die Verwandten der geraden Linie zu übertragen (**a.M.** WIDMER, 39; offen gelassen in BGE 132 III 97 E. 3.2 S. 105) und somit in Anlehnung an den französischen und italienischen Gesetzestext («aisance»; «condizioni agiate») unter günstigen Verhältnissen «Wohlstand» zu verstehen (gl.M. Handkomm-SCHWANDER, Art. 328 N 4; ähnlich KRAPF, Rz 9 zur neuen Verwandtenunterstützung; BGE 73 II 142; vgl. auch BGE 42 II 537 E. 2/3 S. 540 f.; ANDEREGG, SJK Nr. 637, 5; jeweils zur altrechtlichen Geschwisterunterstützung). Der Ausdruck «den Verhältnissen des Pflichtigen angemessen» in Art. 329 Abs. 1 in fine kann gegenüber dem Kriterium der günstigen Verhältnisse nicht als Einschränkung verstanden werden, da diese Bestimmung vor der Revision auch auf Geschwister Anwendung fand. Eine Leistungspflicht der Verwandten in gerader Linie besteht nach neuem Recht mithin nur insoweit, als die Unterstützungsbeiträge *ohne wesentliche Beeinträchtigung einer wohlhabenden Lebensführung* aufgebracht werden können (HEGNAUER, Kindesrecht, Rz 29.11; BGE 73 II 142 E. 3 S. 144). Bei der Konkretisierung dieses Grundsatzes kann ein Urteil des Bundesgerichts aus dem Jahre 1956 (zur Geschwisterunterstützungspflicht) mutatis mutandis immer noch als wegleitend betrachtet werden (BGE 82 II 197). Bei einem monatlichen Einkommen des verheirateten Beklagten (der für keine minderjährigen Kinder zu sorgen hatte) von netto Fr. 968.55 wurde die Klage des subrogierenden Gemeinwesens auf Leistung von Fr. 30.– pro Monat abgewiesen, obwohl dem Belangten über das um die Zwangsauslagen erhöhte Existenzminimum hinaus ein «Überschuss» von Fr. 360.15 verblieb. Zur Begründung führte das Bundesgericht seinerzeit aus, dass nach «der Lebenserfahrung … ein solcher Betrag bei den heutigen Preisverhältnissen rasch aufgezehrt [ist], wenn man für Ernährung, Kleidung, Wohnungseinrichtung, Heizung und Beleuchtung, Gesundheitspflege, Reinigung und andere unentbehrliche Dinge nur wenig mehr als unbedingt nötig aufwendet, hie und da eine kleine Auslage für Bildungs- oder Vergnügungszwecke macht und sich Annehmlichkeiten wie Telephon oder Radio leistet, die heute keineswegs mehr das Privileg der Wohlhabenden sind» (BGE 82 II 197 E. 4 S. 202). Auf die heutigen Verhältnisse übertragen kann dies nur bedeuten, dass eine Pflicht zur Leistung von Unterstützungsbeiträgen bloss in seltenen Fällen in Frage kommt. Die gegenteilige Meinung von WIDMER, 39, die «alte Leistungsfähigkeit» entspreche grundsätzlich den neuen «günstigen Verhältnissen», ist unhaltbar. Dementsprechend kann es auch nicht angehen, günstige Verhältnisse bereits dann anzunehmen, wenn dem Inanspruchgenommenen ein 20% über dem erweiterten betreibungsrechtlichen Existenzminimum liegender Betrag verbleibt (so aber offenbar WIDMER, 41, unklar demgegenüber a.a.O., 240). Dem Belangten steht vielmehr ein *Anspruch auf ein dauerndes, gleich bleibendes und gesichertes Einkommen auf hohem Niveau bis an sein Lebensende* zu (so im Ergebnis eindrücklich BGE 132 III 97 E. 3 S. 104 ff.).

Reicht bei wohlhabenden Belangten das Einkommen für die Leistung von Unterstützungsbeiträgen nicht aus, so kann unter Umständen auch ein *Vermögensverzehr* in Betracht gezogen werden. Dabei muss allerdings die *wirtschaftliche Sicherung des Pflichtigen im Alter* berücksichtigt werden (vgl. dazu unten N 16). Auf sein Vermögen darf daher nicht schon dann gegriffen werden, wenn dadurch sein Auskommen in naher Zukunft nicht gefährdet wird (so noch BGE 59 II 1 E. 3c S. 4 und 59 II 410 S. 411). *Vielmehr hat an die Stelle einer kurzfristigen Betrachtung eine Beurteilung auf längere Sicht zu treten* (BGE 132 III 97 E. 3.3 S. 107; KOLLER, recht 2006, 74 ff.). Zu beachten ist dabei auch, dass Inhabern von liquidem Vermögen (Wertpapiere, Sparhefte etc.) nicht rascher ein Vermögensverzehr zugemutet wird als Inhabern von Sachvermögen (Grundstücken, Gemäldesammlungen etc.; vgl. dazu auch BGE 132 III 97 E. 3.4. in fine S. 108; KOLLER, recht 2006, 76).

Bei der Frage der günstigen Verhältnisse ist immer im Auge zu behalten, dass finanziell   **15c**
gut gestellte Personen mit bescheidener Lebenshaltung nicht schlechter gestellt werden dürfen als Personen, die ihre Mittel für einen aufwändigen Lebensstil (Reisen, Autos, Jacht etc.) ausgeben. Vor allem *selbstgeäufnetes Vermögen* sollte daher bei der Bemes-

sung der Leistungsfähigkeit des potentiell Pflichtigen nicht bzw. nur mit grosser Zurückhaltung berücksichtigt werden (offen gelassen in BGE 132 III 97 E. 3.2 S. 106). Andernfalls würde der (frühere) Konsumverzicht des Inanspruchgenommenen «bestraft», und es würden problematische Verhaltensanreize («Konsum statt Sparen») geschaffen (gl.M. Handkomm-SCHWANDER, Art. 328 ZGB N 4; vgl. zu – wichtigen – Anreizüberlegungen in einem anderen Bereich des Unterhaltsrechts BGE 121 I 97 E. 3b S. 101). Etwas weniger Zurückhaltung mag bei ererbtem «Familienvermögen» angebracht sein, da dieses letztlich der Familie als Ganzes und damit (wenigstens teilweise) auch dem Unterstützungsbedürftigen zukommen soll (vgl. zur Frage der Ausgleichung von Unterstützungsleistungen im späteren Erbfall N 48).

b) *Die Verwandtenunterstützungspflicht im Verhältnis zum Recht des Belangten auf Aufbau einer angemessenen Vorsorge*

16 Ein besonderes Augenmerk ist auf die *Alters-, Hinterlassenen- und Invalidenvorsorge des potentiell Pflichtigen* zu richten, welche von Verfassungs wegen auch die Selbstvorsorge und damit insbesondere die sog. Säule 3b (freies Sparen) mitumfasst (Art. 111 Abs. 1 BV). Nach der Revision von Art. 328 kann kein Zweifel mehr daran bestehen, dass **der Anspruch des Belangten auf Bildung einer guten Vorsorge Vorrang haben muss vor dem Anspruch des Klägers auf Verwandtenunterstützung** (gl.M. Handkomm-SCHWANDER, Art. 328 N 5; dieser Aspekt wird von WIDMER, passim, vollkommen ausgeblendet). Denn von günstigen Verhältnissen kann keine Rede sein, wenn der Pflichtige nicht über eine ausgebaute Alters-, Hinterlassenen- und Invalidenvorsorge verfügt bzw. wenn mit dem auf Art. 328 f. gestützten Zugriff seine Vorsorge wesentlich beeinträchtigt würde (in diesem Sinne nun deutlich auch BGE 132 III 97 E. 3 S. 104 ff., spez. E. 3.3. S. 107, und ausführlich dazu KOLLER, recht 2006, 74 ff.). *Vor Eintritt des Vorsorgefalls* dürfen Anwartschaften bzw. Ansprüche aus der beruflichen Vorsorge und aus der gebundenen Selbstvorsorge (Säule 3a) bei der Ermittlung der Leistungsfähigkeit des Inanspruchgenommenen ohnehin nicht berücksichtigt werden. Dem Vorsorgegedanken muss aber auch beim freien Vermögen Rechnung getragen werden, d.h. von «günstigen Verhältnissen» kann erst gesprochen werden, wenn es dem potentiell Pflichtigen selbst bei Zahlung von Verwandtenunterstützungsleistungen noch möglich ist, in der vom Verfassungsgeber vorgesehenen Weise eine gute Vorsorge aufzubauen (vgl. dazu bereits wegleitend – noch vor der Verankerung des Dreisäulenprinzips in der Bundesverfassung – BGE 82 II 197 E. 4 S. 203, wo es das Bundesgericht zu Recht ablehnte, den Rückkaufswert einer Lebensversicherung mit zu berücksichtigen, obwohl der Belangte als Beamter pensionsberechtigt war). Denn es gilt stets im Auge zu behalten, dass die ersten beiden Säulen des schweizerischen Vorsorgesystems nur «… die Fortsetzung der gewohnten Lebenshaltung in angemessener Weise» ermöglichen sollen (Art. 113 Abs. 2 lit. a BV). Alles, was darüber hinausgeht, d.h. das Leben im «Wohlstand» nach Eintritt des Vorsorgefalls, muss durch die Selbstvorsorge der Betroffenen (die vom Bund und von den Kantonen zu fördern ist [Art. 111 Abs. 4 BV]) abgedeckt werden. Auf *nach Eintritt des Vorsorgefalls* ausgerichtete Kapitalleistungen der beruflichen Vorsorge (2. Säule) darf ebenfalls nicht tel quel gegriffen werden. Diese Kapitalien sind vielmehr bei der Bemessung der Leistungsfähigkeit des Pflichtigen in eine hypothetische Rente umzurechnen und zum übrigen Einkommen hinzuzuzählen; andernfalls würde das Wahlrecht zwischen Rente und Kapitalleistung (Art. 37 BVG) massiv beeinträchtigt. Dasselbe gilt für Kapitalleistungen der gebundenen Selbstvorsorge (Säule 3a). Das effektive bzw. umgerechnete Renteneinkommen vermag sodann nur insofern eine Leistungspflicht des Inanspruchgenommenen zu begründen, als ihm für die Führung eines Lebens im Wohlstand genügend verbleibt.

c) Die Problematik der Grenzwerte

In den «Richtlinien für die Ausgestaltung und Bemessung der Sozialhilfe» der Schweize-   **17**
rischen Konferenz für Sozialhilfe (SKOS-Richtlinien) 2005 wird den zuständigen Sozialhilfeorganen vorgeschlagen, die Beitragsfähigkeit der Verwandten ab einem steuerbaren Einkommen (inkl. Vermögensverzehr) von Fr. 60 000.– bei Alleinstehenden bzw.
Fr. 80 000.– bei Verheirateten zu prüfen, wobei für jedes minderjährige oder in Ausbildung befindliche Kind ein Zuschlag von Fr. 10 000.– zu machen sei (SKOS-Richtlinien,
F. 4–1). Ein Unterstützungsbeitrag soll verlangt werden, wenn die anrechenbaren Einnahmen die anrechenbaren Ausgaben übersteigen. Die anrechenbaren Einnahmen sollen
sich dabei aus dem effektiven Einkommen und einem Vermögensverzehr zusammensetzen (a.a.O., H. 4–1). Der Vermögensverzehr soll sich wie folgt berechnen: Vom steuerbaren Vermögen sei ein Freibetrag von Fr. 100 000.– bei Alleinstehenden bzw.
Fr. 150 000.– bei verheirateten Personen sowie für jedes Kind Fr. 20 000.– abzuziehen.
Der verbleibende Betrag soll aufgrund der durchschnittlichen Lebenserwartung (mit
Hilfe einer Tabelle [a.a.O., H. 4–1]) in einen Jahresbetrag umgerechnet werden (a.a.O., F.
4–2). Der anrechenbare Bedarf soll sich zusammensetzen aus einem Betrag für den
Lebensunterhalt, der dem doppelten Ansatz des Grundbedarfs gemäss SKOS-Richtlinien
B. 2 entspricht, den Berufsauslagen und den übrigen Kosten (Wohnkosten, Steuern, Versicherungen, Unterhaltsbeiträge, Krankheitskosten, Schuldzinsen, Schuldentilgung und
weitere begründete Auslagen [a.a.O., H. 4–1 und 4–2]). Als Verwandtenbeitrag sei höchstens die Hälfte der ermittelten Differenz zwischen anrechenbaren Einnahmen und anrechenbaren Auslagen einzufordern (a.a.O., F. 4–2 und H. 4–2).

Derartige Grenzwerte haben die Funktion, den Sozialhilfeorganen ihre praktische Arbeit   **17a**
zu erleichtern, und mögen als *grobe Richtschnur* für das Geltendmachen der Verwandtenunterstützung dienen (so ansatzweise wohl auch BGE 132 III 97 E. 3.2 S. 106). Offensichtlich verfehlt ist es indessen, bereits bei derart tiefen Grenzwerten wie in den
SKOS-Richtlinien vorgeschlagen eine Beitragspflicht zu prüfen. Von günstigen Verhältnissen kann bei einem steuerbaren Einkommen von Fr. 60 000.– bzw. Fr. 80 000.– noch
keine Rede sein. Auch die vorgeschlagene Berechnungsweise ist wohl in verschiedener
Hinsicht kaum gesetzeskonform. Der anrechenbare Betrag für den Lebensunterhalt ist
mit der vorgeschlagenen Verdoppelung des Ansatzes für den (sozialhilferechtlich relevanten!) Grundbedarf eher zu tief angesetzt, da er noch nicht unbedingt eine wohlhabende Lebensführung ermöglicht. Bei den anrechenbaren Auslagen wird der Gesichtspunkt
des Aufbaus einer guten Altersvorsorge nicht genügend berücksichtigt. Auch die Vermö-
gensfreibeträge sind zu tief angesetzt. Zudem wird beim Vermögen die allfällige Vermögensäufnung durch früheren Konsumverzicht sowie (wiederum) die Altersvorsorge ausser Acht gelassen. Insgesamt *orientieren* sich die SKOS-Richtlinien 2005 wie schon
diejenigen von 2000 *zu stark am früher geltenden Rechtszustand* und tragen dem Umstand, dass seit der Revision Wohlstand des Inanspruchnommenen für die Verwandtenunterstützungspflicht vorausgesetzt wird, nicht genügend Rechnung. Zu beachten ist vor
diesem Hintergrund auch, dass die Grenzwerte seit dem Jahr 2000 dieselben geblieben
sind und keine Anpassung an die Lohn- und Preisentwicklung stattgefunden hat. Bei der
Anwendung der SKOS-Richtlinien ist daher Zurückhaltung geboten.

Im Übrigen ist bei der Ermittlung des anrechenbaren Vermögensverzehrs noch aus einem   **18**
andern Grund Vorsicht geboten. *Insbesondere bei Grundeigentümern – aber auch bei
Inhabern von Gemäldesammlungen etc. – bilden Steuerwerte keinen verlässlichen Massstab für die wirtschaftliche Leistungsfähigkeit.* Um Ungleichbehandlungen zwischen
Liegenschaftseigentümern und Inhabern von anderen Sachwerten einerseits sowie Belangten mit liquidem Vermögen (Sparheften, Wertpapieren usw.) andererseits zu vermeiden, darf daher nicht allein auf Steuerzahlen abgestellt werden.

d) Die Unbilligkeit gemäss Art. 329 Abs. 2

19 Erscheint die Heranziehung eines Pflichtigen **wegen besonderer Umstände** als **unbillig** (vgl. Art. 4), so kann der Richter die Unterstützungspflicht ermässigen oder aufheben (Art. 329 Abs. 2). Diese Bestimmung wurde mit der Revision des Kindesrechts in das Gesetz eingefügt. Damit sollte der vorherige absolute Anspruch auf Verwandtenunterstützung insb. im Hinblick auf das neue Adoptionsrecht sowie auf die Abschaffung der Zahlvaterschaft relativiert werden (BANZER, 37, m.Nw.; vgl. zur Entstehungsgeschichte von Art. 329 Abs. 2 einlässlich a.a.O., 22 ff.). So kann etwa die Unterstützungspflicht eines Kindes gegenüber dem Vater ermässigt oder aufgehoben werden, wenn der Vater früher seiner Unterhaltspflicht nicht nachgekommen ist oder das Besuchsrecht missbraucht hat (HEGNAUER, Kindesrecht, Rz 29.13). Die Unbilligkeit i.S. dieser Bestimmung ist allerdings weiter zu verstehen, so etwa wenn zwischen den Betroffenen jegliche persönlichen Beziehungen fehlen (grundlegend dazu Urteil des Bundesgerichts 5C.298/2001 vom 21. Februar 2002, Pra 2002 Nr. 70, E. 2; vgl. auch KOLLER, Jusletter, passim), wenn der Berechtigte dem Pflichtigen nach dem Leben getrachtet hat (HEGNAUER, Kindesrecht, Rz 29.13) oder wenn der Ansprecher sich eine Zweitausbildung finanzieren lassen will (GROB, 102), eventuell auch wenn die Ansprecherin schon einen hohen Erbvorbezug erhalten und diesen verbraucht hat (KOLLER, recht 2006, 70). Keine Unbilligkeit liegt dagegen vor, wenn Eltern für ein Kind zu Beitragsleistungen herangezogen werden, das wegen der Trunksucht und des autoritären Wesens des Vaters eine getrübte Kindheit verlebt hat und auf Abwege geraten ist (BGE 106 II 287 E. 3c S. 295). Im Hinblick auf die generelle Fragwürdigkeit des Instituts der Verwandtenunterstützungspflicht (o. N 5 ff.) rechtfertigt es sich allerdings, den Begriff der Unbilligkeit ausdehnend zu interpretieren (gl.M. GROB, 102, KOLLER, Jusletter, Rz 5 ff., sowie OGer BE, nicht publ. Entscheid Nr. 985/96 vom 18.6.1997; im Ergebnis ähnlich Urteil des Bundesgerichts 5C.298/2001 vom 21. Februar 2002, Pra 2002 Nr. 70, E. 2; tendenziell **a.M.** Urteil des Bundesgerichts 5C.209/1999 vom 6. Januar 2000, E. 4a; vgl. auch N 12). So sollte sie etwa auch bejaht werden, wenn eine volljährige drogensüchtige Tochter sämtlichen Schmuck ihrer Eltern, das Schwarzgeld (sic!) aus dem Tresor, fortlaufend weitere Haushaltgegenstände und schliesslich auch die geliebte Markensammlung des Vaters stiehlt und veräussert (Beispiel aus TSCHUDIN, S. 66). Keine Unbilligkeit liegt hingegen vor, wenn ein Belangter nicht über *liquides Vermögen* verfügt. Gegebenenfalls ist der Inanspruchgenommene verpflichtet, Vermögenswerte zu veräussern oder – z.B. bei Grundstücken – diese zu belehnen (so etwa – bez. Sicherstellung für künftige Unterstützungsbeiträge – BezGer Baden SJZ 1995, 434 f.). Andernfalls würden Grundeigentümer, Inhaber von Gemäldesammlungen etc. gegenüber Pflichtigen mit liquidem Vermögen (Sparhefte, Wertschriften etc.) ungerechtfertigt bevorzugt.

e) Die Nichtberücksichtigung von Ansprüchen aus dem Eherecht und dem Partnerschaftsrecht

19a Die Schwägerschaft (Art. 21) begründet keine Unterstützungspflicht i.S.v. Art. 328/329 (vgl. N 8). **Ehegatten von unterstützungspflichtigen Verwandten** können daher *nicht direkt* zur Beitragsleistung herangezogen werden (BGE 45 II 509 E. 2 S. 511; HAUSHEER/BRUNNER, N 07.65; ZK-BRÄM, Art. 159 N 147). Entgegen einer in der Rechtsprechung und Literatur (mehr oder weniger klar) vertretenen Auffassung (vgl. etwa BGE 78 II 1 E. 3 S. 4; 64 II 80 S. 82 f.; HEGNAUER, Kindesrecht, Rz 29.10; völlig unhaltbar ZK-BRÄM, Art. 159 N 147) kann aber auch *keine indirekte Unterstützungspflicht* von Schwiegereltern oder Schwiegerkindern über den Umweg der ehelichen Beistandspflicht nach Art. 159 ff. eingeführt werden (gl.M. HAUSHEER/BRUNNER, N 07.69 ff.). Einzig ein Anspruch des Belangten gegenüber seinem Ehegatten gestützt auf Art. 165 Abs. 1, der wie Arbeitseinkommen zu behandeln ist, darf bei der Beurteilung der Leistungsfähigkeit mit berücksichtigt werden (HAUSHEER/BRUNNER, N 07.73; **a.M.** SKOS-Richtlinien 2005, H. 4–2, denenzufolge auch der Beitrag zur freien Verfügung gemäss Art. 164 in die Berechnung mit einzubeziehen ist). Vermögen und Einkommen des Ehegatten des Pflichtigen sind daher ausser Betracht zu lassen (BGE 45 II 509 E. 2 S. 511). Nicht beitragspflichtig ist dementsprechend eine Person, die die Beiträge aus dem Einkommen (oder Vermögen) des Ehegatten leisten müsste, auch wenn sie gerade aus diesem Einkommen (oder Vermögen) in günstigen Verhältnissen lebt (BGE 65 II 127 S. 128; 57 I 259 S. 260). Dasselbe gilt auch für eingetragene Partnerschaften.

f) Die Beweislast

Die **Beweislast** dafür, dass der Pflichtige in günstigen Verhältnissen lebt, trägt der Unter-   **20** stützungsberechtigte bzw. das kraft Subrogation an seiner Stelle klagende Gemeinwesen (Art. 8; WIDMER, 55; überholt durch die Scheidungsrechtsrevision BGE 60 II 266 E. 5 S. 268, demzufolge Verwandte in auf- und absteigender Linie die Beweislast für die Behauptung tragen, nicht leistungsfähig zu sein). Dabei genügt allerdings der Beweis, dass sich der Beklagte in einer Situation befindet, die ihm nach allgemeiner Erfahrung ein Leben im Wohlstand ermöglicht; danach ist es Sache des Belangten zu beweisen, dass dies aufgrund besonderer Umstände bei ihm nicht zutrifft (BGE 42 II 537 E. 2 S. 540 f. bzgl. Geschwister).

Als Beweismittel kommen v.a. (zu edierende) Steuererklärungen etc. in Betracht, jedoch   **21** müssen auch Anscheinsbeweise als ausreichend anerkannt werden, so z.B. wenn der Berechtigte einen aufwändigen Lebensstil führt (mehrere Häuser, mehrere Autos, viele Reisen, Jacht etc.). Die Beweislast für das Vorliegen besonderer Umstände, welche die Heranziehung des Pflichtigen als unbillig erscheinen lassen (Art. 329 Abs. 2), liegt beim Belangten (Urteil des Bundesgerichts 5C.209/1999 vom 6. Januar 2000, E. 4c). Zur Verteilung der Beweislast bei mehreren (potentiell) Verpflichteten vgl. N 25.

4. Das Verhältnis unter mehreren Unterstützungspflichtigen

Der Anspruch auf Unterstützung ist gegen die Pflichtigen in der Reihenfolge ihrer Erbbe-   **22** rechtigung geltend zu machen (Art. 329 Abs. 1), d.h. in erster Linie gegen Nachkommen, in zweiter Linie gegen die Eltern, und zuletzt gegen die Grosseltern, Urgrosseltern etc. (Art. 457 ff.; BANZER, 155 ff.; CARIGIET, ZöF 1987, 73; HEGNAUER, Kindesrecht, Rz 29.12). Entferntere Verwandte können nur zur Unterstützung verpflichtet werden, wenn keine näheren Verwandten mehr leben, wenn sich diese nicht in günstigen Verhältnissen befinden oder wenn ein vorrangig Verpflichteter wegen Unbilligkeit i.S.v. Art. 329 Abs. 2 nicht zur Leistung herangezogen werden kann (HAUSHEER/BRUNNER, N 07.49 und N 07.81). Die nächsten Erbberechtigten befreien daher die entfernteren Verwandten so lange von der Unterstützungspflicht, wie sie selbst leistungspflichtig sind. Ist absehbar, dass ein vorrangig Verpflichteter später eine Leistung erbringen kann, ist im Zweifel die Leistung des nachrangig Verpflichteten zeitlich zu befristen (HAUSHEER/BRUNNER, N 07.50). Als Folge der Abschaffung der Unterstützungspflicht der Seitenverwandten in der Scheidungsrechtsrevision hat diese Bestimmung stark an Bedeutung verloren. Hat der bzw. die Unterstützungsbedürftige sowohl Kinder als auch Eltern (z.B. als Langzeitarbeitsloser oder als geschiedene Frau im mittleren Alter), so werden Erstere kaum je im Wohlstand leben und sind daher (obwohl vorrangig belangbar) nicht leistungspflichtig; die Unterstützungspflicht wird sich in der Praxis somit in einer solchen Situation auf die Aszendenten konzentrieren (so z.B. im BGE 132 III 97 zugrunde liegenden Fall).

23 Mehrere auf gleicher Stufe stehende Verwandte sind **nicht solidarisch,** sondern nur **anteilmässig** im Verhältnis zu ihrer Leistungsfähigkeit beitragspflichtig (BGE 101 II 21 E. 4 S. 24; 83 II 7 E. 2 S. 11; 60 II 266 E. 2 S. 267; 59 II 1 E. 3d S. 5 f.; OGer ZH ZR 1946, 61 ff.; BANZER, 158 f.; HEGNAUER, Kindesrecht, Rz 29.12; TUOR/SCHNYDER/ RUMO-JUNGO, 464; HAUSHEER/BRUNNER, N 07.41). Die Praxis wird weisen müssen, wie in diesem Zusammenhang das Kriterium der günstigen Verhältnisse zu handhaben ist. Als besonders problematisch könnten sich vor allem Fälle erweisen, in denen ein Belangter knapp über und der andere knapp unter der – ziffernmässig ohnehin nicht genau festlegbaren – Wohlstandsgrenze lebt. Der Anteil eines Pflichtigen, der wegen Vorversterbens, fehlenden Wohlstands oder schwerer Belangbarkeit (z.B. infolge Auslandabwesenheit) nicht erhältlich ist, wächst den Verwandten der gleichen Stufe an (BGE 60 II 266 E. 2 S. 267; BANZER, 162; TUOR/SCHNYDER/RUMO-JUNGO, 464). Es liegt hier ein Fall der sog. **Gesamthaftung** vor (CARONI, Zur Geschichte und Dogmatik der Gesamthaftung im schweizerischen Privatrecht, ZBJV 1967, 289 ff., spez. 320 ff.). Diese Gesamthaftung bleibt auch nach der Revision von erheblicher praktischer Bedeutung. So hat z.B. eine geschiedene Frau mit kleinen Kindern, deren Ex-Ehemann seiner Alimentenzahlungspflicht nicht nachkommt (vgl. dazu etwa BGE 101 II 21), einen Unterstützungsanspruch gegen ihre beiden Elternteile, während sich ihre Kinder – soweit nicht das Gemeinwesen die Unterhaltsbeiträge des Vaters bevorschusst (Art. 293 Abs. 2) – nach den dargelegten Regeln an alle vier Grosselternteile halten können (BGE 101 II 21 E. 4 S. 24 f.; vgl. auch Urteil des Bundesgerichts 5C.209/1999 vom 6. Januar 2000, betr. – in casu nicht leistungsfähige – indische Grosseltern väterlicherseits; nicht thematisiert wurde diese Problematik in BGE 132 III 97 betr. pakistanische Grosseltern [dazu KOLLER, recht 2006, 68 f.]).

24 Sind die vorgehenden Verwandten insgesamt nicht in der Lage, die erforderliche Unterstützung aufzubringen, so können Pflichtige unterschiedlichen Erbengrades nebeneinander unterstützungspflichtig werden (BANZER, 163; ZK-EGGER, Art. 329 N 2), so etwa der Vater der Bedürftigen neben ihrem erwachsenen Sohn (BGE 58 II 328) oder die Grosseltern neben den Eltern (BGE 101 II 21; RRE ZG SJZ 1970, 183 f.).

25 Die Frage, ob und in welchem Umfang andere Verwandte der gleichen oder einer vorangehenden Stufe in günstigen Verhältnissen leben, ist im Prozess zwischen dem Ansprecher und dem Belangten *vorfrageweise* abzuklären (BGE 101 II 21 E. 4 S. 24; 83 II 7 E. 2 S. 11; 59 II 1 E. 3 S. 3); eines gerichtlichen Urteils, das den fehlenden Wohlstand vorgehender Verwandter feststellt, bedarf es nicht (BGE 39 II 679 E. 3 S. 682). Die **Beweislast** dafür, dass in der Reihenfolge vorgehende Verwandte zur Leistung der erforderlichen Unterstützung nicht verpflichtet sind, trägt der Unterstützungsberechtigte (BGE 78 II 327 E. 2a S. 330; 50 II 1 S. 3; 39 II 679 E. 3 S. 682). Verlangt der Berechtigte von Pflichtigen der gleichen Rangstufe mehr als deren Pro-Kopf-Anteil, so hat er zu beweisen, dass von den anderen Pflichtigen weniger erhältlich ist (BGE 60 II 266 E. 4 S. 268; Urteil des Bundesgerichts 5C.209/1999 vom 6. Januar 2000, E. 3a). Dabei genügt es nicht, dass das Gericht die mangelnde Leistungsfähigkeit der anderen Pflichtigen für bloss wahrscheinlich hält (Urteil des Bundesgerichts 5C.209/1999 vom 6. Januar 2000, E. 3a).

III. Einzelfragen

26 Der Unterstützungsanspruch als solcher ist *aktiv und passiv unvererblich, unabtretbar, unverzichtbar* (OGer ZH ZR 1946, 61 ff.), *unpfändbar und unverpfändbar* sowie *unverrechenbar* (dazu ausführlich BANZER, 46 ff., m.w.Nw.). Zum Teil anders verhält es sich mit den einzelnen fällig gewordenen Unterstützungsbeiträgen: Diese sind aktiv und passiv vererblich (BGE 82 II 371 E. 1 S. 375), beschränkt pfändbar (vgl. dazu N 45), abtretbar und verpfändbar sowie verzichtbar (BANZER, 52, m.Nw.), jedoch ebenfalls nicht verrechenbar (Art. 125 Ziff. 2 OR; **a.M.** BANZER, 52).

Künftige Unterstützungsbeiträge sind in Form einer Rente einzuklagen (KGer GR PKG 27
1981, 18 ff.). Die Unterstützungsleistungen können nicht in Form einer Kapitalabfindung festgesetzt werden (OGer ZH ZR 1946, 61 ff.); das gilt – anders als für Unterhaltsbeiträge (Art. 288) – auch im Verhältnis zwischen Eltern und Kind (BANZER, 50 f., m.Nw.). Durch Urteil festgesetzte Verwandtenunterstützungsbeiträge können bei erheblich veränderten Verhältnissen nach oben oder nach unten abgeändert werden (Art. 286 Abs. 2 i.V.m. Art. 329 Abs. 3; BGE 78 II 111 S. 113; VerwGer GR PVG 1974, 22 ff.; OGer ZH ZR 1946, 61 ff.; BANZER, 201 f., m.Nw.; HAUSHEER/SPYCHER, N 09.155 ff.).

Der Berechtigte kann keine Erfüllung der Unterstützungspflicht in Form von **Natural-** 28
leistungen verlangen (ZK-EGGER, Art. 328 N 44), der Pflichtige sie aber anbieten, sofern die Entgegennahme von Naturalleistungen dem Berechtigten zumutbar ist (BANZER, 171 f., m.Nw.; CARIGIET, ZöF 1987, 75). Ernst gemeinte Angebote des Pflichtigen, dem Berechtigten in seinem Haushalt Unterkunft und Verpflegung zu gewähren, dürfen im Verhältnis zwischen Aszendenten und Deszendenten nicht leichthin als für den Berechtigten unzumutbar betrachtet werden (BGE 50 II 1 S. 3; 44 II 329; TUOR/SCHNYDER/ RUMO-JUNGO, 466; ZK-EGGER, Art. 328 N 44; zurückhaltend HAUSHEER/BRUNNER, N 07.97).

Der Unterstützungsanspruch als solcher **verjährt** nicht. Unterstützungsbeiträge können 29
indessen nur für die Zukunft sowie für ein Jahr vor der Klageerhebung eingeklagt werden (Art. 279 i.V.m. Art. 329 Abs. 3; HEGNAUER, Kindesrecht, Rz 29.15; KGer GR PKG 1997, 13 ff.; vgl. HAUSHEER/BRUNNER, N 07.108 f.). Die frühere Rechtsprechung des BGer, derzufolge der Berechtigte Unterstützungsansprüche erst vom Zeitpunkt der Klageerhebung an geltend machen konnte (BGE 74 II 19 E. 2 S. 21; BANZER, 180 f.), ist seit der Neufassung von Art. 329 im Rahmen der Kindesrechtsrevision von 1976/1978 überholt. Dasselbe gilt auch, wenn ein Gemeinwesen einen Bedürftigen unterstützt, dadurch in dessen Verwandtenunterstützungsanspruch subrogiert (Art. 289 Abs. 2 i.V.m. Art. 329 Abs. 3; vgl. dazu N 36) und diesen anstelle des Berechtigten gegenüber den Pflichtigen geltend macht (HEGNAUER, Kindesrecht, Rz 29.15; REUSSER, Unterhaltspflicht, Unterstützungspflicht, Kindesvermögen, BTJP 1977, Bern 1978, 76; BANZER, 185; **a.M.** ANDEREGG, SJZ 1978, 56). Die frühere Rechtsprechung des BGer, die dem Gemeinwesen in Anlehnung an Art. 128 Ziff. 1 OR einen Anspruch auf rückwirkende Geltendmachung für den Zeitraum von 5 Jahren gewährte (BGE 91 II 260; AGVE 1997, 23 ff.; BANZER, 183 ff., m.w.Nw.), ist nicht mehr aktuell.

Die einzelnen fällig gewordenen Forderungen auf Unterstützung verjähren nach fünf 30
Jahren (Art. 128 Ziff. 1 OR; ZK-EGGER, Art. 328 N 53; BANZER, 52, m.w.Nw.).

Nach einem Teil der Lehre steht dem Unterstützungspflichtigen kein **Rückerstattungs-** 31
anspruch für geleistete Unterstützungsbeiträge zu, wenn sich die Vermögensverhältnisse des Empfängers verbessern; deshalb sollen solche Beiträge dem Bedürftigen bei einer Erbteilung auch nicht angerechnet werden können (BANZER, 61 f., m.w.Nw.; ZK-EGGER, Art. 329 N 20; ANDEREGG, SJK Nr. 637, 9). Diese Auffassung ist indessen nicht sachgerecht (gl.M. HEGNAUER, Kindesrecht, Rz 29.16; ANDEREGG, SJK Nr. 637, 9; **a.M.** WIDMER, 56 f.; zur erbrechtlichen Ausgleichung vgl. N 48).

IV. Übergangsrecht

31a Die Übergangsbestimmungen zur Scheidungsrechtsrevision enthalten keine Regel bzgl. Verwandtenunterstützungspflicht. Massgebend sind daher die allgemeinen Anwendungs- und Einführungsbestimmungen im Schlusstitel des ZGB (Art. 1 ff.). Dementsprechend beurteilt sich die Pflicht zur Leistung von Verwandtenunterstützungsbeiträgen bis Ende 1999 nach altem und ab 1.1.2000 nach neuem Recht (Art. 3 SchlT). Seitenverwandte sind daher ab diesem Zeitpunkt nicht mehr leistungspflichtig, Aszendenten und Deszendenten nur noch, wenn sie sich in günstigen Verhältnissen befinden. Unklar ist, ob richterlich festgesetzte Unterstützungsbeiträge ab 1.1.2000 ohne weiteres erlöschen oder ob dazu ein Abänderungsurteil (Art. 286 Abs. 2 i.V.m. Art. 329 Abs. 3) erforderlich ist. Zumindest bei Geschwistern ist m.E. ein solches Urteil überflüssig, da das neue Recht dem Gericht bez. Seitenverwandten keinen Ermessensspielraum belässt.

V. Prozessuales

32 Gemäss Art. 329 Abs. 3 finden die Bestimmungen über die Unterhaltsklage des Kindes entsprechende Anwendung. Diese Verweisung auf die Verfahrensregeln (Art. 279 ff.) wurde mit der Revision des Kindesrechts auf den 1.1.1978 eingeführt (vgl. dazu BANZER, 39 ff.). Ansprüche auf Verwandtenunterstützung sind seither von Bundesrechts wegen zwingend durch **Klage beim Gericht** geltend zu machen (Art. 279; VerwGer BE BVR 1999, 412 ff.; KGer GR PKG 1981, 18 ff.; HEGNAUER, Kindesrecht, Rz 29.14; TUOR/SCHNYDER/RUMO-JUNGO, 464, m.Nw.; vgl. z.B. OGer TG RBOG 1994, 149 ff. zur Frage, welches kantonale Verfahren anwendbar ist). Die Kantone dürfen nicht mehr Administrativbehörden als zuständig erklären (BANZER, 37 ff.; REUSSER, a.a.O. [oben N 29], 76); formell nicht aufgehobene Regelungen haben keine Gültigkeit mehr (RRB AR ARGVP 1994, 7 f.).

32a Die Verweisung bezieht sich auch auf Art. 292; Unterstützungspflichtige können daher verhalten werden, für künftige Unterhaltsbeiträge Sicherheit zu leisten (BezGer Baden SJZ 1995, 434 f.).

32b Liegt kein internationales Verhältnis vor (Art. 1 Abs. 1 GestG), so ist zwingend ein Gerichtsstand am Wohnsitz einer Partei gegeben (Art. 17 lit. b GestG; Art. 279 Abs. 2 ZGB wurde durch das GestG aufgehoben). Für internationale Verhältnisse vgl. N 35.

VI. IPR und IZPR

33 Das Haager Übereinkommen über das auf Unterhaltspflichten anzuwendende Recht vom 2.10.1973 (UstÜ; SR 0.211.213.01) gilt auch für Unterstützungsansprüche unter Verwandten (vgl. Art. 1 UstÜ; IPRG-Kommentar-SIEHR, Art. 83 N 22; unklar bez. Ansprüche der Aszendenten gegenüber den Deszendenten BSK IPRG-SCHWANDER, Art. 83 N 10). Als so genanntes *Erga-omnes-Abkommen mit Loi-uniforme-Charakter* (vgl. dazu IPRG-Kommentar-VOLKEN, Art. 1 N 64; BSK IPRG-SCHWANDER, Art. 83 N 1) hat es die Schweiz auch dann anzuwenden, wenn das Recht des verwiesenen Staates nicht das Recht eines Vertragsstaats ist (Art. 3 UstÜ; BGE 112 II 289 E. 5 S. 295; BSK IPRG-SCHWANDER, Art. 83 N 1) und wenn die betroffenen Personen weder Angehörige eines Vertragsstaats sind noch in einem solchen wohnen (IPRG-Kommentar-VOLKEN, Art. 1 N 63; IPRG-Kommentar-SIEHR, Art. 83 N 30; BSK IPRG-SCHWANDER, Art. 83 N 13). Für nationale Kollisionsregeln lässt es keinen Raum; Art. 83 Abs. 1 IPRG hat denn auch nur deklaratorische Wirkung (IPRG-Kommentar-SIEHR, Art. 83 N 30; BSK IPRG-SCHWANDER, Art. 83 N 1). Nach schweizerischem IPR findet dieses

Abkommen daher auf jeden Unterhaltsanspruch mit internationalem Bezug Anwendung (Botschaft zum IPRG, Ziff. 245.2). Auch **Regressansprüche** von Einrichtungen, die öffentliche Aufgaben wahrnehmen, werden von ihm umfasst (Art. 9 und Art. 10 Nr. 3 UstÜ; BSK IPRG-SCHWANDER, Art. 83 N 11; IPRG-Kommentar-SIEHR, Art. 83 N 60).

Auf Fälle internationaler Verwandtenunterstützungspflicht ist grundsätzlich das Recht **34** desjenigen Staates anwendbar, in dem der Unterstützungsberechtigte seinen gewöhnlichen Aufenthalt hat (Art. 4 UstÜ; OGer VD JdT 1983 III 27 ff.), eventuell das gemeinsame Heimatrecht oder die lex fori (Art. 5 und 6 UstÜ; vgl. auch HEGNAUER, Kindesrecht, Rz 20.42; zu den Einzelheiten vgl. IPRG-Kommentar-SIEHR, Art. 83 N 31 ff., sowie BSK IPRG-SCHWANDER, Art. 83 N 14 ff.). Unter Schweizer Bürgern ist allerdings schweizerisches Recht massgebend, wenn der Verpflichtete seinen gewöhnlichen Aufenthalt in der Schweiz hat, da die Schweiz einen entsprechenden Vorbehalt angebracht hat (Art. 15 UstÜ; IPRG-Kommentar-SIEHR, Art. 83 N 85). Die Frage, ob eine öffentliche Aufgaben wahrnehmende Einrichtung Anspruch auf Erstattung der dem Unterhaltsberechtigten erbrachten Leistungen hat, richtet sich nach dem Recht des Staates, dem die Einrichtung untersteht (Art. 9 UstÜ).

Im IPRG findet sich keine ausdrückliche Regelung über die internationale **Zuständigkeit** **35** für die prozessuale Geltendmachung von Unterstützungsansprüchen (das Gerichtsstandsgesetz ist auf internationale Sachverhalte nicht anwendbar; Art. 1 Abs. 1 GestG). Nicht sachgerecht wäre es, auf solche Klagen die allgemeine Zuständigkeitsregel von Art. 2 IPRG (Gerichte am Wohnsitz des Beklagten) anzuwenden (so aber WALDER, in: Die allgemeinen Bestimmungen des BG über das internationale Privatrecht [Hrsg. HANGARTNER], 1992, 174). Aufgrund der sachlichen Nähe der Verwandtenunterstützungspflicht zum Unterhaltsrecht des unmündigen Kindes (s.a. Art. 329 Abs. 3) ist diese Frage in sinngemässer Anwendung der Art. 79–81 IPRG zu beurteilen (gl.M. HEGNAUER, Elterliche Unterstützungspflicht und Verwandtenunterstützungspflicht, ZVW 1994, 13; differenzierend IPRG-Kommentar-SIEHR, Art. 79 N 10 f.). Zuständig sind daher die schweizerischen Gerichte am gewöhnlichen Aufenthaltsort oder Wohnsitz des Unterhaltsberechtigten oder, wenn ein solcher fehlt, am gewöhnlichen Aufenthaltsort des Pflichtigen (Art. 79 Abs. 1 IPRG), subsidiär die Gerichte am Heimatort, wenn einer der Beteiligten Schweizer Bürger ist (Art. 80 IPRG). Im Geltungsbereich des LugÜ (SR 0.275.11) kann der Pflichtige vor dem Gericht des Ortes, an dem der Unterstützungsberechtigte seinen Wohnsitz oder gewöhnlichen Aufenthalt hat, verklagt werden (Art. 5 Ziff. 2 LugÜ; HAUSHEER/KOCHER, N 12.62 i.V.m. N 12.65). Daneben besteht alternativ die allgemeine Zuständigkeit am Wohnsitz des Beklagten (Art. 2 LugÜ) sowie die Möglichkeit einer Gerichtsstandsvereinbarung (Art. 17 LugÜ; HAUSHEER/KOCHER, N 12.65). Wenn der Unterstützungsanspruch durch Subrogation auf das Gemeinwesen übergegangen ist, so ändert das zwar nichts an der Anwendbarkeit des LugÜ (es bleibt eine Zivilsache i.S.v. Art. 1 Abs. 1 LugÜ), doch das Gemeinwesen kann sich nicht auf den Gerichtsstand gemäss Art. 5 Ziff. 2 LugÜ berufen (EuGH Rs. C-433/01 zum EuGVÜ; zur Subrogation siehe unten N 36).

Die **Anerkennung** und **Vollstreckung** ausländischer Urteile über die Verwandtenunter- **35a** stützungspflicht beurteilt sich nach den Art. 25 ff. IPRG bzw. nach dem Haager Übereinkommen über die Anerkennung und Vollstreckung von Unterhaltsentscheidungen vom 2.10.1973 (SR 0.211.213.02; vgl. spez. dessen Art. 1). Im internationalen Verhältnis wird die Durchsetzung von Unterhaltsansprüchen sodann **erleichtert** durch die Bestimmungen des New Yorker Übereinkommens über die Geltendmachung von Unterhaltsansprüchen im Ausland vom 20.6.1956 (SR 0.274.15).

VII. Das Verhältnis der Verwandtenunterstützungspflicht zu anderen Rechtsgebieten

1. Zum Sozialfürsorgerecht

36 Die Verwandtenunterstützungspflicht geht dem Sozialfürsorgerecht vor (Art. 329 Abs. 3 i.V.m. Art. 289 Abs. 2; Art. 293 Abs. 1); die Fürsorgepflicht des Gemeinwesens ist gegenüber Art. 328/329 *subsidiär* (TUOR/SCHNYDER/RUMO-JUNGO, 462; HEGNAUER, Kindesrecht, Rz 29.03; STETTLER, SPR III/2, 314; HAFFTER, 88 f.; WOLFFERS, 171; KGE VS RVJ 2005, 74; VerwGer GR PVG 1991, 44 f.; vgl. BGE 131 I 166 E. 3.1 S. 172; für das deutsche Recht eingehend FUCHS, Materielle Existenzsicherung, passim; einlässlich zum Ganzen insbes. WIDMER, passim). Richtet eine Gemeinde Unterstützungsbeiträge aus, so gehen die Ansprüche des Sozialhilfeempfängers in entsprechendem Umfang mit allen Rechten (darunter auch das Recht auf Sicherstellung gemäss Art. 292 [BezGer Baden SJZ 1995, 434 f.] sowie das Gerichtsstandsprivileg von Art. 279 Abs. 2 [Urteil des Bundesgerichts 5C.209/1999 vom 6. Januar 2000, E. 1]) auf das Gemeinwesen über (Art. 329 Abs. 3 i.V.m. Art. 289 Abs. 2). Es handelt sich um eine *gesetzliche Subrogation* (dazu ausführlich HAFFTER, 204 ff.; BANZER, 58 f.; WOLFFERS, 174). Darf die Unterstützungspflicht (ausnahmsweise) *in natura* angeboten werden (vgl. dazu N 28), so ist eine solche Subrogation wegen der «Natur des Rechtsverhältnisses» (Art. 164 Abs. 1 OR) allerdings ausgeschlossen. Der Anspruch bleibt privatrechtlicher Natur (BGE 106 II 287 E. 2a S. 290 und BANZER, 60 f., je m.w.Nw., vgl. auch EuGH Rs. C-433/01, dazu oben N 35) und kann vom Gemeinwesen nicht mittels Verfügung, sondern nur durch Klage vor dem Zivilrichter geltend gemacht werden (VerwGer AG AGVE 2003, 187; WOLFFERS, 174). Im interkantonalen Verhältnis bestimmt sich die Aktivlegitimation für den Rückgriffsanspruch nach Art. 25 ZUG (SR 851.1).

36a Nicht privatrechtlicher Natur ist die *Rückerstattungspflicht des Sozialhilfeempfängers;* diese wird durch das kantonale Sozialfürsorgerecht und nicht durch Art. 328 geregelt. Dementsprechend kann das kantonale öffentliche Recht auch eine Rückerstattungspflicht der *Erben des Unterstützten* vorsehen, selbst wenn diese gleichzeitig unterstützungspflichtige Verwandte i.S.v. Art. 328 sind. Der Rückgriff des Gemeinwesens auf Unterstützungspflichtige gemäss Art. 328 ist klar vom auf kantonalem Recht beruhenden Rückerstattungsanspruch der öffentlichen Hand gegen die Erben des Unterstützten zu unterscheiden (VerwGer ZH ZBl 1998, 492 ff. = RB 1997, 209 ff.).

2. Zum Sozialversicherungsrecht

37 Nach Art. 20 ATSG (SR 830.1) können Geldleistungen von Sozialversicherungen unter gewissen Umständen an Personen ausbezahlt werden, die gegenüber der berechtigten Person sittlich oder rechtlich unterstützungspflichtig sind. Dies gilt auch für Unterstützungspflichtige nach Art. 328. Einzelgesetzliche Abweichungen von Art. 20 ATSG sehen auch andere Drittauszahlungsmöglichkeiten vor (vgl. z.B. Art. 22bis Abs. 2 und Art. 22ter Abs. 2 AHVG).

37a Erfüllt der nach Art. 328 Verpflichtete seine Unterstützungspflicht in natura (vgl. N 28) im gemeinsamen Haushalt, so steht ihm eine **Betreuungsgutschrift** nach Art. 29^{septies} Abs. 1 AHVG zu, sofern der Unterstützte Anspruch auf eine Hilflosenentschädigung der AHV oder IV für mindestens mittlere Hilflosigkeit hat. Ausgeschlossen sind solche Betreuungsgutschriften, solange der Unterstützungspflichtige Anspruch auf eine Erziehungsgutschrift hat (Art. 29^{septies} Abs. 2 AHVG). Zum Verhältnis zwischen Unterstützungsleistungen nach Art. 328 f. und den einkommensabhängigen ausserordentlichen Renten der AHV, die mit der 10. AHV-Revision abgeschafft wurden, vgl. N 37 der ersten Auflage.

Wer Unterstützungsleistungen an Verwandte erbringt und dazu Taggelder bezieht, hat **38** heute in keinem Zweig des Sozialversicherungsrechts mehr Anspruch auf Unterstützungszulagen (zum bis am 31.12.2003 geltenden Recht vgl. N 38 der zweiten Auflage). Unterstützungsleistungen an Verwandte haben folglich keinen Einfluss auf die Höhe des Taggeldes bei der **Invalidenversicherung** (Art. 24 IVG), bei der **Arbeitslosenversicherung** (Art. 22 AVIG), bei der **Unfallversicherung** (Art. 17 Abs. 1 UVG) und bei der **Militärversicherung** (Art. 28 MVG). Sind bei einem verstorbenen Militärversicherten keine Ehegatten oder Kinder rentenberechtigt, werden aber sog. **Elternrenten** ausgerichtet, soweit ein Bedürfnis besteht (Art. 55 MVG).

Bei den **Ergänzungsleistungen zur Alters-, Hinterlassenen- und Invalidenversiche- 39 rung** sind Leistungen von Verwandten gemäss Art. 328 ff. nicht als Einkommen anzurechnen (Art. 3c Abs. 2 lit. a ELG). Ergänzungsleistungen gehen Ansprüchen aus Verwandtenunterstützungspflicht vor, Letztere sind also subsidär gegenüber den Ergänzungsleistungen (BGE 116 V 328; 109 V 134 = Pra 1984, 115; Carigiet/Koch, S. 93; vgl. dazu ausführlich Müller, Art. 3c ELG N 565 ff.). Daher dürfen Mahlzeiten, die ein Gesuchsteller bei seinen Kindern einnimmt, diesem nicht als Einnahmen angerechnet werden (Urteil des Bundesgerichts P. 49/00 vom 20. März 2001, E. 2). Ob Auslagen eines Ergänzungsleistungsbezügers für die Unterstützung von Verwandten bei der Ermittlung des anrechenbaren Einkommens in Abzug gebracht werden dürfen (bejahend VerwGer LU LGVE 1979 II 87 ff., verneinend Carigiet/Koch, S. 93 FN 249), ist fraglich. Wer Ergänzungsleistungen bezieht, lebt nicht in günstigen Verhältnissen und schuldet daher keine Unterstützungsbeiträge (Urteil des Bundesgerichts P. 76/01 vom 9. Januar 2003, E. 3 und P. 53/01 vom 13. März 2002, E. 3.a/cc). Die Berücksichtigung von freiwillig geleisteten Unterstützungsbeiträgen aber würde zu einem indirekten (und im Gesetz nicht vorgesehenen [vgl. Art. 3b Abs. 3 lit. e ELG]) Zufluss von Ergänzungsleistungen an nichtberechtigte Personen führen.

Gemäss Art. 65 Abs. 1 KVG gewähren die Kantone den Versicherten *in bescheidenen* **39a** *wirtschaftlichen Verhältnissen* **Prämienverbilligungen.** Diese Prämienverbilligungen sind gegenüber der Verwandtenunterstützungspflicht subsidär, d.h. bei der Abklärung, ob ein Ansprecher in bescheidenen wirtschaftlichen Verhältnissen lebt, dürfen Unterstützungsansprüche gegen Verwandte gemäss Art. 328 f. berücksichtigt werden (Verw Ger GR PVG 1997, 71 ff., 74). Nicht angängig ist es allerdings, dabei die Familie als wirtschaftliche Einheit zu betrachten und einen Anspruch auf Prämienverbilligung erst zuzubilligen, wenn nicht bloss ein einzelnes Familienmitglied, sondern die Familie insgesamt in bescheidenen Verhältnissen lebt (so missverständlich VerwGer GR PVG 1997, 71 ff., 74). Denn damit würde indirekt die Unterstützungspflicht auf Verwandte ausgedehnt, die zwar theoretisch leistungsfähig wären, aber nicht in günstigen Verhältnissen leben und daher nach Art. 328 nicht leistungspflichtig sind.

3. Zum Opferhilfegesetz

Gemäss Art. 2 Abs. 1 OHG hat jede Person Anspruch auf **Opferhilfe,** die durch eine **39b** Straftat in ihrer körperlichen, sexuellen oder psychischen Integrität unmittelbar beeinträchtigt worden ist. Der Ehegatte des Opfers, dessen Kinder und Eltern sowie andere Personen, die ihm in ähnlicher Weise nahe stehen, werden dem Opfer u.a. bei der Geltendmachung von Entschädigung und Genugtuung gleichgestellt, soweit ihnen Zivilansprüche gegenüber dem Täter zustehen (Art. 2 Abs. 2 OHG). Wird ein Unterstützungspflichtiger durch eine Straftat getötet, so kann der Unterstützungsberechtigte daher nach den Regeln von Art. 11 ff. OHG (i.V.m. Art. 45 Abs. 3 OR) vom zuständigen Kanton Entschädigung und Genugtuung verlangen (vgl. dazu etwa den – bez. Berechnung der Genugtuungshöhe allerdings ausserordentlich problematischen – BGE 123 III 10 [«China-Urteil»]).

4. Zum Steuerrecht

40 Einkünfte aus Verwandtenunterstützungspflicht sind **steuerfrei** (Art. 24 lit. e DBG; Art. 7 Abs. 4 lit. g StHG). Leistungen in Erfüllung familienrechtlicher Unterstützungspflichten können demgegenüber steuerlich **nicht vom Roheinkommen abgezogen werden** (Art. 33 Abs. 1 lit. c DBG; Art. 9 Abs. 2 lit. c StHG; VerwGer BE BVR 1998, 150 ff.; VerwGer FR RDAF 1997 II 406, 410 f. = StE 1997 B 27–4 Nr. 14 = StR 1997, 421 ff., 424 f.). Unterstützungsleistungen an erwerbsunfähige oder beschränkt erwerbsfähige Personen berechtigen aber bei der direkten Bundessteuer (Art. 35 Abs. 1 lit. b DBG) zu einem (beschränkten) **Sozialabzug.** Auch die Kantone gewähren unter unterschiedlichen Voraussetzungen einen ähnlichen Unterstützungsabzug als Sozialabzug (vgl. z.B. Art. 40 Abs. 5 StG BE und § 35 lit. b StG BS sowie zum Letzteren den Entscheid des VerwGer BS, STR 2004, 511 f.). Nicht verheiratete Personen, die mit unterstützungsbedürftigen Personen *im gleichen Haushalt* leben, unterliegen dem (günstigeren) Steuertarif für Verheiratete (Art. 36 Abs. 2 DBG; Art. 11 StHG).

5. Zum Strafrecht

41 Die Vernachlässigung von Unterstützungspflichten nach Art. 328 ff. kann den Tatbestand von Art. 217 StGB erfüllen (BANZER, 208 ff., m.Nw.; so auch schon RENGGLI, Die Verletzung der Unterhaltspflicht, Diss. Bern 1943, 69 ff., und ZK-EGGER, Art. 329 N 58).

6. Zum Schuldbetreibungs- und Konkursrecht

a) Der Unterstützungspflichtige als Schuldner

42 Bei der Ermittlung des *betreibungsrechtlichen Existenzminimums* sind Unterstützungsleistungen zu berücksichtigen, die der Betreibungsschuldner an Verwandte erbringt. Denn zur «Familie» des Schuldners i.S.v. Art. 93 SchKG gehören auch seine unterstützungsberechtigten Verwandten (BGE 82 III 19 E. 2 S. 22 f.; 82 III 110 E. 1 S. 113; 77 III 151 E. 5b S. 158; 54 III 313; 51 III 226 E. 2 S. 228; AMONN/WALTHER, Grundriss des Schuldbetreibungs- und Konkursrechts, 7. Aufl., Bern 2003, § 23 N 62 f.), und zwar unabhängig davon, ob sie mit ihm in einem gemeinsamen Haushalt leben oder nicht (BANZER, 214; ZK-EGGER, Art. 329 N 57), sofern die Unterstützungsbeiträge nachweislich geleistet werden und keine Vergütung für bezogene Naturalleistungen darstellen (vgl. BGE 70 III 22; vgl. dazu etwa auch Ziff. 5 des Kreisschreibens Nr. B3 der Aufsichtsbehörde in Betreibungs- und Konkurssachen für den Kanton Bern betr. Richtlinien über die Berechnung des Existenzminimums vom 1.1.1994, ZBJV 1994, 110 f.). Auf den ersten Blick scheint dies zwar im Widerspruch zu Art. 328 zu stehen, der eine Unterstützungspflicht nur vorsieht, wenn der Pflichtige in günstigen Verhältnissen lebt. Die Berücksichtigung effektiv geleisteter Unterstützungsbeiträge bei der Ermittlung des betreibungsrechtlichen Existenzminimums ist indessen sachgerecht, da die *freiwillige Leistung von Unterstützungsbeiträgen an Verwandte in Notlagen* durch das Zwangsvollstreckungsrecht nicht behindert werden soll. Der Unterstützte muss sich aber eine Untersuchung der Betreibungsbehörden bezüglich seiner Existenzverhältnisse gefallen lassen (vgl. BGE 70 III 22). Unter Umständen ist die Unterhaltsleistung nur teilweise dem Existenzminimum des Zahlenden zuzurechnen (Urteil des Bundesgerichts 7B.135/2002 vom 2. August 2002, E. 3.1).

43 Anders als bei einer Betreibung für familienrechtliche Unterhaltsleistungen i.e.S. (vgl. dazu etwa HAUSHEER/KOCHER, N 12.50 ff.) muss sich der Schuldner bei der Betreibung durch lediglich Unterstützungsberechtigte einen Eingriff in das Existenzminimum nicht gefallen lassen. Ein solcher Eingriff stünde im Widerspruch zum nach Art. 328 erforderlichen Kriterium der günstigen Verhältnisse, dem nicht nur im Erkenntnis-, sondern auch im Vollstreckungsverfahren Rechnung getragen werden muss. Dem Gemeinwesen, welches in die Ansprüche des Unterstützungsbedürftigen subrogiert, stünde ein solches Privileg im Übrigen ohnehin nicht zu (BGE 116 III 10).

Forderungen aus Verwandtenunterstützungspflicht, die in den letzten sechs Monaten vor   **44** der Konkurseröffnung entstanden sind, fallen – sofern sie nicht durch Naturalleistung zu erfüllen sind (vgl. N 28) – in die erste Konkursklasse (Art. 219 Abs. 4 Erste Klasse lit. c SchKG), ältere noch nicht befriedigte Unterstützungsansprüche in die dritte Konkursklasse (Art. 219 Abs. 4 Dritte Klasse SchKG; zur Fristberechnung vgl. auch Art. 219 Abs. 5 SchKG).

b) Der Unterstützungsberechtigte als Schuldner

Fällig gewordene Forderungen aus Verwandtenunterstützungspflicht, nicht aber der An-   **45** spruch auf künftige Unterstützungsleistungen, wären zwar grundsätzlich *beschränkt pfändbar* (Art. 93 SchKG; BGE 54 III 131 E. 1 S. 134; BANZER, 217 f.; AMONN/ WALTHER [N 42], § 23 N 48), d.h. sie können nur (aber immerhin) so weit gepfändet werden, als sie nicht nach Ermessen des Betreibungsbeamten für den Schuldner und seine Familie unumgänglich notwendig sind. Letzteres wird bei Leistungen nach Art. 328 f. jedoch stets der Fall sein (vgl. ZK-EGGER, Art. 328 N 55), so dass die beschränkte Pfändbarkeit praktisch durchwegs ausgeschlossen sein dürfte.

7. Zum Anspruch auf unentgeltliche Prozessführung

Die Unterstützungspflicht der Verwandten erstreckt sich nur auf die zum Lebensunterhalt   **46** des Bedürftigen erforderlichen Leistungen, nicht aber auf die Kosten der von ihm angehobenen Prozesse (Urteil des Bundesgerichts B. 76/05 vom 12. September 2005, E. 4.2; BGE 67 I 65 E. 3 S. 70; 64 I 1 E. 1 S. 5; KGer VS RVJ 1986, 310 ff.; VerwGer GR PVG 1985, 46 ff.). Bei der Beurteilung der Bedürftigkeit einer Prozesspartei, die ein Gesuch um **unentgeltliche Prozessführung und unentgeltliche Verbeiständung** stellt, sind somit Ansprüche aus Verwandtenunterstützungspflicht nicht zu berücksichtigen (unzutreffend daher das obiter dictum in BGE 119 Ia 134 E. 4 S. 135); anders verhält es sich diesbezüglich beim Unterhaltsanspruch des mündigen Kindes nach Art. 277 Abs. 2 (Urteil des Bundesgerichts 2A.314/2002 vom 5. August 2002, E. 4.2; BGE 127 I 202).

Bei der Prüfung der Frage, ob jemand Anspruch auf unentgeltliche Prozessführung hat, **46a** sind *rechtlich geschuldete* Unterstützungsbeiträge des Prozessbeteiligten (soweit sie effektiv geleistet werden) zu berücksichtigen, *moralisch geschuldete nur soweit angemessen* (Ziff. C/2/f des Kreisschreibens Nr. 18 des Appellationshofs des Kantons Bern und des Verwaltungsgerichts des Kantons Bern über die Ermittlung und den Nachweis der Prozessarmut im Sinne von Art. 77 Abs. 1 ZPO und Art. 111 Abs. 1 VRPG, ZBJV 2000, 591). Ersteres dürfte im Hinblick auf das Kriterium der günstigen Verhältnisse gemäss Art. 328 Abs. 1 kaum je vorkommen; Letzteres ist sachgerecht, soll doch die freiwillige Leistung von Unterstützungsbeiträgen an Verwandte in Notlagen nicht durch das Prozessrecht in ungebührlicher Weise behindert werden (vgl. dazu auch N 42).

8. Zum Vormundschaftsrecht

Nach der Rechtsprechung des BGer sind die nach Art. 328/329 unterstützungspflichtigen   **47** und unterstützungsberechtigten Verwandten von Bundesrechts wegen befugt, die **Entmündigung** der betroffenen Person zu beantragen (BGE 112 II 479 E. 2 S. 481; 62 II

268 E. 1 S. 269 f.; RRE LU LGVE 1989 III 339 ff.; 1988 III 354 ff.; KGer VS RVJ 1975, 243 ff.; HEGNAUER, Kindesrecht, Rz 29.08; BK-SCHNYDER/MURER, Art. 373 N 88, m.w.Nw.). Dieses Antragsrecht verleiht den Verwandten einen persönlichen Anspruch auf Einleitung des Entmündigungsverfahrens und auf einen Sachentscheid über die Entmündigung; insofern unterscheidet sich die Stellung der Verwandten von derjenigen eines blossen Anzeigenerstatters (BGE 112 II 479 E. 3 S. 481 f.). Die unterstützungspflichtigen und -berechtigten Verwandten haben aber nur dann Parteistellung, wenn sie das Verfahren selber beantragen; eine anderweitig verhängte Vormundschaft können sie nicht selbständig anfechten (BGer SJ 1989, 343 f.). Dieselben Regeln gelten für die Bestellung eines Beistandes nach Art. 392 ff. (Urteil des Bundesgerichts 5C.98/2001 vom 9. Juli 2001, E. 2).

9. Zum Erbrecht

48   Die Verletzung familienrechtlicher Unterstützungspflichten kann einen **Enterbungsgrund** i.S.v. Art. 477 Ziff. 2 bilden (BGE 106 II 304; 76 II 265 E. 4 S. 271; BANZER, 206, m.Nw.). Leistungen, die ein Erblasser in Erfüllung seiner gesetzlichen Verwandtenunterstützungspflicht erbracht hat, sind nach gängiger Auffassung grundsätzlich **nicht ausgleichungspflichtig,** es sei denn, dass dieser eine Ausgleichungspflicht ausdrücklich angeordnet hat (OGer BE ZBJV 1957, 328 ff.; ZK-ESCHER, Art. 626 N 41; Steinauer, Le droit des successions, Bern 2006, Rz 179; so wohl auch BSK ZGB II-FORNI/PIATTI, Art. 626 N 12; offen gelassen in BGE 76 II 188 E. 6 S. 196 f., m.w.Hw.). Diese Auffassung ist allerdings fraglich, jedenfalls wenn die Unterstützung nicht freiwillig erfolgt, sondern von Gerichten oder Behörden erzwungen wird, eine Begünstigungsabsicht des Leistenden also offenkundig fehlt; ggf. ist in solchen Fällen eine stillschweigende Anordnung der Ausgleichungspflicht anzunehmen (vgl. dazu auch o. N 31). Das Gesetz bezweckt mit Art. 328 f. nur eine unmittelbare Hilfe für den Bedürftigen, ohne dass es den *Grundsatz der Gleichbehandlung der Erben* – wie er z.B. in Art. 631 Abs. 2 für in Ausbildung stehende Kinder Ausdruck gefunden hat – beseitigen will (gl.M. DRUEY, Erbrecht, § 7 N 34). Die Ausgleichungspflicht ist daher sachlich geboten (vgl. dazu als Bsp. etwa die Situation der Familie F. bei TSCHUDIN, 266 ff.: In diesem Fall wäre es stossend, wenn sich die drogensüchtige Tochter die von den Eltern übernommenen hohen Kosten des Entzugs bei einer Erbteilung gegenüber ihrem Bruder, der das elterliche Geschäft weiterführt, nicht anrechnen lassen müsste; gl.M. wie hier nun offenbar auch WIDMER, 56 und BK-EITEL, Art. 626 N 30, welcher allgemein Zuwendungen in Erfüllung gesetzlicher Pflichten aufgrund einer spezifischen familienrechtlichen Beziehung als ausgleichungspflichtig bezeichnet). Die gegenteilige Auffassung hätte zur Folge, dass die Unterstützung im Ergebnis (auch) *auf Kosten der Geschwister* geschähe (so zutreffend EITEL, Die Berücksichtigung lebzeitiger Zuwendungen im Erbrecht, Bern 1998, 162), was letztlich zu einem Wertungswiderspruch mit der Abschaffung der Geschwisterunterstützungspflicht in der Scheidungsrechtsrevision führen würde.

Art. 330

C. Unterhalt von Findelkindern	¹ **Findelkinder werden von der Gemeinde unterhalten, in der sie eingebürgert worden sind.**
	² **Wird die Abstammung eines Findelkindes festgestellt, so kann diese Gemeinde die unterstützungspflichtigen Verwandten und in letzter Linie das unterstützungspflichtige Gemeinwesen zum Ersatz der Auslagen anhalten, die sein Unterhalt ihr verursacht hat.**

C. Entretien des enfants trouvés	[1] L'enfant trouvé est entretenu par la commune dans laquelle il a été incorporé.
	[2] Lorsque son origine vient à être constatée, la commune peut exiger de ceux des parents qui lui doivent des aliments et, subsidiairement, de la corporation publique tenue de l'assister, le remboursement des dépenses faites pour son entretien.

C. Assistenza di trovatelli	[1] I trovatelli sono assistiti dal Comune nel quale sono incorporati.
	[2] Se poi è stabilita la discendenza di un trovatello, questo Comune può ripetere il rimborso delle spese cagionate dal mantenimento contro i parenti obbligati, ed in ultima linea contro l'ente pubblico tenuto all'assistenza.

Literatur

BIDERBOST, Findelkinder, Zeitschrift für Vormundschaftswesen 1999, 49 ff., HADORN, Bundesgesetz über die Unterstützung Bedürftiger (Zuständigkeitsgesetz), ZöF 1983, 114 ff.; HAUSHEER/AEBI-MÜLLER, Renaissance einer alten Idee: Das Einsiedler Babyfenster aus (zivil)rechtlicher Sicht, recht 2002, 1 ff.; HESS, Von der armenrechtlichen Heimschaffung zum integralen Wohnsitzprinzip, ZöF 1979, 1 ff.; THOMET, Kommentar zum Bundesgesetz über die Zuständigkeit für die Unterstützung Bedürftiger (ZUG), 2. Aufl. 1994; vgl. ausserdem die Literaturhinweise zu Art. 328/329.

I. Allgemeines

Die praktische Bedeutung dieser Bestimmung ist eher gering, da (gegenwärtig) in der **1** Schweiz Findelkinder nicht sehr häufig – aber trotzdem öfter als man denkt (vgl. BIDERBOST, 51 sowie 53 f.) – aufgefunden werden und weil ihnen verschiedene Sozialversicherungsansprüche zustehen (vgl. dazu N 11 f.), die ihre Unterstützungsbedürftigkeit wesentlich einschränken. Inwieweit allenfalls sog. «Babyfenster» zu einer Zunahme von Findelkindern führen könnten, muss die Zukunft zeigen (dazu HAUSHEER/AEBI-MÜLLER, 11 f.). Seit der Eröffnung des ersten und bis heute einzigen schweizerischen Babyfensters am 9. Mai 2001 in Einsiedeln wurden aber nur gerade drei Neugeborene ins Fenster gelegt (siehe dazu ‹www.babyfenster.ch›, besucht am 28.6.2006).

Art. 330 Abs. 1 und 2 zweiter Satzteil betreffen Fragen, die an sich nicht zivilrechtlicher **2** Natur sind und daher nicht im ZGB geregelt werden müssten. Es war zu Beginn des 20. Jahrhunderts jedoch zweckmässig, das Problem der örtlichen Zuständigkeit des Gemeinwesens zur Unterstützung von Findelkindern sowie des Rückgriffsrechts der unterstützenden Gemeinde auf das effektiv unterstützungspflichtige Gemeinwesen bei späterer Feststellung der Abstammung im ZGB einheitlich zu regeln. Unter dem nach früherem Verfassungsrecht im Fürsorgebereich interkantonal geltenden **Heimatprinzip** (HESS, 6 f.; THOMET, 20) enthielt Art. 330 Abs. 1 allerdings eine Selbstverständlichkeit; Bedeutung kam ihm nur insoweit zu, als er darüber hinaus die Zuständigkeit zur Unterstützung von Findelkindern auch gleich **innerkantonal** regelte.

Genuin zivilrechtlicher Natur ist dagegen die in Art. 330 Abs. 2 erster Satzteil geregelte **3** Frage des Rückgriffes des unterstützenden Gemeinwesens auf die unterstützungspflichtigen Verwandten (sowie die in dieser Bestimmung nicht geregelte Frage des Rückgriffs auf die unterhaltpflichtigen Eltern).

II. Das Verhältnis von Art. 330 zum ZUG

Art. 330 Abs. 1 wird heute durch die Bestimmungen des ZUG derogiert. Durch Änderun- **4** gen der Art. 45 und 48 aBV (die den heutigen Art. 24 und 115 BV entsprechen) wechselte die Schweiz im Jahre 1975 im Bereich des Fürsorgerechts – nachdem diese Entwicklung bereits durch verschiedene Konkordate vorgezeichnet worden war – auch auf Verfassungsebene im interkantonalen Verhältnis vom Heimat- zum **Wohnortsprinzip** (WOLFFERS, 50 ff.; THOMET, 27 ff.; HADORN, 115; HESS, 11). Die Einzelheiten der **interkantonalen** – nicht aber der innerkantonalen (WOLFFERS, 56 f.) – **Zuständigkeit** für die Unterstützung Bedürftiger sind im ZUG geregelt. Unmündige Kinder, die unter Vormundschaft stehen, haben einen eigenen Unterstützungswohnsitz am Sitz der Vormundschaftsbehörde (Art. 7 Abs. 3 lit. a ZUG). Wenn ein Findelkind nicht in seinem Heimatkanton unter Vormundschaft steht (vgl. dazu N 8), geht diese Bestimmung Art. 330 Abs. 1 vor.

III. Einzelheiten

5 Als **Findelkind** gilt gemeinhin ein Kind, dessen Abstammung unbekannt ist (Art. 10 ZStV; Art. 6 Abs. 1 BüG; BIDERBOST, 55; STETTLER, SPR III/2, 478) bzw. präziser, dessen Mutter nicht bekannt ist (BK-HEGNAUER, Art. 252 N 35, 45 und 65; HEGNAUER, Kindesrecht, Rz 3.06; STETTLER, SPR III/2, 15). Zusätzliche Voraussetzung ist, dass das Kind ausgesetzt ist (Art. 10 ZStV; vgl. dazu auch ZK-EGGER, Art. 330 N 1). Ab welcher Altersgrenze nicht mehr von einem Findelkind gesprochen werden kann, ist offen; nach BIDERBOST, 55 f., ist in der Regel das erste Lebensjahr massgebend. Die Frage könnte in Zeiten zunehmender internationaler Migrationsbewegungen, die auch Minderjährige betreffen, aktuell werden (vgl. dazu etwa Art. 35 Abs. 2 ZStV, demzufolge der Zivilstandsbeamte um eine Verfügung der Aufsichtsbehörde ersuchen muss, wenn zwischen Geburt und Anzeige mehr als dreissig Tage liegen).

6 Wer ein Kind unbekannter Abstammung findet, hat die nach kantonalem Recht zuständige Behörde zu benachrichtigen, und diese hat dem Zivilstandsbeamten Anzeige zu machen (Art. 38 ZStV; BIDERBOST, 60 f.). Im elektronischen Zivilsstandsregister (Art. 39 Abs. 1) wird das Kind als «Findelkind» erfasst (Art. 7 Abs. 2 lit. b ZStV).

7 Eingebürgert wird das Findelkind in demjenigen Kanton, in welchem es ausgesetzt wurde; der Kanton bestimmt, welches Gemeindebürgerrecht es erhält (Art. 6 Abs. 1 und 2 BüG). Daher bestimmt sich anhand der kantonalen Bürgerrechtsgesetzgebung, welche Gemeinde nach Art. 330 Abs. 1 unterstützungspflichtig wird. Dem kantonalen Recht bleibt es auch unbenommen, der Einbürgerungsgemeinde die Unterstützungslast ganz oder teilweise abzunehmen (TUOR/SCHNYDER/RUMO-JUNGO, 465).

8 Das für die Beurkundung zuständige Zivilstandsamt meldet der Vormundschaftsbehörde das Auffinden eines Findelkindes (Art. 50 Abs. 1 lit. e ZStV). Das Findelkind ist unter **Vormundschaft** zu stellen (Art. 368 Abs. 1; BK-SCHNYDER/MURER, Art. 368 N 12), und zwar entweder von der Fundgemeinde (Art. 376 Abs. 1; ZK-EGGER, Art. 330 N 5; BK-SCHNYDER/MURER, Art. 376 N 95) oder von der nach (inner)kantonalem Recht zuständigen Heimatgemeinde (Art. 376 Abs. 2; BK-SCHNYDER/MURER, Art. 376 N 96). Wechselt das Findelkind den Mittelpunkt seiner Lebensverhältnisse, so ist die Vormundschaft auf den neuen Ort zu übertragen (Art. 377; BK-SCHNYDER/MURER, N 95; BIDERBOST, 67 f.). Solange die Eltern nicht bekannt sind, bleibt das Kind registertechnisch aber elternlos (BIDERBOST, 61).

8a Der Name des Findelkindes wird von der zuständigen Behörde bestimmt (Art. 38 Abs. 2 ZStV; BIDERBOST, 65 ff.). Diese legt auch ein (fiktives) Geburtsdatum fest, wobei sie wenn möglich vom medizinisch anzunehmenden ungefähren Geburtszeitpunkt auszugehen hat (BIDERBOST, 65).

9 Die **Abstammung zur Mutter** kann jederzeit festgestellt werden; die entsprechende positive Feststellungsklage verjährt nicht. Klageberechtigt ist jedermann, der ein Interesse hat (BK-HEGNAUER, Art. 252 N 65 ff.; HEGNAUER, Kindesrecht, Rz 3.06); von Amtes wegen wird die Mutterschaft festgestellt im Strafverfahren nach Art. 127 oder 219 StGB oder im Verfahren vor den Zivilstandsbehörden nach Art. 35 Abs. 2 ZStV (HEGNAUER, Kindesrecht, Rz 3.06). Die Feststellung wird auf den Zeitpunkt der Geburt zurückbezogen (BIDERBOST, 61). Da das Kindesverhältnis mit der Geburt entsteht, ist eine Anerkennung der Mutterschaft nicht möglich (BIDERBOST, 62, mit Hinweis auf das Bedürfnis nach Verhinderung einer sog. «Kurzschluss-Adoption»). Die **Feststellung der Vaterschaft** richtet sich nach Art. 261 ff. Eine Anerkennung durch den «Vater» soll dabei grundsätzlich erst zulässig sein, wenn die Mutter bestimmt ist, da diese verheiratet sein könnte, was von Gesetzes wegen ein Vaterschaftsverhältnis zum Ehemann begründen würde (Art. 252 Abs. 2). Umstritten ist, ob demgegenüber eine Vaterschaftsklage auch ohne bekannte Mutter möglich sein muss (bejahend BIDERBOST, 62 ff.). An sich hat das Kind die Vaterschaftsklage spätestens vor Ablauf eines Jahres seit Erreichen des Mündigkeitsalters einzureichen (Art. 263 Abs. 1 Ziff. 2). I.d.R. werden aber beim Findelkind wichtige Gründe vorliegen, die eine Klage auch nach Ablauf dieser Frist zulassen (Art. 263 Abs. 3; ähnlich auch BK-HEGNAUER, Art. 263 N 22, sowie OGer SO SJZ 1972, 188 f.). Wird die Abstammung des Findelkindes festgestellt, so verliert es das gemäss Art. 6 Abs. 1 und 2 BüG erworbene Kantons- und Gemeindebürgerrecht, sofern es noch unmündig ist und nicht staatenlos wird (Art. 6 Abs. 3 BüG). Auf Verfügung der Aufsichtsbehörde ist die nachträgliche Feststellung der Abstammung oder des Geburtsortes zu beurkunden (vgl. Art. 38 Abs. 3 ZStV).

Nach der Feststellung der Abstammung kann die Gemeinde, die das Findelkind unterstützt   **10** hat, in erster Linie **Rückgriff** auf die (unterhaltspflichtigen) Eltern, sodann auf die unterstützungspflichtigen Verwandten i.S.v. Art. 328/329 und zuletzt gegen das effektiv unterstützungspflichtige Gemeinwesen nehmen (ZK-EGGER, Art. 330 N 7). Mit dem Wechsel vom Heimat- zum Wohnortsprinzip im Bereich der öffentlichen Fürsorge auf interkantonaler Ebene (vgl. o. N 4) hat der Rückgriffsanspruch auf das unterstützungspflichtige Gemeinwesen an Bedeutung eingebüsst; er kommt praktisch nur noch im innerkantonalen Verhältnis zum Tragen. Der Rückgriff auf die unterstützungspflichtigen Verwandten ist zeitlich begrenzt (Art. 328/329 N 35), derjenige auf die Eltern im Hinblick auf den Umstand, dass sie durch ihr Verhalten die frühere Geltendmachung der Ansprüche vereitelt haben (Art. 2; Art. 134 Abs. 1 Ziff. 6 OR), m.E. aber unbegrenzt (gl.M. ZK-EGGER, Art. 330 N 7); Art. 279 Abs. 1 bedarf in dieser besonderen Situation der Korrektur.

IV. Sozialversicherungsrecht

Findelkinder haben Anspruch auf eine Vollwaisenrente der AHV (Art. 25 Abs. 2   **11** AHVG). Da bei Findelkindern kein massgebendes durchschnittliches Jahreseinkommen (der Eltern) bekannt ist, erhalten sie eine Waisenrente von 60% der maximalen Altersrente (Art. 37 Abs. 3 AHVG), d.h. zurzeit (2006) Fr. 1290.– pro Monat bzw. Fr. 15 480.– pro Jahr. Bei dieser Vollwaisenrente handelt es sich um eine **ordentliche Rente,** obwohl für sie nie Beiträge bezahlt wurden. Bei nachträglicher Feststellung der Abstammung fällt der Rentenanspruch dahin. Die Rückerstattung der zu Unrecht bezogenen Rente richtet sich nach Art. 25 ATSG und Art. 2 ff. ATSV.

Findelkinder haben als in der Schweiz wohnhafte Schweizer Bürger, die eine Waisenren-   **12** te der AHV beziehen, grundsätzlich auch Anspruch auf **Ergänzungsleistungen** (Art. 2 Abs. 1 i.V.m. Art. 2b lit. a ELG), wenn die anerkannten Ausgaben (vgl. Art. 3b ELG) die anrechenbaren Einnahmen (vgl. Art. 3c ELG) übersteigen. Bei nachträglicher Feststellung der Abstammung kann die Anspruchsberechtigung entfallen. Die Rückerstattung allfällig zu Unrecht bezogener Ergänzungsleistungen richtet sich wiederum nach Art. 25 ATSG und Art. 2 ff. ATSV.

V. Strafrecht

14 Eltern, die ihr Kind aussetzen, können sich gegebenenfalls nach Art. 127 (Aussetzung) und Art. 219 StGB (Verletzung der Fürsorge- oder Erziehungspflicht) strafbar machen (HEGNAUER, Rz 3.06; BIDERBOST, 56 ff. m.w.Nw.). Heikler zu beurteilen ist die Frage, ob auch der Tatbestand der Vernachlässigung von Unterhaltspflichten (Art. 217 StGB) erfüllt ist (siehe dazu BIDERBOST, 58 f. m.Nw.).

Zweiter Abschnitt: Die Hausgewalt

Art. 331

A. Voraussetzung

¹ Haben Personen, die in gemeinsamem Haushalte leben, nach Vorschrift des Gesetzes oder nach Vereinbarung oder Herkommen ein Familienhaupt, so steht diesem die Hausgewalt zu.

² Die Hausgewalt erstreckt sich auf alle Personen, die als Verwandte und Verschwägerte oder auf Grund eines Vertragsverhältnisses als Arbeitnehmer oder in ähnlicher Stellung in dem gemeinsamen Haushalte leben.

A. Conditions

¹ L'autorité domestique sur les personnes vivant en ménage commun appartient à celui qui est le chef de la famille en vertu de la loi, d'un contrat ou de l'usage.

² Cette autorité s'étend sur tous ceux qui font ménage commun en qualité de parents ou d'alliés, ou aux termes d'un contrat individuel de travail en qualité de travailleurs ou dans une qualité analogue.

A. Condizioni

¹ Quando le persone che in virtù di legge o di contratto o di consuetudine vivono in comunione domestica abbiano un capo, questo esercita la potestà domestica.

² La potestà domestica si estende su tutte le persone che prendono parte all'economia comune quali parenti od affini, oppure in virtù di un rapporto di lavoro quali lavoratori od in qualità analoga.

Literatur

HEGNAUER, Soll der Ausdruck «elterliche Gewalt» ersetzt werden?, ZVW 1993, 63 ff.; HONSELL, Schweizerisches Haftpflichtrecht, 4. Aufl., Zürich 2005; REHBINDER, Schweizerisches Arbeitsrecht, 15. Aufl. 2002; REUSSER, Die Revision des Scheidungsrechts – die aus Kinder- und vormundschaftsrechtlicher Sicht relevanten Neuerungen, ZVW 1993, 47 ff.; VISCHER, Der Arbeitsvertrag, 3. Aufl. 2005; vgl. ausserdem die Literaturhinweise zu Art. 333.

I. Allgemeines

1 Schon während der gesetzgeberischen Vorarbeiten zum ZGB von 1907 war die Aufnahme dieser Bestimmung wegen ihres patriarchalischen Charakters umstritten. Auch ihr praktischer Wert wurde in Frage gestellt (BK-SILBERNAGEL/WÄBER, Vorbem.; ZK-EGGER, N 6–8).

Der heutigen liberalen und partnerschaftlich orientierten Gesellschaftsordnung entspricht namentlich der Begriff der **Hausgewalt** nicht mehr. Wird im Zuge der stufenweisen Revision des Familienrechts die Bezeichnung *elterliche Gewalt* durch *elterliche Verantwor-*

tung ersetzt (REUSSER, ZVW 1993, 48 f.; HEGNAUER, ZVW 1993, 63 ff.), so drängt sich auch für den Begriff der Hausgewalt eine entsprechende Alternative auf, sofern die Art. 331–332 nicht überhaupt entbehrlich werden.

II. Anwendungsbereich

Grundtypus der hier anvisierten **Hausgemeinschaft** ist der Familienverband von Eltern mit ihren noch unmündigen gemeinsamen oder aus verschiedenen Ehen bzw. Verbindungen stammenden Kindern. Das zusammenhaltende Band ist der **gemeinsame Haushalt.** Er zeichnet sich dadurch aus, dass die in Frage stehende Personengruppe zusammenwohnt und dass ihre Grundbedürfnisse innerhalb der Hausgemeinschaft befriedigt werden (BGE 98 II 124 = Pra 1972, 523). Der gemeinsame Haushalt genügt aber noch nicht, um **Hausgewalt** entstehen zu lassen. Es bedarf dazu einer gewissen *Subordination* der einzelnen Glieder unter eine gemeinsame Leitung und Verantwortung, die im Falle von BGE 98 II 124 trotz gemeinsamem Haushalt fehlte und i.d.R. auch den modernen Wohnkollektiven von auswärts Studierenden abgeht. Dort beruht die Aufgabenteilung auf Koordination ohne Bestehen eines Unterordnungsverhältnisses (HONSELL, 140). 2

Träger der Hausgewalt bezüglich der im gemeinsamen Haushalt lebenden Personen ist nach der gesetzlichen Terminologie das **Familienhaupt.** Nach altem Eherecht war es im Falle eines in intakter Ehe lebenden Elternpaares der Vater. Er trug die mit der Ausübung der Hausgewalt verbundene Verantwortung; die Ehefrau galt dabei als seine Hilfsperson (BGE 103 II 24 = Pra 1977, 387). Seit Inkrafttreten des neuen Eherechts 1988 wird die Hausgewalt im Familienverband von den Ehegatten gemeinsam ausgeübt (HEGNAUER/ BREITSCHMID, 17.10; in DESCHENAUX/STEINAUER, Le nouveau droit matrimonial 1987, 35, werden sie deshalb als «co-chefs» bezeichnet). Ist die Ehe geschieden, getrennt, oder ist der gemeinsame Haushalt gemäss Art. 175 aufgehoben, so ist das Familienhaupt der Inhaber der elterlichen Gewalt oder der Obhut über das minderjährige Kind, sofern es im gemeinsamen Haushalt mit ihm lebt. Während der Zeit, in der das Kind beim andern Elternteil zu Besuch weilt oder die Ferien verbringt, übt dieser die Hausgewalt aus und trägt die Verantwortung. Ein Ehepaar, in dessen Haushalt Stiefkinder des einen oder des andern leben, ist für sie wie für gemeinsame Kinder als Familienhaupt zu betrachten. Ebenso sind Konkubinatspartner gemeinsam Familienhaupt für die mit ihnen zusammenlebenden Kinder. 3

Neben der Familie von Eltern mit ihren Kindern als die durch *Vorschrift des Gesetzes* sanktionierte *Hausgemeinschaft i.e.S.* gehen analoge Verhältnisse auf *Herkommen* zurück (z.B. die erweiterte Familie in der Landwirtschaft) oder beruhen auf *Vereinbarung*. Hauptsächlich im Zusammenhang mit der Verantwortlichkeit des Familienhauptes hat die Rechtsprechung eine ganze Typologie solcher *Hausgemeinschaften i.w.S.* entwickelt (s. Ausführungen zu Art. 333).

Im vorliegenden Zusammenhang sind die mit einem *Arbeitsverhältnis* verknüpften Hausgemeinschaften zu erwähnen. So werden als der Hausgewalt unterstehende Personen neben den mit dem Familienhaupt zusammenlebenden Verwandten und Verschwägerten jene Hausgenossen genannt, die aufgrund eines *Vertragsverhältnisses* als Arbeitnehmer oder in ähnlicher Stellung in dem gemeinsamen Haushalte leben. Dazu gehören insb. «Lehrlinge, Hausangestellte, Arbeitnehmer von Handwerkern, Hoteliers sowie privater oder öffentlicher Anstalten, die im Hause ihrer Arbeitgeberfirma wohnen und dort verpflegt werden, ferner ausländische Arbeitnehmer, die in einem Wohnheim ihres Arbeitgebers leben und deren Hausordnung und Hausgewalt unterstellt sind» (REHBINDER, 86). Infolge Fehlens des vorausgesetzten Subordinationsverhältnisses davon ausgenommen sind alle jene Arbeitnehmer, die sich einen sog. Pensionspreis vom Lohn abziehen lassen, um dadurch ihre Unabhängigkeit von der Hausgewalt des Arbeitgebers zum Ausdruck zu bringen (REHBINDER, 87 f.).

Art. 332

B. Wirkung

I. Hausordnung und Fürsorge

[1] **Die Ordnung, der die Hausgenossen unterstellt sind, hat auf die Interessen aller Beteiligten in billiger Weise Rücksicht zu nehmen.**

[2] **Insbesondere soll den Hausgenossen für ihre Ausbildung, ihre Berufsarbeit und für die Pflege der religiösen Bedürfnisse die nötige Freiheit gewährt werden.**

[3] **Die von den Hausgenossen eingebrachten Sachen hat das Familienhaupt mit der gleichen Sorgfalt zu verwahren und gegen Schaden sicherzustellen wie die eigenen.**

B. Effets

I. Ordre intérieur

[1] Les personnes vivant en ménage commun sont soumises à l'ordre de la maison, qui doit être établi de manière à tenir équitablement compte des intérêts de chacun.

[2] Elles jouissent, en particulier, de la liberté qui leur est nécessaire pour leur éducation, leur profession ou leurs besoins religieux.

[3] Le chef de famille veille à la conservation et à la sûreté de leurs effets avec la même diligence que s'il s'agissait des siens propres.

B. Effetti

I. Ordine interno e cura

[1] I membri della comunione devono conformarsi alla regola di casa, la quale dovrà tener conto degli interessi di tutti loro, secondo equità.

[2] In ispecie dev'essere concessa ai conviventi la libertà necessaria per la loro educazione, per l'esercizio della professione e per l'adempimento delle pratiche religiose.

[3] Il capo famiglia deve vegliare alla custodia ed alla sicurezza delle cose apportate dai membri della comunione con quella cura che usa nelle cose proprie.

I. Hausordnung

1 Als Prinzip wird vorangestellt, dass innerhalb der Hausgemeinschaft eine bestimmte Ordnung gelten soll und dass dabei in angemessener («billiger») Weise (frz. «équitablement») auf die Interessen aller Hausgenossen, nicht etwa nur des Familienhauptes, Rücksicht zu nehmen ist. Beim gewöhnlichen Familienhaushalt ergibt sich eine solche Ordnung aufgrund der herrschenden Anschauungen rein faktisch aus den gegebenen Verhältnissen von selbst. Sobald es sich aber um eine betrieblich organisierte Hausgemeinschaft i.w.S. auf vertraglicher Basis handelt (Internate, Ferienheime, Altersheime, Angestelltenhäuser der Hotellerie etc.), ist eine eigentliche, i.d.R. schriftlich festgelegte *Hausordnung* üblich (REHBINDER, 138).

II. Fürsorge

2 Durch Beachtung der im zweiten und dritten Absatz aufgestellten Erfordernisse soll die *persönliche Entfaltung* der Hausgenossen und die *Erhaltung ihrer eingebrachten Sachen* sichergestellt werden. Zur Sorge um das Wohl der zur Gemeinschaft gehörenden Glieder

gehört namentlich, dass für sie entweder eine eigene Hausratsversicherung abgeschlossen oder dass ihre Habe in die Hausratsversicherung des Familienhauptes eingeschlossen wird, was nach den in der Schweiz üblichen Versicherungsbedingungen solcher Policen jeweils der Fall ist (Entscheidungen schweizerischer Gerichte in privatrechtlichen Versicherungsstreitigkeiten 1982–85, 98). Es handelt sich um generell für alle Hausgenossen gedachte Anforderungen. Daneben bestehen für bestimmte Kategorien von Angehörigen einer Hausgemeinschaft überdies spezielle Vorschriften.

So sieht Art. 328a Abs. 1 OR vor, dass der in Hausgemeinschaft mit dem Arbeitgeber lebende Arbeitnehmer ausser dem Lohn Anspruch auf Verpflegung und einwandfreie Unterkunft hat. Aus dem besonders engen Verhältnis und der Abhängigkeit, in welcher sich der Arbeitnehmer dabei jeweils befindet, wird eine *gesteigerte Fürsorgepflicht* des Arbeitgebers abgeleitet (BK-REHBINDER, Art. 328a OR N 3; ZK-STAEHELIN, Art. 328a OR N 1). Er schuldet dem Arbeitnehmer bei Unfall und Krankheit nach Art. 324a OR neben der Lohnfortzahlung während beschränkter Zeit auch Pflege und ärztliche Hilfe, wobei diese Leistungen bei Unfällen bereits durch das UVG-Obligatorium (Art. 1 UVG) und bei Krankheit durch den üblichen Abschluss einer Einzel- oder Kollektivkrankenversicherung sichergestellt werden. Beim Anspruch auf Pflege und ärztliche Hilfe gilt dabei keine Karenzfrist; er entsteht vielmehr schon mit dem ersten Tag der Hausgemeinschaft (BK-REHBINDER, Art. 328a OR N 3; ZK-STAEHELIN, Art. 328a OR N 10).

Zum spezifischen Schutz von *jugendlichen Arbeitnehmern,* die in der Hausgemeinschaft des Arbeitgebers leben, verlangt Art. 32 Abs. 2 des Arbeitsgesetzes, dass für eine ausreichende und dem Alter entsprechende Verpflegung sowie für gesundheitlich und sittliche Unterkunft gesorgt werden muss.

Noch eingehender sind die für *Arbeitnehmer in der Landwirtschaft und im Hausdienst* geltenden Regelungen. Beide Arbeitszweige zeichnen sich dadurch aus, dass sie häufig mit einer Hausgemeinschaft und einem entsprechend qualifizierten Abhängigkeitsverhältnis zum Arbeitgeber verbunden sind (VISCHER, 286). Gemäss Art. 359 Abs. 2 OR haben die Kantone für die betreffenden Kategorien von Arbeitnehmern Normalarbeitsverträge zu erlassen, die namentlich die Arbeits- und Ruhezeit ordnen und die Arbeitsbedingungen der weiblichen und jugendlichen Arbeitnehmer regeln.

Schliesslich wurden auch für *Pflegekinder* Schutzvorschriften erlassen. So schreibt Art. 8 der bundesrätlichen Verordnung über die Aufnahme von Pflegekindern in die Hausgemeinschaft vor, dass das Kind gegen die Folgen von Krankheit, Unfall und Haftpflicht angemessen versichert werden muss (BGE 116 II 238).

Art. 333

II. Verantwortlichkeit	[1] **Verursacht ein unmündiger oder entmündigter, ein geistesschwacher oder geisteskranker Hausgenosse einen Schaden, so ist das Familienhaupt dafür haftbar, insofern es nicht darzutun vermag, dass es das übliche und durch die Umstände gebotene Mass von Sorgfalt in der Beaufsichtigung beobachtet hat.**

[2] **Das Familienhaupt ist verpflichtet, dafür zu sorgen, dass aus dem Zustande eines geisteskranken oder geistesschwachen Hausgenossen weder für diesen selbst noch für andere Gefahr oder Schaden erwächst.**

[3] **Nötigenfalls soll es bei der zuständigen Behörde zwecks Anordnung der erforderlichen Vorkehrungen Anzeige machen.**

II. Responsabilité

¹ Le chef de la famille est responsable du dommage causé par les mineurs et interdits ou les personnes atteintes de maladies mentales et les faibles d'esprit placés sous son autorité, à moins qu'il ne justifie les avoir surveillés de la manière usitée et avec l'attention commandée par les circonstances.

² Il est tenu de pourvoir à ce que les personnes de la maison atteintes de maladies mentales ou faibles d'esprit ne s'exposent pas, ni n'exposent autrui à péril ou dommage.

³ Il s'adresse au besoin à l'autorité compétente pour provoquer les mesures nécessaires.

II. Responsabilità

¹ Il capo di famiglia è responsabile del danno cagionato da un membro minorenne od interdetto, infermo o debole di mente, in quanto non possa dimostrare avere egli adoperato nella vigilanza la diligenza ordinaria e quale era richiesta dalle circostanze.

² Il capo di famiglia deve vegliare a che un membro della famiglia infermo o debole di mente non abbia ad esporre sé stesso od altri a pericolo o danno.

³ Ove occorra, si rivolgerà all'autorità competente per i provvedimenti necessari.

Literatur

BREHM, Die Haftpflicht des Familienhauptes gegenüber Dritten, SJK Nr. 848; DESCHENAUX/TERCIER, La responsabilité civile, 2. Aufl. 1982; HONSELL, Schweizerisches Haftpflichtrecht, 4. Aufl., Zürich 2000; KARLEN, Die Haftung des Familienhauptes nach ZGB 333 und des Tierhalters nach OR 56, Diss. Bern 1979; KELLER, Haftpflicht im Privatrecht, I, 6. Aufl. 2002; KELLER-SCHMIED-SYZ, Haftpflichtrecht, 5. Aufl. 2001; MEISTER-OSWALD, Haftpflicht für ausservertragliche Schädigungen durch Kinder, Diss. Zürich 1981; OFTINGER/STARK, Schweizerisches Haftpflichtrecht, II/1, 4. Aufl. 1987; PETITJEAN, Die Haftung des Familienhauptes gemäss Art. 333 ZGB im Wandel der Zeit, Diss. Basel 1979; REY, Ausservertragliches Haftpflichtrecht, 3. Aufl. 2003; ROBERTO, Schadensrecht, Basel 1997; STETTLER, La responsabilité civile du chef de famille (Art. 333 CCS) lors de la mise en charge d'un mineur en dehors du milieu parental, ZVW 1975, 90 ff.; WESSNER, La responsabilité du chef de famille et l'égalité des époux, Diss. Neuchâtel 1981.

I. Allgemeines. Normzweck

1   Diese Bestimmung ist das praktisch bedeutsamste Kernstück des Abschnitts über die Hausgewalt. Es wird dadurch eine Verantwortlichkeit, d.h. **ausservertragliche Haftung** des Trägers der Hausgewalt für Schäden begründet, die von qualifiziert aufsichtsbedürftigen Hausgenossen verursacht werden. Die Bestimmung versieht somit dieselbe Funktion wie die entsprechende Norm von Art. 55 OR betr. die Haftung des Geschäftsherrn. In aOR (1881) war sie denn auch als damaliger Art. 61 der Geschäftsherrenhaftung (Art. 62 aOR) unmittelbar vorangestellt. Ähnliche Haftungsbestimmungen finden sich in den meisten Rechtsordnungen, so z.B. in Art. 1384 CC fr. und in § 1832 BGB (Haftung des Aufsichtspflichtigen).

Auf dem Umweg über die ursprüngliche Annahme einer Verschuldenspräsumtion mit Beweislastumkehrung ist die schweizerische Rechtsprechung schliesslich zur Konzeption der Verantwortlichkeit des Familienhauptes als einer **Kausalhaftung** mit der Möglichkeit des Entlastungs-, aber nicht Exkulpationsbeweises gelangt (BGE 103 II 24 = Pra 1977, 387 mit der dort zitierten Doktrin). «Mit der heutigen Lehre, deren Begründung in allen Punkten überzeugt, ist anzunehmen, dass die Haftung des Familienhauptes eine Kausalhaftung darstellt. Der Wortlaut des Gesetzes ist klar. Art. 333 spricht von einem Schaden, der in ursächlichem Zusammenhang mit einem objektiven Sachverhalt, nämlich mit dem Bestehen der

Hausgewalt über eine unmündige, entmündigte, geistesschwache oder geisteskranke Person steht, und erlaubt dem Familienhaupt nicht, den negativen Beweis der Schuldlosigkeit zu erbringen, sondern sieht vor, dass dieses nur dann von der Haftung befreit wird, wenn es darzutun vermag, dass es seine Beaufsichtigungspflichten erfüllt hat. Art. 333 steht also im Gegensatz zu Art. 41 OR in Parallele mit Art. 55, 56 und 58 OR» (Pra 1977, 388/389).

II. Subjekt der Verantwortlichkeit

Primär bezieht sich die Verantwortlichkeit des Familienhauptes schon rein begrifflich auf die *Eltern unmündiger Kinder*. Die Mehrheit der Gerichtsentscheide hat es mit solchen Sachverhalten zu tun. Da die Hausgewalt nach heutigem Eherecht den Eltern gemeinsam zusteht, ist ihre entsprechende Verantwortlichkeit eine *solidarische* (DESCHENAUX/TERCIER, 110; OFTINGER/STARK, 429).   **2**

Die mit dem Begriff des Familienhauptes verbundene Verantwortlichkeit kann aber auch auf andere *natürliche Personen* als die Eltern übergehen, so zum Beispiel auf Verwandte oder Bekannte, bei denen das minderjährige Kind für eine gewisse Dauer zu Besuch ist (BGE 79 II 350 = Pra 1954, 37) oder auf *juristische Personen* wie zum Beispiel auf einen Verein, der ein Kinderheim betreibt und die Kinder dort durch leitendes Personal beaufsichtigen lässt (BGE 79 II 261 = Pra 1953, 540), oder auf einen Verein, der eine Anstalt für Epileptiker betreibt (BGE 71 II 61). Sind privatrechtliche juristische Personen, die Kinderkrippen, Kinderheime, Altersheime, Internate, Anstalten für Psychischkranke, Privatspitäler mit Kinderabteilungen und ähnliche Einrichtungen betreiben, der Kausalhaftung von Art. 333 unterstellt, so hat das Gleiche auch für entsprechende staatliche Betriebe zu gelten wie insb. für Heil- und Pflegeanstalten, Spitäler mit jugendlichen Patienten und weitere solcher Institutionen (OFTINGER/STARK, 440; analog für die Tierhalterhaftung BGE 115 II 237). Was dagegen Strafanstalten, Arbeitserziehungsanstalten für jugendliche Erwachsene und namentlich auch Anstalten bzw. Kliniken für Drogenabhängige im Falle eines fürsorgerischen Freiheitsentzugs betrifft, so steht hier der hoheitliche Aspekt derart im Vordergrund, dass auf eine allfällige Haftung des Staates für schädigende Handlungen der Insassen, wie etwa anlässlich eines Ausbruchs, nicht Art. 333, sondern ausschliesslich öffentliches (kantonales oder eidgenössisches) Recht anwendbar ist (OFTINGER/STARK, 440).

III. Gegenstand der Verantwortlichkeit

1. Schädigung

Die Verantwortlichkeit bezieht sich auf *ausservertragliche* Schädigungen durch die in Frage stehenden Hausgenossen. Schädigungen durch *rechtsgeschäftliches* Handeln werden davon nur erfasst, wenn das betreffende Geschäft gleichzeitig auch eine unerlaubte Handlung darstellt wie z.B. bei einem Betrug (einen möglichen Anwendungsfall illustriert BGE 115 II 15). Als Geschädigte fallen sowohl Personen ausserhalb der Hausgemeinschaft als auch Hausgenossen untereinander in Betracht (BGE 79 II 261 = Pra 1953, 540). Ist der Hausgenosse gleichzeitig Arbeitnehmer der als verantwortliches Familienhaupt qualifizierten natürlichen oder juristischen Person, so beurteilen sich Schädigungen als Folge von dienstlichen oder geschäftlichen Verrichtungen nach Art. 55 OR, Schädigungen ohne arbeitsrechtlichen Charakter dagegen nach Art. 333 (DESCHENAUX/TERCIER, 109). Dagegen ist die Haftpflicht im Strassenverkehr heute so lückenlos geregelt, dass kein Raum mehr bleibt für eine konkurrierende Anwendung von Art. 333 im Fall von Schäden, die ein ungenügend beaufsichtigter Hausgenosse auf einer sog. Strolchenfahrt verursacht (anders noch BGE 97 II 244 vor der Revision von Art. 75 SVG).   **3**

2. Verursachung durch qualifiziert aufsichtsbedürftige Hausgenossen

4 Die Schädigung muss durch einen *unmündigen, entmündigten, geisteskranken oder geistesschwachen* Hausgenossen verursacht sein. Der Beweis für die Geisteskrankheit oder die Geistesschwäche obliegt dem Geschädigten. Ob der oder die Schadensverursacher(in) hinsichtlich der schädigenden Handlungsweise urteilsfähig ist oder nicht (Art. 16), ist für das Bestehen der Kausalhaftung vorerst ohne Belang; beim Entlastungsbeweis der genügenden Beaufsichtigung kommt diesem Moment dann freilich Bedeutung zu. Drogenabhängigkeit an sich bedeutet noch nicht Geisteskrankheit oder Geistesschwäche, so wenig wie Trunkenheit oder ähnliche Zustände, die nach Art. 16 die Urteilsfähigkeit beeinträchtigen, den angetrunkenen oder drogenabhängigen Hausgenossen deswegen zum Geisteskranken oder Geistesschwachen stempeln (Der fürsorgerische Freiheitsentzug bei Drogenabhängigen, Arbeitsunterlage herausgegeben vom Ausschuss der Kommission für Drogenfragen des Kantons Zürich, ZVW 1994, 2 ff.). Eine Haftung für schädigende Handlungen durch solche Personen (ausgenommen im Falle von Unmündigkeit oder Entmündigung) müsste sich somit auf andere Rechtsgründe stützen.

IV. Der Entlastungsbeweis

5 Er bildet jeweils das hauptsächliche Thema in haftpflichtrechtlichen Auseinandersetzungen dieser Art. Beweispflichtig für die entlastenden Umstände ist das Familienhaupt. Nach einer von den Gerichten entwickelten Formel stellt die Rechtsprechung als Kriterium für das durch die Umstände gebotene Mass von Sorgfalt zunächst darauf ab, ob die schädigende Handlung überhaupt voraussehbar gewesen sei oder nicht. «Besteht Grund für die Annahme, dass der Unmündige durch sein Verhalten einem Dritten Schaden zufügen könnte, so richtet sich das dem Familienhaupt obliegende übliche und durch die Umstände gebotene Mass von Sorgfalt nach den örtlichen, sozialen und persönlichen Verhältnissen, insb. den lokalen Gegebenheiten, dem Alter und Charakter des Unmündigen und der Natur des Instrumentes, mit dem möglicherweise ein Schaden verursacht werden kann» (BGE 100 II 301). Ein besonders strenger Massstab wird für die Sorgfalt in der Beaufsichtigung geisteskranker oder geistesschwacher Personen daraus abgeleitet, dass die Pflicht des Familienhauptes, das Publikum vor Schädigungen durch sie zu bewahren, noch gesondert hervorgehoben wird (BGE 74 II 193).

Nach der vom BGer in BGE 103 II 24 = Pra 1977, 387 getroffenen Feststellung haftet das Familienhaupt für das fehlerhafte Verhalten von Hilfspersonen, denen es die Beaufsichtigung überträgt, wie für sein eigenes. Seine Verantwortlichkeit geht damit noch weiter als die Haftung des Geschäftsherrn, der sich durch den Nachweis der sorgfältigen Auswahl, Instruktion und Beaufsichtigung der Hilfsperson entlasten kann.

V. Verwandte Sachverhalte

6 In Art. 9 Abs. 3 des Zollgesetzes (ZG) wird das Familienhaupt hinsichtlich der Zollmeldepflicht verantwortlich erklärt für seine unmündigen, entmündigten, geistesschwachen oder geisteskranken Hausgenossen. Eine Haftung für vom unmündigen Sohn bewirkte Zollbussen, wie sie in BGE 77 IV 39 mit katastrophalen finanziellen Folgen für den Vater angenommen wurde, liesse sich dagegen nach inzwischen erfolgter Streichung von Art. 100 Abs. 2 ZG nicht mehr aufrechterhalten.

Auch im Privatversicherungsrecht kann die ungenügende Beaufsichtigung von Hausgenossen eine Rolle spielen. Hat sich das Familienhaupt gegen die Folgen seiner Haftpflicht versichert, wird der Haftpflichtfall jedoch absichtlich oder grobfahrlässig von einem Hausgenossen herbeigeführt, bei dessen Beaufsichtigung sich das Familienhaupt einer groben Fahrlässigkeit schuldig gemacht hat, so riskiert es nach Art. 14 Abs. 3 VVG eine Reduktion seiner Deckung. Im Bereich der Sozialversicherung wäre denkbar, dass ein Familienhaupt durch grobe Vernachlässigung seiner Aufsichtspflicht das besondere Haftungsprivileg einbüsst, das es aufgrund von Art. 44 UVG sozialversicherungsrechtlich ganz allgemein gegenüber den in häuslicher Gemeinschaft mit ihm lebenden Personen geniesst (BGE 112 II 167).

Vorbemerkungen zu Art. 334 und Art. 334bis

Literatur

IMHOF, Die neuen Bestimmungen zum Lidlohn, Diss. Freiburg i.Ü. 1975; NEUKOMM/CZETTLER, Das bäuerliche Erbrecht, 5. Aufl. 1982; Schweizerischer Bauernverband (SBV), Der Lidlohnanspruch, Broschüre für das landwirtschaftliche Bildungswesen und die Praxis, Ausgabe 2005; STUDER, Das bäuerliche Bodenrecht; DERS., Kommentar zum BGBB, 1995; ZOLLER, Lidlohnansprüche (Art. 334 ZGB und Art. 633 ZGB), Diss. Zürich 1969.

Die Bestimmungen über den Lidlohn wurden in Art. 334 und Art. 334bis durch das BG **1**
über die Änderung des bäuerlichen Zivilrechts vom 6.10.1972, in Kraft seit 15.2.1973, neu gefasst. Der Begriff **«Lidlohn»** findet sich im Gesetzestext nicht (zur Etymologie IMHOF, 6); doch entspricht es allgemeinem Sprachgebrauch, dass darunter die Entschädigung von Nachkommen für geleistete Arbeit im Familienbetrieb (unter genau umschriebenen Voraussetzungen) zu verstehen ist.

Bei der Entschädigung handelt es sich um einen **gesetzlichen obligationenrechtlichen** **2**
Anspruch sui generis (IMHOF, 133). Erbrechtlicher Natur sind die Ansprüche nur insofern, dass sie spätestens bei der Erbteilung geltend gemacht werden müssen (s. Art. 334bis; TUOR/SCHNYDER, ZGB, 12. Aufl., 472 f.). Daraus folgt, dass solche Ansprüche durch letztwillige Verfügung nicht wegbedungen werden können (BGE 109 II 389 E. 4–6).

Art. 334 und 334bis bilden inhaltlich insofern eine **Einheit,** als in Art. 334 die Voraussetzungen des **Anspruchs** und in Art. 334bis diejenigen der **Geltendmachung** umschrieben werden. **3**

Art. 334

III. Forderung der Kinder und Grosskinder 1. Voraussetzungen	^1 **Mündige Kinder oder Grosskinder, die ihren Eltern oder Grosseltern in gemeinsamem Haushalt ihre Arbeit oder ihre Einkünfte zugewendet haben, können hiefür eine angemessene Entschädigung verlangen.** ^2 **Im Streitfalle entscheidet das Gericht über die Höhe der Entschädigung, ihre Sicherung und die Art und Weise der Bezahlung.**
III. Créance des enfants et petits-enfants	^1 Les enfants ou petits-enfants majeurs qui vivent en ménage commun avec leurs parents ou grands-parents et leur consacrent leur travail ou leurs revenus ont droit de ce chef à une indemnité équitable.

1. Conditions	[2] En cas de contestation, le juge décide du montant, de la garantie et des modalités du paiement de cette indemnité.
III. Credito dei figli degli abiatici 1. Condizioni	[1] I figli maggiorenni o gli abiatici che, convivendo coi genitori o con gli avi, hanno conferito alla comunione il loro lavoro od i loro guadagni, possono chiedere un'equa indennità. [2] In caso di contestazione, il giudice decide circa l'ammontare e la garanzia dell'indennità, il genere e il modo del pagamento.

I. Anspruchsberechtigung/Abgrenzung

1 Anspruchsberechtigt sind die **Kinder** und – seit dem 15.2.1973 – auch die **Grosskinder** (zum Übergangsrecht unter Art. 334bis, V.). Dazu sind auch die Adoptivkinder sowie die ausserehelichen Kinder und Grosskinder zu zählen (IMHOF, 42).

2 Ein Anspruch besteht ferner nur, wenn die Arbeit oder die Einkünfte dem gemeinsamen Haushalt nach Erreichen der **Mündigkeit** zugewendet wurden. Der Begriff der Mündigkeit richtet sich nach Art. 14.

3 **Keinen Anspruch** auf Lidlohn haben die Stief- und Pflegekinder sowie alle anderen Verwandten und Verschwägerten des Betriebsleiters. Zudem gehören auch die Kinder und Grosskinder, welche einen **eigenen Haushalt** führen, nicht zum Kreis der Lidlohnberechtigten. Deren Ansprüche richten sich nach Art. 320 Abs. 2 OR. Der materielle Unterschied zu den Lidlohnberechtigten liegt darin, dass die Lohnansprüche verjähren, während die Lidlohnansprüche unverjährbar sind (s. Art. 334bis).

II. Weitere Voraussetzungen

4 Eine weitere Voraussetzung für den Lidlohnanspruch stellt der **gemeinsame Haushalt** dar. Nachdem die Bestimmungen über den Lidlohn unter dem Titel «Hausgewalt» stehen, muss es sich nach IMHOF (52) um eine «Gemeinschaft von Hausgenossen unter der Leitung eines Familienhauptes zur gemeinsamen Erfüllung familiärer und wirtschaftlicher Ziele» handeln. Die Forderung der gemeinsamen Mahlzeit und (kumulativ) des Wohnens unter einem Dach, scheint zu restriktiv (so auch ZOLLER, 19). Neue landwirtschaftliche Siedlungsformen sehen i.d.R. zwei getrennte, selbstständige Wohneinheiten vor. Es wäre geradezu widersinnig, den Lidlohnanspruch in diesen Fällen auszuschliessen.

Obwohl das Gesetz von «Eltern» spricht, ist die Norm auch anwendbar, wenn nur ein Elternteil im Haushalt lebt, sofern ihm die Stellung des Familienhauptes zukommt. Diese Situation kann namentlich dann eintreffen, wenn der eine Elternteil verstirbt und der andere daraufhin die Leitung des Gemeinschaftsbetriebs alleine übernimmt (BGE 5C.133/2004 E. 4.2 mit Hinweisen, auch zum alten Recht = Praxis 2005 S. 483).

5 Gefordert ist ferner die **Arbeitsleistung im gemeinsamen Haushalt** oder die Zuwendung von **Einkünften an den gemeinsamen Haushalt.** Die Arbeit kann somit sowohl im Gemeinschaftsbetrieb als auch auswärts erbracht werden. Entscheidend ist, dass die geleistete Arbeit oder die Zuwendungen umfangmässig den Wert der aus der Hausgemeinschaft bezogenen Vorteile übertreffen (BGE 89 II 382; IMHOF, 59). Eine gelegentliche oder freiwillige in der Freizeit geleistete Arbeit oder gelegentliche Zuwendungen vermögen keine Lidlohnansprüche auszulösen. Klassischer Fall des Lidlohnanspruchs bildet der Landwirtschaftsbetrieb, wo der Sohn in Hinsicht auf die spätere Hofübernahme mit dem Vater zusammenarbeitet. Das Gesetz beschränkt den Lidlohnanspruch jedoch nicht nur auf landwirtschaftliche Verhältnisse. Erfasst sind alle Arbeiten in einem Gemeinschaftsbetrieb (z.B. Bäckerei, BGE 90 II 443).

III. Der Inhalt des Anspruchs

Sind die Voraussetzungen erfüllt, besteht ein Anspruch auf **angemessene Entschädigung.** Gemäss Art. 4 hat der Richter seine Entscheidung über die Angemessenheit nach Recht und Billigkeit zu treffen. Bei seinem Entscheid hat er sich einmal von **objektiven** Kriterien leiten zu lassen. Das Hauptkriterium bildet der Wert der zugewendeten Einkünfte sowie der Wert der aus dem gemeinsamen Haushalt bezogenen Leistungen.   **6**

Als Berechnungsgrundlage dient der Hauptbericht über die Testbetriebe (Ergebnisse der zentralen Auswertung von Buchhaltungsdaten) der eidg. Forschungsanstalt für Agrarwirtschaft und Landtechnik (FAT) in 8356 Tänikon. Dabei fliessen im Wesentlichen folgende Resultate der zentralen Auswertung in die Berechnung ein: **6a**

– Familienarbeitsverdienst pro Arbeitstag, Tal- und Bergbetriebe;

– Anzahl Verbrauchereinheiten, Tal- und Bergbetriebe;

– Familienverbrauch der jeweiligen Tal- und Bergbetriebe.

Die Ergebnisse der Tal- und Bergbetriebe werden gemäss ihrer Anzahl in der jeweiligen Gruppe gewichtet. Der Lidlohnansatz setzt sich zudem aus dem mehrjährigen Mittel der definitiven Zahlen der FAT zusammen. Damit werden unerwünschte, starke Schwankungen im jeweils erzielten Arbeitsverdienst und Familienverbrauch ausgeglichen.

Dadurch, dass der jeweilige Hauptbericht der FAT immer zwei Jahre in «Verzug» ist (im Jahr 2005 sind die definitiven Zahlen des Jahres 2003 erhältlich), wird es auch klar, weshalb in der aktuellsten Ausgabe der Lidlohnansätze die letzten beiden Jahre provisorisch angegeben sind.

Die definitiven Ergebnisse der FAT-Auswertung wurden ab dem Rechnungsjahr 1999 auf eine andere Berechnungsgrundlage gestellt. Die Gruppierung der Betriebe wird dabei nach neuen Kriterien gegliedert, so dass davon auch die Berechnung der Lidlohnansätze betroffen ist.

Nach den objektiven Kriterien sind aber auch **subjektive** Elemente zu gewichten wie Tüchtigkeit, Ausbildung, persönliche Aufwendungen, Verantwortung im Betrieb, Betriebsverhältnisse, Zivilstand, regionale Lohnunterschiede (SBV, 20), Mitarbeit von Familienangehörigen (IMHOF, 188), Vermögenslage der Beteiligten (NEUKOMM/CZETTLER, 188).   **6b**

Nach BGE 109 II 389 darf im Maximum jener Betrag zugesprochen werden, der nach üblichen Lohnansätzen den Netto-Gegenwert der geleisteten Arbeit darstellt. Dabei werden die von der Abteilung Treuhand und Schätzungen des SBV in Brugg ermittelten Lidlohnansätze grundsätzlich als angemessen betrachtet.   **7**

Lidlohnberechnung des SBV (pro Jahr):

Jahre	Mittlerer Lidlohn Männer	Mittlerer Lidlohn Frauen
1979/81	Fr. 6 810,–	Fr. 5 690,–
1982/84	Fr. 7 830,–	Fr. 6 780,–
1985/87	Fr. 8 740,–	Fr. 7 650,–
1988/90	Fr. 9 850,–	Fr. 9 000,–

Jahre	Mittlerer Lidlohn Männer	Mittlerer Lidlohn Frauen
1991/93	Fr. 10 940,–	Fr. 10 630,–
1994/96	Fr. 8 090,–	Fr. 7 320,–
1997	Fr. 8 120,–	Fr. 6 910,–
1998	Fr. 8 710,–	Fr. 7 410,–
1999	Fr. 9 820,–	Fr. 8 350,–
2000	Fr. 11 060,–	Fr. 9 400,–
2001	Fr. 10 220,–	Fr. 8 690,–
2002	Fr. 9 040,–	Fr. 7 690,–
2003	Fr. 8 380,–	Fr. 7 470,–
2004/05 (prov.)	Fr. 11 380,–	Fr. 7 690,–

Sind Kinder vorhanden, erfolgen Abzüge für den Verbrauch der Kinder, einschliesslich zeitlicher Beanspruchung der Mutter, gemäss folgender Rechnung:

Jahre	Abzug für das erste Kind	Abzug für das zweite Kind	Abzug für jedes weitere Kind
1979/81	Fr. 3 750,–	Fr. 2 840,–	Fr. 1 930,–
1982/84	Fr. 4 270,–	Fr. 3 200,–	Fr. 2 130,–
1982/84	Fr. 4 530,–	Fr. 3 330,–	Fr. 2 130,–
1988/90	Fr. 5 210,–	Fr. 3 820,–	Fr. 2 420,–
1991/93	Fr. 5 940,–	Fr. 4 330,–	Fr. 2 710,–
1994/96	Fr. 6 140,–	Fr. 4 580,–	Fr. 3 010,–
1997	Fr. 6 160,–	Fr. 4 590,–	Fr. 3 020,–
1998	Fr. 6 290,–	Fr. 4 690,–	Fr. 3 080,–
1999	Fr. 6 350,–	Fr. 6 350,–	Fr. 3 110,–
2000	Fr. 6 590,–	Fr. 4 900,–	Fr. 3 220,–
2001	Fr. 6 510,–	Fr. 4 850,–	Fr. 3 180,–
2002	Fr. 6 440,–	Fr. 4 800,–	Fr. 3 160,–
2003	Fr. 6 340,–	Fr. 4 730,–	Fr. 3 110,–
2004/05 (prov.)	Fr. 6 810,–	Fr. 5 070,–	Fr. 3 180,–

Zusammensetzung dieser Abzüge:

– Kosten für Verpflegung und Wohnung   rund 35%
– Übriger Lebensbedarf der Kinder wie Bekleidung,
   Arzt, Bildung, Versicherung   rund 35%
– Arbeitsaufwand für die Kinderbetreuung   rund 30%

IV. Das richterliche Ermessen

8 Der Richter entscheidet nach Abs. 2 einmal über die **Höhe der Entschädigung.** Auf die objektiven und subjektiven Kriterien, die diesem Entscheid zugrundezulegen sind, wurde bereits hingewiesen (s. N 6 f.).

Der richterliche Entscheid umfasst ferner die **Art und Weise der Bezahlung.** Dabei wird **9** v.a. auf die finanzielle Belastbarkeit des Schuldners Rücksicht zu nehmen sein. Zahlungserleichterungen können durch die Einräumung von Zahlungsfristen, die Festlegung eines Abzahlungsplans oder durch Stundung längstens bis zum Tode des Schuldners (IMHOF, 89) oder bis zur Erbteilung (NEUKOMM/CZETTLER, 189) gewährt werden. Es liegt m.E. auch in der Kompetenz des Richters, eine Verzinsung des Anspruchs festzulegen, wenn die Zahlungsschwierigkeiten nur vorübergehender Natur sind (BGE 124 III 196).

Ist der Anspruch gefährdet, kann der Richter auf Antrag des Berechtigten den Lidlohnanspruch **sichern** lassen. Der Entscheid über die Anordnung einer Sicherungsmassnahme, die Art der Sicherung sowie über deren Umfang liegt in seinem Ermessen. **10**

Als Sicherungsleistungen kommen in Frage:

– die Bestellung eines Faust- oder Grundpfandes;

– die Bürgschaft, Kreditauftrag;

– die Hinterlegung von Wertpapieren.

Zulässig ist auch die Abtretung von Forderungen der Erbansprüche (Art. 635 f.).

Art. 334bis

2. Geltend-machung	¹ **Die den Kindern oder Grosskindern zustehende Entschädigung kann mit dem Tode des Schuldners geltend gemacht werden.**
	² **Schon zu Lebzeiten des Schuldners kann sie geltend gemacht werden, wenn gegen ihn eine Pfändung erfolgt oder über ihn der Konkurs eröffnet wird, wenn der gemeinsame Haushalt aufgehoben wird oder wenn der Betrieb in andere Hände übergeht.**
	³ **Sie unterliegt keiner Verjährung, muss aber spätestens bei der Teilung der Erbschaft des Schuldners geltend gemacht werden.**
2. Réclamation	¹ L'indemnité équitable due aux enfants ou aux petits-enfants peut être réclamée dès le décès du bénéficiaire des prestations correspondantes.
	² Elle peut être réclamée déjà du vivant du débiteur lorsqu'une saisie ou une faillite est prononcée contre lui, lorsque le ménage commun qu'il formait avec le créancier prend fin ou lorsque l'entreprise passe en d'autres mains.
	³ Elle est imprescriptible, mais elle doit être réclamée au plus tard lors du partage de la succession du débiteur.
2. Procedura	¹ L'indennità spettante ai figli o agli abiatici può essere fatta valere alla morte del debitore.
	² Può essere fatta valere vivente il debitore se contro questo è eseguito un pignoramento o dichiarato il fallimento, se è sciolta la comunione o se l'azienda passa in altre mani.
	³ L'indennità non è soggetta a prescrizioni ma dev'essere fatta valere al più tardi al momento della divisione dell'eredità del debitore.

I. Allgemeines

1　Während der Art. 334 die Voraussetzungen des Anspruchs und die Grundsätze der Entschädigung festlegt, regelt Art. 334bis den **Zeitpunkt** der Geltendmachung. Dabei ist zu unterscheiden zwischen Geltendmachung **zu Lebzeiten** und **nach dem Tode** des Schuldners.

2　Vom Zeitpunkt der Geltendmachung zu unterscheiden ist die **Fälligkeit.** Der Anspruch kann zwar fällig sein, muss aber (noch) nicht geltend gemacht werden. Diese Differenzierung ist insoweit von Bedeutung, als (entgegen Art. 102 Abs. 2 OR) die Verzinsung des Anspruchs nicht ab Fälligkeit zu laufen beginnt. Ebenfalls beginnt nach Art. 334bis Abs. 3 die Verjährung (entgegen Art. 130 Abs. 1 OR) nicht ab Fälligkeit zu laufen (vgl. auch Praxis 2005, E. 6.2, 485 f.).

II. Tod des Schuldners

3　Der Anspruch kann beim Tod des Schuldners, also bereits bei der Eröffnung des Erbgangs gemäss Art. 537 Abs. 1, geltend gemacht werden. Die «Kann-Vorschrift» besagt, dass der Anspruch mit dem Tode des Erblassers zwar fällig wird, aber nicht geltend gemacht werden muss (bez. Verzugsfolgen, s. N 2). Das Gesetz bestimmt nur den **letzten** Termin der Geltendmachung, nämlich den Zeitpunkt der **Erbteilung.** Der Anspruchsberechtigte braucht somit nicht mehr den Zeitpunkt der Teilung abzuwarten (NEUKOMM/ CZETTLER, 192).

4　Gemäss Art. 603 Abs. 2 sind Lidlohnansprüche zu den Erbschaftsschulden zu rechnen, soweit dadurch keine Überschuldung der Erbschaft entsteht. Diese Schulden sind vor der Teilung zu tilgen (Art. 610 Abs. 3). Diese Bestimmung führt dazu, dass Lidlohnberechtigte, die den Betrieb nicht erhalten, ihrer Ansprüche verlustig gehen können. Im **landwirtschaftlichen Bereich** kommt in diesen Fällen neu der Art. 18 Abs. 1 BGBB zur Anwendung, wonach der Ertragswert entsprechend erhöht wird (höchstens aber zum Verkehrswert). Ist der Hofübernehmer gleichzeitig Lidlohnberechtigter, bedeutet dies Verzicht auf seine Forderung (zur Differenzierung STUDER, Kommentar BGBB, Art. 18 N 4).

III. Zu Lebzeiten des Schuldners

5　Der **Vermögenszerfall** des Schuldners bildet schon seit Inkrafttreten des ZGB einen Rechtsgrund für die lebzeitige Geltendmachung des Lidlohnanspruchs. Erst bei der Revision des bäuerlichen Zivilrechts vom 6.10.1972 wurden zwei weitere Tatbestände, nämlich

– die Aufhebung des gemeinsamen Haushalts

– der Betriebsübergang in fremde Hände

eingeführt.

6　Bei **Pfändung und Konkurseröffnung** kann der Anspruch sofort geltend gemacht werden. Dabei ermöglicht Art. 111 SchKG den mündigen Kindern des Schuldners den Anschluss an die Pfändung ohne vorgängige Betreibung. Dieses Privileg steht auch den Grosskindern zu (IMHOF, 112). Hingegen bestehen für Lidlohnberechtigte keine Privilegien, wie sie den Dienstboten nach Art. 219 SchKG zugestanden werden (1. Klasse). Lidlohnforderungen nehmen als Forderungen der dritten Klasse (fünften nach Art. 219 altSchKG) am Verwertungserlös teil (IMHOF, 13; NEUKOMM/CZETTLER, 194).

Der Anspruch kann geltend gemacht werden bei **Aufhebung des gemeinsamen Haushalts.** Der Tatbestand ist erfüllt, wenn das mündige Kind oder Grosskind aus der Familiengemeinschaft ausscheidet. Es handelt sich somit um die Aufhebung des Verhältnisses zwischen Gläubiger und Schuldner (IMHOF, 118; NEUKOMM/CZETTLER, 194).   **7**

Die letzte Voraussetzung für die lebzeitige Geltendmachung des Lidlohnanspruchs bildet der **Übergang in fremde Hände.** Darunter ist sowohl der Eigentumsübergang an Familienangehörige und Drittpersonen als auch die Besitzübergabe durch Verpachtung zu verstehen (NEUKOMM/CZETTLER, 196). Der Tatbestand der Aufhebung des gemeinsamen Haushalts (s. N 7) dürfte meistens ebenfalls gegeben sein, wenn der Betrieb veräussert oder verpachtet wird.   **8**

IV. Verjährbarkeit des Lidlohnanspruchs

Ist der Lidlohnanspruch fällig, beginnt gleichwohl die Verjährung nicht zu laufen (s. N 2). Die Forderung muss aber **spätestens** bei der Teilung der Erbschaft geltend gemacht werden. Wird dieser Zeitpunkt verpasst, ist der Anspruch **verwirkt** (IMHOF, 123).   **9**

V. Übergangsrecht

Die durch die Revision des bäuerlichen Zivilrechts von 1972 neu geschaffenen Lidlohnbestimmungen enthalten kein Übergangsrecht. Demgemäss kommt Art. 1 SchlT zur Anwendung, der den Grundsatz der **Nichtrückwirkung** aufstellt. Es würde aber zu stossenden Ungerechtigkeiten führen, wenn die Fälligkeitstermine nur auf neurechtliche Lidlohnverhältnisse Anwendung finden würden (besonders wenn die Anspüche z.T. unter altem und z.T. unter neuem Recht entstanden sind). Die Anwendung neuen Rechts drängt sich auch auf, wenn Grosskinder sowohl unter altem als auch neuem Recht im gemeinsamen Betrieb mithalfen (NEUKOMM/CZETTLER, 198; IMHOF, 137).   **10**

Dritter Abschnitt: Das Familienvermögen

Art. 335

A. Familienstiftungen	[1] Ein Vermögen kann mit einer Familie dadurch verbunden werden, dass zur Bestreitung der Kosten der Erziehung, Ausstattung oder Unterstützung von Familienangehörigen oder zu ähnlichen Zwecken eine Familienstiftung nach den Regeln des Personenrechts oder des Erbrechts errichtet wird.
	[2] Die Errichtung von Familienfideikommissen ist nicht mehr gestattet.
A. Fondations de famille	[1] Des fondations de famille peuvent être créées conformément aux règles du droit des personnes ou des successions; elles seront destinées au paiement des frais d'éducation, d'établissement et d'assistance des membres de la famille ou à des buts analogues.
	[2] La constitution de fidéicommis de famille est prohibée.

Harold Grüninger

A. Fondazioni di famiglia

¹ Possono essere erette delle fondazioni di famiglia secondo le norme del diritto delle persone o del diritto successorio, nel senso che si possono dedicare dei beni a beneficio di una famiglia per le spese di educazione, dotazione od assistenza dei suoi membri o per altro simile fine.

² L'erezione di fedecommessi di famiglia non è più permessa.

Literatur

ACKERMANN, Der besondere Zweck der Stiftung unter spezieller Berücksichtigung des Zweckes der Familienstiftung, Diss. Freiburg i.Ü. 1950; BLOCH, Die Ansprüche der Begünstigten einer Familienstiftung nach schweizerischem Recht, SJZ 1951, 71 ff.; DERS., Die Ungültigkeit von Familienstiftungen und ihre rechtlichen Folgen, SJZ 1957, 1 ff.; BREITSCHMID, Trust und Nachlassplanung, in: Rechtskollisionen, FS für Anton Heini, Zürich 1995, 49 ff. (zit. Trust); DERS., Erbrecht, in: Gauch/Schmid (Hrsg.), Die Rechtsentwicklung an der Schnittstelle zum 21. Jahrhundert, Zürich 2001, 109 ff. (zit. Erbrecht); BRÜCKNER, Schweizerisches Beurkundungsrecht, Zürich 1993; DERS., Das Personenrecht des ZGB, Zürich 2000 (zit. Personenrecht); BÜHLER, Der Kampf um das Fideikommiss im 19. Jahrhundert, ZSR 1969 I 131 ff.; DRAXLER, Österreich – Stiftungsrecht mit dem Schwerpunkt Privatstiftung, in: Graf Strachwitz/Mercker (Hrsg.), Stiftungen in Theorie, Recht und Praxis, Berlin 2005; EGGER, Rechtsprobleme der Familienstiftung, Ausgewählte Schriften und Abhandlungen, 2. Bd., Zürich 1957, 43 ff.; GAYLER, Die Familienstiftung mit Sitz in der Schweiz, Kapitalanlagen in der Schweiz, 2. Aufl. Zürich 1959, 51 ff.; GERHARD, Die Familienstiftung nach ZGB, ZSR 1930, 137 ff.; GUBLER, Besteht in der Schweiz ein Bedürfnis nach Einführung des Instituts der angelsächsischen Treuhand (trust)?, ZSR 1954, 215a ff.; JENNY, Fideicommiss und Erbrecht, Ausschnitte aus der Geschichte der Fideicommisse, Diss. Basel (hektographiert) 1956 (Jahrbuch 1956, 172); KAUFMANN, Begriff und Zweck der Familienstiftung und ihre Abgrenzung von ähnlichen Instituten, Diss. Bern 1954; KOLLER, Privatrecht und Steuerrecht, Bern 1993; KRONKE, Familien- und Unternehmensträgerstiftungen, in: Hopt/Reuter (Hrsg.), Stiftungen in Europa, Köln 2001, 159 ff.; MERCKER, Die Familienstiftung, in: Graf Strachwitz/Mercker (Hrsg.), Stiftungen in Theorie, Recht und Praxis, Berlin 2005; MÜLLER, Zur Frage der Nichtigkeit von Familienstiftungen, SJZ 1957, 229 ff.; VON LÖWE, Familienstiftung und Nachfolgegestaltung – Deutschland – Österreich – Schweiz – Liechtenstein, Diss. Stuttgart, Düsseldorf 1999; MEYER TH., Die organisierte Vermögenseinheit gem. Art. 150 des Bundesgesetzes über das Internationale Privatrecht, Diss. Basel 1998; MUSTER, Erbschafts- und Schenkungssteuerrecht etc. (Bern 1990); SCHNITZER, Trust und Stiftung, SJZ 1965, 167 ff.; PAHUD DE MORTANGES, Gegenwartslösungen für ein historisches Rechtsinstitut, in: Gauch/Schmid/Steinauer/Tercier/Werro (Hrsg.), Das Familienfideikommiss, Festgabe der Rechtswissenschaftlichen Fakultät der Universität Freiburg für Bernhard Schnyder, Freiburg 1995, 499 ff.; PIOTET, Réflexions sur la distinction entre fondation de famille, ainsi que sur le droit transitoire de la personnalité morale à partir de l'arrêt RO 120 Ib 474, ZSR 1997, 477 ff.; SPIELVOGEL, Die Schweizerische und Österreichische Privatstiftung im Vergleich, Diss. Wien 1998; STAEHELIN, Probleme aus dem Grenzbereich zwischen Privat- und Zwangsvollstreckungsrecht, BStR Heft 85, Basel 1968; STEIGER, Die Familienfideikommisse in der Schweiz, Diss. Zürich 1986; SUTER, Rechtliche Bindungen zwischen Vermögen und Familie unter besonderer Berücksichtigung der Gesamthandsverhältnisse, Diss. Basel (hektographiert) 1961 (Jahrbuch 1961), 52; TAMMANN, Die nichtige Familienstiftung, Diss. Basel 1959 (Jahrbuch 1959, 93); THORENS, Le trust de common law et les institutions de substitution en pays de droit civil, Fiscalité Européenne, Bd. 18, 1987, 3 ff.; VEZ, La fondation: Lacunes et droit désirable, Berne 2004 (= ASR 687); WACH, Die angelsächsischen Trusts und die schweizerische Rechtsordnung, SJZ 1987, 209 ff.; WANGER, Liechtenstein, in: Graf Strachwitz/Mercker (Hrsg.), Stiftungen in Theorie, Recht und Praxis, Berlin 2005; WIGET, Gläubigerschutz bei nichtigen Familienstiftungen, Diss. Zürich 1972; WOLF, Über die Verknüpfbarkeit einer Familien-Aktiengesellschaft mit einer Familienstiftung, SAG 1965, 225 ff.; ZEITER, Neues zur Unterhaltsstiftung, SJZ 97 (2001) 451 ff. (zit. Unterhaltsstiftung); DIES, Die Erbstiftung (Art. 493 ZGB), Diss. Freiburg 2001 (zit. Erbstiftung).

Vergleiche ausserdem die Literaturhinweise zu den Vorbem. zu Art. 80–89bis.

I. Praktische Bedeutung

Die Bindung von Vermögen an eine Familie durch eine Familienstiftung war beim Erlass **1** des ZGB eine jahrhundertealte Erscheinungsform, welche ihre Bewährungsprobe in einigen Kantonen unter im Einzelnen unterschiedlichen Begriffen und Bezeichnungen bestanden hatte. Der Gesetzgeber hat sich bei der Konzeption des Art. 335 in erster Linie an den sog. Berner **Familienkisten** und den Zürcher **Familienfonds** orientiert (BK-RIEMER, Die Stiftungen, syst. Teil, N 103), und hat diese Sonderform der Stiftung unter Befreiung von der Registrierungspflicht und von staatlicher Aufsicht im Übrigen grundsätzlich den Regeln der klassischen oder gewöhnlichen Stiftungen unterstellt.

Über die praktische Bedeutung der Familienstiftungen gehen die Meinungen auseinan- **2** der. SRECHER/VON SALIS (Frage 247) halten sie für ziemlich gross. In ähnlichem Sinn erfreuen sich nach RIEMER (BK, Die Stiftungen, syst. Teil N, 106) die Familienstiftungen, deren Vermögen 1959 auf insgesamt über 1 Mrd. Fr. geschätzt wurde, erheblicher **Beliebtheit.** BRÜCKNER (Personenrecht, N 1456) hält demgegenüber dafür, dass namentlich aus steuerrechtlichen Gründen kaum neue Familienstiftungen errichtet würden. Nach ihm (a.a.O., N 2319) haben die für die Verurkundung zuständigen Notare eine **Abmahnungspflicht** gegenüber Mandanten, welche eine Familienstiftung errichten möchten. Diese hätten angesichts der Steuerfolgen bei der Errichtung, der anschliessenden periodischen Besteuerung von Einkommen und Vermögen, der Beschränkung ihres Zweckes sowie der heute vorhandenen sozialen Netze praktisch **keinen Sinn** mehr. Dabei ist zu beachten, dass die Dotation von Familienstiftungen nach kantonalen Erbschafts- und Schenkungssteuergesetzen zu dem auf Nichtverwandten anwendbaren Maximalsätzen besteuert werden kann (vgl. MUSTER, 184). Leistungen an Destinatäre können, insb. wenn sie von ausserkantonalen Stiftungen stammen, beim Empfänger zu Einkommenssteuern führen (BGer vom 22.4.2005, 2A.668/2004).

Heute gibt es eine nicht zu unterschätzende Zahl von mehrheitlich vor längerer Zeit er- **3** richteten und zum Teil über bedeutende Vermögen verfügende Familienstiftungen. Als Stifter sind dabei sowohl in der Schweiz als auch und namentlich in den Kriegs- und Krisenzeiten des letzten Jahrhunderts einige in Deutschland und anderen Staaten ansässige Personen aufgetreten. Die Schweiz galt damals als **sicherer Hort,** weshalb manche vermögende deutsche und andere Ausländer einen Teil ihrer Habe in die von Kriegswirren weitgehend verschonte und neutrale Schweiz und hier teilweise in Familienstiftungen verbrachten. Verlässliche **Schätzungen** zur Zahl oder zur Höhe der Vermögen von derartigen Familienstiftungen sind schon mangels Eintragungspflicht derselben im Handelsregister kaum möglich. Neuerrichtungen sind selten. Immerhin sind derzeit ca. 25 Familienstiftungen freiwillig im Handelsregister eingetragen und dürfte die Gesamtzahl von Familienstiftungen zwischen 100 und 1000 liegen. Die Familienstiftung ist zufolge der veränderten Umstände, steuerrechtlicher Fussangeln, aber auch restriktiver Auslegung durch die Gerichte zu einem in der Praxis weitgehend **unbrauchbaren Instrument** des schweizerischen Zivilrechts verkommen. Vor diesem Hintergrund ist der Ruf nach einer **Revision** von Art. 335 im Sinne einer **Lockerung** der strengen Zweckbegrenzung und Zulassung von allgemeinen **Unterhalts-** oder **Genusszwecken** zu sehen (WACH, 210; WATTER, 252; vgl. BBl 2006 582).

II. Geltung des allgemeinen Stiftungsrechts

Die Familienstiftung ist in erster Linie eine **Stiftung,** für welche das **allgemeine Stif-** **4** **tungsrecht** (Art. 80–89) gilt (SPRECHER/VON Salis, Frage 249; BK-RIEMER, Die Stiftungen, syst. Teil, N 97, 104 und 161). Dieses enthält allerdings in Art 87 eine wichtige

Sondernorm, wonach die Familien- und die kirchlichen Stiftungen keiner Aufsicht unterstehen und *über Anstände privatrechtlicher Natur* der Richter entscheidet (vgl. hierzu Art. 87 N 1 ff.). Überdies ist Art. 52 Abs. 2 zu beachten, wonach Familienstiftungen keiner Eintragung im Handelsregister bedürfen. Sie dürfen sich jedoch freiwillig registrieren lassen. **Begrifflich** (Art. 87 N 1 ff.) unterscheidet sich die Familienstiftung von den übrigen Stiftungen durch ihren auf eine Familie konzentrierten **Zweck:** Ihr **Destinatärkreis** ist auf eine **bestimmte Familie,** auf einen Familienverband beschränkt (BGE 93 II 443; 75 I 88; BK-RIEMER, Die Stiftung, syst. Teil, N 108). Ob eine Familien- oder eine andere Stiftung vorliegt, entscheidet in Zweifelsfällen die Aufsichtsbehörde, welche für die Beaufsichtigung im Falle einer klassischen Stiftung zuständig wäre (BK-RIEMER, Die Stiftungen, syst. Teil, N 100; BGE 40 I 261) bzw. der Richter gem. Art. 87 Abs. 2, wenn die Frage bspw. unter Destinatären strittig ist.

5   Zufolge des intimen, d.h. auf eine Familie beschränkten Charakters sind die Familienstiftungen weder im **Handelsregister** (Art. 52 Abs. 2) einzutragen, noch unterstehen sie der **staatlichen Aufsicht** (vgl. Art. 87). An die Stelle der Aufsichtsbehörde tritt in streitigen Fällen der **Richter** (Art. 87 Abs. 2). Allerdings wird dieser auf Begehren legitimierter Parteien tätig und handelt nicht ex officio, wie das die Aufsichtsbehörde bei den klassischen oder gewöhnlichen, den Personalfürsorge- und den gemischten Stiftungen tut. Man kann in diesem Sinne von einer **punktuellen richterlichen** im Gegensatz zu einer **allgemeinen Aufsicht** durch Administrativbehörden sprechen, welche sich inhaltlich entsprechen (BK-RIEMER, Die Stiftungen, syst. Teil, N 121). Die **Auslegung** der Stiftungsurkunde hat sich wie bei letztwilligen Verfügungen am **Willen des Verfassers** und nicht an den Regeln der Vertragstheorie und insb. der Vertrauenstheorie zu orientieren (BGE 108 II 396; 93 II 444).

III. Grenzen der Zulässigkeit

1. Im Allgemeinen

6   Das Gesetz umschreibt die Grenze des Erlaubten einerseits **positiv** mit einer **abschliessenden** (BGE 108 II 394) **Aufzählung** zulässiger Zwecke und andererseits **negativ** mit dem Verbot der Errichtung von Familienfideikommissen (Art. 335 Abs. 2). Familienstiftungen dürfen ausschliesslich der Bestreitung der Kosten für **Erziehung, Ausstattung** oder **Unterstützung** von Familienangehörigen oder **ähnlichen Zwecken** dienen. Der **gemeinsame Nenner** dieser Umschreibung liegt darin, *«dass den zum Kreise der Begünstigten gehörenden Familienangehörigen in bestimmten Lebenslagen (im Jugendalter, bei Gründung eines eigenen Hausstandes oder einer eigenen Existenz, im Falle von Not) zur Befriedigung der daraus sich ergebenden besonderen Bedürfnisse Hilfe geleistet werden soll»* (BGE 108 II 394). Auch die vom Gesetz ausdrücklich erwähnten ähnlichen Zwecke setzen eine besondere **Bedürfnissituation** seitens der Destinatäre voraus, indem Familienmitgliedern in bestimmten Lebenslagen materielle Hilfe geleistet wird (BGE 108 II 394; BK-RIEMER, Die Stiftungen, syst. Teil, N 149; **a.M.** ZEITER, Erbstiftung, Rz 576 ff.). Immerhin verbleibt dem Stifter bei «ähnlichen Zwecken» noch ein gewisser Spielraum zur individuellen Ausgestaltung (HAUSHEER/AEBI-MÜLLER, N 19.62).

7   Eine Familienstiftung muss nicht sämtliche vom Gesetz zugelassenen Zwecke abdecken, darf jedoch diese nicht überschreiten. Zu weit gehende Teil-Zwecke gelten i.d.R. im Sinne einer Teilnichtigkeit als ungeschrieben, es sei denn es sei anzunehmen, der Stifter hätte die Stiftung ohne den teilnichtigen Zweck gar nicht ins Leben gerufen, in welchem Fall auf Nichtigkeit zu schliessen ist. Im Bestreben, im Rahmen des Gesetzes zu bleiben, diesen jedoch voll auszuschöpfen, wiederholen manche Zweckbestimmungen von Fami-

lienstiftungen lapidar mehr oder weniger wörtlich den Gesetzestext von Art. 335, was nicht gerade originell, aber zulässig ist. Dem Stiftungsrat obliegt es in diesem Fall, die Ausschüttungspraxis zu konkretisieren, was er durch Beschlüsse im Einzelfall oder durch generell abstrakt erlassene Anordnungen, bspw. mit einem Kriterienkatalog in einem Reglement tun kann.

2. In der Praxis

Die Praxis hat – wenn auch erst nach einigem Zögern (ZBGR 1977, 263 f.) und jahr-   **8** zehntelanger Toleranz (MAYER TH., 47) – namentlich Stiftungen zur voraussetzungslosen Bestreitung des **allgemeinen Lebensunterhaltes** einer Familie oder einzelner ihrer Angehörigen als sog. reine **Unterhalts-** oder **Genussstiftungen** für unzulässig erklärt. Wegweisend ist hierzu ein Bundesgerichtsentscheid aus dem Jahre 1947 (BGE 71 II 86 ff.), an den sich – soweit ersichtlich – auch die kantonalen Gerichte und die Behörden halten (d.h. namentlich die Bundes-, die kantonalen und die kommunalen Aufsichtsbehörden, die Handelsregister und die Notariate). Das BGer selbst hat inzwischen seine restriktive Praxis wiederholt bestätigt (BGE 108 II 393 ff.; 93 II 448 ff.; 89 II 440; 81 II 171 ff.; 75 II 90 f.; SemJud 1956, 13 ff.).

Stiftungen dürfen demnach Familienangehörigen keine Leistungen «einfach so» (SPRE-   **9** CHER/VON SALIS, Frage 247), d.h. ohne besondere Voraussetzungen erbringen. Sie dürfen ihren Destinatären weder den Genuss des Stiftungsvermögens, noch die Erträgnisse zur allgemeinen Verbesserung ihres Lebensniveaus ohne Bedarfssituation zuhalten. In die Kategorie unzulässiger **Unterhaltsstiftungen** fallen namentlich solche, die den Erwerb oder Unterhalt einer **Liegenschaft** etwa zur Repräsentation (Burgstiftung, vgl. BGE 93 II 451) oder zur Erholung (Ferienhausstiftung; vgl. BGE 108 II 393; **a.M.** ZEITER, Erbstiftung, Rz 577) bezwecken. Im Rahmen der grundsätzlich zulässigen Zwecke ist überdies darauf zu achten, dass eine Stiftung nicht nur pro Generation oder überhaupt nur einer einzigen Person zugute kommt, weil die Familie begrifflich Kollektivität voraussetzt (BK-RIEMER, Die Stiftungen, syst. Teil, N 111) und z.B. die Beschränkung auf jeweils einen Destinatär pro Generation ein Fideikommiss indiziert.

Zulässig sind demgegenüber die vom Gesetz im Einzelnen aufgezählten Zwecke. Unter   **10** Erziehungskosten sind die Kosten für den Schulunterricht an Universitäten, Berufsschulen und weiteren Unterrichtsinstituten zu verstehen unter Einschluss des damit zusammenhängenden Lebensunterhaltes, jedenfalls bei auswärtiger Unterbringung (BRÜCKNER, Personenrecht, N 1459). Dabei ist namentlich bei ausreichend dotierten Familienstiftungen m.E. kein kleinlicher Massstab anzulegen und es ist nicht einzusehen, weshalb eine Stiftung zu beanstanden wäre, welche generell allen Familienangehörigen ihre **Grundausbildung** und die Kosten ihrer **Studien** in vernünftigem Rahmen finanziert. Es liegt in der Natur der Sache, dass damit in der Erziehungs- oder Ausbildungsphase u.U. der allgemeine Lebensunterhalt der Destinatäre mit- oder ganz finanziert wird. RIEMER (BK, Die Stiftungen, syst. Teil, N 146) hält demgegenüber eine automatische oder unbesehene Finanzierung der Ausbildung von Familienmitgliedern für unzulässig, ohne allerdings so weit zu gehen, eine Bedürftigkeit der Empfänger zu verlangen.

Unter **Ausstattung** sind nach herkömmlicher Auffassung Zuwendungen an heiratsfähige   **11** oder tatsächlich heiratende Töchter unter Einschluss von Mitgift zu verstehen (BK-RIEMER, Die Stiftungen, syst. Teil, N 147). BRÜCKNER (Personenrecht, N 1460) zählt hierzu unter Berufung auf die bundesgerichtliche Praxis zum Ausstattungsbegriff von Art. 626 Abs. 2 (BGE 118 II 227; 116 II 667) alles, was zur Begründung, Verbesserung und Sicherung der Existenz, namentlich bei Heirat oder Aufnahme einer selbstständigen Berufstätigkeit dient. Dem ist zuzustimmen. Im Zeitalter der Gleichberechtigung ist insb. eine Beschränkung von Austattungsleistungen an heiratsfähige Töchter unter Ausschluss von Destinatären männlichen Geschlechts jedenfalls als gesetzliche Vorschrift unangebracht.

Im Gegensatz zu Erziehungs- und Ausstattungskosten setzen sog. **Unterstützungsleistungen,** d.h. Leistungen zur Überbrückung einer materiellen Notlage (BRÜCKNER, Personenrecht, N 1460) eine Bedarfssituation seitens der Destinatäre voraus. Diese darf nach von RIEMER (BK, Die Stiftungen, syst. Teil, N 148) vertretener Auffassung nicht bloss objektiver Art sein. Demnach wären z.b. ab einem bestimmten Alter oder ab Pensionierung ohne weitere Voraussetzungen erbrachte Leistungen an Destinatäre unzulässig. Dem ist m.E. entgegenzuhalten, dass Zwecke, welche im Rahmen einer Personalfürsorgestiftung unzweifelhaft zulässig sind, auch für eine Familienstiftung unter dem Titel von Unterstützungsleistungen erlaubt sein müssen. Es ist kein ernsthafter Grund für eine restriktive Auslegung der ohnehin wenigen, für eine Familienstiftung möglichen Zwecke ersichtlich.

12   Ähnliche Zwecke i.S.v. Art. 335 Abs. 1 sind z.b. der Unterhalt einer Familiengrabstätte oder das Lesen von Seelenmessen (BGE 72 II 24). Die Erstellung und der Unterhalt eines Denkmals für den Stifter, einer Familienchronik (StE 2002 B 72.14.1 Nr. 18), die Erhaltung von Familienschriften oder einer Familienbibliothek sind jedenfalls dann unbedenkliche Teilzwecke, wenn sie nicht alleiniger Hauptzweck einer Familienstiftung sind (BK-RIEMER, Die Stiftungen, syst. Teil, N 150). Hingegen würde das Erhalten von Familienschmuck oder einer Sammlung ausschliesslich zugunsten von Familienangehörigen den Rahmen des Zulässigen i.d.R. sprengen, während m.E. die Finanzierung jährlicher Familienzusammenkünfte grundsätzlich nicht zu beanstanden ist (**a.M.** BK-RIEMER, Die Stiftungen, syst. Teil, N 150).

12a   Die Zweckbeschränkung des Art. 335 lässt sich de lege lata auch nicht auf dem Umweg über eine klassische Stiftung beseitigen bspw. durch Einsetzung weiterer Destinatäre zuzüglich zu Familienangehörigen, welche den Rahmen einer Familienstiftung sprengen und diese zu einer klassischen oder einer gemischten Stiftung machen (**a.M.** ZEITER, Unterhaltsstiftung, 451 ff. und DIES, Erbstiftung, Rz 584). Was seiner Natur nach Inhalt einer Familienstiftung wäre, jedoch in dieser Form unzulässig ist, lässt sich nicht auf dem Umweg über eine klassische Stiftung für denselben Destinatärkreis erreichen, weil dies auf eine Gesetzesumgehung hinausliefe (BGer vom 8.5.2001, 5C.9/2001, 7 – dieser Teil nicht publ.).

3. Folgen unzulässiger Zwecke

13   Eine Unterhalts- oder anderweitig als unzulässig anzusehende Familienstiftung ist i.d.R. **nichtig,** sofern nicht bloss einzelne Teile zu beanstanden sind und sich die Annahme einer Teilnichtigkeit rechtfertigt oder das Gebilde durch **Konversion** (BGE 93 II 444; 89 II 437) z.B. in eine klassische oder gewöhnliche Stiftung gerettet werden kann. Im Falle der Nichtigerklärung durch den Richter fällt das Vermögen der Stiftung allenfalls nach durchgeführtem Liquidationsverfahren dem Stifter bzw. dessen Erben zu (BK-RIEMER, Art. 88/89 N 110). Eine Einziehung durch das Gemeinwesen in Anwendung von Art. 57 Abs. 3 kommt in Fällen von ursprünglicher Widerrechtlichkeit einer Familienstiftung nicht in Frage.

IV. Sonderfragen

1. Überdotierte Stiftungen

13a   Einige Familienstiftungen sind heute in Relation zu ihren durch Art. 335 eng begrenzten Ausschüttungsmöglichkeiten mehr oder weniger deutlich **überdotiert,** d.h. sie verfügen über ein Vermögen, welches für ihre Zwecksetzung zu gross ist bzw. eine so grosse Rendite abwirft, dass dieses in absehbarer Zeit vernünftigerweise nicht für die eigentliche Zweckverfolgung verwendet werden kann. Für dieses an und für sich erfreuliche Phänomen sind im Einzelfall unterschiedliche Ursachen verantwortlich. Nebst geschickter oder glückhafter Vermögensentwicklung beschränken häufig die guten Verhältnisse, in welchen die Destinatäre leben, den ohnehin engen, von Art. 335 belassenen Spielraum zusätzlich, wenn keine eigentlichen Unterstützungsleistungen an Destinatäre möglich sind. Während ein zu hohes Vermögen im Bereiche von klassischen Stiftungen selten zu nennenswerten Problemen und allenfalls zu einer Zweckergänzung oder Erweiterung führt, liegen die Dinge bei den Familienstiftungen regelmässig anders. Da das Vermögen einer Familienstiftung im Falle einer Liquidation typischerweise, sei es nach ausdrücklicher Anordnung im Stiftungsakt oder von Gesetzes wegen, an den Stifter bzw. an seine Erben zur freien Verfügung (zurück)fällt, sind Destinatäre in dieser Konstellation zuweilen daran interessiert, mindestens einen Teil des für die Zweckerfüllung nicht benötigten Vermögens durch **Teilliquidation** zur freien Verfügung nach Massgabe ihrer Erbberechtigung zu erhalten.

Es spricht nichts dagegen, dass eine vermögensmässig überdotierte Familienstiftung den 13b vernünftiger Voraussicht nach für ihre Zweckerfüllung nicht benötigten Teil ihres Vermögens ihren Destinatäre nach Massgabe von deren Erbberechtigung überlässt, es sei denn der Stiftungsakt sehe eine andere Verteilung oder nachgelagerte andere, z.B. gemeinnützige Zwecke vor. Entsprechende Ansinnen stossen in der Praxis jedoch erfahrungsgemäss auf mannigfache Schwierigkeiten. Zunächst wird der Stiftungsrat aus Vorsicht und zur Vermeidung allfälliger Verantwortlichkeitsansprüche einem **Teilliquidationsbeschluss** i.d.R. erst dann zustimmen, nachdem ihm mindestens das Plazet aller aktuellen Destinatäre vorliegt, es sei denn das Stiftungsstatut enthalte hierfür abweichende Regeln. Selbst dann werden namentlich nicht zur Familie gehörende Stiftungsräte grosse Vorsicht walten lassen, um sich nicht dem Vorwurf der **ungetreuen Geschäftsbesorgung** i.S.v. Art. 158 StGB, einem Offizialdelikt auszusetzen. Die grösste Herausforderung liegt in der Beurteilung der Frage ob, und in welchem Umfang eine Familienstiftung tatsächlich überdotiert ist. Von einer Familienstiftung zu leistende Unterstützungen sind – z.B. in quantitativer Anlehnung an sozialversicherungsrechtliche Erkenntnisse über den Existenzbedarf – privatrechtlich zugunsten einer Familienstiftung bzw. ihrer Destinatäre versicherbar. Der für Unterstützungsleistungen notwendige Geldbedarf lässt sich anhand der Prämien bestimmen, welche für die Absicherung des gewünschten Risikos evtl. als Einmaleinlage notwendig sind. Damit kann der Stiftungsrat berechnen, welche Mittel eine Stiftung für diese – versicherten – Zwecke nicht reservieren muss und – vorbehältlich anderer Zwecke – ausschütten kann. Ungeachtet derlei Berechnungen bleibt dem Stiftungsrat letztlich die verantwortungsvolle Aufgabe zu bestimmen und zu beschliessen, wie viel Vermögen der Stiftung verbleiben muss, damit sie auch künftig ihrer Zwecksetzung nachleben kann. Der Richter wird ihm diese Aufgabe auch unter der rev. Bestimmung von Art. 88 Abs. 2 nicht abnehmen, da eine Ausschüttung von für die eigentlichen Stiftungszwecke nicht benötigten Vermögensteilen keine Aufhebung ist. Eine gerichtliche Beurteilung kommt daher nach hier vertretener Auffassung nur in strittigen Fällen gestützt auf Art. 87 Abs. 2 in Frage.

2. Gleichbehandlung

Die Frage nach der **Gleichbehandlung** hat bei der Familienstiftung verschiedene Facet- 13c ten. Zunächst liegt es im Wesen solcher Stiftungen, dass sie nicht auf absolute Gleichbehandlung ihrer Destinatäre angelegt sein können. Zwar haben Stiftungsräte zuweilen eine natürliche Tendenz zu möglichst gleicher Behandlung der Destinatäre – sei es nach Köpfen oder nach Stämmen – und betrachten sie dieses Verhalten unter dem Gesichtspunkt der **Gerechtigkeit** als Tugend. Sie liegen damit kaum richtig, weil Stiftungsleistungen nach Art. 335 zwingend nur unter bestimmten Voraussetzungen ausgerichtet werden dürfen, welche der Natur der Sache nach nicht bei allen Destinatären in gleichem Umfang und im selben Zeitpunkt erfüllt sein können. Eine Bestimmung in einem Stiftungsstatut, -reglement oder in einem Beschluss des Stiftungsrates, wonach allen Destinatären **gleiche Leistungen** bspw. grundsätzlich nach Massgabe ihrer Erbberechtigung nach Stämmen zukommen, ist deshalb problematisch (illustrativ: StE 2002 B 72.14.1 Nr. 18). Sie lässt sich u.U. sogar als Indiz dafür werten, dass die Errichtung einer Familienstiftung durch den Stifter zugunsten einer aufgeschobenen Erbteilung lediglich simuliert ist. Angesichts der Tendenz der Gerichte und Behörden, faktisch existierende juristische Personen als solche zu behandeln, selbst wenn sie Entstehungsmängel aufweisen, ist eine **Simulation** allerdings nur mit grosser Zurückhaltung anzunehmen (BK-RIEMER, Art. 88/89 N 33–42, 49; i.E. ebenso BGE 73 II 81, 84 f.). Zur Bestimmung der Vergabungspolitik sind jedoch sachliche Kriterien vorzuziehen.

13d Namentlich bei Familienstiftungen älteren Datums finden sich Klauseln im Stiftungsstatut, welche z.B. Ehefrauen oder deren Nachkommen oder weibliche Personen generell vom Stiftungsgenuss oder von der Aufnahme in den Stiftungsrat ausschliessen oder andere **Ausschlusskriterien** (bspw. nach Massgabe des Wohnsitzes, Angehörigkeit zu einer bestimmten Religion oder Rasse etwa bei Ehegatten, Alter, Sexualität oder ähnlich) enthalten, welche dem heutigen Zeitgeist nicht mehr entsprechen. Dies führt zur Frage, ob insb. Frauenklauseln gegen das **Diskriminierungsverbot** von Art. 8 Abs. 2 BV verstossen oder durch die Stiftungsfreiheit und die ebenfalls verfassungsrechtlich gewährleistete Eigentumsgarantie gedeckt sind. Das Diskriminierungsverbot richtet sich in erster Linie an den Staat und nicht an Private. Insofern schränkt der verfassungsmässige Grundsatz der Gleichbehandlung die Stiftungs- oder **Stifterfreiheit** nicht ein (SPRECHER/VON SALIS, Frage 24 – allerdings noch unter der alten Bundesverfassung). Der Verfassungs- oder Gesetzgeber kann jedoch eine direkte Drittwirkung wie etwa bei der **Rassendiskriminierung** vorsehen. Überdies enthält die Bundesverfassung in Art. 35 im Sinne einer indirekten Drittwirkung einen generellen Auftrag an die Behörden, also an Gesetzgeber, Regierung, Verwaltung und Gerichte, dafür zu sorgen, dass die Grundrechte auch horizontal, d.h. zwischen Privaten wirksam werden. Grundsätzlich ist jedoch nach wie vor davon auszugehen, dass Private in ihren rechtlichen Handlungen nicht generell auf willkürfreies oder geschlechtsneutrales Verhalten verpflichtet sind (BGE 115 II 235).

13e Die Zulässigkeit solcher Klauseln ist unter Berücksichtigung von Art. 20 Abs. 2 OR, Art. 52 Abs. 3 (ursprünglich **unsittliche** oder **widerrechtliche** Zwecke) oder Art. 88 Abs. 2 (nachträgliche unsittliche oder widerrechtliche Zwecke) zu prüfen. Zuweilen lassen sich historische oder praktische, jedenfalls durchaus achtenswerte Gründe für entsprechende Regelungen anführen. Die Familie und ihr Fürsorgeverständnis konzentrierte sich in der Vergangenheit primär auf die männliche Nachfolge, während bei Frauen mit ihrer Heirat ein Übertritt in eine andere Familie und deren Fürsorgesysteme assoziiert war, so dass sich eine andauernde Einbindung in eine mit der Herkunftsfamilie verbundene Stiftung erübrigte. Hinzu kommen u.U. pragmatische Erwägungen, wonach bspw. der Kreis der Destinatäre auch angesichts der zur Verfügung stehenden Mittel nicht ausufern soll. Frauen- und ähnliche restriktive Klauseln sind i.d.R. weder als rechts- noch als sittenwidrig auszumerzen und einer Klage auf deren Beseitigung (Art. 87 Abs. 2) dürfte nur in Ausnahmefällen Erfolg beschieden sein. Andererseits kann der Stiftungsrat geschlechtsspezifische Einschränkungen im Rahmen seines Ermessens und in zeitgemässer **Auslegung des Stifterwillens** beseitigen, wofür er sinnvollerweise und zu seinem eigenen Schutz das vorgängige Einverständnis der aktuellen Destinatäre oder mindestens einer Mehrheit derselben einholt.

V. Familienfideikommisse

Das Gesetz erklärt die Errichtung von Familienfideikommissen kurz und bündig für nicht **14** mehr gestattet, nachdem EUGEN HUBER diese im Vorentwurf zum ZGB noch gleichbe-rechtigt neben den Familienstiftungen zulassen wollte (PAHUD DE MORTANGES, 500). Die Expertenkommission ist für den 2. Abs. von Art. 335 und damit für ein generelles Verbot neuer Fideikommisse verantwortlich. Das Verbot wurde mit denselben **staatspolitischen** und **demokratischen** Überlegungen begründet, welche gegen die Zulassung einer wie-derholten Nacherbeneinsetzung (Art. 488 Abs. 2) sprechen. Nachkommen sollten vor Müssiggang bewahrt werden (IPRG-Kommentar-VISCHER, Art. 154 N 34) oder, in den Worten von BRÜCKNER (Personenrecht, N 1461): Das demokratische, am Gleichheitsge-danken orientierte und aus Missgunst genährte Volksempfinden würde gestört, wenn ein-zelne Zeitgenossen und deren Nachkommen von einer steuerbefreiten Familienstiftung über Generationen hinweg Beiträge an einen gehobenen Lebensstandard erhalten könn-ten, während andere Volksgenossen an keinem solchen Vorzug teilhaben. Im Ergebnis geht es demnach darum, Familienvermögen nur für besondere und nicht für reine Unter-haltszwecke auf Dauer zu immobilisieren bzw. an eine Familie zu binden.

Unter Fideikommiss ist nach bundesgerichtlicher Rspr. ein **Vermögenskomplex** zu ver- **14a** stehen, welcher durch Privatdisposition unveräusserlich mit einer Familie verbunden und zum Genuss der Familienglieder nach festgesetzter Sukzessionsordnung bestimmt ist (BGer vom 25.11.2002, 2P.168/2002; 18.5.2001, 5C.9/2001, 7 – dieser Teil nicht publ.; BGE 120 Ib 474, 483 ff. und PAHUD DE MORTANGES, 501 m.w.Nw.). Im Gegensatz zu den Stiftungen und insb. zu den Familienstiftungen verfügen Fideikommisse über keine eigene **Rechtspersönlichkeit.** Sie sind lediglich ein **Sondervermögen** des jeweiligen Inhabers bzw. Nutzungsberechtigten, das unter der Auflage der Erhaltung und der Wei-tergabe steht. Eigentümer ist grundsätzlich der jeweils Sonderberechtigte und damit typi-scherweise jeweils nur **ein Familienmitglied,** regelmässig der Erstgeborene, der das Sondervermögen ansonsten **voraussetzungslos** geniessen kann (BK-RIEMER, Die Stif-tungen, syst. Teil, N 133) und z.B. bei Liegenschaften konsequenterweise als Eigentümer im Grundbuch unter Anm. einer Verfügungsbeschränkung i.S.v. Art. 45 SchlT einzutra-gen ist (BK-RIEMER, Die Stiftungen, syst. Teil, N 184).

Vor der Einführung des ZGB, d.h. vor 1912 errichtete Fideikommisse stehen unter **kanto-** **15** **nalem** und subsidiär unter dem **gemeinen,** dem **Gewohnheitsrecht** und letztendlich unter der **rechtsgeschäftlichen Regelung** des Errichtungsaktes (BK-RIEMER, Die Stiftungen, syst. Teil, N 179 f.). Das **Steuerrecht** erfasst das Vermögen und die Erträge von Fidei-kommissen in aller Regel beim jeweils Berechtigten, u.U. unter wertmindernder Berück-sichtigung der diesem auferlegten Verfügungsbeschränkung (BGE 69 I 196 f.). In einem **Zwangsvollstreckungsverfahren** gegen den Fideikommissar ist die grundsätzliche Un-veräusserlichkeit des Fideikommissvermögens zu respektieren und sind allenfalls nur die Erträgnisse zu pfänden und zu verwerten (BK-RIEMER, Die Stiftungen, syst. Teil, N 182).

Fideikommisse haben in der Schweiz keine grosse Bedeutung erlangt und sind mit dem **15a** Verbot der Neuerrichtung im ZGB vollends ins Abseits geraten. Sie dienten ursprünglich u.a. zur materiellen Absicherung eines Teils der Familie, um wenigstens einem Nach-kommen den unrentablen **Staatsdienst** und damit die Teilnahme an der oligarchischen Führung des örtlichen Gemeinwesens zu ermöglichen (PAHUD DE MORTANGES, 503). Die **welschen Kantone** haben sie in Anlehnung an die französische Gesetzgebung nach der Revolution bereits zu Beginn des 18ten Jahrhunderts untersagt, welcher Haltung sich auch der Tessin anschloss (PIOTET, 479 f.). STEIGER (39 ff.) hat im Rahmen seiner 1986 erschienenen Dissertation insgesamt 36 noch bestehende Fideikommisse ausfindig ge-macht, wovon 13 im Kanton Luzern, 6 im Kanton Basel-Stadt, 4 im Kanton Zug, 3 im

Kanton Zürich, je zwei in den Kantonen Uri, Solothurn und Thurgau und je eines in den Kantonen Schwyz, Nidwalden, Glarus und St. Gallen. Sie lassen sich nach Massgabe ihres Vermögens grob in **Geld-** und in **Realfideikommisse** unterteilen und sehen sich nicht zuletzt wegen ihres erzwungenen Mauerblümchendaseins mit zahlreichen praktischen und rechtlichen Schwierigkeiten konfrontiert (PAHUD DE MORTANGES, 502 und 506 ff.; BGer 25.11.2002, 2P. 168/2002).

VI. IPR

16 Unter dem IPRG gelten Stiftungen als Gesellschaften und unterstehen dem Recht des Inkorporationsstaates (vgl. Vorbem. zu Art. 80–89bis N 32 ff.). Im Ausland, d.h. insb. in Liechtenstein errichtete Unterhaltsstiftungen wurden vor Erlass des IPRG aufgrund eines allgemeinen **fraus-legis**-Vorbehaltes zuweilen für nichtig erklärt (BGE 108 II 403; IPRG-Kommentar-VISCHER, Art. 154 N 17 ff.). Nachdem das IPRG grundsätzlich die Möglichkeit einräumt, den Inkorporationsort frei zu bestimmen und damit den Anknüpfungspunkt nach Belieben zu verwirklichen, besteht für diese Rspr. heute kein Raum mehr (IPRG-Kommentar-VISCHER, Art. 154 N 19). Vielmehr gilt die Anknüpfung nach Art. 154 IPRG heute grundsätzlich auch für Inkorporationen unter Einschluss von Stiftungen, welche die **Umgehung** der Normen einer anderen Rechtsordnung bezwecken (BGE 117 II 494 ff.; MAYER, 46; BBl 2006 579). Eine unter liechtensteinischem oder panamesischem Recht korrekt errichtete und betriebene Unterhaltsstiftung ist demnach in der Schweiz zivilrechtlich anzuerkennen. Für eine Anwendung der Ausnahmeklausel des Art. 15 IPRG besteht bei einer Anknüpfung nach Art. 154 IPRG, welche als Rechtswahl i.S.v. Art. 15 Abs. 2 IPRG zu verstehen ist, kein Raum (IPRG-Kommentar-VISCHER, Art. 154 N 29). Die ratio legis hinter dem von Art. 335 statuierten Verbot von reinen Unterhaltsstiftungen und neuen Fideikommissen, nämlich Nachkommen vor Müssigkeit zu bewahren, ist zudem nicht Ausdruck eines fundamentalen Rechtsgrundsatzes (IPRG-Kommentar-VISCHER, Art. 154 N 34). Ansonsten hätte der Gesetzgeber kaum die altrechtlichen Fideikommisse bestehen lassen. Dem Verbot der Unterhaltsstiftung kommt daher richtigerweise auch nicht die Eigenschaft einer *loi d'application immédiate* i.S.v. Art. 18 IPRG zu (IPRG-Kommentar-VISCHER, Art. 154 N 33). Wenn schon das Schweizer Recht einem internationalen Bedürfnis entsprechende Planungs-Instrumente wie den Trust oder die Unterhaltsstiftung selbst nicht kennt oder verbietet, dann besteht umso mehr Anlass, entsprechende, unter ausländischem Recht korrekt errichtete Stiftungen oder Trusts wenigstens anzuerkennen. Bestrebungen in diese Richtung sind im Bereiche von Trusts weit fortgeschritten (vgl. Botschaft zur Genehmigung und Umsetzung des Haager Übereinkommens über das auf Trusts anzuwendende Recht und über ihre Anerkennung vom 2.12.2005; BBl 2006 551 ff.). Es ist weder eine klare Norm, noch ein überzeugender Grund ersichtlich, ausländischen Unterhaltsstiftungen grundsätzlich die Anerkennung zu versagen und zwar m.E. unbeachtlich der Intensität des Binnenbezuges von Stifter, Destinatären etc. In Fällen, in welchen die Destinatäre im Zeitpunkt der Stiftungserrichtung ihren Wohnsitz in der Schweiz haben, wird allerdings auch die Meinung vertreten, Art. 18 IPRG sei hierauf anzuwenden (vgl. IPRG-Kommentar-VISCHER, Art. 154 N 34).

17 Das Verbot von Fideikommissen und mit ihnen von sog. Unterhalts- und Genussstiftungen beruht letztlich auf **überholten sittlichen Erwägungen,** welche keine handfesten **öffentlichen Interessen** der Schweiz tangieren und damit nicht Ausdruck eines **fundamentalen Rechtsgrundsatzes** sind, selbst wenn diese als volkswirtschaftlich wenig sinnvoll eingestuft werden (WACH, 210; SUPINO, 202 f.). Daher ist eine Anwendung von Art. 335 auf ausländische Stiftungen über Art. 18 IPRG grundsätzlich abzulehnen (MAYER, 47, 207; SCHNITZER, 217 f.; BBl 2006 579; **a.M.** BSK IPRG-VON PLANTA, Art. 154 N 18). Hingegen erklärt Art 335 Abs. 2 neue Fideikommisse ganz allgemein und nicht nur für

Gebilde des Schweizer Rechtes für unzulässig. MAYER (46 f., 207) schliesst hieraus unter Beizug der Materialien das Verbot beziehe sich generell auf Fideikommisse in der Schweiz und müsse daher konsequenterweise auch Rechtseinrichtungen erfassen, welche nach **ausländischem Recht** errichtet wurden. Unter Anwendung des **Territorialitäts-prinzips** kann das Verbot jedoch nur diejenigen **ausländischen Stiftungen** erfassen, welche einen überwiegenden Bezug zur Schweiz aufweisen. Dieser wird zuweilen für im Zeitpunkt der Stiftungserrichtung in der Schweiz ansässige **Destinatäre** bejaht (MAYER, 48; IPRG-Kommentar-VISCHER, Art. 154 N 34; BSK IPRG-VON PLANTA, Art. 154 N 18; in diesem Sinne für liechtensteinische Stiftungen, deren Begünstigte im Zeitpunkt ihrer Errichtung in der Schweiz ihren Wohnsitz hatten: Verwaltungsgericht Zug, 12.3.2003, in: StE 2004 B 52.7 Nr. 2 und die Steuer-Rekurskommission I Zürich, 10.1.2000, in: StE 2000 B 26.25 Nr. 1). Noch fraglicher ist, ob auch der **Lageort des Vermögens** in der Schweiz einen genügenden Bezug zu begründen vermag, wie MAYER (48) dies anzunehmen scheint, welcher Autor gleichzeitig die Verwaltung einer Stiftung in der Schweiz jedoch nicht genügen lässt. Wenn die Verwaltung einer ausländischen Stiftung in der Schweiz eine Anwendung von Art. 335 nicht, rechtfertigt, dann genügt hierzu die blosse Verwaltung von deren Vermögen für sich alleine erst recht nicht und zwar unbeachtlich, ob dieses Vermögen in der Schweiz, also bspw. auf einer hiesigen Bank oder im Ausland liegt. Die gegenteilige Auffassung ist angesichts der umfangreichen, von in der Schweiz ansässigen Banken verwalteten Vermögen ausländischer Unterhaltsstiftungen auch nicht praktikabel, zumal in diesen Fällen in aller Regel auch ein **Gerichtsstand** in der Schweiz fehlt. Ebenso wenig genügt der Wohnsitz des Stifters, wenn die Destinatäre alle im Ausland leben (MAYER, 48, allerdings eingeschränkt auf im Ausland gelegenes Vermögen).

VII. Rechtsvergleich

Ein Blick auf die umliegenden, deutschsprachigen Länder zeigt, dass die **Schweiz** mit ihrem Verbot der sog. **Unterhalts**- oder **Genussstiftung** eigene Wege geht. Weder Deutschland, Österreich noch Liechtenstein kennen vergleichbare generelle Beschränkungen zulässiger Zwecke für privatnützige Stiftungen. Andere westeuropäische oder angelsächsische Rechtsordnungen sehen hingegen eine zeitliche Limitierung privatnütziger Gebilde i.S. der *rule against perpetuities* vor (KRONKE, 161). **18**

Insbesondere der **österreichische Gesetzgeber** hat die geschichtlich bedingte Furcht vor feudalistischen Strukturen überwunden und lässt in seinem 1993 geschaffenen Privatstiftungsgesetz voraussetzungslose Unterhaltsstiftungen bspw. zur Versorgung von Ehegatten, Kindern und Enkelkindern bis an ihr Lebensende zu (SPIELVOGEL, 43; VON LÖWE, 67 f.). Damit hat sich Österreich von dem in der Schweiz immer noch verankerten Gedanken der zwingenden **Vermögenszersplitterung** gelöst. Zahlreiche neuere österreichische Familienstiftungen (per 31.10.2005 waren es 2705) belegen, dass Österreich damit auf fruchtbaren Boden gefallen ist (SPIELVOGEL, 45). Das Land konnte damit den Abfluss österreichischer Vermögen namentlich in liechtensteinische Stiftungen bremsen, welches Phänomen wesentlich zur Revision des österreichischen Stiftungsrechtes beigetragen hat (DRAXLER, 874 ff.; 44 SPIELVOGEL, 44 f.). **19**

In **Deutschland** ist die Familienstiftung eine Unterart der rechtsfähigen Stiftung bürgerlichen Rechts i.S. der §§ 80 ff. BGB und überdies in den verschiedenen **Landesstiftungsgesetzen** geregelt. Je nach Landesstiftungsgesetz bedarf es einer ausschliesslichen oder zumindest überwiegenden Familienbegünstigung. Eine Beschränkung «wirtschaftlicher» Familienstiftungen im Sinne eines Fideikommissverbotes gibt es nicht (MERCKER, 335). Das grundgesetzlich von der Eigentumsgarantie geschützte «Recht auf Stiftung» spricht für die Zulässigkeit von Familienstiftungen (MERCKER, 329 f.). Allerdings ist eine **20**

behördliche Genehmigung bzw. Anerkennung konstitutive Voraussetzung für die Entstehung einer Stiftung. Familienstiftungen sind in allen Bundesländern mit Ausnahme von Brandenburg genehmigungsfähig (MERCKER, 329, der die Regelung des Landes Brandenburg für verfassungswidrig hält). Genehmigte Familienstiftungen sind regelmässig ganz oder teilweise von der laufenden Stiftungsaufsicht befreit (VON LÖWE, 30). Namentlich im Unternehmensbereich erfreuen sich die Familienstiftungen wachsender Beliebtheit, wovon die bekannten Bertelsmann-Stiftung, die Carl-Zeiss-Stiftung, die Robert-Bosch-Stiftung oder die Würth-Stiftung zeugen (MERCKER, 332). Besonderer Erwähnung bedarf in steuerlicher Hinsicht die 1974 eingeführte sog. **Erbersatzsteuer,** wonach das Vermögen von Familienstiftungen in Zeitabständen von jeweils 30 Jahren der Erbschaftssteuer unterworfen ist. Weder Österreich noch Liechtenstein noch die Schweizer Kantone kennen eine vergleichbare Steuer, wobei allerdings in der Schweiz im Falle der Zurechnung des Vermögens einer Stiftung zum Stifter oder dessen Familie i.E. im «Erbfall» eine ähnliche Situation eintreten kann (VON LÖWE, 52).

21 Das Fürstentum **Liechtenstein** zählt mehr als 50 000 Stiftungen, wovon nur etwa 600 gemeinnützige (WANGER, 889). Die meisten dieser Familienstiftungen sind hinterlegt, d.h. die Einsichtnahme durch Dritte ist erheblich eingeschränkt (WANGER, 892). Liechtenstein hat die Zweckbeschränkung des Art. 335 ZGB nicht rezipiert, welcher der Grundsatz der Stiftungsfreiheit entgegensteht (VON LÖWE, 164). Familienstiftungen unterstehen keiner staatlichen Aufsicht und dienen vor allem dem Schutz und der Strukturierung von Vermögen im Familienumfeld (WANGER, 890).

Art. 336

B. Gemeinderschaften

I. Begründung

1. Befugnis

Ein Vermögen kann mit einer Familie dadurch verbunden werden, dass Verwandte entweder eine Erbschaft ganz oder zum Teil als Gemeinderschaftsgut fortbestehen lassen, oder dass sie Vermögen zu einer Gemeinderschaft zusammenlegen.

B. Indivision

I. Constitution

1. Conditions

Des parents peuvent convenir de créer une indivision, soit en y laissant tout ou partie d'un héritage, soit en y mettant d'autres biens.

B. Indivisione

I. Costituzione

1. Facoltà

Una sostanza può essere dedicata a beneficio di una famiglia, se dei parenti lasciano indivisa una eredità o parte di essa, o mettono insieme altri beni per formare un'indivisione.

Literatur

ALTHERR, Das Gemeinderschaftsrecht des schweizerischen Zivilgesetzbuches, Diss. Bern, 1916; BALASTÈRE, Das Ende der Erbengemeinschaft (Folgerungen aus BGE 96 II 325 ff.), SJZ 1974, 49 ff.; BISANG, Die Zwangsverwertung von Anteilen an Gesamthandschaften, Diss. Zürich 1978; COHN, Gemeinschaft und Hausgenossenschaft, Vortrag gehalten in der internationalen Vereinigung für vergleichende Rechtswissenschaft und Volkswirtschaftslehre zu Berlin, Separatum ZV glRWiss, 1898; COURVOISIER, De la propriété en main commune et de ses applications dans le projet de Code Civil Suisse (Communauté de biens entre époux et indivisions), Diss. Neuenburg 1904; DARDEL, Les communautés et indivisions de famille, 1909; DÜBI, Die Gemeinschaften zur gesamten Hand, Diss. Bern, 1910; FELBER, Aufgeschobene und partielle Erbteilung nach schweizerischem Recht, Diss. Bern, 1939; GIERKE, Deutsches Privatrecht, Allgemeiner Teil und Personenrecht, Leipzig 1895; HAUSER, Der Erbteilungsvertrag, Diss. Zürich 1973; HITZIG, Das Familienvermögen im schweizerischen Vorentwurfe eines Civilgesetzbuches, ZSR 21, 1 ff.; HUBER, System und Geschichte des Schweizerischen Privatrechts, 3. Bd., Basel 1889, 758 ff. (zit. System III), 4. Bd., Basel 1893, 250 ff. (zit. System IV); DERS., Die Gemeinderschaften der Schweiz auf Grundlage der Quellen dargestellt in: Untersuchungen zur Deutschen Staats- und Rechtsgeschichte, hrsg. von GIERKE, Heft 54, 1897; DERS., Schweizerisches Zivilgesetzbuch, Erläuterungen zum Vorentwurf des Eidgenössischen Justiz- und Polizeidepartements, Bd. I, Bern 1914 (zit. Erläuterungen); IMFELD, Umwandlung der Erbengemeinschaft in eine Kollektivgesellschaft, 1932; LEEMANN, Änderungen am Grundeigentum nach dem Gemeinschaftsrecht, SJZ 1916, 101 ff.; MOSER, Die Vererbung des bäuerlichen Grundbesitzes, 1931; OPPIKOFER, Eigentumsgemeinschaften im mittelalterlichen Recht, insb. an Wohnhäusern, Beihefte zur Vierteljahrsschrift für Sozial- und Wirtschaftsgeschichte, II. Heft Mittelalterliche Stadtrechtsfragen, 1924; PARTSCH, Das Mitwirkungsrecht der Familiengemeinschaft im älteren Walliser Recht (laudatio parentum et hospicium), Diss. Genf 1955; POFFET, La communauté des frères et sœurs de l'ancien droit fribourgeois, base de l'indivision du c.c.s., 1935; RICHNER/FREI/KAUFMANN, Kommentar zum harmonisierten Zürcher Steuergesetz, Zürich 1999; SCHNEIDER, Privatrechtliches Gesetzbuch für den Kanton Zürich, Zürich 1888; WACKERNAGEL, Städtische Schuldscheine als Zahlungsmittel im 13. Jahrhundert, Beihefte zur Vierteljahrsschrift für Sozial- und Wirtschaftsgeschichte, II. Heft, Mittelalterliche Stadtrechtsfragen, 1924; WEISS, Sammlung eidgenössischer und kantonaler Entscheidungen zum schweizerischen Zivilgesetzbuch und Obligationenrecht, 1922–1937, Bd. I, 1942; WUHRMANN, Die Zusammentheilung oder Gemeinderschaft nach den Rechtsquellen der deutschen und französischen Schweiz, ca. 1867; ZOBL, Änderungen im Personenbestand von Gesamthandschaften, Diss. Zürich 1973.

I. Vorbemerkungen

1. Geschichtliche Entwicklung

Die **historischen** Wurzeln dieses Instituts gründen in der *Hausgemeinschaft* ohne Teilung, wie sie v.a. in den Weistümern der welschen Statutarrechte niedergelegt ist: Nach dem Tod des Vaters übernehmen die Söhne das Familiengut und führen es in ungeteilter Gemeinschaft weiter. Dieses Institut hat sich in den Gebieten der Schweiz, die weitgehend von der europäischen Rechtsentwicklung des 16. und 17. Jahrhunderts und damit vom aufkeimenden Individualismus abgeschottet waren, als «Ruine» (HUBER, System IV, 256) erhalten und fand teilweise Eingang in die *kantonalen Privatrechtskodifikationen* des letzten Jahrhunderts (FR, VD, NE, SH; vgl. §§ 553 ff. des privatrechtlichen Gesetzbuchs für den Kanton Zürich; SCHNEIDER, II, 68 ff.). Bis zum Inkrafttreten des ZGB war die Gemeinderschaft zudem gewohnheitsrechtlich verankert (StenBull NR, 857; ALT-HERR, 19 ff. und 26 ff.; BK-WÄBER, Vorbem. zu Art. 336–348 N 2; ZK-EGGER, N 1; COHN, 5 ff., 34 ff.; HITZIG, 33 ff.; OPPIKOFER, 43; PARTSCH, 2 ff.; WUHRMANN, 5 ff.; HUBER, System III, 758 ff. und System IV, 250 ff.). **1**

2. Zweck und Gestalt

Nach dem **Willen des historischen Gesetzgebers** sollte das Institut berufen sein, grosse soziale und wirtschaftliche Aufgaben zu lösen, um die *Zersplitterung* und *Überschuldung* des *ländlichen* Bodens zu vermeiden, die bei einer Erbteilung einhergehen kann. Die Erbteilung soll nicht sofort nach dem Tod des Erblassers vorgenommen werden, sondern in einem günstigeren Zeitpunkt (ZK-EGGER, N 2; BK-WÄBER, Vorbem. zu Art. 336–348 N 3; TUOR/SCHNYDER/SCHMID/RUMO-JUNGO, 475; HANDKOMM-SCHWANDER, N 2; HOFFMANN, StenBull SR, 1234). In dieser Hinsicht reflektiert das Institut den deutschrechtlichen *Gemeinschaftsgedanken* im ZGB (ZK-EGGER, Art. 336 N 2, Art. 335 N 6) und sollte gleichsam als «Bollwerk gegen die auflösenden Kräfte des Individualismus» (ZK-EGGER, Art. 335 N 3) dienen. Diese Funktion ergänzt das Bundesgesetz über das bäuerliche Bodenrecht vom 4.10.1991 (BGBB). Das Institut entspricht der Urform der deutschrechtlichen Gemeinschaft zur gesamten Hand (MEIER-HAYOZ/FORST-MOSER, § 1 N 87, § 10 N 9; DARDEL, 1 ff.; BK-MEIER-HAYOZ, Art. 652 N 14; TUOR/SCHNYDER/SCHMID/RUMO-JUNGO, 475; GIERKE, 664 ff.). **2**

II. Begründung

3 Das Gemeinderschaftsrecht beschlägt eine besondere Ausgestaltung des Familienvermögens. Das Gesetz unterscheidet zwei **Arten:** Die Gemeinderschaft mit *gemeinsamer Wirtschaft* (Art. 336–346) und die *Ertragsgemeinderschaft* (Art. 347 und 348), wobei beide Arten entweder durch einer Erbschaft oder durch Zusammenlegung bisher getrennten Vermögens begründet werden (BK-WÄBER, N 1; ALTHERR, 17 f.; TUOR/SCHNYDER/SCHMID/RUMO-JUNGO, 476).

1. Begriff und Elemente

4 Die **Gemeinderschaft** ist die *vertragliche* Vereinigung von familienrechtlich oder erbrechtlich miteinander verbundenen *Personen* zu einer Rechtsgemeinschaft mit dem *Zweck,* ein *Vermögen* dauernd zu gesamter Hand innezuhaben, zu nutzen und zu verwalten (ZK-EGGER, N 5; ALTHERR, 9 f.; HANDKOMM-SCHWANDER, N 2; vgl. N 10).

5 Die Gemeinderschaft beruht auf mehrseitigem **Vertrag** (Art. 337; BK-WÄBER, Art. 337 N 3; BK-MEIER-HAYOZ, Art. 652 N 14; ZK-HAAB, Art. 652–654 N 4; HANDKOMM-SCHWANDER, N 3; TUOR/SCHNYDER/SCHMID/RUMO-JUNGO, 476), der *Entstehungs-*, nicht aber Organisierungsfunktion hat (MEIER-HAYOZ/FORSTMOSER, § 2 N 116, 121). Eine Begründung kraft einseitiger Verfügung von Todes wegen seitens des Erblassers ist nicht möglich (BGE 85 II 554 ff., 563 E. 3). *Essentialia* und damit notwendiger Inhalt des Vertrages sind die Vertragspartner, Zweck und Mittel (Gemeinderschaftsgut). Die Zusammenlegung des Vermögens bei der Begründung erfolgt nach Art. 181 OR, so dass sich die Parteien auf einen Willensmangel berufen können (BGE 60 II 100). Auf die Einbringung einer Sache quoad dominium ist Kaufrecht, auf diejenige quoad usum Mietrecht anwendbar (vgl. Art. 531 Abs. 3 OR). Bringt ein Grundeigentümer eine Liegenschaft in eine Gemeinderschaft ein, an welcher er zur Hälfte beteiligt ist, so kann eine Handänderungssteuer nur auf dieser Hälfte erhoben werden (BGE vom 29.6.1987, RVJ 1988, 53 f. E. 4b; PVG 1980, 143 f.; Rekurskommission GE 5.3.1975, StR 1976, 360 f.; BK-MEIER-HAYOZ, Art. 652 N 61 ff.; vgl. auch Steuerkommission SZ 5.5.1993, StE 1994, B-42-31 ff., E. 2a).

6 **Vertragspartner** können nur *Verwandte* sein, also natürliche Personen, zwischen denen eine familienrechtliche oder erbrechtliche Bande besteht. Die Gemeinderschaft kann von den Erben (Art. 457 ff.), den Mitgliedern einer Erbengemeinschaft (Art. 602) oder von Verwandten (Art. 20 f.; vgl. ALTHERR, 53 ff.; COURVOISIER, 142 ff.; HITZIG, 34 f.; POFFET, 74 ff.; TUOR/SCHNYDER/SCHMID/RUMO-JUNGO, 476; HANDKOMM-SCHWANDER, Art. 337 N 2; vgl. zu einem Spezialfall Art. 346 N 5) begründet werden; eingesetzte Erben sind nur mitgliedschaftsfähig, wenn sie mit den übrigen Gemeindern im familienrechtlichen Sinne verwandt sind (BK-WÄBER, N 6). Das Gesetz nennt keine erforderliche Zahl von Mitgliedern, doch dürften sowohl für die Errichtung wie auch für das Weiterbestehen mindestens zwei Parteien notwendig sein. Weil es sich um eine Rechtsgemeinschaft handelt, ist eine analoge Anwendung von Art. 579 Abs. 1 OR, mithin eine Einpersonen-Gemeinderschaft, nicht möglich (vgl. Art. 344 N 1; MEIER-HAYOZ/FORSTMOSER, § 1 N 5; HANDKOMM-SCHWANDER, N 3). Anders als etwa im Genossenschaftsrecht (Art. 828 Abs. 1 OR i.V.m. Art. 839 Abs. 2 OR) gibt es keinen Anspruch auf Aufnahme in eine Gemeinderschaft (Ausnahme: das zustimmungsbedürftige Recht der erbberechtigten Nachkommen, Art. 345 Abs. 2).

7 Der **Zweck** der Gemeinderschaft besteht in der Bewirtschaftung, d.h. in der wirtschaftlichen Nutzung, Verwaltung und Erhaltung des Gemeinderschaftsguts (Art. 339 Abs. 1; BK-WÄBER, Art. 339 N 5). Diese Bewirtschaftung kann gemeinsam erfolgen i.S. der *Wirtschaftsgemeinderschaft* oder in der Überlassung der Bewirtschaftung an einzelne

Übernehmer i.S. der *Ertragsgemeinderschaft* (Art. 347 f.). Die Bewirtschaftung ist nicht notwendig gewinnstrebig.

Das Gesetz spricht hinsichtlich des **Gegenstands** vom Vermögen. Dieses *Gemeinderschaftsgut* kann aus einem ungeteilten Nachlass, dem Teil eines Nachlasses (sobald rechtlich abspaltbar wie z.B. eine Dienstbarkeit) oder einem sonstigen Vermögen bestehen (ALTHERR, 57 f.; POFFET, 79 ff.; COURVOISIER, 145 ff.). Die Verwandten sollen in diesem letzten Fall nicht auf das Gesellschaftsrecht des OR verwiesen werden (ZK-EGGER, N 6; BK-WÄBER, N 3 f.). **8**

Subjektiv kann die Gemeinderschaft auf einige Mitglieder der bisherigen Erbengemeinschaft **beschränkt** werden (BGE 60 I 145; SJZ 37, 90 und 17; FELBER, 32, 49). *Objektiv* kann die Gemeinderschaft auf bestimmtes Gemeinderschaftsgut eingeschränkt werden (ZK-EGGER, Art. 337 N 1; BK-WÄBER, N 5). **9**

2. Rechtsnatur

Als Gesamthandverhältnis ist die Gemeinderschaft eine personenbezogene **Rechtsgemeinschaft ohne eigene Rechtspersönlichkeit.** Sie ist keine juristische Person, sondern begründet unter den Gemeindern eine vertragliche Beziehung. Sie kann demzufolge weder Träger eigener Rechte und Pflichten sein noch eine Firma erwerben, und sie ist weder prozess- noch parteifähig (BGE 114 V 76 E. 4b = Pra 78, 410; BGE 51 III 59; 51 III 98 ff.; MEIER-HAYOZ/FORSTMOSER, § 1 N 87; § 2 N 55 ff.; ALTHERR, 13; GIERKE, 670 Anm. 34; zur Betreibungsfähigkeit vgl. Art. 340 N 4). Die einzelnen Gemeinder sind nicht Mit-, sondern **Gesamteigentümer** (Art. 342 Abs. 1 i.V.m. Art. 652 ff.). **10**

3. Ergänzendes Recht

Das Gemeinderschaftsrecht ist seinem Inhalt nach karg ausgestattet. Die *familienrechtliche Natur* des Gemeinderschaftsvertrags rückt ihn in die Nähe zur Erbengemeinschaft und zur ehegüterrechtlichen Gütergemeinschaft. **Ergänzend** lassen sich im Recht des *Gesamteigentums* und des allgemeinen *Gesellschaftsrechts,* so v.a. bei der einfachen Gesellschaft und der Kollektivgesellschaft, systematische Analogien finden (BK-MEIER-Hayoz, Art. 652 N 41; ZK-LIEBER, Art. 7 N 98; nach HUBER, StenBull NR, 857, soll die Kollektivgesellschaft der Gemeinderschaft Pate gestanden haben; StenBull SR, 1235). **11**

III. Abgrenzungen

1. Abgrenzung zu anderen Rechtsgemeinschaften des ZGB

Der Unterschied zur **Erbengemeinschaft** liegt in der vertraglichen Begründung der Gemeinderschaft, während die Erbengemeinschaft auf Gesetz beruht. Nach Art. 604 kann jeder Miterbe zu beliebiger Zeit die Teilung der Erbschaft verlangen (BK-WÄBER, Art. 339 N 9; ALTHERR, 6 und 16). Die Miterben können sich aber konkludent durch Vertrag zur Gemeinschaft verpflichten. Es stellt sich daher die Frage, ob durch einen solchen Vertrag eine *fortgesetzte Erbengemeinschaft* oder eine Gemeinderschaft begründet wird. Nach BGE 61 II 168 ist eine formlose Fortsetzung der Erbengemeinschaft i.S. eines vertraglichen Verzichts auf den jederzeitigen Teilungsanspruch zulässig (bestätigt in: BGE 96 II 329 E. 6a; BALASTÈRE, 50; BGE 86 II 456 E. 4; OGer TI Entscheid vom 3.11.1970, Rep 1971, 253 E. D; SJZ 1940/41, 253; ZBJV 1916, 406; ZK-EGGER, N 8 f.; FELBER, 19; MEIER-HAYOZ/FORSTMOSER, § 1 N 88; JÄGGI, 336; HAUSER, 9 ff.; rechtsvergleichend § 2042 i.V.m. § 749 Abs. 2 BGB; **a.M.** ZBJV 1916, 575 = SJZ 1917, 313). Sobald aber diese Erbengemeinschaft nicht mehr nur der Abwicklung der Nachlassliquidation dient, sondern nach dem Willen der Miterben (welcher sich aus der Vertretungsordnung oder aus der teilweisen Abfindung von Miterben ergeben kann, vgl. Art. 340 N 8) mit dem **12** weitergehenden Zweck der Erhaltung oder Fortführung des Nachlassgutes ausgestattet wird, liegt – mangels Form – nicht eine Gemeinderschaft, sondern eine *einfache Gesellschaft* oder *Kollektivgesellschaft* vor (BGE 96 II 333 ff. E. 6d; 97 I 17; MEIER-HAYOZ/ FORSTMOSER, § 1 N 14, § 13 N 95; **a.M.** ZK-EGGER, N 9, der auf solche Sachverhalte das Gemeinderschaftsrecht analog anwenden will).

2. Abgrenzung zu den Gesellschaften und Körperschaften

13 Von der **einfachen Gesellschaft** ebenso wie von der *Kollektivgesellschaft* unterscheidet sich die Gemeinderschaft dadurch, dass diese nach der Zwecksetzung die gemeinsame wirtschaftliche Nutzung, Verwaltung und Erhaltung eines Gemeinderschaftsguts zum Inhalt hat, während bei jenen die affectio societatis ganz im Vordergrund steht (vgl. MEIER-HAYOZ/FORSTMOSER, § 1 N 85, 87, § 2 N 67). Die Gemeinderschaft ist damit zwar eine *Interessengemeinschaft,* nicht aber eine Zweckgemeinschaft im gesellschaftsrechtlichen Sinne. Ausserdem darf die Gemeinderschaft nach ihrer Zwecksetzung nicht ein kaufmännisches Gewerbe betreiben, im Rechtsverkehr also nicht als Unternehmensträger auftreten (vgl. ALTHERR, 16 und 67; u. N 16). Allerdings kann bei diesen Gesellschaftsformen das *Innenverhältnis,* so insb. die Beendigung und deren Abwicklung, durch die familien- und erbrechtlichen Bestimmungen des Gemeinderschaftsrechts geprägt sein (IMFELD, 12; ZK-EGGER, N 10; FELBER, 18, 53; ZK-SIEGWART, Vorbem. Art. 530 OR N 48; o. N 12). Von der *Stiftung* bzw. der Familienstiftung unterscheidet sich die Gemeinderschaft dadurch, dass das Vermögen nicht verselbständigt wird und die Gemeinder ein jederzeitiges Kündigungsrecht unter Ausrichtung ihres Anteils (Abfindung) beanspruchen können.

14 Sofern die Gemeinderschaft – unter Vorbehalt einer zulässigen Bindung nach Art. 27 Abs. 2 – unkündbar ausgestaltet und damit lediglich zum Zwecke begründet wurde, das Verbot des *Familienfideikommisses* (Art. 335 Abs. 2) zu umgehen, wäre die **Unkündbarkeit** aufgrund modifizierter Teilnichtigkeit in eine Kündbarkeit nach Art. 338 Abs. 2 umzuwandeln (Art. 20 Abs. 2 OR i.V.m. Art. 604 Abs. 1).

3. Abgrenzung zu schuldrechtlichen Austauschverhältnissen

15 Die vom Gesetz vorgesehene Ausgestaltung der *Ertrags*gemeinderschaft rückt diese in die Nähe zur **Pacht** (Art. 275 ff. OR). Die Pacht mit ihrer Formfreiheit, der Flexibilität hinsichtlich Kündbarkeit und ihrer Regelungsklarheit sowie der Möglichkeit einer partiarischen Ausgestaltung haben diese im Rechtsverkehr gegenüber der Ertragsgemeinderschaft begünstigt, zumal die Verpachtung an einen Gemeinder ebenfalls möglich ist (MOSER, 112; vgl. zur Abgrenzungsproblematik Art. 347 N 1). Soll hingegen einer der Gemeinder das Unternehmen in eigenem Namen betreiben, während die anderen nicht hervortreten, liegt eine *stille Gesellschaft* vor (BGE 21, 1172; 26 II 536).

IV. Bedeutung

1. Gemeinderschaft ist kein Unternehmensträger

16 Es ist *nicht* möglich, dass die Gemeinderschaft selber ein **kaufmännisches Gewerbe** betreibt, denn sonst wäre sie mangels Eintrag im Handelsregister eo ipso Kollektivgesellschaft nach Art. 552 Abs. 1 i.V.m. Art. 934 OR (SJZ 1934, 328 Nr. 236; ALTHERR, 67; MEIER-HAYOZ/FORSTMOSER, § 4 N 62).

2. Nachteile

17 Gegen die Gemeinderschaft sprechen die **Nachteile** der Schwerfälligkeit bei der Gründung, der Geschäftsführung und Vertretung sowie diejenigen der mangelnden Flexibilität hinsichtlich der Ausgestaltung des Innenverhältnisses (Kopfstimmprinzip und Einstimmigkeit) und der Kündbarkeit. Im Weiteren haften die Gemeinder solidarisch (Art. 342 Abs. 2). Die Mitgliederzahl ist beschränkt, zumal die Mitgliedschaftsqualität auf Verwandte eingeschränkt und eine Nachfolgeregelung (estate planning) nur innerhalb der direkten Nachkommen möglich ist (Art. 488 Abs. 2). Eine Übertragung der Gemeinderschaftsanteile ist nur eingeschränkt möglich (Art. 345 Abs. 2). Im Rechtsverkehr ist die Gemeinderschaft daher für langfristige und risikoreiche Zwecke und als Unternehmensträger nicht geeignet. Diese Erschwernisse zeigen paradigmatisch die Absicht des Gesetzgebers, ein ererbtes Gut mit einer Familie zu verschweissen.

3. Steuerrechtliche Behandlung

Steuerrechtlich wird die Gemeinderschaft gleich behandelt wie eine *einfache Gesellschaft:* da sie keine juristische Person ist, fehlt ihr die Rechtsfähigkeit und damit auch ihre Eigenschaft als Steuersubjekt. Die Erträgnisse der Gemeinderschaft werden bei den einzelnen Gemeindern als Einkommen besteuert (vgl. Art. 344 N 10 und Art. 346 N 3). Ein im Ausland wohnhafter Gemeinder ist aufgrund seines Anteils am Gesamteigentum an der Liegenschaft in der Schweiz steuerpflichtig (BJM 1974, 198 Ziff. 3.4.). Hinsichtlich der Grundstückgewinnsteuer ist bei der Veräusserung von Grundstücken jeweils die Gesamtheit der Veräusserer, nicht aber die Gemeinderschaft als solche, steuerpflichtig (vgl. RB 1961 Nr. 75; RICHNER/FREI/KAUFMANN, § 217 StG N 14). Beim Tod eines Gemeinders sind die übrigen Gemeinder gegenüber den Steuerbehörden auskunftspflichtig (Art. 14 Abs. 1 InvV). **18**

4. Gemeinderschaft im IPRG

Als **organisierter Personenzusammenschluss** erfolgt die IPRG-Anknüpfung nach Art. 150 IPRG (BSK IPRG-VON PLANTA, Art. 150 N 8). **19**

Art. 337

2. Form	**Der Vertrag über die Begründung einer Gemeinderschaft bedarf zu seiner Gültigkeit der öffentlichen Beurkundung und der Unterschrift aller Gemeinder oder ihrer Vertreter.**
2. Forme	L'indivision ne peut être constituée valablement que par un acte authentique portant la signature de tous les indivis ou de leurs représentants.
2. Forma	Il contratto per costituire un'indivisione richiede per la sua validità l'atto pubblico firmato da tutti i membri o dai loro rappresentanti.

I. Errichtungsakt

Die **Errichtung** der Gemeinderschaft bedarf kraft ausdrücklicher gesetzlicher Regelung der *Zustimmung* aller beteiligten Verwandten oder Erben (BK-WÄBER, N 7). Ein *Vormund* muss die Weisung (Art. 403) oder Zustimmung (Art. 422 Ziff. 3) der Vormundschaftsbehörde einholen. **1**

II. Form

Die **öffentliche Beurkundung** ist eine Reminiszenz an die kantonalen Regelungen des letzten Jahrhunderts, welche ebenfalls eine qualifizierte Form oder eine gerichtliche Genehmigung vorsahen (HUBER, System III, 759 f.; BK-WÄBER, N 1; POFFET, 87 ff.). Die- **2** ses Hindernis der Formvorschrift wird den Verhältnissen nicht gerecht und hat entscheidend dazu geführt, dass das Recht der Gemeinderschaft in die Bedeutungslosigkeit abgesunken ist.

3   Bezüglich folgender *essentialia* ist die öffentliche Beurkundung **konstitutiv:** der *Wille*, eine Gemeinderschaft zu begründen, die Bezeichnung der *Gemeinder* und des *Gemeinderschaftsguts* (ALTHERR, 60), der Einbezug des Sonderguts in das Gemeinderschaftsgut (Art. 342 Abs. 3), die Anordnung ungleicher Beteiligung (Art. 339 Abs. 2, vgl. Art. 339 N 4) sowie die Bezeichnung eines Hauptes der Gemeinderschaft (Art. 112b Abs. 2 und 3 HRegV, vgl. Art. 341 N 1; BK-WÄBER, N 4; ALTHERR, 64; HANDKOMM-SCHWANDER, N 3). Ebenfalls der Beurkundung bedürfen die späteren **Änderungen** oder **Nachträge** des Vertrags hinsichtlich dieser essentialia (Art. 12 OR; vgl. LEEMANN, SJZ 1916, 104; ALTHERR, 63; BK-MEIER-HAYOZ, Art. 652 N 41). Ist nur eine einzelne formbedürftige Vereinbarung nicht beurkundet, so ist nur diese teilungültig (Art. 20 Abs. 2 OR). Ist der ganze Vertrag formungültig, liegt eine Erbengemeinschaft oder einfache Gesellschaft vor, für deren Innenverhältnis die an sich formungültigen Klauseln qua einfacher Schriftlichkeit Beachtung beanspruchen können (OGer FR Entscheid vom 11.11.1974, Extraits 1974, 23 E. 4; OGer TI Entscheid vom 3.11.1970, Rep 1971, 253 f. E. d; OGer FR Entscheid vom 7.12.1966, Extraits 1966, 22; ZK-EGGER, N 3; HANDKOMM-SCHWANDER, N 4). Die Vereinbarung der Dauer (Art. 338) ist nicht formbedürftig (Art. 343 Ziff. 2; vgl. Art. 338 N 2; **a.M.** BK-WÄBER, N 4).

4   Das Gesetz verlangt die Unterschrift aller Gemeinder oder ihrer Vertreter, lässt also gesetzliche und rechtsgeschäftliche **Vertretung** bei der Beurkundung zu (BK-WÄBER, N 6).

III. Eintrag ins Handelsregister

5   **Die Gemeinderschaft ist zum (deklaratorischen) Eintrag ins Handelsregister** berechtigt (Art. 934 Abs. 2 OR, BGE 51 III 59 und 99; **a.M.** ZK-EGGER, Art. 341 N 3; ALTHERR, 67; IMFELD, 16 f.), was sich aus einer historischen Auslegung ergibt (Art. 366 VE; HUBER, Erläuterungen, 257 f.; BK-WÄBER, N 1). Im Übrigen spricht das Verkehrsschutzbedürfnis und die Eintragungsberechtigung des Vertreters (Art. 341 Abs. 3 i.V.m. Art. 112b Abs. 2 HRegV) für die Möglichkeit des Eintrags ins Handelsregister.

Art. 338

II. Dauer	¹ **Die Gemeinderschaft kann auf bestimmte oder unbestimmte Zeit geschlossen werden.**
	² **Ist sie auf unbestimmte Zeit geschlossen, so kann sie jeder Gemeinder auf sechs Monate kündigen.**
	³ **Bei landwirtschaftlichem Betriebe des Gesamtgutes ist eine Kündigung nur auf einen dem Ortsgebrauch entsprechenden Frühjahrs- oder Herbsttermin zulässig.**
II. Durée	¹ L'indivision est convenue à terme ou pour un temps indéterminé.
	² Elle peut, dans ce dernier cas, être dénoncée par chaque indivis moyennant un avertissement préalable de six mois.
	³ S'il s'agit d'une exploitation agricole, la dénonciation n'est admissible que pour le terme usuel du printemps ou de l'automne.

II. Durata

[1] L'indivisione può essere stipulata a tempo determinato o indeterminato.

[2] Se conchiusa a tempo indeterminato, ognuno dei partecipanti può dare la disdetta con un preavviso di sei mesi.

[3] Quando trattisi di un'azienda agricola, la disdetta può essere data solo per il termine primaverile od autunnale, conforme all'uso del luogo.

Literatur

GAUCH, System der Beendigung von Dauerverträgen, Diss. Freiburg i.Ü. 1968; SCHMIDLIN, Untersuchungen über ausgewählte Auflösungsgründe der einfachen Gesellschaft, Diss. Bern 1943; SPIRO, Die Begrenzung privater Rechte durch Verjährungs-, Verwirkungs- und Fatalfristen, 1975; ZÄCH, Vertraglicher Anschluss der Kündbarkeit bei Personengesellschaften, Diss. Bern, 1970; vgl. ausserdem die Literaturhinweise zu Art. 336.

I. Dauer

In der vertraglich vereinbarten **Dauer** und dem Ausschluss des jederzeitigen erbrecht- **1** lichen Teilungsanspruchs liegt ein wesentliches Unterscheidungsmerkmal zur Erbengemeinschaft (Art. 336 N 12; BK-WÄBER, Art. 339 N 9). In der Festlegung der Dauer und die Möglichkeit, dass bei Ausscheiden eines Gemeinders die Gemeinderschaft nur bedingt beendigt wird (Art. 344 f.), zeigen sich die Bemühungen des Gesetzgebers, der Gemeinderschaft zu einem dauerhaften Bestand zu verhelfen.

1. Auf bestimmte Zeit

Die Errichtung auf **bestimmte Zeit** kann absolut oder relativ *bestimmt* oder *bestimmbar* **2** sein. Häufig wird eine *Bestimmbarkeit* mittels einer Resolutivbedingung oder eines *dies certus an, incertus quando* in dem Sinne festgelegt, dass die Dauer der Gemeinderschaft etwa bis zur Erreichung des Mündigkeitsalters bestimmter einzelner oder aller Gemeinder beschränkt ist (ZK-EGGER, N 2; HANDKOMM-SCHWANDER, N 2, Art. 343 N 4; vgl. BSK OR II-STAEHELIN, Art. 545/546 N 19, 27; GAUCH/SCHLUEP/SCHMID/REY, N 4166). Ist die Gemeinderschaft auf Lebenszeit eines Gemeinders eingegangen (vgl. Art. 545 Abs. 1 Ziff. 6 OR), so kann diese Kündigungsmöglichkeit dadurch vertraglich ausgeschlossen sein (BGE 106 II 229), indem vorgesehen ist, dass die Nachkommen anstelle des Erblassers in die Gemeinderschaft eintreten sollen (Art. 345 Abs. 2). Nach Ablauf der bestimmten oder bestimmbaren Dauer tritt der *Aufhebungsgrund* von Art. 343 Ziff. 2 ein. Allerdings ist – trotz öffentlicher Beurkundung – eine *konkludente Fortsetzung* i.S. einer relocatio tacita möglich (Art. 343 Ziff. 2; ALTHERR, 104). Die Gemeinderschaft gilt von diesem Zeitpunkt an als auf unbestimmte Zeit eingegangen (Art. 546 Abs. 3 OR).

2. Auf unbestimmte Zeit

Nach Abs. 2 kann eine Gemeinderschaft auf *unbestimmte Zeit* durch **ordentliche Kün- 3 digung** aufgelöst werden (**a.M.** BK-WÄBER, Art. 343 N 5, der eine ordentliche Kündigung nur zulassen will, wenn sie im Vertrag vorgesehen ist, übersieht Art. 338 Abs. 2). Die ordentliche Kündigung bedarf weder eines Grundes noch muss sie begründet werden. Die Kündigungs*frist* beträgt sechs Monate und kann auf einen beliebigen Tag hin erfolgen (Art. 77 Abs. 1 Ziff. 3 OR; HANDKOMM-SCHWANDER, N 3, Art. 343 N 3). Diese Frist entspricht der Regelung der einfachen Gesellschaft (Art. 546 Abs. 1 OR). Für landwirtschaftliche Betriebe (Begriff vgl. Art. 7 BGBB) sieht Abs. 3 einen nach Ortsgebrauch (Art. 5 Abs. 2) zu bestimmenden, speziellen Kündigungs*termin* vor (vgl. Art. 17 Abs. 1 LPG), den gewisse Kantone festgelegt haben (ZK-MARTI, Art. 5 N 279). Werden die

Kündigungsfristen oder -termine nicht eingehalten, so erfolgt die Kündigung auf den nächst möglichen Termin (HANDKOMM-SCHWANDER, Art. N 4; vgl. Art. 266a Abs. 2 OR). Die Regelung ist *dispositiv* (BGE 106 II 228 f.; GAUCH, 48 ff.; ZÄCH, 73 ff.; ZK-EGGER, N 3). Im Gemeinderschaftsvertrag können kürzere und längere Fristen sowie bestimmte Termine, spezielle Kündigungsgründe vereinbart oder die Kündigungsmöglichkeit unter Vorbehalt von Art. 27 Abs. 2 gänzlich ausgeschlossen werden (BGE 106 II 228 ff.; ZÄCH, 68 ff.; MEIER-HAYOZ/FORSTMOSER, § 12 N 80; HANDKOMM-SCHWANDER, N 5; vgl. Art. 336 N 14).

4 **Adressaten** der *Kündigung* sind alle Gemeinder (Art. 340 Abs. 1; BGE 52 III 6; BK-WÄBER, Art. 343 N 5; BSK OR II-STAEHELIN, Art. 545/546 N 25 m.Nw.; SCHMIDLIN, 43) oder – sofern bestellt – der Vertreter der Gemeinderschaft (Art. 341 Abs. 2), welcher die Kündigung vor Ablauf der Frist weiterleiten muss. Als empfangsbedürftige Gestaltungserklärung muss die Kündigung vor Beginn des sechsmonatigen Fristenlaufs den Adressaten zugegangen sein (BK-WÄBER, Art. 343 N 5). Die Kündigung (und als Korrelat die Teilung bzw. die Abfindung, Art. 346 Abs. 2) darf nicht zur *Unzeit* erfolgen (ALTHERR, 103 und 117; vgl. Art. 546 Abs. 2 OR; vgl. BSK OR II-STAEHELIN, Art. 545/546 N 23).

II. Ausserordentliche Kündigung aus wichtigem Grund

5 Vgl. Art. 343 N 7 ff.

III. Wirkung der Kündigung

6 **Die Wirkung der gültig zugegangenen Kündigung besteht in der Aufhebung der Gemeinderschaft (Art. 343 Ziff. 1; vgl. Art. 343 N 3). Diese Aufhebung der Gemeinderschaft kann durch** *Abfindung* **des Kündigenden abgewendet werden (vgl. Art. 344 N 1).**

Art. 339

III. Wirkung 1. Art der Gemeinderschaft	[1] **Die Gemeinderschaft verbindet die Gemeinder zu gemeinsamer wirtschaftlicher Tätigkeit.** [2] **Sie sind mangels anderer Anordnung zu gleichen Rechten an der Gemeinderschaft beteiligt.** [3] **Sie können während der Gemeinderschaft weder eine Teilung beanspruchen noch über ihre Gemeinschaftsanteile verfügen.**
III. Effets 1. Exploitation commune	[1] Les membres de l'indivision la font valoir en commun. [2] Leurs droits sont présumés égaux. [3] Les indivis ne peuvent, tant que dure l'indivision, ni demander leur part, ni en disposer.
III. Effetti 1. Modo	[1] L'indivisione obbliga i suoi membri ad una comune attività economica. [2] Salvo patto contrario, tutti vi partecipano in egual misura. [3] Durante l'indivisione essi non possono domandare la divisione della sostanza comune né disporre delle loro parti.

Literatur

BENZ, Die Treuepflicht des Gesellschafters, Diss. Zürich 1947; BERGSMA, Auflösung, Ausschluss und Austritt aus wichtigem Grund bei den Personengesellschaften, Diss. Zürich 1990; JOB, Ansprüche unter Kollektivgesellschaftern, Diss. Zürich 1952; TROXLER, Die Treuepflicht des Genossenschafters, Diss. Freiburg i.Ü. 1953; WOHLMANN, Die Treuepflicht des Aktionärs, Diss. Zürich 1968; vgl. ausserdem die Literaturhinweise zu Art. 336.

I. Gemeinschaft

Zumal die Gemeinder Vermögen zusammenlegen (Art. 336), bilden sie eine vermögensrechtliche Gesamthand (Art. 340 N 1). Das Gemeinderschaftsgut steht im **Gesamteigentum** (Art. 342 Abs. 1). Insofern das Gemeinschaftsgut gemeinsam in Hausgemeinschaft (Art. 331) bewirtschaftet wird, bilden sie eine *Wirtschaftsgemeinderschaft* (ZK-EGGER, N 1) mit starken persönlichen und familienrechtlichen Beziehungen. Unter diesen engen Voraussetzungen kann ein Vertrag mit einer Gemeinderschaft Schutzwirkungen zugunsten Dritter entfalten (GAUCH/SCHLUEP/SCHMID/REY, N 4050). Eine Beendigung der Gesamthand ohne Liquidation ist möglich, wenn ein Gemeinder alle anderen Gemeinder abfindet (vgl. Art. 344 Abs. 1), so dass er kraft Akreszenz Alleineigentümer wird (ZK-HAAB, Art. 652–654 N 15). **1**

Die **gemeinsame wirtschaftliche Tätigkeit** dieser Wirtschaftsgemeinderschaft wird zwar in Abs. 1 besonders hervorgehoben. Doch ist es auch möglich, nur eine *Ertragsgemeinderschaft* (Art. 347) zu bilden. Ausserdem kann das Gemeinderschaftsgut einem einzigen Gemeinder oder einem Dritten verpachtet oder sonst wie zum Gebrauch überlassen werden (ZK-EGGER, N 2; HANDKOMM-SCHWANDER, N 2), so dass eine blosse *Kapitalbeteiligung* für die Gemeinderqualität genügt (**a.M.** BK-WÄBER, N 6). **2**

Aus Art. 342 Abs. 3 ergibt sich e contrario, dass *Einkünfte* und *Arbeitserwerb* der übrigen Gemeinder in die Gemeinschaft fallen (vgl. Art. 342 N 4). Der Ausgleich muss formgültig vereinbart werden (Art. 342 Abs. 3 i.V.m. Art. 337) oder anlässlich der Auseinandersetzung nach Art. 346 Abs. 1 erfolgen. **3**

II. Stellung der Gemeinder

1. Rechte

Nach Abs. 2 besteht unter den Gemeindern im Innenverhältnis mangels (qualifiziert schriftlicher) Anordnung **Gleichberechtigung.** Von dieser Gleichberechtigung kann abgewichen werden (ZK-EGGER, N 4; BK-WÄBER, N 9; HANDKOMM-SCHWANDER, N 4; vgl. Art. 533 Abs. 1 OR). **4**

Als **Mitwirkungsrechte** haben die Gemeinder das Recht, hinsichtlich wichtiger Beschlüsse an der Beratung und an der Beschlussfassung teilzunehmen (Art. 340 Abs. 1). Die Gemeinder haben das unentziehbare Recht zur *Einsichtnahme* in die Gemeinschaftsangelegenheiten (HANDKOMM-SCHWANDER, N 4; vgl. Art. 541 Abs. 1 OR). Da Mitwirkungsrechte nur ausgeübt werden können, wenn eine Kontrolle möglich ist, kann in Anbetracht der solidarischen Haftung der Gemeinder (Art. 342 Abs. 2) auf dieses Kontrollrecht nicht verzichtet werden (vgl. Art. 541 Abs. 2 OR). Angesichts der sehr weit gehenden Pflichten hat der Gemeinder als Korrelativ das Recht zur ordentlichen Kündigung oder zum jederzeitigen Austritt aus wichtigen Gründen (Art. 343 Ziff. 1 und 5). **5**

Als **vermögensmässige Rechte** haben die Gemeinder Anspruch auf anteilsmässige *Abfindung, Zins* und *Gewinn* (BISANG, 27 f.; JOB, 46 ff.; HANDKOMM-SCHWANDER, N 4). In **6** der Ertragsgemeinderschaft hat jeder Gemeinder Anspruch auf jährliche Ausrichtung seines Anteils am Reingewinn (Art. 347 Abs. 1) und der geschäftsführende Übernehmer auf Ausrichtung eines Honorars (Art. 347 Abs. 2; JOB, 54 ff.). In der Wirtschaftsgemeinderschaft steht jedem Gemeinder ein selbständiger Anspruch auf Wohnung und Unterhalt zu.

2. Pflichten

7 Als Korrelat zur Gleichberechtigung sind die Gemeinder im Innenverhältnis auch zu gleichen Teilen zur *Mitwirkung* verpflichtet, wobei sich ihr Umfang nach Vereinbarung, Ortsübung sowie allenfalls nach Anordnung des Familienhaupts (Art. 331 Abs. 1) richtet (TUOR/SCHNYDER/SCHMID/RUMO-JUNGO, 476; HANDKOMM-SCHWANDER, N 3, N 5). Im Vordergrund steht dabei die **Beitragspflicht** (vgl. Art. 531 Abs. 1 OR; vgl. MEIER-HAYOZ/FORSTMOSER, § 12 N 34 ff.; JOB, 38) und die **Gewinn- oder Verlustbeteiligung** (vgl. Art. 533 Abs. 1 und 3; HANDKOMM-SCHWANDER, N 5). Angesichts der stark personenbezogenen Ausgestaltung haben sie analog zu Art. 866 OR eine **Treuepflicht** gegenüber der Gemeinderschaft zu wahren (WOHLMANN, 17 f.; BENZ, 133 ff., passim; BERGSMA, 33 ff.; MEIER-HAYOZ/FORSTMOSER, § 3 N 17, § 12 N 59; JOB, 13 f.). Für die Beurteilung einer Verletzung sind Art, Struktur, Zweckausrichtung und Ausgestaltung der Stellung der Gemeinder massgebend (BGE 101 II 127; vgl. die Kasuistik in BSK OR II-NIGG, Art. 866 N 8 ff.). Das Mass der **Sorgfaltspflicht** in der Besorgung von Gemeinderschaftsaufgaben und in der Erfüllung von Gemeinderschaftspflichten bestimmt sich nach der milden *diligentia quam in suis* (vgl. Art. 538 Abs. 1 OR und Art. 332 Abs. 3; ALTHERR, 77; ZK-EGGER, N 3; JOB, 16 f.; vgl. zur speziellen Situation bei der Ertragsgemeinderschaft Art. 347 N 2, bei der Übertragung der Geschäftsführung auf das Haupt der Gemeinderschaft Art. 341 N 4). Die **Haftpflicht** bestimmt sich im *Aussenverhältnis* nach den Vorschriften über die Solidarität (Art. 342 Abs. 2 i.V.m. Art. 143 ff. OR; vgl. Art. 342 N 5 ff.). Im *Innenverhältnis* hat jeder Gemeinder, insoweit er zur selbständigen Geschäftsführung befugt ist (vgl. Art. 340 N 11), Anspruch auf notwendigen Auslagenersatz (Art. 537 OR und Art. 402 Abs. 1 OR), wobei ein solcher Gemeinder den übrigen für eine sorgfältige Geschäftsführung verantwortlich ist (Art. 538 Abs. 2 OR). Die Vorschrift von Abs. 3, wonach während der Dauer der Gemeinderschaft weder eine Teilung beansprucht noch über den Gemeinschaftsanteil verfügt werden kann, ist angesichts der Regelung von Art. 338, Art. 340 Abs. 2 und Art. 343–345 überflüssig und liegt in der Natur des Gemeinderschaftsverhältnisses als Gesamthandsverhältnis (vgl. Art. 653 Abs. 3). Diese vertraglichen Pflichten können von den einzelnen Gemeindern gegenüber den anderen mit der **actio pro socio** durchgesetzt werden (MEIER-HAYOZ/FORSTMOSER, § 3 N 35, § 12 N 39; JOB, 11, 102 ff.; HANDKOMM-SCHWANDER, N 5).

Art. 340

2. Leitung und Vertretung	¹ **Die Angelegenheiten der Gemeinderschaft werden von allen Gemeindern gemeinsam geordnet.**
a. Im Allgemeinen	² **Jeder von ihnen kann ohne Mitwirkung der übrigen gewöhnliche Verwaltungshandlungen vornehmen.**
2. Direction et représentation	¹ L'indivision est administrée en commun par tous les ayants droit.
a. En général	² Chacun d'eux peut faire des actes de simple administration sans le concours des autres.

2. Direzione e rappresentanza a. In genere	[1] Gli interessi dell'indivisione sono geriti in comune da tutti i partecipanti. [2] Ognuno di essi può fare da solo gli atti della ordinaria amministrazione.

Literatur

AMONN, Grundriss des Schuldbetreibungs- und Konkursrechts, 5. Aufl. Bern 1993; FEHLMANN, Die Einflüsse des Sachenrechts auf Pfändung und Verwertung, Diss. Zürich 1976; RUTZ, Die Pfändung und Verwertung von Anteilen an Gemeinschaftsvermögen nach der Praxis des Bundesgerichts und der Kantonalen Betreibungsbehörden, BlSchK 1975, 97 ff.; SPIRIG, Einigungsverhandlung, BlSchK 1977, 109 ff.; FRANK/STRÄULI/MESSMER, Kommentar zur Zürcherischen Zivilprozessordnung, 3. Aufl. Zürich 1997; WALDER-BOHNER, Zivilprozessrecht, 3. Aufl. Zürich 1983; vgl. ausserdem die Literaturhinweise zu Art. 336.

I. Gemeinsame Verwaltung

Das Gemeinderschaftsgut steht im **Gesamteigentum** aller Gemeinder (Art. 342 Abs. 1). **1** Dingliche Rechte stehen deshalb allen Gemeindern *ungeteilt* und *insgesamt* zu (BK-WÄBER, Art. 339 N 10; HANDKOMM-SCHWANDER, N 2). So kann einer der Gemeinder über seinen Gesamteigentumsanteil nicht verfügen, insb. diesen Anteil am Grundstück der Gemeinderschaft nicht derelinquieren (Art. 339 Abs. 3; OGer LU LGVE 1986 I 1; SJZ 1987, 381 Nr. 53; ALTHERR, 79; REY, Sachenrecht, N 979, 1680 und 2025; BK-MEIER-HAYOZ, Art. 653 N 3). Im Grundbuch muss zusätzlich zu den Angaben nach Art. 31 GBV die Gemeinderschaft als Rechtsverhältnis, welches das Gesamteigentum begründet, sowie die allfälligen Nachträge (vgl. Art. 345 N 2) eingetragen werden (Art. 33 Abs. 3 GBV; BGE 96 II 332 E. 6c; PKG 1992, 50; BJM 1984, 284 Ziff. 15; BJM 1972, 292; ALTHERR, 80; ZK-HAAB, Art. 652–654 N 23). Der Gemeinder kann aber über seinen Anteil, verstanden als Recht, verfügen und diesen beispielsweise verpfänden (HANDKOMM-SCHWANDER, N 2; vgl. Art. 899 Abs. 1; vgl. BK-MEIER-HAYOZ, Art. 653 N 9). Wird ein Grundstück eingebracht, so entsteht das Gesamteigentum mit der Eintragung im Grundbuch (ZK-HAAB, Art. 652–654 N 33).

Forderungen stehen nur allen Gemeindern zusammen zu (BK-WÄBER, Art. 342 N 6; **2** GAUCH/SCHLUEP/SCHMID/REY, N 3785 und 3787 f.; vgl. MEIER-HAYOZ/FORSTMOSER, § 12 N 17; ZOBL, 34; BK-MEIER-HAYOZ, Art. 652 N 7; ZK-SCHRANER, Art. 70 OR N 32). Es ist nicht möglich, dass eine Forderung oder ein auf einen einzelnen Gemeinder entfallender Anteil nur von einem Gemeinder selbständig geltend gemacht oder z.B. (mangels Gegenseitigkeit) verrechnet werden kann (ZBJV 1916, 406; ZBJV 1918, 233). Umgekehrt kann ein Schuldner sich nur durch Gesamtleistung an alle Gemeinder befreien.

Im **Zivilprozess** ist zu differenzieren: bei *Aktivprozessen* bilden die Gemeinder eine not- **3** wendige aktive Streitgenossenschaft (BGE 121 III 121 E. 3; 116 II 49; BK-WÄBER, Art. 342 N 6; BK-MEIER-HAYOZ, Art. 653 N 6 m.Nw.; VOGEL/SPÜHLER, ZPR, 5 N 50 f.; ALTHERR, 14; vgl. MEIER-HAYOZ/FORSTMOSER, § 12 N 15; BISANG, 45; FRANK/STRÄULI/MESSMER, § 39 N 3); Nebenintervention ist unzulässig. Ist ein Vertreter bestellt (Art. 341 Abs. 2), so ist er in dringlichen Ausnahmefällen zur Abwehr eines drohenden Angriffs auf das Gesamtgut auch ohne spezielle Ermächtigung (Art. 396 Abs. 3 OR und Art. 535 Abs. 3 OR) legitimiert zu klagen (Art. 648 Abs. 1 und Art. 647 Abs. 2 Ziff. 2; BGE 93 II 15 E. 2b; 82 II 566 E. 7 – Bankgeheimnis; 73 II 170; 58 II 200; ZR 1954, 310; GULDENER, ZPR, 296 FN 3; VOGEL/SPÜHLER, ZPR, 5 N 51; FRANK/STRÄULI/MESSMER, § 39 N 3; **a.M.** ZK-EGGER, N 1). In *Passivprozessen* muss unterschieden werden: Handelt es sich um eine Leistungsklage auf eine schuldrechtliche Verpflichtung, so kann angesichts der Solidarität (Art. 342 Abs. 2) auch nur ein einzelner Gemeinder allein eingeklagt werden (MESSMER/IMBODEN, Ziff. 39 FN 17; WALDER-BOHNER, § 11 Rz 26 FN 23; VOGEL/ SPÜHLER, ZPR, 5 N 52; GULDENER, ZPR, 297 FN 3; MEIER-HAYOZ/FORSTMOSER, § 12 N 15; BK-WÄBER, Art. 342 N 8; SCHMIDT, SemJud 1981, 564; **a.M.** ZK-EGGER, N 1). Desgleichen bei Gestaltungsklagen, die sich gegen Vermögenswerte, die nicht im Gesamteigentum stehen (Art. 342 Abs. 3), richten. In diesen Fällen kann jeder Gemeinder auch selbständig Rechtsmittel einlegen (OGer SH ABSH 1988, 181 f. E. 3). Handelt es sich aber um eine (dingliche) *Gestaltungsklage,* die sich gegen das Gesamteigentum aller Gemeinder richtet, so sind nur alle Gemeinder gemeinsam passivlegitimiert (BGE 114 II 330 ff.; 113 II 141 E. 2; 112 II 310 ff.; 100 II 441; 89 II 434; FRANK/STRÄULI/ MESSMER, § 39 N 13; VOGEL/SPÜHLER, ZPR, 5 N 53; BK-WÄBER, Art. 342 N 8). Die Klage eines Gemeinders nach erfolgter Kündigung auf Abfindung nach Art. 344 Abs. 1 und die Feststellungsklage gegen die Gemeinderschaft auf Aufhebung aus wichtigem Grund (Art. 343 Ziff. 5) oder auf Ungültigkeit des Gemeinderschaftsvertrags muss sich gegen alle übrigen Gemeinder richten (BGE 74 II 217; GULDENER, ZPR, 297 FN 6; VOGEL/SPÜHLER, ZPR, 5 N 54; Art. 343 N 10), wobei die Praxis auf den Einbezug Beteiligter, welche die Klagebegehren von vornherein anerkennen, verzichtet (BGE 113 II 37; 112 II 310; 93 II 15 E. 2b; 86 II 455; 74 II 217; vgl. Art. 348 N 2). Im **Verwaltungsverfahren** (Beschwerde und Verwaltungsgerichtsbeschwerde) ist jeder Gemeinder einzeln beschwerdelegitimiert, wenn das Rechtsmittel darauf angelegt ist, eine belastende oder pflichtenbegründende Anordnung abzuwenden und der Entscheid keine Nachteile für die übrigen Gemeinder zur Folge hat (BGE 119 Ib 56 E. 1a; 102 Ib 67; LGVE 1988 II 306 E. 1; BK-MEIER-HAYOZ, Art. 653 N 6).

4 Da die Gemeinderschaft keine juristische Person ist und demzufolge nicht als solche betrieben werden kann (vgl. Art. 544 Abs. 2 OR), müssen in der passiven **Schuldbetreibung** auf allen betreibungsrechtlichen Erklärungen sämtliche Gemeinder namentlich angegeben werden (BGE 113 III 80 E. 2, 3; RJN 1996, 273 E. 2a; FRITZSCHE/WALDER, I, § 9 Rz 3; vgl. auch MEIER-HAYOZ/FORSTMOSER, § 12 N 15; BK-MEIER-HAYOZ, Art. 652 N 56). Aktive Betreibungshandlungen können nur alle Gemeinder gemeinsam vornehmen, auch wenn ein Vertreter bestellt worden ist (BGE 51 III 59; KS Nr. 16 = BGE 51 III 98 f., vgl. hierzu KS 37 = BGE 122 III 328; 41 III 247; 32 I 573 f.; FRITZSCHE/WALDER, I, § 9 Rz 5 FN 9; BISANG, 45 f.; TUOR/SCHNYDER/SCHMID/RUMO-JUNGO, 477). Die *Art* der Betreibung des Gemeinders bestimmt sich danach, ob der Gemeinder im Handelsregister eingetragen ist. Ein Zahlungsbefehl muss jedem Gemeinder einzeln zugestellt werden (Art. 64 i.V.m. Art. 70 Abs. 2 SchKG), andernfalls die Betreibungshandlung nichtig ist und ihr insb. keine verjährungsunterbrechende Wirkung zukommt (KS Nr. 16 = BGE 51 III 99; 53 II 208; ZBJV 1943, 230; SJZ 1932/33, 120 f.; RBAR 1970, 47 f.; BISANG, 46; BK-MEIER-HAYOZ, Art. 652 N 56). Handelt ein amtlich bestellter *Vertreter* (etwa Art. 393), der aus eigenem Recht tätig wird, genügt eine Kollektivbezeichnung (BGE 53 II 208; SJZ 1933, 120 Nr. 23; SJZ 1934, 265 Nr. 202). Ist ein Vertreter nach Art. 341 Abs. 1 bezeichnet worden, so kann gegen ihn allein an seinem Wohnsitz die Betreibung angehoben werden (da die gemeinsame Betreibung von Mitschuldnern nach der bundesgerichtlichen Praxis jedoch nur bei gemeinsamer gesetzlicher Vertretung zulässig ist und diese Fälle derart selten sind, enthält der revidierte Art. 70 Abs. 2 SchKG im Gegensatz zu seiner früheren Fassung [Art. 70 Abs. 2 altSchKG] den entsprechenden Zusatz nicht mehr [Botschaft Revision SchKG, Ziff. 202.71]; vgl. auch RJN 1996, 273 E. 2a; FRITZSCHE/WALDER, I, § 11 Rz 12 FN 51 m.Nw.; AMONN, § 10 N 23; **a.M.** ZK-EGGER, Art. 342 N 7). Nach Art. 46 Abs. 3 SchKG gilt für Schulden aus einer Gemeinderschaft als *Betreibungsort* der Ort der gemeinsamen wirtschaftlichen Tätigkeit

(Art. 339 Abs. 1), sofern ein wirtschaftlicher Gemeinschaftsbetrieb besteht und die Bestellung eines Hauptes unterblieben ist (ZK-EGGER, Art. 342 N 7; BISANG, 108). Aus diesem Ort kann sich in nachfolgender Anerkennungsklage ein gemeinschaftlicher *Gerichtsstand* der Streitgenossenschaft ergeben (Art. 7 Abs. 1 GestG; BGE 51 I 47; SJZ 1949/40, 353; ZK-EGGER, Art. 342 N 7). Hat ein Gemeinder Wohnsitz im Ausland und ist die Gemeinderschaft Arrestschuldnerin, so ist die Gemeinderschaft im Arrestverfahren zwar partei- und prozessfähig (KGer SG GVP 1987, 154), doch kann Gesamteigentum nicht mit **Arrest** belegt werden (Art. 2 VVAG, vgl. BGE 118 III 66 E. c; **a.M.** BISANG, 108).

Die **Pfändung** von Gemeinderschaftsanteilen richtet sich nach der VVAG. Nach Art. 1 **5** Abs. 1 VVAG kann sich die Pfändung eines Gemeinderschaftsanteils nur auf den einem Gemeinderschafter bei der Liquidation der Gemeinderschaft zustehenden Liquidationsanteil erstrecken (vgl. Art. 544 Abs. 2, 572 Abs. 2 OR; BISANG, 30 ff., 56; SPIRIG, 110; RUTZ, 98; BK-MEIER-HAYOZ, Art. 652 N 60; FEHLMANN 28, 96; ZOBL, 216 f.), wobei periodische Leistungen für die Dauer eines Jahres besonders gepfändet werden können (Art. 1 Abs. 3 VVAG; BISANG, 75; RUTZ, 100; zur Vormerkung im Grundbuch i.S.v. Art. 960 Abs. 1 Ziff. 2 vgl. BJM 1984, 282 Ziff. 4). Die Pfändung muss den übrigen Gemeindern mitgeteilt werden (Art. 104 SchKG). Kommt es zur ausserordentlichen **Verwertung** des Liquidationsanteils nach Art. 132 Abs. 1 SchKG, so wird die Gemeinderschaft von Gesetzes wegen aufgehoben (Art. 343 Ziff. 3). Allerdings besteht für die übrigen Gemeinschafter analog der Regelung in Art. 578 OR die Möglichkeit, die Gläubiger mit dem Liquidationsanteil abzufinden und die Gemeinderschaft fortzusetzen (vgl. Art. 343 N 5; Art. 344 N 1; eingehend BISANG, 143 ff.; zum Verfahren BISANG, 69 ff., 193 ff.; SPIRIG, 113; RUTZ, 102 ff.; BK-MEIER-HAYOZ, Art. 653 N 12 ff.). Zu den Einzelheiten der Verwertung vgl. Art. 9 und 10 f. VVAG (vgl. auch AMONN, § 27 N 64 ff., § 47 N 28).

II. Willensbildung

Da nach Abs. 2 gewöhnliche Verwaltungshandlungen ohne Mitwirkung der Gemeinder- **6** schaft von jedem Gemeinder vorgenommen werden können, müssen lediglich **wichtige Geschäfte** dem *einstimmigen* Beschluss sämtlicher Gemeinder unterstellt werden (ALTHERR, 73; MEIER-HAYOZ/FORSTMOSER, § 2 N 97). Als wichtige Geschäfte sind nur solche von erheblicher rechtlicher Tragweite, die eine Änderung des Vertrags bedeuten, so z.B. Rechtsgeschäfte über Grundstücke, Kündigung wichtiger Verträge oder die Aufhebung der Gemeinderschaft (Art. 343 Ziff. 1) zu verstehen (vgl. Art. 648 Abs. 2; BK-WÄBER, N 3; ALTHERR, 74; HANDKOMM-SCHWANDER, N 3).

In diesen wichtigen Geschäften hat die Gemeinderschaft Beschluss zu fassen. Nach aus- **7** drücklicher Regelung in Abs. 1 ist für die **Beschlussfassung** das *Kopfstimmprinzip* massgebend (MEIER-HAYOZ/FORSTMOSER, § 3 N 27, § 12 N 47; vgl. Art. 534 Abs. 2 OR). Von dieser dispositiven gesetzlichen Regelung kann abgewichen werden, etwa wenn ein Gemeinder eine höhere (Kapital-)Beteiligung an der Gemeinderschaft innehat (Art. 339 Abs. 2; ALTHERR, 74). Für die *Anfechtung von Beschlüssen* ist mangels gesetzlicher oder vertraglicher Regelung Vereinsrecht (Art. 75) massgebend (vgl. Art. 712m Abs. 2).

III. Geschäftsführung und Vertretung

Nach dem Willen des Gesetzgebers sollen *Geschäftsführung* und *Vertretung* (im Gegen- **8** satz zum Gesellschaftsrecht) nicht getrennt behandelt, sondern angesichts der einfachen Verhältnisse gemeinsam ausgeübt werden (StenBull 15, 857): Alle Gemeinder zusammen verwalten die Angelegenheiten der Gemeinderschaft in **Selbstorganschaft** (MEIER-HAYOZ/FORSTMOSER, § 2 N 111). Rechtshandlungen und der Abschluss von Rechtsgeschäften bedürfen der Zustimmung aller (Abs. 1). Dieses *Einstimmigkeitsprinzip* ist zu schwerfällig und *nur* in Bezug auf *wichtige Geschäfte* zu befürworten (vgl. o. N 6). So gibt es von Gesetzes (Abs. 2) oder von Vertrags wegen (Art. 341) Ausnahmen, die im Interesse des gutgläubigen Rechtsverkehrs weit ausgelegt werden müssen.

1. Rechtsgeschäftliche Vertretung

9   Dem **Haupt** der Gemeinderschaft kann die Vertretung und die Leitung der wirtschaftlichen Tätigkeit eingeräumt werden (vgl. Art. 341 N 1). Die Bestellung einer Vertretung schliesst nicht aus, dass die übrigen Gemeinderschaftsmitglieder die Gemeinderschaft für gewöhnliche Verwaltungshandlungen verpflichten können.

2. Gewöhnliche Verwaltungshandlungen

10   Der *Umfang* der **Geschäftsführung** (interne Befugnis) umfasst die gesamte Tätigkeit, welche zur Verfolgung der Aufgaben der Gemeinderschaft notwendig ist (HANDKOMM-SCHWANDER, N 4). Diese besteht im rechtsgeschäftlichen Handeln im Namen der Gemeinderschaft. Die **Vertretung** (externe Macht) betrifft das Aussenverhältnis und ist massgebend für die rechtsgeschäftliche Verpflichtung der Gemeinderschaft, d.h. aller Gemeinder (ALTHERR, 85). Da es sich nicht um eine organschaftliche Vertretung handelt, ist eine Verpflichtung für widerrechtliches Handeln ausgeschlossen (BGE 119 II 23 ff.; vgl. Art. 342 N 7).

11   Nach Abs. 2 kann *jeder Gemeinder* **gewöhnliche Verwaltungshandlungen** vornehmen. In dieser Vertretungsordnung liegt ein weiteres Abgrenzungskriterium zur Erbengemeinschaft (vgl. Art. 336 N 12). Diese Ordnung entspricht in ihrem materiellen Gehalt dem Recht der *einfachen Gesellschaft* (Art. 535 Abs. 1 und 3 OR), der Regelung des *Miteigentums* (Art. 647a) sowie dem Recht der *Handlungsvollmacht* (Art. 462 Abs. 1 OR; vgl. auch Art. 227 f. und dazu HEGNAUER/BREITSCHMID, N 28.19 f.), weshalb für die Konkretisierung dieses Umfangs und des Kriteriums der Gewöhnlichkeit deren Rechtsprechung und Lehre analog beigezogen werden können (BK-WÄBER, N 2; vgl. die Beispiele bei ALTHERR, 75; MEIER-HAYOZ/FORSTMOSER, § 9 N 45). In diesem Umfang kann jeder Gemeinder selbständig handeln, die Gemeinderschaft vertreten und in ihrem Namen Verpflichtungen eingehen (BK-WÄBER, Art. 341 N 1). Im Aussenverhältnis gegenüber Dritten richtet sich die Haftung nach Art. 543 Abs. 3 OR. Im internen Verhältnis gegenüber seinen Mitgemeindern ist der Handelnde nach dem milden Massstab von Art. 538 Abs. 1 OR verantwortlich, so etwa, wenn er Beschränkungen seiner Vertretungsmacht missachtet (vgl. Art. 341 N 2); schwere Pflichtverletzungen können einen wichtigen Grund i.S.v. Art. 343 Ziff. 5 darstellen (Art. 343 N 8). Angesichts der rechtsgeschäftlichen Natur der Vertretung ist Einspruchsrecht nach Art. 535 Abs. 2 OR (als Nichtgenehmigung i.S.v. Art. 39 OR) und Art. 543 Abs. 2 OR als Haftungsausschluss möglich (**a.M.** ALTHERR, 75; ZK-EGGER, N 3; vgl. u. Art. 342 N 5).

12   Die Befugnis zur Geschäftsführung von einzelnen Gemeindern kann entzogen oder beschränkt werden (Art. 341 Abs. 3; vgl. Art. 539 und 565 OR; ALTHERR, 78). Dieser **Entzug** und diese **Beschränkung** der Befugnis zur Geschäftsführung müssen in qualifizierter Schriftlichkeit im Gemeinderschaftsvertrag festgelegt und im Handelsregister eingetragen sein, um gutgläubigen Dritten gegenüber Wirkung zu entfalten (Art. 112b Abs. 3 i.V.m. Art. 112d HRegV; Art. 341 Abs. 3; ALTHERR, 86; HANDKOMM-SCHWANDER, N 4; Art. 341 N 3). Zumal nach Art. 337 der von der Geschäftsführung Auszuschliessende zu seinem Ausschluss die Zustimmung erteilen muss, kann er bei

Weigerung nach kantonalem Prozessrecht zur Abgabe einer Willenserklärung verhalten werden, falls ein wichtiger Grund i.S.v. Art. 539 Abs. 3 OR vorliegt (Art. 565 Abs. 2 OR und § 219 Ziff. 12 ZPO ZH; vgl. Art. 341 N 1; **a.M.** ALTHERR, 87). Für Rechtsgeschäfte, die der Ausgeschlossene trotzdem vornimmt, sind die Bestimmungen über die Geschäftsführung ohne Auftrag massgebend (Art. 419 ff. OR; vgl. Art. 540 Abs. 2 OR; ALTHERR, 86). Missbräuchliche Ausübung der Vertretungsbefugnis und schwerer Vertrauensbruch wird sanktioniert durch jederzeitige Kündbarkeit aus wichtigem Grund (vgl. Art. 343 N 8) und interner Verantwortlichkeit (vgl. Art. 340 N 11).

3. Wichtigere Verwaltungshandlungen

Für **wichtigere Verwaltungshandlungen** (vgl. Art. 647b) und bauliche Massnahmen **13** (vgl. Art. 647 c–e) ist die Zustimmung der *Mehrheit* oder, nach Massgabe der Bestimmungen über das Gesamteigentum, ein bestimmtes *qualifiziertes Mehr* erforderlich (BK-WÄBER, N 4; ALTHERR, 74). Angesichts der dispositiven Regelung kann aber auch nur vorgesehen werden, dass für solche Geschäfte die Gemeinderschaft nur bei kollektiv Zeichnungsberechtigten verpflichtet werden soll. Damit diese Zeichnungsberechtigung gutgläubigen Dritten entgegengehalten werden kann, ist ein Eintrag im Handelsregister erforderlich (Art. 112b Abs. 3 HRegV und Art. 341 Abs. 3, Art. 933 Abs. 1 OR).

4. Notwendige und dringliche Massnahmen

Jeder Gemeinder kann sich nach Art. 647 Abs. 2 Ziff. 1 vom Richter ermächtigen lassen, **14** die notwendigen Verwaltungshandlungen (Art. 647c) vorzunehmen und in Fällen von zeitlicher Dringlichkeit eine **Ersatzvornahme** nach Art. 647 Abs. 2 Ziff. 2 treffen.

Art. 341

b. Befugnis des Hauptes	[1] **Die Gemeinder können eines der Glieder als Haupt der Gemeinderschaft bezeichnen.**
	[2] **Das Haupt der Gemeinderschaft hat die Vertretung im Umfang ihrer Angelegenheiten und leitet deren wirtschaftliche Tätigkeit.**
	[3] **Die Ausschliessung der andern von der Vertretung ist jedoch gutgläubigen Dritten gegenüber nur dann wirksam, wenn der Vertreter im Handelsregister eingetragen ist.**
b. Compétences du chef de l'indivision	[1] Les indivis peuvent désigner l'un d'eux comme chef de l'indivision.
	[2] Le chef de l'indivision la représente dans tous les actes qui la concernent et il dirige l'exploitation.
	[3] Le fait que les autres indivis sont exclus du droit de représenter l'indivision n'est opposable aux tiers de bonne foi que si le représentant unique a été inscrit au registre du commerce.
b. Delegazione ad un capo	[1] I partecipanti possono designare uno di essi quale capo dell'indivisione.
	[2] Questi rappresenta l'indivisione in tutti gli interessi che la concernono, e ne dirige l'attività economica.
	[3] L'esclusione degli altri dal diritto di rappresentanza è opponibile ai terzi di buona fede solo quando il rappresentante sia iscritto nel registro di commercio.

Literatur

Vgl. die Literaturhinweise zu Art. 336.

I. Bestellung eines Vertreters

1   Die Gemeinder können durch qualifiziert schriftliche Vereinbarung (Art. 112b Abs. 3 HRegV) ein Haupt der Gemeinderschaft bestellen und mit der Vertretung der Gemeinderschaft betrauen. Es können wohl, entgegen dem Wortlaut, auch *mehrere* Vertreter bestellt werden (so ZK-EGGER, N 1; **a.M.** ALTHERR, 88). Bei der Ertragsgemeinderschaft wird i.d.R. nur einem einzigen Gemeinder die Vertretung übertragen (Art. 347 Abs. 1). Es handelt sich um eine *rechtsgeschäftliche,* nicht um eine organschaftliche Vertretung, die auf Auftrag beruht (**a.M.** ALTHERR, 89). Diese Vertretungsbefugnis kann **entzogen** werden (Art. 565 Abs. 2 OR und Art. 404 Abs. 1 OR; vgl. § 219 Ziff. 12 ZPO ZH; der Entscheid über den Entzug ist kein Endentscheid i.S.v. Art. 48 OG: unveröff. Urteil der I. Zivilabteilung 15.1.1990 i.S. M.; MESSMER/IMBODEN, Ziff. 65 FN 11 und 17; ALTHERR, 78 und 92; vgl. o. Art. 340 N 12). Ebenso kann der Vertreter selber zurücktreten (HANDKOMM-SCHWANDER, N 2).

II. Befugnisse

2   Nach Abs. 2 steht dem Haupt die Leitung der wirtschaftlichen Tätigkeit, also sowohl die *Geschäftsführung* (vgl. Art. 340 N 9) als auch die *Vertretung,* zu. Der **Umfang** bestimmt sich nach Massgabe der gemeinderschaftlichen Angelegenheiten («dans tous les actes qui la concernent»). Diese Umschreibung ist *nicht* gleichbedeutend mit der *gesellschaftsrechtlichen* Umschreibung, wonach der (Organ-)Vertreter sämtliche Handlungen vornehmen kann, die der Zweck der Gesellschaft mit sich bringt (vgl. Art. 564 Abs. 1 OR). Der Umfang der Vertretungsmacht ist viel *enger.* So kann der Vertreter der Gemeinderschaft die Gemeinderschaft insb. nicht für sonstiges Verhalten (Art. 55 Abs. 2), also widerrechtliche Handlungen, verpflichten. Dies ergibt sich aus der rechtsgeschäftlichen Natur der Vertretung (vgl. Art. 39 OR). Die Vertretungsmacht *fehlt* ihm insb. zu Handlungen hinsichtlich Beendigung und Liquidation, Veräusserung der Grundstücke und allen Rechtsgeschäften, welche das vermögensrechtliche Substrat der Gemeinderschaft erheblich belasten, mithin aller wichtigen Geschäften (vgl. Art. 340 N 6; DARDEL, 205; ALTHERR, 90; BISANG, 129; HANDKOMM-SCHWANDER, N 3; **a.M.** BK-WÄBER, N 5). Die übrigen Gemeinder können dem Vertreter Weisungen erteilen oder *Beschränkungen* auferlegen, die allerdings nur dann im externen Verhältnis gegenüber gutgläubigen Dritten Wirkung zeigen, wenn sie im Handelsregister eingetragen sind (Abs. 3; Art. 933 Abs. 1 OR; vgl. Art. 112b Abs. 3 HRegV), unbeschadet der Verantwortlichkeitsansprüche im internen Verhältnis (BK-WÄBER, N 6; vgl. Art. 340 N 11; Art. 343 N 8).

III. Eintrag im Handelsregister

3   Die Ordnung der **Vertretung** kann im Handelsregister eingetragen (Art. 10 Abs. 1 lit. n HRegV), muss allerdings nicht im SHAB veröffentlicht werden (Art. 113 Abs. 2 i.V.m. Art. 112c Abs. 1 HRegV). Die Bestellung der Vertretung, der *Ausschluss* oder die Beschränkung der Vertretungsbefugnis von übrigen Gemeindern (Abs. 3) muss im Gemeinderschaftsvertrag oder in einem Nachtrag öffentlich beurkundet werden (Art. 112b Abs. 3 HRegV). Ohne ausdrücklichen Ausschluss im Handelsregister können die übrigen Gemeinder die Gemeinderschaft für gewöhnliche Verwaltungshandlungen gutgläubigen Dritten gegenüber gültig verpflichten (vgl. Art. 563 OR i.V.m. Art. 933 Abs. 2 OR; ALTHERR, 90; HANDKOMM-SCHWANDER, N 4; Art. 340 N 11; **a.M.** BK-WÄBER, N 3). Bei

Beendigung der Vertretungsbefugnisse (vgl. Art. 35 OR) ist der Eintrag zu löschen (Art. 112d HRegV). Die Beendigung durch Widerruf (vgl. Art. 34 OR) richtet sich nach Art. 539 OR (ZK-EGGER, N 3).

IV. Haftung

Bezieht der Vertreter eine Vergütung oder liegt eine Ertragsgemeinderschaft vor (Art. 347 **4** Abs. 1), so ist seine *Sorgfaltspflicht* verschärft und das Mass seiner internen **Verantwortlichkeit** gegenüber den übrigen Gemeindern bemisst sich nach dem strengen Art. 398 Abs. 1 OR (ALTHERR, 77; vgl. Art. 538 Abs. 3 OR; Art. 347 N 2).

Art. 342

3. Gemeinschaftsgut und persönliches Vermögen	**[1] Die Vermögenswerte der Gemeinderschaft stehen im Gesamteigentum aller Gemeinder.** **[2] Für die Schulden haften die Gemeinder solidarisch.** **[3] Was ein einzelner Gemeinder neben dem Gemeinschaftsgut an Vermögen besitzt oder während der Gemeinschaft durch Erbgang oder auf andere Weise unentgeltlich für sich allein erwirbt, ist, wenn es nicht anders verabredet wird, sein persönliches Vermögen.**
3. Biens communs et biens personnels	[1] Les biens compris dans l'indivision sont la propriété commune des indivis. [2] Les membres de l'indivision sont solidairement tenus des dettes. [3] Les autres biens d'un indivis et ceux qu'il acquiert pendant l'indivision, à titre de succession ou à quelque autre titre gratuit, rentrent, sauf stipulation contraire, dans son patrimoine personnel.
3. Beni comuni e beni riservati	[1] Tutto ciò che appartiene all'eredità indivisa rimane proprietà comune di tutti i partecipanti. [2] I partecipanti sono solidalmente responsabili per i debiti. [3] Salvo patto contrario, è proprietà riservata di ogni partecipante ciò che egli possedeva all'infuori dei beni comuni e ciò che acquista privatamente durante l'indivisione, per eredità o per altro titolo gratuito.

Literatur

RUTZ, Die Pfändung und Verwertung von Anteilen an Gemeinschaftsvermögen nach der Praxis des Bundesgerichts und der kantonalen Betreibungsbehörden, BlSchK 1975, 97 ff.; vgl. ausserdem die Literaturhinweise zu Art. 336.

I. Gesamteigentum (Abs. 1)

Vgl. Art. 339 N 1 und Art. 340 N 1. **1**

II. Persönliches Vermögen (Abs. 3)

Angesichts der umfassenden Wirkung des Gesamteigentums und der solidarischen Haf **2** tung der Gemeinder (Abs. 2) ist die **Abgrenzung** von *Gemeinderschaftsgut* und *persönlichem Vermögen* von herausragender Bedeutung (HANDKOMM-SCHWANDER, N 1). Abs. 3

stellt die **gesetzliche Vermutung** auf, dass zum persönlichen Vermögen des Gemeinders gehört, was er während der Gemeinschaft durch Erbgang (Art. 537 ff.) oder auf andere Weise unentgeltlich (also insb. durch Schenkung, Art. 239 ff. OR, Schulderlass, Art. 115 OR oder Vermächtnis, Art. 484 ff.) *für sich allein,* erwirbt (zum Sonderfall, wo ein Gemeinder stirbt und ein anderer Gemeinder sein Erbe ist und die Erbschaft somit in das Gemeinderschaftsgut fällt, vgl. Art. 345 N 1). Während diese Tatbestände unentgeltlichen Erwerbs unproblematisch sind, gestaltet sich die Abgrenzung des Vermögens, welches der Gemeinder «neben dem Gemeinschaftsgut» besitzt, um einiges schwieriger. Handelt es sich beim ursprünglichen Gemeinderschaftsgut um eine unverteilt gebliebene *Erbschaft,* so ist alles persönliches Vermögen, was nicht zur Erbschaft gehörte (BK-WÄBER, N 12; HANDKOMM-SCHWANDER, N 5). Wurde *Vermögen* zu einer Gemeinderschaft zusammengelegt (Art. 336), so rechtfertigt es sich angesichts der sachlichen Nähe zum Ehegüterrecht, analog auf die Unterscheidungen des gesetzlichen Güterstands der *Errungenschaftsbeteiligung* und dabei insb. auf die Unterscheidung von Errungenschaft und Eigengut abzustellen (ähnlich TUOR/SCHNYDER/SCHMID/RUMO-JUNGO, 476). Danach wäre das Vermögen, das der Gemeinder «neben dem Gemeinschaftsgut» besitzt, Eigengut i.S.v. Art. 198, während Gemeinderschaftsgut als Errungenschaft i.S.v. Art. 197 aufzufassen ist.

3 Diese gesetzliche Vermutung ist keine Fiktion und damit **widerlegbar,** was sich aus der dispositiven Regel ergibt, dass die Gemeinder im Gemeinderschaftsvertrag abweichende Bestimmungen verabreden können (BK-WÄBER, N 15; HANDKOMM-SCHWANDER, N 5). Um in praktischer Hinsicht dem Beweisproblem (Art. 342 Abs. 3 und Art. 200 Abs. 2) aus dem Weg zu gehen, ist die Umschreibung des Gemeinderschaftsguts und dessen Inventar samt der Bestandteile und Zugehör im Gemeinderschaftsvertrag von grösster Wichtigkeit (BK-WÄBER, N 12). Da einerseits die Bestimmung des Gemeinderschaftsguts als konstitutives essentiale im Vertrag genannt sein muss (Art. 337 N 3) und andererseits die Gemeinderschaft freiwillig bestellt wird (Art. 336), ist es sachlich angemessen, alles als persönliches Vermögen zu betrachten, was im Vertrag nicht ausdrücklich als Gemeinderschaftsgut bezeichnet worden ist; die *Vermutung* zugunsten des Gemeinderschaftsguts ist im Zweifel *restriktiv* auszulegen (ZK-EGGER, N 2; BK-KUMMER, Art. 8 N 329; HANDKOMM-SCHWANDER, N 5; ALTHERR, 60; DARDEL, 197; **a.M.** BK-WÄBER, N 15 f. in grammatikalischer Interpretation). Diese sachgerechte Regelung erlaubt auch eine praktikable Abgrenzung zum *entgeltlichen* Erwerb: Was entgeltlich erworben worden ist, fällt nur dann in die Gemeinderschaft, wenn es aus Mitteln des Gemeinderschaftsguts finanziert worden ist, während derjenige Erwerb dem Eigengut zuzurechnen ist, welcher vom Gemeinder aus der Bewirtschaftung und aus Erträgnissen seines persönlichen Vermögens finanziert worden ist (in Abweichung von Art. 197 Abs. 2 Ziff. 4; ZK-EGGER, N 3).

4 Aus dieser Abgrenzung ergibt sich, dass **Arbeitserwerb** vermutungsweise in das Gemeinderschaftsgut fällt (Art. 197 Abs. 2 Ziff. 1; ZK-EGGER, N 4; ALTHERR, 60; HANDKOMM-SCHWANDER, N 5; **a.M.** HITZIG, 37). Dies ist allerdings dann *nicht* der Fall, wenn eine Ertragsgemeinderschaft vereinbart worden ist (Art. 347 Abs. 1) oder eine der Ertragsgemeinderschaft ähnliche Gemeinderschaft, in der sich die Gemeinder v.a. ausserhalb der Gemeinderschaft wirtschaftlich betätigen; diesfalls muss vom Schwerpunkt der wirtschaftlichen Tätigkeit ausgegangen werden (ZK-EGGER, N 4; HITZIG, 37; DARDEL, 199).

III. Solidarische Haftung im Aussenverhältnis (Abs. 2)

5 Die solidarische Haftung gilt nur für **Gemeinderschaftsschulden** (MEIER-HAYOZ/FORSTMOSER, § 12 N 66; GAUCH/SCHLUEP/SCHMID/REY, N 3808 und 3820; HANDKOMM-SCHWANDER, N 3). Dies sind die **rechtsgeschäftlich** eingegangenen Verpflichtungen für

die Gemeinderschaft, die von den Gemeindern im Rahmen der Vertretungsbefugnis im Namen der Gemeinderschaft eingegangen worden sind (zum Umfang der Vertretungsbefugnis und damit zu ihrer Verpflichtungswirkung vgl. o. Art. 340 N 8 ff.). Da die Gemeinderschaft eine Rechtsgemeinschaft ist, haften für Gemeinderschaftsschulden neben dem Gemeinderschaftsgut die einzelnen Gemeinder, und zwar solidarisch. Eine *abweichende Vereinbarung* (Art. 544 Abs. 3 OR) ist *zulässig* (HANDKOMM-SCHWANDER, N 3). Die solidarische Haftung ist primär, persönlich und unbeschränkt (Art. 343 Ziff. 3 und 4; MEIER-HAYOZ/FORSTMOSER, § 2 N 84). Angesichts der Möglichkeit, dass jeder Gemeinder auch ohne ausdrückliche Vollmacht Verpflichtungen zulasten der Gemeinderschaft eingehen kann (Art. 340 Abs. 2) und dass die übrigen hierfür umfassend solidarisch haften, müssen sich i.S. einer sachgerechten *Haftungsbegrenzung* die übrigen Gemeinder auf Art. 543 Abs. 2 OR berufen können (BGE 95 II 59 ff.; MEIER-HAYOZ/FORSTMOSER, § 12 N 67; BGE 124 III 363, 367 E. II.2.(d); ZK-EGGER, N 5; **a.M.** ALTHERR, 75. Vgl. o. Art. 340 N 11). Im Rahmen von Art. 43 Abs. 1 OR kann zur Beschränkung der Haftung das individuelle *Verschulden* berücksichtigt werden (vgl. Art. 759 Abs. 1 OR; GAUCH/SCHLUEP/SCHMID/REY, N 3853 m.Nw.).

Daneben ist es möglich, dass die Gemeinderschaft **gesetzlich** ins Recht gefasst wird, so 6 etwa nach den Kausalhaftungen von Art. 56 und 58 OR, wenn sich die Haftungsursachen im Gesamteigentum der Gemeinder befinden, aber auch aus Geschäftsherrenhaftung (Art. 55 OR) oder für gesetzlich geschuldete Steuern und Abgaben auf dem Gesamteigentum (BGE 72 II 266; MEIER-HAYOZ/FORSTMOSER, § 12 N 66; HANDKOMM-SCHWANDER, N 3).

Nach der hier vertretenen Ansicht haftet die Gemeinderschaft *nicht* für die **unerlaubte** 7 **Handlung** ihrer Stellvertreter, auch dann nicht, wenn die Handlung im Interesse der Gemeinderschaft geschah. Eine Stellvertretung für unerlaubte Handlung gibt es nicht (BK-ZÄCH, Art. 32 OR N 152 ff. m.Nw.; MEIER-HAYOZ/FORSTMOSER, § 12 N 68 m.Nw.; gl.M. HANDKOMM-SCHWANDER, N 3). Der von EGGER (ZK, N 5) vertretenen Auffassung, Art. 567 Abs. 3 OR begründe eine diesbezügliche Haftung, kann angesichts der stark personenbezogenen Ausrichtung der Gemeinderschaft und der Betonung des Gesamteigentums nicht gefolgt werden, zumal die Vertreter der Gemeinderschaft nicht in organschaftlicher, sondern nur in rechtsgeschäftlicher Stellvertretung handeln und es sich bei der Haftung nach Art. 567 Abs. 3 OR um eine für das Recht der Gemeinderschaft atypische Annäherung der Kollektivgesellschaft an die juristische Person handelt (vgl. MEIER-HAYOZ/FORSTMOSER, § 13 N 25 ff., N 26).

IV. Solidarität im Innenverhältnis

In Bezug auf den **internen Regress** besteht *keine Solidarität* (BGE 103 II 137 ff. = 8 Pra 1977, 384 f.; AGVE 1988, 34 f. = SJZ 1990, 160 Nr. 35; KUMMER, ZBJV 1979, 300 f.; HANDKOMM-SCHWANDER, N 4; MEIER-HAYOZ/FORSTMOSER, § 12 N 30; GAUCH/SCHLUEP/SCHMID/REY, N 3869; BSK OR I-SCHNYDER, Art. 148 N 5; **a.M.** BK-WÄBER, Art. 339 N 7). Der Rückgriff des zahlenden auf die anderen Gemeinder richtet sich nach internem Verhältnis, nach Vertrag (Art. 533 Abs. 1 und 3 OR), erbrechtlicher Stellung (Art. 346) oder nach Art. 51 Abs. 2 OR. Nur subsidiär rechtfertigt sich eine Aufteilung zu gleichen Teilen (Art. 339 Abs. 2 und Art. 148 OR). Prozessual kann der belangte Gemeinder den übrigen den Streit verkünden (ZPO ZH, § 46 Abs. 1; BK-WÄBER, N 8; FRANK/STRÄULI/MESSMER, § 46 N 2 f.) und das Gericht bereits im Hauptprozess über den Regressanspruch erkennen lassen (Kompetenzattraktion, ZPO ZH, § 41; FRANK/STRÄULI/MESSMER, § 41 N 1a).

Art. 343

IV. Aufhebung	**Die Aufhebung der Gemeinderschaft erfolgt:**
1. Gründe	**1. nach Vereinbarung oder Kündigung;**

2. mit Ablauf der Zeit, für die eine Gemeinderschaft begründet worden ist, insofern sie nicht stillschweigend fortgesetzt wird;

3. wenn der gepfändete Anteil eines Gemeinders am Gemeinschaftsgute zur Verwertung gelangt ist;

4. wenn ein Gemeinder in Konkurs geraten ist;

5. auf Verlangen eines Gemeinders aus wichtigen Gründen.

IV. Dissolution	L'indivision cesse:
1. Cas	1. par convention ou dénonciation;

2. par l'expiration du temps pour lequel elle a été constituée, sauf le cas de prolongation tacite;

3. lorsque la part d'un indivis est réalisée après saisie;

4. par la faillite d'un indivis;

5. à la demande d'un indivis fondée sur de justes motifs.

IV. Scioglimento	L'indivisione si scioglie:
1. Cause	1. per convenzione o disdetta;

2. per la decorrenza del termine per il quale era costituita, in quanto non sia continuata per tacito consenso;

3. in caso di realizzazione della quota pignorata di un partecipante;

4. in caso di fallimento di uno dei partecipanti;

5. a richiesta di uno dei partecipanti, per motivi gravi.

Literatur

BERGSMA, Auflösung, Ausschluss und Austritt aus wichtigem Grund bei den Personengesellschaften, 1990; BOLLMANN, Das Ausscheiden aus Personengesellschaften, Diss. Zürich 1991; ENGEL, Contrats de droit suisse, 1992; FEHLMANN, Die Einflüsse des Sachenrechts auf Pfändung und Verwertung, Diss. Zürich 1976; FRAEFEL, Die Auflösung der Gesellschaft aus wichtigem Grund, Diss. Zürich 1929; GAUCH, System der Beendigung von Dauerverträgen, Diss. Freiburg i.Ü. 1968; MERZ, Der massgebende Zeitpunkt für die Auflösung der einfachen Gesellschaft und der Kollektivgesellschaft aus wichtigem Grund, in: FS Gutzwiller, 1959, 685 ff.; RUTZ, Die Pfändung und Verwertung von Anteilen an Gemeinschaftsvermögen nach der Praxis des Bundesgerichts und der Kantonalen Betreibungsbehörden, BlSchK 1975, 97, 129; SAXER, Die Auflösung der einfachen Gesellschaft aus wichtigem Grund, Diss. Bern 1961; SCHMIDLIN, Untersuchungen über ausgewählte Auflösungsgründe der einfachen Gesellschaft, Diss. Bern 1942; SPIRIG, Einigungsverhandlung, BlSchK 1977, 109; vgl. ausserdem die Literaturhinweise zu Art. 336.

I. Beendigung

1 Die Gemeinderschaft soll dauernden Bestand haben (vgl. Art. 338 N 1). Dieser Absicht des Gesetzgebers zufolge bewirkt der Tod eines Gemeinders nicht die Auflösung (ALTHERR, 57; ZK-HAAB, Art. 652–654 N 14; vgl. Art. 545 Ziff. 2 OR; zum Abfindungsanspruch der Erben vgl. Art. 345 Abs. 1). Vielmehr kann die Gemeinderschaft von den überlebenden Nachkommen fortgeführt werden (Art. 345 Abs. 2; HUBER, System IV, 253; HITZIG, 42) und so die Vermögenswerte der Gemeinderschaft erhalten bleiben (vgl. Art. 576 ff. OR). Es steht den Gemeindern frei, ihre Gemeinderschaft nur teilweise zu liquidieren und im Übrigen fortzuführen (Art. 344 Abs. 1; vgl. FELBER, 28, 38; BK-MEIER-HAYOZ, Art. 654 N 9). Die **Beendigung** kann auf *Rechtsgeschäft* (Ziff. 1 und 2), auf *Gesetz* (Ziff. 3 und 4) oder auf *Kündigung* (Ziff. 1 und 5) beruhen. Die Aufhebungsgründe sind abschliessend aufgezählt (BK-WÄBER, N 3; HANDKOMM-SCHWANDER, N 1).

II. Aufhebungsgründe

1. Vereinbarung oder Kündigung (Ziff. 1)

Die Aufhebung der Gemeinderschaft durch **Aufhebungsvertrag** i.S.v. Art. 115 OR   2
kann *formlos* erfolgen (ALTHERR, 63 und 102; HITZIG, 42; HANDKOMM-SCHWANDER,
N 2). Sämtliche Gemeinder müssen zustimmen (BK-WÄBER, N 4); hiervon kann vertraglich abgewichen werden (Art. 340 N 7). Werden Grundstücke verteilt, ist die Form
nach Art. 657 Abs. 1 zu beachten. Allenfalls sind Vorschriften des BGBB (Bewilligungspflicht nach Art. 61–69 BGBB, Veräusserungsverbot nach Art. 54 Abs. 1 BGBB sowie die weiteren Verfügungsbeschränkungen nach Art. 40 ff. BGBB) oder des BewG zu
beachten.

Die Gemeinderschaft kann von jedem Gemeinder durch **ordentliche Kündigung** aufge-   3
hoben werden, vgl. Art. 338 N 3.

2. Zeitablauf (Ziff. 2)

Vgl. Art. 338 N 2.   4

3. Verwertung eines gepfändeten Gemeinderschaftsanteils (Ziff. 3)

Die **Verwertung eines gepfändeten Gemeinderschaftsanteils** hat nach dem Wortlaut   5
von Gesetzes wegen die Aufhebung der Gemeinderschaft zur Folge. Dies bedarf folgen-
der Präzisierung: Wird ein Gemeinder für eine private oder eine Gemeinderschaftsschuld
(Art. 340 N 4) betrieben und kommt es zur *Verwertung,* dann wird zunächst sein privates
Vermögen (Art. 342 Abs. 3; vgl. Art. 342 N 2) gepfändet. Wenn dieses nicht ausreicht,
wird sein Liquidationsanteil gepfändet (Art. 1 Abs. 1 VVAG; vgl. Art. 572 Abs. 2 OR;
ZBJV 1940, 134; Art. 340 N 5). Die Verwertung erfolgt im speziellen Verfahren nach
Art. 132 Abs. 1 SchKG (BGE 113 III 41 E. 3; vgl. SPIRIG, 109 ff.; RUTZ, 102 ff.) und
unter Beachtung von Art. 95 und 104 SchKG. Die Aufhebung von Gesetzes wegen tritt
(entgegen Art. 545 Ziff. 3 OR) erst ein, wenn der Liquidationsanteil zur Verwertung gelangt ist, also nach Abschluss des Verwertungsverfahrens; die Pfändung allein hebt die
Gemeinderschaft noch nicht auf (BGE 78 III 171; 52 III 6 ff.; SJZ 1943, 488; BISANG,
128, 185 f.; ALTHERR, 100; HANDKOMM-SCHWANDER, N 5; **a.M.** BGE 113 III 41 f., ohne
Begründung; ENGEL, 671). Vor Abschluss der Verwertung, mithin der Versteigerung, darf
die Aufsichtsbehörde die Aufhebung nach Art. 10 Abs. 2 VVAG nicht herbeiführen (ZK-
EGGER, N 4), zumal es der Gemeinderschaft anheim gestellt ist, in einer Einigungsverhandlung mit den übrigen Gemeindern (Art. 9 VVAG; vgl. SPIRIG, 114 ff.) den Gläubiger
analog zu Art. 578 OR abzufinden (Art. 344 Abs. 1). Der Gläubiger erhält bloss einen
obligatorischen, keinen dinglichen (BGE 57 I 48 f.; 46 III 86 f.) Anspruch auf den Liqui-
dationserlös (BGE 57 I 48 f.; 46 III 86 f.). Erweist sich eine Gemeinderschaftsschuld,
die sich gegen die Gesamtheit der Gemeinder richtet, als uneinbringlich, so kann kraft
der solidarischen Haftung der Gemeinder (Art. 342 N 5) das Gemeinderschaftsgut im
Gesamteigentum nach erfolgter Betreibung aller Gemeinder gepfändet werden (KS
Nr. 17 = BGE 52 III 56 ff.).

4. Konkurs eines Gemeinders (Ziff. 4)

Mit dem **Konkurs eines Gemeinders** wird die Gemeinderschaft von Gesetzes wegen   6
aufgehoben (Ziff. 4; vgl. Art. 16 VVAG; KS Nr. 17 = BGE 52 III 59; ALTHERR, 105;
SCHMIDLIN, 37; HANDKOMM-SCHWANDER, N 6; ZK-SCHRANER, Art. 83 OR N 59). Auch
hier besteht die Abfindungsmöglichkeit nach Art. 344 Abs. 1. Für die Kollokation im

Konkurs eines einzelnen Gemeinders fallen diejenigen Lasten auf Gesamthandgrundstü-
cken ausser Betracht, bezüglich welcher keinerlei persönliche Schuldpflicht besteht
(GÜLT, Art. 847 ff.; Grundlast, Art. 782 ff.; KS Nr. 17 = BGE 52 III 60 f.; vgl. hierzu
BGE 96 III 15; 93 III 119; 80 III 119; 78 III 169; 68 III 44).

5. Kündigung aus wichtigem Grund (Ziff. 5)

7   Die Gemeinderschaft wird bei **ausserordentlicher Kündigung** aufgehoben, wenn einem
Gemeinder aus einem *wichtigen Grund* der weitere Verbleib in der Gemeinderschaft *un-*
zumutbar ist (BGE 30 II 462; 24 II 193; 20, 597 f.). Für die Umschreibung eines wichtigen Grundes kann auf die Rechtsprechung zu *Art. 545 Abs. 2 OR* verwiesen werden
(BGE 106 II 228; HANDKOMM-SCHWANDER, N 7; vgl. BSK OR II-STAEHELIN, Art. 545/
546 N 29, 31 f.; ZK-SIEGWART, Art. 545/547 OR N 31; BERGSMA, 18 ff.; FRAEFEL, 75;
GAUCH, 174 ff.; SAXER, 21; SCHMIDLIN, 27; MERZ, 685 ff.). Allerdings gilt es zu berücksichtigen, dass der persönliche Gehalt der familienrechtlichen Beziehung (Art. 336) der
Gemeinderschaft eine eigene Ausprägung gibt, weshalb auch die Praxis zu *Art. 337*
Abs. 2 OR beigezogen werden kann.

8   Der **wichtige Grund** kann *objektiv* in äusseren Umständen begründet sein, z.B. in
der Unwirtschaftlichkeit des Gemeinderschaftsguts (ZR 1933, 193; 1905, 154 f.;
BERGSMA, 41 ff.) oder in veränderten Verhältnissen (clausula rebus sic stantibus; SAXER,
45). Er kann aber auch *subjektiver* Natur sein und in der Person eines Gemeinders
vorliegen; ein *Verschulden* ist *nicht* erforderlich (Krankheit, Alter, Verheiratung, Art. 344
Abs. 2; BERGSMA, 29 ff.; SAXER, 42 ff.; HANDKOMM-SCHWANDER, N 7). Beruht der
wichtige Grund im überwiegenden Verschulden eines Gemeinders (Unredlichkeit,
schwerer Vertrauensbruch und krasser Missbrauch der Vertretungsmacht, ungetreue
Geschäftsführung, vgl. Art. 348 Abs. 1; vgl. die Übersicht bei ZK-EGGER, Art. 347/
348 N 5), so kann sich der überwiegend schuldhafte Gemeinder nicht auf den wichtigen
Grund berufen (Art. 2 Abs. 2 ZGB; BGE 24 II 202; 20, 596; 12, 199 f.; ZR 1941 Nr. 37;
ZK-EGGER, N 6; BERGSMA, 51; BK-BECKER, Art. 545 OR N 24; FRAEFEL, 107; ZK-
SIEGWART, Art. 547 OR N 27; VON STEIGER, SPR VIII/1, 460; BK-FORSTMOSER, Art. 843
OR N 18).

9   Wenn die Aufhebung aus wichtigem Grund verlangt werden könnte und der wichtige
Grund v.a. in der Person eines Gemeinders liegt, so muss der Richter in analoger Anwendung von Art. 577 OR auf den **Ausschluss** und die Ausrichtung seines Anteils erkennen können, auch wenn dies im Gesetz nicht ausdrücklich vorgesehen ist, sich aber auf
Art. 344 Abs. 1 abstützen lässt (BGE 93 II 391 E. 3; ZK-EGGER, N 1 und 3; HANDKOMM-
SCHWANDER, N 7; BERGSMA, 87 ff. m.Nw., 92; MEIER-HAYOZ/FORSTMOSER, § 3 N 41,
§ 13 N 86; REY, Sachenrecht, N 751; a.M. ALTHERR, 108). Ein *Austrittsrecht* aus wichtigem Grund gibt es nicht (BERGSMA, 146 ff.; VON STEIGER, SPR VIII/1, 414; BOLLMANN,
21 ff.; HANDKOMM-SCHWANDER, N 7; a.M. ZOBL, 101).

10   Die Aufhebung aus wichtigem Grund ist ein Gestaltungsklagerecht und wird mit **Ge-**
staltungsklage beim Richter geltend gemacht (Art. 545 Abs. 1 Ziff. 7 OR; BGE 74 II
174; 106 II 229; ZK-EGGER, N 6; BK-WÄBER, N 14; HANDKOMM-SCHWANDER, N 7;
ALTHERR, 106; BERGSMA, 55 ff.; VOGEL/SPÜHLER, ZPR, 7 N 38; GAUCH/SCHLUEP/
SCHMID/REY, N 75; MEIER-HAYOZ/FORSTMOSER, § 12 N 81; a.M. SAXER, 83 ff.). Die
Klage richtet sich gegen die übrigen Gemeinder (BGE 113 II 140; VOGEL/SPÜHLER,
ZPR, 5 N 54 m.Nw.), wobei die Praxis auf den Einbezug Beteiligter, welche die Klagebegehren von vornherein anerkennen, verzichtet (BGE 113 II 37; 112 II 310; 86 II 455;
74 II 217).

Art. 344

2. Kündigung, Zahlungsunfähigkeit, Heirat	[1] **Kündigt ein Gemeinder die Gemeinderschaft, oder ist einer der Gemeinder in Konkurs geraten, oder gelangt der gepfändete Anteil eines Gemeinders zur Verwertung, so können die übrigen die Gemeinderschaft miteinander fortsetzen, indem sie den Ausscheidenden oder seine Gläubiger abfinden.**
	[2] **Verheiratet sich ein Gemeinder, so kann er ohne Kündigung die Abfindung beanspruchen.**
2. Dénonciation, insolvabilité, mariage	[1] Si l'indivision est dénoncée, si un indivis est déclaré en faillite ou si, sa part ayant été saisie, la réalisation en est requise, les autres membres de l'indivision peuvent la continuer après avoir liquidé les droits de leur coindivis ou désintéressé ses créanciers.
	[2] L'indivis qui se marie peut demander la liquidation de ses droits, sans dénonciation préalable.
2. Disdetta, insolvenza, matrimonio	[1] Nei casi di disdetta o di fallimento di un partecipante o di realizzazione della sua quota a seguito di pignoramento, gli altri partecipanti possono continuare la comunione tacitando il sortente o i suoi creditori.
	[2] In caso di matrimonio, un partecipante può chiedere la liquidazione dei suoi diritti anche senza disdetta.

Literatur

BOLLMANN, Das Ausscheiden aus Personengesellschaften, Diss. Zürich 1991; KIESER, Rechtsprechung des Bundesgerichts zum AHVG, Zürich 1996; PFÄFFLI, Änderungen bei Personengesellschaften aus der Sicht der praktischen Grundbuchführung, ZBGR 1991, 321 ff.; SCHAEDLER, Die Abfindung des ausscheidenden Gesellschafters, Diss. Bern 1963; vgl. ausserdem die Literaturhinweise zu Art. 336.

I. Gründe der Abfindung

1. Begehren der verbleibenden Gemeinder

Ein Grund für die **Abfindung** kann darin bestehen, dass ein Gemeinder in *Konkurs* gefallen (Art. 343 Ziff. 4) oder dass sein gepfändeter Anteil zur *Verwertung* gelangt ist (Art. 343 Ziff. 3). Diese Regelung entspricht Art. 578 OR. Nach Gesetz ist die Abfindung und Fortsetzung der Gemeinderschaft möglich bei ordentlicher und ausserordentlicher *Kündigung* eines Gemeinders (BK-WÄBER, Art. 343 N 6). Abgelehnt wird hier die Möglichkeit von Art. 579 OR, da es sich bei der Gemeinderschaft um eine personenbezogene Organisationsform handelt, die eine Mehrheit von Personen voraussetzt (Art. 336 N 6; **a.M.** ZK-EGGER, N 1; LEEMANN, 103 und 104). **1**

2. Begehren des ausscheidenden Gemeinders

Nach Abs. 2 kann ein Gemeinder die Abfindung beanspruchen, ohne dass er die Kündigung ausspricht, wenn er sich *verheiratet*. Er hat das Recht zum sofortigen **Austritt,** ohne dass eine Kündigungsfrist gewahrt werden müsste oder ein wichtiger Grund vorliegt (ZK-EGGER, N 2 und 3; BK-WÄBER, N 6; HANDKOMM-SCHWANDER, N 3; ALTHERR, 109). Allerdings darf das Begehren nicht zur Unzeit verlangt werden (Art. 346 Abs. 2). Kein Recht auf Kündigung, sondern nur einen Anspruch auf Abfindung, haben die *Erben* **2** eines Gemeinders. Der Tod eines Gemeinders hat also nicht zwingend die Auflösung der Gemeinderschaft zur Folge (Art. 345 Abs. 1; vgl. Art. 343 N 1).

II. Fortsetzen der Gemeinderschaft

3 Die übrigen Gemeinder können die Gemeinderschaft **fortsetzen.** Dazu genügt der Wille, die Abfindung auszurichten, auch wenn der gesetzliche Auflösungsgrund eingetreten ist (Art. 343 Ziff. 3 und 4). Erforderlich ist ein *einstimmiger Beschluss* der verbleibenden Gemeinder, die Gemeinderschaft fortzuführen (ZK-EGGER, N 3; BK-WÄBER, N 3; HANDKOMM-SCHWANDER, N 3) sowie die *öffentliche Beurkundung* der Änderung im Personenbestand (Art. 337 N 3; MEIER-HAYOZ/FORSTMOSER, § 2 N 75, § 12 N 87; PFÄFFLI, 327 f.).

III. Festlegung der Abfindung

4 Art. 346 Abs. 1 bestimmt lediglich den **Zeitpunkt,** welcher der Berechnung der *Anteile* (nicht aber der Bestimmung des Werts, BGE 102 II 184 E. 4a; ZK-EGGER, N 4; HANDKOMM-SCHWANDER, N 4; ALTHERR, 115; HITZIG, 44) zugrunde zu legen ist: Massgebend ist die Vermögenslage, wie sie beim Eintritt des Aufhebungsgrundes vorhanden ist (BGE 100 II 382; ZR 1983, Nr. 70, 184; vgl. Art. 214 und dazu HEGNAUER/BREITSCHMID, N 26.13). Für die Bestimmung des *Werts* ist der Zeitpunkt massgebend, in dem die Teilung, Gesamteigentum zu Individualeigentum, vollzogen wird: Dadurch sollen im Liquidationsstadium Gewinn und Verlust angemessen verteilt werden (BGE 102 II 185 E. 4 m.Nw. und 187 E. 5; 93 II 255). Dabei ist unerheblich, dass der ausscheidende Gemeinder an der Geschäftsführung nicht mehr teilhat (BGE 102 II 184 E. 4a).

5 Die **Quote** bestimmt sich nach dem *Grundverhältnis.* Wurde ein Nachlass in eine Gemeinderschaft eingebracht, so entspricht die erbrechtliche Teilungsquote der Abfindungsquote (ALTHERR, 80 und 116; COHN, 9). Art. 339 Abs. 2 ist nur subsidiär (ALTHERR, 71; COHN, 11; HITZIG, 44). Dies bedarf folgender Präzisierung: Es findet weder eine Erbteilung i.S.v. Art. 634 ff. noch eine Liquidation nach Art. 346 statt. Der Abfindungsanspruch ist **zwingend;** er kann vertraglich nicht wegbedungen werden (HANDKOMM-SCHWANDER, N 4).

6 Für die Bestimmung des **Werts** des Anteils kann dem Gesetz nichts entnommen werden (BGE 102 II 179 E. 3). Es kann entweder auf den *Verkehrs-* oder auf den *Ertragswert* abgestellt werden. Der Abfindungsanspruch ist aufgrund des bilanzmässigen Reinvermögens im Zeitpunkt des Ausscheidens mit Einbezug der Reserven zu berechnen. Stille Reserven und Goodwill sind zu aktivieren (SAG 1975, 22 ff.; BISANG, 146; BOLLMANN, 91; SCHAEDLER, 20 ff.), der Gewinn oder Verlust entsprechend der Quote zu bestimmen. Wird die Gemeinderschaft mit dem Ausscheiden des Gemeinders, welcher die Abfindung beansprucht, durch Beschluss der übrigen Gemeinder aufgehoben, so ist der *Liquidationswert* massgebend. Wollen die übrigen Gemeinder die Gemeinderschaft fortsetzen (Abs. 1), so muss die Fortführungsbilanz aufgrund der *Verkehrswerte* erstellt werden (BGE 93 II 254 f.; BISANG, 146 m.Nw.; DRUEY, Erbrecht, § 16 N 37 ff. m.Nw., N 70), insb. dann, wenn ein wertvolles Grundstück im Gesamteigentum steht (vgl. Art. 617 in Kraft seit 1.1.1994; LGVE 1993 II 172 ff., 175; HANDKOMM-SCHWANDER, N 5; MEIER-HAYOZ/FORSTMOSER, § 13 N 88; BGE 102 II 182 E. 3c und 94 II 252 sowie ZK-EGGER, Art. 346 N 3 und ALTHERR, 118, beziehen sich auf Art. 617 aZGB, während die Entscheide des OGer FR vom 11.11.1974, Extraits 1974, 29 E. 10 und vom 12.12. 1968, Extraits 1968, 22 ff., auf der Grundlage des inzwischen aufgehobenen Art. 620

altZGB ergingen; Art. 548 Abs. 3 OR ist nicht anwendbar, vgl. Art. 346 N 2 und Art. 211). Von dieser Regel kann vertraglich abgewichen werden (BGE 102 II 188 f. E. 7). Schliesst die Abfindungsbilanz mit einem *Verlust,* so hat sich der ausscheidende Gemeinder quotenmässig zu beteiligen (BGE 77 II 50 f.; SemJud 1978, 506).

Handelt es sich beim Gemeinderschaftsgut um ein **landwirtschaftliches** Gewerbe oder   7
Grundstück i.S.v. Art. 6 f. BGBB, muss dem Fortführungswert der *Ertragswert* i.S.v. Art. 10 BGBB zugrunde gelegt werden (Art. 37 BGBB; HANDKOMM-SCHWANDER, N 5; vgl. Art. 212 f.). Nur in diesem Fall ist Art. 618 i.V.m. Art. 87 BGBB anwendbar (BGE 66 II 241). Kommt es innert 25 Jahren zum Verkauf oder zur Veräusserung i.S.v. Art. 29 BGBB des landwirtschaftlichen Gewerbes oder Grundstücks, bei dem im Zeitpunkt der Abfindung der Ertragswert zugrunde gelegt worden ist, so hat der Gemeinder, welcher die Abfindung beansprucht, quotenmässigen Anspruch auf den realisierten Gewinn, welcher sich aus der Veräusserung zum Verkehrswert ergibt (Art. 28 BGBB i.V.m. Art. 37 Abs. 4 BGBB). Diesen Gewinnanspruch kann sich der austretende Gemeinder mittels Grundpfandverschreibung sichern lassen (Art. 34 BGBB).

Die **Fälligkeit** der Abfindung bestimmt sich nicht nach dem Zeitpunkt der Aufhebung der   8
Gemeinderschaft, sondern nach demjenigen der materiellen Durchführung der Liquidation. Von diesem Zeitpunkt an hat der ausscheidende Gemeinder Anspruch auf Verzugszinsen. Denn vorher partizipiert er am Ertrag der Gemeinderschaft (BGE 102 II 186 E. 5). Da es sich beim Abfindungsanspruch um einen schuldrechtlichen Anspruch handelt, greift die ordentliche **Verjährung** von zehn Jahren ab Fälligkeit (Art. 127 OR; ZR 1965, Nr. 147, 240; HANDKOMM-SCHWANDER, N 6).

Im Streitfall muss der **Richter** die Abfindung festsetzen (BGE 102 II 183 E. 3d; anders   9
bei der Liquidation, wo eine Versteigerung möglich ist, vgl. Art. 346 N 3; HANDKOMM-SCHWANDER, N 7). Fehlt es an der quotenmässigen Festlegung im Grundverhältnis oder enthält der Gemeinderschaftsvertrag keine Bestimmung hinsichtlich des Abfindungsanspruchs, so entscheidet der Richter nach freiem Ermessen (Art. 580 Abs. 2 OR; BGE 102 II 185 E. 4a; Art. 601 Abs. 2 OR; BOLLMANN, 89 ff.). Dabei muss auf die Interessen der verbleibenden Gemeinder und des Gemeinderschaftsguts Rücksicht genommen werden (BGE 102 II 183 E. 3d und 184 f. E. 4a; ZK-EGGER, N 4). Die Auseinandersetzung über die Abfindung einer Gemeinderschaft ist eine zivilrechtliche Streitigkeit, welche der Berufung ans BGer zugänglich ist (BGE 114 II 414 E. 1c; 102 II 178 E. 1; MESSMER/ IMBODEN, Ziff. 55 FN 12). Gemäss Art. 837 Abs. 1 Ziff. 2 steht dem Gemeinder zur *Sicherung* dieses *Abfindungsanspruchs* ein **mittelbares gesetzliches Pfandrecht** an Grundstücken, welche der Gemeinderschaft gehörten, zu (HANDKOMM-SCHWANDER, N 7; RIEMER, Sachenrecht, § 18 N 44; REY, Sachenrecht, N 1229). Die Eintragung dieses Pfandrechts muss innert drei Monaten nach der Übertragung des Eigentums (massgebend ist der Tagebucheintrag: BGE 74 II 230) vorgenommen werden (Art. 838). Dieser Anspruch auf Errichtung dieses Pfandrechts ist *realobligatorischer* Natur. Dieses Pfandrecht ist eine Grundpfandverschreibung.

Hinsichtlich **öffentlich-rechtlicher Abgaben** muss fest gehalten werden, dass die Abfin-   10
dung und Auszahlung des Anteils am Gemeinderschaftsgut als Einkommen aus selbständiger Erwerbstätigkeit gilt, so dass nicht nur die *Steuerpflicht* nach Art. 18 DBG (BGE 105 Ib 240 E. 2 = Pra 1980, 314; BGE vom 29.6.1987, RVJ 1988, 52 E. 3c und 53 E. 4b; LU Steuerrekurskommission, StR 1976, 216 Ziff. 10 und 12), sondern auch der Sonderbeitrag nach Art. 9 Abs. 1 AHVG i.V.m. Art. 17 lit. c/d sowie Art. 23bis Abs. 1 AHVV auf dem durch Auflösung stiller Reserven realisierten Kapitalgewinn geschuldet ist. Die Aufgabe oder Tätigkeit innerhalb der Gemeinderschaft ist beitragsrechtlich unerheblich (BGE 114 V 76 f. E. 4b/c = Pra 1989, 410 f.; KIESER, 68; vgl. Art. 346 N 3).

Art. 345

3. Tod eines Gemeinders	[1] Stirbt ein Gemeinder, so können die Erben, die nicht in der Gemeinderschaft stehen, nur die Abfindung beanspruchen. [2] Hinterlässt er erbberechtigte Nachkommen, so können diese mit Zustimmung der übrigen Gemeinder an Stelle des Erblassers in die Gemeinderschaft eintreten.
3. Décès	[1] Lors du décès d'un indivis, ses héritiers, s'ils ne sont pas eux-mêmes membres de l'indivision, ne peuvent demander que la liquidation de ses droits. [2] Si le défunt laisse pour héritiers des descendants, ceux-ci peuvent être admis en son lieu et place dans l'indivision, du consentement des autres indivis.
3. Morte di un partecipante	[1] Morendo un partecipante, i suoi eredi non appartenenti all'indivisione possono pretendere solo la liquidazione dei loro diritti. [2] Se gli eredi sono suoi discendenti, essi possono, col consenso degli altri partecipanti, prendere il posto del defunto nella comunione.

Literatur

BRÜCKNER, Ausserbuchlicher Eigentumserwerb an Grundstücken, ZBGR 81, 217–230; KOHLER, Die Abtretung angefallener Erbanteile (Art. 635 ZGB), Diss. Zürich 1976; SCHAUB, Die Nachfolgeklausel im Personengesellschaftsvertrag, SAG 1984, 17 ff.; SCHLUEP, Privatrechtliche Probleme der Unternehmenskonzentration und -kooperation, ZSR 1973 II 155 ff.; vgl. ausserdem die Literaturhinweise zu Art. 336.

I. Erben, die in der Gemeinderschaft stehen

1   Dieser Fall beschlägt die besondere Konstellation, in der ein Gemeinder stirbt und ein **Gemeinder** sein **Erbe** ist. In diesem Fall gilt es zu differenzieren, ob der Nachlass nur aus dem Anteil am Gemeinderschaftsgut besteht oder auch persönliches Vermögen umfasst. Der Anteil am Gemeinderschaftsgut im Nachlass *wächst* dem erbberechtigten Gemeinder unter Vorbehalt allfälliger Pflichtteilsrechte *an;* sein Anteil erhöht sich, was entsprechend öffentlich beurkundet werden muss (Art. 339 Abs. 2; Art. 342 Abs. 3 ist in diesem Fall nicht anwendbar, vgl. Art. 342 N 2; BK-WÄBER, Art. 342 N 13; HANDKOMM-SCHWANDER, N 2; ALTHERR, 84 und 112; KOHLER, 19; ZOBL, 208; BK-MEIER-HAYOZ, Art. 652 N 6; HITZIG, 43; REY, Sachenrecht, N 1670 m.Nw.; zum ausserbuchlichen Eigentumserwerb vgl. BRÜCKNER, 228). Diese Regelung ergibt sich aus dem Wortlaut des Gesetzes («Erben, die nicht in der Gemeinderschaft stehen»). Hinterlässt der Erblasser persönliches Vermögen, so gilt Art. 342 Abs. 3: Was der Gemeinder als Erbe kraft Erbgang erwirbt, wächst – mangels anderweitiger Verabredung – seinem persönlichem Vermögen an. Dies ergibt sich ohne weiteres aus Art. 342 Abs. 3 und verhält sich kongruent mit dem Recht der Errungenschaftsbeteiligung (Art. 198 Ziff. 2; gl.M. HANDKOMM-SCHWANDER, N 2; **a.M.** ZK-EGGER, N 2 ohne Begründung).

II. Erben, die nicht in der Gemeinderschaft stehen

2   Nach Abs. 1 können Erben, die *nicht in der Gemeinderschaft stehen,* nur und ausschliesslich die **Abfindung** beanspruchen (BK-WÄBER, N 1; HANDKOMM-SCHWANDER, N 3; ALTHERR, 111; dem steht Art. 14 BGBB nicht entgegen, da die Mitgliedschaft in der

Gemeinderschaft nicht vererblich ist). Allerdings können diese Erben nach Art. 336 in die Gemeinderschaft aufgenommen werden, was eines Nachtrags des Gemeinderschaftsvertrags und damit öffentlicher Beurkundung bedarf (Art. 337; BJM 1984, 284 Ziff. 15; BK-WÄBER, N 4; ALTHERR, 111; vgl. Art. 340 N 1). Diese Regelung kann im Voraus getroffen werden (Art. 545 Ziff. 2 OR und Art. 112 OR; vgl. ZK-EGGER, N 3; HANDKOMM-SCHWANDER, N 3; ALTHERR, 111). Diese Regelung erhellt, dass ein Gemeinder über seinen Anteil nicht kraft Verfügung von Todes wegen verfügen, mithin seine Erben nicht in seine Stellung als Gemeinder einsetzen darf (Art. 339 Abs. 3; BK-WÄBER, Art. 339 N 11; ALTHERR, 113).

III. Nachkommen (Abs. 2)

Im Unterschied zu Erben, die nicht in der Gemeinderschaft stehen (vgl. vorstehende N 2), können **erbberechtigte Nachkommen** entweder die Abfindung beanspruchen oder in die Gemeinderschaft eintreten (Abs. 2; vgl. auch ZK-HAAB, Art. 652–654 N 19). Dieser Eintritt beruht nicht auf einer Wahlerklärung, sondern bedarf der *Zustimmung* sämtlicher Gemeinder, weshalb der Gemeinderschaftsvertrag nicht um einen Nachtrag ergänzt werden muss (BK-WÄBER, N 4; HANDKOMM-SCHWANDER, N 4; ALTHERR, 111). 3

Wenn ein Teil der Nachkommen in die Gemeinderschaft eintreten und der andere Teil nicht eintreten will, so können die **nichteintretenden Nachkommen** den ihrer erbrechtlichen Quote am Nachlass des verstorbenen Gemeinders entsprechenden Anteil als *Abfindung* beanspruchen (TUOR/SCHNYDER/SCHMID/RUMO-JUNGO, 478). Den übrigen, in die Gemeinderschaft eintretenden Nachkommen steht ein um diese Quote verringerter Anteil in der Gemeinderschaft zu. Der um diese Quote verringerte Anteil der eintretenden Nachkommen *muss* im Gemeinderschaftsvertrag *öffentlich beurkundet* werden, was sich aus Art. 339 Abs. 2 ergibt (vgl. Art. 337 N 3 und Art. 339 N 3). 4

In diesem Fall liegt, zumal die Formvorschrift von Art. 337 erfüllt ist, der Spezialfall einer **Gemeinderschaft in einer Gemeinderschaft** vor (und nicht eine fortgesetzte Erbengemeinschaft, vgl. Art. 336 N 12; HANDKOMM-SCHWANDER, N 4). Damit stellt sich die heikle Frage, *gegen wen* sich der zwingend vorgesehene *Abfindungsanspruch* (Art. 345 Abs. 1) richtet: gegen die Hauptgemeinderschaft oder gegen die vertikal integrierte Untergemeinderschaft. Ist der Abfindungsanspruch diesfalls nicht vertraglich geregelt, so hat der austretungswillige Untergemeinder qua Treuepflicht der Hauptgemeinder (Art. 339 N 7) und Kreuzbeteiligung einen Abfindungsanspruch direkt gegen die *Hauptgemeinderschaft* (SCHLUEP, 479 FN 37). 5

Die **neu eintretenden** Nachkommen *haften* mit den bisherigen Gemeindern auch für die vor ihrem Beitritt entstandenen Verbindlichkeiten der Gemeinderschaft *solidarisch* (Art. 569 Abs. 1 OR i.V.m. Art. 342 Abs. 2; HANDKOMM-SCHWANDER, N 5). 6

Wurde im Gemeinderschaftsvertrag eine **Abfindungsklausel** vereinbart ausschliesslich für den Fall, dass ein Gemeinder durch Tod ausscheidet und dass der Wert der Abfindung unter dem eigentlichen Wert des Anteils des verstorbenen Gemeinders liegen soll, dann sind die erbrechtlichen Formvorschriften von Art. 498 ff. zu beachten (BGE 113 II 270 und dazu DRUEY, SAG 1988, 30 f.; DRUEY, Erbrecht, § 8 N 48 m.Nw.; SCHAUB, 27; MEIER-HAYOZ/FORSTMOSER, § 12 N 75). 7

Art. 346

4. Teilungsregel	**¹ Die Teilung des Gemeinschaftsgutes oder die Abfindung eines ausscheidenden Gemeinders findet nach der Vermögenslage statt, wie sie beim Eintritt des Aufhebungsgrundes vorhanden ist.** **² Ihre Durchführung darf nicht zur Unzeit verlangt werden.**
4. Partage	¹ Le partage de l'indivision a lieu ou les parts de liquidation s'établissent sur les biens communs, dans l'état où ils se trouvaient lorsque la cause de dissolution s'est produite. ² Ni le partage, ni la liquidation ne peuvent être provoqués en temps inopportun.
4. Norme per la divisione	¹ La divisione dei beni comuni, o la tacitazione dei diritti di un partecipante, avviene secondo la situazione patrimoniale del momento in cui si è verificata la causa di scioglimento. ² La sua esecuzione non può essere domandata intempestivamente.

I. Wirkung der Aufhebung

1 Mit Eintritt eines Beendigungsgrundes (Art. 343) wird die Gemeinderschaft aufgelöst und der Gemeinderschaftsvertrag wird umgewandelt in ein **Liquidationsverhältnis** (BGE 102 II 185 E. 4a und 187 E. 5; 97 II 231; BK-WÄBER, Art. 343 N 2; HANDKOMM-SCHWANDER, N 1; REY, Sachenrecht, N 1014; BK-MEIER-HAYOZ, Art. 654 N 4; vgl. auch BGE 119 II 122 E. 3a), auf das die Vorschriften von Art. 548 ff. OR sinngemäss Anwendung finden (zu den Ausnahmen vgl. sogleich N 2). Nach Vereinbarung unter den Gemeindern kann das Gemeinderschaftsgut an einen der Gemeinder oder an einen Dritten übertragen werden. Es kann das Gemeinderschaftsgut auch in eine Gesellschaft eingebracht werden.

II. Teilung des Liquidationserlöses

2 Das Gesetz stellt drei **Grundsätze** auf: (1) Nach Abs. 2 darf die Durchführung *nicht zur Unzeit* verlangt werden (Art. 338 Abs. 3; vgl. Art. 650 Abs. 3; SJZ 1941, 286 Nr. 55; ALTHERR, 117). (2) Nach Abs. 1 ist die Vermögenslage im *Zeitpunkt* des Eintritts des Aufhebungsgrundes massgeblich. Diese Regel steht im Gegensatz zu Art. 548 Abs. 2 und 3 OR. Die Verteilung erfolgt daher nicht durch wertmässige Rückerstattung der Einlage (wie in Art. 548 Abs. 2 OR), sondern als Aufteilung des Vermögensbestands im Zeitpunkt des Vollzugs der Teilung (BGE 102 II 184 f. E. 4a; ZK-EGGER, N 2; BK-WÄBER, Art. 345 N 6; HANDKOMM-SCHWANDER, N 1; ALTHERR, 115; vgl. Art. 344 N 4). (3) Mangels anderweitiger Regelung erhalten gemäss der subsidiären Regel von Art. 339 Abs. 2 alle den *gleichen Anteil.* Der Anteil bestimmt sich aber grundsätzlich nach dem Grundverhältnis und somit nach der Rechtslage bei der Begründung der Gemeinderschaft, mithin nach der quotenmässigen Höhe des Anteils oder nach der Erbberechtigung (ZK-EGGER, N 2; HANDKOMM-SCHWANDER, N 1; ALTHERR, 71; vgl. Art. 344 N 5).

III. Durchführung der Liquidation

3 Mangels gesetzlicher Regelung und falls eine vertragliche Abrede fehlt, ist die **Teilung** von allen *gemeinsam* durchzuführen (Art. 550 Abs. 1 OR; BK-MEIER-HAYOZ, Art. 654 N 19; MEIER-HAYOZ/FORSTMOSER, § 12 N 82; HANDKOMM-SCHWANDER, N 2). Die Ein-

tragung des Hauptes ist im Handelsregister zu löschen (Art. 112d HRegV). Das Gesetz bestimmt auch nicht die *Art* der Durchführung: Wurde eine Erbschaft in eine Gemeinderschaft eingebracht (Art. 336), so können allenfalls erbrechtliche Bestimmung Anwendung erheischen (Art. 610 ff. und Art. 626 ff.; BGE 102 II 182 E. 3c; ALTHERR, 118; **a.M.** BK-MEIER-HAYOZ, Art. 654 N 19; ZBJV 1941, 143 f.). Der Liquidationsvertrag ist kein erbrechtlicher Teilungsvertrag (BK-WÄBER, Art. 339 N 9), bedarf demzufolge nicht einer speziellen Form (vgl. Art. 634 Abs. 2; vgl. aber Art. 657 Abs. 1; HANDKOMM-SCHWANDER, N 2) und führt nicht zur fünfjährigen Haftung nach Art. 639 Abs. 1, wohl aber zur dreijährigen nach Art. 181 Abs. 2 OR (BBl 2000, 4361, 4466 FN 158, 4493; vgl. Art. 592 Abs. 2 OR; Art. 336 N 5). Das *Steuerrecht* geht von einer wirtschaftlichen Betrachtungsweise aus und qualifiziert den bei der Teilung realisierten Kapitalgewinn als Einkommen (BGE 114 V 76 E. 4b = Pra 1989, 410; BGE vom 29.6.1987, RVJ 1988, 52 E. 3c m. V. auf BGE 109 Ib 112 und 53 f. E. 4b; StR 1996, 91, E. 3b; GE Rekurskommission 5.3.1975, StR 1976, 360 f.; vgl. Art. 344 N 10; HANDKOMM-SCHWANDER, N 2). *Subsidiär* finden für die Abwicklung die Vorschriften über die Teilung von Gesamteigentum Anwendung (Art. 654 i.V.m. Art. 651; BGE 102 II 183 E. 3d; 66 II 241; BK-MEIER-HAYOZ, Art. 654 N 19; REY, Sachenrecht, N 732 ff.). Demzufolge kann ein Gemeinder verlangen, dass Gemeinderschaftsgut, das nicht körperlich teilbar ist, versteigert wird (Art. 651 Abs. 1; BGE 66 II 242; vgl. Art. 612 Abs. 2).

Art. 347

V. Ertragsgemeinderschaft **1. Inhalt**	**¹ Die Gemeinder können die Bewirtschaftung des Gemeinschaftsgutes und die Vertretung einem einzigen unter ihnen übertragen, mit der Bestimmung, dass dieser jedem der Gemeinder jährlich einen Anteil vom Reingewinn zu entrichten hat.** **² Dieser Anteil ist, wenn keine andere Abrede getroffen wird, nach dem Durchschnittsertrage des Gemeinschaftsgutes für eine angemessene längere Periode in billiger Weise festzusetzen, unter Berücksichtigung der Leistungen des Übernehmers.**
V. Indivision en participation 1. Conditions	¹ L'exploitation de l'indivision et sa représentation peuvent être conventionnellement remises à un seul indivis, qui sera tenu de verser annuellement à chacun des autres une part du bénéfice net. ² Sauf stipulation contraire, cette part est déterminée équitablement, d'après le rendement moyen du bien indivis au cours d'une période suffisamment longue et en tenant compte des prestations du gérant.
V. Compartecipazione 1. Definizione	¹ I partecipanti possono rimettere la gestione dell'azienda e la rappresentanza ad uno di essi con l'obbligo di corrispondere agli altri una quota annua del guadagno netto. ² Salvo patto contrario, questa quota è fissata equamente, secondo la rendita media dei beni comuni per un sufficiente periodo di tempo, avuto riguardo alle prestazioni dell'assuntore.

I. Ertragsgemeinderschaft

In der **Ertragsgemeinderschaft** wird die Bewirtschaftung des Gemeinderschaftsguts und   1
die Vertretung einem oder mehreren Gemeindern (ALTHERR, 123), den Übernehmern, übertragen. Zumal auch bei der Wirtschaftsgemeinderschaft ein Gemeinder die Vertretung innehaben kann (Art. 341 Abs. 1), gilt als massgebliches Abgrenzungskriterium,

dass die *gesamte Bewirtschaftung* einem Übernehmer übertragen wird (BK-WÄBER, N 2; HANDKOMM-SCHWANDER, N 1; ALTHERR, 121 und 132). Das zugrunde liegende Rechtsverhältnis bestimmt sich nach Auftragsrecht (**a.M.** ALTHERR, 131). Da diese Übertragung auf einen Gemeinder durch Beschluss möglich ist, der keiner Form bedarf (ZK-EGGER, Art. 347/348 N 3), kann es sich je nach den Umständen auch um eine Verpachtung des Wirtschaftsgemeinderschaftsgutes handeln. Da das Pachtrecht eine ausgewogene Verteilung von Rechten und Pflichten, Schutzbestimmungen zugunsten des Pächters und eine den Umständen adäquate Regelungsdichte aufweist, ist im Zweifel wohl *Pacht* (Art. 275 ff. OR) anzunehmen. Handelt es sich um landwirtschaftliches Gewerbe, so ist das LPG anwendbar.

II. Haftungsverschärfung

2   Während die (Wirtschafts-)Gemeinder einander für *diligentia quam in suis* privilegiert verantwortlich sind (vgl. Art. 339 N 7 i.f.), bestimmt sich in analoger Anwendung von Art. 538 Abs. 3 OR die **Verantwortlichkeit** des Übernehmers, welcher eine Entschädigung bezieht (Art. 347 Abs. 2), nach dem *strengeren Massstab* von Art. 398 Abs. 1 OR i.V.m. Art. 321e Abs. 2 OR (ZK-EGGER, Art. 347/348 N 3; HANDKOMM-SCHWANDER, N 2). Der Übernehmer muss den übrigen Gemeindern Einsicht in Angelegenheiten gewähren (Art. 541 OR; vgl. Art. 339 N 5).

III. Anteil am Reingewinn

3   **Der Anteil am Reingewinn** ist mangels anderweitiger Abrede nach Abs. 2 zu berechnen. Dabei ist der *Reinertrag* festzustellen, der Nettoerlös unter Abzug der Zinsen und Lasten sowie eines angemessenen Entgeltes für den Übernehmer (ZK-EGGER, Art. 347/348 N 4; BK-WÄBER, N 6; ALTHERR, 138; TUOR/SCHNYDER/SCHMID/RUMO-JUNGO, 477). Bei landwirtschaftlichen Betrieben erfolgt die Bewertung nach dem Ertragswert (ALTHERR, 139). Der Anteil am Reingewinn ist *jährlich* geschuldet (Abs. 1; ALTHERR, 135). Dieser Anteil eines jeden Gemeinders bemisst sich nach dem Grundverhältnis, subsidiär nach Art. 339 Abs. 2 (BK-WÄBER, N 6; HANDKOMM-SCHWANDER, N 3).

Art. 348

2. Besondere Aufhebungsgründe	[1] Wird das Gemeinschaftsgut von dem Übernehmer nicht ordentlich bewirtschaftet, oder kommt dieser seinen Verpflichtungen gegenüber den Gemeindern nicht nach, so kann die Gemeinderschaft aufgehoben werden.
	[2] Auf Verlangen eines Gemeinders kann das Gericht aus wichtigen Gründen dessen Eintritt in die Wirtschaft des Übernehmers verfügen, unter Berücksichtigung der Vorschriften über die erbrechtliche Teilung.
	[3] Im Übrigen steht die Ertragsgemeinderschaft unter den Regeln der Gemeinderschaft mit gemeinsamer Wirtschaft.
2. Dissolution	[1] Lorsque le gérant n'exploite pas convenablement les biens communs ou ne remplit pas ses engagements envers ses coindivis, ceux-ci peuvent requérir la dissolution.
	[2] Chacun des indivis peut, pour de justes motifs, demander au juge qu'il l'autorise à participer à l'exploitation du gérant, en tenant compte des dispositions relatives au partage successoral.

³ Les règles concernant l'indivision avec exploitation commune sont d'ailleurs applicables à l'indivision en participation.

2. Speciali motivi di scioglimento

¹ Se l'assuntore non gerisce debitamente l'azienda o non adempie le sue prestazioni verso i partecipanti, l'indivisione può essere disciolta.

² Qualunque partecipante può, per gravi motivi, chiedere al giudice di essere ammesso nell'azienda insieme con l'assuntore, avuto riguardo alle prescrizioni relative alle divisioni ereditarie.

³ Del resto la compartecipazione è soggetta alle regole generali della indivisione.

I. Besondere Aufhebungsgründe

Die in Abs. 1 aufgezählten Aufhebungsgründe bilden **wichtige Gründe** i.S.v. Art. 343 **1** Ziff. 5 (vgl. Art. 343 N 8; zu den einzelnen Gründen vgl. BK-Wäber, N 2 ff.). Die übrigen Gemeinder können dem Übernehmer die Kündigung aussprechen; eine Gestaltungsklage ist nicht notwendig (vgl. Art. 343 N 10; gl.M. Handkomm-Schwander, N 2; **a.M.** ZK-Egger, Art. 347/348 N 5 und BK-Wäber, N 4).

II. Eintritt eines Gemeinders

Jeder Gemeinder hat *Anspruch* auf **Aufnahme** in die *Hausgemeinschaft,* der über den **2** persönlichen Unterstützungsanspruch von Art. 328 hinausgeht. Darüber hinaus ist der über richterliche Hilfe erzwungene Eintritt in die Wirtschaft und Beteiligung an der Wirtschaftsführung möglich, wenn *wichtige Gründe* vorliegen. Diese Bestimmung bezweckt, einen unfähigen Übernehmer zu ersetzen, ohne die Gemeinderschaft aufheben zu müssen, mithin in die Organisation der Gemeinderschaft einzugreifen (Altherr, 143; Handkomm-Schwander, N 2; zum Klagefundament vgl. BK-Wäber, N 6 ff.). Ein solcher Eingriff ist nur über eine Gestaltungsklage möglich, wobei nur die Gemeinder eingeklagt werden müssen, welche sich dem Verlangen des eintretenden Gemeinders widersetzen (Art. 340 N 3). Dabei sind die besonderen zivilprozessrechtlichen Bestimmungen zu beachten.

Art. 349–359

Aufgehoben

Bemerkungen zu den aufgehobenen Art. 349–359

Literatur

Grünberg, Heimstätten-Bestrebungen in Frankreich, in: Archiv für Sozialwissenschaft und Sozialpolitik XXIV (1907) 327–383; Stanischitsch, Über den Ursprung der Zadruga. Eine soziologische Untersuchung, Diss. Bern 1907; Süss, Le Homestead ou bien de Famille, Diss. Genf 1905; Zweifel, Die Heimstätte nach schweizerischem Zivilgesetzbuch, Diss. Borna-Leipzig 1913.

I. Streichung

Bis zu seiner Aufhebung im Jahre 1998 und entgegen hoffnungsvoller Prognosen (ZK- **1** Egger, Art. 249 N 6) ist das originelle **Heimstättenrecht** toter Buchstabe geblieben und ist in der Schweiz keine einzige **Heimstätte** bekannt geworden (Tuor/Schnyder/

SCHMID/RUMO-JUNGO, 474). Der Bundesrat hat folgerichtig in einer Botschaft über ein zweites Paket von Massnahmen zur Neuverteilung der Aufgaben zwischen Bund und Kantonen vom 25.5.1988 (BBl 1988 II 1362) zu den Heimstätten Folgendes ausgeführt: *Dieses Rechtsinstitut ist in der Schweiz nie aktuell geworden. Wir beabsichtigen, die entsprechenden Bestimmungen (Art. 349–359 ZGB) aufzuheben. Diese Bereinigung wird im Rahmen einer Revision des Zivilgesetzbuches unterbreitet werden, z.B. bei der Änderung des Scheidungsrechts.* Die Botschaft Revision Scheidungsrecht (Ziff. 246) sah entsprechend eine ersatzlose Aufhebung der Art. 349–358 vor, welche zwischenzeitlich erfolgt ist. Die Bestimmung des früheren Art. 359, welche eine Genehmigung des Bundes für Vorschriften der Kantone zu den Heimstätten verlangte, fiel bereits rund zehn Jahre zuvor im Rahmen einer Föderalismusreform (Aufgehoben gemäss Ziff. II 2 des BG vom 15.12.1989 über die Genehmigung kantonaler Erlasse durch den Bund [AS 1991, 363]). Damit erübrigt sich heute eine eingehende Kommentierung. Nachstehend sind lediglich einige wenige Grundgedanken wiedergegeben, welche zur Einführung und zum Scheitern dieses aus den USA stammenden, insb. im Bundesstaat Texas verankerten und von Frankreich und namentlich Deutschland rezipierten (ZK-EGGER, Art. 349 N 1 f.) Rechtsinstitutes geführt haben.

II. Grundgedanke

2 Die Heimstätte wurde von den Schöpfern des ZGB als Mittel zur Rekonstruktion der Familie und zur Festigung des kleinen Bauerntums und Gewerbestandes aufgenommen (ZK-EGGER, Art. 349 N 3). Bescheidener **Grundbesitz** sollte zum Schutze der Familie von der Liquidation zufolge Überschuldung des Erblassers ausgenommen werden und der Familie unmittelbar zur Unterkunft oder zum Unterhalt dienen. Arbeitervertreter und bäuerliche Kreise sind dem Institut von allem Anfang an mit grosser **Skepsis** begegnet. Diese erblickten darin ein sozialpolitisches, jene ein bäuerliches Institut und keiner wollte sich damit anfreunden (ZK-EGGER, Art. 249 N 4).

3 Die mit dem Institut der Heimstätte verfolgten Ziele waren nie umstritten, nur wurden sie anders umgesetzt. Insbesondere haben das Schuldbetreibungs- und Konkursrecht **berechtigte Anliegen** der Existenzsicherung durch eine erweiterte Anerkennung der Unpfändbarkeit und durch Entwicklung von Rechtsinstituten wie der Nachlassvertrag und die Notstundung, den Heimstätten den Boden entzogen. Zahlreiche Erlasse im Bereiche des landwirtschaftlichen Bodenrechts haben das Ihre dazu beigetragen. Anstelle von Wohnheimstätten hat sich der genossenschaftliche und kommunale Wohnungsbau entwickelt und entfaltet (ZK-EGGER, Art. 249 N 6).

III. Ausgestaltung

4 Das Heimstättenrecht des ZGB war als **Rahmengesetz** konzipiert und überliess die Einführung wie auch die nähere Ausgestaltung des Instituts den Kantonen. Zur Errichtung war eine behördliche Genehmigung erforderlich. Eine Heimstätte entstand durch Eintrag im Grundbuch. Das Besitztum der Heimstätte durfte eine gewisse Grösse nicht überschreiten und musste dauernd, i.d.R. lebenslänglich mit seinem Eigentümer verbunden sein. Die Errichtung durfte bestehende Rechte Dritter nicht verletzen.

5 Für die Zulassung der Heimstätte hatten sich folgende Kantone entschieden: BE, UR, SZ, NW, FR, SO, BL, SH, AR und AI, SG, GR, AG, TG, TI und VS. BS hat sie ausdrücklich verboten, während eine Reihe von Kantonen – so ZH, LU, OW, GL, ZG, VD, NE und GE – sie einfach nicht erwähnte, was im Ergebnis gleichbedeutend mit einem Verbot war.

Dritte Abteilung: Die Vormundschaft

Vorbemerkungen zu Art. 360–456

Literatur

AFFOLTER, Mit der Totalrevision des Vormundschaftsrechts zu einer neuen Qualität des Erwachsenenschutzes?, ZVW 2003, 393 ff.; AUBERT, Devoirs de fonction et de secret des organes de la tutelle, Production des dossiers tutélaires aux autorités judiciaires, ZVW 1978, 121 ff.; BACHMANN, Die Beiratschaft (Art. 395 ZGB) de lege lata und de lege ferenda, Diss. Zürich 1990; BADER, Zur Geschichte der Vormundschaft, in: Probleme und Ziele der vormundschaftlichen Fürsorge, in: FS VSAV, Zürich 1963, 9 ff.; BOTSCHAFT des Bundesrates vom 28.6.2006 (zit. Botschaft 2006) mit ENTWURF zur Änderung des Schweizerischen Zivilgesetzbuches (Erwachsenenschutzrecht, Personenrecht, Kindesrecht) zit. Entw. ZGB 2006); BREITENSTEIN, Zur Schweigepflicht der Verwaltungsbehörden, ZBl 1947, 352 ff.; DERS., Nochmals (Stellungnahme zu ZVW 1959, 1 ff.): Aktenedition von Verwaltungsbehörden, ZVW 1960, 36 f.; DERS., Amtspflichten und Amtsgeheimnis der vormundschaftlichen Organe – Herausgabe von Vormundschaftsakten an die Justizbehörden, ZVW 1978, 96 ff.; BREITSCHMID, Vorsorgevollmachten, ZVW 2003, 269 ff.; CAVIEZEL, Die Vermögensverwaltung durch den Vormund, Diss. Freiburg i.Ü. 1988; ELSENER, Das Vormundschaftsgeheimnis, Diss. Zürich 1993; Expertenkommission für die Gesamtrevision des Vormundschaftsrechts, Erwachsenenschutz, Bericht zum Vorentwurf für eine Revision des Zivilgesetzbuchs (Erwachsenenschutz, Personen- und Kindesrecht), Bern 2003 (zit. Exp.Komm. Bericht 2003); DIES., Vorentwurf Juni 2003 Änderung Art. 360–Art. 455 ZGB (zit. VE ZGB 2003); FRANK, Das Vormundschaftsrecht in Deutschland und seine Reform, ZVW 1992, 100 ff.; GEISER, Besprechung IPRG Kommentar, ZVW 1995, 39; GEISER, Erwachsenenschutzrecht. Die Revision im Überblick, ZVW 2003, 227 ff.; GUILLOD, Mandat d'inaptitude, directives anticipées et représentation de la personne incapable: porte ouverte à la confusion? (Art. 360–373 VE ZGB 2003), ZSR 2003, 291 ff.; HÄFELI, Wegleitung für vormundschaftliche Organe, 4. Aufl. Zürich 2005 (zit. Wegleitung); HEGNAUER, Das Wohl des Mündels als Maxime der Vormundschaft, ZVW 1984, 81 ff.; DERS., Zum Verhältnis von Vormundschafts- und Fürsorgebehörden, ZVW 1996, 41 ff.; HESS, Wegleitung für Vormünder, Wädenswil 1980; DERS., Die Schweigepflicht des Amtsvormundes, ZVW 1955, 81 ff.; HUBER, Schweizerisches Zivilgesetzbuch, Erläuterungen zum Vorentwurf des EJPD, 2. Aufl. Bern 1914 (zit. Erl. I); JÄGGI, Fragen des privatrechtlichen Rechtsschutzes der Persönlichkeit, ZSR 1960 II 133 a ff.; KOLLER, Das Vormundschaftsrecht im Wandel – Menschenrechte und Grundfreiheiten als Ausgangspunkt einer Revision des Vormundschaftsrechtes, ZVW 1992, 83 ff.; LÜSSI, Systemische Sozialarbeit, Bern 1991; MEIER, Revision des Vormundschaftsrechtes – Versuch einer statistischen Untersuchung, ZVW 1992, 183 ff.; MEIER, L'avant-projet de révision du droit de la tutelle – Présentation générale, ZVW 2003, 207 ff.; MÜLLER, Zur Revision des schweizerischen Vormundschaftsrechts, Zentralblatt für Jugendrecht und Jugendwohlfahrt, Köln 1980, 698 ff.; NÄF, Die Entmündigung von Geisteskranken, insb. ihre Voraussetzungen, Diss. Bern 1951; REUSSER, Auf dem Weg zu einem Erwachsenenschutzrecht – Überblick über die Totalrevision des Vormundschaftsrechts, ZSR 2003, 271 ff.; RICCI, La Tutela Giuridica dei soggetti più deboli nell' ordinamento giuridico italiano, ZVW 1992, 116 ff.; SALADIN, Grundrechte und Vormundschaft – Historische und dogmatische Überlegungen, ZVW 1989, 1 ff.; SCHERRER, Leitende Gesichtspunkte des Vormundschaftsrechts, in: Praktische Probleme der Vormundschaft, Veröffentlichungen des Schweiz. Institutes für Verwaltungskurse an der Hochschule St. Gallen, n.R. Bd. I, 9 ff., St. Gallen 1974; SCHNYDER/STETTLER/HÄFELI, Zur Revision des schweizerischen Vormundschaftsrechts, Bericht der vom Bundesamt für Justiz im Hinblick auf die Revision des Vormundschaftsrechts eingesetzten Expertengruppe vom Juli 1995 (zit. Expertenbericht); DIES. (im Auftrag des Bundesamtes für Justiz), Revision des Vormundschaftsrechts, Begleitbericht mit Vorentwurf für eine Änderung des ZGB (Betreuungsrecht), Juni 1998 (zit. Vorentwurf 1998); SCHNYDER, Die Stufenfolge der vormundschaftlichen Massnahmen und die Verhältnismässigkeit des Eingriffs, ZVW 1971, 41 ff., und in: Praktische Probleme der Vormundschaft, Veröffentlichungen des Schweiz. Institutes für Verwaltungskurse an der Hochschule St. Gallen, n.R. Bd. I, 93 ff., St. Gallen 1974 (zit. Stufenfolge); DERS., Zur Revision des Vormundschaftsrechtes, ZVW 1975, 41 ff.; DERS., Das Vormundschaftsrecht – ein erratischer Block im schweizerischen Zivilgesetzbuch, in: FS Hans Hinderling, Basel

1976, 215 ff.; DERS., Zur Revision des schweizerischen Vormundschaftsrechtes, ZVW 1992, 156 ff.; SCHOENENWEID, Le tuteur face aux informations confidentielles, ZVW 1986, 133 ff.; SCHULLER, Zur Revision des Vormundschaftsrechtes, SJZ 1986, 156 ff.; SCHULTZ, Persönlichkeitsschutz und Freiheitsrechte im Vormundschaftswesen: Strafrechtliche Aspekte, ZVW 1988, 121 ff.; SCHWANDER, Kindes- und Erwachsenenschutzmassnahmen im internationalen Verhältnis, ZVW 1998, 77 ff.; SPITZER, Die Revision des Vormundschaftsrechtes, ZVW 1977, 1 ff. (I. Teil), ZVW 1977, 140 ff. (II. Teil); STORMANN, Vormundschaftsrecht wohin – aktuelle Entwicklungen in Österreich, ZVW 1992, 139 ff.; TERCIER, La protection de la personnalité et la tutelle, ZVW 1988, 136 ff.; TERRE, La tutelle en droit français, ZVW 1992, 126 ff.; URSPRUNG, Die interdisziplinäre Zusammenarbeit, ZVW 2003, 369 ff.

I. Vormundschaftsrecht im engeren und im weiteren Sinne

1 Die dritte Abteilung des Familienrechts des ZGB trägt die Überschrift «Die Vormundschaft» und enthält die Artikel 360–456. Diese bilden das **Vormundschaftsrecht im engeren Sinne** (BK-SCHNYDER/MURER, syst. Teil, N 3).

2 Ausserhalb des Vormundschaftsrechts im engeren Sinne (Art. 360–456) enthalten das Bundesprivatrecht (z.B. Art. 19, 25 Abs. 2, 94 Abs. 2, 183 Abs. 2, 260 Abs. 2, 265 Abs. 3, 265a, 275 Abs. 1, 287, 288, 298, 304, 305, 307 ff., 325, 553 Abs. 1 Ziff. 1, 554 Abs. 3, 762, 823 ZGB; Art. 134 Abs. 1 Ziff. 2, Art. 240 Abs. 2 und 3 OR), das übrige Bundesrecht (z.B. Art. 44 lit. b, e und f OG; Art. 28, 53 StGB; Art. 68c, d SchKG), Staatsverträge, internationale Abkommen und die kant. Rechtsordnungen (insb. die kant. Einführungsgesetze zum ZGB) zahlreiche Bestimmungen, welche auf das Vormundschaftsrecht i.e.S. Bezug nehmen. Unter ihnen von besonderer Bedeutung und für die Verwirklichung des materiellen Vormundschaftsrechtes i.e.S. absolut notwendig sind die kant. Bestimmungen zur Organisation und über das Verfahren im Vormundschaftswesen (s.u. Art. 373). Aber auch bundes- oder kantonalrechtliche Regeln, die an das Bestehen vormundschaftlicher Massnahmen für Betroffene, Amtsträger (z.B. Art. 138 Abs. 2 StGB) oder Schutzbefohlene (z.B. Art. 17, 468 ZGB) gewisse Rechtsfolgen knüpfen, sind für die Konkretisierung des Vormundschaftsrechtes i.e.S. von Bedeutung. Zusammen mit dem Vormundschaftsrecht i.e.S. bilden alle diese Regeln das **Vormundschaftsrecht im weiteren Sinne** (BK-SCHNYDER/MURER, syst. Teil, N 6 ff., treffen ferner noch eine Unterscheidung zwischen dem Vormundschaftsrecht i.w.S. [Regeln des Bundesprivatrechts ausserhalb Art. 360–456 ZGB] und demjenigen im weitesten Sinn [Rechtsnormen ausserhalb des Bundesprivatrechtes, welche auf das Vormundschaftsrecht i.e.S. oder i.w.S. Bezug nehmen] und klammern das Vormundschaftsrecht i.e.S. aus demjenigen im weiteren und weitesten Sinne aus; die gleichen Unterscheidungen nimmt HÄFELI, Wegleitung, 21, Tabelle 2, vor).

II. Zweck und Mittel des Vormundschaftsrechts

3 Das Vormundschaftsrecht will die negativen Folgen gewisser Schwächezustände von natürlichen Personen, ausnahmsweise auch von juristischen Personen, beheben, ausgleichen oder mindestens mildern und damit das *Wohl des Schwachen* gewährleisten (zu dem von SCHNYDER, ZVW 1975, 52, bereits 1974 im Hinblick auf die Revision des Vormundschaftsrechtes formulierten **Leitgedanken des «Wohl des Schwachen»** vgl. SCHNYDER/STETTLER/HÄFELI, Expertenbericht, 38; HEGNAUER, ZVW 1984, 81 ff.). Der Leitgedanke wird schon im geltenden Recht angewendet und steht im VE ZGB 2003 und im Entw. ZGB 2006 als Zweckartikel am Anfang des elften Titels über die behördlichen Massnahmen des Erwachsenenschutzes (Art. 374 Abs. 1 VE ZGB 2003 bzw. Art. 388 Abs. 1 Entw. ZGB 2006).

Die **Schwächezustände und deren negativen Folgen,** die behoben werden sollen, sind 4
im Wesentlichen:

– Minderjährigkeit und die damit verbundene weitgehende Handlungsunfähigkeit
(Art. 17) und, je nach Alter der minderjährigen Person, die fehlende Fähigkeit, das für
das persönliche Fortkommen Erforderliche selber vorzukehren;

– geistige Behinderung und die damit verbundene fehlende Urteils- und somit auch
Handlungsfähigkeit (Art. 16 f.) und die fehlende Fähigkeit, das für das persönliche
Fortkommen Erforderliche vorzukehren;

– Beeinträchtigungen der physischen oder psychischen Gesundheit, Suchterkrankungen,
Altersschwäche, andere Gebrechen oder grosse Unerfahrenheit in einem Ausmass und
von Dauer, die der betroffenen Person verunmöglichen, das für die Wahrung der eigenen
Interessen und evtl. für das persönliche Fortkommen Erforderliche selber vorzukehren;

– Charakterschwäche in einem Ausmass, das der schwachen Person verunmöglicht, das
für die Wahrung der eigenen Interessen und evtl. für das persönliche Fortkommen Erforderliche selber vorzukehren;

– Abwesenheit an unbekanntem Ort und die damit verbundene Unfähigkeit, die eigenen
Interessen am Ort wahrzunehmen.

Als wichtigstes Mittel zur Hilfestellung bietet das Vormundschaftsrecht die **amtsgebun-** 5
denen Massnahmen (Vormundschaft, Beiratschaft, Beistandschaft) an, bei denen eine
natürliche Person als vormundschaftliches Organ (Vormund, Beirat, Beistand) verpflichtet wird, im Interesse der mit einem Schwächezustand behafteten Person (bevormundete,
verbeiratete, verbeiständete Person) tätig zu werden.

Sofern im Einzelfall erforderlich, eröffnet das Vormundschaftsrecht mit der Anordnung
der amtsgebundenen Massnahme die Möglichkeit der beinahe vollständigen **Entziehung**
der Handlungsfähigkeit oder die Beschränkung derselben, um zu vermeiden, dass die
mit einem Schwächezustand behaftete Person durch rechtsverbindliche Willenserklärungen zu ihrem eigenen Nachteil zu weitgehende Verpflichtungen eingeht oder auf berechtigte Ansprüche verzichtet. Mit dieser Wirkung sind von Gesetzes wegen die amtsgebundenen Massnahmen der Vormundschaft und der Beiratschaft ausgestattet, wohingegen
bei der Beistandschaft eine Wirkung auf die Handlungsfähigkeit der verbeiständeten Person gesetzlich ausgeschlossen ist.

Das Vormundschaftsrecht stellt für Personen, die aufgrund gewisser Schwächezustände 6
einer akuten und schwerwiegenden Gefährdung ihrer physischen Existenz oder ihrer
Gesundheit ausgesetzt sind, die **nicht amtsgebundene Massnahme** der fürsorgerischen
Freiheitsentziehung zur Verfügung. Die im Rahmen dieser Massnahme zu leistende persönliche Fürsorge wird nicht einem vormundschaftlichen Organ (Amtsträger) als Aufgabe zugewiesen, sondern einer geeigneten Anstalt (Klinik etc.).

Weitere nicht amtsgebundene Massnahmen kann die VormBehörde gestützt auf Art. 386
oder Art. 393 Ingress ausnahmsweise **vorsorglich** oder zur Behebung negativer Folgen
vorübergehender Schwächezustände von Personen treffen, und damit u.U. die Anordnung
einer amtsgebundenen Massnahme überflüssig machen (vgl. Art. 386 N 3, 392 N 14).

III. Prinzipien bei der Anwendung des Vormundschaftsrechts

Die vormundschaftlichen Massnahmen stellen stets einen Eingriff in die verfassungsmäs- 7
sig garantierte (Art. 10 Abs. 2 BV) persönliche Freiheit der davon betroffenen Personen
dar, auch dann, wenn die Handlungsfähigkeit, wie bei der Beistandschaft, durch die Mass-

nahme als solche rechtlich nicht beschränkt wird. Auch die verbeiständete handlungsfähige Person muss sich die Handlungen ihres vormundschaftlichen Amtsträgers anrechnen lassen, wodurch ihre Freiheit mittelbar (SCHNYDER, ZVW 1971, 41 und Stufenfolge, 94) eingeschränkt, d.h. konkret das Selbstbestimmungsrecht durch ein Stück Fremdbestimmung beeinträchtigt wird. Dem verwaltungsrechtlichen **Grundsatz der Verhältnismässigkeit (Proportionalitätsprinzip),** wonach ein Eingriff gerade so stark sein soll, aber nicht stärker, dass damit das angestrebte Ziel erreicht wird, kommt bei der Anwendung des Vormundschaftsrechts eine zentrale Bedeutung zu. Vormundschaftliche Massnahmen sollen die Freiheit nicht mehr, aber auch nicht weniger beschränken als nötig (VDK [heute: VBK], Empfehlungen betr. die Bevormundung geistig Behinderter, ZVW 1990, 35). Der Grundsatz ist nicht nur bei der Anordnung und Auswahl der geeigneten vormundschaftlichen Massnahme und bei der Aufhebung derselben zu beachten, sondern auch bei der Führung der amtsgebundenen Massnahme durch den Amtsträger und im Rahmen der Mitwirkung bei der Führung durch die vormundschaftlichen Behörden (BGE 106 Ia 35 ff. E. 4).

8 Die Massnahmen des Vormundschaftsrechtes sollen nur angeordnet werden, wenn nicht andere Mittel geeignet sind, die negativen Folgen der Schwächezustände (o. N 4) abzuwenden oder ausreichend zu mildern; vormundschaftliche Massnahmen sollen nur getroffen werden, soweit die Umgebung des Schützlings den nötigen Schutz nicht zu bieten vermag (VDK, a.a.O.). Es gilt das **Subsidiaritätsprinzip.** Als andere Mittel, die den vormundschaftlichen Hilfestellungen vorgehen, kommen im Wesentlichen in Betracht (s.a. BREITSCHMID, Ersatzlösungen anstelle der Errichtung einer Vormundschaft oder vormundschaftlicher Massnahmen, ZVW 2003, 47 ff.):

– Hilfestellungen der Familie und anderer Bezugspersonen der von einem Schwächezustand betroffenen Person (zum Prinzip und zu Grenzen, an die Hilfestellungen der Familie stossen können: BGer 22.6.2001, E. 5, 5C.102/2001); zu den sog. Vorsorgevollmachten s. BREITSCHMID/REICH, ZVW 2001, 144 ff.; BREITSCHMID, ZVW 2003, 269 ff.; GUILLOD, ZSR 2003, 291 ff.);

– Hilfestellungen von gemeinnützig tätigen Organisationen, von Sozialdiensten der Kirchen, etc.;

– Hilfestellungen der staatlichen Sozialhilfe (Sozialberatung).

9 Die beiden Grundsätze der Subsidiarität und Proportionalität beherrschen das Vormundschaftsrecht (VDK, a.a.O.). Beiden liegt letztlich der gleiche Gedanke zugrunde: die Freiheit einer Person, auch wenn diese Schwächen hat, die auszugleichen sind, soll durch behördliche Eingriffe nicht mehr als nötig beeinträchtigt werden. Dabei geht es nicht nur um die Beschränkung oder die Entziehung der Handlungsfähigkeit, sondern auch um die mittelbare Beeinträchtigung der Freiheit, die durch die Art und Weise der Führung der Massnahme eintritt, und zwar auch bei der Beistandschaft (s.o. N 7). Allerdings wird die **Handlungsfreiheit** einer Person oft auch durch Hilfestellungen eingeschränkt, die nicht auf vormundschaftlichen Massnahmen basieren, sondern in Anwendung des Subsidiaritätsprinzips etwa Angehörigen einer von einem Schwächezustand betroffenen Person überlassen werden (zur Handlungsfreiheit im Zusammenhang mit vormundschaftlichen Massnahmen vgl. SCHNYDER/STETTLER/HÄFELI, Expertenbericht, 55, 145, 156 f.; BREITSCHMID, ZVW 2003, 55).

IV. Zahlenmässige Verbreitung der vormundschaftlichen Massnahmen

10 Gemäss der von der Konferenz der kant. Vormundschaftsbehörden (VBK) erhobenen **Vormundschaftsstatistik** wurden am Ende des Jahres 2004 in der Schweiz mit ihren rund 7,6 Millionen Einwohnern rund 64 000 amtsgebundene vormundschaftliche Massnahmen für Erwachsene und rund 35 000 amtsgebundene Kindesschutzmassnahmen (Art. 307 ff.), Vormundschaften (Art. 368) und Vertretungsbeistandschaften (Art. 392) für Minderjährige geführt. Somit ist im landesweiten Durchschnitt ungefähr jeder 77. Einwohner oder sind etwa 1,4% der Bevölkerung mit einer amtsgebundenen Massnahme bedacht. Nicht mitgezählt sind die rund 3500 entmündigten Erwachsenen unter fortgesetzter elterlicher Sorge gemäss Art. 385 Abs. 3. Zwischen den Kantonen sind teilweise beträchtliche Unterschiede zu verzeichnen; die Anzahl der Erwachsenen-Massnahmen bewegt sich zwischen 0,41% und 1,48% der Gesamtbevölkerungszahl; der entsprechende Durchschnitt liegt bei 0,89%. Die Verteilung der Massnahmearten (Erwachsene) war Ende 1989 wie folgt: 45,2% Vormundschaften, 46,5% Beistandschaften, 8,3% Beiratschaften (Zahlen aus 15 Kantonen; MEIER, ZVW 1992, 183 ff.); Ende 1994 lauteten die entsprechenden Zahlen: 44,1%, 46,5%, 9,4% (Zahlen aus 22 Kantonen), Ende 2000 (alle Kantone): 37,9%, 53,7%, 8,4% und Ende 2004 (alle Kantone): 34,0%, 59,1%, 6,9%.

Im Jahr 1994 wurden in 23 Kantonen, die zusammengerechnet rund 6 Millionen Einwohner zählen, rund 7100 amtsgebundene vormundschaftliche Massnahmen für Erwachsene und rund 6600 amtsgebundene Kindesschutzmassnahmen, Vormundschaften und Vertretungsbeistandschaften für Minderjährige neu angeordnet. Somit wurde 1994 ungefähr für jeden 440. Einwohner eine amtsgebundenen vormundschaftliche Massnahme ergriffen. Im Jahr 2004 wurden in der Schweiz (7,6 Mio. E.) rund 10 300 amtsgebundene Massnahmen für Erwachsene und deren rund 10 800 für Minderjährige neu angeordnet, somit rund jeder 360. Einwohner mit einer Massnahme versehen. Bei den neu angeordneten Massnahmen für Erwachsene ist seit Jahren eine grössere Zurückhaltung bez. Entmündigungen und eine Verlagerung zu den Beistandschaften zu erkennen; im Jahr 1989 erfolgten 23,2% Entmündigungen, 66,7% Verbeiständungen, 10,1% Verbeiratungen (Zahlen aus 10 Kantonen; MEIER, a.a.O., 186); im Jahr 1994 lauteten die entsprechenden Zahlen: 19,5%, 73,5%, 7,0% (Zahlen aus 23 Kantonen), im Jahr 2000 (alle Kantone): 18,6%, 74,9%, 6,5% und im Jahr 2004 (alle Kantone): 18,3%, 76,5%, 5,2%.

Die Unterschiede zwischen einzelnen Kantonen bez. ihrer Anteile an den einzelnen Massnahmearten sind teilweise beträchtlich, und zwar bei den bestehenden wie bei den neu angeordneten Massnahmen. Die Unterschiede lassen sich nicht, oder jedenfalls nicht allein, mit unterschiedlichen demographischen Zusammensetzungen der Wohnbevölkerungen der einzelnen Kantone erklären, sondern dürften auf unterschiedliche Behördenorganisationen und Regelungen der Zuständigkeiten für die Anordnung von Vormundschaften und Beiratschaften und unterschiedliche kant. Praxen bei der Anwendung des materiellen Bundesrechtes zurückzuführen sein (zu den Unterschieden in der Vormundschaftspraxis der Kantone: STREMLOW, ZVW 2001, 267 ff.).

V. Vormundschaftsrecht im Umfeld von anderen Disziplinen

Die rechtsanwendenden Personen und Behörden im Bereich des Vormundschaftsrechtes **11** sind im besonderen Masse auf **interdisziplinäre Zusammenarbeit** mit Fachleuten aus anderen Wissensgebieten angewiesen. Dies trifft einmal in den Phasen der Rechtsanwendung zu, in denen es darum geht, zu prüfen und zu entscheiden, ob eine vormundschaftliche Massnahme angeordnet oder eine bestehende Massnahme durch eine andere ersetzt oder aufgehoben werden soll. Für diese Entscheidungen ist stets eine Prognose über die Wirkung erforderlich. Um eine ausreichende Zuverlässigkeit dieser Prognose zu erhalten, genügen Erfahrung und spezifische Fachkenntnisse in einzelnen Bereichen häufig nicht, so dass Stellungnahmen von Fachleuten aus andern Wissensgebieten notwendig sind, und zwar auch in Fällen, in denen das Gesetz dies nicht, wie etwa in Art. 374 Abs. 2, vorschreibt. Sodann sind auch die mit der Führung einer Massnahme betrauten Organe für ihre Entscheidungen vielfach auf ausserrechtliches Fachwissen angewiesen. Die wichtigsten Partner der interdisziplinären Zusammenarbeit sind: Mediziner, insb. Psychiater (dazu NORDMANN, ZVW 2005, 106 ff.; ETTER, ZVW 2005, 163 ff.; HUBSCHMID, ZVZ 2005, 174 ff.), Pädagogen, Psychologen, Berufsberater, Sozialarbeiter, Juristen mit Spezialkenntnissen aus andern Rechtsgebieten, Finanzfachleute, Baufachleute u.a.m. Gemäss Art. 447 VE ZGB 2003 soll die interdisziplinäre Zusammenarbeit im künftigen Recht durch die Kantone gefördert werden (dazu URSPRUNG, ZVW 2003, 369 ff.; weniger weitgehend Botschaft 2006, 91 und Art. 453 Entw. ZGB 2006).

12   Als besonders wichtig erweist sich in der vormundschaftlichen Praxis neben der Zusammenarbeit mit der Psychiatrie das Zusammenwirken von **Theorien der Sozialarbeit und des Rechts.** Genauso wie das Recht als Mittel der Sozialarbeit eine hervorragende Rolle spielt, weil jeder soziale Lebensbereich vom Recht erfasst und durchwirkt ist (LÜSSY, 168), liefert die Theorie der Sozialarbeit von Sachverstand getragene Orientierungshilfen für die Beantwortung vormundschaftsrechtlicher Fragen (BK-SCHNYDER/MURER, syst. Teil, N 314). Es bedarf stetiger Anstrengungen, um den Dialog zwischen Juristinnen und Juristen sowie den in der Sozialarbeit tätigen Personen in Gang zu halten (MÜLLER LÜTHE, in einer Buchbesprechung, ZVW 1994, 258 f.).

VI. Revisionsbestrebungen

13   Das Thema der **Revision des Vormundschaftsrechtes** (i.e.S., o. N 1) als Teil der im Gange befindlichen und teilweise bereits vollzogenen Revision des Familienrechtes beschäftigte die Lehre und Praxis schon vor Jahren, etwa an Tagungen der Vereinigung Schweizerischer Amtsvormünder (SCHNYDER, ZVW 1975, 41 ff.) oder Konferenzen der kant. Vormundschaftsdirektoren (SPITZER, ZVW 1977, 1 ff. und 140 ff.). Nach einer Phase, in der es um die Revision eher still geworden war (zu den Gründen treffend HEGNAUER, ZVW 1984, 89 f.) oder in der sich Autoren auf Vorschläge zu Einzelfragen beschränkten (z.B. SCHULLER, SJZ 1986, 156 ff.), beschäftigten sich Lehre und Praxis wieder intensiver mit einem neuen Vormundschaftsrecht, seitdem der Abschluss der Revisionsarbeiten für das Scheidungsrecht absehbar geworden war, nach welchem das Vormundschaftrecht an die Reihe kommen soll (vgl. etwa die am Jahreskongress 1991 der Vereinigung Schweizerischer Amtsvormünder gefasste Resolution, abgedruckt in ZVW 1992, 35 ff., und die an diesem Kongress gehaltenen Referate von KOLLER, ZVW 1992, 83 ff. und von SCHNYDER, ZVW 1992, 156 ff.).

14   Die Lehre und die im Vormundschaftswesen tätigen Praktiker waren sich schon in den 80er-Jahren des letzten Jahrhunderts mehrheitlich einig, dass das Vormundschaftsrecht von Grund auf, umfassend zu revidieren ist, als Ganzes überdacht werden soll (BK-SCHNYDER/MURER, syst. Teil, N 386 ff. m.V.). Von dieser Idee ging in den 90er-Jahren auch die vom Bundesamt für Justiz im Hinblick auf die Revision des Vormundschaftsrechtes eingesetzte Expertengruppe aus und formulierte als grundlegende **Reformziele:**

– ein dem Grundsatz der Verhältnismässigkeit entsprechendes flexibles Massnahmensystem;

– eine der Grösse und Schwierigkeit der Aufgabe entsprechende Organisation;

– rechtsstaatliche Verfahren in allen Belangen; (SCHNYDER/STETTLER/HÄFELI, Expertenbericht, 49 f.).

Der eben genannte Expertenbericht skizzierte sodann einen möglichen Aufbau des zukünftigen **Betreuungsrechtes** (die Betreuung als in verschiedenen Ausgestaltungen «massgeschneiderte» Massnahme sollte die amtsgebundenen Massnahmen [o. N 5] des geltenden Rechtes ablösen und dem neuen Recht auch den Namen geben). Dem Expertenbericht 1995 folgte im Juni 1998 ein im Auftrag des Bundesamtes für Justiz von denselben Experten erarbeiteter **Vorentwurf** mit Begleitbericht (Vorentwurf 1998). Der Vorentwurf 1998 verwendete neu den Begriff **«Erwachsenenschutz»** (anstelle von «Betreuungsrecht» im Expertenbericht bzw. «Vormundschaft/Vormundschaftsrecht» im geltenden Recht).

Im April 1999 sodann setzte das EJPD die **Expertenkommission** für die Revision des **15** Vormundschaftsrechtes ein. Der von der Expertenkommission im Juni 2003 vorgelegte Vorentwurf zur Änderung der Art. 360–455 ZGB (VE ZGB 2003) wurde vom EJPD mit Ermächtigung des Bundesrates unter Beilage des zugehörigen Berichts der Kommission zum Vorentwurf (EXP.KOMM. Bericht 2003) und zusammen mit einem Bericht mit Vorentwurf für ein Bundesgesetz über das Verfahren vor den Kindes- und Erwachsenenschutzbehörden in die Vernehmlassung gegeben. Der Bericht über die Vernehmlassungsergebnisse liegt vor und die vom Bundesrat beim EJPD in Auftrag gegebene Botschaft wird auf Mitte des Jahres 2006 erwartet.

Die Revisionsentwürfe verfolgen die seit längerem (s.o. N 14) vorgetragenen, aber auch neue **Reformziele**. Es sind dies u.a. (vgl. EXP.KOMM. Bericht 2003, 9 ff.):

– Förderung des Selbstbestimmungsrechts in der Form der eigenen Vorsorge (allgemeiner Vorsorgeauftrag [Art. 360 VE ZGB 2003/jetzt auch so in Art. 360 Entw. ZGB 2006], Vorsorgeauftrag für medizinische Massnahmen [Art. 370 VE ZGB 2003/ Art. 370 Entw. ZGB 2006] sowie Patientenverfügung [Art. 373 VE ZGB 2003/ Art. 370 Entw. ZGB 2006]);

– Stärkung der Solidarität in der Familie und Entlastung des Staates (gesetzliches Vertretungsrecht für nahe Angehörige urteilsunfähiger Personen im Bereich von medizinischen Massnahmen [Art. 434 VE ZGB 2003/Art. 378 Entw. ZGB 2006] und gesetzliches Vertretungsbefugnis für Ehegatten urteilsunfähiger Personen für Rechtsgeschäfte im Bereich der ordentlichen Einkommens- und Vermögensverwaltung sowie das Öffnen der Post [Art. 431 VE ZGB 2003/Art. 374 Entw. ZGB 2006]);

– ein dem Grundsatz der Verhältnismässigkeit entsprechendes flexibles Massnahmensystem (Massnahmen nach Mass, Art. 377 ff. VE ZGB 2003/Art. 390 ff. Entw. ZGB 2006);

– Beseitigung von Stigmatisierungen (terminologische Verbesserungen, Verzicht auf Publikation der Massnahmen in Amtsblättern);

– Verbesserung des Rechtsschutzes und Schliessung von Lücken bei der fürsorgerischen Freiheitsentziehung (Beschränkung der ärztlichen Zuständigkeit und Regelung des Verfahrens [Art. 421 Abs. 2 und Art. 423 VE ZGB 2003/Art. 429 und 430 Entw. ZGB 2006], Recht auf Beizug einer Vertrauensperson [Art. 426 VE ZGB 2003/ Art. 432 Entw. ZGB 2006], periodische Überprüfung der Freiheitsentziehung durch die Erwachsenenschutzbehörde [Art. 425 VE ZGB 2003/Art. 431 Entw. ZGB 2006], Behandlung psychischer Störungen nach Behandlungsplan [Art. 428 VE ZGB 2003/ Art. 433 Entw. ZGB 2006] und Regelung der Behandlung einer psychischen Störung ohne Zustimmung der betroffenen Person [Art. 429 VE ZGB 2003/Art. 434 Entw. ZGB 2006]);

– besserer Schutz von urteilsunfähigen Personen in Pflegeeinrichtungen (u.a. Regelung von Massnahmen zur Einschränkung der Bewegungsfreiheit [Art. 438 VE ZGB 2003/ Art. 438 i.V.m. Art. 383 Entw. ZGB 2006], Aufsicht [Art. 442 VE ZGB 2003/Art. 387 Entw. ZGB 2006]);

– eine der Grösse und Schwierigkeit der Aufgabe entsprechende Organisation (Organisation der Erwachsenenschutzbehörde, die gleichzeitig auch Kindesschutzbehörde ist, als interdisziplinär zusammengesetztes Fachgericht [Art. 443 VE ZGB 2003/s. dazu u. Art. 361 N 8a]);

– Unterstützung von Personen, die Massnahmen des Erwachsenenschutzes durchführen (Instruktion und Beratung [Art. 445 VE ZGB 2003], Aus- und Weiterbildung [Art. 446 VE ZGB 2003]).

15a Am 28.6.2006 hat der Bundesrat die Botschaft zur Änderung des Schweizerischen Zivilgesetzbuches (Erwachsenenschutz, Personenrecht und Kindesrecht) und den Gesetzesentwurf verabschiedet.

16 Bei der nachfolgenden Kommentierung der einzelnen Gesetzesartikel des geltenden Rechtes erfolgen, wo angezeigt, Hinweise auf Regelungsbedarf und vorgeschlagene Lösungen «de lege ferenda» gemäss VE ZGB 2003 (vgl. Art. 360 N 7; Art. 361 N 8; Art. 362–366 N 17; Art. 369 N 18a; Art. 371 N 8; Art. 394 N 5; Vorbem. zu Art. 379–391 N 12 ff.; Art. 379 N 36 f.; Art. 380/381 N 15 f.; Art. 382–383 N 13; Art. 384–385 N 11; Vorbem. zu Art. 397 a–f N 14; Art. 401 N 10; Art. 406 N 28; Art. 426–429 N 21 sowie gemäss Entw. ZGB 2006).

VII. Rechtsvergleichung

17 Die rechtsvergleichenden Hinweise beschränken sich auf das Recht zum Schutze erwachsener Personen in den Nachbarländern der Schweiz. Die Entwicklungen in diesen Ländern auf dem Gebiet des Vormundschaftsrechtes, namentlich die jüngeren Entwicklungen in Deutschland und Österreich, waren nicht ohne **Einfluss auf die Revisionsentwürfe** (o. N 15) **des schweizerischen Vormundschaftsrechtes.** Der seinerzeitige Auftrag des Bundesamtes an die im Hinblick auf die Revision des Vormundschaftsrechtes eingesetzte Expertengruppe enthielt die Berücksichtigung der Entwicklungen im Ausland (SCHNYDER/STETTLER/HÄFELI, Expertenbericht, 41).

18 Das **französische Recht** (CC fr. von 1804; mit Revisionen u.a. 1964, 1968, 1995 und 1999) kennt drei Massnahmetypen, nämlich:

– Die *sauvegarde de justice* (art. 491–art. 491-6 CC fr.), welche sich ähnlich wie in der Schweiz die Beistandschaft nach Art. 392 ZGB in der Praxis zu einer auf Dauer angelegten (nicht nur provisorischen) Massnahme entwickelt hat, insb. für die Wahrung der Interessen alter Menschen. Dies offenbar wegen der einfachen Art der Errichtung und des zwanglosen Charakters (keine Beschränkung der Handlungsfähigkeit) (SCHNYDER/STETTLER/HÄFELI, Expertenbericht, 21).

– Die *tutelle* (Vormundschaft mit Wegfall der Handlungsfähigkeit; art. 492–art. 507 CC fr.) wird errichtet für die erwachsene Person, deren geistige Gesundheit derart beeinträchtigt ist, dass eigene Interessen nicht mehr gewahrt werden können, oder deren körperliche Gesundheit so stark beeinträchtigt ist, dass keine Willenserklärungen mehr abgegeben werden können. Die Familienvormundschaft mit einem Familienrat hat trotz Aufwertung im Zuge der Revision von 1964 (BK-SCHNYDER/MURER, syst. Teil, N 103) keine grosse praktische Bedeutung erlangt (2% aller Fälle, vgl. SCHNYDER/STETTLER/HÄFELI, Expertenbericht, 22).

– Die *curatelle* (Beistandschaft; art. 508–art. 514 CC fr.) wird errichtet für erwachsene Personen, die zwar noch selber handeln können, infolge Beeinträchtigung ihrer körperlichen oder geistigen Gesundheit oder wegen Verschwendungssucht bei der Vornahme gewisser Geschäfte Beratung und Kontrolle benötigen, weil sie sonst Gefahr laufen würden, bedürftig zu werden, oder weil sie ihre familiären Unterstützungspflichten vernachlässigen. In letztern Fällen kann der Vormundschaftsrichter dem *curateur* die Verwaltung der Einkünfte der betroffenen Person übertragen. Im Übrigen beschränken sich aber die Aufgaben des *curateurs* auf die Mitwirkung bei bestimmten Rechtsgeschäften, wobei der Richter im Einzelfall den Katalog der mitwirkungsbedürftigen Geschäfte reduzieren oder erweitern kann. Die *curatelle* erinnert an den altrechtlichen *conseil judiciaire* (TERRE, ZVW 1992, 137) und an die Beiratschaft nach schweizerischem Recht.

Bei allen drei Massnahmearten nach frz. Recht ist eine Publikation erforderlich (BK-SCHNYDER/MURER, syst. Teil, N 305).

Das **italienische Recht** (CC it. von 1942) stellt an Massnahmen für Erwachsene zur Verfügung: **19**

– Die *interdizione* (Entmündigung; art. 414 CC it.) für Personen, die an einer schweren dauernden Geisteskrankheit leiden. Der Entmündigung folgt die Bestellung eines *tutore* (Vormundes; art. 424 CC it. und art. 343 ff. CC it.). Die *interdizione* hat den Entzug der Handlungsfähigkeit zur Folge.

– Die *inabilitazione* (Beschränkung der Geschäftsfähigkeit; art. 415 CC it.) für Personen, die an einer leichteren Geisteskrankheit leiden, deren Auswirkungen eine *interdizione* nicht angezeigt erscheinen lassen. Der *inabilitazione* folgt die Bestellung eines *curatore* (art. 424 CC it. und art. 392 ff. CC it.). Die *inabilitazione* ist gemäss Abs. 2 von art. 415 CC it. auch vorgesehen bei Verschwendungssucht, Alkohol- oder Drogenmissbrauch, wenn zugleich eine schwere Gefährdung der wirtschaftlichen Interessen der betroffenen Person oder ihrer Familie zu verzeichnen ist. Die Handlungsfähigkeit wird durch die *inabilitazione* eingeschränkt in dem Sinne, dass Geschäfte, die über die gewöhnliche Verwaltung hinausgehen, der Mitwirkung des *curatore* bedürfen (vgl. zum Ganzen: RICCI, ZVW 1992, 116 ff., insb. 119 ff.; BK-SCHNYDER/MURER, syst. Teil, N 293, 299, 300).

Beide Massnahmen werden in einem öffentlichen Register eingetragen und vom Zivilstandsbeamten überdies am Rande der Geburtsurkunde angemerkt (art. 423 CC it.; BK-SCHNYDER/MURER, syst. Teil, N 304).

Das **österreichische Recht** führte mit dem seit Mitte 1984 in Kraft stehenden Bundesgesetz über die Sachwalterschaft für behinderte Personen (Änderung ABGB) die Massnahme der *Sachwalterschaft* (§ 273 und § 273a ABGB) ein, die anzuordnen ist, wenn eine psychisch kranke oder geistig behinderte Person alle oder einzelne ihrer Angelegenheiten nicht mehr zu besorgen vermag, und wenn deswegen die Gefahr eines Nachteils für die betroffene Person besteht. Unzulässig ist die Bestellung eines Sachwalters, wenn die betroffene Person durch andere Hilfe, etwa durch die Familie oder eine Einrichtung der Behindertenhilfe in die Lage versetzt werden kann, ihre Angelegenheiten im erforderlichen Ausmass zu besorgen. Die Sachwalterschaft hat die frühere Massnahme der Vormundschaft abgelöst und zeichnet sich dadurch aus, dass der Wirkungskreis des Sachwalters bei der Anordnung der Massnahme durch das Gericht definiert wird. Die Massnahme wird so den konkreten Schutz- und Vertretungsbedürfnissen der betroffenen Person möglichst genau angepasst. Die Massnahme der Sachwalterschaft wird nicht publiziert; das Gericht hat jedoch diejenigen Personen und Stellen zu verständigen, die nach dem Ergebnis des Verfahrens ein begründetes Interesse an einer Benachrichtigung haben (vgl. zum Ganzen STORMANN, Vormundschaftsrecht wohin – aktuelle Entwicklungen in Österreich, ZVW 1992, 139 ff. und SCHNYDER/STETTLER/HÄFELI, Expertenbericht, 12 ff.).   **20**

21 Das **deutsche Recht** schaffte mit dem seit 1992 in Kraft stehenden Betreuungsrecht die Vormundschaft für volljährige Personen ab, desgleichen die Pflegschaft für Gebrechliche, und führte als neues einheitliches Rechtsinstitut die *rechtliche Betreuung* (§ 1896– § 1908k BGB) ein. Diese Massnahme wird angeordnet, wenn eine Person an einer psychischen Krankheit (worunter auch Suchterkrankungen fallen) oder an einer körperlichen, geistigen oder seelischen Behinderung leidet und deswegen teilweise oder vollständig unfähig ist, ihre Angelegenheiten zu besorgen. Das Gericht definiert den Aufgabenkreis des Betreuers entsprechend den Bedürfnissen der betroffenen, hilfsbedürftigen Person. Nicht in Betracht kommt die Betreuung, wenn die Interessen der betoffenen Person auch auf ander Weise, etwa durch eine bevollmächtigte Person, gewahrt werden können.

Grundsätzlich wird die Geschäftsfähigkeit der betreuten Person durch die Betreuung nicht eingeschränkt. Das Gericht kann jedoch, wenn die Interessen der betroffenen Person es erfordern, bestimmte Rechtshandlungen derselben von der Zustimmung des Betreuers abhängig machen (§ 1903 BGB; Einwilligungsvorbehalt). Damit kann die einer betreuungsbedürftigen Person verbleibende Geschäftsfähigkeit den Schutzbedürfnissen genau angepasst werden (vgl. zum Ganzen Frank, Das Vormundschaftsrecht in Deutschland und seine Reform, ZVW 1992, 100 ff. und Schnyder/Stettler/Häfeli, Expertenbericht, 5 ff.).

VIII. IPR

22 Gemäss Art. 85 IPRG ist für den Bereich des Vormundschaftsrechtes (i.e.S., N 1) das **MSA** anzuwenden. Dieses kommt somit nicht nur beim Kindesschutz (worunter im Sinne des MSA auch die Vormundschaft für Minderjährige nach Art. 368 fällt), sondern gem. Abs. 2 von Art. 85 IPRG sinngemäss auch beim **vormundschaftlichen Erwachsenenschutz** zur Anwendung. Somit ist für Personen, die ihren gewöhnlichen Aufenthalt in der Schweiz haben, stets die **Zuständigkeit** der schweizerischen Behörden und Gerichte gegeben für die Anordnung, Aufhebung und die Führung vormundschaftlicher Massnahmen (Art. 1 und 2 MSA; vgl. u. Art. 376 N 11). Die fürsorgerische Freiheitsentziehung fällt dabei ebenfalls unter den Begriff der vormundschaftlichen Massnahme (IPRG-Kommentar-Siehr, Art. 85 N 81).

Nicht nur für Schweizer, sondern auch für Ausländer mit Wohnsitz in der Schweiz ist innerstaatlich die Behörde am Wohnsitz gem. ZGB zuständig, sofern dieser nicht mit dem Wohnsitz bzw. gewöhnlichen Aufenthalt gem. Art. 20 IPRG zusammenfällt. Der nach Art. 25 Abs. 2 ZGB bestimmte Wohnsitz bleibt auch für den Ausländer in der Schweiz massgebend (Geiser, ZVW 1995, 39, m.Hw. auf **a.M.** in IPRG-Kommentar-Keller, Art. 20 N 48).

Für Schweizer mit gewöhnlichem Aufenthalt im Ausland besteht auch eine schweizerische Zuständigkeit (Art. 4 Abs. 1 MSA), wobei bei bzw. vor Inanspruchnahme dieser Zuständigkeit die Behörde am ausländischen Aufenthaltsort des Schweizer Bürgers zu verständigen ist.

Das Haager Übereinkommen vom 13.1.2000 über den internationalen Schutz von Erwachsenen (von der Schweiz noch nicht unterzeichnet) sieht als primären Anknüpfungsort für Schutzmassnahmen (Personen- und Vermögenssorge) ebenfalls den gewöhnlichen Aufenthalt vor (Art. 5 des Übereinkommens), eröffnet daneben jedoch der Behörde am gewöhnlichen Aufenthalt, falls sie dies als im Interesse der betroffenen Person für angezeigt erachtet, die Möglichkeit, für den Erlass von Schutzmassnahmen die Behörde eines anderen Staates anzugehen, etwa des Heimatstaates, des früheren gewöhnlichen Aufenthaltes, desjenigen, in dem Vermögenswerte der betroffenen Person gelegen sind, desjenigen welchen die betroffene Person schriftlich für den Fall ihrer Schutzbedürftigkeit gewählt hat, desjenigen, in dem eine nahe angehörige Person, welche die Betreuung übernimmt, ihren gewöhnlichen Aufenthalt hat oder schliesslich, für Schutzmassnahmen für die Person, desjenigen am gegenwärtigen Aufenthaltsort (Art. 8 des Übereinkommens). Für Vermögensschutzmassnahmen ist sodann die Behörde des Staates, in dem die Vermögenswerte gelegen sind zuständig, soweit diese Massnahmen kompatibel sind mit denjenigen, welche die nach vorgehenden Bestimmungen zuständigen Behörden getroffen haben (Art. 9 des Übereinkommens).

Das **anwendbare Recht** bestimmt sich nach Art. 2 sowie Art. 4 Abs. 2 MSA. Die   **23** schweizerischen Behörden und Gerichte wenden inländisches Vormundschaftsrecht an. Eine Ausnahme besteht lediglich mit Bezug auf iranische Staatsangehörige (Niederlassungsabkommen 1934; vgl. IPRG-Kommentar-SIEHR, Art. 85 N 74). Die Anwendbarkeit schweizerischen Rechts schliesst nicht die Rücksichtnahme auf das ausländische Heimatrecht aus, sei es bei der Beurteilung der Schutzbedürftigkeit, sei es, um die Anerkennung und Durchsetzung der Massnahme im Ausland zu erleichtern (SCHWANDER, ZVW 1998, 82).

Die **Anerkennung ausländischer vormundschaftlicher Massnahmen** ist nach Art. 7   **24** MSA ohne weiteres vorzunehmen; Art. 25 IPRG kommt nicht zur Anwendung. Bei Verstoss gegen den Ordre public kann gem. Art. 16 MSA vom MSA abgewichen werden, so dass die Regeln von Art. 27 IPRG Platz greifen können. Bezüglich Vollstreckung ausländischer Entscheidungen enthält das MSA keine Regeln, so dass Art. 28 ff. IPRG zur Anwendung gelangen.

Das MSA ist ebenfalls sinngemäss anzuwenden für Personen, die ihren gewöhnlichen   **25** Aufenthalt nicht in einem der Vertragsstaaten haben (Art. 85 Abs. 2 IPRG). Sodann erklärt Art. 85 Abs. 3 IPRG die schweizerischen Gerichte oder Behörden für zuständig, wenn es für den Schutz einer Person oder deren Vermögen unerlässlich ist. Diese Zuständigkeit in Notfällen ist auch bereits durch Art. 8 und 9 MSA gegeben. Für den Vermögensschutz mittels Verwaltungsbeistandschaft in nicht dringlichen Fällen kommt ausserdem die Zuständigkeitsregel von Art. 396 Abs. 2 in Betracht (s.u. Art. 396 N 11 sowie BGer 27.5.2003, 5C.25/2003, E. 5.2.2). Der Ausnahmecharakter, welcher der Bestimmung von Art. 9 MSA bezüglich des Schutzes von Vermögen im Bereich des Minderjährigenschutzes zukommt, ist nicht unbesehen auch für Fälle des Erwachsenenschutzes anzunehmen, da in diesem Bereich ein Zuständigkeitsbedürfnis am Ort, wo das Vermögen liegt oder anfällt, praktisch bedeutsamer und häufiger ist, zumal in Fällen, in denen bezüglich Personensorge kein Schutzbedürfnis besteht (vgl. BGer 27.5.2003 5C.25/2003, E. 5.2.1, sowie mit Blick auf das von der Schweiz noch nicht unterzeichnete Haager Übereinkommen vom 13.1.2000 über den internationalen Schutz von Erwachsenen, o. N 22 a.E.).

Zehnter Titel: Die allgemeine Ordnung der Vormundschaft

Erster Abschnitt: Die vormundschaftlichen Organe

Art. 360

A. Im Allgemeinen

Vormundschaftliche Organe sind: die vormundschaftlichen Behörden, der Vormund und der Beistand.

A. En général

Les organes de la tutelle sont les autorités de tutelle, le tuteur et le curateur.

A. In genere

Gli organi della tutela sono le autorità di tutela, il tutore e il curatore.

Literatur

Vgl. die Literaturhinweise zu den Vorbem. zu Art. 360–456.

I. Die einzelnen vormundschaftlichen Organe und ihre Hauptaufgaben

Zu den **vormundschaftlichen Organen** zählt das Gesetz nebst den **Behörden** (s. Art. 361) den **Vormund** und den **Beistand.** In der Aufzählung fehlt der **Beirat** gem. Art. 395; dieser ist aber ebenfalls Organ; er fällt hier unter den Begriff des Beistandes (i.w.S.). Dies ergibt sich aus der Systematik des Gesetzes (Überschrift des fünften Abschnittes des zehnten Titels, Art. 392 ff.; BK-SCHNYDER/MURER, N 84). Vormundin, Vormund, Beirätin, Beirat, Beiständin und Beistand sind die Amtsträgerinnen und Amtsträger der entsprechenden amtsgebundenen vormundschaftlichen Massnahmen (Vormundschaften nach Art. 368–372, Beiratschaften nach Art. 395 und Beistandschaften nach Art. 392–395 sowie Art. 308 und 309). **1**

Diese **Amtsträgerinnen und Amtsträger** sind die wichtigsten Organe bez. **Führung der Massnahmen** (BK-SCHNYDER/MURER, N 29); diese ist ihre **Hauptaufgabe.** Unter Führung der Massnahme ist insb. persönliche Fürsorge (Art. 405–406) und/oder rechtsgeschäftliche Vertretung, inkl. Vermögensverwaltung (Art. 407–414) zu verstehen. **2**

Demgegenüber liegen die **Hauptaufgaben der vormundschaftlichen Behörden** in den Bereichen: **3**

– Prüfung der Voraussetzungen für die Anordnung bzw. Aufhebung der vormundschaftlichen Massnahmen, Durchführung der entsprechenden Verfahren bzw. Antragstellung an die nach kant. Recht hierfür zuständigen Behörden (Art 373 Abs. 1);

– Ernennung und Entlassung der Amtsträger;

– Mitwirkung bei und Überwachung der Amtsführung durch die Amtsträger;

– Veranlassung, Durchführung nicht amtsgebundener Massnahmen, insb. auch vorsorglicher Massnahmen.

Ob und in welchen Fällen dem einzelnen Mitglied einer vormundschaftlichen Behörde Organstellung i.S.v. Art. 360 zukommt, muss aus den jeweils geltenden kant. Regeln zur Behördenorganisation abgeleitet werden, wobei Organstellung dort zu bejahen ist, wo dem einzelnen Mitglied die selbständige Wahrnehmung von Aufgaben mit gewissen **4**

Entscheidungsbefugnissen zumindest verfahrensleitender Art zugewiesen sind. Kraft Bundesrecht ist etwa **Organstellung des einzelnen Mitgliedes der VormBehörde** zu bejahen, wenn dieses i.S.v. Art. 398 Abs. 1 zusammen mit dem Vormund bei der Inventaraufnahme aktiv wird.

5   Das Bundesrecht auferlegt die Führung der vormundschaftlichen Massnahmen ausschliesslich den von ihm bezeichneten Organen. Die Aufzählung der Organe in Art. 360 ist abschliessend (BK-KAUFMANN, N 8; BK-SCHNYDER/MURER, N 42). Sodann weist das Bundesrecht die Entscheidungen betr. Anordnung bestimmter Massnahmen (z.B. der Beistandschaften nach Art. 392 und 393; gewisser Massnahmen des Kindesschutzes, welcher insoweit zum Vormundschaftsrecht i.w.S. zu zählen ist) ebenfalls ausschliesslich bestimmten vormundschaftlichen Organen (VormBehörde, Aufsichtsbehörde) zu. Das kant. Recht darf den bundesrechtlich definierten Kreis der vormundschaftlichen Organe nicht erweitern, d.h. die Führung der Massnahmen und, wie soeben ausgeführt, auch die Anordnung bestimmter Massnahmen keinen andern Stellen übertragen. Es existiert somit ein bundesrechtlich definierter **Aufgabenkatalog** für die einzelnen vormundschaftlichen Organe, der durch das kant. Recht nicht reduziert werden kann. Die Kantone können jedoch den von ihnen bezeichneten vormundschaftlichen Organen weitere Aufgaben übertragen oder eine Behörde mit andern (Haupt-)Aufgaben als vormundschaftliche Behörde bezeichnen (s.u. Art. 361 N 1), so dass der gesamthafte Aufgabenkatalog der vormundschaftlichen Behörden sich von Kanton zu Kanton wesentlich unterscheiden kann.

II. Die Rechtsstellung der Organe

6   Die vormundschaftlichen Organe haben eine nur für sie typische **Rechtsstellung** (BK-SCHNYDER-MURER, N 21 ff.). Diese wird, was das Verhältnis der Organe zueinander und zu den Klienten anbelangt, weitgehend durch geschriebenes oder ungeschriebenes Bundesrecht definiert. Die vormundschaftlichen Organe haben zwar mittelbar und aus genereller, übergeordneter Sicht eine öffentlich-rechtliche Aufgabe wahrzunehmen (Gewährleistungen von Schutz und Hilfe, die das Gemeinwesen gewissen schwachen Mitgliedern zukommen lassen will). In Ausübung ihrer vormundschaftlichen Aufgaben erfüllen sie insofern eine öffentliche Aufgabe und stehen zum Staat somit in einer öffentlichrechtlichen Beziehung (DESCHENAUX/STEINAUER, Personnes, N 845). Unmittelbar jedoch und in Erfüllung ihrer eigentlichen Kernaufgabe haben sie die von den schutzbedürftigen Einzelpersonen her individuell definierten Interessen zu wahren. Deshalb erscheinen die Organe, wenn auch kraft behördlichen Auftrags, in erster Linie als in der Pflicht der einzelnen schutzbedürftigen Klienten stehend. Dies gilt besonders für die Amtsträger (o. N 1) und für die VormBehörde, aber auch für die Aufsichtsbehörde, besonders wo sie im Mitwirkungsverfahren aufgrund von Art. 420 und 422–424 im Einzelfall tätig wird. Das Verhältnis der Organe zu den Kantonen bzw. Gemeinden wird durch das kant. Recht bestimmt. Dieses Verhältnis kann jedoch für die Erfüllung der Aufgaben und die Befugnisse, die den Organen kraft materiellem Vormundschaftsrecht zukommen, nicht prägend sein. Die vormundschaftlichen Organe haben die Funktion, die wohlverstandenen Interessen der ihnen anvertrauten schutzbedürftigen Einzelpersonen zu vertreten. Dies gilt auch im Falle der Kollision dieser Interessen mit öffentlichen Interessen derjenigen Gemeinwesen, mit denen vormundschaftliche Organe nicht selten in besonderer Weise verbunden sind, etwa als von einer Gemeinde oder nach kant. Recht beamtete Amtsvormunde (dazu s. Art. 379 N 10) oder als staatliche kant. oder Gemeindebehörden. Dessen ungeachtet kann es einem öffentlichen Gemeinwesen nicht verwehrt sein, die von ihm angestellten Amtsvormunde seinen organisatorischen Vorstellungen entsprechend in eine hierarchisch aufgebaute Organisationseinheit einzubinden und sie z.B. einer Person zu

unterstellen, die selber nicht vormundschaftliches Organ ist (Langenegger, ZVW 2004, 51 ff.; i.E. **a.M.** OGer AG 25.7.2003 [zit. Ebenda]).

Wenn auch in vielen Fällen hilfreich und unter Synergieaspekten positiv zu werten, ist es   7
doch nicht immer unproblematisch, wenn die Mitglieder vormundschaftlicher Behörden, insb. der VormBehörden, zwar u.U. als Gremium mit anderer Bezeichnung, aber in gleicher oder weitgehend gleicher personeller Zusammensetzung, neben ihren vormundschaftlichen Funktionen für ein Gemeinwesen noch vielfältige andere Aufgaben öffentlich-rechtlicher Natur zu erfüllen haben (s. etwa zum Verhältnis von Vormundschafts- und Fürsorgebehörden, wobei nicht speziell die Problematik der personellen Identität von Vormundschafts- und Fürsorgebehörde behandelt wird: Hegnauer, ZVW 1996, 41 ff.). **De lege ferenda** ist die Etablierung der vormundschaftlichen Behörden als unabhängige richterliche Behörden zu postulieren (s.a. Art. 361 N 8).

Den Kantonen ist unbenommen, bereits unter geltendem Recht ihre Vormundschaftskreise   7a
so zu bilden, dass die sachgerechte Umsetzung des materiellen Rechtes besser gewährleistet wird, etwa durch Ersatz kommunaler durch regionale Behörden (Branda, La riorganizzazione delle autorità di tutela del cantone Ticino, ZVW 1999, 75 ff.; Paglia, ZVW 2002, 159 ff.). Die Landsgemeinde des Kantons Glarus hat am 7.5.2006 die Aufhebung der kommunalen Vormundschaftsbehörden und die Kantonalisierung des Vormundschaftswesens beschlossen.

III. Hilfsorgane und Hilfspersonen

Die vormundschaftlichen Organe ziehen für die Besorgung der ihnen zugewiesenen Auf-   8
gaben nicht selten Drittpersonen oder -institutionen für Hilfestellungen und Dienstleistungen bei. Solche Dritte werden in diesem Zusammenhang oft als **vormundschaftliche Hilfsorgane** bezeichnet (so BK-Schnyder/Murer, N 98 ff.; Caviezel, 183 ff.). Solche Hilfsorgane sind keine vormundschaftlichen Organe i.S.v. Art. 360. Es geht aber überdies auch zu weit, jede Person oder Institution, die auf Veranlassung des vormundschaftlichen Amtsträgers einer mit einer vormundschaftlichen Massnahme bedachten Person eine Dienstleistung erbringt, als vormundschaftliches Hilfsorgan zu bezeichnen. In zahlreichen Fällen ist die dienstleistende Person oder Institution wohl einfach lediglich Vertragspartnerin der mit der vormundschaftlichen Massnahme bedachten Person. Mit der Delegation von Aufgaben an eine Drittperson, sei es, dass diese als vormundschaftliches Hilfsorgan eingesetzt wird, sei es, dass sie lediglich als Vertragspartnerin der mit der vormundschaftlichen Massnahme bedachten Person verpflichtet ist, kann oftmals auch eine Delegation gewisser Entscheidungsbefugnisse einhergehen. Grenzen der Möglichkeit, Entscheidungsbefugniss an Dritte zu delegieren, sind aus den Bestimmungen über die Mitwirkung der vormundschaftlichen Behörden (Art. 420 ff.) abzuleiten. Dort, wo der vormundschaftliche Amtsträger zu seiner Entscheidung die behördliche Zustimmung benötigt, damit sie wirksam wird, kann er auch keine Entscheidungsbefugnisse an Dritte delegieren. Desgleichen können die Behörden die Entscheidungsbefugnisse, die ihnen vom Gesetzgeber zugewiesen sind, nicht an Hilfsorgane delegieren, weil dies zu einer versteckten unzulässigen Vermehrung der vormundschaftlichen Organe führen würde (o. N 3; BK-Schnyder/Murer, N 44).

In der Regel wohl besser als **Hilfspersonen vormundschaftlicher Organe** denn als   9
vormundschaftliche Hilfsorgane, sind zu bezeichnen die Angestellten von vormundschaftlichen Behörden, Amtsvormundschaften und andern Sozialdiensten, bei denen einzelne Mitarbeiter als Amtsträger vormundschaftliche Massnahmen führen und dabei die Unterstützung von weiteren Mitarbeitern beanspruchen. Es ist nicht erforderlich, dass

solche Mitarbeiter den Amtsträgern in der Organisation hierarchisch unterstellt sind (LANGENEGGER, ZVW 2004, 51 ff.; **a.M.** OGer AG 25.7.2003 [zit. Ebenda]).

IV. Die Geheimhaltungspflichten der Organe

1. Sensitive Personendaten und Aktenführungspflicht

10   Im Zuge der Erfüllung ihrer Aufgaben erhalten die vormundschaftlichen Organe vielfältige Informationen aus den Lebensgeschichten und über die aktuellen persönlichen und finanziellen Verhältnisse der Personen, für die sie vormundschaftliche Massnahmen prüfen, anordnen und führen. Darunter befinden sich regelmässig auch besonders **schützenswerte Personendaten.** Aus dem Sinn und Zweck des Vormundschaftsrechtes allgemein ergibt sich die Befugnis der vormundschaftlichen Organe, Informationen über die Personen, für die vormundschaftliche Massnahmen in Betracht gezogen werden, allenfalls auch über Bezugspersonen derselben, zu sammeln und zu verarbeiten. Ohne Kenntnisnahme und fortdauernde Berücksichtigung und Verwendung solcher z.T. sensitiver Daten durch die vormundschaftlichen Organe, allenfalls auch gegen den Willen der betroffenen Personen, könnten vormundschaftliche Massnahmen nicht im Interesse jener Personen angeordnet, geführt, ggf. neuen Bedürfnissen angepasst bzw. aufgehoben werden. Die Bearbeitung dieser persönlichen Informationen ist legitim und notwendig (ELSENER, 3 f. m.Hw.). Speziell aus den zu beachtenden Verfahrensgrundsätzen (Offizialmaxime, Untersuchungsgrundsatz, s. Art. 373 N 12 f.) ist sodann die Befugnis der vormundschaftlichen Organe abzuleiten, solche Personendaten aktenmässig festzuhalten; mit Blick auf den Anspruch auf rechtliches Gehör (vgl. dazu etwa für das Entmündigungsverfahren Art. 373 N 15), auf die Berichterstattungspflicht der Amtsträger gem. Art. 423 und auf die für die vormundschaftlichen Organe geltenden Verantwortlichkeitsbestimmungen ist zudem eine **Pflicht zur Aktenführung** abzuleiten.

2. Das Vormundschaftsgeheimnis

11   Nach neueren Lehrmeinungen ist aus dem Vormundschaftsrecht selber die grundsätzliche Schweigepflicht der vormundschaftlichen Organe bez. der Informationen, die sie im Zusammenhang mit der Ausübung ihrer vormundschaftlichen Aufgaben erhalten, als ungeschriebener Rechtssatz herzuleiten (im Grundsatz schon BREITENSTEIN, ZVW 1978, 98 f. mit treffendem Hinweis auf BGE 80 I 5; BK-SCHNYDER/MURER, N 144 ff.; zustimmend SCHOENENWEID, ZVW 1986, 139 und 143 f.; HÄFELI, Inhalt und Stellenwert der persönlichen Betreuung im Vormundschaftsrecht, ZVW 1989, 58, sowie DERS., Wegleitung, 232; auf der Herleitung SCHNYDER/MURER aufbauend ELSENER, 179 ff.; DESCHENAUX/ STEINAUER, Personnes, N 832a). Ausgehend von der gestützt auf Art. 64 BV grundsätzlich vorhandenen Kompetenz des Bundesgesetzgebers für die Etablierung von Geheimhaltungspflichten von Organen, die das materielle Bundeszivilrecht zu verwirklichen haben, und der Feststellung, dass eine ausdrückliche gesetzliche Regelung weder im geschriebenen Vormundschaftsrecht noch im übrigen Bundesprivatrecht auszumachen ist, erfolgt die Herleitung der Schweigepflicht der vormundschaftlichen Organe aus dem *Sinn und Zweck des Vormundschaftsrechtes.* Ohne Recht und Pflicht zur Geheimhaltung würden die Organe das Vertrauensverhältnis zu der jeweils betroffenen schutzbedürftigen Person gar nicht finden oder spätestens dann verlieren, wenn Geheimnisse preisgegeben würden. Ein solches Vertrauensverhältnis ist aber in den meisten Fällen unabdingbare Voraussetzung für das Gelingen der vormundschaftlichen Massnahme. Insofern liegt die Schweigepflicht auch im öffentlichen Interesse. Das **Vormundschaftsgeheimnis** (die Verwendung dieses Begriffes für die Schweigepflicht der vormundschaftlichen Organe wird vorgeschlagen von ELSENER, 190) ist dermassen im Wesen des Vormundschaftsrechtes grundgelegt, dass

eine andere Lösung einen Widerspruch des ZGB mit sich selbst darstellen würde (so BK-SCHNYDER/MURER, N 149, und zum Ganzen BK-SCHNYDER/MURER, N 146 ff. m.Hw.). Das Vormundschaftsgeheimnis bildet die notwendige Ergänzung zur Notwendigkeit der Beschaffung und Verwendung von Informationen über die betroffenen Personen durch die vormundschaftlichen Organe (s.o. N 10). De lege ferenda ist die Festschreibung des Geheimnisschutzes im Gesetz zu begrüssen (bereits im Vorentwurf 1998 vorgesehen in Art. 25, im VE ZGB 2003 in Art. 448, im Entw. ZGB 2006 in Art. 451).

Die Pflicht zur Verschwiegenheit der vormundschaftlichen Organe besteht sodann ge-   **12** stützt auf Art. 8 Abs. 1 **EMRK,** der Anspruch auf **Schutz des Privat- und Familienlebens** verleiht (ELSENER, 186 f. mit zahlreichen Hinweisen).

Der Schutz der persönlichen Geheimsphäre (und damit auch die grundsätzliche Schwei-   **13** gepflicht der vormundschaftlichen Organe) kann sodann auch auf das ungeschriebene Grundrecht der persönlichen Freiheit abgestützt werden (BGE 102 Ia 521). Somit sind die Informationen über die persönlichen und finanziellen Verhältnisse der mit vormundschaftlichen Massnahmen bedachten Personen vor ungerechtfertigter Preisgabe durch die vormundschaftlichen Organe ebenfalls durch Art. 28 geschützt (**Schutz der Persönlichkeit** gegen Verletzungen). Solche Informationen sind regelmässig der im Schutzumfang von Art. 28 liegenden Geheim- oder Privatsphäre zuzurechnen (zum Schutzumfang allgemein Art. 28 N 24–26; zur Anwendbarkeit auf das Verhältnis der vormundschaftlichen Organe zu den Mündeln BK-SCHNYDER/MURER, N 155; ELSENER, 184 f., je m.Hw.). Die Klage wegen Verletzung (Art. 28a) erhebt das urteilsfähige Mündel selber oder durch einen selber gewählten und bevollmächtigten Vertreter; im Falle der Urteilsunfähigkeit hat der gesetzliche Vertreter zu klagen (o. Art. 19 N 41).

Ferner unterliegen die Informationen, die die vormunschaftlichen Organe in Ausübung   **14** ihrer vormundschaftlichen Aufgaben über die betroffenen Personen erhalten, dem **strafrechtlich geschützten Amtsgeheimnis,** soweit die Organe als Mitglied einer Behörde oder als Beamte i.S.v. Art. 320 StGB davon erfasst sind. Dies trifft unzweifelhaft für die vormundschaftlichen Behörden, ihre Mitglieder, aber auch Beamte und Angestellte der Vormundschaftsverwaltung zu (BGE 121 IV 220 f.). Nach den neueren Lehrmeinungen, denen beizupflichten ist, untersteht auch der Amtsvormund dem Amtsgeheimnis, nicht jedoch der Privatvormund (ELSENER, 95 m.Hw.). Diese unterschiedliche Behandlung von Amts- und Privatvormund (und damit auch die unterschiedliche Behandlung je ihrer Klienten bez. des strafrechtlichen Schutzes ihrer Geheimsphäre) ist zwar nicht unproblematisch (so insb. HESS, ZVW 1955, 90, der gute Gründe für die Unterstellung des Amts- und des Privatvormundes unter Art. 320 StGB anführt), doch überzeugt die unterscheidende These letztlich doch am meisten; sie wird neuerdings auch gestützt durch das BGer (BGE 121 IV 222 f.; offen gel. AppHof BE, 2.ZK, 14.4.2005 in ZVW 2005, 187 f.) und ist jedenfalls der These vorzuziehen, welche weder Amts- noch Privatvormund dem Amtsgeheimnis nach Art. 320 StGB unterstellt. Auch die Angestellten von Amtsvormundschaften, die selber keine Organstellung haben (Hilfspersonen, s.o. N 9), unterstehen dem Amtsgeheimnis.

Das Amtsgeheimnis bezweckt in erster Linie und unmittelbar den Schutz öffentlicher Interessen und generell die Aufrechterhaltung einer ungestörten Verwaltungtätigkeit. Im Bereich des Vormundschaftswesens geht das öffentliche Interesse insb. dahin, durch Beachtung der Geheimhaltungspflichten das Vertrauen der beteiligten Bürger und damit ihre Bereitschaft zu gewinnen, die für die erfolgreiche Durchführung der vormundschaftlichen Aufgaben erforderlichen Auskünfte zu geben. Dieses öffentliche Interesse wird auch mit dem aus dem Sinn und Zweck des Vormundschaftsrechtes hergeleiteten Vormundschaftsgeheimnis verfolgt (s.o. N 11). Umgekehrt dient das Amtsgeheimnis nach

Art. 320 StGB in seiner Anwendung im Vormundschaftswesen klar auch dem Schutz privater Geheimhaltungsinteressen.

15 Die eidg. Datenschutzgesetzgebung verweist die im Rahmen der sozialen Hilfe verwendeten Personendaten in die Kategorie der besonders schützenswerten Personendaten (Art. 3 lit. c DSG). Die vormundschaftlichen Organe sind unter dem Gesichtspunkt des Datenschutzes den öffentlichen Organen zuzurechnen und somit dem kant. **Datenschutzrecht** zu unterstellen (ELSENER, 109). Soweit jedoch keine kant. Vorschriften bestehen, sind beim Vollzug von Bundesrecht durch kant. Organe die allg. Datenschutzbestimmungen (Art. 1–11 DSG), die Bestimmungen über die Bearbeitung von Personendaten (Art. 16–23 DSG) und die Rechtsschutznorm des Art. 25 Abs. 1–3 DSG des Bundes zu beachten (Art. 37 DSG), somit auch beim Vollzug vormundschaftsrechtlicher Bestimmungen.

16 Das Vormundschaftsgeheimnis dient in erster Linie dem Schutz der Person, die von einer vormundschaftlichen Massnahme betroffen ist. Diese Person ist «**Geheimnisherr**» und damit befugt, die «**Geheimnisträger**», d.h. die vormundschaftlichen Organe, Hilfsorgane und Hilfspersonen vom Vormundschaftsgeheimnis zu entbinden. Das Vormundschaftsgeheimnis schützt ferner auch Personen aus dem Umfeld (Familie, Verwandtschaft, sonstige Bezugspersonen) der Person, für die eine vormundschaftliche Massnahme angeordnet bzw. geführt wird, soweit die vormundschaftlichen Organe, Hilfsorgane und Hilfspersonen Informationen über die persönlichen und finanziellen Verhältnisse solcher Personen aus dem Umfeld im Zusammenhang mit der Ausübung ihrer vormundschaftlichen Aufgaben erhalten.

Sodann ist auch der Staat Geheimnisherr, da das Vormundschaftsgeheimnis auch im öffentlichen Interesse begründet ist (o. N 11 und 14; ELSENER, 192).

17 Die **zeitliche Geltung** des Vormundschaftsgeheimnisses erstreckt sich vom Beginn des Anordnungsverfahrens über die ganze Dauer der Führung der Massnahme und darüber hinaus grundsätzlich bis zum Tod des Geheimnisherrn, d.h. dem Ende dessen Rechtsfähigkeit. Nachher spricht allenfalls der Anspruch nächster Hinterbliebener auf Andenkensschutz (DESCHENAUX/STEINAUER, Personnes, N 476a m.Hw. auf Rechtsprechung; o. Art. 31 N 11) gegen eine Offenlegung aller vorhandenen Informationen; insb. erfordert jedoch das öffentliche Interesse (s.o. N 14 und 11) eine Fortdauer der grundsätzlichen Schweigepflicht und ggf. sorgfältige Interessenabwägung durch den verbliebenen Geheimnisherrn, nämlich i.d.R. die staatliche Behörde, wenn Ausnahmen gemacht werden sollen.

3. Anwendung in der Praxis

18 Das Vormundschaftsgeheimnis umfasst neben der **Schweigepflicht** der vormundschaftlichen Organe deren **Schweigerecht** gegenüber Behörden und privaten Dritten (BK-SCHNYDER/MURER, N 119 und 144 m.Hw.). Es **verbietet** im Grundsatz bzw. **berechtigt zu verweigern**:

- die **Herausgabe von Akten,** die im Zusammenhang mit der Anordnung, Führung oder Aufhebung einer vormundschaftlichen Massnahme durch ein vormundschaftliches Organ angelegt oder gesammelt worden sind,

- die **Gewährung von Einsicht in** solche **Akten,**

- die **mündliche oder schriftliche Bekanntgabe von Sachverhalten,** von denen ein vormundschaftliches Organ im Zusammenhang mit der Anordnung, Führung oder Aufhebung einer vormundschaftlichen Massnahme Kenntnis erlangt hat;

darunter fallen auch die **Auskunftserteilung** und die **Zeugenaussage** sowie die **förmliche Anzeige** eines Sachverhaltes bei einer Strafverfolgungs- oder einer Verwaltungsbehörde und bei Zivil- und Strafgerichten (BK-SCHNYDER/MURER, N 1 58; BGE 80 I 1 ff.).

Das Vormundschaftsgeheimnis gilt grundsätzlich generell und absolut (ELSENER, 213).   **19**
Die Weitergabe von Informationen entgegen dieser Regel ist geboten, wenn einer der
folgenden **Rechtfertigungsgründe** vorliegt:

– Anwendung der vormundschaftsrechtlichen Publikations- und Mitteilungsregeln (z.B.
  Art. 375, 387, 397; Art. 132 ZStV);

– vormundschaftsrechtlich gebotene Antragstellung und Berichterstattung an die vormundschaftlichen Behörden im Rahmen der Führung der vormundschaftlichen Massnahme (Art. 421, 422, 404, 413, 425), Stellungnahmen im Beschwerdeverfahren
  (Art. 420);

– Notwendigkeit der Weitergabe von Informationen zur Wahrung der Interessen der betroffenen Person im Verfahren der Anordnung bzw. Aufhebung und im Rahmen der
  Führung einer vormundschaftlichen Massnahme (s. dazu z.B. d. Hw. in BGer II.Z. v.
  24.7.2000, E. 3 a.E., 5C.145/2000), soweit nicht höherwertige schutzwürdige Interessen von Drittpersonen einen Verzicht auf die Verwendung der Information gebieten;

– Gewährung von Akteneinsicht gestützt auf kant. Verfahrensrecht oder gestützt auf den
  Anspruch auf rechtliches Gehör nach Art. 4 BV an Dritte, die an einem Verfahren
  beteiligt sind, etwa als antrags- oder beschwerdeberechtigte Verwandte, soweit nicht
  höherwertige Interessen der von der Massnahme betroffenen Person oder anderer Dritter eine Einschränkung oder Verweigerung der Einsicht rechtfertigen (BK-SCHNYDER/
  MURER, N 162 ff. m.Hw.);

– Abwendung einer schweren Bedrohung für die Allgemeinheit oder für bestimmte
  Drittpersonen, insb. durch das Mittel der Anzeige bei der Polizei, der Strafanzeige
  (vgl. dazu BK-SCHNYDER/MURER, N 169; ELSENER, 269 ff.; SCHULTZ, ZVW 1988,
  124).

In den allermeisten Fällen ist die nach pflichtgemässem Ermessen vorzunehmende Gewichtung und Abwägung der beteiligten Interessen unproblematisch und führt zu klaren
Aussagen für oder gegen die Offenlegung von Informationen. Wenn die Person oder Behörde, an die eine Information weitergegeben werden soll, selber einem Berufs- oder
Amtsgeheimnis verpflichtet ist, ist dies bei der Interessenabwägung zu berücksichtigen;
diese kann aber auch in dieser Konstellation nicht unterbleiben.

In der Praxis dürften Verletzungen des Vormundschaftsgeheimnisses seltener aufgrund
falsch vorgenommener Interessenabwägungen vorkommen, häufiger aber, weil eine
Wahrnehmung und Gewichtung der Interessen überhaupt unterblieben ist, etwa weil ein
Umstand leichtfertig nicht der Geheimsphäre zugerechnet oder leichtfertig das stillschweigende Einverständnis der betroffenen Person (das als Rechtfertigungsgrund für
sich allein ohnehin nicht genügt, u. N 20) angenommen worden ist. Ein bewusster Umgang der vormundschaftlichen Organe mit dem Vormundschaftsgeheimnis dürfte bereits
bedeutend zu dessen Einhaltung beitragen.

Die **Einwilligung** des Geheimnisherrn, d.h. **der mit der vormundschaftlichen Mass-**   **20**
nahme bedachten Person, zur Weitergabe der Information rechtfertigt diese allein noch
nicht; es bedarf auch im Falle des Einverständnisses vorerst eines der oben (N 19) angeführten Rechtfertigungsgründe (bez. der Einwilligung durch urteilsfähige verbeiständete
Personen [richtigerweise] relativierend AppHof BE, 2.ZK, 14.4.2005 in ZVW 2005,
189 f.). Die urteilsfähige betroffene Person ist jedoch, soweit tunlich, um ihre Meinung
zu befragen (Art. 409), bevor über die Weitergabe einer Information entschieden wird.
Die geäusserte Meinung ist bei der Interessenabwägung einzubeziehen (s.a. HEGNAUER,
Einsicht des Ombudsmannes in Vormundschaftsakten, ZVW 2002, 188 ff.).

Die **Entbindung vom Amtsgeheimnis** gem. Art. 320 Ziff. 2 StGB enthebt das entbundene vormundschaftliche Organ vom Risiko, strafrechtlich belangt zu werden. Die vorgesetzte Instanz (die VormBehörde für den Amtsträger, die Aufsichtsbehörde für die VormBehörde) hat bei der Entscheidfindung die betroffenen privaten Interessen zu berücksichtigen (ELSENER, 83). Dies schliesst eine noch differenziertere Abwägung und Gewichtung der privaten schutzwürdigen Interessen durch das um Informationen angefragte vormundschaftliche Organ und eine daraus sich ergebende selektive Offenlegung (s.u. N 22) oder Zurückbehaltung der Information nicht aus.

21   Die **Informationsweitergabe** durch vormundschaftliche Organe, insb. die Amtsträgerinnen und Amtsträger (o. N 1 f.), **an die mit der vormundschaftlichen Massnahme bedachte Person,** beeinflusst wesentlich die Beziehung und das Vertrauensverhältnis zwischen Organ und betreuter Person. In der Regel wirkt Transparenz vertrauensbildend, so dass, vorbehältlich höherwertiger schutzwürdiger Interessen Dritter, Offenlegung der Informationen die Regel, die Zurückbehaltung, im Interesse der schutzbefohlenen Person selber, die Ausnahme bilden muss (so im Wesentlichen auch BK-SCHNYDER/MURER, N 173). Die von der vormundschaftlichen Massnahme betroffene Person hat grundsätzlich Anspruch auf Akteneinsicht, insb. im Verfahren auf Anordnung der Massnahme (s.u. Art. 373 N 15), im Beschwerde- und im Aufhebungsverfahren.

Das Recht zur Akteneinsicht der von der vormundschaftlichen Massnahme betroffenen Person überdauert die vormundschaftliche Massnahme unter bestimmten Voraussetzungen, d.h. wenn diese Person ein schutzwürdiges Interesse glaubhaft machen kann (BGE 112 Ia 100 E. 5b); es kann grundsätzlich auch verfahrensunabhängig und auch hinsichtlich archivierter Akten geltend gemacht werden (BGE 125 I 257). Das Interesse ist gegen allfällige schutzwürdige Interessen Dritter abzuwägen, desgleichen ist zu prüfen, ob im Interesse des Gesuchstellers selber, zu dessen Schonung, die Offenlegung von Akten zu verweigern ist.

22   Geheimhaltungsinteressen und Interessen an Offenlegung sind oftmals zu vereinbaren, indem differenziert beurteilt wird, welche einzelnen Informationen bzw. welche einzelnen Aktenstücke in wessen Interesse geheim zu halten bzw. offen zu legen sind. Die unbesehene Herausgabe aller vorhandener Akten zur Einsicht und Offenlegung aller vorhandener Informationen, wie auch umgekehrt die kategorische Verweigerung jeglicher Information, dürften in den meisten Fällen nicht die sachgerechten und verhältnismässigen Lösungen darstellen, mit denen den schutzwürdigen Geheimhaltungs- und Offenlegungsinteressen der Beteiligten am besten Genüge getan wird. Letzteres dürfte vielmehr in den meisten Fällen erreicht werden mit einer **selektiven Offenlegung,** ergänzt durch einen **Bericht,** in dem die Selektion begründet und, soweit dadurch keine schützenswerten Interessen verletzt werden, der wesentliche Inhalt der in ganzer Länge und mit allen Details verweigerten Information bekannt gegeben wird (zu Letzterem BK-SCHNYDER/MURER, N 127 m.Hw.).

23   Der verbreitet noch verwendete Begriff der **Handakten** (vgl. dazu BK-SCHNYDER/MURER, N 130 m.Hw., die zu Recht von einem vagen Begriff sprechen) impliziert angesichts der rein internen Funktion solcher Akten deren grundsätzliche Nichteignung für die Gewährung von Akteneinsicht oder -herausgabe. Ob das Prinzip standhält, ist allerdings im Einzelfall zu prüfen (vgl. dazu ELSENER, 218 m.Hw. auf BGE 115 V 303 f. und insb. auch m.Hw. auf die jüngste Lehre, welche auf eine Unterscheidung von internen und andern Akten verzichtet). Die Abwägung von sich widersprechenden Geheimhaltungs- und Offenlegungsinteressen ist jedenfalls auch mit Bezug auf sog. Handakten vorzunehmen; auch diese sind einer selektiven Offenlegung mit ergänzendem Bericht (o. N 22) zugänglich, wobei nichts gegen eine eher restriktive Praxis bei der Offenlegung

derjenigen Akten spricht, die eher internen Informationsbedürfnissen (etwa der Gedächt-
nisstütze oder der Information der Mitarbeiterinnen und Mitarbeiter einer Amtsvormundschaft untereinander über die Führung des einzelnen Falles) entsprechen.

Art. 361

**B. Vormund-
schaftliche
Behörden**

**I. Staatliche
Organe**

¹ **Vormundschaftliche Behörden sind: die Vormundschaftsbehörde und die Aufsichtsbehörde.**

² **Die Kantone bestimmen diese Behörden und ordnen, wo zwei
Instanzen der Aufsichtsbehörde vorgesehen sind, die Zuständigkeit dieser Instanzen.**

B. Autorités de
tutelle

I. Tutelle publique

¹ Les autorités de tutelle sont l'autorité tutélaire et l'autorité de surveillance.

² Elles sont désignées par les cantons, qui, si l'autorité de surveillance
comprend deux instances, règlent les compétences de chacune d'elles.

B. Autorità di tutela

I. Autorità cantonali

¹ Le autorità di tutela sono l'autorità tutoria e l'autorità di vigilanza.

² I Cantoni designano queste autorità e, quando siano istituite due istanze
per l'autorità di vigilanza, ne regolano le rispettive competenze.

Literatur

GEISER, Die Aufsicht im Vormundschaftswesen, ZVW 1993, 201 ff.; HEGNAUER, Struktur der vormundschaftlichen Aufsicht, ZVW 2003, 361 ff.; WUARIN, De l'organisation de l'autorité tutélaire
dans la nouvelle législation, en regard avec l'expérience judiciaire genevoise, ZVW 2003, 380 ff.;
vgl. die Literaturhinweise zu den Vorbem. zu Art. 360–456.

Die Kantone haben von Bundesrechts wegen die VormBehörde und bez. Instanzenzahl   **1**
mindestens eine, höchstens zwei Aufsichtsbehörden zu bestimmen. Dabei sind sie frei,
spezielle vormundschaftliche Behörden einzurichten oder bestehende Behörden mit bereits gegebenen andern Aufgaben zusätzlich mit den vormundschaftlichen Aufgaben zu
betrauen (Art. 54 Abs. 1 SchlT). Sodann steht es ihnen frei, Verwaltungs- oder richterliche Behörden zu bezeichnen (Art. 54 Abs. 2 SchlT; s. aber u. N 5). Es müssen aber
staatliche Organe (Randtitel), d.h. **Verwaltungsbehörden** oder **richterliche Behörden**
des öffentlich-rechtlichen Gemeinwesens (Kanton, Bezirk, Kreis, Gemeinde, evtl. Ge-
meindeverband) im Sinne **des kant. öffentlichen Rechtes** sein (BK-KAUFMANN, N 2 f.),
d.h. die Delegation der vormundschaftsbehördlichen Funktionen an Private ist ausgeschlossen (BK-SCHNYDER/MURER, N 19). Der Familienrat gem. Art. 362 Abs. 2 ist die
Ausnahme (s.u. Art. 362–366 N 5) und als ordentliche VormBehörde ausgeschlossen.

Der Aufgabenkatalog, d.h. die **sachliche Zuständigkeit** der einzelnen vormundschaft-   **2**
lichen Behörden wird weitgehend durch das Bundesrecht definiert. Die Kantone können
diesen Aufgabenkatalog nicht reduzieren (o. Art. 360 N 5) und auch die bundesrechtlich
vorgeschriebene Aufgabenausscheidung zwischen VormBehörde und Aufsichtsbehörde
nicht ändern. In Kantonen mit zwei Aufsichtsbehörden haben die Kantone die sachliche
Zuständigkeit der beiden Behörden und den Instanzenzug zu regeln.

Die **Aufgaben der VormBehörde im Einzelnen** werden im Gesetz ausdrücklich gere-   **3**
gelt und im Folgenden bei den entsprechenden Bestimmungen erläutert.

Teilweise gilt dies auch für die Aufgaben der **Aufsichtsbehörde(n)** (etwa Art. 375   **4**
Abs. 2, Art. 398, 404 usw.). Darüber hinaus weisen die kant. Einführungsgesetze und

kant. Verordnungen den Aufsichtsbehörden vielfach weitere Aufgaben zu; nicht selten bezeichnet das kant. Recht die Aufsichtsbehörde als zuständige Behörde i.S.v. Art. 373 Abs. 1 und Art. 433 Abs. 1 für die Anordnung und Aufhebung der Vormundschaft und damit ebenfalls für Anordnung und Aufhebung der Beiratschaft (Art. 397 Abs. 1 und Art. 439 Abs. 3). Eine **Aufsichtsfunktion** hat diese von Bundesrechtes wegen insb. auf **Beschwerde** hin (Art. 420, 450) wahrzunehmen. In diesem Bereich kommt ihr eine eigentliche richterliche Aufgabe zu (GEISER, ZVW 1993, 220), was bez. organisatorischer Ausgestaltung Konsequenzen hat (u. N 6).

Ausserdem besteht für die Aufsichtsbehörde von Bundesrechts wegen, wenn auch ohne ausdrückliche Gesetzesvorschrift, eine **allgemeine Aufsichtspflicht** über die Tätigkeit der VormBehörden und indirekt auch diejenige der Amtsträger (GEISER, ZVW 1993, 217; DESCHENAUX/STEINAUER, Personnes, N 839). Die Ausgestaltung der bundesrechtlich gebotenen Aufsicht kann durch das kant. Recht näher bestimmt werden. Die Aufsichtsbehörde nimmt die Aufsicht präventiv, etwa durch Erlass von Kreisschreiben, durch die Organisation von Schulungen für Behörden und Amtsträger, durch Beratungstätigkeit oder mittels Inspektionen wahr, oder repressiv durch Einschreiten von Amtes wegen, wenn sie von fehlerhaften Führungen der vormundschaftlichen Geschäfte Kenntnis erhält (BK-SCHNYDER/MURER, N 68). Diese allgemeine Aufsicht ausserhalb der Vormundschaftsbeschwerde stellt Verwaltungstätigkeit dar (GEISER, a.a.O.).

5   Die Kantone müssen gestützt auf Art. 361 **geeignete Behörden** bezeichnen (BK-SCHNYDER/MURER, N 23 ff.), d.h. insb. solche, die von ihren personellen Kapazitäten her insgesamt in der Lage sind, die bundesrechtlich definierten Aufgaben in qualitativer und quantitativer Hinsicht ausreichend zu erfüllen. Kantonalem Recht, das durch ungenügende Behördenorganisation die Verwirklichung des materiellen Vormundschaftsrechtes verunmöglicht, müsste die nach Art. 52 Abs. 3 SchlT im Bereich des Vormundschaftsrechtes stets erforderliche Genehmigung durch den Bund verweigert und es müsste von diesem eine Ersatzverordnung erlassen werden (Art. 53 Abs. 1 SchlT).

6   Um den Anforderungen von **Art. 6 Abs. 1 EMRK** (unabhängige richterliche Behörde, welche die rechtserheblichen Tatsachen selber erhebt) zu genügen, haben die Kantone die Zuständigkeit im Vormundschaftswesen so zu ordnen, dass wenigstens in einer Instanz ein Gericht mit umfassender Kognition die Rechts- und Tatfragen prüft (BGE 118 Ia 479 = ZVW 1993, 28 ff.).

7   Die **Behördenorganisation in den einzelnen Kantonen** zeigt ein sehr uneinheitliches Bild. Während in einer Mehrheit der Kantone, vorab in der deutschsprachigen Schweiz, die Vormundschafts- und oft auch die Aufsichtsbehörden als Verwaltungsbehörden ausgestaltet sind, ist in andern Kantonen, vorab in der französischsprachigen Schweiz, bereits die VormBehörde eine richterliche Behörde (DESCHENAUX/STEINAUER, Personnes, N 835a). Vereinzelt haben Kantone die Organisation ihrer vormundschaftlichen Behörden in Nachachtung der BGer Rechtssprechung den EMRK-Erfordernissen (o. N 6) angepasst, so etwa BE und ZH (KS JustizDir ZH vom 30.3.1993, ZVW 1993, 77 f.).

8   **De lege ferenda** schlägt GEISER (ZVW 1993, 223) die Organisation der unteren Aufsichtsbehörden für jeweils ein ganzes Kantonsgebiet als Verwaltungsbehörde vor (für die allgemeine Aufsicht, o. N 4) und die der oberen Aufsichtsbehörde als Gericht, welches nur auf Beschwerde hin tätig wird. HEGNAUER (ZVW 2003, 367) fordert eine Oberaufsicht des Bundes. Der VE ZGB 2003 überlässt die Bestimmung der Aufsichtsbehörden den Kantonen und bestimmt lediglich, dass über Beschwerden ein Gericht zu entscheiden hat (Art. 444 VE ZGB 2003 so nun auch in Art. 450 Entw. ZGB 2006).

Das Postulat der Etablierung aller vormundschaftlichen Behörden als unabhängige rich- **8a**
terliche Behörden (s.o. Art. 360 N 7) wurde bereits von der Expertengruppe in den 90er-
Jahren vorgebracht (SCHNYDER/STETTLER/HÄFELI, Expertenbericht, 62 und 146; Vorentwurf 1998, Art. 32 und Begleitbericht, 9). Die Nebenvariante des Vorentwurfs 1998,
nämlich die Organisation der Betreuungsbehörde als Fachbehörde auf kommunaler oder
regionaler Ebene, wurde im Vergleich als weniger adäquate Lösung bezeichnet, auch
wenn den Kantonen die Bildung von Betreuungskreisen vorgeschrieben würde, deren
Umfang eine sachgerechte Besorgung der Betreuungsaufgaben ermöglichte (Vorentwurf,
Art. 32 in der Nebenvariante, Abs. 2). Wohl aufgrund solcher Überlegungen sieht der VE
ZGB 2003 die Organisation der Erwachsenenschutzbehörde als interdisziplinär zusammengesetztes Fachgericht vor (Art. 443 VE ZGB 2003). Angesichts der breiten Ablehnung dieses Vorschlags im Vernehmlassungsverfahren und des Einwands, die unbestrittene
Professionalisierung im Vormundschaftswesen könne auch mit einer Fachbehörde gewährleistet werden, will der Bundesrat den Kantonen jedoch eine grössere Organisationsfreiheit belassen und hat er entschieden, dass die Erwachsenenschutzbehörde nicht
zwingend ein Gericht sein wird (Medienmitteilung EJPD, 27.10.2004; so nun [Fachbe-
hörde] in Art. 440 Entw. ZGB 2006).

Art. 362

II. Familien-
vormundschaft

1. Zulässigkeit
und Bedeutung

**[1] Eine Familienvormundschaft kann ausnahmsweise für die
Fälle gestattet werden, wo die Interessen des Bevormundeten
wegen Fortführung eines Gewerbes, einer Gesellschaft u. dgl. es
rechtfertigen.**

**[2] Sie besteht darin, dass die Befugnisse und Pflichten und die
Verantwortlichkeit der Vormundschaftsbehörde auf einen Familienrat übertragen werden.**

II. Tutelle privée

1. Admissibilité et
conditions

[1] La tutelle peut être remise exceptionnellement à la famille lorsque l'intérêt
du pupille justifie cette mesure, notamment pour la continuation d'une
industrie ou d'une société.

[2] Les droits, les devoirs et la responsabilité de l'autorité tutélaire passent
alors à un conseil de famille.

II. Tutela di famiglia

1. Ammissibilità e
condizioni

[1] Eccezionalmente può essere costituita una tutela di famiglia, quando ciò
sia richiesto dagli interessi del tutelato per la continuazione di un'industria,
di una società o d'altro simile negozio.

[2] Le facoltà, i doveri e le responsabilità dell'autorità tutoria sono in tal caso
trasferiti ad un consiglio di famiglia.

Art. 363

2. Anordnung

**Die Familienvormundschaft wird auf Antrag von zwei nahen
handlungsfähigen Verwandten oder auf Antrag eines nahen
Verwandten und des Ehegatten des Bevormundeten durch Beschluss der Aufsichtsbehörde angeordnet.**

2. Organisation

L'autorité de surveillance peut permettre la tutelle privée, à la demande de
deux proches parents ou alliés majeurs, ou de l'un d'eux et du conjoint du
pupille.

2. Ordinamento

La tutela di famiglia è costituita per decreto dell'autorità di vigilanza ad istanza di due prossimi parenti capaci o di un prossimo parente e del coniuge del tutelato.

Art. 364

3. Familienrat

¹ Der Familienrat wird von der Aufsichtsbehörde aus wenigstens drei zur Besorgung einer Vormundschaft geeigneten Verwandten des Bevormundeten auf je vier Jahre zusammengesetzt.

² Der Ehegatte des Bevormundeten kann dem Familienrat angehören.

3. Conseil de famille

¹ Le conseil de famille se compose d'au moins trois parents ou alliés du pupille éligibles comme tuteurs; il est constitué pour quatre ans, par l'autorité de surveillance.

² Le conjoint peut faire partie du conseil de famille.

3. Consiglio di famiglia

¹ Il consiglio di famiglia è nominato ogni quattro anni dalla autorità di vigilanza ed è composto di almeno tre parenti del tutelato, eleggibili come tutori.

² Il coniuge del tutelato può far parte del consiglio di famiglia.

Art. 365

4. Sicherheitsleistung

¹ Die Mitglieder des Familienrates haben für die richtige Erfüllung ihrer Pflichten Sicherheit zu leisten.

² Ohne diese Sicherstellung darf eine Familienvormundschaft nicht angeordnet werden.

4. Sûretés

¹ Les membres du conseil de famille fournissent des sûretés pour garantir la fidèle exécution de leur mandat.

² La tutelle privée n'est autorisée qu'à cette condition.

4. Garanzie

¹ I membri del consiglio di famiglia devono prestare garanzia per l'esatto adempimento dei loro doveri.

² Senza questa garanzia, il consiglio di famiglia non può essere costituito.

Art. 366

5. Aufhebung

Die Aufsichtsbehörde kann die Familienvormundschaft jederzeit aufheben, wenn der Familienrat seine Pflicht nicht erfüllt oder wenn die Interessen des Bevormundeten es erfordern.

5. Révocation

La tutelle privée peut être révoquée en tout temps par l'autorité de surveillance, si le conseil de famille ne remplit pas ses devoirs ou si l'intérêt du pupille l'exige.

| 5. Rimozione | L'autorità di vigilanza può in ogni tempo far cessare la tutela di famiglia, se il consiglio di famiglia non adempie ai suoi doveri o se gli interessi del tutelato lo esigono. |

Literatur

DE FILIPPIS, La tutela di famiglia nel Codice civile Svizzero, Bellinzona 1931; LEGRAS, Grundriss der Schweizerischen Rechtsgeschichte, Zürich 1935; vgl. die Literaturhinweise zu den Vorbem. zu Art. 360–456.

I. Die Bedeutungslosigkeit der Familienvormundschaft in der Praxis

Die **Familienvormundschaft** und damit die Ersetzung der VormBehörde durch einen **1** Familienrat war schon zu Zeiten des Inkrafttretens des Zivilgesetzbuches **selten** in der Anwendung (HUBER, Erl. I, 290) und hat auch in der Folge *nie praktische Bedeutung* erlangt (SPITZER, ZVW 1977, 141, waren zwei Fälle bekannt, einer aus dem Jahre 1920, einer aus dem Jahre 1924; laut BK-SCHNYDER/MURER, N 34, ist [1984] seit Jahren kein einziger Anwendungsfall mehr bekannt geworden; die einschlägige Zeitschrift ZVW hat seit ihrem Bestehen [1946] in ZVW 2, 18 ff. einen einzigen Entscheid [aus dem Jahr 1943] im Zusammenhang mit einer Familienvormundschaft publiziert); weder in den deutschsprachigen noch in den französisch- und italienischsprachigen Landesteilen hat das Institut der Familienvormundschaft praktische Bedeutung erlangt (RIEMER, Vormundschaftsrecht, § 3 N 21; STETTLER, Droit Civil I, Rz 406).

Dies bedeutet nicht, dass der Familie bei der Anwendung des Vormundschaftsrechtes **2** keine bedeutende Rolle zukommt. **Andere familieninterne Hilfestellungen** vermögen oftmals die Notwendigkeit vormundschaftlicher Massnahmen zu beseitigen (s.o. Vorbem. zu Art. 360 ff. N 8). Sodann bekleiden zahlreiche Personen für schutzbedürftige Familienangehörige ein vormundschaftliches Amt (s.u. Art. 380).

II. Geschichtliches

Die **historischen Wurzeln** des Institutes des Familienrates liegen im alten germanischen **3** Recht (BK-KAUFMANN, Art. 362 N 2). Mit der Schirmgewalt **(Munt)** des germanischen Sippenverbandes über Waisen und Gebrechliche war vielerorts die Beaufsichtigung des angeborenen (nächstverwandten) oder von der Sippe gewählten Vormundes durch einen Familienrat verbunden (LEGRAS, 153). Vom ausgehenden Mittelalter an setzte sich, vorerst in den Städten, die obrigkeitliche und gerichtliche Errichtung der Vormundschaft und Ernennung des Vormundes durch (BADER, FS VSAV, 17; LEGRAS, 155); die Ernennung durch den Familienrat blieb daneben in vielen Orten (kant. Rechten) und dann auch im ZGB neben der «staatlichen Vormundschaft» erhalten (LEGRAS, 155). Konkret hat der ZGB-Gesetzgeber das bis dahin etwa in den Kantonen BE und ZH geltende System übernommen, wonach die Familienvormundschaft nur ausnahmsweise zum Zuge kam (HUBER, Erl. I, 282 f., 290); nicht als Lösung in Betracht gezogen wurde das etwa von den Kantonen GE und VS nachgeahmte System des CC fr. mit obligatorischem Familienrat, d.h. der Familienvormundschaft als ordentlicher Lösung, da deren Durchführung offenbar schon damals mit Schwierigkeiten verbunden war (dazu: HUBER, a.a.O.; zur Entwicklung in Frankreich s.o. Vorbem. zu Art. 360 ff. N 18).

III. Die Anordnung und Führung der Familienvormundschaft

Entgegen der Vermutung, die ein Vergleich des Wortlautes der beiden Randtitel von **4** Art. 361 und 362 aufkommen lassen könnte, ist die **Familienvormundschaft** (tutelle privée) nicht eine vormundschaftliche Massnahme, welche ohne Zutun eines staatlichen Organs zustande kommt und geführt wird. Von den vormundschaftlichen Behörden gem. Art. 361 Abs. 1 wird lediglich die staatliche VormBehörde durch einen «privaten» **Familienrat** ersetzt, währenddem der staatlichen Aufsichtsbehörde bei der Familienvormundschaft sogar gewichtigere Funktionen zukommen als bei der Vormundschaft mit staatlicher VormBehörde (s.u. N 12).

Angesichts der Inexistenz der Familienvormundschaft in der Praxis erfolgt nachstehend nur ein kurzer **Überblick** über die **wichtigsten** für die Familienvormundschaft geltenden **Regelungen.** Dieser Überblick macht teilweise zugleich verständlich, weshalb das Institut in der Praxis nicht angewendet wird:

5 – Die Familienvormundschaft und damit die Übertragung der Befugnisse, Pflichten und Verantwortlichkeit der VormBehörde auf einen Familienrat (Art. 362 Abs. 2) ist nur **ausnahmsweise** zu gestatten, wo die Interessen des Bevormundeten es rechtfertigen (Art. 362 Abs. 1). Im Gesetz werden beispielhaft die Fälle angeführt, in denen die Fortführung eines Gewerbes oder einer Gesellschaft, die Einrichtung einer Familienvormundschaft indizieren. Zu denken ist an die Situationen, in denen der VormBehörde die nötigen Fachkenntnisse zur Beurteilung und Beaufsichtigung eines Geschäftes des Mündels fehlen, oder an Situationen, in denen Konkurrenten der VormBehörde angehören und verhindert werden soll, dass diese Einblick in Geschäftsgeheimnisse erhalten (so BK-Kaufmann, Art. 362 N 12; Deschenaux/Steinauer, Personnes, N 853a). Diese möglichen Rechtfertigungsgründe für eine Familienvormundschaft werden relativiert durch die Überlegung, dass im Falle der erforderlichen Fachkenntnisse diese in erster Linie beim Vormund vorhanden sein sollten, und durch die Möglichkeit der Behörde, für die Beurteilung und Beaufsichtigung der Tätigkeit des Vormundes fachkundige Personen als Berater beizuziehen. Im Falle der Konkurrentensituation kann das allfällige Problem durch Beachtung von Ausstandsregeln entschärft werden. Einzig die entsprechende *Interessenlage der unmündigen bzw. entmündigten Person* vermag die Familienvormundschaft zu rechtfertigen; nicht ausreichend sind allfällige Interessen der Verwandten und Verschwägerten an einer Ausschaltung der staatlichen VormBehörde.

6 – Die Ersetzung der VormBehörde durch den **Familienrat** kommt nicht nur bei der Führung von Vormundschaften in Frage, sondern gestützt auf Art. 367 Abs. 3 und Art. 397 Abs. 1 auch **bei Beiratschaften und Beistandschaften,** weil der Beirat und der Beistand zu der VormBehörde in einem ähnlichen Verhältnis stehen wie der Vormund (BK-Kaufmann, Art. 362 N 11).

7 – Zu verneinen ist die sachliche Kompetenz des Familienrates für den Entscheid über die Anordnung bzw. Aufhebung der vormundschaftlichen Massnahme. Auch wo das Bundesrecht diese Kompetenz der VormBehörde (Errichtung und Aufhebung der Beistandschaften nach Art. 392 und 393) und wo das kant. Recht die Entmündigungsbzw. Verbeiratungskompetenz der VormBehörde zuweisen, schliesst die Übertragung ihrer Befugnisse an den Familienrat i.S.v. Art. 362 Abs. 2 den Übergang der **Entscheidungskompetenz über den Bestand der Massnahme** nicht mit ein; diese Befugnis muss den **staatlichen Behörden** vorbehalten bleiben (gl.M. wohl ZK-Egger, Art. 362 N 3 und 7). Ist über die Entmündigung, Verbeiratung oder Verbeiständung einer schutzbedürftigen Person im Zeitpunkt des Antrages auf Errichtung einer Familienvormundschaft (bzw. «Familienbeiratschaft» oder «Familienbeistandschaft») noch nicht entschieden, so hat die angegangene Behörde für einen sachgerechten Entscheid zu sorgen. Es gilt die Offizialmaxime. Die angegangene Aufsichtsbehörde hat deshalb in jedem Fall zu entscheiden, ob sie den zusammen mit dem Antrag auf Errichtung der

Familienvormundschaft ausdrücklich oder sinngemäss gestellten Antrag auf Entmündigung oder Verbeiratung der schutzbedürftigen Person der nach kant. Recht zuständigen Behörde vorab unterbreiten oder das Verfahren, sei es als instruierende Behörde, sei es als für den Entscheid zuständige Behörde, selber vorantreiben muss. Wäre nach kant. Recht oder nach Bundesrecht (weil eine Verbeiständung in Betracht zu ziehen ist) die VormBehörde zuständig, so hat die Aufsichtsbehörde (allenfalls unter Beachtung kant. Verfahrensvorschriften) entweder über die Anordnung der vormundschaftlichen Massnahme selber zu entscheiden (wenn sie gleichzeitig die Voraussetzungen für die Ersetzung der VormBehörde durch den Familienrat für gegeben hält) oder (wenn sie letztere Voraussetzung nicht als erfüllt betrachtet und die Frage der Massnahmebedürftigkeit nicht von sich aus verneinen will) die Sache der zuständigen VormBehörde zur Prüfung zu überweisen.

– Die Familienvormundschaft kann nicht auf Antrag einer vormundschaftlichen Behörde, einer andern staatlichen Stelle, beliebiger Dritter und auch nicht von Amtes wegen angeordnet werden. Es muss ein (übereinstimmender) förmlicher **Antrag zweier naher Verwandter** oder eines nahen Verwandten und des Ehegatten vorliegen (Art. 363).   **8**

– Gemäss der Bestimmung über die **Zusammensetzung des Familienrates** (Art. 364 Abs. 1) müssen wenigstens drei Verwandte der schutzbedürftigen Person zur Besorgung der vormundschaftlichen Aufgaben geeignet und bereit sein, damit der Familienrat durch die Aufsichtsbehörde ordnungsgemäss bestellt werden kann. Ein Amtszwang, analog demjenigen für das Amt des Vormundes (Art. 382), besteht für die Mitglieder des Familienrates nicht. Der Vormund darf dem Familienrat nicht angehören (u. N 11; BK-Kaufmann, Art. 364 N 15).   **9**

– Eine Familienvormundschaft darf nur angeordnet werden, wenn die Mitglieder des Familienrates für die richtige Erfüllung ihrer Pflichten Sicherheit leisten (Art. 365). Gemeint ist eine **finanzielle Sicherheitsleistung** (Real- oder Personalkaution, Bürgschaft, Hinterlage des verwalteten Vermögens der bevormundeten Person etc.), deren Art, Höhe und tatsächliche Erbringung die anordnende Aufsichtsbehörde vor der Einrichtung der Familienvormundschaft zu bestimmen und zu prüfen hat (BK-Kaufmann, Art. 365 N 3 f.).   **10**

– Die **Amtsdauer des Familienrates** beträgt vier Jahre (Art. 364 Abs. 1). Spätestens nach Ablauf dieser Dauer wird sich die Aufsichtsbehörde durch geeignete Vorkehrungen (Einverlangen von Berichten und Abrechnungen des Vormundes, des Familienrates und dgl.) eine Grundlage verschaffen müssen für die Entscheidungen, ob die Fortführung der Massnahme für die schutzbedürftige Person noch indiziert ist, ob die Voraussetzungen für die Fortführung der Massnahme in der Form einer Familienvormundschaft nach wie vor erfüllt sind und ob der Familienrat in seiner bisherigen Zusammensetzung für eine weitere Amtsdauer bestellt oder zu ergänzen bzw. auszuwechseln ist (s. auch u. N 13).   **11**

– **Hauptaufgaben des Familienrates** sind die gleichen wie diejenigen der VormBehörde, d.h. insb. *Ernennung des Vormundes, Beaufsichtigung dessen Amtsführung* sowie *Mitwirkung bei der Führung* der Vormundschaft bzw. Beistandschaft gem. Art. 398 ff., 420 ff. und 419 Abs. 2. Der Vormund soll deshalb dem Familienrat nicht angehören. Der Vormund braucht auch bei der Familienvormundschaft kein Verwandter der schutzbedürftigen Person zu sein (BK-Kaufmann, Art. 364 N 15; BK-Schnyder/Murer, N 10), er könnte auch ein Amtsvormund (Art. 379) sein. Der Familienrat kann allerdings niemanden in das Amt eines Vormundes zwingen (Art. 382 Abs. 2).   **12**

13 – Weil bei der Familienvormundschaft die staatliche VormBehörde als erste Instanz der «Obervormundschaft» (zu diesem Begriff HUBER, Erl. I, 282; BK-SCHNYDER/MURER, Art. 361 N 3, Art. 362–366 N 3 und 25) fehlt, kommt der **Aufsichtsbehörde** eine bedeutendere und weiter gehende **Funktion** zu als bei der «staatlichen Vormundschaft». In Kantonen mit einer untern und einer obern Aufsichtsbehörde ist die Aufgabenteilung zwischen den beiden Behörden auch bei der Familienvormundschaft durch das kant. Recht festzulegen (Art. 361 Abs. 2). Mangels ausdrücklicher Regelung ist Zuständigkeit der untern Aufsichtsbehörde anzunehmen. Die im Kanton ZH bis ins Jahr 1993 geltende Zuständigkeit der obern Aufsichtsbehörde für die Anordnung und Aufhebung der Familienvormundschaft (§§ 76 und 80 EGZGB ZH in der bis 31.3.1993 geltenden Fassung) bildete eine Ausnahme von der sonst regelmässig und neuerdings auch im Kanton ZH gegebenen Zuständigkeit der untern Aufsichtsbehörde.

14 – Die zuständige Aufsichtsbehörde kann jederzeit die Aufhebung der Familienvormundschaft beschliessen, wenn der Familienrat seine Pflicht nicht erfüllt oder die Interessen des Bevormundeten es erfordern (Art. 366). Diese Bestimmung macht vorerst deutlich, dass die Aufsichtsbehörde im Falle der Familienvormundschaft eine klar intensivere Beaufsichtigung des Einzelfalles vornehmen muss als dies (wenn überhaupt) normalerweise bei der «staatlichen» Vormundschaft notwendig ist. Die Kantone sind befugt, die Einzelheiten der **aufsichtsbehördlichen Kontrolle** auf dem Verordnungsweg zu regeln (DESCHENAUX/STEINAUER, Personnes, N 853 f.).

IV. Die Beendigung der Familienvormundschaft

15 Auch wenn keine Pflichtversäumnisse des Familienrates festzustellen sind, kann dieser jederzeit, d.h. auch vor Ablauf seiner vierjährigen Amtsdauer, seiner Funktionen enthoben werden. **Voraussetzung für die Aufhebung** der Familienvormundschaft ist allein ein entsprechendes **Interesse der bevormundeten Person** (Art. 366). Der Funktionsenthebung des Familienrates gleichzusetzen ist das Absehen der Aufsichtsbehörde von der Ergänzung bzw. Neubestellung eines wegen Ausfalls einzelner Mitglieder funktionsunfähig gewordenen Familienrates.

16 Die Frage der Aufhebung der Familienvormundschaft kann sich unabhängig von oder gleichzeitig mit der Frage der weitern Massnahmebedürftigkeit der bevormundeten (ggf. verbeirateten oder verbeiständeten) Person stellen. Für den Entscheid der letzteren Frage ist u.U. eine andere Behörde als die für Aufhebung der Familienvormundschaft zuständige Aufsichtsbehörde zuständig (s.o. N 6). Je nach Situation endigt die Familienvormundschaft wegen Beendigung der vormundschaftlichen Massnahme als solcher (gem. Art. 431 ff.) oder wegen **Überleitung** derselben in den Mitwirkungs- und Kontrollbereich der örtlich zuständigen staatlichen **VormBehörde**. Der vom Familienrat ernannte Vormund bleibt letzterenfalls im Amt, sofern sein Amt nicht aus einem in Art. 441–443 und 445 genannten Grund endet bzw. durch die neu zuständige VormBehörde beendet wird (so auch BK-KAUFMANN, Art. 366 N 10).

V. De lege ferenda

17 Obschon auch EUGEN HUBER die behördliche Vormundschaft als Norm verlangte und die Familienvormundschaft nur in Ausnahmefällen als Lösung sah (HUBER, Erl. I, 283), rechnete er doch mit häufigerer Verwendung des Instituts, wenn man dessen Bedeutung einmal erkannt haben würde (HUBER, Erl. I, 290). Diese Prognose hat sich nicht erfüllt (s.o. N 1). Das Institut der Familienvormundschaft in der heute geltenden Form kann in einem künftigen Recht weggelassen werden (so auch BK-SCHNYDER/MURER, N 34).

Auch in einem neuen Vormundschaftsrecht wird der Familie aber eine Bedeutung zukommen; sei es, indem dank intakter familieninterner Beziehungen und Hilfsbereitschaft auf vormundschaftliche Massnahmen verzichtet werden kann, sei es, indem einzelne Familienangehörige in der praktischen vormundschaftlichen Betreuung eingesetzt werden (vgl. SCHNYDER/STETTLER/HÄFELI, Expertenbericht, 45). Die Familie als Instrument der «Obervormundschaft» (vgl. o. N 13) soll jedoch im neuen Recht keinen Platz mehr haben. Im VE ZGB 2003 und im Entw. ZGB 2006 fehlt denn auch ein entsprechendes Institut; die als Revisionsziel formulierte Stärkung der Solidarität in der Familie und Entlastung des Staates wird mit anderen Mitteln anvisiert (o. vor Art. 360–456 N 15).

Art. 367

C. Vormund und Beistand	**¹ Der Vormund hat die gesamten persönlichen und vermögensrechtlichen Interessen des unmündigen oder entmündigten Bevormundeten zu wahren und ist dessen Vertreter.**
	² Der Beistand ist für einzelne Geschäfte eingesetzt oder mit Vermögensverwaltung betraut.
	³ Für den Beistand gelten, soweit keine besonderen Vorschriften aufgestellt sind, die Bestimmungen dieses Gesetzes über den Vormund.
C. Tuteur et curateur	¹ Le tuteur prend soin de la personne et administre les biens du pupille mineur ou interdit; il le représente dans les actes civils.
	² Le curateur est institué en vue d'affaires déterminées ou pour une gestion de biens.
	³ Les règles concernant le tuteur s'appliquent au curateur, sous réserve des dispositions particulières de la loi.
C. Tutore e curatore	¹ Il tutore deve prendersi cura di tutti gli interessi personali e patrimoniali del minorenne o dell'interdetto ed è il suo rappresentante.
	² Il curatore è designato per determinati affari o per amministrare una sostanza.
	³ Le disposizioni di questo codice circa il tutore valgono anche per il curatore, ove non siano stabilite speciali disposizioni.

Literatur

GEISER/LANGENEGGER/MINGER/MOSIMANN/NICOD, Mustersammlung Erwachsenenvormundschaftsrecht, Basel 1996; vgl. die Literaturhinweise zu den Vorbem. zu Art. 360–456.

Art. 367 umschreibt in allgemeiner, programmatischer Weise die **Aufgaben der** bereits 　　**1** in Art. 360 erwähnten **Träger vormundschaftlicher Ämter,** wobei die Umschreibung der Aufgaben des Mitwirkungsbeirates fehlt. Die Mitwirkung des Beirates ist weder Vertretung noch Vermögensverwaltung und kann als Ganzes auch nicht unter das «einzelne Geschäft» (i.S.v. Abs. 2) subsumiert werden (gl.M. für die Funktionen des Beirates insgesamt: BK-KAUFMANN, N 13, für den Mitwirkungsbeirat und mithin auch für die kombinierte Beiratschaft: BK-SCHNYDER/MURER, N 23). Um Vollständigkeit der generellen Aufgabenumschreibung der Amtsträger zu erreichen, hätte der Gesetzgeber in Abs. 2 den Aufgabenkreis des Beistandes (i.w.S. o. Art. 360 N 1) um die Mitwirkung bei bestimmten Geschäften (Art. 395 Abs. 1) ergänzen müssen, als er die Beiratschaft ins Gesetz aufnahm.

2   Der **Aufgabenkreis des Vormundes** (Abs. 1) wird in die beiden Bereiche der Wahrung der persönlichen Interessen und der Wahrung der vermögensrechtlichen Interessen aufgeteilt. Sodann nennt die Gesetzesbestimmung die Vertretungsfunktion des Vormundes. Diese Aufgaben und Funktionen stimmen mit den im elften Titel des Gesetzes (Führung der Vormundschaft) aufgeführten überein: Fürsorge für die Person, Art. 405 ff.; Vermögensverwaltung, Art. 413 f.; Vertretung, Art. 407 ff. (vgl. Komm. zu diesen Bestimmungen bez. der konkreten Inhalte der drei Aufgabenkategorien).

Bereits die generelle Umschreibung in Art. 367 Abs. 1 lässt erkennen, dass der Gesetzgeber dem Vormund die **Pflicht zur umfassenden Betreuung und Wahrung der Interessen** der schutzbefohlenen Person auferlegt und dass die Wahrung der Mündelinteressen, des Mündelwohls, primärer Zweck des Vormundschaftsrechtes ist (zum Wohl des Mündels als Maxime der Vormundschaft: HEGNAUER, ZVW 1984, 81 ff.; dazu SCHNYDER, ZVW 2001, 10 f.).

3   Die umfassenden Betreuungs- und Vertretungsaufgaben des Vormundes korrelieren mit dem Umstand, dass er in jedem Fall für eine unmündige oder entmündigte Person tätig ist, die potentiell infolge konkreter Schwächezustände und fehlender Handlungsfähigkeit der umfassenden persönlichen Fürsorge und Vertretung bedarf. Im konkreten Einzelfall hat der Vormund dennoch seine Betreuungs- und Vertretungstätigkeit unter Beachtung des Verhältnismässigkeitsprinzipes an den konkreten Schwächen, aber auch noch vorhandenen Fähigkeiten, der schutzbefohlenen Person auszurichten (o. Vorbem. zu Art. 360–456 N 7; u. Art. 410 N 20). Keine Vertretungsmacht steht dem Vormund im Bereich der sog. absolut höchstpersönlichen Rechte zu, was bei Urteilsunfähigkeit der betreuten Person eine Beschränkung ihrer Rechtsfähigkeit zur Folge hat. Hingegen ist der Vormund (oder der entsprechend mandatierte Beistand) der urteilsunfähigen Person im Bereich der sog. relativ höchstpersönlichen Rechte zur Vertretung berufen. Dabei ist die Abgrenzung zwischen den absolut und den relativ höchstpersönlichen Rechten ergebnisorientiert an den Schutzbedürfnissen der betroffenen Person auszurichten, was im Grenzbereich i.d.R. für die Option des relativ höchstpersönlichen Rechtes spricht (zum Ganzen m.Hw.: RIEMER, ZVW 1998, 216 ff.).

4   Abs. 2 handelt vom Beistand und nimmt **programmatisch Bezug** auf zwei typische Arten von **Beistandschaften,** die das Vormundschaftsrecht i.e.S. (o. Vorbem. zu Art. 360–456 N 1) vorsieht (Vertretung, Art. 392 und Art. 418; Vermögensverwaltung, Art. 393 und Art. 419). Demgegenüber fehlt eine deutliche Bezugnahme auf die ebenfalls bedeutsamen Einrichtungen der Beistandschaft auf eigenes Begehren (Art. 394) und der Beiratschaft (Art. 395) als Beistandschaft i.w.S. (s.a. o. N 1) sowie auf die ausserhalb der Vormundschaftsrechts i.e.S. vorgesehenen Beistandschaften. Die Bestimmung von Abs. 2 mag wegen des Gesagten einen hemmenden Einfluss auf die Entwicklung der Beistandschaften in der Praxis bewirkt haben (etwa auf die Entwicklung der kombinierten Beistandschaft nach Art. 392 und 393 und auf die Anerkennung der persönlichen Fürsorge als Aufgabe des Beistandes; vgl. dazu Art. 392 N 11 und 13). Für die Anwendung des Vormundschaftsrechtes in der heutigen Praxis ist die Bestimmung ohne Bedeutung.

5   Abs. 3 erklärt als **Verweisungsnorm** die Bestimmungen des ZGB über den Vormund als anwendbar auf den Beistand, soweit für diesen keine besondern Vorschriften aufgestellt sind. Nachdem in Abs. 1 und Abs. 2 entsprechend der systematischen Stellung von Art. 367 im Gesetzesabschnitt über die *vormundschaftlichen Organe* von den Aufgaben von Vormund und Beistand bei der Verwirklichung des materiellen Vormundschaftsrech-

tes, d.h. von der Führung der Vormundschaft bzw. Beistandschaft, die Rede ist, lässt sich ohne Zwang auch die Geltung der Verweisungsnorm von Abs. 3 auf die Führung der Massnahme (11. Titel des Gesetzes *«Führung der Vormundschaft»*, mit den Abschnitten *«Amt des Vormundes»*, *«Amt des Beistandes»* (= besondere Vorschriften i.S. von Abs. 3), *«Mitwirkung der vormundschaftlichen Behörden»* und *«Verantwortlichkeit der vormund-schaftlichen Organe»*) und auf die Aufgaben des Vormundes im Zusammenhang mit der Beendigung seines Amtes und auf die Folgen derselben (Mitwirkung der Behörden, Ent-lassung des Vormundes und Verantwortlichkeit/2. und 3. Abschnitt der 12. Titels des Ge-setzes) beschränken. Somit **daneben** kommt den Verweisungsnormen von **Art. 397 Abs. 1** *(Verfahren der Verbeiständung und der eng damit zusammenhängenden Bestel-lung des Beistandes)* und von **Art. 439 Abs. 3** *(als Ergänzung für die Beiratschaft neben den besonderen Vorschriften für die Beistandschaft i.e.S. [Art. 439 Abs. 1 und 2] für das Ende bzw. die Aufhebung der Beistandschaft)* eine **selbständige Bedeutung** zu. Die Auf-fassung, wonach Abs. 3 als Verweisungsnorm alle möglichen Aspekte von Vormund und Vormundschaft erfasst (so BK-SCHNYDER/MURER, N 28 m.Hw. auf BK-KAUFMANN, Art. 397 N 11), ist ebenfalls vertretbar.

Die Verweisung von Abs. 3 erfasst auch die **Beiratschaft** (Beistandschaft i.w.S.) sowie   **6** die **Beistandschaften,** die **ausserhalb des Vormundschaftsrechtes i.e.S.** (o. Vorbem. zu Art. 360–456, N 1) vorgesehen sind (BK-SCHNYDER/MURER, N 29 m.Hw.; vgl. auch Art. 314/314a N 4, für die Beistandschaften nach Art. 308 f.; Art. 324/325 N 9 für die Beistandschaft nach Art. 325).

Nicht anwendbar auf die Amtsführung des Beistandes (i.e.S.) sind Bestimmungen über   **7** die Führung der Vormundschaft, wenn besondere Vorschriften über die Beistandschaft entgegenstehen. **Nicht in Betracht fällt** im Falle der Beistandschaft i.e.S. (ohne Beirat-schaft) sodann **die Anwendung,** wenn es sich um Bestimmungen handelt, welche die beschränkte Handlungsfähigkeit der urteilsfähigen bevormundeten (entmündigten oder unmündigen) Person regeln **(Art. 410–412),** weil es solche verbeiständete Personen nicht gibt. **Im Übrigen** sind die Bestimmungen über die Führung der Vormundschaft auf die Führung der Beistandschaft (i.w.S., inkl. Beiratschaft) **analog, d.h. sinngemäss** (BK-SCHNYDER/MURER, N 30 f.) anwendbar, wobei für die verschiedenen Arten der Beistand-schaft, ja selbst im Einzelfall zu prüfen ist, wie weit die Unterstellung unter das Recht des Vormundes mit Bezug auf den Auftrag des Beistandes einen Sinn ergibt (GEISER et al., III.2.a; ZK-EGGER, Art. 417 N 9). In der Praxis ist bez. der anzuwendenden Regeln bei der Führung einer Massnahme oft weniger die Art der Massnahme (Vormundschaft oder bestimmte Art Beistandschaft) massgebend, sondern die Frage der Urteilsfähigkeit der schutzbefohlenen Person.

Zweiter Abschnitt: Die Bevormundungsfälle

Art. 368

A. Unmündigkeit   [1] **Unter Vormundschaft gehört jede unmündige Person, die sich nicht unter der elterlichen Sorge befindet.**

[2] **Die Zivilstandsbeamten, Verwaltungsbehörden und Gerichte haben der zuständigen Behörde Anzeige zu machen, sobald sie in ihrer Amtstätigkeit von dem Eintritt eines solchen Bevor-mundungsfalles Kenntnis erhalten.**

A. Minorité   [1] Tout mineur qui n'est pas sous autorité parentale sera pourvu d'un tuteur.

[2] Les officiers de l'état civil et les autorités administratives et judiciaires sont tenus de signaler sans délai à l'autorité compétente tout cas de tutelle qui parvient à leur connaissance dans l'exercice de leurs fonctions.

A. Minor età   [1] È sottoposto a tutela ogni minorenne che non si trovi sotto la potestà parentale.

[2] Gli ufficiali di stato civile e le autorità giudiziarie ed amministrative che nell'esercizio delle loro funzioni vengono a conoscenza di un caso di tutela di questo genere, devono tosto notificarlo alle autorità competenti.

I. Allgemeines und Normzweck

1   Die Bestimmung von Art. 368 Abs. 1 knüpft an den **Tatbestand des Fehlens der elterlichen Sorge für eine unmündige Person** die **Rechtsfolge der Bevormundung** dieser Person (der bis dahin geltende Begriff der elterlichen Gewalt wurde im Zuge der Revision des Scheidungsrechts, BG 1998 i.K. seit 1.1.2000, durch den Begriff der elterlichen Sorge ersetzt; in der 1. Aufl. wurde in N 2 ff. der Begriff der elterlichen Verantwortung anstelle desjenigen der elterlichen Gewalt verwendet, der dem gewandelten Verständnis dieses Rechtsinstituts seit längerem nicht mehr entsprochen hatte; so i.d. 1. Aufl. auch SCHWENZER, Art. 296 N 8).

2   Die in Abs. 2 statuierten **Mitteilungspflichten** sollen gewährleisten, dass jede unmündige Person einen Vormund erhält, **wenn** für sie **kein Elternteil die elterliche Sorge wahrnimmt.**

3   **Elterliche Sorge und Vormundschaft schliessen einander aus.** Ein unmündiges Kind gehört nur dann unter Vormundschaft, wenn elterliche Sorge nicht (mehr) besteht (Art. 296 N 5 m.V.; BK-SCHNYDER/MURER, Art. 368 N 12). Umgekehrt muss für ein unmündiges Kind entweder elterliche Sorge oder Vormundschaft bestehen; eine dritte Möglichkeit sieht das Gesetz nicht vor.

4   Dabei hat die **elterliche Sorge Vorrang,** weil auf diese grundsätzlich nicht verzichtet werden kann (s.o. Art. 311/312 N 9 m.V.). Das Gesetz beachtet damit die sich aus unserer Wert- und Gesellschaftsordnung ergebende natürliche Priorität (BK-SCHNYDER/MURER, N 10).

II. Tatbestandselemente im Einzelnen

5   Als **unmündige Person** gilt gem. Art. 14, wer das 18. Lebensjahr noch nicht vollendet, d.h. den 18. Geburtstag noch nicht erreicht hat (Art. 14 N 12). Diese Altersgrenze nach schweizerischem Recht ist nach Art. 35 IPRG auch massgebend für die Mündigkeit von Ausländerinnen und Ausländern mit Wohnsitz in der Schweiz, wobei allerdings zu beachten ist, dass gem. der gleichen Bestimmung die einmal erworbene Handlungsfähigkeit durch einen Wohnsitzwechsel nicht verloren geht, somit die an einem ausländischen Wohnsitz erlangte Mündigkeit bei einer Wohnsitzverlegung in die Schweiz bestehen bleibt (BSK IPRG-JAMETTI GREINER/GEISER, Art. 35 N 18).

6   Das **Fehlen elterlicher Sorge** bestimmt sich nach den einschlägigen Regeln des Personen-, Ehe- und Kindesrechtes. Insb. massgebend sind die Art. 296 ff. (s. dort) und bez. der Entziehung der elterlichen Sorge die Art. 311 und 312 (s. dort).

Im Wesentlichen führen folgende Sachverhalte zum andauernden Fehlen elterlicher Sorge und zur Bevormundung Unmündiger:

– beide Eltern, die elterliche Sorge innehatten, sind verstorben oder werden entmündigt;

– die alleinige Inhaberin oder der alleinige Inhaber der elterlichen Sorge ist gestorben oder wird entmündigt und eine Übertragung der elterlichen Sorge an den andern Elternteil ist unmöglich oder nicht angezeigt;

– die unverheiratete Mutter ist unmündig oder entmündigt und eine Übertragung der elterlichen Sorge an den Vater ist unmöglich oder nicht angezeigt;

– die Elternstellung des Vaters als alleinigen Inhabers der elterlichen Sorge entfällt durch erfolgreiche Anfechtung der Vermutung der Vaterschaft des Ehemannes (Art. 256), durch erfolgreiche Anfechtung der Anerkennung gem. Art. 259 Abs. 2 oder durch Ungültigkeiterklärung einer Ehe;

– die Elternstellung der Adoptiveltern wird durch erfolgreiche Anfechtung der Adoption beseitigt und die leiblichen Eltern können die elterliche Sorge nicht ausüben;

– die elterliche Sorge wird beiden Eltern entzogen;

– die elterliche Sorge wird der alleinigen Inhaberin oder dem alleinigen Inhaber entzogen und eine Übertragung an den andern Elternteil ist unmöglich oder nicht angezeigt.

Wenn Inhaber der elterlichen Sorge an unbekanntem Aufenthaltsort abwesend sind, die **7** Abwesenheit länger andauert und die Rückkehr ungewiss ist, bildet dies, unabhängig von einem allfälligen Verschulden, einen Grund für die Entziehung der elterlichen Sorge (Art. 311 Abs. 1 Ziff. 1; vgl. Art. 311/312 N 7). Die Beistandschaft nach Art. 392 Ziff. 3 reicht in Fällen längerer Abwesenheit des Inhabers elterlicher Sorge an unbekanntem Ort nicht aus. Somit wird die elterliche Sorge eines verschollen erklärten Elternteils im Zeitpunkt der Verschollenerklärung, welche wie der Tod den Wegfall der elterlichen Sorge bewirken würde (Art. 38 N 10), regelmässig bereits entzogen sein. Kehrt eine verschollen erklärte Person zurück und wird die Verschollenerklärung aufgehoben, so lebt die elterliche Sorge nicht von Gesetzes wegen wieder auf, sondern muss, wenn dies dem Wohl des Kindes nicht widerspricht, wieder behördlich eingeräumt werden (BK-SCHNYDER/MURER, N 47).

Die elterliche Sorge fehlt sodann beim Findelkind, da es nicht sinnvoll ist, elterliche Sor- **8** ge unbekannter Eltern zu fingieren (so auch SCHNYDER/MURER, N 89).

Am Ende des Jahres 2004 wurden in der Schweiz 2796 Minderjährigenvormundschaften **8a** geführt; 779 Vormundschaften nach Art. 368 wurden im Jahr 2004 neu errichtet (Schweiz. VormStatistik 2004, Sekretariat VBK, Luzern).

III. Verfahren und Zuständigkeit

Vgl. u. Art. 373 N 1, Art. 376 N 1, Art. 377 N 1;   **9**

– nicht anwendbar auf die Anordnung der Vormundschaft für Unmündige sind die Verfahrensvorschriften von Art. 373 und 374, welche das Entmündigungsverfahren regeln, und Art. 375, welcher sich ausdrücklich nur auf die Bevormundung Mündiger bezieht;

– anwendbar sind die **Zuständigkeitsregeln von Art. 376 ff.,** insb. gilt die grundsätzliche Zuständigkeit der Behörde am Wohnsitz;

– anwendbar sind sodann die Art. 379–391 auf das **Verfahren der Bestellung des Vormundes** (BK-KAUFMANN, N 19; BK-SCHNYDER/MURER, N 126).

Ernst Langenegger

IV. Rechtsmittel

10 **Gegen den Entscheid bez.** der **Voraussetzungen für die Anordnung der Vormundschaft** für eine unmündige Person (Unmündigkeit, Fehlen der elterlichen Sorge) ist die **Vormundschaftsbeschwerde** nach Art. 420 Abs. 2 an die Aufsichtsbehörde gegeben, nachdem dieser Entscheid in allen Kantonen von der VormBehörde getroffen wird (BK-SCHNYDER/MURER, N 131). Wenn vorgängig nicht in einem separaten, rechtskräftig erledigten Verfahren über die Frage der Wiedereinräumung bzw. Einräumung der elterlichen Sorge an den andern Elternteil in den Situationen gem. Art. 315a Abs. 3 bzw. Art. 298 Abs. 2 entschieden worden ist, so kann mit der Beschwerde die Überprüfung dieser gleichzeitig mit der Anordnung der Vormundschaft entschiedenen Frage verlangt werden (BK-SCHNYDER/MURER, N 135 f.). Im Falle der fraglichen Wiedereinräumung gem. Art. 315a Abs. 3 und im Falle, wo eine Vormundschaft angeordnet worden ist, ohne dass die bestehende elterliche Sorge durch ein vorausgegangenes Verfahren rechtskräftig entzogen wurde, kann die zivilrechtliche Berufung an das BGer erfolgen, wird in diesen Fällen doch klar über die Wiedereinräumung (Art. 313) bzw. den Entzug (Art. 311) der elterlichen Sorge entschieden, was gem. Art. 44 lit. d OG die Berufungsmöglichkeit begründet.

Art. 369

B. Unfähigkeit Mündiger

I. Geisteskrankheit und Geistesschwäche

[1] **Unter Vormundschaft gehört jede mündige Person, die infolge von Geisteskrankheit oder Geistesschwäche ihre Angelegenheiten nicht zu besorgen vermag, zu ihrem Schutze dauernd des Beistandes und der Fürsorge bedarf oder die Sicherheit anderer gefährdet.**

[2] **Die Verwaltungsbehörden und Gerichte haben der zuständigen Behörde Anzeige zu machen, sobald sie in ihrer Amtstätigkeit von dem Eintritt eines solchen Bevormundungsfalles Kenntnis erhalten.**

B. Interdiction

I. Maladie mentale et faiblesse d'esprit

[1] Sera pourvu d'un tuteur tout majeur qui, pour cause de maladie mentale ou de faiblesse d'esprit, est incapable de gérer ses affaires, ne peut se passer de soins et secours permanents ou menace la sécurité d'autrui.

[2] Les autorités administratives et judiciaires sont tenues de signaler sans délai à l'autorité compétente tout cas d'interdiction qui parvient à leur connaissance dans l'exercice de leurs fonctions.

B. Maggiorenni incapaci

I. Infermità e debolezza mentale

[1] È soggetta a tutela ogni persona maggiorenne che per causa di infermità o debolezza di mente non può provvedere ai propri interessi, richiede durevole protezione od assistenza, o mette in pericolo l'altrui sicurezza.

[2] Le autorità amministrative e giudiziarie che nell'esercizio delle loro funzioni vengono a conoscenza di un caso di tutela di questa natura devono notificarlo alle autorità competenti.

Literatur

ABT, Die Entmündigungsgründe des Schweizerischen Zivilgesetzbuches nach heutiger Lehre und Rechtsprechung, ZVW 1986, 121 ff.; BIDERBOST, Eine Beistandschaft ist eine Beistandschaft?!?, ZVW 2003, 299 ff.; BINDER, Die Geisteskrankheit im Recht, Zürich 1952; BRÖNNIMANN, Rechtliche und soziale Aspekte der Entmündigung in der Praxis, ZVW 1986, 81 ff.; ISENSCHMID, Entmündigung und Beistandschaft auf eigenes Begehren, Diss. Freiburg i.Ü. 1975; LANGENEGGER, Aspekte des Systems der amtsgebundenen behördlichen Massnahmen des neuen Erwachsenenschutzrechtes, ZVW 2003, 317 ff.; LÜSCHER, Die beiden Arten der Beiratschaft, Diss. Bern 1944, ASR NF 212; MAGET, Le choix de la mesure tutélaire adéquate dans les cas des art. 369 à 372 CC, Diss. Freiburg i.Ü. 1956; RIEMER, Vormundschaftliche Hilfe für Betagte, ZVW 1982, 121 ff.; SCHMID, Einführung in die Beistandschaften (Art. 377–384 VE ZGB 2003), ZSR 2003, 311 ff.; SCHNYDER, Zur Rechtsnatur der Beiratschaft, in: FS Henri Deschenaux, Freiburg i.Ü. 1977, 202 ff.; STEINAUER, Les motifs d'interdiction – Evolution et fondements, ZVW 1987, 1 ff.; STETTLER, Un droit tutélaire moins stigmatisant pourrait-il assurer une protection juridique suffisante?, ZVW 1986, 17 ff.; STURM, Vormundschaftliche Hilfe für Betagte in Deutschland und in der Schweiz, Diss. Freiburg i.Ü. 1992; STURM, Vormundschaftliche Hilfsmassnahmen für Betagte in der Schweiz, ZVW 2002, 170 ff.; ZIPKES, Die vorläufige Fürsorge vor der Bevormundung (Art. 386 ZGB) und das Problem der Ersatzformen für die Entmündigung, Diss. Zürich 1935; vgl. ausserdem die Literaturhinweise zu den Vorbem. zu Art. 360–456.

I. Überblick über das System der Betreuung und Vertretung erwachsener Personen mittels amtsgebundener vormundschaftlicher Massnahmen

1. Schwächezustände

In allgemeiner Form sind die wesentlichen **vormundschaftsrechtlich relevanten** **1** **Schwächezustände** und ihre Folgen, denen mit vormundschaftlichen Massnahmen begegnet wird, o. in den Vorbem. zu Art. 360–456 N 4 angeführt. Im Gesetz finden sie sich in konkreterer Umschreibung unmittelbar bei den Bestimmungen über die einzelnen vormundschaftlichen Massnahmen, wo sie als Gründe für die Anordnung der Massnahmen erscheinen.

Es sind dies einmal die **Entmündigungsgründe** i.e.S. (BK-SCHNYDER/MURER, Vorbem. **2** zu Art. 369–375, N 19 ff.; ABT, ZVW 1986, 121; franz. *«causes d'interdiction»*, DESCHENAUX/STEINAUER, Personnes, N 118) der Geisteskrankheit, Geistesschwäche (Art. 369), Verschwendung, Trunksucht, des lasterhaften Lebenswandels, der (sinngemäss: den eigenen Interessen zuwiderlaufenden) Art und Weise der Vermögensverwaltung, d.h. der Misswirtschaft (Art. 370) und der Freiheitsstrafe von einem Jahr oder länger (Art. 371). Altersschwäche, andere Gebrechen und Unerfahrenheit werden als Entmündigungsgründe i.e.S. des Art. 372 (ABT, ZVW 1986, 130 f.) nur relevant, wenn sie mit dem eigenen Begehren der betroffenen Person nach einer vormundschaftlichen Massnahme verbunden sind (ABT, ZVW 1986, 131 f.). Die Entmündigungsgründe sind im Gesetz abschliessend aufgezählt (*numerus clausus der Entmündigungsgründe*, BK-KAUFMANN, Vorbem. zum zweiten Abschn. N 4; BK-SCHNYDER/MURER, Art. 369–375 N 24); eine **extensive Auslegung** ist jedoch gestattet (BK-SCHNYDER/MURER, Art. 369–375 N 25).

Das soeben (o. N 2) für die Entmündigungsgründe gem. Art. 372 Gesagte gilt auch für **3** die Verbeiständungsgründe bei der Beistandschaft nach Art. 394, da diese Bestimmung vollumfänglich auf Art. 372 verweist. Einen Bezug zu den Entmündigungsgründen stellen aber auch die Art. 395 (für die Beiratschaft) und Art. 393 Ziff. 2 (für die Vermögensverwaltungsbeistandschaft) her, indem in beiden Fällen die Massnahme als weniger weit gehende Alternative zur Entmündigung bezeichnet wird. Diese Bezugnahmen machen nur Sinn, wenn die Entmündigungsgründe (o. N 2) auch als **Verbeiratungs- und Verbeiständungsgründe** zugelassen werden, was Lehre und Rechtsprechung denn auch übereinstimmend tun (BGE 100 II 89; BK-SCHNYDER/MURER, Art. 395 N 39 m.Hw., Art. 393 N 43; DESCHENAUX/STEINAUER, Personnes, N 181 und N 1109). Als Verbeiständungsgründe nennt das Gesetz sodann Krankheit (Art. 392), Abwesenheit (Art. 392) und längere Abwesenheit an unbekanntem Aufenthalt (Art. 393).

2. Konkrete Schutz-, Betreuungs- und Vertretungsbedürftigkeit

4 Das Gesetz lässt das Vorliegen eines Entmündigungs-, Verbeiratungs- bzw. Verbeiständungsgrundes im o. (N 1–3) dargestellten Sinn für die Anordnung der entsprechenden Massnahme nicht genügen, sondern verlangt dafür zusätzlich das Vorliegen einer besondern Schutz-, Betreuungs- oder Vertretungsbedürftigkeit, die ihrerseits ursächlich mit dem Entmündigungs- bzw. Verbeiständungsgrund zusammenhängt. Es handelt sich um die im Gesetz bei den Bestimmungen der einzelnen Massnahmen aufgeführten **weiteren Voraussetzungen** für die Anordnung der jeweiligen Massnahme; im Falle der Entmündigung werden sie als *Entmündigungsvoraussetzungen* (franz. «conditions d'interdiction», DESCHENAUX/STEINAUER, Personnes, N 118) bezeichnet. Erst das Zusammenfallen eines Entmündigungsgrundes (bzw. Verbeiständungsgrundes) und mindestens einer weiteren im Gesetz umschriebenen Voraussetzung begründet die Anordnung der entsprechenden Massnahme; beide zusammen bilden den Entmündigungs- bzw. Verbeiständungsgrund i.w.S. Anstelle des Begriffes der *Entmündigungsvoraussetzungen* ist in der Praxis auch der Begriff der **sozialen Voraussetzungen** (so etwa RIEMER, Vormundschaftsrecht, 43, N 13 f.) gebräuchlich, was insofern gut trifft, als die besondere Schutz-, Betreuungs- und/oder Vertretungsbedürftigkeit oft stark vom sozialen Umfeld abhängt, in dem eine von einem vormundschaftsrechtlich relevanten Schwächezustand (o. N 1 f.) betroffene Person lebt.

5 Im Einzelnen nennt das Gesetz als weitere Voraussetzungen (neben den Massnahmegründen i.e.S.) für die Anordnung der Massnahme: das Unvermögen einer Person, ihre Angelegenheiten zu besorgen (Art. 369) bzw. gehörig zu besorgen (Art. 372), die Unfähigkeit einer Person, für die Verwaltung ihres Vermögens einen Vertreter zu bestellen (Art. 393 Ziff. 2), die Unfähigkeit (in einer Angelegenheit) selber zu handeln oder einen Vertreter zu bezeichnen (Art. 392 Ziff. 1), die Verhinderung des gesetzlichen Vertreters (Art. 392 Ziff. 2 und 3). Diese Umschreibungen weisen insb. auf die **Vertretungsbedürftigkeit** von Personen hin, die infolge eines Schwächezustandes nicht in der Lage sind, aktiv ihre Interessen zu wahren.

Sodann nennt das Gesetz: den dauernden Bedarf einer Person nach Beistand und Fürsorge zu ihrem eigenen Schutz (Art. 369, Art. 370), die zu ihrem eigenen Schutz notwendige Beschränkung der Handlungsfähigkeit (Art. 395), die Gefahr eines Notstandes oder der Verarmung für die betroffene Person selber oder für ihre Familie (Art. 370), die Gefährdung der Sicherheit von Drittpersonen (Art. 369, Art. 370), die Unfähigkeit, die Verwaltung des Vermögens selbst zu besorgen (Art. 393 Ziff. 2). Diese Umschreibungen weisen insb. auf die **Schutzbedürftigkeit** von Personen hin, die infolge eines Schwächezustandes gegen ihre eigenen Interessen gerichtete Verhaltensweisen entwickeln, sich zu solchen beeinflussen lassen, die Wahrung ihrer wohlverstandenen Interessen vernachlässigen oder dem gegen ihre Interessen gerichteten Verhalten Dritter nicht entgegen wirken können.

Je nach der konkreten Situation benennen die genannten weiteren Voraussetzungen auch einen Bedarf betroffener Personen, der begrifflich und real mit Vertretung und Schutz nicht ausreichend abgedeckt ist. **Betreuungsbedürftigkeit** liegt etwa vor, wenn es darum geht, bei einer von einem Schwächezustand betroffenen Person, etwa mit den Mitteln der Motivationsarbeit und Beratung noch vorhandene Ressourcen und Stärken (wieder) zu mobilisieren.

Die dargestellten verschiedenen Bedürftigkeiten treten meist nicht isoliert in Erscheinung; d.h. ein bestimmter Schwächezustand oder eine Kombination von mehreren Schwächezuständen lösen oft Schutz-, Betreuungs- und Vertretungsbedürfnisse gleichzeitig aus.

Der Bedarf einer Person nach Besorgung ihrer Vermögensverwaltung etwa gründet i.d.R. auf Schutz- und Vertretungsbedürfnissen.

3. Vormundschaftliche Wirkungen und Hilfestellungen

Ausgehend von der konkreten Schutz-, Betreuungs- und Vertretungsbedürftigkeit etabliert das Vormundschaftsrecht Wirkungen und Hilfestellungen der vormundschaftlichen Massnahmen.   **6**

Mit den **verschiedenen Massnahmen** werden **unterschiedliche Wirkungen** erzielt und **unterschiedliche Hilfestellungen** ermöglicht.

Die Entmündigung (Massnahmen nach Art. 369–372) bewirkt gem. Art. 13 und Art. 17 den **Verlust der Handlungsfähigkeit** (Art. 17 N 1), somit den Verlust der Fähigkeit, durch seine Handlungen Rechte und Pflichten zu begründen (Art. 12).   **7**

Die Entmündigung bewirkt allerdings nur dann den vollständigen Verlust dieser Fähigkeit, wenn die betroffene Person gleichzeitig urteilsunfähig ist (s.a. o. Art. 367 N 3). Die **entmündigte urteilsfähige Person** kann im Rahmen von Art. 19 in gewissen Bereichen durch persönliche Handlungen rechtliche Folgen begründen (Art. 17 N 4), d.h. sie kann sich mit **Zustimmung ihres gesetzlichen Vertreters verpflichten** (Art. 19 Abs. 1; vgl. auch Art. 410 Abs. 1), sie kann **unentgeltliche Vorteile erlangen** und **höchstpersönliche Rechte ausüben** (Art. 19 Abs. 2), sie ist **deliktsfähig** (Art. 19 Abs. 3); vgl. insgesamt zu den Wirkungen der Entmündigung auf die Fähigkeit, rechtliche Folgen zu begründen: Komm. zu Art. 19, Art. 410, 412 und 414.

Indem die entmündigte Person, soweit sie überhaupt urteilsfähig ist, darauf beschränkt wird, mit ihren Handlungen rechtliche Folgen im Rahmen von Art. 19 auszulösen, ist sie davor geschützt, sich selber in einer ihren eigenen Interessen zuwiderlaufenden Art und Weise rechtlich zu binden, zu verpflichten oder auf Rechte zu verzichten.

Eine ähnliche, wenn auch weniger weit gehende Wirkung wird mit der **Beschränkung der Handlungsfähigkeit** i.S.v. Art. 395 Abs. 1 erreicht. Die verbeiratete Person, welche grundsätzlich handlungsfähig ist (Art. 17 N 4), wird davor geschützt, sich in besonders risikoträchtigen Gebieten, d.h. in den in Art. 395 Abs. 1 aufgezählten Fällen, in einer ihren eigenen Interessen zuwiderlaufenden Art und Weise rechtlich zu binden oder zu verpflichten.   **8**

Ebenfalls dem Schutzbedürfnis einer Person, davor bewahrt zu werden, sich selber in einer ihren eigenen Interessen zuwiderlaufenden Art und Weise rechtlich zu binden, zu verpflichten oder auf Rechte zu verzichten, kommt die **Beschränkung der Handlungsfähigkeit** i.S.v. Art. 395 Abs. 2 entgegen, welche die Fähigkeit beseitigt, das eigene **Vermögen zu verwalten** und darüber zu verfügen. Im diesem Bereich ist der betroffenen Person die Handlungsfähigkeit entzogen.   **9**

Die Hilfestellung der **persönlichen Fürsorge** (s.u. Art. 405 und 406) umfasst die Beratung und Hilfe in persönlichen Angelegenheiten, etwa im Bereich der Lebensführung und -gestaltung, die Vermittlung solcher Hilfestellungen wie auch diejenige von pädagogischer, sozialer und medizinischer Betreuung.   **10**

Im Hinblick darauf, dass die vormundschaftlichen Massnahmen Personen betreffen, denen die Handlungsfähigkeit entzogen worden ist oder die aus anderen Gründen nicht in der Lage sind, ihre Angelegenheiten selber zu besorgen, ist die **rechtliche Vertretung** (s.u. Art. 407; Art. 392), d.h. die Begründung von Rechten und Pflichten für die betroffene Person, eine bedeutende vormundschaftliche Hilfestellung.   **11**

12 Die Hilfestellung der **Vermögensverwaltung** (s.u. Art. 413; Art. 393; Art. 395) tritt einerseits als rechtliche Vertretung in Erscheinung, indem sie regelmässig auch Vertretungshandlungen mit sich bringt. Ausserdem enthält sie Elemente der Überwachung und der Fürsorge für die Erhaltung des Vermögens (so in Art. 419 Abs. 1), die über die einzelnen rechtsgeschäftlichen Vertretungshandlungen hinausgehen.

13 Die vormundschaftlichen Hilfestellungen dienen der Erfüllung der beiden in Art. 367 Abs. 1 genannten Aufgabenkreise der **Personensorge** und **Vermögenssorge,** sie sind Mittel zum Schutz der beiden durch das Vormundschaftsrecht geschützten Rechtsgüter der **Person** und des **Vermögens** des Mündels (BK-SCHNYDER/MURER, syst. Teil, N 18 ff.; CAVIEZEL, 14). Die Hilfestellung der Vertretung bezweckt in jedem Fall eine Wirkung auf dem Gebiet der Personen- oder Vermögenssorge (BK-SCHNYDER/MURER, syst. Teil, N 19 m.Hw.); die einzelne Vertretungshandlung kann auch zugleich beiden, der Personensorge und der Vermögenssorge, dienen. Die Abgrenzung zwischen Personen- und Vermögenssorge ist nämlich nicht immer eindeutig zu bewerkstelligen; letztlich sollte im Rahmen der vormundschaftlichen Hilfestellungen die Vermögenssorge stets in den Dienst der persönlichen Fürsorge gestellt werden (CAVIEZEL, 15 m.Hw.), oder doch diese zumindest nicht beeinträchtigen, indem etwa in Verkennung des Auftrages der Sorge für Anwartschaften grösseres Gewicht beigemessen wird als der Personensorge (vgl. auch u. Art. 406 N 39).

14 Die **Mitwirkung eines Beirates** in den in Art. 395 Abs. 1 aufgezählten Fällen dient als vormundschaftliche Hilfestellung in erster Linie der Vermögenssorge, kann aber auch die Personensorge betreffen (etwa bei Prozessführung in persönlichen Angelegenheiten).

II. Die Wahl der geeigneten Massnahme und die Massnahmen in ihrer Stufenfolge

1. Gesamtwürdigung der Gründe und Voraussetzungen

15 In einer **Gesamtwürdigung** des Vorliegens bzw. Nichtvorliegens und ggf. Zusammenfallens von **Entmündigungsgründen (Verbeiratungs-, Verbeiständungsgründen,** o. N 2 f.) einerseits und der **weiteren Voraussetzungen** für die Anordnung einer vormundschaftlichen Massnahme (o. N 4 f.) anderseits ist zu prüfen, ob und ggf. welche vormundschaftliche Massnahme im konkreten Einzelfall anzuordnen ist. Bei der **Beurteilung** stehen die **konkreten Schutz-, Vertretungs- und Betreuungsbedürfnisse** im Vordergrund (ZK-EGGER, N 27; BK-SCHNYDER/MURER, Vorbem. zu Art. 369–375 N 20). Diese erst machen nämlich die Notwendigkeit bestimmter vormundschaftlicher Massnahmen aus und sind entscheidend für die Wahl der im konkreten Einzelfall passenden Massnahme.

16 Dabei stellt sich vorab die Frage, ob zum Schutz der betroffenen Person eine **Entziehung der Handlungsfähigkeit** (Art. 369–372) notwendig ist. Eine solche ist in Erwägung zu ziehen, wenn damit gerechnet werden muss, dass eine Person sich wegen eines als Entmündigungsgrund im Gesetz umschriebenen Schwächezustandes selber durch rechtsgeschäftliche Dispositionen schädigen könnte. Ist dies der Fall und muss deshalb die Handlungsfähigkeit entzogen werden, so ist in jedem Fall durch die entsprechende vormundschaftliche Massnahme die Vertretung der betroffenen Person und die Verwaltung ihres Vermögens sicherzustellen.

Dem Bedürfnis nach Schutz vor schädigenden rechtsgeschäftlichen Dispositionen wird in gewissen Fällen durch **Beschränkung der Handlungsfähigkeit** mittels Anordnung der verbindlichen Mitwirkung eines Beirates (Art. 395 Abs. 1) und/oder **Entziehung der Vermögensverwaltung** (Art. 395 Abs. 2) ausreichend Genüge getan. Im letztern Fall ist die Verwaltung des Vermögens der betroffenen Person durch die entsprechende vormundschaftliche Massnahme sicherzustellen.

Neben einem Schutzbedürfnis, das eine Entziehung oder Beschränkung der Handlungsfähigkeit erfordert, aber auch ohne dass ein solches vorliegt, kann ein Bedürfnis nach **persönlicher Fürsorge** gegeben sein.

Auch in Fällen, in denen keine Entziehung der Handlungsfähigkeit vorgenommen werden oder diese nur im Umfang von Art. 395 Abs. 1 beschränkt werden muss, kann ein Bedürfnis nach **rechtsgeschäftlicher Vertretung** gegeben sein, desgleichen ein Bedürfnis nach **Vermögensverwaltung.**

Die **Wahl der geeigneten Massnahme** gründet auf einer sorgfältigen Feststellung der im Einzelfall vorliegenden konkreten Schutz-, Vertretungs- und Betreuungsbedürfnisse. Ausser diesen Bedürfnissen und den Entmündigungs- bzw. Verbeiständungsgründen sind in die Würdigung der gesamten Umstände (o. N 15) wegen des geltenden **Subsidiaritätsprinzipes** (o. Vorbem. zu Art. 360–456 N 8) die ausserhalb des Vormundschaftsrechtes liegenden Hilfestellungen einzubeziehen, vorab die Hilfsangebote der Familie, die Angebote gem. Sozialhilferecht, aber auch die weiteren Hilfsangebote privater, kirchlicher und öffentlicher Institutionen (vgl. auch BK-SCHNYDER/MURER, syst. Teil, N 265). Einzubeziehen in die Gesamtwürdigung sind neben den Schwächezuständen einer Person auch deren vorhandenen Stärken und (noch) vorhandenen oder (wieder) mobilisierbaren Ressourcen und Fähigkeiten, insb. auch deren Fähigkeit, sich die erforderlichen Hilfen für die Bewältigung der Anforderungen, die das Leben im konkreten Umfeld stellt, ohne Zutun eines vormundschaftlichen Amtsträgers selber zu organisieren. Nur wenn diese Fähigkeit nicht (mehr) vorhanden und nicht mehr zu wecken ist, kommt eine vormundschaftliche Massnahme in Betracht (vgl. auch STETTLER, Droit Civil I, Rz 85, eventuell auch eine **Kombination vormundschaftlicher und nichtvormundschaftlicher Hilfestellungen** (STETTLER, a.a.O., Rz 86).

2. Stufenfolge der vormundschaftlichen Massnahmen nach geltendem Recht und gemäss Revisionsvorschlag

Als Hilfsmittel zur Wahl der geeigneten Massnahme unter Beachtung des Grundsatzes der Verhältnismässigkeit (o. Vorbem. zu Art. 360–456 N 7) dient das von der Lehre entwickelte und verfeinerte und von der Rechtsprechung beachtete System der **Stufenfolge der vormundschaftlichen Massnahmen** (ZK-EGGER, N 23 f.; SCHNYDER, Stufenfolge, ZVW 1971, 42 f.; BK-SCHNYDER/MURER, Art. 367 N 32 f.; BGer II.Z. v. 19.6.2001, E. 4b, 5C.23/2001). Dabei werden die verschiedenen Massnahmen geordnet nach der Stärke mit der sie geeignet sind, in die Rechtsstellung (persönliche Freiheit und Handlungsfähigkeit) der betroffenen Person einzugreifen, der Reihe nach aufgelistet.

HÄFELI, Wegleitung, 204, Tab. 23, schlägt folgende Stufenfolge der vormundschaftlichen Massnahmen für Erwachsene vor:

– Vertretungsbeistandschaft nach Art. 392 Ziff. 1 oder Art. 392 Ziff. 3;

– Vertretungsbeistandschaft nach Art. 392 Ziff. 2;

– kombinierte Beistandschaft nach Art. 392 Ziff. 1 und Art. 393 Ziff. 2;

– Beistandschaft auf eigenes Begehren nach Art. 394;

– Mitwirkungsbeiratschaft nach Art. 395 Abs. 1;

– Verwaltungsbeiratschaft nach Art. 395 Abs. 2;

Die amtsgebundenen Massnahmen des geltenden Vormundschaftsrechtes (ZGB von 1907) und des neuen Erwachsenenschutzrechtes (Vorentwurf ZGB 2003 bzw. Entwurf ZGB 2006) nach dem Prinzip der Stufenfolge aufgelistet und nebeneinander gestellt

nach Langenegger E., ZVW 5/2003, S. 325 f.

Massnahme des geltenden Rechts (ZGB)			Beistandschaft des neuen Rechts (VE ZGB 2003)		
ZGB-Artikel Bezeichnung der Massnahme	Aufgaben Amtsträger/-in i.b.A.= in von der Behörde bezeichneten Angelegenheiten bzw. Aufgaben	Wirkung auf Handlungsfähigkeit (HF) der betroffenen Person	VE ZGB 2003 -Artikel Bezeichnung der Massnahme [Entw. ZGB 2006]	Aufgaben Amtsträger/-in i.b.A.= in von der Behörde bezeichneten Angelegenheiten bzw. Aufgaben	Wirkung auf Handlungsfähigkeit (HF) der betroffenen Person
Art. 392 Ziff. 1 Vertretungsbeistandschaft	Vertretung i.b.A.	keine Einschränkung HF	Art. 380 [Art. 393] Begleitbeistandschaft	begleitende Unterstützung i.b.A.; keine Vertretungsbefugnisse	keine Einschränkung HF; bei entspr. Anordn. dch. Behörde: Recht auf Einblick und/oder Auskunft
Art. 392 Ziff. 2 od. Ziff. 3 Vertretungsbeistandschaft	Vertretung i.b.A. bei Verhinderung od. Interessenkollision des ordentlichen Vertreters	wie im Vertretungsverhältnis mit dem ordentlichen Vertreter	Art. 381 [Art. 394] Vertretungsbeistandschaft	wie bei Massnahme des geltenden Rechts	wie bei Massnahme des geltenden Rechts
Art. 393 Ziff. 1, 2 od. 3 Vermögensverwaltungsbeistandschaft	Vertretung zur Verwaltung des Vermögens	keine Einschränkung HF	Art. 391 [Art. 403] Ersatzbeistandschaft oder eigenes Handeln der Behörde	wie bei Massnahme des geltenden Rechts; evtl. eigenes Handeln der Behörde	wie bei Massnahme des geltenden Rechts
Art. 393 Ziff. 1 und Art. 393 Ziff. 2/kombinierte Beistandschaft	Personensorge und Vermögenssorge i.b.A. (umfassend bei entspr. Aufgabenkatalog)	keine Einschränkung HF	Art. 382 [Art. 395] Vertretungsbeistandschaft für Vermögensverwaltung	wie bei Massnahme des geltenden Rechts	wie bei Massnahme des geltenden Rechts
			Art. 381 und Art. 382 [Art. 393, 394, 395] Vertretungsbeistandschaft	wie bei Massnahme des geltenden Rechts	wie bei Massnahme des geltenden Rechts
			Art. 380, Art. 381, Art. 382 [Art. 393, 394, 395] kombinierte Beistandschaft (beliebige Kombinationen)	begleitende Unterstützung i.b.A./Vertretung i.b.A./Vertretung für Vermögensverwaltung i.b.A.	keine Einschränkung HF
			Art. 380, Art. 381, Art. 382 [Art. 393, 394, 395] kombinierte Beistandschaft (beliebige Kombinationen)	begleitende Unterstützung i.b.A./Vertretung i.b.A./Vertretung für Vermögensverwaltung i.b.A.	keine Einschränkung HF; Entzug des Zugriffs auf bestimmte Vermögenswerte (Kontosperren) ohne weitere Einschr. HF
Art. 394/Beistandschaft auf eigenes Begehren	umfassende Personen- und Vermögenssorge	keine Einschränkung HF			
Art. 395 Abs. 1 Mitwirkungsbeiratschaft	Mitwirkung in gesetzlich definierten Angelegenheiten; keine Vertretungsbefugnis	Einschränkung HF in gesetzl. definierten Ang., in denen Zustimmung Beirat erforderlich ist	Art. 383 [Art. 396] Mitwirkungsbeistandschaft	Mitwirkung i.b.A./keine Vertretungsbefugnis	Einschränkung HF i.b.A., in denen Zustimmung Beistand erforderlich ist
			Art. 383 [Art. 396] Mitwirkungsbeistandschaft	Mitwirkung i.b.A. keine Vertr.befugnis	Einschränkung HF i.b.A., in denen Zustimmung, Beistand erforderlich ist (wie Mitw.beiratschaft)

			Art. 380 – Art. 383 [Art. 393–396] kombinierte Beistandschaft in beliebigen Kombinationen	begleitende Unterstützung i.b.A./Vertretung i.b.A./Vertretung für Vermögensverwaltung i.b.A./Mitwirkung i.b.A./in beliebigen Kombinationen	
Art. 395 Abs. 2 Verwaltungsbeiratschaft	ausschliessliche Verwaltung des Vermögens durch den Beirat als gesetzl. Vertreter	Entziehung HF bezüglich Vermögensverwaltung; das verw. Vermögen haftet nicht für Verpflichtungen, die die verbeiratete Person ohne Zustimmung des Beirats eingeht		begleitende Unterstützung i.b.A./Vertretung i.b.A./Vertretung für Vermögensverwaltung i.b.A./Mitwirkung i.b.A./in beliebigen Kombinationen	«massgeschneiderte» Einschr. der HF i.b.A. der Vertretungsbeistandschaft und Vermögensverwaltung; im Rahmen letzterer Möglichkeit, ohne weitere Einschr. HF den Zugriff auf einz. Vermögenswerte zu entziehen
Art. 395 Abs. 1 und 2 kombinierte Beiratschaft	Kombination der Aufgaben von Mitwirkungs- und Verwaltungsbeiratschaft	Kumulation der Wirkungen von Mitwirkungs- und Verwaltungsbeiratschaft			(keine Möglichkeit, Sondervermögen auszuscheiden, das für von der verbeiständeten Person gültig eingegangene Verpflichtungen nicht haftet)
Art. 395 Abs. 2 und Art. 392 Ziff. 1/Kombination Beiratschaft mit Beistandschaft	ausschl. Verwaltg d. Vermögens durch Beirat als gesetzl. Vertr.; Vertretung i.b.A. (ggf. Aufgaben der Personensorge)	Wirkung Verwaltungsbeiratschaft; keine Einschr. HF im Bereich der weiteren Vertretungsaufgaben			(gleiche Anmerkung wie bei Verwaltungsbeiratschaft)
Art. 372/Entmündigung/ Vormundschaft auf eigenes Begehren	umfassende Personen- und Vermögenssorge	Entzug der HF			(gleiche Anmerkung wie bei Verwaltungsbeiratschaft)
Art. 369 od. 370 od. 371/ Entmündigung/Vormundschaft	umfassende Personen- und Vermögenssorge	Entzug der HF	Art. 384 [Art. 398] umfassende Beistandschaft	alle Angelegenheiten der Personensorge und der Vermögenssorge	Wegfall der HF von Gesetzes wegen

– kombinierte Beiratschaft nach Art. 395 Abs. 1 und 2;

– Entmündigung auf eigenes Begehren nach Art. 372;

– Entmündigung nach Art. 369, Art. 370 oder Art. 371;

– Fürsorgerische Freiheitsentziehung nach Art. 397 a–f.

STETTLER, Droit Civil I, Rz 76, siedelt die Beistandschaft auf eigenes Begehren nach Art. 394 als schwächste Massnahme an unterster Stelle an und schiebt vor der Mitwirkungsbeiratschaft die im Gesetz nicht vorgesehene, aber von der Lehre anerkannte Beiratschaft auf eigenes Begehren ein. RIEMER, Vormundschaftsrecht, 143, unterscheidet bei den Entmündigungen nicht zwischen eigenem Begehren und den übrigen Gründen, trifft aber eine Unterscheidung zwischen Entmündigung ohne Lockerung der Handlungsunfähigkeit gem. Art. 412 und 414 und der Entmündigung mit solchen Lockerungen. Die Stufenfolge der Massnahmen bringt das Prinzip der Verhältnismässigkeit insb. dort zur Geltung, wo ein Schutzzweck aufgrund vorgenommener Abklärung und entsprechender Prognose mit einer weniger einschneidenden Massnahme erreichbar erscheint als vorerst angenommen, was in der Praxis etwa bedeutet, dass nicht entmündigt und bevormundet werden soll, wenn der damit verfolgte Zweck auch mit einer weniger einschneidenden Massnahme, wie etwa der Beschränkung der Handlungsfähigkeit nach Art. 395 (BGE 99 II 20) oder einer Beistandschaft (KGer SG ZVW 1994, 244) erreicht wird. Allgemein gilt die Anordnung der konkreten Massnahme, d.h. der damit verbundene Eingriff in die Rechtstellung der betroffenen Person, als **verhältnismässig, wenn** er **notwendig** ist, um eine bei der betroffenen Person aufgrund eines Schwächezustandes vorhandene Bedürftigkeit nach Schutz, Betreuung oder Vertretung zu beheben oder zu verringern, **und** geeignet, **den angestrebten Schutzzweck zu erreichen, somit zwecktauglich** ist, **und** ausserdem **dem Schutzzweck angemessen** (zweckangemessen) ist, d.h. nicht über das hinausgeht, was zur Erreichung des Schutzzweckes erforderlich ist, anderseits aber das Erforderliche auch nicht unterschreitet (i.E. BGer II.Z.v. 6.3.2003, E. 4, 5C.262/2002).

18a Besser noch als im geltenden Recht würde das vom VE ZGB 2003 vorgeschlagene und in den Entw. ZGB 2006 übernommene **flexible Massnahmensystem (Massnahmen nach Mass,** Art. 377 ff. VE ZGB 2003 bzw. Art. 393 ff. Entw. ZGB 2006) erlauben, die konkreten Schutz-, Vertretungs- und Betreuungsbedürfnisse im Einzelfall zu berücksichtigen. Dies illustriert die auf den vorhergehenden Seiten in Tabellenform nach dem Prinzip der Stufenfolge vorgenommene Auf- und Nebeneinanderstellung der amtsgebundenen Massnahmen des geltenden und des neuen Erwachsenenschutzrechts (Tabelle nach LANGENEGGER, ZVW 2003, 325 f.). Die Nebeneinanderstellung dient Überlegungen, wie dereinst bestehende Massnahmen nach den Regeln von SchlT Art. 14 VE ZGB 2003 bzw. Entw. ZGB 2006 ins neue Recht überzuführen sein werden (zur Kritik bez. des Wegfalls der Handlungsfähigkeit von Gesetzes wegen bei der umfassenden Beistandschaft (Art. 384 VE ZGB 2003): s. LANGENEGGER, a.a.O., 329 f.).

19 Wenn bei einer Person **mehrere Entmündigungsgründe** vorliegen, ist für das **Verhältnis** derselben untereinander aus der Stufenfolge abzuleiten, dass die Entmündigung auf eigenes Begehren (Art. 372) den andern Gründen vorgeht, weil sie als schwächere Massnahme dennoch die gleichen Wirkungen und Hilfestellungen bietet wie die Entmündigungen aus den anderen Gründen. Sind die Voraussetzungen für eine Entmündigung nach Art. 372 gegeben, darf deshalb nicht zusätzlich gestützt auf einen anderen Entmündigungsgrund entmündigt werden.

Im Übrigen geht die Entmündigung nach Art. 369 derjenigen nach Art. 370 vor (BK-SCHNYDER/MURER, Art. 369–375 N 29), wobei auch hier grundsätzlich nur nach der einen Bestimmung zu entmündigen ist (die in BGE 85 II 463, abw. von der im Grundsatz bestätigten Regel, zugelassene gleichzeitige Entmündigung einer Person nach den Art. 369 und 370, wenn die Gründe gem. Art. 370 bereits vor der Erkrankung bzw. unabhängig von dieser vorlagen, stellt keine überzeugende Lösung dar; **a.M.** RIEMER, Vormundschaftsrecht, 56; Bestätigung der Regel: BGer ZVW 1978, 31).

Schliesslich hat die Entmündigung nach Art. 371 – soweit diese überhaupt in Betracht zu ziehen ist (vgl. u. Art. 371 N 4) – hinter die übrigen Entmündigungsgründe zurückzutreten (RIEMER, Vormundschaftsrecht, 56).

III. Die Gründe und die Voraussetzungen für die Entmündigung nach Art. 369

1. Die Entmündigungsgründe (i.e.S.)

Als Entmündigungsgründe (i.e.S., o. N 2) nennt die Marginalie zu Art. 369 **Geisteskrankheit** *und* **Geistesschwäche,** wobei nur einer der beiden Gründe vorzuliegen braucht (Gesetzestext: Geisteskrankheit *oder* Geistesschwäche). Die Abgrenzung der beiden Gründe ist oft nicht leicht vorzunehmen. Es ist jedoch entweder wegen Geistesschwäche oder wegen Geisteskrankheit zu entmündigen; im Zweifelsfall wegen Geistesschwäche (BK-SCHNYDER/MURER, N 90; BGer II.Z. v. 19.6.2001, E. 3, 5C.23/2001).   **20**

Geisteskrankheit wird als medizinischer und als juristischer (Art. 16, 369, 397a) **Begriff** und als Begriff der Alltagssprache verwendet. Geisteskrankheit i.S.v. Art. 369 liegt dann vor, wenn bei einem Menschen *auf die Dauer* psychische Störungen bzw. psychische Symptome und Verlaufsweisen auftreten, die einen stark *auffallenden Charakter* haben, und die bei einem besonnenen *Laien* den Eindruck *uneinfühlbarer, qualitativ tiefgehend abwegiger, grob befremdender* und daher *prinzipieller* Störungszeichen machen (so, inkl. *Hervorhebungen:* BK-SCHNYDER/MURER, N 26 m.Hw.; übernommen von OGer ZH ZR 1986, 296; sodann: BGE 118 II 261). Diese Umschreibung bringt den Gesetzesbegriff der Geisteskrankheit in den Bereich der Alltagssprache; er deckt sich nicht mit der gelegentlichen Verwendung des Begriffs in der Medizin für endogene und exogene Psychosen. Ein schubweiser Krankheitsverlauf schliesst die «dauernde Natur» der psychischen Störung begrifflich nicht aus (BGer 22.6.2001, E. 3, 5C.102/2001) bez. «andauernder Schutzbedürftigkeit» s.u. N 27).   **21**

Die ältere bundesgerichtliche Rechtsprechung, welche den Begriff der Geisteskrankheit nicht direkt definiert, sondern eine Geisteskrankheit i.S. des Gesetzes immer dann bejaht, wenn eine psychische Störung irgendeiner Art andauert und zu einer in Art. 369 umschriebenen Schutzbedürftigkeit führt, vermengt in einer unzweckmässigen Art den Entmündigungsgrund mit den weitern Voraussetzungen (Entmündigungsvoraussetzungen) von Art. 369 (vgl. die von BK-SCHNYDER/MURER, N 36 ff. angeführte Kritik, m.Hw., sowie die a.a.O. N 36 zit. Entscheide, u.a. BGE 85 II 457). Die alte bundesgerichtliche Umschreibung ermöglicht es, den Begriff der Geisteskrankheit «nach dem Zwecke zu strecken» (BK-SCHNYDER/MURER, N 41 m.Hw.). Die i.S.v. Art. 369 geisteskranke Person ist nicht in jedem Fall besonders schutzbedürftig i.S.v. Art. 369 und umgekehrt.

Geisteskranke i.S.v. Art. 369 sind **grundsätzlich als urteilsfähig** zu betrachten, auch wenn sie gestützt auf Art. 369 entmündigt worden sind (BK-SCHNYDER/MURER, N 65 m.Hw.). Die Geisteskrankheit kann jedoch dermassen offenkundig sein, dass die sonst geltende Vermutung der Urteilsfähigkeit (Art. 16 N 47) nicht mehr aufrechterhalten werden kann und die Beweislast umgekehrt wird (Art. 16 N 48; BK-SCHNYDER/MURER,   **22**

N 67 m.Hw.); normalerweise bewirkt aber auch die offenkundige Geisteskrankheit (damit wohl auch die in einem Entmündigungsverfahren nach Art. 369 als relevant bezeichnete) lediglich eine die Beweisführung erleichternde **tatsächliche Vermutung** der **Urteilsunfähigkeit** (Art. 16 N 48 m.H.).

23 **Geistesschwäche** existiert als juristischer (Art. 16, Art. 369, Art. 397a) und als Begriff der Alltagssprache, nicht jedoch als medizinischer Begriff. Geistesschwäche i.S.v. Art. 369 liegt dann vor, wenn bei einem Menschen *auf die Dauer* psychische Störungen auftreten, die dem besonnenen Laien (u.U. sehr stark) *auffallen,* ihm jedoch nicht den Eindruck uneinfühlbarer, qualitativ tiefgehend abwegiger Störung und «Verrücktheit» wie bei Geisteskrankheit (o. N 21) machen, sondern noch *einfühlbar* erscheinen, weil sie nach aussen nur als *quantitativ* vom «Normalen» abweichend in Erscheinung treten (so, inkl. *Hervorhebungen:* BK-SCHNYDER/MURER, N 68 m.Hw.); ähnlich OGer ZH ZR 1979, 295 m.H. auf BINDER, 76 und 78: das Verhalten des Geistesschwachen ist nicht uneinfühlbar, aber quantitativ inadäquat; der Begriff der Geistesschwäche ist ferner nicht in rein intellektuellem Sinne zu verstehen, die Geistesschwäche kann zwar das Verstandesleben, aber auch das Gefühls- und Impulsleben betreffen, nicht nötig ist, dass die Geistesschwäche den Charakter einer eigentlichen Oligophrenie (Debilität, Imbezillität oder Idiotie) hat (m.Hw. auf BINDER, a.a.O., 85 ff.); s.a. BGer 19.6. 2001, E. 3, 5C.23/2001. Die Beeinträchtigung der psychischen Gesundheit und kognitiven Leistungsfähigkeit als Folge chronischer Alkoholabhängigkeit kann sich als Geistesschwäche i.S.v. Art. 369 manifestieren (BGer 16.7.2001, E. 3b, 5C.119/2001; BGer 28.8.2003, E. 3.3, 5C.150/2003 u. BGer 18.9.2003, E. 2.2, 5C.172/2003 [Fall von Anosognosie, d.h. Unfähigkeit, eigene krankheitsbedingte Funktionsausfälle zu erkennen]).

24 Auch geistesschwache Personen i.S.v. Art. 369 sind, wie geisteskranke (o. N 22), **grundsätzlich als urteilsfähig** zu betrachten (BK-SCHNYDER/MURER, N 87 m.V. auf N 65 ff.), auch wenn sie gestützt auf Art. 369 entmündigt worden sind. Bezüglich Vermutungen und Beweislast gilt das o. (N 22) im Zusammenhang mit der Geisteskrankheit Gesagte.

2. Die Entmündigungsvoraussetzungen

25 Die Entmündigungsvoraussetzungen (o. N 4) des Art. 369 sind:

– die Unfähigkeit der betroffenen Person, ihre Angelegenheiten zu besorgen;

– das andauernde Bedürfnis nach Beistand und Fürsorge;

– die Gefährdung der Sicherheit anderer.

Mindestens **eine** der **drei Voraussetzungen** muss nebst einem Entmündigungsgrund (i.e.S.) erfüllt sein, damit die Entmündigung erfolgen kann (BGer II.Z. v. 22.6.2001, E. 2, 5C.102/2001; BGer II.Z.v. 6.3.2003, E. 3, 5C.262/2002).

26 Die mit Unfähigkeit, die Angelegenheiten zu besorgen (vgl. auch u. Art. 372 N 7), umschriebene **Vertretungsbedürftigkeit,** deckt sich z.T. mit der **Betreuungs- und Schutzbedürftigkeit,** der mit Beistand und Fürsorge genügt werden soll; die genannten Bedürftigkeiten bedingen einander z.T. (vgl. o. N 5). Der Wortlaut der Bestimmung von Art. 369, insb. in der französischen Fassung, lässt es zu, die Unfähigkeit, die Angelegenheiten zu besorgen, in erster Linie auf die wirtschaftlichen Interessen (Vermögenssorge; o. N 13), den Bedarf nach Beistand und Fürsorge hingegen in erster Linie auf die persönlichen Interessen (Personensorge; o. N 13) der betroffenen Person zu beziehen (so BK-

SCHNYDER/MURER, N 98 ff.). In der Praxis mag diese auseinanderhaltende und gewichtende Zuweisung der Vertretungs- und Schutzbedürftigkeiten zur Vermögens- bzw. Vermögenssorge Anlass zu einer bessern Strukturierung der oft zunächst amorphen Fülle von Sachverhaltselementen bei der Prüfung der Entmündigungsvoraussetzungen geben (so BK-SCHNYDER/MURER, N 101), eine umfassende und sorgfältige Prüfung und klare Darstellung der verschiedenen Entmündigungsvoraussetzungen als eine der Grundlagen für den in einer Gesamtwürdigung vorzunehmenden Entscheid ist jedoch auch ohne ein solches Auseinanderhalten leistbar (z.B. BGer 18.9.2003, E. 2.2, 5C.172/ 2003).

Die Formulierungen der beiden erstgenannten Entmündigungsvoraussetzungen sind unbestimmt und lassen der Rechtsanwendung einen breiten Ermessensspielraum. Die in Frage stehenden **Angelegenheiten** und der benötigte **Schutz** dürfen allerdings nicht nur von geringfügiger, lediglich nebensächlicher Bedeutung sein, sondern müssen für die betroffene Person quantitativ und/oder qualitativ entscheidend ins Gewicht fallen, eine **existentielle Bedeutung** (so BK-SCHNYDER/MURER, N 106 mit Bezug auf die Angelegenheiten) haben (s.a. BGer II.Z. v. 19.6.2001, 5C.23/2001; BGer II.Z.v. 6.3. 2003, E. 3.3, 5C.262/2002). Die Voraussetzung ist z.B. gegeben, wenn Ängste und Zwangsvorstellungen eine Person in ihrer freien Willensbetätigung nachhaltig einschränken und ihr ein selbstverantwortliches Leben verunmöglichen (BGer 22.6.2001, E. 4, 5C.102/2001). 27

Die Vertretungsbedürftigkeit (für Besorgung der Angelegenheiten) muss wie die Bedürftigkeit nach Beistand und Fürsorge (für welche das Gesetz dieses Erfordernis ausdrücklich erwähnt) **von gewisser Dauer** sein, damit sie als Entmündigungsvoraussetzung genügt. Bewirkt die Geisteskrankheit oder -schwäche nur (noch) eine kurzfristige Unfähigkeit zur Besorgung der Angelegenheiten, etwa wenn eine rasche Heilung absehbar ist, kann nötigenfalls ein Beistand (Art. 392 Ziff. 1) bestellt werden. Bei schubweise verlaufendem Krankheitsverlauf mit jeweils erheblicher Rückfallwahrscheinlichkeit in absehbaren Zeitabschnitten darf die Voraussetzung der dauernden Schutzbedürftigkeit bejaht werden (vgl. dazu BK-SCHNYDER/MURER, N 126 ff. m.Hw.; s.a.o. N 21).

Die **Gefährdung der Sicherheit Dritter** bzw. das entsprechende Schutzbedürfnis muss besonders stark ausgeprägt sein, damit es als Entmündigungsvoraussetzung genügt; s.a. u. N 32. 28

Vormundschaftliche Massnahmen haben ja in erster Linie die betroffene Person und deren Vermögen zu schützen, daneben, d.h. erst in zweiter Linie, dienen sie auch dem Schutz von Drittpersonen (BGE 115 II 20). Da die Entmündigung einen schweren Eingriff in die Freiheit der betroffenen Person darstellt, ist sie allein im Interesse von Drittpersonen nur gerechtfertigt, wenn es der Schutz wichtiger Güter Dritter erfordert und die Gefährdung andauert (BGer 3.7.2003 II.Z. E. 3.2, 5C.74/2003). Solche wichtigen Güter sind v.a. Leben und Gesundheit, d.h. körperliche Integrität, sowie Freiheit und moralisch-sittliche Integrität. Wirtschaftliche Interessen müssen in erheblichem Ausmass und hochgradig gefährdet sein, damit deren Schutz für sich allein genommen als Entmündigungsvoraussetzung genügt. Dasselbe gilt für den Schutz vor Belästigung und übermässiger zeitlicher Beanspruchung durch Querulanten (vgl. zum Ganzen: BK-SCHNYDER/MURER, N 142 ff. m.Hw.; zur Frage der Entmündigung von Querulanten: RIEMER, Vormundschaftsrecht, 44; BK-SCHNYDER/MURER, N 170 m.Hw.). Oft gehen Gefährdung der Sicherheit Dritter durch eine geisteskranke Person einher mit persönlicher Schutzbedürftigkeit derselben; aus dem Drittgefährdungspotenzial fliesst eine Betreuungsbedürftigkeit (BGer 3.7.2003 II.Z. E. 3.3, 5C.74/2003).

3. Die Verhältnismässigkeit als zusätzliche Voraussetzung

29   Die Rechtsprechung schützt die Anordnung vormundschaftlicher Massnahmen nur, wenn sie dem Verhältnismässigkeitsprinzip (o. N 18) genügen, wenn die Stufenfolge vormundschaftlicher Massnahmen bei der Anordnung beachtet worden ist. Die Entmündigung bewirkt die Entziehung der Handlungsfähigkeit. Sie steht deshalb in der Stufenfolge der Massnahmen an oberster Stelle und deshalb ist insb. zu prüfen, welche besonderen Schutzbedürftigkeiten die **Entziehung der Handlungsfähigkeit** als **verhältnismässig,** d.h. als notwendig, zwecktauglich und dem Zweck angemessen erscheinen lassen.

30   Die Entziehung der Handlungsfähigkeit ist **verhältnismässig,** wenn es **notwendig** ist, die betroffene geistesschwache oder geisteskranke Person davor zu schützen, sich durch rechtsgeschäftliche Dispositionen selber zu schaden (vgl. o. N 16). Im Bereich von Art. 369 geht es etwa um den Schutz von Personen mit manisch-depressiver Psychose (Zyklothymie), deren in manischen Phasen unkontrollierten Aktivitäten oft auch den rechtsgeschäftlichen Bereich beschlagen. Sodann geht es häufig um den Schutz von Personen, die wegen ihrer psychischen Behinderung (u.a. Geistesschwäche) durch Dritte rechtsgeschäftlich leicht übervorteilt werden können. Zur Verhinderung rechtsgeschäftlicher Selbstschädigung taugt die Massnahme angesichts der Bestimmungen von Art. 19 und Art. 410 f. offensichtlich, ist somit **zwecktauglich.** Als **zweckangemessen** erscheint sie jedoch nur, wenn die Gefahr der Selbstschädigung Dispositionen von gewisser Tragweite beschlägt, für die betroffene Person eine existentielle Bedeutung hat (o. N 27). Diese existentielle Bedeutung ist u.a. zu bejahen, wenn die betroffene Person wegen ihrer psychischen Behinderung nicht fähig ist, die ihr für die Bestreitung der Lebenshaltungskosten zur Verfügung stehenden finanziellen Mittel zweckmässig einzusetzen und den Verbrauch angemessen zeitlich zu verteilen, und deshalb immer wieder in belastende Notsituationen gerät, die, wenn der Zustand andauert, leicht zu Verwahrlosung führen können. Die in solchen Fällen notwendige Verwaltung der laufenden finanziellen Einkünfte, d.h. die **Einkommensverwaltung** (in der Praxis meist Rentenverwaltung, oft Verwaltung von Vermögenserträgnissen, seltener Lohnverwaltung und selten Verwaltung von Erträgnissen aus selbständiger Erwerbstätigkeit), ist gegen den Willen der betroffenen Person nur durchführbar, wenn diese entmündigt ist (vgl. BGer II.Z. v. 19.6.2001, E. 4b, 5C.23/2001).

31   Mit der Sorge für das Vermögen der entmündigten Person, insb. in der Ausgestaltung des o. dargestellten Schutzes vor nachteiliger Vermögensdispositionen (inkl. unzweckmässiger Einkommensverwendung) ist oft sehr eng die Wahrnehmung von Schutzbedürfnissen verbunden, die der persönlichen Fürsorge zuzurechnen sind. In der Praxis besteht in vielen Fällen insb. zwischen der Einkommensverwaltung und der persönlichen Fürsorge eine im günstigen Fall beidseitig positive Wechselwirkung. Soweit die geistesschwache oder geisteskranke Person solcher persönlicher Fürsorge bedarf, die nur erbracht werden kann, wenn ihr gleichzeitig der o. in N 30 dargestellte Schutz gewährt werden kann, kann die **Notwendigkeit** und Verhältnismässigkeit der Entziehung der Handlungsfähigkeit auch mit dem Bedürfnis nach **persönlicher Fürsorge** begründet werden (s. z.B. BGer II.Z. v. 16.10.2001, E. 2c–e, 5C.238/2001).

Ansonsten jedoch und normalerweise ist die Entziehung der Handlungsfähigkeit nicht nötig, damit einer Person die notwendige persönliche Fürsorge erbracht werden kann. Für nicht entmündigte Personen gelten seit der Aufnahme der Bestimmungen über die fürsorgerische Freiheitsentziehung (Art. 397a ff.) ins Gesetz bez. Unterbringung in einer Anstalt die gleichen Regeln wie für entmündigte Personen. Die gem. aArt. 406 früher gegebene Befugnis des Vormundes, die erwachsene entmündigte Person nötigenfalls in einer Anstalt unterzubringen (allerdings mit Zustimmungserfordernis der Behörde, aArt. 421 Ziff. 13), könnte unter dem alten Recht noch eine Notwendigkeit der Entmündigung mit Blick auf die voraussichtlich notwendige persönliche Fürsorge begründen. Dieses Argument für eine Entmündigung ist heute nicht mehr gegeben. Die dem Vormund gem. Art. 406 Abs. 2 zukommende Unterbringungskompetenz bei Gefahr in Verzug wird als praktisch nicht sehr bedeutende zusätzliche Möglichkeit im Bereich der Personensorge für sich allein eine Entmündigung kaum je rechtfertigen.

Bezüglich des mit der Entmündigungsvoraussetzung der **Gefährdung der Sicherheit Dritter** anvisierten Schutzzweckes stellt sich die **Frage der Zwecktauglichkeit** der Massnahme der Entmündigung eindringlich (s. dazu etwa den Fall in BGer II.Z. v. 27.1.2000, 5P.420/1999). Am ehesten noch zum Schutz der wirtschaftlichen Interessen Dritter dürfte die Massnahme wegen der Publikation und nachfolgenden Publizität der Entmündigung die gewünschte Wirkung zeitigen. In diesem Bereich werden aber bez. Zweckangemessenheit hohe Anforderungen gestellt (o. N 28). Im Übrigen jedoch dürfte die Frage der Zwecktauglichkeit und damit der Verhältnismässigkeit der Entziehung der Handlungsfähigkeit allein zum Zwecke des Schutzes von Drittinteressen kaum je zu bejahen sein. Dies u.a. auch aufgrund der o. N 31 im Zusammenhang mit der persönlichen Fürsorge dargestellten Rechtslage bei der fürsorgerischen Freiheitsentziehung. Dies will nicht heissen, dass eine entmündigte Person durch geeignete vormundschaftliche Personen- und Vermögenssorge nicht so beeinflusst werden kann, dass sie die Sicherheit von Drittpersonen erheblich weniger gefährdet als dies ohne diese Hilfestellung der Fall wäre. Geeignete Personen- und Vermögenssorge mit der gleichen positiven Auswirkung auf die Sicherheit von Drittpersonen ist aber u.U. auch möglich, ohne dass entmündigt wird.

Nicht notwendig und damit nicht verhältnismässig ist die mit der Entmündigung verbundene Entziehung der Handlungsfähigkeit, wenn **keine Gefahr** besteht, dass sich die geistesschwache oder geisteskranke Person durch **rechtsgeschäftliche Dispositionen selber schaden** könnte (o. N 16 und 30). Solches sich selber schädigendes Verhalten kann u.U. aufgrund bisheriger Erfahrungen und der bisherigen Lebensgeschichte der betroffenen Person, allenfalls ergänzt durch eine psychiatrische Stellungnahme und Prognose, wenn auch nicht mit letzter Sicherheit, so doch mit so grosser Wahrscheinlichkeit ausgeschlossen werden, dass ein Schutz sich als unnötig erweist. Ebenfalls nicht notwendig ist eine Entziehung der Handlungsfähigkeit bei geisteskranken und geistesschwachen Personen, die wegen dauernder Urteilsunfähigkeit ohnehin schon nicht mehr handlungsfähig und damit auch nicht mehr fähig sind, sich rechtsgeschäftlich unvorteilhaft zu verpflichten oder zu binden. In diesen Fällen muss allerdings die Geisteskrankheit bzw. Geistesschwäche offenkundig sein, damit die Vermutung der Urteilsfähigkeit entfällt und die Beweislast umgekehrt oder zumindest eine die Beweisführung erleichternde tatsächliche Vermutung der Urteilsunfähigkeit eintritt (o. N 22 und 24).

Allerdings müssen auch dann, wenn aufgrund des soeben Gesagten auf eine Entziehung der Handlungsfähigkeit bei geisteskranken und geistesschwachen Personen verzichtet werden könnte, die allfälligen weitern Schutz-, Vertretungs- und Betreuungsbedürftigkeiten abgedeckt werden, damit der Verzicht auf die Entmündigung wirklich erfolgen kann. Dieser Schutz kann aber in zahlreichen Fällen mit einer kombinierten Beistandschaft ausreichend geboten werden (STETTLER, ZVW 1986, 17 ff., m.Hw. auf die häufige Wahl dieser Lösung bei betagten Personen; vgl. dazu: RIEMER, ZVW 1982, 121 ff.). In diesen Kontext gehören des weitern die **Empfehlungen der VDK** (heute VBK) bez. (des **Verzichts** auf) **Bevormundung geistig behinderter Personen** (ZVW 1990, 35), welche die Möglichkeiten einer konsequenten Befolgung des Verhältnismässigkeitsprinzipes in etwa wie folgt aufzeigen: «Das Vormundschaftsrecht ist beherrscht von den beiden *Grundsät-*

zen der Subsidiarität und Proportionalität: Vormundschaftliche Massnahmen sollen nur getroffen werden, soweit die Umgebung des Schützlings den nötigen Schutz nicht zu bieten vermag, und sie sollen die Freiheit nicht mehr, aber auch nicht weniger beschränken als nötig. Beide Grundsätze sind anerkannt. Immerhin könnte ihre verstärkte Beachtung in der vormundschaftlichen Hilfe für geistig Behinderte verschiedene Verbesserungen verwirklichen. *Alternativen zur Entmündigung nach Art. 369:* Ist die persönliche Betreuung durch die Familie oder die freiwillige Sozialhilfe gesichert, so genügt für die Wahrung der vermögensrechtlichen Interessen oft eine Beistandschaft nach Art. 393, allenfalls kombiniert mit Art. 392. Ist die Handlungsfähigkeit nur teilweise zu beschränken, so kommt in gewissen Fällen auch die kombinierte Beiratschaft nach Art. 395 Abs. 1 und 2 zur Anwendung. Wo die Entmündigung nicht zu vermeiden ist, wirkt sie weniger belastend, wenn sie gem. Art. 372 auf eigenes Begehren und nicht von Amtes wegen ausgesprochen wird.«

35   Die Notwendigkeit und damit **Verhältnismässigkeit** einer Entmündigung ist **nicht gegeben, wenn** zum Schutz der betroffenen Person die **Beschränkung der Handlungsfähigkeit** nach Art. 395 **ausreicht** (vgl. o. N 18; BGE 99 II 20). Dabei ist von Bedeutung, dass der betroffenen Person auch im Rahmen einer Beiratschaft persönliche Fürsorge erwiesen werden kann (u. Art. 395 N 18) und die Fürsorgerische Freiheitsentziehung nach Art. 397a nötigenfalls die vorwiegend auf die Vermögenssorge ausgerichtete Verwaltungstätigkeit des Beirates ergänzen kann (DESCHENAUX/STEINAUER, Personnes, N 1155 und 1155a).

IV. Die Anzeigepflicht nach Abs. 2

36   Das kant. und eidgenössische öffentliche Recht bestimmt, welche öffentlichen Stellen und Einrichtungen als Verwaltungsbehörden und Gerichte gelten. Diese sind zur Anzeige verpflichtet, wenn sie in Ausübung ihrer amtlichen Funktionen Kenntnis von einer Person erhalten, die nach Art. 369 entmündigt werden müsste. Dabei muss sich der Behörde oder dem Gericht die Annahme aufdrängen, dass ein Entmündigungsfall vorliegt; es soll nicht die Untersuchung unsicherer, bloss möglicher Bevormundungsfälle provoziert werden (ZK-EGGER, N 63). In der Praxis spielt die Bestimmung, die mehr Fragen aufwirft als löst (ZK-EGGER, N 62), keine grosse Rolle. Anzeigen bei den VormBehörden über mögliche Entmündigungsfälle nach Art. 369 werden häufig auch von nicht anzeigepflichtigen Personen aufgrund des allgemeinen Anzeigerechtes gemacht (BK-SCHNYDER/MURER, N 367).

V. Die quantitative Bedeutung der Entmündigung nach Art. 369

37   Die Entmündigung nach Art. 369 ist der **häufigste Entmündigungsfall** und zurzeit noch die zweithäufigste amtsgebundene Massnahme für Erwachsene überhaupt. Von den Ende 2004 in der Schweiz laufenden rund 64 000 amtsgebundenen Massnahmen für Erwachsene waren rund 14 000 (21,8%) Vormundschaften nach Art. 369. Die Zahl der übrigen Vormundschaften (Art. 370–372) belief sich auf insgesamt rund 7700. Unter den im Jahr 2004 insgesamt rund 10 300 neu angeordneten amtsgebundenen Massnahmen für Erwachsene befanden sich rund 820 (8,0%) Vormundschaften nach Art. 369. Die Entmündigung nach Art. 369 ist noch immer die häufigste Entmündigungsart (825 nach Art. 369; 624 nach Art. 372; 105 nach Art. 370; 5 nach Art. 371). Im Übrigen werden aber seit Jahren immer mehr Beistandschaften und immer weniger Vormundschaften neu errichtet (Schweizerische Vormundschaftsstatistik 2004, Sekretariat VBK, Luzern).

Art. 370

II. Verschwen-dung, Trunksucht, lasterhafter Lebenswandel, Misswirtschaft	**Unter Vormundschaft gehört jede mündige Person, die durch Verschwendung, Trunksucht, lasterhaften Lebenswandel oder durch die Art und Weise ihrer Vermögensverwaltung sich oder ihre Familie der Gefahr eines Notstandes oder der Verarmung aussetzt, zu ihrem Schutze dauernd des Beistandes und der Fürsorge bedarf oder die Sicherheit anderer gefährdet.**
II. Prodigalité, ivrognerie, inconduite et mauvaise gestion	Sera pourvu d'un tuteur tout majeur qui, par ses prodigalités, son ivrognerie, son inconduite ou sa mauvaise gestion, s'expose, lui ou sa famille, à tomber dans le besoin, ne peut se passer de soins et secours permanents ou menace la sécurité d'autrui.
II. Prodigalità, alcoolismo, scostumatezza, cattiva amministrazione	È soggetta a tutela ogni persona maggiorenne, che per prodigalità, abuso di bevande spiritose, scostumatezza o per il modo della propria amministrazione espone sé medesima o la sua famiglia al pericolo di cadere nel bisogno o nell'indigenza, o richiede durevole assistenza e protezione o mette in pericolo l'altrui sicurezza.

Literatur

Vgl. die Literaturhinweise zu Art. 369.

I. Allgemeines

Zum System der Betreuung und Vertretung erwachsener Personen mittels amtsgebunde- 1
ner vormundschaftlicher Massnahmen und zu den allgemeinen Voraussetzungen für die
Anordnung einer vormundschaftlichen Massnahme, vgl. o. Art. 369 N 1–14; zur Wahl
der geeigneten Massnahme und zur Stellung der Massnahme in der Stufenfolge, vgl. o.
Art. 369 N 15–19.

II. Die Gründe und die Voraussetzungen für die Entmündigung nach Art. 370

1. Die Entmündigungsgründe (i.e.S.)

Als Entmündigungsgründe (i.e.S., vgl. Art. 369 N 2) nennt die Marginalie von Art. 370 2
Verschwendung, Trunksucht, lasterhaften Lebenswandel, Misswirtschaft. Der Gesetzestext verwendet den Ausdruck der «Misswirtschaft» nicht, sondern nennt die «Art
und Weise der Vermögensverwaltung» als Entmündigungsgrund. Diesen vier Gründen
kommt je selbständige Bedeutung zu; sie sind eng auszulegen (BK-SCHNYDER/MURER,
N 6; DESCHENAUX/STEINAUER, Personnes, N 127: *quatre causes alternatives*).

Verschwendung i.S.v. Art. 370 liegt vor, wenn eine natürliche Person wiederholt unsin- 3
nige und in krassem Missverhältnis zur eigenen wirtschaftlichen Leistungsfähigkeit stehende Ausgaben tätigt (ABT, ZVW 1986, 125), ihr Vermögen oder Einkommen in einer
Art und Weise vermindert, die ausserhalb noch irgendwie einsichtiger Proportionen liegt.
Dieses Verhalten muss Ausfluss eines charakterbedingten Mangels an Verstand oder Willen darstellen (ABT, a.a.O.). Unsinnig, «leichtsinnig-unnütz», sind Ausgaben, wenn sie
nach allgemeiner Anschauung überhaupt keinen oder keinen auch nur annährend angemessenen Gegenwert bringen; Aufwendungen für Luxus und Vergnügen, massive Geschenke etc. sind dann verschwenderisch, wenn sie in keinem Verhältnis mehr stehen
zum Gewinn an Erholungs- und Freizeitwert, an sozialem Prestige, an der Befriedigung,

andern eine Freude zu bereiten (BK-SCHNYDER/MURER, N 32; vgl. auch zu den Begriffen der Verschwendung und Misswirtschaft: BGE 92 II 141 = ZVW 1967, 109; BGer ZVW 1978, 31). Der Begriff der Verschwendung ist des Weiteren relativ mit Bezug auf die wirtschaftliche Leistungsfähigkeit der Person, die grosszügig Ausgaben tätigt; Verschwendung i.S.v. Art. 370 ist nur gegeben, wenn die unsinnigen Ausgaben zu einem raschen Vermögensverzehr führen (vgl. BK-SCHNYDER-MURER, N 42 m.Hw.). Dass unsinnige Ausgabentätigkeit ohne gleichzeitige Vermögensgefährdung eine Entmündigung wegen Verschwendung rechtfertigen könnte, wenn die betroffene Person (nicht deren künftige Erben) sich durch die Art und Weise ihrer Ausgabentätigkeit, d.h. durch die damit verbundene Lebensweise, psychisch ruiniert und deshalb dauernd Beistand und Fürsorge (eines Vormundes) braucht, wird in der Lehre als Möglichkeit in Betracht gezogen (BK-SCHNYDER/MURER, N 43 und 186 m.Hw. auf BK-KAUFMANN, N 11, der allerdings nicht ausführt, ob bei Verschwendung die Entmündigungsvoraussetzung der Beistandsbedürftigkeit für sich allein genügt oder nur neben der «ökonomischen Gefährdung» in Betracht kommt). In der Praxis sind solche Fälle, ohne gleichzeitiges Vorliegen einer Suchterkrankung (oder einer Geistesschwäche oder Geisteskrankheit, welche die Anwendung von Art. 370 ohnehin ausschliesst [u. N 8]) kaum vorstellbar, wären jedenfalls nur mit äusserster Zurückhaltung anzunehmen.

4   **Misswirtschaft** i.S.v. Art. 370 liegt vor, wenn eine Person wegen charakterbedingten Mangels an Verstand oder Willen dauernd auf unsinnige Art und Weise ihre Vermögens- bzw. Einkommensverhältnisse gestaltet. Dabei geht es im Unterschied zur Verschwendung nicht um unsinnige Ausgaben, sondern um eine unsinnige Verwaltung der Mittel; diese kann auch in Unterlassungen bestehen (ABT, ZVW 1986, 125 f.). Misswirtschaft setzt ein «ähnlich unsinniges», in einer charakterbedingten «Schwäche des Intellekts oder Willens» begründetes «Verhalten in der Vermögensverwaltung voraus wie der Entmündigungsgrund der Verschwendung beim Ausgeben» (in BK-SCHNYDER/MURER, N 51 zusammengefasste Zitate aus der Rechtsprechung mit den entsprechenden Hinweisen; BGE 92 II 141 = ZVW 1967, 109 m.V.). Der charakterbedingte Mangel an Verstand oder Willen kann z.B. als erhebliche Gleichgültigkeit in Erscheinung treten (vgl. BGE 92 II 141, E. 3a = ZVW 1967, 112).

Gemäss BGE 108 II 93 besteht Misswirtschaft zunächst in einer ausserordentlichen Vernachlässigung der eigenen Vermögensverwaltung, doch fällt nach der Rechtsprechung unter den Begriff auch die Gestaltung der Einkommensverhältnisse, so dass entmündigt werden muss, wer aus Energielosigkeit, Leichtfertigkeit oder ähnlichen Gründen sich nicht die nötigen Subsistenzmittel verschafft; es betreibt Misswirtschaft, wer schuldhaft ausserstande ist, ein genügendes Einkommen zu erzielen, oder sein Einkommen auf eine unvernünftige, wirtschaftlich sinnlose Weise ausgibt, z.B. Aufwendungen für die notwendigsten Lebensbedürfnisse nicht bezahlt und seine Einkünfte sonstwie verwendet (OGer ZH ZVW 1978, 113 = ZR 1977, 302; BGer II.Z. v. 24.7.2000, E. 2 u. 3, 5C.145/2000), wobei nicht jede Person, die öffentlich Unterstützung beansprucht, zu entmündigen ist; massgebend ist der Grund der Unterstützungsbedürftigkeit (BGE 108 II 93). Die soeben zit. Rechtsprechung verknüpft zu Unrecht den Tatbestand der Misswirtschaft, zumindest im Bereich der Einkommensgestaltung, mit einem schuldhaften Verhalten. Ferner vermengt sie die Begriffe der Misswirtschaft und der Verschwendung. Sie zeigt die in der Praxis festzustellende stark von unterschiedlichen Werthaltungen geprägte und uneinheitliche Rechtsanwendung auf (vgl.zur Problematik: STEINAUER, ZVW 1987, 1 ff., insb. 14 f.). Wie derjenige der Verschwendung (o. N 4) ist auch der Begriff der Misswirtschaft relativ, d.h. von Misswirtschaft i.S.v. Art. 370 kann nicht gesprochen werden, solange eine Person zwar die Gestaltung ihrer Einkommens- und Vermögensverhältnisse als nebensächlich behandelt und dabei mehr oder weniger stark vernachlässigt, daneben

aber dank guter Möglichkeiten, die eigene Arbeitskraft erwerbstätig einzusetzen und/
oder dank vorhandenem Vermögen, das noch längere Zeit ausreicht, sich wirtschaftlich
nicht gefährdet.

Der Begriff der **Trunksucht** i.S.v. Art. 370 deckt sich nicht mit dem entsprechenden me- **5**
dizinischen Begriff, der erst verwendet wird, wenn bereits eine fortgeschrittene Schädigung eingetreten ist. Trunksucht i.S.v. Art. 370 liegt vor, wenn eine Person mangels Einsicht oder Willens auf die Dauer nicht mehr aus eigener Kraft auf den übermässigen
Genuss von Alkohol verzichten kann (BK-SCHNYDER/MURER, N 106; ABT, ZVW 1986,
126; OGer SG ZVW 1994, 244). Nicht als trunksüchtig i.S.v. Art. 370 gilt, wer nur von
Zeit zu Zeit übermässig Alkohol konsumiert (ABT, a.a.O.; DESCHENAUX/STEINAUER, Personnes, N 130 m.Hw.).

Die Abhängigkeit von **andern Drogen** ist mit Bezug auf die vormundschaftlichen Hilfe- **6**
stellungen (vgl. die Erwähnung der andern Suchterkrankungen in Art. 397a) unter den
Begriff der Trunksucht zu subsumieren, da solche Abhängigkeiten von andern als alkoho-
lischen Substanzen bez. Ursache, Verlauf und Wirkung grosse Ähnlichkeit mit der Trunksucht aufweisen (BK-SCHNYDER/MURER, N 107 m.Hw. u.a. auf ZK-EGGER, N 34 [gl.M.]
und BK-KAUFMANN, N 14 **[a.M.]**; ZVW 1981, 152; DESCHENAUX/STEINAUER, Personnes, N 130).

Als **lasterhafter Lebenswandel** i.S.v. Art. 370 gilt ein aus Mangel an Verstand oder Wil- **7**
len resultierendes, gewohnheitsmässiges (andauerndes) Verhalten, das erheblich gegen
die rechtlichen und sittlichen Anforderungen der Gemeinschaft verstösst, welche die
Gemeinschaft an den Einzelnen um seiner selbst und des Zusammenlebens willen stellen
muss (BK-SCHNYDER/MURER, N 125 m.Hw.). Der lasterhafte Lebenswandel muss Ausdruck einer charakterlichen Disposition sein, die dem Betroffenen eine seinem Wohl dienende Einordnung in die menschliche Gemeinschaft verunmöglicht (ABT, ZVW 1986,
126). Dem Begriff des lasterhaften Lebenswandels haftet ein moralisierender Beigeschmack an. Lediglich gestützt auf «lasterhaften Lebenswandel» wird in der Praxis kaum
noch entmündigt. Die Entmündigung und die damit verbundene Entziehung der Handlungsfähigkeit dürfte nämlich kaum je die adäquate Hilfestellung für diejenige Person
sein, deren Charakterschwäche zu einem Verhalten führt, das vormundschaftsrechtlich
mit Blick auf Ursache und Wirkung lediglich dem Entmündigungsgrund des lasterhaften
Lebenswandels zugeordnet werden kann. Diese Person benötigt v.a. persönliche Fürsorge, die ihr auch ohne vorgängige Entziehung der Handlungsfähigkeit erbracht werden
kann (vgl. auch STEINAUER, ZVW 1987, 14).

Die verschiedenen Entmündigungsgründe des Art. 370 treten häufig nicht isoliert, son- **8**
dern gleichzeitig nebeneinander auf; die Suchterkrankung etwa mit misswirtschaftlichem
oder verschwenderischem Verhalten, lasterhafter Lebenswandel gleichzeitig mit Verschwendung, Misswirtschaft und Trunksucht (BK-SCHNYDER/MURER, N 128). In solchen Fällen sind alle gegebenen Gründe zur Begründung der Entmündigung anzuführen.

Lediglich gestützt auf Art. 369 ist zu entmündigen, wenn Geistesschwäche oder Geistes-
krankheit neben einem Entmündigungsgrund nach Art. 370 gegeben ist (o. Art. 369
N 19), etwa wenn die Trunksucht Folge schwerer psychischer Störungen ist oder schwere
psychische Störungen verursacht, die als Geisteskrankheit oder Geistesschwäche i.S.v.
Art. 369 (o. Art. 369 N 21 und 23) zu qualifizieren sind (vgl. BK-SCHNYDER/MURER,
N 112). Die **Abgrenzung** zwischen **Trunksucht (Suchterkrankung)** i.S.v. Art. 370 und
Geisteskrankheit i.S.v. Art. 369 ist nie einfach, aber auch die Abgrenzung zwischen
Geisteskrankheit/Geistesschwäche und den **Charakterschwächen** (Mangel an Verstand
oder Willen), mit denen Verschwendung, Misswirtschaft oder lasterhafter Lebenswandel

einhergehen, bereitet oft Schwierigkeiten. Die Einholung eines Sachverständigengutachtens ist deshalb in den meisten Fällen, in denen eine Entmündigung nach Art. 370 in Betracht gezogen wird, angezeigt, weil die Frage, ob eine Geisteskrankheit oder -schwäche vorliegt, nicht offen gelassen werden darf (dazu u. Art. 374 N 18). Nur wenn die Suchterkrankung bzw. der Mangel an Verstand und Wille aus der Sicht des besonnenen Laien (o. Art. 369 N 21 und 23) noch nicht als Geisteskrankheit oder Geistesschwäche empfunden werden, fällt die Anwendung der Entmündigungsgründe nach Art. 370 in Betracht.

2. Die Entmündigungsvoraussetzungen

9   Die Entmündigungsvoraussetzungen (o. Art. 369 N 4) des Art. 370 sind:

- die Gefahr eines Notstandes oder der Verarmung für die betroffene Person selber und/oder für ihre Familie (diese Voraussetzung kann auch in zwei Voraussetzungen [Gefahr für die betroffene Person selber – Gefahr für deren Familie] aufgegliedert werden, so: BK-SCHNYDER/MURER, N 146 und 177; dagegen: DESCHENAUX/STEINAUER, Personnes, N 133 f.);

- das andauernde Bedürfnis nach Beistand und Fürsorge;

- die Gefährdung der Sicherheit anderer.

Mindestens **eine** der **drei Voraussetzungen** muss nebst **mindestens einem** Entmündigungsgrund (i.e.S.) gegeben sein, damit die Entmündigung erfolgen kann.

10   Die **Gefahr eines Notstandes oder der Verarmung** bezieht sich auf die wirtschaftliche Existenz der betroffenen Person (BK-SCHNYDER/MURER, N 146), die (z.B. durch Suchterkrankung hervorgerufene) Gefahr eines gesundheitlichen Notstandes wird durch diese Entmündigungsvoraussetzung nicht erfasst (ABT, ZVW 1986, 127).

Einkommen und Vermögen der betroffenen Person sind dabei als wirtschaftliche Einheit (ABT, a.a.O.), **als Ganzes,** zu betrachten, weshalb nicht zu entmündigen ist, wer seine wirtschaftliche Existenz insgesamt nicht gefährdet (BK-SCHNYDER/MURER, N 148). Wer seine Arbeitskraft erwerbstätig einsetzen kann oder über ein für seine Bedürfnisse ausreichendes Renteneinkommen verfügt, kann sein Vermögen beliebig verbrauchen, ohne sich einer (im Vergleich zu grossen Teilen der Bevölkerung) erhöhten Gefahr eines Notstandes oder der Verarmung auszusetzen. Dies hat zur Folge, dass die Vermögen einkommensstarker Rentner auch dann, wenn etwa altersbedingte geistige Wesensveränderungen solcher Rentner konkret zu einer Gefährdung ihres Vermögens führen, nicht gestützt auf Art. 370 geschützt werden können, sofern nicht eine andere Entmündigungsvoraussetzung gegeben ist. In solchen Fällen muss nach Art. 369 oder Art. 372 entmündigt werden, es sei denn, was in der Praxis meist der Fall ist, der Schutz von Art. 18 in Verbindung mit einer Beistandschaft (vgl. u. Art. 392 N 13; Art. 394 N 4) genüge für den Schutz des Vermögens. Andererseits entsteht für die Person, die über ein gemessen an seiner grosszügig berechneten verbleibenden Lebenszeit ausreichendes Vermögen für die Bestreitung des Lebensunterhaltes verfügt, nicht die Gefahr eines Notstandes oder der Verarmung, auch wenn sie die Gestaltung ihrer Einkommensverhältnisse vernachlässigt und die Verwaltung ihres Vermögens nicht am Ziel eines optimalen Vermögensertrages ausrichtet, sondern sich auf die sichere Anlage beschränkt.

11   Es stellt sich die Frage, ob es angesichts des (noch) ungeschriebenen verfassungsmässigen Anspruchs auf Existenzsicherung überhaupt möglich ist, sich oder seine Familie der Gefahr eines Notstandes oder der Verarmung i.S.v. Art. 370 auszusetzen. Diese Frage ist zu bejahen, obschon die **Sozialhilfe** heute i.d.R. **wirtschaftliche Hilfe** leistet, die über die Gewährleistung der nackten Existenz hinausgeht, die Teilhabe des Hilfeempfängers am sozialen Leben ermöglicht (Richtlinien der Schweizerischen Konferenz für öffentliche Sozialhilfe, Bern 1997, Abschnitt D). Nach allgemeiner Anschauung gilt als arm bzw. verarmt, wer auf Sozialhilfe angewiesen ist; auch subjektiv erleben sich zahlreiche Sozialhilfeempfänger als arm oder gar als notleidend. Das Angewiesensein auf wirtschaftliche Sozialhilfe kann deshalb durchaus als Notstand bzw. Verarmung i.S.v. Art. 370 qualifiziert werden, auch wenn nicht jede Person, die öffentliche Fürsorge beansprucht, zu entmündigen ist (BGE 108 II 93).

Das **andauernde Bedürfnis nach Beistand und Fürsorge** als Entmündigungsvoraus-   **12**
setzung des Art. 370 ist nicht nur dem Wortlaut nach, sondern auch inhaltlich mit der entsprechenden Entmündigungsvoraussetzung des Art. 369 identisch (vgl. o. Art. 369 N 26 f.; BK-SCHNYDER/MURER, N 185). Diese Entmündigungsvoraussetzung hat im Rahmen der Anwendung von Art. 370 insb. zusammen mit dem Entmündigungsgrund der Trunksucht (und der andern Suchterkrankungen) praktische Bedeutung und genügt dabei als alleinige weitere Voraussetzung. Hingegen genügt sie i.d.R. nicht als alleinige weitere Voraussetzung bei den Entmündigungsgründen der Verschwendung und/oder Misswirtschaft (s.o. N 3).

Die **Gefährdung der Sicherheit anderer** ist als Entmündigungsvoraussetzung ebenfalls   **13**
identisch mit derjenigen des Art. 369 (vgl. o. Art. 369 N 28; BK-SCHNYDER/Murer, N 195). Obschon Personen, die infolge Verschwendung oder Misswirtschaft in wirtschaftliche Notlagen geraten, zumindest längerfristig oft die Tendenz entwickeln dürften, insb. die wirtschaftliche Interessen Dritter zu gefährden, lehnt die Lehre die Entmündigung allein gestützt auf die Kombination des Entmüdigungsgrundes der Verschwendung und/oder Misswirtschaft mit der weitern Voraussetzung der Gefährdung der Sicherheit Dritter zu Recht ab (BK-SCHNYDER/MURER, N 195; ZK-EGGER, N 10 und 21); die Gefährdung der Sicherheit Dritter ist im Zusammenhang mit Art. 370 entweder die Folge von Trunksucht (bzw. anderer Suchterkrankungen) oder von lasterhaftem Lebenswandel (BK-KAUFMANN, N 51).

3. Die Verhältnismässigkeit als zusätzliche Voraussetzung

Die im Zusammenhang mit der Entmündigung nach Art. 369 gemachten Ausführungen   **14**
betr. Verhältnismässigkeit als zusätzliche Voraussetzung (o. Art. 369 N 29 ff.) gelten weitestgehend auch im Zusammenhang mit der Entmündigung nach Art. 370. Dies gilt insb. für die Bejahung der Verhältnismässigkeit dann (und im Wesentlichen nur dann), wenn es **notwendig** ist, die betroffene Person **davor zu schützen,** sich **durch rechtsgeschäftliche Dispositionen selber zu schaden** und bez. der **Zweckangemessenheit** der **Einkommensverwaltung** in bestimmten Fällen (Art. 369 N 30). Gleich wie bei geistesschwachen und geisteskranken Personen wird auch bei suchtkranken Personen und solchen mit lasterhaftem Lebenswandel das Bedürfnis nach **persönlicher Fürsorge** für sich allein genommen die Entmündigung kaum je rechtfertigen können (Art. 369 N 31); für die Personen mit den genannten Schwächezuständen stellt sich die Frage der **Zwecktauglichkeit** im Kontext mit der Entmündigungsvoraussetzung der Gefährdung der Sicherheit Dritter im gleichen Mass wie bei der Entmündigung nach Art. 369 (Art. 369 N 32). Sodann ist nicht zu entmündigen, wenn der angestrebte Zweck mit einer **Beschränkung der Handlungsfähigkeit** i.S.v. Art. 395 erreicht werden kann (Art. 369 N 35). Dies wird zur Vermeidung von verschwenderischem Vermögensverzehr oder misswirtschaftlicher Vermögensverwaltung häufig der Fall sein.

15 Die mit der Entmündigung verbundene Entziehung der Handlungsfähigkeit wird nur in den seltensten Fällen das **zwecktaugliche Mittel** darstellen, um eine suchtkranke Person von ihrem Suchtverhalten, eine i.S.v. Art. 370 lasterhafte Person vom lasterhaften Lebenswandel oder eine Person, die sich nicht ausreichend um die Erzielung eines Einkommens kümmert, von der so i.S.v. Art. 370 betriebenen Misswirtschaft abzuhalten. Anders ausgedrückt: die Entziehung der Handlungsfähigkeit bewirkt direkt nie Verhaltensänderungen, die ein aktives Mittun der betroffenen Personen erfordern; höchstens indirekt über das Instrument der Einkommensverwaltung kann die Entziehung der Handlungsfähigkeit u.U. eine Verhaltensänderung herbeiführen. Im Übrigen ist aber die Entziehung der Handlungsfähigkeit das Mittel, um die betroffene Person in ihrem eigenen Handeln einzuschränken, was oft die Motivationsbereitschaft für aktive Verhaltensänderungen oder für therapeutische Massnahmen beeinträchtigt. Die im Zusammenhang mit Suchterkrankungen oftmals erforderliche persönliche Fürsorge kann i.d.R. auch im Rahmen einer Beistandschaft geleistet werden (vgl. KGer SG ZVW 1994, 244).

III. Die quantitative Bedeutung der Entmündigung nach Art. 370

16 Von den Ende 2004 in der Schweiz laufenden rund 64 000 amtsgebundenen vormundschaftlichen Massnahmen für Erwachsene waren 975 (1,5%) Vormundschaften nach Art. 370. Die zahlenmässige Bedeutung dieser Massnahme nimmt tendenzmässig weiter ab; von den im Jahr 2004 insgesamt rund 10 300 neu angeordneten amtsgebundenen Massnahmen für Erwachsene waren deren 105 (1,0%) Vormundschaften nach Art. 370 (Schweizerische Vormundschaftsstatistik 2004, Sekretariat VBK, Luzern).

Art. 371

III. Freiheits-strafe	**¹ Unter Vormundschaft gehört jede mündige Person, die zu einer Freiheitsstrafe von einem Jahr oder darüber verurteilt worden ist.**
	² Die Strafvollzugsbehörde hat, sobald ein solcher Verurteilter seine Strafe antritt, der zuständigen Behörde Mitteilung zu machen.
III. Détention	¹ Sera pourvu d'un tuteur tout majeur condamné pour un an ou plus à une peine privative de la liberté.
	² L'autorité chargée de l'exécution du jugement est tenue d'informer sans délai l'autorité compétente que le condamné a commencé sa peine.
III. Pena privativa della libertà	¹ È soggetta a tutela ogni persona maggiorenne condannata ad una pena privativa della libertà per un anno o più.
	² L'autorità che ordina l'esecuzione della pena deve notificare il caso all'autorità competente tostoché l'esecuzione sia cominciata.

Literatur

MURER, Die Entmündigung wegen Freiheitsstrafe – Art. 371 ZGB, Diss. Freiburg i.Ü. 1972; SPECKER, Der Strafverhaft als Entmündigungsgrund, ZSR 1946 I 293; STETTLER, L'interdiction découlant de la condamnation à une peine privative de liberté, ZVW 1980, 81 ff.; vgl. die Literaturhinweise zu Art. 369.

I. Allgemeines

Zum System der Betreuung und Vertretung erwachsener Personen mittels amtsgebunde- **1** ner vormundschaftlicher Massnahmen und zu den allgemeinen Voraussetzungen für die Anordnung einer vormundschaftlichen Massnahme, vgl. o. Art. 369 N 1–14; zur Wahl der geeigneten Massnahme und zur Stellung der Massnahme in der Stufenfolge, vgl. o. Art. 369 N 15–19.

II. Die Gründe und die Voraussetzungen für die Entmündigung nach Art. 371

1. Der Entmündigungsgrund (i.e.S.)

Als Entmündigungsgrund nennt das Gesetz die **Verurteilung** einer mündigen Person zu **2** einer **Freiheitsstrafe von einem Jahr oder darüber** (Abs. 1) verbunden mit dem ge- stützt auf eine solche Verurteilung tatsächlich erfolgten **Strafantritt** (Abs. 2). Wird der bedingte Strafvollzug gewährt, kommt deshalb eine Entmündigung nach Art. 371 nicht in Betracht. Als Freiheitsstrafe gilt die Zuchthaus- und Gefängnisstrafe nach StGB. Nicht unter den Begriff der Freiheitsstrafe fallen die Haftstrafen, Untersuchungs- und Si- cherheitshaft (BK-Schnyder/Murer, N 13 m.Hw.). Beim vorzeitigen Strafantritt fehlt es an der Verurteilung, so dass zu diesem Zeitpunkt der Entmündigungsgrund noch nicht erfüllt ist (Abt, ZVW 1986, 128). Hingegen ist gemäss Lehre und Rechtsprechung der Entmündigungsgrund der Freiheitsstrafe auf die strafrechtlichen Massnahmen anwend- bar, sofern diese ähnlich wie die Freiheitsstrafen in geschlossenen Anstalten vollzogen werden, was namentlich bei der Verwahrung gem. Art. 42 StGB von Gewohnheitsverbre- chern der Fall ist (BK-Schnyder/Murer, N 15 und 17; Deschenaux/Steinauer, Per- sonnes, N 137a). In der Lehre umstritten ist die Anwendung von Art. 371 auf die Einwei- sung in eine Arbeitserziehungsanstalt (Art. 100bis StGB) und die Anstaltsbehandlung von Gewohnheitstrinkern und Rauschgiftsüchtigen (Art. 44 StGB) sowie die Anwendung auf junge Erwachsene, die als Jugendliche in ein Erziehungsheim eingewiesen wurden (Art. 91 und Art. 93ter StGB) im Heim mündig werden und voraussichtlich dort noch mindestens ein Jahr verbringen müssen (zu Letzterem: BK-Schnyder/Murer, N 26 m.Hw.; zur Frage der Anwendbarkeit auf die genannten Massnahmen allgemein: BK-Schnyder/Murer, N 18 und 20 f. m.Hw.; Deschenaux/Steinauer, Personnes, N 137a). Nicht als Freiheitsstrafe i.S.v. Art. 371 kommt die fürsorgerische Freiheitsent- ziehung gem. Art. 397 a ff. in Betracht (BK-Schnyder/Murer, N 22; Abt, ZVW 1986).

Für die **Berechnung der Dauer** von mindestens einem Jahr ist die im Zeitpunkt des **3** Strafantrittes tatsächlich noch zu verbüssende Strafe massgebend (BGE 104 II 12 E. 3 = ZVW 1979, 37). Die Dauer der auf die Strafdauer angerechneten Untersuchungs- und Sicherheitshaft ist deshalb bei der Berechnung der für Art. 371 massgebenden Dauer abzuziehen (ZK-Egger, N 6; Deschenaux/Steinauer, Personnes, N 137b). Wird auf die in Lehre und Rechtsprechung mehrheitlich vertretene Auffassung abgestellt, wonach der *tatsächliche Strafantritt* für die Berechnung der noch verbleibenden Dauer massge- bend ist, wäre hingegen die zwischen vorzeitigem Strafantritt und Urteil verstrichene Zeit nicht abzuziehen (**a.M.** BK-Schnyder/Murer, N 23 m.Hw. auf h.L.). Die Bedeu- tung dieser Frage wird durch die von der Rechtsprechung nun anerkannte Relativierung des absoluten Entmündigungsgrundes der Freiheitsstrafe (u. N 4) deutlich verringert. Bei der Berechnung nicht zu beachten ist eine mögliche bedingte vorzeitige Entlassung. Bei Konkurrenz verschiedener Strafen, auch wenn sie durch verschiedene Gerichte ausge- sprochen wurden, ist auf das zusammenhängend zu verbüssende Stück Freiheitsstrafe abzustellen (so auch Abt, ZVW 1986, 129; BK-Schnyder/Murer, N 28 m.Hw.; **a.M.** BK-Kaufmann, N 6; ZK-Egger, N 6).

2. Die Entmündigungsvoraussetzungen

4 Das Gesetz erwähnt als Voraussetzung für die Entmündigung nach Art. 371 nur den o. N 2 f. dargestellten Entmündigungsgrund und keine weiteren Entmündigungsvoraussetzungen bzw. besonderen Schutzbedürftigkeiten, wie dies bei den andern Entmündigungsgründen der Fall ist (o. Art. 369 N 4 f. und 25 ff., Art. 370 N 9 ff., u. Art. 372 N 7 f.). Der **Entmündigungsgrund** von Art. 371 erscheint dem Wortlaut nach **absolut.** Die Lehre forderte in Anbetracht des Zweckes des Vormundschaftsrechtes und unter Hinweis auf die sonst im Vormundschaftswesen hoch gehaltenen Prinzipien der Verhältnismässigkeit und Subsidiarität sowie auf die Nutzlosigkeit der Massnahme in den meisten Einzelfällen seit langem, die Entmündigung nach Art. 371 nur Platz greifen zu lassen, wenn eine entsprechende **Schutzbedürftigkeit** der betroffenen Person gegeben ist (so schon ZK-EGGER, N 8 ff. m.Hw. auf SPECKER; STETTLER, ZVW 1980, 81 ff., insb. 87 ff.; vgl. überdies die von BK-SCHNYDER/MURER, N 33 ff. m.Hw. zusammengefassten Argumente für eine Relativierung des absoluten Entmündigungsgrundes; ins Gewicht fällt als Argument insb. der seit Erlass des ZGB erfolgte bedeutende Ausbau der Sozialdienste von Gefängnissen). Sodann wurde die starr nach Wortlaut praktizierte Anwendung des Art. 371 zu Recht als Verstoss gegen die EMRK bezeichnet (AppHof BE 1.10.1975 ZVW 1978, 65; STETTLER, ZVW 1980, 94). Die Praxis berücksichtigte die Kritik an der Absolutheit des Art. 371, indem sie die dem Wortlaut von Art. 371 nach gegebene Entmündigung oftmals wegen fehlender Schutzbedürftigkeit unterliess; oft erfolgten auch die Meldungen über den Strafantritt mit erheblicher Verspätung (BK-SCHNYDER/MURER, N 56) oder zumindest innerkantonal nur noch dann, wenn sie als sinnvoll erachtet wurden (KS JD ZH ZVW 1972, 95).

5 Das BGer befasste sich mit der geäusserten Kritik, indem es anfänglich einmal die Frage offen liess, ob Art. 371 ZGB auch angewendet werden müsse, wenn jeder praktische Nutzen dieser Massnahme fehle (BGE 91 II 170), liess eine praktikable **Relativierung des Entmündigungsgrundes** von Art. 371 dann in dem Sinne zu, als die Möglichkeit, die gesetzliche Vermutung der Notwendigkeit einer Entmündigung im Einzelfall zu widerlegen, nicht mehr ausgeschlossen, aber noch mit der Erfüllung strenger Anforderungen verbunden wurde (BGE 104 II 12; für eine «beschränkte Relativierung»: RIEMER, Vormundschaftsrecht, 53 N 46; zustimmend auch BK-SCHNYDER/MURER, N 49). In zwei neuern Entscheiden (BGE 109 II 11 und 114 II 210) hat das BGer den Entmündigungsgrund von Art. 371 unter Hinweis auf die Entwicklungen im Strafvollzug weiter relativiert; nach Art. 371 ist nur zu entmündigen, wenn ein ernsthaftes Schutzbedürfnis (dem nicht mit andern Mitteln entsprochen werden kann) tatsächlich feststeht (vgl. auch DESCHENAUX/STEINAUER, Personnes, N 138a).

6 Die Entmündigung nach Art. 371 ist schon wegen ihrer auf die Zeit der Strafverbüssung beschränkten Dauer (Art. 432) nicht anzuordnen, wenn andere Entmündigungsgründe greifen (o. Art. 369 N 19).

III. Die quantitative Bedeutung der Entmündigung nach Art. 371

7 Von den Ende 2004 in der Schweiz laufenden rund 64 000 amtsgebundenen vormundschaftlichen Massnahmen für Erwachsene waren 118 (0,1%) Vormundschaften nach Art. 371. Die **zahlenmässige Bedeutung** dieser Massnahme ist seit langem **äusserst gering;** unter den im Jahr 2004 insgesamt rund 10 300 neu angeordneten amtsgebundenen Massnahmen für Erwachsene befanden sich 5 (0,1%) Vormundschaften nach Art. 371 (Schweizerische Vormundschaftsstatistik 2004, Sekretariat VBK, Luzern).

IV. De lege ferenda

Der Entmündigungsgrund der Verbüssung einer Freiheitsstrafe von einer bestimmten **8** Dauer, wie auch allfällige andere vormundschaftliche Massnahmen, die einzig an diesen Sachverhalt anknüpfen, können in Anbetracht der auf Resozialisierung ausgerichteten modernen Strafvollzugsmethoden ohne weiteres fallen gelassen werden und sind im VE ZGB 2003 und im Entw. ZGB 2006 auch nicht vorgesehen.

Art. 372

IV. Eigenes Begehren	**Einer mündigen Person kann auf ihr Begehren ein Vormund gegeben werden, wenn sie dartut, dass sie infolge von Altersschwäche oder andern Gebrechen oder von Unerfahrenheit ihre Angelegenheiten nicht gehörig zu besorgen vermag.**
IV. Interdiction volontaire	Tout majeur peut demander sa mise sous tutelle, s'il établit qu'il est empêché de gérer convenablement ses affaires par suite de faiblesse sénile, de quelque infirmité ou de son inexpérience.
IV. Tutela volontaria	Ad una persona maggiorenne può essere nominato un tutore a sua istanza ove dimostri che non può debitamente provvedere ai propri interessi per causa di debolezza senile, acciacchi od inesperienza.

Literatur

Vgl. die Literaturhinweise zu Art. 369.

I. Allgemeines

Zum System der Betreuung und Vertretung erwachsener Personen mittels amtsgebunde- **1** ner vormundschaftlicher Massnahmen und zu den allgemeinen Voraussetzungen für die Anordnung einer vormundschaftlichen Massnahme, vgl. o. Art. 369 N 1–14; zur Wahl der geeigneten Massnahme und zur Stellung der Massnahme in der Stufenfolge, vgl. o. Art. 369 N 15–19.

II. Die Gründe und die Voraussetzungen für die Entmündigung nach Art. 372

1. Die Entmündigungsgründe (i.e.S.)

Das Gesetz nennt in Art. 372 die drei Entmündigungsgründe der **Altersschwäche,** der **2** anderen **Gebrechen** und der **Unerfahrenheit** (DESCHENAUX/STEINAUER, Personnes, N 140 ff.). Diese Schwächezustände kommen als Entmündigungsgründe jedoch nur zum Tragen **in Verbindung** mit dem **eigenen Begehren** (u. N 10 ff.) des Interdizenden, er sei zu entmündigen (o. Art. 369 N 2; DESCHENAUX/STEINAUER, Personnes, N 139). Anders gewichtet und ausgedrückt setzt sich der Entmündigungsgrund i.e.S. des Art. 372 zusammen aus dem eigenen Begehren und einem der genannten persönlichen Schwächezustände (so: BK-SCHNYDER/MURER, N 7 und 22). Vorzuziehen ist die Darstellung, welche vorab die Schwächezustände als Entmündigungsgründe i.e.S. und das eigene Begehren als zusätzliches Erfordernis (so: ZK-EGGER, N 4) betrachtet; die genannten Schwächezustände könnten, wenn sie in ausreichend starker Ausprägung vorliegen, je für sich allein zu einer Entmündigung (nach Art. 369 oder Art. 370) führen; niemals genügt jedoch das eigene Begehren für sich allein als Entmündigungsgrund (Art. 27 Abs. 1).

3   Das Gesetz hebt die **Altersschwäche** als Anwendungsfall von Gebrechen, die zu einer vormundschaftsrechtlich relevanten Schutz-, Betreuungs- und Vertretungsbedürftigkeit führen können, neben den andern Gebrechen besonders hervor (ZK-EGGER, N 11; BK-SCHNYDER/MURER, N 63 und 65). Körperliche Altersgebrechlichkeit bewirkt normalerweise keinen vormundschaftsrechtlich relevanten Schwächezustand; rechtsgeschäftliche Vertretung steht diesfalls regelmässig offen (ZK-EGGER, N 11). Allerdings können körperliche Beschwerden die betroffene Person derart in Beschlag nehmen, dass diese die Energie für die Mobilisierung erforderlicher Hilfestellungen, etwa auch für die Bestellung und Überwachung einer rechtsgeschäftlichen Vertretung, nicht mehr aufzubringen vermag. Häufiger sind es aber tatsächlich die im fortgeschrittenen Alter nicht selten in Erscheinung tretenden psychischen Störungen und Beeinträchtigungen, welche Unfähigkeit zur gehörigen Besorgung der eigenen Angelegenheiten und die Notwendigkeit vormundschaftlicher Massnahmen bewirken.

4   Unter den Begriff der **andern Gebrechen** fallen körperliche und psychische Gebrechen sowie charakterliche Mängel (BK-SCHNYDER/MURER, N 63 m.Hw., u.a. auf BGE 54 II 240; 78 II 8 = ZVW 1953, 114; DESCHENAUX/STEINAUER, Personnes, N 142). Die Entmündigungsgründe der Art. 370 und 369 stellen sämtlich auch Gebrechen i.S. von Art. 372 dar. Die psychischen Störungen bzw. charakterbedingten Fehlentwicklungen müssen jedoch nicht gleich schwer sein wie bei den Entmündigungsgründen nach Art. 369 und 370, um als Gebrechen nach Art. 372 zu gelten (BGE 99 II 15 = ZVW 1974, 32; BK-SCHNYDER/MURER, N 64; ABT, ZVW 1986, 130). Dem kann grundsätzlich beigepflichtet werden. Allerdings darf angesichts der Schwere des Eingriffs in die persönliche Freiheit auch auf eigenes Begehren nur entmündigt werden, wenn «das andere Gebrechen» eine gewisse Intensität aufweist und eine besondere Schutzbedürftigkeit verursacht. Diese ist nicht leichthin zu bejahen, unterscheidet sie sich doch nicht grundlegend von den besondern Schutzbedürftigkeiten, die bei den andern Entmündigungsgründen relevant sind (u. N 6).

5   Der Entmündigungsgrund der **Unerfahrenheit** knüpft historisch an der alten Geschlechtsvormundschaft an (ZK-EGGER, N 12; BK-SCHNYDER/MURER, N 68; ABT, ZVW, 131) und zielte aus Sicht des historischen Gesetzgebers wohl v.a. auf alleinstehende Frauen in ältern Jahren (HUBER, Erl. I, 293) ab. Er hat seine praktische Bedeutung in diesem Zusammenhang verloren. Der Begriff der Unerfahrenheit ist einschränkend auszulegen (BK-SCHNYDER/MURER, N 69 m.Hw.; STETTLER, Droit Civil I, Rz 371). Unerfahrenheit für sich allein kommt als Entmündigungsgrund nicht in Betracht; sie muss durch weitere Schwächen, etwa erhöhte Beeinflussbarkeit, fehlende Widerstandskraft gegen Zumutungen, depressive Zustände etc. qualifiziert sein (BGE 51 II 105 f.; ZK-EGGER, N 12; BK-SCHNYDER/MURER, N 69; DESCHENAUX/STEINAUER, Personnes, N 144).

6   Auch bei der Entmündigung auf eigenes Begehren wird für den Entscheid, ob ein ausreichender Entmündigungsgrund vorliegt, in den meisten Fällen die **Begutachtung** durch eine sachverständige Person erforderlich sein (dazu u. Art. 374 N 18; ZK-Egger, N 16). Die Einholung der Expertenmeinung wird überdies in vielen Fällen auch bez. Frage der Fähigkeit zur Stellung des eigenen Begehrens nötig sein (u. N 11).

2. Die Entmündigungsvoraussetzungen

7   Entmündigungsvoraussetzung (o. Art. 369 N 4) gem. Art. 372 ist das **Unvermögen** einer Person, **ihre Angelegenheiten gehörig zu besorgen.** Die so umschriebene besondere Schutzbedürftigkeit ist grundsätzlich gleich zu verstehen wie die in Art. 369 (vgl. Art. 369 N 26) annähernd gleich umschriebene (STETTLER, Droit Civil I, Rz 370). Während nach Art. 369 dem Wortlaut nach nur entmündigt werden kann, wenn die betroffene Person ihre Angelegenheiten *nicht* zu besorgen vermag, genügt es für eine Entmündigung nach Art. 372 dem Wortlaut nach, wenn die Angelegenheiten *nicht gehörig* besorgt werden können.

Ein grundlegend unterschiedliche Bedeutung kommt den beiden Formulierungen jedoch nicht zu; auch die in Art. 369 umschriebene besondere Schutzbedürftigkeit ist relativ (STETTLER, Droit Civil I, Rz 356; BK-SCHNYDER/MURER, Art. 369 N 122). Sie ist auch im Falle von Art. 369 nicht erst dann gegeben, wenn die betroffene Person keinerlei zweckgerichtete Aktivitäten hinsichtlich Besorgung der eigenen Angelegenheiten mehr zu entwickeln in der Lage ist, sondern schon, wenn erhebliche Mängel bei der Besorgung festzustellen sind, d.h. eine nicht gehörige, die eigenen Interessen erheblich vernachlässigende Besorgung vorliegt. In einer Gesamtwürdigung der Umstände ist auch bei Anwendung von Art. 372, gleich wie im Falle von Art. 369 (vgl. Art. 369 N 26 f.), umfassend zu prüfen, ob die eine Entmündigung rechtfertigende besondere Schutzbedürftigkeit sowohl angesichts des *Grades der Unfähigkeit* der Besorgung als auch wegen einer *gewissen existentiellen Bedeutung der in Frage stehenden Angelegenheiten für die betroffene Person* bejaht werden kann bzw. muss. Die Unfähigkeit der gehörigen Besorgung der eigenen Angelegenheiten muss, wie im Falle von Art. 369 (o. Art. 369 N 27) voraussichtlich **von gewisser Dauer** sein, damit sie als Entmündigungsvoraussetzung genügt.

Unter **Angelegenheiten** sind nebst den **wirtschaftlichen** Belangen auch die **persön- 8 lichen** Interessen zu verstehen (BK-SCHNYDER/MURER, N 77); die Angelegenheiten können **vermögensrechtlicher** oder **persönlicher Art** sein, womit auch die dauernde Beistands- und Fürsorgebedürftigkeit als Entmündigungsvoraussetzung bei der Anwendung von Art. 372 in Frage kommt (ZK-EGGER, N 13). Der Ansicht, wonach es sich wohl um ein Redaktionsversehen des Gesetzgebers handelt, dass im Unterschied zu Art. 369 in Art. 372 die Formel der Beistands- und Fürsorgebedürftigkeit nicht eingefügt wurde (BK-SCHNYDER/MURER, a.a.O.), ist zuzustimmen. Der Begriff der eigenen Angelegenheiten gem. Art. 372 ist weit auszulegen. Es sind darunter all jene privaten Aufgaben zu verstehen, die der Einzelne um seiner persönlichen und wirtschaftlichen Existenz willen lösen können muss (ISENSCHMID, 40), alle Angelegenheiten, die die private Existenz eines Menschen ausmachen (NÄF, 52). Diese weite Auslegung des Begriffs ermöglicht, auch alle bei den übrigen Entmündigungsgründen relevanten besondern Schutzbedürftigkeiten darunter zu subsumieren (so etwa für die Gefahr eines Notstandes oder der Verarmung seiner selbst oder der Familie: BGE 78 II 5; BK-SCHNYDER/MURER, N 78).

3. Die Verhältnismässigkeit als zusätzliche Voraussetzung

Die im Zusammenhang mit der Entmündigung nach Art. 369 gemachten Ausführungen 9 betreffend **Verhältnismässigkeit** als zusätzliche Voraussetzung (o. Art. 369 N 29 ff.) gelten weitestgehend **auch bei der Entmündigung nach Art. 372.** Das eigene Begehren hebt die Pflicht zur Beachtung des Verhältnismässigkeitsprinzipes nicht auf und relativiert sie auch nicht.

4. Das eigene Begehren als zusätzliches Erfordernis

Wenn ein Entmündigungsgrund i.e.S. (N 2) und die besondere Schutzbedürftigkeit (N 7) 10 für eine Person gegeben sind, kann diese mit eigenem Begehren ihre Entmündigung herbeiführen und sich damit erstens die notwendige vormundschaftliche Hilfe und den notwendigen Schutz verschaffen. Zweitens kann sie mit diesem Schritt die Vorteile für sich erlangen, die mit der Entmündigung auf eigenes Begehren verglichen mit den Entmündigungen aus andern Gründe verbunden sind (u. N 17).

Der von der Frage ihrer Entmündigung betroffenen Person ist im Falle ihrer Urteilsfähigkeit zuzugestehen, sich bez. ihrer eigenen Schwächezustände und der möglichen Hilfestellungen eine Meinung zu bilden und diese zu äussern (s.a. Art. 374 N 11). Gelangt die betroffene Person dabei selber zur Einsicht, ihre Entmündigung sei nötig und formuliert sie dies als eigene Erkenntnis, so ist die Entmündigung nicht nur Resultat einer behördlichen und hoheitlichen Tatbestandserhebung und Rechtsanwendung, sondern bis zu einem gewissen Grad auch Ausfluss des Selbstbestimmungsrechts der betroffenen Person. Das Recht, die eigene Entmündigung selber auch zu wollen, steht einer Person um ihrer Persönlichkeit willen zu; das **Recht,** das **Begehren zu stellen,** ist **absolut höchstpersönlicher Natur** (ZK-EGGER, N 7; ISENSCHMID, 24; BK-SCHNYDER/MURER, N 28; s.a. Art. 19 N 33 f. und 40). Das eigene Begehren, entmündigt zu werden, setzt begrifflich eigene Mündigkeit voraus. Abgeleitet von der höchstpersönlichen Natur des Begehrens und gestützt auf Art. 385 Abs. 2 kann aber die urteilsfähige unmündige Person das Begehren bereits vor Erreichen des Mündigkeitsalters (Art. 14) stellen. Das eigene Begehren ist Erfordernis für die Vornahme der Entmündigung nach Art. 372, nicht jedoch für die Aufrechterhaltung derselben; hiefür genügt, dass Entmündigungsgrund und -voraussetzung nicht weggefallen sind (s. Art. 438).

11   Das Begehren setzt weiter **Urteilsfähigkeit** (Art. 16) voraus (ZK-EGGER, N 7; BK-SCHNYDER/MURER, N 27; DESCHENAUX/STEINAUER, Personnes, N 147 [capacité de discernement suffisante]). Diese muss so weit vorhanden sein, wie es nötig ist, um die Tragweite der Entmündigung zu beurteilen (STETTLER, Droit Civil I, Rz 369). Die betroffene Person muss erstens fähig sein, ihre *eigene (andauernde) Schutzbedürftigkeit* zu erkennen, d.h. ihr Unvermögen, ihre persönlichen und/oder wirtschaftlichen Angelegenheiten gehörig zu besorgen, sowie die möglichen Folgen dieses Unvermögens. Sodann muss sie die wesentlichen *Wirkungen der Massnahme* verstehen können, insb. die Bedeutung des Verlustes der Handlungsfähigkeit und die voraussichtlichen oder auch nur möglichen konkreten Auswirkungen, wie z.B. das Erfordernis der Zustimmung des Vormundes zu einer Heirat, die Publikation sowie die Tatsache, dass für die *Wiederaufhebung* der Massnahme ein eigenes Begehren nicht genügt (zum Ganzen BK-SCHNYDER/MURER, N 29 f. m.Hw.). Oftmals wird die betroffene Person aufgrund bisheriger Lebenserfahrungen recht gut abschätzen können, welche positiven Auswirkungen, evtl. verbunden mit welchen Nachteilen, die Entmündigung für sie konkret haben dürfte, und ob diese *notwendig* ist. Allzu hohe Anforderungen sind an die Urteilsfähigkeit nicht zu stellen, weil sonst die Vorteile der «freiwilligen» Entmündigung (u. N 17) zahlreichen Schutzbedürftigen verwehrt werden müsste (BK-SCHNYDER/Murer, N 32). Eine sorgfältige, sachliche, nicht in eine bestimmte Richtung tendierende Erörterung (s.a. N 12 und 14) der aufgetretenen Probleme und der möglichen Hilfestellungen mit der betroffenen Person vermögen diese u.U., auch wenn sie mit einem Gebrechen behaftet oder unerfahren ist, zu befähigen, selber die für sie richtigen Erkenntnisse zu gewinnen und sich entsprechend zu äussern. Sachverständige, die zur Beurteilung der Frage des Vorliegens von Entmündigungsgründen i.e.S. ohnehin beigezogen werden, werden zweckmässigerweise auch zur Frage der Urteilsfähigkeit hinsichtlich des eigenen Begehrens befragt.

12   Die Beurteilung der *Notwendigkeit* ist in derjenigen der *Verhältnismässigkeit* der Massnahme mitenthalten. Die Prüfung der Verhältnismässigkeit und damit die **Wahl der geeigneten Massnahme aus der Stufenfolge obliegt** der anordnenden **Behörde.** Sie muss statt der anbegehrten Entmündigung und Vormundschaft eine mildere Massnahme anordnen, d.h. eine Vertretungs- oder Verwaltungsbeistandschaft, eine kombinierte Beistandschaft, eine Beistandschaft auf eigenes Begehren oder nötigenfalls eine Beiratschaft auf eigenes Begehren (u. Art. 395 N 3), wenn eine solche genügt (BK-SCHNYDER/MURER, N 35). Das eigene Begehren begründet nicht die Verhältnismässigkeit einer objektiv betrachtet zu einschneidenden Massnahme. Die Beurteilung der Notwendigkeit der Massnahme ist aber auch aus der Sicht der betroffenen Person ein wesentlicher Faktor für ihre Entscheidung, ob sie ein eigenes Begehren auf Entmündigung stellen soll oder nicht. Diese Beurteilung kann sie aber letztlich nur vornehmen, wenn ihr auch die allenfalls möglichen milderen Massnahmen bekannt sind und sie diese in ihre Überlegungen einbeziehen kann. Deshalb hat sich die entscheidende Behörde zu vergewissern, dass diese Überlegungen angestellt werden konnten; die Behörde darf und soll die schutzbedürftige Person über die in Frage kommenden vormundschaftlichen Massnahmen aufklären (ZK-EGGER, N 7).

Das Begehren ist von Bundesrechts wegen nicht an eine bestimmte **Form** gebunden. **13** Schriftlichkeit oder Protokollierung des mündlich vorgetragenen Begehrens wird in der Praxis jedoch regelmässig verlangt, wobei sich diese Praxis auf BGE 44 II 342 abstützen kann (ISENSCHMID, 80).

Es muss sich um das **eigene Begehren** der schutzbedürftigen Person handeln. Gleich- **14** wohl darf der Anstoss für das Begehren von Drittpersonen oder auch von der Behörde ausgehen, was in der Praxis meistens der Fall sein dürfte. Die Behörde darf der schutzbedürftigen Person die Entmündigung auf eigenes Begehren vorschlagen, auch mit dem Hinweis, dass es sonst voraussichtlich zu einer «Zwangsentmündigung» kommen werde (BGE 78 II 5; 106 II 298 E. 2). Dagegen ist nichts einzuwenden, solange keine über den sachlich vorgebrachten Vorschlag hinausgehende Beeinflussung erfolgt. Oftmals können der schutzbedürftigen Person die Vorteile der «freiwilligen» Entmündigung nur so offen gehalten werden (s.a. BK-SCHNYDER/MURER, N 38). Kommt das Begehren erst anlässlich einer **Anhörung** bei der Behörde auf deren Vorschlag zustande, ist die Einräumung einer Bedenkzeit zu empfehlen (BK-SCHNYDER/MURER, N 38 m.Hw.).

Das Begehren kann auch nach Einleitung eines Entmündigungsverfahrens nach Art. 369, **15** 370 oder 371 noch gestellt werden. Solange die Zwangsentmündigung nach den genannten Bestimmungen nicht ausgesprochen ist, muss das **Begehren** als **rechtzeitig** angenommen und beachtet werden. Auch wenn der Entmündigungsentscheid unmittelbar bevorsteht, wird eine rechtsmissbräuchliche Stellung eines erstmaligen Begehrens (lediglich zwecks Vermeidung der Zwangsentmündigung aber ohne jegliche Einsicht in die Notwendigkeit der Massnahme) kaum je festzustellen und jedenfalls nicht im vornherein zu vermuten sein (s.a. BK-SCHNYDER/MURER, N 56 m.Hw. auf **a.M.**). Rechtsmissbrauch wäre u.U. zu vermuten bzw. unschwer nachzuweisen, wenn Begehren mehrmals hintereinander gestellt und wieder widerrufen (u. N 16) würden, um die Anordnung einer Massnahme überhaupt hinauszuzögern.

Der **Rückzug (Widerruf) des Begehrens** ist bis zum Zeitpunkt der Entmündigung mög- **16** lich (BGE 99 II 15 = Pra 1973, 567 = ZVW 1974, 32; Praxisänderung), mit der Wirkung, dass das Entmündigungsverfahren eingestellt oder als Zwangsentmündigungsverfahren neu eingeleitet werden muss, wobei nichts gegen die Verwendung der im eingestellten Verfahren gewonnenen Erkenntnisse im neu eingeleiteten spricht.

Der Rückzug des Begehrens ist nicht mehr möglich, wenn die Entmündigung bereits ausgesprochen ist, auch wenn der Entscheid der betroffenen Person noch nicht mitgeteilt worden ist (BGE 106 II 298).

III. Die Vorteile der Entmündigung auf eigenes Begehren

17 Die «**freiwillige**» **Entmündigung** gem. Art. 372 weist gegenüber den «**Zwangsentmündigungen**» gem. Art. 369–371 folgende Vorteile auf (BGE 106 II 298, E. 2, m.Hw. = ZVW 1981, 76):

– i.d.R. positivere Einstellung der betroffenen Person zur vormundschaftlichen Massnahme (Korrelat zur [o. N 10] dargestellten Einsicht in die Notwendigkeit) und damit verbunden auch zur konstruktiven Zusammenarbeit mit der Vormundin oder dem Vormund;

– keine Festschreibung eines bestimmten Schwächezustandes für die entmündigte Person (keine «Abstempelung» als verschwenderisch, trunksüchtig etc.) und damit Schonung der Persönlichkeitssphäre;

– einfacheres (schnelleres) Anordnungsverfahren (BGE 54 II 241);

– Wiederbemündigung einfacher als bei Entmündigungen nach Art. 369 und 370 (vgl. Art. 436–438)

Diese Vorteile bestimmen die Stellung der Vormundschaft auf eigenes Begehren in der Stufenfolge der Massnahmen (o. Art. 369 N 18) als mildeste Form der Entmündigung. Diese Stellung in der Stufenfolge wiederum bewirkt, dass die urteilsfähige schutzbedürftige Person, die ein Begehren i.S.v. Art. 372 stellt, nicht aus einem andern Grund entmündigt werden darf (BK-SCHNYDER/MURER, N 98 m.Hw.).

IV. Die quantitative Bedeutung der Entmündigung nach Art. 372

18 **Der Entmündigung nach Art. 372 kommt quantitativ grosse Bedeutung** zu. Von den Ende 2004 in der Schweiz laufenden rund 64 000 amtsgebundenen Massnahmen für Erwachsene waren rund 6700 (10,5%) Vormundschaften nach Art. 372. Unter den im Jahr 2004 insgesamt rund 10 300 neu angeordneten amtsgebundenen Massnahmen für Erwachsene befanden sich 624 (6,1%) Vormundschaften nach Art. 372. Die Entmündigung gestützt auf Art. 372 ist nach derjenigen gestützt auf Art. 369 die zweithäufigste Entmündigungsart. Im Übrigen werden aber seit Jahren immer mehr Beistandschaften und immer weniger Vormundschaften neu errichtet (Schweizerische Vormundschaftsstatistik 2004, Sekretariat VBK, Luzern).

Art. 373

C. Verfahren **I. Im** **Allgemeinen**	[1] **Die Kantone bestimmen die für die Entmündigung zuständigen Behörden und das Verfahren.** [2] **Die Weiterziehung an das Bundesgericht bleibt vorbehalten.**
C. Procédure I. En général	[1] Les cantons désignent les autorités compétentes pour prononcer l'interdiction et déterminent la procédure à suivre. [2] Le recours au Tribunal fédéral demeure réservé.
C. Procedura I. In genere	[1] I Cantoni designano le autorità competenti e stabiliscono la procedura d'interdizione. [2] È riservato il ricorso al Tribunale federale.

Literatur

GUILLOD, Les garanties de procédure en droit tutélaire, ZVW 1991, 41 ff.; SPIRIG, Zum psychiatrischen Gerichtsgutachten, ZVW 1990, 415 ff.; SCHÜPBACH, Der Personenstand, SPR Bd. II/3, Basel 1996; VILLIGER, Handbuch der Europäischen Menschenrechtskonvention (EMRK), 2. Aufl., Zürich 1999; vgl. auch die Literaturhinweise zu den Vorbemerkungen zu Art. 360 ff.

I. Anwendungsbereich

Die Bestimmung regelt die Zuständigkeit für die **Entmündigung.** Die Anordnung der   **1**
Vormundschaft über eine unmündige Person stellt keine Entmündigung dar. Die Bestimmung ist auf diese Fälle nicht anwendbar. Auch dort kann allerdings die Feststellung, dass eine unmündige Person keinen gesetzlichen Vertreter hat, und die Bestellung des Vormundes auseinander gehalten werden (BK-SCHNYDER/MURER, Art. 368 N 126 f.). Beides fällt von Bundesrechts wegen in die Zuständigkeit der *Vormundschaftsbehörde.* Während der eine Entscheid aber mit Vormundschaftsbeschwerde an die Aufsichtsbehörde weitergezogen werden kann, ist bei der Bestellung des Vormundes das Verfahren nach Art. 388 einzuschlagen (BK-SCHNYDER/MURER, Art. 368 N 127).

Das Verfahren zur **Aufhebung** der Entmündigung wird in Art. 434 geregelt, der allerdings inhaltlich gleich lautet wie Art. 373 (BK-SCHNYDER/MURER, N 49).

Für die **Errichtung einer Beistand-** und einer **Beiratschaft** gelten wegen des in Art. 397   **2**
Abs. 1 enthaltenen Verweises die Bestimmungen über die Errichtung der Vormundschaft. Abweichungen ergeben sich namentlich mit Bezug auf die örtliche und sachliche Zuständigkeit (Art. 396) sowie die Veröffentlichung der Massnahme (Art. 397 Abs. 2). Für die **fürsorgerische Freiheitsentziehung** ist das Verfahren gesondert geregelt (Art. 397 b ff.).

II. Allgemeines

Die Entmündigung gehört zur sog. **freiwilligen oder nichtstreitigen Gerichtsbarkeit**   **3**
(DESCHENAUX/STEINAUER, Personnes, Rz 886; BK-SCHNYDER/MURER, N 39). Damit fiel das Entmündigungsverfahren nicht unter die in Art. 64 Abs. 3 aBV den Kantonen vorbehaltene Gesetzgebungskompetenz. Art. 373 Abs. 1 stellte einen *echten Vorbehalt* zugunsten der kant. Gesetzgebung dar (**a.M.** BK-SCHNYDER/MURER, N 42). Die Kantone können die nötigen Ausführungsbestimmungen – wenigstens vorläufig – auf dem Verordnungsweg erlassen (Art. 52 Abs. 2 SchlT). Diese bedürfen der Genehmigung des Bundes, unabhängig davon, ob sie auf dem Verordnungsweg oder im ordentlichen Gesetzgebungsverfahren erlassen worden sind (Art. 52 Abs. 3 SchlT). Die geltende Bundesverfassung weist nunmehr auch die Zuständigkeit für das Zivilprozessrecht dem Bund zu (Art. 122 BV). Der Bund kann damit vorbehaltlos das ganze Entmündigungsverfahren regeln.

Art. 373 bedarf insofern der Ergänzung, als sich aus dem Bundesrecht eine Vielzahl   **4**
von Grundsätzen ergeben, welche die Regelungsfreiheit der Kantone einschränken (BK-Schnyder/MURER, N 40 ff.). Diese Regeln finden sich einerseits im Vormundschaftsrecht selber (z.B. Art. 374–378) und bez. der Entscheide der letzten kant. Instanz andererseits im OG (insb. Art. 51 OG). Schliesslich sind die aus der Verfassung und der EMRK abgeleiteten allg. Verfahrensgrundsätze zu beachten. Sie können im Folgenden nicht alle dargestellt werden. Auf einige wenige Punkte ist indessen einzugehen.

III. Zuständigkeit

5   Das Bundesrecht erlaubt den Kantonen, **entweder ein Gericht oder eine Verwaltungsbehörde** für die Entmündigung zuständig zu erklären (Art. 54 SchlT; BGE 117 Ia 191). Die Entmündigung fällt aber ohne jeden Zweifel unter Art. 6 Ziff. 1 EMRK (BGE 117 Ia 191 f. m.H.). Von daher muss die Möglichkeit bestehen, die Frage durch *ein Gericht* beurteilen zu lassen. Dieser Anspruch ergibt sich nunmehr auch aus Art. 29a BV. Art. 6 EMRK und Art. 29a BV verbieten nicht, als erste Instanz eine Verwaltungsbehörde vorzusehen, wenn deren Entscheid an ein Gericht weitergezogen werden kann (BGE 118 Ia 481; VILLIGER, Rz 429). Die Möglichkeit, mit Berufung und staatsrechtlicher Beschwerde an das BGer zu gelangen, reicht dabei nicht aus (BGE 118 Ia 483; DESCHENAUX/STEINAUER, Personnes, Rz 890), weil das BGer im Berufungsverfahren nur die Rechtsanwendung frei prüft, jedoch an die Sachverhaltsfeststellungen der Vorinstanz gebunden ist (Art. 63 Abs. 2 OG; vgl. N 25). Die staatsrechtliche Beschwerde hilft auch nicht weiter, denn das BGer kann die Sachverhaltsfeststellungen auf eine solche Beschwerde hin nur auf Willkür überprüfen (N 26). Die Kantone müssen deshalb für die Beurteilung einer Entmündigung wenigstens *eine gerichtliche Instanz* vorsehen. Handelt es sich dabei um ein unteres Gericht, muss mit Blick auf Art. 48 OG überdies ein Rechtsmittel an ein oberes kant. Gericht gegeben sein (BGE 119 II 184 ff.). Diese Einschränkung der kant. Hoheit bei der Gerichtsorganisation gilt nicht für Entmündigungen auf eigenes Begehren, weil hier der Eingriff in die Rechtsposition der betroffenen Person nicht gegen deren Willen geschieht.

5a   An dieser Rechtslage wird sich auch mit dem Inkrafttreten des Bundesgerichtsgesetzes (BBG) nichts ändern. Auch das neue Gesetz schreibt den Kantonen als letzte Instanz in beschwerdefähigen Zivilsachen ein oberes Gericht als Rechtsmittelinstanz vor (Art. 75 BBG). Zudem wird das Bundesgericht auch künftig den Sachverhalt nur unter einem engen Blickwinkel prüfen (Art. 97 BBG), der den Anforderungen an die EMRK nicht genügen würde, wenn es sich um die einzige gerichtliche Instanz handelte.

6   Bezüglich der sachlichen Zuständigkeit lässt sich zwischen jenen Kantonen unterscheiden, die ein reines Gerichtsverfahren kennen, und jenen, welche erstinstanzlich eine Verwaltungsbehörde als zuständig erklären und erst anschliessend eine gerichtliche Überprüfung ermöglichen. Ein reiner Verwaltungsweg ist wegen Art. 6 Ziff. 1 EMRK nicht mehr zulässig (o. N 5). Abgesehen von Besonderheiten für einzelne Entmündigungsgründe, gelten folgende Zuständigkeiten:

Kanton	*Entmündigungsbehörde*	*Aufsichtsbehörde*	*Instanzen f. Rechtsmittel gg. Entsch. d. EntmündBehörde*
Aargau	**A)** Z. Art. 371, 372 ZGB: **GemRat als VormBehörde,** § 59, 61 Abs. 2 EG ZGB **B)** Z. Art. 369, 370 ZGB: **Bezirks Ger,** § 61 Abs. 1 EG ZGB	**(1.)** Z. **BezAmt,** § 59 Abs. 4 EG ZGB **(2.) Kammer des OGer,** § 59 Abs. 4 EG ZGB	Z. **A) (1.) BezAmt** (Beschw), § 2 Bst. a EG ZGB **(2.) VormKammer d. OGer,** (Beschw), § 2 Abs. 2 Bst. c EG ZGB Z. **B) OGer** (Appellation), §§ 317 f. ZPO
Appenzell Ausserrhoden	**A) GemRat,** Art. 50, 51 Abs. 1 EG ZGB **B)** Altern. besond. **Komm. als VormBehörde,** Art. 51 Abs. 2 EG ZGB	Z. **A) RegRat,** Art. 51 Abs. 2, Satz 2 u. Art. 55 Abs. 1 EG ZGB Z. **B) (1.) GemRat; (2.) RegRat,** Art. 51 Abs. 2, Satz 2 u. Art. 55 Abs. 1 EG ZGB	Z. **A) u. B) VerwGer** (Anfechtung), Art. 56 EG ZGB Z. **B) RegRat** (Beschw), Art. 55 Abs. 2 EG ZGB

Kanton	Entmündigungsbehörde	Aufsichtsbehörde	Instanzen f. Rechtsmittel gg. Entsch. d. EntmündBehörde
Appenzell Innerrhoden	**Kantonale VormBehörde** d. 2 VormKreise (inn. u. äuss. Landesteil), Art. 40 Abs. 3, 42 EG ZGB Z. Art. 372 ZGB: **Präs.**, m. Bestät. durch VormBehörde, Art. 49 Abs. 2 EG ZGB	**StandesKomm** (Reg Rat), Art. 41 Abs. 1 EG ZGB	**(1.) StandesKomm** (Rekurs), Art. 6, 50 Abs. 1 EG ZGB **(2.) Komm. d. KGer,** Art. 12 Abs. 1 Bst. b, 50 Abs. 2 EG ZGB; weiterer RWeg nach ZPO, Art. 14 EG ZGB
Basel Landschaft (bisher. Recht)	**A)** z. Art. 371, 372 ZGB: **Vorm Beh** d. WohnsitzGem, §§ 13a, 38 Bst. a EG ZGB **B)** z. Art. 369, 370 ZGB: **Reg Rat** a. Antr. d. Just-, Pol- u. Mil-Dir nach Vorverfahren bei VormBehörde u Statthalteramt, §§ 16a Abs. 1, 40–42 (z. Art. 370 ZGB: i.V.m. § 46) EG ZGB	**(1.) Statthalteramt,** § 38 Bst. b EG ZGB **(2.) RegRat,** § 38 Bst. c Ziff 3 EG ZGB	**Z. A) (1.) Statthalteramt** (Beschw), § 38 Bst. b EG ZGB **(2.) KGer, Abt. Verfass.- u. VerwR** (Beschw), § 38 Bst. d, i.V.m. §§ 43 ff. VPO (Verw Proz Ordn) **Z. B) KGer Abt. Verfass.- u. VerwR** (Beschw), §§ 43 Abs. 1, 46 EG ZGB i.V.m. §§ 43 ff. VPO
Basel Landschaft (revid. EG ZGB v. 7.2.02, i.K. vorauss. ab 1.1.03)	**VormKomm.** d. kant. Vorm Amtes a. dessen Antr., §§ 30a Abs. 1, 30d Abs. 2 Bst. B i.V.m. 30c Bst. d, sowie 31d rev. EG ZGB	**(1.) Kant. VormAmt,** § 30 Bst. b i.V.m. 30a Abs. 1 rev. EG ZGB **(2.) KGer,** § 30 Bst. c rev. EG ZGB	**KGer Abt. Verfass.- u. VerwR,** § 31e Abs. 1 rev. EG ZGB
Basel Stadt	**A)** z. Art. 371, 372 ZGB: **VormBehörde (Vorsteher),** § 84, 85 Abs. 1 EG ZGB i.V.m. § 1 Vorm BehG (Gesetz ü. d. VormBehörde u. d. behördl. Jugend-schutz) **B)** z. Art. 369, 370 ZGB: **ZivGer,** § 83 Abs. 1 Vorm BehG	**(1.) Just-Dep,** § 11 Abs. 1 VomBehG **(2.) Ausschuss d Verw Ger,** § 12 Vorm BehG	**Z. A)** (gegen Abweisung n. Art. 372 ZGB) **Vorst. D. JustDep.,** § 85 Abs. 2 EG ZGB) **Z. A) u. B) AppellGer als VerwGer,** §§ 1 Abs. 2 i.V.m. Abs. 1, 8 Abs. 1 u. 2 VRG (VerwRpflG)
Bern	**A)** z. Art. 372 ZGB; sowie z. Art. 369–371 (falls unwiderspro-chen): **RegStatthalter,** Art. 33 Abs. 1 bzw. 32 Abs. 3 i.V.m. 31 Abs. 1 EG ZGB (letztere a. Antr. d. VormBehörde = EinwohnerGemRat, ggf. VormKomm, bzw. BurgerGem – Art. 27 Abs. 1, 28 Abs. 1 EG ZGB)	**(1.) RegStatthalter** (für Burgergem. d. Stadt Bern: Oberwaisenkammer, Art. 30 Abs. 2 EG ZGB), **(2.) RegRat,** Art. 30 Abs. 1 EG ZGB	**Z. A) AppellHof d. OGer,** Art. 40a Abs. 3 EG ZGB **Z. B) AppellHof d. OGer,** Art. 36 Abs. 1 EG ZGB

Kanton	Entmündigungsbehörde	Aufsichtsbehörde	Instanzen f. Rechtsmittel gg. Entsch. d. EntmündBehörde
	B) z. Art. 369–371 ZGB (falls widersprochen): **GerichtsPräs,** Art. 35 Abs. 4 i.V.m. 34 Abs. 1, 31 Abs. 1 EGZB		
Freiburg	**A)** z. Art. 372 ZGB örtl. zust. **Friedens-Ger,** Art. 102 u. 110 *LACC* (EG ZGB), Art. 1 *LOJ* (GOG), Art. 1 Abs. 1 *LOT* (G. ü. d. Org. d. VormWesens) **B)** z. Art. 369–371 **VormKammer d BezGer** a. Antr. d FriedensGer, Art. 113 i.V.m. 111 *LACC,* Art. 6 Abs. 2 *LOT*	**(1.) VormKammer d. BezGer,** Art. 2, 4 *LOT* **(2.) VormKammer d. KGer,** Art. 3, 7 *LOT*	**A) (1.) VormKammer d.** Bez Ger *(recours),* Art. 5, 26 Abs. 1 *LOT* i.V.m. Art. 110 *LACC* **(2.) VormKammer d. KGer** *(recours),* Art. 8, 26 Abs. 2 *LOT* **B) VormKammer d. KGer** *(recours),* Art. 8, 26 Abs. 2 *LOT,* Art. 114 *LACC*
Genf	**VormGer** (Art. 1 Bst. k, 5 *LOJ* [GOG]), Art. 2 Abs. 2 Bst. b *LACC/CO* (EG ZGB u. OR); i.F.d. Art. 371 ZGB a. Antr. d. GenStaats-Anw., Art. 6 Abs 4 *LACC/CO*	**Cour de Justice,** Art. 5 Abs. 1 *LACC/ CO,* Art. 30 Abs. 1 Bst. c u. Art. 35 *LOJ*	**Cour de Justice,** Art. 30 Abs. 1 Bst. d u. 35a Abs. 1 Bst. c LOJ
Glarus	**Komm. VormBehörde** (vorm. Waisenamt), Art. 94 Abs. 1 GemeindeG, oder **OrtsGemRat** bzw. komm. **Fürsorgerat** (d. FürsGemeinde Glarner Rechts), Art. 94 Abs. 3 Gemeinde G, je i.V.m. Art. 64 Abs. 1 u. 2 EG ZGB	**(1.) VormDir** (ident. m. FürsorgeDir), Art. 64 III u. 15a Ziff. 5 EG ZGB **(2.) RegRat,** Art. 64 III u. 15 Ziff. 10 EG ZGB	**(1.) Fürsorge-(= Vorm-)Dir** (Beschw), Art. 67 Abs. 1 EG ZGB **(2.) VerwGer,** Art. 105 Abs. 1 Bst. b VRG i.V.m. Art. 67 Abs. 2 EG ZGB
Graubünden	**Vorm Beh d Kreisrats,** Art. 44 Abs. 1 Ziff. 1, 57–59 EG ZGB	**(1.) BezGerAusschuss,** Art. 42 Abs. 1 EG ZGB **(2.) KGer,** Art. 42 Abs. 2 EG ZGB	**(1.) BezGerAusschuss** (Beschw), Art. 61 Abs. 1 EGZB **(2.) KGer** (Beruf), Art. 64 Abs. 1 u. 4 EG ZGB i.V.m. Art. 218 ff. ZPO
Jura	**Juge Civil,** Art. 32 Abs. 1 *LiCC* (EG ZGB) (z. Art. 369, 370 ZGB a. Antr. d. Gem	**(1.) Just.-Dept.,** Art. 31 Abs. 1 *LiCC* **(2.) VerwGer,** 31 Abs. 1 *LiCC*	**KGer** *(appel* oder *pourvoi en nullité),* Art. 341 ff., 368 ff. *CPC* (ZPO)

Kanton	Entmündigungsbehörde	Aufsichtsbehörde	Instanzen f. Rechtsmittel gg. Entsch. d. EntmündBehörde
	Rats = VormBehörde, Art. 28 Abs. 1 *LiCC*), bzw. (z. Art. 372 ZGB) Art. 33 *LiCC* *Ggf. die communauté bourgeoise*, Art. 29 *LiCC*		
Luzern	**GemRat,** § 8 Abs. 2, 37, 39 Bst. a EG ZGB	**Regierungsstatthalter/in** § 7 Abs. 2, 38, 40 Bst. a, b EG ZGB	**(1.) Just-, Gemeinde- u. KulturDept** (VerwBeschw), § 41 Abs. 1 EG ZGB **(2.) OGer** (VerwGer-Beschw), § 41 Abs. 2 EG ZGB i.V.m. §§ 148 Bst. c u. 156 ff. VRG
Neuenburg	**BezirksGer** (Vors. U. 2 Beisitzer), Art. 30 i.V.m. 27 *LiCCS* (EG ZGB) u. Art. 7 Bst. a *OJN* (GOG)	**Abteilung d. Kantons-Ger,** Art. 29 Abs. 1 *LiCCS*, Art. 17 Abs. 1 Bst. d *OJN*	**Abteilung d. KantonsGer** *(recours en cassation)*, Art. 33 *LiCCS*
Nidwalden	**GemRat als VormBe-hörde,** Art. 30 Ziff. 3 EG ZGB	**Just- u. Sicherh-Dir,** Art. 31 EG ZGB i.V.m. Ziff. c. 6 Anhang zur RegRats Verordn	**Just- u. Sicherh-Dir,** Art. 38 Abs. 1 EG ZGB i.V.m. Ziff. c. 6 Anhang zur RegRatsVerordn **(2.) VerwGer,** Art. 38 Abs. 2 EG ZGB
Obwalden	**EinwohnerGemRat,** Art. 56 EG ZGB	**RegRat,** Art. 59 EG ZGB	**(1.) RegRat** (Beschw), Art. 60 EG ZGB **(2.) VerwGer** (VerwGer-Beschw), Art. 64 Abs. 1 Bst. a GOG (GerOrgG)
Sankt Gallen	**VormBehörde,** ge-wählt vom GemRat, Art. 62 Abs. 1, 64 Abs. 1 EG ZGB	**Just- u. Pol-Dept** als d. zust. **Dept.,** Art. 26 Bst. b Geschäftsreglement d. Regierung u.d. Staats-kanzlei i. V.m. Art. 63 Abs. 1 EG ZGB	**VerwRekursKomm.** (Öff-rechtl. Klage), Art. 64 Abs. 2 EG ZGB
Schaffhausen	**GemRat** oder beson-dere VormBehörde, Art. 53 Abs. 1 i.V.m. Art. 45 Abs. 1 EG ZGB	**VolkswirtschaftsDept** (Art. 45a Abs. 1 EG ZGB i.V.m. § 4 Abs. 1 Bst. i Organisations-verordnung)	**(1.) VolkswirtschaftsDept** (Beschw), Art. 45a Abs. 2, 60c EG ZGB **(2.) OGer** (VerwGer-Beschwerde), Art. 60a Abs. 2 EG ZGB
Schwyz	**VormBehörde d. GemRats,** § 4 Abs. 1, 27, 28 Bst. b EG ZGB	**RegRat,** § 7 Abs. 1 u. 2 EG ZGB	**(1.) RegRat** (Beschw), § 7 Abs. 1 EG ZGB **(2.) VerwGer** (VerwGerBeschw), § 51 Bst. a VRP (VerweRPflVerordn)
Solothurn	**A) Z. Art. 371, 372 ZGB: Oberamtmann,** § 122 bzw. 123 EG ZGB	[**(1.)** f. Vorm Behörd.: **Oberamtmann,** d. hier aber selbst handelt]	**Z. A) (1.) Dept. d Innern,** § 118 EG ZGB **(2.) VerwGer** (VerwGer-Beschw), § 49 Bst. b GOG

Kanton	Entmündigungsbehörde	Aufsichtsbehörde	Instanzen f. Rechtsmittel gg. Entsch. d. EntmündBehörde
	B) Z. Art. 369, 370 ZGB: **AmtsGer,** § 121 EG ZGB, a. Antr. d. **VormBehörde,** § 120 Abs. 1 EG ZGB	**(2.) Dept d. Innern,** § 116 Abs. 2 EG ZGB	**Z. B) Ordentlicher Rechtsweg** nach ZPO, § 121 EG ZGB
Tessin	**A)** Z. Art. 371, 372 ZGB: d. örtl. zuständige Commissione tutoria regionale (VormBehörde), Art. 71 *RTut* (DurchfVO zur *LTut*) **B)** Z. Art. 369, 370 ZGB: *Sezione degli enti locali del Dipartimento delle istituzioni,* Art. 11h *RTut*	*Sezione degli enti locali del Dipartimento delle istituzioni,* Art. 10 *RTut*	**Z. A) (1.)** Für Entscheide d. Commissione tutoria regionale: VormAufsBehörde, Art. 11g *RTut* **Z. A) (2.)** sowie **Z. B) Zivilkammer d. Appellationsgerichts,** Art. 48 *LTut (Legge sull, organizzazione e la procedura in materia di tutele e curatele – G. ü. d. Org. u. d. Verf. i. Vorm.- u. Pflegschaftssachen)*
Thurgau	**A)** z. Art. 372 ZGB u. i.ü. mit Einständn. d Betroffenen: **GemRat als VormBehörde,** § 3 Ziff. 18 u. 20, § 16 Abs. 1 EG ZGB **B)** i.ü. bei fehlendem Einverständnis (auch: fehl. Urteilsfäh.) d. Betroff.: **BezGer,** a. Antr. d. VormBehörde, § 3 Ziff. 21, § 51 EG ZGB	**Just- u. Sicherh-Dept,** § 11 Ziff. 3 EG ZGB i.V.m. § 1 VBV (RR-Verord. ü. d. Tätigk. d. vorm. Behörden)	**A) (1.) J ust- u. Sicherh-Dept** (Rekurs), § 35 VRG **(2.)** VerwGer (Beschw), § 54 VRG **B)** ObGer (Beruf), § 223 i.V.m. § 49 ZPO
Uri	**GemRat als VormBehörde,** Art. 38 u. 40 Abs. 1c EG ZGB	**RegRat,** Art. 44 EG ZGB	**(1.) RegRat** (Beschw), Art. 8 Abs. 1 EG ZGB **(2.) OGer** (VerwGer-Beschw), Art. 8 EG ZGB u. Art. 54 VRPV
Waadt	**A)** z. 371, 372 sowie z. 369, 370 (falls unwidersprochen): **FriedGer,** Art. 3 Abs. 2 Ziff. 1–3, Art. 91 *LVCC* (EG ZGB) i.V.m. Art. 110 *OJV* (GOG **B)** z. Art. 369, 370 (falls widersprochen): **BezG,** Art. 96b Abs. 2 *OJV* i.V.m. Art. 5 Ziff 13 *LVCC*	**VormKammer des KGer,** Art. 6, 88 *LVCC,* Art. 76 Abs. 1 *OJV*	**VormKammer des KGer** *(recours),* Art. 7 *LVCC,* Art. 76 Abs. 2 *OJV,* Art. 443 ff. *CPC* (ZPO)
Wallis	**VormAmt,** Art. 46 Abs. 1 i. V.m 13 Abs. 1 EG ZGB	**(1.) VormKammer,** Art. 17 Abs. 1 EG ZGB **(2.) Staatsrat,** Art. 18 Abs. 1 EG ZGB	**Bezirksrichter** (Anfechtung m. d.Wirk. d. Beruf), Art. 115, 117 EG ZGB

Kanton	Entmündigungsbehörde	Aufsichtsbehörde	Instanzen f. Rechtsmittel gg. Entsch. d. EntmündBehörde
Zug	f. Einwohner: **GemRat** (ggf. bes. Kommiss.), § 8 Abs. 2 Ziff. 6 EG ZGB, § 2 VO ü. d. Vorm Wesen (i.f. VormVO), § 59 Abs. 1 Ziff. 5 GemeindeG f. a. ihrem Heimatort wohnende Bürger **Bürgerrat,** § 12 Abs. 2 Ziff 4 EG ZGB, § 2 VormVO; §§ 3, 6 Ziff. 1, 19 u. 24–26 VormVO	**RegRat,** § 4 Ziff. 1 EG ZGB	(1.) **RegRat** (schr. Eingabe), § 27 VormVO (2.) **VerwGer** (Beschw), § 61 Abs. 1 Ziff. 2 (VRG)
Zürich	**BezRat,** auf Antr. d. VormBehörde (GemRat), **§ 83 i.V.m. § 73 EG ZGB**	**(1.) BezRat,** § 75 EG ZGB (2.) v **RegRat** bezeichn. **Direktion**	**ObGer** (Rekurs) § 44a GVG, §§ 280 a–j ZPO

IV. Verfahrensregeln im Einzelnen

1. Einleitung des Verfahrens und Legitimation

Das kant. Recht bestimmt, welche **Behörde zuständig** ist, ein Verfahren einzuleiten. **7** Dies braucht nicht die Gleiche zu sein wie jene, die über die Entmündigung entscheidet. Sie ist von Bundesrechts wegen verpflichtet, das Verfahren *von Amtes wegen* einzuleiten (u. N 12). Dabei ist es ohne Bedeutung, auf welchem Weg die Behörde von der Notwendigkeit einer Entmündigung erfahren hat. Verschiedene Behörden werden vom Bundesrecht ausdrücklich zur Anzeige verpflichtet (Art. 369 Abs. 2; Art. 371 Abs. 2). Das kant. Recht kann weitere Anzeigepflichten vorsehen, namentlich auch wenn die Voraussetzungen für eine Entmündigung nach Art. 370 gegeben sind (DESCHENAUX/STEINAUER, Personnes, Rz 895).

Neben der vom Wohnsitzkanton bezeichneten Behörde kann von Bundesrechts wegen auch die zuständige **Behörde des Heimatkantons** die Bevormundung beantragen (Art. 378 Abs. 1, vgl. die Komm. dazu).

Aus dem Bundesrecht ergibt sich zudem die Legitimation aller nach Art. 328 **unterstüt-** **8** **zungspflichtigen und unterstützungsberechtigten Verwandten** (BGE 112 II 481 ff.), einschliesslich des Ehegatten (Art. 328 Abs. 3; Art. 328/329 N 47; BK-SCHNYDER/ MURER, N 89). Das kant. Recht kann diese Sachlegitimation nicht einschränken, die Kantone dürfen sie aber ausweiten. Es handelt sich nicht bloss um ein Anzeigerecht. Die entsprechenden Verwandten haben einen bundesrechtlichen Anspruch auf einen Sachentscheid und können diesen gegebenenfalls auch an das BGer weiterziehen (BGE 112 II 484 f.; STETTLER, Rz 392).

Das Begehren kann schliesslich auch von der **betroffenen Person** selber gestellt werden **9** (Art. 372; BGE 112 II 481; BK-SCHNYDER/MURER, N 86). Diese hat allerdings ohnehin in jedem Fall Parteistellung.

Der **Zeitpunkt der Verfahrenseinleitung** beurteilt sich nach Bundesrecht, weil die Ein- **10** leitung materiellrechtliche Wirkungen hat (BK-SCHNYDER/MURER, N 102). Von diesem

Zeitpunkt an sind vorsorgliche Massnahmen möglich (Art. 386), und die örtliche Zuständigkeit kann durch eine Verlegung des Wohnsitzes nicht mehr verändert werden (Art. 376 N 6). Schliesslich beginnt damit auch die Frist für die Anfechtung einer Schenkung nach Art. 240 Abs. 3 OR zu laufen. Das Verfahren gilt als eingeleitet, wenn *erstmals nach aussen hin* manifest wird, dass sich die für die *Instruktion zuständige* Behörde mit der möglichen Entmündigung einer Person befasst (BK-SCHNYDER/MURER, N 106). Soweit die bundesgerichtliche Rechtsprechung einen späteren Zeitpunkt vorsieht (BGE 50 II 99; 51 II 22), muss sie als überholt angesehen werden.

Der Entscheid der zuständigen Behörde, ein Entmündigungsverfahren einzuleiten, stellt noch keine Beschwer dar. Das Bundesrecht sieht dagegen kein Rechtsmittel vor (N 11). Namentlich kann nicht mit einer Vormundschaftsbeschwerde an die Aufsichtsbehörde gelangt werden. Demgegenüber stellt die Anordnung der Begutachtung innerhalb des Instruktionsverfahrens eine Beschwer dar, welche die Zulassung eines Rekurses an die Aufsichtsbehörde rechtfertigt (JustizDir ZH, ZVW 1994, 28 ff.; vgl. Art. 374 N 17).

2. Instruktionsverfahren

11 Das kant. Recht bestimmt, **welche Behörde für die Instruktion zuständig** ist. In einigen Kantonen fällt diese Aufgabe einer anderen Behörde zu als der zum Entscheid berufenen. Das Verfahren wird durch das kant. Recht bestimmt, wobei allerdings die nachfolgend dargestellten Verfahrensgrundsätze zu beachten sind.

Das kant. Recht regelt zudem die gegen die Instruktionshandlungen gegebenen **Rechtsmittel** einschliesslich der Zuständigkeit. Selbst wenn die Vormundschaftsbehörde mit der Instruktion betraut ist, gelangt Art. 420 nicht zur Anwendung (BGE 110 II 119 f.).

3. Verfahrensgrundsätze

12 Das Verfahren wird von der **Offizialmaxime** beherrscht. Es ist ggf. von Amtes wegen einzuleiten (BK-SCHNYDER/MURER, N 77; DESCHENAUX/STEINAUER, Personnes, Rz 893). Die betroffene Person kann sich nicht dem Begehren unterziehen (BK-SCHNYDER/MURER, N 121, 138). Willigt sie in die Entmündigung ein, muss dennoch geprüft werden, ob die Massnahme gerechtfertigt ist. Die Einwilligung bewirkt nur, dass nunmehr eine Entmündigung nach Art. 372 in Frage steht (vgl. OGer ZH, ZR 1980, 255 Nr. 120).

13 Für das Entmündigungsverfahren gilt der **Untersuchungsgrundsatz** (BGE 124 I 44; STAEHELIN/SUTTER, 112). Die zuständige Behörde hat von sich aus den Sachverhalt abzuklären und sowohl nach Gründen zu suchen, die für eine Bevormundung sprechen, wie auch nach solchen, die der Anordnung einer Massnahme entgegenstehen oder eine schwächere Massnahme als die Entmündigung rechtfertigen. Die Durchführung eines Beweisverfahrens darf nicht von einem Kostenvorschuss abhängig gemacht werden. Aus dem Untersuchungsgrundsatz ergibt sich auch das Gebot der freien Beweiswürdigung (ähnlich BK-SCHNYDER/MURER, N 128). Zur Frage der Begutachtung der zu bevormundenden Person vgl. Art. 374. Andere Behörden, namentlich Strafbehörden, können aufgrund des Untersuchungsgrundsatzes zur Aktenedition verpflichtet sein (vgl. ZVW 1993, 115 ff.).

4. Rechtliches Gehör

14 Aus Art. 29 Abs. 2 BV ergibt sich für das Entmündigungsverfahren ein Anspruch auf rechtliches Gehör. Der betroffenen Person ist daher die Möglichkeit einzuräumen, sich mindestens **schriftlich** zur beabsichtigten Massnahme und zu den für die Entmündigung

vorgebrachten Gründen zu äussern. Aus der Verfassungsnorm folgt indessen nicht, dass eine mündliche Anhörung stattzufinden habe. Dies schreibt dann aber für alle Entmündigungsverfahren Art. 374 vor (Art. 374 N 3). Art. 29 Abs. 2 BV ist grundsätzlich auch Genüge getan, wenn sich *die Rechtsvertretung* der betroffenen Partei schriftlich äussern kann.

Der Anspruch auf rechtliches Gehör bedeutet zudem, dass der betroffenen Person **Einsicht** in die für den Entscheid massgebenden **Akten** gewährt werden muss (BGE 121 I 227). Im Entmündigungsverfahren können daraus Schwierigkeiten entstehen, wenn sich die Behörde auf Informationen und Beweiserhebungen abstützen muss, deren Bekanntgabe an die betroffene Person die Informanten gefährdet. Aus triftigen Gründen kann das Recht auf umfassende Information und Mitwirkung deshalb ohne Verletzung der Verfassung eingeschränkt werden (BGE 122 I 55). Es genügt dann, wenn die Partei nachträglich Gelegenheit bekommt, sich zum Beweisergebnis zu äussern (BGE 119 Ia 260; 122 I 55). Nach der bundesgerichtlichen Rechtsprechung braucht die entsprechende Beweiserhebung auch nicht im Einzelnen protokollarisch festgehalten zu werden (BGE 122 I 56).

15

Der Anspruch auf Akteneinsicht besteht **nach Abschluss des Verfahrens** nur noch in eingeschränktem Umfang. Es muss ein schutzwürdiges Interesse geltend gemacht werden, das gegen die Interessen allfälliger anderer Verfahrensbeteiligter oder des Staates an der Geheimhaltung abzuwägen ist (BGE 112 Ia 99 ff.; 113 Ia 3 ff.; 118 Ib 281 f.).

5. Prozessbeistand

Ist der Interdizend **urteilsunfähig,** fehlt es ihm an der Prozessfähigkeit, weshalb ein Prozessbeistand bestellt werden muss (BK-SCHNYDER/MURER, N 115). Diesfalls kann der Interdizend auch nicht auf den Prozessbeistand verzichten (ZK-EGGER, N 43).

16

Demgegenüber stellt sich die Frage, ob auch die **urteilsfähige** Person auf dem Beizug eines Rechtsbeistandes bestehen kann. Nach der bundesgerichtlichen Rechtsprechung ergibt sich aus Art. 4 aBV (heute Art. 29 Abs. 2 BV) jedenfalls nicht zwingend ein Anspruch auf Bestellung eines unentgeltlichen Rechtsbeistandes, wenn im Rechtsmittelverfahren volle Kognition besteht (so für den Anspruch auf unentgeltliche Prozessführung: BGE 111 Ia 9 f.). Die Möglichkeit, einen Rechtsbeistand beizuziehen, sollte jedoch immer auch schon vor erster Instanz gewährt werden, wenn es sich um komplexe Rechts- oder Sachverhaltsfragen handelt (weiter gehend BK-SCHNYDER/MURER, N 114). Es ist überdies nur schwer zu sehen, wie sich die Verweigerung des Beizuges eines Rechtsbeistandes in der 1. Instanz rechtfertigen könnte (zur staatlichen Entschädigung vgl. N 23).

Die betroffene Person kann einen Rechtsanwalt unabhängig vom Ausgang des Verfahrens **selber** gültig **beauftragen,** selbst wenn ihr die Handlungsfähigkeit vorsorglich entzogen worden ist. Der Interdizend haftet aus diesem Vertrag persönlich und mit seinem ganzen Vermögen (BK-SCHNYDER/MURER, N 114).

6. Novenrecht

Das Bundesrecht schreibt nicht vor, bis zu welchem Zeitpunkt neue tatsächliche Vorbringen möglich sein müssen. Aus Art. 6 EMRK (vgl. N 5) ergibt sich indessen, dass neue Vorbringen bis zur ersten *gerichtlichen* Instanz zulässig sein müssen. Überdies gebietet der Grundsatz der Prozessökonomie und der fehlenden *materiellen* Rechtskraft eines Entmündigungsentscheides (vgl. dazu N 21), dass (echte und unechte) Noven möglichst bis zum letzten kant. Entscheid vorgebracht werden können. Grundsätzlich ist dafür aber das kant. Prozessrecht massgebend. Im Berufungsverfahren vor dem BGer sind neue

17

Vorbringen ausgeschlossen (Art. 55 Abs. 1 Bst. c und Art. 63 Abs. 2 OG). Daran wird sich auch mit dem Inkrafttreten des Bundesgerichtsgesetzes nichts ändern (Art. 99 BBG).

7. Urteil

18 Das Urteil lautet auf **Entmündigung, Abweisung** des Antrags oder auf **Anordnung einer anderen Massnahme** (DESCHENAUX/STEINAUER, Personnes, Rz 904). Die Entmündigungsbehörde kann auch eine Beirat- oder eine Beistandschaft anordnen, selbst wenn dafür nach kant. Recht eine andere Behörde zuständig wäre (BK-SCHNYDER/ MURER, N 143 ff.; OGer ZH ZR 1974, 55 Nr. 25). Insoweit findet eine Kompetenzattraktion statt (DESCHENAUX/STEINAUER, Personnes, Rz 904). Demgegenüber ist die Anordnung einer fürsorgerischen Freiheitsentziehung häufig nicht zulässig, weil dafür von *Bundesrechts wegen* eine andere Behörde zuständig ist (BK-SCHNYDER/MURER, N 143). Insofern ist eine Kompetenzattraktion nicht möglich.

19 Der positive Entmündigungsentscheid ist ein **Gestaltungsurteil.** Die Entmündigung kann auch aus einem anderen als dem beantragten Grund ausgesprochen werden. Der Grund der Entmündigung ist im Urteil zu nennen.

20 Aus dem Anspruch auf rechtliches Gehör ergibt sich ein Anspruch auf **Begründung** des Urteils (BGE 112 Ia 109). Die betroffene Person muss dem Urteil die Gründe des Entscheides wenigstens so weit entnehmen können, dass eine sachgerechte Anfechtung möglich ist.

21 Wann der Entscheid in **formelle Rechtskraft** erwächst, bestimmt unter Vorbehalt von Art. 54 Abs. 2 OG das kant. Recht. Nach diesem richten sich auch die kant. Rechtsmittel. Art. 420 ist nicht anwendbar (BGE 110 II 119 f.).

Demgegenüber ist ein Entmüdigungsentscheid der **materiellen Rechtskraft** nicht fähig, weil die Handlungsfähigkeit dafür ein zu hohes Rechtsgut ist (BK-SCHNYDER/MURER, N 156). Fraglich erscheint, ob der *Ablehnung* einer vormundschaftlichen Massnahme materielle Rechtskraft zukommt. Dies ist insofern zu bejahen, als es nach formell rechtskräftiger Abweisung eines Begehrens um Entmündigung neuer Vorkommnisse bedarf, um ein weiteres Entmündigungsverfahren einleiten zu können. Handelt es sich bei diesen neuen Vorkommnissen um die Wiederholung eines bereits früher von der Entmündigungsbehörde als für die Entmündigung nicht ausreichend angesehenen Verhaltens, steht die materielle Rechtskraft aber einer anderen Beurteilung in einem neuen Verfahren nicht entgegen.

8. Kosten

22 Die Regelung der Kostenfrage bestimmt sich nach dem kant. Recht (BGE 36 II 532 f.; 82 II 283). Weil das Verfahren im Interesse der betroffenen Person durchgeführt wird, sehen die Kantone regelmässig vor, dass der Interdizend unabhängig vom Verfahrensausgang die Kosten zu tragen hat (BK-SCHNYDER/MURER, N 185). Bei mutwilliger Einleitung des Verfahrens ist es möglich, die Kosten dem antragstellenden Dritten oder der Behörde aufzuerlegen. Das Eintreten kann wegen der Offizialmaxime (vgl. o. N 12) aber nicht vom Leisten eines Kostenvorschusses abhängig gemacht werden.

23 Der sich aus Art. 29 Abs. 3 BV und Art. 6 EMRK ergebende Anspruch auf **unentgeltliche Rechtspflege** gilt auch im Entmündigungsverfahren. Mit Bezug auf die **Verfahrenskosten** ist der bundesrechtliche Anspruch allerdings ohne Bedeutung, weil er das Gericht nur verpflichtet, auf einen *Kostenvorschuss* zu verzichten, aber die endgültige Kostenauflage nicht betrifft (BGE 113 II 343; VOGEL/SPÜHLER, ZPR, 296). Unabhängig vom Anspruch auf unentgeltliche Rechtspflege ist es im Entmündigungsverfahren mit Blick auf die Offizialmaxime jedoch nicht zulässig, das Eintreten auf ein Rechtsmittel von der Bezahlung der vorinstanzlichen Kosten abhängig zu machen (BK-SCHNYDER/ MURER, N 187; vgl. auch BGE 106 II 83 f.). Die Kantone können die unentgeltliche Rechtspflege in einem weiteren Umfang gewähren.

Aus Art. 29 Abs. 3 BV ergibt sich der Anspruch, dass der Staat die **Haftung** für die **Anwaltskosten** übernehmen muss, wenn der Interdizend mittellos ist (vgl. BGE 117 Ia 22 ff.).

V. Vorsorgliche Massnahmen

Gemäss Art. 386 Abs. 1 ist die **Vormundschaftsbehörde** zuständig, vorsorgliche Mass- **24** nahmen anzuordnen. Es handelt sich um eine *ausschliessliche Zuständigkeit*. Ist nicht die Vormundschaftsbehörde Entmündigungsbehörde, darf Letztere keine vorsorglichen Massnahmen erlassen. Anderslautende kant. Verfahrensbestimmungen sind bundesrechtswidrig (BK-SCHNYDER/MURER, Art. 386 N 135; DESCHENAUX/STEINAUER, Personnes, Rz 898; STETTLER, Rz 399).

VI. Weiterziehung an das BGer (Abs. 2)

Die Bestimmung hält nur den Grundsatz fest, dass der Entscheid über die Ent- **25** **mündigung an das BGer weitergezogen werden kann. Die zulässigen Rechtsmittel und deren Ausgestaltung richten sich nach dem OG. Gemäss Art. 44 Bst. e OG ist die Berufung an das BGer** gegen Entscheide gegeben, mit denen eine Entmündigung nach den Art. 369–372 oder eine Beistand- oder Beiratschaft nach den Art. 308, 325 oder 392–395 angeordnet worden ist. Die Aufzählung der Gesetzesbestimmungen ist abschliessend (POUDRET/SANDOZ-MONOD, Art. 44 OG N 2.5.). Entsprechend ist die Unterstellung unter Vormundschaft einer unmündigen Person nicht berufungsfähig (vgl. N 1). Auch die vorsorglichen Massnahmen, namentlich die vorläufige Entziehung der Handlungsfähigkeit, können nicht mit Berufung ans BGer weitergezogen werden (POUDRET/SANDOZ-MONOD, Art. 44 OG N 2.5.3.). Soweit die Anordnung einer Massnahme der Berufung unterliegt, gilt dies auch für den Entscheid, mit dem der entsprechende Antrag abgewiesen worden ist (POUDRET/SANDOZ-MONOD, Art. 44 OG N 2.5.2.). Der Berufung unterliegen auch die Entscheide über die Aufhebung der entsprechenden Massnahme. Miterfasst wird schliesslich das Begehren um vorzeitige Aufhebung der Vormundschaft nach Art. 371 (vgl. POUDRET/SANDOZ-MONOD, Art. 44 OG N 2.5.5.).

Mit der Berufung kann nur eine **Verletzung von Bundesrecht** geltend gemacht werden (Art. 43 OG; vgl. aber auch Art. 43a OG). Das BGer als Berufungsinstanz darf den Sachverhalt nicht überprüfen (Art. 63 Abs. 2 OG), und Verfassungsverletzungen können nicht in diesem Verfahren gerügt werden (Art. 43 Abs. 1 OG). Die Berufung hat aufschiebende Wirkung (Art. 54 Abs. 2 OG). Während des bundesgerichtlichen Verfahrens bleibt die Vormundschaftsbehörde für die vorsorglichen Massnahmen zuständig (Art. 58 OG; o. N 24).

Neben der Berufung steht auch die **staatsrechtliche Beschwerde** wegen Verletzung ver- **26** fassungsmässiger Rechte offen (Art. 84 ff. OG). Mit ihr kann namentlich geltend gemacht werden, der Sachverhalt sei willkürlich festgestellt und aus der Verfassung oder der EMRK abgeleitete Verfahrensgarantien seien verletzt worden. Die staatsrechtliche Beschwerde hat nur auf spezielle Anordnung hin aufschiebende Wirkung.

27 Mit Inkrafttreten des **Bundesgerichtsgesetz** (BBG) werden die Anfechtungsmöglichkeiten ausgedehnt. Alle Entscheide letzter kantonaler Entscheide auf dem Gebiet der Aufsicht über die Vormundschaftsbehörden und über die Entmündigung, die Errichtung einer Beirat- oder Beistandschaft unterliegen der Beschwerde an das Bundesgericht (Art. 72 Abs. 2 Bst. b Ziff. 5 und 6 in Verb. mit Art. 75 BBG). Als Aufsichtsentscheide sind dabei alle Entscheide der vormundschaftlichen Aufsichtsbehörde anzusehen, welche diese von Amtes wegen oder auf Beschwerde hin fällt. Erfasst wird weiterhin nicht nur die Anordnung einer Massnahme sondern auch die Abweisung eines entsprechenden Antrages und der Entscheid über die Aufhebung oder nicht Aufhebung. Neu beschwerdefähig wird auch die Unterstellung einer unmündigen Person unter Vormundschaft (Art. 72 Abs. 2 Bst. b Ziff. 7 BBG).

Weil die Beschwerde neu die Funktion der Berufung und der staatsrechtlichen Beschwerde übernimmt, sind die **Beschwerdegründe** erweitert worden. Mit der Beschwerde kann neben einer Verletzung von Bundesrecht (einschliesslich der Verfassung), von interkantonalem Recht und Völkerrecht auch die Verletzung kantonaler verfassungsmässiger Rechte geltend gemacht werden (Art. 95 BBG). Es kann die falsche Anwendung des internationalen Privatrechts sowie des nach diesem anwendbaren ausländischen Rechts gerügt werden (Art. 96 BBG). Schliesslich kann das BGer in diesem Verfahren auch den Sachverhalt in beschränktem Umfang überprüfen. Es kann nämlich gerügt werden, er sei offensichtlich unrichtig festgestellt worden (Art. 97 Abs. 1 BBG). Richtet sich die Beschwerde gegen eine vorsorgliche Massnahme, wie z.B. Massnahmen nach Art. 386, so kann die Beschwerde allerdings nur mit einer Verletzung verfassungsmässiger Rechte begründet werden.

Art. 374

II. Anhörung und Begutachtung	[1] Wegen Verschwendung, Trunksucht, lasterhaften Lebenswandels oder der Art und Weise ihrer Vermögensverwaltung darf eine Person nicht entmündigt werden, ohne dass sie vorher angehört worden ist.
	[2] Die Entmündigung wegen Geisteskrankheit oder Geistesschwäche darf nur nach Einholung des Gutachtens von Sachverständigen erfolgen, das sich auch über die Zulässigkeit einer vorgängigen Anhörung des zu Entmündigenden auszusprechen hat.
II. Audition, expertise	[1] L'interdiction ne peut être prononcée pour cause de prodigalité, d'ivrognerie, d'inconduite ou de mauvaise gestion qu'après que l'intéressé aura été entendu.
	[2] L'interdiction pour cause de maladie mentale ou de faiblesse d'esprit ne peut être prononcée que sur un rapport d'expertise; ce rapport déclarera, en particulier, si l'audition préalable du malade est admissible.
II. Audizione dell'interdicendo e perizia	[1] Una persona non può esser interdetta per prodigalità, abuso di bevande spiritose, scostumatezza o per il modo della propria amministrazione, senza essere sentita.
	[2] L'interdizione per infermità o debolezza di mente non può essere decretata se non dietro relazione di periti, i quali dovranno pronunciarsi anche sulla convenienza di udire prima l'interdicendo.

Thomas Geiser

Literatur

HEGNAUER, Muss die Bevormundung nicht internierter geistig Behinderter immer veröffentlicht werden?, ZVW 1990, 9 ff.; DERS., Die Anhörung bei der Entmündigung, Bemerkungen zu BGE 117 II 132, ZVW 1993, 81 ff.; MAURER/VOGT, Kommentar zum Schweizerischen Datenschutzgesetz, Basel/Frankfurt a.M. 1995; vgl. auch die Literaturhinweise zu den Vorbem. zu Art. 360 ff. und Art. 373.

I. Allgemeines

Die Bestimmung regelt die Frage der Begutachtung und der Anhörung bei zwei besonderen Arten der Entmündigung. Abs. 1 betrifft die Entmündigung nach Art. 370, Abs. 2 jene nach Art. 369. Weil seit Erlass des ZGB die bundesrechtlichen Verfahrensgarantien allgemein stark ausgebaut worden sind, hat die Bestimmung einen Teil ihrer ursprünglichen Bedeutung verloren.   **1**

Entgegen der etwas unglücklichen Systematik der Bestimmung besteht der Anspruch auf Anhörung nicht nur bei Entmündigungen nach Art. 370, sondern auch bei solchen wegen Geisteskrankheit oder Geistesschwäche (u. N 6) und bei allen anderen Entmündigungsgründen (u. N 11).   **2**

II. Anhörung

1. Bei Entmündigung nach Art. 370 (Abs. 1)

Der Anspruch auf Anhörung geht weiter als der sich aus Art. 29 Abs. 2 BV ergebende Anspruch auf rechtliches Gehör (dazu Art. 373 N 14 f.). Die zu bevormundende Person ist **mündlich** und **persönlich** anzuhören (BK-SCHNYDER/MURER, N 30, N 50). Insoweit deckt sich die Bestimmung trotz des unterschiedlichen Wortlautes mit Art. 397f Abs. 3.   **3**

Die Anhörung muss – anders als bei der fürsorgerischen Freiheitsentziehung (BGE 115 II 130 ff.) – nicht von der ganzen Behörde vorgenommen werden. Es genügt, wenn eine **Behördendelegation** den Interdizenden mündlich einvernimmt (BGE 117 II 137 ff. = Pra 1992, Nr. 136; kritisch HEGNAUER, ZVW 1993, 81 ff.; DESCHENAUX/STEINAUER, Personnes, Rz 902b). Die Delegation muss sich aber aus **Behördenmitgliedern** zusammensetzen. Die Anhörung durch Dritte genügt nicht (BGE 117 II 134 ff. = Pra 1992, Nr. 136). Kantonale Regelungen, welche die Anhörung nur durch die instruierende Behörde, durch Gerichtsschreiber oder gar aussenstehende Dritte vorsehen, sind deshalb bundesrechtswidrig (BK-SCHNYDER/MURER, N 55 f.). Soweit die Anhörung nur durch eine Behördendelegation erfolgt, muss ein Protokoll erstellt und dieses der gesamten Behörde zur Kenntnis gebracht werden (BK-SCHNYDER/MURER, N 57).

Die Anhörung nach Art. 374 Abs. 1 stellt nicht nur ein Verteidigungsrecht des zu Bevormundenden dar, sondern dient auch der **Erforschung des Tatbestandes** (BGE 117 II 138 = Pra 1992, Nr. 136; BGE 109 II 296; ZK-EGGER, N 1 f.; BK-SCHNYDER/MURER, N 11). Gleichzeitig erlaubt es die mündliche Anhörung, den Interdizenden über den Sinn der Massnahme aufzuklären, was die Zusammenarbeit mit den vormundschaftlichen Organen erheblich fördert.   **4**

Der Interdizend **kann nicht** auf die Anhörung **verzichten**. Erscheint er trotz Vorladung nicht, muss die Behörde ihn gegen seinen Willen anhören. Die Behörde hat zumindest die betroffene Person unter den nach kant. Recht zulässigen Androhungen ein zweites Mal vorzuladen (BGE 109 II 296 f.; m.H. auf Art. 386 weiter gehend: BK-SCHNYDER/MURER, N 71). Nötigenfalls ist die Person mit Polizeigewalt vorführen zu lassen (zweifelnd: DESCHENAUX/STEINAUER, Personnes, Rz 902c). Befindet sich der Interdizend in einer Anstalt, so begibt sich die Behörde nötigenfalls dorthin (BGE 109 II 297).

Weil die Anhörung nicht nur ein Verteidigungsrecht darstellt, sondern auch der Sachverhaltsabklärung dient, kann es auf die Urteilsfähigkeit der zu bevormundenden Person nicht ankommen. Auch der **urteilsunfähige Interdizend** ist selber anzuhören (BK-SCHNYDER/MURER, N 52). Dann wird es sich allerdings häufig eher um einen Augenschein als um eine förmliche Anhörung handeln (vgl. u. N 9). Daneben muss zur Wahrung des rechtlichen Gehörs auch dem Rechtsbeistand bzw. dem gesetzlichen Vertreter die Möglichkeit gegeben werden, sich wenigstens schriftlich zu äussern.

5   Die Anhörung hat sich von ihrem **Umfang** her nicht nur auf die Belange der Vermögensverwaltung zu erstrecken. Es ist vielmehr auch auf die persönliche Fürsorge- und Schutzbedürftigkeit einzugehen. Im Rahmen der Anhörung sind dem Interdizenden sämtliche Einzeltatsachen bekannt zu geben, auf welche die Behörde ihren Entscheid stützen will (BGE 117 II 141; 113 II 229 f.). Die Behörde sollte sich mit der Anhörung einen umfassenden Eindruck von den Zukunftsaussichten sowie der jüngsten Vergangenheit der betroffenen Person bilden (BGE 117 II 142). Der Interdizend muss die Möglichkeit erhalten, sich zu allen Beweiserhebungen zu äussern und selber alle Sachumstände und Argumente vorzutragen, die für oder gegen eine vormundschaftliche Massnahme sprechen.

2. Bei Entmündigung nach Art. 369 (Abs. 2)

6   Der Anspruch auf mündliche Anhörung besteht, wie sich aus Art. 374 Abs. 2 i.f. ergibt, grundsätzlich auch bei der Entmündigung wegen Geisteskrankheit und Geistesschwäche. Insoweit kann auf die Ausführungen unter N 3 ff. verwiesen werden.

7   Art. 374 Abs. 2 schränkt dieses Recht aber insofern ein, als er es ausdrücklich zulässt, aus medizinischen Gründen auf eine Anhörung zu verzichten. Der Bestimmung liegt die Ansicht zugrunde, dass eine Anhörung dem Interdizenden **gesundheitlich schaden** kann (BK-SCHNYDER/MURER, N 81). Dahinter steckt die gleiche Vorstellung wie beim sog. Aufklärungsschaden bei der Information des Patienten über seinen Gesundheitszustand. Ob es solche Gefährdungen überhaupt gibt, scheint fraglich und hängt in erster Linie von der Vorgehensweise der Behörde bei der Anhörung ab (N 8). In neueren Gesetzen wird der Gefahr eines Aufklärungsschadens dadurch begegnet, dass ggf. ein Arzt beizuziehen ist, der die nötige Information in geeigneter Weise vermitteln kann (Art. 8 Abs. 3 DSG; BBl 1988, 454; DSG-DUBACH, Art. 8 N 28 ff.). Die Ausnahme erscheint nicht mehr zeitgemäss und ist jedenfalls mit äusserster Zurückhaltung zu handhaben. Die Entmündigungsbehörde hat zu beurteilen, ob im konkreten Fall der Schutz vor unangebrachter Entmündigung oder die Vermeidung gesundheitlicher Schäden Vorrang verdient (BezRat Uster, ZVW 1990, 156).

Nach der Lehre (BK-SCHNYDER/MURER, N 84) und der älteren Rechtsprechung (BGE 70 II 76) kann die Anhörung auch wegen **Sinn- oder Zwecklosigkeit** in krassen Fällen unterlassen werden. Davon hat sich diesfalls die Behörde allerdings aufgrund der Akten selber zu überzeugen. Der Gutachter hat sich zur Zweckmässigkeit nicht zu äussern (BGE 41 II 655; 70 II 76). Es erscheint indessen fraglich, ob es mit Blick auf den Ausbau des Rechtsschutzes und die starke Relativierung der Entmündigungsgründe (vgl. dazu auch Art. 375 N 4) Fälle geben kann, bei denen es sich rechtfertigt, auf dieses Beweismittel zu verzichten.

8   Das Bundesrecht schreibt nicht vor, **wie die Anhörung durchzuführen** ist. Das Verhältnismässigkeitsprinzip gebietet eine möglichst schonende Durchführung. Namentlich

geistig Behinderte werden sinnvollerweise nicht in einen Gerichtssaal vorgeladen. Die Anhörung sollte wenn möglich am Aufenthaltsort des Mündels und nicht in einem Amtsgebäude erfolgen (so die Empfehlung der VDK [heute VBK] betr. die Bevormundung geistig Behinderter, ZVW 1990, 36).

Wird auf die Anhörung formell verzichtet, ist aufgrund der Offizialmaxime (Art. 373   **9** N 12) grundsätzlich ein **Augenschein** vorzunehmen (BK-SCHNYDER/MURER, N 86). Bei diesem braucht die Behörde der zu bevormundenden Person nicht alle Sachverhaltselemente bekannt zu geben und kann auf ein *formelles Befragen* zu den einzelnen Punkten verzichten. Die Übergänge zwischen Augenschein und formeller Anhörung sind der Sache nach fliessend.

Art. 374 Abs. 2 enthält insofern eine **Verfahrensgarantie,** als von einer Anhörung nicht   **10** abgesehen werden darf, ohne zu dieser Frage ein fachärztliches Gutachten eingeholt zu haben. Nach Art. 374 Abs. 2 ist nicht nach der Opportunität der persönlichen Anhörung zu fragen, sondern, ob diese aus medizinischer Sicht zu verantworten ist (BGE 41 II 655; 70 II 76; BezRat Uster, ZVW 1990, 156). Ob von der Anhörung abzusehen ist, stellt eine Rechtsfrage dar, welche nicht vom Gutachter, sondern von der Entmündigungsbehörde zu entscheiden ist und vom BGer im Berufungsverfahren überprüft werden kann (BGer 5C.267/2002, E. 1.2.). Die Entmündigungsbehörde ist an die Folgerungen des Gutachtens nicht gebunden (SPIRIG, ZVW 1990, 415 ff.; DESCHENAUX/STEINAUER, Personnes, Rz 902a). Sie kann sowohl auf die Anhörung verzichten, obgleich der Gutachter diese nicht ausschliesst (BGE 70 II 76; BK-SCHNYDER/MURER, N 83), wie auch den Interdizenden anhören, obgleich der Gutachter das für schädlich hält (BK-SCHNYDER/MURER, N 85).

3. Bei anderen Entmündigungsgründen

Aus Art. 374 haben die Lehre und die Rechtsprechung einen **allgemeinen Grundsatz**   **11** abgeleitet. Die Anhörung hat (zu den Einschränkungen o. N 7 ff.) bei **jeder Entmündigung** unabhängig vom Entmündigungsgrund stattzufinden (BK-SCHNYDER/MURER, N 76; DESCHENAUX/STEINAUER, Personnes, Rz 902). Sie hat insb. auch bei Entmündigungen nach Art. 371 Bedeutung, nachdem dieser Entmündigungsgrund vom BGer relativiert worden ist (BGE 109 II 396; 114 II 211). Der Anspruch besteht ebenfalls im Verfahren zur Aufhebung einer Vormundschaft (BGE 117 II 380 f.). Wegen des Verweises in Art. 397 ist auch bei Errichtung einer Beirat- oder Beistandschaft die betroffene Person persönlich und mündlich anzuhören (BGE 117 II 134 ff.; 113 II 228 ff.).

III. Begutachtung

1. Bei Entmündigung nach Art. 369 (Abs. 2)

Art. 374 Abs. 2 bestimmt, dass jemand wegen Geisteskrankheit oder Geistesschwäche   **12** nur entmündigt werden kann, wenn ein Gutachten von Sachverständigen eingeholt worden ist. Auch hier handelt es sich um eine **zwingende Verfahrensgarantie.** Es ist unzulässig, eine Entmündigung auf Art. 369 zu stützen, ohne dass ein Gutachten vorliegt. Die Begutachtung ist anzuordnen, wenn ernsthafte Anhaltspunkte für eine Geisteskrankheit oder Geistesschwäche bestehen (BK-SCHNYDER/MURER, N 91 ff.).

Das Gutachten ist ein Hilfsmittel der Wahrheitsfindung. Die Entmündigungsbehörde hat es im Rahmen ihrer Entscheidfindung zu **würdigen.** Sie ist an die Folgerungen des Gutachters nicht gebunden (o. N 10; vgl. BGE 81 II 263; BK-SCHNYDER/MURER, N 130 ff.; DESCHENAUX/STEINAUER, Personnes, Rz 903a).

13   Entgegen dem Wortlaut des dt. und it. Gesetzestextes muss das Gutachten nicht von mehreren **Sachverständigen** erstellt worden sein (BGE 39 II 4). Eine sachverständige Person genügt. Damit ist ein **Arzt** oder eine Ärztin mit Kenntnissen in Psychiatrie gemeint. Mit SCHNYDER/MURER (BK, N 101 f.) ist wohl zu verneinen, dass der Gutachter zwingend über eine spezialärztliche Ausbildung in Psychiatrie verfügen muss. Das Gutachten eines *Psychologen* kann wohl zurzeit als formell ungenügend angesehen werden (so auch BK-SCHNYDER/MURER, N 103). Um den Anforderungen von Art. 374 Abs. 2 zu genügen, muss es durch einen Arzt bestätigt werden. Die Führung des Titels eines Psychologen stellt keine genügende formelle Garantie für die Qualität des Gutachtens dar, weil die Anforderungen für die Erlangung des Titels nicht gesamtschweizerisch geregelt sind.

Das Gutachten muss **eingeholt** werden. Damit wird im dt. Gesetzestext ersichtlich, dass es – anders als bei der fürsorgerischen Freiheitsentziehung (ZK-SPIRIG, Art. 397e N 174) – nicht genügt, wenn in der Entmündigungsbehörde selber Sachverstand vertreten ist. Das Gutachten muss von einer aussenstehenden Person eingeholt werden.

14   Über die **Form des Gutachtens** äussert sich das ZGB nicht. Die Kantone können vorsehen, dass es schriftlich erstattet werden muss. Legt der Sachverständige seine Folgerungen nur mündlich dar, verlangen ein rechtsstaatliches Verfahren und die Überprüfungsmöglichkeit durch die höheren Instanzen, dass die Ausführungen sorgfältig protokolliert werden (BK-SCHNYDER/MURER, N 127).

15   Das Gutachten hat nicht nur die **Schlussfolgerungen** zu enthalten. Der Experte hat auch die **Gründe darzulegen,** welche ihn zu den Schlüssen geführt haben. Das Gutachten soll den Beweis dafür erbringen, dass das Mündel infolge seiner geistigen Behinderung vormundschaftlichen Schutzes bedarf. Entsprechend ist auch die Fragestellung zu formulieren. Dabei ist zu beachten, dass das Gutachten der Sachverhaltsfeststellung dient und nicht der Rechtsanwendung (BGE 125 II 549; 118 Ia 146; BGer 5C.74/2003, E. 4.3.2.). Dem Sachverständigen sind Fragen tatsächlicher Art und nicht Rechtsfragen zu stellen. Unerlässlich ist die Frage nach der Diagnose und nach der Beurteilung der künftigen Entwicklung.

16   Vom formellen Charakter des Art. 374 Abs. 2 her kann von der Begutachtung auch in eindeutigen Fällen nicht abgesehen werden. Dies wird insb. bei der Entmündigung geistig schwer behinderter junger Erwachsener von den betroffenen Familien häufig nur schwer verstanden. Die Begutachtung ist für die betroffene Person immer mit grossen Umtrieben und Kosten verbunden. Häufig liegen bereits medizinische Gutachten vor, namentlich solche, die für die Invalidenversicherung erstellt worden sind. Ein **früher,** ausserhalb des Entmündigungsverfahrens **erstelltes Gutachten** genügt formell, wenn es alle zur Feststellung notwendigen Angaben enthält (BGE 85 II 462). In diesem Fall ist eine umfassende Neubegutachtung nur selten nötig. Es können meist die für die Invalidenversicherung oder die Aufnahme in Heime oder Sonderschulen erstatteten ärztlichen Befunde verwendet werden, die von einem Arzt aufgrund des heutigen Zustandes ergänzt werden müssen, wenn sie älteren Datums sind (Empfehlungen der VDK (heute VBK) betr. die Bevormundung geistig Behinderter, ZVW 1990, 35). Die Unterschiedlichkeit der Fragestellung ist allerdings stets zu beachten.

Gemäss einem Kreisschreiben des Bundesamtes für Sozialversicherung über die Schweigepflicht und die Akteneinsicht vom 1.7.1988 können die Entmündigungsbehörden zu diesem Zweck in die **Akten** der Invalidenversicherung **Einsicht** nehmen. Das Einsichtsrecht ist überdies regelmässig unproblematisch, wenn der urteilsfähige Interdizend oder die gesetzlichen Vertreter die Einwilligung dazu geben.

Die Begutachtung kann auch **zwangsweise** durchgeführt werden (BGE 110 Ia 121 f.; 124 **17** I 41 ff.). Voraussetzung dafür ist ein hinreichender Anlass, der auf die Notwendigkeit einer vormundschaftlichen Massnahme hindeutet. Da eine psychiatrische Begutachtung nach der bundesgerichtlichen Rechtsprechung nicht als schwerer Eingriff in die persönliche Freiheit anzusehen ist (BGE 124 I 47; 110 Ia 121, E. 5 m.H. auf BGE 107 Ia 140, E. 4a, der allerdings nur die vorübergehende Festnahme, nicht auch die psychiatrische Begutachtung betrifft), ist es der Entmündigungsbehörde freigestellt, ob sie die Begutachtung vor oder erst nach der Abklärung der sozialen Voraussetzungen der Entmündigung anordnen will (BGE 110 Ia 122).

Für die zwangsweise Begutachtung kann eine Person **vorübergehend** in eine **Anstalt eingewiesen** werden (ZK-SPIRIG, Art. 397a N 114). Erstreckt sich der zwangsweise Aufenthalt beim Psychiater über mehrere Stunden, sind die Bestimmungen über die fürsorgerische Freiheitsentziehung anwendbar (ZK-SPIRIG, Art. 397a N 116; TUOR/SCHNYDER/SCHMID/RUMO-JUNGO, 515). Das entsprechende Verfahren, einschliesslich der Zuständigkeitsordnung, ist einzuhalten. Die Entmündigungsbehörde oder die instruierende Behörde kann somit eine zwangsweise Begutachtung mit mehrstündigem Aufenthalt in einer Anstalt oder bei einem Arzt nur anordnen, wenn sie im Rahmen von Art. 397b nach kant. Recht dafür als zuständig bezeichnet worden ist.

Das Verhältnismässigkeitsprinzip verlangt es, auf eine stationäre Begutachtung zu verzichten und diese ambulant zu Hause durchzuführen, wenn dies möglich und für die betroffene Person schonender ist (BGE 124 I 45 ff.). **17a**

2. Bei anderen Entmündigungsgründen

Die Begutachtung ist formell nur für den Fall der Entmündigung wegen Geisteskrankheit **18** oder Geistesschwäche (und bei deren Aufhebung, Art. 436) vorgeschrieben. Das BGer hat es **abgelehnt,** eine formelle Begutachtungspflicht auch bei den **anderen Entmündigungsgründen** und bei der Anordnung einer Beirat- oder Beistandschaft anzunehmen (BGE 113 II 231 f.). Dort ist aufgrund der Umstände des Einzelfalls zu entscheiden, ob eine Begutachtung notwendig ist. Nach der Untersuchungsmaxime (Art. 373 N 13) hat die Entmündigungsbehörde nötigenfalls auch ohne entsprechenden Antrag die Begutachtung anzuordnen. Ein Gutachten ist immer einzuholen, wenn Anhaltspunkte dafür bestehen, dass der Grund für die Schwäche, welche zur Entmündigung führt, in einer Geisteskrankheit oder Geistesschwäche liegt. Weil der Verfahrensgegenstand nicht in der Disposition der Parteien steht (Offizialmaxime, Art. 373 N 12), ist es nicht zulässig, die Frage der Geistesschwäche bzw. -krankheit offen zu lassen und die Entmündigung gestützt auf Art. 370 auszusprechen, um eine Begutachtung zu vermeiden (BGE 62 II 72; BK-SCHNYDER/MURER, N 139).

IV. Rechtsfolgen bei Verletzung

Unterlässt die erste Instanz die Anhörung, kann dieser Mangel in der zweiten Instanz **19** geheilt werden (BGE 109 II 296 f.; 117 II 140 f.; insofern ungenau: DESCHENAUX/STEINAUER, Personnes, Rz 902). Das setzt allerdings voraus, dass die Rechtsmittelinstanz in tatsächlichen und rechtlichen Fragen über eine freie Kognition verfügt. Weicht sie nicht ohne Not vom angefochtenen Entscheid ab, oder übt sie in Bezug auf örtliche oder persönliche Verhältnisse auch nur Zurückhaltung, ist eine Heilung des Mangels nicht mehr möglich. Der Mangel wird dadurch geheilt, dass die Rechtsmittelinstanz selber (BGE 117 II 141 E. a) die Anhörung vornimmt.

Im bundesgerichtlichen Verfahren ist eine rechtsgenügende Anhörung nicht mehr möglich, da das BGer sowohl im Berufungsverfahren wie auch auf staatsrechtliche Beschwerde hin nur über eine beschränkte Kognition verfügt. Das trifft auch für das Beschwerdeverfahren nach dem neuen Bundesgerichtsgesetz (BBG) zu.

19a Soweit es bei der Anhörung um die Klärung des Sachverhalts geht, kann auf die Anhörung auch nicht verzichtet werden, wenn sich die betroffene Person ihr widersetzt. Soweit es um die Gewährung des rechtlichen Gehörs geht, muss beachtet werden, dass der Verzicht darauf, angehört zu werden, gerade mit dem Schwächezustand zusammenhängen und deshalb unbeachtlich sein kann (vgl. vorn N 4).

20 Das zur Anhörung Gesagte gilt auch für die **Begutachtung.** Auch hier ist unter den entsprechenden Voraussetzungen eine Heilung des Mangels im Rechtsmittelverfahren möglich.

Art. 375

III. Veröffent- **lichung**	[1] **Ist ein Mündiger bevormundet, so muss die Bevormundung, sobald sie rechtskräftig geworden ist, wenigstens einmal in einem amtlichen Blatte seines Wohnsitzes und seiner Heimat veröffentlicht werden.**

[2] **Mit Zustimmung der Aufsichtsbehörde kann auf eine Veröffentlichung verzichtet werden, wenn die Handlungsunfähigkeit für Dritte offenkundig ist oder der Geisteskranke, Geistesschwache oder Trunksüchtige in einer Anstalt untergebracht ist; die Bevormundung ist aber dem Betreibungsamt mitzuteilen.**

[3] **Vor der Veröffentlichung kann die Bevormundung gutgläubigen Dritten nicht entgegengehalten werden.**

III. Publication

[1] L'interdiction passée en force de chose jugée est publiée sans délai, une fois au moins, dans une feuille officielle du domicile et du lieu d'origine de l'interdit.

[2] Il est possible, avec l'accord de l'autorité de surveillance, de renoncer à la publication lorsque l'incapacité de la personne apparaît à l'évidence pour les tiers ou qu'il s'agit d'un malade mental, d'un faible d'esprit ou d'un alcoolique soigné dans un établissement; l'interdiction doit cependant être communiquée à l'office des poursuites.

[3] L'interdiction n'est opposable aux tiers de bonne foi qu'à partir de la publication.

III. Pubblicazione

[1] L'interdizione, tosto che sia diventata definitiva, deve essere pubblicata almeno una volta in un foglio officiale del luogo di domicilio e del luogo di attinenza dell'interdetto.

[2] Con il consenso dell'autorità di vigilanza, si può prescindere dalla pubblicazione se l'incapacità civile è palese, oppure se l'infermo o debole di mente o l'alcolizzato è ricoverato in una casa di cura; tuttavia, l'interdizione deve essere comunicata all'ufficio d'esecuzione.

[3] Prima della pubblicazione l'interdizione non è opponibile ai terzi di buona fede.

Literatur

Vgl. die Literaturhinweise zu den Vorbem. zu Art. 360 ff. und Art. 373.

I. Allgemeines

Der mit der Entmündigung verbundene Entzug der Handlungsfähigkeit betrifft den **1** Rechtsverkehr und damit Dritte. Diese haben deshalb ein legitimes Interesse zu wissen, ob jemand unter Vormundschaft steht oder nicht. Soweit Dritte in ihrem guten Glauben an die Handlungsfähigkeit einer Person geschützt werden, steht die Bekanntmachung auch im Interesse der bevormundeten Person. Andererseits haben das Mündel und seine Familie aber auch ein Interesse an der Geheimhaltung. Die Veröffentlichung der Massnahme steht damit im Spannungsfeld zwischen dem Schutz des Rechtsverkehrs einerseits und dem Persönlichkeits- und Datenschutz andererseits. Anlässlich der Revision des SchKG (Gesetz vom 16.12.1994) hat der Gesetzgeber die Frage der Veröffentlichung neu geprüft und Art. 375 Abs. 2 den veränderten Vorstellungen über den Persönlichkeitsschutz (u. N 10) sowie den neuen Regeln über die Betreibung bei gesetzlicher Vertretung oder Beistandschaft (Art. 68c ff. SchKG) angepasst (in Kraft seit 1.1.1997).

Entsprechende Bestimmungen über die Veröffentlichung bestehen auch beim Wechsel **2** des Wohnsitzes (Art. 377), bei der Wahl des Vormundes (Art. 387; die Bestimmung wurde bei der Revision des SchKG nicht angepasst), bei der Aufhebung der Vormundschaft (Art. 435) sowie bei der Beistand- bzw. Beiratschaft (Art. 397 und 440). Bei der Beistandschaft hat die Veröffentlichung allerdings eine andere Funktion als bei der Entmündigung und der Verbeiratung, weil die Verbeiständung keinen Einfluss auf die Handlungsfähigkeit hat.

II. Wirkungen der Entmündigung gegenüber Dritten

1. Allgemeine Grundsätze

Die Handlungsfähigkeit setzt Urteilsfähigkeit und Mündigkeit voraus (Art. 13). Fehlt **3** auch nur eine dieser beiden Voraussetzungen, ist die Handlungsfähigkeit nicht gegeben (Art. 17 N 2). Allerdings ist das Ausmass der Handlungsunfähigkeit unterschiedlich je nachdem, welches der beiden Elemente fehlt (vgl. dazu die Komm. Art. 17 ff.).

Ist das Mündel **urteilsunfähig,** fehlt es an jeglicher Handlungsfähigkeit. Es kann keine **4** rechtsgeschäftlichen Handlungen vornehmen. Diese sind grundsätzlich unwirksam, d.h. nichtig (Art. 18 N 6 ff.). Der Entmündigungsentscheid kann insofern an der Handlungsfähigkeit gar nichts ändern. Die Publikation wird sich als überflüssig und damit als unzulässig erweisen. Das Bedürfnis des Rechtsverkehrs zu wissen, dass eine Vormundschaft errichtet worden ist, ist in diesen Fällen gering. Die Publikation dient dann – wie bei der Verbeiständung – der Bekanntgabe der Person des gesetzlichen Vertreters.

Das **urteilsfähige** Mündel ist demgegenüber nur handlungsunfähig, weil es entmündigt **5** worden ist. Durch die Entmündigung wird die Handlungsfähigkeit nicht vollständig entzogen. Die betroffene Person ist *beschränkt handlungsfähig* (Art. 19 N 3). Das urteilsfähige Mündel kann rechtsgeschäftlich unentgeltliche Vorteile erlangen und Rechte ausüben, die ihm um seiner Persönlichkeit willen zustehen (Art. 19 Abs. 2). Zudem sind alle seine Rechtshandlungen gültig, wenn die Zustimmung des gesetzlichen Vertreters vorliegt (Art. 19 Abs. 1). Aus unerlaubter Handlung wird das Mündel schadenersatzpflichtig (Art. 19 Abs. 3). Die Beschränkung der Handlungfähigkeit ist allein auf den Entmündigungsentscheid zurückzuführen. Es besteht damit ein grosses Interesse, dass der Rechtsverkehr diesen Entscheid kennt.

2. Gutglaubensschutz (Abs. 3)

6 Einer Person ist nicht immer anzusehen, ob sie handlungsfähig ist oder nicht. Mit den Möglichkeiten, Rechtsgeschäfte auch ohne unmittelbaren persönlichen Kontakt einzugehen, hat sich diese Problematik verstärkt. Schliesst jemand ein Rechtsgeschäft mit einer handlungsunfähigen Person ab, ohne dies bemerkt zu haben, kann die Rechtsordnung entweder den Handlungsunfähigen vor den Folgen des Rechtsgeschäfts oder den gutgläubigen Partner in seinem Vertrauen auf dessen Gültigkeit schützen. Das Gesetz geht für die fehlende Urteilsfähigkeit und für die Entmündigung gegensätzliche Wege (insofern ungenau VON TUHR/PETER, 212).

7 Es schützt das **Vertrauen auf die Urteilsfähigkeit** einer Person nicht. Hat eine urteilsunfähige Person ein Rechtsgeschäft abgeschlossen, ist dieses grundsätzlich nichtig, auch wenn der Partner keinerlei Möglichkeit hatte, die Urteilsunfähigkeit zu erkennen (BK-SCHNYDER/MURER, N 29). Die Rechtsordnung sieht allerdings in einzelnen Rechtsbereichen eine Vielzahl von Ausnahmen vor (BK-BUCHER, Art. 17/18 N 64 ff.). Zudem wird der Grundsatz der Nichtigkeit gemildert, indem diese nicht immer von Amtes wegen zu berücksichtigen ist und überdies die Geltendmachung rechtsmissbräuchlich sein kann (BK-BUCHER, Art. 17/18 N 166 ff.; BGE 117 II 24). Schliesslich kann auch eine Deliktshaftung eines Urteilsunfähigen gegeben sein (Art. 54 OR). Art. 54 OR ist bei rechtsgeschäftlich zugefügtem Schaden analog anwendbar (BGE 102 II 228 ff.). Einen allg. Gutglaubensschutz gibt es indessen nicht (BK-BUCHER, Art. 17/18 N 148 ff.). Erleidet der Dritte wegen eines entschuldbaren Irrtums über die Urteilsfähigkeit seines Kontrahenten einen **Schaden,** kann er diesen höchstens in analoger Anwendung von Art. 54 OR ersetzt erhalten. Hingegen ist Art. 411 Abs. 2 bei Urteilsunfähigkeit nicht anwendbar (BGE 102 II 231; BK-BUCHER, Art. 17/18 N 88).

8 Differenzierter ist die Rechtslage mit Bezug auf das **Vertrauen in die Mündigkeit** einer Person. Wer sich über das Alter einer Person irrt, hat die Folgen dieses Irrtums grundsätzlich selber zu tragen. Insoweit gibt es keinen Gutglaubensschutz (vgl. aber Art. 411 Abs. 2). Demgegenüber besteht ein gewisser Schutz, wenn sich der Dritte im internationalen Verhältnis über das auf das Mündigkeitsalter anwendbare Recht geirrt hat (IPRG-JAMETTI GREINER/GEISER, Art. 36 N 5) oder die Mündigkeit durch einen behördlichen Akt entfallen ist. Letzteres hält Art. 375 Abs. 3 ausdrücklich fest. Diese Bestimmung verankert für entsprechende Fälle den Gutglaubensschutz (BK-SCHNYDER/MURER, N 24 ff.).

III. Veröffentlichung

1. Pflicht (Abs. 1)

9 Die **Entmündigung** ist zu publizieren. Die Errichtung einer Vormundschaft nach Art. 368 bedarf demgegenüber keiner Publikation. Dafür ist die Umwandlung einer solchen Vormundschaft in eine nach Art. 369 bei Erreichen des Mündigkeitsalters (vgl. Art. 385 Abs. 2) zu veröffentlichen. Mit Blick auf Art. 375 Abs. 3 (o. N 8) dient die Veröffentlichung dem Schutze des Mündels (BGE 115 II 22).

2. Ausnahmen (Abs. 2)

10 Die Veröffentlichung wird von den betroffenen Personen und ihren Angehörigen oft als erniedrigend empfunden. Der Grundsatz der Verhältnismässigkeit gebietet es, auf die Veröffentlichung zu verzichten, wenn diese weder für den Schutz des Rechtsverkehrs noch des Mündels notwendig erscheint. Entsprechend sah auch schon das **bis vor der**

SchKG-Revision geltende Recht eine Einschränkung der Publikationspflicht vor (BK-Schnyder/Murer, N 80). Im Unterschied zum geltenden Recht war aber nur eine «Verschiebung» möglich. Zudem bestand die formelle Voraussetzung, dass das Mündel in einer Anstalt untergebracht sein musste, so dass es mit der Aussenwelt nicht in Verbindung treten und am Rechtsverkehr nicht teilhaben konnte (BK-Schnyder/Murer, N 85 ff.). Trotz des engeren Wortlautes war es diesfalls aber ohne Bedeutung, aus welchem Grund die Entmündigung angeordnet worden war (BK-Schnyder/Murer, N 82 f.).

Einer Empfehlung der Vormundschaftsdirektoren-Konferenz folgend (ZVW 1990, 36), sind die **Ausnahmen** von der **Veröffentlichungspflicht** im Zusammenhang mit der Revision des SchKG nunmehr **erweitert** worden (vgl. dazu auch Hegnauer, ZVW 1990, 9 ff.).

Die geltende Fassung hält fest, dass es sich nicht nur um eine Verschiebung der Veröf- **11**
fentlichung handelt, sondern dass auf diese **verzichtet** werden kann. Es ist der Behörde allerdings unbenommen, auf ihren Entscheid später zurückzukommen und eine Veröffentlichung nachzuholen, wenn sich die Verhältnisse verändert haben, namentlich wenn das Mündel aus der Anstalt entlassen worden ist.

Für den Verzicht bestehen **zwei alternative Voraussetzungen:** **12**

– Wie bis anhin rechtfertigt sich der Veröffentlichungsverzicht, wenn das Mündel in einer **Anstalt untergebracht** ist und deshalb am Rechtsverkehr nicht teilhat. Es ist allerdings zu beachten, dass nicht jede Anstaltsunterbringung den Kontakt mit dem Rechtsverkehr ausschliesst. Die zuständige Behörde hat hier nach den konkreten Umständen zu entscheiden. Der Begriff der Anstalt deckt sich dabei nicht notwendigerweise mit dem in Art. 397a ff. enthaltenen. Die Voraussetzungen von Art. 375 Abs. 2 sind erfüllt, wenn das Mündel in einem familiären Umfeld **wie in einer Anstalt beaufsichtigt** wird (vgl. ZVW 1990, 36).

Obgleich der Gesetzestext insoweit mit der alten, zu engen Fassung übereinstimmt, kann nach wie vor auf die Veröffentlichung auch verzichtet werden, wenn die **Entmündigung** aus einem **anderen Grund** als Geisteskrankheit, Geistesschwäche oder Trunksucht ausgesprochen worden ist (o. N 10). Wie der dt. und der it. Wortlaut deutlicher als der frz. zeigen, genügt es, dass die Person in einer Anstalt *untergebracht* ist. Eine *Behandlung* in der Anstalt ist nicht nötig. Es braucht sich insb. nicht um eine medizinische Klinik zu handeln.

– Neu ist zudem keine Publikation notwendig, wenn die **Handlungsunfähigkeit für Dritte offenkundig** ist (BBl 1991 III 59). Der mit der Veröffentlichung bezweckte Schutz des Mündels und des Rechtsverkehrs ist auch ohne Publikation gewährleistet, wenn jeder Dritte aufgrund des Aussehens oder Benehmens des Mündels mit dessen Urteilsunfähigkeit und damit auch mit einer Entmündigung rechnen muss oder wenn das Mündel mit Sicherheit von vornherein für alle grösseren verpflichtenden Rechtsgeschäfte nicht urteilsfähig ist. Auch ohne Veröffentlichung schützt der gute Glaube den Rechtsverkehr bei Urteilsunfähigkeit des Mündels nicht (o. N 7).

3. Durchführung und Verfahren

Für die **Veröffentlichung** ist die *Behörde am Wohnsitz* des Mündels zuständig (BK- **13**
Schnyder/Murer, N 45). Die *sachliche Zuständigkeit* richtet sich nach dem kant. Recht. Dieses wird entweder die Entmündigungs- oder die VormBehörde mit dieser Aufgabe betrauen. Einen **Verzicht** auf die Publikation kann demgegenüber nur die *vormund-*

schaftliche Aufsichtsbehörde am Wohnsitz bewilligen (BK-SCHNYDER/MURER, N 93). Die für die Veröffentlichung zuständige Behörde hat ihr ggf. einen entsprechenden Antrag zu stellen.

Die **Rechtsmittel** gegen den Entscheid der zuständigen Behörde, die Entmündigung zu veröffentlichen, richten sich nach dem kant. Recht, da es sich dabei nicht um eine von Bundesrechts wegen der VormBehörde aufgetragene Aufgabe handelt (BK-SCHNYDER/ MURER, N 58). Demgegenüber unterliegt der Entscheid der Aufsichtsbehörde, auf die Veröffentlichung zu verzichten, der Vormundschaftsbeschwerde, sofern das kant. Recht den Weiterzug an eine obere Aufsichtsbehörde vorsieht (Art. 420; vgl. BK-SCHNYDER/ MURER, N 94).

Der Entscheid über die Veröffentlichung der Bevormundung nach Art. 375 kann weder mit Berufung noch mit Verwaltungsgerichtsbeschwerde an das **BGer** weitergezogen werden (BGE 100 Ib 114 f.; 91 II 175). Zulässig ist hingegen eine staatsrechtliche Beschwerde. Mit Inkrafttreten des Bundesgerichtsgesetzes (BBG) wird die Beschwerde offen stehen (Art. 72 Abs. 2 Bst. b Ziff. 5 BBG).

14 Wird auf die Veröffentlichung nicht verzichtet, hat sie mindestens einmal am **Wohnsitz und in der Heimatgemeinde** zu erfolgen (Art. 375 Abs. 1). Befinden sich beide Gemeinden im Einzugsgebiet des gleichen Publikationsorganes, genügt eine einzige Publikation. Die Heimatgemeinde bestimmt sich nach Art. 22. Bei Ausländern hat die Publikation nur am Wohnsitz zu erfolgen (BK-BUCHER, Art. 14 N 83).

Das kant. Recht bestimmt das **Publikationsorgan.** Es kann sich auch um das von der Öffentlichkeit wenig beachtete Amtsblatt des Kantons oder der Gemeinde handeln. Inhaltlich muss die Veröffentlichung die Mitteilung enthalten, dass eine mit ihren Personalien bezeichnete Person *bevormundet* worden ist (BK-SCHNYDER/MURER, N 55 ff.). Die Kosten der Publikation gehen zulasten des Mündels.

4. Wirkungen

15 Die **Wirksamkeit der Entmündigung** hängt nicht von der Publikation ab. Die Handlungsfähigkeit entfällt mit Eintritt der Rechtskraft des Entmündigungsentscheides schon vor der Veröffentlichung.

Die gültige Publikation bewirkt nur, dass **Dritte,** die keine Kenntnis von der Entmündigung haben und deshalb gutgläubig auf die Handlungsfähigkeit des Mündels vertrauen, **nicht geschützt** werden (Abs. 3e contrario). Entsprechend sind die rechtsgeschäftlichen Handlungen des Mündels, welche volle Handlungsfähigkeit voraussetzen und nach der Publikation vorgenommen werden, allen Dritten gegenüber nichtig. Eine Haftung kann sich allerdings aus Art. 411 Abs. 2 ergeben.

Ob diese Wirkung zwingend voraussetzt, dass die **Veröffentlichung sowohl am Wohnsitz wie auch am Heimatort** stattgefunden hat, ist umstritten. Ein Teil der Lehre lässt die Veröffentlichung am Wohnsitz grundsätzlich genügen (vgl. BK-SCHNYDER/MURER, N 53 m.H.).

16 Die Veröffentlichung der Entmündigung hat **keinen Einfluss auf das Betreibungsverfahren.** Alle Betreibungsurkunden sind dem Vormund *unabhängig von der Veröffentlichung* zuzustellen. Art. 68c SchKG kennt im Gegensatz zu Art. 68d SchKG als Anwendungsvoraussetzung nicht die Veröffentlichung der Entmündigung oder deren Mitteilung an das Betreibungsamt.

17 Die genannte Wirkung (N 15) tritt erst am **Tag nach der Veröffentlichung** ein (BK-BUCHER, Art. 14 N 87). Dabei kann es sich auch um einen Sonn- oder einen Feiertag handeln.

IV. Mitteilungspflichten

1. An das Betreibungsamt (Abs. 2)

Wird die Entmündigung nicht veröffentlicht, ist sie dem Betreibungsamt mitzuteilen. Die **18** Mitteilung hat nur an das **Amt am zivilrechtlichen Wohnsitz** des Mündels zu erfolgen. Dies ist auch der Betreibungsort (Art. 46 SchKG). Art. 47 aSchKG, der für bevormundete Personen einen vom Wohnsitz abweichenden Betreibungsort vorgesehen hat, ist mit der Revision des SchKG auf den 1.1.1997 aufgehoben worden. Ob die Entmündigungs- oder die VormBehörde die Mitteilung vorzunehmen hat, richtet sich wie bei der Veröffentlichung nach dem kant. Recht. Da die Mitteilung nur erfolgen muss, wenn die Entmündigung nicht veröffentlicht wird, und nur in wenigen Kantonen die Entmündigungsbehörde auch das Absehen von der Veröffentlichung bewilligen kann, wird die Mitteilung regelmässig von der VormBehörde oder der vormundschaftlichen Aufsichtsbehörde vorgenommen werden.

Die Mitteilung betrifft nur die Entmündigung. Das Gesetz sieht nicht vor, dass auch der **Name des Vormundes** mitzuteilen ist. Es dürfte indessen auf ein Versehen zurückzuführen sein, dass Art. 387 bei der Revision des SchKG nicht angepasst worden ist. Soweit im Zeitpunkt der Mitteilung der Vormund schon ernannt ist, wird sein Name sinnvollerweise gleichzeitig auch bekannt gegeben.

2. An das Zivilstandsamt

Unabhängig davon, ob die Entmündigung veröffentlicht worden ist, muss der Entscheid **19** dem **Zivilstandsamt am Heimatort** mitgeteilt werden (Art. 132 Abs. 1 Ziff. 3 ZStV). Der Familienregisterführer hat eine Kontrolle der Entmündigungen anzulegen (Art. 136 Abs. 3 ZStV; Schüpbach, SPR II/3, 55 f.).

Die Zivilstandsverordnung schweigt sich darüber aus, wer diese Mitteilung vorzunehmen hat. Da dies eine Vollzugshandlung darstellt, obliegt die Aufgabe sinnvollerweise der **VormBehörde.**

Dritter Abschnitt: Die Zuständigkeit

Art. 376

A. Bevor-mundung am Wohnsitze	[1] Die Bevormundung erfolgt am Wohnsitze der zu bevormundenden Person. [2] Die Kantone sind berechtigt, für ihre im Kanton wohnenden Bürger die vormundschaftlichen Behörden der Heimat als zuständig zu erklären, insofern auch die Armenunterstützung ganz oder teilweise der Heimatgemeinde obliegt
A. For du domicile	[1] Le for tutélaire est celui du domicile du mineur ou de l'interdit. [2] Les cantons peuvent décréter que leurs ressortissants domiciliés sur leur territoire seront soumis aux autorités de tutelle de la commune d'origine, lorsque celle-ci a en totalité ou en partie la charge de l'assistance publique.
A. Foro del domicilio	[1] La tutela è costituita al domicilio del tutelato. [2] I Cantoni possono dichiarare competenti le autorità di tutela del luogo di attinenza per i loro cittadini domiciliati nel Cantone in quanto l'obbligo dell'assistenza incomba tutto o in parte al Comune di attinenza.

Literatur

HEGNAUER, Der Sitz der Vormundschaftsbehörde und der Wohnsitz bevormundeter Personen (Art. 25 Abs. 2 ZGB), ZVW 1981, 67 ff.; RIEMER, Der zivilrechtliche Wohnsitz von Altersheiminsassen, ZVW 1977, 58 ff.; THOMET, Kommentar zum Bundesgesetz über die Zuständigkeit für die Unterstützung Bedürftiger (ZUG), Zürich 1994; vgl. auch die Literaturhinweise zu den Vorbem. zu Art. 360 ff. und Art. 373.

I. Anwendungsbereich

1 Die Bestimmung regelt die Zuständigkeit nicht nur für die «Bevormundung», d.h. die Ernennung des Vormundes, sondern auch für die Entmündigung (Art. 369–372), die Unterstellung unter die elterliche Sorge (Art. 385 Abs. 3), die Anordnung der Vormundschaft über Unmündige (Art. 368; vgl. Art. 373 N 1), die Anordnung vorsorglicher Massnahmen (Art. 386) sowie die Führung und die Aufhebung der entsprechenden Massnahmen (BK-SCHNYDER/MURER, N 14; vgl. dazu aber u. N 8). Sie ist hingegen weder für die Errichtung einer Beistandschaft noch für die Anordnung einer fürsorgerischen Freiheitsentziehung anwendbar (BK-SCHNYDER/MURER, Art. 396 N 64; bez. Abs. 2 s. DESCHENAUX/STEINAUER, Personnes, Rz 1123a).

II. Wohnörtliche Zuständigkeit (Abs. 1)

2 Für die genannten Entscheide ist die Behörde am **Wohnsitz** der betroffenen Person zuständig. Dieser bestimmt sich nach den Art. 23–26 ZGB (BGE 126 III 419; 78 I 222; DESCHENAUX/STEINAUER, Personnes, Rz 892a). Die Zuständigkeit gilt sowohl **interkantonal** als auch **innerkantonal** (BK-SCHNYDER/MURER, Vorbem. zu Art. 376–378 N 5).

In gewissen Kantonen umfassen die **Vormundschaftskreise mehr als eine Gemeinde.** Daraus ergeben sich für die Zuständigkeit keine besonderen Probleme. Die Streitfrage, ob das Mündel seinen Wohnsitz in der Sitzgemeinde der Vormundschaftsbehörde oder an seinem gewöhnlichen Aufenthaltsort innerhalb des Vormundschaftskreises hat, stellt sich erst, wenn die Errichtung der Vormundschaft rechtsgültig erfolgt ist. Richtigerweise befindet sich der Wohnsitz am gewöhnlichen Aufenthaltsort (so BK-SCHNYDER/MURER, N 21; HEGNAUER, ZVW 1981, 69 ff.; **a.M.** DESCHENAUX/STEINAUER, Personnes, Rz 398a; Art. 25 N 11).

3 Gemäss Art. 26 begründet der Aufenthalt zum Zweck des Besuchs einer Lehranstalt oder jener in einer Anstalt keinen Wohnsitz. Die Bestimmung präzisiert Art. 23 dahingehend, dass der Aufenthalt für einen *Sonderzweck* nicht den Lebensmittelpunkt verschieben kann (BK-BUCHER, Art. 26 N 1). Die Auslegung hat sich an diesem Zweck zu orientieren. Kein Sonderzweck liegt vor, wenn sich jemand aus freien Stücken in einem **Alters- oder Pflegeheim** mit der Absicht dauernden Verbleibens niederlässt. Diesfalls wird dort ein Wohnsitz begründet (BGE 108 V 25; RIEMER, ZVW 1977, 60 f.; BK-SCHNYDER/MURER, N 66; ZGB-STAEHELIN, Art. 26 N 7). Damit wird auch die Behörde am Ort des Heimes für vormundschaftliche Massnahmen zuständig. Gleiches gilt, wenn eine pflegebedürftige Person dauernd in einer Familie untergebracht wird (BGE 95 II 515; BK-SCHNYDER/MURER, N 70).

Die Unterbringung eines **Minderjährigen in einer Pflegefamilie** begründet einen Wohnsitz, wenn sich dieser nach Art. 25 Abs. 1 i.f. nach dem Aufenthaltsort richtet (vgl. BK-HAUSHEER/REUSSER/GEISER, Art. 162 N 34/19 ff.). Die Bevormundung gem. Art. 368 erfolgt somit am Wohnort der Pflegefamilie, wenn die elterliche Sorge beiden Eltern entzogen worden ist und vorher keine Verfügung über die Obhut getroffen worden war.

Ein **Asylbewerber** kann nach Art. 23 einen Wohnsitz in der Schweiz begründen, selbst 4 wenn er fremdenpolizeilich hier nur toleriert wird (BGE 116 II 503; 113 II 8). Allenfalls gilt gem. Art. 24 Abs. 2 bzw. Art. 20 Abs. 2 IPRG der gewöhnliche Aufenthalt als Wohnsitz.

Das **Findelkind** hat seinen Wohnsitz am Ort, an dem es gefunden worden ist (BK- 5 SCHNYDER/MURER, N 95), weil es sich dort aufhält (Art. 25 Abs. 1 i.f.). Es ist entsprechend auch dort unter Vormundschaft zu stellen. Eine unterschiedliche Zuständigkeit kann sich aufgrund der Heimatzuständigkeit nach Art. 376 Abs. 2 ergeben. Gemäss Art. 330 ist von Bundesrechts wegen die Heimatgemeinde unterhaltpflichtig (zum Verhältnis zum ZUG vgl. Art. 330 N 4). Heimat*kanton* ist nach Art. 6 Abs. 1 BüG aber nicht der Ort, an dem das Kind gefunden, sondern an dem es ausgesetzt worden ist. Das Gemeindebürgerrecht bestimmt sich nach dem kant. Recht (Art. 6 Abs. 2 BüG). Es wird regelmässig diejenige Gemeinde sein, in der das Kind ausgesetzt bzw. gefunden worden ist (BK-HEGNAUER, Art. 271 N 40).

Massgebend ist der Wohnsitz im **Zeitpunkt** der Eröffnung des Verfahrens (BGE 126 III 6 419; 95 II 51; DESCHENAUX/STEINAUER, Personnes, Rz 892a). Eine Wohnsitzverlegung während des Verfahrens ist zwar möglich, ändert aber an der Zuständigkeit nichts mehr. Mit der Entmündigung wird diesfalls der Wohnsitz wieder zurück in jene Gemeinde verlegt, in der er sich bei der Verfahrenseröffnung befunden hat (BK-SCHNYDER/Murer, Art. 377 N 44 ff.). Zum Zeitpunkt der Eröffnung des Verfahrens vgl. Art. 373 N 10.

III. Heimatzuständigkeit (Abs. 2)

Abs. 2 schränkt die Wohnsitzzuständigkeit insofern ein, als Kantone, in denen die Hei- 7 matgemeinde für die Fürsorgeleistungen zuständig ist, auch die Vormundschaft über ihre Bürger der Heimatgemeinde zuweisen können. Mit Erlass des ZUG wurde den Kantonen nicht verboten, kantonsintern die Heimatgemeinde für die Unterstützung als zuständig zu erklären. Das ZUG regelt nur die *interkantonale* Zuständigkeit (THOMET, N 32 ff. und 55). Art. 376 Abs. 2 betrifft aber nur die innerkantonale Zuständigkeit (BK-SCHNYDER/ MURER, N 107). Er setzt voraus, dass die betroffene Person **Bürger/in ihres Wohnsitzkantons** ist.

Die Bestimmung sieht nicht selber die Heimatzuständigkeit vor. Sie räumt den Kantonen nur das Recht ein, diese unter gewissen Voraussetzungen einzuführen. Schweigt das kant. Recht, sind ausschliesslich die Wohnsitzbehörden zuständig.

Die Bestimmung stellt nur eine Ausnahme zur wohnörtlichen Zuständigkeit dar. Demge- 8 genüber enthält Art. 25 Abs. 2 keine analoge Ausnahme für die Wohnsitzbestimmung einer entmündigten Person. Die Entmündigung am Heimatort und die anschliessende Führung der Vormundschaft durch diese Gemeinde bewirken deshalb eine Verschiebung des Wohnsitzes. Dieser befindet sich dann unabhängig davon, wo sich das Mündel aufhält, am Heimatort. Art. 376 Abs. 2 ist für die Aufhebung der Massnahme gegenstandslos, weil sich in diesen Fällen der Wohnsitz des Mündels immer am Heimatort befindet.

Regelungen, mit denen einzelne Kantone früher die Heimatzuständigkeit vorgesehen hatten, sind, soweit ersichtlich, von allen Kantonen mit Ausnahme von Appenzell IRh. (Art. 46 EGZGB) aufgegeben worden.

IV. Zuständigkeitskonflikte

Die örtliche Unzuständigkeit bewirkt nicht die Nichtigkeit des Entscheides. Die Vor- 10 mundschaft bleibt gültig, bis die Anordnung von der zuständigen Behörde aufgehoben wird (DESCHENAUX/STEINAUER, Personnes, Rz 892b; BGE 82 II 258; 79 II 251; 73 I

Thomas Geiser 1851

234). Der Entscheid, mit dem die Vormundschaft angeordnet oder auf diese Massnahme verzichtet wird, unterliegt der **Berufung an das BGer** (Art. 44 Bst. e OG; Art. 373 N 25; BGE 126 III 416 ff.; mit Inkrafttreten des Bundesgerichtsgesetzes der Beschwerde). Im Berufungsverfahren können die Parteien auch geltend machen, die bundesrechtlichen Bestimmungen über die örtliche Zuständigkeit seien verletzt (BK-SCHNYDER/MURER, N 128). Erklärt sich eine Entmündigungsbehörde für unzuständig, können der Interdizend sowie jede antragsberechtigte Person den entsprechenden letztinstanzlichen kant. Entscheid mit Berufung an das BGer weiterziehen. Demgegenüber steht der VormBehörde, welche von ihrer Aufsichtsbehörde die Weisung erhalten hat, ein Entmündigungsverfahren zu eröffnen, weder die Berufung noch die Nichtigkeitsbeschwerde an das BGer offen (BGE 110 II 94). Sie hat überhaupt kein Rechtsmittel an das BGer, da ihr bei der staatsrechtlichen Beschwerde in diesem Zusammenhang die Legitimation fehlt.

Soweit die Zuständigkeit zwischen zwei **Kantonen** streitig ist, kommt die **staatsrechtliche Klage** als Rechtsbehelf in Frage (Art. 83 Bst. e OG).

V. Internationale Zuständigkeit

11   Gemäss Art. 85 Abs. 2 IPRG gilt das Haager Übereinkommen vom 5.10.1961 über die Zuständigkeit der Behörden und das anzuwendende Recht auf dem Gebiet des Schutzes von Minderjährigen (MSA) sinngemäss auch für die vormundschaftlichen Massnahmen bei Volljährigen. Die Übertragung des MSA auf die Erwachsenenvormundschaft bedeutet, dass die schweizerische Zuständigkeit stets gegeben ist, wenn der erwachsene Schweizer oder Ausländer seinen **gewöhnlichen Aufenthalt im Inland** hat. Für Schweizer Bürger besteht zudem auch eine Zuständigkeit, wenn sie sich im Ausland befinden. Die schweizerischen Behörden haben dabei schweizerisches Recht anzuwenden (IPRG-Kommentar-SIEHR, Art. 85 N 81).

12   Das ZGB sieht für die wesentlichsten vormundschaftlichen Massnahmen die *wohnörtliche* Zuständigkeit vor. Das MSA stellt auf den *gewöhnlichen Aufenthalt* ab. Da das MSA im staatsvertraglichen Bereich Anwendung beansprucht, wenn der gewöhnliche Aufenthalt und die Staatsangehörigkeit auseinander fallen, gilt es grundsätzlich für alle Ausländer in der Schweiz (vgl. BGE 114 II 414). Sieht das IPRG eine schweizerische Zuständigkeit vor, so wird damit grundsätzlich nicht nur die internationale Zuständigkeit festgelegt, sondern auch die örtliche Zuständigkeit innerhalb der Schweiz. Das IPRG enthält insofern eine «abschliessende und ausschliessliche» Regelung (IPRG-Kommentar-VOLKEN, vor Art. 2–12 N 62 ff.; IPRG-BERTI, Vorbem. zu Art. 2 N 27). Bedeutet das nun, dass für **Ausländer in der Schweiz** nicht mehr die vormundschaftlichen Behörden am Wohnsitz, sondern jene am gewöhnlichen Aufenthaltsort zuständig sind? Die Frage ist m.E. zu verneinen. Eine derart weittragende Umgestaltung der Zuständigkeitsordnung lässt sich dem MSA nicht entnehmen (vgl. Art. 14 MSA). Die schweizerische Erweiterung des Anwendungsbereichs des MSA in Art. 85 Abs. 2 IPRG kann kaum eine so grosse Wirkung entfalten, die sich überdies gesetzespolitisch überhaupt nicht rechtfertigen lässt. Das MSA ist nur *sinngemäss* auf die Erwachsenenvormundschaft anwendbar (vgl. dazu IPRG-SCHWANDER, Art. 85 N 62 ff.). Die Erweiterung des Anwendungsbereichs bezweckt einzig, die Zuständigkeit der Behörden am Ort des gewöhnlichen Aufenthaltes eines Ausländers herbeizuführen, wenn dieser keinen Wohnsitz in der Schweiz hat (GEISER, ZVW 1995, 38 f.).

Hat ein Ausländer, über den eine Vormundschaft errichtet worden ist, **Wohnsitz in der Schweiz,** bestimmt sich dieser nach Art. 25 Abs. 2 ZGB und nicht nach Art. 20 IPRG, so dass für Abänderungen einer in der Schweiz über einen Ausländer geführten Vormundschaft die Behörden am Sitz der Vormundschaftsbehörde zuständig bleiben (**a.M.** wohl IPRG-Kommentar-KELLER/KREN KOSTKIEWICZ, Art. 20 N 70). Entgegen der wohl h.L. bestimmt Art. 20 IPRG nur abschliessend, ob sich der Wohnsitz in der Schweiz oder im Ausland befindet. Insoweit kann auf die Art. 23 ff. ZGB nicht zurückgegriffen werden (Art. 20 Abs. 2 IPRG; vgl. BGE 119 II 64). Liegt nach Art. 20 IPRG der Wohnsitz in der Schweiz, so ist die Wohnsitzgemeinde nach den Art. 23 ff. ZGB zu bestimmen (BK-HAUSHEER/REUSSER/GEISER, Art. 162 N 34/25 ff.; IPRG-CHRISTEN-Westenberg, Art. 20 IPRG N 18; **a.M.** A. BUCHER, DIP Bd. II, 112f). Bestehen gegen diese Gesetzesauslegung wegen des Wortlautes von Art. 20 Abs. 2 IPRG Bedenken, so muss das *internationale* Verhältnis einschränkend definiert werden. Damit sich der Wohnsitz *ausschliesslich* nach IPRG und nicht nach ZGB richtet, genügt es nicht, dass im Rahmen eines internationalen Rechtsverhältnisses auf den Wohnsitz abzustellen ist. Vielmehr muss der Wohnsitz selber ein internationales Verhältnis i.S.v. Art. 1 IPRG darstellen. Das ist nur der Fall, wenn ein typisches Wohnsitzelement (tatsächlicher Aufenthalt, Absicht des Verbleibens) oder bei Minderjährigen oder Entmündigten das entsprechende Abhängigkeitsverhältnis einen internationalen Bezug aufweist. Dies trifft jedoch nicht auf den jugendlichen Ausländer in der Schweiz zu, dessen Eltern in der Schweiz Wohnsitz haben. Für den Entzug der Handlungsfähigkeit sind diesfalls die vormundschaftlichen Behörden am Wohnsitz der Eltern, nicht diejenigen am gewöhnlichen Aufenthalt des Minderjährigen, zuständig, und anschliessend hat auch die Vormundschaftsbehörde an diesem Ort den Vormund zu ernennen.

Art. 377

B. Wechsel des Wohnsitzes	[1] **Ein Wechsel des Wohnsitzes kann nur mit Zustimmung der Vormundschaftsbehörde stattfinden.** [2] **Ist er erfolgt, so geht die Vormundschaft auf die Behörde des neuen Wohnsitzes über.** [3] **Die Bevormundung ist in diesem Falle am neuen Wohnsitze zu veröffentlichen.**
B. Changement de domicile	[1] Le pupille ne peut changer de domicile qu'avec le consentement de l'autorité tutélaire. [2] Si le changement a eu lieu, la tutelle passe au nouveau domicile. [3] Dans ce cas, l'interdiction est publiée au nouveau domicile.
B. Cambiamento di domicilio	[1] Il cambiamento di domicilio può solo aver luogo col consenso dell'autorità tutoria. [2] Quando siasi verificato, la tutela passa all'autorità del nuovo domicilio. [3] In questo caso la tutela dev'essere pubblicata al nuovo domicilio.

Literatur

GEISER/LANGENEGGER/MINGER/MOSIMANN/NICOD, Mustersammlung Erwachsenenvormundschaftsrecht, Basel 1996; HUG, Kann die Publikation bei Übertragung der vormundschaftlichen Zuständigkeit und beim Wechsel des Vormundes unterbleiben?, ZVW 1969, 41 ff.; vgl. auch die Literaturhinweise zu den Vorbem. zu Art. 360 ff. und Art. 373.

I. Anwendungsbereich der Norm

1   **Abs.** 1 gilt nur für Vormundschaften im engeren Sinn und den vorläufigen Entzug der Handlungsfähigkeit nach Art. 386 Abs. 2 (BK-SCHNYDER/MURER, N 116), nicht aber für verbeiständete oder verbeiratete Personen. Diese können ihren Wohnsitz verlegen, ohne dass sie einer behördlichen Zustimmung bedürfen. Ob es sich um eine entmündigte oder eine unmündige Person handelt (Art. 368), ist jedoch ohne Bedeutung.

2   **Abs.** 2 betrifft hingegen auch die *Beiratschaft* (BGE 126 III 417). Hat die verbeiratete Person ihren Wohnsitz verlegt, *muss* die Behörde am neuen Ort den Fall übernehmen und – sofern noch immer notwendig – weiterführen. Die *Beistandschaft* ist nur zu übertragen, soweit sie am Wohnsitz geführt wird (Art. 396 Abs. 1). Handelt es sich um eine Vermögensverwaltung (Art. 396 Abs. 2), ist die Beistandschaft nicht übertragbar (BK-SCHNYDER/MURER, N 118 ff.; vgl. RegRat ZG ZVW 1991, 116 ff.).

3   Auch **Abs.** 3 betrifft nach h.L. neben der Vormundschaft die *Beiratschaft* (BK-SCHNYDER/MURER, Art. 397 N 85), denn auch diese schränkt die Handlungsfähigkeit ein. Demgegenüber wird die *Beistandschaft* i.d.R. nicht veröffentlicht (vgl. Art. 397).

II. Wohnsitz der bevormundeten Person

4   Die bevormundete Person hat gem. Art. 25 Abs. 2 ihren Wohnsitz am Sitz der VormBehörde (vgl. Art. 376 N 2 ff.; Art. 25 N 11 ff.). Der Wechsel des **rechtlichen** Wohnsitzes erfolgt deshalb erst, wenn die VormBehörden des alten und des neuen Wohnortes entsprechende übereinstimmende Beschlüsse gefasst haben. Vom rechtlichen ist der **tatsächliche** Wohnsitz der bevormundeten Person zu unterscheiden. Darunter wird jener Ort verstanden, an dem sich das Mündel dauernd aufhält und wo es den Mittelpunkt seines Lebens hat (BGE 86 II 287 f.; DESCHENAUX/STEINAUER, Personnes, Rz 858). Er bestimmt sich nach den Grundsätzen von Art. 23 Abs. 1 (A. BUCHER, Personnes physiques, Rz 396).

III. Wohnsitzverlegung (Abs. 1)

5   Auch einer bevormundeten Person steht die Niederlassungsfreiheit nach Art. 24 BV zu. Es darf ihr deshalb grundsätzlich nicht verwehrt werden, sich an einen anderen Ort im In- oder Ausland zu begeben, um sich dort auf Dauer aufzuhalten (BK-SCHNYDER/Murer, N 8; GEISER et al., 54). Die Verlegung des Aufenthaltsortes bedarf der Zustimmung des Vormundes (Art. 406), jene des Wohnsitzes der Zustimmung der VormBehörden am bisherigen und am neuen Wohnsitz. Diese Zustimmungen dürfen allerdings nur verweigert werden, wenn dies das Mündelinteresse gebietet (BGE 109 Ib 78; 81 I 51 f.; 78 I 223 f.). Insoweit besteht ein *Anspruch* auf Zustimmung. Diese ist an keine Form gebunden. Sie kann auch stillschweigend erfolgen (BK-SCHNYDER/MURER, N 54 f.).

5a Vom Wortlaut von Art. 377 Abs. 1 her, könnte man davon ausgehen, dass die Zustimmung der abgebenden Vormundschaftsbehörde für die Verlegung des rechtlichen Wohnsitzes genüge. Indessen zeigt Art. 25, dass der Wohnsitz am Sitz der Vormundschaftsbehörde ist. Gemeint ist jene, welche die Vormundschaft führt. Von daher bleibt der **rechtliche Wohnsitz am bisherigen Ort, bis** die Vormundschaftsbehörde am neuen Wohnort die **Vormundschaft übernommen** hat (BGE 109 Ib 76). Allerdings ist diese verpflichtet, den Übernahmebeschluss zu fassen und sie trifft auch vom Eingang des Ersuchens um Übernahme der Vormundschaft an die Pflicht, gegebenenfalls die für die Wahrung der Mündelinteressen notwendigen Vorkehren zu treffen. Unterlässt sie dies, wird sie auch verantwortlich.

Nach weitverbreiteter Praxis beschliesst die abgebende Behörde die Übertragung erst, **5b**
wenn sich die betroffene Person bereits während eines Jahres am neuen Ort aufhält. Diese «**Testfrist**» ist bei instabilen oder ungewissen Verhältnissen sinnvoll. Demgegenüber
rechtfertigt sie sich nicht, wenn die Verlegung des Wohnsitzes sorgfältig vorbereitet worden ist oder aus anderen Gründen die Gegebenheiten des konkreten Falles schon vor Ablauf dieser Frist dafür sprechen, dass die betroffene Person am neuen Ort dauernd bleiben
wird.

IV. Übernahme der Vormundschaft am neuen Ort (Abs. 2)

Hat das Mündel mit Zustimmung des Vormundes und der bisher zuständigen Vormund- **6**
schaftsbehörde seinen tatsächlichen Wohnsitz (o. N 4) an den neuen Ort verlegt, so
besteht ein *Anspruch auf Übernahme* der Vormundschaft durch die Behörden am
neuen Ort. Sinnvollerweise teilt die bisherige VormBehörde jener am neuen Ort mit, dass
sie der Wohnsitzverlegung zustimmt, und fragt an, ob die Behörde am neuen Ort bereit sei, die Vormundschaft zu übernehmen. In gewissen Kantonen erfolgt der Kontakt
zu einer ausserkantonalen VormBehörde immer über die Aufsichtsbehörde (GEISER et al.,
54).

Nach dem Beschluss, die Vormundschaft an den neuen Ort abzutreten, hat sich die bishe- **7**
rige VormBehörde zu vergewissern, dass die Übernahme tatsächlich erfolgt ist; sie hat
den Schlussbericht und die Schlussrechnung zu genehmigen und diese zusammen mit
dem Mündelvermögen der neuen Behörde zu übergeben. Die VormBehörde am neuen
Ort hat zusammen mit dem Übernahmebeschluss einen neuen Vormund zu bestellen oder
den alten in seinem Amt zu bestätigen (GEISER et al., 55). Sie muss die Übernahme
verweigern, wenn die Massnahme nicht rechtskräftig angeordnet worden ist, an einem
Mangel leidet oder ein Verfahren auf Aufhebung der Massnahme hängig ist (BK-
SCHNYDER/MURER, N 97).

Bis zum Beschluss der Übernahme durch die Behörde am neuen Ort bleibt die bisherige **8**
Zuständigkeit bestehen. Entsprechend ist auch dort ein Verfahren um Aufhebung oder
Abänderung der Massnahme anhängig zu machen (vgl. RegRat ZG ZVW 1991, 116 ff.,
die Beistandschaft betreffend).

V. Veröffentlichung (Abs. 3)

Nach der formellen Verlegung des Wohnsitzes ist die Bevormundung grundsätzlich er- **9**
neut zu publizieren. Davon kann abgesehen werden, wenn die Voraussetzungen von
Art. 375 Abs. 2 gegeben sind oder beide VormBehörden im gleichen Publikationsbezirk
liegen (GEISER et al., 55). Die erneute Publikation hat in jedem Fall nur am neuen Wohnort und am Heimatort zu erfolgen (BK-SCHNYDER/MURER, N 112).

Abs. 3 wurde anlässlich der Revision des SchKG nicht angepasst (vgl. o. Art. 375 N 2).
Indessen wurde – systematisch falsch – in Art. 435 Abs. 3 die **Mitteilung** der Übertra-
gung **an das Betreibungsamt** angeordnet. Die gleiche Regel gilt für die Beistandschaft
(Art. 440 Abs. 2).

In der Lehre ist umstritten, ob das Unterlassen der Publikation zur Folge hat, dass **gut-** **10**
gläubigen Dritten die Entmündigung nicht mehr entgegengehalten werden kann (so
DESCHENAUX/STEINAUER, Personnes, Rz 859a m.H.). Da die erste Publikation ohne örtliche Beschränkung wirkt (im internationalen Verhältnis vgl. IPRG-JAMETTI GREINER/
GEISER, Art. 36 N 9) und der rechtliche Wohnsitz namentlich einer bevormundeten Per-

son nicht immer leicht erkennbar ist, ist nicht einzusehen, warum der formelle Wohnsitzwechsel den Schutz des Dritten auf Kosten des Mündels verstärken soll. Entsprechend verficht die neuere Lehre mit überzeugenden Argumenten, dass der erneuten Publikation mit Bezug auf den Rechtsverkehr keine Wirkung zukommt, weil ohnehin kein Gutglaubensschutz mehr bestehen kann (HUG, 41 ff.; BK-SCHNYDER/MURER, N 115). Die erneute Veröffentlichung wird daher für das Mündel regelmässig ohne jeden Vorteil sein. Dennoch hat sie nur zu unterbleiben, wenn die engen Voraussetzungen von Art. 375 Abs. 2 gegeben sind (s. dazu o. Art. 375 N 12).

VI. Rechtsmittel

11 Das **Mündel und jede andere Person,** die ein Interesse hat, können sowohl die Verweigerung oder Erteilung der Zustimmung nach Abs. 1 und Art. 406 (o. N 5) als auch die Übertragungs- oder Nichtübertragungsbeschlüsse nach Abs. 2 mit **Vormundschaftsbeschwerde** anfechten (Art. 420; GEISER et al., 55).

Ein **Weiterzug an das BGer** ist nicht möglich; die entsprechenden Beschlüsse sind in Art. 44 OG nicht aufgeführt. In älteren Entscheiden ist das BGer auch auf eine staatsrechtliche Beschwerde nicht eingetreten (ZVW 1950, 66; ZBl 1954, 137), was in der Lehre zu Recht kritisiert worden ist (BK-SCHNYDER/MURER, N 133). Zur staatsrechtlichen Beschwerde ist legitimiert, wer durch den kant. Entscheid in rechtlich geschützten eigenen Interessen betroffen wird (Art. 88 OG; BGE 122 I 45 E. b). Diese Interessen können sich entweder aus dem Gesetz oder direkt aus dem angerufenen Grundrecht ergeben. Das Mündel hat nicht nur ein tatsächliches, sondern ein eigenes rechtliches Interesse an der Verlegung des Wohnsitzes und der Übertragung der Vormundschaft. Soweit es um die Zustimmung zur Verlegung des tatsächlichen Lebensmittelpunktes und die Änderung des rechtlichen Wohnsitzes geht, kann das Mündel die Niederlassungsfreiheit anrufen (Art. 24 BV). Es kann aber auch die Verletzung der verfassungsmässigen Verfahrensgarantien einschliesslich des Willkürverbotes geltend machen, obgleich sich dort die Legitimation nicht schon aus den allg. Verfassungsgrundsätzen ergibt, sondern vorausgesetzt wird, dass die betreffenden Vorschriften (auch) dem Schutz des Betroffenen dienen oder Ansprüche desselben begründen (BGE 121 I 271). Wie dargetan (o. N 5 und 6) hat das Mündel sowohl einen Anspruch auf Zustimmung zur Verlegung seines Wohnsitzes als auch auf Übernahme der Massnahme durch die Behörden am neuen Ort. Demgegenüber werden Dritte kaum je ein eigenes rechtliches Interesse geltend machen können. Im Gegensatz zur Legitimation bei der Vormundschaftsbeschwerde (Art. 420) kann sich der Dritte bei der staatsrechtlichen Beschwerde nicht auf die Wahrnehmung von Mündelinteressen berufen.

12 Können sich die **abgebende und die übernehmende VormBehörde** nicht einigen, so kann jede Behörde an die jeweils für die andere Behörde zuständige Aufsichtsbehörde gelangen. Ob es sich dabei bloss um eine Anzeige (so BK-SCHNYDER/MURER, N 130) oder um eine formelle Vormundschaftsbeschwerde handelt (so GEISER et al., 55), ist umstritten.

Handelt es sich um VormBehörden verschiedener Kantone, so können diese – ohne den kant. Instanzenzug ausschöpfen zu müssen – mit **staatsrechtlicher Klage** nach Art. 83 Bst. e OG an das BGer gelangen (DESCHENAUX/STEINAUER, Personnes, Rz 858d; BK-SCHNYDER/MURER, N 134; zur einschränkenden Auslegung durch das BGer vgl. BGE 109 Ib 78).

13 Zu den **Rechtsmitteln der Heimatbehörde** vgl. Art. 378 N 16.

Art. 378

C. Rechte des Heimatkantons

¹ Die Vormundschaftsbehörde der Heimat ist befugt, die Bevormundung von Angehörigen, die in einem andern Kanton ihren Wohnsitz haben, bei der Wohnsitzbehörde zu beantragen.

² Sie kann zur Wahrung der Interessen eines Angehörigen, der in einem andern Kanton bevormundet werden sollte oder bevormundet ist, bei der zuständigen Behörde Beschwerde führen.

³ Wenn über die religiöse Erziehung eines bevormundeten Unmündigen eine Verfügung zu treffen ist, so hat die Behörde des Wohnsitzes die Weisung der heimatlichen Vormundschaftsbehörde einzuholen und zu befolgen.

C. Droits du canton d'origine

¹ L'autorité tutélaire du lieu d'origine peut demander à celle du domicile la mise sous tutelle d'un de ses ressortissants domicilié dans un autre canton.

² Elle peut recourir à l'autorité compétente pour sauvegarder les intérêts d'un de ses ressortissants qui est ou qui devrait être placé sous tutelle dans un autre canton.

³ Lorsqu'il y a lieu de prendre des mesures pour l'éducation religieuse d'un mineur placé sous tutelle, l'autorité tutélaire du domicile demande et suit les instructions de celle du lieu d'origine.

C. Diritti del Cantone di attinenza

¹ L'autorità tutoria del luogo di attinenza può chiedere all'autorità di domicilio che siano posti sotto tutela dei propri attinenti domiciliati in un altro Cantone.

² Essa ha diritto di ricorrere all'autorità competente a salvaguardia degli interessi di un suo attinente che è, o dovrebbe essere, posto sotto tutela in un altro Cantone.

³ Dovendosi prendere una decisione circa la educazione religiosa di un minorenne sotto tutela, l'autorità del domicilio deve chiedere e seguire le istruzioni dell'autorità tutoria del luogo di attinenza.

Literatur

I. SCHEIWILER, Die religiöse Erziehung des ausserehelichen Kindes nach schweizerischem Privatrecht, Diss. Freiburg i.Ü. 1959; vgl. auch die Literaturhinweise zu den Vorbem. zu Art. 360 ff. und Art. 373.

I. Allgemeines

Im schweizerischen Vormundschaftsrecht gilt grundsätzlich die wohnörtliche Zuständigkeit (Art. 376). Art. 378 mildert diesen Grundsatz, indem er den Behörden des Heimatkantons gewisse Rechte einräumt. Dabei bestimmt sich die Heimatzugehörigkeit nach dem öffentlichen Recht (Art. 22). Hat die betroffene Person **mehrere Bürgerrechte,** so richtet sich ihre Heimatzugehörigkeit nach Art. 22 Abs. 3. Die Rechte aus Art. 378 stehen nur *einer* Behörde zu (DESCHENAUX/STEINAUER, Personnes, Rz 360; BK-SCHNYDER/ MURER, N 18). **1**

Abs. 1 und 2 gelten nur **interkantonal.** Die Kantone können die gleichen Befugnisse aber auch der Heimatbehörde einräumen, wenn der Interdizend im Heimatkanton wohnt. Abs. 3 gilt demgegenüber von Bundesrechts wegen auch **innerkantonal,** da es auch dort **2**

Bundesaufgabe ist, für den konfessionellen Frieden zu sorgen (BK-SCHNYDER/MURER, N 9). Im **internationalen** Verhältnis findet die Bestimmung keine Anwendung. Dort ist gem. Art. 85 IPRG das MSA anwendbar.

3   Die Bestimmung gilt grundsätzlich **nur für die Vormundschaft** im eigentlichen Sinn. Art. 396 Abs. 3 verweist für die Befugnisse der Heimatbehörde bei der **Beistands- bzw. Beiratschaft** auf die Bestimmung bei der Vormundschaft. Die Besonderheiten der Beistands- und der Beiratschaft bewirken, dass es sich nur um eine analoge Anwendung handeln kann, die zudem auf gewisse Fragen eingeschränkt ist (vgl. die Komm. zu Art. 396). Bei der **fürsorgerischen Freiheitsentziehung** stehen der Heimatbehörde keine entsprechenden Befugnisse zu (BK-SCHNYDER/MURER, N 22).

4   Die Rechte werden der **VormBehörde** der Heimat eingeräumt. Es braucht sich dabei nicht um eine Behörde der Heimatgemeinde zu handeln (BK-SCHNYDER/MURER, N 8). Vielmehr handelt es sich immer um jene Behörde, welche als VormBehörde für die *Einwohner der Heimatgemeinde* des Interdizenden zuständig ist. Die Kantone können die Zuständigkeit nicht einer anderen Behörde, namentlich nicht der Aufsichtsbehörde, zuweisen. Die VormBehörde kann von Bundesrechts wegen selber und direkt die Rechte geltend machen (BK-SCHNYDER/MURER, N 19).

II. Antrag auf Bevormundung (Abs. 1)

5   Der Vormundschaftsbehörde der Heimat steht das Recht zu, die Bevormundung, die Verbeiständung oder Verbeiratung – nicht aber eine fürsorgerische Freiheitsentziehung – bei der zuständigen Behörde des Wohnsitzes **zu beantragen.** Die zuständige Behörde ist an den Antrag nicht gebunden (BGE 84 II 146; DESCHENAUX/STEINAUER, Personnes, Rz 887). Es handelt sich aber um einen formellen Antrag, auf den sie eintreten muss. Die Heimatbehörde hat insoweit *Parteistellung* (BK-SCHNYDER/MURER, N 17). Diese kommt ihr aber nur zu, wenn sie sich tatsächlich am Verfahren beteiligt. Aus Art. 378 lässt sich kein Anspruch ableiten, in jedes Entmündigungsverfahren einbezogen zu werden.

III. Beschwerdelegitimation (Abs. 2)

6   Aus der Parteistellung gem. Abs. 1 ergibt sich auch, dass die Heimatbehörde den entsprechenden **Entscheid über die Anordnung einer vormundschaftlichen Massnahme** an die höheren Instanzen weiterziehen kann. Insoweit wiederholt Abs. 2 nur, was sich schon aus Abs. 1 ergibt (BK-SCHNYDER/MURER, N 27). Da sich sowohl die Zuständigkeit wie auch das Verfahren bei der Entmündigung nach dem kant. Recht richten (vgl. die Komm. zu Art. 373), bestimmt auch dieses, an welche Instanz sowie in welcher Frist und welcher Form das Rechtsmittel zu richten ist. Das Bundesrecht schreibt den Kantonen nur die *Legitimation der Heimatbehörde* vor.

7   Abs. 2 sieht zusätzlich vor, dass auch gegen Entscheidungen Beschwerde geführt werden kann, wenn die betreffende Person bereits bevormundet ist. Damit erhält die Heimatbehörde die Legitimation zur **Vormundschaftsbeschwerde** nach Art. 420. Dies ermöglicht es ihr, gegen alle Handlungen und Unterlassungen des Vormundes und der wohnörtlichen VormBehörde Beschwerde zu führen (BK-SCHNYDER/MURER, N 30). Entsprechend darf sie auch bei einem Konflikt über die Übertragung der Vormundschaft von einem Wohnort an einen anderen mit Vormundschaftsbeschwerde eingreifen (BK-SCHNYDER/MURER, Art. 377 N 130). Zuständigkeit und Verfahren richten sich nach Art. 420. Neben der Vormundschaftsbeschwerde steht der Heimatbehörde auch die **Anfechtung** der Ernennung des Vormundes nach Art. 388 zu (DESCHENAUX/STEINAUER, Personnes, Rz 946a).

Die Heimatbehörde hat, soweit sie Beschwerde führt, Parteistellung. Auch hier ergibt sich aber **kein Anspruch auf Mitteilung** aller Entscheidungen von Amtes wegen.

Aus Abs. 2 folgt eine Legitimation der Heimatbehörde, die letztinstanzlichen kant. Ent- **8** scheide an das **BGer** weiterzuziehen, sofern ein solches Rechtsmittel gegeben ist. Mit Bezug auf die Entmündigung steht die *Berufung* offen (Art. 44 Bst. e OG; BK-SCHNYDER/MURER, N 89; mit Inkrafttreten des Bundesgerichtsgesetzes: Beschwerde; Art. 76 Abs. 1 BBG). Bei den übrigen Streitigkeiten ist die *staatsrechtliche Klage* nach Art. 83 Bst. e OG zu ergreifen. Sie setzt die Erschöpfung des kant. Instanzenzuges nicht voraus. Die staatsrechtliche Beschwerde ist schon wegen deren Subsidiarität ausgeschlossen (BK-SCHNYDER/MURER, N 91). Sie entfällt m.E. aber auch mangels Legitimation der Heimatbehörde. Die staatsrechtliche Beschwerde steht grundsätzlich nur Privaten offen (Art. 88 OG; BGE 121 I 219 f.). Es handelt sich überdies bei ihr nicht um eine Fortsetzung des kant. Verfahrens, sondern um ein neues Verfahren. Insofern lässt sich die Beschwerdelegitimation auch nicht aus Art. 378 Abs. 2 ableiten.

Die Heimatbehörde hat mit ihrer Beschwerde die **Interessen des Interdizenden** bzw. der **9** **bevormundeten Person** wahrzunehmen. Die Legitimation entfällt, soweit ausschliesslich eigene Interessen der Heimatgemeinde oder Dritter mit dem Rechtsmittel wahrgenommen werden.

IV. Bestimmung der religiösen Erziehung (Abs. 3)

Gemäss Art. 49 Abs. 3 aBV entschied «der Inhaber der väterlichen oder vormundschaft- **10** lichen Gewalt» über die religiöse Erziehung der Kinder bis zum erfüllten 16. Altersjahr. Die in Art. 49 aBV verankerte Religionsfreiheit stand mit Bezug auf das noch nicht 16-jährige Kind nicht nur diesem, sondern auch dessen Eltern zu (BGE 119 Ia 181 f.). Art. 303 führte diese Bestimmung für das Kindesrecht und Art. 378 Abs. 3 für die Vormundschaft aus. Die geltende Verfassung enthält keine entsprechende Bestimmung mehr (Art. 15 BV). Der Verfassungsgeber hält die Regelung auf Gesetzesstufe für genügend (Botschaft zur BV von 1976, 157).

Die Bestimmung betrifft nur die religiöse *Erziehung*. Die Vormundschaft bezieht sich **11** aber nur beim **Unmündigen** auf diese (Art. 405 Abs. 1). Entsprechend erfasst Abs. 3 nur die Vormundschaften nach Art. 368.

Die Heimatbehörde kann nur Weisungen geben, soweit überhaupt ein **Entscheid ansteht.** Bereits getroffene Entscheide sind zu respektieren (BK-SCHNYDER/MURER, N 61). Die Heimatbehörde darf – soweit das Kindeswohl nicht gefährdet ist – nicht die *Änderung* oder das *Abbrechen* einer bereits begonnenen religiösen Erziehung verlangen (HEGNAUER, Kindesrecht, Rz 26.18).

Unter religiöser Erziehung ist in erster Linie die **Wahl der Konfession** zu verstehen. **12** Erfasst werden aber auch die weniger **weitgehenden** einzelnen **Erziehungsentscheide,** soweit sie die Religion betreffen. Es dürfte indessen zu weit gehen, aus Abs. 3 auch ein – beschränktes – Weisungsrecht bez. der Unterbringung des Kindes und der Wahl des Vormundes abzuleiten (so BK-SCHNYDER/MURER, N 71 ff.).

Beim Minderjährigen sind in erster Linie die **Eltern** für die Wahl der Konfession zustän- **13** dig. Obgleich sich Art. 303 unter den Bestimmungen über die elterliche Sorge findet, kann auch einem Elternteil, dem die **elterliche Sorge entzogen** worden ist, das Recht zur Bestimmung der Konfession zukommen (HEGNAUER, Kindesrecht, Rz 26.18; Art. 303 N 3; BK-SCHNYDER/MURER, N 62). Insoweit handelt es sich um einen Anwendungsfall des Anspruchs auf Achtung des Familienlebens nach Art. 8 EMRK. Das Recht der Eltern geht jenem der Heimatbehörde vor. Das Weisungsrecht der Heimatbehörde ist daher nur relevant, wenn die Eltern unbekannt sind, sich nicht um das Kind kümmern, urteilsunfähig sind oder mit Bezug auf die religiöse Erziehung das Kindeswohl gefährden und ihnen deshalb die elterliche Sorge entzogen worden ist.

14 Sind die Eltern nicht in der Lage, über die religiöse Erziehung zu entscheiden, ist dafür der **Vormund** zuständig (Art. 405). Aus Art. 378 Abs. 3 ist nicht eine generelle Zuständigkeit der VormBehörde in diesem Bereich abzuleiten (BK-SCHNYDER/MURER, N 39; **a.M.** DESCHENAUX/STEINAUER, Personnes, Rz 980). Die Heimatbehörde kann aber die VormBehörde am Wohnsitz des Mündels anweisen, dem Vormund entsprechende Weisungen zu erteilen. Der Vormund darf jedoch direkt an die ausserkantonale VormBehörde gelangen (BK-SCHNYDER/MURER, N 81).

Art. 378 Abs. 3 gibt der Heimatbehörde einen **Anspruch, von Amtes wegen** bei anstehenden Entscheiden angefragt zu werden.

15 Die Ausübung des Weisungsrechts hat sich am Mündelwohl zu orientieren (BK-SCHNYDER/MURER, N 55 f.).

16 Im **innerkantonalen** Verhältnis steht der Heimatbehörde als **Rechtsmittel** die Vormundschaftsbeschwerde nach Art. 420 zur Verfügung. Ein Weiterzug an das BGer ist diesfalls ausgeschlossen; weder die Berufung noch die staatsrechtliche Klage stehen offen. Die staatsrechtliche Beschwerde ist nicht gegeben, weil dieses Rechtsmittel grundsätzlich nur Privaten zur Verfügung steht (**a.M.** BK-SCHNYDER/MURER, N 95). Mit Inkrafttreten des Bundesgerichtsgesetzes (BBG) dürfte neu die Beschwerde gegeben sein, da eine Beschränkung der Legitimation auf Private nicht vorgesehen ist (vgl. Art. 76 BBG).

Im **interkantonalen** Verhältnis ist die staatsrechtliche Klage gegeben (Art. 83 Bst. e OG). Die Heimatbehörde kann aber auch den kant. Instanzenzug nach Art. 420 ausschöpfen.

Vierter Abschnitt: Die Bestellung des Vormundes

Vorbemerkungen zu Art. 379–391

Literatur

J. BOKSTALLER, Die mehrfache Vormundschaft (Art. 379 II ZGB), Diss. Freiburg i.Ü. 1978; BOVAY, La revision du droit de la tutelle, ZVW 1977, 133 ff.; DISCHLER, Die Wahl des geeigneten Vormunds, Diss. Freiburg i.Ü. 1984; HÄFELI, Unterstellung des entmündigten Kindes unter die elterliche Sorge (Art. 385 Abs. 3 ZGB): Pflicht der Eltern zur periodischen Berichterstattung und Rechnungsstellung, ZVW 3/2002, 99 ff.; M. JULMY, Die elterliche Gewalt über Entmündigte (Art. 385 Abs. 3 ZGB), Diss. Freiburg i.Ü. 1991; MATHYS, Die Betreuung von Privatvormunden in der Gemeinde Kriens, ZVW 1997, 1 ff.; STAUFFER, Verwandte als Vormund, ZVW 1957 121 ff.

Materialien

Schweizerisches Zivilgesetzbuch (Erwachsenenschutz, Personenrecht und Kindesrecht, Vorentwurf Juni 2003 (VE 2003).

I. Der Hauptinhalt der Art. 379–391

1 Der Abschnitt über die Bestellung des Vormunds enthält als notwendige Folge einer Entmündigung bzw. der Anordnung einer Vormundschaft über Unmündige in 11 Artikeln eine ausführliche Regelung des **Aktes der Unterstellung unter einen Vormund.** Diese

Regeln betreffen einerseits die **Person des Vormunds** und ihre **Eignung** sowie das **Verfahren der Bestellung.**

II. Weitere Inhalte

Drei weitere Bestimmungen, die systematisch nicht zwingend hierher gehören, sind: 2

– eine **Bestimmung über das Entmündigungsverfahren,** Art. 385 Abs. 2, die den Schutz einer unmündigen Person beim Übergang zur Mündigkeit sicherstellen soll;

– die **Unterstellung unter die elterliche Sorge** an Stelle der Ernennung eines Vormunds. Es handelt sich dabei um eine **Entmündigung ohne Bevormundung** (BK-SCHNYDER/MURER, Vorbem. Art. 379–391 N 16).

– die Regelung der **vorläufigen Fürsorge.** Art. 386 geht jedoch weit über die Ernennung eines Vormunds hinaus.

III. Die Person des Vormunds

Art. 379–384 befassen sich mit der **Person des Vormunds.** Dabei geht es formell (Mündigkeit) und materiell (Eignung) um die Voraussetzungen in der Person des Vormunds, also um das **Anforderungsprofil.** Die relativ allgemeine **Eignungsumschreibung** in Art. 379 Abs. 1 wird ergänzt durch die **Ausschliessungsgründe** in Art. 384, und dieser wieder durch Art. 445, Gründe für die **Amtsenthebung.** Die in Art. 384 abschliessend aufgezählten vom Amt ausgeschlossenen Personen sind kraft unwiderlegbarer Vermutung nicht geeignet (BK-SCHNYDER/MURER, Vorbem Art. 379–391 N 21). 3

Nach Art. 379 Abs. 2 können bei besonderen Umständen **mehrere Personen als Vormund** gewählt werden, die das Amt gemeinsam oder aufgrund einer amtlichen Ausscheidung der Befugnisse führen. 4

Die in Art. 380/381 umschriebenen **Vorrechte von Verwandten** und von Personen, die von der zu bevormundenden Person oder deren Vater oder Mutter als **Vormund des Vertrauens** bezeichnet worden sind, stehen unter dem ausdrücklichen Vorbehalt, dass keine wichtigen Gründe dagegen sprechen. Das bedeutet insb., dass sie i.S.v. Art. 379 Abs. 1 geeignet sein müssen. 5

Art. 382 **verpflichtet bestimmte Personen und Personengruppen** zur Übernahme eines vormundschaftlichen Amtes, wobei Art. 383 diese Pflicht durch eine Reihe von abschliessend aufgezählten **Ablehnungsgründen** relativiert. 6

IV. Die Wahl des Vormunds (Verfahren)

Art. 385–391 enthalten die formellrechtliche Regelung der **«Ordnung der Wahl».** Dabei geht es primär um die Frage, wer in welchem Verfahren bei der Bestellung des Vormunds tätig wird (BK-SCHNYDER/MURER, Vorbem. Art. 379–391 N 24). 7

Die VormBehörde hat den Vormund **«mit aller Beförderung»** (Art. 385 Abs. 1) zu bestellen. Im Übrigen enthält das Gesetz keine Hinweise für das Vorgehen bei der Suche des geeigneten Vormunds. 8

Die Wahl endet mit der Mitteilung der **Ernennung an den Gewählten** (Art. 387 Abs. 1) und im Falle der Publikation der Entmündigung mit der **Veröffentlichung** auch **des Gewählten** in einem amtlichen Publikationsorgan an seinem Wohnsitz (Art. 387 Abs. 2). 9

10   Art. 388 gibt dem Gewählten die Möglichkeit, gegen die Wahl einen **Ablehnungs-grund** geltend zu machen (Abs. 1). Ausserdem kann jedermann, der ein Interesse hat, die Wahl binnen der gleichen Frist von 10 Tagen als **gesetzwidrig anfechten** (Abs. 2). Diese Vormundschaftsbeschwerde sui generis (BK-SCHNYDER/MURER, Vorbem. Art. 379–391 N 29) richtet sich zuerst an die VormBehörde, welche die Wahl getroffen hat. Trifft diese keine neue Wahl, unterbreitet sie die Angelegenheit der Aufsichtsbehörde zur Entscheidung (Abs. 3). Diese macht der VormBehörde und dem Gewählten Mitteilung von der Entscheidung (Art. 390 Abs. 1). Nach der endgültig getroffenen Wahl erfolgt die Übergabe des Amtes an den Vormund durch die VormBehörde (Art. 391).

11   Damit der primäre Zweck des Vormundschaftsrechts, der **Schutz der Person** mit einem Schwächezustand gewährleistet ist, muss der Vormund auch bei Ablehnung oder Anfechtung seiner Wahl einstweilen das Amt ausüben (Art. 389).

V. De lege ferenda

12   Die Bestimmungen über die Bestellung des Vormunds sind seit dem Inkrafttreten des ZGB nicht verändert worden. Sie sind nur zu verstehen auf dem damaligen gesellschaftlichen Hintergrund. Das Sozialwesen allgemein und das Vormundschaftswesen im Besonderen waren noch nicht verberuflicht. Der Gesetzgeber musste somit durch entsprechende Bestimmungen (z.B. Pflicht zur Übernahme des Amtes) sicherstellen, dass angeordnete Massnahmen auch wirklich jemandem übertragen werden konnten.

13   In der Literatur werden der **(relative) Vorrang von nahen Verwandten,** und etwas weniger auch die **Erstreckung der elterlichen Sorge** kritisch beurteilt, während das **Vorschlagsrecht der zu bevormundenden Person** als Ausdruck des Selbstbestimmungsrechts begrüsst wird. Vermisst wird die Verankerung des Instituts des **Amtsvormunds.** Die Ablehnungs- und Ausschliessungsgründe erscheinen aus heutiger Sicht als zu ausführliche Regelungen.

14   Der VE 2003 kommt mit weniger als der Hälfte der bisherigen Bestimmungen aus. Dabei sind die folgenden Leitideen massgebend:

– allgemeine und besondere Eignung als Voraussetzung für die Übernahme eines Mandats;

– grösstmögliche Selbstbestimmung durch ein Vorschlagsrecht und ein «beschränktes Ablehnungsrecht» der zu betreuenden Person;

– Abschwächung des «Vorrechts» von Verwandten;

– Festhalten an einer (abgeschwächten) Amtspflicht; Nebeneinander von professionellen und freiwilligen, privaten Mandatsträgern und Mandatsträgerinnen;

– Persönliche Ausübung des Mandats.

Damit bleiben die Bestimmungen weitgehend in der Tradition des geltenden ZGB. Sie tragen aber den eingetretenen gesellschaftlichen Veränderungen und der Professionalisierung Rechnung.

Art. 379

**A. Voraus-
setzungen**

**I. Im
Allgemeinen**

¹ **Als Vormund hat die Vormundschaftsbehörde eine mündige
Person zu wählen, die zu diesem Amte geeignet erscheint.**

² **Bei besondern Umständen können mehrere Personen gewählt
werden, die das Amt gemeinsam oder auf Grund einer amtlichen Ausscheidung der Befugnisse führen.**

³ **Die gemeinsame Führung einer Vormundschaft kann jedoch
mehreren Personen nur mit ihrem Einverständnis übertragen
werden.**

A. De la personne
du tuteur

I. En général

¹ L'autorité tutélaire nomme tuteur une personne majeure apte à remplir ces
fonctions.

² Elle peut, si les circonstances l'exigent, désigner plusieurs tuteurs, qui
administrent en commun ou selon les attributions qu'elle confère à chacun
d'eux.

³ Plusieurs personnes ne peuvent toutefois être chargées sans leur consentement d'administrer en commun la même tutelle.

A. Condizioni

I. In genere

¹ L'autorità tutoria deve nominare a tutore una persona maggiorenne idonea
all'ufficio.

² In circostanze particolari si possono nominare più tutori, i quali debbano
gerire l'ufficio in comune o secondo una ripartizione delle mansioni stabilita
dall'autorità.

³ La gestione in comune di una tutela non può essere affidata a più persone
senza il loro consenso.

Literatur

Vgl. die Literaturhinweise zu den Vorbem. zu Art. 379–391.

I. Die Voraussetzungen für die Bestellung eines Vormunds

1. Die elterliche Sorge als Normalfall

Art. 379 äussert sich nicht über die Voraussetzungen für die Bestellung eines Vormunds.
Diese sind in Art. 368 für Unmündige und in Art. 369–372 für mündige Personen geregelt. Der gesetzliche **Normalfall ist die elterliche Sorge** (DISCHLER, Nr. 12), auch für
entmündigte Erwachsene, denn nach dem Wortlaut von Art. 385 Abs. 3 tritt auch in diesem Fall an Stelle der Vormundschaft **i.d.R. die elterliche Sorge.** Erst recht stehen Kinder, solange sie unmündig sind, unter der elterlichen Sorge (Art. 296 Abs. 1).

1

2. Das Fehlen der elterlichen Sorge über Unmündige

Die elterliche Sorge fehlt, wenn sie den gemeinsamen Inhabern (Art. 297 Abs. 1) oder
dem alleinigen Inhaber bzw. der alleinigen Inhaberin (Art. 297 Abs. 2 und 3, Art. 298
Abs. 1) gestützt auf Art. 311/312 oder Art. 53 StGB entzogen wurde, diese gestorben
sind oder die nicht verheiratete Mutter aus einem der in Art. 298 Abs. 2 erwähnten Gründe, keine elterliche Sorge haben und diese nicht dem Vater übertragen werden kann.
Auch bei einem Findelkind fehlt ein Inhaber bzw. eine Inhaberin der elterlichen Sorge
und muss eine Vormundschaft errichtet werden (BK-SCHNYDER/MURER, Art. 368 N 88 f.).

2

3. Die Nicht-Erstreckung der elterlichen Sorge über entmündigte Kinder

3 Der Entscheid über die **Erstreckung der elterlichen Sorge** ist ein **Ermessensentscheid der VormBehörde gem. Abs. 1** (DISCHLER, Nr. 15). Danach hat sie eine für ein vormundschaftliches Amt allgemein und für das jeweilige Mandat besonders geeignete Person zu wählen. Nur wenn der VormBehörde nach umfassender Beurteilung der beiden Lösungen die Vormundbestellung und die Erstreckung der elterlichen Sorge als gleichwertig erscheinen (DISCHLER, Nr. 17), oder wenn die Erstreckung der elterlichen Sorge im Lichte des **Mündelwohls** als bessere Lösung erscheint, hat sie entsprechend dem klaren Wortlaut von Art. 385 Abs. 3 die elterliche Sorge zu erstrecken. In allen anderen Fällen ist ein Vormund zu bestellen. Es gibt also keinen absoluten Vorrang der Erstreckung der elterlichen Sorge.

II. Die Person des Vormunds

1. Eine natürliche Person

4 Aus dem Wortlaut «mündige Person» leitet die Lehre einhellig ab, dass nur eine natürliche Person zum Vormund bestellt werden kann, da die Eigenschaft der Mündigkeit nur einer **natürlichen Person** zukommen kann (DISCHLER, Nr. 56; BK-SCHNYDER/MURER, N 47). Das BGer hat sich bis heute zu dieser Frage nicht geäussert.

5 **Juristische Personen** des privaten Rechts, Vereine oder rechtsfähige Personengesellschaften, oder des öffentlichen Rechts, eine öffentlich-rechtlich organisierte Amtsvormundschaft, sind demnach nicht als Vormund wählbar (DISCHLER, Nr. 56). Dies entspricht auch dem Leitbild des Vormundes als eines Menschen, der sich persönlich und vollverantwortlich um einen anderen Menschen kümmert (BK-SCHNYDER/MURER, N 48).

6 **Ausländerinnen oder Ausländer** und **im Ausland wohnsässige Personen** sind prinzipiell wählbar, obwohl der Zürcher Bezirksrat in einem Entscheid vom 6.8.1981 einem nahen Verwandten mit Wohnsitz im Ausland grundsätzlich die Wählbarkeit absprach mit der Begründung: der Vormund stehe in einem Subordinationsverhältnis zu den vormundschaftlichen Behörden, weshalb sich dieser zur Durchsetzung allfälliger Weisungen und Disziplinarentscheide im Wirkungsbereich des schweizerischen Rechts befinden müsse (ZVW 1981 155 Nr. 15 E. 1). DISCHLER legt überzeugend dar, dass der ausländische Wohnsitz lediglich einen Aspekt der Eignung für das jeweilige Amt darstelle und dass deshalb im Einzelfall zu prüfen sei, ob eine Person mit ausländischem Wohnsitz als Vormund geeignet ist (DISCHLER, Nr. 342 f.).

2. Eine mündige Person

7 Mündig i.S.v. Abs. 1 ist eine Person, die das Mündigkeitsalter erreicht hat und weder entmündigt noch in ihrer Handlungsfähigkeit beschränkt (verbeiratet) ist. Diese Auslegung drängt sich aus teleologischer Sicht geradezu auf: Es wäre wohl wenig sinnvoll, eine Person, die selber nur zum Teil handlungsfähig ist, damit zu beauftragen, eine Person, welche die Handlungsfähigkeit nie erlangt oder aufgrund einer Entmündigung verloren hat, zu schützen und zu vertreten. Diese Unstimmigkeit ist auf die Entstehungsgeschichte der Beiratschaft zurückzuführen, die erst in der parlamentarischen Beratung ins Gesetz aufgenommen und nicht genügend auf das übrige Massnahmensystem abgestimmt wurde (DISCHLER, Nr. 92–94).

8 Ebenso wenig sind **dauernd Urteilsunfähige,** die nicht entmündigt worden sind, als Vormund wählbar; sie würden fraglos die Eignungskriterien nicht erfüllen (BK-SCHNYDER/

Murer, N 52). Verbeiständete sind zwar in ihrer Handlungsfähigkeit nicht eingeschränkt; als Schutzbedürftige, wenn auch minderen Grades, dürften sie in aller Regel
die Eignungskriterien auch nicht erfüllen (BK-Schnyder/Murer, N 53).

3. Privat- oder Amtsvormund

Das ZGB erwähnt den **Amtsvormund** nicht. Als das ZGB 1907 durch die eidgenössi-　**9**
schen Räte verabschiedet wurde, war das Institut des Amtsvormunds noch nicht bekannt.
Lehre, Rechtsprechung und Praxis sind sich jedoch nicht nur einig, dass es rechtlich zulässig ist, einer als Vormund beruflich tätigen Person eine Vielzahl von vormundschaftlichen Mandaten zu übertragen, sondern es wird von allen Autoren und von der Praxis
postuliert, die Amtsvormundschaft in einem künftigen Recht zu verankern. Obwohl namentlich in der zweiten Hälfte unseres Jahrhunderts ein eigentlicher Verberuflichungs-
schub im Vormundschaftswesen eingesetzt hat und im Laufe der Zeit zahlreiche Amtsvormundschaften entstanden sind, ist das Institut des **Privatvormunds** weiterhin von
grosser praktischer und gesellschaftlicher Bedeutung. Es bietet geeigneten Personen eine
Möglichkeit zu sinnvoller sozialer Tätigkeit und trägt dadurch dazu bei, dass soziales
Sorgesbewusstsein, Verständnis und Rücksicht für sozial Schwache in der Bevölkerung
erhalten bleiben. Dadurch kann auch verhindert werden, dass zunehmend jede mit-
menschliche Hilfe an Institutionen und professionelle Helferinnen und Helfer delegiert
wird (Häfeli, Wegleitung, 247). Anderseits sind bei den komplexen und anspruchsvollen
Betreuungs- und Verwaltungsaufgaben Laien enge Grenzen gesetzt. Sie sind darum auf
ihre Aufgabe in geeigneter Weise vorzubereiten und darin zu begleiten.

Schnyder/Murer widmen sich im Komm. zu Art. 360 eingehend der Frage des Ver-　**10**
hältnisses zwischen Amtsvormund und Privatvormund und damit primär der **Rechtsstellung des Amtsvormunds** (N 49–83). Wesentlich ist dabei die Erkenntnis, dass
Amtsvormund und Privatvormund die gleiche Rechtsstellung haben gegenüber der bevormundeten Person (N 53–58). Die unterschiedliche Rechtsstellung des Amtsvormunds
gegenüber dem Gemeinwesen als «Arbeitnehmer» nach Privatrecht oder öffentlichem
Recht hat keinen Einfluss auf seinen Auftrag als Vormund. Amtsvormundschaften sind
heute notwendig, um den Mangel an geeigneten und sich freiwillig zur Verfügung stellenden Privatvormunden zu kompensieren (N 80). Dem Vorteil der grösseren Sachkennt-
nis und Erfahrung des Amtsvormunds steht möglicherweise seine Überbelastung mit
einer zu grossen Zahl von Mandaten gegenüber. Privatvormunde haben darum zweifellos
weiterhin ihre Berechtigung. Unter dem Gesichtspunkt der Eignung i.S.v. Art. 379 Abs. 1
muss im Einzelfall geprüft werden, wer den Vorzug verdient (N 76).

III. Die Eignung zum Amte

1. Allgemeine Eignung

Unter **allgemeiner Eignung** versteht man jene grundsätzliche Eignung, ohne deren Vor-　**11**
handensein eine Person nicht in Frage kommt als vormundschaftliche Mandatsträgerin
oder Mandatsträger (Dischler, Nr. 103). Sie ergibt sich aus dem Amt des Vormundes.
Dieses ist in Art. 367 Abs. 1 allgemein umschrieben und umfasst die gesamte persönliche
und vermögensrechtliche Interessenwahrung der betreuten Person. Art. 398 ff. umschreiben die Aufgaben im Einzelnen. Aus diesen gesetzlichen Bestimmungen lässt sich ein
Funktions- und Kompetenzprofil (Anforderungsprofil) ableiten (Häfeli, Wegleitung,
247 ff.).

Zu den Personenkategorien, denen diese grundsätzliche Eignung fehlt, zählt Dischler　**12**
Personen, denen es an der nötigen **charakterlichen Reife** fehlt und die deshalb nicht

vertrauenswürdig sind (Nr. 133–141), Personen, denen die Bereitschaft zur Übernahme des Amtes völlig abgeht (Nr. 144–146) und Personen, **die in körperlicher, psychischer oder zeitlicher Hinsicht nicht belastbar sind** (Nr. 147–162).

13 Von Gesetzes wegen fehlt diese allgemeine Eignung unmündigen Personen, Verbeirateten und Personen, die selber unter Vormundschaft stehen (Art. 384 Ziff. 1) sowie Personen, bei denen einer der in Art. 384 Ziff. 2–4 aufgeführten weiteren Ausschliessungsgründe vorliegt.

14 Generell nicht geeignet sind auch Personen, die ein Verhalten zeigen, das nach Art. 445 ZGB einen **Amtsenthebungsgrund** darstellt: grobe Nachlässigkeit, Zahlungsunfähigkeit und Handlungen, die eine Person der Vertrauensstellung unwürdig erscheinen lassen, können schon vor der Wahl vorliegen, während sich der Missbrauch der amtlichen Befugnisse auf die Amtsführung bezieht.

2. Die besondere Eignung

15 Unter **besonderer Eignung** versteht man jene Fähigkeiten, die erforderlich sind, ein bestimmtes Mandat für eine bestimmte Person zu führen. Sie muss zusätzlich zur allgemeinen Eignung vorhanden sein, und wem die besondere Eignung im konkreten Einzelfall abgeht, ist ungeeignet (BK-SCHNYDER/MURER, Art. 379 N 60 f.; DISCHLER, Nr. 104). Es braucht je andere Voraussetzungen und Fähigkeiten, je nachdem ob es um die persönliche Betreuung eines Kindes, einer suchtkranken oder geistig behinderten Person geht oder um die Verwaltung eines grossen Vermögens.

16 Die **persönliche Beziehung zwischen Mandatsträger/in und betreuter Person** ist bei der Beurteilung der besonderen Eignung von Bedeutung. Einseitige oder gegenseitige Ablehnung und Antipathie gefährden das für eine erfolgreiche Amtsausübung erforderliche Vertrauensverhältnis. Sympathie oder ein bereits bestehendes Vertrauensverhältnis sind zweifellos günstige Voraussetzungen, sie genügen aber dennoch nicht, um die besondere Eignung zu bejahen. Die VormBehörde hat in diesen Fällen namentlich zu prüfen, ob die Person, zu der die gute persönliche Beziehung besteht, genügend unabhängig ist, ihre Aufgabe als Betreuungsperson zu bewältigen (DISCHLER, Nr. 258–263).

17 Bildung, Beruf und soziale Stellung, Religion/Konfession, Geschlecht und Alter sowie allfällige gesundheitliche Probleme und Behinderungen können bei der Beurteilung der besonderen Eignung eine Rolle spielen; keines dieser Merkmale stellt jedoch für sich allein ein Eignungskriterium dar (DISCHLER, Nr. 249–257). In der aktuellen Berufsausbildung der Fachhochschulen spricht man von professioneller Handlungskompetenz, die sich aus dem Zusammenspiel von Fach-, Methoden-, Sozial- und Selbstkompetenz ergibt und deren Standards sich aus Funktionsprofilen ableiten (HÄFELI, Wegleitung, 248 ff.).

3. Die Ausschliessungsgründe des Art. 384

18 Art. 384 ist Spezialnorm im Verhältnis zu Art. 379 Abs. 1; er umschreibt, wann eine Person als Vormund sicher nicht geeignet ist (BK-SCHNYDER/MURER, Art. 384 N 13), d.h. er enthält für die dort erwähnten Tatbestände die unwiderlegbare gesetzliche Vermutung der Nichteignung (DISCHLER, Nr. 306).

19 Nach Ziff. 1 ist nicht wählbar, wer selber bevormundet ist; es handelt sich dabei lediglich um die Wiederholung der Wahlvoraussetzung der Mündigkeit in Abs. 1 ohne eigenständige Bedeutung (BK-SCHNYDER/MURER, N 16; DISCHLER, Nr. 318).

20 Art. 384 Ziff. 2 enthält zwei Tatbestände, bei deren Vorliegen eine Person nicht wählbar ist, weil grundsätzlich nicht geeignet ist, für ein vormundschaftliches Amt: der **Verlust der**

bürgerlichen Ehren und Rechte und der **unehrenhafte Lebenswandel.** Beide sind von geringer Bedeutung; der erste, weil es kaum mehr strafrechtliche Beschränkungen der Bürgerrechte gibt (Ausnahme: Art. 51 StGB Beschränkung des passiven Wahlrechts), und beim unehrenhaften Lebenswandel handelt es sich um einen sehr diffusen Begriff, der wohl Verhaltensweisen anvisiert, die mit dem Begriff der allgemeinen Eignung abgedeckt sind (DISCHLER, Nr. 320–323).

Auch Art. 384 Ziff. 3 enthält zwei Tatbestände, bei deren Vorliegen eine Wahl ausgeschlossen ist: die **Interessenkollision** und die **Verfeindung.** Die Begründung ist offensichtlich, in beiden Fällen dürfte das **Mündelwohl** nicht gewährleistet sein, weil bei der Interessenkollision ein allfällig dennoch vorhandenes Vertrauensverhältnis zulasten der betreuten Person missbraucht werden könnte, während bei der Verfeindung i.S. einer unüberwindbaren, erheblichen Abneigung (DISCHLER, Nr. 328) ein Vertrauensverhältnis gar nicht zustande kommt (DISCHLER, Nr. 325).   **21**

Die inhaltliche Bestimmung des Interessenkonflikts und dessen Beurteilung ist in Anlehnung an Art. 392 Ziff. 2 vorzunehmen. Danach genügt die blosse Möglichkeit, dass mit der Wahl einer bestimmten Person eine Gefährdungssituation für die betreute Person enstehen könnte (abstrakte Gefährdung). Immerhin führt im Unterschied zu Art. 392 Ziff. 2 nur eine erhebliche Interessenkollision zur Nichtwählbarkeit. Erheblich ist der Interessenkonflikt, wenn er eine **bestimmte Schwere** erreicht und sich über eine **gewisse Dauer** erstreckt (DISCHLER, Nr. 327).   **22**

Nach Art. 384 Ziff. 4, sind Mitglieder der beteiligten vormundschaftlichen Behörden nicht wählbar, solange andere taugliche Personen vorhanden sind. Meines Erachtens handelt es sich hier um eine Konzession, die auf dem Hintergrund des nicht professionalisierten Vormundschaftswesens im Zeitpunkt des Inkrafttretens des ZGB zu sehen ist. Behördenmitglieder sollten jedoch prinzipiell selber keine Massnahmen führen; ihre Aufgabe ist die Anordnung und Aufhebung von Massnahmen, die Mitwirkung bei bestimmten Geschäften (Art. 421, 422 ZGB) sowie die Aufsicht über die Mandatsträger/innen.   **23**

Ungeklärt ist das Verhältnis zwischen Art. 384 Ziff. 4 und Art. 380, 381 und 385 Abs. 3. Verwandter oder ein potentieller Vertrauensvormund als auch Elternteil einer entmündigten Person sein, die unter die elterliche Sorge gestellt werden kann. Meines Erachtens hat Art. 384 Ziff. 4 wegen des unterschiedlichen Auftrags von Behörde und Mandatsträger/in in allen drei Fällen Vorrang (differenziert: DISCHLER, Nr. 332).   **24**

IV. Die mehrfache Vormundschaft

1. Die Voraussetzungen

Laut Abs. 2 können bei besonderen **Umständen mehrere Personen als Vormund** gewählt werden, die das Amt gemeinsam oder aufgrund einer **amtlichen Ausscheidung der Befugnisse** führen. Die gemeinsame Führung darf mehreren Personen nur mit ihrem Einverständnis übertragen werden (Abs. 3).   **25**

Der Wortlaut «besondere Umstände» deutet auf den Ausnahmecharakter der mehrfachen Vormundschaft hin. Das Vertrauensverhältnis zwischen Vormund und betreuter Person und die Schwerfälligkeit des kollegial ausgeübten Amtes sprechen i.d.R. für eine Einzelperson als Vormund/in. Wenn jedoch das Mündelwohl besser gewahrt werden kann durch die **Mehrfachvormundschaft,** verdient sie den Vorzug (DISCHLER, Nr. 74).   **26**

Christoph Häfeli

2. Die gemeinsame Amtsführung

27 Bei der **gemeinsamen Amtsführung** stehen mehreren Personen die gesamten Rechte und Pflichten des Einzelvormundes zu. Sie haben grundsätzlich gemeinsam zu handeln. Zur Wahrung von Rechten und in dringlichen Fällen kann auf gemeinsames Handeln verzichtet werden (BK-SCHNYDER/MURER, N 83).

3. Die geteilte Amtsführung

28 Im Falle der **geteilten Amtsführung** wird die Gesamtzuständigkeit des Vormundes aufgrund einer amtlichen Ausscheidung der Befugnisse in Teilbereiche aufgeteilt, die den einzelnen Betreuungspersonen in je eigener Kompetenz zugewiesen werden (BK-SCHNYDER/MURER, N 84). Jeder Mitvormund handelt in seinem Bereich selbständig (BOKSTALLER, 53). Der Hauptanwendungsfall ist die Aufteilung der persönlichen Fürsorge z.B. auf einen nahen Verwandten oder eine andere Vertrauensperson und der Vermögensverwaltung auf eine fachlich versierte Person oder einen Amtsvormund.

V. Die elterliche Sorge über Entmündigte nach Art. 385 Abs. 3

1. Die Voraussetzungen

29 Hauptvoraussetzung ist das Vorliegen einer **rechtskräftigen Entmündigung.** Auch völlig Urteilsunfähige werden ohne Entmündigungsverfahren mit der Vollendung des 18. Altersjahres mündig und bleiben nicht von Gesetzes wegen unter elterlicher Sorge (BK-SCHNYDER/MURER, N 31). Ausserdem bedarf es eines ausdrücklichen Entscheids der VormBehörde, die entmündigte Person unter die elterliche Sorge zu stellen; sie hat nach **pflichtgemässem Ermessen** zwischen Erstreckung der elterlichen Sorge und Bestellung eines Vormundes zu entscheiden (BK-SCHNYDER/MURER, N 33; JULMY, 50 ff.). Dabei gilt auch für die Eltern der Vorbehalt der allgemeinen und besonderen Eignung gem. Abs. 1. Sie haben namentlich **keinen Anspruch auf Erstreckung der elterlichen Sorge.** In der Praxis sind es v.a. erwachsene Personen mit einer geistigen Behinderung, die unter die elterliche Sorge gestellt werden. Das Institut hat aber nicht die Bedeutung, die man aufgrund des Wortlautes «in der Regel» erwarten würde. Gerade Personen mit einer geistigen Behinderung werden häufig von ihren Eltern betreut ohne dass vormundschaftliche Massnahmen getroffen wurden (JULMY, 16 f.).

30 Bei dieser Entscheidung fällt ins Gewicht, dass Eltern oft am besten in der Lage sind, ihre erwachsenen schutzbedürftigen Kinder zu betreuen und sich so auch am wenigsten für diese verändert. Anderseits sollen sich namentlich auch Personen mit einer geistigen Behinderung ihren Möglichkeiten entsprechend von den Eltern ablösen können, was durch die Unterstellung unter die elterliche Sorge eher erschwert wird. Zudem sind Eltern mit zunehmendem Alter weniger oder gar nicht mehr in der Lage, ihre elterliche Aufgabe gegenüber ihrem erwachsenen Kind wahrzunehmen, weshalb sich in den meisten Fällen früher oder später die Frage nach einer Bevormundung stellt (JULMY, 45; BGE 5P.165/2003, E 2).

2. Das Verfahren

31 Die VormBehörde ist aufgrund des Wortlautes «in der Regel» in Art. 385 Abs. 3 verpflichtet zu prüfen, ob die Unterstellung unter die elterliche Sorge im wohlverstandenen Interesse der entmündigten Person liegt.

32 Ob die Anfechtung des Entscheids gestützt auf Art. 388 bei der VormBehörde erfolgt, wofür die Stellung der Bestimmung in der Systematik des Gesetzes spricht, oder gestützt auf Art. 420, ist kontrovers (BK-SCHNYDER/MURER, N 45 und ausführlich JULMY, 62 ff.). Jedenfalls kann der Entscheid der kantonalen Aufsichtsbehörde weder mit der Verwaltungsgerichtsbeschwerde (Art. 100 lit. g OG noch mit der Berufung an das BGer weitergezogen werden (BGE 111 II 127 ff.). Laut Art. 44 OG zählt die Unterstellung unter die elterliche Sorge nicht zu den **nichtstreitigen berufungsfähigen Zivilsachen.** Zudem kann die Wahl des Vormundes auch nicht mit **Berufung** angefochten werden; eine unterschiedliche Behandlung der beiden Fälle liesse sich sachlich nicht rechtfertigen. Hingegen ist gegen beide Entscheide die **zivilrechtliche Nichtigkeitsbeschwerde** nach den Art. 68 ff. OG möglich (JULMY, 65 f.).

3. Die Wirkungen

Die **Rechtsnatur der elterlichen Sorge über Entmündigte** ist nicht geklärt. Es handelt   **33**
sich jedoch weder eindeutig um Vormundschaftsrecht, noch um Kindesrecht.

JULMY kommt in Bezug auf die persönliche Fürsorge zum Schluss, dass sich Pflege,   **34**
Erziehung und Entscheidbefugnis der Eltern nach Kindesrecht richten, ebenso Fragen der schulischen und speziellen Ausbildung. Eine Unterhaltpflicht besteht hingegen bei erstreckter elterlicher Sorge lediglich im Rahmen von Art. 277 Abs. 2 (JULMY, 96 f. und ausführlich 69 ff.).

In Bezug auf die **Vermögenssorge** befindet sich die erstreckte elterliche Sorge im Span-   **35**
nungsfeld zwischen elterlicher Autonomie und Abhängigkeit, wobei JULMY, grundsätzlich für Autonomie plädiert und den Eltern einen entsprechenden **Vertrauensvorschuss** gewähren möchte. Dennoch befürwortet er eine **Inventarpflicht** und die **Pflicht zur Rechnungsführung** sowie die **Pflicht zur Rechnungsstellung** und Berichterstattung (vgl. auch HÄFELI, ZVW 3/2002 102 ff.). Demgegenüber lehnt er die Anwendung der Vorschriften über Anlage und Aufbewahrung der Vermögenswerte (Art. 399–404) ab, weil sie zu sehr in die Freiheit der Eltern eingreifen würden (JULMY, 120 f. und ausführlich 98 ff.).

VI. De lege ferenda

Der VE 2003 verzichtet auf das Institut der erstreckten elterlichen Sorge. Er räumt aber   **36**
den Eltern und weiteren Angehörigen, die das Amt des Beistands oder der Beiständin übernehmen eine Sonderstellung ein, indem diese grundsätzlich von der Inventarpflicht und der Pflicht zur periodieschen Berichterstattung und Rechnungsablage sowie von der Pflicht, für bestimmte Geschäfte die Zustimmung der Erwachsenenschutzbehörde einzuholen, befreit. Diese Privilegierung ist in der Vernehmlassung auf Kritik gestossen, und sie ist voraussichtlich im definitiven Gesetzesentwurf höchstens noch abgeschwächt vorgesehen.

Art. 380

II. Vorrecht der Verwandten und des Ehegatten	**Sprechen keine wichtigen Gründe dagegen, so hat die Behörde einem tauglichen nahen Verwandten oder dem Ehegatten des zu Bevormundenden bei der Wahl den Vorzug zu geben, unter Berücksichtigung der persönlichen Verhältnisse und der Nähe des Wohnsitzes.**

| II. Droit de préférence des parents et du conjoint | L'autorité nomme de préférence tuteur de l'incapable, à moins que de justes motifs ne s'y opposent, soit l'un de ses proches parents ou alliés aptes à remplir ces fonctions, soit son conjoint; elle tient compte des relations personnelles des intéressés et de la proximité du domicile. |
| II. Preferenza dei parenti e del coniuge | Se non esistono gravi motivi in contrario, nella nomina del tutore, l'autorità tutoria deve dare la preferenza ad un prossimo parente idoneo, od al coniuge della persona da sottoporsi a tutela, avuto riguardo alle circostanze personali ed alla vicinanza del domicilio. |

Art. 381

III. Wünsche des Bevormundeten und der Eltern	**Hat die zu bevormundende Person oder deren Vater oder Mutter jemand als den Vormund ihres Vertrauens bezeichnet, so soll dieser Bezeichnung, wenn nicht wichtige Gründe dagegen sprechen, Folge geleistet werden.**
III. Vœux relatifs au choix du tuteur	A moins que de justes motifs ne s'y opposent, l'autorité tutélaire nomme tuteur la personne désignée par le père ou la mère ou par l'incapable.
III. Designazione del tutelato o dei genitori	Se il tutelato, il di lui padre o la di lui madre designano come tutore una persona di loro fiducia, tale indicazione dev'essere seguita, a meno che gravi motivi non vi si oppongano.

Literatur

Vgl. die Literaturhinweise zu den Vorbem. zu Art. 379–391.

I. Die gesetzliche Eignungsvermutung naher Verwandter

1. Norminhalt und Normzweck

1   Art. 380 enthält eine **gesetzliche Eignungsvermutung** zugunsten **naher Verwandter.** Diese Vermutung ist jedoch **widerlegbar;** sie steht unter dem **grundsätzlichen Vorbehalt der Eignung** nach Art. 279 Abs. 1. Dies ergibt sich einwandfrei aus der systematischen Stellung der Bestimmung im Anschluss an die allgemeinen Voraussetzungen und ausserdem aus dem Wortlaut: «... einem **tauglichen** nahen Verwandten ...». (BK-SCHNYDER/MURER, Art. 380/381 N 14). Eine andere Auslegung hielte auch vor dem vorrangigen Prinzip des **Mündelwohls** nicht stand (N 24).

2   Einem tauglichen nahen Verwandten ist zudem nur der Vorzug zu geben, wenn nicht **wichtige Gründe** dagegen sprechen. Als wichtiger Grund gilt zweifellos die **fehlende Eignung.** Ein wichtiger Grund liegt aber auch vor, wenn der nahe Verwandte zwar geeignet, aber eine weitere Person mit einer gewissen Eindeutigkeit nachweisbar besser geeignet ist (N 51). Diese Auslegung wird auch durch eine grosse Zahl von Bundesgerichtsentscheiden und durch die weitere publizierte Praxis gestützt, die als wichtigen Grund i.d.R. explizit oder implizit auf die mangelnde Eignung verweisen (N 37–45 und N 59–75 mit zahlreichen Hinweisen). Die Tatsache, dass der Gesetzgeber nahen Verwandten einen relativen Vorrang einräumt, enthält jedoch die gesetzliche Vermutung, dass unter den Verwandten für den jeweils vorliegenden Fall geeignete Personen zu finden sind (N 20). Diese **Subsidiarität** des Staates gegenüber der Familie liegt zudem im Mündelwohl begründet (N 50).

Das bedeutet, dass Verwandte im Auswahlverfahren **angemessen zu berücksichtigen** 3
sind und dass sie bei ungefähr gleicher Eignung unter mehreren Bewerbern oder Bewer-
berinnen den Vorrang verdienen (N 27). Die Behörde begeht eine Rechtsverweigerung,
wenn sie sich nicht daran hält (N 35) oder die Nichtberücksichtigung des Vorschlags
nicht begründet. Der Mangel kann mit staatsrechtlicher Beschwerde gerügt werden (BGE
5P.394/2002 E 2.2). Dennoch haben Verwandte keinen Rechtsanspruch darauf, als Vormund ernannt zu werden (DISCHLER, Nr. 372).

2. Personenkreis

Der Begriff «nahe Verwandte» ist rechtlich nicht eindeutig definiert. Sicher gehören 4
dazu **Eltern und Kinder,** aber auch mit der zu bevormundenden Person **verschwägerte**
Personen. Das Wort «nahe» drückt auch die **sachliche Nähe,** den noch lebendigen Fami-
lienzusammenhang aus.

Unter mehreren geeigneten gem. Art. 380 bevorzugten Personen ist die je besser geeigne- 5
te zu ernennen. Als Kriterien müssen die **persönlichen Verhältnisse** und die **Nähe des
Wohnsitzes** herangezogen werden.

Ob dem ausdrücklich erwähnten **Ehegatten** eine Sonderstellung zukommt im Verhältnis 6
zu den übrigen nahen Verwandten, ist in der Lehre kontrovers (N 55). Meines Erachtens
handelt es sich jedoch um eine eher theoretische Fragestellung von geringer praktischer
Bedeutung. Wichtiger ist, dass auch für ihn der Eignungsvorbehalt gilt.

3. Problematik

Während der historische Gesetzgeber im Verwandtenvorrecht den **Garanten guter Eig-** 7
nung sah (N 4, 5, 25), beurteilt die Praxis dieses Vorrecht jedoch mehrheitlich kritisch.
Psychologische und soziologische Überlegungen, die in der Praxis bestätigt werden, lassen es in vielen Fällen als problematisch erscheinen, Verwandte mit der Führung eines
vormundschaftlichen Mandates zu beauftragen. Die wichtigsten Gründe, die dagegen
sprechen, sind: die verwandtschaftlichen Beziehungen und die damit verbundenen emotionalen – positiven und konflikthaften – Bindungen können eine ungenügende Distanz
des Vormundes zum Geschehen bewirken und ihn daran hindern, sachgerechte und im
Interesse der bevormundeten Person liegende Entscheidungen zu treffen. Der «gekränkte
Familienstolz» kann den Vormund dazu verleiten, die tatsächlichen Schwierigkeiten der
betreuten Person zu bagatellisieren und ihm nicht die nötige Betreuung zukommen zu
lassen: der gleiche Tatbestand kann bei einem anderen dazu führen, dass er die betreute
Person besonders hart anfasst und von ihr Leistungen verlangt, die sie aufgrund ihrer
Schwäche nicht erbringen kann. Auch handfeste **Interessenkonflikte** zwischen verwand-
tem Vormund und der betreuten Person können deren Wohl beeinträchtigen. Diese Gefahr besteht insbesondere, wenn erwachsene Kinder vormundschaftliche Massnahmen
für ihre betagten Eltern übernehmen und es an der nötigen persönlichen Fürsorge fehlen
lassen, weil sie offen oder im Geheimen die Schmälerung des zu erwartenden Erbes befürchten (vgl. ausführlich dazu STAUFFER, 1957).

II. Der Vertrauensvormund

1. Begriff und Normzweck

Unter **Vertrauensvormund/in** wird die in Art. 381 erwähnte, von der bevormundeten 8
Person selber oder deren Vater oder Mutter vorgeschlagene **Person ihres Vertrauens**
verstanden. Die VormBehörde hat diesem Vorschlag zu entsprechen, wenn keine **wichtigen Gründe** dagegen sprechen. Auch dieses Vorschlagsrecht steht unter dem Vorbehalt

der Eignung der jeweils vorgeschlagenen Person, auch wenn im Wortlaut selber ein Hinweis darauf fehlt. Im Übrigen gilt für die Auslegung dieser Bestimmung, was unter N 2 zu Art. 380 hievor ausgeführt wurde. Der Grundsatz des **Mündelinteresses** spricht jedoch für die **Berücksichtigung des Mündelwillens** (N 31), und das durch die Bezeichnung des Vertrauensvormundes zum Ausdruck gebrachte Vertrauen ist bei der Eignungsbeurteilung als ein wichtiger Faktor zugunsten der Wahl dieser Person einzusetzen (N 34).

9   Aufgrund des Wortlautes haben die bevormundete Person und deren Vater oder Mutter das Recht, eine Person ihres Vertrauens vorzuschlagen, wobei dieser Vorschlag an **keine Form** gebunden ist und insbesondere auch **mündlich,** z.B. im Rahmen der Anhörung vor der Anordnung der Entmündigung, vorgetragen werden kann. Darüber hinaus wird in Lehre und Rechtsprechung die Auffassung vertreten, **dass die VormBehörde verpflichtet ist,** den Vorschlag einzuholen (BGE 107 II 504; 107 Ia 343); die Verletzung dieser Pflicht stellt eine **formelle Rechtsverweigerung** dar (BGE 107 Ia 345; N 83). Wird dem Vorschlag nicht Folge geleistet, hat die Behörde den Entscheid mit **Begründung** (BGE 5P.332/2000 E 3) mitzuteilen.

10 Die VormBehörde hat den Vorschlag nicht nur zu berücksichtigen, sondern es besteht, immer unter dem Vorbehalt der Eignung der vorgeschlagenen Person, eine grundsätzliche **Befolgungspflicht,** ja die vorgeschlagene Person ist bei gleicher Eignung anderen Anwärtern vorzuziehen (N 90).

2. Vorschlagsberechtigter Personenkreis

11 Die Aufzählung in Art. 381 ist abschliessend, d.h. andere «nahe stehende Personen» haben kein Vorschlagsrecht. Wenn die zu bevormundende Person allerdings **urteilsunfähig** ist und keine Eltern hat, haben Vorschläge von anderen Verwandten oder von Pflegeeltern mindestens Indizfunktion (N 78).

12 Nur eine **urteilsfähige Person** hat ein Vorschlagsrecht; an die Urteilsfähigkeit werden indes keine hohen Anforderungen gestellt, so dass das Vorschlagsrecht auch von Unmündigen ausgeübt werden kann. Hingegen gilt das Vorschlagsrecht nicht für Entmündigte, die gem. Art. 385 Abs. 3 unter elterliche Sorge gestellt werden (N 79).

13 Eltern im Rechtssinne sind Personen, zu denen ein **Kindesverhältnis** besteht (Art. 252 ZGB). Die Einschränkung oder der Verlust der elterlichen Sorge hemmen das Vorschlagsrecht nicht (N 80).

3. Würdigung

14 Das **Vorschlagsrecht von Art. 381** wird in der Literatur weit positiver beurteilt als das relative **Vorrecht der Verwandten.** Dies ist gerechtfertigt, setzt doch die erfolgreiche Ausübung eines vormundschaftlichen Amtes ein **Vertrauensverhältnis** voraus. Dennoch ist zu berücksichtigen, dass jemand sehr wohl das Vertrauen einer zu bevormundenden Person geniessen und dennoch den Anforderungen, die ein vormundschaftliches Amt an sie stellt, nicht gewachsen sein kann, sei es, dass ihr die nötigen Fachkenntnisse, z.B. für eine anspruchsvolle Vermögensverwaltung, fehlen, sei es, dass sie im Umgang mit den persönlichen Schwierigkeiten der zu betreuenden Person überfordert ist.

III. De lege ferenda

15 Der VE 2003 formuliert als zweites Hauptprinzip und Leitidee in Bezug auf die Person des Betreuers, in Anlehnung an das deutsche Recht, die **grösstmögliche Selbstbestimmung** der betreuungsbedürftigen Person. Art. 388 Abs. 1 VE sieht darum vor, dass dem

Vorschlag der zu betreuenden Person zu entsprechen ist, wenn die vorgeschlagene Person geeignet und bereit ist, das Mandat zu übernehmen. Auch die **Ablehnung einer bestimmten Betreuungsperson** durch die zu betreuende Person muss soweit tunlich respektiert werden (Art. 388 Abs. 3 VE).

Geeignete Angehörige sollen auch im künftigen Recht als Betreuungsperson eingesetzt werden, sei es, dass sie von der zu betreuenden Person als Vertrauensperson vorgeschlagen werden, sei es, dass sie von der zuständigen Behörde eingesetzt werden, wenn die zu betreuende Person urteilsunfähig ist oder aus anderen Gründen keinen Vorschlag unterbreitet. Dabei ist der Gefahr von **Interessenkollisionen** besondere Beachtung zu schenken (Art. 391 VE 2003). **16**

Art. 382

IV. Allgemeine Pflicht zur Übernahme	[1] **Zur Übernahme des Amtes sind verpflichtet die Verwandten und der Ehegatte der zu bevormundenden Person sowie alle Personen, die im Vormundschaftskreis wohnen.**
	[2] **Die Pflicht zur Übernahme des Amtes besteht nicht, wenn der Vormund durch den Familienrat ernannt wird.**
IV. Obligation d'accepter la tutelle	[1] Les parents du mineur ou de l'interdit, son conjoint, ainsi que toute autre personne habitant l'arrondissement tutélaire, sont tenus d'accepter les fonctions de tuteur.
	[2] Cette obligation n'existe pas pour le tuteur désigné par le conseil de famille.
IV. Obbligo di accettazione	[1] Sono obbligati ad accettare l'ufficio di tutore i parenti e il coniuge del tutelando, nonché tutte le persone abitanti nella giurisdizione in cui la tutela è costituita.
	[2] Il tutore nominato dal consiglio di famiglia non è tenuto all'accettazione.

Art. 383

V. Ablehnungs-gründe	Die Übernahme des Amtes können ablehnen: 1. wer das 60. Altersjahr zurückgelegt hat; 2. wer wegen körperlicher Gebrechen das Amt nur mit Mühe führen könnte; 3. wer über mehr als vier Kinder die elterliche Sorge ausübt; 4. wer bereits eine besonders zeitraubende oder zwei andere Vormundschaften besorgt; 5. die Mitglieder des Bundesrates, der Kanzler der Eidgenossenschaft und die Mitglieder des Bundesgerichtes; 6. die von den Kantonen bezeichneten Beamten und Mitglieder kantonaler Behörden.
V. Causes de dispense	Peuvent se faire dispenser de la tutelle: 1. celui qui est âgé de 60 ans révolus; 2. celui qui, par suite d'infirmités corporelles, ne pourrait que difficilement l'exercer; 3. celui qui a l'autorité parentale sur plus de quatre enfants;

4. celui qui est chargé de deux tutelles ou d'une tutelle particulièrement absorbante;
5. les membres du Conseil fédéral, le chancelier de la Confédération, les membres du Tribunal fédéral;
6. les fonctionnaires et les membres des autorités cantonales dispensés par les cantons.

V. Cause di dispensa   Possono dispensarsi di assumere l'ufficio:
1. chi ha compito il sessantesimo anno di età;
2. chi per infermità fisiche non potrebbe gerire l'ufficio senza difficoltà;
3. chi esercita l'autorità parentale su più di quattro figli;
4. chi gerisce già due tutele, od anche una sola che prenda molto tempo;
5. i membri del Consiglio federale, il cancelliere della Confederazione ed i membri del Tribunale federale;
6. i funzionari ed i membri delle autorità cantonali designati dai Cantoni.

Literatur

Vgl. die Literaturhinweise zu den Vorbem. zu Art. 379–391.

I. Normzweck

1   Die in Art. 382 enthaltene **Rechtspflicht** zur Übernahme eines vormundschaftlichen Amtes soll sicherstellen, dass angeordnete vormundschaftliche Massnahmen auch tatsächlich geführt werden können und nicht daran scheitern, dass keine Betreuungsperson gefunden wird. Diese Bestimmung ist namentlich auf dem Hintergrund der Tatsache zu würdigen, dass beim Inkrafttreten des ZGB das Sozialwesen nicht verberuflicht war und zu Beginn fast ausschliesslich private Betreuungspersonen rekrutiert werden mussten.

2   Art. 383 relativiert diese **Amtspflicht,** indem sie eine Reihe von Gründen erwähnt, bei deren Vorliegen die Übernahme des Amtes abgelehnt werden kann. Diese **Ablehnungsgründe** sollen Personen mit besonderen Belastungen und Verpflichtungen von der Amtspflicht befreien; es handelt sich eher um **Dispensationsgründe,** wobei den Personen, welche diese Ablehnungsgründe geltend machen können, die Ausübung eines vormundschaftlichen Amtes nicht verwehrt ist (BK-SCHNYDER/MURER, N 16).

II. Die verpflichteten Personen

3   Die Pflicht zur Übernahme besteht für die Verwandten und den Ehegatten der zu bevormundenden Person sowie für alle Personen, die in dem Vormundschaftskreise wohnen.

4   Die **Amtspflicht** trifft selbstverständlich nur mündige und geeignete Personen. Verwandte sind nicht näher umschrieben; sie kann sich jedoch vom Sinn her nicht ins Uferlose erstrecken und dürfte kaum über den 6. Grad in der Seitenlinie hinausgehen. Für Verwandte besteht die Pflicht zudem grundsätzlich unabhängig von ihrem Wohnsitz, doch dürfte dieser bei der Beurteilung der Eignung eine Rolle spielen. Sie gilt auch für **ausländische Verwandte** (N 14).

5   Die Amtspflicht der übrigen Personen ist auf jene beschränkt, die im **Vormundschaftskreis** wohnen; sie gilt jedoch auch für **Ausländer** in diesem Kreis.

III. Die Ablehnungsgründe

1. Alter

Die **Altersgrenze von 60 Jahren** ist aus heutiger Sicht nicht einleuchtend. Sollte im 6
revidierten Recht noch eine Altersgrenze vorgesehen werden, dürfte sie höher angesetzt
werden.

2. Körperliche Gebrechen

Es handelt sich nicht um Fälle der fehlenden Eignung; die körperlichen Gebrechen wür- 7
den lediglich die **Amtsausübung erschweren** und berechtigen darum die entsprechenden Personen, sich darauf zu berufen und sich von der Amtspflicht zu befreien (N 19).

3. Elterliche Sorge über mehr als vier Kinder

Art. 383 Ziff. 3 nimmt auf die Belastung Rücksicht, welche die Erziehung von mehreren 8
Kindern mit sich bringt. Nach der Lehre gehören dazu auch entmündigte Kinder, die
gemäss Art. 385 Abs. 3 unter elterlicher Sorge stehen (N 20).

4. Eine zeitraubende oder zwei andere Vormundschaften

Auch diese Bestimmung nimmt Rücksicht auf bereits bestehende Belastungen und über- 9
nommene Pflichten. Dabei zählen auch Beistandschaften und Beiratschaften (N 21).

5. Magistraten

Die Aufzählung der **Magistratspersonen,** welche von der Amtspflicht befreit sind, in 10
Art. 383 Ziff. 5 ist abschliessend, wobei als Mitglieder des BGer auch die Mitglieder des
EVG, nicht aber die Ersatzrichter gelten (N 22).

6. Von den Kantonen bezeichnete Beamte und Mitglieder kantonaler Behörden

Die Kantone haben von diesem **echten, ermächtigenden Vorbehalt** kaum oder zurück- 11
haltend Gebrauch gemacht. Eine allfällige Regelung erfolgt richtigerweise im EG ZGB
(N 23).

IV. Bedeutung

Amtspflicht und Ablehnungsgründe sind von ausserordentlich geringer praktischer Bedeu- 12
tung und, wie bereits erwähnt (vgl. N 1), auf dem Hintergrund der Situation im Zeitpunkt
des Inkrafttretens des ZGB zu sehen. Die Lehre ist sich weitgehend einig, dass der
«Zwang» zur Übernahme eines vormundschaftlichen Amtes nicht im wohlverstandenen Mündelinteresse läge und dass dadurch auch das Vertrauensverhältnis zwischen Vor-
mund/in und VormBehörde gefährdet wäre. Deshalb sind kaum Fälle bekannt, in denen
jemand konkret unter Berufung auf Art. 382 zur Übernahme eines vormundschaftlichen
Amtes «gezwungen» worden wäre (DISCHLER, Nr. 145). SCHNYDER/MURER vertreten
allerdings die Auffassung, dass solche Bürgerpflichten genossenschaftlicher Art gerade
unserm Gemeinwesen nach Geschichte und Staatsbezeichnung gut anstehen (N 17).

V. De lege ferenda

Art. 386 Abs. 3 VE 2003 **hält an einer abgeschwächten Pflicht zur Übernahme** fest. 13
Danach ist die von der Behörde ernannte Person verpflichtet, das Amt zu übernehmen,

wenn nicht wichtige Gründe dagegen sprechen. Sie darf jedoch erst ernannt werden, wenn sie sich zur Übernahme bereit erklärt hat. Diese Regelung lehnt sich an das deutsche Recht an (§ 1898 BGB). Auf **Ablehnungsgründe** wird verzichtet. Im Übrigen möchte die Expertenkommission die Übernahme von Betreuungsmandaten attraktiver gestalten durch Bestimmungen über **Aus- und Fortbildung** und eine **angemessene Entschädigung.** Bereits Erfahrungen unter dem geltenden Recht zeigen, dass die Rekrutierung von privaten Mandatsträgern einfacher ist, wenn ihnen die nötige Unterstützung in ihrer Aufgabe zugesichert wird (vgl. MATHYS, ZVW 1997).

Art. 384

VI. Ausschliessungsgründe

Zu dem Amte sind nicht wählbar:
1. **wer selbst bevormundet ist;**
2. **wer nicht im Besitz der bürgerlichen Ehren und Rechte steht, oder einen unehrenhaften Lebenswandel führt;**
3. **wer Interessen hat, die in erheblicher Weise denjenigen der zu bevormundenden Person widerstreiten, oder wer mit ihr verfeindet ist;**
4. **die Mitglieder der beteiligten vormundschaftlichen Behörden, solange andere taugliche Personen vorhanden sind.**

VI. Incapacités et incompatibilités

Ne peuvent être tuteurs:
1. celui qui est lui-même sous tutelle;
2. celui qui est privé de ses droits civiques ou qui se déshonore par son inconduite;
3. celui qui a de sérieux conflits d'intérêts avec l'incapable ou qui vit en état d'inimitié personnelle avec lui;
4. les membres des autorités de tutelle intéressées, s'il existe d'autres personnes capables de remplir la fonction de tuteur.

VI. Cause di esclusione

Sono ineleggibili:
1. le persone che sono esse medesime sotto tutela;
2. le persone private dei diritti civici o che tengono una condotta disonorevole;
3. le persone che hanno una seria collisione d'interesse od inimicizia col tutelato;
4. i membri delle autorità di tutela competenti, in quanto si possano trovare altre persone idonee.

Art. 385

B. Ordnung der Wahl

[1] Die Vormundschaftsbehörde hat mit aller Beförderung den Vormund zu bestellen.

I. Ernennung des Vormundes

[2] Das Entmündigungsverfahren kann nötigenfalls schon eingeleitet werden, bevor der zu Bevormundende das Mündigkeitsalter erreicht hat.

[3] Wenn mündige Kinder entmündigt werden, so tritt an Stelle der Vormundschaft in der Regel die elterliche Sorge.

B. Procédure de la nomination

I. Nomination du tuteur

[1] L'autorité tutélaire est tenue de nommer le tuteur sans délai.

[2] La procédure d'interdiction pourra au besoin être engagée avant que le pupille ait atteint sa majorité.

[3] Les enfants majeurs interdits sont, dans la règle, placés sous autorité parentale au lieu d'être mis sous tutelle.

B. Procedura per la nomina

I. Nomina del tutore

[1] L'autorità tutoria è obbligata a nominare con ogni sollecitudine il tutore.

[2] La procedura d'interdizione può, occorrendo, essere promossa già prima che l'interdicendo abbia raggiunta l'età maggiore.

[3] L'interdetto che ha padre o madre è posto di regola sotto l'autorità parentale anziché sotto tutela.

Literatur

Vgl. die Literaturhinweise zu den Vorbem. zu Art. 379–391.

I. Normzweck und Norminhalt

Nach der Marginalie zu Art. 385 beginnen mit diesem Artikel die Bestimmungen über die Ordnung der Wahl des Vormunds. Dabei haben jedoch Abs. 2 und 3 nur mittelbar damit zu tun. Abs. 1 auferlegt der VormBehörde, die Wahl des Vormundes ohne Verzug vorzunehmen, damit der **schutzbedürftigen Person** möglichst rasch die nötige Betreuung zukommt. Abs. 2 will sicherstellen, dass Unmündige, die aufgrund eines Schwachezustandes nicht in die Mündigkeit entlassen werden können, rechtzeitig, d.h. vor Erreichen des Mündigkeitsalters entmündigt werden. Abs. 3 schliesslich regelt die Unterstellung unter die elterliche Sorge an Stelle der Ernennung eines Vormunds. **1**

II. Die beförderliche Bestellung des Vormunds

Mit Bestellung ist die **Wahl i.e.S., der Wahlakt** gemeint, womit trotz allfälliger Geltendmachung von Ablehnungs- oder Anfechtungsgründen die vorläufige Amtsführung sichergestellt ist (Art. 389) (BK-SCHNYDER/MURER, N 13). **2**

Eine Bestellung kann erst erfolgen, wenn die Voraussetzungen dafür erfüllt sind: beim Unmündigen der rechtskräftige Entzug der elterlichen Sorge oder der Tod des Inhabers oder der Inhaberin der elterlichen Sorge und beim Entmündigten die formelle Rechtskraft des Entmündigungsentscheids (N 16). **3**

«Mit aller Beförderung» auferlegt der VormBehörde die Pflicht, von Amtes wegen ohne Zeitverlust alles vorzukehren, was ihr die Ernennung eines geeigneten Vormundes erlaubt. Diese Pflicht zu raschem Handeln kann mit der Aufgabe kollidieren, die jeweils geeignete Person zu finden. Hiezu hat sie das Zumutbare vorzukehren unter Berücksichtigung der in Art. 379 verankerten Eignungsbeurteilung und der relativen Vorrechte der Verwandten (Art. 380) und der Vorschlagsrechte nach Art. 381 (N 18–20). **4**

Art. 385 gilt auch für die Bestellung der übrigen Amtsträger, für die Beistandschaften gestützt auf Art. 397 Abs. 1. **5**

III. Die Einleitung des Entmündigungsverfahrens gegen Unmündige

Unmündige werden mit Erreichen des Mündigkeitsalters von Gesetzes wegen mündig. Sind sie nun aufgrund eines Schwächezustandes schutzbedürftig, muss die Entmündi- **6** gung oder die Verbeiständung auf den Zeitpunkt der Mündigkeit hin erfolgen, weil sonst die erforderliche persönliche Fürsorge, Vermögenssorge und Vertretung nicht gewährleistet ist (N 22).

7 Dazu muss das Verfahren vor Erreichen des Mündigkeitsalters eingeleitet werden. Dies hat jedoch nur zu erfolgen, wenn die Vermeidung eines schutzlosen Zustandes ab Mündigkeit bis zur Entmündigung vom Mündelwohl her angezeigt ist. Dies dürfte am ehesten bei Personen mit einer geistigen Behinderung der Fall sein, wobei in der Praxis gerade diese Personen häufig ohne rechtlichen Schutz bleiben, weil die Eltern die faktische Betreuung weiterhin sicherstellen. Das damit verbundene Risiko hält sich bei offenkundiger **Urteilsunfähigkeit** (Art. 18) und bei Personen, die sich in einer stationären Einrichtung aufhalten, in Grenzen.

8 Für die Einleitung des Verfahrens gelten die gleichen Regeln wie bei der Entmündigung Volljähriger. Sie kann von Amtes wegen, auf Mitteilung oder Anzeige oder auf Antrag erfolgen. Die Inhaber der elterlichen Sorge sind anzuhören, und ist die zu entmündigende Person urteilsfähig, ist sie gestützt auf Art 19 Abs. 2 prozessfähig (N 26).

9 Art. 385 Abs. 2 ist sinngemäss auch auf alle Formen der Beistandschaft und Beiratschaft anwendbar. Dies trifft nach SCHNYDER/MURER auch bei der **fürsorgerischen Freiheitsentziehung** zu, wenn vermieden werden soll, dass einer gestützt auf Art. 310 erfolgten Platzierung nach Eintritt der Mündigkeit die Rechtsgrundlage fehlt (N 29). In der Praxis zeigt sich jedoch, dass die Voraussetzungen für eine FFE in diesen Fällen kaum gegeben sind, da die Schwelle für die Aufhebung der Obhut nach Art. 310 deutlich tiefer liegt als die strengen Voraussetzungen für eine fürsorgerische Freiheitsentziehung.

IV. Die elterliche Sorge über Entmündigte

10 Vgl. Komm. zu Art. 379.

Art. 386

II. Vorläufige Fürsorge	[1] Wird es vor der Wahl notwendig, vormundschaftliche Geschäfte zu besorgen, so trifft die Vormundschaftsbehörde von sich aus die erforderlichen Massregeln.
	[2] Sie kann insbesondere die vorläufige Entziehung der Handlungsfähigkeit aussprechen und eine Vertretung anordnen.
	[3] Eine solche Massregel ist zu veröffentlichen.
II. Mesures provisoires	[1] L'autorité tutélaire prend d'office les mesures nécessaires lorsqu'il y a lieu de procéder à quelque acte de gestion avant la nomination du tuteur.
	[2] En particulier, elle peut priver provisoirement de l'exercice des droits civils la personne à interdire et lui désigner un représentant.
	[3] Cette décision est publiée.
II. Misure preventive	[1] Quando già prima della nomina occorra provvedere a qualche interesse di tutela, l'autorità tutoria prende d'officio le necessarie misure.
	[2] In ispecie essa può, già prima dell'interdizione, sospendere provvisoriamente l'esercizio dei diritti civili e nominare all'interdicendo un rappresentante.
	[3] Tale provvedimento sarà pubblicato.

Literatur

GEISER, Demenz und Recht, Regulierung – Deregulierung, ZVW 2003, 97 ff.; HOFMANN, Die vorläufige Fürsorge gemäss Art. 386 Abs. 1 ZGB, MBVR 1959, 161 ff.; V. PELET, Mesures provisionnelles: droit fédéral ou cantonal?, Diss. Lausanne 1987; P. STACH, Vorsorgliche Massnahmen nach Bundesrecht und st.gallischem Zivilprozessrecht, Diss. St. Gallen 1991; R. ZIPKES, Die vorläufige Fürsorge vor der Bevormundung (Art. 386 ZGB), und das Problem der Ersatzformen der Entmündigung, Diss. Zürich 1935; A. ZURBUCHEN, La procédure d'interdiction, Diss. Lausanne 1991; vgl. ausserdem die Literaturhinweise zu den Vorbem. zu Art. 379–391.

I. Wesen und Funktion der vorläufigen Fürsorge

Art. 386 deckt das **«Interregnum»** zwischen der *Einleitung* eines vormundschaftlichen 1
Verfahrens (vgl. z.B. Art. 369 Abs. 2) und der *Bestellung* (Art. 385 Abs. 1) bzw. der *effektiven Mandatsaufnahme* des Gewählten (Art. 389, 391). Sofortiges bzw. vorsorgliches Handeln kann nötig werden wegen *plötzlich auftretender, erheblicher geistiger Störungen,* oder bei *langwierigen Entmündigungsverfahren* (HUBER, Erl., 298), ferner *nach Entlassung* eines Mandatsträgers (Art. 390 Abs. 2; u. N 2). Während diesem Zeitraum steht der **VormBehörde** die Befugnis und die Pflicht zu, i.S. einer **Notzuständigkeit** (BK-SCHNYDER/MURER, N 7, 23) die allenfalls erforderlichen und im konkreten Fall geeigneten **vorsorglichen Massnahmen** anzuordnen (dazu nun detailliert Art. 445 des Entwurfs Erwachsenenschutz 2006); die weitestgehende – nämlich die vorläufige Entziehung der Handlungsfähigkeit bzw. eine Vertretung (Abs. 2) – ist nach dem *Prinzip der Stufenfolge vormundschaftlicher Anordnungen* (allg. RIEMER, Vormundschaftsrecht, 149 f.) bzw. der *Subsidiarität* (BK-SCHNYDER/MURER, N 27 f.) allerdings nur angängig, wo nicht eine mildere ausreicht bzw. zugewartet werden kann (BGE 113 II 386, 389 E. 3.b; u. N 12 f.).

II. Anwendungsbereich

Art. 386 bezieht sich nicht nur auf die Anordnung einer Vormundschaft, sondern begründet eine **Massnahmezuständigkeit der VormBehörde** in **allen Verfahren** auf **Erlass vormundschaftlicher Anordnungen,** welche insb. auch bei *Errichtung einer Beistandschaft oder Beiratschaft* geboten sein können (Art. 397; BK-SCHNYDER/MURER, N 31–33, 121–123; ZURBUCHEN, 83, 134, 141 f.; BGE 92 II 141, 147 E. 5); alsdann wird allerdings der «obere Rand» der Massnahmeintensität durch das in Betracht gezogene Rechtsinstitut begrenzt (BGE 5P.41/2005, 28.6.2005, ZVW 2005, 283 f.), weshalb eine Vorkehr nach Abs. 2 selbst dort, wo eine Entmündigung vorgesehen ist, nicht ohne weiteres in Betracht fällt (u. N 13). Der Tatbestand von Art. 392 Ziff. 1 fällt mit der Massnahmezuständigkeit nach Art. 386 Abs. 1 zusammen und geht als ordentliche Massregel vor. Die Massnahmezuständigkeit besteht zudem, wo bei einem *Vormundswechsel* kein nahtloser Übergang zwischen Mandatsniederlegung und Amtsantritt des neuen Vormunds gewährleistet ist (vgl. aber Art. 444, 448 f.), sowie dort, wo ein noch nicht oder nicht mehr unter elterlicher Sorge stehender *Unmündiger* unter Vormundschaft zu stellen ist (BK-SCHNYDER/MURER, N 124 ff.; Art. 368 Abs. 1).

III. Allgemeine Voraussetzungen vorsorglicher Massnahmen (Abs. 1)

1. Zeitlich – Bezug zu einem vormundschaftlichen (Haupt-)Verfahren

Art. 386 setzt **Hängigkeit** eines **vormundschaftlichen Verfahrens** voraus, was sich aus 3
der systematischen Stellung und dem Umstand ergibt, dass vorsorgliche Massnahmen i.S. dieser Bestimmung nur angeordnet werden können, wo bereits vor dem (rechtskräftigen) Entscheid in der Sache notwendig «vormundschaftliche Geschäfte» zu besorgen

sind (BK-SCHNYDER/MURER, N 41, 48; GEISER, ZVW 2003, 105). Art. 386 stellt deshalb *nicht eine generelle Ermächtigungsklausel zu behördlicher Fürsorge* dar; u.U. – namentlich, wo *nicht «verfahrensbegleitende»* vorsorgliche Massnahmen zu treffen sind – kommen **andere Behelfe** in Betracht, so namentlich:

– die **fürsorgerische Freiheitsentziehung** (Art. 397a Abs. 1 und 2), welche als *speziellere* Regelung bei stationärer persönlicher Betreuungsbedürftigkeit vorgeht (und wozu ein vormundschaftliches Verfahren nicht [mehr] erforderlich ist, nachdem die Regelung des FFE den früheren zentralen Anwendungsbereich von Art. 386 hat hinfällig werden lassen: BK-SCHNYDER/MURER, N 58; DIES., Vorbem. zu Art. 369–375, N 17; ZK-SPIRIG, Vorbem. zu Art. 397a ff., N 49 f.),

– ferner *bei besonderen Gründen* die **direkte Zuständigkeit der VormBehörde,** ohne Bestellung eines Mandatsträgers *dringliche, liquide und durch eine punktuelle Anordnung abschliessend lösbare Angelegenheiten selbst* zu entscheiden (BK-SCHNYDER/MURER, Art. 392 N 36; u. N 22),

– endlich etwa kurzzeitige *polizeiliche Massnahmen* (z.B. Ausnüchterung eines Betrunkenen).

4   *Hängigkeit* tritt ein, wenn behördliches Handeln im Blick auf die eventuelle Anordnung vormundschaftlicher Vorkehren *«nach Aussen hin erstmals manifest»* wird, sei dies gegenüber dem Betroffenen oder (z.B. durch Aktenbeizugs- oder Auskunftsersuchen) gegenüber Dritten (BK-SCHNYDER/MURER, Art. 373 N 106; auf die formale Einleitung stellt demgegenüber ZURBUCHEN ab: 20; vgl. BGE 92 II 141, wo die Bezirksfürsorgebehörde die Betroffenen «etwas beobachtet» und das Ergebnis der zuständigen VormBehörde mitgeteilt hatte). Meines Erachtens hat der Betroffene Anspruch auf einen förmlichen Bescheid und Abschluss in Form eines behördlichen Entscheids, wo die Behörde sich mit ihm nicht bloss in gänzlich beiläufiger Form befasst. Ab jenem Zeitpunkt, da die Behörde sich mit ihm befasst, kann sich im Übrigen die Notwendigkeit dringlicher Anordnungen ergeben (BK-SCHNYDER/MURER, N 78; DIES., Art. 373 N 108 f.). Denkbar ist, *gleichzeitig* mit der Einleitung eines vormundschaftlichen Verfahrens Anordnungen i.S.v. Art. 386 zu treffen (BK-SCHNYDER/MURER, N 48, 78; BGE 51 II 21, 22; 50 II 95, 100 E. 3). Wo *vorgängig* gehandelt wird (was BGE 57 II 3, 8 o., nicht auszuschliessen scheint; allerdings ein Verantwortlichkeitsverfahren betreffend), so bedeutet dies Auslösung des vormundschaftlichen Verfahrens in der Hauptsache (ZURBUCHEN, 85).

2. Sachlich

5   Es gelten die für die *Anordnung vorsorglicher Massnahmen typischen Voraussetzungen:* Im Rahmen der **Hauptsachenprognose** muss *wahrscheinlich* sein, dass die in Betracht gezogene vormundschaftliche Massnahme auch tatsächlich ausgesprochen wird (wobei die vorsorgliche Vorkehr stets auf die im Einzelfall beabsichtigte definitive Anordnung abzustimmen ist und nicht über diese hinausgehen darf), was an sich – wenn auch nicht mit gleicher Wahrscheinlichkeit – bereits Teil der Abwägung darstellt, ob überhaupt ein Verfahren einzuleiten sei (o. N 4). Zudem müssen die in Betracht gezogenen Anordnungen derart **dringlich** sein, dass der Entscheid in der Sache nicht abgewartet werden kann bzw. bei Zuwarten ein erheblicher **Nachteil** für den Betroffenen zu befürchten ist, welchen dieser selbst (bzw. sein Umfeld: Angehörige, ein rechtsgeschäftlich bestellter Vertreter oder ein bereits früher bestellter Beistand) nicht abzuwenden vermag (s. BGE 5P.41/2005, 28.6.2005). Sodann muss die Massnahme *geeignet* sein, d.h. es muss sich durch Anordnungen im Rahmen des gesetzlichen Katalogs (u. N 6 ff.) der befürchtete Nachteil abwenden oder zumindest eingrenzen lassen.

IV. Möglicher Inhalt der Massregeln (Abs. 1 und 2)

1. Allgemeines – Anpassung an veränderte Umstände

Die **VormBehörde** (näher N 22) hat im Rahmen von Art. 386 grundsätzlich die *Aufga-*   **6**
ben des Vormundes (ggf. jene des in der Hauptsache in Betracht gezogenen milderen
Instituts) zu versehen; in Betracht kommen grundsätzlich die dem Vormund zustehenden
Aufgaben (Art. 398–414: BK-SCHNYDER/MURER, N 52, 56 ff.; BK-KAUFMANN, N 9;
ZIPKES, 47 ff.; ZURBUCHEN, 87 f.). Zu handeln hat damit (noch) nicht eine Einzelperson,
wobei die Behörde allerdings eine *Hilfsperson* bestimmen kann, was oft zweckmässig
sein wird (N 10; zur Person eines vorläufigen Vormundes u. N 14), aber die Behörde bezüglich der Verantwortlichkeit (N 20) für das Vorgehen nicht entlastet. Bezüglich der im
Einzelfall gebotenen Massregeln ist der **Charakter des Massnahmeverfahrens** zu
beachten, weshalb der *Verhältnismässigkeit* und der *Eignung – stets mit Blick auf den
konkreten Massnahmezweck* – besondere Beachtung zu schenken sind: Es ist die
schwächstmögliche Anordnung zu treffen, welche den angestrebten Erfolg noch zu gewährleisten vermag (JustizDir ZH, ZVW 1980 158, 160, zum Verhältnis von Fürsorgepflicht und Hausrecht des Betroffenen). Ggf. sind die einmal getroffenen **Massregeln
anzupassen,** was eine *Verschärfung,* eine *Erleichterung* (bis hin zur Aufhebung) oder
auch eine *Verfeinerung* bewirken kann (BGE 113 II 386, 389 E. 3.b; BK-SCHNYDER/
MURER, N 116 ff.; GEISER et al., 38). Nicht unter Art. 386 fallen jene Massregeln, welche
der *Abklärung des Entmündigungsgrundes* dienen (ZURBUCHEN, 87; BGE 5P.41/2005,
28.6.2005); diesbez. gilt Art. 374.

Durchweg stehen damit *punktuelle, vorübergehende* (selbst bez. Abs. 2 auf die absehbare   **7**
Verfahrensdauer bezogene) Einschränkungen im Vordergrund und sind *irreversible Vorkehren nur ausnahmsweise* denkbar; die einmal getroffenen Anordnungen (z.B. Abschluss oder Kündigung eines Mietvertrags) sind aber an sich definitiv, soweit sie nicht
mit der Dauer des Verfahrens verknüpft sind (z.B. Sperre eines Bankkontos: BK-
SCHNYDER/MURER, N 65 f.). Die Vorm Behörde ist über alle Vorkehren rechenschaftspflichtig (Art. 413 Abs. 2).

Die **Abgrenzung der Massnahmen nach Abs. 1 und Abs. 2** beurteilt sich in erster   **8**
Linie danach, ob effektiv ein umfassender Entzug der Handlungsfähigkeit unausweichlich ist (was eher selten zutreffen dürfte), oder ob nicht mit punktuellen Massregeln (ggf.
einer Kombination von solchen) der Massnahmezweck ebenfalls erreicht werden kann
(N 13). Die *Kasuistik* bei BK-SCHNYDER/MURER (N 102–114) führt jedenfalls etliche
(durchweg über 30 Jahre zurückliegende) Entscheide an, wo aus heutiger Sicht (vgl.
namentlich BGE 113 II 386) die Voraussetzungen einer vorläufigen Entmündigung nicht
mehr ohne weiteres bejaht werden dürften.

2. Massregeln im Rahmen von Abs. 1

Massregeln der *persönlichen* und der *Vermögenssorge* können *kombiniert* werden, doch   **9**
dürfen die im Rahmen der vorläufigen persönlichen Fürsorge und des Vermögensschut-
zes getroffenen Anordnungen in ihrer Gesamtheit keine über den Rahmen von Abs. 1
hinausgehende Einschränkung erzeugen (vgl. Art. 397 N 16). Im Gegensatz zur vorläufigen Entziehung der Handlungsfähigkeit (Abs. 2 und 3, u. N 17) sind Massregeln nach
Abs. 1 *nicht zu veröffentlichen,* doch kann es zum Massnahmezweck gehören, vermö-
genssichernde Anordnungen in sinngemässer Anwendung von Art. 397 Abs. 3 (dort
N 31–36) dem Betreibungsamt, Banken usw. mitzuteilen (ZK-EGGER, N 51; ZIPKES 94;
ZURBUCHEN, 89).

Es fallen folgende Massregeln in Betracht (BK-SCHNYDER/MURER, N 56–64):

a) Anordnungen zur persönlichen Fürsorge

10   Anordnungen zur **persönlichen Fürsorge** (Art. 406 ff.) dienen der *Beratung,* dem *allgemeinen* Schutz und Beistand sowie der *Vertretung bei den diesbez. Geschäften:* Ordnung bzw. Verbesserung von Wohnsituation, Gesundheitspflege und -vorsorge, medizinische Behandlung, Ernährung, namentlich auch durch (bei Freiwilligkeit ggf. stationäre) therapeutische Angebote; auch die Vertretung in unaufschiebbaren rechtlichen Angelegenheiten im persönlichkeitsnahen Bereich fällt unter die persönliche Fürsorge (Scheidung bzw. Abänderung einschliesslich Unterhalts- und Obhutsfragen, ggf. Einleitung entsprechender Massnahmeverfahren). – Zugleich ist durch die «Kontaktanbahnung» mit der Behörde bzw. einer dafür von dieser (als Hilfsperson) bestimmten Kontaktperson (bzw. im Fall von Abs. 2 dem vorläufigen Vormund: u. N 15; zu Risiken dort, wo wegen Ablehnung durch den Betroffenen der nachmalige definitive Mandatsinhaber bereits «verbraucht» würde, s. ZURBUCHEN, 93 f.) u.U. möglich, die Akzeptanz der vorgesehenen Anordnung und die Einsicht des Betroffenen in die Notwendigkeit einer gewissen behördlichen Hilfe zu verbessern. Wo die persönliche Fürsorge nur im Rahmen stationärer Betreuung erbracht werden kann, ist (zusätzlich) nach den Vorschriften über die fürsorgerische Freiheitsentziehung (Art. 397a ff.) zu verfahren (o. N 3).

b) Vermögenssicherung

11   Bezüglich der **Vermögenssicherung** (Art. 398 ff.) fallen insb. Inventaraufnahme oder Verwahrung bzw. (vorübergehende) Veräusserungsbeschränkung (z.B. bez. Liegenschaften: Art. 404, namentlich durch Mitteilung an Bank oder Postcheckamt und insb. an den Grundbuchführer, dem Massnahmebetroffenen sei vorläufig die Verfügung über das Grundstück untersagt, was zu einer *«tatsächlichen Grundbuchsperre»* führt [BK-SCHNYDER/MURER, N 64; GEISER et al., 37; *Muster* bez. Grundbuchsperre DIES., 39 f.] bzw. Mitwirkung der Behörde erfordert: BGE 57 II 3, 8), sowie erbrechtliche Sicherungsvorkehren (einschliesslich Begehren um Aufnahme eines öffentlichen Inventars, nur ausnahmsweise Ausschlagung, ggf. Begehren um Erstreckung der Frist: Art. 576) in Betracht, während Anlageentscheide und weitere Vorkehren der Vermögens*verwaltung* (Art. 401 f.) i.d.R. aufschiebbar sind und damit über den *Sicherungs*zweck blosser Massnahmeentscheide hinausgehen. Dem Massnahmebetroffenen sind die selbst einem Bevormundeten zustehenden *Freiräume* zwingend zu erhalten (Art. 412, 414).

3. Anordnungen im Rahmen von Abs. 2: Vorläufiger Entzug der Handlungsfähigkeit

a) Wesen

12   Der **vorläufige Entzug der Handlungsfähigkeit** ist die umfassendste Vorkehr; sie bedeutet eine *Entmündigung für die Dauer des Verfahrens* (BGE 113 II 386, 388/389 E. 3.b; 113 III 1) bzw. bis zur Aufhebung/Anpassung der Anordnung (N 6, 28). Der Betroffene wird (beschränkt) handlungsunfähig (i.S.v. Art. 19). An die Voraussetzungen – Vorliegen eines Entmündigungsgrundes, Notwendigkeit der dringenden Besorgung vormundschaftlicher Geschäfte (vgl. N 5, 6 f.) – sind damit *noch strengere* Anforderungen zu stellen als bei Massnahmen nach Abs. 1 (BGE 5P.16/2004, 9.2.2004 E. 5.1 a.E.; BGE 113 II 386, 389 E. 3.b).

13   Der vorläufige Entzug der Handlungsfähigkeit bildet *ultima ratio* und darf deshalb selbst dort, wo die Voraussetzungen zur Entmündigung höchstwahrscheinlich vorliegen, nur angeordnet werden, wo dem einstweiligen Fürsorgebedürfnis im konkreten Fall nicht

durch (allenfalls kombinierte) *punktuelle* oder jedenfalls *mildere Massregeln* entsprochen werden kann (namentlich eine **provisorische Beiratschaft:** BK-SCHNYDER/MURER, N 72, 83; vgl. das *Muster* bei GEISER et al., 92 f.). Ein gewisser allgemeiner «Trend» zur (differenziert ausgestalteten) Beiratschaft ist gerade auch im Massnahmestadium zu berücksichtigen, weshalb der blosse Umstand, dass die Voraussetzungen zur (definitiven) Anordnung einer Vormundschaft höchstwahrscheinlich vorliegen, nicht automatisch zur vorläufigen Vormundschaft legitimiert: Es hat das Prinzip der Verhältnismässigkeit gerade im Rahmen von Abs. 2 einen zentralen Anwendungsbereich (RIEMER, Vormundschaftsrecht, 36, 86). Mit Anordnung sowohl einer *Mitwirkungsbeiratschaft* nach Art. 395 Abs. 1 wie auch einer *Verwaltungsbeiratschaft* nach Art. 395 Abs. 2 oder einer *kombinierten* Beiratschaft, lässt sich eine Gefährdung der materiellen Existenz einer Person verhindern (BK-SCHNYDER/MURER, Art. 395 N 54 f.; BGE 92 II 141, 146 f. E. 5); zugleich dient eine solche Anordnung auch der Abwehr von Gefahren, die unerfahrenen und leicht beeinflussbaren Personen seitens Dritter, die es auf ihr Vermögen abgesehen haben, drohen (vgl. z.B. BGE 66 II 12); ob der Betroffene mutmasslich Opfer solcher Einflüsse ist – ob z.B. Unerfahrenheit oder psychische Abhängigkeit vorliegt –, kann im Einzelfall und namentlich im Massnahmestadium schwierig zu beurteilen sein, wo an sich noch durchaus rüstige ältere Personen plötzlich Bezugspersonen finden, mit denen sie (teilweise unentgeltliche) Rechtsgeschäfte tätigen (das OGer ZH hat in solcher Situation bei einem Vermögen von 1,2 Mio. und einer beabsichtigten zweifelhaften Investition von Fr. 400 000 statt dem vorläufigen Entzug der Handlungsfähigkeit eine kombinierte Beiratschaft angeordnet und in Wahrung des Verhältnismässigkeitsprinzips angesichts der günstigen Vermögensverhältnisse den Betrag von Fr. 400 000 von der Massnahme ausgenommen, da sich Schutz trotz möglicherweise zweifelhafter Natur des beabsichtigten Geschäfts nur bez. des Restvermögens rechtfertige: ZVW 2000, 147).

b) Tragweite der Massregel im Einzelnen

Da die Handlungsfähigkeit – wenn auch nur vorläufig – entzogen wird, ist die Massregel **14** *zwingend* mit der **Bestellung eines gesetzlichen Vertreters** verbunden (BK-SCHNYDER/MURER, N 96 f.; dies im Gegensatz zur allenfalls beigezogenen Hilfsperson bei blossen Vorkehren nach Abs. 1: N 10; *Musterbeschluss* bei GEISER et al., 12 f., 23 f., 41 f.); dieser vorläufige gesetzliche Vertreter kann durchaus bereits jene Person sein, welche ggf. dereinst als Vormund bestellt würde (vgl. § 83 Abs. 2 ZH-EGZGB, wonach die Behörde «nötigenfalls schon vor der Durchführung des Verfahrens vorläufig den Vormund» bestellt, was aber keinen unwiderruflichen Entscheid bedeutet: o. N 6). Auf jeden Fall hat der vorläufige Vertreter den *persönlichen und fachlichen Anforderungen* von Art. 379–381 zu genügen (BK-SCHNYDER/MURER, N 97; s. auch o. N 10 sowie ZURBUCHEN, 93, betr. «Kontaktanbahnung»); fachliche Eignung geht mit Rücksicht auf die qualifizierten Anforderungen persönlicher Nähe i.d.R. vor, ohne dass aber berechtigte (und dem Massnahmezweck wohl meist förderliche) Anliegen der Beteiligten übergangen werden sollen.

Dem «provisorischen» oder «vorläufigen Vertreter» stehen zwar grundsätzlich die **Kom-** **15** **petenzen** eines Vormundes zu (BGE 79 I 182, 185 f. E. 1), wobei sich aber doch sämtliche Anordnungen (zu diesen o. N 10 f.) daran zu orientieren haben, dass sie noch im blossen *Massnahmestadium* ergehen. Es bedarf der Betroffene (vorbehältlich Art. 19 Abs. 2 sowie Art. 412 und 414) für alle verpflichtenden Geschäfte der Zustimmung seines provisorischen Vertreters, wobei er aber *alle ihm um seiner Persönlichkeit willen zustehenden Rechte* – und damit auch jene Rechte im pendenten vormundschaftlichen Verfahren – weiterhin selbst wahrnehmen und ggf. dafür auch einen gewillkürten *Vertreter* bestimmen darf (BK-SCHNYDER/MURER, N 86; BK-BUCHER, Art. 19 N 199, 269, 313 f.;

ZURBUCHEN, 92; zum Anspruch auf einen unentgeltlichen Rechtsvertreter u. N 25; BGE 5P.16/2004, 9.2.2004).

16 Die vorläufige Entziehung der Handlungsfähigkeit mit Bestellung eines gesetzlichen Vertreters hat verschiedene weitere, über die blosse Personen- und Vermögenssorge hinausgehende **Wirkungen** (BK-SCHNYDER/MURER, N 88 ff.); sie begründet:

– den *gesetzlichen Wohnsitz* nach Art. 25 Abs. 1 (mit den entsprechenden betreibungsrechtlichen Folgen: Art. 68 c f. SchKG; vgl. u. N 17),

– den *Verlust der elterlichen Sorge* (Art. 296 Abs. 2), welcher im Massnahmestadium indes i.d.R. auszuschliessen ist (BK-SCHNYDER/MURER, N 90), da dort, wo die Handlungsfähigkeit nicht wegen des Kindeswohls entzogen wird (bzw. diesbez. *Kindesschutzmassnahmen* zu treffen wären: Art. 311), die Obhut belassen werden dürfte (Art. 311/312 N 15),

– die *Zustimmungsbedürftigkeit des Eheschlusses* (Art. 90 Abs. 2 bzw. 94 Abs. 2; BGE 42 II 422),

– das *Erlöschen von Vollmachten und Aufträgen* nach den Regeln von Art. 35 Abs. 1 und Art. 405 Abs. 1 OR, soweit sich nicht im Einzelfall etwas anderes ergibt und namentlich der Massnahmezweck Kontinuität der geltenden Ordnung erlaubt,

– die *Auflösung von einfachen Gesellschaften sowie Kollektiv- und Kommanditgesellschaften* (Art. 545 Abs. 1 Ziff. 3 OR bzw. die Verweisungen in Art. 574 Abs. 1 und 619 Abs. 1 OR), wobei gerade in diesen Fällen im Massnahmestadium nach Möglichkeit irreversible und u.U. auch mit Nachteilen für Dritte verbundene Vorkehren zu vermeiden und differenzierte Anordnungen nach Art. 403 und 412 zu treffen sind (vgl. auch Art. 422 Ziff. 3), wo nicht gerade in der Beteiligung an der bzw. im Betrieb der Gesellschaft der Grund für die Massnahme liegt (wo aber u.U. mit geeigneten punktuellen Massregeln zu intervenieren wäre).

Auch die *Ausübung bestimmter Berufe* (z.B. Rechtsanwalt) ist aufgrund spezialgesetzlicher Vorschriften, welche Handlungsfähigkeit voraussetzen, ausgeschlossen.

c) Veröffentlichung (Abs. 3)

17 Der *vorläufige Entzug der Handlungsfähigkeit* (und nach dem Gesetzeswortlaut *nur* dieser: s. aber bez. Anordnungen nach Abs. 1 o. N 9; bei Anordnung einer *Beiratschaft* BK-SCHNYDER/MURER, N 115 a.E., DIES., Art. 397 N 77 ff.: je nach Zweckmässigkeit) ist gem. Abs. 3 zu **veröffentlichen** und damit im Rahmen der Prüfung der Handlungsfähigkeit stets zu berücksichtigen (so durch den Grundbuchverwalter: BGE 112 II 26, 29; 117 II 541, 545 E. 4; s. nunmehr BGE 124 III 341, wonach die Urteilsunfähigkeit «in die Augen springen» müsste, dem Grundbuchverwalter deshalb nicht zustehe, ein Handlungsunfähigkeitszeugnis des Hausarztes einzufordern, aber eine Massnahme nach Art. 386 Abs. 2 ZGB zu berücksichtigen wäre [a.a.O., 346], welche der Grundbuchverwalter aber m.E. durch eine Anzeige bei der VormBehörde veranlassen könnte [u. N 18]). Abs. 3 bildet einen Anwendungsfall von Art. 375 (s. die dortige Komm.), wobei nicht Anlass besteht, mit der Veröffentlichung weiter zu gehen als dort, wo schliesslich der Entscheid in der «Hauptsache» zu veröffentlichen ist (vgl. Art. 375 Abs. 2 und dazu N 10–12; sinngem. BK-SCHNYDER/MURER, N 115). Indes ist zu bedenken, dass im Rahmen der vorläufigen Fürsorge die betroffene Person recht oft noch am Rechtsverkehr teilhaben und ihre Handlungsunfähigkeit für Dritte nicht ohne weiteres offenkundig sein wird, weshalb in Abwägung des bloss vorläufigen Charakters der Massnahme (welcher an sich Zurückhaltung bei der Publikation gebietet) und den Interessen des Rechtsverkehrs wie auch des von der Massnahme Betroffenen vorzugehen ist. Je nach den Umständen erscheint es aber beim für alltägliche Vorkehren urteilsfähigen Betroffenen m.E. durchaus denkbar, die «Veröffentlichung» auf eine Mitteilung an die im *konkreten* Fall in Frage stehenden Amtsstellen (z.B. Betreibungsamt, vgl. o. N 16; bei Grundstückbesitz das Grundbuchamt) oder evtl. auch einzelne bedeutende Vertrags- oder Geschäftspartner zu beschränken (um deren *guten Glauben* in die Handlungsfähigkeit zu brechen [was aber schon durch Wissen des Dritten um ein laufendes Verfahren der Fall sein dürfte], z.B. gegenüber Kreditkartenorganisationen) oder die Unterschriftenregelung bei Bank bzw. Postcheckamt anzupassen.

V. Verfahrensfragen

1. Im Allgemeinen

a) Allgemeine verfahrensrechtliche Grundsätze für Massnahmeentscheide

Das **Massnahmeverfahren** ist ein *selbständiges, unabhängig vom «Hauptprozess» laufendes* Verfahren (BK-SCHNYDER/MURER, N 22, 144), bei welchem – im Rahmen der Wesenszüge eines Massnahmeverfahrens – die gleichen Verfahrensgarantien zu beachten sind, welches aber ein pendentes vormundschaftliches Verfahren voraussetzt (o. N 3 f.). Es ist von der **VormBehörde** dann aufzunehmen, wenn sie im Zuge eines hängigen Entmündigungs- oder eines sonstigen vormundschaftlichen Verfahrens einer unaufschiebbaren Fürsorgebedürftigkeit gewahr wird. Die Behörde hat ggf. auch auf eine Anzeige (Art. 369 Abs. 2; z.B. eines Betreibungsamts: BlSchK 1999, 95) oder auch entsprechende Äusserungen des Betroffenen hin vorzugehen. **18**

Bereits das *Massnahme*verfahren vor **VormBehörde** hat aber – auch wo diese nicht gerichtlich organisiert ist – **allgemeinen rechtsstaatlichen Grundsätzen** zu entsprechen; soweit den nachfolgenden Aspekten aus zwingenden Gründen wegen der besonderen Dringlichkeit eines Massnahmeentscheids nicht durchweg entsprochen werden kann, sind die versäumten Schritte umgehend nachzuholen. – Schon das *Kreisschreiben des BGer zum Verfahren bei Entmündigungen* (BGE 40 II 182; zur *Anhörung* ferner insb. BGE 117 II 132 und 379; HEGNAUER, ZVW 1993, 81 ff.) verlangte, dass die *massgeblichen Tatsachen den Betroffenen einzeln vorgehalten* werden müssen und ihnen Gelegenheit gegeben werden muss, dazu in geeigneter Form (d.h. i.d.R. mündlich) *Stellung zu nehmen* bzw. *Beweise zu offerieren*, dass eine Verhandlung zu *protokollieren*, der *Entscheid zu begründen* und mit einer *Rechtsmittelbelehrung* zu versehen ist (vgl. RIEMER, Vormundschaftsrecht, 64 ff.; ZURBUCHEN, 88 f., 90 f.; PELET, 37). Anzuhören ist der Betroffene auch über die *Person seines allfälligen (vorläufigen) Vertreters* (BGE 118 Ia 229; vgl. o. N 14). **19**

Voraussetzung eines ordnungsgemässen Verfahrens ist v.a. die möglichst *umfassende Untersuchung der Verhältnisse,* weshalb das Verfahren in allen Stadien – sowohl vor **VormBehörde** wie auch bei gerichtlicher Beurteilung in einem Rechtsmittelverfahren (N 26) – der **Offizialmaxime** unterliegt (BGE 108 II 372, 375; BK-SCHNYDER/MURER, N 146). Die Behörde hat deshalb z.B. ihre örtliche Zuständigkeit zu prüfen (BGE 86 II 139, 144 E. 4; u. N 24). Die Offizialmaxime gilt auch im Massnahmeverfahren, da die in diesem Stadium gewonnenen Erkenntnisse für das weitere Vorgehen und die Entscheidfindung in der Hauptsache herangezogen werden. – Die **Verantwortlichkeit** bei allfälligen Säumnissen richtet sich nach Art. 426 ff. (BK-SCHNYDER/MURER, N 150 f.; BGE 57 II 3). **20**

Zu weiteren Anforderungen, insb. aufgrund der **EMRK,** s. nebst HÄFELI und GUILLOD (Leistungen und Lücken des Rechtsschutzes im Vormundschaftsrecht, ZVW 1991 41 ff., **21** bzw. Les garanties de procédure en droit tutélaire, ZVW 1991 56 ff.) nunmehr auch den Expertenbericht *«Zur Revision des schweizerischen Vormundschaftsrechts»* (Bern 1995, insb. 37 f., 64 ff., 95 ff.). Zentral ist, dass die von der Massnahme betroffene Person in adäquater, ihrer geistigen, gesundheitlichen, ausbildungs- und altersmässigen Verfassung entsprechender Form in das Verfahren einbezogen und ihre Sicht der Verhältnisse gewürdigt wird.

b) Sachliche Zuständigkeit, insb. die ausnahmsweise Präsidialkompetenz

22　　Die **Massnahmezuständigkeit** liegt bei der (erstinstanzlichen) **VormBehörde** und nicht bei der zur abschliessenden Beurteilung der Entmündigung nach dem massgeblichen kant. Recht (Art. 373 Abs. 1) allenfalls zuständigen (Aufsichts-)Behörde, welche ggf. Rechtsmittelinstanz ist (u. N 26; BGE 5P.178/2004, 10.6.2004). Zum Beizug einer Hilfsperson s. N 10. *«Direktes» Handeln der VormBehörde statt Anordnung einer vormundschaftlichen Massnahme bzw. Bestellung eines Vertreters* ist im Übrigen ohnehin immer dann angezeigt, wenn für punktuelle Vorkehren und einfache Konstellationen die *Bestellung eines Beistandes eine unnötige Formalität* wäre (BK-SCHNYDER/MURER, Art. 392 N 36; DIES., Art. 361 N 59 ff.), womit es aber an einem «Hauptverfahren» und damit an einer begleitenden Massnahmezuständigkeit fehlt (vgl. N 3).

23　　Oft werden Anordnungen nach Art. 386 nicht durch die *VormBehörde,* sondern durch das **Präsidialmitglied** der Behörde getroffen. Solches Vorgehen ist *nur ausnahmsweise* zulässig, wenn der Entscheid derart dringlich ist, dass er nicht bis zur nächsten Sitzung des Kollegiums aufgeschoben (bzw. eine solche Sitzung nicht rechtzeitig einberufen) werden kann (vgl. z.B. § 6 Satz 2 VRG-ZH); das *Kriterium zeitlicher Dringlichkeit ist streng zu handhaben.* Die Kollegialbehörde muss anschliessend Gelegenheit erhalten, die vorsorgliche Massnahme des Vorsitzenden in der nächsten Sitzung aufzuheben, abzuändern oder zu ergänzen (vgl. KÖLZ/BOSSHART/RÖHL, Komm. zum VRG, 2. Aufl. Zürich 1999, § 6 VRG N 20 f.), wobei dem Betroffenen auch dieser Bestätigungsentscheid mitzuteilen ist. Der Betroffene hat seinerseits die Möglichkeit, seine Einwendungen gegen einen Präsidialentscheid der Gesamtbehörde vorzutragen, allerdings ohne dass sich bei Stillschweigen die Bestätigung durch die Gesamtbehörde erübrigen würde.

c) Örtliche Zuständigkeit, insb. bei Wohnsitzwechsel und IPR

24　　Zur *örtlichen Zuständigkeit im Allgemeinen* s. Art. 376–378; bei **Wohnsitz-/Aufenthaltswechsel** *während eines hängigen Verfahrens* kann sich eine *kumulative Massnahmezuständigkeit* ergeben (vgl. BGE 86 II 139, 142 ff. E. 3; GEISER et al., 36), da die ursprüngliche Wohnsitzbehörde u.U. die laufend gebotenen Abklärungen nur mehr erschwert wird tätigen können; soweit die Handlungsfähigkeit vorläufig entzogen wurde (Abs. 2) und damit (N 16) auch der Wohnsitz «vorläufig festgelegt» wurde, haben sich die Behörden nach einem faktischen Wohnsitzwechsel über die Zuständigkeit bzw. die Übertragung zu verständigen (vgl. allgemein BK-SCHNYDER/MURER, Art. 377 N 89 ff.; ein konkretes Bsp. bei HEGNAUER, ZVW 2001, 14 f.; BGE 131 I 266, 271), wobei vorab in Betracht fällt, ob mutmasslich am neuen faktischen Wohnsitz grössere Stabilität und Bildung eines Lebensmittelpunkts zu erwarten ist. – **Internationalprivatrechtlich** ergibt sich eine schweizerische *Massnahme*zuständigkeit bei hiesigem Aufenthalt aufgrund von Art. 85 Abs. 3 IPRG. Gleiches ergibt sich aber auch aus Art. 85 Abs. 2 IPRG, welcher für die Personensorge Mündiger auf die Regeln des MSA verweist; dabei kommt der Aufenthaltsbehörde nach Art. 8 MSA bei gewöhnlichem Aufenthalt eine umfassende und nach Art. 9 MSA bei schlichtem Aufenthalt eine Dringlichkeitszuständigkeit zu (BK-

SCHNYDER/MURER, Syst. Teil IPR, N 67 ff.; zu den aus der spezifischen Natur des MSA resultierenden methodologischen Problemen näher IPRG-SCHWANDER, Art. 85 N 69).

d) Unentgeltliche Rechtsvertretung

Aufgrund von BGE 111 Ia 5 besteht – wo die wirtschaftlichen Bedingungen vorliegen – **25** mindestens vor der letzten mit voller Prüfungsbefugnis entscheidenden kant. Instanz ein Anspruch auf Bestellung eines **unentgeltlichen Rechtsvertreters** (ggf. auch eines gewillkürt bestellten Vertreters: o. N 15); im Verfahren vor der *VormBehörde*, welches v.a. die Bereitschaft zum Zusammenwirken von Behörde bzw. vorläufigem Vertreter und Betroffenem stärken müsste, darf eine Vertretung allerdings nicht dazu führen, den unmittelbaren Kontakt der Behörde mit dem Betroffenen zu unterbinden.

2. Rechtsmittel

Auf **kant. Ebene** gelten die Regeln über das vormundschaftliche Beschwerdeverfahren **26** (Art. 420) auch bei Massnahmeentscheiden (ZURBUCHEN, 173; BGE 5P.41/2005, 28.6.2005 E. 4.2.4); ein Präsidialentscheid (N 23) ist von der Kollegialbehörde unabhängig davon zu bestätigen, ob der Betroffene dagegen Einwendungen erhebt. Zur *kant. Ordnung des Aufsichtsverfahrens* s. im Übrigen N 4 f. der Vorbem. zu Art. 420–425, zum *Rechtsmittelverfahren* Art. 420 N 18 ff. (insb. zu Gewährung bzw. Entzug *aufschiebender Wirkung* dort N 20, wobei dieser Aspekt von der Rechtsmittelinstanz ihrerseits unabhängig von gesetzlicher Ordnung oder vorinstanzlichen Anordnungen im Rahmen der Würdigung der konkreten Gegebenheiten – Dringlichkeit, Verhältnismässigkeit und Eignung der getroffenen Anordnungen – zu überprüfen ist: ZURBUCHEN, 173 f.), zur *Legitimation* Art. 420 N 26 ff.

Auf **Bundesebene** steht nunmehr die Beschwerde in Zivilsachen nach Art. 72 ff. BGG **27** zur Verfügung (noch zum alten Verfahrensrecht auf Bundesebene: BGE 80 II 92; 86 II 139, 141 f. E. 1 m.Nw.; allg. zur Prüfung der Eintretensvoraussetzungen BGE 121 I 93, 94 E. 1). Nach BGE 110 II 92 kam der *VormBehörde* bez. ihrer örtlichen Zuständigkeit keine entsprechende Legitimation zu.

3. Abschluss des Massnahmeverfahrens

Die Regeln über das Ende der Bevormundung (Art. 431–440) gelten sinngemäss auch **28** für Anordnungen im Rahmen der vorläufigen Fürsorge. Mit Rechtskraft des Entscheids in der Hauptsache gehen die vorsorglichen Massnahmen entweder *in die definitive Anordnung über oder fallen dahin* (ZURBUCHEN, 95). Wo vorsorgliche Massregeln *veröffentlicht* wurden (N 9, 17), sind diese in gleicher Form zu widerrufen (vgl. Art. 435, 440). Zur Notwendigkeit, einmal anhand genommene Abklärungen förmlich abzuschliessen, s. N 4.

Art. 387

III. Mitteilung und Veröffentlichung	¹ **Dem Gewählten wird unverzüglich seine Ernennung schriftlich mitgeteilt.** ² **Zugleich wird die Wahl im Falle der Auskündung der Bevormundung in einem amtlichen Blatte des Wohnsitzes und der Heimat veröffentlicht.**

III. Communication
et publication

¹ Le tuteur est immédiatement avisé par écrit de sa nomination.

² La nomination du tuteur est publiée, en même temps que l'interdiction, dans une feuille officielle du domicile et du lieu d'origine.

III. Comunicazione
e pubblicazione

¹ La nomina viene tosto comunicata per iscritto al tutore designato.

² Pronunciata l'interdizione, la nomina del tutore è pubblicata con l'interdizione stessa in un foglio officiale del luogo di domicilio e del luogo d'attinenza.

Literatur

Vgl. die Literaturhinweise zu den Vorbem. zu Art. 379–391 sowie zu Art. 373.

1   a) Art. 387 **Abs. 1** *bezweckt,* durch **unverzügliche Mitteilung** an die zum **Vormund** gewählte Person sicherzustellen, dass diese umgehend ihre Pflicht zur *vorläufigen Führung der Vormundschaft* (Art. 389) wahrnehmen kann. Der *Gewählte* versieht das Mandat einstweilen lediglich *provisorisch,* da er seine Wahl noch ablehnen bzw. diese von Dritten noch angefochten werden kann (Art. 388 Abs. 1 und 2). Die Mitteilung löst den Fristlauf zur Ablehnung (Art. 388 Abs. 1) aus (Art. 388–391 N 4 f.). Art. 387 Abs. 1 bezieht sich nicht nur auf den Vormund, sondern auch auf *andere vormundschaftliche Amtsträger,* welche von der Behörde über ihre Aufgabe in Kenntnis zu setzen (und sachgerecht zu instruieren) sind. Die Mitteilung an sich und ihre Form («schriftlich») sind blosse Ordnungsvorschriften.

2   Die *Mitteilung* über die Wahl hat aber *auch an das Mündel* oder (wo sein Geisteszustand es nicht zulässt) an die ihm nahe stehenden Personen zu erfolgen (BK-Schnyder/Murer, N 9; vgl. u. Art. 388–391 N 3, 11).

3   b) Art. 387 **Abs. 2** regelt die **Mitteilungspflicht gegenüber Dritten.** Sowohl die Personalien des Betroffenen wie der gewählten Person sind mitzuteilen (BK-Schnyder/Murer, N 21).

4   Es ist diese Regelung im Zuge der *Anpassung der vormundschaftlichen Mitteilungspflichten* (Neufassung von Art. 375 Abs. 2, Anfügen von Abs. 3 in Art. 397) an die Revision des SchKG von 1994 unberührt geblieben, was allerdings auf ein gesetzgeberisches Versehen zurückzuführen sein dürfte (Art. 375 N 2, 18). Die Mitteilungspflichten gegenüber Dritten sind unter einheitlicher Perspektive zu beurteilen, weshalb dort, wo eine allgemeine Mitteilung (Veröffentlichung im Amtsblatt) oder eine beschränkte nur gegenüber einem bestimmten Adressatenkreis ergeht (namentlich dem Betreibungsamt oder einzelnen Geschäftspartnern, Post, Banken usw.), stets nicht nur die Tatsache der Entmündigung (bzw. einer anderweitigen Beschränkung der Handlungsfähigkeit), sondern auch der Name des Vertreters mitzuteilen ist (N 3). Umgekehrt versteht sich (und ergibt sich aus dem Wortlaut von Abs. 2), dass keine Mitteilung über die Wahl bzw. die gewählte Person zu erfolgen hat, wo die Massnahme an sich nicht veröffentlicht wird. Wie im Einzelfall bez. der Veröffentlichung an sich bzw. des Umfangs vorzugehen ist, beurteilt sich nach den Kriterien der rev. Art. 375 Abs. 2 bzw. Art. 397 Abs. 3.

5   c) Zu den **allgemeinen Rechtsfolgen der Veröffentlichung** (bzw. *unterbliebener* Veröffentlichung) s. Art. 375 N 6 ff., N 15 ff. Indes ist die Frage des Gutglaubensschutzes im Zusammenhang mit der Veröffentlichung der Personalien des Mandatsträgers von geringerer Tragweite, da ein über die *Massnahme* Informierter nicht mehr gutgläubig mit dem Betroffenen verkehren kann, sondern sich an die *VormBehörde* zu wenden hätte (BK-Schnyder/Murer, N 23, 27).

Art. 388

IV. Ablehnung und Anfechtung

1. Geltendmachung

[1] **Der Gewählte kann binnen zehn Tagen nach Mitteilung der Wahl einen Ablehnungsgrund geltend machen.**

[2] **Ausserdem kann jedermann, der ein Interesse hat, die Wahl binnen zehn Tagen, nachdem er von ihr Kenntnis erhalten hat, als gesetzwidrig anfechten.**

[3] **Wird von der Vormundschaftsbehörde die Ablehnung oder Anfechtung als begründet anerkannt, so trifft sie eine neue Wahl, andernfalls unterbreitet sie die Angelegenheit mit ihrem Berichte der Aufsichtsbehörde zur Entscheidung.**

IV. Dispense et opposition

1. Office de l'autorité tutélaire

[1] Le tuteur peut faire valoir ses causes de dispense dans les dix jours à partir de celui où il a été avisé de sa nomination.

[2] Tout intéressé peut former opposition contre une nomination illégale dans les dix jours à partir de celui où il en a eu connaissance.

[3] Si le refus du tuteur ou l'opposition sont admis par l'autorité tutélaire, celle-ci procède à une nouvelle nomination; sinon elle transmet l'affaire, avec son rapport, à l'autorité de surveillance, qui prononcera.

IV. Dispensa e contestazione

1. Procedura

[1] L'eletto ha un termine di dieci giorni, dalla comunicazione della nomina, per far valere i suoi motivi di dispensa.

[2] La nomina può inoltre essere contestata da ciascun interessato per titolo d'illegalità, entro dieci giorni dal momento in cui ne ebbe notizia.

[3] Se l'autorità tutoria riconosce fondato il motivo di dispensa o la contestazione, procede ad una nuova nomina; in caso diverso essa sottopone la cosa, con una propria relazione, alla decisione dell'autorità di vigilanza.

Art. 389

2. Vorläufige Pflicht des Gewählten

Der Gewählte ist trotz der Ablehnung oder Anfechtung bei seiner Verantwortlichkeit verpflichtet, die Vormundschaft zu führen, bis er des Amtes enthoben wird.

2. Gestion provisoire

Le tuteur qui décline sa nomination ou dont la nomination est attaquée est néanmoins tenu de gérer la tutelle jusqu'à ce qu'il ait été relevé de ses fonctions.

2. Obblighi provvisori dell'eletto

Malgrado il titolo di dispensa o la contestazione, l'eletto è tenuto, sotto sua responsabilità, a gerire la tutela fino a che ne sia esonerato.

Art. 390

3. Entscheidung

[1] **Von der Entscheidung macht die Aufsichtsbehörde sowohl dem Gewählten als der Vormundschaftsbehörde Anzeige.**

[2] **Wird der Gewählte entlassen, so trifft die Vormundschaftsbehörde unverweilt eine neue Wahl.**

3. Décision	[1] L'autorité de surveillance communique sa décision à l'élu et à l'autorité tutélaire.
	[2] Celle-ci fait immédiatement une nouvelle nomination, si le tuteur a été relevé de sa charge.
3. Decisione	[1] La decisione dell'autorità di vigilanza è notificata tanto all'autorità tutoria che all'eletto.
	[2] In caso di annullazione della nomina, l'autorità tutoria procede senza indugio ad una nuova nomina.

Art. 391

V. Übergabe des Amtes	**Ist die Wahl endgültig getroffen, so erfolgt die Übergabe des Amtes an den Vormund durch die Vormundschaftsbehörde.**
V. Entrée en fonction	Dès que la nomination est définitive, le tuteur est investi de ses fonctions par les soins de l'autorité tutélaire.
V. Entrata in funzione	Il tutore viene investito delle sue funzioni a cura dell'autorità tutoria, appena diventata definitiva la nomina.

Literatur

Vgl. die Literaturhinweise zu den Vorbem. zu Art. 379–391.

I. Ablehnungs- und Anfechtungsgründe (Art. 388 Abs. 1 und 2)

1   Die **Bedeutung der Ablehnungsgründe** ist gering und konzentriert sich auf *Privatvormunde,* während gegen die zunehmend häufigeren *Amtsvormunde* (TUOR/SCHNYDER/ SCHMID, 392) nur selten taugliche **Anfechtungsgründe** wegen ihrer Person vorliegen, öfter aber doch wegen *Missachtung von Vorrechten* (Art. 380) bzw. *Wünschen* (Art. 381) eine Anfechtung erfolgen dürfte. Zu beachten ist die **Terminologie** des Gesetzes: *Ablehnen* (Abs. 1) kann der Gewählte; wird dieser vom Mündel bzw. dessen Angehörigen «abgelehnt», so ist dies durch *Anfechtung* (Abs. 2) geltend zu machen. – Auch Art. 388 ff. sind kraft den Verweisungen von Art. 367 Abs. 3 bzw. Art. 397 Abs. 1 auf *andere vormundschaftliche Amtsträger* anzuwenden (BK-SCHNYDER/MURER, Art. 388 N 73).

2   Die Wahl **ablehnen** (i.S.v. **Abs. 1**) kann der **Gewählte,** wenn er einen der **Gründe** von Art. 383 namhaft machen kann (vgl. ferner Art. 379 Abs. 3, 382 Abs. 2, 415 Abs. 3). Hat die Behörde die ihr obliegenden Abklärungen nach Art. 379 Abs. 1 getätigt – wozu zweckmässigerweise trotz (bzw. wegen) der Pflicht zur Förderung des Verfahrens (Art. 385 Abs. 1) gehört, sich des Einverständnisses (und damit der Motivation) des in Betracht gezogenen Mandatsträgers zu versichern –, wird der Gewählte kaum einen Ablehnungsgrund geltend machen (können).

3   *«Jedermann, der ein Interesse hat»* (vgl. SCHNYDER, FS Hegnauer, Bern 1986, 457 f.) – namentlich also das Mündel, der (vorläufig) Gewählte (soweit er nicht *Ablehnungs*gründe [N 2] geltend macht) bzw. die (zu Unrecht) Übergangenen sowie nahe stehende Personen, welche Mündelinteressen wahrnehmen – ist zur Geltendmachung von **Anfechtungsgründen** (Art. 388 **Abs. 2**) **legitimiert.** Dritte, welche bloss tatsächliche (und damit i.d.R. *eigene*) Interessen verfolgen, sind lediglich zur *Anzeige* befugt und damit nicht Partei im Verfahren. Für einen *weit gefassten* Kreis der Legitimierten s. namentlich

DISCHLER, Nr. 423–427 (vgl. ferner BK-SCHNYDER/MURER, N 19–25 und u. Art. 420 N 26 ff., sowie zur Rechtsmittellegitimation u. N 11). Eine Anfechtung kann **gestützt** werden auf das Vorliegen eines *Ausschliessungsgrundes* gem. Art. 384 (praktisch am bedeutungsvollsten wohl die mögliche Interessenkollision nach Ziff. 3; weitere Gründe: SCHREINER, FamPra 2002, 527) oder das *Übergehen der Vorrechte oder von Wünschen* (Art. 380 bzw. 381), aber auch allgemein auf *fehlende Eignung* (Art. 379; namentlich dort, wo die Führung der Angelegenheiten des Massnahmebetroffenen Spezialkenntnisse z.B. sprachlicher, fachlicher oder persönlicher Art erfordert).

II. Das Vorgehen bei Ablehnung bzw. Anfechtung (Art. 388, Art. 389)

1. Geltendmachung des Mangels (Art. 388 Abs. 1 und 2)

Die Ablehnung bzw. Anfechtung *gegenüber der Wahlbehörde* ist **fristgebunden** und binnen *zehn Tagen* nach Mitteilung bzw. Kenntnis der Wahl gegenüber der Wahlbehörde geltend zu machen; es bedarf dies **keiner besonderen Form** und es hat die Behörde auch auf mündliche Einwendungen des Massnahmebetroffenen einzugehen (BK-SCHNYDER/MURER, Art. 388 N 44); es bildet dies Teil des Zusammenwirkens zwischen Behörde und Schutzbedürftigem bzw. dessen Umfeld, weshalb jedes nachvollziehbare Anliegen nach dem Untersuchungsgrundsatz (Offizialmaxime) zu prüfen ist. Sind die Einwendungen zu Unrecht bei der *Aufsichtsbehörde* erhoben worden, hat diese die Sache zunächst an die Wahlbehörde zu weiterem Vorgehen i.S.v. Art. 388 Abs. 3 (u. N 6 f.) zu überweisen (vgl. BGE 101 Ia 323 f.).   **4**

Bezüglich der **Wahrung der Frist** ist die Beurteilung unproblematisch, wo die Wahlbehörde nicht nur nach Art. 387 Abs. 2 die Wahl öffentlich kundgetan, sondern den *Beteiligten* (nämlich den zur Ablehnung bzw. Anfechtung Legitimierten: o. N 3) unter zutreffender *Rechtsmittelbelehrung* von der Wahl und der Person des Gewählten durch *Zustellung ihres entsprechenden Entscheids* (bzw. des Protokollauszugs o.Ä.) Kenntnis gegeben hat (dies allerdings der einzige unproblematische Tatbestand: BK-SCHNYDER/MURER, Art. 388 N 29); mit DISCHLER (Nr. 418, m.Nw. zur Kontroverse in FN 24) ist zwar davon auszugehen, dass die Frist ab Kenntnis der Wahl und nicht ab Kenntnis der Anfechtungsgründe zu laufen beginnt; solange die definitive Bestätigung der Wahl (durch die nach kant. Recht dazu zuständige Stelle) noch nicht erfolgt ist, scheint es indes sinnvoll, nachträglich aufgetauchte und binnen zehn Tagen seit Kenntnis bei der Wahlbehörde vorgebrachte Anfechtungs- (bzw. atypisch Ablehnungs-)Gründe noch (vor definitiver Bestätigung) zu behandeln (BK-SCHNYDER/MURER, N 40), da die einstweilige Führung des Mandats gewährleistet (Art. 389, u. N 12 f.) und eine nachträgliche Entlassung und Neubesetzung zweckmässigerweise zu vermeiden ist. Endlich scheint eine Wiederherstellung der Frist nach den Regeln von Art. 50 BGG nicht ausgeschlossen. – Ist der *Entscheid nicht* i.S. der obigen Ausführungen unter Rechtsmittelbelehrung *korrekt mitgeteilt* worden, so kommt es auf die tatsächliche Kenntnis bzw. das Kennen-Müssen der Betroffenen an (ausgehend von deren Möglichkeiten, welche beim zu Unrecht nur mündlich informierten Mandatsinhaber besser sind als beim Mündel: zu den diesbez. Mitteilungspflichten Art. 387 N 1 f.); es hat dies ebenfalls zur Folge, dass bei mangelhafter Mitteilung (wo diese z.B. zu Unrecht nur durch Publikation und nicht durch persönliche Mitteilung, oder wo sie ohne Rechtsmittelbelehrung erging: vgl. BK-SCHNYDER/MURER, Art. 373 N 150–155) *vor der endgültigen Wahl* jedenfalls noch auf eine Anfechtung einzutreten bzw. Wiederherstellung zu gewähren ist; *nach* der endgültigen Wahl wäre (wo den Anliegen des Anfechtenden zu entsprechen ist) durch einvernehmliche Aufhebung des schon begründeten Mandats bzw. durch Entlassung des Gewählten   **5** (vgl. analog Art. 443) die Neubesetzung zu ermöglichen (vgl. BK-SCHNYDER/MURER, Art. 388 N 33–41). – Zu den *Gründen,* welche die Wahlbehörde zu einer Neubeurteilung bewegen können, vgl. nachfolgend N 6.

2. Die Wiedererwägung durch die Wahlbehörde (Art. 388 Abs. 3)

6 Die Rechtsvorkehr (Ablehnung bzw. Anfechtung) führt zu einer **Wiedererwägung** des Wahlentscheides (BK-SCHNYDER/MURER, Art. 388 N 43, sprechen – allerdings in bewusster Abgrenzung zu Art. 420 – von einem «Beschwerdeverfahren») unter Einbezug der neu vorgebrachten Aspekte, *ohne* dass diese im Wege der *Beschwerde* (Art. 420) geltend gemacht werden müssten. Die Vormundschafts- als erstinstanzliche Wahlbehörde hat sich damit ein *zweites Mal* – und da es um die Eignung zur Übernahme des Mandats geht, *mit gleicher Kognition* – über die Person des Mandatsträgers auszusprechen. Sie hat sich dabei mit den geltend gemachten Einwänden auseinander zu setzen; in Betracht kommt namentlich (vgl. auch N 3), es habe die Behörde beim ursprünglichen Entscheid zu Unrecht den Massnahmebetroffenen bzw. die ihm nahe stehenden Personen, ggf. (z.B. bez. möglicher Interessenkonflikte) auch den beabsichtigten Mandatsträger *nicht angehört* bzw. habe dessen *Eignung* nur unzulänglich geprüft oder das *Ermessen nicht pflichtgemäss* wahrgenommen (BK-SCHNYDER/MURER, Art. 388 N 45–59); die Ermessensbetätigung dürfte namentlich dort umfassend zu überprüfen sein, wo Vorrechte bzw. Wünsche nach Art. 380 f. hätten berücksichtigt werden sollen.

7 Die Behörde hat sich ein **zweites Mal förmlich über die Wahl auszusprechen** und dabei entweder eine *neue Wahl* zu treffen und mitzuteilen (womit erneut Ablehnungs- oder Anfechtungsgründe namhaft gemacht werden können), oder aber ihren (begründeten) *ablehnenden Entscheid* (Muster bei GEISER et al., 29 f.) von sich aus (ohne dass eine Beschwerde zu erheben wäre) der *Aufsichtsbehörde* (nach Art. 420) zu *unterbreiten* (Wortlaut von Art. 388 Abs. 3; BK-SCHNYDER/MURER, Art. 388 N 60; GEISER et al., 31; u. N 8).

3. Entscheidung der Aufsichtsbehörde (Art. 388 Abs. 3, Art. 390)

8 Gelangt nach ablehnendem (Wiedererwägungs-)Entscheid der Wahlbehörde (auf Ablehnung oder Anfechtung hin) das Dossier durch *ex lege*-**Weiterzug** zum Entscheid **an die Aufsichtsbehörde** (Art. 388 Abs. 3), so hat sich diese ihrerseits mit den vorgebrachten Einwendungen und den erstinstanzlichen Erwägungen auseinander zu setzen. Da der *Weiterzug ex lege* erfolgt, ist dem Ablehnenden oder Anfechtenden zweckmässigerweise Gelegenheit einzuräumen, um zum für ihn negativen Entscheid der Wahlbehörde Stellung zu nehmen; unabhängig von einer solchen Stellungnahme hat sich aber die Aufsichtsbehörde aufgrund des auch für sie geltenden *Untersuchungsgrundsatzes* (Offizialmaxime) mit den Standpunkten der Beteiligten auseinander zu setzen (ZVW 1997, 24).

9 Bezüglich des **Entscheids der Aufsichtsbehörde** ist zu unterscheiden: Gelangt die Aufsichtsbehörde zur Auffassung, die *Ablehnung oder Anfechtung sei zu Recht erfolgt,* hat nicht sie die neue Wahl zu treffen, sondern es ist der seinerzeitige Wahlentscheid lediglich zu «kassieren» und die *VormBehörde* als *Wahl*behörde anzuweisen, erneut – und i.S. der erhobenen Einwendungen bzw. der gestützt darauf ergangenen aufsichtsbehördlichen Erwägungen – einen *neuen Mandatsträger* zu bestellen (BK-SCHNYDER/MURER, Art. 388 N 60 f.). Erachtet die Aufsichtsbehörde den von der *Wahlbehörde getroffenen Entscheid als zutreffend,* so ist dieser bzw. die Wahl zu bestätigen (BK-SCHNYDER/MURER, Art. 388 N 62), welche so mit Eintritt der Rechtskraft «endgültig» i.S.v. Art. 391 (u. N 14) wird.

Wie bzw. durch welche Behörde bzw. binnen welcher (Rechtsmittel-)Frist nach Ab- **10** schluss des Ablehnungs-/Anfechtungsverfahrens vor Aufsichtsbehörde die **definitive Wahl** erfolgt, bestimmt das kant. Recht (Art. 373). – Zur eigentlichen «Amtseinsetzung» (Art. 391) s.u. N 14.

4. Rechtsmittel

Während der aufsichtsbehördliche Entscheid nach Art. 388 Abs. 3/Art. 390 im Ergebnis **11** (wenn auch bez. eines anderen Themas) einem Beschwerdeentscheid nach Art. 420 Abs. 2 gleichsteht (BK-Schnyder/Murer, Art. 388 N 43, 63; vgl. Dischler, Nr. 422, und Schwarz [zit. Vorbem. zu Art. 420–425], 54) und damit von der **kant. Regelung** abhängt, ob gegen den aufsichtsbehördlichen Entscheid seinerseits noch ein **kant.** Rechtsmittel möglich ist, kann der *letztinstanzliche kant.* Entscheid über die Wahl bzw. die Person des Vormundes (bzw. eines in analoger Anwendung bestellten sonstigen vormundschaftlichen Mandatsträgers) beim **BGer** durch eine Beschwerde in Zivilsachen (Art. 72 Abs. 2 lit. b Ziff. 6 BGG i.V.m. Art. 91 ff. und 98 BGG) angefochten werden, wenn dieser Massnahmeentscheid einen nicht wieder gutzumachenden Nachteil bewirkt (s. noch zum früheren Recht des OG BK-Schnyder/Murer, Art. 388 N 64 ff.; BGE 107 Ia 343; 107 II 504; o. Art. 386 N 27). *Legitimiert* ist, wer durch den Entscheid in seinen rechtlich geschützten Interessen verletzt ist. Ob eine solche Verletzung vorliegt, beurteilt sich anhand der konkreten Gegebenheiten, weshalb z.B. die Eltern eines Mündels nicht generell, wohl aber bez. Missachtung ihres aus Art. 381 fliessenden Rechts, Wünsche anzubringen, beschwert sind, ohne dann aber nach der eher restriktiven bundesgerichtlichen Praxis die Beweiswürdigung rügen zu können (BGE 107 Ia 343, 345 f. E. 3; 117 Ia 506 f.); da die Person des Gewählten und die Vorrechte bzw. Wünsche nach Art. 380 und 381 sowohl das Mündel wie die ihm nahe stehenden Personen auch in *deren Persönlichkeit* betreffen (mit Blick auf Art. 380 f. namentlich die Eltern oder der Ehegatte, mit Blick darauf, dass nach Art. 397d Abs. 1 nebst der betroffenen *jegliche nahe stehende* Person zur Anrufung des Richters gegen freiheitsbeschränkende Massnahmen legitimiert ist, auch solche), wäre die Legitimation richtigerweise aber nicht unter zu engem Blickwinkel zu beurteilen und auf in der Sache nachvollziehbare Einwendungen der Betroffenen einzugehen (vgl. BK-Schnyder/Murer, Art. 388 N 70; Tuor/Schnyder/Schmid, 393 Anm. 13; **a.M.** BGE 117 Ia 506, 507).

5. Massregeln während des Verfahrens (Art. 389)

Der **Gewählte** hat **sofort** – ab dem Zeitpunkt bzw. der Kenntnis seiner Wahl (Art. 387 **12** Abs. 1) – **seine Aufgaben zu versehen,** sofern er nicht ohnehin schon im Rahmen der vorläufigen Fürsorge (als Hilfsperson der Behörde) oder als vorläufiger Vormund oder Beistand (Art. 386 Abs. 1 bzw. Abs. 2, dort N 10 bzw. N 15) mit dem Mandat betraut war. Dass die definitive Bestätigung der Wahl (durch die nach *kant.* Recht dafür ggf. zuständige Oberbehörde) oder wegen Anfechtung oder Ablehnung der Wahl noch aussteht, darf nicht zu tatenlosem Zusehen führen, wo angesichts einer vormundschaftlichen Anordnung die Massnahmebedürftigkeit feststeht.

Immerhin dürfte sich der *Gewählte* während dieser Phase des Handelns im Rahmen einer **13** von Gesetzes wegen *«entzogenen aufschiebenden Wirkung»* (dies der praktische Effekt von Art. 389) einer **gewissen Zurückhaltung** befleissigen (BK-Schnyder/Murer, Art. 389–391 N 12; Stöckli-Bitterli [zit. zu Art. 398 ff.], 13 f.), wo z.B. eine Interessenkollision namhaft gemacht wird und kritische Geschäfte einen gewissen Aufschub dulden. Auch wird sich für die *Behörde* die Frage stellen, ob (namentlich bei Ablehnung der Wahl durch den Gewählten, aber auch bei sonst wie «schwierigen» Verhältnissen) der

Gewählte nicht von seiner Verantwortlichkeit (Art. 389, i.V.m. Art. 426) und einem möglicherweise für alle Beteiligten unerspriesslichen Mandat befreit und durch Fortführung der bzw. durch neue Anordnungen im Rahmen vorläufiger Fürsorge (Art. 386 Abs. 1 oder Abs. 2) eine dem Wohl des Massnahmebetroffenen besser dienliche Lösung getroffen werden kann (man kann aber ggf. selbstverständlich gleichermassen davon ausgehen, es biete auch Art. 389 die Möglichkeit einer gewissen «Gewöhnungs-» oder «Anpassungsfrist»: vgl. Art. 386 N 10). Da die Behörde (zwar im Rahmen von Art. 386, aber als Grundsatz weiterwirkend) «von sich aus die erforderlichen Massregeln» zu treffen hat, kann sie allerdings (bei Gefahr eigener Sorge: Art. 426) kaum tatenlos darüber hinwegsehen, wenn die fehlende Eignung oder ein Interessenkonflikt triftig begründet (und damit ein möglicher Tatbestand von Art. 392 wohl glaubhaft gemacht) ist.

III. Definitive Amtsübergabe (Art. 391)

14   Mit der **definitiven Amtsübergabe** geht die *ausschliessliche Mandatsführungsverantwortung* (soweit das Gesetz nicht die Mitwirkung bzw. die Aufsicht der *VormBehörde* statuiert: Art. 420 ff.) auf den Mandatsinhaber über. Es treffen ihn die Pflichten von Art. 398 ff., soweit entsprechende Vorkehren nicht bereits im Rahmen der vorläufigen Mandatsführung nach Art. 389 vorzunehmen waren. Anordnungen im Rahmen der vorläufigen Fürsorge (mit gewissen Einschränkungen bez. ggf. «sensibler» Geschäfte) gehen in solche der definitiven über (Art. 386 N 28; o. N 13) bzw. sind durch den Mandatsinhaber entsprechend anzupassen (BK-SCHNYDER/MURER, Art. 389–391 N 27). Ab definitivem Abschluss des Wahlprozederes ist eine Aufhebung der Mandatierung nur noch nach den Regeln von Art. 431 ff. möglich. – Die *definitive Amtsübergabe ist nicht blosser Formalakt* (gewisse Komponenten in diese Richtung enthält z.T. das *kant. Recht*), *sondern (nebst Art. 387) in erster Linie Gelegenheit zur notwendigen Kontaktaufnahme der VormBehörde mit dem Mandatsinhaber:* Namentlich ein Privatvormund kann in diesem Rahmen dokumentiert und **instruiert** werden (was im Übrigen Voraussetzung ist, damit die Behörde ihrerseits entlastet wird: vgl. sinngemäss Art. 399 Abs. 2 OR).

Fünfter Abschnitt: Die Beistandschaft

Art. 392

A. Fälle der
Beistandschaft

I. Vertretung

Auf Ansuchen eines Beteiligten oder von Amtes wegen ernennt die Vormundschaftsbehörde einen Beistand da, wo das Gesetz es besonders vorsieht, sowie in folgenden Fällen:

1. wenn eine mündige Person in einer dringenden Angelegenheit infolge von Krankheit, Abwesenheit od. dgl. weder selbst zu handeln, noch einen Vertreter zu bezeichnen vermag;

2. wenn der gesetzliche Vertreter einer unmündigen oder entmündigten Person in einer Angelegenheit Interessen hat, die denen des Vertretenen widersprechen;

3. wenn der gesetzliche Vertreter an der Vertretung verhindert ist.

A. Causes de la
curatelle

L'autorité tutélaire institue une curatelle soit à la requête d'un intéressé, soit d'office, dans les cas prévus par la loi et, en outre:

I. Représentation	1. lorsqu'un majeur ne peut, pour cause de maladie, d'absence ou d'autres causes semblables, agir dans une affaire urgente, ni désigner lui-même un représentant;
	2. lorsque les intérêts du mineur ou de l'interdit sont en opposition avec ceux du représentant légal;
	3. lorsque le représentant légal est empêché.
A. Casi	L'autorità tutoria, ad istanza di un interessato o d'officio, nomina un curatore nei casi specialmente previsti dalla legge ed inoltre:
I. Rappresentanza personale	1. quando un maggiorenne, per malattia, assenza od altro simile impedimento, non sia in grado di agire esso medesimo o di scegliersi un rappresentante per provvedere a qualche caso urgente;
	2. quando in un determinato affare il rappresentante ordinario di un minorenne o di un interdetto abbia interessi propri in collisione con quelli della persona rappresentata;
	3. quando il rappresentante legale sia impedito di agire.

Literatur

BONNARD, Les autorités de tutelle et la loi fédérale du 12 juin 1951 sur le maintien de la propriété foncière rurale, ZVW 1953, 89 ff.; GEISER/LANGENEGGER/MINGER/MOSIMANN/NICOD, Mustersammlung Erwachsenenvormundschaftsrecht, Basel 1996; SCHUMACHER-BAUER, Beistandschaft in der AG, Diss. Zürich 1981; SCHWAGER, Die Vertretungsbeistandschaft bei Interessenkollision gem. Art. 392 Ziff. 2 ZGB, ZBJV 1983, 93 ff.; vgl. die Literaturhinweise zu den Vorbem. zu Art. 360–456 und zu Art. 369.

I. Systematischer Überblick über die Beistandschaften

1. Begriff und gesetzliche Regelung

Der 5. Abschnitt des 10. Titels des Gesetzes trägt die Überschrift «Die Beistandschaft»; **1** der Unterabschnitt A handelt von den «Fällen der Beistandschaft». In diesen Überschriften wird der Begriff der Beistandschaft in einem weiteren Sinn verwendet, d.h. er erfasst auch die Beiratschaft gem. Art. 395, welche sich von den übrigen Beistandschaften als ein *Institut sui generis* (BK-SCHNYDER/MURER, Art. 395 N 9) deutlich abhebt. Als **Beistandschaften i.e.S.** (ohne Beiratschaften) sind die Vertretungsbeistandschaft (Art. 392), die Verwaltungsbeistandschaft (Art. 393) und die Beistandschaft auf eigenes Begehren (Art. 394) **innerhalb des Vormundschaftsrechtes i.e.S.** (s. Vorbem. zu Art. 360 ff. N 1) geregelt. Ausserhalb desselben sind Beistandschaften vorgesehen in Art. 308 f., Art. 325, Art. 762 und Art. 823. Als Rechtsfolge vielfältiger Schwächezustände und Instrument zur Abdeckung unterschiedlichster Vertretungs- und Fürsorgebedürfnisse tritt die Beistandschaft in der Realität äusserst uneinheitlich in Erscheinung; sie ist eine *«institution multiforme»* (DESCHENAUX/STEINAUER, Personnes, N 1090, s.a. N 849); der globale Begriff «Beistandschaft» stellt nicht mehr als einen im Einzelfall auslegungsbedürftigen **Sammelbegriff** dar (BK-SCHNYDER/MURER, Vorbem. Art. 392–397 N 13).

Das Institut der Beistandschaft erfährt seine **gesetzliche Regelung** im Übrigen weitge- **2** hend «indirekt», **mittelbar** (BK-SCHNYDER/MURER, Vorbem. Art. 392–397 N 15), indem Art. 367 Abs. 3 als **Verweisungsnorm** generell die Bestimmungen über den Vormund als anwendbar für den Beistand erklärt, soweit für diesen keine besondern Vorschriften aufgestellt sind (s.o. Art. 367 N 5 und 7). In der Praxis führt die «lediglich mittelbare» Regelung der Beistandschaft mittels Verweisungsnormen (nebst derjenigen von Art. 367 Abs. 3 ist für das Verbeiständungsverfahren die Verweisungsnorm von Art. 397 Abs. 1 zu beachten) kaum je zu nennenswerten Problemen, was eine Kritik an der gesetzlichen

Regelung, so etwa die der allzu summarischen Verweisung auf die Bestimmungen über die Vormundschaft (ZK-EGGER, N 2) oder die der Unübersichtlichkeit und mangelnden Präzision (BK-SCHNYDER/MURER, Vorbem. Art. 392–397 N 5) nicht grundsätzlich falsch erscheinen lässt, aber doch relativiert (s.a. BK-SCHNYDER/MURER, Vorbem. zu Art. 392–397 N 16).

2. Allgemeine Voraussetzungen und Wirkungen der Beistandschaften i.e.S. des Vormundschaftsrechtes

3   Allgemein zum System der Betreuung und Vertretung erwachsener Personen mittels amtsgebundener vormundschaftlicher Massnahmen und zu den allgemeinen Voraussetzungen für die Anordnung einer vormundschaftlichen Massnahme, vgl. o. Art. 369 N 1–14; zur Wahl der geeigneten Massnahme und zur Stellung der Massnahme in der Stufenfolge, vgl. o. Art. 369 N 15–19.

4   Gemäss Art. 417 Abs. 1 hat die Beistandschaft (i.e.S., o. N 1) **keinen Einfluss auf die Handlungsfähigkeit** der verbeiständeten Person. Die Beistandschaft ist deshalb **nicht die geeignete Massnahme, eine Person von der selbstschädigenden Ausübung ihrer eigenen Handlungsfähigkeit abzuhalten.** Die Beistandschaft kommt als Massnahme in Frage, wenn die betroffene Person aller Voraussicht nach bereit sein wird, den Beistand zu ihrem eigenen Wohle gewähren zu lassen bzw. ihre Handlungsfähigkeit nicht zum eigenen Schaden zu benutzen (BK-SCHNYDER/MURER, Art. 392–397 N 22; GEISER et al., 70; BGer II.Z. v. 22.6.2001, E. 3b, 5C.102/2001; BGer II.Z.v. 6.3.2003, E. 4.1, 5C.262/2002).

5   Voraussetzung für die Anordnung einer Beistandschaft ist sodann das Unvermögen der betroffenen Person, in einer oder mehreren Angelegenheiten selber in zweckmässiger Weise zu handeln, d.h. in einer Art und Weise, die geeignet ist, die eigenen Interessen gehörig wahrzunehmen. Das **Unvermögen, zweckmässig zu handeln** muss gegeben sein bei der Person, in deren Interesse die Beistandschaft errichtet wird. Hat diese Person bereits einen Vertreter, der normalerweise für sie handelt, muss das Unvermögen zu handeln zusätzlich bei diesem Vertreter gegeben sein, damit eine Beistandschaft indiziert ist. Dieses Unvermögen, zweckmässig zu handeln stellt die **besondere Schutzbedürftigkeit (soziale Voraussetzung)** dar (s. dazu o. Art. 369 N 4 f.), welche die Beistandschaft rechtfertigt.

6   Das Unvermögen, zweckmässig zu handeln und damit die **Voraussetzung** für die Beistandschaft ist nur dann gegeben, wenn durch die betroffene Person, die sich unmittelbar selber nicht oder nicht gehörig um die Wahrung ihrer Interessen kümmern kann, **kein gewillkürter Vertreter** i.S.v. Art. 32 ff. OR mit der Interessenwahrung beauftragt werden kann (BK-SCHNYDER/MURER, N 47 und Art. 394 N 25; DESCHENAUX/STEINAUER, Personnes, N 1100). Diesem Sachverhalt ist das Unvermögen, die Handlungen eines Vertreters zu kontrollieren, gleichzusetzen (BGE 46 II 355; BK-SCHNYDER/MURER, N 48; DESCHENAUX/STEINAUER, Personnes, a.a.O.). Die Fähigkeit, die Tätigkeit eines Vertreters zu überwachen, ist nicht leichthin zu verneinen (GEISER et al., 70); an die Fähigkeit zur Überwachung dürfen keine allzu hohen Anforderungen gestellt werden (ZVW 1986, 38 ff., RegRat SG); es genügt, wenn die betroffene Person die Vertrauenswürdigkeit und die Fähigkeiten des Vertreters zur Erledigung der vorgesehenen oder zu erwartenden Angelegenheiten zu beurteilen, die Aktivitäten des Vertreters insgesamt zu überblicken und mit den eigenen Interessen in Beziehung zu setzen vermag (s.a. BK-SCHNYDER/MURER, Art. 372 N 84 m.Hw. u.a. auf BGE 58 II 16 und BGE 51 II 106); es genügt, wenn der Vollmachtgeber in der Lage ist, die grundsätzliche Eignung und die Vertrauenswürdigkeit des Vertreters zu erkennen und zu erfassen, ob der Vertreter allgemein die Interessen des Vollmachtgebers verfolgt (ZVW 1986, 38 ff., RegRat SG).

Das Gesetz zählt die Gründe (Schwächezustände, **Verbeiständungsgründe;** s. dazu   7
Art. 369, N 1 ff.), die zu einer eine Beistandschaft rechtfertigenden besondern Schutzbedürftigkeit (o. N 5) führen können, nicht abschliessend auf. Nebst den ausdrücklich genannten Gründen der Krankheit, Abwesenheit, Interessenkollision in Art. 392, dem indirekten Verweis in Art. 393 Ziff. 2 auf die Entmündigungsgründe und dem Verweis in Art. 394 auf die Entmündigungsgründe gem. Art. 372 scheinen dem Gesetzeswortlaut nach sämtliche weiteren Gründe, die eben die besondere Schutzbedürftigkeit hervorrufen, als Verbeiständungsgründe zugelassen zu sein. Darauf weisen in Art. 392 Ziff. 1 der Ausdruck «und dergleichen» und in Art. 393 Ingress die Einleitung der folgenden (beispielhaften) Aufzählung von Verbeiständungsfällen mit dem Ausdruck «namentlich» hin. Auch der im Gesetz für die Verbeiständung von Körperschaften und Stiftungen angeführte Verbeiständungsgrund («solange die erforderlichen Organe mangeln») ist nicht abschliessend der einzige (BGE 126 III 499, E. 3; BGer II.Z. v. 10.7.2001, E. 3b, 5A.4/ 2001; BGer 15.3.2005, E. 2.1, 5C.255/2004). Da die Beistandschaft weniger stark in die persönliche Freiheit der betroffenen Person eingreift als die Vormundschaft und die Beiratschaft, ist gegen eine breite Zulassung von Verbeiständungsgründen grundsätzlich nichts einzuwenden. Immerhin tangiert die Beistandschaft die Handlungsfreiheit (u. N 15). Deshalb ist, wenn nicht ein besonderer Verbeiständungsgrund wie Abwesenheit oder Interessenkollision in Betracht kommt, für die Anordnung einer Beistandschaft das Vorliegen eines Grundes zu verlangen, der ähnlich wie ein Entmündigungsgrund, die besondere Schutzbedürftigkeit als Folge einer psychischen Störung, einer Suchterkrankung oder einer charakterlich bedingten Schwäche erscheinen lässt. Dies bedeutet, dass die VormBehörde auch im Verbeiständungsverfahren in den meisten Fällen einen ärztlichen Bericht zwecks ausreichend fundierter Begründung der Massnahmenotwendigkeit wird beiziehen müssen. Blosse Bequemlichkeit etwa oder Unerfahrenheit, oder auch die von verbreiteten Anschauungen und Wertvorstellungen abweichende Setzung von Prioritäten für die eigene Lebensgestaltung allein, sind keine ausreichenden Verbeiständungsgründe (vgl. BK-Schnyder/Murer, Art. 393 N 43).

Liegt besondere Schutzbedürftigkeit vor, welche durch einen Verbeiständungsgrund her   8
vorgerufen ist, kommt eine Beistandschaft als geeignete **Massnahme auch ohne Einverständnis der mit Schwächezustand behafteten Person** in Betracht. Sie kann auch angeordnet werden, wenn sich diese Person (vordergründig) gegen die Massnahme ausspricht, aber zu erwarten ist, dass sie sich schliesslich mit der Vertretung durch den Beistand abfinden und mit diesem, soweit erforderlich, kooperieren wird, diesen zu ihrem eigenen Wohl wird gewähren lassen (vgl. dazu BGE 111 II 13; BGer II.Z.v. 6.3.2003, E. 4.1, 5C.262/2002; ZVW 1986, 34 ff.: Fall einer bedürftigen Person, die sich beharrlich weigert, einen ihren persönlichen und wirtschaftlichen Interessen entsprechenden Entscheid zu treffen). Bei ernsthaftem Widerstand der betroffenen Person gegen die Beistandschaft ist eine solche nicht anzuordnen (s.a. o. N 4) oder eine bereits angeordnete aufzuheben und nötigenfalls durch eine andere Massnahme (Beiratschaft, Vormundschaft) zu ersetzen. Als ernsthafter Widerstand wird i.d.R. die begründete Beschwerde gegen die Anordnung der Beistandschaft bei der Rechtsmittelinstanz anzusehen sein, allerdings darf u.U. auch eine Änderung der Einstellung während des Rechtsmittelverfahrens erwartet werden, so dass die Beistandschaft letztlich doch die verhältnismässige Massnahme darstellt (so im Fall v. BGer 21.3.2002, E. 2 e, 5C.282/ 2001). Als ernsthafter Widerstand ist ferner das ständige Durchkreuzen der Handlungen des Beistandes durch die verbeiständete Person während der Führung der Massnahme anzusehen.

9 Die verbeiständete Person muss sich die Handlungen des Beistandes anrechnen lassen; insofern ist die **Handlungsfreiheit** (s.a. Einl. vor Art. 360 ff. N 9) der verbeiständeten Person **eingeschränkt** (faktischer Eingriff in die Handlungsfähigkeit, vgl. BK-SCHNYDER/ MURER, N 20). Der Beistand handelt kraft Gesetzes und behördlichen Auftrags, nicht als gewillkürter Stellvertreter, und kann im Rahmen seiner beistandschaftlichen Funktionen auch unabhängig von allfälligen Willensäusserungen der verbeiständeten Person für diese handeln. Insbesondere kann die verbeiständete Person ihrem Beistand die Vertretungs- macht weder allgemein noch für eine einzelne bestimmte Angelegenheit entziehen; die Vertretungsmacht leitet sich aus dem Gesetz ab und ist nicht vom Willen des Vertretenen abhängig (BGer (EVG) 11.7.2001, E. 1a), P.48/1999 m.Hw. auf BK-SCHNYDER/MURER, Art. 392 N 16 u. 18). Der Beistand hat sich immerhin an den wohlverstandenen Interes- sen der verbeiständeten Person zu orientieren, wozu auch gehört, deren allfälligen Mei- nungsäusserungen im Rahmen der Möglichkeiten zu respektieren.

10 Der Beistand kann die verbeiständete Person **nicht in absolut höchstpersönlichen An- gelegenheiten** vertreten (Art. 19; o. Art. 367 N 3). Die im Rahmen der Vertretung durch den Vormund verbotenen Geschäfte (Art. 408) können auch nicht Gegenstand einer Vertretung oder Vermögensverwaltung durch einen Beistand sein (s.a. BK-SCHNYDER/ MURER, N 65).

11 Dem Beistand können auch Aufgaben im Bereich der **persönlichen Fürsorge** übertragen werden. Dies gilt insb. für den Vertretungsbeistand nach Art. 392 (BK-SCHNYDER/ MURER, N 61), in beschränktem Ausmass auch für den Vermögensverwaltungsbeistand nach Art. 393 Ziff. 2 (BK-SCHNYDER/MURER, Art. 393 N 12), weil Personen- und Ver- mögenssorge oft nicht scharf zu trennen sind (o. Art. 369 N 13), in besonderem Mass für den Beistand bei der kombinierten Beistandschaft nach Art. 392 Ziff. 1 und Art. 393 Ziff. 2 (u. N 13) und von Gesetzes wegen für den Beistand nach Art. 394.

12 Eine Beistandschaft ist stets nur indiziert, wenn konkreter **Handlungsbedarf** vorliegt, d.h. entweder mindestens eine (dringende) Angelegenheit (inkl. Angelegenheiten aus dem Bereich der Personensorge) zu erledigen ist und/oder Vermögensverwaltungshand- lungen anstehen.

Während Massnahmen, die die Handlungsfähigkeit beschränken (insb. die Mitwirkungs- beiratschaft), in gewissen Fällen vor allem aus präventiven Gründen getroffen werden, d.h. zur Verhinderung von möglichen künftigen Handlungen, mit denen sich die betroffe- ne Person selber schädigen würde, können solche Überlegungen für den Entscheid auf Errichtung einer Beistandschaft nicht relevant sein. Dies bedeutet aber immerhin nicht, dass eine Beistandschaft erst anzuordnen ist, wenn das Unvermögen der betroffenen Per- son bereits zu Missständen geführt hat.

13 Die Beistandschaften nach **Art. 392 Ziff. 1 und Art. 393 Ziff. 2** lassen sich **kombinie- ren** (RIEMER, ZVW 1982, 123 ff.; BK-SCHNYDER/MURER, Art. 393 N 46), wodurch – bei entsprechender Umschreibung der Aufgaben des Beistandes – **umfassende Personen- und Vermögenssorge auf Dauer** ermöglicht wird. Die Kombination ist oft angezeigt bei der sog. Altersbeistandschaft. (GEISER et al., 71), oder überhaupt für psychisch behinder- te Personen, die breite Betreuungs- und Vertretungsbedürfnisse haben, diese jedoch we- gen fehlender Urteilsfähigkeit nicht in Form eines eigenen Begehrens auszudrücken vermögen. Die Anwendung der Beistandschaft als Massnahme zur umfassenden Perso- nen- und Vermögenssorge auf Dauer steht in einem gewissen Widerspruch zu der v.a. in der Lehre vertretenen Ansicht, wonach mit einer Beistandschaft stets nur *Teilfürsorge* und nicht *Gesamtfürsorge* wie mit der Vormundschaft erbracht werden kann (dazu BK- SCHNYDER/MURER, N 12). In der Praxis bleibt der Aspekt der auf Teilfürsorge be-

schränkten Wirkungen der Beistandschaft infolge faktischer Handlungsunfähigkeit verbeiständeter Personen häufig ohne Bedeutung.

Als Alternative zur Errichtung einer Beistandschaft bietet sich in gewissen Situationen **14**
das **eigene Handeln der VormBehörde** an (vgl. BGE 69 I 221; 86 II 211; 107 II 105). In
Art. 393 Ingress ist dies mit der Wendung «… das Erforderliche anzuordnen» ausdrücklich vorgesehen. Aber auch in den Fällen von Art. 392 Ziff. 1–3 kann bei Vorliegen eines
besondern Grundes durch eigenes Handeln der VormBehörde (bei Befangenheit derselben evtl. der Aufsichtsbehörde) die Errichtung einer Beistandschaft vermieden werden
(s.a. BGer II.Z.v. 9.7.2001, E. 3, 5C.98/2001). Dies ergibt sich schon aus Art. 418. Wenn
die VormBehörde gestützt auf diese Bestimmung bez. Erledigung einer Angelegenheit
dem Beistand Anweisungen erteilen kann, die dieser genau zu beobachten hat, muss es
ihr für eine liquide Angelegenheit, die eindeutig und rasch lösbar ist, auch gestattet sein,
anstelle eines Beistandes, den sie entsprechend anweisen müsste, selber zu handeln. Die
Beistandschaft würde in solchen Fällen nur eine unnötige Formalität darstellen. Dasselbe
gilt im Hinblick auf einzelne Verwaltungshandlungen im Bereich der Vermögensverwaltung. Das eigene Handeln der Behörde anstelle oder neben einer Beistandschaft soll dennoch die lediglich ausnahmsweise, in einfachen, gut überblickbaren und in der Regel
auch zeitlich dringenden Angelegenheiten zum Zuge kommende Hilfestellung sein und
die Beistandschaft schon deshalb den Normalfall bilden, weil bei eigenen Handeln der
Behörde für die betroffene Person der Instanzenzug, d.h. die Möglichkeit, die einzelne
Handlung in einem Rechtsmittelverfahren überprüfen zu lassen, verkürzt wird (zum
Ganzen vgl. ZK-EGGER, N 14 und Art. 393 N 6; BK-SCHNYDER/MURER, N 36; Art. 393
N 23 und Art. 392–397 N 4). Dritte können, nur weil ein vormundsch. Schutz- bzw. Ver-
tretungsverhältnis (noch) nicht begründet ist, sich nicht einfach an die VormBehörde hal-
ten, um die betroffene Person ins Recht zu fassen (bez. Zustellung Zahlungsbefehl, vgl.
BGer SchKK v. 17.1.2002, 7B.268/2001 = 128 III 101).

3. Beistandschaften i.e.S. für natürliche Personen in der Stufenfolge der
Massnahmen

Die Beistandschaft stellt in der Stufenfolge der Massnahmen im Verhältnis zu Vormund- **15**
schaft und Beiratschaft stets den schwächeren Eingriff in die persönliche Freiheit der
betroffenen Person dar. Obschon sie rechtlich keine Beschränkung der Handlungsfähigkeit bewirkt, ist auch im Falle der Anordnung einer Beistandschaft wegen ihrer einschränkenden Wirkung auf die Handlungsfreiheit (s.a. o. N 7; Vorbem. zu Art. 360–456
N 7 und 9) stets zu prüfen, ob die vormundschaftliche Massnahme erforderlich ist oder
ob nicht andere Hilfestellungen ausreichen. In vielen Fällen ist trotz Unvermögens eigenen Handelns der betroffenen Person eine Beistandschaft nicht erforderlich, weil Angehörige in Erfüllung der ehelichen Beistandspflicht oder als Geschäftsführer ohne Auftrag das Erforderliche vorkehren (vgl. STETTLER, Droit Civil I, Rz 245, Rz 210 f.; BK-
SCHNYDER/MURER, N 50; DESCHENAUX/STEINAUER, Personnes, N 1100). Die Beachtung
der **Prinzipien der Verhältnismässigkeit und der Subsidiarität** gebietet oftmals den
Verzicht auf Anordnung jeglicher vormundschaftlicher Massnahmen, auch der schwächs-
ten in der Stufenfolge. Es gilt aber auch zu vermeiden, dass schutzbedürftigen Personen
unter Berufung auf die genannten Prinzipien notwendige Hilfestellungen versagt werden.
Die Notwendigkeit und Angemessenheit der in Betracht gezogenen vormundschaftlichen
Massnahme hat die Behörde in Würdigung der gesamten Umstände zu treffen. Oft wird,
auch wenn «nur» eine Beistandschaft in Betracht gezogen wird, die Einholung einer ärztlichen Stellungnahme geboten sein (o. N 7). Zu den zu würdigenden Umständen gehört
sodann der im Einzelfall konkret auszumachende Handlungsbedarf (o. N 12) und damit
zusammenhängend die vorauszusehende Einschränkung der Handlungsfreiheit, wobei zu

beachten ist, dass diese nicht nur durch vormundschaftliche Massnahmen tangiert wird, sondern genauso durch Massnahmen, die Angehörige in Geschäftsführung ohne Auftrag treffen, oder durch Massnahmen der ausservormundschaftlichen Sozialhilfe (o. vor Art. 360–456 N 9). Der Beistand hat keine weitergehenden Eingriffsbefugnisse als andere Hilfe leistende Drittpersonen (vgl. etwa bez. [fehlender] Befugnis, die Post einer hilfsbedürftigen Person umzuleiten: ZVW 1994, 35, RegRat BE).

4. Beistandschaften für juristische Personen

16 Die Schutzfunktionen, die mit der Entmündigung und Beschränkung der Handlungsfähigkeit verfolgt werden, sind den natürlichen Personen vorbehalten (die Mündigkeit ist im ersten Titel des Gesetzes über die natürlichen Personen geregelt und ist als Begriff nur auf natürliche Personen anzuwenden; die Beschränkung der Handlungsfähigkeit ist schon gem. Wortlaut von Art. 395 nur für Personen vorgesehen, die auch entmündigt werden könnten (somit nur für natürliche Personen); Gründe, die eine Beschränkung der Handlungsfähigkeit juristischer Personen (Art. 54) vorsehen, sind dem Vormundschaftsrecht nicht zu entnehmen). Demgegenüber sind **Vertretungsbedürfnisse,** die mit der Beistandschaft abgedeckt werden, auch für **juristische Personen** von Bedeutung (das rechtsgeschäftliche Handeln für die juristische Person heisst *Vertretung;* vgl. Art. 54/55 N 21). Die Vertretung der juristischen Person durch einen Beistand ist nur für die Vermögensverwaltung ausdrücklich vorgesehen (Art. 393 Ziff. 4). Die Beistandschaft für die juristische Person ist aber auch zur Erledigung einer einzelnen Angelegenheit möglich, sei es in unmittelbarer Anwendung oder in Anwendung per analogiam von Art. 393 Ziff. 4 oder in analoger Anwendung von Art. 392 (BK-SCHNYDER/MURER, Art. 393 N 61 m.Hw.).

17 Die **Beistandschaft für eine juristische Person** (unter diesen Begriff fallen die juristischen Personen gem. ZGB und OR; per analogiam können aber auch Kollektiv- und Kommanditgesellschaften verbeiständet werden [BK-SCHNYDER/MURER, Art. 393 N 62 m.Hw.]) wird in der Praxis nur **restriktiv,** als *subsidiäre Massnahme* im Sinne eines *Notbehelfs* angeordnet (BK-SCHNYDER/MURER, Art. 393 N 60 m.Hw. auch auf einen Teil der Lehre, der für einen weiteren Anwendungsbereich eintritt). Die Verbeiständung hat den Charakter einer Überbrückungsmassnahme in einer Notsituation (BGer 22.5.2001, 5A.8/2001). Die restriktive Auslegung wird durch den Gesetzeswortlaut gestützt, der davon ausgeht, dass auch bei Fehlen der erforderlichen Organe, auf andere Weise für die Verwaltung gesorgt sein kann, z.B. dadurch, dass andere als die ordnungsgemäss zur Verwaltung berufenen Organe oder ausserhalb der Verwaltung (der AG) stehende Personen ausnahmsweise Verwaltungshandlungen, allenfalls nach Massgabe der Regeln über die Geschäftsführung ohne Auftrag, vornehmen (BGE 78 II 375; BGer 12.2.2002, E. 1c, 5P.282/2001; BGer 21.11.2002, E. 1.3, 4P.325/2001; o. Art. 54/55 N 5; BK-SCHNYDER/ MURER, Art. 393, N 73; DESCHENAUX/STEINAUER, Personnes, N 1113). Die gesetzliche Voraussetzung des **Mangelns der erforderlichen Organe** ist im Übrigen nur erfüllt, wenn die zur Verwaltung berufenen Organe effektiv fehlen (z.B. nach Todesfall, wegen unbekannter Abwesenheit) oder infolge Krankheit oder Interessenkollision an der Wahrnehmung der Verwaltungsaufgaben verhindert sind und die ordnungsgemässe Neubestellung der Organe nicht innert nützlicher Frist möglich ist; blosse fachliche Inkompetenz der Organe ist kein ausreichender Verbeiständungsgrund (BK-SCHNYDER/Murer, Art. 393 N 70 ff. m.Hw.; vgl. aber bez. weiterer Verbeiständungsgründe, o. N 7; zu fehlender Handlungs- bzw. Funktionsfähigkeit aus anderen Gründen s. etwa BGer 15.3. 2005, 5C.255/2004). Prozessunfähigkeit einer juristischen Person kann die Anwendung von Art. 393 Ziff. 4 notwendig machen (ZR 1987, 94, HGer ZH); das Gericht hat eine Anzeigepflicht und ein Antragsrecht (SCHUMACHER-BAUER, 55, 124).

Der für eine juristische Person bestellte Beistand hat im Falle der Vertretungsbeistand- **18**
schaft zur Erledigung einer einzelnen Angelegenheit diese zu besorgen und der Behörde
diesbez. Bericht zu erstatten, womit die Beistandschaft wieder weggefallen ist (Art. 439
Abs. 1). Im Falle der Verwaltungsbeistandschaft **hat der Beistand in erster Linie dafür
zu sorgen, dass das fehlende Organ wieder bestellt wird, oder die juristische Person der Liquidation zuzuführen** (BK-SCHNYDER/MURER, Art. 393 N 77 m.Hw.). Eine
Doppelzuständigkeit von Beistand und (wieder) funktionstüchtigen Organen der juristischen Person ist dennoch u.U. nicht zu vermeiden (vgl. BGer II.Z v. 10.7.2001,
5A.4/2001). Dauernde Handlungsunfähigkeit der juristischen Person führt trotz Bei-
standbestellung zur Auflösung und Liquidation (o. Art. 54/55 N 5 m.Hw.).

5. Die quantitative Bedeutung der Beistandschaft

Den *Beistandschaften,* die auf *dauernde Personen- und Vermögenssorge erwachsener* **19**
Personen angelegt sind, d.h. den kombinierten Beistandschaften gem. Art. 392 Ziff. 1
und Art. 393 Ziff. 2 (o. N 13) sowie den Beistandschaften auf eigenes Begehren gem.
Art. 394 kommt eine sehr grosse quantitative Bedeutung zu. Mit rund 10 900 bzw. rund
18 000 Fällen machen die beiden Beistandschaftsarten fast die Hälfte der rund 64 000
amtsgebundenen vormundschaftlichen Massnahmen für Erwachsene aus, die Ende des
Jahres 2004 in der Schweiz geführt wurden. Mit rund 2500 bzw. rund 3600 Massnahmen
entfielen mehr als die Hälfte aller im Jahr 2004 in der Schweiz neu angeordneten rund
10 300 Massnahmen für Erwachsene auf die beiden genannten Beistandschaftsarten. Seit
Jahren werden immer mehr Beistandschaften und immer weniger Vormundschaften neu
errichtet.

Die i.d.R. kurze Dauer der reinen *Vertretungsbeistandschaften nach Art. 392* (mehrheit-
lich vermutlich infolge Interessenkollision) kommt im Verhältnis zwischen Bestand der
Massnahmen Ende 2000 und der Zahl der im Verlauf des Jahres 2004 neu angeordneten
Massnahmen zum Ausdruck. Die entsprechenden Zahlen lauten:

– für Erwachsene: Bestand: 3954 neu: 1092

– für Minderjährige: Bestand: 3918 neu: 1822

(Angaben aus: Schweizerische Vormundschaftsstatistik 2004, Sekretariat VBK, Luzern).

Die Beistandschaften für juristische Personen spielen quantitativ nur eine marginale Rolle.

II. Die Vertretungsbeistandschaft im Besonderen

1. Anwendungsbereich im Allgemeinen

Bei Beistandschaften nach Art. 392 ergeben sich **die Ziele** der Massnahme und **die ein-** **20**
zelnen Aufgaben des Beistandes (im Gegensatz zu denjenigen des Vormundes) nicht
aus dem Gesetz, sondern sind durch **die VormBehörde** im Einzelfall **konkret zu defi-**
nieren.

Dem Beistand dürfen nach Art. 392 **auch** Aufgaben im Bereich der **persönlichen Für-** **21**
sorge übertragen werden (o. N 11). Entgegen dem Wortlaut des Gesetzes dürfen mit der
Vertretungsbeistandschaft **mehrere Aufgaben** gleichzeitig **(Aufgabenpakete)** und
auch **wiederkehrende und länger andauernde Aufgaben** zugewiesen werden (BK-
SCHNYDER/MURER, N 62). Die zu erledigenden Angelegenheiten müssen von gewisser
Dringlichkeit sein, d.h. bei vorübergehendem Unvermögen selber zu handeln und absehbarer Wiedererlangung dieser Fähigkeit durch die betroffene Person, ist nur zu verbeiständen, wenn die Besorgung der Angelegenheit ohne wesentlichen Nachteil für die

betroffene Person oder auch für eine Drittperson (welche gem. Wortlaut des Gesetzes als «Beteiligte» das Gesuch auf Errichtung der Beistandschaft anbringen kann) keinen Aufschub erträgt (BK-SCHNYDER/MURER, N 63 f.). Bei voraussichtlich andauerndem Unvermögen der betroffenen Person selber zu handeln, muss mit der Verbeiständung jedoch nicht zugewartet werden, bis die Besorgung der Angelegenheiten zeitlich dringlich geworden ist. Es müssen jedoch Angelegenheiten von einer gewissen Tragweite und Bedeutung anstehen, damit von einem die Beistandschaft rechtfertigenden Handlungsbedarf gesprochen werden kann (o. N 12).

21b Die mit Art. 146 neu geschaffene Möglichkeit der Verbeiständung des Kindes im Scheidungsverfahren lässt die Frage aufkommen, ob auch im Verfahren betreffend Errichtung von Kindesschutzmassnahmen Kindern vermehrt ein Beistand nach Art. 392 zur Wahrung ihrer Interessen im Verfahren zu bestellen ist (Frage für ein Verfahren der Anfechtung einer Wahl einer Beiständin nach Art. 308 durch die Pflegeeltern des Kindes verneint; JustizDep SG, ZVW 2000, 123 ff.). Die Frage ist jedoch nicht generell zu verneinen. Im Verfahren zur Bestellung eines Prozessbeistandes nach Art. 392 Ziff. 1 ist dem Kind i.d.R. kein Beistand zu bestellen (BGer 9.7.2001, E. 3, 5C.98/2001; s.a.o. N 14). Auch Erwachsenen ist u.U. in schwierigeren Verfahren ein (unentgeltlicher) Beistand zu bestellen, auch wenn Untersuchungsmaxime gilt (BGE 130 I 180 m.Hw., dass an BGE 111 Ia 5 nicht festgehalten werden kann). Die Bestellung eines Verfahrens- bzw. Prozessbeistandes erfolgt u.U. nicht gestützt auf Art. 392 Ziff. 1, sondern aufgrund von entsprechenden Bestimmungen in kant. Verfahrensrecht.

2. Wegen Unfähigkeit, eine Angelegenheit zu besorgen (Ziff. 1)

22 Zu den Verbeiständungsgründen und zur besondern Schutzbedürftigkeit: vgl. o. N 5 ff.; Anwendung auf eine bedürftige Person, die sich ohne annehmbaren Grund weigert, einen ihren persönlichen und wirtschaftlichen Interessen entsprechenden Entscheid zu treffen (BGE 111 II 10 und 115 V 244).

Ziff. 1 der Bestimmung gestattet in zahlreichen Fällen, auf eine Entmündigung und Vormundschaft zu verzichten und der mit einem Schwächezustand behafteten Person die erforderlichen Hilfestellungen durch einen Beistand zu verschaffen. Dies allerdings nur, wenn der Begriff der dringenden Angelegenheit nicht eng ausgelegt wird (o. N 21). Dieser Umstand spricht gegen eine zu strikte Auslegung, weil eine solche dem Grundsatz der Verhältnismässigkeit zuwiderlaufen würde (BK-SCHNYDER/MURER, N 62). Wenn erforderlich, d.h. wenn verwaltungsbedürftige Vermögenswerte vorhanden sind, kann die Vertretungsbeistandschaft nach Ziff. 1 mit einer Verwaltungsbeistandschaft nach Art. 393 Ziff. 2 (s.o. N 13) oder, falls das Risiko unzweckmässiger, ihren eigenen Interessen zuwiderlaufender Vermögensdispositionen durch die betroffene Person besteht, mit einer Verwaltungsbeiratschaft nach Art. 395 Abs. 2 (s. Art. 395 N 19) kombiniert werden.

3. Wegen Interessenkollision (Ziff. 2)

23 Die Beistandschaft wegen Interessenkollision i.S.v. Ziff. 2 ist in der Praxis der **häufigste Anwendungsfall** der reinen Vertretungsbeistandschaft (o. N 19). Sie regelt ausdrücklich den in der Praxis häufigsten Fall der Verhinderung des gesetzlichen Vertreters i.S.v. Ziff. 3. Im Falle der Interessenkollision zwischen minderjährigem Kind und Eltern erklärt Art. 306 Abs. 2 ausdrücklich die Bestimmungen über die Vertretungsbeistandschaft für anwendbar (s. dazu o. Art. 306 N 4 ff.).

24 Das Gesetz erklärt die Interessenkollision **generell für Angelegenheiten** als relevant, in denen sich die Interessen widersprechen, und eröffnet damit der Bestimmung einen weiten Anwendungsbereich. In der Praxis kommen Interessenkollisionen, die zu Beistandschaften nach Ziff. 2 führen, am häufigsten im Zusammenhang mit **erbrechtlichen Auseinandersetzungen** vor (vgl. Anwendungsbeispiel u. N 26 a.E.). Interessenkollisionen (die nicht immer als solche erkannt werden) sind sodann nicht selten im Zusammenhang mit der Nutzung und Verwaltung von im Gesamteigentum oder Miteigentum von gesetzlichem Vertreter und schutzbefohlener Person stehenden Vermögenswerten. Zu den hauptsächlichsten Anwendungsfällen im Verhältnis zwischen Eltern und Kind vgl. Art. 306 N 5.

Die Bestimmung ist direkt anwendbar im Verhältnis von unmündiger bzw. entmündigter Person zu ihrem gesetzlichen Vertreter, d.h. auf die Vertretung durch den Inhaber der elterlichen Sorge (Art. 296 ff.) bzw. den Vormund. **Analog anwendbar** ist die Bestimmung bei Interessenkollision zwischen der verbeirateten Person und ihrem **Beirat** (bei Mitwirkungs-, Verwaltungs- und kombinierter Beiratschaft; ZK-EGGER, N 24; BK-SCHNYDER/MURER, N 77 m.Hw; BGer 16.10.2002, E. 3, 5C.200/2002), wobei es bei der Mitwirkungsbeiratschaft nicht um die Vertretungsmacht geht, jedoch um den Ausschluss der Mitwirkungsbefugnis, so dass der Kollisionsbeistand ebenfalls nicht zur Vertretung, sondern nur für die Mitwirkung zu bestellen ist. In der Regel ebenfalls analog anwendbar ist sodann die Bestimmung von Ziff. 2 auf die Interessenkollision zwischen dem **Beistand** und der verbeiständeten Person (so auch BONNARD, ZVW 1953, 95; s.a. BGer II.Z. v. 9.3.2000, 5C.226/1999; mit anderer Gewichtung auch BK-SCHNYDER/MURER, N 77 m.Hw., wonach die Anwendung auf die Beistandschaft nur erforderlich ist, wenn die verbeiständete Person faktisch handlungsunfähig ist). In der grossen Vielzahl (o. N 19) von kombinierten Beistandschaften (o. N 22) und Beistandschaften nach Art. 394, die auf eine umfassende Personen- und Vermögenssorge ausgerichtet sind, dürften die Voraussetzungen für die Anwendung der Bestimmung von Ziff. 2 bei Vorliegen einer Interessenkollision erfüllt sein. **25**

Eine analoge Anwendung bei Interessenkollision zwischen juristischen Personen und ihren Organen ist denkbar (BGE 126 III 499 E. 3).

Eine Interessenkollision liegt bereits vor bei **abstrakter Gefährdung** der Interessen der schutzbedürftigen Person, d.h. bei blosser Möglichkeit der Gefährdung. Es ist nicht massgeblich, wie weit sich der gesetzliche Vertreter im Einzelfall um objektive Wahrung der Interessen der schutzbefohlenen Person bemüht, ob er dazu auch fähig ist und wieviel Vertrauen er im Einzelfall verdient (BGE 118 II 105; o. Art. 306 N 4; BK-SCHNYDER/MURER, N 84). Neben **direkter** (bei Selbstkontrahieren, in Fällen von Doppelvertretung [wenn nicht gleichzeitig Parallelität der Interessenlagen gegeben ist] und bei Interzessionen) ist auch **indirekte Interessenkollision** zu beachten (wenn zwischen gesetzlichem Vertreter und Vertragspartner eine nahe Beziehung besteht, wie es etwa bei in gerader Linie Verwandten, aber auch im Verhältnis zu einer im gleichen Haushalt lebenden Stieftochter, anzunehmen ist [BGE 107 II 109; kritisiert von SCHWAGER, ZBJV 1983, 95]). Eine Interessenkollision liegt auch dann vor, wenn im Falle der Erbteilung zwar die Erbquoten leicht und zuverlässig zu bestimmen sind und ein (unabhängiger) Willensvollstrecker amtet, die den einzelnen Erben zuzuweisenden Betreffnisse nach ihrer Höhe und Beschaffenheit aber doch nicht zum vornherein feststehen und insofern noch der Disposition der Erben unterstehen, zu denen gesetzlicher Vertreter und schutzbefohlene Person gehören (ZVW 1990, 110, RegRat SG). **26**

Die Interessenkollision **beseitigt die Vertretungsmacht** (BGE 107 II 112) des gesetzlichen Vertreters (bzw. des Beistandes) bzw. die Mitwirkungsbefugnis gem. Art. 395 Abs. 1 des Mitwirkungsbeirates. Ein trotzdem abgeschlossenes Geschäft ist für die schutzbedürftige Person einseitig unverbindlich (BK-SCHNYDER/MURER, N 83 und 101); **27** die behördliche Zustimmung mag den Mangel der fehlenden Vertretungsmacht des gesetzlichen Vertreters nicht zu heilen (BGE 107 II 114; BK-Schnyder/Murer, N 103 m.Hw. auf abw.M.). Der **gutgläubige Dritte,** der trotz erforderlicher Aufmerksamkeit die fehlende Vertretungsmacht des gesetzlichen Vertreters nicht erkennen konnte, ist gemäss Rechtsprechung und Lehre in seinem Vertrauen auf Gültigkeit des Geschäftes zu schützen (ZK-Egger, N 28; BK-Schnyder/Murer, N 102 m.Hw.; Deschenaux/Steinauer, Personnes, N 1103; Frage offen gelassen in BGE 107 II 114). An die Sorgfaltspflicht des Vertragspartners sind jedoch hohe Anforderungen zu stellen (ZK-Egger, N 39 f.; BGE 107 II 114; BK-Schnyder/Murer, N 102).

28   Die Bestellung eines Beistandes gem. Ziff. 2 ermöglicht den Abschluss des fraglichen Geschäftes trotz fehlender Vertretungsmacht des gesetzlichen Vertreters bzw. fehlender Mitwirkungsbefugnis des Beirates nach Art. 395 Abs. 1. Der **Beistand vertritt nicht** den wegen Interessenkollision verhinderten **gesetzlichen Vertreter,** sondern die schutzbedürftige Person (BGE 99 II 368; BGer 23.1.2001, 5P.425/2000). Um die Errichtung der Beistandschaft haben in erster Linie die am Geschäft beteiligten Vertragspartner nachzusuchen, ggf. hat auch die Urkundsperson die Mitwirkung bei begründeter Annnahme einer Interessenkollision zu verweigern (ZK-Egger, N 39). Die Behörde prüft die Frage, ob eine Interessenkollision gegeben ist, unter Würdigung aller Umstände. Der Entscheid ist in gewissen Fällen Ermessensentscheid, in andern Fällen ist die Beistandsbestellung zwingend (z.B. bei Anfechtung der Vaterschaft durch das urteilsunfähige Kind nach Art. 256; vgl. BK-Schnyder/Murer, N 86). Unter Umständen (s.o. N 14) kann die VormBehörde trotz Vorliegens einer Interessenkollision von der Bestellung eines Beistandes absehen und die Angelegenheit durch *eigenes Handeln* erledigen. Der eine Interessenkollision verneinende und die Errichtung einer Beistandschaft ablehnende Entscheid der VormBehörde vermag in aller Regel den allenfalls ursprünglich vorhandenen Mangel der Vertretungsmacht des gesetzlichen Vertreters zu heilen (BK-Schnyder/Murer, N 103).

4. Wegen Verhinderung des gesetzlichen Vertreters (Ziff. 3)

29   Wie bei der Beistandschaft wegen Interessenkollision ist auch diese Bestimmung nicht nur bei **Verhinderung des gesetzlichen Vertreters,** sondern in analoger Anwendung **bei Verhinderung des Beirates oder des Beistandes** anzuwenden (vgl. o. N 25; ZK-Egger, N 43; BK-Schnyder/Murer, N 106; Deschenaux/Steinauer, Personnes, N 1104).

30   Die Verhinderung ist regelmässig eine faktische. **Verhinderungsgründe** sind die gleichen **wie in Ziff. 1,** d.h. insb. Krankheit und Abwesenheit. Ausnahmsweise kann auch eine «moralische» Verhinderung gegeben sein (Deschenaux/Steinauer, Personnes, N 1104: weil etwa der Inhaber der elterlichen Sorge das Kind nach dem Tod des geschiedenen Ehegatten und Elternteils nicht im Erbschaftsverfahren vertreten möchte).

Keine Unmöglichkeit des Handelns liegt aufgrund analoger Anwendung von Ziff. 1 vor, **wenn der gesetzliche Vertreter** für die Dauer seiner eigenen Verhinderung **einen Stellvertreter bestimmt** hat, was allerdings nicht ganz für alle Angelegenheiten möglich ist, nämlich nicht für diejenigen, bei denen sich aus der Natur des in Frage stehenden Geschäftes ergibt, dass gem. Vormundschaftsrecht der Vormund selber, d.h. persönlich handeln muss (dazu: BK-Schnyder/Murer, syst. Teil, N 32, und zum Ganzen BK-Schnyder/Murer, N 108 ff.).

31   Die Beistandschaft nach Art. 392 Ziff. 3 wird **für entmündigte Erwachsene nur selten** anzuordnen sein, weil, wie soeben (N 30) ausgeführt, der gesetzliche Vertreter bei voraussehbarer Verhinderung eine zeitlich begrenzte Stellvertretung einrichten kann, weil

die Behörde unter bestimmten Umständen (o. N 14) eine Angelegenheit durch eigenes Handeln erledigen kann, und v.a. weil bei länger dauernder Verhinderung des Vormundes i.d.R. ein Vormundwechsel angezeigt ist. Praktische Bedeutung hat diese Beistandschaft für Kinder und Jugendliche; sie wird z.B. relativ häufig **für minderjährige Asylbewerber** errichtet, deren Eltern im Herkunftsland geblieben sind (vgl. ZVW 1996, 20; GEISER et al., 71).

Art. 393

II. Vermögensverwaltung

1. Kraft Gesetzes

Fehlt einem Vermögen die nötige Verwaltung, so hat die Vormundschaftsbehörde das Erforderliche anzuordnen und namentlich in folgenden Fällen einen Beistand zu ernennen:

1. **bei längerer Abwesenheit einer Person mit unbekanntem Aufenthalt;**
2. **bei Unfähigkeit einer Person, die Verwaltung ihres Vermögens selbst zu besorgen oder einen Vertreter zu bestellen, falls nicht die Vormundschaft anzuordnen ist;**
3. **bei Ungewissheit der Erbfolge und zur Wahrung der Interessen des Kindes vor der Geburt;**
4. **bei einer Körperschaft oder Stiftung, solange die erforderlichen Organe mangeln und nicht auf andere Weise für die Verwaltung gesorgt ist;**
5. **bei öffentlicher Sammlung von Geldern für wohltätige und andere dem öffentlichen Wohle dienende Zwecke, solange für die Verwaltung oder Verwendung nicht gesorgt ist.**

II. Gestion de biens

1. Par l'effet de la loi

L'autorité tutélaire est tenue de pourvoir à la gestion des biens dont le soin n'incombe à personne et d'instituer une curatelle, en particulier:

1. lorsqu'un individu est absent depuis longtemps et que sa résidence est inconnue;
2. lorsqu'un individu est incapable de gérer lui-même ses biens ou de choisir un mandataire, sans qu'il y ait lieu cependant de lui nommer un tuteur;
3. lorsque des droits de succession sont incertains ou qu'il importe de sauvegarder les intérêts d'un enfant conçu;
4. lorsque l'organisation d'une corporation ou d'une fondation n'est pas complète et qu'il n'est pas pourvu d'une autre manière à son administration;
5. lorsqu'il n'est pas pourvu à la gestion ou à l'emploi de fonds recueillis publiquement pour une œuvre de bienfaisance ou d'utilité générale.

II. Amministrazione di una sostanza

1. Per legge

L'autorità tutoria prende gli opportuni provvedimenti ogni qualvolta una sostanza rimanga priva della necessaria amministrazione ed in ispecie nomina un curatore nei casi seguenti:

1. di prolungata assenza di una persona d'ignota dimora;
2. di incapacità di una persona a provvedere da sé medesima all'amministrazione della propria sostanza od a scegliersi un rappresentante, quando non sia il caso di costituire la tutela;
3. di incertezza circa gli eredi chiamati ad una successione, o di salvaguardia degli interessi di un infante concepito;
4. di mancanza degli organi necessari di una corporazione o fondazione, quando non sia altrimenti provveduto all'amministrazione;
5. di pubbliche collette per fine di beneficenza o di pubblica utilità, in quanto non sia provveduto all'amministrazione ed applicazione del denaro raccolto.

Literatur

Vgl. die Literaturhinweise zu Art. 369 und 392.

I. Allgemeines

1   Allgemein zum System der Betreuung und Vertretung erwachsener Personen mittels amtsgebundener vormundschaftlicher Massnahmen und zu den allgemeinen Voraussetzungen für die Anordnung einer vormundschaftlichen Massnahme, vgl. o. Art. 369 N 1–14; zur Wahl der geeigneten Massnahme und zur Stellung der Massnahme in der Stufenfolge, vgl. o. Art. 369 N 15–19. Zum **Begriff** der Beistandschaft, vgl. o. Art. 392 N 1 f.; zu den **allgemeinen Voraussetzungen und Wirkungen** der Beistandschaft, vgl. o. Art. 392 N 3 ff.

2   Bei **Beistandschaften** nach Art. 393 ergeben sich die **Befugnisse und Pflichten des Beistandes** teilweise aus dem Gesetz. Der Beistand ist zur Verwaltung eines Vermögens berufen und er hat dabei die Regel von Art. 419 zu befolgen. Die Behörde wird aber auch bei der Verwaltungsbeistandschaft (wie bei der Beistandschaft nach Art. 392, o. N 20 f.) einzelne Aufgaben des Beistandes im Anordnungsbeschluss (im gesetzlich zulässigen Rahmen) **konkret definieren** müssen. Zum Vermögen gehören nicht die laufenden Einkünfte einer Person.

II. Die einzelnen Fälle

3   Ein Sonderfall des i.S.v. **Ziff. 1 durch längere Abwesenheit einer Person an unbekanntem Aufenthaltsort verursachten Unvermögens,** ein Vermögen zu verwalten, liegt vor, wenn er **einen an einer unverteilten Erbschaft beteiligten Erben** betrifft. Die Beistandschaft zur Verwaltung des ihm zugefallenen Nachlasses, Gesamthandanteils oder Erbteils kann nach Art. 393 Ziff. 1 oder Ziff. 3 errichtet werden: die Anwendung von Ziff. 1 ist zumindest dann vorzuziehen, wenn anzunehmen ist, dass der unbekannt abwesende Erbe noch lebt (**a.M.** BK-Schnyder/Murer, N 11 und N 31, die die «Ungewissheit der Erbfolge» als Sonderfall der «unbekannten Abwesenheit» betrachten und der Anwendung von Ziff. 3 den Vorzug geben). Bezüglich der Befugnisse und Pflichten des Beistandes macht es keinen Unterschied, ob Ziff. 1 oder Ziff. 3 gewählt wird. Eine Beistandschaft ist aber in jedem Fall nur für namentlich bekannte Erben möglich. Ist ungewiss, ob überhaupt (weitere) Erben existieren (eventuell vorhandene, namentlich unbekannte Erben), sind die Voraussetzungen für eine Beistandschaft nicht gegeben; die hiefür zuständige Behörde hat diesfalls Erbschaftsverwaltung anzuordnen (Art. 554 Abs. 1 Ziff. 2 und 3).

Die Erbschaftsverwaltung ist gem. Art. 554 Abs. 1 Ziff. 1 auch als Alternative zur Beistandschaft nach Art. 393 Ziff. 1 oder 3 möglich; der Erbengemeinschaft und dem abwesenden Erben ist i.d.R. mit der Beistandschaft jedoch besser gedient (vgl. dazu die bei BK-Schnyder/Murer, Art. 393 N 52, zitierten Meinungen; zum Ganzen: Geiser et al., 72; Schnyder, Vormundschaft und Erbrecht, ZVW 1999, 93 ff.).

4   Da der Beistand nach Art. 393 die für die Vermögensverwaltung erforderlichen Vertretungshandlungen vorzunehmen befugt ist, erübrigt sich i.d.R. eine vorgängige Beistandschaft nach Art. 392 Ziff. 1 für einzelne Vertretungshandlungen (**a.M.** BK-Schnyder/Murer, Art. 393 N 11, welche die Vertretung durch einen Beistand nach Art. 392 Ziff. 1 während des Erbganges und die Errichtung einer Beistandschaft nach Art. 393 erst nach Abschluss des Erbganges als Regelfall bezeichnen. Zulässig ist auch die Kombination von Art. 392 Ziff. 1 und Art. 393 zur Wahrung der Interessen des unbekannt abwesenden Erben).

Zur **Anwendung von Ziff. 2** s.o. Art. 392 N 1 ff.; es ist dies der Hauptanwendungsfall 5 von Art. 393.

Zur **Anwendung von Ziff. 3 erster Teil** s.o. N 3 f. 6

Die **Interessen des nasciturus (Ziff. 3, zweiter Teil)** werden i.d.R. durch die Inhaber 7 der elterlichen Sorge, d.h. die **Eltern als gesetzliche Vertreter,** zu wahren sein (BK-Schnyder/Murer, N 58; Deschenaux/Steinauer, Personnes, N 1111). Wenn diese verhindert oder unfähig sind, kommen vorab die Massnahmen des Kindesschutzes und Kindesvermögensschutzes (Art. 308 ff., Art. 324 f.), allenfalls auch Art. 392 zur Anwendung. Die Beistandschaft gem. Art. 393 Ziff. 3, zweiter Teil, ist eine subsidiäre Massnahme ohne praktische Bedeutung. Betr. Anwendung auf mögliche (noch nicht geborene) Nachkommen des wegen Verlustscheinen gestützt auf Art. 480 teilenterbten Erben, vgl. VormKammer OGer AG, ZVW 1997, 142 ff.

Zur **Anwendung von Ziff. 4** s.o. Art. 392 N 16 ff.; zu den Verbeiständungsgründen, s.o. 8 Art. 392 N 7; Anwendungsfall Stiftung: BGE 126 III 499; Genossenschaft: BGer I.Ö. v. 5.2.2001, E. 3b, 1P.695/2001; Verein: BGer 15.3.2005, 5C.255/2004; AG: antragsberechtigt sind Aktionäre und Gesellschaftsgläubiger: BGer (EVG) 6.2.2001, E. 4a, H.307/1999.

Zur **Anwendung von Ziff. 5:** In der Praxis besteht kein Bedarf nach Anwendung dieser 9 Bestimmung. Die öffentlichen Sammlungen für wohltätige Zwecke unterstehen i.Allg. einer administrativen Aufsicht durch die Kantone (Deschenaux/Steinauer, Personnes, N 1114); das öffentliche Recht befasst sich mit dem Sammelwesen und der Bekämpfung von Missbräuchen in diesem Bereich (BK-Schnyder/Murer, N 78 m.Hw.). Im Übrigen dürfte Ziff. 5 lediglich subsidiär zur Anwendung kommen. Nach Ziff. 4 wäre zu verbeiständen, wenn die für die Verwaltung gesammelter Mittel zuständigen Organe einer juristischen Person ausgefallen sind.

Art. 394

2. Auf eigenes Begehren	**Einer mündigen Person kann auf ihr Begehren ein Beistand gegeben werden, wenn die Voraussetzungen der Bevormundung auf eigenes Begehren vorliegen.**
2. Curatelle volontaire	Tout majeur peut être pourvu d'un curateur, s'il en fait la demande et s'il se trouve dans un cas d'interdiction volontaire.
2. Ad istanza dell'interessato	Ad un maggiorenne può esser nominato un curatore a sua istanza, quando esistano le condizioni per la sua tutela volontaria.

Literatur

Vgl. die Literaturhinweise zu Art. 369 und 392.

Allgemein zum System der Betreuung und Vertretung erwachsener Personen mittels 1 amtsgebundener vormundschaftlicher Massnahmen und zu den allgemeinen Voraussetzungen für die Anordnung einer vormundschaftlichen Massnahme vgl. o. Art. 369 N 1–14; zur Wahl der geeigneten Massnahme und zur Stellung der Massnahme in der Stufenfolge vgl. o. Art. 369 N 15–19. Zum **Begriff** der Beistandschaft vgl. o. Art. 392 N 1 f.; zu den **allgemeinen Voraussetzungen und Wirkungen** der Beistandschaft vgl. o. Art. 392 N 3 ff.

2 Zu den **Verbeiständungsgründen** für die Beistandschaft nach Art. 394 im Besondern s. Art. 372 N 2 ff.

3 Zum **eigenen Begehren** s. Art. 372 N 10 ff.

4 Die Beistandschaft **auf eigenes Begehren** gem. Art. 394 ist ein Institut *sui generis*. Sie begründet die Aufgaben und Befugnisse des Beistandes zu einer auf Dauer angelegten **umfassenden Vermögens- und Personensorge** (BK-SCHNYDER/MURER, N 7 und 12; DESCHENAUX/STEINAUER, Personnes, N 1115).

5 **De lege ferenda** erscheint die Beibehaltung einer Massnahme angezeigt, die die Handlungsfähigkeit nicht beschränkt, auf Begehren der betroffenen Person angeordnet wird und eine umfassende Personen- und Vermögenssorge ermöglicht. Mit Blick auf die grosse zahlenmässige Verbreitung und die Häufigkeit der Neuanordnungen dieser Massnahme (o. N 19) ist nicht damit zu rechnen, dass die VBK (damals VDK) ihre Empfehlung aus dem Jahre 1977 auf Abschaffung der Beistandschaft auf eigenes Begehren (s. BK-SCHNYDER/MURER, N 29) bei erneuter Behandlung der Frage aufrechterhalten würde. Dass die umfassende Beistandschaft gemäss Art. 384 VE ZGB 2003 bzw. Art. 398 Entw. ZGB 2006 von Gesetzes wegen zum Verlust der Handlungsfähigkeit für die hilfsbedürftige Person führt, wird wohl den Anwendungsbereich dieser nicht «masszuschneidernden» Massnahme einschränken. Als Instrument des Übergangsrechtes dürfte die umfassende Beistandschaft nach Art. 384 VE ZGB 2003 bzw. Art. 398 Entw. ZGB 2006 ihren Zweck erfüllen (dazu: LANGENEGGER, ZVW 2003, 330; s.a.o. Art. 369 N 18a).

Art. 395

III. Beschränkung der Handlungsfähigkeit	[1] **Wenn für die Entmündigung einer Person kein genügender Grund vorliegt, gleichwohl aber zu ihrem Schutze eine Beschränkung der Handlungsfähigkeit als notwendig erscheint, so kann ihr ein Beirat gegeben werden, dessen Mitwirkung für folgende Fälle erforderlich ist:** **1. Prozessführung und Abschluss von Vergleichen;** **2. Kauf, Verkauf, Verpfändung und andere dingliche Belastung von Grundstücken;** **3. Kauf, Verkauf und Verpfändung von Wertpapieren;** **4. Bauten, die über die gewöhnlichen Verwaltungshandlungen hinausgehen;** **5. Gewährung und Aufnahme von Darlehen;** **6. Entgegennahme von Kapitalzahlungen;** **7. Schenkungen;** **8. Eingehung wechselrechtlicher Verbindlichkeiten;** **9. Eingehung von Bürgschaften.** [2] **Unter den gleichen Voraussetzungen kann die Verwaltung des Vermögens dem Schutzbedürftigen entzogen werden, während er über die Erträgnisse die freie Verfügung behält.**
III. Capacité restreinte	[1] S'il n'existe pas de cause suffisante pour interdire des personnes majeures et si néanmoins une privation partielle de l'exercice des droits civils est commandée par leur intérêt, elles sont pourvues d'un conseil légal, dont le concours est nécessaire: 1. pour plaider et transiger; 2. pour acheter ou vendre des immeubles et pour les grever de gages et autres droits réels;

3. pour acheter, vendre ou mettre en gage des papiers-valeurs;
4. pour construire au-delà des besoins de l'administration courante;
5. pour prêter et emprunter;
6. pour recevoir le capital de créances;
7. pour faire des donations;
8. pour souscrire des engagements de change;
9. pour cautionner.

[2] Dans les mêmes circonstances, une personne peut être privée de l'administration de ses biens, tout en conservant la libre disposition de ses revenus.

III. Inabilitazione

[1] Quando non concorrano motivi sufficienti per l'interdizione di una persona, ma una limitazione dell'esercizio dei suoi diritti civili appaia nondimeno necessaria a suo vantaggio, le può essere nominato un assistente, il cui consenso diventa necessario:
1. per stare in causa e per transigere;
2. per comperare e vendere beni immobili e per costituire diritti di pegno od oneri reali sui medesimi;
3. per comperare e vendere delle cartevalori o darle in pegno;
4. per fare costruzioni eccedendo i limiti dell'amministrazione ordinaria;
5. per dare o prendere denaro a mutuo;
6. per incassare capitali;
7. per fare donazioni;
8. per obbligarsi in via cambiaria;
9. per assumere fideiussioni.

[2] Nelle medesime circostanze la persona di cui si tratta può essere privata dell'amministrazione della sostanza, rimanendole la libera disposizione delle sue rendite.

Literatur

Vgl. die Literaturhinweise zu den Vorbem. zu Art. 360–456, zu Art. 369 und zu Art. 392.

I. Allgemeines

Zum System der Betreuung und Vertretung erwachsener Personen mittels amtsgebunde- **1** ner vormundschaftlicher Massnahmen und zu den allgemeinen Voraussetzungen für die Anordnung einer vormundschaftlichen Massnahme, vgl. o. Art. 369 N 1–14; zur Wahl der geeigneten Massnahme und zur Stellung der Massnahme in der Stufenfolge, vgl. o. Art. 369 N 15–19.

II. Die Gründe und die Voraussetzungen für die Anordnung einer Beiratschaft

1. Die Verbeiratungsgründe (i.e.S.)

In Art. 395 werden die **Verbeiratungsgründe** (i.e.S.; s.a. Art. 369 N 2 f.) nicht positiv **2** umschrieben. Es muss dem Wortlaut nach ein Grund vorliegen, der kein genügender Grund für eine Entmündigung bildet. Die Auslegung des eher unklaren Wortlautes ergibt, dass aber für die Verbeiratung eben gerade auch ein *Entmündigungsgrund* vorliegen muss. Angesichts der Schwere des Eingriffs in die Persönlichkeitsrechte, den die Beschränkung der Handlungsfähigkeit darstellt, gestattet die Beachtung des Legalitätsprinzipes keineswegs, jedwelche Gründe (die für eine Entmündigung nicht ausreichen) für eine Verbeiratung genügen zu lassen. Es lässt sich nun aber aus dem Wortlaut von

Art. 395 kein Bezug zu andern Gründen als zu den Entmündigungsgründen der Art. 369–372 herstellen. Es gibt keine weiteren Verbeiratungsgründe (so auch BACHMANN, 85).

3   Mit Ausnahme des Grundes von Art. 371 (Freiheitsstrafe) sind die Entmündigungsgründe mit relativen Begriffen umschrieben (Geisteskrankheit, s. Art. 369 N 21 f.; Geistesschwäche, s. Art. 369 N 23 f.; Verschwendung, s. Art. 370 N 3; Misswirtschaft, s. Art. 370 N 4; Trunksucht und Abhängigkeit von andern Drogen, s. Art. 370 N 5 f.; lasterhafter Lebenswandel, s. Art. 370 N 7 und, je zusammen mit dem eigenen Begehren, Altersschwäche, andere Gebrechen und Unerfahrenheit, s. Art. 372 N 2 ff.). Die jeweiligen Schwächezustände können in starker oder schwächerer Ausprägung als Entmündigungsgrund gelten. Es besteht kein Anlass für eine Ausweitung der Entmündigungsgründe in qualitativer Hinsicht, d.h. nach einer Zulassung weiterer Verbeiratungsgründe, auch nicht bei der Mitwirkungsbeiratschaft (s.a. BACHMANN, 84; **a.M.** BK-SCHNYDER/MURER, N 40). Der von Rechtsprechung (BGE 81 II 263; 100 II 88) und Lehre (BK-KAUFMANN, N 20; ZK-EGGER, N 29; m.Hw. BACHMANN, 83) verwendeten Formel, wonach die **Unterschiede zwischen Entmündigung und Verbeiratung bez. ihrer Voraussetzungen** nur graduell, **einzig in quantitativer Hinsicht** bestehen, ist zuzustimmen. Sie ist nicht in erster Linie von Bedeutung mit Bezug auf auf die Verbeiratungsgründe i.e.S., sondern auf die besondere Schutzbedürftigkeit (u. N 4).

Die Verbeiratung auf *eigenes Begehren* ist möglich; es gelten dazu sinngemäss die Ausführungen zu Art. 372; s.a. Art. 369 N 18.

2. Die besondere Schutzbedürftigkeit als weitere Voraussetzung

4   Die besondere Schutzbedürftigkeit als weitere Voraussetzung für die Beiratschaft ist in Art. 395 umschrieben mit der Notwendigkeit, zum Schutze der betroffenen Person deren Handlungsfähigkeit zu beschränken. Diese Umschreibung steht im Kontext («gleichwohl») der Feststellung, wonach für die Entmündigung kein genügender Grund vorliegt. Daraus ist abzuleiten, dass die weiteren Voraussetzungen für die Verbeiratung in den gleichen **besondern Schutzbedürftigkeiten** liegen **wie bei der Entmündigung**, d.h. grundsätzlich in einer in den Entmündigungsbestimmungen aufgeführten besondern Schutzbedürftigkeit (Art. 369 N 4 f.; Art. 369 N 26 ff.; Art. 370 N 10 ff.; Art. 372 N 7 f.). Diese muss jedoch mit Blick auf die im Vergleich zur Entmündigung geringeren Wirkungen der Beiratschaft nur in einem geringerem Ausmass gegeben sein (**quantitativ vermindert, s.a. o. N 3;** BACHMANN, 99), weil sonst eben die Entmündigung die verhältnismässige Massnahme wäre.

5   Nachdem die Wirkungen der drei verschiedenen Arten von Beiratschaften (u. N 7 ff.) unterschiedlich sind, sind auch die für die drei Arten passenden Schutzbedürftigkeiten unterschiedlich. Die quantitativ verminderte Schutzbedürftigkeit hat sich zwangsläufig aus den Wirkungen der jeweiligen Art der Beiratschaft zu ergeben (BACHMANN, 99); die Voraussetzungen der Beiratschaft werden **von den Wirkungen her** abgeleitet (BK-SCHNYDER/MURER, N 36). Oft geht es bei der Beiratschaft darum, die betroffene Person v.a. in wirtschaftlicher Hinsicht vor ihrer eigenen, ihr immer wieder «Streiche spielenden» Handlungsfähigkeit zu schützen (BK-SCHNYDER/MURER, N 37 m.Hw.). Das Institut der Beiratschaft ist nicht dazu bestimmt, den künftigen Erben das anwartschaftliche Vermögen zu erhalten, sondern kommt nur in Betracht, wenn die zu verbeiratende Person durch die Art und Weise ihrer Vermögensverwaltung *ihre eigene* wirtschaftliche Existenz oder diejenige der Familie, für die sie zu sorgen hat, ernstlich gefährdet (BGE 88 II 247). Die Schutzbedürftigkeit ist nicht leichthin zu bejahen; sind grössere Ersparnisse vorhanden und laufen ausreichende Einnahmequellen weiter, so ist der Ermessensspielraum bei der Verwendung der Mittel sehr gross (RegRat SG ZVW 1994, 248).

3. Die Verhältnismässigkeit als zusätzliche Voraussetzung

In der Stufenfolge der Massnahme liegt die Beiratschaft zwischen der Vormundschaft **6** und der Beistandschaft. Die Prüfung der **Verhältnismässigkeit** hat sich bei der Anordnung der Beiratschaft, die als wesentliche Wirkung eine Beschränkung der Handlungsfähigkeit nach sich zieht, insb. mit der Frage auseinander zu setzen, ob die Gefahr besteht, dass sich die betroffene Person selber schadet, indem sie unvorteilhafte rechtsgeschäftliche Dispositionen auf dem Gebiet der Vermögensverwaltung bzw. durch einzelne Rechtsgeschäfte gem. Art. 395 Abs. 1 treffen würde (Anwendungsfall: BGer II.Z. v. 28.8.2001, 5C.92/2001; s. im Übrigen Art. 369 N 29 ff.).

III. Die drei Arten der Beiratschaften und ihre Wirkungen

1. Allgemeines

Die Beiratschaft ist im Gesetzesabschnitt «Die Beistandschaft» in Art. 395 geregelt. Sie **7** ist entgegen dieser systematischen Einordnung keine Beistandschaft (i.e.S.), sondern eine eigenständige Art einer vormundschaftlichen Massnahme, die bez. ihrer Wirkung auf die Handlungsfähigkeit der von ihr erfassten Person zwischen der Beistandschaft und der Vormundschaft steht (GEISER et al., 85); dabei geht es um eine **auf Dauer** angelegte **Beschränkung der Handlungsfähigkeit** (s.a. Randtitel).

Die Beiratschaft beschränkt die Handlungsfähigkeit des Verbeirateten genau in dem **8** durch das Gesetz definierten Ausmass. Die **gesetzlichen Wirkungen** können im konkreten Fall nicht eingeschränkt werden, d.h. es ist nicht statthaft, die Beiratschaft nur auf einzelne der in Abs. 1 aufgezählten Geschäftsarten zu beschränken oder auf weitere Geschäftsarten auszudehnen; kommt Abs. 2 zur Anwendung, wird, vorbehältlich Art. 414, stets das gesamte Vermögen des Verbeirateten erfasst (GEISER et al., 85).

Entsprechend dem Wortlaut des Gesetzes können die Wirkungen des Abs. 1 und des Abs. 2 unabhängig voneinander oder auch in Kombination ausgelöst werden.

2. Die Mitwirkungsbeiratschaft

Die **Mitwirkungsbeiratschaft** (Art. 395 Abs. 1) hat zur Folge, dass die verbeiratete Per- **9** son die in Abs. 1 aufgezählten Geschäfte **nicht ohne Mitwirkung des Beirates** abschliessen kann. In diesem beschränkten Umfang schützt sie Einkommen und Vermögen der verbeirateten Person, die aber sonst die Verfügungsbefugnis und die Verwaltung behält. Der **Mitwirkungsbeirat ist nicht gesetzlicher Vertreter** des Verbeirateten, kann somit ebenfalls nicht allein handeln (s. z.B. BGE 119 V 264). Die Mitwirkungsbeiratschaft setzt deshalb die Kooperationsbereitschaft des Verbeirateten voraus (BGer II.Z.v. 6.3.2003, E. 4.2, 5C.262/2002); in der Praxis ist dies allerdings nur relevant in Fällen, in denen nach den Umständen überhaupt ein Bedürfnis nach Abschluss von Geschäfte gemäss Abs. 1 besteht oder entstehen kann und es nicht nur darum geht, den Abschluss solcher Geschäfte zu verhindern. Ein in Abs. 1 Ziff. 1–9 von Art. 395 aufgeführtes Geschäft kommt nur zustande, wenn die verbeiratete Person und der Beirat zusammenwirken (GEISER et al., 85). Die verbeiratete Person bedarf deshalb der Urteilsfähigkeit, damit überhaupt noch solche unter Abs. 1 fallende Rechtsgeschäfte abgeschlossen werden können.

Normalfall ist, dass die Initiative für den Abschluss eines solchen Rechtsgeschäftes von **10** der verbeirateten Person ausgeht und der Beirat eben nur mitwirkt. Diese **Mitwirkung** besteht aus der Zustimmung des Beirates. Möglich ist aber auch, dass die verbeiratete Person ein vom Mitwirkungsbeirat vorgeschlagenes Rechtsgeschäft abschliesst (z.B. unterschriftlich genehmigt). Im Einzelfall kann der Beirat der verbeirateten Person im

Voraus die Ermächtigung erteilen, ein Geschäft innerhalb bestimmter inhaltlicher Schranken abzuschliessen. Sodann kann umgekehrt die verbeiratete Person den Beirat bevollmächtigen, bestimmte Rechtsgeschäfte abzuschliessen. Soweit es sich dann um Geschäfte handelt, die unter Abs. 1 fallen, besteht die Mitwirkung des Beirates in der Wahrnehmung der aus der Vollmacht fliessenden Befugnis. Soweit es sich hierbei um Einzelfälle handelt, ist dagegen nichts einzuwenden. Wird aber ständig und stets wieder vom Normalfall der Mitwirkung (s.o.) abgewichen, stellt sich die Frage der Notwendigkeit einer Anpassung der Massnahme an die realen Schutzbedürfnisse der betroffenen Person. Eine besondere **Form** für die **Mitwirkung** des Beirates ist nicht vorgeschrieben. Sie kann **ausdrücklich** oder **stillschweigend, im Voraus, gleichzeitig** oder **nachträglich** erfolgen (DESCHENAUX/STEINAUER, Personnes, N 188).

11   Eine **Mitwirkung der vormundschaftlichen Behörden** (nach Art. 419 Abs. 2, Art. 404, Art. 421 oder Art. 422) anstelle oder neben der verbeirateten Person **ist ausgeschlossen** (GEISER et al., 85; BACHMANN, 119 m.Hw.).

12   **Fehlt die Mitwirkung** des Beirates zu einem Geschäft gem. Abs. 1, so finden die Regeln von Art. 19 Abs. 1 bzw. Art. 410 und Art. 411 **analoge Anwendung** (DESCHENAUX/STEINAUER, Personnes, N 190; s.a. OGer ZH, ZR 1951, 10). Gegen die Weigerung des Beirates, bei einem Geschäft mitzuwirken, steht der verbeirateten Person allerdings die Vormundschaftsbeschwerde nach Art. 420 Abs. 1 offen (GEISER et al., 85), im Rahmen derer dem Beirat ggf. eine entsprechende Anweisung erteilt werden kann.

13   Den in Abs. 1 Ziff. 1–9 aufgezählten **Geschäften** haftet ein gewisses erhöhtes Risiko der Selbstschädigung an. Allerdings gibt es weitere Geschäfte, denen diese Eigenschaft auch zukommt, weil Vorteile und Nachteile nicht leicht gegeneinander abzuwägen sind. Im Einzelnen bedürfen der Mitwirkung (s.a. Art. 421, welcher die zustimmungsbedürftigen Geschäfte teilweise gleich definiert; sodann BK-SCHNYDER/MURER, N 88 ff.; BACHMANN, 109 ff.):

– *Prozessführung und Abschluss von Vergleichen (Ziff. 1):* Der Beirat hat in sämtlichen prozessualen Verfahren der verbeirateten Person mitzuwirken, welche deren vermögenswerten Interessen berühren. Dies gilt nicht nur für den Zivilprozess, sondern auch für Verfahren der Verwaltungsrechtspflege, z.B. den Sozialversicherungsprozess (BGE 119 V 268), nicht jedoch für das betreibungsrechtliche Beschwerdeverfahren (BGer 8.4.2004, E. 2.2, 7B.29/2004, m.Hw. ältere Rsp.). Keine Mitwirkung ist erforderlich, wenn es um höchstpersönliche Angelegenheiten geht (z.B. Ehescheidung, *Vormundschaftsbeschwerde nach Art. 420*), soweit nicht vermögensrechtliche Nebenfolgen zu beurteilen sind (finanzielle Nebenfolgen der Ehescheidung; Unterhaltsverpflichtungen im Vaterschaftsprozess etc.). Auch im Strafprozess hat der Beirat nur soweit mitzuwirken, als adhäsionsweise Schadenersatz- oder Genugtuungsansprüche zu beurteilen sind. Die Verzeigung eines RA bei der Aufsichtskommission stellt Prozessführung dar (ZR 1987, 41). Die Bestimmung zielt insb. auch auf den Querulanten ab. In der Praxis weichen nach Art. 395 Abs. 1 verbeiratete Querulanten allerdings nicht selten auf das Verfahren der Vormundschaftsbeschwerde aus.

– *Kauf, Verkauf, Verpfändung und andere dingliche Belastung von Grundstücken (Ziff. 2), Bauten, die über die gewöhnlichen Verwaltungshandlungen hinausgehen (Ziff. 4), Gewährung und Aufnahme von Darlehen (Ziff. 5), Eingehung wechselrechtlicher Verpflichtungen (Ziff. 8):* s. Art. 421 Ziff. 1 und Ziff. 3–5; umstritten ist die Frage, ob der Abzahlungsvertrag unter Ziff. 5 fällt; sie darf angesichts des Umstandes, dass die Kreditierung des Kaufpreises mit Vereinbarung von Ratenzahlungen nach allgemeiner Anschauung wirtschaftlich und begrifflich mit der Darlehensaufnahme zwecks

Beschaffung der Mittel für eine Anschaffung praktisch identisch ist, bejaht werden, ohne die Rechtssicherheit allzu stark zu strapazieren (für die Anwendung von Ziff. 5 auf die Abzahlungsverträge: BK-Schnyder/Murer, N 92; eher befürwortend: ZK-Egger, N 62; ablehnend: Bachmann, 116).

– *Kauf, Verkauf und Verpfändung von Wertpapieren (Ziff. 3):* Massgeblich ist der Wertpapierbegriff des OR (Art. 965 OR); die Bestimmung zielt auf die Verhinderung ruinöser Spekulationen ab.

– *Entgegennahme von Kapitalzahlungen (Ziff. 6):* Eine gesetzliche Definition des Begriffes der Kapitalzahlung fehlt; es dürften damit einmalige Kapitalleistungen gemeint sein, die an die Stelle von künftigen Zins-, Raten- oder Rentenzahlungen treten.

– *Schenkungen (Ziff. 7):* Die Bestimmung erfasst die Schenkungen, in denen die verbeiratete Person als Schenker auftritt; zum Begriff der Schenkung (s. Art. 239 Abs. 3 OR); keiner Mitwirkung des Beirates bedürfen übliche Gelegenheitsgeschenke (s.a. Art. 408).

– *Eingehung von Bürgschaften (Ziff. 9):* s. Art. 492 OR.

3. Die Verwaltungsbeiratschaft

Der **Verwaltungsbeirat** nach Art. 395 Abs. 2 ist **bez. der Verwaltung des Vermögens** **14** **ausschliesslicher gesetzlicher Vertreter** der verbeirateten Person. Die verbeiratete Person ist von der Verwaltung ausgeschlossen; der Beirat handelt als Vermögensverwalter gültig auch ohne oder gegen den Willen der verbeirateten Person. Eine Mitwirkung der verbeirateten urteilsfähigen Person ist nur im Umfang von Art. 409 gegeben. Verbotene Geschäfte i.S.v. Art. 408 darf der Beirat nicht tätigen (ZK-Egger, Art. 408 N 2; s.a. Geiser et al., 86).

Ganz allgemein sind (da der Verwaltungsbeirat eben gesetzlicher Vertreter in seinem **15** Aufgabenbereich der Vermögensverwaltung ist, der verbeirateten Person in diesem Bereich die Handlungsfähigkeit entzogen ist, die Aufgabe des Beirates in diesem Bereich somit die Gleiche ist wie diejenige des Vormundes) diejenigen **Bestimmungen** des elften Titels des Gesetzes (Art. 398 ff.) **über die Führung der Vormundschaft** auf den Verwaltungsbeirat **anwendbar,** die für den Vormund gelten, soweit deren Anwendung für den Bereich der Vermögensverwaltung überhaupt von Relevanz ist. Dies hat zur Folge, dass bei Vermögensverwaltungsgeschäften, die unter Art. 404, Art. 421 und Art. 422 fallen, die **vormundschaftlichen Behörden** gem. diesen Bestimmungen **mitzuwirken** haben, und nicht etwa die verbeiratete Person nach Art. 419 Abs. 2. Die Bestimmung von Art. 419 Abs. 2 ist (entgegen Rechtsprechung vgl. etwa VormKammer OGer AG, ZVW 2001, 253; BGer KH v. 15.3.2001, E. 3b, 6S.587/2000 und eines Teils der Lehre: s. die Hinweise bei BK-Schnyder/Murer, N 142) auf die Verwaltungsbeiratschaft nicht anwendbar (so auch ZK-Egger, N 84 f.; BK-Schnyder/Murer, N 143; Bachmann, 127 f.; Geiser et al., 86).

Bezüglich **Verfügungen über das Einkommen und die Vermögenserträgnisse** (= gesamter **16** Vermögensertrag minus Aufwendungen für die Erhaltung und Verwaltung des Vermögens [BK-Schnyder/Murer, N 119]) bewirkt die Verwaltungsbeiratschaft **keine** **Beschränkung der Handlungsfähigkeit;** die verbeiratete Person kann mit Haftung ihres Einkommens und Vermögensertrages alle Geschäfte, auch die in Abs. 1 von Art. 395 aufgezählten, ohne jede Mitwirkung des Beirates abschliessen (BGer 28.6.2005, E. 4, 7B.82/2005 m.Hw. a. frühere Rspr.). Geschützt ist die Vermögenssubstanz (Geiser et al., 86).

4. Die kombinierte Beiratschaft

17 Die **kombinierte Beiratschaft** nach Art. 395 Abs. 1 und 2 vereinigt die **Wirkungen der beiden andern Arten von Beiratschaft** und stellt von den drei Arten den stärksten Eingriff in die Handlungsfähigkeit der verbeirateten Person dar. Bezüglich Vermögensverwaltung ist der Beirat ausschliesslicher Vertreter, die Mitwirkung der verbeirateten Person ist nur im Umfang von Art. 409 gegeben, die Mitwirkung der vormundschaftlichen Behörden gem. Art. 404, 421 und 422 erforderlich. Verbotene Geschäfte i.S.v. Art. 408 zulasten des Vermögens sind ausgeschlossen. Die nach Art. 395 Abs. 1 und 2 verbeiratete Person verfügt über Einkommen und Vermögensertägnisse nur so weit frei, als sie keine Geschäfte abschliessen will, die unter Abs. 1 fallen; für diese bedarf sie der Mitwirkung des Beirates; für Verfügungen über Einkommen und Vermögensertrag gelten die Regeln der Mitwirkungsbeiratschaft (GEISER et al., 86).

IV. Die Leistung persönlicher Fürsorge durch den Beirat, inkl. Lohnverwaltung

18 Mit einem Entscheid aus dem Jahre 1970 (BGE 96 II 369) änderte das BGer die bis dahin geltende Rechtsprechung und hielt fest, dass **persönliche Fürsorge** (vgl. dazu o. Art. 369 N 5 und 10) nicht nur dem Vormund, sondern auch dem Beirat obliegen könne. In BGE 97 II 302 hielt das BGer fest, dass für eine geistesschwache Person, die *dauernd* der Überwachung und der persönlichen Fürsorge bedürfe, eine Beiratschaft nicht genüge, sondern Vormundschaft anzuordnen sei; s.a. BGer II.Z. v. 16.7.2001, E. 4. In BGE 103 II 82 bestätigte das BGer, dass die Beiratschaft auch persönliche Fürsorge umfassen könne, doch dürfe die *körperliche und psychische Gesundheit nicht alleiniges Schutzobjekt* sein (s.a. BGer II.Z. v. 22.6.2001, E. 6b, 5C.102/2001). In der Praxis können Vermögens- und Personensorge kaum je völlig unabhängig voneinander geleistet werden. Die Anerkennung, dass auch der Beirat sich um das persönliche Wohlergehen der verbeirateten Person kümmern darf, ermöglicht in zahlreichen Fällen den Verzicht auf eine Entmündigung. Ob die lt. STURM (ZVW 2002, 182) im Kt. GR offenbar praktizierte «hybride Kombination» von Verwaltungsbeiratschaft mit Entziehung der Handlungsfähigkeit auf eigenes Begehren in Bezug auf den Arbeitserwerb der verbeirateten Person nur mit dem Grundsatz ‹in maiore minus› als gesetzmässig erklärt werden kann (so i.E. STURM, a.a.O.), muss von Rechtssicherheitsaspekten her (Typengebundenheit der Massnahmen) in Frage gestellt werden (vgl. dazu BGer II.Z. 14.10.2005, 5C.190/2005, Aufhebung der Lohnverwaltung infolge Widerrufs der Einwilligung, welcher jederzeit möglich sei).

V. Die Kombination der Beiratschaft mit einer Beistandschaft

19 In der Praxis wird gelegentlich die **Verwaltungsbeiratschaft** (Art. 395 Abs. 2) mit einer **Vertretungsbeistandschaft** nach Art. 392 kombiniert. Diese Kombination ist geeignet, der Person mit umfassenden Betreuungs- und Vertretungsbedürftigkeiten die erforderlichen Hilfestellungen zu leisten, wenn gleichzeitig eine Schutzbedürftigkeit vorliegt, die eine Beschränkung der Handlungsfähigkeit im Bereich der Vermögensverwaltung angemessen erscheinen lässt (s.a. Art. 369 N 5). Andere, ebenfalls denkbare Kombinationen, z.B. Mitwirkungsbeiratschaft mit Verwaltungsbeistandschaft nach Art. 393, dürften weniger einem praktischen Bedürfnis entsprechen.

VI. Publikation

20 Damit die Beiratschaft die angestrebte Schutzwirkung hat, muss sie publiziert werden, und zwar unter Nennung der angeordneten Art der Beiratschaft (s.a. Art. 397; GEISER et al., 86; BK-SCHNYDER/MURER, N 14 und Art. 397 N 78 f.)

VII. Die quantitative Bedeutung der Beiratschaft

Der Beiratschaft nach Art. 395 kommt quantitativ relativ grosse Bedeutung zu. Von **21** den Ende 2004 in der Schweiz laufenden rund 64 000 amtsgebundenen Massnahmen für Erwachsene waren rund 4450 (7,0%) Beiratschaften. Unter den im Jahr 2004 insgesamt rund 10 300 neu angeordneten amtsgebundenen Massnahmen für Erwachsene befanden sich 538 (5,2%) Beiratschaften (Schweiz. Vormundschaftsstatistik 2004, Sekretariat VBK, Luzern).

Art. 396

B. Zuständigkeit	[1] **Die Vertretung durch einen Beistand wird für die der Beistandschaft bedürftige Person von der Vormundschaftsbehörde ihres Wohnsitzes angeordnet.**
	[2] **Die Anordnung einer Vermögensverwaltung erfolgt durch die Vormundschaftsbehörde des Ortes, wo das Vermögen in seinem Hauptbestandteil verwaltet worden oder der zu vertretenden Person zugefallen ist.**
	[3] **Der Heimatgemeinde stehen zur Wahrung der Interessen ihrer Angehörigen die gleichen Befugnisse zu wie bei der Vormundschaft.**
B. Autorité compétente	[1] Le curateur est nommé par l'autorité tutélaire du domicile de la personne à placer sous curatelle.
	[2] Le curateur chargé d'une gestion de biens est désigné par l'autorité tutélaire du lieu dans lequel la plus grande partie des biens étaient administrés ou sont échus au représenté.
	[3] La commune d'origine a, pour sauvegarder les intérêts de ses ressortissants, les mêmes droits qu'en matière de tutelle.
B. Competenza	[1] La nomina del curatore per la rappresentanza personale è fatta dall'autorità tutoria del domicilio della persona che ne abbisogna.
	[2] La nomina del curatore per l'amministrazione di una sostanza è fatta dall'autorità tutoria del luogo dove era amministrata la maggior parte dei beni o dove i beni sono pervenuti alla persona rappresentata.
	[3] Al Comune d'attinenza spettano, a salvaguardia degli interessi dei suoi attinenti, le stesse facoltà che in materia di tutela.

Literatur

GEISER/LANGENEGGER/MINGER/MOSIMANN/NICOD, Mustersammlung Erwachsenenvormundschaftsrecht, Basel 1996; vgl. auch die Literaturhinweise zu den Vorbem. zu Art. 360–456.

I. Anwendungsbereich

Im Gegensatz zur Regelung bei der Vormundschaft betrifft Art. 396 sowohl die Zu-   **1** ständigkeit für die **Anordnung der Massnahme** wie auch jene für die **Ernennung** des Amtsträgers (BGE 82 II 205; DESCHENAUX/STEINAUER, Personnes, Rz 1119 f.; BK-SCHNYDER/MURER, N 12).

2 Die Zuständigkeit wird von Bundesrechts wegen **inter- und innerkantonal** festgelegt (BK-SCHNYDER/MURER, N 18). Die Kantone können anders als bei der Vormundschaft (Art. 376 N 7 ff.) die Zuständigkeit für die Anordnung einer Beistandschaft auch für ihre eigenen Bürger nicht der Heimatgemeinde zuweisen. Art. 376 Abs. 2 darf zudem nicht analog angewendet werden (BGE 81 II 420; BK-SCHNYDER/MURER, N 31).

3 Da nur auf die Art. 392 und 393 verwiesen wird, ist die Bestimmung formell nicht auf die **Beiratschaft** und die **Beistandschaft auf eigenes Begehren** anwendbar (vgl. dazu u. N 8 und 10). Ebenso besteht keine direkte Anwendung auf die als Kindesschutzmass-nahmen angeordneten Beistandschaften (Art. 308 f., 325). Dort richtet sich die Zustän-digkeit nach den Art. 315 und 315a sowie 315b. Soweit allerdings einem Kind ein Bei-stand nach Art. 392 Ziff. 2 oder 3 ernannt wird, bestimmt sich die Zuständigkeit trotz Art. 306 Abs. 2 wiederum nach Art. 396 (BK-SCHNYDER/MURER, N 15). Auf weitere, im Gesetz verstreute Bestimmungen über Beistandschaften findet die Bestimmung Anwen-dung, falls die entsprechende Norm nicht selber die Zuständigkeit regelt (Art. 762, 823).

II. Örtliche Zuständigkeit

4 Die örtliche Zuständigkeit ist **je nach Art der Beistandschaft unterschiedlich** geregelt. Wie bei der Vormundschaft ist vom Grundsatz der wohnörtlichen Zuständigkeit auszuge-hen (Abs. 1). Die Zuständigkeit am Ort der bisherigen Vermögensverwaltung bzw. des angefallenen Vermögens (Abs. 2) bildet die Ausnahme und hat entsprechend einschrän-kend ausgelegt zu werden.

Massgebend ist – wie bei der Bevormundung (Art. 376 N 6) – der Wohnsitz bzw. die Vermögensverwaltung im **Zeitpunkt der Eröffnung** des Verfahrens.

5 Geht es um die **Vertretung der betroffenen Person nach Art. 392,** so muss die Bei-standschaft an deren *Wohnsitz* errichtet werden. Dieser bestimmt sich nach Art. 23 ff. Die Verbeiständung selber hat keinen Einfluss auf den Wohnsitz (DESCHENAUX/STEINAUER, Personnes, Rz 1121). Art. 25 kann dennoch anwendbar sein, wenn es um die Verbeistän-dung einer unmündigen oder entmündigten Person geht (Art. 392 Abs. 2 und 3; BK-SCHNYDER/MURER, N 38).

6 Die Anordnung der **Verwaltungsbeistandschaft nach Art. 393** erfolgt grundsätzlich dort, wo das Vermögen zu seiner Hauptsache verwaltet wird oder der zu vertretenden Person zugefallen ist. Massgebend wirkt nicht die Lage des Vermögens, sondern der Ort, wo es bis anhin verwaltet worden ist (DESCHENAUX/STEINAUER, Personnes, Rz 1122a). Handelt es sich dabei um mehrere Orte, kommt es auf die Verwaltung des wertvollsten Teils an (BK-SCHNYDER/MURER, N 47).

Wird eine Beistandschaft errichtet, weil die Erbfolge ungewiss oder ein erbberechtigtes Kind noch nicht geboren ist (Art. 393 Ziff. 3), besteht die Zuständigkeit der VormBehör-de am letzten Wohnsitz des Erblassers, weil dort das **Vermögen angefallen** ist (BGE 58 II 291; DESCHENAUX/STEINAUER, Personnes, Rz 1122a). Daraus können sich Zuständig-keitsstreitigkeiten ergeben, weil die Bestellung eines Beistandes für einen *bekannten* Erben, dessen Aufenthaltsort aber unbekannt ist, an dessen letztem Wohnsitz vorgenom-men werden muss (GEISER et al., 70).

Die Verbeiständung erfolgt immer **nur an einem Ort** (BK-SCHNYDER/MURER, N 46). Taucht später weiteres Vermögen an einem anderen Ort auf, hat keine neue Verbeistän-dung stattzufinden. Vielmehr ist auch dieses Vermögen vom bisherigen Beistand zu ver-walten. Allenfalls kann sich eine Verlegung der Zuständigkeit rechtfertigen (vgl. u. N 12).

Verschiebt sich das Gewicht der einzelnen Teile eines an mehreren Orten verwalteten Vermögens, erfordert dies grundsätzlich keine Übertragung der Beistandschaft.

Die Verwaltungsbeistandschaft nach **Art. 393 Ziff. 2** weist oft mehr personen- als vermögensbezogene Merkmale auf. Mit Blick auf den Ausnahmecharakter von Abs. 2 muss in solchen Fällen am Wohnsitz verbeiständet werden (BK-SCHNYDER/MURER, N 29 und 48).

Wird eine **kombinierte Beistandschaft** errichtet, ist für die Zuständigkeit im Einzelfall   7
zu klären, ob das persönliche oder das vermögensrechtliche Element überwiegt. Je nachdem bedeutet dies die Anwendung von Abs. 1 oder 2 (BK-SCHNYDER/MURER, N 49 f.). In der Regel wird die persönliche Betreuung eine ausreichende Bedeutung haben, um eine wohnörtliche Zuständigkeit begründen zu können. Insofern nimmt ein Teil der neueren Lehre bei der kombinierten Beistandschaft immer eine wohnörtliche Zuständigkeit an (STETTLER, Rz 273; für Altersbeistandschaften RIEMER, Vormundschaftsrecht, 140).

Mit Blick auf die mit der **Beistandschaft auf eigenes Begehren** regelmässig verbundene   8
persönliche Fürsorge gilt von Bundesrechts wegen auch hier die wohnörtliche Zuständigkeit (BK-SCHNYDER/MURER, N 51 f.; RIEMER, Vormundschaftsrecht, 140; STETTLER, Rz 273).

Bei den **weiteren,** nicht im Vormundschaftsrecht geregelten **Beistandschaften** ist die   9
Zuständigkeit meist autonom geregelt. So folgt aus Art. 315 für die im Rahmen des Kindesschutzes angeordneten Massnahmen grundsätzlich auch die wohnörtliche Zuständigkeit, wobei sich aber mit Blick auf den Aufenthaltsort und die richterliche Zuständigkeit gem. Art. 315a und 315b OR erhebliche Abweichungen ergeben können. Für den Grundpfandgläubiger, dessen Wohnort unbekannt ist, muss der Beistand am Ort des Unterpfandes ernannt werden (Art. 823 Abs. 2). Eine Beistandschaft nach Art. 762 fällt unter die Vermögensverwaltung nach Art. 393, so dass Art. 396 Abs. 2 anwendbar ist (BK-SCHNYDER/MURER, N 16 und Art. 393 N 86).

Bezüglich der örtlichen Zuständigkeit für die **Beiratschaft** enthält das Gesetz eine echte   10
Lücke (BK-SCHNYDER/MURER, N 54). Die **Beiratschaft** beschränkt die Handlungsfähigkeit und hat damit immer ein stark persönlichkeitsbezogenes Element. Ihre Natur gebietet es deshalb, für alle ihre Formen eine wohnörtliche Zuständigkeit anzunehmen (BGE 81 II 419 f.; 82 II 208 ff.; STETTLER, Rz 323; RIEMER, Vormundschaftsrecht, 112; BK-SCHNYDER/MURER, N 55; DESCHENAUX/STEINAUER, Personnes, Rz 1143).

Es fragt sich allerdings, ob die Nähe zur Vormundschaft eine analoge Anwendung von Art. 376 Abs. 2 erlaubt, so dass die Kantone unter den dort genannten Voraussetzungen für ihre Bürger auch eine **Heimatzuständigkeit** vorsehen könnten. Das BGer hat diese Frage offen gelassen (BGE 82 II 208 ff.). Die Heimatzuständigkeit muss in den heutigen Verhältnissen als wenig zweckmässig angesehen werden, so dass eine ausdehnende Anwendung von Art. 376 Abs. 2 auf dem Wege der Analogie abzulehnen ist (gl.M. DESCHENAUX/STEINAUER, Personnes, Rz 1143a; offen RIEMER, Vormundschaftsrecht, 112; BK-SCHNYDER/MURER, N 56).

Art. 85 Abs. 2 IPRG erklärt das Haager Übereinkommen vom 5.10.1961 über die Zu-   11
ständigkeit und das anzuwendende Recht auf dem Gebiet des Schutzes von Minderjährigen (MSA) bei der Erwachsenenvormundschaft in Fällen mit internationalem Bezug als analog anwendbar. Die analoge Anwendung bezieht sich auf alle vormundschaftlichen Massnahmen, nicht nur auf die Vormundschaft im eigentlichen Sinn. Daraus ergibt sich in **internationalen Verhältnissen** grundsätzlich eine Zuständigkeit am Ort des gewöhnlichen Aufenthaltes. Zur Frage, inwieweit trotzdem ein Forum am *Wohnort* gegeben ist,

vgl. Art. 376 N 12. Die Regeln des MSA können jedoch auf die **Verwaltungsbeistand-schaft** keine Anwendung finden, weil dort nicht bei der Person, sondern beim Vermögen angeknüpft wird. Das MSA kennt nur für dringliche Fälle eine Zuständigkeit am Ort, an dem sich das Vermögen befindet (Art. 9 MSA). Abgesehen davon, dass das materielle Recht bei den Verwaltungsbeistandschaften eine vom Aufenthaltsort der Person unabhängige, *ordentliche* Zuständigkeit vorsieht, unterscheidet sich Art. 396 von Art. 9 MSA auch dadurch, dass es auf den Ort der Vermögensverwaltung bzw. des Vermögensanfalls ankommt und nicht darauf, wo sich dieses befindet. Es besteht insoweit eine Lücke. In diesem beschränkten Umfang lässt sich die Anwendung von Art. 396 auch im internationalen Verhältnis rechtfertigen (für das frühere Recht schon ähnlich BK-SCHNYDER/MURER, syst. Teil IPR N 155 ff.).

12   Art. 396 ist auch für die **Übertragung einer Beistandschaft** zu berücksichtigen. Beachtet werden muss allerdings, dass sich die Zuständigkeit nur so weit, als es sich um eine personenbezogene Massnahme handelt, nach dem Wohnsitz richtet (o. N 5 ff.) und die Massnahme selber auf den Wohnsitz der verbeiständeten Person keinen Einfluss hat (o. N 5). Diese kann deshalb ihren Wohnsitz verlegen, ohne dass sie dafür der Zustimmung des Beistandes oder der Behörde bedürfte. Art. 377 Abs. 1 ist nicht anwendbar (o. Art. 377 N 1). Hat aber eine Verlegung des Wohnsitzes stattgefunden, so wird die personenbezogene Massnahme an die VormBehörde am neuen Wohnsitz übertragen, sofern dies im Interesse der betroffenen Person liegt (BK-SCHNYDER/MURER, N 57 ff.). Insofern ist Art. 377 Abs. 2 analog anwendbar (o. Art. 377 N 2). Handelt es sich um eine auf das Vermögen bezogene Beistandschaft, erfolgt keine Übertragung, da sie am Ort der *bisherigen* Verwaltung bzw. des Vermögensanfalls zu führen ist (Art. 396 Abs. 2). Art. 377 findet hier keine analoge Anwendung (BK-SCHNYDER/MURER, Art. 377 N 120). Geht es um eine auf Dauer angelegte Vermögensverwaltung, kann eine Übertragung der Massnahme aber u.U. dennoch im Interesse der betroffenen Person liegen. In Ausnahmefällen sollte dann die Übernahme durch eine der Sache näher stehende Behörde in analoger Anwendung von Art. 377 Abs. 2 möglich sein.

III. Sachliche Zuständigkeit

13   Die sachliche Zuständigkeit für die Anordnung von **Beistandschaften nach Art. 392 und Art. 393** liegt von Bundesrechts wegen bei der *VormBehörde* (BK-SCHNYDER/MURER, N 20; RIEMER, Vormundschaftsrecht, 141; DESCHENAUX/STEINAUER, Personnes, Rz 1124). Das ZGB enthält in diesem Bereich eine genaue Terminologie. Dem Wortlaut der Bestimmung ist deshalb zu entnehmen, dass die Kantone die Zuständigkeit nicht der Aufsichtsbehörde übertragen können (BK-SCHNYDER/MURER, N 19; **a.M.** RIEMER, Vormundschaftsrecht, 141). Eine Kompetenzattraktion ist allerdings denkbar, so dass auch die Entmündigungsbehörde im Rahmen eines Entmündigungsverfahrens eine Beistandschaft anordnen darf (o. Art. 373 N 18). Zudem kann die Aufsichtsbehörde zuständig sein, wenn sich die VormBehörde im Ausstand befindet (BK-SCHNYDER/MURER, N 19). Diese Zuständigkeitsregel gilt ebenso für die Beistandschaft nach Art. 762 (BK-SCHNYDER/MURER, N 23).

Das kant. Recht bestimmt hingegen die sachliche Zuständigkeit für die Anordnung der **Beistandschaft nach Art. 394** (BK-SCHNYDER/MURER, N 24 f.; STETTLER, Rz 275). Das Gleiche gilt auch für die **Beiratschaft** (BGE 82 II 213; STETTLER, Rz 324; DESCHENAUX/STEINAUER, Personnes, Rz 1144). Die meisten Kantone haben für die Verbeiratung die Entmündigungsbehörde als zuständig erklärt (BK-SCHNYDER/MURER, N 27).

IV. Verfahren

Vgl. dazu die Komm. zu Art. 397. **14**

V. Rechte der Heimatbehörde

Abs. 3 verweist auf Art. 378 (BK-SCHNYDER/MURER, N 62). Die Heimatbehörde hat **15** deshalb das Recht, eine Beistandschaft oder eine Beiratschaft zu beantragen (DESCHE-NAUX/STEINAUER, Personnes, Rz 1123a und 1143a). Von der Natur der Sache her kann diese Bestimmung bei der Beistandschaft auf eigenes Begehren keine Anwendung finden.

Art. 396 Abs. 3 verweist weder auf **Art. 376 Abs. 2** noch auf **Art. 378 Abs. 3.** Kantone mit heimatlicher Armenunterstützung können die örtliche Zuständigkeit nicht abweichend regeln (DESCHENAUX/STEINAUER, Personnes, Rz 1123a). Über die religiöse Erziehung hat von der Natur der Massnahme her weder der Beistand noch der Beirat zu entscheiden (BK-SCHNYDER/MURER, N 63).

Art. 397

C. Bestellung des Beistandes	**¹ Für das Verfahren gelten die gleichen Vorschriften wie bei der Bevormundung.**
	² Die Ernennung wird nur veröffentlicht, wenn es der Vormundschaftsbehörde als zweckmässig erscheint.
	³ Wird die Ernennung nicht veröffentlicht, so wird sie dem Betreibungsamt am jeweiligen Wohnsitz der betroffenen Person mitgeteilt, sofern dies nicht als unzweckmässig erscheint.
C. Nomination	¹ La procédure est la même qu'en matière d'interdiction.
	² La nomination n'est publiée que si l'autorité tutélaire juge cette publication opportune.
	³ Si la nomination n'est pas publiée, elle est communiquée à l'office des poursuites du domicile de la personne concernée pour autant que cela ne semble pas inopportun.
C. Nomina del curatore	¹ Per la procedura valgono le disposizioni sulla tutela.
	² La nomina è pubblicata solo se l'autorità tutoria lo reputa opportuno.
	³ Se la nomina non è pubblicata, essa viene comunicata all'ufficio d'esecuzione del domicilio attuale della persona di cui si tratta, sempreché tale misura non appaia inopportuna.

Literatur

AMONN/GASSER, Grundriss des Schuldbetreibungs- und Konkursrechts, 6. Aufl. Bern 1997; GEISER/LANGENEGGER/MINGER/MOSIMANN/NICOD, Mustersammlung Erwachsenenvormundschaftsrecht, Basel 1996; GUILLOD, Les garanties de procédure en droit tutélaire, ZVW 1991, 41 ff.; SCHNYDER, Zur Rechtsnatur der Beiratschaft, in: FS Deschenaux, Freiburg i.Ü. 1977; SPIRIG, Zum psychiatrischen Gerichtsgutachten, ZVW 1990, 415 ff.; vgl. auch die Literaturhinweise zu den Vorbem. zu Art. 360–456.

I. Regelungsgegenstand

1 Abweichend vom Wortlaut des Randtitels betrifft Art. 397 nicht nur die Bezeichnung der Person des Beistandes, sondern regelt das Verfahren sowohl für die **Anordnung der Massnahme** wie auch für die **Ernennung des Amtsträgers** (BK-SCHNYDER/MURER, N 17; DESCHENAUX/STEINAUER, Personnes, Rz 1120; RIEMER, Vormundschaftsrecht, 124 und 144; STETTLER, Rz 271, 280).

2 Die Bestimmung ist in erster Linie auf die **Verbeiständungen nach Art. 392–394** anwendbar (BK-SCHNYDER/MURER, N 23). Für die **Beistandschaft auf eigenes Begehren** (Art. 394) verweist sie auf das vereinfachte Verfahren für die Entmündigung auf eigenes Begehren (BK-SCHNYDER/MURER, N 27; RIEMER, Vormundschaftsrecht, 142). Soweit es um eine **Beistandschaft** geht, die **ausserhalb des Vormundschaftsrechts i.e.S.** geregelt ist, gilt die Bestimmung nur, falls die entsprechenden Verfahrensnormen das Verfahren nicht selber regeln (BK-SCHNYDER/MURER, N 24). Entsprechende Normen finden sich beispielsweise für die kindschaftsrechtlichen Beistandschaften in den Art. 314 ff. Die **Beiratschaft** ist eine Unterart der Beistandschaft, so dass sie von Art. 397 nach h.L. mit erfasst wird. Allerdings sind die Besonderheiten dieser Massnahme zu beachten (DESCHENAUX/STEINAUER, Personnes, Rz 1142; BK-SCHNYDER/MURER, N 26). Demgegenüber will STETTLER, Rz 322 die Bestimmungen über das Entmündigungsverfahren mit Blick auf die nahe Verwandtschaft dieser beiden Massnahmen *direkt* anwenden, was allerdings zum gleichen Ergebnis führt.

3 Während Art. 397 für das Verfahren nur einen Verweis enthält, regelt diese Bestimmung die **Veröffentlichung** der Massnahme selbständig (s.u. N 24 ff.). Mit der Revision des SchKG ist ein dritter Absatz beigefügt worden, der die **Mitteilung an das Betreibungsamt** vorsieht (s.u. N 31 ff.).

II. Zuständigkeit

4 Vgl. dazu die Komm. zu Art. 396.

III. Verfahrensregeln im Einzelnen (Abs. 1)

1. Umfang des Verweises

5 Der in Abs. 1 enthaltene Verweis ist unpräzise. Im ZGB wird grundsätzlich auf Randtitel verwiesen. Dem Wortlaut nach bezöge sich die Bestimmung somit nur auf die Art. 373 bis 375. Die in Art. 375 vorgesehene Veröffentlichung der Massnahme hat aber in den Abs. 2 und 3 eine eigene Regelung gefunden. Weil Art. 397 auch die Ernennung des Amtsträgers betrifft (s.o. N 1), finden zudem die Art. 379 ff. analoge Anwendung, soweit sie Verfahrensbestimmungen enthalten. Namentlich besteht auch bei der Beistandschaft das Einspracheverfahren nach Art. 388 (s.u. N 20).

6 Soweit das Bundesrecht keine Bestimmungen enthält, richtet sich das Verfahren gem. Art. 373 Abs. 1 nach dem **kantonalen Recht** (DESCHENAUX/STEINAUER, Personnes, Rz 1125).

2. Einleitung des Verfahrens und Legitimation

7 Wie beim Entmündigungsverfahren (N 7 zu Art. 373) hat die zuständige Behörde das **Verfahren von Amtes wegen** einzuleiten (RIEMER, Vormundschaftsrecht, 113). Es gilt die Offizialmaxime i.e.S. (DESCHENAUX/STEINAUER, Personnes, Rz 1125). Zudem bestehen auch hier **Anzeigepflichten,** die sich teilweise aus dem Bundesrecht ergeben, aber ebenfalls auf kantonales Recht abgestützt werden können (N 7 zu Art. 373).

Welche **privaten Personen** antragsberechtigt sind, richtet sich ausschliesslich nach dem Bundesrecht (vgl. BGE 120 II 8 f., der die Frage allerdings letztlich offen lässt). Massgebend ist, ob der Person ein Anspruch auf Ernennung eines Beistandes zusteht. Es handelt sich damit um eine materiellrechtliche Frage.   **8**

Wie Art. 394 zeigt, kann die **betroffene Person** auch selber ein Verfahren auf Bestellung eines Beistandes anbegehren (Art. 373 N 9). Der Verweis in Art. 397 Abs. 1 erfasst auch die Regeln über den Kreis der **weiteren antragsberechtigten Personen** (BGE 120 II 8; BK-SCHNYDER/MURER, N 35). Legitimiert ist, wer für die Anordnung der Beistandschaft ein rechtlich relevantes Interesse hat (BGE 120 II 8). Die Vielfalt der Beistandsarten führt allerdings zu einer sehr viel weniger einheitlichen Umschreibung der Antragsberechtigung als bei der Entmündigung. Während bei der Verbeiratung regelmässig das rechtlich relevante Interesse in Unterhalts- bzw. Unterstützungspflichten liegen kann (BK-SCHNYDER/MURER, N 35), steht bei der Verbeiständung i.e.S. demgegenüber teilweise das Bedürfnis im Vordergrund, eine Verwaltung für ein Vermögen zu haben, um darüber gültig Rechtsgeschäfte abschliessen bzw. vornehmen zu können (z.B. Zustellung von Urkunden usw.). Entsprechend kann jemand ein relevantes Interesse daran haben, dass seinem Prozessgegner ein Beistand ernannt wird. Ein solches liegt aber nicht vor, wenn zwar die Vertretungsmacht der Organe einer juristischen Person zweifelhaft erscheint, die zuständige VormBehörde aber deren Bestehen bestätigt hat (BGE 120 II 9 f.). Soweit es um Beistandschaften geht, deren Regelung sich ausserhalb des Vormundschaftsrechts i.e.S. befindet, sind die dort aufgeführten Besonderheiten für die Legitimation zu beachten. Zu den Rechten der Heimatbehörde vgl. Art. 396 N 15.   **9**

Der **Zeitpunkt der Verfahrenseinleitung** beurteilt sich auch hier nach Bundesrecht (Art. 373 N 10). Bei der Beistandschaft i.e.S. ist für die **Instruktion** die VormBehörde zuständig, weil sie auch den Entscheid über die Massnahme zu treffen hat. Soweit die sachliche Zuständigkeit bei einer anderen Behörde liegt (Art. 396 N 13), bestimmt das kantonale Recht, wer die Sache zu instruieren hat (Art. 373 N 11).   **10**

3. Parteifähigkeit, Prozessbeistand

Die Prozessfähigkeit und die Prozessverbeiständung richtet sich nach den gleichen Grundsätzen wie beim Entmündigungsverfahren (BK-SCHNYDER/MURER, N 42). Vgl. dazu Art. 373 N 16.   **11**

4. Verfahrensgrundsätze

Für die Verbeiständung gelten die gleichen Verfahrensgrundsätze wie für die Entmündigung. Das Verfahren wird insb. von der **Offizialmaxime** und vom **Untersuchungsgrundsatz** beherrscht (vgl. STETTLER, Rz 325; SJZ 1990, 323; DESCHENAUX/STEINAUER, Personnes, Rz 1125). Die Parteien können über den Prozessgegenstand nicht frei verfügen (Art. 373 N 12).   **12**

Der betroffenen Person ist nach Art. 29 Abs. 2 BV das **rechtliche Gehör** zu gewähren. Bei gewissen Arten der Verbeiständung ist dies indessen nicht möglich, weil die Massnahme angeordnet werden muss, da die betroffene Person unbekannt oder noch gar nicht geboren ist (Art. 393 Ziff. 3) oder weil die Verhinderung, Rechtsgeschäfte vorzunehmen, auch einer Anhörung entgegensteht (Art. 392 Ziff. 2; Art. 393 Ziff. 1; vgl. BGE 66 II 13). Dann ist das rechtliche Gehör allerdings nach Möglichkeit dem Betroffenen nahe stehenden Personen zu gewähren (RIEMER, Vormundschaftsrecht, 141).   **13**

14 Nach h.L. bedeutet der Verweis in Art. 397 Abs. 1 i.V.m. Art. 374, dass über das rechtliche Gehör hinaus bei jeder Verbeiständung eine **mündliche Anhörung** (zum Umfang s.o. Art. 374 N 3 ff.) zu erfolgen hat (BK-SCHNYDER/MURER, N 49). Das scheint ohne jeden Zweifel gerechtfertigt, soweit es sich um eine Verbeiratung (BGE 113 II 229 ff.; DESCHENAUX/STEINAUER, Personnes, Rz 1145 f.; STETTLER, Rz 326) oder eine Verbeiständung nach Art. 393 Ziff. 2 oder Art. 394 handelt. Ob sich allerdings bei allen anderen Tatbeständen auch rechtfertigt, in jedem Fall eine mündliche Anhörung vor der gesamten Behörde oder mindestens einer Behördendelegation vorzusehen (s.o. Art. 374 N 3), erscheint fraglich. Von der Anhörung kann in jedem Fall abgesehen werden, wenn medizinische Gründe dies gebieten (BGE 113 II 229 f.; s.o. Art. 374 N 7 ff.).

15 Da die Beistandschaft nur sehr beschränkt in die Rechtsstellung der betroffenen Person eingreift, kann nicht in jedem Fall, wenn eine Geisteskrankheit oder eine Geistesschwäche die Massnahme als notwendig erscheinen lässt, eine **fachärztliche Begutachtung** (Art. 374 N 13) gefordert werden (BK-SCHNYDER/MURER, N 52; STETTLER, Rz 276; RIEMER, Vormundschaftsrecht, 142). Demgegenüber ist bei der Beiratschaft umstritten, ob mit Blick auf ihre Nähe zur Vormundschaft die Begutachtung als formelle Voraussetzung anzusehen ist. Aufgrund der bundesgerichtlichen Rechtsprechung steht fest, dass bei Zweifeln an der Begründetheit der Massnahme eine Begutachtung notwendig ist, wenn es um eine Beiratschaft geht, die auch die Vermögensverwaltung nach Art. 395 Abs. 2 erfasst (BGE 113 II 231 ff.; SCHNYDER, 202 ff.; BK-SCHNYDER/MURER, N 54; DESCHENAUX/STEINAUER, Personnes, Rz 1146). Die unterschiedliche Behandlung je nachdem, ob mit der Massnahme auch eine Vermögensverwaltung verbunden ist oder nicht, vermag kaum zu überzeugen (RIEMER, Vormundschaftsrecht, 113). Auch die Mitwirkungsbeiratschaft greift schwer in die Rechtsstellung der betroffenen Person ein. Es ist nicht einzusehen, warum hier weniger strenge Verfahrensgarantien gelten sollten. Ob eine kombinierte Beiratschaft errichtet wird, hängt u.U. nur davon ab, ob überhaupt ein Vermögen vorhanden ist.

16 Der Verweis von Art. 397 Abs. 1 erfasst auch Art. 386. Sowohl im Verbeiständungs- wie auch im Verbeiratungsverfahren können **vorsorgliche Massnahmen** angeordnet werden (BK-SCHNYDER/MURER, Art. 386 N 121 ff.; DESCHENAUX/STEINAUER, Personnes, Rz 1145). Die VormBehörde hat gem. Art. 386 Abs. 1 von sich aus alle für die Interessen der betroffenen Person notwendigen Massnahmen vorsorglich zu ergreifen, sobald das Verbeiständungs- oder Verbeiratungsverfahren eingeleitet ist (s.o. N 10). Im Verbeiständungsverfahren i.e.S. werden allerdings die Voraussetzungen für vorsorgliche Massnahmen nur selten gegeben sein, weil die VormBehörde von Bundesrechts wegen selber zuständig ist, die Massnahme anzuordnen und den Amtsträger zu ernennen (Art. 396 N 13). Es wird damit regelmässig möglich sein, rechtzeitig einen erstinstanzlichen Entscheid zu erwirken (BK-SCHNYDER/MURER, Art. 386 N 123), so dass vorsorgliche Massnahmen überflüssig erscheinen. Einem Rechtsmittel kann nötigenfalls die aufschiebende Wirkung entzogen werden (Art. 420 N 20). In der Lehre ist umstritten, was die Anwendung von Art. 386 Abs. 2 im Verfahren auf Verbeiratung oder Verbeiständung bedeutet. Während RIEMER in beiden Verfahren einen **vorsorglichen Entzug der Handlungsfähigkeit** zulassen will (RIEMER, Vormundschaftsrecht, 125 und 144 f. mit Berufung auf ZVW 1980, 68 und 115), sehen SCHNYDER/MURER diese Bestimmung bei der Verbeiständung i.e.S. als gar nicht anwendbar an und wollen sie bei der Verbeiratung nur so weit gelten lassen, dass die Handlungsfähigkeit in dem Rahmen entzogen werden kann, in dem diese Wirkung auch der vorgesehenen Massnahme zukommt (BK-SCHNYDER/MURER, Art. 386 N 121 f.). Die zweite Meinung überzeugt. Es rechtfertigt sich nicht, mit vorsorglichen Massnahmen wissentlich über das Ziel des Verfahrens hinauszugehen. Eine vorläufige Vormundschaft kann im Verbeiratungsverfahren nicht angeordnet werden.

5. Entscheid

Der Entscheid der VormBehörde im **Verbeiständungsverfahren i.e.S.** lautet auf Anord- 17
nung der Beistandschaft oder Abweisung des entsprechenden Antrages. Erachtet die Behörde eine weiter gehende Massnahme für angezeigt, kann sie auch – soweit dies in ihrer
Zuständigkeit liegt – beschliessen, ein entsprechendes Verfahren zu eröffnen oder diesen
Antrag der zuständigen Behörde zustellen. Für die **Verbeiratung** und die **Beistandschaft auf eigenes Begehren** richtet sich die sachliche Zuständigkeit nach dem kantonalen Recht. Regelmässig ist die gleiche Behörde wie für die Entmündigung zuständig
(Art. 396 N 13). Erachtet sie eine mildere Massnahme für angemessen (Verbeiständung),
so kann sie diese selber anordnen (Art. 373 N 18).

6. Kosten

Für die Kosten gelten die gleichen Grundsätze wie im Entmündigungsverfahren. Siehe 18
dazu Art. 373 N 22 f.

7. Rechtsmittel im Kanton

Soweit die VormBehörde entschieden hat, ist die **Vormundschaftsbeschwerde** nach 19
Art. 420 gegeben (BK-SCHNYDER/MURER, N 58 f.; zweifelnd DESCHENAUX/STEINAUER,
Personnes, Rz 1127; RIEMER, Vormundschaftsrecht, 142). Ist eine **andere Behörde** für
den Entscheid zuständig (Verbeiratung, Verbeiständung auf eigenes Begehren), so richten
sich die Rechtsmittel nach dem kantonalen Recht (BK-SCHNYDER/MURER, N 57). Mit
Blick auf Art. 48 OG sind die Kantone gehalten, Rechtsmittel zuzulassen, sofern erst-
instanzlich eine untere Behörde oder ein unteres Gericht entscheidet (BGE 119 II 184;
POUDRET/SANDOZ-MONOD, Art. 48 OG N 1.2.4).

Soweit es nicht um die Anordnung der Massnahme, sondern um die **Ernennung des** 20
Mandatsträgers geht, verweist Art. 397 Abs. 1 auf das Einspruchsverfahren nach
Art. 388 (BK-SCHNYDER/MURER, Art. 388 N 73 ff.).

Wie beim Entmündigungsverfahren (Art. 373 N 17) ergibt sich auch hier aus Art. 6 21
EMRK, dass **neue Vorbringen** bis zur ersten *gerichtlichen* Instanz zulässig sein müssen.

8. Weiterziehung an das Bundesgericht

Die **Anordnung** einer Beistandschaft oder einer Beiratschaft (oder Abweisung eines 22
entsprechenden Antrages) unterliegt in analoger Anwendung von Art. 373 Abs. 2
der Berufung an das BGer (DESCHENAUX/STEINAUER, Personnes, Rz 1145; RIEMER,
Vormundschaftsrecht, 115 und 143). Das steht für die Massnahmen nach Art. 308,
325 und 392 bis 395 ausser Zweifel, weil die entsprechenden Bestimmungen in Art. 44
Bst. e OG ausdrücklich aufgeführt sind. Fraglich erscheint demgegenüber, ob die
weiteren, in Art. 44 OG nicht ausdrücklich aufgeführten Beistandschaften berufungsfähig
sind. Die Rechtsprechung ist schwankend (abl.: BGE 95 II 298, bejahend: BGE 107 II
312; offen gelassen in BGE 121 III 2 f.). Soweit es sich bei den Beistandschaften ausserhalb des Vormundschaftsrechts i.e.S. um besondere Anwendungsfälle der in Art. 392 f.
aufgeführten Massnahmen handelt, sollte die Berufung ohne Bedenken gegeben
sein (BK-SCHNYDER/MURER, N 70). Aber auch in den anderen Fällen rechtfertigt
sich der Rechtsmittelausschluss nicht. Den Klammerbemerkungen in Art. 44 OG sollte
keine *einschränkende* Bedeutung zugemessen werden. Mit Blick auf die Bedeutung
der Massnahme für die betroffene Person rechtfertigt sich die Berufungsfähigkeit in jedem Fall.

Mit Inkrafttreten des **Bundesgerichtsgesetztes** (BBG) ist die Rechtslage geklärt, weil dieses die Errichtung einer Beirat- oder Beistandschaft ausdrücklich bei den beschwerdefähigen Entscheiden aufführt (Art. 72 Abs. 2 Bst. b Ziff. 6 BBG).

23 Die **Ernennung des Amtsträgers** unterliegt nicht der Berufung an das BGer. Es handelt sich weder um eine Zivilrechtsstreitigkeit i.S.v. Art. 44 OG, noch ist sie im Ausnahmekatalog der berufungsfähigen Zivilsachen aufgeführt. Es liegt demgegenüber eine Zivilsache i.S.v. Art. 68 OG vor, so dass die zivilrechtliche Nichtigkeitsbeschwerde gegeben ist (BGE 107 II 505 ff.; Deschenaux/Steinauer, Personnes, Rz 1148). Daneben ist auch die staatsrechtliche Beschwerde zulässig (BGE 118 Ia 229). Die verbeiständete Person ist zur staatsrechtlichen Beschwerde legitimiert, wenn nicht die von ihr vorgeschlagene Person gewählt wird (BGE 118 Ia 230 ff.). Demgegenüber sind die Eltern der betroffenen Person nicht beschwerdelegitimiert, weil Art. 381 nicht ihre Interessen schützt (BGE 107 II 506; bestätigt in BGE 118 Ia 230 ff.). Mit Inkrafttreten des Bundesgerichtsgesetzes (BBG) wird den bisher Legitimierten die Beschwerde nach Art. 72 ff. BBG offen stehen.

IV. Veröffentlichung (Abs. 2)

24 Absatz 2 regelt die Veröffentlichung für die Beistandschaft selbständig, ohne auf die Regelung bei der Vormundschaft zu verweisen. Der **Regelungsgegenstand** ist allerdings nicht klar. Nach dem Wortlaut der Bestimmung wird nur die *Ernennung* des Amtsträgers erfasst. Die h.L. sieht in Abs. 2 demgegenüber eine Analogie zu Art. 375 und wendet die Bestimmung auch auf die *Anordnung* der Massnahme an (BK-Schnyder/Murer, N 77 ff.; Stettler, Rz 277; Riemer, Vormundschaftsrecht, 114). Bei einer wörtlichen Auslegung der Bestimmung richtet sich demgegenüber die *Veröffentlichung der Massnahme* aufgrund des in Art. 397 Abs. 1 enthaltenen Verweises nach Art. 375, während Art. 397 Abs. 2 nur die Veröffentlichung des Amtsträgers betrifft und in Abweichung zu Art. 387 Abs. 2 regelt. Auch diesfalls kann allerdings mit Blick auf die Unterschiedlichkeit der Massnahmen Art. 375 bei der Beistandschaft i.e.S. nur beschränkt zur Anwendung gelangen.

25 Die **Beiratschaft** beschränkt – wie die Vormundschaft – die Handlungsfähigkeit der betroffenen Person. Der Rechtsverkehr hat ein offensichtliches Interesse, von dieser Massnahme Kenntnis zu erhalten. Art. 375 Abs. 3 über den Schutz Gutgläubiger ist anwendbar (BK-Schnyder/Murer, N 78). Eine Veröffentlichung der Massnahme rechtfertigt sich von daher immer, wenn die Gefahr besteht, dass die verbeiratete Person mit gutgläubigen Dritten in Umgehung der Massnahme Geschäfte abschliessen wird (vgl. Deschenaux/Steinauer, Personnes, Rz 1147; Stettler, Rz 328; Riemer, Vormundschaftsrecht, 114).

26 Demgegenüber ist die Veröffentlichung der Anordnung einer **Beistandschaft i.e.S.** regelmässig ungerechtfertigt (BK-Schnyder/Murer, Art. 394 N 15). Dem Rechtsverkehr ist damit nicht gedient. Die Massnahme beschränkt die Handlungsfähigkeit der betroffenen Person in keiner Weise und die Veröffentlichung hat auch mit Bezug auf die gesetzliche Vertretungsmacht des Amtsträgers weder positive noch negative Rechtskraft. Wird die Massnahme publiziert, können sich Dritte somit gar nicht darauf verlassen, dass tatsächlich eine gesetzliche Vertretung besteht. Ausnahmsweise kann die Veröffentlichung die Aufgabe des Mandatsträgers erleichtern, wenn zu vermuten ist, dass sich dadurch allfällige Schuldner der betroffenen Person bei ihm melden (vgl. Deschenaux/Steinauer, Personnes, Rz 1126).

27 Eigentlicher Gegenstand von Art. 397 Abs. 2 ist die Publikation der **Ernennung des Amtsträgers** (s.o. N 24). Das Interesse an einer Publikation dürfte allerdings nur äus-

serst selten bestehen, so dass i.d.R. von einer gesonderten Publikation des Namens des Amtsträgers abzusehen ist. Steht dieser indessen bei der Anordnung der Massnahme bereits fest, so wird sein Name sinnvollerweise mitpubliziert, falls die Massnahme überhaupt veröffentlicht wird. Der **Wechsel des Amtsträgers** ist demgegenüber regelmässig nicht zu publizieren (vgl. BK-SCHNYDER/MURER, Art. 387 N 17).

Zur Veröffentlichung eines **Wohnsitzwechsels** der verbeiständeten Person und der Aufhebung der Massnahme vgl. Art. 440 N 9. Nach h.L. gilt bei der Beiratschaft, dass eine erneute Publikation bei einem Wohnsitzwechsel notwendig ist, um den Gutglaubensschutz zu beseitigen (BK-SCHNYDER/MURER, N 85).   28

Die selbständige Regelung der Veröffentlichung in Art. 397 Abs. 2 hat zur Folge, dass in Abweichung zu Art. 375 Abs. 2 die **VormBehörde** selber **zuständig** ist zu entscheiden, ob die Massnahme veröffentlicht werden soll oder nicht. Das **Verfahren** richtet sich nach dem kantonalen Recht. Da aber die Zuständigkeit von Bundesrechts wegen bei der VormBehörde liegt, ist die Vormundschaftsbeschwerde nach Art. 420 gegeben. Der letzte kantonale Entscheid kann weder mit Berufung noch mit Verwaltungsgerichtsbeschwerde an das BGer weitergezogen werden. Es ist nur die staatsrechtliche Beschwerde gegeben (BK-SCHNYDER/MURER, N 86). Mit Inkrafttreten des Bundesgerichtsgesetzes (BBG) wird demgegenüber die Beschwerde an das BGer gegeben sein (Art. 72 Abs. 2 Bst. b Ziff. 5 BBG).   29

Die Veröffentlichung hat in analoger Anwendung von Art. 375 Abs. 1 in einem **amtlichen Blatt am Wohnsitz und am Heimatort** zu erfolgen. Weil auf die Veröffentlichung gänzlich verzichtet werden kann, ist es auch möglich, sie auf einen der beiden Orte zu beschränken. Die Veröffentlichung am Heimatort wird regelmässig überflüssig und damit unzulässig sein.   30

V. Mitteilung an das Betreibungsamt (Abs. 3)

Abs. 3 sieht vor, dass die Ernennung eines Beistandes oder eines Beirates dem Betreibungsamt mitzuteilen ist, wenn keine Veröffentlichung erfolgt ist und die Mitteilung nicht als unzweckmässig erscheint. Die Mitteilung an das Betreibungsamt sollte somit die Regel bilden. Hintergrund der Bestimmung bilden die mit der Revision des SchKG eingefügten **Regeln über die «Betreibung bei gesetzlicher Vertretung oder Beistandschaft»** (Art. 68c ff. SchKG). Die Regelung ist weder übersichtlich noch konsequent. Schon die Überschrift ist ungenau, da der Beistand gesetzlicher Vertreter ist und folglich nicht gesondert aufgeführt werden müsste. Nur der Mitwirkungsbeirat ist nicht gesetzlicher Vertreter. Die Betreibung bei dieser Massnahme wird aber in den Art. 68c ff. SchKG gar nicht geregelt (s.u. N 33).   31

Steht die Person unter **Verwaltungsbeiratschaft** (Art. 395 Abs. 2) und will der Gläubiger Befriedigung nicht nur aus dem Einkommen, sondern auch aus dem Vermögen des Schuldners, sind die Betreibungsurkunden dem Schuldner und dem Beirat zuzustellen (Art. 68c Abs. 3 SchKG). Hat nur der Schuldner die Urkunden erhalten, kann nur das Einkommen, nicht aber das Vermögen gepfändet werden. Dass ein bestimmter Vermögenswert nicht zum Einkommen gehört, ist im Widerspruchsverfahren geltend zu machen (Art. 68e SchKG; RIEMER, Vormundschaftsrecht, 122). Ob das Betreibungsamt Kenntnis von der Verbeiratung erhalten hat, ist dabei ohne jede Bedeutung. Der Schutz des Verbeirateten entfällt gegenüber gutgläubigen Dritten nur, wenn die Massnahme *nicht veröffentlicht* worden ist (Art. 367 Abs. 3 i.V.m. Art. 375 Abs. 3). Soweit der Gläubiger sich nur an das Einkommen halten will, sind die Betreibungsurkunden nur an den Schuldner zu richten (BBl 1991 III 60; RIEMER, Vormundschaftsrecht, 122). Die **Mitteilung** an das   32

Betreibungsamt **rechtfertigt** sich mangels Veröffentlichung immer, wenn zu befürchten ist, dass die verheiratete Person Verpflichtungen eingehen wird, die zu Betreibungen führen könnten.

33 Nach h.L. richten sich die Betreibungen bei der **Mitwirkungsbeiratschaft** ausschliesslich gegen den Schuldner. Der Mitwirkungsbeirat erhält keine Kopie der Urkunden (AMONN/GASSER, 61; RIEMER, Vormundschaftsrecht, 122). Entsprechend ist diese Massnahme dem Betreibungsamt auch nicht mitzuteilen. Ob diese Regelung angemessen ist, erscheint allerdings zweifelhaft. Die Verbeiratung nach Art. 395 Abs. 1 erfolgt immer, weil die betroffene Person offensichtlich Schwierigkeiten im Umgang mit wirtschaftlichen Angelegenheiten hat. Rechtfertigt sich die Information des gesetzlichen Vertreters bei der Beistandschaft i.e.S. (u. N. 34), so ist nicht einzusehen, warum diese Information nicht auch dem Mitwirkungsbeirat zukommen soll. Immerhin wäre es nur dann möglich zu prüfen, ob die verheiratete Person nicht für Geschäfte betrieben wird, die sie nach Art. 395 Abs. 1 allein gar nicht verbindlich eingehen kann.

34 Die **verbeiständete Person** (i.e.S.) bleibt voll betreibungsfähig. Dennoch sieht Art. 68d SchKG vor, dass die Betreibungsurkunden auch dem Beistand zuzustellen sind. Dem Beistand soll durch diese Information die Arbeit erleichtert werden (BBl 1991 III 60 f.). Die Gültigkeit der Betreibung hängt allerdings nicht von der Zustellung an den Beistand ab. Das Betreibungsamt hat diese Zustellung auch nur vorzunehmen, wenn die Massnahme veröffentlicht oder ihm mitgeteilt worden ist (Art. 68d SchKG). Ist die **verbeiständete Person nicht urteilsfähig,** müssen die Betreibungsurkunden in jedem Fall dem gesetzlichen Vertreter zugestellt werden, auch wenn das Betreibungsamt von der Massnahme keine Mitteilung erhalten hat (RIEMER, Vormundschaftsrecht, 142). Urteilsunfähige Personen sind nicht betreibungsfähig (BGE 99 III 4; AMONN/GASSER, 60). Die diesfalls nur der verbeiständeten Person zugestellte Betreibung ist nichtig. Die **Mitteilung** an das Betreibungsamt **rechtfertigt** sich, wenn mit Betreibungen zu rechnen und die Massnahme nicht veröffentlicht worden ist. Es bleibt allerdings zu beachten, dass die Beistandschaften nicht immer am Wohnsitz der betroffenen Person zu errichten sind (Art. 396 Abs. 2). Zudem ist es bei Verbeiständungen am Wohnsitz (z.B. Art. 392 Abs. 1) möglich, dass Betreibungen an anderen Orten zulässig sind (Art. 48 und Art. 52 SchKG). Weder die Mitteilung noch die Veröffentlichung sichert somit, dass das zuständige Betreibungsamt von der Massnahme Kenntnis hat. Art. 68d SchKG ist dahingehend zu verstehen, dass die Urkunden dem Beistand nur zuzustellen sind, wenn das für die Betreibung **zuständige Amt die Mitteilung erhalten** hat oder in seinem Bezirk die Veröffentlichung erfolgt ist.

35 Soweit dem Betreibungsamt die Massnahme mitzuteilen ist, wird ihm sinnvollerweise auch die **Person des Mandatsträgers** bekannt gegeben. Die Mitteilung des **Wechsels des Mandatsträgers** ist nicht vorgesehen. Art. 387 wurde bei der Revision des SchKG nicht ergänzt. Der Wechsel ist auch nicht zu veröffentlichen (s.o. N 27). Zum **Wechsel des Wohnsitzes** s.o. N 28 und Art. 440 N 9.

36 Über die Mitteilung entscheidet die VormBehörde. Für das **Verfahren** gelten die gleichen Grundsätze wie bei der Veröffentlichung (s.o. N 29).

VI. Mitteilung an das Zivilstandsamt?

37 Die Zivilstandsverordnung sieht nur eine Kontrolle am Heimatort für die Entmündigungen (Art. 136 Abs. 3 ZStV) und eine entsprechende Mitteilungspflicht (Art. 132 Abs. 1 Ziff. 3 ZStV) vor (s. Art. 375 N 19). Eine analoge Anwendung ist trotz Art. 367 Abs. 3 weder bei der Beistandschaft i.e.S. noch bei der Beiratschaft vorgesehen.

Sechster Abschnitt: Die fürsorgerische Freiheitsentziehung

Vorbemerkungen zu Art. 397a–f

Literatur

BERICHT, Bericht zur Revision des Schweizerischen Vormundschaftsrechts, Bericht der vom BJ im Hinblick auf die Revision des Vormundschaftsrechts eingesetzten Expertengruppe vom Juli 1995; BIGGER, Fürsorgerische Freiheitsentziehung (FFE) und strafrechtliche Massnahmen bei Suchtkranken aus rechtlicher Sicht (Art. 397a ZGB/44 StGB), ZVW 1992, 41 ff.; BORGI, Bericht betreffend die Untersuchung über die FFE bei allen Kantonsregierungen, ZVW 1990, 137 ff.; DERS., Les limites posées par l'état de droit au traitement forcé psychiatrique, ZVW 1991, 81 ff.; DERS., Entourage familiale et exclusion (pour une application «systématique» de l'art. 397a al. 2 CCS), in: FS Schnyder, Freiburg i.Ü. 1995, 31 ff.; BORGHI/BIAGGINI, Anwendung und Auswirkungen der Gesetzgebung über die FFE, ZVW 1992, Beil. zu Heft 4; BORGHI/GROSS, Das Bundesgesetz über die FFE und die kantonale Rechtsetzung – eine Zwischenbilanz, ZVW 1987, 103 ff.; E. BUCHER, Das Horror-Konstrukt der «Zwangsbehandlung», ZBJV 2001, 764 ff.; CAVIEZEL-JOST, Die materiellen Voraussetzungen der fürsorgerischen Freiheitsentziehung, Diss. Freiburg i.Ü. 1988; EJPD, Hinweise und Anregungen, zusammengestellt von einer durch das EJPD eingesetzten Arbeitsgruppe, Bern 1979 (zit. Hinweise und Anregungen); ERNST, Fürsorgepflicht und Fürsorgeexzess in der Psychiatrie, Kritisches zur heutigen Praxis und zur künftigen Entwicklung der Fürsorgerischen Freiheitsentziehung (FFE) nach ZGB Art. 397 a ff., ZVW 1989, 94 ff.; FONTANET, Etablissements appropriés: Volonté législateur et réalités concrètes, ZVW 1986, 1 ff.; FURGER, Pro FFE bei Drogenabhängigen, ZVW 1985, 18 ff.; GEISER, Was haben die Bestimmungen über die FFE gebracht?, in: Patient – Patientenrecht, Bern 1984, 177 ff.; DERS., Die FFE als Rechtsgrundlage für eine Zwangsbehandlung?, in: FS Schnyder, Freiburg i.Ü. 1995, 289 ff.; DERS., Die medizinisch-therapeutische Behandlung und Zwangsmassnahmen im Lichte der geltenden Rechtslage unter besonderer Berücksichtigung von vormundschaftlichen Fragestellungen, ZVW 2001, 225 ff.; HEGNAUER, Darf die FFE zur Vertreibung auswärtiger Drogenabhängiger angeordnet werden?, ZVW 1993, 164 ff.; DERS., Zum Begriff der nahestehenden Person im Sinne von Art. 397d ZGB, ZVW 1984, 26 ff.; DERS., Zum Verhältnis von Vormundschafts- und Fürsorgebehörden, ZVW 1996, 41 ff.; HONSELL (Hrsg.), Handbuch des Arztrechts, Zürich 1994; HUBACHER, Die «geeignete Anstalt» – auf der Suche nach dem Verhältnismässigen, ZVW 1990, 89 ff.; IBERG, Aus der Praxis zur FFE, SJZ 1983, 293 ff.; IMHOF, Der formelle Rechtsschutz, insbesondere die gerichtliche Beurteilung, bei der fürsorgerischen Freiheitsentziehung, Diss. Freiburg i.Ü. 1999; JACOT-GUILLARMOD, Intérêt de la jurisprudence des organes de la CEDH pour la mise en _uvre du nouveau droit suisse de la privation de la liberté à des fins d'assistance, ZVW 1981, 41 ff.; JOSEF, Bemerkungen zu BGE 127 I 6, AJP 2001, 1214 ff.; KATZ, Privation de liberté à des fins d'assistance, Diss. Lausanne 1983; H. KOLLER, Das Vormundschaftsrecht im Wandel – Menschenrechte und Grundfreiheiten als Ausgangspunkt einer Revision des Vormundschaftsrechts, ZVW 1992, 83 ff.; TH. KOLLER, Die FFE und das kantonale Verfahrensrecht (gezeigt am Beispiel des Kantons Luzern), SJZ 1982, 53 ff.; LUSTENBERGER, Die FFE bei Unmündigen unter elterlicher Sorge, Diss. Freiburg i.Ü. 1987; MANAÏ, Les droits du patient face à la médecine contemporaine, Basel 1999; MAZENAUER, Psychisch krank und ausgeliefert?, Diss. Bern 1986; DIES., Zur Zwangsbehandlung in der Anstaltspsychiatrie, Die gesellschaftliche Kontrolle über Irre und die Rolle der Ärzte, in: Patient – Patientenrechte, Genf 1984, 75 ff.; NÄGELI, Die ärztliche Behandlung handlungsunfähiger Patienten aus zivilrechtlicher Sicht, Diss. Zürich 1984; PAUCHARD, Die FFE in der Praxis aus der Sicht des Psychiaters, ZVW 1995, 130 ff.; PERRIN, Privation de liberté à des fins d'assistance – une loi exemplaire, mais une application problématique, ZVW 1985, 121 ff.; RAEMY, Verfahrensrechtliche Aspekte der fürsorgerischen Freiheitsentziehung im Kanton Freiburg, RFJ 1993, 256; SCHNYDER, Die FFE, ZöF 1975, 113 ff. und 129 ff.; DERS., Die FFE, Grundzüge der neuen bundesrechtlichen Regelung, ZVW 1979, 19 ff.; DERS., Die FFE als Teil des schweizerischen Vormundschaftsrechts, ZVW 1980, 121 ff.; DERS., FFE – eine erste Bilanz, ZVW 1985, 81 ff.; DERS.; Zur Frage der Entlassungskompetenz bei der fürsorgerischen Freiheitsentziehung, ZVW 1993, 173 ff.; SEEGER, Die fürsorgerische Freiheitsentziehung, ZöF 1984, 76 ff.; SPIRIG, FFE und Drogensucht im Kt. Zürich, SJZ 1994, 321 ff.; SPÜHLER, Die Voraussetzungen der fürsorgerischen Freiheitsentziehung bei Drogensüchtigen, ZBl 1983, 49 ff.; DERS., Aus der Praxis des Bundesgerichts zur fürsorgerischen Freiheitsentziehung,

ZBl 1992, 212 ff.; DERS., FFE und Drogensucht im Kt. Zürich, Einige Gegenbemerkungen (zu SJZ 1994, 321 ff.), SJZ 1995, 71 ff.; STURM, Vormundschaftliche Hilfe für Betagte in Deutschland und in der Schweiz, Diss. Freiburg i.Ü. 1992; SUHR BRUNNER, FFE und Suchterkrankungen, insbesondere Drogensucht, Diss. Zürich 1994.

I. Entstehungsgeschichte

1 Das Zivilgesetzbuch von 1907 regelte die Anstaltsunterbringung gegen den Willen der betroffenen Person nur sehr lückenhaft. Gemäss Art. 406 i.d.F. von 1907 konnte der Vormund eine entmündigte Person in einer Anstalt unterbringen. Das Kindschaftsrecht kannte eine Rechtsgrundlage für die zwangsweise Unterbringung Unmündiger (Art. 310; vormals Art. 284 i.d.F. von 1907; vgl. ZGB-BREITSCHMID, Art. 310 N 12 ff.). Gegenüber Mündigen war eine Freiheitsentziehung aus fürsorgerischen Gründen gestützt auf das **Bundesrecht** grundsätzlich nur im Rahmen der vorläufigen Fürsorge i.S.v. Art. 386 nach Eröffnung eines Entmündigungsverfahrens möglich (ZK-EGGER, Art. 386 N 21; BBl 1977 III 7). Daneben gab es insb. im BG vom 18.12.1970 über die Bekämpfung übertragbarer Krankheiten des Menschen (Epidemiengesetz) eine Grundlage für die Freiheitsentziehung aus fürsorgerischen Gründen.

Die Rechtspraxis ging davon aus, dass auch die **Kantone** Rechtsgrundlagen für eine Anstaltsunterbringung aus fürsorgerischen Gründen vorsehen konnten. Diese wurde gemeinhin als «administrative Versorgung» bezeichnet, weil regelmässig Verwaltungsbehörden für die Einweisung zuständig waren. Nur die Kantone SZ und AI kannten keine entsprechende Gesetzgebung (BBl 1977 III 8 f.). Wer einen Überblick über die damalige Regelung in den Kantonen sucht, findet diesen in der Botschaft des Bundesrates über die Änderung des Schweizerischen Zivilgesetzbuches (Fürsorgerische Freiheitsentziehung) und im Rückzug des Vorbehaltes zu Art. 5 der Konvention zum Schutze der Menschenrechte und Grundfreiheiten vom 17.8.1977 (BBl 1977 III 9 ff.).

2 Sowohl die eidg. Regelung für die entmündigten und unmündigen Personen wie auch die Regeln für die kantonalrechtliche administrative Versorgung vermochten den **Anforderungen an einen rechtsstaatlichen Schutz der persönlichen Freiheit** nicht zu genügen. Am 28.11.1974 ratifizierte die Schweiz die **EMRK**. Diese regelt die FFE, indem sie in Art. 5 EMRK die Gründe, aus denen jemandem die Freiheit entzogen werden darf, einschränkt und in Art. 6 EMRK Verfahrensgarantien aufstellt. Weil das kant. Recht mit Blick auf die administrative Versorgung diesen Anforderungen nicht genügte (vgl. BBl 1974 I 1043 ff.), brachte die Schweiz einen entsprechenden Vorbehalt an. Zudem hatte der Bundesrat bereits 1940 das **Abkommen Nr. 29 der Internationalen Arbeitsorganisation über Zwangs- und Pflichtarbeit** ratifiziert, welches nach Auffassung der zuständigen Organe auch die Arbeitsleistung von Anstaltsinsassen regelte. Dem erwähnten internationalen Übereinkommen genügte weder das Bundesrecht noch das kant. Recht. Über die Revision des ZGB und die Regelung der FFE sollte deshalb das schweizerische Recht mit diesen internationalen Normen in Einklang gebracht werden.

3 Mit Botschaft vom 17.8.1977 unterbreitete der Bundesrat dem Parlament eine Vorlage für die Änderung des ZGB und den Rückzug des genannten Vorbehaltes zur EMRK (BBl 1977 III 1 ff.). Das Gesetz ist vom Parlament am 6.10.1978 verabschiedet worden und am **1.1.1981 in Kraft getreten.** Die relativ lange Zeit zwischen Verabschiedung und Inkrafttreten des Gesetzes war durch die Notwendigkeit der Anpassung des kant. Rechts bedingt. Um den Kantonen diese Gesetzesänderung zu erleichtern, hatte eine Arbeitsgruppe des EJPD im Sinne einer Dienstleistung «Hinweise und Anregungen» ausgearbeitet, welche nach wie vor eine gute Interpretationshilfe für die neuen Bestimmungen bieten.

II. Regelungsgegenstand

Die neuen Bestimmungen regeln sowohl die Einweisung Mündiger (Art. 397a–f) wie   **4**
auch Unmündiger (Art. 314a und 405a) und ebenfalls Entmündigter (Art. 406) in eine
Anstalt aus fürsorgerischen Gründen. Neben den **Voraussetzungen** (für Mündige und
Entmündigte vgl. Art. 397a; für Unmündige vgl. Art. 314/314a N 8) regelt das Gesetz die
Zuständigkeit (für Mündige und Entmündigte vgl. Art. 397b und 406 Abs. 2; für Unmündige vgl. Art. 310, 314a Abs. 3 und 405a Abs. 1) und das **Verfahren** einschliesslich
des Rechtsmittelverfahrens (vgl. Art. 397c–f und für die Unmündigen und Entmündigten
die übrigen genannten Bestimmungen). Da die Umschreibung der Einweisungsvorraus-
setzungen mit Blick auf die Vielfalt der Fälle nur durch unbestimmte Rechtsbegriffe erfolgen kann, hat der Gesetzgeber besonderes Gewicht auf ein rechtsstaatlich einwand-
freies Verfahren gelegt. Während das Bundesrecht die materiellen Voraussetzungen einer
fürsorgerischen Freiheitsentziehung abschliessend regelt, beschränkt es sich hinsichtlich
des Verfahrens und der Zuständigkeit auf die für die Verwirklichung des Verfahrens unerlässlichen Regeln und überlässt das Weitere dem kantonalen Recht (BGE 122 I 21 f.).

Art. 397a–f regeln nur die Freiheitsentziehung aus fürsorgerischen Gründen. Daneben   **5**
kennen sowohl das Bundesrecht wie auch das kant. Recht Bestimmungen über die Freiheitsentziehung aus **polizeilichen Gründen** oder als **Strafe**. Bei der Absonderung aufgrund des Epidemiengesetzes verbinden sich wohl polizeiliche Gesichtspunkte mit solchen der Fürsorge, was aber zu keinen Schwierigkeiten führt, weil die entsprechenden
Vorschriften auf gleicher Normstufe stehen wie das ZGB. Demgegenüber steht den Kantonen keine Kompetenz mehr zu, weitere Rechtsgrundlagen für eine Freiheitsentziehung
aus fürsorgerischen Gründen zu schaffen (vgl. HEGNAUER, ZVW 1996, 41 ff.).

Neben Art. 397a–f (sowie Art. 314a und 405a) kennt das Vormundschaftsrecht keine
zusätzlichen Normen für eine Freiheitsentziehung. Namentlich erlaubt die **vorsorgliche
Fürsorge** nach Art. 386 keine Freiheitsentziehung (BK-SCHNYDER/MURER, Art. 386
N 26, 58). Freiheitsentziehungen zu Untersuchungszwecken werden auch durch die
Art. 397a–f geregelt (u. Art. 397a N 16).

Die Regeln über die FFE erfassen die sog. **Vor- und Nachmassnahmen** nicht. Zum Er-   **6**
lass der entsprechenden Normen sind nach wie vor die Kantone zuständig, soweit es sich
nicht um eigentliche vormundschaftliche Massnahmen handelt (EJPD, Hinweise und
Anregungen, Ziff. 1.2.). Die Kantone haben insb. die ambulante Betreuung und Behandlung zu regeln, sei diese freiwillig oder mit Zwang verbunden. Weil die Freiheitsentziehung als solche bundesrechtlich geregelt ist, können die Kantone als Sanktion für die
Nichtbefolgung entsprechender Weisungen allerdings nicht eine Anstaltseinweisung vorsehen (sog. bedingte Einweisung; vgl. Art. 397a N 20). Zwar ist es möglich, der betroffenen Person damit zu drohen, dass eine Anstaltseinweisung notwendig werde, wenn sie
sich nicht an die Auflagen und Weisungen halte. Im entscheidenden Moment ist dann
aber aufgrund der Art. 397a–f zu prüfen, ob sich die Einweisung tatsächlich rechtfertigen
lässt (EJPD, Hinweise und Anregungen, Ziff. 1.2.; insoweit falsch AVGE 1982, 139 f.).
Es ginge aber zu weit, deswegen den entsprechenden kant. Massnahmen jede Verbindlichkeit abzusprechen. Im Rahmen der Beurteilung einer staatsrechtlichen Beschwerde
hat das BGer am 12.10.1992 die Zulässigkeit solcher Massnahmen grundsätzlich bejaht
(vgl. auch BGE 118 II 248 f. und 118 II 255 ff.).

Ob eine FFE oder eine **ambulante Massnahme** vorliegt, kann im Einzelfall zweifelhaft
sein. Von einer Freiheitsentziehung i.S.v. Art. 397a–f ist auszugehen, sobald die Massnahme die betroffene Person während *mehrerer Stunden* zum Aufenthalt an einem bestimmten Ort zwingt (ZK-SPIRIG, Art. 397a N 116). Es ist nicht notwendig, dass auch

eine Übernachtung mit erfasst ist. Der Begriff der Anstalt ist weit zu verstehen. Alle Institutionen werden darunter verstanden, welche die Bewegungsfreiheit der betroffenen Person aufgrund der Betreuung und Überwachung spürbar einschränken (BGE 121 III 307 ff.). Demgegenüber ist der Begriff der Freiheitsentziehung in Art. 5 EMRK enger (vgl. EGM v. 26.2.2002 i.S. H.M. c. Schweiz).

III. Zwangsbehandlung

7   Kontrovers ist die Frage, ob die Bestimmungen über die FFE auch eine Grundlage für eine Zwangsbehandlung bilden. Ausgangspunkt ist dabei, dass nach der bundesgerichtlichen Rechtsprechung (BGE 117 Ib 200) und nach h.L. (KUHN, in: HONSELL, 45 f.; WIEGAND, in: HONSELL, 180) der ärztliche Heileingriff, selbst wenn er lege artis ausgeführt wird, eine Verletzung der Persönlichkeit des Patienten darstellt und damit der Rechtfertigung bedarf, um nicht rechtswidrig zu sein. Bei der Zwangsbehandlung entfällt begriffsnotwendig die Einwilligung als Rechtfertigungsgrund. Soweit es nicht um dringliche Sofortmassnahmen geht, welche der Aufrechterhaltung der öffentlichen Ordnung oder der Abwendung einer unmittelbaren Gefahr dienen, lassen sich regelmässig weder die Polizeigüter noch ein überwiegendes privates oder öffentliches Interesse an der Zwangsbehandlung ausmachen. Die Rechtfertigung kann sich somit nur aus einer entsprechenden gesetzlichen Ermächtigung ergeben (Art. 28 Abs. 2). In konstanter Rechtsprechung hat das BGer nun festgehalten, dass die Bestimmungen über die **FFE** dafür **keine Rechtsgrundlage** darstellen (BGE 118 II 254 ff.; EUGRZ 1993, 396/ZBl 1993, 504; BGE 125 III 169; 126 I 112; 127 I 9). Eine Zwangsbehandlung ist somit nur möglich, wenn und soweit das kant. Recht dafür eine ausreichende Rechtsgrundlage bietet (vgl. dazu GEISER, FS Schnyder, 289 ff.). Nicht um eine Zwangsbehandlung, sondern bloss um den Vollzug der Freiheitsentziehung geht es demgegenüber, wenn der medizinische Eingriff nicht der Behandlung, sondern ausschliesslich der momentanen Ruhigstellung der betroffenen Person dient. Dafür kann die Rechtsgrundlage in Art. 397a–f gesehen werden.

Die **ambulante Zwangsbehandlung** wird bereits mangels Freiheitsentziehung (vgl. o. N 6) im Sinne des Gesetzes von den Regeln über die FFE nicht erfasst (BGE 118 II 248 f.; RR BE, SJZ 1989, 284).

7a   In neuster Zeit hat BUCHER in Zweifel gezogen, dass **bei einer Behandlung eines psychisch Kranken ohne dessen Einwilligung eine Zwangsbehandlung vorliege** (E. BUCHER, ZBJV 2001, 764 ff.). Es fehle an der Urteilsfähigkeit des Patienten, so dass deshalb keine Freiheit gegeben sei und von daher auch das Grundrecht der persönlichen Freiheit gar nicht betroffen werden könne. Entsprechend könne die psychisch kranke Person auch gar keine Grundrechte wahrnehmen. Das Verhältnis zwischen dem Patienten und dem Arzt werde ausschliesslich durch das Privatrecht geregelt. Soweit es um die Behandlung Urteilsunfähiger gehe, seien auch die Art. 397a ff. unbeachtlich (BUCHER, 775 f.). Es sei ungeheuerlich, eine Rechtsgrundlage für die Behandlung eines Urteilsfähigen zu verlangen. Diese könnten nur mit ihrer Einwilligung behandelt werden (BUCHER, 784). Bei Urteilsunfähigen ergebe sich demgegenüber die Rechtfertigung aus der Behandlungspflicht, die darin bestehe, «dass derjenige, der des Schutzes, der Hilfe, und im vorliegenden Falle dringend ärztlicher Behandlung bedarf, diese auch erhalten soll» (BUCHER, 785). Die psychiatrische Klinik habe eine solche Behandlungspflicht, weil zwischen dem Patienten und der Klinik ein Treue- und Obhutsverhältnis bestehe, welches bei Unterlassen einer Behandlung sogar Strafsanktionen nach Art. 127 StGB nach sich ziehe (BUCHER, 785 ff.).

Diese Betrachtungsweise rückt eine Nebenfrage in den Vordergrund, nämlich ob es sich bloss um ein Recht der Klinik auf Zwangsbehandlung handelt oder auch um eine Pflicht. Insoweit ist BUCHER zuzustimmen, dass die Klinik eine Behandlungspflicht trifft, wenn die Behandlung angeordnet ist. Ebenfalls zutreffend ist, dass es nicht im freien Ermessen der Behörde liegen kann, eine Behandlung anzuordnen oder darauf zu verzichten, wenn die Voraussetzungen dafür gegeben sind. Damit ist aber die Frage, ob die Zwangsbehandlung zulässig ist (und damit auch ein Recht darauf besteht), nicht beantwortet. Die Argumentation BUCHERs setzt vielmehr voraus, was sie herleiten will. Zu beurteilen ist ja gerade die Frage, ob und unter welchen Voraussetzungen und namentlich welche Behandlung auch ohne Einwilligung, ja sogar gegen den Widerstand des Patienten in *dessen Interessen* ausgeführt werden soll, sowie wer im Einzelfall darüber entscheiden muss. Dass es sich dabei sehr wohl um politische Wertentscheidungen handelt, welche weder rein medizinischer, noch rein rechtsdogmatischer Natur sind, hat die Geschichte der Psychiatrie hinlänglich gelehrt. Es führt kein Weg am gesetzgeberischen Entscheid vorbei. Dass jemand ein bestimmtes Bedürfnis hat, bedeutet noch nicht, dass der Staat handeln muss oder gegen den Widerstand dieser Person handeln darf. Richtig ist allerdings, dass die Grundrechtsdogmatik insofern nicht geeignet ist, die vorliegende Fragestellung zu lösen, als sie für den Eingriff in ein Grundrecht ein *öffentliches* Interesse voraussetzt. Bei der Zwangsbehandlung geht es aber wie auch bei anderen vormundschaftlichen Massnahmen nicht um den Schutz der Öffentlichkeit, sondern um den Schutz der betroffenen Person (u. N 8a). Schliesslich lässt BUCHER ausser Acht, dass auch psychisch Kranke bezüglich ihrer Krankheit nicht einfach als vollständig urteilsunfähig angesehen werden können. Zu Recht werden an die Urteilsfähigkeit bezüglich der Ablehnung einer Behandlung nicht hohe Anforderungen gestellt. Bei der Frage der Zwangsbehandlung geht es sehr wohl auch um Behandlungen von Personen, welche bezüglich der Ablehnung einer Behandlung als urteilsfähig angesehen werden müssen.

Die **Rechtslage in den Kantonen** ist uneinheitlich und wenig übersichtlich (vgl. GEISER, **8** ZVW 2001, 237 ff.). Mehrheitlich finden sich die entsprechenden Normen in einem Gesetz im formellen Sinn, teilweise begnügen sich die Kantone aber auch mit Verordnungen. Gewisse Regelungen betreffen ausschliesslich psychisch kranke Personen, unterscheiden dann dort aber nicht zwischen psychiatrischen und somatischen Zwangsbehandlungen. Teilweise wird demgegenüber nach der Art der Behandlung unterschieden. Unterschiedlich geregelt ist auch die Frage, ob die Zwangsbehandlung nur stationär oder auch ambulant erfolgen kann. Gewisse Kantone regeln «Zwangsmassnahmen», ohne aber eine eigentliche Behandlung vorzusehen, so dass wenig klar erscheint, ob damit nur weitere Freiheitsbeschränkungen gemeint sind oder medizinische Eingriffe. Die Anordnung einer Zwangsbehandlung ist eines. Wie diese dann aber durchgeführt wird, stellt eine andere Frage dar. Wie bei jeder behördlichen Anordnung fragt sich, ob der entsprechende Entscheid mit direktem Zwang vollstreckt werden kann oder ob nur indirekter Zwang (z.B. Strafandrohung) möglich ist oder auf die Vollstreckung ganz verzichtet werden muss. Die kantonalen Gesetze unterscheiden nur selten diese beiden Fragen. Gewisse Kantone kennen schliesslich keinerlei Rechtsgrundlage für eine Zwangsbehandlung. Ausführlich geregelt ist regelmässig das **Verfahren für die Anordnung,** namentlich die Zuständigkeit, sowie die **Rechtsmittel** (GEISER, ZVW 2001, 237 ff.).

Bezüglich der **an die gesetzliche Grundlage zu stellenden Anforderungen** ist die **8a** Rechtsprechung wenig klar. Ursprünglich liess das Bundesgericht eine allgemeine Norm auf Verordnungsstufe als Rechtsgrundlage genügen (ZBl 1993, 512 ff.; kritisch GEISER, FS Schnyder, 309). In neueren Entscheiden hält das Bundesgericht nunmehr fest, dass es sich jedenfalls bei der zwangsweisen Verabreichung von Psychopharmaka aufgrund der damit verbundenen starken Veränderungen des geistigen und körperlichen Zustandes um einen schweren Eingriff in die persönliche Freiheit handelt (BGE 126 I 115), welcher den Kerngehalt des Grundrechts betrifft (BGE 124 I 309; 127 I 18 f.), diesen aber nicht verletzt, wenn die Zwangsbehandlung zu Heilzwecken vorgenommen wird (BGE 126 I 115). Daraus folgt, dass nach der neueren Rechtsprechung nunmehr die Zwangsbehandlung einer klaren und ausdrücklichen Regelung in einem formellen Gesetz bedarf (BGE 126 I 116). Dieser Voraussetzung genügen nicht alle entsprechenden kantonalen Erlasse (GEISER, ZVW 2001, 237 ff.). Das Bundesgericht hält dann allerdings mit Blick auf den Wandel seiner Rechtsprechung gewisse Formen der Zwangsbehandlung vorerst (?) für nicht verfassungswidrig, soweit diese zum Schutz von Leib und Leben in sachlicher und zeitlicher Hinsicht erforderlich sind (BGE 126 I 119).

Die Zwangsbehandlung ist in jedem Fall nur zulässig, wenn sie **verhältnismässig** ist (GEISER, ZVW 2001, 235). Eine Zwangsbehandlung verletzt dann das Gebot der Verhältnismässigkeit, wenn eine ebenso geeignete mildere Anordnung für den angestrebten Erfolg ausreicht. Der Eingriff darf in sachlicher, räumlicher, zeitlicher und personeller Hinsicht nicht einschneidender sein als notwendig (BGE 126 I 119 f.). Gleichzeitig muss auch das Mittel dem Ziel angemessen sein.

Schwierigkeiten bereitet im Zusammenhang mit der Zwangsbehandlung das aus der allgemeinen Grundrechtsdogmatik abgeleitete Erfordernis des **öffentlichen Interesses** (vgl. dazu GEISER, FS Schnyder, Rz 4.6). Die Zwangsbehandlung erfolgt regelmässig im Interesse der betroffenen Person und nicht der Öffentlichkeit. Letztere wird nur am Rande und indirekt betroffen, so dass von daher andere leichtere Massnahmen in aller Regel die öffentlichen Interessen in genügendem Ausmass schützen könnten. Dass das Schicksal von kranken Personen dem Gemeinwesen nicht gleichgültig sein kann (so das BGer in BGE 127 I 25), mag noch kein öffentliches Interesse zu begründen, wenn dieses Erfordernis nicht alle Konturen verlieren soll. Es liegt in der Natur des Vormundschaftsrechts, dass der Eingriff in Abweichung zu den allgemeinen Grundsätzen der Grundrechtslehre gerade nicht im öffentlichen, sondern im privaten Interesse der betroffenen Person erfolgt. Die Rechtspraxis lehrt, dass solche Eingriffe zulässig sind. Insofern muss ein privates Interesse der betroffenen Person genügen. Mit Blick auf diese Besonderheit rechtfertigt es sich aber, in besonderem Masse auf die demokratische Legitimation der Regelung zu achten (GEISER, ZVW 2001, 236).

8b   Die Rechtszersplitterung unter den Kantonen muss als äusserst unglücklich angesehen werden und wirft insb. für jene Kantone Fragen auf, welche Personen in ausserkantonale Kliniken einweisen. Diesfalls ist eine Zwangsbehandlung nur zulässig, wenn sowohl das Recht des einweisenden Kantons wie auch jenes des Standortkantons der Klinik eine solche zulassen. **De lege ferenda** ist eine einheitliche Regelung für die ganze Schweiz zu schaffen. Dabei sollte die Regelung sowohl die stationären wie auch die ambulanten Zwangsbehandlungen aus fürsorgerischen Gründen regeln, da es dem Gebot der Verhältnissmässigkeit widerspräche, wenn jemand in eine stationäre Einrichtung eingewiesen werden müsste, bloss weil nur dann eine Rechtsgrundlage für eine Zwangsbehandlung besteht, selbst wenn diese vom medizinischen Standpunkt her auch ambulant durchgeführt werden könnte.

IV. Zweck der FFE

9   Die Freiheitsentziehung dient der **persönlichen Fürsorge** (BBl 1977 III 27). Das kommt im Begriff der FFE deutlich zum Ausdruck. Das hinter der ganzen Revision stehende Menschenbild einer eigenverantwortlichen, selbständigen Person lässt als Zweck der FFE die **Wiedererlangung der Selbständigkeit und Eigenverantwortung** erkennen. Es

war dem Gesetzgeber aber bewusst, dass dieses Ziel nicht in allen Fällen erreicht werden kann. In diesem Sinne sah der Vorentwurf von 1974 vor, dass die betroffene Person in der Anstalt ihrem besonderen Zustand entsprechend zu behandeln und, soweit es dieser erlaubt, zum Wiedereintritt in das «zivile Leben» vorzubereiten sei (BBl 1977 III 6). Der Gesetzgeber hat schliesslich zur Straffung des Gesetzestextes auf eine Zweckumschreibung verzichtet. Er ist aber damit nicht von der ursprünglichen Zwecksetzung abgerückt (BBl 1977 III 29). Entsprechend hat die FFE wenn möglich erzieherisch bzw. therapeutisch zu wirken (BGE 112 II 487 f.; FONTANET, ZVW 1986, 3). Soweit dies nicht möglich ist, hat die Anstaltsunterbringung der betroffenen Person wenigstens die notwendige persönliche Betreuung zu bringen, um ihr ein menschenwürdiges Leben zu sichern. Insofern geht die Aussage zu weit, bei behandlungsunfähigen Personen sei eine FFE immer ausgeschlossen (so ZK-SPIRIG, Art. 397a N 204 f.). Trotz fehlender Behandelbarkeit ist eine FFE zulässig, wenn nur dadurch ein menschenwürdiges Dasein gesichert wird. Dies kann beispielsweise bei Personen mit altersbedingter Verwirrtheit zutreffen.

Art. 397a Abs. 2 zeigt überdies, dass mit der FFE nachgeordnet zu den aufgeführten Zielen auch der **Schutz der Umgebung** bezweckt wird (vgl. dazu u. Art. 397a N 26 f.).

V. IPR

Gemäss Art. 85 Abs. 2 IPRG gilt das **Haager Abkommen vom 5.10.1991 über die Zuständigkeit der Behörden und das anzuwendende Recht auf dem Gebiet des Schutzes von Minderjährigen (MSA)** auch für die Erwachsenenvormundschaft und damit auch für die FFE (ZK-SPIRIG, N 57; IPRG-Kommentar-SIEHR, Art. 85 N 36). Dieses Abkommen geht grundsätzlich von der Zuständigkeit der Behörden jenes Staates aus, in dem die betroffene Person ihren gewöhnlichen Aufenthalt hat (Art. 1 MSA). Daneben besteht ein Vorbehalt zugunsten der Heimatbehörden (Art. 4 MSA) und eine Zuständigkeit der Aufenthaltsbehörden bei Dringlichkeit (Art. 9 MSA). Die Behörde wendet ihr eigenes materielles Recht an, ohne Rück- und Weiterverweisungen zu berücksichtigen (Art. 2 Abs. 1 und Art. 4 Abs. 2 MSA; IPRG-SCHWANDER, Art. 85 N 45; IPRG-Kommentar-SIEHR, Art. 85 N 126, 137). Überdies sieht Art. 85 Abs. 3 IPRG eine schweizerische Zuständigkeit vor, wenn dies für den Schutz einer Person oder deren Vermögen unerlässlich ist. Die Bestimmung ist überflüssig, weil bereits Art. 8 und 9 MSA für diese Fälle eine umfassende Zuständigkeit bestimmen (IPRG-DUTOIT, Art. 85 N 23). 10

Die schweizerischen Behörden haben somit eine **umfassende Zuständigkeit** zur Anordnung einer fürsorgerischen Freiheitsentziehung für auf dem schweizerischen Gebiet befindliche Schutzbedürftige (IPRG-Kommentar-SIEHR, Art. 85 N 36 ff.; ZK-SPIRIG, N 57). Sie wenden schweizerisches Recht an. 11

Aus den bereits im Zusammenhang mit Art. 376 dargelegten Gründen (vgl. dort N 12) verändert das IPRG auch bei Ausländern in der Schweiz die **innerschweizerische Zuständigkeitsordnung** nicht. Befindet sich der gewöhnliche Aufenthalt nicht am Wohnsitz der betroffenen Person, bleibt die wohnörtliche Zuständigkeit gem. Art. 397b Abs. 1 neben jener am Aufenthaltsort erhalten.

Die **Haager-Konferenz** hat an ihrer 18. Tagung eine neue Vereinbarung zum Minderjährigenschutz verabschiedet, welche allerdings in der Schweiz noch nicht in Kraft ist (vgl. A. BUCHER, La Dix-huitième session de la Conférence de La Haye de droit international privé, SZIER 1997, 67 ff.). Sie hat überdies beschlossen, die Arbeiten an einer gesonderten Vereinbarung über den Erwachsenenschutz weiter voranzutreiben (A. BUCHER, a.a.O., 70 f.). Diesbezüglich liegt aber noch keine Konvention vor. 12

VI. Revision

13 Die geltende Regelung wird nach wie vor **kontrovers beurteilt.** Die Auswertung einer Umfrage der Vormundschaftsdirektorenkonferenz zeigt, dass 15 von 26 Kantonen die Gesetzgebung über die FFE als mehr oder weniger befriedigend erachten. Sieben Kantone geben zu verstehen, dass die Anwendung des Gesetzes nicht immer befriedigend sei, und vier Kantone äussern ihren Unmut über dieses Gesetz. Das Unbehagen bezieht sich insb. auf einen gewissen Mangel an spezialisierten Anstalten sowie auf Organisations- und Koordinationsschwierigkeiten zwischen den Behörden innerhalb eines Kantons oder zwischen jenen verschiedener Kantone (BORGHI, ZVW 1990, 137 ff.). Die entsprechenden Fragen sind im Rahmen der Revision des Vormundschaftsrechts zweifellos neu zu prüfen.

14 Die im September 1993 vom Bundesamt für Justiz im Hinblick auf die Revision des Vormundschaftsrechts eingesetzte Expertengruppe schlägt in ihrem Bericht vom Juli 1995 als wesentlichste Änderung im Bereich der fürsorgerischen Freiheitsentziehung die Regelung der **stationären Zwangsbehandlung** im Bundesrecht vor (BERICHT, 120 ff.). Das EJPD hat eine Expertenkommission zur Ausarbeitung eines konkreten Gesetzesentwurfes eingesetzt. Zu den inhaltlichen Anforderungen an eine künftige Regelung vgl. vorn N 8b.

VII. Zuständigkeit

15 Die Zuständigkeiten nach kant. Recht gem. Art. 397b Abs. 1 und 2 und Art. 397d sind in der folgenden tabellarischen Übersicht zusammengefasst:

Kanton	Zuständigkeit Art. 397b Abs. 1	Zuständigkeit Art. 397b Abs. 2	Zuständiges Gericht Art. 397d
AG	Bei Mündigen od. Entmündigten: Bezirksamt, § 67b Abs. 1 Bst. a. EG ZGB Bei Unmündigen: VormBehörde, § 67b Abs. 1 Bst. b EG ZGB	Bei psychisch Kranken: Auch Bezirksarzt, § 67b Abs. 2 EG ZGB Bei Gefahr im Verzug: Auch jeder praktizierende Arzt oder der Vormund	VerwGer (Begehren um gerichtl. Beurteilung), § 67o EG ZGB
AI	VormBehörde am Wohnsitz, Art. 70a EG ZGB	Bei Gefahr im Verzug: VormBehörde am Wohnsitz od. AufenthOrt ohne umfass. Abklärung Bei *zudem* psychisch Kranken: In der Schweiz praxisberechtigte Ärzte, Art. 70e Abs. 1 EG ZGB	KGer als Kommission für Beschwerden auf dem Gebiete des ZGB (Rekurs), Art. 70k Abs. 1 i.V.m. Art. 12 Abs. 1 Bst. b EG ZGB
AR	VormBehörde, Art. 2 Abs. 1 *Verordn ü. d. fürsorg. Freih Entz.* v 5.12.94	In dring. Fällen (unmitt. Selbst- od. Fremdgefährd. od. umgeh. Behandlungsbedarf b. psych. Krankheit): Präsidium d. VormBehörde, od. m. d. Vormundschaft Betraute, od. Medizinalpersonen (Ärzte u. Ärztinnen, d. d. eidg.	Das zuständige Mitglied d. VerwGer, Art. 17 Abs. 1 EG ZGB

Kanton	Zuständigkeit Art. 397b Abs. 1	Zuständigkeit Art. 397b Abs. 2	Zuständiges Gericht Art. 397d
		Diplom erworben haben od. v. RegRat gleichgestellt sind), Art. 13 Abs. 1 u. 2 EG ZGB; Art. 2 GesundGes	
BE	RegStatthalter am Wohnsitz, Art. 7 EG ZGB; Art. 9 Abs. 1 *G ü. d. fürsorg. FreihEntz. u. and. Massn. d. pers. Fürs. v. 22.11.89* (FFEG) Gegenüber Angehörigen der Burgergemeinde der Stadt Bern m. Wohnsitz in der Gemeinde Bern: Oberwaisenkammer, Art. 9 Abs. 2 FFEG	Bei Gefahr im Verzug: – Regierungsstatthalter/in am Aufenthaltsort, Art. 9 Abs. 3 FFEG; – Vormund/Vormündin, Art. 11 FFEG; – Bei *zudem* psychisch Kranken oder Suchtkranken: Auch Ärzte/Ärztinnen, die im Kanton Bern zur Berufsausübung zugelassen sind, Art. 12 FFEG	Rekurskommission für fürsorg. FreihEntzieh (Rekurs), Art. 34 f. FFEG
BL revid. EGZGB v. 7.2.02, i.K.vorauss. ab 1.1.03	Aufsichtsbehörde f. Vorm Wesen – Vorm-Kommission–, § 42 Abs. 1 u. 3 EG ZGB (neu)	Bei Gefahr im Verzug: Vorm Amt u. jedes Mitglied d. Vorm-Kommission, § 42 Abs. 2 EG ZGB (neu)	KGer, Abt. Verfass.- u. VerwR (Beschwerde), § 52 Abs. 1 EG ZGB
BL bisher. Recht	Statthalteramt, § 15 Abs. 1, 58a Abs. 1 EG ZGB	Bei Gefahr im Verzug: Wie vor, aber auch ohne Einholung eines Gutachtens, jedoch nur aufgrund ärztlichen Zeugnisses, § 58e Abs. 1 und 2 EG ZGB	KGer, Abt. Verfass.- u. VerwR (Beschwerde), § 58k Abs. 1 EG ZGB
BS	Vorm.-, Jugend- u. Fürsorgerat, § 1 *Verord. ü. d. Einführ. d. BGes ü. d. fürsorg. Freih Entz. v. 16.12.80* Infolge Alkohol- od. Drogenmissbrauchs: Fürsorgerat a. Antr. d. Fachstelle (früher Koordin.-Stelle) f. Alkoh.- u. Drogenfragen, §§ 10 f., 15 ff. *Alkohol- u. DrogenGes*	Bei Gefahr im Verzug: – Jugendamt, § 2 d. VO i.V.m. §§ 32 f. Ges. ü. d. VormBehörde Bei psychisch Kranken: – Rechtsmediz. Dienst, § 7 i.V.m. §§ 1 u. 3 *PsychiatrieGes* v. 18.9.96, i.V.m. § 3 Abs. 1 d. VO; – in dring. Fällen: Behandlungsinstitution i.S. d. § 2 *Psychiatrie Ges*, § 9 dieses Ges.	Bei psychisch Kranken: Psychiatrie-Rekurskommission (Rekurs), §§ 4, 31 *PsychiatrieGes*, i.V.m. § 3 Abs. 2 d. VO I. ü.: VerwGer, § 4 d. VO, §§ 31 ff. VerwRPflGes
FR	Friedensgericht, Art. 7 Abs. 1 *Ges. ü. d. fürsorg. FreihEntz*	Bei psychisch Kranken: Auch e. Arzt, d. s. Beruf in d. Schweiz ausüben darf, unter Beizug eines weiteren Arztes, wovon	1. Instanz: AufsichtsKomm. (Begehren um gerichtl. Beurteil.), Art. 16 Abs. 1 u. 19 i.V.m. Art. 17 d. Ges. (vgl. a. Art. 9 Bst. a d. Ges.

Kanton	Zuständigkeit Art. 397b Abs. 1	Zuständigkeit Art. 397b Abs. 2	Zuständiges Gericht Art. 397d
		einer Psychiater ist, Art. 7 Abs. 2 d. Ges. Bei Gefahr im Verzug: – Oberamtmann am Wohnsitz od. Aufenthaltsort, Art. 8 Bst. a. d. Ges.; – bei psychisch Kranken: Auch e. Arzt, d. s. Beruf in d. Schweiz ausüben darf, aber nicht in d. Anstalt tätig ist, in welche eingewiesen werden soll, Art. 8 Bst. b d. Ges.	sowie Art. 2a u. 6a d. Ges. ü. d. Org. d. *VormWesens.*) 2. Instanz: VormKammer d. KGer, Art. 16 Abs. 2 d. Ges.
GE	VormGericht (*Tribunal tuté_laire*), Art. 2 Abs. 4 EG ZGB (*LACC/CO*), 411 Abs. 1 ZPO (*CPC*) (bei psychisch Kranken: i.V.m. Art. 37 Abs. 1 d. *Loi sur le régime des personnes atteintes d'affections mentales …*)	–	Cour de Justice, Chambre de recours (recours), Art. 420 Abs. 1 CPC i.V.m. Art. 35a Abs. 1 Bst. c LOJ (bei psychisch Kranken: i.V.m. Art. 37 Abs. 3 d. *Loi sur le régime des personnes atteintes d'affections mentales …*)
GL	Waisenamt (VormBeh) am Wohnsitz, Art. 66a Abs. 1 EG ZGB	B. unmittl. Gefahr f. Personen auch: – Waisenamt am Aufenthaltsort od. – vorsorglich d. z. selbst. Berufsausüb. im Kanton zugelass. Ärzte sowie Chefärzte, leitende Ärzte u. Oberärzte, Art. 66a Abs. 2 bzw. 3 EG ZGB	VerwGer (Beschwerde), Art. 67a EG ZGB
GR	Vormundschaftsbehörde, Art. 44 Abs. Ziff. 4 i.V.m. Art. 43 Abs. 1 EG ZGB	In beiden Fällen: Auch d. im Kant. praxisberecht. Ärzte, Art. 54 EG ZGB	1. Instanz: BezirksGerAusschuss (Beschwerde), Art. 61 Abs. 1 EG ZGB 2. Instanz: KGer (Berufung), Art. 64 Abs. 1 EG ZGB
JU	Justiz- u. Innendept. (f. Einwohner d. Kant.), Art. 31 Abs. 1 *L sur les mésures d'assistance et la privation de liberté*	Bei Gefahr im Verzug: – Just.- u. Inn.-Dept. auch f. übrige Personen, Art. 31 Abs. 2 d. Ges. – auch Vormund, Art. 34, u. jeder im Kanton praxisbefugte Arzt, Art. 35 d. Ges.	Cour administrative d. KGer., Art. 59 d. Ges.

Kanton	Zuständigkeit Art. 397b Abs. 1	Zuständigkeit Art. 397b Abs. 2	Zuständiges Gericht Art. 397d
LU	Bei Unmündigen: VormBeh, § 51 Abs. 1 EG ZGB; bzw. (auch) Regierungsstatthalter(in), soweit als Aufs Behörde befasst, sowie stets bei Mündigen/ Entmündigten, Abs. 2	Bei Gefahr im Verzug: Auch vorsorgl. v. jed. in d. Schweiz z. Berufs- ausüb. zugelass. Ärztin/Arzt, § 53 Abs. 1 EG ZGB	1. Instanz: Am Ort d. stationären Einrichtung zuständige(r) Amtsgerichtspräsident(in) – falls dies. ausserh. d. Kantons: d. Gerichtsbezirks am Wohnsitz –, § 64 Abs. 1 EGZGB 2. Instanz: ObGer (VerwGerBeschwerde), § 67 EG ZGB i.V.m. §§ 156 ff. VRG)
NE	VormBeh, Art. 1 Abs. 1 *Loi d'appl … . sur la privation de liberté à des fins d'assist.* i.V.m. Art. 7 Bst. a. GerOrgGes *(OJN)*	In beiden Fällen: Auch d. Präs. d. VormBehörde od. vorsorgl. e. im Kanton praxisberechtigter Arzt, Art. 1 Abs. 2 d. Ges.	Abteil. d. KGer als Vorm AufsichtsBehörde, Art. 2 d. Ges. i.V.m. Art. 29 Abs. 1 EG ZGB *(LICC)*
NW	VormBeh, Art. 47 Abs. 1 EG ZGB	Bei Gefahr im Verzug: Auch jed. im Kant. praktizierende Arzt od. d. Vormund, Art. 47 Abs. 2 EG ZGB	KGer, Art. 4 Abs. 1 Ziff. 9 u. 54 Abs. 1 EG ZGB
OW	Einwohnergemeinderat, Art. 1 *AB ü. d. fürsorg. Freih Entz.* v. 16.12.80 i.d. Fass. d. Nachtr. v. 21.8.84	In beiden Fällen: Die im Kant. praktizierenden Ärzte, Art. 2 d. AB	VerwGer, Art. 3 d. AB
SG	VormBehörde, Art. 4 Abs. 1, 75a EG ZGB	Bei psychisch Kranken: Auch (stellv.) Bezirksarzt, Art. 75b Abs. 1 EG ZGB Bei Gefahr im Verzug: – Zur selbst. Berufs- ausüb. zugelassene Ärzte f. vorsorgl. Anstaltsunterbringung; – Chefärzte d. kant. Spitäler u. d. Gemeindespitäler i.F.v. Spitalpatienten; – Chefärzte d. kant. psychiatrischen Kliniken f. vorsorgl. Zurückbehalt. v. Klinikpatienten, Art. 75b Abs. 2 EG ZGB	VerwRekursKomm (öff.-rechtl. Klage), Art. 75 f EG ZGB
SH	Das zuständ. Dept. a. Antr. d. VormBehörde, Art. 69a Abs. 1 EG ZGB	Bei Gefahr im Verzug: Präs. d. VormBehörde, Art. 69a Abs. 2 EG ZGB Bei *zudem* psychisch Kranken: Auch in d. Schweiz praxisberechtig-	Obergericht (Verwaltungsgerichtsbeschwerde), Art. 69h EG ZGB

Kanton	Zuständigkeit Art. 397b Abs. 1	Zuständigkeit Art. 397b Abs. 2	Zuständiges Gericht Art. 397d
		ter Arzt, Art. 69a Abs. 3 EG ZGB	
SO	Dept. d. Innern, § 5 Abs. 1 (vgl. a. § 2 Abs. 2) *EG z. fürsorg. FreihEntz. (EG füF)*	Bei Gefahr im Verzug: Auch e. praktizierender Arzt od. d. Vormund, § 7 Abs. 1 EG füF	VerwGer (Beschwerde), § 23 EG füF
SZ	VormBehörde, § 36a Abs. 1 EG ZGB	Bei Gefahr im Verzug: In d. Schweiz z. selbst. Berufsausüb. zugelass. Arzt, § 36b Abs. 1 EG ZGB	VerwGer (Beschwerde), § 8 Bst. a. EG ZGB
TG	VormBehörde, § 3 Ziff. 24 EG ZGB	Bei Gefahr im Verzug: Jeder z. Berufsausüb. zugelassene Arzt, § 58 Abs. 3 EG ZGB	BezGerPräs, § 60 EG ZGB
TI	*Delegazione turoria* d. Wohnsitzgemeinde, Art. 20 Bst. b d. *Legge sull' assistenza sociopsichiatrica (LASP)*	Bei Gefahr im Verzug: Auch d. *Delegazione tutoria* d. Aufenthaltsorts oder e. in d. Schweiz z. Berufsausüb. zugelassener Arzt, Art. 22 Abs. 1 LASP	*Commissione Guiridica* (Rekurs), Art. 50 Abs. 1 u. 2 i.V.m. Art. 14 Abs. 1 LASP
UR	VormBehörde, Art. 41 Abs. 1 EG ZGB	Bei Gefahr im Verzug: Auch e. im Kant. z. Berufsausüb. ermächtigter Arzt, Art. 41 Abs. 2 EG ZGB	LandGerPräsident am Wohnsitz d. Betroffenen, Art. 41 Abs. 3 EG ZGB
VD	*Justice de paix* als VormBehörde, Art. 398a ZPO *(CPC)* i.V.m. Art. 3 Ziff. 4 EG ZGB *(LVCC)*	Bei Dringlichkeit: Auch – der Friedensrichter am Aufenthaltsort, Art. 398b Bst. a. LVCC, oder – sofern psych. Störungen d. Betroff. d. Einweisung erford. machen u. sein Zustand selbst- oder drittgefährdend ist, ein im Kant. z. Berufsausüb. ermächtigter Arzt (nicht Assistenzarzt), der nicht in d. psychiatr. Anstalt tätig ist, in d. eingewiesen werden soll, Art. 59 *L sur la santé publique* i.V.m. Art. 398b Bst. b LVCC	VormKammer d. KantGer (Rekurs), Art. 398d LVCC, im AnwendBereich d. *L sur la santé publique* (auch) dessen Art. 70
VS	VormAmt am Wohnsitz, Art. 59 Abs. 1 EG ZGB	Bei Gefahr im Verzug: Auch VormAmt am Aufenthaltsort, Art. 59 Abs. 1 EG ZGB	Bezirksrichter, Art. 111 Abs. 2 Bst. a. EG ZGB

Kanton	Zuständigkeit Art. 397b Abs. 1	Zuständigkeit Art. 397b Abs. 2	Zuständiges Gericht Art. 397d
		Bei Gefahr im Verzug *oder* bei psychisch Kranken: Auch jeder Arzt, d. z. Praktizieren in d. Schweiz befugt ist, ausser der Ärzte der Anstalt, in d. eingewiesen werden soll, Art. 59 Abs. 2 EG ZGB	
ZG	VormBehörde (Bürgerrat d. Heimat-Gem. f. am Heimatort wohnende GemBürger; i. ü. GemRat d. WohnGem.), § 1 EG ZGB	Bei Gefahr im Verzug: Jeder Arzt, d. e. Bewilligung z. Berufsausüb. besitzt, § 2 Abs. 1 EG ZGB	VerwGer, § 14 EG ZGB
ZH	VormBehörde, b. Untätigkeit od. Verweigerung d. Aufsichtsbehörde, § 117a Abs. 1 u. 2 EG ZGB	Bei Gefahr im Verzug od. bei psychisch Kranken: In d. Schweiz praxisberechtigte Ärzte m. eidg. od. gleichwert. Diplom; nicht Arzt d. aufnehmenden Krankenhauses, §§ 117a Abs. 3, 117d EG ZGB	Einzelrichter (Verlangen gerichtl. Beurteilung), § 117i EG ZGB

Art. 397a

A. Voraussetzungen

¹ **Eine mündige oder entmündigte Person darf wegen Geisteskrankheit, Geistesschwäche, Trunksucht, anderen Suchterkrankungen oder schwerer Verwahrlosung in einer geeigneten Anstalt untergebracht oder zurückbehalten werden, wenn ihr die nötige persönliche Fürsorge nicht anders erwiesen werden kann.**

² **Dabei ist auch die Belastung zu berücksichtigen, welche die Person für ihre Umgebung bedeutet.**

³ **Die betroffene Person muss entlassen werden, sobald ihr Zustand es erlaubt.**

A. Conditions

[1] Une personne majeure ou interdite peut être placée ou retenue dans un établissement approprié lorsque, en raison de maladie mentale, de faiblesse d'esprit, d'alcoolisme, de toxicomanie ou de grave état d'abandon, l'assistance personnelle nécessaire ne peut lui être fournie d'une autre manière.

[2] En l'occurrence, il y a lieu de tenir compte aussi des charges que la personne impose à son entourage.

[3] La personne en cause doit être libérée dès que son état le permet.

A. Condizioni

[1] Una persona maggiorenne o interdetta può essere collocata o trattenuta in uno stabilimento appropriato allorquando, per infermità mentale, debolezza mentale, alcoolismo o altra tossicomania o grave stato d'abbandono, l'assistenza personale necessaria non le possa essere data altrimenti.

[2] Ciò facendo va tenuto conto anche dell'aggravio che tale persona causa a chi le è vicino.

[3] La persona interessata deve essere rilasciata non appena lo permetta il suo stato.

Literatur

Vgl. die Literaturhinweise zu den Vorbem. zu Art. 360–456 und zu den Vorbem. zu Art. 397a–f.

I. Betroffene Person

1   Art. 397a regelt die FFE bei **mündigen oder entmündigten** natürlichen Personen (ZK-SPIRIG, N 14). Nicht erfasst werden somit neben den juristischen Personen **Minderjährige unter elterlicher Sorge.** Bei ihnen richtet sich die FFE durch eine Behörde nach Art. 314a Abs. 1, der allerdings die Vorschriften über die gerichtliche Beurteilung und das Verfahren bei FFE (Art. 397d–f) als sinngemäss anwendbar erklärt (vgl. Art. 314/314a N 8 ff.; HEGNAUER, Kindesrecht, Rz 27.66). Werden sie durch die Eltern in einer Anstalt untergebracht, sind ausschliesslich die Bestimmungen über die elterliche Sorge und den Kindesschutz zu beachten (DESCHENAUX/STEINAUER, Personnes, Rz 1226). Für **Minderjährige unter Vormundschaft** gilt Art. 405a, der ähnlich wie Art. 314a für die Zuständigkeit, die gerichtliche Beurteilung und das Verfahren auf Art. 397b–f verweist.

Streitig ist, ob sich bei **Entmündigten unter elterlicher Sorge** (Art. 385 Abs. 3) die Unterbringung durch eine Behörde nach den Bestimmungen über die Unterbringung Entmündigter oder Unmündiger richtet. Der Unterschied betrifft die Einweisungsvoraussetzungen. Bei Kindern genügt es, dass eine Gefährdung vorliegt, der nicht auf andere Weise begegnet werden kann. Die Bestimmungen über die FFE verstärken den Schutz der betroffenen Person vor ungerechtfertigter Freiheitsentziehung. In den Genuss dieses Schutzes sollte aber auch eine entmündigte Person unter elterlicher Sorge gelangen, so dass es sich rechtfertigt, auf diese die Art. 397a–f uneingeschränkt anzuwenden (SUHR BRUNNER, 83 f.). Dies hat schon der Bundesrat in der Botschaft ausdrücklich festgehalten (BBl 1977 III 47). Die Unterbringung durch die Eltern fällt auch hier nicht unter die FFE.

Der Umstand, dass eine erwachsene Person in einem Grade geistesschwach ist, der es ihr **nie erlauben wird, ausserhalb einer Anstalt zu leben,** hindert die Anwendung von Art. 397a–f nicht. Auch diesbez. untersteht die Einweisung in eine Anstalt durch eine Behörde den Bestimmungen über die FFE (BGE 114 II 216). Die betroffene Person ist nicht einer unmündigen Person unter elterlicher Sorge gleichzustellen. Andernfalls wäre die Aufzählung dieses Schwächezustandes in Art. 397a überflüssig gewesen.

II. Voraussetzungen der FFE

2   Das Gesetz nennt als Voraussetzung für eine FFE das Vorliegen eines Schwächezustandes (u. N 6 ff.), der eine persönliche Fürsorge notwendig macht (u. N 3 ff.), die nicht anders als durch den Entzug der Freiheit erbracht werden kann (u. N 12 ff.). Die **Voraussetzungen bedingen sich gegenseitig** und sind nur in ihrem Zusammenhang verständlich. Der Schwächezustand allein vermag eine FFE nie zu rechtfertigen, sondern immer nur zu-

sammen mit der Notwendigkeit der persönlichen Fürsorge, was in der Diskussion über die Anwendung dieser Bestimmung bei Drogensucht zum Teil übersehen worden ist. Schliesslich werden die Voraussetzungen auch mit Blick auf die Rechtsfolge weiter eingeschränkt. Die Freiheitsentziehung ist selbst bei Vorliegen der genannten Voraussetzungen nur gesetzeskonform, wenn der Zweck (vgl. dazu Vorbem. zu Art. 397a–f N 9) nicht mit einer milderen Massnahme erreicht werden kann. Insofern gilt das Verhältnismässigkeitsprinzip (u. N 12 ff.). Zudem muss die Freiheitsentziehung für den angestrebten Zweck tauglich sein. Die Zulässigkeit der FFE lässt sich deshalb immer nur mit Bezug auf die Einweisung in eine *bestimmte Anstalt* beurteilen. Insofern stellt der Begriff der geeigneten Anstalt (u. N 24 f.) eine weitere Einschränkung dar.

1. Besondere Schutzbedürftigkeit

Die FFE dient in jedem Fall dem Schutz der betroffenen Person. Dem Schutz Dritter **3** kommt nur eine subsidiäre Bedeutung zu (Abs. 2; u. N 26 f.). Voraussetzung ist deshalb immer, dass der Betroffene eines besonderen Schutzes bedarf, der eben nur mit einer Freiheitsentziehung erbracht werden kann. Diese muss die **persönliche Fürsorge** sicherstellen (ZK-SPIRIG, N 196). Sie soll – soweit möglich – die Anstaltsentlassung innert nützlicher Frist herbeiführen (BGE 112 II 487 f.; vgl. auch 106 Ia 36). Welcher Art die persönliche Fürsorge zu sein hat und in welchem Umfang sie zu gewähren ist, hängt von den Umständen und Bedürfnissen des Einzelfalls ab.

Der Begriff der Schutzbedürftigkeit deckt sich vom Zweck der Massnahme her nicht mit jenem, welcher eine Entmündigung oder eine Beistand- resp. Beiratschaft rechtfertigen kann (BGE 106 Ia 36 f.). Während dort neben der Schwäche in persönlicher Hinsicht jene in den wirtschaftlichen Belangen von Bedeutung sein kann, vermag bei der FFE **immer nur das Bedüfnis nach persönlicher Fürsorge** eine Freiheitsentziehung zu begründen. Zudem sind die amtsgebundenen vormundschaftlichen Massnahmen (Vormundschaft, Beiratschaft, Beistandschaft) auf den Rechtsverkehr ausgerichtet, während es bei der FFE um die körperliche, unmittelbare Betreuung geht. Schliesslich lässt sich die FFE immer nur rechtfertigen, wenn dem Schwächezustand nicht auf andere Weise begegnet werden kann (u. N 12 ff.), was allerdings auch für die amtsgebundenen Massnahmen gilt.

Die persönliche Fürsorge erfasst demnach einerseits **therapeutische Massnahmen** und **4** andererseits **jede Form von Betreuung,** deren eine Person für ein menschenwürdiges Dasein bedarf. Darunter fallen so elementare Bedürfnisse wie Essen, Körperpflege, Kleidung usw., aber auch ein Mindestmass an persönlicher Beschäftigung.

Die persönliche Fürsorge kann auch in der Behandlung einer **körperlichen Krankheit** bestehen, sofern dafür eine Freiheitsentziehung als notwendig erscheint. Dies ist der Fall, wenn die betroffene Person ohne Freiheitsentziehung die Behandlung *wegen eines Schwächezustandes* verweigert (IBERG, SJZ 1983, 296). Allerdings erfordert dies, dass sich die betroffene Person entweder freiwillig behandeln lässt, sobald sie sich in der Anstalt befindet, oder die Rechtsgrundlage für eine Zwangsbehandlung sich aus dem kant. Recht (oder anderen Bestimmungen des Bundesrechts) ergibt (vgl. o. Vorbem. zu Art. 397a–f N 7 ff.).

Das Schutzbedürfnis kann auch darin bestehen, jemanden vor einem **Selbstmord** zu bewahren. Die Anstaltseinweisung setzt allerdings auch diesfalls voraus, dass einer der im **5** Gesetz aufgezählten Schwächezustände gegeben ist (u. N 6 ff.) und dass die Unterbringung als verhältnismässig erscheint (u. N 12 ff.). Eine dauernd suizidgefährdete Person kann deshalb nicht bloss aus diesem Grund in eine Anstalt eingewiesen werden, wenn nicht die Möglichkeit einer Besserung besteht (IBERG, SJZ 1983, 296). Das Parlament hatte einen Antrag abgelehnt, der die Einweisung wegen Selbst- oder Fremdgefährdung hätte zulassen sollen (Antrag Condrau, AmtlBull NR 1978, 755 ff.). Neben des Schutzes von Leib und Leben bedarf es auch des Bedürfnisses nach persönlicher Fürsorge in einer Anstalt (Votum Furgler, AmtlBull NR 1978, 757). Die Freiheitsentziehung darf nicht nur der Absonderung und Fernhaltung einer Person dienen (vgl. auch VerwGer BL SJZ 1983, 78 ff.).

2. Schwächezustand

6   Die besondere Schutzbedürftigkeit muss auf bestimmte Gründe zurückzuführen sein. Diese sind im Gesetz **abschliessend** aufgezählt (BBl 1977 III 26; IBERG, SJZ 1983, 294). Die entsprechenden Begriffe decken sich weitgehend mit den in Art. 369 und 370 für die Entmündigung aufgeführten. Jene Aufzählung hat sowohl eine Erweiterung (u. N 8 ff.) wie auch einige Einengungen (u. N 11) erfahren.

7   Trotz der immer wieder von Seiten der Ärzteschaft an diesen Begriffen geübten Kritik führt der Gesetzgeber als Schwächezustände in Art. 397a die **Geistesschwäche** und die **Geisteskrankheit** auf. Es handelt sich dabei um die gleichen rechtlichen und nicht medizinischen Begriffe wie in Art. 369 (DESCHENAUX/STEINAUER, Personnes, Rz 1164 f.). Von einer Geisteskrankheit im rechtlichen Sinn kann gesprochen werden, wenn psychische Störungen vorliegen, die stark auffallen und einem besonnenen Laien als uneinfühlbar, tief gehend abwegig, grob befremdend erscheinen (AGVE 1982 140 ff.; IBERG, SJZ 1983, 294; BK-SCHNYDER/MURER, Art. 369 N 26 ff.). Im Übrigen wird auf die Komm. zu Art. 369 verwiesen.

Die Regelung ist **mit Art. 5 Ziff. 1 Bst. e EMRK** vereinbar. Die Geistesschwäche stellt eine Geisteskrankheit im Sinne dieser Norm dar (BGE 118 II 260 f.; VILLIGER, Rz 337; JACOT-GUILLARMOD, ZVW 1981, 46 f.).

8   Als **trunksüchtig** kann nur gelten, wer einerseits einen Hang zum übermässigen Genuss von Alkohol hat und andererseits sich dieses Hanges nicht mehr aus eigener Willenskraft erwehren kann. Entsprechend liegt auch bei wiederholtem Alkoholmissbrauch keine Trunksucht vor, wenn die betroffene Person noch aus eigenem Willen aufhören kann (SUHR BRUNNER, 88; IBERG, SJZ 1983, 295; BK-SCHNYDER/MURER, Art. 370 N 106 ff.; BGE 104 Ib 47). Bei einer Anstaltseinweisung wegen Trunksucht sind genaue Abklärungen der persönlichen Verhältnisse, namentlich der Trinkgewohnheiten, notwendig. Die Aussage, es führe jemand ein «Landstreicherleben», reicht als Begründung nicht aus (VerwGer AG SJZ 1983, 10). Ob die Abhängigkeit körperlicher oder bloss psychischer Art ist, spielt keine Rolle. Der Begriff deckt sich nicht mit der medizinischen Definition der Trunksucht (ZK-SPIRIG, N 50). Letztere legt mehr Gewicht auf die bereits fortgeschrittene Schädigung durch den Alkohol (SUHR BRUNNER, 88).

Art. 397a wurde gegenüber Art. 370 insofern erweitert, als neben der Trunksucht auch **andere Suchterkrankungen** aufgeführt werden. Dies soll die Umgehung der Schwierigkeiten ermöglichen, welche aus der zu engen Umschreibung in den Art. 369 f. aufgrund des Wandels der gesellschaftlichen Realität seit 1907 entstanden sind (SUHR BRUNNER, 91). Materiell kommt der Erweiterung allerdings keine überragende Bedeutung zu, weil sich die anderen Suchterkrankungen bei der Entmündigung meist unter einem anderen Tatbestand subsumieren lassen (BK-SCHNYDER/MURER, Art. 370 N 97 ff.). Zu den anderen Suchterkrankungen zählen namentlich die Betäubungsmittel- und die Medikamentensucht. Eine abschliessende Aufzählung ist indessen nicht möglich. Weil es weder auf die körperliche Abhängigkeit noch auf die Schädlichkeit der Droge ankommt, kann auch eine Cannabissucht eine FFE rechtfertigen, sofern die betroffene Person wegen dieser Sucht der persönlichen Fürsorge bedarf, die nicht ohne Freiheitsentziehung gewährt werden kann. Dann wird allerdings regelmässig ein weiterer Schwächezustand gegeben sein, sei dies eine schwere Verwahrlosung oder eine Geisteskrankheit resp. Geistesschwäche.

Die Praxis beschäftigt immer wieder die Frage, ob eine Anstaltseinweisung wegen einer **9** Suchterkrankung auch dann zulässig ist, wenn **keinerlei Aussicht auf** eine eigentliche **Besserung** besteht. Diesfalls bezweckt die Anstaltsunterbringung nur die Ausnüchterung und den körperlichen Entzug sowie das Fernhalten der betroffenen Person von den entsprechenden Suchtmitteln. Die Frage stellt sich nicht nur bei Rauschgiftsüchtigen, sondern auch bei Alkoholikern. In Übereinstimmung mit dem OGer AG dürfte ein solches Vorgehen nur für eine erste Phase rechtmässig sein (AGVE 1982, 130 ff.) und überdies unter der Voraussetzung stehen, dass wenigstens eine vertretbare Hoffnung besteht, dieser Entzug motiviere die betroffene Person für eine weiter gehende Behandlung. Sowohl eine langfristige Internierung ohne eigentliche Behandlung wie auch die Wiederholung kurzfristiger Anstaltseinweisungen erscheinen diesfalls als unverhältnismässig und mit dem Zweck der FFE unvereinbar. Es kann nicht um eine blosse Verwahrung der Person gehen (VerwGer BL SJZ 1983, 78 ff.).

Von den in Art. 397a aufgeführten Schwächezuständen bereitet die Umschreibung der **10** **schweren Verwahrlosung** die grössten Schwierigkeiten. Darin darf kein Einfallstor für alle möglichen Gründe einer FFE erblickt und damit die abschliessende Aufzählung der Voraussetzungen umgangen werden (SCHNYDER, ZVW 1979, 21; JACOT-GUILLARMOD, ZVW 1981, 47). Der Begriff ist wohl nur aus seinem historischen Zusammenhang heraus verständlich. Die kant. Gesetze kannten zum Teil als Einweisungsgründe die Arbeitsscheu, die Armengenössigkeit und die Verwahrlosung (BBl 1977 III 9 f.). Der Bundesgesetzgeber wollte bewusst eine restriktivere Lösung. Es wurde als stossend empfunden, dass Personen ohne geregelte Arbeit eine Anstaltseinweisung gewärtigen müssen, wenn sie der Öffentlichkeit oder der Familie zur Last fallen, nicht aber, wenn sie zufällig selber über genügende wirtschaftliche Mittel verfügen (BBl 1977 III 26). Das schweizerische Recht ist insofern wohl auch restriktiver als die EMRK (vgl. IBERG, SJZ 1983, 296; differenzierend JACOT-GUILLARMOD, ZVW 1981, 47 f.). Diese lässt als Einweisungsgrund die Landstreicherei zu (Art. 5 Ziff. 1 Bst. e EMRK). Landstreicher ist, wer weder einen festen Wohnsitz hat, noch die notwendigen Mittel für seinen Unterhalt besitzt, noch ein Gewerbe oder einen Beruf regelmässig ausübt (EGMR v. 18.6.1971 i.S. De Wilde, Ooms und Versyp, Série A, Bd. 12, 37; JACOT-GUILLARMOD, ZVW 1981, 47; ZK-SPIRIG, N 92). Das genügt indessen nach Art. 397a für die Anordnung einer FFE nicht. Vielmehr bedarf es eines **Zustandes der Verkommenheit, welcher mit der Menschenwürde schlechterdings nicht mehr vereinbar ist** (BGE 128 III 14; BBl 1977 III 25; STETTLER, Rz 467; DESCHENAUX/STEINAUER, Personnes, Rz 1172; ZK-SPIRIG, N 106). Die blosse Tatsache, dass jemand keinen Wohnplatz hat, genügt nicht (BGE 128 III 14).

Im Gegensatz zum Entwurf (BBl 1977 III 59) fordert die Gesetz gewordene Fassung nicht mehr eine völlige Verwahrlosung. Vielmehr genügt eine **schwere** Verwahrlosung. Damit sollte zum Ausdruck gebracht werden, dass nicht bis zum Eintritt eines nicht mehr verbesserbaren Zustandes zuzuwarten ist, sondern schon vorher eingegriffen werden kann, wenn sich damit eine völlige Verwahrlosung vermeiden lässt. An der Schwere der drohenden Gefahr sollte damit nichts geändert werden, nur am Zeitpunkt des Eingreifens (AmtlBull NR 1978, 756). Mit Blick auf den Umstand, dass dieser Einweisungsgrund in keiner Weise das Fehlen einer Wohnung voraussetzt, wird in der Literatur z.T. die Übereinstimmung mit der EMRK angezweifelt (VILLIGER, Rz 338).

Thomas Geiser

11 Im Unterschied zu den Entmündigungsgründen (Art. 370) verzichtete man darauf, eine FFE wegen **lasterhaften Lebenswandels** oder **Verschwendung** zuzulassen. Wie sich aus der Entstehungsgeschichte mit aller Deutlichkeit ergibt, wurden auch die weiteren dem früheren kant. Recht bekannten Einweisungsgründe wie **Arbeitsscheu, Vernachlässigung familiärer Pflichten, Bettel, Unterstützung** durch die öffentliche Hand usw. ausgeschlossen (BBl 1977 III 25). Die Kantone sind nicht berechtigt, für diese Fälle eine eigene Rechtsgrundlage zu schaffen (BBl 1977 III 26).

3. Verhältnismässigkeit

12 Wie im ganzen Vormundschaftsrecht gilt auch bei der FFE der Grundsatz der Verhältnismässigkeit (BGE 114 II 217). Die FFE stellt einen schwereren Eingriff in die persönliche Freiheit der betroffenen Person dar. Sie ist deshalb nur zulässig, wenn keine leichteren Massnahmen der betroffenen Person einen genügenden Schutz gewähren (u. N 13), mit der FFE hingegen ein solcher voraussichtlich erreicht werden kann (u. N 14). Weil die FFE auf einer anderen Ebene liegt als die amtsgebundenen vormundschaftlichen Massnahmen, lässt sie sich nicht ohne weiteres in deren **Stufenfolge** einreihen (BK-SCHNYDER/MURER, Art. 367 N 35). Die persönliche Freiheit wird für viele Betroffene das wichtigere Gut sein als die Handlungsfähigkeit, so dass eine FFE als unzulässig erscheint, wenn dem Schwächezustand mit einer Bevormundung oder gar einer Verbeiratung resp. Verbeiständung beizukommen ist. Der körperliche Zustand einer Person kann aber die Bewegungsfreiheit schon so stark einschränken, dass eine FFE nur mehr als sehr milder Eingriff erscheint und im Vergleich zu den anderen vormundschaftlichen Massnahmen als verhältnismässig bezeichnet werden muss (vgl. BK-SCHNYDER/MURER, Art. 369 N 169).

Die Anwendung des Verhältnismässigkeitsprinzipes lässt der entscheidenden Behörde unvermeidlich ein **weites Ermessen.** Mit Blick auf Art. 6 EMRK ist es deshalb notwendig, dass ein Gericht den Entscheid in einem Verfahren überprüfen kann, in dem es über volle Kognition verfügt (vgl. die Komm. zu Art. 397d).

13 Die FFE ist nur zulässig, wenn **keine leichtere Massnahme** der betroffenen Person genügenden Schutz bietet. Dabei kommen den kant. Vormassnahmen (vgl. dazu Vorbem. zu Art. 397a–f N 6) und der freiwilligen Sozialhilfe entscheidende Bedeutung zu. Es ist nicht notwendig, dass die Behörde zuerst alle leichteren Massnahmen angeordnet hat und diese sich als unwirksam erweisen. Wenn solche von vornherein als ungenügend erscheinen, darf eine FFE angeordnet werden.

14 Als verhältnismässig erscheint eine FFE nur, wenn mit ihr das **angestrebte Ziel überhaupt erreicht werden kann.** Sie soll in erster Linie der Wiedererlangung der Selbständigkeit und der Eigenverantwortung dienen (vgl. Vorbem. zu Art. 397a–f N 9). Ist eine Besserung des Zustandes ausgeschlossen, muss sie wenigstens die notwendige persönliche Betreuung ermöglichen, um der betroffenen Person ein menschenwürdiges Leben zu sichern. An dieser Voraussetzung scheitert eine wiederholte FFE insb. bei nicht entzugswilligen Drogen- oder Alkoholsüchtigen.

15 Wie der klare Aufbau von Art. 397a zeigt, sind die Vor- und Nachteile, welche die FFE der betroffenen Person bringt, gegeneinander abzuwägen. **Interessen der Umgebung und der Öffentlichkeit** haben insoweit zurückzutreten. Die Belastung für die Umgebung ist nur *mitzu*berücksichtigen (Abs. 2; u. N 26 f.; BGE 114 II 218; ZK-SPIRIG, 338 ff.). Wirtschaftliche Interessen, namentlich mit Blick auf die öffentliche Fürsorge, dürfen den Entscheid, ob eine FFE anzuordnen oder darauf zu verzichten ist, nicht beeinflussen. Sie können aber bei der Wahl zwischen mehreren geeigneten Anstalten berücksichtigt werden (HEGNAUER, ZVW 1996, 41 ff.).

4. FFE für Untersuchung?

Nicht aus dem Gesetzeswortlaut, wohl aber aus der Entstehungsgeschichte ergibt sich, **16** dass die Einweisung in eine Klinik zum Zweck einer medizinischen Abklärung zulässig ist (AmtlBull NR 1978, 755, Votum Furgler; ZK-SPIRIG, N 114 ff.). Die in Art. 397a enthaltenen Voraussetzungen bedeuten diesfalls allerdings, dass die Untersuchung entweder die **Frage** betreffen muss, **ob** wegen eines in dieser Bestimmung aufgezählten Schwächezustandes eine **FFE notwendig** ist oder, wenn es um die Anordnung einer anderen vormundschaftlichen Massnahme geht, ob ohne die Untersuchung und eine möglicherweise leichtere vormundschaftliche Massnahme mittelfristig eine Anstaltseinweisung droht. Auch hier gilt der Grundsatz der Verhältnismässigkeit: Nur bei konkreten Anhaltspunkten für eine akute Notwendigkeit einer FFE (oder einer anderen vormundschaftlichen Massnahme) rechtfertigt sich eine Freiheitsentziehung zu Untersuchungszwecken.

Art. 386 enthält demgegenüber keine Rechtsgrundlage mehr, im Rahmen der **vorläufigen Fürsorge** eine Freiheitsentziehung anzuordnen (BK-SCHNYDER/MURER, Art. 386 N 26, 58; o. Vorbem. zu Art. 397a–f N 5).

III. Rechtsfolge

1. Unterbringung oder Zurückbehaltung

Das Gesetz umschreibt die Freiheitsentziehung als ein Unterbringen oder Zurückbehalten **17** in einer Anstalt. Der Doppelbegriff ist mangels eines Oberbegriffs gewählt worden. Die beiden Tatbestände unterscheiden sich nur dadurch, dass die Person sich im einen Fall bereits in der Anstalt befindet und im andern erst dorthin verbracht werden soll. Eine Zurückbehaltung oder Unterbringung im Sinne der FFE liegt im Gegensatz zu jedem anderen Anstaltsaufenthalt vor, wenn dieser **gegen** bzw. **ohne den Willen** der betroffen Person erfolgt. Immer wenn es dieser verwehrt ist, jederzeit die Anstalt zu verlassen, handelt es sich um eine Freiheitsentziehung i.S.v. Art. 397a. Demgegenüber scheint der Begriff der Freiheitsentziehung in Art. 5 Abs. 1 EMRK enger zu sein (EGMR, Urteil v. 26.2.2002 i.S. H.M. c. Schweiz).

Nach der hier vertretenen Meinung ist eine **Zurückbehaltung ohne Entscheid** grundsätzlich unzulässig. Eine Ausnahme kann sich höchstens aus administrativen Gründen während einiger weniger Stunden rechtfertigen, z.B. in der Nacht, wenn in dieser Zeit die Austrittsformalitäten nicht abgewickelt werden können.

Das Gesetz verwendet den Begriff der Unterbringung und Zurückbehaltung nur in Bezug auf den anordnenden Entscheid. Die **Abweisung eines Entlassungsgesuches** stellt keine Zurückbehaltung in diesem Sinne dar. Dabei handelt es sich nur um die Umwandlung eines freiwilligen Anstaltsaufenthaltes in eine FFE (BBl 1977 III 22; TUOR/SCHNYDER/SCHMID/RUMO-JUNGO, 514 f.; ZK-SPIRIG, N 185 f.).

Diese Grundsätze hat das BGer bei der Beurteilung des **Genfer Gesetzes «sur le régime** **18** **des Personnes atteintes d'affections mentales et sur la surveillance des établissements psychiatriques»** v. 7.12.1979 verkannt (BGer v. 28.1.1981, SemJud 1983, 163 ff.). Das Gesetz sah in Art. 23 Abs. 2 vor, dass der Aufenthalt einer freiwillig in eine psychiatrische Klinik eingetretenen Person erst mit dem Entlassungsentscheid des zuständigen Arztes endet (SemJud 1983, 170). Der Arzt hatte über ein entsprechendes Begehren des Patienten innert 24 Stunden zu entscheiden (SemJud 1983, 168 f.). Die Regelung bedeutete somit, dass eine freiwillig eingetretene Person ohne Zustimmung des Arztes die Klinik nicht mehr verlassen durfte. Das BGer hielt wegen des freiwilligen Eintritts die Art. 397a–f nicht für anwendbar (SemJud 1983, 170). Es übersah dabei, dass die Regelung zu einer Zurückbehaltung *gegen den Willen* des Patienten führte, ohne dass der Entscheid einer vormundschaftlichen Behörde oder einer nach kant. Recht zuständigen anderen Stelle vorlag. Dass diese Zurückbehaltung im Maximum nur 24 Stunden dauerte, änderte nichts an der Anwendbarkeit der Bestimmungen über die FFE. Richtigerweise müsste entweder dem Patienten zugestanden werden, jederzeit die Klinik verlassen zu können, sofern nicht ein Arzt vorher die Zurückbehaltung verfügt hat, oder die (freiwillige) Aufnahme müsste bereits als Entscheid i.S.v. Art. 397a angesehen werden.

19 Von Freiwilligkeit kann bei einem Eintritt nur gesprochen werden, wenn insoweit **Urteilsfähigkeit** vorliegt. Obgleich diese zu vermuten ist, hat die Klinik bei der Aufnahme eine summarische Prüfung der Urteilsfähigkeit vorzunehmen (ZK-SPIRIG, N 189 ff.). Ist die Urteilsfähigkeit nicht gegeben, so hat die Klinik von den zuständigen Stellen einen Einweisungs- bzw. Zurückbehaltungsentscheid zu erwirken. Die Beurteilung der Urteilsfähigkeit kann im Einzelfall schwierig sein, wenn beispielsweise jemand wegen Angstzuständen Schutz in der Klinik sucht.

20 Ob es sich bei einer **bedingten Einweisung** um eine FFE nach Art. 397a oder um eine Vormassnahme nach kant. Recht handelt, hängt von ihrer rechtlichen Ausgestaltung ab (o. Vorbem. zu Art. 397a–f N 6). Hängt der Vollzug von keinem weiteren Ermessensentscheid einer Behörde oder Stelle ab, ist darin die Anordnung einer FFE nach Bundesrecht zu erblicken. Erweist sich bei Eintritt der Bedingung der Vollzug nach Art. 397a als nicht (mehr) angemessen, hat die Behörde eine Entlassungsverfügung zu erlassen. Muss hingegen eine Behörde die Einweisung erst noch konkretisieren, liegt eine Vormassnahme nach kant. Recht vor. Im Zeitpunkt der Umwandlung in eine unbedingte Einweisung sind die Voraussetzungen von Art. 397a neu zu prüfen. Die Unterscheidung dürfte materiell keine grosse Bedeutung haben, führt aber wegen Art. 397b Abs. 3 zu einer unterschiedlichen Zuständigkeit.

21 Jede Einschränkung der bisherigen Freiheit stellt eine Unterbringung im Sinne des Gesetzes dar. Deshalb bedarf es für jede **Verschärfung der Massnahme** im Sinne einer weiteren Einschränkung der Freiheit eines neuen Entscheides, sofern die entsprechende Beschränkung nicht schon im ursprünglichen Entscheid vorgesehen war (vgl. u. N 33).

2. Geeignete Anstalt

22 Die Einweisung (bzw. die Zurückbehaltung) hat in eine(r) geeignete(n) Anstalt zu erfolgen. Das Gesetz definiert nicht, was darunter zu verstehen ist (BGE 112 II 487; ZK-SPIRIG, N 118). Es handelt sich um einen unbestimmten Rechts- bzw. Gesetzesbegriff, welcher der Auslegung durch Lehre und Rechtsprechung bedarf (HUBACHER, ZVW 1990, 89 ff.). Der **Begriff der Anstalt** ist in einem weiten Sinne zu verstehen. Gemeint ist jede Einrichtung, in der einer Person ohne oder gegen deren Willen persönliche Fürsorge unter spürbarer Einschränkung der Bewegungsfreiheit erbracht werden kann (BGE 121 III 308; ZK-SPIRIG, N 119). Dabei ist es nicht notwendig, dass ein Austritt ohne Zustimmung der Anstaltsleitung nur durch eine eigentliche Flucht möglich ist. Es braucht sich nicht um eine geschlossene Anstalt zu handeln. Vielmehr genügt es, dass der entsprechenden Person ein Entweichen entweder tatsächlich nicht ohne weiteres möglich oder aber verboten ist (DESCHENAUX/STEINAUER, Personnes, Rz 1177; STETTLER, Rz 471). Ob die Anstalt der öffentlichen Hand zuzuordnen ist oder es sich um eine private Einrichtung handelt, ist ohne Bedeutung (DESCHENAUX/STEINAUER, Personnes, Rz 1179).

23 Die Abgrenzung bereitet einerseits bei Kindern und Jugendlichen sowie andererseits bei geistig oder körperlich Gebrechlichen Schwierigkeiten. Ein **Kinder- oder Jugendheim**

ist als Anstalt im genannten Sinn anzusehen, wenn die darin untergebrachten Personen einer stärkeren Freiheitsbeschränkung unterworfen sind als ihre in einer Familie aufwachsenden Altersgenossen (BGE 121 III 309).

Mit Bezug auf **gebrechliche Personen** ist entscheidend, ob der Aufenthalt deren Willen entspricht, sofern sie insoweit als urteilsfähig angesehen werden können, und nicht irgendwelche organisatorische, bauliche oder andere Massnahmen ihre Bewegungsfreiheit einschränken. Sind diese Voraussetzungen nicht gegeben, liegt ein fremdbestimmter Aufenthaltsort und damit – nach der hier vertretenen Meinung – eine Anstaltsunterbringung vor (zum deutschen Recht vgl. STURM, 83). Dies bedeutet namentlich, dass bei Bewohnern von **Alters- und Pflegeheimen** häufig eine FFE besteht, wenn beispielsweise das Verlassen des Heimes oder des Zimmers durch Trickschlösser oder andere Einrichtungen spürbar erschwert wird. Keine FFE liegt dagegen bei einem bewusstlosen Spitalpatienten vor. Sein Aufenthalt hängt zwar auch nicht von seinem Willen ab, die Bewegungsfreiheit ist aber durch seinen Zustand und nicht durch irgendwelche Massnahmen eingeschränkt.

Eine **Anstalt** ist **geeignet,** wenn sie über die Organisation und personellen Kapazitäten   24 verfügt, um der eingewiesenen Person die Pflege und Fürsorge zu erbringen, die diese im Wesentlichen benötigt (BGE 114 II 21 f.; 112 II 487 f.). Die Anstalt muss im Einweisungs- bzw. Rückbehaltungsentscheid konkret bezeichnet werden (IBERG, SJZ 1983, 296). Das BGer kann im Rechtsmittelverfahren die Eignung überprüfen (BGE 114 II 218; 112 II 486 ff.). Die einweisende Stelle hat im Einzelnen zu prüfen, ob das Betreuungs- und Therapieangebot der entsprechenden Anstalt mit den spezifischen Bedürfnissen der betroffenen Person und dem Ziel der FFE übereinstimmt (BGE 112 II 492; STETTLER, Rz 473). Ob das Betreuungs- und Therapiekonzept an der formellen Rechtskraft des Entscheides teilhat, so dass jede Änderung desselben eines neuen Entscheides bedarf, ist zweifelhaft (vgl. u. N 32).

Da der Entscheid immer die Einweisung in eine bestimmte Anstalt vorsieht, muss die einweisende Behörde **klären,** ob die Anstalt die betroffene Person **überhaupt aufnimmt** (IBERG, SJZ 1983, 296 f.). Andernfalls erscheint es als zweifelhaft, ob die Anordnung überhaupt vollzogen werden kann. Insofern ist eine bedingte Einweisung zulässig. Sie wird dann unter der Bedingung ausgesprochen, dass die vorgesehene Anstalt die betroffene Person aufnimmt.

Lässt sich **keine geeignete Anstalt** finden, hat die Freiheitsentziehung zu unterbleiben.   25 Das führt bei ausgewiesenem Betreuungsbedürfnis immer wieder zu Schwierigkeiten. Namentlich fehlt es häufig an kleineren, nicht unbedingt geschlossenen Institutionen, welche eine intensive Betreuung anbieten und die Betroffenen auf die Rückkehr in die Freiheit vorbereiten können (vgl. FONTANET, ZVW 1986, 1 ff.). Der Entscheid über die Eignung stellt eine Wertung dar. Es kann nicht verlangt werden, dass geradezu eine ideale Anstalt zur Verfügung steht (SCHNYDER, ZVW 1979, 22; SPÜHLER, ZBl 1983, 56). Es muss vielmehr genügen, dass die Anstalt den *wesentlichen* Bedürfnissen entspricht (BGE 112 II 490).

Gemäss einer Verlautbarung der Kommission für Drogenfragen des Kantons ZH (ZVW 1994, 2 ff.) kommen bei **Drogenabhängigen** folgende Institutionen für eine FFE in Frage: Bei psychischen Krisen und Leiden psychiatrische Kliniken mit geschlossenen Abteilungen; wenn keine psychiatrische Behandlungsbedürftigkeit vorliegt, sozialtherapeutisch ausgerichtete, an den Erfahrungen stationärer Langzeittherapie für Drogenabhängige orientierte Institutionen, die zur Verhinderung vorzeitigen Weglaufens geschlossen zu führen sind.

Ob der Aufenthalt in einer offenen Drogenszene unter dem Aspekt der Belastung generell eine Anwendung der FFE erlaubt, erscheint als zweifelhaft (von HEGNAUER, ZVW 1993, 167 f., mit überzeugenden Argumenten verneint).

Ganz ausnahmsweise kann sich im Einzelfall auch eine **Strafanstalt** als geeignete Anstalt erweisen (BGE 112 II 488 ff.; BGer 5C.11/2003). Das Parlament hat einen Antrag, dies auszuschliessen, abgelehnt (AmtlBull NR 1978, 757 ff.).

IV. Belastung für die Umgebung (Abs. 2)

26   Die FFE dient dem Schutz der betroffenen Person, nicht ihrer Umgebung. Entsprechend ist die **Fremdgefährdung** weder eine Einweisungsvoraussetzung (ZK-SPIRIG, N 339) noch für eine FFE ausreichend (vgl. o. N 5). Bei der Frage, ob die nötige persönliche Fürsorge nur durch Anstaltsunterbringung oder auch auf andere Weise erbracht werden kann, ist zu berücksichtigen, was eine ambulante Betreuung für die Umgebung an Belastung bedeutet (BGE 114 II 217 f.). Es ist eine Interessenabwägung vorzunehmen. Dabei muss geklärt werden, was die Umgebung an Betreuungsarbeit zu leisten bereit ist. Da die Betreuung stets freiwillig erbracht wird (vgl. Art. 328/329 N 28), bringt eine übermässige Belastung der Umgebung meist auch der betroffenen Person nichts. Es kann sich als vorteilhaft erweisen, die Umgebung namentlich bei psychotischen Krisen von ihrer Betreuungsarbeit zeitweise zu entlasten, um eine langfristige minimale ambulante Betreuung sicherzustellen. Diese ist aber gefährdet, wenn die betreuende Familie in Krisensituationen wiederholt überfordert wird.

27   Zur Umgebung zählen nicht nur die **Angehörigen** (Verwandte, Ehegatte, Partner, Hausgenossen), sondern auch die **Nachbarschaft** (BBl 1977 III 27; BGer 5C.218/2003, E. 4.4.1.; ZK-SPIRIG, N 360). Ob allerdings ganze Quartiere dazuzurechnen sind (so ZK-SPIRIG, N 361), scheint schon deshalb zweifelhaft, weil kaum je eine einzelne Person ein ganzes Quartier übermässig belasten kann. Die Berücksichtigung der durch eine ganze Drogenszene bedingten Belastung eines Quartiers bei der Einweisung einer einzelnen Person vermengt den mit der FFE bezweckten Individualschutz mit dem Schutz öffentlicher Güter, der die Aufgabe des Polizeirechts ist.

V. Entlassungsvoraussetzungen (Abs. 3)

28   Gemäss Art. 397a Abs. 3 muss die gestützt auf Abs. 1 dieser Bestimmung in einer Anstalt untergebrachte Person **entlassen** werden, **sobald** ihr **Zustand es erlaubt.** Ob die FFE aufrechterhalten bleiben soll, ist anhand der Lage des Betroffenen im aktuellen Zeitpunkt zu bestimmen. Der Einweisungsentscheid erwächst nie in *materielle* Rechtskraft. Eine Person ist nicht nur zu entlassen, wenn sich ihr Zustand *gebessert* hat, sondern auch, wenn sich herausstellt, dass die Einweisung nie gerechtfertigt war.

Die betroffene Person kann **jederzeit** ein Gesuch um Entlassung stellen (DESCHENAUX/STEINAUER, Personnes, Rz 1192). Werden Gesuche in unvernünftigen Abständen und in querulatorischer Weise wiederholt gestellt, braucht allerdings darauf nicht eingetreten zu werden (BGE 130 III 730 f.). Diesfalls fehlt ein schutzwürdiges Interesse an einem Entlassungsentscheid. Art. 36a Abs. 2 OG drückt einen allg. Grundsatz aus, der auch für die fürsorgerische Freiheitsentziehung gilt. Während die Verletzung des Grundsatzes, dass jederzeit ein Entlassungsgesuch gestellt werden kann, mit Berufung beim Bundesgericht geltend zu machen ist, beurteilt es die Frage, ob eine Wiederholung eines Entlassungsgesuchs gegen Treu und Glauben verstosse und deshalb nicht darauf eingetreten werden kann, nur auf staatsrechtliche Beschwerde hin (BGE 131 III 457 ff.). Das

Verbot der treuwidrigen Rechtausübung sei Teil des kantonalen Verfahrensrechts und nicht des Bundeszivilrechts (diese Differenzierung erscheint fraglich. Vgl. dazu GEISER, plädoyer 1/2006, 46).

Nahestehende Personen i.S.v. Art. 397d Abs. 1 (s.u. N 13 dazu) sind ebenfalls berechtigt, die Aufhebung der Massnahme zu verlangen (DESCHENAUX/STEINAUER, Personnes, Rz 1192).

Mit Bezug auf die Entlassung ist eine **Interessenabwägung** im Hinblick auf den Zweck **29** der FFE, nämlich die Wiedererlangung der Selbständigkeit und der Eigenverantwortung (Vorbem. zu Art. 397a–f N 9), vorzunehmen. So kann es im Einzelfall für eine Entlassung nicht genügen, dass eine Person bereits wieder in der Lage wäre, für sich selber zu sorgen, wenn mit einem Rückfall zu rechnen ist und eine nur noch kurze Weiterführung der Therapie in der Anstalt zu einer anhaltenden Besserung führen könnte. Andererseits ist es möglich, eine Entlassung trotz noch latent vorhandener Suizidgefahr zu rechtfertigen, wenn sich damit die betroffene Person für eine Therapie entscheiden kann, welche ein minimales Einverständnis des Patienten voraussetzt (VerwGer BL SJZ 1983, 78).

Das Gesetz kennt keine **bedingte Entlassung.** Wird eine solche aufgrund des kant. **30** Rechts ausgesprochen, muss beim Wegfall der Bedingungen ein neues ordentliches Verfahren durchgeführt und neu geprüft werden, ob die Voraussetzungen für eine FFE gegeben sind (ZK-SPIRIG, N 377).

Die Entlassung kann **stufenweise** erfolgen, indem die Freiheitsbeschränkung nach und nach gelockert wird. Eine Rückversetzung in eine strengere Stufe bedeutet gemäss der hier vertretenen Meinung wiederum eine FFE, so dass es eines neuen förmlichen Entscheides bedarf. Davon kann nur abgewichen werden, wenn die Stufenordnung zum Betreuungskonzept gehört, aufgrund dessen die Einweisung in die Anstalt stattgefunden hat, und die Rückversetzung schon nach kurzer Zeit erfolgt (vgl. u. N 33).

Keine Entlassung stellt eine **Urlaubsgewährung** dar. Die Rückkehr in die Anstalt steht unter keiner Bedingung. Entsprechend bedarf es dafür auch keines neuen Entscheides.

Der Gesetzgeber hat bewusst auf eine **Befristung** der angeordneten Freiheitsentziehung **31** verzichtet, weil Art. 397a Abs. 3 die oberste zeitliche Grenze für die Zurückbehaltung bestimmt (STETTLER, Rz 476): Die Entlassung muss erfolgen, sobald die Freiheitsentziehung nicht mehr nötig ist (EJPD, Hinweise und Anregungen, Ziff. 1.3.). Das richtet sich aber nicht nach einer im voraus festgesetzten Frist. Es besteht auch keine Sperrfrist für das Stellen eines Entlassungsgesuches (Prot.Komm. NR, 12a und 17). Die Kantone können jedoch vorsehen, dass die zuständige Stelle periodisch die Aufrechterhaltung der Massnahme formell zu prüfen hat (STETTLER, Rz 476).

VI. Verlegung in eine andere Anstalt

Die Einweisung erfolgt immer in eine konkrete Anstalt, weil sich diese nach den Umständen des Einzelfalls als *geeignet* erweisen muss (o. N 25). Findet sich keine solche, hat die Freiheitsentziehung zu unterbleiben (o. N 25). Entsprechend ist die Freiheitsentziehung im Falle der **Änderung des Betreuungskonzeptes** oder der **Verlegung** in eine andere Anstalt nicht mehr gedeckt. Das BGer hat indessen anders entschieden. Nach Ansicht der I. öffentlich-rechtlichen Abteilung geht es bei der Versetzung in eine andere Anstalt nicht mehr um die Einweisung als solche, sondern nur noch um die Art der Durchführung. Dehalb müsse kein formelles Verfahren mehr eingehalten werden (BGE 122 III 35). Das BGer verkennt, dass die Eignung der Anstalt eine Einweisungs- bzw. Rückbehaltungsvoraussetzung ist und deshalb an der formellen Rechtskraft des Entscheides teilhat (o. N 24). Die Anstalt wird im Dispositiv des Entscheides aufgeführt (vgl. GEISER et al. [zit. zu Art. 396], 99). Bei der FFE geht es nicht bloss um die Freiheitsentziehung, sondern um die fürsorgerische Betreuung. Die Art des Vollzuges ist deshalb materielle Voraussetzung. Die Auffassung des BGer trifft m.E. höchstens zu, wenn die Anstalt, in die jemand verlegt wird, entweder das genau gleiche Betreuungskonzept hat wie jene, in die die betroffene Person ursprünglich eingewiesen worden ist, oder eine die Freiheit weniger beschränkende Ordnung kennt.

Nach der hier vertretenen Ansicht ist der Verlegungsentscheid eine Verfügung i.S.v. Art. 397a, so dass die entsprechende **bundesrechtliche Zuständigkeitsordnung** sowie das entsprechende **Verfahren** zu beachten sind und die betroffene Person gegen diesen Entscheid gem. Art. 397d das Gericht anrufen kann.

33   Es kann nicht darauf ankommen, ob die Person von einer Anstalt in eine andere oder **innerhalb der gleichen Anstalt** in eine andere Abteilung mit einem anderen Betreuungskonzept verlegt wird. Nur wenn die Verlegung zu einer Verminderung der Freiheitsentziehung führt, bedarf es nach der hier vertretenen Meinung keiner Entscheidung i.S.v. Art. 397a Abs. 1 (str.; vgl. o. N 30).

Art. 397b

B. Zuständigkeit   [1] **Zuständig für den Entscheid ist eine vormundschaftliche Behörde am Wohnsitz oder, wenn Gefahr im Verzuge liegt, eine vormundschaftliche Behörde am Aufenthaltsort der betroffenen Person.**

[2] **Für die Fälle, in denen Gefahr im Verzuge liegt oder die Person psychisch krank ist, können die Kantone diese Zuständigkeit ausserdem andern geeigneten Stellen einräumen.**

[3] **Hat eine vormundschaftliche Behörde die Unterbringung oder Zurückbehaltung angeordnet, so befindet sie auch über die Entlassung; in den andern Fällen entscheidet darüber die Anstalt.**

B. For et compétence   [1] La décision est prise par une autorité de tutelle du domicile ou, s'il y a péril en la demeure, par une autorité de tutelle du lieu où se trouve la personne en cause.

[2] Pour les cas de péril en la demeure ou de maladie psychique, les cantons peuvent en outre attribuer cette compétence à d'autres offices appropriés.

[3] Si le placement ou le maintien dans un établissement a été ordonné par une autorité de tutelle, celle-ci est aussi compétente pour en prononcer la mainlevée; dans les autres cas, la compétence appartient à l'établissement.

B. Competenza   [1] La decisione è presa dall'autorità tutoria del domicilio o, se vi è pericolo nel ritardo, del luogo di dimora della persona interessata.

[2] In caso di pericolo nel ritardo o di malati psichici, i Cantoni possono inoltre attribuire tale competenza ad altri uffici idonei.

[3] Se il collocamento o il trattenimento nello stabilimento è stato ordinato da un'autorità tutoria, questa è pure competente a decidere del rilascio; negli altri casi la decisione sul rilascio spetta allo stabilimento.

Literatur

Vgl. die Literaturhinweise zu den Vorbem. zu Art. 360–456 und zu den Vorbem. zu Art. 397a–f.

I. Örtliche Zuständigkeit zur Einweisung und Zurückbehaltung (Abs. 1)

Das ZGB regelt die örtliche Zuständigkeit für die FFE sowohl **inter-** wie auch **innerkan-** **1** **tonal.** Die Kantone haben bez. der örtlichen Zuständigkeit grundsätzlich keinen Regelungsspielraum mehr.

1. Ordentliche Zuständigkeit

Art. 397b Abs. 1 geht den neueren Tendenzen im Vormundschaftsrecht gemäss von der **2** **wohnörtlichen Zuständigkeit** aus. Auf einen Vorbehalt zugunsten der Behörden am Heimatort der betroffenen Person, wie ihn Art. 376 Abs. 2 und Art. 378 für die Entmündigung vorsehen, wurde bewusst verzichtet.

Massgebend ist der Wohnsitz der einzuweisenden oder zurückzubehaltenden Person **im** **3** **Zeitpunkt der Eröffnung des Verfahrens.** Er bestimmt sich nach den Art. 23 ff. (ZK-SPIRIG, N 18 f.).

2. Gefahr im Verzug

Liegt Gefahr im Verzug, besteht **kumulativ** zur wohnörtlichen Zuständigkeit auch eine **4** solche am Aufenthaltsort der betroffenen Person. Damit soll ein rasches Handeln ermöglicht werden. Dass sich dadurch positive Kompetenzkonflikte ergeben können, wurde in Kauf genommen. Die Erfahrung mit der entsprechenden Zuständigkeitsordnung beim Kindesschutz (Art. 315) hat gezeigt, dass dies keine wesentlichen Nachteile zur Folge hat.

Der Entwurf sah eine kumulative Zuständigkeit am Aufenthaltsort ohne weitere Voraus- **5** setzung vor (BBl 1977 III 59). Im Ständerat wurde die Zuständigkeit am Aufenthaltsort auf **dringliche Fälle** beschränkt (AmtlBull StR 1978, 42). Die Gesetz gewordene Formulierung geht auf die Redaktionskommission zurück. Gefahr liegt im Verzug, wenn jede Verzögerung des Entscheides Interessen, die durch die FFE geschützt werden sollten, schwer beeinträchtigt (vgl. STETTLER, Rz 478).

An den **Aufenthaltsort** sind keine hohen Anforderungen zu stellen. Namentlich muss es **6** sich nicht um einen gewöhnlichen Aufenthalt handeln. Gemeint ist grundsätzlich jeder Ort, an dem sich die betroffene Person zum Zeitpunkt, in dem eine FFE unumgänglich wird, tatsächlich befindet. Wie eng der Bezug zu diesem Ort sein muss, hängt deshalb von der Dringlichkeit ab. Besteht trotz unmittelbarer Gefahr ein gewisser zeitlicher Spielraum, hält sich die Person innerhalb des entsprechenden Zeitraums möglicherweise an mehreren Orten auf, so dass auch Behörden an mehreren Orten die Dringlichkeitszuständigkeit in Anspruch nehmen können.

II. Sachliche Zuständigkeit zur Einweisung und Zurückbehaltung

Während die örtliche Zuständigkeit vom Bundesrecht abschliessend geregelt ist (o. N 1), **7** belässt das ZGB den **Kantonen** bez. der sachlichen Zuständigkeit **eine grosse Regelungsfreiheit.**

1. Vormundschaftliche Behörde (Abs. 1)

Die Kantone müssen die Zuständigkeit einer vormundschaftlichen Behörde übertragen **8** (vgl. die Übersicht oben vor Art. 397a–f N 15). Als solche gelten die **VormBehörde und** **die Aufsichtsbehörden** (Art. 361; DESCHENAUX/STEINAUER, Personnes, Rz 1184; TUOR/ SCHNYDER/SCHMID/RUMO-JUNGO, 515). Damit soll verhindert werden, dass eine Behörde zuständig wird, welche sonst nicht mit vormundschaftlichen Belangen befasst ist. Das kant. Recht bestimmt, ob sich die Zuständigkeit bei der VormBehörde oder bei einer vormundschaftlichen Aufsichtsbehörde befindet.

9   Abweichend davon liegt gem. Art. 405a Abs. 1 die Zuständigkeit zur **Einweisung Unmündiger** zwingend bei der VormBehörde. Die Kantone können sie nicht der Aufsichtsbehörde übertragen.

2. Andere geeignete Stellen (Abs. 2)

10   Gemäss Art. 397b Abs. 2 können die Kantone für die Fälle, in denen **Gefahr im Verzug** liegt oder die betroffene Person **psychisch krank** ist, **weitere geeignete Stellen** für die Einweisung zuständig erklären (vgl. o. vor Art. 397a–f N 15). Aus der Entstehungsgeschichte ergibt sich eindeutig, dass es sich dabei nicht um eine Amtsstelle handeln muss. Ein Antrag, die Zuständigkeit auf «Amtsstellen» zu beschränken, wurde zuerst im Nationalrat angenommen (AmtlBull NR 1978, 760 ff.), im Differenzenbereinigungsverfahren dann aber verworfen (AmtlBull StR 1978, 404 und NR 1978, 1230 ff.). Das Parlament wollte es damit den Kantonen ausdrücklich ermöglichen, die Einweisungszuständigkeit bei psychisch Kranken auch an die freiberuflichen Ärzte zu delegieren.

Unter den genannten Voraussetzungen haben verschiedene Kantone die in ihrem **Kantonsgebiet oder in der Schweiz praxisberechtigten Ärzte** mit dieser Kompetenz ausgestattet. Bei Gefahr im Verzug können die Kantone aber auch eine andere Kompetenzordnung vorsehen als bei psychisch Kranken. Zudem besteht die Möglichkeit, die beiden Voraussetzungen zu kumulieren und beispielsweise freierwerbende Ärzte nur als zuständig zu bezeichnen, wenn bei einer psychisch kranken Person Gefahr im Verzug ist.

Die andere geeignete Stelle muss vom kant. Recht **im Voraus und in genereller Weise** bezeichnet werden. Eine Kompetenzzuteilung von Fall zu Fall ist nicht statthaft (EJPD, Hinweise und Anregungen, 15).

Als **geeignet** erscheint jede Stelle, die über den nötigen Sachverstand verfügt und von ihren übrigen Aufgaben her in der Lage ist, den mit der FFE bezweckten Schutz der Interessen des Betroffenen zum zentralen Punkt ihres Entscheides zu machen. Von daher eignet sich eine Polizeibehörde oder ein Fürsorgeamt nicht. Die Polizeibehörde wird dem Drittschutz ein zu grosses Gewicht einräumen, und das Fürsorgeamt wird zu stark an die Kosten denken, welche dem Gemeinwesen entstehen können. Weil bei psychisch Kranken nur unter Zuzug einer sachverständigen Person über eine FFE entschieden werden darf, kommt jedenfalls für dringliche Fälle praktisch nur eine Stelle in Betracht, der ein Arzt oder eine Ärztin angehört (vgl. u. Art. 397e N 19).

11   Auch bei psychisch Kranken und in Fällen mit Gefahr im Verzug bleibt die nach Abs. 1 vom kant. Recht bezeichnete vormundschaftliche Behörde zuständig. Abs. 2 führt somit zu einer **kumulativen Zuständigkeit** (BBl 1977 III 31; ZK-SPIRIG, N 77). Die Kantone können weder bei psychisch Kranken noch bei Dringlichkeit *ausschliesslich* andere geeignete Stellen als zuständig erklären.

12   Zu den **psychisch Kranken** gehören nicht nur Geisteskranke und Geistesschwache i.S.v. Art. 369. Der Begriff ist von der Rechtsfolge her auszulegen. Danch beinhaltet er – wie der Bundesrat in der Botschaft ausführt – alle Personen, welche sinnvollerweise durch die Anstaltspsychiatrie betreut werden müssen (BBl 1977 III 31). Diese ist allerdings in einem weiten Sinn zu verstehen. Von der Sonderzuständigkeit wird auch die Einweisung in eine therapeutische Wohngemeinschaft erfasst.

Der Begriff der **Gefahr im Verzug** deckt sich mit jenem, der in Abs. 1 für die Zuständigkeit der Behörden am Aufenthaltsort verwendet wird (o. N 6).

Die vom kant. Recht bezeichnete andere Stelle kann grundsätzlich die gleichen Massnahmen anordnen wie die vormundschaftlichen Behörden nach Abs. 1 (BBl 1977 III 31 f.). Das Bundesrecht beschränkt sie nicht auf eine **vorläufige Einweisung,** welche nur während einer beschränkten Zeit gültig wäre und von der ordentlicherweise zuständigen vormundschaftlichen Behörde genehmigt werden müsste (SUHR BRUNNER, 141; vgl. auch BGE 127 III 388). Im Parlament war ein Antrag Grobet, dass der Entscheid der anderen geeigneten Stelle innert Frist der vormundschaftlichen Behörde zur Bestätigung zu unterbreiten sei, abgelehnt worden (AmtlBull NR 1978, 760 ff.). Zu Recht wurde darauf hingewiesen, dass eine solche Regelung die Stellung der betroffenen Person schwäche, weil diese dann nicht sofort das Gericht anrufen könne, sondern zuerst an die Behörde gelangen müsse (AmtlBull NR 1978, 762 Votum Pagani). Das Bundesrecht unterscheidet nicht zwischen einer vorläufigen oder provisorischen und einer endgültigen Einweisung. Es ist aber den Kantonen unbenommen vorzusehen, dass die Einweisung durch die andere geeignete Stelle nur für eine im Voraus festgesetzte Frist erfolgen darf und eine länger dauernde FFE von der vormundschaftlichen Behörde angeordnet werden muss (vgl. ZVW 1979, 23).

13

Art. 397b Abs. 2 berechtigt nur zur Anordnung einer FFE. Die andere geeignete Stelle erhält dadurch **keine Zuständigkeit, andere vormundschaftliche Massnahmen** zu verfügen (**a.M.** ZK-SPIRIG, N 49, der auf die Botschaft verweist, wo aber nur ausgeführt wird, dass die Anordnung nicht nur provisorisch erfolgt).

3. Vormund

Bei **Unmündigen und Entmündigten** ist neben der Behörde und der ggf. vom kant. Recht bezeichneten anderen geeigneten Stelle von Bundesrechts wegen bei Dringlichkeit auch der Vormund für die Einweisung in eine oder Zurückbehaltung in einer Anstalt zuständig (Art. 405a Abs. 1 und 406 Abs. 2).

14

III. Entlassungszuständigkeit (Abs. 3)

Die Zuständigkeit für die Entlassung hängt davon ab, durch welche Behörde oder Stelle die Unterbringung oder Zurückbehaltung erfolgte. Ging dieser Entscheid von einer **vormundschaftlichen Behörde** aus, ist diese auch für die **Entlassung** zuständig. Hat eine **andere geeignete Stelle** die Unterbringung oder Zurückbehaltung angeordnet, so ist die Anstalt für die Entlassung zuständig.

15

1. Vormundschaftliche Behörden

Zuständig ist i.d.R. die **gleiche vormundschaftliche Behörde,** welche die Einweisung oder Zurückbehaltung veranlasste. Abweichungen können sich indessen ergeben, wenn die Einweisung durch die Behörde am Aufenthaltsort verfügt worden ist oder wenn der Wohnsitz der betroffenen Person seit der Anordnung der Massnahme gewechselt hat.

16

Erfolgte die Anordnung der FFE durch die **vormundschaftliche Behörde am Aufenthaltsort,** so trägt grundsätzlich auch sie die Sorge für die rechtzeitige Aufhebung der Massnahme. Teilt sie jedoch die Massnahme formell der Behörde am Wohnsitz mit (Art. 397c), so geht die Zuständigkeit zur Entlassung auf diese über (BBl 1977 III 31; **a.M.** ZK-SPIRIG, N 89).

Der Grundsatz der wohnörtlichen Zuständigkeit (o. N 2 f.) gilt auch für die Aufhebung der Massnahme. In Ausnahmefällen kann der Wohnsitz seit der Eröffnung des Einweisungsverfahrens (o. N 3) geändert haben. Die betroffene Person ist noch während des Verfahrens oder zwischen dem Entscheid über die Einweisung und dem Vollzug der Massnahme umgezogen. In seltenen Fällen besteht auch die Möglichkeit, den Wohnsitz während eines Anstaltsaufenthaltes zu verlegen. Ausnahmsweise kann nämlich ein neuer Wohnsitz nach Art. 23 ohne tatsächlichen Aufenthalt begründet werden (BK-BUCHER, Art. 23 N 19). Zudem verändert sich bei Unmündigen der Wohnsitz u.U. nach Art. 25 Abs. 1, wenn die Eltern den eigenen Wohnsitz verlegen. In allen diesen Fällen ist die **Behörde am neuen Wohnsitz** für die Entlassung zuständig. Die bisherige Wohnsitzbehörde hat der neuen eine entsprechende Mitteilung zu machen. Bis zu dieser Mitteilung trägt sie die Sorge für eine rechtzeitige Entlassung.

17　Erfolgte die Einweisung durch eine vormundschaftliche Behörde, ist die **Anstalt,** in der die Massnahme vollzogen wird, **nicht zur Entlassung befugt.** Art. 6 Abs. 1 schränkt Art. 397b nicht in dem Sinne ein, dass der Kanton die Entlassungskompetenz abweichend regeln dürfte.

Mittels individueller Verfügung mit jederzeitigem Widerrufsrecht besteht für die Behörde die Möglichkeit, die **Entlassungskompetenz der Klinik zu delegieren** (SCHNYDER, ZVW 1993, 173 ff.; DESCHENAUX/STEINAUER, Personnes, Rz 1189a). Eine solche Delegation ist nicht immer unproblematisch (vgl. SCHNYDER, ZVW 1993, 173 ff.). Die vormundschaftliche Behörde kann jedoch auftretende Konflikte jederzeit dadurch lösen, dass sie die Kompetenzdelegation widerruft.

Hat keine Delegation der Entlassungskompetenz an die Anstalt stattgefunden oder ist eine solche widerrufen worden und erachtet die Anstalt eine Entlassung für angezeigt, kann sie der zuständigen Behörde einen entsprechenden **Antrag stellen.** Weist die Behörde diesen ab oder ist sie säumig, steht der Anstalt die Vormundschaftsbeschwerde nach Art. 420 offen (vgl. Art. 397d N 6; **a.M.** SCHNYDER, ZVW 1993, 173 ff., der diesfalls ausschliesslich die gerichtliche Beurteilung nach Art. 397d zulassen will).

2. Anstalt

18　Wenn die **Einweisung** durch eine **andere** geeignete **Stelle** vorgenommen worden ist, entscheidet die **Anstalt** über die **Entlassung** (Art. 397b Abs. 3). Die Anstalt verfügt autonom, ohne dass sie die einweisende Stelle anfragen müsste. Die Kompetenz zur Entlassung entsteht im Moment des tatsächlichen Eintritts in die Anstalt. Wem innerhalb der Anstalt die Entscheidungsbefugnis zukommt, bestimmt das auf die Anstalt anwendbare kant. oder kommunale Recht oder – namentlich bei privaten Anstalten – die Organisationsstruktur der Anstalt. Verweigert eine aufgrund der genannten Bestimmungen unzuständige Stelle innerhalb der Anstalt die Entlassung, wird dadurch Art. 5 Ziff. 1 EMRK verletzt (OGer ZH v. 28.1.1997, plädoyer, 3/97, 60 ff.).

3. Andere Stellen?

19　Im Parlament wurde darauf hingewiesen, dass die betroffene Person auch entlassen werden müsse, wenn die gem. Art. 397b Abs. 2 einweisende **andere Stelle** nachträglich zum Schluss komme, dass ein weiterer Aufenthalt in der Anstalt unbegründet sei. Dann sei der FFE die Basis entzogen (AmtlBull StR 1978, 42; EJPD, Hinweise und Anregungen, 16). Ob dies zutrifft, scheint indessen fraglich. Ist der Einweisungsentscheid vollzogen und in formelle Rechtskraft erwachsen, kann die einweisende Stelle nicht mehr auf ihn zurückkommen. Die FFE wird dann nur durch eine *Entlassung* aufgehoben. Das Gesetz sieht dafür aber keine Zuständigkeit der anderen geeigneten Stelle vor. Diese kann allerdings gegebenenfalls der Anstalt die Entlassung beantragen.

Hat der **Vormund** nach Art. 406 Abs. 2 bei Gefahr im Verzug eine **entmündigte Person** 20 in eine Anstalt eingewiesen, gilt für die Entlassung die gleiche Zuständigkeit wie bei einer Einweisung durch eine andere geeignete Stelle (o. N 18 f.). Zuständig ist somit die Anstalt, solange nicht der Entscheid des Vormundes durch die gem. Art. 397b Abs. 1 zuständige vormundschaftliche Behörde bestätigt worden ist.

Die gleiche Regel gilt auch für die Einweisung einer **unmündigen Person** (Art. 405a Abs. 1). Entschied die VormBehörde auf Antrag des Vormundes, ist sie auch für die Entlassung zuständig. Wird die Vormundschaft wegen eines Wohnsitzwechsels auf eine andere Behörde übertragen, hat die neue VormBehörde über die Entlassung zu befinden.

IV. IPR

Zur Zuständigkeit im internationalen Verhältnis vgl. Vorbem. zu Art. 397a–f N 10 f. 21

Art. 397c

C. Mitteilungs-pflicht	Die vormundschaftliche Behörde am Aufenthaltsort und die andern vom kantonalen Recht bezeichneten Stellen benachrichtigen die vormundschaftliche Behörde am Wohnsitz, wenn sie eine entmündigte Person in einer Anstalt unterbringen oder zurückbehalten oder wenn sie für eine mündige Person weitere vormundschaftliche Massnahmen als notwendig erachten.
C. Obligation d'informer	L'autorité de tutelle du lieu où se trouve la personne en cause et les autres offices désignés par le droit cantonal informent l'autorité de tutelle du domicile lorsqu'ils placent ou retiennent dans un établissement une personne interdite ou lorsque d'autres mesures tutélaires leur paraissent devoir être prises à l'égard d'une personne majeure.
C. Obbligo d'informare	L'autorità tutoria del luogo di dimora e gli altri uffici designati dal diritto cantonale informano l'autorità tutoria del domicilio quando collocano o trattengono in uno stabilimento una persona interdetta oppure quando ritengono che altre misure tutorie siano necessarie nei confronti di una persona maggiorenne.

Literatur

Vgl. die Literaturhinweise zu den Vorbem. zu Art. 360–456 und zu den Vorbem. zu Art. 397a–f.

I. Allgemeines

Die Entmündigung kann nur im Wohnsitzkanton erfolgen (vgl. Art. 376 und N 2 dazu). 1 Das gilt auch für die Beiratschaft (Art. 396 N 10). Bei der Beistandschaft ist danach zu unterscheiden, ob es um eine personen- oder vermögensbezogene Massnahme geht. Je nachdem muss sie am Wohnsitz der betroffenen Person oder am Ort der Vermögensverwaltung verfügt werden (Art. 396 N 4 ff.). Demgegenüber ist die Zuständigkeit, eine FFE anzuordnen, in Art. 397b sehr viel weiter gefasst. Neben der wohnörtlichen Zuständigkeit besteht bei Gefahr im Verzug auch eine solche am Aufenthaltsort (Art. 397b N 4 ff.).

Zudem ist von Bundesrechts wegen bei Dringlichkeit auch der Vormund ermächtigt, eine FFE anzuordnen (Art. 405a Abs. 1 und Art. 406 Abs. 2; s.o. Art. 397b N 14). Schliesslich können die Kantone bei Gefahr und für psychisch Kranke die Zuständigkeit auch weiteren Stellen übertragen. Diese breite Zuständigkeitsordnung führt zu einem Koordinationsbedürfnis. Damit eine Person die angemessene vormundschaftliche Fürsorge erhält, müssen angeordnete Massnahmen und von den Behörden wahrgenommene Schwächezustände jener Behörde gemeldet werden, welche für den vormundschaftlichen Schutz der betroffenen Person umfassend zuständig ist. Diese Koordination regelt Art. 397c.

II. Voraussetzungen der Mitteilungspflicht

1. Formelle Voraussetzungen

2   Formell setzt die Mitteilungspflicht nach Art. 397c voraus, dass die FFE von einer **anderen Stelle** angeordnet oder geprüft worden ist als von der **vormundschaftlichen Behörde am Wohnsitz.** Es kann sich dabei handeln um:

– eine **vormundschaftliche Behörde am Aufenthaltsort** oder

– eine **andere** vom kant. Recht bezeichnete **Stelle** am **Wohnsitz** oder am **Aufenthaltsort** der betroffenen Person.

3   Von der in Art. 379c vorgesehenen Mitteilungspflicht wird demgegenüber der **Vormund** nicht erfasst, der in dringlichen Fällen sein Mündel in eine Anstalt einweisen kann (Art. 405a Abs. 1 und Art. 406 Abs. 2; Art. 397b N 14). Seit Erlass der Bestimmungen über die FFE bedarf er dafür nicht mehr der Zustimmung der VormBehörde. Art. 421 Ziff. 13 ist aufgehoben worden. Indessen verlangt eine ordentliche Amtsführung, dass der Vormund die VormBehörde von einer solch schweren Massnahme unterrichtet (weiter gehend DESCHENAUX/STEINAUER, Personnes, Rz 1200, welche eine Information der für die FFE zuständigen vormundschaftlichen Behörde vorsehen, was auch die Aufsichtsbehörde sein kann).

4   Von Art. 397c wird auch der Fall nicht erfasst, dass zwar eine vormundschaftliche Behörde am Wohnsitz die FFE angeordnet, die betroffene Person aber den **Wohnsitz verlegt** hat. Dann muss die vormundschaftliche Behörde am bisherigen Wohnsitz jener am neuen Wohnsitz jedoch ebenfalls Mitteilung machen, da nach der hier vertretenen Auffassung die Entlassungszuständigkeit nun bei dieser liegt (o. Art. 397b N 16).

2. Materielle Voraussetzungen

5   Die Mitteilung hat zu erfolgen, wenn die Behörde oder Stelle eine **entmündigte Person** in einer Anstalt untergebracht oder zurückbehalten hat. Die Bestimmung nennt den Fall der Unterbringung einer *unmündigen* Person nicht. Dennoch sollte auch hier entsprechend informiert werden. Die für den Schutz von Minderjährigen i.Allg. zuständige Behörde muss von einer derart schweren Massnahme Kenntnis erhalten. Das gilt sowohl für Kinder unter Vormundschaft als auch – grundsätzlich (s.u. N 8 f.) – für jene unter elterlicher Sorge. Die Mitteilungspflicht ist Teil des Verfahrens. Art. 397c wird somit von den Verweisen in Art. 314a Abs. 1 und Art. 405a Abs. 2 mit erfasst.

6   Wird eine **mündige Person** in eine Anstalt eingewiesen oder dort zurückbehalten, so besteht keine allgemeine Mitteilungspflicht. Eine Information der vormundschaftlichen Behörde am Wohnsitz ist nur angezeigt, wenn *weitere vormundschaftliche Massnahmen* als notwendig erscheinen. Dies beinhaltet alle im Vormundschaftsrecht vorgesehenen Massnahmen, sowohl die amtsgebundenen (Vormundschaft, Beiratschaft, Beistandschaft)

wie auch die Umwandlung einer vorsorglichen FFE in eine Dauermassnahme (BBl 1977 III 36).

Da nicht die anzeigende Behörde zuständig ist, die anderen Massnahmen anzuordnen, dürfen an die Notwendigkeit solcher Massnahmen keine hohen Anforderungen gestellt werden. Die mitteilende Behörde hat deren Voraussetzungen nicht im Einzelnen zu prüfen. Es genügt, dass nach ihrer Ansicht die Person **nicht ohne jede weitere Fürsorge** im Sinne einer vormundschaftlichen Massnahme gelassen werden kann.

Besteht die Mitteilungspflicht nur, wenn eine FFE angeordnet wird, oder auch dann, wenn die Behörde zum Ergebnis kommt, dass auf diese **Massnahme verzichtet** werden kann? Der Wortlaut der Bestimmung scheint die Frage zu verneinen. Mit Bezug auf die Entmündigten heisst es, wenn diese in einer Anstalt untergebracht oder zurückbehalten werden, und für Mündige wird die Mitteilung nur angeordnet, wenn «weitere» vormundschaftliche Massnahmen als notwendig erscheinen.   **7**

Das Vormundschaftsrecht kennt aber generell die Offizialmaxime und den Untersuchungsgrundsatz. Entsprechend sind von Bundesrechts wegen die Verwaltungsbehörden und Gerichte verpflichtet, den zuständigen Behörden Fälle anzuzeigen, bei denen vormundschaftliche Massnahmen erwogen werden müssen. In Art. 368 Abs. 2, 369 Abs. 2 und 371 Abs. 2 wird dies für die Vormundschaft ausdrücklich festgeschrieben (vgl. auch BK-SCHNYDER/MURER, Art. 373 N 82 ff. und Art. 371 N 223). Ungeschriebene bundesrechtliche Anzeigepflichten bestehen auch bei der Beistandschaft (BK-SCHNYDER/MURER, Art. 397 N 9 und 32 ff.). Die anzeigende Behörde entscheidet regelmässig nicht darüber, ob eine Vormundschaft oder eine schwächere Massnahme anzuordnen ist. Selbst wenn von vornherein nur eine schwächere Massnahme in Frage kommt, besteht die Meldepflicht (BK-SCHNYDER/MURER, Art. 397 N 33). Daraus ergibt sich eine **generelle Mitteilungspflicht** (sowohl bei Entmündigten wie auch bei Mündigen), wenn *andere* vormundschaftliche Massnahmen angezeigt sind. Bei Unmündigen unter elterlicher Sorge besteht die Anzeigepflicht, wenn Kindesschutzmassnahmen zu erwägen sind (vgl. Art. 317).

3. Persönlichkeitsschutz

Die Mitteilung bewirkt, dass ein weiterer Personenkreis vom Schwächezustand der betroffenen Person erfährt. Das kann diese in ihrer Persönlichkeit verletzen. Das Verhältnismässigkeitsprinzip verlangt deshalb eine schonende Ausübung der Mitteilungspflicht. Mit Bezug auf **Mündige** steht ausser Zweifel, dass eine Mitteilung immer dann unterbleiben muss, wenn keine weiteren Massnahmen anzuordnen sind. Regelmässig wird es sich dann um eine vorübergehende, mutmasslich vereinzelte Krise handeln, in der sich die betroffene Person befunden hat.   **8**

Fraglich erscheint demgegenüber, ob bei **Unmündigen** unter Vormundschaft oder elterlicher Sorge und **Entmündigten** eine Mitteilung unterbleiben kann, wenn die Massnahme einen einmaligen Charakter aufweist. Der Wortlaut der Bestimmung scheint dem entgegenzustehen, wenn eine FFE angeordnet worden ist. Das Verhältnismässigkeitsprinzip und der sich aus dem Persönlichkeitsschutz auch für eine minderjährige oder entmündigte Person ergebende Anspruch auf Privatsphäre verlangen indessen eine Relativierung der Mitteilungspflicht. Die Mitteilung hat nur zu erfolgen, wenn dies für die Anordnung anderer oder den Vollzug bestehender Massnahmen von Bedeutung sein kann.

Aus dem Persönlichkeitsschutz ergibt sich, dass die anordnende Behörde oder Stelle grundsätzlich zur **Verschwiegenheit verpflichtet** ist. Soweit das Gesetz nicht Mitteilungspflichten vorsieht und kein anderer Rechtfertigungsgrund besteht, darf die Behörde   **9** keine Mitteilungen machen. Namentlich ist bei der Mitteilung an Angehörige grosse Vorsicht geboten, da die betroffene Person ein Interesse daran haben kann, dass ihre Umgebung nichts von einem kurzfristigen Klinikaufenthalt erfährt. Wenn immer möglich sollte mit Blick auf das Amtsgeheimnis und das ärztliche Berufsgeheimnis (Art. 320 f. StGB) die Zustimmung des Betroffenen eingeholt werden (ZK-SPIRIG, N 32).

Eine uneingeschränkte Mitteilungspflicht an den **gesetzlichen Vertreter** bei Unmündigen und Entmündigten ist trotz dessen umfassender Fürsorgepflicht (Art. 272 und 367 Abs. 1) abzulehnen (**a.M.** ZK-SPIRIG, N 33). Auch hier kann ein berechtigtes Interesse an der Wahrung der Privatsphäre bestehen.

III. Verpflichtete Behörde und Adressat der Mitteilung

1. Verpflichtete Behörde

10   Das Gesetz verpflichtet jene Behörde oder Stelle zur Mitteilung, welche die FFE angeordnet oder – sofern sie andere Massnahmen als angezeigt erachtet – abgelehnt hat. Es kann sich handeln um:

– die **vormundschaftliche Behörde am Aufenthaltsort** (Art. 397b Abs. 1; Art. 314a Abs. 1 i.V.m. Art. 315);

– die andere **geeignete Stelle** bei **Gefahr im Verzug** (Art. 397b Abs. 2; Art. 314a Abs. 3);

– die andere **geeignete Stelle** bei **psychisch Kranken** (Art. 397b Abs. 2; Art. 314a Abs. 3);

– den **Vormund** bei Unmündigen unter Vormundschaft und Entmündigten (Art. 405a Abs. 1; Art. 406 Abs. 2);

– das **Scheidungsgericht** (Art. 314a Abs. 1 i.V.m. Art. 315a Abs. 1).

11   Soweit die **Anstalt** selber nicht Einweisungs- bzw. Zurückbehaltungskompetenz hat, trifft sie grundsätzlich keine Mitteilungspflicht. Allerdings wird sie im Rahmen der sozialen Betreuung der betroffenen Person u.U. für die Organisation des Alltags gewissen Personen (Angehörigen, Mitbewohnern, Arbeitgeber) Mitteilungen machen müssen. Dabei ist mit Blick auf den Persönlichkeitsschutz äusserste Vorsicht geboten (o. N 8 f.). Umfang und Art der Mitteilung haben sich ausschliesslich am Interesse der betroffenen Person auszurichten. Soll dem Amts- und das Berufsgeheimnis (Art. 320 f. StGB) Genüge getan werden, ist i.d.R. die Zustimmung der betroffenen Person einzuholen.

2. Adressat der Mitteilung

12   Die Mitteilung hat an die zur Anordnung einer FFE nach dem entsprechenden kant. Recht **zuständige vormundschaftliche Behörde** zu erfolgen. Dabei kann es sich um die VormBehörde oder eine Aufsichtsbehörde handeln (**a.M.** ZK-SPIRIG, N 27). Sind andere vormundschaftliche Massnahmen zu ergreifen, wird der Adressat der Mitteilung häufig nicht für deren Anordnung zuständig sein. Der Mitteilungsempfänger trägt dann die Sorge für die Weiterleitung an die zuständige Behörde und ggf. insoweit auch für die Koordination der Massnahmen.

13   Bezeichnet der Kanton bei psychisch Kranken jeden zur Berufsausübung berechtigten **Arzt** für die Anordnung einer FFE als zuständig, wird es für dicsen nicht immer einfach sein zu wissen, welche Behörde er informieren muss, wenn die betroffene Person ihren Wohnsitz ausserhalb des Kantons hat. Aus den Gesetzesmaterialien ergibt sich, dass die

Kantone die Mitteilungspflichten näher regeln können (BBl 1977 III 36). Entsprechend muss es auch zulässig sein, dass der Kanton seine Ärzteschaft ermächtigt, die Mitteilung immer an die vormundschaftliche Behörde des eigenen Kantons zu richten. Diese Behörde ist dann verpflichtet, die Mitteilung an die zuständige Behörde des Wohnsitzkantones weiterzuleiten.

IV. Inhalt und Form der Mitteilung

Die Mitteilung hat **alle Elemente zu enthalten,** von welchen der Mitteilungsadressat   **14** Kenntnis haben muss, **um seine Aufgabe zu erfüllen.** Häufig wird die Zustellung einer Ausfertigung des begründeten Entscheides (vgl. Art. 397e Ziff. 1) genügen. Geht es allerdings darum, andere vormundschaftliche Massnahmen zu ergreifen, bedarf es u.U. einer weiter gehenden Information.

Über die **Form** der Information äussert sich das Gesetz nicht. Diese kann schriftlich oder   **15** mündlich erfolgen. Mit Blick auf die Wirkungen der Mitteilung (s.u. N 17 f.) sollte eine mündliche Mitteilung schriftlich bestätigt werden (ZK-SPIRIG, N 24 ff.).

V. Wirkungen der Mitteilung

Soweit die Einweisung oder Zurückbehaltung von einer vormundschaftlichen Behörde   **16** am Aufenthaltsort verfügt worden ist, **ändert** mit der Mitteilung die **Entlassungszuständigkeit** (BBl 1977 III 36). War vorher die anordnende Behörde auch für die Entlassung zuständig, hat mit Empfang der Mitteilung die Behörde am Wohnsitz darüber zu entscheiden (s.o. Art. 397b N 16; **a.M.** ZK-SPIRIG, Art. 397b N 89).

Ist die FFE demgegenüber von einer **anderen geeigneten Stelle oder vom Vormund** (s.o. Art. 397b N 20) angeordnet worden, bleibt auch nach der Mitteilung die Anstalt für die Entlassung verantwortlich.

Unterbleibt die Mitteilung, haftet die fehlbare Behörde oder Stelle für den der betroffe-   **17** nen Person (oder Dritten) daraus entstehenden Schaden. Wird deshalb eine andere notwendige Massnahme unterlassen, bedeutet dies eine Haftpflicht nach dem kant. Verantwortlichkeitsgesetz (BK-SCHNYDER/MURER, Art. 373 N 80). Bleibt die betroffene Person zu lange in der Anstalt, so richtet sich die Haftung nach Art. 429a und trifft den Kanton.

VI. Weitere Mitteilungen

Jeder Entscheid – ob freiheitsentziehend oder die Freiheit belassend resp. wieder-   18 herstellend – muss der betroffenen Person mitgeteilt werden. Selbst wenn gar keine Massnahme beschlossen worden ist, hat der Betroffene als Ausfluss seines Persönlichkeitsrechts Anspruch darauf zu erfahren, dass ein ihn betreffendes Verfahren über eine FFE durchgeführt worden ist.

Daneben ist der Beschluss auch **weiteren Verfahrensbeteiligten** zu eröffnen. Einen entscheidenden Faktor spielt dabei die Tatsache, ob sie im Verfahren Parteistellung hatten oder nicht.

Selbstverständlich erfolgt die Mitteilung an die **Anstalt,** in welcher die Massnahme vollzogen werden soll. Üblicherweise ist sodann der Vormund, Beirat oder Beistand der betroffenen Person zu benachrichtigen (vgl. aber o. N 8 f.). Die kant. Gesetzgebung kann weitere Mitteilungspflichten bez. der Entscheidungen über fürsorgerische Freiheitsentziehung vorsehen.

19 Art. 397d verleiht nicht nur dem Betroffenen, sondern auch ihm **nahe stehenden Personen** das Recht, gerichtliche Beurteilung zu verlangen (s.u. Art. 397d N 13). Daraus darf nicht abgeleitet werden, dass alle nahe stehenden Personen einen Anspruch auf Mitteilung hätten. Die dafür vorgesehene Frist beginnt mit Kenntnis des Entscheides zu laufen (s.u. Art. 397d N 20). Das Gesetz nimmt es bewusst in Kauf, dass über längere Zeit die Anordnung einer FFE formell nicht rechtskräftig wird, weil für gewisse Berechtigte die Frist zur Stellung des Begehrens um gerichtliche Beurteilung noch nicht abgelaufen ist. Vollstreckbarkeit liegt dennoch vor, da dem Begehren um gerichtliche Beurteilung keine aufschiebende Wirkung zukommt (s.u. Art. 397e N 15).

Art. 397d

D. Gerichtliche Beurteilung

[1] **Die betroffene oder eine ihr nahe stehende Person kann gegen den Entscheid innert zehn Tagen nach der Mitteilung schriftlich das Gericht anrufen.**

[2] **Dieses Recht besteht auch bei Abweisung eines Entlassungsgesuches.**

D. Contrôle judiciaire

[1] La personne en cause ou une personne qui lui est proche peut en appeler par écrit au juge, dans les dix jours à compter de la communication de la décision.

[2] Elle en a également le droit lorsqu'une demande de libération est rejetée.

D. Decisione giudiziaria

[1] La persona interessata oppure una persona a lei prossima può adire per scritto il giudice, entro dieci giorni dalla notificazione della decisione.

[2] Questo diritto è dato anche in caso di rigetto della domanda di rilascio.

Literatur

Vgl. die Literaturhinweise zu den Vorbem. zu Art. 360–456 und zu den Vorbem. zu Art. 397a–f.

I. Allgemeines

1 Die gerichtliche Beurteilung bildete eines der Kernstücke der Revision. Damit wurde die behördliche Anstaltsunterbringung mit den formellen Anforderungen der EMRK in Einklang gebracht. Ziel des Gesetzgebers war es, einen **umfassenden Rechtsschutz** zu gewähren. Die Gesetz gewordenen Bestimmungen gehen möglicherweise teilweise über den durch die EMRK vorgeschriebenen Rechtsschutz hinaus (BBl 1977 III 20).

Der Bundesgesetzgeber wollte den raschen Zugang zu einem Gericht sicherstellen. Gegen jeden einen FFE anordnenden oder aufrechterhaltenden Entscheid (s.u. N 3 ff.) besteht *direkt* der Zugang zum Gericht. Es ist den Kantonen verwehrt, den Entscheid zuerst durch eine **weitere Verwaltungsbehörde prüfen** zu lassen und erst diesen weiteren Entscheid als anfechtbar zu erklären (BGE 127 III 388).

2 Die Möglichkeit, eine gerichtliche Beurteilung zu verlangen, haben sowohl **mündige, entmündigte wie auch unmündige** Personen (BGE 112 II 105 f. E. 3b; 121 III 307 f.). Dies halten Art. 314a, 397a und 405a Abs. 2 und 3 ausdrücklich fest.

II. Der gerichtlichen Beurteilung unterliegende Entscheide

1. Vorinstanzen

Alle Anordnungen einer FFE und Abweisungen von Entlassungsbegehren unterliegen der   3
gerichtlichen Beurteilung (BGE 127 III 387). Es kann sich somit um einen Entscheid

– einer **vormundschaftlichen Behörde** (Art. 397b Abs. 1; Art. 310 i.V.m. Art. 314a;
Art. 405a Abs. 1),

– einer **anderen** vom kant. Recht bezeichneten **geeigneten Stelle** (Art. 397b Abs. 2),

– des **Vormundes** (Art. 405a Abs. 1 und Art. 406 Abs. 2) oder

– der **Anstalt** (Art. 397b Abs. 2 und 3) handeln.

Die Anordnung einer FFE über ein Kind im Rahmen eines Scheidungs- oder späteren   4
Abänderungsprozesses durch das **Scheidungsgericht** darf nicht nach Art. 397d angefochten werden. Diesbezüglich stehen die scheidungsrechtlichen Rechtsmittel zur Verfügung. Dem von der EMRK verlangten Rechtsschutz ist bereits durch den Entscheid des
Scheidungsgerichts Genüge getan.

Sind gemäss kant. Recht die Vormundschaftsbehörden für die Einweisung zuständig,   5
kann auch der Entscheid der **Aufsichtsbehörde** der gerichtlichen Beurteilung unterliegen, wenn diese auf Vormundschaftsbeschwerde hin (s.u. N 6) die FFE anordnet.

2. Inhalt des anfechtbaren Entscheides

Unter die gerichtliche Beurteilung nach Art. 397d fallen nur Entscheide, welche die Frei-   6
heit beschränken, d.h. die eine **FFE anordnen** oder ein **Entlassungsgesuch abweisen**.
Demgegenüber sind Entscheide, welche die Anordnung einer FFE ablehnen oder die
betroffene Person aus der Anstalt entlassen, nicht gerichtlich überprüfbar (BGE 112 II
105; 122 I 26; IMHOF, 129 f.).

Gegen die **Aufhebung der fürsorgerischen Freiheitsentziehung** durch die vormundschaftliche Behörde kann innert zehn Tagen, vom Empfang an gerechnet, mit schriftlich
begründeter Eingabe bei der Aufsichtsbehörde Beschwerde nach Art. 420 eingereicht
werden (IMHOF, 130 f.). Weil diesfalls von Bundesrechts wegen die Vormundschaftsbeschwerde gegeben ist, kann das kantonale Recht nicht die Anrufung des Gerichts vorsehen.

Die gerichtliche Beurteilung setzt ein **aktuelles Rechtsschutzinteresse** voraus (BGE 114   7
Ia 90). Dieses liegt nicht mehr vor, wenn die betroffene Person inzwischen bereits wieder
aus der Anstalt entlassen worden ist, weil sich ihr Zustand gebessert hat (BGE 109 Ia
170 f.; DESCHENAUX/STEINAUER, Personnes, Rz 1216b). Das Interesse, die Rechtswidrigkeit der Freiheitsentziehung für einen späteren Haftpflichtprozess nach Art. 429a
feststellen zu lassen, genügt nicht, da der Entscheid die Frage der Haftpflicht gar
nicht präjudizieren kann. Die Unangemessenheit einer FFE bedeutet nicht in jedem
Fall eine Rechtswidrigkeit i.S.v. Art. 429a (BGE 109 Ia 171). Die gerichtliche Beurteilung lässt sich in diesen Fällen höchstens ausnahmsweise rechtfertigen, wenn es darum
geht, einer rechtswidrigen Praxis der Behörde den Riegel zu schieben, deren Entscheide
regelmässig erst nach der Entlassung zur gerichtlichen Beurteilung gelangen (vgl. BGE
109 Ia 171).

Weil die Unterbringung immer nur in einer *geeigneten* Anstalt erfolgen darf, stellt der   8
Entscheid über die **Verlegung von einer Anstalt in eine andere** immer auch eine Verfügung über die Freiheitsentziehung dar (s.o. Art. 397a N 32). Entsprechend kann bei

einem solchen Entscheid gerichtliche Beurteilung verlangt werden (so auch ZK-SPIRIG, N 34; IMHOF, 128; **a.M.** BGE 122 I 35).

III. Zuständigkeit

1. Örtliche Zuständigkeit

9   Das ZGB regelt die örtliche Zuständigkeit nicht (BGE 122 I 22). Die Kantone sind frei, im **innerkantonalen Bereich** das Gericht am Sitz der einweisenden Behörde oder Stelle, jenes am Wohnsitz der betroffenen Person oder jenes am Ort der Anstalt als zuständig zu erklären (BGE 122 I 22 ff.; vgl. die Übersicht o. vor Art. 397a–f N 15). **Interkantonal** muss allerdings subsidiär eine Ordnung bestehen, die sowohl positive wie auch negative Zuständigkeitskonflikte ausschliesst. Von daher drängt sich die wohnörtliche Zuständigkeit für die ordentliche Einweisung und jene am Ort der verfügenden Behörde oder Stelle bei Dringlichkeit auf (so auch ZK-SPIRIG, Art. 397e N 125). Diese Zuständigkeiten gelten von Bundesrechts wegen, wenn im interkantonalen Verhältnis ein Kompetenzkonflikt auftritt.

2. Sachliche Zuständigkeit

10 Die Regelung der sachlichen Zuständigkeit überlässt das ZGB vollständig dem kant. Recht (vgl. o. vor Art. 397a–f N 15). Es bestimmt nur, dass es sich um ein **Gericht** handeln muss. Was darunter zu verstehen ist, ergibt sich aus der Rechtsprechung zu Art. 6 EMRK (IMHOF, 155). Dabei kommt es auf die Bezeichnung, sondern auf die tatsächliche Ausgestaltung des entsprechenden Spruchkörpers an. Das Gericht muss unparteiisch und unabhängig sein. Zudem ist das Verfahren so zu organisieren, dass die Sache «in billiger Weise öffentlich und innerhalb einer angemessenen Frist gehört wird» (Art. 6 Ziff. 1 EMRK). Entscheidende Bedeutung hat schliesslich, dass das Gericht die rechtserheblichen Tatsachen selber erhebt, die Rechtssätze auf den in einem rechtsstaatlichen Verfahren ermittelten Sachverhalt anwendet und die die Parteien bindenden Entscheidungen selber fällt (BGE 118 Ia 478 mit Hinweis auf MIEHSLER/VOGLER, Internationaler EMRK-Kommentar, 1986, Art. 6 EMRK N 287). Im Gegensatz zu einer Verwaltungsbehörde kann ein Gericht die Entscheidfindung nicht delegieren. Die gewählten Richterinnen und Richter müssen sich sowohl bez. der Sachverhaltsfeststellung wie auch der Rechtsfindung persönlich eine Meinung bilden.

11 Zudem beeinflusst Art. 397e Ziff. 5 die **Zusammensetzung** des Spruchkörpers. Siehe dazu Art. 397e N 19. Schliesslich ergibt sich aus der Berufungsfähigkeit des Entscheides, dass nicht ein unteres Gericht als ausschliesslich zuständig bezeichnet werden darf (Art. 48 Abs. 2 OG; EJPD, Hinweise und Anregungen, 21; neu Art. 75 Abs. 2 BBG).

IV. Legitimation

12 Zur Klage ist in erster Linie die von der FFE **betroffene Person** legitimiert. Die selbständige Klageerhebung setzt Urteilsfähigkeit, nicht aber Mündigkeit voraus. An die **Urteilsfähigkeit** dürfen keine hohen Anforderungen gestellt werden. Es genügt, wenn der Betroffene erkennt, dass er gegen seinen Willen in einer Anstalt untergebracht sein soll, und wenn er den gegenteiligen Willen zum Ausdruck bringen kann (BBl 1977 III 37; DESCHENAUX/STEINAUER, Personnes, Rz 1208; ZK-SPIRIG, 12). Wer fähig ist, schriftlich ein Begehren um gerichtliche Beurteilung zu verfassen, ist dafür auch urteilsfähig.

Soweit es sich um Unmündige unter elterlicher Sorge oder unter Vormundschaft handelt, setzt das Begehren um gerichtliche Beurteilung zudem ein **Mindestalter** voraus. Das Kind muss das 16. Altersjahr zurückgelegt haben (Art. 314a Abs. 2, Art. 405a Abs. 3).

Von einer FFE betroffene Personen können sich u.U. gerade wegen ihres Schwächezu-   **13**
standes auch in rechtlichen Dingen vollständig passiv verhalten. Hier ist es wichtig, dass
andere Personen für sie handeln dürfen, die sich aufgrund ihrer Beziehung zur betroffenen Person mit dieser solidarisch fühlen (STETTLER, Rz 488). Das Gesetz legitimiert deshalb nicht nur die betroffene Person selber, das Gericht anzurufen, sondern auch jede ihr
nahestehende Person (vgl. BGE 127 III 388). Es handelt sich dabei um einen bundesrechtlichen Begriff. Das kant. Verfahrensrecht kann ihn weder ausdehnen noch einengen
(EJPD, Hinweise und Anregungen, 22). Die Legitimation ist weit auszulegen (HEGNAUER,
ZVW 1984, 26 ff.; SEEGER, ZöF 1984, 76; SUHR BRUNNER, 145). Sie geht über den
Kreis jener Personen hinaus, welche nach Art. 420 zur Vormundschaftsbeschwerde be-
rechtigt sind, weil die Legitimation hier nicht voraussetzt, dass Interessen der betroffenen
Person wahrgenommen werden (BBl 1977 III 37; BGE 122 I 30). Als nahestehend sind
alle Personen zu betrachten, welche die betroffene Person gut kennen, sei es wegen ihrer
Verwandtschaft, Freundschaft oder ihrer Funktion (BGE 114 II 213; 122 I 30; DESCHE-
NAUX/STEINAUER, Personnes, Rz 1207; IMHOF, 142). Ob ein eigentliches Vertrauensverhältnis notwendig ist (so STETTLER, Rz 488), scheint fraglich. Eine *Rechtsbeziehung* wie
Verwandtschaft, Auftragsverhältnis usw. braucht nicht zu bestehen. Allein massgebend
ist die faktische Verbundenheit. Befreundete Personen sind auch legitimiert, wenn sie mit
der betroffenen Person nie in gemeinsamem Haushalt gelebt haben (BGE 122 II 29 ff.).

Die nahe stehende Person erhält, wenn sie gerichtliche Beurteilung verlangt, volle **Parteistellung.** Sie kann **kostenpflichtig** werden (s.u. N 32).

Die selbständige Klagelegitimation Nahestehender kann dazu führen, dass **mehrere Be-**   **14**
gehren um gerichtliche Beurteilung gestellt werden. Die Verfahren sind zu vereinigen.
Ergeben sich aus dem kant. Recht mehrere örtliche Zuständigkeiten, so sollte unabhängig von der zeitlichen Priorität jenes Gericht die Sache an die Hand nehmen, welches vom
Betroffenen angerufen worden ist. Bei mehreren Begehren nahe stehender Personen entscheidet die zeitliche Priorität.

Darüber hinaus besteht kein Koordinierungsbedürfnis. Weder die betroffene noch die
nahe stehende Person kann durch Klagerückzug die Klage der anderen Partei zu Fall
bringen. Auch wenn mehrere nahe stehende Personen unabhängig voneinander gerichtliche Beurteilung verlangen, handelt es sich um **selbständige Begehren.** Das Gesetz sieht
keine Hierarchie der einzelnen Nahestehenden vor.

Weil es sich um einen Akt der freiwilligen Gerichtsbarkeit handelt, gibt es im Verfahren
keine beklagte Partei. Die einweisende Behörde ist Vorinstanz, nicht Partei (**a.M.** IMHOF,
138).

Der Umstand, dass sich neben der betroffenen Person ein weiter Kreis anderer Personen   **15**
am Verfahren beteiligen darf, verursacht u.U. Schwierigkeiten, wenn **vertrauliche In-**
formationen vom Gericht verwendet werden müssen. Will die betroffene Person gewisse
Tatsachen vor ihr nahestehenden Personen geheimhalten, hat das Gericht diesem Umstand bei der Gewährung der Parteirechte gegenüber den weiteren Verfahrensbeteiligten
Rechnung zu tragen. Das kann zu einer Einschränkung des rechtlichen Gehörs der nahe
stehenden Personen führen.

V. Begehren

Die gerichtliche Beurteilung setzt ein **schriftliches Begehren** voraus. Das Formerfor-   **16**
dernis richtet sich nach Art. 13 ff. OR. Es ist unterschriftlich zu bezeugen, dass gerichtliche
Beurteilung verlangt wird. Ein formeller Antrag und eine Begründung werden hingegen

nicht verlangt (DESCHENAUX/STEINAUER, Personnes, Rz 1211). Die Formvorschriften im Bundesrecht sind abschliessend. Die Kantone dürfen sie weder ergänzen, noch können sie ein mündliches Begehren genügen lassen.

17 Aus dem bundesrechtlichen Formerfordernis und aus dem Umstand, dass nahe stehenden Personen eine eigene Legitimation zukommt, gerichtliche Beurteilung zu verlangen, ist auf die **Höchstpersönlichkeit** des entsprechenden Rechts der betroffenen Person zu schliessen. Für die Einleitung des Verfahrens kann sich diese nicht vertreten lassen (gl.M. IMHOF, 139). Die allg. Verfahrensgrundsätze erlauben hingegen im nachfolgenden Verfahren eine Prozessvertretung (vgl. Art. 397f Abs. 2). Das Recht der nahe stehenden Personen, gerichtliche Beurteilung zu verlangen, ist demgegenüber nicht vertretungsfeindlich.

VI. Frist

18 Die gerichtliche Beurteilung ist **innert zehn Tagen** zu verlangen. Es gelten die allg. Grundsätze für eine Rechtsmittelfrist (IMHOF, 147 f.). Der Tag, an dem die Frist zu laufen beginnt, wird nicht mitgezählt (analog zu Art. 32 Abs. 1 OG). Die Frist endet am letzten Tag der Frist um Mitternacht. Ist dieser Tag ein Samstag (Art. 1 des BG über den Fristenlauf an Samstagen vom 21.6.1963), ein Sonntag oder ein nach dem kant. Recht anerkannter Feiertag (oder der 1. August), läuft die Frist am nächsten Werktag ab (analog zu Art. 32 Abs. 2 OG). Die Regelung betr. Samstage, Feiertage und Sonntage erfasst nur das Fristende, nicht auch den Beginn des Fristenlaufes.

Mit Rücksicht auf Art. 39 f Abs. 1 sind weder die kant. noch die eidg. **Gerichtsferien** zu beachten (vgl. GEISER, Grundlagen, in: GEISER/MÜNCH (Hrsg.), Prozessieren vor Bundesgericht, Basel 1996, Rz 1.61).

Die Frist gilt als **gewahrt,** wenn an deren letztem Tag das Begehren um gerichtliche Beurteilung der schweizerischen Post oder dem zuständigen Gericht übergeben worden ist. Auch die Einreichung bei einer unzuständigen Behörde muss für die Fristwahrung ausreichen. Entsprechend verpflichtet Art. 397e Ziff. 3 die Anstalt, Begehren um gerichtliche Beurteilung an das zuständige Gericht weiterzuleiten. Aus Art. 12 IPRG ergibt sich schliesslich, dass die Frist ebenfalls eingehalten ist, wenn das Begehren rechtzeitig bei einer schweizerischen diplomatischen oder konsularischen Vertretung im Ausland eintrifft.

19 Für die **betroffene Person beginnt die Frist** zu laufen, sobald ihr der Entscheid über die FFE gem. Art. 397e Ziff. 1 mitgeteilt wird. Sie kann indessen schon vor diesem Zeitpunkt gerichtliche Beurteilung verlangen, wenn sie bereits früher vom Entscheid Kenntnis erhält (gl.M. IMHOF, 148).

20 Art. 397d lässt die Frist von der «Mitteilung» an laufen. Eine solche erfolgt aber nicht an alle Personen, die befugt sind, eine gerichtliche Beurteilung zu verlangen (o. Art. 397c N 19). Für die **nahe stehende Person** beginnt deshalb die Frist mit **Kenntnisnahme** der FFE zu laufen, unabhängig davon, wie sie vom Entscheid erfährt (gl.M. IMHOF, 148).

21 Wird das **Gesuch** um gerichtliche Beurteilung **verspätet** gestellt, ist darauf nicht einzutreten (ZK-SPIRIG, N 50). Trotz des hohen Wertes der persönlichen Freiheit liegt darin kein überspitzter Formalismus, da jederzeit ein Entlassungsgesuch gestellt werden kann und dem Einweisungsentscheid keine materielle Rechtskraft zukommt (Art. 397a N 28). Ein verspätetes Begehren um gerichtliche Beurteilung hat als Entlassungsgesuch an die zuständige Behörde oder Stelle weitergeleitet zu werden (ZK-SPIRIG, N 50).

Diese Überlegungen sprechen auch dafür, dass weder eine **Fristerstreckung** noch die **Wiederherstellung** einer verpassten Frist möglich sind (GEISER, Patient-Patientenrecht, 187; **a.M.** KOLLER, SJZ 1982, 56).

VII. Verfahren

1. Inhalt des gerichtlichen Entscheides

Nicht aus den Verfahrensbestimmungen über die FFE, aber aus Art. 5 Ziff. 4 EMRK und   **22** dem systematischen Zusammenhang ergibt sich, dass das Gericht sowohl die Tat- wie auch die Rechtsfragen frei überprüft, wie dies in allen Fällen gilt, in denen das ZGB den Entscheid eines Gerichts vorsieht (BBl 1977 III 42). Dem Gericht steht von Bundesrechts wegen **volle Kognition** zu (IMHOF, 210).

Die Prozessökonomie verlangt, dass sowohl **echte wie auch unechte Noven** unbe-   **23** schränkt zugelassen werden. Seinem Entscheid hat das Gericht den Sachverhalt zugrunde zu legen, wie er sich im Zeitpunkt der Urteilsfällung präsentiert. Formelle Einschränkungen sind nicht am Platz.

Ein rasches Verfahren (Art. 397f Abs. 1) bedeutet, dass das Gericht – wenn immer mög-   **24** lich – in der Sache endgültig entscheidet und diese nicht an die Vorinstanz zu neuer Entscheidung zurückweist. Das Rechtsmittel ist **reformatorisch.** Das Urteil lautet entweder auf Aufhebung oder Aufrechterhaltung der Freiheitsentziehung. Das Gericht kann aber auch die Massnahme abändern, indem die betroffene Person beispielsweise in eine andere Anstalt eingewiesen wird (BBl 1977 III 41 f.; ZK-SPIRIG, Art. 397f N 7). Diesfalls drängt sich ausnahmsweise eine Rückweisung auf (BBl 1977 III 42).

Anstelle der FFE darf das Gericht eine **andere vormundschaftliche Massnahme** nur anordnen, wenn es nach dem kant. Recht dafür zuständig ist. Aus den bundesrechtlichen Bestimmungen über die FFE lässt sich keine Kompetenzattraktion ableiten (vgl. Art. 397b N 13). Das Gericht hat dann die Sache der zuständigen Behörde zur Anordnung der notwendigen Massnahmen zu überweisen. Zur Sicherstellung der gebotenen Fürsorge kann es beispielsweise die Entlassung aufschieben, bis die zuständige Behörde die für ein Leben ausserhalb der Anstalt notwendigen Anordnungen getroffen hat.

Ein **Feststellungsbegehren,** die angeordnete Massnahme sei rechtswidrig, scheitert voraussichtlich regelmässig am notwendigen Rechtsschutzinteresse (s.o. N 7).

Wird das Gesuch um gerichtliche Beurteilung zurückgezogen oder die betroffene Person   **25** aus der Anstalt entlassen (s.o. N 7), so ist das Verfahren als **gegenstandslos** abzuschreiben.

Demgegenüber muss auch dann materiell entschieden werden, wenn eine **mündliche Einvernahme der betroffenen Person nicht möglich** ist (BGE 116 II 406). Diesfalls hat eine Entscheidung aufgrund der Akten zu erfolgen (ZK-SPIRIG, Art. 397e N 210). Daran ändert auch die Verpflichtung zur mündlichen Anhörung nach Art. 397f Abs. 3 nichts.

2. Mitteilungen

Der Entscheid ist in jedem Fall der **betroffenen Person** und der Vorinstanz zu eröffnen.   **26** Hat eine **nahe stehende Person** die gerichtliche Beurteilung verlangt, muss ihr als Prozesspartei auch der Entscheid mitgeteilt werden.

Neben den Parteien besteht ebenfalls ein Anspruch auf Mitteilung bei der **Vorinstanz**   **27** und der **Anstalt,** bei Letzterer sofern dies für den Vollzug notwendig ist. **Weitere,** am

Verfahren nicht unmittelbar beteiligte **Personen** sind im gleichen Umfang über den gerichtlichen Entscheid zu informieren wie von der Anordnung einer FFE selber (s.o. Art. 397c N 8 f.).

3. Rechtsmittel

28 Die Kantone können selbst entscheiden, ob sie ein **einstufiges oder ein mehrstufiges Verfahren** für die gerichtliche Beurteilung vorsehen wollen. Wird die gerichtliche Beurteilung einem unteren Gericht zugewiesen, muss allerdings wegen Art. 48 Abs. 2 OG ein Rechtsmittel an eine obere kant. Instanz gegeben sein.

Frist und Form der kant. Rechtsmittel richten sich nach dem kant. Recht. In jedem Fall ist die betroffene Person **legitimiert,** ein Rechtsmittel zu ergreifen. Für nahe stehende Personen gilt mit Blick auf Art. 44 Bst. f OG dasselbe, wenn sie vor erster Instanz Parteistellung hatten. Andernfalls steht ihnen aufgrund des Bundesrechts nicht zu, erst vor einer höheren Instanz in das Verfahren einzusteigen. Das kant. Recht darf die Rechtsmittellegitimation erweitern (BGE 122 I 27 ff.). Es hat insb. die Möglichkeit vorzusehen, dass die Anstaltsleitung oder die vormundschaftliche Behörde einen die FFE aufhebenden Entscheid des Gerichts an eine höhere Instanz weiterziehen kann (**a.M.** IMHOF, 132 f.). Das kant. Recht bestimmt auch, welche Rechtsmittel – unabhängig vom materiellen Ausgang des Verfahrens – gegen die Kostenauflage gegeben sind.

29 Gemäss Art. 44 Bst. f OG unterliegt der eine FFE anordnende oder aufrechterhaltende Entscheid der letzten kant. Instanz der **Berufung an das BGer** (ausdrücklich bezüglich aufrechterhaltender Entscheide: BGer 5C.171/2004, E. 1). Dieses tritt auf das Rechtsmittel aber nur ein, wenn die Freiheitsentziehung im Zeitpunkt, in dem es entscheidet, noch andauert. Ansonsten liegt kein aktuelles Rechtsschutzinteresse vor (BGE 114 Ia 90; 112 II 106; DESCHENAUX/STEINAUER, Personnes, Rz 1216b; s.o. N 7).

Das BGer prüft im Berufungsverfahren nur die **Rechtsanwendung,** nicht auch die Sachverhaltsfeststellungen. Zur Rechtsanwendung gehören aber neben den materiellen Voraussetzungen der FFE auch die Verfahrensvorschriften des ZGB, einschliesslich des Rechts auf Verbeiständung nach Art. 397f Abs. 2 (BGE 107 II 315 f.; DESCHENAUX/STEINAUER, Personnes, Rz 1216a).

Soweit die Verweigerung eines *unentgeltlichen* Rechtsbeistandes oder die Willkür in der Sachverhaltsfeststellung gerügt wird, ist die **staatsrechtliche Beschwerde** gegeben. Ausschliesslich dieser Rechtsbehälf ist auch gegeben, wenn die Verletzung des kantonalen Prozessrechts gerügt wird. Um eine Verletzung des kantonalen Prozessrechts geht es nach Ansicht des Bundesgerichts auch, wenn wiederholte Entlassungsgesuche nicht behandelt werden, weil sie als gegen Treu und Glauben erfolgt angesehen werden (BGE 131 III 457 ff.; s.o. Art. 397a N 28).

Wird der letzte kant. Entscheid mit Berufung an das **BGer weitergezogen und von diesem abgeändert,** können die kant. Kosten neu festgesetzt und verteilt werden (Art. 157 OG). Bei Gutheissung einer staatsrechtlichen Beschwerde entfällt auch der kant. Entscheid über die Kosten.

29a Nach Inkrafttreten des **Bundesgerichtsgesetzes** (BBG) unterliegen die Entscheide über die fürsorgerische Freiheitsentziehung der Beschwerde in Zivilsachen (Art. 72 Abs. 2 Bst. b Ziff. 6 BBG). An der Voraussetzung des aktuellen Interesses wird sich nichts ändern, da die Legitimation zur Beschwerde ein rechtlich geschütztes Interesse an der Aufhebung oder Änderung des angefochtenen Entscheides voraussetzt (Art. 76 Abs. 1 Bst. b BBG). Die Beschwerdegründe sind neu sowohl jene der Berufung wie auch der staatsrechtlichen Beschwerde, so dass in diesem Verfahren auch Verfassungsverletzungen und eine offensichtlich unrichtige Feststellung des Sachverhaltes geltend gemacht werden kann (Art. 97 Abs. 1 BBG). Das BGer wird auch in Zukunft bei einer Gutheissung des Rechtsmittels die kantonalen Kosten neu verteilen können (Art. 67 BBG).

Weder das Begehren um gerichtliche Beurteilung noch Rechtsmittel innerhalb des Gerichtsverfahrens haben **aufschiebende Wirkung**, sofern eine solche nicht ausdrücklich angeordnet worden ist (Art. 397e Ziff. 4 ZGB und Art. 54 Abs. 3 OG; s.u. Art. 397e N 15 ff.). Mit Inkrafttreten des Bundesgerichtsgesetzes (BBG) hat das Rechtsmittel an das BGer ohnehin grundsätzlich keine aufschiebende Wirkung mehr (Art. 103 BBG). **30**

Für die **Revision** eines gerichtlichen Entscheides im Bereich der FFE entsteht kaum je Bedarf, weil dem Entscheid keine materielle Rechtskraft zukommt. Tauchen neue Tatsachen auf, kann ein Entlassungsgesuch gestellt und bei dessen Ablehnung wiederum das Gericht angerufen werden. **31**

4. Kosten

Das Bundesrecht schreibt für die gerichtliche Beurteilung der FFE keine Unentgeltlichkeit vor. Diese rechtfertigt sich auch nicht, weil nicht einzusehen ist, warum bei begüterten Personen die Allgemeinheit die Last des Rechtsschutzes tragen soll. Das kant. Recht regelt sowohl die **Gebühren** wie auch die **Kostenverlegung**. Da es sich um ein Verfahren der freiwilligen Gerichtsbarkeit handelt, müssen sinnvollerweise der obsiegenden Partei ebenfalls Kosten auferlegt werden können. Weil die einweisende Behörde nicht Partei sondern Vorinstanz ist, können ihr grundsätzlich keine Kosten auferlegt werden. Das kantonale Recht kann allerdings auch ein kontradiktorisches Verfahren vorsehen (u. Art. 397f N 7). **32**

Der Untersuchungsgrundsatz und der hohe Stellenwert der persönlichen Freiheit stehen einer **Vorschusspflicht** entgegen. **33**

5. Übriges Verfahren

Das Verfahren richtet sich grundsätzlich nach dem **kantonalen Recht.** Dieses wird aber durch Art. 397f und 397e ZGB sowie Art. 51 OG in seiner Gestaltungsfreiheit eingeschränkt (EJPD, Hinweise und Anregungen, 25). **34**

Art. 397e

E. Verfahren in den Kantonen I. Im Allgemeinen	**Das Verfahren wird durch das kantonale Recht geordnet mit folgenden Vorbehalten:** **1. Bei jedem Entscheid muss die betroffene Person über die Gründe der Anordnung unterrichtet und schriftlich darauf aufmerksam gemacht werden, dass sie das Gericht anrufen kann.** **2. Jeder, der in eine Anstalt eintritt, muss sofort schriftlich darüber unterrichtet werden, dass er bei Zurückbehaltung oder bei Abweisung eines Entlassungsgesuches das Gericht anrufen kann.** **3. Ein Begehren um gerichtliche Beurteilung ist unverzüglich an das zuständige Gericht weiterzuleiten.**

4. **Die Stelle, welche die Einweisung angeordnet hat, oder das Gericht kann dem Begehren um gerichtliche Beurteilung aufschiebende Wirkung erteilen.**

5. **Bei psychisch Kranken darf nur unter Beizug von Sachverständigen entschieden werden; ist dies in einem gerichtlichen Verfahren bereits einmal erfolgt, so können obere Gerichte darauf verzichten.**

E. Procédure dans les cantons

I. En général

La procédure est réglée par le droit cantonal, sous les réserves suivantes:

1. lors de toute décision, la personne en cause doit être informée des motifs justifiant la mesure prise et être avertie, par écrit, de son droit d'en appeler au juge;

2. toute personne qui entre dans un établissement doit être immédiatement informée, par écrit, de son droit d'en appeler au juge contre son maintien dans cet établissement ou le rejet d'une demande de libération;

3. la demande de décision judiciaire doit être transmise immédiatement au juge compétent;

4. l'autorité qui a ordonné le placement ou le juge peut accorder un effet suspensif à la demande de décision judiciaire;

5. une décision touchant un malade psychique ne peut être prise qu'avec le concours d'experts; si ce concours a déjà été demandé dans une première procédure judiciaire, les tribunaux supérieurs peuvent y renoncer.

E. Procedura nei Cantoni

I. In generale

La procedura è regolata dal diritto cantonale, con le seguenti riserve:

1. in occasione di ogni decisione, la persona interessata deve essere informata dei motivi della misura ordinata nei suoi confronti e resa attenta per scritto sul diritto di adire il giudice;

2. ogni persona che entra in uno stabilimento deve subito essere informata per scritto del diritto di adire il giudice contro il suo trattenimento o contro il rigetto di una domanda di rilascio;

3. la domanda di decisione giudiziaria deve essere immediatamente trasmessa al giudice competente;

4. l'autorità che ha ordinato il collocamento o il giudice può accordare l'effetto sospensivo alla domanda di decisione giudiziaria;

5. una decisione relativa a malati psichici può essere presa soltanto con la collaborazione di periti; se tale collaborazione è già stata prestata in una precedente procedura giudiziaria, i tribunali superiori possono rinunciarvi.

Literatur

Vgl. die Literaturhinweise zu den Vorbem. zu Art. 360–456 und zu den Vorbem. zu Art. 397a–f.

I. Allgemeines

1   Wie das Entmündigungsverfahren ist auch das Verfahren, in dem über die Anordnung oder Aufhebung einer FFE entschieden wird, der **freiwilligen Gerichtsbarkeit** zuzuordnen. Entsprechend fiel es schon unter der alten BV nicht unter die in aArt. 64 Abs. 3 BV den Kantonen vorbehaltene Gesetzgebungskompetenz (s.o. Art. 373 N 3). Der Ingress von Art. 397e, welcher bestimmt, dass die Kantone das Verfahren regeln, stellt somit einen echten Vorbehalt zugunsten des kant. Rechts dar. Im Zusammenhang mit der nunmehr vom Bund zu erlassenden Zivilprozessordnung (Art. 122 Abs. 1 BV) wird auch dieses Verfahren abschliessend zu regeln sein.

Das Verfahren wird zwar durch das kant. Recht geregelt, doch hält das **Bundesrecht** gewisse **Mindestgarantien** fest (BGE 127 III 387).   **2**

Diese ergeben sich einerseits aus den **allg. rechtsstaatlichen Grundsätzen,** wie sie namentlich in der EMRK und der BV verankert oder von der Praxis entwickelt worden sind. Entsprechend muss nach Art. 29 Abs. 2 BV die betroffene Person vor jedem Entscheid angehört werden (DESCHENAUX/STEINAUER, Personnes, Rz 1191; s.u. Art. 397f N 19 ff.). Das Akteneinsichtsrecht richtet sich ebenfalls nach Art. 29 Abs. 2 BV (EJPD, Hinweise und Anregungen, 32).

Andererseits folgen gewisse Grundsätze auch aus der **Besonderheit der vormundschaftlichen Massnahme.** Namentlich untersteht das Verfahren der Untersuchungsmaxime und dem Offizialprinzip (BGer 5C.171/2004, E. 2.2.). Ein Verfahren ist von Amtes wegen einzuleiten, wenn die zuständige Behörde von entsprechenden Tatsachen Kenntnis erhält, und der Sachverhalt wird von Amtes wegen festgestellt. Daraus ergibt sich, dass die Durchführung des Verfahrens und die Abnahme von Beweisen nicht von einem Kostenvorschuss abhängig sein darf (s.o. Art. 397d N 33).

Schliesslich enthalten die **Bestimmungen über die FFE** eine Vielzahl von Verfahrensregeln. Die meisten finden sich in Art. 397e. Zum Teil sind sie aber auch in andern Bestimmungen verstreut: Jeder Entscheid betr. fürsorgerische Freiheitsentziehung und jede Abweisung eines Entlassungsgesuchs müssen innert einer Frist von zehn Tagen bei einer richterlichen Instanz angefochten werden können (Art. 397d). Die Kantone haben ein einfaches und rasches Verfahren vorzusehen, die Rechtsverbeiständung zu regeln und die betroffene Person wenigstens einmal in einem gerichtlichen Verfahren persönlich anzuhören (Art. 397f).

Aus dem Bundesrecht und der Natur der Sache ergibt sich, dass in jedem Fall der betroffenen Person **Parteistellung** zukommt. Im gerichtlichen Verfahren kann auch eine der   **3**
betroffenen Person nahe stehende Person diese Stellung innehaben, wenn sie selber die Aufhebung der Massnahme beantragt hat (s.o. Art. 397d N 13). Die nahe stehende Person darf auch ein Entlassungsgesuch stellen und damit Parteistellung erlangen (DESCHENAUX/STEINAUER, Personnes, Rz 1192).

Ohne ein entsprechendes aktives Verhalten kommt der Umgebung der betroffenen Person keine Parteistellung zu. Namentlich können auch der **Ehegatte oder Verwandte** des Eingewiesenen im gerichtlichen Verfahren keine Parteirechte beanspruchen, um die Massnahme aufrechtzuerhalten (vgl. VRekKomm SG ZVW 1989, 39 f.). Das Gesetz beschränkt die gerichtliche Beurteilung auf die freiheitsentziehende Massnahme und räumt jenem, der von einem die Massnahme aufhebenden Entscheid betroffen ist, keinen Rechtsschutz ein (vgl. ZöF 1987, 47 f.). Dem widerspricht BGE 122 I 27 f. nicht, weil es dort nicht um die Anrufung des Gerichts, sondern um den Weiterzug dessen Entscheides ging.

II. Begründung und Rechtsmittelbelehrung (Ziff. 1)

Die betroffene Person muss über die **Gründe der Einweisung oder Zurückbehaltung**   **4**
unterrichtet werden. Diesen Anspruch hat das BGer allgemein aus aArt. 4 BV abgeleitet. Eine belastende behördliche Entscheidung ist zu begründen, damit die betroffene Person sie verstehen und ggf. sachgerecht anfechten kann. Die Begründung dient zudem der Überprüfung des Entscheides durch die Rechtsmittelinstanz (BGE 122 IV 14 E. c; GEISER et al. [zit. zu Art. 396], 3). Es dürfen allerdings keine hohen Anforderungen an die Begründung gestellt werden. Sie muss aber für die betroffene Person verständlich sein.

Ist diese der Amtssprache nicht kundig, hat eine Übersetzung zu erfolgen (ZK-SPIRIG, N 78; vgl. auch Art. 5 Ziff. 2 EMRK und VILLIGER, Rz 350; DESCHENAUX/STEINAUER, Personnes, Rz 1193). Aus Art. 31 Abs. 2 BV lässt sich kein Anspruch auf eine *schriftliche* Begründung ableiten. Es genügt, wenn der Entscheid der betroffenen Person mündlich erläutert wird (BGE 121 IV 352 f.). Art. 397e Ziff. 1 geht über diesen Anspruch nicht grundsätzlich hinaus (BBl 1977 III 34; BGer 5C.171/2004, E. 3). Namentlich muss die einweisende oder ein Entlassungsgesuch abweisende Behörde oder Stelle ihren Entscheid nicht *schriftlich* begründen. Nach der in der Botschaft vertretenen bundesrätlichen Ansicht schreibt das Bundesrecht allerdings für die gerichtlichen Entscheide eine schriftliche Begründung vor (BBl 1977 III 34 mit Hinweis auf BGE 96 I 723). Art. 397e Ziff. 1 hält nunmehr im Einklang mit Art. 31 Abs. 2 BV fest, dass der Entscheid der betroffenen Person grundsätzlich *sofort,* d.h. noch bevor er vollzogen ist oder gleichzeitig mit dem Vollzug, zu begründen ist (BBl 1977 III 34). Es genügt nicht, der betroffenen Person das Recht einzuräumen, eine Begründung zu verlangen.

5   Neben der Begündung hat der Entscheid auch eine **Rechtsmittelbelehrung** zu enthalten. Diese muss auf die Möglichkeit hinweisen, gerichtliche Beurteilung zu verlangen, und die Rechtsmittelfrist nennen sowie Angaben über die für das Begehren erforderliche Form enthalten. Zudem ist das zuständige Gericht zu bezeichnen (BBl 1977 III 35). Es genügt nicht, nur anzugeben, dass die betroffene Person «ein Gericht» anrufen kann. Auch ein einweisender Arzt hat zu klären, *welches* Gericht zur Beurteilung zuständig ist, und dies der betroffenen Person mitzuteilen. Da die gerichtliche Zuständigkeit nicht nur von der einweisenden Stelle, sondern auch von der Klinik abhängen kann, in welche die Person eingewiesen wird (Art. 397d N 9), sind diese Abklärungen insb. für freipraktizierende Ärzte u.U. aufwendig.

Die Rechtsmittelbelehrung hat – im Gegensatz zur Begründung – **schriftlich** zu erfolgen. In Abweichung zum üblichen Sprachgebrauch des Gesetzes wird diesbez. nicht auf Art. 13 OR verwiesen. Eine Unterschrift ist nicht notwendig. Ziff. 1 verlangt nur, dass die Rechtsmittelbelehrung mit einem Schriftstück erfolgt, das der betroffenen Person ausgehändigt *und belassen* wird. Sie soll – jedenfalls während der ganzen Rechtsmittelfrist – die Möglichkeit haben, vom Inhalt des Schreibens Kenntnis zu nehmen.

Während sich aus aArt. 4 BV kein Anspruch auf Rechtsmittelbelehrung ableiten lässt (BGE 98 Ib 337 ff.; SPÜHLER, Die Praxis der staatsrechtlichen Beschwerde, 1994, Rz 435; **a.M.** offenbar ZK-SPIRIG, N 85), ergibt sich nunmehr ein solcher Anspruch aus Art. 31 Abs. 2 BV. Überdies hält Art. 397e Ziff. 1 diesen Anspruch ausdrücklich fest.

6   Art. 397e Ziff. 1 ist in erster Linie auf Entscheide der **vormundschaftlichen Behörden,** der **anderen geeigneten Stellen** und der **Anstalt** anwendbar. Die Bestimmung über die Rechtsmittelbelehrung gilt aber auch für die **gerichtlichen Verfahren** nach Art. 397d. Weil nur freiheitsbeschränkende Entscheide der gerichtlichen Beurteilung unterstehen (Art. 397d N 6), wird Ziff. 1 auch nur bei diesen angewendet. Für einen Entscheid – welcher Behörde auch immer –, der die Einweisung oder Zurückbehaltung ablehnt oder ein Entlassungsgesuch gutheisst, schreibt das Bundesrecht weder eine Begründung noch eine Rechtsmittelbelehrung vor.

7   Sowohl die Begründung wie auch die Rechtsmittelbelehrung haben in erster Linie **gegenüber der betroffenen Person** zu erfolgen. Soweit der Entscheid auch einem **weiteren** rechtsmittelberechtigten **Personenkreis** mitzuteilen ist (s.o. Art. 397c N 8 f. und 18 f.), verfügen diese Personen ebenfalls über die sich aus Art. 397e Ziff. 1 ergebenden Rechte (DESCHENAUX/STEINAUER, Personnes, Rz 1193a).

Ist die betroffene **Person** so **schwer geistesschwach,** dass sie eine entsprechende Mitteilung gar nicht verstehen könnte, darf diese unterbleiben, wenn an deren Stelle nahe stehende Personen von der Massnahme förmlich unterrichtet werden (BGE 114 II 218 E. 6).

Wird die schriftliche **Rechtsmittelbelehrung unterlassen,** so beginnt die Rechtsmittel- **8** frist nicht zu laufen. Wenn die **Begründung fehlt** oder ungenügend ist, bedeutet dies nicht die Ungültigkeit des Entscheides. Soweit möglich hat die Rechtsmittelinstanz die entsprechenden Mitteilungen nachzuholen und kann damit den Mangel heilen. Mit den Grundsätzen eines einfachen und raschen Verfahrens lässt es sich diesfalls nicht vereinbaren, den Entscheid aufzuheben und die Sache an die Vorinstanz zurückzuweisen (ZK-Spirig, N 56).

Führt der Verfahrensfehler dazu, dass die FFE länger aufrechterhalten bleibt, als dies bei einem korrekten Vorgehen der Fall gewesen wäre, so **haftet der Kanton** nach Art. 429a.

Ziff. 1 enthält nur **Mindestnormen.** Den Kantonen ist es erlaubt, weiter gehende Be- **9** stimmungen aufzustellen. Sie können namentlich für die Eröffnung von Entscheiden weitere Formvorschriften vorsehen (z.B. Schriftlichkeit für die Begründung) und deren Anwendungsbereich auch auf Entscheide ausdehnen, die die Massnahme aufheben.

III. Rechtsbelehrung (Ziff. 2)

Neben der Rechtsmittelbelehrung im einweisenden Entscheid muss jede Person, die in eine **10** Anstalt eintritt, **sofort** schriftlich orientiert werden, dass sie im Falle der Zurückbehaltung in der Anstalt oder bei Abweisung eines Entlassungsgesuchs an den Richter gelangen kann (Art. 397e Ziff. 2). Die Mitteilung hat nicht nur bei einem freiwilligen Eintritt, sondern auch bei einer Zwangseinweisung zu erfolgen (EJPD, Hinweise und Anregungen, 34). Mit Blick auf das Entlassungsgesuch geht die Mitteilung inhaltlich über diejenige Mitteilung nach Ziff. 1 hinaus. Auch hier ist *konkret* anzugeben, welches Gericht angerufen werden kann und an wen ein Entlassungsgesuch gerichtet werden muss.

Die Mitteilung hat **persönlich** zu erfolgen. Das Aufhängen eines Informationsblattes an einem allgemein zugänglichen Anschlagebrett in der Anstalt genügt nicht. Es ist jedoch zulässig, die Rechtsbelehrung in einer Hausordnung oder einer Informationsbroschüre vorzusehen, die jeder eintretenden Person abgegeben wird (EJPD, Hinweise und Anregungen, 34). Die Mitteilung muss in einer der betroffenen Person verständlichen Sprache erfolgen.

Die Mitteilung hat **schriftlich** zu ergehen. Zu diesem Formerfordernis s.o. N 5.

Gewisse Schwierigkeiten können daraus entstehen, dass diese Mitteilung auch bei einem **freiwilligen** Eintritt in eine Anstalt erfolgen muss. Dadurch wird der Kreis der betroffenen Anstalten und Personen sehr weit gefasst. Die Mitteilung ist an alle Personen zu richten, welche in einer Einrichtung (Anstalt, Klinik, Heim usw.) Aufnahme finden, die so konzipiert ist, dass sie in die Lage kommen kann, aus fürsorgerischen Gründen Personen gegen ihren Willen zurückzubehalten. Geschieht dies nur in extremen Ausnahmefällen wie beispielsweise in Altersheimen, darf auf eine entsprechende Information verzichtet werden (EJPD, Hinweise und Anregungen, 33).

Zur Zulässigkeit eines **Verzichts** auf die entsprechende Mitteilung bei einer geistes- **11** schwachen Person s.o. N 7.

Unterlässt die Anstalt die **Mitteilung** und bleibt deshalb jemandem länger die Freiheit **12** entzogen, als dies bei einem korrekten Vorgehen der Fall wäre, haftet der Kanton nach Art. 429a.

IV. Weiterleitungspflicht (Ziff. 3)

13   Art. 397e Ziff. 3 verpflichtet sodann zur sofortigen **Weiterleitung eines Begehrens um gerichtliche Beurteilung** i.S.v. Art. 397d an die zuständige richterliche Behörde. Diese Vorschrift richtet sich an die nicht zuständigen Gerichte oder Verwaltungsbehörden, an die ein Begehren fälschlicherweise adressiert worden ist, aber auch an das Personal der Anstalt, den Arzt, den Vormund oder Beistand, wenn diese das Begehren von der betroffenen Person in Empfang genommen haben.

14   Ein **Verstoss gegen diese Regel** kann zur Haftung des Kantons führen (s.o. N 12).

V. Aufschiebende Wirkung (Ziff. 4)

15   Von Gesetzes wegen kommt dem Begehren um gerichtliche Beurteilung des Entscheides über die Unterbringung einer Person in einer Anstalt **keine aufschiebende Wirkung** zu. Die anordnende Behörde oder das Gericht kann im Einzelfall dem Begehren jedoch die aufschiebende Wirkung verleihen.

Die Bestimmung betrifft nur Entscheide, die auf **Einweisung oder Zurückbehaltung** lauten. Wird die Einweisung oder Zurückbehaltung abgelehnt, bleibt mit oder ohne Vollstreckbarkeit des Entscheides der bisherige Zustand bestehen. Die Frage der aufschiebenden Wirkung stellt sich nicht. Das gilt auch bei der Ablehnung eines Entlassungsgesuchs. Wird ein solches gutgeheissen, kann die gerichtliche Beurteilung nach Art. 397d nicht verlangt werden. Geht der Entscheid von einer VormBehörde aus, ist die Vormundschaftsbeschwerde nach Art. 420 gegeben (s.o. Art. 397d N 6). Hat die Anstalt entschieden, richten sich die Rechtsmittel nach dem kant. Recht. Mit Blick auf das Verhältnismässigkeitsprinzip und den hohen Wert der persönlichen Freiheit kann in diesen Verfahren den Rechtsmitteln keine aufschiebende Wirkung zukommen. Bei einem Entlassungsentscheid ist der Betroffene unabhängig von einem Rechtsmittel aus der Anstalt zu entlassen.

Art. 397e Ziff. 4 bezieht sich nur auf den materiellen Entscheid. Bezüglich der **Kosten** kommt einem Rechtsmittel aufschiebende Wirkung zu (zur gleichen Frage bei der Gegendarstellung s. BGE 117 II 210 E. 1c).

16   Mit dem Entzug der aufschiebenden Wirkung von Bundesrechts wegen wollte der Gesetzgeber sicherstellen, dass die nötige persönliche Fürsorge bei Bedarf sofort gewährt werden kann. Der Entscheid ist zwar noch nicht formell rechtskräftig, wohl aber vollstreckbar. Mit Blick auf die schweren Folgen einer ungerechtfertigten FFE für die betroffene Person und ggf. auch mit Blick auf die Haftung des Kantons hat die einweisende Behörde oder Stelle **immer sorgfältig zu prüfen, ob die aufschiebende Wirkung nicht zu erteilen ist.** Ein Gesuch um aufschiebende Wirkung muss nicht gestellt werden. Diese wird ggf. von Amtes wegen erteilt.

Sobald ein **Rechtsmittel eingereicht** ist, liegt die Verantwortung für die entsprechende Prüfung bei der Rechtsmittelinstanz. Mit Blick auf die Sachkompetenz der unteren Instanz, die sich mit dem Fall bereits eingehend befasst hat, und auf das Erfordernis eines raschen und einfachen Verfahrens bedeutet aber die Einreichung eines Rechtsmittels nicht, dass die Vorinstanz nicht mehr von sich aus die aufschiebende Wirkung gewähren könnte.

17   Die aufschiebende Wirkung muss **immer gewährt werden,** wenn der **Vollzug** der FFE sich **nicht** als **dringlich** erweist. Dringlich ist eine Massnahme nur, wenn mit ihrem Vollzug nicht zugewartet werden kann, bis sich die Rechtsmittelinstanz voraussichtlich mit der angeordneten Massnahme befasst. Keine Notwendigkeit besteht, dass diese innert nützlicher Frist in der Lage ist, den Fall abzuschliessen, da es möglich ist, die aufschiebende Wirkung nachträglich wieder zu entziehen, wenn sich aufgrund der Verfahrensdauer Dringlichkeit ergibt.

Wird bei einem Suchtkranken eine **Entziehungskur** angeordnet, so besteht häufig keine Dringlichkeit im aufgezeigten Sinn. Eine langfristige Behandlung kann i.d.R. ohne grossen Schaden für die betroffene Person einen Monat früher oder später beginnen. Meist beansprucht die Suche nach einem geeigneten Therapieplatz ohnehin eine gewisse Zeit. Der Umstand, dass in einem bestimmten Zeitpunkt ein Therapieplatz bereit und ein Zuwarten mit *Kosten* verbunden ist, rechtfertigt die Verweigerung der aufschiebenden Wirkung nicht.

Wird die aufschiebende Wirkung verweigert und zeigt sich im Nachhinein, dass die Einweisung als solche nicht gerechtfertigt war, liegt eine rechtswidrige FFE vor, und es kann eine **Haftung des Kantons nach Art. 429a** eintreten. Bestand keine Dringlichkeit, stellt die Freiheitsentziehung eine besonders schwere Verletzung der Persönlichkeitsrechte dar, was sich auf die Höhe eines Genugtuungsanspruchs u.U. auswirkt. **18**

VI. Beizug von Sachverständigen (Ziff. 5)

Über die fürsorgerische Freiheitsentziehung für psychisch kranke Personen darf nur unter Beizug von Sachverständigen entschieden werden. Nicht erforderlich ist die Einholung eines Gutachtens bei einem aussenstehenden Experten, wenn der für die Einweisung bzw. Zurückbehaltung oder Entlassung zuständigen **Behörde** oder Stelle eine **sachverständige Person angehört** (BGE 110 II 123 f.). Insofern geht das Erfordernis des Beizugs von Sachverständigen hier weniger weit als bei der Entmündigung wegen Geisteskrankheit oder Geistesschwäche (o. Art. 374 N 13). **19**

Der Beizug einer sachverständigen Person hat bei **jedem Einweisungs-, Zurückbehaltungs- und Aufhebungsentscheid** unabhängig vom Ausgang des Verfahrens zu erfolgen. Das Erfordernis ist zwingend und besteht ebenso bei einer provisorischen oder dringlichen Einweisung (vgl. ZK-SPIRIG, N 169). Dies schränkt die Möglichkeiten der Kantone ein, andere geeignete Stellen für die Einweisung bei psychisch Kranken als zuständig zu bezeichnen (vgl. o. Art. 397b N 10). Überdies muss auch die **erste gerichtliche Instanz** einen Sachverständigen zuziehen. Nur ein *oberes* Gericht darf darauf verzichten.

Was unter einem Sachverständigen verstanden werden soll, ergibt sich aus dem Zusammenhang, in dem das Gesetz dieses Erfordernis vorsieht. **Sachverständig** im Sinne dieser Bestimmung ist ein Arzt oder eine Ärztin mit genügenden spezifischen Fachkenntnissen. Dies meint nicht notwendigerweise einen Spezialarzt für Psychiatrie und Psychotherapie FMH. Auch ein Arzt für allgemeine Medizin kann den Anforderungen genügen, wenn er über die nötige fachliche Erfahrung im Umgang mit psychisch kranken Personen und den dafür erforderlichen Sachverstand verfügt (BGE 119 II 320 ff.; 128 III 15). Demgegenüber dürfte hier – wie für die Begutachtung bei einer Entmündigung wegen Geistesschwäche oder Geisteskrankheit (o. Art. 374 N 13) – der Beizug eines Psychologen oder Sozialarbeiters aus formellen Gründen nicht ausreichen. **20**

Unabhängig davon, ob der oder die Sachverständige dem Gericht angehört oder zur Begutachtung bloss als Hilfsorgan des Gerichts zugezogen wird, muss dem Erfordernis der **Unabhängigkeit** Genüge getan sein (BGE 118 II 253). Als unbefangene Sachverständige gelten auch fachkundige, neutrale Ärztinnen und Ärzte öffentlicher Kliniken, wenngleich sie in einem gewissen Abhängigkeitsverhältnis zum einweisenden Staat stehen. Ein **21**

Oberarzt bzw. Oberarzt-Stellvertreter, der in derselben Klinik eine Tätigkeit ausübt wie der behandelnde Arzt, ist als beigezogener Arzt hingegen nicht unbefangen. Als nicht neutral gelten auch Klinikärztinnen oder -ärzte, welche die betroffene Person mehrere Male wegen gleicher Vorkommnisse behandelt haben. Zudem darf der gleiche Arzt auch nicht für mehrere Instanzen innerhalb des gleichen Verfahrens als sachverständige Person tätig sein (BGE 118 II 250 ff.; 128 III 14 ff.).

22 Wird ohne Zuzug einer sachverständigen Person entschieden, kann dies mit Blick auf das Gebot des raschen Verfahrens nicht in jedem Fall als **Sanktion** die Aufhebung des Entscheides und Rückweisung an die Vorinstanz zur Folge haben (ZK-SPIRIG, N 172). Das Versäumte ist vielmehr von der Rechtsmittelinstanz nachzuholen und der Verfahrensmangel damit zu heilen. Im bundesgerichtlichen Verfahren besteht indessen diese Möglichkeit nicht mehr, so dass eine Rückweisung erfolgen muss (BGE 128 III 17).

Art. 397f

II. Vor Gericht	[1] **Das Gericht entscheidet in einem einfachen und raschen Verfahren.**
	[2] **Es bestellt der betroffenen Person wenn nötig einen Rechtsbeistand.**
	[3] **Das Gericht erster Instanz muss diese Person mündlich einvernehmen.**
II. Devant le juge	[1] Le juge statue suivant une procédure simple et rapide.
	[2] Au besoin, il accorde à la personne en cause une assistance juridique.
	[3] Cette personne doit être entendue oralement par le juge de première instance.
II. Davanti al giudice	[1] Il giudice decide con procedura semplice e rapida.
	[2] Se necessario, il giudice accorda un patrocinatore alla persona interessata.
	[3] La persona interessata deve essere interrogata oralmente dal giudice di prima istanza.

Literatur

Vgl. die Literaturhinweise zu den Vorbem. zu Art. 360–456 und zu den Vorbem. zu Art. 397a–f.

I. Anwendungsbereich

1 Art. 397f behandelt ausschliesslich das **gerichtliche Verfahren** (BGE 127 III 389). Damit sind die Verfahren gemeint, in denen ein eine FFE anordnender oder aufrechterhaltender Entscheid gem. Art. 397d durch ein Gericht überprüft wird (vgl. o. Art. 397d N 6). Die Abs. 1 und 2 gelten auch für die Rechtsmittel einschliesslich des Verfahrens vor BGer (s.u. N 8 und 12 ff.). Abs. 3 bezieht sich demgegenüber nur auf die erste gerichtliche Instanz (u. N 19).

2 Soweit die Bestimmung allg. rechtsstaatliche Grundsätze oder Vorschriften der EMRK konkretisiert, ist allerdings zu beachten, dass diese i.d.R. auch im **Verwaltungsverfahren** berücksichtigt werden müssen. So gebietet die Natur der Sache, dass die einweisen-

de Behörde oder Stelle ebenfalls rasch entscheidet; auch ein Entlassungsgesuch ist ohne Verzug zu behandeln, ansonsten eine Rechtsverweigerung vorliegt. Dass diesfalls direkt auf die Verfassungsgrundsätze zurückgegriffen werden muss, weil nicht ein Bundesgesetz diese konkretisiert, ist für den Rechtsweg an das BGer von Bedeutung. Während es die Verletzung von Art. 397f mit Berufung beim BGer anzufechten gilt (Art. 44 Bst. f OG; BGE 107 II 315 f.), kann die Verletzung des Beschleunigungsverbotes im Verfahren der nach Art. 397b zuständigen Behörden oder Stellen nur mit staatsrechtlicher Beschwerde gerügt werden. Mit Inkrafttreten des Bundesgerichtsgesetzes (BBG) wird einheitlich die Beschwerde in Zivilsachen gegeben sein.

II. Einfaches und rasches Verfahren (Abs. 1)

Mit Blick auf die Bedeutung, welche die FFE für den Betroffenen hat, kommt der **materiellen** gegenüber der formellen **Wahrheit** entscheidende Bedeutung zu (IMHOF, 162). Die materiell richtige Entscheidung darf nicht an prozessualen Hürden scheitern. Zudem muss die gerichtliche Beurteilung rasch erfolgen. Die Bedeutung des Entscheides erfordert es, dass die betroffene Person schnell weiss, ob die Freiheitsentziehung angebracht ist oder nicht. Wird die aufschiebende Wirkung nicht erteilt (s.o. Art. 397e N 15 ff.) oder ist die Abweisung eines Entlassungsgesuches zu beurteilen, dauert die möglicherweise nicht angebrachte Massnahme überdies regelmässig bis zum gerichtlichen Entscheid an. Aus diesen Gründen schreibt das Bundesrecht den Kantonen ein einfaches und rasches Verfahren vor.   **3**

Der Begriff des **einfachen und raschen Verfahrens** ist nicht neu (BBl 1977 III 41). Das Bundeszivilrecht sieht ein solches für die Kantone – teilweise unter anderer Bezeichnung – namentlich auch in den Art. 28*l* Abs. 3, Art. 280 Abs. 1, Art. 329 Abs. 3 ZGB, Art. 274d Abs. 1 und Art. 343 Abs. 2 OR sowie Art. 13 UWG vor. Die zu diesen Bestimmungen entwickelten Grundsätze können allerdings nicht ohne weiteres auf das gerichtliche Verfahren der FFE übertragen werden. Was unter einem raschen und einfachen Verfahren zu verstehen ist, hängt vielmehr immer vom Zusammenhang ab, in dem die entsprechende Verfahrensbestimmung steht.

Das Bundesrecht bestimmt nicht eine Frist, in der der gerichtliche Entscheid zu ergehen hat. Insoweit ist auch die Rechtsprechung der Strassburger Organe zur EMRK wenig hilfreich, da sich aus ihr nur ablesen lässt, dass die Überprüfung einer Untersuchungshaft innert 8 oder 20 Tagen nicht, eine Verfahrensdauer von 6 bzw. 17 Monaten aber sehr wohl gegen das **Beschleunigungsgebot** verstossen (vgl. die Zusammenstellung bei VILLIGER, Rz 468). Was als Frist angemessen ist, hängt wesentlich von den Umständen des Einzelfalls ab (BGE 127 III 389). Art. 397f Abs. 1 gilt nicht als verletzt, wenn im konkreten Fall ein früherer Entscheid vernünftigerweise nicht möglich war (ZK-SPIRIG, N 33). Zudem ist zu berücksichtigen, ob es sich um ein einstufiges Verfahren handelt oder ob bis zum rechtskräftigen Entscheid noch Rechtsmittelinstanzen durchlaufen werden müssen. Eine Verfahrensdauer von vier Wochen dürfte i.d.R. noch als angemessen angesehen werden (GEISER, Patient-Patientenrecht, 187).   **4**

Allerdings ist auch die Art des angefochtenen Entscheides zu berücksichtigen. Sieht das kant. Recht vor, dass die anderen geeigneten Stellen nach Art. 397b Abs. 2 nur eine **vorläufige Einweisung** anordnen können, die anschliessend die vormundschaftliche Behörde nach Art. 397b Abs. 1 zu bestätigen hat, und fällt die vorläufige Einweisung ohne diese Bestätigung nach einer gesetzlichen Frist dahin (zur Zulässigkeit s.o. Art. 397b N 13), bestimmt diese Zuständigkeitsordnung die Frist für die gerichtliche Beurteilung. Jeder Einweisungsentscheid kann *direkt* beim Gericht angefochten werden. Es ist nicht zulässig, eine Verwaltungsbehörde dazwischenzuschalten (Art. 397d N 1). Entsprechend muss auch bereits gegen die vorläufige Einweisung das Gericht angerufen werden können. Weil aber die gerichtliche Beurteilung ein aktuelles Rechtsschutzinteresse verlangt (s.o. Art. 397d N 7) und das Verfahren als gegenstandslos abzuschreiben ist, wenn ein solches entfällt (Art. 397d N 25), hat in diesen Fällen der gerichtliche Entscheid vor Ablauf der Frist zu ergehen, während derer die betroffene Person vorsorglich eingewiesen worden ist.

5   Das Bundesrecht schreibt den Kantonen nicht vor, ob diese einen **Einzelrichter oder ein Kollegialgericht** für den Entscheid als zuständig bezeichnen sollen (gl.M. IMHOF, 180). Mit einem einfachen und raschen Verfahren sind beide Lösungen vereinbar (BGE 115 II 133; BBl 1977 III 39). Es muss aber in jedem Fall sichergestellt sein, dass das Gericht ohne Verzug für den Entscheid zusammentreten kann. Das spricht jedenfalls bei nebenamtlicher Tätigkeit der Mitglieder für einen kleinen Spruchkörper. Bei der Zusammensetzung des Gerichts hat überdies Art. 397e Ziff. 5 beachtet zu werden (vgl. dazu o. Art. 397e N 19 ff.).

6   Mit Art. 397 f. Abs. 1 unvereinbar ist es, der gerichtlichen Beurteilung ein **Sühneverfahren** vorausgehen zu lassen (ZK-SPIRIG, N 24, 53; IMHOF, 169). Damit würde das Verfahren unnötig verzögert und der Zugang zum Gericht erschwert.

7   Sowohl aus Art. 29 Abs. 2 BV wie auch aus Art. 397f Abs. 3 ZGB ergibt sich, dass – unabhängig davon, wer das Gericht angerufen hat – die betroffene Person in jedem Fall anzuhören ist. Ob der einweisenden Behörde oder Stelle Parteistellung zukommt und dieser deshalb auch ein formeller Anspruch auf rechtliches Gehör zusteht, bestimmt das Bundesrecht demgegenüber nicht. Die Kantone sind frei, ob sie ein **kontradiktorisches Verfahren** vorsehen wollen oder nicht. Ein solches lässt sich auch nicht mit dem Argument ausschliessen, es widerspreche dem Beschleunigungsgebot (vgl. BGE 117 II 116 ff., zu Art. 28*l*).

8   Das in Art. 5 Ziff. 4 EMRK verankerte Gebot der Raschheit des Verfahrens gilt nicht nur für das erstinstanzliche gerichtliche, sondern auch für **Rechtsmittelverfahren,** wo solche vorgesehen sind (ZK-SPIRIG, N 30). Bei einem mehrstufigen Verfahren weichen aber die Anforderungen für die einzelnen Verfahrensstufen u.U. voneinander ab (BGE 122 I 33). Es widerspricht deshalb Art. 379f Abs. 1 nicht, wenn im Rechtsmittelverfahren ein Schriftenwechsel verlangt wird (BGE 122 I 31 ff.).

Das Bundesrecht schreibt den Kantonen nicht vor, **ob Rechtsmittel** gegeben sein müssen. Das Beschleunigungsgebot schliesst solche nicht von vornherein aus. Wenn kein kant. Rechtsmittel vorgesehen ist, ergibt sich allerdings aus der Berufungsfähigkeit des Entscheides, dass nicht ein unteres Gericht als zuständig bezeichnet werden darf (Art. 48 Abs. 2 OG; EJPD, Hinweise und Anregungen, 21). Das gilt auch nach Inkrafttreten des Bundesgerichtsgesetzes (BBG) weiter (Art. 75 BBG).

9   Sieht das kant. Recht Rechtsmittel vor, so müssen diese **reformatorisch** sein (ZK-SPIRIG, N 7). Es widerspräche dem Gebot, raschmöglichst zu einem rechtskräftigen Entscheid zu gelangen, wenn die oberen Instanzen den fehlerhaften Entscheid nur kassieren könnten und ein weiteres Verfahren vor der unteren Instanz notwendig würde.

10   Art. 397d Abs. 1 regelt die **formellen Anforderungen an das Rechtsbegehren** abschliessend. Das kant. Recht darf diesbez. keine weiter gehenden Formerfordernisse aufstellen. Es muss insb. als Rechtsbegehren genügen lassen, dass die betroffene Person *gerichtliche Beurteilung* verlangt. So ist es den Kantonen auch nicht erlaubt, eine Begründungspflicht im Sinne eines Gültigkeitserfordernisses aufzustellen (GEISER, Patient-

Patientenrecht, 188; ZK-SPIRIG, N 22, 25). Die Begründung muss in der Verhandlung oder bei einer dieser vorausgehenden Anhörung mündlich gegeben werden können (ZK-SPIRIG, N 28).

Das Beschleunigungsgebot verlangt insb., dass das Gericht die Sache **ausserhalb der** **11** **Reihenfolge** behandelt (ZK-SPIRIG, N 50) und **Gerichtsferien** sowie **Rechtsstillstand** nicht gelten (ZK-SPIRIG, N 56). Soweit das kant. Recht irgendwelche **Minimalfristen** für Vorladungen, Stellungnahmen usw. vorsieht, können diese von Bundesrechts wegen **abgekürzt** werden.

III. Rechtsbeistand (Abs. 2)

Obgleich der Untersuchungsgrundsatz gilt, das Gericht das Recht von Amtes wegen an **12** zuwenden hat und das Verfahren einfach ausgestaltet sein muss, bereitet die Geltendmachung der Rechte vor Gericht der betroffen Person möglicherweise Schwierigkeiten. Es kann sich deshalb als angemessen erweisen, ihr einen **Rechtsbeistand** zu bestellen. Der Anspruch besteht ggf. von Anbeginn des gerichtlichen Verfahrens an. Ist ein Kollegialgericht zuständig, muss somit dem Vorsitzenden oder instruierenden Richter die Zuständigkeit zukommen, über die Rechtsverbeiständung zu entscheiden (vgl. ZK-SPIRIG, N 69).

Art. 397f Abs. 2 ist nur bei einer FFE anwendbar, nicht auch bei der Anordnung einer **ambulanten medizinischen Behandlung** nach dem kant. Recht (BGE 118 II 248; ZVW 1993, 199 f.).

Der Anspruch nach Art. 397f Abs. 2 steht nur der **betroffenen Person** zu. Damit ist die **13** in eine Anstalt eingewiesene oder dort zurückbehaltene Person gemeint. Nahestehende können sich, wenn sie gerichtliche Beurteilung verlangt haben (s.o. Art. 397d N 13), für ihre Rechtsverbeiständung nicht auf diese Bestimmung berufen (ZK-SPIRIG, N 76).

Der Rechtsbeistand soll nur bestellt werden, **wenn** dies **nötig** ist. Ein Antrag, die Rechts **14** verbeiständung in allen Verfahren zur gerichtlichen Beurteilung einer FFE vorzuschreiben, ist im Parlament abgelehnt worden (AmtlBull NR 1978, 765 ff.). Der Rechtsbeistand erweist sich immer als notwendig, wenn sich aufgrund der konkreten Umstände des zu beurteilenden Falles herausstellt, dass der Betroffene nicht in der Lage ist oder sein wird, seine Interessen vor Gericht sachgerecht zu vertreten. Der Umstand, dass die FFE tief in die Rechte des Betroffenen eingreift und dieser an einem geistigen Gebrechen leidet, genügt für sich allein noch nicht, um eine Rechtsverbeiständung als notwendig erscheinen zu lassen (BGE 107 II 316 f.). Dass die rechtsuchende Person an einem geistigen Gebrechen leidet oder wenigstens ein psychisch stark abweichendes Verhalten an den Tag legt, liegt bei diesen Verfahren in der Natur der Sache. Es zeigt sich aber immer wieder, dass auch von solchen Behinderungen betroffene Personen ihre Rechte im Zusammenhang mit Anstaltseinweisungen ausreichend wahrnehmen können (vgl. ZK-SPIRIG, N 81).

Eine Verbeiständung ist in jedem Fall nötig, wenn die Person als **urteilsunfähig** angesehen werden muss, weil es ihr diesfalls an der Postulationsfähigkeit fehlt. Für die Führung des Verfahrens und das Stellen des Begehrens um gerichtliche Beurteilung kann die Frage der Urteilsfähigkeit nicht notwendigerweise gleich beurteilt werden.

Art. 397f Abs. 2 bedeutet in erster Linie, dass das kant. Recht die Vertretung im gerichtli **15** chen Verfahren **nicht beschränken oder ausschliessen** darf. Jede betroffene Person hat das Recht, wenn sie dies wünscht, selber einen Rechtsbeistand zu bestimmen. Die kant. Bestimmungen über das Anwaltsmonopol für die Vertretung vor Gericht schränkt das

Bundesrecht nicht ein. Aus Art. 397f Abs. 2 kann kein Anspruch abgeleitet werden, sich durch jemand anderen als einen patentierten und nach dem kant. Recht zugelassenen Anwalt vertreten zu lassen.

Das Gebot der materiellen Wahrheit bedeutet, dass Art. 397f Abs. 2 nicht nur der betroffenen Person einen Anspruch auf einen Rechtsbeistand einräumt, sondern dem Gericht auch das Recht gibt, einen solchen **gegen den Willen der betroffenen Person** zu bestellen. Dies darf allerdings die Postulationsfähigkeit der betroffenen Person nicht einschränken. Aus Art. 397d ergibt sich ihr Anspruch, *selber* gerichtliche Beurteilung verlangen zu können.

Art. 397f Abs. 2 besagt nichts darüber, wer für die Kosten der Verbeiständung aufzukommen hat. Die Bestimmung betrifft nicht den Anspruch auf **unentgeltliche Rechtspflege** (BGE 113 II 393). Ob der Rechtsbeistand durch das Gemeinwesen zu honorieren ist, beurteilt sich gemäss dem zitierten Entscheid ausschliesslich nach Art. 29 Abs. 3 BV bzw. nach dem ggf. weiter gehenden kant. Prozessrecht und für das Verfahren vor BGer nach Art. 152 OG. Die unentgeltliche Rechtspflege muss nur gewährt werden, wenn neben der Notwendigkeit eines Beistandes, welche sich nach Art. 397f Abs. 2 bestimmt, die betroffene Person bedürftig ist und sich der Rechtsstreit nicht als aussichtslos erweist (zu den gl. Voraussetzungen bei einer Zwangsbehandlung: BGE 124 I 306). Letzteres bedeutet, dass das Armenrecht beispielsweise verweigert werden kann, wenn jemand wiederholt in kurzen Abständen Entlassungsgesuche stellt und anschliessend gerichtliche Beurteilung verlangt.

16   Das **Rechtsverhältnis** zwischen der betroffenen Person und dem Rechtsbeistand gestaltet sich unterschiedlich, je nachdem, wie dieser bestellt worden ist: Wählt die von der FFE betroffene Person selber einen Rechtsbeistand, so findet Art. 397f Abs. 2 keine Anwendung (BGer, ZVW 1988, 112 f.). Es handelt sich um ein privatrechtliches Auftragsverhältnis. Wird der Beistand vom Gericht bestellt, richtet sich das Verhältnis nach dem kant. Prozessrecht (ZK-SPIRIG, N 72).

Eine Entmündigung steht der **selbständigen Beauftragung** eines Rechtsbeistandes durch die urteilsfähige betroffene Person nicht entgegen (s.o. Art. 373 N 16).

17   Der Anspruch auf einen Rechtsbeistand bedeutet **nicht,** dass dieser auch bei **allen Beweiserhebungen anwesend sein muss.** Namentlich kann für die Begutachtung der betroffenen Person die Anwesenheit des Rechtsbeistandes ausgeschlossen werden, wenn dieser nachträglich in das Gutachten Einblick und zu den Schlussfolgerungen Stellung nimmt (BGE 119 Ia 260 ff.).

18   Mit **Berufung** ist auch die Verletzung von Art. 397f Abs. 2 zu rügen. Eine gleich lautende Bestimmung des kant. Einführungsrechts zum ZGB hat keine selbständige Bedeutung, so dass deren Verletzung nicht wegen Willkür mit staatsrechtlicher Beschwerde angefochten werden kann (BGE 107 II 315).

IV. Mündliche Einvernahme (Abs. 3)

19   Der Anspruch geht über den sich aus Art. 29 Abs. 2 BV ergebenden Anspruch auf rechtliches Gehör hinaus (BBl 1977 III 40; BGE 115 II 134; DESCHENAUX/STEINAUER, Personnes, Rz 1213). Er dient nicht nur diesem, sondern stellt gleichzeitig eine **Beweisvorschrift** dar. Das Gericht hat sich durch eigene Wahrnehmung davon zu überzeugen, dass die Voraussetzungen für eine FFE gegeben sind.

Der Anspruch auf mündliche Anhörung besteht nur vor der **ersten gerichtlichen Instanz.** Im daran anschliessenden Rechtsmittelverfahren ist nur noch das rechtliche Gehör zu gewähren, wie dies Art. 29 Abs. 2 BV vorschreibt.

Art. 397f Abs. 3 sieht die mündliche Einvernahme der von der FFE **betroffenen Person**   20
vor. Der deutsche Gesetzestext ist insofern ungenau, als sich die Einvernahme auch auf
den Rechtsbeistand beziehen könnte. Die romanischen Gesetzestexte bezeichnen die
anzuhörende Person genauer. Eine Vertretung ist bei der Einvernahme nicht möglich. Die
betroffene Person muss *persönlich* einvernommen werden.

Die betroffene Person hat **mündlich** angehört zu werden. Sie muss Gelegenheit haben,   21
sich *selber* dem Gericht gegenüber zur Massnahme und zu allen Umständen zu äussern,
welche eine FFE rechtfertigen oder als unnötig erscheinen lassen können. Art. 29 Abs. 2
BV liesse demgegenüber auch eine bloss schriftliche Äusserungsmöglichkeit zu.

Nachdem das BGer ursprünglich eine mündliche Einvernahme durch eine Gerichtsdele-   22
gation genügen liess (BGE 110 II 124), verlangt die neuere Rechtsprechung mit ausführlicher Begründung, dass die Anhörung durch den **ganzen Spruchkörper** erfolgt (BGE
115 II 130 ff.). Insoweit geht hier der Anhörungsanspruch über den in Art. 374 Abs. 1 für
das Entmündigungsverfahren vorgesehenen hinaus (BGE 117 II 134 ff.; s.o. Art. 374
N 3).

Nur wenn die **Anhörung unmöglich** ist, weil beispielsweise die betroffene Person jede   23
Aussage verweigert, kann – und muss – aufgrund der Akten entschieden werden (BGE
116 II 406; DESCHENAUX/STEINAUER, Personnes, Rz 1213).

Wegen des einfachen und raschen Verfahrens darf die **Verletzung des Anspruchs auf**   24
mündliche Anhörung durch die erste Instanz nicht zur Folge haben, dass der entsprechende Entscheid im Rechtsmittelverfahren aufzuheben und die Sache an die erste Instanz zurückzuweisen ist. Vielmehr hat die obere Instanz diesfalls das Versäumte selber
nachzuholen (zu Art. 374 vgl. BGE 117 II 134 ff.). Um den Mangel zu heilen, muss aber
die mündliche Anhörung der betroffenen Person in Gegenwart des ganzen Spruchkörpers
der Rechtsmittelinstanz erfolgen.

Elfter Titel: Die Führung der Vormundschaft

Erster Abschnitt: Das Amt des Vormundes

Art. 398

A. Übernahme des Amtes

I. Inventaraufnahme

[1] **Bei Übernahme der Vormundschaft ist über das zu verwaltende Vermögen durch den Vormund und einen Vertreter der Vormundschaftsbehörde ein Inventar aufzunehmen.**

[2] **Ist der Bevormundete urteilsfähig, so wird er, soweit tunlich, zur Inventaraufnahme zugezogen.**

[3] **Wo die Umstände es rechtfertigen, kann die Aufsichtsbehörde auf Antrag des Vormundes und der Vormundschaftsbehörde die Aufnahme eines öffentlichen Inventars anordnen, das für die Gläubiger die gleiche Wirkung hat wie das öffentliche Inventar des Erbrechts.**

A. Entrée en fonctions

I. Inventaire

[1] A son entrée en fonctions, le tuteur, assisté d'un représentant de l'autorité tutélaire, dresse un inventaire des biens du pupille.

[2] Lorsque ce dernier est capable de discernement, il est si possible appelé à l'inventaire.

[3] L'autorité de surveillance peut, lorsque cette mesure est justifiée par les circonstances et sur la proposition du tuteur et de l'autorité tutélaire, ordonner un inventaire public qui a envers les créanciers les mêmes effets que le bénéfice d'inventaire en matière de succession.

A. Assunzione dell'ufficio

I. Inventario

[1] Il tutore, assumendo la tutela, procede in concorso con un membro dell'autorità tutoria alla compilazione di un inventario della sostanza da amministrarsi.

[2] Il tutelato capace di discernimento dev'essere, ove sia possibile, chiamato ad assistere alla compilazione dell'inventario.

[3] Quando le circostanze lo consiglino, l'autorità di vigilanza può, ad istanza del tutore e dell'autorità tutoria, ordinare l'inventario pubblico, il quale ha verso i creditori gli effetti derivanti dal beneficio d'inventario in materia di successione.

Literatur

AFFOLTER, Zur Inventarisierung und Verwahrung verbeiständeter Vermögen, ZVW 2004, 212 ff.; AMREIN/GULER/HÄFELI, Mustersammlung zum Adoptions- und Kindesrecht 4. Aufl., Zürich 2005 (zit. Muster); H. AEPLI, Die Verantwortlichkeit der vormundschaftlichen Organe, unter besonderer Berücksichtigung der verantwortlichkeitsverdächtigen Tätigkeiten, Diss. Freiburg i.Ü. 1979; V. AEPLI, Zur Auskunftspflicht der Bank nach Art. 170 Abs. 2 ZGB, in: Familie und Recht, Festgabe für Bernhard Schnyder zum 65. Geburtstag, Freiburg i.Ü. 1995; BACHMANN, Die Beiratschaft (Art. 395 ZGB) de lege lata und de lege ferenda, Diss. Zürich 1990; BORGHI, La responsabilité de l'autorité tutélaire et du tuteur, ZVW 1988, 1 ff.; CAVIEZEL, Die Vermögensverwaltung durch den Vormund, Diss. Freiburg i.Ü. 1988; GEISER, Zu den Wirkungen des öffentlichen Vormundschaftsinventars, ZVW 1998, 222 ff.; GEISER/LANGENEGGER/MINGER/MOSIMANN/NICOD, Mustersammlung Erwachsenenvormundschaftsrecht, Basel/Frankfurt a.M. 1996 (zit. GEISER et al., Mustersammlung); GOOD, Die vormundschaftliche Vermögensverwaltung, Diss. Bern 1940; HEFTI, Die vormundschaftliche Amtsführung nach dem Schweiz. Zivilgesetzbuch mit besonderer Berücksichtigung der prinzipiellen Selbständigkeit des Vormundes in seiner Amtstätigkeit, Diss. Bern 1916; PFYL, Die Wirkungen des öffentlichen Inventars (Art. 587–590 ZGB), Diss. Freiburg i.Ü. 1996; SCHUMACHER-BAUER, Beistandschaft in der AG, Diss. Zürich 1984; SCHWARZ, Die Vormundschaftsbeschwerde Art. 420 ZGB, Diss. Zürich 1968; SENN, Mündelsichere Kapitalanlagen, Diss. Zürich 1972; I. STÖCKLI-BITTERLI, Die Pflichten des Vormundes bei Übernahme seines Amtes, Diss. Freiburg i.Ü. 1986; ZELLWEGER, Die Verantwortlichkeit der vormundschaftlichen Organe aus der Vermögensverwaltung, Diss. Bern 1939; vgl. ausserdem die Literaturhinweise zu den Vorbem. zu Art. 360–456.

I. Überblick

1 Der elfte Titel des ZGB befasst sich mit der Führung der Vormundschaft, unterteilt in die Übernahme des Amtes betr. die wirtschaftliche Sorge, die persönliche Fürsorge und die Vertretung des Mündels, das Amt des Beistandes im speziellen, die Mitwirkung der vormundschaftlichen Behörden sowie die Verantwortlichkeit der vormundschaftlichen Organe und Behörden.

Die Bestimmungen über die **Führung der Vormundschaft** gelten in gleicher Weise auch für den *Beistand* und den *Beirat,* bei den letzteren eingeschränkt durch die Art der vormundschaftlichen Massnahme (Art. 367 Abs. 3, 417–419) (BGE 70 II 77, 80; unv. BGE vom 15.3.2001 6S.587/2000, E. 3). Das Gleiche gilt für die Übernahme des Amtes. Auch zu Beginn einer Beiratschaft nach Art. 395 Abs. 2, für sich allein oder i.V.m. einer solchen nach Abs. 1, sowie bei einer Beistandschaft, bei welcher auch Vermögen zu verwalten ist (Art. 325, 393 oder 394), sind die Bestimmungen über die Übernahme des Amtes des Vormundes zu beachten (BK-SCHNYDER/MURER, Art. 367 N 27 ff.; ZK-EGGER, N 18 f., 21; für den Beirat: BACHMANN, 124; ZVW 1989, 35).

II. Die Übernahme des Amtes

2 Der Rechtskraft der vormundschaftlichen Massnahme und der Ernennung des vormundschaftlichen Organs hat umgehend die **Amtsübergabe durch die VormBehörde** (Art. 391, 397 Abs. 1) zu folgen (BK-SCHNYDER/MURER, Art. 389–391 N 22–27, insb. 22 a.E.; BK-KAUFMANN, Art. 391 N 6; ZK-EGGER, Art. 391 N 4). Das Mandat beginnt mit der Aufnahme eines Inventars. Daraufhin folgen als weitere Obliegenheiten des vormundschaftlichen Organs, allenfalls unter Mitwirkung der VormBehörde, die Verwahrung der Wertsachen, die Veräusserung nicht benötigter, beweglicher Sachen, die Anlage des Vermögens, allenfalls deren Umwandlung, sowie die bez. allfälliger Grundstücke nötigen Dispositionen.

III. Die Inventaraufnahme

3 Mit Beginn des Mandates muss unverzüglich ein **Inventar** aufgenommen werden. Darin wird das Vermögen des Bevormundeten, Verbeiständeten (Art. 325, 393, 394) oder des Verbeirateten (Art. 395 Abs. 2) aufgenommen, oder es wird festgestellt, dass die von der Massnahme betroffene Person über kein Vermögen verfügt (für den Verwaltungsbeirat: ZVW 1989, 35 ff.). Die Inventaraufnahme ist auch bei der vorläufigen gesetzlichen Vertretung gemäss Art. 386 Abs. 2 nötig (IMHOFF, La privation provisoire de l'exercice des droits civils selon l'art. 386 al. 2 du code civil, ZVW 1966, 7).

Die Aufnahme des Inventars hat so rasch als möglich nach der Amtsübernahme zu erfolgen. Jedenfalls ist ein **Zeitpunkt** zu wählen, der vor den ersten, den Vermögensstand beeinflussenden Amtshandlungen liegt. Die Verantwortung für die sofortige Aufnahme trägt primär die VormBehörde (ZK-EGGER, N 22; STÖCKLI-BITTERLI, 36). Der Vormund muss jedoch bei der VormBehörde einen Termin verlangen, wenn diese mit der Vornahme zögert (BK-KAUFMANN, N 7).

Das Inventar bildet die **Grundlage für die Rechnungsführung und Vermögensverwal-**   4
tung des Vormundes, Art. 413 Abs. 2. Aufgrund des Inventars ergeben sich auch die allenfalls nötigen Handlungen gem. Art. 399 ff.

Die Vorschrift betr. die **Inventaraufnahme** gilt nicht nur im Zeitpunkt der Übernahme   5
des vormundschaftlichen Amtes. Sie ist vielmehr **während der gesamten Dauer einer**
Massnahme anwendbar (BGE 63 I 108; 74 II 78; 121 IV 216, 222). Ein Inventar ist demnach auch dann zu erstellen bzw. zu ergänzen und der VormBehörde zu unterbreiten, wenn während der Dauer der Massnahme neues Vermögen anfällt oder vorhandenes Vermögen erst später zum Vorschein kommt (ZK-EGGER, N 17 und 21; BK-KAUFMANN, N 5; RIEMER, Vormundschaftsrecht, 93). Diese Obliegenheit hat ihren Rechtsgrund jedoch nicht in Art. 398, sondern in Art. 413 Abs. 2.

Der Randtitel «Übernahme des Amtes» könnte dahingehend ausgelegt werden, dass nicht   6
nur zu Beginn einer Massnahme ein Inventar aufzunehmen ist, sondern auch dann, wenn eine Vormundschaft von einer andern VormBehörde übernommen wird oder ein **Vor-**
mundwechsel stattfindet. Lehre und Praxis sind sich jedoch darin einig, dass in den letzteren Fällen i.d.R. auf den Übergabebericht des vorangehenden Vormundes abgestellt werden kann (ZK-EGGER, N 21; DESCHENAUX/STEINAUER, Personnes 361; GEISER et al., 44; HÄFELI, Wegleitung, 211 f.).

Aufzunehmen ist nach dem dt. Gesetzestext ein Inventar über das zu verwaltende Ver-   7
mögen. Diese Umschreibung ist zu eng. Das Inventar hat alle **Aktiven und Passiven** der bevormundeten Person zu enthalten, also ggf. auch Geschäftsvermögen oder Anteile daran, ebenso Anteile an Gemeinschaftsvermögen, z.B. an einer unverteilten Erbschaft. Zu den Aktiven können auch Rechte und Anwartschaften zählen. Aktiven, die nicht zum vornherein einen bestimmten Geldwert aufweisen, sind zu schätzen. Kann ein Aktivenposten von den Inventarpersonen nicht selbst geschätzt werden (z.B. Liegenschaften, Kunstgegenstände, Antiquitäten), so ist je nach Höhe des vermuteten Wertes eine sachverständige Person beizuziehen (ZK-EGGER, N 25). Gebrauchsgegenstände, Hausrat und dgl. dürfen, sofern es sich nicht um Gegenstände von besonderem Wert handelt, je als Gruppe und ohne besondere Wertangabe aufgeführt werden. Ansonsten sind die einzelnen Vermögenswerte jedoch genau zu bezeichnen. Insbesondere Wertpapiere sind mit Titelnr., Zinssatz, Laufzeit sowie Nominal- und evtl. Kurswert aufzunehmen. Für den Inhalt des Inventars vgl. AMREIN/GULER/HÄFELI, Muster, 712. Bei den Passiven sind auch nicht fällige Schulden, z.B. Hypothekarbelastungen und Ansprüche des Ehegatten, zu vermerken.

Nicht zum Inventar gehören die regelmässigen **Einkünfte** und **Verpflichtungen.** Da das Inventar aber auch die Grundlage der Wirtschaftsführung durch den Vormund bildet, erscheint es tunlich, die Angaben hierüber in einer Vorbemerkung oder im Anhang des Inventars aufzuführen (GEISER et al., Mustersammlung, 45).

Ein Verweis auf andere, zum gleichen oder ähnlichen Zeitpunkt aufgenommene Inventa-   8
re, wie z.B. ein Steuerinventar oder das erbrechtliche Sicherungsinventar (Art. 553) über einen Nachlass, genügen in aller Regel nicht, da für diese andere Bewertungskriterien gelten (**a.M.** ZK-EGGER, N 23).

IV. Das öffentliche Inventar, Abs. 3

9   Wo die Umstände es rechtfertigen, kann die vormundschaftliche Aufsichtsbehörde die Aufnahme eines öffentlichen Inventars anordnen. Die **Voraussetzung,** welche die Anordnung eines öffentlichen Inventars rechtfertigt, liegt im Wesentlichen in einer bez. der Vermögensverhältnisse des Mündels unübersichtlichen Lage. Insbesondere wird vermutet, dass nicht alle Verpflichtungen bekannt sind oder dass Aktiven vor den vormundschaftlichen Organen verheimlicht werden sollen (ZK-EGGER, N 30; DESCHENAUX/STEINAUER, Personnes, 361; HÄFELI, Wegleitung, 212). Das öffentliche Inventar darf nur bei einer rechtskräftigen, definitiven vormundschaftlichen Massnahme angeordnet werden, nicht jedoch bei der vorläufigen gesetzlichen Vertretung nach Art. 386. Es darf auch nicht dazu benützt werden, um Beweismittel für die Bevormundung zu beschaffen (ZVW 1957, 69 f.).

10 Für die **Wirkungen** des öffentlichen Inventars verweist Art. 398 Abs. 3 auf das öffentliche Inventar des Erbrechts (Art. 580 ff.). Gemäss Art. 590 ist die Haftung für Forderungen, deren Anmeldung versäumt wurde, ausgeschlossen. Einzig, wenn der Gläubiger die Anmeldung der Forderung zum Inventar ohne eigene Schuld unterlassen hat, bleibt die Haftung bis zur Höhe des vorhandenen Vermögens bestehen. Ebenfalls anwendbar sind die Bestimmungen der Art. 590 Abs. 3 und 591. Danach können pfandgesicherte Forderungen bis zur Höhe ihrer Deckung weiter geltend gemacht werden, und Bürgschaftsschulden können, auch wenn sie im Inventar verzeichnet sind, nur bis zu der Höhe geltend gemacht werden, die aus dem Konkurs des Mündels resultieren würde. Auf das vormundschaftliche, öffentliche Inventar nicht anwendbar sind die Art. 585 und 586, da diese Normen das Verhältnis der Erben untereinander regeln (für Art. 586: BGE 77 III 58, kein Rechtsstillstand während der Aufnahme des vormundschaftlichen, öffentlichen Inventars). Das gilt auch für die Art. 587–589.

Die Haftungsbeschränkung des Art. 590 gilt gestützt auf Art. 6 nicht für öffentlich-rechtliche Forderungen, wenn das kantonale öffentliche Recht deren Geltung nicht ausdrücklich bestimmt (BGE 102 Ia 483).

11 Bezüglich der **Dauer der Haftungsbeschränkung** spricht sich die Literatur im Wesentlichen für eine zeitliche Beschränkung auf die Dauer der Vormundschaft aus (TUOR/SCHNYDER/SCHMID, 522; BK-KAUFMANN, N 21; DESCHENAUX/STEINAUER, Personnes, 361; STÖCKLI-BITTERLI, 64 ff.). Ausser STÖCKLI-BITTERLI führt jedoch die Standardliteratur keine Gründe für diese Befristung an. Es wird vielmehr auf BK-KAUFMANN und ZK-EGGER verwiesen, wobei die Letzteren diese Meinung nicht unbedingt vertreten. Aus dem Gesetzestext geht eine Befristung der Wirkung keineswegs hervor, denn Art. 398 Abs. 3 verweist uneingeschränkt auf die Wirkungen des erbrechtlichen Inventars. Auch der Entstehungsgeschichte von Art. 398 Abs. 3 kann nichts entnommen werden, das auf eine zeitliche Beschränkung der Wirkungen schliessen liesse. Bei einer Auslegung muss auf den Sinn und Zweck dieser Norm abgestellt werden. Und hier steht ganz eindeutig der Schutz der bevormundeten Person, ihrer Familie und ihrer Umgebung im Vordergrund. Hinzu kommt, dass das Wiederaufleben nicht angemeldeter Forderungen nach Abschluss der Vormundschaft diese über lange Jahre hinweg nicht verjähren liesse, da diese Forderungen während der Vormundschaft vor einem schweizerischen Gericht nicht eingeklagt werden können (Art. 134 Abs. 1 Ziff. 6 OR). Eine solche Forderung könnte u.U. demnach länger aufrecht bleiben als eine Verlustscheinforderung, welche nach dem neuen SchKG gegenüber dem Schuldner nach 20 Jahren, gegenüber den Erben nach einem Jahr verjährt. Es kann nicht Sinn und Zweck einer solchen Norm sein, dass eine wiederbemündigte Person, kaum steht sie nach jahrelanger Bevormundung wieder auf eigenen Füssen, sich mit alten, verheimlichten Forderungen auseinander zu setzen hat.

Was STÖCKLI-BITTERLI für die Wirkung des öffentlichen Inventars nur während der Dauer der Vormundschaft vorbringt, erscheint als sachfremd. Das öffentliche Inventar soll seinem Zweck nach ja Rechtssicherheit bringen und eine ungewisse Situation bereinigen (PFYL, 44 f.). Weshalb nun im Falle einer Bevormundung Gläubiger, welche verschuldeterweise ihre Forderung nicht anmelden, nach Ablauf der Massnahme diese erneut geltend machen können sollen, ist nicht einzusehen. Die Dauer der Wirkung des öffentlichen Inventars ist deshalb nicht auf die Zeit der Vormundschaft zu beschränken.

V. Verfahren

Das Bundesrecht gibt zum Verfahren nur zwei Vorgaben. Es überlässt die Regelung dem **kantonalen Recht.** Die meisten Kantone haben Ausführungsbestimmungen in ihr EGZGB aufgenommen.   **12**

Das Inventar ist durch den **Vormund** und einen **Vertreter der VormBehörde** aufzunehmen. Aufgrund des Textes von Abs. 1 ist nicht eindeutig, ob es sich beim Vertreter der VormBehörde um ein Mitglied dieser Behörde handeln muss. Die Tatsache, dass der Gesetzgeber von einem *Vertreter* der Behörde spricht, lässt den Schluss zu, dass es sich dabei nicht um ein Behördenmitglied handeln muss, da er an andern Orten, wo er die Anwesenheit mindestens eines Behördenmitgliedes fordert (z.B. Art. 374 Abs. 2), die Wendung «Vertreter der Behörde» nicht gebraucht. Die Literatur ist sich denn auch einig, dass ebenso ein Nichtmitglied der VormBehörde diese bei der Inventaraufnahme vertreten kann (BK-KAUFMANN, N 7; ZK-EGGER, N 27; DESCHENAUX/STEINAUER, Personnes, 360). Ist dies der Fall so sind m.E. jedoch folgende Verfahrensschritte unabdingbar: Wird jemand generell von der VormBehörde für die Inventaraufnahme delegiert, z.B. ihr Sekretär, so hat die Behörde dies in einem Delegationsbeschluss (normalerweise anlässlich der Behördenkonstitution) zu befinden. Im Einzelfall muss die Behörde den Delegierten mittels Beschluss beauftragen.   **13**

Das kantonale Recht kann jedoch vorschreiben, dass der *Vertreter* der VormBehörde eines ihrer Mitglieder sein muss, so in § 92 EGZGB ZH, wo die Behörde durch eine Zweiervertretung die Inventaraufnahme durchzuführen hat, indem neben einem Behördenmitglied zwingend auch der Schreiber anwesend zu sein hat.

Gemäss Abs. 2 ist die urteilsfähige bevormundete Person, soweit tunlich, zur Inventaraufnahme beizuziehen. Der frz. und der it. Text sprechen richtiger von «wenn möglich». Die **Mitwirkung** ist bei Urteilsfähigen (auch Minderjährigen) der Normalfall, der Nichtbeizug bedarf der Begründung. Das Mündel kann die Verweigerung des Beizuges mit der Vormundschaftsbeschwerde (Art. 420) anfechten (ZK-EGGER, N 28; TUOR/SCHNYDER/SCHMID, 527).   **14**

Drittpersonen müssen bei der Inventaraufnahme mitwirken, d.h., sie haben auf Befragen alle sachdienlichen Angaben über das Mündelvermögen i.w.S. zu tätigen. Das gilt von Bundesrechts wegen auch für Banken, Versicherungen, Anwälte und den Arbeitgeber (ZK-EGGER, N 29; ZVW 1974, 73 ff.).   **15**

Das **Vorgehen** bei der Inventaraufnahme ist vom Einzelfall abhängig. Immerhin sind die Sachverhaltsaufnahmen vom Vertreter der VormBehörde und dem Vormund gemeinsam vorzunehmen, z.B. Befragung der bevormundeten Person oder von Bezugspersonen, Inventarisierung einer Wohnung, eines Tresorfachs oder bei der Bank allgemein. Wenn möglich sind schriftliche Auskünfte, Kontoauszüge, Belege etc. bei Banken, Versicherungsgesellschaften, Einrichtungen der 2. Säule, bei weiteren, bekannten oder vermuteten Schuldnern und Gläubigern, Grundbuchämtern, Betreibungs- und Steuerämtern usw.   **16** zu verlangen. Dabei ist es zweckmässig, die Angeschriebenen einerseits auf die Auskunftspflicht, andererseits auf den Wegfall der Handlungsfähigkeit der betroffenen Person hinzuweisen.

17 Das ZGB sieht keine formelle **Genehmigung** oder Verabschiedung des Inventars durch die VormBehörde oder die Aufsichtsbehörde vor (Art. 425). Das BGer hat es offen gelassen, ob die Genehmigung des Inventars unter Art. 423 falle (BGE 58 II 399). Die kantonalen Rechte kennen die formelle Genehmigung des Inventars jedoch durchwegs, z.T. sogar durch die Aufsichtsbehörde (GEISER et al., Mustersammlung, 45, 49 f.). Wird auf eine (weiter gehende) Inventaraufnahme verzichtet, z.B. weil die bevormundete Person kein Vermögen besitzt oder weil die Vermögensverhältnisse bereits klar vorliegen, so genügt es, wenn die VormBehörde den entsprechenden Sachverhalt und allenfalls die klaren Vermögensverhältnisse in die Erwägungen eines Beschlusses aufnimmt und im Dispositiv festhält, dass unter Vormerknahme der Umstände auf die förmliche Aufnahme eines Inventars verzichtet wird. Gegen einen Beschluss betr. Genehmigung oder Verzicht auf die förmliche Inventaraufnahme ist die **Vormundschaftsbeschwerde** nach Art. 420 möglich.

18 Das **öffentliche Inventar** wird auf Antrag des Vormundes und der VormBehörde von der Aufsichtsbehörde angeordnet. Entgegen dem Wortlaut des Gesetzes kann die Aufsichtsbehörde auch auf Begehren des Vormundes oder der Vorinstanz allein die Aufnahme des Inventars anordnen (ZK-EGGER, N 31; STÖCKLI-BITTERLI, 51).

Die Durchführung erfolgt durch die nach kantonalem Recht zuständige Behörde. Im Kanton ZH geschieht dies z.B. auf Anordnung des Bezirksrates durch den Notar (§ 100 EGZGB ZH). Für das Verfahren sind die Bestimmungen beim öffentlichen Inventar im Erbrecht analog anzuwenden, soweit sie sich nicht ausdrücklich auf erbrechtliche Verhältnisse beziehen (STÖCKLI-BITTERLI, 46 ff.).

VI. IPR

19 Für die vormundschaftliche Zuständigkeit und das anwendbare Recht ist Art. 85 Abs. 2 IPRG massgebend. Für Minderjährige erklärt Art. 85 Abs. 1 IPRG das Haager Übereinkommen vom 5.10.1961 über die Zuständigkeit der Behörden und das anzuwendende Recht auf dem Gebiet des Schutzes von Minderjährigen (MSA) für gültig. Nach Abs. 2 ist dieses Übereinkommen sinngemäss auch für Volljährige anzuwenden. Im Bereich des Vormundschaftsrechts hat die Schweiz daneben lediglich mit dem Iran (Niederlassungsabkommen mit dem Kaiserreich Persien vom 25.4.1934) ein bilaterales Abkommen geschlossen (IPRG-Komm-SIEHR, Art. 68 N 3).

Hat die bevormundete oder zu bevormundende Person ihren gewöhnlichen Aufenthalt in der Schweiz, so sind die schweizerischen Behörden für vormundschaftliche Massnahmen zuständig (Art 1 und 4 Abs. 1 MSA). Abgesehen von Fällen mit iranischen Erwachsenen kommt dabei stets schweizerisches Recht zur Anwendung (Art. 2 und 4 Abs. 2 MSA). Vgl. dazu weiter gehend: IPRG-Komm-SIEHR, Art. 85 N 81 f.).

Art. 399

II. Verwahrung von Wertsachen	**Wertschriften, Kostbarkeiten, wichtige Dokumente u. dgl. sind, soweit es die Verwaltung des Mündelvermögens gestattet, unter Aufsicht der Vormundschaftsbehörde an sicherem Orte aufzubewahren.**

II. Garde des titres et objets de prix	Les titres, objets de prix, documents importants et autres choses semblables sont déposés en lieu sûr sous le contrôle de l'autorité tutélaire, s'il n'en résulte pas d'inconvénients pour l'administration du bien du pupille.
II. Custodia dei valori	I titoli, gli oggetti preziosi, i documenti importanti e simili cose, devono, in quanto l'amministrazione dei beni lo consenta, essere deposti in luogo sicuro, sotto sorveglianza dell'autorità tutoria.

Literatur

Vgl. die Literaturhinweise zu Art. 398, ferner: ALBISSER, Befugnis zur Bestimmung des Aufbewahrungsortes für das Mündelvermögen, ZVW 1950, 106 f.; BACHTLER, Die Verantwortlichkeit der vormundschaftlichen Organe gegenüber Dritten, ZVW 1957, 88; JUSTIZ-, GEMEINDE- UND KIRCHENDIREKTION DES KANTONS BERN, Aufbewahrung und Kontrolle der Mündelvermögen, Weisungen vom 12. Februar 1996, ZVW 1996, 55 ff.; SCHIESSER, Die Sicherstellung des Kindesvermögens gemäss Art. 297 II ZGB, ZVW 1946, 89.

I. Überblick

Diese Norm beschlägt die **Aufbewahrung** – auch Verwahrung genannt – von Wertgegenständen der bevormundeten Person. Die Aufbewahrung ist dabei von der Verwaltung von Wertsachen zu unterscheiden. Die Verwaltung richtet sich nach Art. 413 und obliegt dem Vormund (ZVW 1996, 71, 73). Art. 399 dient dem Schutz des Mündelvermögens vor physischer Beschädigung und Verlust. Dementsprechend muss der Aufbewahrungsort vor Feuer, Wasser, Verschmutzung, Diebstahl und Entziehung, aber auch vor Zerstörung und liederlicher Verwahrung schützen (ZK-EGGER, N 2). Das Bundesrecht gibt keine Regelungsart vor, sondern beauftragt damit gemäss Art. 425 Abs. 2 die Kantone. Die Letzteren haben die Aufbewahrung von Mündelvermögen sehr verschieden geregelt, so BE in Art. 44 EGZGB sowie in einer Weisung der Justiz- Gemeinde- und Kirchendirektion vom 12.2.1996, ZH in §§ 101–106 EGZGB sowie in der VO vom 16.12.1911 betr. die Aufbewahrung von Mündelvermögen bei Banken. 1

Das Gesetz lässt offen, wo sich der geforderte sichere Ort zu befinden hat. Er kann sich am Sitz der VormBehörde selbst **(Schirmlade)** oder auswärts befinden, muss jedoch unter der Aufsicht der VormBehörde stehen (STÖCKLI-BITTERLI, 77). Wichtiges Merkmal ist, dass der Verwahrungsort nur mit zwei verschiedenen Schlüsseln oder Schliessmechanismen zu öffnen ist und dass eine Öffnung nur unter Mitwirkung der VormBehörde getätigt werden kann (RIEMER, Vormundschaftsrecht, 92; STÖCKLI-BITTERLI, 77). Nimmt die VormBehörde die Dienste von Bankinstituten in Anspruch, was heute der Regel entspricht, so gibt es zwei Varianten: Bei der **geschlossenen Aufbewahrung** wird ein Schrankfach gemietet, das ebenfalls nur mit zwei verschiedenen Schlüsseln, die sich im Besitz von verschiedenen Personen befinden müssen und von denen mindestens eine Vertreter der VormBehörde sein muss, öffnen lässt. Bei der offenen Aufbewahrung wird ein sog. **Mündeldepotvertrag** zwischen der VormBehörde und dem Vormund einerseits sowie dem Aufbewahrungsinstitut andererseits abgeschlossen. Dieser muss die Vorschrift enthalten, dass Entnahmen aus dem Depot nur von der VormBehörde und dem Vormund gemeinsam veranlasst werden können. Gemäss den verschiedenen kantonalen Vorschriften haben die Aufbewahrungsinstitute für derartige Hinterlagen meist eine besondere Kaution zu stellen. 2

Nach dem Gesetzestext erscheint primär die VormBehörde für die sichere Aufbewahrung von Mündelvermögen verantwortlich zu sein (ZVW 1996, 56). Der Vormund genügt seiner Pflicht der sorgfältigen Verwaltung aber erst und befreit sich von der **Verantwortlichkeit** nur dann, wenn er Wertgegenstände des Mündels in die Verwahrung gibt (HEFTI, 3

146). Es genügt nicht, wenn er Wertgegenstände selbst verwahrt, denn die VormBehörde hat den Aufbewahrungsort zu bezeichnen (ZK-EGGER, N 3; ALBISSER, ZVW 1950, 106). Zur sicheren Verwahrung gehört auch die Vorsorge und die periodische Kontrolle der VormBehörde darüber, dass der Vormund nicht allein über die Wertsachen verfügt (ZVW 1996, 75). Weisungen der VormBehörde bez. der Aufbewahrung kann der Vormund mit der Vormundschaftsbeschwerde (Art. 420 Abs. 2) anfechten (ZVW 1996, 70).

II. Anwendungsbereich

4   Die Vorschrift, Wertsachen an einem sicheren Ort zu verwahren, gilt nicht nur zu Beginn, sondern während der gesamten **Dauer** der Vormundschaft. Das gilt sowohl für die ursprünglich vorhandenen wie auch für später hinzugekommene Wertgegenstände (RIEMER, Vormundschaftsrecht, 93).

5   Die Pflicht zur sicheren Aufbewahrung gilt auch für die **Beistandschaften** und die **Beiratschaft,** soweit dabei Vermögen zu verwalten ist (BACHMANN, 124; BK-SCHNYDER/ MURER, Art. 367 N 27 ff.).

6   Objekte der Verwahrung sind gem. dem Gesetzestext **Wertschriften, Kostbarkeiten** und wichtige **Dokumente.** Dem Schutzzweck der Norm entsprechend sind diese drei Begriffe weit zu fassen. Was objektiv oder für die bevormundete Person subjektiv von Wert ist, soll, wenn die ordentliche Verwaltung dadurch nicht behindert wird oder die persönlichen Verhältnisse des Mündels und dessen affektive Beziehung zum Gegenstand nicht dagegen sprechen, in Verwahrung genommen werden. Bei grösseren Gegenständen haben jedoch die entstehenden Aufbewahrungskosten in einem vernünftigen Verhältnis zum Wert zu stehen.

Zu den Wertschriften zählen nicht nur Wertpapiere i.e.S. Entscheidend ist hier der materielle Wert der Papiere (ZK-EGGER, N 5). Auch die für den gewöhnlichen Verbrauch nicht benötigte Barschaft gehört dazu (STÖCKLI-BITTERLI, 75). Zu beachten ist bei Geld jedoch die grundsätzliche Umwandlungspflicht, Art. 401.

Als Kostbarkeiten, die zu verwahren sind, gelten etwa Schmuck, Kleinodien, Gold- und grössere Silberwaren, Kunstobjekte, Markensammlungen mit Raritäten. Genannt werden in der Literatur auch gesammelte Autogramme.

Zu den zu verwahrenden Dokumenten gehören alle bedeutenden Verträge, Testamente, Bürgschaftserklärungen, Rechtsentscheidungen, Schuldurkunden, Urkunden, Urheber-, Patent- und Lizenzverträge etc. (ZK-EGGER, N 6 f.; STÖCKLI-BITTERLI, 76).

7   An finanziellen Mitteln ist dem Vormund jedoch zu belassen bzw. die alleinige Verfügungsgewalt darüber einzuräumen, was er für den **laufenden Bedarf** des Mündels benötigt. Nach gängiger Praxis ist dies etwa ein Netto-Jahresbedarf (ZVW 1996, 56).

Art. 400

III. Veräusserung von beweglichen Sachen

[1] Andere bewegliche Gegenstände sind, soweit es die Interessen des Bevormundeten erheischen, nach Weisung der Vormundschaftsbehörde öffentlich zu versteigern oder aus freier Hand zu veräussern.

[2] Gegenstände, die für die Familie oder den Bevormundeten persönlich einen besondern Wert haben, sollen wenn immer möglich nicht veräussert werden.

III. Vente du mobilier	[1] Les autres objets mobiliers sont, si l'intérêt du pupille l'exige, vendus aux enchères publiques ou de gré à gré, suivant les instructions de l'autorité tutélaire.
	[2] Les objets qui ont une valeur d'affection pour la famille du pupille ou pour le pupille lui-même ne sont vendus qu'exceptionnellement.
III. Alienazione di cose mobili	[1] Quando l'interesse del tutelato lo richieda, le altre cose mobili sono vendute agli incanti pubblici od alienate a trattative private secondo le istruzioni dell'autorità tutoria.
	[2] Non devono essere alienati, per quanto possibile, gli oggetti che hanno uno speciale valore per il tutelato personalmente o per la sua famiglia.

Literatur

Vgl. die Literaturhinweise zu Art. 398, ferner: SCHNEIDER, Die Mitwirkung der Vormundschaftsbehörde an der Erfüllung vormundschaftlicher Aufgaben, in: Veröffentlichungen des Schweizerischen Instituts für Verwaltungskurse an der Hochschule St. Gallen, Neue Reihe, Bd. 1, 2. Aufl., St. Gallen 1974.

I. Überblick

Der Gesetzgeber ging vom Grundsatz der Veräusserung der beweglichen Sachen der bevormundeten Person aus (STÖCKLI-BITTERLI, 85). Ziel ist die Vereinfachung der vormundschaftlichen Verwaltung (BACHMANN, 125). Dieser Artikel ist jedoch in der Praxis – zumindest in den letzten Jahrzehnten – als Vorkehr zur Bereinigung der Situation zu Beginn einer Vormundschaft kaum je zur Anwendung gekommen. Vor allem die öffentliche Versteigerung von Mündelfahrhabe erwies sich im Verhältnis zum möglichen Ertrag als viel zu umständlich und zu aufwändig. Es findet sich denn auch in der Judikatur – jedenfalls in den Nachkriegsjahren – kein einziger publizierter Entscheid zu Art. 400. Auch die Literaturstellen zu diesem Thema sind mit Ausnahme von STÖCKLI-BITTERLI und den beiden alten Kommentaren äusserst spärlich und nichtssagend. **1**

II. Anwendungsbereich, Voraussetzungen

Das Gesetz spricht von **anderen beweglichen Sachen.** Das «andere» nimmt Bezug auf die Art. 399, 400 und 403. Es handelt sich demnach um Fahrniseigentum, das nicht aus Wertsachen, Barschaft und Geschäft oder Gewerbe besteht. **2**

Die **zeitliche Anwendung** dieser Norm beschränkt sich ebenfalls nicht auf den Zeitpunkt der Amtsübernahme des Vormundes. Es können im Laufe der Massnahme Umstände eintreten, die neu liquide Mittel für die bevormundete Person nötig machen und die nur durch die Veräusserung von Fahrnis – welche der Veräusserung von Grundeigentum vorgehen soll – beschafft werden können. Oder die bevormundete Person muss in engere Platzverhältnisse umziehen (z.B. in ein Alters- oder Pflegeheim) und kann den bisherigen Hausrat und das Mobiliar nur z.T. oder gar nicht mitnehmen. **3**

Die Veräusserung ist nur **im Interesse der bevormundeten Person** zulässig und das auch nur unter Vorbehalt von Abs. 2. Dass das Gesetz von «erheischen» spricht, macht deutlich, dass die Veräusserung von Fahrhabe nur dann gestattet ist, wenn sie sich als unumgänglich erweist. d.h. wirtschaftlich notwendig ist (BK-KAUFMANN, N 4 ff.; ZK-EGGER, N 3). Die Notwendigkeit kann auch dadurch entstehen, dass sich die Aufbewahrung oder der Unterhalt als zu teuer erweisen oder dass die Sache verdirbt oder zunehmend an Wert verliert. **4**

5   Gemäss Abs. 2 sollen Gegenstände, die für die bevormundete Person oder deren Familie einen besonderen Wert haben, wenn immer möglich, nicht veräussert werden. Der frz. Text spricht bezeichnender von «valeur d'affection», also von einem affektiven Wert, den der betr. Gegenstand für die Familie oder das Mündel haben muss. Dabei ist der **Beziehungswert** für die Familie der bevormundeten Person nur insoweit beachtlich, als er nicht den Mündelinteressen zuwiderläuft (STÖCKLI-BITTERLI, 88). Ebenso unbeachtlich sind die Interessen der möglichen Erben. Nach EGGER (BK-EGGER, N 4) ist Fahrnis mit affektivem Wert für die bevormundete Person von Gesetzes wegen von der Veräusserung ausgeschlossen. Doch gebe es auch hier eine Ausnahme, wenn der Erhalt der Sache sich als nicht möglich erweise oder wenn die finanziellen Interessen der bevormundeten Person zur Veräusserung klar überwiegen.

III. Rechtsfolgen, Verfahren

6   Falls die Veräusserung von Gegenständen geboten ist, obliegt sie dem Vormund. Dass das Gesetz diese hier extra erwähnt, zeigt, dass die Veräusserung von Fahrnis nicht zu den gewöhnlichen Verwaltungshandlungen des Vormundes i.S.v. Art. 413 Abs. 1 gehört. Der Vormund ist denn auch nicht zur selbständigen Veräusserung befugt. Er muss vielmehr gemäss Abs. 1 vorgängig die **Weisung der VormBehörde** über das Ob, das Was und das Wie einholen (SCHNEIDER, 34; STÖCKLI-BITTERLI, 89). Vgl. auch das Zustimmungserfordernis durch die VormBehörde gemäss Art. 421 Ziff. 2 für den Verkauf anderer Vermögenswerte (als Grundstücksgeschäfte), sobald ein solches Geschäft nicht mehr unter die gewöhnliche Verwaltung und Bewirtschaftung fällt.

7   Die beiden **Veräusserungsformen** – öffentliche Versteigerung und freihändiger Verkauf – sind einander gleichgestellt. Die Veräusserung hat im Interesse der bevormundeten Person zu erfolgen. Dafür ist nicht nur ein möglichst hoher Erlös massgebend. Es sind ebenso die Interessen des Mündels in psychologischer und persönlicher Hinsicht zu berücksichtigen. Der mögliche höhere Erlös bei einer öffentlichen Versteigerung ist der Negativwirkung von deren Publizität gegenüberzustellen.

8   Der Vormund ist grundsätzlich an die von der VormBehörde ergangene Weisung betr. die Veräusserung oder Nichtveräusserung gebunden. Kommt er jedoch zum Schluss, dass diese Weisung gegen die Mündelinteressen verstosse, so ist er gemäss Art. 420 Abs. 2 zur **Beschwerde** befugt (STÖCKLI-BITTERLI, 89; SCHWARZ, 51 f.).

Art. 401

IV. Anlage von Barschaft **1. Pflicht zur Anlage**	[1] **Bares Geld hat der Vormund, soweit er dessen nicht für den Bevormundeten bedarf, beförderlich in einer von der Vormundschaftsbehörde oder durch kantonale Verordnung hiefür bezeichneten Kasse oder in Werttiteln, die von der Vormundschaftsbehörde nach Prüfung ihrer Sicherheit genehmigt werden, zinstragend anzulegen.** [2] **Unterlässt der Vormund diese Anlage länger als einen Monat, so wird er selbst zinspflichtig.**
IV. Argent comptant 1. Placements	[1] L'argent comptant dont le tuteur n'a pas l'emploi pour son pupille est placé sans retard à intérêt dans un établissement financier désigné par l'autorité tutélaire ou par une ordonnance cantonale, ou en titres sûrs agréés par ladite autorité.

[2] Le tuteur doit l'intérêt de toute somme d'argent qu'il a laissée improductive plus d'un mois.

IV. Impiego di denaro

1. Obbligo

[1] Il denaro contante, di cui il tutore non avesse bisogno per il tutelato, dev'essere sollecitamente collocato ad interesse presso una cassa a ciò specialmente designata dall'autorità tutoria, o da un regolamento cantonale, oppure in titoli approvati da essa autorità previo esame della loro sicurezza.

[2] Quando il tutore ritardi per oltre un mese l'impiego del denaro, gli interessi decorrono a suo carico.

Literatur

Vgl. die Literaturhinweise zu Art. 398, ferner: ALBISSER, Die Anlage von Mündelvermögen im Kanton Luzern, ZVW 1950, 71 f.; BRACK, Der neue waadtländische Erlass über die Anlage und Verwaltung des Mündelvermögens, ZVW 1969, 128 ff.; DISLER, Vermögensanlage, Vermögensverwaltung und Rechnungsablage bei der Vormundschaft, Diss. Basel 1942; DERS., Zum Begriff der Mündelsicherheit von Wertpapieren, SJZ 1942/43, 520 f.; DERS., Der Geltungsbereich des Art. 401 ZGB, SJZ 1945, 72 f.; HÄFELI, Die Vermögensanlage im Rahmen vormundschaftlicher Mandate aus rechtlicher und sozialarbeiterischer Sicht, ZVW 2001, 309 ff.; JENNY, Die Verantwortlichkeit der vormundschaftlichen Organe bei der Anlage von Mündelvermögen, ZVW 1959, 121 ff.; KÄSER, Die geltenden gesetzlichen Kriterien für die Anlage von Mündelvermögen: Leitplanken oder Barrieren?, ZVW 2001, 322 ff.; KONFERENZ DER KANTONALEN VORMUNDSCHAFTSBEHÖRDEN (VBK), Empfehlungen für die Vermögensanlage im Rahmen von vormundschaftlichen Mandaten, ZVW 2001, 332 ff.; VERWALTUNGSKOMMISSION DES OBERGERICHTES DES KANTONS ZÜRICH, Kreisschreiben zur Anlage von Mündelvermögen vom 7. Januar 1999.

I. Überblick

Das Bundesrecht schreibt einzig vor, dass die **Geldanlage** sicher und zinstragend zu erfolgen hat. Es sagt weiter aus, dass die VormBehörde oder eine kantonale Verordnung die Kassen (d.h. die Banken), bei denen Geld bevormundeter Personen angelegt werden darf, bezeichnen muss, und ferner, dass die Geldanlage in Werttiteln von der VormBehörde auf ihre Sicherheit geprüft und genehmigt werden muss. Den kantonalen Bestimmungen kommt lediglich die Bedeutung von Wegleitungen zu. Sie gelten nur in den Grenzen des Art. 401. Einerseits darf die Erlaubnis für die zur Entgegennahme von Geld befugten Banken nicht zu eng umschrieben werden (SENN, 13 f.). Zum anderen darf ein Werttitel, der den Anforderungen an eine genügende Sicherheit nicht entspricht, nicht gekauft werden, auch wenn eine kantonale Verordnung ihn noch aufführt (ZK-EGGER, N 5). Für die kantonalen Vorschriften im Einzelnen vgl. SENN, 14 ff.

1

Im Zusammenhang mit dem Art. 401 wurde der Begriff **Mündelsicherheit** geprägt, obwohl er im Gesetz nirgends erwähnt oder gar definiert ist (SENN, 89 ff.). Auch das BGer hat bisher auf eine Definition verzichtet (BGE 78 II 338, 343 f.). Obschon jedermann in etwa weiss, was mit diesem Begriff ausgedrückt werden soll, ist er für die Vermögensanlage im Einzelnen nicht brauchbar, gibt er keine Richtlinie ab (ZK-EGGER, N 9; H. AEPLI, 93 f.; DISLER, SJZ 1942/43, 521; STÖCKLI-BITTERLI, 103).

2

II. Anwendungsbereich, Voraussetzungen

Wie die vorangehenden Bestimmungen kommt auch der Art. 401 nicht nur im Zusammenhang mit der Amtsübernahme des Vormundes zur Anwendung. Vielmehr ist Geld in jedem **Zeitpunkt** der vormundschaftlichen Massnahme binnen spätestens eines Monates nach den Kriterien dieser Norm anzulegen (DESCHENAUX/STEINAUER, Personnes, 360).

3

Von der Anlage ist der Vormund insofern und insoweit befreit, als er das Geld für den laufenden Bedarf seines Mündels benötigt (ZK-EGGER, N 19; STÖCKLI-BITTERLI, 99).

4 Der **Anlagepflicht** untersteht alles Bargeld, das der Vormund nicht für den laufenden Bedarf der bevormundeten Person benötigt. Zur *Barschaft* gehört einmal bares Geld, sodann aber auch Geld in Form anderer Kapitalanlagen, insb. solches, dessen Anlagedauer abläuft.

5 Bezüglich der **Art der Anlage** ist auf die gesetzlichen Vorschriften der *Sicherheit* und der *Zinstragung* Rücksicht zu nehmen.

Die genügende **Sicherheit** muss im Einzelfall beurteilt werden (ZK-EGGER, N 16; H. AEPLI, 94; RIEMER, Vormundschaftsrecht, 92 f.; SENN, 65 ff.; unv. BGE vom 15.3.2001 6S.587/2000). Die sichere Vermögensanlage ist nicht eine Frage des Rechts, sondern vielmehr eine solche der wirtschaftlichen Betrachtung. Die Frage der Sicherheit ist von verschiedenen Faktoren abhängig, so z.B. von der Art und Höhe des Mündelvermögens, vom Zeitpunkt der Anlage und von deren Dauer. Immerhin kann gesagt werden, dass die folgenden Anlagen i.Allg. als mündelsicher bezeichnet werden können: Spar- und Depositenkonti sowie Festgeldkonti von der Bankenaufsicht unterliegenden Institutionen, Obligationen des Bundes und der Kantone, Kassenobligationen von Schweizer Banken, Obligationen Schweizerischer Versicherungsgesellschaften, Hypotheken innerhalb des 1. Belehnungsranges (HÄFELI, 214; SENN, 69 ff.; ausführlich auch JENNY, ZVW 1959, 128 ff.). Aktien werden in der Mehrheit der Literatur als nicht mündelsicher taxiert. SENN vertritt unter gewissen Bedingungen eine andere Meinung und dies mit guten Gründen, macht aber ausdrücklich darauf aufmerksam, dass eine derartige Anlage nur beim Vorhandensein genügender Fachkenntnisse vorgenommen werden darf (SENN, 76 ff.). Immerhin muss bei der Frage der Sicherheit auch darauf geachtet werden, wie die wiederbemündigte Person nach Beendigung der vormundschaftlichen Verwaltung mit der vorgenommenen Anlageart zurechtkommt. Gegebenenfalls muss der Vormund die Anlage vor Abschluss seines Amtes vereinfachen, indem er z.B. Aktien oder Anteile an Anlagefonds verkauft und durch Nennwerttitel mit fester Laufzeit ersetzt. Zur Sicherheit der Anlage gehört auch die genügende Diversifizierung oder Risikoverteilung sowohl bez. der ausgewählten Institute als auch der Auswahl der Werttitel. Die Anlageprognose eines Vormundes, die sich im Nachhinein zwar als falsch erwiesen hat, die im Zeitpunkt der Anlage jedoch vertretbar war, führt nicht zu Verantwortlichkeit und Schadenersatz des Vormundes (BGE 78 II 338, 346).

Zur gehörigen Verwaltung des Mündelvermögens durch den Vormund gehört auch die **zinstragende Anlage.** Die Sicherheit der Anlage und die Substanzerhaltung geht jedoch in jedem Falle der Höhe der Verzinsung vor (ZK-EGGER, N 20). Der Vormund hat nicht die Pflicht, Mündelvermögen in maximalem Ausmass zu vermehren. Und da zwischen sicherer Anlage und Rendite ein umgekehrt proportionaler Zusammenhang besteht, darf bei der Anlage von Mündelvermögen keine hohe Verzinsung erwartet werden (SENN, 62 f.).

III. Verfahren, Formelles

6 Gemäss Abs. 1 muss die **VormBehörde** die Kasse bezeichnen und den Ankauf von Werttiteln genehmigen. Das Bundesrecht schreibt nicht vor, ob dies im konkreten Einzelfall zu geschehen habe, oder ob generelle Ermächtigungen zulässig sind (vgl. aber Art. 421 Ziff. 2). Die Kantone haben die Mitwirkung der VormBehörde unterschiedlich geregelt. Einzelne Kantone kennen eine Liste genehmigter Werttitel. Weitere Kantone erlauben die Anlage bei Banken, welche zur Entgegennahme und Aufbewahrung von Mündelvermögen ermächtigt sind (vgl. Art. 399 N 2). Bestehen kantonale Vorschriften, so ist die

VormBehörde auch im Einzelfall an diese gebunden. Liegt keine solche Liste oder kantonale Norm vor, muss die VormBehörde im Einzelfall entscheiden. Betr. die Haftung bei Unterlassung vgl. H. AEPLI, 96 f.

Die **Konversion von Werttiteln** gehört zur gewöhnlichen Verwaltung durch den Vormund 7 und bedarf deshalb nicht der Mitwirkung durch die VormBehörde (ZK-EGGER, N 24).

Ebenso stellen **Finanztransaktionen** von einer Anlage zur anderen unter Zuhilfenahme 8 einer Bank keine Anlage i.S.v. Art. 401 dar, auch wenn die Wiederanlage zeitlich gestaffelt, also im Ganzen nicht sofort erfolgt (BGE 70 II 77; **a.M.** DISLER, SJZ 1942, 72 f.).

Abs. 2 auferlegt dem Vormund eine **Zinspflicht,** falls dieser eine nötige Anlage länger 9 als einen Monat unterlässt. Das Gesetz lässt die Frage offen, ob es sich dabei um einen Vergütungszins handelt, bei welchem die bevormundete Person den ihr durch die Nichtanlage entgangenen Zins vom Vormund erhält, oder ob es sich um einen Verzugszins von 5% gemäss Art. 104 Abs. 1 OR handelt. Die überwiegende Rechtslehre nimmt das Vorliegen eines Vergütungszinses an (BK-WEBER, Art. 73 OR N 96; STÖCKLI-BITTERLI, 107). Dieser Vergütungszins ist ein gesetzlicher, der ohne weiteres, insb. ohne Verlangen des Mündels, geschuldet ist. Diese Zinsforderung des Mündels verjährt während der Dauer der Vormundschaft nicht (Art. 134 Abs. 1 Ziff. 2 OR). Die Verjährungsfrist bestimmt sich nach den Art. 454 f. (H. AEPLI, 65 ff.; STÖCKLI-BITTERLI, 108).

Über die Höhe des Vergütungszinses schweigen sich Gesetz und Judikatur aus. Da – ausser bei grossen Vermögen – die Anlage sehr häufig in Form von Spar- oder Anlagesparkonti besteht, erscheint es i.d.R. angebracht, diesen Referenzzinssatz beizuziehen.

IV. De lege ferenda

In der Praxis besteht bei den VormBehörden und den vormundschaftlichen Organen ein 10 grosses Bedürfnis nach **Anlagerichtlinien.** Solche bestehen im kant. Recht zwar vereinzelt, doch sind sie mehrheitlich so umschrieben, dass sie im konkreten Anlagefall nicht als Hilfe dienen. In jüngerer Zeit kann festgestellt werden, dass vormundschaftliche Aufsichtsbehörden bei grösseren Mündelvermögen die Ansicht vertreten, dieses solle nicht nur in Nominalwerten (v.a. Sparkonti und Obligationen) angelegt werden. Der Ertrag einer solchen Anlage sei – v.a. mit Seitenblick auf die im Aktienmarkt in den letzten Jahren erzielten Buchgewinne – nicht genügend. Vorgaben oder Vorschläge unterbleiben jedoch jeweils mit dem Hinweis darauf, dass die VormBehörde die konkrete Anlage gem. Abs. 1 auf genügende Sicherheit zu prüfen, also über das einzelne Anlagegeschäft zu befinden habe.

Das Bundesrecht kennt Richtlinien zur Vermögensanlage im Bereich der beruflichen Vorsorge, Art. 49–56*a* BVV 2). In Bezug auf die Beurteilung der Sicherheit der Anlage von Vermögen einer sog. gewöhnlichen Stiftung hat das BGer (BGE 124 III 97) festgehalten, dass die Art. 49 ff. BVV 2 sehr wohl beigezogen werden dürfen. Sie dienen der objektiveren Beurteilung der Anlagesicherheit. Auch betr. die Anlage von Mündelvermögen stellt sich die Frage, ob die Vorschriften der Art. 49 ff. BVV 2 brauchbare Vorgaben darstellen, oder ob im neuen Vormundschaftsrecht ähnliche Richtlinien Platz finden könnten. Die Art. 49–52 BVV 2 enthalten Grundlagen betr. den Vermögensbegriff, die Sicherheit und Risikoverteilung, den Ertrag sowie die Liquidität. Sie können unverändert auf die Anlagevorschriften für Mündelvermögen übertragen werden. Art. 53 BVV 2 umschreibt die zulässigen Anlagen. Diese Norm geht über den im Vormundschaftsrecht zulässigen Rahmen hinaus, insbes. betr. Belassen in Bargeld, Anlage in Grundstücken sowie Beteiligungen an ausländischen Firmen. Die Art. 54 und 55 BVV 2 umschreiben in

Form von Prozentzahlen des gesamten Vermögens die Begrenzungen für einzelne Anlagen sowie Gesamtbegrenzungen für Anlagekategorien. Hier sind im Hinblick auf das (gültige) Vormundschaftsrecht die gleichen Einschränkungen anzubringen wie zu Art. 53 BVV 2. Art. 56 BVV 2 setzt die Anteile an schweizerischen Anlagefonds den direkten Anlagen gleich, was auch für die Anlage von Mündelvermögen zulässig sein sollte. Art. 56a BVV 2 befasst sich schliesslich mit derivativen Finanzinstrumenten und dürfte im vormundschaftsrechtlichen Bereich keinen Platz haben.

Art. 402

2. Umwandlung von Kapitalanlagen

[1] **Kapitalanlagen, die nicht genügende Sicherheit bieten, sind durch sichere Anlagen zu ersetzen.**

[2] **Die Umwandlung soll aber nicht zur Unzeit, sondern unter Wahrung der Interessen des Bevormundeten vorgenommen werden.**

2. Conversions

[1] Les créances qui ne sont pas garanties suffisamment sont converties en placements sûrs.

[2] La conversion doit être faite en temps opportun et de manière à sauvegarder les intérêts du pupille.

2. Mutazione d'impiego

[1] I capitali il cui impiego non sembri abbastanza sicuro devono essere impiegati altrimenti.

[2] La conversione non deve però avvenire intempestivamente, bensì avendo riguardo agli interessi del tutelato.

Literatur

Vgl. die Literaturhinweise zu Art. 398 und 401.

I. Überblick

1   Der Art. 402 wurde erst durch den StR ins Gesetz aufgenommen (StenBull 16, 80). Dort hatten sich zwei Auffassungen widersprochen: Die eine ging davon aus, dass die bevormundete Person Vermögen in der Form, wie es vor der Vormundschaft bestand, behalten solle. Die andere verlangte, dass gem. dem Gedanken des vormundschaftlichen Gesamtschutzes auch das Vermögen saniert werden solle. Der Art. 402 stellt eine Mittellösung dar, indem unsichere Kapitalanlagen zwar umzuwandeln sind, dies aber nicht zur Unzeit. Mit der letzteren Vorschrift hat der Gesetzgeber die vormundschaftlichen Organe vor eine kaum lösbare Aufgabe gestellt, s. dazu N 4.

II. Anwendungsbereich

2   Auch hier gilt, dass die **zeitliche Anwendung** dieser Norm nicht nur auf die Amtsübernahme beschränkt ist. Der bevormundeten Person kann auch später, z.B. durch Erbschaft, weiteres Vermögen anfallen, das auf seine Sicherheit zu überprüfen ist. Ebenso kann die wirtschaftliche oder die politische Entwicklung bewirken, dass ehemals als sicher geltende Kapitalanlagen nicht mehr als genügend sicher erscheinen oder laufend an Wert verlieren (ZK-EGGER, N 2; DESCHENAUX/STEINAUER, Personnes, 360). Den Vormund trifft eine ständige Pflicht zur Wachsamkeit (BGE 78 II 338, 343).

Das Gesetz geht von der grundsätzlichen **Umwandlungspflicht** aus (ZVW 1968, 148). Sie setzt jedoch nicht in jedem Falle ein, in welchem die Mündelsicherheit der Anlage nicht gegeben ist. Die persönlichen Verhältnisse der bevormundeten Person dürfen mit berücksichtigt werden, soweit nicht besondere Unsicherheitsfaktoren vorliegen (BGE 48 II 428). So dürfen z.B. Aktien einer Familien-AG im Besitz der bevormundeten Person verbleiben, auch wenn damit der Grundsatz der Risikoverteilung nicht gewahrt ist. Auch ererbte oder erworbene Nutzniessungsrechte dürfen behalten werden (ZK-EGGER, N 3).   **3**

Die Umwandlung soll **nicht zur Unzeit** erfolgen. Mit Unzeit ist in allererster Linie ein Zeitpunkt gemeint, zu welchem eine bestimmte Anlage nur mit Verlust veräussert werden kann (SCHUMACHER-BAUER, 186). In ganz seltenen Fällen können jedoch auch affektive Gründe auf Seiten der bevormundeten Person darunter fallen, z.B. bei Veräusserungen von Anteilen an Familienbetrieben oder von soeben angefallenen Erbanteilen. Wo in der Literatur überhaupt auf diesen Begriff eingegangen wird, wird ausgesagt, die Umwandlung erfolge dann zur Unzeit, wenn sie nicht den Interessen der bevormundeten Person entspreche (ZK-EGGER, N 4; STÖCKLI-BITTERLI, 112). Diese Umschreibung lässt aber wiederum alles offen. Die Entscheidung über den richtigen Zeitpunkt hängt immer von der Beurteilung der künftigen Entwicklung ab. Dabei darf einem Vormund nicht zum Vorwurf gemacht werden, wenn er nach den ersten Anzeichen ein Wertpapier mit einem gewissen Verlust abstösst, bevor der Kurs möglicherweise noch weiter absackt. Die Frage, ob eine beginnende Baisse nur eine vorübergehende sei, oder ob mit noch grösserem Verlust zu rechnen ist, beinhaltet eine immer unsichere Prognose.   **4**

III. Verfahren

Obwohl im Gesetz nicht ausdrücklich erwähnt, folgt aus der Gesetzessystematik (Das Amt des Vormundes), dass der **Vormund** die Umwandlung vorzunehmen hat (DESCHENAUX/STEINAUER, Personnes, 363; STÖCKLI-BITTERLI, 110). Die VormBehörde darf ihm dazu jedoch präzise Weisungen – generell oder im Einzelfall – erteilen (ZK-EGGER, N 5; DESCHENAUX/STEINAUER, Personnes, 363). Eine solche Weisung kann jedoch vom Vormund, dem urteilsfähigen Mündel oder von Dritten, welche Mündelinteressen geltend machen, gestützt auf Art. 420 Abs. 2 angefochten werden (SCHWARZ, 51 f.; TUOR/SCHNYDER/SCHMID, 532; BGE 113 II 232).   **5**

Die Umwandlung hat unter Berücksichtigung der **Verfahrensbestimmungen** der Art. 421 Ziff. 2, evtl. auch Ziff. 1, 4 und 7, 422 Ziff. 3 sowie Art. 545 Abs. 1 Ziff. 3 OR zu erfolgen (BGE 52 II 319, 323; 70 II 77, 84).   **6**

Art. 403

V. Geschäft und Gewerbe	**Findet sich in dem Vermögen ein Geschäft, ein Gewerbe od. dgl., so hat die Vormundschaftsbehörde die nötigen Weisungen zur Liquidation oder zur Weiterführung zu erteilen.**
V. Entreprises industrielles et commerciales	Si des entreprises commerciales, industrielles ou autres font partie du patrimoine du pupille, l'autorité tutélaire donne les instructions nécessaires pour les liquider ou les continuer.
V. Commerci, industrie	L'autorità tutoria impartisce il necessarie istruzioni per la liquidazione o per la continuazione di un commercio, di un'azienda industriale o simili che si trovassero nella sostanza.

Literatur

Vgl. die Literaturhinweise zu Art. 398, ferner DONZALLAZ, Commentaire de la Loi fédérale du 4 octobre 1991 sur le nouveau droit foncier rural, Sion 1993; FURRER, Der Kindervermögensschutz bei Geschäftsbeteiligungen, ZVW 1948, 59 ff.; MAECHLER, Unmündige und Entmündigte als Kaufleute, Diss. Bern 1940; MEIER, Le consentement des autorités de tutelle aux actes du tuteur, Diss. Freiburg i.Ü. 1994; SCHROFF, Die Beistandschaft für eine juristische Person, Diss. Freiburg i.Ü. 1954.

I. Überblick

1   Diese Norm hat insoweit **Geschäfte** oder **Gewerbe** bevormundeter Personen im Blick, als diese Bestandteil des Mündelvermögens darstellen. Bei einem Geschäft oder Gewerbe muss es sich insb. nicht um eine Firma i.S. des OR handeln. Es kann sich um irgendeinen (Klein-)Betrieb handeln, v.a. auch um einen landwirtschaftlichen. Das BezGer ZH hat sogar das teilzeitliche Mitspielen in einem Handorgel-Duo als selbständigen Betrieb eines Berufes qualifiziert (ZVW 1990, 32 ff.). Nötig sind jedoch ein spezielles berufliches Sondervermögen oder eine Beteiligung an einem Gesellschaftsunternehmen (ZK-EGGER, N 2). Bei den Beteiligungen ist sich die Literatur nicht einig, ob diese als Kapitalanlage unter Art. 402 oder als Geschäft unter Art. 403 fallen (BK-KAUFMANN, N 3 und 12; ZK-EGGER, N 2 und 10; SCHROFF, 94; SCHUMACHER-BAUER, 190; STÖCKLI-BITTERLI, 118). Nach der neueren Literatur sind nur Beteiligungen mit Mehrheits- oder wirtschaftlichem Beherrschungscharakter als Geschäfte zu werten. Andere Beteiligungen gelten als Kapitalanlage.

2   Trotz der Tatsache, dass das Gesetz die **Liquidation** der **Weiterführung** voranstellt, zielt diese Norm anders als Art. 402 primär auf den Erhalt des Geschäftes für die bevormundete Person. Entscheidend für die Wahl sind deren Interessen, und zwar nicht nur die finanziellen, sondern auch die persönlichen. Geschäft und Gewerbe sind zu erhalten, wenn die bevormundete Person in der Lage ist, den Betrieb weiterzuführen oder wenn sie – auch der oder die Unmündige – in absehbarer Zeit dazu in der Lage oder wieder in der Lage sein wird (ZK-EGGER, N 3). Angesichts der sich immer schneller wandelnden Wirtschaftswelt dürfen jedoch an die Zeitspanne einer Überbrückung bis zur Fähigkeit der bevormundeten Person, den Betrieb selbst zu führen, keine hohen Anforderungen mehr gestellt werden.

3   Ist eine bevormundete Person **Beteiligte an einer Gesellschaft,** so bewirkt die Bevormundung von Gesetzes wegen die Auflösung der einfachen Gesellschaft (Art. 545 Abs. 1 Ziff. 3 OR). Diese Wirkung gilt auch für die bevormundete Person als Mitglied einer Kollektivgesellschaft (Art. 574 Abs. 1 OR), einer Kommanditgesellschaft (Art. 619 OR) sowie bei einem geschäftsführenden Mitglied einer GmbH (ZK-EGGER, N 10).

II. Anwendungsbereich

4   Der **zeitliche Anwendungsbereich** erstreckt sich auch bei Art. 403 auf die gesamte Dauer einer Vormundschaft. Allerdings dürften die Fälle der Anwendungsbedürftigkeit im Laufe einer Vormundschaft selten sein, vgl. dazu N 6.

Art. 403 gilt auch bei der Beistandschaft nach Art. 393 oder 394 sowie bei einer Vermögensverwaltungsbeiratschaft nach Art. 395 Abs. 2 (ZK-EGGER, Art. 419 N 9 und Art. 395 N 83 f.; BACHMANN, 126).

III. Zuständigkeit, Verfahren

Die Entscheidung liegt in der **Zuständigkeit** der VormBehörde (GEISER et al., Muster-   5
sammlung, 43). Diese hat auch die zur Durchführung nötigen Weisungen zu erlassen, so
z.B. Art der Liquidation oder bei der Fortsetzung des Betriebes Art der Weiterführung,
bauliche Massnahmen, organisatorische Bestimmungen, Regelung der finanziellen Belange oder Betriebsführung bzw. betriebsführende Person (BK-KAUFMANN, N 5; ZK-
EGGER, N 5). Der Vormund hat jedoch der VormBehörde den Erlass von Weisungen zu
beantragen, wenn diese untätig bleibt (STÖCKLI-BITTERLI, 121). Weiter geht die Lehre
davon aus, dass der Vormund bis zur Rechtskraft des vormundschaftsbehördlichen Entscheides die für die Verwaltung «nötigen Anordnungen zu treffen und für die vorläufige
Weiterführung zu sorgen hat» (STÖCKLI-BITTERLI, 123 m.V.). Beschliesst die VormBehörde die Weiterführung des Geschäftes, so muss sie auch darüber befinden, ob die bevormundete Person, eine Drittperson als Beauftragter oder der Vormund den Betrieb
führt. Das Letztere sollte jedoch nur in Ausnahmesituationen der Fall sein. Jedem Amtsvormund wäre es aufgrund seiner Fallzahlen nicht möglich, mehr als ein Minimum an
Zeit in die Führung eines Geschäftes in einen einzelnen Fall zu investieren. Um der Verantwortung, welche mit einer Geschäftsführung unvermeidlich verbunden ist, gerecht
werden zu können, müsste ein Amtsvormund klar ungleich mehr Zeit zur Verfügung haben, als dies landauf landab der Fall ist. Aber auch bei einem Privatvormund, der zur
Geschäftsführung nicht freiwillig zusagt, ist eine Verpflichtung nicht angebracht. Immerhin bekleidet er nur ein Nebenamt und muss daneben noch seinen persönlichen und allenfalls familiären Pflichten nachkommen können.

Es stellen sich zwei **Abgrenzungsfragen.** Vorerst interessiert jene zwischen Art. 403 und   6
422 Ziff. 3. Nach der letzteren Norm hat die vormundschaftliche Aufsichtsbehörde zuzustimmen, wenn ein Geschäft übernommen wird oder zu liquidieren ist. Die Abgrenzung
ist hier wie folgt vorzunehmen: Bei Übernahme der Vormundschaft oder bei einem späteren, unentgeltlichen Anfall eines Geschäftes, v.a. durch Erbschaft, entscheidet die Vorm-
Behörde allein gestützt auf Art. 403. Muss im Verlaufe einer Vormundschaft ein Geschäft, das sich im Mündelvermögen befindet, veräussert oder liquidiert werden oder
wird ein solches entgeltlich erworben, so muss der Vormund gem. Art. 422 die Zustimmung der VormBehörde und der Aufsichtsbehörde einholen (ZK-EGGER, N 6, STÖCKLI-
BITTERLI, 160 f.; DESCHENAUX/STEINAUER, Personnes, 375). Die andere Frage beschlägt
die Abgrenzung zwischen den Art. 403 und 404. Wie steht es bei einem Betrieb, zu welchem auch ein Grundstück gehört? Für jedwelche Veräusserung von Grundstücken gelten
grundsätzlich die Art. 404 und 421 Ziff. 1. Eine Veräusserung eines Betriebes mit einem
Grundstück könnte sicher nur dann allein auf Art. 403 abgestützt werden können, wenn
das Grundstück im Verhältnis zum Gesamtbetrieb eine völlig untergeordnete Rolle spielt.
Ansonsten ist das Verfahren sowohl nach den Vorschriften des Art. 403 als auch derjenigen der Art. 404 und 421 Ziff. 1 durchzuführen.

Art. 404

VI. Grundstücke   ¹ **Die Veräusserung von Grundstücken erfolgt nach Weisung der
Vormundschaftsbehörde und ist nur in den Fällen zu gestatten,
wo die Interessen des Bevormundeten es erfordern.**

² **Die Veräusserung erfolgt durch öffentliche Versteigerung, unter Vorbehalt der Genehmigung des Zuschlags durch die Vormundschaftsbehörde, die beförderlich darüber zu entscheiden
hat.**

[3] **Ausnahmsweise kann mit Genehmigung der Aufsichtsbehörde der Verkauf aus freier Hand stattfinden.**

VI. Immeubles

[1] Les immeubles ne sont vendus que sur l'avis de l'autorité tutélaire; celle-ci ne permet la vente que si l'intérêt du pupille l'exige.

[2] La vente a lieu aux enchères publiques et l'adjudication doit être approuvée par l'autorité tutélaire, qui prononcera sans retard.

[3] La vente peut se faire exceptionnellement de gré à gré, avec l'approbation de l'autorité de surveillance.

VI. Fondi

[1] I fondi non possono essere alienati se non nel caso che gli interessi del tutelato lo esigano e secondo le istruzioni dell'autorità tutoria.

[2] La vendita ha luogo agli incanti pubblici e l'aggiudicazione dev'essere approvata dall'autorità tutoria, la quale deciderà sollecitamente.

[3] Eccezionalmente la vendita può essere fatta a trattative private, con l'autorizzazione dell'autorità di vigilanza.

Literatur

Vgl. die Literaturhinweise zu Art. 398, ferner: BLUMENSTEIN, Die Stellung der Vormundschaftsbehörde bei der Versteigerung von Mündelgrundstücken, MBVR 1913, 465 ff.; BRAEGGER, Die Wirkungen der kombinierten Beiratschaft (Art. 395 Abs. 1 und Abs. 2 ZGB), ZVW 1950, 46 ff.; BREITSCHMID, Hat die vormundschaftliche Aufsichtsbehörde nach dem Tode des Mündels bzw. Verbeiständeten den Freihandverkauf eines Grundstückes noch zu genehmigen (Art. 404 Abs. 3 ZGB)?, ZVW 1990, 104 ff.; LÜSCHER, Die beiden Arten der Beiratschaft, Diss. Bern 1944; MEIER, Le consentement des autorités de tutelle aux actes du tuteur, Diss. Freiburg i.Ü. 1994; PIOTET, Le droit transitoire des lois fédérales sur le droit foncier rural et sur la révision partielle du Code civil et du Code des obligations du 4 octobre 1991, ZSR 1994, I 125; SCHNEIDER, Die Mitwirkung der vormundschaftlichen Aufsichtsbehörde bei der Veräusserung von Grundstücken, an denen Bevormundete, Verbeiständete oder Verbeiratete eigentumsmässig beteiligt sind, ZVW 1975, 81 ff.; SCHNYDER, Vormundschaftsrecht und Erbrecht, ZVW 1999, 93 ff.; SCHRANER, Die Mitwirkung der vormundschaftlichen Behörden bei der Veräusserung von Grundstücken, FZR 1993, 233; SPITZER, Der Freihandverkauf von Mündelgrundstücken, ZVW 1950, 109 ff.; STEINAUER, Der Verkauf eines landwirtschaftlichen Mündelgrundstückes (Art. 404 ZGB und Art. 69 BGBB), ZVW 1997, 47 ff. (frz.: RDT 1997, 41 ff.); VOGEL, Freihändiger Verkauf von landwirtschaftlichen Grundstücken durch eine bevormundete Person (Art. 404 Abs. 3, 421 Ziff. 1 ZGB; Art. 69 BGBB), ZVW 1995, 41 ff.; VERWALTUNGSKOMMISSION DES OBERGERICHTES DES KANTONS ZÜRICH, Kreisschreiben betreffend Verhältnis von Art. 404 ZGB und den Bestimmungen des BGBB auf die Veräusserung von landwirtschaftlichen Gewerben und Grundstücken vom 9. September 1998, ZR 1999, 82, Nr. 20; VORMUNDSCHAFTSKAMMER DES OBERGERICHTS DES KANTONS AARGAU, Veräusserung der Liegenschaft einer urteilsunfähigen, betagten Person (Art. 393 Ziff. 2 und 404 ZGB), ZVW 1997, 130 ff.

I. Überblick

1 Das Gesetz geht vom **Grundsatz des Erhaltes der Grundstücke und Liegenschaften** einer bevormundeten Person aus. Die Letztere soll in ihrem Immobilienbesitz wirksam geschützt werden (ZK-EGGER, N 2). Die **Veräusserung** ist die Ausnahme. Und bei der Veräusserung besteht das ordentliche Vorgehen vom Gesetz her in der öffentlichen Versteigerung. Der freihändige Verkauf soll die Ausnahme bleiben. In der Praxis sind jedoch die Freihandverkäufe häufiger als die Versteigerungen. Bei der öffentlichen Versteigerung hat der Gesetzgeber eine zusätzliche Sicherung eingebaut, indem die VormBehörde den Zuschlag nachträglich genehmigen muss. Dem Verkauf aus freier Hand hat die vormundschaftliche Aufsichtsbehörde zuzustimmen.

Fraglich ist, welche Bedeutung das Gesetz dem Begriff **Grundstück** beimisst. Der   2
Grundeigentumsbegriff des Art. 655 ist auch für das Vormundschaftsrecht gültig. Gemäss
Abs. 2 fallen unter den Grundstücksbegriff des ZGB: die Liegenschaften, die in das
Grundbuch aufgenommenen selbständigen und dauernden Rechte, die Bergwerke sowie
die Miteigentumsanteile an Grundstücken (BK-KAUFMANN, N 4; BACHMANN, 113).
Auch wenn der Mit- oder Gesamteigentumsanteil der bevormundeten Person nur einen
kleinen Teil am Gesamtwert ausmacht, sind bei der Veräusserung die Vorschriften von
Art. 404 anzuwenden (BGE 63 I 107). Dieser Entscheid wurde unter Hinweis auf die in
der Praxis möglichen Komplikationen (bei der Erbteilung vgl. N 6) kritisiert, vom BGer
jedoch bestätigt (BGE 74 II 76, 78; 80 II 369, 377; 117 II 18).

II. Anwendungsbereich

Der **zeitliche Anwendungsbereich** beschränkt sich – entgegen der Einordnung dieser   3
Norm – nicht auf den Zeitpunkt der Amtsübernahme durch den Vormund. Art. 404 ist
während der gesamten Dauer der Massnahme anzuwenden, wenn eine entsprechende
Situation vorliegt (BGE 74 II 76; 117 II 18; ZK-EGGER, N 3; DESCHENAUX/STEINAUER,
Personnes, 360; STÖCKLI-BITTERLI, 163). Diese Bestimmung findet auch Anwendung,
wenn ein Grundstück als vorsorgliche Massnahme gemäss Art. 386 Abs. 1 veräussert
werden soll.

Da diese Norm Bestandteil der Vermögensverwaltungsmassnahmen bildet, kommt sie   4
auch bei den **Beistandschaften** nach Art. 325, 393 und 394 sowie bei der **Beiratschaft**
nach Art. 395 Abs. 2 zur Anwendung (unv. BGE vom 15.3.2001 6S.587/2000), nicht hingegen bei der Vertretungsbeiratschaft gemäss Art. 395 Abs. 1 (BK-SCHNYDER/MURER,
Art. 395 N 107; BACHMANN, 119; LÜSCHER, 62 f.; ZVW 1996, 148; ZVW 1997, 130 f.).
Die frühere Literatur vertrat allerdings die Meinung, dass im Falle der Beistandschaft
nach Art. 394 die Zustimmung der urteilsfähigen, verbeiständeten Person diejenige der
vormundschaftlichen Behörden ersetze (SPITZER, 115). Mit der Zeit hat sich die Praxis
jedoch auch in diesem Falle auf die Zustimmungsbedürftigkeit festgelegt, da ja die kombinierte Beistandschaft nur angeordnet werden darf, wenn die betreffende Person nicht in
der Lage ist, ihre Angelegenheiten zu besorgen. Ist das der Fall, so ist eine solche Person
in aller Regel auch nicht mehr imstande, in einem solch wichtigen und nicht alltäglichen
Geschäft, wie sie die Veräusserung von Grundstücken darstellt, den Beistand überprüfen
und den Verkauf beurteilen zu können (RIEMER, Vormundschaftsrecht, 146; SPITZER,
114; **a.M.** SCHNEIDER, 89 f.).

Anders als bei den Art. 398, 399 und 401–403 finden die Vorschriften über die Veräusse-
rung von Grundstücken auch bei der **Vertretungsbeistandschaft** nach Art. 392 ZGB
Anwendung (BK-SCHNYDER/MURER, Art. 393 N 27; ZK-EGGER, Art. 421 N 4; RIEMER,
Vormundschaftsrecht, 146; BGE 58 II 395; ZVW 1974, 113).

Der Begriff **Veräusserung** des Art. 404 umfasst alle privatrechtlichen Veräusserungsge-   5
schäfte an einen Dritten, nicht aber die öffentlich-rechtlichen Institute der Enteignung
und der Zwangsvollstreckung (SCHNEIDER, 85; STÖCKLI-BITTERLI, 130 f.).

Weiter stellt sich die Frage, ob eine **erbrechtliche Zuweisung** unter die Bestimmungen   6
des Art. 404 fällt. Es sind hier zwei Fälle zu unterscheiden: 1. die Zuweisung an einen
Miterben, 2. die Veräusserung eines Grundstückes an einen Dritten im Rahmen einer
Erbteilung.

Gestützt auf Art. 604 Abs. 1 kann jeder Miterbe grundsätzlich zu beliebiger Zeit die Erbteilung verlangen (Ausnahmen s. Abs. 1). Eine Umlagerung des Mündelvermögens kann

hier nicht verhindert werden. Ob bei der Zuweisung nach Art. 404 vorgegangen werden muss, wird in der Literatur nicht einheitlich beantwortet, insb. im Hinblick auf dessen Abs. 2 und 3. Mit guten Gründen kann jedoch gesagt werden, dass diese Norm als Ganzes im Falle der Zuweisung an einen Miterben nicht zur Anwendung kommt. Bei dieser Art von Zuweisung geht es nicht um die Erzielung eines höchstmöglichen Gewinnes, sondern um eine gerechte Verteilung unter den Erben. Die Interessen des Mündels werden primär durch den Vormund gewahrt. Der Erbteilungsvertrag bedarf aber ebenfalls der Genehmigung durch die VormBehörde, womit dem Schutz der bevormundeten Person genügend Rechnung getragen ist (Art. 421 Ziff. 9). Weiter hat die freihändige Übertragung eines Grundstückes an einen Miterben als Teilungshandlung erbrechtlichen Charakter. Auf die Art der Teilung kann die VormBehörde keinen Einfluss nehmen. Art. 404 ist demnach auf erbrechtliche Zuweisungen an einen Miterben nicht anzuwenden (ZVW 1947, 71; 1964, 112; 1966, 79; 1967, 148; 1970, 27 und 74; 1975, 116; SCHNEIDER, 84; SCHRANER, 233; SPITZER, 111; STÖCKLI-BITTERLI, 131 ff.; **a.M.** JUSTIZDIR. DES KANTONS ZH, ZVW 1954, 113 ff.).

Im zweiten Falle, in jenem des Verkaufs an einen Dritten, liegt eine Veräusserung i.S.v. Art. 404 vor (BGE 63 I 107; 74 II 76; 117 II 18; STÖCKLI-BITTERLI, 135).

7 Der Verkauf von **Aktien einer Immobiliengesellschaft** stellt gemäss Praxis dann einen Grundstückverkauf i.S.v. Art. 404 dar, wenn die bevormundete Person Mehrheitsaktionär ist und diese Eigenschaft durch den Aktienverkauf verlieren würde (SJZ 1964, 146; ZVW 1954, 34; ZVW 1977, 160; SCHUMACHER-BAUER, 187; STÖCKLI-BITTERLI, 136; unv. BGE vom 5.9.2002 1E. 5/2002)).

8 Auch die Begründung eines **Baurechts** auf einem Mündelgrundstück kommt einer Grundstücksveräusserung i.S.v. Art. 404 gleich (BK-SCHNYDER/MURER, Art. 395 N 89; STÖCKLI-BITTERLI, 138).

9 Beim Verkauf **landwirtschaftlicher Grundstücke** kommt Art. 404 grundsätzlich nicht zum Zuge. Die Bestimmungen des BG über das bäuerliche Bodenrecht (Art. 61–69 BGBB) gehen als Spezialgesetz den Regeln des ZGB vor (DESCHENAUX/STEINAUER, Personnes, 365; STEINAUER, 52; VOGEL, 44). Auch bevormundeten Personen gehörende, landwirtschaftliche Grundstücke dürfen weder freihändig zum höchstmöglichen Preis verkauft noch gemäss Art. 404 Abs. 2 freiwillig versteigert werden (Art. 66 und 69 BGBB). Dem Erwerbspreis ist durch Art. 66 und 68 BGBB eine obere Grenze gesetzt; er muss durch die landwirtschaftliche Bewilligungsbehörde genehmigt oder festgelegt werden. Ein Teil der Rechtslehre vertritt die Meinung, die öffentliche Versteigerung i.S.v. Art. 404 Abs. 2 komme bei einem landwirtschaftlichen Mündelgrundstück einer Zwangsversteigerung gleich, weshalb sie auch in diesem Fall zuzulassen sei (MEIER, 326 ff.; PIOTET, 141; VORMUNDSCHAFTSKAMMER DES KGER VD, ZVW 1997, 63). Diese Meinung, die unter dem Gesichtspunkt der Billigkeit gute Ansätze aufweist, steht jedoch mit der geltenden Gesetzgebung in Widerspruch (STEINAUER, 50). Trotz dieser Bestimmungen bedarf der Verkaufsvertrag – sei es mit einem Drittkäufer, sei es mit einem Vorkaufsberechtigten – gestützt auf Art. 421 Ziff. 1 der Genehmigung durch die VormBehörde (STEINAUER, 51; VOGEL, 46). Die Verwaltungskammer des KGer JU hat jedoch entschieden, dass im Falle eines freihändigen Verkaufes einer landwirtschaftlichen Liegenschaft das Geschäft sehr wohl trotzdem durch die vormundschaftliche Aufsichtsbehörde gestützt auf Art. 404 Abs. 3 zu prüfen sei. In concreto wurde die Zustimmung verweigert, da der vereinbarte Kaufpreis 16,6% unter dem erzielbaren Erlös gem. BGBB lag (ZVW 1996, 148; **a.M.** STEINAUER, 51). Auch das Obergericht ZH bejaht die notwendige Anwendung des Art. 404 Abs. 3 in diesen Fällen (ZR 1999, 82, Nr. 20).

III. Rechtsfolgen

Die **VormBehörde,** und nicht der Vormund, entscheidet, ob die Veräusserung notwendig 10
sei. Bei ihr liegt denn auch die Verantwortlichkeit für den Verkauf (MBVR 1944, 23;
STÖCKLI-BITTERLI, 127, 141). Eine Veräusserung darf nur dann erfolgen, wenn die
Mündelinteressen sie als notwendig erscheinen lassen. Es genügt nicht, wenn die Letzteren beim Verkauf gewahrt werden (DESCHENAUX/STEINAUER, Personnes, 364; HEFTI,
212 f.; ZVW 1975, 115, 116). Genügende Mündelinteressen stellen etwa die folgenden
Fälle dar: dringender, nicht anderweitig behebbarer Geldbedarf; übermässige Kosten des
Grundstücks im Verhältnis zum Ertrag und zur Wertentwicklung bzw. mangelnde Rentabilität; unaufschiebbare Sanierung einer andern Liegenschaft, für die das Geld nicht anderweitig beschafft werden kann; Erwerb eines andern (werthöheren) Grundstückes.

Soll ein Verkauf stattfinden, so muss die VormBehörde die zur Abwicklung der Veräusserung nötigen **Weisungen** erlassen, nachdem sie über die Art der Veräusserung entschieden hat (ZK-EGGER, N 4; STÖCKLI-BITTERLI, 140 f.). Die Weisung enthält z.B. Anweisungen an den Vormund über Modalitäten der Veräusserung, die Festlegung eines
Mindestverkaufspreises, Steigerungsbedingungen (dort insb. die Zahlung des Kaufpreises) oder die Gewährleistung.

Trotz des grundsätzlichen Vorranges von Abs. 2 gegenüber Abs. 3 entscheidet die Vorm- 11
Behörde im Einzelfall über die Art bzw. die **Form der Veräusserung** (BK-KAUFMANN,
N 7). Das Gesetz geht davon aus, dass die öffentliche Versteigerung den Interessen der
bevormundeten Person besser diene. Zu Recht wird diese Annahme in der Literatur kritisiert (SCHUMACHER-BAUER, 189; SPITZER, 112 f.).

Die **öffentliche Versteigerung** richtet sich nach Art. 229–236 OR. Vorbehalten bleibt
aber gestützt auf Abs. 2 die Genehmigung des Zuschlages durch die VormBehörde. Diese
hat darüber zügig zu entscheiden. Notfalls, d.h. wenn die Gantbedingungen oder kantonale Vorschriften (Art. 236 OR) keine Frist enthalten, kann der Erwerber eine Frist ansetzen oder gestützt auf Art. 410 Abs. 2 durch den Richter ansetzen lassen (BGE 117 II 18,
22). Vor dieser Genehmigung ist nur der erfolgreiche Bieter, nicht aber die bevormundete
Person, gebunden (Art. 424). Bei der Frage, ob ein Zuschlag zu genehmigen ist oder
nicht, hat die VormBehörde sich von den Mündelinteressen leiten zu lassen. Die Genehmigung ist z.B. dann zu versagen, wenn das Angebot im Vergleich zum Verkehrswert zu
niedrig ausgefallen ist, die Gefahr der Ungültigkeit des Rechtsgeschäftes droht oder der
Käufer als nicht genügend solvent erscheint (STÖCKLI-BITTERLI, 142 f.). Ist eine bevor-
mundete Person Mit- oder Gesamteigentümer eines Grundstückes, so liegt die Wahl der
Veräusserungsart trotz der Bestimmungen der Art. 650 und 651 nicht im Ermessen des
Richters, da Art. 404 Abs. 2 dem Art. 651 Abs. 2 vorgeht (BK-MEIER-HAYOZ, Art. 651
N 36).

Dem **freihändigen Verkauf** muss die untere vormundschaftliche Aufsichtsbehörde zustimmen. Diese Zustimmung bezieht sich jedoch nur auf die Veräusserungsform und
nicht auf die Frage, ob verkauft werden soll oder nicht (STEINAUER, ZVW 1997, 48;
ZVW 1947, 25). Den letzteren Entscheid fällt die VormBehörde. Der Aufsichtsbehörde
ist der öffentlich beurkundete Kaufvertrag, der naturgemäss mit dem Genehmigungsvorbehalt gem. Art. 404 Abs. 3 zu versehen ist, vorzulegen (BK-KAUFMANN, N 11; ZK-
EGGER, N 8; MEIER, 321, 363; STEINAUER, ZVW 1997, 48; ZVW 1946, 102). Diese prüft
die Angemessenheit des Kaufpreises im Vergleich zu dem durch eine öffentliche Versteigerung möglicherweise erzielbaren Preis.

Nach Meinung des BGer ist der freihändige Verkauf als Ausnahmefall nur dann gegeben,
wenn besondere Gründe den Freihandverkauf rechtfertigen. Ein besonderer Grund liege

nicht bereits in der Erwägung, der Ausgang einer Steigerung sei immer ungewiss. Die VormBehörde könne bei ungenügendem Steigerungsergebnis dem Zuschlag ja die Genehmigung verweigern (BGE 74 II 77, 79). Allerdings lässt das BGer offen, welches besondere Gründe, die zum freihändigen Verkauf berechtigen, sind. Ob ein Mündelgrundstück freihändig verkauft oder versteigert werden soll, hängt vom Mündelinteresse ab. Dabei stehen die finanziellen Interessen klar im Vordergrund (ZVW 1964, 151 ff.). Sie sind aber nicht allein massgebend. Ein kleiner preislicher Unterschied zuungunsten des freihändigen Verkaufs kann durch psychologische Gründe auf Seiten der bevormundeten Person (Publizität und Beigeschmack der Zwangsverwertung bei der öffentlichen Versteigerung) mehr als wettgemacht werden (SPITZER, 114). Die Versteigerung ist v.a. dann angebracht, wenn ein bestimmtes Objekt schwer zu schätzen ist (STÖCKLI-BITTERLI, 147). Sonst aber kann der Zweck von Art. 404 Abs. 3 durch eine zuverlässige Schätzung und durch Ausmarchung unter mehreren Kaufofferenten erreicht werden (SCHUMACHER-BAUER, 189; SPITZER 112).

IV. Verfahren

12   Der Vormund oder jedermann, der Mündelinteressen vertritt, kann gegen die Beschlüsse und Weisungen der VormBehörde gem. Art. 420 Abs. 2 **Beschwerde** erheben (ZVW 1964, 151 ff.), ebenso das urteilsfähige Mündel (unv. BGE vom 22.12.2003 5P.408/2003). Gegen die Verweigerung eines freihändigen Verkaufs durch die vormundschaftliche Aufsichtsbehörde ist die **Berufung** an das BGer nicht zulässig (BGE 100 II 6).

13   Wird ein Grundstück veräussert, ohne dass die Mündelinteressen dies erfordern, wird ein Grundstück nicht veräussert, obwohl die Mündelinteressen dies geboten hätten, wird ohne besonderen Grund statt der öffentlichen Versteigerung der freihändige Verkauf gewählt, oder wird kein genügender Preis erzielt, so tritt als **Rechtsfolge** nicht die Ungültigkeit der Veräusserung ein. Das Geschäft ist gültig zustande gekommen (BK-BUCHER, Art. 12 N 4; H. AEPLI, 98). Die unrichtige oder ungenügende Abwicklung begründet hingegen die Verantwortlichkeit der vormundschaftlichen Behörden gegenüber der bevormundeten Person (H. AEPLI, 98 ff.). Immerhin liegt es aber an der Letzteren, den erlittenen Schaden nachzuweisen (BGE 74 II 76, 80). Dabei ist nicht immer gesagt, dass ein (unverbindlich) offerierter Kaufpreis auch wirklich bezahlt worden wäre, wenn ein tieferes Versteigerungsergebnis resultierte und von der VormBehörde genehmigt wurde.

14   Der Vertrag über den freihändigen Verkauf eines Mündelgrundstückes befindet sich zwischen dem Abschluss des öffentlich beurkundeten Kaufvertrages und der Zustimmung der Aufsichtsbehörde gem. Abs. 3 in einem **Schwebezustand,** welcher den Käufer einseitig bindet. Verweigert die Aufsichtsbehörde die Zustimmung, so wird der Käufer frei, auch wenn gegen den Beschluss der unteren Aufsichtsbehörde eine Beschwerde erhoben wird (Pra 1993, 9; ZVW 1958, 103 f.).

15   Stirbt eine bevormundete Person, nachdem der öffentlich beurkundete Kaufvertrag über den freihändigen Verkauf eines Mündelgrundstückes vorliegt, steht die **Zustimmung** nach Art. 404 Abs. 3 **nach dem Tode** jedoch noch aus, so ist es nicht mehr Sache der vormundschaftlichen Aufsichtsbehörde, das Geschäft zu vollenden. Die Erben haben die Genehmigung zu erteilen oder können sie verweigern. Dabei darf die Verweigerung auch aus eigenen Interessen der Erben erfolgen (BREITSCHMID, 104 f.).

Art. 405

B. Fürsorge und Vertretung

I. Fürsorge für die Person

1. Bei Unmündigkeit

a. Im Allgemeinen

[1] **Ist der Bevormundete unmündig, so hat der Vormund die Pflicht, für dessen Unterhalt und Erziehung das Angemessene anzuordnen.**

[2] **Zu diesem Zwecke stehen ihm die gleichen Rechte zu wie den Eltern, unter Vorbehalt der Mitwirkung der vormundschaftlichen Behörden.**

B. Soins personnels et représentation

I. Soins personnels

1. Mineurs

a. En général

[1] Le tuteur veille à l'entretien et à l'éducation du pupille mineur.

[2] Il exerce à cet effet les droits des père et mère, sous réserve du concours des autorités de tutelle.

B. Cura e rappresentanza

I. Cura per la persona

1. Minorenne

a. In genere

[1] Se il tutelato è minorenne, il tutore ha il dovere di prendere le disposizioni più indicate per il suo mantenimento e per la sua educazione.

[2] A questo fine egli esercita gli stessi diritti dei genitori, riservate le attribuzioni delle autorità di tutela.

Literatur

AFFOLTER, Rechtsfragen aus dem Alltag der persönlichen Betreuung, AJP 1998, 647 (zit. Betreuung); DERS., Mit der Totalrevision des Vormundschaftsrechts zu einer neuen Qualität des Erwachsenenschutzes, ZVW 2003, 393 ff. (zit. Qualität); DERS., Anzehrung des Kindesvermögens von Vollwaisen zur Deckung des Unterhaltsbedarfs, ZVW 2005, 220 ff. (zit. Kindesvermögen); BIDERBOST, Die Erziehungsbeistandschaft (Art. 308 ZGB), Diss. Freiburg i.Ü. 1996; DERS., Findelkinder, ZVW 1999, 49 ff. (zit. Findelkinder); BRAUCHLI, Das Kindeswohl als Maxime des Rechts, Diss. Zürich 1982; CHATAGNY, Droits et devoirs de porteurs/euses de mandats tutélaires en cas d'atteinte à l'intégrité corporelle, ZVW 2003, 61 ff.; GIOVANELLI-BLOCHER, Der Stellenwert der persönlichen Betreuung in der Entwicklung des Vormundschaftswesens im 20. Jahrhundert, ZVW 1989, 41; GUILLOD, Les garanties de procédure en droit tutélaire, RDT/ZVW 1991, 41; GUILLOD/MEIER, Représentation privée, mesures tutélaires et soins médicaux, in: Familie und Recht, Mélanges Bernhard Schnyder, 1995; GULER, Die Beistandschaft nach Art. 308 ZGB, ZVW 1995, 51 (zit. Beistandschaft); HÄFELI, Inhalt und Stellenwert der persönlichen Betreuung im Vormundschaftsrecht, ZVW 1989, 52 (zit. Betreuung); DERS., Die Rechte der Pflegeeltern, in: NETZ Nr. 1 und 2 1998 (zit. Pflegeeltern); DERS., Ausbildung von Amts- und Privatvormunden – Organisation der Amtsvormundschaft, ZVW 1995, 4 (zit. Ausbildung); HÄNNI/BELSER, Die Rechte der Kinder – Zu den Grundrechten Minderjähriger und der Schwierigkeit ihrer rechtlichen Durchsetzung, AJP 1998, 139; HAUSHEER/SPYCHER, Handbuch des Unterhaltsrechts, Bern 1997; HEGNAUER, Das Wohl des Mündels als Maxime der Vormundschaft, ZVW 1984, 81 (zit. Mündelwohl); DERS., Vormundschaftsbehörde und persönlicher Verkehr. Ein Überblick, ZVW 1998, 169 (zit. Persönlicher Verkehr); DERS., Sterilisation geistig Behinderter, ZVW 2000, 25 ff. (zit. Sterilisation); DERS., Kindesrecht – ein weites Feld, ZVW 2006, 25 ff. (zit. Kindesrecht 2006); HEFTI, Die vormundschaftliche Amtsführung, Bern 1916; HENKEL, Die elterliche Gewalt, in: Berner Tage für die juristische Praxis 1977, Das neue Kindesrecht, Bern 1978, 89 ff.; HONSELL, Handbuch des Arztrechts, Zürich 1994 (zit. Arztrecht); INVERSINI, Psycho-soziale Aspekte des Kindeswohls, in: Gerber Jenni/Hausmmann (Hrsg.), Kinderrechte – Kindesschutz, Basel 2002, 47 ff.; KAUFMANN, Kommentar zum Familienrecht 3. Abteilung: Die Vormundschaft 2. Aufl. Bern 1924; LÜCKER-BABEL, Kinderrechte und Verstärkung der innerfamiliären Beziehungen, ZVW 1995, 218; MASSA, Ressourcenmanagement in der Mandatsführung: Lösungsansätze von Steuerungsmöglichkeiten, Dokumentation Fachtagung VBK/VSAV, 22.9.2005; PH. MEIER, La position des tiers en droit de la tutelle – Une systématisation, RDT/ZVW 1996, 81 (zit. Tiers); DERS., La confidentialité des informations médicales dans le cadre des activités tutélaires, RDT/ZVW 1996, 205 (zit. Confidentialité); MEIER-SCHATZ, Über Entwicklung, Inhalt und Strukturelemente des Kindsrechts, AJP 1993, 1035; MOSER/NUFER, Mein Kind – fröhlich und stark, Beobachter Ratgeber, 2000; MÜLLER, Die persönliche Fürsorge für unmündige Bevormundete, Diss. Freiburg i.Ü. 1996; OBERLOSKAMP, Vormundschaft, Pflegschaft und Beistandschaft für Minderjährige 2. Aufl. München 1998; PEDRAZZINI, Für eine kohärente Rechtsordnung, SJZ 1990, 133; REHBERG, Der Vormund im Strafverfahren gegen sein Mündel, in: Festschrift für Cyril Hegnauer, Bern 1986, 367; REUSSER, Fortpflanzungsmedizin – Stand des Gesetzgebungsverfahrens, ZBJV 1997, 472; RIEMER, Vormundschaftliche Hilfe für Betagte, ZVW 1982, 121 (zit. Betagte); DERS., Familienrechtliche Beziehungen als Leistungsvoraussetzungen gem. AHVG/IVG, BVG-Obligatorium und freiwilliger beruflicher Vorsorge, Festschrift für Cyril Hegnauer, Bern 1986, 413 (zit. Renten); DERS., Die Vertretung bei der Ausübung von Rechten, die unmündigen oder unter einer vormundschaftlichen Massnahme stehenden Personen «um ihrer Persönlichkeit Willen zustehen», ZVW 1998, 216 ff. (zit. Höchstpersönliche Rechte); SCHLATTER, Ziele der vormundschaftlichen Fürsorge, in: Festschrift zum 50 jährigen Bestehen der Vereinigung Schweizerischer Amtsvormünder, Zürich 1963; SCHNELL, Falschbeurkundung: eine Moritat, Jusletter 30.1.2006; SCHNYDER, Vormundschaftsrecht für Erwachsene und Menschenwürde, in: Das Menschenbild im Recht, Festgabe der rechtswissenschaftlichen Fakultät zur Hundertjahrfeier der Universität Freiburg 1990, 429 (zit. Menschenwürde); DERS., Vom Vormundschaftsrecht zum Betreuungsrecht, ZVW 1995, 164 (zit. Revision); SCHNYDER/MURER, Kommentar zum Schweizerischen Privatrecht, Bd. II/3, 3. Abteilung 1. Teilbd.: Die Vormundschaft, Bern 1984; SCHWANDER, Kindes- und Erwachsenenschutzmassnahmen im internationalen Verhältnis, ZVW 1998, 77; SCHWARZ, Die Vormundschaftsbeschwerde, Art. 420 ZGB, Zürich 1968; STARK, Die Schadenersatzpflicht bei widerrechtlicher fürsorgerischer Freiheitsentziehung nach Art. 429a ZGB – ihre Stellung im Haftpflichtrecht, Festgabe Familie und Recht für Bernhard Schnyder, Freiburg i.Ü. 1995, 715; STEINAUER, L'enfant dans le code civil, in: Das Menschenbild im Recht, Festgabe der rechtswissenschaftlichen Fakultät zur Hundertjahrfeier der Universität Freiburg 1990, 471 (zit. Enfant); STÖCKLI, Die Pflichten des Vormundes bei Übernahme seines Amtes, Willisau 1986; TERCIER, La protection de la personnalité et la tutelle, ZVW 1988, 136; TSCHÜMPERLIN, Die elterliche Gewalt in bezug auf die Person des Kindes, Diss. Freiburg i.Ü. 1989; VOGEL, Die Person des Beistandes, ZVW 2003, 331 ff.; WOLF, Die UNO-Konvention über die Rechte des Kindes und ihre Umsetzung in das schweizerische Kindesrecht – Ein Überblick, ZBJV 1998, 113; vgl. ausserdem die Literaturhinweise zu den Vorbem. zu Art. 360–456.

Materialien

Botschaft und Entwurf des Bundesrates über die Änderung des schweizerischen Zivilgesetzbuches (Kindesverhältnis) vom 5.6.1974, BBl 1974 II 1 ff. (zit. Botschaft Kindesverhältnis). Botschaft über die Änderung des Schweizerischen Zivilgesetzbuches (Personenrecht, Eheschliessung, Verwandtenunterstützungspflicht, Heimstätten, Vormundschaft und Ehevermittlung) vom 15.11.1995 (zit. Botschaft Revision Scheidungsrecht).

I. Normzweck

1   Der Vormund eines unmündigen Bevormundeten ist anstelle der Eltern *verantwortlich* für die **persönliche Fürsorge** des Mündels (Marginalie zu Art. 405: Fürsorge für die Person), was inhaltlich kurz und knapp mit **Unterhalt** und **Erziehung** umschrieben wird. Zur Erfüllung seines Auftrages hat er das **Angemessene** anzuordnen, wozu ihm dieselben Rechte zustehen wie den Eltern, unter Vorbehalt der Mitwirkung der vormundschaftlichen Behörden (Art. 404, 421, 422). Die in Art. 367 verankerten *drei Säulen der vormundschaftlichen Betreuungsarbeit*, nämlich die *Wahrung* der gesamten *persönlichen* und *vermögensrechtlichen Interessen* und die *Vertretung* des Bevormundeten, erfahren damit in Art. 405 hinsichtlich der persönlichen Betreuung Minderjähriger eine Konkretisierung, während die Vertretung in Art. 407–412 und die Vermögensverwaltung in Art. 413 und 414 näher geregelt werden.

Zwischen der persönlichen Fürsorge, der Vertretung und der Vermögensverwaltung gibt **2** es ungezählte **Schnittstellen** und **Überlagerungen.** Wie für die persönliche Fürsorge Mittel aus dem Vermögen des Kindes nötig sein können, orientiert sich manche Vertretungshandlung allein an fürsorgerischen Zielsetzungen: Veranlassen einer *Zahnkorrektur,* Zustimmung zu *Musikunterricht,* Finanzierung eines kostspieligen *Trainingslagers* etc. Damit lässt sich die persönliche Fürsorge nicht stringent abgrenzen von andern, dem Kindeswohl dienenden und im Interesse des Kindes vorzunehmenden Handlungen.

Das Pflichtenheft des Vormundes Minderjähriger, d.h. die Verantwortung für Erziehung **3** und Unterhalt, legitimiert sich wie jenes der Eltern mit der **besonderen persönlichen Schutz- und Beistandsbedürftigkeit** des Mündels (SCHNYDER/MURER, Syst. Teil, N 18, 35). Dabei umfasst der Unterhaltsbegriff die elterliche Sorge bez. Pflege, Erziehung und Geldleistung für das Kind (Botschaft Kindesverhältnis, 56; HEGNAUER, Kindesrecht, 20.32 f.; Art. 276 N 20 ff.; MÜLLER 202; vgl. u. N 23 ff.). Die so verstandene Unterhaltspflicht findet ihren Niederschlag in unzähligen Hilfestellungen, Dienst-, Sach- und Geldleistungen sowie in Förderungsmassnahmen, die sich nach den individuellen Bedürfnissen des Kindes richten.

Der Verweis auf die **Rechte der Eltern** stellt klar, dass sich der Vormund einer unmündigen **4** Person nach den umfassenderen Bestimmungen der Art. 276 ff. und 301 ff. zu richten hat. Nach dem Wortlaut von Art. 405 sind nur die *Rechte,* nicht aber auch die *Pflichten* des Vormundes jenen der Eltern gleichgesetzt (so trifft den Vormund persönlich z.B. keine Unterhaltspflicht i.S.v. Art. 276). Es ergibt sich aber aus Sinn und Zweck von Art. 405 i.V.m. Art. 368, 276 ff. und 301 ff., dass die Vormundschaft die **elterliche Sorge** ersetzt, und damit der Vormund als Elternersatz auch für den **Aufgabenbereich der Eltern** einstehen muss, soweit dieser nicht direkt abhängig ist von einer *besonderen Beziehungsnähe, wie sie natürlicherweise verwandtschaftlicher Bindung eigen ist,* oder vom *rechtlichen Kindesverhältnis (N 19–21).* In dieser relativen Kongruenz verwirklicht sich der in der schweizerischen Rechtsordnung verankerte und garantierte Anspruch des Kindes nach **Schutz des Kindeswohls,** nach **Respektierung des Kindeswillens** sowie der **Persönlichkeit** und **Eigenständigkeit** des Kindes (entwicklungsgeschichtlich hergeleitet von MEIER-SCHATZ, 1039, III.A.2. und dort unter N 50 zit. Fundstellen; LÜCKER-BABEL, 219 ff.). In der weitgehenden Identität von elterlicher Sorge und Kompetenz des Vormundes Minderjähriger liegt aber auch die Garantie für die mit dem Beitritt zur *UNO-Konvention über die Rechte des Kindes* (UN-KRK) eingegangenen internationalen Verpflichtungen, namentlich der Respektierung des Kindes als **vollwertiges Mitglied der menschlichen Gesellschaft** (vgl. Präambel zur UN-KRK) und des **Diskriminierungsverbots** (im vorliegenden Zusammenhang namentlich hinsichtlich der sozialen Herkunft oder des Status des Kindes, Art. 2 UN-KRK).

II. Anwendungsbereich

Im Gegensatz zum Erwachsenenvormundschaftsrecht (vgl. Art. 406 N 15 ff.) kennt das **5** Vormundschaftsrecht für Unmündige ausser der Vormundschaft keine *amtsgebundenen* Massnahmen, welche einen *umfassenden* persönlichen Betreuungsauftrag an den Mandatsträger beinhalten würden. Art. 405 richtet sich deshalb in seiner generellen Art **an den Vormund,** nicht aber i.S.v. Art. 367 Abs. 3 ohne weiteres an Erziehungs-, Vertretungsbeistand oder Erziehungsaufsicht (vgl. aber u. N 6).

Als *Generalklausel* (zu Begriff und Abgrenzung vgl. BRAUCHLI, 36) kann sich Art. 405 *je* **6** *nach Auftrag* dann an einen **Erziehungsbeistand** gem. Art. 308 Abs. 2 und 3 oder einen **Vertretungsbeistand** gem. Art. 306 Abs. 2 und Art. 392 Ziff. 2 richten (HÄFELI, Betreuung, 55, 60), wenn diesem *besondere,* auf die Verwirklichung des persönlichen Wohls des Kindes ausgerichtete Befugnisse übertragen wurden und die elterliche Sorge beschränkt (Art. 308 Abs. 3) oder überlagert (Art. 392 Ziff. 2) ist (vgl. dazu Beispiele bei GULER, Beistandschaft, 64).

III. Voraussetzungen des Auftrages zur persönlichen Fürsorge

1. Persönlich

7   Die schutzbedürftige Person ist **unmündig,** d.h. sie hat das 18. Altersjahr noch nicht erreicht (Art. 14). Unter vormundschaftlichen Schutz kann ggf. auch ein noch nicht geborenes Kind *(nasciturus)* gestellt werden, wenn sich dies zur Wahrung seiner Interessen als notwendig erweist (beispielsweise Schutz vor medikamentösen Experimenten). Es ist resolutiv bedingt vom Zeitpunkt der Zeugung an schon vor der Geburt rechtsfähig (Art. 31 Abs. 2).

8   Von welchem Zeitpunkt an ausserhalb des Mutterleibes (in vitro) gezeugte **Embryonen** generell bedingt rechtsfähig sind, ist in der schweizerischen Rechtsordnung noch nicht abschliessend geklärt (vgl. dazu Art. 31 N 19 und dort zit. Fundstellen; STEINAUER, Enfant, 477 ff.). Das BGer hat dazu bisher nicht Stellung genommen (BGE 115 Ia 234 ff.; 119 Ia 460). Auch das am 1. Januar 2001 in Kraft gesetzte BG über die medizinisch unterstützte Fortpflanzung (Fortpflanzungsmedizingesetz, FMedG) lässt die Frage ebenso offen wie das Stammzellenforschungsgesetz (StFG, i.K. seit 1.1.2005). Die UNO-Konvention über die Rechte des Kindes (UN-KRK) überlässt die Regelung des Beginns der Rechtspersönlichkeit dem nationalen Recht der Mitgliedstaaten (STEINAUER, Enfant, 495, und dort in N 56 zit. Fundstelle; WOLF, 118).

9   Die Klärung dieser Frage ist im Kontext der persönlichen Fürsorge hinsichtlich überzähliger, **in vitro** gezeugter Embryonen von Relevanz. Diese sind dem Kindesschutz und damit Art. 405 unterstellt, wenn ihnen bereits vom Moment der Kernverschmelzung (Legaldefinition des Embryos gem. Art. 2 Bst. i FMedG) bedingt Rechtspersönlichkeit zuerkannt wird (PEDRAZZINI, 140). In der Lehre bleibt allerdings umstritten, ob das Embryo in vitro, also vor der **Nidation,** d.h. vor dem Einnisten der befruchteten Keimzelle in der Schleimhaut der Gebärmutter, als Sache zu behandeln, der Persönlichkeit der Eltern zuzusprechen ist oder aber als bedingt eigenständige Persönlichkeit Schutz geniesst (STEINAUER, Enfant, 477 ff.; PEDRAZZINI, 140). Mit dem StFG ist dagegen die Frage geklärt, unter welchen Voraussetzungen menschliche embryonale Stammzellen aus überzähligen Embryonen gewonnen und zu Forschungszwecken verwendet werden dürfen. Der Vollzug ist zudem nicht dem Kindesschutzrecht zugeordnet.

10   Die praktische Bedeutung der Streitfrage wird relativiert durch Art. 119 Abs. 2 lit. c BV (alt Art. 24^novies, in Kraft seit 17.5.1992). Danach dürfen ausserhalb des Körpers der Frau nur so viele menschliche Eizellen zu Embryonen entwickelt werden, als ihr *sofort* eingepflanzt werden können. Damit ist die Entwicklung überzähliger Embryonen real aber nicht verunmöglicht und steht deren Schutz in Frage. Das Konzept des FMedG weist die Verantwortung für die Aufsicht über diesen Schutzbereich allerdings *nicht den Vormundschaftsorganen,* sondern spez. *Bewilligungs- und Inspektionsgremien* zu (Art. 8 und 12 FMedG; REUSSER, 491).

11   Zur Problematik eines **vorgezogenen Adoptionsverfahrens** für (nach FMed-Recht unerlaubterweise) kryokonservierte Embryonen vgl. STEINAUER, Enfant, 478.

2. Sachlich

12   Die zu betreuende minderjährige Person steht **nicht unter elterlicher Sorge** (Art. 296 Abs. 1) und wurde von der zuständigen Behörde **bevormundet** (Art. 368). Elterliche

Sorge kann fehlen, weil die *Mutter selbst unmündig* ist (Art. 296 Abs. 2), weil die *Eltern entmündigt* (Art. 296 Abs. 2) *oder gestorben* sind, der *allein erziehende Elternteil entmündigt oder gestorben* ist und die elterliche Sorge nicht dem überlebenden Elternteil übertragen wurde (Art. 298 Abs. 2), oder weil den *Eltern die elterliche Sorge entzogen* wurde (Art. 311 und 312).

IV. Die persönliche Fürsorge durch den Vormund

1. Überblick

a) Grundlage und Grenzen

Das Kind bedarf aufgrund seiner naturgegebenen Schwäche und Hilfsbedürftigkeit des **13** *Schutzes* und der *Fürsorge*, deren Umfang und Intensität sich an seiner **Reife** und seinem **Entwicklungsstand** orientieren (Art. 301 ff.) und welche auf seine **gedeihliche Entwicklung** ausgerichtet sind (vgl. insb. auch Abs. 5 der Präambel zur UN-KRK).

Die Verantwortung für eine angemessene Betreuung liegt primär bei den Eltern, und wenn das Kind bevormundet ist, beim Vormund (Art. 405 ZGB, Art. 5 UN-KRK). Diese **Fremdbestimmungsbefugnis** beinhaltet einerseits Erziehungs- und Entscheidungsmacht gegenüber dem Kind, findet andererseits aber ihre Schranken in den **subjektiven Persönlichkeitsrechten,** der **Menschenwürde** und den **Grundrechtsansprüchen** des Kindes (Meier-Schatz, 1039 B. 1. ff.; Häfeli, Betreuung, 56; Hänni/Belser, 143 ff.; Hegnauer, Kindesrecht, 26.04; Steinauer, Enfant, 490 f.). Ausserdem steht sie unter dem Vorbehalt der **öffentlichen Ordnung** (BGE 119 Ia 178; 118 Ia 427; 117 Ia 27; vgl. auch nachfolgend N 69 ff.). Die **Vernachlässigung der Fürsorge- und Erziehungspflicht** ist überdies strafbar (Art. 219 StGB; Entscheid BGer 6S.193/2005 vom 16.7.2005, Meier/Häberli, ZVW 2005, 286 ÜR 85-05; 1P.692/2004 vom 10.2.2005, Meier/Häberli, ZVW 2005, 143 ÜR 30-05).

b) Maxime des Kindeswohls

Oberstes Ziel ist das **Kindeswohl,** welches als Leitgedanke im Mittelpunkt des Kindes- **14** rechts steht (Brauchli, 190 ff.; Hegnauer, Kindesrecht N 1.30, 26.04; ders., Mündelwohl, 84; Tschümperlin, 81 f.; Art. 301 N 4; Steinauer, Enfant, 484) und welches eine Definition im «Inbegriff der Voraussetzungen, von denen in einer gegebenen Situation die optimale Entwicklung der Persönlichkeit des Kindes abhängt», findet (BGE 129 III 250 E. 3.4.2; BK-Hegnauer, Sonderband 1975, aArt. 264 N 58; gegen eine Definierbarkeit Brauchli, 116; Art. 301 N 4). Es umfasst damit alle *affektiven* und *intellektuellen, körperlichen* und *gesundheitlichen, sozialen* und *rechtlichen Aspekte der Persönlichkeit* des unmündigen Kindes (BK-Hegnauer, a.a.O.) und weist alle, die mit dem Kind zu tun haben, an, in der jeweiligen Situation das zu tun, was die gedeihliche Entwicklung des Kindes am ehesten zu fördern verspricht (Hegnauer, Kindesrecht, 26.04a). Entwicklungsziele sind Mündigkeit, Tüchtigkeit und Wohlbefinden, deren Grundlage in der Befriedigung **psychosozialer Grundbedürfnisse** liegt: Bedürfnis nach **Liebe und Geborgenheit,** nach **neuen Erfahrungen,** nach **Lob und Anerkennung,** nach **Verantwortung und Selbstständigkeit,** nach **Übersicht und Zusammenhang** (Inversini, 231 f.). Die Maxime des Kindeswohls bildet einen Ersatz für den rechtlich nicht anerkannten Willen des Kindes und gibt dem Kind «eine Stimme» (Steinauer, Enfant, 490, 494; Hegnauer, Mündelwohl, 83). Die Achtung der Persönlichkeit des Kindes äussert sich in der **Rücksicht auf seine Meinung** in wichtigen Angelegenheiten (Art. 301 Abs. 2). Die Beschränkung der Anhörung gem. Art. 409 auf wenigstens 16-jährige ist mit dem rev. Art. 301 (in Kraft seit 1.1.1978) stillschweigend dahin gefallen (Hegnauer, Mündelwohl, 85 III. 2).

c) Adressaten der Kindeswohlmaxime

15 Die Maxime des Kindeswohls richtet sich an den **Gesetzgeber,** an die **rechtsanwendenden Behörden,** an die **Eltern** und den **Vormund,** aber auch an alle **Dritte,** die entweder für das Kind *Entscheidungen treffen,* aus einem Subordinationsverhältnis, auf vertraglicher Basis oder aufgrund behördlicher Legitimation seine *Betreuung mittragen* oder *beeinflussen* (z.b. Pflegeeltern, Geistliche, Lehrkräfte, Schulorgane, Erziehungs- oder Vaterschaftsbeistand gem. Art. 308 und 309, Vertretungsbeistand gem. Art. 306 und 392 Ziff. 2, Krippen- und Hortpersonal, vgl. dazu auch Art. 3 UN-KRK).

d) Relativität der Kindeswohlmaxime

16 Die Bedeutung der Maxime des Kindeswohls büsst während des **Reifeprozesses** des Kindes an Relevanz ein, denn die elterliche Sorge resp. die Befugnis des Vormundes steht unter dem Vorbehalt der **eigenen Handlungsfähigkeit** des Kindes (Art. 301 Abs. 1), welchem die seiner Reife entsprechende *Freiheit der Lebensgestaltung* zu gewähren ist (BGE 111 II 408) und dessen *Meinung* mit zunehmender Reife auch an Entscheidungsrelevanz gewinnt (Art. 301 Abs. 2, 12 UN-KRK). Damit erwächst dem Kind selbst sukzessive seine «eigene Stimme», bis es mit Erreichen der vollen Handlungsfähigkeit seinen eigenen Willen so ausgestaltet hat, dass seine eigenverantwortlichen Entscheidungen anstelle der Maxime des Kindeswohls treten und Letztere deshalb ihre Bedeutung vollständig verliert (BRAUCHLI, 135; HEGNAUER, Mündelwohl, 83; STEINAUER, Enfant, 490 f.; Art. 301 N 3).

e) Vorwirkung der Kindeswohlmaxime

17 Nach dem BG über die medizinisch unterstützte Fortpflanzung (FMedG) erfährt das Kindeswohl insofern eine Vorwirkung, als Fortpflanzungsverfahren nur in Betracht gezogen werden dürfen, wenn ein ungleichgeschlechtliches Paar, Mann und Frau, *Elternverantwortung* für das Kind übernehmen will und aufgrund seines Alters und seiner persönlichen Verhältnisse voraussichtlich *bis zur Mündigkeit* des Kindes für dessen Pflege und Erziehung sorgen kann (Art. 3 Abs. 2 FMedG). Bei heterologen Verfahren ist zudem Bedingung, dass das Paar *verheiratet* ist (Art. 3 Abs. 3 FMedG). Schliesslich sind die *postmortale Verwendung von Keimzellen,* die *Leihmutterschaft,* die *Embryonenspende* und die *Eispende* ausdrücklich verboten (Art. 3 Abs. 4 und Art. 4 FMedG; REUSSER, 480 ff.). Zudem ist das Erzeugen von Embryonen zu Forschungszwecken, das Bilden von Klonen, Chimären oder Hybriden verboten (Art. 3 StFG).

2. Abgrenzungen zu andern Rechtsverhältnissen

a) Vormundschaft und elterliche Sorge

18 Elterliche Sorge ist die **gesetzliche Befugnis und Pflicht zu allen Entscheidungen** und **Massnahmen,** deren das Kind zur sinnvollen Entfaltung seiner Persönlichkeit bedarf, die es aber wegen seiner Unreife überhaupt nicht oder nicht allein treffen kann (HENKEL, Elterliche Gewalt, 90; HEGNAUER, Kindesrecht, 25.03; TSCHÜMPERLIN, 34). Sie bildet die rechtliche Grundlage für **Erziehung** (301 ff.) und **Vertretung** (Art. 304) des Kindes sowie für die **Verwaltung seines Vermögens** (Art. 318 ff.) durch die Eltern (HEGNAUER, Kindesrecht, 25.02). Die elterliche Sorge basiert auf dem rechtlichen **Kindesverhältnis** und entsteht von Gesetzes wegen i.d.R. mit der Geburt des Kindes, sofern die Eltern nicht unmündig, entmündigt oder verstorben sind (Art. 296 Abs. 2, 297 Abs. 3, 298 Abs. 2). Zudem kann elterliche Sorge durch behördliche Verfügung nach der Entmündigung volljähriger Kinder gewidmet («übertragen») werden (Art. 385 Abs. 3). Sie verleiht den Eltern eine zweckgebundene **Rechtsmacht,** die allerdings kein *subjektives Recht* der Eltern, sondern ein *Pflichtrecht* darstellt (HEGNAUER, Kindesrecht, 25.03).

Die **Vormundschaft** ist der elterlichen Sorge nachgebildet und stimmt mit ihr in *Struktur*   **19** und *Inhalt* im Wesentlichen überein (HEGNAUER, Mündelwohl, 82). Beiden ist die Funktion der **Fremdbestimmung** gemeinsam. Die Vormundschaft ist gegenüber der elterlichen Sorge allerdings **subsidiär** und wird nur angeordnet, wo Letztere fehlt oder entzogen wurde. Diese Subsidiarität entspricht der Subsidiarität der staatlichen Gemeinschaft gegenüber der Familie (SCHNYDER/MURER, Syst. Teil, N 265).

Vormundschaft entsteht nie von Gesetzes wegen, sondern ausschliesslich aufgrund eines   **20** **hoheitlichen Aktes** (Art. 298 Abs. 2, 311 Abs. 2, 312). Daraus ergibt sich aber auch eine grundsätzlich **andere Rechtsbeziehung** zwischen Kind und Vormund als zwischen Kind und Eltern. Das Eltern-Kind-Verhältnis ist – abgesehen von der Freigabe zur Adoption – durch eine *unauflösliche Rechtsbeziehung* und i.d.R. auch durch eine *Lebensgemeinschaft* gekennzeichnet, während das Verhältnis zum Vormund mit Erreichen der Volljährigkeit oder durch Vormundwechsel *dahinfällt* und grundsätzlich von andern Rechtsfolgen geprägt ist (keine dem Kindesverhältnis nachgebildete Rechtsbeziehung, kein gegenseitiges Erbrecht, keine Familienunterstützungspflicht, keine aus dem Tod des Vormundes abzuleitenden Sozialversicherungsansprüche etc.).

Ein massgeblicher Unterschied liegt zudem in der unterschiedlichen Intensität der **staat-**   **21** **lichen Kontrolle und Mitsprache:** Elterliche Sorge wird *autonom* ausgeübt (Ausnahme: Art. 320 Abs. 2), sind können das Kind ohne Einbezug einer Behörde in eine Anstalt einweisen, während der Vormund für wichtige Entscheidungen der *Zustimmung der VormBehörde* bedarf (Art. 404, 405a, 421, 422), staatlicher Aufsicht unterliegt (Art. 423–425) und in seinen Entscheidungen den **Beschwerdemöglichkeiten** des urteilsfähigen Mündels gem. Art. 420 ausgesetzt ist. Staatlicher Aufsicht und Einmischung sehen sich Eltern dagegen erst ausgesetzt, wenn sie durch ihr Erziehungsverhalten das *Wohl des Kindes gefährden* und Anlass zu Kindesschutzmassnahmen bieten. Ein Beschwerderecht gegen elterliche Entscheide haben Kinder nicht, sie können sich aber allenfalls an die VormBehörde wenden mit dem Ersuchen, den Eltern Weisungen oder Ermahnungen zu erteilen (Art. 307), oder ihnen das Sorgerecht einzuschränken oder gar zu entziehen (Art. 308 Abs. 3, 310–312). Schliesslich fehlt in der Beziehung Vormund-Mündel die **gegenseitige Pflicht zur Gemeinschaft** und i.d.R. auch die natürliche, nähere und tiefe Beziehung, wenn als Vormund nicht ein erwachsenes Geschwister oder Grosseltern eingesetzt sind (N 4). Schliesslich kann sich der Vormund im Gegensatz zu den Eltern auch nicht an die VormBehörde wenden und **Kindesschutzmassnahmen** beantragen, weil das System des ZGB (ausser bei Interessenkollisionstatbeständen) keine Überlagerung der Vormundschaft durch weitere Kindesschutzmassnahmen kennt (allenfalls in Betracht fallende Ausnahmen vgl. N 62 und 71). Mit renitenten Mündeln muss der Vormund selbst zu Rande kommen, sieht man von der durch die VormBehörde zu verfügende Anstaltseinweisung (Art. 405a) oder von der Möglichkeit eines Vormundwechsels (Art. 415, 442, 445 Abs. 2) ab.

b) Vormundschaft und Hausgewalt über Minderjährige

Haben Personen, die in gemeinsamem Haushalt leben, nach Gesetz, Vereinbarung oder   **22** Herkommen ein Familienhaupt, so steht diesem die Hausgewalt zu (Art. 331). Das Familienhaupt verfügt damit über ein der elterlichen Sorge und der Vormundschaft verwandtes Fremdbestimmungsrecht über die in gemeinsamem Haushalt lebenden Hausgenossen (HEGNAUER, Kindesrecht, 30.03), für deren Fürsorge (Art. 332), und für die von diesen verursachten Schäden er verantwortlich ist, soweit er sich nicht zu exkulpieren vermag

(Art. 333). Die Fürsorgepflicht des Hausherrn steht damit stellvertretend für jene der Eltern resp. des Vormundes, die ihm das Kind anvertraut haben, basiert auf einem Pflegevertrag, stiefelterlicher Beistandspflicht gem. Art. 299 und/oder (v.a. Grossfamilien und Heime) auf einem öffentlichen Leistungsauftrag und umfasst jene Aufgabenbereiche, die sich aus der Inobhutnahme des Kindes und aufgrund dessen Fürsorgebedürftigkeit ergeben (vgl. u. N 33, 55 ff.).

3. Unterhalt und Erziehung

a) Allgemeines

23 Der Begriff des **Unterhalts** wird im Kindes- und Vormundschaftsrecht nicht einheitlich verwendet (vgl. o. N 3). Zuweilen wird darunter der materielle Aufwand, d.h. die *Kosten für Pflege und Erziehung* verstanden (Art. 276 Abs. 3, 277 Abs. 2), zuweilen versteht sich Unterhalt als *Inbegriff elterlicher oder vormundschaftlicher Fürsorge* und schliesst die Erziehung mit ein (Art. 276 Abs. 1 und 2). Entsprechend uneinheitlich wird auch der Begriff **Erziehung** verwendet, der in Art. 276 Abs. 2 als Bestandteil des Unterhalts, in den Art. 301 f. als von der materiellen Unterhaltspflicht klar getrennter *ideeller Bereich* der persönlichen Fürsorge verstanden wird. In Art. 405 werden Unterhalt und Erziehung als *Sammelbegriff* und inhaltliche Umschreibung der Fürsorge für die Person verwendet. Der rechtliche Unterhaltsbegriff des ZGB umfasst denn auch Pflege, Erziehung und Geldleistung (Botschaft Kindesverhältnis, 56). In den folgenden Abschnitten wird entsprechend der Sprachregelung von Art. 405 Unterhalt i.S. des *nötigen materiellen Aufwandes* verstanden.

b) Unterhalt

aa) Gegenstand und Umfang

24 Gegenstand und Umfang des Unterhalts für das Kind werden in Art. 276 nicht näher umschrieben: Es sind *insb.* die **Kosten für Erziehung, Ausbildung und Kindesschutzmassnahmen,** beinhalten aber den **gesamten Lebensbedarf** des Kindes, einschliesslich allfälliger gerichtlicher Verbeiständung zur Wahrung seiner Rechte, soweit dies den Eltern finanziell möglich ist (BGE 119 Ia 134). Damit umfasst der Unterhalt zunächst alle elementaren Lebensgrundlagen: *Nahrung, Bekleidung, Unterkunft, Körper- und Gesundheitspflege.* Neben diesen physischen Grundbedürfnissen muss der Unterhalt aber auch den *psychisch-emotionalen Anliegen* genügen, der ganzheitlichen Förderung des Kindes dienen (Beistand mit Rat und Tat, Vermittlung von Geborgenheit in einem Umfeld gegenseitiger Achtung und Unterstützung) und ihm die Durchsetzung seiner persönlichen Rechte ermöglichen (N 14; Art. 276 N 21; HAUSHEER/SPYCHER, 06.01).

25 In Art. 27 des UNO-Übereinkommens über die Rechte des Kindes (UN-KRK) anerkennen die Vertragsstaaten das Recht jeden Kindes auf einen seiner körperlichen, geistigen, seelischen, sittlichen und sozialen Entwicklung **angemessenen Lebensstandard.** Mit der im ZGB statuierten Unterhaltspflicht wird diese Verpflichtung auf gesetzgeberischer Ebene erfüllt (WOLF, 145).

bb) Unterhalts- und Unterstützungspflichtige

26 Unterhaltspflichtig sind primär die **Eltern,** d.h. Vater und Mutter, und zwar unabhängig von den konkreten familiären Verhältnissen: Fehlende Obhut, fehlende elterliche Sorge oder fehlender persönlicher Kontakt zum Kind sowie Namensänderung vermögen an diesem Grundsatz nichts zu ändern. Verheiratete tragen die Kosten nach den Bestimmungen des Eherechts (Art. 278). **Unverheiratete** Eltern **in Lebensgemeinschaft** tragen die

Kosten aufgrund gegenseitiger Abrede (HEGNAUER, Kindesrecht 2006, 33), wobei diese für das Kind nur gültig ist, wenn sie von der VormBehörde oder in einem gerichtlichen Verfahren genehmigt worden ist (Art. 287). Treffen die Eltern keine Regelung, ist dem Kind unabhängig vom Umstand, ob die Eltern mit dem Kind eine Lebensgemeinschaft bilden oder nicht, ein *Beistand* zu ernennen, der sich um die Durchsetzung des Unterhaltsanspruchs bemüht (HEGNAUER, Kindesrecht, 27.20). Steht das Kind unter Vormundschaft, fällt diese Aufgabe dem *Vormund* zu. **Alleinerziehende** haben allein für den gesamten Unterhalt aufzukommen, wenn a) die Vaterschaft des Kindes einer ledigen Mutter nicht festgestellt wurde oder b) der andere Elternteil verstorben oder gänzlich leistungsunfähig geworden ist (unter Vorbehalt von Sozialversicherungsansprüchen).

Die Unterhaltspflicht gegenüber dem **Findelkind** richtet sich nach Art. 330. Die Kosten   **27**
des Unterhalts trägt die **Gemeinde,** in der das Kind eingebürgert wird. An welchem Ort diese Einbürgerung erfolgt, regelt das Bundesrecht nur hinsichtlich des Kantons (Art. 6 Abs. 1 und 2 BüG), während die zuständige Gemeinde durch das kant. Recht bestimmt wird (BK-SCHNYDER/MURER, Art. 376 N 96; Art. 330 N 7). Wird die Abstammung des Findelkindes festgestellt und das Kind nicht der elterlichen Sorge unterstellt, obliegt es dem Vormund, die Unterhaltsregelung mit den Eltern (oder der Mutter allein) zu treffen. Es ist aber nicht seine Angelegenheit, sondern die der unterstützungspflichtigen Gemeinde, die Rückgriffsrechte gem. Art. 330 Abs. 2 geltend zu machen.

Zur Unterstützungspflicht von Stiefeltern, Pflegeeltern und Verwandten vgl. Art. 276   **28**
N 11–14.

cc) Unterhaltsleistungen ausserhalb des Familienrechts

Kann der Unterhalt des Mündels weder durch Beiträge der Eltern noch durch unterstüt-   **29**
zungspflichtige Verwandte oder das Mündel selbst (Art. 276 Abs. 3, 319 Abs. 1 und 320) bestritten werden, so ist er aufgrund des kant. Sozialhilferechts vom Gemeinwesen zu tragen (Art. 293 Abs. 1). Ein Zugriff auf das Kindesvermögen ist nur mit Zustimmung der VormBehörde zulässig, woran sich auch die Sozialhilfebehörde zu halten hat (AFFOLTER, Kindesvermögen, 223 ff.). Zu prüfen hat der Vormund allerdings auch alle Möglichkeiten von Stipendien, welche auf eidg., kant. oder kommunalem Recht beruhen, aber auch von einzelnen Ausbildungsstätten selbst angeboten werden (vgl. dazu z.B. das Stipendienhandbuch der Pro Juventute, Ausbildung – wer hilft bei der Finanzierung, vollständig überarbeitete Ausgabe, Zürich 2001). Der Vormund berate sich hier mit den zuständigen kant. Dienststellen. Als besonders willkommen gelten auch die Leistungen von zahlreichen Fonds. Die nötigen Angaben über Voraussetzungen und Leistungsumfang sind in einschlägigen Fondsverzeichnissen erschlossen (z.B. Verzeichnis der Fonds, Stiftungen und anderen finanziellen Hilfsquellen im Kt. Bern, Januar 2006, hrsg. von der Gesundheits- und Fürsorgedirektion; Kanton Zürich: www.infostelle.ch).

Tod, Invalidität, Arbeitslosigkeit oder Leistungsunfähigkeit der Eltern begründen An-   **30**
sprüche auf Leistungen der Sozialversicherung (HEGNAUER, Kindesrecht, N 20.36 und dort zit. Fundstellen; RIEMER, Renten, 415 f., 428 ff.). Von besonderer Bedeutung sind hier die Waisenrenten gem. Art. 25 AHVG, die Kinderrente gem. Art. 35 IVG und die Leistungen für sonderschulungsbedürftige und hilflose Minderjährige gem. Art. 19 und 20 IVG, die Renten gem. Art. 17, 20, 25 BVG, Ergänzungsleistungen gem. Art. 7 ELV (WEL 2043), Kinderzulagen gem. kant. Spezialregelung und die Vergünstigungen der Krankenkassenprämien gem. KVG. Ebenso relevant können der Ersatz des Versorgerschadens aus Haftpflichtrecht bei drittverschuldetem Tod oder drittverschuldeter Invalidität der Unterhaltspflichtigen sein (dazu HEGNAUER, Kindesrecht, 20.35 und dort zit. Fundstellen).

dd) Anordnung des Angemessenen

31 Der Vormund hat prioritär den **Unterhaltsbedarf** des Mündels abzuklären. Dieser orientiert sich an den *spezifischen Bedürfnissen* des Kindes (vgl. N 3, 13 f., 33) und am Bedarf, den die Förderung seiner Neigungen und Fähigkeiten auslöst. Ausschlaggebend sind zunächst *Alter, Gesundheit, Unterbringungsaufwand* und, soweit sich dieser bereits konkretisieren lässt, der *Lebensplan* des Mündels. Bei der Beurteilung jenes Aufwandes, der über die blosse Existenzsicherung hinausgeht, ist die Lebensstellung und Leistungsfähigkeit der unterhaltspflichtigen Eltern mit zu berücksichtigen (Entscheide BGer 5C.66/2004 vom 7.9.2004; 5P.445/2004 vom 9.3.2005; MÜLLER, 208). Steht der Unterhaltsbedarf fest, hat der Vormund die nötigen **Unterhaltstitel** zu veranlassen (Urteil oder Vertrag, Art. 279, 281 ff., 287; HAUSHEER/SPYCHER, 378 ff.) und allenfalls bestehende Unterhaltsregelungen auf deren Angemessenheit und Rechtsgültigkeit hin zu **überprüfen** (Art. 287). Haben sich die Verhältnisse seit Errichtung der geltenden Unterhaltsregelung grundlegend **verändert** (Art. 286), hat der Vormund die Unterhaltstitel entsprechend ändern zu lassen (sei dies klageweise oder auf dem Verhandlungsweg), soweit dies im Interesse des Mündels liegt. Fehlt es an der Zahlungswilligkeit der Unterhaltspflichtigen, veranlasst der Vormund die **Bevorschussung** der Unterhaltsbeiträge (Art. 293 Abs. 2). Handelt es sich bei den Unterhaltspflichtigen um **IV-Rentner,** und deckt die aus der IV-Berechtigung entstehende Kinderrente den Unterhaltsbedarf des Kindes nicht, so ist zusätzlich ein Unterhaltsbeitrag geschuldet (Art. 285 Abs. 2), für den die Unterhaltspflichtigen bei Bedarf **Ergänzungsleistungen** anfordern können (BGE 122 V 300, 305).

32 Im Übrigen wird auf die Komm. zu Art. 276 verwiesen.

c) Erziehung

aa) Einleitung

33 Die Fürsorge für die Person (Personensorge) umfasst gem. Art. 301 die Pflege und Erziehung, die Bestimmung des Aufenthalts (Art. 301 Abs. 3), und die Gewährung der nötigen, der Alters- und Persönlichkeitsentwicklung angemessenen Freiheit in der Lebensgestaltung. Was darunter im Einzelfall zu verstehen ist, ergibt sich aus der **Bedürfnislage des Mündels** und richtet sich nach seinem **Wohl.** Der Vormund hat weitgehende **Autonomie** zu entscheiden, was dem Wohl des Mündels diene (MÜLLER, § 7 III.B. 72), er ist dabei aber immer an die Respektierung der Persönlichkeit des Mündels gebunden. Damit setzt er das **Erziehungs- und Konkretisierungsmonopol** der Eltern um (TSCHÜMPERLIN, 119; HÄNNI/BELSER, IV.1. 152; BIDERBOST, 261 f.). Hat er sein Mündel bei **Dritten** untergebracht (Pflegeeltern, Heim), obliegt diesen im Rahmen ihrer Stellvertretungsbefugnisse der Entscheid in Fragen der alltäglichen Pflege und Erziehung, des Umgangs mit Dritten und des Aufenthaltes (Art. 300 N 4 ff.).

34 Wie weit der Vormund oder die von ihm eingesetzten Erziehungsberechtigten die **Erziehungsmethoden** der Eltern weiterführen sollen und dürfen, hängt davon ab, ob den Eltern wegen ihrer Erziehungsuntauglichkeit die elterliche Sorge entzogen wurde oder ob sie verstorben oder verhindert sind. Im ersteren Fall wird es gerade zum Ziel der Kindesschutzmassnahme gehören, einen *erzieherischen Orientierungswechsel* vorzunehmen, während im letzteren Fall auch dann, wenn sie sich nicht mit den Lebensgewohnheiten des Vormundes decken, mit Rücksicht auf die gedeihliche Entwicklung des Kindes die für seine bisherige Erziehung gültigen Leitlinien zu *respektieren* sind.

bb) Leitlinien

35 Erziehung heisst *Formen von Leib, Seele und Geist.* Sie soll das Mündel zu *Selbstverantwortung, Tüchtigkeit* und *Autonomie in der Lebensgestaltung* hinführen. Sie beinhaltet die Gesamtheit der seelisch-geistigen Einwirkungen, welche auf das Kind bewusst und absichtlich ausgeübt werden, um die **vorhandenen Begabungen** zu **entfalten** und zu entwickeln, sowie den jungen Menschen nach den Auffassungen und Wertmassstäben der Eltern und sonstigen Erziehungsberechtigten zur vollwertigen Persönlichkeit und zum selbständigen Glied der Gemeinschaft zu formen (TSCHÜMPERLIN, 199 und dort unter N 13 zit. Fundstellen). Dazu braucht das Kind **Orientierungshilfen, konstante Bezugspersonen** und **emotionale Bindungen,** nachvollziehbare und konsequente **Zielsetzungen, Sicherheit, Respekt, Schutz und Rücksicht, Bildung, intellektuelle und emotionale Anreize** und seinem Alter entsprechende **Entscheidungs- und Handlungsfreiräume** und **Verantwortlichkeiten,** aber (v.a. in der Person der Erziehungsberechtigten) auch **Vorbilder** (N 14; vgl. dazu auch BIDERBOST, 37 ff.).

Die gesetzlichen Erziehungsziele wurden in Lehre und Rechtsprechung, namentlich in Zusammenhang mit der Kinderzuteilung in Scheidungsverfahren, konkretisiert (TSCHÜMPERLIN, 207): **36**

Förderung individueller Kindesanlagen **37**

Die Erziehung hat sich nach den individuellen Kindesanlagen zu richten. Damit unvereinbar sind Erziehungsmassnahmen, die Verhaltensmuster und Rollenbilder an das Kind herantragen, welche sich nicht an der Persönlichkeit, den Fähigkeiten, dem Alter und der Reife des Kindes orientieren (TSCHÜMPERLIN, 207). Das Fernhalten von der Schule und die Vernachlässigung der gesundheitlichen Bedürfnisse bedeuten eine strafrechtlich relevante Vernächlässigung der Fürsorge- und Erziehungspflicht (Entscheid BGer 6S.478/2004 vom 13.3.2005; BGE 126 IV 136; 125 IV 64).

Ganzheitliche Persönlichkeitsentwicklung **38**

Besondere individuelle Begabungen sind zu fördern. Dies darf allerdings nicht auf Kosten einer ganzheitlichen Persönlichkeitsentwicklung geschehen. Es ist dem Kind jene Stabilität der Verhältnisse zu gewährleisten, welche seine harmonische Entfaltung in körperlicher, seelischer und geistiger Hinsicht gewährleisten (BGE 111 II 227; 108 II 370; TSCHÜMPERLIN 208).

Soziale Integration **39**

Erziehung muss neben Entfaltung der individuellen Fähigkeiten auch die soziale Integration sicherstellen und darf nicht zur Isolation führen (Entscheid BGer 5P.257/2003 vom 18.9.2003; AFFOLTER, Betreuung, 3.c. 649; HEGNAUER, Mündelwohl, 85; TSCHÜMPERLIN, 208 und dort zit. Fundstellen).

cc) Körperliche Gesundheit

Genügende, zweckmässige, gesunde Ernährung und Bekleidung, kindergerechte Wohnung mit entsprechender Haushaltführung gehören mit Blick auf die Verselbständigung des Mündels zu den **gesundheitlichen Erziehungszielen** (Entscheid BGer 6S.478/2004 vom 13.3.2005; TSCHÜMPERLIN, 209; BSK ZGB-SCHWENZER, Art. 302 N 4). Darüber hinaus gehört die **Sorge um das körperliche und psychische Wohl** zu den Grundaufgaben der Personensorge (Art. 301 Abs. 1, 302 Abs. 1 und 2) und bildet, weil die Gesundheit zu den durch die Persönlichkeitsrechte geschützten Rechtsgütern gehört, Bestandteil des dem Vormund aufgetragenen Mandates (MÜLLER, 223 und dort unter N 14 zit. Fundstellen). Allerdings haben urteilsfähige Jugendliche im Bereich der medizinischen Pflege und Eingriffe bedeutende Entscheidungsfreiheiten (MEIER-SCHATZ, III.B.4 1041 und dort zit. Fundstellen): Ist das Kind *urteilsfähig*, entscheidet es selbst in Fragen, welche seine absolut höchstpersönlichen Rechte betreffen (BGE 117 II 7; Art. 19 N 36 ff.; BUCHER, **40**

N 154). Das ist unbestritten hinsichtlich eines straflosen Schwangerschaftsabbruchs (HONSELL, Arztrecht, 338; Art. 302 N 4; STETTLER, SPR III/2, 1992, 388 mit dort zit. Fundstellen).

41   Die Zustimmung des gesetzlichen Vertreters zu ärztlichen Eingriffen bildet überdies Bestandteil der Vertretungsbefugnisse des Vormundes und wird unter Art. 407 behandelt. Vgl. auch Art. 19 N 35.

42   Heikle Fragen stellen sich immer wieder im **Austausch medizinischer Daten** zwischen Arzt und Vormund. Die Vertrauensbasis zwischen Vormund und Mündel ist wie jene zwischen Arzt und Patient eine unabdingbare Voraussetzung für eine erfolgreiche Personensorge. Ärztliche Informationen unterliegen dem **Arztgeheimnis** (Art. 321 StGB), für beamtete Ärzte zudem dem **Amtsgeheimnis** (Art. 320 StGB). Vormundschaftliche Informationen unterliegen dem ungeschriebenen **Vormundschaftsgeheimnis** (ELSENER, 215; MEIER, Confidentialité, 210 ch. 15), und, soweit sie von Amtsvormunden und der VormBehörde gehütet werden, dem Amtsgeheimnis (Art. 320 StGB). Der strafrechtliche Schutz erfasst nur die VormBehörden und Amtsvormunde, nicht aber Privatvormunde (BGE 121 IV 222), welche der Geheimhaltungspflicht allerdings aufgrund des **Persönlichkeitsschutzes,** den das Mündel geniesst (Art. 28; Art. 8 EMRK), unterliegen.

43   Der vormundschaftliche Betreuungsauftrag lässt sich nur realisieren, wenn der Vormund auch über die nötigen **Informationen** zum medizinischen Behandlungsbedarf des Mündels verfügt. Hinsichtlich des **urteilsunfähigen Kindes** kann der Vormund selbst den Arzt vom Geheimnis entbinden (weil es sich beim Zustimmungsrecht in dieser Konstellation um ein *relativ höchstpersönliches Recht* handelt, MEIER, Confidentialité, 213 ch. 24; Art. 19 N 40). Er verfügt damit über die Möglichkeit, auch hochsensible medizinische Daten mit dem Arzt **auszutauschen** (CHATAGNY, 64; HONSELL, Arztrecht, 161 FN 167). Zur Frage, wieweit an urteilsunfähigen Mündeln medizinische Eingriffe von grosser Tragweite vorgenommen werden dürfen, vgl. Art. 406 N 49 ff.

44   Anders verhält es sich beim **urteilsfähigen Mündel.** Dieses ist selbst Geheimnisherr über seine medizinischen Daten. *Ohne seine Einwilligung* ist der Arzt nicht befugt, dem Vormund medizinische Daten zu übermitteln (HONSELL, Arztrecht, 157; MEIER, Confidentialité, 212 ch. 23, 214 ch. 28), ausser er habe sich von seinen Aufsichtsbehörden vom Arztgeheimnis **entbinden lassen** (Art. 321 Ziff. 2 StGB) oder es treffe ihn eine **Anzeigepflicht** (z.B. Art. 369 Abs. 2 ZGB) oder er geniesse ein Mitteilungsrecht (358ter StGB). Diese strengen Regeln finden ihre Rechtfertigung im Respekt vor der Persönlichkeit des Mündels und dem Schutz seiner Privatsphäre (vgl. o. N 4, 13). Ob das Mündel urteilsfähig sei, ist auf den konkreten Eingriffsfall hin zu prüfen (vgl. dazu im Einzelnen HONSELL, Arztrecht, 159). Ist es urteilsfähig, entscheidet es nicht nur selbst über die Datenfreigabe, sondern ihm obliegt auch die Einwilligung zu medizinischen Eingriffen (HONSELL, Arztrecht, 307; Art. 406 N 46 ff.).

45   In Ausnahmefällen kann sich ein Informationsaustausch auch **gegen den Willen** des Mündels rechtfertigen. So ist denkbar, dass der Vormund **zwingende therapeutische Massnahmen** sicherstellen muss, um den medizinischen Behandlungserfolg herbeiführen zu können. Die Informationen haben sich diesfalls nach dem **Verhältnismässigkeitsprinzip** auf das *absolut Notwendige* zu beschränken (MEIER, Confidentialité, 221 ch. 44).

46   Ob ohne Einverständnis dem Vormund übermittelte Informationen des Arztes, welche auf **erzieherische oder soziale Unterstützung** abzielen (z.B. lebensgefährliches Sexualleben, Alkoholprobleme etc.) *unzulässig* seien (so die Meinung von MEIER, Confidentiali-

té, 221 ch. 45), scheint umstritten, dürfen sich doch selbst Eltern ohne elterliche Sorge nach neuem Recht (rev. Art. 275a) bei Dritten wie Ärzten und Lehrern Auskunft einholen über Zustand und Entwicklung des Kindes, ein Recht, das schon nach vorherrschender Doktrin anerkannt wurde (HEGNAUER, Kindesrecht, 19.28a; ZVW 1991, 38 Nr. 2). Schranken bilden allerdings allemal die Persönlichkeitsrechte des Kindes resp. Mündels (Botschaft Revision Scheidungsrecht, 161).

Wird der vom urteilsfähigen Mündel anbegehrte medizinische Eingriff **hohe Kosten** ver-   **47** ursachen, muss *der Arzt* zwischen dem Anspruch auf Wahrung höchstpersönlicher Rechte und dem Schutz vor untragbaren Verpflichtungen eine antizipierte **Interessenabwägung** vornehmen. Im Zweifelsfall hat sich der Arzt die **Zustimmung des Vormundes** zu beschaffen. Gelingt dies nicht über den Weg des urteilsfähigen Mündels, und liegt kein dringender Handlungsbedarf vor, darf der Eingriff *verweigert* werden. Den Interessen des Mündels kann auf dem Weg über die Zustimmung des Vormundes Rechnung getragen werden, denn der Vormund ist nicht befugt, ohne hinreichenden Grund sich über den Wunsch des Mündels hinwegzusetzen (Art. 301 Abs. 2, 302 Abs. 1).

dd) Bildung und Beruf

Schulische und berufliche Bildung sind zentrale, auf die Selbständigkeit und Autonomie   **48** des Mündels gerichtete Erziehungsziele. Eine geeignete Ausbildung orientiert sich an den **Fähigkeiten** und **Neigungen** des Kindes (Art. 302 Abs. 2). Daneben kommen weitere Gesichtspunkte zur Geltung wie Branchenperspektiven, wirtschaftliche und gesellschaftliche Entwicklungen, Erreichbarkeit und Kosten von Ausbildungsstätten, soziale und familiäre Verankerung. Angesichts der Tragweite von Berufswahl und -ausbildung ist der Vormund verpflichtet, in geeigneter Weise mit der Schule zusammenzuarbeiten (Art. 302 Abs. 3). Die Rücksichtnahme auf die Meinung des Mündels findet in Berufswahlvorbereitung und -entscheid eine besondere Ausprägung. Verträge über die berufliche Ausbildung des Mündels sind der VormBehörde zur Zustimmung zu unterbreiten (Art. 421 Ziff. 12).

ee) Erziehung zur Sittlichkeit

Die Sittlichkeit ist ein starken Wandlungen unterworfener Begriff, der durch die jeweilige   **49** **weltanschauliche** und **kulturelle Herkunft** und den **Zeitgeist** geprägt und dessen Wertung in einer **pluralistischen Gesellschaft** auch mit **grosser Toleranz** zu handhaben ist. Immerhin lassen sich auch in diesem Bereich gewisse Standards ausmachen, welche sich aus **rechtsethischer Sicht** auf einen *gemeinsamen gesellschaftlichen Nenner* zurückführen lassen: So verstösst die *Anstiftung* des Kindes *zu strafbarem Verhalten*, das *Vorleben von Unaufrichtigkeit*, das *Erziehen zum Hass gegenüber einem Elternteil*, gegen den Erziehungsauftrag des ZGB (BGE 108 II 369; 79 II 242; 54 II 68; 53 II 194). In Fragen sexuellen Umgangs sind die Grenzen dort zu setzen, wo das Verhalten der Erziehungsberechtigten dem Kind in *beziehungsmässiger und emotionaler Hinsicht keinen altersgemässen Zugang zur Sexualität* ermöglicht und damit seine Würde und Persönlichkeit verletzen.

ff) Religion und Weltanschauung

Die religiöse Erziehung umfasst einerseits die **Bestimmung der Konfession** (worunter   **50** auch der Entscheid fällt, **keiner Konfession** anzugehören) und die **religiöse Erziehung** i.e.S. (Bildung des religiösen Gefühls und des Glaubens, SCHNYDER/MURER, Art. 378 N 48 ff.). Sie fällt gem. Art. 303 Abs. 1 in den Zuständigkeitsbereich des Inhabers der elterlichen Sorge, ab dem 16. Altersjahr *entscheidet das Kind selbst* (Art. 303 Abs. 3).

Dabei geniesst es die verfassungsmässig garantierte Glaubens- und Gewissensfreiheit (Art. 15 i.V.m. Art. 11 Abs. 2 BV).

51 Mit der Vormundschaft werden diese Befugnisse bis zum 16. Altersjahr auf den Vormund übertragen. Dazu gibt es zwei Vorbehalte (vgl. auch N 34 und 63):

52 a) Verfügt das Kind im Zeitpunkt seiner Bevormundung *bereits über eine Religionszuge-hörig*keit oder wurde es von seinen Eltern bisher *ausdrücklich konfessionslos* erzogen, muss sich der Vormund bei seiner weiteren Erziehungsarbeit daran orientieren, **ob die bisherige religiöse Erziehung dem Kindeswohl diene,** ob diese im Interesse einer gedeihlichen Entwicklung des Kindes (wozu auch die *Aufrechterhaltung familiärer und religiöser Verbindungen* gehören kann) fortzuführen oder insb. zur **Identitätsfindung** des Kindes eine Änderung indiziert sei. Ausschlaggebend ist dabei allein das **Mündelwohl und nicht die Weltanschauung des Vormundes.** Hat das Kind bereits ein Alter erreicht, in dem es seine Religiosität oder seine Konfessionslosigkeit **bewusst lebt,** *verdichtet* sich seine weltanschauliche Zugehörigkeit zu einem *selbständigen Persönlichkeitsrecht,* das von den Erziehungsbeauftragten zu respektieren ist (vgl. auch ZVW 1980, 70 Nr. 6). Den ursprünglichen religiösen Entscheid der Eltern als **Rechtsanspruch** der Eltern zu schützen (SCHNYDER/MURER, Art. 378 N 44), geht unserer Auffassung nach **zu weit,** weil damit nicht in Rechnung gestellt wird, dass dieser Entscheid auch Ausdruck eines erzieherischen **Fehlverhaltens** sein kann (z.B. Sektenzugehörigkeit oder religiöser Fanatismus).

53 b) Wenn über die religiöse Erziehung eines bevormundeten Unmündigen eine Verfügung zu treffen ist, so hat die Behörde des Wohnsitzes die Weisung der **heimatlichen VormBehörde** einzuholen (Art. 378 Abs. 3). Für deren Weisungen gelten dieselben, an der Persönlichkeit des Mündels und seinem Wohl orientierten Schranken wie unter a) erwähnt. Von rechtlicher Bedeutung ist diese Weisung namentlich für **Findelkinder,** aber auch für den Entscheid, wo ein Mündel untergebracht wird.

54 In der Praxis findet sich allerdings kaum behördlicher Aktenverkehr zu dieser Frage: **Platzierungsentscheide** orientieren sich an der Gesamtheit der für das Kind wichtigen Kriterien (angemessene Erziehungs- und Betreuungsform, schulische Förderung, besondere therapeutische Anforderungen, Alter usw.), wogegen die religiöse Zugehörigkeit mit zunehmender **religiöser Toleranz** der Gesellschaft zu einem *sekundären* Entscheidungskriterium geworden ist. Dazu mag beitragen, dass in den Betreuungskonzepten von professionellen Pflegefamilien und Heimen i.d.R. angestrebt wird, den **religiösen Anliegen** der anvertrauten Kinder durch eine Familien- und Heimordnung, die sich an einer pluralistischen Wertordnung orientiert, Rechnung zu tragen.

d) Aufenthaltsbestimmungsrecht

aa) Allgemeines

55 Der Vormund ist der Inhaber des Obhutsrechts und entscheidet deshalb gestützt auf Art. 405 i.V.m. Art. 301 und 302 über den Aufenthalt des Mündels. Er kann es in seine **eigene Hausgemeinschaft** aufnehmen, den **leiblichen Eltern** anvertrauen (auch wenn diesen die elterliche Sorge entzogen worden war, BGE 112 II 16, und zwar nach eidg. Recht ohne Pflegekinderbewilligung, ZVW 1997, 94), in einer **Pflegefamilie** (worunter auch Grosseltern, erwachsene Geschwister, andere Verwandte, Paten fallen) oder einem **Heim** unterbringen oder ihm (v.a. bei Jugendlichen nahe der Mündigkeit) eine selbständige Unterkunft beschaffen, je nachdem, was das Wohl des Mündels erfordert. Dabei hat der Vormund primär eine *Dauerplatzierung* zu wählen, wovon *Tagespflege-* und *Wochenpflegeplätze* zu unterscheiden sind (MÜLLER, 170), welche zwar eine adäquate Betreuung

mittragen, nicht aber den eigentlichen oder höchstens einen parallelen Lebensmittelpunkt des Mündels begründen. Wegleitend ist dabei der in Art. 8 EMRK verankerte Anspruch auf **Familienleben,** dessen Schutzbereich auch den Vater des nichtehelichen Kindes erfasst (HÄNNI/BELSER, II.5, 147 und dort unter FN 45 zit. Fundstelle) sowie der Anspruch auf **Familienleben und -betreuung** gem. Art. 7 und 16 UN-KRK, welchen das BGer schon früher ausdrücklich anerkannt hat (ZVW 1986, 74). Die Anstaltsversorgung darf nur in Betracht gezogen werden, wenn weniger einschneidende Massnahmen nicht genügen (BGE 131 III 409; MEIER/HÄBERLI, ZVW 2005, 278 ÜR 72-05; St. Gallische Gerichts- und Verwaltungspraxis, Nr. 89 1952, 175).

Das urteilsfähige Kind ist vor der Platzierung **anzuhören,** und auf seine Meinung ist **56** soweit tunlich Rücksicht zu nehmen, Art. 301 Abs. 2, Art. 12 UN-KRK. Der Vormund hat eine sorgfältige Auswahl zu treffen und trägt die Verantwortung für eine umfassende Instruktion, für die nötigen Weisungen und Grundsatzentscheide hinsichtlich der Betreuung des Kindes (namentlich hinsichtlich Schulung und Förderung besonderer Begabungen) und überwacht das Pflegeverhältnis mit geeigneten Mitteln.

bb) Adressaten

Vgl. zum Ganzen Art. 301 N 13 ff. Aus der unterschiedlichen Rechtsstellung von Eltern **57** und Vormund ergeben sich allerdings Differenzen hinsichtlich der Durchsetzung des Aufenthaltsbestimmungsrechts: Widersetzt sich das Kind den Anordnungen des Vormundes, kann nicht die VormBehörde angerufen werden. Vielmehr hat der Vormund selbst das Nötige anzuordnen, wobei er sich am Willen des Kindes und an dessen Wohl zu orientieren hat (TSCHÜMPERLIN, 188 ff.). Weigert sich ein urteilsfähiges Kind beharrlich, den ihm zugewiesenen Pflegeplatz einzunehmen, darf nur dann eine polizeiliche Durchsetzung erfolgen, wenn die Platzierung im wohlverstandenen Interesse des Kindes liegt und keine andern Mittel (z.B. Überzeugungsarbeit des Vormundes) zum Ziel führen.

Die Zwangsvollstreckung der Anordnungen des Vormundes richtet sich nach kant. Ver- **58** fahrensrecht.

cc) Unterbringung in einer Anstalt

Eine gegen den Willen des Mündels erfolgte Unterbringung in eine Institution, welche **59** die persönliche Freiheit des Mündels stärker einschränkt als die seiner Altersgenossen in einer Durchschnittsfamilie, kann nur bei Gefahr im Verzug durch den Vormund erfolgen, andernfalls fällt der Entscheid in die Zuständigkeit der VormBehörde (vgl. Komm. zu Art. 405a).

dd) Vormund und Pflegeeltern

Vgl. Komm. zu Art. 300 und HÄFELI, Pflegeeltern, 28. **60**

e) Bestimmung des Vornamens

Vgl. Art. 270 N 20 ff. Haben die Eltern dem Kind wegen Abwesenheit, Unfähigkeit oder **61** Tod keinen Vornamen bestimmt, liegt der Entscheid beim Vormund.

f) Regelung von Statusfragen

Zur Personensorge gehört die Klärung von **Statusfragen,** vorab des **Kindesverhältnis- 62 ses** zu Mutter und Vater (Art. 252). Das trifft sowohl auf das **Findelkind** zu (definiert als ausgesetztes Kind unbekannter Abstammung, vgl. Art. 10 ZStV), für welches zur Klärung der Abstammung je nach Situation verschiedene Rechtsbehelfe zur Verfügung stehen (Art. 38 ZStV; BIDERBOST, Findelkinder, 62 ff.; HEGNAUER, Kindesrecht, 3.06; BK-HEGNAUER, Art. 252 N 65 ff.), als auch auf das Kind, das nur zur Mutter in einem Kindesverhältnis steht. Steht das **Kindesverhältnis zur Mutter** fest, obliegt dem Vormund namentlich die Aufgabe des *Vaterschaftsbeistandes* (Art. 309), dessen Ernennung sich i.d.R. erübrigt, wenn eine Vormundschaft gem. Art. 368 besteht. Handelt es sich beim Vormund um einen **Laien,** der in Rechtsfragen nicht bewandert ist, ist allerdings entweder die zusätzliche Errichtung einer Vaterschaftsbeistandschaft gem. Art. 309 in Betracht zu ziehen, oder der Vormund ist anzuweisen, sich durch eine rechtskundige Person beraten zu lassen, oder es ist ihm eine *Substitutionsvollmacht* (in Zusammenhang mit der Prozessführungsbewilligung gem. Art. 421 Ziff. 8) zu erteilen, damit er eine rechtskundige Person mit den nötigen Verhandlungen und prozessualen Vorkehrungen betrauen kann. Während dem durch einen rechtsunkundigen Vormund vertretenen Kind bei Mittellosigkeit die **unentgeltliche Rechtspflege** unter Beiordnung eines Anwaltes gewährt werden kann, wird dies bei Vertretung durch einen rechtskundigen Amtsvormund abgelehnt (5P.207/2003 vom 7.8.2003; MEIER/HÄBERLI, ZVW 2003, 440 ÜR 53-03). Zu den Statusfragen gehört ebenso die **Anfechtung der Ehelichkeit durch das Kind** (Art. 256, **a.M.** offenbar Art. 19 N 40, welche diese Klage den absolut höchstpersönlichen, d.h. vertretungsfeindlichen Rechten zuordnet), die **Anfechtung der Anerkennung der Vaterschaft** (Art. 260a) sowie die Abgabe der nötigen Erklärungen zur **Adoption des Mündels** (Art. 265a, wobei nebst der Zustimmung der VormBehörde auch jene der vormundsch. Aufsichtsbehörde erforderlich ist [Art. 422 Ziff. 1]. Ist das Mündel urteilsfähig, kann die Adoption zudem nicht ohne seine Zustimmung erfolgen, Art. 265).

4. Mitwirkung der vormundschaftlichen Behörden

63 Der Vormund ist im Gegensatz zu den Eltern in mehreren Bereichen der persönlichen Fürsorge auf die Mitwirkung der VormBehörde angewiesen (Art. 405 Abs. 2). Für die persönliche Betreuung unmündiger Bevormundeter sind dabei die Weisungsbefugnis der Heimatgemeinde in Fragen der **religiösen Erziehung** (Art. 378 Abs. 3; vgl. o. N 53 f.), das Zustimmungserfordernis zur **Einweisung in eine Anstalt** (Art. 405a), zur **Prozessführung** (z.B. in Status- oder Unterhaltsfragen, vgl. o. N 62) und zu **Verträgen der beruflichen Ausbildung** (vgl. o. N 48) von zentraler Bedeutung.

64 In diesem Zusammenhang ist auch darauf hinzuweisen, dass der Vormund nur so lange über **Gewährung und Umfang des Besuchsrechts** zwischen Eltern und Kind befinden kann, als nicht eine vormundschaftsbehördliche oder richterliche Entscheidung getroffen wurde (Art. 275 Abs. 3). Fehlt eine Einigung mit den Eltern, liegt der Entscheid gem. Art. 275 im Kompetenzbereich der VormBehörde, unter Vorbehalt der Zuständigkeit des Gerichts nach den Bestimmungen über die Ehescheidung (Art. 275 Abs. 2). Eine richterliche Besuchsrechtsregelung fällt für bevormundete Kinder in Betracht, wenn der Entzug der elterlichen Sorge erst im Scheidungsurteil verfügt wurde (ZVW 2000, 67 Nr. 6; BGE 125 III 401). Zur Zuständigkeit der VormBehörde vgl. im Übrigen HEGNAUER, Persönlicher Verkehr, 172.

5. Durchsetzung der persönlichen Fürsorge

a) Durch das Kind

65 Das Kind kann gegen seine Eltern auf *Leistung des Unterhalts* klagen (Art. 279). Nach gängiger Lehre und Rechtsprechung werden darunter allein *materielle Leistungen* verstanden, wogegen die klageweise Durchsetzung des Unterhaltsanspruchs i.S.v. Art. 276 Abs. 2 (*«Pflege und Erziehung»*) nicht möglich ist (MEIER-SCHATZ, 1049). Das führt zu

einer nicht unerheblichen Kluft zwischen den einerseits dem Kind zugesprochenen subjektiven Rechtspositionen und andererseits den ihm objektiv zu deren Durchsetzung zur Verfügung gestellten Rechtsbehelfen. Mithin erwächst der Maxime des Kindeswohls eine systeminterne Resistenz (MEIER-SCHATZ, a.a.O.). In dieser Beziehung ist die Rechtsposition des unmündigen Mündels gegenüber jener des Kindes unter elterlicher Sorge immerhin etwas stärker, weil – jedenfalls dem urteilsfähigen – Mündel der Weg der **Vormundschaftsbeschwerde** (Art. 420) gegen Entscheide seines Vormundes offen steht und es die VormBehörde darüber befinden lassen kann, was dem Mündelwohl am besten diene (wobei die VormBehörde aus pädagogischen Gründen nicht ohne Not in Ermessensentscheide des Vormundes eingreifen wird). Im Gegensatz dazu kann das Kind unter elterlicher Sorge lediglich das Begehren um eine Kindesschutzmassnahme einreichen, wozu es allerdings eines Kindesgefährdungstatbestandes bedarf (vgl. o. N 21).

Damit hat das Mündel, welchem der Vormund beispielsweise eine schulische oder berufliche Ausbildung nach Wunsch verwehrt, die Möglichkeit, sein Recht mittels Vormundschaftsbeschwerde durchzusetzen. Dem Kind unter elterlicher Sorge bliebe dagegen nur das Begehren um eine Weisung an die Eltern (Art. 307), um Errichtung einer Beistandschaft gem. Art. 308 Abs. 2 und 3 oder um Entziehung von Obhut oder gar Sorge der Eltern, was wie dargelegt eine Gefährdung des Kindeswohls voraussetzt. **66**

Die **Verstärkung der Rechtsposition des Kindes** im Scheidungsverfahren gem. rev. Scheidungsrecht (Art. 146) hat auf das unmündige Mündel keinen Einfluss. Da seinen Eltern die elterliche Sorge fehlt, ist über deren Zuteilung im Rahmen der Scheidung auch nicht zu entscheiden. Relevant ist die neue Vorschrift nur dann, wenn die Entziehung der elterlichen Sorge gegenüber beiden Elternteilen erst im Scheidungsurteil erfolgt, das Kind während des Scheidungsverfahrens demnach nicht unter Vormundschaft steht. **67**

b) Durch den Vormund

aa) Zwangsmittel

Wie von den Eltern wird auch vom Vormund erwartet, dass er die Erziehung des Mündels selbst durchsetzt. Das zuverlässigste Instrument ist allemal das gegenseitige **Vertrauen,** die **Zuneigung** und **Überzeugungskraft** der Erziehungsverantwortlichen, das richtige Mass zwischen **Toleranz, Nachsicht, Respekt** und **Grenzziehung.** Wenn sich das Kind dadurch «Okay und fit» fühlt, ist die beste Erziehungsvoraussetzung gegeben (MOSER/NUFER, 20 f.). Dabei darf der Vormund **Gebote** und **Verbote** erlassen, **Druck** ausüben und dem Kind in angemessener Weise **Freiheitsbeschränkungen** auferlegen (Ausgehverbot, Reduktion von Taschengeld und Vergünstigungen), aber auch **unmittelbaren Zwang** ausüben (gefährliche Gegenstände wegnehmen, Kind von einem gefährlichen Ort wegholen, OBERLOSKAMP, § 7 N 19). **68**

bb) Züchtigung

Körperliche Züchtigung ist ein **Eingriff in die Integrität** des Kindes und tangiert damit dessen **Würde** und **Persönlichkeit.** Soweit körperliche Züchtigungsmittel überhaupt als zulässige Erziehungshilfen anzusehen sind (MÜLLER, 261, und TSCHÜMPERLIN, 345, bevorzugen den Begriff *Erziehungsmittel*), bedarf es immer eines **Rechtfertigungsgrundes,** welcher höher zu werten ist als die Verletzung der Integrität des Kindes (zur grundsätzlichen Zulässigkeit vgl. TSCHÜMPERLIN, 346 m.Hw. auf die Debatte der eidg. Räte zum rev. Kindesrecht, welche die im alten Recht vorgesehene Züchtigungsklausel nur unter der Bedingung strichen, dass das Züchtigungsrecht als Bestandteil der elterlichen und vormundschaftlichen Sorge anerkannt bleibe). **69**

70 Weil Art. 10 BV die **Körperstrafe** verbietet, gilt es, den Grenzbereich zwischen **Züchtigungsrecht** und **verbotenem Übergriff** näher zu betrachten. Abgesehen davon, dass mit regelmässiger körperlicher Züchtigung das Kind seine **Selbstachtung** und **Hemmschwelle gegenüber Dritten** verlieren kann, was erzieherisch nicht zu rechtfertigen ist, dürfen aus verfassungsrechtlicher Sicht nur Züchtigungsmittel eingesetzt werden, die dem Kind **keinen physischen oder psychischen Schaden** zufügen und nicht entwürdigend sind, sich also höchstens im Bereich von **harmlosen Tätlichkeiten** bewegen (vgl. dazu auch HÄNNI/BELSER, II. 3. 145 und dort unter FN 34 zit. Fundstellen). Das gilt für Eltern wie Vormund, wobei einem Vormund, der i.d.R. beziehungsmässig weniger eng mit dem Mündel verbunden ist als Eltern, *noch grössere Zurückhaltung* aufzuerlegen ist (MünchKomm BGB-SCHWAB, § 1800 Rz 14; MünchKomm BGB-ENGLER, § 1800 Rz 12; OBERLOSKAMP, § 7 N 23). Eine enge **Vertrauensbasis** und ein für das Kind **verständliches Motiv** für den Einsatz der Erziehungsmassregeln und die **Verhältnismässigkeit** des gewählten Mittels sind Grundvoraussetzung dafür, dass die Züchtigung *Signalwirkung* entfalten und den nötigen Erziehungserfolg herbeiführen kann. Entscheidend ist dabei, dass das Züchtigungsmittel nicht der Abreaktion eines Affektes dient, sondern von einer **erzieherischen Absicht** getragen ist. Damit fallen ausser Betracht *gegenüber Kleinkindern* physische Übergriffe jeglicher Art und *gegenüber heranwachsenden Kindern* z.B. regelmässige Ohrfeigen und Fusstritte (BGE 129 IV 216), erniedrigende Beschimpfungen, andauernde Ausgehverbote, Einsperren in dunklen Räumen («Karzer»), Nahrungsentzug, reine Vergeltungsstrafen (zum Zweck der Sühne), Schläge (Entscheid BGer 6S.178/2005 vom 22.6.2005; MEIER/HÄBERLI, ZVW 2005 ÜR 83-05), Entzug von Zuneigung und Liebe oder Blossstellen vor Dritten als zulässige Erziehungsmittel. Auch jegliche Tätlichkeiten von Personen ohne Erziehungsmacht ist strafbar (BGE 117 IV 14).

71 **Erziehungsmittel** stehen zwischen **Gehorsamspflicht** des Kindes und **Kindesschutzmassnahmen.** Wenn der Vormund das Kind mittels Einsatz zulässiger Erziehungsmittel nicht zum richtigen Verhalten zu bewegen vermag, so kann er sich im Gegensatz zu den Eltern *nicht* an die VormBehörde wenden (vgl. Art. 307 ff. und TSCHÜMPERLIN, 348). Denn die Vormundschaft *überlagernde* Kindesschutzmassnahmen sind im System des ZGB nicht vorgesehen (als Ausnahme fallen allenfalls der Vaterschaftsbeistand, Art. 309 [vgl. N 62] und der Kollisionsbeistand, Art. 392 Ziff. 2, in Betracht). Vielmehr bleibt einzig die Unterbringung des Kindes an einem geeigneten Ort durch den Vormund oder ggf. durch die VormBehörde (Art. 405a).

72 Zum **Züchtigungsrecht von Lehrkräften** vgl. BGE 117 IV 14. Nach der Rechtsprechung des Europäischen Gerichtshofes für Menschenrechte ist bereits die blosse Bedrohung mit einem durch Art. 3 EMRK verbotenen Verhalten rechtswidrig (HÄNNI/BELSER, II. 3.a. 145).

V. Prozessuales

73 Vgl. o. N 57, 58, 65 f., 71.

Entscheide gestützt auf Art. 405 können nach Ausschöpfung des kant. Instanzenzuges (Beschwerde gem. Art. 420) mit **Nichtigkeitsbeschwerde** (Art. 68 OG) und **staatsrechtlicher Beschwerde** (Art. 88 OG), nicht aber mittels Berufung (Art. 44 OG) ans BGer weitergezogen werden (SCHWARZ, Die Vormundschaftsbeschwerde, 142; GUILLOD, 55 Ziff. 33; BGE 120 Ia 369; 107 II 505; ZVW 1994, 199 Nr. 17).

VI. IPR/Rechtsvergleichung

1. IPR

Auslandberührungen im Bereich der persönlichen Betreuung unmündiger Bevormundeter können entstehen, weil die betreute oder zu betreuende Person eine **ausländische Staatsangehörigkeit** hat oder weil sich das Mündel vorübergehend **im Ausland aufhält.** Daraus können sich Fragen der Vertretung (vgl. Art. 407) sowie der Anordnung dringlicher und der Durchsetzung von Betreuungsmassnahmen stellen. Massgeblich ist zunächst das Haager Minderjährigenschutzabkommen (MSA) vom 5.10.1961, welches für die Schweiz seit dem 4.2.1969 verbindliches Staatsvertragsrecht darstellt. Mit dem Inkrafttreten des schweizerischen IPR-Gesetzes (IPRG) ist das MSA im hier interessierenden Zusammenhang auch für Personen anwendbar geworden, die nach Heimatrecht volljährig, nach Schweizer Recht aber minderjährig sind, sowie auf Personen, die ihren gewöhnlichen Aufenthalt nicht in einem der Vertragsstaaten des MSA haben (Art. 85 Abs. 2 IPRG). Das MSA und die Flüchtlingskonvention gehen dem Niederlassungsabkommen von 1934 zwischen der Schweiz und Persien vor (BGE 130 III 410). **74**

Unabhängig von der Staatsangehörigkeit richten sich **Anlass, Inhalt, Wirkung und Dauer** (namentlich Hinfall der Vormundschaft wegen Erreichen der Altersgrenze) der Vormundschaft für Minderjährige nach **Schweizer Recht** (Art. 2 Abs. 2 MSA, Art. 85 IPRG). Für das unmündige Mündel schweizerischer Nationalität, das seinen gewöhnlichen Aufenthalt in einem der MSA-Vertragsstaaten hat, können die Schweizer Behörden Massnahmen treffen, sofern das Wohl des Kindes dies erfordert. Bei diesem sog. **Evokationsrecht** des Heimatstaates handelt es sich um eine *subsidiäre Zuständigkeit,* wenn der Aufenthaltsstaat nichts Wirksames zum Schutz des Kindes unternimmt. Sie bedingt jedoch eine vorherige *Verständigung* unter den beteiligten Staaten und verlangt die Durchsetzung durch den anordnenden Staat (Art. 4 Abs. 3 MSA). **75**

Sind für das Mündel, das in der Schweiz unter Vormundschaft steht, sich aber im Ausland befindet, Schutzmassnahmen erforderlich, kann der **Aufenthaltsstaat** des Kindes in dringenden Fällen um Anordnung der nötigen Massnahmen ersucht werden, sofern er dem MSA angeschlossen ist (*Gefährdungs-* und *Eilzuständigkeit* gem. Art. 8 resp. 9 MSA). Dabei haben die beteiligten Behörden einen Meinungsaustausch zu pflegen (Art. 10 MSA) und sich gegenseitig zu verständigen (Art. 11 MSA). **76**

Eine zentrale Schranke der internationalen Zusammenarbeit bilden nebst den Art. 320 *(Amtsgeheimnisverletzung)* und Art. 321 *(Verletzung des Berufsgeheimnisses)* v.a. Art. 271 StGB (SCHWANDER, 83 f.). Es ist zu empfehlen, in jedem Fall des Auslandkontaktes über das **Bundesamt für Justiz, Dienst für internationalen Kindesschutz,** zu verkehren. Daraus entstehen nicht nur zeitliche und verfahrensmässige Vorteile, sondern es schafft auch Rechtssicherheit. **77**

Die **Vollstreckung** von Betreuungsmassnahmen richtet sich, wenn sich das unmündige Mündel nicht in der Schweiz aufhält, nach dem *internationalen Recht des Staates, in dem die Vollstreckung beantragt wird,* oder nach *internationalen Übereinkommen* (Art. 7 MSA). **78**

Für **Klagen** betr. die **Beziehungen zwischen Eltern und Kind,** insb. betr. den **Unterhalt** des Kindes, sind die schweizerischen Gerichte am *gewöhnlichen Aufenthalt des Kindes* oder am *Wohnsitz* oder, wenn ein solcher fehlt, am *gewöhnlichen Aufenthalt des beklagten Elternteils* zuständig (Art. 79 IPRG). Die Heimatzuständigkeit (Art. 80 IPRG) ent- **79** fällt für das in der Schweiz bevormundete unmündige Kind, da es immer einen abgeleiteten Wohnsitz in der Schweiz hat. Für Unterhaltsfragen gelten im Übrigen:

– das Haager Übereinkommen über das auf Unterhaltsverpflichtungen anzuwendende Recht vom 2.10.1973 (SR 0.211.213.01),

– das europäische Übereinkommen über die gerichtliche Zuständigkeit und die Vollstreckung gerichtlicher Entscheidungen in Zivil- und Handelssachen vom 16.9.1988 (Lugano-Übereinkommen, SR 0.275.11),

– das Haager Übereinkommen über die Anerkennung und Vollstreckung von Unterhaltsentscheidungen vom 2.10.1973 (SR 0.211.213.02),

sowie weitere Staatsverträge (vgl. SCHWANDER, 87 und dort unter FN 21 zit. weitere Fundstellen).

80 Massnahmen nach den Art. 291 und 292 ZGB (**Anweisung an die Schuldner** des Alimentengläubigers und **Sicherstellung**) fallen nicht unter das Unterhaltsabkommen, sondern sind dem MSA unterstellt (SCHWANDER, 88).

81 Für **zivilrechtliche Aspekte der Kindesentführung** ist nicht das MSA anwendbar, sondern:

– das europäische Übereinkommen über die Anerkennung und Vollstreckung von Entscheidungen über das Sorgerecht für Kinder und die Wiederherstellung des Sorgerechts vom 20.5.1980 (SR 0.211.230.01), sowie

– das Haager Übereinkommen über die zivilrechtlichen Aspekte internationaler Kindesentführung vom 25.10.1980 (SR 0.211.230.02).

Mit mehreren Staaten hat die Schweiz zudem zu Anerkennung und Vollstreckung von Entscheidungen bilaterale Verträge abgeschlossen (vgl. SCHWANDER, 88 Ziff. 3).

2. Hinweise auf das deutsche BGB

82 Das **deutsche BGB** verweist in § 1800 hinsichtlich der Rechte und Pflichten des Vormundes auf die **Bestimmungen über die elterliche Sorge** (§§ 1631–1633). Diese umschreiben detailliert die zivilrechtlichen Standards, welche eine am Kindeswohl orientierte Erziehung prägen. Als Personensorge definieren sie insb. das Recht und die Pflicht, das Kind zu **pflegen,** zu **erziehen,** zu **beaufsichtigen** und seinen **Aufenthalt** zu bestimmen. Sie untersagen **gewaltsame** und **entwürdigende Erziehungsmassnahmen** und postulieren ein Recht der Eltern, sich bei der Ausübung der Personensorge in geeigneten Fällen **unterstützen** zu lassen (§ 1631). In Angelegenheiten der *Ausbildung* und des *Berufes* ist auf **Eignung** und **Neigung** des Kindes Rücksicht zu nehmen. Bestehen Zweifel, so soll **Rat** bei Lehrkräften und Fachpersonen eingeholt werden (§ 1631a). Besteht begründete Besorgnis, dass durch offensichtliche Missachtung der Eignung und Neigung des Kindes dessen Entwicklung nachhaltig und schwer beeinträchtigt wird, entscheidet das **Vormundschaftsgericht,** das anstelle der Eltern auch die nötigen **Erklärungen** abgeben kann (§ 1666). Weder die Eltern noch das Kind selbst können nach deutschem Recht in die **Sterilisation** einwilligen (§ 1631c; vgl. differenzierend ab 16. Altersjahr die Schweiz: Art. 3 und 7 Sterilisationsgesetz). Und schliesslich wird als Folge des Aufenthaltsbestimmungsrechts den Inhabern der elterlichen Sorge auch ausdrücklich das **Herausgaberecht** und das Recht auf Bestimmung des **Umgangs** des Kindes mit Dritten zugesprochen (§ 1632). Hinsichtlich der **Rücknahme** fremdplatzierter Kinder findet sich eine mit Art. 310 Abs. 3 ZGB vergleichbare Regelung in § 1632 Abs. 4.

Art. 405a

b. Bei fürsorgerischer Freiheitsentziehung

[1] Über die Unterbringung des Unmündigen in einer Anstalt entscheidet auf Antrag des Vormundes die Vormundschaftsbehörde oder, wenn Gefahr im Verzuge liegt, auch der Vormund.

[2] Im übrigen gelten die Vorschriften über die Zuständigkeit, die gerichtliche Beurteilung und das Verfahren bei fürsorgerischer Freiheitsentziehung gegenüber mündigen oder entmündigten Personen sinngemäss.

[3] Hat das Kind das 16. Altersjahr noch nicht zurückgelegt, so kann es nicht selber gerichtliche Beurteilung verlangen.

b. Privation de liberté à des fins d'assistance

[1] Le placement du mineur dans un établissement est ordonné par l'autorité tutélaire sur proposition du tuteur ou, s'il y a péril en la demeure, par le tuteur lui-même.

[2] Pour le reste, les dispositions relatives à la compétence, au contrôle judiciaire et à la procédure en cas de privation de liberté à des fins d'assistance à l'égard de personnes majeures ou interdites s'appliquent par analogie.

[3] Si l'enfant n'a pas encore atteint l'âge de 16 ans révolus, il ne peut en appeler lui-même au juge.

b. In caso di privazione della libertà a scopo d'assistenza

[1] Il collocamento del minorenne in uno stabilimento è deciso dall'autorità tutoria su proposta del tutore o, se vi è pericolo nel ritardo, dal tutore stesso.

[2] Le disposizioni sulla competenza, la decisione giudiziaria e la procedura in caso di privazione della libertà a scopo d'assistenza riguardo a persone maggiorenni o interdette s'applicano per analogia.

[3] Il tutelato che non abbia ancora compiuto i sedici anni non può chiedere lui stesso la decisione giudiziaria.

Literatur

Vgl. die Literaturhinweise zu den Vorbem. zu Art. 360 ff. und Art. 397a–f.

I. Allgemeines

1. Anwendungsbereich

Die Bestimmung betrifft ausschliesslich **Unmündige unter Vormundschaft.** Ob jemand **1** unmündig ist, bestimmt sich nach Art. 15. Im internationalen Verhältnis ist Art. 35 IPRG massgebend (IPRG-JAMETTI GREINER/GEISER, Art. 35 N 5 ff.). Unmündige, die nicht unter elterlicher Sorge stehen, gehören unter Vormundschaft. Art. 405a ist grundsätzlich auch anwendbar, wenn der Vormund noch nicht bestellt ist. Allerdings liegt dann keine Dringlichkeitszuständigkeit des Vormundes vor.

Nicht anwendbar ist die Bestimmung auf Mündige, Entmündigte und Kinder unter elterlicher Sorge. Bei Letzteren ist der weitgehend mit Art. 405a identische Art. 314a massgebend. Wird mit dem Entzug der elterlichen Sorge gleichzeitig eine Anstaltsunterbringung angeordnet, ist Art. 314a und nicht Art. 405a anwendbar.

2. Aufbau der Norm

Die Bestimmung knüpft an die Regelung der FFE für Erwachsene an, indem sie in Abs. 2 **2** ausdrücklich für die Zuständigkeit, das Verfahren und die gerichtliche Beurteilung auf die Art. 397b–f verweist (s.u. N 6 ff.), wobei nur eine **sinngemässe Anwendung** vorgesehen ist. In den Abs. 1 und 3 werden sodann die Abweichungen festgehalten (s.u. N 7 und 18). Zu den materiellen Voraussetzungen der FFE schweigt sich die Bestimmung aus (s.u. N 3 f.).

II. Materielle Voraussetzungen der FFE

3   Art. 405a sagt nichts über die Voraussetzungen einer FFE. Diesbezüglich wird auch nicht auf eine sinngemässe Anwendung von Art. 397a verwiesen. Vielmehr sind die Voraussetzungen aus dem Zusammenhang, namentlich der Aufgabenumschreibung in Art. 405, herzuleiten (DESCHENAUX/STEINAUER, Personnes, Rz 1161). Wohl ist auch hier die Unterbringung in einer Anstalt nur zulässig, wenn die nötige persönliche Fürsorge nicht anders erbracht werden kann. Was darunter zu verstehen ist und warum die unmündige Person einer bestimmten persönlichen Fürsorge bedarf, richtet sich allerdings – wie bei Art. 314a (Art. 314/314a N 8) – nach einer spezifisch kindesrechtlichen Optik (TUOR/SCHNYDER/SCHMID/RUMO-JUNGO, 519). Es geht um eine **kindesrechtliche Gefährdungslage.** So genügt beispielsweise die Notwendigkeit einer überwachten Erziehung, um eine FFE anzuordnen (BBl 1977 III 47). Daraus folgt als eine der Wirkungen der Erreichung des Mündigkeitsalters, dass die Voraussetzungen für die Anordnung und die Aufrechterhaltung einer FFE ändern (DESCHENAUX/STEINAUER, Personnes, Rz 109). Eine überwachte Erziehung ist nachher nur noch mit Zustimmung des mündigen Jugendlichen zulässig.

4   Wie bei Erwachsenen (Art. 397a N 16) kann die FFE auch bei einem Unmündigen der **Begutachtung** dienen (vgl. Art. 314/314a N 9, wo allerdings der Obhutsentzug mit erfasst wird).

5   Bei einem Kind kann unter einer **Anstaltsunterbringung** nicht das Gleiche verstanden werden wie bei einer erwachsenen Person. Das Kind ist altersbedingt in der freien Gestaltung seines Privatlebens und damit auch in seiner Bewegungsfreiheit eingeschränkt. Bei Unmündigen liegt deshalb eine Anstaltsunterbringung nur vor, wenn die Einrichtung, in welche das Kind eingewiesen wird, dessen Freiheit mehr einschränkt als dies bei seinen Altersgenossen üblich ist (SJZ 1988, 65; HEGNAUER, Kindesrecht, Rz 27.66). Darunter fällt auch ein Schulheim, welches eine überwachte Erziehung sicherstellt (DESCHENAUX/STEINAUER, Personnes, Rz 1230a). Der Begriff ist in einem weiten Sinn zu verstehen (BGE 121 III 308 f.).

III. Zuständigkeit (Abs. 1 und 2)

1. Örtliche Zuständigkeit

6   Bezüglich der örtlichen Zuständigkeit verweist Art. 405a Abs. 2 auf Art. 397b (DESCHENAUX/STEINAUER, Personnes, Rz 1230). Zuständig sind die Behörden am **Wohnsitz** des Kindes. Dieser bestimmt sich nach Art. 25 Abs. 2. Liegt Gefahr im Verzug, können zudem auch die Behörden oder geeignete Stellen am **Aufenthaltsort** des Unmündigen eine Anstaltsunterbringung anordnen (s.u. N 10 und o. Art. 397b N 4 ff.).

2. Sachliche Zuständigkeit

7   Art. 405a Abs. 1 weist die **ordentliche Zuständigkeit** zwingend der VormBehörde zu (DESCHENAUX/STEINAUER, Personnes, Rz 1230). Im Gegensatz zur FFE bei Erwachsenen können die Kantone nicht die Aufsichtsbehörde als zuständig erklären (s.o. Art. 397b N 8 f.).

Die VormBehörde entscheidet auf **Antrag des Vormundes.** Stellt die VormBehörde die Notwendigkeit einer FFE fest und unterlässt es der Vormund, einen entsprechenden Antrag zu stellen, darf die VormBehörde nicht von sich aus die Massnahme anordnen. Sie kann aber dem Vormund Weisung erteilen, einen entsprechenden Antrag zu stellen.

Anders als bei Erwachsenen ordnet bei Gefahr im Verzug nicht eine **vormundschaft-**   **8** **liche Behörde am Aufenthaltsort** die Massnahme an. Art. 397b Abs. 1 ist nur sinngemäss anwendbar. Muss der Vormund einen entsprechenden Antrag stellen, ist das Verfahren nicht rascher, wenn die VormBehörde am Aufenthaltsort entscheidet. Im Gegenteil dürften sich daraus eher Verzögerungen ergeben, weil diese VormBehörde weder das Mündel noch den Vormund kennt. Art. 405a Abs. 1 schränkt insofern den in Abs. 2 enthaltenen Verweis auf Art. 397b Abs. 1 ein (**a.M.** Prot.Komm. StR, 60).

Liegt **Gefahr im Verzug,** kann der **Vormund** selber die Einweisung verfügen (Art. 405a   **9** Abs. 1). Das Bundesrecht beschränkt eine entsprechende Einweisung nicht auf eine bestimmte Dauer. Die vom Vormund angeordnete Massnahme bleibt aufrecht, auch wenn nachträglich die Dringlichkeit entfällt. Es ist nicht vorgesehen, dass die VormBehörde die Massnahme nachträglich genehmigen müsste. Mit Erlass der Bestimmungen über die FFE ist Art. 421 Ziff. 13 aufgehoben worden. Dieser schrieb die Zustimmung der VormBehörde zu einer Anstaltsunterbringung vor. Indessen verlangt eine ordentliche Amtsführung, dass der Vormund die VormBehörde von einer solch schweren Massnahme unterrichtet (weitergehend DESCHENAUX/STEINAUER, Personnes, Rz 1200).

Zudem können die Kantone auch für Unmündige unter Vormundschaft bei Dringlichkeit   **10** oder psychischer Erkrankung **andere geeignete Stellen** für die Anordnung einer FFE vorsehen (s.o. Art. 397b N 14; Art. 314/314a N 11; HEGNAUER, Kindesrecht, Rz 27.55). Solche Stellen entscheiden, ohne dass sie eines Antrages des Vormundes bedürften. Auf diese Zuständigkeit wird sinnvollerweise insbesondere zurückgegriffen, wenn ein Jugendlicher sich beispielsweise zu Ausbildungszwecken an einem anderen Ort als seinem Wohnort aufhält und bei einer akuten Krise der Vormund nicht rechtzeitig benachrichtigt werden kann.

Die **Entlassungszuständigkeit** richtet sich nach Art. 397b. Erfolgte die Einweisung   **11** durch die VormBehörde, ist diese auch für die Entlassung zuständig. Wenn während der Massnahme der Wohnsitz verlegt worden ist, ändert damit die örtliche Zuständigkeit. Die **Anstalt** entscheidet über die Entlassung, wenn die Massnahme vom Vormund (o. N 9) oder einer anderen geeigneten Stelle (o. N 10) angeordnet worden ist (s.o. Art. 397b N 20).

IV. Verfahren (Abs. 2)

Für das Verfahren verweist Abs. 2 auf die Bestimmungen über die FFE bei Erwachsenen.   **12** Der Verweis erfasst in erster Linie Art. 397e:

- Art. 397e Ziff. 1: Der Unmündige ist über die **Gründe** zu unterrichten, warum die Massnahme angeordnet worden ist, und über das **Recht** zu informieren, den **Richter anzurufen.** Aus Art. 405a Abs. 3 ergibt sich indessen, dass dieses Recht dem Unmündigen selber nur zusteht, wenn dieser das 16. Altersjahr zurückgelegt hat und insoweit urteilsfähig ist (zum Anspruch im Einzelnen s.o. Art. 397e N 4 ff.). Trifft das eine oder andere nicht zu, so haben nur die weiteren Personen, denen der Entscheid zu eröffnen ist, die entsprechenden Informationsansprüche (Art. 397e N 7).

Die erwähnten Mitteilungen sind immer auch dem Vormund als **gesetzlichem Vertreter** zukommen zu lassen. Ordnet dieser die Anstaltsunterbringung selber an und ist das

Mündel noch nicht 16 Jahre alt oder urteilsunfähig, so ist die Information nahe stehender Personen und deren Recht, das Gericht anzurufen, von besonderer Bedeutung, da sonst jeglicher Rechtsschutz entfällt (vgl. BGE 114 II 218 E. 6).

– Art. 397e Ziff. 2: Das für die Rechtsmittelbelehrung Gesagte gilt sinngemäss auch für die **Rechtsbelehrung** durch die Anstalt (zum Anspruch im Einzelnen s.o. Art. 397e N 10 ff.). Auch hier wirkt sich Art. 40a Abs. 3 einschränkend aus. Die darin enthaltene Altersgrenze bedeutet andererseits, dass die Mitteilung am 16. Geburtstag eines Jugendlichen zu erfolgen hat, der bereits vorher in eine Anstalt eingewiesen worden ist.

– Art. 397e Ziff. 3: Die Bestimmung gilt uneingeschränkt auch für Jugendliche unter Vormundschaft (zum Anspruch im Einzelnen s.o. Art. 397e N 13 f.). Selbst wenn die betroffene Person das 16. Altersjahr noch nicht zurückgelegt hat, muss die unzuständige Behörde oder die das **Gesuch** erhaltende Stelle dieses **weiterleiten.** Es ist ausschliesslich Sache des zuständigen Gerichts zu beurteilen, ob ein gültiges Begehren um gerichtliche Beurteilung vorliegt oder nicht.

– Art. 397e Ziff. 4: Die Bestimmung gilt uneingeschränkt auch für Jugendliche unter Vormundschaft (zum Anspruch im Einzelnen s.o. Art. 397e N 15 ff.). Den Rechtsmitteln kommt nur **aufschiebende Wirkung** zu, wenn dies die entscheidende Stelle oder die Rechtsmittelinstanz angeordnet hat. Die Dringlichkeit bestimmt sich nach den besonderen Bedürfnissen des Kindesschutzes.

– Art. 397e Ziff. 5: Auch diese Bestimmung gilt uneingeschränkt für Jugendliche unter Vormundschaft. Bei **psychisch Kranken** muss unter Beizug von **Sachverständigen** entschieden werden (zum Anspruch im Einzelnen s.o. Art. 397e N 19 ff.).

13 Die in Art. 397c vorgesehene **Mitteilungspflicht** bildet Teil des Verfahrens und wird somit vom in Art. 405a Abs. 2 enthaltenen Verweis mit erfasst (Art. 397c N 5). Die besonderen Zuständigkeiten bei Unmündigen führen allerdings dazu, das teilweise andere Behörden von der Mitteilungspflicht betroffen sind. Nach der hier vertretenen Meinung kann nicht eine *vormundschaftliche Behörde am Aufenthaltsort* die Einweisung verfügen (s.o. N 8). Der *Vormund* wird formell nicht von Art. 397c erfasst, hat aber dennoch seine VormBehörde von einer Einweisung zu benachrichtigen (o. N 9; Art. 397c N 3 und 10).

Zur **Mitteilungspflicht gegenüber dem gesetzlichen Vertreter** s.o. Art. 397c N 8 f.

14 Zur analogen Anwendung der **Art. 397d und 397f** s.u. N 16 ff.

15 Wird eine FFE angeordnet oder ein Entlassungsgesuch abgelehnt, so richtet sich das **Recht, gerichtliche Beurteilung zu verlangen,** nach Art. 397d (s.u. N 16 ff.). Demgegenüber unterliegt der Entscheid, mit dem der Vormund oder die Vormundschaftsbehörde die Anordnung einer FFE ablehnen oder die VormBehörde ein Entlassungsgesuch gutheisst, der *Vormundschaftsbeschwerde* nach Art. 420 (Art. 397d N 6). Hat eine andere geeignete Stelle die Einweisung abgelehnt oder die Anstalt ein Entlassungsgesuch gutgeheissen, so richtet sich der Rechtsweg nach dem einschlägigen kant. Recht.

V. Gerichtliche Beurteilung (Abs. 2 und 3)

16 Gemäss Art. 397d können die von einer FFE **betroffene** sowie jede ihr **nahe stehende Person** (Art. 397d N 12 ff.) einen Entscheid, mit dem eine FFE angeordnet oder ein Entlassungsgesuch abgelehnt wird (Art. 397d N 6 ff.), gerichtlich überprüfen lassen. Diese Möglichkeit steht grundsätzlich auch dem Unmündigen zu. Steht er unter elterlicher Sorge, hält dies Art. 314a fest (Art. 314/314a N 10). Ist er bevormundet, bestimmt dies Art. 405a Abs. 2. Der gerichtlichen Beurteilung untersteht allerdings nur der *Entscheid.*

Gegen den Antrag des Vormundes an die VormBehörde, eine Anstaltsunterbringung anzuordnen, ist weder die Vormundschaftsbeschwerde noch die Möglichkeit gegeben, das Gericht anzurufen.

Die **sachliche und örtliche Zuständigkeit** sind gleich geordnet wie bei Erwachsenen (s.o. Art. 397d N 9 ff.).

Die **Behörden, gegen deren Entscheid sich das Begehren um gerichtliche Beurteilung richtet,** sind die VormBehörde, der Vormund und andere geeignete Stellen (Art. 397d N 3). Der Aufsichtsbehörde steht grundsätzlich keine Einweisungskompetenz zu (s.o. N 7). Sie kann aber auf Vormundschaftsbeschwerde hin eine Einweisung anordnen (Art. 397d N 5). Hingegen fällt der Scheidungsrichter ausser Betracht. Einerseits ist er i.d.R. nicht zuständig, eine FFE anzuordnen, wenn das Kind unter Vormundschaft steht (Art. 315/315a N 8). Andererseits besteht ohnehin gegen seinen Entscheid kein Anspruch auf gerichtliche Beurteilung nach Art. 397d (Art. 397d N 4). **17**

Damit die betroffene Person gerichtliche Beurteilung verlangen kann, muss sie **urteilsfähig** sein. An die Urteilsfähigkeit können allerdings keine hohen Anforderungen gestellt werden. Insoweit gelten die gleichen Regeln wie bei erwachsenen Personen (s.o. Art. 397d N 12). **18**

Art. 405a Abs. 3 schränkt das Recht, gerichtliche Beurteilung zu verlangen, weiter ein, indem ein **Mindestalter** verlangt wird. Das Kind muss das 16. Altersjahr zurückgelegt haben. Hat es dies nicht, so kann es nicht selber gerichtliche Beurteilung verlangen. Diese Möglichkeit steht dann – selbst wenn das Kind insoweit als urteilsfähig betrachtet werden müsste – nur nahe stehenden Personen zu, zu denen in jedem Fall auch der gesetzliche Vertreter gehört. Ob dieser in solchen Fällen in eigenem Namen oder als Vertreter seines Pflegebefohlenen gerichtliche Beurteilung verlangt, ist ohne praktische Bedeutung. Das Kind ist unabhängig von seinem Alter in jedem Fall in das Verfahren einzubeziehen (Art. 314/314a N 10).

Es fragt sich allerdings, ob die in Art. 405a Abs. 3 enthaltene Einschränkung, gerichtliche Beurteilung zu verlangen, noch als angemessen angesehen werden kann. In einem Entscheid vom 9. Oktober 2003 hat das Bundesgericht festgehalten, dass ein 14-jähriges Mädchen gegen einen in einem Strafverfahren ergangenen Entscheid auf eine provisorische Einweisung in eine Anstalt selbständig rekurrieren kann. Die Jugendliche sei durch diesen Entscheid in ihren Persönlichkeitsrechten betroffen. Soweit sie urteilsfähig sei, könne deshalb ausschliesslich sie selber ein Rechtsmittel erheben. Das Bundesgericht ist (unter Anderem) deshalb auf das vom gesetzlichen Vertreter im Namen der Jugendlichen eingereichte Rechtsmittel nicht eingetreten, weil es an der Bevollmächtigung durch die Jugendliche selber gefehlt hat (6P.121/2003). De lege lata bleiben die Gerichte indessen an die in einem formellen Gesetz verankerte Altersgrenze gebunden (Art. 191 BV).

Der in Art. 405a Abs. 2 enthaltene Verweis auf die Bestimmungen über die gerichtliche Beurteilung erfasst auch Art. 397f Abs. 3. Das Kind ist wenigstens vom **Gericht erster Instanz mündlich einzuvernehmen.** Art. 405a Abs. 3 schränkt nur das Recht ein, gerichtliche Beurteilung zu verlangen, nicht aber den Grundsatz, dass sich das Gericht durch eine mündliche Einvernahme selbständig von der Notwendigkeit der Massnahme zu überzeugen hat. **19**

Gemäss Art. 397f Abs. 2 hat das von einer FFE betroffene Kind unter Vormundschaft wie eine erwachsene Person für das gerichtliche Verfahren wenn nötig Anspruch auf einen **Rechtsbeistand.** **20**

Art. 406

2. Bei Entmündigung

[1] **Steht der Bevormundete im Mündigkeitsalter, so erstreckt sich die Fürsorge auf den Schutz und Beistand in allen persönlichen Angelegenheiten.**

[2] **Liegt Gefahr im Verzuge, so kann der Vormund nach den Bestimmungen über die fürsorgerische Freiheitsentziehung die Unterbringung oder Zurückbehaltung in einer Anstalt anordnen.**

2. Interdits

[1] Le tuteur protège l'interdit et l'assiste dans toutes ses affaires personnelles.

[2] S'il y a péril en la demeure, le tuteur peut placer ou retenir l'interdit dans un établissement, selon les dispositions sur la privation de liberté à des fins d'assistance.

2. Interdetto

[1] Se il tutelato è maggiorenne, l'ufficio del tutore consiste nel proteggerlo ed assisterlo in tutti i suoi interessi personali.

[2] Se vi è pericolo nel ritardo, il tutore può farlo collocare o trattenere in uno stabilimento secondo le disposizioni sulla privazione della libertà a scopo d'assistenza.

Literatur

Vgl. die Literaturhinweise zu Art. 405 und den Vorbem. zu Art. 360–456.

I. Normzweck

1. Begriff und Inhalt

1 Nach der Gesetzessystematik bezweckt Art. 406 die Sicherstellung der **Fürsorge für erwachsene, entmündigte Personen** (Marginalie zu Art. 406 i.V.m. Art. 405). Dieser vormundschaftliche Aufgabenbereich wird auch mit «Sorge für die Person», «Personensorge», «Fürsorge», «personale Fürsorge», «personensorgliche Tätigkeit» oder «persönliche Betreuung» umschrieben (BK-SCHNYDER/MURER, Syst. Teil, N 21; GIOVANELLI, 41 ff.; HÄFELI, Betreuung, 52; MÜLLER, 6; AFFOLTER, Betreuung, 647). Er gehört gem. Art. 367 Abs. 1, welcher als eigentlicher Programmartikel des Vormundschaftsrechts gilt (BK-SCHNYDER/MURER, Art. 367 N 4; HÄFELI, Betreuung, 54) als **selbständiger Wirkungskreis,** nebst der *Vertretung* des Mündels in allen rechtlichen Angelegenheiten und der *Verwaltung* des Mündelvermögens, zu den **Grundaufgaben** des vormundschaftlichen Amtes (RIEMER, Vormundschaftsrecht, § 4 N 143 ff.).

2 Die persönliche Betreuung des Vormundschaftsrechts definiert sich als **behördlich angeordnete persönliche Fürsorge** für schutzbedürftige Menschen, die ihre Angelegenheiten nicht selbst zu besorgen vermögen. Sie beinhaltet die **Wahrung der Gesamtheit der auf die Persönlichkeit bezogenen Interessen** der betreuten Person und richtet sich nach deren *individuellen Bedürfnissen* unter *Wahrung der persönlichen Freiheit,* der *Autonomie in der Lebensgestaltung* sowie der *Menschenwürde* und nimmt Rücksicht auf die *Bedürfnisse Dritter* (zur Herleitung vgl. AFFOLTER, Betreuung, 649 3.c.).

3 Die in Abs. 2 von Art. 406 spezifizierte Befugnis des Vormundes, die **Anstaltseinweisung** des Mündels veranlassen zu können, wenn Gefahr im Verzug liegt und dem Mündel die nötige persönliche Fürsorge nicht anders erwiesen werden kann, stellt eine *funktio-*

nelle Kompetenznorm dar, welche die Bestimmungen des Art. 397b über die fürsorgerische Freiheitsentziehung ergänzt.

2. Zielsetzung

a) Behebung eines Schwächezustandes

Der Auftrag an den vormundschaftlichen Mandatsträger zur persönlichen Betreuung ist **4** die Folge persönlicher *Hilfsbedürftigkeit,* der *Schutz- und Beistandsbedürftigkeit,* das *Angewiesensein* des Mündels *auf die Hilfe Dritter* (BK-SCHNYDER/MURER, Syst. Teil N 35; SCHNYDER, Revision, 174 f.).

Dem Vormund obliegt kraft der ihm übertragenen Rechte und Pflichten die Aufgabe, den **5** **Schwächezustand** seines Mündels zu **überwinden.** Er leistet dem Mündel **Schutz und Beistand in allen persönlichen Angelegenheiten** (Art. 406 Abs. 1) und hat damit das **Recht** und die **Pflicht** zu allen **durch das Schutzbedürfnis gebotenen Eingriffen,** aber zu keinem, der darüber hinaus geht (ZK-EGGER, Art. 406 N 2). Diese Entscheidkompetenz des Vormundes bedeutet andererseits, dass das Mündel sich diese **Hilfe gefallen lassen** muss, womit sein *Lebensgestaltungsrecht* u.U. eingeschränkt wird (BK-SCHNYDER/MURER, Syst. Teil, a.a.O.). In dieser Konsequenz findet die Vormundschaft auch ihren Ausdruck als *Gewaltverhältnis,* welches seine Legitimation daraus ableitet, dass für eine schutzbedürftige Person vernünftig entschieden wird (BGer vom 3.7.2003, 5C.74/2003; MEIER/HÄBERLI, ZVW 2003, 449 f. ÜR 69-03).

b) Wahrung der Menschenwürde

Wenngleich im ZGB nur rudimentär behandelt, ist mit der persönlichen Fürsorge der **6** wohl vornehmste Auftrag der vormundschaftlichen Betreuungsarbeit, nämlich die **Garantie der Menschenwürde,** verbunden (vgl. dazu auch SCHNYDER, Menschenwürde, 444; DERS., Revision, 166 f., und u. N 29).

c) Verselbständigung

Ausgehend vom Verständnis des Menschen als entwicklungsfähigem Wesen strebt das **7** Vormundschaftsrecht die **Verselbständigung** der betreuten Personen durch *Förderung und Verstärkung ihrer positiven Anlagen* unter Einbezug des sozialen Umfeldes an. Das Streben nach **sozialer Integration** bedingt nach wie vor, dass gesellschaftlich unangepasstes Verhalten der betreuten Person u.U. (d.h. wenn es das Mündelwohl gebietet) korrigiert werden muss. Nicht die Anpassung ist aber primäres Ziel, sondern **Schutz der Persönlichkeit sowie Förderung und Wahrung der Autonomie,** damit das Mündel zu eigenverantwortlichem Handeln und selbständigem Leben befähigt wird.

Als Inbegriff aller Bemühungen zur Wahrung der geistigen und körperlichen Wohlfahrt **8** richtet sich die persönliche Betreuung nach den **individuellen Bedürfnissen** der betreuten Person und umfasst alle für die Person des Mündels wesentlichen Belange: **Ausbildung, Beruf, Unterhalt, Unterkunft, psychische und physische Gesundheit** bzw. **entsprechende Behandlung,** aber auch die Vermittlung eines geeigneten **sozialen Umfeldes** und von **Bezugspersonen** (AFFOLTER, Betreuung, 648; RIEMER, Vormundschaftsrecht, § 4 N 144).

Der Vormund setzt damit den Akzent seiner Arbeit nicht auf repressives Austreiben von **9** Sucht, strafbarem Verhalten, Arbeitsscheu oder Schuldenmacherei, sondern auf die **Mobilisierung von Begabungen,** auf den **Aufbau von sozialen Beziehungsnetzen,** auf das Vermitteln von **Bildung** und **Nacherziehung** (soweit man es nicht mit bereits stark individuell geprägten Persönlichkeiten zu tun hat, welche einer Erziehung nicht mehr zugänglich sind [HÄFELI, Betreuung, 57]), und von **therapeutischen Angeboten,** um sich im Leben zurechtzufinden.

10 Der Betreuungsauftrag kann je nach den persönlichen Voraussetzungen des Mündels und den Fähigkeiten des Vormundes im Verlaufe der Mandatsführung starken **Veränderungen** unterworfen sein. Der Mandatsträger hat deshalb nicht nur aus Anlass der periodischen Rechenschaftsberichts- und Rechnungsablage (Art. 413 und 423), sondern **rollend** den **Bedürfnisstatus** des Mündels zu **überprüfen** und sein Handeln dem wohlverstandenen Interesse und den Bedürfnissen des Mündels **anzupassen.** Diese *Selbstkontrolle* ermöglicht es auch, gezielt auf die **Milderung** oder **Aufhebung** vormundschaftlicher Massnahmen hinzuarbeiten, wenn die Konstitution des Mündels dies grundsätzlich erlaubt, oder bei Bedarf die Massnahme auch intensivieren zu lassen.

11 Diese **Hinwendung zur Persönlichkeit** ist gesetzliche Pflicht, weil das Recht auf angemessene Lebensgestaltung, auf Gewährleistung der elementaren Erscheinungen der Persönlichkeitsentfaltung und menschenwürdige Lebensbedingungen jedem Mitglied unserer menschlichen Gemeinschaft zusteht (BGE 118 Ia 427, 434; GIOVANELLI-BLOCHER, 44; KOLLER, 89 f.; SALADIN, 4; vgl. auch Art. 5 und 8 EMRK).

d) Soziale Sicherheit

12 **Vor allem die** *Betreuung Betagter, schwer geistig Behinderter oder psychisch schwer Kranker* kann dagegen nicht die allmähliche Verselbständigung zum Ziel haben, sondern die Garantie einer möglichst grossen Autonomie und **sozialer Sicherheit,** sowie die **Wahrung der Persönlichkeitsrechte** (BGer vom 8.4.2005, 5C.17/2005; MEIER/ HÄBERLI, ZVW 2005, 284 ÜR 79-05).

3. Abgrenzung

13 Mit dem Begriff Fürsorge ist nach dem Gesagten nicht die materielle Unterstützung nach kantonalem öffentlichem Recht gemeint (auch als Sozialhilfe bezeichnet), sondern die **persönliche Fürsorge** für Menschen, welche nicht in der Lage sind, *ihre eigenen Angelegenheiten selbst zu besorgen* und *schutzbedürftig* sind (vgl. o. N 2; RIEMER, Vormundschaftsrecht, § 4 N 143 ff.; TUOR/SCHNYDER/SCHMID, 381 f.). Darunter fällt zwar durchaus auch die Beschaffung der nötigen materiellen Mittel (d.h. die Vermögenssorge), darüber hinaus schliesst der Begriff aber alle Schutzmassnahmen ein, welche auf die Person selbst bezogen sind (BK-SCHNYDER/MURER, Syst. Teil, N 18 ff.).

14 Von andern Arten sozialer Betreuung unterscheidet sie sich dadurch, dass sie **behördlich angeordnet** und im Rahmen eines **vormundschaftlichen Mandates** gewährleistet wird. Damit stellt sie eine **hoheitliche Fremdbestimmung** dar (Art. 405 N 13, 19 f.; HEGNAUER, Mündelwohl, 81).

II. Anwendungsbereich

1. Überblick

15 Nach der Gesetzessystematik richtet sich Art. 406 zunächst an den *Vormund* und weist ihm die persönliche Fürsorge als zentrale Aufgabe zu. Art. 367 Abs. 2, welcher bestimmt, der *Beistand* (womit auch der *Beirat* gemeint ist, vgl. Überschrift des 5. Abschnitts vor Art. 392) sei für einzelne Geschäfte eingesetzt oder mit Vermögensverwaltung betraut, schliesst die persönliche Fürsorge (als Möglichkeit «einzelner Geschäfte») auch im

Rahmen dieser Massnahmen grundsätzlich nicht aus (BK-SCHNYDER/MURER, Art. 367 N 24 f.; HÄFELI, Betreuung, 54). In der Praxis haben sich im Verlaufe der letzten Jahrzehnte hinsichtlich Bedarf, Art, Umfang und Intensität der persönlichen Betreuung Konturen herausgebildet, welche sich massgeblich am **Motiv** der vormundschaftlichen Massnahme orientieren (HEFTI, 46 f., 136).

Die persönliche Fürsorge bildet andererseits den Leitgedanken der Bestimmungen über **16** die **fürsorgerische Freiheitsentziehung** als **nicht amtsgebundene Massnahme** (eine mündige oder entmündigte Person darf wegen Geisteskrankheit, Geistesschwäche, Trunksucht, anderen Suchterkrankungen oder schwerer Verwahrlosung in einer geeigneten Anstalt untergebracht werden, wenn ihr *die nötige persönliche Fürsorge* nicht anders erwiesen werden kann, Art. 397a). Vgl. hierzu Komm. zu Art. 397a ff.

2. Vormundschaft

Nach dem Wortlaut der **Art. 369, 370 und 372** gehört die persönliche Betreuung bei die- **17** sen drei Typen der Vormundschaft offensichtlich zum Aufgabengebiet des Vormundes («… ihre Angelegenheiten nicht zu besorgen vermag, zu ihrem Schutze dauernd des Beistandes und der Fürsorge bedarf …» [369], «… zu ihrem Schutze dauern des Beistandes und der Fürsorge bedarf …» [370], «… ihre Angelegenheiten nicht gehörig zu besorgen vermag …» [372]). Auch wenn der Vormund den Betroffenen weder zum Arztbesuch zwingen noch ihm eine Zwangsmedikation verordnen kann, kann er ihn doch zu medizinischer Behandlung ermuntern, ihn unterstützen und überwachen und aktiv Einfluss nehmen (BGer vom 6.3.2003, 5C.262/2002; MEIER/HÄBERLI, ZVW 2003, 156 f. ÜR 24-03; BGer vom 3.7.2003, 5C.74/2003; MEIER/HÄBERLI, ZVW 2003, 449 f. ÜR 69-03). Weniger klar ergibt sich dies aus dem Text von **Art. 371**, was entstehungsgeschichtlich darin begründet liegt, dass die *Haftdauer* und nicht die tatsächliche *Hilfsbedürftigkeit* den Grund für die Entmündigung hergab (BK-KAUFMANN, Art. 371 N 2). Die bundesgerichtliche Praxis zu Art. 371 hat sich allerdings dahingehend entwickelt, allein die Dauer der Inhaftierung nicht als Legitimation der Entmündigung genügen zu lassen. Vielmehr bedarf es einer **tatsächlichen Hilfsbedürftigkeit** des Interdizenden (BGer vom 28.8.2003, 5C.150/2003; MEIER/HÄBERLI, ZVW 2003, 449 ÜR 68-03; BGE 104 II 12; 109 II 8; 109 II 395; 114 II 210, 212; ZBJV 1985, 103; in diesem Sinne auch KS der JustizDir ZH vom 14.3.1972 in ZVW 1972, 93 = SJZ 1972, 129). Daraus folgt, dass – wenn die Voraussetzungen des Art. 371 gegeben sind und aus diesem Grund eine Vormundschaft errichtet wurde – die persönliche Betreuung auch Gegenstand des Mandates bildet.

3. Beiratschaft

Die Beiratschaft (Art. 395) ist auf die Mitwirkung in wichtigen, rechtlich und finanziell **18** belangvollen Angelegenheiten, auf Vermögensverwaltung oder auf eine Kombination der beiden angelegt. Das BGer hat allerdings mit Blick auf die *Verhältnismässigkeit* vormundschaftlicher Massnahmen bereits mit BGE 96 II 369, 375 und 103 II 81 anerkannt, dass auch dem Beirat persönliche Fürsorge obliegen kann, wenn sich dies **zur Erfüllung des Mandats** als notwendig erweist oder dadurch die **Entmündigung vermieden** werden kann. Allerdings lässt sich die Personensorge **nicht** gegen den Willen des Verbeirateten **durchsetzen** (BGer vom 3.7.2003, 5C.74/2003; MEIER/HÄBERLI, ZVW 2003, 449 f. ÜR 69-03; BK-SCHNYDER/MURER, Art. 367 N 24; SCHNYDER, Stufenfolge, 279; AFFOLTER, Betreuung, 650; AGVE 1971, 32).

Die Beiratschaft **genügt** dann **nicht**, wenn ein Bedarf nach **dauernder persönlicher** **19** **Fürsorge** und Überwachung besteht oder die Betreuungsperson **Zwangsmassnahmen** gegen den Willen der betreuten Person durchsetzen muss (BGer vom 3.7.2003,

5C.74/2003; MEIER/HÄBERLI, ZVW 2003, 449 f. ÜR 69-03; BGE 97 II 302; 99 II 20; RIEMER, Vormundschaftsrecht, § 5 N 4; ZVW 1973, 155 Nr. 14; ZVW 1975, 75 Nr. 17). Für Zwangsmassnahmen steht nur die Vormundschaft zur Verfügung.

4. Beistandschaft

20   Soweit ein Beistand gestützt auf Art. 392 i.S.v. Art. 367 Abs. 2 «für einzelne Geschäfte» eingesetzt ist, können sowohl Vertretungshandlungen als auch **fürsorgliche Aufgaben** zum Schutz der Person unter diese «einzelnen Geschäfte» subsumiert werden (BK-SCHNYDER/MURER, Art. 367 N 24 f.; KOLLER, 89). Die h.L. und Rechtsprechung leitet selbst für den Verwaltungsbeistand eine Pflicht zur persönlichen Fürsorge ab, wenn die Notwendigkeit der Vermögensverwaltung «in der Person des Schützlings wurzelt» (BGE 96 II 375; BK-SCHNYDER/MURER, Art. 367 N 24). Mit Blick auf die Voraussetzungen der Beistandschaft gem. Art. 394 («wenn die Voraussetzungen der Bevormundung auf eigenes Begehren vorliegen»), welche gestützt auf den Grundsatz der Verhältnismässigkeit der Vormundschaft vorgeht, aber ein **umfassendes Betreuungsmandat** beinhalten kann, lässt sich deshalb auch diese Massnahme als Auftrag zur persönlichen Fürsorge verstehen. Dasselbe gilt für die kombinierte Beistandschaft gem. Art. 392 Ziff. 1/393 Ziff. 2, welche in den letzten 20 Jahren einen rasanten Aufschwung erlebte (SCHNYDER, Menschenwürde, 448) und gesamtschweizerisch mehr als 16% aller bestehenden vormundschaftlichen Massnahmen für Erwachsene abdeckt, bezogen auf die Neuerrichtungen sogar 25% (Schweizerische Vormundschaftsstatistik 2004, ZVW 2006, 42 ff., 50).

5. Vorläufige Fürsorge

21   Wird es vor der Wahl notwendig, vormundschaftliche Geschäfte zu besorgen, kann die VormBehörde die erforderlichen Massregeln treffen und insb. eine **Vertretung** anordnen (Art. 386). Wie sich bereits aus der Marginalie ergibt («Vorläufige Fürsorge»), können auch bei diesem Amt persönliche Betreuungsaufgaben anfallen (beispielsweise die dringliche Unterbringung in einem Altersheim, die Anordnung medizinischer Betreuung etc., vgl. Urteil des Europäischen Gerichtshofs für Menschenrechte vom 26.2.2002; MEIER/HÄBERLI, ZVW 2003, 142 ÜR 1-03; VPB 66.106; BGE 128 III 12; BK-SCHNYDER/MURER Art. 386 N 56 und 81).

6. Fürsorgerische Freiheitsentziehung

22   Vgl. die Komm. zu Art. 397a.

III. Persönliche Fürsorge

1. Leitlinien

a) Die Maxime des Wohls des Schutzbedürftigen (Mündelwohl)

23   Aus der Erkenntnis, dass vormundschaftlich betreute Personen nicht schlechter gestellt sein können als Kinder unter elterlicher Sorge, hat sich in der Lehre in Anlehnung an das Kindeswohl die Maxime des **Mündelwohls** durchgesetzt. Darin liegt zwar noch keine Antwort auf die Frage, was Schutz und Beistand in allen persönlichen Angelegenheiten im Einzelfall bedeute, die Maxime bietet aber einen wichtigen **Wegweiser** (dazu und zu den nachfolgenden Ausführungen HEGNAUER, Mündelwohl, 84 III).

24   Sie postuliert den **Vorrang** des Mündelwohls vor andern, beispielsweise fiskalischen Interessen einer Gemeinde oder vor Ansprüchen künftiger Erben.

Sie bedeutet zum zweiten die umfassende **Achtung der Persönlichkeit** der betreuten **25**
Person. In sinngemässer Anwendung von Art. 301 steht der betreuten Person die ihrer
Reife und intellektuellen Fähigkeit angemessene eigene *Selbstbestimmung* zu, und es ist
in allen wichtigen Angelegenheiten soweit tunlich auf ihre Meinung *Rücksicht* zu nehmen (Art. 409). Besondere Bedeutung erhält die Meinungsäusserung des Mündels in
Fragen, welche eng mit der Persönlichkeit verbunden sind (z.B. Gesundheit, Einklei-
dung, Umgang mit Dritten, Verwirklichung individueller Neigungen), und ihr Gewicht
nimmt in der Rechtsgüterabwägung des Vormundes ab, *je weniger ein solcher Bezug
zwischen Sachfrage und Persönlichkeitsrechten gegeben ist* (z.B. die Frage von Geldanlagen oder des zu wählenden Geldinstituts, soweit aufgrund von Art. 401 ein Ermessensspielraum besteht).

Die Maxime des Mündelwohls bedeutet drittens das Gebot zur **individualisierenden** **26**
Betreuung und Förderung der Person. Sie dient der Entfaltung von persönlichen Neigungen mit Blick auf die *persönliche und wirtschaftliche Selbständigkeit.*

Viertens bedeutet die Maxime des Mündelwohls die Wahl der **am wenigsten schäd-** **27**
lichen Alternative, wenn zwischen verschiedenen Möglichkeiten zur Bewältigung einer
Problemlage zu entscheiden ist (Grundsatz der *Erforderlichkeit* und der *Verhältnismässigkeit*).

Angesichts der stigmatisierenden Terminologie «Mündel» wird mit der Revision des Vor- **28**
mundschaftsrechts (künftig: Erwachsenenschutz) eher der Begriff des **Wohl des Schutz-**
bedürftigen Einzug halten.

b) Ethische Prinzipien

Das Vormundschaftsrecht ist von drei ethischen Postulaten getragen, welche für Betreue- **29**
rinnen und Betreuer bei der Mandatsführung grundlegende Entscheidungshilfen und
Leitplanken darstellen: Die **Achtung der Menschenwürde,** die **Respektierung** der **per-**
sönlichen Freiheit und die **Rücksichtnahme auf die Bedürfnisse Dritter** (AFFOLTER,
Betreuung, 648, 3.b. und dort zit. Fundstellen).

c) Emanzipatorische Mitwirkung der betreuten Person

Art. 409 verpflichtet den Vormund, vor seiner Entscheidung das urteilsfähige Mündel bei **30**
allen wichtigen Angelegenheiten soweit tunlich zu befragen. Nebst diesem beschränkten,
gesetzlich verankerten **Mitwirkungsrecht** sollten mit der schutzbedürftigen Person **Ziel**
und Konzept des vormundschaftlichen Betreuungsmandates **besprochen** und entsprechend ihren eigenen Möglichkeiten **festgelegt** werden.

Vormundschaftliche Betreuungsarbeit bedingt **pädagogische Führung** und den Zugang **31**
zu den **seelischen** und **gefühlsmässigen Anliegen** der Betreuten (GIOVANELLI-BLOCHER,
43). Der Einbezug ihrer **Wünsche,** ihrer persönlichen **Eignungen** und **Empfindungen,**
ihrer **Ängste** und **Hoffnungen** spielt eine wichtige Rolle. Diese Anforderung ist nicht nur
Ausfluss ihrer Persönlichkeitsrechte, sondern auch Voraussetzung einer Erfolg verspre-
chenden **prozessorientierten Betreuungsarbeit** (AFFOLTER, Betreuung, 649 3.c.).

2. Einzelfragen

a) Schriftgeheimnis

Das Brief- oder Schriftgeheimnis fällt in den Bereich der **Persönlichkeitsrechte** und ist **32**
deshalb grundsätzlich zu wahren (Art. 8 EMRK; TERCIER, 146). Weder die Entmündigung noch andere vormundschaftliche Massnahmen führen zu einer *zwangsläufigen* Ein-

schränkung dieses Schutzbereiches. So hat namentlich der Beistand kein Recht, die gesamte Post der betreuten Person, deren Handlungsfähigkeit nicht beschränkt ist, umzuleiten (RRB des Kt. Bern vom 25.11.1992 in ZVW 1994, 35). Wer das Schriftgeheimnis unbefugterweise verletzt, wozu bereits das Öffnen gehört, macht sich **strafbar** (Art. 179 StGB). Für Postzustellung und -empfang gelten im Übrigen die Allgemeinen Geschäftsbedingungen «Postdienstleistungen» (www.post.ch).

33 Massnahmen zum *Wohl des Schutzbedürftigen* vermögen **Einschränkungen** zu rechtfertigen. Dabei ist das Recht auf Schutz der Privatsphäre gegenüber andern auf dem Spiel stehenden Interessen des Mündels **abzuwägen** und der Eingriff in die Persönlichkeitsrechte der schutzbedürftigen Person muss dem **Verhältnismässigkeitsprinzip** standhalten (SCHULTZ, 133; TERCIER, 146). So kann der Beistand einer **dauernd urteilsunfähigen Person** die Post umleiten lassen, wenn er für die gesamte persönliche und wirtschaftliche Interessenwahrung eingesetzt ist, aus *Verhältnismässigkeitsgründen aber keine Vormundschaft,* sondern eine *kombinierte Beistandschaft* (Art. 392 Ziff. 1/393 Ziff. 2) errichtet wurde (namentlich für Betagte: Entscheid des OGer Luzern vom 28.4.2005, FamPra.ch 2006, 223 ff.; RIEMER, Betagte, 123 ff.). Gleiches gilt selbstredend für die Beistandschaft auf *eigenes Begehren,* wenn die urteilsfähige schutzbedürftige Person dem Eingriff ausdrücklich zugestimmt hat.

34 Wenn der Vormund mit der Durchsicht der Korrespondenz seines Mündels, das zu Heiratsschwindeleien, betrügerischen Bestellungen oder Aufnahme von Darlehen neigt, das **Mündel vor Bestrafung zu schützen** vermag, rechtfertigt sich die Verletzung des Briefgeheimnisses ebenfalls (SCHULTZ, 133).

35 Entsprechende Einschränkungen sind aus dem Kindesschutzrecht bekannt, welches zulässt, einem Erziehungsbeistand die Befugnis zu übertragen, den *Schriftverkehr* zwischen Vater und Kind zu *kontrollieren* (ZVW 1992, 202 f.).

b) Hausfrieden

36 Wer **gegen den Willen des Berechtigten** in ein Haus, in eine Wohnung, in einen abgeschlossenen Raum eines Hauses oder in einen unmittelbar zu einem Haus gehörenden umfriedeten Platz, Hof oder Garten oder in einen Werkplatz **unrechtmässig** eindringt oder, trotz der Aufforderung eines Berechtigten, sich zu entfernen, darin verweilt, macht sich (auf Antrag) **strafbar** (Art. 186 StGB). Mit der Formulierung *unrechtmässig* bringt der Gesetzgeber zum Ausdruck, dass es von Gesetzes wegen auch Rechtfertigungsgründe gibt, den Hausfrieden zu brechen.

37 So liegt kein Hausfriedensbruch vor, wenn sich der Vormund Zutritt zur Wohnung des Mündels verschafft, um sich *über dessen* **Befinden** *zu erkundigen,* wenn er *einige Zeit* nichts von ihm gehört hat oder wenn die zur Betreuung des Mündels **nötige persönliche Beziehung** anders gar nicht aufgenommen werden kann (ZVW 1980, 158 Nr. 14; SCHULTZ, 133). Andererseits gilt der Vormund als Berechtigter i.S. von Art. 186 StGB und darf dem Sohn einer Bevormundeten verbieten, die mütterliche Wohnung zu betreten, wenn sich dies zum Schutz und zur nötigen Fürsorge der Bevormundeten (ZGB 406) als erforderlich erweist (BGE 80 IV 170).

38 Generell gilt, dass auch in diesem Bereich in jedem Fall, unabhängig von der Art vormundschaftlicher Betreuung (Vormundschaft, Beiratschaft, Beistandschaft, vorläufige Fürsorge), gestützt auf die allgemeinen Leitlinien vormundschaftlichen Handelns eine **Interessenabwägung** vorzunehmen ist. Die Wohnung ist gem. Art. 8 EMRK ein **mit der Person besonders eng verbundener Schutzbereich,** in den nur eingegriffen werden

darf, wenn der Schutz anderer Rechtsgüter dies rechtfertigt (vgl. Art. 8 Abs. 2 EMRK; ZVW 1980, 160).

c) Recht auf eigenen Lebensstil versus Vermögensschutz

Unsere Rechtsordnung gestattet grundsätzlich jeder Person, sich zur Geltung zu bringen   **39**
und einen eigenen Lebensstil zu pflegen, **das zu sein, was sie ist,** solange sie nichts
rechtswidriges begeht (SCHNYDER, Menschenwürde, 441, unter Hinweis auf E. HUBER).
Diese Hinwendung zur Persönlichkeit steht in einem *Spannungsverhältnis* zum **Vermögensschutz** (HÄFELI, Betreuung, 53). In der Betreuungsarbeit wird richtigerweise grosses
Gewicht darauf gelegt, das Vermögen des Mündels zu erhalten (Art. 401 ff., 419). Mit
Blick auf die besonderen Neigungen und Bedürfnisse der schutzbedürftigen Person und
unter Respektierung allfälliger familiärer Verpflichtungen sind die Betreuer aber gehalten
und ermächtigt, das Vermögen in angemessener Weise zur **Persönlichkeitsentfaltung**
einzusetzen. Der ausdrückliche Vorbehalt in Art. 401 («soweit er dessen nicht für den
Bevormundeten bedarf») rechtfertigt unter diesen Voraussetzungen durchaus auch einen
verantwortungsvoll geplanten **Vermögensverzehr.**

d) Recht auf freie Bewegung und den Umgang mit Dritten

Das Recht, sich frei zu bewegen und Kontakte mit Dritten zu pflegen, gehört zu den ab-   **40**
solut höchstpersönlichen Rechten (DESCHENAUX/STEINAUER, Personnes, no. 546 142). Ist
eine Person aber aufgrund ihrer Geistesschwäche oder psychischen Instabilität auch in
Begleitung von Vertrauenspersonen nicht in der Lage, fremde Eindrücke zu verarbeiten,
und führt dies erfahrungsgemäss zu rascher *Desorientierung* und *Verwirrtheit,* so kann
ihr die **Reise** zu einem von ihr geliebten Freund in einem ihr kulturell, religiös und
sprachlich fremden Land, mit dessen Lebensgewohnheiten sie nicht vertraut ist, **versagt
werden** (RJJ, 1995, 344). Andererseits kann der Vormund darauf hinwirken, den Lebenswandel der betreuten Person zu verändern (BGer vom 28.8.2003, 5C.150/2003;
MEIER/HÄBERLI, ZVW 2003, 449 ÜR 68-03).

Zum Schutz der Persönlichkeit kann der Vormund einer (betagten) Person, deren Urteils-   **41**
fähigkeit nicht mehr erstellt ist, **Dritten** den **persönlichen Verkehr** mit dem Mündel
untersagen und ggf. gerichtlich durchsetzen, wenn dieser Umgang das Mündel zu *schädigen droht* (Blätter für Zürcherische Rechtsprechung, 1929, 209 Nr. 107).

e) Wohnsitz und Aufenthalt

Gemäss Art. 25 Abs. 2 haben **bevormundete** Personen ihren Wohnsitz nicht am Ort, an   **42**
dem sie sich mit der Absicht dauernden Verbleibens aufhalten und ihren Lebensmittelpunkt begründen, sondern am **Sitz der VormBehörde** (ist die volljährige entmündigte
Person nicht bevormundet, sondern wieder **unter elterliche Sorge** gestellt worden, so
wird ihr Wohnsitz von jenem der **Eltern** abgeleitet, vgl. Art. 385 Abs. 3 i.V.m. Art. 25
Abs. 1; RIEMER, Vormundschaftsrecht, § 4 N 88). Ein Wechsel des Wohnsitzes des Bevormundeten kann nur mit Zustimmung sowohl der massnahmeführenden als auch der
übernehmenden VormBehörde stattfinden, weil sich der Wohnsitz vom Sitz der VormBehörde, bei Übertragungen demnach der übernehmenden VormBehörde ableitet (Art. 25
Abs. 2 i.V.m. 377; ZVW 2002, 216 f.).

Auch wenn das Mündel durch die persönliche Betreuung in seinem Lebensgestaltungs-   **43**
recht eingeschränkt sein kann (vgl. o. N 5), geniesst es grundsätzlich den Schutz der
verfassungsmässigen **Niederlassungsfreiheit** (BGE 131 I 266; MEIER/HÄBERLI, ZVW
2005, 282 f. ÜR 77-05; SALADIN, 9 f.; KOLLER, 92). Hat es seinen Lebensmittelpunkt mit

der Absicht dauernden Verbleibens (was im Zeitalter geforderter hoher Mobilität nicht mehr an hohe Anforderungen gebunden sein darf) an einen andern Ort verlegt, muss die VormBehörde dem **Wohnsitzwechsel** zustimmen, wenn dieser den Interessen des Mündels nicht widerspricht. Nach der bundesgerichtlichen Praxis muss sie sogar den Zielen der Bevormundung dienen (BGE 131 II 266; MEIER/HÄBERLI, ZVW 2005, 282 f. ÜR 77-05). Die VormBehörde des neuen Ortes darf die Übernahme nur ablehnen, wenn der Wohnsitzwechsel bloss der Abschiebung einer lästigen Vormundschaft dienen soll (MEIER/HÄBERLI, ZVW 2002, 210 f., 216 f.; RIEMER, Vormundschaftsrecht, § 4 N 88a und dort zit. Fundstellen).

44 Für den betreuenden Vormund bedeutet dies, dass er alle nötigen fürsorgerischen Massnahmen sicherstellen muss, damit das Mündel seinen Wohnsitzwechsel realisieren und am neuen Ort wieder hinreichend betreut werden kann.

f) Medizinische Informationen und Eingriffe

aa) Grundsätzliches zur Zustimmungsbedürftigkeit

45 Beim **Austausch medizinischer Daten** zwischen Arzt und Vormund und bei der Einwilligung in medizinische Eingriffe gegenüber dem Mündel stellen sich immer wieder heikle Fragen (vgl. Art. 405 N 42 ff.). Die Vertrauensbasis zwischen Vormund und Mündel ist – wie jene zwischen Arzt und Patient – eine unabdingbare Voraussetzung für eine erfolgreiche Personensorge. Sie basiert auf höchster Diskretion und ist rechtlich einem qualifizierten Schutz unterstellt: Ärztliche Informationen unterliegen dem **Arztgeheimnis** (Art. 321 StGB), für beamtete Ärzte zudem dem **Amtsgeheimnis** (Art. 320 StGB). Vormundschaftliche Informationen unterliegen dem ungeschriebenen **Vormundschaftsgeheimnis** (ELSENER, 215; MEIER, Confidentialité, 210 ch. 15) und, soweit sie von Amtsvormunden und der VormBehörde gehütet werden, dem Amtsgeheimnis (Art. 320 StGB). Der strafrechtliche Schutz erfasst nur die VormBehörden und Amtsvormunde, nicht aber Privatvormunde, welche der Geheimhaltungspflicht allerdings aufgrund des **Persönlichkeitsschutzes,** den das Mündel geniesst (Art. 28; Art. 8 EMRK), unterliegen (BGE 121 IV 222). Diesen Schutzgedanken steht das Bedürfnis nach Informationsaustausch zwischen Arzt und Vormund gegenüber, welcher für die erfolgreiche Realisierung eines vormundschaftlichen Betreuungsauftrages oft unabdingbar ist. Ohne **Einwilligung** des Patienten oder einen anderen **Rechtfertigungsgrund** dürfen medizinische und vormundschaftliche Daten allerdings nicht preisgegeben oder ausgetauscht werden.

45a Andererseits gilt eine ärztliche Behandlung als **Eingriff in die körperliche Integrität** (BGE 117 Ib 197; 118 Ia 427, 434) und bedarf deshalb eines **Rechtfertigungsgrundes,** welcher *gesetzlicher* oder *vertraglicher* Natur sein kann. Die fehlende Zustimmung des Patienten verletzt dessen **Selbstbestimmungsrecht** (HONSELL, Arztrecht, 17).

bb) Urteilsfähiges Mündel

46 Das urteilsfähige Mündel hat **allein das Recht,** über medizinische Eingriffe und über die **Freigabe** seiner dem Arzt anvertrauten **medizinischen Daten** zu entscheiden (vgl. Art. 405 N 40 ff.; HONSELL, Arztrecht, 157 f.; KOLLER, 90; MEIER, Confidentialité, 212 ch. 23, 214 ch. 28). Die **Einwilligung des gesetzlichen Vertreters** rechtfertigt somit einen diesbezüglichen Eingriff in die Persönlichkeitsrechte nicht, kann aber notwendige Voraussetzung sein (Art. 6 Abs. 1 Sterilisationsgesetz). Das bedeutet, dass der urteilsfähige Entmündigte vom Arzt **wie ein voll Handlungsfähiger** zu behandeln und demnach auch selbst aufzuklären ist (nicht der Vormund). Im Falle der Sterilisation einer urteilsfähigen, über 18-jährigen bevormundeten Person bedarf es überdies der Zustimmung der vormundschaftlichen Aufsichtsbehörde, ohne dass allerdings die VormBehörde dazu Stellung zu beziehen hat (Art. 6 Abs. 2b und Abs. 3 Sterilisationsgesetz, im Gegensatz zu den Zustimmungen nach Art. 422 ZGB).

Der **Abschluss des Arztvertrages** durch das urteilsfähige Mündel ist konsequenterweise nicht zustimmungsbedürftig und kann vom urteilsfähigen Mündel selbst vorgenommen werden (**a.M.** HONSELL, Arztrecht, 158). Erwachsen daraus allerdings *hohe Kosten,* hat der Arzt zwischen dem Anspruch auf Wahrung höchstpersönlicher Rechte des Mündels und dem Schutz vor untragbaren Verpflichtungen eine **antizipierte Interessenabwägung** vorzunehmen und im Zweifelsfall die **Zustimmung des Vormundes** zu beschaffen (Art. 19 Abs. 1). Ist das Mündel als Geheimnisherr mit dem Einbezug des Vormundes nicht einverstanden, und liegt kein dringender Handlungsbedarf vor (z.B. kosmetische Operationen), darf der Eingriff **verweigert** werden. Den Anforderungen an eine fürsorgliche Betreuung des Mündels kann auf dem Weg über die Zustimmung des Vormundes Rechnung getragen werden, denn dieser ist aufgrund der Maxime des Mündelwohls nicht befugt, ohne hinreichenden Grund sich über den Wunsch des Mündels hinwegzusetzen (HEGNAUER, Mündelwohl, 83; SCHNYDER, Menschenwürde, 435, 441; HONSELL, Arztrecht, 158 f., 312). In dringenden Fällen kann die Notstandshilfe nach Art. 34 Ziff. 2 StGB einen Rechtfertigungsgrund für den ärztlichen Eingriff ohne Zustimmung des Berechtigten abgeben (HONSELL, Arztrecht, 312).   **47**

cc) Kasuell urteilsunfähiges Mündel

Bei Eingriffen an **kasuell Urteilsunfähigen** ist auf den hypothetischen Willen der betroffenen Person abzustellen. Hiezu kann der gesetzliche Vertreter zwar befragt werden. Dessen Einwilligung ist allerdings – vom straflosen Schwangerschaftsabbruch (Art. 119 Abs. 3 StGB) abgesehen – nicht ausschlaggebend, sondern lediglich ein der freien Beweiswürdigung des Arztes überlassener Hinweis darauf, wie das Mündel selbst entscheiden würde. Der Arzt selbst handelt diesfalls als Geschäftsführer ohne Auftrag i.S.v. Art. 419 ff. OR (HONSELL, Arztrecht, 163, 309). Die Sterilisation vorübergehend Urteilsunfähiger ist verboten (Art. 4 Sterilisationsgesetz).   **48**

dd) Urteilsunfähiges Mündel

Fehlen einem Mündel Erkenntnisfähigkeit, Wertungsfähigkeit, Willensbildungsfähigkeit und die Fähigkeit, gemäss eigenem Willen zu handeln, so gilt es als **urteilsunfähig** (PEDRAZZINI/OBERHOLZER, 72 ff.). Dabei bezieht sich die Urteilsfähigkeit oder -unfähigkeit immer auf den **konkreten Eingriffsfall.**   **49**

Allein die Tatsache, dass jemand wegen Geisteskrankheit oder Geistesschwäche entmündigt ist (Art. 369), kann nicht ausschlaggebend sein für die Beurteilung der Frage, ob die Fähigkeit zur Einwilligung in die medizinische Behandlung oder in die Weitergabe medizinischer Daten gegeben sei oder nicht. Es ist immer i.S. einer **individuellen und zeitlich wie sachlich konkreten Sachverhaltsprüfung** zu beurteilen, ob sich das Mündel ein hinreichendes Urteil bilden kann oder nicht, was dem Arzt eine hohe Verantwortung zuweist (HONSELL, Arztrecht, 306). Sowenig nämlich die *Vernünftigkeit* eines Entscheides auf *Urteilsfähigkeit* schliessen lässt, darf aus dessen *Unvernünftigkeit* auf *Urteilsunfähigkeit* geschlossen werden. Anders entscheiden hiesse, die Urteilsfähigkeit als *subjektives Element,* das die Befähigung zur selbstverantwortlichen Vornahme eines Rechtsgeschäftes beinhaltet, zu verkennen (HONSELL, Arztrecht, 160). Zudem steht dem Mündel wie all seinen Mitmenschen durchaus auch das Recht zu, *Unsinniges* zu tun: «Einer Gesellschaft, die dem mündigen Menschen den Weg zu jeder Torheit freigibt, steht Kleinlichkeit gegenüber dem Mündel schlecht an» (HEGNAUER, Mündelwohl, 85 III.2.).   **50**

51 **Fehlt die Urteilsfähigkeit dauernd,** entscheidet der Vormund über die Zulässigkeit medizinischer Eingriffe (vgl. auch Art. 405 N 43 und Art. 119 Abs. 3 StGB). Diese Einwilligungsbefugnis findet ihre Grenzen allerdings im Bereich **absolut höchstpersönlicher Rechte.** Das führt grundsätzlich zum Schluss, dass Urteilsunfähigen im Bereich absolut höchstpersönlicher Rechte die Rechtsfähigkeit fehlen kann (SALADIN, 7). Um diese, aus den Persönlichkeitsrechten des Mündels hergeleiteten, in ihrer Konsequenz aber selbst wiederum grundrechtsbeschränkenden Folgen zu vermeiden, sind nach HONSELL (Arztrecht, 332 ff., 338; vgl. auch: SCHULTZ, 129 f.) namentlich bei *Sterilisation* und beim straflosen *Schwangerschaftsabbruch* die auf dem Spiel stehenden **höchstpersönlichen Rechte** des Mündels gegeneinander **abzuwägen,** was je nach Ergebnis derartige Eingriffe mit Zustimmung des Vormundes zu rechtfertigen vermag, wenn die **Patientin nicht opponiert** (siehe auch rev. Art. 119 Abs. 3 StGB). Während die Medizinisch-ethische Richtlinien zur Sterilisation vom 17.11.1981 der Schweizerischen Akademie der Medizinischen Wissenschaften mit ergänzenden Empfehlungen vom 16.2.2001 und die Stellungnahme von INSIEME, Schweizerische Vereinigung der Elternvereine für geistig Behinderte zum Thema Sterilisation, Biel, 4.9.1997 eine Vertretung des Mündels durch den Vormund in absolut höchstpersönlichen Rechten ausschliessen, weist das Sterilisationsgesetz (i.K. seit 1.7.2005) die Sterilisation offensichtlich in den Bereich der relativ höchstpersönlichen, also nicht vertretungsfeindlichen Rechte (im Sinne einer ergebnisorientierten Interessenabwägung), ebenso HEGNAUER, Sterilisation, 26 f. und RIEMER, Höchstpersönliche Rechte, 218.

ee) Eigenverantwortlichkeit von urteilsfähigem Mündel und Arzt

52 Die von einem **urteilsfähigen Mündel** nach **hinreichender Aufklärung** – beispielsweise aus religiösen Gründen – **abgelehnte Behandlung,** die zu einer schweren Schädigung oder gar zum Tod führen kann, ist für den Arzt verbindlich und damit auch für den Vormund, da beide keine Befugnis haben, in die höchstpersönlichen Rechte des urteilsfähigen Mündels einzugreifen (HONSELL, Arztrecht, 307).

53 Lehnt der **Vormund** einen aus der Sicht des Mündelwohls unabdingbaren ärztlichen Eingriff zugunsten eines urteilsunfähigen Mündels ab, und kann sich der Arzt nicht rechtzeitig von der VormBehörde (als gegenüber dem Vormund weisungsberechtigte Aufsichtsbehörde, vgl. RIEMER, Vormundschaftsrecht, § 4 N 169) die notwendige Zustimmung erteilen lassen, kann die Notstandshilfe dem verantwortlichen Arzt einen Rechtfertigungsgrund abgeben (vgl. o. N 47). Andernfalls unterliegt die Handlung des Vormundes der Vormundschaftsbeschwerde (Art. 420) und immer der Aufsichtsbeschwerde, wozu sich u.U. auch der Arzt veranlasst sehen kann, wenn der Vormund den Interessen des Betreuten nicht Rechnung trägt. Im Falle der Sterilisation unterliegt der Entscheid der vormundschaftlichen Aufsichtsbehörde der gerichtlichen Beurteilung (Art. 9 Sterilisationsgesetz).

g) Delinquentes Mündel

aa) Strafanzeigepflicht der vormundschaftlichen Betreuer?

54 Vormundschaftliche Betreuungspersonen sind **nicht verpflichtet,** gegen ein delinquentes Mündel Strafanzeige einzureichen (BK-SCHNYDER/MURER, Art. 360 N 169). Das gilt für private wie für amtliche Betreuungspersonen, selbst wenn das kantonale Recht eine **Anzeigepflicht** für Beamte vorsehen sollte. Denn die **Wahrung des Mündelwohls** und die **Schweigepflicht** gehen dieser Anzeigepflicht vor (AFFOLTER, Betreuung, 651; HEGNAUER, Mündelwohl, 85 III.1; BK-SCHNYDER/MURER, Art. 360 N 144 ff.).

Das Fehlen einer Anzeigepflicht *bedeutet* nun allerdings *nicht,* dass *in keinem Fall* An-   **55**
zeige zu erstatten sei. Die Betreuungspersonen werden diese Frage immer danach zu
beurteilen haben, ob eine **Strafverfolgung im Interesse des Mündels liege** oder **berechtigte Drittinteressen überwiegen** (BK-SCHNYDER/MURER, Art. 360 N 169; vgl. hiezu
die Fallbsp. bei AFFOLTER, Betreuung, 652, sowie einen Überblick über verschiedene
Straftatbestände bei SCHULTZ, 121 ff.).

bb) Verzeigung als Konsequenz des Betreuungsauftrages

Zuweilen ist es unumgänglich, den Behörden **Informationen** zu liefern, die *von Amtes*   **56**
wegen ein Strafverfahren auslösen und Vormund, Beirat wie Beistand damit in **Konflikt**
mit dem Auftrag zur persönlichen Betreuung bringen können. Das ist immer dann der
Fall, wenn die Informationspflicht zu den **gesetzlichen Aufgaben** der Betreuungsperson
gehört, wie dies die **Steuerdeklarationspflicht** darstellt. Hat eine Person vor Errichtung
der Massnahme *Steuerbetrug* begangen, und lassen sich aufgrund der von der vormundschaftlichen Betreuungsperson vorschriftsgemäss ausgefüllten Steuererklärung Rückschlüsse darauf ziehen, kommt dies einer indirekten Anzeige gleich. Eine Alternative
dazu haben vormundschaftliche Betreuerinnen und Betreuer nicht, weil sie verpflichtet
sind, das **Vermögen** bei Mandatsaufnahme **vollständig zu erfassen** (Art. 398) und gegenüber den Steuerbehörden auch lückenlos zu deklarieren. Generell sind vormundschaftliche Mandatsträgerinnen und Mandatsträger zu **gesetzmässigem Handeln** verpflichtet (SCHERRER, 22).

cc) Verbeiständung im Strafverfahren

Die Verbeiständung (hier *nicht* im rechtsinstitutionellen Sinne gem. Art. 392 ff. gemeint,   **57**
sondern i.S.v. Art. 406 Abs. 1) im Strafverfahren selbst gehört ebenfalls zur **persönlichen Betreuung** (BGE 75 IV 143). Der Vormund kann selbständig **Beweisanträge**
stellen und **Rechtsmittel** ergreifen, und zwar **selbst gegen den Willen des Mündels,**
wenn dies durch das **Mündelwohl** geboten ist (BGer vom 3.7.2003, 5C.74/2003; MEIER/
HÄBERLI, ZVW 2003, 449 f. ÜR 69-03; REHBERG, 378). Die Vertretung im Strafprozess
hat ihre Grenzen im Bereich der **absolut höchstpersönlichen Rechte,** die von urteilsfähigen Mündeln nur selbst und allein wahrgenommen werden können (REHBERG, 372).
Falls Vormundin oder Vormund ihr Mündel für fähig halten, sich allein im Strafprozess
zu behaupten, kann die Prozessvertretung dem **Mündel allein** überlassen werden. Das
Gericht hat diesfalls dem Vormund weder Vorladungen noch prozessleitende Verfügungen zuzustellen (REHBERG, 357).

dd) Zeugnisverweigerungsrecht

Die Möglichkeit, amtliche oder private vormundschaftliche Mandatsträgerinnen und   **58**
Mandatsträger als **Zeugen im Strafverfahren** gegen das Mündel einvernehmen zu können, ist in der Literatur **umstritten,** u.a. auch weil Uneinigkeit darüber herrscht, ob Privatvormunde und Privatbeistände dem **Amtsgeheimnis** gem. Art. 320 i.V.m. Art. 110
Ziff. 4 StGB unterliegen (HÄFELI, 59; REHBERG, 375 f.). Das Zeugnisverweigerungsrecht
richtet sich nach den jeweiligen kantonalen Straf- und Zivilprozessordnungen (zur künftigen schweizerischen ZPO vgl. Art. 162 und 163). Wo die vormundschaftlichen Mandatsträger nicht explizit berechtigt sind, das Zeugnis zu verweigern, kann im Bedarfsfall
über eine Verweigerung der VormBehörde, den Mandatsträger vom Amtsgeheimnis zu
entbinden, dem Bedürfnis nach Geheimhaltung im Einzelfall Nachachtung verschafft werden. Erfahrungsgemäss werden schutzwürdige Interessen der betreuten Person von den
Gerichten auch in Fällen respektiert, wo ein Zeugnisverweigerungsrecht fehlen würde.

h) Wahrung höchstpersönlicher Rechte

58a Vgl. N 32, 38, 40, 45–47, 57. Die urteilsfähige entmündigte Person kann ohne Zustimmung des gesetzlichen Vertreters Rechte ausüben, die ihr ihrer Persönlichkeit Willen zustehen (Art. 19 Abs. 2). Dazu gehört die **Wahrung ihrer Rechte im Verfahren** um einen vorläufigen Entzug der Handlungsfähigkeit nach Art. 386 Abs. 2 (BGer vom 9.2.2004, 5P.16/2004; MEIER/HÄBERLI, ZVW 2004, 130 ÜR 22-04) und das Recht, Handlungen des Vormundes und Beschlüsse der Vormundschaftsbehörde **gemäss Art. 420 anzufechten** (BGer vom 22.12.2003, 5P.408/2003; MEIER/HÄBERLI, ZVW 2004, 133 ÜR 29-04, mit kritischem Hinweis von MEIER/HAEBERLI ebenda).

3. Organisation, Steuerung und Kontrolle der Betreuungsarbeit

aa) Vorbemerkung

59 In den letzten Jahrzehnten hat sich dank der Sozialarbeit als anerkannter Wissenschaft die Erkenntnis durchgesetzt, dass die vormundschaftliche Personensorge aufgewertet und systematischen **Arbeitsmethoden** zugänglich gemacht werden muss (HEGNAUER, ZVW 1984,10; SCHNYDER, Menschenwürde, 444, 449; GIOVANELLI-BLOCHER, 41 ff.). Die Betreuer sehen sich mit der oft **paradoxen Situation** konfrontiert, *behördlich angeordnete Hilfe* zu leisten, dabei die betreute Person so umfassend wie möglich *in die Entscheidungen mit einzubeziehen,* deren *Persönlichkeit, Würde und Freiheit zu achten,* trotzdem aber autonom die nötigen Entscheide zu fällen und allein die **Verantwortung** dafür zu übernehmen (Art. 409 Abs. 2). Das Gelingen dieser Gratwanderung ist weniger eine Frage der gesetzlichen Regelungsdichte als vielmehr der **professionellen Kompetenz** der Betreuungspersonen, weshalb v.a. diesem Qualitätsmerkmal viel Aufmerksamkeit zu schenken ist (AFFOLTER, Betreuung, 654; DERS., Qualität, 397 f.; HÄFELI, Ausbildung, 11 ff.; VOGEL, 336).

60 Grundlegend für die **Methodenwahl** bei einer gesetzeskonformen Betreuungsarbeit ist die *tatsächliche Möglichkeit,* die betreute Person in den Betreuungsprozess mit einzubeziehen. Wird nämlich ein Betreuungskonzept gewählt, an dem die betreute Person nicht mitwirkt, das sie nicht zu motivieren vermag, das sie vielleicht sogar sabotiert, so stellt sich rasch die Frage der **Eignung** der vormundschaftlichen Massnahme. Führt eine vormundschaftliche Massnahme nicht zum Ziel, sind Betreuer und Behörde mit dem Problem konfrontiert, ob die Massnahme noch **verhältnismässig** oder nicht aufzuheben sei. Denn nicht nur **zu weit gehende** vormundschaftliche Massnahmen, sondern auch **untaugliche** sind ungesetzlich. Aus diesem Grund besteht auch eine grosse wechselseitige Wirkung zwischen professioneller Betreuungsarbeit einerseits und der Zulässigkeit vormundschaftlicher Massnahmen andererseits. Dem Dilemma, dass bei unprofessioneller Betreuungsarbeit auch die Rechtfertigung der Massnahme entfallen kann, lässt sich nur begegnen, wenn der Betreuungsarbeit ein klar definiertes **Pflichtenheft** zugrunde gelegt wird, die Betreuungstätigkeit **evaluiert** und von möglichst professionellen Aufsichtsorganen **begleitet** wird.

bb) Definition von Standards

61 Die Beurteilung professioneller Kompetenz ist nur möglich, wenn sich **allgemein anerkannte Standards** durchsetzen, welche sowohl rechtsstaatlichen Anforderungen (in materiell- wie verfahrensrechtlicher Hinsicht) als auch den ethischen Prinzipien des Vormundschaftsrechts gerecht werden.

62 Es kann im vorliegenden Zusammenhang nicht darum gehen, die in verschiedenen Ortschaften der Schweiz parallel laufenden Entwicklungsarbeiten für **Fallbewirtschaf-**

tungsmodelle zu besprechen und Standardisierungsvorschläge zu unterbreiten, die **ausserrechtlichen Disziplinen** entspringen müssen. Wir begnügen uns hier mit einigen Hinweisen auf die **Grundlagen** solcher Modelle, welche im *Interesse der schutzbedürftigen Personen* und einer *effizienten* Betreuungsarbeit eine möglichst hohe **Qualität an persönlicher Fürsorge** garantieren sollen. In verschiedenen Ortschaften, so der Stadt Luzern, werden abgestützt auf die massgeblichen Rechtsgrundlagen typische Arbeitsprozesse der Vormundschaftspflege beschrieben, Risikofaktoren dargestellt, wo sinnvoll und möglich verbindliche methodische, rechtliche, arbeitstechnische und zeitliche Standards gesetzt und Qualitätsförderungsmassnahmen ausformuliert. Ein systematisches, von den vormundschaftlichen Aufsichtsbehörden gemeinsam getragenes Qualitätsmanagement ist allerdings bisher nicht verbreitet.

Die **Aufwendungen** in Zusammenhang mit einem vormundschaftlichen Mandat können nach dem Fallbelastungsmodell der Stadt Biel grundsätzlich in **6 Kategorien** eingeteilt werden (welche nicht i.S. der prozessual-systemischen Problemtheorie nach Staub-Bernasconi [vgl. HÄFELI, ZVW 1995, 7] durch die Problemlage des Schutzbedürftigen, sondern durch die **Belastungsfelder** des Mandatsträgers definiert sind): **63**

– die *interne Beratung* (Gespräche mit Schutzbedürftigen, seinen Angehörigen, seinen übrigen Helfern usw.);

– die *externe Beratung* (Besprechungen mit Pflegeeltern, in Institutionen, Gefängnis usw.);

– die *Ressourcenerschliessung* (Geltendmachung von Renten, Ergänzungsleistungen, Stipendien, Fürsorgeleistungen, Schuldensanierung, Wohnungssuche, Heimplatzabklärung, Vernetzungsmassnahmen etc.);

– *Berichtswesen* (Eingangsinventar, Rechenschafts- und Führungsberichte etc.);

– *Administration und Verwaltung* (Dossierführung, Rückerstattungen und Abrechnungen, Vermögensverwaltung, Kassawesen etc.);

– *Subjektive Belastung* der Betreuungsperson (Betreuung mit oder gegen den Willen der schutzbedürftigen Person, Komplexität des Auftrages etc.).

Diese sechs Aufwandbereiche lassen sich über **Feinkriterien** weiter differenzieren und stundenmässig erfassen. Daraus resultieren **Aktions- resp. Belastungsprofile,** die i.d.R. massnahmenunabhängig sind, d.h. keinen konstanten Zusammenhang zwischen dem Typ der vormundschaftlichen Massnahme und dem notwendigen Aufwand herstellen lassen. Eine Vormundschaft kann genauso unproblematisch, kompliziert oder belastend verlaufen wie eine Beistandschaft, weil der zu erbringende Aufwand von einer **Vielzahl von Faktoren** abhängig ist (*Mitarbeit* oder *Obstruktion* des *Schutzbedürftigen,* Mitarbeit oder Obstruktion der *Angehörigen,* reibungslose oder dysfunktionale *Vernetzungsarbeit* mit Kliniken, Heimen, Ambulatorien etc.). **64**

Die Belastungsprofile lassen aber Rückschlüsse zu auf die **Schwergewichte** der betreuerischen Arbeit. Werden diese Profile am **Anfang** und **Ende** jeder Erfassungsperiode (was mit der Berichtsperiode zusammenfallen kann) miteinander **verglichen,** wird z.B. transparent, was und wieviel für die persönliche Fürsorge *hätte* erbracht werden sollen und *tatsächlich unternommen* wurde (Soll-Ist-Vergleich). Damit ist noch nichts ausgesagt über die zu erreichenden Standards. Diese Diskussion ist im Gang und lässt sich in Einzelfällen *leicht* einem Resultat zuführen (Bsp.: der Vaterschaftsbeistand hat innert 1–2 Monaten die Anerkennung des Vaters zu erwirken und widrigenfalls gerichtliche Klage einzureichen). Häufig sind Standards aber wegen der sehr individuellen Ausprägung der **65**

Problemsituationen nur sehr schwer zu definieren, oder sie unterliegen teilweise *stark politisch geprägten Kriterien* (z.B. Umgang mit schwer Drogenkranken), weshalb sie zurzeit noch weitgehend kommunal festgelegt werden. So oder anders erlauben derartige Fallbewirtschaftungsmodelle eine **systematische Selbst- und Fremdkontrolle.** Sie bieten darüber hinaus auch die Grundlage für Steuerungsinstrumente der Aufsichtsbehörde im Rahmen des Berichtswesens. Nur am Rande sei erwähnt, dass sich dadurch auch die **Mandatsentschädigungen** nach Aufwand problemlos berechnen lassen (zur Dokumentation des «Bieler Modells» vgl. G. MASSA, Ressourcenmanagement).

cc) Steuerungsinstrumente

66 Fallbewirtschaftungsmodelle, wie sie vorliegend nur sehr schemenhaft skizziert werden konnten, erlauben im Einzelfall eine fruchtbare **Zusammenarbeit** zwischen **Aufsichtsbehörde** und **Mandatsträger,** weil die Betreuungsarbeit nach sachlichen und nachvollziehbaren Kriterien überprüft und – wo nötig – korrigiert werden kann, sei es durch eine **Änderung der Zielsetzungen,** sei es durch die **Anpassung** der **Betreuungsaktivitäten.** Darüber hinaus vermögen sie, systematisch und repräsentativ erfasst (i.d.R. unter Einsatz zeitgemässer Informationstechnologie), Aufschluss zu geben über **Gesamtbelastungsmengen** nach Tätigkeitsbereich (kaufmännisch, juristisch, administrativ, treuhänderisch, sozialpädagogisch), was sowohl für den **Personalbedarf** wie für die entsprechenden **Stellenprofile** Rückschlüsse zulässt.

dd) Rechtsschutz

67 Entscheide der mit persönlicher Fürsorge betrauten Amtsträger unterliegen der Vormundschaftsbeschwerde, womit bis hin zum BGer (vgl. u. N 71) fast durchwegs Juristinnen und Juristen die Arbeit von (i.d.R.) Sozialberuflichen fachlich beurteilen. Auch wenn mit der Revision des Vormundschaftsrechts künftig interdisziplinäre Gremien an deren Stelle treten sollen, wird der **Rechtsschutz** des Mündels eine **Aufwertung** erfahren, sobald sich Betreuungsarbeit an verfeinerten qualitativen Standards, wie sie unter N 59 ff. angesprochen wurden, orientiert.

IV. Unterbringung in einer Anstalt

68 Liegt **Gefahr im Verzug,** so kann der Vormund nach den Bestimmungen über die FFE (Art. 397a ff.) die **Unterbringung** oder **Zurückbehaltung** in einer **Anstalt** anordnen. Das bedeutet, dass die entmündigte Person in ihrer **Rechtsstellung** Mündigen gleichgestellt ist. Sie kann wie jene die *gerichtliche Überprüfung* der Einweisung und jederzeit die Entlassung verlangen (Art. 397d; BGE 131 III 457). Der Unterschied gegenüber Mündigen liegt allein darin, dass der *Vormund* in dringenden Fällen die Einweisung seines Mündels anordnen kann, während Mündige nur entweder durch die vom kant. Recht bezeichneten vormundschaftlichen Behörden oder – bei Gefahr im Verzug – von andern geeigneten Stellen (Art. 397b Abs. 2), welche i.d.R. Spezialärzte sind, eingewiesen werden können. Damit stellt Art. 406 Abs. 2 eine *funktionelle Kompetenznorm* dar.

69 In der Praxis kann zuweilen zweifelhaft sein, ob ein Schutzbedürftiger **freiwillig,** z.B. dank der Überzeugungskraft des Vormundes, oder **zwangsweise** eingeliefert wurde. Namentlich bei *stark schwankendem Gemüts- oder Gesundheitsstatus* kann das Verhalten des Mündels **zweideutig** oder **widersprüchlich** sein. Dies gilt auch, wenn das Mündel sich immer wieder aus der Klinik entfernt, sich aber nach kurzer Zeit wieder zuführen lässt. Für den zuweisenden Vormund stellen sich in derartigen Situationen Fragen der

Verantwortlichkeit wegen rechtswidriger Freiheitsentziehung. Wie das OGer ZH in einem Urteil vom 23.1.1996 festgestellt hat, ist bei widersprüchlichem Verhalten des Mündels vom **Gesamtbild** auszugehen, das sich aus den *Willenskundgebungen* des Mündels ergibt. Hat der Vormund eine Klinikeinweisung veranlasst, die **materiell begründet** und **gerechtfertigt** war, aber für die nicht die nötige Dringlichkeit i.S.v. Art. 406 Abs. 2 gegeben war, liegt **keine Widerrechtlichkeit** vor, welche zu Schadenersatz oder Genugtuung Anlass bieten würde (ZVW 1998, 195 Nr. 13; vgl. auch STARK, 723).

Vgl. im Übrigen die Komm. zu Art. 397a ff., BK-SCHNYDER/MURER, Syst. Teil, N 37   **70** und 103 sowie ZK-SPIRIG, Art. 397a ff. Auf wiederholte Entlassungsgesuche, die in unvernünftigen Abständen gestellt werden, ist nicht einzutreten, wenn keine veränderten Verhältnisse nachgewiesen werden (BGE 131 III 457; 130 III 729; MEIER/HÄBERLI, ZVW 2005, 141 ÜR 21-05).

V. Prozessuales

Entscheide gestützt auf Art. 406 können mit der **Vormundschaftsbeschwerde** (Art. 420)   **71** angefochten werden und unterliegen nach Ausschöpfung des kantonalen Instanzenzuges der **Nichtigkeitsbeschwerde** (Art. 68 OG) und allenfalls **staatsrechtlicher Beschwerde** (Art. 88 OG), nicht aber der Berufung (Art. 44 OG) ans BGer (SCHWARZ, Die Vormundschaftsbeschwerde, 142; BGE 120 Ia 369; 107 II 505; ZVW 1994, 198 Nr. 17). Eine **Ausnahme** bildet die Verweigerung der Einwilligung des Vormundes zur **Eheschliessung** des Mündels. Diese unterliegt gem. ausdrücklicher gesetzlicher Regelung (Art. 99 Abs. 3) der **Berufung** ans BGer (GUILLOD, 55 Ziff. 33). Ebenfalls der Berufung unterliegt gemäss Art. 44 lit. f OG der Entscheid über die FFE (Art. 397d; BGer vom 1.11.2004, 5P.317/2004; MEIER/HÄBERLI, ZVW 2005, 141, ÜR 22-05). Dagegen ist die Rüge, die letzte kantonale Instanz sei mit ihrem Nichteintretensentscheid zu einem Entlassungsgesuch zu Unrecht von einer treuwidrigen bzw. querulatorischen Rechtsausübung ausgegangen, mit staatsrechtlicher Beschwerde zu rügen (Art. 84 Abs. 1 lit. a OG; BGE 131 III 457).

VI. IPR/Rechtsvergleichung

Auf Auslandberührungen bei der Führung vormundschaftlicher Massnahmen für Volljährige oder für Personen, die nur nach schweizerischem Recht minderjährig sind (Vormundschaft, Beiratschaft, Beistandschaft, vorläufige Fürsorge, FFE), sowie für Personen, die ihren gewöhnlichen Aufenthalt nicht in einem der Vertragsstaaten haben, ist gem. Art. 85 Abs. 2 IPRG das Haager Übereinkommen vom 5.10.1961 über die Zuständigkeit der Behörden und das anzuwendende Recht auf dem Gebiet des Schutzes von Minderjährigen (SR 0.211.231.01) sinngemäss anwendbar.   **72**

In Deutschland ist am 1.1.1992 das Betreuungsgesetz (BetG) in Kraft getreten. Als neues   **73** Rechtsinstitut wurde die Betreuung geschaffen, die Vormundschaft ist abgeschafft. Die persönliche Fürsorge ist wesentlich detaillierter geregelt als im geltenden Vormundschaftsrecht der Schweiz (vgl. dazu §§ 1896–1908i BGB).

Art. 407

II. Vertretung **1. Im** **Allgemeinen**	**Der Vormund vertritt den Bevormundeten in allen rechtlichen Angelegenheiten, unter Vorbehalt der Mitwirkung der vormundschaftlichen Behörden.**
II. Représentation 1. En général	Le tuteur représente son pupille dans tous les actes civils, sous réserve du concours des autorités de tutelle.
II. Rappresentanza 1. In genere	Il tutore rappresenta il tutelato in tutti i suoi atti civili, riservate le attribuzioni delle autorità di tutela.

Literatur

BABAÏANTZ, Les directives anticipées en matière de soins médicaux et la représentation thérapeutique privée, Cahier IDS no 6, Neuenburg 1998; BREITSCHMID, Vorsorgevollmachten – ein Institut im Spannungsfeld von Personen-, Vormundschafts-, Erb- und Obligationenrecht, ZVW 2001, 144–166; DERS., Vorsorgevollmachten, ZVW 2003, 269–279; CLÉMENT/HÄNNI, La protection des droits des patients dans les législations cantonales, in Rapport IDS Nr. 1, Chêne-Bourg/Genf 2003, 51–134; CURTI-FORRER, Schweizerisches Zivilgesetzbuch mit Erläuterungen, Zürich 1911; DÖRIG, Die Revision des SchKG und deren Einfluss auf die Vormundschaftspflege, ZVW 1997, 157 ff.; DUMOULIN, La stérilisation, notamment d'une personne incapable de discernement, in: Médecin et droit médical – Présentation et résolution de situations médico-légales, 2. Aufl., Chêne-Bourg 2003, 298–305; GEISER, Die medizinisch-therapeutische Behandlung und Zwangsmassnahmen im Lichte der geltenden Rechtslage und besonderer Berücksichtigung von vormundschaftlichen Fragestellungen, ZVW 2001, 225 ff.; DERS., Erwachsenenschutzrecht: Die Revision im Überblick, ZVW 2003, 227–235; GILLIÉRON, Commentaire de la loi fédérale sur la poursuite pour dettes et la faillite, Bd. 1, Art. 1–88, Lausanne 1999; GOOD, Die vormundschaftsgerichtliche Genehmigung, Diss. Bern 1938; GUILLOD, La stérilisation de personnes mentalement déficientes, in: Mélanges SCHÜPBACH, Basel/Genf/München 2000, 109–124; GUILLOD/GUINAND, Validité et efficacité du testament biologique, ZSR 1988/1, 401–433; GUILLOD/HELLE, Mandat pour cause d'inpatitude, directives anticipées et représentation de la personne incapable: porte ouverte à la confusion? (Art. 360–373 AP), ZSR 2003, 291–309; GUILLOD/MEIER, Représentation privée, mesures tutélaires et soins médicaux, in: Familie und Recht, Festschrift Bernhard Schnyder, Freiburg 1995, 325 ff.; GUILLOD/STEFFEN, Landesbericht in der Schweiz, in: Zivilrechtliche Regelungen zur Patientenautonomie am Ende des Lebens, Berlin/Heidelberg/New York 2000, 229–272; HÄFELI, Die Organe des neuen Erwachsenenschutzrechtes und ihre Aufgaben im Rahmen der Beistandschaften (Art. 386–409 und 443–447 VE), ZSR 2003, 337–360; HEFTI, Die vormundschaftliche Amtsführung nach dem schweizerischen Zivilgesetzbuch, mit besonderer Berücksichtigung der prinzipiellen Selbständigkeit des Vormundes in seiner Amtstätigkeit, Diss. Bern 1916; HEGNAUER, Sterilisation geistig Behinderter, ZVW 2000, 25–27; JOMINI, La transplantation d'organes: le don d'organes et la xénotransplantation, in: Aspects pénaux du droit du vivant, Serie II, Band 3, Basel 2004, 107–124; KOBER, Die beschränkte Handlungsfähigkeit des urteilsfähigen Minderjährigen, Diss. Basel 1938; LEUBA/TRITTEN, La protection de la personne incapable de discernement séjournant en institution, ZVW 2003, 284–298; LINDEGGER, Die Rechte des Mündels im schweizerischen ZGB, Diss. Bern 1952; MANAÏ, Les droits des patients face à la médecine contemporaine, Basel/Genf/München 1999; DIES., De l'autonomie du patient: à quelles conditions sa décision est-elle libre?, SZG 2004, 5 ff.; DIES., Les droits du patient face à la biomédecine, Bern 2006; MEIER, Le consentement des autorités de tutelle aux actes du tuteur, Diss. Freiburg i.Ü. 1994; DERS., L'avant-projet de révision du droit de la tutelle – Présentation générale, ZVW 2003, 207–226; MONNIER/FORSTER, Das neue Bundesgesetz über die Transplantation von Organen, Geweben und Zellen (Transplantationsgesetz), Revue suisse de droit de la santé Nr. 1, Genève 2005, 31–40; MOTTIEZ, Des devoirs juridiques du tuteur après le décès du pupille, ZVW 2005, 235–248; NÄGELI, Die ärztliche Behandlung handlungsunfähiger Patienten aus zivilrechtlicher Sicht, Zürich 1984; NEHRWEIN, Die Vertretung des Mündels durch seinen Vormund, Zürich 1943; REUSSER, Patientenwille und Sterbebeistand, Zürich 1994; RIEMER, Die Vertretung bei der Ausübung von Rechten, die unmündigen oder unter einer vormundschaftlichen Massnahme stehenden Personen «um ihrer Persönlichkeit willen zustehen», ZVW 1998, 216–218 (zit. Vertretung); SCHMID, Einführung in die Beistandschaften (Art. 377–384 VE), ZSR 2003, 311–329; SCHNYDER/STETTLER/HAEFELI et al., Revision des Vormundschaftsrechts, Begleitbericht mit Vorentwurf für eine Änderung des ZGB (Erwachsenenschutz), Bern Juni 1998; STETTLER, Le futur droit de la protection de l'adulte, en particulier le rôle et le statut du conjoint, in: Mélanges Hirsch, Genf 2004, 409–418; DERS., La protection des adultes incapables de discernement: les mesures appliquées de plein droit (art. 431–442 AP), ZSR 2003, 369–383; DERS., La sauvegarde des intérêts des personnes incapables de discernement dans le nouveau droit de la protection de l'adulte, ZVW 2003, 258–268; STOCKER, Fragen der prozessualen Handlungsfähigkeit des Nichtmündigen, in: Probleme und Ziele der vormundschaftlichen Fürsorge, Zürich 1963, 195 ff.; VOGT, Die Zustimmung des Dritten zum Rechtsgeschäft (Einwilligung, Ermächtigung, Genehmigung und Vollmacht im schweizerischen Privatrecht), Diss. Zürich 1982; Vorentwurf für eine Revision des Zivilgesetzbuchs (Erwachsenenschutz, Personen- und Kindesrecht) vom Juni 2003.

I. Vertretungsbefugnis des Vormundes. Begriffe

1. Gegenstand

Art. 407 ermächtigt den Vormund zur Vertretung des Bevormundeten in **allen seinen** 1
rechtlichen Angelegenheiten (BK-KAUFMANN, N 1). Seine Befugnis umfasst auch die Fürsorge und Vermögensverwaltung (BK-KAUFMANN, Vorbem. zu Art. 407–412 N 6).

Die Vertretungsbefugnis des Vormundes ist eine allg. Befugnis (HEFTI, 56) und erstreckt 2
sich sowohl auf das **Privatrecht** als auch auf das **öffentliche Recht** (ZK-EGGER, N 25 ff.; BK-KAUFMANN, N 12; Art. 19 N 4; STETTLER, Droit Civil I, N 421, Anm. 512). Sie betrifft insb. auch Schuldbetreibung und Konkurs, Prozessrecht und Steuerrecht.

2. Rechtsnatur und besondere Merkmale

Diese Befugnis des Vormundes ergibt sich nicht aus einer Willenserklärung, sondern 3
stützt sich auf das Gesetz (BGE 115 V 244, 250; ZK-EGGER, N 1; BK-KAUFMANN, N 4). Es handelt sich um eine **indirekte gesetzliche Befugnis,** da der Vormund durch die VormBehörde bestellt wird (MEIER, 36). Der Umfang der Vertretungsbefugnis ergibt sich jedoch nicht aus der Bestellung des Vormundes durch die VormBehörde, sondern aus dem Gesetz (MEIER, 36; BK-ZÄCH, Vorbem. zu Art. 32–40 OR N 41).

Die gesetzliche Natur der Befugnis des Vormundes erlaubt diesem, die **notwendigen** 4
Massnahmen ohne Bindung an die Anweisungen des Bevormundeten zu treffen. Der Vormund kann Massnahmen sogar **gegen den Willen** des Bevormundeten treffen, sofern dessen Interesse dies erfordert (MEIER, 34). Der urteilsfähige und wenigstens sechzehnjährige Bevormundete wird jedoch bei wichtigen Angelegenheiten um seine Ansicht befragt; der Vormund ist aber an dessen Ansicht nicht gebunden (Art. 409; ZK-EGGER, Art. 409 N 2).

Die Befugnis des Vormundes ersetzt die Unfähigkeit des Bevormundeten, seine rechtlichen 5
Angelegenheiten zu regeln. Der Vormund handelt nicht, wie der Mitwirkungsbeirat, gemeinsam mit dem Bevormundeten, sondern er **handelt an dessen Stelle** (BK-KAUFMANN, Art. 395 N 33, 46). Unter Vorbehalt der Beschwerde gem. Art. 420 Abs. 1 gegen eine Handlung des Vormundes und unter Vorbehalt des in Art. 409 vorgesehenen Rechtes auf Mitwirkung nimmt der Bevormundete keinen direkten Einfluss weder auf die Art und Weise der Ausübung der Vertretungsbefugnis noch auf deren Beendigung (BK-KAUFMANN, N 4).

Der Vormund hat das Recht *und* die Pflicht, den Bevormundeten zu vertreten. Er **muss** 6
die notwendigen Massnahmen treffen. Pflichtwidriges Unterlassen des Vormundes fällt unter Art. 426 (ZK-EGGER, Art. 367 N 12).

Der Vormund ist selbständig. Seine Befugnis ist ausschliesslich und umfassend. 7

8   Der Vormund handelt demzufolge prinzipiell **selbständig** (ZK-EGGER, N 3; Art. 398
N 11. Bezüglich der persönlichen Betreuung: Art. 405 N 22, 41; BK-KAUFMANN, Art. 405
N 6. Bezüglich der Verwaltung des Vermögens des Bevormundeten: BK-KAUFMANN,
Art. 413 N 13). Er besitzt einen eigenen Wirkungskreis, unter Vorbehalt der vorgesehenen
Mitwirkung der vormundschaftlichen Behörden (MEIER, 37) und der Beschwerde gegen
Handlungen des Vormundes (Art. 420 Abs. 1). Der Selbständigkeit des Vormundes in sei-
ner Vertretungsbefugnis sind jedoch **Schranken** gesetzt. Er muss sorgfältig vorgehen
(Art. 426) und er untersteht der Aufsicht der vormundschaftlichen Behörden.

9   Die **Befugnis** des Vormundes ist **ausschliesslich.** Er allein besitzt die Vertretungsbefugnis, und zwar auch für Angelegenheiten, welche der Zustimmung der VormBehörde und
der Aufsichtsbehörde bedürfen (Art. 421/422; ZK-EGGER, N 3). Der Zuständigkeitsbereich der vormundschaftlichen Behörden beschränkt sich auf die Zustimmung zum Handeln des Vormundes (Art. 421/422), auf die Erteilung von Weisungen an diesen und auf
die Ausübung ihrer Aufsichtsbefugnis (ZK-EGGER, N 3). Die vormundschaftlichen Behörden sind nicht befugt, an Stelle des Bevormundeten zu handeln, einschliesslich der
Fälle, in welchen deren Zustimmung gesetzlich vorgesehen ist (ZVW 1955, 114, 115).

10 Der Bevormundete kann den Grundsatz der Ausschliesslichkeit der Befugnis des Vormundes nicht durch Benützung einer **Mittelsperson** umgehen (BGE 54 II 429, 441).

11 Die **Ausschliesslichkeit** der Vertretungsbefugnis des Vormundes ist **nicht absolut.** Ist
nämlich der Bevormundete urteilsfähig, so kann er, mit der Zustimmung des Vormundes,
Verpflichtungen eingehen (Art. 410; zur Rechtsnatur der Zustimmung des Vormundes,
vgl. Art. 410 N 7). Er kann zudem allein unentgeltliche Vorteile erlangen und seine
höchstpersönlichen Rechte ausüben (Art. 19 Abs. 2; ZK-EGGER, N 2). Die Befugnis des
Vormundes ist im Weiteren beschränkt, wenn eine Erbschaft, an welcher der Bevormundete beteiligt ist, von Amtes wegen verwaltet wird oder wenn ein Willensvollstrecker
ernannt wurde (Art. 554 Abs. 2; ZK-EGGER, N 2).

12 Die **Befugnis** des Vormundes ist grundsätzlich **umfassend.** Sie erstreckt sich auf alle
rechtlichen, d.h. auf alle persönlichen und das Vermögen betr. Angelegenheiten.

13 Dieser **Befugnis** sind jedoch **Schranken** gesetzt. Sie erstreckt sich weder auf die in
Art. 408 genannten verbotenen Geschäfte noch auf Angelegenheiten, welche in die alleinige Zuständigkeit des urteilsfähigen Bevormundeten fallen, d.h. dessen höchstpersönlichen Rechte (ZK-EGGER, N 9; zur Frage, ob sich die Befugnis des Vormundes auch auf
die relativ höchstpersönlichen Rechte des Bevormundeten erstreckt, vgl. N 20). Ebenso
wenig betrifft die Befugnis Geschäfte, welche der Bevormundete aufgrund der ihm erteilten Bewilligung zum selbständigen Betrieb eines Berufes oder eines Gewerbes vornehmen darf (Art. 412), und Handlungen im Zusammenhang mit dem freien Vermögen
des Bevormundeten (Art. 414).

II. Verhältnis zwischen Art. 407 ff. ZGB und Art. 32 ff. OR

14 Die Vertretungsbefugnis des Vormundes untersteht in erster Linie den **Spezialbestimmungen des Vormundschaftsrechtes** (MEIER, 35; BK-ZÄCH, Vorbem. zu Art. 32–40 OR
N 42–43; ZK-OSER/SCHÖNENBERGER, Art. 33 OR N 1).

15 Zudem kommen die Vorschriften des OR über die **Stellvertretung** (Art. 32 ff. OR) analog zur Anwendung (BK-BECKER, Vorbem. zu Art. 32–40 N 2; ZK-OSER/SCHÖNEN-
BERGER, Art. 33 N 1 OR; BSK OR II-WATTER, Art. 32 N 11; BK-ZÄCH, Vorbem. zu
Art. 32–40 OR N 44, s. jedoch N 13, wo ZÄCH davon ausgeht, dass gewisse Bestimmungen über die gewillkürte Vertretung, insb. Art. 32, 33 Abs. 3 und 38 f. OR, allg. Ver-

tretungsrecht darstellen, welches, allerdings auf zivilrechtliche Verhältnisse beschränkt, direkt auf die gesetzliche Vertretung anwendbar ist).

III. Umfang der Vertretungsbefugnis des Vormundes

Der Umfang der Befugnis des gesetzlichen Vertreters ist durch das Gesetz festgelegt. Die **16** Befugnis des Vormundes ist umfassend. Sie beinhaltet die Vertretung der **persönlichen** und der **vermögensrechtlichen Interessen** des Bevormundeten.

Die Befugnis des Vormundes erstreckt sich jedoch nicht auf Geschäfte, welche die **17** VormBehörde einem Beistand übertragen hat (Art. 392 Ziff. 2 oder Ziff. 3) oder welche der Bevormundete selber vornehmen kann (Art. 412 und 414).

Nach herrschender Lehre ist es möglich, eine Vollmacht für die Ausübung der Patientenau- **17a** tonomie im Rahmen von Heilbehandlungen so auszugestalten, dass sie erst nach dem Verlust der Handlungsfähigkeit des Vollmachtgebers Wirkungen entfaltet (Art. 35 Abs. 1, 405 Abs. 1 OR; BREITSCHMID, 147–148; GUILLOD/MEIER, 335–338; GUILLOD/GUINAND, 431–432; GUILLOD/STEFFEN, N 46; MANAÏ, 165, 203–204; STETTLER, Droit civil I, N 139; BABAÏANTZ, 58–59; **a.M.** A. BUCHER, Personen, N 530: Seines Erachtens widerspricht eine solche Vollmacht Art. 27 Abs. 2; s. auch REUSSER, 214; siehe auch Art. 6 Abs. 2 und 3 des Europäischen Übereinkommens vom 4. April 1997 zum Schutz der Menschenrechte und der Menschenwürde im Hinblick auf die Anwendung von Biologie und Medizin [BBl 2002 340; s. auch N 26 b]). Grundsätzlich gleich sollte es sich mit einer Vollmacht über eine Vertretungsbefugnis für sämtliche für den üblichen Unterhaltsbedarf und die ordentliche Verwaltung des Einkommens und der übrigen Vermögenswerte notwendigen Rechtshandlungen oder für die Ausübung von relativ höchstpersönlichen Rechten verhalten.

Hat die urteilsunfähige Person durch Erteilung einer Vorsorgevollmacht jene Dispositio- **17b** nen getroffen, welche ihr Schwächezustand erforderlich macht, so bleibt regelmässig kein Platz mehr für eine vormundschaftliche Massnahme. Dies ergibt sich aus dem Prinzip der Subsidiarität, gemäss welchem nur dann Massnahmen des Vormundschaftsrechts angeordnet werden sollen, wenn die Hilfestellungen der Angehörigen sowie von privaten oder staatlichen Diensten ungenügend sind (GUILLOD/MEIER, 341–342; GUILLOD/STEFFEN, N 28; BREITSCHMID, 157; als allgemeiner vormundschaftsrechtlicher Grundsatz: Vorbem. zu Art. 360–456 N 8; BK-SCHNYDER/MURRER, Syst. Teil N 265). Allerdings bleiben vormundschaftliche Massnahmen vorbehalten für Fälle, in denen der Bevollmächtigte seine Befugnis missbräuchlich oder für den Vollmachtgeber nachteilig ausübt oder wenn er sich im konkreten Fall in einem Interessenkonflikt befindet (GUILLOD/MEIER, 347–348; über Interessenkonflikt: s. auch Art. 50 Abs. 2 Loi sur la santé vom 16. November 1999 [Fribourg]; Art. 21 Abs. 2 Loi sur la santé vom 9. Februar 1996 [Valais]).

Der urteilsfähige Bevormundete übt die **höchstpersönlichen Rechte** selber aus (Art. 19 **18** Abs. 2). In strafrechtlichen Angelegenheiten steht jedoch das Strafantragsrecht auch und unabhängig voneinander dem gesetzlichen Vertreter und der Vormundschaftsbehörde zu. Der Rückzug des Strafantrags durch einen der Antragsberechtigten hat keine Auswirkungen auf die von den anderen Berechtigten gegebenenfalls gestellten Anträge (BGE 127 IV 193).

Die absolut höchstpersönlichen Rechte (zur Unterscheidung von den relativ höchstper- **18a** sönlichen Rechten, s. Art. 19 N 36 ff.) des Bevormundeten können nicht durch den Vormund ausgeübt werden (BK-BUCHER, Art. 19 N 206; allerdings verlangen besondere Bestimmungen in einzelnen Fällen die Zustimmung des Vormundes, vgl. Art. 90 Abs. 2, 94 Abs. 2, 183 Abs. 2, 260 Abs. 2; vgl. Art. 19 N 20–20a; HAUSHEER/AEBI-MÜLLER,

N 07.33). Die absolut höchstpersönlichen Rechte können nur vom urteilsfähigen Bevormundeten ausgeübt werden. Sie sind somit während der Dauer der Urteilsunfähigkeit ausgesetzt (BGE 116 II 385, 387 E. 4; 114 Ia 350, 362 E. 7 b/bb; Art. 19 N 37; PEDRAZZINI/OBERHOLZER, 87; HAUSHEER/AEBI-MÜLLER, N 07.29 f., 07.77; zum Fortgang eines Verfahrens, wenn die Urteilsunfähigkeit erst nach Erhebung der Klage eintritt, s. BGE 116 II 385, 387 ff. E. 5–7). In diesem Bereich vorgenommene Geschäfte durch den Vormund sind nichtig.

19 Zu den absolut höchstpersönlichen Rechten gehört das Recht zu heiraten, ein Verlöbnis zu begründen, eine Scheidungsklage einzureichen (s. aber BGE 116 II 385), ein Kind anzuerkennen oder zu adoptieren, von Todes wegen zu verfügen oder jemanden zum Begünstigten seiner Lebensversicherung zu machen (zur Kasuistik vgl. Art. 19 N 40).

19a Zu den relativ höchstpersönlichen Rechten gehören unter anderem die Vaterschaftsanfechtungsklage (**a.M.** zu der durch den Vater eingereichten Klage: HAUSHEER/AEBI-MÜLLER, N 07.32), die Anfechtung der Vaterschaftsanerkennung, die Vaterschaftsklage oder eine Persönlichkeitsschutzklage (zur Kasuistik vgl. z.B. DESCHENAUX/STEINAUER, Personnes, N 996 f.; HAUSHEER/AEBI-MÜLLER, N 07.26 ff.); m.E. sollte sich die Vertretungsmacht auch auf die passive Sterbehilfe und die indirekte aktive Sterbehilfe erstrecken (siehe auch GUILLOD/MEIER, 339; STETTLER, Droit civil I, N 48).

19b Die Ausübung gewisser höchstpersönlicher Rechte urteilsunfähiger, unmündiger oder entmündigter Personen wird bisweilen in spezifischen Gesetzesbestimmungen geregelt. So sieht Art. 119 Abs. 3 StGB vor, dass ein strafloser Schwangerschaftsabbruch bei einer nicht urteilsfähigen Frau mit Zustimmung ihres gesetzlichen Vertreters oder ihrer gesetzlichen Vertreterin möglich ist. Das Bundesgesetz vom 17. Dezember 2004 über Voraussetzungen und Verfahren bei Sterilisationen (SR 211.111.1), in Kraft seit dem 1. Juli 2005, erlaubt ausnahmsweise und unter strengen Bedingungen die Sterilisation einer über 16-jährigen, dauernd urteilsunfähigen Person; die vormundschaftliche Aufsichtsbehörde muss ausserdem, unter Befolgung eines Ad-hoc-Verfahrens, ihre Zustimmung gegeben haben (Art. 7–8 Sterilisationsgesetz). Für die Sterilisation einer über 18-jährigen, urteilsfähigen und entmündigten Person verlangt das Gesetz zusätzlich zu ihrer Einwilligung auch die Zustimmung ihres gesetzlichen Vertreters und der vormundschaftlichen Aufsichtsbehörde (Art. 6 Sterilisationsgesetz). Das Bundesgesetz vom 8. Oktober 2004 über die Transplantation von Organen, Geweben und Zellen, das am 1. Januar 2007 in Kraft treten soll, sieht in Art. 13 vor, dass regenerierbare Gewebe oder Zellen an unmündigen oder urteilsunfähigen Personen ausnahmsweise und unter strengen Voraussetzungen entnommen werden dürfen, wenn der gesetzliche Vertreter und die urteilsfähige aber unmündige Person schriftlich zugestimmt haben, bzw. keine Anzeichen dafür vorhanden sind, dass sich die urteilsunfähige Person einer Entnahme widersetzen würde (siehe auch Art. 19 und 20 des Europäischen Übereinkommens vom 4. April 1997 zum Schutz der Menschenrechte und der Menschenwürde im Hinblick auf die Anwendung von Biologie und Medizin [BBl 2002 340; s. auch N 26b]). Zur Forschung an urteilsunfähigen Personen und an unmündigen oder entmündigten urteilsfähigen Personen, vgl. den Vorentwurf des Bundesgesetzes über die Forschung am Menschen (HFG).

20 Es besteht keine Vertretungsbefugnis des Vormundes für die Ausübung der **relativ höchstpersönlichen Rechte,** sofern der Bevormundete urteilsfähig ist (für eine Befugnis des gesetzlichen Vertreters in Abwesenheit einer klar geäusserten Verweigerung durch den Bevormundeten, s. HAUSHEER/AEBI-MÜLLER, N 07.76). Hingegen kann der Vormund den Bevormundeten vertreten, wenn der Letztere ihn zur Vertretung bei der Ausübung eines relativ höchstpersönlichen Rechtes (ausdrücklich oder stillschweigend) ermächtigt hat (DESCHENAUX/STEINAUER, Personnes, N 992, 539b; BK-BUCHER, Art. 19

N 232, allerdings präzisiert in N 207–210, wo der Verfasser die Vertretung durch den Vormund für zulässig hält, wenn sich der Bevormundete einer solchen nicht ausdrücklich widersetzt hat; **a.M.** A. BUCHER, Personen, N 127).

Zur Frage der Befugnis des Vormundes, eine durch den Schenker vor seiner Entmündi- **21** gung getätigte Schenkung in Anwendung des Art. 240 Abs. 3 OR zu widerrufen, s. MEIER, Les dérogations apportées au droit de la tutelle et de la capacité civile par le droit de la donation, ZVW 1995, 81 ff. und 121 ff.

Ebenso wenig erstreckt sich die Befugnis auf Angelegenheiten, welche eine **Interes-** **22** **senkollision** mit dem Bevormundeten schaffen. Geschäfte, die seit Eintritt der Interessenkollision mit dem Bevormundeten vorgenommen wurden, sind einseitig unverbindlich (BK-SCHNYDER/MURER, Art. 392 N 101; RIEMER, § 6 N 9–11; BGE 107 II 105, 112–113 E. 5; 69 II 65 E. 2; ZVW 1951, 71–73; kritisch SCHWAGER, ZBJV 1983, 93, 104–105; zum Begriff der Interessenkollision, s.a. BGE 118 II 101, 103 ff. und nicht veröffentlichter Entscheid des Bundesgerichts vom 16. Oktober 2002, 5C.200/2002, E. 3). Allerdings sollte der gutgläubige Dritte, welcher die Interessenkollision trotz der von ihm zu erwartenden Aufmerksamkeit nicht zu erkennen vermag, grundsätzlich geschützt werden (BK-SCHNYDER/MURER, Art. 392 N 102; ZK-EGGER, N 8, Art. 392 N 28, 39; BGE 45 II 118, 122 f.; ZVW 1972, 29, 40; 1951, 71, 73; in BGE 107 II 105, 115–116 E. 6a wird die Frage allerdings offen gelassen; das BGer weist darauf hin, dass die allfällige Gutgläubigkeit des Dritten nur mit Zurückhaltung geschützt werden könnte. Für die Beurteilung der Gutgläubigkeit wäre nicht das Verhalten des nicht handlungsfähigen Bevormundeten, sondern dasjenige des Vormundes oder der vormundschaftlichen Behörden massgebend; kritisch: SCHWAGER, ZBJV 1983, 93, 102–103).

Der Vormund darf **nicht mit sich selbst kontrahieren** (ZK-EGGER, Art. 392 N 27; VON **23** TUHR/PETER, 364–365; ZK-OSER/SCHÖNENBERGER, Art. 33 OR N 12). Vorbehalten ist der Fall, dass ihm dies ausdrücklich gestattet wurde oder dass keine Gefahr einer Übervorteilung des Vormundes besteht (VON TUHR/PETER, 364). Eine solche Gefahr besteht nicht, wenn der Bevormundete vom Vormund etwas ausschliesslich unentgeltlich erwirbt (BSK OR I-VOGT, Art. 241 N 3). Bei **Doppelvertretung** kann der Vormund ein Geschäft zwischen den Bevormundeten nur vornehmen, wenn im konkreten Fall keinerlei Interessenkollision besteht (BGE 63 II 173, 174; ZK-EGGER, Art. 392 N 27).

Bei **Mitvormundschaft** mit unterschiedlichen Befugnissen darf ein Vormund Vertre- **24** tungshandlungen nicht vornehmen, welche in den Zuständigkeitsbereich des anderen Vormundes fallen (Art. 379 Abs. 2; HEFTI, 84). Bei gemeinsamer Vormundschaft müssen die Vormünder gemeinsam handeln (Art. 379 Abs. 2). Vorbehalten sind allerdings Notfälle oder Fälle der Wahrung der Rechte des Bevormundeten, in welchen auf das gemeinsame Eingreifen der beiden Vormünder verzichtet werden darf (BK-SCHNYDER/MURER, Art. 379 N 83).

Der Vormund kann **dauernde Verpflichtungen** für den Bevormundeten eingehen, wel- **25** che u.U. über die Dauer der Minderjährigkeit des Bevormundeten oder dessen Bevormundung hinaus bestehen, sofern eine sorgfältige Führung der Vormundschaft dies erfordert (ZK-EGGER, N 7). Insbesondere kann er solche Entscheidungen im Bereich von Berufsbildung, Miet- oder Versicherungsverträgen treffen.

IV. Ausübung der Vertretung

Die Vertretung durch den Vormund kann, in Analogie zu den allg. Vorschriften der **26** Art. 32 ff. OR, **direkt** oder **indirekt** sein. Die Vertretung ist direkt, wenn der Vormund im Namen des Bevormundeten handelt. Sie ist indirekt, wenn er in seinem eigenen Namen, aber auf Rechnung des Bevormundeten handelt. Die indirekte Vertretung ist üblich für Geschäfte, in welchen es um geringfügige Beträge geht (HEFTI, 64–65), und ganz allg. für alle durch beide Parteien sofort erfüllten Verpflichtungen, soweit es sich um keine allzu hohen Beträge handelt. Der Vormund bedient sich immer dann der direkten Vertretung, wenn die indirekte Vertretung den Interessen des Bevormundeten entgegensteht (HEFTI, 67).

26a   Bei der Ausübung seines Amtes muss der Vormund die Regeln einer sorgfältigen Verwaltung beachten (Art. 426). Er hat seine gesetzlichen Befugnisse im Interesse des Bevormundeten wahrzunehmen (HEFTI, 176) und muss diesen insbesondere anhören, bevor er in einer wichtigen Angelegenheit einen Entscheid trifft; das Mitwirkungsrecht ist gesetzlich vorgesehen für Bevormundete, welche urteilsfähig und wenigstens sechzehn Jahre alt sind (Art. 409 Abs. 1). In Achtung des Selbstbestimmungsrechts des urteilsfähigen Bevormundeten sollte eine Anhörung jedoch – soweit möglich – bereits vor Erreichen der gesetzlichen Altersgrenze Platz nehmen.

26b   Nimmt der Vormund relativ höchstpersönliche Rechte seines urteilsunfähigen Mündels wahr, muss er den Willen beachten, welchen dieses geäussert hat, als es noch urteilsfähig war (hinsichtlich medizinischer Behandlung: MANAÏ, 179; GEISER, 229). Für medizinische Heilbehandlungen ergibt sich dies aus Art. 9 des Europäischen Übereinkommens vom 4. April 1997 zum Schutz der Menschenrechte und der Menschenwürde im Hinblick auf die Anwendung von Biologie und Medizin (BBl 2002 340). Die Konvention bestimmt, dass eine «Intervention im Gesundheitsbereich» grundsätzlich nur gestützt auf eine Einwilligung des Betroffenen oder eines dazu berufenen Dritten erfolgen darf (Art. 5 ff.). Diese Regelung ist umfassend und gilt auch für die Einwilligung des Vormunds in eine Heilbehandlung des Mündels. Der Bundesrat hat das Übereinkommen am 7. Mai 1999 unterzeichnet und schlägt den Eidgenössischen Räten dessen Genehmigung vor (Botschaft vom 12. September 2001; BBl 2002 271). Zurzeit (Juli 2006) ist noch nicht über eine Ratifizierung entschieden worden.

26c   Auch ein grosser Teil der kantonalen Gesundheitsgesetze verpflichtet das Medizinal- und das Pflegepersonal, den Willen zu respektieren oder zu berücksichtigen, welchen der Patient geäussert hat, als er noch urteilsfähig war (Art. 20 Abs. 3 und 22 Verordnung über die Rechtsstellung der Patienten und Patientinnen der kantonalen Spitäler [Patientenverordnung], vom 6. Dezember 1993 [Appenzell A.-Rh.]; Art. 40b Abs. 1 Gesundheitsgesetz vom 2. Dezember 1984 [Bern]; Art. 50 Abs. 1 Loi sur la santé vom 16. November 1999 [Freiburg]; Art. 48 Loi sur la santé vom 7. April 2006 [Genf]; Art. 25 Abs. 2 Verordnung über die Organisation des Kantonsspitals vom 25. September 1996 [Glarus]; Art. 25a Abs. 3 Loi de santé vom 6. Februar 1995 [Neuenburg]; § 16 Abs. 3 und § 18 Abs. 1 Verordnung über die Rechte und Pflichten der Patientinnen und Patienten vom 8. Mai 2001 [Schaffhausen]; § 39 Abs. 3 Gesundheitsverordnung vom 16. Oktober 2002 [Schwyz]; § 35 Abs. 4 und § 37 Abs. 2 und 3 Gesundheitsgesetz vom 27. Januar 1999 [Solothurn]; Art. 7 Abs. 4 Legge sulla promozione della salute e il coordinamento sanitario vom 18. April 1989 [Tessin]; Art. 21 Abs. 1 Gesundheitsgesetz vom 9. Februar 1996 [Wallis]; Art. 23b Loi sur la santé publique vom 29. Mai 1985 [Waadt]; Art. 36 Abs. 3 Gesetz über das Gesundheitswesen vom 21. Mai 1970 [Zug]; § 20 Abs. 2 Patientinnen- und Patientengesetz vom 5. April 2004 [Zürich]. Insbesondere betreffend die lebenserhaltenden Massnahmen: Art. 23 Abs. 3 Dekret über die Rechte und Pflichten der Krankenhauspatienten [Patientendekret] vom 21. August 1990 [Aargau]; § 25 Verordnung über die Rechte und Pflichten der Patienten und Patientinnen der kantonalen Heilanstalten vom 16. November 1993 [Luzern]). Eine Minderheit unter den Kantonen hat es vorgezogen, in dieser Hinsicht auf die Richtlinien der Schweizerischen Akademie der medizinischen Wissenschaften zu verweisen (siehe dazu namentlich die medizinisch-ethischen Richtlinien für die Betreuung sterbender Patientinnen und Patienten vom November 2004 und die Richtlinien für die Behandlung und Betreuung zerebral dauerhaft schwerst geschädigter Patienten vom November 2003 sowie die medizinisch-ethischen Grundsätze betreffend die Rechte der Patientinnen und Patienten auf Selbstbestimmung vom November 2005). Eine solche im Voraus abgegebene Willenserklärung ist selbstverständlich nur verbindlich, soweit sie nicht an einem Willensmangel leidet. Gewisse kantonale Gesetze sehen überdies eine Ausnahme vor für den Fall, dass zweifelhaft erscheint, ob die Willensäusserung des Patienten «aktuell» ist (z.B. Art. 40b Abs. 3 vom Gesundheitsgesetz vom 2. Dezember 1984 [Bern]; Art. 50 Abs. 2 Loi sur la santé vom 16. November 1999 [Freiburg]; § 37 Abs. 3 lit. b vom Gesundheitsgesetz vom 27. Januar 1999 [Solothurn]; Art. 21 Abs. 2 Loi sur la santé vom 9. Februar 1996 [Wallis]; § 20 Abs. 2 Patientinnen- und Patientengesetz vom 5. April 2004 [Zürich]). Bestehen berechtigte Zweifel, so muss das verantwortliche Medizinal- oder Pflegepersonal die Ernennung eines gesetzlichen Vertreters bewirken, sofern noch kein solcher bestellt worden ist.

26d Fehlt es an einer (gültigen) vorgängigen Willensäusserung, so muss der Vormund auf den mutmasslichen Willen des Bevormundeten abstellen (für Heilbehandlungen: GEISER, 229).

27 **Allfällige Willensmängel** der durch den Vormund in direkter oder indirekter Vertretung vorgenommenen Rechtshandlung werden im Hinblick auf die Person des Vormundes geprüft (ZK-EGGER, N 5). Gut- und Bösgläubigkeit sowie das Kennen oder Kennensollen einer Tatsache werden ebenfalls im Hinblick auf die Person des Vormundes beurteilt. Ebenso wird die Frist zur Anfechtung der Ehelichkeit eines Kindes vom Tag an berechnet, an welchem der Vormund von den Tatsachen Kenntnis erhielt, welche die Verwirkungsfrist auslösten (SJZ 1937/38, 119). Dies gilt insb. für alle Klagen zur Feststellung oder Abänderung des Kindesverhältnisses (ZK-EGGER, N 5) und für die Frist zur Stellung eines Strafantrages (Art. 217 Abs. 2 StGB; ZK-EGGER, N 5).

28 Übt der Vormund seine Vertretungsbefugnis **im Namen des Bevormundeten** aus, so gehen die Rechte und Pflichten aus dem Vertrag unmittelbar auf den Bevormundeten über (Art. 32 Abs. 1 OR). Musste der dritte Vertragspartner des Vormundes aus den Umständen auf ein Vertretungsverhältnis schliessen oder war es ihm gleichgültig, ob er den Vertrag mit dem Vormund oder dem Bevormundeten schliesse, so wird der Bevormundete unmittelbar Gläubiger (Art. 32 Abs. 2 OR; HEFTI, 68).

29 In anderen Fällen wird dagegen der Bevormundete erst nach **Abtretung der Forderung oder Schuldübernahme** vertraglich verpflichtet (Art. 32 Abs. 3 OR). Die Abtretung der Forderung oder die Schuldübernahme kann nicht ohne Vertrag zwischen Vormund und Bevormundetem erfolgen. Ein solcher Vertrag muss durch die Aufsichtsbehörde genehmigt werden (Art. 422 Ziff. 7). In der Zwischenzeit ist der Vertrag hinkend und verpflichtet zwar den Vormund, nicht aber den Bevormundeten (Art. 424).

30 Die Vertretungsbefugnis des Vormundes **erlischt** im Zeitpunkt, in welchem der Vormund von deren Erlöschen **Kenntnis hat oder haben müsste** (Art. 37 OR; HEFTI, 68; BK-ZÄCH, Vorbem. zu Art. 32–40 OR N 12; **a.M.** CHAPPUIS, Art. 37 OR N 4). Vorbehalten sind Fälle, in welchen der Dritte vom Erlöschen der Befugnisse des Vormundes Kenntnis hatte.

31 Übt der Vormund seine Befugnis in einer Weise aus, welche **gegen seine Sorgfaltspflicht** verstösst, so bindet der mit dem Dritten abgeschlossene Vertrag den Bevormundeten gleichwohl (BK-KAUFMANN, N 32; VON TUHR/PETER, 362), sofern der Dritte nicht wusste oder hätte wissen müssen, dass der Vormund seine Befugnis in einer Weise ausübt, welche gegen die Interessen des Bevormundeten verstösst (ZK-EGGER, N 8).

32 Der Vormund **haftet persönlich** für den aus der Verletzung seiner Sorgfaltspflicht entstandenen Schaden (Art. 426).

V. Übertragung der Vertretungsbefugnis auf einen Dritten

33 Die Vertretungsbefugnis des Vormundes ist persönlicher Natur. Die **allg. Befugnis** zur Vertretung des Bevormundeten ist **unübertragbar** (HEFTI, 79). Für Situationen mit klar begrenzten Folgen oder für eine besondere Art von Rechtshandlungen kann jedoch der Vormund seine Vertretungsbefugnis übertragen.

34 Überträgt der Vormund seine Vertretungsbefugnis entgegen den Interessen des Bevormundeten, so begeht er eine **Pflichtverletzung.** Dies kann überall dort der Fall sein, wo eine persönliche Entscheidung des Vormundes erforderlich ist (ZK-EGGER, N 4; HEFTI, 79–80), wie beispielsweise bei der Zustimmung zur Eheschliessung (Art. 94 Abs. 2) oder bez. der Berufswahl für den Bevormundeten. Der Vormund haftet für den daraus entstandenen Schaden (Art. 426). War der Vormund zur Übertragung der Vertretungsbefugnis berechtigt, so haftet er nur für den Schaden, welcher durch unzureichende Sorgfalt bei der Wahl und Instruktion des Dritten entstanden ist (Art. 399 Abs. 2 OR analog; HEFTI, 80–81).

35 Der **Dritte** kann den Bevormundeten nur **nach Massgabe der Befugnisse des Vormundes** vertreten. Der beispielsweise mit der Erhebung einer Klage beauftragte Rechtsanwalt bedarf dazu der Ermächtigung der VormBehörde (Art. 421 Ziff. 8; HEFTI, 78).

36 Art. 34 ff. OR gelten analog für das **Erlöschen** der einem Dritten **übertragenen Vertretungsbefugnis.** Mit Erlöschen der Befugnisse des Vormundes endet nicht auch die Befugnis des Dritten. Diese letztere erlischt durch Widerruf oder aus einem der Gründe des Art. 35 OR (VON TUHR/PETER, 384; BGE 78 II 369, 372–373). Gemäss Art. 37 OR erlischt die Befugnis des Dritten, sobald dieser vom Erlöschen der ihm erteilten Vollmacht Kenntnis hat.

VI. Konkurrierende Handlungsbereiche des Vormundes und des urteilsfähigen Bevormundeten

37 Der Vormund kann den Bevormundeten in allen Angelegenheiten vertreten, welche nicht von seiner Vertretungsbefugnis ausgenommen sind (vgl. N 16 ff.), auch wenn der Bevormundete urteilsfähig ist und solche Handlungen, mit Zustimmung des Vormundes, selber vornehmen kann (BK-KAUFMANN, N 7–8). Der Vormund behält aber diese Befugnis, wenn und solange der **urteilsfähige Bevormundete nicht selbst gehandelt hat.** Hat er gehandelt, so kann der Vormund nur seine Zustimmung zu dieser Handlung geben oder verweigern und im letzteren Fall eine andere Handlung vornehmen (BK-KAUFMANN, N 7). In Bezug auf Geschäfte, die der Bevormundete ohne Zustimmung des Vormundes vornehmen kann, erstreckt sich die Befugnis dieses Letzteren auf die Erlangung unentgeltlicher Vorteile, aber nicht auf die Ausübung höchstpersönlicher Rechte (vgl. N 18–20; DESCHENAUX/STEINAUER, Personnes, N 993).

38 **Beim ausschliesslich unentgeltlichen Erwerb** bestehen die Befugnis des Vormundes und die Fähigkeit des Bevormundeten auch gleichzeitig (Art. 19 Abs. 2; DESCHENAUX/

STEINAUER, Personnes, N 993). Das Gesetz erlaubt dem Vormund jedoch ausdrücklich, die Schenkungsannahme zu widerrufen (Art. 241 Abs. 2 OR; zu weiteren Einzelheiten zum Verhältnis zwischen dieser Bestimmung und den Vorschriften über die Handlungsfähigkeit, vgl. MEIER, op. cit., ZVW 1995, 81 ff. und 121 ff.).

VII. SchKG

Im Bereich von Schuldbetreibung und Konkurs werden die Betreibungsurkunden dem **39** **gesetzlichen Vertreter** des bevormundeten Schuldners zugestellt. Ist der Vormund noch nicht bestellt, der Betreibungsschuldner aber bereits entmündigt oder noch mündig, aber urteilsunfähig, so werden die Betreibungsurkunden der zuständigen VormB zugestellt (Art. 68c Abs. 1 SchKG; KOFMEL EHRENZELLER, Art. 68c SchKG N 23; s. auch BlSchK 1999, 94). Beruht jedoch die Forderung auf einem durch den Bevormundeten aufgrund einer ihm erteilten allg. Bewilligung getätigten Geschäft im Rahmen von Beruf oder Gewerbe (Art. 412), oder handelt es sich um eine Forderung im Zusammenhang mit der Verwaltung des Arbeitsverdienstes oder des freien Vermögens des Bevormundeten, so werden die Urkunden dem Schuldner und seinem gesetzlichen Vertreter zugestellt (Art. 68c Abs. 2 SchKG; GILLIÉRON, Art. 68c SchKG N 19 ff.).

Für dem Bevormundeten zugestellte Urkunden gilt der ordentliche Betreibungsgerichts- **40** stand an dessen Wohnsitz (Art. 46 Abs. 1 SchKG). Die Urkunden werden somit am Sitz der **VormBehörde** zugestellt (DÖRIG, 158–159).

VIII. IPR

Gemäss Art. 85 Abs. 2 IPRG gilt das Haager-Übereinkommen vom 5. Oktober 1961 über **41** die Zuständigkeit der Behörden und das anzuwendende Recht auf dem Gebiet des Schutzes von Minderjährigen (SR 0.211.231.01) (welches für die Schweiz am 4.2.1969 in Kraft getreten ist) auch für die Erwachsenenvormundschaft. Für weitere Einzelheiten, siehe BSK IPRG-SCHWANDER, Art. 85 N 1 ff., 62 ff.; ZK-SIEHR, Art. 85 N 1 ff.; DUTOIT, Droit international privé suisse: Commentaire de la loi fédérale de 18 décembre 1987, 4. Aufl., Basel/Genf/München 2005, Art. 85 IPRG N 1–23.

IX. Revision des Vormundschaftsrechts

Im Entwurf für die Revision des Vormundschaftsrechts wird ein System von Massnah- **42** men vorgeschlagen – die Beistandschaften –, mit denen die Behörden gezielt auf die Schutzbedürfnisse der Person eingehen können. Er unterscheidet die Begleitbeistandschaft, die Vertretungsbeistandschaft, die Mitwirkungsbeistandschaft und die umfassende Beistandschaft. Die Behörde bestimmt die dem Beistand zu übertragenden Aufgaben entsprechend den Bedürfnissen der betroffenen Person. Die mit einer Generalvollmacht für den Beistand verbundene Beistandschaft – wie derzeit die Vormundschaft – sollte die Ausnahme bleiben. Der Entwurf sieht vor, dass künftig die wesentlichen Elemente der Regelung betreffend die Handlungsfähigkeit ausschliesslich unter dem Personenrecht aufgenommen werden (vgl. Art. 410 N 36). Im Rahmen eines Kapitels mit dem Titel «Massnahmen von Gesetzes wegen für urteilsunfähige Personen» (Art. 374–387 Entwurf) soll ein von Gesetzes wegen erteiltes Recht zur Vertretung der urteilsunfähigen Person in besonderen Fällen eingeführt werden. Für den üblichen Unterhaltsbedarf, die ordentliche Verwaltung des Einkommens und der übrigen Vermögenswerte und das Öffnen der Post würde dieses Recht dem Ehegatten oder eingetragenen Partner übertragen.

Für Entscheidungen über medizinische Massnahmen sowie für die Unterzeichnung des Betreuungsvertrags mit einer Wohn- oder Pflegeeinrichtung sieht der Entwurf sodann eine nach dem Kaskadenprinzip festgelegte Reihenfolge zuständiger Personen vor. Schliesslich soll laut Entwurf unter dem den Erwachsenenschutz betreffenden Titel ein Kapitel eingefügt werden, das die eigene Vorsorge ausdrücklich regelt (Art. 360 ff. Entwurf). Es handelt sich einerseits um den Vorsorgeauftrag und andererseits um die Patientenverfügung. Der Vorsorgeauftrag soll jeder handlungsfähigen Person die Möglichkeit geben, eine natürliche oder juristische Personen zu bezeichnen, die sie für den Fall einer Urteilsunfähigkeit mit der Wahrnehmung ihrer Interessen und ihrer Vertretung im Rechtsverkehr betraut. Die Patientenverfügung ihrerseits berechtigt eine urteilsfähige Person, für den Fall ihrer Urteilsunfähigkeit einer medizinischen Massnahme zuzustimmen oder nicht, und eine natürliche Person zu bezeichnen, die in ihrem Namen entscheiden soll.

Art. 408

2. Verbotene **Geschäfte**	**Zu Lasten des Bevormundeten dürfen keine Bürgschaften eingegangen, keine erheblichen Schenkungen vorgenommen und keine Stiftungen errichtet werden.**
2. Affaires prohibées	Aucun cautionnement ne peut être souscrit, aucune donation de quelque valeur ne peut être faite ni aucune fondation créée aux dépens du pupille.
2. Atti vietati	Non si possono fare fideiussioni o considerevoli donazioni, od erigere fondazioni a carico della sostanza del tutelato.

Literatur

GUINAND/STETTLER/LEUBA, Droit des successions, 6. Aufl., Genf/Zürich/Basel 2005; KOEPPEL, Verbotene Geschäfte (insb. Art. 408 ZGB): ein Beitrag zum Handlungsfähigkeitsrecht, Diss. Freiburg i.Ü. 1989; MOSER, La protection du patrimoine du mineur soumis à l'autorité parentale, Lausanne 1977, 88–102; PIOTET/MEIER, Kommentar zum BGE 126 III 309, AJP 2001, 223 ff.; PIOTET, Schweizerisches Privatrecht IV/1, Freiburg 1978; SCHNYDER, Vormundschaft und Erbrecht, ZVW 1999, 93–115; SPECKER, Die Erfüllung sittlicher Pflichten des Bevormundeten, ZVW 1949, 81; SPRECHER/VON SALIS-LÜTOLF, Die schweizerische Stiftung: ein Leitfaden, Zürich 1999; VEZ, La fondation: lacunes et droit désirable, Bern 2004; vgl. auch die Literaturhinweise zu Art. 407.

I. Geltungsbereich

1   Art. 408 sieht eine Beschränkung der Vertretungsbefugnis des Vormundes vor; dieser besitzt **keine Befugnis** für Angelegenheiten, welche unter Art. 408 fallen (KOEPPEL, 45), und für Geschäfte zur Umgehung dieses Artikels (ZK-EGGER, N 2); dies gilt auch bei Mitwirkung der vormundschaftlichen Behörden (BGE 63 II 129, 130).

2   Es handelt sich um ein **absolutes Verbot.** Solche Geschäfte dürfen weder durch den Bevormundeten, auch wenn er urteilsfähig ist und der Vormund die Zustimmung erteilt hat (BGE 63 II 129, 130 ff.), noch durch den von der VormBehörde besonders ernannten Beistand vorgenommen werden (Art. 392 Ziff. 2; KOEPPEL, 45; vgl. N 6; kritisch bez. der Anwendung des Art. 408 auf durch den Bevormundeten vorgenommene Geschäfte: BK-BUCHER, Art. 19 N 17). Art. 408 gilt ebenfalls für Geschäfte der Eltern des minderjähri-

gen Kindes oder des entmündigten Kindes unter elterlicher Sorge (Art. 304 Abs. 3 und 385 Abs. 3; BGE 63 II 129, 130 ff.; KOEPPEL, 188 ff.).

Vorbehalten sind allerdings durch den Bevormundeten aufgrund einer allg. Bewilligung zum selbständigen Betrieb eines Berufes oder Gewerbes vorgenommene Geschäfte (Art. 412) und Geschäfte bez. des freien Vermögens des Bevormundeten (Art. 414). Sie sind vom Verbot des Art. 408 nicht betroffen (ZK-EGGER, N 13; BK-Riemer, Art. 81 N 12).   **3**

Art. 408 gilt auch bei der **Verwaltungsbeiratschaft** (Art. 395 Abs. 2; ZVW 1968, 115, 116; BK-SCHNYDER/MURER, Art. 395 N 124; KOEPPEL, 204; **a.M.** RIEMER, Vormundschaftsrecht, § 5 N 19 und 49; SPRECHER/VON SALIS-LÜTOLF, 61; VEZ, N 383). Hingegen darf die urteilsfähige Person unter Verwaltungsbeiratschaft die in Art. 408 vorgesehenen Geschäfte vornehmen, wenn diese nicht die Vermögenssubstanz, sondern das Einkommen betreffen (KOEPPEL, 205).   **4**

Art. 408 gilt nicht für durch den Mitwirkungsbeirat vorgenommene Geschäfte (KOEPPEL, 201). Dieser ist nicht Stellvertreter der durch die Massnahme betroffenen Person und ist deshalb nicht zur Vornahme von Verfügungsgeschäften bez. deren Vermögen ermächtigt (Art. 395 Abs. 1; KOEPPEL, 203). Hingegen kann die unter Mitwirkungsbeiratschaft stehende Person, mit Zustimmung des Beirates, Bürgschaften eingehen oder erhebliche Schenkungen vornehmen (KOEPPEL, 200).   **5**

Art. 408 ist im Bereich der Beistandschaft nicht anwendbar (DESCHENAUX/STEINAUER, Personnes, N 1133; ZK-EGGER, N 2, Art. 417 N 7; BK-SCHNYDER/MURER, Art. 392 N 19 stillschweigend; ZVW 1952, 154, 155; SJZ 1955, 61). Es darf aber nicht ein Beistand ernannt werden, um Geschäfte vornehmen zu können, welche dem Vormund als gemäss Art. 408 verbotene Geschäfte nicht zugänglich sind (BK-SCHNYDER/MURER, Art. 392 N 65; vgl. N 2).   **6**

II. Zweck

Art. 408 soll den Bevormundeten vor erheblichen Verpflichtungen **schützen,** welche selten in seinem Interesse eingegangen werden (KOEPPEL, 53); er ist nicht dazu da, die Interessen der Erben zu schützen (VEZ, N 378).   **7**

III. Inhalt

1. Bürgschaft

Art. 408 betrifft **alle Arten von Bürgschaften** (KOEPPEL, 79–81; ZK-EGGER, N 4; BK-KAUFMANN, N 6), so die Solidarbürgschaft (Art. 496 OR), die Mitbürgschaft (Art. 497 Abs. 1 und 2 OR), die Nebenbürgschaft (Art. 497 Abs. 4 OR), die Nachbürgschaft (Art. 498 Abs. 1 OR) und die Rückbürgschaft (Art. 498 Abs. 2 OR; KOEPPEL, 69 ff.).   **8**

Die **Pfandbestellung** ist in der Lehre umstritten. Sicher gilt Art. 408 nicht für das Pfand zur Sicherung einer eigenen Schuld des Bevormundeten. In den in Art. 421 Ziff. 1 und 2 vorgesehenen Fällen untersteht jedoch ein solches Pfand der Zustimmung der VormBehörde (KOEPPEL, 83–84). Hingegen ist Art. 408 auf das Pfand zur Sicherung der Schuld eines Dritten anwendbar (KOEPPEL, 85–87; HEFTI, 156; **a.M.** ZK-EGGER, N 4; BK-KAUFMANN, N 6; NEHRWEIN, 8; bejaht wird die Anwendung von Art. 408 von BK-ZOBL,   **9**

Art. 884 N 57, falls das Pfand unentgeltlich und mit «animo donandi» errichtet worden ist; s. auch RVJ 2000, 259 ff., 263 und ZVW 1997, 133).

10   Art. 408 gilt nicht für den Garantievertrag, die Wechselbürgschaft und den Kreditauftrag (KOEPPEL, 96 ff.). Für die Schuldübernahme verneint die überwiegende Lehre die Anwendbarkeit des Art. 408 (CURTI-FORRER, N 3; BK-KAUFMANN, N 6; NEHRWEIN, 8; KOEPPEL, 95–96; **a.M.** ZK-EGGER, N 4; KOBER, 67).

11   Unter den Voraussetzungen des Art. 492 Abs. 3 OR kann eine **Bürgschaft zugunsten des Bevormundeten** auch eingegangen werden, wenn dieser wegen seiner Urteilsunfähigkeit nicht daran gebunden ist. Der Bürge, welcher sich verpflichtet hat, obgleich er wusste, dass das Geschäft des Bevormundeten noch durch die VormBehörde genehmigt werden muss, bleibt auch bei allenfalls verweigerter Zustimmung verpflichtet (BGE 81 II 9, 16; SJZ 1928/1929, 217; KOEPPEL, 108; vgl. Art. 410 N 19).

12   Eine durch den Bevormundeten vor seiner Bevormundung **eingegangene Bürgschaft** kann nur **erneuert werden,** wenn dies im Interesse des Bevormundeten liegt (ZK-EGGER, N 4; BK-GIOVANOLI, Art. 492 OR N 35; KOEPPEL, 108; HEFTI, 156–157). Der gleiche Grundsatz gilt für die Erneuerung einer vom Bevormundeten durch Nachlass übernommene Bürgschaft (ZK-EGGER, N 4; BK-GIOVANOLI, Art. 492 OR N 35).

13   **Die Zustimmung des Ehegatten** zu einer vom Bevormundeten eingegangenen Bürgschaft (Art. 494 Abs. 1 OR) hat keine heilende Wirkung (KOEPPEL, 81). Hingegen können der Bevormundete und sein gesetzlicher Vertreter einer durch den Ehegatten des Bevormundeten eingegangenen Bürgschaft zustimmen (Art. 494 Abs. 1 OR; KOEPPEL, 110–111; BK-GIOVANOLI, Art. 494 OR N 15).

2. Schenkung

14   Der Begriff der Schenkung i.S. des Art. 408 entspricht an sich jenem von Art. 239 Abs. 1 OR (s. BSK OR I-VOGT, Komm. zu Art. 239). Es sollten aber auch einseitige unentgeltliche Zuwendungen unter Art. 408 fallen, bezweckt diese Bestimmung doch, den Bevormundeten vor einer bestimmten Gruppe von Rechtsgeschäften zu schützen. Dabei kann es nicht darauf ankommen, ob das betreffende Geschäft eines Akzepts des Begünstigten bedarf. Art. 408 verbietet **jegliche Form erheblicher Schenkungen,** mithin auch solche, die mit einer Auflage belastet sind (KOEPPEL, 144), und alle entsprechenden Schenkungsversprechen (KOEPPEL, 138). Die Erfüllung eines Schenkungsversprechens, das vor der Bevormundung abgegeben worden ist, stellt keine Schenkung i.S. von Art. 408 dar (ZK-EGGER, N 11).

14a   Weiter findet Art. 408 Anwendung auf den Rangrücktritt eines zugunsten des Mündels errichteten dinglichen Rechts an einem Grundstück, wenn dieser unentgeltlich erfolgt und der Verfügende mit «animus donandi» handelt (PIOTET/MEIER, 227).

15   Die Schenkung ist nicht erheblich, wenn sie bez. Umfang und Natur üblich ist. **Wesentliche Kriterien** sind Erwerbsfähigkeit und Vermögen des Bevormundeten (KOEPPEL, 129; BK-KAUFMANN, N 8; ZK-EGGER, N 6; CURTI-FORRER, N 5). Weihnachts-, Geburtstags-, Hochzeitsgeschenke und Trinkgelder beispielsweise sind meistens unerhebliche Schenkungen (KOEPPEL, 129). Solche Geschenke bezwecken nicht die wirtschaftliche Besserstellung des Beschenkten, sondern sind Ausfluss eines persönlichen Gefühls (KOEPPEL, 128). Eine Schenkung aus dem Stammvermögen des Bevormundeten ist nicht unbedingt eine erhebliche Schenkung i.S. des Art. 408 (KOEPPEL, 129; HEFTI, 159). Der Verzicht einer Mutter im Namen des Kindes auf vom Vater entrichtete Unterhaltsbeiträge ist eine erhebliche Schenkung i.S. des Art. 408 (BGE 69 II 65, 70).

Die Erfüllung einer sittlichen Pflicht ist keine Schenkung i.S. des Art. 408 (KOEPPEL, 16
120; BK-KAUFMANN, N 7; ZK-EGGER, N 7; zum Begriff der sittlichen Pflicht, s. BSK
OR I-VOGT, Art. 239 N 35 f.). Die Erfüllung einer sittlichen Pflicht durch eine erhebliche Schenkung sollte jedoch der Zustimmung der VormBehörde unterstehen (ZK-
EGGER, N 12; **a.M.** KOEPPEL, 126). Das nicht schriftliche Schenkungsversprechen als
Erfüllung einer sittlichen Pflicht ist gültig, sofern der Versprechende die Absicht hatte,
sich rechtlich zu verpflichten, und fällt nicht unter Art. 408 (KOEPPEL, 124; SPECKER,
86).

Der Vormund kann den Bevormundeten in der Erfüllung einer sittlichen Pflicht vertreten, 17
wenn der Bevormundete nicht selbst handeln kann (KOEPPEL, 125; SPECKER, 87). Ist der
Bevormundete urteilsfähig, so kann er, mit der Zustimmung des Vormundes, die sittliche
Pflicht selbst erfüllen.

Übersteigt die Schenkung als Erfüllung einer sittlichen Pflicht das Ausmass der Letzte- 18
ren, so gilt Art. 408 für das über das sittlich Geforderte hinaus Geleistete (KOEPPEL, 126;
SPECKER, 89). Der gleiche Grundsatz gilt für die **gemischte Schenkung** (ZK-EGGER,
N 12; KOEPPEL, 135; ZVW 1947, 31). Verpflichten sich die künftigen Erben einer bevormundeten Person zu deren Unterhalt, indem sie deren gesamtes Vermögen unter sich
aufteilen, so gilt nur derjenige Betrag des Vermögens als Schenkung, welcher den kapitalisierten Wert des aufgrund der Lebenserwartung dieser Person berechneten Unterhalts
übersteigt (ZVW 1947, 31; diesbez. unrichtig der in ZVW 1950, 35 ff. zit. Entscheid,
welcher sich nicht auf die Unentgeltlichkeit der Handlung als solcher, sondern auf deren
gesamten Folgen stützt, vgl. BK-BUCHER, Art. 19 N 159).

Der **Verzicht auf ein Recht,** welches der Bevormundete noch nicht erworben hat (also 19
der Verzicht auf eine Anwartschaft; KOEPPEL, 141; ZK-EGGER, N 7) und die **Schenkung
von Todes wegen** durch den Bevormundeten (KOEPPEL, 148–149; BK-KAUFMANN, N 9;
s. jedoch Art. 467–468), fallen nicht unter das Verbot von Art. 408. Dasselbe gilt für die
Ausschlagung einer Erbschaft (Art. 566; GUINAND/STETTLER/LEUBA, N 456; KOEPPEL,
154–155) und den entgeltlichen Erbverzichtsvertrag (Art. 495), wobei in beiden Fällen
die Zustimmung der Aufsichtsbehörde erforderlich ist (Art. 422 Ziff. 5). Umstritten ist,
ob Art. 408 auf den unentgeltlichen Erbverzichtsvertrag anwendbar ist (bejahend:
Art. 421/422 N 3; verneinend: KOEPPEL, 151; ZK-EGGER, N 7; stillschweigend bejahend:
PIOTET, SPR IV/1, 217; SCHNYDER, 108; MEIER, 546).

Wurde die Schenkung durch eine Person vorgenommen, welche im auf die Schenkung 20
folgenden Jahr wegen Verschwendung bevormundet wurde, so kann die VormBehörde
die Schenkung ungültig erklären (Art. 240 Abs. 3 OR). Art. 240 Abs. 3 OR gilt nicht
für ein vom Erblasser zu Lebzeiten gemachtes und vom Bevormundeten geerbtes Schenkungsversprechen (KOEPPEL, 139); dieses fällt nicht unter Art. 240 Abs. 3 OR, welcher
sich auf vom Bevormundeten selbst vorgenommene Schenkungen bezieht.

3. Errichtung einer Stiftung

Es darf keine Stiftung zulasten des Bevormundeten errichtet werden. Das Verbot betrifft 21
alle Arten von Stiftungen (KOEPPEL, 167; BK-RIEMER, Art. 81 N 10 ff.).

Hingegen gilt Art. 408 nicht für die Errichtung einer Stiftung **durch eine Verfügung von** 22
Todes wegen (KOEPPEL, 173; ZK-EGGER, N 9, Art. 81 N 2; BK-KAUFMANN, N 10) oder
die Errichtung einer Stiftung mittels eines Teils einer dem Bevormundeten gemachten
Schenkung, welche mit einer diesbez. Auflage versehen war (BK-RIEMER, Art. 81 N 14;
KOEPPEL, 168–169).

4. Weitere verbotene Geschäfte?

23   Auch der urteilsfähige Bevormundete darf, mit oder ohne Zustimmung des Vormundes, keinen **Erbvertrag als Verfügender** abschliessen (Art. 468; BK-TUOR, Art. 468 N 8; ZK-ESCHER, Art. 468 N 5; hingegen kann der urteilsfähige Bevormundete durch Erbvertrag blosse testamentarische Verfügungen machen, da sich Art. 468 nur auf vertragliche Vereinbarungen bezieht, MEIER, 540, Anm. 18). Ebenso wenig vermag er bei einem Erbverzichtsvertrag als Erblasser rechtswirksam die Verzichtserklärung des Vertragspartners zu empfangen (BK-WEIMAR, Art. 468 N 9; ZK-EGGER, Art. 468 N 5; BK-TUOR, Art. 468 N 8; PIOTET, SPR IV/1, 215–216).

24   Demgegenüber kann der urteilsfähige Bevormundete jedoch einen positiven **Erbvertrag als Vertragspartei** abschliessen (GUINAND/STETTLER/LEUBA, N 251; BSK ZGB II-BREITSCHMID, Art. 467/468 N 6; DESCHENAUX/STEINAUER, Personnes, N 1007; MEIER, 541 ff.). Einen unentgeltlichen positiven Erbvertrag (Art. 19 Abs. 2; BK-BUCHER, Art. 19 N 19, 168; BK-WEIMAR, Art. 468 N 14; BSK ZGB II-BREITSCHMID, Art. 467/468 N 6; DESCHENAUX/STEINAUER, Personnes, N 1007) kann er allein eingehen. Verpflichtet er sich zu einer Gegenleistung, so ist jedoch die Zustimmung des Vormundes und der Aufsichtsbehörde erforderlich (Art. 422 Ziff. 5; ZK-EGGER, Art. 410 Abs. 1 und 422 N 15; PIOTET, SPR IV/1, 217). Für den Erbverzichtsvertrag, siehe N 19.

25   Art. 408 gilt nicht für den Erbteilungsvertrag (Art. 634), den Verkauf einer angefallenen Erbschaft und Verträge zwischen Erben, insoweit sie keine Schenkungen begründen (vgl. Art. 635). Der urteilsfähige Bevormundete kann solche Verträge mit Zustimmung des Vormundes abschliessen (BK-BUCHER, Art. 19 N 18).

IV. Folgen einer unter Verletzung des Art. 408 vorgenommenen Rechtshandlung

26   Die unter Verletzung des Art. 408 vorgenommene Rechtshandlung ist **nichtig** (KOEPPEL, 243; ZK-EGGER, N 11; VON TUHR, Bemerkungen zur Schenkungslehre des schweiz. Obligationenrechts, SJZ 1922, 201, 203; BK-RIEMER, Art. 81 N 10; BK-BECKER, Art. 240 OR N 2; ZK-OSER/SCHÖNENBERGER, Art. 492 OR N 80). Sie kann weder durch den Vormund noch durch die vormundschaftlichen Behörden genehmigt werden (BGE 69 II 65, 70; 63 II 129, 130–132). Der Bevormundete, welcher die Handlungsfähigkeit wiedererlangt oder erworben hat, kann die Rechtshandlung nicht gültig genehmigen, sondern muss sie erneut vornehmen (BK-BUCHER, Art. 19 N 17; DESCHENAUX/STEINAUER, Personnes, N 246a; ZK-EGGER, N 11; a.M. BK-KAUFMANN, N 11).

27   Die **Gutgläubigkeit des Dritten** ist nicht geschützt (ZK-EGGER, N 11; BK-GIOVANOLI, Art. 492 OR N 40; KOEPPEL, 239).

V. Revision des Vormundschaftsrechts

28   Der Entwurf zur Revision greift den Inhalt von Art. 408 wieder auf und sieht vor, dass der Beistand in Vertretung der betroffenen Person keine Bürgschaften eingehen, keine Schenkungen – ausser den üblichen Gelegenheitsgeschenken – vornehmen und keine Stiftungen errichten darf (Art. 412 Abs. 1 Entwurf). Abs. 3 von Art. 412 Entwurf stellt eine Synthese der bisherigen Art. 400 Abs. 2 und 404 Abs. 1 dar und bestimmt, dass der Beistand wenn immer möglich von der Veräusserung von Vermögenswerten, die für die betroffene Person oder deren Familie einen besonderen Wert haben, absehen soll.

Art. 409

3. Mitwirkung des Bevormundeten	[1] **Ist der Bevormundete urteilsfähig und wenigstens 16 Jahre alt, so hat ihn der Vormund bei wichtigen Angelegenheiten, soweit tunlich, vor der Entscheidung um seine Ansicht zu befragen.** [2] **Die Zustimmung des Bevormundeten befreit den Vormund nicht von seiner Verantwortlichkeit.**
3. Concours du pupille	[1] Le pupille sera si possible consulté pour tous les actes importants d'administration, lorsqu'il est capable de discernement et âgé de 16 ans au moins. [2] L'assentiment du pupille ne décharge pas le tuteur de sa responsabilité.
3. Concorso del tutelato	[1] Se il tutelato è capace di discernimento ed ha compito gli anni sedici, il tutore deve, in quanto sia possibile, chiedere il suo avviso prima di prendere una decisione sugli affari importanti. [2] Il consenso del tutelato non libera il tutore dalla sua responsabilità.

Literatur

AFFOLTER, Rechtsfragen aus dem Alltag der persönlichen Betreuung, AJP 1998, 647–654; DERS., Aspects juridiques et questions quotidiennes découlant de l'assistance personnelle en droit de tutelle, ZVW 1998, 235; HEGNAUER, Das Wohl des Mündels als Maxime der Vormundschaft, ZVW 1984, 81 ff.; vgl. ausserdem die Literaturhinweise zu Art. 407.

I. Zweck

Art. 409 bezweckt die Stärkung des Vertrauens, welches zwischen dem Bevormundeten und seinem Vormund herrschen muss, den Schutz des Bevormundeten und die Förderung von dessen Verantwortungsbewusstsein (DESCHENAUX/STEINAUER, Personnes, N 989) und Selbständigkeit (HEFTI, 175). 1

II. Geltungsbereich

Art. 409 gilt für Geschäfte, welche unter die Vertretungsmacht des Vormundes fallen. Er gilt auch für die Verwaltungsbeistandschaft und die Verwaltungsbeiratschaft (ZK-EGGER, N 3). 2

III. Voraussetzungen

Gemäss Art. 409 muss der Bevormundete wenigstens **sechzehnjährig** und **urteilsfähig** sein, damit er in wichtigen Angelegenheiten vor dem Entscheid angehört werden muss (ZK-EGGER, N 4). Über die Urteilsfähigkeit entscheidet in erster Linie der Vormund (BK-KAUFMANN, N 6). Für Entscheidungen von persönlicher Tragweite sollten keine allzu hohen Anforderungen an die Urteilsfähigkeit des Mündels gestellt werden. 3

Art. 409 steht nicht im Einklang mit Art. 301 Abs. 2, nach welchem die Eltern in wichtigen Angelegenheiten, soweit tunlich, auf die Meinung des Kindes Rücksicht nehmen (AFFOLTER, AJP 1998, 648; DERS., ZVW 1998, 235; HEGNAUER, ZVW 1984, 85). Art. 409 ist auch nicht im Einklang mit dem Art. 12 des Übereinkommens vom 3a

20. November 1989 über die Rechte des Kindes (SR 0.107), welches für die Schweiz am 26. März 1997 in Kraft getreten ist. Nach dieser Bestimmung sichert der Staat dem urteilsfähigen Kind das Recht zu, seine Meinung zu allen seine Person berührenden Angelegenheiten frei zu äussern, und berücksichtigt diese Meinung des Kindes angemessen und entsprechend seinem Alter und seiner Reife (s. auch Prinzip 9 Ziff. 3 der Empfehlung No. R[99]4 des Ministerkomitees des Europarates vom 23. Februar 1999 betreffend die Prinzipien des Schutzes der «unfähigen» Erwachsenen). Der schweizerische Gesetzgeber hat in Art. 409 eine Altersgrenze von 16 Jahren vorgesehen, weil mit Erreichen dieses Alters grundsätzlich vom Bestehen der Urteilsfähigkeit auszugehen ist. Hinsichtlich gewisser Entscheide ist jedoch auch ein jüngerer Bevormundeter bereits urteilsfähig; eine strikte Altersgrenze ist deshalb ungeeignet, um den Zeitpunkt zu bestimmen, ab welchem der Bevormundete vor einem wichtigen Entscheid anzuhören ist. Richtigerweise wird allein auf die Urteilsfähigkeit bezüglich der konkret anstehenden Entscheidung abgestellt und die Mitwirkung des für urteilsfähig befundenen Bevormundeten, soweit tunlich, auch ermöglicht, wenn dieser noch nicht 16 Jahre alt ist (s. Art. 406 N 25). Im Übrigen verzichtet der Entwurf zur Revision des Vormundschaftsrechts in Art. 406 Abs. 1 ebenfalls auf ein Mindestalter für den Anspruch auf Anhörung. Betreffend der Besprechung von Zielen und Konzepten des vormundschaftlichen Betreuungsmandats sowie der Leitung der Betreuungsarbeit mit dem Bevormundeten, s. AFFOLTER, AJP 1998, 648–649; Art. 406 N 30–31.

4   Der Vormund befragt den Bevormundeten bei **wichtigen Angelegenheiten** nach seiner Ansicht. Wichtig sind Angelegenheiten, welche gem. Art. 421 und 422 die Zustimmung der Vormundschafts- oder Aufsichtsbehörde erfordern, Entscheidungen über die Berufswahl des Bevormundeten oder über bedeutende Beträge (BK-KAUFMANN, N 4) und allg. Entscheidungen von grosser persönlicher Tragweite für den Bevormundeten (ZK-EGGER, N 6). Das Gesetz sieht ausdrücklich zwei Situationen vor, welche nach Möglichkeit die Einholung der Ansicht des Bevormundeten erfordern, nämlich die Rechnungsablegung (Art. 413 Abs. 3) und die Inventaraufnahme bei Übernahme der Vormundschaft (Art. 398 Abs. 2). Im letzten Fall ist das Mindestalter von sechzehn Jahren nicht verlangt.

5   Der Vormund befragt den Bevormundeten **soweit tunlich** nach seiner Ansicht. Er legt diesen Begriff unter Berücksichtigung der Natur der Angelegenheit und der allfälligen Dringlichkeit des Entscheides aus, bei welcher die Anhörung des Bevormundeten u.U. mit Schwierigkeiten verbunden ist. Der Vormund lässt sich in seiner Entscheidung durch das Interesse des Bevormundeten leiten (HEFTI, 176).

IV. Durchführung

6   Der Bevormundete muss vom Vormund nach seiner Ansicht gefragt werden. Die Befragung muss **vor der Entscheidung** (BK-KAUFMANN, N 8) und nach einer umfassenden **Orientierung** des Bevormundeten (ZK-EGGER, N 2) erfolgen.

V. Folgen

7   Weder der Vormund noch die vormundschaftlichen Behörden sind an die Ansicht des Bevormundeten gebunden (BK-KAUFMANN, N 8). Der Vormund berücksichtigt die Ansicht des Bevormundeten in angemessener Weise; er entscheidet jedoch allein und in **eigener Verantwortung** (Art. 409 Abs. 2; ZK-EGGER, N 7; HEFTI, 178). Eine allfällige Zustimmung des Bevormundeten befreit den Vormund nicht von der Verantwortung für die getroffene Entscheidung (DESCHENAUX/STEINAUER, Personnes, N 1062b). Bei Haftung des Vormundes kann die Zustimmung des Bevormundeten zu einer Ermässigung der Schadenersatzpflicht des Vormundes gem. Art. 44 OR führen. Insbesondere kann die Dringlichkeit des Wunsches des Bevormundeten ein Grund zur Herabsetzung der Schadenersatzpflicht sein (ZK-EGGER, N 7).

Der Bevormundete hat **Anspruch auf Anhörung.** Wird dieser Anspruch nicht respektiert, steht ihm die Beschwerde bei der VormBehörde zu (Art. 420 Abs. 1; ZK-EGGER, N 7; DESCHENAUX/STEINAUER, Personnes, N 989; BK-KAUFMANN, N 10). Das durch den Vormund ohne Anhörung des Bevormundeten vorgenommene Geschäft bleibt jedoch gültig (BK-KAUFMANN, N 9–10). Der Vormund haftet für den Schaden, welcher dadurch entstanden ist, dass der Bevormundete nicht angehört oder ungenügend über die Situation aufgeklärt wurde.   **8**

VI. Revision des Vormundschaftsrechts

Der Entwurf sieht in Art. 406 Entwurf vor, dass der Beistand ein Vertrauensverhältnis mit der betroffenen Person anzustreben hat. Er nimmt, soweit tunlich, auf deren Meinung Rücksicht und achtet deren Willen, das Leben entsprechend ihren Fähigkeiten nach eigenen Wünschen und Vorstellungen zu gestalten. Er trägt dazu bei, den Schwächezustand zu lindern oder eine Verschlimmerung zu verhüten.   **9**

Art. 410

4. Eigenes Handeln

a. Zustimmung des Vormundes

¹ Ist der Bevormundete urteilsfähig, so kann er Verpflichtungen eingehen oder Rechte aufgeben, sobald der Vormund ausdrücklich oder stillschweigend zum voraus seine Zustimmung gegeben hat oder nachträglich das Geschäft genehmigt.

² Der andere Teil wird frei, wenn die Genehmigung nicht innerhalb einer angemessenen Frist erfolgt, die er selber ansetzt oder durch das Gericht ansetzen lässt.

4. Actes du pupille

a. Consentement du tuteur

¹ Le pupille capable de discernement peut contracter une obligation ou renoncer à un droit, moyennant que le tuteur consente expressément ou tacitement à l'acte ou le ratifie.

² L'autre partie est libérée, si la ratification n'a pas lieu dans un déla convenable, qu'elle a fixé ou fait fixer par le juge.

4. Atti del tutelato

a. Consenso del tutore

¹ Il tutelato capace di discernimento può assumere un'obbligazione o rinunciare ad un diritto, in quanto il tutore abbia dato in modo espresso o tacito il suo consenso preventivo o ratifichi posteriormente l'atto.

² L'altro contraente cessa d'essere obbligato ove la ratifica non segua entro un congruo termine, che può fissare egli stesso o far fissare dal giudice.

Literatur

EBERHARD, Die Zustimmung des Vormundes zu Rechtsgeschäften des urteilsfähigen Mündels (Art. 19 Abs. 1 und 410 ZGB), insb. die Zustimmung zu Verträgen und zu einseitigen Rechtsgeschäften, Diss. Bern 1990; vgl. auch die Literaturhinweise zu Art. 407.

I. Geltungsbereich

1. Betroffener Personenkreis

1   Art. 410 betrifft den **unmündigen** oder **entmündigten urteilsfähigen** Bevormundeten. Art. 410 gilt auch für durch entmündigte Geisteskranke in luziden Intervallen vorgenommene Geschäfte (Art. 19 N 6).

2   Art. 410 ist zudem bei der vorläufigen Entziehung der Handlungsfähigkeit anwendbar (Art. 386 Abs. 2; Art. 19 N 6; ZK-Egger, N 5; zu den Folgen des vorläufigen Entscheids, s. BK-Schnyder/Murer, Art. 386 N 84 ff.).

3   Durch einen Verweis in Art. 304 Abs. 3 und Art. 305 Abs. 1 gelten Art. 410 und 411 auch für urteilsfähige **Personen unter der elterlichen Sorge** (Deschenaux/Steinauer, Personnes, N 241) und ebenso für **Personen unter Beiratschaft** (Art. 395 Abs. 1 und 2; BK-Schnyder/Murer, Art. 395 N 82; zu den Folgen der Anwendung des Art. 410 auf die Verwaltungsbeiratschaft, s. Deschenaux/Steinauer, Personnes, N 203 ff.).

2. Verhältnis zu Art. 19 Abs. 1

4   Art. 410 übernimmt und vervollständigt den Grundsatz des Art. 19 Abs. 1 (BK-Kaufmann, N 1). Beide Artikel haben den **gleichen Geltungsbereich** (BK-Bucher, Art. 19 N 8).

3. Umfang

5   Als Bestandteil der Bestimmungen über die Handlungsfähigkeit gilt Art. 410, wie Art. 19 Abs. 1, sowohl im **Privatrecht** (BK-Kaufmann, N 1) als auch im **öffentlichen Recht** (BK-Bucher, Art. 19 N 6, 16, 22). Art. 410 kommt insb. im Bereich des Betreibungsrechtes (BGE 104 III 4, 5–6; 99 III 4, 6) und der Prozessfähigkeit zur Anwendung (BK-Bucher, Art. 19 N 22, 126, 152; ZK-Egger, Art. 19 N 5; Stocker, 199–200).

6   Art. 410 gilt für Geschäfte, welche der Bevormundete **nach der Publikation** des Entmündigungsentscheides vorgenommen hat. Die vom Bevormundeten einem Dritten vor **seiner Entmündigung** übertragene Vertretungsmacht wird mit der Publikation der Entmündigung wirkungslos (Art. 35 Abs. 1 OR; ZVW 1949, 113, 115–116), sofern nichts Gegenteiliges vereinbart wurde oder aus der Natur des Geschäftes hervorgeht. Vorbehalten bleiben Befugnisse von Prokuristen und anderen Handlungsbevollmächtigten (Art. 40 OR).

II. Rechtsnatur der Zustimmung des Vormundes

7   Es handelt sich nicht um eine Vertretungshandlung. Einzig der Bevormundete ist Partei des Rechtsgeschäftes. Die Zustimmung des Vormundes ist **Gültigkeitsvoraussetzung** der durch die beschränkt handlungsunfähige Person vorgenommenen Rechtshandlung (BK-Bucher, Art. 19 N 36).

III. Voraussetzung

8   Art. 410 gilt einzig für **urteilsfähige** Bevormundete.

IV. Zustimmung

1. Form

Die Zustimmung des Vormundes untersteht **keinem Formerfordernis,** und zwar auch   **9**
nicht für Rechtshandlungen, welche ihrerseits eine gewisse Form beachten müssen (BGE
117 II 18 ff., 21 E. 4b; DESCHENAUX/STEINAUER, Personnes, N 248 f.; Art. 19 N 42; BK-
BUCHER, Art. 19 N 61; ZK-EGGER, N 15; HAUSHEER/AEBI-MÜLLER, N 07.89). Sie kann
ausdrücklich oder stillschweigend gegeben werden (BGE 106 Ib 193, 196; 75 II 337,
341; ZK-EGGER, N 15; BK-BUCHER, Art. 19 N 48–58; ZR 1944, 83). Sie kann vor Vornahme der Handlung (Ermächtigung), gleichzeitig (Mitwirkung) oder nachträglich (Genehmigung) gegeben werden.

Da die provisorische Rechtsöffnung bei urkundlicher Glaubhaftmachung der Forderung   **10**
zu erteilen ist (Art. 82 SchKG), kann die Rechtsöffnung nur bei Vorliegen einer **schriftlichen Zustimmung** des Vormundes erlangt werden (BK-BUCHER, Art. 19 N 77, 59). Die
Zustimmung des Vormundes zu einem durch den unmündigen Bevormundeten eingegangenen Abzahlungs- oder Vorauszahlungsvertrag muss schriftlich gegeben werden
(Art. 13 Abs. 1 KKG, Art. 228 OR; BK-BUCHER, Art. 19 N 62; A. BUCHER, Personen,
N 132). Trotz des Wortlautes des Gesetzes sollte dieses Erfordernis auch für den Bevormundeten gelten (BSK OR I-STAUDER, Art. 226b N 13, m.H., auch auf abw. Ansichten;
a.M. FAVRE-BULLE, Art. 13 KKG N 2).

2. Durchführung

Die Zustimmung kann für alle Rechtshandlungen gegeben werden, welche unter Art. 410   **11**
Abs. 1 fallen (vgl. N 25 ff.). Dies gilt auch für Betreibungs- und Verfahrenshandlungen
(ZK-EGGER, N 16).

Die Zustimmung kann durch den **gesetzlichen Vertreter** gegeben werden. Eine Geneh-   **12**
migung kann auch durch den **Bevormundeten** erteilt werden, welcher unterdessen die
Handlungsfähigkeit wiedererlangt oder erworben hat (BGE 106 Ib 193, 196; 82 II 169,
172), sofern der Vormund die Zustimmung zur Rechtshandlung nicht schon verweigert
hat (BK-BUCHER, Art. 19 N 95). Stirbt der Bevormundete, bevor eine Genehmigung gegeben wurde, so geht das Recht auf Erteilung der Zustimmung auf die **Erben** über
(Art. 560 Abs. 1).

Die Zustimmung des Vormundes ist **nicht empfangsbedürftig** (BK-BUCHER, Art. 19   **13**
N 42; DESCHENAUX/STEINAUER, Personnes, N 248a; **a.M.** EBERHARD, 47 ff.), unter Vorbehalt einer anders lautenden Vereinbarung (MEIER, 290, Anm. 85). Hat jedoch der Vertragspartner gem. Art. 410 Abs. 2 eine angemessene Frist angesetzt, muss ihm die Genehmigung mitgeteilt werden, damit sie gültig ist.

3. Folgen der Zustimmung

Durch die Zustimmung des gesetzlichen Vertreters wird die vom Bevormundeten vor-   **14**
genommene Rechtshandlung **rechtswirksam.** Für die in Art. 421, 422 und 404 Abs. 3
vorgesehenen Rechtshandlungen ist zusätzlich die Zustimmung der Vormundschafts-
oder Aufsichtsbehörde erforderlich (BGE 117 II 18, 21–22; 102 II 376, 382; DESCHE-
NAUX/STEINAUER, Personnes, N 250). Erfolgt die Zustimmung erst nach Vornahme der
Handlung durch den Bevormundeten (Genehmigung), so wird diese ex tunc rechtswirksam (BGE 51 II 245, 249 f.; ZK-EGGER, N 19; BK-BUCHER, Art. 19 N 71; DESCHE-
NAUX/STEINAUER, Personnes, N 249b). Zum Zeitpunkt der Rechtskraft der Entscheidung

der vormundschaftlichen Behörden, deren Folgen auf den Tag der Vornahme der Rechtshandlung rückwirken, s. MEIER, 289 ff.

15   Es kann **keine allgemeine Ermächtigung** für alle durch den Bevormundeten vorgenommenen Handlungen gegeben werden. Hingegen kann der Vormund seine Zustimmung im Voraus zu einer Reihe von in einer umschriebenen Situation normalerweise vorgenommenen Rechtshandlungen mit voraussehbaren Auswirkungen erteilen (Reise, Fortbildungskurs, Taschengeld) (ZK-EGGER, N 13). Wichtig ist, dass die rechtliche Tragweite überblickbar bleibt (HAUSHEER/AEBI-MÜLLER, N 07.91).

16   Die gegebene Zustimmung betrifft nicht nur die vorzunehmende Handlung, sondern auch die damit **verbundenen Verfahrenshandlungen,** sofern sich die Zustimmung ausdrücklich auf eine konkrete Rechtsfrage bezieht (zur Bewilligung zur Führung eines selbständigen Haushaltes, vgl. BK-BUCHER, Art. 19 N 127; zu den in Art. 412 und 414 vorgesehenen Zustimmungen, vgl. Komm. zu Art. 412 und 414).

17   Die vorgängig erteilte Zustimmung kann, auch wenn sie dem Dritten mitgeteilt wurde, **widerrufen werden,** wenn und solange der Bevormundete die fragliche Handlung noch nicht vorgenommen hat. Hatte der Dritte keine Kenntnis von der Zustimmung, so erfolgt der Widerruf einzig beim Bevormundeten (BK-BUCHER, Art. 19 N 69). Hingegen kann die Genehmigung einer schon vorgenommenen Handlung nicht widerrufen werden (DESCHENAUX/STEINAUER, Personnes, N 249b; A. BUCHER, Personen, N 131; **a.M.** BK-BUCHER, Art. 19 N 73).

V. Folgen der mangelnden Zustimmung

18   Verweigert der Vormund die Genehmigung der Handlung, so wird diese **ex tunc hinfällig.** Art. 411 regelt die Folgen der Verweigerung der Genehmigung (vgl. Komm. zu Art. 411).

19   Der **Bürge,** welcher sich in Kenntnis der Handlungsunfähigkeit des Bevormundeten verpflichtet hat, bleibt gebunden. Es steht ihm **kein Rückgriffsrecht** auf den Hauptschuldner zu (Art. 492 Abs. 3, 502 Abs. 1, 507 Abs. 6 OR; BGE 81 II 9, 15–16; vgl. auch Art. 408 N 11).

20   Der Bevormundete kann gegen die verweigerte Zustimmung **Beschwerde** bei der Vorm Behörde führen. Er kann eine willkürliche Verweigerung der Zustimmung oder eine Verletzung der Sorgfaltspflicht des Vormundes bei der Erfüllung seiner Aufgabe geltend machen (BK-BUCHER, Art. 19 N 78). Gegen die Verweigerung der Zustimmung des Inhabers der elterlichen Sorge steht dem Kind keine Beschwerde offen.

VI. Folgen der Geschäfte im Schwebezustand

21   Solange der Vormund seine Zustimmung nicht erteilt hat, ist der Bevormundete nicht an das vorgenommene Geschäft gebunden. Der Vertragspartner dagegen ist gebunden, bis der Vormund seine Zustimmung gibt. Der Vertrag befindet sich im **Schwebezustand.** Er ist unvollendet.

22   Der Vertragspartner kann eine Frist ansetzen oder durch den Richter eine **angemessene Frist** ansetzen lassen, innerhalb welcher die Genehmigung des Vormundes zu erfolgen hat. Die Angemessenheit der Frist wird im Hinblick auf die Komplexität des Vertrages, die beteiligten Interessen und die dem Vormund zur Genehmigung der Handlung nötige Zeit beurteilt (ZK-EGGER, N 17; abw.: BK-BUCHER, Art. 19 N 146, welcher sich v.a. an den vermutlichen Willen des Dritten zum Zeitpunkt des Vertragsschlusses hält).

Das deutsche Recht setzt eine Frist von zwei Wochen an (BGB § 108/II). Nach Ablauf der angemessenen Frist und bei mangelnder Zustimmung wird der Vertrag ex tunc hinfällig.

Der Dritte, welcher wissentlich ein unvollendetes Rechtsgeschäft eingegangen ist, muss   **23** das Verfahren gem. Art. 410 Abs. 2 benützen, um die Rechtsfolgen des Geschäftes klären zu können. Wer dagegen erst nachträglich von der beschränkten Handlungsfähigkeit des Bevormundeten erfährt, kann eine **sofortige Genehmigung** verlangen (BGE 117 II 18, 22–23; abw.: BK-Bucher, Art. 19 N 136–137, welcher davon ausgeht, dass der Vertragspartner sogar vom Vertrag zurücktreten kann, wenn und solange die Genehmigung nicht erfolgt ist; Kritik der Ansicht Buchers: Eberhard, 152 ff.).

Das BGer lässt die Frage offen, ob die auf Seiten des Bevormundeten am Vertrag betei-   **24** ligte Person das Verfahren gem. Art. 410 Abs. 2 benützen und nach innert angemessener Frist nicht erfolgter Genehmigung vom Vertrag zurücktreten kann (BGE 117 II 18, 22).

VII. Unter Art. 410 Abs. 1 fallende Handlungen

Art. 410 Abs. 1 betrifft alle Rechtshandlungen oder diesen analoge Handlungen, welche   **25** auch der Vormund grundsätzlich vornehmen könnte (BK-Kaufmann, N 4; ZK-Egger, N 12; zu weiteren Einzelheiten zu diesen Begriffen, vgl. BK-Bucher, Art. 12 N 31 ff.).

Die in Art. 19 Abs. 2 angesprochenen Rechtshandlungen (BK-Bucher, Art. 19 N 14)   **26** können durch den urteilsfähigen Bevormundeten ohne Zustimmung des Vormundes vorgenommen werden und fallen somit nicht unter Art. 410 (zu weiteren Einzelheiten, vgl. Komm. zu Art. 19).

Für **einseitige Rechtsgeschäfte** muss berücksichtigt werden, dass diese grundsätzlich   **27** bedingungsfeindlich sind, wodurch eigentlich jede nachträgliche Genehmigung durch den Vormund unmöglich wird (BK-Bucher, Art. 19 N 138). Das BGer hat diesen Grundsatz jedoch relativiert; es beurteilte die Gültigkeit einer allfälligen Genehmigung des **durch den Bevormundeten** vorgenommenen einseitigen Rechtsgeschäftes unter Berücksichtigung des Interesses des Vertragspartners am Vermeiden jeglicher Rechtsunsicherheit. Die durch den bevormundeten Vermieter ausgesprochene Kündigung des Mietvertrages beispielsweise kann vom Vormund nicht genehmigt werden; denn der Mieter muss die Folgen dieser Willensäusserung sogleich kennen können.

Die Ausübung eines bäuerlichen Vorkaufsrechtes ist dagegen anders zu beurteilen. Das   **28** Interesse des Vertragspartners an einer sofortigen Klärung der Lage erscheint hier geringer, besonders auch wenn man die schwerwiegenden Folgen für den Bevormundeten bedenkt, welchem die Möglichkeit einer allfälligen nachfolgenden Genehmigung der Handlung durch den Vormund vorenthalten wird (BGE 102 II 376, 384; vgl. BGE 101 II 235, 243).

Der Bevormundete muss ein einseitiges Rechtsgeschäft, welches ihn **in keiner Weise**   **29** **belastet,** ohne Zustimmung des Vormundes **vornehmen** können. Dies trifft zu für die Mängelrüge (Art. 201, 367 OR), die Beendigung der Gebrauchsleihe (Art. 309, 310 OR), den Widerruf des Schenkungsversprechens (Art. 250, 251 OR), die Vornahme einer die Verjährungsunterbrechung bewirkenden Handlung (BK-Bucher, Art. 19 N 169–170).

Eine andere Situation entsteht, wenn der Bevormundete ein einseitiges Rechtsgeschäft   **30** oder eine Willensäusserung **annimmt.** Das einseitige Rechtsgeschäft, welches **keine** **Verpflichtung** schafft oder **kein Recht** aufhebt, muss vom Bevormundeten rechtsgültig angenommen werden können. Somit kann das Angebot eines Dritten vom Bevormundeten gültig entgegengenommen werden (BK-BUCHER, Art. 19 N 172). Im andern Fall kann das Rechtsgeschäft dem Bevormundeten nicht gültig angeboten werden; es muss dem Vormund zugehen (BK-BUCHER, Art. 12 N 90; SJZ 1994, 290, betr. die Kündigung des Mietvertrages; zu einer Ausnahme bei Verhinderung des Vormundes, vgl. BK-Bucher, Art. 12 N 91; **a.M.** VON TUHR/PETER, 209, in einem obiter dictum, wonach die Abgabe an den Bevormundeten gültig ist, wenn der Vormund einverstanden ist, sowie PEDRAZZINI/OBERHOLZER, 78, wonach die Annahme eines einseitigen Rechtsgeschäftes die Handlungsfähigkeit nicht voraussetzt).

VIII. Verbot des Rechtsmissbrauches

31 Unter Vorbehalt der Art. 375 Abs. 3 und 411 Abs. 2 ist der **gutgläubige Dritte** grundsätzlich **nicht geschützt.** Der Bevormundete handelt nicht rechtsmissbräuchlich, wenn er seine Handlungsunfähigkeit geltend macht, auch wenn er den Vertragspartner absichtlich in die Irre geführt hat (vgl. 411 Abs. 2; BGE 54 II 77, 82; vgl. auch SJZ 1994, 290, 292; RIEMER, Vormundschaftsrecht, § 4 N 106; zugunsten des Eingreifens des Rechtsmissbrauchverbotes unter bestimmten Umständen: Art. 19 N 25; zu den Folgen eines irreführenden Verhaltens des Vormundes, EBERHARD, 149–150). Der Vertragspartner kann Schadenersatz beanspruchen.

32 Die Geltendmachung der Ungültigkeit der Handlung kann allerdings **rechtsmissbräuchlich** sein, wenn der Abschluss des Geschäftes verhältnismässig lange zurückliegt und keinerlei Unsicherheit über dessen Gültigkeit mehr besteht. Diese Voraussetzung ist gegeben, wenn aufgrund der Interessenlage des Bevormundeten mit einer Nichtgenehmigung nicht mehr zu rechnen ist (BGE 117 II 18, 24). Dies kann auch zutreffen, wenn der Vormund schon lange von der Angelegenheit Kenntnis hatte (BK-BUCHER, Art. 17/18 N 168; MEIER, 304 und Anm. 119).

33 Führt dagegen der Bevormundete den Vertragspartner über seine Handlungsfähigkeit in die Irre, so ist der gutgläubige Dritte nur auf dem Umweg über Art. 411 Abs. 2 geschützt.

IX. SchKG

34 Auch der urteilsfähige Bevormundete kann ohne Zustimmung des Vormundes weder Klagen noch Beschwerden im Bereich von Schuldbetreibung und Konkurs führen. Allerdings kann die betreibungsrechtliche Handlung des Bevormundeten nachträglich genehmigt werden. Eine solche Genehmigung ist auch gültig, wenn sie nach Ablauf der Klage- oder Beschwerdefrist erfolgt (BGE 88 III 7, 9–10).

35 Der urteilsfähige Bevormundete kann jedoch **ohne Zustimmung** des Vormundes Beschwerde führen, wenn sich diese auf die Anwendung des Art. 92 SchKG bezieht (BGE 72 III 1, 2–3). Nach BGE 75 III 79 gilt das Prinzip nicht für Art. 93 SchKG.

X. Revision des Vormundschaftsrechts

36 Gemäss Entwurf ist geplant, künftig die wesentlichen Elemente der die Handlungsfähigkeit betreffenden Regelung ausschliesslich ins Personenrecht aufzunehmen und den Inhalt von Art. 410 und 411 ZGB darin zu übernehmen. Dabei sollen keine materiellen Änderungen vorgenommen, sondern die Rechtslage klarer und verständlicher gemacht werden. Es ist festzuhalten, dass in diesem Rahmen der Vorentwurf vorsieht, dass die urteilsfähige Person, der jedoch die Handlungsfähigkeit entzogen worden ist, geringfügige Angelegenheiten des täglichen Lebens allein besorgen kann.

Art. 411

b. Mangel der Zustimmung

[1] Erfolgt die Genehmigung des Vormundes nicht, so kann jeder Teil die vollzogenen Leistungen zurückfordern, der Bevormundete haftet jedoch nur insoweit, als die Leistung in seinem Nutzen verwendet wurde, oder als er zur Zeit der Rückforderung noch bereichert ist oder sich böswillig der Bereicherung entäussert hat.

[2] Hat der Bevormundete den andern Teil zu der irrtümlichen Annahme seiner Handlungsfähigkeit verleitet, so ist er ihm für den verursachten Schaden verantwortlich.

b. Défaut de consentement

[1] Lorsque l'acte n'est pas ratifié, chaque partie peut réclamer les prestations qu'elle a faites; toutefois, le pupille n'est tenu à restitution que jusqu'à concurrence des sommes dont il a tiré profit, dont il se trouve enrichi au moment de la répétition ou dont il s'est dessaisi de mauvaise foi.

[2] Le pupille qui s'est faussement donné pour capable répond envers les tiers du dommage qu'il leur cause.

b. Difetto di ratifica

[1] In difetto di ratifica da parte del tutore, ognuna delle parti può ripetere la prestazione già fatta; ma il tutelato risponde solo dell'utile che la prestazione gli ha procurato o di quanto al momento della ripetizione trovisi ancora arricchito o siasi spossesato in mala fede.

[2] Il tutelato che ha indotto in errore l'altro contraente col farsi credere capace di contrattare deve risarcirgli il danno che gliene fosse derivato.

Literatur

Vgl. die Literaturhinweise zu Art. 407 und 410.

I. Geltungsbereich

Art. 411 regelt die Folgen des Rechtsgeschäftes, welches der Bevormundete ohne Zustimmung des Vormundes vorgenommen hat. Die Bestimmung gilt nur für das durch einen **urteilsfähigen** Bevormundeten vorgenommene Geschäft (BK-BUCHER, Art. 17/18 N 195, Art. 19 N 409; BGE 79 II 356, 360, für Art. 411 Abs. 2). Das durch einen urteilsunfähigen Bevormundeten vorgenommene Geschäft untersteht den allg. Best. über die Vindikation (Art. 641 Abs. 2), über die ungerechtfertigte Bereicherung (Art. 62–67 OR; zu weiteren Einzelheiten, s. BK-BUCHER, Art. 17/18 N 183 ff., der allerdings in dieser Hinsicht auch für eine analoge Anwendung von Art. 411 Abs. 1 postuliert, N 100) und, bez. einer allfälligen Haftung des Urteilsunfähigen, für die allg. Best. des Art. 54 OR (BGE 102 II 226, 230–231; RIEMER, Vormundschaftsrecht, § 4 N 108).   **1**

Art. 411 ist sowohl auf den Bevormundeten als auch auf das **Kind unter der elterlichen Sorge** anwendbar (Art. 304 Abs. 3 und Art. 305 Abs. 1; BK-BUCHER, Art. 17/18 N 195, Art. 19 N 403 ff., insb. 410). Er gilt zudem analog für die mangelnde Zustimmung zu einem Geschäft durch die zuständige vormundschaftliche Behörde (Art. 424; BGE 117 II 18, 22; BK-BUCHER, Art. 17/18 N 100). Art. 411 gilt auch für den Verbeirateten (BGE 54 II 77, 82; RIEMER, Vormundschaftsrecht, § 5 N 24; BK-BUCHER, Art. 19 N 409).   **2**

II. Rechtsnatur

3   Art. 411 Abs. 1 ist eine **Spezialvorschrift** zu den Best. über die ungerechtfertigte Bereicherung (Art. 62 ff. OR; BK-BUCHER, Art. 17/18 N 195).

4   Abs. 2 ist ein Anwendungsfall des Art. 19 Abs. 3 und der allg. Grundsätze der Schadenersatzpflicht. Er begründet eine **Haftung aus unerlaubter Handlung** (BGE 113 II 476, 479 ff.; 79 II 356, 360–361; DESCHENAUX/STEINAUER, Personnes, N 258; ZK-EGGER, N 6, 8; BK-KAUFMANN, N 9; RIEMER, Vormundschaftsrecht, § 4 N 108; STETTLER, Droit civil I, N 36; A. BUCHER, Personen, N 143). Der Fall des Abs. 2 kann auch als culpa in contrahendo aufgefasst werden (BK-BUCHER, Art. 17/18 N 88, 19 N 405; EBERHARD, 147–148; DESCHENAUX/STEINAUER, Personnes, N 234).

III. Abs. 1

1. Inhalt

5   Verweigert der Vormund die Genehmigung eines Geschäftes, so wird dieses **ex tunc hinfällig.**

2. Wirkungen

6   Beide Parteien können ihre erbrachte Leistung einklagen.

7   Der Bevormundete **haftet** nur, insoweit er im Zeitpunkt der Rückforderung noch bereichert ist, insoweit er sich der Bereicherung bösgläubig entäussert oder insoweit er einen Nutzen erlangt hat (zur Frage einer allfälligen Entschädigung für die Benutzung der Sache, s. BGE 110 II 244, 247 ff.). Der **bösgläubige** Bevormundete hat den Betrag zurückzuerstatten, dessen er sich entäussert hat, einschliesslich Ertrag und Zinsen (BK-KAUFMANN, N 8; weniger klar: RIEMER, Vormundschaftsrecht, § 4 N 108). Im Gegensatz zur Vorschrift gem. Art. 64 OR liegt noch keine Böswilligkeit des Bevormundeten vor, wenn er mit der Rückerstattung lediglich «rechnen musste» (BK-KAUFMANN, N 8).

8   Der Dritte muss alles Erhaltene zurückerstatten, einschliesslich **Ertrag und Zinsen** (BGE 80 II 152, 159; 84 II 179, 186; DESCHENAUX/STEINAUER, Personnes, N 257b; ZK-EGGER, N 3; MEIER, 295; **a.M.** BK-BUCHER, Art. 17/18 N 195 ff., und A. BUCHER, Personen, N 140–142, wonach Art. 64 OR für den jeweiligen Vertragspartner gilt und sich der Bereicherte durch Erbringung des Beweises entlasten kann, dass er im Zeitpunkt der Rückforderung nicht mehr bereichert ist; im gleichen Sinne PIOTET, Les fruits acquis de bonne foi et l'enrichissement fixant l'étendue d'une obligation, SJZ 1984, 189–192).

9   Unter Vorbehalt des Rechtsmissbrauches (vgl. Art. 410 N 31 ff.) ist der **gutgläubige Dritte** nicht geschützt, wenn die Bevormundung veröffentlicht wurde (Art. 375 Abs. 1).

3. Verjährung

10   Der Anspruch gem. Art. 411 Abs. 1 verjährt m.E. gemäss den Bestimmungen über die Klage auf ungerechtfertigte Bereicherung (Art. 60 OR; **a.M.** BUCHER, welcher eine Anwendung der in den allg. Best. vorgesehenen zehnjährigen Verjährungsfrist vertritt, BK-BUCHER, Art. 17/18 N 199).

4. Beweislast

11   Im Gegensatz zur in Art. 64 OR vorgesehenen Verteilung der Beweislast obliegt es dem **Vertragspartner,** die noch vorhandene Bereicherung, die böswillige Entäusserung oder die nützliche Verwendung zugunsten des Bevormundeten nachzuweisen (A. BUCHER, Personen, N 140; DESCHENAUX/STEINAUER, Personnes, N 257a; BK-BUCHER, Art. 17/18 N 197; BK-KAUFMANN, N 5).

IV. Abs. 2

1. Inhalt

Der Bevormundete, welcher sich fälschlicherweise als handlungsfähig ausgegeben hat **12** und den Vertragspartner täuschen wollte, haftet für den ganzen diesem verursachten Schaden.

2. Geltungsbereich

Art. 411 Abs. 2 gilt für den Bevormundeten, nicht aber für die vormundschaftlichen Or- **13** gane (BGE 115 II 15, 17; MEIER, 307). Abs. 2 kommt zur Anwendung, wenn der Bevormundete den Dritten über seine Handlungsfähigkeit, aber auch, wenn er ihn über die Erteilung der Zustimmung durch den Vormund und/oder die vormundschaftlichen Behörden (Art. 424) oder das Vorliegen einer Zustimmung gem. Art. 412 und 414 täuscht (BK-KAUFMANN, N 11; BK-BUCHER, Art. 19 N 409).

3. Voraussetzungen

Vorausgesetzt ist ein **absichtliches** oder **fahrlässiges Verschulden** des Bevormundeten. **14** Kein Verschulden liegt vor, wenn der Bevormundete nicht voraussehen kann, dass der Dritte durch den Abschluss des nicht abgewickelten Vertrages zu Schaden kommt, wenn er bei Vertragsschluss die Absicht hatte, den Vertrag zu erfüllen, aber durch die unvorhersehbare Stellungnahme des Vormundes daran gehindert wird oder wenn er sich seiner mangelnden Handlungsfähigkeit nicht bewusst ist (BK-BUCHER, Art. 19 N 413). Wird der Vertragsabschluss durch den Bevormundeten angeregt, so wird von ihm erwartet, dass er den Vertragspartner über seine Handlungsunfähigkeit aufklärt (BGE 113 II 476, 479 ff.; 79 II 356, 358–361; BK-BUCHER, Art. 19 N 414; s. die kritische Anm. von SCHNEIDER, SJZ 1978, 9, 10–11, für das Versandgeschäft: in einem Marktbereich, in welchem der Verkäufer den Konsumenten durch allgegenwärtige Werbung zum Kauf verleitet, sollte der Käufer nicht als Initiant des Vertragsabschlusses betrachtet werden).

Im Weiteren ist ein **Kausalzusammenhang** erforderlich (ZR 1989, 169 N 53). Die **15** Kenntnis der Handlungsfähigkeit des Bevormundeten bricht den Kausalzusammenhang. Die alleinige Tatsache, dass der Dritte davon Kenntnis haben konnte oder müsste, namentlich auf Grund der amtlichen Veröffentlichung (Art. 375 Abs. 3) genügt nicht (BGE 79 II 356, 358–359; Bundesgerichtsentscheid vom 10. März 2004, 6S.45/2004; BK-BUCHER, Art. 19 N 417), kann jedoch zu einer Ermässigung der Ersatzpflicht gem. Art. 44 OR führen (BGE 79 II 356, 360–361; Bundesgerichtsentscheid vom 10. März 2004, 6S.45/2004). Bei offenkundiger Handlungsunfähigkeit haftet der Bevormundete nicht (BGE 79 II 356, 359). Der Kausalzusammenhang wird verneint, wenn der Dritte einen rechtlich nicht bindenden Vertrag einzugehen bereit war, in der Erwartung, dass der Bevormundete den Vertrag sowieso erfüllen würde (BK-BUCHER, Art. 19 N 416).

Schliesslich ist ein Schaden erforderlich. Es ist nur das negative, nicht aber das positive **16** **Vertragsinteresse** zu ersetzen (BGE 79 II 356, 362; A. BUCHER, Personen, N 144; DESCHENAUX/STEINAUER, Personnes, N 258; ZK-EGGER, N 8; BK-BUCHER, Art. 19 N 418).

Die Veröffentlichung der Bevormundung verhindert die Anwendung des Art. 411 Abs. 2 **17** nicht.

4. Folgen

18 Art. 411 Abs. 2 verschafft dem vorgenommenen Geschäft keine Gültigkeit. Es wird nicht rechtswirksam. Art. 411 Abs. 2 sieht einzig eine **Schadenersatzpflicht** des Bevormundeten vor.

5. Verjährung

19 Der Anspruch gem. Art. 411 Abs. 2 verjährt nach **einem Jahr** (Art. 60 OR; SJZ 1990, 305, 306; DESCHENAUX/STEINAUER, Personnes, N 258b; **a.M.** BUCHER, welcher eine zehnjährige Verjährungsfrist gem. den allg. vertragsrechtlichen Best. vertritt, BK-BUCHER, Art. 19 N 419).

6. Beweislast

20 Wer **Schadenersatz** verlangt, hat die Erfüllung der zur Anwendung des Art. 411 Abs. 2 erforderlichen Voraussetzungen nachzuweisen (Art. 8; ZK-EGGER, N 9). Der Bevormundete, der sich auf seine **Urteilsunfähigkeit** beruft, hat diese nachzuweisen (vgl. Art. 16 N 48; vgl. auch BGE 124 III 5, 8–9). In Bezug auf Beweiserleichterungen bez. Vermutungen der Urteilsfähigkeit, s. Art. 16 N 48.

V. IPR

21 In Bezug auf die Haftung aus Art. 411 Abs. 2 hat das BGer auf das Deliktsstatut abgestellt (BGE 113 II 477). In der Lehre werden auch die vertragsrechtlichen Kollisionsnormen als massgebend bezeichnet (z.B. ZK-HEINI, Vorbem. Art. 132–142 IPRG, N 6–9).

22 Beruht die Haftung des Bevormundeten auf dessen Verschweigen seiner beschränkten Handlungsfähigkeit, so gilt als **Ort der unerlaubten Handlung** derjenige Ort, an welchem der Bevormundete aufgefordert war, über seine fehlende Handlungsfähigkeit aufzuklären (BGE 113 II 476; ZK-HEINI, Art. 133 IPRG N 12; BSK IPRG-UMBRICHT, Art. 129 N 16). Bei mehreren in verschiedenen Staaten begangenen (wesentlichen) Teilhandlungen muss bei deren Gleichwertigkeit der Schädiger mit der Anwendung all dieser Rechtsordnungen rechnen, so dass man dem Geschädigten ein Wahlrecht zugestehen muss (ZK-HEINI, Art. 133 IPRG N 11). Kommt dagegen einer dieser (Teil-)Handlungen das ausschlaggebende Gewicht zu, so ist ausschliesslich darauf abzustellen (ZK-HEINI, Art. 133 IPRG N 11; BGE 113 II 476, 480).

VI. Revision des Vormundschaftsrechts

23 Vgl. Art. 410 N 36.

Art. 412

| 5. Beruf oder Gewerbe | **Der Bevormundete, dem die Vormundschaftsbehörde den selbständigen Betrieb eines Berufes oder Gewerbes ausdrücklich oder stillschweigend gestattet, kann alle Geschäfte vornehmen, die zu dem regelmässigen Betriebe gehören, und haftet hieraus mit seinem ganzen Vermögen.** |

5. Profession ou industrie du pupille	Le pupille auquel l'autorité tutélaire permet expressément ou tacitement d'exercer une profession ou une industrie, peut faire tous les actes rentrant dans l'exercice régulier de cette profession ou de cette industrie; il est, en raison de ces actes, tenu sur tous ses biens.
5. Professione o mestiere	Il tutelato, a cui l'autorità tutoria avesse espressamente o tacitamente consentito l'esercizio indipendente di una professione o di un mestiere, può fare tutti gli atti inerenti al loro regolare esercizio e ne risponde con tutta la sua sostanza in confronto ai terzi.

Literatur

CAVIEZEL, Die Vermögensverwaltung durch den Vormund, Diss. Freiburg 1988; EGGER, Vormundschaftliche Lohnverwaltung, ZVW 1954, 81 ff.; MAECHLER, Unmündige und Entmündigte als Kaufleute, Diss. Basel 1940; vgl. auch die Literaturhinweise zu Art. 407.

I. Geltungsbereich

Art. 412 gilt für **Unmündige und Entmündigte** (vgl. Art. 305 Abs. 1). Allerdings benötigen Unmündige und Entmündigte unter der elterlichen Sorge nicht die Zustimmung der VormBehörde (vgl. N 3), sondern diejenige der Eltern (Art. 323 Abs. 1; DESCHENAUX/STEINAUER, Personnes, N 271 ff.).   **1**

II. Voraussetzungen

Der Bevormundete muss **urteilsfähig** sein und über die **Kenntnisse, Fähigkeiten und Charaktereigenschaften** verfügen, welche für den sachgemässen Betrieb einer solchen Tätigkeit erforderlich sind (ZK-EGGER, N 10).   **2**

Die VormBehörde ist zuständig für die Zustimmung zur Ausübung einer solchen Tätigkeit (für Personen unter der elterlichen Sorge, vgl. N 1). Sie erteilt ihre Zustimmung, sofern dies im Interesse des Bevormundeten geboten ist (ZK-EGGER, N 10). Der Eintrag im Handelsregister ersetzt eine verweigerte Bewilligung nicht (BGE 87 III 29, 31–32).   **3**

Die Bewilligung muss sich auf die Ausübung eines Gewerbes (ausschlaggebende Rolle der verwendeten materiellen Mittel) oder eines Berufes (das persönliche Element ist ausschlaggebend) beziehen (DESCHENAUX/STEINAUER, Personnes, N 272). Laut der deutschen und der italienischen Fassung des Art. 412 gestattet der Vormund dem Bevormundeten den **selbständigen Betrieb** eines Berufes oder Gewerbes. Dieses Erfordernis geht aus dem französischen Wortlaut nicht hervor. Die Lehre ist geteilter Ansicht über die Frage, ob es sich hierbei um eine Unabhängigkeit des Bevormundeten vom Vormund oder um eine wirtschaftliche Selbständigkeit handelt. Die Autoren sprechen sich mehrheitlich für das Erfordernis der wirtschaftlichen Selbständigkeit aus, was die Möglichkeit ausschliesst, dem Bevormundeten aufgrund des Art. 412 die Ausübung einer unselbständigen Tätigkeit zu gestatten (BK-KAUFMANN, N 6–7; DESCHENAUX/STEINAUER, Personnes, N 272; HEFTI, 104; CAVIEZEL, 122 ff.; **a.M.** ZK-EGGER, N 4; MAECHLER, 154 f.; LINDEGGER, 33 f.). Das BGer hat die Frage offen gelassen (BGE 94 III 17, 18).   **4**

Die überwiegende Lehre legt Art. 412 so aus, dass der Bevormundete, welcher eine selbständige Tätigkeit ausübt, gegenüber demjenigen, welcher arbeitsvertraglich gebunden ist, bevorzugt ist; dem Ersteren wird nämlich die teilweise Rücknahme der Bevormundung im beruflichen Bereich gewährt. Der Zweck des Art. 412 liegt darin, die Handels- und Gewerbefreiheit des urteilsfähigen Bevormundeten wiederherzustellen und den gutgläubigen Dritten zu schützen (ZK-EGGER, N 2), was eine Ungleichbehandlung von   **5**

Selbständigen und Unselbständigen nicht rechtfertigt. Zudem beinhaltet die Ausübung einer unselbständigen Tätigkeit nicht mehr Gefahren als diejenige einer selbständigen Tätigkeit, so dass sich ein besonderer Schutz des urteilsfähigen und zur Ausübung einer selbständigen Tätigkeit fähigen, aber arbeitsvertraglich an einen Arbeitgeber gebundenen Bevormundeten kaum aufdrängt. Die Ausdehnung des Geltungsbereichs des Art. 412 auf die unselbständigen Tätigkeiten des Bevormundeten kann m.E. allerdings die Koordination mit Art. 414 problematisch gestalten (vgl. Art. 414 sowie die durch EGGER vorgeschlagene Lösung, ZK-EGGER, Art. 414 N 5).

6   Die teilzeitliche Ausübung einer Tätigkeit ändert nichts an deren selbständigen Natur. Das teilzeitliche Mitspielen in einem Handorgel-Duo ist als selbständiger Beruf zu betrachten (ZVW 1990, 32 ff.).

III. Form der Bewilligung

7   Die Bewilligung kann **ausdrücklich** oder **stillschweigend** erfolgen und sich insb. aus einer Duldung ergeben (BK-KAUFMANN, N 5; ZK-EGGER, N 7). Der Schutz des gutgläubigen Dritten erfordert, dass von der Kenntnis der Behörde und folglich von einer stillschweigenden Bewilligung auszugehen ist, wenn der Bevormundete eine Tätigkeit während längerer Zeit ausübt, ohne dass die VormBehörde einschreitet (ZK-EGGER, N 7); dies sollte sogar gelten, wenn Letztere in Wirklichkeit keine Kenntnis von der Tätigkeit des Bevormundeten hatte (BK-BUCHER, Art. 14 N 135).

8   Die Gestattung kann vor Vornahme der Rechtshandlung (Ermächtigung), gleichzeitig (Mitwirkung) oder nachträglich (Genehmigung) erteilt werden.

9   Ein allfälliger **Eintrag im Handelsregister** erwähnt die Bewilligung, ohne jedoch ausdrücklich auf die Tatsache Bezug zu nehmen, dass die Person, auf welche sich die Eintragung bezieht, bevormundet ist (BGE 72 I 48, 50–51).

10   Die **Rücknahme** der Bewilligung erfordert keine besondere Form. Sie muss lediglich für den Dritten erkennbar sein.

IV. Unter Art. 412 fallende Rechtshandlungen

11   Der Bevormundete kann alle zum regelmässigen Betrieb eines Berufs oder Gewerbes gehörenden Geschäfte vornehmen (BK-KAUFMANN, N 10–11). Es kann sich um eine Tätigkeit als Gesellschafter handeln (BK-KAUFMANN, N 6; MAECHLER, 182 ff.).

12   Unter Art. 412 fallen alle Geschäfte, welche zum **regelmässigen Betrieb** des vom Bevormundeten ausgeübten Berufes oder Gewerbes gehören. Dies wird objektiv beurteilt. Die Geschäfte können unmittelbar oder mittelbar der Tätigkeit des Bevormundeten dienen. Nicht nur regelmässig wiederkehrende, sondern auch ausnahmsweise vorgenommene Geschäfte fallen darunter, beispielsweise der Abschluss eines Mietvertrages für die Gewerberäumlichkeiten, eine Schuldübernahme, der Kauf des Betriebsmaterials oder der Abschluss eines Vertrages mit einem Angestellten oder Vertreter.

13   Der Bevormundete kann auch die **gem. Art. 408 verbotenen Geschäfte** vornehmen, sofern diese unter die bewilligte Tätigkeit fallen (ZK-EGGER, N 15, Art. 408 N 13; BK-KAUFMANN, N 16, Art. 408 N 11a). Die Einholung der Zustimmung der Vormundschafts- oder Aufsichtsbehörde für die **in Art. 421 und 422 vorgesehenen Geschäfte** ist grundsätzlich nicht nötig (BK-KAUFMANN, N 16; MAECHLER, 180 f.; HEFTI, 103–105; **a.M.** bez. Art. 422: CAVIEZEL, 139; MEIER, 95 ff.), allerdings unter Vorbehalt des Erwerbs oder der Liquidation des bewilligten Unternehmens (Art. 422 Ziff. 3; MAECHLER, 159 f.,

179 f.; ZK-EGGER, N 5, Art. 422 N 9; BK-KAUFMANN, Art. 422 N 10; DESCHENAUX/
STEINAUER, Personnes, N 1007; HEFTI, 104) oder des Eintritts in eine oder der Austritt
aus einer Gesellschaft, welche den Bevormundeten zur persönlichen Haftung oder zur
erheblichen Kapitalbeteiligung verpflichtet, sofern sich die Zustimmung auf diese Mitgliedschaft bezieht (Art. 422 Ziff. 3; MAECHLER, 180, 182 f.; DESCHENAUX/STEINAUER,
Personnes, N 1007; HEFTI, 104).

Geht man davon aus, dass Art. 412 auch eine unselbständige Tätigkeit des Bevormunde-   **14**
ten deckt (vgl. N 4 ff.), so kann dieser weder die Abtretung der Rechtsansprüche der
Masse an seiner im Konkurs des Arbeitgebers angemeldeten Lohnforderung verlangen
(Art. 260 SchKG), noch Beschwerde gegen die Verweigerung oder den Widerruf einer
solchen Abtretung führen, wenn es sich um Vorhaben handelt, die völlig ausserhalb der
normalen Berufstätigkeit des Bevormundeten liegen (BGE 94 III 17, 19).

V. Folgen

Mit der durch die VormBehörde erteilten Bewilligung erwirbt der Bevormundete die **un-**   **15**
eingeschränkte Handlungsfähigkeit für alle unter Art. 412 fallenden Geschäfte. Er wird
zudem prozessfähig (ZBl 1972, 334; ZR 1938, 60–61; ZK-EGGER, N 18; MAECHLER,
187; CAVIEZEL, 137; BK-BUCHER, Art. 14 N 133). Er wird auch betreibungsfähig (ZK-
EGGER, N 19; CAVIEZEL, 138). Somit bewirkt der Entscheid der VormBehörde die teilweise Rücknahme der Entmündigung des Bevormundeten (BK-BUCHER, Art. 14 N 131).

Der Bevormundete kann Verpflichtungen eingehen und Rechte erwerben. Er kann, aller-   **16**
dings unter der Kontrolle des Vormundes, das **Geschäftsvermögen verwalten** (BK-
KAUFMANN, Art. 414 N 15). Die Verwaltung des Einkommens aus einer durch die Vorm-
Behörde bewilligten Tätigkeit ist jedoch dem Bevormundeten m.E. nicht aufgrund des
Art. 414, sondern gem. Art. 412 überlassen (vgl. Art. 414 N 4; ZK-EGGER, N 11;
MAECHLER, 201; CAVIEZEL, welcher zwischen dem für den Betrieb und die Instandhal-
tung des Unternehmens einerseits und dem für die familiären und persönlichen Belange
anderseits verwendeten Einkommen unterscheidet und lediglich das Erstere Art. 412 un-
terstellt 147 ff.; **a.M.** BK-KAUFMANN, N 15, Art. 414 N 9; DESCHENAUX/STEINAUER,
Personnes, N 274).

Der Bevormundete haftet für seine durch Ausübung eines Berufes oder Gewerbes einge-   **17**
gangenen Verpflichtungen **mit seinem ganzen Vermögen** (BK-KAUFMANN, N 13; ZK-
EGGER, N 16; BK-BUCHER, Art. 14 N 133). Sowohl das vom Bevormundeten als auch
das vom Vormund verwaltete Vermögen haften für im Rahmen einer gemäss Art. 412
bewilligten Tätigkeit eingegangene Schulden.

Der Vormund kann den Bevormundeten für die unter Art. 412 fallenden Geschäfte nicht   **18**
vertreten. Er hat diesbez. **keine Vertretungsmacht** (BK-KAUFMANN, N 16; ZK-EGGER,
N 17). Hingegen kann er, mittels einer Bevollmächtigung des Bevormundeten, diejenigen
Aufgaben ausführen, welche ihm der Letztere übertragen hat, auch wenn diese unter
Art. 412 fallen. Übergibt der Bevormundete dem Vormund eine gegen ihn gerichtete Betreibungsurkunde für eine im Rahmen einer bewilligten Berufstätigkeit eingegangene
Schuld, so kann der Vormund Rechtsvorschlag erheben (BGE 50 III 125, 126–127). Al-
lerdings wird der Bevormundete gegenüber gutgläubigen Dritten durch vom Vormund
ohne Vertretungsbefugnis oder Vollmacht vorgenommene Geschäfte vollumfänglich verpflichtet. Der Vormund haftet für den durch seine Handlungen verursachten Schaden
(BK-BUCHER, Art. 14 N 137).

Die Ausübung einer Erwerbstätigkeit i.S. des Art. 412 schafft **keinen Wohnsitz.** Demzu-   **19**
folge muss der Eigentumsvorbehalt, der vom Bevormundeten unterzeichnet wird, wel-

cher mit Bewilligung der VormBehörde selbständig einen Beruf oder ein Gewerbe nicht am Sitz dieser Behörde betreibt, beim Betreibungsamt am rechtlichen Wohnsitz der bevormundeten Person, d.h. am Sitz der VormBehörde eingetragen werden (BGE 87 III 29, 31; 85 III 161, 164–165).

VI. Rücknahme der Bewilligung

20   Die **teilweise Rücknahme** ist unmöglich. Die Rücknahme kann nur die gesamten durch den Bevormundeten ausgeübten Tätigkeiten betreffen. Eine teilweise Rücknahme bleibt **wirkungslos,** sofern sie nicht Tätigkeiten betrifft, welche den Betrieb des Berufs oder des Geschäftes gerade ausmachen. In diesem Fall ist der Widerruf der Bewilligung zu einzelnen Geschäften als Widerruf zum Betrieb zu werten (MAECHLER, 169).

21   Die Bewilligung darf **nicht willkürlich** zurückgenommen werden. Es müssen wichtige Gründe vorliegen, welche im Interesse des Bevormundeten für eine Rücknahme der Gestattung sprechen. Dies trifft zu, wenn der Bevormundete dauernd Verluste erleidet oder zur korrekten Ausübung der fraglichen Tätigkeit nicht in der Lage ist (ZK-EGGER, N 10).

22   Die Rücknahme darf **nicht zur Unzeit** erfolgen. Sie soll auf Ende eines Geschäftsjahres oder, im Falle einer unselbständigen Tätigkeit (s. dazu allerdings N 4, 5), in Übereinstimmung mit der arbeitsvertraglichen Kündigungsfrist des Bevormundeten ausgesprochen werden (ZK-EGGER, N 10).

23   Die Rücknahme **wirkt ex nunc** (MAECHLER, 165). Der gutgläubige Dritte, welcher von der Rücknahme keine Kenntnis hatte oder haben konnte, ist m.E. geschützt (BK-BUCHER, Art. 14 N 136; **a.M.** ZK-EGGER, N 10; MAECHLER, 165 ff.).

VII. Beweislast

24   Wer Gültigkeit des durch den Bevormundeten vorgenommenen Geschäftes geltend macht, hat diese nachzuweisen. Es handelt sich insb. um den Nachweis der von der VormBehörde ausdrücklich oder stillschweigend erteilten Zustimmung (BK-BUCHER, Art. 14 N 138). Bei Eintragung im Handelsregister kann sich der Dritte auf diese verlassen und muss keine weiteren Beweise erbringen.

VIII. SchKG

25   Gegen den Bevormundeten gerichtete Betreibungsurkunden sind sowohl **dem Bevormundeten** als auch **dem Vormund** zuzustellen (Art. 68c Abs. 2 SchKG; DÖRIG, 159–160; KOFMEL EHRENZELLER, Art. 68c SchKG N 23). Betreibungsort des Bevormundeten mit selbständigem Betrieb eines Berufes oder Gewerbes ist nicht mehr, wie unter altem Recht, der Geschäftssitz, sondern der Sitz der VormBehörde (Art. 46 Abs. 1 SchKG; DÖRIG, 159; BBl 1991 III 1, 51; SCHMID, Art. 46 SchKG N 49). Die Zustellung an den Vormund erfolgt an dessen Wohnsitz.

IX. Revision des Vormundschaftsrechts

26   Der Entwurf sieht die Einführung eines Systems von Beistandschaften vor, die gezielt auf die Bedürfnisse der Person abgestimmt werden können. Art. 412, welcher die Möglichkeit schafft, dem Bevormundeten trotz der ihn betreffenden allgemeinen Massnahme das Recht auf Ausübung eines Berufes oder Gewerbes einzuräumen, hat somit keine Existenzberechtigung mehr und wird im Entwurf nicht übernommen.

Art. 413

C. Vermögens-verwaltung	**¹ Der Vormund hat das Vermögen des Bevormundeten sorgfältig zu verwalten.**
I. Pflicht zur Verwaltung und Rechnungs-führung	**² Er hat über die Verwaltung Rechnung zu führen und diese der Vormundschaftsbehörde in den von ihr angesetzten Perioden, mindestens aber alle zwei Jahre, zur Prüfung vorzulegen.**
	³ Ist der Bevormundete urteilsfähig und wenigstens 16 Jahre alt, so soll er, soweit tunlich, zur Rechnungsablegung zugezogen werden.
C. Administration des biens I. Devoirs du tuteur, comptes	¹ Le tuteur gère les biens du pupille en administrateur diligent. ² Il doit tenir des comptes, qu'il soumet à l'autorité tutélaire aux époques fixées par elle et tous les deux ans au moins. ³ Le pupille âgé de 16 ans au moins et capable de discernement sera si possible appelé à la reddition du compte.
C. Amministrazione dei beni I. Obbligo di amministrare e tenere i conti	¹ Il tutore deve amministrare diligentemente la sostanza del tutelato. ² Egli deve tenere la contabilità dell'amministrazione e rendere conto all'autorità tutoria alle epoche da essa fissate ed almeno ogni due anni. ³ Il tutelato che ha compito gli anni sedici dev'essere presente, ove sia possibile, alla resa dei conti.

Literatur

BRACK, Der neue waadtländische Erlass über die Anlage und Verwaltung des Mündelvermögens, ZVW 1969, 128 ff.; DEGOUMOIS, Le nouvel article 323 CCS et l'autonomie du mineur, ZSR 1978, 113 ff.; DELESSERT, La responsabilité des autorités tutélaires en droit suisse, Diss. Lausanne 1931; DISLER, Vermögensanlage, Vermögensverwaltung und Rechnungsablage bei der Vormundschaft, Diss. Basel 1942; EGGER, Vormundschaftliche Lohnverwaltung, ZVW 1954, 81 ff.; ELSENER, Das Vormundschaftsgeheimnis, Diss. Zürich 1993; GEISER, Die Aufsicht im Vormundschaftswesen, ZVW 1993, 201 ff.; GOOD, Das Ende des Amtes des Vormundes, Diss. Freiburg i.Ü. 1992; HEGNAUER, Ist der Vormund zur Einforderung nicht benötigter Unterhaltsbeiträge verpflichtet?, ZVW 1977, 63 f.; HESS, Berührungspunkte des Vormundschaftsrechts mit dem Betreibungsrecht; DERS., Zur Verantwortlichkeit der vormundschaftlichen Organe, ZVW 1971, 81 ff.; HUG, Der Anspruch des Mündels auf Beizug eines Rechtsanwaltes im Beschwerdeverfahren, ZVW 1969, 87 ff.; JUNOD, Von der Verantwortlichkeit der vormundschaftlichen Organe, ZVW 1960, 89 ff.; JUSTIZ-, GEMEINDE- UND KIRCHENDIREKTION DES KANTONS BERN, Aufbewahrung und Kontrolle der Mündelvermögen, Weisungen vom 12.2.1996, ZVW 1996, 55 ff.; LINDEGGER, Die Rechte des Mündels im schweizerischen ZGB, Diss. Bern 1952; LOMBARDINI, La gestion de fortune, Basel 1997; LÜSCHER, Die beiden Arten der Beiratschaft, Diss. Bern 1944; MEIER, Mesures tutélaires et assurances sociales, ZVW 1994, 229 ff.; PFANDER, Die Beistandschaft nach Art. 392 und 393 ZGB, Diss. Bern 1932; SAUTER, Über die analoge Anwendung der Bestimmungen des schweizerischen ZGB über die Vormundschaft auf die Beistandschaft und Beiratschaft, Zürich 1949; vgl. ausserdem die Literaturhinweise zu Art. 398 und die Vorbemerkungen zu Art. 360–456.

I. Überblick

Die Pflicht zur sorgfältigen Vermögensverwaltung stellt – ganz abgesehen von der per- 1 sönlichen Betreuung – nur einen Teil der Aufgaben des Vormundes dar. Die **Wahrung der Mündelinteressen** gemäss Art. 367 Abs. 1 beinhaltet eine umfassendere Aufgabe. Die Anforderungen an die Vermögensverwaltung durch den Vormund sind von der

VormBehörde im Einzelfall zu prüfen, denn sie bestimmen die Wahl des geeigneten Vormundes (ZK-EGGER, N 2). Das Bundesrecht regelt den wichtigen und weitreichenden Bereich der Vermögensverwaltung und Rechenschaftsablegung durch den Vormund nur in Grundzügen. Es weist in Art. 425 Abs. 2 die Kantone an, «Bestimmungen aufzustellen über ... die Art der Rechnungsführung und Rechnungsstellung und der Berichterstattung». Diese kantonalen Erlasse bedürfen zu ihrer Gültigkeit der Genehmigung durch den Bund (Art. 425 Abs. 3). Die Zustimmung wird durch das zuständige Departement erteilt. In strittigen Fällen oder bei Verweigerung entscheidet der Bundesrat (Art. 61*b* Regierungs- und Verwaltungsorganisationsgesetz, SR 172.010, und dazugehörige VO, SR 172.068).

II. Anwendungsbereich

2   Da die Pflicht zur Vermögensverwaltung nicht nur den Vormund, sondern auch den **Verwaltungsbeistand** (Art. 325, 393 und 394), den **Verwaltungsbeirat** (Art. 395 Abs. 2) sowie – je nach Auftrag – auch den vorläufigen **gesetzlichen Vertreter** nach Art. 386 Abs. 2 trifft, sind auch alle diese übrigen vormundschaftlichen Organe zur sorgfältigen Verwaltung, Rechnungsführung und -ablegung verpflichtet (ZK-EGGER, N 18; BACHMANN, 125; DESCHENAUX/STEINAUER, Personnes, 419; RIEMER, Vormundschaftsrecht, 125, 146; SJZ 1969, 361; ZR 1997, 84; ZVW 1989, 35). Nicht zur Rechnungsführung und -ablegung gem. Art. 413 verpflichtet und damit nicht unter der Kontrolle der VormBehörde stehend sind die *Eltern,* denen gestützt auf Art. 385 Abs. 3 die elterliche Sorge über ihre entmündigten Kinder wieder eingeräumt worden ist (ZK-EGGER, N 18; DESCHENAUX/STEINAUER, Personnes, 75; TUOR/SCHNYDER/SCHMID, 440 f.). Ihnen obliegt die Pflicht zur Vermögensverwaltung jedoch gestützt auf Art. 318 Abs. 1 ebenso und in derselben Sorgfalt wie dem Vormund, und sie haben am Ende der Verwaltung das Vermögen ebenfalls aufgrund einer Abrechnung herauszugeben (Art. 326).

III. Vermögensverwaltung, Abs. 1

3   Der Vormund muss das **Mündelvermögen** sorgfältig verwalten, d.h. es erhalten und wenn möglich äufnen. Die **Erhaltung** und **Vermehrung** soll jedoch nicht um den Preis des Mündelwohls geschehen (CAVIEZEL, 216; HEGNAUER, ZVW 1984, 84). Vor allem eine weitere Äufnung muss erst erfolgen, wenn die Bedürfnisse des Mündels gedeckt sind. Dazu gehört auch die Befriedigung materieller Wünsche der bevormundeten Person, solange diese in einem reellen Verhältnis zum Vermögen liegen (ZK-EGGER N 3, 4; CAVIEZEL, 219 ff.).

4   Der Vormund hat das Mündelvermögen unter Ausschaltung eigener Bevorteilung im Interesse und auf den Namen der bevormundeten Person zu verwalten (Pra 1969, 268). Er besorgt fremde Geschäfte. Obwohl er durch eine Behörde bestellt wird und ein Amt ausübt, besteht zwischen dem Vormund und dem Mündel ein **auftragsrechtliches Verhältnis** (ZK-EGGER, N 6). Aus dem Amt des Vormundes fliessen Rechte und Pflichten: Rechte gegenüber vormundschaftlichen Behörden und Dritten auf Ausübung der Tätigkeit, die Pflicht zur Amtsführung gegenüber der bevormundeten Person (Art. 389). Aus dem Auftragsverhältnis folgt weiter die Pflicht des Vormundes zur **persönlichen Amtsführung.** Der Vormund darf zur Vermögensverwaltung zwar Hilfspersonen beiziehen (z.B. Vermögens- oder Liegenschaftsverwalter, Bank). Ihm obliegt aber die Pflicht zur sorgfältigen Auswahl, Instruktion und Überwachung seiner Hilfspersonen, und beim Vormund verbleibt dafür die Verantwortlichkeit (ZK-EGGER, N 9, 10; CAVIEZEL, 183 ff.). Das Auftragsverhältnis und selbstverständlich das vormundschaftliche Amt an sich zwingen den

Vormund sodann **zur getreuen Amtsführung,** d.h. einer Geschäftsführung ohne Eigennutzen.

Der Vormund hat «bewährte Regeln solider **Vermögensverwaltung**» zu beachten (BK-KAUFMANN, N 5 ff.; ZK-EGGER, N 11; DESCHENAUX/STEINAUER, Personnes, 371; HEFTI, 138 ff.). Das bedeutet, dass der Vormund sich jeglicher spekulativer Anlagen oder Geschäfte zu enthalten hat (BGE 52 II 319). Die Sicherheit der Anlage geht den Erträgnissen vor (CAVIEZEL, 204 f.; TUOR/SCHNYDER/SCHMID, 526). Siehe dazu Art. 401 N 5. Zur Vermögensverwaltung gehört selbstverständlich auch die Bewirtschaftung der Liegenschaften und allfälliger Betriebe inkl. das Erhalten dieser in gutem Zustand (ZK-EGGER, N 15; CAVIEZEL, 205 f.; STÖCKLI-BITTERLI, 129). Die Pflicht zur Verwaltung äussert sich des Weiteren in der Pflicht zur sicheren Aufbewahrung von Sachgütern und zum Abschluss der nötigen Versicherungen (ZK-EGGER, N 15, 15a). **5**

In rechtsgeschäftlicher Hinsicht hat die Pflicht zur gehörigen Verwaltung des Mündelvermögens zur Folge, dass der Vormund Forderungen rechtzeitig einziehen, evtl. die Drittauszahlung an sich veranlassen, allenfalls für die Unterbrechung einer drohenden Verjährung sorgen muss, dingliche Rechte und Nutzniessungen geltend zu machen hat, verpfändete Werte freikauft, einen drohenden Konkurs abzuwehren (durch Abschluss eines Nachlassvertrages), nötigenfalls einen Zahlungsaufschub, eine Abzahlungsvereinbarung oder einen Schuldenerlass zu erreichen sucht (ZK-EGGER, N 16; HÄFELI, Wegleitung, 214; MEIER, 229). In Einzelfällen kann der Vormund auf das Eintreiben von Forderungen des Mündels verzichten, ohne sich damit ungenügender Verwaltung schuldig zu machen. Das ist dann der Fall, wenn dem Mündel gegenüber dem Schuldner sittliche Pflichten oder familiäre Rücksichten zukommen (HEGNAUER, ZVW 1977, 64).

Dem Vormund stehen alle Verwaltungshandlungen zur **selbständigen Ausübung** zu, welche nicht von Gesetzes wegen der Mitwirkung der vormundschaftlichen Behörden vorbehalten sind (Art. 398 Abs. 1 und 3, 399, 400, 401, 403, 404, 421 und 422) (CAVIEZEL, 165, 179 ff.; ZVW 1996, 70, 75). **6**

Dabei stellt sich die Frage, welches **Vermögen** der Vormund zu verwalten hat. Das Mündelvermögen umfasst alle geldwerten Rechte und Pflichten der bevormundeten Person (BK-MEIER-HAYOZ, Art. 641–701, Syst. Teil, N 118). Dazu gehören neben dem Geld und den Werttiteln auch die Sachgüter (Fahrnis und Immobilien), aber ebenso z.B. das Einkommen gleich welcher Herkunft, Zinsen, Renten, Guthaben, Beteiligungen, Nutzungen irgendwelcher Rechte (wie Patente, Lizenzen) (BK-SCHNYDER/MURER, Syst. Teil, N 39; CAVIEZEL, 31 f.; EGGER, ZVW 1954, 81; HÄFELI, Wegleitung, 211). Nun hat der Vormund nicht das gesamte Mündelvermögen zu verwalten, denn es bestehen vier Bereiche, in denen der Vormund das Vermögen nicht verwaltet, sondern lediglich überwacht: Vermögenswerte, welche der bevormundeten Person zur freien Verwendung zugewiesen sind (Art. 414), Erwerb aus einer mit Einwilligung des Vormundes getätigten Arbeit (Art. 414), ein allfälliges Geschäftsvermögen (Art. 412) sowie der Ertrag aus dem Geschäftsbetrieb (ZK-EGGER, N 18; CAVIEZEL, 33; DESCHENAUX/STEINAUER, 371). Im Gegensatz zur entmündigten Person gehört beim Unmündigen jeglicher Arbeitserwerb (Art. 323) zum selbstverwalteten Vermögen. **7**

Um den Pflichten der Vermögensverwaltung nachkommen zu können, kommt dem Vormund das Recht zu, in die **Geheimnissphäre** der bevormundeten Person einzudringen, dies jedoch nur nach Massgabe der Schutzbedürftigkeit (ZK-EGGER, N 12). Das wiederum unterstellt den Vormund dem *vormundschaftsrechtlichen Geheimnisschutz* (BK-SCHNYDER/MURER, Art. 360 N 131 ff.). Aus der Tätigkeit der Vermögensverwaltung einerseits sowie aus der grundsätzlichen Stellung als vormundschaftliches Organ ande- **8** rerseits gehen für den Vormund die **Mitteilungspflicht** im Interesse des Mündels (z.B. bez. der Steuererklärung) und die aktive, umfassende **Offenbarungspflicht** gegenüber den vormundschaftlichen Behörden hervor (ZK-EGGER, N 13).

IV. Rechnungsführung und -vorlage, Abs. 2

9 Das Bundesrecht schreibt lediglich vor, dass der Vormund über die Verwaltung eine Rechnung zu führen und diese der VormBehörde mindestens alle zwei Jahre vorzulegen hat. Die VormBehörde ist befugt, auch eine kürzere Periode bis zur Berichterstattung festzusetzen. Sie ist überhaupt berechtigt, jederzeit vom Vormund Rechenschaft zu verlangen (ZK-EGGER, N 19). Sie prüft die **Rechnungsführung** formell und sachlich, verlangt deren Ergänzung oder Berichtigung, entscheidet über Genehmigung oder Nichtgenehmigung und trifft nötigenfalls weitere Massregeln (Art. 423). Die Genehmigung folgt aus Art. 413 Abs. 2; sie ist zu verweigern, wenn die gesetzlichen Anforderungen nicht erfüllt sind (vgl. N 11). Die Kantone sind der Verpflichtung von Art. 425 Abs. 2, **nähere Bestimmungen über die Rechnungsführung** und Berichterstattung zu erlassen, sehr verschieden nachgekommen. Von der Überlassung der Anordnungen von Fall zu Fall an die VormBehörde über einige wenige Regelungen bis hin zur eingehenden Normierung findet sich jede Abstufung.

10 Wird die Rechnung für eine bevormundete Person anderweitig behördlich geführt, z.B. durch einen Willensvollstrecker, so muss **keine vormundschaftliche Rechnungsführung** mehr erfolgen. Ebenso bleibt das der bevormundeten Person zur freien Verfügung Zugewiesene von der Rechnungsführung durch den Vormund befreit (ZK-EGGER, N 18). Wurde der bevormundeten Person i.S.v. Art. 412 die Ausübung eines selbständigen Berufes oder Gewerbes erlaubt, so ist der Bereich des notwendigen Geschäftsvermögens (das ausgesondert sein sollte) der Verwaltung des Vormundes und damit auch seiner Rechnungsführung entzogen (ZK-EGGER, Art. 412 N 11; CAVIEZEL, 139 f.). Immerhin hat sich der Vormund Rechenschaft über die Berufs- und Geschäftstätigkeit seines Mündels abzugeben. Während EGGER (Art. 412 N 11) dem Vormund selbst die Befugnis, die Geschäftsführung des Mündels zu überwachen, abspricht, kommt CAVIEZEL (140 ff.) mit guten Gründen zum Schluss, die Überwachung des Geschäftsvermögens sei rechtmässig und gerechtfertigt. Beide gehen davon aus, dass der Vormund die Geschäftslage und das -ergebnis in seinen Rechenschaftsbericht aufnehme (ZK-EGGER, Art. 412 N 17; CAVIEZEL, 144; SJZ 1917, 282).

11 Der **Inhalt der Rechnung** muss mindestens die folgenden Angaben enthalten: alle Einnahmen und Ausgaben, alle Kapitalveränderungen, evtl. separate Bücher über die Liegenschaftsverwaltung, eine Betriebsführung oder über ausländisches Vermögen (ZK-EGGER, N 21; HÄFELI, Wegleitung, 230 f.; ZVW 1989, 35 ff.). Vgl. dazu die vom Verein zürcherischer Gemeindeschreiber und Verwaltungsbeamter (VZGV) herausgegebene «Anleitung zur Erstellung der Vormundschaftsrechnung» sowie die Formulare «Vormundschaftsbericht mit gegliederter Rechnung» (KDMZ, Räffelstr. 32, 8090 Zürich). Der Abrechnung sind die Originalbelege und, wenn für die Kontrolle nötig oder dienlich, auch die zugehörige Korrespondenz beizulegen. In formeller Hinsicht muss die vorgelegte Rechnung ordentlich, übersichtlich und vollständig sein (ZVW 1989, 35).

12 Einzelne Kantone sehen als Regel die jährliche **Rechnungsablegung** vor, mehrheitlich üblich sind jedoch zwei Jahre. Die VormBehörde legt den jeweiligen Rechenschaftsberichtstermin zu Beginn der Amtsdauer oder bei einer Berichtsabnahme entsprechend den Bedürfnissen des Einzelfalls fest (ZK-EGGER, N 22).

V. Beizug der bevormundeten Person, Abs. 3

Das Gesetz sieht den **Beizug der bevormundeten Person** vor, wenn diese urteilsfähig   13
und wenigstens 16 Jahre alt ist. «Soweit tunlich» bedeutet dabei: wenn immer möglich,
denn es handelt sich um ein Mündelrecht (DESCHENAUX/STEINAUER, Personnes, 368).
Abs. 3 stellt lediglich eine Wiederholung von Art. 409 Abs. 1 dar. Die Urteilsfähigkeit
bemisst sich nach Art. 16, wobei an diese keine hohen Anforderungen gestellt werden
dürfen. Auch dem intellektuell minderbegabten Mündel können seine finanziellen Verhältnisse in geeigneter Form bekannt gegeben werden. Aus der Erwähnung von EGGER
(ZK, N 25), die Zuziehung bewege sich in bescheidenen Grenzen, wenn lediglich der
Vormund dem Mündel die Rechnung vorlege, kann geschlossen werden, dass EGGER die
Aufgabe der Beiziehung der VormBehörde auferlegen möchte. Einzelne EGZGB sehen
dies – meist leider nur als Möglichkeit – vor, so ZH in § 114. Die übrige Literatur
schreibt ohne weitere Erwägungen die Pflicht zum Beizug jedoch ausschliesslich dem
Vormund zu (DESCHENAUX/STEINAUER, Personnes, 371; HÄFELI, Wegleitung, 231;
RIEMER, Vormundschaftsrecht, 75; TUOR/SCHNYDER/SCHMID, 528).

Nach der Rechtsprechung hat das Mündel lediglich ein Einsichtsrecht in die Rechnung
der letzten Berichtsperiode, nicht aber in bereits abgenommene Berichte (ZVW 1987,
77). Diese Rechtsprechung lässt sich unter der inzwischen erfolgten Datenschutzgesetzgebung nicht mehr aufrechterhalten (Art. 8 Abs. 2 DSG). Eine Einschränkung des Einsichtsrechts i.S.v. Art. 9 DSG ist im Bereich des Vormundschaftsrechts nicht möglich.
Das Auskunfts- und Einsichtsrecht richtet sich in aller erster Linie gegen die VormBehörde, welche ggf. vom Vormund Akten oder diesen selbst beizuziehen hat.

VI. Rechtsfolgen, Verfahren

Die Genehmigung des Rechenschaftsberichtes durch die VormBehörde bedeutet **keine**   14
Dechargeerteilung (ZK-EGGER, N 27). Die Bestimmungen über die Verantwortlichkeit
(Art. 426–430) bleiben in Kraft. Verantwortlichkeitsbegründende Tatbestände bilden
z.B.: Verzicht auf zinstragende Anlage, Schaden aus Unterlassung der Anlage in mündelsicheren Werten, Versäumen rechtzeitiger Umwandlung, Unterlassen der rechtzeitigen
Geltendmachung von Sozialleistungen, Vernachlässigung der Steuerangelegenheiten
(z.B. Versäumen der Rückforderung der Verrechnungssteuer), Unterlassung der Geltendmachung erbrechtlicher Ansprüche (z.B. Versäumen der Frist zur Herabsetzungsklage) (HESS, ZVW 1971, 83).

Hingegen können der Vormund, das urteilsfähige Mündel und Dritte, die Mündelinteres-   15
sen geltend machen, gegen den Prüfungsentscheid **Vormundschaftsbeschwerde** gemäss
Art. 420 Abs. 2 erheben (BGE 113 II 232; ZK-EGGER, N 26; SCHWARZ, 50). Das Einsichtsrecht in die Akten der Rechnungsführung steht der bevormundeten Person nicht nur
gestützt auf Abs. 3, sondern ebenso aufgrund ihrer Parteistellung gemäss Art. 420 zu. Sie
darf sich deshalb dazu auch vertreten lassen (ZVW 1987, 77).

Gegen die Art der Vermögensverwaltung des Vormundes kann das Mündel die Vormund-   16
schaftsbeschwerde gemäss Art. 420 Abs. 1 erheben. **Bestrittene Forderungen** an eine
bevormundete Person stellen jedoch eine Zivilgerichtsstreitigkeit dar. Eine Vormundschaftsbeschwerde wegen Nichtbezahlung durch den Vormund ist ausgeschlossen (SJZ
1965, 341).

Art. 414

II. Freies
Vermögen

Was einem Bevormundeten zur freien Verwendung zugewiesen wird, oder was er mit Einwilligung des Vormundes durch eigene Arbeit erwirbt, kann er frei verwalten.

II. Biens à la disposition du pupille

Le pupille gère les biens laissés à sa disposition ou ceux qu'il acquiert par son travail avec le consentement du tuteur.

II. Beni liberi

Il tutelato può liberamente amministrare ciò che fu messo a sua libera disposizione e ciò che, consenziente il tutore, guadagna con il proprio lavoro.

Literatur

Vgl. die Literaturhinweise zu den Art. 407, 410 und 412.

I. Geltungsbereich

1   Art. 414 gilt für Entmündigte und Unmündige unter Vormundschaft. Zum Unmündigen unter der elterlichen Sorge, vgl. Art. 323.

II. Zweck

2   Art. 414 soll dem Bevormundeten ermöglichen, sich vor der Mündigkeit oder vor Beendigung der Bevormundung an eine **wirtschaftliche Selbständigkeit** zu gewöhnen. Zudem soll ihm ein Taschengeld zur Verfügung stehen (CAVIEZEL, 106).

III. Dem Bevormundeten überlassenes, sog. freies Vermögen

3   Gemäss Art. 414 kann der Bevormundete über zwei Vermögenskategorien frei verfügen, nämlich über das, was er mit Einwilligung des Vormundes durch eigene Arbeit erworben, und was ihm der Vormund oder ein Dritter zur freien Verfügung zugewiesen hat.

4   Die erste Kategorie betrifft das **Einkommen** aus einer **Tätigkeit des Bevormundeten,** sofern der Vormund diesem Erwerb zugestimmt hat. Dies trifft nicht zu, wenn der Bevormundete eine Arbeit ausübt, welche der Vormund nicht bewilligt hat, oder wenn der Arbeitgeber den Lohn dem Vormund abliefern muss (BK-KAUFMANN, N 8). Unseres Erachtens betrifft Art. 414 einzig das Einkommen aus einer nicht unter Art. 412 fallenden Tätigkeit (vgl. Art. 412 N 16, sowie N 4, 5 zur Frage zum Verhältnis zwischen Art. 412 und 414). Ausserdem ist der Wortlaut des Art. 414 nicht ganz klar bez. der Frage, ob diese Bestimmung dem Vormund auch erlaubt, dem Bevormundeten die Ausübung einer Erwerbstätigkeit zu gestatten, wenn dies nicht schon in den Geltungsbereich des Art. 412 fällt, oder ob sie vielmehr dem Vormund lediglich ermöglicht, dem Bevormundeten zu gestatten, über das Einkommen aus seiner Erwerbstätigkeit zu verfügen (CAVIEZEL, 39, 49 ff., wonach, in dieser letzteren Hypothese, für die Zustimmung zur Ausübung einer Erwerbstätigkeit nicht Art. 414, sondern Art. 19 Abs. 1 zur Anwendung kommt).

5   Im Interesse des Bevormundeten kann der Vormund darauf **verzichten,** diesem das Einkommen zu überlassen, wenn der Bevormundete beispielsweise nicht für seine eigenen Bedürfnisse sorgt oder Schulden in seinem Haushalt macht. Das Einkommen kann ihm auch nur teilweise zugewiesen werden (vgl. BK-KAUFMANN, N 8, 12). Zum Einkommen aus einer bewilligten Tätigkeit i.S. des Art. 412, vgl. Art. 412 N 16.

Zur zweiten Kategorie gehört **Vermögen,** welches der Bevormundete unentgeltlich er-   **6**
worben hat und welches ihm zur **freien Verwendung** zugewiesen wird. Das Vermögen
kann dem Bevormundeten **durch Dritte** oder **durch den Vormund** zugewiesen werden
(BK-KAUFMANN, N 5 ff.).

Im ersten Fall handelt es sich um Vermögen, welches von der Verwaltungsbefugnis des   **7**
Vormundes befreit ist und welches der Bevormundete frei verwenden kann. Eine **unentgeltliche Schenkung** erfüllt die Voraussetzungen nicht unbedingt. Der Schenker muss
die Schenkung ausdrücklich oder stillschweigend **zur freien Verwendung** des Bevormundeten bestimmen. Dies trifft nicht zu für Schenkungen zu einem besonderen Zweck
(beispielsweise Ausbildung, Bezahlung bestimmter Rechnungen) (ZK-EGGER, N 4).

Im zweiten Fall, d.h. wenn der Vormund die Vermögensstücke zur freien Verwendung   **8**
zugewiesen hat, handelt es sich i.d.R. um Taschengeld und geringfügige Zuwendungen
zum Verbrauch aus den eigenen Mitteln des Bevormundeten. Eine durch den Vormund
getätigte Einlage in das Sparheft des Bevormundeten, welches in der Verwahrung des
Vormundes bleibt, ist keine Zuwendung zur freien Verwendung (ZK-EGGER, N 4).

Der Vormund ist grundsätzlich nicht verpflichtet, dem Bevormundeten Vermögensstücke   **9**
zur freien Verwendung zuzuweisen. Unter bestimmten Umständen kann dies jedoch im
Interesse des Bevormundeten geboten sein, insb. um dessen Selbständigkeit zu vergrös-
sern. In diesem Fall kann der Bevormundete eine solche Zuweisung durch **Beschwerde**
bei der VormBehörde erreichen (BK-KAUFMANN, N 6).

IV. Einwilligung zur Verfügung über den Arbeitserwerb

Die Einwilligung kann mit einer **Bedingung** verbunden sein, beispielsweise bez. der   **10**
angemessenen Verwendung dieses Einkommens, des Umfangs der Berufstätigkeit oder
des gleichzeitigen Erwerbs einer Ausbildung (ZK-EGGER, N 5; CAVIEZEL, 43; vgl. zum
Kind unter der elterlichen Sorge: Art. 323 N 6). Zur Befugnis des Vormundes, vom
Dritten die Überweisung des Einkommens direkt an den Vormund zu verlangen, vgl.
CAVIEZEL, 60 ff.

V. Folgen

Der Bevormundete kann das ihm zugewiesene Vermögen **frei verwalten.** Er kann zudem   **11**
frei darüber verfügen und diesbez. Rechte ausüben und Verpflichtungen eingehen. Die
vorgenommenen Geschäfte müssen jedoch in unmittelbarer Beziehung zum freien Vermögen stehen. Eine solche Beziehung besteht, wenn der Bevormundete sich verpflichtet,
dieses Vermögen zu übertragen oder zur Begleichung einer bestimmten Verpflichtung,
etwa einer Kaufpreisschuld, zu verwenden (ZK-EGGER, N 6).

Mangels besonderer Anordnungen des Vormundes erstreckt sich die Verfügungsfreiheit   **12**
auf die **alltäglichen,** mit der Haushaltführung zusammenhängenden **Rechtsgeschäfte,**
nicht aber auf Rechtsgeschäfte, mit welchen finanzielle Verpflichtungen über längere
Zeit verbunden sind. Die Befugnis des Bevormundeten beschränkt sich auf Verpflichtungen, welche jederzeit ohne weiteres aus dessen freiem Vermögen vorgenommen werden
können. Er kann keine langfristigen Verpflichtungen eingehen. Es ist fraglich, ob er einen
Versicherungsvertrag abschliessen kann (Entscheid des Eidgenössischen Versicherungs-
gerichtes vom 5. Januar 1977, K 16/76, E. 2).

Der Bevormundete kann **gemäss Art. 408 verbotene Geschäfte** vornehmen, soweit sich   **13**
diese auf das freie Vermögen beschränken (BK-KAUFMANN, N 12, Art. 408 N 11a; RIEMER,
Vormundschaftsrecht, § 4 N 101; BK-RIEMER, Art. 81 N 13; **a.M.** CAVIEZEL, 83 f.; EBER-

HARD, 22–23 Anm. 52). Er kann auch grundsätzlich von der Zustimmung der vormundschaftlichen Behörden abhängige Handlungen vornehmen (Art. 421/422; BK-KAUFMANN, N 12; HEFTI, 102; **a.M.** MEIER, 101 f.; CAVIEZEL, 83 ff.; EBERHARD, 22–23, Anm. 52).

14 Die Lehre ist geteilter Ansicht darüber, ob der Bevormundete **prozessfähig** ist (bejahend: BK-KAUFMANN, N 13; RIEMER, Vormundschaftsrecht, § 4 N 121; für den Arbeitserwerb, CAVIEZEL, 73 f.; **a.M.** ZK-EGGER, N 7; MEIER, 100 f., Anm. 239; für das freie Vermögen, CAVIEZEL, 110 ff.; DESCHENAUX/STEINAUER, Personnes, N 262 durch Verweis von N 269, 278; DESCHENAUX/STEINAUER anerkennen jedoch die Handlungsfähigkeit des Bevormundeten für das ihm durch Dritte zugewiesene freie Vermögen, N 266 ff., durch Verweis von N 269). Im Bereich von Schuldbetreibung und Konkurs herrscht bei denjenigen Autoren, welche sich dazu äussern, die gleiche Teilung wie bez. der Prozessfähigkeit (für eine Handlungsfähigkeit des Bevormundeten: RIEMER, Vormundschaftsrecht, § 4 N 124; für das dem Bevormundeten durch Dritte zugewiesene freie Vermögen: DESCHENAUX/STEINAUER, Personnes, N 268a, durch Verweis von N 269; **a.M.** ZK-EGGER, N 7; für den Arbeitserwerb und das dem Bevormundeten durch den Vormund zugewiesene freie Vermögen: DESCHENAUX/STEINAUER, Personnes, N 262, durch Verweis von N 269, 278).

15 Weder der Wortlaut des Art. 414 noch dessen Stellung im Gesetz berechtigen u.E. dazu, ihm andere als die in Art. 323 vorgesehenen Folgen vorzubehalten. In beiden Fällen muss die dem Bevormundeten belassene freie Verfügung über gewisse Vermögensstücke die gleichen Folgen haben wie die Handlungsfähigkeit (im gleichen Sinne, vgl. Art. 68c SchKG und BBl 1991 III 1, 59). Diese Lösung ist im Interesse der Verkehrssicherheit, insb. des Vertrauensschutzes des Dritten, geboten. Dieser muss sich auf den Anschein der Rechtsfähigkeit verlassen können, welcher dadurch entsteht, dass der Bevormundete ermächtigt ist, über eine bestimmte Kategorie von Vermögensstücken oder über das Einkommen aus einer bewilligten unselbständigen Tätigkeit frei zu verfügen. Zudem ist der Schutz des Bevormundeten ausreichend dadurch gewährleistet, dass der Vormund die erteilte Einwilligung zurücknehmen kann (mit Wirkung für alle künftigen Geschäfte des Bevormundeten) und dass sich die Haftung des Bevormundeten auf das freie Vermögen beschränkt (vgl. N 16).

16 Die vom Bevormundeten im Rahmen des Art. 414 eingegangenen **Schulden** sind einzig durch das freie Vermögen gesichert (CAVIEZEL, 106; zum Arbeitserwerb: DESCHENAUX/STEINAUER, Personnes, N 278). DESCHENAUX/STEINAUER gehen für Schulden bez. des von Dritten zugewiesenen freien Vermögens von einer Garantie durch das gesamte Vermögen des Bevormundeten aus. In diesem Fall müsste der Gläubiger für von der Verwaltung durch den Vormund befreite Vermögensstücke den Bevormundeten, für die übrigen Vermögensstücke den Vormund betreiben (DESCHENAUX/STEINAUER, Personnes, N 268a durch Verweis in 269).

17 Der **Vormund** hat **keine Vertretungsbefugnis** für in Verbindung mit dem freien Vermögen vorgenommene Geschäfte. Der Vormund hat dieses Vermögen nicht zu verwalten (BK-KAUFMANN, N 11). Demzufolge kann er nur mit Zustimmung des Bevormundeten handeln. Dennoch verpflichten durch den Vormund ohne Befugnis oder Vollmacht vorgenommene Rechtshandlungen den Bevormundeten gegenüber gutgläubigen Dritten uneingeschränkt (vgl. BK-BUCHER, Art. 14 N 137).

VI. Rücknahme der Einwilligung

18 Der Vormund kann die dem Bevormundeten erteilte Einwilligung zur freien Verfügung über bestimmte Stücke seines eigenen Vermögens und/oder seinen Arbeitserwerb zurücknehmen (zur Befugnis des Vormundes betr. das von Dritten zugewiesene freie Ver-

mögen, vgl. CAVIEZEL, 113). Die Rücknahme muss sich **auf wichtige Gründe** stützen. Sie ist beispielsweise gerechtfertigt, wenn der Bevormundete sein Vermögen schlecht verwaltet oder verschleudert oder seine finanziellen Verpflichtungen nicht erfüllt (CAVIEZEL, 85, 112 f.).

VII. SchKG

Insoweit der Bevormundete betreibungsfähig ist, sind die Betreibungsurkunden sowohl dem **Vormund** als auch **dem Bevormundeten** zuzustellen (Art. 68c Abs. 2 SchKG; DÖRIG, 159–160; KOFMEL EHRENZELLER, Art. 68c SchKG N 23). Dem Vormund wird die Betreibungsurkunde an seinem Wohnsitz zugestellt. Für den Bevormundeten ist Betreibungsort der Ort des Sitzes der VormBehörde (Art. 46 Abs. 1 SchKG; BBl 1991 III 1, 50–51).   **19**

VIII. Revision des Vormundschaftsrechts

Im Entwurf ist vorgesehen, dass der Beistand der betroffenen Person aus deren Vermögen angemessene Beträge zur freien Verfügung stellt (Art. 409 Entwurf).   **20**

Art. 415

D. Amtsdauer	[1] **Die Vormundschaft wird in der Regel auf zwei Jahre übertragen.**
	[2] **Nach Ablauf der Amtsdauer kann der Vormund je auf weitere zwei Jahre mit einfacher Bestätigung im Amte bleiben.**
	[3] **Nach Ablauf von vier Jahren ist er befugt, die Weiterführung der Vormundschaft abzulehnen.**
D. Durée des fonctions	[1] La tutelle est dans la règle déférée pour deux ans.
	[2] Elle continue de deux ans en deux ans, par simple confirmation du tuteur.
	[3] Le tuteur peut refuser de la continuer après l'expiration d'une période de quatre ans.
D. Durata in carica	[1] Il tutore è di regola nominato per due anni.
	[2] Decorso il termine per il quale è nominato, il tutore può rimanere in carica con semplice conferma di due in due anni.
	[3] Dopo quattro anni può farsi dispensare dall'ufficio.

Literatur

Vgl. die Literaturhinweise zu den Vorbem. zu Art. 360–456.

I. Zweck der Norm und Anwendungsbereich

Das ZGB hat eine **Amtsperiode** eingeführt, weil es dadurch leichter möglich ist, einen ungeeigneten Vormund zu ersetzen (TUOR/SCHNYDER/SCHMID/RUMO-JUNGO, 500). Die Amtsperiode gibt Anlass, periodisch die Eignung zu prüfen und ggf. die nötigen Ände-   **1** rungen anzuordnen. Demgegenüber müssten bei einer Wahl auf unbestimmte Zeit besondere Gründe für eine Amtsenthebung vorliegen.

2   Art. 415 betrifft grundsätzlich **nur die Vormundschaft.** Er ist für die Beistandschaft im weiteren Sinne und damit auch die Beiratschaft nicht anwendbar (DESCHENAUX/ STEINAUER, Personnes, Rz 1133a). Für diese vormundschaftlichen Ämter bestimmt die VormBehörde bei der Ernennung der Funktionsträger die Amtsdauer frei (Art. 417 Abs. 2; RIEMER, Vormundschaftsrecht, 124). Hingegen ist Art. 415 Abs. 3 ist auch bei diesen Ämtern sinngemäss anwendbar (RIEMER, Vormundschaftsrecht, 126, 147).

II. Amtsdauer (Abs. 1)

3   Die VormBehörde hat mit der Bestellung des Vormundes auch dessen Amtsdauer festzusetzen. Eine **Ernennung auf unbestimmte Zeit ist unzulässig.** Insoweit ist Art. 415 Abs. 1 zwingend. Die VormBehörde kann aber eine andere Amtsdauer als zwei Jahre vorsehen, wenn dies aufgrund der Umstände des Einzelfalls als notwendig erscheint. Eine Abweichung wird sich beispielsweise regelmässig rechtfertigen, wenn das Mündel kurz nach Ablauf der zwei Jahre die Volljährigkeit erreicht, so dass sinnvollerweise der Vormund direkt bis zum Ende der Massnahme ernannt wird. Mit Blick auf das Recht des Vormundes, nach einer vierjährigen Amtsdauer die Weiterführung des Amtes abzulehnen, und den Umstand, dass die Ablehnung erst auf das Ende einer Amtsperiode wirksam wird (u. N 9), erscheint es als unzulässig, die erstmalige Amtsdauer länger als vier Jahre festzusetzen.

4   **Während der Amtsdauer** kann der Vormund von der VormBehörde gem. Art. 445 seines **Amtes enthoben werden.** Dafür ist ein schuldhaftes Verhalten erforderlich (Art. 445 Abs. 1). Ohne Verschulden besteht die Möglichkeit, den Vormund aus seinem Amt zu entlassen, wenn er diesem nicht zu genügen vermag (Art. 445 Abs. 2). Massgeblich ist einzig das Mündelinteresse (STETTLER, Rz 443). Der Vormund kann während der Amtsdauer sein **Amt nur niederlegen,** wenn ein Ausschliessungsgrund eingetreten ist (Art. 443 Abs. 1 i.V.m. Art. 384). Demgegenüber gestatten es die in Art. 383 aufgeführten Ablehnungsgründe, selbst wenn der Vormund erst nach Rechtskraft seiner Wahl von ihnen Kenntnis erhält, nur, auf Ende der laufenden Amtsperiode die Entlassung zu verlangen (Art. 443 Abs. 2). Dies gilt auch, wenn der Vormund seinen Wohnsitz in einen anderen Vormundschaftskreis verlegt und damit nicht mehr dem Übernahmezwang nach Art. 382 untersteht (STETTLER, Rz 442).

III. Bestätigung oder Ersetzung (Abs. 2)

5   Auf den Ablauf der Amtsperiode hin **hat die VormBehörde zu prüfen,** ob der bisherige Vormund beibehalten oder ersetzt werden soll. Für den Entscheid ist ausschliesslich das Mündelinteresse massgebend (DESCHENAUX/STEINAUER, Personnes, Rz 951). Die Prüfung muss rechtzeitig erfolgen, damit eine ununterbrochene Weiterführung oder ein reibungsloser Übergang auf den neuen Mandatsträger möglich ist.

6   Die VormBehörde hat einen **formellen Entscheid** in Form einer Verfügung zu fällen, welche dem Mündel und dem Vormund zu eröffnen ist. Die für die erstmalige Wahl geltenden Grundsätze wie das Vorrecht der Verwandten usw. finden keine Anwendung. Entsprechend kommt auch nicht das Ablehnungsverfahren nach Art. 388 zum Zuge. Der Entscheid kann hingegen mit Vormundschaftsbeschwerde angefochten werden (GEISER et al., 32). Die Berufung an das BGer ist nicht gegeben. Mit Inkrafttreten des Bundesgerichtsgesetzes (BBG) wird allerdings die Beschwerde in Zivilsachen offen stehen

(Art. 72 Abs. d Bst. b Ziff. 5 BBG). Der Vormund braucht weder im Falle seiner Bestätigung noch bei seiner Nichtbestätigung vor dem Entscheid angehört zu werden, und der Entscheid ist nicht zu begründen (DESCHENAUX/STEINAUER, Personnes, Rz 951; GEISER et al., 25). Wird allerdings Vormundschaftsbeschwerde erhoben, muss nachträglich eine Begründung geliefert werden, da sonst weder die beschwerdeführende Person ihre Rechte wahrnehmen noch die Aufsichtsbehörde den Entscheid überprüfen kann. Im Beschwerdeverfahren ist das rechtliche Gehör uneingeschränkt zu gewähren.

Bei **Nichtbestätigung** muss immer auch ein neuer Amtsträger ernannt werden. Bezüglich des neuen Amtsträgers gelten alle für die erstmalige Ernennung aufgestellten Grundsätze. Insoweit ist die Anfechtung nach Art. 388 möglich. Die VormBehörde kann die Nichtbestätigung des bisherigen und die Ernennung des neuen Vormundes in zwei getrennte Entscheide kleiden. **7**

Wird der Vormund nicht mehr bestätigt, **endet sein Amt** mit Ablauf der Amtsperiode von Gesetzes wegen (Art. 442; STETTLER, Rz 440). Es steht ihm – auch für dringliche Geschäfte – keine Vertretungsmacht mehr zu. Die VormBehörde hat deshalb sicherzustellen, dass der neue Vormund auf diesen Zeitpunkt hin das Mandat auch tatsächlich übernehmen kann. **8**

IV. Ablehnung der Weiterführung (Abs. 3)

Abs. 3 erlaubt nur, diese **konkrete Vormundschaft abzulehnen.** Die VormBehörde kann dem bisherigen Amtsträger jedoch eine andere Vormundschaft übertragen, zu deren Übernahme er nach Art. 382 verpflichtet ist (RIEMER, Vormundschaftsrecht, 84, 97). **9**

Der Vormund braucht **keine weitere Begründung** dafür anzugeben, warum er das Amt nach vier Jahren nicht mehr weiterführen will. Hat die VormBehörde eine andere als eine zweijährige Amtsdauer angeordnet, so ist die Ablehnung nach vier Jahren nur auf das Ende der laufenden Amtsdauer möglich. Insofern kann sich im Einzelfall ausnahmsweise eine Verpflichtung ergeben, das Amt etwas länger als vier Jahre zu führen.

Lehnt der Vormund die Weiterführung ab, muss er die notwendigen **Geschäfte dennoch weiter betreuen,** bis ein neuer Mandatsträger bestellt ist. Art. 444 ist auf diesen Fall analog anwendbar (RIEMER, Vormundschaftsrecht, 97). **10**

Art. 416

E. Entschädigung des Vormundes	**Der Vormund hat Anspruch auf eine Entschädigung, die aus dem Vermögen des Bevormundeten entrichtet und von der Vormundschaftsbehörde für jede Rechnungsperiode nach der Mühe, die die Verwaltung verursacht, und nach dem Ertrage des Vermögens festgesetzt wird.**
E. Salaire du tuteur	Le tuteur a droit à une rémunération prélevée sur les biens du pupille; cette rémunération est fixée par l'autorité tutélaire pour chaque période comptable, eu égard au travail du tuteur et aux revenus du pupille.
E. Mercede	Il tutore ha diritto ad una mercede a carico del tutelato, l'importo della quale viene fissato dall'autorità tutoria per ogni periodo amministrativo, e commisurato alle cure occasionate dall'amministrazione ed alle rendite della sostanza.

Literatur

ALBISSER, Die Entschädigung des Vormundes eines bedürftigen Mündels, ZVW 1946, 37 ff.; PH. MEIER, Mesures tutélaires et assurances sociales, ZVW 1994, 229 f.; vgl. auch die Literaturhinweise zu den Vorbem. zu Art. 360–456.

I. Anwendungsbereich

1   Art. 416 findet direkt **nur bei der Vormundschaft** Anwendung. Die Entschädigung des Beistandes richtet sich formell nach Art. 417 Abs. 2. Es steht indessen nichts im Weg, für die Entschädigung des Beistandes die gleichen Grundsätze anzuwenden wie bei der Vormundschaft. Dies haben Lehre und Rechtsprechung für die Verwaltungsbeistandschaft ausdrücklich festgehalten (DESCHENAUX/STEINAUER, Personnes, Rz 1133a; BGE 116 II 400 E. 4b). Das Gleiche muss aber auch für die anderen Formen der Beistandschaft und die Beiratschaft gelten.

2   Die Bestimmung regelt die Entschädigung für die **gesamte Tätigkeit** des Vormundes. Erfasst wird sowohl die Vermögensverwaltung wie auch die persönliche Fürsorge (DESCHENAUX/STEINAUER, Personnes, Rz 952). Der Mandatsträger hat einen **festen Anspruch auf Entschädigung**. Es handelt sich nicht um ein *nobile officium*, das grundsätzlich auch unentgeltlich auszuüben wäre (BGE 113 II 395).

3   Art. 416 betrifft nicht nur private Mandatsträger. Die **Amtsvormundschaft** gibt ebenfalls Anspruch auf eine entsprechende Entschädigung. Es besteht kein Grund, diese niedriger anzusetzen als bei einer Privatperson. Die VormBehörde hat die Entschädigung grundsätzlich dem *Mandatsträger* zuzusprechen, nicht dem Gemeinwesen, das diesen angestellt hat. Das entsprechende Gemeinwesen wird allerdings regelmässig dienstrechtlich vorsehen, dass solche Entschädigungen an die Kasse der Amtsvormundschaft abzuliefern sind. Im Sinne der Transparenz für das Mündel und weitere beteiligte Personen sollte dies in der Verfügung, welche die Entschädigung bestimmt, zum Ausdruck gebracht werden (GEISER et al., 52).

II. Entschädigung aus Mündelvermögen oder Amtskasse

4   Die Vormundschaft steht im Dienste der betroffenen Person. Von daher rechtfertigt es sich auch, dass diese für die Kosten der staatlich organisierten Dienstleistung aufzukommen hat. Es handelt sich grundsätzlich um Unterhaltskosten der betroffenen Person. Entsprechend ist die Entschädigung des Vormundes **in erster Linie aus dem Mündelvermögen** bzw. seinem Einkommen zu vergüten. Sollte dies nicht möglich sein, können im Rahmen der Unterhalts- und der Unterstützungspflicht die Verwandten und der Ehegatte herangezogen werden. Ist das ebenfalls nicht möglich, bleibt die Entschädigung Aufgabe des Gemeinwesens (DESCHENAUX/STEINAUER, Personnes, Rz 954). Die Vormundschaft gehört – wie der Zugang zu den Gerichten – zu den Massnahmen, auf die auch eine bedürftige Person Anspruch hat. Demgemäss sollte nach den ähnlichen Grundsätzen wie bei der unentgeltlichen Rechtspflege ein Recht auf Übernahme der Kosten durch den Staat bestehen.

Die Last trifft diesfalls das Gemeinwesen, welches die Massnahme anordnet bzw. führt. Das ist regelmässig die **Gemeinde oder der Vormundschaftskreis am Wohnsitz** der betroffenen Person. Insofern stimmt die örtliche Zuständigkeit mit jener für die Unterstützung Bedürftiger überein.

5   Die zuständigen VormBehörden oder die Aufsichtsbehörden haben zum Teil **Richtlinien** über die Entschädigung der Mandatsträger erlassen. So sieht eine Weisung der VormBe-

hörde SG vom 8.5.1992 z.B. vor, dass die Entschädigung aus dem Mündelvermögen zu bezahlen ist. Nur wenn dieses weniger als Fr. 10 000.– beträgt und auch keine ausreichenden Einkünfte vorhanden sind, schiesst bei Erwachsenen die Amtskasse die Entschädigung vor. Endet die Massnahme mit dem Tod der betroffenen Person, wird die Entschädigung in jedem Fall dem Nachlassvermögen belastet und nur der nicht gedeckte Betrag von der Gemeinde übernommen.

III. Art der Festsetzung

Die Festsetzung der Entschädigung liegt von Bundesrechts wegen im Zuständigkeitsbereich der **VormBehörde.** Die Aufsichtsbehörden können aber Richtlinien aufstellen. **6**

Die Entschädigung ist **periodisch** festzusetzen. Dies erfolgt regelmässig mit der Genehmigung der Rechnungslegung und der Prüfung des Berichts des Vormundes gem. Art. 423. Gleichzeitig wird die Bestätigung oder Entlassung des Vormundes ausgesprochen (Art. 415) und bestimmt, ob er die Entschädigung aus dem Mündelvermögen bezieht oder aus der Amtskasse erhält (s.o. N 4 f.). Falls erforderlich erteilt die VormBehörde mit dem Genehmigungsbeschluss **Weisungen** bez. künftiger Führung der Massnahme. Weil der Vormund einen festen Anspruch auf Entschädigung hat, darf aber die Ausrichtung der Entschädigung nicht von Bedingungen abhängig gemacht werden, welche den Bezug über Jahre illusorisch machen (BGE 113 II 395). **7**

Die Festsetzung im Zusammenhang mit der Rechnungslegung und Berichterstattung bedeutet, dass der Vormund seine Entschädigung grundsätzlich erst nach Ablauf der Amtsperiode erhält. Dies kann sich nach Art und Umfang der Mühewaltung als unzumutbar erweisen. Dann ist dem Amtsträger auf sein Gesuch hin ein **Vorschuss** im Umfang der bereits erbrachten Leistung zu gewähren.

Die Festsetzung durch die VormBehörde erfolgt in einem **Verwaltungsverfahren,** für das die allg. rechtsstaatlichen Grundsätze gelten. Der Amtsträger ist vor dem Entscheid anzuhören; sinnvollerweise wird er aufgefordert, eine aufgrund der Richtlinien der VormBehörde erstellte Kostennote einzureichen. Häufig werden sich die für die Festsetzung der Entschädigung notwendigen Umstände bereits aus dem Bericht des Vormundes über seine Tätigkeit und seine Rechnungslegung ergeben. Soweit das Mündel urteilsfähig ist, muss es sich ebenfalls zur Kostenfestsetzung äussern können. Zum Beispiel indem ihm eine Kopie des Berichts mit Antragsstellung vor der Genehmigung zugestellt und Frist zur Stellungnahme eingeräumt wird. **8**

Der Entscheid der VormBehörde unterliegt der **Vormundschaftsbeschwerde** gem. Art. 420 Abs. 2. Die Berufung an das BGer ist nicht gegeben (BGer 5C.139/2003). Hingegen steht die zivilrechtliche Nichtigkeitsbeschwerde offen (Art. 68 ff. OG), welche dem BGer aber nur eine sehr beschränkte Überprüfungsmöglichkeit einräumt. Schliesslich kann sowohl der Mandatsträger wie auch das Mündel mit staatsrechtlicher Beschwerde wegen Verletzung verfassungsmässiger Rechte, namentlich wegen Willkür, an das BGer gelangen, soweit der Mangel nicht mit Nichtigkeitsbeschwerde geltend zu machen ist. Mit Inkrafttreten des Bundesgerichtsgesetzes (BBG) wird die Beschwerde in Zivilsachen gegeben sein (Art. 72 Abs. 2 Bst. b Ziff. 5 BBG). Allerdings ist das Streitwerterfordernis zu beachten (Art. 74 BGG), weil es sich um eine vermögensrechtliche Angelegenheit handelt. **9**

Der rechtskräftige Entscheid der VormBehörde über die Entschädigung stellt einen **definitiven Rechtsöffnungstitel** dar (BGE 113 II 395). Soweit der Vormund das Mündelvermögen noch in seinen Händen hält, darf er die Entschädigung nach Rechtskraft des Entscheides auch selber direkt daraus entnehmen. **10**

IV. Höhe der Entschädigung

11　Massgebend sind die Art der geleisteten Tätigkeit und die wirtschaftliche Lage des Mündels (BGE 116 II 400). Zudem muss der **konkrete Aufwand im Einzelfall** beachtet werden. Die Vormundschaft erfordert häufig zu Beginn einen wesentlich grösseren Aufwand als später. Der Vormund hat auch Anspruch auf Vergütung aller Auslagen (DESCHENAUX/STEINAUER, Personnes, Rz 953).

12　Verlangt die Tätigkeit **besondere berufliche Fähigkeiten,** ist sie auch entsprechend zu honorieren. Das BGer hat dies ausdrücklich für die Verwaltungsbeistandschaft festgehalten (BGE 116 II 402 f.). Das Gleiche gilt aber ohne weiteres auch für die Vormundschaft. Gegebenenfalls sind für die einzelnen innerhalb des gleichen Mandates getätigten Arbeiten unterschiedliche Ansätze festzulegen. Dabei kommt der VormBehörde ein grosses Ermessen zu (BGE 106 II 403). Müssen beispielsweise Rechtsstreitigkeiten geführt werden, welche üblicherweise einem Anwalt übertragen werden, hat der Mandatsträger, wenn er selber Anwalt ist, *für diesen Teil seiner Tätigkeit* auch Anspruch auf Entschädigung nach den entsprechenden Honoraransätzen (SJ 2000 I 342 ff.). Die VormBehörde überschreitet ihr Ermessen aber nicht, wenn sie – wie z.B. die Stadt St. Gallen – nur gerade den Minimalansatz des Berufsverbandes zuspricht. Soweit es um die blosse Vermögensverwaltung geht, gelten ähnliche Grundsätze. Hat der Vormund Liegenschaften des Mündels zu verwalten, so können ihm Pauschalbeträge zugesprochen werden, welche sich nach dem Bruttoertrag der Liegenschaften richten und den Ansätzen professioneller Liegenschaftenverwalter entsprechen.

Mit Blick auf die besondere Bedeutung, welche die **persönliche Fürsorge** bei der Vormundschaft hat, sollte allerdings bei der Vergütung die Vermögensverwaltung gegenüber der Betreuungstätigkeit nicht überbewertet werden. Eine professionelle persönliche Betreuung verdient ebenfalls eine angemessene, der besonderen beruflichen Ausbildung entsprechende Entschädigung.

13　Sinnvollerweise setzt die VormBehörde einen **Minimalansatz** fest, der in jedem Fall ausgerichtet wird, auch wenn kein nennenswertes Vermögen verwaltet werden muss und die persönliche Fürsorge sich nicht als besonders zeitintensiv erweist. Die Übernahme des Amtes ist in jedem Fall mit Umtrieben, Aufwand und Verantwortung verbunden.

14　Neben der Entschädigung steht dem Vormund **Ersatz aller Auslagen** zu. Auch diese gehen in erster Linie zulasten des Mündelvermögens, sind aber, wenn dieses nicht ausreicht, von dem die Massnahme führenden Gemeinwesen zu tragen.

Zweiter Abschnitt: Das Amt des Beistandes

Vorbemerkungen zu Art. 417–419

Literatur

BREITSCHMID, Ersatzlösungen anstelle der Errichtung einer Vormundschaft oder von vormundschaftlichen Massnahmen, ZVW 2003 47 ff.; CAVIEZEL, Die Vermögensverwaltung durch den Vormund, Diss. Freiburg 1988; GEISER/LANGENEGGER/MINGER/MOSIMANN/NICOD, Mustersammlung Erwachsenenvormundschaftsrecht, Basel 1996; HUG, Beschränkt eine Beistandschaft die Handlungsfähigkeit?, ZVW 1970 93 ff.; MINGER, La pratique jurassienne en matière d'approbation des aliénations d'immeubles appartenant à des personnes placées sous tutelle, sous curatelle ou sous conseil légal, RJJ 1992 89 ff.; J. MURBACH, Simson und Delila oder der Tanz auf zwei Hochzeiten

– Vormundschaftliche Massnahmen – Diskriminierung oder Dienstleistung?, ZVW 2005 155 ff.;
H. PFANDER, Die Beistandschaft nach Art. 392 und 393 ZGB, Diss. Bern 1932; RIEMER, Willens-
vertretung bei Betagten, recht 1998 21 ff.; DERS., Vormundschaftliche Hilfen für Betagte, ZVW
1982 121 ff.; SCHWAGER, Die Vertretungsbeistandschaft bei Interessenkollision gemäss Art. 392
Ziff. 2 ZGB, ZBJV 1983 93 ff.; SPITZER, Zur Revision des Vormundschaftsrechtes, ZVW 1977
140 ff. Vgl. ausserdem die Literaturhinweise zu Art. 392 ff.

Die Art. 417–419 stehen systematisch unter dem elften Titel: «Die Führung der Vor-   **1**
mundschaft». Es geht damit kurz gesagt um den wichtigen Bereich der Stellung und
Aufgabe, der Pflichten und Rechte der involvierten Personen. Die Beistandschaft wird
unter diesem Titel allerdings mit **nur drei knappen Artikeln** abgespiesen. Es muss daher auf ausführlichere Regeln zurückgegriffen werden können. Art. 367 Abs. 3 hält denn
auch fest, dass für den Beistand die Bestimmungen über den Vormund (analog) ebenfalls
gelten, soweit dem Gesetz keine besonderen Vorschriften über die Beistandschaft zu entnehmen sind.

Solche **besonderen Vorschriften** bilden – neben andern (namentlich Art. 392 ff. und   **2**
Art. 439 f.) – die Art. 417–419. Sie beschreiben das Amt des Beistandes (Überschrift des
2. Abschnitts) und schalten damit auf den ersten Blick die Bestimmungen über das Amt
des Vormundes (Überschrift des 1. Abschnitts; Art. 398–416) aus. Jedoch ist die in den
Art. 417–419 enthaltene Regelung längst nicht ausreichend, so dass **wesentliche Teile
der Bestimmungen zum Amt des Vormundes** eben **dennoch analog herangezogen**
werden müssen – wobei jedoch auf die Art und Ausgestaltung der in Frage stehenden
Beistandschaft und mithin auf jeden Einzelfall Rücksicht zu nehmen ist. ZK-EGGER,
Art. 417 N 9, zieht diesen Schluss im Wesentlichen direkt daraus, dass in Art. 417 Abs. 2
einzig die Amtsdauer und die Entschädigung eigens erwähnt sind (s. im Übrigen Komm.
zu Art. 367).

Die Beistandschaft ist die vom Vormundschaftsrecht vorgesehene *Rechtsfolge auf*   **3**
äusserst verschiedene Schwächezustände. Diese Tatsache bewirkt eine erhebliche Unein-
heitlichkeit dieses vormundschaftlichen Instituts. Die Bestimmungen der Art. 417–419
sind allerdings derart allgemein, dass sie **grundsätzlich für alle Beistandschaftsarten**
zum Tragen kommen: Art. 417 gilt dabei für die Beistandschaft schlechthin (zum in der
Bestimmung selbst enthaltenen Vorbehalt bez. Beiratschaft s. insb. Art. 417 N 30 ff.),
Art. 418 und 419 gem. ihrem jeweiligen Randtitel je für die Beistandschaften, insoweit
sie Vertretungen oder Verwaltungen beinhalten, wobei auch im Rahmen der Verwaltungsbeistandschaft Vertretungshandlungen vonnöten sind und ggf. auch innerhalb der
Aufgabe einer Vertretungsbeistandschaft Verwaltungsmassnahmen notwendig werden.
Für auf Art. 394 gestützte Beistandschaften ist allgemein anerkannt, dass der Aufgabenbereich des Massnahmeträgers sich ähnlich einer Vormundschaft auf die gesamte Perso-
nen- und Vermögenssorge erstreckt, so dass diesfalls Rechte und Pflichten entsprechend
einer Vormundschaft direkt aus dem Gesetz abgeleitet werden (vgl. BK-SCHNYDER/
MURER, Art. 394 N 12 f.); die Art. 418 und 419 werden dadurch aber nicht gänzlich ausgeschaltet. Die Art. 417–419 betreffen sodann grundsätzlich die Beistandschaft i.w.S.,
also inkl. Beiratschaft. Zu diesbez. Einschränkungen vgl. die Ausführungen zu den einzelnen Bestimmungen.

Über allem steht bei der Führung des Amtes im Übrigen stets die gesetzlich nicht expres-   **4**
sis verbis verankerte (vgl. dagegen etwa § 1901 BGB) sog. **Maxime des Mündelwohls,**
welche selbstverständlich unter Rücksicht auf die Eingriffsintensität auch für die Beistandschaft gilt und nicht etwa – wie man dem verwendeten Ausdruck Mündel fälschlicherweise entnehmen könnte – bloss für reine Vormundschaften zur Anwendung gelangt.
Vom Wohl des Schwachen oder des Betreuungsbedürftigen zu sprechen, wäre somit tref-

fender (vgl. auch SCHNYDER/STETTLER/HÄFELI, Expertenbericht, 38). Es gehört damit –
wie auch immer die gestellte Aufgabe formuliert sein mag – stets selbstverständlich und
ohne spez. Anweisung zur Pflicht des Beistandes, sein Amt unter bestmöglicher Wahrung
der Interessen des Verbeiständeten zu besorgen.

Art. 417

A. Stellung des Beistandes	[1] **Die Beistandschaft hat unter Vorbehalt der Bestimmungen über die Mitwirkung eines Beirates auf die Handlungsfähigkeit der verbeiständeten Person keinen Einfluss.** [2] **Die Amtsdauer und die Entschädigung werden von der Vormundschaftsbehörde festgestellt.**
A. Nature de la curatelle	[1] Les personnes dans l'intérêt desquelles une curatelle a été établie conservent l'exercice de leurs droits civils; les règles relatives au concours du conseil légal demeurent réservées. [2] La durée de la curatelle et sa rémunération sont fixées par l'autorité tutélaire.
A. In genere	[1] La curatela non influisce sulla capacità civile del curatelato, riservate le disposizioni sull'inabilitazione. [2] La durata in carica e la mercede sono fissate dall'autorità tutoria.

Literatur

Vgl. die Literaturhinweise zu den Vorbem. zu Art. 417–419.

I. Normzweck/Tragweite

1   Unter dem Titel «Stellung des Beistandes» (frz.: «Nature de la curatelle»; it.: «In genere») hält das Gesetz zunächst den allg. Grundsatz ausdrücklich fest, dass bei einer gewöhnlichen Beistandschaft die Handlungsfähigkeit des Massnahmebetroffenen unberührt bleibt, und erklärt im anschliessenden Abs. für zwei spezielle Fragen (Amtsdauer und Entschädigung) die VormBehörde für regelungszuständig. Mit Ersterem wird **eine der wesentlichsten Eigenheiten der Beistandschaft** in der Abgrenzung zu den weiteren vormundschaftlichen Massnahmen in kurzer und prägnanter Form zum Ausdruck gebracht; mit Letzterem werden **für zwei bestimmte Bereiche Sonderregeln** für die Beistandschaft aufgestellt.

2   Damit greift der Norminhalt gegenüber dem Versprechen im Randtitel allerdings etwas (zu) kurz: Es wird nicht eigentlich die (im deutschen Text) versprochene Stellung des Beistandes beschrieben – so fehlt etwa ein ausdrücklicher Hinweis auf die grundsätzliche Selbständigkeit des beiständlichen Amtes und ebenso wenig kann der Bestimmung etwas darüber entnommen werden, ob es sich um ein öffentliches oder privates Amt handelt (s. dazu Komm. zu Art. 360) –, sondern ‹nur› über den Umweg der Aufführung eines (bedeutenden) Aspekts der Stellung des Verbeiständeten etwas über das Wesen der Beistandschaft, damit implizit verbunden aber immerhin Wesentliches über deren Wirkungskraft, ausgesagt; sodann wird schliesslich der anordnenden Behörde aufgetragen, sich jeweils auch über Amtsdauer und Entschädigung des Beistandes zu äussern. Die Norm geht da-

mit in ihrer zentralen Aussage (berechtigterweise: ist doch der Verbeiständete der sog. Betroffene) einen **indirekten Weg**. Die Stellung des Beistandes ist denn auch nicht allein aus Art. 417 zu erklären, sondern muss aus dem Zusammenwirken der verschiedenen Bestimmungen zur Beistandschaft (insb. auch aus Art. 367 Abs. 2 und 3 [als Verweisungsnorm]) herausgelesen werden.

Art. 417 Abs. 1 teilt der Beistandschaft eine **gegenüber der Vormundschaft erheblich** **3** **verminderte Wirkungskraft** zu. Dadurch, dass der Massnahmebetroffene in seiner Handlungsfähigkeit gänzlich uneingeschränkt bleibt, ist die Massnahme auf eine gewisse Kooperation angewiesen, jedenfalls insoweit, als die betroffene Person faktisch in der Lage ist, selbst Handlungen im Bereich der dem Beistand aufgetragenen Fürsorge vorzunehmen (N 24 ff.).

Art. 417 spricht nur von der Handlungsfähigkeit. Ebenso wenig wie diese wird aber **4** durch die Errichtung einer Beistandschaft die **Rechtsfähigkeit** betroffen. Auch auf die **Stellung als Inhaber elterlicher Sorge** über Kinder hat eine Verbeiständung keinen Einfluss; zur **Stellung als Vormund** s. Art. 441–445 N 6. Eine Beistandschaft bewirkt sodann **keinen abhängigen Wohnsitz** nach Art. 25. Im Übrigen hat eine Beistandschaft von Bundesrechts wegen **keine Auswirkungen öffentlich-rechtlicher Art** (RIEMER, Vormundschaftsrecht, 144; bez. Beiratschaft: BK-SCHNYDER/MURER, Art. 395 N 68).

II. Anwendungsbereich

Die Norm gilt im Prinzip **für alle Arten der Beistandschaft** und damit – soweit nichts **5** anderes bestimmt oder präzisiert ist (beachte etwa Art. 147 Abs. 3) – insb. auch für die Beistandschaften des Vormundschaftsrechts i.w.S. Anzuwenden ist die Bestimmung somit sowohl auf natürliche (mündige und unmündige) als auch auf juristische Personen (s. aber N 8 i.f.).

Zur Anwendbarkeit auf die **Beiratschaft** s. insb. N 30 ff.   **6**

III. Abs. 1: Nichtberühren der Handlungsfähigkeit

1. Im Rahmen der Vertretungs- und Verwaltungstätigkeit

a) Im Allgemeinen

Die Anordnung einer Beistandschaft hat auf die Handlungsfähigkeit des von der Mass- **7** nahme Betroffenen keinen Einfluss. Das versteht sich aus dem Begriff der Beistandschaft, welche immer nur Teil- oder Sonderfürsorge im Gegensatz zur Globalfürsorge der Vormundschaft darstellt, von selbst für die Handlungsfähigkeit als Ganze; eine Beistandschaft ist eben keine Entmündigung, kein Entzug der Handlungsfähigkeit. Die Handlungsfähigkeit des Verbeiständeten – nicht jedoch die des Verbeirateten – bleibt aber gerade auch insoweit vollkommen intakt, als die Aufgabe des Amtsträgers sich erstreckt. Der Verbeiständete behält also in Bezug auf seine rechtliche Verpflichtungsfähigkeit in jeder Hinsicht den **Status, den er vor Errichtung der Beistandschaft hatte:** Ein Handlungsfähiger bleibt im gleichen Masse wie bis anhin handlungsfähig (so explizit der frz. Gesetzestext), ein Handlungsunfähiger entsprechend handlungsunfähig, usw. Die für die Frage der rechtlichen Gültigkeit einer Handlung des Verbeiständeten ausschlaggebenden Kriterien sind und bleiben also wie bei jedermann die *Mündigkeit* und die *Urteilsfähigkeit* (Art. 13); auf beide hat die Beistandschaft als solche keinen Einfluss.

8 Dabei betreffen die Fälle von Art. 392 Ziff. 2 und 3 sowie die Kindesschutzbeistandschaften (inkl. der Vertretungsbeistandschaft für das Kind im elterlichen Scheidungsverfahren), die Nasciturusbeistandschaft und die für juristische Personen und Sammelvermögen gedachten Beistandschaften stets (beschränkt) handlungsunfähige Rechtsträger; die weiteren Arten der Beistandschaft hingegen eher an sich handlungsfähige – wobei auch hier darauf hinzuweisen bleibt, dass es sich einerseits, z.B. bei einer Abwesenheitsbeistandschaft nach Art. 392 Ziff. 1, um eine blosse *De-jure-Handlungsfähigkeit* handeln kann und dass es andererseits aus Verhältnismässigkeitsgründen, weil eine Entmündigung unnötig ist (vgl. STETTLER, Droit civil I, N 240 u. 253), zu Beistandschaften für ganz oder grösstenteils urteils- und damit insoweit handlungsunfähige Personen kommt. Die zentrale Bedeutung von Art. 417 Abs. 1 gelangt indes nur insoweit wirklich zur Entfaltung, als eine von einer Beistandschaft betroffene Person formal handlungsfähig ist (und eben bleibt). Damit verblasst leider die dann und wann angeführte Tatsache etwas, dass die weitaus häufigste vormundschaftliche Massnahme, die Beistandschaft, eine solche ohne jede Auswirkung auf die Handlungsfähigkeit des Betroffenen ist.

9 Ein Verbeiständeter vermag also vor Anordnung, während Bestehen und nach Abschluss der Massnahme stets im gleichen Masse wie ohne Massnahme sich rechtlich zu verpflichten. Verändert sich sein handlungsfähigkeitsrechtlicher Status während laufender Massnahme, steht dem die Massnahme ebenfalls nicht entgegen. Mit der Massnahme ist also **keineswegs** etwa **eine Perpetuation irgendeines handlungsfähigkeitsrechtlichen Zustandes** verbunden; die Handlungsfähigkeit einer Person nimmt unbeeinflusst von der Verbeiständung einfach ihren Lauf, woraus dann aber bspw. infolge Wegfalls des Schwächezustandes allenfalls ein Grund für die Massnahmebeendigung resultieren kann (s. dazu Art. 439).

10 Mit Bezug auf die Verpflichtungsfähigkeit des Verbeiständeten verhält sich damit alles **gleich, wie wenn er selbst einen Vertreter bestellt hätte,** was seine eigene Handlungsfähigkeit, mithin sein Recht, selbst zu handeln, ja ebenfalls in keiner Weise berührt. Allerdings – und darin liegt dann doch ein bedeutender Unterschied – leitet sich die Vertretungsmacht eines beiständlichen Vertreters im Unterschied zur gewillkürten Stellvertretung nicht vom schliesslich Vertretenen, vom Verbeiständeten, ab (s. N 15). Dieser kann denn den Beistand auch nicht etwa befehligen; das darf weder aus Art. 417 noch aus der Ermächtigungsbefugnis des Verbeiständeten in Art. 419 Abs. 2 gefolgert werden.

11 Das Nichtberühren der Handlungsfähigkeit hat demnach zur Folge, dass trotz vormundschaftsrechtlichem Einschreiten die Handlungen des Verbeiständeten unter denselben Voraussetzungen wie die Handlungen eines von vormundschaftlichen Massnahmen nicht Betroffenen die volle Wirkung entfalten können, seine Verpflichtungsfähigkeit also unversehrt bleibt. Hierin liegt der Hauptgrund dafür, dass die Beistandschaft (in ihren vielfältigen Erscheinungsformen) im Allgemeinen als die **mildeste Vorkehrung** in der nach Eingriffsintensität gegliederten Stufenfolge der vormundschaftlichen Massnahmen bezeichnet wird (s. zur Stufenfolge ausführlicher Art. 369 N 18).

12 Da die **Prozessfähigkeit** nur eine andere, die prozessuale Seite der Handlungsfähigkeit darstellt, ist sie durch eine Beistandsbestellung ebenso wenig betroffen wie die Handlungsfähigkeit an sich. Nichts anderes gilt für die **Betreibungsfähigkeit;** dem widerspricht Art. 68d SchKG, wonach dem Beistand von Amtes wegen die Betreibungsurkunden ebenfalls zugestellt werden, nicht: Dadurch wird der Beistand lediglich in die Lage versetzt, die Interessen des verbeiständeten Schuldners ggf. zu wahren; auf die Betreibungsfähigkeit als solche hat das aber keine einschränkende Wirkung.

b) Vertretungsmacht des Beistandes

Ein Beistand wird – gemäss allerdings (zu) enger Gesetzesdefinition (Art. 367 Abs. 2) –   **13**
zur Besorgung eines einzelnen Geschäfts oder zur Verwaltung des Vermögens eingesetzt.
Dabei ist es kaum denkbar, dass ein sog. Verwaltungsbeistand ohne Vertretungshandlungen auskommt. Im Umfang seiner ihm übertragenen Aufgabe ist ein Beistand – ob
Vertretungs- oder Verwaltungsbeistand – konsequentermassen **rechtsgeschäftlicher Vertreter (zulasten und zugunsten) des Verbeiständeten** und tritt gegenüber jedermann als
solcher auf (OGer LU, FamPra.ch 2006, 223 ff.; BGE 115 V 244, 250; 79 I 182, 186).
Als Ausnahme hierzu ist die Mitwirkungsbeiratschaft (Art. 395 Abs. 1) zu erwähnen (s.
N 32); überdies kann etwa Art. 308 Abs. 1 angeführt werden, wonach die kindesschutzrechtliche Erziehungsbeistandschaft in ihrer Grundform prinzipiell als vertretungslose
Betreuung konzipiert ist (s. dazu Art. 308 N 4 f. und dort Zitierte) sowie die dieser nachgebildete neu geschaffene Beistandschaft zur Begleitung des Adoptionsverhältnisses gemäss Art. 17 BG-HAÜ. Von diesen Ausnahmen abgesehen aber wirkt ein Beistand nicht
bloss unterstützend mit, sondern nimmt die notwendigen Handlungen stellvertretend vor.

Wo der Beistand den aus irgendeinem Grund (z.B. einer Interessenkollision: Art. 392
Ziff. 2) nicht zum Zuge kommenden, aber eigentlich vorhandenen gesetzlichen Vertreter
des nunmehr Verbeiständeten ersetzt, vertritt er direkt den Verbeiständeten und nicht etwa dessen gesetzlichen Vertreter; er ist mithin in solchen Fällen **nicht Vertreter des Vertreters** (BGE 99 II 366, 368 f.; BK-SCHNYDER/MURER, Art. 392 N 18; **a.M.** BK-KAUFMANN, Art. 392 N 46; JustizDir. ZH, ZVW 1969, 150).

Die Beistandschaft entspricht dem Gesagten zufolge in aller Regel einem echten Vertre-   **14**
tungsverhältnis; der Beistand vermag (ab Nomination: BGE 90 III 13 ff.) Rechtswirkungen zu erzeugen, die dem Verbeiständeten zuzurechnen sind. Der Verbeiständete muss
sich die beiständliche Vertretung (zu seinen Lasten und Gunsten) gefallen und anrechnen
lassen; er kann dem Beistand dessen Vertretungsmacht auch weder entziehen noch beschränken. Die beiständliche Vertretungsbefugnis tritt **kumulativ zur Handlungsfähigkeit des Verbeiständeten** hinzu (BK-BUCHER, Art. 14 N 95).

Dabei werden zwar Inhalt und ebenso Bestand und Reichweite der Vertretungsmacht   **15**
nicht vom schliesslich Vertretenen, sondern durch Gesetz bzw. behördlichen Beschluss
eingeräumt und es sind auch weitere Unterschiede zur **gewillkürten Stellvertretung**
gegeben; die Normen des allg. Stellvertretungsrechts (Art. 32 ff. OR) sind aber, soweit keine besonderen Bestimmungen aufgestellt sind, auf die gesetzlichen Stellvertretungsverhältnisse ergänzend und analog anwendbar (BK-ZÄCH, Vorbem. Art. 32–40
OR N 44).

Die beiständliche **Vertretungsmacht** ist indessen **nicht unbeschränkt.** Neben dem *Bei-*   **16**
standsauftrag (s. Art. 418 u. 419) bildet selbstverständlich die *Vertretungsfeindlichkeit*
einer Angelegenheit – auch wenn in einem Fall vom Wortlaut her unter eine erteilte Aufgabe subsumierbar – Grenze der beiständlichen Vertretungsmacht (BK-SCHNYDER/
MURER, Art. 392 N 66 ff.; DESCHENAUX/STEINAUER, Personnes, N 1097a). Zu erwähnen
ist hier ausserdem *Art. 408,* welcher die Vornahme bestimmter Geschäfte durch den Vertreter zulasten des (handlungsunfähigen) Betroffenen verbietet (s. auch Art. 419 N 14).

Abgesehen davon bedarf der Beistand zur rechtsgeschäftlichen Perfektion bestimmter
Vertretungshandlungen der *Mitwirkung* der verbeiständeten Person oder je nachdem der
Behörde (s. dazu Art. 419). Im Übrigen unterliegt er der vormundschaftsrechtlichen Verantwortlichkeit (Art. 426 ff.) sowie ganz allg. der behördlichen Aufsicht und seine Handlungen sind beschwerdefähig, was allerdings auf die Vertretungsmacht als solche keine
direkten Auswirkungen zeigen kann.

17 Jedoch bleibt der Beistand in seiner Vertretung der verbeiständeten Person ansonsten **selbständig**. Er hat das Recht und die Pflicht, die ihm aufgetragene Interessenwahrung wahrzunehmen. Er kann, da seine Vertretungsmacht auf dem Gesetz und nicht auf der Ermächtigung des Betroffenen gründet, den Verbeiständeten bei gegebenem Schutzbedürfnis und entsprechender Interessenlage auch **ohne oder u.U. sogar gegen dessen Willen** – wenn auch m.E. nicht ohne jede Berücksichtigung von dessen Einstellung (vgl. Art. 409) – vertreten und beispielsweise eine Verjährung unterbrechen oder dergleichen (ZK-EGGER, N 10; BK-KAUFMANN, Art. 419 N 4; vgl. auch BGE 111 II 10 ff. = Pra 1985, 447 ff.; BJM 1988, 301 ff.).

18 Die ihm zukommende Vertretungsbefugnis gegenüber dem Verbeiständeten macht den Beistand allerdings **nicht** zum vollumfänglichen **gesetzlichen Vertreter i.S. des terminus technicus** (BK-SCHNYDER/MURER, Art. 392 N 18; **a.M.** BK-ZÄCH, Vorbem. Art. 32–40 OR N 45). Der Beistand ist nicht ausschliesslicher Vertreter (abgesehen immerhin von den Fällen, in welchen der Verbeiständete selbst nicht handlungsfähig ist). Dem Beistand kommt überdies keine umfassende, sondern eben eine auftragsmässig beschränkte Vertretungsmacht zu; immerhin beinhalten die Beistandschaft auf eigenes Begehren (Art. 394) sowie auch die kombinierte Beistandschaft (Art. 392 Ziff. 1 i.V.m. 393 Ziff. 2) umfassende Fürsorgebefugnisse (RIEMER, recht 1998, 23). Indessen finden ohnehin die Bestimmungen, welche sich ausdrücklich auf den gesetzlichen Vertreter beziehen, ggf. analog auch auf den Beistand Anwendung (Art. 367 Abs. 3). So zieht etwa eine Interessenkollision zwischen Vertreter und Vertretenem dieselben Folgen wie bei einer echten gesetzlichen Vertretung nach sich (BK-SCHNYDER/MURER, Art. 392 N 77). So gesehen hat diese eher theoretische Unterscheidung keine überaus wesentlichen Auswirkungen (und wird denn auch häufig gar nicht gemacht resp. der Beistand ausweichend und problemlos als gesetzlicher Vertreter im Umfang des ihm erteilten Auftrags bezeichnet: ZR 1969, 199; 1974, 52; VPB 2005 II, 337).

c) Faktischer Eingriff in die Handlungsfreiheit

19 Gerade das Faktum, dass sich der Massnahmebetroffene eine einmal erfolgte Vertretung im beschriebenen Umfang gefallen lassen muss, wurde auch schon **fälschlicherweise als Einschränkung der Handlungsfähigkeit bezeichnet** (ZR 1969, 200; 1974, 52; s. auch BGE 112 II 26, 29, sowie 117 II 541, 545 [wohl achtlose Aufreihung der Beistandschaft, die dann richtigerweise in BGE 124 III 342 f. wieder weggelassen wurde] und 546 [Richtigstellung]). Indessen ist die Handlungsfähigkeit anders definiert: Es geht nicht darum, ob jemandem die Fähigkeit, durch seine Handlungen die gewollten Rechtswirkungen hervorzurufen, allein zusteht, sondern darum, ob diese Fähigkeit ihm überhaupt zusteht, was bei einem Verbeiständeten klar zu bejahen bzw. nicht aufgrund der Massnahme zu verneinen ist (RIEMER, Vormundschaftsrecht, 128; HUG, ZVW 1970, 93).

20 Allerdings wird durch die beschriebenen Wirkungen einer Beistandschaft auch ohne weiteres klar, dass der Betroffene faktisch in seiner Handlungsfreiheit nicht unberührt bleibt (pointiert: MURBACH, ZVW 2005, 161). Die Beistandschaft stellt daher, wenn auch formell keinen Eingriff in die Handlungsfähigkeit, so doch jedenfalls eine **mittelbare, indirekte Beschränkung der vorhandenen Handlungsfreiheit** dar (BK-SCHNYDER/MURER, Art. 392 N 20; 393 N 26; 394 N 10). Daran ändert auch nichts, dass dem Beistand i.Allg. keinerlei rechtliche Zwangsmittel oder Befehlsbefugnisse zukommen (BK-SCHNYDER/MURER, Vorbem. Art. 392–397 N 14).

21 Unter dieser Hinsicht kann die **Formulierung** von Art. 417 als **unvollständig und allenfalls irreführend** bezeichnet werden (so auch SCHNYDER/STETTLER/HÄFELI, Expertenbericht, 82), kommt doch überhaupt nicht zum Ausdruck, was ein Verbeiständeter sich gefallen und gegen sich gelten lassen muss.

d) Kollidierende Handlungen

Aus dem Vorangegangenen ergibt sich, dass zum einen ein Verbeiständeter – seine Ur- **22** teilsfähigkeit vorausgesetzt (Art. 17) – sich ohne jede Mitwirkung selbst vertreten kann, dass aber zum andern innerhalb des gegebenen Aufgabenkreises der Beistand ebenfalls mit Wirkung für den Verbeiständeten handeln kann. Unbestrittenermassen kann dabei jeder allein handeln. Im Rahmen des dem Beistand zukommenden Wirkungskreises besteht damit eine echte **Doppelzuständigkeit** und es kann dementsprechend zu kollidierendem Handeln kommen.

Grundsätzlich ist bei sich widersprechenden Handlungen *keine der beiden Handlungen* **23** *privilegiert,* da nicht die eine Vertretungsbefugnis der anderen vorgeht (etwas anderes gilt immerhin bei der etwas verschiedenen Konstellation der Kollisionsbeistandschaft nach Art. 392 Ziff. 2, wo die Macht des gesetzlichen Vertreters ipso iure beschränkt ist, so dass nur der Beistand rechtsgültig mit Vertretungsmacht ausgestattet sein kann: BGE 118 II 101 ff.; 107 II 105 ff.; kritisch: SCHWAGER, ZBJV 1983, 93 ff.). Es muss damit als Grundsatz die **zeitliche Priorität** ausschlaggebend sein: Soweit die beiden Handlungen sich ausschliessen, muss gelten, was zuerst war bzw. zur rechtsgeschäftlichen Perfektion erwuchs (BK-KAUFMANN, N 4). Immerhin hat ein Beistand ggf. zurückhaltend bzw. i.S. des Art. 409 nicht ohne Rückfrage zu agieren.

Für das zeitlich später zur Perfektion gelangte Vorgehen gilt Obligationenrecht; es sind mithin je nach Konstellation die allg. Nichterfüllungs-, die Unmöglichkeits- oder auch die Irrtumsregeln und dergleichen heranzuziehen. Bei wohl selten anzunehmender **Gleichzeitigkeit** zweier kollidierender Handlungen muss, um den Sinn der intakten Handlungsfähigkeit nicht auszuhöhlen, i.d.R. die Handlung des Verbeiständeten Vorrang erhalten, was eine Rücksichtnahme auf spezielle, dem Gegenteil rufende Begleitumstände im Einzelfall aber nicht a priori ausschliesst. Damit nicht gleichzusetzen ist der Fall, da wohl zwei Verpflichtungsgeschäfte zustande gekommen sind, jedoch die Verfügung noch aussteht. Hier muss der Verbeiständete zwar grundsätzlich beide Geschäfte gegen sich gelten lassen; er kann jedoch u.U. wählen, welches er zur Perfektion bringen und welches er nicht erfüllen und dementsprechend dafür einstehen will.

e) Kooperation als Voraussetzung?

Wie gesagt muss der Verbeiständete sich eine einmal geschehene beiständliche Handlung **24** anrechnen lassen; jedoch kann er alle beiständlichen Handlungen jederzeit *vorgängig durchkreuzen* und im Rahmen des rechtlich Zulässigen solche auch wieder rückgängig machen (*contrarius actus;* z.B. eine eingereichte Klage wieder zurückziehen etc.: ZR 1950, 53 ff. = ZVW 1951, 68 ff.). Dass die Massnahme der Beistandschaft eine solche Doppelzuständigkeit nicht ausschliesst, ist der Grund dafür, dass sie **hier und dort als zu wenig griffig** und damit i.S. einer Untauglichkeit als unverhältnismässig betrachtet werden muss (BGE 5C.282/2001 vom 21.3.2002). Eine eingreifendere Massnahme ist dann, wenn die Belassung der Handlungsfähigkeit zum Schaden des Massnahmebedürftigen ausschlägt, zu dessen Schutz i.d.R. unumgänglich (BGE 5C.262/2002 vom 6.3.2003). Eine Beistandschaft, namentlich eine auf Dauer angelegte Massnahme, ist damit i.Allg. nur dort durchführbar und sinnvoll, wo nicht regelmässig gegen den Willen des Betroffenen agiert werden muss und wo nicht dessen Torpedierung der beiständlichen Vorkehrungen stets alles wieder zunichte macht, so dass die erforderliche Hilfe gar nicht geleistet werden kann.

25   Bei **anfänglich ungewisser Prognose** über das allfällige Mass des Widerstands kann
eine Beistandschaft allerdings in praxi trotzdem Sinn machen, wenn zu vermuten ist,
dass es dem Beistand gelingt, das nötige Vertrauen und damit die erforderliche Kooperation zu gewinnen, oder wenn davon ausgegangen werden kann, dass der Widerstand rein
verbal sich gegen alles richtet, der Betreffende sich aber mit der Handlung als solcher
stets dennoch einverstanden erklären kann. Ein Beistand kann im Übrigen ggf. auch gegen den Willen des Verbeiständeten handeln (N 17). Die gesamte Problematik stellt sich
für reine Vertretungen in einer dringenden Angelegenheit häufig weniger krass; das BGer
hat denn auch etwa ohne Zögern die Errichtung einer Vertretungsbeistandschaft für einen
Mann, der sich beharrlich weigerte, die Wahl zwischen Pensionsrente und Kapitalabfindung zu treffen, als richtig erachtet (BGE 111 II 10 ff. = Pra 1985, 447 ff.; vgl. auch ZR
1974, 52 ff.; 1969, 199 ff.).

26   Aus Gründen der **Verhältnismässigkeit** kann eine Beistandschaft im Übrigen dann die
richtige Massnahme darstellen, wenn die schutzbedürftige Person infolge umfassender
Paralysierung, welche u.U. auch einen Entmündigungsgrund bedeuten könnte, ausser-
stande ist, kollidierende (und ebenso wenig kooperierende) Handlungen vorzunehmen
(BK-SCHNYDER/MURER, Art. 392 N 73; STETTLER, Droit civil I, N 240 u. 253; OGer LU,
FamPra.ch 2006, 223 ff.).

27   Zur **Aufhebung der Beistandschaft auf Begehren** des Verbeiständeten s. Komm. zu
Art. 439.

2. Im Rahmen persönlicher Fürsorge

28   Es ist heutzutage allseits unbestritten (und BGE 5C.17/2005 E. 5.3 wohl eine versehent-
liche Formulierung), dass auch ein Beistand oder Beirat **im Rahmen seines Auftrags**
persönliche Fürsorge leisten kann; die Angelegenheiten des Beistandes müssen nicht
zwingend nur vermögensrechtlicher Natur sein. Die lapidare Feststellung des BGer in
BGE 85 II 233, 235, wonach allein der Vormund berufen sei, persönliche Fürsorge zu
gewähren, war denn auch nicht mehr haltbar (s. namentlich BGE 96 II 369 ff.; RIEMER,
Vormundschaftsrecht, 145) und erschiene aus heutiger Sicht besonders angesichts von
Entwicklung und Ausmass der auf Art. 392 Ziff. 1 und 393 Ziff. 2 gestützten (Alters-)
Beistandschaften als Hohn für Massnahmeträger und -betroffene.

29   Der Verbeiständete behält auch im Bereich der dem Beistand zukommenden Aufgaben
auf dem Gebiet der persönlichen Fürsorge seine **volle Handlungsfähigkeit**. Im Übrigen
gelten die Art. 418 und 419 sinngemäss (RIEMER, ZVW 1982, 127). Die Ausführungen
zur beiständlichen Vertretungstätigkeit (N 13 ff.) gelten also mutatis mutandis auch für
die Tätigkeit im Rahmen persönlicher Fürsorge (RIEMER, recht 1998, 23). Das ist nichts
als logisch und konsequent soweit mit der persönlichen Fürsorge reine Vertretungs- oder
Verwaltungshandlungen verbunden sind, muss aber ohne weiteres bzw. erst recht auch
darüber hinaus Geltung haben (vgl. etwa die fehlende Befugnis zur generellen Postum-
leitung: RegRat BE, ZVW 1994, 35).

3. Vorbehalt zur Beiratschaft

30   Art. 417 Abs. 1 macht eine ausdrückliche Einschränkung mit Bezug auf die Beiratschaft.
Die aufgestellte Regel soll nur «unter Vorbehalt der Bestimmungen über die Mitwirkung
eines Beirates» gelten. Dies ist die notwendige Folge davon, dass die Beiratschaft, welche
inhaltlich unbestrittenermassen eine eigenständige vormundschaftliche Massnahme darstellt, gesetzessystematisch (s. Art. 395 im Gefüge der Art. 392 ff.) eine Unterart der Beistandschaft ist. Art. 395 hält indessen bereits im Randtitel fest, dass die Handlungs-

fähigkeit beschränkt wird und differenziert das in der Bestimmung weiter; der Vorbehalt in Art. 417 Abs. 1 ist damit eine, wenn auch an einschlägier Stelle angebrachte, **Wiederholung und Verweisungsnorm** auf den dort direkt beschriebenen Umfang der Handlungsfähigkeitsbeschränkung des Verbeirateten (s. daher im Einzelnen Komm. zu Art. 395).

Ungenau ist der Vorbehalt insoweit, als er im (dt. und frz.) Wortlaut expressis verbis nur die Bestimmungen über die Mitwirkung der Beiratschaft anspricht. Er gilt indes ohne jeden Zweifel nicht nur für die Mitwirkungsbeiratschaft (Art. 395 Abs. 1), sondern in gleicher Weise auch für die Verwaltungs- (Art. 395 Abs. 2) und damit die kombinierte Beiratschaft. 31

Anzufügen bleibt im Übrigen, dass die Ausführungen zur beiständlichen *Vertretungsmacht* (N 13 ff.) nicht für die Mitwirkungsbeiratschaft gelten können. Diese begründet kein Vertretungsverhältnis; der Mitwirkungsbeirat hat nur mitzuwirken und kann nicht gestützt auf Beiratsamt und -aufgabe Handlungen mit Wirkung für den Massnahmebetroffenen vornehmen. Hingegen kann das Gesagte ohne weiteres auf die Verwaltungsbeiratschaft und damit insoweit auch auf die kombinierte Beiratschaft angewendet werden. Der Verwaltungbeirat ist vollumfänglich Vertreter in Bezug auf das Vermögen (nicht aber das Einkommen) des Verbeirateten. Im Unterschied zum Verwaltungsbeistand ist er jedoch ausschliesslicher Vertreter, da die Handlungsfähigkeit des Betroffenen entsprechend beschränkt ist, was zur Folge hat, dass der Verbeiratete im Rahmen der Vermögenssubstanz gleich einem Bevormundeten zu behandeln ist. Der Verwaltungsverbeiratete vermag denn auch die Handlungen des Beirats nicht zu konkurrenzieren. 32

IV. Abs. 2

1. Amtsdauer

In Art. 417 Abs. 2 wird bestimmt, dass die VormBehörde die Amtsdauer **im Einzelfall** feststellt. 33

Die klassische Aufgabe einer Vertretungsbeistandschaft bedarf eigentlich aber **keiner Festlegung einer Amtsdauer,** da sie mit Erledigung der Angelegenheit aufhört (Art. 439). Dieser Erledigung kann im Normalfall naturgemäss nicht einfach eine bestimmte Frist zugeordnet werden. Der Beistand wird daher regelmässig eingeladen, nach Abschluss der aufgetragenen Aufgabe über deren Erledigung zu berichten. Weil die Dauer dadurch nicht zum vorneherein bestimmt ist und weil die Erledigung u.U. Jahre in Anspruch nehmen kann, erscheint es für die Behörde jedoch in jedem Fall wichtig und richtig, eine Art Kontrolle über Dauer und Führung des Amtes einzubauen und so mindestens festzulegen, wann spätestens ein Bericht über den dannzumaligen Stand der Dinge zu erfolgen hat. Überdies kann die Behörde gestützt auf Art. 418 der Erledigung einer Angelegenheit selbstverständlich eine exakte Frist setzen, was sich selbstredend auf eine festzulegende Amtsdauer auswirken kann. 34

Daneben sind Fälle vorstellbar, da eine **genaue Festlegung einer Dauer** möglich ist, weil absehbar ist, wie lange der die Beistandschaft erheischende Schwächezustand andauern wird. Eine solche Grenze würde etwa die bald bevorstehende Volljährigkeit bei einer auf Art. 392 Ziff. 3 gestützten Beistandschaft darstellen (wobei auch hier zu berücksichtigen wäre, dass der Schwächezustand möglicherweise auch dadurch behoben werden könnte, dass der verhinderte Vertreter seine Vertretung wieder aufnehmen kann). 35

Im Übrigen erfordert aber das überwiegende Gros der Beistandschaftsarten – namentlich die meisten sog. kombinierten Beistandschaften nach Art. 392 Ziff. 1 i.V.m. 393 Ziff. 2 sowie die auf Art. 394 gestützten Beistandschaften und die Beiratschaften – eine **dauer-** 36

hafte Betreuung, bei der weder das Ende selbst noch ein das Ende auslösender Anlass greifbar scheint. Sie sollen einfach bis auf weiteres, d.h. namentlich bis zum allfälligen Wegfall des Anordnungsgrundes, eingerichtet sein. Diese Beistandschaften bedürfen denn auch im gleichen Rahmen wie eine Vormundschaft der Festlegung einer bestimmten Amtsdauer.

37 Dass die VormBehörde die Amtsdauer nach Einzelfall frei festzulegen hat, spricht bei all diesen Arten der klassischen oder behelfsmässigen Amtsdauerdefinition keineswegs dagegen, die zur Vormundschaft bestehenden Bestimmungen (namentlich **Art. 415**) und damit insbesondere die Regelfrist von zwei Amtsjahren mit anschliessender Bestätigungsmöglichkeit als Orientierung heranzuziehen (RIEMER, Vormundschaftsrecht, 144). Gerade bei den auf unbestimmte Dauer eingerichteten Beistandschaften sollte dies sogar der eigentliche Regelfall sein (s. daher zum Ganzen insb. auch die Ausführungen zu Art. 415). Durch die Festlegung einer Amtsdauer finden insbesondere auch die Bestimmungen über das Ende des vormundschaftlichen Amtes (Art. 441 ff.) und namentlich der Nichtwiederwahl, Entlassung oder Amtsenthebung entsprechende Anwendung, was u.a. auch bedeutet, dass ein Beistand **während laufender Amtsperiode nicht beliebig auswechselbar** ist.

2. Entschädigung

38 Nach Massgabe von Art. 417 Abs. 2 liegt es **an der jeweiligen VormBehörde,** die Beistandsentschädigung im Einzelfall festzulegen. Der Beistand hat mithin nicht etwa dem Verbeiständeten für seine Aufwendungen Rechnung zu stellen, sondern er hat seine diesbez. Eingabe bei der ihn beauftragenden Behörde zu machen, für welche die Entschädigungsforderung einen (unverbindlichen) Antrag darstellt. Die Festlegung ergeht – in aller Regel zusammen mit der Abnahme des Rechenschaftsberichts (was vorgängige, begründete und angemessene Akontozahlungen nicht ausschliesst) – in einem vormundschaftsbehördlichen Entscheid, welcher nach Rechtskraft einen definitiven Rechtsöffnungstitel darstellt (OGer AG, ZVW 1998, 108 f.; BGE 113 II 394 f.); über eine allfällige Überwälzung an unterhaltspflichtige Drittschuldner (z.B. Eltern) wäre nötigenfalls eine gerichtliche Entscheidung erforderlich (BGE 102 II 154 ff.).

39 Im Gegensatz zur Vormundschaft bedeutet Beistandschaft regelmässig Teilfürsorge, und zwar nicht eine einheitliche, sondern eine höchst divergente. Das kann bzw. muss sich bei der Entschädigung entsprechend auswirken; sie ist grundsätzlich **individuell nach Mühe und Aufwand** sowie unter Berücksichtigung allenfalls notwendiger Spezialkenntnisse zu bestimmen (siehe namentlich für anwaltliche Tätigkeiten: BGE 5P.309/2002 vom 3.12.2002; BGE 116 II 399 ff. = Pra 1991, 861 ff.; ZR 1985, 224 ff.; OGer AG, ZVW 1998, 106 ff., wo klar unterschieden wird zwischen in der gleichen Beistandschaft anfallenden anwaltlichen und allgemeinen Tätigkeiten). Jedoch sind einerseits immer mehr Beistandschaften ebenfalls auf umfassende Fürsorge ausgerichtet und wird andererseits auch die Globalfürsorge des Vormundes üblicherweise in allg. und besondere Leistungen eingeteilt und dementprechend entschädigt. Es werden denn auch in aller Regel dieselben Entschädigungsrichtlinien zur Anwendung gelangen wie bei Vormundschaften; das gilt – mutatis mutandis – sowohl für die Bemessung der Entschädigung und die Art der Festsetzung als auch für die Frage nach dem Entschädigungsträger. Vgl. daher die Ausführungen zu **Art. 416,** welche Bestimmung – unumstrittenerweise für Verwaltungsbeistandschaften, in Lehre und Rechtsprechung weniger klar für Vertretungsbeistandschaften – ohnehin analog zur Anwendung gelangt (RegRat SG, ZVW 1989, 155, wonach allerdings Art. 416 fälschlicherweise direkte Anwendung findet; vgl. auch ZR 1997, 84 f.; OGer ZH, plädoyer 2/2000, 57; beachte sodann etwa § 31 der Luzerner Vor-

mundschaftsverordnung [SRL Nr. 207], welche in Bezug auf die Entschädigung des Amtsträgers wohl zwischen persönlicher Betreuung und Vermögensverwaltung, nicht aber zwischen Beistand oder Vormund unterscheidet).

Notabene: Kommt es bei einer Beistandschaft, bei welcher der Betreuer (als Rechtsan- **40** walt) mit einer Prozessführung beauftragt war, nach gewonnenem Verfahren zu einer gerichtlich zugesprochenen **Prozessentschädigung** (vgl. BGE 124 V 345), ist dies bei der Entschädigungsfestsetzung entsprechend zu werten, und selbstverständlich resultiert daraus – weder zulasten des Verbeiständetenvermögens noch zulasten einer Amtskasse – eine Entschädigungskumulation für den Beistand.

Zu Sonderfragen bez. der Entschädigung der vom Gesetzgeber als Beistandschaft konzi- **41** pierten *Vertretung des Kindes im elterlichen Scheidungsprozess* siehe Komm. zu Art. 147.

Art. 418

B. Inhalt der Beistandschaft **I. Für ein einzelnes Geschäft**	**Wird dem Beistand die Besorgung einer einzelnen Angelegenheit übertragen, so hat er die Anweisungen der Vormundschaftsbehörde genau zu beobachten.**
B. Objet de la curatelle I. Mandat spécial	Le curateur investi d'un mandat spécial l'exécute conformément aux instructions de l'autorité tutélaire.
B. Doveri I. Per singoli affari	Il curatore nominato per singoli affari deve uniformarsi esattamente alle istruzioni dell'autorità tutoria.

Literatur

Vgl. die Literaturhinweise zu den Vorbem. zu Art. 417–419.

I. Normzweck/Geltungsbereich

Art. 418 **konkretisiert** (zusammen mit Art. 419) die programmatische Aussage des **1** Art. 367 Abs. 2. Anders als in Art. 419 wird aber in Art. 418 nicht einmal ansatzweise eine eigentliche, von der Schutzbedürftigkeit herrührende Aufgabe veranschaulicht, sondern nur aufgabenbezogen inhaltlos bzw. neutral bestimmt, dass der Beistand sich an die ihm jeweils erteilten Anweisungen zu halten hat.

Gestützt auf Randtitel und Text erhält die Bestimmung Geltung im Rahmen der einem **2** Beistand übertragenen einzelnen Geschäfte bzw. innerhalb der Besorgung einer einzelnen Angelegenheit. Dem Wortlaut nach nimmt die Norm damit **Bezug auf die Vertretungsbeistandschaften;** das lässt sich im Übrigen auch aus der gesetzlichen Systematik ablesen, da im Anschluss daran der weitere unter demselben Obertitel «Inhalt der Beistandschaft» stehende Randtitel mit Vermögensverwaltung bezeichnet wird, womit also die beiden Grundarten der Beistandschaft abgedeckt wären. Unter Berücksichtigung dessen, dass eine Verwaltungsbeistandschaft (und in wohl noch höherem Masse eine Beistandschaft auf eigenes Begehren) i.d.R. auch Elemente der Vertretungsbeistandschaft aufweist sowie unter Bezug auf die äusserst allg. Kernaussage des Wortlauts von Art. 418 scheint es indessen richtig, Art. 418 zumindest **analog auch auf die andern als die reinen Vertretungsbeistandschaften** anzuwenden (wobei sich allerdings der allg. Auftrag bei der Beistandschaft auf eigenes Begehren direkt auf das Gesetz, nicht auf den behördlichen Beschluss stützt: vgl. BK-Schnyder/Murer, Art. 394 N 12).

3   Darin müssen an sich auch die **Beiratschaften** eingeschlossen sein. Allerdings können bei einer reinen Mitwirkungsbeiratschaft (Art. 395 Abs. 1) dem Beirat keine die vom Gesetz bestimmte Aufgabe überschreitenden Weisungen erteilt werden, so dass für eine Anwendung von Art. 418 insoweit von vornherein kein Platz bleibt. Abgesehen davon hängt die Anwendbarkeit von Art. 418 auf die Mitwirkungsbeiratschaft wesentlich davon ab, wie man die Rolle der VormBehörde in diesem Zusammenhang einstuft: Geht man mit der h.L. davon aus, dass eine behördliche Zustimmung nach Art. 421 f. entfällt (s. Art. 421/422 N 9), kann konsequenterweise auch keine Anweisungsbefugnis gegeben sein. In der Beiratschaft beschränkt sich die Anwendbarkeit von Art. 418 mithin auf den analogen Bereich im Rahmen der Verwaltungstätigkeit.

II. Norminhalt

1. Beistandschaft zur Besorgung einer einzelnen Angelegenheit

4   Die im Gesetzestext (Tatbestand) angesprochene Besorgung einer einzelnen Angelegenheit bezieht sich in aller Regel auf eine **Vertretungstätigkeit,** darin können aber ggf. ein Stückweit auch Verwaltungshandlungen eingeschlossen sein. Abgesehen davon können sich solche Angelegenheiten auch auf persönliche Fürsorge gegenüber dem Betreuten erstrecken.

5   Siehe im Einzelnen die Komm. zu Art. 392.

2. Beobachtung der behördlichen Anweisungen

a) Im Allgemeinen

6   In seinem allg. Wortlaut besagt Art. 418, dass ein Beistand sich an das zu halten hat, was ihm aufgetragen ist. Positiv ausgedrückt ist er verpflichtet, das auszuführen, wofür er bestellt wurde. Die Bestimmung legt damit (indirekt) aber auch die **Schranken** fest, innerhalb derer ein Vertretungsbeistand tätig werden kann. Seine Vertretungsmacht entspringt direkt dem Gesetz bzw. seinem Amt (Art. 417 N 15); der Wirkungskreis, auf welchen sich diese Macht erstreckt, wird hingegen von der Behörde nach den Bedürfnissen des Einzelfalls bestimmt. Die Natur seiner Aufgabe liegt in der Verrichtung einzelner Aufgaben (oder Aufgabenkreise); diese sind behördlich umschrieben. Das und nichts weiter obliegt dem Beistand. Ein Beistand muss und darf sich denn im Rahmen des Amtes auch um jene Angelegenheiten, für welche er nicht bestellt ist, nicht kümmern (BK-Schnyder/Murer, Art. 392 N 17). Dabei ist allerdings nicht immer allein der Wortlaut der Aufgabenumschreibung, sondern ebenso der Zweck, der einer Massnahme verliehen ist, ausschlaggebend etwa dafür, ob zur Funktion auch die Gewährung persönlicher Fürsorge gehört.

7   Rechte und Pflichten des Beistandes ergeben sich somit anders als bei der umfassenden Fürsorge des Vormundes nicht in jeder Hinsicht allein aus dem Gesetz, sondern sind im Hinblick auf die konkrete Aufgabe für jeden Einzelfall festgelegt und spezifiziert. Dem Vertretungsbeistand obliegt ja nicht wie dem Vormund die Wahrung der Gesamtheit der Interessen von Personen- und Vermögenssorge für den Massnahmebetroffenen; ihm

kommt ein **bloss beschränktes und von der VormBehörde nach dem vorliegenden Schutzbedürfnis bestimmtes Betätigungs- und Wirkungsfeld** zu. So kann nach Massgabe der Umstände eines konkreten Falles die Aufgabe des Beistandes (vorerst) auch etwa auf blosse Abklärung einer Angelegenheit und entsprechende Berichterstattung bzw. Antragstellung beschränkt sein.

Art. 418 richtet sich damit auch direkt an die jeweilige VormBehörde. Eine Vertretungs-   **8**
beistandschaft kann den unterschiedlichsten Zwecken dienen; Pflichten und Kompetenzen des Beistandes richten sich i.Allg. nach dem Grund der Massnahme, der damit definierten Zielsetzung sowie dem Grad der Hilfsbedürftigkeit der zu betreuenden Person. Die VormBehörde hat die entsprechenden Abwägungen für jeden Einzelfall zu tätigen und dem Beistand die nötigen Anweisungen und damit eine Art Pflichtenheft zu erteilen. Ein zu globaler Auftrag widerspricht dabei der gesetzlichen Konzeption der Vertretungs-beistandschaft und die Behörde darf dem Beistand **keine weiter als nötig gehenden Kompetenzen** einräumen (BK-SCHNYDER/MURER, Art. 392 N 31). Immerhin hat sich die Beistandschaft, namentlich die sog. kombinierte Beistandschaft nach Art. 392 Ziff. 1 und 393 Ziff. 2, im Laufe der Jahre vermehrt zu einer Massnahme mit relativ umfassendem Auftrag entwickelt; entsprechend können dann für den allg. Auftrag auch die behördlichen Instruktionen genereller ausfallen (STETTLER, Droit civil I, N 284), was die Behörde aber keineswegs aus ihrer diesbez. Verantwortung entlässt. Im Gegenzug würde aber auch eine zu engmaschige Weisungsdichte der grundsätzlichen Selbständigkeit des beiständlichen Amtes widersprechen.

b) Anweisungsfunktionen und -möglichkeiten

Die Anweisungen erfüllen üblicherweise **drei Funktionen:** Zunächst soll der Amtsträger   **9**
wissen, wohin und wie weit seine Aufgabenbelange reichen; des Weiteren muss der Massnahmebetroffene sich darüber im Klaren sein können, in welchen Bereichen er sich die beiständliche Vertretung gefallen und anrechnen lassen muss; und schliesslich muss aus der Aufgabenumschreibung auch für vom Rechtsverkehr betroffene Dritte die beiständliche Vertretungsmacht ersichtlich sein.

In der Regel werden die Aufgaben sowie die damit verbundenen Rechte und Pflichten   **10**
des Beistandes **zusammen mit dem Anordnungsbeschluss** festgelegt. Anweisungen können dem Beistand bei Bedarf aber jederzeit **auch während laufender Massnahme** erteilt werden. Nicht selten werden z.B. Anweisungen im Zusammenhang mit der Genehmigung eines Rechenschaftsberichtes festzusetzen sein (vgl. auch Art. 423 Abs. 2). Auf der andern Seite können bestimmte Anordnungen, etwa wenn sie eine Art Startverpflichtung darstellen, mit der Zeit auch als erfüllt dahinfallen bzw. von Beginn weg nur eine Anfangs- oder Einrichtungsphase betreffen.

Ausser dem **Setzen eines Rahmens** (N 6) für das in concreto aufgetragene beiständliche   **11**
Amt dient eine auf Art. 418 gestützte Weisung somit gleichzeitig auch der **behördlichen Aufsicht über die Art der Amtserfüllung.** Die VormBehörde ist zur Erteilung von Weisungen auch in dieser Hinsicht befugt. Dabei muss es sich allerdings um Weisungen handeln, welche mit dem konkreten Fall zusammenhängen und inhaltlich die von der Aufgabe gebotene Führung der Massnahme als solche betreffen; es kann mithin nicht etwa um Fragen des persönlichen Stils des Amtsträgers und dergleichen gehen. Solcherlei gehört nicht in den Zusammenhang von Art. 418, sondern allenfalls in den Komplex der Fragen zur allg. Aufsichtsfunktion der Behörde gegenüber dem Amtsträger oder aber je nachdem sogar in den weiter gehenden Fragenkreis zur Eignung einer bestimmten Person zum Amtsträger resp. in den vormundschaftsrechtlich grundsätzlich unmassgeblichen Teil der reinen Anstellungsbedingungen von beruflichen Amtsträgern.

12 Neben der genauen Umschreibung der Aufgabe im Auftrag an den Beistand gehören in den Kontext von Art. 418 etwa Anweisungen wie diejenigen, mit einer bestimmten Drittperson nach Möglichkeit zusammenzuarbeiten, einen zu veräussernden Gegenstand (vorerst) innerhalb des Verwandten- oder Freundeskreises des Verbeiständeten anzubieten, ganz allg. bestimmte Familieninteressen weitestmöglich zu berücksichtigen, im Falle einer notwendigen Hausratsliquidation bei der Erfüllung dieser Aufgabe Art. 400 Abs. 2 sowie allenfalls eine letztwillige Verfügung zu beachten, etc. Überhaupt können die für die Übernahme des Amtes einer Vormundschaft geltenden Art. 398 ff. grösstenteils Gegenstand einer Weisung an den Beistand gem. Art. 418 bilden, soweit dessen Vertretungsaufgabe vermögensrechtlicher Natur ist (DESCHENAUX/STEINAUER, Personnes, N 1136). Insbesondere, aber nicht nur insoweit als eine Verwaltungsbeistandschaft hineinspielt (zur diesbez. Anwendbarkeit s. N 2) ist auch an Weisungen über die Einlieferung bestimmter Werte in die Schirmlade oder über die Abschliessung eines Bankhinterlegungsvertrages, welcher für bestimmte Bezüge eine besondere Zustimmung (Art. 419 Abs. 2) voraussetzt, und dergleichen zu denken. Neben diesen **Beispielen** ist im vorliegenden Zusammenhang sodann auch etwa die Festsetzung einer Frist zur Erledigung der aufgetragenen Angelegenheit oder zur nächsten Berichterstattung u.Ä. zu erwähnen.

13 Ausdrücklich ist **ausser in Art. 418** von vormundschaftsbehördlichen Weisungen die Rede noch in den Art. 400 Abs. 1, 403 und 404 Abs. 1.

c) Verbindlichkeit

14 Das Amt des Beistandes ist grundsätzlich ein selbständiges Amt (Art. 417 N 17), dem aber mit den Anweisungen der VormBehörde nach Art. 418 ein Rahmen gesetzt wird. Wo der Beistand auf Anweisungen der VormBehörde angewiesen ist, hat er um solche **nachzufragen,** wenn diese unterblieben sind (BGE 115 V 244, 251; ZK-EGGER, N 2; BK-KAUFMANN, N 2). In diesem Sinne hat er auch um solche zu ersuchen, wo er in der Erledigung seines Amtes feststellt, dass er erweiterte Kompetenzen benötigt. Bei entsprechender Dringlichkeit und ausgewiesener Interessenlage kann der Beistand allerdings auch die notwendige Handlung vornehmen und sich erst im Nachhinein dazu autorisieren lassen (DESCHENAUX/STEINAUER, Personnes, N 1136a).

15 Die erteilten Anweisungen sind für den Beistand **verbindlich,** er muss sie «genau beobachten». Immerhin besteht für ihn ggf. die Möglichkeit, gestützt auf Art. 420 Abs. 2 bei der Aufsichtsbehörde gegen die Erteilung einer Anweisung **Beschwerde** zu führen (s. Art. 420 N 33 sowie Trib cant VD, ZVW 2003, 169 ff.; BGE 113 II 232); daneben muss wohl auch eine Wiedererwägung durch die VormBehörde möglich sein, wenn der Beistand feststellt, dass mit der erteilten Weisung die Interessen des Verbeiständeten nicht (genügend) zu wahren sind, und er dies der VormBehörde mitteilt. Eine vormundschaftsbehördliche Weisung entbindet denn den Amtsträger auch nicht von jeder Diligenz (vgl. ZWR 2000, 261).

16 Bezüglich der **Folgen der Nichtbeachtung** durch den Beistand kann zum einen auf die (vormundschaftsrechtlichen) Verantwortlichkeitsbestimmungen und zum andern auf die aufsichtsrechtlichen Möglichkeiten der VormBehörde verwiesen werden (s. Komm. zu Art. 426 einerseits und zu Art. 420 sowie 445 ff. andererseits). Abgesehen davon hat seine Vertretung im überauftraglichen Bereich für den Verbeiständeten die Bedeutung einer ermächtigungslosen Stellvertretung (Art. 38 f. OR) bzw. bezogen auf das Innenverhältnis einer Geschäftsführung ohne Auftrag (Art. 419 ff. OR).

17 Anweisungen können auch in denjenigen Fällen durchaus Sinn machen, in welchen der **Verbeiständete selbst urteils- und damit handlungsfähig** ist und daher selbst bestimmte Anweisungen geben resp. in seiner eigenen Handlungsweise die behördlichen Anweisungen unbeachtet lassen kann. Da ja aber der Verbeiständete die einmal erfolgte Handlung des Beistandes gegen sich gelten lassen muss (Art. 417 N 14), ist es notwendig und sinnvoll, den Massnahmerahmen für die beiständliche Kompetenz in jedem Fall abzustecken. Weil der Massnahmebetroffene voll handlungsfähig bleibt, könnte er den Beistand analog der Möglichkeit des Art. 419 Abs. 2 – im Ausmass seiner Fähigkeit hierzu (s. Art. 419 N 16 ff.) – im Prinzip autorisieren, als sein Stellvertreter anders vorzugehen als von der Behörde aufgetragen, was eine Interessenkollision in der Person des Beistandes zur Folge hätte. Weil der Verbeiständete indessen den Beistand nicht befehligen kann (Art. 417 N 10), bleibt die Verbindlichkeit des behördlichen Auftrags für den Beistand grundsätzlich bestehen.

III. Vorwegnahme von Art. 421/422

Die **zustimmungsbedürftigen Geschäfte** der Art. 421 f. können ohne weiteres auch   **18**
im Rahmen einer Vertretungsbeistandschaft eine Rolle spielen (obwohl sie, da mehrheitlich wirtschaftlich-kommerziell ausgerichtet, bei der Verwaltungsbeistandschaft erheblich häufiger zum Tragen kommen). Grundsätzlich gelangen die Art. 421 f. dann gestützt auf Art. 367 Abs. 3 auch zur Anwendung (s. Art. 421/422 N 7; beachte jedoch BK-SCHNYDER/MURER, Art. 392 N 35).

Allerdings kann bei genügender Bestimmtheit auch bereits in der Anweisung   **19**
nach Art. 418 eine solche – **antizipierte** – **Zustimmung** (der erteilenden und damit üblicherweise der VormBehörde, kaum je der Aufsichtsbehörde) liegen (BK-SCHNYDER/ MURER, Art. 392 N 35; RIEMER, Vormundschaftsrecht, 146). Es ist nicht sinnvoll, einen Beistand die Zustimmung zu einem Geschäft einholen zu lassen, zu dessen Vornahme er gerade verpflichtet worden ist. So liegt etwa im Auftrag zur Führung eines bestimmten Prozesses regelmässig auch die Zustimmung nach Art. 421 Ziff. 8, auch wenn dies nicht ausdrücklich aufgeführt wird. Dass der Beistand nicht soll erfragen müssen, wozu er doch gerade erst ist beauftragt worden, darf indessen nicht dazu führen, dass die behördliche Zustimmung stets schon im Auftrag zur Abklärung eines bestimmten Geschäfts erblickt wird; das darf vielmehr nur dann der Fall sein, wenn bei feststehender Interessenlage der Auftrag zur Abwicklung eines mindestens in seinen Wesenszügen bekannten Geschäfts erteilt wird, nicht etwa, wenn ein inhaltlich noch mehr oder weniger offenes Geschäft im Interesse des Verbeiständeten abzuklären und ggf. anzubahnen ist.

IV. Ansatzpunkt zur eigenen Handlungskompetenz der Vormundschaftsbehörde

Im Gegensatz zur Grundlage im Ingress des Art. 393 bei der Verwaltungsbeistandschaft   **20**
besteht für die Vertretungsbeistandschaft keine explizite Gesetzesgrundlage zur etwaigen Kompetenz der VormBehörde, dringende und infolge ihrer Liquidität rasch lösbare Angelegenheiten selbst – d.h. ohne Bestellung eines Beistandes – zu erledigen. Dass die VormBehörde dazu unter besonderen Umständen aus Verhältnismässigkeitsgründen ermächtigt ist, wird in Lehre und Rechtsprechung nicht bestritten. Neben der analogen Anwendung von Art. 393 Ingress kann das denn auch indirekt aus Art. 418 gefolgert werden (BK-SCHNYDER/MURER, Art. 392 N 36); wer weisungsbefugt ist, kann bei entsprechender Liquidität, wenn also die Ernennung eines Beistandes nur eine unnötige Formalität darstellen würde, auch gerade selber handeln.

Art. 419

II. Für Vermö-
gensverwaltung

¹ Wird dem Beistand die Verwaltung oder Überwachung eines Vermögens übertragen, so hat er sich auf die Verwaltung und die Fürsorge für die Erhaltung des Vermögens zu beschränken.

² Verfügungen, die darüber hinausgehen, darf er nur auf Grund besonderer Ermächtigung vornehmen, die ihm der Vertretene selbst oder, wenn dieser hiezu nicht fähig ist, die Vormundschaftsbehörde erteilt.

II. Gestion de biens

¹ Le curateur chargé de veiller sur des biens ou de les gérer ne procède qu'aux actes administratifs et conservatoires qui sont nécessaires.

² Il ne prend d'autres mesures que du consentement spécial de la personne représentée ou, si elle est incapable de le donner, que du consentement de l'autorité tutélaire.

II. Per amministra-
zioni patrimoniali

¹ Il curatore nominato per amministrare o sorvegliare una sostanza deve limitarsi agli atti necessari alla sua conservazione.

² Non può fare atti eccedenti questi limiti senza speciale autorizzazione del rappresentato stesso o, se questo non è capace di darla, senza quella dell'autorità tutoria.

Literatur

Vgl. die Literaturhinweise zu den Vorbem. zu Art. 417–419.

I. Normzweck

1   Wie Art. 418 für die Vertretungsbeistandschaft **konkretisiert** Art. 419 die allg. Aussage des **Art. 367 Abs. 2** für die Verwaltungsbeistandschaft im Hinblick auf die Aufgaben und Pflichten des Beistandes (it. Obertitel) bzw. den Inhalt und Gegenstand (dt. und frz. Obertitel) der Vermögensverwaltung.

2   In Abs. 1 wird dabei der einem Beistand übertragene Verantwortungsbereich gesetzlich in Form einer **Direktive zum Umfang der beiständlichen Befugnisse** abgesteckt und in Abs. 2 eine **Zuständigkeitsregelung** für Handlungen, welche diesen vom Gesetz vorgesehenen beiständlichen Verwaltungsbereich überschreiten, getroffen.

II. Geltungsbereich

3   Art. 419 betrifft gem. Randtitel die für eine Vermögensverwaltung eingerichteten Beistandschaften und damit äusserst verschiedene Gebilde. Sicherlich fallen darunter alle in **Art. 393** aufgezählten Fälle der Beistandschaft. Daneben gehört aber nach der Systematik des Gesetzes auch die Beistandschaft auf eigenes Begehren **(Art. 394)** zu den Verwaltungsbeistandschaften und diese mithin – obwohl unbestrittenermassen keine reine Verwaltungs-, sondern eine Beistandschaft sui generis – zum Anwendungsbereich des Art. 419. Sodann muss Art. 419 mutatis mutandis auch für die Beistandschaften des Vormundschaftsrechts i.w.S. Geltung erlangen, soweit es sich dabei um Verwaltungsbeistandschaften handelt (zu Art. 325 beachte STETTLER, SPR III/2, 515). Abgesehen davon strahlt Art. 419 aber auch auf die **Vertretungsbeistandschaften** aus; einmal insoweit als auch ein Vertretungsauftrag zu Verwaltungshandlungen führen kann, sodann aber auch

insoweit als Art. 419 Abs. 2 dem Verbeiständeten – im Ausmass seiner Fähigkeit – die eigene Zustimmung zu Handlungen des Beistandes zugesteht, was analog auch auf Vertretungsbeistandschaften anzuwenden ist (vgl. BK-SCHNYDER/MURER, Art. 392 N 35 unter Hinweis auf weitere, auch abw. Meinungen).

Art. 419 kommt im Übrigen auch für **Beiratschaften** zur Geltung – allerdings mit erheblichen Einschränkungen. So fällt eine *Mitwirkungsbeiratschaft* per definitionem nicht unter die Vermögensverwaltung und, da mit ihr keine (gesetzliche) Vertretung verbunden ist (TUOR/SCHNYDER/SCHMID/RUMO-JUNGO, 507; BGE 119 V 264, 268), auch nicht unter den auf eine Vertretungsbeistandschaft allenfalls analog anzuwendenden Bereich. Abgesehen davon muss aus der herrschenden Lehre und Rechtsprechung, wonach bei der Mitwirkungsbeiratschaft allein der Beirat und der Verbeiratete entscheiden (BK-SCHNYDER/MURER, Art. 395 N 105 f.), geschlossen werden, dass eine behördliche Mitwirkung, wie sie aus Art. 419 Abs. 2 resultieren könnte, gar nicht in Frage kommt. Anders stellt sich das Problem für die *Verwaltungsbeiratschaft* (und in diesem Rahmen für die kombinierte Beiratschaft). Ohne grössere Schwierigkeiten ist Art. 419 Abs. 1 hier anwendbar, zumal die Direktiven zur Vormundschaft gerade für dauerhafte Massnahmen ihre Mitgeltung haben (N 9). Ein Dogmenstreit besteht in Lehre und Rechtsprechung hingegen bez. der Frage der Anwendung von Art. 419 Abs. 2 auf die Verwaltungsbeiratschaft: Hält die eine Seite Art. 419 Abs. 2 für überhaupt nicht anwendbar (BK-SCHNYDER/MURER, Art. 395 N 143 mit weiteren Belegen), hat die andere (herrschende?) diesbez. keine Bedenken, lässt dabei dann allerdings die Vermutung spielen, der Betroffene sei infolge der Verbeiratung zum vornherein nicht ermächtigungsfähig i.S. der Bestimmung, so dass die mit der Beiratschaft verbundene Handlungsfähigkeitsbeschränkung trotz erklärter Anwendbarkeit von Art. 419 Abs. 2 nicht als unterwandert zu betrachten ist (s. die Belege bei BK-SCHNYDER/MURER, Art. 395 N 142). Im Resultat bleiben damit keine erwähnenswerten Unterschiede – insb. auch unter der weiteren Rücksicht, dass die in Art. 419 Abs. 2 angesprochenen ausserordentlichen Verwaltungshandlungen und die von Art. 421 f. abgedeckten zustimmungsbedürftigen Verwaltungshandlungen sich weitestgehend decken (s. N 13) und dass mit der alleinigen Nennung der VormBehörde in Art. 419 Abs. 2 nicht Art. 422 ausgeschaltet ist (s. N 26).

III. Gewöhnliche Verwaltung (Abs. 1)

1. Übertragung von Verwaltung oder Überwachung des Vermögens

Mit der Aufnahme des Begriffes der **Überwachung** (frz.: veiller; it.: sorvegliare) des Vermögens in den Tatbestand des Art. 419 Abs. 1 wird nicht eine neue, neben die gängigen Beistandschaftsarten tretende Kategorie von Beistandschaft eingeführt. Die Überwachung eines Vermögens im Rahmen einer Beistandschaft ist nicht ohne Verwaltungskompetenzen denkbar, da dem Begriff des Beistandes die mit den nötigen Kompetenzen ausgestattete selbständige und selbstverantwortliche Amtsführung inhärent ist. Der Beistand ist nicht nur ein verlängerter Arm der Behörde, wie dies etwa das Organ der Erziehungshilfe des Art. 307 Abs. 3 (im Gegensatz zur Erziehungsbeistandschaft nach Art. 308) darstellt. Dadurch wird immerhin nicht ausgeschlossen, dass ein solches reines Überwachungsorgan gestützt auf Art. 393 Ingress («… das Erforderliche anzuordnen …») bei gegebenen Umständen (und ggf. unter Anordnung weiterer, sich z.B. analog aus Art. 398 ff. ergebender Erforderlichkeiten) einsetzbar wäre; es würde sich dann aber eben nicht um einen Beistand handeln, sondern um eine Hilfsperson der Vorm Behörde (vgl. auch RIEMER, ZVW 1982, 129). Die gestützt auf aArt. 297 Abs. 2 früher mögliche Beistandschaft zum Schutze des Kindesvermögens, welche tatsächlich als einer blossen

Überwachung gleichkommend betrachtet werden konnte, gibt es seit Inkrafttreten des neuen Kindesrechts im Jahre 1978 nicht mehr.

6   Vgl. im Übrigen zum Tatbestand der Verwaltung und Überwachung eines Vermögens sowie insb. auch zur Frage, ob eine Einkommensverwaltung dazugehört, die Ausführungen zu Art. 393.

2. Beschränkung auf die Erhaltung des Vermögens

7   Die Verwaltungsbeistandschaft ist einerseits in ihrem Gegenstand **beschränkt** (zur beiständlichen Verwaltung kommt nur das behördlich bezeichnete Vermögen; dabei kann es sich sowohl um ein Teil- als auch um ein Gesamtvermögen handeln), andererseits aber auch **in ihrem Umfang.**

8   Der zur Verwaltung eines bestimmten Vermögens eingesetzte Beistand hat sich «auf die Verwaltung und die Fürsorge für die Erhaltung des Vermögens zu beschränken». Diese direkt vom Gesetz erteilte Direktive bildet eine Art **Höchstrahmen** der Verwaltungsbeistandschaft. Mehr kann aufgrund der Verschiedenheit der Verwaltungsbeistandschaften nicht einheitlich geregelt werden. Zulässig sind zudem aber bei Bedarf behördliche Präzisierungen für den Einzelfall, wie sie für die Vertretungsbeistandschaft in Art. 418 vorgesehen sind (vgl. Art. 418 N 2; für konkrete Bsp. s. etwa GEISER et al., 77 Anm. 1).

9   Die Zielvorgabe der Verwaltung liegt in der **wirtschaftlichen Sicherheit** und der **konservierenden Bewahrung der Vermögenssubstanz:** Das Vorhandene soll möglichst ungeschmälert erhalten bleiben, jede Schädigung des Vermögens ist nach Möglichkeit abzuweisen. Eine gute Verwaltung im vormundschaftlichen (sprich: beistandschaftlichen) Sinne kann nicht in einer möglichst imposanten Vermögensvermehrung gesehen werden; das wäre zumeist mit risikoreichen und damit der Gefahr eines vollständigen oder teilweisen Verlustes ausgesetzten Anlagen verbunden. Immerhin gehört zur Fürsorge für ein Vermögen grundsätzlich auch eine gewisse Ertragserwirtschaftung (vgl. Art. 401). Die Verwaltung muss somit *ertrags- und substanzsicher zugleich* sein. Da der innere Konflikt zwischen Rendite und Sicherheit nie ganz gelöst werden kann – die Rendite steigt und fällt üblicherweise mit dem einzugehenden Risiko –, muss die Forderung nach Ertrag aber eben immer entsprechend beschränkt bleiben und der Sicherheit im Zweifel weichen, was ein (nicht spekulatives) Streben nach *Realwerterhaltung* i.Allg. aber nicht ausschliesst. Zu berücksichtigen sind ausserdem wie für jede gute Vermögensverwaltung Aspekte und allg. Maximen der Kapitalanlage wie Risikoverteilung und dergleichen. Hineinspielen darf und muss in die Abwägungen im Übrigen auch eine gewisse *individuelle,* d.h. am konkreten Fall resp. der Persönlichkeit des Betroffenen orientierte, Anlage bzw. Verwaltung. Abgesehen davon findet Vermögensverwaltung nicht einfach abstrakt statt, sondern bettet sich immer in bestimmte Verhältnisse und Umstände. Der Aspekt der Sicherheit bedeutet denn auch nicht stets ein und dasselbe, und ein und dieselbe Handlung kann je nach Lage der Dinge sowie auch je nach Beschaffenheit des Vermögens einmal etwas Aussergewöhnliches, das andere mal nichts Besonderes darstellen. Im Übrigen darf aber eine solche Verwaltung etwa dann, wenn der Beistand auch weitere als bloss rein wirtschaftliche Interessen zu wahren hat – woran insb. bei Beistandschaften nach Art. 393 Ziff. 2 oder 394, aber auch z.B. im Rahmen von Art. 393 Ziff. 5 zu denken ist –, nicht etwa unter Berufung auf die grundsätzliche Konservierungspflicht die *zweckmässige Verwendung* des Vermögens im Hinblick auf die Gesamtheit der Interessen des Verbeiständeten ausschliessen. Vermögenserhaltung darf nicht zur Preisgabe des Wohls des vormundschaftlich Betreuten führen (vgl. Vorbem. N 4 sowie auch den ausdrück-

lichen Hinweis in Art. 401: «…, soweit er dessen nicht für den Bevormundeten bedarf»; ernst zu nehmen sodann etwa BREITSCHMID, ZVW 2003, 58 Anm. 29).

Bezüglich der **Mündelsicherheit** von (einerseits vom Beistand vorgefundenen und andererseits von diesem zu tätigenden) Anlagen sowie zum Wandel in diesem Begriff und zu weiteren Aspekten dazu, kann im Weiteren auf die einschlägigen Ausführungen zum Amt des Vormundes verwiesen werden, da die Art. 398 ff. auf Beistandschaften gestützt auf Art. 367 Abs. 3 analog anzuwenden sind (CAVIEZEL, 215; ZK-EGGER, N 9; BK-KAUF-MANN, N 10 ff.; s. auch Art. 417 N 2). Immerhin muss stets der Auftrag des Beistandes, welcher in concreto durchaus weniger weit gefasst sein kann als der eines Vormundes – z.B. weil es nur um eine kurzfristige Überbrückungsfunktion geht – berücksichtigt werden. Ausserdem kann die weiterhin intakte Handlungsfähigkeit des Verbeiständeten eine Rolle spielen.

Im Wortlaut von Art. 419 Abs. 1 mit der Methode, dem Beistand Schranken zu setzen **10** und damit festzulegen, was er nicht tun darf, ist sodann auch implizit und unzweifelhaft enthalten, dass der Beistand wie der Vormund zur sorgfältigen Verwaltung (so die direktere Umschreibung für den Vormund in Art. 413) verantwortlich ist; auf die Verwaltung und die Fürsorge für die Vermögenserhaltung hat er sich zwar zu beschränken, das – die **sog. gewöhnliche Verwaltung** – obliegt ihm dann aber auch. Der Beistand muss also aktiv werden; er hat für alle erforderlichen und sachgemässen Handlungen tatsächlicher und rechtlicher Natur zu sorgen. Die Selbständigkeit seines Amtes legt ihn in die entsprechende Verantwortung (Art. 426 ff.). Freilich ist es wegen der Unterschiedlichkeit jeden Einzelfalls und nicht zuletzt überhaupt aufgrund der Vielseitigkeit der möglichen Tatbestandsvarianten einer Verwaltungbeistandschaft – man denke nur an Art. 393 Ziff. 4 (u. 5) im Unterschied zu den andern Tatbeständen – ein Ding der Unmöglichkeit, eine abschliessende Liste von Handlungen zu präsentieren, welche zur gewöhnlichen Verwaltung gehören. Immer wieder erwähnt werden in Lehre und Rechtsprechung immerhin Massnahmen tatsächlicher Natur wie Sicherstellung des Unterhalts einer Liegenschaft inkl. notwendiger Reparaturvornahmen (wohl unter Vorbehalt von Art. 421 Ziff. 3), Verwahrungspflichten, Ersatzbeschaffungen etc. einerseits, sowie Massnahmen rechtsgeschäftlicher Art wie Einziehung fälliger Forderungen und Zinsen, Bezahlung zu begleichender Verbindlichkeiten, Kündigung schlecht angelegter Kapitalien (umstritten), Veräusserungen untergehender Gegenstände (wohl unter Vorbehalt von Art. 421 Ziff. 2), Erledigung versicherungs- und steuertechnischer Angelegenheiten etc. andererseits (s. die abstrakten Aufzählungen möglicher Notwendigkeiten bei BK-SCHNYDER/MURER, Art. 393 N 25; ZK-EGGER, N 3; BK-KAUFMANN, N 3; PFANDER, 77; HÄFELI, 86 f.; vgl. sodann CAVIEZEL, 168 ff. sowie Komm. zu Art. 413).

IV. Ausserordentliche Verwaltung (Abs. 2)

In Art. 419 Abs. 2 wird ein **gesetzlicher Genehmigungsvorbehalt** für Handlungen statu- **11** iert, welche über den dem Beistand in Art. 419 Abs. 1 zugestandenen Verwaltungsrahmen hinausgehen.

1. Ausserordentliche Verwaltungshandlungen

Mit der im Gesetz gebrauchten Wendung der Verfügungen, die darüber (über die Verwal- **12** tung und die Fürsorge für die Erhaltung des Vermögens) hinausgehen, sind kurz gesagt **sog. ausserordentliche Verwaltungshandlungen** gemeint. Darunter fällt z.B. eine Wohnungsliquidation mit allen Folgegeschäften. Nicht mehr in den Rahmen der gewöhnlichen Verwaltung gehört i.d.R. auch der nicht unterhaltsbedingte Rückzug von Vermögenssubstanz, welcher im Übrigen oft auch explizit mittels Bankhinterlegungsvertrag der besonderen Zustimmung nach Art. 419 Abs. 2 unterstellt wurde. Zur ausserordentlichen Verwaltung gehören sodann der Kauf oder Verkauf von Liegenschaften sowie die dingliche Belastung solcher, die Gewährung und Aufnahme von Darlehen und dergleichen.

13 Man erkennt daraus unschwer, dass die Akte ausserordentlicher Verwaltung des Beistandes **im Wesentlichen den in den Art. 421 f. (inkl. Art. 404 Abs. 3)** ausgesprochenen, behördlicher Zustimmung bedürftigen Geschäften **entsprechen.** In der Praxis lässt sich sogar nur schwerlich ein Geschäft vorstellen, das zwischen die gewöhnliche Verwaltung und die (ohnehin) zustimmungsbedürftigen Geschäfte zu stehen käme. So lassen sich denn auch etwa alle bei ZK-EGGER, N 6, aufgeführten Bsp. relativ problemlos unter Art. 421 f. resp. die gewöhnliche Verwaltung subsumieren. PFANDER, 80, gibt als Bsp. den Fall eines mit unbekanntem Aufenthalt abwesenden Unternehmers an, welcher aus einem Werkvertrag verpflichtet ist, und nun über die Werkfortsetzung zu entscheiden wäre. Es ist dies ein sehr weit hergeholter Fall, bei dem ausserdem fraglich erscheint, ob eine blosse Verwaltungsbeistandschaft als lösungsausreichend betrachtet werden kann. Der Anwendungskreis des Art. 419 Abs. 2 ist damit zwar theoretisch breiter als jener der Art. 421 f. (s. immerhin sogleich N 14), in praxi dürfte dies aber eine äusserst marginale Rolle spielen.

14 Zur ausserordentlichen Verwaltung gehören sodann auch die **Art. 408** unterstellten Sachverhalte, die sog. verbotenen Geschäfte. Insoweit als der Verbeiständete selbst handlungsfähig ist, kann er solche Geschäfte ohne weiteres vornehmen. Er kann den Beistand – seine diesbez. Fähigkeit vorausgesetzt – auch zur Vornahme solcher Geschäfte ermächtigen. Ist er allerdings nicht (mehr) selbst handlungsfähig, kann es nicht darauf ankommen, welche vormundschaftliche Massnahme im Spiel steht; Art. 408 muss dann stets zum Tragen kommen. Die VormBehörde kann nicht gestützt auf Art. 419 Abs. 2 die Ermächtigung zu einer Schenkung zulasten des Verbeiständeten erteilen (ZK-EGGER, Art. 417 N 9; **a.M.:** Trib cant VD, ZVW 2003, 169 ff.; zum Begriff der Schenkung beachte immerhin BREITSCHMID, ZVW 2003, 58 sowie Art. 239 Abs. 3 OR); die Verbote des Art. 408 müssen in gleicher Form für jegliche Art vormundschaftsrechtlich motivierter Vertretung gelten.

2. Besondere Ermächtigung

15 Zur Vornahme ausserordentlicher Verwaltungshandlungen bedarf der Beistand einer besonderen Ermächtigung. Es muss sich dabei um eine **auf das konkret vorzunehmende Geschäft bezogene Befähigung** handeln; eine Generalermächtigung – sei es des Verbeiständeten, sei es der VormBehörde (vgl. auch Art. 418 N 8) – kann in diesem Zusammenhang keine Gültigkeit erlangen (GEISER et al., 73).

a) des Verbeiständeten

16 **Kraft seiner unangetasteten Handlungsfähigkeit** (Art. 417) kann der Verbeiständete zu Handlungen des Beistandes, welche den diesem gesetzlich überantworteten Verwaltungsumfang überschreiten, seine Zustimmung geben und ihn damit zur Vornahme solcher weiter gehenden Handlungen autorisieren. Vorausgesetzt ist einzig, dass der Verbeiständete zur diesbez. sachgemässen Entscheidung «fähig» (frz.: [in]capable; it.: capace) ist.

17 Fähig i.S. des Art. 419 Abs. 2 ist ein Verbeiständeter dann, wenn er in Kenntnis der konkreten Umstände Inhalt und Tragweite der in Frage stehenden Aktion **genügend beurtei-**

len und – allenfalls nach Darlegung durch den Beistand – Vor- und Nachteile abwägen und für sich werten kann.

Fähig kann jemand zum vornherein nur sein, wenn und **soweit er handlungsfähig ist**   18
und die fragliche Handlung somit unter dem Gesichtspunkt der rechtlichen Handlungs-fähigkeit auch selbst vornehmen könnte. Ein vollständig Handlungsunfähiger vermag auch nicht die Zustimmung nach Art. 419 Abs. 2 zu erteilen.

Dennoch **deckt sich** die in Art. 419 Abs. 2 verwendete Fähigkeit aber **nicht einfach mit**   19
dem Begriff der Handlungs- oder Urteilsfähigkeit. Vielmehr kann die hier angespro-chene Fähigkeit auch fehlen, wenn der Betroffene mündig und urteilsfähig ist. Einmal betrifft dies Fälle der faktischen Unmöglichkeit, so etwa bei Abwesenheit der betroffenen Person. Sodann gibt es Fälle, da eine Urteilsfähigkeit zwar an sich zu bejahen wäre, eine Ermächtigungsfähigkeit aber infolge Misstrauen, Schwerfälligkeit, Eigenwilligkeit oder Unbelehrbarkeit verneint werden muss (ZK-EGGER, N 7; MINGER, 90). Im VE zum ZGB von 1900 (Art. 447 Abs. 3) war noch ausdrücklich von der natürlichen Handlungsfähig-keit die Rede; offenbar als gleichbedeutend (BK-KAUFMANN, N 6) wurde dann die heuti-ge Ausdrucksweise ins Gesetz aufgenommen.

Diesen Ausführungen ist zu entnehmen, dass eine Fähigkeit in den Fällen der Art. 393   20
Ziff. 1 sowie Ziff. 3–5 praktisch zum vornherein fast nicht in Frage kommt. Bei der Bei-standschaft nach Art. 393 Ziff. 2 oder derjenigen nach Art. 394 ist eine Fähigkeit zur Er-mächtigung nach Art. 419 Abs. 2 hingegen durchaus möglich, obwohl gestützt auf den Wortlaut des Gesetzes im ersten Fall ausdrücklich eine Unfähigkeit und im zweiten Fall (via Verweisung) ein Unvermögen zur Verwaltung des Vermögens vorausgesetzt ist. Es handelt sich hierbei nur um eine **sprachliche Gegensätzlichkeit** und die Unfähigkeit zur Selbstverwaltung schliesst die weniger weitgehende Fähigkeit zur Ermächtigung nicht in jedem Fall aus (**a.M.** SPITZER, ZVW 1977, 148). Das leuchtet ohne weiteres ein für komplexe Vermögensverhältnisse (mit möglicherweise schwierigen Portefeuilles etc.); so kann jemandem zur Verwaltung seines Vermögens in globo (sowie zur diesbez. Vertreter-bestellung) die Erfahrung und Fähigkeit mangeln, die Beurteilung darüber, ob eine Lie-genschaft zu einem von einem neutralen Schätzer ermittelten Preis veräussert werden soll oder dergleichen, muss deshalb aber nicht unbedingt eingeschränkt sein. Aber auch bei einfacheren Verhältnissen kann jemand nicht dazu fähig sein, sein Vermögen sachge-recht einzuteilen und den Überblick über das Ganze zu bewahren, durchaus aber Sinn oder Unsinn einer einzelnen Handlung zu beurteilen imstande sein – dies alles auch im Hinblick auf die *Relativität der Urteilsfähigkeit* mit Bezug auf den zu beurteilenden Ge-genstand sowie die davon nicht völlig loszulösende Tatsache, dass eine Fähigkeit auch bloss, aber eben zeitweise vorhanden sein kann.

Beabsichtigt der Beistand mit Ermächtigung des Verbeiständeten ein über seine Befug-   21
nisse nach Art. 419 Abs. 1 hinausreichendes Geschäft vorzunehmen, ist ihm aus Verant-wortungsgründen v.a. bei wichtigen, folgenreichen Fragen der **Beizug eines Arztzeug-nisses,** das sich über die Ermächtigungsfähigkeit des Verbeiständeten in der konkreten Frage äussert, zu empfehlen. Ausserdem wird eine **Schriftlichkeit** der Ermächtigung je nachdem nicht die schlechteste Absicherung sein. Nötig ist sie indessen nicht; es ist in Art. 419 Abs. 2 keine besondere Form für die Ermächtigung vorgesehen und diese ist daher formlos gültig. Es braucht auch **nicht eine explizite** Ermächtigung zu sein; es kann u.U. auch etwa im Wunsch, den ein Verbeiständeter an den Beistand heranträgt, eine solche Ermächtigung gesehen werden.

Besondere Vorsicht ist bei alldem einem allfälligen **Geschäft zwischen Beistand und**   22
Verbeiständetem zu widmen, weil hier nicht selten auch ein gewisses Abhängigkeits-

verhältnis hineinspielen kann. An die von Art. 419 Abs. 2 vorausgesetzte Ermächtigungs-fähigkeit zur Erweiterung der für den Beistand vorgesehenen allg. Vertretungsmacht sind diesfalls daher hohe Anforderungen zu stellen. Insbesondere wenn es um bedeutendere Geschäfte geht, ist eine diesbez. Fähigkeit wohl regelmässig zu verneinen; der Schutz-zweck der Bestimmung von Art. 422 Ziff. 7 muss diesfalls vorgehen und es muss ein Beistand bestellt werden (nicht ganz unbestritten ist in diesem Zusammenhang die An-wendbarkeit von Art. 392 Ziff. 2 bzw. eben Ziff. 3: vgl. BK-SCHNYDER/MURER, Art. 392 N 77; s. im Übrigen Art. 421/422 N 33).

23   Die Ermächtigungsfähigkeit des Verbeiständeten kann den Beistand nicht **von der Pflicht zur Rechnungsführung und der Berichtspflicht** gegenüber der Behörde (Art. 413 Abs. 2) **befreien,** da ansonsten keine Aufsicht mehr möglich wäre (ZK-EGGER, N 10). Eine anzunehmende generelle Ermächtigungsfähigkeit führt andererseits aber dazu, dass der Verbeiständete – soweit tunlich – zur Rechnungsablegung zugezogen wer-den soll (Art. 413 Abs. 3).

24   Bez. der Ermächtigung durch den **Verbeirateten** s. N 4.

b) der Vormundschaftsbehörde

25   Ist der Verbeiständete zur Ermächtigung nicht fähig i.S. der soeben gemachten Ausfüh-rungen, steht die entsprechende Befugnis der VormBehörde zu. Diese Zuständigkeit ist eine **subsidiäre** und der Behörde obliegt entsprechend in jedem Fall die Vergewisserung, ob der Verbeiständete nicht selbst in der Lage zur Ermächtigung ist; der Beistand ist auf-grund der Selbständigkeit seines Amtes allerdings gehalten, die diesbez. Prüfung vorgän-gig vorzunehmen und der Behörde einen Fall erst nach und mit seinen Abklärungen, welche zu einem die Ermächtigungsfähigkeit des Verbeiständeten verneinenden oder daran erhebliche Zweifel hervorrufenden Ergebnis gelangen, zu unterbreiten. Kommt die Behörde in ihren eigenen Abklärungen zum Schluss, die Ermächtigungsfähigkeit des Verbeiständeten sei genügend dargetan, muss das zur Folge haben, dass der Verbeistän-dete selbst zuständig bleibt (und das gerade auch, wenn er eine gewünschte Ermächti-gung verweigert!). Die Behörde darf dann also nicht vorsichtshalber über die Ermächti-gung oder Nichtermächtigung beschliessen oder sogar ihre Entscheidung an die Stelle derjenigen des (fähigen) Verbeiständeten setzen (diese Überlegung unbeachtend: Justiz-Dir. ZH, ZVW 1972, 116 ff.). Gegebenenfalls – je wichtiger und einschneidender die fragliche Angelegenheit, desto eher – ist zur Beurteilung der Sache ein *ärztliches Zeugnis* beizuziehen und/oder der Betreffende *anzuhören;* häufig werden diesbez. Schlüsse aber auch bereits die Akten zulassen. Von selbst versteht sich, dass die Behörde vom Beistand eine das Interesse des Verbeiständeten erläuternde Begründung für seine weiter als die gewöhnliche Verwaltung reichende Handlung einzuholen hat. Ist die Behörde für zustän-dig zu betrachten, hat sie im Übrigen nicht ohne Not gegen einen (trotz Unfähigkeit i.S. des Art. 419 Abs. 2) erkennbaren Willen des Betroffenen zu entscheiden (GEISER et al., 73).

26   Die Genehmigungsbedürftigkeit nach Art. 419 Abs. 2 hat nicht zur Folge, dass **Art. 421** von jeder Anwendung ausgeschlossen ist (s. Art. 421/422 N 7). Als Ausfluss der nicht tangierten Handlungsfähigkeit muss allerdings das oben ausgeführte auch für die gem. Art. 421 genehmigungsbedürftigen Geschäfte gelten, was bedeutet, dass insoweit als der Verbeiständete fähig zur Ermächtigung ist, eine behördliche Genehmigung in jedem Fall entfällt. Wo das allerdings nicht der Fall ist, gelangt Art. 421 zur Geltung (zur Bedeutung im Zusammenspiel der beiden Normen s. N 13). Ebenso wenig wird von Art. 419 Abs. 2 die Anwendung des **Art. 422** (inkl. Art. 404 Abs. 3) grundsätzlich ausgeschaltet (Näheres ebenfalls in der Komm. zu Art. 421/422 und 404).

c) Fehlen der besonderen Ermächtigung

Sofern es an der Zustimmung des dazu fähigen Verbeiständeten mangelt, handelt der **27** Beistand als **ermächtigungsloser Stellvertreter** und es gelangen entsprechend Art. 38 f. OR bzw. im Innenverhältnis die Art. 419 ff. OR zur Anwendung.

Soweit als der Verbeiständete zur Ermächtigung unfähig ist und auch keine behördliche **28** Zustimmung vorliegt, müssen die Folgen des **Art. 424** Platz greifen.

V. Vertretungstätigkeit

Art. 419 spricht sich nicht über die Vertretungstätigkeit des Verwaltungsbeistandes aus. **29** Aus der gesetzlichen Zweiteilung in Verwaltungs- und Vertretungsbeistandschaft darf indessen nicht geschlossen werden, dass einem Verwaltungsbeistand keinerlei Vertretungsmacht zustünde. Unbestrittenermassen kommt ihm **im Umfange seiner Aufgabe,** d.h. zur sachgemässen Durchführung der ihm aufgetragenen Verwaltung, die nötige Vertreterstellung zu (TUOR/SCHNYDER/SCHMID/RUMO-JUNGO, 503).

VI. Persönliche Fürsorge

So wenig wie bez. der Vertretungstätigkeit sagt Art. 419 etwas Direktes zur persönlichen **30** Fürsorge. Auch ein Verwaltungsbeistand darf aber nach allerdings nicht ganz unbestrittener Meinung **gekoppelt zu seiner eigentlichen Aufgabe** persönliche Fürsorge leisten. Insoweit als die Beistandschaft auf eigenes Begehren nach Art. 394 dazugehören soll, ist dies ohne weiteres von jedermann seit langem anerkannt. Aber auch innerhalb einer reinen Verwaltungsbeistandschaft (die Frage stellt sich allerdings bei den in Art. 393 aufgezählten Fällen nur bei Ziff. 2) ist m.E. persönliche Fürsorge möglich; wirtschaftliche und persönliche Fürsorge sind oft nicht strikt trennbar (BK-SCHNYDER/MURER, Art. 393 N 44; RIEMER, ZVW 1982, 126 f.; **a.M.** DESCHENAUX/STEINAUER, Personnes, N 1138).

Dritter Abschnitt: Die Mitwirkung der vormundschaftlichen Behörden

Vorbemerkungen zu Art. 420–425

Literatur

BOEHLEN, Die Beschwerde gemäss Art. 420 Abs. 2 ZGB, ZVW 1954, 41 ff.; BRÜHLMEIER, Hat sich die Einsetzung einer obergerichtlichen Kammer als kantonale Aufsichtsbehörde im Vormundschaftswesen bewährt?, ZVW 1978, 129 ff.; GEISER, Die Aufsicht im Vormundschaftswesen, ZVW 1993, 201 ff.; GUILLOD, Les garanties de procédure en droit tutélaire, ZVW 1991, 41 ff.; HENKEL, Die Anordnung von Kindesschutzmassnahmen gem. Art. 307 rev. ZGB, Diss. Zürich 1976; HOFMANN, Die Stellung der Vormundschaftsbehörde als familienrechtliches Kontrollorgan, Diss. Zürich 1950; JACOT-GUILLARMOD, Intérêt de la jurisprudence des organes de la CEDH pour la mise en – uvre du nouveau droit suisse de la privation de la liberté à des fins d'assistance, ZVW 1981, 41 ff.; KLEY-STRULLER, Kantonales Privatrecht, St. Gallen 1992; MEIER, Das Schenkungsrecht des OR im Lichte der allgemeinen Regeln über die Vormundschaft und die Handlungsunfähigkeit, ZVW 1995, 121 ff.; SCHNYDER, «... jedermann, der ein Interesse hat», in: FS Hegnauer, Bern 1986, 453 ff.; SCHWARZ, Die Vormundschaftsbeschwerde (Art. 420 ZGB), Diss. Zürich 1968; SPITZER, Vormundschaftsbeschwerde, kantonaler Rekurs und Aufsichtsbeschwerde, ZBl 1946, 273 ff.; ZURBUCHEN, La procédure d'interdiction, Diss. Lausanne 1991; vgl. auch die Literaturhinweise zu den Vorbem. zu Art. 360–456.

I. Die Aufsicht im Vormundschaftswesen

1   Das Vormundschaftsrecht regelt einen Bereich der *gegen* oder *ohne den Willen* der betroffenen Person durchsetzbaren Sozialhilfe. Es ist deshalb Teil der **Eingriffsverwaltung.** Nicht nur für die Anordnung, sondern auch für die Durchführung der Massnahmen ist deshalb ein rechtsstaatliches Verfahren erforderlich. Die einzelnen hoheitlich handelnden Personen müssen einer staatlichen Aufsicht unterstehen. Insofern ergibt sich aus dem Bundesrecht (einschliesslich der EMRK), dass eine allg. Aufsicht über die Mandatsträger und über die VormBehörde vorgesehen sein muss (GEISER, ZVW 1993, 216; BK-SCHNYDER/MURER, Art. 361 N 67). Die Art. 420–425 regeln die Grundzüge dieser Aufsicht. Die Regelung ist allerdings lückenhaft. Es werden nur einige Formen der Aufsicht vom Gesetz ausführlich behandelt (Mitwirkung, Prüfung der Berichte: Art. 421–424), für andere besteht einzig eine Generalnorm (Beschwerde, kant. Gesetzgebung: Art. 420 und 425), und die allg. Aufsicht ist schliesslich gar nicht geregelt. Der Grund für diese wenig systematische Gesetzgebung ist hauptsächlich darin zu sehen, dass sich die Vorstellungen über ein rechtsstaatliches Verfahren in den neunzig Jahren seit Erlass des ZGB entscheidend gewandelt haben. Ein grosser Teil der heute geltenden Grundsätze ist erst im Lauf der Jahre entwickelt worden. Die gesetzliche Regelung hat sich aber als genügend flexibel erwiesen, um diesen Wandel trotz unverändertem Gesetzestext auch im Vormundschaftsrecht zu ermöglichen.

2   Die Aufsicht bezweckt, die ordnungsgemässe Durchführung der vormundschaftlichen Massnahmen und das korrekte Funktionieren der unteren Behörden sicherzustellen. Sie steht damit einerseits im öffentlichen Interesse und andererseits im Interesse der einzelnen, von der vormundschaftlichen Massnahme direkt oder indirekt betroffenen Personen. Daraus ergeben sich folgende **Zielsetzungen:**

– **Vereinheitlichung der Rechtsanwendung:** Die Aufsichtsbehörde sorgt für eine einheitliche Anwendung des Rechts innerhalb ihres Zuständigkeitsgebietes.

– **Richtigkeit des Entscheides:** Die Aufsichtsbehörde prüft im Rahmen ihrer Zuständigkeit, ob die unteren Behörden richtig entschieden haben. Im Bereich des Vormundschaftsrechts erfasst die Kontrolle sowohl die richtige Rechtsanwendung wie auch die richtige Sachverhaltsfeststellung und die Angemessenheit des Entscheides (Art. 420 N 21).

– **Funktionieren der Behörden:** Die Aufsichtsbehörde wacht darüber, dass die unteren Behörden überhaupt und insb. auch innert nützlicher Frist tätig werden.

– **Beschränkung der Macht:** Die Aufsichtsbehörde hat zu verhindern, dass die ihr unterstellten Behörden ihre Macht missbrauchen. Dazu gehört beispielsweise auch die Kontrolle darüber, ob Ausstandsbestimmungen eingehalten worden sind.

3   Die vormundschaftlichen Behörden haben sich typischerweise mit Personen zu befassen, die an einem geistigen Schwächezustand leiden. Soweit es nicht um reine Vermögenssorge geht, wie beispielsweise bei der Verbeiständung einer nicht mehr handlungsfähigen juristischen Person (Art. 393 Ziff. 4), sind die **Betroffenen** häufig **nicht in der Lage,** sich **wirkungsvoll für ihre Rechte einzusetzen.** Dies hat für die Ausgestaltung der Aufsicht wesentliche Folgen. Das Einschreiten der Aufsichtsbehörde von Amtes wegen ist nicht nur zum Schutze der öffentlichen Interessen und der am Verfahren nicht beteiligten Dritten nötig, sondern u.U. auch im Interesse der am Verfahren direkt beteiligten Personen.

II. Grundsätze der Organisation

Sowohl die Durchführung der vormundschaftlichen Massnahmen als auch die Aufsicht   4
über die Vormundschaft **obliegt den Kantonen.** Eine eidg. Aufsichtsbehörde gibt es
nicht. Dem BGer kommt nur auf Beschwerde hin und in beschränktem Umfang eine
Kontrollfunktion zu (s.u. Art. 420 N 44 f.). Das Fehlen einer entsprechenden eidg. Behörde erstaunt, da in den meisten anderen Gebieten der vom Bundesrecht geregelten
freiwilligen Gerichtsbarkeit – dem Zivilstands-, dem Grundbuch- und dem Handelsregisterwesen, sowie, mit Blick auf die Kompetenz des BGer, auch dem Schuldbetreibungs-
und Konkurswesen – entsprechende eidg. Ämter vorgesehen sind, die eine sehr weitgehende Aufsicht führen.

Die Kantone haben neben der VormBehörde, welche die Aufsicht über die Mandatsträger   5
ausübt, **eine oder zwei Aufsichtsbehörden** vorzusehen (s.o. die Komm. zu Art. 361).
Das ZGB schreibt den Kantonen nicht vor, ob es sich um Verwaltungs- oder Gerichtsbe-
hörden handeln muss (Art. 361 i.V.m. Art. 54 Abs. 2 SchlT). Aus der EMRK ergibt sich
aber, dass jedenfalls die oberste kant. Aufsichtsbehörde eine Gerichtsbehörde sein muss
(BGE 118 Ia 478).

Das Bundesrecht lässt es den Kantonen auch offen, von welcher **Verbandsstufe** die Aufsicht ausgeübt wird. In der Regel umfasst die örtliche Zuständigkeit der Aufsichtsbehörde mehr als nur eine VormBehörde (GEISER, ZVW 1993, 206 f.).

III. Anwendungsbereich

Der vormundschaftlichen Aufsicht im weitesten Sinne unterstehen **alle Handlungen**   6
eines vormundschaftlichen Organes. Es sind aber nicht alle Aufsichtsmittel bei allen
Handlungen gleichermassen anwendbar. Der Anwendungsbereich ist deshalb bei den
einzelnen die Aufsicht betreffenden Bestimmungen zu untersuchen.

IV. Allgemeine Aufsicht

Aus dem Bundesrecht ergibt sich, dass **überhaupt eine allgemeine Aufsicht** über die   7
VormBehörde eingerichtet werden **muss** (BK-SCHNYDER/MURER, Art. 361 N 67). Eine
diesbezüglich ausdrückliche Gesetzesnorm fehlt indessen. Dies erstaunt umso mehr, als
für die anderen beiden Gebiete mit einer vom Bund vorgezeichneten kant. Behördenorganisation – nämlich für das Zivilstands- und für das Grundbuchwesen – eine ausdrückliche Anweisung besteht (Art. 43 und 956). Die indirekten Hinweise im Gesetz sind aber
zu zahlreich, als dass auf ein qualifiziertes Schweigen geschlossen werden könnte. Insbesondere wird im Zusammenhang mit der Haftung festgehalten, dass die Mitglieder der
vormundschaftlichen Behörden «bei der Ausübung ihres Amtes die Regeln einer sorgfältigen Verwaltung zu beobachten» haben. Zu einer sorgfältigen Verwaltung gehört, dass
diese nicht nur im Nachhinein auf Beschwerde hin, sondern auch durch eine regelmässige Kontrolle die Tätigkeit der ihr unterstehenden Behörden überwacht. Zudem regelt das
Bundesrecht die Kompetenzausscheidung zwischen der VormBehörde und der Aufsichtsbehörde. Gleichzeitig wird den Kantonen aber die Möglichkeit belassen, die VormBehörden auf Gemeindeebene zu organisieren. Die zentrale Bedeutung, die dieser Behörde
zukommt, gebietet es, dass die ihr übergeordnete Behörde sie auch gebührend beaufsichtigt. Dies hat bereits vor Erlass des ZGB der Rechtswirklichkeit entsprochen (E. HUBER,
Bd. I, 558 ff.).

Die unterschiedlichen Zwecke der Aufsicht (s.o. N 2) führen zu zwei unterschiedlichen   8
Aufgaben der allg. Aufsicht: Sie muss das Funktionieren der ihr unterstellten Behörden

schlechthin sicherstellen, und sie muss die materielle Richtigkeit der Entscheide gewährleisten. Diese beiden Aufgaben sind indessen für die Aufsichtsbehörde von unterschiedlicher Bedeutung. Für die **Entscheide der VormBehörde** ist **diese grundsätzlich selber verantwortlich.** Es widerspräche einer rationellen Behördenorganisation, wenn die Aufsichtsbehörde jeden Entscheid – oder Nicht-Entscheid – der ihr unterstellten Behörden auf seine Richtigkeit hin überprüfen wollte. Die Aufsichtsbehörde muss sich darauf beschränken, die Handlungen der unterstellten Behörden zu kontrollieren, wenn sie ihr – aus welchen Gründen auch immer – zur Kenntnis kommen und der Verdacht eines Fehlverhaltens besteht. Nach einzelnen falschen Entscheiden systematisch zu forschen, ist indessen nicht die Aufgabe der Aufsichtsbehörde.

Demgegenüber gehört es zum Wesen der Aufsicht, dass die Aufsichtsbehörde einzuschreiten hat, wenn sie feststellt, dass die ihr **unterstellten Behörden gar nicht oder ungenügend funktionieren,** sei es, dass Entscheidungen verschleppt werden, sei es, dass regelmässig unzutreffende oder unangemessene Entscheide gefällt werden. Sinkt die allg. Qualität der unterstellten Behörde unter das angemessene Mass, so hat die Aufsichtsbehörde zu handeln. Um ein generell mangelhaftes Funktionieren der Behörde rechtzeitig entdecken zu können, muss die Aufsichtsbehörde ein gewisses Mass an Kontrollen vorsehen. Dies ergibt sich aus dem Bundesrecht (GEISER, ZVW 1993, 218). Diesem ist jedoch nicht zu entnehmen, wie im Einzelnen diese Aufsicht auszugestalten ist. Dabei geniessen die Kantone eine grosse Freiheit.

9 Eine Aufsicht ist nur möglich, wenn die Aufsichtsbehörde den ihr unterstellten Behörden **Weisungen** erteilen kann (BRÜHLMEIER, ZVW 1978, 131; BK-SCHNYDER/MURER, Art. 361 N 68). Dass dies **im Einzelfall** zulässig ist, ergibt sich schon aus dem Rekursverfahren. Hier kann die Aufsichtsbehörde den Entscheid der unteren Behörde aufheben und ihn durch ihren eigenen ersetzen oder die Sache mit bestimmten Anweisungen an die untere Instanz zurückgeben. Die Überlegungen, welche den Rekurs als ein wenig förmliches, dafür aber umfassendes Rechtsmittel erscheinen lassen (s.u. Art. 420 N 18 ff.), sprechen auch dafür, dass es der Aufsichtsbehörde vom Bundesrecht her möglich sein muss, von Amtes wegen einzugreifen, wenn sie von der Fehlerhaftigkeit einer Handlung oder von einer Unterlassung der ihr unterstellten Behörden erfährt (BGer 5C.105/2003, E. 2.1.). Die Weisungen können mit der Androhung von Ungehorsamsstrafe nach Art. 292 StGB verbunden werden.

Es ist allerdings zu beachten, dass solche Weisungen im Einzelfall das Schicksal eines allfälligen Rekurses **präjudizieren.** Hat die untere Behörde auf Weisung der oberen eine bestimmte Verfügung getroffen, so ist die obere befangen, wenn die betroffene Person nun mit Rekurs an sie gelangt. In einem Bereich, in dem die Betroffenen aber i.d.R. rechtsunerfahren sind, hat dieser Einwand gegenüber dem Gebot einer korrekten Amtstätigkeit zurückzutreten. Zudem kann das Problem der Befangenheit durch den Ausstand jener Personen verhindert werden, die mit der Sache bereits einmal befasst gewesen sind.

10 Kann die Aufsichtsbehörde auch ausserhalb eines konkreten Falles **allgemeine Weisungen** erteilen? Solche sind von der Rechtsetzung zu unterscheiden, da Dienstanweisungen nur für die untergeordnete Behörde verbindlich sind, nicht aber für andere Behörden oder Aussenstehende. Von der Sache her ist es unerlässlich, dass solche Weisungen i.S.v. präventiven Aufsichtsmassnahmen möglich sein müssen (BRÜHLMEIER, ZVW 1978, 131; BK-SCHNYDER/MURER, Art. 361 N 68).

11 Schliesslich verlangt eine ordnungsgemässe allg. Aufsicht, dass die Aufsichtsbehörde von ihr untergebenen Behörden **regelmässig Rechenschaftsberichte einfordert** und

ggf. auch Inspektionen vornimmt (BRÜHLMEIER, ZVW 1978, 131). Dass die Kantone der Aufsichtsbehörde die Nachprüfung und Genehmigung der Berichte und Abrechnungen von Vormund, Beirat oder Beistand übertragen können, ermöglicht schon Art. 423 Abs. 3 (BK-SCHNYDER/MURER, Art. 361 N 70).

Die Organisation dieser allg. Aufsicht obliegt dem **kant. Recht.** Namentlich was die 12 Frage der periodischen Berichte und Inspektionen betrifft, muss den Kantonen ein grosses Ermessen bleiben. Die Kantone haben äusserst unterschiedliche Massnahmen getroffen, die teilweise soweit gehen, das obligatorische Zustellen aller Entscheide an die Aufsichtsbehörde vorzuschreiben (so z.B. TI, ZH, SH, LU).

Der Kanton muss nur **eine** Aufsicht einrichten. Das Bundesrecht verpflichtet nicht zu 13 zwei Aufsichtsbehörden. Wo die Kantone zwei vorsehen, regeln sie die Zuständigkeit dieser Instanzen. Der Kanton kann somit der einen Aufsichtsbehörde auch nur einen Teil der Aufsicht übertragen. Er kann beispielsweise eine obere Aufsichtsbehörde als Beschwerdeinstanz einsetzen, ohne ihr auch die allg. Aufsicht zuzuweisen (GEISER, ZVW 1993, 219).

Aus dem Grundsatz, dass die Behörde von Amtes wegen einschreiten muss, wenn ihr 14 Unregelmässigkeiten der ihr unterstellten Behörden oder Mandatsträger bekannt werden, ergibt sich auch ein Recht jedermanns, mit einer **Aufsichtsbeschwerde** an die Behörde zu gelangen (SCHWARZ, 31). Es handelt sich dabei um einen unförmlichen Rechtsbehelf, der weder Anspruch auf Parteistellung noch auf einen eigentlichen Entscheid gibt. Die Behörde hat aber im Rahmen ihres pflichtgemässen Ermessens der Sache nachzugehen und ggf. das Notwendige anzuordnen.

Aus Art. 447 Abs. 2 ergibt sich, dass die VormBehörde Mandatsträger für Amtspflicht- 15 verletzungen mit maximal Fr. 100.– büssen kann. Aus dem systematischen Zusammenhang darf nicht geschlossen werden, diese Möglichkeit bestehe nur innerhalb eines Amtsenthebungsverfahrens (Art. 446 ff. N 29). Eine **Busse** kann vielmehr immer ausgesprochen werden, wenn die VormBehörde eine Amtspflichtverletzung feststellt.

Art. 420

A. Beschwerden	[1] Gegen die Handlungen des Vormundes kann der Bevormundete, der urteilsfähig ist, sowie jedermann, der ein Interesse hat, bei der Vormundschaftsbehörde Beschwerde führen.
	[2] Gegen die Beschlüsse der Vormundschaftsbehörde kann binnen zehn Tagen nach deren Mitteilung bei der Aufsichtsbehörde Beschwerde geführt werden.
A. Recours	[1] Le pupille capable de discernement et tout intéressé peuvent recourir à l'autorité tutélaire contre les actes du tuteur.
	[2] Un recours peut être adressé à l'autorité de surveillance contre les décisions de l'autorité tutélaire, dans les dix jours à partir de leur communication.
A. Ricorso	[1] Il tutelato stesso, se è capace di discernimento, ed ogni interessato possono ricorrere all'autorità tutoria contro gli atti del tutore.
	[2] Contro le decisioni dell'autorità tutoria è dato ricorso all'autorità di vigilanza entro dieci giorni dalla loro comunicazione.

Thomas Geiser

Literatur

Vgl. die Literaturhinweise zu den Vorbem. zu Art. 360–456 und zu Art. 420 ff.

I. Anwendungsbereich

1　Nach Art. 420 Abs. 1 kann gegen **alle Handlungen des Vormundes** bei der VormBehörde Beschwerde geführt werden. Dem Mündel wird damit ein umfassendes Instrument in die Hand gegeben, sich gegen ungerechtfertigte Massnahmen des Vormundes zu wehren, und die Macht des Mandatsträgers wird in einen rechtsstaatlichen Rahmen gestellt. Die VormBehörde kann nötigenfalls korrigierend Einfluss auf die Führung der Massnahme nehmen. Der Sinn der Beschwerde nach Art. 420 Abs. 1 liegt in der Wahrung oder Wiederherstellung richtiger Vormundschaftsführung und damit in der Sicherung wohlverstandener Mündelinteressen (ZK-EGGER, N 48).

2　Art. 420 Abs. 2 sieht sodann vor, dass **alle Beschlüsse der VormBehörde** an die vormundschaftliche Aufsichtsbehörde mit Beschwerde weitergezogen werden können. Die Regelung im Gesetz ist äusserst knapp. Sie beschränkt sich nämlich auf drei Punkte: den Grundsatz, die Umschreibung der Beschwerdelegitimation und das Festlegen der Beschwerdefrist.

Diese bundesrechtlichen Beschwerderegeln gelangen indessen nur zur Anwendung, soweit das **Bundesrecht** einen Entscheid in die **Zuständigkeit der vormundschaftlichen Behörden** verweist (s.u. N 14). Dabei ist es ohne Bedeutung, ob sich die entsprechende Bundesnorm im Vormundschaftsrecht im engeren Sinn oder in einem anderen Rechtsgebiet findet (DESCHENAUX/STEINAUER, Personnes, Rz 1015; SCHNYDER, FS Hegnauer, 458; HOFMANN, 34 f.). Gründet die Zuständigkeit der VormBehörde demgegenüber auf dem kant. Recht, so sind die Kantone in der Regelung der Rechtsmittel – im Rahmen der allg. rechtsstaatlichen Grundsätze – frei (BGE 110 Ia 119 f. m.V. auf BK-SCHNYDER/MURER, Art. 373 N 193).

II. Zuständigkeit

3　Das Bundesrecht weist den Entscheid über eine Beschwerde gegen Handlungen des Mandatsträgers zwingend der **VormBehörde** und jene über Beschwerden gegen die VormBehörde der **Aufsichtsbehörde** zu. Damit ist ausgeschlossen, dass die Beschwerdezuständigkeit einer Instanz ausserhalb der Vormundschaftsorganisation übertragen wird.

4　Sieht ein Kanton **zwei Aufsichtsbehörden** vor, so grenzt er ihre Zuständigkeiten gegeneinander ab (Art. 361 Abs. 2). Damit entscheidet er auch darüber, ob die Beschwerde von der einen an die andere Behörde weitergezogen werden kann oder nicht (**a.M.** SPITZER, ZBl 1946, 274). Sofern aber eine Beschwerde an eine obere Instanz zugelassen wird, handelt es sich nicht um ein vom kant. Recht ausgestaltetes Rechtsmittel, sondern um eine Vormundschaftsbeschwerde nach Art. 420, und die diesbezüglichen bundesrechtlichen Grundsätze gelangen zur Anwendung (GEISER, ZVW 1993, 213). Das Gebot eines einfachen und damit auch möglichst einheitlichen Verfahrens verlangt, dass dieses Rechtsmittel den gleichen Grundsätzen folgt, wie jenes an die erste Aufsichtsbehörde (so SPITZER, ZBl 1946, 274; zur formalen Begründung s. SCHWARZ, 43 f.; **a.M.** BOEHLEN, ZVW 1954, 45 f. m.H. auf BGE 78 II 114, wo die Frage aber offen gelassen wurde).

5　Wurde ausnahmsweise eine **Familienvormundschaft** angeordnet (Art. 362 ff.), so hat der *Familienrat* (Art. 364) über Beschwerden gegen den Vormund zu entscheiden

(DESCHENAUX/STEINAUER, Personnes, Rz 853e). Die Entscheide des Familienrates können sodann an die staatliche Aufsichtsbehörde weitergezogen werden (DESCHENAUX/ STEINAUER, Personnes, Rz 853f).

Die **örtliche Zuständigkeit** ergibt sich aus der Organisation der Vormundschaft. Für die   **6** Beschwerden gegen einen Mandatsträger ist jene VormBehörde zuständig, welche die entsprechende Person ernannt hat. Die kant. Organisation hat zudem zwingend jede VormBehörde einer bestimmten Aufsichtsbehörde zuzuweisen. Die Aufsicht ist regelmässig bezirksweise organisiert, soweit sich die Zuständigkeit der Aufsichtsbehörde nicht auf das ganze Kantonsgebiet erstreckt.

III. Anfechtungsgegenstand

1. Handlungen des Vormundes (Abs. 1)

Grundsätzlich sind alle **Handlungen** des Vormundes anfechtbar. Der Begriff ist weit aus-   **7** zulegen. Abs. 1 handelt nicht ausschliesslich von Verfügungen und Beschlüssen. Gemeint sind nicht nur Rechtshandlungen, sondern jegliches Verhalten des Vormundes. Ob ein Handeln oder Unterlassen vorliegt, ist ohne Bedeutung (SCHWARZ, 47; DESCHENAUX/ STEINAUER, Personnes, Rz 1015). Es braucht sich in keiner Weise um Anordnungen des Vormundes zu handeln. Grundsätzlich unterliegt jedes Verhalten des Vormundes der Beschwerde, das im Zusammenhang mit seinem Mandat steht.

Im Einzelnen müssen folgende **Voraussetzungen** erfüllt sein:

– Die Vormundschaftsbeschwerde richtet sich nur gegen die Tätigkeit des Vormundes im Rahmen der Aufgabe, die ihm vom **ZGB als Vormund** zugewiesen ist.

– Der Vormund muss die entsprechende Tat bereits **fest beschlossen oder gar ausgeführt** haben. Gegen eine blosse Absicht, eine Handlung vorzunehmen, kann noch nicht Beschwerde geführt werden (SCHWARZ, 49). Allerdings kann diesfalls eine Aufsichtsbeschwerde eingereicht werden, die aber keinen Anspruch auf eine förmliche Behandlung gibt (vgl. Vorbem. zu Art. 420–425 N 14).

– Die Beschwerde muss noch irgendeinen **Einfluss auf das Verhalten des Vormundes** haben können (SCHWARZ, 48; s.u. N 27). Ist die Handlung abgeschlossen und dauern die Wirkungen nicht mehr an, ist die Vormundschaftsbeschwerde sinnlos und deshalb auch nicht zulässig.

– Gegen **Anträge des Vormundes an die VormBehörde** kann keine Beschwerde geführt werden, weil die Sache ohnehin von dieser Behörde behandelt wird und in diesem Rahmen das Mündel anzuhören ist (SCHWARZ, 49; s.a. Art. 405a N 16). Ein zusätzliches Beschwerdeverfahren wäre bloss eine Verzögerung des Entscheides.

Es liegt auf der Hand, dass der Vormundschaftsbeschwerde über rechtsgeschäftliches   **8** Handeln des Vormundes besonderes Gewicht zukommt. Die Beschwerde hat insb. – aber nicht nur – Bedeutung, wo der Vormund **hoheitliche Anordnungen** trifft oder solche zu treffen unterlässt. Unter anderem ist die Beschwerde gegen folgende Entscheide des Vormundes gegeben:

– Verweigerung der **Zustimmung** zu einer **Handlung der beschränkt handlungsunfähigen** Person (DESCHENAUX/STEINAUER, Personnes, Rz 257).

– Entscheide über die **Vermögensverwaltung,** einschliesslich Ausrichtung von Taschengeld usw.

– Entscheide über die persönliche Lebensführung des Mündels, einschliesslich der Einweisung in eine Anstalt nach Art. 405a Abs. 1 (s. dort N 15).

– Zustimmung oder Verweigerung der Zustimmung zur Heirat des Mündels (Art. 99 Abs. 2).

– Nicht-Beizug des Mündels durch den Vormund bei Verwaltungsakten gem. Art. 409 (DESCHENAUX/STEINAUER, Personnes, Rz 989).

– Verbot der Annahme bzw. die Anordnung der Rückgabe einer Schenkung durch den Vormund i.S.v. Art. 241 Abs. 2 OR (MEIER, ZVW 1995, 121 ff.).

– Zustimmung zu medizinischer Behandlung oder Verweigerung einer solchen, soweit die Zustimmung des gesetzlichen Vertreters überhaupt notwendig ist (DESCHENAUX/STEINAUER, Personnes, Rz 588g).

2. Handlungen anderer Amtsträger (Abs. 1)

9 Abs. 1 nennt nur die Handlungen des Vormundes. Es ist aber in der Lehre anerkannt, dass auch die Handlungen der anderen Amtsträger der Vormundschaftsbeschwerde unterliegen. Entsprechend können die Handlungen des **Beistandes** im weiteren Sinne im gleichen Umfang wie jene des Vormundes Gegenstand einer Beschwerde bilden. Das gilt sowohl für den **Verwaltungsbeirat,** der gesetzlicher Vertreter ist (DESCHENAUX/STEINAUER, Personnes, Rz 1154; BK-SCHNYDER/MURER, Art. 395 N 143), wie auch für den **Mitwirkungsbeirat** für die Erteilung oder Verweigerung der Zustimmung zu Geschäften nach Art. 395 Abs. 1 (DESCHENAUX/STEINAUER, Personnes, Rz 192 und 1152).

10 Gegen **Entscheidungen der Eltern** ist die Vormundschaftsbeschwerde nicht gegeben (DESCHENAUX/STEINAUER, Personnes, Rz 980), selbst dann nicht, wenn es sich um die verlängerte elterliche Sorge über eine entmündigte Person handelt (DESCHENAUX/STEINAUER, Personnes, Rz 251).

3. Entscheide der Vormundschaftsbehörde (Abs. 2)

a) Grundsatz

11 Der Anfechtungsgegenstand ist bei der Beschwerde gegen die VormBehörde insofern enger, als von Abs. 2 – im Gegensatz zu Abs. 1 – **nur Beschlüsse** erfasst werden. Die Beschwerde gegen blosse Meinungsäusserungen (SCHWARZ, 53) oder tatsächliche Handlungen der Behörde ist grundsätzlich ausgeschlossen. Das ist insofern sinnvoll, als die VormBehörde gegenüber dem Mündel gar nicht direkt tätig zu werden hat. Ausnahmen sind indes im Bereich der vorläufigen Fürsorge möglich (Art. 386). In diesem Zusammenhang kann die VormBehörde gezwungen sein, selber einzelne Handlungen vorzunehmen, die grundsätzlich ein Mandatsträger auszuführen hätte (BGE 92 II 141; GEISER et al., 37). Diese Handlungen unterliegen dann der Vormundschaftsbeschwerde an die Aufsichtsbehörde, selbst wenn sie keine eigentlichen Beschlüsse sind.

Neben den Beschlüssen ist auch das Unterlassen beschwerdefähig. Obgleich in Art. 420 Abs. 2 nicht ausdrücklich erwähnt, besteht von Bundesrechts wegen die Möglichkeit einer **Rechtsverzögerungsbeschwerde** an die Aufsichtsbehörde, wenn die VormBehörde untätig bleibt.

12 Ob sich der Entscheid der VormBehörde direkt an das Mündel oder an den Mandatsträger richtet, ist für die Zulässigkeit der Beschwerde ohne Bedeutung. Erfasst werden auch **Weisungen der VormBehörde an den Vormund** (BGE 113 II 233 f. = ZVW 1988, 113; SCHWARZ, 51 f.).

Unerheblich ist auch, ob die VormBehörde **von sich aus oder auf Beschwerde hin** entschieden hat. Von Abs. 2 werden nicht nur alle ihre Beschwerdeentscheide und Zustimmungen nach Art. 421 erfasst (SCHWARZ, 50 f.), sondern auch Weisungen und Anordnungen, welche die VormBehörde im Rahmen ihrer allg. Aufsicht von sich aus beschliesst (SCHWARZ, 51 f.).

Die Vormundschaftsbeschwerde bezieht sich grundsätzlich nur auf Entscheidungen der   **13** VormBehörde, welche dieser von **Bundesrechts wegen** zugewiesen sind (s.u. N 14) und **nicht einem anderen Rechtsbehelf unterliegen** (s.u. N 15). Aus der systematischen Einordnung von Art. 420 unter dem mit *Führung* der Vormundschaft überschriebenen elften Titel darf nicht geschlossen werden, dass die *Anordnung* und Aufhebung von Massnahmen von der Vormundschaftsbeschwerde ausgenommen seien (DESCHENAUX/ STEINAUER, Personnes, Rz 1013; **a.M.** BK-SCHNYDER/MURER, Art. 397 N 58).

Die Beschwerde ist nicht auf den Bereich der Vormundschaft im engeren Sinne beschränkt. Der Beschwerde unterliegen auch Entscheide, welche das ZGB **in anderen Bereichen der VormBehörde zuweist,** namentlich im Bereich des Kindesschutzes (ZGB-BREITSCHMID, Art. 287 N 10, Art. 308 N 22 und Art. 309 N 12). Dem steht BGE 121 III 1 nicht entgegen; dort wurde nur die Frage offen gelassen, ob die Berufung an das BGer gegen die Anordnung einer Beistandschaft nach Art. 309 gegeben ist. Dass die Vormundschaftsbeschwerde auch ausserhalb der Führung der Vormundschaft zur Anwendung kommt, hatte die Rechtsprechung auch mit der Zulassung der Beschwerde gegen Entscheide über Interzessionsgeschäfte nach altArt. 177 belegt (BGE 103 II 172; BK-LEMP, altArt. 177 N 83).

b) Ausnahmen und Sonderfälle

Der Vormundschaftsbeschwerde unterliegen nur Entscheide der VormBehörde, für wel-   **14** che diese **von Bundesrechts wegen zuständig** ist. Weisst das kant. Recht eine Kompetenz der VormBehörde zu, richten sich die Rechtsmittel selbst dann nach den kant. Normen, wenn es sich um einen Gegenstand der Vormundschaft handelt.

Demgemäss untersteht nach der vorherrschenden kant. Praxis die **Bestellung einer Beistandschaft nach Art. 392 f.** der Vormundschaftsbeschwerde (RegRat SG ZVW 1986, 38 ff.; DESCHENAUX/STEINAUER, Personnes, Rz 1127; GEISER et al., 76 FN 4; zweifelnd BK-SCHNYDER/MURER, Art. 397 N 58; RegRat ZG ZVW 1991, 116 ff.). Anders sieht es demgegenüber für die **Bestellung eines Beistandes auf eigenes Begehren** (Art. 394) aus. Dort richtet sich die Zuständigkeit nach dem kant. Recht (Art. 396 N 13), so dass dieses auch die Rechtsmittel bestimmt.

Die **Anordnung der Vormundschaft** unterliegt nicht der Vormundschaftsbeschwerde, da das Bundesrecht die sachliche Zuständigkeit den Kantonen überlässt (BGE 110 Ia 119). Davon werden auch Instruktionshandlungen betroffen, selbst wenn nach kant. Recht die VormBehörde diese vorzunehmen hat.

Eine bundesrechtliche Zuständigkeit liegt vor, wenn das ZGB eine *vormundschaftliche Behörde* als zuständig bezeichnet und der Kanton auswählen kann, ob die VormBehörde oder eine Aufsichtsbehörde entscheiden soll. Entsprechend ist die Vormundschaftsbeschwerde gegen Entscheidungen nach Art. 397b Abs. 1 und 3 am Anfang im Bereich der **fürsorgerischen Freiheitsentziehung** gegeben, soweit nicht die gerichtliche Beurteilung verlangt werden kann (u. N 16; Art. 397d N 6).

Die Vormundschaftsbeschwerde steht nur zur Verfügung, soweit der Entscheid der   **15** VormBehörde nicht einem **anderen Rechtsbehelf** untersteht. Das Gesetz schreibt an mehreren Stellen ein anderes Verfahren vor. So schliesst beispielsweise die gerichtliche Beurteilung der Anordnung einer FFE die Vormundschaftsbeschwerde aus (Art. 397d N 6). Die Ernennung einer bestimmten Person als Mandatsträgerin ist nicht mit Beschwerde, sondern im Verfahren nach Art. 388 anzufechten. Die blosse Einleitung eines Entmündigungsverfahrens ist nicht beschwerdefähig (JustizDir ZH ZVW 1994, 28), obgleich die VormBehörde eine entsprechende Kompetenz dem Bundesrecht entnehmen kann (Art. 378 Abs. 1). Die Angemessenheit der Massnahme wird hier im Entmündigungsverfahren geprüft.

Die Vormundschaftsbeschwerde ist aber auch nicht gegeben, wenn es um die **Beurteilung zivilrechtlicher Ansprüche** zwischen dem Mündel und Dritten oder dem Mündel und vormundschaftlichen Organen geht. Darüber haben vielmehr die Zivilgerichte zu entscheiden (SCHWARZ, 55 ff.). Entsprechend kann die VormBehörde dem Vormund keine verbindliche Weisung geben, dem Mündel einen Schaden zu ersetzen. Deshalb kann gegen eine entsprechende, unverbindliche Einladung – selbst wenn diese mit der Androhung der Nichtwiederwahl verknüpft wird – nicht mit Beschwerde nach Art. 420 Abs. 2 vorgegangen werden.

4. Entscheide der Aufsichtsbehörde (Abs. 2)

16   Das ZGB schreibt die Möglichkeit eines Weiterzuges der Entscheide der unteren an die obere Aufsichtsbehörde nicht vor. Den Kantonen ist freigestellt, ob sie überhaupt zwei Aufsichtsbehörden einrichten wollen und wie ggf. deren Verhältnis zueinander ist. Aus Art. 420 Abs. 2 ergibt sich aber, dass die Kantone gegen die Entscheide der Aufsichtsbehörde **kein Rechtsmittel an eine andere Behörde** vorsehen dürfen und dass, wenn überhaupt ein Rechtsmittel gegeben ist, es sich dabei um eine Vormundschaftsbeschwerde handeln muss (s.o. N 4).

17   Kennt das kant. Recht die Vormundschaftsbeschwerde auch gegen Entscheide der unteren Aufsichtsbehörde, so unterliegen alle Beschlüsse dieser Behörde dem genannten Rechtsmittel, **unabhängig** davon, ob der **Entscheid auf Beschwerde hin** oder **im Rahmen der autonomen Zuständigkeit** der Aufsichtsbehörde **ergangen** ist. Auch hier gilt die Einschränkung, dass blosse Anträge an die vorgesetzte Behörde keiner Beschwerde unterliegen.

IV. Art des Rechtsmittels

18   Dem Gesetzestext kann nicht entnommen werden, um welche Art von Rechtsmittel es sich bei der Vormundschaftsbeschwerde handelt und welche Verfahrensgrundsätze zur Anwendung gelangen. Für die Beantwortung dieser Fragen ist der Zweck der Beschwerde und ihrer gesetzlichen Ausgestaltung entscheidend, nämlich dass innert **kurzer Zeit ein materiell** (möglichst) **richtiger Entscheid in einem möglichst einfachen Verfahren** zustande kommen soll.

19   Die Beschwerde nach Art. 420 Abs. 2 ist ein eigentliches **Rechtsmittel** und nicht bloss ein Rechtsbehelf. Sie kann nur innert einer bestimmten Frist seit der Mitteilung des Entscheides erhoben werden (s.u. N 38 f.). Die Entscheide der VormBehörde werden damit erst mit unbenutztem Ablauf der entsprechenden Frist rechtskräftig.

20   Das Bundesrecht äussert sich nicht zur **aufschiebenden Wirkung** (ZK-EGGER, N 53). Im Bereich des Kindesschutzes wird ausdrücklich festgehalten, dass eine solche ggf. von der anordnenden Behörde oder von der Beschwerdeinstanz entzogen werden können muss (Art. 314 Ziff. 2; vgl. BBl 1974 II 85 f.). Auch im eigentlichen Vormundschafts-

recht kann für die VormBehörde (und die Aufsichtsbehörde) die Notwendigkeit bestehen, sofort Anordnungen zu treffen. Eine nach kant. Recht vorgesehene aufschiebende Wirkung muss somit auch hier entzogen werden können. Andererseits gebietet es der Grundsatz der Verhältnismässigkeit und die Schwere der im Vormundschaftsrecht möglichen Eingriffe, dass eine aufschiebende Wirkung auch erteilt werden kann, wenn diese nach dem kant. Recht nicht von Gesetzes wegen eintritt. Ob das Rechtsmittel aber grundsätzlich aufschiebende Wirkung mit Entzugsmöglichkeit hat oder ob diese Wirkung ihm gerade nicht zukommt, jedoch ausnahmsweise gewährt werden kann, bleibt dem kant. Recht überlassen.

Die Schutzbedürftigkeit der von vormundschaftlichen Massnahmen betroffenen Personen 21
erfordert es, dass die Aufsichtsbehörde die Entscheide in rechtlicher und tatsächlicher Hinsicht und mit Bezug auf die Angemessenheit prüft (DESCHENAUX/STEINAUER, Personnes, Rz 1016). Mit Blick auf die Tragweite der staatlichen Eingriffe, um die es beim Vormundschaftsrecht i.d.R. geht, steht die materielle Richtigkeit gegenüber einer bloss formellen, prozessualen Richtigkeit im Vordergrund. Es handelt sich insofern um ein **vollkommenes Rechtsmittel** (zum Begriff GULDENER, ZPR, 484 f.). Dies zeigt schon ein Vergleich mit Art. 388 Abs. 2, wo die Wahl des Vormundes nur **als gesetzeswidrig** angefochten werden kann, während bei Art. 420 keine entsprechende Einschränkung besteht (BOEHLEN, ZVW 1954, 43), so dass auch eine Ermessenskontrolle möglich ist. Indessen sollte sich die Aufsichtsbehörde Zurückhaltung in der Überprüfung der Angemessenheit auferlegen, wenn sie dringliche Anordnungen, namentlich solche nach Art. 386, zu beurteilen hat (BK-SCHNYDER/MURER, Art. 386 N 155).

Das Verfahren ist wenig förmlich. Es geht nicht an, dass ein Umstand bloss deshalb un- 22
beachtet bleibt, weil ihn die betroffene Person nicht rechtzeitig vorgetragen hat. Deshalb sind im Rekursverfahren in jedem Fall **unechte Noven** uneingeschränkt zu berücksichtigen. Gleiches muss aber auch für Umstände gelten, die erst nach dem Entscheid der Vorinstanz eingetreten sind **(echte Noven)**. Das Vormundschaftsverfahren erfordert es, möglichst rasch zu einem materiell richtigen Entscheid zu gelangen. Ein Verfahren über mehrere Instanzen hinweg zu führen, obgleich der Sachverhalt gar nicht dem neusten Stand entspricht und obgleich die angefochtene Anordnung möglicherweise von der unteren Instanz längst im gewünschten Sinne abgeändert worden ist, entspricht nicht den Geboten eines einfachen und raschen Verfahrens. Die Rechtsmittelinstanz hat deshalb in ihrem Entscheid auch Umstände zu berücksichtigen, welche erst nach dem angefochtenen Entscheid eingetreten sind (BGer 5P.41/2005, E. 4.2.4.).

Das Erfordernis eines raschen Verfahrens und die bundesrechtliche Beschränkung der 23
Instanzen verlangen, dass die Rekursbehörde in der Sache grundsätzlich selber entscheidet. Es handelt sich somit um ein **reformatorisches** Rechtsmittel (GEISER, ZVW 1993, 215). Ein blosses Aufheben des angefochtenen Beschlusses und Zurückweisen der Sache an die untere Instanz zu neuer Entscheidung hätte eine erhebliche Verlängerung des Verfahrens zur Folge.

Damit stellt sich die Frage, inwieweit die Rekursinstanz an die **Anträge der Parteien** 24
gebunden ist und ob sie Anordnungen treffen kann, welche die Vorinstanz gar nicht in Erwägung gezogen hat. Schon aus den allg. verfahrensrechtlichen Grundsätzen ergibt sich, dass die obere Behörde ohne weiteres eine **leichtere Massnahme** von sich aus beschliessen kann, wenn sich im Rekursverfahren erweist, dass diese genügt. Damit wird nicht über die Anträge hinausgegangen. Die Rekursinstanz kann grundsätzlich auch **andere Massnahmen** verfügen, wenn dies nötig ist und die Dringlichkeit eine Rückweisung an die VormBehörde ausschliesst (BK-SCHNYDER/MURER, Art. 361 N 64 f.; HENKEL, 152). Insofern tritt auch eine Kompetenzattraktion ein. Die Aufsichtsbehörde

kann – soweit Eile oder ein Ausstandsgrund dies gebietet (BK-SCHNYDER/MURER, Art. 361 N 66) – an Stelle der VormBehörde handeln.

Auf Rekurs der betroffenen Person hin darf die Aufsichtsbehörde sogar eine **schwerere Massnahme** anordnen (reformatio in peius). Die Rekursinstanz ist gleichzeitig auch Aufsichtsbehörde und könnte von Amtes wegen einschreiten (SCHWARZ, 98). Eine Bindung an die Parteianträge ist von daher nicht möglich. Soweit sich die Behörde über die Parteianträge hinwegsetzen will, muss sie ihr Verfahren allerdings entsprechend ausgestalten. Insbesondere ist den Parteien diese Absicht kundzutun und ihnen die Möglichkeit einzuräumen, dazu Stellung zu nehmen. Zudem ist die Verkürzung des Instanzenzuges nur aus Dringlichkeit und ausnahmsweise aus Prozessökonomie zulässig (vgl. BK-SCHNYDER/MURER, Art. 361 N 64 f.; HENKEL, 152). Andernfalls hat die Aufsichtsbehörde die Sache an die VormBehörde mit der Weisung zurückzugeben, schwerere Massnahmen zu prüfen.

25 Ausgehend vom Umstand, dass die Rekursbehörde gleichzeitig auch für die allg. Aufsicht zuständig ist und damit auch von Amtes wegen eingreifen könnte (Vorbem. zu Art. 420–425 N 7 ff.), kann der Rekurs das Verfahren auch nicht **gegenständlich beschränken**. Erfährt die Aufsichtsbehörde anlässlich eines Rekursverfahrens von einer fehlerhaften Handlung der Vorinstanz, so hat sie dagegen vorzugehen, selbst wenn die fehlerhafte Handlung nicht Gegenstand des Rekurses bildet.

V. Legitimation

26 Die Beschwerdelegitimation bestimmt sich nach **Bundesrecht**. Neben dem Grundsatz, der die Vormundschaftsbeschwerde vorsieht, und der Beschwerdefrist handelt es sich dabei um den dritten vom Gesetz ausdrücklich geregelten Punkt. Überflüssigerweise wird die Legitimation für einzelne beschwerdefähige Entscheide an anderer Stelle des Gesetzes wiederholt (vgl. Art. 99 Abs. 2 und 450).

27 Unabhängig von der beschwerdeführenden Person ist ein Eintreten nur möglich, wenn ein **aktuelles Interesse** vorhanden ist. Entsprechend steht gegen Handlungen, die nicht mehr rückgängig gemacht werden können, die Beschwerde grundsätzlich nicht mehr offen (SCHWARZ, 54). In Anlehnung an die Rechtsprechung zur staatsrechtlichen Beschwerde sollte von diesem Erfordernis allerdings abgesehen werden, wenn sich die streitige Frage jederzeit unter gleichen oder ähnlichen Umständen wieder stellen könnte, sie von grundsätzlicher Bedeutung ist, so dass an ihrer Klärung ein öffentliches Interesse besteht und sie bei einem Beharren auf dem genannten Erfordernis nie von der Beschwerdeinstanz geprüft werden könnte (BGE 120 Ia 166 f.; 118 Ia 53 f.; 117 Ia 194; 116 Ia 150, 363).

1. Legitimation des Mündels

28 Legitimiert sind in erster Linie das Mündel bzw. die verbeiständeten oder verbeirateten oder von einem Entscheid über eine FFE betroffenen Personen. Das Beschwerderecht steht dem Mündel um seiner Persönlichkeit Willen zu (DESCHENAUX/STEINAUER, Personnes, Rz 228a), so dass es selber Beschwerde führen kann, wenn es **urteilsfähig** ist (BGE 120 Ia 369/371; 121 III 3; DESCHENAUX/STEINAUER, Personnes, Rz 1014). Dass die volle Handlungsfähigkeit den Entmündigten immer fehlt, ist dabei ohne Bedeutung. Für die Beschwerdeführung ist auch kein Mindestalter erforderlich. Es wurde bereits in der vorparlamentarischen Phase der Gesetzgebung eine solche Voraussetzung abgelehnt (vgl. SCHWARZ, 74 f.). An die Urteilsfähigkeit dürfen keine hohen Anforderungen gestellt werden (SCHWARZ, 75).

Es ist dem Mündel unbenommen, die **Beschwerde selber** zu **führen** oder damit **jeman-**   29
den seiner Wahl zu **beauftragen** (BGE 120 Ia 371 f.). Ob diesbezüglich ein Anwaltsmonopol besteht, richtet sich nach dem kant. Recht.

Das urteilsfähige Mündel kann **selbständig** einen Anwalt **beauftragen.** Dies nur zuzulassen, wenn ein höchstpersönliches Recht vom Entscheid betroffen ist oder es sich um
eine schwierige Rechtsfrage handelt (so DESCHENAUX/STEINAUER, Personnes, Rz 1010a;
SCHWARZ, 76 f.), ist nicht gerechtfertigt. Wird der Anwalt zugezogen, obgleich das Mündel die Beschwerde auch selber führen könnte, liegt eine überflüssige Mandatsführung
vor. Der Anwalt ist dann seiner Sorgfaltspflicht nicht nachgekommen und haftet für den
dadurch verursachten Schaden. Er wird somit für seine Tätigkeit auch kein Honorar beanspruchen können.

Ob das Beschwerderecht auch in dem Sinne höchstpersönlich ist, dass **nur** das **Mündel**   30
selber über die Beschwerdeführung entscheiden kann, nicht aber sein gesetzlicher
Vertreter, ist ohne praktische Bedeutung. Soweit der gesetzliche Vertreter Mündelinteressen wahrnehmen will, ist er selber zur Beschwerde legitimiert (s.u. N 33). Weil der Entscheid immer das Mündel betrifft, muss es auch immer in das Verfahren als Partei einbezogen werden, unabhängig davon, wer die Beschwerde führt. Gegen die Möglichkeit, im
Namen des urteilsunfähigen Mündels Beschwerde zu führen, spricht der Wortlaut von
Art. 420, der nur dem Bevormundeten, «der urteilsfähig ist», die Beschwerdelegitimation
zuerkennt (**a.M.** SCHWARZ, 79).

2. Legitimation Dritter

Gemäss Art. 420 ist neben dem Mündel zur Beschwerde auch **jedermann** legitimiert, der   31
ein **Interesse hat.** Die Legitimation ist somit nicht nur gegeben, wenn der Dritte Mündelinteressen mit seinem Eingreifen wahrnehmen will, sondern auch, wenn es ihm um
den *Schutz eigener Interessen* geht. Die Formel, die Beschwerdeführung eines Dritten sei
zu bejahen, «sofern dieser sich auf die Interessen der schutzbedürftigen Person beruft
oder die Verletzung eigener Rechte oder Interessen geltend» mache (BGE 121 III 3), ist
allerdings etwas irreführend. Es können nämlich nicht beliebige eigene Interessen sein.
Deren Wahrung hat i.d.R. in einem Zivilprozess zu erfolgen (vgl. KLEY-STRULLER, 115).
Vielmehr muss es sich um Interessen handeln, die mit der strittigen Massnahme geschützt werden sollen und deshalb vom Vormund oder der VormBehörde hätten berücksichtigt werden müssen (DESCHENAUX/STEINAUER, Personnes, Rz 1014a; SCHNYDER, FS
Hegnauer, 458 f.). Entsprechend kann der Präsumtivvater den Entscheid über die Ernennung eines Beistandes nach Art. 309 nicht anfechten (BGE 121 III 4). Demgegenüber
müssen Personen, die durch die vormundschaftliche Massnahmen geschützt werden sollen, wie beispielsweise die «Umgebung» i.S.v. Art. 397a Abs. 2, Beschwerde führen
können (vgl. SCHWARZ, 85). Es kommt nicht darauf an, ob das durch das Vormundschaftsrecht geschützte Interesse ein wirtschaftliches oder ideelles ist (DESCHENAUX/
STEINAUER, Personnes, Rz 1014).

Einer **rechtlichen Beziehung zum Mündel** bedarf die beschwerdeführende Person   32
nicht. Verwandte haben die gleichen Voraussetzungen zu erfüllen wie Dritte, damit sie
zur Beschwerde berechtigt sind (vgl. OGer AG ZVW 1995, 147). Ausschlaggebend ist
nur die *tatsächliche* Beziehung.

3. Legitimation der vormundschaftlichen Organe

Die **Mandatsträger** (Vormund, Beistand, Beirat) können gegen alle Entscheide der   33
VormBehörde (bzw. der unteren Aufsichtsbehörde) Beschwerde führen, soweit sie damit
entweder Mündelinteressen wahren oder der angefochtene Entscheid sie in ihren eigenen

Rechten trifft. Die Beschwerde steht dem Vormund deshalb beispielsweise gegen Weisungen der VormBehörde offen, welche die Rechnungsführung betreffen (BGE 113 II 233 ff.; vgl. auch Art. 450).

34 Demgegenüber ist die **VormBehörde** selber **ausschliesslich Vorinstanz,** wenn es um die Entscheide der unteren Aufsichtsbehörde geht. Sie ist somit nicht beschwerdelegitimiert (RegRat BE ZVW 1994, 32). Eine Beschwerdelegitimation der VormBehörde ist indessen ausnahmsweise gegeben, soweit sie sich gegen **Kosten** wendet, die ihr die Aufsichtsbehörde auferlegt hat. Für die untere Aufsichtsbehörde stellt sich die Frage der Beschwerdelegitimation im kant. Verfahren nicht, da die Kantone gegen die Entscheide der oberen Aufsichtsbehörde kein Rechtsmittel vorsehen dürfen.

35 Zur Beschwerdelegitimation der **VormBehörde der Heimat** s. Art. 378 N 7 ff.

36 Den **einzelnen** an einem Entscheid **mitwirkenden Behördemitgliedern** kann ein Beschwerderecht weder gegen den Entscheid der eigenen noch der vorgesetzten Behörde zukommen. Das Beschwerdeverfahren darf nicht dazu missbraucht werden, Auseinandersetzungen innerhalb einer Behörde auszutragen.

VI. Rechtsmittelfrist

37 Die **Beschwerde** an die **VormBehörde** gem. Art. 420 Abs. 1 gegen Handlungen oder Unterlassungen der Mandatsträger ist an **keine Frist** gebunden und jederzeit möglich. Eine zeitliche Beschränkung ergibt sich indessen aus dem Erfordernis des aktuellen Interesses (s.o. N 27; SCHWARZ, 111).

38 Demgegenüber ist die **Beschwerde gegen Verfügungen der VormBehörde** nach Abs. 2 nur innert zehn Tagen zulässig. Diese Frist gilt auch für die Beschwerden gegen die Entscheide einer unteren Aufsichtsbehörde, sofern das kant. Recht ein solches Rechtsmittel überhaupt vorsieht (SCHWARZ, 111 f.; s.o. N 16 f.).

39 Die Beschwerdefrist beginnt mit **Eröffnung des Entscheides.** Soweit keine solche erfolgt ist, was insb. beschwerdeberechtigten Dritten gegenüber häufig zutreffen wird, beginnt die Frist mit Kenntnisnahme des Entscheides (SCHWARZ, 112 f.). Die Berechnung richtet sich – wie bei der gerichtlichen Beurteilung einer FFE – nach den allg. bundesrechtlichen Grundsätzen über die Berechnung einer Rechtsmittelfrist (**a.M.** SCHWARZ, 113, der die entsprechenden kant. Bestimmungen anwenden will). Zur Berechnung im Einzelnen s. Art. 397d N 18 ff.

Die Frist ist **zwingend** und kann nicht erstreckt werden (ausführlich SCHWARZ, 114 f.). Demgegenüber ist eine Wiederherstellung der Frist in analoger Anwendung von Art. 35 OG zulässig (SCHWARZ, 115 f.). Das ZGB enthält insoweit eine Lücke.

VII. Übrige Verfahrensregeln

40 Die Form der Beschwerde, das Verfahren und die Form der Eröffnung des Entscheides richten sich nach **kant. Recht.** Die Kantone können entsprechende Bestimmungen erlassen (BGE 113 II 235), die der Genehmigung des Bundesrates bedürfen (Art. 425).

41 Das Bundesrecht macht keine **Formvorschrift** für die Beschwerde. Die meisten Kantone verlangen, dass die Beschwerde schriftlich und mit Begründung erhoben wird. Dies ist zulässig (BK-KAUFMANN, N 33). Beschwert sich die betroffene Person selber, dürfen jedoch keine hohen formellen Anforderungen an die Beschwerde gestellt werden. Eine gewisse Unbeholfenheit in rechtlichen Dingen ist bei den meisten Mündeln gegeben.

Zwar braucht nicht jede Beanstandung oder Unmutsäusserung gegen die Amtsführung des Vormundes einem formellen Beschwerdeverfahren und einem Beschluss der Behörde zu führen, doch hat das Mündel Anspruch auf einen beschwerdefähigen Entscheid, wenn es einen solchen verlangt.

Auf Beschwerde hin hat die VormBehörde den **Sachverhalt von Amtes wegen** zu untersuchen. Die Behörde ist **nicht an die Anträge** des beschwerdeführenden Mündels **gebunden** (ZK-EGGER, N 48; s.o. N 24). Dem Vormund und, wenn die Beschwerde von einer dritten Person erhoben worden ist, auch dem urteilsfähigen Mündel ist **Gelegenheit zur Stellungnahme** einzuräumen. Bei teilweiser oder gänzlicher Gutheissung der Beschwerde hat die VormBehörde gleichzeitig die allenfalls erforderlichen Massnahmen anzuordnen. Der Beschwerdeentscheid der Behörde ist mit einer **Rechtsmittelbelehrung** zu versehen.   42

Das Bundesrecht besagt nichts über die **Kosten des Verfahrens**. Auch hier gilt kant. Recht. Es ist zu beachten, dass es sich bei der Vormundschaft um freiwillige Gerichtsbarkeit handelt, die immer im Dienste der betroffenen Person steht. Von daher kann es sich bei einem Beschwerdeverfahren rechtfertigen, unabhängig vom Verfahrensausgang, der betroffenen Person die Kosten aufzuerlegen. Es gelten die gleichen Grundsätze wie für die gerichtliche Beurteilung bei der FFE (s.o. Art. 397d N 32 f.).   43

VIII. Rechtsmittel an das Bundesgericht

Obgleich es sich beim Vormundschaftsrecht materiell um Bundesverwaltungsrecht handelt, ist die **Verwaltungsgerichtsbeschwerde** nach Art. 97 ff. OG **nicht** gegeben (Art. 100 Bst. g OG). Die **Berufung** steht nur offen, soweit die entsprechenden Entscheide in Art. 44 OG ausdrücklich aufgeführt sind (vgl. BGE 118 Ia 477; DESCHENAUX/STEINAUER, Personnes, Rz 1011). Demgegenüber kann die **staatsrechtliche Beschwerde** und die **zivilrechtliche Nichtigkeitsbeschwerde** grundsätzlich gegen alle Beschwerdeentscheide der höchsten kant. Aufsichtsbehörde ergriffen werden (BGer 5P.312/2003, E. 1). Diese beiden Rechtsmittel erlauben allerdings nur eine sehr beschränkte Überprüfung durch das BGer.   44

Ob die in **Art. 44 Bst. e OG enthaltene Aufzählung** von Gesetzesartikeln die Zulässigkeit der Berufung gegen Errichtungen von Beistandschaften beschränkt, ist umstritten. Das BGer hat die Frage für eine Beistandschaft nach Art. 309 offen gelassen (BGE 121 III 2 f.).

Die **VormBehörde** kann **zivilrechtliche Nichtigkeitsbeschwerde** nach Art. 68 OG nur erheben, wenn sie im kant. Verfahren bereits Parteistellung hatte (BGE 112 II 18; 83 II 186 f.; DESCHENAUX/STEINAUER, Personnes, Rz 1014b). Die staatsrechtliche Beschwerde steht ihr nicht offen, weil dieser Rechtsbehelf grundsätzlich nur Privaten zusteht (BGer 5P.312/2003, E. 2.1.; BGE 107 Ia 267). Das muss auch für den Vormund gelten (vgl. BGE 87 I 212).   45

Mit Inkrafttreten des **Bundesgerichtsgesetzes** (BBG) wird der Rechtsweg an das BGer neu gestaltet. Gemäss Art. 72 Abs. 2 Bst. b Ziff. 5 BBG steht die Beschwerde in Zivilsachen auch gegen kantonal letztinstanzliche Entscheide (Art. 75 BBG) auf dem Gebiet der Aufsicht über die Vormundschaftsbehörden offen. Zur Beschwerde legitimiert ist, wer vor der Vorinstanz am Verfahren teilgenommen hat oder keine Möglichkeit zur Teilnahme erhalten hat und ein rechtlich geschütztes Interesse an der Aufhebung oder Änderung des angefochtenen Entscheides hat (Art. 76 Abs. 1 Bst. b BBG). Die letztgenannte Voraussetzung wird regelmässig nicht auf die vormundschaftlichen Behörden zutreffen, wel-   46 che als Vorinstanzen entschieden haben. Im neuen Beschwerdeverfahren können nicht nur Verletzungen von Bundesrecht (einschliesslich der verfassungsmässigen Rechte), des interkantonalen Rechts, des Völkerrechts und kantonaler verfassungsmässiger Rechte geltend gemacht werden (Art. 95 BBG). Das BGer kann vielmehr den angefochtenen Entscheid auch auf offensichtlich unrichtige Feststellungen des Sachverhalts hin überprüfen (Art. 97 BBG). Zudem kann auch die falsche Anwendung ausländischen Rechts gerügt werden (Art. 96 BBG).

Art. 421

B. Zustimmung

I. Der Vormundschaftsbehörde

Die Zustimmung der Vormundschaftsbehörde wird für folgende Fälle gefordert:

1. **Kauf, Verkauf, Verpfändung und andere dingliche Belastung von Grundstücken;**
2. **Kauf, Verkauf und Verpfändung anderer Vermögenswerte, sobald diese Geschäfte nicht unter die Führung der gewöhnlichen Verwaltung und Bewirtschaftung fallen;**
3. **Bauten, die über die gewöhnlichen Verwaltungshandlungen hinausgehen;**
4. **Gewährung und Aufnahme von Darlehen;**
5. **Eingehung wechselrechtlicher Verbindlichkeiten;**
6. **Pachtverträge, sobald sie auf ein Jahr oder länger, und Mietverträge über Räumlichkeiten, sobald sie auf wenigstens drei Jahre abgeschlossen werden;**
7. **Ermächtigung des Bevormundeten zum selbständigen Betrieb eines Berufes oder Gewerbes;**
8. **Prozessführung, Abschluss eines Vergleichs, eines Schiedsvertrages oder eines Nachlassvertrages, unter Vorbehalt der vorläufigen Verfügungen des Vormundes in dringenden Fällen;**
9. **Eheverträge und Erbteilungsverträge;**
10. **Erklärung der Zahlungsunfähigkeit;**
11. **Versicherungsverträge auf das Leben des Bevormundeten;**
12. **Verträge über die berufliche Ausbildung des Bevormundeten;**
13. **...**
14. **Verlegung des Wohnsitzes des Bevormundeten.**

B. Autorisations à donner

I. Par l'autorité tutélaire

Le consentement de l'autorité tutélaire est nécessaire:

1. pour acheter ou vendre des immeubles et pour les grever de gages et autres droits réels;
2. pour acheter, vendre et mettre en gage d'autres biens au-delà des besoins de l'administration ou de l'exploitation courantes;
3. pour construire au-delà des besoins de l'administration courante;
4. pour prêter et emprunter;
5. pour souscrire des engagements de change;
6. pour conclure des baux à ferme d'une année ou plus et des baux à loyer d'immeubles de trois ans ou plus;
7. pour autoriser le pupille à exercer une profession ou une industrie;
8. pour plaider, transiger, compromettre et conclure un concordat, le tout sous réserve des mesures provisoires prises d'urgence par le tuteur;

9. pour faire un contrat de mariage et partager une succession;
10. pour faire une déclaration d'insolvabilité;
11. pour contracter une assurance sur la vie du pupille;
12. pour passer un contrat d'apprentissage;
13. …
14. pour constituer un nouveau domicile au pupille.

B. Autorizzazione

I. Da parte dell'autorità tutoria

Il consenso dell'autorità tutoria è necessario per gli atti seguenti:
1. per comperare e vendere immobili e per costituire pegni od oneri reali sui medesimi;
2. per comperare, vendere e dare in pegno altri beni, in quanto questi atti non entrino nell'amministrazione e gestione ordinarie;
3. per fare costruzioni eccedendo i limiti dell'amministrazione ordinaria;
4. per prendere e dare denaro a mutuo;
5. per obbligarsi in via cambiaria;
6. per concludere contratti di affitto per un anno o più, o di pigione per tre anni o più;
7. per autorizzare il tutelato all'esercizio indipendente di una professione o di un mestiere;
8. per stare in causa, stipulare transazioni, compromessi o concordati, riservate le disposizioni provvisorie del tutore nei casi urgenti;
9. per concludere convenzioni matrimoniali e di divisione d'eredità;
10. per fare dichiarazioni d'insolvenza;
11. per concludere contratti di assicurazione sulla vita del tutelato;
12. per concludere contratti di tirocinio professionale del tutelato;
13. …
14. per il cambiamento di domicilio del tutelato.

Art. 422

II. Der Aufsichtsbehörde

Die Zustimmung der Aufsichtsbehörde wird, nachdem die Beschlussfassung der Vormundschaftsbehörde vorausgegangen ist, für folgende Fälle gefordert:
1. **Adoption eines Bevormundeten oder durch einen Bevormundeten;**
2. **Erwerb eines Bürgerrechts oder Verzicht auf ein solches;**
3. **Übernahme oder Liquidation eines Geschäftes, Eintritt in eine Gesellschaft mit persönlicher Haftung oder erheblicher Kapitalbeteiligung;**
4. **Leibgedings-, Leibrenten- und Verpfründungsverträge;**
5. **Annahme oder Ausschlagung einer Erbschaft und Abschluss eines Erbvertrages;**
6. **…**
7. **Verträge zwischen Mündel und Vormund.**

II. Par l'autorité de surveillance

Le consentement de l'autorité de surveillance, après décision préalable de l'autorité tutélaire, est nécessaire:
1. pour adopter, que le pupille soit l'adopté ou l'adoptant;
2. pour acquérir un droit de cité ou pour y renoncer;
3. pour acquérir ou liquider une entreprise et pour entrer dans une société engageant la responsabilité personnelle du pupille ou un capital important;
4. pour passer des contrats dont l'objet est une pension, une rente viagère ou l'entretien viager;

5. pour accepter ou répudier une hérédité et pour conclure un pacte successoral;

6. ...

7. pour valider les contrats passés entre tuteur et pupille.

II. Da parte dell'autorità di vigilanza

Il consenso dell'autorità di vigilanza, previa decisione dell'autorità tutoria, è richiesto per gli atti seguenti:

1. l'adozione di un tutelato o l'adozione da parte di un tutelato;

2. l'acquisto o la rinuncia di una cittadinanza;

3. l'acquisto o la liquidazione di un negozio e l'entrata in una società con responsabilità personale illimitata o con considerevole partecipazione di capitale;

4. i contratti di vitalizio e di rendita vitalizia;

5. l'accettazione o la rinuncia di un'eredità e la stipulazione di contratti successori;

6. ...

7. i contratti fra il tutelato e il suo tutore.

Literatur

EBERHARD, Die Zustimmung des Vormundes zu Rechtsgeschäften des urteilsfähigen Mündels, Diss. Bern 1990; MEIER, Le consentement des autorités de tutelle aux actes du tuteur, Diss. Freiburg i.Ü. 1994; ROSSEL/MENTHA, Manuel du droit civil suisse, Bd. I, Lausanne; SCHNEIDER, Die Mitwirkung der Vormundschaftsbehörde in der Erfüllung vormundschaftlicher Aufgaben, in: Praktische Probleme der Vormundschaft, St. Gallen 1974, 44 ff.; SCHRANER, Die Mitwirkung der vormundschaftlichen Behörden bei der Veräusserung von Grundstücken, FZR 1993, 231 ff.; STEINAUER, Der Verkauf eines landwirtschaftlichen Mündelgrundstückes (Art. 404 ZGB und Art. 69 BGBB), ZVW 1997, 47 ff.; vgl. auch die Literaturhinweise zu den Vorbem. zu Art. 360–456 und zu Art. 420–425.

I. Allgemeines

1. Verhältnis zwischen Mandatsträger und Behörde

1   Für die persönliche Fürsorge und die Verwaltung des Mündelvermögens ist der Vormund, Beirat oder der dafür bestellte Beistand zuständig und verantwortlich. Den vormundschaftlichen Behörden steht grundsätzlich nur die Aufsicht über die Mandatsführung zu (s.o. Vorbem. zu Art. 420–425 N 1 ff.). Die Art. 421 f. durchbrechen diese Aufgabenteilung und sehen für den Abschluss von **Geschäften mit einer gewissen Tragweite** die **Mitwirkung der vormundschaftlichen Behörden** vor. Damit sollen vorsorglich Fehler des Vormundes vermieden und die Interessen des Mündels optimal gesichert werden (MEIER, 58).

2. Zustimmung und Vertretungsmacht

2   Die Zustimmung kann das Handeln des Mandatsträgers nicht ersetzen. Art. 421 f. sieht nur eine Mitwirkung der Behörden vor. Diese handeln nicht für das Mündel. Entsprechend setzt ihre Zustimmung immer ein **durch den Mandatsträger gültig abgeschlossenes Rechtsgeschäft** voraus. Daraus ergeben sich drei Grundsätze:

– Die vormundschaftlichen Behörden wirken nur **auf Antrag** mit. Art. 421 f. bildet keine Rechtsgrundlage für Weisungen an den Mandatsträger, entsprechende Rechtsgeschäfte zu tätigen. Ein solches Weisungsrecht lässt sich nur aus der allgemeinen Aufsicht ableiten (Vorbem. zu Art. 420–425 N 9), soweit es nicht in einzelnen Bestimmungen besonders vorgesehen ist (z.B. Art. 400).

– Die **Zustimmung** der Behörde **kann** das **Handeln des Vormundes nicht ersetzen.** Hat dem Vormund beispielsweise wegen einer Interessenkollision die Vertretungsmacht gefehlt, ist das Rechtsgeschäft trotz Zustimmung der Behörden grundsätzlich ungültig (s.u. Art. 424 N 7; BGE 107 II 114; zu den Ausnahmen BGE 117 II 21 ff.).

– Die **Zustimmung** bedarf **nicht der gleichen Form** wie das Rechtsgeschäft (BGE 117 II 21).

Die Zustimmung erfolgt regelmässig erst nach Abschluss des Rechtsgeschäfts (s.u. **3** N 36). Dieses ist somit bis zur rechtskräftigen Zustimmung in der Schwebe. Seine Gültigkeit steht unter der Bedingung, dass die Zustimmung erfolgt (s.u. Art. 424 N 4 ff.). Sollen gewisse Rechtsgeschäfte für das Mündel nicht gänzlich ausgeschlossen sein, muss diese Bedingtheit auch bei **Rechtsgeschäften** in Kauf genommen werden, die grundsätzlich **bedingungsfeindlich** sind. Wie lange der durch das Zustimmungserfordernis bewirkte Schwebezustand der anderen Partei zugemutet werden kann, hängt von der Art des Rechtsgeschäfts ab (BGE 102 II 382 f.).

3. Rechtsnatur der Zustimmung

Im Gegensatz zur Zustimmung des Vormundes zu selbständigen Handlungen des **4** Mündels (EBERHARD, 46) ist die Zustimmung der vormundschaftlichen Behörden **kein Rechtsgeschäft.** Es handelt sich vielmehr um einen behördlichen Verwaltungsakt (EBERHARD, 17). Mit Blick auf die Aussenwirkung ist dieser aber dennoch Empfangsbedürftig. Der Geschäftspartner hat regelmässig Anspruch darauf, dass ihm die Zustimmung entweder durch die Behörde selber oder durch den gesetzlichen Vertreter mitgeteilt wird. Bis zur Mitteilung an den Geschäftspartner kann die Behörde die Zustimmung noch widerrufen (VON TUHR/PETER, 211).

4. Abschliessende Aufzählung zustimmungsbedürftiger Geschäfte

Die Geschäfte, die der Zustimmung der VormBehörde bedürfen, sind in Art. 421, dieje- **5** nigen, welche die aufsichtsbehördliche Zustimmung benötigen, in Art. 422 **grundsätzlich abschliessend** aufgezählt (DESCHENAUX/STEINAUER, Personnes, Rz 1003; RIEMER, Vormundschaftsrecht, 90). Zu Letzteren gehört aber gem. Art. 404 Abs. 3 auch der freihändige Verkauf eines Grundstückes (BGE 117 II 20 f.). Auch wenn die Art. 421 f. vom Grundsatz abweichen, wonach der Amtsträger die Massnahme selbständig durchzuführen hat, und obgleich der Katalog abschliessend ist, müssen diese Bestimmungen nach den für die Gesetzesinterpretation allg. geltenden Regeln ausgelegt werden. Ob ein Rechtsgeschäft unter eine der aufgeführten Kategorien fällt oder nicht, ist nach dem Sinn und Zweck der Norm zu ermitteln. Der in Art. 421 f. enthaltene Katalog ist nicht besonders restriktiv zu verstehen (MEIER, 70 f.).

Neben den Rechtsgeschäften mit einem eigentlichen Zustimmungserfordernis gibt es eine Vielzahl von Geschäften, bei denen die **VormBehörde oder die Aufsichtsbehörde dem Mandatsträger konkrete Weisungen** zu erteilen **oder bestimmte Massnahmen zu beschliessen** hat (ROSSEL/MENTHA, Bd. I, 462). Hinzuweisen ist insb. auf die Art. 397b, 398–401, 403, 404, 405a, 406.

II. Anwendungsbereich

Aus dem Gesetzestext selber ergibt sich die Anwendung der Regeln über die Mitwirkung **6** der vormundschaftlichen Behörden im Falle der **Vormundschaft.** Dabei ist es ohne Bedeutung, ob es sich um die Vormundschaft über eine entmündigte oder unmündige Person handelt (MEIER, 50).

7   Gestützt auf Art. 367 Abs. 3 gelten grundsätzlich die gleichen Regeln auch für die **Beistandschaft** (BGE 51 II 266; 58 II 395 f.; 79 I 187 f.; DESCHENAUX/STEINAUER, Personnes, Rz 1132; RIEMER, Vormundschaftsrecht, 146). Allerdings stellt sich für einige Rechtsgeschäfte die Frage der behördlichen Mitwirkung gar nicht, weil die entsprechenden Handlungen nur von der verbeiständeten Person selber vorgenommen werden können bzw. nicht der Zustimmung des Amtsträgers bedürfen (GEISER et al., 72). Insoweit finden Art. 421 Ziff. 7, Ziff. 9 und Ziff. 14 sowie Art. 422 Ziff. 1 keine Anwendung. Art. 422 Ziff. 7 setzt regelmässig voraus, dass ein Beistand bestellt worden ist. Die Bestimmung gelangt nach der hier vertretenen Meinung auch auf Rechtsgeschäfte zwischen Beistand und Mündel zur Anwendung (s.u. N 33).

Zur Frage der Notwendigkeit der **Zustimmung der Aufsichtsbehörde zum Freihandverkauf von Grundstücken** bestehen in den einzelnen Kantonen unterschiedliche Praxen (GEISER et al., 108). Es ist aber schwer begründbar, warum hier Art. 404 Abs. 3 nicht anwendbar sein soll.

8   Da der **Verwaltungsbeirat** ein gesetzlicher Vertreter ist, der das Vermögen selbständig zu verwalten hat und in diesem Umfang der verbeirateten Person wie einem Mündel die Handlungsfähigkeit entzogen ist, besteht kein Grund, hier von den Grundsätzen über die Mitwirkung der vormundschaftlichen Behörden abzuweichen (BGE 85 II 468; DESCHENAUX/STEINAUER, Personnes, Rz 1154; RIEMER, Vormundschaftsrecht, 125). Es gelten allerdings ähnliche Einschränkungen wie für den Beistand. Aus dem Inhalt der Vertretungsmacht des Verwaltungsbeirates ergibt sich, dass überdies die Art. 421 Ziff. 12 sowie Art. 422 Ziff. 2 nicht anwendbar sein können.

9   Ob die Zustimmung nach Art. 421 f. auch bei Handlungen des **Mitwirkungsbeirates** erforderlich ist, wird in der Lehre unterschiedlich beurteilt. DESCHENAUX/STEINAUER (Personnes, Rz 1152a) sprechen sich auch hier für die Zustimmungsbedürftigkeit gewisser Rechtsgeschäfte aus, da die verbeiratete Person nicht schlechter geschützt sein soll als die bevormundete. Demgegenüber hält die h.L. zu Recht die Zustimmung der vormundschaftlichen Behörden für überflüssig, weil der Mitwirkungsbeirat nicht gesetzlicher Vertreter ist und die Interessen der verbeirateten Person dadurch genügend gewahrt sind, dass sie selber allen Handlungen zustimmen muss (BK-SCHNYDER/Murer, Art. 395 N 105 ff.; GEISER et al., 85).

10   Die Bestimmungen über die Mitwirkung der vormundschaftlichen Behörden gelten auch für die **vorläufige Vertretung** nach Art. 386 Abs. 2 (MEIER, 48).

11   Demgegenüber sind diese Vorschriften nicht auf die **Inhaber der elterlichen Sorge** anwendbar (Art. 304 Abs. 3; DESCHENAUX/STEINAUER, Personnes, Rz 250; MEIER, 56). Dabei ist es ohne Bedeutung, ob es um die elterliche Sorge über Unmündige oder Entmündigte geht (MEIER, 57). Soweit allerdings einem Kind unter elterlicher Sorge ein Beistand ernannt wird und dieser handelt, gelten die für den Beistand entwickelten Grundsätze (s.o. N 7; vgl. HEGNAUER, Kindesrecht, Rz 11.19a, 21.03). Es rechtfertigt sich, hier auch Art. 422 Ziff. 7 anzuwenden, so dass Rechtsgeschäfte, die der Beistand im Namen des Kindes mit dem Inhaber der elterlichen Sorge abschliesst, der Zustimmung der vormundschaftlichen Aufsichtsbehörde bedürfen (DESCHENAUX/STEINAUER, Personnes, Rz 1132; HEGNAUER, Kindesrecht, Rz 26.30; u. N 33).

III. Die zustimmungsbedürftigen Geschäfte

1. Art. 421

Art. 421 zählt grundsätzlich abschliessend (s.o. N 5) die Geschäfte auf, welche die **Zu-** **12** **stimmung der VormBehörde** erfordern. Aus dem Ingress von Art. 422 ergibt sich, dass auch alle Rechtsgeschäfte, denen die Aufsichtsbehörde zustimmen muss, zuerst von der VormBehörde begutachtet werden müssen. Allerdings ist deren Zustimmung nicht nötig. Auch wenn sie das Geschäft ablehnt, muss sie es der Aufsichtsbehörde unterbreiten.

Gemäss Art. 421 **Ziff. 1** bedarf jede rechtsgeschäftliche **Verminderung dinglicher** **13** **Rechte an Grundstücken** sowie deren Erwerb der Genehmigung der VormBehörde. Der Wortlaut der Bestimmung ist zu eng. Darunter fallen auch Tausch, Begründung und Aus-übung von Kaufs-, Vorkaufs- oder Rückkaufsrechten und die Entlassung von Grundstü-cken aus zugunsten des Mündels bestehenden Sicherheiten (DESCHENAUX/STEINAUER, Personnes, Rz 1006). Entsprechend wird auch die Ausübung eines bäuerlichen Vorkaufs-rechts von dieser Vorschrift erfasst (BGE 102 II 379). Demgegenüber scheint das Bun-desgericht den teilweisen Verzicht auf ein beschränktes dingliches Recht (Zustimmung zum Vorgang eines Grundpfandes gegenüber einem Wohnrecht) nicht Ziff. 1 sondern Ziff. 2 zu unterstellen (BGE 126 III 312). Schenkungen sind davon ausgenommen, weil sie ohnehin nach Art. 408 verboten sind (**a.M.** MEIER, 346, der sich auch unerhebliche Schenkungen von Grundstücken vorstellen kann).

Handelt es sich beim Grundstück um das Hauptaktivum einer **Aktiengesellschaft** und ist das Mündel (praktisch) Alleinaktionär, ist eine wirtschaftliche Betrachtungsweise ange-bracht, so dass sich das Zustimmungserfordernis auch auf Rechtsgeschäfte über die Akti-enmehrheit bezieht (MEIER, 331).

Die Zustimmung ist auch zu verlangen, wenn die **Handlung im Rahmen von Art. 402** erfolgt (DESCHENAUX/STEINAUER, Personnes, Rz 972). Bei einem **Freihandverkauf** ist überdies die Zustimmung der Aufsichtsbehörde nötig (Art. 404 Abs. 3). Da Art. 69 BGBB die freiwillige Versteigerung von landwirtschaftlichen Grundstücken verbietet, braucht die Aufsichtsbehörde beim Freihandverkauf eines einem Mündel gehörenden landwirtschaftlichen Grundstücks nicht mitzuwirken (STEINAUER, ZVW 1997, 47 ff.). Diesfalls hat nur die VormBehörde zu prüfen, ob die Veräusserung an sich im Interesse des Mündels liegt.

Geht die Grundbuchanmeldung vom Vormund aus, so hat das Grundbuchamt zu prüfen, **13a** ob die Zustimmung der VormBehörde erforderlich ist oder nicht und gegebenenfalls das Gesuch um Eintragung abzuweisen (BGE 126 III 313 f.).

Gemäss Art. 421 **Ziff. 2** bedürfen **Veräusserungsgeschäfte** auch **über andere Vermö-** **14** **genswerte** der Zustimmung der VormBehörde, wenn sie die gewöhnliche Verwaltung oder Bewirtschaftung überschreiten. Auch hier ist der Gesetzestext zu eng, da es nicht auf die Art des Geschäfts ankommen kann, sondern nur darauf, dass damit ein Vermö-genswert veräussert wird. Erfasst wird nicht nur die Verfügung, sondern auch das Ver-pflichtungsgeschäft. Ist Letzteres genehmigt worden, muss für die Verfügung keine Zu-stimmung mehr eingeholt werden.

Zur **gewöhnlichen Verwaltung** zählen alle Handlungen, die eine gewissenhafte Vermö-gensverwaltung nach allg. Lebenserfahrung normalerweise erfordert (DESCHENAUX/ STEINAUER, Personnes, Rz 1006 m.H. auf SCHNEIDER, 44 ff.). Die Unterscheidung zwi-schen ordentlicher und ausserordentlicher Verwaltung erscheint im Gesetz an mehreren Stellen. Die Begriffe sind hier gleich auszulegen wie bei der Gütergemeinschaft (vgl. BK-HAUSHEER/REUSSER/GEISER, Art. 227/228 N 20 ff.) und bei der Nutzungs- und Verwaltungsordnung bei Miteigentum (BK-MEIER-HAYOZ, Art. 674a N 7 ff.). Demgegenüber ist der Nutzniesser in weiterem Umfang zur Verwaltung berechtigt (Art. 755 Abs. 2). Über die ordentliche Verwaltung geht insb. der Verkauf von Vermögenswerten hinaus, wenn mit dem Erlös der Unterhalt des Mündels finanziert werden soll (vgl. DESCHENAUX/STEINAUER, Personnes, Rz 968). Der Umstand, dass ein Geschäft im Rahmen von Art. 402 erfolgt, dispensiert nicht vom Zustimmungserfordernis (DESCHENAUX/STEINAUER, Personnes, Rz 972). Unter Ziff. 2 fallen auch Abtretungen von beschränkten dinglichen Rechten an Grundstücken, soweit diese Geschäfte nicht schon von Ziff. 1 erfasst wurden (BGE 126 III 312).

Die Bestimmung bezieht sich insb. auf die Veränderung von Vermögensanlagen wie den Erwerb oder den Verkauf von **Aktien** und anderen **börsenkotierten Wertpapieren,** sofern die Vermögensanlage damit *massgeblich* verändert wird. Demgegenüber fällt der Erwerb von Obligationen unter die ordentliche Verwaltung, wenn damit nur Geld neu angelegt werden soll, das bis anhin in ähnlichen festverzinslichen Papieren angelegt war und nun zurückbezahlt worden ist (vgl. BK-HAUSHEER/REUSSER/GEISER, Art. 227/228 N 23).

14a Was als blosse Neuanlage im Rahmen der gewöhnlichen Vermögensverwaltung der Zustimmung der VormBehörde nicht bedarf und wann eine Veräusserung im Sinne von Ziff. 2 vorliegt, hängt von den Umständen des Einzelfalls ab. Massgebend ist das **Anlagekonzept.** Bei kleineren und mittleren Vermögen ergibt sich dieses i.d.R. aus den allgemeinen Richtlinien des kantonalen Rechts. Bei grossen Vermögen hat die VormBehörde im Rahmen der nach Art. 401 f. zu erteilenden Weisungen eine den Verhältnissen angemessene **Anlagestrategie** zu genehmigen, welche dann auch den Rahmen für die gewöhnliche Verwaltung und Bewirtschaftung absteckt.

15 Gemäss Art. 421 **Ziff. 3** bedürfen **Bauten,** die über die gewöhnlichen Verwaltungshandlungen hinausgehen, der Zustimmung der VormBehörde. Die deutsche Fassung des Gesetzesartikels muss als verunglückt bezeichnet werden. Nicht die Baute bedarf der Zustimmung, sondern – wie die romanischen Texte zeigen – das Bauen. Überdies kann auch nicht die Baute über die gewöhnliche Verwaltung hinausgehen, sondern nur die mit dem Bauen verbundenen Handlungen. Soweit damit Rechtsgeschäfte gemeint sind, die über die gewöhnliche Verwaltung hinausgehen, ist die Bestimmung teilweise überflüssig, weil solche Handlungen schon von Ziff. 2 erfasst werden. Die Norm hält aber fest, dass der Vormund auch für die Vergabe von Aufträgen, den Abschluss von Werkverträgen usw. sowie für den seltenen Fall, dass er den Bau selber ausführen will, die Zustimmung der VormBehörde einholen muss. Insofern gehören neben Rechtsgeschäften auch tatsächliche Handlungen dazu.

16 **Ziff. 4** bestimmt, dass die VormBehörde alle **Darlehensverträge,** unabhängig von der Parteistellung des Mündels, genehmigen muss. Der deutsche Gesetzestext stellt im Gegensatz zu den romanischen Fassungen klar, dass nur ein Darlehen i.S.v. Art. 312 ff. OR gemeint ist und nicht auch eine Gebrauchsleihe nach Art. 305 ff. OR (DESCHENAUX/STEINAUER, Personnes, Rz 1006).

Die Anlage des Geldes auf einem **Bankkonto** fällt nicht unter diese Regelung, da dort die sichere und zinstragende Aufbewahrung und nicht die Kreditgewährung im Vordergrund steht (BGE 70 II 77). Ebenfalls ausserhalb des Anwendungsbereichs von Art. 421 Ziff. 4 steht die Anlage des Mündelvermögens in **börsenkotierten Obligationen.** Der Erwerb von **Aktien** kann nicht als Gewährung eines Darlehens angesehen werden. Hier mögen aber die Ziff. 2 (s.o. N 14) oder Art. 422 Ziff. 3 (s.u. N 29) zur Anwendung kommen. Der Kündigung eines Darlehensvertrages und der Rückforderung des geliehenen Betrages muss nicht zugestimmt werden.

Die **Höhe des Darlehens** spielt keine Rolle. In diesem Bereich bedarf der Vormund auch im Rahmen der gewöhnlichen Verwaltung der Zustimmung der VormBehörde.

Wechselrechtliche Verbindlichkeiten i.S.v. Art. 990 ff. OR werden als etwas besonders   **17** Gefährliches angesehen. Sie müssen deshalb gem. **Ziff. 5** in jedem Fall von der VormBehörde bewilligt werden. Unter diese Bestimmung fällt auch die Wechselbürgschaft i.S.v. Art. 1020 ff. OR (Aval; DESCHENAUX/STEINAUER, Personnes, Rz 1006).

Gemäss **Ziff. 6** bedürfen auch **Miet- und Pachtverträge** von einer gewissen Dauer der   **18** Zustimmung der VormBehörde. Während es auf den Gegenstand des Pachtvertrages nicht ankommt (MEIER, 380), ist die Vorschrift ausschliesslich auf die Miete von *Räumlichkeiten* zugeschnitten. Was darunter zu verstehen ist, ergibt sich nur im Zusammenhang mit den romanischen Texten. Gemeint ist die Miete überbauter Immobilien oder von Teilen davon. Ob sie Wohn- oder anderen Zwecken dienen, ist dabei ohne Bedeutung. Insofern wird auch der Einstellplatz für ein Auto in einer Garage erfasst. Für die Miete von *Mobilien* ist keine Genehmigung erforderlich (MEIER, 379), selbst wenn es sich dabei um einen Wohnwagen handelt.

Erfasst werden nur Verträge, welche eine bestimmte **Minimaldauer** aufweisen. Entweder muss der Vertrag auf eine längere, feste Dauer abgeschlossen worden sein oder er ist erst auf einen späteren Zeitpunkt *ordentlich kündbar* (MEIER, 383). Dass jeder Miet- und jeder Pachtvertrag aus wichtigem Grund vorzeitig aufgelöst werden kann, steht der Anwendung von Art. 421 Ziff. 6 nicht entgegen.

Die Verträge bedürfen der Zustimmung unabhängig davon, ob das Mündel auf der Seite des **Vermieters,** bzw. Verpächters ist oder als **Mieter** oder Pächter auftritt (DESCHENAUX/ STEINAUER, Personnes, Rz 1006; MEIER, 381).

Ziff. 7 wiederholt, was schon in Art. 412 festgehalten ist, nämlich dass das Mündel mit   **19** Genehmigung der VormBehörde **selbständig einen Beruf ausüben oder ein Gewerbe betreiben** kann. Die entsprechende Bewilligung verschafft dem Mündel in beschränktem Umfang die Handlungsfähigkeit (s.o. die Komm. zu Art. 412; EBERHARD, 17). Es handelt sich hier nicht um die Zustimmung zu einer Handlung des Vormundes, sondern des Mündels (DESCHENAUX/STEINAUER, Personnes, Rz 1006). Es ist auch nicht notwendig, dass der Vormund einen entsprechenden Antrag stellt. Allerdings ist in jedem Fall seine Meinung einzuholen.

Gemäss **Ziff. 8** bedarf die **Prozessführung** sowie der Abschluss eines Vergleichs, eines   **20** Schiedsvertrages oder eines Nachlassvertrages, soweit keine Dringlichkeit gegeben ist, der Bewilligung der VormBehörde. Auf die *Bedeutung des Rechtsstreites* kommt es nicht an (RIEMER, Vormundschaftsrecht, 90). Die Bestimmung gilt sowohl für Zivil- wie auch für Verwaltungsstreitigkeiten (MEIER, 401). Die Genehmigung ist nicht nur notwendig, wenn das Mündel auf der Aktivseite steht, sondern auch wenn es die beklagte Partei ist (DESCHENAUX/STEINAUER, Personnes, Rz 1006). Auch für eine Nebenintervention oder eine Streitberufung ist das Einverständnis notwendig (MEIER, 400). Das *Gericht* hat das *Vorliegen der Zustimmung als Prozessvoraussetzung von Amtes wegen zu prüfen* (RIEMER, Vormundschaftsrecht, 90). Stimmt die VormBehörde in einem Passivprozess nicht rechtzeitig zu, so ist das Mündel *säumig*. Das Gericht muss von Bundesrechts wegen dem Vormund eine Frist ansetzen, in der er die befürwortende Stellungnahme der VormBehörde beibringen kann (MEIER, 437). Für die Notwendigkeit der Zustimmung ist entscheidend, dass es sich um einen *Streit* handelt, den das *Mündel nicht selber führen* kann, sondern für den es vom Vormund vertreten werden muss. Geht es um die Geltendmachung höchstpersönlicher Rechte, kann das urteilsfähige Mündel den Prozess selber führen und die VormBehörde hat kein Mitbestimmungsrecht. Entsprechend tritt das

Mündel in einem Strafprozess auf der Passivseite selber auf. Wird allerdings adhäsionsweise eine Schadenersatzforderung eingeklagt, ist wiederum der Vormund mit Zustimmung der VormBehörde einzuschalten. Die gleichen Überlegungen gelten auch, wenn das Mündel im Strafprozess auf der Aktivseite erscheint. Das urteilsfähige Mündel kann selbständig in einem Scheidungsprozess auftreten. Es kann entsprechend auch ohne Zustimmung des Vormundes und auch ohne Genehmigung der Behörde seinen Scheidungswillen nach Art. 111 f. ausdrücken. Soweit es aber um die Regelung der wirtschaftlichen Scheidungsfolgen geht, hat der Vormund mitzuwirken und damit ist auch die Zustimmung der VormBehörde erforderlich. Bei höchstpersönlichen Rechten, die für das urteilsunfähige Mündel vom Vormund geltend gemacht werden können, bedarf dieser der Zustimmung (DESCHENAUX/STEINAUER, Personnes, Rz 539b, 627). Diese ist wiederum nicht nötig, wenn der Vormund in Absprache mit dem urteilsfähigen Mündel in dessen Namen den Prozess führt (DESCHENAUX/STEINAUER, Personnes, Rz 574). Diesfalls handelt er als dessen rechtsgeschäftlicher Vertreter, weil ihm für diese Rechte gar keine gesetzliche Vertretungsmacht zukommt, jedenfalls soweit das Mündel tatsächlich selber in der Lage ist, seine Rechte wahrzunehmen (BK-BUCHER, Art. 19 N 232). Beauftragt das urteilsfähige Mündel den Vormund mit der Prozessführung, liegt allerdings ein Vertrag i.S.v. Art. 422 Ziff. 7 vor, so dass seine Gültigkeit von der Zustimmung der Aufsichtsbehörde abhängt (DESCHENAUX/STEINAUER, Personnes, Rz 985; u. N 33). Ziff. 8 gilt auch für den *Verwaltungsbeirat,* weil die verheiratete Person im Rahmen der Vermögensverwaltung nicht selber die Einwilligung zur Prozessführung geben kann (BGE 85 II 468).

Der Vormund braucht das Einverständnis auch zum **Abschluss eines gerichtlichen Vergleichs.** Vergleiche ausserhalb eines hängigen Rechtsstreits fallen nicht unter den Zustimmungsvorbehalt (BGE 64 II 406; DESCHENAUX/STEINAUER, Personnes, 1006; **a.M.** BK-KAUFMANN, N 27; MEIER, 413 f.). Die Bestimmung gilt jedoch nicht für den Abschluss eines Unterhaltsvertrages im Sinne des Kindesrechts. Art. 287 behält für den aussergerichtlichen Abschluss ausdrücklich die Zustimmung der VormBehörde vor, während beim gerichtlichen die Genehmigung durch den Richter ausreicht (HEGNAUER, Kindesrecht, Rz 21.20). Auf Seiten des bevormundeten *Zahlungspflichtigen* ist hingegen Art. 421 Ziff. 8 anwendbar (HEGNAUER, Kindesrecht, Rz 21.22).

Sowohl der eigentliche **Schiedsvertrag** wie auch eine Schiedsklausel bedarf zu ihrer Gültigkeit der Zustimmung der VormBehörde (MEIER, 418 f.).

Eine Genehmigung ist sowohl für gerichtliche wie auch für aussergerichtliche **Nachlassverträge** erforderlich, unabhängig davon, ob das Mündel als Schuldner oder Gläubiger beteiligt ist (MEIER, 422).

Der Vormund kann allerdings in **dringenden Fällen** alle diese Handlungen auch ohne die Mitwirkung der VormBehörde vornehmen. Dringlichkeit ist immer dann gegeben, wenn die VormBehörde voraussichtlich nicht innert nüzlicher Frist entscheiden können wird. Soweit es nicht um eine einmalige, abgeschlossene Handlung geht, ist nachträglich die Zustimmung einzuholen.

21   Gemäss Art. 183 Abs. 1 kann nur eine urteilsfähige Personen einen **Ehevertrag** abschliessen. Es handelt sich um ein *höchstpersönliches* und damit vertretungsfeindliches Rechtsgeschäft (BK-HAUSHEER/REUSSER/GEISER, Art. 183 N 7). Die unmündige oder entmündigte Vertragspartei bedarf der Zustimmung des gesetzlichen Vertreters (Art. 183 Abs. 2). Ist dieser nicht der Inhaber der elterlichen Sorge, sondern der Vormund, so muss **gem. Ziff. 9** auch die VormBehörde zustimmen.

Als **Erbteilungsvertrag** gilt sowohl die verbindliche Entgegennahme der Lose wie auch der schriftliche Teilungsvertrag (Art. 634). Gemeint sind die Rechtsgeschäfte, mit denen die Erbschaftsgegenstände unter die Erben aufgeteilt werden bzw. einzelne Erben aus der Erbengemeinschaft ausscheiden. Sind Grundstücke betroffen, hat das Grundbuchamt zu prüfen, ob das Einverständnis der VormBehörde vorliegt (BGE 79 I 187). Der Verkauf einer Liegenschaft durch die Erbengemeinschaft an einen Aussenstehenden stellt keine Erbteilung dar und fällt daher nicht unter Art. 421 Ziff. 9. Es ist jedoch ein Grundstücksgeschäft, das gem. Ziff. 1 der gleichen Bestimmung der Genehmigung der VormBehörde und bei einem freihändigen Verkauf nach Art. 404 Abs. 3 jener der Aufsichtsbehörde bedarf (BGE 117 II 20). Demgegenüber fällt die Anerkennung eines Testamentes, welches die Erbrechte des Mündels einschränkt, nicht unter diese Norm, und die Mitwirkung der VormBehörde ist nur erforderlich, wenn die Voraussetzungen von Ziff. 8 gegeben sind (BGE 64 II 406; Deschenaux/Steinauer, Personnes, Rz 1006).

Gemäss **Ziff. 10** kann der Vormund nur mit Zustimmung der VormBehörde eine **Insolvenzerklärung** i.S.v. Art. 191 SchKG im Namen seines Mündels abgeben.   22

Ziff. 11 verlangt die Genehmigung der VormBehörde für **Versicherungsverträge,** die **auf das Leben des Mündels** abgeschlossen werden. Es kann sich sowohl um reine Todesfall- wie auch um gemischte Versicherungen handeln (Deschenaux/Steinauer, Personnes, Rz 1006). Die Bestimmung ist nicht anwendbar, wenn das Mündel nicht prämienbelasteter Versicherungsnehmer ist (VPB 1988, 293; Riemer, Vormundschaftsrecht, 89). Mit Blick auf die praktische Bedeutung der *beruflichen Vorsorge* sollte diese Regelung auch nicht zur Anwendung kommen, wenn zusammen mit einem Arbeitsvertrag ein Vorsorgevertrag im Rahmen des BVG abgeschlossen wird, selbst wenn die Versicherung den obligatorischen Rahmen übersteigt. Unter Ziff. 11 fallen nur Verträge, die entweder dem Versicherungsvertrag oder dem BVG unterstehen (s.u. N 30).   23

Aus den französisch- und italienischsprachigen Fassungen von **Ziff. 12** ergibt sich, dass nicht jeder Vertrag über die berufliche Ausbildung, sondern nur ein **Lehrvertrag** der Mitwirkung der VormBehörde bedarf (Deschenaux/Steinauer, Personnes, Rz 1006). Im Entwurf des Bundesrates entsprach der deutsche Wortlaut noch den romanischen Texten (Art. 430 Ziff. 11 E von 1904). Allerdings entspricht der Begriff nicht demjenigen des Arbeitsvertragsrechts. Ein Lehrvertrag i.S.v. Art. 344 OR liegt nur vor, wenn eine umfassende und systematische Ausbildung in einem Beruf zur Erlangung eines anerkannten Fähigkeitszeugnisses bezweckt wird. Damit grenzt er sich von der Anlehre, vom Praktikantenverhältnis und vom Berufswahlpraktikum ab (vgl. ZK-Staehelin, Art. 344 OR N 6 ff.). Art. 421 Ziff. 12 setzt nicht voraus, dass der Vertrag dem BG über die Berufsbildung vom 19.4.1978 untersteht.   24

Ziff. 13 sah die Zustimmung der VormBehörde für die Anstaltseinweisung des Mündels vor und wurde im Zusammenhang mit dem Erlass der Bestimmungen über die FFE aufgehoben (Deschenaux/Steinauer, Personnes, Rz 1006). Für die Einweisung einer unmündigen Person – unter Vormundschaft oder elterlicher Sorge – ist grundsätzlich die VormBehörde selber zuständig (Art. 315 und Art. 405a Abs. 1). Bei entmündigten Personen können die Kantone die Zuständigkeit entweder der VormBehörde oder der Aufsichtsbehörde zuweisen (Art. 397b). Sie können überdies für alle Personenkategorien bei Dringlichkeit oder psychischer Erkrankung andere geeignete Stellen mit der Einweisung betrauen (Art. 314a Abs. 3 und Art. 405a und N 10 dazu). Unmündige unter Vormundschaft und Entmündigte können zudem durch den Vormund eingewiesen werden.   25

Ziff. 14 wiederholt schliesslich, was bereits Art. 377 festhält. Zum **Wechsel des Wohnsitzes** s. die Komm. zu Art. 377. Ziff. 14 gilt nur für die Vormundschaft, nicht auch für die Beistandschaft und die Beiratschaft, da dort die betroffene Person ihren Wohnsitz frei verlegen kann, ohne der Genehmigung einer Behörde zu bedürfen.   26

Thomas Geiser   2135

2. Art. 422

27 Gemäss Art. 422 **Ziff. 1** muss die **Adoption** einer bevormundeten Person oder durch eine solche von der Aufsichtsbehörde gutgeheissen werden. Art. 265 Abs. 3 stellt klar, dass die Einwilligung des urteilsfähigen Mündels die Mitwirkung der Aufsichtsbehörde nicht ersetzen kann. Entfällt die Vormundschaft allerdings vor dem Adoptionsentscheid, kann die inzwischen voll handlungsfähig gewordene Person selber zustimmen (ZGB-BREIT-SCHMID, Art. 265a N 11). Nicht unter Ziff. 1 fällt die Einwilligung der bisherigen Eltern zur Adoption. Diese ist höchstpersönlicher Natur (Art. 265a N 1). Bei Urteilsunfähigkeit kann nicht ein gesetzlicher Vertreter an Stelle des berechtigten Elternteils einwilligen. Vielmehr ist von der Einwilligung abzusehen (Art. 265c Ziff. 1).

Die Bestimmung ist im Zusammenhang mit der **Revision des Adoptionsrechts** an die neue Terminologie angepasst worden («Adoption» statt «Kindesannahme»; BG vom 30.6.1972).

28 Der Zustimmung der Aufsichtsbehörde bedarf nach **Ziff. 2** der **Erwerb oder der Verzicht auf ein Bürgerrecht.** Erfasst wird sowohl das Kantons- und Gemeindebürgerrecht als auch die Staatsangehörigkeit. Ob auf ein *ausländisches* Bürgerrecht durch den gesetzlichen Vertreter überhaupt verzichtet bzw. durch ihn ein solches erworben werden kann, bestimmt sich nach dem ausländischen Recht. Soweit dies aber möglich ist, richtet sich die Vertretungsmacht eines schweizerischen Vormundes nach schweizerischem Recht und damit auch nach Art. 422 Ziff. 2.

29 **Ziff. 3** verlangt die Genehmigung der Aufsichtsbehörde für die **Übernahme oder Liquidation eines Geschäfts,** den Eintritt in eine Gesellschaft mit persönlicher Haftung oder die erhebliche Kapitalbeteiligung. Die Norm zielt weder auf den Entscheid über die Liquidation oder die Weiterführung eines Geschäfts bei der Übernahme der Vormundschaft nach Art. 403 (MEIER, 442 ff.) noch auf die Bewilligung, selbständig einen Beruf auszuüben oder ein Gewerbe zu betreiben nach Art. 412 (MEIER, 445; DESCHENAUX/STEINAUER, Personnes, Rz 1007). Ob auch der unentgeltliche Erwerb der Mitwirkung der Aufsichtsbehörde bedarf, erscheint fraglich (MEIER, 451 ff.).

Der **Eintritt in eine Gesellschaft** wird nur erfasst, wenn damit eine unbeschränkte Haftung verbunden ist. Das betrifft die einfache Gesellschaft, die Kollektivgesellschaft, die Kommanditgesellschaft und die Kommanditaktiengesellschaft, soweit das Mündel als Komplementär haftet, und die Genossenschaft, wenn die Genossenschafter nach den Statuten unbeschränkt haften oder sie eine unbeschränkte Nachschusspflicht trifft (MEIER, 460 f.). Letzteres ist auch beim Verein möglich. Der Austritt aus der Gesellschaft kann ohne Zutun der Aufsichtsbehörde erfolgen (MEIER, 462 ff.). Soweit allerdings zur Gesellschaft ein Geschäftsbetrieb gehört, kann das Ausscheiden des Mündels aus der Gesellschaft als Liquidation eines Geschäfts unter Ziff. 3 fallen.

Besteht keine unbeschränkte Haftung, bedarf die **erhebliche Kapitalbeteiligung an einer Gesellschaft** der Zustimmung der Aufsichtsbehörde. Darunter fällt auch der Erwerb einer Beteiligung an einer Aktiengesellschaft (MEIER, 465). Die *Erheblichkeit* bestimmt sich nach dem Verhältnis des Kapitals zum gesamten Vermögen des Mündels. Es kommt nicht darauf an, welchen Prozentsatz des Gesellschaftskapitals das Mündel übernimmt (MEIER, 469).

30 Gemäss **Ziff. 4** müssen **Leibgedings-, Leibrenten- und Verpfründungsverträge** von der Aufsichtsbehörde bewilligt werden. Mangels entsprechender gesetzlicher Präzisierung ist es ohne Bedeutung, auf welcher Seite des Vertrages das Mündel auftritt. Ein Leibgedingsvertrag ist ein Verpfründungsvertrag i.S.v. Art. 521 ff. OR (GUHL/SCHNYDER,

646). Ein Leibrentenvertrag charakterisiert sich durch das *selbständige* Versprechen, dem Gläubiger während der Lebensdauer einer Person bestimmte, periodisch wiederkehrende Leistungen zu erbringen (STOFER, Leibrentenversprechen und Verpfründungsvertrag, SPR VII/2, Basel 1979, 738). Wieweit die Bestimmungen über den Leibrentenvertrag auch auf einen Versicherungsvertrag anwendbar sind, ist streitig (Art. 520 OR; STOFER, SPR VII/2, 739). Der Zustimmung der Aufsichtsbehörde bedürfen m.E. nur Leibrentenverträge, welche weder dem VVG noch dem BVG unterstehen (s.o. N 23).

Gemäss **Ziff. 5** ist die Genehmigung der Aufsichtsbehörde für die **Annahme oder Aus-**   31 **schlagung einer Erbschaft** und für den Abschluss eines Erbvertrages erforderlich. Nicht bei jeder Annahme oder Ausschlagung einer Erbschaft braucht es eine Mitwirkung der vormundschaftlichen Behörden (DESCHENAUX/STEINAUER, Personnes, Rz 1007; **a.M.** BGE 79 I 187; MEIER, 475 ff.). Im Falle der Ausschlagungserklärung ist die Zustimmung der Aufsichtsbehörde nötig; im Falle der Vermutung der Ausschlagung (Art. 566 Abs. 2) jedoch nicht. Die Vermutung gilt auch für den entmündigten Erben, ohne Zutun einer vormundschaftlichen Behörde. Der Erwerb der Erbschaft tritt gem. Art. 560 grundsätzlich von Gesetzes wegen und ohne behördliche Mitwirkung ein. Eine ausdrückliche Annahmeerklärung ist nur in den in Art. 574, 575 und 588 genannten Fällen erforderlich, und nur in diesen ist die Zustimmung i.S.v. Art. 422 Ziff. 5 für die Annahme notwendig, ansonsten die Erbschaft bei Art. 574 und 575 als ausgeschlagen, bei Art. 588 als unter öffentlichem Inventar angenommen gilt. Nach Abschluss des öffentlichen Inventars sind nach h.L. (ZVW 1957, 41 ff.; 1968, 41 ff.) nur die Ausschlagungserklärung und die Erklärung der vorbehaltlosen Annahme zur Genehmigung nach Art. 422 Ziff. 5 zu unterbreiten. Vereinzelt wird die Auffassung vertreten, der Zustimmung bedürfe auch die Annahme unter öffentlichem Inventar, ungeachtet der Tatsache, dass dies die gesetzliche Folge bei Ausbleiben einer Erklärung ist. Die Fristen des Erbrechtes für die Ausschlagung und Annahme der Erbschaft sind von den vormundschaftlichen Behörden einzuhalten, d.h. sie müssen ihren Entscheid vor Ablauf der Frist treffen und mitteilen. Nach den erbrechtlichen Bestimmungen kann die Frist allerdings angemessen verlängert werden.

Eine bevormundete Person kann nach h.M. als Erblasser keinen **Erbvertrag abschliessen** (Art. 468). Ziff. 5 bezieht sich deshalb nur auf Verträge, welche das Mündel als Gegenkontrahent eingeht. Trotz Art. 408 ist auch ein Erbverzichtsvertrag zulässig, sofern er entgeltlich ist. Wird das Mündel im Erbvertrag nur bedacht, ohne selber eine Leistung erbringen zu müssen, kann von der Zustimmung der Aufsichtsbehörde abgesehen werden (DESCHENAUX/STEINAUER, Personnes, Rz 1007; **a.M.** ZGB-BREITSCHMID, Art. 467/468 N 5).

Ziff. 6 hätte gemeinsam mit Art. 15 im Zusammenhang mit der Herabsetzung des Mün-   32 digkeitsalters aufgehoben werden sollen, was vom Gesetzgeber übersehen worden ist (TUOR/SCHNYDER/SCHMID/RUMO-JUNGO, 533). Die Aufhebung ist nunmehr im Zusammenhang mit dem neuen Scheidungsrecht erfolgt (Gesetz v. 26. Juni 1998).

Die in **Ziff. 7** vorgesehenen **Verträge zwischen Mündel und Vormund** kommen nur   33 gültig zustande, wenn für das Mündel ein Beistand handelt. Der gesetzliche Vertreter hat keine Vertretungsmacht für das Selbstkontrahieren (vgl. BGE 107 II 108 ff.). Ziff. 7 betrifft somit alle Geschäfte, welche während der Dauer des vormundschaftlichen Amtes zwischen dem Vormund und dem Mündel unter Mitwirkung eines Beistandes abgeschlossen werden (DESCHENAUX/STEINAUER, Personnes, Rz 1007). Darunter fällt auch die Beauftragung des Vormundes durch das urteilsfähige Mündel mit der Wahrung von Rechten, welche das Mündel selbständig geltend machen kann (BGE 59 II 111; DESCHENAUX/STEINAUER, Personnes, Rz 985). Soweit der Vertrag dem Mündel allerdings nur Vorteile verschafft, ist die Zustimmung nicht erforderlich (DESCHENAUX/ STEINAUER, Personnes, Rz 1007).

Es rechtfertigt sich, Ziff. 7 auch anzuwenden, wenn die betroffene Person nicht bevormundet, sondern nur bebeiratet oder verbeiständet ist oder unter elterlicher Sorge steht und ein dafür besonders ernannter Beistand ein Geschäft mit diesen gesetzlichen Vertretern abschliesst (DESCHENAUX/STEINAUER, Personnes, Rz 1007, 1132; HEGNAUER, Kindesrecht, Rz 26.30; s.o. N 11). Fraglich erscheint demgegenüber die Anwendung auf Rechtsgeschäfte zwischen der verbeirateten Person und dem Mitwirkungsbeirat, wobei auch hier in analoger Anwendung von Art. 392 Ziff. 2 für den Beirat ein Ersatz bestellt werden muss (s.o. N 9).

IV. Bedeutung der Zustimmung

34 Siehe dazu die Komm. zu Art. 424.

V. Verfahren

1. Zuständigkeit

35 Zuständig ist die **VormBehörde,** die den Mandatsträger ernannt hat und die Massnahme führt. Die Zustimmung nach Art. 422 hat die der entsprechenden VormBehörde übergeordnete Aufsichtsbehörde zu erteilen. Es handelt sich regelmässig auch um die Beschwerdeinstanzen nach Art. 420. Bei der Familienvormundschaft ist der Familienrat an Stelle der VormBehörde zuständig (DESCHENAUX/STEINAUER, Personnes, Rz 853e).

2. Handeln auf Antrag

36 Es ist **Aufgabe des Vormundes,** der VormBehörde den Antrag auf Zustimmung zu unterbreiten und der Behörde alle nötigen Angaben und Unterlagen für den Entscheid zu liefern (DESCHENAUX/STEINAUER, Personnes, Rz 1004; MEIER, 117 ff.). Das urteilsfähige Mündel kann den Antrag nur mit dem Einverständnis des Vormundes stellen (MEIER, 118). Grundsätzlich hat die Behörde auf den Antrag erst nach Vorlage des von den Vertragspartnern unterzeichneten Vertrages einzutreten (s.o. N 3). So ist etwa bei Grundstücksverkäufen erst dem beurkundeten Kaufvertrag zuzustimmen, nicht schon einem Vertragsentwurf. Es ist die Aufgabe des Vormundes, nicht des Grundbuchamtes, für die Zustimmung besorgt zu sein (BGE 126 III 314). Für den Vormund empfiehlt es sich, im mitwirkungspflichtigen Vertrag ausdrücklich die Zustimmung der VormBehörde bzw. der Aufsichtsbehörde vorzubehalten. Es kann auch sinnvoll sein, wenn der Mandatsträger vor Abschluss des Rechtsgeschäfts die Meinung der Behörde einholt. Das ersetzt aber das Erfordernis der Genehmigung nicht, und die Behörde ist nicht an ihre Meinungsäusserung gebunden.

37 Im **Zustimmungsverfahren nach Art. 422** muss die VormBehörde das Geschäft der Aufsichtsbehörde in jedem Fall zustellen, auch wenn sie selber die Ablehnung empfiehlt (DESCHENAUX/STEINAUER, Personnes, Rz 1004). Eine Beschwerdeführung gegen den ablehnenden Entscheid der VormBehörde ist deshalb in der Praxis nicht von Bedeutung.

3. Kognition

38 Die **VormBehörde** ist **zur umfassenden Überprüfung** des zur Zustimmung vorgelegten Geschäftes **verpflichtet.** Sie hat alle Aspekte zu kontrollieren und nur zuzustimmen, wenn die Interessen des Mündels vollumfänglich gewahrt sind (ausführlich

MEIER, 134 ff.). Bei den in Art. 421 aufgeführten Rechtsgeschäften trägt die VormBehörde die Verantwortung für den Entscheid (vgl. BGE 61 II 11; DESCHENAUX/STEINAUER, Personnes, Rz 1004). Erweist sich das Rechtsgeschäft als *rechtswidrig,* ist die Zustimmung zu verweigern, selbst wenn das Geschäft für das Mündel vorteilhaft ist (vgl. MEIER, 133 f.).

Das Gleiche gilt für die **Aufsichtsbehörde** im Zustimmungsverfahren nach Art. 422. Zwar hat nach dem Ingress dieser Bestimmung die VormBehörde das Geschäft vorgängig zu behandeln, doch hat ihr vorausgegangener Beschluss lediglich die Bedeutung eines Antrages.

Die Beurteilung, ob es im Interesse des Mündels liegt, ein ihm gehörendes **Grundstück** **39** **zu veräussern,** fällt in die Kompetenz der VormBehörde. Beim Freihandverkauf hat sich die Aufsichtsbehörde auf die Prüfung zu beschränken, ob die anstelle der öffentlichen Versteigerung gewählte Veräusserungsart von Vorteil für das Mündel ist.

4. Form der Zustimmung

Sowohl die Stellungnahme der VormBehörde wie auch jene der Aufsichtsbehörde erfolgt in Form eines **Beschlusses der Behörde.** Eine gehörige Amtsführung erfordert es, dass mindestens ein Beschlussprotokoll erstellt wird. Mit Blick auf die Haftung empfielt es sich aber regelmässig, die wichtigsten Argumente entweder im Protokoll selber oder in anderer Weise in den Akten festzuhalten. Der Entscheid ist dem Mandatsträger, dem Mündel, wenn es urteilsfähig ist, und bei formbedürftigen Rechtsgeschäften auch der Urkundsperson sowie ggf. der Registerbehörde zu eröffnen (vgl. GEISER et al., 111). **40**

Eine **Zustimmung** kann auch **stillschweigend** erfolgen. Allerdings ist das Verhalten der Behörden nur mit Zurückhaltung in diesem Sinne auszulegen. Die Genehmigung der Berichte und Rechnungen durch die Behörde kann nicht ohne weiteres als Zustimmung zu allen in der Berichtsperiode getätigten mitwirkungspflichtigen Rechtsgeschäften angesehen werden. Eine solche Auslegung ist höchstens möglich, wenn die entsprechenden Geschäfte besonders geprüft worden sind. Mit Blick auf die ausdrückliche Erwähnung der stillschweigenden Zustimmung in Art. 412 wird allerdings das Gewährenlassen des Mündels über längere Zeit, trotz Kenntnis seiner Berufsausübung oder Gewerbetätigkeit, als Einverständnis ausgelegt werden müssen. Wird der Vormund aber ermächtigt, ein Rechtsmittel gegen ein Urteil einzulegen, das er ohne Mitwirkung der Behörde für das Mündel erstritten hat, wird damit stillschweigend auch seine Prozessführung in der Vorinstanz genehmigt (MEIER, 156).

Wenn für das **Rechtsgeschäft** eine **besondere Form** wie die öffentliche Beurkundung vorgesehen ist, gilt das Formerfordernis nicht auch für die Zustimmung der Behörde (BGE 117 II 21). Demgegenüber verlangt der Formzweck, dass die Zustimmung der betroffenen Person den Formerfordernissen genügt, wenn die vormundschaftliche Massnahme noch vor dem behördlichen Entscheid entfällt, so dass das ehemalige Mündel selber das Geschäft genehmigen kann (BK-SCHMIDLIN, Art. 13 OR N 15 f.; **a.M.** MEIER, 277; BGE 75 II 237 ff.; nun mehr offen gelassen: 117 II 21). **41**

5. Rechtsmittel

Gegen den **Entscheid der VormBehörde** betr. Zustimmung oder Verweigerung der Zustimmung ist die **Vormundschaftsbeschwerde** nach Art. 420 Abs. 2 innert zehn Tagen ab Empfang der Mitteilung gegeben. **42**

43   Im Zustimmungsverfahren nach Art. 422 muss die VormBehörde das Geschäft der Aufsichtsbehörde in jedem Fall unterbreiten, auch wenn sie selber einen ablehnenden Antrag stellt. Eine Beschwerdeführung gegen den ablehnenden Entscheid der VormBehörde ist deshalb in der Praxis nicht von Bedeutung. Gegen den **Entscheid der Aufsichtsbehörde** ist die Vormundschaftsbeschwerde nur gegeben, wenn der Kanton zwei Aufsichtsbehörden vorsieht, die Entscheide der unteren an die obere weitergezogen werden können und für die Zustimmungen die untere Aufsichtsbehörde zuständig ist (Art. 420 N 16 f.). Erklärt das kant. Recht die obere Aufsichtsbehörde als für die Zustimmungen nach Art. 422 zuständig, ist von Bundesrechts wegen jedes kant. Rechtsmittel ausgeschlossen, da nicht mehr als zwei Aufsichtsbehörden bestehen dürfen.

44   Die Berufung an das **BGer** ist nicht gegeben (Art. 44 OG e contrario). Demgegenüber kann zivilrechtliche Nichtigkeitsbeschwerde und staatsrechtliche Beschwerde ergriffen werden. Mit Inkrafttreten des Bundesgerichtsgesetzes (BBG) wird demgegenüber die Beschwerde in Zivilsachen gegeben sein (Art. 72 Abs. 2 Bst. b Ziff. 5 BBG).

6. Ergänzende kantonale Bestimmungen

45   Die Kantone können das Verfahren näher regeln. Soweit es sich dabei ausschliesslich um Verfahrensbestimmungen handelt, fallen sie nicht unter Art. 425 und bedürfen deshalb keiner Genehmigung des Bundes (s.u. Art. 425 N 6). Die Kantone können aber auch Richtlinien zur Auslegung der einzelnen in den Art. 421 und 422 aufgeführten Sachverhalte aufstellen, welche dann dem Bund zur Genehmigung vorzulegen sind.

Art. 423

C. Prüfung von Berichten und Rechnungen

[1] **Die Vormundschaftsbehörde prüft die periodischen Berichte und Rechnungen des Vormundes und verlangt, wo es ihr notwendig erscheint, deren Ergänzung und Berichtigung.**

[2] **Sie erteilt oder verweigert die Genehmigung der Berichte und Rechnungen und trifft nötigenfalls die für die Wahrung der Interessen des Mündels angezeigten Massregeln.**

[3] **Die Kantone können der Aufsichtsbehörde eine Nachprüfung und die Genehmigung übertragen.**

C. Examen des rapports et comptes

[1] L'autorité tutélaire examine les rapports et comptes périodiques du tuteur; elle ordonne, si elle le juge à propos, qu'ils soient complétés ou rectifiés.

[2] Elle les accepte ou les refuse et prend, le cas échéant, les mesures commandées par l'intérêt du pupille.

[3] Les cantons peuvent prescrire la révision et l'approbation du rapport et comptes par l'autorité de surveillance.

C. Esame delle relazioni e dei conti

[1] L'autorità tutoria deve esaminare le relazioni ed i conti periodici del tutore e richiederne, ove sia necessario, la completazione e la correzione.

[2] Essa accorda o nega l'approvazione alle relazioni ed ai conti del tutore e prende ove occorra le misure necessarie per garantire i beni del tutelato.

[3] I Cantoni possono incaricare l'autorità di vigilanza di un nuovo esame e dell'approvazione.

Literatur

HEGNAUER, Das Wohl des Mündels als Maxime der Vormundschaft, ZVW 1984, 81 ff.; vgl. auch die Literaturhinweise zu den Vorbem. zu Art. 360–456 und 420–425 sowie zu Art. 421/422.

I. Grundsätzliches

Die VormBehörde hat periodisch Berichte und Rechnungen des Vormundes über dessen Amtsführung einzuverlangen, diese **zu prüfen** und über sie **Beschluss zu fassen.** Die Behörde setzt die Perioden an, in denen der Vormund seine Berichte vorzulegen hat. Die Berichterstattung hat mindestens alle zwei Jahre zu erfolgen (Art. 413 Abs. 2). 1

Erwähnt wird zwar nur der Vormund. Die periodische Rechenschaftspflicht trifft aber grundsätzlich auch den **Beistand** und den **Beirat** (RIEMER, Vormundschaftsrecht, 125 und 146). Ist der Beistand nur für ein einzelnes Geschäft ernannt worden, hat er indessen i.d.R. nur einen Schlussbericht abzuliefern. 2

Der Bericht über die **persönlichen Verhältnisse des Mündels und die Betreuung** sind darauf zu prüfen, ob die persönliche Fürsorge und die rechtsgeschäftliche Vertretung durch den Vormund den persönlichen Verhältnissen des Mündels angemessen sind, dessen Entwicklung fördern und allg. dem Wohl des Mündels dienen (HEGNAUER, ZVW 1984, 81 ff.). 3

Ferner liefert der Bericht Information darüber, ob die **Gründe für die Bevormundung** noch gegeben sind oder ob eine Aufhebung oder Umwandlung in eine andere Massnahme in Betracht zu ziehen ist (vgl. HÄFELI, 231).

Die **Rechnung des Vormundes** ist auf formelle Richtigkeit hin zu kontrollieren, und die VormBehörde hat die materielle Angemessenheit und Gesetzmässigkeit der vormundschaftlichen Verwaltung abzuklären (ZK-EGGER, Art. 413 N 23). Teilweise verlangen die VormBehörde vom Vormund, dass er die Einhaltung von Art. 413 Abs. 3 nachweise oder glaubhaft mache. Er muss dann die unterschriftliche Bestätigung des urteilsfähigen Mündels über dessen Beizug zur Rechnungslegung beibringen. Nötigenfalls hat die Behörde die Ergänzung und Berichtigung der Rechnung anzufordern. Die VormBehörde hat auch sicherzustellen, dass Art. 402 Abs. 2 nachgelebt wird und das Mündelvermögen zinstragend angelegt ist (DESCHENAUX/STEINAUER, Personnes, Rz 971). Schliesslich bezieht sich die Untersuchung auch darauf, ob die Handlungen des Vormundes rechtmässig sind, den Weisungen der VormBehörde entsprechen und ggf. alle Zustimmungen eingeholt worden sind (DESCHENAUX/STEINAUER, Personnes, Rz 1009b; vgl. o. Art. 421 N 40). 4

II. Wirkung der Zustimmung und Ablehnung

Nach Prüfung des Rechenschaftsberichtes hat die Behörde diesen gem. Art. 423 entweder zu **genehmigen** oder die Genehmigung zu verweigern und ihn, wenn das kant. Recht dies vorschreibt (Art. 423 Abs. 3), der Aufsichtsbehörde zur Nachprüfung und zweitinstanzlichen Genehmigung zu überweisen (s.u. N 11). 5

Die **Genehmigung** bzw. **Nichtgenehmigung berührt die Verantwortlichkeit** des Vormundes **nicht.** Die Genehmigung hat nicht die Bedeutung einer Décharge-Erteilung, sondern lediglich einer Bestätigung, dass die Behörde Rechnung und vormundschaftliche Verwaltung für richtig befunden hat (BK-KAUFMANN, N 22; ZK-EGGER, Art. 413 N 27). Es besteht die Möglichkeit, einzelne genau bezeichnete Teile des Berichtes und/oder der Rechnung von der Genehmigung auszunehmen. 6

7 Mit dem Genehmigungsbeschluss wird i.d.R. die Bestätigung oder Entlassung des Vormundes ausgesprochen (s.o. Art. 415 N 5 ff.), dessen **Entschädigung** festgesetzt und bestimmt, ob er diese aus dem Mündelvermögen bezieht oder aus der Amtskasse erhält (s.o. Art. 416 N 4 f.; HÄFELI, 231). Falls erforderlich, erteilt die VormBehörde mit dem Genehmigungsbeschluss **Weisungen** bez. künftiger Führung der Massnahme (s.u. N 9 f.).

8 Den Genehmigungen der Berichte und Rechnungen kommt grundsätzlich keine **Rechtswirkung gegenüber Dritten** zu (DESCHENAUX/STEINAUER, Personnes, Rz 964). Namentlich werden damit nicht die in der Rechnung aufgeführten Schulden des Mündels als gültig anerkannt. Eine gewisse Aussenwirkung kann nur insoweit angenommen werden, wie in der Genehmigung der Rechnung auch die Zustimmung zu einem darin aufgeführten nach Art. 421 f. mitwirkungsbedürftigen Rechtsgeschäft erblickt werden kann (s.o. Art. 421/422 N 40).

III. Weisungen der Vormundschaftsbehörde

9 Nötigenfalls muss die VormBehörde gegenüber dem **säumigen Vormund** die ordnungsgemässe Berichterstattung mit geeigneten Massnahmen durchsetzen. In Betracht kommen nebst der Anwendung allfälliger kant. Bestimmungen die Androhung von Ordnungsbussen oder der Amtsenthebung (Art. 447 Abs. 2) sowie die Androhung, dass die Behörde im Falle weiterer Säumnis die Rechnung auf Kosten des Vormundes durch eine Drittperson erstellen lassen wird (RIEMER, Vormundschaftsrecht, 94; ZK-EGGER, Art. 413 N 24; BK-KAUFMANN, Art. 413 N 32).

10 Kann der Bericht nicht oder nur teilweise genehmigt werden, hat die VormBehörde die für die Wahrung der Interessen des Mündels angezeigten **Massregeln** zu treffen. Die **Entlassung** des Vormundes und Wahl eines neuen ist **ohne Amtsenthebungsverfahren** nur **am Ende einer Amtsdauer** möglich, wobei allerdings der entlassene Vormund wie auch das Mündel gegen die Entlassung Beschwerde führen können (ZK-EGGER, Art. 415 N 3). Sind dem Vormund nur einzelne Fehler unterlaufen, aufgrund derer eine künftige Gefährdung der Mündelinteressen nicht angenommen werden kann, ist eine Entlassung nicht angezeigt; hingegen hat die Behörde dafür zu sorgen, dass dem Mündel ein allfälliger Schaden ersetzt wird. Mit Blick auf die Haftungsregeln kann sie dem Vormund aber nicht verbindlich Weisungen zum Ersatz des Schadens geben. Über die Haftung hat ein Zivilgericht zu befinden.

IV. Nachprüfung durch die Aufsichtsbehörde

11 Die Prüfung der Rechnungen und Berichte hat gem. Art. 423 Abs. 1 und 2 durch die VormBehörde zu erfolgen. Abs. 3 der gleichen Norm erlaubt es aber **den Kantonen,** eine Nachprüfung durch die Aufsichtsbehörde vorzuschreiben. Diese hat dann auf Antrag der VormBehörde und nach deren Zustimmung eine zweite Prüfung vorzunehmen und sich ebenfalls über die Genehmigung auszusprechen. Die Ausführungen zur Prüfung und Genehmigung durch die VormBehörde gelten sinngemäss.

Die Anordnung, alle Rechnungen und Berichte auch von der Aufsichtsbehörde kontrollieren zu lassen, muss in **kant. Ausführungsbestimmungen** enthalten sein, die gem. Art. 425 Abs. 3 der Genehmigung durch den Bund bedürfen. Ob die Aufsichtsbehörde die Berichte nur von einzelnen VormBehörden zur Genehmigung verlangen kann und von anderen nicht, beurteilt sich nach dem kant. Recht.

V. Rechtsmittel

Der Beschluss der VormBehörde über die Genehmigung der Rechnung und des Berichts   **12** unterliegt der **Vormundschaftsbeschwerde** nach Art. 420. Werden dem Vormund Weisungen erteilt oder die Ersatzvornahme angeordnet, ist in jedem Fall auch der Vormund zur Beschwerde legitimiert (BGE 113 II 233 ff.).

Der **Entscheid der Aufsichtsbehörde** über die **Nachprüfung** (o. N 11) unterliegt nur dann der Vormundschaftsbeschwerde, wenn der Kanton zwei Aufsichtsbehörden vorsieht, die Nachprüfung durch die untere erfolgt und nach kant. Recht deren Entscheide an die obere weitergezogen werden können. Ein weiteres Rechtsmittel ist von Bundesrechts wegen ausgeschlossen (Art. 420 N 16 f.).

Der Entscheid der Aufsichtsbehörde kann nur mit staatsrechtlicher Beschwerde (BGE   **13** 113 II 233 ff.) oder zivilrechtlicher Nichtigkeitsbeschwerde **an das BGer** weitergezogen werden. Die Berufung ist ausgeschlossen. Mit Inkrafttreten des Bundesgerichtsgesetzes (BBG) wird die Beschwerde in Zivilsachen gegeben sein (Art. 72 Abs. 2 Bst. b Ziff. 5 BBG). Es fragt sich allerdings, ob es sich um eine vermögensrechtliche Angelegenheit handelt, so dass die Streitwertgrenze nach Art. 74 BBG zu beachten ist.

Art. 424

D. Bedeutung der Zustimmung	**Ist ein Geschäft ohne die vom Gesetze verlangte Zustimmung der zuständigen vormundschaftlichen Behörde für den Bevormundeten abgeschlossen worden, so hat es für ihn nur die Wirkung eines ohne Zustimmung seines Vertreters von ihm selbst abgeschlossenen Geschäftes.**
D. Défaut d'autorisation	Les actes faits sans le consentement légalement requis de l'autorité de tutelle compétente ne produisent à l'égard du pupille que les effets des actes qu'il accomplirait lui-même sans le consentement de son tuteur.
D. Difetto di autorizzazione	I negozi giuridici conclusi per il tutelato senza il consenso richiesto dalla legge da parte delle autorità di tutela competenti, hanno per il tutelato soltanto il valore di atti stipulati da lui medesimo senza il consenso del suo rappresentante.

Literatur

Vgl. die Literaturhinweise zu den Vorbem. zu Art. 360–456 und 420–425 sowie zu Art. 421/422.

I. Anwendungsbereich

Art. 424 regelt die Rechtswirkungen der Zustimmungsbedürftigkeit für alle Rechtsge-   **1** schäfte, die der Genehmigung der VormBehörde oder der Aufsichtsbehörde bedürfen. Art. 404 Abs. 3 ist miterfasst (BGE 117 II 20 ff.). Gemeint ist allerdings nur die Zustimmung zu **Rechtsgeschäften**. Die Bestimmung bezieht sich nicht auch auf die Prüfung von Berichten und Rechnungen nach Art. 423. Insofern ist ihre systematische Stellung nicht befriedigend. Ob es sich bei diesem Rechtsgeschäft um einen **Vertragsabschluss** oder die **Ausübung eines Gestaltungsrechts** handelt, ist ohne Bedeutung (BGE 102 II 379 E. 2; MEIER, 265).

Die Vorschrift erfasst sowohl **privatrechtliche** wie auch **öffentlich-rechtliche Rechtsgeschäfte** (MEIER, 265 f.), wie sich aus Art. 421 Ziff. 8 und Art. 422 Ziff. 1, 2 und 6 ohne weiteres ergibt.

2   Obgleich Art. 424 nur vom Bevormundeten spricht, betrifft der Artikel auch Rechtsgeschäfte, welche für **verbeiständete** oder **verbeiratete** Personen abgeschlossen worden sind, soweit diesfalls die Zustimmung der vormundschaftlichen Behörden überhaupt notwendig ist.

3   Die Bestimmung regelt die Rechtsfolgen nicht selber, sondern **verweist** diesbezüglich auf die **Art. 410 und 411.** In gewissen Bereichen, wie namentlich dem Wechselrecht und dem Grundbuchrecht bestehen überdies Sondervorschriften, welche sowohl für die fehlende Zustimmung des Vormundes wie auch der Behörden abweichende Wirkungen vorsehen (vgl. z.B. Art. 997 f. OR; MEIER, 264). Für rechtsgeschäftliche Erklärungen im Bereich des öffentlichen Rechts kann auch das entsprechende kant. Recht spezielle Regeln enthalten.

II. Rechtszustand vor Zustimmung

4   Geschäfte, die ohne die notwendige Zustimmung nach Art. 421 bzw. 422 abgeschlossen wurden, sind nicht nichtig, sondern lediglich **unvollständig,** sie bleiben in der Schwebe. Der andere Vertragspartner, nicht aber das Mündel, bleibt gebunden, solange das Geschäft durch die zuständige vormundschaftliche Behörde nicht gutgeheissen worden ist. Der andere Teil wird frei, wenn die Genehmigung nicht innerhalb angemessener Frist erfolgt, die er selber ansetzt oder durch den Richter ansetzen lässt (VON TUHR/PETER, 211).

5   Entfällt die vormundschaftliche Massnahme, bevor die Behörde über die Zustimmung beschliessen kann, ist es **am Mündel selber,** das Rechtsgeschäft zu retten oder endgültig zum Scheitern zu bringen. Es kann frei entscheiden, ob es das vom Mandatsträger abgeschlossene Geschäft befürworten will oder nicht. Zur Frage der Form der nachträglichen Genehmigung durch die betroffene Person s.o. Art. 421/422 N 41.

6   Art. 424 kommt auch bei **bedingungsfeindlichen Rechtsgeschäften** zur Anwendung. Das Vormundschaftsrecht geht vor. Das zustimmungsbedürftige Rechtsgeschäft kann vom Mandatsträger immer nur unter der Bedingung der Zustimmung durch die Behörde vorgenommen werden (s. aber u. N 8).

III. Rechtszustand nach erteilter Zustimmung

7   Mit der Zustimmung erwächst das Rechtsgeschäft in **volle Rechtskraft.** Es ist nun nicht mehr nur für den Gegenkontrahenten, sondern auch für das Mündel verbindlich. Der befürwortende Beschluss der vormundschaftlichen Behörde kann allerdings andere Mängel des Rechtsgeschäfts nicht heilen (BGE 107 II 114 E. 5).

8   Die Zustimmung erfolgt grundsätzlich **rückwirkend** (VON TUHR/PETER, 211; MEIER, 270 f.). Ob bei befristeten Geschäften die Zustimmung auch noch nach Ablauf der Frist rechtsgültig erklärt werden kann, hängt von der Art des Geschäfts ab. Das Interesse des Mündels an einem ordentlichen Geschäftsablauf muss jenen der anderen Partei an der Vermeidung eines Schwebezustandes gegenübergestellt werden. So hat das BGer die Genehmigung der Ausübung eines bäuerlichen Vorkaufsrechts auch noch nach Ablauf der Frist zugelassen, gleichzeitig aber festgehalten, dass die Kündigung eines Vertragsverhältnisses wohl erst vom Zeitpunkt an gültig sein kann, in dem die Zustimmung vorliegt (BGE 102 II 382 f.).

IV. Rechtszustand nach verweigerter Zustimmung

Mit der Verweigerung der Zustimmung durch die Behörde **entfällt die Gültigkeit des** 9 **Rechtsgeschäfts** rückwirkend für die andere Partei. Die andere Partei wird wieder frei (vgl. MEIER, 275). Sind mit Blick auf das Rechtsgeschäft bereits Leistungen erbracht worden, können die Vertragspartner diese zurückfordern. Das Mündel haftet jedoch nur insoweit, als die Leistung in seinem Nutzen verwendet worden ist oder es im Zeitpunkt der Rückforderung noch bereichert ist oder sich böswillig der Bereicherung entäussert hat (analoge Anwendung von Art. 411 Abs. 1).

Auf die aus der Ablehnung der Zustimmung folgende Ungültigkeit des Rechtsgeschäfts kann sich **jedermann berufen.** Vorbehalten bleibt allerdings auch hier das Rechtsmissbrauchsverbot (BGE 117 II 23 ff.).

Nachdem der **ablehnende Bescheid** der Gegenpartei mitgeteilt worden ist, kann die Be- 10 hörde darauf **nicht** mehr **zurückkommen.** Soll das Geschäft dennoch wirksam werden, muss es unter Einhaltung der entsprechenden Form noch einmal abgeschlossen werden.

V. Gutglaubensschutz im Rechtsverkehr

Streitig ist, in welchem Umfang der gutgläubige Gegenkontrahent vor den Folgen der 11 Ablehnung des Geschäfts durch die Behörde geschützt wird. Mit Bezug auf die fehlende Vertretungsmacht eines gesetzlichen Vertreters hat das BGer grosse Zurückhaltung beim Gutglaubensschutz signalisiert (BGE 107 II 114 ff.). Der **Irrtum über die Zustimmungsbedürftigkeit** kann jedenfalls dann nicht geschützt werden, wenn der Gegenpartei alle Sachverhaltselemente bekannt waren und nur ein Irrtum über deren rechtliche Würdigung vorliegt (vgl. BGE 117 II 23). Niemand muss sich auf einen Vertrag einlassen, der für ihn verbindlich, für die Gegenpartei jedoch unverbindlich ist. Erfährt der Geschäftspartner erst nachträglich die Tatsachen, welche die Zustimmungsbedürftigkeit begründen, muss er keine Frist zur Genehmigung ansetzen und wird sofort frei (BGE 117 II 22 f. m.H. auf BK-BUCHER, Art. 19 N 135 ff.).

Der Dritte ist zu schützen, wenn die **zuständige Behörde rechtskräftig ausdrücklich** 12 **festgestellt** hat, dass das **Geschäft nicht der Zustimmung bedürfe.** Das Gericht ist im nachfolgenden Prozess über die Gültigkeit des Geschäfts an diesen Verwaltungsakt gebunden, wie wenn die Behörde einem nicht im Interesse des Mündels liegenden Geschäft zugestimmt hat (vgl. das Bsp. in BGE 107 II 117).

Schliesslich kann der **Mangel** auf andere Weise **heilen.** Das ist namentlich der Fall, wenn 13 die Verweigerung der Zustimmung ausgeschlossen ist, weil das Mündel gar kein Interesse mehr haben kann, das Rechtsgeschäft zu Fall zu bringen (BGE 117 II 24 f.). Eine Heilung ist auch möglich, wenn das Rechtsgeschäft nicht mehr rückgängig gemacht werden kann, sei es, dass das Eigentum aus einem anderen Grunde vom Dritten erworben worden ist oder bei Dauerverträgen die eine Leistung ihrer Natur nach nicht rückerstattet werden kann.

Art. 425

E. Kantonale
Verordnungen

¹ Die Kantone haben die Mitwirkung der Behörden auf dem Wege der Verordnung näher zu regeln.

² Sie haben namentlich Bestimmungen aufzustellen über die Anlage und Verwahrung des Mündelvermögens sowie die Art der Rechnungsführung und Rechnungsstellung und der Berichterstattung.

³ Diese Erlasse bedürfen zu ihrer Gültigkeit der Genehmigung des Bundes.

E. Ordonnances
cantonales

¹ Les cantons peuvent, dans leurs ordonnances, compléter les dispositions de la présente loi relatives à la coopération des autorités de tutelle.

² Ils établiront des règles spéciales pour le placement et la garde des fonds, ainsi que pour la comptabilité, la forme des rapports et la reddition des comptes.

³ Ces règles sont soumises à la sanction de la Confédération.

E. Riserva di
prescrizioni
cantonali

¹ I Cantoni sono autorizzati ad emanare ulteriori disposizioni regolamentari sulle attribuzioni delle autorità di tutela.

² In particolare essi emaneranno disposizioni sull'impiego e la custodia delle sostanze dei tutelati nonché sul modo della contabilità, delle relazioni e dei resoconti di tutela.

³ Queste disposizioni richiedono per la loro validità l'approvazione della Confederazione.

Literatur

JAGMETTI, Vorbehaltenes kantonales Privatrecht, SPR I, Basel 1969, 239 ff.; KLEY-STRULLER, Kantonales Privatrecht, St. Gallen 1992; vgl. auch die Literaturhinweise zu den Vorbem. zu Art. 360–456 und 420–425 sowie zu Art. 421/422.

I. Allgemeines

1   Das Recht und die Verpflichtung der Kantone, ausführende und ergänzende Bestimmungen zum ZGB zu erlassen, ist in allg. Weise in **Art. 52 SchlT** verankert. Art. 425 stellt teilweise eine Wiederholung dieser allg. Norm dar. Die ersten beiden Absätze enthalten darüber hinaus eine Erweiterung (s.u. N 8 f.) und eine Präzisierung (s.u. N 5 ff.) der allg. Vorschrift.

2   Im Zusammenhang mit dem Versuch, die Aufgabenteilung zwischen dem Bund und den Kantonen zu bereinigen, sind mit Gesetz vom 15.12.1989 sowohl Art. 52 SchlT wie auch Art. 425 **Abs. 3 geändert** worden (in Kraft seit 1.2.1991). Die wichtigsten Punkte der Änderung von Art. 52 SchlT bestehen darin, dass nunmehr die Kantone sich nur noch *vorläufig* mit einer Verordnung begnügen können und dass die Genehmigung durch den Bund nur noch für Erlasse notwendig ist, welche im Anschluss an eine Änderung des Bundesrechts ergangen sind. Im Vormundschaftsrecht bekunden die betroffenen Personen erfahrungsgemäss Mühe, ihre Interessen wirkungsvoll zu wahren. Zum Schutze der Mündel wollte man deshalb bewusst die bisherige Kontrollmöglichkeit weiterführen. Sowohl Art. 52 Abs. 3 SchlT als auch Art. 425 Abs. 3 behalten deshalb den Genehmigungsvorbehalt für das Vormundschaftsrechts ausdrücklich uneingeschränkt bei. Art. 425

Abs. 3 ist nur insoweit geändert worden, als nicht mehr bestimmt wird, welche Behörde im Bund für die Genehmigung zuständig ist (s.u. N 10).

II. Vorbehalt des kantonalen Rechts (Abs. 1)

Der Bundesgesetzgeber war sich von Anfang an bewusst, dass die Durchführung der **3** vormundschaftlichen Massnahmen im Bundesrecht nur sehr lückenhaft vorgezeichnet sein kann. Der zweigliedrige Aufbau des Bundesstaates bedingt eine grosse organisatorische Freiheit der Kantone. Sind diese für den Vollzug eines Gesetzes zuständig, kann der Bund die Durchführung nicht abschliessend regeln. Ein wesentlicher Teil der organisatorischen Normen muss durch die Kantone erlassen werden. Art. 425 sieht diese Möglichkeit ausdrücklich vor. Der deutsche Text zeigt deutlicher als der französische, dass die **Kantone verpflichtet** sind, in diesem Bereich gesetzgeberisch tätig zu werden.

Art. 425 stellt einen **echten Vorbehalt zugunsten des kantonalen Rechts** dar. Die Kan- **4** tone sind mit Blick auf das Kodifikationsprinzip nicht berechtigt, Vollzugsbestimmungen zum Privatrecht zu erlassen (JAGMETTI, SPR I, 244 f.). Art. 425 durchbricht diesen Grundsatz – wie auch Art. 52 SchlT – und weist den Kantonen die Kompetenz zu, formell zivilrechtliche Normen aufzustellen (Art. 5 N 21).

III. Inhalt der Ausführungsbestimmungen (Abs. 2)

Art. 425 Abs. 2 präzisiert gegenüber Art. 52 SchlT den Inhalt der von den Kantonen zu **5** erlassenden Ausführungsbestimmungen im Vormundschaftsrecht. Das Wort «namentlich» zeigt, dass die Aufzählung nicht abschliessend ist. Die Kantone haben darüber hinaus die Behörden zu bezeichnen und ihr Verhältnis untereinander zu regeln (s.o. Art. 420 N 16). Zudem verweist das Vormundschaftsrecht an verschiedenen Stellen ausdrücklich auf das kant. Recht. Über seinen Wortlaut hinaus fallen unter Art. 425 **sämtliche Ausführungsnormen zum Vormundschaftsrecht.**

Die blossen **Verfahrensvorschriften** gehören nicht zu Art. 425 (**a.M.** DESCHENAUX/ **6** STEINAUER, Personnes, Rz 1018). Nicht nur das Zivilprozessrecht, sondern auch das Verwaltungsverfahrensrecht fällt allgemein in die Kompetenz der Kantone, soweit der Bund den Vollzug an die Kantone delegiert hat, ohne selber Verfahrensbestimmungen aufzustellen. Daran ändert der Umstand nichts, dass es um den Vollzug von Bundesrecht geht. Würde Art. 425 auch die Verfahrensregeln erfassen, bedürften die kant. Verwaltungsverfahrensgesetze der Genehmigung durch den Bund.

Art. 425 ermächtigt die Kantone nur, **Ausführungsbestimmungen** zu erlassen. Sie **7** können vom Bundesrecht nicht abweichen. Dieses geht in jedem Fall vor. Diese Normen haben nur Bestand, wenn sie sich im Rahmen des Bundesrechts bewegen. Das **BGer** kann die Bundesrechtskonformität im abstrakten Normkontrollverfahren auf staatsrechtliche **Beschwerde** hin überprüfen (vgl. BGE 122 I 18 ff.). Wird die Bundesrechtswidrigkeit im Anwendungsfall gerügt und liegt ein Entscheid vor, der mit zivilrechtlicher Nichtigkeitsbeschwerde angefochten werden kann, so ist gem. Art. 68 Abs. 1 Bst. a OG dieses Rechtsmittel zu ergreifen (vgl. POUDRET/SANDOZ-MONOD, Art. 68 OG N 3.1.; vgl. BGE 108 II 510 ff.; 78 II 114). Soweit die Rüge mit Nichtigkeitsbeschwerde geltend gemacht werden kann, ist die staatsrechtliche Beschwerde ausgeschlossen (BGE 118 II 253).

IV. Form der kantonalen Erlasse (Abs. 1)

8 Im Unterschied zu Art. 6 (s. dazu ZGB-SCHMID, Art. 6 N 32) braucht es für die Ausführungsbestimmungen nach Art. 425 kein Gesetz im formellen Sinn. Eine **Verordnung** reicht aus. Art. 425 greift in die kant. Kompetenzordnung ein, indem er eine Verordnung selbst dann genügen lässt, wenn nach dem kant. Recht ein Gesetz notwendig wäre. Im Gegensatz zu Art. 52 Abs. 2 SchlT besteht die Verordnungskompetenz nicht nur zum *vorläufigen* Erlass der entsprechenden Normen. Allerdings ist von dieser Befugnis nur mit Zurückhaltung Gebrauch zu machen. Von der kant. Zuständigkeitsordnung sollte nur abgewichen werden, soweit dies aus zeitlichen Gründen erforderlich ist.

V. Genehmigung des Bundes (Abs. 3)

9 Die kant. Ausführungsbestimmungen bedürfen gem. Abs. 3 der Genehmigung des Bundes. Diese ist **Gültigkeitsvoraussetzung.** Vor ihrer Erteilung können die kant. Vorschriften nicht in Kraft treten. Die Genehmigung ist auch notwendig, wenn der kant. Erlass nicht im Zusammenhang mit einer Änderung des Bundesrechts steht (anders Art. 52 Abs. 2 SchlT für die Normen ausserhalb des Vormundschaftsrechts). Der Genehmigung bedürfen jedoch nur generell-abstrakte Normen mit Rechtssatzcharakter. Blosse *Dienstanweisungen,* welche die Aufsichtsbehörde im Rahmen ihrer allg. Aufsicht erlassen hat (Vorbem. zu Art. 420–425 N 10), fallen nicht darunter.

10 Der Bundesrat hat das **Genehmigungsverfahren** in der Verordnung über die Genehmigung kant. Erlasse durch den Bund vom 30.1.1991 [SR 172.068] näher geregelt (im Folgenden: VO). Die Erlasse sind der Bundeskanzlei zur Genehmigung einzureichen. Dazu muss das Gesetz von der zuständigen Behörde bereits erlassen worden sein. Bei referendumsfähigen Erlassen muss allerdings der Ablauf der Referendumsfrist bzw. die Volksabstimmung nicht abgewartet werden (Art. 2 VO). Die Bundeskanzlei leitet das Genehmigungsgesuch an das zuständige Departement weiter; für die Normen nach Art. 425 ist das EJPD zuständig. Das Bundesamt für Justiz (BJ) prüft den Erlass auf seine Bundesrechtskonformität hin und beantragt dem EJPD bei positivem Ergebnis die Genehmigung (Art. 4 VO). Erweist sich der Erlass als nicht oder nur mit Vorbehalt genehmigungsfähig, so fällt das EJPD innert zwei Monaten seit Einreichung des Erlasses auf Antrag des BJ einen Zwischenentscheid, der dem Kanton zur Stellungnahme übermittelt wird (Art. 6 Abs. 1 VO). Spätestens zwei Monate nach Eingang der Stellungnahme des Kantons muss das EJPD sodann die vorbehaltlose Genehmigung aussprechen oder dem Bundesrat beantragen, die Genehmigung zu verweigern oder sie mit Vorbehalt zu erteilen (Art. 6 Abs. 2 VO).

Sinnvollerweise kontaktiert allerdings die kant. Stelle, welche die Erlasse vorbereitet, bereits während des kant. Gesetzgebungsverfahrens das BJ und lässt die vorgeschlagenen Normen **vorprüfen** (Art. 1 Abs. 2 VO).

11 Die Entscheide des Departementes unterliegen keinem **Rechtsmittel,** da es selbständig nur dem kant. Begehren stattgeben kann. Einen ganz oder teilweise ablehnenden Entscheid kann nur der Gesamtbundesrat fällen. Gegen dessen Entscheid ist aber kein Rechtsmittel gegeben.

Die Genehmigung durch den Bundesrat hindert die **gerichtliche Prüfung** der Bundesrechtmässigkeit nicht (s.o. N 7). Da die Genehmigung Gültigkeitsvoraussetzung ist, ist eine nichtgenehmigte Bestimmung – sei es, dass die Genehmigung ausdrücklich abgelehnt oder gar nicht eingeholt worden ist – ungültig. Das BGer kann diesen Mangel nicht heilen, selbst wenn sie sich als bundesrechtskonform erweist.

Vierter Abschnitt: Die Verantwortlichkeit der vormundschaftlichen Organe

Art. 426

A. Im Allgemeinen

I. Vormund und Behörden

Der Vormund und die Mitglieder der vormundschaftlichen Behörden haben bei der Ausübung ihres Amtes die Regeln einer sorgfältigen Verwaltung zu beobachten und haften für den Schaden, den sie absichtlich oder fahrlässig verschulden.

A. En général

I. Tuteur et autorités

Le tuteur et les membres des autorités de tutelle sont tenus d'observer, dans l'exercice de leurs fonctions, la diligence d'un bon administrateur; ils sont responsables du dommage qu'ils causent à dessein ou par négligence.

A. In genere

I. Tutore e autorità

Il tutore ed i membri delle autorità di tutela devono, nell'adempimento del loro officio, osservare le norme di una diligente amministrazione e sono responsabili per i danni cagionati volontariamente o per negligenza.

Art. 427

II. Gemeinden, Kreise und Kanton

[1] **Wird der Schaden durch den Vormund oder die Mitglieder der vormundschaftlichen Behörden nicht gedeckt, so haftet für den Ausfall der Kanton.**

[2] **Es bleibt jedoch den Kantonen vorbehalten, hinter dem Vormund und der Vormundschaftsbehörde vorerst die beteiligten Gemeinden oder Kreise haften zu lassen.**

II. Communes, arrondissements tutélaires et canton

[1] Le canton répond du dommage qui n'est pas réparé par le tuteur ou les membres des autorités de tutelle.

[2] Il est loisible aux cantons de prescrire que la responsabilité subsidiaire pour les tuteurs et l'autorité tutélaire sera imposée en première ligne aux communes ou aux arrondissements intéressés.

II. Comuni, circondari e Cantone

[1] Quando il danno non sia integralmente risarcito dal tutore e dai membri delle autorità di tutela, il Cantone è responsabile sussidiariamente per l'ammanco.

[2] È riservato ai Cantoni il diritto di prescrivere che la responsabilità sussidiaria per i tutori e per le autorità tutorie sia imposta in primo luogo ai Comuni od ai circondari.

Art. 428

B. Voraussetzung

I. Betreffend die Mitglieder einer Behörde

[1] **Wird die vormundschaftliche Behörde aus der Führung der Vormundschaft verantwortlich, so ist ein jedes Mitglied haftbar soweit es nicht nachweisen kann, dass ihm kein Verschulden zur Last fällt.**

[2] **Jedes der haftbaren Mitglieder trägt den Schaden für seinen Anteil.**

B. Conditions de la responsabilité **I. Entre les membres d'une autorité**	[1] Chaque membre de l'autorité de tutelle responsable est tenu du dommage, à moins qu'il n'établisse qu'il n'a commis aucune faute. [2] Les membres responsables sont tenus chacun pour sa quote-part.
B. Condizioni **I. Circa i membri di un'autorità**	[1] Nel caso che un'autorità di tutela risulti responsabile per la gestione della tutela, ciascun membro risponde in quanto non possa provare che non gli incombe alcuna colpa. [2] I membri responsabili sono tenuti ciascuno per la sua parte.

Art. 429

II. Im Verhältnis der Organe untereinander	**[1] Sind der Vormund und die Mitglieder der Vormundschaftsbehörde zugleich haftbar, so haften letztere nur für das, was vom Vormund nicht erhältlich ist.** **[2] Sind die Mitglieder der Aufsichtsbehörde und diejenigen der Vormundschaftsbehörde zugleich haftbar, so haften die erstern nur für das, was von den letztern nicht erhältlich ist.** **[3] Aus Arglist haften alle verantwortlichen Personen unmittelbar und solidarisch.**
II. Entre les différents organes de la tutelle	[1] Lorsque le tuteur et les membres de l'autorité tutélaire sont tenus ensemble du dommage, les membres de l'autorité tutélaire n'en répondent que dans la mesure où le tuteur n'a pu le réparer. [2] Les membres de l'autorité de surveillance tenus du dommage avec ceux de l'autorité tutélaire n'en répondent que dans la mesure où ces derniers n'ont pu le réparer. [3] Les personnes responsables d'un dommage occasionné par fraude en sont tenues directement et solidairement.
II. Nei rapporti fra le diverse autorità	[1] Se il tutore ed i membri dell'autorità tutoria sono insieme responsabili, questi ultimi rispondono solo per ciò che non si può ricuperare dal primo. [2] Se i membri dell'autorità tutoria e quelli dell'autorità di vigilanza sono insieme responsabili, questi ultimi rispondono solo per ciò che non si può ricuperare dai primi. [3] In caso di dolo, tutte le persone responsabili sono tenute direttamente e solidalmente.

Literatur

H. AEPLI, Die Verantwortlichkeit der vormundschaftlichen Organe, Diss. Freiburg i.Ü. 1978; BORGHI, La responsabilité de l'autorité tutélaire et du tuteur, ZVW 1988, 1 ff.; CAVIEZEL, Die Vermögensverwaltung durch den Vormund, Diss. Freiburg i.Ü. 1987; GEISER, Die Aufsicht im Vormundschaftswesen, ZVW 1993, 201 ff.; DERS., Die medizinisch-therapeutische Behandlung und Zwangsmassnahmen im Lichte der geltenden Rechtslage und besonderer Berücksichtigung von vormundschaftlichen Fragestellungen, ZVW 2001, 225 ff.; DERS., Amtsgeheimnis und Verantwortlichkeit, ZSR 2003, 385 ff.; GOOD, Das Ende des Amtes des Vormundes, Diss. Freiburg i.Ü. 1991; GROSS, Schweizerisches Staatshaftungsrecht, 2. Aufl. Bern 2001; HESS-HAEBERLI, Zur Verantwortlichkeit der Vormundschaftlichen Organe, ZVW 1971, 81 ff.; JUNOD, Recherche sur la responsabilité de la tutelle, Diss. Lausanne, 1953; KELLER, Die Haftpflicht des Amtsvormundes, ZVW 1980, 41 ff.; PH. MEIER, La position des tiers en droit de la tutelle – une systématisation, ZVW

1996, 81 ff.; Ribaux/Luccisano, Tuteurs et autorité de tutelle: quelle responsabilité, ZVW 1997, 161 ff.; Schnyder, Vormundschaft und Erbrecht, ZVW 1999, 93 ff.; Schoenenweid, Note au sujet de la responsabilité exclusive de l'Etat en matière tutélaire, ZVW 1988, 97 ff.; Villiger, Handbuch der Europäischen Menschenrechtskonvention, 2. Aufl. Zürich 1999.

I. Anwendungsbereich

Art. 426 sowie bereits Art. 413 Abs. 1 auferlegen dem Vormund und den Mitgliedern der **1** vormundschaftlichen Behörden die Pflicht, bei der Ausübung ihres Amtes die Regeln einer **sorgfältigen Verwaltung des Vermögens** des Bevormundeten zu befolgen. Kommen sie dieser Pflicht ungenügend oder mangelhaft nach, handeln sie widerrechtlich und werden schadensersatzpflichtig. Allerdings ist diese Umschreibung des Aufgabenbereichs der vormundschaftlichen Behörden, welcher eine Schadensursache setzen kann, insoweit zu eng, als neben der Vermögensverwaltung, und nicht minder wichtig, die **persönliche Fürsorge** und **Betreuung** des Mündels (Art. 405, 407; BGE 57 II 3 f.; zur Frage der Einwilligung zu einer medizinisch-therapeutischen Behandlung bei einem urteilsunfähigen Bevormundeten, vgl. Geiser, ZVW 2001, 225) sowie dessen **Vertretung** treten. Das ganze Vormundschaftsrecht ist auf den Schutz des Mündels ausgerichtet und enthält zahlreiche Vorschriften betr. die Aufgaben der vormundschaftlichen Behörden, deren Nichtbeachtung als widerrechtliches Verhalten bezeichnet werden kann, das zur Schadenersatzpflicht führt. Ferner können die vormundschaftlichen Behörden in die Lage kommen, die Aufgaben gemäss Art. 275, 287, 307 ff., 316, 318, 324 zu erfüllen (vgl. unveröff. Urteil des BGer 5C.75/1992 vom 25.1.93 betreffend Aufsicht über Kindesvermögen; ZK-Egger, Art. 426 N 8; Deschenaux/Steinauer, Personnes, Rz 1059a). Diese Tätigkeit fällt ebenfalls unter Art. 426 ff. Widerrechtlich können die vormundschaftlichen Behörden ferner handeln, wenn sie die gesetzlich gebotenen, sich aufdrängenden Massnahmen unterlassen, wobei keine Rolle spielt, ob die Untätigkeit auf Passivität, Überbeanspruchung, ungenügende Kenntnis der massgebenden Vorschriften oder auf fehlende Qualifikation zurückzuführen ist. Eine ungenügende Beaufsichtigung des Mündels und die Nichtergreifung geeigneter Schutzmassnahmen bei verminderter Urteilsfähigkeit können als pflichtwidrige Unterlassung erscheinen (BGE 115 II 15, 20 E. 4; Schnyder, Vormundschaft und Erbrecht, ZVW 1999, 93, 102 f.; unveröff. Urteil des BGer 5C.75/1992 vom 25.1.93 E. 3). Im Übrigen reicht die Verantwortung der Behörden im Entmündigungsverfahren von der Verletzung der Verfahrensgarantien, z.B. bei der in Art. 374 ausdrücklich vorgesehenen Anhörungspflicht, der Auswahl des Vormundes und der Einrichtung einer zweckmässigen Organisation (Geiser, ZVW 1993, 201, 222) bis zur Ordentlichkeit, Übersichtlichkeit und Vollständigkeit der Rechnungsführung (vgl. ZVW 1989, 35, Justizdirektion des Kt. BE 6.7.1989) und einer korrekten Rechenschaftsablegung im Rahmen des Schlussberichtes (vgl. für weitere Beispiele: Häfeli, Wegleitung, 293 N 9.4.2; ferner ZVW 1989, 35).

II. Schadenersatzpflichtige Organe (Personen)

Träger der Sorgfaltspflicht und somit grundsätzlich **haftbar** sind **sämtliche Organe des**   **2** **vormundschaftlichen Amtes** (BGE 59 II 97, 105; 68 II 343, 357; 70 II 77, 80 E. 1; 85 II 464, 467 E. 1): Vormund, auch der Amtsvormund, bei mehreren Vormündern jeder für seinen Pflichtenbereich, sofern eine Aufteilung der Aufgaben stattgefunden hat, der Beistand, sowohl der Vertretungs- als auch der Verwaltungsbeistand (Art. 367 Abs. 3, Art. 392–393), einschliesslich des Nutzniessungsbeistandes des Art. 762, der Beirat (Art. 395; BGE 85 II 464, 467 E. 1 betreffend die Verwaltungsbeiratschaft), die Mitglieder des Familienrates (Art. 364) sowie der Vormundschafts- und Aufsichtsbehörden, wobei nach Bundesrecht (Art. 361) nur zwei Instanzen als Aufsichtsbehörde tätig sein dürfen. Einzustehen hat der Vormund für die Auswahl der von ihm beigezogenen Hilfspersonen (z.B. eines Sachverständigen vgl. BGE 68 II 342, 364 E. 4) sowie für die ihnen erteilten Weisungen (ZK-EGGER, Art. 426 N 7). War der Beizug gerechtfertigt, beurteilt sich die Haftung analog Art. 399 Abs. 2 OR, sonst sind Art. 426 ff. anwendbar. Die Hilfsperson selber haftet nach Art. 41 ff. OR (STETTLER, Droit Civil I, N 502; DESCHENAUX/STEINAUER, Personnes, Rz 1058; ferner BGE 59 II 97, 108 E. 4). Inwieweit ein Protokollführer oder ein anderes Vollzugsorgan zum Kreis der haftpflichtigen Personen zuzurechnen ist, hängt von der Stellung des Betroffenen und dessen Befugnisse im konkreten Fall ab. Das bezüglich der Haftung eines Gemeindeschreibers in AR GVP 1988, 346 wiedergegebene Urteil ist aus der besonderen Stellung dieses Beamten im kantonalem Recht zu erklären und dürfte kaum allgemeine Geltung beanspruchen.

III. Anspruchsberechtigte und Anspruchsvoraussetzungen

3   Schadenersatzberechtigt sind der **Mündel** selbst sowie seine unterstützungsberechtigte und unterstützungspflichtige **Familienangehörigen** (Ehegatte, Kinder, Eltern; Art. 328; BGE 62 II 269, 270 E. 1; 112 II 479, 481 E. 2; 115 II 15, 17), die berechtigt sind, die Entmündigung zu beantragen und denen im Übrigen nach Abschluss des vormundschaftlichen Amtes, gemäss Art. 451, das Vermögen des Bevormundeten zu übergeben ist.

4   **Dritte** werden grundsätzlich auf Art. 41 ff. OR oder auf kantonales (Beamten-)verantwortlichkeitsrecht verwiesen (Urteil des BGer 2P.230/2003 vom 23.11.2004 E. 1.1 in: SJ 2005, 177; BGE 115 II 15, 17 E. 2; 53 II 363, 367). Ihnen steht die Klage nach Art. 426 ff. nicht zu. Vormundschaftliche Massnahmen dienen auch dem Schutz Dritter, worauf namentlich Art. 369 und 370 hinweisen. Dieser Schutz erstreckt sich nicht nur auf die Entmündigungsvoraussetzungen sondern umfasst auch die Durchführung der angeordneten Massnahmen. Nach Rechtsprechung und Lehre (BGE 115 II 15, 20 E. 4) sind zu den geschützten Gütern wirtschaftliche Interessen zu zählen, allerdings nur, wenn diese bedeutend sind und der Grad der Gefährdung als hoch erscheint. Bei den vormundschaftlichen Behörden stehe der Schutz des Vermögens des Bevormundeten im Vordergrund. Sie könnten in der Regel davon ausgehen, Dritte hätten, nach der Publikation der Entmündigung, Kenntnis von der Bevormundung und damit der fehlenden, selbständigen Verpflichtungsfähigkeit des Mündels. Die Garantenstellung des Vormundes sei stark eingeschränkt und besondere Massnahmen habe er nur zu treffen, wenn er auf Grund konkreter und gewichtiger Anzeichen um ein besonderes Risiko für den Dritten wisse, oder mit einer Schädigung rechnen müsse. Die Kenntnis früherer Verfehlungen des Mündels genügt nicht, solange eine erhöhte Rückfallgefahr nicht objektiv erkennbar sei. Auch beschränke sich die Handlungspflicht des Vormundes auf Weisungen an den Entmündigten oder auf gezielte Interventionen bei konkret und erkennbar gefährdeten Personen. Ob angesichts solcher Kautelen, Einschränkungen und Umschreibungen noch viel Raum bleibt für eine auf Art. 41 ff. OR gestützte Verantwortlichkeitsklage eines Dritten gegen die vormundschaftlichen Organe, ist allerdings fraglich.

5   Als weitere Voraussetzung für die Haftung der Behörden müssen die angeordneten und beanstandeten vormundschaftlichen Massnahmen für den Eintritt des Schadens **adäquat kausal** gewesen sein. Der Schaden ist konkret nachzuweisen (Art. 8 ZGB und Art. 42 Abs. 1 OR; BGE 57 II 3, 9 a.E.; 74 II 76, 80 E. 5). Der Schadenersatz bestimmt sich nach Art. 43 und 44 OR. Doch ist grundsätzlich unter Berücksichtigung der schutzbedürftigkeit des Mündels dessen vollen Schadloshaltung anzustreben (vgl. ausführlich ZK-EGGER, Art. 426 N 29–35).

Die Haftung der vormundschaftlichen Behörden ist eine **Verschuldenshaftung** und setzt   **6** dementsprechend Absicht oder Fahrlässigkeit voraus (Art. 426 a.E.). Mit anderen Worten: der eingetretene Schaden ist den vormundschaftlichen Organen nicht anzulasten, wenn sie bei der Betreuung des Mündels, und namentlich bei der Vermögensverwaltung, Sachverstand, Sorgfalt, Vorsicht und pflichtgemässes Ermessen haben walten lassen (HESS-HAEBERLI, ZVW 1971, 81 f.). Dem Verschulden ist ein milderer Massstab anzulegen, wenn es sich nicht um einen handlungsunfähigen Mündel handelt und namentlich bei der Bewältigung von Aufgaben, die ausserhalb des Vormundschaftsrechts liegen (BGE 53 II 363, 366 E. 2). Die Verschuldenshaftung, als individuelle Haftung ausgestaltet, hat zur Folge, dass jedes, grundsätzlich haftbare Mitglied der vormundschaftlichen Behörde sich seiner Verantwortung entziehen kann, sofern es nachweist, dass ihm kein Verschulden zur Last fällt (Art. 428 Abs. l a.E.). Ein Vormund kann sich z.B. von seiner Haftung befreien, wenn er sich der beschlossenen Massnahme widersetzt hat, der Sitzung, in welcher die Massnahme angeordnet wurde entschuldbar ferngeblieben ist und sie nicht mehr rückgängig machen kann (TUOR/SCHNYDER/SCHMID/RUMO-JUNGO, § 56 II b, 536). Befreien kann sich eine Aufsichtsbehörde wenn sie von den unteren Organen falsch informiert worden ist, aber keinen Anlass hatte an deren Angaben zu zweifeln. Dagegen lässt die Zustimmung des Bevormundeten bezüglich der getroffenen Massnahme die Haftung intakt (Art. 409 Abs. 2). Pflichtwidrige Weisungen der Vormundschaftsbehörde oder der Aufsichtsbehörde betreffend Entscheidungen, die in die alleinige Zuständigkeit des Vormundes fallen, entlasten diesen ebenfalls nicht (BGE 52 II 319; 61 II 7, 10 E. 5), was eine erhebliche Belastung bedeuten mag (vgl. mit Bezug auf die Schwierigkeit der Ausübung des vormundschaftlichen Amtes die fundierten Bemerkungen von STETTLER, Droit Civil I, N 516). Die Haftungsregelung der Art. 426–430 ist abschliessend, obwohl das Verhältnis zwischen dem Mündel und den vormundschaftlichen Organen rechtsteoretisch dem öffentlichen Recht zuzuordnen ist (vgl. BK-SCHNYDER/MURER, System. Teil, Art. 360–397 N 54, 81 ff.; BGE 100 Ib 113, 114 E. 1). Das kantonale Recht kann sie ausdehnen jedoch nicht einschränken (BGE 43 II 60, 62 E. 1; DESCHENAUX/STEINAUER, Personnes, Rz 1077 f.). Sie fängt mit der Übergabe des Amtes an (Art. 389) und hört mit der Ablieferung des Schlussberichtes und der Entlassung des Vormundes auf (Art. 444 und 453). Eine ausservertragliche Haftung gemäss Art. 41 ff. OR kommt nur in Frage, wenn der von den vormundschaftlichen Organen zu verantwortende Schaden ausserhalb der amtlichen Tätigkeit, somit nicht «bei der Ausübung ihres Amtes» entstanden ist, etwa in Ausführung einer nach kantonalem Recht übertragenen Aufgabe (BGE 57 II 3). Mit Recht vertritt ZK-EGGER (Art. 426 N 39) die Auffassung, dass die Verantwortung nach Art. 426 zur Anwendung gelangt, wenn der Vorsitzende der VormBehörde eigenmächtig Massnahmen trifft, die der Behörde zustehen (vgl. im Übrigen BGE 68 II 342, 366 E. 5). Wiederum ausserhalb der Haftung gemäss Art. 426–430 liegen eine allfällige, konkurrierende, nach kantonalem Recht zu beschliessende disziplinarische oder eine in Anwendung strafrechtlicher Bestimmungen zu treffende Massnahme. Vorbehalten bleibt eine Haftung, namentlich des Amtsvormundes, nach kantonalem (Beamten-) verantwortlichkeitsrecht (für die Beamtenstellung des Amtsvormundes bei der Erstellung des Inventars und den Berichten sowie der Rechnungslegung vgl. BGE 121 IV 216, 220 E. 3).

Nicht von Art. 426–430 erfasst sind **Genugtuungsansprüche,** die nur gemäss Art. 47   **7** und 49 OR eingeklagt werden können (BGE 57 II 3, 10 E. 6; unveröff. Urteil des BGers 5C.211/2001 E. 4 vom 15.11.2001).

IV. Durchführung der Haftung

8   Umständlich und einer raschen Erledigung der Streitigkeiten nicht förderlich ist die prozessuale Durchsetzung des Schadenersatzes. Das Gesetz sieht eine **stufenweise Haftung** vor. Zunächst ist der Vormund (Beistand, Beirat) ins Recht zu fassen. Für den Schaden, der von ihm nicht gedeckt wird, hat jedes Mitglied der vormundschaftlichen Behörde, jedes für seinen Anteil und gemäss seinen persönlichen Verhältnissen, aufzukommen (Art. 428 Abs. 2) und zwar auch dann, wenn der Vormund und die Mitglieder der vormundschaftlichen Behörden gleichzeitig haftbar sind und eingeklagt werden (Art. 429 Abs. 1). Z.B. wenn neben dem Vormund die VormBehörde oder die Aufsichtsbehörde ebenfalls dadurch eine Schuld trifft, dass sie durch verbindliche Weisungen betr. die Genehmigung einer Vermögensanlage selbständig tätig gewesen sind (BGE 52 II 319; 59 II 97; 61 II 7, 12; 68 II 357, 360; 81 II 98, 100). Andererseits können sich die Mitglieder der Vormundschaftsbehörde zu ihrer Entlastung nicht darauf berufen, dass der Vormund die ihm erteilten rechtswidrigen Weisungen befolgt hat (BGE 59 II 97, 104). Durch die Zustimmung der Aufsichtsbehörde werden die Mitglieder der VormBehörde von ihrer Haftung ebenfalls nicht befreit, es sei denn die Aufsichtsbehörde habe, über den Kopf der VormBehörde hinweg, selbständige Anordnungen getroffen, woran die Mitglieder der VormBehörde nicht schuld seien (BGE 61 II 7, 10 E. 5; vgl. auch mit Bezug auf die direkte Haftung der Aufsichtsbehörde: GEISER, ZVW 1993, 201 ff., namentlich 221. Nicht ganz überzeugend tritt dieser Autor für eine direkte Haftung der Mitglieder der Aufsichtsbehörde ein, wenn sie einen Beschluss der VormBehörde schuldhaft geschützt haben. Ebenfalls anderer Meinung STETTLER, Droit Civil I, N 510). Gegen direkt (Vormund) und subsidiär haftende Organe (VormBehörde und Aufsichtsbehörde) kann gleichzeitig Klage erhoben werden, was aber am Grundsatz der subsidiären Haftung nichts ändert (BGE 61 II 7, 12 E. 6). Im Entscheid BGE 81 II 98 hat das BGer, bei der Auslegung von Art. 429 Abs. 1, wonach der Vormund und die Mitglieder der VormBehörde zugleich haftbar sind, weder der einen Auffassung zugestimmt, wonach es genüge, dass der gleiche Schaden als Folge des schuldhaften Verhaltens sowohl des Vormundes wie auch der VormBehörde eingetreten sei noch der anderen Ansicht, dass die Haftung aus demselben Rechtsgrund abgeleitet werde. Sei die VormBehörde (wie in den Fällen von BGE 59 II 97 und 68 II 342) nicht selbständig und führend an der Schadensverursachung beteiligt gewesen, sei ein Abgehen von der stufenweise Verantwortlichkeit nicht schon deshalb gerechtfertigt, weil das ihr zum Verschulden gereichende Handeln anderer Art gewesen sei als dasjenige des Vormundes oder weil sie Pflichten anderer Art verletzt habe als der Vormund. Wie schwierig die Abgrenzung sein mag, zeigt der bereits erwähnte BGE 68 II 342, wo zwar mit Rücksicht auf ihre führende Rolle im konkreten Fall die VormBehörde unmittelbar neben dem Beistand gehaftet hat, für den Kopfteil des Beistandes allerdings nur subsidiär (BGE 68 II 342, 360 E. 3d). Die stufenweise Haftung gilt auch im Verhältnis zwischen VormBehörde und Aufsichtsbehörde (auch zwischen oberer und unterer Aufsichtsbehörde) und die Mitglieder der letzteren haben nur für das aufzukommen, was von der Mitgliedern der ersteren nicht erhältlich ist (Art. 429 Abs. 2).

9   Die Haftung der verschiedenen Organe **ist nicht solidarisch** (BGE 59 II 97, 109 E. 6) wobei der Richter die Regressverhältnisse zu regeln hat (TUOR/SCHNYDER/SCHMID/RUMO-JUNGO, § 56 II a 2 a.E., 535). Bloss bei Arglist (Vorsatz, einem seltenen Sachverhalt) haften alle verantwortlichen Personen (die vormundschaftlichen Organe bzw. deren Mitglieder) unmittelbar – nicht subsidiär – und solidarisch (Art. 429 Abs. 3; vgl. BGE 95 II 37 in welchem um ein Schmiergeldversprechen an den Vormund ging). Denkbar ist, dass einzelne Mitglieder, welche keine Schuld trifft, nicht haften, andere die nur fahrlässig gehandelt haben, bloss für den Ausfall.

Schliesslich hat der Kanton, bzw. die von ihm bezeichneten Gemeinden oder Kreise, für   **10** den Schaden einzustehen, der von den primär endgültig (durch Urteil, Anerkennung oder Vergleich), (siehe GROSS, Vorauflage N 6) haftenden vormundschaftlichen Organen nicht gedeckt wurde (sog. **Ausfallhaftung, Art. 427**). Das Gemeinwesen bestellt und beaufsichtigt die Vormundschaftsorgane und hat sämtliche Interessen des Mündels zu wahren. Darin liegt der Grund der Haftung (ZK-EGGER, Art. 427 N 3).

V. Revision

Der heutigen, unbefriedigenden Regelung soll nun bei der **Revision** des Vormundschafts-   **11** rechts Abhilfe geschaffen und analog der Haftung im Zivilstandswesen (Art. 46 Abs. 2), im Grundbuchrecht (Art. 955), im SchKG (Art. 5 SchKG) und namentlich, im gleichen Kontext bereits bei der fürsorgerischen Freiheitsentziehung (Art. 429a), die unmittelbare verschuldensunabhängige kausale Haftung des Kantons, mit der Möglichkeit des Rückgriffs bei grob fahrlässiger oder absichtlicher Verursachung des Schadens (bei leichter Fahrlässigkeit nur im Falle offensichtlicher Unbilligkeit, was eine Privilegierung gegenüber der allgemeinen Verschuldenshaftung bedeutet; vgl. GEISER, ZSR 2003, 385 ff., 392) eingeführt werden. Auch das rechtswidrige Unterlassen soll die Haftung des Kantons entstehen lassen: Nach dem Vorentwurf kann überdies gleichzeitig auf Genugtuung geklagt werden, wenn die Schwere der Verletzung es rechtfertigt (eingehend zum Vorentwurf GEISER, ZSR 2003, 385 ff.).

VI. Verfahren

Art. 430 statuiert die, nunmehr menschenrechtlich gebotene und die Schutzgarantien von   **12** Art. 6 EMRK zu beachtende (Urteil des BGer vom 25.4.1991 in ZVW 1991, 148 m.Hw.) **alleinige Zuständigkeit des Richters**, unter Ausschluss jeglicher vorgängiger Prüfung durch eine Verwaltungsbehörde. Die Rücksicht auf Art. 6 EMRK hat zur Folge, dass die letzte kantonale Instanz ein Gericht sein muss, denn das BGer prüft den Sachverhalt nicht frei (GEISER, ZVW 1993, 201 ff., 209 N 1.12). Das neue Bundesgerichtsgesetz sieht ebenfalls bei Beschwerden in Zivilsachen als kantonale Vorinstanzen – obere – Gerichte vor (Art. 75 Abs. 2 BGG). Der Mündel ist nicht gehalten, vor Anrufung des Richters, die Rechtsmittel gegen die Massnahmen des Vormundes bzw, der Vorm-Behörde auszuschöpfen (GROSS, Vorauflage N 19). Allerdings hat das BGer im Entscheid 57 II 3, 9 dem Bevormundeten gegenüber, im Verantwortlichkeits- und Haftungsprozess gemäss Art. 44 OR, die Einrede als berechtigt erklärt, er habe von dem ihm zur Verfügung stehenden administrativen Rechtsmittel, nicht Gebrauch gemacht, um zu versuchen, den vorläufigen Entzug der Handlungsfähigkeit wieder rückgängig zu machen, ja vielleicht sogar dessen Veröffentlichung zu verhindern. Anderseits ist dem Vormund die Beschwerdelegitimation gegen die Ablehnung einer von ihm beantragten Massnahme (Unterbringung des Mündels in einer Anstalt gemäss Art. 406) zuerkannt worden. Dabei ist er, wenn er unterliegt, nicht kosten- und entschädigungspflichtig, weil er in Ausübung eines ihm verliehenen Amtes und nicht in eigener Sache handelt (BGE 83 II 180, 186 E. 2; 192 E. 4).

Mit dem Inkrafttreten des BGG am 1.1.2007 ist der nach diesem Datum gefällte (Art. 132   **13** Abs. 1 BGG) letztinstanzliche kantonale Entscheid nicht mehr berufungsfähig, sondern ist mittels Beschwerde in Zivilsachen an das BGer weiterzuziehen (Art. 72 BGG). Gleichzeitig entfällt die Möglichkeit, falls sich die Klage unmittelbar gegen den Kanton richtet, gemäss Art. 42 Abs. 1 OG (vgl. auch unveröff. Urteil des BGers 5C.201/2000 E. 3 vom 31.10.2000) den Schadenersatzanspruch direkt vor BGer geltend zu machen.

Gemäss Art. 120 BGG werden dem BGer keine Direktprozesse über Zivilstreitigkeiten zwischen Privaten und Kantonen mehr auferlegt.

14   Das frühere **Konkursprivileg** in der zweiten Klasse ist bei der Revision des SchKG aufgehoben worden.

VII. Die Sorgfaltspflicht in der Rechtsprechung

15   Der **Vormund** soll im Sinne eines «bon père de famille» tätig werden. Es ist Aufgabe des Vormundes, die Substanz des Vermögens des Bevormundeten zu erhalten (vgl. Art. 401 und 402) und, soweit möglich das Risiko einer Entwertung oder einer Veränderung zu vermeiden (in concreto bei Anlagen von Wertschriften). Er soll sehr vorsichtig vorgehen («avec la plus grande prudence») und sich jeder spekulativen Vermögensverwaltung enthalten. Pflichtwidrig ist das Unterlassen gebotener Weisungen (BGE 52 II 319).

Die vorläufige Entziehung der Handlungsfähigkeit (Art. 386 Abs. 2) kann erst erfolgen, wenn sich die **VormBehörde** vom Vorhandensein eines Entmündigungsgrundes überzeugt hat, sofern dies mit den ihr rasch zur Aufklärung des Sachverhaltes zur Verfügung stehenden Mitteln möglich ist. Insbesondere ist der zu Entmündigende anzuhören, um nicht durch vorläufige Entziehung der Handlungsfähigkeit die Wirkungen der Entmündigung vorwegzunehmen (BGE 57 II 3, 7 E. 4).

Pflichtwidrig ist eine unzureichende Kontrolle der Durchführung erteilter Weisungen (BGE 59 II 97, 108 E. 5). Die vom Vormund zu beachtende Vorsicht bei der Anlage von barem Geld und dem Kauf eines Grundstückes (Kauf eines Bauerngutes für einen auswärts arbeitenden entmündigten Spengler) ist Gegenstand des BGE 61 II 209. Im BGE 68 II 343 ist dem **Beistand** und der VormBehörde Fahrlässigkeit angelastet worden, weil sie, im Sinne einer sachgemässen Anlage, die grundpfändliche Sicherung der Forderung der unmündigen Kinder gegen ihren Vater nicht veranlasst haben.

Keine unsorgfältige Vermögensverwaltung ist hingegen darin zu erblicken, dass der Vormund mit der Durchführung einer Bankoperation (Einzug fälliger Titel und Erwerb neuer) eine nicht offiziell als mündelsicher anerkannte Bank beauftragt hat, selbst wenn der Gegenwert vorübergehend auf einem Kontokorrent stehen bleibt. Denn es handelt sich nicht um eine neue Anlage, sondern bloss um ein Durchgangsstadium zu einer solchen (BGE 70 II 77, 81 E. 3).

Fehlen konkrete Anhaltspunkte für die Annahme, der Steigerungserlös falle niedriger aus, so stellt der, entgegen der Vorschrift von Art. 404 Abs. 2, verfügte Freihandverkauf einer Liegenschaft an Stelle der öffentlichen Versteigerung, ein gesetzwidriges Vorgehen dar, das dem Vormund bzw. der Aufsichtsbehörde, die es genehmigt hatte, als Verschulden und als Haftungsgrund anzulasten ist. Das gilt selbst dann, wenn, wie im konkreten Fall, das Grundstück dem Mündel zusammen mit weiteren Personen gehört und der Anteil des Mündels verhältnismässig klein ist. Im Übrigen ist, vor dem Entscheid, der Bevormundete um seine Ansicht zu befragen (Art. 409 Abs. 1; BGE 74 II 76, 78 E. 3–4).

Kein Verschulden liegt in der Belassung einer aussergewöhnlichen Anlage in ausländischen Staatspapieren im Hinblick auf die besonderen Verhältnisse und auf die Interessen des Mündels (BGE 78 II 338). Der Vormund, der wegen persönlicher Vorteile, die ihm ein Kaufliebhaber versprochen oder gewährt hat, andere Kaufangebote nicht prüft, sie ablehnt oder sie der VormBehörde vorenthält, handelt rechtswidrig und ist dem Mündel gegenüber schadenersatzpflichtig Das Schmiergeldversprechen ist nichtig wegen Verstosses gegen die guten Sitten (BGE 95 II 37, 39 E. 2). Das Unterlassen des Gesuchs um privilegierte Anschlusspfändung (Art. 111 SchKG) zugunsten des Bevormundeten stellt eine Nachlässigkeit dar, die eine Schadenersatzpflicht begründen kann (unveröff. Urteil des BGer 5C.81/1992 vom 20.1.93). Die Frage, ob auf der Liegenschaft eines Bevormundeten oder Verbeiständeten ein Grundpfand zugunsten eines Drittschuldners errichtet werden darf, ist zu verneinen, wenn der Bevormundete oder Verbeiständete daraus keinerlei Vorteile zieht. Ist dem Bevormundeten ein Schaden entstanden, ist grundsätzlich eine Haftung der vormundschaftlichen Organe zu bejahen (Urteil des KGer VS vom 24.11.1999 in RVJ 2000, 259 = ZBGR 83 [2002], 94). Der Vormund ist nicht berechtigt, ohne Zustimmung der VormBehörde gemäss Art. 421 Ziff. 2, im Grundbuch den Rangrücktritt eines zugunsten eines Mündels errichteten Wohnrechts hinter ein Grundpfandrecht anzumelden (BGE 126 III 309, 313 E. 3). Für weitere Beispiele RIEMER, Vormundschaftsrecht, 98, § 4 Rz 176.

Art. 429a

C. Fürsorgerische Freiheitsentziehung	[1] Wer durch eine widerrechtliche Freiheitsentziehung verletzt wird, hat Anspruch auf Schadenersatz und, wo die Schwere der Verletzung es rechtfertigt, auf Genugtuung.
	[2] Haftbar ist der Kanton unter Vorbehalt des Rückgriffs gegen die Personen, welche die Verletzung absichtlich oder grobfahrlässig verursacht haben.
C. Privation de liberté à des fins d'assistance	[1] Toute personne lésée par une privation illégale de liberté a droit à une indemnité à titre de dommages-intérêts et à une somme d'argent à titre de réparation morale lorsque celle-ci est justifiée par la gravité particulière du préjudice subi.
	[2] Le canton est responsable du dommage, sous réserve du recours contre les personnes qui ont causé le dommage intentionnellement ou par négligence grave.
C. Privazione della libertà a scopo d'assistenza	[1] Ogni persona lesa da una privazione illegale della libertà ha diritto al risarcimento del danno e, se giustificata dalla gravità del pregiudizio, a un'indennità di riparazione morale.
	[2] Il Cantone è responsabile, con riserva del regresso contro le persone che hanno cagionato il danno intenzionalmente o per negligenza grave.

Literatur

BORGHI, Les limites posées par l'Etat de droit au traitement forcé psychiatrique, ZVW 1991, 81 ff.; BORGHI/GROSS, Das Bundesgesetz über die fürsorgerische Freiheitsentziehung und die kantonale Rechtsetzung, ZVW 1987, 103 ff.; B. CAVIEZEL-JOST, Die materiellen Voraussetzungen der fürsorgerischen Freiheitsentziehung, Diss. Freiburg i.Ü. 1987; GEISER, Die fürsorgerische Freiheitsentziehung als Rechtsgrundlage für eine Zwangsbehandlung? FS Schnyder, Freiburg i.Ü. 1995, 287 ff.; DERS., Die medizinisch-therapeutische Behandlung und Zwangsmassnahmen im Lichte der geltenden Rechtslage und besonderer Berücksichtigung von vormundschaftlichen Fragestellungen, ZVW 2001, 225 ff.; DERS., Amtsgeheimnis und Verantwortlichkeit, ZSR 2003, 385 ff.; GROSS, Schweizerisches Staatshaftungsrecht, 2. Aufl. Bern 2001; A. IMHOF, Der formelle Rechtsschutz, insbesondere die gerichtliche Beurteilung, bei der fürsorgerische Freiheitsentziehung, Diss. Freiburg i.Ü. 1999; M. LUSTENBERGER, Die fürsorgerische Freiheitsentziehung bei Unmündigen unter elterlicher Gewalt, Diss. Freiburg i.Ü. 1987; MATTMANN, Die Verantwortlichkeit bei der fürsorgerischen Freiheitsentziehung, Diss. Freiburg i.Ü. 1988; PH. MEIER, La position des tiers en droit de la tutelle –

une systématisation, ZVW 1996, 81 ff.; SCHNYDER, Fürsorgerische Freiheitsentziehung – eine erste Bilanz, ZVW 1985, 81 ff.; STARK, Die Schadenersatzpflicht bei widerrechtlicher FFE nach Art. 429a ZGB, in: FS Schnyder, Freiburg i.Ü. 1995, 715 ff.

I. Allgemeines

1   Art. 429a hat einen Systemwechsel vollzogen. Während im allgemeinen Vormundschaftsrecht das Gemeinwesen (Kanton, Gemeinden, Kreise) für den Ausfall haftet, jedoch unter der Voraussetzung, dass den vormundschaftlichen Organen ein pflichtwidriges Verschulden nachgewiesen werde, das deren Schadenersatzpflicht begründet, ist bei der widerrechtlichen Freiheitsentziehung eine **verschuldensunabhängige, kausale Haftung** eingeführt worden, wobei das Verschulden erst beim Rückgriffsrecht des Kantons eine Rolle spielt. Die Rechtfertigung liegt in der Schwere des durch eine ungerechtfertigte freiheitsentziehenden Massnahme verursachten Eingriffs in den persönlichen Verhältnissen. Damit verbunden ist auch der ausdrücklich vorgesehene Genugtuungsanspruch. Die bundesrechtliche Regelung ist abschliessend und der Kanton kann sie weder verschärfen noch mildern. Dabei hat an Stelle der alten kantonalen administrativen Versorgung die einheitliche Umsetzung von Art. 5 Ziff. 1 lit. e EMRK eine entscheidende Rolle gespielt (BGE 121 III 204, 207 E. 2a mit zahlreichen Hinweisen auf Entstehungsgeschichte und Lehre).

II. Anwendungsbereich

2   Ausgelöst wird die Schadenersatzpflicht durch das Verhalten der **VormBehörde** (am Wohnsitz oder, bei Gefahr im Verzug, am Aufenthaltsort) aber auch von anderen, vom Kanton bezeichneten, **«geeigneten Stellen»**, z.B. von Ärzten (Amts- oder frei praktizierenden Ärzten, die in amtlicher Eigenschaft handeln, vgl. BGE 118 II 254, 257 E. 1b und 259 E. 3) mit Bezug auf eine notfallmässig verfügte Klinikeinweisung (Art. 397b Abs. 2). Die Inhaber der «anderen geeigneten Stellen» können im Übrigen, neben den vormundschaftlichen Behörden und nach Massgabe des kantonalen Rechts regresspflichtig werden. In Frage kommt auch die Haftung eines, vom Wohnsitzkanton mit der Durchführung einer Massnahme beauftragten anderen Kantons. Direkte Schadenersatz- und Genugtuungsansprüche des Geschädigten gegen die Person, die die Einweisung angeordnet hat, sind mit der gesetzlichen Regelung nicht vereinbar (STARK, FS Schnyder, 715 ff., 721). Eine, von einer unzuständigen («nicht geeigneten») Stelle verfügte Einweisung dürfte wohl nach kantonalem Recht (Beamten-)verantwortlichkeitsrecht zu beurteilen sein. Erfolgt der Freiheitsentzug durch Private ohne jegliche behördliche Mitwirkung, entfällt eine Haftung gemäss Art. 429a (STARK, a.a.O., 719 FN 18). Bezüglich des Fehlentscheides eines Sachverständigen vgl. den gleichen Autor (STARK, a.a.O., 724 f.).

3   Die Bestimmungen zur FFE legen nur fest, unter welchen Voraussetzungen eine Person in eine **Anstalt eingewiesen,** ihr somit die Bewegungsfreiheit entzogen werden darf. Nicht Gegenstand dieser Vorschriften sind Eingriffe in die körperliche und psychische Integrität der betroffenen Person, ebensowenig wie die Behandlung nach erfolgter Einweisung oder die Durchführung einer Zwangsbehandlung, wofür kantonales Recht massgebend ist (BGE 118 II 254, 262; 121 III 204, 208 E. 2.6; 125 III 169 mit ausführlichen Hinweisen; GEISER, ZVW 2001, 225–243; DERS., Amtsgeheimnis und Verantwortlichkeit, ZSR 2003, 385 ff., 392. GEISER, FS Schnyder, 289 ff., 313, weist darauf hin, dass bei Erlass der Bestimmungen über die FFE mit Bezug auf die Rechtsstellung von Psychiatriepatienten der Gesetzgeber auf halbem Weg stehen geblieben ist. Er geht davon aus, dass die Fragen um eine Zwangsbehandlung nach wie vor in die Zuständigkeit der Kantone fallen und tritt deshalb für eine eidgenössischen Regelung ein. TUOR/SCHNYDER/SCHMID/RUMO-JUNGO,

519, verlangen eine formelle kantonale Regelung. Bereits RIEMER, Vormundschaftsrecht, 100, § 4 Rz 180, hatte ebenfalls die heutige Situation für unbefriedigend gehalten. Schon früher hatte GROSS, AJP 1993, 88 f., festgestellt, nur wenige Kantone, und auch nur in rudimentärer Form, verfügten über gesetzliche Grundlagen bzgl. der medizinischen (Zwangs-)Behandlung – er nannte allerdings als vorbildlich, unter Berufung auf FRANZISKA RYSER-ZWYGART, Rechts- und sozialstaatliche Aspekte der psychiatrischen Betreuung, 1989, das entsprechende Tessiner Gesetz. Er schlug deshalb vor, mit nicht unbeachtlichen Argumenten, bei einer ungesetzlichen Behandlung die Berufung auf Art. 429a zuzulassen). Hingegen kann eine, im Zusammenhang mit der Anordnung der FFE stehende medikamentöse Behandlung zur blossen Beruhigung des Patienten, die keine selbständige Therapie zur Verbesserung seines Zustandes darstellt, zur Beurteilung von Schadenersatz- oder Genugtuungsansprüchen schon jetzt gemäss Art. 429a berücksichtigt werden (BGE 118 II 254, 262 E. 6; 121 III 204, 208 E. 2b). Der Vorentwurf zur Revision des Vormundschaftsrechts (Art. 427 ff.) trägt nun der oben erwähnten Kritik Rechnung und schlägt, mit Bezug auf die Behandlung einer psychischen Störung sowohl bei Notfällen mit oder ohne Zustimmung des Betroffenen, als auch ausserhalb einer Notfallsituation eine umfassende, abschliessende eidgenössische Regelung vor.

III. Voraussetzungen

Die **Widerrechtlichkeit** einer FFE liegt in jedem Verstoss gegen Normen des Bundesrechts, einschliesslich der EMRK, und des kantonalen Rechts, soweit diese Bestimmungen, die Voraussetzungen (Art. 397a), die Zuständigkeit und das Verfahren zur FFE regeln (BGE 118 II 254; 259 E. 2b). In formeller Hinsicht ist darauf zu achten, dass die betroffene Person persönlich untersucht und über die Gründe der FFE unterrichtet wird (BGE 118 II 254, 260 E. 3c, 261 E. 5). Eine Ferndiagnose ist ausgeschlossen (ZVW 1999, 37, 42). Die Widerrechtlichkeit einer FFE ist im Zeitpunkt der getroffenen Massnahme zu beurteilen, somit nicht auf Grund einer späteren Diagnose, die sie nachträglich als ungerechtfertigt erscheinen lassen könnte. Nach erfolgter Entlassung ist im Übrigen der Betroffene, wegen fehlender Beschwer, zur Anfechtung der FFE nicht mehr legitimiert. In Frage kommt nur noch die Schadenersatzklage (BGE 109 II 350; unveröff. Urteil des BGer 5C. 45/2005 vom 11.4.2005, E. 2.1 m.w.Hw.). Dagegen ist auf Grund der Entwicklung seit erfolgter Einweisung, unter Umständen zu prüfen, ob die Entlassung aus der Anstalt widerrechtlich verweigert wurde. **4**

Das BGer lässt ausdrücklich offen, ob zwischen Art. 5 Ziff. 5 EMRK und Art. 429a ZGB Anspruchskonkurrenz bestehe (BGE 118 II 254, 259 E. 2c). Bejahend die 2. Aufl. (N 6) dieses Werkes namentlich unter Hinweis auf den höheren Rang des internationalen Rechts. Der gleiche Autor weist ferner (GROSS, AJP 1993, 88) auf den Umstand hin, dass Art. 5 Ziff. 5 EMRK einen **Genugtuungsanspruch** auch ohne **besondere Schwere** der Verletzung umfasst. Die Feststellung der Widerrechtlichkeit kann eine «andere Art» der Genugtuung bedeuten (BGE 118 II 254, 258 E. 1c). Nicht gefolgt, weil dem Einzelfall zu wenig Rechnung tragend, kann der in der 2. Aufl. (N 9) vertretenen Auffassung, wonach eine ungerechtfertigte Freiheitsentziehung in einer Anstalt immer das Erfordernis der besonderen Schwere der Verletzung in den persönlichen Verhältnisses erfüllt und eine solche Schwere nur bei untergeordneten Verfahrensfehlern zu verneinen sei. **5**

IV. Verfahren

Nicht zu verwechseln, und damit auch nicht verbunden werden (u.U. schon deshalb, weil die Kantone die Zuständigkeit und das Verfahren anders regeln können), ist die Klage aus Art. 429a mit der **gerichtlichen Beurteilung** gemäss Art. 397d, die nicht dazu bestimmt **6** ist, die Widerrechtlichkeit und den damit verbundenen allfälligen, kausalen Schaden festzustellen (unveröff. Urteil des BGers 5C. 45/2005 vom 11.4.2005 E. 2.2). Die Gründe eines richterlichen Entscheides, welcher die FFE aufhebt und der Entscheid selber sind für den, mit der Schadenersatzklage gemäss Art. 429a befassten Richter nicht verbindlich (BGE 109 I 169, 171 E. 3c).

7   In welcher **Zuständigkeit** und nach welchem Verfahren die Schadenersatzansprüche geltend zu machen sind, bestimmt das kantonale Recht (BGE 118 II 254, 256 E. 1). Dabei können ärztliche Berichte berücksichtigt werden, denn die Ärzte, welche in amtlicher Eigenschaft und nicht auf Grund eines privaten Auftrages gehandelt haben, nicht an das Berufs- sondern bloss an das Amtsgeheimnis gebunden sind, wovon sie entbunden werden können (BGE 118 II 254, 257 E. 1b).

V. Legitimation

8   Die **Klageberechtigung** steht dem Betroffenen bzw. seinen Angehörigen («ihm nahestehende Personen» vgl. Art. 397d Abs. 1) zu, soweit durch die FFE deren Interessen beeinträchtigt wurden. Auf ein blosses Feststellungsbegehren ist nicht einzutreten, wenn eine Leistungsklage möglich ist und die besonderen Voraussetzungen für eine Feststellung (vgl. die Umschreibung und die Aufzählung in BGE 118 II 254, 258 E. 1c, namentlich unter Berücksichtigung von Art. 13 EMRK) nicht erfüllt sind.

Art. 430

D. Geltend-machung	**[1] Über die Verantwortlichkeitsklage gegen den Vormund und die Mitglieder der vormundschaftlichen Behörden sowie gegen die Gemeinden oder Kreise und den Kanton entscheidet das Gericht.**
	[2] Die Klage aus der Verantwortlichkeit darf nicht von der vorgängigen Prüfung durch eine Verwaltungsbehörde abhängig gemacht werden.
D. Action en responsabilité	[1] Le juge prononce sur les responsabilités encourues par le tuteur, les membres des autorités de tutelle, les communes ou les arrondissements tutélaires et le canton.
	[2] L'action en responsabilité ne peut être subordonnée à une enquête préalable des autorités administratives.
D. Azione	[1] Le azioni di responsabilità contro il tutore, i membri delle autorità di tutela, il Comune, il circondario e il Cantone sono di competenza del giudice.
	[2] L'azione di responsabilità non può essere subordinata all'esame preventivo di un'autorità amministrativa.

1   Vgl. hierzu die Komm. zu Art. 426–429.

Zwölfter Titel: Das Ende der Vormundschaft

Vorbemerkungen zu Art. 431–456

Literatur

GEISER/LANGENEGGER/MINGER/MOSIMANN/NICOD, Mustersammlung Erwachsenenvormund-schaftsrecht, Basel 1996; GOOD, Das Ende des Amtes des Vormundes, Diss. Freiburg i.Ü. 1992; HEFTI, Die vormundschaftliche Amtsführung nach dem schweizerischen Zivilgesetzbuch mit besonderer Berücksichtigung der prinzipiellen Selbständigkeit des Vormundes in seiner Amtstätigkeit, Diss. Bern 1916; HEGNAUER, Muss die Bevormundung nicht internierter geistig Behinderter immer veröffentlicht werden? ZVW 1990, 9 ff.; DERS., Die Anhörung bei der Entmündigung, Bemerkungen zu BGE 117 II 132, ZVW 1993, 81 ff.; JORIO, Der Inhaber der elterlichen Gewalt nach dem neuen Kindesrecht, Diss. Freiburg i.Ü. 1977; JULMY, Die elterliche Gewalt über Entmündigte, Diss. Freiburg i.Ü. 1991; DERS., Quelques aspects pratiques de l'autorité parentale prolongée (art. 385 al. 3 CC) en rapport avec l'autorité tutélaire, FZR 1996, 15 ff.; MURER, Die Entmündigung wegen Freiheitsstrafe, Art. 371 ZGB, Diss. Freiburg i.Ü. 1972; REGOTZ, Das Ende der Bevormundung, Diss. Zürich 1981; SCHNYDER, «… jedermann, der ein Interesse hat», in: FS Hegnauer, Bern 1986, 453 ff.; STETTLER, L'interdiction découlant de la condamnation à une peine privative de liberté, ZVW 1980, 81 ff.; STRUB, Die Aufhebung der Entmündigung, Diss. Freiburg i.Ü. 1984; vgl. auch die Literaturhinweise zu Art. 373.

Im zwölften Titel werden sowohl das **Ende der Massnahme** (Art. 431–440) wie auch **1** das **Ende der Funktion** des einzelnen Mandatsträgers (Art. 441 ff.) behandelt. Während das Ende der Massnahme immer auch das Ende der Funktion nach sich zieht, kann die Funktion auch enden, obgleich die Massnahme andauert. Mit der Beendigung der Massnahme verliert der Mandatsträger automatisch einen Teil seiner Funktionen. Er behält aber regelmässig noch gewisse Aufgaben. Insofern handelt es sich um ein mehr-gliedriges Verfahren. In einem ersten Schritt tritt ein Beendigungsgrund entweder von Gesetzes wegen oder infolge eines behördlichen Entscheides ein (Art. 431 ff.). Anschliessend hat der Mandatsträger gem. Art. 451 die Schlussrechnung zu erstellen und das Vermögen zu übergeben. Nach Prüfung der entsprechenden Schlussberichte (Art. 452) ist der Mandatsträger zu entlassen (Art. 453). Erst jetzt findet die Massnahme ihr endgültiges Ende.

Die Art. 431 ff. regeln **nicht alle Beendigungsgründe**. So endet die vormundschaftliche **2** Massnahme i.d.R. auch mit dem **Tod** des Mündels (zu den Ausnahmen s.u. Art. 439 N 7). Die Erbschaftsverwaltung nach Art. 554 Abs. 3 ist keine Einrichtung des Vormund-schaftsrechts (Art. 434 N 4).

Auch die **Verschollenerklärung** beendet die vormundschaftliche Massnahme. Sie wirkt grundsätzlich auf den Zeitpunkt der Todesgefahr oder der letzten Nachricht zurück (Art. 38 Abs. 2). Es wird vermutet, dass die betroffene Person in jenem Zeitpunkt verstorben ist. Aus praktischen Gründen kann für das Ende der gesetzlichen Vertretungs-macht indessen keine Rückwirkung gelten. Wohl enthält das Vormundschaftsrecht anders als das Stellvertretungsrecht im OR (BK-ZÄCH, Art. 35 OR N 7) keine entsprechende Norm. Dennoch muss angenommen werden, dass die Verschollenerklärung die vormund-schaftliche Massnahme ex nunc beendet. Mit formeller Rechtskraft der Verschollenerklä-rung entfällt grundsätzlich die gesetzliche Vertretungsbefugnis, und der Mandatsträger hat gem. Art. 451 vorzugehen.

Erster Abschnitt: Das Ende der Bevormundung

Art. 431

A. Bei Unmündigen

[1] **Die Vormundschaft über eine unmündige Person hört mit dem Zeitpunkt auf, da die Mündigkeit eintritt.**

[2] ...

A. Tutelle des mineurs

[1] La tutelle du mineur prend fin à la majorité.

[2] ...

A. Minorenni

[1] La tutela di un minorenne cessa con l'età maggiore o con l'emancipazione.

[2] ...

Literatur

Vgl. die Literaturhinweise zu den Vorbem. zu Art. 431–456.

I. Allgemeines

1   Art. 368 bestimmt, dass über jede unmündige Person, die nicht unter elterlicher Sorge steht, eine Vormundschaft errichtet werden muss. Art. 431 regelt einen jener Sachverhalte, die zur Beendigung der Unmündigenvormundschaft führen. Es handelt sich aber nicht um den einzigen Beendigungstatbestand. Die **Regelung** ist insofern **nicht vollständig.**

2   Die **Bestimmung** wurde im Zusammenhang mit der Herabsetzung des Mündigkeitsalters (BG v. 7.10.1994, in Kraft seit 1.1.1996) **geändert.** Das frühere Recht kannte die Möglichkeit einer Mündigerklärung (aArt. 15). Art. 431 Abs. 2 regelte das Vorgehen, wenn die zu emanzipierende Person unter Vormundschaft stand. Dieser Absatz wurde aufgehoben, da er gegenstandslos geworden war. Weil im französischen und im italienischen Gesetzestext die Mündigerklärung auch in Abs. 1 erwähnt war, musste bei diesen Gesetzesfassungen Abs. 1 an die neue Rechtslage angepasst werden.

II. Beendigungsgrund nach Art. 431

3   Art. 431 regelt den Fall, dass eine unmündige Person unter Vormundschaft mündig wird. Dieser Sachverhalt tritt ein, wenn sie das **18. Lebensjahr vollendet** hat und vor diesem Zeitpunkt keine Entmündigung ausgesprochen und rechtskräftig geworden ist (s.u. N 8).

4   Hat die bevormundete Person **ihren Wohnsitz im Ausland,** richtet sich das Mündigkeitsalter nach dem dort geltenden Recht. Rück- und Weiterverweisungen sind unbeachtlich (IPRG-JAMETTI GREINER/GEISER, Art. 35 N 16; IPRG-Kommentar-VISCHER, Art. 35 N 15 f.; **a.M.** BUCHER, DIP Bd. II, Rz 180 ff.; DUTOIT, DIP, Art. 35 IPRG N 5). Eine Korrektur kann allenfalls über Art. 15 IPRG erfolgen (IPRG-JAMETTI GREINER/GEISER, Art. 35 N 17).

5   Das schweizerische Recht kennt neben der Erreichung des Mündigkeitsalters keine weiteren Gründe für den Eintritt der Mündigkeit. Seit dem 1.1.1996 gibt es weder eine **Mündigerklärung,** noch ist vor Vollendung des 18. Altersjahrs eine **Heirat** möglich, die zur Mündigkeit führen könnte. Geht eine jüngere Person im Ausland eine Ehe ein oder heiratet sie in der Schweiz aufgrund des sich nach ausländischem Recht richtenden Hei-

ratsfähigkeitsalters vor Vollendung des 18. Lebensjahres, so tritt mit der Trauung die Mündigkeit von Gesetzes wegen ein (Art. 45a IPRG). Die spätere Auflösung der Ehe durch Tod oder Scheidung (und wohl auch durch Ungültigerklärung) lässt die einmal eingetretene Mündigkeit nicht dahinfallen (REGOTZ, 9; BK-BUCHER, Art. 14 N 63). Eine am ausländischen Wohnsitz ausgesprochene Mündigerklärung ist in der Schweiz anzuerkennen (Art. 35 zweiter Satz IPRG).

III. Beendigungsgründe ausserhalb Art. 431

Neben dem in Art. 431 aufgeführten Erreichen des Mündigkeitsalters bewirken auch der 6 **Tod des Mündels** und die **(Wieder-)Herstellung der elterlichen Sorge** das Ende der Vormundschaft. Die elterliche Sorge wird nach den Bestimmungen des Kindesrechts wiederhergestellt (Art. 311 ff.). Zuständig ist jene Behörde, die den Entzug angeordnet hat (Art. 313 N 2). Das ist die VormBehörde oder die vormundschaftliche Aufsichtsbehörde. Vorbehalten bleibt die Zuständigkeit des Scheidungsrichters nach Art. 133 f. (Art. 315a).

IV. Rechtswirkungen

Das Erreichen des Mündigkeitsalters bewirkt, dass die Vormundschaft **von Gesetzes we-** 7 **gen** entfällt (REGOTZ, 7). Es bedarf dafür keines behördlichen Entscheides. Einem solchen kann nur deklaratorische Wirkung zukommen. Das ehemalige Mündel erlangt – soweit es urteilsfähig ist – ex lege die volle Handlungsfähigkeit. Sowohl die gesetzliche Vertretungsmacht wie auch die übrigen Befugnisse des Vormundes entfallen. Eine Nachwirkung i.S.v. Art. 444 besteht nicht, weil die vormundschaftliche Massnahme nicht andauert (vgl. Art. 441–444 N 26). Der ehemalige Vormund hat gem. Art. 451 ff. die Schlussrechnung zu erstellen und das Mündelvermögen an die nunmehr erwachsene Person herauszugeben.

Die Vormundschaft dauert ausnahmsweise auch nach Erreichen des Mündigkeitsalters 8 an, wenn vor diesem Zeitpunkt die zuständige Behörde eine **Entmündigung verfügt** hat. Art. 385 Abs. 2 sieht ausdrücklich vor, dass das Entmündigungsverfahren schon vor Erreichen des Mündigkeitsalters eingeleitet werden kann. Es kann selbstverständlich auch schon vor diesem Zeitpunkt abgeschlossen sein. Andernfalls besteht die Möglichkeit, auf diesen Zeitpunkt hin die Handlungsfähigkeit nach Art. 386 Abs. 2 vorläufig zu entziehen. Wird die Massnahme aufgrund eines behördlichen Entscheides über die Mündigkeit hinaus weitergeführt, so erhält sie einen **anderen Inhalt.** Für die persönliche Fürsorge ist Art. 406 und nicht mehr Art. 405 bzw. Art. 405a anwendbar. Die Beendigung richtet sich sodann nach den Art. 432 ff.

V. Rechtsmittel

Es kann streitig sein, ob die Mündigkeit eingetreten ist oder nicht. Soweit es sich um die 9 Frage des Alters der betr. Person handelt, wird der Beweis mit den Zivilstandsurkunden erbracht, ggf. ist eine gerichtliche Berichtigung nach Art. 42 möglich. Bei internationalen Verhältnissen kann aber auch bei genauer Kenntnis des Alters der betroffenen Person streitig sein, ob eine Person mündig ist oder nicht. Eine verbindliche Klärung erfolgt mit einem Feststellungsurteil. Eine entsprechende Klage ist selbst ohne ausdrückliche Gesetzesnorm zulässig (SCHÜPBACH, Der Personenstand, SPR II/3, Basel 1993, 97 f.). Aus Art. 44 Bst. e OG ist abzuleiten, dass der in einer solchen Sache ergehende kant. Entscheid der Berufung an das BGer unterliegt (POUDRET, Art. 44 N 2.5.1.). Das Gesetz ge-

Thomas Geiser 2163

währt umfassend die Möglichkeit, Entscheide, welche der Anordnung oder der Aufrechterhaltung einer Entmündigung gleichkommen, mit Berufung beim BGer anzufechten
(BK-SCHNYDER/MURER, Art. 373 N 195). Überdies kann die betroffene Person in einem
zu den Zivilrechtsstreitigkeiten i.S. des OG zählenden Zivilprozess *gegenüber dem Vormund* auf Herausgabe des Vermögens oder auf Feststellung klagen, dass sein Amt erloschen ist, und so einen berufungsfähigen Entscheid herbeiführen.

Art. 432

B. Bei Verurteilten	[1] **Die Vormundschaft über eine zu Freiheitsstrafe verurteilte Person hört auf mit der Beendigung der Haft.** [2] **Die zeitweilige oder bedingte Entlassung hebt die Vormundschaft nicht auf.**
B. Tutelle des condamnés	[1] La tutelle de l'individu condamné à une peine privative de la liberté prend fin en même temps que la détention. [2] Le détenu libéré temporairement ou conditionnellement reste sous tutelle.
B. Condannati	[1] La tutela di una persona condannata ad una pena privativa della libertà cessa con la fine della detenzione. [2] La liberazione temporanea o condizionale non toglie la tutela.

Literatur

Vgl. die Literaturhinweise zu den Vorbem. zu Art. 431 ff.

I. Allgemeines

1 Gemäss Art. 371 Abs. 1 ist eine Person zu entmündigen, die zu einer Freiheitsstrafe von
einem Jahr oder darüber verurteilt worden ist. Das BGer hat allerdings die Möglichkeit
geschaffen, in Ausnahmefällen davon abzusehen (BGE 104 II 12 ff.; 114 II 211; Art. 371
N 4 f.). Die Bestimmung findet nicht nur bei Freiheitsstrafen, sondern auch bei strafrechtlichen Massnahmen Anwendung, sofern mit deren Vollzug eine mit einer Freiheitsstrafe vergleichbare Abgeschlossenheit verbunden ist (BK-SCHNYDER/MURER, Art. 371
N 15; BGE 78 II 406; vgl. auch BGE 114 II 211 ff.). Die entsprechende Strafe bewirkt
nicht von Gesetzes wegen einen Verlust der Handlungsfähigkeit, sondern bildet nur einen
Grund, die verurteilte Person durch die zuständige Behörde entmündigen zu lassen.

2 Art. 432 lässt im Gegensatz zu den Art. 433 ff. die Massnahme **von Gesetzes wegen** untergehen (STETTLER, Rz 451). Seit das BGer die in Art. 371 vorgesehene Anordnung relativiert hat und es zulässt, von einer Entmündigung abzusehen, wenn kein Schutzbedürfnis besteht, bedeutet Art. 432 allerdings nicht mehr, dass die Massnahme bis zur
endgültigen Entlassung weiterbestehen muss. Vielmehr kann sie **jederzeit** in analoger
Anwendung von Art. 433 **aufgehoben werden,** wenn die Schutzbedürftigkeit entfällt
(BGE 84 II 677; MURER, 133; STRUB, 73; STETTLER, Rz 454; s.u. N 7).

II. Beendigung der Haft

3 Nach dem klaren Wortlaut von Art. 432 Abs. 1 endet die Vormundschaft mit der Beendigung der Haft. Damit ist die **endgültige Entlassung** aus der Freiheitsstrafe gemeint. Sie
erfolgt in erster Linie, wenn eine Person ihre ganze Strafe abgesessen hat. Auch die Be-

gnadigung (Art. 81 StGB), die Amnestie und die Revision eines Strafurteils, mit der die Strafe aufgehoben oder unter ein Jahr verkürzt wird, bewirken, dass die vormundschaftliche Massnahme endet (STRUB, 71). Das gilt ebenso, wenn das Mündel aus dem Vollzug entlassen wird, weil es *dauernd* straferstehungsunfähig ist (REGOTZ, 37). Demgegenüber entfällt die vormundschaftliche Massnahme nicht, wenn das Mündel flüchtig ist. Gerade diesfalls wird häufig das Bedürfnis nach einem gesetzlichen Vertreter bestehen.

Art. 432 Abs. 2 präzisiert, dass die zeitweilige oder bedingte Entlassung die Vormund- **4** schaft nicht aufhebt. Da das ZGB vor dem StGB erlassen worden ist, liegt eine **mit** dem **Strafrecht** nur **ungenügend koordinierte Anordnung** vor. Es ist in der Praxis streitig, was unter diesen Formen der Entlassung verstanden werden muss und worin deren Wirkung besteht.

Nach gefestigter bundesgerichtlicher Rechtsprechung bewirkt die **bedingte Entlassung** **5** i.S.v. Art. 38 StGB nicht von Gesetzes wegen das Ende der vormundschaftlichen Massnahme (BGE 71 II 68; 114 II 211). Unklar ist aber, wann *nach* einer bedingten Entlassung die Massnahme endet. Mit Blick auf die Relativierung von Art. 371 ist allerdings zu beachten, dass jederzeit – sowohl während des Strafvollzuges als auch nach einer bedingten oder zeitweilligen Entlassung – die Vormundschaft durch die zuständige Behörde aufgehoben werden kann (s.u. N 7). Fraglich ist damit heute nur, in welchem Zeitpunkt sie *von Gesetzes wegen spätestens* entfällt (zu den verschiedenen Auffassungen vor der Relativierung durch die Rechtsprechung s. STRUB, 79 f., MURER, 134 ff. und REGOTZ, 27 ff.). Nach dem Gesetzeswortlaut lässt sich die Auffassung nicht vertreten, das Ende trete schon mit der bedingten Entlassung ein. Die Massnahme endet von Gesetzes wegen frühestens mit dem Ablauf der Strafdauer (DESCHENAUX/STEINAUER, Personnes, Rz 1028). Als spätester Zeitpunkt kommt der Ablauf der Probezeit nach Art. 38 Ziff. 2 StGB in Betracht (RIEMER, Vormundschaftsrecht, 103). Da der Entmündigungsgrund der Freiheitsstrafe aus heutiger Sicht ohnehin als überholt angesehen werden muss (MURER, 141 ff.), rechtfertigt es sich, Art. 432 Abs. 2 im zuerst dargelegten Sinn auszulegen. Die vormundschaftliche Massnahme endet unabhängig davon, ob das Mündel bedingt entlassen worden ist oder nicht, mit Ablauf der Strafdauer (ähnlich: MURER, 137 ff.; REGOTZ, 35 f.; STRUB, 80). Die Zeit nach der bedingten Entlassung ist somit so zu behandeln, wie wenn die bedingte Entlassung nicht erfolgt wäre.

Auch eine **zeitweilige Entlassung** beendet die Massnahme nicht. Der Strafvollzug darf **6** nach Art. 40 StGB nur aus einem wichtigen Grund unterbrochen werden, namentlich wenn der Verurteilte aus gesundheitlichen Gründen in eine Heil- oder Pflegeanstalt verbracht werden muss. Auf die Dauer der Unterbrechung kann es für die Aufhebung nach Art. 432 nicht ankommen (**a.M.** offenbar DESCHENAUX/STEINAUER, Personnes, Rz 1027), weil es für eine Beendigung der Massnahme ex lege (s.u. N 9) eines eindeutigen Kriteriums bedarf. Eine lange Unterbrechung des Vollzuges kann aber eine Aufhebung nach Art. 433 rechtfertigen (s.o. N 2 und u. N 7).

Das Mündel kann jederzeit eine **Aufhebung** beantragen (s.o. N 2). Erweist sich, dass es **7** trotz der Freiheitsstrafe weder auf persönliche Fürsorge noch auf Vermögensfürsorge angewiesen ist, gebietet das Verhältnismässigkeitsprinzip, die Massnahme aufzuheben. Die bedingte Entlassung rechtfertigt in jedem Fall eine neue Prüfung der Frage, ob die Entmündigung noch angemessen ist (vgl. RIEMER, Vormundschaftsrecht, 104; vgl. auch BGE 84 II 681 ff.). Namentlich können strafrechtliche Behelfe wie die Schutzaufsicht eine vormundschaftliche Massnahme als überflüssig erscheinen lassen.

Wird der Verurteilte – nachdem die Massnahme von Gesetzes wegen entfallen oder durch **8** die zuständige Behörde aufgehoben worden ist – in die **Strafanstalt zurückversetzt,** so lässt sich aufgrund von Art. 371 eine Vormundschaft nur wieder errichten, wenn die noch verbleibende Strafe mehr als ein Jahr beträgt (MURER, 140; REGOTZ, 38; STRUB, 79).

III. Rechtsfolgen

9 Gemäss Art. 432 **entfällt** die vormundschaftliche Massnahme unter den dargelegten Voraussetzungen (o. N 3 f.) **ex lege** (RIEMER, Vormundschaftsrecht, 103). Das Mündel erlangt seine Handlungsfähigkeit wieder, ohne dass dafür ein behördlicher Akt notwendig wäre. Es besteht allerdings die Möglichkeit, die Entmündigung aus einem anderen Grund aufrechtzuerhalten, sofern die entsprechenden Voraussetzungen gegeben sind (DESCHENAUX/STEINAUER, Personnes, Rz 1028a). Dafür bedarf es aber eines Entscheides der für die Entmündigung zuständigen Behörde (STETTLER, Rz 454). Es ist ein eigentliches Entmündigungsverfahren durchzuführen, welches in Analogie zu Art. 385 Abs. 2 auch schon vor Eintritt des Beendigungsgrundes nach Art. 432 eingeleitet werden kann.

10 Die Strafvollzugsbehörde hat die definitive Entlassung (bzw. das Ende der Strafdauer bei einer bedingten Entlassung) der **Vormundschaftsbehörde mitzuteilen,** damit diese das Verfahren nach Art. 451 ff. einleiten kann (STRUB, 71). Art. 435, der die Veröffentlichung regelt, ist bei einer Beendigung der Massnahme von Gesetzes wegen analog anzuwenden.

IV. Rechtsmittel

11 **Soweit die Entmündigung von Gesetzes wegen endet,** bedarf es keines Verfahrens. Wie aufgezeigt (s.o. N 5 f.) können aber sehr wohl Zweifel darüber bestehen, ob in einem bestimmten Zeitpunkt die Massnahme bereits entfallen ist oder noch andauert. Es fragt sich, mit welchen Rechtsbehelfen eine Klärung möglich ist. Nach Ansicht des BGer kann über die Dauer der Vormundschaft nicht schon in der Verfügung der Strafvollzugsbehörden betr. die bedingte Entlassung verbindlich entschieden werden. Die Behörde könne diese Frage erst später im Rahmen eines Aufhebungsverfahrens rechtsgültig klären (BGE 71 II 68 f.). Damit übersieht allerdings das BGer, dass ein Aufhebungsbegehren gar nicht gestellt werden kann, wenn die Massnahme von Gesetzes wegen entfällt.

Das Mündel hat einerseits die Möglichkeit, das Verfahren nach Art. 451 ff. einzuleiten, indem es die VormBehörde ersucht, den Vormund mit der Errichtung der Schlussrechnung zu beauftragen. Lehnt die Behörde dies ab, steht die Vormundschaftsbeschwerde an die Aufsichtsbehörde offen. Deren Entscheid kann nach Art. 44 Bst. e OG mit Berufung an das BGer weitergezogen werden, weil er materiell dem Entscheid gleichkommt, die Massnahme aufrechtzuerhalten (vgl. BK-SCHNYDER/MURER, Art. 373 N 195; nach dem Bundesgerichtsgesetz unterliegen ohnehin alle Entscheide auf dem Gebiet der Aufsicht über die Vormundschaftsbehörden der Beschwerde in Zivilsachen: Art. 72 Abs. 2 Bst. b Ziff. 5 BBG). Andererseits kann das Mündel mit einem ordentlichen Zivilprozess die Klärung der Frage bewirken. Es kann aufgrund seiner Eigentumsrechte vor einem Zivilgericht die Herausgabe seines Vermögens vom Amtsträger verlangen oder gegen diesen auf Feststellung der Beendigung der Massnahme klagen. Das entsprechende Feststellungsurteil ergeht dann in einer nicht vermögensrechtlichen Zivilrechtsstreitigkeit und kann letztinstanzlich an das BGer weitergezogen werden (Art. 44 OG; Art. 72 Abs. 1 BBG). Es wäre zudem vorstellbar, in einem Aufhebungsverfahren nach Art. 433 ff. das Nichtbestehen der Vormundschaft festzustellen, wie dies SCHNYDER/MURER (BK, Art. 373 N 162) und STRUB (87) für die Feststellung der Nichtigkeit einer Entmündigung vorschlagen. Ein solcher Entscheid unterliegt dann auch der Berufung an das BGer (Art. 44 Bst. e OG; Art. 72 Abs. 2 Bst. b Ziff. 6 BBG).

Art. 433

C. Bei andern Bevormundeten	[1] Die Vormundschaft über andere Personen endigt mit der Aufhebung durch die zuständige Behörde.
I. Voraussetzung der Aufhebung	[2] Die Behörde ist zu dieser Aufhebung verpflichtet, sobald ein Grund zur Bevormundung nicht mehr besteht.
	[3] Der Bevormundete sowie jedermann, der ein Interesse hat, kann die Aufhebung der Vormundschaft beantragen.
C. Tutelle des autres interdits	[1] Dans les autres cas, la tutelle prend fin lorsque l'autorité compétente le décide.
I. Mainlevée	[2] L'autorité est tenue de donner mainlevée de l'interdiction dès que la tutelle n'est plus justifiée.
	[3] La mainlevée de l'interdiction peut être demandée par l'interdit et par tout intéressé.
C. Interdetti	[1] In caso di interdizione, la tutela cessa con la revoca da parte dell'autorità competente.
I. Condizioni	[2] L'autorità è obbligata ad ordinare la revoca tosto che la causa di tutela sia scomparsa.
	[3] La revoca può essere proposta dall'interdetto medesimo e da ogni altro interessato.

Literatur

Vgl. die Literaturhinweise zu den Vorbem. zu Art. 431 ff.

I. Anwendungsbereich

Die Bestimmung gilt **für alle Entmündigungsgründe.** Entgegen ihrem Wortlaut («über andere Personen») betrifft sie auch die wegen einer Freiheitsstrafe entmündigten Personen, soweit es um eine behördliche Aufhebung geht (BGE 84 II 681 f.; s.o. Art. 432 N 2). Die Beendigung einer Vormundschaft über Unmündige wird sich demgegenüber nie auf Art. 433 stützen können, weil hier die Massnahme entweder von Gesetzes wegen entfällt oder durch die Wiederherstellung der elterlichen Sorge ihr Ende findet. Letztere erfolgt nach den Bestimmungen des Kindesrechts (Art. 311 ff.) und nicht nach den Regeln über die Vormundschaft (Art. 431 N 6). 1

Art. 433 gilt nur für die **Vormundschaft im engeren Sinn.** Die Aufhebung einer Beistandschaft oder einer Beiratschaft ist in Art. 439 geregelt. Für die fürsorgerische Freiheitsentziehung gilt Art. 397a Abs. 3. 2

Art. 433 ist die **Grundnorm.** Sie enthält sowohl Verfahrensgrundsätze als auch die materiellrechtlichen Voraussetzungen für die Aufhebung der Massnahme. Das Verfahren findet dann allerdings in den Art. 434 ff. eine genauere Regelung, wobei dort nach den einzelnen Entmündigungsgründen zu unterscheiden ist. Diese Verfahrensbestimmungen beeinflussen teilweise die materiellen Voraussetzungen der Aufhebung (s.u. N 6). Ausschliesslich materiellrechtlicher Natur ist die Regelung der Aufhebung der Entmündigung auf eigenes Begehren in Art. 438. 3

II. Behördlicher Entscheid (Abs. 1)

4 Es geht in dieser Bestimmung nur um die Beendigung aufgrund eines behördlichen Entscheides. Gemeint sind ausschliesslich Verfügungen, mit denen **die Vormundschaft formell aufgehoben** wird. Behördeentscheide, welche nur als Reflexwirkung das Ende der Massnahme zur Folge haben, wie beispielsweise die Begnadigung eines Strafgefangenen (s.o. Art. 432 N 3) oder die Wiederherstellung der elterlichen Sorge (s.o. Art. 431 N 6), sind hier nicht gemeint.

Das Gesetz regelt die Frage nicht ausdrücklich, ob eine Wiederherstellung der Handlungsfähigkeit als **vorsorgliche Massnahme** im Rahmen eines Aufhebungsverfahrens möglich ist. Für die Anordnung einer Vormundschaft sieht Art. 386 Abs. 2 die vorläufige Entziehung der Handlungsfähigkeit ausdrücklich vor. Mit Blick auf das Verhältnismässigkeitsprinzip sollte in analoger Anwendung der genannten Bestimmung auch im Aufhebungsverfahren eine provisorische Massnahme möglich sein. Allerdings dürfte sich das Bedürfnis dafür nur relativ selten zeigen, setzt eine Wiederherstellung der Handlungsfähigkeit als provisorische Massnahme doch voraus, dass die Massnahme offensichtlich als nicht mehr angemessen erscheint, das ordentliche Verfahren aber dennoch nicht genügend rasch zu Ende geführt werden kann.

5 Die Massnahme endet grundsätzlich mit der **formellen Rechtskraft des Behördeentscheides** (ZK-EGGER, N 13; BK-KAUFMANN, N 30). Diese Regelung erscheint aber dann als nicht angemessen, wenn ein Entscheid erst mit Ablauf der Rechtsmittelfrist rechtskräftig wird und ein Rechtsmittel nicht ergriffen worden ist (BK-BUCHER, Art. 14 N 51; STRUB, 156). Dann erlangt die betroffene Person die volle Handlungsfähigkeit unabhängig von der kantonalen Ausgestaltung der Rechtskraft bereits mit dem behördlichen Entscheid. Ihre während der unbenutzten Rechtsmittelfrist vorgenommenen Handlungen erweisen sich nachträglich als gültig. Das Bedürfnis nach Sicherheit für den Rechtsverkehr kann zu keinem anderen Ergebnis führen. Dritte werden von der Rechtskraft ebenso wie vom Entscheid selber erst im Nachhinein erfahren. Sie wären nur geschützt, wenn die gesetzliche Vertretungsmacht bis zur Veröffentlichung der Aufhebung der Massnahme andauerte, was aber der betroffenen Person nicht zugemutet werden kann (s.u. Art. 435 N 4).

III. Materielle Voraussetzungen (Abs. 2)

1. Aufhebung

6 Besteht **kein Grund mehr für die Vormundschaft,** ist sie aufzuheben. Darüber hinaus kann aber auch eine grundlos angeordnete Vormundschaft keinen Bestand haben (BGE 78 II 7). Etwas anderes darf aus dem Wortlaut von Art. 433 Abs. 2 («nicht mehr besteht») nicht geschlossen werden (STRUB, 85). Die Entmündigung erwächst nie in materielle Rechtskraft (s.o. Art. 373 N 21 und u. Art. 436 N 2). Der Grundsatz wird auch nicht durch Art. 437 eingeschränkt. Diese Norm betrifft nur das Recht des Bevormundeten, die Aufhebung zu beantragen, nicht auch die Pflicht der Behörde, die volle Handlungsfähigkeit wiederherzustellen (s.u. Art. 437 N 5).

Auch wenn Gründe für eine Vormundschaft weiterhin gegeben sind, kann sich die Massnahme als **unverhältnismässig** erweisen, sei es, dass der notwendige Schutz mit dem Mittel der Vormundschaft gar nicht oder mit einer milderen Massnahme, allenfalls auch einer solchen der freiwilligen Sozialhilfe, ebenso gut erreicht werden kann. Auch diesfalls ist die Massnahme aufzuheben bzw. umzuwandeln (s.u. N 10; STRUB, 29 ff.). Ob die Massnahme verhältnismässig und angemessen ist, beurteilt sich stets nach dem aktuellen

Stand der Rechtsentwicklung. Eine Praxisänderung kann deshalb die Aufhebung bestehender Massnahmen als notwendig erscheinen lassen (STRUB, 31 ff.).

2. Umwandlung

Die Behörde hat im Aufhebungsverfahren nicht nur zu prüfen, ob der ursprüngliche　**7** Entmündigungsgrund nicht (mehr) gegeben ist. Das Verfahren hat vielmehr zu klären, ob die **Massnahme an sich angemessen** ist. Es ist möglich, dass die Vormundschaft aus einem anderen Grund aufrechterhalten werden muss (STRUB, 87 f.; DESCHENAUX/STEINAUER, Personnes, Rz 1030b).

Tritt ein **neuer Entmündigungsgrund hinzu,** ist der Entmündigungsentscheid nicht zu　**8** ergänzen oder zu ändern (BGE 79 II 267). Vielmehr lautet der Entscheid nur auf Abweisung des Aufhebungsantrages. Eine formelle Feststellung, dass ein weiterer Entmündigungsgrund hinzugetreten ist, macht keinen Sinn, weil dem Entmündigungsgrund insoweit ohnehin keine materielle Rechtskraft zukommt. Nur bei einer Entmündigung wegen einer Freiheitsstrafe kann es sich als notwendig erweisen, während der Dauer dieser Massnahme formell eine Vormundschaft aus einem anderen Grund anzuordnen, weil eine nach Art. 371 angeordnete Entmündigung von Gesetzes wegen entfallen kann.

Fällt der **ursprüngliche Grund weg** und **kommt** aber ein **anderer Entmündigungs-**　**9** **grund in Frage,** so ist darüber nach den dafür geltenden Regeln zu entscheiden (BGE 79 II 267). Die entsprechenden Verfahrensgarantien sind zu beachten. Insbesondere darf eine ursprünglich wegen Verschwendung angeordnete Massnahme nun neu wegen Geisteskrankheit nur aufrechterhalten werden, wenn ein entsprechendes Gutachten eingeholt worden ist. Regelt der Kanton die Zuständigkeit für die Aufhebung je nach Bevormundungsgrund unterschiedlich, fragt es sich, wie vorzugehen ist, wenn die befasste Behörde über eine Bevormundung aus dem neu aufgetretenen Grund mangels Zuständigkeit gar nicht entscheiden kann. Soweit aus Gründen der Hierarchie unter den Behörden eine Kompetenzattraktion nicht möglich ist, ist die Sache von Amtes wegen der für den neuen Entmündigungsgrund zuständigen Behörde zu überweisen (STRUB, 126).

Wenn sich die Vormundschaft im Rahmen eines Aufhebungsverfahrens als zu starke　**10** Massnahme erweist, kann doch noch ein gewisses Fürsorgebedürfnis bestehen bleiben, dem mit einer Beistand- oder Beiratschaft Rechnung getragen werden sollte. Die **Massnahme** ist in eine **leichtere umzuwandeln** (vgl. REGOTZ, 137 ff.). Gemäss Art. 396 ist sachlich die VormBehörde für die Anordnung von Vertretungsbeistandschaften (Art. 392) und Vermögensverwaltungen (Art. 393) zuständig. Für die Beistandschaft auf eigenes Begehren (Art. 394) und die Beiratschaften (Art. 395) richtet sich die sachliche Zuständigkeit nach dem kantonalen Recht (s.o. Art. 396 N 13). Es ist somit ohne weiteres möglich, dass die Kompetenz zur Anordnung der entsprechenden Massnahme einer andern Behörde zukommt als die Aufhebung der Vormundschaft. Eine sachgerechte Organisation der vormundschaftlichen Fürsorge verlangt aber eine Kompetenzattraktion in dem Sinn, dass die Behörde, die über die Aufhebung einer Vormundschaft zu entscheiden hat, in jedem Fall auch zuständig ist, im Aufhebungsverfahren eine leichtere Massnahme anzuordnen (vgl. o. Art. 396 N 13; BK-SCHNYDER/MURER, Art. 373 N 144 f.; STRUB, 125 f.).

3. Beibehaltung

Besteht der bisherige Grund für die Vormundschaft nach wie vor, ist das Begehren um　**11** Aufhebung der Massnahme abzuweisen. Wie der ursprüngliche Entmündigungsentscheid erwächst auch dieses Urteil nie in materielle Rechtskraft. Der Entscheid kann aber mit Blick auf Art. 437 Folgen haben (s. dort N 5 ff.).

IV. Verfahren (Abs. 3)

1. Allgemeine Grundsätze

12 Die **Bestimmungen** über das **Verfahren** finden sich **in den Art. 434 ff.**, wobei z.T. nach den einzelnen Entmündigungsgründen differenziert wird. Haben mehrere Gründe zur Entmündigung geführt, müssen die Verfahrensbestimmungen für alle diese Gründe eingehalten werden (DESCHENAUX/STEINAUER, Personnes, Rz 1030b). Art. 433 Abs. 2 und 3 regeln nur die Verfahrenseinleitung und die Legitimation. Zudem ergeben sich aus Art. 433 einige weitere allgemeine Grundsätze.

13 Weil die Beendigung der Massnahme einen behördlichen Entscheid voraussetzt, dauert sie immer über den von der Sache her gerechtfertigten Zeitpunkt hinaus. Dass der Grund entfallen ist, muss zuerst in einem förmlichen Verfahren festgestellt werden. Deshalb muss der Gesetzgeber für ein **rasches Verfahren** besorgt sein. Allenfalls ist von Bundesrechts wegen die Handlungsfähigkeit auch als vorsorgliche Massnahme bereits während des Verfahrens wiederherzustellen (s.o. N 4).

2. Einleitung (Abs. 2)

14 In Art. 433 Abs. 2 ist das **Offizialprinzip** verankert. Das Aufhebungsverfahren muss von Amtes wegen eingeleitet werden, wenn die materiellen Voraussetzungen für eine Entmündigung nicht mehr gegeben sind. Damit ist es den Kantonen allerdings nicht verwehrt vorzusehen, dass die für den Entscheid über die Aufhebung zuständige Behörde nur auf Antrag hin entscheidet (s.u. Art. 434 N 8; **a.M.** STRUB, 128 und SCHNYDER, 461). Diesfalls muss das kantonale Recht aber einer anderen Behörde ein entsprechendes Antragsrecht einräumen, und diese Behörde ist dann verpflichtet, ein Aufhebungsverfahren einzuleiten, wenn die Massnahme nicht mehr angemessen erscheint. Sie hat die nötigen Abklärungen von Amtes wegen zu treffen, sobald sie auf irgendeine Weise von Umständen erfährt, die eine Aufhebung als angezeigt erscheinen lassen können.

15 Sieht der Kanton ein zweistufiges Verfahren vor, bei dem die für die Aufhebung zuständige Behörde nur nach einem Instruktionsverfahren einer anderen Behörde auf deren Antrag hin tätig wird, muss sichergestellt werden, dass die nach Art. 433 Abs. 3 **legitimierten Personen** in jedem Fall **einen Entscheid** der **zuständigen Behörde erwirken können.** Das kann beispielsweise dadurch erfolgen, dass die instruierende Behörde die Sache der zum Entscheid zuständigen auch unterbreiten muss, wenn sie selber die Aufhebung als nicht gerechtfertigt ansieht.

3. Legitimation (Abs. 3)

16 Zur Einreichung eines Aufhebungsbegehrens ist in erster Linie das **Mündel** selber berechtigt. Es versteht sich von selbst, dass ein entsprechendes Begehren keine volle Handlungsfähigkeit voraussetzt. Sonst könnte das Mündel das Verfahren nie einleiten. Demgegenüber ist **Urteilsfähigkeit** erforderlich (STRUB, 134). Allerdings dürfen daran keine hohen Anforderungen gestellt werden (vgl. Art. 420 N 28 und Art. 397d N 12). Es genügt, wenn das Mündel erkennt, dass mit der Massnahme seine rechtliche und persönliche Handlungsfreiheit eingeschränkt ist. Im Zweifel ist die Handlungsfähigkeit anzunehmen.

Das Mündel kann mit der Prozessführung selber einen **Prozessbeistand** gültig beauftragen. Die Frage, ob ein Anspruch auf Beiordnung eines amtlichen Prozessvertreters besteht, entscheidet sich gleich wie im Entmündigungsverfahren (s.o. Art. 373 N 16). Ob der Prozessbeistand auch ohne Mitwirkung des Mündels das Verfahren in dessen Namen einleiten kann, erscheint mit Blick auf die Höchstpersönlichkeit zweifelhaft. Die Frage ist aber ohne Bedeutung, weil auch weitere Personen zur Einleitung eines Aufhebungsverfahrens legitimiert sind (s.u. N 17 ff.) und dem Mündel ohnehin Parteistellung zukommt (s.o. Art. 420 N 30).

Neben dem Mündel ist nach Art. 433 Abs. 3 auch **jedermann, der ein Interesse hat,** 17 berechtigt, die Aufhebung zu beantragen. Die Legitimation wird damit gleich umschrieben wie für die Vormundschaftsbeschwerde. Es kann deshalb auf die Ausführungen zu Art. 420 verwiesen werden (dort N 31 f.). Als interessiert i.S. dieser Bestimmung gilt nur, wer aufgrund einer tatsächlichen oder rechtlichen Sonderbeziehung geeignet erscheint, Mündelinteressen zu wahren (SCHNYDER, 462). Die Legitimation Dritter darf nicht ausdehnend interpretiert werden (BGE 87 II 130). Dritte haben kein genügendes Interesse, wenn das von ihnen geltend gemachte im Widerspruch zu jenem des Mündels steht (BGE 68 II 195 f.). Es genügt auch nicht, dass der Dritte öffentliche Interessen wahrnehmen will (SCHNYDER, 461).

Soweit die Legitimation Dritter nicht gegeben ist, verpflichtet aber eine Eingabe solcher Personen die zuständige Behörde, immerhin zu prüfen, ob ein **Aufhebungsverfahren von Amtes wegen** einzuleiten ist (SCHNYDER, 459).

Zu den Dritten im dargelegten Sinn zählen auch die **vormundschaftlichen Organe.** Un- 18 abhängig davon, ob die VormBehörde nach dem kantonalen Recht zur Instruktion und Antragsstellung berechtigt ist, kann sie – wie auch die Aufsichtsbehörde und der Vormund – im Interesse des Mündels die Aufhebung oder Umwandlung der Vormundschaft beantragen. Sie tritt hier nicht als Vorinstanz auf wie bei der Vormundschaftsbeschwerde (s.o. Art. 420 N 34).

Schliesslich ist in analoger Anwendung von Art. 378 Abs. 2 auch die **Heimatbehörde** 19 legitimiert, die Aufhebung der Massnahme zu beantragen. Sie hat dabei die Interessen des Mündels wahrzunehmen (SCHNYDER, 461; s.o. Art. 378 N 9).

Sowohl die Legitimation des Mündels wie auch jene Dritter kann zu **missbräuchlichen** 20 **Aufhebungsbegehren** führen. Soweit die Entmündigung wegen Art. 370 erfolgt ist, schiebt Art. 437 einen gewissen Riegel (s. dort N 5). Ausserhalb dieses Entmündigungstatbestandes kann aber ein neues Begehren nicht von einem Fristablauf abhängig gemacht werden (STRUB, 138). Wie aufgezeigt (s.o. N 6) ist es nämlich nicht notwendig, dass sich die Verhältnisse verändert haben (**a.M.** ZK-EGGER, N 10). In vielen Fällen wird die Behörde mit dem Argument, es fehle an der Urteilsfähigkeit, auf querulatorische Begehren nicht eintreten können. Sind auch dafür die Voraussetzungen nicht gegeben, lässt sich bei einer unvernünftigen Häufung von Aufhebungsanträgen ein Nichteintreten mit dem Fehlen jeglichen Rechtsschutzinteresses rechtfertigen (STRUB, 138; s.o. Art. 397a N 28).

4. Beweislast

Das Gebot der Verhältnismässigkeit verlangt mit Blick auf die Schwere des Eingriffs, 21 dass die Massnahme in jedem Fall aufzuheben ist, wenn sie sich nicht mehr als begründet erweist. Die fehlende materielle Rechtskraft des Entmündigungsentscheides führt dazu, dass auch im Aufhebungsverfahren die Massnahme nur bestehen kann, falls sich selbst in diesem Zeitpunkt eine Errichtung rechtfertigte, wenn die Entmündigung noch nicht erfolgt wäre. Die Beweislast trifft somit nicht die Partei, welche die Aufhebung der Massnahme verlangt (STRUB, 128 f.). Die abweichende bundesgerichtliche Rechtsprechung (BGE 39 II 513; 59 II 418) muss als überholt angesehen werden. Mit Blick auf die Offizialmaxime kommt der *Behauptungslast* ohnehin keine Bedeutung zu.

Art. 434

II. Verfahren	**¹ Die Ordnung des Verfahrens erfolgt durch die Kantone.**
1. Im All-gemeinen	**² Die Weiterziehung an das Bundesgericht bleibt vorbehalten.**
II. Procédure	¹ La procédure de mainlevée est réglée par les cantons.
1. En général	² Le recours au Tribunal fédéral demeure réservé.
II. Procedura	¹ La procedura è stabilita dai Cantoni.
1. In genere	² È riservato il ricorso al Tribunale federale.

Literatur

Vgl. die Literaturhinweise zu Art. 373.

I. Anwendungsbereich

1 Die Bestimmung regelt die **Aufhebung der Entmündigung,** soweit es dafür eines **Verfahrens** bedarf. Endet die Vormundschaft von Gesetzes wegen (Tod des Mündels, endgültige Entlassung aus der Strafe, Erreichen des Mündigkeitsalters), so ist Art. 434 nicht anwendbar.

Ist die Vormundschaft von **Gesetzes wegen dahingefallen,** so hat die VormBehörde dies festzustellen, den Schlussbericht mit Schlussrechnung einzufordern, zu prüfen und zu genehmigen sowie den Vormund zu entlassen (Art. 453).

2 Art. 434 ist direkt nur auf die Vormundschaft im engeren Sinn anwendbar. Die Aufhebung der Beistandschaft ist in Art. 439 geregelt, der allerdings in Abs. 3 für die **Beiratschaft** auf die Regeln der Vormundschaft verweist.

II. Allgemeines

3 Wie das Entmündigungsverfahren (Art. 373 N 3) ist auch das Aufhebungsverfahren der **freiwilligen Gerichtsbarkeit** zuzurechnen. Das Bundesrecht weist die Regelung der Zuständigkeit und des Verfahrens weitestgehend den Kantonen zu. Entsprechende kant. Erlasse bedürfen nach Art. 425 und Art. 52 SchlT für ihre Gültigkeit der Genehmigung des Bundes. Allerdings sind die eigentlichen Verfahrensbestimmungen vom Genehmigungsvorbehalt ausgenommen (s.o. Art. 425 N 6). Art. 122 BV weist nunmehr die Zuständigkeit für die Gesetzgebung im Zivilprozessrecht dem Bund zu. Damit steht ausser Zweifel, dass der Bund auch das Entmündigungsverfahren regeln kann.

Die Ausgestaltung des Verfahrens durch die Kantone muss rechtsstaatlichen Anforderungen genügen. Die Kantone werden insofern durch eine Vielzahl geschriebener und ungeschriebener **verfassungsmässiger Rechte** des Bundes sowie durch die Bestimmungen der EMRK in ihrer Gestaltungsfreiheit eingeschränkt.

4 Das Ende der Vormundschaft bewirkt, dass das Mündel die **Handlungsfähigkeit wiedererlangt.** Der Vormund hat dem Mündel (oder Erben) dessen Vermögenswerte herauszugeben und die Schlussrechnung zu erstellen.

Mit dem Ende der Vormundschaft **endet** die **Vertretungsbefugnis** des Vormundes. Dies gilt auch bei Beendigung durch Tod des Mündels. Die Erbschaftsverwaltung durch den Vormund, gem. Art. 554 Abs. 3, ist keine Einrichtung des Vormundschaftsrechts. Der ehemalige Vormund des Erblassers wird nur Erbschaftsverwalter, wenn er von der zuständigen Behörde mit einer Verfügung als solchen eingesetzt wird (ZK-ESCHER, Art. 554 N 10).

III. Zuständigkeit

Das ZGB **regelt** die **Zuständigkeit nicht ausdrücklich.** Anders als für das Entmündi- 5
gungsverfahren (Art. 373 Abs. 1) wird hier die Kompetenz der Kantone, die Zuständigkeit zu regeln, nicht einmal ausdrücklich vorbehalten. Da es sich aber um das natürliche Gegenstück der Entmündigung handelt, können teilweise die für diese geltenden Regeln herangezogen werden (vgl. BK-SCHNYDER/MURER, Vorbem. zu Art. 376 ff. N 3). Von daher steht auch ausser Zweifel, dass die Kantone bestimmen, welche Behörde oder welches Gericht zuständig ist.

Örtlich ist von Bundesrechts wegen die Behörde am Wohnsitz der betroffenen Person 6
zuständig (DESCHENAUX/STEINAUER, Personnes, Rz 1036; RIEMER, Vormundschaftsrecht, 106). Dieser Grundsatz gilt sowohl interkantonal als auch innerkantonal (Art. 376 N 2). Soweit der Kanton nach Art. 376 Abs. 2 die Vormundschaft durch die Heimatbehörden führen lässt, sind auch diese für die Aufhebung zuständig.

Der **Wohnsitz** bestimmt sich nach Art. 25 Abs. 2. Ist der Wohnsitz mit Zustimmung der VormBehörde (Art. 421 Ziff. 14) verlegt worden, werden mit dem Übernahmebeschluss der VormBehörde am neuen Ort die dortigen Behörden auch für die Aufhebung zuständig (Art. 377 N 8). Die übernehmende Behörde hat sich bei Übernahme der Massnahme zu vergewissern, ob diese noch notwendig ist (Art. 377 N 7).

Die **sachliche Zuständigkeit** richtet sich nach dem kant. Recht (DESCHENAUX/STEIN- 7
AUER, Personnes, Rz 1036). Die Kantone können dafür Gerichte oder Verwaltungsbehörden vorsehen (BGE 117 Ia 191). Mit Blick auf Art. 6 Ziff. 1 EMRK muss allerdings der Kanton wenigstens in einer Rechtsmittelinstanz eine *gerichtliche Überprüfung* mit voller Kognition bez. Sachverhalt und Rechtsanwendung vorsehen (BGE 118 I 474 ff.; RIEMER, Vormundschaftsrecht, 106). Handelt es sich dabei um ein unteres Gericht, muss mit Blick auf Art. 48 OG überdies ein Rechtsmittel an ein oberes kant. Gericht gegeben sein (BGE 119 II 184 ff.; Art. 373 N 5).

IV. Verfahrensregeln (Abs. 1)

Je nach Ausgestaltung der sachlichen Zuständigkeit sehen die Kantone eine **Einleitung** 8
des Verfahrens bei der zuständigen Behörde **auf Antrag** vor oder ordnen ein Handeln **von Amtes wegen** an (DESCHENAUX/STEINAUER, Personnes, Rz 1037). Wird die zuständige Behörde nur auf Antrag hin tätig, so muss aber die VormBehörde dazu verpflichtet werden, einen entsprechenden Antrag zu stellen, wenn die Voraussetzungen für die Weiterführung der Massnahme nicht mehr gegeben sind. Andernfalls genügen die Verfahrensvorschriften nach Art. 433 Abs. 2 nicht.

Im Übrigen richtet sich die **Legitimation** nach Art. 433 Abs. 3. Zu den Rechten der Heimatbehörde s.u. N 16.

Auch das **Instruktionsverfahren** richtet sich nach dem kant. Recht (Art. 373 N 11). 9
Dieses bestimmt die Rechtsmittel gegen die einzelnen Instruktionshandlungen. Selbst

wenn die VormBehörde die Instruktion vornimmt, ist gegen ihre Handlungen die Vormundschaftsbeschwerde nicht gegeben, da ihr die entsprechende Kompetenz durch das kant. Recht und nicht durch das ZGB eingeräumt wird (BGE 110 Ia 119).

10   Im Verfahren zur Aufhebung der Massnahme gelten die gleichen **Verfahrensgrundsätze** wie bei der Entmündigung (Art. 373 N 12 f.). Die Behörde handelt von Amtes wegen (Offizialmaxime) und hat den Sachverhalt von sich aus abzuklären (Untersuchungsgrundsatz).

11   Dem Mündel steht im Aufhebungsverfahren das **rechtliche Gehör** gleichermassen zu wie im Entmündigungsverfahren (Art. 373 N 14 f.). Es ist zudem vor Abweisung eines Aufhebungsgesuches **persönlich anzuhören** (BGE 117 II 380 f.). Diese Anhörung hat mündlich zu erfolgen (BGE 117 II 138). Entscheidet eine Kollegialbehörde, so reicht es nach den bundesrechtlichen Anforderungen aus, wenn nur eine Behördendelegation das Mündel anhört (anders bei der FFE, Art. 397f N 22), sofern eine gehörige Protokollierung erfolgt (BGE 117 II 140). Demgegenüber ist die Anhörung durch einen in der Sache selber nicht entscheidbefugten Beamten ungenügend (BGE 117 II 138 ff.). Von der Anhörung kann nur in seltenen Ausnahmefällen abgesehen werden (s.u. Art. 436 N 6).

12   Zur Frage, unter welchen Voraussetzungen das Mündel Anspruch auf einen **Prozessbeistand** hat, s.o. Art. 373 N 16.

13   Wie bei der Entmündigung müssen auch im Verfahren zur Aufhebung dieser Massnahme bis zur letzten kant. Instanz **echte und unechte Noven** vorgetragen werden können (s.o. Art. 373 N 17).

14   Die **Kosten** richten sich nach dem kant. Recht. Mit Blick auf die Offizialmaxime darf die Behandlung der Sache aber nicht vom Leisten eines Kostenvorschusses abhängig gemacht werden (Art. 373 N 22 f.).

V. Weiterziehung an das BGer (Abs. 2)

15   Abs. 2 behält ausdrücklich die Weiterziehung an das BGer vor. Gemäss Art. 44 Abs. 1 Bst. e OG ist die **Berufung an das BGer** gegeben. Mit ihr können aber nur *Bundesrechtsverletzungen* geltend gemacht werden. Daneben steht die staatsrechtliche Beschwerde wegen Verletzung verfassungsmässiger Rechte offen, mit der namentlich eine willkürliche Sachverhaltsfeststellung gerügt werden kann (s.o. Art. 373 N 25 f.).

15a Mit Inkrafttreten des **Bundesgerichtsgesetzes** (BBG) wird die Beschwerde in Zivilsachen gegeben sein (Art. 72 Abs. 2 Bst. b Ziff. 6 BBG). Mit ihr können nicht nur Bundesrechtsverletzungen (einschliesslich Verfassungsverletzungen), Verletzung von interkantonalem Recht, Völkerrecht und von kantonalen verfassungsmässigen Rechten geltend gemacht werden (Art. 95 BBG). Das BGer prüft in diesem Verfahren vielmehr auch die Verletzung ausländischen Rechts (Art. 96 Bst. b BBG) und kann offensichtlich unrichtige Feststellungen des Sachverhaltes korrigieren (Art. 97 Abs. 1 BBG).

VI. Rechte des Heimatkantons

16   Art. 434 äussert sich nicht zu den Rechten der Behörden des Heimatkantons. Diese können gem. Art. 378 die Bevormundung ihrer Bürger, die in einem anderen Kanton wohnen, beantragen und ggf. auch Beschwerde führen. Die Möglichkeit, die Entmündigung zu verlangen, hat aber nur einen Sinn, wenn die Heimatbehörde auch die Aufrechterhaltung der Massnahme bewirken kann. Insoweit muss die Heimatbehörde **Beschwerde**

gegen einen die Vormundschaft **aufhebenden Entscheid** ergreifen können. Da aber auch die Rechte der Heimatbehörde letztlich dem Schutz des Mündels zu dienen haben, muss der Heimatbehörde auch das Recht eingeräumt werden, die **Aufhebung zu beantragen.**

Art. 435

2. Veröffent-lichung	[1] Wurde die Entmündigung veröffentlicht, so ist auch die Aufhebung zu veröffentlichen. [2] Die Wiedererlangung der Handlungsfähigkeit hängt von der Veröffentlichung nicht ab. [3] Wurde die Entmündigung dem Betreibungsamt mitgeteilt, so ist auch die Aufhebung oder die Übertragung an einen neuen Wohnort mitzuteilen.
2. Publication	[1] La mainlevée est publiée, si l'interdiction l'a été. [2] La réintégration dans l'exercice des droits civils n'est pas subordonnée à cette publication. [3] Si l'interdiction avait été communiquée à l'office des poursuites, sa mainlevée ou son transfert à un nouveau lieu doit être communiqué.
2. Pubblicazione	[1] Se l'interdizione era stata pubblicata, si deve pubblicare anche la revoca. [2] Il riacquisto dell'esercizio dei diritti civili del tutelato non dipende dalla pubblicazione. [3] Se l'interdizione fu comunicata all'ufficio d'esecuzione, si devono comunicare anche la revoca e il trasferimento a un nuovo domicilio.

Literatur

HEGNAUER, Das Wohl des Mündels als Maxime der Vormundschaft, ZVW 1984, 81 ff.; DERS., Muss die Bevormundung nicht internierter geistig Behinderter immer veröffentlicht werden?, ZVW 1990, 9 ff.; HENAUER, Publizität im Vormundschaftsrecht des Schweizerischen Zivilgesetzbuches, Diss. Zürich 1948; vgl. auch die Literaturhinweise zu den Vorbem. zu Art. 360–456 und zu Art. 373.

I. Anwendungsbereich und Allgemeines

Die Veröffentlichung und die Mitteilungen betreffen entgegen des zu engen Wortlautes **1** **nicht nur die behördliche Aufhebung** der Vormundschaft. Art. 435 gelangt vielmehr auch zur Anwendung, wenn die Vormundschaft von Gesetzes wegen entfällt. Der Anwendungsbereich ist deshalb weiter als jener von Art. 434 (s.o. Art. 434 N 1). Keiner Publikation bedarf das Ende der Vormundschaft beim Tod des Mündels.

Art. 435 gilt nur für die **Vormundschaft im engeren Sinn.** Für die Beistandschaft einschliesslich der Beiratschaft regelt Art. 440 die Publikation.

Die Bestimmung ist nur im **Zusammenhang mit Art. 375** zu verstehen, der die Veröf- **2** fentlichung der Entmündigung vorsieht. Es gilt der Grundsatz, dass die Aufhebung der Massnahme als contrarius actus mit Bezug auf die Publizität gleich behandelt werden soll wie die Entmündigung selbst. Da aber der Veröffentlichung nicht in beiden Fällen die gleiche Bedeutung zukommt, können die für die Entmündigung geltenden Grundsätze nicht unbesehen auf die Aufhebung übertragen werden.

3 Im Zusammenhang mit der **Revision des SchKG** (BG vom 16.12.1994; in Kraft seit 1.1.1997) wurde der Bestimmung ein dritter Absatz beigefügt (s.o. Art. 375 N 1 f.). Es erscheint wenig konsequent, dass «Veröffentlichung» hier als Randtitel belassen wurde, während dieser bei Art. 440 um die Wörter «unter Mitteilung» erweitert wurde.

II. Wirkung der Aufhebung der Entmündigung (Abs. 2)

4 Die Entmündigung einer urteilsfähigen, erwachsenen Person kann gutgläubigen Dritten vor der Veröffentlichung nicht entgegengehalten werden (Art. 375 Abs. 3). Es kommt dieser insoweit materiellrechtliche Wirkung zu. Demgegenüber bewirkt das Ende der Massnahme, dass das Mündel sofort wieder voll handlungsfähig ist und die gesetzliche Vertretungsmacht des Vormundes von Gesetzes wegen auch gegenüber gutgläubigen Dritten entfällt. Art. 34 Abs. 3, Art. 36 und 37 OR sind auf die gesetzliche Vertretung nicht anwendbar, da bei dieser der Schutz gutgläubiger Dritter nur mit grosser Zurückhaltung anzunehmen ist (vgl. BGE 107 II 114 ff.; **a.M.** BK-ZÄCH, Vorbem. zu Art. 32 ff. OR N 12). Da die Überschreitung der Vertretungsmacht in zeitlicher Hinsicht bei der gesetzlichen Vertretung nicht auf ein Verhalten der angeblich vertretenen Person, sondern der von dieser unabhängigen Behörde zurückzuführen ist, lässt sich nicht begründen, warum das Mündel die Folgen tragen soll. Ein Abschluss des Rechtsgeschäfts mit der Behörde als Partei ist aber weder vom gesetzlichen Vertreter noch vom Dritten beabsichtigt. Das Geschäft ist deshalb mangels Vertretungsmacht der handelnden Person ungültig und der *Dritte* hat sich für seinen Schaden an den angeblichen gesetzlichen Vertreter oder an die Behörde zu halten. Die Veröffentlichung hat **keinerlei materiellrechtliche Wirkung.** Das gilt auch bez. der Mitteilung an das Betreibungsamt. Sind Betreibungsurkunden dem Mandatsträger zugestellt worden, nachdem sein Amt erloschen ist, liegt keine gültige Zustellung vor.

Mangels materieller Wirkung liegt die erneute Publikation nicht in erster Linie im Interesse des Rechtsverkehrs, sondern bezweckt die Persönlichkeit des Mündels zu schützen. Dritten kann durch die Unkenntnis der wiedererlangten Handlungsfähigkeit des Mündels grundsätzlich kein Schaden entstehen (HENAUER, 192). Ist allgemein bekannt gemacht worden, dass jemand entmündigt worden ist, soll die Allgemeinheit auch die Wiedererlangung der vollen Handlungsfähigkeit erfahren.

III. Veröffentlichung (Abs. 1)

5 Das Gesetz schreibt die Veröffentlichung nur vor, wenn auch die **Entmündigung publiziert worden ist.** Es kommt darauf an, ob dies *tatsächlich* geschehen ist. Ist die Veröffentlichung fälschlicherweise unterblieben, besteht kein Grund, die Aufhebung zu publizieren.

6 Obgleich das Gesetz dies nicht ausdrücklich vorsieht, gebietet es der Zweck der Norm (s.o. N 4), in analoger Anwendung von Art. 375 Abs. 2, mit Zustimmung der Aufsichtsbehörde, **von der Veröffentlichung absehen zu können** (GEISER et al., 63). Namentlich wenn die Entmündigung weit zurückliegt, wird möglicherweise die Umgebung des Mündels von der Massnahme gar keine Kenntnis mehr haben. Die Veröffentlichung der Aufhebung wäre dann den Persönlichkeitsinteressen des Mündels abträglich. Im Gegensatz zu Art. 375 (s.o. N 10 ff. dazu) bestehen hier aber keine formellen Voraussetzungen für ein Absehen von der Veröffentlichung. Ausschlaggebend ist einzig das Mündelinteresse.

Das Absehen von einer Veröffentlichung kann allerdings zur **Haftung der Behörde** gegenüber Dritten führen, die dadurch einen Schaden erlitten haben, dass der nicht mehr

Vertretungsberechtigte ehemalige Mandatsträger weiterhin im Namen des Mündels gehandelt hat (s.o. N 4). Indessen wird der Beweis kaum je gelingen, dass der Schaden auf das Unterlassen der Publikation zurückzuführen ist. Müsste der Dritte doch beweisen, dass er die Publikation, wenn sie erfolgt wäre, tatsächlich zur Kenntnis genommen hätte.

IV. Mitteilung an das Betreibungsamt (Abs. 3)

Unabhängig von der Frage, ob die Aufhebung zu veröffentlichen ist, muss eine Mitteilung an das Betreibungsamt erfolgen, **sofern** ihm **auch die Massnahme mitgeteilt** worden ist. Ist die Entmündigung nicht mitgeteilt worden, muss auch deren Aufhebung dem Betreibungsamt nicht mitgeteilt werden, selbst wenn dieses auf andere Weise von der Massnahme erfahren hat. Massgebend ist immer, ob das für das Mündel im Zeitpunkt der Aufhebung der Massnahme zuständige Betreibungsamt – d.h. jenes am aktuellen Wohnsitz – von der Entmündigung Mitteilung erhalten hat. **7**

Wird die Massnahme an den neuen Wohnsitz des Mündels übertragen, so ist die Mitteilung an das **Betreibungsamt am neuen Ort** zu richten. Das bisherige Amt könnte zwar ein Interesse daran haben, von der Wohnsitzverlegung zu erfahren. Von dieser vernimmt es aber auch bei einer nicht bevormundeten Person nicht, obgleich der Wohnsitz für die Betreibung dort auch von zentraler Bedeutung ist.

Art. 435 Abs. 3 bestimmt zudem, dass auch die **Übertragung** der Massnahme an einen neuen Wohnort dem Betreibungsamt mitzuteilen ist. Die Bestimmung ist systematisch falsch eingeordnet, müsste sie sich doch in Art. 377 finden (s.o. Art. 377 N 11). **8**

Das Gesetz sieht – soweit die Massnahme mitgeteilt worden ist – keine **Ausnahme von der Mitteilungspflicht** vor. M.E. muss aber in analoger Anwendung der für die Publikation geltenden Grundsätze (s.o. N 6) von der Mitteilung abgesehen werden, wenn diese den Persönlichkeitsinteressen des Mündels klar zuwiderläuft und mit keinen Betreibungen zu rechnen ist. **9**

V. Mitteilung an das Zivilstandsamt

Gemäss Art. 132 Abs. 1 Ziff. 3 ist die Aufhebung der Massnahme auch dem Zivilstandsamt des Heimatortes mitzuteilen, damit dieses eine Kontrolle der Entmündigungen führen kann (s.o. Art. 375 N 19). **10**

VI. Durchführung und Verfahren

Für die Durchführung der Veröffentlichung bei Aufhebung der Entmündigung gelten die ähnlichen Grundsätze wie bei der Veröffentlichung der Massnahme. **Örtlich** ist die Behörde am Wohnsitz zum Zeitpunkt der Aufhebung der Massnahme zuständig. Die **sachliche Zuständigkeit** richtet sich nach dem kant. Recht (Art. 375 N 13). Dieses bestimmt auch das Publikationsorgan (Art. 375 N 14). **11**

Im Gegensatz zu Art. 375 besagt Art. 435 aber nicht, **wo** die **Publikation** zu **erfolgen** hat. Es darf grundsätzlich davon ausgegangen werden, dass die Mitteilung am gleichen Ort erscheinen sollte, an dem auch die Entmündigung publiziert worden ist. Ausnahmen sind aber sehr wohl denkbar, wenn dies die Interessen des Mündels gebieten. Namentlich kann es im Interesse des Mündels sein, dass die Aufhebung an einem früheren Wohnort publiziert wird, um seiner früheren Umgebung zur Kenntnis zu bringen, dass es nun seinen Schwächezustand überwunden hat. **12**

13 Sowohl die Veröffentlichung wie auch die Mitteilung an das Betreibungsamt berührt die Persönlichkeit des Mündels. Diesem muss deshalb vor dem entsprechenden Entscheid das **rechtliche Gehör** gewährt werden. Es gelten diesbez. die allg. Grundsätze. Es genügt, wenn der betroffenen Person Gelegenheit gegeben wird, schriftlich zu dieser Frage Stellung zu nehmen.

14 Das **Verfahren,** in dem über die Publikation entschieden wird, richtet sich nach dem kant. Recht. Das gilt auch für die **Rechtsmittel,** selbst wenn die VormBehörde für diesen Entscheid zuständig ist (Art. 375 N 13). Der letztinstanzliche kant. Entscheid unterliegt weder der Berufung noch der Verwaltungsgerichtsbeschwerde an das BGer (Art. 44 OG e contrario; Art. 100 Bst.g OG). Mit Inkrafttreten des Bundesgerichtsgesetzes (BBG) wird jedoch die Beschwerde in Zivilsachen gegeben sein (Art. 72 Abs. 2 Bst. b Ziff. 5 BBG).

Art. 436

3. Bei Geistes-krankheit	**Die Aufhebung einer wegen Geisteskrankheit oder Geistes-schwäche angeordneten Vormundschaft darf nur erfolgen, nachdem das Gutachten von Sachverständigen eingeholt und festgestellt ist, dass der Bevormundungsgrund nicht mehr besteht.**
3. En cas de maladie mentale	La mainlevée de l'interdiction prononcée pour cause de maladie mentale ou de faiblesse d'esprit ne peut être accordée que sur un rapport d'expertise constatant que la cause de la mise sous tutelle n'existe plus.
3. Infermità mentale	La revoca della tutela, decretata per causa di infermità o debolezza di mente, può essere pronunciata solo dietro relazione di periti e quando sia stabilito che la causa d'interdizione più non esiste.

Literatur

HEGNAUER, Muss die Bevormundung nicht internierter geistig Behinderter immer veröffentlicht werden?, ZVW 1990, 9 ff.; DERS., Die Anhörung bei der Entmündigung, Bemerkungen zu BGE 117 II 132, ZVW 1993, 81 ff.; vgl. auch die Literaturhinweise zu den Vorbem. zu Art. 360–456 und zu Art. 373.

I. Anwendungsbereich und Allgemeines

1 Art. 436 betrifft nur die **Vormundschaft im engeren Sinn.** Es geht zudem ausschliesslich um Personen, die nach Art. 369 bevormundet worden sind. Massgebend ist, auf welche Bestimmung die Entmündigung formell abgestützt worden ist.

2 Das Gutachten dient wie bei der Entmündigung (s.o. Art. 374 N 12) der **Wahrheitsfindung.** Die zuständige Behörde hat es zu würdigen, ist aber an die Schlussfolgerungen aus dem Gutachten nicht gebunden (vgl. BGE 81 II 263; BK-SCHNYDER/MURER, Art. 374 N 130 ff.; s.o. Art. 374 N 12). Der Gesetzestext ist insoweit etwas missverständlich, weil er den falschen Eindruck erwecken kann, das Gutachten müsse feststellen, dass der Grund für die Vormundschaft nicht mehr bestehe.

Aus der Formulierung «nicht mehr besteht» darf nicht geschlossen werden, es müsse tatsächlich eine Änderung eingetreten sein. Die Entmündigung erwächst nie in materielle Rechtskraft (s.o. Art. 373 N 21). Sie ist auch aufzuheben, wenn sich erweist, dass nie eine Geisteskrankheit oder Geistesschwäche bestanden hat (STETTLER, Rz 452).

II. Begutachtung bei Entmündigungen nach Art. 369

Art. 436 enthält eine **zwingende Verfahrensgarantie.** Bei Entmündigungen wegen   3
Art. 369 ist es unzulässig, über die Aufhebung zu entscheiden, ohne ein Gutachten eingeholt zu haben. Entsprechend hat das Mündel auch Anspruch auf Begutachtung, wenn
es die Aufhebung der Massnahme beantragt und sich die VormBehörde diesem Begehren
widersetzt. Auf eine Begutachtung kann nur verzichtet werden, wenn das Begehren um
Aufhebung so offensichtlich unbegründet ist, dass es an eine querulatorische Rechtsausübung grenzt (GEISER et al., 63).

Wie bei der Entmündigung (Art. 374 N 13) muss ein **Gutachten eingeholt** werden. Es   4
genügt nicht, wenn die Behörde selber über den notwendigen Sachverstand verfügt. Als
Sachverständige gelten hier wie bei Art. 374 (dort N 13) Ärzte und Ärztinnen. Es spricht
grundsätzlich nichts dagegen, dass der behandelnde Arzt das Gutachten erstellt, wenn das
Mündel damit einverstanden ist. Willigt es dazu nicht ein, verlangt sowohl das Gebot der
Unabhängigkeit des Gutachters wie auch die Wahrung des Arztgeheimnisses, dass die
Begutachtung durch eine aussenstehende Person vorgenommen wird. Die Begutachtung
kann nötigenfalls zwangsweise durchgeführt werden (Art. 374 N 17).

Der Gutachter hat sich nicht zur Rechtsfrage zu äussern, ob die Massnahme aufzuheben
sei, sondern zum **tatsächlichen Gesundheitszustand** des Mündels. Diesbezüglich hat
das Gutachten Schlussfolgerungen zu enthalten, die hinlänglich zu begründen sind (s.o.
Art. 374 N 15). Ob das Gutachten schriftlich vorliegen muss oder auch mündlich erstattet
werden kann, bestimmt das kant. Recht.

Das Gutachten braucht nicht ausdrücklich für diesen Zweck angeordnet worden zu sein.   5
Es ist zulässig, auf ein bereits **früher erstelltes Gutachten** abzustellen, sofern dieses für
den aktuellen Zeitpunkt als schlüssig angesehen werden kann (s.o. Art. 374 N 16). Dass
es nach der Entmündigung erstellt worden sein muss, versteht sich von selber.

Im Gegensatz zu Art. 374 Abs. 2 sieht Art. 436 nicht vor, dass sich der **Gutachter** da-   6
rüber **auszusprechen** habe, **ob** die **Behörde** das Mündel **anhören** müsse (s.o. Art. 374
N 6 ff.). Das ist insofern einsichtig, als ein Grund, von der Anhörung des Mündels aus
gesundheitlichen Gründen abzusehen, einer Aufhebung der Massnahme entgegenstünde,
so dass deren Aufhebung ohne Anhörung nie möglich ist. Beantragt das Mündel selber
die Aufhebung, ist nicht zu sehen, warum die Anhörung ihm schaden sollte, selbst wenn
sich zeigt, dass die Massnahme weitergeführt werden muss. Demgegenüber könnte ausnahmsweise die Anhörung für das Mündel von Nachteil sein, wenn von dritter Seite die
Aufhebung beantragt worden ist und das Mündel nach wie vor an einem geistigen Gebrechen leidet. Diesfalls muss in analoger Anwendung von Art. 374 Abs. 2 ausnahmsweise von der Anhörung abgesehen werden können. Sinnvollerweise hat sich dann das
Gutachten auch zur Anhörung auszusprechen.

III. Begutachtung bei anderen Entmündigungsgründen

Das BGer hat es abgelehnt, eine formelle Begutachtungspflicht auch **bei** den **anderen**   7
Entmündigungsgründen und bei der Anordnung einer Beirat- oder Beistandschaft anzunehmen (BGE 113 II 231 f.). Dort ist aufgrund der Umstände des Einzelfalls zu
entscheiden, ob eine Begutachtung notwendig ist. Nach der Untersuchungsmaxime
(Art. 434 N 10) hat die zuständige Behörde nötigenfalls auch ohne entsprechenden Antrag die Begutachtung anzuordnen. Eine Begutachtung wird sich namentlich aufdrängen,
wenn sich zwar der ursprüngliche Entmündigungsgrund als nicht mehr gegeben erweist,
aber Verdacht besteht, dass nunmehr die Massnahme nach Art. 369 aufrechterhalten werden sollte.

IV. Rechtsfolge bei Verletzung

8   Ist die Begutachtung fälschlicherweise unterlassen worden, führt dies nicht zur Ungültigkeit des Entscheides. Der Mangel kann im **Rechtsmittelverfahren geheilt** werden (s.o. Art. 374 N 19 f.). Er steht auch ohne Heilung der formellen Rechtskraft des Entscheides nicht entgegen. In materielle Rechtskraft kann der Entscheid über die Aufhebung oder Fortsetzung der Massnahme ohnehin nie erwachsen (s.o. Art. 373 N 21).

Art. 437

4. Bei Verschwendung, Trunksucht, lasterhaftem Lebenswandel, Misswirtschaft	**Die Aufhebung einer wegen Verschwendung, Trunksucht, lasterhaften Lebenswandels oder wegen der Art und Weise der Vermögensverwaltung angeordneten Vormundschaft darf der Bevormundete nur dann beantragen, wenn er seit mindestens einem Jahre mit Hinsicht auf den Bevormundungsgrund nicht mehr Anlass zu Beschwerden gegeben hat.**
4. En cas de prodigalité, d'ivrognerie, d'inconduite et de mauvaise gestion	La mainlevée de l'interdiction prononcée pour cause de prodigalité, d'ivrognerie, d'inconduite et de mauvaise gestion ne peut être demandée par l'interdit que si, pendant un an au moins, il n'a donné lieu à aucune plainte pour des faits analogues à ceux qui ont déterminé sa mise sous tutelle.
4. Prodigalità, alcoolismo, scostumatezza e cattiva amministrazione	La revoca della tutela pronunciata per prodigalità, abuso di bevande spiritose, scostumatezza o per il modo della propria amministrazione, può essere domandata dal tutelato solo quando da almeno un anno egli non abbia dato motivo di lagnanza in relazione alla causa per cui fu interdetto.

Literatur

Vgl. die Literaturhinweise zu den Vorbem. zu Art. 431–456.

I. Anwendungsbereich

1   Art. 437 betrifft nur die **Vormundschaft im engeren Sinn.** Es geht zudem ausschliesslich um Personen, die nach Art. 370 bevormundet worden sind. Massgebend ist der formelle Entmündigungsgrund (**a.M.** REGOTZ, 101, der u.U. Art. 437 auch auf Entmündigungen auf eigenes Begehren bezieht). Dieser muss im ursprünglichen Entmündigungsentscheid angegeben werden. Für den Fall, dass später ein weiterer Entmündigungsgrund dazutritt, siehe o. Art. 433 N 7 f.

2   Da eine Vormundschaft nicht schon aufzuheben ist, wenn der ursprüngliche Grund nicht mehr gegeben ist, sondern nur, wenn gar kein Grund für diese Massnahme mehr besteht, gelangt Art. 437 auch zur Anwendung, wenn die **Entmündigung aus mehreren Gründen** erfolgt ist.

II. Materielle Voraussetzungen

3   Wie bei allen Entmündigungen (s.o. Art. 433 N 6) gilt auch für den Entmündigungsgrund der Verschwendung, der Trunksucht, des lasterhaften Lebenswandels und der Misswirtschaft, dass eine Aufhebung der Massnahme zu erfolgen hat, wenn die Entmündigung nicht mehr gerechtfertigt ist. Es bedarf keiner Veränderung der Verhältnisse seit der Entmündigung. Auch wenn sich erweist, dass die Vormundschaft nie notwendig war, muss die Massnahme aufgehoben werden. Ihr Fortbestand rechtfertigt sich nur, wenn sie auch neu anzuordnen wäre, wenn sie noch nicht bestünde. Die materiellen Voraussetzungen für die Aufhebung ergeben sich deshalb aus den Voraussetzungen einer Entmündigung nach Art. 370 und stellen deren Spiegelbild dar. Es kann auf die Ausführungen zu Art. 370 verwiesen werden.

Art. 437 bedeutet in **keiner Weise,** dass ein **Anspruch auf Aufhebung** der Massnahme **4** besteht, wenn sich das Mündel während eines Jahres bewährt hat. Auch dann muss vielmehr geprüft werden, ob der Grund für die Entmündigung nicht mehr besteht (BGE 39 II 509; DESCHENAUX/STEINAUER, Personnes, Rz 1033; STRUB, 136; REGOTZ, 99). Allerdings begründet das einjährige klaglose Verhalten eine natürliche Vermutung für das Fehlen des Entmündigungsgrundes (STRUB, 136; ZK-EGGER, N 7; BK-KAUFMANN, N 11). Die Bedeutung dieser Vermutung ist jedoch gering, weil die Beweislast ohnehin nicht das die Aufhebung begehrende Mündel trifft (s.o. Art. 433 N 21).

III. Verfahrenseinleitung

Einziger Regelungsgegenstand von Art. 437 ist die Verfahrenseinleitung, indem das **An- 5 tragsrecht** des **Mündels beschränkt** wird. Die Einschränkung betrifft weder die materiellen Voraussetzungen der Aufhebung, noch die Voraussetzungen für die Einleitung eines Verfahrens von Amtes wegen, noch das Antragsrecht Dritter (RIEMER, Vormundschaftsrecht, 105; STRUB, 135; REGOTZ, 98). Die Bestimmung bezweckt, wiederholten, vorzeitigen und damit missbräuchlichen Aufhebungsbegehren des Mündels entgegenzuwirken (s.o. Art. 433 N 20). Die Beschränkung gelangt nicht zur Anwendung, wenn das Mündel geltend macht, der **Bevormundungsgrund** habe **nie bestanden** (STRUB, 135). Die Jahresfrist hat nur einen Sinn, wenn die Voraussetzungen einer Entmündigung tatsächlich einmal gegeben waren.

Diese Einschränkung des Antragsrechts ist in der **Lehre** zu Recht seit Jahren **kritisiert 6** worden (s. insb. STRUB, 136 f.; REGOTZ, 98). Einerseits erscheint sie kaum als effizient. Muss doch als Vorfrage geklärt werden, ob das Mündel sich tatsächlich während eines Jahres klaglos verhalten hat. Das entsprechende Verfahren kann bis zum BGer geführt werden (s.u. N 12). Zum andern kann sich die Einschränkung aber auch als zweifelhaft erweisen. Es ist möglich, dass die Massnahme nicht mehr gerechtfertigt ist, obgleich die letzten entsprechenden Schwierigkeiten noch kein Jahr zurückliegen. Dann muss die Behörde zwar von Amtes wegen die Vormundschaft aufheben, das Mündel kann aber keinen dahingehenden Antrag stellen. Entsprechend sind ihm wohl auch die Rechtsmittel verwehrt (s.u. N 12).

Ein Aufhebungsbegehren des Mündels setzt voraus, dass es seit einer gewissen Zeit **nicht 7** mehr **Anlass zu Beschwerden** gegeben hat. Der Ausdruck wird hier in einem untechnischen Sinn verwendet. Es geht nicht um die Beschwerden nach Art. 420. Diese richten sich immer gegen die vormundschaftlichen Organe, nicht gegen das Mündel. Gemeint ist vielmehr, dass das Verhalten des Mündels zu keinen *Anständen* geführt haben darf. Den vormundschaftlichen Organen dürfen während dieser Zeit keine Vorfälle zur Kenntnis gekommen sein, welche die Schwäche belegen, die zur Vormundschaft geführt hat. Entgegen dem Eindruck, den der Begriff «Beschwerde» erweckt, müssen die entsprechenden Informationen nicht von Dritten ausgegangen sein. Es genügt, dass der Vormund selber den entsprechenden Sachverhalt wahrgenommen hat.

8 Den formellen Ausschluss eines Antrages bewirken nur Anstände, die **sich auf den Be-vormundungsgrund beziehen.** Art. 370 enthält vier unterschiedliche Bevormundungs-gründe, nämlich die Trunksucht, den lasterhaften Lebenswandel, die Verschwendung und die Misswirtschaft. Die Klaglosigkeit muss sich auf jenen beziehen, der zur Bevormun-dung geführt hat. Hat sich die moralische Schwäche während der Dauer der Massnahme verändert, so dass z.B. jemand, der wegen Misswirtschaft bevormundet wurde, nun trunksüchtig geworden ist, hindert dies ein Aufhebungsbegehren nicht. Die Vormund-schaft ist aber u.U. wegen des neu aufgetretenen Grundes weiterzuführen (s.o. Art. 433 N 9). Allerdings müssen die Misswirtschaft und die Verschwendung als ein einheitlicher Bevormundungsgrund angesehen werden, weil diese beiden Tatbestände kaum auseinan-der zu halten sind (REGOTZ, 92 f.).

Namentlich beim Bevormundungsgrund der Misswirtschaft und der Verschwendung wird die Klaglosigkeit auch gegeben sein, wenn aufgrund der vormundschaftlichen Massnah-me das Mündel **gar keine Gelegenheit zu** einem **Fehlverhalten** hatte. Art. 437 ist wegen seines formellen Charakters dann nicht anwendbar. Dem Antragsrecht des Mündels steht diesfalls nichts entgegen.

9 Art. 437 sieht **eine Jahresfrist** vor. Die Frist berechnet sich nach Art. 77 Abs. 1 Ziff. 3 OR. Das Mündel kann einen Aufhebungsantrag frühestens an jenem Tag des Monats stel-len, der nach seiner Zahl auf den Tag des Monats folgt, an dem im Vorjahr das letzte Fehlverhalten erfolgt ist. Art. 78 OR ist nicht anwendbar.

IV. Weitere Verfahrensregeln

10 Art. 374, der eine **mündliche Anhörung** des Mündels vorschreibt (Art. 374 N 3), ist analog auch bei der Aufhebung anzuwenden (BGE 117 II 380 f.; Art. 434 N 11). Ein Aufhebungsgesuch kann – unabhängig davon, ob es vom Mündel oder von einem Dritten gestellt worden ist – nur abgelehnt werden, nachdem die betroffene Person mündlich angehört worden ist. Auch der negative Ausgang eines von Amtes wegen eingeleiteten Verfahrens ist an diese formelle Voraussetzung gebunden. Nur wenn mit Blick auf die Jahresfrist nach Art. 437 auf das Begehren des Mündels gar nicht eingetreten wird, be-darf es keiner mündlichen Anhörung. Diesfalls genügt es vielmehr, das rechtliche Gehör im Rahmen von Art. 29 Abs. 2 BV bzw. des kant. Verfahrensrechts zu gewähren.

11 Das Gesetz schreibt für die Aufhebung einer Vormundschaft nach Art. 370 die **Begutach-tung** nicht zwingend vor. Wie bei der Entmündigung (s.o. Art. 374 N. 18; BGE 113 II 231 f.) darf auch bei der Aufhebung der Massnahme die bei Geisteskrankheit und Geis-tesschwäche vorgesehene Begutachtungspflicht nicht ausdehnend interpretiert werden. Ob eine Begutachtung vorzunehmen ist, entscheidet die zuständige Behörde nach ihrem pflichtgemässen Ermessen aufgrund der Gegebenheiten des einzelnen Falles. Erweist sich ein Gutachten für die Sachverhaltsfeststellung als notwendig, ist ein solches wegen des Untersuchungsgrundsatzes auch ohne entsprechenden Antrag anzuordnen.

12 Art. 44 Bst. e OG lässt die **Berufung** an das BGer gegen Entscheide über die Aufhebung einer Vormundschaft zu. Dieses Rechtsmittel ist auch gegeben, wenn die Behörde auf ein Aufhebungsgesuch des Mündels wegen Art. 437 nicht eintritt. Mit der Berufung kann sowohl die Aufhebung der Massnahme wie auch deren Fortbestand verlangt werden (POUDRET, Art. 44 N 2.5.2). Es ist auch gleichgültig, ob das Verfahren durch das Mündel, eine andere Person oder von Amtes wegen eingeleitet worden ist. Soweit Art. 437 das Antragsrecht des Mündels beschränkt, kann dieses allerdings die Abweisung eines von anderer Seite gestellten Aufhebungsantrags nicht an das BGer weiterziehen. Weil für die Verletzung verfassungsmässiger Rechte die **staatsrechtliche Beschwerde** vorbehalten ist

(Art. 43 Abs. 1 OG), kann die Rüge, es sei das rechtliche Gehör nach Art. 29 Abs. 2 BV nicht gewährt worden, nicht im Berufungsverfahren erhoben werden. Ist demgegenüber der weiter gehende Gehörsanspruch nach Art. 374 (s.o. N. 10) verletzt worden, ist dies als Bundesrechtsverletzung im Berufungsverfahren geltend zu machen (BGE 117 II 380 f.). Mit Inkrafttreten des Bundesgerichtsgesetzes (BBG) wird die Beschwerde in Zivilsachen für alle diese Rügen gegeben sein (Art. 72 Abs. 2 Bst. b Ziff. 5 BBG).

Art. 438

5. Bei eigenem Begehren	**Die Aufhebung einer auf eigenes Begehren des Bevormundeten angeordneten Vormundschaft darf nur erfolgen, wenn der Grund des Begehrens dahingefallen ist.**
5. En cas d'interdiction volontaire	La mainlevée de l'interdiction prononcée à la requête de l'interdit ne peut être ordonnée que si la cause de la mise sous tutelle n'existe plus.
5. Tutela volontaria	La revoca della tutela pronunciata ad istanza del tutelato può solo avvenire quando ne sia cessata la causa.

Literatur

Vgl. die Literaturhinweise zu den Vorbem. zu Art. 431–456.

I. Anwendungsbereich

Die Bestimmung regelt ausschliesslich die Aufhebung von **Vormundschaften im engeren Sinn,** die aufgrund von Art. 372 angeordnet worden sind. Massgebend ist der formelle Entmündigungsgrund (s.o. Art. 437 N 1). **1**

Art. 438 kommt nur zur Anwendung, wenn die Entmündigung bereits in **formelle Rechtskraft** erwachsen ist. Erweist es sich vorher, dass die Vormundschaft nicht gerechtfertigt ist, muss deren Anordnung im Rechtsmittelverfahren aufgehoben werden. Eine Voraussetzung der Entmündigung nach Art. 372 stellt die gültige Zustimmung des Interdizenden dar. Zieht dieser sein Begehren zurück, kann die Entmündigung nicht mehr nach Art. 372 erfolgen (BGE 99 II 15; BK-Schnyder/Murer, Art. 372 N 42). Nach der bundesgerichtlichen Rechtsprechung ist der Rückzug der Zustimmung allerdings nur bis zum erstinstanzlichen Entscheid beachtlich. Erfolgt er erst im Rechtsmittelverfahren, kann dennoch eine Entmündigung nach Art. 372 erfolgen (BGE 102 II 190; 106 II 300). **2**

II. Materielle Voraussetzungen

Wenn die Entmündigung auch auf eigenes Begehren erfolgte, so hatte die zuständige Behörde dennoch zu prüfen, ob ein in Art. 372 aufgeführter Schwächezustand besteht und der Interdizend nicht in der Lage ist, seine Angelegenheiten gehörig zu besorgen. Der Bestand der einmal angeordneten Massnahme hängt deshalb nicht vom Willen der betroffenen Person ab (kritisch: Strub, 60 ff.). Darin liegt der normative Gehalt von Art. 438. Diese Bestimmung sieht – wie der deutschsprachige Text genauer als die anderen beiden zeigt – vor, dass die **Massnahme nur aufzuheben** ist, wenn die **Gründe,** welche die *Stellung des Begehrens* gerechtfertigt haben, **nicht** (mehr) **bestehen.** Der Zweck der Norm verlangt allerdings, dass nicht auf die Gründe abgestellt wird, die das **3**

Mündel zum Entmündigungsbegehren bewogen haben, sondern auf jene, welche die Anordnung der Massnahme materiell gerechtfertigt haben. Das Begehren des Interdizenden gehört nicht zu den materiellen, sondern zu den formellen Voraussetzungen einer Entmündigung nach Art. 372.

4   Wie bei den anderen Entmündigungsgründen ist es hier nicht notwendig, dass sich die Umstände tatsächlich geändert haben. Die Massnahme muss auch aufgehoben werden, wenn sich erweist, dass sie **nie gerechtfertigt** war.

III. Verfahren

5   Das Verfahren richtet sich nach dem kant. Recht und nach Art. 434. Es gilt der Untersuchungsgrundsatz. Entsprechend hat das Gericht nach den Umständen des konkreten Falls zu prüfen, ob eine ärztliche Begutachtung notwendig ist oder nicht. Art. 436 ist nicht anwendbar, selbst wenn der Schwächezustand des Mündels medizinische Ursachen hat. Auch Art. 437 findet keine Anwendung. Das Mündel kann *jederzeit* ein Aufhebungsbegehren stellen (DESCHENAUX/STEINAUER, Personnes, Rz 1035, **a.M.** REGOTZ, 101).

Art. 439

D. Im Falle der Beistandschaft

I. Im Allgemeinen

[1] Die Vertretung durch den Beistand hört auf mit der Erledigung der Angelegenheit, für die er bestellt worden ist.

[2] Die Vermögensverwaltung hört auf, sobald der Grund, aus dem sie angeordnet wurde, weggefallen und der Beistand entlassen ist.

[3] Die Beistandschaft des Beirates endigt mit der Aufhebung durch die zuständige Behörde nach den Vorschriften über die Aufhebung der Vormundschaft.

D. Curatelle

I. En général

[1] La curatelle cesse dès que les affaires pour lesquelles elle a été instituée sont terminées.

[2] Lorsqu'elle a pour objet une gestion de biens, elle cesse avec la cause qui l'a motivée et dès que le curateur est relevé de ses fonctions.

[3] La curatelle du conseil légal cesse lorsque l'autorité compétente le décide; sont applicables les règles concernant la mainlevée de l'interdiction.

D. Curatela

I. In genere

[1] La rappresentanza a mezzo di un curatore cessa con il compimento dell'affare per il quale fu ordinata.

[2] L'amministrazione della sostanza cessa dal momento in cui è cessata la causa per cui fu ordinata e il curatore è dimesso dall'ufficio.

[3] L'inabilitazione cessa mediante la revoca da parte dell'autorità competente, secondo le norme relative alla cessazione della tutela.

Literatur

Vgl. die Literaturhinweise zu den Vorbem. zu Art. 431–456.

I. Anwendungsbereich und Übersicht

Während die Art. 431–438 das Ende der Vormundschaft i.e.S. behandeln, regelt Art. 439 **1** das Ende der beiden schwächeren vormundschaftlichen Massnahmen, nämlich der Beistandschaft und der Beiratschaft. Dabei sind zwei Absätze den verschiedenen Arten der Beistandschaft und der Dritte der Beiratschaft gewidmet. Die Regelung ist unvollständig.

Wie bei der Aufhebung einer Vormundschaft handelt es sich auch bei der Beendigung der **2** Beiratschaft und der Beistandschaft um ein **mehrgliedriges Verfahren.** In einem ersten Schritt tritt ein Beendigungsgrund entweder von Gesetzes wegen oder mit einem behördlichen Entscheid ein. Anschliessend hat der Mandatsträger gem. Art. 451 die Schlussrechnung zu erstellen und das Vermögen zu übergeben. Nach Prüfung der entsprechenden Schlussberichte (Art. 452) ist der Mandatsträger zu entlassen (Art. 453). Erst jetzt findet die Massnahme ihr endgültiges Ende.

Wie bei der Vormundschaft i.e.S. (Vorbem. zu Art. 431 ff. N 2) werden auch bei den weniger schweren Massnahmen **nicht alle Beendigungsgründe im Gesetz genannt.** Insbesondere behandelt Abs. 1 nur den Hauptfall der Beendigung von Gesetzes wegen. Daneben muss diese Massnahme aber auch durch einen behördlichen Entscheid aufgehoben werden, wenn sie sich nicht mehr als gerechtfertigt erweist (s.u. N 5 f.). Zudem enden i.d.R. die Beistandschaft und die Beiratschaft mit dem Tod der betroffenen Person. Gewisse Ausnahmen bestehen bei der Verwaltungsbeistandschaft (s.u. N 7).

II. Ende der Beistandschaft

1. Vertretungsbeistandschaft (Abs. 1)

Art. 392 zählt drei Fälle von Vertretungsbeistandschaften auf. Sie haben gemein, dass ein **4** *bestimmtes Rechtsgeschäft* aus einem im Gesetz genannten Grund weder von der betroffenen Person selber noch von deren gesetzlichem Vertreter vorgenommen werden kann. Daneben erwähnt die Bestimmung im Ingress die im Gesetz an anderer Stelle vorgesehenen Fälle. Es werden äusserst uneinheitliche Institute erfasst (BK-SCHNYDER/MURER, Art. 392 N 113 ff.; Art. 392 N 1). Art. 439 Abs. 1 bestimmt nun, dass die Beistandschaft erlischt, wenn das entsprechende Rechtsgeschäft vorgenommen worden ist. Wann diese Voraussetzung erfüllt ist, beurteilt sich nach dem vorzunehmenden Rechtsgeschäft. Ist dieses mehrgliedrig, muss geprüft werden, ob der Beistand für das ganze Rechtsgeschäft oder nur für einzelne Teile bestellt worden ist. Anschliessend an die Beendigung seiner eigentlichen Aufgabe hat der Beistand den Schlussbericht mit Rechnung zu erstellen (Art. 451). Dann ist er endgültig zu entlassen (Art. 453; o. N 2). Erst dafür bedarf es eines behördlichen Entscheides.

Es bestehen **weitere Gründe** für das Ende der Beistandschaft, welche nicht im Gesetz **5** geregelt sind. Es ist möglich, dass die Ursache für die Beistandschaft entfällt, bevor das Geschäft vorgenommen worden ist. Die betroffene Person kehrt beispielsweise zurück, so dass sie das Geschäft nun selber vornehmen kann (Art. 392 Ziff. 1). Aus Gründen der Rechtssicherheit kann hier aber die gesetzliche Vertretungsmacht des Beistandes nicht von Gesetzes wegen entfallen. Es ist für alle Beteiligten nicht ohne weiteres erkennbar, ob die Gründe für die Massnahme noch bestehen oder nicht. Analog zur Regelung für die Verwaltungsbeistandschaft ist auch hier eine behördliche Aufhebung nötig (**a.M.** (DESCHENAUX/STEINAUER, Personnes, Rz 1128).

Die Beistandschaft nach **Art. 392 Ziff. 1** ist in der dargelegten Weise aufzuheben, wenn **6** die betroffene Person wieder selber in die Lage kommt, das Geschäft vorzunehmen oder einen Vertreter zu bestellen, oder wenn die Dringlichkeit entfällt. Wird die betroffene Person entmündigt, so bleibt die Beistandschaft bestehen, bis ein Vormund bestellt ist.

Wurde der Beistand nach **Art. 392 Ziff. 2 und 3** ernannt, ist die Massnahme aufzuheben, wenn der gesetzliche Vertreter wieder in die Lage kommt, für die betroffene Person zu handeln. Demgegenüber endet die Beistandschaft von Gesetzes wegen, wenn die vertretene Person selber die Handlungsfähigkeit (wieder) erlangt. Dann entfällt nämlich die gesetzliche Vertretung. Ein gesetzlicher Vertreter kann somit auch nicht mehr an der Vertretung verhindert sein.

2. Verwaltungsbeistandschaft (Abs. 2)

7   Eine solche Beistandsschaft ist regelmässig zu errichten, wenn – und solange wie – einem Vermögen die notwendige Verwaltung fehlt, sei es, dass nicht bekannt ist, wem es gehört (Art. 393 Ziff. 3, ev. Ziff. 5), sei es dass die berechtigte Person nicht selber in der Lage ist, für die Verwaltung zu sorgen (Art. 393 Ziff. 1, Ziff. 2 und Ziff. 4), oder dass sie sich selber dazu nicht im Stande fühlt (Art. 394). Die Rechtssicherheit gebietet in allen diesen Fällen, dass die Beistandschaft und damit die gesetzliche Vertretungsmacht durch einen **behördlichen Entscheid** beendet wird (GEISER et al., 74). Anschliessend hat der Beistand den Schlussbericht mit Rechnung zu verfassen. Erst jetzt kann er – mit einem weiteren Entscheid der Behörde – entlassen werden (s.o. N 2). Es steht allerdings nichts entgegen, in einfachen Fällen beide Beschlüsse in eine einzige Entscheidung zu kleiden.

Im Gegensatz zu den übrigen vormundschaftlichen Massnahmen kann die Verwaltungsbeistandschaft in seltenen Fällen den **Tod** der betroffene Person **überdauern**. Das ist immer dann der Fall, wenn die Massnahme angeordnet worden ist, weil der Eigentümer eines Vermögens nicht bekannt war. Die Massnahme dauert *für den jeweiligen Eigentümer* an.

8   Während bei Beistandschaften nach Art. 393 Ziff. 1 und Ziff. 3–5 der Wegfall des Grundes objektiv festgestellt werden kann, genügt es nach h.L. bei der **Beistandschaft nach Art. 393 Ziff. 2** für die Aufhebung, dass die betroffene Person die Massnahme nicht mehr will (DESCHENAUX/STEINAUER, Personnes, Rz 1129; RIEMER, Vormundschaftsrecht, 147; BGE 71 II 18). Das dürfte im Regelfall zutreffend sein. Es sind allerdings Fälle denkbar, in denen es sinnvoll sein kann, eine solche Massnahme auch gegen den Willen der betroffenen Person aufrechtzuerhalten. Dies ist namentlich der Fall, wenn der von der Person selber bestellte Vermögensverwalter eine seriöse Überwachung seiner eigenen Arbeit wünscht und die betroffene Person dazu nicht in der Lage ist. Der Wille, die Massnahme nicht mehr weiterzuführen, ist selbstverständlich nur beachtlich, wenn die verbeiständete Person insoweit **urteilsfähig** ist.

3. Kombinierte Beistandschaft (Abs. 2)

9   Ist eine Person selber nicht in der Lage, ihre Angelegenheiten zu besorgen, ohne dass ihr die Handlungsfähigkeit entzogen werden muss, kann ihr ein Beistand ernannt werden, der einerseits nach Art. 393 Ziff. 2 die Vermögensverwaltung besorgt, darüber hinaus aber gem. Art. 392 Ziff. 1 die betroffene Person auch für Rechtsgeschäfte ausserhalb der Vermögensverwaltung vertritt (s.o. Art. 392 N 13 f. und 22; BK-SCHNYDER/MURER, N 22 Vorbem. zu Art. 392–397; RIEMER, Vormundschaftsrecht, 138 f.).

10 Da es sich dabei auch um eine Verwaltungsbeistandschaft handelt, ist Art. 439 Abs. 2 anwendbar. Für die Aufhebung bedarf es eines **Beschlusses der Behörde** (s.o. N 7). Der Aufhebungsentscheid ist in aller Regel zu treffen, wenn die betroffene Person die Massnahme nicht mehr will (s.o. N 8).

4. Beistandschaft auf eigenes Begehren (Abs. 2)

Auch bei der Beistandschaft auf eigenes Begehren gebietet die Rechtssicherheit, dass die **11** Vertretungsmacht nur aufgrund eines **behördlichen Entscheides** entfällt. Insofern ist Abs. 2 anwendbar. Das lässt sich auch rechtsdogmatisch rechtfertigen, weil es sich um eine Unterart der Verwaltungsbeistandschaft handelt (RIEMER, 147).

Im Gegensatz zu einer Vormundschaft (s.o. Art. 438 N 3), kann die Beistandschaft auf **12** eigenes Begehren **gegen den Willen der betroffenen Person nicht aufrechterhalten** werden (STETTLER, Rz 296; DESCHENAUX/STEINAUER, Personnes, Rz 1129; RIEMER, 147; BGE 71 II 18). Wenn die verbeiständete Person die Aufhebung verlangt, ist allerdings immer zu prüfen, ob nicht andere vormundschaftliche Massnahmen oder solche der freiwilligen Sozialhilfe notwendig sind.

III. Ende der Beiratschaft (Abs. 3)

Die Beendigung der Beiratschaft setzt einen **behördlichen Entscheid** voraus (Abs. 3). **13** Dieser lässt die Vertretungsmacht des Verwaltungsbeirates entfallen und stellt grundsätzlich mit Rechtskraft des Entscheides die Handlungsfähigkeit der betroffenen Person wieder vollständig her (s.o. Art. 433 N 5). Daran schliesst sich wie bei den anderen Massnahmen die Berichterstattung durch den Mandatsträger und dessen Entlassung an (Art. 451 ff.).

Die Beiratschaft ist aufzuheben, sobald die **Verbeiratungsgründe weggefallen** sind. **14** Wurde die Beiratschaft indessen **analog** zu **Art. 370** (i.c. wegen Trunksucht) angeordnet, ist nach Auffassung eines Teils der Lehre, die einjährige Wartefrist nach Art. 437 zu beachten (DESCHENAUX/STEINAUER, Personnes, Rz 1149; VerwGer ZG, ZVW 1994, 204 ff.). Voraussetzung ist bei Trunksucht aber nicht Totalabstinenz, es genügt, dass der Betroffene in (landesüblichem Mass) mit dem Alkohol verantwortungsbewusst umgeht und voraussichtlich kein Rückfall zu erwarten ist (VerwGer ZG, ZVW 1994, 204 ff.). Mit Blick darauf, dass schon für die Vormundschaft die in Art. 437 enthaltene Einschränkung des Antragsrechts als wenig sinnvoll erscheint (s.o. Art. 437 N 6), rechtfertigt es sich nicht, sie analog auch auf die Beiratschaft anzuwenden (**a.M.** DESCHENAUX/STEINAUER, Personnes, Rz 1149).

Nach einem Teil der Lehre ist bei der Aufhebung der Verwaltungsbeiratschaft (Art. 395 Abs. 2) und der kombinierten Beistandschaft Art. 436 analog anwendbar (Art. 439 Abs. 3). Die Massnahme dürfe nur nach Einholen eines **fachärztlichen Gutachtens** aufgehoben werden, wenn der Grund für ihre Anordnung nicht so sehr in der sich aus der Art der Wirtschaftsführung ergebenden Untüchtigkeit als vielmehr im geistigen Ungenügen zu suchen sei (RIEMER, 127; wohl auch DESCHENAUX/STEINAUER, Personnes, Rz 1149). Das BGer betrachtet demgegenüber – zu Recht – die Begutachtung nicht als eine formelle Voraussetzung für die Anordnung einer entsprechenden Massnahme. Es macht es vielmehr von den Gegebenheiten des Einzelfalls abhängig, ob eine Begutachtung als notwendig erscheint oder nicht (BGE 113 II 231 f.). Das muss sinnvollerweise auch für die Aufhebung der Massnahme gelten (s.o. Art. 436 N 1).

Die **Beiratschaft auf eigenes Begehren** ist – wie die Vormundschaft (Art. 438 N 3), aber anders als die Beistandschaft (s.o. N 12) – nicht schon aufzuheben, wenn die betroffene Person die Massnahme nicht mehr wünscht. Vielmehr muss deren materieller Grund entfallen sein (RIEMER, Vormundschaftsrecht, 147).

15 Hat die Behörde den Fortbestand einer Beiratschaft zu prüfen, muss sie immer auch klären, ob das **Verhältnismässigkeitsprinzip** es nicht erfordert, die Beiratschaft durch eine Vormundschaft, eine Beistandschaft oder eine Massnahme der freiwilligen Sozialhilfe zu ersetzen (STETTLER, Rz 348).

IV. Wirkungen der Aufhebung

16 Mit der Aufhebung **entfällt die gesetzliche Vertretungsmacht** des Mandatsträgers, und dieser hat den Schlussbericht samt Rechnung der VormBehörde zu unterbreiten (Art. 451 ff.). Soweit die Massnahme die Handlungsfähigkeit eingeschränkt hat, entfällt auch diese Beschränkung (s.o. N 13). Zur Frage, ob die Aufhebung der Massnahme zu **publizieren** ist, siehe die Kommentierung zu Art. 440.

V. Verfahrensregeln

17 Das ZGB enthält keine besonderen Bestimmungen über das Verfahren bei der Aufhebung einer Beistandschaft. Massgebend ist grundsätzlich das kantonale Recht.

18 **Örtlich** ist für die Aufhebung einer Beistandschaft grundsätzlich jene Behörde **zuständig,** die sie angeordnet hat, selbst wenn diese unzuständig war (BGE 71 II 211; DESCHENAUX/STEINAUER, Personnes, Rz 1130). Bei einer Vertretungsbeistandschaft kann wegen eines Wohnsitzwechsels die Zuständigkeit ändern (zum Wohnsitzwechsel s.o. Art. 377 N 2).

Die **sachliche Zuständigkeit** für die Aufhebung der *Beiratschaft* und der *Beistandschaft auf eigenes Begehren* richtet sich nach dem kant. Recht. Wenn dieses nichts besonderes vorsieht, ist die gleiche Behörde zuständig, welche die Massnahme anordnen kann (DESCHENAUX/STEINAUER, Personnes, Rz 1149). Die *Beistandschaft* nach den Art. 392 und 393 ist von Bundesrechts wegen durch die VormBehörde aufzuheben, soweit dafür überhaupt ein Entscheid notwendig ist, weil diese auch die Kompetenz zur Anordnung einer solchen Massnahme hat (s.o. Art. 396 N 13).

19 Sowohl die **Legitimation** für die Einleitung des Verfahrens wie auch für die Rechtsmittel richtet sich nach Bundesrecht. Jedermann, der ein Interesse hat, ist berechtigt, die Aufhebung zu beantragen. Es gelten die gleichen Grundsätze wie für die Legitimation bei der Aufhebung einer Vormundschaft (s.o. Art. 433 N 17 ff.). Entsprechend kann auch der Ehegatte der verbeirateten Person Rechtsmittel gegen den Aufhebungsbeschluss einlegen (VerwGer ZG, ZVW 1994, 204 ff.). Wenn die Behörde Kenntnis davon hat, dass die Massnahme nicht mehr notwendig ist, muss sie sie von Amtes wegen aufheben.

Der letztinstanzliche kant. Entscheid unterliegt der **Berufung an das BGer** (Art. 44 Bst. e OG).

20 Analog zur Regelung bei der Aufhebung der Vormundschaft (Art. 434 N 11) ist auch im Verfahren um Aufhebung einer Beiratschaft die **betroffene Person mündlich anzuhören** (vgl. BGE 113 II 229; HEGNAUER, ZVW 1993, 82). Mit Inkrafttreten des Bundesgerichtsgesetzes (BBG) wird die Beschwerde in Zivilsachen gegeben sein (Art. 72 Abs. 2 Bst. b Ziff. 6 BBG).

Art. 440

II. Veröffent- lichung und Mitteilung	[1] Das Aufhören der Beistandschaft ist in einem amtlichen Blatt zu veröffentlichen, wenn deren Anordnung veröffentlicht wurde oder die Vormundschaftsbehörde es sonst für angezeigt erachtet.

[2] Das Aufhören der Beistandschaft oder der Wechsel des Wohnsitzes der verbeiständeten Person ist dem Betreibungsamt mitzuteilen, wenn die Ernennung des Beistandes mitgeteilt wurde.

II. Publication et communication	[1] La fin de la curatelle est publiée dans une feuille officielle, lorsque la nomination du curateur l'a été ou que l'autorité tutélaire juge la publication opportune.

[2] La fin de la curatelle ou le changement de domicile de la personne sous curatelle doit être communiquée à l'office des poursuites lorsque la nomination du curateur a été communiquée.

II. Pubblicazione e comunicazione	[1] La cessazione dell'ufficio di curatore sarà pubblicata in un foglio officiale, se fu pubblicata la nomina o se l'autorità tutoria lo reputi altrimenti opportuno.

[2] Se fu pubblicata la nomina, la cessazione della curatela e il cambiamento di domicilio del curatelato devono essere comunicati all'ufficio d'esecuzione.

Literatur

HEGNAUER, Das Wohl des Mündels als Maxime der Vormundschaft, ZVW 1984, 81 ff.; HENAUER, Publizität im Vormundschaftsrecht des Schweizerischen Zivilgesetzbuches, Diss. Zürich 1948; vgl. auch die Literaturhinweise zu Art. 421/422.

I. Allgemeines

Art. 440 ist das Gegenstück zu Art. 397 Abs. 2 und 3 und entspricht inhaltlich Art. 435, **1** der die gleiche Frage bei der Vormundschaft regelt (s.o. Art 435 N 1). Art. 440 gilt für die **Beistandschaft** und die **Beiratschaft.**

Im Zusammenhang mit der **Revision des SchKG** (BG vom 16.12.1994, in Kraft seit **2** 1.1.1997) wurde der Randtitel geändert und Abs. 2 beigefügt. Damit ist die Verpflichtung aufgenommen worden, das Ende der Massnahme und den Wechsel des Wohnsitzes dem Betreibungsamt mitzuteilen.

Hat schon bei der Vormundschaft das Veröffentlichen der Aufhebung **keinerlei materielle 3 Wirkung** (s.o. Art. 435 N 1), trifft dies bei der Beistandschaft umso mehr zu. Die Vertretungsmacht des Beistandes entfällt von Gesetzes wegen. Soweit die Massnahme die Handlungsfähigkeit der betroffenen Person beschränkt hat (Art. 395), erlangt diese mit dem aufhebenden Entscheid wieder ihre volle Handlungsfähigkeit. Die Veröffentlichung dient in erster Linie dem Persönlichkeitsschutz der betroffenen Person und kann darüber hinaus den Rechtsverkehr darüber unterrichten, dass die gesetzliche Vertretung entfallen ist.

Das Gesetz sieht vor, dass das **Aufhören der Beistandschaft** («la fin de la curatelle»; «la **4** cessazione dell'ufficio di curatore») zu veröffentlichen bzw. dem Betreibungsamt mitzuteilen ist. Damit geht der Anwendungsbereich – wie Art. 435 bei der Vormundschaft (s.o. Art. 435 N 1) – über die behördliche Aufhebung der Massnahme hinaus.

Thomas Geiser   2189

II. Veröffentlichung (Abs. 1)

5 Das Ende der Beistandschaft ist nicht nur zu veröffentlichen, wenn auch ihre **Errichtung publiziert** worden ist. Die VormBehörde kann die Veröffentlichung auch sonst anordnen, wenn diese angezeigt ist. Massgebend ist das Mündelinteresse. Auf den Schutz Dritter vor unzulässigen Handlungen des ehemaligen Mandatsträgers als falsus procurator darf es demgegenüber nicht ankommen, wenn die Veröffentlichung den Interessen des Mündels widerspricht.

6 Das Verhältnismässigkeitsprinzip gebietet es, dass – wie bei der Vormundschaft (s.o. Art. 435 N 6) – von einer **Veröffentlichung der Aufhebung** auch nach erfolgter Publikation der Massnahme **abgesehen** werden kann, wenn die Interessen der betroffenen Person dies gebieten. Die Publikation wird sich namentlich als überflüssig erweisen, wenn das Mündel inzwischen seinen Wohnsitz an einen anderen Ort verlegt hat und am neuen Ort die Massnahme nicht veröffentlicht worden ist.

7 Abs. 1 erwähnt die **Verlegung des Wohnsitzes** nicht. Nach h.L. ist die *Beiratschaft* mit Blick auf die Beschränkung der Handlungsfähigkeit bei einer Verlegung des Wohnsitzes gem. Art. 377 Abs. 3 am neuen Wohnsitz zu publizieren, damit sie gutgläubigen Dritten entgegengehalten werden kann. Demgegenüber wird der Wohnsitzwechsel bei der *Beistandschaft* i.d.R. nicht veröffentlicht (s.o. Art. 377 N 3).

III. Mitteilung an das Betreibungsamt (Abs. 2)

8 Die Mitteilung an das Betreibungsamt hat nur zu erfolgen, wenn diesem auch die **Massnahme mitgeteilt** worden ist (s.o. Art. 435 N 7). Der italienischsprachige Gesetzestext ist insofern falsch, als es nur auf die Mitteilung an das Betreibungsamt und nicht auf die Publikation ankommen kann. Die Mitteilung muss an das **Betreibungsamt am aktuellen Wohnsitz** erfolgt sein. Erhielt nur das Amt eines früheren Wohnsitzes die Massnahme mitgeteilt, macht die Mitteilung der Aufhebung keinen Sinn.

9 Das Gesetz schreibt vor, dass auch der **Wechsel des Wohnsitzes** dem Betreibungsamt angezeigt werden müsse. Der Sinn dieser Bestimmung ist allerdings nicht ganz einzusehen. Wohl ist zutreffend, dass nach neuem SchKG die Betreibungsurkunden immer auch dem Beistand zuzustellen sind (Art. 68d SchKG). Die vormundschaftlichen Behörden werden aber häufig vom Wechsel des Wohnsitzes nichts Sicheres erfahren. Das ist namentlich der Fall, wenn nach Art. 396 Abs. 2 gar keine wohnörtliche Zuständigkeit besteht. Aber auch soweit die Massnahme grundsätzlich am Wohnsitz zu führen ist, muss beachtet werden, dass die betroffene Person ohne jede Mitwirkung der Behörde ihren Wohnsitz verlegen kann. Diese wird häufig erst im Nachhinein davon erfahren, möglicherweise nachdem am neuen Wohnsitz bereits Betreibungen durchgeführt worden sind.

10 Wie bei Art. 435 (s. dazu N 9) muss auch hier von der **Mitteilung an das Betreibungsamt abgesehen** werden können, wenn die Interessen der betroffenen Person dies verlangen und mit Betreibungen nicht zu rechnen ist.

IV. Verfahren

11 Bezüglich des Verfahrens einschliesslich des rechtlichen Gehörs kann auf die Ausführungen zu Art. 435 verwiesen werden (s.o. Art. 435 N 11 ff.). Bei der *Beistandschaft im weiteren Sinn* regelt allerdings das ZGB nicht nur die örtliche, sondern auch die **sachliche Zuständigkeit.** Gemäss dem klaren Wortlaut des Gesetzes hat die **VormBehörde** über die Veröffentlichung zu entscheiden und diese ggf. dann vorzunehmen. Das gilt auch für die *Beiratschaft.* Obgleich die sachliche Zuständigkeit nur in Abs. 1 ausdrücklich geregelt wird, ist die VormBehörde auch für die Mitteilung an das Betreibungsamt zuständig.

Weil der Entscheid über die Publikation und die Mitteilung an das Betreibungsamt von **12** Bundesrechts wegen der VormBehörde zusteht, ist auch die **Vormundschaftsbeschwerde** nach Art. 420 Abs. 2 gegeben. Der letztinstanzliche kant. Entscheid unterliegt weder der Berufung noch der Verwaltungsgerichtsbeschwerde an das BGer. Mit Inkrafttreten des Bundesgerichtsgesetzes (BBG) wird die Beschwerde in Zivilsachen gegeben sein (Art. 72 Abs. 2 Bst. b Ziff. 5 BBG).

Zweiter Abschnitt: Das Ende des vormundschaftlichen Amtes

Art. 441

A. Handlungs-unfähigkeit, Tod	**Das Amt des Vormundes hört mit dem Zeitpunkt auf, da er handlungsunfähig wird oder stirbt.**
A. Perte de l'exercice des droits civils, décès	Les fonctions du tuteur cessent à son décès ou lorsqu'il perd l'exercice des droits civils.
A. Perdita della capacità, decesso	L'ufficio del tutore cessa con la sua morte o con la perdita dell'esercizio dei diritti civili.

Art. 442

B. Entlassung, Nichtwiederwahl I. Ablauf der Amtsdauer	**Das Amt des Vormundes hört auf mit Ablauf der Zeit, für die er bestellt worden ist, sofern er nicht bestätigt wird.**
B. Expiration des fonctions, nonréélection I. Fin de la période de nomination	Les fonctions du tuteur non confirmé cessent à l'expiration de la période pour laquelle il a été nommé.
B. Dimissione I. Decorso del periodo di nomina	Il tutore cessa dal suo ufficio, se non è rieletto, dal momento in cui è decorso il periodo della sua nomina.

Art. 443

II. Eintritt von Ausschliessungs- oder Ablehnungsgründen	[1] **Tritt während der Vormundschaft ein Ausschliessungsgrund ein, so hat der Vormund das Amt niederzulegen.** [2] **Tritt ein Ablehnungsgrund ein, so kann der Vormund in der Regel die Entlassung vor Ablauf der Amtsdauer nicht verlangen.**

Thomas Geiser   2191

| II. Incapacité ou dispense | [1] Le tuteur est tenu de résigner ses fonctions, s'il survient une cause d'incapacité ou d'incompatibilité. |

[2] S'il survient une cause de dispense, le tuteur ne peut, dans la règle, se démettre de ses fonctions avant qu'elles soient expirées.

| II. Causa di esclusione o dispensa | [1] Se una causa d'esclusione si verifica durante la tutela, il tutore deve dimettersi dall'ufficio. |

[2] Se si verifica una causa di dispensa, egli di regola non può chiedere la sua dimissione prima della fine del periodo.

Art. 444

III. Pflicht zur Weiterführung

Der Vormund ist verpflichtet, die notwendigen Geschäfte der Vormundschaft weiter zu führen, bis sein Nachfolger das Amt übernommen hat.

III. Continuation de la gestion

Le tuteur est tenu de faire les actes indispensables d'administration jusqu'à ce que son successeur soit entré en charge.

III. Continuazione della gestione

Il tutore ha il dovere di continuare gli atti necessari dell'amministrazione della tutela fino a che il suo successore non abbia assunto l'ufficio.

Literatur

GEISER/LANGENEGGER/MINGER/MOSIMANN/NICOD, Mustersammlung Erwachsenenvormundschaftsrecht, Basel 1996; GOOD, Das Ende des Amtes des Vormundes, Diss. Freiburg i.Ü. 1992; HEFTI, Die vormundschaftliche Amtsführung nach dem schweizerischen Zivilgesetzbuch mit besonderer Berücksichtigung der prinzipiellen Selbständigkeit des Vormundes in seiner Amtstätigkeit, Diss. Bern 1916; JULMY, Die elterliche Gewalt über Entmündigte, Diss. Freiburg i.Ü. 1991; REGOTZ, Das Ende der Bevormundung, Diss. Zürich 1981; ROSSEL/MENTHA, Manuel du droit civil suisse, Bd. I, Lausanne; vgl. auch die Literaturhinweise zu den Vorbem. zu Art. 360–456.

I. Allgemeines

1 Während in den Art. 431 bis 433 die Voraussetzungen für das Ende der vormundschaftlichen Massnahme aufgeführt sind, regeln die Art. 441 bis 444 das **Ende des Amtes eines Vormundes.** Die Bestimmungen gelten – grundsätzlich – unabhängig davon, ob die Massnahme mit einem anderen Amtsträger weitergeführt wird oder nicht.

2 Die Art. 441 ff. gelangen auch bei der **Beistandschaft und der Beiratschaft** zur Anwendung. Sie werden vom Verweis in Art. 367 Abs. 3 erfasst (BK-SCHNYDER/MURER, Art. 367 N 31; DESCHENAUX/STEINAUER, Personnes, Rz 1132; GOOD, 4 f.). Auf das Ende der **vorläufigen Vertretung** nach Art. 386 Abs. 2 sind die genannten Bestimmungen analog anwendbar (s.u. N 22; GOOD, 144 f.). Beim vorläufigen Vertreter gibt es allerdings keine feste Amtszeit, da sein Amt bis zur endgültigen Regelung der gesetzlichen Vertretung dauert. Die Art. 441 ff. finden auch auf die **verlängerte elterliche Sorge** nach Art. 385 Abs. 3 analoge Anwendung (BK-SCHNYDER/MURER, Art. 385 N 46; JULMY, 143 f.; GEISER et al., 26).

II. Ende des Amtes ipso iure

3 Bei gewissen Ereignissen endet das vormundschaftliche Amt von Gesetzes wegen, ohne dass es dafür einer besonderen Verfügung der Behörde bedarf. Das ist einerseits der Fall, wenn die Massnahme ihr Ende findet (s.u. N 9 f.). Andererseits gibt es aber auch Ereig-

Thomas Geiser

nisse, bei denen die Massnahme zwar bestehen bleibt, die Funktion des entsprechenden Mandatsträgers jedoch aufhört (u. N 4 ff.). Daneben gibt es Sachverhalte, welche die Behörde verpflichten, für die Ablösung des Amtsträgers besorgt zu sein. Dessen Amt endet diesfalls erst mit einer behördlichen Verfügung (s.u. N 13 ff.).

1. Tod des Vormundes (Art. 441)

Das vormundschaftliche Amt endet mit dem **Tod des Vormundes** von selbst. Ob die **4** **Verschollenerklärung** die gleiche Wirkung hat, ist in der Lehre umstritten (dafür: BK-KAUFMANN Art. 441 N 3; HEFTI, 41 f.; dagegen: GOOD, 18 f.). Die Frage ist ohne praktische Bedeutung, da die Verschollenerklärung eine lange Abwesenheit voraussetzt, während der die verschollene Person ihr vormundschaftliches Amt nicht mehr ausüben kann, so dass sie bereits längst vor der Verschollenerklärung nach Art. 445 ihres Amtes zu entheben ist (GOOD, 18). Der Verschollenerklärung kann jedenfalls nicht die Bedeutung zukommen, die Vertretungsmacht rückwirkend auf den Zeitpunkt der Todesgefahr oder der letzten Nachricht entfallen zu lassen (vgl. BK-ZÄCH, Art. 35 N 6).

2. Eintritt der Handlungsunfähigkeit (Art. 441)

Die **Entmündigung des Vormundes** führt von Gesetzes wegen zur Beendigung seines **5** Amtes (GOOD, 19 f.). Eine handlungsunfähige Person kann nicht Vormund sein (Art. 379 und Art. 384 Ziff. 1). Es ist ohne Bedeutung, ob die Entmündigung im ordentlichen Verfahren erfolgt ist oder ob es sich nur um eine vorläufige Entziehung der Handlungsfähigkeit nach Art. 386 Abs. 2 handelt (GOOD, 20). Letztere bewirkt das Ende des vormundschaftlichen Amtes auch dann, wenn sich anschliessend im ordentlichen Entmündigungsverfahren keinerlei vormundschaftliche Massnahme als notwendig erweist. Ein Wiederaufleben des vormundschaftlichen Amtes ist nicht möglich. Es steht allerdings formell nichts im Wege, den ehemaligen Amtsträger nun wieder als Vormund zu bestellen.

Nach dem Wortlaut von Art. 441 stellt die **Verbeiratung** keinen Beendigungsgrund für **6** das vormundschaftliche Amt dar. Verbeiratete Personen sind nicht handlungsunfähig, sondern bloss beschränkt handlungsfähig. Wie SCHNYDER/MURER (BK, Art. 379 N 53) vom Normzweck her und mit Blick auf die Entstehungsgeschichte überzeugend nachweisen, sind aber Verbeiratete als Vormünder nicht wählbar (**a.M.** dann aber BK-SCHNYDER/MURER, Art. 384 N 18). Art. 441 ist deshalb in dem Sinn zu verstehen, dass auch die Verbeiratung von Gesetzes wegen das vormundschaftliche Amt dahinfallen lässt (**a.M.** GOOD, 22 f.).

Demgegenüber lässt sich bei der **Verbeiständung** nicht in jedem Fall eine Notwendigkeit für die Beendigung des Amtes ausmachen. Sie betrifft die Handlungsfähigkeit nicht. Diese Massnahme kann sich auch bei einer bloss vorübergehenden Unmöglichkeit des Amtsträgers zum Handeln als angezeigt erweisen, ohne dass dadurch die Interessen eines Mündels notwendigerweise berührt wären. Die Verbeiständung des Vormundes lässt deshalb dessen Amt nicht ipso iure untergehen (ähnlich: BK-SCHNYDER/MURER, Art. 379 N 54). Tritt sie ein, hat vielmehr die VormBehörde zu prüfen, ob der Amtsträger nach Art. 445 seines Amtes zu entheben ist (s.u. Art. 445 N 13 ff.).

Neben der Mündigkeit bzw. dem Fehlen einer Entmündigung setzt die Handlungsfähig- **7** keit auch die **Urteilsfähigkeit** voraus (Art. 13). Diese bestimmt sich nach Art. 16. Im schweizerischen Recht ist sie relativ und kann deshalb nur für ein bestimmtes Geschäft festgestellt werden (BK-BUCHER, Art. 16 N 87). Für die Ausübung des vormundschaftlichen Amtes ist entscheidend, ob die Urteilsfähigkeit bez. jener Rechtshandlungen gegeben ist, die bei einer Amtsführung gewöhnlich auftreten.

In der **Lehre** ist **umstritten,** ob die fehlende Urteilsfähigkeit von Art. 441 erfasst wird oder einen Grund für eine Amtsenthebung nach Art. 445 Abs. 2 darstellt (für Anwendbarkeit von Art. 441: HEFTI, 42; **a.M.** GOOD, 20 f.; für die ähnliche Frage bei der gewillkürten Vollmacht vgl. BK-BUCHER, Art. 19 N 334 und BK-ZÄCH, Art. 35 N 14). Der Wortlaut der Norm spricht für die Beendigung von Gesetzes wegen. Es überwiegen aber praktische Argumente, die der Anwendung von Art. 441 entgegenstehen (s.u. N 8).

Soll aufgrund des Wortlauts für Beendigung entschieden werden, so muss die Urteilsunfähigkeit im dargelegten Sinn wenigstens **dauernd** gegeben sein. Die Beendigung des Amtes macht bei einer bloss vorübergehenden Urteilsunfähigkeit keinen Sinn. Der Gesetzestext ist – wie bei anderen entsprechenden Gesetzesbestimmungen (vgl. Art. 35 OR und BK-ZÄCH, Art. 35 OR N 14; demgegenüber ausdrücklich: Art. 185 Abs. 2 Ziff. 5 ZGB) – in diesem Sinne auszulegen. Dass eine bloss vorübergehende Urteilsunfähigkeit nicht gemeint sein kann, ergibt sich überdies aus Art. 392 Ziff. 3. Die Urteilsunfähigkeit ist dauernd, wenn mit ihrer Beseitigung überhaupt nicht oder jedenfalls nicht in einem Zeitraum gerechnet werden kann, in dem der Amtsträger voraussichtlich mehrere Amtshandlungen vornehmen müsste.

8 Bei der Entmündigung des Mandatsträgers und der Anordnung einer Beiratschaft endet das Amt von Gesetzes wegen in dem **Zeitpunkt,** in dem die Massnahme ihre Wirkung entfaltet. Beim ordentlichen Verfahren ist die formelle Rechtskraft abzuwarten. Demgegenüber wird der Entzug der Handlungsfähigkeit nach Art. 386 Abs. 2 mit der Vollstreckbarkeit der Massnahme wirksam.

In welchem Zeitpunkt eine **dauernde Urteilsunfähigkeit** eintritt, kann – wenn überhaupt – häufig nur im Nachhinein bestimmt werden. Schon der Wegfall der Urteilsfähigkeit ist schwer feststellbar, insb. weil diese relativ ist. Ob dieser Zustand als dauernd bezeichnet werden muss, ist in einem bestimmten Zeitpunkt noch schwieriger festzustellen. Entfiele die mit dem vormundschaftlichen Amt verbundene Vertretungsmacht in diesem Zeitpunkt von Gesetzes wegen, wäre der Rechtsverkehr aufs Höchste gefährdet. Der gute Glaube des Dritten vermag der gesetzlichen Vertretungsmacht, anders als bei der gewillkürten Vertretung, nicht über einen Erlöschungsgrund hinaus Wirkung zu verleihen (vgl. BGE 107 II 114 ff.; BK-ZÄCH, Art. 35 N 94 und Art. 37 N 3). Aus diesen Gründen fällt der Verlust der Urteilsfähigkeit nicht unter Art. 441 (s.o. N 7).

3. Ende der Bevormundung

9 Das Amt des Vormundes endet in jedem Fall mit dem Ende der Bevormundung, unabhängig davon, ob das Mündel von Gesetzes wegen oder durch eine behördliche Verfügung seine **Mündigkeit wiedererlangt** (BK-SCHNYDER/MURER, Art. 379 N 21; GOOD, 23 f.; REGOTZ, 7). Dieser Endigungsgrund wird im Gesetz allerdings nicht ausdrücklich erwähnt.

10 Schliesslich endet das vormundschaftliche Amt von Gesetzes wegen, wenn das **Mündel** **stirbt.** Auch dieser Sachverhalt wird im Gesetz nicht ausdrücklich aufgeführt. Die Erbschaftsverwaltung durch den ehemaligen Vormund nach Art. 554 Abs. 3 ist ein erbrechtliches und nicht ein vormundschaftsrechtliches Institut (GEISER et al., 62). Der ehemalige Vormund handelt nicht als solcher, sondern als Erbschaftsverwalter. Entsprechend richten sich weder seine Verantwortlichkeit noch der Rechtsweg gegen seine Handlungen nach dem Vormundschaftsrecht (ZK-ESCHER, Art. 554 N 12). Der Vormund ist zur Erbschaftsverwaltung trotz dieser Bestimmung nur befugt, wenn er von der zuständigen Behörde

als Verwalter ernannt wird. Die Behörde kann auch eine andere Anordnung treffen (ZK-ESCHER, Art. 554 N 10; BK-TUOR/PICENONI, Art. 554 N 13 f.).

4. Entlassung am Ende der Amtszeit (Art. 442)

Der Vormund wird immer für eine bestimmte Amtsdauer gewählt, welche i.d.R. zwei **11**
Jahre dauert (Art. 415 Abs. 1). Eine Wiederwahl auf eine weitere Amtsdauer ist ohne
weiteres möglich. Läuft die Amtsdauer ab, ohne dass der bisherige Amtsinhaber für eine
weitere Amtsperiode bestätigt wird, endet sein Amt. In der Lehre ist umstritten, ob
Art. 442 das Amt von Gesetzes wegen untergehen lässt (BK-KAUFMANN, Art. 442 N 1;
ROSSEL/MENTHA, Bd. I, 479) oder ob eine formelle Entlassung notwendig ist (GOOD,
29 ff.). Der Wortlaut des Randtitels kann nicht ausschlaggebend sein. Der Begriff der
«Entlassung» hat, wie ein Vergleich mit Art. 453 zeigt, verschiedene Bedeutungen. Ein
Erlöschen des Amtes von Gesetzes wegen mit dem Ablauf der Amtszeit steht auch nicht
im Widerspruch zu Art. 444 (**a.M.** GOOD, 30). Vielmehr setzt diese Bestimmung voraus,
dass das Amt erloschen ist (s.u. N 26). Der Ablauf der Amtsperiode ohne Wiederwahl
lässt somit die gesetzliche Vertretungsmacht unter Vorbehalt von Art. 444 entfallen.

Mit Blick auf das automatische Erlöschen des Amtes, hat die VormBehörde **rechtzeitig** **12**
über die Wiederwahl zu entscheiden und ggf. eine andere Person zum Vormund zu
bestellen. Ist keine rechtzeitige Übergabe des Amtes möglich, muss einerseits der bisherige Amtsträger gem. Art. 444 die notwendigen Handlungen weiter vornehmen (s.u.
N 26) und hat andererseits die Behörde in analoger Anwendung von Art. 386 selber die
notwendigen Vorkehren zu treffen, um die Mündelinteressen sicherzustellen (s.u. N 28).

III. Ende des Amtes durch Entlassung

Während gewisse Ereignisse das Amt von Gesetzes wegen erlöschen lassen (s.o. N 3 ff.), **13**
verpflichten andere die Behörde nur dazu, den Mandatsträger mit einer Verfügung aus
dem Amt zu entlassen. Der Eintritt eines entsprechenden Sachverhalts hat in erster Linie
zur Folge, dass der **Mandatsträger** die **Vormundschaftsbehörde um** seine **Entlassung
ersuchen** muss. Anschliessend hat die Behörde über diesen Antrag zu befinden. Kommt
der Vormund dieser Verpflichtung nicht nach, so hat die VormBehörde ihn von sich aus
nach Art. 445 seines Amtes zu entheben (GOOD, 56; STETTLER, Rz 441). Erst mit dem
behördlichen Akt erlischt die Funktion des Mandatsträgers. Bis zu diesem Zeitpunkt
steht ihm – unter Vorbehalt von Art. 392 Ziff. 2 (BGE 107 II 112; bestätigt in BGE 118 II
103 ff.) – die sich aus seinem Amt ergebende Vertretungsmacht uneingeschränkt zu. Mit
Blick auf das bevorstehende Ende seines Amtes sollte er von der Vertretungsbefugnis
allerdings nur noch Gebrauch machen, soweit es die Interessen des Mündels nicht erlauben, bis zu seiner Amtsentlassung zuzuwarten. In diesem Umfang ist er sowohl bei der
Vermögensverwaltung wie auch bei der persönlichen Fürsorge nach wie vor für die Wahrung der Mündelinteressen verantwortlich.

Demgegenüber gibt GOOD (54 ff.) der **Amtsniederlegung** nach Art. 443 eine **weitere
Bedeutung.** Nach diesem Autor lässt bereits die Amtsniederlegung durch den Vormund
dessen Vertretungsmacht grundsätzlich untergehen. Nur im Rahmen von Art. 444 dauere
eine solche in beschränktem Rahmen weiter. Diese Auffassung überträgt das Risiko einer
Überschreitung der Vertretungsmacht in weitem Rahmen dem Rechtsverkehr, was sich
namentlich mit Blick auf Art. 384 Ziff. 4 nicht rechtfertigen lässt. Aussenstehende sind
nie in der Lage zu erkennen, ob der in der genannten Bestimmung geregelte Ausschliessungsgrund tatsächlich eingetreten ist oder nicht. Mit dem Entscheid der Behörde **enden
die Aufgaben des Vormundes** allerdings noch **nicht.** Dieser hat anschliessend an die

Beendigung seines Amtes noch die Schlussrechnung zu erstellen und das Vermögen zu übergeben. Erst dann folgt die endgültige Entlassung des Mandatsträgers i.S. von Art. 453. Insofern deckt sich der Begriff der Entlassung in Art. 442 f. nicht mit dem in Art. 453 verwendeten. Entsprechend verwenden der französische und der italienische Text in diesen beiden Gesetzesbestimmungen unterschiedliche Begriffe.

1. Eintritt eines Ausschliessungsgrundes (Art. 443 Abs. 1)

14   Art. 443 Abs. 1 **verweist** sinngemäss **auf Art. 384,** wo die Ausschliessungsgründe aufgeführt sind. Nach h.L. ist diese Aufzählung allerdings nicht abschliessend (BK-Schnyder/Murer, Art. 384 N 14). Die Ausschliessungsgründe bewirken, dass die entsprechenden Personen von Gesetzes wegen für das Amt als ungeeignet erscheinen und der VormBehörde insoweit wohl kein Ermessen mehr zukommt. Tritt ein Ausschliessungsgrund nach der Wahl ein, so muss die VormBehörde den Mandatsträger seines Amtes entheben. Stellt er einen entsprechenden Antrag, ist Art. 443 Abs. 1 anwendbar. Stellt er auch auf Aufforderung durch die Behörde hin keinen Antrag, so erfolgt die Amtsenthebung nach Art. 445 (Good, 38; Deschenaux/Steinauer, Personnes, Rz 1043).

15   Art. 443 Abs. 1 ist auch anwendbar, wenn der **Ausschliessungsgrund zwar schon vor der Wahl bestanden** hat, aber erst nachher bekannt wird (Good, 38). Das Verfahren nach Art. 443 ist immer einzuschlagen, wenn der Vormund bereits rechtskräftig bestellt worden ist, d.h. wenn die Einsprachefrist nach Art. 388 unbenutzt verstrichen ist oder die Aufsichtsbehörde die Einsprache abgewiesen hat.

2. Eintritt eines Ablehnungsgrundes (Art. 443 Abs. 2)

16   Während die Ausschliessungsgründe dem Schutz der Mündelinteressen dienen, verhindern die Ablehnungsgründe, dass dem Vormund mit seinem Amt eine unzumutbare Last erwächst. Sie dienen in erster Linie seinen Interessen (Good, 38). Sie finden sich in **Art. 383 aufgezählt,** wobei das Gesetz an verschiedenen Stellen weitere Ablehnungsgründe enthält (BK-Schnyder/Murer, Art. 382/383 N 18 ff.; Good, 60). Es liegt im Ermessen des Vormundes, ob er trotz eines Ablehnungsgrundes das Amt übernehmen will oder nicht. Allerdings kann die VormBehörde zum Ergebnis gelangen, dass der Ablehnungsgrund die Interessen des Mündels verletzt, namentlich wenn der Vormund mit zu vielen Mandaten belastet ist, um sich dem einzelnen Fall genügend widmen zu können. Dann kann die VormBehörde eine Amtsenthebung nach Art. 445 vornehmen.

17   Weil es bei den Ablehnungsgründen um den Schutz der Interessen des Mandatsträgers und nicht des Mündels geht, besteht keine Dringlichkeit für den Wechsel des Vormundes. Aus diesem Grund berechtigen diese Sachverhalte den Mandatsträger i.d.R. nur, sich einer **Wiederwahl zu widersetzen.** Art. 443 Abs. 2 lässt aber ausdrücklich Ausnahmen zu.

18   Der Vormund kann jederzeit seine **sofortige Entlassung beantragen.** Die VormBehörde hat nach ihrem Ermessen zu entscheiden, ob die Interessen des Amtsträgers an einer sofortigen Niederlegung oder jene des Mündels am Weiterführen des bisherigen Mandates überwiegen. Der entsprechende Entscheid kann mit Vormundschaftsbeschwerde an die Aufsichtsbehörde weitergezogen werden (Good, 62). Wird der Entlassungsantrag des Mandatsträgers gutgeheissen, können das Mündel und ggf. auch weitere Personen, die ein Interesse haben, Beschwerde führen. Wird der Antrag abgelehnt, ist auch der Mandatsträger beschwerdelegitimiert. Diesfalls dem Mündel und den weiteren Personen die Legitimation abzusprechen (so Good, 62), rechtfertigt sich nicht, da es im Interesse des Mündels liegen kann, nicht jemanden als Vormund zu haben, der dieses Amt nur widerwillig ausübt.

Wird der Vormund nicht sofort entlassen, so hat er einen **Anspruch** darauf, bei Ablauf **19** seiner Amtsdauer in seinem **Amt nicht bestätigt zu werden.** Gegen einen bestätigenden Entscheid steht ihm die Vormundschaftsbeschwerde offen. Das Verfahren nach Art. 388 findet auf den Bestätigungs- oder Nichtbestätigungsentscheid keine Anwendung (s.o. Art. 415/416 N 6; GOOD, 62).

IV. Weitere Gründe für die Beendigung

Neben den oben aufgeführten Gründen und der Amtsenthebung nach Art. 445 gibt es **20** weitere Gründe für die Beendigung des vormundschaftlichen Amtes, welche im **Gesetz teilweise keinen Niederschlag** gefunden haben.

Das ZGB regelt die Frage nicht, ob auch eine **einverständliche Amtsniederlegung** mög- **21** lich ist. Selbst wenn weder ein Ausschliessungs- noch ein Ablehnungsgrund vorliegt, kann ein Vormundwechsel sowohl im Interesse des Mündels wie auch des bisherigen Amtsinhabers liegen, wenn dieser beispielsweise das Amt nur widerwillig ausübt und plötzlich eine Person auftritt, die willens und fähig ist, das Amt zu übernehmen. Diese Fälle unter Art. 445 Abs. 2 zu subsumieren, ist wenig sinnvoll, weil die Amtsenthebung für den Amtsträger stigmatisierende Wirkung haben kann. Zudem wird in diesen Fällen häufig nicht behauptet werden können, dass der bisherige Amtsträger seinen Pflichten nicht genügt. Schliesslich erfolgt der Wechsel des Amtsträgers im Gegensatz zur Amtsenthebung nach Art. 445 auch nicht gegen den Willen der betroffenen Person. In diesen Fällen ist vielmehr Art. 443 Abs. 2 analog anwendbar. Grundsätzlich kommt der Wechsel des Vormundes auch hier nur auf das Ende der Amtszeit in Frage. Im Interesse aller Beteiligten kann aber die VormBehörde auch während der laufenden Amtszeit auf Antrag des bisherigen Amtsinhabers einen Wechsel vornehmen, ohne dass die Voraussetzungen von Art. 443 oder 445 gegeben sein müssten. Insofern kann von einer einverständlichen Beendigung des Amtes gesprochen werden (GOOD, 139 ff.).

Auf diese Weise ist auch die Beendigung des vormundschaftlichen Amtes vorzunehmen, wenn ein **Amtsvormund** seinen Dienst quittiert. Der Amtsvormund ist einerseits seiner vorgesetzten Dienststelle beamtenrechtlich unterstellt und wird andererseits durch die VormBehörde überwacht (Art. 420). Diese überträgt ihm auch die einzelnen Mandate, und nur sie ist befugt, ihm diese wieder zu entziehen. Das Ende der Beamtung beendet somit nicht von Gesetzes wegen die einzelnen vormundschaftlichen Mandate. Vielmehr bedarf es dafür in jedem einzelnen Fall eines Entscheides der VormBehörde, welchen diese in Analogie zu Art. 443 Abs. 2 auf Antrag des Mandatsträgers zu treffen hat. Stellt der Mandatsträger keinen entsprechenden Antrag, so ist nach Art. 445 ff. vorzugehen (vgl. GOOD, 137 ff.).

Wird einer Person gem. Art. 386 Abs. 2 die Handlungsfähigkeit provisorisch entzogen, **22** so wird ihr ein **provisorischer Vertreter** ernannt. Die Art. 441 ff. sind auf die Beendigung seines Amtes analog anwendbar (s.o. N 2). Sein Amt endet überdies, wenn jemand anderer als ordentlicher Vormund bestellt wird. Wird hingegen er zum Mandatsträger gewählt, führt er sein bisheriges Amt fort, so dass darin kein Beendigungstatbestand gesehen werden kann (GOOD, 145).

Wird infolge des **Wohnsitzwechsels des Mündels** die Führung der Vormundschaft von **23** einer anderen Behörde übernommen, so endet damit das Amt des Vormundes nicht. Es kann sich aber rechtfertigen, den Mandatsträger auszuwechseln. Häufig wird die Verpflichtung zur Übernahme des Amtes nach Art. 382 entfallen. Es kann auch den Interessen des Mündels entsprechen, dass der Vormund im gleichen Amtsbezirk wohnt. Deshalb hat die Behörde am neuen Ort darüber zu befinden, ob der bisherige Amtsträger bis zum

Ablauf seiner Amtsperiode beizubehalten ist oder ein neuer Vormund ernannt werden soll (vgl. GOOD, 145 f.). Erfolgt der Wechsel auf Antrag – oder mit Zustimmung – des bisherigen Vormundes, so ist Art. 443 analog anzuwenden. Erfolgt der Wechsel gegen seinen Willen, liegt eine Amtsenthebung nach Art. 445 vor.

24 Gemäss **Art. 53 Abs. 1 StGB** kann das Strafgericht als **Nebenstrafe** jemandem das Amt des Vormundes oder des Beistandes entziehen und ihn für unfähig erklären, die elterliche Sorge auszuüben oder Vormund oder Beistand zu sein. Vom Ergebnis her handelt es sich dabei um eine Amtsenthebung nach Art. 445 Abs. 1. Das Verfahren und die Zuständigkeit richten sich aber nicht nach den Bestimmungen des ZGB, sondern nach den straf- bzw. strafprozessrechtlichen Regeln. Der gerichtliche Entscheid beendet mit seiner Rechtskraft das Amt, ohne dass es dafür noch eines Entscheides der Vormundschaftsbehörde bedürfte (GOOD, 148). Das ist indessen – entgegen der Ansicht von TRECHSEL (Kurzkommentar, Zürich 1997, Art. 53 StGB N 2) – eine wenig praktische Lösung. Damit im Mündelinteresse ein nahtloser Übergang von einem Amtsträger auf den andern gewährleistet ist, muss die VormBehörde rechtzeitig von der beabsichtigten Nebenstrafe erfahren und einen neuen Mandatsträger ernennen. In der Praxis kommt allerdings die Bestimmung nur selten zum Tragen. Der strafrechtlichen Verurteilung geht regelmässig ein langes Verfahren voraus, während dessen der Mandatsträger i.d.R. bereits nicht mehr als geeignet erscheint und deshalb nach Art. 445 Abs. 1 oder 2 von der VormBehörde seines Amtes zu entheben ist oder selber um seine Ablösung nachsucht.

Bei Verfehlungen, die nicht im Zusammenhang mit dem vormundschaftlichen Amt stehen, den Verurteilten aber für ein vormundschaftliches Amt als ungeeignet erscheinen lassen, hat das Strafgericht der VormBehörde nach Art. **53 Abs. 2 StGB Mitteilung** zu machen, damit die Behörde nach Art. 445 über die Amtsenthebung entscheiden kann.

V. Verfahren

1. Allgemeines und Zuständigkeit

25 Das Verfahren richtet sich im Einzelnen nach dem **kantonalen Recht.** Soweit es für die Beendigung des Amtes eines Entscheides bedarf, ist dafür von Bundesrechts wegen die VormBehörde **sachlich zuständig.** Sie hat den Vormund zu bestellen (Art. 379 Abs. 1) und über seine Bestätigung oder Ersetzung bei Ablauf der Amtsperiode zu befinden (s.o. Art. 415 N 5 ff.). Das Gesetz weist ihr auch ausdrücklich die Kompetenz zu, den Vormund seines Amtes zu entheben (s.u. Art. 445 N 18). Konsequenterweise hat sie auch über die Entlassung nach Art. 443 zu befinden. **Örtlich** ist jene Behörde **zuständig,** welche die Massnahme führt. Das ist i.d.R. die gleiche, welche den bisherigen Mandatsträger ernannt oder in seinem Amt bestätigt hat. Hat das Mündel seinen Wohnsitz verlegt, ist die VormBehörde am neuen Wohnsitz zuständig, sobald ihr Übernahmebeschluss rechtskräftig geworden ist (vgl. Art. 337 N 8). Das Verfahren wird im Bundesrecht nur für die Amtsenthebung nach Art. 445 – nicht aber für den Wechsel des Mandatsträgers nach Art. 442 f. – ausführlicher geregelt (s.u. Komm. zu Art. 446 ff.).

2. Weiterführungspflicht (Art. 444)

26 Die Interessen des Mündels verlangen bei der Ablösung eines Vormundes einen nahtlosen Übergang der vormundschaftlichen Befugnisse auf den neuen Mandatsträger. Da das Amt des Mandatsträgers durch einen behördlichen Entscheid endet, ist grundsätzlich auch die VormBehörde für eine korrekte Ablösung des Amtsträgers verantwortlich. Um sicherzustellen, dass dieser Übergang aber wirklich reibungslos verläuft, entlässt das Gesetz den bisherigen Vormund in zwei Fällen nicht ganz aus der Verantwortung. Nach

Art. 444 muss der **bisherige Amtsträger sein Amt weiterführen,** bis er es einem Nachfolger übergeben kann, wenn sein Amt nach Art. 442 oder 443 erloschen ist. In diesen Fällen dauert seine Vertretungsbefugnis im entsprechenden Umfang an (BGE 88 III 7). Das gilt auch für seine Verantwortlichkeit. Allerdings hat er bei der Ausübung seiner Aufgaben dem provisorischen Charakter seiner Amtsführung Rechnung zu tragen. Soweit Entscheidungen von grösserer Tragweite aufgeschoben werden können, sollte er diese im Interesse des Mündels seinem Nachfolger überlassen.

Art. 444 gelangt nur zur Anwendung, wenn und solange die **vormundschaftliche Massnahme weiterbesteht.** Das ergibt sich aus dem Umstand, dass die Bestimmung an die Amtsbeendigung nach Art. 442 und 443 anknüpft. Diese Sachverhalte sind nur gegeben, wenn ein neuer Amtsträger bestimmt werden muss, weil die Massnahme andauert. Ist demgegenüber das Ende der Massnahme eingetreten, kann – und muss allenfalls – der Mandatsträger einzelne Geschäfte höchstens als Geschäftsführer ohne Auftrag weiterführen (s.o. Art. 431 N 7).

Die Gesetzessystematik zeigt, dass Art. 444 nur bei den in Art. 442 und 443 aufgeführten **27** Beendigungsgründen Anwendung findet. Weder bei den in **Art. 441** genannten Beendigungsgründen noch bei **Art. 445** besteht ein Weiterführungsrecht, aber auch keine Weiterführungspflicht. Weil die **strafrechtliche Amtsenthebung** (s.o. N 24) einer solchen nach Art. 445 entspricht, ist auch diesfalls die Weiterführungspflicht ausgeschlossen. Demgegenüber ist Art. 444 bei der **einverständlichen Amtsniederlegung** (s.o. N 21) und dem Ende des Amtes des **provisorischen Vertreters** analog anwendbar, wenn eine andere Person zum ordentlichen Vormund bestellt wird (s.o. N 22).

Art. 444 enthebt die **Vormundschaftsbehörde** nicht der **Verantwortung,** ihrerseits für **28** die notwendige Vertretung und persönliche Fürsorge zu sorgen. Sie kann in analoger Anwendung von Art. 386 Abs. 1 bei jedem Fehlen eines handelnden Mandatsträgers die erforderlichen Massregeln treffen (s.o. N 11). Dazu kann auch das eigene Handeln der Behörde für das Mündel gehören (BK-SCHNYDER/MURER, Art. 386 N 67).

3. Rechtsmittel

Die Entscheide der VormBehörde im Zusammenhang mit der Beendigung des Amtes **29** unterliegen der **Vormundschaftsbeschwerde** nach Art. 420 Abs. 2. Das Einspracheverfahren nach Art. 388 findet weder auf die Bestätigung des bisherigen Amtsträgers für eine weitere Amtsperiode (s.o. Art. 415 N 6) noch bei der Ablehnung eines Entlassungsgesuches Anwendung (s.o. N 18 f.; GOOD, 41). Die Berufung an das BGer ist nicht gegeben (Art. 44 OG e contrario). Mit Inkrafttreten des Bundesgerichtsgesetzes (BBG) wird jedoch die Beschwerde in Zivilsachen gegeben sein (Art. 72 Abs. 2 Bst. b Ziff. 5 BBG).

Art. 445

C. Amts-
enthebung

I. Gründe

[1] Macht sich der Vormund einer groben Nachlässigkeit oder eines Missbrauchs seiner amtlichen Befugnisse schuldig, begeht er eine Handlung, die ihn der Vertrauensstellung unwürdig erscheinen lässt, oder wird er zahlungsunfähig, so ist er von der Vormundschaftsbehörde seines Amtes zu entheben.

[2] Genügt er seinen vormundschaftlichen Pflichten nicht, so kann ihn die Vormundschaftsbehörde, auch wenn ihn kein Verschulden trifft, aus dem Amte entlassen, sobald die Interessen des Bevormundeten gefährdet sind.

Thomas Geiser 2199

C. Destitution I. Cas	[1] Le tuteur coupable de négligences graves, d'abus dans l'exercice de ses fonctions ou d'actes qui le rendent indigne est destitué par l'autorité tutélaire; il en est de même du tuteur qui devient insolvable. [2] Si le tuteur ne remplit pas convenablement ses fonctions, l'autorité tutélaire peut, même en l'absence de toute faute, le relever de sa charge dès que les intérêts du pupille sont menacés.
C. Rimozione I. Casi	[1] L'autorità tutoria rimuove dal suo ufficio il tutore che si rende colpevole di una grave negligenza o di un abuso delle sue attribuzioni o commette un'azione tale da dimostrarlo indegno della fiducia in lui riposta, od è diventato insolvente. [2] Ove il tutore si riveli inidoneo ad adempiere i suoi doveri, anche senza che vi sia colpa da sua parte, l'autorità tutoria può rimuoverlo se gli interessi del tutelato sono esposti a pericolo.

Literatur

GOOD, Das Ende des Amtes des Vormundes, Diss. Freiburg i.Ü. 1992; JORIO, Der Inhaber der elterlichen Gewalt nach dem neuen Kindesrecht, Diss. Freiburg i.Ü. 1977; JULMY, Die elterliche Gewalt über Entmündigte, Diss. Freiburg i.Ü. 1991; DERS., Quelques aspects pratiques de l'autorité parentale prolongée (art. 385 al. 3 CC) en rapport avec l'autorité tutélaire, FZR 1996, 15 ff.; REUSSER, in: Hausheer (Hrsg.), Vom alten zum neuen Scheidungsrecht, Bern 1999; ROSSEL/MENTHA, Manuel du droit civil suisse, Bd. I, Lausanne; vgl. auch die Literaturhinweise zu den Vorbem. zu Art. 360 ff.

I. Allgemeines

1 Während die Art. 441 und 442 das Ende des vormundschaftlichen Amtes von Gesetzes wegen regeln (s.o. Art. 441 ff. N 3 ff.) und Art. 443 die Entlassung des Mandatsträgers auf sein eigenes Begehren betrifft, stellt Art. 445 die Rechtsgrundlage dar, um einen Vormund gegen seinen Willen durch einen behördlichen Akt im Verlauf einer Wahlperiode seines Amtes zu entheben. Die Bestimmung gilt für **alle vormundschaftlichen Ämter.** Gestützt auf sie kann nicht nur ein Vormund, sondern auch ein Beistand, ein Beirat (BK-SCHNYDER/MURER, Art. 367 N 31; DESCHENAUX/STEINAUER, Personnes, Rz 1132; Art. 367 N 31; GOOD, 4 f.) und ein vorläufiger Vertreter nach Art. 386 Abs. 2 seines Amtes enthoben werden (GOOD, 144 f.). Auch der Entzug der verlängerten elterlichen Sorge nach Art. 385 Abs. 3 gegen den Willen der Eltern richtet sich nach Art. 445 und nicht nach Art. 311 (BK-SCHNYDER/MURER, Art. 385 N 46; JULMY, 144 und DERS., FZR 1996, 24). Die abweichende Meinung von JORIO (124 f.) vermag nicht zu überzeugen. Bei einer erwachsenen Person müssen die Rechte der Eltern stärker zurücktreten als bei einer minderjährigen. Art. 445 hindert das Scheidungsgericht aber nicht, in einer Scheidung die bis zu diesem Zeitpunkt von beiden Ehegatten ausgeübte, verlängerte elterliche Sorge einem Elternteil zuzuteilen oder beiden zu entziehen oder beiden zu belassen (REUSSER, Rz 420). Die Abänderung der im Scheidungsurteil vorgenommenen Zuteilung der elterlichen Sorge richtet sich auch bei erwachsenen Kindern nach Art. 154, was allerdings die VormBehörde nicht hindert, nach Art. 445 die elterliche Sorge zu entziehen und einen Vormund zu bestellen.

II. Gründe

2 Das vormundschaftliche Amt hat in jedem Fall dem Mündel zu dienen. Entsprechend entscheiden auch ausschliesslich die **Mündelinteressen,** ob ein Amtsträger geeignet ist oder nicht. Gefährdet ein Mandatsträger die Interessen des Mündels, so ist er von der

VormBehörde auch gegen seinen Willen zu ersetzen. Die Behörde hat einzugreifen, sobald dies zum Schutze der Mündelinteressen notwendig ist. Die Amtsenthebung kann auch erfolgen, wenn (noch) keinerlei Schaden eingetreten ist (GOOD, 78 ff.; DESCHENAUX/STEINAUER, Personnes, Rz 1044a).

Art. 445 hält diesen Grundsatz fest und führt die Gründe für eine Amtsenthebung auf. Die **Aufteilung** in zwei Absätze ist dabei **systematisch wenig überzeugend.** Abs. 1 behandelt in erster Linie Gründe, bei denen den Vormund ein Verschulden trifft. Abs. 2 hält sodann fest, dass die Mündelinteressen eine Entlassung aus dem Amt auch rechtfertigen können, wenn den Vormund kein Verschulden trifft. In Abs. 1 finden sich aber auch die Zahlungsunfähigkeit und die der Vertrauensstellung unwürdigen Handlungen als Amtsenthebungsgründe, bei denen nicht immer von einem Verschulden des Vormundes gesprochen werden kann. Die Absätze unterscheiden sich auch nicht dadurch, dass die im einen aufgeführten Gründe der Behörde ein Ermessen beliessen (Abs. 2), während die anderen (Abs. 1) als zwingende Enthebungsgründe angesehen werden könnten (wohl **a.M.** GOOD, 106 f.). Ob die Nachlässigkeit oder der Missbrauch «grob» ist und ob eine Handlung der Vertrauensstellung unwürdig ist, hat die VormBehörde nämlich ebenfalls nach ihrem Ermessen zu entscheiden. Der Unterschied zwischen den in Abs. 1 und den in Abs. 2 aufgeführten Sachverhalten besteht wohl nur darin, dass die Entlassung aus dem Amt nach Abs. 2 im Gegensatz zur Amtsenthebung nach Abs. 1 i.d.R. nicht an der **Ehre** des Mandatsträgers **rührt** (ROSSEL/MENTHA, Bd. I, 158; GOOD, 82). **3**

Das Gesetz verwendet für die Rechtsfolge in den beiden Absätzen eine **unterschiedliche Umschreibung.** Während in Abs. 1 von der Amtsenthebung die Rede ist, spricht Abs. 2 von der Entlassung aus dem Amt. Gemeint ist beide Male das Gleiche, wie sich auch aus dem einheitlichen Randtitel ergibt. Mit Blick auf die für die Ehre anrüchigen Tatbestände in Abs. 1 wird dort bloss eine «drastischere Ausdrucksweise» (GOOD, 82) verwendet als in Abs. 2. **4**

1. Grobe Nachlässigkeit oder Amtsmissbrauch (Abs. 1)

Eine **Nachlässigkeit** liegt vor, wenn der Vormund es an der Sorgfalt fehlen lässt, welche sein Amt erheischt. Die Nachlässigkeit kann sowohl die Vermögensbelange wie auch die persönliche Fürsorge betreffen. Sie kann in einem Handeln oder Unterlassen bestehen. Auch die totale Gleichgültigkeit oder Teilnahmslosigkeit fällt darunter (GOOD, 83). **5**

Die Nachlässigkeit muss in jedem Fall im **Zusammenhang mit dem vormundschaftlichen Amt** stehen (GOOD, 83 f.). Handlungen ausserhalb der eigentlichen Tätigkeit können aber als «der Vertrauensstellung unwürdig» (s.u. N 7 ff.) angesehen werden oder das Ungenügen des Vormundes belegen (s.u. N 13 ff.).

Als **grob** ist die Nachlässigkeit zu bezeichnen, wenn der Vormund es *in krasser Weise* an der nötigen Sorgfalt fehlen lässt (GOOD, 83). Es bedarf allerdings nicht *einer* besonders krassen Handlung. Die Schwere der Pflichtverletzung kann sich auch aus einer Wiederholung einzelner weniger schwerer Fehlverhalten ergeben. Ob die Nachlässigkeit grob ist, entscheidet die VormBehörde im Einzelfall aufgrund aller Umstände nach ihrem pflichtgemässen Ermessen.

Der Wortlaut von Art. 445 Abs. 1 macht deutlich, dass es sich um ein **schuldhaftes Verhalten** des Vormundes handeln muss (BK-KAUFMANN, N 10). Mit Bezug auf die grobe Nachlässigkeit bedarf es aber keines Vorsatzes. Auch ein fahrlässiges Verhalten erfüllt den Tatbestand.

6 Als zweite Tatbestandsvariante führt das Gesetz den **Amtsmissbrauch** auf. Darunter ist jedes Ausnutzen der amtlichen Funktionen zu nicht vom Vormundschaftsrecht gedeckten Zwecken zu verstehen. Wird nicht eine amtliche Funktion zweckentfremdet, sondern werden die Grenzen der amtlichen Befugnisse überschritten, liegt kein Amtsmissbrauch vor (**a.M.** GOOD, 85; DESCHENAUX/STEINAUER, Personnes, Rz 1044). Die Handlung kann dann aber den Vormund als für sein Amt unwürdig erscheinen lassen (s.u. N 8). Grundsätzlich reicht jeder Amtsmissbrauch aus. Wie der Wortlaut der Bestimmung in allen drei Amtssprachen zeigt, muss er nicht besonders «grob» sein.

Auch hier ist Verschulden vorausgesetzt (BK-KAUFMANN, N 11). Der Begriff des Missbrauchs weist aber auf ein **vorsätzliches Handeln** hin, so dass blosse Fahrlässigkeit nicht genügt. Entsprechend reicht auch bewusste Fahrlässigkeit nicht aus (**a.M.** GOOD, 84 f.). Fahrlässiges Verhalten kann aber den Vormund als für sein Amt unwürdig erscheinen lassen (s.u. N 10).

2. Unwürdige Handlung (Abs. 1)

7 Was als unwürdiges Verhalten anzusehen ist, hat sich am **Wohl des Mündels** auszurichten. Gemeint ist jegliches Verhalten, welches das Vertrauen in die sorgfältige Amtsführung erschüttert. Dabei geht es in erster Linie um das Vertrauensverhältnis zwischen dem Vormund einerseits und dem Mündel und der VormBehörde andererseits. Die Unwürdigkeit ist aber auch gegeben, wenn das Verhalten den Vormund in einer breiten Öffentlichkeit als nicht mehr vertrauenswürdig erscheinen lässt. Dadurch wird auch das Ansehen des Mündels betroffen.

8 Das Vertrauensverhältnis wird regelmässig verletzt sein, wenn der Vormund seine **amtlichen Befugnisse überschreitet** (**a.M.** GOOD, 85, der diesen Fall zum Amtsmissbrauch zählt) oder seine **Geheimhaltungspflicht grob verletzt** (ZVW 1984, 70 f.). Eine vereinzelte, leichtere Pflichtverletzung wird häufig nicht genügen. Das Vertrauensverhältnis ist erst zerstört, wenn eine schwere Verletzung vorliegt oder bei untergeordneter Nachlässigkeit die Gefahr einer Wiederholung besteht. Gegebenenfalls muss die VormBehörde zuerst abmahnen und eine Amtsenthebung androhen (Art. 447 Abs. 2; s.u. Art. 447 N 28). Wesentlich ist immer auch, ob sich der Amtsträger einsichtig zeigt oder nicht.

Liegt ein Verhalten vor, welches einen **Ausschliessungsgrund** i.S.v. Art. 384 darstellt, so erweist sich der Amtsträger als unwürdig, wenn er trotz Aufforderung der VormBehörde nicht freiwillig sein Amt nach Art. 443 Abs. 1 niederlegt (s.o. Art. 441 ff. N 14; GOOD, 38; DESCHENAUX/STEINAUER, Personnes, Rz 1043).

9 Das Vertrauensverhältnis kann auch durch ein Verhalten zerstört werden, das **keinen Zusammenhang mit der Amtsführung** hat (GOOD, 88). Allerdings muss das Verhalten die Mündelinteressen gefährden. Soweit es einen Ausschliessungsgrund i.S.v. Art. 384 darstellt, ist in erster Linie das Verfahren nach Art. 443 zu beschreiten (s.o. N 8).

10 Im Gegensatz zu den Tatbeständen der groben Nachlässigkeit und des Amtsmissbrauches kann ein unwürdiges Verhalten auch zur Amtsenthebung führen, wenn **kein Verschulden** vorliegt (GOOD, 87). Das ist insb. bei Verhaltensweisen von Bedeutung, die nicht direkt die Amtsführung betreffen. Unverschuldetes Fehlverhalten im Bereich des vormundschaftlichen Amtes wird i.d.R. unter Art. 445 Abs. 2 subsumiert werden können.

3. Zahlungsunfähigkeit (Abs. 1)

11 Im Weiteren hat eine Amtsenthebung zu erfolgen, wenn der Vormund zahlungsunfähig wird. Zahlungsunfähigkeit ist gegeben, wenn eine Person auf **unbestimmte Zeit nicht über genügend Mittel verfügt,** um ihren Zahlungsverpflichtungen nachzukommen

(BGE 105 II 30; vgl. BK-WEBER, Art. 83 N 30; OR-LEU, Art. 83 N 2). Eine amtliche Feststellung i.S. einer Konkurseröffnung oder einer fruchtlosen Pfändung ist nicht erforderlich (DESCHENAUX/STEINAUER, Personnes, Rz 1044). Ein **Verschulden** ist hier nicht nötig (ZK-EGGER, N 5; BK-KAUFMANN, N 13; GOOD, 91).

Entsprechend dem Gebot der **Verhältnismässigkeit,** sollte auch hier eine Amtsenthe- **12** bung nur erfolgen, wenn die Interessen des Mündels durch die Zahlungsunfähigkeit gefährdet werden. Das wird zwar i.d.R. bei einer dauernden Zahlungsunfähigkeit zutreffen. Selbst wenn der Konkurs nachträglich eingestellt wird oder der Vormund seine Verlustscheine voraussichtlich bald zurückkaufen kann, sind die Interessen des Mündels regelmässig nicht mehr als optimal geschützt anzusehen (**a.M.** STETTLER, Rz 443). Ausnahmen sind aber möglich, wenn keinerlei Gefahr einer Haftung des Vormundes besteht, weil beispielsweise eine ausreichende Haftpflichtversicherung abgeschlossen worden ist und die Zahlungsunfähigkeit auch nicht als Hinweis auf eine wenig effiziente Vermögensverwaltung gewertet werden kann.

4. Sonstiges Ungenügen (Abs. 2)

Schliesslich kann die VormBehörde den Amtsträger entlassen, wenn er seinen vormund- **13** schaftlichen Pflichten nicht genügt. Wann dies zutrifft, bestimmt sich nach den Mündelinteressen im Einzelfall. Der VormBehörde kommt insoweit ein **grosses Ermessen** zu. Sie hat den Vormund immer zu entlassen, wenn eine optimale Wahrung der Mündelinteressen dies erfordert. Insoweit kommt es immer auch auf die möglichen Alternativen an. Ein Amtsträger kann sich i.S. des Gesetzes als seinen Aufgaben nicht gewachsen erweisen, weil ein geeigneterer Vormund zur Verfügung steht. Diesfalls sollte allerdings zuerst ein einvernehmlicher Amtswechsel (s.o. Art. 441 N 21) angestrebt werden.

Das Ungenügen kann **verschiedene Ursachen** haben. Der Vormund kann aus Alters- **14** gründen (vgl. ZVW 1962, 106 ff.), wegen seiner Gesundheit, wegen erhöhter Arbeitsbelastung, aus familiären Gründen oder wegen eines Wohnsitzwechsels nicht mehr in der Lage sein, sich in genügendem Ausmass um das Mündel und seine Angelegenheiten zu kümmern. Die Schwierigkeiten können aber auch in einer gestörten Beziehung des Vormundes zum Mündel oder – je nach den Bedürfnissen des Einzelfalls – zu dessen Verwandten oder weiteren Betreuungspersonen gründen. Erfolgt eine Verbeiständung des Vormundes, wird sich regelmässig die Frage stellen, ob dieser sein Amt noch weiter ausüben kann.

Wie der Gesetzeswortlaut ausdrücklich festhält, ist **kein Verschulden** des Vormundes **15** erforderlich (ZVW 1961, 27 f.; BK-KAUFMANN, N 2 und 14).

III. Rechtsfolgen

Tritt ein Tatbestand nach Abs. 1 oder Abs. 2 ein, so muss die Behörde handeln. Wenn es **16** die Mündelinteressen gebieten, hat sie den Vormund mit einer Verfügung des Amtes zu entheben. Bei geringeren Unregelmässigkeiten ist nach den Bedürfnissen des Mündels gem. Art. 447 Abs. 2 vorzugehen bzw. sind andere Massnahmen anzuordnen. Wenn in Abs. 2 im Gegensatz zu Abs. 1 das Wort «kann» verwendet wird, bedeutet dies nicht, dass es im freien Ermessen der Behörde läge, ob sie den Mandatsträger entlassen will oder nicht. Sind die Interessen des Mündels gefährdet, so *muss* der Vormund seines Amtes enthoben werden. Unabhängig davon, ob der Sachverhalt unter Abs. 1 oder 2 zu subsumieren ist, gilt es aber, das Verhältnismässigkeitsprinzip zu beachten. Wenn mit einer für den Vormund milderen Massnahme die Interessen des Mündels gewahrt werden können, ist diese zu ergreifen.

17 Verfügt die VormBehörde die Amtsenthebung (bzw. die Amtsentlassung), enden damit die mit dem vormundschaftlichen Amt verbundenen Befugnisse. Der Vormund kann keine die Person des Mündels betreffenden Anordnungen mehr treffen, die gesetzliche Vertretung erlischt und der Mandatsträger hat keine Befugnis zur Vermögensverwaltung mehr. Bei der Amtsenthebung nach Art. 445 ist **Art. 444 nicht anwendbar.** Es besteht weder eine Weiterführungspflicht noch ein Weiterführungsrecht. Mit Rechtskraft der Amtsenthebungsverfügung trägt die VormBehörde die volle Verantwortung für die Wahrung der Mündelinteressen. Die Art. 451 bis 453 sind aber auch hier anwendbar, so dass dem Mandatsträger noch gewisse Aufgaben über seine Amtsenthebung hinaus obliegen.

IV. Zuständigkeit und Verfahren

18 Das Verfahren wird in den Art. 446–450 geregelt (vgl. Komm. dazu). Art. 445 legt demgegenüber die Zuständigkeit fest. **Sachlich** ist von Bundesrechts wegen die **Vormundschaftsbehörde zuständig.** In **örtlicher Hinsicht** handelt es sich um jene Behörde, welche die Vormundschaft bis jetzt geführt hat. In der Regel ist das jene, die den Mandatsträger auch ernannt oder bestätigt hat. Nach einem Wohnsitzwechsel des Mündels ist die VormBehörde am neuen Wohnsitz zuständig, sobald ihr Übernahmebeschluss rechtskräftig geworden ist (vgl. Art. 337 N 8).

Art. 446

II. Verfahren

1. Auf Antrag und von Amtes wegen

[1] **Die Amtsenthebung kann sowohl von dem Bevormundeten, der urteilsfähig ist, als auch von jedermann, der ein Interesse hat, beantragt werden.**

[2] **Wird der Vormundschaftsbehörde auf anderem Wege ein Enthebungsgrund bekannt, so hat sie von Amtes wegen zur Enthebung zu schreiten.**

II. Procédure

1. Sur requête d'office

[1] La destitution peut être proposée par le pupille capable de discernement et par tout intéressé.

[2] Lorsqu'une cause de destitution parvient d'une autre manière à la connaissance de l'autorité tutélaire, celle-ci est tenue de procéder d'office.

II. Procedura

1. Dietro istanza o d'ufficio

[1] La rimozione può essere proposta dal tutelato capace di discernimento e da ogni altro interessato.

[2] Quando l'autorità tutoria venga per altra via a conoscenza di una causa di rimozione, deve procedere d'ufficio.

Art. 447

2. Untersuchung und Bestrafung

[1] **Vor der Enthebung hat die Vormundschaftsbehörde die Umstände des Falles zu untersuchen und den Vormund anzuhören.**

[2] **Bei geringen Unregelmässigkeiten kann die Enthebung bloss angedroht und dem Vormund eine Busse bis auf 100 Franken auferlegt werden.**

2. Enquête et pouvoir disciplinaire	[1] L'autorité tutélaire ne prononce la destitution qu'à la suite d'une enquête et après avoir entendu le tuteur.
	[2] Dans les cas de peu de gravité, elle pourra simplement menacer le tuteur de la destitution et lui infliger une amende de 100 francs au plus.
2. Inchiesta e pene disciplinari	[1] Prima di pronunciare la rimozione, l'autorità tutoria deve appurare le circostanze con un'inchiesta e sentire il tutore.
	[2] Nei casi meno gravi, l'autorità tutoria può limitarsi a comminare la rimozione e può infliggere al tutore una multa fino a cento franchi.

Art. 448

3. Vorläufige Massregeln	**Ist Gefahr im Verzuge, so kann die Vormundschaftsbehörde den Vormund vorläufig im Amte einstellen und nötigenfalls seine Verhaftung und die Beschlagnahme seines Vermögens veranlassen.**
3. Mesures provisoires	S'il y a péril en la demeure, l'autorité tutélaire peut suspendre provisoirement le tuteur et, au besoin, provoquer son arrestation et le séquestre de ses biens.
3. Misure provvisionali	Ove siavi pericolo nel ritardo, l'autorità tutoria può sospendere provvisoriamente il tutore e, ove occorra, provocare il suo arresto ed il sequestro dei suoi beni.

Art. 449

4. Weitere Massregeln	**Neben der Amtsenthebung und der Verhängung von Strafen hat die Vormundschaftsbehörde die zur Sicherung des Bevormundeten nötigen Massregeln zu treffen.**
4. Autres mesures	Outre la destitution ou une peine disciplinaire, l'autorité tutélaire prend toutes autres mesures commandées par l'intérêt du pupille.
4. Ulteriori disposizioni	Oltre la rimozione o le pene disciplinari, l'autorità tutoria ordina le necessarie misure a salvaguardia degli interessi del tutelato.

Art. 450

5. Beschwerde	**Gegen die Verfügungen der Vormundschaftsbehörde kann die Entscheidung der Aufsichtsbehörde angerufen werden.**
5. Recours	Un recours peut être adressé à l'autorité de surveillance contre les décisions de l'autorité tutélaire.
5. Ricorso	Contro le decisioni dell'autorità tutoria si può ricorrere alla autorità di vigilanza.

Thomas Geiser   2205

Literatur

GOOD, Das Ende des Amtes des Vormundes, Diss. Freiburg i.Ü. 1992; vgl. auch die Literaturhinweise zu den Vorbem. zu Art. 360–456 und zu 420 ff. sowie zu Art. 421/422.

I. Allgemeines

1 Weil die Durchführung der Vormundschaft im weiteren Sinn den **Kantonen** übertragen ist, sind diese auch zuständig, das **Verfahren** zu regeln. Die Art. 446–450 behandeln nur einzelne Punkte des Verfahrens bei einer Amtsenthebung. Weitere Schranken der kant. Gesetzgebung ergeben sich aus den allg., für ein rechtsstaatliches Verfahren geltenden Grundsätzen und den allg. Regeln der vormundschaftlichen Organisation. Gemäss Art. 420 Abs. 1 hat die VormBehörde die Mandatsträger ganz allg. zu beaufsichtigen (s.o. Vorbem. zu Art. 420–425 N 7 ff.). Gelangen der VormBehörde Missstände zur Kenntnis, so kann sie genötigt sein, als schwerste Massnahme der Aufsicht, die Amtsenthebung anzuordnen.

2 Art. 446 regelt die **Voraussetzungen für eine Amtsenthebung** nicht. Diese sind vielmehr in Art. 445 festgehalten. Die in den Art. 446 ff. behandelten Verfahrensgrundsätze gelten sowohl für die Amtsenthebung wegen grober Nachlässigkeit oder Missbrauch des Amtes (Art. 445 Abs. 1) als auch für jene wegen unverschuldeten Ungenügens (Art. 445 Abs. 2). Demgegenüber lassen sich diese Grundsätze nicht auf die Nichtwiederwahl (Art. 442 i.V.m. 415) und das Ende des Amtes wegen Eintritts eines Ausschliessungs- oder Ablehnungsgrundes (Art. 443) übertragen.

3 Die **Zuständigkeit** für die Amtsenthebung wird in Art. 445 festgelegt. Der Beschluss ist von der **VormBehörde** zu fassen.

4 Wie Art. 445 betreffen auch die Art. 446–450 die **Vormundschaft im weiteren Sinn.** Auch die Amtsenthebung eines Beistandes oder eines Beirates richtet sich nach diesen Verfahrensbestimmungen. Demgegenüber ist der Entzug der elterlichen Sorge in den Art. 310 und 311 geregelt und das entsprechende Verfahren richtet sich nach den Art. 314 sowie 315 f.

II. Einleitung des Verfahrens

1. Handeln auf Antrag (Art. 446 Abs. 1)

5 Die VormBehörde muss ein Amtsenthebungsverfahren einleiten, wenn ein entsprechender Antrag gestellt wird. Art. 446 **präzisiert** insoweit Art. 420 Abs. 1, der bereits die **Möglichkeit der Vormundschaftsbeschwerde** gegen alle Handlungen und Entscheidungen der Mandatsträger vorsieht (s.o. Art. 420 N 7 ff.). Es kann nicht nur bei der VormBehörde beantragt werden, einzelne Handlungen des Mandatsträgers aufzuheben oder diesem einzelne Weisungen zu erteilen, vielmehr kann der Antrag auch dahin gehen, den Vormund zu ersetzen.

6 Die **Legitimation** ist gleich umschrieben wie für die Vormundschaftsbeschwerde in Art. 420. Der Antrag kann sowohl vom *urteilsfähigen Mündel* selber (Art. 420 N 28 ff.) als auch von *jedem Dritten* gestellt werden, *der ein Interesse hat* (Art. 420 N 31 f.). Der Mandatsträger selber kommt allerdings als Antragsteller nicht in Frage, weil die Art. 445 ff. nur die unfreiwillige Amtsenthebung behandeln und nicht den freiwilligen Rücktritt. Allerdings ist es möglich, dass ein Beistand, der einer bevormundeten Person ernannt worden ist, weil beispielsweise der Vormund in einer Angelegenheit eigene Interessen hat, einen Amtsenthebungsantrag bez. des Vormundes stellt. Seine Legitimation

wird regelmässig gegeben sein, weil es sich bei ihm um einen Dritten handelt, der mit diesem Antrag Mündelinteressen wahrnimmt.

Stellt eine dazu legitimierte Person einen Antrag auf Amtsenthebung, so hat sie **Anspruch auf einen förmlichen Entscheid.** Art. 446 Abs. 1 sieht ein eigentliches Antragsrecht vor. Es handelt sich nicht bloss um eine Aufsichtsbeschwerde.   **7**

2. Handeln von Amtes wegen (Art. 446 Abs. 2)

Weil die VormBehörde die **Mandatsträger allgemein zu beaufsichtigen** hat (s.o. Vorbem. zu Art. 420–425 N 7 ff.), muss sie auch ein Amtsenthebungsverfahren einleiten, wenn sie von Umständen erfährt, die eine solche Massnahme als angezeigt erscheinen lassen könnten. Auf welche Weise die Behörde von den Verfehlungen oder dem Ungenügen des Vormundes erfahren hat, ist dabei ohne Bedeutung. Der Schutz des Mündels erfordert es, dass die Behörde insoweit auch Wissen verwerten kann, das ihr auf rechtswidrige Weise (z.B. Amtsgeheimnisverletzung) zur Kenntnis gelangt ist.   **8**

Bestehen genügend Anhaltspunkte, so ist das Verfahren **formell zu eröffnen.** Dies hat mit einer formellen Verfügung zu geschehen, von der (sogleich oder später) auch der betroffene Mandatsträger zu unterrichten ist (s.u. N 10). Der VormBehörde steht allerdings ein grosses Ermessen in der Frage zu, bei welchem Informationsstand sie das Verfahren formell eröffnen will. Mit Blick auf das Mündelinteresse hat sie grundsätzlich auch vagen Gerüchten nachzugehen. Diese verpflichten aber die Behörde noch nicht, ein förmliches Verfahren zu eröffnen. Der Grundsatz der Verhältnismässigkeit verlangt es, ein förmliches Amtsenthebungsverfahren nur einzuleiten, wenn die Vorwürfe eine hinreichende Schwere haben, so dass sie eine Amtsenthebung rechtfertigen könnten, und eine genügende Wahrscheinlichkeit besteht, dass sie zutreffen.   **9**

III. Instruktionsverfahren

1. Untersuchungsmassnahmen (Art. 447 Abs. 1)

Im Rahmen des Instruktionsverfahrens hat die VormBehörde den **Sachverhalt abzuklären.** Das ZGB hält nur den Grundsatz fest, ohne die einzelnen, zulässigen Massnahmen zu bestimmen. Diese richten sich vielmehr nach dem kant. Verfahrensrecht. Das kant. Verfahrensrecht muss aber, um dem Bundesrecht zu genügen, auch **Zwangsmassnahmen** vorsehen, soweit solche für die Sachverhaltsabklärung unerlässlich sind (s.u. N 1 8).   **10**

Die Umstände des Einzelfalles können es als notwendig erscheinen lassen, vorerst einzelne Abklärungen zu treffen, **ohne** dass der **Vormund** dies **weiss.** Diesfalls ist ihm aber nachträglich vom Verfahren und den einzelnen Untersuchungsmassnahmen Kenntnis zu geben, selbst wenn sich die Vorwürfe als haltlos erwiesen haben (s.u. N 27).

Mit Blick auf die Offizialmaxime und den Untersuchungsgrundsatz darf die VormBehörde die einzelnen Untersuchungshandlungen grundsätzlich nicht vom Leisten eines **Kostenvorschusses** abhängig machen. Eine Ausnahme kann nur bei geradezu trölerischen Anträgen bestehen. Allerdings wird diesfalls die Behörde i.d.R. im Interesse der anderen Verfahrensbeteiligten auf die entsprechende Untersuchungsmassnahme verzichten müssen.

2. Vorsorgliche Massnahmen

a) Allgemeines und Art. 449

Vorsorgliche Massnahmen in einem Prozess haben in erster Linie die Funktion, der angeblich anspruchsberechtigten Person schon vor dem rechtskräftigen Urteil Rechtsschutz zu gewähren und damit die Vollstreckung des im Streit liegenden Anspruchs zu sichern.   **11**

Daneben dienen solche Massnahmen aber auch der vorläufigen Friedenssicherung während des Verfahrens und können insoweit auch vom Prozess nur mittelbar berührte Rechtsverhältnisse betreffen (STAEHELIN/SUTTER, 303). Das Verfahren nach Art. 446–450 betrifft die Amtsenthebung. Die vorläufige Einstellung im Amt (Art. 448; s.u. N 14 f.) dient ausschliesslich der Sicherung des im Streit liegenden Rechtsverhältnisses. Darüber hinaus bezwecken die vorläufigen Massnahmen im Amtsenthebungsverfahren aber auch die **Sicherung der Mündelansprüche,** namentlich der vorerst u.U. gar noch nicht streitigen Verantwortlichkeitsansprüche (Verhaftung, Beschlagnahme usw.; s.u. N 16 ff.). Schliesslich können sie auch die Durchsetzung eines allfälligen Strafanspruchs des Staates sicherstellen (Verhaftung).

12   Auch bez. der vorsorglichen Massnahmen hat der Gesetzgeber darauf verzichtet, diese im ZGB im Einzelnen zu regeln. **Welche Massnahmen** – abgesehen von der vorläufigen Einstellung im Amt, der Verhaftung des Mandatsträgers und der Beschlagnahme seines Vermögens – möglich sind, bestimmt das **kantonale Recht.** Die Kantone sind verpflichtet, in ihren Verfahrensgesetzen entsprechende Massnahmen vorzusehen. Andernfalls vereitelt das kant. Recht die Durchsetzung des Bundesrechts. Art. 448 f. sind insoweit nicht genügend konkret, um selbständig als Rechtsgrundlage für irgendwelche *Zwangsmassnahmen* dienen zu können. In jedem Fall kann die VormBehörde aber dem Mandatsträger *Weisungen für die Amtsführung* geben (Vorbem. zu Art. 420–425 N 9; weiter gehend GOOD, 127) und ihm für den Fall der Nichtbefolgung Ungehorsamsstrafe androhen (Art. 292 StGB; Vorbem. zu Art. 420–425 N 9; GOOD, 127). Soweit der Kanton ausserhalb seines Verwaltungsverfahrensgesetzes oder seines Zivilprozessrechts entsprechende Normen aufstellt, bedürfen sie nach Art. 425 der **Genehmigung des Bundes.**

Die Massnahmen müssen in jedem Fall **verhältnismässig** sein (GOOD, 125). Von mehreren möglichen Anordnungen ist stets die mildere zu treffen, wenn sie ausreicht, um zum Ziel zu führen. Zudem müssen die Mittel in einem vernünftigen Verhältnis zum angestrebten Ziel stehen.

13   Vorläufige Massnahmen können nur angeordnet werden, wenn ein **Verfahren formell eröffnet** worden ist. Ausserhalb eines solchen darf sich die VormBehörde nicht auf die Art. 448 f. stützen. Allerdings kann sich aus der allg. Aufsicht (s.o. Vorbem. zu Art. 420–425 N 7 ff.) das Recht ergeben, dem Mandatsträger verbindliche Weisungen zu erteilen und in diesem Rahmen auch vorsorgliche Anordnungen zu treffen.

Grundsätzlich fallen vorsorgliche Massnahmen dahin, wenn das Urteil ergangen ist und damit die Rechtshängigkeit der Sache entfällt. Davon sind allerdings Sicherungsmassnahmen bei Gutheissung einer Klage ausgenommen, die ihrem Zweck gemäss bis zur Vollstreckung des Urteils andauern müssen (BGE 78 II 309; STAEHELIN/SUTTER, 315). Entsprechend bleiben die nach Art. 448 f. angeordneten **Massnahmen aufrecht,** wenn die VormBehörde den Mandatsträger seines Amtes enthoben hat (GOOD, 123). Soweit die Vertretung des Mündels als vorsorgliche Massnahme neu geregelt worden ist, bleibt diese bestehen, bis der neue Vormund sein Amt übernehmen kann. Sind Anordnungen getroffen worden, welche das Mündelvermögen oder Haftungsansprüche sichern sollen, so können sie fortdauern, bis ein Verfahren auf Herausgabe dieses Vermögens bzw. der Haftungsprozess eingeleitet worden ist und in jenem Verfahren die notwendigen Anordnungen getroffen werden können. Die VormBehörde hat nötigenfalls zu bestimmen, dass die Massnahme entfalle, wenn die entsprechenden Verfahren nicht in einer von ihr angesetzten Frist hängig gemacht werden.

b) Vorläufige Einstellung im Amt (Art. 448)

Die VormBehörde kann die vorläufige Einstellung im Amt verfügen, wenn die Umstände **14** dies zur Sicherung der Mündelinteressen als angezeigt erscheinen lassen. Damit **entfällt die gesetzliche Vertretungsbefugnis** des Mandatsträgers mit sofortiger Wirkung. Massgebend ist der Zeitpunkt des Entscheides, nicht seiner Eröffnung. Art. 37 OR ist auf die gesetzliche Vertretung nicht anwendbar (Art. 435 N 4; **a.M.** BK-Zäch, Vorbem. zu Art. 32 OR N 12).

Wie bei der Aufhebung der Entmündigung (s.o. Art. 435 N 4) besteht auch beim Entzug des Amtes **kein Schutz Dritter,** die gutgläubig vom Andauern der gesetzlichen Vertretungsmacht ausgegangen sind.

Die vorläufige Amtsenthebung verlangt, dass die gesetzliche Vertretung für die Dauer des **15** Verfahrens neu geordnet wird. Die VormBehörde hat gem. **Art. 386 die vorläufige Fürsorge** zu regeln (BK-Schnyder/Murer, Art. 386 N 35; Good, 126). Die VormBehörde kann für die Zeit des Verfahrens dem Mündel einen Beistand ernennen (Art. 392 Ziff. 3; Good, 127).

c) Verhaftung des Mandatsträgers (Art. 448)

Mit Blick auf Art. 59 BV kann die Verhaftung unter keinen Umständen einem Personal- **16** arrest oder einer Schuldverhaft dienen. Sie **bezweckt** vielmehr die **Untersuchung** und einen allfälligen **Strafanspruch** des Staates sicherzustellen.

Gemäss Art. 448 kann die VormBehörde die Verhaftung des Mandatsträgers **veranlassen,** **17** sie kann sie aber nicht selber anordnen. Es steht ihr grundsätzlich nur das Recht zu, den zuständigen Strafbehörden die entsprechende Massnahme zu beantragen (BK-Kaufmann, N 6; Good, 132). Art. 448 stellt auch keinen selbständigen Haftgrund dar. Insoweit kommt der Bestimmung also gar keine Bedeutung zu, denn die VormBehörde könnte bei Kenntnis schwerer, strafbarer Handlungen ohnehin den zuständigen Strafbehörden die Verhaftung beantragen.

Es fragt sich, ob Art. 448 darüber hinaus nicht auch die Möglichkeit vorsieht, den Man- **18** datsträger verhaften zu lassen, um ihn **zwangsweise** der VormBehörde zur **Einvernahme vorzuführen,** falls diese Massnahme für die Abklärung des Sachverhaltes unumgänglich ist (offenbar abl. Good, 132 f., der Art. 148 nur als Verweis auf das Straf- und Strafprozessrecht verstanden haben will). Wohl werden einzelne kant. Verwaltungsverfahrensrechte dies ohnehin vorsehen. Es rechtfertigt sich aber, die Möglichkeit von Bundesrechts wegen vorzuschreiben, weil u.U. nur so die Mündelinteressen gesichert werden können. Die VormBehörde hat dann aber den Mandatsträger sofort einzuvernehmen und anschliessend augenblicklich wieder auf freien Fuss zu setzen, selbst wenn er jede Mitarbeit verweigert hat. Das Bedürfnis einer zwangsweisen Vorführung kann sich namentlich ergeben, wenn der Vormund überhaupt nichts mehr von sich hören lässt, aber keinerlei Umstände auf ein strafbares Verhalten hinweisen. Die Bestimmung hat – soweit ersichtlich – keinerlei praktische Bedeutung erlangt.

d) Beschlagnahme des Vermögens (Art. 448)

Neben der Verhaftung des Vormundes (o. N 16 ff.) sieht das ZGB als zweite, drastische **19** Massnahme die Beschlagnahme des Vermögens des Vormundes vor. Trotz der Wortwahl im frz. Gesetzestext handelt es sich nicht um einen Arrest i.S.v. Art. 271 SchKG (Deschenaux/Steinauer, Personnes, Rz 1046; Good, 128). Art. 448 gibt weder dem Mündel noch dem Gemeinwesen ein Recht, Ansprüche bevorzugt aus dem Vermögen des

Vormundes zu befriedigen. Die Massnahme **bezweckt** die **Durchsetzung der Mündelansprüche** und jener des Gemeinwesens und lässt dafür Massnahmen zu, welche im SchKG für die Durchsetzung reiner Geldforderungen nicht vorgesehen sind (GOOD, 124). Auch in anderen Rechtsbereichen sieht das ZGB solche Möglichkeiten für die Dauer eines Verfahrens vor (z.B. Art. 178). Zudem erlaubt die Bestimmung Akten, die dem Vormund gehören, sicherzustellen und damit sowohl für das Amtsenthebungsverfahren wie auch für spätere Haftpflichtprozesse die Beweise zu sichern.

20   Aufgrund von Art. 448 kann die VormBehörde das **Vermögen des Vormundes vorübergehend seiner Verfügung** entziehen. Die Durchführung der Massnahme richtet sich nach dem kant. Recht (DESCHENAUX/STEINAUER, Personnes, Rz 1046; GOOD, 128). Dieses bestimmt auch, welche konkreten Anordnungen für die Vollstreckung zulässig sind.

21   Im ZGB wird nicht erwähnt, dass die VormBehörde auch die **Beschlagnahme des Mündelvermögens** verfügen kann, um dieses dem Zugriff des Mandatsträgers zu entziehen (GOOD, 241). Die Massnahme stützt sich direkt auf das Eigentumsrecht, indem die VormBehörde (oder ein zu diesem Zweck ernannter Beistand) im Namen des Mündels das Vermögen herausfordert und im Rahmen von Art. 449 (GOOD, 241) vorsorglich bereits den Herausgabeanspruch sichert.

3. Anhörung des Vormundes (Art. 447 Abs. 1)

22   Im Verfahren auf Amtsenthebung ist der betroffene Mandatsträger anzuhören. Das Gesetz verwendet den gleichen Ausdruck wie in Art. 374. Während dort die Anhörung in erster Linie der Beweiserhebung dient und deshalb persönlich und mündlich zu erfolgen hat (s.o. Art. 374 N 3), genügt es hier, wenn dem Mandatsträger das **rechtliche Gehör** gewährt worden ist. Er hat einen Anspruch darauf, zu allen Vorwürfen Stellung nehmen zu können, bei den Beweiserhebungen – soweit tunlich (s.o. N 10) – beizuwohnen und sich zu den Beweisergebnissen äussern zu können. Das braucht aber nicht mündlich zu geschehen, sondern kann schriftlich, ggf. durch einen gehörig bevollmächtigten Rechtsvertreter, erfolgen.

23   Der Vormund ist anzuhören, **bevor** die Behörde **in der Sache entscheidet.** Ob er auch vor Erlass einer vorläufigen Massregel angehört werden muss, hängt von den Umständen ab (GOOD, 122). Die Anhörung hat immer zu erfolgen, wenn dies zeitlich möglich ist und damit die Untersuchung nicht gefährdet wird (s.o. N 10).

Da die Aufsichtsbehörde als Rechtsmittelinstanz volle Kognition hat (s.o. Art. 420 N 21), kann eine unterlassene Anhörung noch im Beschwerdeverfahren **geheilt** werden (GOOD, 122 f.).

4. Anhörung weiterer Personen

24   In jedem Fall ist das **Mündel** anzuhören. Es ist vom Verfahren unmittelbar betroffen, so dass ihm auch alle Parteirechte, einschliesslich des rechtlichen Gehörs, zukommen müssen. Soweit **Dritte** einen Antrag gem. Art. 446 Abs. 1 gestellt haben, kommt auch ihnen Parteistellung zu und sie sind anzuhören.

25   Die Anhörung weiterer Person kann sich als **Beweiserhebung** aufdrängen. Ob es sich dabei um formelle Zeugeneinvernahmen, blosse Anhörungen als Auskunftspersonen oder andere Formen der Sachverhaltsermittlung handelt, hängt vom kant. Recht und den konkreten Umständen ab. Gleichfalls nach dem kant. Recht richtet sich die Frage, ob diese Personen von der VormBehörde zur Aussage verpflichtet werden können oder nicht.

IV. Entscheid der Vormundschaftsbehörde

1. Amtsenthebung

Gelangt die VormBehörde zum Ergebnis, dass ein Grund für eine Amtsenthebung vor- **26**
liegt (s.o. Art. 445), ist diese auszusprechen. Gleichzeitig hat die VormBehörde zu entscheiden, ob weitere Massnahmen zu ergreifen sind. Es kann sich insb. rechtfertigen,
gegen den ehemaligen Mandatsträger eine **Strafanzeige** bei der zuständigen Strafverfolgungsbehörde einzureichen oder dem neuen gesetzlichen Vertreter Weisung zu geben, im
Namen des Mündels **Haftungsansprüche** geltend zu machen. Ob mit dieser Weisung der
neue Mandatsträger gleichzeitig zur Prozessführung gem. Art. 421 Ziff. 8 ermächtigt
wird, oder ob er vorerst nur vorprozessuale Verhandlungen führen kann, hängt vom konkreten Beschluss der VormBehörde ab. Es empfiehlt sich, in der Weisung klar festzuhalten, ob sie auch eine entsprechende Ermächtigung enthält.

2. Negativer Verfahrensausgang

Erweisen sich die gegenüber dem Mandatsträger erhobenen Vorwürfe als unbegründet, **27**
so hat die VormBehörde das Verfahren mit einem formellen Entscheid abzuschliessen.
Dieser ist dem Mandatsträger mitzuteilen.

3. Bei untergeordneten Unregelmässigkeiten (Art. 447 Abs. 2)

Stellt die VormBehörde zwar Unregelmässigkeiten fest, hält sie diese aber nicht für **28**
schwer genug, um den Mandatsträger seines Amtes zu entheben, so kann sie ihm die
Amtsenthebung androhen und/oder ihn büssen. Wird die **Amtsenthebung angedroht,** so
können später erfolgte, untergeordnete Vorkommnisse eine Absetzung rechtfertigen, zeigt
das Verhalten des Mandatsträgers doch diesfalls seine Unverbesserlichkeit.

Das ZGB sieht die Möglichkeit vor, eine **Busse** von maximal Fr. 100.– auszusprechen. **29**
Entgegen ZK-EGGER (Art. 447 N 6) ist die Regelung als abschliessend anzusehen. Die
Kantone haben keine Kompetenz, weiter gehende Bussen für Amtspflichtverletzungen
vorzusehen (zweifelnd DESCHENAUX/STEINAUER, Personnes, Rz 1046c). Art. 447 Abs. 2
umschreibt die strafbare Handlung nicht, indem nur von «Unregelmässigkeiten» die Rede ist. Ein vorsätzliches Handeln wird nicht vorausgesetzt. Aufgrund des für das ganze
Strafrecht geltenden Schuldprinzips ist aber wenigstens Fahrlässigkeit zu fordern. (**a.M.**
GOOD, 108). Die Unbestimmtheit des Straftatbestandes mag rechtsstaatlichen Grundsätzen nur mit Blick auf die sehr tiefe Bussenhöhe zu genügen.

Die Möglichkeit, einen Amtsträger wegen Pflichtverletzungen zu büssen, wird zwar nur
im Zusammenhang mit dem Amtsenthebungsverfahren im Gesetz erwähnt, setzt aber ein
solches nicht voraus. Die VormBehörde kann Bussen auch **ohne Eröffnung eines Amtsenthebungsverfahrens** aussprechen, wenn von vornherein ersichtlich ist, dass das Fehlverhalten des Vormundes keine Absetzung zu rechtfertigen vermag.

V. Rechtsmittel (Art. 450)

Sowohl der Entscheid über vorläufige Massregeln wie auch über die Amtsenthebung sel- **30**
ber wird von Bundesrechts wegen der VormBehörde zugewiesen. Gemäss Art. 420 Abs. 2
ist somit die **Vormundschaftsbeschwerde** gegeben. Dies wiederholt Art. 450 überflüssigerweise. Soweit die Verfügung den Mandatsträger unmittelbar betrifft, ist er auch unabhängig von der konkreten Interessenlage zur Beschwerdeführung legitimiert (vgl. BGE
113 II 233 ff.; o. Art. 420 N 33).

31 Wenn das kant. Recht zwei Aufsichtsbehörden und den Weiterzug der Entscheide der einen an die andere vorsieht, kann auch gegen den Entscheid der Aufsichtsbehörde die Vormundschaftsbeschwerde ergriffen werden. Gegen den Entscheid der obersten kant. Instanz ist die **Berufung an das BGer nicht** gegeben. Mit Inkrafttreten des Bundesgerichtsgesetzes (BBG) wird indessen die Beschwerde in Zivilsachen gegeben sein (Art. 72 Abs. 2 Bst. b Ziff. 5 BBG). Soweit es sich um vorsorgliche Massnahmen handelt allerdings nur mit eingeschränkter Kognition (Art. 98 BBG).

Dritter Abschnitt: Die Folgen der Beendigung

Art. 451

A. Schluss-rechnung und Vermögens-übergabe

Geht das vormundschaftliche Amt zu Ende, so hat der Vormund der Vormundschaftsbehörde einen Schlussbericht zu erstatten und eine Schlussrechnung einzureichen sowie das Vermögen zur Übergabe an den Bevormundeten, an dessen Erben oder an den Amtsnachfolger bereit zu halten.

A. Compte définitif et remise des biens

Le tuteur dont les fonctions ont cessé doit faire à l'autorité tutélaire un rapport sur son administration, lui remettre un compte final et tenir les biens à la disposition du pupille ou de ses héritiers, ou à celle du nouveau tuteur.

A. Conti di chiusura e consegna dei beni

Il tutore che cessa dalle sue funzioni deve rimettere all'autorità tutoria una relazione finale con un conto di chiusura e tenere la sostanza a disposizione, per la consegna al tutelato, ai di lui eredi od al successore in carica.

Art. 452

B. Prüfung des Schlussberichtes und der Schluss-rechnung

Der Schlussbericht und die Schlussrechnung werden durch die vormundschaftlichen Behörden in gleicher Weise geprüft und genehmigt wie die periodische Berichterstattung und Rechnungsstellung.

B. Examen des rapports et comptes

Ce rapport et le compte final sont examinés et approuvés par les autorités de tutelle de la même manière que les rapports et comptes périodiques.

B. Approvazione della relazione finale e del conto di chiusura

L'esame e l'approvazione della relazione finale e del conto di chiusura da parte delle autorità di tutela avvengono secondo le norme prescritte per le relazioni ed i resoconti periodici.

Art. 453

C. Entlassung des Vormundes

[1] **Sind der Schlussbericht und die Schlussrechnung genehmigt und das Mündelvermögen dem Bevormundeten, dessen Erben oder dem Amtsnachfolger zur Verfügung gestellt, so spricht die Vormundschaftsbehörde die Entlassung des Vormundes aus.**

² Die Schlussrechnung ist dem Bevormundeten, dessen Erben oder dem neuen Vormunde zuzustellen unter Hinweis auf die Bestimmungen über die Geltendmachung der Verantwortlichkeit.

³ Gleichzeitig ist ihnen von der Entlassung des Vormundes oder von der Verweigerung der Genehmigung der Schlussrechnung Mitteilung zu machen.

C. Tuteur relevé de ses fonctions	¹ Lorsque rapport et compte ont été approuvés et que les biens du pupille se trouvent à la disposition de celui-ci, de ses héritiers ou du nouveau tuteur, l'autorité tutélaire relève le tuteur de ses fonctions. ² Le compte final est communiqué au pupille, à ses héritiers ou au nouveau tuteur, qui sont rendus attentifs aux règles concernant l'action en responsabilité. ³ Communication leur est faite en même temps de la décision qui relève le tuteur de ses fonctions ou qui refuse d'accepter le compte final.
C. Congedo del tutore	¹ Quando sieno approvati la relazione finale ed il conto di chiusura ed i beni sieno posti a disposizione del tutelato o del successore in carica, l'autorità tutoria congeda il tutore dalla carica. ² Il conto di chiusura dev'essere notificato al tutelato, al di lui erede, od al nuovo tutore, richiamandogli le disposizioni circa l'azione di responsabilità. ³ Questi devono essere simultaneamente avvertiti del congedo del tutore o del rifiuto di approvazione del suo conto di chiusura.

Literatur

AFFOLTER, Zur Inventarisierung und Verwahrung verbeiständeter Vermögen, ZVW 2004, 212 ff. (zit. Inventarisierung); BIDERBOST, Die Erziehungsbeistandschaft (Art. 308 ZGB), Freiburg 1996; ESCHER, Das Erbrecht, Zweite Abteilung, Der Erbgang, ZH-Kommentar zu Art. 537–640, 1960; GOOD, Das Ende des Amtes des Vormundes, Freiburg i.Ü. 1992; HÄFELI, Ausbildung von Amts- und Privatvormunden, ZVW 50 (1995) 4 (zit. HÄFELI, Ausbildung); HEGNAUER, Verwaltung der Einkünfte des Kindes durch Erziehungsbeistandschaft oder Kindesvermögensbeistandschaft, ZVW 50 (1995) 47 (zit. HEGNAUER, Einkünfte); HENKEL, Die Anordnung von Kindesschutzmassnahmen gemäss Art. 307 rev. ZGB, Zürich 1977; MOTTIEZ, Des devoirs juridiques du tuteur après le décès du pupille. ZVW 2005, 235 ff.; PIOTET, Schweizerisches Privatrecht, Bd. IV/2; RIEMER, Herausgabe vormundschaftlicher Depots an die Erben verstorbener Mündel, ZVW 52 (1997) 121 (zit. RIEMER, Mündeldepots); SCHWARZ, Die Vormundschaftsbeschwerde, Art. 420 ZGB, Zürich 1968; vgl. auch die Literaturhinweise zu den Vorbem. zu Art. 360–456, zu Art. 405 und zu Art. 426–429 sowie zu Art. 429a.

I. Normzweck

Mit dem Ende der Zuständigkeit zur Amtsführung fallen für den Vormund, aber auch für die VormBehörde Liquidationspflichten an. Diese beziehen sich einerseits auf die **Rechenschaftsablage und -prüfung** über die auftragsgemässe Mandatsführung, andererseits auf die Sicherung des Übergangs der **Verfügungsbefugnis über das Mündelvermögen.** Das Ergebnis der Liquidationsmassnahmen bildet schliesslich die Grundlage für die **Entschädigung** und **Decharge** des Vormundes und für die allfällige Geltendmachung der **Verantwortlichkeit** von Vormund und VormBehörde durch die betreute Person oder deren Rechtsnachfolger.   1

II. Anwendungsbereich

1. Allgemeines

2 Die Pflicht zur Erstattung eines Schlussberichtes und zur Einreichung einer Schlussrechnung obliegt grundsätzlich **allen vormundschaftlichen Mandatsträgern** (BK-KAUF-MANN, Zwölfter Titel, Vorbem. zum dritten Abschnitt, 486 N 4: anwendbar auf Vormundschaft, sinngemäss auf Beiratschaft und Beistandschaft; BGE 85 II 464, 467 f.), wobei hier sowohl die amtsgebundenen Massnahmen des Vormundschaftsrechts i.e.S. (geregelt in der dritten Abteilung des Familienrechts) als auch jene i.w.S. (BK-SCHNYDER/MURER, Syst. Teil, N 6) gemeint sind. Darunter fällt namentlich auch der nach Art. 386 Abs. 2 bestellt vorläufige Fürsorger (SJZ 65 [1969] N 192).

3 Als Paradefall von vormundschaftlichen Massnahmen i.w.S. gelten jene des **Kindesschutzrechts** (BK-SCHNYDER/MURER, Art. 367 N 29; BIDERBOST, 68, unter Hinweis auf die enge Verflechtung, zwischen Vormundschaftsrecht und Kindesschutzrecht im IPR, Art. 79 Abs. 2 i.V.m. Art. 85 IPRG).

4 Die **Erbschaftsverwaltung** gem. Art. 554 ist dagegen trotz Wesensverwandtschaft (Voraussetzungen der Anordnung, Funktion und Aufgaben, behördliche Aufsicht) und terminologischer Parallelen in der gesetzgeberischen Regelung **kein** vormundschaftliches Mandat (ZK-ESCHER, Art. 554 N 12, 17 f.), weshalb sie nicht unter die Bestimmungen der Art. 451 ff. fällt. Das gilt auch dann, wenn nach der kantonalen Behördenorganisation die Erbschaftsverwaltung von der VormBehörde angeordnet wird und in analoger Anwendung von Art. 595 Abs. 3 (ZGB-KARRER, Art. 554 N 61) unter deren Aufsicht steht. Der Erbschaftsverwalter verwaltet aus eigenem, selbständigem, jedem gegenüber geltendem Recht und im eigenen Namen eine Erbschaft (PIOTET, SPR IV/2, § 88 V. A, 705). Er stellt damit ein eigenes Institut des Erbrechts dar, hat eine grosse Affinität zum Willensvollstrecker und seine Rechtsstellung (sowohl hinsichtlich der Annahmepflicht, der Kompetenzen als auch der Haftung) richtet sich weitgehend nach den Bestimmungen über den **Auftrag** (Art. 394 ff. OR; BGE 54 II 197; ZGB-KARRER, Art. 554 N 5, 38, 50 ff.

5 Keine Anwendung finden Art. 451–453 auch auf die **nicht-amtsgebundenen vormundschaftlichen Massnahmen** (Weisungen gem. Art. 307, Platzierungen gem. Art. 310 und 314a ohne begleitende Erziehungsaufsicht oder -beistandschaft, FFE gegenüber Erwachsenen, Massregeln gem. Art. 386 Abs. 1).

2. Schlussbericht

6 Aus Art. 451 i.V.m. Art. 423 und 367 Abs. 3 folgt, dass im Falle der **vorläufigen gesetzlichen Vertretung** gem. Art. 386 Abs. 2, allen Formen der **Vertretungsbeistandschaft** gem. Art. 392, der **Verwaltungsbeistandschaften** gem. Art. 393, der **kombinierten Beistandschaft** gem. Art. 392 Ziff. 1 und 393 Ziff. 2, der **Beistandschaft auf eigenes Begehren** gem. Art. 394, der Beiratschaften gem. Art. 395 und den **Vormundschaften** gem. Art. 368–372 ein **Schlussbericht** zu erstatten ist.

7 Im **Kindesschutzrecht** sieht lediglich Art. 309 Abs. 3 eine ausdrückliche Schlussberichterstattung vor (wenn das Kindesverhältnis festgestellt oder die Vaterschaftsklage binnen zwei Jahren seit der Geburt nicht erhoben worden ist, hat die VormBehörde auf Antrag des Beistandes darüber zu entscheiden, ob die Beistandschaft aufzuheben oder andere Kindesschutzmassnahmen anzuordnen seien). Die in Art. 318 Abs. 3 und Art. 324 Abs. 2 geregelte Berichterstattungspflicht bezieht sich nicht auf eine vormundschaftliche Mandatsführumg, Adressaten der Vorschrift sind vielmehr die Eltern. Damit kennt das Kindesschutzrecht keine eigene rechtliche Ordnung zu den Folgen der Beendigung des Amtes, weshalb Art. 451 i.V.m. Art. 367 Abs. 3 auch sämtliche Mandate erfasst, die aufgrund des Kindesschutzrechts geführt werden, d.h. die **Erziehungsbeistandschaft** gem. Art. 308, die **Ausserehelichenbeistandschaft** gem. Art. 309 und die **Kindesvermögensverwaltungsbeistandschaft** gem. Art. 325.

Wieweit auch die (vormundschaftliche) **Erziehungsaufsicht** gem. Art. 307 Abs. 3 der   **8** Schlussberichterstattungspflicht unterliegt, erscheint insofern umstritten, als sie nicht als aktiv handlungsfähige Mandatsträgerin gilt, sondern als Gehilfin der VormBehörde (HENKEL, 78, und dort zit. Autoren). Andererseits ist unübersehbar, dass mit dieser Funktion Aufgaben verbunden sind, die stark in die Privatsphäre der Betroffenen (Eltern, Kind) eingreifen, insb. das Einblicksrecht in die familiären und schulischen Verhältnisse, das Durchführen von Inspektionsbesuchen und das Einholen von Auskünften bei Dritten (HENKEL, 78). Damit wird sie von den Betroffenen kaum anders wahrgenommen als die Erziehungsbeistandschaft ohne besondere Befugnisse (Art. 308 Abs. 1). Auch wenn davon auszugehen ist, als *verlängerter Arm* der VormBehörde unterliege die Erziehungsaufsicht nicht den Haftungsbestimmungen der Art. 426 ff. (BIDERBOST, 455 FN 72), ist sie m.E. als eine **amtsgebundene Massnahme** zu betrachten (HENKEL, 79, verwendet ebenfalls den Begriff **Amt**), die der Pflicht zu regelmässiger Berichterstattung unterliegt (BIDERBOST, 454). Konsequenterweise besteht auch ein Bedarf nach Schlussberichterstattung und Entlassung gem. Art. 451 ff.

Zum Teil eigene Regeln gelten für die **Familienvormundschaft** (Art. 362): Der Schluss-   **9** bericht ist nicht der VormBehörde, sondern dem Familienrat (Art. 364) vorzulegen (Art. 362 Abs. 2), für die Beendigung gelten aber im Übrigen die Art. 441 ff. (KAUFMANN, Art. 366 N 10). Die Familienvormundschaft ist aber bis heute ohne praktische Bedeutung geblieben und soll mit der Revision des Vormundschaftsrechts abgeschafft werden.

3. Schlussrechnung

Eine **Schlussrechnung** ist selbstredend nur dann einzureichen, wenn die Einkommens-   **10** und/oder Vermögensverwaltung zum Auftrag des vormundschaftlichen Mandatsträgers gehörte. Im Einzelfall betrifft dies **zwingend** die **Beistandschaft zur Verwaltung des Kindesvermögens** (Art. 325, HEGNAUER, Einkünfte, 49 Ziff. 5), die **Verwaltungsbeistandschaft** gem. Art. 393 und in Kombination mit Art. 392, die **Verwaltungsbeiratschaft** (Art. 395 Abs. 2) und die **kombinierte Beiratschaft** (Art. 395 Abs. 1 und 2), je nach vormundschaftsbehördlichem Auftrag und vorliegendem Betreuungsbedarf auch die **Beistandschaft auf eigenes Begehren**, die **vorläufige gesetzliche Vertretung** und alle Formen der **Vormundschaft.**

Wo im Einzelfall die Vermögenssorge zwar zum Auftrag gehörte, nicht aber erbracht   **11** werden konnte (beispielsweise weil sich die schutzbedürftige Person der Betreuung entzog, unbekannten Aufenthalts war, unter enger Beratung des gesetzlichen Vertreters selbst ihre finanziellen Belange erledigte [Art. 414] oder sämtliche finanziellen Belange dem Ehegatten oder eingetragenen Partner überlassen wurden), ist das **Fehlen** einer Schlussrechnung im Schlussbericht **zu begründen.**

Einkommens- und/oder Vermögensverwaltung gehören dagegen von Gesetzes wegen **nie**   **12** zum Aufgabenbereich der Erziehungsaufsicht, des Erziehungs- und des Vertretungsbeistandes. Dieser Ausschluss gilt namentlich auch dann, wenn der Vertretungsbeistand vermögensrechtliche Interessen zu wahren hat (BK-SCHNYDER/MURER, Art. 392 N 22), dem Erziehungsbeistand die Geltendmachung des Unterhaltsanspruchs eines unmündigen Kindes unverheirateter Eltern (ZVW 38 [1983] 30 f.) oder die Klärung der Finanzierung einer Fremdplatzierung (HEGNAUER, Einkünfte, 48 Ziff. 3) übertragen wurde: Der Auftrag umfasst immer Interessenwahrung oder persönliche Fürsorge und nicht die Verwaltung von Einkommen oder Vermögen.

13 Haben sich diese Mandatsträger trotzdem mit **finanziellen Transaktionen** beschäftigt (in der Praxis beschaffen sich beispielsweise Erziehungsbeistände bedürftiger Kinder zuweilen mittels Gesuchen an Stiftungen und wohltätige Institutionen Geldmittel oder Sachhilfen, welche nicht direkt den Erziehungsberechtigten, sondern den Erziehungsbeiständen bzw. den Amtskassen überwiesen werden), so ist nach Sinn und Zweck von Art. 451 darüber nicht nur genau Buch zu fuhren, sondern auch eine Schlussrechnung vorzulegen, sofern keine amtsinterne Kontrollinstanz im Rahmen der öffentlichen Rechnungsprüfung solche Zuwendungen überwacht.

14 Eine Rechnungsführung für die dem Kind zustehenden Unterhaltsleistungen durch den vormundschaftlichen Mandatsträger gem. Art. 325 erübrigt sich dann, wenn der Unterhaltsanspruch eines durch die VormBehörde gem. Art. 310 oder 314a **fremdplatzierten Kindes** auf das platzierende Gemeinwesen übergegangen ist (Art. 289 Abs. 2). Die Rechnungsführung und Kontrolle richtet sich diesfalls nach den für das Gemeinwesen geltenden verwaltungsrechtlichen Vorschriften (HEGNAUER, Einkünfte, 50).

15 Wurde das (verbeiständete, verheiratete oder bevormundete) Mündel von der **öffentlichen Fürsorge** unterstützt, unterliegt die Rechungsführung der Kontrolle der Aufsichtsbehörde über das Fürsorgewesen. Das entbindet den vormundschaftlichen Mandatsträger allerdings nicht von der (Schluss-)Rechnungsablage. Dagegen hat die VormBehörde diese Rechnung nicht hinsichtlich ihrer Übereinstimmung mit den für das jeweilige Gemeinwesen geltenden fürsorgerechtlichen Richtlinien und Weisungen hin zu überprüfen, sondern allein hinsichtlich der **Wahrung der Mündelinteressen.** Zu dieser Prüfung gehört namentlich die Pflicht, allfällige **Aktivsaldi** dem Mündel zukommen zu lassen und nur dann zur Verrechnung mit Rückerstattungsansprüchen der Sozialfürsorge gegenüber dem Mündel zu bringen, wenn die Voraussetzungen des kantonalen Fürsorgerechts erfüllt sind (i.d.R. wenn das Mündel in günstige finanzielle Verhältnisse geraten ist).

III. Voraussetzungen der Beendigung des Amtes

1. Allgemeines

16 Notwendige, aber nicht immer hinreichende (vgl. nachfolgend III.4.) Voraussetzung der Pflicht zur Einreichung von Schlussbericht und Schlussrechnung ist das Ende des vormundschaftlichen Mandats. Beendet wird das Mandat durch **Aufhebung** oder **Hinfall der Massnahme** sowie durch Beendigung des Amtes. Beide Beendigungsgründe, also Massnahmenende wie Amtsende, treten entweder von Gesetzes wegen oder als Folge einer behördlichen Verfügung ein (GOOD, N 2.7). Zwar kennt die schweizerische Rechtsordnung noch die **Amtsenthebung** durch das Strafgericht (Art. 53 StGB), sie ist aber soweit erkennbar ohne jede praktische Relevanz, weil die VormBehörde aufgrund ihrer Aufsichtpflicht (Art. 361 Abs. 2, 398 ff., 413, 423) und Verantwortlichkeit (Art. 426, 454) dem strafgerichtlichen Urteil in aller Regel zuvorkommen und den vormundschaftlichen Mandatsträger seines Amtes entheben wird (Art. 445), bevor der für die Durchführung eines Strafverfahrens nötige Zeitraum verstrichen ist (GOOD, N 6.44 ff.).

2. Beendigung der amtsgebundenen Massnahme

Wenn das unmündige Mündel (Art. 368) volljährig wird (Art. 431 i.V.m. Art. 14), wenn **17** das Mündel stirbt (MOTTIEZ, 237; RIEMER, Vormundschaftsrecht, § 4 N 183) und wenn die gem. Art. 371 ZGB entmündigte Person definitiv aus der Haft entlassen, wird (Art. 432), endet die Massnahme von Gesetzes wegen. Man spricht diesfalls von **Hinfall der Massnahme.**

In allen übrigen Fällen der Beendigung wird die amtsgebundene Massnahme durch Be- **18** schluss der zuständigen VormBehörde (Art. 307–309, 311, 312, 314, 315, 315a, 361, 373, 379) **aufgehoben.** Das gilt auch, wenn anstelle der errichteten Vormundschaft **die elterliche Sorge** tritt: Die Vormundschaft fällt mit der gestützt auf Art. 385 Abs. 3 erlassenen Verfügung (Einsetzung der Eltern oder eines Elternteils in die erstreckte elterliche Sorge) ipso iure dahin (GOOD, N 6.22), ohne dass allerdings an der Entmündigung etwas geändert würde.

3. Beendigung des Amtes

Abgesehen vom Eintritt der Handlungsunfähigkeit des Mandatsträgers oder dessen Tod, **19** welche beide zum **Hinfall des Mandates** führen (Art. 441), kennt das Gesetz folgende, durch behördlichen Beschluss **verfügte Beendigung** des vormundschaftlichen Amtes:

– Die **Nichtwiederwahl** bzw. **Nichtbestätigung** im Amt (Art. 442 i.V.m. Art. 415 Abs. 2);

– die jederzeit mögliche **Entlassung im gegenseitigen Einvernehmen,** z.B. auch bei Wechsel des Wohnortes des Bevormundeten, welcher nur durch Übertragung der Vormundschaft an die neue Wohnsitzbehörde möglich ist (Art. 406 N 42; GOOD, § 6 N 12 ff. und 139, 39 f.);

– die **Übertragung** der Massnahme an den neuen Wohnort (ZVW 2002, 210 ff., 218 ff.);

– die **Amtsniederlegung** wegen Eintritt eines Ausschliessungs- oder Ablehnungsgrandes (Art. 443);

– die **Amtsenthebung** (Art. 445);

– die **Entziehung** der Vormundschaft durch den Strafrichter (Art. 53 StGB).

Das Gesagte gilt sowohl für Einzelmandatsträger als auch für den Fall **mehrfacher Vormundschaft** (Art. 379 Abs. 2, GOOD, N 6.30).

4. Auflösung des Dienstverhältnisses von fest besoldeten, angestellten Mandatsträgern

Den i.d.R. als Amtsvormund/Amtsvormundin bezeichneten, fest besoldeten Mandatsträ- **20** gern und Mandatsträgerinnen kommt v.a. in der Vormundschaftspflege der grösseren Agglomerationen grosse und wachsende Bedeutung zu (BK-SCHNYDER/MURER, Art. 360 N 66, 80; STETTLER, N 413; HÄFELI, Ausbildung, 4). Sie sind nicht Einrichtungen des Bundeszivilrechts, sondern des kantonalen oder kommunalen öffentlichen Rechts (ZK-EGGER, Art. 367 N 27; BK-SCHNYDER/MURER, Art. 360 N 63). Ihre Rechtsstellung gegenüber dem Mündel ist grundsätzlich dieselbe wie bei Privatvormunden, insb. sind sie für jeden einzelnen Fall zu berufen und dementsprechend auch zu entlassen (SCHNYDER/MURER, Art. 360 N 49 ff., 70; GOOD, N 6.1).

Hinsichtlich dem Amtsende bestehen allerdings offensichtliche **Besonderheiten** für den **21** Amtsvormund, welcher wie jede andere, im Rahmen eines privat- oder öffentlich-rechtlichen Arbeitsverhältnisses dienstvertraglich gebundene Person kündigen oder eine Kündigung erhalten kann. Der Hinfall des Arbeits- resp. Dienstverhältnisses kann dabei nicht ohne Reflexwirkung auf die vormundschaftlichen Mandate bleiben (**a.M.** GOOD, N 6.8), vielmehr **entfallen mit dem Dienstende auch die vormundschaftlichen Mandatsführungen** (ZK-EGGER, Art. 367 N 27). Das ergibt sich bereits aus dem realen Umstand, dass ein Amtsvormund nach Auflösung des Dienstverhältnisses nicht mehr in der Lage ist, seine Mandate weiterzuführen, da ihm ein Zugriff auf die Verwaltungseinrichtungen (Dossiers, rückwärtige Dienste, Datenverwaltung, Arbeitshilfen etc.) nicht mehr möglich und nicht mehr gestattet ist. Dadurch ist er an seiner Amtsführung verhindert. Es ergibt sich aber auch als Konsequenz des aufgelösten Arbeitsverhältnisses, welches die professionelle Führung einer zum Voraus unbestimmten Anzahl vormundschaftlicher Mandate zum Inhalt hatte und nach der Kündigung diese Verpflichtung erlöschen lässt.

22   Allerdings bietet weder das Bundeszivilrecht eine positivrechtliche Lösung an noch haben sich Literatur oder Rechtsprechung soweit erkennbar näher mit dem Spannungsverhältnis zwischen der zivilrechtlichen Pflicht zur Weiterführung des vormundschaftlichen Mandats (Art. 444) und dem Ende des Dienstverhältnisses auseinander gesetzt. Es handelt sich offensichtlich um eine unechte, d.h. **rechtspolitische Gesetzeslücke** (praeter legem, TUOR/SCHNYDER/SCHMID, 41, 43 f.). Sie ist dann von Relevanz, wenn es die VormBehörde verpasst, vor dem Ablauf des Dienstverhältnisses eines Amtsvormundes dessen Mandate einer **Nachfolgeperson** zu übertragen oder wenigstens das **Interregnum** durch behördliche Verfügung zu regeln (z.B. indem mangels geeigneter Nachfolge von einem Tatbestand i.S.v. Art. 392 Ziff. 3 und/oder Art. 393 i.i. ausgegangen wird und die VormBehörde für eine Übergangszeit selbst die Verantwortung für die Mandatsführung übernimmt, vgl. BK-SCHNYDER/MURER, Art. 392 N 36, eigenes Handeln der VormBehörde, dort allerdings in eingeschränkterem Umfang bejaht). Aber auch bei nahtlosem Übergang der Amtsgeschäfte eines Amtsvormundes auf einen Nachfolger bestehen viele offene Fragen hinsichtlich der Pflicht zur Ablage von Schlussbericht und Schlussrechnung für sämtliche Mandate, zur Entlassung aus dem Amt und zur Geltendmachung der Verantwortlichkeitsklage nach Art. 454 ZGB.

23   De lege lata ist aufgrund ihrer allgemeinen, umfassenden **Übergangs- und Notzuständigkeit** gestützt auf Art. 386 (BK-SCHNYDER/MURER, Art. 386 N 7 und N 20 ff.; GOOD, N 1.20) die Vormundschaftsbehörde für die Wahrung der Interessen der betreuten Personen verantwortlich, während die **Trägerorganisationen** von professionellen Betreuungsdiensten wie Amtsvormundschaften, polyvalenten Sozialdiensten, Jugendämtern etc. (z.B. Gemeinde, Kreis, Bezirk, Kanton, Zweckverbände etc.) letztlich für eine lückenlose Mandatsführung bei den ihrem besoldeten Personal anvertrauten Massnahmen verantwortlich sind. Damit werden die **Arbeitgeberinnen von Amtsvormunden** zu den Adressaten der Weiterführungspflicht gem. Art. 444, wenn kein nahtloser Übergang der Mandatsführungen realisierbar ist. Die Abstimmung und Sicherung der Verantwortlichkeiten zwischen VormBehörde und Trägerschaft ist eine Frage des Organisationsrechts und der Organisationsgestaltung (Leistungsvertrag, Geschäftsordnung, Pflichtenhefte, Dokumentation von Arbeitsprozessen etc.).

24   Hinsichtlich der Pflicht zur Ablage je eines Schlussberichtes und einer Schlussrechnung empfiehlt sich für Amtsvormundschaften und wesensverwandte öffentliche Dienste folgende Lösung:

– Die Mandatsübergabe erfolgt für alle Mandate (i.d.R. in der Grössenordnung von 70–150 pro Amtsvormund mit einer zusätzlichen Sekretariatsstelle) in sehr unterschiedlichen Phasen der Berichtsperiode, sofern das kantonale Recht nicht unisono z.B. das Jahresende als Periodizitätslimite vorsieht. Aus der Bedürfnislage der Mündel erweist es sich weder als zwingend noch sinnvoll, vor Ablauf der ordentlichen Periode einen Schlussbericht und eine Schlussrechnung zu erstellen. In der Praxis wäre dies auch kaum leistbar. Der übernehmende Amtsvormund wird sich daher mit einem **Kurzbericht** des abgebenden Amtsvormundes über die Situation begnügen dürfen, sofern dadurch dem Mündel keine nachteiligen Konsequenzen erwachsen. Das gilt namentlich für die Geltendmachung der **Verantwortlichkeitsansprüche** (Art. 453 Abs. 2), deren **Verjährungsfrist** mit dem Wechsel eines Amtsvormundes nicht zu laufen beginnt, wenn weder Schlussbericht noch Schlussrechnung abgelegt und genehmigt wurden.

– Die Pflicht zur Berichterstattung und Rechnungsablage kann von der VormBehörde **25** dem Rechtsnachfolger des abtretenden Amtsvormundes **übertragen** werden (vgl. für den ähnlich gelagerten Fall der Ersatzvornahme BK-KAUFMANN, Art. 452 N 3). Dabei kann die ursprüngliche Berichtsperiode aufrechterhalten bleiben, d.h. **der übernehmende Mandatsträger führt die Geschäfte des Vorgängers weiter.** Das lässt auch vermeiden, dass sich für den Amtsnachfolger die Rechenschaftsperioden für sämtliche Mandate auf einen einzigen Zeitpunkt komprimieren, was der Fall wäre, wenn mit seinem Amtsantritt auch der Beginn der Rechenschaftsperiode zusammenfallen würde.

Im Ergebnis bedeutet dies: Für fest besoldete, im Rahmen eines Dienstverhältnisses mit **26** der Führung vormundschaftlicher Massnahmen betraute Personen endet das vormundschaftliche Mandat, sofern die VormBehörde nicht vorher eine Mandatsübertragung vorgenommen hat, mit Ende des Dienstverhältnisses. Hat die Arbeitgebern bis zu diesem Zeitpunkt die Nachfolge nicht geregelt, trifft sie die **Weiterführungspflicht** gem. Art. 444.

Die besondere Stellung der Träger von Amtsvormundschaften und andern professionellen **27** öffentlichen Diensten, welche vormundschaftliche Mandate führen, namentlich die verwaltungsrechtliche Aufsicht, der sie aufgrund des öffentlichen Rechts unterstellt sind, lässt es rechtfertigen, das Mandatsende infolge Auflösung des Dienstverhältnisses **nicht gleichzusetzen mit dem Amtsende,** sondern das vormundschaftliche Amt durch eine Nachfolgeperson weiterführen zu lassen und dementsprechend auf einen Schlussbericht und eine Schlussrechnung zu **verzichten** (vgl. dazu auch die Empfehlungen der VBK vom September 2005 «Das Ende des vormundschaftlichen Amtes bei Auflösung des privat- und öffentlichrechtlichen Anstellungsverhältnisses von professionellen Mandatsträgerinnen und Mandatsträgern»).

IV. Schlussbericht

1. Inhalt

Das Zivilgesetzbuch enthält keine Vorschriften über den Inhalt des Schlussberichtes. Sein **28** Zweck ist auch nicht mehr derselbe wie beim periodischen Rechenschaftsbericht gem. Art. 423, welcher der VormBehörde als **Steuerungsinstrument** dient (Kontrolle der Betreuungsarbeit, Einblick in die Arbeitsweise und in die Aktionsfelder des Amtsträgers, Aufwand- und Ergebniskontrolle, Basis für eine Amtsbestätigung, die mit allfälligen Weisungen über die weitere Betreuungsarbeit verbunden werden kann). Im Gegensatz dazu hat der Schlussbericht nur noch **Informationszweck.**

Bei Hinfall oder Aufhebung der Massnahme darf sich der Bericht auf jene Bereiche **29** beschränken, welche zum Massnahmenende geführt haben, die aktuelle Situation widerspiegeln, Auffälligkeiten oder Besonderheiten der Vermögensentwicklung und -verwaltung erläutern, über offene oder ungeklärte Probleme orientieren oder für die Verantwortlichkeit der vormundschaftlichen Organe von Relevanz sind. Es liegt in der Natur der

Sache, dass Berichte von Mandatsträgern eine subjektive Sicht der Dinge wiedergeben und deshalb inhaltlich umstritten sein können, namentlich aus der Sicht von zerstrittenen Angehörigen. Es ist nicht Sinn der Genehmigung, diese Inhalte nach dem objektiven Wahrheitsgehalt zu erforschen und ihnen dadurch behördlich festgestellte Beweiskraft zu verleihen. Genehmigung eines (Schluss-)Berichtes ist deshalb nicht gleichbedeutend mit der Zustimmung zu allen Aussagen und Tätigkeiten des Mandatsträgers. Dieser Vorbehalt gilt sogar für die Rechnung, bei welcher nachkontrollierbare Daten materiell wie formell kontrolliert und verifiziert werden. Die Genehmigung eines Schlussberichts entscheidet nicht über Bestand oder Fehlen eines Rechtsanspruchs (vgl. auch N 33, 60), solches müsste im Rahmen der streitigen Zivilgerichtsbarkeit oder im Rahmen einer Verantwortlichkeitsklage (Art. 426 i.V.m. Art. 454 ZGB) geklärt werden. Entscheidend ist, dass der Bericht in jeder Hinsicht sachbezogen ist und der Vormundschaftsbehörde, der betreuten Person und gegebenenfalls den Rechtsnachfolgern Aufschluss darüber gibt, ob die wohlverstandenen Interessen der betreuten Person im Rahmen des Möglichen und Machbaren gewahrt, die gesetzlichen Zuständigkeiten respektiert worden sind, die Zielsetzungen der Massnahme eingehalten wurden und die Eignung des Mandatsträgers gegeben ist beziehungsweise war. Deshalb muss er sachbezogen sein, die Aktivitäten aufzeigen und, wenn dies zur Interessenwahrung nötig war, auch auf Lebensvorgänge Bezug nehmen, welche sich vor der Errichtung der Massnahme abgespielt haben können.

30   Bei **Weiterführung der Massnahme** muss der Nachfolger des Amtsträgers dagegen umfassend über die persönlichen Verhältnisse des Mündels, dessen Vertretungsbedarf und über die Vermögensverwaltung orientiert werden (vgl. im Einzelnen HÄFELI, 96 f. sowie GOOD, N 9.9), bilden doch sowohl Schlussbericht als auch Schlussrechnung des Vorgängers die Basis für die Amtstätigkeit des Nachfolgers.

2. Form

31   Verschiedene Autoren leiten aus dem Wortlaut von Art. 451 (Bericht, Schlussrechnung «einreichen») die Möglichkeit ab, einen Schlussbericht auch mündlich abzugeben (GOOD, N 9.7) und die wichtigsten Fakten zu protokollieren. Dem ist unter Vorbehalt entgegenstehender kantonaler **Formvorschriften** (Art. 425) zuzustimmen. Wenn aus dem Beschluss der VormBehörde zur Aufhebung oder zur Ablösung des Mandatsträgers alle nötigen Informationen hervorgehen, kann auch dieses Protokoll als Schlussbericht des Amtsträgers dienen.

3. Prüfungszuständigkeit

32   Die **Prüfung des Schlussberichts** fällt in den Zuständigkeitsbereich der **VormBehörde** (Art. 452 i.V.m. Art. 423 Abs. 1). Die Kantone können der Aufsichtsbehörde eine **Nachprüfung** und die Genehmigung übertragen, was hinsichtlich der Berichterstattung über die persönlichen Verhältnisse als wenig sinnvoll erscheint (GOOD, N 9.11). Dementsprechend kennen die kantonalen Gesetzgebungen differenzierte Zuständigkeitsregeln bez. Berichts- und Rechnungsablage (so beispielsweise der Kt. BE, welcher nur die Rechnungsprüfung, nicht aber auch die Berichtsprüfung der Genehmigungspflicht durch die Aufsichtsbehörde unterstellt, Art. 45 und 50 des Gesetzes betr. die Einführung des ZGB des Kt. BE).

4. Prüfung und Zustellung

33   Der Schlussbericht ist zu genehmigen, wenn er seine **Informationspflicht** erfüllt. Die Genehmigung bildet Voraussetzung für die Entlassung aus dem Amt (Art. 453 Abs. l). Sie bedeutet aber nicht, dass sich damit alle Aussagen des Mandatsträgers zu behördlich

festgestellten Tatsachen verdichten und damit unter allen Umständen erhöhte Beweiskraft erhalten (N 30).

Nach dem Wortlaut des Art. 453 Abs. 2 muss der geprüfte Bericht dagegen nicht zugestellt werden. Bei Weiterführung der Massnahme durch einen Amtsnachfolger erscheint dies allerdings als selbstverständlich, in den übrigen Fällen liegt die Zustellung im Ermessen der VormBehörde. Wo keine Schlussrechnung zu erstellen ist, kann der Schlussbericht als **Schlussrechnungssurrogat** dienen und mit seiner Zustellung die Verjährungsfrist für die Verantwortlichkeitsklage ausgelöst werden (GOOD, N 9.13). **34**

V. Schlussrechnung

1. Rechnungsperiode

Die Schlussrechnung umfasst die Rechnungsablegung für die **Zeit seit der letzten periodischen Rechnungsprüfung** (Art. 413 Abs. 2) oder, wenn das Mandat vor Ablauf der ersten Rechnungsperiode endet, **seit Beginn des vormundschaftlichen Amtes.** **35**

Stichtag für die Schlussrechnung ist das Ende des Amtes (vgl. N 16–27; BK-KAUFMANN, Art. 451 N 4a; MOTTIEZ, 245; ZK-EGGER, Art. 451 N 4). **36**

Falls nach Amtsende noch vermögensrelevante Handlungen vorgenommen werden (beispielsweise nach dem Tod des Mündels: Entgegennahme von Krankenkassenleistungen, Bezahlung von Heim-, Spital- oder Krankentransportkosten, die auf erbrachte Dienstleistungen während der Mandatszeit zurückzuführen sind), wird darüber eine zusätzliche **Übergaberechnung** abgelegt, welche nicht in die Schlussrechnung zum vormundschaftlichen Amt integriert wird. Die klare Trennung liegt im Umstand begründet, dass sich die der Übergaberechnung zugrunde liegenden Vertretungshandlungen – abgesehen von der Weiterführungspflicht gem. Art. 444 – **nicht aus dem Vormundschaftsrecht legitimieren,** sondern je nach Situation aus dem Recht über die Stellvertretung (Art. 38 OR; MOTTIEZ, 243), dem **Auftragsrecht** (Art. 394 ff. OR) oder aus der **Geschäftsführung ohne Auftrag** (Art. 419 ff. OR). Diese Übergaberechnung muss der VormBehörde zur Kenntnis gebracht werden, sofern sie Handlungen betrifft, die vor der Entlassung i.S.v. Art. 453 vorgenommen wurden. Eine Passation kann aber mit Blick auf die Tatsache, dass sie Vertretungshandlungen für Personen betrifft, die nicht (mehr) unter einer vormundschaftlichen Massnahme stehen (Erben, mündig Erklärte oder Gewordene), keine Rechtswirkungen i.S.v. Art. 453 auslösen (BGer vom 3.12.2002, 5P.309/2002; MEIER/HÄBERLI, ZVW 2003, 161 ÜR 33–03). **37**

Bei **Fortbestand der Massnahme,** aber eingetretenem Amtsende, stützen sich nachträgliche Amtshandlungen auf Art. 444, weshalb die nachträgliche Schluss- oder Übergaberechnung bei diesem Sachverhalt von der VormBehörde zu genehmigen ist (ZK-EGGER, Art. 451 N 3; **a.M.** GOOD, N 8.11 FN 29). **38**

2. Einreichungfrist

Eine **Einreichungsfrist** ist bundesrechtlich nicht vorgesehen. Sie richtet sich deshalb gestützt auf Art. 425 Abs. 2 nach dem jeweiligen kantonalen Recht (s. dazu GOOD, N 8.89). **39**

3. Inhalt

Die Schlussrechnung ist nach den gleichen Grundsätzen wie die periodische Rechnungsstellung abzulegen (ZK-EGGER, Art. 451 N 3). Sie beinhaltet einerseits die **Rechnung** für die Zeit seit der letzten periodischen Prüfung (oder seit Beginn des vormundschaftlichen **40**

Amtes, N 35), andererseits ein **Inventar** über das vom Vormund verwaltete Vermögen. Darunter fallen alle Vermögenswerte, Wertpapiere, bedeutende Mobilien (Fahrzeuge, wertvolle Sammlungen usw.), Liegenschaften, Forderungen und Schulden, Freizügigkeitskonten, Bürgschaften und Pfandrechte des Mündels. Auf umstrittene oder schwierig einzutreibende Forderungen ist besonders hinzuweisen.

41   Über Vermögenswerte, **die vom Mündel selbst verwaltet werden** und sich damit in seinem uneingeschränkten Besitz befinden (Art. 412 und 414, für Unmündige: Art. 323), hat der Vormund keine Rechenschaft abzulegen (vgl. die überzeugende Begründung bei GOOD, N 8.16 ff., welcher diese Vermögenswerte allerdings vollständig von der Schlussrechnung auszunehmen scheint, 8.21; vgl. auch RIEMER, Vormundschaftsrecht, § 4 N 154), wogegen m.E. in der Vermögensaufstellung jedenfalls eine **Hinweispflicht** (z.B. «pro memoria: Lohnkonto unter eigener Verwaltung des Mündels») besteht. Damit werden erstens der Umfang der Amtsführung, zweitens die tatsächliche Vermögenslage des Mündels und drittens der Grad der Autonomie des Mündels im erforderlichen Mass erkennbar, was der VormBehörde ein vollständiges Bild über die Wahrung der Mündelinteressen ermöglicht.

42   Nicht in die Schlussrechnung gehören die **Entschädigungsansprüche** des Mandatsträgers gem. Art. 416 und 417 Abs. 2 (ZVW 44 [1989] 77, 154; ZVW 47 [1992] 27), ob sie sich nun gegen das Mündel richten (Art. 416) oder gegen das Gemeinwesen (ZVW 1 [1946] 37, 42; 2 [1947] 122 ff., 128). Der Mandatsträger selbst kann sich die Entschädigung nicht zusprechen, sondern bedarf hiezu des Entscheides der VormBehörde (BGer vom 3.12.2002, 5P.309/2002; MEIER/HÄBERLI, ZVW 2003, 161 ÜR 33–03). Damit der Betrag bestimmt werden kann, der für jede Rechnungsperiode nach der Mühe, die die Verwaltung verursachte, und nach dem Ertrag des Vermögens festgesetzt wird (416), benötigt die VormBehörde die Vorlage der Schlussrechnung. In dieser kann deshalb der Entschädigungsanspruch nicht enthalten sein (**a.M.** GOOD, N 8.9; ZVW 7 [1952] 35 Nr. 15). Vielmehr erscheint er, zusammen mit den Genehmigungsgebühren der VormBehörde nach kantonalem Recht (Art. 425), als **Nachtrag** zur Schlussrechnung, den die VormBehörde selbst anzubringen hat, und der in der Vermögensbilanz entsprechend zu berücksichtigen ist.

4. Form

43   Die **Form** richtet sich nach kantonalem Recht (Art. 425 Abs. 2). Aus dem Gesetzeswortlaut von Art 451 ergibt sich aber immerhin, dass die Schlussrechnung **schriftlich** abzulegen («einzureichen») ist.

5. Verpflichtung zur Abfassung und Einreichung

44   Die Pflicht zur Abfassung und Einreichung trifft die **Mandatsträger.** Sind sie dazu aus irgendeinem Grund ausser Stande, obliegt die Pflicht der **VormBehörde.** Diese kann das Erstellen der Schlussrechnung auch Dritten übertragen (BK-KAUFMANN, Art. 451 N 14, 452 N 5; GOOD, N 8.51).

45   Zur Pflicht des **Amtsvormundes** zur Schlussrechnungsablage bei Beendigung des Mandates infolge Auflösung des Dienstverhältnisses vgl. N 25, 27.

6. Durchsetzung und Ersatzvornahme

46   Kommt der Vormund seiner Verpflichtung zur Einreichung der Schlussrechnung nicht nach, so wird er unter Ansetzung einer angemessenen Nachfrist **gemahnt** (in der Praxis 1–2 Monate). Gegebenenfalls kann er mit einer **kantonalen Ordnungsbusse** bedroht oder belegt werden, können ihm die strafrechtlichen Folgen bei **Ungehorsam gegen eine amtliche Verfügung** angedroht werden (Art. 292 StGB), und in besonders krassen Fällen kann es sogar zu **polizeilicher Vorführung** kommen (GOOD, N 8.52, vgl. Art. 130 Abs. 3 des Gesetzes betr. die Einführung des ZGB des Kt. FR), zur Amtsenthebung und, wenn Gefahr im Verzug ist, zur Verhaftung und Beschlagnahme des Vermögens des Vormundes fuhren (z.B. für den Kt. BE Art. 47 des Gesetzes betr. die Einführung des ZGB des Kt. BE).

Wurde die Schlussrechnung vom vormundschaftlichen Mandatsträger nicht formgerecht **47** eingereicht, obwohl er dazu im Stande gewesen wäre, und bedingt dies die Beauftragung eines Dritten durch die VormBehörde, so können u.U. die **Kosten** dem fehlbaren Mandatsträger auferlegt werden (ZVW 44 [1989] 38). Das gilt auch dann, wenn in der Vermögensverwaltung Unregelmässigkeiten oder Verstösse gegen die gesetzlichen Vermögensverwaltungs- und -verwahrungsbestimmungen festgestellt und von einer spezialisierten Fachstelle einer Revision unterzogen werden müssen. Solche Auslagen sind nach kantonalem Verfahrensrecht dem Verursacher zu überbinden.

7. Bedeutung

Die Schlussrechnung gibt dem Mündel, dessen Erben, dem Amtsnachfolger des Vormun- **48** des und der VormBehörde **Auskunft** über die Vermögensverhältnisse.

Für einen Amtsnachfolger bildet sie zudem die Grundlage zur **Aufnahme der Amtstä- 49 tigkeit** und entbindet diesen von der eigenen Aufnahme eines **Inventars** (Art. 398), wenn sie von der VormBehörde gem. Art. 453 genehmigt worden ist.

Der VormBehörde bietet sie die abschliessende Grundlage zur **Überprüfung,** ob das **50** Mandat im Rahmen der gesetzlichen Vorschriften, nach ihren Weisungen und im Interesse des Mündels geführt wurde. Sie ermöglicht darüber hinaus die Beurteilung des erbrachten Betreuungs- und Verwaltungsaufwandes und damit die Festsetzung der kaut. Gebühren sowie der Entschädigung des Mandatsträgers im Sinne von Art. 416 und Art. 417 Abs. 2.

Der Schlussrechnung kommt schliesslich eine **Rechtsdurchsetzungsfunktion** zu, indem **51** sie den Nachweis über das von Vormund und VormBehörde herauszugebende Vermögen erbringt und im Streitfall als **provisorischer Rechtsöffnungstitel** (Art. 82 Abs. 1 SchKG) dienen kann, sofern sie vom Mandatsträger unterzeichnet ist (GOOD, N 8.5) und den Genehmigungsvermerk der zustimmenden Behörde aufweist.

Mit Zustellung der genehmigten Schlussrechnung beginnt die **Verjährung** allfälliger **52** Verantwortlichkeitsansprüche gegen Vormund und VormBehörde gem. Art. 426–430 und 454–456 (s. dort).

Die Schlussrechnung ist eine **Urkunde** (wie das Eingangsinventar, BGE 121 IV 216; **53** ZVW 51 [1996] 76), wird mit ihrer Genehmigung allerdings nicht zur *öffentlichen* Urkunde i.S.v. Art. 9 (GOOD, N 8.23 ff. Zur Problematik des Urkundencharakters vgl. SCHNELL, Falschbeurkundung).

Ein vormundschaftlicher Mandatsträger, der vorsätzlich eine Schlussrechnung vorlegt, **54** die **nicht den Tatsachen entspricht** (z.B. wenn er nachträglich aufgefundene Vermögenswerte der betreuten Person weder im Besitzstandsinventar nachträgt noch in seinem Rechenschaftsbericht oder in der Vermögensrechnung erwähnt), verletzt seine Amtspflichten und setzt sich damit der Strafverfolgung wegen **Urkundenfälschung** i.S.v. Art. 251 Ziff. 1 und 3 StGB aus. Ist er (privat- oder öffentlich-rechtlich angestellter) Amtsvormund, begeht er Falschbeurkundung im Amt (Art. 317 StGB), was auch bei fahrlässiger Begehung und ohne Schädigungs- oder Bevorteilungsabsicht strafbar ist (BGE 121 IV 216; ZVW 51 [1996] 76; kritisch: GOOD, N 8.39).

VI. Prüfung der Schlussrechnung

1. Zuständigkeit und Mitwirkungspflicht

55   Zuständig für die Prüfung ist die **VormBehörde** (Art. 452 i.V.m. Art. 423 Abs. 1). Die Kantone können allerdings eine **Nachprüfung durch die Aufsichtsbehörde** vorsehen (Art. 423 Abs. 3). Möglich und in der Praxis der Kantone verankert, ist auch eine **Zweiteilung** von Prüfung und Genehmigung auf VormBehörde und Aufsichtsbehörde (vgl. die Beispiele bei GOOD, N 8.53 FN 93). Zulässig erscheint zudem die Prüfung (nicht aber Genehmigung) durch einen **Kommissionsausschuss,** durch ein **Einzelmitglied** (BK-KAUFMANN, Art. 423 N 11) oder durch eine von der VormBehörde beauftragte Stelle (z.B. ein **Revisorat** in der öffentlichen Verwaltung).

56   Die VormBehörde hat insb. auch sicherzustellen, dass urteilsfähige **Mündel** soweit tunlich zur Rechnungsablegung zugezogen werden (Art. 413 Abs. 3, ZVW 42 [1987] 77). Die in Art. 409 Abs. 2 und 413 Abs. 3 enthaltene Altersgrenze von 16 Jahren hat vor Art 301 Abs. 2 keinen Bestand (HEGNAUER, Grundriss, 25.16c). Als «nicht tunlich» erscheint der Beizug, wenn dem Mündel das Interesse oder das Verständnis für seine wirtschaftliche Situation fehlt oder ausnahmsweise gewisse Fakten vor ihm geheim zu halten sind (GOOD, N 8.58). Allfällige Bemerkungen des Mündels sind für die Kontrolltätigkeit der VormBehörde wichtig. Andererseits bedeutet eine Zustimmung des Mündels zur Schlussrechnung **keinen Verzicht** auf die Geltendmachung von **Verantwortlichkeitsansprüchen** (Art. 409 Abs. 2; ZK-EGGER, Art. 452 N 3), sofern die Zustimmung zur Schlussrechnung *vor* der Genehmigung durch die VormBehörde erfolgte.

57   Hinsichtlich der Art und Weise der Prüfung von Schlussbericht und Schlussrechnung gelten gem. Art. 452 die Bestimmungen des Art. 423 (s. dort).

2. Ziel und Zweck der Prüfung

58   Das Ergebnis der Prüfung ist die **Genehmigung** oder **Verweigerung** der Genehmigung. Die Genehmigung bedeutet eine in Form einer behördlichen Verfügung erlassene **Feststellung,** dass der vormundschaftliche Mandatsträger seiner Rechnungslegungspflicht nachgekommen sei und das Mandat im Rahmen der gesetzlichen Vorschriften, nach den Weisungen der VormBehörde und im Interesse des Mündels **erfüllt hat.** Sie ist mithin ein Ausfluss der Aufsichtsrechte der VormBehörde (BK-KAUFMANN, Art. 423 N 22). Worauf sich die Prüfung im Einzelnen zu beziehen hat, lässt das Bundeszivilrecht offen.

59   Die Genehmigung nur von den **Formalien** abhängig zu machen, dass die Abrechnung inhaltlich den Tatsachen entspricht (Vergleich von Buchungen mit Belegen) und formgerecht eingereicht wurde, greift m.E. zu kurz (**a.M.** GOOD, N 8.68, welcher eine Abrechnung theoretisch für genehmigungsfähig hält, wenn der Vormund die von ihm begangene Veruntreuung buchhalterisch korrekt darlegt. In gleichem Sinn MBVR 10, 254 f. Nr. 100: Die Genehmigung dürfe nur verweigert werden, wenn Mängel formeller Natur eine Rückweisung der Vogtrechnung nötig machten). Die Prüfung beinhaltet auch materielle Aspekte wie die **Zweckmässigkeit** der einzelnen Verwaltungshandlungen (vgl. Art. 49 Abs. 1 BE-EGZGB; BGE 76 H 181, 186 f.; ZVW 7 [1952] 35 Nr. 15), die hinreichende **Begründung von Vermögensveränderungen** (BK-KAUFMANN, Art. 423 N 8) und die Kontrolle, ob die nötigen **Zustimmungen** eingeholt wurden (ZVW 2002, 192 Nr. 11; DESCHENAUX/STEINAUER, Personnes, N 1009 b).

5. Bedeutung des Prüfungsentscheides

Der Genehmigung der Schlussrechnung kommt **keine unmittelbare materiellrechtliche**   **60**
Bedeutung zu, denn sie ist kein rechtskräftiges Urteil. Sie hat auch keine vollständige
Entlastung des Vormundes zur Folge, dessen Verantwortlichkeit nach Art. 426 und 451
wird durch die Genehmigung nicht berührt (BK-KAUFMANN, Art. 423 N 22, 452 N 5;
ZVW 7 [1952] 35 Nr. 15). Anderseits kommt der genehmigten Rechnung – sofern sich
die Prüfung nicht nur auf formelle Gesichtspunkte beschränkt – **erhöhte Beweiskraft** zu,
sie geniesst im Unterschied zum Bericht (N 30) für sich die Vermutung der Richtigkeit
(BK-KAUFMANN, Art. 423 N 23).

Mit der **Nichtgenehmigung** der Schlussrechnung kommt die VormBehörde ihrer Pflicht   **61**
nach, ungerechtfertigte Verwaltungshandlungen des Vormundes zu desavouieren (so erwähnt auch BK-KAUFMANN die *Untreue* des Vormundes als Grand für eine Nichtgenehmigung, Art. 453 N 12). Mit einer Schlussrechnung, deren Nichtgenehmigung von der
VormBehörde zwangsläufig zu **begründen** ist, befindet sich das betroffene Mündel, das
eine Verantwortlichkeitsklage anstreben will, zweifellos in einer besseren Ausgangslage,
weil auch die Begründung der Nichtgenehmigung die Vermutung der Richtigkeit geniesst. Nachteilige Folgen entstehen für das Mündel bei Nichtgenehmigung der Schlussrechnung keine (vgl. auch BK-KAUFMANN, Art. 423 N 22).

Der Genehmigungsentscheid bildet die Grundlage zur Festlegung der Genehmigungs-
(Passations-)gebühren und der Spesen- und Mandatsentschädigung des Mandatsträgers
gemäss Art. 416 und 417 Abs. 2. Gebühren wie Entschädigung werden durch beschwerdefähige Verfügung festgelegt, welche nach unbenutztem Ablauf der Rechtsmittelfrist
gemäss Art. 420 Abs. 2 einen definitiven Rechtsöffnungstitel darstellt (ZVW 53 [1998]
106 Nr. 4). Soweit die VormBehörde nebst der Mandatsentschädigung noch eine Entschädigung für berufsspezifische Leistungen des Beistandes genehmigt hat, kommt diesem Verfügungsteil die selbe Wirkung zu wie der Genehmigung der Mündelrechnung
(vgl. N 60). Im Streitfall ist diese Entschädigung durch das Gericht festzulegen (a.a.O.,
109).

Damit die Zustellung der Schlussrechnung den Beginn der **Verjährungsfrist** zur Gel-   **62**
tendmachung von Verantwortlichkeitsansprüchen auslösen kann, muss sie vorher geprüft
und genehmigt (oder ausdrücklich nicht genehmigt) worden sein. Die Zustellung einer
nicht geprüften Schlussrechnung hat keine fristauslösende Wirkung (BGE 76 II 181; 85
II 464, 467).

4. Zustellung

Die geprüfte **Schlussrechnung** (BGE 76 II 181, 186) ist dem Bevormundeten, dessen   **63**
Erben oder dem neuen Vormund zuzustellen unter Hinweis auf die Bestimmungen über
die Geltendmachung der Verantwortlichkeit und unter Mitteilung, ob der Vormund entlassen oder die Genehmigung der Schlussrechnung verweigert wurde (Art. 453 Abs. 2
und 3). Lediglich die Zustellung einer Übersicht über die Konten mit einem Vermögens-
vergleich genügt den Anforderungen nicht (FZR 2004. 7). Adressat der Zustellung ist,
wem die **Verwaltung** des Vermögens obliegt. Wurde die vormundschaftliche Massnahme
aufgehoben oder fiel sie dahin, fällt die Verwaltungsbefugnis grundsätzlich mit dem
Eigentumsanspruch (des ehemaligen Mündels oder dessen Erben) zusammen. Ist das
Mündel verstorben, so ist die Rechnung sämtlichen Erben oder, wenn sie einen Vertreter
bestimmt haben, diesem zuzustellen. Die Zustellung an den Willensvollstrecker genügt
nicht, da er nicht Erbenvertreter ist (TUOR/SCHNYDER/SCHMID/RUMO-JUNGO, 625 f.).
Dasselbe gilt auch für den Erbschaftsverwalter (BGE 54 II 197), wenngleich diesem die

Aktivlegitimation zur Geltendmachung einer Verantwortlichkeitsklage nicht abzusprechen ist (ZGB-KARRER, Art. 554 N 50 ff.).

64   Soweit das urteilsfähige **Mündel** zur Rechnungsprüfung **beigezogen** wurde, ist ihm die geprüfte Schlussrechnung auch dann zuzustellen, wenn die vormundschaftliche Massnahme fortdauert (BGE 59 II 97, 106; 85 II 464, 468; vgl. auch Art. 409).

In der Zustellungsmitteilung muss dem Empfänger mitgeteilt werden, welche Bestimmungen des ZGB die vormundschaftliche Verantwortlichkeit und die Verjährung der Verantwortlichkeitsklage regeln. Die Hinweise müssen so konkret formuliert sein, dass es auch Laien möglich, ist, allfällige Verantwortlichkeitsansprüche geltend zu machen (BGE 85 II 464, 469). Fehlt der Hinweis auf die Möglichkeit zur Geltendmachung der Verantwortlichkeitsklage und auf die Verjährungsfrist, so ist die Eröffnung nicht rechtsgültig (RBOG 1991 Nr. 8/7.1.1991 Z 10 [TG]; unveröffentlichter Entscheid des BGer vom 11.9.1991; RBOG 1984 Nr. 5/27.9.1984 Z 186 [TG]).

5. Rechtsmittel gegen den Prüfungsentscheid

65   Gegen die Genehmigung oder Nichtgenehmigung des Prüfungsentscheides der VormBehörde kann die Vormundschaftsbeschwerde gem. Art. 420 erhoben werden (BK-KAUFMANN, Art. 423 N 24; SCHWARZ, 51 f.). Obliegt die Genehmigung der Aufsichtsbehörde, so richtet sich das Rechtsmittel nach kantonalem Recht (vgl. z.B. Art. 51 BE-EGZGB: Die VormBehörde, der Vormund und der Bevormundete können bei der Justiz-, Gemeinde- und Kirchendirektion gegen die Rechnungspassation Beschwerde führen. Diese entscheidet endgültig, ZVW 2002, 192 Nr. 11).

66   Der Entscheid der Aufsichtsbehörde kann nur mit staatsrechtlicher Beschwerde (BGE 113 II 233 ff.) oder zivilrechtlicher Nichtigkeitsbeschwerde an das BGer weitergezogen werden. Die Berufung ist ausgeschlossen (SCHWARZ, 140 ff.; vgl. Art 423–425 N 13).

VII. Übergabe des Mündelvermögens

1. Bereithalten des Mündelvermögens

67   Sobald das Amt zu Ende geht, ist das vom Vormund verwaltete Vermögen zur Übergabe an die Berechtigten **bereitzuhalten** (Art. 451 i.f.). Diese Vorschrift hat in der Praxis eine weit geringere Tragweite als dies scheinen mag, denn Wertschriften, Kostbarkeiten, wichtige Dokumente u. dgl. sind gem. Art. 399 **unter Aufsicht der VormBehörde** an sicherem Ort aufzubewahren, sollten sich also nicht im unmittelbaren Besitz des Vormundes befinden. Bargeld, das nicht für den laufenden Bedarf des Mündels benötigt wird, ist in **mündelsicheren Werttiteln** anzulegen (Art. 401), deren Verwahrung wiederum Art. 399 untersteht. Ausser einem **Betriebskonto,** das zur Deckung der laufenden Aufwendungen dient, sollte der vormundschaftliche Mandatsträger daher **nur ausnahmsweise Vermögenswerte des Mündels besitzen und selbständig verwalten,** weil sie i.d.R. von der VormBehörde verwahrt werden müssen (AFFOLTER, Inventarisierung, 218 f., vgl. dazu Art. 401 N 2 und bspw. die Weisungen vom 12.2.1996 der Justiz-, Gemeinde- und Kirchendirektion des Kantons Bern zur Aufbewahrung und Kontrolle der Mündelvermögen, ZVW 51 [1996] 55, 58). Bevor das Vermögen dem Mündel, dessen Erben oder dem Amtsnachfolger übergeben werden kann, bedarf es der **Prüfung und Genehmigung** von Schlussbericht und Schlussrechnung (BK-KAUFMANN, Art. 451 N 12).

Dritten (z.B. Banken), bei denen **Mündelvermögenswerte** hinterlegt sind, ist es versagt, diese vor der Genehmigung der Schlussrechnung herauszugeben. Allenfalls entgegenstehende Bestimmungen aus dem Erbrecht (wie die Bestimmungen über die Universalsukzession gem. Art. 560) oder aus dem Recht des Hinterlegungsvertrages (Art. 472 ff. OR) vermögen daran nichts zu ändern, weil Art. 451–453 **derogierende lex specialis** darstellt (MOTTIEZ, 245 f.; RIEMER, Mündeldepots, 122). Zur Vermeidung stossender Ergebnisse s. N 72.

2. Nachträgliche Belastung des Mündelvermögens

Der Mandatsträger hält in seiner Schlussrechnung und einer allfälligen Übergaberechnung, welche die Vermögensbewegungen nach Amtsende beinhalten (N 37), grundsätzlich jenen Vermögensstand fest, welcher zur Übergabe bereit steht (Art. 451). Darin sind allerdings weder die Genehmigungsgebühren der VormBehörde noch die Entschädigungsansprüche des Mandatsträgers berücksichtigt, weil beide nach der Einreichung der Schlussrechnung mittels Verfügung festgelegt werden (N 61) und in einem Nachtrag zur Schlussrechnung vermerkt werden (N 42). Ob die **Gebühren** der VormBehörde direkt dem Mündelvermögen belastet werden können, beurteilt sich nach kantonalem Recht. Den Beistand hat die VormBehörde dagegen kraft Bundeszivilrecht (Art. 416, 417 Abs. 2) direkt aus dem Mündelvermögen zu entschädigen (Mandatsentschädigung und Spesenvergütung), sofern nicht das Gemeinwesen dafür aufkommt (N 42). Befindet sich hinreichend Barvermögen des Mündels auf dem Betriebskonto des Beistandes oder bei der VormBehörde, kann die Entschädigung direkt verrechnet werden. Ist das Vermögen dagegen bei Dritten hinterlegt (z.B. bei Banken), kann die VormBehörde diese gestützt auf Art. 416 resp. 417 Abs. 2 anweisen, die rechtskräftig festgelegte Entschädigung dem Beistand zulasten des hinterlegten Vermögens auszurichten, bevor das Mündelvermögen den Berechtigten ausgehändigt wird. Dagegen geht es nach Wortlaut und Sinn von Art. 416 und 417 Abs. 2 nicht an, das Vermögen vorher zu übergeben und dem Beistand (oder der VormBehörde) das nachträgliche Inkasso zu überlassen.

68

3. Übergabe des Mündelvermögens

Erst wenn der Schlussbericht und die Schlussrechnung von der zuständigen VormBehörde genehmigt worden sind, kann das Vermögen den Berechtigten **ausgehändigt** werden (RIEMER, Mündeldepots, 123). Die VormBehörde hat allerdings dafür zu sorgen, dass der Beistand vorher entschädigt worden ist.

69

Zwischen dem Zeitpunkt des Amtsendes und der Genehmigung von Schlussbericht und Schlussrechnung können einige Monate verstreichen. Nach dem Gebot der **Verhältnismässigkeit** vormundschaftlicher Eingriffe ist deshalb der Verfahrensablauf zur Übergabe vormundschaftsbehördlich verwalteter und verwahrter Vermögen differenziert zu handhaben:

70

– Wird die **Massnahme weitergeführt** und nur ein neuer Amtsträger bestimmt, steht einem Zurückbehalten des Vermögens bis zur Genehmigung der Schlussrechnung nichts entgegen. Davon auszunehmen ist lediglich das Betriebskonto, welches dem Mandatsträger die Bezahlung laufender Verpflichtungen und des Lebensunterhaltes des Mündels ermöglicht.

71

– Wird die **Massnahme aufgehoben** oder **fällt sie** wegen Erreichen der Mündigkeit, wegen Tod des Mündels oder wegen Beendigung der Haft **dahin,** kann es stossend sein, sämtliche Vermögenswerte solange zurückzubehalten, bis die Schlussrechnung genehmigt ist. Die VormBehörde kann nach Sinn und Zweck des Liquidationsverfahrens den Berechtigten unmittelbar nach Massnahmenende die Verfügungsbefugnis über jene Vermögenswerte übertragen, welche für eine **vermögensrechtliche Ausei-**

72

nandersetzung zwischen Vormund oder VormBehörde einerseits und Mündel andererseits ohne Belang sind. Diese vorzeitige Übertragung der Verfügungsbefugnis über Mündelvermögen bedarf jedoch einer **vormundschaftsbehördlichen Verfügung**.

VIII. Entlassung des Vormundes

1. Begriff

73   Der Begriff **Entlassung** hat verschiedene Bedeutungen. Zunächst wird er in der Marginalie zu Art. 442 i.S. der behördlich verfügten Beendigung des Amtes durch Nichtbestätigung verwendet. In Art. 443 Abs. 2 wird unter demselben Begriff eine Entbindung vom Amt verstanden, während die Entlassung in Art. 445 Abs. 2 zur Abwendung einer Gefährdung des Mündelwohls in Betracht gezogen wird und Sanktionscharakter hat. Im hier besprochenen Zusammenhang (Art. 453) bedeutet Entlassung **Entlastung (Decharge) oder Verweigerung der Genehmigung;** nachdem Schlussbericht und Schlussrechnung geprüft und das Mündelvermögen dem Bevormundeten, dessen Erben oder dem Amtsnachfolger zur Verfügung gestellt, d.h. übergeben worden sind.

2. Zeitpunkt

74   Die Entlassung tritt ab dem Zeitpunkt ein, da keine Beschwerde gegen den Vormund i.S.v. Art. 420 **mehr möglich** ist (GOOD, N 7.8) bzw. ein angehobenes Beschwerdeverfahren rechtskräftig entschieden ist.

3. Wirkung

75   Mit der Entlassung gem. Art. 453 findet die durch das vormundschaftliche Amt geprägte **Rechtsbeziehung** zwischen VormBehörde und Vormund einerseits, Mündel und Vormund andererseits **ihr Ende**. Mit der Entlassung ist der Vormund zu **keinen weitere Amtshandlungen** (Art. 444) mehr verpflichtet oder berechtigt, andererseits **endet** damit auch die **Weisungsbefugnis** der VormBehörde (GOOD, N 7.8).

Auf spätere Verantwortlichkeitsklagen wirkt die Entlassung gem. Art. 453 unpräjudiziell (Art. 453 Abs. 2 i.f.; BK-KAUFMANN, Art. 453 N 7).

Auf die Aufnahme der Amtstätigkeit des **Amtsnachfolgers** hat die Entlassung keinen Einfluss, denn dessen Funktion beginnt mit seiner Ernennung (ZVW2002, 219 Ziff. 6 und 8; RJJ 1995, 168 [JU].

4. Anwendungsfälle

76   Die Entlassung ist **in allen Fällen einer Amtsbeendigung** vorzunehmen (a.M. GOOD, N 3.46, welcher mit Rücksicht auf den Umstand, dass ein verstorbener oder entmündigter Vormund keine Liquidationspflichten mehr vornehmen kann, in diesen Fällen eine Entlassung ausschliesst). Mit Rücksicht auf die Bedeutung dieser Entlassung (Decharge oder Verweigerung der Genehmigung der Schlussrechnung), die **in keinem Fall ipso iure** möglich ist, sondern immer eine behördliche Feststellung bedingt, dass Vormund und Mündel auch **vermögensmässig auseinander gesetzt** sind (vgl. bspw. Art. 50 Abs. 2 BE-EGZGB), dürfte in keinem Fall von einer Entlassungserklärung abzusehen sein. Können die Liquidationspflichten vom Vormund nicht erfüllt werden (z.B. infolge Auflösung des Dienstverhältnisses des Amtsvormundes, infolge Tod, Entmündigung oder Urteilsunfähigkeit des Vormundes, infolge sofortiger Amtsenthebung

gem. Art. 445 i.V.m. 448 und 449) ist es **Sache der VormBehörde,** alle Grundlagen und Voraussetzungen für eine Entlassungsverfügung zu schaffen.

Art. 454

D. Geltendmachung der Verantwortlichkeit

I. Ordentliche Verjährung

[1] **Die Verantwortlichkeitsklage gegenüber dem Vormund und den unmittelbar haftbaren Mitgliedern der vormundschaftlichen Behörden verjährt mit Ablauf eines Jahres nach Zustellung der Schlussrechnung.**

[2] **Gegenüber den Mitgliedern der vormundschaftlichen Behörden, die nicht unmittelbar haftbar sind, sowie gegenüber den Gemeinden oder Kreisen und dem Kanton verjährt die Klage mit Ablauf eines Jahres, nachdem sie erhoben werden konnte.**

[3] **Die Verjährung der Klage gegen die Mitglieder der vormundschaftlichen Behörden, gegen die Gemeinden oder Kreise oder den Kanton beginnt in keinem Falle vor dem Aufhören der Vormundschaft.**

D. Action en responsabilité

I. Prescription ordinaire

[1] L'action fondée sur la responsabilité du tuteur ou sur la responsabilité directe des membres des autorités de tutelle se prescrit par un an à partir de la remise du compte final.

[2] L'action contre les membres des autorités de tutelle qui ne sont pas directement responsables, contre la commune ou l'arrondissement tutélaire et contre le canton se prescrit par un an à partir du jour où elle a pu être intentée.

[3] L'action contre les membres des autorités de tutelle, la commune, l'arrondissement tutélaire ou le canton ne se prescrit pas tant que la tutelle n'a pas pris fin.

D. Azione di responsabilità

I. Prescrizione ordinaria

[1] L'azione di responsabilità contro il tutore ed i membri direttamente responsabili delle autorità di tutela si prescrive in un anno dalla notificazione del conto di chiusura all'attore.

[2] L'azione contro i membri delle autorità di tutela sussidiariamente responsabili, contro il Comune, il circondario e il Cantone, si prescrive in un anno dal momento in cui poteva essere proposta.

[3] La prescrizione dell'azione contro i membri delle autorità di tutela, il Comune, il circondario e il Cantone non comincia in alcun caso prima della cessazione della tutela.

Art. 455

II. Ausserordentliche Verjährung

[1] **Liegt ein Rechnungsfehler vor oder konnte ein Verantwortlichkeitsgrund und erst nach Beginn der ordentlichen Verjährungsfrist entdeckt werden, so verjährt die Verantwortlichkeitsklage mit Ablauf eines Jahres, nachdem der Fehler oder der Verantwortlichkeitsgrund entdeckt worden ist, in jedem Falle aber mit Ablauf von zehn Jahren seit Beginn der ordentlichen Verjährungsfrist.**

² **Wird die Verantwortlichkeitsklage aus einer strafbaren Handlung hergeleitet, so kann sie auch nach Ablauf dieser Fristen noch so lange geltend gemacht werden, als die Strafklage nicht verjährt ist.**

II. Prescription extraordinaire

¹ L'action en responsabilité fondée sur une erreur de comptabilité ou sur une cause qu'il n'était pas possible de connaître avant le début de la prescription ordinaire, se prescrit par un an à compter de la découverte du fait qui lui a donné naissance; elle s'éteint, dans tous les cas, dix ans après le début de la prescription ordinaire.

² L'action en responsabilité intentée en raison d'un acte délictueux se prescrit par le même délai que l'action publique, lorsque ce délai est plus long que celui de l'action civile.

II. Prescrizione straordinaria

¹ Trattandosi di errore di conteggio o di una causa di responsabilità che poté essere scoperta solo dopo cominciato il termine ordinario della prescrizione, l'azione di responsabilità si prescrive in un anno dalla scoperta dell'errore o della causa di responsabilità ed in ogni caso in dieci anni dal principio del termine della prescrizione ordinaria.

² Se l'azione civile deriva da un atto punibile, può essere fatta valere anche dopo la decorrenza di questo termine fino a che non sia prescritta l'azione penale.

Literatur

Vgl. die Literaturhinweise zu Art. 426–429 und zu Art. 429a.

I. Allgemeines

1   Die **Verjährungsregeln** der Art. 454–455 sind Art. 60 OR insoweit nachgebildet, als sie die Kenntnis des Schadens und des Ersatzpflichtigen voraussetzen (BGE 116 II 407, 410; 61 II 7, 9), im Übrigen aber, im Interesse des Betroffenen, den Besonderheiten des Vormundschaftsrechts angepasst sind. So fängt der ordentliche Fristenlauf von einem Jahr gegenüber dem Vormund und den unmittelbar haftenden Mitgliedern der VormBehörde erst mit der Zustellung der Schlussrechnung an (was auf eine Verlängerung der Frist von Art. 60 Abs. 1 OR hinauslaufen kann; BGE 61 II 7, 9 E. 3; STETTLER, Droit Civil I, N 519; DESCHENAUX/STEINAUER, Personnes, 407, Rz 1082; TUOR/SCHNYDER/SCHMID/RUMO-JUNGO, 537), gegenüber den nur mittelbar haftenden Mitgliedern der VormBehörde, dem Kanton, den Kreisen und Gemeinden erst nachdem die Klage erhoben werden konnte, jedenfalls nicht vor Aufhören der Vormundschaft.

2   Art. 454–455 gelten allgemein für **sämtliche Formen** des vormundschaftlichen **Amtes** (s. für eine Beistandschaft BGE 68 II 342, 353, für eine Verwaltungsbeiratschaft BGE 85 II 464, 466 f.) sinngemäss auch für die Klage aus Art. 429a, soweit es sich, unter Berücksichtigung der von der Rechtsprechung eingeführten, nicht unproblematischen Einschränkungen (vgl. Art. 429a N 3), um den Haftungstatbestand der widerrechtlichen Freiheitsentziehung, nicht aber um eine selbständige medizinische Zwangsbehandlung (BGE 116 II 407, 410; 121 III 204, 209) handelt.

II. Beginn der ordentlichen Verjährung

1. Art. 454 Abs. 1

Die Verjährung der Klage gegen den Vormund und die unmittelbar, d.h. gleichzeitig aus **3** einem selbständigen Haftungsgrund verantwortliche VormBehörde, beginnt mit der nach Art. 453 erfolgten Zustellung der am Ende der Vormundschaft zu erstellenden **Schlussrechnung** des Vormunds (Art. 451) zu laufen. Mit der Zustellung ist dem Betroffenen die Genehmigung bzw. Nicht-Genehmigung der Rechnung, die Entlastung des Vormunds und der ausdrückliche Hinweis auf die Haftungsfolgen mitzuteilen. Ein allg. Hinweis nur auf die gesetzlichen Bestimmungen genügt auch gegenüber dem Rechtsvertreter eines Bevormundeten nicht (BGE 85 II 464, 472 E. 5b; RBOG 1991, 73 ff.). Der Bericht der VormBehörde über die Genehmigung oder Nicht-Genehmigung der Rechnung des Vormunds hat überdies die Entscheidungsgründe der Behörde zu umfassen, das Dispositiv allein genügt nicht. Damit soll der Betroffene in die Lage versetzt werden, Für und Wider einer Verantwortlichkeitsklage reiflich abzuwägen (BGE 76 II 181, 186 f.; 85 II 464, 468 ff.). Die Verjährungsfrist beginnt erst zu laufen, wenn alle diese formellen Erfordernisse der Zustellung korrekt erfüllt sind. Bei der Vertretungsbeistandschaft, mangels Schlussrechnung, wird hingegen auf den Schlussbericht oder auf den Abschreibungsbeschluss abgestellt (ZK-EGGER, Art. 454 N 2). Wurde aber eine Beistandschaft gemäss Art. 392 Ziff. 2 errichtet, kann die Klage (auch) gegenüber dem Beistand, solange der Verbeiständete noch unter elterlicher Sorge steht, nicht verjähren (BGE 68 II 342, 353 f.; RVJ 2000, 259 ff., 262).

Die einjährige Verjährungsfrist für die Klage aus widerrechtlicher **fürsorgerischer Frei-** **4** **heitsentziehung** beginnt erst mit deren Hinfall und keinesfalls vor Beendigung der Vormundschaft, wenn diese (oder eine Beiratschaft oder Beistandschaft) weiter besteht (BGE 116 II 407, 410 E. 2e, f; ZR 1995, 52 ff.). Da sich die Haftungsklage gegen die für diese Massnahme verantwortlichen vormundschaftlichen Organe richtet, ist dem Betroffenen bzw. ihm nahe stehenden Personen nicht zuzumuten, während der Dauer des mit der Massnahme verbundenen Abhängigkeitsverhältnisses Klage zu erheben (BGE 116 II 407, 411 E. 2 f.).

2. Art. 454 Abs. 2

Für das **Gemeinwesen** und die **mittelbar haftenden** Mitglieder der vormundschaftlichen **5** Behörde, welche im Rahmen der Kaskadenhaftung für die jeweilige Uneinbringlichkeit des Schadenersatzes haften (vgl. Art. 426–429 N 8), beginnt die Verjährung der Klage erst ein Jahr nachdem sie erhoben werden konnte. Diese Bestimmung hat aber nicht zur Folge, dass die nur subsidiär haftenden erst nach den direkt haftenden Personen belangt werden müssen: die Tatsache, dass die Ersteren im Rahmen eines solchen Prozesses nicht zur Zahlung einer ziffermässig bestimmten Geldsumme verurteilt werden können, schliesst ein gleichzeitiges Vorgehen nicht aus (BGE 61 II 7, 12).

3. Art. 454 Abs. 3

Der Grundsatz, nach welchem die Verjährung gegenüber den **Behörden** während der **6** Dauer der vormundschatlichen Massnahme ruht, gilt auch wenn die Massnahme in einem anderen Kreis fortgesetzt wird (BGE 68 II 342, 352 ff.). Er kommt ebenso zur Anwendung bei Untätigkeit und namentlich wenn eine Behörde es unterlassen hat, einem Minderjährigen einen Vormund zu bestellen, der aber später von der Behörde eines anderen Ortes ernannt wurde: in diesem Fall beginnt die Verjährung gegenüber der ersten Behörde erst mit dem Eintritt der Mündigkeit des Betroffenen (BGE 65 II 209, 211 f.).

III. Ausserordentliche Verjährung

1. Art. 455 Abs. 1

7 Liegt ein Rechnungsfehler vor, oder wurde ein Verantwortlichkeitsgrund erst nach Beginn der ordentlichen Verjährungsfrist entdeckt, so verschiebt sich der Verjährungsbeginn auf diesen Zeitpunkt. Die Klage muss aber auf jeden Fall vor Ablauf von zehn Jahren seit Beginn der ordentlichen Verjährungsfrist geltend gemacht werden. Das BGer scheint die Bestimmung wörtlich auszulegen und lässt die ausserordentliche Verjährungsfrist ohne rechtsgültige Zustellung der Schlussrechnung nicht beginnen (BGE 85 II 464, 473; **a.M.** GOOD, 197 ff., welcher für den Vormund in jedem Fall eine absolute Verjährungsfrist von zehn Jahre ab Amtsende vorschlägt). Die **ausserordentliche Verjährungsfrist** beginnt bei der fürsorgerischen Freiheitsentziehung mit deren Aufhebung.

2. Art. 455 Abs. 2

8 Wird die Verantwortlichkeitsklage aus einer **strafbaren** Handlung hergeleitet, so verlängert sich die zivilrechtliche Verjährungsfrist entsprechend der strafrechtlichen wie bei Art. 60 Abs. 2 OR, der zur Auslegung herangezogen werden kann (DESCHENAUX/STEINAUER, Personnes, 409 Rz 1089).

IV. Revision

9 Art. 454 des Vorentwurfs sieht eine einjährige **relative** Frist ab Kenntnis des Schadens und der ersatzpflichtigen Person und eine **absolute** Frist von 10 Jahre ab der schädigenden Handlung vor (Abs. 1). Eine längere strafrechtlichen Verjährungsfrist bleibt im Falle einer strafrechtlichen Handlung vorbehalten (Abs. 2) und die Verjährung gegenüber dem Kanton beginnt bei Dauermassnahmen nicht vor deren Wegfall (Abs. 3).

Art. 456

Aufgehoben

1 Diese Bestimmung ist mit der Revision des SchKG (BG vom 16.12.1994) auf den 1.1.1997 aufgehoben worden (vgl. AS 1995, 1309; Art. 219 zweite Klasse lit. a aSchKG).

Sachregister

Beispiele für Eigengut

Beteiligung

Kindeswohlgefährdung

Massenzuordnung von Schulden

Persönlichkeitsverletzung

Unterhalt bei Ehescheidung

Verweigerung der Zustimmung zur Eheschliessung

Vormundschaftsbehörde